Hümmerich/Spirolke Das arbeitsrechtliche Mandat

Das arbeitsrechtliche Mandat

Herausgegeben von
Rechtsanwalt Prof. Dr. Klaus Hümmerich,
Fachanwalt für Arbeitsrecht und
Fachanwalt für Verwaltungsrecht, Bonn
und
Rechtsanwalt Dr. Matthias Spirolke,
Fachanwalt für Arbeitsrecht,
Bonn

3. Auflage 2005

DeutscherAnwaltVerlag

Zitiervorschlag:
H/S-*Bearbeiter*, Das arbeitsrechtliche Mandat, 3. Aufl., § 1 Rn 1

Satz: Cicero Computer GmbH, Bonn
Druck: Kösel GmbH & Co.KG, Krugzell
Titelgestaltung: D sign Agentur für visuelle Kommunikation, Peter Korn-Hornung, Solingen
ISBN 3-8240-0690-1

Bibliografische Information der Deutschen Bibliothek
Die Deutsche Bibliothek verzeichnet diese Publikation in der Deutschen Nationalbibliografie; detaillierte bibliografische Daten sind im Internet über http://dnb.ddb.de abrufbar.

Vorwort

Die Produktzyklen arbeitsrechtlicher Gesetze und höchstrichterlicher Rechtsprechung werden immer kürzer, die Halbwertszeit arbeitsrechtlicher Kommentare und Handbücher nimmt in gleicher Weise rapide ab. So war es längst an der Zeit, das in der 2. Auflage erneut erfolgreiche »Arbeitsrechtliche Mandat« grundlegend zu erneuern. Jeder Autor hat seine Beiträge – zum Teil erheblich – aktualisiert oder teilweise neu geschrieben. Nicht mehr wiederzuerkennen ist § 19, in dem das seit dem 01.07.2004 geltende neue Rechtsanwaltsvergütungsrecht mit den arbeitsrechtlichen Auswirkungen des RVG und des GKG behandelt wird. Das Kündigungsschutzrecht in § 10 ist auf den Stand des Gesetzes zu Reformen am Arbeitsmarkt gebracht und berücksichtigt insbesondere die neue Doppelschwelle in § 23 KSchG, die Vermutung der Betriebsbedingtheit von Kündigungen und die Rüge der Sozialauswahl bei nur grober Fahrlässigkeit im Rahmen von Interessensausgleichsregelungen mit Namensliste (§ 1 Abs. 5 KSchG). Die Beschränkung der Sozialauswahlkriterien auf Betriebszugehörigkeit, Lebensalter, Unterhaltspflichten und Schwerbehinderung wie auch die Abfindungsregelung in § 1 a KSchG oder die Folgen der Geltung der Drei-Wochen-Klagefrist für die Rüge sämtlicher Unwirksamkeitsgründe werden in der Neuauflage ebenfalls dargestellt, und auch die Änderungen im Teilzeit- und Befristungsgesetz sowie auch die Änderungen im Arbeitszeitgesetz haben ihren Niederschlag gefunden.

Einen breiten Änderungsbedarf ergaben die vier Hartz-Gesetze, vor allem mit Auswirkungen im Arbeitnehmerüberlassungsrecht, beispielsweise durch den Grundsatz von »equal treatment« und »equal pay«, aber auch mit weitreichenden Gesetzesänderungen im Bereich des Arbeitsförderungsrechts, also im Bereich des SGB III.

Das Alterteilzeitrecht hat sich verändert, das Schwerbehindertenrecht im SGB IX wurde neu gestaltet, die Regelungen für alle Arbeitnehmer in den §§ 105 ff. GewO und die Änderungen im Recht der Unternehmensmitbestimmung durch das Drittelbeteiligungsgesetz sind in der Neuauflage berücksichtigt.

Die Zahl der Rechtsänderungen ist gewaltig. Erste Erfahrungen mit der Schuldrechtsmodernisierung wurden von den Autoren einbezogen; die ersten Urteile des Bundesarbeitsgerichts vom 27.11.2003 und vom 04.03.2004 fanden ihren Niederschlag in § 11. Auch das Urteil des BSG vom 18.12.2004 erforderte eine weitgehende Überarbeitung von Erläuterungen der Vorauflage, so eine weitgehende Neudarstellung des Aufhebungs- und Abwicklungsvertrags.

Zwei Kapitel und zwei Autoren haben zu einer erfreulichen Erweiterung der 3. Auflage beigetragen. Der Justizminister des Landes Thüringen, der frühere Vorsitzende des 4. Senats, Harald Schliemann, hat § 20, eine griffige und kompensierte Darstellung des Tarifvertragsrechts, bearbeitet. Neu aufgenommen wurde außerdem § 21, in dem das Arbeitskampfrecht durch Frau Rechtsanwältin Dr. Andrea Nicolai behandelt wird.

Damit ist ein Zeitpunkt eingetreten, zu dem man wieder eine Neuauflage vorlegen kann. In gewisser Hinsicht hat eine Konsolidierung des reformierten Arbeits- und Sozialrechts stattgefunden. »Das Arbeitsrechtliche Mandat« gehört somit zu den aktuellsten Handbüchern, die gegenwärtig auf dem Markt der Arbeitsrechtsliteratur angeboten werden.

Wir wissen, dass der Prozess der Veränderung im nationalen wie internationalen Recht zu zunehmend mit höherer Beschleunigung betriebenen Veränderungszyklen führt, bei denen sich nicht nur die Leser, sondern auch die Autoren manchmal fragen, ob die Wirkungen den Aufwand rechtfertigen. Auch jetzt steht schon wieder mehr oder minder fest, dass die BBiG-Vorschriften in der jetzigen Form nicht mehr lange bestehen werden. Nach einem Referentenentwurf aus dem Bundesministerium für Wirtschaft und Arbeit soll demnächst ein überarbeitetes Berufsbildungsgesetz in Kraft treten, das kaum substantielle Änderungen enthält, bei dem allerdings fast alle der bisherigen Vorschriften unter anderen Paragraphenzahlen auffindbar sein werden. Der Prozess der Veränderung ist nicht nur durch Erneuerung, er ist auch durch einen sich selbst in Bewegung haltenden Aktionismus geprägt. Dessen ungeachtet müssen wir zur Kenntnis nehmen, dass das Arbeitsrecht jetzt und in

Zukunft Wandlungen unterworfen sein wird, die die Autoren niederzuschreiben als ihre vornehmste Pflicht ansehen.

In diesem Sinne wünschen wir unseren Lesern viel Vergnügen bei der Lektüre, gute Lösungen für zu bearbeitende Fälle oder zu gestaltende Sachverhalte. Wir danken dem Verlag, insbesondere unserer Lektorin, Frau Rechtsanwältin Claudia Schuster, für die umsichtige Lektorierung des Werkes.

Allen unseren Lesern, denen wir Zuschriften, Hinweise und Anregungen zu Verbesserungen zu verdanken haben, möchten wir auf diesem Wege pauschal ein kleines »Dankeschön« zurufen.

Bonn, im November 2004

Prof. Dr. Klaus Hümmerich
Rechtsanwalt
Fachanwalt für Arbeitsrecht
Fachanwalt für Verwaltungsrecht

Dr. Matthias Spirolke
Rechtsanwalt
Fachanwalt für Arbeitsrecht

Inhaltsübersicht

Autorenverzeichnis

Bernward Alpers
Rechtsanwalt, Fachanwalt für Arbeitsrecht und Notar
Berlin

Dr. Lothar Beseler
Vorsitzender Richter am LAG
Düsseldorf

Prof. Dr. Winfried Boecken, LL.M.
Universität Konstanz

Dr. Ulrich Boudon
Rechtsanwalt, Fachanwalt für Arbeitsrecht
Köln

Ulrich Buschermöhle
Rentenberater für die Gebiete der gesetzlichen Kranken- und Unfallversicherung
Düsseldorf

Franz Josef Düwell
Vorsitzender Richter am BAG
Erfurt

Dominik Eickemeier
Rechtsanwalt
Köln

Dr. Friedrich Heither
Vorsitzender Richter am BAG a.D., Rechtsanwalt
Kassel

Dr. Joachim Holthausen
Rechtsanwalt
Bonn

Prof. Dr. Klaus Hümmerich
Rechtsanwalt, Fachanwalt für Arbeitsrecht und Fachanwalt für Verwaltungsrecht
Bonn

Beate Kallweit
Rechtsanwältin, Fachanwältin für Arbeitsrecht
Halle

Dr. Gunther Mävers
Rechtsanwalt, Maître en Droit
Köln

Dr. Reinhold Mauer
Rechtsanwalt, Fachanwalt für Arbeitsrecht
Bonn

Dr. Marcus Michels
Rechtsanwalt, Fachanwalt für Arbeitsrecht
Köln

Peter Mosbach
Rechtsanwalt, Steuerberater
Köln

Dr. Ivo Natzel
Rechtsanwalt
Wiesbaden

Dr. Andrea Nicolai
Rechtsanwältin
Köln

Thomas Regh
Rechtsanwalt, Fachanwalt für Arbeitsrecht
Bonn

Dr. Kerstin Reiserer
Rechtsanwältin, Fachanwältin für Arbeitsrecht
Heidelberg

Reinhard Schinz
Vorsitzender Richter am LAG
Potsdam

Harald Schliemann
Thüring. Justizminister, vormals Vorsitzender Richter am BAG
Erfurt

Dr. Matthias Spirolke
Rechtsanwalt, Fachanwalt für Arbeitsrecht
Bonn

Abkürzungsverzeichnis

Zeitschriften werden, sowie nicht anders angegeben, nach Jahr und Seite zitiert.

a.A.	andere Auffassung
a.a.O.	am angegebenen Ort
a.F.	alte Fassung
abl.	ablehnend
ABl	Amtsblatt
ABl EG	Amtsblatt der Europäischen Gemeinschaft
ABM	Arbeitsbeschaffungsmaßnahmen
Abs.	Absatz
AcP	Archiv für die civilistische Praxis
ADAC	Allgemeiner Deutscher Automobilclub
ADR	Alternative Dispute Resolution
AE	Arbeitsrechtliche Entscheidungen (Zeitschrift)
AEntG	Gesetz über zwingende Arbeitsbedingungen bei grenzüberschreitenden Dienstleistungen (Arbeitnehmer-Entsendegesetz)
AFG	Arbeitsförderungsgesetz
AfP	Archiv für Presserecht
AFRG	Arbeitsförderungs-Reformgesetz
AG	Aktiengesellschaft; Amtsgericht; Die Aktiengesellschaft (Zeitschrift)
AGB	Allgemeine Geschäftsbedingungen
AGBG	Gesetz zur Regelung des Rechts der Allgemeinen Geschäftsbedingungen (AGB-Gesetz)
AiB	Arbeitsrecht im Betrieb (Zeitschrift)
AIDS	Acquired Immune Deficiency Syndrome (erworbene Immunschwäche)
AktG	Gesetz der Aktiengesellschaften und der Kommanditgesellschaften auf Aktien (Aktiengesetz)
AktO	Aktenordnung
Alt.	Alternative
AMBl BY	Amtsblatt des Bayerischen Staatsministeriums für Arbeit und soziale Fürsorge
ÄndG	Änderungsgesetz
AngKSchG	Gesetz über die Fristen für die Kündigung von Angestellten (Angestelltenkündigungsschutzgesetz)
Anh.	Anhang
Anm.	Anmerkung
AnwBl	Anwaltsblatt (Zeitschrift)
AO	Abgabenordnung
AOK	Allgemeine Ortskrankenkasse
AP	Arbeitsrechtliche Praxis, Nachschlagewerk des Bundesarbeitsgerichts
APS	Großkommentar zum Kündigungsrecht (Hrsg. Ascheid/Preis/Schmidt)
ARB	Allgemeine Bedingungen für die Rechtsschutzversicherung
ArbG	Arbeitsgericht
ArbGG	Arbeitsgerichtsgesetz
AR-Blattei	Arbeitsrecht-Blattei
ArbNErfG	Gesetz über Arbeitnehmererfindungen
ArbPlSchG	Gesetz über den Schutz des Arbeitsplatzes bei Einberufung zum Wehrdienst (Arbeitsplatzschutzgesetz)
ArbR	Arbeitsrecht
ArbuR	Arbeit und Recht (Zeitschrift)
ArbZG	Arbeitszeitgesetz

ArEV	Arbeitsentgeltverordnung
ARST	Arbeitsrecht in Stichworten
Art.	Artikel
ArztR	Arztrecht (Zeitschrift)
ASiG	Arbeitssicherheitsgesetz
ATG	Altersteilzeitgesetz
AuA	Arbeit und Arbeitsrecht (Zeitschrift)
Aufl.	Auflage
AÜG	Gesetz zur Regelung der gewerbsmäßigen Arbeitnehmerüberlassung (Arbeitnehmerüberlassungsgesetz)
Az.	Aktenzeichen
AZO	Arbeitszeitverordnung
BA	Bundesanstalt/Bundesagentur für Arbeit
BAG	Bundesarbeitsgericht
BAGE	Entscheidungssammlung des Bundesarbeitsgerichts
BAT	Bundesangestelltentarifvertrag
BAT-KF	Bundesangestelltentarifvertrag in kirchlicher Fassung
BAT-O	Bundesangestelltentarifvertrag (Ost)
BAV	Bundesaufsichtsamt für das Versicherungswesen
BayObLG	Bayerisches Oberstes Landesgericht
BB	Der Betriebs-Berater (Zeitschrift)
BBiG	Berufsbildungsgesetz
BDSG	Gesetz zum Schutz vor Missbrauch personenbezogener Daten bei der Datenverarbeitung (Bundesdatenschutzgesetz)
BeitrÜberwachVO	Beitragsüberwachungsverordnung
BErzGG	Bundeserziehungsgeldgesetz
BeschFG	Beschäftigungsförderungsgesetz
Beschl.	Beschluss
BetrAV	Betriebliche Altersversorgung (Zeitschrift)
BetrAVG	Gesetz zur Verbesserung der betrieblichen Altersversorgung
BetrVG	Betriebsverfassungsgesetz
BFH/NV	Sammlung amtlich nicht veröffentlichter Entscheidungen des Bundesfinanzhofs
BFH	Bundesfinanzhof
BFHE	Entscheidungssammlung des Bundesfinanzhofs
BGB	Bürgerliches Gesetzbuch
BGBl	Bundesgesetzblatt
BGH	Bundesgerichtshof
BGHSt	Entscheidungssammlung des Bundesgerichtshofs in Strafsachen
BGHZ	Entscheidungssammlung des Bundesgerichtshofs in Zivilsachen
BImSchG	Gesetz zum Schutz vor schädlichen Umwelteinwirkungen durch Luftverunreinigungen, Geräusche, Erschütterungen und ähnliche Vorgänge (Bundesimmissionsschutzgesetz)
BKGG	Bundeskindergeldgesetz
BlStSozArb	Blätter für Steuerrecht, Sozialversicherung und Arbeitsrecht (Zeitschrift)
BMF	Bundesministerium für Finanzen
BPersVG	Bundespersonalvertretungsgesetz
BR	Betriebsrat
BRAGO	Bundesrechtsanwaltsgebührenordnung
BRAK-Mitt	Mitteilungen der Bundesrechtsanwaltskammer (Zeitschrift)
BR-Drucks	BR-Drucksache
BRTV	Bundesrahmentarifvertrag

BSeuchG	Bundesseuchengesetz
BSG	Bundessozialgericht
BSGE	Entscheidungssammlung des Bundessozialgerichts
BSHG	Bundessozialhilfegesetz
BStBl	Bundessteuerblatt
BT-Drucks	Bundestags-Drucksache
BUrlG	Mindesturlaubsgesetz für Arbeitnehmer (Bundesurlaubsgesetz)
BVerfG	Bundesverfassungsgericht
BVerfGE	Entscheidungssammlung des Bundesverfassungsgerichts
BVerfGG	Bundesverfassungsgerichtsgesetz
BVerwG	Bundesverwaltungsgericht
BVerwGE	Entscheidungssammlung des Bundesverwaltungsgerichts
bzw.	beziehungsweise
ca.	circa
CR	Computer und Recht (Zeitschrift)
d.h.	das heißt
DB	Der Betrieb (Zeitschrift)
ders.	derselbe
dies.	dieselbe
Diss.	Dissertation
DÖD	Der öffentliche Dienst (Zeitschrift)
DRiG	Deutsches Richtergesetz
DrittelbG	Drittelbeteiligungsgesetz
DStR	Deutsches Steuerrecht (Zeitschrift)
DStZ	Deutsche Steuer-Zeitung
DVO	Durchführungsverordnung
DZWiR	Deutsche Zeitschrift für Wirtschaftsrecht
EAS	Europäisches Arbeits- und Sozialrecht, Rechtsvorschriften, systematische Darstellungen, Entscheidungssammlung
EBR	Europäischer Betriebsrat
EBRG	Europäisches Betriebsräte-Gesetz
EDV	Elektronische Datenverarbeitung
EFTA	European Free Trade Association (Europäische Freihandelszone)
EFZG	Entgeltfortzahlungsgesetz
EG	Einführungsgesetz; Europäische Gemeinschaft
EGBGB	Einführungsgesetz zum Bürgerlichen Gesetzbuch
EGInsO	Einführungsgesetz zur Insolvenzordnung
EGV	Vertrag zur Gründung der Europäischen Gemeinschaft
Einf.	Einführung
Einl.	Einleitung
ErfK	Erfurter Kommentar zum Arbeitsrecht
EStG	Einkommensteuergesetz
EStR	Einkommensteuer-Richtlinien
EU	Europäische Union
EuGH	Europäischer Gerichtshof
EuGVÜ	Europäisches Übereinkommen über die gerichtliche Zuständigkeit und die Vollstreckung gerichtlicher Entscheidungen in Zivil- und Handelssachen
EuZW	Europäische Zeitschrift für Wirtschaftsrecht
EVÜ	Europäisches Übereinkommen über das auf vertragliche Schuldverhältnisse anzuwendende Recht
EWG	Europäische Wirtschaftsgemeinschaft

EWiR	Entscheidungen zum Wirtschaftsrecht
EzA	Entscheidungen zum Arbeitsrecht
EzA-SD	Entscheidungen zum Arbeitsrecht-Schnelldienst
f. ff.	folgende, fortfolgende
FA	Fachanwalt Arbeitsrecht (Zeitschrift)
Fa.	Firma
FamRZ	Zeitschrift für das gesamte Familienrecht
FK	Frankfurter Kommentar zur Insolvenzordnung
FS	Festschrift
GBR	Gesamtbetriebsrat
gem.	gemäß
GEMA	Gesellschaft für musikalische Aufführungsrechte und mechanische Vervielfältigungsrechte
GesO	Gesamtvollstreckungsordnung
GewO	Gewerbeordnung
gez.	gezeichnet
GG	Grundgesetz
GK-ArbGG	Gemeinschaftskommentar zum Arbeitsgerichtsgesetz
GK-BetrVG	Gemeinschaftskommentar zum Betriebsverfassungsgesetz
GK-BUrlG	Gemeinschaftskommentar zum Bundesurlaubsgesetz
GKG	Gerichtskostengesetz
GK-TzA	Gemeinschaftskommentar zum Teilzeitarbeitsrecht
GmbH	Gesellschaft mit beschränkter Haftung
GmbHG	GmbH-Gesetz
GmbHR	GmbH-Rundschau (Zeitschrift)
GmS-OGB	Gemeinsamer Senat der Obersten Gerichtshöfe des Bundes
GRUR	Gewerblicher Rechtsschutz und Urheberrecht (Zeitschrift)
GS	Großer Senat
GVBl	Gesetzes- und Verordnungsblatt
GVG	Gerichtsverfassungsgesetz
h.M.	herrschende Meinung
Hess.	Hessen
HGB	Handelsgesetzbuch
HIV	Human Immunodeficiency Virus
HK	Heidelberger Kommentar zum Kündigungsschutzgesetz
HRG	Hochschulrahmengesetz
Hrsg.	Herausgeber
Hs.	Halbsatz
HzA	Handbuch zum Arbeitsrecht
i.d.F.	in der Fassung
i.V.m.	in Verbindung mit
IG	Industriegewerkschaft
IG BCE	Industriegewerkschaft Bergbau, Chemie und Energie
IHK	Industrie- und Handelskammer
ILO	International Labour Organisation (Internationale Arbeitsorganisation)
InsO	Insolvenzordnung
IPRG	Gesetz über das Internationale Privatrecht
JA	Juristische Arbeitsblätter (Zeitschrift)
JArbSchG	Gesetz zum Schutz der arbeitenden Jugend (Jugendarbeitsschutzgesetz)
JurBüro	Das Juristische Büro (Zeitschrift)

JuS	Juristische Schulung (Zeitschrift)
JVEG	Justizvergütungs- und Justizentschädigungsgesetz
KAPOVAZ	kapazitätsorientierte, variable Arbeitszeit
KauG	Konkursausfallgeld
KBR	Konzernbetriebsrat
KG	Kammergericht; Kommanditgesellschaft
KHD	Klöckner-Humbold-Deutz
KO	Konkursordnung
KölnKomm	Kölner Kommentar zum Aktiengesetz
KostenRsp	Kostenrechtsprechung (Nachschlagewerk)
KostRMoG	Kostenrechtsmodernisierungsgesetz
KR	Gemeinschaftskommentar zum Kündigungsschutzgesetz und zu sonstigen kündigungsschutzrechtlichen Vorschriften
KSchG	Kündigungsschutzgesetz
KTS	Konkurs-, Treuhand- und Schiedsgerichtswesen (Zeitschrift)
KW	Kalenderwoche
LAG	Landesarbeitsgericht
LAGE	Entscheidungen der Landesarbeitsgerichte
LFZG	Lohnfortzahlungsgesetz
LG	Landgericht
lit.	litera
LM	Nachschlagewerk des Bundesgerichtshofs in Zivilsachen, (Hrsg. Lindenmaier/Möhring)
LohnFG	Lohnfortzahlungsgesetz
LPVG	Landespersonalvertretungsgesetz
LSG	Landessozialgericht
LStDV	Lohnsteuerdurchführungsverordnung
m.w.N.	mit weiteren Nachweisen
MDR	Monatsschrift für Deutsches Recht (Zeitschrift)
Mio.	Millionen
MitbestG	Mitbestimmungsgesetz
MTArb-O	Manteltarifvertrag für Arbeiter (Ost)
MTB	Manteltarifvertrag für Arbeiter des Bundes
MTL	Manteltarifvertrag für Arbeiter der Länder
MTV	Manteltarifvertrag
MünchArb	Münchener Handbuch zum Arbeitsrecht
MünchGesR	Münchener Handbuch zum Gesellschaftsrecht
MüKo	Münchener Kommentar
MuSchG	Mutterschutzgesetz
n.F.	neue Fassung
NachwG	Nachweisgesetz
NaStraG	Gesetz zur Namensaktie und zur Erleichterung der Stimmrechtsausübung
NJW	Neue Juristische Wochenschrift (Zeitschrift)
NJW-RR	Neue Juristische Wochenschrift-Rechtsprechungsreport (Zeitschrift)
Nr.	Nummer
NRW	Nordrhein-Westfalen
NVwZ	Neue Zeitschrift für Verwaltungsrecht
NVwZ-RR	Neue Zeitschrift für Verwaltungsrecht-Rechtsprechungsreport
NW	Nordrhein-Westfalen
NZA	Neue Zeitschrift für Arbeitsrecht

NZA-RR	Neue Zeitschrift für Arbeitsrecht-Rechtsprechungsreport
NZG	Neue Zeitschrift für Gesellschaftsrecht
NZS	Neue Zeitschrift für Sozialrecht
OFD	Oberfinanzdirektion
OHG	Offene Handelsgesellschaft
OLG	Oberlandesgericht
OLGReport	Oberlandesgericht-Report (Zeitschrift)
OVG	Oberverwaltungsgericht
PC	Personal Computer
PersR	Der Personalrat (Zeitschrift)
PersV	Die Personalvertretung (Zeitschrift)
PflegeVG	Pflege-Versicherungsgesetz
PflVG	Pflichtversicherungsgesetz
PK-BAT	Praxiskommentar zum BAT und BAT-Ost
PKH	Prozesskostenhilfe
PosrPersRG	Postpersonalrechtsgesetz
PR	Public Relations
PreisklauselVO	Preisklauselverordnung
PSV	Pensionssicherungsverein
RdA	Recht der Arbeit (Zeitschrift)
Reg. Ang.	Regierungsangestellte(r)
RegE	Regierungsentwurf
Rn	Randnummer
RP	Reservation Price
RPflG	Rechtspflegergesetz
RR	Rechtsprechungsreport
RStBl	Reichssteuerblatt
r + s	Recht und Steuern (Zeitschrift)
RVG	Rechtsanwaltsvergütungsgesetz
RVO	Reichsversicherungsordnung
RWS	Recht und Wirtschaft der Schule
RzK	Rechtsprechung zum Kündigungsrecht
RZVK	Rheinische Zusatzversorgungskasse
S.	Seite
s.	siehe
SAE	Sammlung arbeitsrechtlicher Entscheidungen
SchuldRModG	Schuldrechtsmodernisierungsgesetz
SchwbG	Schwerbehindertengesetz
SeemG	Seemannsgesetz
SG	Sozialgericht
SGB	Sozialgesetzbuch
Slg.	Sammlung
sog.	so genannte/r
SozPlG	Gesetz über den Sozialplan im Konkurs
SozR	Sozialrecht; Sozialrecht, Rechtsprechung und Schrifttum, Loseblattsammlung
SozSich	Soziale Sicherheit (Zeitschrift)
SozVersArbR	Gesetz zu Korrekturen in der Sozialversicherung und KorrektG zur Sicherung der Arbeitnehmerrechte
SprAuG	Sprecherausschussgesetz

StGB	Strafgesetzbuch
StVZO	Straßenverkehrzulassungsordnung
TOA	Tarifordnung für Angestellte
TOP	Tagesordnungspunkt
TV	Tarifvertrag
TVAL	Tarifvertrag für Angehörige alliierter Dienststellen
TVEZV-O	Tarifvertrag zur Einführung der Zusatzversorgung im Tarifgebiet Ost
TVG	Tarifvertragsgesetz
u.Ä.	und Ähnliche(s)
u.a.	unter anderem
u.E.	unseres Erachtens
u.U.	unter Umständen
UmwBerG	Gesetz zur Bereinigung des Umwandlungsrechts
UmwG	Umwandlungsgesetz
UmwStG	Umwandlungssteuergesetz
Univ.	Universität
Urt.	Urteil
UStG	Umsatzsteuergesetz
usw.	und so weiter
UWG	Gesetz gegen unlauteren Wettbewerb
VBL	Versorgungsanstalt des Bundes und der Länder
VBLU	Versorgungsverbund bundes- und landesgeförderter Unternehmen
VersR	Versicherungsrecht (Zeitschrift)
VGH	Verwaltungsgerichtshof
vgl.	vergleiche
VO	Verordnung
VV	Vergütungsverzeichnis
VVG	Versicherungsvertragsgesetz
VwGO	Verwaltungsgerichtsordnung
VwGOÄndG	Änderungsgesetz zur Verwaltungsgerichtsordnung
WährG	Währungsgesetz
WiB	Wirtschaftsrechtliche Beratung (Zeitschrift)
WiPra	Wirtschaftsrecht und Praxis (Zeitschrift)
wistra	Wirtschaft-Steuer-Strafrecht (Zeitschrift)
WM	Wertpapier-Mitteilungen (Zeitschrift)
WO	Wahlordnung
WRV	Weimarer Reichsverfassung
z.B.	zum Beispiel
ZfA	Zeitschrift für Arbeitsrecht
ZfB	Zeitschrift für Bergrecht
zfs	Zeitschrift für Schadensrecht
ZHR	Zeitschrift für das gesamte Handels- und Wirtschaftsrecht
Ziff.	Ziffer
ZInsO	Zeitschrift für das gesamte Insolvenzrecht
ZIP	Zeitschrift für Wirtschaftsrecht und Insolvenzpraxis
ZPO	Zivilprozessordnung
ZSEG	Gesetz über die Entschädigung von Zeugen und Sachverständigen
ZTR	Zeitschrift für Tarif-, Arbeits- und Sozialrecht des öffentlichen Dienstes
zugl.	zugleich
ZUM	Zeitschrift für Urheber- und Medienrecht

Literaturverzeichnis

Lehrbücher, Kommentare und Monographien

Altmann/Fiebiger/Müller Mediation: Konfliktmanagement für moderne Unternehmen, 2. Aufl., 2001; **Alvensleben, v.** Die Rechte der Arbeitnehmer bei Betriebsübergang im Europäischen Gemeinschaftsrecht, 1992; **Andelewski** Staatliche Mindestarbeitsbedingungen, 2001; **Andresen** (Hrsg.) Altersteilzeit und Frühpensionierung, 3. Aufl., 2003; **Arbeitskreis** für Insolvenz- und Schiedsgerichtswesen (Hrsg.) Kölner Schrift zur Insolvenzordnung, 2. Aufl., 2000; **Ascheid** Beweislastfragen im Kündigungsschutzprozess, 1989 (zitiert: Beweislastfragen); **ders.** Kündigungsschutzrecht: die Kündigung des Arbeitsverhältnisses, 2. Aufl., 2003 (zitiert: Kündigungsschutzrecht); **ders.** Urteilsverfahren und Beschlussverfahren im Arbeitsrecht, 2. Aufl., 1998 (zitiert: Urteils- und Beschlussverfahren); **Ascheid/Bader/Dörner/Leinemann/Schütz/Stahlhacke/Wenzel** Gemeinschaftskommentar zum Arbeitsgerichtsgesetz, Loseblatt, Stand: 2003 (zitiert: GK-ArbGG/*Bearbeiter*); **Ascheid/Preis/Schmidt** Kündigungsrecht, Großkommentar, 2. Aufl., 2004 (zitiert: APS/*Bearbeiter*); **Bachner/Köstler/Matthießen/Trittin** Handbuch Arbeitsrecht bei Unternehmensumwandlung, 2. Aufl., 2003; **Baeck/Deutsch** Arbeitszeitgesetz, 1999; **v. Bar** Internationales Privatrecht, Bd. I, 2. Aufl., 2003; **Bartenbach/Volz** Kommentar zu den amtlichen Richtlinien für die Vergütung von Arbeitnehmererfindungen, 4. Aufl., 2002 (zitiert: Bartenbach/*Bearbeiter*); **Bauer** Arbeitsrechtliche Aufhebungsverträge, 7. Aufl., 2004; **ders.** Unternehmensveräußerung und Arbeitsrecht, 1983; **ders.** Kapitalerhaltung und Haftung des Kreditgebers bei der fremdfinanzierten Übernahme einer GmbH, Diss., 1999; **Bauer/Diller** Wettbewerbsverbote, 3. Aufl., 2002; **Baumbach/Hopt** Handelsgesetzbuch, Kommentar, 31. Aufl., 2003; **Baumbach/Lauterbach/Albers/Hartmann** Zivilprozessordnung, Kommentar, 62. Aufl., 2004 (zitiert: Baumbach/*Bearbeiter*); **Baumbach/Hueck** Kommentar zum GmbH-Gesetz, 17. Aufl., 2000; **Baumgärtel** Handbuch der Beweislast im Privatrecht, 2. Aufl., Band I: 1991, Band II: 1999 (zitiert: Baumgärtel/*Bearbeiter*); **Bazerman/Neale** Negotiating rationally, 1992; **Beck** Schöne neue Arbeitswelt, 1999; **Beck'sches Rechtsanwaltshandbuch** 1997/1998, 4. Aufl., 1997 (zitiert: Beck'sches Rechtsanwaltshandbuch/*Bearbeiter*, 1997/1998); 1999/2000, 6. Aufl., 1999 (zitiert: Beck'sches Rechtsanwaltshandbuch/*Bearbeiter*, 1999/2000); **Becker/Danne/Lang/Lipke/Mikosch/Steinwedel (Hrsg.)** Gemeinschaftskommentar zum Teilzeitarbeitsrecht, 1987 (zitiert: GK-TzA/*Bearbeiter*); **Becker/Etzel/Fischermeier/Friedrich/Lipke/Pfeiffer/Rost/Spilger/Weigand/Wolff** (Hrsg.) Gemeinschaftskommentar zum Kündigungsschutzgesetz und zu sonstigen kündigungsschutzrechtlichen Vorschriften, 6. Aufl., 2002 (zitiert: KR/*Bearbeiter*); **Becker/Höppner** DBA-Kommentar: Doppelbesteuerungsabkommen auf dem Gebiet der Steuern vom Einkommen und Vermögen, auf dem Gebiet der Erbschaftsteuer, Loseblatt Stand: 2002 (zitiert: Becker/Höppner/*Bearbeiter*); **Becker/Wulfgramm** Kommentar zum Arbeitnehmerüberlassungsgesetz, 3. Aufl., 1985; **Bengelsdorf** Aufhebungsvertrag und Abfindungsvereinbarungen, 3. Aufl., 1999; **Benkard-Bruchhausen** Patentgesetz und Gebrauchsmustergesetz, Kurzkommentar, 9. Aufl., 1993; **Berkel** Konfiktforschung und Konfiktbewältigung, Habil., 1984; **Berg/Heilmann/Schneider** Wahl des Betriebsrats, praxisorientierte Arbeitshilfe für Wahlvorstände und Betriebsräte, 3. Aufl., 2002; **Bergmann/Möhrle/Herb** Bundesdatenschutzgesetz, Datenschutzgesetze der Länder und Kirchen, bereichsspezifischer Datenschutz, Handkommentar, Loseblatt, Stand: 2003; **Berkowsky** Die Beteiligung des Betriebsrats bei Kündigungen, 1996; **ders.** Die betriebsbedingte Änderungskündigung, 2000; **ders.** Die betriebsbedingte Kündigung, 5. Aufl., 2002; **ders.** Die personen- und verhaltensbedingte Kündigung, 3. Aufl., 1997; **Berscheid/Kunz/Brand** Praxis des Arbeitsrechts, 2. Aufl., 2003 (zitiert: Berscheid/Kunz/Brand/*Bearbeiter* bzw. *Bearbeiter*, in: Berscheid/Kunz/Brand); **Besemer** Mediation – Vermittlung von Konflikten, Stiftung gewaltfreies Leben, 7. Aufl., 2000; **Blankenburg** (Hrsg.) Alternative Rechtsformen und Alternativen zum Recht, 1980; **Blankenburg/Simsa/Stock/Wolf** Mögliche Entwicklungen im Zusammenspiel von außer- und innergerichtlichen Konfliktregelungen, Speyerer Forschungsberichte 88, 1990; **Blomeyer/Otto** Kommentar zum Gesetz zur Verbesserung der betrieblichen Altersvorsorge, 3. Aufl., 2003; **Boecken** Unternehmensumwandlungen und Arbeitsrecht, 1996; **Boecken/Spieß** Vom Erwerbsleben in den Ruhestand, 2000; **Böhm/Spiertz/Sponer/Steinherr** BAT, Kommentar, Loseblatt, Stand: 2003;

Boemke/Lembke Arbeitnehmerüberlassungsgesetz, Kommentar, 2002, m. Nachtrag 2003; **Boewer** Brennpunkte des Arbeitsrechts, 1996; **Bopp** Kündigung und Kündigungsschutzprozess im Arbeitsrecht, 1980; **Borgmann/Haug** Anwaltshaftung, 4. Aufl., 2004; **Boudon/Michels** Skriptum Fachlehrgang Arbeitsrecht der Deutschen AnwaltAkademie, 1999; **Brandmüller** Der GmbH-Geschäftsführer im Gesellschafts-, Steuer-, und Sozialversicherungsrecht, 16. Aufl., 2004; **Braun/Rehberg/Göttlich/Mümmler** Kommentar zur BRAGO, 19. Aufl., 1997; **Breidenbach** Mediation für Juristen: Konfliktbehandlung ohne gerichtliche Entscheidung, 1997; **ders.** Mediation, Struktur, Chancen und Risiken von Vermittlung im Konflikt, 1995; **Breidenbach/Gäßler** Die Selbstverantwortung der Konfliktparteien, Lehrbrief Weiterbildendes Studium Mediation, FernUniversität Hagen, 1999; **Breslin/Rubin/Jeffrey** Negotiation Theory and Practice – The Program of Negotiation at Harvard Law School, 2. Aufl., 1993; **Bruse/Görg/Hamer** BAT und BAT-Ost (Bundesangestelltentarifvertrag), Kommentar für die Praxis, 2. Aufl., 1993 (zitiert: PK-BAT/Bearbeiter); **Buchner** Beschäftigungspflicht, 1989; **Buchner/Becker** Kommentar zum Mutterschutzgesetz und Bundeserziehungsgeldgesetz, 7. Aufl., 2003 (zitiert: *Buchner/Becker*, MuschG/BerzG); **Budde** Mediation in Betrieben und Verbänden, Lehrbrief Weiterbildendes Studium Mediation, FernUniversität Hagen, 1999; **dies.** Der Umgang mit Machtgefällen in der Mediation, Lehrbrief Weiterbildendes Studium Mediation, Fernuniversität Hagen, 1999; **Buschmann/Ulber** Arbeitszeitgesetz, Basiskommentar mit Nebengesetzen, 4. Aufl., 2004; **Busemann/Schäfer** Kündigung und Kündigungsschutz im Arbeitsverhältnis, 4. Aufl., 2002; **Buttler Einführung in die** betriebliche Altersversorgung, 3. Aufl., 2002; **Buzan** Use your Head, 2003; **Caspers** Personalabbau und Betriebsänderung im Insolvenzverfahren, Beiträge zum Insolvenzrecht Nr. 18, 1998; **Casse** The One Hour Negotiator, 1995; **Clemens/Scheuring/Steingen** Kommentar zum BAT, Loseblatt, Stand: 2003; **Commandeur** Betriebs-, Firmen- und Vermögensübernahme, 2. Aufl., 2002; **Dauner-Lieb/Heidel/Lepa/Ring** (Hrsg.) Anwaltkommentar Schuldrecht, 2002 (zitiert: AnwK-BGB/*Bearbeiter*); **Däubler** Das Arbeitsrecht, Band II, 15. Aufl., 1998; **ders.** Tarifvertragsrecht – Ein Handbuch, Arbeitsrecht und Sozialrecht, 4. Aufl., 1994; **ders.** (Hrsg.) Betriebsverfassungsgesetz mit Wahlordnung, Kommentar für die Praxis, 9. Aufl., 2004 (zitiert: Däubler/*Bearbeiter*); **Däubler/Kittner/Klebe** Betriebsverfassungsgesetz, 9. Aufl., 2004; **Dersch/Neumann** Kommentar zum Bundesurlaubsgesetz, 9. Aufl., 2003; **Dieterich/Müller-Glöge/Preis** (Hrsg.) Erfurter Kommentar zum Arbeitsrecht, 4. Aufl., 2004 (zitiert: ErfK/*Bearbeiter*); **Dietz** Freiheit und Bindung im kollektiven Arbeitsrecht, 1957; **Dietz/Nikisch** Das Arbeitsgerichtsgesetz, 1954–61; **Dietz/Richardi** Bundespersonalvertretungsgesetz, 1978; **Dikomey** Das ruhende Arbeitsverhältnis, Diss., Heidelberg 1991; **Donath** Die Betriebsaufspaltung, 1991; **Duwell/Lipke** (Hrsg.) Arbeitsgerichtsverfahren, 2000 (zitiert: ArbGV/*Bearbeiter*); **Dulabaum** Mediation, Das ABC. Die Kunst, in Konflikten erfolgreich zu vermitteln, 4. Aufl., 2003; **Ebenroth/Boujong/Joost** Kommentar zum Handelsgesetzbuch, 2001 (zitiert: *Bearbeiter*, in: *Ebenroth/Boujong/Joost*); **Edelmann** The Tao of Negotiation, 1993; **Erman/Westermann** (Hrsg.) Handkommentar zum BGB, 2 Bände, 11. Aufl. 2004 (zitiert: Erman/*Bearbeiter*); **Esser/Wolmerath** Mobbing, 5. Aufl., 2003; **Fabricius/Kraft/Wiese/Kreutz/Oetker/Raab/Weber** (Hrsg.) Gemeinschaftskommentar zum Betriebsverfassungsgesetz, 7. Aufl., 2002 (zitiert: GK-BetrVG/*Bearbeiter*); **Faure/Rubin** Culture and Negotiation, 1993; **Fischer** Die Richterhaftung, Diss., Köln 1973; **Fisher/Kopelman/Kupfer/Schneider** Jenseits von Machiavelli, 1995; **Fisher** International Conflict for Beginners; **Fisher/Brown** Gute Beziehungen, Frankfurt 1989; **Fisher/Ertel** Arbeitsbuch verhandeln, 1997; **Fisher/Ury/Patton** Getting to Yes: Negotiating Agreement without giving in, 2004; **dies.** Das Harvard-Konzept: Sachgerecht verhandeln – erfolgreich verhandeln, Übersetzt von Werner Raith, 19. Aufl., 2000; **Fitting/Engels/Schmidt/Trebinger/Linsenmaier** Betriebsverfassungsgesetz mit Wahlordnung, Handkommentar, 22. Aufl., 2004 (zitiert: *Fitting u.a.*); **Flick/Wassermeyer/Baumhoff,** Kommentar zum Außensteuerrecht, 6. Aufl., Loseblatt, Stand: 2003; **Franzen** Privatrechtsangleichung durch die Europäische Gemeinschaft, 1999; **Friedemann** Das Verfahren in der Einigungsstelle für Interessenausgleich und Sozialplan, 1997; **Fuchs** (Hrsg.) Kommentar zum Europäischen Sozialrecht, 3. Aufl., 2002; **Fromm/Nordemann** Kommentar zum Urheberrechtsgesetz und zum Urheberrechtswahrnehmungsgesetz mit den Texten der Urheberrechtsgesetze Österreichs und der Schweiz, 9. Aufl., 1998; **Gagel** SGB III, Arbeitsförderung, Kommentar, Loseblatt,

Stand: 2003; **Gagel/Vogt** Beendigung von Arbeitsverhältnissen, 5. Aufl., 1996; **Galperin/Löwisch** Kommentar zum Betriebsverfassungsgesetz, Band I und II, 6. Aufl., 1982; **Gamber** Konflikte und Aggressionen im Betrieb. Problemlösungen mit Übungen, Texten und Experimenten, 2. Aufl., 1995; **Gamillscheg** Internationales Arbeitsrecht, Berlin (u.a.) 1959; **ders.** Kollektives Arbeitsrecht, 2002; **Gaßner/Holznagel/Lahl** Mediation: Verhandlungen als Mittel der Konsensfindung bei Umweltstreitigkeiten, 1998; **Gaul** Der Betriebsübergang, 2. Aufl., 1993; **Gaul/Boewer** Aktuelles Arbeitsrecht, Bd. 1, 2002, Bd. 2, 2001; **Gaul/Gajewski** Die Betriebsänderung. Interessenausgleich, Sozialplangestaltung, Kündigung, Rechtsstellung leitender Angestellter, 1993; **Gebauer/Schneider** (Hrsg.) Anwaltkommentar BRAGO, 2002 (zitiert: AnwK-BRAGO/*Bearbeiter*); **Germelmann/Matthes/Prütting/Müller-Glöge** Kommentar zum Arbeitsgerichtsgesetz, 4. Aufl., 2002; **Gerold/Schmidt/v.Eicken** Bundesgebührenordnung für Rechtsanwälte, 15. Aufl., 2002; **Geyer/Knorr/Krasney** Entgeltfortzahlung, Krankengeld, Mutterschaftsgeld, Loseblatt, Stand: 2003; **Gift/Baur** Das Urteilsverfahren vor den Gerichten für Arbeitssachen, 1993 (zitiert: Das Urteilsverfahren); **Gilles** Die Richterhaftung nach § 839 Abs. 2 BGB, Diss., Köln 1936; **Glasl** Konfliktmanagement, Diagnose von Konflikten in Organisationen, 5. Aufl., 1980; **ders.** Selbsthilfe in Konflikten, 3. Aufl., 2002; **Gnade/Kehrmann/Schneider/Blanke/Klebe** Betriebsverfassungsgesetz, Basiskommentar, 10. Aufl., 2003 (zitiert: Gnade/Kehrmann/Schneider/Blanke/Klebe/*Bearbeiter*); **Gnann/Gerauer** Arbeitsvertrag bei Auslandsentsendung, 2. Aufl., 2002; **Golann** Mediating Legal Disputes, 1999; **Goldberg/Sander/Rogers/Cole** Dispute Resolution, 2003; **Gotthardt** Arbeitsrecht nach der Schuldrechtsreform, 2. Aufl., 2003; **Gottwald** (Hrsg.) Insolvenzrechts-Handbuch, 2. Aufl., 2001; **Gottwald/Strempel** Streitschlichtung: rechtsvergleichende Beiträge zur außergerichtlichen Streitbeilegung, 1995; **Gottwald/Strempel/Beckedorff/Linke** (Hrsg.) Außergerichtliche Konfliktregelung für Anwälte und Notare, Loseblatt (Grundwerk 1997); **Graßhoff** Grundrechtsschutz durch die rechtsprechende Gewalt. Die maßgebliche Rolle des Bundesverfassungsgerichts, in: Alexy & Laux, 50 Jahre Grundgesetz, 2000; **Griebeling G./Griebeling, S.** Betriebliche Altersversorgung, 2. Aufl., 2003; **Groß** Das Anstellungsverhältnis des GmbH-Geschäftsführers im Zivil-, Arbeits-, Sozialversicherungs- und Steuerrecht, 1987; **Grotmann-Höfling** Strukturanalyse des arbeitsgerichtlichen Rechtsschutzes, 1995; **Grüll/Janert** Die Konkurrenzklausel: das vertragliche Wettbewerbsverbot des Arbeitnehmers, Geschäftsführers und Handelsvertreters, 5. Aufl., 1993; **Grunsky** Kommentar zum Arbeitsgerichtsgesetz, 7. Aufl., 1995 (zitiert: *Grunsky*, ArbGG); **ders.** Das Arbeitsverhältnis im Konkurs- und Vergleichsverfahren, RWS-Skript Nr. 86, 1997; **Grunsky/Moll** Arbeitsrecht und Insolvenz, RWS-Skript Nr. 289, 1997; **Gussen** Die Fortgeltung von Betriebsvereinbarungen und Tarifverträgen beim Betriebsübergang, 1989; **Gussen/Dauck** Die Weitergeltung von Betriebsvereinbarungen und Tarifverträgen bei Betriebsübergang und Umwandlung, 2. Aufl., 1997; **Haarmeyer/Wutzke/Förster** Handbuch zur Insolvenzordnung, 3. Aufl., 2001; **Haas** Die Auswirkungen des Betriebsübergangs insbesondere bei der Fusion von Kapitalgesellschaften auf Betriebsvereinbarungen, Diss., Mainz 1994; **Hachenburg** GmbHG, Großkommentar, 8. Aufl., 1997 (Hachenburg/*Bearbeiter*); **Haft** Verhandeln – Die Alternative zum Rechtsstreit, 1992 (zitiert: *Haft*, Verhandeln); **ders.** Verhandlung und Mediation, 2. Aufl., 2000 (zitiert: *Haft*, Verhandlung und Mediation); **ders.** Verhandeln 1 und 2, Lehrbrief weiterbildendes Studium Mediation, FernUniversität Hagen, 1999; **Hahn/Taylor** Strategische Unternehmensplanung, Strategische Unternehmensführung: Stand und Entwicklungstendenzen, 1992; **Hanau/Schaub** Arbeitsrecht 1997, RWS-Forum 11, 1998; **Hanau/Ulmer** Mitbestimmungsgesetz, Kurzkommentar, München 1981 (zitiert: *Hanau/Ulmer*, MitbestG); **Hannich/Meyer-Seitz** ZPO-Reform, 2002; **Hansens** Kommentar zur Bundesgebührenordnung für Rechtsanwälte, 8. Aufl., 1996; **Harbauer** Rechtsschutzversicherung, ARB-Kommentar, 7. Aufl., 2004; **Hartmann** Kostengesetze, Kurzkommentar, 31. Aufl., 2002; **Hauck/Helml** Kommentar zum Arbeitsgerichtsgesetz, 2. Aufl., 2003; **Hauck/Noftz** SGB III, Loseblatt, Stand: August 2004; **Hefermehl** Kommentar zum Aktiengesetz, 33. Aufl., 2001 (zitiert: *Bearbeiter*, in: *Hefermehl*, AktG); **Heidel/Pauly/Amend** AnwaltFormulare: Schriftsätze, Verträge, Erläuterungen, 4. Aufl., 2003; **Heidelberger Kommentar zum Kündigungsschutzgesetz**, 4. Aufl., 2000 (zitiert: HK-*Bearbeiter*); **Heither** Ergänzende Altersvorsorge durch Direktversicherung nach Gehaltsumwandlung, Diss., Göttingen 1997; **Henssler/Koch** Mediation in der Anwaltspraxis, 1. Aufl., 2000, 2. Aufl., 2004;

Henssler/Moll Kölner Tage des Arbeitsrechts, Kündigung und Kündigungsschutz in der betrieblichen Praxis, 2000 (zitiert: *Bearbeiter*, in: *Hensler/Moll*); **Henssler/Willemsen/Kalb** (Hrsg.) Arbeitsrecht Kommentar, 2004 (zitiert: HWK/*Bearbeiter*); **Herbst/Reiter/Schindele** Handbuch zum arbeitsgerichtlichen Beschlussverfahren, 1994; **Hess** Kommentar zur Insolvenzordnung und EGInsO, 3 Bände, 2. Aufl., 2001; **ders.** Insolvenzarbeitsrecht (KO, GesO, InsO), 2. Aufl., 2000; **ders.** Kommentar zur InsO mit EGInsO, 1995; **Hess/Schlochauer/Worzalla/Glock** Kommentar zum Betriebsverfassungsgesetz, 6. Aufl., 2003; **Hesse/Schrader** Krieg im Büro. Konflikte am Arbeitsplatz und wie man sie löst, 2000; **Heussen** Handbuch Vertragsverhandlung und Vertragsmanagement, 2. Aufl., 2002; **Heymann/Henssler** HGB Kommentar, 1989; **Hill** Kommentar zum BetrAVG, 1995; **Hillach** Handbuch des Streitwerts in Zivilsachen, 9. Aufl., 1995; **Höfer/Reiners/Wüst** Gesetz zur Verbesserung der betrieblichen Altersvorsorge, Kommentar, Loseblatt, Band I, Stand: 2003 (zitiert: *Höfer*, BetrAVG); **Hohn** Arbeits- und Dienstverträge für Geschäftsführer und leitende Angestellte, 6. Aufl., 1995; **Hohn/Romanovszky** Vorteilhafte Arbeitsverträge: Vertragsmuster und Winke für die Praxis bei der Begründung, Gestaltung und Beendigung von Arbeitsverhältnissen, 5. Aufl., 1994; **Holthausen** Betriebliche Personalpolitik und unternehmerische Entscheidungsfreiheit, Diss., Köln 2003; **Hoppe** Die Entsendung von Arbeitnehmern ins Ausland, Diss., München 1998; **v. Hoyningen-Huene/Boemke** Die Versetzung, 1991; **v. Hoyningen-Huene/Linck** Kündigungsschutzgesetz, Kommentar, 13. Aufl., 2002; **Hueck** Die Betriebsvereinbarung, 1952; **Hueck/Nipperdey** Lehrbuch des Arbeitsrechts, 7. Aufl., Band 1: 1963, Band 2, 1. Halbband: 1967, 2. Halbband: 1970; **Hüffer** Aktiengesetz, Kommentar, 6. Aufl., 2004 (zitiert: *Hüffer*, AktG); **Hümmerich** AnwaltFormulare Arbeitsrecht, 5. Aufl., 2004 (zitiert: *Hümmerich*, AnwaltFormulare Arbeitsrecht); **ders.** Einvernehmliche Beendigung von Arbeitsverhältnissen, 1999 (zitiert: *Hümmerich*, Einvernehmliche Beendigung); **ders.** Kündigung von Arbeitsverhältnissen, 1999 (zitiert: *Hümmerich*, Kündigung); **Hümmerich/Gola** Personaldatenrecht im Arbeitsrecht, 1985; **Humle/Sasse** Schwierige Mitarbeitergespräche erfolgreich führen. Ein Leitfaden für Vorgesetzte, 1998; **Hurlebaus** Berufsbildungsgesetz, Kommentar, Loseblatt, Stand: 1999 (zitiert: *Hurlebaus*, BBiG); **Jacobi** Er, der nicht mehr einstellt, 1999; **Jacobi** Grundlehren, Leipzig 1927; **Jaeger/Luckey** Das neue Schadensersatzrecht, 2002; **Janisch** Das strategische Anspruchsgruppenmanagement: Vom Shareholder Value zum Stakeholder Value, 1993; **Janke** Das tarifliche Schlichtungswesen in der Druckindustrie, Diss., Leipzig 2000; **Jung** Das Übergangsmandat des Betriebsrats, 1999; **Junker** Internationales Arbeitsrecht im Konzern, 1992; **Kallmeyer** Umwandlungsgesetz, Kommentar, 2. Aufl., 2001; **Kammerer** Personalakte und Abmahnung, 3. Aufl., 2001; **Kaufmann** Arbeitnehmerüberlassung, RWS-Skript 294, 1998; **Keller/Kren/Kostkiewicz** Kommentar zum Bundesgesetz über das Internationale Privatrecht (IPRG) vom 01.01.1989, 1993; **Kempen/Zachert** Tarifvertragsgesetz, 3. Aufl., 1997; **Kellner** Konflikte verstehen, verhindern, lösen. Konfliktmanagement für Führungskräfte, 2000; **Kiel/Koch** Die betriebsbedingte Kündigung, 2000; **Kilger/Schmidt** Konkursordnung und Gesamtvollstreckung, 17. Aufl., 1997; **Kirchhof/Lwowski/Stürner** (Hrsg.), Münchener Kommentar zur Insolvenzordnung, Band 1 §§ 1–102 InsO, InsVV; Band 2 §§ 103–269, 2002 (zitiert MüKo-InsO/*Bearbeiter*); **Kissel,** Arbeitskampfrecht, 2002; **Kittner/Däubler/Zwanziger** Kündigungsschutzrecht, Kommentar für die Praxis zu Kündigungen und anderen Formen der Beendigung des Arbeitsverhältnisses, 6. Aufl., 2004; **Kittner/Zwanziger** Arbeitsrecht, Handbuch für die Praxis, 2. Aufl., 2003; **Klebert/Schrader/Straub** KurzModeration, 2. Aufl., 2003; **Kleinebrink** Abmahnung, 2. Aufl., 2003; **Knigge/Ketelsen/Marschall/Wittrock** Kommentar zum Arbeitsförderungsgesetz, 2. Aufl., 1988; **Koberski/Asshoff/Hold** Arbeitnehmer-Entsendegesetz, 2. Aufl., 2002; **Kramer** Kündigungsvereinbarungen im Arbeitsvertrag, 1994 (zugl. Diss., Köln 1994); **Kreitner** Kündigungsrechtliche Probleme beim Betriebsinhaberwechsel, 1989; **Krieger** Personalentscheidungen des Aufsichtsrats, 1981 (zugl. Diss., Bonn 1980); **Kübler/Prütting** Das neue Insolvenzrecht, RWS-Dokumentation 18: Insolvenzordnung, Einführungsgesetz zur Insolvenzordnung, Band I, 1994 (zitiert: Kübler/Prütting/*Bearbeiter*); **Kuhn** Konkursordnung, Kommentar, 11. Aufl., 1994; **Küttner** (Hrsg.) Personalbuch 2004: Arbeitsrecht – Lohnsteuerrecht – Sozialversicherungsrecht., 11. Aufl., 2004 (zitiert: Küttner/*Bearbeiter*); **Langer** Gesetzliche und vereinbarte Ausschlussfristen im Arbeitsrecht, München 1993; **Larenz** Methodenlehre der Rechtswissenschaft, 6. Aufl., 1991; **Leibholz/Rupprecht** Bundesverfassungsgerichtsgesetz,

Kommentar, 1968, mit Nachtrag 1971; **Leinemann** (Hrsg.) Kasseler Handbuch zum Arbeitsrecht, 2 Bände, 2. Aufl., 2000 (zitiert: KassArbR/*Bearbeiter*); **Leinemann/Linck** Urlaubsrecht, 2. Aufl., 2001; **Leinemann/Wagner/Worzalla** (Hrsg.) Handbuch des Fachanwalts Arbeitsrecht, 4. Aufl., 2004; **Lepke** Kündigung bei Krankheit, 10. Aufl., 2000; **Lewicky/Saunders/Minton** Essentials of Negotiation, 2. Aufl., 2000; **Leymann** Der neue Mobbing-Bericht, 1995; **Lumma** Strategien der Konfliktlösung. Betriebliches Verhaltenstraining in Theorie und Praxis, 2. Aufl., 1992; **Löwisch** Kommentar zum Kündigungsschutzgesetz, 9. Aufl., 2004 (zitiert: Löwisch/*Bearbeiter*); **ders.** Arbeitskampf und Schlichtungsrecht, Schriften zur Arbeitsrecht-Battei, 1997; **Löwisch/Kaiser** Betriebsverfassungsgesetz, Kommentar, 5. Aufl., 2002; **Löwisch/Rieble** Tarifvertragsgesetz, Kommentar, 1992; **Lorenz** Kommentar zum Jugendarbeitsschutzgesetz, 2002; **Lüders** Die Haftung der Richter bei Urteilen, Diss., Göttingen 1930; **Lutter** (Hrsg.) Kölner Umwandlungsrechtstage: Verschmelzung – Spaltung – Formwechsel nach neuem Umwandlungsrecht und Umwandlungssteuerrecht, 1998 (zitiert: Lutter/*Bearbeiter*); **ders.** Umwandlungsgesetz, Kommentar, 2. Aufl., 2000 (zitiert: Lutter/*Bearbeiter*, UmwG); **Lutter/Hommelhoff** GmbH-Gesetz, Kommentar, 16. Aufl., 2004 (zitiert: *Lutter/Hommelhoff*, GmbHG); **Madert** Anwaltsgebühren in Zivilsachen, 4. Aufl., 2000; **Mahlmann** Konflikte managen. Psychologische Grundlagen, Modelle, Fallstudien, 2. Aufl., 2001; **Markl/Meyer** Gerichtskostengesetz, Kommentar, 5. Aufl., 2003; **Masing** Betriebliche Altersversorgung in der Unternehmensspaltung, Diss., 1995; **Maurer** Allgemeines Verwaltungsrecht, 14. Aufl., 2002; **Meier** Streitwerte im Arbeitsrecht, 2. Aufl., 2000; **Meisel** Arbeitsrecht für die betriebliche Praxis, 10. Aufl., 2002; **Meisel/Sowka** Mutterschutz und Erziehungsurlaub, 5. Aufl., 1999; **Mengel** Umwandlung im Arbeitsrecht, 1997; **Mertens** Umwandlung und Universalsukzession, 1993; **Mettenheimer** Arbeitsmaterialien des Management Cycle Workshops zur Konferenz Mitarbeiter-Beteiligungsmodelle; **Möhring/Nicolini** Urheberrechtsgesetz, Kommentar, 2. Aufl., 2000; **Molitor/Volmer/Germelmann** Jugendarbeitschutzgesetz, 3. Aufl., 1999; **Müller/Bauer** Der Anwalt vor den Arbeitsgerichten, Ein Handbuch, 3. Aufl., 1991; **Münchener Handbuch zum Arbeitsrecht**, Band 1, Individualarbeitsrecht I, Band 2: Individualarbeitsrecht II, Band 3: Kollektives Arbeitsrecht, 2. Aufl., 2000 (zitiert: MünchArbR/*Bearbeiter*); **Natzel** Die Betriebszugehörigkeit im Arbeitsrecht, 2000; **Neef/Schrader** Arbeitsrechtliche Neuerungen im Insolvenzfall, 2001; **Nerlich** Insolvenzordnung, Kommentar, Loseblatt, Stand: 2004; **Neumann/Biebl** Arbeitszeitgesetz, 13. Aufl., 2001; **Niesel** Sozialgesetzbuch, Arbeitsförderung (SGB III), Kommentar, 2. Aufl., 2002 (zitiert: Niesel/*Bearbeiter*); **ders.** (Hrsg.) Kasseler Kommentar zum Sozialversicherungsrecht, Loseblatt, Stand: 2003 (zitiert: KassKomm/*Bearbeiter*); **Notz** Zulässigkeit und Grenzen ärztlicher Untersuchungen von Arbeitnehmern, 1991 (zugl. Diss., Frankfurt/Main 1990); **Oberheim** Die Reform des Zivilprozesses, 2001; **Obermüller** Kommentar zur Gewerbesteuer, zum Gewerbebesteuerungsgesetz, zur Gewerbedurchführungsverordnung, zu den Gewerberichtlinienverwaltungsvorschriften, Loseblatt, Stand: 1995; **Ostrowicz/Künzl/Schäfer** Der Arbeitsgerichtsprozess, 2. Aufl., 2002; **Palandt** Kommentar zum Bürgerlichen Gesetzbuch, 63. Aufl., 2004 (zitiert: Palandt/*Bearbeiter*); **Picot** Unternehmenskauf und Restrukturierung, 3. Aufl., 2004; **Beck'sches Personalhandbuch** Arbeitsrecht, Lohnsteuerrecht, Sozialversicherungsrecht, Loseblatt, Stand: 2003; **Ponschab/Schweizer** Kooperation statt Konfrontation, Neue Wege anwaltlichen Handelns, 1997; **Precklein** Prüfungsmaßstab bei der Änderungskündigung, 1995; **Preis** Der Arbeitsvertrag, 2002; **ders.** Grundfragen der Vertragsgestaltung im Arbeitsrecht, 1993; **Prünnel/Isenhardt** Die Einigungsstelle des BetrVG 1972, 4. Aufl., 1997; **Quander** Betriebsinhaberwechsel bei Gesamtrechtsnachfolge, 1990 (zugl. Diss., Konstanz 1989); **Rabe von Pappenheim** Handbuch Außergerichtliche Streitbeilegung, 1998; **Raiffa** The Art and Science of Negotiation, 1985; **Rappaport** Creating Shareholder Value, New York u.a..1998; **ders.** Shareholder Value: Wertsteigerung als Maßstab für die Unternehmensführung, 1995; **Rebmann/Säcker** (Hrsg.) Münchener Kommentar zum Bürgerlichen Gesetzbuch, Band 4: §§ 607–704 BGB, 4. Aufl., 2000 (zitiert:MüKo-BGB/*Bearbeiter*); **Reck/Long** The Win-Win Negotiation, 1987; **Rehbinder** Urheberrecht, 13. Aufl., 2004; **Reinfeld** Das nachvertraglicheWettbewerbsverbot im Arbeits- und Wirtschaftrecht, 1993 (zugl. Diss. Köln 1991/92); **Reithmann/Martiny** Internationales Vertragsrecht, 6. Aufl., 2004; **Richardi** Kommentar zum Betriebsverfassungsgesetz, 9. Aufl., 2004; **ders.** Arbeitsrecht in der Kirche, 4. Aufl., 2003; **Riedel/Sußbauer** Bundesgebührenordnung für Rechtsanwälte, Kommentar, 8. Aufl., 2000; **Rieder** (Hrsg.) Betriebsübergang (§ 613a BGB), 1994 (zitiert: Rieder/*Bearbeiter*, Betriebsübergang); **ders.** (Hrsg.) Die Zukunft der Arbeitswelt, 1995 (zitiert: *Bearbeiter*, in: *Rieder*, Arbeitswelt); **ders.** (Hrsg.) Rechtsfragen im angestellten Außendienst, 2001 (zitiert: *Bearbeiter*, in: *Rieder*, Außendienst); **Röder/Baeck** Interessenausgleich und Sozialplan, 3. Aufl., 2001; **Röhsler/Borrmann** Wettbewerbsbeschränkungen für Arbeitnehmer und Handelsvertreter, 1981; **Roggendorf** Arbeitszeitgesetz, 1994; **Rosenberg/Gaul/Schilken** Zwangsvollstreckungsrecht, 11. Aufl., 1997; **Rosenfelder** Das neue Beschäftigungsförderungsgesetz (BeschFG 1985), 1985; **Rozicki** The Creative Negotiator, 1992; **Ruoff** Arbeitsmaterialien des Management Cycle Workshops zur Konferenz Mitarbeiter-Beteiligungsmodelle; **Säcker** Gruppenautonomie und Übermachtkontrolle im Arbeitsrecht, 1972; **Sandmann/Marschall/Schneider** Arbeitnehmerüberlassungsgesetz, Kommentar, Loseblatt, Stand: 2003; **Schaefer** Anwaltsgebühren im Arbeitsrecht, 2000; **Schalle** Der Bestandsschutz der Arbeitsverhältnisse bei Unternehmensumwandlungen, 1999; **Schaub** Arbeitsrechts-Handbuch, 10. Aufl., 2002 (zitiert: Schaub/*Bearbeiter*, Arbeitsrechts-Handbuch); **ders.** Arbeitsrechtliche Formularsammlung und Arbeitsgerichtsverfahren, 8. Aufl., 2004 (zitiert: *Schaub*, Formularsammlung); **Schaub/Schindele** Kurzarbeit, Massenentlassung, Sozialplan, 2. Aufl., 2004; **Schlegelberger/Schröder** Handelsgesetzbuch, Band 2, 5. Aufl., 1973; **Schleßmann** Das Arbeitszeugnis: Zeugnisrecht, Zeugnissprache, Bausteine, Muster, 17. Aufl., 2004; **Schliemann** Arbeitszeitgesetz, Kommentar, Loseblatt, Stand: 2002; **ders.** (Hrsg.) Das Arbeitsrecht im BGB, 2. Aufl., 2002 (zitiert: Schliemann/*Bearbeiter*); **Schliemann/Meyer** Arbeitszeitrecht, 2. Aufl., 2000; **Schlüpers-Oehmen** Betriebsverfassung bei Auslandstätigkeit, ein Beitrag zum internationalen Betriebsverfassungsrecht, 1984; **Schmatz/Fischwasser** Vergütung der Arbeitnehmer bei Krankheit und Mutterschaft, Loseblatt, Stand: 1996; **Schmidt, L.** Einkommensteuergesetz, Kommentar, 23. Aufl., 2004 (zitiert: Schmidt/*Bearbeiter*); **Schmidt, K.** Gesellschaftsrecht, 4. Aufl., 2002; **Schmidt, B./Schwerdtner** Scheinselbständigkeit Arbeitsrecht – Sozialrecht, 2. Aufl., 2000; **Schmitt** Entgeltfortzahlungsgesetz, Kommentar, 4. Aufl., 1999; **Schmitt/Hörtnagl/Stratz** Umwandlungsgesetz, Umwandlungssteuergesetz, Kommentar, 3. Aufl., 2001; **Schneider/Herget** Streitwert-Kommentar für den Zivilprozess, 11. Aufl., 2004; **Schneider/Mock** Das neue Gebührenrecht für Anwälte, 2004; **Schönholz** Alternativen im Gerichtsverfahren, zur Konfliktlösung vor dem Arbeitsgericht unter besonderer Berücksichtigung des Prozessvergleichs, 1984; **Scholz** GmbH-Gesetz, Kommentar 9. Aufl., 2000 (zitiert: Scholz/*Bearbeiter*); **Schricker/Rojahn** Urheberrecht, Kommentar, 2. Aufl., 1999; **Schröer** Arbeitgeberhaftung bei der Spaltung von Rechtsträgern, 2001; **Schüren** Arbeitnehmerüberlassungsgesetz, 2. Aufl, 2003; **Schulz** Alles über Arbeitszeugnisse, 7. Aufl., 2003; **Schulz von Thun** Miteinander Reden Teil 1/2, 3. Aufl., 2001; **Schulz von Thun/Thomann** Klärungshilfe, 2003; **Schulze** Materialien zum Urheberrechtsgesetz, 3. Aufl., 2003; **Schütz/Hauck** Gesetzliches und tarifliches Urlaubsrecht, 1999; **Schwab/Walter** Schiedsgerichtsbarkeit, Kommentar, 6. Aufl., 2000; **Schweibert** Umstrukturierung und Übertragung von Unternehmen, 2. Aufl., 2003; **Schwerdtner** (Hrsg.) Brennpunkte des Arbeitsrechts, 2001; **Seiter** Betriebsinhaberwechsel, 1980; **Singer** Settling Disputes, 1994; **Sloikau** When push comes to shore, 1996; **Smid** (Hrsg.) Kommentar zur Insolvenzordnung, 2. Aufl., 2001; **Soergel** Kommentar zum bürgerlichen Gesetzbuch mit Einführungsgesetz und Nebengesetzen, Band 10, Einführungsgesetz, 13. Aufl., 1999; **Spirolke** Der Betriebsübergang nach § 613a BGB im neuen Umwandlungsgesetz, Diss., Bonn 1998; **Spirolke/Regh** Die Änderungskündigung, 2004; **Stahlhacke/Bachmann/Bleistein/Berscheid** (Hrsg.) Gemeinschaftskommentar zum Bundesurlaubsgesetz, 5. Aufl., 1992 (zitiert: GK-BUrlG/*Bearbeiter*); **Stahlhacke/Preis/Vossen** Kündigung und Kündigungsschutz im Arbeitsverhältnis, 8. Aufl., 2002; **Staudinger** Bürgerliches Gesetzbuch §§ 611–615 BGB, 13. Aufl., 1999, §§ 616–630 BGB, 14. Neubearb., 2002 (zitiert: Staudinger/*Bearbeiter*); **Stege/Weinspach/Schiefer** Betriebsverfassungsrecht – Handkommentar für die betriebliche Praxis, 9. Aufl., 2002; **Stein/Jonas/Grunsky** Kommentar zur Zivilprozessordnung, 22. Aufl., 2004 (zitiert: *Stein/Jonas*); **v. Steinau-Steinrück** Haftungsrechtlicher Arbeitnehmerschutz bei der Betriebsaufspaltung, Diss., Berlin 1996; **Steindorf/Regh** Beck'sches Mandatshandbuch, Arbeitsrecht in der Insolvenz, 2002; **Susskind** Breaking the Impas, New Goldberg, Konfliktmanagement, 1991; **Tipke/Kruse** Abgabenordnung mit Finanzgerichtsordnung, 25. Aufl., 2001 (zitiert:

Bearbeiter, in: *Tipke/Kruse*); **Thomas/Putzo** Zivilprozessordnung, Kommentar, 25. Aufl., 2003; **Tschöpe** (Hrsg.) Anwalts-Handbuch Arbeitsrecht, 3. Aufl., 2003 (zitiert: Tschöpe/*Bearbeiter*); **Ulber** Arbeitnehmerüberlassungsgesetz und Arbeitnehmer-Entsendegesetz, 2. Aufl., 2002; **Ulmer** Kommentar zum AGB-Gesetz, 9. Aufl., 2001; **Umbach** (Hrsg.) Bundesverfassungsgerichtsgesetz: Mitarbeiterkommentar und Handbuch, 1992 (zitiert: Umbach/*Bearbeiter*); **Ury** Getting to Peace, 1999; **Ury/Goldberg/Brett** Konfliktmanagement, 1996; **Volmer/Gaul** Kommentar zum Arbeitnehmerfindungsgesetz, 2. Aufl., 1983; **Vogel/Lehner** Doppelbesteuerungsabkommen der Bundesrepublik Deutschland auf dem Gebiet der Steuern von Einkommen und Vermögen, Kommentar, 4. Aufl., 2003; **Wackerbarth** Entgelt für Betriebstreue, Diss., Köln 1996; **Wagner** Die Besonderheiten beim Arbeitsverhältnis des Handlungsgehilfen, Diss., Heidelberg 1993; **Wank** Arbeitnehmer und Selbständige, Habil., Köln 1988; **Weber/Ehrich** Einigungsstelle, 1999; **Weber/Ehrich/Burmester** Handbuch der arbeitsrechtlichen Aufhebungsverträge, 4. Aufl., 2004; **Weyand** Die tariflichen Ausschlussfristen in Arbeitsstreitigkeiten, 1992; **Wiedemann** (Hrsg.) Tarifvertragsgesetz, 6. Aufl., 1999; **Wiedemann/Stumpf** Tarifvertragsgesetz, 5. Aufl., 1977 (zitiert: *Wiedemann/Stumpf*, TVG); **Willemsen/Hohenstatt/Schweibert** (Hrsg.) Umstrukturierung und Übertragung von Unternehmen, 2. Aufl., 2003; **Wimmer** Frankfurter Kommentar zur Insolvenzordnung, 3. Aufl., 2002 (zitiert: FK); **Windbichler** Arbeitsrecht im Konzern, Habil., München 1989; **Wlotzke** Das Günstigkeitsprinzip im Verhältnis des Tarifvertrags zum Einzelarbeitsvertrag und zur Betriebsvereinbarung, 1957; **Worzalla/Süllwald** Kommentar zur Entgeltfortzahlung, 2. Aufl., 1999; **Zmarzlik/Anzinger** Kommentar zum Arbeitszeitgesetz, 1995; **Zmarzlik/Anzinger** Jugendarbeitsschutzgesetz, Kommentar, 5. Aufl., 1998; **Zmarzlik/Zipperer/Viethen** Kommentar zum Mutterschutzgesetz, zu den Mutterschaftsleistungen und zum Bundesgelderziehungsgesetz, 8. Aufl., 1999; **Zöller** Zivilprozessordnung, Kommentar, 24. Aufl., 2004 (zitiert: Zöller/*Bearbeiter*); **Zöllner** (Hrsg.) Kölner Kommentar zum Aktiengesetz, 2. Aufl., 1988–1995 (zitiert: KölnKomm/*Bearbeiter*); **Zöllner/Loritz** Arbeitsrecht, 5. Aufl., 1998; **Zwanziger** Das Arbeitsrecht der Insolvenzordnung, Kommentar, 2. Aufl., 2002.

Festschriften

Festschrift Arbeitsrecht und Arbeitsgerichtsbarkeit, Bilanz und Perspektive an der Schwelle zum Jahr 2000, 1999; Festschrift 25 Jahre Bundesarbeitsgericht, 1979; Festschrift für Claussen, 1997; Festschrift für Hanau, 1999; Festschrift für Förster, 2001; Festschrift für Wolfram Henckel, 1995; Festschrift für Hilger/Stumpf, 1983; Festschrift für Kissel, 1994; Festschrift für Lüke, 1997; Festschrift für Molitor, 1988; Festschrift für Richardi, Tarifliches Günstigkeitsprinzip und Arbeitsvertragsfreiheit, 2003; Festschrift für Schaub, 1998; Festschrift für Schricker, 1995; Festschrift für Semmler, 1993; Festschrift für Sitzler, 1956; Festschrift für Stimpel, 1985; Festschrift für Werner, 1984; Festschrift für Wiese, 1998; Festschrift für Otfried Wlotzke, 1996; Festschrift für Zeuner, 1994.

§ 1 Anwalt und Arbeitsrecht

Inhalt

A. Die Tätigkeitsfelder des Arbeitsrechtsanwalts

1 »Arbeitsrecht ist alles andere als eine trockene Materie. Wer sich damit beschäftigt, hat nicht nur immer *mit* Menschen zu tun, sondern es geht auch grundsätzlich *um* Menschen.«[1] Dabei bietet das Arbeitsrecht zahlreiche Rollen, in denen der Rechtsanwalt Menschen zur Seite stehen kann.

2 Die hergebrachte traditionelle Rolle wird als **Interessenvertreter am Arbeitsgericht** verstanden. Mal vertritt der Arbeitsrechtsanwalt den Arbeitnehmer oder Arbeitgeber im Urteilsverfahren. Weiterhin in seiner traditionellen Rolle zu Hause ist er als Beteiligtenvertreter im Beschlussverfahren, wenn er entweder für die Arbeitgeberseite, für den Betriebsrat, für eine Gewerkschaft oder für eine Naturalpartei tätig wird. Die forensische Tätigkeit des Arbeitsrechtsanwalts macht bei den meisten Fachanwälten heute noch höchstens 1/3 ihrer Dienstleistung aus.

3 Weitaus häufiger wird der Anwalt im **außergerichtlichen Bereich** konsultiert, so von Arbeitgebern, die sich wegen anstehender Personalmaßnahmen beraten lassen. Da mag es um die Vorbereitung einer Kündigung, um den Entwurf eines Arbeitsvertrages oder um die Erarbeitung einer Betriebsvereinbarung gehen. Zu den gleichen thematischen Gegenständen wird der Anwalt für den Arbeitnehmer oder für einen Betriebsrat tätig. Betriebsräte, meist fachlich dem Arbeitgeber unterlegen, haben einen hohen außergerichtlichen Beratungsbedarf und können einen Rechtsanwalt als Sachverständigen gem. § 80 Abs. 3 BetrVG oder als Berater beim Aushandeln von Interessenausgleich und Sozialplan gem. § 111 Satz 2 BetrVG hinzuziehen.[2]

4 Die Honorierung der anwaltlichen Tätigkeit als Sachverständiger für den Betriebsrat ist häufig unbefriedigend. Der Betriebsrat muss zunächst nach § 80 Abs. 3 BetrVG mit dem Arbeitgeber eine Vereinbarung über die Hinzuziehung des Sachverständigen und seine Honorierung treffen. Lehnt der Arbeitgeber ab, ist zunächst das arbeitsgerichtliche Beschlussverfahren durchzuführen, bevor der Sachverständige seine Tätigkeit aufnehmen kann. Dabei gerät der Betriebsrat verschiedentlich derart unter Zeitdruck, dass sich die Sachverständigen-Hilfe bis zum manchmal Monate dauernden Gerichtstermin erübrigt. Selbst wenn der Betriebsrat konsequent an der Inanspruchnahme eines Sachverständigen festgehalten hat und sich eine positive richterliche Entscheidung dem Grunde nach abzeichnet, muss mit einer restriktiven Haltung des Gerichts bei der Höhe des zugebilligten anwaltlichen Honorars gerechnet werden. Arbeitsgerichte sind von einem missionarischen Eifer getrieben, den Arbeitgeber durch die Tätigkeit des Anwalts finanziell nicht zu sehr zu belasten. Dieser Motivation gesellt sich hinzu, dass Richter den anwaltlichen Aufwand bei der Bearbeitung betriebsverfassungsrechtlicher Mandate unterschätzen.[3] Sachverständigentätigkeit und Interessenvertretung für Betriebsräte ist aus anwaltlicher Sicht ein mühseliges, weil ökonomisch unbefriedigendes Unterfangen.

5 Ein weites Tätigkeitsfeld des Arbeitsrechtsanwalts erschließt sich im Zusammenhang mit **Personalkonflikten**, insbesondere bei der Beendigung von Arbeitsverhältnissen. Fachkenntnisse und Verhandlungsgeschick, Kreativität und Fähigkeiten im Umgang mit Menschen sind auf diesem Feld gefragt. Der Anwalt des Unternehmens wird sich verschiedentlich vor Ort aufhalten, er wird zu Konferenzen laden oder eingeladen sein, und manchmal auch zu Tochtergesellschaften im In- und Ausland reisen, um die Verhandlungen in einem günstigen Augenblick und in vertrauter Umgebung zum Abschluss zu bringen.

6 Die **Reisetätigkeit** des Arbeitsrechtsanwalts ist nicht zu unterschätzen. Anders als der an eine Dauerkommunikation mit ortsansässigen Richtern gewöhnte Zivilrechtsanwalt hat der Arbeitsrechtsanwalt neben seinen heimischen Arbeitsrichtern mit Vorsitzenden Richtern an zahlreichen Arbeitsgerichten in Deutschland zu tun. Nicht nur der namhafte und über seinen Gerichtssprengel hinaus bekannte Arbeitsrechtler wird sich häufiger in Bahn, Pkw oder Flugzeug begeben, sondern auch der regional

1 *Bauer*, NZA 1999, 11.
2 Siehe hierzu *Oetker*, NZA 2002, 466 sowie in diesem Buch § 2 Rn 14.
3 Ebenso *Henssler*, Arbeitsrecht und Anwaltsrecht, RdA 1999, 38 (44).

bekannte Fachanwalt. Denn viele Mandanten suchen aus Vorsicht gerne einen Arbeitsrechtsanwalt auf, der nicht in ihrem Gerichtsbezirk beheimatet ist und deshalb mutmaßlich über keine Sozialkontakte zum Arbeitgeber verfügt. Ein zweites kommt hinzu: Zu den häufigen Mandanten des Arbeitsrechtsanwalts zählen Vertriebsmitarbeiter. Die Arbeitsverhältnisse von Verkaufs- und Vertriebsmitarbeitern sind bei Konflikten oft durch eine besondere Härte und Zähigkeit auf beiden Seiten gekennzeichnet. Da beim Vertriebsmitarbeiter mit Arbeitsleistungen an ständig wechselnden Orten der Gerichtsstand des Erfüllungsortes gem. § 29 ZPO nach überwiegender Auffassung der Ort des Betriebes ist, von dem aus der Arbeitnehmer seine Anweisungen erhält,[4] sucht der Vertriebsmitarbeiter regelmäßig seinen Wohnsitzanwalt auf, so dass bei Mandaten dieser Art die Anreise zum Arbeitsgericht am Firmensitz vorgegeben ist.

Dass man vielen Menschen begegnet, an unterschiedlichen Orten seiner Tätigkeit nachgeht, ist Teil des Abwechslungsreichtums, den der Beruf des Arbeitsrechtsanwalts mit sich bringt. Man kommt mit Personalleitern, mit Rechtsabteilungen, mit Personalberatern, mit glücklichen wie unglücklichen Menschen, kurzum mit äußerst unterschiedlichen Charakteren und Aspekten des Berufslebens zusammen, auf die man sich einstellen muss. Nicht der trockene Transport erhobenen Tatsachenstoffes an das Gericht, um einmal Szenen aus dem Anwalts-Alltag aus vielen Zweigen der Gerichtsbarkeit zu beschreiben, sondern die kommunikativen Fähigkeiten, die dem Anwalt abverlangt werden, bilden im Sinne eines zeitgemäßen Berufsverständnisses die eigentliche Herausforderung. Der Reiz arbeitsrechtlicher Mandate, so hat es *Bauer*[5] einmal formuliert, liegt im »Mix zwischen Prozessen, gutachterlichen Tätigkeiten, Verhandlungen, schriftlicher, telefonischer und mündlicher Beratung, Mitwirkung in Einigungsstellenverfahren und Tarifverhandlungen.« Vorträge bei den örtlichen Verbänden, Schulungsveranstaltungen für Mitarbeiter eines Unternehmens oder regelmäßige Teilnahme an arbeitsrechtlichen Kongressen runden das Bild ab. 7

Als Arbeitsrechtsanwalt stößt man auf Menschen von höchst unterschiedlicher Persönlichkeitsstruktur. Man bewegt sich in äußerst unterschiedlichen Gesellschaftsschichten. Man hilft einem pflichtbewussten Facharbeiter, der das Opfer einer Intrige geworden ist, man entwickelt Strategien für kühle und unpersönliche »Banker«. Mal schlägt einem ein hemdsärmeliger Bauunternehmer auf die Schulter, dem die Feinheiten des Kündigungsschutzrechts nicht gerade nahe gehen, mal vermittelt man einem Ingenieur mit buchhaltermäßiger Präzision die Abläufe, die die Mandatsentwicklung mit sich bringen könnte. 8

Das Arbeitsrecht ist vernetzt mit zahlreichen anderen Rechtsgebieten, mit dem Steuerrecht, mit dem Arbeitslosenförderungsrecht, mit dem Zivilrecht und im Bereich des Arbeitsschutzrechts mit dem öffentlichen Recht. Auch das Rentenversicherungsrecht nimmt Einfluss, beispielsweise auf die richtige Gestaltung der Beendigung eines Arbeitsverhältnisses. Schließlich erfordert die Beratung von Aufsichtsratsvorsitzenden bei größeren Personalkonflikten oder Vorständen und GmbH-Geschäftsführern gute Kenntnisse des Gesellschaftsrechts. Die Vielzahl der angrenzenden Rechtsgebiete lässt beim Arbeitsrechtsanwalt keine Langeweile aufkommen. 9

B. Anforderungsprofil an Arbeitsrechtsanwälte

Ein im Arbeitsrecht tätiger Rechtsanwalt muss allgemeine Leistungsstandards erfüllen und sollte, je nach Aufgabenstellung, spezifische Verhaltensanforderungen beachten, die situativ auszugestalten und davon abhängig sind, ob der Anwalt prozessiert oder ob er sich im außergerichtlichen Bereich bewegt. Bei **jedem Mandat** sollten Anwältinnen und Anwälte **sechs Regeln** einhalten, die für einen dauerhaften Erfolg unerlässlich sind. Oberstes Gebot ist die **gründliche Erforschung von Sachverhalt und Rechtslage**. Dicht gefolgt wird dieses Prinzip von der unerbittlichen Forderung nach 10

4 KR/*Friedrich*, § 4 KSchG Rn 175; *Ostrop/Zumkeller*, NZA 1994, 644.
5 NZA 1999, 11 (12).

zügiger Erledigung einer Dienstleistung. Gute Anwälte erkennt man im Arbeitsrecht ferner an ihrer **Kreativität** und an einer aufeinander abgestimmten **Strategie mit dazu passend erarbeitetem Wording**. **Sorgfältige Aufklärung des Mandanten** heißt die Regel Nr. 5 und schließlich ist stets **Offenheit in Gebührenangelegenheiten** geschuldet.

11 **Daneben sind vom Prozessanwalt** besondere Leistungsstandards zu erfüllen wie der **taktische Vortrag**, der **Ausschluss von Terminsdelegation**, Beachtung der Verteilungsgrundsätze bei **Darlegungs- und Beweislast** im Kündigungsschutzprozess oder die **Mitwirkung** an einem präzisen und weitsichtigen **Wortlaut des richterlichen Vergleichs**. Schließlich stellt der **Umgang mit Richtern** wie **gegnerischen Kollegen** – gewiss nicht in allen Fällen – eine dauerhafte Herausforderung dar.

12 Spezifische Leistungsstandards bestehen auch bei den reinen **Verhandlungsmandaten**, bei Aufhebungs- oder Abwicklungsvertrag, bei Interessenausgleichsvereinbarungen oder Sozialplänen. Das Aushandeln eines Interessenausgleichs und Sozialplans wird in diesem Buch an gesonderter Stelle (§ 2) dargestellt. Dem Verhandeln und der Mediation ist ein eigenständiges, umfangreiches Kapitel[6] gewidmet. Die meisten Fehlerquellen für unzulängliches Verhandeln liegen im fehlenden Know-how, in der Hektik und im Stress des Arbeitsalltags, aber auch in den Eigenheiten der jeweiligen Anwaltspersönlichkeit begründet.

13 Zu den Mindeststandards jeder anwaltlichen Tätigkeit gehört auch die **Einhaltung der Berufsregeln**. Nach den Berufregeln muss der Anwalt vor allem sachlich bleiben. Als unsachlich gilt ein Verhalten, durch das bewusst Unwahrheiten oder solche herabsetzenden Äußerungen verbreitet werden, zu denen andere Beteiligte oder der Verfahrensablauf keinen Anlass gegeben haben (§ 43a BRAO). Der Rechtsanwalt darf dem Gericht niemals vorsätzlich unwahre oder irreführende Angaben machen (Nr. 4.4 CCBE).

14 Mit diesem Gebot ist es in der arbeitsrechtlichen Wirklichkeit nicht immer weit her. Auch die Anwaltskammern verhalten sich recht großzügig jenen gegenüber, die sich vor größeren und kleineren »dirty tricks« nicht scheuen. Zwar ist es nach dem Sachlichkeitsgebot berufsrechtswidrig, einem Arbeitgeber dazu zu raten, eine ordentliche Kündigung dadurch gegenüber einem verheirateten Familienvater durchzudrücken, der vielleicht auch noch die Darlehen für ein Eigenheim zu bedienen hat, dass als Sanktion eine grundlose außerordentliche Kündigung nach einer ordentlichen Kündigung gewählt wird, weil die Kündigungsschutzklage gegen die ordentliche Kündigung nicht zurückgenommen oder ein angebotener Aufhebungsvertrag vom Arbeitnehmer verweigert wurde. Die offensichtlich unsachliche außerordentliche Kündigung bringt den Familienvater in größte finanzielle Schwierigkeiten. Sie zwingt ihn, sich schnell einen neuen Job zu suchen. Derart enttäuscht von der Willkür seines Arbeitgebers wird dieser Arbeitnehmer an seinen Arbeitplatz nicht mehr zurückkehren wollen. Also streitet er im Kündigungsschutzprozess wirtschaftlich nur noch um die Gehälter, die ihm nach der fristlosen Kündigung für die Zeit bis zum Ablauf der ordentlichen Kündigungsfrist zustehen. Auf eine Abfindung hofft er vergebens. Selbst wenn er wegen mangelnder sozialer Rechtfertigung der ordentlichen Kündigung den Prozess gewinnt, wird er erfahrungsgemäß von seinem Recht nach § 16 KSchG Gebrauch machen müssen. Die erstrebte Abfindung erhält er nicht. Der unsachlich handelnde Anwalt bleibt strategisch erfolgreich, weil er sich an das Sachlichkeitsgebot nicht hält. Sanktionen erwarten ihn nicht. Die Ethik anwaltlichen Handelns geht in der Praxis über Fragmentarisches nicht hinaus.[7]

15 Ebenso wenig nur theoretischer Natur ist der Grundsatz, dass der Rechtsanwalt keine widerstreitenden Interessen vertreten darf. Der Anwalt darf nicht tätig werden, wenn er, gleichgültig in welcher Funktion, eine andere Partei in derselben Rechtssache mit widerstreitendem Interesse bereits beraten oder vertreten hat oder mit dieser Rechtssache in sonstiger Weise beruflich befasst war (§ 3 BORA; Nr. 3.2.1 CCBE – Berufsregeln der Rechtsanwälte der Europäischen Union). Das Verbot gilt auch,

6 § 1 Rn 155 ff.

7 Lesenswert: *Graf v. Westfalen*, Fragmentarisches zur Ethik anwaltlichen Handelns, AnwBl 2003, 125.

wenn der Rechtsanwalt in Sozietät, zur gemeinschaftlichen Berufsausübung in sonstiger Weise oder in Bürogemeinschaft verbunden ist oder war.

Man kann aufgrund bestehender Sozialkontakte zu den Beteiligten im Arbeitsleben sehr rasch in die Gefahr der Vertretung widerstreitender Interessen geraten. Nicht nur bei überörtlichen Sozietäten lauern Interessenkollisionen. Vertritt man die Interessen des Betriebsveräußerers und ist der Erwerber mit der arbeitrechtlichen anwaltlichen Dienstleistung, die teilweise auch zu seinen Gunsten erbracht wird, zufrieden, muss trotzdem davon abgeraten werden, anschließend die Interessen des Erwerbers zu übernehmen. Man wird immer im Mandat des Erwerbers Informationen aus der Tätigkeit für den Veräußerer verarbeiten und kann in unheilvolle Verstrickungen geraten, wenn man die Mandate nicht trennt, erst recht natürlich, wenn einer der Betriebsinhaber gegen den anderen späterhin prozessiert. Auch wenn man dauerhaft einen Betriebsrat vertritt und einem Mitglied dieses Betriebsrats außerordentlich gekündigt werden soll, kann man das Mandat nicht annehmen.[8] 16

Will ein Rechtsanwalt einen anderen Rechtsanwalt darauf hinweisen, dass er gegen Berufspflichten verstößt, so darf dies nur vertraulich geschehen, es sei denn, dass die Interessen des Mandanten oder eigene Interessen eine Reaktion in anderer Weise erfordern (§ 25 BORA). Kollegialität setzt ein Vertrauensverhältnis und die Bereitschaft zur Zusammenarbeit unter den Rechtsanwälten voraus (Nr. 5.1.1 CCBE). 17

Gegen die vorgenannten Grundsätze wird wahrscheinlich genauso häufig verstoßen wie gegen das Gebot, keine einseitige Informationspolitik zwischen dem Gericht und einer Partei zu ermöglichen. Der Anwalt darf nach den Europäischen Berufsregeln mit einem Richter in einer Rechtsache keine Verbindung aufnehmen, außer er informiert zuvor den Gegenanwalt, und er darf einem Richter keine Unterlagen, Notizen oder andere Schriftstücke übergeben, außer diese würden rechtzeitig dem Gegenanwalt übermittelt, es sei denn, das Verfahrensrecht gestattet dies (Nr. 4.2 CCBE). Natürlich wird es der Richter regelmäßig ablehnen, mit dem Anwalt auf einen Anruf, »wie seine Sache denn so stehe,« mit Erklärungen zu reagieren. Aber meist dann, wenn ein Terminsverlegungsantrag telefonisch dem Richter erläutert wird oder wenn eine Verlängerung der Schriftsatzfrist vorab telefonisch beim Richter erbeten wird, spricht man über dies und das und manchmal auch ein wenig über den Fall. Wie oft gelingt es geschickten Anwälten, Richter durch ein paar beeindruckende Informationen so einzunorden, dass der Fall zwischen Güte- und Kammertermin die gewünschte Wendung nimmt! Es gibt halt solche Anwälte, die Manipulationen an Menschen mühelos erreichen und es gibt auch Richter, die – manchmal sogar aus purer Neugierde, weil sie Gefallen daran haben, einige Hintergründe, vielleicht auch aus der Anwaltsszene, zu erfahren – auf solche Klatsch- und Tratschtelefonate eingehen. 18

I. Allgemeine Leistungsstandards

1. Gründliche Erforschung von Sachverhalt und Rechtslage

Die Arbeit des Arbeitsrechtsanwalts hat sorgfältig zu sein. Man muss gründlich recherchieren, nachfragen, Rechtsquellen sichten, um zu belastbaren Ratschlägen zu gelangen. Das heißt nicht, dass man erste Informationswünsche des Mandanten unerfüllt lässt. 19

Der Mandant, ob Arbeitgeber oder Arbeitnehmer, vertraut sich dem Anwalt an, weil er konkrete Fragen und Bedürfnisse hat. Deshalb sollte der Anwalt schon im Erstgespräch den Erwartungen entsprechen und, soweit er in Kenntnis der Rechtslage hierzu in der Lage ist, befriedigende Antworten liefern. »Vorläufige« Aussagen sollte er sich nicht scheuen als solche zu kennzeichnen 20

8 Siehe LAG Hamm, Beschl. v. 10.10.2003 – 10 TaBV 94/03 (n.v.): »Der Arbeitgeber ist nicht verpflichtet, die Kosten eines vom Betriebsrat mit der Prozessvertretung beauftragten Rechtsanwalts zu tragen, wenn der Rechtsanwalt in einem Verfahren nach § 103 BetrVG gleichzeitig den Betriebsrat und das betroffene Betriebsratsmitglied vertritt, weil darin ein Verstoß gegen das Verbot der Vertretung widerstreitender Interessen nach § 43a Abs. 4 BRAO liegt.« (Az. beim BAG: 7 ABR 60/03)

und den Mandanten wissen lassen, von welchen weiteren Rechtsprüfungen oder vertieften Sachverhaltsermittlungen der verbindliche Rechtsrat abhängt. Wer von seinem Anwalt schon im ersten Gespräch umsetzbare Antworten auf die drängendsten Fragen erhält, wirft leichter einen das Mandat dauerhaft begleitenden »Emo-Anker« als derjenige Mandant, der die überwiegend Nebelbomben verbreitende Antwort, »es kommt drauf an«, erhält, ohne dass jemals aufgeklärt wird, an welchen Parametern sich diese Antwort ausrichtet. Mancher Mandant erlebt während einer Kündigung des Arbeitsverhältnisses eine Lebenskrise, familiäre Probleme paaren sich mit pekuniären Sorgen. Ein Unglück kommt aus der Sicht des Mandanten in solchen Fällen »selten allein,« umso mehr ist der Mandant auf Zuspruch und emotional stabilisierende Unterstützung angewiesen.

21 Die Qualität gründlicher Sachverhaltserforschung korrespondiert mit einer sorgfältigen Kenntnis der aktuellen Rechtsprechung. Die Rechtsprechung hat in vielen Lebensbereichen Differenzierungskriterien aufgebaut, deren Maßstäbe erst den Blick auf den vom Mandanten zu liefernden Sachverhalt schärfen. Aus der Kenntnis dieser Maßstäbe lässt sich ableiten, ob der Anwalt eine nur leidliche Leistung, eine gute oder eine sehr gute Beratung erbringt. Der Anwalt, der bei einem Gesellschafter-Geschäftsführer, für den ein Dienstvertrag entworfen werden soll, nur sklavisch die Gehaltsdaten und die Tantiemeregelung, die sich der Mandant mit den übrigen Mitgesellschaftern ausgedacht hat, in ein Textmuster für Geschäftsführer-Verträge hineinnimmt, erbringt keine ausreichende Dienstleistung. In Unkenntnis der Rechtslage begeht er u.U. einen Kardinalfehler, nämlich den sensiblen Bereich einer Rechtskonstruktion erst gar nicht wahrzunehmen. Bei seinem Mandanten könnte sich die unterlassene Beratung in späteren Jahren durch gewaltige Steuernachzahlungen zeigen.

22 Der gute Anwalt kennt die Rechtsprechung zur erfolgsabhängigen Tantieme eines Gesellschafter-Geschäftsführers[9] und das mögliche Szenario einer verdeckten Gewinnausschüttung. Der Anwalt rechnet mit dem Mandanten, meist anhand des aktuellen Finanzplans, wie hoch der Gewinn im günstigsten Fall ausfallen könnte, ob die Obergrenze von 25 % erreicht wird, die eine variable Vergütung nicht überschreiten sollte. Das bloße Aufnehmen eines durch den Mandanten geschilderten Sachverhalts reicht nicht aus, vielmehr muss ein aus dem Blickwinkel der Gesetzes- und Rechtsprechungslage geschärftes Bewusstsein des Beraters hinzutreten. Ein Anwalt, der die Rechtslage nicht präzise kennt, wird schon bei der Anamnese versagen, wird versäumen, die richtigen Fragen zu stellen. Der Mandant, wenn er im Geschäftsleben zu Hause ist, merkt übrigens an der Art der Fragen sehr rasch, ob sein Anwalt die Kernprobleme seines Falles begriffen hat oder nicht.

23 Der wirklich gute Anwalt, um bei unserem Beispielsfall zu bleiben, wird die neueste Rechtsprechung des BFH zu Gewinntantiemen und verdeckter Gewinnausschüttung kennen, die besagt, dass der BFH auch eine stärkere Einzelfallbetrachtung gestattet, einerseits die Angemessenheit der Gesamtausstattung eines Gesellschafter-Geschäftsführers anhand der Umstände im Zeitpunkt der Gehaltsvereinbarung misst und andererseits nunmehr eine Gewinntantieme im Dienstvertrag akzeptiert, wenn sie 50 % des Jahresgewinns nicht übersteigt.[10] Anwälte wissen, was es bedeutet, wenn man sagt, wir seien auf dem Weg zur Wissensgesellschaft.

24 Wichtigste Information in jedem Kündigungsschutzprozess ist auf Arbeitgeber- wie auf Arbeitnehmerseite die Frage nach der Beschäftigungsdauer des Arbeitnehmers (Wartefrist) sowie die Frage nach der Zahl der Beschäftigten des Betriebes (§ 23 KSchG). Ist der Arbeitnehmer ein befristetes Arbeitsverhältnis eingegangen, versucht man als erstes den Sachgrund zu ermitteln. Bei der Kündigung eines Arbeitnehmers in einem Betrieb mit Betriebsrat wird man als Arbeitgeber-Anwalt verschiedentlich nervös, wenn man die Informationen des Arbeitgebers hinterfragt, die er vor Ausspruch der Kündigung im Verfahren des § 102 BetrVG dem Betriebsrat erteilt hat. Erfahrungsgemäß dokumentieren Arbeitgeber auf diesem Sektor oberflächlich. Selbst Personalabteilungen schildern

9 BFH, Urt. v. 11.04.2003, BFH/NV 2003, 919; BFH, Urt. v. 27.02.2003, BFH/NV 2003, 1346; BFH, Urt. v. 27.02.2003, BFH/NV 2003, 1388; BFH, Urt. v. 30.01.1985, DB 1985, 1216; die Jahresgesamtbezüge der Gesellschafter-Geschäftsführer sollten zu wenigstens 75 % aus festen und zu höchstens 25 % aus erfolgsabhängigen (variablen) Bestandteilen bestehen, siehe auch *Näser*, GmbHR 1985, 253.

10 BFH, Urt. v. 04.06.2003, DStR 2003, 1747.

die maßgeblichen Fallinformationen einer beabsichtigten Kündigung gegenüber dem Betriebsrat manchmal entweder unsorgfältig oder unvollständig. Wer für einen Arbeitgeber eine ordentliche Kündigung vorbereitet und anschließend einen Abwicklungsvertrag entwirft, es aber versäumt, den Arbeitnehmer nach einer Schwerbehinderteneigenschaft oder sonstigem Sonderkündigungsschutz zu befragen, begeht einen Kunstfehler, denn wäre die Zustimmung des Integrationsamts erforderlich gewesen oder war die ordentliche Kündigung tariflich ausgeschlossen, muss der Arbeitnehmer mit einer Sperrzeit (§ 144 SGB III) und mit einer Ruhensanordnung (§ 143a SGB III) rechnen. Wer vergisst, für den Arbeitnehmer nach Übertragung einer Direktversicherung aus einem früheren Arbeitsverhältnis gegenüber dem neuen Arbeitgeber ein unwiderrufliches Bezugsrecht im Falle des Ausscheidens zu vereinbaren und die hierzu erforderlichen Angaben nicht durch Nachfragen erhoben hat, gestaltet einen Arbeitsvertrag höchst mangelhaft. Im schlimmsten Fall verbleibt das vom Arbeitnehmer in seinem früheren Arbeitsverhältnis selbst aufgebrachte Guthaben (Wert der Versicherung) beim neuen Arbeitgeber.

Die Lebenssachverhalte, aus denen Arbeitsrechtsfälle erwachsen, sind manchmal komplex. Die Informationsquellen, auf die der Anwalt angewiesen ist, sind häufig nicht von der Präzision, die sich Richter und Anwalt wünschen. Man muss einen Instinkt entwickeln, wann der den Sachverhalt schildernde Mandant die Zusammenhänge bewusst oder unbewusst verkürzt. Man sollte auch nie unterschätzen, dass sich Fachleute des Arbeitslebens, Vorgesetzte, Personalchefs oder Geschäftsführer auf dem Hintergrund ihrer Sachverhaltskenntnisse oftmals durchaus komplexere Gedanken über Lösungen gemacht haben, als sich dem unter Stress und Zeitdruck stehenden Arbeitsrechtsanwalt auf den ersten Blick erschließt. Oft sind es die Nuancen eines Sachverhalts, die zu äußerst unterschiedlichen Rechtsfolgen führen. 25

Der Arbeitsrechtsanwalt muss zuhören können, er muss das Mandantengespräch als Forum seines Mandanten nutzen und sich vor allem mit dem Sachverhalt und den strategischen Umfeldbedingungen vertraut machen. »Schnellschüsse« tragen nicht nur den Keim eines Haftungstatbestandes in sich, der Arbeitsrechtsanwalt steht allzu leicht in der Gefahr, Informationen des Mandanten noch nicht hinreichend gewichtet zu haben. 26

Jedermann versucht, seine eigene Person in einem möglichst guten Licht erscheinen zu lassen, auch bei seinem Anwalt. Welcher Arbeitnehmer-Anwalt hat nicht bereits erlebt, dass ihm sein Mandant in schillernden Farben aufzeigt, in welch vielfältiger Weise er in den letzten Jahren »gemobbt« worden sei und weshalb die ihm gegenüber ausgesprochene, verhaltensbedingte Kündigung ein zum Himmel schreiendes Unrecht darstelle. Übernimmt der Anwalt den Vortrag des Arbeitnehmers ungefiltert, kann es geschehen, dass er nach der Lektüre der Klageerwiderung errötet. Plötzlich stellt sich heraus, dass der Arbeitnehmer viermal in drei Jahren abgemahnt wurde, dass ihm sogar die Fälschung eines zur Titelführung berechtigenden Hochschulabschlusszeugnisses vom Arbeitgeber in der Vergangenheit verziehen wurde, dass er sich einmal wöchentlich seit über zehn Jahren eine Tankfüllung aus der Zapfsäule für die betrieblichen LKWs genehmigt hatte, dass er ständig Termine platzen ließ oder dass die Zahl der Kundenbeschwerden überhand genommen hat und vieles mehr. Spätestens nach der Lektüre des gegnerischen, gewiss auch nicht von Übertreibungen freien, Schriftsatzes weiß man, warum dem Mandanten gekündigt wurde. In der Sprechstunde verschweigen manche Mandanten gravierendste Vorfälle, von denen sie annehmen dürfen, dass sie für die Fallbeurteilung von tragender Bedeutung sind. Um vor solchen Überraschungen gefeit zu sein, bietet es sich an, durch hartnäckiges Nachfragen die vermuteten Schwachstellen der Argumentation des Mandanten aufzuspüren. Wiederholtes Nachfragen und Kontrollieren gehört zu den Tugenden eines Arbeitsrechtsanwalts. Nur so lässt sich vermeiden, dass wichtige Dokumente und wichtige Informationen keinen Eingang finden in die Argumentation zur außergerichtlichen oder gerichtlichen Konfliktbewältigung. 27

Gegnerische Kollegen arbeiten manchmal mit Methoden, die einer gewissen Nachlässigkeit auf Mandantenseite – sei es auf Arbeitgeber-, sei es auf Arbeitnehmerseite – Vorschub leisten. Beliebt ist die Methode, zum Zeitpunkt der Kündigung mehrere Kündigungsschreiben in die Welt zu setzen. 28

Manchmal haben die Kündigungsschreiben einen identischen Wortlaut, meistens unterscheiden sie sich nur durch die Übermittlungswege (Einwurf in den Briefkasten, Zustellung über Einschreiben mit Rückschein u.Ä.). Häufig bringt der Arbeitnehmer nur eines dieser Kündigungsschreiben zu seinem Anwalt in die Sprechstunde, von weiteren Kündigungsschreiben ist nicht die Rede. Mit dem Schleppnetzantrag in der Klage werden diese zusätzlichen Kündigungen nicht erfasst, weil der Schleppnetzantrag erst die nach Erhebung der Kündigungsschutzklage ausgesprochenen Kündigungserklärungen einbezieht.[11] Behauptet nun ein Arbeitgeber, dass **eine** der Kündigung wegen eines ganz anderen Sachverhalts als die übrigen Kündigungen ausgesprochen worden sei und hat es der Arbeitnehmer versäumt, seinem Anwalt sämtliche Kündigungsschreiben, die er erhalten hat, zu übergeben, wird sich der Arbeitgeber-Anwalt späterhin auf § 4 KSchG berufen, so dass wegen **einer Kündigung** versäumt wurde, fristgerecht Kündigungsschutzklage zu erheben. Eine Mehrheit von Kündigungsschreiben, die der Arbeitnehmer zur gleichen Zeit erhalten hat, ist für sich noch kein ausreichender Grund, eine Kündigungsschutzklage nachträglich zuzulassen.[12]

29 Perfektioniert wird dieses Vorgehen eines Arbeitgebers oder eines Arbeitgeber-Anwalts, wenn das Kündigungsschreiben nur geringfügige Änderungen in der Unterschrift, im Datum oder an sonstiger Stelle aufweist. Dann jedenfalls fällt es dem Arbeitgeber späterhin argumentativ leicht, darauf zu verweisen, dass die Kündigungsschreiben schon äußerlich als unterschiedlich erkennbar gewesen seien und nicht von einer einzigen Kündigung, wie der Arbeitnehmer regelmäßig einwenden wird, sondern von einer Mehrheit von Kündigungen gesprochen werden muss. Fazit: Vor jedem Kündigungsschutzprozess muss der Arbeitnehmer-Anwalt seinen Mandanten unerbittlich fragen, wie viele Kündigungsschreiben er erhalten hat.

30 Im Jahre 2002 entstand ein umfangreiches Schrifttum[13] zu Inhalt und Grenzen des AGB-Rechts bei individualrechtlicher Gestaltung von Arbeitsbedingungen. Die Argumente sind zwar ausgetauscht, die Dialektik ist jedoch vertraut. Die einen orientieren sich an der Schwerkraft des Althergebrachten,[14] die anderen sagen ein arbeitsvertragliches Erdbeben[15] voraus. Bis heute gibt es keine BAG-Rechtsprechung, die besagt, ob der Arbeitnehmer Verbraucher ist oder nicht. Die erste Chance, die der Zweite Senat des BAG Ende 2003 hatte, diese in der Praxis des Anwalts so wichtige Frage verbindlich zu beantworten, ließ er ungenutzt.[16] Die zweite Chance, das Urteil des 8. Senats,[17] ließ die Kernfrage, ob der Arbeitnehmer Verbraucher sei, ebenfalls unbearbeitet. Stattdessen wurde das AGB-Recht bei Vertragsstrafenabreden im Arbeitsvertrag über § 305 Abs. 1 BGB angewendet. Die Problematik für einen noch so gründlich an der Sachverhalts- und Rechtsfragenerforschung interessierten Anwalt lautet: Wie formuliere ich gegenwärtig einen AGB-rechtskonformen Arbeitsvertrag,

11 BAG, Urt. v. 13.03.1997, NZA 1997, 844: »...wird durch eine zulässige allgemeine Feststellungsklage ... eine eventuell später ausgesprochene Kündigung mit erfasst«; ferner KR/*Friedrich*, § 4 KSchG Rn 247; ebenso *Diller*, NJW 1998, 663 (665): »... falls tatsächlich nach Klageerhebung noch weitere arbeitgeberseitige Kündigungen erfolgen ...«

12 Weder ist der Arbeitnehmer außerstande, die Wohnung zu verlassen, noch durch Krankheit gehindert, seine Angelegenheiten zu besorgen; derartige Umstände sind aber Voraussetzung für die Zulassung einer verspäteten Klage, siehe nur LAG Berlin, Urt. v. 24.07.1977, ArbuR 1977, 346; LAG Hamm, Urt. v. 11.08.1977, LAGE § 5 KSchG 1969 Nr. 3; LAG Hamm, Urt. v. 31.01.1990, LAGE § 5 KSchG 1969 Nr. 45.

13 *Annuß*, BB 2002, 458; *Bauer*, NZA 2002, 171; *Bauer/Kock*, DB 2002, 46; *Boemke*, BB 2002, 97; *Däubler*, NZA 2001, 1334; *Fell*, in: Kroiß, Klauselbuch Schuldrecht, S. 185 ff.; *Gotthardt*, ZIP 2002, 278; *ders.*, Arbeitsrecht nach der Schuldrechtsreform 2002; *Hadeler*, FA 2002, 66; *Henssler*, RdA 2002, 135; *Hoß*, ArbRB 2002, 138; *Hromadka*, NJW 2002, 2523; *Hümmerich*, AnwBl 2002, 671; *ders.*, NZA 2003, 753; *ders.*, AnwaltFormulare Arbeitsrecht, § 1 Rn 90 ff.; *Hümmerich/Holthausen*, NZA 2002, 175; *Joussen*, NZA 2001, 749; *Koppenfels*, NZA 2002, 598; *Lakies*, NZA-RR 2002, 343; *Leder/Morgenroth*, NZA 2002, 952; *Lindemann*, AuR 2002, 81; *Lingemann*, NZA 2002, 184; *Löwisch*, NZA 2001, 465; *ders.*, Festschrift für Wiedemann, 2002, S. 311 ff.; *Moderegger*, ArbRB 2002, 210; *Natzel*, NZA 2002, 597; *Preis*, Der Arbeitsvertrag, 2002; *Reinecke*, DB 2002, 586; *Richardi*, NZA 2002, 1057; *Schnittger/Grau*, BB 2002, 2120; *Ziemann*, FA 2002, 312; *ders.*, FA-Spezial 2002.

14 Siehe *Richardi*, NZA 2002, 1057.

15 *Hümmerich/Holthausen*, NZA 2002, 175 (»Kein Stein bleibt auf dem anderen«).

16 BAG, Urt. v. 27.11.2003 – 2 AZR 177/03 (noch n.v.).

17 BAG, Urt. v. 04.03.2004 – 8 AZR 328/03 (noch n.v.).

nicht wissend, was das BAG in künftigen Jahren entscheiden wird.[18] Seine Arbeitsvertragstexte hat der Anwalt heute abzuliefern, nicht erst in den nächsten zehn Jahren, in denen die Arbeitsgerichte sukzessive das Bild vom künftigen, AGB-konformen Vertragstypus entwickeln werden.

Wer nicht gleich mit jedem Arbeitsergebnis dem Mandanten seine Haftpflichtversicherung mitteilen möchte, sollte den Grundsatz der BGH-Rechtsprechung[19] befolgen, wonach der Rechtsanwalt, wenn er nicht haften will, bei seiner Arbeit den »sicheren Weg« zu wählen hat. Da fügt es sich, dass der »sichere Weg« gegenwärtig gleichbedeutend ist mit der herrschenden Literaturmeinung,[20] wonach wir uns am »absoluten Verbraucherbegriff« zu orientieren haben. Die erste Prämisse lautet damit, 31

dass der Arbeitsvertrag gem. §§ 13, 310 Abs. 3 und 4 Satz 2 BGB einer AGB-Rechtskontrolle (§§ 305 ff. BGB) unterliegt.

Daneben kann in der ersten Prüfungsstufe der Einstieg über § 305 Abs. 1 BGB gewählt werden.

Die zweite Setzung, die der Anwalt vornehmen muss, betrifft das Merkmal »Besonderheiten des Arbeitsrechts« in § 310 Abs. 4 Satz 2 BGB. Mit der Begründung des zuständigen Bundestagsausschusses[21] wird empfohlen, als »im Arbeitsrecht geltende Besonderheiten« nur Eigentümlichkeiten **innerhalb** des Arbeitsrechts, also beispielsweise Tendenzschutz oder Sonderrechtsregeln spezifischer Arbeitsverhältnisse gelten zu lassen, 32

nicht hingegen das Arbeitsrecht selbst.[22]

Diese Sichtweise entspricht nicht der Auffassung des 8. Senats des BAG.[23] Der Senat hat den Umstand, dass ein Arbeitnehmer zur Erbringung der Arbeitsleistung gem. § 888 Abs. 3 ZPO nicht durch Zwangsgeld oder Zwangshaft angehalten werden kann, als »Besonderheit des Arbeitsverhältnisses« gewertet. Für die hier vertretene Ansicht sprechen neben der Begründung des Bundestagsausschusses gewichtige weitere Gründe.[24] Sie bietet in der Übergangsphase bis zur gefestigten Rechtsauffassung des BAG den Vorteil, dass die Prüfung durch den Anwalt eher strenger als zu leichtfertig vorgenommen wird und damit eine höhere Wahrscheinlichkeit, dass Arbeitsvertragsklauseln, die heute entworfen werden, auch morgen noch wirksam sind. 33

Damit liegt das Prüfungsschema der Wirksamkeitskontrolle arbeitsvertraglicher Klauseln[25] auf der Hand: 34

Prüfschritt 1: **Vereinbarkeit mit AGB-Recht (§§ 305–309 BGB)?**
- Überraschende Klausel (§ 305c Abs. 1 BGB)?
- Vorrangige Individualabrede (§ 305b BGB)?
- Verbotene Klausel ohne Wertungsmöglichkeit (§ 309 BGB)?
- Verbotene Klausel mit Wertungsmöglichkeit (§ 308 BGB)?
- Angemessenheit der Klausel (§ 307 Abs. 1 BGB)?

Prüfschritt 2: (Falls mit AGB-Recht unvereinbar),
Wirksamkeit wegen »im Arbeitsrecht geltender Besonderheiten«?
(§ 310 Abs. 4 Satz 2 BGB)

18 Zur damit schon in früheren Jahren einhergehenden Haftungsthematik siehe *Küttner*, RdA 1999, 59.

19 BGH, Urt. v. 18.06.1968, VersR 1968, 969; BGH, Urt. v. 25.06.1974, NJW 1974, 1865 = VersR 1974, 1108; BGH, Urt. v. 08.12.1983, NJW 1984, 791 = VersR 1984, 283; BGH, Urt. v. 22.10.1987, NJW 1988, 563; siehe auch *Küttner*, RdA 1999, 59.

20 *Däubler*, NZA 2001, 1334; *Boemke*, BB 2002, 97; ErfK/*Müller-Glöge*, 3. Aufl., § 620 BGB Rn 13; *Gotthardt*, ZIP 2002, 277; *ders.*, Arbeitsrecht nach der Schuldrechtsreform, Rn 164 ff.; ErfK/*Preis*, 3. Aufl., § 611 BGB Rn 208; *Hümmerich/Holthausen*, NZA 2002, 175; *Hümmerich*, AnwBl 2002, 671; *Lakies*, NZA-RR 2002, 337; *Reinecke*, DB 2002, 586.

21 BT-Drucks 14/7052, 189.

22 A.A. *Annuß*, BB 2002, 461; *Hromadka*, NJW 2002, 2523 (2528).

23 BAG, Urt. v. 04.03.2004 – 8 AZR 328/03 (noch n.v.).

24 Siehe *Birnbaum*, NZA 2003, 944.

25 A.A. *Hromadka*, der in vier Schritten prüft, siehe NJW 2002, 2523 (2527 f.).

35 Die bisherige, an § 242 BGB anknüpfende Rechtsprechung des BAG, die sich dem Tatbestand der überraschenden (§ 305c Abs. 1 BGB) oder der unangemessenen Klausel (§ 307 Abs. 1 Satz 1 BGB) zuordnen lässt, hat sich seit der Schuldrechtsreform nicht explizit geändert. Soweit das BAG bereits vor der Schuldrechtsmodernisierung Klauseln für nichtig hielt, bleiben diese auch in Zukunft unwirksam wie die vom BAG schon seit längerem ausgesonderten, überraschenden Klauseln[26] in Arbeitsverträgen zu rückzahlbaren Ausbildungsbeihilfen,[27] Ausschlussklauseln bei Sonderzuwendungen,[28] Vertragsstrafenklauseln unter der Überschrift »Arbeitsverhinderung«,[29] vorformulierte Verzichtserklärungen in Ausgleichsquittungen,[30] auflösende Bedingungen in Arbeitsverträgen, durch die das Unternehmerrisiko auf den Arbeitnehmer abgewälzt wird[31] oder Zölibatsklauseln in Arbeitsverträgen, heute spricht man von maßregelnden Vereinbarungen i.S.v. § 612a BGB.[32] Unwirksam bleiben auch arbeitsvertragliche Streikprämienzusagen für Nichtstreikende.[33]

2. Zügige Dienstleistung

36 Der erfolgreiche Arbeitsrechtsanwalt darf sich manchmal vorkommen wie ein Großmeister, der an mehreren Brettern zur gleichen Zeit Schach spielt. Viele Mandate laufen parallel, haben aber auch, anders als die klassischen zivilrechtlichen Prozessmandate, eine vergleichsweise kurze Bearbeitungszeit. Manches Mandat wird montags begonnen und ist donnerstags bereits erledigt, wenn die Kommunikationsfähigkeit des Anwalts und der Griff nach dem Telefonhörer eine rasche Lösung ermöglicht haben.

37 Schon wer einer mittleren Sozietät angehört, in der nicht nur Arbeitsrechtssachen bearbeitet werden, wird manchmal mit den Kommentaren seiner Partner konfrontiert, die den Arbeitsrechtler um den raschen Durchsatz seiner Mandate beneiden. Es liegt nicht zwangsläufig in der Natur des Arbeitsrechtsmandats, dass zwischen Mandatsaufnahme und Mandatsbeendigung häufig nur wenige Wochen liegen. Es zeichnet den guten Arbeitsrechtsanwalt aus, dass er die Gunst der Stunde zu nutzen weiß und sich auf langwierige prozessuale Auseinandersetzungen nicht einlässt. Gefragt ist nicht nur gute Arbeit, sie muss auch schnell erledigt werden.

38 Ist der einzige Netzwerkadministrator einer Firma nach Kündigung ausgeschieden und weigert er sich, um eine Abfindung zu erpressen, dem Arbeitgeber die Passwörter zu benennen, heißt es, sofort eine einstweilige Verfügung vorzubereiten und einen Antragsschriftsatz bei Gericht einzureichen. Soll eine fristlose Kündigung ausgesprochen werden, muss der Anwalt für den Arbeitgeber sofort zur Stelle sein. Die Zwei-Wochen-Frist des § 626 BGB ist kurz, wenn es um eine Verdachtskündigung geht, der Arbeitnehmer vor Kündigungsausspruch noch gehört werden muss,[34] außerdem der Betriebsrat anzuhören ist (Zeit der Beratung für den Betriebsrats: drei Tage[35]), der Nachweis des Zugangs zu bewirken ist und u.U. sogar noch beim Integrationsamt wegen Schwerbehinderung ein Zustimmungsantrag gem. § 85 SGB IX einzuholen ist. In allen diesen Fällen muss der Anwalt unverzüglich für den Auftraggeber verfügbar sein, seine Dienstleistung also unter hohem Zeitdruck erledigen.

39 Flexibilität des Arbeitsrechtsanwalts wird auch bei der Terminsvergabe fällig. Fast alle Mandanten, selbst die Personalchefs größerer Unternehmen, melden sich beim Anwalt, wenn akuter Handlungs-

26 BAG, Urt. v. 13.12.2000, BB 2001, 938; BAG, Urt. v. 29.11.1995, NZA 1996, 702.
27 BAG, Urt. v. 16.03.1994, AP Nr. 18 zu § 611 BGB Ausbildungsbeihilfe.
28 BAG, Urt. v. 11.01.1995, ZTR 1995, 277.
29 ArbG Berlin, Urt. v. 01.09.1980, NJW 1981, 479.
30 BAG, Urt. v. 20.08.1980, EzA § 9 LohnFG Nr. 7 = NJW 1981, 1285.
31 BAG, Urt. v. 09.07.1981, EzA § 620 BGB Bedingung Nr. 1; BAG, Urt. v. 20.12.1984, EzA § 620 BGB Bedingung Nr. 4.
32 BAG, Urt. v. 10.05.1957, AP Nr. 1 zu Art. 6 Abs. 1 GG Ehe und Familie.
33 BAG, Urt. v. 04.08.1987, NZA 1988, 61.
34 BAG, Urt. v. 13.09.1995, AP Nr. 25 zu § 626 BGB Verdacht strafbarer Handlung; BAG, Urt. v. 14.09.1994, NZA 1995, 269; BAG, Urt. v. 11.04.1985, NZA 1986, 674.
35 § 102 Abs. 2 Satz 3 BetrVG.

bedarf besteht. Wer erst Termine in drei Wochen vergibt und nicht am selben oder zumindest am folgenden Tag einen Termin freischaufelt, um zu einem Gespräch zur Verfügung zu stehen, darf sich nicht wundern, dass ein Großteil der Mandate bei der Konkurrenz landet. Die Arbeitnehmerin, die sich am nächsten Tag beim Personalchef einfinden soll und hiervon durch einen Telefonanruf erfahren hat, *muss* noch vor dem Personalgespräch einen Termin bei ihrem Anwalt erhalten, weil jedes spätere Beratungsgespräch seinen Zweck nicht mehr erfüllen könnte. Es besteht die Gefahr, dass die betroffene Arbeitnehmerin in der Überrumpelungs- und Drucksituation des Personalgesprächs Erklärungen abgibt oder Vereinbarungen unterzeichnet, die sie später bereut.

Angesichts der vielfältigen Anforderungen, die die Praxis an den erfolgreichen Arbeitsrechtsanwalt stellt, sollte sich jeder, der diesem Beruf auf Dauer nachgehen will, fragen, ob er über eine ausreichende **Fähigkeit zur Selbstorganisation** verfügt. Nur ein diszipliniertes und durchdachtes Zeitmanagement ermöglicht es, einerseits stets für Mandanten verfügbar zu sein, andererseits noch die Ruhe zu umfänglicher und eine Atmosphäre der Ruhe erfordernder Sachbearbeitung zu haben. Wer zu einem auswärtigen Termin mit dem Zug fährt und während der Hin- und Rückfahrt Zeitung liest, nutzt seine Ressourcen nicht. Bahnfahrten eignen sich hervorragend, um Gutachten oder Schriftsätze zu diktieren – hier sollte man sich allerdings nicht wundern, wenn sich die Mitreisenden irgendwann gestört fühlen. Man kann während einer Bahnfahrt Akten studieren oder am Laptop Texte niederschreiben oder Berechnungen durchführen. 40

Kein Fall ist im Arbeitsrecht wie der andere, auch wenn sich Stereotypen herausbilden. Freie Zeit muss man nutzen, um die Fallentwicklung weiterzudenken, um sich in das Rollenverhalten der Beteiligten hineinzuversetzen. Anwaltliche Beratung ist Dienstleistung. Wer seinem Mandanten nicht hinreichend zur Verfügung steht, ihn nicht über seine Fallentwicklung ausreichend auf dem Laufenden hält und sich nicht im gebotenen Maße rückkoppelt, wird seinen Mandanten enttäuschen und verlieren. Man darf nicht ungeduldig werden und man muss ungeduldige Mandanten bremsen. Andererseits muss man manchen Manager, der vom Prinzip des zeitverzögernden Verhandelns bestimmt wird, von seinen »Spielchen« abbringen und ihm erklären, dass mit einem zu schwerfälligen Verhandeln die Bereitschaft der Gesellschaft schwindet, ihm noch eine respektable Abfindung zu zahlen.[36] 41

Ein namhafter BGH-Anwalt ließ seinen Mandanten, die ihn immer wieder – manchmal unter leicht zu durchschauenden Vorwänden in Verbindung mit einer Sachstandsnachfrage – anriefen und ihm aus seiner Sicht die Zeit stahlen, durch die Sekretärin ausrichten, wenn er mit ihnen spreche, könne er nichts für sie tun. Deshalb spreche er nicht mit ihnen. Klar ist, dass der an einem Schriftsatz arbeitende Anwalt nicht gleichzeitig auch mit dem Mandanten sprechen kann. Klar ist auch, dass sich der nur mit Rechtsfragen befassende Revisionsanwalt von Anrufen seines Mandanten, die irgendwelche neuen Entwicklungen zum Gegenstand haben, nichts erhoffen kann. Tatsächliche Entwicklungen spielen vor den Revisionsgerichten kaum eine Rolle. Ebenso klar ist aber auch, dass dieser Ansatz eines Revisionsanwalts für den Arbeitsrechtsanwalt, sei er auf Arbeitgeber-, sei er auf Arbeitnehmerseite, sei es gerichtlich, sei es außergerichtlich, ausscheidet. Arbeitsrechtliche Mandatsvertretung, zumindest bei Arbeitnehmern, ist Operation am offenen Herzen. 42

Täglich können sich Entwicklungen ergeben, die zu einem Strategiewechsel zwingen. Will der Arbeitgeber seinem ihn in einem Kündigungsschutzprozess vertretenden Anwalt mitteilen, er habe erfahren, dass der gekündigte Arbeitnehmer eine neue Stelle angetreten habe, kann der Anwalt das Abfindungsangebot, das er soeben erdacht und formuliert hat, in einer Schublade verschwinden lassen. Arbeitnehmer, die eine neue Stelle gefunden haben, kehren regelmäßig nicht an ihren Arbeitplatz zurück. Gewinnen sie ihren Kündigungsschutzprozess, kann sich der Arbeitgeber lässig zurücklehnen. Dem Arbeitnehmer bleibt nichts anderes übrig als innerhalb einer Woche nach Rechtskraft des Urteils gem. § 16 KSchG selbst zu kündigen. Der Kündigungsschutzprozess wurde in einem solchen Falle vergeblich geführt. 43

36 Siehe hierzu *Hümmerich,* »Wer zuckt, hat verloren«, manager magazin 4/2000, 264.

44 Werden die Informationen zwischen Anwalt und Mandant nicht zeitnah ausgetauscht, werden manchmal wichtige Chancen verpasst. Gewiss, man kann auch durch die Sekretärin eine eingehende Information notieren lassen. Und doch ist es für den Mandanten oft nicht das gleiche, schon allein deshalb, weil der Mandant manchmal nur die beruhigende Stimme seines Anwalts hören oder einen Aspekt mit seinem Anwalt inhaltlich diskutieren möchte. Ob man diesem Wunsch vieler Mandanten stets nachgeben sollte, steht auf einem anderen Blatt. Ein pädagogischer Umgang mit Sozialbeziehungen sollte stets, schon aus Gründen der Arbeitsökonomie, in Erwägung gezogen werden. Sich dem Kontakt mit dem Mandanten zu verschließen, ist allerdings keine Alternative. In wichtigen Angelegenheiten für den Mandanten erreichbar zu sein, ist eine unumstößliche, vom Anwalt geschuldete Dienstleistung, wenn das Mandat zum Erfolg führen soll.

45 Informationen und Ereignisse sind interpretierbar und gerade die distanzierte Sicht des Anwalts hilft dem verschiedentlich emotional eingefärbten Mandanten, neue Gelassenheit zu entwickeln und einen selbstsicheren Umgang mit den Implikationen des ihn betreffenden Konflikts einzuüben. Einen aufgeregten Mandanten, auf Arbeitgeber- wie Arbeitnehmerseite, in einem Telefonat zu beruhigen, gerade dann, wenn dieser zu kostenträchtigen und manchmal fatalen Maßnahmen der vorschnellen Konfliktlösung in Eigenregie neigt, insbesondere dann, wenn der Mandant die Folgen seiner Ideen strategisch nicht überblickt, gehört zum Pflichtenheft des Arbeitsrechtsanwalts. Zeitnähe, Erreichbarkeit und zügige Konfliktlösungshilfe zählen zu den Primärtugenden eines Arbeitsrechtlers. Jeder Arbeitsrechtsfall kennt eine »Gunst der Stunde.« Sie zu verpassen, ist der größte Fehler, der einem Berater unterlaufen kann.

46 Wer als Anwalt einem Arbeitnehmer, der eine fristlose Änderungskündigung erhalten hat, nicht sofort zur Verfügung steht, kann keine rechtzeitige Vorbehaltsannahme mehr erklären, weil die Vorbehaltsannahme dem Arbeitgeber bei fristlosen Änderungskündigungen unverzüglich, spätestens innerhalb von drei Tagen, zugegangen sein muss.[37] So wird die Änderungskündigung durch nicht rechtzeitige Reaktion des Anwalts, der vielleicht erst nach Tagen dem Terminswunsch seines Mandanten nachkommt, zur Beendigungskündigung und ein Arbeitsplatz, der dem Mandanten unter veränderten Arbeitsbedingungen erhalten geblieben wäre, geht im schlimmsten Fall durch einen verspätet eingeräumten Besprechungs- oder Telefontermin verloren. Manche Anwälte arbeiten von vorneherein die natürliche Trägheit bei Arbeitnehmern und ihren Anwälten listig in ihre Strategie ein.

47 Schnelligkeit ist gefragt, wenn der Arbeitnehmer-Mandant ein Kündigungsschreiben des Arbeitgebers vorlegt und die Funktion desjenigen im Unternehmen, der das Kündigungsschreiben unterzeichnet hat, zweifelhaft ist. Es gilt der Grundsatz, dass nur Geschäftsführer, Personalchefs und manchmal Personalsachbearbeiter kündigungsbefugt sind.[38] In allen anderen Fällen sollte der Anwalt die Kündigungserklärung mangels Vollmacht gem. § 174 BGB zurückweisen. Ein externer Unternehmensberater, der zur Erstellung einer Sanierungsanalyse und ggf. eines Sanierungskonzepts im Betrieb tätig wird, ist für die Arbeitnehmer nicht schon aufgrund seiner Stellung und Funktion als jemand erkennbar, der zur Vornahme von Entlassungen bevollmächtigt ist.[39] Die Zurückweisung muss unverzüglich erfolgen, also in einem Zeitraum von max. sieben Tagen nach Zugang des Kündigungsschreibens.[40] Deshalb benötigt der Mandant einen **Termin bei seinem Anwalt sofort**, weil nur bei sofortiger Reaktion alle Rechte gewahrt werden. Wenn die Kündigung, wie häufig, vom Arbeitgeber »auf den letzten Drücker« erklärt wurde, kann die rechtzeitige Zurückweisung dem

37 BAG, Urt. v. 19.06.1986, EzA § 2 KSchG Nr. 7; BAG, Urt. v. 27.03.1987, EzA § 2 KSchG Nr. 10; siehe auch *Zirnbauer*, NZA 1995, 1975; KR/*Rost*, § 2 KSchG Rn 33.

38 BAG, Urt. v. 29.10.1992, DB 1993, 541.

39 LAG Köln, Urt. v. 03.08.1999, ARST 2000, 93 – dass mündliche Kündigungen eines solchen Unternehmensberaters sofort nach § 174 Satz 1 BGB mündlich zurückgewiesen werden müssen, um noch als unverzüglich zu gelten, ist eine Aussage im Urteil des LAG Köln, die nach In-Kraft-Treten des § 623 BGB und dem seither geltenden Schriftlichkeitsgebot bei Kündigungen nicht mehr relevant ist.

40 BAG, Urt. v. 30.05.1978, DB 1978, 2082.

Arbeitnehmer mindestens ein weiteres Bruttomonatsgehalt, manchmal sogar mehrere zusätzliche Gehälter bescheren, die auch in Abfindungssummen umgewandelt werden können.

48 Aber aufgepasst: Bei der Zurückweisung sollte der Arbeitnehmer-Anwalt nicht vergessen, seinerseits eine Original-Vollmacht beizufügen und sich nicht nur mit einer Zurückweisung via Telefax begnügen, weil andernfalls die Zurückweisung ihre Wirkung verliert.[41] Häufig wird die Zurückweisung über Telefax vorgenommen, da schon ein paar Tage zwischen Erhalt des Kündigungsschreibens durch den Mandanten und dem Termin beim Anwalt ins Land gegangen sind und nun vergeblich versucht wird, die Anforderungen an eine unverzügliche Zurückweisung zu retten. In solchen Fällen ist es hilfreicher, den Mandanten zu zügiger Mitarbeit zu erziehen. So kann der Mandant beispielsweise gebeten werden, den Zurückweisungsbrief mit Original-Vollmacht selbst beim Arbeitgeber vorbeizubringen und sich den Eingang quittieren zu lassen oder einen Over-Night-Zustellservice zu beauftragen. Ein am Nachmittag aufgegebener Brief wird bei der Over-Night-Post in ganz Deutschland regelmäßig am Morgen des Folgetages zugestellt.

3. Kreativität

49 Das Arbeitsrecht ist für manchen Außenstehenden ein unübersichtliches »case law«. Mag man auch die Rechtsunsicherheit durch Blankettformeln, Wertungsfreiräume und subjektive Maßstäbe bei der Einzelfallabwägung beklagen,[42] dem Arbeitsrechtsanwalt eröffnet die Unverbindlichkeit der Arbeitsrechtsprechung einen breiten Raum für Kreativität.

50 Kreativität ist bei **Vertragsgestaltungen** gefragt, aber auch bei der Entwicklung von Strategien zur **Verwirklichung des wirtschaftlichen Ziels** des Mandanten. Wer seinem Mandanten immer nur sagt, wie es nicht geht, läuft Gefahr, das Mandat über kurz oder lang zu verlieren.[43] Jener passive Rechtsanwalt, der sich vom Richter kaum unterscheidet, weil er nur gelernt hat, »Akten von oben nach unten zu bearbeiten«,[44] steht im Arbeitsrecht auf verlorenem Posten. Der Arbeitsrechtsanwalt muss auf Menschen zugehen können, muss Verhandlungssituationen erkennen, muss sich auf die Bedürfnisse der Parteien und des Gegners einstellen. Menschenkenntnis und Umgänglichkeit sind dabei ebenso gefragt wie Flexibilität und Konsensfähigkeit.

51 Der Sonderkündigungsschutz ist ein immer wieder zu überraschenden Fallentwicklungen führendes Themengelände. So greift der Sonderkündigungsschutz des schwerbehinderten Menschen neuerdings schon vor Antragsstellung beim Versorgungsamt ein, wenn der Arbeitnehmer den Arbeitgeber über die beabsichtigte Antragsstellung in Kenntnis gesetzt hat.[45] Manche Arbeitnehmeranwälte ziehen Verhandlungen über einen Aufhebungsvertrag in die Länge, bis der Schwerbehindertenstatus ihres Mandanten erreicht ist, oder zumindest ein Erfolg versprechender Antrag auf Anerkennung der Schwerbehinderung gestellt worden ist. Spricht dann der Arbeitgeber nach erfolglos verlaufenen Vertragsverhandlungen die Kündigung aus, ist diese wegen nicht eingeholter Zustimmung des Integrationssamts unwirksam. Man kann generell die Regel aufstellen, dass unerwartete Verzögerungen während der Verhandlungen über Aufhebungsverträge immer einen Grund haben, den man so schnell wie möglich ermitteln sollte. Überraschende Entwicklungen bei Verhandlungen sind selten zufälliger Art oder auf die mangelnde Entschlossenheit einer Verhandlungspartei zurückzuführen.

52 Die Anforderungen der Wirtschaft an den Arbeitsrechtsanwalt sind komplex. Tritt ein Unternehmen an den Anwalt mit der Bitte heran, ihm den Ausstieg aus der Tarifbindung zu organisieren, ist es mit dem bloßen Verbandsaustritt nicht getan. Nach § 3 Abs. 3 TVG wirken Tarifverträge nach. Die Nachwirkung kann nur durch einen anderen Tarifvertrag, durch Betriebsvereinbarungen und durch

41 *Bauer*, Arbeitsrechtliche Aufhebungsverträge, Rn 139.

42 Siehe *Hümmerich*, NZA 1996, 1289 (1298); *ders.*, manager magazin 1999, 10/1999, 233 (241); aus ökonomischer Sicht: *Franz/Rüthers*, RdA 1999, 32.

43 *Bauer*, NZA 1999, 11 (13).

44 *Bauer*, NZA 1999, 11 (13).

45 BAG, Urt. v. 07.03.2002, NZA 2002, 1145.

einzelvertragliche Abreden[46] durchbrochen werden, § 4 Abs. 5 TVG. Zahlreiche komplizierte Vorgänge müssen koordiniert werden, Betriebsteile ausgegliedert, nicht tarifgebundene Arbeitnehmer eingebunden oder zahlreiche Einzelgespräche mit Arbeitnehmern und Betriebsräten geführt oder durch Vertragstexte vorbereitet werden.[47] Derart komplexe Aufgaben meistert der Anwalt nur, wenn er gelernt hat, die Struktur eines Rechtsgebiets zu durchschauen, wenn er sich nicht nur an den Einzelnormen und Detailfragen orientiert, sondern wenn er aus der Summe seiner Detailkenntnisse einen Überblick erlangt, über den sich die Grundlinien eines Lösungsansatzes erschließen.

53 Ob im Bereich der Arbeitsvertragsgestaltung[48] oder im Bereich des Unternehmenskaufs,[49] vor allem dann, wenn für ein Unternehmen weit reichende Investitionen von der Beratung durch den Arbeitsrechtler abhängig sind, ist häufig eine Rechtssicherheit gefragt, die man nur begrenzt bieten kann. Es steht, wohl auch noch für Jahre, nicht fest, bis zu welchem Konkretisierungsgrad die Belehrungspflicht des Arbeitgebers gem. § 613a Abs. 5 BGB bei Betriebsübergängen reicht.[50] Allein wenn man an Nr. 3 dieser Vorschrift (Belehrung über »die rechtlichen, wirtschaftlichen und sozialen Folgen für die Arbeitnehmer«) denkt, wird klar, dass die menschliche Fantasie eines einzelnen Anwalts oder selbst einer Gruppe von Anwälten nicht ausreicht, um sämtliche denkbaren Implikationen zu erkennen und in die Belehrung mit aufzunehmen. Dementsprechend unklar bleibt, unter welchen Umständen und über welchen Zeitraum hinweg dem Arbeitnehmer bei einer unvollständig gebliebenen Belehrung ein Widerspruchsrecht verbleibt. Die Monatsfrist des § 613a Abs. 6 Satz 1 BGB kann naturgemäß erst in Lauf gesetzt werden, wenn die Belehrung vollständig war.[51]

54 Oft lassen sich Gesellschafter, Vorstände oder Geschäftsführer ungern in die Karten schauen, hinter manchem Betriebsübergang verbirgt sich ein durchdachtes, selbst für Börsianer über Jahre hinweg nicht durchschaubares Unternehmenskonzept, das auch auf der ersten Entscheidungsebene der Firma nur wenigen, zur Verschwiegenheit verpflichteten Führungskräften bekannt ist. Der Anwalt, der den rechtssicheren Betriebsübergang organisieren soll, erfährt bei dieser Konstellation nicht die gebotene informelle Unterstützung.

55 In solchen Fällen muss sich der Anwalt selbst um die Informationen kümmern, wenn er den Auftrag nicht verspielen will. Das heißt, er selbst führt Interviews bei Entscheidungsträgern, er spielt alle ihm denkbaren Varianten von Entwicklungen durch, beschafft sich Texte von Kollegen, die bereits entsprechende Belehrungen durchgeführt haben, zieht Beispielstexte aus Formularbüchern[52] zu Rate und präsentiert dem Auftraggeber schließlich ein ansehnliches Musterschreiben. Im Begleittext wird der erfahrene Anwalt darauf hinweisen, dass er keine weiter gehenden Auskünfte durch das Unternehmen erhalten hat als sie Berücksichtigung gefunden haben und deshalb die Belehrung nur auf Basis der so ermittelten Informationen erstellt werden konnte.

56 Ein Anwalt, der in der geschilderten Situation die Firma mit dem Auftrag, ein Belehrungsschreiben zu entwerfen, abblitzen lässt, handelt zwar gedanklich folgerichtig, denn der zwischen Anwalt und Richter geltende Grundsatz, **da mihi facta, dabo tibi ius**, gilt sinngemäß auch im Verhältnis zwischen Auftraggeber und Mandant. Seiner weiteren beruflichen und geschäftlichen Entwicklung hat er damit aber keinen nachhaltigen Gefallen getan.

57 Kreativität kann man auch auf der Ebene der Prozessstrategie entfalten. Zeigt ein gekündigter Arbeitnehmer seinem Anwalt ein vom Arbeitgeber nicht unterschriebenes Kündigungsschreiben, ist es nicht erforderlich, mit Erhebung der Kündigungsschutzklage das Kündigungsschreiben als

46 BAG, Urt. v. 27.11.1991, EzA § 4 TVG Nachwirkung Nr. 15.

47 Zum Ausstieg aus der Tarifbindung siehe *Worzella*, FA 1999, 142 ff.; *Bauer/Haußmann*, DB 1999, 1114; *Bauer/Diller*, DB 1993, 1085; *Hümmerich*, DB 1996, 1182.

48 Siehe *Hümmerich*, AnwaltFormulare Arbeitsrecht, § 1 Rn 1 ff.; *Preis*, Der Arbeitsvertrag, 2002.

49 Siehe *Willemsen/Hohenstatt/Schweibert*, Umstrukturierung und Übertragung von Unternehmen, 2. Aufl. 2003.

50 Siehe nur *Willemsen/Lemke*, NJW 2002, 1159 (1164); *Franzen*, RdA 2002, 258 (270); *Rieble*, NZA 2004, 1.

51 *Pröpper*, DB 2003, 2011; *Bauer/v. Steinau-Steinrück*, ZIP 2002, 457; *Worzalla*, NZA 2002, 353; *Lunk/Möller*, NZA 2004, 9.

52 Siehe *Hümmerich*, AnwaltFormulare Arbeitsrecht.

Anlage beizufügen und wortgewaltig auf § 623 BGB zu verweisen. Ökonomisch für seinen Mandanten erfolgreicher ist derjenige Anwalt, dessen Beweisangebot in der Kündigungsschutzklage lautet: »Kündigungsschreiben vom ... – Anlage K 1 (wird nachgereicht).« Legt der Anwalt dem erstaunten Richter das Kündigungsschreiben erst wenige Tage vor dem Kammertermin vor, ist dem Arbeitnehmer eine Mindestabfindung in Höhe der Zahl der Monatsgehälter, die zwischen dem ausgesprochenen Kündigungs- und dem Kammertermin liegen, sicher.

Wie oft wird der Arbeitgeber-Anwalt mit der drängenden Frage konfrontiert, ob der Arbeitnehmer während des Kündigungsschutzprozesses bereits ein neues Arbeitsverhältnis eingegangen ist, ohne es den Beteiligten zu eröffnen. Die Antwort auf diese Frage hat Bedeutung für die Strategie, für die Frage nach der Höhe der Abfindung, die man anbieten muss, aber auch im Hinblick auf Rechtsstreitigkeiten wegen des Annahmeverzugslohns, wenn der Verdacht besteht, der Arbeitnehmer mache für Zeiten, in denen er bereits ein neues Beschäftigungsverhältnis aufgenommen hat, Annahmeverzugslohn geltend. Die Angestellten des Arbeitgebers sind oft ratlos und erfahren auch nicht über die ihnen meist persönlich aus der Zusammenarbeit bekannten Mitarbeiter der Krankenkasse, der Agentur für Arbeit oder des Finanzamts, ob eine neue Arbeitstelle vom klagenden Ex-Arbeitnehmer angetreten wurde. Überall erhält man die stereotype Antwort: Datenschutz! 58

Ein Anwalt, der sich mit dieser Antwort begnügt, hat sich nicht genug einfallen lassen. Ist der Arbeitnehmer nach dem Ende des Arbeitsverhältnisses zunächst arbeitslos gemeldet, leitet die Agentur für Arbeit routinemäßig die Entgeltansprüche des Arbeitnehmers gegen den Arbeitgeber gem. § 115 Abs. 1 Satz 1 SGB X auf sich über.[53] Damit erlangt der Arbeitgeber Beteiligten-Status im Verwaltungsverfahren vor der Agentur für Arbeit, jedenfalls kann er einen Antrag auf Feststellung seines Beteiligten-Status nach § 12 Abs. 2 SGB X mit Erfolg stellen und erlangt damit das Recht auf Akteneinsicht nach § 25 SGB X. Den kreativen Anwalt erkennt man daran, dass er nicht gleich vor der ersten Hürde scheut und aufgibt. 59

4. Strategie und korrespondierendes Wording

Jeder Fall ist anders, jeder Arbeitnehmer, dessen Arbeitsplatz in Gefahr ist oder auch derjenige Arbeitnehmer, der bereits eine Kündigung erhalten hat, sucht den Anwalt auf, damit ihm in einer spezifischen Ausgangslage Unterstützung zu Teil wird. Zwar sind die Ziele, die der Mandant bei Bestandsstreitigkeiten verfolgt, regelmäßig die gleichen. Entweder soll eine möglichst hohe Abfindung verhandelt werden oder es soll auf dem Umweg über die Drohung mit einer Rückkehr an den Arbeitsplatz oder notfalls mit einem Kündigungsrechtstreit ein solcher Druck ausgeübt werden, dass der Arbeitgeber dazu bereit ist, die erhoffte Entschädigungsleistung zu erbringen. Die Motive, aufgrund derer ein Arbeitnehmer einen Anwalt aufsucht, sind beim Bestandsrisiko also meist die gleichen, die strategischen Ausgangslagen dagegen unterschiedlich. 60

Beispiele: Ein Arbeitnehmer wurde dabei ertappt, dass er sich hundertfach pornographische Darstellungen via Internet an seinem Arbeitsplatz herunterlud, mit der fatalen Folge für ihn, dass sein Renommee dahin ist, und mit der weiteren fatalen Folge für das Netzwerk der Firma, dass man sich einen Virus eingefangen hat. Szenenwechsel: Ein Arbeitnehmer steht einem Untergebenen, der sich mit seinem Vorgesetzten verbündet hat, auf der Karriereleiter im Weg. Wieder ein anderer hat seinen Arbeitsplatz nach Scheidung und Alkoholproblemen verloren, wobei sich die tatsächlichen Kausalzusammenhänge nicht näher ermitteln lassen. Ein anderer Mitarbeiter schiebt seit Jahren frustriert oder nur, weil er ein untüchtiger, fauler Kerl ist, eine »ruhige Kugel«, bildet sich nicht fort oder »glänzt« nur durch schwache Leistungen, langsames Arbeiten oder vielleicht auch nur durch einen ruppigen Dauerumgang mit den Kunden.

Alle diese Arbeitnehmer suchen den Anwalt auf, meist aus dem gleichen Grund, einen Aufhebungsvertrag ohne Sperrzeit bei gleichzeitig gut dotierter Abfindung zu erhalten. Die Strategien, über die 61

53 Zur Zulässigkeit: BAG, Urt. v. 09.10.1996, DB 1997, 680.

das Ziel erreicht werden kann, sind unterschiedlich. Schlechte Anwälte drücken ihrem Mandanten einen Aufhebungsvertragstext in die Hand und überlassen ihm das Aushandeln beim Arbeitgeber. Gute Anwälte erkennt man daran, dass sie eine individuelle Strategie entwickeln, zu der sie eine korrelierende Vertragsstruktur und einen passend zugeschnittenen Text ausformulieren.

62 Zur Strategie gehört Augenmaß, zur Strategie gehört die Grundentscheidung, ob man als Anwalt überhaupt nach außen hin in Erscheinung treten soll, oder ob es nicht ausreichend ist, den Mandanten verdeckt zu beraten. Die Strategie besteht in dem mit dem Mandanten abgestimmten, planvollen Vorgehen, das dazu dient, ein wirtschaftliches Ziel zu erreichen. Damit man alle Faktoren, die in die eigene Aktion hineinspielen, ausreichend – wie während eines Schachspiels – berücksichtigt, muss man als Anwalt im Mandantengespräch alle maßgeblichen Informationen über das Umfeld, über die Einschätzung der einzelnen Persönlichkeiten, über die Abhängigkeiten und die dem Mandanten bekannten Wirkungszusammenhänge ermitteln. Gründliche Sachverhaltserfassung dient auch der Ermittlung der richtigen Strategie.

63 Will der Arbeitnehmer bis zur Beendigung des Arbeitsverhältnisses bereits einer weiteren Tätigkeit nachgehen, ohne dass er eine Konkurrenztätigkeit aufnimmt, reicht es aus, eine Freistellungsvereinbarung zu treffen. Eine Regelung zum Zwischenverdienst ist nach neuerer Rechtsprechung[54] entbehrlich, wenn man dem Arbeitnehmer zeitweilig eine Doppelverdienerrolle ermöglichen will. Die Interessen des Arbeitnehmers zu thematisieren, wäre aus Arbeitnehmersicht eine schlechte Strategie, denn der Arbeitgeber kennt regelmäßig die neue Rechtsprechung zu § 615 Satz 2 BGB nicht, wähnt sich also in dem Glauben, solange der freigestellte Arbeitnehmer noch in einem Arbeitsverhältnis stehe, sei ihm eine anderweitige Tätigkeit untersagt. Die Kombination aus Unkenntnis der Nebentätigkeitsrechtsprechung[55] und Unkenntnis der Nichtanrechnungsrechtsprechung bei Freistellung[56] führt auf Arbeitgeberseite zu der Annahme, Regelungen zum Zwischenverdienst seien bei einer Freistellung des Arbeitnehmers entbehrlich. Der kluge Arbeitnehmeranwalt wird also nur formulieren, dass der Arbeitnehmer bis zur Beendigung des Arbeitsverhältnisses unwiderruflich freigestellt wird. Jede Diskussion zur Vergütung wird er vermeiden. Er wird allenfalls regeln, dass die bisherige Vergütung einschl. etwaiger Zulagen bis zum Vertragsende weitergezahlt wird.

64 Viele Anwälte begnügen sich damit, wenn ein Beendigungsinteresse der eigenen Partei am Arbeitsverhältnis besteht, dem gegnerischen Kollegen oder der anderen Partei des Arbeitsverhältnisses einen Brief zu schreiben, manchmal allenfalls mit dem Gegner zu telefonieren. Sie machen sich nicht die Mühe, ihren Verhandlungspartner näher kennen zu lernen. Das Verhandlungsergebnis ist in solchen Fällen die Folge einer unvorbereiteten und von den Stimmungen der Beteiligten abhängigen Laune des Augenblicks. Fatal wirkt, wenn ein solches Ergebnis, in ein Textmuster für Aufhebungsverträge gepresst, dem Mandanten als die Alternative zur gerichtlichen Auseinandersetzung offeriert wird.

65 Wer nicht interessiert ist, den zur Entscheidung befugten Gesprächspartner kennen zu lernen, kann auch keinen Eindruck davon gewinnen, wie man ihn überzeugen könnte. Manches Gesprächsgeplänkel, dass vor Aufhebungsvertragsverhandlungen oder in den Pausen als **small talk** stattfindet, erschließt dem sorgfältigen Beobachter, wie sich der Zugang zum Gesprächspartner finden lässt, wie das eigene Interesse artikuliert oder die »Beißhemmung« des anderen eingeleitet werden kann. Das heißt nicht, dass immer und zu allen Zeiten miteinander gesprochen werden muss. Zur Strategie des Anwalts kann auch gehören, zeitweilig kein Gespräch zu führen, beispielsweise dann, wenn man Informationen hat, wonach sich die Gegenseite erst auf Grund eines eindeutigen, gerichtlichen Hinweises zu einer Vereinbarung bereit erklären wird oder wenn jedes Gesprächsangebot als Schwäche verstanden würde oder wenn man durch Schweigen die Bereitschaft zu verbesserten Angeboten der Gegnerseite erhöht.

54 BAG, Urt. v. 19.03.2002, FA 2002, 321 = BB 2002, 1703.
55 BAG, Urt. v. 11.12.2001, NZA 2002, 966.
56 BAG, Urt. v. 09.10.2000, BB 2000, 2434; BAG, Urt. v. 19.03.2002, FA 2002, 321.

Wichtig ist nur, **zu jeder Zeit eine Strategie** zu haben. Sie individuell zu entwickeln, nach intensivem Befragen des Mandanten, basierend auf einer guten Portion Berufserfahrung, ist Sache des umsichtig beratenden Anwalts. Nur Amateure verlegen sich dauerhaft aufs Improvisieren. 66

5. Mandant und Aufklärung

a) Der Umgang mit dem Mandanten

Bauer zitiert in seinem Aufsatz »Vom Umgang mit dem arbeitsrechtlichen Mandat«[57] seinen Seniorpartner *Gleiss*, der ihm mit auf den Weg gab, der Anwalt lebe von der **Annahme von Mandaten** und nicht von ihrer Ablehnung. Hat ein Arbeitsrechtsanwalt einen Arbeitnehmer eines größeren Betriebes erfolgreich vertreten, kann er davon ausgehen, dass er bei weiteren Personalkonflikten in diesem Unternehmen von anderen Arbeitnehmern dieser Firma beauftragt wird. Gute anwaltliche Dienstleistung spricht sich unter Arbeitgebern wie unter Arbeitnehmern herum. 67

Manchmal führt erfolgreiche Interessenvertretung von Arbeitnehmern auch dazu, dass der Arbeitgeber an den Anwalt herantritt, ob er nicht künftig für ihn tätig werden wolle, nachdem man mit den Prozess- und Verhandlungsergebnissen in den vergangenen Personalfällen durch den bisherigen Anwalt nicht zufrieden gewesen sei. Ein Anwalt, der nicht nach dem Grundsatz »cuius regio – eius religio« verfährt, hat einen wichtigen Aspekt seines freiberuflich-unternehmerischen Daseins nicht verstanden. Es ist denkbar, dass man zeitweilig die Arbeitnehmer eines Unternehmens vertritt und späterhin ins Arbeitgeber-Lager wechselt. 68

Ob der Anwalt bei der Annahme von Mandaten das Feld ausschließlich seiner Sekretärin überlassen soll, kann nicht verallgemeinernd beschrieben werden. Man wird nach der **Art der Mandate**, nach der **Bedeutung der Angelegenheit** und nach den **Einzelumständen** unterscheiden müssen: Der schlichte Fall, dass ein neuer Mandant in der Anwaltskanzlei anruft und mitteilt, ihm sei gekündigt worden, er wolle gegen die Kündigung gerichtlich vorgehen, kann im Regelfall von der Anwaltsgehilfin selbst angenommen und unter Berücksichtigung der Dreiwochenfrist des § 4 KSchG im Sprechstunden-Kalender notiert werden. Gleiches gilt für Fälle, in denen der Mandant aus sonstigen Gründen eine arbeitsrechtliche Beratung wünscht, auch wenn sich im Beratungsgespräch dann später herausstellt, dass es um eine Interessenvertretung geht. Problemlos können auch diejenigen Standardfälle, die durch Dauermandanten an den Anwalt herangetragen werden, von der Sekretärin terminiert werden. 69

In zwei Fällen empfiehlt es sich jedoch, die Sekretärin darauf zu trainieren, den Anwalt in das Gespräch über die Mandatsannahme einzubeziehen. **Führungskräfte**, beispielsweise Vorstandsvorsitzende oder GmbH-Geschäftsführer, dürfen erwarten, dass sie bei der Bitte um einen Termin gleichzeitig mit dem von ihnen ausgewählten Anwalt verbunden werden. Die Notwendigkeit einer telefonischen Ad-hoc-Einbeziehung des Anwalts ergibt sich außerdem, wenn der Anrufer eine Frage im Rahmen des Terminwunsches mit **arbeitsrechtlich-inhaltlichem** Bezug stellt. Sobald der potentielle Mandant inhaltliche Fragen im Ersttelefonat aufwirft – und dies kommt sehr häufig vor – ist es ein Muss, dass die Sekretärin das Gespräch an den Anwalt weiterleitet. Zu filigran sind die Sachverhalte, zu wichtig ist es, dass der Anrufer im Erstgespräch bereits die richtigen Hinweise erhält und eventuell im Falle einer Kündigung der angemessene Zuspruch gegeben wird, als dass man diese Aufgabe seiner Assistentin überlassen könnte, ohne sie zu überfordern. Ob eine Kündigung mangels Vorlage einer Originalvollmacht nach § 174 BGB zurückgewiesen werden soll, was schließlich unverzüglich zu geschehen hat, kann die Sekretärin nicht entscheiden. Auch wenn ein Arbeitnehmer sich meldet und einen Termin haben möchte »wegen Mobbings«, sollte der Anwalt bei der Mandatsannahme oder später mit dem Anrufer telefonisch Rücksprache halten, um einen arbeitsrechtlichen Kern, Abmahnung oder Kündigung aufzuklären. Fehlt es am Bezug zu einer notwendigen Beratung, deckt man dies im Telefonat häufig rasch auf und entdeckt, dass 70

57 NZA 1999, 11 (16).

man es mit einem Menschen mit querulantorischem Wesenszug zu tun hat, dem man ungern einen Besprechungstermin einräumt.

71 Jeder Anwalt sollte das seiner Natur, der Persönlichkeit seines Mandanten und das aus der Sache heraus gebotene Verhalten durchgängig an den Tag legen. Man kommt als Arbeitsrechtsanwalt in archaisch anmutende Lebenssituationen, in denen man bis in die Nacht hinein mit seinem Mandanten zusammensitzt und gemeinsam an fristgebundenen Schriftsätzen formuliert. Manchmal gelingt es, dem Mandanten nach schwierigen Verhandlungen zu unerwartet günstigen Resultaten zu verhelfen, beispielsweise eine vom Mandanten als existenziell empfundene Kündigung abzuwenden oder eine Abfindung in Millionenhöhe auszuhandeln. Solche Ereignisse binden. Und doch sollte man sich die **Distanz zum Mandanten** bewahren.

72 Ein schwerer Fehler ist es, wenn man durch Distanzverlust in die Gedankenwelt des Mandanten allzu intensiv einsteigt und damit die nüchterne Bewertung strategischer Positionen, der Rechtslage, ja der Situation, in der sich der Mandant befindet, unterlässt. Auch wenn das Arbeitsrecht viel zu tun hat mit dem Menschen und gerade deshalb von vielen jungen Juristen geschätzt wird, sollte man an den Lebenssituationen zwar feinfühlig, aber dennoch emotional nur begrenzt teilhaben. Man ist der Anwalt des Mandanten, nicht sein Sozialarbeiter, nicht das befreundete Aufsichtsratsmitglied und auch nicht der langjährige Kollege aus dem gleichen Unternehmen.

73 Hochrangige Angestellte, Vorstände und GmbH-Geschäftsführer können eine ihrer Position entsprechende besondere Dienstleistung durch den Arbeitsrechtsanwalt erwarten, schließlich zahlen sie auch ein besonders hohes Honorar. Bei diesem Mandantentypus kommt es nicht selten vor, dass ausgeprägte Maßstäbe beim Anwalt angelegt, die eigenen Mitwirkungshandlungen jedoch vergleichsweise lasch gehandhabt werden. In diesen Fällen kann nur dringend geraten werden, dem Mandanten von Anfang an deutlich zu signalisieren, wer der »Herr der Mandatsbeziehung« ist. Führungskräfte sind meist schwierige Menschen. Wird ihnen nicht unmissverständlich signalisiert, dass es nicht ihre Sache ist, permanent Anforderungen an den Anwalt zu stellen, sondern umgekehrt, gleitet dem Anwalt das Mandat aus der Hand.

74 Manche Mandanten rufen an mit der Bemerkung, man habe da nur einmal eine kurze Frage und, bevor man Luft geholt hat, wird die Frage auch schon in Richtung des Anwalts abgeschossen. Es ist empfehlenswert, von ganz seltenen Ausnahmen abgesehen, keine telefonischen Auskünfte in Arbeitsrechtssachen zu erteilen. Abgesehen davon, dass die Honorierung solcher Telefonate regelmäßig Probleme aufwirft, kommt es bei einer Beratung auch darauf an, den Mandanten persönlich kennen zu lernen. Man muss ihm gegenübersitzen und eine Einschätzung seiner Person vornehmen können. Wenn man Zweifel am Wahrheitsgehalt von Äußerungen hat, sollte man über seinen Blick in die Augen des Mandanten nachfragen und über die Reaktion des Mandanten eine Einschätzung seiner Wahrheitsliebe vornehmen. Man muss bei fast jedem neuen Mandat zunächst einmal den Arbeitsvertrag durchgelesen haben, man kann sich nicht auf telefonische Angaben verlassen. Man muss den Mandanten deshalb sehen und sollte es deshalb ablehnen, am Telefon ferndiagnostische Beratung zu erteilen.

75 Der Arbeitsrechtsanwalt sollte nicht vergessen, dass er bei manchen Mandanten Teil eines Eitelkeitskampfes zwischen den Parteien ist. Wie oft hört man, »Mein Anwalt hat gesagt ...« oder »Mein Anwalt ist der Beste!«. Auch als Arbeitsrechtsanwalt ist man ein Muskel im Kraftspiel der Naturalparteien. Der gute Arbeitsrechtsanwalt lässt sich von emotionalisierten Auseinandersetzungen nicht einfangen oder gar bestimmen. Er pflegt die Distanz zu Sache und Person, was nicht heißt, dass er nicht einmal forsch für seinen Mandanten auftreten soll, wenn die Sache es gebietet.

76 Ein Anwalt, der sich für seinen Mandanten, sagen wir für eine Führungskraft, nachhaltig eingesetzt hat, sollte nicht überrascht sein, wenn die Falllösung hinter seinem Rücken eingefädelt wird. Dazu ein erlebtes Szenario:

Der Geschäftsführer eines internationalen Unternehmens der Elektronikbranche wurde abberufen und sein Dienstverhältnis gekündigt. Der Dienstvertrag war für die Dauer von drei Jahren befristet geschlossen. Außerdem enthielt der Anstellungsvertrag eine Klausel, wonach das Dienstverhältnis mit der Frist des § 622 BGB ordentlich gekündigt werden konnte, wenn das im Verantwortungsbereich des Geschäftsführers liegende Budget (Finanzplan) in einem näher bezeichneten Umfang unterschritten wurde. Kurz bevor eine US-amerikanische Venture-Capital-Gesellschaft die wesentlichen Assets des Unternehmens erwarb, wurde dem Geschäftsführer unter Hinweis auf die Klausel mit einer Frist von einem Monat zum Monatsende gekündigt. Dem Geschäftsführer standen verschiedene, äußerst werthaltige Prämien auf Basis einer Reihe von Sondervereinbarungen zu, deren Zahlung die Gesellschaft verweigert hatte. Die von der Gesellschaft in Bezug genommene Klausel war nicht erfüllt, weil es wegen der Verkaufverhandlungen um das Unternehmen in dem maßgeblichen Zeitraum keine Budgets gegeben hatte. Schließlich hatte die Gesellschaft es versäumt, eine vertraglich zugesagte Altersversorgung abzuschließen. Und das Gehalt bis zum Ende der Vertragslaufzeit sollte auch nicht mehr gezahlt werden. Der Fall war also äußerst komplex.

Nachdem außergerichtliche Vergleichsverhandlungen gescheitert waren, erhob der Anwalt unverzüglich eine in tatsächlicher und rechtlicher Hinsicht aufwendig zu entwerfende Klage. Es waren formale Fehler bei der Kündigung geschehen: Es fehlte ein Beschluss der Gesellschafterversammlung über die Kündigung,[58] die Gründe der Kündigung waren nicht von den Gesellschaftern im Beschlusswege festgehalten worden,[59] es fehlte eine besondere Bevollmächtigung des Anwalts,[60] der die Kündigung ausgesprochen hatte. Die Anwälte der Gesellschaft machten andererseits dem Geschäftsführer das Leben nicht leicht, weil sie alles bestritten, bislang unbekannte Dokumente vorlegten, so dass sich der Rechtsstreit zu einer größere Dimensionen erreichenden Auseinandersetzung entwickelte.

Vier Wochen vor dem Termin bei der Kammer für Handelssachen fuhr der Anwalt in Urlaub. Gerade am Urlaubsort angekommen, ging noch ein 30-seitiger Schriftsatz der Gegenseite im Büro ein. So blieb dem Anwalt nichts anderes übrig, als sich in seinem Urlaubsort mit diesem, ihm von seiner Sekretärin zugefaxten Schriftsatz zu befassen und einen weiteren Schriftsatz zu erarbeiten, den er schließlich nach Tagen getrübter Urlaubsfreude (für die gesamte Familie) an seine Sekretärin faxte, die ihn niederschrieb und von einem Kollegen aus der Sozietät unterschreiben ließ. Der Schriftsatz war soeben bei Gericht eingereicht, da geschah etwas Außergewöhnliches. Die Sekretärin sandte ihrem Anwalt ein Schreiben des Geschäftsführers in den Urlaubsort, das folgenden Wortlaut hatte: »... und teile ich Ihnen mit, dass ich mich letzte Woche mit der Venture-Capital-Gesellschaft, dem neuen Gesellschafter, geeinigt habe. Wir haben uns bei einem Mittagessen getroffen und uns auf einen Abfindungsbetrag verständigt, der zwar nicht alle meine Wünsche erfüllt, jedoch im Wesentlichen meinen Vorstellungen entspricht. Ihre Vorstellungen waren ohnehin zu hoch. Für Ihre Bemühungen bedanke ich mich. Nehmen Sie die Klage zurück.«

Wer mit einer solchen Nachricht emotionalisiert umgeht, verprellt wichtige Mandanten für alle 77
Zeiten. Natürlich liegt es nahe, in einem solchen Augenblick laut zu fluchen, den Mandanten zur Rede zu stellen, ihm zu sagen, was ihm eigentlich einfiele, seinen Anwalt schriftsätzlich selbst im Urlaub »ackern« zu lassen und sich gleichzeitig, ohne jede Abstimmung, hinter dem Rücken des engsten Vertrauten in dieser Angelegenheit, mit dem Gegner zu treffen und eine einvernehmliche Regelung zu organisieren. Es liegt nahe, dass man an die vorwurfsvollen Mienen der Familienmitglieder während des Urlaubs denkt. Man empfindet eine Verletztheit, die sich als Folge des Einsatzes für die Interessen eines Anderen ergibt und daraus, wie dieser mit der Verantwortungsethik seines Beraters umgegangen ist.

58 Erforderlich nach OLG Köln, Urt. v. 03.06.1993, GmbHR 1993, 734; allerdings ist nach *Karsten Schmidt* (Scholz/*Schmidt*, Kommentar zum GmbHG, 9. Aufl., § 45 Rn 27) ein mündlich gefasster Beschluss ausreichend.

59 Die Kündigung darf nur auf solche Gründe gestützt werden, die im Beschluss festgehalten wurden, siehe BGH, Urt. v. 29.03.1973, BGHZ 60, 333; OGH, Urt. v. 25.05.1999, NZG 2000, 395; LG Frankfurt/Main, Urt. v. 24.09.2002 – 3 – 05 O 161/01 (n.v.).

60 Erforderlich nach BGH, Urt. v. 15.06.1998, BB 1998, 1808; BGH, Urt. v. 01.02.1968, WM 1968, 570; BGH, Urt. v. 30.11.1967, BGHZ 49, 117.

78 Was aber wird man bei einem Manager erreichen, der einen Pfad beschritten hat, der loyalen Mandanten verschlossen ist, im Ergebnis aber zu einem persönlichen, wirtschaftlichen Erfolg des Mandanten geführt hat? Über das »Ablassen von Dampf« erreicht man allenfalls, dass der Manager den Anwalt, so berechtigt die Enttäuschung des Anwalts auch sein mag, nie wieder aufsuchen wird. Mancher Manager wird nicht verstehen, warum sich der Anwalt aufgeregt hat. Er wird sich sagen, der Anwalt habe seinen Job getan (bei Gericht zu streiten), er habe seinen Job erledigt, was könne er dafür, dass der Anwalt in der heißesten Phase seines Prozesses in Urlaub gefahren sei!

79 Nur ein professionelles Berufsverständnis führt zu einer von Aufgeregtheit freien Bewältigung derartiger Konfliktlagen. Man ruft den Mandanten an, gratuliert ihm zu dem Erfolg und handelt, wenn es noch nicht geschehen ist, ein gutes Honorar aus. Spätestens jetzt kennt man das Ausmaß der Abfindung, kann die gesamte wirtschaftliche Tragweite des Falles beurteilen und damit auch im gebührenrechtlichen Sinne die Bedeutung der Sache für den Mandanten erfassen. Auch der Manager weiß, dass ohne die fleißige Arbeit seines Anwalts das von ihm im Gesprächswege erzielte Verhandlungsergebnis nicht möglich gewesen wäre. Ein kleiner Hinweis darauf im Telefonat mit dem Manager kann nicht schaden. Einigt man sich auf ein für den Anwalt gutes Honorar, ist der Fall erledigt, ist er abgeschlossen, und der Manager behält den Anwalt in guter Erinnerung, weil er ihm keine Vorhaltungen gemacht hat. Kleinmütige Nörgelei erweist sich nicht als Erfolg versprechendes Mandantenbindungsprogramm.

b) Typische Aufklärungslagen beim Arbeitnehmer-Mandanten

80 Zur Aufklärungspflicht gehört klassischerweise der Hinweis an den Arbeitnehmer-Mandanten, ihm jedes Kündigungsschreiben oder jede mündlich erklärte Kündigung, auch wenn bereits eine Kündigungsschutzklage anhängig ist, mitzuteilen. Nach einem Urteil des BGH[61] handelt der Rechtsanwalt fahrlässig, wenn er eine Kündigungsschutzklage nur gegen eine zweite Kündigung erhebt, obwohl er Anhaltspunkte dafür hatte, dass dem Mandanten möglicherweise schon zuvor einmal gekündigt worden ist. Der Schadensersatzanspruch des Mandanten kann durch Mitverschulden gemindert sein, wenn er seiner Informationspflicht gegenüber dem Anwalt nicht ausreichend nachgekommen ist.

81 Wird die Kündigungsschutzklage mit dem Zusatz »..., sondern fortbesteht.« erhoben, wird nach der sog. **Schleppnetztheorie**[62] jede nach der Kündigungsschutzklage ausgesprochene Kündigung vom Antragswortlaut miterfasst. Allerdings muss der Arbeitnehmer nach Kenntnis von einer weiteren Kündigung diese auch bis zum letzten Kammertermin in den Prozess einführen. Die Formulierung »sondern fortbesteht« bewirkt nur, in Anwendung des Rechtsgedankens des § 6 KSchG, eine verlängerte Anrufungsfrist durch die bis dahin erfolgte Feststellungsklage.[63] Sonderprobleme entstehen, wenn in der Kündigungsschutzklage nicht alle Kündigungen erfasst wurden.[64]

82 Aufklärungspflichten treffen den Arbeitsrechtsanwalt immer dann, wenn ihm seine Erfahrung sagt, dass der Mandant bei einer bestimmten Fallkonstellation möglicherweise Fehler machen könnte. So ist beispielsweise folgender Fall denkbar:

> Der Arbeitnehmer-Mandant, eine Führungskraft oder ein Ingenieur, hat eine Kündigungsfrist von einem Jahr. Sein Arbeitsverhältnis wird gekündigt, der Anwalt erhebt Kündigungsschutzklage und die Geschäftsleitung meldet sich nach Eingang der Klage beim Anwalt oder bei seinem Mandanten mit dem Hinweis, den Gütetermin brauche man doch zunächst nicht wahrzunehmen, es bleibe noch Zeit genug, sich außergerichtlich zu verständigen.

83 Geht man auf diesen, zunächst einleuchtenden Hinweis ein, nimmt den Gütetermin gemeinschaftlich nicht wahr und beginnt erst in einem Dreivierteljahr mit Vergleichsverhandlungen, nachdem sich abzeichnet, dass der Arbeitnehmer-Mandant wider Erwarten keine neue Stelle gefunden hat und

61 Urt. v. 11.02.1999, EzA § 675 BGB Nr. 1 = AnwBl 1999, 350.
62 Siehe *Diller*, NJW 1998, 663.
63 BAG, Urt. v. 13.03.1997, NZA 1997, 844.
64 Siehe § 1 Rn 28.

der Arbeitgeber untätig geblieben ist, hat man einen Kunstfehler begangen. Gem. § 54 Abs. 5 Satz 1 ArbGG ordnet das Gericht das Ruhen des Verfahrens an, wenn beide Parteien in der Güteverhandlung nicht erschienen sind. Der Antrag auf streitige Verhandlung kann nur innerhalb einer Frist von sechs Monaten gem. § 54 Abs. 5 Satz 3 ArbGG gestellt werden. In unserem Falle also ist zwar die Kündigungsschutzklage anhängig gemacht, Kündigungsschutz kann aber wegen Fristverstreichung nicht mehr geltend gemacht werden. Die Akten des anhängigen Verfahrens wurden gem. § 6 AktO ins Archiv gebracht, eine neue Kündigungsschutzklage kann wegen § 4 KSchG angesichts der versäumten Dreiwochenfrist keinen Erfolg mehr haben. Der Rechtsstreit kann in einem solchen Fall also durch Anwaltsverschulden nicht mehr weitergeführt werden.

Die Aufklärungspflicht betrifft bei einem arbeitsrechtlichen Mandat nur das Rechtsgebiet Arbeitsrecht. Es ist nach der Rechtsprechung des BGH grundsätzlich nicht Aufgabe des Anwalts in einer Kündigungsschutzsache, zur Klärung des rechtlich erheblichen Sachverhalts Auskünfte Dritter (hier: des Steuerberaters des Mandanten) einzuholen; die Beschaffung ihm zugänglicher Unterlagen ist Sache des Mandanten.[65] Der BGH meint ferner, der Anwalt, der einen Arbeitgeber in einem Kündigungsschutzverfahren vertrete, bei dem es um eine fristlose Kündigung wegen unberechtigter Geldentnahme gehe, sei solange nicht gehalten, seinen Rat zur Ablehnung eines Vergleichsangebots zu ändern, solange er mangels anderweitiger Informationen von einer unberechtigten Geldentnahme ausgehen müsse. In haftungsrechtlicher Hinsicht mag das Urteil vertretbar sein, unter dem Blickwinkel professioneller Beratung ist es das nicht. Gerade daran zeigt sich die Umsicht des Anwalts, dass er nicht wie ein Spieler auf die eine Karte, den vom Mandanten vermittelten Sachverhalt setzt, sondern dass er den Mandanten an die Hand nimmt, ihn aufklärt, in welchen Bereichen sich Risiken des Falles auftun und notfalls auch selbst mit dem Dritten (beispielsweise dem Steuerberater) spricht. Manchmal fehlt dem Mandanten einfach der Durchblick. Oft sind es Sekundäruntugenden wie Nachlässigkeit und Bequemlichkeit des Mandanten, die zur Nichtbeibringung von Unterlagen führen, manchmal ist es nur die fehlende fachliche Kompetenz. Wie viel Verdrängung findet bei Mandanten statt, die sich mit einer unangenehmen rechtlichen Auseinandersetzung einfach nicht beschäftigen wollen und deshalb angehalten werden müssen, ihre Hausaufgaben zu erledigen! An den Anfang jedes Mandantengesprächs gehört der Hinweis, dass der Mandant eine Mitwirkungspflicht hat, dass er seine Obliegenheiten, Befragen von Zeugen, Beibringen der genauen Adressen (ladungsfähige Anschriften) erfüllen muss. Man sollte dem Mandanten auch klarmachen, dass sein eigenes Wohl und Wehe nicht nur von der Anwaltskunst, sondern auch vom Fleiß und von der Sorgfalt **aller** Beteiligter abhängt. Der Anwalt ist dafür zuständig, gute Verträge auszuhandeln, Fallensituationen aufzudecken, Prozesse erfolgreich zu führen, der Mandant hat die Verhaltensvorgaben des Anwalts einzuhalten. 84

»Dirty tricks« lauern an jeder Ecke. Eine nicht unbeliebte, freundlich erscheinende Geste des erfahrenen Arbeitnehmeranwalts besteht darin, bei drohender fristloser Kündigung dem Arbeitgeber ein Angebot der Zustimmung zur Verlängerung der Zweiwochenfrist gem. § 626 Abs. 2 BGB zu unterbreiten (der Sachverhalt müsse auch von Arbeitnehmerseite noch aufgeklärt werden, das schaffe man in den zwei Wochen nicht). Wer einem Arbeitnehmer fristlos kündigen will, steht häufig unter Zeitdruck. Gewachsene Sozialbeziehungen zwischen dem Vorgesetzten und dem Betroffenen hindern den Arbeitgeber manchmal emotional, die in ihren wirtschaftlichen Auswirkungen für den Arbeitnehmer oft fatale fristlose Kündigung auszusprechen. Der Arbeitgeber hat Gremien einzuschalten, den Betriebsrat zu unterrichten und steht wegen der Kürze der verbleibenden Zeit häufig unter massivem Druck. Der Arbeitnehmeranwalt, der den Eindruck erweckt, er könne unberechtigte Vorwürfe aufklären, nimmt den Arbeitgebervertretern den Entscheidungsdruck, wenn er ihnen anbietet, einer Verlängerung der Zweiwochenfrist zuzustimmen. 85

Lässt sich ein Arbeitgeber oder der Anwalt des Arbeitgebers auf ein solches Angebot ein, muss er damit rechnen, dass der Arbeitnehmeranwalt, wenn die fristlose Kündigung außerhalb der gesetzlichen Zweiwochenfrist ausgesprochen wird, im Kündigungsrechtsstreit einwenden wird, bei 86

65 BGH, Urt. v. 11.12.1986, BGHR BGB § 675 Anwaltvertrag 1; BGH, Urt. v. 03.12.1986, WM 1986, 675.

der Frist des § 626 BGB handele es sich um eine gesetzliche Vorschrift, die weder ausgeschlossen noch abgeändert werden könne. Das habe er leider erst jetzt festgestellt. Mag sich damit der Arbeitnehmeranwalt auch zu seinem früheren Verhalten in Widerspruch setzen, kann er auf ein Urteil des BAG[66] verweisen, das seine neuerliche Rechtsauffassung bestätigt. Kein Anwalt ist vor skrupellosen Schachzügen gegnerischer Berufskollegen geschützt.

87 Auch den Gewerkschaftssekretär trifft im Rahmen seiner arbeitsrechtlichen Beratung und Interessenvertretung von Arbeitnehmern eine Aufklärungspflicht.[67] Gewerkschaftssekretäre übernehmen eine umfassende Interessenwahrnehmung für das Gewerkschaftsmitglied im Kündigungsschutzprozess, wenn sie nach der Satzung Rechtsschutz im unmittelbaren Zusammenhang mit dem Arbeitsverhältnis gewähren und das Gewerkschaftsmitglied in seinem Rechtshilfeantrag deutlich macht, dass es ihm neben der Fortsetzung des Arbeitsverhältnisses auch um die Sicherung der Gehaltsansprüche geht. Aus dem Umstand, dass Gewerkschaftssekretäre in der Regel keine Volljuristen sind und das Gewerkschaftsmitglied kostenlos vertreten, sind die Aufklärungspflichten der Gewerkschaftssekretäre nicht geringer als die eines Rechtsanwalts.[68]

c) Typische Aufklärungslagen beim Arbeitgeber-Mandanten

88 Dem Arbeitgeber sollte man vor jeder prozessualen Auseinandersetzung ins Stammbuch schreiben, dass ihn ein schwieriger Konflikt erwartet. Die Kündigung eines Arbeitnehmers derart fehlerfrei zu organisieren, dass ein Richter keinen Ansatzpunkt für eine kritische Sicht findet, erscheint ausgeschlossen. Manche Anwälte machen die Beobachtung, dass es den Arbeitgebern bei den Arbeitsgerichten generell schwerer gemacht wird als Arbeitnehmern. *Schmitz-Scholemann* sprach in seinem Vortrag vor der Deutsch-Britischen Juristenvereinigung im Oktober 2002, neben einer Reihe anderer Hürden für den Arbeitgeber, wohlwollend vom »Schutz des Arbeitnehmers durch juristische Dogmatik«.[69]

89 Die Gefährlichkeit einer verallgemeinernden Aussage besteht darin, dass sie nur Tendenzen widerspiegelt, die im Einzelfall zu einem ungerechtfertigten Vorurteil führen. Man ist manchmal überrascht, wie gering die Anforderungen an die Darlegungslast eines Arbeitgebers vom Arbeitsrichter gehalten werden und man ist es nicht mehr, hat man erfahren, dass der Personalchef dieser Firma ehrenamtlicher Richter am gleichen Arbeitsgericht ist. Immer wieder beobachtet man, dass Richter einzelne Parteivertreter einschließlich Arbeitgeberverbands- und Gewerkschaftsvertreter auffallend zuvorkommend behandeln. Manchmal mutmaßt man, dass Beziehungsgeflechte (Vorsitz in Einigungsstellen) im Hintergrund stehen, ein gemeinsames Studium, die gemeinschaftliche Zugehörigkeit des Richters und eines Anwalts zu einer Gewerkschaft oder einer anderweitigen Vereinigung u.v.a.m. Mal kommen solche Netzwerke dem Arbeitnehmer, mal dem Arbeitgeber zu Gute. Dennoch, an der Erfahrung, dass es der Arbeitgeber bei Gericht meist schwerer hat als der Arbeitnehmer, kommt man nach langen Jahren arbeitsrechtlichen Wirkens schwerlich vorbei und so ist es durchaus angebracht, jeden Arbeitgeber, der partout anstelle eines außergerichtlichen Vergleichs die gerichtliche Auseinandersetzung im Kündigungsschutzprozess wählt, darauf hinzuweisen, dass es eine unter Arbeitsrechtlern verbreitete Sichtweise gibt, wonach viele Arbeitsrichter zu einer stärkeren Gewichtung von Arbeitnehmer- als von Arbeitgeberbelangen neigen.

90 Fertigt der Arbeitgeber-Anwalt ein Gutachten über die Rechtslage und beabsichtigt der Arbeitgeber im Rahmen einer arbeitsrechtlichen Auseinandersetzung dieses Gutachten dem Arbeitnehmer zur Kenntnis zu bringen, muss sein Anwalt in einem Sideletter immer dann seinen Mandanten auf Risiken aufmerksam machen, wenn die Sichtweise im Gutachten von besonderem Wohlwollen gegenüber dem Auftraggeber geprägt war. In einem Parteigutachten darf man durchaus eigene

66 BAG, Urt. v. 12.12.1973, AP Nr. 6 zu § 626 BGB m. Anm. *Martens*.
67 LG München I, Urt. v. 22.03.2001, NZA-RR 2002, 589; ohne Sachverhalt und Urteilsgründe in: NZA 2003, 119.
68 LG München I, Urt. v. 22.03.2001, NZA-RR 2002, 589; ohne Sachverhalt und Urteilsgründe in: NZA 2003, 119.
69 *Schmitz-Scholemann*, »Egal, in welchem Käfig du steckst: verlass ihn« (John Cage), Anmerkungen zum Kündigungsschutzrecht, AE 3/2003, XII.

Vorstellungen entwickeln, sich u.U. von der herrschenden Meinung absetzen. Eine andere Sache ist es, ob der Auftraggeber ausreichend über die Grenzen der Akzeptanz von Meinungen eines Anwalts bei Gericht aufgeklärt wurde.

Zu den zwingenden Hinweisen des Arbeitgeber-Anwalts während eines Kündigungsschutzprozesses gehört es, den Mandanten über das Annahmeverzugslohnrisiko aufzuklären. Mit der Aufklärung allein sollte es nicht sein Bewenden haben. Ist damit zu rechnen, dass der Rechtsstreit noch längere Zeit andauern wird und ist sein Ausgang ungewiss, sollte der Anwalt den Arbeitgeber auf die Möglichkeit einer befristeten Beschäftigung des Arbeitnehmers für die Dauer des Rechtsstreits hinweisen. Dann erhält der Arbeitgeber wenigstens für den im Falle einer Prozessniederlage drohenden Annahmeverzugslohn eine Gegenleistung. Verzichtet der Arbeitgeber nach einer solchen Belehrung auf die befristete Beschäftigung des Arbeitnehmers, weil er beispielsweise dem Arbeitnehmer nicht mehr im Betrieb begegnen will, geht er sehenden Auges das Annahmeverzugslohnrisiko ein. 91

Die Freistellung des Arbeitnehmers, die der Arbeitgeber regelmäßig mit dem Ausspruch der Kündigung wünscht, stellt heute ein besonderes Haftungsrisiko dar. Zum einen kann nicht mehr mit der früheren Gewissheit gesagt werden, dass die Freistellung wirksam ist,[70] zum anderen muss der Arbeitgeber-Anwalt darauf drängen, dass die Formulierung im Kündigungsschreiben oder eine etwaige Parteivereinbarung sicherstellt, dass Zwischenverdienst während der Freistellung auf das Arbeitsentgelt angerechnet wird. Die Rechtsänderung durch die BAG-Rechtsprechung zwingt ihn hierzu.[71] 92

Zu den Aufklärungspflichten des Arbeitgeber-Anwalts gehört, wenn dies Gegenstand des Mandats bilden soll, die Kündigung in organisatorisch-textlicher Hinsicht. Aufklärung und Unterstützung entfallen gewiss, wenn der Arbeitgeber eine professionelle Personalabteilung unterhält. Je kleiner jedoch der Betrieb ist, desto höher sind die Anforderungen an die Aufklärungspflicht des Anwalts. Ein Zahnarzt wird gewöhnlich nicht wissen, dass er die gekündigte Zahnarzthelferin darauf aufmerksam machen muss, unverzüglich bei der Agentur für Arbeit vorstellig zu werden, weil ihr anderenfalls nach § 37b SGB III das Arbeitslosengeld gekürzt wird (§ 2 Abs. 2 Nr. 3 SGB III). 93

Wird gegenüber einem Betriebsratsmitglied das Zustimmungsersetzungsverfahren nach § 103 BetrVG eingeleitet, ist der Arbeitgeber von seinem Anwalt darüber aufzuklären, dass nach zwischenzeitlichem Verlust des Betriebsratsamtes wegen Rücktritts oder nicht erfolgter Wiederwahl **unverzüglich** eine fristlose Kündigung auszusprechen ist. 94

Es treten immer wieder Fallkonstellationen auf, bei denen der Anwalt nicht darauf warten darf, wie sich sein Mandant entscheidet, sondern von sich aus darauf hinweisen muss, welche Entscheidungsmöglichkeiten der Mandant hat. Beispielsweise kann im Rahmen einer betrieblichen Restrukturierung die Weiterbeschäftigung eines Arbeitnehmers unter für den Betroffenen ungünstigeren Arbeitsbedingung in Frage kommen. Viele Arbeitgeber kennen nicht die Rechtsprechung, dass eine Änderungskündigung als das mildere Mittel gegenüber einer Beendigungskündigung vorzuziehen ist.[72] Entscheidet sich der Arbeitgeber schließlich für die Änderungskündigung, muss ihn der Anwalt wiederum daran erinnern, dass in einem Betrieb mit Betriebsrat gleichzeitig auch das Zustimmungsverfahren nach § 99 BetrVG wegen Änderung der Arbeitsbedingungen einzuleiten ist. 95

Nachgiebigkeit auf Arbeitgeberseite rächt sich häufig – und man sollte es dem Arbeitgeber-Mandanten von vorneherein sagen. Ob es während der Vergleichsverhandlungen bei Gericht oder während eines außergerichtlich verhandelten Aufhebungs- oder Abwicklungsvertrages ist, wenn der Arbeitgeberanwalt zu früh auf die Wünsche des Verhandlungsgegners eingeht, muss er häufig damit rechnen, dass die Einigungslatte hydraulisch angehoben wird. Manche bezeichnen dieses Phänomen spöttisch als »die nach oben offene Richterskala.« Nachgiebigkeit wird aus der Sicht 96

70 Siehe hierzu *Hümmerich*, AnwaltFormulare Arbeitsrecht, § 1 Rn 1000 ff.
71 BAG, Urt. v. 19.03.2002, BB 2002, 1703 = FA 2002, 321.
72 BAG, Urt. v. 27.09.1984, BAGE 47, 26.

von Arbeitgeberanwälten eher bestraft als belohnt. Vorsicht ist geboten, wenn Richter ohne die Parteivertreter zu befragen, in den Vergleich eine allgemeine Ausgleichsklausel diktieren. Nach Auffassung des BAG[73] gilt bei Ausgleichsklauseln eine »weite Auslegung«, so dass eine vorschnell vom Arbeitgeberanwalt akzeptierte Ausgleichsklausel die ungewollte Aufhebung eines nachvertraglichen Wettbewerbsverbots zum Inhalt haben kann. Nicht selten haben die Parteien versäumt, ihren Anwälten sämtliche noch bestehenden Ansprüche (Reisekosten, Spesenvorschüsse etc.) zu benennen. Es ist nicht zu empfehlen, durch unbedachte, vorschnelle Regelung im Prozessvergleich den Keim weiterer Auseinandersetzungen zu legen und beispielsweise in einem Folgeprozess über drei Instanzen klären zu lassen, ob die vorenthaltene private Nutzung eines Dienstwagens durch die Formulierung »vertragsgemäße Abrechnung« in einem Prozessvergleich erfasst wird oder nicht.[74]

97 Da sollte man als Anwalt im Zweifel auf eine Ausgleichsklausel verzichten oder zumindest bei der Formulierung darauf achten, das sämtliche Einzelheiten bedacht und durch die vom Richter diktierten Formulierungen angemessen und präzise berücksichtigt werden. Richter neigen nun einmal dazu, als Herr des Protokolls und damit auch des Diktats eines Vergleichs ihre eigenen Formulierungen und ein manchmal mit den Parteien nicht hinreichend abgestimmtes Diktatverhalten an den Tag zu legen. Spätestens dann, wenn der noch einmal laut vorgelesene oder vorgespielte Text von den Prozessvertretern wahrgenommen und ggf. mit den gefertigten Aufzeichnungen verglichen wird, sollte man die Chance nutzen, ungenau gebliebene Formulierungen durch andere zu ersetzen. Die Scheu mancher Anwälte, Richter, die ungefragt Wesentliches für einen Vergleich zu Protokoll geben, nicht zu unterbrechen, ist unbegründet. Als Anwalt sollte man sofort mitteilen, wenn man mit einem Wortlaut nicht einverstanden ist, egal wie gereizt der Richter auf eine solche Intervention reagiert. Der Richter haftet im Gegensatz zum Anwalt für sein Handeln nicht. Man sollte sich als Anwalt auch nicht von der Unsitte mancher Richter beeindrucken lassen, vom Anwalt vorgeschlagene Regelungen eines Vergleichs umzuformulieren, häufig aus dem Bemühen heraus, die eigene Autorität an die Stelle der beim Anwalt angeklungenen Kompetenz treten zu lassen. Der Richter soll den Wortlaut eines Vergleichs so wählen, wie der Anwalt ihn vorgeschlagen hat. Notfalls ist über den Wortlaut zu verhandeln. Erscheint dem Anwalt der Wortlaut des Richters nicht genau genug oder missverständlich oder mit unerwünschtem Bedeutungsgehalt belegt, muss er intervenieren, ob es dem Richter gefällt oder nicht. Manche Arbeitgeber-Mandanten sind, auch wenn es zu ihrem Nutzen ist, irritiert über die Deutlichkeit, mit der ihr Anwalt gegenüber dem Richter in einen Schlagabtausch über Formulierungen eintritt. Sensiblen Arbeitgeber-Mandanten sollte man vor dem Gerichtstermin sagen, dass man bei Gericht in einem großen Haifischbecken schwimmt.

d) Gebührenaufklärungspflicht des Anwalts

98 In arbeitsrechtlichen Mandaten ergibt sich aus § 12a Abs. 1 Satz 2 ArbGG, dass der Rechtsanwalt den Mandanten darüber aufklären muss, dass im Urteil des ersten Rechtszugs kein Anspruch der obsiegenden Partei auf Erstattung der Kosten für die Zuziehung eines Prozessbevollmächtigten gegen die unterlegene Partei besteht.[75] Kommt der Prozessbevollmächtigte dieser Verpflichtung nicht nach, steht dem Mandanten gegen ihn ein Schadensersatzanspruch gem. § 311 Abs. 2 Nr. 2 BGB (Verschulden im Anbahnungsverhältnis) zu.[76] *Schaub*[77] geht allerdings zu Unrecht davon aus, dass der Anspruch nur auf das negative Interesse gerichtet sei. Negatives Interesse bedeutet, der Mandant wäre so zu stellen, als wäre ein Beratungsverhältnis überhaupt nicht zustande gekommen. Richtigerweise richtet sich der Schadensersatzanspruch des Mandanten auf den Betrag, der nicht erwachsen wäre, wenn rechtzeitig belehrt worden wäre, also auf das positive Interesse.

73 BAG, Urt. v. 19.11.2003, BB 2004, 1280; siehe auch *Bauer/Diller*, BB 2004, 1274.

74 So der Fall BAG, Urt. v. 05.09.2002, NZA 2003, 973.

75 Die gesetzliche Regelung soll rein deklaratorischer Natur sein, siehe *Rewolle*, BB 1979, 1353; *Germelmann/Matthes/Prütting/Müller-Glöge*, § 12a Rn 28.

76 ErfK/*Schaub*, § 12a ArbGG Rn 9.

77 ErfK/*Schaub*, § 12a ArbGG Rn 9.

Ob die Aufklärungspflicht auch für den außergerichtlichen Bereich gilt, ist noch nicht entschieden. Nach dem Gesetzeswortlaut ist sie auf die gerichtliche Interessenwahrnehmung beschränkt. Andererseits besteht eine Neigung der Rechtsprechung, die gebührenrechtlichen Regelungen des Arbeitsgerichtsprozesses auf die außergerichtliche Interessenwahrnehmung auszudehnen.[78] Nicht ausreichend reflektiert hat das BAG, dass das Nichtanrechnungsprivileg bei Abfindungsbeträgen auf den Streitwert gem. § 12 Abs. 7 Satz 2 Hs. 2 ArbGG nicht für alle Abfindungen gilt, sondern nur bei durch Auflösungsurteil zugesprochenen Abfindungen gem. §§ 9, 10 KSchG. Selbst im gerichtlichen Bereich gilt die Nichtanrechnungsbefugnis nur bei gerichtlich festgesetzten Abfindungen, nicht bei Abfindungen aus Sozialplan, Rationalisierungsschutztarifverträgen oder in einem ausgehandelten Prozessvergleich.[79] Erst recht dürfte damit das Nichtanrechnungsprivileg im außergerichtlichen Bereich nicht gelten, das BAG geht allerdings von einer anderen Rechtslage aus, selbst wenn der Anwalt außergerichtlich den weniger sozial schutzwürdig erscheinenden Arbeitgeber vertreten hat.[80] Ob eine außergerichtliche Aufklärungspflicht wegen der Besonderheiten der arbeitsrechtlichen Gebührenregelungen besteht, ist gegenwärtig noch unentschieden, im Zweifel sollte man den außergerichtlichen Bereich in die Aufklärung einbeziehen und sich die Tatsache der Aufklärung schriftlich bestätigen lassen. 99

Die spezifische Aufklärungspflicht des Anwalts für Arbeitsgerichtsprozesse wird ergänzt durch die allgemeine Aufklärungspflicht des Anwalts nach der Zivilrechtsprechung über die Gebührenhöhe, die allerdings nur ausnahmsweise angenommen werden muss. Nach Auffassung des Reichsgerichts[81] besteht eine Aufklärungspflicht, wenn besondere Umstände vorliegen. Der BGH nimmt in drei Fallgruppen heute eine Aufklärungspflicht des Rechtsanwalts gegenüber dem Mandanten über die Höhe der zu erwartenden Gebühren an, nämlich einmal, wenn der Rechtsanwalt beauftragt wird, einen Vertragsentwurf zu fertigen, der später noch zwingend von einem Notar beglaubigt werden muss. In diesem Fall hat der Rechtsanwalt den Mandanten darüber aufzuklären, dass neben seinen eigenen Gebühren, ohne dass er diese erläutern muss, auch noch Notargebühren anfallen werden.[82] Eine Aufklärungspflicht besteht für den Rechtsanwalt immer dann, wenn erkennbar ist, dass die Durchsetzung der Interessen des Mandanten augenscheinlich unwirtschaftlich ist. In diesem Fall hat der Rechtsanwalt den Mandanten über die für seine Tätigkeit voraussichtlich anfallenden Gebühren aufzuklären.[83] Schließlich muss der Rechtsanwalt in all den Fällen, in denen er Anhaltspunkte dafür hat, dass dem Mandanten Prozesskosten- und/oder Beratungshilfe zustehen könnte, seinen Mandanten über die Möglichkeit von Prozesskosten- und/oder Beratungshilfe unterrichten.[84] 100

6. Offenheit in Gebührenfragen

Von der Aufklärungspflicht des Anwalts über die fehlende Kostentragungspflicht des Gegners selbst bei vollständigem eigenen Prozesserfolg zu unterscheiden ist die Kommunikation mit dem Mandanten über die Höhe der eigenen Gebühren. 101

Häufig ist die Frage des Mandanten zu hören, »Was kostet mich Ihre Tätigkeit?« Diese Frage ließ sich schon nach der BRAGO, lässt sich auch heute nach dem RVG nur unvollkommen beantworten, weil drei Faktoren im außergerichtlichen Beratungsbereich und zwei Faktoren im gerichtlichen Bereich darüber entscheiden, welche Gebührenhöhe anfallen wird, ohne dass alle Informationen über das Eintreten dieser Faktoren dem Anwalt zu Mandatsbeginn vorliegen können. Beginnen wir mit dem außergerichtlichen Bereich. Hier hing es nach der BRAGO von den Gebührentatbeständen (Geschäftsbesorgung, Besprechung und Vergleich), von der Streitwerthöhe und davon ab, welcher 102

78 Siehe für das Aushandeln eines Aufhebungsvertrags: BAG, Urt. v. 16.05.2000, NZA 2000, 1246 = NJW-RR 2001, 495.
79 *Germelmann/Matthes/Prütting/Müller-Glöge*, § 12 Rn 116; GK-ArbGG/*Wenzel*, § 12 Rn 103a.
80 BAG, Urt. v. 16.05.2000, NZA 2000, 1246 = NJW-RR 2001, 495.
81 RG, Urt. v. 08.11.1927, RGZ 118, 365.
82 BGH, Urt. v. 18.09.1997, AnwBl 1997, 673.
83 BGH, Urt. v. 16.01.1969, NJW 1969, 932.
84 OLG Düsseldorf, Urt. v. 15.03.1984, AnwBl 1984, 444.

der drei Gebührentatbestände eintrat, um die letztendliche Höhe der Vergütung des Rechtsanwalts zu bestimmen. Durch das RVG ist keine wesentliche Änderung eingetreten. Die Höhe des Streitwerts hängt vom Umfang und der Höhe der Ansprüche ab, die ggf. in der arbeitsrechtlichen Angelegenheit geltend gemacht und im Vergleichswege (Einigungsgebühr) geregelt werden. Zum Zweiten spielt eine Rolle, wie die Angelegenheit nach Schwierigkeitsgrad und Bedeutung für den Mandanten zu bewerten ist. Schließlich bildet einen dritten Faktor der Mandatsverlauf, ob beispielsweise eine Besprechung anfällt, woraus sich bereits ein über 1,3 % hinausgehender Gebührenanspruch ergeben soll.[85]

103 Im gerichtlichen Bereich stellt sich die gleiche Thematik. Als Anwalt weiß man nicht im Vorhinein, welchen Streitwert das Gericht festsetzen wird und man kann auch nicht abschätzen, ob es zum Abschluss eines Vergleichs kommt. Man kann dem Mandanten deshalb nur mitteilen, dass regelmäßig mindestens zwei Gebühren (Prozess- und Erörterungsgebühr durch den Gütetermin) anfallen. Eine genaue Höhe lässt sich nicht bestimmen.

104 In dem Bewusstsein dieser Schwierigkeit versuchen manche Anwälte, die Antworten auf Honorarfragen zu umgehen. Sie vergessen dabei, dass sie selbst auch nicht gerne Beratungsleistungen in Anspruch nehmen würden, deren zu erwartende Höhe sie nicht abschätzen können. Wenn sich auf Basis der gesetzlichen Gebühren die genaue Höhe nicht bestimmen lässt, sollte man dem Mandanten erläutern, welche Faktoren für die Ermittlung der Gebührenhöhe maßgeblich sind. Häufig lässt sich ein Korridor bestimmen, innerhalb dessen sich die Gebührenhöhe bewegen wird. Immerhin kann man den Vierteljahresbezug des Gehalts als groben Maßstab für den Streitwert heranziehen.

105 Trifft man eine Gebührenvereinbarung, die entweder aus einer Pauschal- oder einer Zeitgebühr besteht, lässt sich das Risiko der mangelnden Vorhersehbarkeit der Gebühr zumindest mit einer Pauschalvereinbarung vermeiden. Es ist allerdings nicht immer ganz einfach, den Mandanten für eine Pauschalvereinbarung zu gewinnen, weil durchaus der Fall denkbar sein kann – sei es auf Arbeitgeber-, sei es auf Arbeitnehmerseite – dass der beabsichtigte Erfolg, der mit dem Mandat verbunden sein soll, nicht realisiert wird. In diesen Fällen wird der Mandant unzufrieden sein, ein hohes Pauschalhonorar vereinbart zu haben, ohne dass der von ihm beabsichtigte, wirtschaftliche Erfolg eingetreten ist. Hier bietet die Neuregelung des § 49 Abs. 2 BRAO einen Ausweg. Es ist nunmehr zulässig, eine von der gesetzlichen Gebühr abweichende Vergütung nur für den Erfolgsfall zu vereinbaren.

106 Beim Zeithonorar stellt sich die gleiche Problematik wie bei der gesetzlichen Gebühr. Für den Mandanten bleibt letztlich beim Mandatsbeginn unklar, in welcher Höhe er Zahlungen gegenüber dem Anwalt zu leisten hat. Beim Arbeitgeber bildet die Vergütung des Anwalts Teil der Kosten, also des bilanziell und steuerlich zu berücksichtigenden Aufwands. Für den Mandanten als Naturalpartei, vor allem für Arbeitnehmer, ergibt sich meist die Möglichkeit, das Anwaltshonorar nach § 9 EStG als Werbungskosten abzusetzen. Hierauf sollte der Anwalt seinen Mandanten im Gespräch über die Gebührenhöhe unterrichten. Bei Hochverdienern führt dieser Hinweis regelmäßig zu der Erkenntnis, dass der Mandant tatsächlich nur zur Hälfte durch das Honorar wirtschaftlich belastet wird.

107 Vorschussrechnungen oder Zwischenkostennoten sind nichts Ehrenrühriges, im Gegenteil, sie sind gebührenrechtlich gestattet (§ 9 RVG, früher: § 16 BRAGO) und angesichts der Dauer einiger Mandate betriebswirtschaftlich wünschenswert und auch pädagogisch nützlich. Die Forderung nach einer Beschränkung der Einholung von Vorschüssen auf Naturalparteien, wie von manchen empfohlen, ist nicht von einer zwingenden Argumentation getragen. Auch Rechtsschutzversicherungen sollte man Vorschusskostennoten übersenden.

Es ist mit dem beruflichen Selbstverständnis eines Anwalts in Arbeitssachen nicht in Einklang zu bringen, die Sachbearbeitung primär am ökonomischen Interesse auszurichten. Deshalb ist bei Erfolgshonoraren, die die Sachbearbeitung auf das wirtschaftliche Ergebnis lenken, Vorsicht

85 *Schneider/Mock*, Das neue Gebührenrecht für Anwälte, § 13 Rn 4.

geboten. Die Unabhängigkeit des Sachbearbeiters leidet, wenn der wirtschaftliche Erfolg des Mandats zu stark an der Ökonomie ausgerichtet ist (»Gier frisst Hirn«).

Ein Nebeneffekt von Vorschüssen besteht darin, dass die Schlusskostennote niedriger ausfällt und das Interesse das Sachbearbeiters bei der Rechtsschutzversicherung, zeitraubende Zusatzfragen vor einer Auszahlung des Schlussrechnungsbetrages zu stellen, auch von der Höhe der Schlussrechnung beeinflusst wird, so dass man über die Vorschusskostennote einen Beitrag dazu leisten kann, dass der Sachbearbeiter sparsamer mit den üblichen Einwänden umgeht, die erst nach umfangreicher, lästiger Korrespondenz entkräftet werden können. Der Naturalpartei führt die Vorschusskostennote vor Augen, dass sie ein gebührenpflichtiges Mandat erteilt hat. Manche Naturalpartei geht mit dieser Erkenntnis sorgfältig um, überlegt sich, wann der Anwalt in Zukunft angerufen oder zum Einsatz gebracht werden soll, kurzum: die Vorschusskostennote kann ein verschärftes Bewusstsein über die Professionalität der Beziehung zwischen Anwalt und Mandant bewirken. 108

II. Leistungsstandards des Prozessanwalts

1. Diktat der Klageschrift

Die meisten Klagen im Arbeitsrecht sind Kündigungsschutzklagen. Kündigungsschutzklagen sind fristgebunden (§ 4 KSchG). Seit dem Gesetz zu Reformen am Arbeitsmarkt vom 24.12.2003[86] müssen auch Klagen wegen außerordentlicher, sittenwidriger, treuwidriger und sonstiger Kündigungen gem. § 13 KSchG innerhalb von drei Wochen nach Zugang anhängig gemacht werden. 109

Die erste Frage, die sich jeder Anwalt bei der Fertigung einer Klage stellt, ist die nach der richtigen Methode. Manche Anwälte schwören darauf, Schriftsätze niemals in Anwesenheit von Mandanten zu diktieren, andere wählen als Vorlage gängige Textbausteine[87] und diktieren die Klageschrift in Anwesenheit des Mandanten ab. Beide Methoden bieten Vor- und Nachteile. Wer ein Diktiergerät benutzt, kann generell zeitsparender arbeiten als derjenige, der selbst schreibt, ob handschriftlich oder in die Tasten des Computers greifend. Diktiert man in Anwesenheit des Mandanten, entsteht der Vorteil, dass man beim Mandanten jederzeit nachfragen kann, wenn im Laufe der Erstellung des Schriftsatzes erkennbar wird, dass im Eingangsgespräch versäumt wurde, einige noch notwendige Informationen einzuholen. Bei dieser Methode entsteht für den Mandanten zusätzlich eine Kontrollfunktion: Der Mandant kann jederzeit intervenieren, wenn der Sachverhalt vom Anwalt unvollständig oder fehlerhaft diktiert wird. Der Anwalt erspart sich dadurch nebenbei das Versenden des Klageentwurfes vor Einreichung bei Gericht, was angesichts des durch die §§ 4, 13 KSchG ausgelösten Zeitdrucks eine Hilfe im täglichen Fristenkampf bedeutet. 110

Schriftsatz ist nicht gleich Schriftsatz, die Methoden der Erarbeitung müssen individuell ausgerichtet sein. Je komplizierter die rechtlichen und tatsächlichen Zusammenhänge sind, desto notwendiger wird es, den Schriftsatz umfangreich und in Ruhe vorzubereiten und deshalb in Abwesenheit des Mandanten zu fertigen. Bei der einfachen Kündigungsschutzklage besteht dieses Bedürfnis nicht. 111

Fehlerquellen für Klagen und Schriftsatzerwiderungen lauern an jeder Ecke. Mancher Anwalt scheitert schon am Passivrubrum. Die Parteibezeichnung muss sorgfältig bedacht sein (§ 253 Abs. 2 Nr. 1 ZPO), allerdings lässt es die arbeitsgerichtliche Rechtsprechung zu, Namensbezeichnungen von Firmen späterhin großzügig zu korrigieren.[88] Mehrfach ist die Rechtsprechung über die falsche Bezeichnung des Beklagten großzügig hinweggegangen.[89] Die Rubrumsberichtigung darf jedoch nicht zum gewillkürten Parteiwechsel führen. Bei der Vielzahl von Namensänderungen, bei dem inzwischen häufigen Verschieben von Arbeitnehmern und Arbeitnehmergruppen von der einen Firma 112

86 BGBl I 2003, 3002.
87 Siehe hierzu *Hümmerich*, AnwaltFormulare Arbeitsrecht, Muster 3300 § 7 Rn 74.
88 Siehe nur BAG, Urt. v. 15.03.2001, NJW 2002, 459.
89 BAG, Urt. v. 15.03.2001, AP Nr. 46 zu § 4 KSchG 1969; BAG, Urt. v. 21.02.2002 – 2 AZR 55/01 (n.v.).

in die nächste, erscheint es manchmal nicht leicht, die richtige Partei zu verklagen.[90] Immer wieder wird bei der GmbH & Co. KG versäumt, den Geschäftsführer der Verwaltungs-GmbH oder die Verwaltungs-GmbH selbst ins Rubrum aufzunehmen. Vorstandsmitgliedern, auch ausgeschiedenen gegenüber, vertritt der Aufsichtsrat die Gesellschaft.[91] Auch bei einem aus einem ruhenden Arbeitsverhältnis klagenden Ex-Vorstand ist die Gesellschaft, vertreten durch den Aufsichtsrat, Adressat der Klage.[92] Im Beschlussverfahren muss der Rechtsmittelführer in einer Rechtsbeschwerdeschrift gem. § 94 Abs. 2 Satz 1 ArbGG genau bezeichnet sein. Großzügigerweise muss die Bezeichnung des Rechtsmittelführers nicht ausdrücklich erfolgen, es genügt, wenn sie sich innerhalb der Rechtsmittelfrist aus anderen, dem Rechtsmittelgericht vorliegenden Unterlagen zweifelsfrei entnehmen lässt.[93]

113 So häufig wie bei den Passivrubren passieren Fehler beim Diktat der Anträge. Der noch nicht so erfahrene Anwalt sollte sich zunächst wegen des Antragswortlauts an gängigen Textbausteinen orientieren. Zu empfehlen ist auch die Methode, die Anträge erst nach der Erstellung eines Schriftsatzes abzufassen, also erst dann, wenn die Klageschrift vollständig verfasst wurde. Nur wer den Streitgegenstand vom Tatsächlichen und Rechtlichen komplett dargestellt hat, ist in der Lage, den richtigen Antrag zu formulieren. Eine unzulängliche Antragsfassung kann zu Rechtsverlusten, manchmal sogar zur Niederlage im Rechtsstreit führen. Die Tendenz geht bei den Arbeitsgerichten allerdings dahin, unerfahrenen Anwälten durch Hinweise bei der Formulierung des richtigen Antrags zu helfen.

114 Bei der Klagebegründung siegt Gründlichkeit. Die Schlüssigkeit im Vorbringen ist das prozessuale Untermaß, die Übersubstantiierung das Übermaß. Manche Anwälte machen den Grundfehler, sich nicht in die Rolle des Adressaten ihrer Aktionen zu versetzen. Sie halten sich nicht vor Augen, wie viele Schriftsätze ein Richter im Laufe einer Woche lesen muss, wie verengt manchmal sein Blick auf das Wesentliche ist, wie häufig er Kolorit als lästig empfindet und entsprechend emotional reagiert. Durch übertrieben umfangreichen Streitstoff sollte man daher den Richter nicht ohne Not verärgern. Andererseits weiß jeder erfahrene Anwalt, dass das Maß der Substantiierung dem Richter erlaubt, sich mit der Sachverhaltsdarstellung als Teil eines schlüssigen Vortrags zufrieden zu geben oder die Klage schlimmstenfalls mangels hinreichender Substantiierung abzuweisen. Ob die tatsächlichen Behauptungen einer klagenden Partei, vorbehaltlich der Einwendungen der beklagten Partei, den Schluss auf die geltend gemachte Rechtsfolge rechtfertigt, hat auch etwas mit der subjektiven Sichtweise eines Richters zu tun. Ein Sachvortrag zur Begründung eines Klageanspruchs ist zwar schlüssig, wenn die klagende Partei Tatsachen vorträgt, die in Verbindung mit einem Rechtssatz geeignet und erforderlich sind, geltend gemachtes Recht als in der Person der klagenden Partei entstanden erscheinen zu lassen. Welcher Detailreichtum hierbei zum Sachvortrag gehört, bestimmt jeder Richter in jeder Instanz neu.

115 Deshalb lassen sich keine simplen Gebote formulieren, deren Befolgung die Akzeptanz eines Vortrags durch jeden Arbeitsrichter sicherstellt. Andererseits lässt sich behaupten, dass ein Anwalt, mit einer gewissen Sorgfalt in seiner Arbeitsweise, Erfahrungswerte entwickelt, aus denen folgt, wie genau die Gerichte unterrichtet sein wollen, wie vielschichtig Geschehnisabläufe beschrieben sein müssen, wie sparsam man mit dem Ausschmücken von Nebensächlichem sein sollte.

116 Anwälte, die überwiegend auf die beigefügten Unterlagen, Abrechnungen, Notizen und Schriftwechsel verweisen und sich der Mühewaltung einer zusammenfassenden Darstellung im Schriftsatz entziehen, werden meist Schiffbruch erleiden. Der Verweis auf Anlagen entbindet den Anwalt nicht von der Angabe des Gegenstandes des erhobenen prozessualen Anspruchs. Die in Bezug genommenen Unterlagen sind nicht durch die anwaltliche Unterschrift gedeckt. Es verstieße zudem

90 Wegen Einzelheiten siehe *Hümmerich,* AnwaltFormulare Arbeitsrecht, § 7 Rn 6 ff.
91 BGH, Urt. v. 28.04.1997, NJW 1997, 2324; LG Kempten, Urt. v. 25.04.2003, AE 3/2003, 134.
92 BAG, Urt. v. 04.07.2001, ArbRB 2002, 105.
93 BAG, Urt. v. 23.08.2001, NZA 2001, 1214.

gegen den Beibringungsgrundsatz, dem Gericht einen Schuhkarton voller Unterlagen zu übergeben, aus denen sich die Kammer dann ein eigenes Bild über den Sachverhalt machen könnte. Zwar steht der Anwalt häufig selbst in einer vergleichbaren Situation, wenn ihm der Mandant den Sachverhalt schildert und einige ungeordnete Papiere auf den Tisch knallt.

Die mangelnde Prozessvorbereitungsarbeit des eigenen Mandanten vermag der Anwalt nicht an den Richter weiterzureichen. Richter übersehen, in welch bequemer, nahezu komfortabler Lage ihnen der Streitstoff serviert wird. Der Beibringungsgrundsatz verlangt vom Anwalt, dass er einen eigenen Vortrag zu Papier zu bringen hat und nicht das Gericht aus den beigefügten Unterlagen auf den Vortrag der Parteien schließen muss. Großzügig sind die Arbeitsgerichte freilich bei Naturalparteien. Die Bezugnahme auf Unterlagen, die eine Naturalpartei mit einem auf eine richterliche Auflage eingereichten Schriftsatz vorlegt, ist nach Ansicht des ArbG Nienburg ausreichend, wenn diese nicht sehr umfangreich, stringent geordnet sowie ohne weiteres aus sich heraus verständlich sind und der Gegner der Bezugnahme nicht widerspricht. § 130 ZPO sei eine Soll-Vorschrift und lasse daher Raum für sinnvolle Ausnahmen.[94] 117

Sorgfalt verdienen auch Beweisantritte. Die Beweisaufnahme dient nicht dazu, zu Gunsten einer Partei erst die für einen schlüssigen bzw. erheblichen Vortrag notwendigen Tatsachen zu ermitteln. Der Ausforschungsbeweis ist unzulässig.[95] Nach dem im Zivilprozess herrschenden Verhandlungsgrundsatz kann die darlegungs- und beweispflichtige Partei eine Beweisaufnahme und damit eine Klärung der für die Entscheidung des Rechtsstreits erheblichen Tatsachen nur dann erreichen, wenn sie entsprechende, bestimmte Behauptungen aufstellt. Mit den Beweisangeboten ist es deshalb nicht anders als mit den einem Schriftsatz beigegeben Anlagen (Beweisurkunden). Sie müssen sorgfältig zusammengestellt sein, entbinden allerdings den Anwalt nicht davon, den Vortrag, zu dem sie gehören, in substantiierter Form aufzubereiten. Beweisaufnahmen haben zwar angesichts einer vielfach zu beobachtenden Unlust deutscher Arbeitsrichter an einer eigenständigen Sachverhaltsaufklärung Seltenheitswert. Erfüllt man die Vortragsvoraussetzungen einer Beweisaufnahme jedoch nicht, kann man mit einer gewissen Zwangsläufigkeit damit rechnen, dass die fehlenden Beweisangebote zum Anlass einer Klageabweisung genommen werden. Richter sind, mit Verlaub, prozessuale Schwachstellenanalytiker. 118

2. Darlegungs- und Beweislast

Bei der gerichtlichen Vertretung von Arbeitgebern werden immer wieder die allgemeinen Verteilungsgrundsätze der Darlegungs- und Beweislast im Kündigungsschutzprozess verkannt. Vor allem dann, wenn es um betriebsbedingte Kündigungen geht. Im Kündigungsschutzprozess besteht eine gestufte Darlegungs- und Beweislast,[96] d.h. nicht der Arbeitnehmer muss sämtliche anspruchsbegründenden Tatsachen beweisen, sondern wenn der Arbeitgeber eine Behauptung des Arbeitnehmers in sustantiierter Form bestreitet, ist es zugleich seine Sache, den Beweis dafür zu liefern, dass die seinen Einwand betreffenden Tatsachenbehauptungen des Arbeitnehmers unzutreffend sind. 119

Die beklagte Partei kann die tatsächlichen Grundlagen des Klageanspruchs bestreiten, rechtshindernde, rechtsvernichtende, rechtshemmende und rechtsausschließende Einreden vorbringen. Entfällt auf Grund des Vorbringens zur Rechtsverteidigung der Klageanspruch, ist das Vorbringen der beklagten Partei erheblich. Die erklärungsbelastete Partei hat auf die Behauptung ihres Prozessgegners grundsätzlich substantiiert, d.h. durch nähere, positive Angaben zu erwidern. Dieser Grundsatz gilt aber nicht ausnahmslos. Seine Befolgung setzt vielmehr voraus, dass der erklärungsbelasteten Partei ein substantiierter Gegenvortrag möglich ist. Dies ist in der Regel dann der Fall, wenn sich die behaupteten Vorgänge in ihrem Wahrnehmungsbereich abgespielt haben. Steht die Partei den 120

94 ArbG Nienburg, Urt. v. 15.10.1997 – 1 Ca 1002/97 (n.v.).
95 BGH, Urt. v. 09.07.1974, NJW 1974, 1710; BAG Urt. v. 21.10.1980, AP Nr. 1 zu § 54 BetrVG 1972.
96 BAG, Urt. v. 17.06.1999, NZA 1999, 1095; *Schwader*, NZA 2000, 401.

Geschehnissen aber erkennbar fern, so kann von ihr eine nähere Substantiierung ihres Bestreitens nicht verlangt werden, vielmehr genügt dann ein einfaches Bestreiten.

121 Bei klugen Prozessanwälten wird man seitenlang immer wieder den stereotypen Satz lesen, »Die Behauptung des Klägers wird bestritten« oder »Die Behauptung wird mit Nichtwissen bestritten.« Nichtwissen ist nach § 138 Abs. 4 ZPO nur über Tatsachen zulässig, die weder eigene Handlungen der Partei noch Gegenstand ihrer eigenen Wahrnehmung gewesen sind. Einer Partei ist es grundsätzlich nach § 138 Abs. 4 ZPO verwehrt, eigene Handlungen und Wahrnehmungen mit Nichtwissen zu bestreiten. Nur ausnahmsweise kommt ein Bestreiten eigener Handlungen und Wahrnehmungen in Betracht, wenn die Partei nach der Lebenserfahrung glaubhaft macht, sich an gewisse Vorgänge nicht mehr erinnern zu können.[97] Die bloße Behauptung sich nicht zu erinnern, reicht nicht aus. Auch scheidet ein Bestreiten mit Nichtwissen aus, wenn eine Partei in ihrem eigenen Unternehmensbereich Erkundigungen einziehen kann.[98] An diesem Grundsatz werden Arbeitgeber häufig gemessen. Die Parteien haben eine Informationspflicht, sich das Wissen über Geschehnisse im Bereich ihrer eigenen Wahrnehmungsmöglichkeit zu beschaffen, der Unternehmer beispielsweise über geschäftliche Vorgänge und sonstiges Geschehen im Unternehmen, nicht aber der Arbeitnehmer über Handlungen und Entscheidungen des Betriebsrats.

3. Nachlässigkeiten bei der Prozessführung

122 Eine typische Nachlässigkeit bei der Vertretung eines Betriebsrats in einem Beschlussverfahrens ist es, wenn der Anwalt in den Termin geht, ohne einen ordnungsgemäßen Beschluss gem. §§ 29, 33 BetrVG dem Gericht als Urkunde vorlegen zu können, im Beschlussverfahren übrigens gesondert für jede Instanz.[99] Ein Anwalt, der ohne einen solchen Beschluss tätig wird, muss damit rechnen, dass seine Tätigkeit späterhin vom Arbeitgeber nicht vergütet wird. Fehlt der Beschluss, den Betriebsratsvorsitzenden mit der Durchführung eines arbeitsgerichtlichen Beschlussverfahrens zu beauftragen oder kann das Original des Beschlusses im Termin nicht vorgelegt werden, kann das Gericht den Antrag des Betriebsrats zurückweisen. Der fassungslos daneben stehende Betriebsratsanwalt muss mit dem Vorwurf des Beratungsfehlers und dem Umstand, dass er seine Gebühren niemals vom Arbeitgeber erhalten wird, frühzeitig fertig werden.

123 Ein weiterer, häufiger Fehler ist es, wenn Urteile oder Schriftsätze der Gegenseite nicht sofort vom Anwalt gründlich und möglichst in Ruhe durchgelesen werden. Nur durch sorgfältige Lektüre kann man beispielsweise feststellen, ob sich aus dem Vortrag des Gegners Kündigungsgründe ergeben, nur so kann man feststellen, ob der Anwalt des Arbeitnehmers in so unflätigem Ton, in derart ehrabschneidender Weise formuliert hat, dass sich auf den gegnerischen Vortrag ein Auflösungsantrag nach § 9 KSchG stützen lässt.[100]

124 Gerade im Vorfeld der Einlegung eines Rechtsmittels lohnt es sich, noch einmal sorgfältig die Schriftsätze des Gegners, aber natürlich auch das Urteil, zu lesen. Selbst wenn man einen Rechtsstreit gewonnen hat, kann man nicht immer sorgenfrei sein, beispielsweise dann nicht, wenn im Rubrum des erstinstanzlichen Richters die Wiedergabe aller verklagten Parteien vergessen wurde und nur eine Partei, gegen die sich der Anspruch richtete, im Rubrum aufgeführt ist. Versäumt es der Anwalt gegen ein solches Urteil innerhalb eines Monats Berufung einzulegen, verbleibt ihm, wenn ihm dieses Missgeschick während einer späteren Lektüre auffällt, nur noch die unselbständige Anschlussberufung, deren Wirkung jedoch der Gegner durch Rücknahme der Berufung jederzeit beseitigen kann. Einen Trost hält die Rechtsprechung allerdings auch bereit: Stellt man sich mit dem LAG Bremen[101] auf den Standpunkt, das Arbeitsgericht habe in I. Instanz gestellte Anträge

97 Baumbach/Lauterbach/*Hartmann*, § 138 ZPO Rn 53.
98 Baumbach/Lauterbach/*Hartmann*, § 138 ZPO Rn 45 ff.
99 BAG, Beschl. v. 11.03.1992, AP Nr. 11 zu § 38 BetrVG 1972.
100 BAG, Urt. v. 26.11.1981, AP Nr. 8 zu § 9 KSchG, II 3 c bb der Gründe; KR/*Spilger*, § 9 Rn 41.
101 LAG Bremen, Urt. v. 25.01.1983, ArbuR 1983, 216.

bei seiner Entscheidung übersehen, gilt das Urteil I. Instanz nur als Teilurteil und der noch nicht entschiedene Teil ist weiterhin beim Arbeitsgericht anhängig.

Eine verbreitete Nachlässigkeit besteht in der nicht frühzeitigen oder nicht ausreichenden Sicherung von Beweismitteln. Es ist ein Irrtum, wenn man glaubt, die Regelung des § 142 Abs. 1 Satz 1 ZPO bewirke für den Anwalt der beweispflichtigen Partei eine beträchtliche Beweiserleichterung. Die Anordnung einer Urkunde, die sich im Besitz der anderen Partei oder eines Dritten befindet, kann nur bei entsprechend substantiiertem Vortrag zum Inhalt der Urkunde getroffen werden.[102] Häufig kennt die beweisbelastete Partei die Urkunde nur vom Hörensagen und kann ihren wesentlichen Inhalt jedenfalls nicht so beschreiben, dass einem Richter der Rückweg versperrt wäre, mangels Substantiierung den Beweisantrag im Urteil zurückzuweisen. 125

Viele Parteien sorgen sich mit Recht darum, mit einer erneuten Kündigung überzogen zu werden, wenn sie alle Firmenunterlagen, die sie zu Hause mit Blick auf den Rechtstreit gesammelt haben, in den Rechtsstreit einführen. Nach dem Arbeitsvertrag verpflichten sich die Arbeitnehmer regelmäßig, zum Ende des Arbeitsverhältnisses sämtliche Firmenunterlagen zurück zu geben. In der Realität besitzen viele Mitarbeiter Fotokopien wichtiger Vorgänge, Protokolle von Aufsichtsratssitzungen, firmeninterne Vermerke, Anweisungen des Arbeitgebers, Preis- und Margenlisten und einen endlosen Stapel von E-Mail-Kopien. Man sollte die Arbeitnehmer-Mandanten, insbesondere Führungskräfte, bei denen diese Beweismittel häufig eine prozessentscheidende Rolle spielen, durchaus ermuntern, derartige Unterlagen zu kopieren und für den Rechtsstreit bereit zu halten. 126

Einen Kündigungsgrund vermag der Arbeitgeber regelmäßig aus der Nichtrückgabe kopierter Firmenunterlagen zum Ende des Arbeitsverhältnisses nicht herzuleiten. Es gehört zur Wahrnehmung des berechtigten Interesses des Arbeitnehmers, dass er derartige, in seiner eigenen Angelegenheit maßgebliche Beweismittel zur Rechtsverteidigung besitzt und einsetzt.[103] Außerdem unterliegen die zur Gegenwehr benutzten Kopien von Firmenunterlagen nicht in jedem Fall der Geheimschutzklausel des Arbeitsvertrags (meist keine Betriebsgeheimnisse), ein Grund, weshalb der Arbeitnehmer beim Ausscheiden auch keinesfalls eine schriftliche Erklärung darüber abgeben sollte, dass er keine Firmenunterlagen mehr im Besitz hat. Der Arbeitnehmer ist zu einer solchen Erklärung nicht verpflichtet und kann durch die Erklärung allenfalls zu seinem Nachteil an der Erstellung eines Kündigungsgrundes mitwirken. Nachklappende Kündigungen wegen des Einsatzes von Firmenmaterial zur Abwehr unbegründeter Arbeitgeber-Kündigungen sind meist deshalb nicht sozial gerechtfertigt, weil auch für derartige Kündigungen der Grundsatz gilt, dass nach dem Verhältnismäßigkeitsgrundsatz eine Abmahnung vorauszugehen hat.[104] Der Anwalt muss also beim Einsatz kopierter Firmenunterlagen in einer kündigungsschutzrechtlichen Abwehrschlacht nicht fürchten, dem Arbeitnehmer zu schaden, sondern darf – vorsichtig optimistisch – auf das Wohlwollen des Gerichts schielen. 127

Eine bei Gericht verbreitete Unsitte besteht in der Anordnung des persönlichen Erscheinens von Prozessparteien, manchmal gegenüber Unternehmern, die weltweit unterwegs sind und für einen Kündigungsrechtsstreit schlicht keine Zeit haben. Ebenso häufig wird das persönliche Erscheinen der Naturalparteien durch manche Richter ohne Einzelfallprüfung angeordnet. Der Arbeitgebervertreter, meist der GmbH-Geschäftsführer, dessen Erscheinen angeordnet wurde, kann sich seiner Teilnahme dadurch entziehen, dass er einen zum Abschluss eines Vergleichs befugten Mitarbeiter zum Termin entsendet und ihn entsprechend bevollmächtigt.[105] Der Arbeitnehmer verfügt über eine solche Möglichkeit nicht. Gleichwohl geschieht es häufig, dass Arbeitnehmer, die am Termin nicht teilnehmen können oder manchmal auch nicht teilnehmen wollen, ihr Nichterscheinen durch ein ärztliches Attest belegen. Manche Anwälte legen, mit gutem Grund, Wert darauf, Güte- und Kammertermin ohne die Naturalpartei wahrzunehmen. Naturalparteien stehen manchmal in der Gefahr, richterliche Fragen, 128

102 LAG Köln, Urt. v. 08.01.2003, AE 3/2003, 120.
103 Siehe ArbG Siegburg, Urt. 23.05.2002 – 1 Ca 93/02 (n.v.).
104 BAG, Urt. v. 10.02.1989, EzA § 626 BGB Unkündbarkeit Nr. 7.
105 Baumbach/Lauterbach/*Hartmann,* § 81 ZPO Rn 19.

nennen wir sie einfach Fangfragen, falsch oder unbedacht zu beantworten und sich damit selbst einen strategischen Nachteil zuzufügen, eine Gefahr, die sich beim Fehlen der Partei nicht verwirklicht.

129 Als Ärgernis wird es sich voraussichtlich erweisen, wenn man als Anwalt mit der gesetzlichen Neuregelung in § 1a KSchG taktische Spielchen einfädelt. Es gibt Stimmen, die besagen, § 269 Abs. 3 Satz 1 ZPO finde Anwendung, wenn der Arbeitgeber eine Abfindungszusage bei einer betriebsbedingten Kündigung gem. § 1a KSchG gemacht habe, der Arbeitnehmer gleichwohl innerhalb der Drei-Wochen-Frist Klage erhebe.[106] Nimmt der Arbeitnehmer die Klage zurück, erhält er sich den Abfindungsanspruch, erweist sich die betriebsbedingte Kündigung ggf. als für den Arbeitgeber schwer begründbar, erhält sich der Arbeitnehmer die Chance, eine höhere Abfindung als nach der Faustformel (ein halbes Brutto-Monatsgehalt pro Beschäftigungsjahr) zu erhalten. Noch ist nichts entschieden, es warnen allerdings erste Stimmen, die besagen, dass mit der erhobenen Klage gegen eine betriebsbedingte Kündigung der Anspruch nach § 1a KSchG erloschen sei.[107]

4. Der Umgang mit gegnerischen Kollegen

130 Ein Rechtsstreit wird nicht nur auf der bloßen Streitstoffebene geführt, es gibt auch über den Verhandlungsgegenstand hinaus eine subjektive Verhandlungsebene, eine Beziehungsebene, die vom Verhalten der Akteure abhängig ist. Jeder Verhandlungspartner hat zwei Grundinteressen, das eine bezieht sich auf den Verhandlungsgegenstand, das andere auf die persönliche Beziehung. Eine wichtige Konsequenz des »Problems Mensch« besteht darin, dass immer wieder eine Vermengung zwischen Sachebene und Beziehungsebene stattfindet. Deshalb gehört zur erfolgreichen Gestaltung einer Konfliktlösung nicht nur die Gestaltung von Schriftsätzen, sondern auch der richtige Umgang mit Richtern und gegnerischen Kollegen. Vergreift sich der Anwalt im Ton oder unterbreitet er für den Arbeitnehmermandanten eine maßlos übertriebene Forderung, kann es rasch zu einem »Bumerang-Effekt« kommen Der aufgrund einiger Hinweise des Gerichts noch soeben kompromissbereite Arbeitgeber-Anwalt verliert jegliche Bereitschaft, auf die Vorstellungen des Arbeitnehmer-Anwalts einzugehen. Gelegentlich kontert der Arbeitgeber mit Gegenangriffen wie einer fristlosen Kündigung wegen Spesenmanipulationen, die meist anlassbezogen aufgedeckt werden, oder sogar mit einer Strafanzeige wegen versuchter Erpressung.

131 Der Umgang mit anwaltlichen Kollegen ist durch die Komponente der Wechselseitigkeit geprägt. Mit situationsangemessen agierenden und reagierenden Kollegen wird man sich im strukturiert-kooperativen Verhandlungsmodell gerne austauschen, mit emotionalisiert, geltungssüchtig oder arrogant taktierenden gegnerischen Kollegen wird man sich vernünftigerweise nur auf einer streng formalen oder einer willkürlichen Basar-Ebene treffen. Wie man in den Wald hinein ruft, so schallt es bekanntlich heraus. Man kann deutliche qualitative Unterschiede zwischen Anwälten sowohl auf der reinen Fachebene als auch auf der kommunikativen Ebene ausmachen. Man kann die Auffassung von *Bauer*[108] nur teilen, wenn er formuliert, dass bei ihm der Anwaltstypus des »Wadenbeißers« keinen Respekt genießt. Gemeint ist jener Typ, der »schlechte Karten« durch Polemik ersetzt, ständig wahrheitswidrig argumentiert, stichelt, intrigiert und den Inhalt von Besprechungen falsch wiedergibt.

132 Auch hier gilt die Regel, man begegnet sich im Leben meist zweimal. Es erscheint legitim, solchen Kollegen unter Hinweis auf das Fehlen der charakteristischen Merkmale in ihrer Unterschrift[109] die Berufung vor dem LAG angesichts eines bestimmenden Schriftsatzes abzuschneiden. Rechtsanwälte, die noch nicht einmal minimale Sekundärtugenden beachten, die vereinbarte Rückrufe nicht tätigen,

106 *Preis*, Reform des Kündigungsschutzrechts durch das Arbeitsmarkt-Reformgesetz, NZA 2004, 26.
107 *Bader*, NZA 2004, 65; *Giesen/Besgen*, NJW 2004, 185; *Willemsen/Annuß*, NJW 2004, 177.
108 NZA 1999, 11 (17).
109 BAG, Urt. v. 13.02.1969, AP Nr. 1 zu § 130 ZPO; BAG, Urt. v. 28.03.1977, AP Nr. 38 zu § 518 ZPO; BGH, Urt. v. 11.02.1982, NJW 1982, 1467.

die in unglaubwürdiger Weise den Zugang von Schriftsätzen bestreiten oder sich nach dem »Onkel-Prinzip« hinter ihrem Mandanten und als Kulissenmotiv hervorgezauberten Meinungsschwankungen verstecken, produzieren, oft zum Schaden ihres eigenen Mandanten, den Verhandlungsabbruch.

Zu einer guten Mandatsbeziehung gehört es, dass man seinen Mandanten genügend kennt und eine Verbindlichkeitsstruktur in die Mandatsbeziehung eingezogen hat. So wie der eigene Mandant damit rechnen muss, dass man das Mandat aufkündigt, wenn Absprachen wiederholt nicht eingehalten werden, kann man auch vom Gegneranwalt verlangen, dass die offen in Telefonaten diskutierten und von seinem Mandanten akzeptierten Items verlässlich verhandelt werden. 133

Machen wir uns nichts vor, manche Rechtsanwälte sind unhöflich, manchmal auch unehrlich, häufig eitel oder auch nur schlicht unkooperativ. Standesrecht ahndet nur das gröbste Fehlverhalten und infolge üblicher Verfahrensdauer meist zu spät. Zahlreich sind die Anwälte, die formale Absprachen nicht einhalten, zugesagte Unterlagen nicht übersenden oder Rückrufe im Rahmen vereinbarter Verfahrensabschnitte unterlassen. Anwälte irren, wenn sie glauben, die Merkfähigkeit der Richter und Anwaltskollegen reiche nicht aus, wiederholt auffälliges Verhalten zu speichern. Ganz im Gegenteil, ein Richter, der sich einmal durch eine anwaltliche Unkorrektheit getäuscht sah, wird in Zukunft, nicht unbeeinflusst von diesem Vorgang, die Schriftsätze und Äußerungen des betroffenen Anwalts kritisch wahrnehmen. Und auch der anwaltliche Kollege wird sich bei Vergleichsverhandlungen gut überlegen, ob Vertrauen in die Erklärungen des gegnerischen Anwalts angebracht ist. 134

Ärgerlich ist mangelndes Entgegenkommen unter anwaltlichen Kollegen in Form- und Terminsfragen. Hierzu ein Beispiel: 135

Ich hatte einen Gerichtstermin am Arbeitsgericht Bayreuth wahrzunehmen. Man musste, um von Bonn aus noch am gleichen Tag nach Bayreuth reisen zu können, das Flugzeug wählen. Das bedeutete für mich, um 04.30 Uhr aufzustehen, hieß um 06.40 Uhr vom Flughafen Köln/Bonn abzufliegen und am Frankfurter Flughafen in eine Maschine zu wechseln, die um 08.35 Uhr nach Bayreuth/Hof abfliegt. Die Maschine landete regulär um 09.20 in Bayreuth. Nach der Landung ist man mit einer Taxe in etwa 15 Minuten am Arbeitsgericht in der Ludwig-Thoma-Straße 7.

Während des Fluges zwischen Frankfurt und Bayreuth erfuhr ich, dass es um 10.50 Uhr bereits einen Rückflug von Bayreuth gab. Im Reisebüro hatte man mir als einzigen Rückflugtermin 18.05 Uhr ab Bayreuth genannt, Weiterflug ab Frankfurt um 21.35 Uhr und Ankunft in Köln um 22.10 Uhr.

Ich war unterwegs zu einem Kammertermin um 11.00 Uhr am Arbeitsgericht Bayreuth, es war damit zu rechnen, dass der Termin nur wenige Minuten dauern würde, denn die Sache war ausgeschrieben und der Auftraggeber, ein Bundesministerium, bestand auf einem Urteil.

Gleich nach der Landung rief ich bei meiner gegnerischen Kollegin in Bayreuth per Handy an und bat, den 11.00 Uhr-Termin auf ca. 10.00 Uhr vorzuverlegen, weil ich dann innerhalb weniger Minuten wieder zurück zum Flughafen könne und nicht den ganzen Tag bis 18.05 Uhr auf meine Maschine warten müsse. Gleichzeitig unterrichtete ich das Gericht per Handy. Die Kammer ließ über die Geschäftsstelle mitteilen, dass sie dem Terminswunsch des auswärtigen Kollegen gerne nachkommen werde. Die Rechtsanwältin aus Bayreuth lehnte indes ab, obwohl sich ihre Kanzlei keine zwei Minuten vom Arbeitsgericht entfernt befand. Wenn ich ihr dies einige Tage früher gesagt hätte, so erklärte sie am Telefon, wäre sie zu einer Terminsverlegung bereit gewesen. Nunmehr komme der Vorschlag zu spät. Der weiteren Bitte, doch dann freundlicherweise einen Kollegen im Gerichtssaal auftreten zu lassen, der den Antrag stelle, entsprach die Bayreuther Anwältin ebenfalls nicht. Der Kammertermin dauerte dann von 11.05 Uhr bis 11.15 Uhr, die Weigerung der Bayreuther Anwältin bescherte mir einen Arbeitstag von morgens 04.30 Uhr bis nachts 23.40 Uhr und eine Wartezeit von 7 Stunden in Bayreuth.

Die Richter des Arbeitsgerichts Bayreuth zeigten sich dagegen zuvorkommend, zwei Arbeitsrichter fragten mich entschuldigend, ob ich mittags mit in die Kantine der nahe gelegenen Landesversicherungsanstalt zum Essen mitkommen wolle. Das Missgeschick mit der Bayreuther Anwältin kommentierten sie sinngemäß wie folgt: Hier sei ich auf die einzige Anwältin unter 50 Bayreuther Anwälten gestoßen, bei der man mit einer solchen Reaktion habe rechnen können.

Es ist bedauerlich, wenn Anwälte untereinander in Terminsfragen keine Rücksicht oder Konzilianz walten lassen. Auch unter Anwälten, die durchaus hart über Abwicklungsvertrag, Sozialplan oder den Inhalt einer Betriebsvereinbarung verhandeln, sollte der Grundsatz gelten, dass man die auszutragenden Argumente auf der Sachebene anzusiedeln und über die Form eine Verständigungsebene herbeizuführen hat. Der Arbeitsrechtsanwalt, der diesen Grundsatz nicht beachtet, übersieht, dass Außenstehende täglich sein wesentliches Kapital bewerten, sein Ansehen, das in der Summe aus 136

Kompetenz **und** Sozialverhalten besteht. Aus fachlicher Sicht erscheinen die aktuellen Reformvorschläge,[110] am BAG künftig nur noch Fachanwälte für Arbeitsrecht auftreten zu lassen, sinnvoll.

5. Der Umgang mit Richtern

137 Der Umgang mit Richtern gehört zu den größeren Herausforderungen des Arbeitsrechtsanwalts. Hier ist es nicht anders als im übrigen Leben auch: Mit einem Teil versteht man sich, mit einem Teil kommt man zurecht. Mit einem nicht einheitlich quantifizierbaren Prozentsatz von Arbeitsrichtern hat man Probleme, meist stets die gleichen. Der Richter unterliegt einer Tagesform wie der Anwalt. Nach der 15. Sache eines Verhandlungstages ist er regelmäßig gereizter als noch am frühen Morgen bei der dritten laufenden Nummer, zumal dann, wenn ihm an diesem Tag nur wenige Vergleiche gelungen sind. In gewisser Weise hat es der Instanz-Arbeitsrichter schwer. Sein Dezernat umfasst stets so viele Sachen, dass er sich schon aus Arbeitszeitgründen nicht leisten kann, in mehr als 10 % der Fälle ein Urteil zu schreiben. Auf der Ebene der Landesarbeitsgerichte ist die Relation weitaus günstiger. Hier bleibt dem Richter meist ein angemessener Zeitraum, um das Urteil, aufbauend auf einem bereits vorliegenden Urteil I. Instanz, zu formulieren.

138 Die Kommunikation zwischen Richter und Anwalt ist häufig schwierig, häufig ist sie aber auch von einem lockeren unverkrampften Verhandlungsstil geprägt. Schwierig ist es, wenn unangenehme Charaktereigenschaften eines Richters, eingeschränkte Kommunikationsfähigkeit oder schlichte Unkenntnis auf die Verhandlungssituation durchschlagen. In Extremfällen bewahrheitet sich der humorvolle Erfahrungssatz »je geringer die Sachkenntnis, desto sicherer das Urteil«. Hauptproblem aller Richter ist, dass ihnen die Unmittelbarkeit zum Arbeitsleben fehlt, dass sie meist nie als Personalsachbearbeiter im Betrieb oder als Anwälte oder als gewerkschaftliche Berater gearbeitet haben. Arroganz, mangelnde Vorbereitung und Selbstgefälligkeit vermögen den Arbeitsgerichtsprozess zu erschweren. Schwierig ist es, wenn Richter die Rechtslage nicht kennen, gleichzeitig aber mit geschwellter Brust ihre Auffassung kundtun. Vorsicht ist immer geboten, wenn ein Richter »auf die ja hinreichend bekannte Rechtsauffassung des BAG ....« hinweist, jedoch eine Fundstelle für die zum Allgemeingut erhobene Rechtsprechung nicht benennt. Hier sollte man cool nachfragen, »welches Urteil der Herr Vorsitzende meint«. Folgt dann die Bekanntgabe einer Fundstelle, kann man die Rechtsauffassung überprüfen und sich vorbehalten, zu dieser Rechtsauffassung Stellung zu nehmen. Folgt keine Fundstelle, sollte man es ablehnen, diese Rechtsprechung als Prämisse weiterer Verhandlungen gelten zu lassen.

139 Misslich ist, wenn Richter einer Naturalpartei oder einem fernab von arbeitsrechtlichen Grundkenntnissen im Gericht agierenden Rechtsanwalt »helfen« und so die Richterrolle verlassen, weil sie ein Prozessergebnis zu Lasten der von ihnen als schwächer empfundenen Prozesspartei, meist einem Arbeitnehmer, abwenden wollen. Auch mit einer unverzüglichen Thematisierung des praktisch oder methodisch unvertretbaren Verhaltens des Richters wird man als Anwalt keinen Erfolg haben. Hier bleibt nur der Befangenheitsantrag.[111]

140 Mit dem Instrument des **Befangenheitsantrags** sollte der Arbeitsrechtsanwalt allerdings vorsichtig umgehen, gleiches gilt auch im Hinblick auf die **Dienstaufsichtsbeschwerde**. Die Dienstaufsichtsbeschwerde greift ohnehin nur, wenn der Kern richterlicher Tätigkeit nicht berührt ist, also beispielsweise wenn sich ein Richter in Beleidigungen ergeht, und – wie bereits in einer Verhandlung erlebt – die Bemerkung in Richtung eines Kollegen fällt: »Sie haben doch nicht mehr alle Tassen im Schrank!«. Eine solche Bemerkung muss sich ein Rechtsanwalt nicht gefallen lassen, eine derartige Bemerkung lässt richterliche Distanz und angemessene Umgangsformen vermissen. Hat ein Richter sich in dieser Weise geäußert, sollte man ihm zunächst und gerade in Anwesenheit der übrigen im

110 Zum Diskussionsstand siehe *Henssler*, RdA 1999, 38 (43 f.).

111 Muster von Befangenheitsgesuchen in: *Hümmerich*, AnwaltFormulare Arbeitsrecht, § 7 Rn 380, 381 (Muster 5280, 5290); Beck'sches Rechtsanwaltshandbuch/*Bauer*, 1997/98, S. 747 (763); siehe ferner *Hümmerich*, Befangenheit des Arbeitsrichters, AnwBl 1994, 257.

Gerichtssaal befindlichen Anwälte und Parteien Gelegenheit geben, sich zu entschuldigen. Blockt der Richter in einem solchen Falle ab, gibt es nur eine Entscheidung, eine Dienstaufsichtsbeschwerde zu erheben und damit auch sicherzustellen, dass der Vorgang Bestandteil der Personalakte des Richters wird.

Im mündlichen Vortrag sollte man beachten, dass man bei Richtern nur überzeugend wirkt, wenn man seine eigene Sicht der Dinge in einem geschlossenen Vortrag zusammenfasst. Ständig darzulegen, warum der Prozessgegner im Unrecht ist, kommt nicht gut an. Die Ansichten des Gegners zu kritisieren, sieht der Richter als seine ureigenste Aufgabe an. Wer selbstbewusst seine Meinung vorträgt, gewinnt.

Anwälte erleben, dass manche Richter ein eindimensionales Verhältnis beim Umgang mit Ter- 141
minsbestimmungen und Terminänderungen pflegen. Ein solcher Extremfall spielte sich 1998 am Arbeitsgericht Köln ab. Anwälte aus ganz Deutschland waren am Terminstage angereist, ohne von der Geschäftsstelle informiert worden zu sein, dass die Termine des Tages ausfallen müssen. Auf Vorhalt erklärte die Mitarbeiterin der Geschäftsstelle, sie habe keine entsprechende Anweisung durch die Richterin erhalten. Befragt, warum die Termine an diesem Tage aufgehoben worden seien, erklärte die Mitarbeiterin, die Richterin habe ihren Urlaub verlängert.

Ein solches Extrembeispiel offenbart ein im Alltag in durchaus abgestufter Form anzutreffendes 142
Phänomen, dass sich Richter in die beruflichen Bedingungen eines Anwalts nicht ausreichend hineinversetzen, nicht die komplexen Büroabläufe erkennen und auch nicht wahrnehmen, dass für den Anwalt jede Minute »billable time« ist. Auch vom Anwalt beantragte Terminänderungen, die aufgrund objektiv belegter Hinderungsgründe nach § 227 ZPO positiv zu bescheiden wären, erfahren manchmal durch Richter eine Ablehnung, mit der Begründung, der Anwalt gehöre einer größeren Sozietät an, die persönliche Verhinderung des Anwalts könne durch Vertretungsmöglichkeiten innerhalb der Sozietät der Anwälte kompensiert werden. Solche Bescheide eines Richters offenbaren eine erschreckende Unkenntnis vom Anwaltsberuf und vom Wesen der Mandatsbeziehung. Der in komplexe Sachverhalte und rechtliche Überlegungen eingearbeitete Rechtsanwalt lässt sich in einer zunehmend spezialisierten Anwaltslandschaft nicht jederzeit durch einen anderen Kollegen seiner Sozietät ersetzen. Der Mandant baut eine personale Überzeugungssituation auf, die er sich nicht durch richterliche Verfügung zerstören lassen möchte. Als Arbeitsrechtsanwalt sollte man auf diese Weise abschlägig beschiedene Terminänderungswünsche nicht akzeptieren, zumal sie in einer überholten Vorstellungswelt gefasst werden, als sei der Anwalt allenfalls dafür zuständig, den bereits über die Schriftsätze gelieferten Sachverhalt beizubringen, das Recht werde allein durch den Richter gesprochen, so dass Anwälte im Gerichtstermin ohnehin jederzeit ersetzbar seien.

Die manchmal familiäre und angenehme Atmosphäre an zahlreichen Arbeitsgerichten, nicht nur 143
den Heimatgerichten, muss von ihrer positiven Seite her Erwähnung finden. Manche Richter sind ernsthaft bemüht, durch Gespräche im Hinterzimmer, durch Einräumung zu früheren Zeiten im Arbeitsgerichtsgesetz nicht vorgesehener zweiter Güte- oder Kammertermine an einer strukturiert-kooperativen Konfliktauflösung mitzuwirken. Arbeitsrechtsanwälte, die ein derartiges richterliches Angebot ohne Not ausschlagen, dürfen sich über die Unzufriedenheit von Mandanten und über ihren mangelnden Erfolg nicht wundern.

Zwei Grundmuster arbeitsrichterlicher Reaktionen vermögen die Berufszufriedenheit des Arbeits- 144
rechtsanwalts wiederholt zu beeinträchtigen. Wenn ein Arbeitsrichter nicht die verheerende Wirkung seiner als Rechtsauffassung getarnten, vereinfachenden Sichtweise wahrnimmt oder wahrnehmen will, ist die Gerichtsverhandlung überflüssig, hat es eine Partei des Verfahrens im Kammertermin nicht mehr mit einem vorurteilsfreien Richter zu tun. Einen solchen Fall beschreibt *Jacobi*.[112] Seine Darstellung wurde hier aus Vereinfachungsgründen gekürzt:

Zug um Zug hatte Wegemann, seines Zeichens Betriebswirt und auf verschlungenen beruflichen Pfaden mit den höheren Weihen des Arbeitsrechts versehen, die Belegschaft heruntergefahren. Weder Betriebsrat noch Gewerkschaft hatte dieses

112 *Jacobi*, Er, der nicht mehr einstellt, Selbstverlag, S. 54 ff.

beeindruckt. Man wähnte sich noch immer am längeren Hebelarm und war voll des Eifers, der Geschäftsführung den richtigen Weg tariflicher und gesetzlicher Betriebs- und Personalführung aufzuzeigen.

Noch vor einem Jahr hatte man Wegemann an die Kette legen und einer Betriebsvereinbarung über die Einführung von Kurzarbeit nur zustimmen wollen, wenn die Firma sich verpflichtete, zwei Jahre lang keine betriebsbedingten Kündigungen auszusprechen. Auf Anraten seines Freundes Fabricius von der Unternehmervereinigung hatte Wegemann den Antrag auf Kurzarbeit zurückgezogen und einen Termin zur Verhandlung über Massenentlassung und Sozialplan verlangt. Das hatte umgehend zur problemlosen Einigung über die Kurzarbeit geführt.

Um eine zukunftssichere Personalentwicklung bei der Löwenmaul GmbH besorgt, hatte Bruckental (der Personalchef) nun zwei Jahre lang schon Ausschau nach einem Nachfolger für den unmittelbar vor der Vollendung seines 60. Lebensjahres stehenden Obermeister gehalten. Leider erfolglos, was auch nicht weiter verwunderlich in der hierzulande wenig zukunftsträchtigen Branche war. Auch das Arbeitsamt hatte nicht helfen können. Da der Obermeister spätestens in vier Jahren ausscheiden, eine gründliche Einarbeitung des Nachfolgers in den hoch automatisierten und vernetzten Maschinenpark aber mehrere Jahre benötigen würde, machte Bruckental sich Sorgen.

Unerwartet bot sich endlich die Möglichkeit, einen Nachfolger einzustellen. Ein arbeitslos gewordener Meister mit einschlägiger Erfahrung aus einem Konkurrenzbetrieb bewarb sich und sollte eingestellt werden. Der Betriebsrat sperrte sich.

Ein erster Antrag der Geschäftsführung auf Zustimmung zur Einstellung des vielversprechenden neuen Mitarbeiters wird vom Betriebsrat abgelehnt. Begründet wird dieses mit der schon seit mehreren Monaten laufenden Kurzarbeit. Die weiterhin andauernde schlechte Auftragslage rechtfertige keine Neueinstellung. Das Schreiben des Betriebsrats enthält die Bezugnahme auf § 99 Abs. 2 Ziff. 3 des Betriebsverfassungsgesetzes – ein nicht zu übersehender Fingerzeig, dass der Gewerkschaftssekretär Hilfestellung hatte angedeihen lassen.

Bruckental ist verstört, Wegemann bestürzt. Er redet auf den Betriebsrat ein; stellt wiederholend klar, dass es um die Nachfolgeregelung in der Fertigungsleitung einer speziellen Produktgruppe gehe; erläutert, dass der betagte Obermeister Unterstützung brauche und eine mehrjährige Zusammenarbeit zwischen dem alten Hasen und dem Neuling eine erfolgreiche Vermittlung von Erfahrungswissen gewährleiste. Die Fortführung der Produktgruppe sei andernfalls gefährdet.

Wegemann, in dessen Hand das weitere Vorgehen liegt, rafft sich zu einem zweiten Antrag mit noch ausführlicherer Begründung auf. Listig stimmt tags darauf der Betriebsrat zu, stellt jedoch zwei Bedingungen. Erstens darf zwei Jahre lang in der Produktgruppe kein Mitarbeiter durch betriebsbedingte Kündigung entlassen werden. Zweitens darf mit der Neueinstellung für niemanden ein finanzieller Nachteil verbunden sein.

Der Anruf bei der Unternehmervereinigung lässt nicht lange auf sich warten. Fabricius von der Unternehmervereinigung beruhigt Wegemann. Er erklärt ihm, Eile sei geboten. Er fordert ihn auf, alle Unterlagen per Boten oder persönlich sofort zu überbringen. Er klärt ihn auf, dass innerhalb von drei Tagen ein Antrag beim Arbeitsgericht gestellt werden müsse. Mit Bedauern verweist er auf die fortlaufende Besprechung, die seine Anwesenheit erfordere. Der Fall werde zuständigkeitshalber von dem Kollegen Scharfegge bearbeitet. Der neue Mitarbeiter wird vorläufig – vorbehaltlich einer Entscheidung des Arbeitsgerichts – zunächst einmal eingestellt.

Grau in Grau ist fünf Wochen später der Vormittag, als der Löwenmaul GmbH bei der 13. Kammer die Terminsstunde zur Verhandlung ihres brisanten Falles schlägt. Nicht zum ersten Mal sitzen sich die Kontrahenten des Verfahrens vor einem der Richterkollegen dieses Arbeitsgerichtes gegenüber: Wegemann mit Scharfegge und die Betriebsratsvorsitzende mit dem Gewerkschaftssekretär. Wegemann hat die nächtliche Rückkehr von Kundenbesuchen durch Regengüsse und Nebelschwaden bewältigt und hängt geschafft im Stuhl. Ob er hier vom Regen in die Traufe gekommen sein könnte, dämmert es ihm. Die Betriebsratsvorsitzende hat ihren Bildungsurlaub unterbrochen, dessen Bezahlung sie gegen die Firma rechtskräftig beim Landesarbeitsgericht erstritten hatte ....

Nach Aufruf der Sache und Feststellung der Erschienenen erkundigt sich der Kammervorsitzende, dem die Verhandlungsführung obliegt, eingehend nach der wirtschaftlichen Lage der Firma. Er fasst das Ergebnis seiner Befragung unterkühlt und sachlich zusammen.

»Sie räumen also ein, Herr Wegemann, dass die Auftragslage der Firma schlecht ist und deswegen seit einigen Monaten in der Produktion kurzgearbeitet wird. Wie wollen Sie unter diesen Umständen die Einstellung eines neuen Mitarbeiters rechtfertigen? Das widerspricht sich doch in jederlei Hinsicht. Da bittet die Kammer um Aufklärung.«

Auf diese Weise zwar verbindlich, aber hart angegangen, antwortet Wegemann vorsichtig: »Herr Vorsitzender, wir glauben, die berechtigte Hoffnung zu haben, dass eine Besserung der Auftragslage in absehbarer Zeit eintreten wird. Ich komme gerade mit einigen Aufträgen aus Österreich zurück und ...«

»Glauben ist immer schlecht,« wirft der Gewerkschaftssekretär routiniert dazwischen. »Wir sind nicht in der Kirche«, hämischt er genussvoll. Unter den Zuhörern im Hintergrund macht sich verhaltenes Gelächter breit ....

»Der Geschäftsführer Wegemann«, Scharfegge weht betriebshierarchische Aura herbei und springt Wegemann angriffslustig zur Seite, »hätte im Betrieb sicherlich das Ende von Kurzarbeit verkünden können, wenn er nicht seine bisher erfolgreich verlaufene Geschäftsreise hätte abbrechen müssen, um den Termin in dieser krümmligen Sache wahrzunehmen.«

»Hier geht es um Mitbestimmungsrechte des Betriebsrates, nicht um eine Krümmelsache. Das wird Ihnen die Kammer noch klarmachen, Herr Assessor Scharfegge!« windet es in missbilligender Zurückhaltung von der Empore herunter. Wie immer vermeidet der Vorsitzende jegliche Gefühlsaufwallung.

»Hier geht es weder um Aufträge noch um Kurzarbeit, sondern allein darum, dass die Nachfolgefrage in einer wichtigen Fertigungsabteilung für die Zukunft geregelt werden soll – eine personalpolitische Entscheidung, die nicht der Mitbestimmung durch den Betriebsrat unterworfen ist –» zieht sich Scharfegge auf den Boden rechtlicher Argumentation zurück.

»Sie kommen bei mir nicht um die Beantwortung der Frage herum, wie der neue Mitarbeiter beschäftigt werden soll. Nur im Zugucken beim Obermeister kann seine Tätigkeit wohl kaum bestehen.«

»Na, es wird sich schon Arbeit finden, dafür werden wir sorgen«, wendet Wegemann ein. »Also nimmt der neue Mann anderen Mitarbeitern oder gar dem Obermeister Arbeit weg; und das auch noch bei Kurzarbeit. Dann ist der Einwand des Betriebsrats berechtigt. Es besteht hier, um den Gesetzeswortlaut von § 99 Abs. 2 Ziff. 3 des Betriebsverfassungsgesetzes zu zitieren, die begründete Besorgnis, dass im Betrieb beschäftigte Arbeitnehmer, wenn nicht gekündigt, so doch zumindest in sonstiger Weise benachteiligt werden. Warum wollen Sie denn nicht die Zusage machen, keine Entlassungen in den nächsten zwei Jahren vorzunehmen, wie der Betriebsrat verlangt?«

»Das kann die mit Steuergeldern finanzierte Montanindustrie machen. Sie projizieren, Herr Vorsitzender, wie das Bundesarbeitsgericht bei der Kündigung wegen Krankheit alles in die Zukunft hinein und verlangen von den Arbeitgebern unmögliche Aussagen über künftiges Geschehen. Wir sind doch keine Hellseher! Wir haben auch nicht das Geld für einen Wahrsager, was nämlich schwarzer und in zwei Jahren vielleicht roter Sozialfetischismus noch alles an Unsinn ausbrüten. Und das allein ist konjunkturbestimmend!«

»Ihre gerichtsbekannten, parteipolitischen Ausfälle, Herr Scharfegge, und auch Ihre Angriffe auf das Bundesarbeitsgericht sind der Sache nur abträglich. Nein, Sie können mit der Neueinstellung abwarten, bis genug Arbeit vorhanden ist. In vier Jahren erst scheidet der Obermeister aus. Da haben Sie genügend Zeit, eine Ersatzkraft zu finden. Das muss nicht jetzt sein, meine Herren.«

»Nein, meine Herren Richter«, Scharfegge spricht die Richterbank an, »es geht hier für den Betrieb um eine zukunftssichernde personelle Maßnahme. Wenn das die Firma nicht mehr selbständig entscheiden kann, kann sie einpacken oder auswandern.« ...

Dann Scharfegge einen letzten Versuch in Fragestellung: »Und die Arbeitslosigkeit des Mannes? Der ist doch weiter arbeitslos, wenn wir ihn jetzt raussetzen müssen.«

»Davon spricht das Gesetz nicht. Es ist nur von den Arbeitnehmern im Betrieb die Rede. Ich habe mich an das Gesetz zu halten«, frostig und erhaben die Entgegnung des Vorsitzenden. »Ist sonst noch etwas vorzutragen?« fragt er niederblickend auf die rechts und links vor ihm sitzenden Kontrahenten ...

Die Schilderung dieser Szenen durch *Jacobi* macht deutlich, dass hier ein Richter nicht bereit ist, zwischen der Notwendigkeit von Kurzarbeit für Arbeiter in einem bestimmten Produktionsbereich wegen einer unbefriedigenden Auftragslage und der Notwendigkeit einer zukunftssichernden Einarbeitung eines Obermeisters zu unterscheiden. Der Beispielsfall lehrt nebenbei einen anwaltlichen Kunstfehler – auch wenn er hier nicht prozessentscheidend gewesen sein dürfte –, nämlich sich in emotionalisierten, grundsätzlichen Ausführungen zu ergehen. Auf derartige Äußerungen des Arbeitsrechtsanwalts kann der Arbeitsrichter gelassen und kühl reagieren. 145

Für den Vertreter des Arbeitgeberverbandes, in unserem Fall also für jenen fiktiven Assessor Scharfegge, mag es verständlicherweise empörend gewesen sein, dass der gleiche Richter, der sich auf die Notwendigkeit der Anwendung des Gesetzes beruft, in zweifacher Hinsicht das Gesetz nicht einhält: Zum einen subsumiert er falsch unter § 99 Abs. 2 Nr. 3 BetrVG und zum anderen verpflichtet er den Arbeitgeber zur Abgabe einer Begründung dafür, dass er sich nicht auf das gesetzwidrige Verlangen des Betriebsrats einlässt, in den nächsten zwei Jahren keine Kündigungen auszusprechen. Die Zustimmung nach § 99 BetrVG ist bedingungsfeindlich, die Mitteilung des Betriebsrats, er stimme zu unter der Bedingung, dass in den nächsten zwei Jahren keine Arbeitnehmer entlassen würden, unwirksam.[113] 146

113 Innerhalb der Frist des § 99 Abs. 3 BetrVG hat der Betriebsrat drei Reaktionsmöglichkeiten, er kann zunächst der geplanten personellen Maßnahme ausdrücklich zustimmen, die zweite Reaktionsmöglichkeit des Betriebsrats besteht in der ausdrücklichen Verweigerung der Zustimmung; schließlich kann der Betriebsrat als dritte Reaktion die Frist des Abs. 3 schlicht verstreichen lassen; siehe ErfK/*Hanau/Kania*, § 99 BetrVG Rn 38 bis 40. Die Erklärung des Betriebsrats stellt daher in unserem Fall keine gesetzmäßige, mithin eine gesetzwidrige Erklärung dar, wobei man sich hier u.U. auch

147 Die gesetzeswidrige Subsumtion des Vorsitzenden Richters unter § 99 Abs. 2 Nr. 3 BetrVG ergab sich zwanglos aus den **Anforderungen**, die das Gesetz **an den Widerspruchsgrund** stellt und die vorliegend nicht erfüllt waren. Vom Gesetzgeber wird gefordert, dass die Besorgnis »durch Tatsachen begründet« ist. Bloße Vermutungen und Befürchtungen des Betriebsrats genügen nicht. Vielmehr muss der Betriebsrat Tatsachen vortragen, die seine Besorgnis schlüssig erscheinen lassen.[114] Solche Nachteile einzelner Arbeitnehmer wurden weder vom Betriebsrat noch vom Vorsitzenden dargetan. Es ging erkennbar nur um die Einarbeitung eines künftigen Obermeisters als Ersatz für einen künftig aus Altersgründen ausscheidenden Stelleninhaber. Von der Tätigkeit des vorläufig eingestellten künftigen Obermeisters war die Tätigkeit der übrigen Arbeitnehmer nicht berührt. Selbst wenn ein rechtserheblicher Nachteil i.S.v. § 99 Abs. 2 Nr. 3 BetrVG vorliegt, berechtigt dieser nicht zum Widerspruch, wenn dies aus betrieblichen oder persönlichen Gründen gerechtfertigt ist. Als Beispiel wird in der Literatur häufig die Notwendigkeit erwähnt, einen besonders qualifizierten Arbeitnehmer auf einer bestimmten Position zu beschäftigen.[115]

148 Und auch eine weitere Erfahrung lehrt der Beispielsfall von *Jacobi*: Es empfiehlt sich nicht immer, Naturalparteien oder Geschäftsführer eines Arbeitgeberunternehmens zum Prozesstermin mitzunehmen. Obwohl der Arbeitsgerichtsprozess ein Parteiprozess ist, nutzen manche Richter, wenn sie den Rechtsstreit in eine bestimmte Richtung zu lenken geneigt sind, die Anwesenheit von Naturalparteien und Arbeitgeber-Vorgesetzten, um Fragen zu stellen, über die Antworten erzeugt werden, deren rechtliche Tragweite die Antwortenden nicht übersehen. Die Antwort unseres Geschäftsführers *Wegemann* »Na, es wird sich schon Arbeit finden. Dafür werden wir sorgen«, bot dem Vorsitzenden die Möglichkeit, die Erklärung so zu verstehen, als würden damit Arbeiten, die bisher andere Arbeitnehmer ausgeübt haben, auf den neu Eingestellten übertragen. Da es die Verhandlungsatmosphäre stark beeinträchtigt, wenn eine Naturalpartei eine richterliche Frage nicht beantwortet, ist es oft hilfreicher, ohne die Partei bei Gericht zu erscheinen und sich stattdessen bereit zu erklären, in einem Auflagen- und Hinweisbeschluss enthaltene Fragen des Gerichts in aller Ruhe schriftlich zu beantworten.

149 Fälle wie der von *Jacobi* geschilderte Verlauf einer arbeitsgerichtlichen Auseinandersetzung sind im Alltag leider auch noch steigerbar. Gelegentlich geschieht es, dass Richter eine eindeutige Rechtslage ignorieren und ihre Äußerungen in der Verhandlung taktisch-strategischen Überlegungen unterordnen, kurzum unvertretbare und mit eigenen, vorangegangen Äußerungen nicht in Einklang zu bringende Positionen einnehmen, um Vergleiche zu erzwingen. Von einem solchen Fall berichtete ein Kollege. Der Fall ereignete sich am Arbeitsgericht Gelsenkirchen.[116] Geschehnisse, wie nachfolgend wiedergegeben, verlangen dem Anwalt ein hohes Maß an Disziplin ab. Sie zählen zu den unerfreulichen Seiten unseres anwaltlichen Berufslebens.

Herr Weinstein war als erfolgreicher Verkäufer im Außendienst der Firma Schneeloch tätig. In seinem uralten Arbeitsvertrag war eine Regelung enthalten, nach der Herr Weinstein ohne eine Karenzentschädigung für ein Jahr nachvertraglichen Wettbewerb zu unterlassen hatte.

Am 09.12.1998 schlossen Herr Weinstein und die Firma Schneeloch zunächst einen Aufhebungsvertrag. Darin war vereinbart, dass Herr Weinstein zum 31.05.1999 gegen Zahlung einer Abfindung in Höhe von 43.000 EUR aus dem Arbeitsverhältnis ausscheiden sollte. Parallel zu Herrn Weinstein, der eine rechtliche Beratung bis zu diesem Zeitpunkt noch nicht in Anspruch genommen hatte, wurde einer seiner Kollegen von der Sozietät H&D außergerichtlich betreut. Bei diesem Kollegen wurde das Arbeitsverhältnis im Wege einer Kündigung in Verbindung mit einem Abwicklungsvertrag beendet. Von diesem Kollegen erfuhr Herr Weinstein, dass die Vorgehensweise, über einen Abwicklungsvertrag das Arbeitsverhältnis zu beenden, verschiedene Vorteile in sich barg, unter anderem seinerzeit Vorteile steuerrechtlicher Art.

auf den Standpunkt hätte stellen können, dass es eine Zustimmung unter Bedingungen nach dem Willen des Gesetzgebers nicht gibt.

114 LAG Düsseldorf, Urt. v. 19.10.1976, EzA § 99 BetrVG Nr. 11.

115 *Fitting u.a.*, § 99 BetrVG Rn 195; ErfK/*Hanau/Kania*, § 99 BetrVG Rn 31.

116 Die Namen der hier aufgeführten Personen wurden aus Gründen des Persönlichkeitsschutzes geändert. Der Fall ereignete sich am Arbeitsgericht Gelsenkirchen. **Die damals als DM-Beträge maßgeblichen Währungsdaten wurden an die jetzt gültige Euro-Währung angepasst.**

Herr Weinstein beauftragte H&D Anfang Januar 1999, seine Angelegenheit nachzuverhandeln. Vor allem hatte der Arbeitgeber den Aufhebungsvertrag mit der Erklärung, das Arbeitsverhältnis kündigen zu wollen, in der Besprechung am 09.12.1998 erreicht. Herr Weinstein verfolgte mit der Nachverhandlung das Ziel, die Abfindung ggf. noch zu erhöhen und die Gestaltung seines Vertrages arbeitsrechtlich und steuerlich zu optimieren, u.a. um von der seinerzeitigen Übergangsregelung in § 52 Abs. 5 EStG zu profitieren. Weil die Übergangsregelung nur für bis zum 31.12.1998 vereinbarte Abfindungen galt, hätte ein steuerrechtlicher Vorteil nur noch über einen rückdatierten Abwicklungsvertrag erzielt werden können. Die Sozietät H&D beteiligte sich an solchen Vereinbarungen und nachgestellten Kündigungen generell nicht, worauf der Mandant hingewiesen wurde.

Den Mandanten, einen erfahrenen Verkäufer, hinderte dies aber nicht, sich mit seiner Firma in Verbindung zu setzen, wovon H&D zunächst nichts wusste, und einen auf den 09.12.1998 rückdatierten Abwicklungsvertrag mit Kündigung schriftlich niederzulegen. Der Abwicklugsvertrag beinhaltete u.a. die Regelung, dass das Arbeitsverhältnis gegen Zahlung einer Abfindung in Höhe von 59.000 EUR zum 31.03.1999 seine Beendigung finden sollte. Eine Regelung im Hinblick auf ein nachvertragliches Wettbewerbsverbot fehlte ebenso wie in dem zuvor abgeschlossenen Aufhebungsvertrag. Im Anschluss an diesen Abwicklungsvertrag verhandelten die Parteien im Laufe des Januar 1999 weiter darüber, wie denn mit dem Zeitraum nach Beendigung, also ab dem 01.04.1999 zu verfahren sei. Es wurde ein Zusatzvertrag zum Abwicklungsvertrag geschlossen, in dem sich Herr Weinstein ohne eine zusätzliche Entschädigung verpflichtete, den Nachfolger für sein Vertriebsgebiet durch eine festgelegte Anzahl gemeinsamer Kundenbesuche vorzustellen und einzuarbeiten. Darüber hinaus verpflichtete sich Herr Weinstein im Zeitraum vom 01.04.1999 bis zum 31.05.1999 keinen Wettbewerb zu betreiben. Eine Entschädigung hierfür war in dem Zusatzvertrag nicht vorgesehen.

Nach der unwiderlegten Aussage von Herrn Weinstein fasste dieser im Anschluss an den Abschluss der Zusatzvereinbarung trotzdem den Entschluss, sich ab dem 01.04.1999 selbständig zu machen und als Konkurrent der Firma Schneeloch aufzutreten. So schließlich handhabte Herr Weinstein seine beruflichen Aktivitäten ab dem 01.04.1999.

Mit anwaltlichem Schreiben vom 26.04.1999 forderte die Firma Schneeloch Herrn Weinstein auf, sich an das vereinbarte Wettbewerbsverbot gem. der Zusatzvereinbarung vom 10.12.1998 zu halten. Er sollte zugleich die von ihm angemeldete Firma unter dem Namen Kevin Meinox abmelden, ebenso sein Telefon und sein Telefax. Außerdem sollte er die bereits gezahlte Abfindung in Höhe von 59.000 EUR zurückzahlen und Auskunft über getätigte Geschäfte erteilen mit dem Ziel, der Firma Schneeloch die Durchsetzung von Schadensersatzansprüchen zu ermöglichen.

In dem Schreiben vom 26.04.1999 focht die Firma Schneeloch den Abwicklungsvertrag vom 10.12.1998 wegen arglistiger Täuschung an. Sie begründete ihre Anfechtungserklärung damit, dass sie den Vertrag nicht abgeschlossen hätte, wenn sie gewusst hätte, dass Herr Weinstein ab dem 01.04.1999 als Wettbewerber auftreten würde. Nachdem Herr Weinstein auf dieses Schreiben nicht reagierte, beantragte die Firma Schneeloch beim Arbeitsgericht am 27.04.1999 den Erlass einer einstweiligen Verfügung. Die einstweilige Verfügung war darauf gerichtet, Herrn Weinstein aufzugeben, mit sofortiger Wirkung seinen Telefonanschluss und seine Telefaxnummer mit den bisherigen Rufnummern stillzulegen, und darauf, Wettbewerb gegenüber der Firma Schneeloch zu unterlassen. Der Antrag war zeitlich nicht befristet.

H&D hatte sich als Verfahrensbevollmächtigte des Verfügungsbeklagten bestellt und am 04.05.1999 einen Schriftsatz an Gericht und Gegner vorab per Fax übersandt. Den Antrag auf Zurückweisung der gestellten Anträge begründeten die Anwälte damit, dass das Arbeitsverhältnis in jedem Fall durch die Kündigung vom 09.12.1998 zum 31.03.1999 seine Beendigung gefunden habe. Ein nachvertragliches Wettbewerbsverbot sei nicht wirksam vereinbart worden und zwar weder im Arbeitsvertrag noch im Zusatz zum Abwicklungsvertrag. Die weiteren, außergerichtlich geltend gemachten Ansprüche der Gegenseite, nämlich Rückzahlung der Abfindung und Auskunftserteilung, waren nicht Streitgegenstand des Verfügungsverfahrens.

Blicken wir nun hinein in den Ablauf der Kammersitzung, die den eigentlichen Gegenstand unseres Interesses bildet: Die Firma Schneeloch war durch einen angesehenen Arbeitsrechtsanwalt vertreten, anwesend war ebenfalls ihr Geschäftsführer. Mit zum Termin gekommen waren weiterhin Herr Weinstein sowie der Anwalt von H&D. Die Kammer bestand aus einem Vorsitzenden und zwei ehrenamtlichen Richtern. Der Verhandlungsstil des Arbeitsrichters schien offen und locker.

Der Vorsitzende gab sich zu Beginn des Verhandlungstermins bedeckt. Er teilte beiden Parteien mit, dass der Ausgang dieses Verfahrens, wenn es zu einer streitigen Entscheidung komme, noch offen sei. Diese Sichtweise deckte sich nicht mit der Einschätzung des Anwalts von H&D. Aufgrund der eindeutigen Regelung des HGB sowie der ständigen Rechtsprechung sämtlicher Zivil- und Arbeitsgerichte[117] stand fest, dass das nachvertragliche Wettbewerbsverbot nicht nur unverbindlich, sondern sogar nichtig war. Die maßgeblichen Urteile hatten die H&D-Anwälte im Schriftsatz zitiert, gehören aber auch zum Grundwissensschatz jedes Arbeitsrechtlers. Auch war die Prozesslage für die Verfügungsklägerin mit Blick auf die Anfechtung des Abwicklungsvertrages ungünstig. Die Verfügungsklägerin hatte die Täuschungsabsicht darzulegen und zu beweisen. In ihrem Schriftsatz fehlte ein ordnungsgemäßer Beweisantritt. Aber selbst wenn die Anfechtung erfolgreich gewesen wäre, hätte die Kündigung zum 31.03.1999 Bestand gehabt.

Herr Weinstein hatte in den ersten Wochen seiner Selbständigkeit gute Arbeit geleistet. Einen Langzeitarbeitslosen hatte er als Fahrer eingestellt. Im Falle eines Erfolgs der beantragten einstweiligen Verfügung hätte er seine berufliche Tätigkeit komplett einstellen müssen und damit einen massiven Rückschlag erlitten.

117 BAG, Urt. v. 13.09.1969, AP Nr. 24 zu § 611 BGB Konkurrenzklausel.

Im ersten Rechtsgespräch gab der Richter zu erkennen, dass für den Antrag auf Stilllegung der Telefon- und Faxnummer eine Anspruchsgrundlage fehlte, da es sich um den Privatanschluss des Herrn Weinstein handelte. Der Geschäftsführer der Firma Schneeloch gab zu erkennen, dass er Herrn Weinstein, der ein toller Verkäufer sei, gerne zurück in seine Firma holen würde. Nach dem ersten Rechtsgespräch zog sich die Kammer zur Beratung zurück. Auch die Parteien berieten in der Sitzungspause untereinander. Vom Mandanten befragt, was nun geschehe, gab der Anwalt von Herrn Weinstein zu erkennen, dass die Chancen gut seien. Das Gericht werde jetzt erfahrungsgemäß einen Vergleichsvorschlag unterbreiten. Nachdem die Kammer aus der Beratungspause zurückgekommen war, schlug der Vorsitzende die Summe eines Monatsgehaltes als Rückzahlungsbetrag vor. Damit sollten alle anhängigen und nicht anhängigen gegenseitigen Ansprüche erledigt sein. Der Richter begründete seinen Vorschlag mit den Prozessrisiken für den Verfügungskläger. Er äußerte weiterhin, dass eine Reduzierung der Abfindung über 8.000 EUR für ihn in keinem Fall in Betracht käme. Wenn der Verfügungskläger mit diesem Vorschlag nicht einverstanden sei, müsse die Sache eben entschieden werden.

Nach diesen Erklärungen verließ der Vorsitzende mit den ehrenamtlichen Richtern wieder den Sitzungssaal und es kam zu einer Verhandlungspause, die Herr Weinstein und sein Anwalt zu einer Erörterung des Vergleichsvorschlags nutzten. Der Vorschlag des Gerichts lag ziemlich exakt im Bereich der internen Ankündigungen des Anwalts von H&D im Gespräch mit dem Mandanten. Der Mandant erklärte sich einverstanden, den gerichtlichen Vorschlag anzunehmen.

Nach Beendigung der Sitzungspause äußerte der Anwalt der Verfügungsklägerin, der Betrag von 8.000 EUR komme für die Firma Schneeloch nicht in Betracht. Der materielle Schaden durch die Konkurrenztätigkeit von Herrn Weinstein sei wesentlich höher und sei weder durch 8.000 EUR noch durch 10.000 EUR wettzumachen. Daraufhin fragte der Richter, was sich denn die Firma Schneeloch als Rückzahlungsbetrag vorgestellt habe. Der Anwalt der Verfügungsklägerin antwortete, eine wesentlich höhere Summe, beispielsweise 16.000 EUR.

Daraufhin schaute der Berufsrichter beide Parteien einige Sekunden lang wortlos an. Er verkündete eine weitere Verhandlungspause und sagte im Hinausgehen zum Anwalt von Herrn Weinstein, er solle sich die Forderung der Gegenseite einmal gut überlegen. Der Anwalt von H&D berichtete dem Mandanten, dass nunmehr der »Schwarze Peter« bei ihm liege.

Nach der Sitzungsunterbrechung betraten die Richter erneut den Verhandlungsraum. Der Vorsitzende blickte tief in die Augen der Prozessbevollmächtigten und erklärte dann, er werde sich jetzt zunächst einmal zu den Prozessrisiken äußern. Er habe die Sache am Beginn der Verhandlung noch ganz anders gesehen und nach eingehender Beratung mit den ehrenamtlichen Richtern wäre man jetzt zu der gegenteiligen Auffassung gekommen. Die Kammer würde dem auf Unterlassung von Wettbewerb gerichteten Antrag jetzt in jedem Falle stattgeben. Es sei deshalb jetzt an Herrn Weinstein, zu überlegen, ob er nicht die geforderten 16.000 EUR zurückzahlen wolle.

Der Anwalt von H&D beantragte eine Sitzungsunterbrechung, besprach sich mit seinem Mandanten und betrat dann wieder den Verhandlungssaal. In der Besprechung mit dem Mandanten hatte sich ergeben, dass Herr Weinstein es sich nicht leisten konnte, eine einstweiligen Verfügung zu riskieren. Dann hätte er den gerade begonnenen Geschäftsaufbau abbrechen müssen, wäre ohne wirtschaftliche Grundlage gewesen und das soeben in Gang gekommene Geschäft samt der sich entwickelnden Kundenbeziehungen wäre beendet gewesen. Der Anwalt von H&D erklärte, nachdem er mit Herrn Weinstein wieder den Sitzungssaal betreten hatte, dem ihn erwartungsvoll anschauenden Richter: »Unsere Vernunft ist noch größer als unsere Überraschung über die wechselnde Rechtsauffassung der Kammer.«

150 Was war in dieser Verhandlung geschehen? Das Wettbewerbsverbot ohne Karenzentschädigung, so im ursprünglichen Arbeitsvertrag enthalten, aber auch in der Zusatzvereinbarung zum Abwicklungsvertrag, war ohne jede Frage unverbindlich, wenn nicht nichtig.[118] Einen Anspruch auf Erlass einer einstweiligen Verfügung konnte die Firma Schneeloch unter keinem rechtlichen Gesichtspunkt herleiten. Einen solchen Anspruch gab es nicht. Dies machten auch die ersten Äußerungen der Kammer klar, die, wovon man ausgehen muss, die Rechtslage kannte. Zwar mögen Einzelne ehrenamtliche Richter das Verhalten von Herrn Weinstein persönlich und menschlich nicht als korrekt empfunden haben, der Berufsrichter jedenfalls wusste, dass es keine Anspruchsgrundlage für die einstweilige Verfügung gab.

151 Mit dem vorgeschlagenen Rückzahlungsbetrag von 8.000 EUR nahm der Richter eine juristisch nicht belegbare Position ein, die allenfalls unter »moralisch-ökonomischen Gesichtspunkten« vertretbar war, weil der Arbeitgeber bei Abschluss des ursprünglichen Arbeitsvertrages und späterhin in der Zusatzvereinbarung vermutlich nicht gewusst hatte, dass die Vereinbarung eines Wettbewerbsverbots ohne Karenz nichtig, mindestens aber unverbindlich ist. Mit seinem ersten Vergleichsvorschlag bot der Vorsitzende den Parteien einen Reservation Price an, der, wie die anschließende Diskussion ergeben hatte, zwar in der Methodik vom Verfügungskläger akzeptiert wurde, nicht jedoch hinsichtlich der Höhe. Mit der auf Frage des Vorsitzenden vom Verfügungskläger abgegebenen Erklärung,

118 Wegen Einzelheiten siehe § 5 Rn 727.

es müsse sich um mindestens 16.000 EUR handeln, wurde die ansonsten übliche Vermutung der Beteiligten über den Reservation Price des anderen zur Gewissheit, das Gericht wusste von diesem Augenblick an, wie der Reservation Price für die Firma Schneeloch lautete.

Damit erschloss sich aber auch für das Gericht die denkbare »Zone of Agreement« oder, wie es der Anwalt von Herrn Weinstein formuliert hatte, die »große Vernunft«. Dem Gericht war klar, dass es sich Herr Weinstein aus wirtschaftlichen Gründen nicht leisten konnte, jetzt mit einer einstweiligen Verfügung überzogen zu werden. Das Gericht wusste aber gleichzeitig, dass bei 16.000 EUR angesichts der Erklärung des Verfügungsklägers ein Vergleich zustande kommen würde und keine einstweilige Verfügung formuliert und erlassen werden musste. Was war für das Gericht einfacher, als über die Behauptung – hier haben wir es mit einer klassischen, nicht verhandelbaren Position zu tun –, man habe die Rechtsauffassung geändert und werde eine einstweilige Verfügung erlassen, Herrn Weinstein zu zwingen, eine abweichend von der Rechtslage abgeforderte Vernunft walten zu lassen und den Reservation Price der Firma Schneeloch zu akzeptieren. 152

Bedenklich an solchen Verhandlungen und Fallentwicklungen, wie sie der Arbeitsrechtler leider immer wieder erlebt, ist weniger die Verhandlungsmechanik als der Umstand, dass ein Gericht wider besseren Rechtswissens machiavellistisch Positionen aufbaut, um im Verhandlungswege erfolgreich zu sein. Die Motivation mancher Richter ist dabei zunächst einmal eine in höchstem Maße persönliche, nämlich kein Urteil erlassen zu müssen. Der Hinweis auf § 279 Abs. 1 ZPO, wonach das Gericht in jeder Lage des Verfahrens auf eine gütliche Beilegung des Rechtsstreits bedacht sein soll, ist regelmäßig ein Kulissenmotiv. Die Problematik im Umgang mit Richtern besteht für Arbeitsrechtsanwälte manchmal darin, dass Arbeitsrichter das Basarspiel spielen und die Parteien über Rechtsauffassungen, mögen sie noch so abwegig sein, in Vergleiche zwingen können. Erlebt man dieses Ritual wiederholt, macht sich beim Anwalt verständlicherweise Emotionalität breit, denn der Wert der anwaltlichen Dienstleistung besteht gerade darin, dass die Rechtslage anhand der Gesetze und anhand der bekannten Rechtsprechung analysiert wird und hiervon ausgehend Auskünfte erteilt werden, auf die sich die Mandanten sollen verlassen können. Über das Rechtsauffassungsmonopol, vom Arbeitsrichter eingesetzt im Rahmen eines Basarspiels, wird im arbeitsgerichtlichen Alltag ein Teil des Werts der anwaltlichen Dienstleistung verspielt. 153

Der Fall zeigt, über welche Machtfülle ein Arbeitsrichter verfügt, dass er folgenlos während einer Verhandlung seine Rechtsauffassung wechseln kann. Der Leser mag darüber nachdenken, welche alternativen Reaktionen den Arbeitsrechtsanwälten zur Verfügung standen. Hätte der Anwalt der Firma Schneeloch nach den eindeutigen Schlusserklärungen des Vorsitzenden sich nicht mehr für vergleichsbereit erklärt, hätte nicht ausgeschlossen werden können, dass das Gericht noch einmal zusammengetreten wäre und nach erneuter Beratung wieder zu seiner ursprünglichen Rechtsauffassung zurückgekehrt wäre. Hätte der Anwalt des Verfügungsbeklagten die Kammer um eine richterliche Entscheidung gebeten, hätte er damit rechnen müssen, dass die einstweilige Verfügung – wenn auch nur auf § 242 BGB gestützt – erlassen worden wäre. Zwar hätte eine hohe Abhilfewahrscheinlichkeit in der nächsten Instanz bestanden, bis die Entscheidung durch das Landesarbeitsgericht gefällt worden wäre, wären aber gewiss sechs Monate vergangen und der Geschäftsaufbau des Verfügungsbeklagten vereitelt gewesen. 154

Ein kleiner Tipp zum Schluss: Wenn man wissen will, wie es um eine Sache bestellt ist – die Richter verraten ja in der Verhandlung oft nicht, wie sie entscheiden werden –, diejenige Partei, die vom Richter im Termin als erste angesprochen und meist aufgefordert wird, noch dies oder das zu erklären, hat aus richterlicher Sicht die schlechteren Karten. Die aufgeforderte Partei gerät unter Rechtfertigungsdruck und wird anschließend vom Richter auf die Schwächen ihres Vortrags hingewiesen. Der gegnerische Anwalt kann sich bei einer solchen Verhandlungslage bequem zurücklehnen und schweigen, seine Argumentation erledigt das Gericht. Ein schwerer Fehler wäre es, wenn der Anwalt, der sich vom Gericht bestätigt fühlen darf, ebenfalls auf die vom Arbeitsrichter mit Fragen und nachteiligen Argumenten bedachte Partei einschießen würde. Denn dann dauert es nicht lange, bis der Richter umschwenkt und plötzlich auf den Anwalt einredet, der sich zuvor noch als Sieger fühlen durfte. Erfolgreiches Prozessieren heißt im Arbeitsrecht, Weltbilder und Erfahrungssätze des Richters bedienen.

C. Leistungsstandards des Verhandlungsanwalts

155 Vor allen Dingen muss der Arbeitsrechtsanwalt über Verhandlungskompetenz verfügen. Die von der Rechtsprechung für sie selbst, im Ergebnis aber auch für die Parteien und ihre Vertreter geschaffenen Freiräume des arbeitsrechtlichen case law führen zwangsläufig dazu, dass viele Streitfragen nicht ausgetragen, nicht entschieden, sondern verhandelt werden. Die Beendigung des Arbeitsverhältnisses zwischen Arbeitgeber und Arbeitnehmer gehört hierzu ebenso wie das Aushandeln eines Sozialplans. Die Verhandlungshäufigkeit in Arbeitsrechtsmandaten folgt aus einer simplen Mechanik: Für jede Partei bleibt es angesichts einer häufig nicht mit letzter Klarheit und Verbindlichkeit feststellbaren Rechtslage stets bei der Ungewissheit, welchen Verlauf eine gerichtliche Auseinandersetzung nehmen würde. Die Ungewissheit des jeweils anderen macht man sich zunutze, um zugleich der eigenen Ungewissheit ein Ende zu bereiten und zu einem von beiden Parteien getragenen, in Selbsthilfe entwickelten Verhandlungsergebnis zu gelangen.

I. Verhandlungstechnik als Anwaltskunst

156 Viele Verhandlungen unter Anwälten scheitern. Die Ursachen sind leicht ausgemacht. Noch immer beherrschen zahlreiche Anwälte Grundregeln erfolgreichen Verhandelns nur rudimentär oder gar nicht. Viele Beratungen und Besprechungen enden mit Verstimmung, Enttäuschung oder im Streit. Mal scheitert eine Verhandlung, weil die Parteivertreter nicht fähig waren, mit Emotionen umzugehen. Mal haben Unterlegenheitsgefühle, die Angst zu kurz zu kommen, Eitelkeiten oder Machtgelüste den Blick für das Machbare verstellt. Bleiben die wahren Interessen der Verhandlungsbeteiligten im Dunkeln, thematisieren die Anwälte nur die Kulissenmotive. Gelingt den Anwälten nicht die Konzentration auf das Wesentliche, sind die Verhandlungen zum Scheitern verurteilt.

157 Während man sich in den Vereinigten Staaten und in England, auch für den juristischen Bereich, mit der Verhandlungskunst (Negotiating) befasst,[119] führt die Verhandlungskunst im deutschsprachigen Rechtskreis ein publizistisch und wissenschaftlich kaum wahrgenommenes Schattendasein. Vor allem *Fritjof Haft* hat in seiner Schrift »Verhandeln und Mediation«, zwischenzeitlich in 2. Aufl. erschienen,[120] als deutscher Autor die Grundlagen angemessener Verhandlungstechnik erforscht und dargestellt und in zahlreichen Seminaren an der Universität Tübingen erprobt.

1. Typische Verhandlungsfehler

158 Erfolglosigkeit von Verhandlungen ist vorprogrammiert, wenn der Anwalt nach einem Sieger-Verlierer-Muster handelt. Wer glaubt, die eigenen Interessen auf Biegen und Brechen durchsetzen zu können, erzwingt meist den Verhandlungsabbruch. Nur in einer professionalisierten Arbeitswelt

119 *Bazerman/Neale*, Negotiating rationally, 1992; *Breslin/Rubin/Jeffrey*, Negotiation Theory and Practice – The Program of Negotiation at Harvard Law School, 2. Aufl. 1993; *Buzan*, Use Your Head, 1982; *Casse*, The One Hour Negotiator, 1995; *Edelmann*, The Tao of Negotiation, 1993; *Faure/Rubin*, Culture and Negotiation, 1993; *Fisher/Brown*, Gute Beziehungen, 1989; *Fisher*, International Conflict for Beginners; *Fisher*, Jenseits von Machiavelli, 1995; *Fisher/Ertel*, 1997; *Fisher/Ury*, Getting to Yes: Negotiating Agreement without giving in, 1981; *Fisher/Ury/Patton*, Das Harvard-Konzept: Sachgerecht verhandeln – Erfolgreich verhandeln, Übersetzt von *Raith*, 19. Aufl. 2000; *Goldberg/Green/Sander*, Dispute Resolution, 1985; *Lewicky/Saunders/Minton*, Essentials of Negotiation, 1997; *Raiffa*, The Art and Science of Negotiation, 1982; *Reck/Long*, The Win-Win Negotiation, 1985; *Rozicki*; The Creative Negotiator, 1992; *Schulz von Thun*, Miteinander Reden, 1988; *Susskind*, Breaking the Impasse, 1991; *Stone/Patton/Heen*, Difficult Conversations, 1999; *Ury*, Beyond the Hot Line, 1986; *Ury/Brett/Goldberg*, Konfliktmanagement, 1991; *Ury*, Getting to Peace, 1999.

120 *Haft*, Verhandlung und Mediation, 2. Aufl. 2000.

selten anzutreffende, äußerst schwache Persönlichkeiten lassen sich, wie man es umgangssprachlich formuliert, »über den Tisch ziehen«.

Die größten Blockaden in Verhandlungen sind wir selbst, unsere eigene Befindlichkeit und die Art und Weise, wie wir einen Verhandlungspartner wahrnehmen. Es gibt den »Ja-Sager«, der jedem gefallen und es allen Recht machen will. Es gibt aber das genaue Gegenteil, den »Nein-Sager«, dessen Lieblingssatz lautet: »Das geht nicht«. Auch beobachten wir, dass wir es in Verhandlungen mit »Besserwissern« zu tun haben oder mit Herrschsüchtigen, die anderen ihren Willen aufzuzwingen versuchen. Besonders ärgerlich sind jene Anwaltstypen, die man als »Nörgler« bezeichnen könnte, die alles schlechtreden, konstruktive Ideen im Gesprächswege zerstören. Auch der träge Anwalt, der sich vor jeder Mitarbeit und vor jedem Auftrag drückt, trägt nicht zum Gelingen von Verhandlungen bei. Die beiden letztgenannten Typen von Anwälten erweisen sich meist als »Deal-Breaker« und nicht als »Deal-Maker«. **159**

Dennoch kommt es gerade unter Anwälten darauf an, dass man sich von Typisierungen in konkreten Verhandlungen möglichst freimacht. Denn man ist immer Sender und Empfänger zugleich. Durch vorschnelle Wertungen blockiert man konstruktive Auseinandersetzungen, produktive Verständigungsprozesse werden verbaut. Je festgefahrener das Urteil über den Anwaltskollegen auf der Gegenseite ist, desto weniger nimmt man noch die Interessen, Bedürfnisse und Eigenheiten des Gegenübers wahr, an die man anknüpfen könnte, aus denen man neue, konstruktive Lösungsvorschläge entwickeln könnte. Wer über die Machtkarte heute noch glaubt, den Verhandlungsgipfel erstürmen zu können, wird von den übrigen Verhandlungsbeteiligten reflexartig ausgebremst, mag er auch noch so fundierte Argumente auf seiner Seite wähnen. Am Ende von Mehrparteienverhandlungen stehen meist Kompromisse, nicht eindeutige Zusagen, aber auch keine unmissverständlichen Absagen an zu Beginn solcher Konferenzen erhobene Forderungen. Der dementsprechend ritualisierte Verlauf von Verhandlungen treibt einem menschlichen Bedürfnis nach Fairness, nach Berücksichtigung unterschiedlicher Interessen Rechnung. Verhandlungsparteien und Gruppen lassen extreme Positionen generell nicht zu. Arbeitsrechtsanwälte, die erfolgreich verhandeln wollen, müssen erst einmal lernen, die Interessen ihrer Mandanten durchzusetzen, ohne die Interessen der gegnerischen Partei zu verletzen. Nur mit dieser Einstellung lassen sich Win-Win-Lösungen erarbeiten, bei denen Arbeitgeber und Arbeitnehmer mit den beiden entscheidenden Faktoren eines Aufhebungsvertrages, Abfindung und Beendigungsdatum, zueinander finden. **160**

Zur Vermeidung von Verhandlungsfehlern empfiehlt *Egger*[121] sechs Grundregeln: **161**

- **Unterscheiden Sie zwischen den Sachthemen, die verhandelt werden müssen und der Beziehung (Verhandlungsgegenstand – Beziehung der Vertragspartner).**
  Überprüfen Sie das Verhältnis zu Ihrem Verhandlungspartner: Wie steht es mit Ihrem Vertrauen? Akzeptieren Sie einander? Und können Sie miteinander reden? Gibt es etwas, was Sie an seiner Art zu kommunizieren stört? Wie glauben Sie, denkt er über Sie? Trauen Sie sich, die Beziehungsprobleme anzusprechen, bevor Sie zu den Sachthemen kommen? Und: Verhalten Sie sich auf jeden Fall vertrauenswürdig – unabhängig davon, wie sich der andere verhält.
- **Es gibt nicht eine richtige Sicht (objektive Sachverhalte): Konzentrieren Sie sich deshalb auf das, was Sie wahrnehmen (subjektive Sichtweisen).**
  Sie und Ihr Verhandlungspartner reden niemals über denselben Sachverhalt. Worüber beide sprechen, sieht jeder aus seiner Perspektive. Wenn Sie die andere Sicht für falsch und nur Ihre für richtig halten, wird das die Verhandlung empfindlich stören. Stellen Sie statt dessen übereinstimmende Wahrnehmungen fest und bemühen Sie sich, unterschiedliche Sichten zu akzeptieren.

121 *Egger,* Konzentration aufs Wesentliche, Capital 12/2000, 77; siehe auch, Das offene Verhandeln nach dem Harvard-Konzept, Intensiv-Seminar für Anwälte, Tagungsunterlage der Egger, Philips und Partner AG, Zürich, 2000, »Die 6 Prinzipien des offenen Verhandelns nach dem Harvard-Konzept«.

- **Beißen Sie sich nicht an den Positionen fest. Wichtiger sind die Interessen, die dahinter liegen (Positionen – Interessen).**
  Beharren Sie auf Ihren Positionen, werden Sie bestenfalls hin- und herfeilschen und – wenn überhaupt – ein drittklassiges Ergebnis verhandeln. Legen Sie das Interesse offen, das sich hinter Ihrer Verhandlungsposition verbirgt. Fragen Sie auch die Gegenseite danach. Warum will sie das? Suchen Sie Gemeinsames und lassen Sie mögliche Konfliktpunkte erst einmal außen vor.
- **Entwickeln Sie am Anfang viele Optionen, bewerten und entscheiden Sie später.**
  Wer vorschnell über die Positionen des Anderen urteilt und sich zudem im Besitz der einzigen Wahrheit glaubt, nimmt sich alle Energie und Kreativität, um unterschiedliche Optionen zur ursprünglichen Vorstellung zu entwickeln. Wenn Ihre Interessen und die Ihres Gegenübers klar sind, dürfte es leicht sein, nach mehreren gleich guten Lösungen, Modellen und Varianten zu forschen.
- **Suchen Sie bei Interessenkonflikten nach neutralen, objektiven Beurteilungskriterien.**
  Stockt die Verhandlung, weil widersprechende Interessen scheinbar nicht zu vereinbaren sind, suchen Sie nach neutralen Kriterien, die von parteiischen Interessen beider Partner frei sind. Das können akzeptierte Normen, Werte und Rechtsgrundsätze sein. Sich auf sie zu berufen ist allemal besser als Druck und Macht auszuspielen.
- **Haben Sie eine Lösung im Visier? Stimmen Sie ihr nur dann zu, wenn sie besser als die beste Alternative ist.**
  Entwickeln Sie in jedem Fall eine Alternative zum bestmöglichen Verhandlungsergebnis. Ist sie besser? Prüfen Sie auch, ob Ihr Partner eine solche Möglichkeit hat. Stimmen Sie nämlich einem Ergebnis zu, zu dem einer oder sogar beide eine bessere Alternative haben, können Sie sich den Verhandlungsabschluss sparen. Er wird nicht lange tragen.

162 Manche Anwälte interessieren sich für Verhandlungstechnik, weil sie glauben, auf diesem Wege neue Kniffe oder Manipulationstechniken in ihr Repertoire aufnehmen zu können. Welche Techniken, von Druck und Manipulationen abgesehen, statthaft oder zumindest üblich sind, um ein gewünschtes Verhandlungsergebnis zu fördern, wird an anderer Stelle[122] erläutert. Es ist allerdings eine Fehlvorstellung, dass man über solche Techniken die Grundprinzipien sachgerechten Verhandelns erlernen könnte. Solche Techniken sind Beiwerk. Man könnte formulieren, sie sind die Fußnoten zum Haupttext, es kommt zunächst ausschließlich darauf an, die Prinzipien erfolgreichen Verhandelns zu erlernen.

2. Verhandlungstechnik als Konfliktbewältigungselement

163 Verhandlungstechnik wird in der gegenwärtigen rechtswissenschaftlichen Diskussion vielfach unter dem Stichwort **Mediation** behandelt und hat eine umfangreiche Literatur[123] hervorgebracht. Die Mediation, entstanden aus der in den USA entwickelten Alternative Dispute Resolution (ADR),[124] hat zwar mit rationalen Verhandlungstechniken eine gemeinsame Schnittmenge, Mediation ist jedoch einem von der Verhandlungstechnik abweichenden Ziel verpflichtet. ADR befasst sich mit alternativen Verfahrensentwürfen zu Prozessordnungen, mit einer alternativen Streitbehandlungslehre, in der die richterliche Drittentscheidung durch eine Schlichtung, durch Entscheidungsfindung der Beteiligten

122 Siehe § 1 Rn 251.

123 *Blankenburg/Simsa/Stock/Wolff*, Mögliche Entwicklungen im Zusammenspiel von außer- und innergerichtlichen Konfliktregelungen, Speyerer Forschungsberichte 88, 1990; *Breidenbach*, Mediation, Struktur, Chancen und Risiken von Vermittlung im Konflikt, 1995; *ders.*, Mediation für Juristen, 1997; *Fisher/Ury*, Das Harvard-Konzept, 15. Aufl. 1996; *Gaszner/Holznagel/Lahl*, Mediation, 1992; *Gottwald/Strempel*, Streitschlichtung, 1995; *Henssler/Koch*, Mediation in der Anwaltspraxis, 2000; *Henssler/Schwackenberg*, Der Rechtsanwalt als Mediator, MDR 1997, 409; *von Hoyningen-Huene*, Mediation – Eine Alternative zum gerichtlichen Verfahren, JuS 1997, 352; *Mähler, G./Mähler, J.-G.*, Mediation, in: Beck'sches Rechtsanwaltshandbuch 1997; *dies.*, Streitschlichtung – Anwaltssache, hier: Mediation, NJW 1997, 1262; *Meins*, Verhandeln und Mediation, NJW 1998, 125; *Pflüger-Demann*, Mediation für Juristen, NJW 1997, 1296; *Wassermann*, Neue Streitkultur?, NJW 1998, 1685.

124 *Breidenbach*, Mediation, S. 11.

in Anwesenheit eines Vermittlers ohne Entscheidungsbefugnis ersetzt wird. In der Mediation tritt an die Stelle von »Rechtschirurgie« die »Rechtshygiene«.[125]

Konflikte und Interessengegensätze können auf zwei prinzipiell unterschiedlichen Wegen ausgetragen werden: Durch Streit oder durch Zusammenarbeit.[126] Bei der **streitigen Auseinandersetzung** kämpfen die Parteien miteinander, es kündigt beispielsweise der Arbeitgeber, möglichst fristlos, um dem Arbeitnehmer in seiner wirtschaftlichen Abhängigkeit die Folgen vor Augen zu halten, die sich aus der Nichtunterwerfung ergeben.[127] Ziel jeder Partei beim Kampf ist es, ihre jeweilige Position durchzusetzen und Sieger der Auseinandersetzung zu werden. Der Arbeitnehmer will mit der Kündigungsschutzklage dem Arbeitgeber die Grenzen seiner Macht vor Augen halten und, jedenfalls in einem Anfangsstadium, möglichst wieder mit Hilfe des Gerichts in den Betrieb zurückkehren. Der Arbeitgeber möchte möglichst erreichen, dass der Arbeitnehmer den Prozess verliert und damit gleichzeitig der Belegschaft vor Augen führen, welches Schicksal ein Arbeitnehmer wählt, der sich ihm widersetzt. Die kontradiktorische arbeitsgerichtliche Methode ist der Kampfweg, über den die Auseinandersetzung rational oder emotionalisiert geführt werden kann. 164

Bei der **Zusammenarbeitsmethode** bemühen sich die Parteien dagegen um ein Miteinander. Ihr Ziel ist es, den Konflikt auf eine Weise zu lösen, die allen Beteiligten möglichst große Vorteile und möglichst geringe Nachteile bringt. Es geht Ihnen nicht um Sieg oder Niederlage, sondern um die kreative Lösung eines gemeinsamen Problems.[128] Dieses kooperativ-strukturierte Verhandlungsmodell gehört zum Handwerkszeug des Arbeitsrechtsanwalts. 165

a) Das Basarspiel

Die Realität ist dagegen häufig vom intuitiven Streitverhalten, vom »Basarspiel« und vom »Geschichtenerzählen« geprägt. Das Grundmuster des Basarspiels erläutert *Haft*[129] wie folgt. 166

»In einem Laden mit Teppichen stehen ein Tourist (T.) und ein Händler (H.). H. zeigt T. einen Teppich und nennt ihm dafür einen Preis. Er schwört beim Leben seiner Kinder, dass dies ein viel zu niedriger Preis sei, ein Preis weit unter dem wahren Wert des Teppichs, ein wahrer Freundschaftspreis, ein Preis, der ihn ruinieren werde, ein Preis, den er keinem anderen als seinem guten Freund T. (den er noch nie im Leben gesehen hat) berechnen würde. T. glaubt ihm kein Wort von alledem. Er hat zwar keine Ahnung, welchen Wert ein solcher Teppich haben mag, aber er ist sicher, dass H. ihm einen weit überzogenen Betrag genannt hat. Zum Glück weiß er, wie man sich im Basar zu verhalten hat. Er macht dem H. ein Angebot, das wesentlich niedriger ist als dessen Forderung, geradezu ein lächerlich niedriges Angebot, das, so hofft er jedenfalls, auch erheblich unter dem wahren Wert des Teppichs liegt. Einen Augenblick ist er im Zweifel, ob H. beleidigt reagieren und ihn hinauswerfen wird. Aber H. nimmt ihm das Angebot nicht übel. Er schildert vielmehr blumenreich das Elend, in das seine Familie geraten werde, wenn er seine ohnehin schon viel zu niedrige Forderung noch weiter herabsetzen werde, und dann verringert er diese um einen geringen Betrag. T. erhöht daraufhin sein Angebot ein wenig. Und so geht es weiter, bis sich die beiden ungefähr in der Mitte zwischen den beiden Ausgangspositionen treffen und dort zu einem Abschluss kommen. T. wird glauben, er habe den Teppich günstig erstanden. H. wird es besser wissen.«

Dieses Basarverhalten ist nicht nur im Orient beheimatet, sondern auch eine Selbstverständlichkeit in unserer Kultur, bei manchen Mandaten und auch an manchem deutschen Arbeitsgericht. Dazu ein Beispiel: 167

Die Kammer eines Arbeitsgerichts zieht sich nach einer Reihe von Erörterungen zur Beratung zurück und betritt den Verhandlungsraum mit einem Abfindungsangebot, sagen wir von 20.000 EUR. Der Arbeitnehmer, dessen Traummarke mit diesem Angebot erreicht wurde, ziert sich, diesen Vorschlag zu akzeptieren und betont, er verliere doch mit der Annahme des Vergleichsvorschlags seinen Arbeitsplatz. Der Arbeitgeber schüttelt den Kopf, erklärt, Derartiges sei mit ihm nicht zu machen, erklärt den gerichtlichen Vorschlag für völlig überhöht. Aufgrund eines Augenkontakts zwischen dem

125 *Breidenbach*, Mediation, S. 10; wegen Einzelheiten zur Mediation im Arbeitsverhältnis siehe § 1 Rn 253 ff.

126 *Haft*, Verhandlung und Mediation, S. 1.

127 Das einschneidendere Mittel, die fristlose Kündigung, ist manchmal aus Arbeitgebersicht Erfolg versprechender als die ordentliche Kündigung. Ursache ist u.a. die Nichtanwendung des Beschlusses des Großen Senats des BAG v. 27.02.1985 (AP Nr. 14 zu § 611 BGB Beschäftigungspflicht) durch die Instanzrechtsprechung, siehe hierzu *Hümmerich*, DB 1999, 1264.

128 *Haft*, Verhandlung und Mediation, S. 1.

129 Verhandlung und Mediation, S. 9.

Berufsrichter und dem Anwalt beantragt der Arbeitgeberanwalt eine Sitzungsunterbrechung, um den Vergleichsvorschlag in Ruhe mit seinem Mandanten besprechen zu können.

Nach der Sitzungsunterbrechung treten die Parteien wieder zusammen. Der Arbeitgeberanwalt erklärt, sein Mandant könne unter Zurückstellung schwerster Bedenken allenfalls 16.000 EUR zahlen. Der Anwalt des Arbeitnehmers erklärt, mit dem Betrag von 20.000 EUR habe sich sein Mandant schon sehr schwer getan, er hätte diesen Betrag aber unter Zurückstellung gewichtiger Bedenken akzeptiert. 16.000 EUR kämen für ihn auf keinen Fall in Frage. Der Richter wird das Gespräch sinngemäß mit den Worten fortführen, zwischen 16.000 EUR und 20.000 EUR lägen nur 4.000 EUR. Damit seien sich die Parteien bereits so nahe, dass es keinen Sinn mehr mache, die Einigung, von der erfahrungsgemäß immer beide Parteien mehr hätten als von einer streitigen Entscheidung, zu verspielen. Seit König Salomon falle der Richterschaft in solchen Fällen auch nichts Besseres ein, als sich auf der Mitte zu treffen.

168 Der abschließende Vergleichsvorschlag lautet damit 18.000 EUR, und der Arbeitnehmer wie der Arbeitgeber werden am Ende diesen Vorschlag akzeptieren. Der Arbeitgeber wird sich sagen, dass er dem ihm zu hoch erschienenen gerichtlichen Vergleichsvorschlag deutlichen Widerstand entgegengesetzt und diesen Vorschlag durch sein Taktieren noch heruntergehandelt habe. Der Arbeitnehmer wird sich sagen, dass der letztendliche Vergleichsbetrag nahe bei dem gerichtlichen Vorschlag liege und dass er sich wegen lumpiger 2.000 EUR nicht weiter mit seinem Arbeitgeber herumärgern werde, zumal er dann endgültig Ruhe vor dem Mann habe.

169 Die Regeln der Basarverhandlung gelten weltweit und sind jedermann bekannt. Trifft der Arbeitsrechtsanwalt auf einen Arbeitgeber oder Arbeitnehmer, der das Basarverhalten derart verinnerlicht hat, dass nur die Basarregeln akzeptiert werden, wird auch er beim »Negotiation Dance« mitspielen müssen. Der Einzelhändler, der Bauunternehmer, der Gebrauchtwagenhändler (Dealer) wird an Gesprächen über einen Abwicklungs- oder Aufhebungsvertrag keinen Gefallen finden, wenn sie nicht nach dem ihm vertrauten Muster der Basarverhandlung stattfinden.

170 Die Spielregeln der Basarverhandlungen wurden von *Howard Raiffa*[130] untersucht. *Raiffa* hat festgestellt, dass jede Partei eine Vorstellung davon hat, was ein objektiv sachgerechtes Ergebnis ist. Sie legt erfahrungsgemäß ihre Ausstiegsalternativen vor Spielbeginn fest, also den Punkt, an dem ein Abbruch der Verhandlungen günstiger ist als eine Einigung. In einer einfachen Kaufverhandlung ist er identisch mit dem Reservation Price (RP), also dem Betrag, den die eine Partei (bei unserer Materie: Der Arbeitnehmer) erzielen möchte und den die andere Partei (bei unserem Rechtsgebiet: Der Arbeitgeber) höchstens bezahlen möchte. Jede Partei hat eine gewisse Vermutung, aber kein sicheres Wissen über den RP des jeweils anderen. Die beiden RP's müssen, wenn es zu einer Einigung kommen soll, in einem Korridor liegen, so dass eine Zone of Agreement entsteht, ein Überschneidungsbereich, in dem eine Einigung möglich ist.

171 Schlecht gespielt wird der Negotiation Dance, wenn der Käufer noch nicht einmal eine ungefähre Vorstellung von seinem RP hat. *Haft* demonstriert diese Situation am geschilderten Teppichhändler-Fall.[131] Der Stolz des Touristen auf seine Verhandlungskunst wird alsbald einem Gefühl der Ernüchterung weichen. Auf der Rückreise werden ihm weitere Zweifel kommen. Aufgrund dieser Zweifel und um nicht einen zu hohen Zoll entrichten müssen, wird er gegenüber dem Zollbeamten den Kaufpreis nur noch mit 1/3 der in Wahrheit bezahlten Summe angeben. Der Zollbeamte, der Erfahrung mit diesen Dingen hat, wird ihn freilich darüber informieren, dass auch dieser Betrag noch immer weit über dem wahren Wert des Teppichs liegt.

172 Die Kunst des Arbeitsrechtsanwalts, im Basarspiel erfolgreich zu sein, besteht darin, **Informationen einzusammeln** über den Reservation Price aus Sicht des Gegenüber. Vertritt der Anwalt den Arbeitgeber, schadet es nicht, wenn er sich über Arbeitskollegen des im Konflikt stehenden, prinzipiell ausscheidungswilligen Arbeitnehmers Informationen über dessen wirtschaftliche Vorstellungen beschafft. Es ist ein verbreiteter Irrglaube vieler Juristen, über die Kraft von Rechtsargumenten die in jeder Verhandlung existente »Zone of Agreement« verschieben zu können. Logik ist nicht

130 The Art and Science of Negotiation, 1982.
131 *Haft*, Verhandlung und Mediation, S. 16.

überzeugend. Juristen übersehen gerne, dass ihre Logik vom Verhandlungspartner nicht wertneutral, sondern als Meinung einer Person angesehen wird.

Der Verfeinerung des Basarspiels aus Arbeitnehmersicht dient es, wenn der um einen Abwicklungsvertrag ringende Arbeitnehmer über den Betriebsrat die Vorstellungen des Personalchefs zu den Konditionen aus Arbeitgebersicht ermitteln lässt. Eine noch gelungenere Verfeinerung stellt es dar, wenn der Personalchef die Absichten des Mitarbeiters und des Betriebsrats durchschaut und seine Antwort hierauf einrichtet. 173

Spieltheoretiker haben sich mit der Frage befasst, welche **Spielstrategien** im Basar Erfolg versprechend sind. Soll man als Teilnehmer am Negotiation Dance als erster eine Forderung nennen? Soll man eine realistische Größe wählen oder eine Maximalposition einnehmen? Wie soll man ggf. auf ein entsprechendes Verhalten des Anderen reagieren? 174

Die Untersuchungen von *Raiffa*[132] haben ergeben, dass sich die Partner durchschnittlich auf die Mitte zwischen ihren beiden Ausgangspositionen einigen, sofern diese Mitte in die »Zone of Agreement« fällt. Liegt die Mitte dagegen außerhalb dieser Zone, was bei extremen Forderungen eines Verhandlungspartners zwangsläufig passiert, so wirkt sich dies nicht zugunsten desjenigen aus, der die extreme Forderung gestellt hat. 175

Beginnt man mit einem Angebot, das man für sachlich gerechtfertigt hält, und hält man an diesem Angebot dann in der Verhandlung ohne Konzessionsbereitschaft fest, riskiert man in vielen Fällen das Scheitern der Verhandlung. Diese Methode, die sich in den USA als Boulware-Strategie eingebürgert hat, ist nach dem früheren Vize-Präsidenten der General Electric Company *Lemuel Boulware* benannt.[133] *Boulware* pflegte in Lohnverhandlungen mit einem von ihm als fair empfundenen Angebot zu beginnen und Konzessionen anschließend zu verweigern. Diese Strategie verärgert laut *Raiffa* regelmäßig die Partner. Wer sich nicht an die Regeln des Negotiation Dance hält, macht sich alsbald den Partner zum Feind, der unter Waffengeklirr und Pulverdampf die Verhandlungen abbricht. 176

Das Basar-Denken, *Haft*[134] nennt es das »intuitive Verhandlungsmodell«, ist in vielen Fällen nur ein vermeintlicher Ausweg aus einer Überforderung der Verhandlungsteilnehmer. Der zu bewältigenden Komplexität entledigen sie sich durch die Einnahme extremer Positionen. Positionen sind aber nicht verhandelbar, weil sie einander unversöhnlich gegenüberstehen. Um diese Erstarrung aufzuweichen, wenden die Partner gegenseitig Manipulationstechniken an, nach denen der Negotiation Dance verläuft. 177

Das Spiel beginnt mit einem Positionsdenken. Der richtige Preis ist nicht nur »ein simpler Punkt auf einer Skala irgendwo zwischen Null und Unendlich«.[135] Der richtige Preis ergibt sich aus einer Vielzahl miteinander verwobener Faktoren, wie Herstellungskosten, Marktlage, objektive und subjektive Bedürfnisse der Parteien, finanzielle Möglichkeiten etc. Eine solche Vielzahl von Faktoren, so die Erklärung von *Haft*,[136] überfordert oft den Menschen. Die Preisbildung ist ein vielschichtiges Gebilde aus sich wechselseitig beeinflussenden Faktoren. Da der Mensch häufig nicht in der Lage ist, das zu verhandelnde Problem zu erzählen, erzählen wir die Geschichte des Problems. Wir verlängern die Geschichte in die Zukunft, indem wir diejenige Fortsetzung der Geschichte »erzählen«, die wir uns wünschen. Und dies ist dann die extreme Position, die wir in Verhandlungen einnehmen.[137] 178

Der Nachteil des Basarverhaltens besteht darin, dass die Verhandlungen im Sinne eines entweder/oder, als Kampf mit den Resultaten Sieg oder Niederlage, geführt werden. Positionskämpfer 179

132 *Raiffa*, The Art and Science of Negotiation, S. 48 ff.
133 Siehe *Haft*, Verhandlung und Mediation, S. 17.
134 Verhandlung und Mediation, S. 20 ff.
135 *Haft*, Verhandlung und Mediation, S. 21.
136 *Haft*, Verhandlung und Mediation, S. 21.
137 *Haft*, Verhandlung und Mediation, S. 21.

manipulieren sich gegenseitig, meist durch die Aktivierung von Verhaltensprogrammen, die in jedem Menschen schlummern.[138] Ein klassisches Verhaltensprogramm, das beim Gegner zu einer »Beißhemmung« führt, ist das Geschenk.

180 Die wechselseitigen Zugeständnisse, die durch die Einnahme von Extrempositionen nötig werden, sollen, wenn sie verlassen werden, vom jeweils anderen als Geschenk empfunden werden und das Gegenüber gleichzeitig zu Gegengeschenken veranlassen.[139] Da aber meist offensichtlich ist, dass keine echten Geschenke verteilt werden, gewähren die Parteien willkürliche Nachlässe von willkürlich festgesetzten Ausgangspositionen. Im intuitiven Verhandlungsmodell machen sich die Beteiligten dieses Verhalten allerdings nicht klar. Sie manipulieren sich gegenseitig und überwinden dadurch die Schwierigkeiten, in die sie sich zuvor durch ihr Positionsverhalten gebracht haben.[140] Das Basarspiel funktioniert trotz allem im Alltag des Arbeitslebens, so beispielsweise manchmal bei betriebskollektiven Verhandlungen, wenn der Betriebsrat unwirksame Forderungen an den Arbeitgeber heranträgt. Dazu folgendes Beispiel:

Die IG-Metall-Gruppe der Firma Anlagebau Buchholz AG hatte sich vor der Betriebsratswahl auf die Fahnen geschrieben, in ihrer Amtszeit beim Vorstand den Neubau einer zeitgemäßen Kantine durchzusetzen. Nach § 87 Abs. 1 Nr. 8 BetrVG hat der Betriebsrat zwar ein Mitbestimmungsrecht bei der Form, Ausgestaltung und Verwaltung von Sozialeinrichtungen. Können sich Arbeitgeber und Betriebsrat nicht einigen, ist eine Einigungsstelle anzurufen. Die Einigungsstelle ist nur befugt, streitige Fragen zwischen den Betriebspartnern unter Beachtung der Grenzen des § 76 Abs. 5 BetrVG zu klären. Da dem Betriebsrat gem. § 87 Abs. 1 Nr. 8 BetrVG nur ein Mitbestimmungsrecht bei der Form, Ausgestaltung und Verwaltung von Sozialeinrichtungen eingeräumt ist, liegt die Forderung des Umbaus oder Neubaus einer Kantine (Sozialeinrichtung) außerhalb des Mitbestimmungsrechts. Der Betriebsrat kann in allen Fragen der Ausgestaltung, Form und Verwaltung der Kantine als eines zweckgebundenen Sondervermögens[141] mitbestimmen, er ist jedoch nach der gesetzlichen Rollen- und Zuständigkeitsverteilung nicht in der Lage, Investitionen wie die Errichtung eines Gebäudekomplexes durchzusetzen.

181 In der Sprache der Verhandlungstechnik hat hier die IG-Metall-Betriebsgruppe eine Position eingenommen, die sie aus Rechtsgründen nicht verwirklichen kann. Der Vorstand der Anlagenbau Buchholz AG vermag der Forderung der Betriebsräte ein schlichtes »Nein« entgegenzusetzen, so dass die Forderung vom Tisch ist. Der unintelligente Rat des Arbeitsrechtsanwalts bestünde, nach sorgfältiger rechtlicher Prüfung, in der Empfehlung, die Gespräche abzubrechen.

182 Sieht sich dagegen die Anlagenbau Buchholz AG wirtschaftlich in der Lage einen Kantinenneubau zu errichten, ermöglicht diese Maßnahme ihr eventuell sogar, in diesem Wirtschaftsjahr dringend gewünschte Rückstellungen zu bilden, bestehen bei der derzeitigen Kantinensituation tatsächlich zahlreiche Probleme wie mangelnder Platz, ungenügende Klimatisierung, eine schwierige Hygienesituation etc., stellt sich für die Geschäftsleitung die Frage, ob sie nicht ihrerseits eine Maximalposition formuliert und damit die Verhandlungen fortsetzt. So, sagen wir einmal, hat in unserem Beispielsfall die Anlagenbau Buchholz AG häufig das Problem, Überstunden in beträchtlichem Umfang fahren zu müssen und hier jedes Mal gem. § 87 Abs. 1 Nr. 3 BetrVG auf die Zustimmung des Betriebsrats angewiesen zu sein. Weiß der Personalchef davon, dass das Ansehen der IG-Metall-Betriebsgruppe in der Belegschaft künftig davon abhängt, dass sie in der gegenwärtigen Amtszeit einen Neubau der Kantine durchdrückt, kennt er den Reservation Price der Betriebsräte. Weiß der Betriebsrat darum, dass der Produktionsleiter eine Vielzahl neuer Stellen beantragt hat, um Überstunden nicht mehr fahren zu müssen, weiß er außerdem, dass der Aufsichtsrat in der letzten Sitzung eine Vorlage auf Aufstockung des Personalbudgets abgelehnt hat, kennt der Betriebsrat auch den Reservation Price des Vorstands. Beide Seiten spielen ein Spiel, das außerhalb der gesetzlichen Rollenverteilung liegt, kurzum das Basarspiel. Die Zone of Agreement dürfte in zwei zeitgleich geschlossenen Betriebsvereinbarungen oder Regelungsabsprachen liegen, von denen die eine den Neubau einer Kantine im nächsten Jahr und die andere ab dem Tag der Vertragsunterzeichnung eine pauschale Zustimmung des Betriebsrats bei Anordnung von sechs Überstunden pro Woche

138 *Haft*, Verhandlung und Mediation, S. 22.
139 *Haft*, Verhandlung und Mediation, S. 23.
140 *Haft*, Verhandlung und Mediation, S. 23.
141 BAG, Urt. v. 15.09.1987, AP Nr. 9 zu § 87 BetrVG 1972 Sozialeinrichtung.

beinhaltet. Der unerfahrene, junge Anwalt reflektiert staunend das Ergebnis, dass der Betriebsrat seine Zustimmung erteilt hat, zu der er nicht verpflichtet war und ebenso der Arbeitgeber eine Forderung akzeptiert hat, auf die der Betriebsrat keinen Anspruch hatte.

Das Basarspiel ist im Einzelfall stark von der Persönlichkeit der Beteiligten geprägt. Derjenige, der über ein starkes Durchsetzungsvermögen verfügt, spielt es erfolgreicher als der ängstliche Typ. Der Handwerksmeister, der täglich seine Angebote nach dem Basarspiel abgibt, ist in seinem Verhaltensprogramm derart festgelegt, dass er erfahrungsgemäß auf andere Weise keine Verhandlungen mehr zu führen in der Lage ist. 183

Haft[142] lehnt das intuitive Verhandlungsmodell als unzureichend ab. Als Nachteile zählt er Verfehltheit und Untauglichkeit des Spiels, dauerndes Misstrauen, fehlende Kreativität, permanente Manipulation, Irrationalität und Kampf auf. Namentlich der Kampf verschärft dauernd einen Konflikt, weil man auf Kosten eines anderen gewinnen will und die Möglichkeiten einer Zusammenarbeit zur Lösung des Konflikts verschüttet werden. Auch mangelnde Ökonomie wird von *Haft* beklagt. Gebetsmühlenartig wiederholen die Parteien ihre Positionen und treten auf der Stelle, ein Phänomen, das auch in der Wirklichkeit häufig anzutreffen ist. 184

Beim Verhandeln im Rahmen von Arbeitsrechtsbeziehungen gibt es gute Gründe, auf die bei den meisten Basarsituationen notwendig werdenden Manipulationen zu verzichten. Man begegnet sich im Leben meist zweimal. Natürlich kann man sein Gegenüber während des Basarspiels mit raffinierten Manipulationsmethoden in die Enge treiben. Beliebt ist der Trick, wenn bereits zwei Extrempositionen bereits eingenommen worden sind, das Gespräch mit den Worten »Warum haben Sie mir den Krieg erklärt?« zu eröffnen. Auf diese Weise werden die Maximalforderungen des Gegenübers außen vor gelassen, auch die eigenen Forderungen werden nicht zur Diskussion gestellt, sondern das Gegenüber wird in eine Verteidigungsposition gedrängt, aus der heraus zunächst einmal erklärt werden muss, warum der Vorwurf, man habe den Krieg erklärt, unberechtigt ist. Lässt man sich auf dieses Spiel ein, treibt einen das Gegenüber immer weiter, bis man sich schließlich entscheiden muss, ob man noch am Rande einer ungewollten Zone of Agreement rasch einschlagen soll oder nicht. Hat man später noch einmal mit dem Gegenüber zu tun, wird sich der Verhandlungspartner an das wurstige Verhalten seines Gegenübers erinnern und für die Zukunft sind jedwede Verhandlungen erschwert, wenn nicht ausgeschlossen. 185

Verhandelnde, die um Positionen feilschen, tendieren dazu, sich schließlich in dieser Position selbst zu fangen.[143] Je deutlicher die Verhandelnden ihre Positionen machen und dann gegen Angriffe verteidigen, umso stärker sind sie selbst daran gebunden. Je mehr sie die Gegenseite davon überzeugen wollen, dass sie ihre Ausgangsposition nicht ändern können, umso schwerer wird es dann, dies doch noch zu tun. Ihr Ego, ihr Ich, identifiziert sich mit ihrer Position.[144] Damit erwächst ein Interesse, das Gesicht zu wahren, indem künftige Handlungen auf die früheren Positionen abgestimmt werden und konstruktive, schlüssige Lösungen immer schwerer werden. Im Verlaufe einer solchen Verhandlung wird es immer unwahrscheinlicher, dass eine Übereinkunft zustande kommt. 186

Hat sich der Personalchef festgelegt, mehr als 20.000 EUR seien bei der Abfindung »nicht drin«, verlangt der Arbeitnehmer dagegen 42.000 EUR und begründet seine Position mit der Faustformel (ein Bruttomonatsgehalt pro zwei Beschäftigungsjahre),[145] muss sich der Arbeitgeber ein Argument einfallen lassen, warum er nun auf einmal doch von der Position 20.000 EUR heruntergeht (»Ich habe mit der Geschäftsleitung gesprochen, man will noch einmal ausnahmsweise 7.000 EUR drauflegen!«). Über das Positionsgerangel provoziert der Arbeitgeber in unserem Beispielsfall die 187

142 Verhandeln und Mediation, S. 24 ff.
143 *Fisher/Ury/Patton*, Das Harvard-Konzept, S. 23.
144 *Fisher/Ury/Patton*, Das Harvard-Konzept, S. 23.
145 Siehe hierzu *Hümmerich*, NZA 1999, 342.

nahe liegende Gegenfrage des Arbeitnehmers, wenn zusätzlich 7.000 EUR gezahlt werden können, warum nicht weitere zusätzliche 15.000 EUR.

188 Es soll nicht geleugnet werden, dass in vielen Fällen Aufhebungsverhandlungen nach dem Basarspiel ablaufen. Viele Kündigungsschutzprozesse könnten vermieden werden, wenn von vornherein die Logik des Kündigungsschutzrechts zur Basis der Verhandlungen gemacht würde. Über das Kündigungsschutzgesetz sind die Interessen der Beteiligten definiert. Aus der Rechtsprechung zum Kündigungsschutzgesetz ergibt sich, mit welcher Wahrscheinlichkeit der Arbeitgeber oder der Arbeitnehmer obsiegen wird. Kluge Verhandlungspartner orientieren sich deshalb an den Erfolgswahrscheinlichkeiten und nehmen den Rechtsstreit in einer Phase kooperativer Verhandlungen vorweg. Sie sparen nicht nur ein Ritual, sondern auch Zeit und Kosten.

189 *Fisher/Ury/Patton*[146] erläutern die Ineffizienz von Positionen anhand der Verhandlungen, die Präsident Kennedy über ein umfassendes Verbot von Atomversuchen geführt hat. Eine Frage in diesen Verhandlungen war kritisch: Wie viele Inspektionen auf dem jeweils gegnerischen Territorium sollten der Sowjetunion und den Vereinigten Staaten gestattet sein, um Ermittlungen über verdächtige seismische Vorfälle anzustellen. Die Sowjetunion stimmte schließlich drei Inspektionen zu. Die Vereinigten Staaten beharrten aber auf mindestens zehn. Die Gespräche brachen ab aufgrund der Auseinandersetzung um diese beiden Positionen.

190 Fatal am Abbruch dieser Verhandlungen war, dass zu diesem Zeitpunkt noch keine Partei wusste, was unter »Inspektion« zu verstehen war. Sollte als Inspektion gelten, dass eine Einzelperson sich einen Tag umsehen sollte oder sollten 100 Leute einen ganzen Monat lang uneingeschränkt »ihre Nase überall hineinstecken dürfen«. Keine der Parteien hatte irgendwelche Versuche unternommen, einen Inspektionsablauf zu entwerfen, der das Interesse der USA und der Sowjetunion aufeinander abstimmte, Nachprüfungen anzustellen. Mit der Einnahme von Positionen hatten sich beide Seiten den Blick für eine an ihren jeweiligen Interessen orientierte Verhandlungslösung versperrt.

b) Der strukturiert kooperative Verhandlungsstil

191 Die Struktursprache ist die Sprache, in der Komplexität verarbeitet werden kann.[147] *Haft* erläutert das Wesen der Struktursprache an einem witzigen Beispiel:

»Die einfachste Struktur besteht aus zwei Elementen, welche durch eine Beziehung miteinander verbunden sind. Schon mit einer solchen Struktur kann man etwas anfangen. Der Bankräuber, welcher »Geld oder Leben« ruft, arbeitet mit einer solch elementaren Struktur. Und er zeigt dabei, dass er das Strukturdenken nicht beherrscht. Korrekterweise müsste er nämlich: »(Geld) oder (Geld und Leben)« sagen, wobei er die Klammern mitrufen müsste, um die Struktur eindeutig aufzuweisen und seinem Opfer klarzumachen, dass die erste Variante unbedingt vorzugswürdig ist. Aber das weiß und kann er nicht, weil er das Strukturdenken nicht beherrscht. Nicht umsonst ist er Bankräuber geworden.«[148]

192 Entscheidend ist, dass über die Äußerungen der Verhandlungspartner ein irgendwie sinnvoll geordnetes Gebilde entsteht, das zur gedanklichen Bewältigung einer komplexen Realität geeignet ist. Wichtig ist, dass es sich dabei um eine solche Realität handelt, die nicht als Geschichte erzählt werden kann, also als Kolorit oder vom Problem ablenkendes Beiwerk. Je komplexer die Themen sind, desto komplexer müssen die Strukturen sein, in denen verhandelt wird. Erfahrene Manager verhandeln komplexe Zusammenhänge nicht ohne Metaplan, nicht ohne Flipchart. Man kann mit solchen Methoden bei Interessenausgleichs- und Sozialplanverhandlungen gute Erfahrungen gewinnen.

193 Am Anfang jeder Verhandlung sollte die Vereinbarung einer Struktur stehen. Schon der Vorschlag, dem Gespräch eine vereinbarte Struktur zu geben, wird regelmäßig auf Zustimmung stoßen. Strukturvereinbarungen betreffen Formales, sind also aus Sicht des Verhandlungspartners unverdächtig.

146 Das Harvard-Konzept, S. 23.
147 *Haft*, Verhandlung und Mediation, S. 89.
148 *Haft*, Verhandlung und Mediation, S. 69.

Die Wachsamkeit beginnt bei den Inhaltsfragen. Formales, etwa die Reihenfolge, in der man über die verschiedenen Aspekte eines Problems verhandelt, erscheint zweitrangig.[149]

Es empfiehlt sich, eine gedanklich vernünftige Struktur gemeinsam mit dem Gegenüber zu entwickeln. Dabei können die Strukturen aus einer Aneinanderkettung von Stichworten, die hintereinander abgearbeitet werden, bestehen. Je nach Sachverhalt eignet sich auch eine hierarchische Struktur, also eine sog. Baumstruktur, wie man sie aus der Rechtswissenschaft bei der Subsumtion von Sachverhalten unter gesetzliche Tatbestände kennt. 194

Ist der Inhalt einer Betriebsvereinbarung **über die Arbeit an Bildschirmgeräten** zu verhandeln, sollte man am Flipchart zunächst aufschreiben, welche Sachverhalte in eine Betriebsvereinbarung hineingehören. Hier sollte man sämtliche Teilnehmer ermuntern, **Stichworte** zu benennen. Man wird feststellen, wenn die ersten Stichworte gefallen sind und auf dem Flipchart niedergeschrieben wurden, werden sich spontan viele Teilnehmer der Verhandlungsrunde melden und Stichworte benennen. 195

Alsdann bildet man eine Reihenfolge, in der man die Stichworte abarbeitet. Nehmen wir an, es sind folgende Stichworte gefallen: 196

- Augenärztliche Untersuchung
- Definition Umgang mit ärztlichem Untersuchungsergebnis
- Folgen bei negativer ärztlicher Empfehlung
- Beschaffenheit von Bildschirmarbeitsplätzen
- Auswertung von Daten zur Leistungskontrolle
- Pausen bei dauernder Arbeit vor Bildschirmen
- Schwangere und Bildschirmgeräte
- Unterrichtung des Betriebsrats
- Meinungsverschiedenheiten.

Hat man solche Stichworte gesammelt, entsteht häufig eine konstruktive und kooperative Atmosphäre, in der alle Beteiligten Regelungsvorschläge machen. Der zweite Schritt besteht also in der **Formulierung von Regelungen**, durch die die Stichworte in Paragraphen einer Betriebsvereinbarung umgesetzt werden könnten. Im zweiten Schritt sollte man nur die inhaltliche Seite der einzelnen Stichworte festhalten, beispielsweise das Verfahren, wie mit den ärztlichen Untersuchungsunterlagen umgegangen werden soll, ob sie zur Personalakte genommen werden sollen oder nur ein Bescheid des Augenarztes und der Befund dem Werksarzt übersandt werden soll. Gruppen sind meist in der Lage, ihre eigenen Angelegenheiten und Bedürfnisse gut zu erkennen. Man kann deshalb davon ausgehen, dass zu den einzelnen Stichworten vernünftige Regelungen vorgeschlagen werden. In einer dritten Stufe müssen dann, dazu eignet sich die Arbeit in der Gruppe nicht, vom Arbeitsrechtsanwalt **die gesetzlichen Definitionen und Diskussionsergebnisse in Vorschriften einer Betriebsvereinbarung umgesetzt werden**. 197

Wenn die Verhandlungsführung fair verläuft, wenn der Arbeitsrechtsanwalt die einvernehmlich von der Gruppe entwickelten Lösungen aufnimmt und in eine solche Vereinbarung kleidet, wird der erste schriftliche Entwurf nicht auf Widerstand stoßen. Dort, wo man sich nicht hat einigen können, wird es Lücken im Vertragstext geben. Der umsichtige und fleißige Anwalt wird die Redaktionshoheit übernehmen: Wer einen Vertragstext entwirft, hat immer den Vorteil auf seiner Seite, dass der Text die eigene Handschrift trägt. Wer Abweichungen erreichen will, muss seine Änderungswünsche vorbringen. Zu zahlreich vorgebrachte Änderungsverlangen belasten die Verhandlungsatmosphäre. 198

In einer zweiten Verhandlungsrunde, nach Vorlage des Entwurfs, wird man über verbesserte Regelungen oder über Lösungen bei den offenen Punkten diskutieren. Man soll die Dynamik, die einer Verhandlungsrunde innewohnt, wenn nur noch wenige Punkte offen sind, nicht unterschätzen. Hat man einmal 2/3 oder 3/4 des Weges gemeinsam absolviert, besteht regelmäßig das Interesse beider Verhandlungsseiten, das begonnene Verhandlungswerk auch zu einem guten Ende zu bringen. 199

149 *Haft*, Verhandlung und Mediation, S. 73.

200 Es ist deshalb immer zu raten, bei komplexen Gegenständen nach dem **KSZE-Prinzip** zu verhandeln. Das KSZE-Prinzip arbeitet, ähnlich der richterlichen Relationsmethode, danach, dass zunächst das Unstreitige, das Einigungsfähige erfasst wird und Punkte, die sich in der Diskussion zunächst als nicht einigungsfähig erweisen, zurückgestellt werden. Auf diese Weise gelangt man an einen Verhandlungspunkt, an dem ein großer Teil des Weges erfolgreich beschritten wurde. Sodann legt man noch einmal die noch unerledigten Punkte auf den Tisch. Erfahrungsgemäß wirken dieselben Sachverhalte, die zuvor als unüberwindbare Hürden erschienen, schon aufgrund ihres geringen zahlenmäßigen Anteils im Verhältnis zu den erledigten Verhandlungspunkten für alle Teilnehmer irgendwann als überwindbar. In Verbindung mit dem dann aufkeimenden Einigungswillen können auch schwierige Verhandlungspunkte in einer Schlussrunde gemeistert werden. Es empfiehlt sich dabei hin und wieder, bestimmte Moderationstechniken einzusetzen, wie Blitzlicht oder Kleingruppenarbeit.[150] Bei der Kleingruppenbildung sollte man darauf achten, dass diejenigen aus der Verhandlungsrunde, die die beiden extremen Positionen einnehmen, möglichst in einer Gruppe sind und dann miteinander die Lösung suchen. Finden diese Antipoden eine Lösung und geben sie diese anschließend in der größeren Verhandlungsrunde bekannt, wird die Gruppe das Ergebnis erfahrungsgemäß akzeptieren.

201 Völlig verfehlt sind Techniken mancher Anwälte, den schwierigsten Verhandlungsgegenstand auf der Tagesordnung an erster Stelle zu platzieren und dem Gegner gleich zu signalisieren, wenn er nicht einknicke, dann seien die Verhandlungen gescheitert. Es ist zwar richtig, dass am Anfang von Verhandlungen ein besonders starker Einigungswille besteht, weil niemand sich umsonst die Zeit zu solchen Gesprächen genommen haben will, weil jeder in Verhandlungen zunächst einmal mit der Vorstellung hineingeht, dass diese nicht scheitern, sondern erfolgreich sein sollen. Insofern ist der Beginn von Verhandlungen ein durchaus strategisch wichtiger Zeitpunkt. Ihn jedoch mit den schwierigsten Verhandlungsgegenständen, oft auch noch angereichert um eine Extremposition, zu eröffnen, heißt, die Verhandlungsrunde ohne Not gleich zu Beginn einer Bewährungsprobe zu unterziehen, die sie oft nicht bestehen wird.

202 Wichtig bei der strukturiert kooperativen Verhandlungsmethode ist die **Fairness**, mit der man die Verhandlungsbeteiligten behandelt. Jeder Regelverstoß, beispielsweise aggressive oder unsachliche Äußerungen, müssen bei Mehrpersonenverhandlungen streng geahndet werden. Wenn Fairness im Umgang miteinander wahrgenommen wird, besteht eine Bereitschaft, sich von Misstrauen zu lösen und die Verhandlungspartner gehen offen miteinander um und schlagen den Weg des »Getting to Yes« zielgerichteter ein.

203 Natürlich spielen die Argumente, das Pro und Contra der einzelnen Aspekte, in jeder Verhandlung eine gewichtige Rolle. Was für eine Aufbewahrung ärztlicher Akten beim Werkschutz spricht, kann anhand der Rechtsprechung zu § 83 BetrVG vom Arbeitsrechtsanwalt in der Diskussion referiert werden und wird dann vermutlich als Lösung eines Einzelproblems akzeptiert. In Verhandlungen hat man keine Macht. Man muss akzeptieren, dass verschiedene Menschen verschiedene Wirklichkeiten erleben und deshalb zu unterschiedlichen Wahrheiten finden. Man muss auf den Versuch verzichten, die eigene Wahrnehmung als objektiv vermitteln und durchsetzen zu wollen.[151] Wenn ein belesener

150 *Klebert/Schräder/Straub*, KurzModeration, S. 129 f. (zum Blitzlicht) und S. 142 f. (zur Kleingruppenarbeit). Unter Blitzlicht versteht man eine Methode, die häufig im Rahmen des »warming up« (Aufwärmsituation), aber auch in schwierigen Verfahrenssituationen eingesetzt wird. Der Moderator gibt jedem Teilnehmer die Möglichkeit, in einem kurzen Beitrag seine Gefühle auszusprechen, die ihn in der gegenwärtigen Situation bewegen. – Kleingruppen bildet man, um das Plenum in arbeitsfähige Teilgruppen aufzugliedern. Eine Kleingruppe besteht aus drei bis fünf Mitgliedern. Bei Anwendung der modernen Moderationsmethoden stellt man üblicherweise jeder Kleingruppe ein bis zwei Pinnwände zur Verfügung, auf denen die Arbeitsergebnisse festgehalten werden. Man beauftragt die Kleingruppe mit der Bewältigung eines Szenarios, das ihr das Gespräch erleichtert. Die Ergebnisse werden anschließend im Plenum vorgetragen. Die auf der Pinnwand festgehaltenen Diskussionsbeiträge in den Kleingruppen werden im Plenum präsentiert. – Eine hilfreiche Darstellung von Moderationstechniken enthält das Buch von *Hartmann/Rieger/Luoma*, Zielgerichtet moderieren, 2. Aufl. 1999.

151 *Haft*, Verhandlung und Mediation, S. 138.

Arbeitsrechtler Argumente entwickelt, die in der Informationsphase von Verhandlungen – weil in Büchern vorgegeben – nicht auf Widerspruch stoßen, kann bei entsprechender Verhandlungsatmosphäre über die Qualität des Sacharguments ein Verhandlungserfolg erzielt werden. Die Argumentationsphase ist fraglos die wichtigste Phase in strukturiert-kooperativen Verhandlungen. Hier ist der Arbeitsrechtsanwalt als Fachmann gefragt, hier darf er auch glänzen.

Die schwierigste Phase nach dem Sammeln und Ordnen ist in allen Verhandlungen die **Entscheidungsphase**, der Weg zum **»Getting to Yes«**. Je mehr es gelingt, über abstrakte Regeln und Prämissen zu konkreten Entscheidungen zu finden, desto einfacher ist es, den Einigungsprozess zu erreichen. 204

Natürlich kann bei der Prämissenbildung Wichtiges zur Durchsetzung der eigenen Vorstellungen geleistet werden. Es erscheint sinnvoll, sich bei der Prämissenbildung, wenn möglich, externer Autorität zu bedienen, also nicht den eigenen Willen in die Prämisse einfließen zu lassen. Wer in eine Prämisse eigene Vorstellungen und Wünsche für den anderen erkennbar einbringt, muss mit einem »Nein« seines Gegenübers rechnen. Schwierig ist es deshalb, die bei Aufhebungsverhandlungen maßgeblichen Prämissen zur Bestimmung der angemessenen Abfindungshöhe zu finden. 205

Beim Basarmodell stellt sich diese Schwierigkeit nicht, hier werden teilweise irrationale Positionen eingenommen. Erfolgversprechender, jedenfalls wenn es sich bei dem Verhandlungspartner nicht um einen ausschließlichen Basartyp handelt, ist das strukturiert-kooperative Modell, das seine Prämissen aus externer Autorität bezieht. So gibt es beispielsweise eine Untersuchung über die Abfindungspraxis an allen deutschen Arbeitsgerichten, die ergeben hat, dass 75 % der Arbeitsrichter die Vergleichsvorschläge nach der Faustformel »pro Beschäftigungsjahr ein halbes Bruttomonatsgehalt« unterbreiten.[152] Die Untersuchung hat natürlich auch Differenzierungen nach Alter, Beschäftigungsaussichten, Status des betroffenen Arbeitnehmers und ähnlichen Kriterien ergeben. Die Prämissenbildung bei einer rationalen Verhandlungsführung über die Arbeitsverhältnis-Beendigung fällt leicht, wenn man auf die Untersuchung verweist und damit einer individuellen Willensbildung, die beim Gegenüber gleich auf Ablehnung stoßen könnte, vorbeugt. 206

Zum Verhandlungsgeschick des Rechtsanwalts gehört es schließlich, ein taktisches Gespür für die »Zone of Agreement« zu entwickeln. Auch wenn man für den Arbeitgeber manchmal eine Extremposition einnehmen muss, sollte man nie übersehen, dass der Arbeitgeber mit seinen Arbeitnehmern oder seinen Betriebsräten meist ein gutes Arbeitsklima unterhält und deshalb das aggressive Vertreten von Arbeitgeberpositionen oft auf Ablehnung stößt und als störend empfunden wird. 207

Bauer[153] beschreibt eine Erfahrung, dass er schon mehrere Mandate erhalten hat, bei denen es die bisherigen Prozessvertreter nicht verstanden hatten, den Balanceakt zwischen Stärke in der Sache einerseits und Konsensfähigkeit sowie moderatem Auftreten andererseits zu finden. Eine persönliche Identifikation mit dem Mandanten, wie sie manche Anwälte als Dauerzustand signalisieren, ist im Rahmen einer erfolgreichen Interessenwahrnehmung nicht zwingend. Anwälte, die Anhänger einer übertriebenen Solidarität sind, dürfen sich nicht wundern, wenn sich ihre Mandanten hinter ihrem Rücken mit der gegnerischen Partei einigen, weil sie durch übermäßige Identifikation den Prozess der Verständigung behindert haben. Manche Mandanten erkennen das Verhandeln ihres Anwalts als Verhandlungsfehler. Manche Menschen nehmen harte Verhandlungssituationen wiederholt intuitiv als für sie selbst nachteilig wahr, zum Teil aus Ängstlichkeit, zum Teil aus Unwissenheit über das Ausmaß denkbarer Verhandlungsergebnisse. Fällt einem Anwalt der Mandant in den Rücken, hat man verschiedentlich einen Verhandlungsfehler begangen oder zumindest den Mandanten nicht hinreichend darüber aufgeklärt, welche Verhandlungschancen sich im jeweiligen Verhandlungsstadium bieten. In Extremfällen schließt sich der Gegner mit dem eigenen Mandanten in einer Allianz begrenzter Nervenstärke zusammen. 208

152 Siehe *Hümmerich*, NZA 1999, 342; eine populärwissenschaftliche und für manchen Adressaten zugänglichere Darstellung findet sich in CAPITAL 10/1999, 312 ff.

153 NZA 1999, 13.

209 Die meisten Mandanten, ob auf Arbeitgeber- oder auf Arbeitnehmerseite, suchen den Arbeitsrechtsanwalt nicht als persönlichen Freund auf, dem sie Nibelungentreue schwören, sondern als Dienstleister, auf den sie zur Lösung eines beruflichen Problems durch Delegation setzen. Naturalparteien kennen ihre Interessen und die Interessen ihres Gegners häufig genau. Ihr Handicap ist meist der Faktor Zeit und der nicht ausreichende Kenntnisstand über rechtliche Zusammenhänge.

210 Während bei der Basarmethode durch das Positionsdenken, das Feilschen, das häufig vorschnelle Einnehmen von Standpunkten, Verhandeln erschwert wird, bietet der **strukturiert-kooperative Verhandlungsstil** große methodische Vorteile: Die Parteien arbeiten in der Verhandlung die Interessen, die sich hinter den geäußerten Vorstellungen verbergen, heraus. Sie wählen neutrale Beurteilungskriterien, um zu einem Ergebnis zu gelangen und behindern einander nicht bei der Suche nach einem Verhandlungsergebnis, weil sie fair miteinander umgehen und zunächst einmal jedes Interesse einer anderen Partei gelten lassen. Der strukturiert-kooperative Verhandlungsstil wird deshalb auch häufig als offenes Verhandeln bezeichnet, ergebnisoffen und offen in der Akzeptanz unterschiedlicher Sichtweisen der Verhandlungspartner. Beim strukturiert-kooperativen Verhandlungsstil geht es nicht darum, eine andere Partei zu besiegen. Mit dem kooperativ-strukturierten Verhandlungsstil wählt man ein Verfahren zur Überwindung von Differenzen zwischen den Menschen. Die Erfahrung zeigt, dass die Methode des strukturiert-kooperativen Verhandlungsstils auf lange Sicht gute Verhandlungsergebnisse ermöglicht, ohne dass – wie beim Feilschen – während der Verhandlung bis in den persönlichen Bereich hereinragende Attacken mit all ihren emotionalen Nachwirkungen zu überwinden sind.

211 Nun trifft man, auch als Arbeitsrechtsanwalt in Verhandlungen über Aufhebungs- und Abwicklungsverträge, Sozialpläne oder Interessenausgleichsvereinbarungen immer wieder auf Verhandlungspartner, für die nur der Basarstil als Verhandlungsmethode in Betracht kommt.

212 Wenn der Andere nicht mitspielt, empfehlen *Fisher/Ury/Patton*[154] das **»Verhandlungs-Judo«**. Sie schlagen nicht zurück, sie nehmen nicht selber Positionen ein, sie begeben sich nicht in die Spirale aus Aktion und Reaktion. Selbst wenn ihre eigenen Vorstellungen von der Gegenseite angegriffen werden, verteidigen sie sich nicht. Sie durchbrechen den Teufelskreis, indem sie sich weigern, auf die Aktion mit einer Reaktion zu antworten. Man geht einen Schritt zur Seite und lenkt den Angriff auf das Problem. Wie beim Judokampf vermeidet man, seine Kräfte unmittelbar gegen die Kraft der anderen zu setzen.

213 Wenn die Gegenseite ihre Position nach klassischer Basarmethode vorbringt, sollte man die Position des anderen weder zurückweisen noch akzeptieren. Man kann die Äußerungen als eine der möglichen Optionen betrachten. Man schaut hinter die Position auf die darunter verborgenen Interessen und man überlegt sich, wie man sich die dadurch sichtbar gewordenen Prinzipien in den weiteren Verhandlungsgesprächen zunutze machen kann.

214 *Fisher/Ury/Patton*[155] empfehlen, jede Position, die die Gegenseite vertritt, so zu behandeln, als sei sie ein aufrichtiger Versuch, die Grundbedürfnisse beider Seiten in Betracht zu ziehen. Man sollte nachfragen, welche konkreten Vorstellungen die Gegenseite hat und man sollte diese Vorstellungen darauf untersuchen, wie weit sie den Interessen beider Seiten gerecht wird.

215 Man muss sich bei einem Positionskämpfer als Verhandlungspartner nicht darauf einlassen, die eigenen Vorstellungen zu verteidigen, man sollte die Gegenseite zu Kritik und Ratschlag einladen. Man sollte das, was die Gegenseite formuliert, gedanklich weiterentwickeln. Persönliche Angriffe des Positionskämpfers sollte man in sachbezogene Auseinandersetzungen umgestalten. *Fisher/Ury/Patton* empfehlen schließlich die Methode, aufklärende Fragen zu stellen und auch die Macht des Schweigens zu nutzen. Die meisten Menschen fühlen sich unbehaglich, wenn alles schweigt, ganz besonders, wenn sie selbst am Wert dessen zweifeln, was sie gerade gesagt haben. Schweigen

154 Das Harvard-Konzept, S. 157.
155 Das Harvard-Konzept, S. 159.

vermittelt den anderen oft den Eindruck, als sei nun alles festgefahren und sie fühlen sich irgendwie gedrängt, diese Situation zu überwinden, indem sie das Schweigen brechen, eine Frage beantworten oder einen eigenen Vorschlag entwickeln.

c) Basarspiel des einen, strukturiert kooperativer Verhandlungsstil des anderen

Eine Verhandlung zwischen einem nach der Basarmethode feilschenden Arbeitgeber und einem nach einer Kündigung eine Abfindung im strukturiert-kooperativen Verhandlungsstil aushandelnden Arbeitnehmeranwalt könnte wie folgt verlaufen: 216

Arbeitgeber	Arbeitnehmer-Anwalt
Ich habe Ihren Brief gelesen. Wir sind zu der Entscheidung gekommen, Ihrem Mandanten eine Abfindung von 6.000 EUR zu zahlen.	Mal sehen. Wie sind Sie zu der Summe gekommen?
Das entspricht der Höhe, die wir üblicherweise zahlen.	Das verstehe ich schon, aber nach welchen Kriterien setzen Sie üblicherweise diese Höhe fest? Können Sie mir sagen, was meinen Mandanten unter diesen Umständen motivieren sollte, von der erhobenen Kündigungsschutzklage Abstand zu nehmen?
Er erhält eine Abfindung, hat keinen weiteren Ärger mehr, braucht sich um den Erfolg der Kündigungsschutzklage nicht mehr zu sorgen.	Eine Untersuchung zu den an deutschen Arbeitsgerichten gezahlten Abfindungen[156] hat gezeigt, dass in 75 % der Fälle die Abfindung nach der Faustformel zwei Beschäftigungsjahre = ein Bruttomonatsgehalt berechnet wird.
Wie viel wollen Sie als Entschädigung?	Genauso viel, wie es der Üblichkeit entspricht. Unser Mandant war acht Jahre bei Ihnen beschäftigt. Er hat 2.000 EUR brutto monatlich verdient. Seine Abfindung sollte daher 8.000 EUR betragen.
8.000 EUR! Das ist zu viel!	Ich fordere nicht 8.000 EUR, auch nicht 6.000 EUR oder 10.000 EUR, sondern eine faire Entscheidung. Sind Sie der Meinung, dass es nur fair ist, wenn mein Mandant eine solche Abfindung bekommt, wie es der Üblichkeit entspricht?
Ich biete Ihnen 7.000 EUR an. Das ist der höchste Betrag, den unsere Firma in vergleichbaren Fällen je gezahlt hat.	Nach welchen Kriterien berechnet die Gesellschaft ihre Abfindungen?
Sehen Sie, 7.000 EUR sind das Höchste, was Sie bekommen können. Nehmen Sie es oder lassen Sie es.	Kann sein, dass 7.000 EUR ein fairer Preis gem. den Gepflogenheiten Ihrer Firma sind. Ich habe auch Verständnis, wenn Sie an die Gepflogenheit Ihrer Firma gebunden sind. Aber solange Sie mir nicht objektiv sagen können, warum gerade diese Summe berechtigt ist, müssen wir die Sache meines Mandanten wohl besser vor Gericht verfolgen. Vielleicht sollten wir unser Gespräch für heute einmal unterbrechen und ich rufe Sie nächste Woche Montag noch einmal an.
Einverstanden.	
So, Herr Rechtsanwalt, ich habe einmal die letzten zwei Abfindungsfälle in unserer Firma herausgesucht. Herr Hamacher erhielt bei einem monatlichen Bruttogehalt von 2.000 EUR und einer Beschäftigung von sechs Jahren 4.000 EUR, Herr Neef bei einer Beschäftigung von fünf Jahren und einem monatlichen Bruttogehalt von 3.000 EUR eine Abfindung von 5.000 EUR. Alle unsere Mitarbeiter haben immer unterhalb der Faustformel bei ihren Abfindungen gelegen.	War es bei Herrn Hamacher und Herrn Neef genauso, dass der Betriebsrat nicht ordnungsgemäß angehört wurde, dass vergessen wurde, dem Betriebsrat die Kündigungsgründe mitzuteilen?

Arbeitgeber	Arbeitnehmer-Anwalt
Nein, in den Fällen Hamacher und Neef haben wir Aufhebungsverträge geschlossen, ohne den Betriebsrat zu beteiligen.	Wenn wir das Arbeitsgerichtsverfahren fortsetzen, wird sich die Nichtigkeit der Kündigung erweisen und Sie müssen schon wegen der dreimonatigen vertraglichen Kündigungsfrist drei Monate zusätzliche Gehälter zahlen, die wegen des von Ihnen zu leistenden Sozialversicherungsbeitrags wirtschaftlich höher ausfallen als drei Monatsgehälter in der Form einer Abfindung nach der Faustformel.
Sagen wir 7.500 EUR	Haben Sie bedacht, dass Sie bei einer sozial nicht gerechtfertigten Kündigung unseren Mandanten weiterbeschäftigen müssen? Haben Sie einmal überlegt, welche wirtschaftlichen Auswirkungen dies für Sie hätte?
O.K. 8.000 EUR	

217 Der vorstehende Dialog zwischen einem Arbeitgeber- und einem Arbeitnehmeranwalt, in dem der Arbeitnehmeranwalt versucht, die Basarmethoden des Arbeitgebers zu Optionen im Rahmen eines strukturiert kooperativen Verhandlungsstils umzumünzen, beschreibt einen idealtypischen Verlauf. Wirklich schwierige Verhandlungssituationen muss der Arbeitsrechtsanwalt bestehen, wenn Harvard- und Basarmethode von den Parteien oder den Parteivertretern vermischt werden, wenn die eine Partei das offene Verhandeln pflegt, während die andere stur an der Basarmethode festhält. In diesen Fällen gelingt es nicht immer, den Vertreter der Basarmethode optional in einen offenen Verhandlungsstil einzubinden. Häufig verhandeln die Partner in diesen Fällen unter Prämissen, denen entweder die gebotene Fairness oder die richtige Einschätzung der Sach- und Rechtslage abhanden gekommen ist.

218 Das Aufhebungsvertragsspiel gestaltet sich erfahrungsgemäß vor allem dann als wenig ergiebig, wenn die aus dem Dienst- oder Arbeitsverhältnis hinaus strebende Partei mit einer Aufhebung nur unter der Bedingung einverstanden ist, dass man ihr eine beträchtliche Abfindung zahlt, die Gesellschaft oder der Arbeitgeber eine solche Abfindung aber nicht zahlen wollen und auch nicht die Notwendigkeit einer Trennung erkennen.

219 Den Verlauf einer unter solchen Vorzeichen stehenden Verhandlung skizziert der nachfolgende Briefwechsel. Das Taktieren der Parteien ist in unserem Beispielsfall von einer für Einzelhändler nicht untypischen, auf knappe Codes reduzierten Kommunikation geprägt. Folgende weitere Hintergrundinformationen sind nötig, um das Verhalten der Verhandlungspartner zu verstehen:

Herr Jüssen sen. ist Inhaber einer Supermarktkette mit 90 Supermärkten in Deutschland. Die einzelnen Supermärkte sind als Einzelhandelsgesellschaften mit wechselnder Gesellschafterstruktur organisiert. Zwei Geschäftsführer, Herr Franz Wisskirchen und Herr Hans Schneider, die beide wesentlich am Aufbau der Unternehmensgruppe mitgewirkt haben, haben sich über die Jahre heillos zerstritten. Der Shareholder Jüssen sen., der sich aus Altersgründen weitgehend aus dem Tagesgeschäft zurückgezogen hat, setzt für die Zukunft seiner Unternehmensgruppe auf den Geschäftsführer Schneider. Sein Sohn, Klaus Jüssen jun., ist ein nur mittelbegabter Kaufmann, der häufig den Rat seines Vaters einholt. Dr. Anton Radler ist der Rechtsanwalt der Jüssen-Handelsgruppe. Dr. Mauermann vertritt die Interessen des Geschäftsführers Franz Wisskirchen. Franz Wisskirchen hat als GmbH-Geschäftsführer noch einen Vertrag mit einer Laufzeit bis zum 31.12.2005. Er wünscht eine Kapitalisierung seiner Restvertragslaufzeit sowie in Ansehung seiner Verdienste um den Aufbau des Unternehmens eine zusätzliche Abfindung. Der Unternehmensgründer Jüssen sen. vermutet, dass Franz Wisskirchen längst eine neue Stelle hat und deshalb unter dem Zeitdruck steht, in Kürze aus der Firma auszuscheiden, angesichts des befristeten Geschäftsführervertrages, der keine ordentliche Kündigung gestattet, aber außerstande ist, das Unternehmen vorzeitig ohne Einwilligung der Gesellschafter zu verlassen. Die Korrespondenz zwischen den Anwälten beginnt mit einem Bestellungsschreiben von Dr. Mauermann für den Geschäftsführer Wisskirchen mit folgendem Inhalt:

20.03.2002 220

Sehr geehrter Herr Jüssen,

einschließlich seiner Ausbildung ist Herr Geschäftsführer Franz Wisskirchen in Ihrem Unternehmen nunmehr seit 20 Jahren tätig. Sie wissen, dass es in den letzten Jahren vermehrt zu Spannungen zwischen dem Mitgeschäftsführer Schneider und Herrn Wisskirchen gekommen ist. Die Jüssen-Handelsgruppe hat, speziell auch durch Sie, eine Reihe von Maßnahmen ergriffen, um zu einem Abbau der Konflikte zwischen den Geschäftsführern beizutragen. Ich erinnere nur an die Tätigkeit der Unternehmensberatung Beistand und an die Neuordnung der Aufgabenbereiche der beiden Geschäftsführer.

Herr Franz Wisskirchen und der Unterzeichner wissen die vielfältigen Versuche, die Sie unternommen haben, um eine Regelung im Unternehmenssinne herbeizuführen, durchaus zu schätzen. Leider ist aber inzwischen ein Zustand eingetreten, der es ausschließt, dass beide Geschäftsführer in Zukunft in der bislang angedachten Weise dem Unternehmen zur Verfügung stehen. Am Dienstag, dem 19.03.2002 bewarf Herr Geschäftsführer Schneider unseren Mandanten am Ende einer Besprechung mit mehreren Akten, nachdem ihm Herr Geschäftsführer Wisskirchen die vereinbarten Informationen zur Werbung übergeben hatte. Wir meinen, dass ein solcher Vorgang weder für Sie, noch für das Unternehmen, noch für meinen Mandanten vertretbar ist. Die nächste Stufe der Eskalation bestünde darin, dass Herr Geschäftsführer Schneider unseren Mandanten in einer Konferenz vor Führungskräften verprügelt, und ich kann mir nicht vorstellen, dass irgendjemand in Ihrem Unternehmen auf ein solches Szenario Wert legt.

Als Berater von Franz Wisskirchen rege ich deshalb ein Gespräch über die vorzeitige Beendigung des Dienstverhältnisses von Herrn Wisskirchen an, wobei ich mir vorstellen könnte, dass dieses Gespräch weder im Unternehmen, noch unter Beteiligung der beiden Geschäftsführer stattfinden muss. Ich stehe Ihnen für dieses Gespräch persönlich zur Verfügung. Über den Vorfall vom vergangenen Dienstag habe ich die Kopie einer ärztlichen Bescheinigung beigefügt.

Mit freundlichen Grüßen

Rechtanwalt Dr. Mauermann

Die Parteivertreter vereinbarten eine Besprechung am 03.04.2002, in deren Verlauf der von Rechtsanwalt Dr. Mauermann vorbereitete Wortlaut eines Aufhebungsvertrages mit einigen Modifikationen verabschiedet wurde. Über die Höhe der Abfindung konnte man sich nicht einigen. Rechtsanwalt Dr. Mauermann übergab ein Excel-Sheet, aus dem sich die denkbaren Berechnungen einer Abfindung ergaben:

Berechnung einer Abfindungsforderung in EUR 221

1. *Gehalt,* § 3 Abs. 1 AV		
01.05.02 bis 31.12.05		
= 44 Monatsgehälter à 31.955,74 =		1.406.052,00
2. *Tantiemen,* § 3 Abs. 2 AV		
2002 bis 2005		
Minimum:	127.822,00 EUR	
Höchstbetrag:	255.645,00 EUR	
Mittelwert:	191.733,00 EUR x 4 =	766.932,00
3. *Firmenwagen,* § 3 Abs. 4 AV		
monatlicher geldwerter Vorteil:	383,46 EUR	
	x 44 =	16.872,00
4. *Direktversicherung* (geschätzt), § 3 Abs. 5 AV		
monatlich 106,51 EUR x 44 =		4.686,00
5. *Zuschuss Krankenversicherung, § 5 Abs. 2 AV*		
320,00 EUR x 44 =		14.080,00
6. *Treueprämie* (Modell Arbeitnehmerabfindung)		
a) monatliches Gehalt:	31.955,00 EUR	
b) monatlicher Tantiemeanteil bei gemitteltem Wert:	15.977,00 EUR	
c) monatliche Bezüge:	47.932,00 EUR	
d) Hälfte der Beschäftigungsjahre:	10	
		479.320,00
Gesamt:		2.686.942,00
		==========

Rechtsanwalt Dr. Radler, Herr Jüssen jun. und Herr Jüssen sen. besprachen intern in den folgenden Tagen das Abfindungsverlangen des Herrn Wisskirchen, das in der Besprechung am 03.04.2002 als völlig überhöht zurückgewiesen wurde. Am 08.04.2002 schrieb daraufhin Rechtsanwalt Dr. Radler den nachfolgenden Brief:

222 Sehr geehrter Herr Kollege Dr. Mauermann,

in vorgenannter Sache komme ich zurück auf unsere Besprechung vom 03.04.2002.

Nach erneuter Rücksprache mit Herrn Jüssen teile ich mit, dass auf der von Ihnen vorgeschlagenen Basis eine Einigung nicht erfolgen kann.

Für eine weitere Freistellung Ihres Mandanten, der sich heute zunächst krank gemeldet hat, besteht daher keine Veranlassung. Herr Wisskirchen mag seine Tätigkeit umgehend wieder aufnehmen.

Mit freundlichen kollegialen Grüßen

Rechtsanwalt Dr. Anton Radler

Diesen Brief beantwortete der anwaltliche Bevollmächtigte von Herrn Wisskirchen am 09.04.2002 wie folgt:

223 Sehr geehrter Herr Kollege Dr. Radler,

unser Mandant Gerd Wisskirchen hat am 08.04.2002 einen Arzt aufgesucht. Er wurde für die Dauer einer Woche für arbeitsunfähig erklärt. Die Arbeitsunfähigkeitsbescheinigung liegt der Jüssen-Handelsgruppe seit gestern vor. Wir gehen davon aus, dass unser Mandant seinen dienstlichen Verpflichtungen ab dem 15.04.2002 wieder nachkommen wird.

Mit freundlichen Grüßen

Rechtsanwalt Dr. Mauermann

Herr Jüssen sen. wandte sich mit Schreiben vom 19.04.2002 unmittelbar an Herrn Geschäftsführer Wisskirchen. Der Brief hatte folgenden Wortlaut:

224 Lieber Franz,

ich nehme Bezug auf das Gespräch mit unseren Anwälten von Samstag vergangener Woche, das im Ergebnis für beide Seiten unbefriedigend war.

Kerngrund ist die offensichtlich extrem unterschiedliche Beurteilung der aktuellen Situation.

Zur Klärung und im Interesse einer zügigen und fairen Lösung darf ich aus unserer Sicht die Dinge nachstehend präzisieren:

Mein Sohn und ich sehen unsere persönliche Zusammenarbeit unverändert positiv.

Die aktuellen Probleme basieren ausschließlich auf einer Reihe von sachlichen und persönlichen Auseinandersetzungen mit Deinem Mitgeschäftsführer Schneider, dessen Stil Du als unangemessen und unfair beurteilst und die »nachhaltig Deine Gesundheit gefährden«.

Ausgangssituation war die Neuordnung unserer Unternehmensführung. Herr Schneider wurde als GF in die Holding berufen. Wir haben Dir die Position des GF Partnerbereich angeboten, die mit einem Umsatzvolumen von ca. 1,5 Mrd. DM (766,9 Mio.EUR) entsprechende Bedeutung für unser Unternehmen hat.

Um eine hohe Motivation für diese Aufgabe zu erreichen, haben wir Dir ein außergewöhnlich attraktives Angebot unterbreitet.

a) Das Grundgehalt des bisherigen Stelleninhabers von 600.000 DM (306.775 EUR) p.A. plus der üblichen Benefits wie Pkw, Zuschuss zur Krankenversicherung und Direktversicherung.
   Dies war und ist eine angemessene Vergütung für diesen Geschäftsführungsbereich. Sie entspricht den Bezügen des ausgeschiedenen Stelleninhabers und auch exakt der Vergütung, für den Geschäftsführungsbereich GESAMT-Jüssen-Gruppe.
b) Eine gravierende Einkommensverbesserung Deiner bisherigen Bezüge von 65 % um 400.000 DM (204.516 EUR); u.a. in Erwartung einer deutlichen Umsatz- und Ertragssteigerung in diesem Bereich.
c) Die Chance, über eine erfolgsabhängige Tantieme das GARANTIE-EINKOMMEN von 1 Mio. DM (511.291 EUR) noch zu steigern.

Dieses Angebot wurde von Dir akzeptiert.

Im Jahre 2001 wurden Dir aufgrund von Unternehmensentwicklungen – außerhalb des eigentlichen GF-Bereichs Partnergeschäft – Sonderaufgaben übertragen, so u.a. Werbung, Logistik, unsere Drogeriekette.

In diesen Bereichen ist es wiederholt zu sachlichen und persönlichen Auseinandersetzungen mit Herrn Schneider gekommen.

Vor etwa vier Wochen hast Du in einem Gespräch mit meinem Sohn und mit mir aus Deiner Sicht eine Reihe von Beispielen aufgezeigt, wie unfair Herr Schneider Dich behandle und wie sehr dadurch Deine Gesundheit gefährdet worden sei.

Speziell Dein Argument – nachhaltige Gesundheitsgefährdung – hat mich veranlasst, den Rat zu geben, Dir in Ruhe eine geeignete Position in einem anderen Unternehmen zu suchen, wenn diese Differenzen zukünftig nicht auszuschließen sind.

Um das zu vermeiden, haben wir vorgeschlagen, dass die geschäftliche Zusammenarbeit zukünftig ausschließlich mit meinem Sohn praktiziert wird und sich auf den Bereich Partnergeschäft konzentriert.
Dies ist auch im Sinne von Herrn Schneider, der daran interessiert ist, die persönliche Basis wieder zu normalisieren.

Bevor wir eine gemeinsame Abstimmung mit allen Beteiligten treffen konnten, ist es dann zum Eklat gekommen, der Dich veranlasste, das Unternehmen vorzeitig verlassen zu wollen.

Für mich verständlich, dass Du für das Prozedere einen Anwalt konsultiert hast; ebenso volles Verständnis, dass bei aller gegenseitigen Wertschätzung das Ziel von Dir ist, die Trennung finanziell optimal zu gestalten.

Völlig unverständlich die Vorstellung des Anwaltes, eine »Abfindung« in Höhe von 5 Mio. DM (2,6 Mio.EUR) vorzuschlagen, die rechtlich keine Basis hat und faktisch nicht real ist.

Mein Sohn und ich streben unverändert eine weitere erfolgreiche Zusammenarbeit mit Dir an.
Die Aufgabe ist interessant und anspruchsvoll und entspricht in hohem Maße Deinen Neigungen und Fähigkeiten.

Der Wille und die Voraussetzungen für eine wirtschaftlich erfolgreiche und auch menschlich positive Partnerschaft sind gegeben.

Wir sollten gemeinsam die Chance nutzen.

Solltest Du trotzdem eine vorzeitige Vertragsauflösung anstreben, stehen wir Dir für ein persönliches Gespräch selbstverständlich zur Verfügung, um eine angemessene Lösung zu suchen, die Dich voll zufrieden stellt.

Mit dieser Zielsetzung und aufgrund unserer langjährigen Zusammenarbeit halten wir es für sinnvoll, dieses Gespräch ohne unsere Anwälte zu führen.

Mein Sohn und ich wollen eine saubere, faire und freundschaftliche Lösung.

Mit freundlichen Grüßen
– auch im Namen meines Sohnes –

Josef Jüssen

Rechtsanwalt Dr. Mauermann antwortete im Auftrag seines Mandanten mit Schreiben vom 22.04.2002:

Sehr geehrter Herr Jüssen, 225

zunächst darf ich Ihnen im Namen unseres Mandanten für Ihre einfühlsamen Worte im Schreiben vom 19.04.2002 danken. Bei aller Wertschätzung und Sympathie, die Franz Wisskirchen und ich Ihnen entgegenbringen, bedarf Ihr Schreiben folgender Klarstellungen:

Die aktuellen Probleme basieren nicht nur auf sachlichen und persönlichen Auseinandersetzungen zwischen den beiden Geschäftsführern. Sie haben Ihre Ursachen in Pflichtverletzungen und Fehlverhalten des Geschäftsführers Schneider. Da die Gesellschafter sich für eine Zukunft mit dem Geschäftsführer Schneider entschieden haben, kann Franz Wisskirchen seine Tätigkeit als Mitgeschäftsführer unter zumutbaren Bedingungen nicht mehr wahrnehmen. Angesichts der Pflichtverletzungen von Herrn Schneider haben wir eine Abmahnung vorbereitet, die wir den Gesellschaftern und gem. § 11 der Geschäftsordnung den Mitgliedern des Beirats zukommen lassen müssen.

Soweit Sie schreiben, meine Vorstellung von einer Abfindung in Höhe von DM 5,0 Mio. (2,6 Mio. EUR) habe rechtlich keine Basis und sei nicht real, habe ich Sie nicht verstanden. Einem erfolgreichen Kaufmann wie Ihnen muss ich gewiss nicht erklären, dass es im geschäftlichen Bereich Handelsbräuche gibt, an die sich ein ordentlicher Kaufmann, ohne zu diskutieren, hält. Wird ein befristetes Dienstverhältnis vorzeitig beendet, besteht in Deutschland, aber auch international, die selbstverständliche Praxis, mindestens die Restvertragslaufzeit zu kapitalisieren. Daneben werden je nach Verdienst der Führungskraft und Dauer des Dienstverhältnisses Abfindungszahlungen und/oder sonstige Leistungen vereinbart.

In rechtlicher Hinsicht besteht für unseren Mandanten ein Nichterfüllungsschaden wegen des nicht mehr zumutbar erfüllbaren Dienstverhältnisses in Höhe von mindestens 2,1 Mio. EUR. Wegen der Pflichtverletzungen von Herrn Schneider hat unser Mandant außerdem ein Zurückbehaltungsrecht an seiner Arbeitskraft. Er kann die Vergütung nach dem Dienstvertrag fordern, ohne die Dienstleistung erbringen zu müssen. In der Abmahnung habe ich dies im Einzelnen ausgeführt.

Fernab jeder rechtlichen Wertung steht außerdem Folgendes fest: Da die Jüssen Handelsgruppe an Herrn Schneider festhält, haben die Jüssen Handelsgruppe und Franz Wisskirchen gegenwärtig ein Problem. Franz Wisskirchen kann unter den unkontrollierten Emotionen seines Mitgeschäftsführers keine erfolgreiche Geschäftsführertätigkeit für die Jüssen Handelsgruppe auf Dauer ausüben. Für Sie, Ihren Sohn und Ihre weiteren geschäftlichen Vorhaben ist es nicht ungefährlich, wenn die gegenwärtigen Vorgänge publik werden. Wenn einmal alle Jüssen-Gesellschafter, die Jüssen-Franchise-Partner sowie die Jüssen-Kooperationspartner und die Kollegen unseres Mandanten in der Geschäftsführung Kenntnis von der Eskalation der Auseinandersetzungen haben, wird sich die Entwicklung verselbständigen. Im schlimmsten Fall könnte die Entwicklung Ihrem Sohn, der als Gesellschaftergeschäftsführer an vorderster Front steht, aus den Händen gleiten.

In meinen Augen haben Sie eine in Deutschland einzigartige Unternehmensstruktur geschaffen, die eine schon als genial zu bezeichnende Risikoverteilung bei gleichzeitiger Gewinnbündelung für eine einzige Familie ermöglicht. Die Schwachstelle eines solchen Systems besteht darin, dass sich unter den Bedingungen der von Ihnen geschaffenen Struktur Informationen mit einer größeren Eigendynamik unkontrollierbar verselbständigen können als anderswo.

Angesichts der freundlichen Worte im letzten Satz Ihres Schreibens vom 19.04.2002 teile ich Ihnen mit, dass ich ausnahmsweise eingewilligt habe, dass Franz Wisskirchen mit Ihnen ein weiteres Gespräch ohne Anwälte führt. Betrachten Sie mein Arbeitsprinzip, einem Geschäftsführer unmittelbare Gespräche während der Verhandlungen mit den Gesellschaftern grundsätzlich nicht zu gestatten, nicht als Affront. Bedenken Sie bitte, dass ein Anwalt mit der Mandatsübernahme eine Haftung übernimmt, und die Bedingungen der Berufshaftpflichtversicherung es erforderlich machen, dass die Interessenwahrnehmung in der begleitenden Beratung des Anwalts verbleibt. Ich habe deshalb mit Franz Wisskirchen vereinbaren müssen, dass er bei einer Fortsetzung der Gespräche mit Ihnen ohne Anwälte keine verbindliche Regelung trifft und auch keine Zusagen macht, die nicht mit mir zuvor abgestimmt wurden.

Ihnen, Ihrem Sohn und Franz Wisskirchen wünsche ich für das Gespräch eine glückliche Hand. Ich habe den Eindruck gewonnen, dass sie drei eine exzellente fachliche und persönliche Beziehung zueinander unterhalten.

Mit freundlichen Grüßen

Rechtsanwalt Dr. Mauermann

Außerdem erteilte der Anwalt von Herrn Geschäftsführer Wisskirchen mit Schreiben vom 30.04.2002 der Gesellschaft eine Abmahnung:

226 **Abmahnung**

Sehr geehrter Herr Jüssen,

hiermit zeigen wir an, dass wir die rechtlichen Interessen von Herrn Franz Wisskirchen vertreten. Unsere Bevollmächtigung haben wir bereits mit Schreiben vom 20.03.2002 nachgewiesen.

Wie wir in unserem Brief vom 20.03.2002 im Einzelnen ausgeführt haben, bewarf am Dienstag den 19.03.2002 Herr Geschäftsführer Schneider, Gesellschaftergeschäftsführer der Jüssen Handelsgruppe Holding GmbH & Co. KG, meinen Mandanten am Ende einer Besprechung mit mehreren Akten, nachdem unser Mandant die vereinbarten Informationen und Unterlagen zum Thema Werbung übergeben hatte. Unser Mandant suchte anschließend den Arzt für Innere Medizin, Herrn Dr. Gregor Witterl auf, der bescheinigt, dass der Wurf mit den Akten bei unserem Mandanten eine Thoraxprellung im Brustbereich sowie im Bereich der Rippen D5 bis D8 rechts lateral hervorrief. Ein durchgeführtes EKG zeigte darüber hinaus eine Reihe von Unregelmäßigkeiten und Herzzittern, medizinische Befunde, die auf die körperliche Attacke des Gesellschaftergeschäftsführers Schneider gegen unseren Mandanten zurückzuführen sind.

Das Verhalten des Gesellschaftergeschäftsführers stellt eine Pflichtwidrigkeit dar, die sich die Gesellschaften zurechnen lassen müssen. Herr Geschäftsführer Schneider ist Erfüllungsgehilfe der Gesellschaften, § 278 BGB. Darüber hinaus ist er Verrichtungsgehilfe im Sinne des Rechts der unerlaubten Handlungen, §§ 823, 831 BGB.

Das Verhalten von Herrn Geschäftsführer Schneider stellt eine unerlaubte Handlung dar, mit der die körperliche Unversehrtheit unseres Mandanten während der Ausübung seiner Dienstgeschäfte beeinträchtigt wurde. Wegen dieser Pflichtverletzung **mahnen wir Sie hiermit ab.** Wir verweisen im Übrigen auf die mit der Schuldrechtsreform neu eingeführte Vorschrift des § 314 Abs. 2 Satz 1 BGB.

Wir machen darauf aufmerksam, dass wir uns im Wiederholungsfalle weiter gehende dienstvertragsrechtliche Schritte vorbehalten einschließlich der Ausübung eines Zurückbehaltungsrechts an der Dienstleistung durch unseren Mandanten. Wir bedauern, dass die Angelegenheit eine solche Entwicklung genommen hat.

Da unser Mandant gem. § 11 der Geschäftsordnung der Jüssen-Handelsgruppe verpflichtet ist, dem Beirat über alle Umstände zu berichten, die für seine Entschließungen von Belang sein **können**, habe ich eine Kopie der Abmahnung den Mitgliedern des Beirats übersandt. Ferner erhält Herr Rechtsanwalt Dr. Radler Durchschrift dieses Schreibens.

Mit freundlichen Grüßen

Rechtsanwalt Dr. Mauermann

Anlage: Ärztliche Befunde

Dr. Radler antwortete für die Jüssen-Handelsgruppe mit Schreiben vom 06.05.2002:

227

> Sehr geehrter Herr Kollege Dr. Mauermann,
>
> ich komme zurück auf Ihre Schreiben vom 22. und vom 30.04.2002.
>
> Ihre Abmahnung vom 30.04.2002 weisen wir zurück. Die von Ihnen gegebene Darstellung der Situation am Ende der Besprechung der Herren Wisskirchen und Schneider vom 19.03.2002 entspricht nach den hierzu von Herrn Geschäftsführer Schneider gemachten Angaben nicht den Tatsachen.
>
> Ihr Schreiben vom 22.04.2002, das wir ebenfalls scharf zurückweisen, verstehen wir als unverhohlene Drohung mit Indiskretionen und damit verbundenen geschäftlichen Nachteilen mit dem Ziel der Durchsetzung einer Abfindungsforderung, die jeder rechtlichen Grundlage entbehrt. Wir behalten uns im Hinblick darauf weitere Schritte ausdrücklich vor.
>
> Jenseits der juristischen Auseinandersetzung hat Herr Jüssen jun. allein aufgrund der langjährigen persönlichen Beziehung zwischen der Familie Jüssen und Ihrem Mandanten am 27.04.2002 ein äußerst großzügiges Angebot unterbreitet, das von Ihrem Mandanten nicht angenommen worden ist. Wir verstehen dies dahin, dass der Anstellungsvertrag auch aus der Sicht Ihres Mandanten nunmehr bis zu seinem Ablauf erfüllt werden soll. An die Loyalitätspflichten Ihres Mandanten erlaube ich mir angesichts Ihres Schreibens vom 22.04.2002 nachdrücklich zu erinnern.
>
> Weitere etwa erforderliche Korrespondenz bitten wir ausschließlich über uns zu führen.
>
> Die Beiratsmitglieder der Jüssen Handelsgruppe erhalten eine Kopie dieses Schreibens.
>
> Mit freundlichen kollegialen Grüßen
>
> Rechtsanwalt Dr. Anton Radler

Mit Schreiben vom 08.05.2002 wandte sich der Anwalt von Herrn Geschäftsführer Wisskirchen erneut an den Rechtsanwalt der Jüssen-Handelsgruppe:

228

> Sehr geehrter Herr Kollege Dr. Radler,
>
> bedauerlicherweise äußern Sie nur, dass die Situation am Ende der Besprechung vom 19.03.2002 nach den Angaben von Herrn Geschäftsführer Schneider nicht so verlaufen sei, wie ich dies in der Abmahnung geschildert habe. Statt einer durch Tatsachen belegten Darstellung wählen Sie das bloße Bestreiten. Ich frage mich, ob Sie auch die ärztlichen Feststellungen als unrichtig bestreiten wollen.
>
> Im dritten Absatz Ihres Schreibens unterstellen Sie, ich hätte eine »unverhohlene Drohung mit Indiskretionen« ausgesprochen. Für Ihre Mutmaßungen werde ich mich nicht rechtfertigen. Ich werde das Schreiben vom 22.04.2002 denjenigen Gesellschaftern und Beiratsmitgliedern des Hauses Jüssen zur Verfügung stellen, die es nicht kennen. Die Herren können sich dann ein eigenes Urteil bilden, vielleicht auch über die Art und Weise, wie Sie meine Ausführungen wiedergeben.
>
> Die bisherige Fallentwicklung hat mir gezeigt, dass Sie eine ganz wesentliche Erkenntnis nicht teilen: Wir haben ein gemeinsames Problem. Nicht nur unser Mandant ist in seiner beruflichen Existenz durch das Verhalten des Mitgeschäftsführers betroffen, auch das Unternehmen hat durch die aufgetretene Problematik Handlungsbedarf. Wenn das Dienstverhältnis eines Geschäftsführers in eine solche Belastungssituation geraten ist wie bei unserem Mandanten, gibt es nach meiner Erfahrung nur zwei Lösungswege: Entweder man entscheidet sich für den leisen, oder man entscheidet sich für den lauten Ausstieg. Den leisen Ausstieg erreicht man dadurch, dass man die Restvertragslaufzeit kapitalisiert und, in vielen Fällen, von Gesellschafterseite ein »on ad« hinzufügt.
>
> Beim lauten Ausstieg erscheinen die Transaktionskosten im ersten Augenblick niedriger. Bei näherer Betrachtung erweist sich meist, dass der Schaden für das Unternehmen (Grenzkosten) erheblich höher ist als wenn man den leisen Ausstieg gewählt hätte. Namentlich wenn größere Projekte, Transaktionen oder Komplikationen mit Geschäftspartnern anstehen, kann der Schaden für das Unternehmen weitaus größer sein als der Nutzen, den ein augenblickliches Einsparpotential vermuten lässt. Was Mitarbeiter, Kollegen oder sonstige informierte Personen aus der Belastungssituation, in der sich das Dienstverhältnis unserer Mandanten gegenwärtig befindet, machen, vielleicht auch nur aufgrund unvollständiger Informationen, hat der betroffene Geschäftsführer wahrlich nicht in der Hand.
>
> Mit freundlichen Grüßen
>
> Rechtsanwalt Dr. Mauermann

Das Antwortschreiben des Anwalts der Jüssen-Handelsgruppe ließ nicht lange auf sich warten:

229 15.05.2002

Sehr geehrter Herr Kollege Dr. Mauermann,

in vorgenannter Sache habe ich Ihr Schreiben vom 08.05.2002 den Gesellschaftern und Beiratsmitgliedern ebenfalls zur Kenntnis gebracht. Diese können sich vor dem Hintergrund Ihrer Ausführungen zu »leisem« und »lautem Ausstieg« in der Tat ein eigenes Bild von der von Ihnen verfolgten Strategie machen.

Wir gehen weiterhin als selbstverständlich davon aus, dass Sie Ihrem Mandanten auf seine Loyalitätspflichten und die Folgen einer Verletzung dieser Pflichten hingewiesen haben.

Mit freundlichen kollegialen Grüßen

Dr. Anton Radler

(Rechtsanwalt)

Überraschend unterbreitete der Anwalt der Jüssen-Handelsgruppe mit Schreiben vom 27.05.2002 ein Abfindungsangebot:

230 Sehr geehrter Herr Kollege Dr. Mauermann,

in vorgenannter Sache ist die Problematik in der vergangenen Woche mit dem Beirat ausführlich erörtert worden.

Holding-Geschäftsführung und Beirat sind dabei übereingekommen, dem Wunsch Ihres Mandanten nach vorzeitiger Aufhebung des Anstellungsverhältnisses zum 30.06.2002 zu entsprechen. Es besteht die Bereitschaft, Ihrem Mandanten bei einvernehmlicher Trennung eine Abfindung in Höhe von 1,1 Mio. EUR zu zahlen.

Bitte verstehen Sie diesen Vorschlag als letztes, nicht verhandelbares Angebot; es kann nur bis Mittwoch, **05.06.2002** angenommen werden.

Mit freundlichen kollegialen Grüßen

Dr. Anton Radler

(Rechtsanwalt)

Der Anwalt des Geschäftsführers Wisskirchen antwortete am 29.05.2002:

231 Sehr geehrter Herr Kollege Dr. Radler,

haben Sie herzlichen Dank für Ihr Schreiben vom 27.05.2002. Einen so komplexen Vorgang wie die Beendigung des Dienstverhältnisses eines Geschäftsführers der Jüssen-Handelsgruppe kann man gewiss nicht mit zwei Sätzen regeln. Wir waren in unseren Gesprächen schon einmal einen Schritt weiter.

Wir haben unser damaliges Verhandlungsergebnis noch einmal ausgedruckt und unter Abweichung von unserer ursprünglichen Forderung allein die Kapitalisierung der Restvertragslaufzeit zum Gegenstand unseres Angebots gemacht. Sie haben leider in Ihrem Schreiben vom 27.05.2002 keine Begründung dafür gegeben, was unseren Mandanten davon abhalten soll, auf die Kapitalisierung der Restvertragslaufzeit fast zur Hälfte zu verzichten.

Mit freundlichen kollegialen Grüßen

Rechtsanwalt Dr. Mauermann

Mit Schreiben vom 03.06.2002 gab der Anwalt der Jüssen-Handelsgruppe Herrn Wisskirchen erneut Gelegenheit, sein Abfindungsangebot anzunehmen:

232 Sehr geehrter Herr Kollege Dr. Mauermann,

ich komme zurück auf Ihr Schreiben vom 29.05.2002. Es ist richtig, dass die Beendigung des Anstellungsverhältnisses eines Geschäftsführers nicht in zwei Sätzen geregelt werden kann. Über die Rahmenbedingungen hatten wir uns auf der Basis Ihres Entwurfs vom 27.03.2002 – jedenfalls grob – bereits verständigt, so dass es im Hinblick auf eine eventuelle einvernehmliche Regelung in erster Linie auf die Höhe einer möglichen Abfindung ankommt.

Ich hatte einen entsprechenden Vorschlag mit Schreiben vom 27.05.2002 unterbreitet und ausdrücklich darauf hingewiesen, dass es sich hierbei um ein abschließendes Angebot handelt. Wenn Ihr Mandant hiermit nicht einverstanden ist, mag er den geschlossenen Anstellungsvertrag bis zu seinem Ablauf erfüllen. Eine diesseitige Erhöhung des Abfindungsangebotes wird es nicht geben. Das Angebot kann bis zum 05.06.2002 angenommen werden.

Mit freundlichen Grüßen

Dr. Anton Radler

Mit Schreiben vom 05.06.2002 versuchte der Anwalt des Geschäftsführers Wisskirchen erneut, in eine Sachdiskussion über die Höhe der angemessenen Abfindung einzutreten:

233

> 05.06.2002
>
> Sehr geehrter Herr Kollege Dr. Radler,
>
> erfahrungsgemäß besteht zwischen dem Text einer Vereinbarung und ihrem wirtschaftlichen Inhalt ein enger Zusammenhang. Man kann selbst Zahlungsansprüche nicht isoliert von ihrem geregelten Textkontext betrachten. Ich hätte es deshalb als wünschenswert angesehen, wenn Sie zu den beiden gegenwärtig offen stehenden Fragen einmal Stellung genommen hätten.
>
> Bitte begründen Sie einmal, welche Veranlassung unser Mandant haben soll, von der Kapitalisierung seiner Restvertragslaufzeit abzuweichen. Weiterhin nennen Sie uns keinen Satz, kein Wort des Ihnen vorgelegten Textentwurfs, bei dem Sie eine Abweichung wünschen.
>
> Es läge doch nahe, wenn Sie uns zu diesen beiden Themen substantiierte Ausführungen machen würden, damit wir in einem offenen Dialog auf Ihre Überlegungen eingehen können. Willkürliche Setzungen, Fristen oder Nachlässe auf willkürlich festgelegte Preise helfen in konstruktiven Verhandlungen erfahrungsgemäß keiner Partei weiter.
>
> Mit freundlichen kollegialen Grüßen
>
> Rechtsanwalt Dr. Mauermann

Mit Schreiben vom 06.06.2002 gab Dr. Radler durch Fristverlängerung Herrn Wisskirchen erneut Gelegenheit, das Abfindungsangebot anzunehmen, ohne in eine nähere Erörterung von Sachargumenten einzutreten:

234

> 06.06.2002
>
> Sehr geehrter Herr Kollege Dr. Mauermann,
>
> in vorgenannter Sache ist mir Ihr Schreiben vom 05.06.2002 unverständlich. Wir hatten in unserer Besprechung am 03.04.2002 ausführlich über Ihren Vertragsentwurf und einige Modifikationen gesprochen. Es versteht sich wirklich von selbst, dass unser Vorschlag zur Abfindungshöhe in diesen Kontext gehört.
>
> Wenn Sie von mir eine Begründung dafür fordern, warum Ihr Mandant auf eine »Kapitalisierung seiner Restlaufzeit« verzichten soll, stellen Sie die Dinge auf den Kopf. Ihr Mandant wünscht eine vorzeitige Vertragsaufhebung. Meine Mandantin ist bereit, auf diesen Wunsch einzugehen und Ihrem Mandanten – allein aufgrund der langjährigen erfolgreichen Zusammenarbeit – eine Abfindung mit auf den Weg zu geben. Dass es sich insoweit um ein großzügiges Entgegenkommen handelt, brauche ich Ihnen nicht wirklich zu erläutern. Dass unter den von Ihnen geschaffenen Umständen, Ihren Ausführungen zu »leisem« und »lautem« Ausstieg sowie den mehr oder weniger unverhohlenen Drohungen die Neigung meiner Mandantin, überhaupt eine Abfindung in Aussicht zu stellen, erheblich gesunken ist, dürfte auf der Hand liegen.
>
> Ihren Vorwurf der willkürlichen Setzung von Fristen weise ich ausdrücklich zurück. Eine Situation, wie sie nunmehr seit zwei Monaten besteht, verträgt keine längere Dauer. Ihr Mandant mag daher
>
> **bis morgen, Freitag, 07.06.2002, 16.00 Uhr,**
>
> entscheiden, ob er auf das von mir unterbreitete und nicht verhandelbare Abfindungsangebot eingehen oder aber seinen Anstellungsvertrag ordnungsgemäß bis zum 31.12.2005 erfüllen möchte.
>
> Mit freundlichen kollegialen Grüßen
>
> Dr. Anton Radler
>
> (Rechtsanwalt)

Mit Schreiben vom 07.06.2002 wiederholte der Anwalt des Geschäftsführers Wisskirchen das Interesse an einer offenen Diskussion:

235 07.06.2002

Sehr geehrter Herr Kollege Dr. Radler,

ich danke Ihnen für Ihr Schreiben vom 06.06.2002, weil es mir eine Reihe offensichtlich weiterhin existierender Missverständnisse erhellt.

1. Unser Mandant ist nicht der Verursacher für eine im Interesse des Unternehmens sinnvoll gewordene Vertragsaufhebung, sondern der Geschäftsführer Schneider, der durch eine Reihe von Pflichtwidrigkeiten eine normale Vertragserfüllung durch unseren Mandanten vereitelt. Da die Eigentümerfamilie Jüssen das Fehlverhalten von Herrn Schneider akzeptiert, schuldet sie unserem Mandanten mindestens die Kapitalisierung der Restvertragslaufzeit und Sie schulden eine Begründung dafür, warum Sie unserem Mandanten dieses Recht teilweise verweigern wollen.
2. In keinem meiner Schreiben sind »mehr oder weniger unverhohlene Drohungen« enthalten. Sie benennen solche Drohungen auch nicht konkret, was sich zwanglos aus dem Umstand ergibt, dass zu keiner Zeit solche Drohungen angedeutet oder ausgesprochen wurden. Da es keine Drohungen gegeben hat, kann die Neigung Ihrer Mandantin, eine Abfindung in Aussicht zu stellen, schlechterdings auch nicht aufgrund von Drohungen erheblich gesunken sein und der Annahme unseres Angebots im Wege stehen.
3. Noch einmal wiederhole ich meine Bitte, belassen Sie es nicht bei allgemeinen Ausführungen wie, es verstehe sich wirklich von selbst, dass ihr Vorschlag zur Abfindungshöhe in den Kontext des Vertragsentwurfs gehöre, sondern benennen Sie bitte Ross und Reiter. Entspricht der vorgelegte Text exakt unseren damaligen Modifikationen? Sind Sie mit diesem Text einverstanden? Haben Sie irgendwelche Änderungswünsche? Ich bitte Sie, uns Änderungswünsche konkret zu benennen.

Wenn wir uns an diesen drei Fragestellungen künftig orientieren, glaube ich, dass wir gemeinsam auf einem guten Weg sind.

Mit freundlichen kollegialen Grüßen

Rechtsanwalt Dr. Mauermann

Mit dem Antwortschreiben vom 10.06.2002 brach die Diskussion ab:

236 10.06.2002

Sehr geehrter Herr Kollege Dr. Mauermann,

zu Ihrem hier heute eingegangenen Schreiben vom 07.06.2002 können wir nur Folgendes feststellen:

Unsere Mandantin hat mit unserem Schreiben vom 27.05.2002 unmissverständlich zum Ausdruck gebracht, dass Holding-Geschäftsführung und Beirat übereingekommen sind, dem Wunsch Ihres Mandanten nach vorzeitiger Aufhebung des Anstellungsverhältnisses zum 30.06.2002 zu entsprechen und dass dabei die Bereitschaft besteht, Ihrem Mandanten bei einvernehmlicher Trennung eine Abfindung in Höhe von 1,1 Mio. EUR zu zahlen. Unsere Mandantin hat weiter festgestellt, dass das Angebot hinsichtlich der Abfindungshöhe nicht verhandelbar ist und dass es nur bis zum 05.06.2002 – diese Frist ist zwischenzeitlich bis zum 07.06.2002, 16:00 Uhr verlängert worden – angenommen werden kann. Ihr Mandant hat innerhalb dieser Frist nicht erklärt, dass er bereit ist, dieses Abfindungsangebot anzunehmen.

Zur Vermeidung von Missverständnissen stellen wir klar, dass das Abfindungsangebot unserer Mandantin nach Fristablauf nicht mehr existent ist. Einer Beantwortung der von Ihnen aufgeworfenen Überlegungen zum übrigen Inhalt einer früher denkbaren Aufhebungs- und Abwicklungsvereinbarung bedarf es daher nicht mehr.

Unsere Mandantin und wir gehen deswegen davon aus, dass das Anstellungsverhältnis auch aus der Sicht Ihres Mandanten vertragsgerecht fortgesetzt werden soll. Wir schließen die Bearbeitung der Angelegenheit nunmehr ab und hoffen – im Interesse beider Parteien – auf eine fruchtbare und künftig störungsfreie Zusammenarbeit.

Mit freundlichen kollegialen Grüßen

Dr. Anton Radler

(Rechtsanwalt)

237 Folgendes kann man festhalten: Dem um eine offene Kommunikation bemühten Rechtsanwalt Dr. Mauermann gelang es nicht, die nach der Basarmethode arbeitende Eigentümerfamilie Jüssen und ihren Rechtsanwalt Dr. Radler dazu zu bewegen, in eine Diskussion über die Gründe der eingenommenen Positionen einzutreten. Anders als bei dem Beispiel der Telefonate zwischen dem Arbeitnehmeranwalt und einem Arbeitgeber[157] verweigerte die Eigentümerfamilie Jüssen ein

157 Siehe § 1 Rn 216.

Verhandeln, von einem offenen Verhandeln konnte nicht die Rede sein. Nimmt eine Partei eine derart extreme Position ein (ähnlich der Boulware-Methode), ist das Scheitern der Verhandlungen vorgegeben.

d) Beeinflussungstechniken

Wenn Ihr Verhandlungsgegner »schmutzige Tricks« anwendet, sollte man sich nicht aus der Ruhe bringen lassen. Man sollte die Spielregeln der künftigen Verhandlung am besten in drei Schritten aushandeln: Die Taktik erkennen, den Streitpunkt artikulieren und die Legitimität und Annehmbarkeit der Taktik hinterfragen.[158] Auch die Spielregeln sind verhandelbar. 238

Menschen verhalten sich in Verhandlungen, wie auch sonst, auf ganz unterschiedliche Weise. 239 Manche sind aktiv, manche passiv, andere offenherzig, wieder andere sind verschlossen. Die einen sind dominierend oder zurückhaltend, die anderen herzlich oder kühl, manch einer ist drängend oder geduldig. Auch im Harvard-Konzept unterscheidet man zwischen **kooperativen und kompetitiven Verhandlungspartnern**, letztere bezeichnet man als »Tit-for-tat«.[159] Das kompetitive Verhalten stammt aus dem Englischen »to compete«, was soviel heißt wie sich mitbewerben, konkurrieren. Es bezeichnet ein kämpferisches Verhalten, bei dem Verhandlung als Wettkampf geführt wird. Die Verhandler ringen miteinander um ein begrenztes Gut und sehen ihre Aufgabe darin, auf Kosten des anderen möglichst viel von diesem begrenzten Gut zu bekommen. So möchte der Arbeitnehmer eine möglichst hohe Abfindung erzielen, während der Arbeitgeber eine möglichst geringe Abfindung zahlen will. Beide konkurrieren um das begrenzte Gut »Geld«. Diese Verhaltensweise entstammt dem intuitiven Verhandlungsmodell. Die Parteien veranstalten ein Null-Summen-Spiel, was der eine bekommt, fehlt dem anderen und umgekehrt. Der zu verteilende Kuchen ist immer begrenzt.

Mit einer maximalistischen Strategie, bei der von Anfang an möglichst viel gefordert wird, versucht 240 der kompetitive Verhandlungstyp ein möglichst großes Stück vom Kuchen zu ergattern. Die kompetitive Haltung ist bei Anwälten häufig anzutreffen. Das hat sicherlich etwas mit der Allgegenwart kompetitiver Situationen zu tun. Denn überall auf dieser Erde sind die Güter begrenzt, überall konkurrieren verschiedene Menschen um diese Güter.

Der kompetitive Typ ist also ein »tough guy«. Er vermag große Erfolge zu erzielen. Solche Erfolge 241 gelingen ihm dann, wenn er auf eine gefällige, »nette«, auf Harmonie bedachte und vielleicht auch noch unerfahrene Partei trifft. Jeder Erfolg bestätigt den kompetitiven Typ in seiner Einstellung und so setzt er sein Verhalten fort und gibt sich weiter hart und maximalistisch. Trotz großer Einzelerfolge erleidet der kompetitive Typ aber insgesamt auf Dauer Nachteile. Sein Verhalten spricht sich herum. Da es auf Ausbeutung der jeweils anderen Partei angelegt ist, erzeugt es spätestens dort, wo man es durchschaut, Misstrauen und Ablehnung.

Aber auch in strukturiert-kooperativen Verhandlungen kommt man ohne kompetitive Elemente nicht 242 aus. Allerdings, und das haben die Untersuchungen von *Raiffa* und *Fischer* gezeigt,[160] dürfen kompetitive Fähigkeiten nur sorgfältig überlegt angewendet werden, und zwar insbesondere nur zur Abwehr, nicht zum Angriff. Der kompetitive Typ zwingt andere Menschen in erheblichem Ausmaß dazu, sich ihm gegenüber ebenfalls kompetitiv zu verhalten. Dies ist auch das einzig mögliche Abwehrverhalten gegen kompetitives Verhalten. Damit aber bestätigt sich das Weltbild des kompetitiven Typs, wonach er in einer harten Welt voller kompetitiver Typen lebt.[161] Aus seiner Sicht trifft er überall auf kompetitive Typen und merkt nicht, dass er sie selbst produziert. Er wird zum Opfer einer geradezu klassischen sich selbst erfüllenden Prophezeiung (»self fulfilling prophecy«). Als Folge davon ist der kompetitive Typ nicht lernfähig, er sieht überhaupt nicht, dass auch ein anderes, besseres Verhalten möglich wäre.[162]

158 *Fisher/Ury/Patton*, Das Harvard-Konzept, S. 183.
159 *Haft*, Verhandlung und Mediation, S. 166.
160 *Haft*, Verhandlung und Mediation, S. 168.
161 *Haft*, Verhandlung und Mediation, S. 168.
162 *Haft*, Verhandlung und Mediation, S. 168.

243 In jeder Verhandlung strebt man danach, seinen Partner von der Richtigkeit des eigenen Standpunkts zu überzeugen. Der andere möchte sich aber nicht überzeugen lassen. Vielmehr will er seinerseits den anderen davon überzeugen, dass sein Standpunkt der richtige ist. Beide Partner trachten also danach, den jeweils anderen dazu zu bewegen, etwas zu tun, was dieser eigentlich nicht tun möchte, nämlich seine Meinung zu ändern. Es ist nützlich, einmal darüber nachzudenken, auf welch verschiedenen Wegen dieses Ziel erreicht werden kann.

244 Es gibt prinzipiell zwei verschiedene Beeinflussungsmethoden. Man kann erlaubte Wege beschreiten oder auf verbotenen Pfaden wandeln. Erlaubt ist es, den anderen durch den Gebrauch von guten Sachargumenten zu einer Änderung seines Standpunkts zu bewegen. Fraglos verwerflich, wenngleich in der Praxis häufig vorkommend, ist es, jemanden durch Drohungen zu einer Änderung seiner Meinung zu bewegen. Grundsätzlich gibt es drei unlautere Methoden, Menschen dazu zu bringen, Dinge zu tun (oder zu lassen), die sie eigentlich nicht wollen oder am liebsten lassen würden, durch **äußeren Druck**, durch **Täuschung** oder durch **Manipulation**.

245 Der äußere Druck besteht meistens in einer Drohung. Es hängt von der Stärke des Opfers ab, ob die Methode zum Erfolg führt. Schwache Betriebsräte lassen sich von Personalchefs einschüchtern, denken an den Bestand ihres eigenen Arbeitsverhältnisses und knicken bei Forderungen des Personalchefs vorschnell ein. Ein schwacher Arbeitgeber, der vielleicht die Öffentlichkeit des Arbeitsgerichtsverfahrens scheut, lässt sich eine übermäßige Abfindungssumme abschwatzen. Innerhalb strukturiert-kooperativer Mehrpersonenverhandlungen wird der Druck regelmäßig als Foul erkannt, thematisiert und als Verhandlungsmethode ausgeschieden. Ausnahmen gibt es, so beispielsweise bei der Streikdrohung während einer Tarifverhandlung oder immer dann, wenn ohne die persönliche Bedrohung eines Einzelnen das Aufzeigen von Folgen des Scheiterns von Verhandlungen rational unumstößlich ist.

246 Die Täuschung kann zu Verhaltensänderungen bei Menschen führen. Sie generell aus dem Methodeninventar zu verdammen, wäre wirklichkeitsfremd. Das Geschäftsleben lebt nicht zuletzt davon, dass jeder seine Chance ergreift, ohne den anderen vom eigenen Vorteil eines Rechtsgeschäfts in Kenntnis zu setzen. Manipulationstechniken gehören zwar grundsätzlich in die Basarmethode, sie kommen aber auch im strukturiert-kooperativen Verhandlungsmodell vor.

247 Mancher, der sich mit Verhandlungstechnik beschäftigt, fehlinterpretiert die Ausführungen zur Basarmethode und zum strukturiert-kooperativen Verhandlungsstil. Mancher meint nämlich, weil sich hartes Streiten nachhaltig auf künftige Sozialbeziehungen auswirkt, »Nettsein« sei die einzig wahre Verhandlungslösung. Durch einen freundlichen Verhandlungsstil kann man die Konsequenzen harter Verhandlungen nicht vermeiden.[163] *Fisher/Ury/Patton*[164] haben die zwei Stilarten im Feilschen um Positionen einander gegenübergestellt. Sie unterscheiden zwischen der weichen und der harten Verhandlungsmethode. Die Autoren verweisen darauf, dass die meisten Menschen glauben, dass sie in ihrer Verhandlungsstrategie nur zwischen diesen beiden Stilarten wählen können. Man kann die Basarmethode nach der weichen und der harten Verhandlungsform einsetzen, an ihrer Mangelhaftigkeit ändert sich hierdurch aber nichts. Die weiche und die harte Vorgehensweise sind nur unterschiedliche Spielarten ein und derselben jeweiligen Methode zur Erzielung eines Verhandlungsergebnisses.

248 *Fisher/Ury/Patton* haben **»harte« und »weiche« Verhandlungsstile** in ihren Auswirkungen dargestellt, damit der Leser für sich entscheiden kann, welche Rolle er beim Feilschen um Positionen eher übernimmt, die weiche oder die harte. Nicht unbeliebt sind auch Mittelpositionen.

163 *Fisher/Ury/Patton*, Das Harvard-Konzept, S. 27.
164 Das Harvard-Konzept, S. 27 f.

»Welche Rolle würden Sie im Feilschen um Positionen übernehmen? 249

Weich	Hart
Die Teilnehmer an der Verhandlung betrachten einander als Freunde	Die Teilnehmer sehen sich als Gegner
Ziel ist eine Übereinkunft mit der Gegenseite	Ziel ist der Sieg über die Gegenseite
Konzessionen werden zur Verbesserung der Beziehungen gemacht	Konzessionen werden zur Voraussetzung der Beziehung selbst
Gütliche Einstellung zu den Menschen und Problemen	Harte Einstellung zu den Menschen und Problemen
Vertrauen zu den anderen	Misstrauen gegenüber den anderen
Bereitwillige Änderung der Position	Beharren auf der eigenen Position
Angebote werden unterbreitet	Es erfolgen Drohungen
Die Verhandlungslinie wird offen gelegt	Die Verhandlungslinie bleibt verdeckt
Einseitige Zugeständnisse werden um der Übereinstimmung willen in Kauf genommen	Einseitige Gewinne werden als Preis für die Übereinkunft gefordert
Suche nach der einzigen Antwort: welche die *anderen* akzeptieren	Suche nach der einzigen Antwort: die *ich* akzeptiere
Bestehen auf einer Übereinkunft	Bestehen auf der eigenen Position
Willenskämpfe werden zu vermeiden gesucht	Der Willenskampf muss gewonnen werden
Starkem Druck wird nachgegeben	Starker Druck wird ausgeübt«

In Harvard hat man sich mit der Frage beschäftigt, warum manche Menschen mehr Erfolg in Verhandlungen haben als andere. Man führt die Erfolge auf die Beherrschung von Manipulationstechniken zurück. Als Vater dieser Fähigkeit, andere Menschen zu manipulieren, wird Niccoló Machiavelli (1469–1527) angeführt. Ein Machiavellist hat bestimmte Grundeinstellungen und bestimmte Fähigkeiten. Seine Grundeinstellungen sind eine negative Haltung gegenüber Menschen und eine zynische Haltung gegenüber moralischen Prinzipien. Seine Fähigkeiten bestehen in dem Vermögen, Verhaltensprogramme in anderen Menschen zu aktivieren. Ein an Harvard durchgeführter sog. »Machiavellismus-Test« gibt Auskunft darüber, ob jemand diese Grundeinstellungen und Fähigkeiten in hohem Maße oder nur in geringem Maße oder überhaupt nicht besitzt.[165] Der Test besteht aus einer Reihe von Thesen, die entweder Machiavellis Schriften entnommen sind oder in seinem Sinne nachkonstruiert wurden. 250

Die Teilnehmer des Tests bringen auf einer Skala jeweils ihre Zustimmung oder Ablehnung zum Ausdruck. Aus der Gesamtauswertung des Tests ergibt sich, ob jemand ein »Hoch-Machiavellist«, ein »Mittel-Machiavellist« oder ein »Niedrig-Machiavellist« ist. Der »Hoch-Machiavellist«, so belegen die Tests, hat tatsächlich mehr Erfolg in Verhandlungen als andere, weil er Verhandlungsfallen aufstellt, denen seine Partner dann zum Opfer fallen.[166] Zu den teils angeborenen, teils angelernten Verhaltensprogrammen gehören folgende Beeinflussungstechniken: 251

- »Harmonie« (Bitten sind zu erfüllen),
- »Gegenseitigkeit« (Geschenke sind zu erwidern),
- »Sympathie« (Vorschläge netter Leute sind zu befolgen),
- »Knappheit« (knappe Güter sind zu erstreben),

165 Grundlegend hierzu *Christie/Geis* (Hrsg.), Studies in Machiavellianism, New York, USA, 1970, zitiert nach *Haft*, Verhandlung und Mediation, S. 174.

166 *Haft*, Verhandlung und Mediation, S. 175.

- »Beständigkeit« (einmal eingenommene Positionen dürfen von einem Verhandlungspartner nicht mehr verlassen werden) und
- »Kontrast« (neue Größen sind an den zuletzt gesetzten Größen zu messen).

252 Es ist nicht illegetim, sich dieser Verhandlungstechniken zu bedienen, man muss aber damit rechnen, dass sie bei der anderen Partei auf Widerstand stoßen und auch für künftige Verhandlungen den Anwalt, der sich dieser Techniken bedient, desavouiert. Das Verhaltensprogramm Knappheit gilt unter Anwälten als besonders reizvoll. Vor Erhebung der Kündigungsschutzklage bietet der Arbeitgeber eine Abfindungssumme, die der Arbeitnehmer ausschlägt. Zeichnet sich ab, dass der Kündigungsrechtsstreit einen für den Arbeitgeber positiven Ausgang nehmen könnte und willigt nunmehr der Arbeitnehmer in das frühere Abfindungsangebot ein, reduziert der Arbeitgeber sein ursprüngliches Abfindungsangebot deutlich. Von diesem Moment an erscheint dem Arbeitnehmer das ursprüngliche Abfindungsangebot als Traummarke eines Verhandlungserfolgs und der Arbeitnehmer ist bereit, selbst ein unter dem ursprünglichen Angebot liegendes Verhandlungsergebnis zu akzeptieren. Selbst wenn der Beeinflussungsfaktor Verschlechterung der Prozesschancen entfällt, gilt es als beliebte Manipulationstechnik unter Anwälten, ein ursprüngliches Angebot deutlich herabzusenken. Von diesem Augenblick an erscheint dem Arbeitnehmer das erste Angebot als ein erstrebenswertes Gut, ja manchmal als Geschenk.

II. Mediation im Arbeitsrecht

1. Arbeitsrechtliche Auseinandersetzungen als Kommunikationsprobleme

253 Während das deutsche Arbeitsrecht, entstanden als Gewerbeordnungsrecht,[167] Schutzrecht vor Ausbeutung von Arbeitskräften in der Industriearbeit in seiner Ausgangslage war, besteht seine Aufgabe im Alltag der Arbeitnehmer und ihrer Vorgesetzten, miteinander wie untereinander, heute überwiegend in der **Konfliktbewältigung**. Häufig sind es außerrechtliche Aspekte, durch die die Konflikte bestimmt werden. Die gesamte Breite der Probleme im menschlichen Zusammenleben können eine Befassung der Arbeitsgerichte mit den streitenden Parteien eines Arbeitsverhältnisses oder einer kollektiv-arbeitsrechtlichen Beziehung zur Folge haben. Die Erfahrung des Lebens lehrt, dass es überwiegend **Kommunikationsprobleme** zwischen den Menschen sind, die mal Konflikte auslösen, mal sie verstärken. Der im Arbeitsrecht tätige Anwalt sollte deshalb nicht versäumen, sich mit den Ursachen zu befassen, die zur Eskalation von Störungen im Arbeitsverhältnis führen. Am **Vier-Seiten-Modell des Umgangs mit Nachrichten**[168] lässt sich erläutern, wie die Vielfalt der Aussagen und die Mehrdeutigkeit der Aufnahme von Informationen durch den Empfänger zu Störungen auf der Beziehungsebene zwischen Mitarbeitern eines Unternehmens führen kann. Das nachfolgende Beispiel ist gegenüber dem Ausgangsbeispiel von *Schulz von Thon* modifiziert. Es besteht aus einem einzigen Satz, ein Chef sagt zu seiner Sekretärin:

»Frau Meier, der Toner ist leer.«

254 Die Aussage des Chefs, der vor einem Kopierer steht und ruft, »Frau Meier, der Toner ist leer«, enthält vier Aussageseiten, eine **Selbstaussageseite**, eine **Sachseite**, eine **Appellseite** und eine **Chef-Mitarbeiter-Aussage**. Die Sachseite der Information ist nicht zu bestreiten. Sie ist in unserem Beispielsfall zutreffend und sie lautet »Der Toner ist leer«. Auf der Sachseite könne Frau Meier antworten: »Ich weiß, es stimmt.« Auf der Selbstaussageseite sieht die Sache anders aus. Der Chef teilt mit: »Ich brauche einen neuen Toner, ich kann sonst nicht kopieren«. Auf der Selbstaussageseite könnte die Nachricht von Frau Meier gekontert werden mit den Worten: »Ich brauche auch Toner. Ich kann im Augenblick auch nicht kopieren. Benutzen Sie doch den Kopierer der Abteilung XY.«

167 *Hromadka*, NZA 1998, 1; *Hümmerich*, NJW 1998, 2625.

168 *Schulz von Thon*, Miteinander Reden: Störungen und Klärungen, Band 1, 1981.

Auf der Appellseite enthält die Aussage des Chefs die folgende Information: »Frau Meier, holen Sie bitte Toner.« Frau Meier könnte also auf die Bemerkung ihres Chefs, »Frau Meier, der Toner ist leer,« auch antworten: »Ich gehe schon eine Toner-Kartusche holen«. 255

Die Aussage des Chefs kann schließlich noch auf eine vierte Weise, nämlich in der unmittelbaren Chef-Mitarbeiter-Beziehung verstanden werden: »Frau Meier, Sie haben nicht rechtzeitig dafür gesorgt, dass eine neue Toner-Kartusche am Kopierer liegt.« Die Aussage, »Frau Meier, der Toner ist leer,« könnte auch von Frau Meier mit der Antwort bedacht werden: »Ich hatte heute keine Zeit, Toner zu kaufen« oder »Sie haben in den letzten Tagen soviel kopiert, Sie hätten selber daran denken können, dass Toner auf diese Weise überproportional verbraucht wird.« 256

Jede Nachricht enthält stets die vier dargestellten Seiten. Je nach unserer Stimmung oder unserer Beziehung zu einem Menschen, betonen wir die eine, mal die andere, meinen wir mal die eine, mal die andere Seite oder empfangen eine Nachricht mal unter dem einen Blickwinkel, mal in der Wahrnehmung von nur einem der vier Aspekte. Konflikte, so auch im Arbeitsleben, entwickeln sich also häufig unter den vier Aspekten von Botschaften, wie wir sie täglich vielfach untereinander senden und empfangen. Steht die Sachseite im Vordergrund, geht es allein um die objektiven Informationen, dasjenige, worüber gerade geredet wird. 257

Ist die Appellseite angesprochen, enthält die Information eine Aufforderung, eine Erwartung an den Empfänger der Nachricht, was er tun, was er machen soll. Schaut man auf die Selbstaussageseite, fragt sich das Gegenüber der Nachricht, was sagt der Sender einer Nachricht über sich selbst aus? 258

Schließlich gibt es die Partner- oder Über-Unter-Ordnungs-Beziehung. Die Art und Weise, wie ich eine Aussage formuliere, verrät auch, wie ich die Beziehung zu meiner Arbeitskollegin, zu meinem Arbeitskollegen, zu meiner Mitarbeiterin oder zu meinem Vorgesetzten pflege. Hier wird häufig von den Parteien, auf der Sender- wie auf der Empfängerseite, hineingelegt, was weder der Empfänger ausdrücken wollte noch der Sender aufnehmen sollte. Durch die Beziehungsebene wird manchmal der Blick zwischen den Parteien eines Arbeitslebens verstellt. 259

Aus der Kommunikation der Parteien untereinander erwachsen die wesentlichen Konflikte, die späterhin mit den Mitteln des Arbeitsrechts gelöst werden sollen. Wer als Anwalt ausschließlich aus juristischer Perspektive den zu bearbeitenden Arbeitsrechtsfall erfasst oder strategisch weiterentwickelt, wird beiden Parteien meist nicht gerecht. In einer langen Kette kommunikativer Missverständnisse, meist geprägt durch die unterschiedlichen Persönlichkeiten der am Konflikt Beteiligten, entwickelt sich eine Problemlage, der der Mediator ohne Blick auf etwaige arbeitsrechtliche Anspruchsgrundlagen gerecht zu werden versucht. 260

2. Erfahrungen mit Mediation in Unternehmen in den USA[169]

261 Eine vom früheren US-Präsidenten Bill Clinton in Auftrag gegebene Untersuchung, der »Dunlop-Report«,[170] stellte fest, in ca. 52 % aller privaten Unternehmen seien 1994 alternative Konfliktbearbeitungsverfahren angewendet worden. Von diesen Unternehmen hätten über 80 % die Mediation für den Bereich des Arbeitsrechts eingesetzt. Fünf amerikanische Unternehmen sind durch die Dunlop-Kommission näher untersucht worden.

262 So habe die Untersuchung einer großen Baufirma, der Firma Brown & Root, zwischen 1993 und Dezember 1996 155 Fälle ergeben, in denen die Mediation angewendet worden sei. 140 der Fälle seien durch die Mediation gelöst worden. Auch eine Kostensenkung soll mit der Mediation verbunden gewesen sein. In den ersten drei Jahren der Laufzeit des Projekts seien Anwaltskosten, Gerichtskosten und indirekte Kosten wie Arbeitsausfall von Vorgesetzten und Mitarbeitern um mehr als die Hälfte gesunken.

263 Ähnliches berichtete der Leiter der deutschen Rechtsabteilung des US-amerikanischen Unternehmens Motorola anlässlich der Kölner Verhandlungs- und Mediationstage über seine Firma.[171] Im

169 Die nachfolgende Darstellung erfolgt in Anlehnung an *Budde*, Mediation im Arbeitsrecht, in: *Henssler/Koch*, Mediation, 1. Aufl., S. 497 ff.; siehe auch FA-Spezial, Sonderheft 9/2000, Arbeitsrecht und Mediation, 1–25, weitere Literatur: *Altmann/Fiebiger/Müller*, Mediation: Konfliktmanagement für moderne Unternehmen, 1999; *Beck*, Schöne neue Arbeitswelt, 1999; *Berkel*, Konfliktforschung und Konfliktbewältigung, 1984; *Besemer*, Mediation – Vermittlung von Konflikten, Stiftung gewaltfreies Leben, 3. Aufl. 1995; *Brauchitsch*, Zwangsschlichtung in der Weimarer Zeit, AuR 1993, 137; *Budde*, Mediation in Betrieben und Verbänden, Lehrbrief Weiterbildendes Studium Mediation, FernUniversität Hagen 1999; *Budde*, Der Umgang mit Machtgefällen in der Mediation, Lehrbrief Weiterbildendes Studium Mediation, FernUniversität Hagen 1999; *Budde*, Mediation im Bereich betrieblicher Konflikte, in: *Gottwald/Strempel/Beckedorff/Linke* (Hrsg.), Außergerichtliche Konfliktregelung für Rechtsanwälte und Notare (AKR-Handbuch), Loseblattsammlung, (Grundwerk 1997); *Breidenbach/Gäßler*, Die Selbstverantwortung der Konfliktparteien, Lehrbrief Weiterbildendes Studium Mediation, FernUniversität Hagen 1999; Dunlop Report, Report to the Chairman, Subcommittee on Civil Service, Committee on government reform and Oversight, House of Representatives, August 1997, GAO/GGD-97–157, ADR in the Workplace; *Dulabaum*, Mediation, Das ABC. Die Kunst, in Konflikten erfolgreich zu vermitteln; *Esser/Wolmerath*, Mobbing, 2. Aufl. 1998; Fachhochschule Hamburg, Konflikte im Arbeitsleben, Dokumentationen der Vortragsreihe im WS 98/99, 1999; *Gamber*, Konflikte und Aggressionen im Betrieb. Problemlösungen mit Übungen, Texten und Experimenten, München 1992; *Glasl*, Konfliktmanagement, Diagnose von Konflikten in Organisationen, 5. Aufl. 1980; *Glasl*, Selbsthilfe in Konflikten, 1998; *Golann*, Mediating Legal Disputes, 1996; *Grotmann-Höfling*, Strukturanalyse des arbeitsgerichtlichen Rechtsschutzes, 1995, S. 29 f.; *Grotmann-Höfling*, Zur Lage der Arbeitsgerichtsbarkeit im Jahre 2000, in: Zeitschrift für Rechtssoziologie 1997, 204 f. (209); *Grunsky*, NJW 1978, 1837; *Haft*, Verhandeln I und II, Lehrbrief Weiterbildendes Studium Mediation, FernUniversität Hagen 1999; *Hage/Heilmann*, Mobbing – ein modernes betriebliches Konfliktfeld, BB 1998, 742 (743); *Henssler/Koch* (Hrsg.), Mediation in der Anwaltspraxis, 2000; *Henssler*, Mediation und Rechtsberatung, NJW 2003, 241; *Hesse/Schrader*, Krieg im Büro. Konflikte am Arbeitsplatz und wie man sie löst, Fischer TB, 1995; *Humle/Sasse*, Schwierige Mitarbeitergespräche erfolgreich führen. Ein Leitfaden für Vorgesetzte, 1998; *Kellner*, Konflikte verstehen, verhindern, lösen. Konfliktmanagement für Führungskräfte, 1999; *Leymann*, Der neue Mobbing-Bericht, 1995, S. 18; *Limma*, Strategien der Konfliktlösung. Betriebliches Verhaltenstraining in Theorie und Praxis, 1992; *Mahlmann*, Konflikte managen. Psychologische Grundlagen, Modelle und Fallstudien, 2000; *Mnookin/Kornhauser*, Bargaining in the Shadow of Law, Yale Law Journal 1975; *Mückenberger*, Die Krise des Normalarbeitsverhältnisses, ZfS 1985, 457; *Ponschab/Schweizer*, Kooperation statt Konfrontation, Neue Wege anwaltlichen Handelns, 1997; *Prütting*, Streitschlichtung und Mediation im Arbeitsrecht, in: Festschrift für Peter Hanau, Köln 1999, S. 743 ff.; *Prünnel/Isenhardt*, Die Einigungsstelle des BetrVG 1972, 4. Aufl. 1997; *Rabe von Pappenheim*, Handbuch »Außergerichtliche Streitbeilegung«, 1998; *Redmann*, Mediation – Erfolgreiche Alternative zur Einigungsstelle, FA 2000, 76; *Richardi*, Einführung zu: Arbeitsgesetze, 54. Aufl. 1999; *Rottlauthner*, Alternativen in Arbeitskonflikten, in: *Blankenburg* (Hrsg.), Alternative Rechtsformen und Alternativen zum Recht, 1980, S. 263 ff.; *Schönholz*, Alternativen im Gerichtsverfahren, zur Konfliktlösung vor dem Arbeitsgericht unter besonderer Berücksichtigung des Prozessvergleichs, Amsterdam 1984, S. 531; *Schulz von Thun*, Miteinander Reden, Teil 1/Teil 2, 1981/1989; *Schulz von Thun*, Klärungshilfe, München 1994; *Sloikau*, When push comes to shore, 1996; *Singer*, Settling Disputes, Boulder, Col. 1994; *Stevens-Bartol*, Mediation im Arbeitsrecht, in: *Breidenbach/Henssler*, Mediation für Juristen, 1997, S. 141 ff.; *Ury/Goldberg/Brett*, Konfliktmanagement, 1985; *Vogel*, Die Bühnenschiedsbarkeit – ein Modell für Tarifvertragsgerichte zur arbeitsrechtlichen Streitbeilegung?, NZA 1999, 26; *Waks/Roberti*, Challenges for Employment Alternative Dispute Resolution, New York Law Journal Heft 7, 1995.

170 Dunlop-Report, Report to the Chairman, House of Representatives, August 1997, DAO/GGD – 97–157.

171 Arbeitsunterlage Kölner Verhandlungs- und Mediationstage 1997, 05./06.12.1997, 10 f.

Anschluss an das etablierte alternative Konfliktbearbeitungsprogramm des Unternehmens seien 1993 von 16 typischen Arbeitssachen elf vorgerichtlich gelöst worden.

Im Dunlop-Report benannten die befragten Unternehmen als besonderen Vorteil betrieblicher Mediationen, dass die Erfolgsrate bei der Lösung eines Konflikts um so höher sei, je früher die Konfliktbearbeitung angeboten werde. Bei US-Postal-Service wird innerhalb von zwei Wochen nach der ersten Beschwerde eines Beschäftigten die Mediation angeboten. Bei der inzwischen insolventen Firma Polaroid in Cambridge, Massachusetts, sei Mediation im kollektiv-rechtlichen Bereich zur Prävention von Streiks eingesetzt worden. Durch das Mediationsverfahren sei es gelungen, die zunächst umstrittenen Themen mit allen wichtigen Konfliktpartnern zu klären. Künftige Tarifabschlüsse und sozialplanähnliche Regelungen seien in einer Mediation vorbereitet worden. 2/3 der Beschäftigten sollen in einer anschließenden Erhebung das gesamte Pilotprogramm als teilweise bis höchst effektiv bewertet haben. 264

3. Mediation in deutschen Unternehmen

Im Arbeitsrecht bedient man sich in Deutschland der Technik der Mediation, in der Vergangenheit sicherlich ohne dass dieser Begriff Verwendung fand, im Recht der Koalitionen, bei der Schlichtung und vor dem Einsatz von Arbeitskampfmaßnahmen.[172] Der Arbeitsrechtsanwalt ist erfahrungsgemäß in tariflichen Organisationen, von einigen Spezialisten abgesehen, selten eingebunden, so dass als generelles Interesse auf ADR-Techniken in der Fachanwaltausbildung nicht näher eingegangen wird. Die Diskussion um die Anforderungen beim Fachanwalt für Arbeitsrecht an hinreichende Erfahrungen im kollektiven Arbeitsrecht ist seit einer Entscheidung des BVerfG[173] in vollem Gange. Das BVerfG hält es weiterhin für angemessen, wenn zur Erlangung der Fachanwaltsbezeichnung Nachweise über Erfahrungen auf dem Gebiet des kollektiven Arbeitsrechts verlangt werden. Es hält es aber auch für ausreichend, wenn die entsprechenden Möglichkeiten durch fachgebietsbezogene Tätigkeiten ersetzt oder über ein Fachgespräch die entsprechenden Kenntnisse nachgewiesen werden. Mediation gehört noch nicht zu den Prüfungsgegenständen der Berufsordnung beim Fachanwalt für Arbeitsrecht. 265

In deutschen Unternehmen sind Mediationsmodelle noch nicht verbreitet. Einen wegweisenden Vorstoß hat *Andrea Budde* mit ihrem **Projekt Quak (Qualifizierung von betrieblichen Konfliktlotsen)** unternommen.[174] Mit diesem Projekt soll anstelle der nur arbeitsrechtlichen Behandlung Spannungen am Arbeitsplatz, verdeckten und offenen Machtkämpfen, Mobbing und Intrigen, einem vergifteten Arbeitsklima und dem Verlust an Leistungsfähigkeit und Arbeitseffizienz der Mitarbeiter nachgegangen werden. Statt sich wegen der Folgen derartiger Konflikte, Ausfallzeiten, häufige Krankschreibungen oder Dienst nach Vorschrift und Fluktuation, arbeitsrechtlich zu streiten, bietet Quak ein Trainingsprogramm für kleine und mittlere Unternehmen an, durch das betriebliche Akteure (Konfliktlotsen) auf die steigenden Anforderungen an Kommunikationskompetenz, Verhandlungsgeschick und Konfliktlösungsstrategien vorbereitet werden. *Budde*[175] beschreibt eine Reihe typischer arbeitsrechtlicher Konflikte und ihre arbeitsrechtliche Bearbeitung. Sie stellt die Mediation als Alternative vor. Zu einem wichtigen Anwendungsbereich der Mediation hat sie den Bereich der Zusammenarbeit zwischen Arbeitgeber und Betriebsrat, insbesondere die Einigungsstelle, erklärt.[176] 266

Auch wer in deutschen Unternehmen arbeitet, hat die Möglichkeit, Mediation als einen effizienten, vor- oder nebengerichtlichen Schlichtungsweg zu wählen, wenn er mit seinem Arbeitgeber eine 267

172 Siehe *Janke*, Das tarifliche Schlichtungswesen in der Druckindustrie, Dissertation 2000.

173 BVerfG, Beschl. v. 12.12.1998, FA 1998, 253.

174 Wegen Einzelheiten erteilt das Institut für faires Konflikt-Management und Mediation e.V. (Neuenhöfer Allee 7, 50937 Köln) Auskunft; siehe auch www.konfliktmanagement.de.

175 In: *Henssler/Koch*, Mediation in der Anwaltspraxis, 1. Aufl., § 15 Rn 16.

176 In: *Henssler/Koch*, Mediation in der Anwaltspraxis, 1. Aufl., § 15 Rn 28.

entsprechende Vereinbarung in den Arbeitsvertrag aufnimmt. Als Arbeitsvertragsklausel bietet sich hierbei an:

> Bei etwaigen Streitigkeiten aus dem Arbeitsvertrag verpflichten sich die Vertragsparteien, vor Beschreiten des Rechtsweges eine Mediation zu versuchen. Nicht ausgeschlossen sind damit Klageerhebungen zum Zwecke der Fristwahrung. Als Mediator wird von den Parteien Frau/Herr vorgeschlagen.

268 *Budde* hält bei Beendigung von Arbeitsverhältnissen für den Hauptanwendungsbereich von Mediation die Themen Kündigungsschutz, Herausgabe von Arbeitspapieren und Zeugnisformulierungen.[177] Viele dieser typischen Beendigungskonflikte hätten im Unternehmen an anderen Stellen ihren Ursprung und Anlass. Zwar müsse nach einer ausgesprochenen Kündigung auf jeden Fall zur Fristwahrung eine Kündigungsschutzklage wegen § 4 KSchG vor dem Arbeitsgericht erhoben werden. Ein Mediationsverfahren könne dagegen neben der fristwahrend erhobenen Kündigungsschutzklage durchgeführt werden.

269 Soweit auf betriebskollektiver Ebene Mediation, beispielsweise in Betriebsvereinbarungen, vorgesehen sei, hält es das LAG Hamburg für unzulässig, Konfliktbearbeitungsverfahren und Konfliktbearbeitungseinrichtungen neben dem Betriebsrat zu schaffen.[178] Ein vom Betriebsrat im Zusammenhang mit einem Antrag auf Einsetzung einer Einigungsstelle nach § 98 ArbGG vorgelegter Betriebsvereinbarungsentwurf mit dem Titel »Sozialer Umgang von Arbeitnehmern untereinander« sah vor, zur Verhinderung von Mobbing betriebliche Konfliktbeauftragte einzusetzen. Das LAG Hamburg war der Auffassung, dem angestrebten Regelungssachverhalt stehe der Gesetzesvorbehalt des § 87 Abs. 1 BetrVG entgegen. Gem. § 75 BetrVG sei allein der Betriebsrat für die in dem Betriebsvereinbarungsentwurf aufgezeichneten Problemfälle zuständig.

270 Auch wenn ein Konflikt nach herkömmlicher Auffassung im Wesentlichen arbeitsrechtlicher Art ist, muss der mit ihm befasste Mediator kein Rechtsanwalt sein. Nach Auffassung des LG Rostock[179] berührt Mediation grundsätzlich das Rechtsberatungsgesetz nicht. Ob ein Verstoß gegen das Rechtsberatungsgesetz vorliegt, beurteile sich allerdings stets nach den Umständen des Einzelfalles. Das Urteil des LG Rostock wurde vom OLG Rostock weitgehend bestätigt.[180] Eine Tätigkeit in Form der Hilfe bei der außergerichtlichen Streitbeilegung durch Berücksichtigung rechtlicher Gesichtspunkte und Unterstützung bei der Abfassung der schriftlichen Mediationsvereinbarung sei allerdings als Besorgung fremder Rechtsangelegenheit gem. Art. 1 § 1 Abs. 1 Satz 1 RBerG anzusehen. Bei Mediationsvereinbarungen, in denen die zwischen den Medianten vereinbarten Ergebnisse festgehalten werden, handelt es sich nicht um einfache Verträge des täglichen Lebens, sondern um konfliktträchtige und rechtlich nicht einfach gelagerte Vorgänge. Art. 1 § 2 RBerG erfasst nicht – auch nicht im Wege der Analogie – den Mediator, da dieser als Mittler ohne Entscheidungskompetenz tätig wird, der versucht, die Parteien einer konkreten Rechtsstreitigkeit mit unterschiedlichen Rechtsstandpunkten zu einer autonom herausgearbeiteten gütlichen Einigung zu führen.

271 *Henssler*[181] ist der Ansicht, dass Mediation durch Nichtanwälte zwar nicht notwendig eine unerlaubte Rechtsberatung sei. Sie sei jedoch häufig als Rechtsberatung i.S.v. Art. 1 § 1 RBerG einzuordnen. Rechtsberatung liege insbesondere dann vor, wenn der Mediator auch Hilfestellung bei der den Konflikt auslösenden Vereinbarung leistet. In diesen Fällen sei die Rechtsberatung nicht als bloße Annextätigkeit i.S.v. Art. 1 § 5 RBerG zu bewerten. Eine Befreiung von der Erlaubnispflicht könne auch nicht über eine Analogie zu Art. 1 § 2 RBerG begründet werden. Zwischen der Tätigkeit eines

177 *Budde*, in: *Henssler/Koch*, Mediation in der Anwaltspraxis, 1. Aufl., § 15 Rn 27.
178 LAG Hamburg, Beschl. v. 15.07.1998 – 5 TaBV 4/98 (n.v.).
179 LG Rostock, Urt. v. 11.08.2000, AnwBl 2001, 178.
180 OLG Rostock, Urt. v. 20.06.2001, BRAK-Mitt 5/2001, 239.
181 NJW 2003, 241 (248).

Schiedsrichters und derjenigen eines Mediators bestünden derart signifikante Unterschiede, dass ein Analogieschluss ausgeschlossen sei. Co-Mediation sei dagegen einem Nichtjuristen gestattet. *Henssler*[182] empfiehlt, für Diplom-Psychologen und Sozialpädagogen die Erteilung von Teilerlaubnissen nach dem Rechtsberatungsgesetz, wenn die für den Beruf erforderliche Zuverlässigkeit, persönliche Eignung und genügende Sachkunde gegeben seien. *Egermann*[183] hält dagegen – pauschal und undifferenziert – den Betroffenen beim Rechtsanwalt für besser aufgehoben als bei jedem Mediator. Er formuliert eine noch bei vielen Anwälten verbreitete Ansicht.

4. Fallbeispiel einer Mediation: Konflikte in der Marketing-Abteilung

Nachfolgend werden die Chancen der arbeitsrechtlichen Mediation anhand eines von *Budde*[184] geschilderten Falles aus der betrieblichen Praxis dargestellt. *Budde* beschreibt eine nicht selten anzutreffende Konfliktsituation, wie sie durch fortlaufende Steigerung des Konflikts durch beide Seiten heraufbeschworen wird, wenn von zwei im Rahmen eines Personalaufstiegs in Frage kommenden Mitarbeitern einem vom Arbeitgeber der Vorzug gegeben wird:[185] 272

a) Vorgeschichte

Herr Özdemir und Frau Grün sind seit zehn Jahren in der Marketingabteilung beschäftigt. Vor drei Jahren wurden beide aufgefordert, sich um die bald frei werdende Stelle des/der AbteilungsleiterIn zu bewerben. Beide hatten sich aufgrund ihrer herausragenden Qualifikationen große Hoffnungen gemacht, befördert zu werden. Schließlich erhielt Frau Grün die ausgeschriebene Stelle. Herr Özdemir erhielt ein bedauerndes Ablehnungsschreiben. 273

b) Aktuelles Geschehen

Seit Frau Grün Abteilungsleiterin ist, gibt es massive Konflikte zwischen ihr und Herrn Özdemir. Herr Özdemir unterbricht Frau Grün sehr häufig auf Abteilungsbesprechungen und greift sie fachlich in Anwesenheit der anderen KollegInnen an. Er dreht in seinem Büro das Radio auf Überlautstärke, wenn er weiß, dass im Nachbarbüro Frau Grün arbeitet. Er bearbeitet Aufträge sehr langsam (Frau Grün vermutet »Dienst nach Vorschrift«) und gibt wichtige Informationen nicht an andere Mitarbeiter der Abteilung weiter. Herr Özdemir hat kürzlich einen Antrag auf eine Dienstfahrt in einem Dienstwagen zum Düsseldorfer Flughafen gestellt. Er wolle dort an einem Wochenende einen neuen Kollegen in Empfang nehmen. Frau Grün wurde von diesem Vorgehen nicht in Kenntnis gesetzt. Es stellte sich heraus, dass Herr Özdemir am selben Tage in Urlaub fliegen wollte. Bevor er den neuen Kollegen in Empfang genommen hatte, war er selbst schon weggeflogen. Als Frau Grün von diesem Vorgehen erfuhr, leitete sie sofort über ihren Vorgesetzten, Herrn Schwarz, ein Abmahnungsverfahren über die Personalabteilung ein. Es fand ein Gespräch zwischen Herrn Schwarz, Frau Grün und Herrn Özdemir statt. Herr Schwarz bat um einen kollegialen Umgang miteinander und bestätigte beiden, dass er sie als Mitarbeiter in seinem Fachbereich halten wolle. Er ermahnte Herrn Özdemir, dass sein Verhalten nach weiterer Abmahnung eine Kündigung zur Folge haben könne. 274

Frau Grün beobachtet Herrn Özdemir ständig. Er ist der einzige in der Abteilung, der seit zwei Jahren Tagesprotokolle über die von ihm verrichteten Tätigkeiten sowie ein Telefonprotokollbuch führen muss. Seine von ihr verfasste Personalbeurteilung im letzten Jahr war miserabel. Obwohl alle in der Abteilung häufig ihre Mittagspausen überziehen und dafür später nach Hause gehen, ist er der einzige, der aufgrund dessen bereits zwei Abmahnungen erhalten hat. Frau Grün ist in letzter Zeit dazu übergegangen, Herrn Özdemir »Fallen« zu stellen. Sie legte ihm mehrfach veränderte Arbeitszeitnachweisformulare vor. Erwartungsgemäß füllte Herr Özdemir diese falsch aus. Frau Grün beschwerte sich bei ihrem Vorgesetzten Schwarz.

Vor vier Wochen hat Frau Grün ein anonymes Schreiben erhalten, in dem sie als »Rassistensau« beschimpft wird. Frau Grün beschwerte sich daraufhin bei Herrn Schwarz und forderte eine fristlose Kündigung sowie polizeiliche Ermittlungen. Sie war sich sicher, dass der Brief von Herrn Özdemir stammte. Es findet ein weiteres von Herrn Schwarz angesetztes Personalgespräch mit Frau Grün und Herrn Özdemir statt. Herr Özdemir bestreitet die Urheberschaft für den anonymen Brief.

Der Betriebsrat unterstützt Herrn Özdemir und veröffentlicht im BR-Info einen Artikel über »Rassismus und Mobbing in der Marketingabteilung«. Frau Grün wird zwar nicht namentlich genannt, kann aber leicht als Abteilungsleiterin identifiziert

182 NJW 2003, 241.
183 AnwBl 2003, 271.
184 *Budde*, in: *Henssler/Koch*, Mediation in der Anwaltspraxis, 1. Aufl., § 15 Rn 73.
185 Übernahme einer Darstellung der Mediatorin *Andrea Budde*, in: *Henssler/Koch*, Mediation in der Anwaltspraxis, 1. Aufl., § 15 Rn 73 ff.

werden. In dem Artikel wird vermutet, Frau Grün selbst habe den anonymen Brief geschrieben, um den Konflikt weiter zu eskalieren und endlich die Kündigung von Herrn Özdemir zu erreichen.

Herr Özdemir hat sich bereits mehrmals beim Betriebsrat und bei der Personalabteilung über Frau Grün und insbesondere über ihr rassistisches Verhalten beschwert. Er hat bereits einen Rechtsanwalt eingeschaltet, der eine Klage auf Entfernung der Abmahnungen aus der Personalakte vor dem Arbeitsgericht erhoben hat.

c) Vorgehen der Mediatorin

aa) Konfliktdiagnose

275 **(1) Parteien: Wer sind die beteiligten Parteien?** Wer steht im Konflikt gegeneinander (z.B. hierarchische Verhältnisse)?

Beteiligte Personen sind Frau Grün, 35 Jahre alt, Leiterin der Marketingabteilung und Herr Özdemir, 32 Jahre alt, Mitarbeiter in der Marketingabteilung eines großen Unternehmens. Frau Grün ist seit zwei Jahren Vorgesetzte von Herrn Özdemir.

(2) Streitpunkte: Worum geht es? Was ist das Konfliktthema? Handelt es sich um ein Sachthema oder geht es um die Beziehung?

(3) Konfliktthema:

Sachthema: Berechtigung von Abmahnungen; Diskriminierung

Beziehungsthema: Konkurrenz Vorgesetzte – Untergebener; gekränkte Eitelkeiten; Vorurteile

(4) Konfliktform: Wie äußert sich der Konflikt? Wie wird gestritten?

Seit einem Jahr sprechen Herr Özdemir und Frau Grün nicht mehr miteinander. Kommunikation findet über Kollegen, Vorgesetzte, Betriebsrat statt.

Beide haben sich mehrfach »bitterböse« Briefe geschrieben. Der Konflikt hat sich auf die gesamte Abteilung sowie auf den Betriebsrat ausgeweitet. Ein Rechtsanwalt ist mandatiert und das Klageverfahren ist anhängig.

(5) Verlauf: Wie hat sich der Konflikt entwickelt? Wie stark ist der Konflikt eskaliert?

Von einer kollegialen, fast freundschaftlichen Beziehung hat sich der Konflikt durch mehrere »typische« Eskalationsstufen[186] entwickelt:

(Stufe 1) Zunächst prallten unterschiedliche Standpunkte aufeinander; beide waren aufgrund ihres neuen, ungleichen Status verkrampft

(Stufe 2) Denken polarisierte sich; Vorurteile, Schwarz-Weiß-Denken; verbale und indirekte Gewalt (unterbrechen, über den Mund fahren, Fallen stellen)

(Stufe 3) Taten statt Reden: Radio laut stellen; Beschwerden beim Vorgesetzten ohne direkte Aussprache

(Stufe 4) Solidarisierung mit anderen (KollegInnen, Betriebsrat, Vorgesetzte), Gerüchte

(Stufe 5) Öffentlich und direkt Gesichtsangriffe; inszenierte Demaskierungsaktion, Ritual (Artikel im BR-Info, Strafanzeige)

(6) Ergebnis: Was hat der Konflikt bisher gebracht? Gibt es eine Lösung? Wer hat gewonnen?

Bisher kein Ergebnis; keine Lösung.

bb) Wahl der adäquaten Konfliktbearbeitungsintervention

276 Der Fachbereichsleiter, Herr Schwarz, hatte aufgrund der Vorfälle mehrere Gespräche mit der Leiterin der Personalabteilung, Frau Roth. Er hält beide Mitarbeiter für sehr kompetent, möchte keinen von beiden als Fachkräfte verlieren, weiß sich aber auch nicht weiterzuhelfen. Er bittet Frau Roth, personelle Maßnahmen, d.h. erneute Abmahnung und Versetzung einzuleiten.

Frau Roth hat kürzlich etwas über Mediation gehört. Sie zieht Erkundigungen ein und führt ein telefonisches Vorgespräch mit einer Mediatorin.

Die Mediatorin lässt sich kurz die wesentlichen Punkte der Konfliktdiagnose schildern. Dann erläutert sie die wesentlichen Grundsätze der Mediation:

- Freiwilligkeit (nicht per se der Einleitung, aber der Durchführung)
- Allparteilichkeit der Mediatorin
- Eigenverantwortlichkeit der Konfliktpartner
- Informiertheit und Offenheit der Beteiligten

186 *Glasl*, Konfliktmanagement, 2. Aufl. 1997.

- Vertraulichkeit hinsichtlich der Mediationsinhalte
- Einhalten vorher vereinbarter Spielregeln
- Ergebnisoffenheit

Sie weist insbesondere darauf hin, dass eine Mediation in diesem Konflikt nur in Frage kommt, wenn diese **ergebnisoffen** ist, d.h. Versetzung oder Kündigung als Machtinterventionen für den Zeitraum der Mediation und einen definierten Zeitraum danach nicht eingesetzt werden. Der Mitarbeiter darf aus Anlass der Mediation **keine Benachteiligung** erfahren. Die Teilnahme an der Mediation müsse **freiwillig** sein.

Die **Kosten** für das Verfahren werden hier von dem Unternehmen getragen.

Das Unternehmen (Rechtsabteilung) erhofft sich, durch die Mediation das Verfahren auf Entfernung der Abmahnung aus der Personalakte erledigen zu können. Die Mediatorin erklärt sich bereit, eine Mediation durchzuführen.

Konfliktanalyse durch die Mediatorin: Die Mediatorin hält Mediation vorliegend für möglich, weil der Konflikt identifizierbar ist und sich auf mittlerem Eskalationsniveau befindet. Versuche, die Angelegenheit gütlich durch Machtintervention oder Verhandeln der Beteiligten zu regeln, sind gescheitert.

cc) Vorbereitung der Mediatorin

- **Wer gehört an den Mediationstisch?** 277
- **Wer nimmt Kontakt zu den Beteiligten auf?**
- **Sind rechtliche oder tatsächliche Rahmenbedingungen zu beachten?**
- **Wird Rat von Experten benötigt?**
- **Ist der Fall für eine Mediation geeignet?**

Die Mediatorin bittet die Personalleiterin darum, selbst Kontakt zu den Konfliktpartnern aufnehmen zu dürfen, nachdem diese von der Personalabteilung informiert wurden.

Sie führt kurze telefonische Vorgespräche, um zu klären, wer außer den Parteien noch am Mediationstisch sitzen sollte.

Nach den beiden, sehr kurzen Telefonaten wird deutlich, dass außer den Beteiligten selbst

- der Rechtsanwalt von Herrn Özdemir, Herr Braun
- der Fachbereichsleiter Herr Schwarz
- das Betriebsratsmitglied Frau Schwan

an dem Gespräch teilnehmen würden.

Von der Teilnahme der Leiterin der Personalabteilung konnte abgesehen werden, da sich Frau Roth verpflichtete, jegliche einvernehmliche Regelung der Konfliktpartner zu akzeptieren.

dd) Ablauf des ersten Mediationsgesprächs

Nach gemeinsamer (schwieriger) Terminkoordination finden sich alle fünf Gesprächspartner in den Räumen der Mediatorin ein. 278

Setting: Im Mediationsraum steht ein ovaler Tisch sowie ein Flipchart. Der Raum ist hell und freundlich. Es gibt Blumenschmuck.

Die Konfliktpartner sitzen nebeneinander, getrennt durch den Rechtsanwalt.

(1) Vorbereitungs- und Einleitungsphase

Nach dem Telefonat der Mediatorin mit der zuständigen Leiterin der Personalabteilung wird zunächst der Auftrag geklärt. 279
Ist die Situation noch ergebnisoffen? Die Personalleiterin bestätigt, dass eine endgültige Entscheidung über den weiteren Einsatz von Herrn Özdemir noch nicht gefällt wurde. Die Personalabteilung erhofft sich durch ein von außen moderiertes Mediationsgespräch eine Vereinbarung, durch die der weitere Verbleib von Herrn Özdemir in der Marketingabteilung gewährleistet werden kann. Herr Özdemir ist in keiner anderen Abteilung so gut einsetzbar wie in dieser.

Die Mediation soll durch das Unternehmen bezahlt werden. Die Mediatorin erhält die Erlaubnis, mit beiden Parteien ein telefonisches Vorgespräch zu führen und zu überprüfen, inwiefern beide freiwillig an der Mediation teilnehmen.

Die Personalleiterin ist bereit, eine schriftliche Vereinbarung zwischen den Beteiligten zu akzeptieren und, befristet auf ein halbes Jahr, sich zu verpflichten, von weiteren personellen Maßnahmen abzusehen.

Nach dem ersten Telefongespräch der Mediatorin mit den beiden Beteiligten stellt sich heraus, dass beide bereit sind, ein Mediationsgespräch miteinander zu führen.

Teilnehmen sollen weiterhin der Anwalt sowie Herr Schwarz.

(2) Erste Mediationssitzung

280 Die Mediatorin eröffnet das Treffen, das in ihren Büroräumen stattfindet, indem sie das Verfahren der Mediation und dessen Spielregeln erläutert.

Einleitung: Die Mediatorin stellt sich vor. Die Bedingungen für die Mediation werden erklärt und ausgehandelt. Die gemeinsamen Spielregeln werden eingeführt.

Sichtweise der Konfliktpartner: Die Mediatorin bittet zunächst Herrn Özdemir, die Angelegenheit aus seiner Perspektive zu schildern. Es wird vereinbart, dass er ununterbrochene Redezeit erhält.

Herr Özdemir beginnt mit dem Stellenausschreibungsverfahren vor drei Jahren. Ihm seien große Hoffnungen auf die Beförderung gemacht worden. Seine Beurteilungen seien immer einwandfrei gewesen. Er sei beliebt in der Abteilung.

Die Beförderung von Frau Grün, an ihm vorbei, habe er als Angriff auf sich als Türken verstanden. Ihm werde aus diesem Grund wieder einmal Unrecht getan. Frau Grün sei wahrscheinlich nur aufgrund des Frauenförderprogramms befördert worden. Er habe von Anfang an nur auf einer gerechten Behandlung durch Frau Grün bestanden. Es sei ihm völlig unverständlich, wieso er als einziger Protokolle über sein Arbeitspensum und Telefonprotokolle führen müsse. Dies sei eine persönliche Schikane von Frau Grün. Sie stelle ihm laufend Fallen, lege ihm falsche Formulare vor. Wenn er sich auf Abteilungskonferenzen zu Wort melde, nehme ihn Frau Grün erst gar nicht dran. Die letzte Personalbeurteilung sei völlig ungerecht und an den Haaren herbeigezogen. Er fühle sich in seiner professionellen Würde verletzt und halte Frau Grün für eine Rassistin. Kleinigkeiten, die bei anderen Kollegen einfach übersehen würden, führten bei ihm umgehend zu Abmahnungen. Dagegen habe er endlich etwas unternehmen müssen, daher die Klageerhebung.

Frau Grün versucht an mehreren Stellen, ihn zu unterbrechen. Die Mediatorin bittet sie, sich ihre Anmerkungen aufzuschreiben und in ihrer Schilderung dazu Stellung zu nehmen.

Nach dem Vortrag von Herrn Özdemir fasst die Mediatorin zusammen (Aktives Zuhören) und versucht, so zu formulieren, dass Frau Grün den Standpunkt von Herrn Özdemir verstehen kann.

Sie stellt als Themengebiete für Herrn Özdemir fest:
- Ungleichbehandlung zwischen ihm und anderen Mitarbeitern
- Umgang mit Formularen
- Umgang mit Personalbeurteilungen
- Frage der Benachteiligung aufgrund der Herkunft
- Klärung, warum Frau Grün und nicht er befördert wurde

Nach dem Vortrag von Herrn Özdemir bittet die Mediatorin Rechtsanwalt Braun um Ergänzungen. Herr Braun stellte seine rechtliche Würdigung vor: alle Abmahnungen seien rechtswidrig erfolgt. Die Klage auf Entfernung der Abmahnung werde er ohne Schwierigkeiten vor dem Arbeitsgericht gewinnen.

Die Mediatorin ergänzt die Themen:
- Umgang mit Klage auf Entfernung der Abmahnungen aus der Personalakte

Nach diesem Vortrag bittet die Mediatorin Frau Grün, nunmehr ihre Sichtweise der Angelegenheit zu schildern:

Sie berichtet, die Leistung von Herrn Özdemir sei immer schlechter geworden. Er sei pampig und habe immer häufiger versucht, sie in ihrer Autorität zu untergraben. Er sei bewusst zu spät gekommen, habe Entscheidungen (z.B. Dienstwagen) getroffen, ohne sie auch nur dazu zu fragen. Der anonyme Brief sei der absolute Gipfel der Frechheit. Sie sei nervlich seit zwei Jahren hoch belastet, v. a. weil sie ständig selbst Druck von oben erhielte, da die Abteilung nicht mehr so produktiv arbeite wie früher. Sie habe sich nur durch harte personelle Maßnahmen ihrer Haut wehren können. So wie bislang gehe es nicht weiter. Herr Özdemir solle versetzt oder gekündigt werden.

Herr Özdemir versucht mehrmals, Frau Grün zu unterbrechen. Die Mediatorin erinnerte mehrfach an die vereinbarten Spielregeln.

Für Frau Grün ergeben sich folgende Themen:
- Personalführung
- Akzeptanz ihrer beruflichen Autorität
- Umgang mit persönlichen Angriffen
- Umgang mit Unpünktlichkeit
- Frage der Beförderung: Gründe?
- Umgang mit Kritik

Die Mediatorin bittet Herrn Schwarz, ggf. zu ergänzen. Herr Schwarz fügt dem zunächst nichts hinzu.

(3) Konflikterhellung und -bearbeitung

Zunächst versucht die Mediatorin, gemeinsame Anliegen der Parteien zu finden. Sie spricht an: 281
- Beide wünschen Anerkennung ihrer Fachkompetenz
- Beide setzen sich für eine gute Arbeitsleistung der Abteilung ein
- Beide wollen langfristig in der Abteilung arbeiten
- Beide haben angedeutet, sie fühlten sich diskriminiert und »gemobbt«
- Beide wünschen sich ein besseres Arbeitsklima

Beide Konfliktpartner teilen diese Einschätzung der Mediatorin.

Die Mediatorin spricht dann die Frage der Beförderung von Frau Grün an und fragt Herrn Schwarz, den Verantwortlichen, ob er dazu etwas sagen wollte, wie es zu dieser Entscheidung gekommen sei.

Herr Schwarz bejahte. Beide Bewerber seien fast gleich gut qualifiziert gewesen. Letztlich habe den Ausschlag für Frau Grün gegeben, dass diese mit Kollegen und Kolleginnen besser im Team habe arbeiten können als Herr Özdemir. Es tue ihm jetzt, im Nachhinein leid, dass kein ausführliches Gespräch mit Herrn Özdemir nach Ablehnung seiner Bewerbung geführt worden sei. Ihm sei gerade klar geworden, dass dies zu der Konfliktentwicklung beigetragen habe.

Darauf merkt Frau Grün an, sie habe von Anfang an ein schlechtes Gewissen Herrn Özdemir gegenüber gehabt, weil sie selbst gesehen habe, dass er nicht schlechter als sie selbst sei. Sie habe Angst gehabt, fachlich von ihren ehemaligen Kollegen nicht ernst genommen zu werden und dass Herr Özdemir, als Mann, der heimliche Chef der Abteilung werde könne. Also habe sie sofort versucht, ihm Grenzen zu setzen, insbesondere mit den Protokollbüchern.

Die Mediatorin fragt nach: Sie haben sich von Herrn Özdemir nicht ernst genommen gefühlt? Sie bejaht.

Daraufhin Herr Özdemir: Er habe sich von Frau Grün erst recht nicht ernst genommen gefühlt. Vor ihrem »Amtsantritt« habe er immer zur vollsten Zufriedenheit des ehemaligen Abteilungsleiters gearbeitet. Er verstehe nicht, wie ihm auf einmal so viel Misstrauen entgegenschlagen konnte. Er wisse zwar, dass er auch sehr rigoros sein könne, wenn er sich im Recht fühle. Es sei nie seine Absicht gewesen, Frau Grün Angst zu machen. Er habe immer noch den Eindruck, sie lehne ihn persönlich ab, weil er Türke sei. Er habe niemals einen anonymen Brief geschrieben. Das habe er nicht nötig. Er vermute vielmehr, das sei Frau Grün selbst gewesen, um ihn zu diskreditieren.

Die Mediatorin wiederholt: Sie fühlen sich als Türke benachteiligt und nicht ernst genommen von Frau Grün? Er bejaht.

Die Mediatorin fasst zusammen und stellt fest, dass es hier im Anschluss an eine Beförderung, die nur eine Person erhalten konnte, unterlassen wurde, auch mit Herrn Özdemir ein Personalgespräch zu führen. Dies habe wohl zu großen Missverständnissen geführt. Beide fühlten sich nicht ernst genommen. Der eine wegen seiner türkischen Herkunft, die andere als weibliche Vorgesetzte.

Alle Anwesenden nicken. Nach einer längeren Pause sagt Herr Özdemir: Ich verstehe gar nicht, warum wir nicht längst schon einmal miteinander gesprochen haben. Früher haben wir uns doch gut verstanden. Frau Grün nickt. Sie sagt, es tue ihr leid, dass sie so lange gewartet habe, mit ihm persönlich zu sprechen.

Die Mediatorin fragt wenig später:

Was brauchen Sie, was wünschen Sie sich für eine künftige Zusammenarbeit?

Sie bittet beide, dies in fünf Minuten Einzelarbeit aufzuschreiben.

Frau Grün stellt vor:
- Sie braucht ihre Anerkennung als Führungskraft
- Keine Sabotage mehr
- Nicht mehr hinter dem Rücken reden
- Wieder miteinander sprechen
- Keine eigenmächtigen Entscheidungen

Herr Özdemir wünscht sich:
- Anerkennung seiner Fachkompetenz
- Schluss mit Protokollbüchern
- Faire Beurteilungen
- Keine Fallen mehr

Die Mediatorin weist darauf hin, dass Negativ-Wünsche auf sog. Positionen hinweisen (ich will dass/dass nicht ...) und dass es hier um Bedürfnisse, um Interessen gehe. Um den Grund, warum sie/er etwas nicht wolle oder wolle.

Gemeinsam arbeiten die Beteiligten die dahinter liegenden Interessen beider Seiten heraus:
- Anerkennung von Fachkompetenz
- Anerkennung als Führungskraft

Auf der Basis dieser Interessen werden nun Lösungsmöglichkeiten entwickelt.

(4) Konfliktlösung: Sammeln und Bewerten von Lösungsmöglichkeiten

282 Die Mediatorin stellt die Methode des brain-storming vor. Sie bittet beide Konfliktpartner, ggf. auch die beiden anderen Beteiligten, unzensiert alle Ideen für Lösungsmöglichkeiten zuzurufen. Es seien nur Ideen, an die sich keine Seite gebunden zu fühlen brauche. Sie schreibt die Ideen an das Flipchart.

Das Flipchart sieht folgendermaßen aus:
- Teilnahme an einem Management- und Führungskräfteseminar für Frau Grün
- Personalentwicklungsgespräch mit Herrn Özdemir
- Spielregeln für Abteilungssitzungen aufstellen
- Spielregeln für das Verhalten am Arbeitsplatz aufstellen
- Gegenseitiges Loben bei guten Leistungen
- Entschuldigungen für das vergangene Verhalten
- Musik nur noch, wenn Nachbarzimmer leer
- Abmahnungen nur noch nach vorherigem Gespräch
- Einschaltung eines neutralen Dritten bei neuerlichen Konflikten – vor Abmahnung und Gericht
- Möglichkeiten für beruflichen Aufstieg mit Herrn Özdemir besprechen
- Fortbildungen für Herrn Özdemir

Die Konfliktpartner wählen Lösungsoptionen aus.

(5) Abschluss einer Vereinbarung

283 Es wird vereinbart:
- Herr Schwarz führt mit Herrn Özdemir ein Personalentwicklungsgespräch.
- Herr Özdemir wird an einem Fortbildungsseminar zur Teamarbeit teilnehmen.
- Herr Özdemir führt keine Protokollbücher mehr. Stattdessen berichtet er Frau Grün wöchentlich von seinen Arbeitserfolgen.
- Frau Grün nimmt an einem Personalführungsseminar teil.
- Frau Grün und Herr Özdemir stellen gemeinsam auf der nächsten Abteilungssitzung die Sitzungsspielregeln vor.
- Frau Grün und Herr Schwarz setzen sich dafür ein, dass die Abmahnungen aus der Personalakte von Herrn Özdemir entfernt werden.
- Dann nimmt Herr Özdemir seine Klage zurück.
- Frau Grün und Herr Özdemir versuchen bei neuerlichen Konflikten zunächst miteinander zu sprechen. Hat dies keinen Erfolg, wenden Sie sich an Herrn Schwarz. Herr Özdemir kann den Betriebsrat mit zu dem Gespräch bringen. Hat auch dies keinen Erfolg, wird – vor Einleitung personeller Maßnahmen oder Klageverfahren – nochmals die Mediatorin eingeschaltet.

Die Vereinbarung wird schriftlich festgehalten, alle Anwesenden unterzeichnen. Die Mediatorin bedankt sich. Es wird ein Telefontermin in drei Monaten vereinbart, um die Nachhaltigkeit der Vereinbarung zu überprüfen. Die Konfliktpartner verpflichten sich, eine Kopie der Vereinbarung an Frau Roth weiterzuleiten. Die Mediation ist nach einem dreieinhalbstündigen Termin beendet.

5. Grundsätzliches zum Mediationsverfahren

284 *Fritjof Haft*[187] meint, Mediation sei zu einem Modewort geworden, dem ein Glamour anhafte, den der gute alte Begriff »Verhandeln« nie gehabt habe und im Hinblick auf die Anrüchigkeit des »Feilschens« auch nie haben werde. Im Gegensatz zu einem Schiedsrichter oder Richter ist ein Mediator nicht dazu berechtigt, den Parteien eine Entscheidung aufzuerlegen. Der Ausgang des Verfahrens wird immer durch die Parteien bestimmt. Bei der Mediation handeln die Parteien eigenverantwortlich, Mediation bedeutet wörtlich »Vermittlung«. Nicht der Mediator entwickelt das Ergebnis, sondern seine Anwesenheit und seine allparteiliche Begleitung schaffen die Voraussetzung, dass die Parteien eine Lösung entwickeln. Allparteilichkeit ist nicht gleichzusetzen mit Neutralität. Der Mediator bemüht sich um Verständnis für die Sichtweise der Konfliktparteien und hat ein Interesse an der Klärung des Konflikts. Er ist primär verantwortlich für den Ablauf der Mediation.

285 Der Mediator bezieht möglichst alle von einem Problem Betroffenen ein. Wichtig ist die **Eigenverantwortung der Teilnehmer**. Die Parteien sollten möglichst freiwillig an einer Mediation teilnehmen und sind für die Ergebnisse der Mediation selbst verantwortlich. Nach den Regeln der Mediation ist nicht der Mediator Experte in der Sache, um die es geht, Experten sind die Beteiligten selbst.

187 Verhandlung und Mediation, S. 243.

Lösungen in der Mediation sollen fall- und problemspezifisch sein. Sie werden für einen konkreten Einzelfall entwickelt, sie dienen nicht der Abklärung von Schuld und fördern auch nicht verallgemeinerbare Ergebnisse zutage. Nicht Rechtsnormen werden bei der Lösung als zentraler Ansatz herangezogen, sondern die Akzeptanz unterschiedlicher Perspektiven. Persönliche und psychologische Hintergründe werden einbezogen. Ziel ist immer nur die Regelung eines konkreten Konflikts. Entgegen einem weit verbreiteten Missverständnis geht es bei der Mediation nicht um die Bearbeitung tiefer liegender Persönlichkeitsprobleme. 286

Bei einer Mediation muss gewährleistet sein, dass die Beteiligten über alle für die Bearbeitung einer Lösung erforderlichen, unter Umständen auch rechtlichen Informationen verfügen. Dabei können Anwälte durchaus die Parteien vor und während einer Mediation beraten, sie können sogar während einer Mediation anwesend sein. 287

Zwei weitere Prinzipien sind bei der Mediation immer zu beachten: Mediation heißt **Ergebnisoffenheit**. Alle in einem Mediationsverfahren vertretenen Interessen können Berücksichtigung erfahren und sind nicht aufgrund der Konfliktbeschreibung bereits von vornherein ausgeschlossen. Der Mediator hat keine Ergebnisverantwortung, sondern bloße Prozessverantwortung.[188] Die Hauptaufgaben des Mediators bestehen darin, die Kommunikation und das gegenseitige Verständnis der Parteien zu verbessern und sie in der Erforschung ihrer Interessen zu unterstützen. Schließlich liegt eine der Hauptursachen für eine Eskalation häufig in einem Rückgang, gelegentlich in einem Abbruch der Kommunikation.[189] 288

Eine weitere Voraussetzung ist **Vertraulichkeit**. *Budde*[190] fordert darüber hinaus, dass während einer arbeitsrechtlichen Mediation von allen Parteien, meist vorwiegend vom Arbeitgeber, ein Verzicht auf Sanktionen während des Verfahrens oder aufgrund des Verfahrens erklärt wird. 289

Nach *Budde/Kessen/Troja*[191] wird, wie auch von anderen Autoren, die Ansicht vertreten, dass jedes Mediationsverfahren in sechs Phasen einzuteilen ist: 290

- Vorbereitung und Mediationsvertrag
- Informations- und Themensammlung
- Interessenklärung
- kreative Ideensuche/Optionen bilden
- Bewertung und Auswahl von Optionen und
- Vereinbarung und Umsetzung

Diese Phasen waren bereits Gegenstand der Falldarstellung »Konflikte in einer Marketing-Abteilung«.[192] 291

6. Die sechs Prozessschritte der Mediation

Zoomt man die sechs Prozessschritte der Phasen einer Mediation und verdeutlicht man die dabei durchzuführenden Maßnahmen, einzusetzenden Methoden und Techniken sowie die zu beachtenden übergeordneten Ziele, ergibt dies folgendes Schaubild.[193] 292

188 *Haft*, Verhandlung und Mediation, S. 251 f.

189 *Haft*, Verhandlung und Mediation, S. 252; erfrischend positive Beispiele für richterliche Mediationsbemühungen bei *Diller*, FA 2002, 33.

190 In *Henssler/Koch*, Mediation in der Anwaltspraxis, 1. Aufl., § 15 Rn 17.

191 Seminarunterlage »Arbeitsrecht und Mediation«, 2000, Deutsche AnwaltAkademie.

192 Siehe § 1 Rn 272 ff.

193 *Andrea Budde* (Konfliktmanagement.de), *Stefan Kessen* (MEDIATOR GmbH), *Markus Troja* (MEDIATOR GmbH).

Prozessschritt	Inhalte	Methoden/ Techniken	Übergeordnete Ziele
Phase 1: Vorbereitung und Mediationsvertrag Konfliktanalyse	■ Auftragsklärung/ Mediationsvertrag ■ Analyse der Sachlage ■ Identifikation und Analyse der zu beteiligenden Personen und Gruppen ■ Analyse des Konfliktstatus ■ Entwurf eines detaillierten Prozessdesigns und -verlaufs	■ Recherchen ■ Informationsaufbereitung ■ Interviews ■ Einzelgespräche ■ evtl. Vortreffen der Mediationsrunde zur Klärung der Verfahrensorganisation ■ ...	Grundlagen für ein kooperatives Miteinander
Klärung organisatorischer und verfahrensrelevanter Fragen	■ Klärung der Verhandlungsmandate ■ Einigung auf Interessenrepräsentation und Gruppengröße ■ Organisation des Verfahrens (u.a. Ort, Zeit)		
Klärung des Mediationsprozesses	■ Rolle des Mediators ■ Verfahrensregeln ■ Einigung über den Einsatz von Gutachtern und Experten ■ ggf. Aufgabenklärung: Forum und Arbeitskreise ■ Ziel der Mediation klären	■ Darstellung ■ Diskussion ■ Reflexion ■ ...	
Phase 2: Informations- und Themensammlung »Worum geht es genau?«	■ Bestandsaufnahme und Informationsausgleich ■ Bisherige und anstehende Planungen und Entscheidungen offen legen ■ Transparenz schaffen ■ Respekt und Akzeptanz schaffen ■ Angemessener Umgang mit Emotionen ■ Positionen in Themen umformulieren ■ Relevante Themen auflisten und strukturieren	■ Recherchen und Informationsaufbereitung ■ Zusammenfassen ■ Differenzieren ■ Visualisieren ■ Aktives Zuhören ■ Paraphrasieren ■ Fragetechniken ■ Ich-Botschaften ■ ...	Unterstützung der Konfliktparteien bei der Formulierung eigener Interessen und Bedürfnisse
Phase 3: Interessenklärung	■ Interessen und Bedürfnisse hinter den Positionen erkennen		Anerkennung der gegenseitigen Interessen und Bedürfnisse
Phase 4: Kreative Ideensuche/ Optionen bilden »Was wäre alles denkbar?«	■ Sammlung von Ideen ■ Auf- und Entdeckung neuer Optionen auf der Grundlage der Interessen ■ Erweiterung des Verhandlungsspielraums	■ Brainstorming, -writing ■ Analogien, Assoziationen ■ Simulation, Rollenspiel ■ Mind Mapping ■ ...	Erweiterung von Handlungsrationalitäten

Prozessschritt	Inhalte	Methoden/ Techniken	Übergeordnete Ziele
Phase 5: Bewertung und Auswahl von Optionen »Wie können wir es angehen?«	■ Neue Argumente und Einsichten durch Perspektivenwechsel ■ Integratives Verhandeln ■ Bewertung und Auswahl von Lösungsoptionen ■ Für alle akzeptable Regelungen bzw. Lösungen entwickeln durch Interessenvermittlung bzw. -ausgleich	■ Wertbaumanalysen und andere Bewertungsmethoden ■ Prüfkriterien (rechtlich, technisch, wirtschaftlich, ...) ■ Integrative Verhandlungstechniken (Paketlösungen, Kompensationen, ...) ■ PMI (Plus-Minus-Interessant) und andere Bewertungstabellen bzw. Matrizen ■ Aktionsplan: Wer, was, wann, wie	Erweiterung von Handlungskapazitäten
Phase 6: Vereinbarung und Umsetzung Dokumentation, Implementation und kontinuierliche Anpassung der Ergebnisse	■ Mediationsvereinbarung ■ Klärung der Umsetzung ■ Nachfolgetreffen und ggf. Nachverhandlungen ■ Etablierung langfristig kooperativer Beziehungen	■ Ein-Text-Verfahren ■ Schriftlicher Vertragstext ■ Berichte über die Umsetzung ■ Dokumentation ■ ...	Einigung auf Ergebnis Langfristig kooperative Beziehungen

7. Einbeziehung von Mediation in die Falllösung

Nicht jeder arbeitsrechtliche Konflikt eignet sich für eine Mediation.[194] Zunächst müssen beide Konfliktparteien auf Arbeitgeber- wie auf Arbeitnehmerseite eine **Bereitschaft** haben, den Konflikt im Wege der Mediation aufzuarbeiten. Hieran gebricht es, wenn eine Seite der Fortsetzung des Arbeitsverhältnisses keine Chance mehr gibt. Da Ergebnisoffenheit eine zwingende Voraussetzung der Mediation ist, muss die Fortsetzung der Arbeitsrechtsbeziehung für beide Seiten eine immer noch denkbare Alternative sein. An dieser Voraussetzung fehlt es, wenn betriebsbedingte Kündigungen anstehen oder wenigstens eine Seite nach einem länger dauernden Konflikt mit dem Vertragspartner des Arbeitsverhältnisses auf Dauer nichts mehr zu tun haben möchte. Bei Arbeitsrechtskonflikten zwischen Geschäftsleitung und Betriebsrat ist es hilfreich, wenn arbeitsrechtliches Fachwissen in die Mediation einbezogen wird.[195] 293

Wer eine Mediation in einem konkreten Konfliktfall für eine denkbare Lösung hält, sollte das Konfliktlösungsmodell der Mediation ins Spiel bringen und sich mit anerkannten Mediatorinnen und Mediatoren in Verbindung setzen. Beim Deutschen Anwaltverein wurde zwischenzeitlich eine Arbeitsgruppe gebildet, über die Adressen geeigneter Mediatoren in Erfahrung gebracht werden können. Die Führung der Bezeichnung »Mediator« auf dem Briefkopf/Briefbogen einer Anwaltskanzlei stellt keine unzulässige Werbung dar. »Mediator« bezeichnet nicht nur eine anwaltliche Tätigkeit, sondern daneben und darüber hinaus eine eigenständige Berufstätigkeit, so dass es nicht gerechtfertigt ist, anwaltliche Mediatoren, die eine einschlägige Ausbildung nachweisen können, 294

194 Siehe hierzu *Ponschab/Dendorfer*, Mediation in der Arbeitswelt – eine ökonomisch sinnvolle Perspektive, Mediation und Recht, Beilage 1 zu BRAK-Mitt. 2/2001, 1 ff.

195 Siehe hierzu *Luther*, ZKM 4/2002, 187.

auf die in ihrem Anspruch und ihrer Geltung deutlich hinter der Bezeichnung »Mediator« zurückbleibende Selbstbenennung mit einem entsprechenden Interessen- oder Tätigkeitsschwerpunkt zu beschränken.[196]

D. Haftung des Arbeitsrechtsanwalts

I. Grundzüge der Anwaltshaftung – der »sichere Weg«

295 Viel Aufsehen erregte im Jahre 1983 ein Urteil des BGH,[197] in dem es u.a. heißt:

»Ein Rechtsanwalt, der die Vertretung eines Arbeitnehmers in einem Arbeitsgerichtsprozess übernimmt, beachtet nur dann die im Verkehr erforderliche Sorgfalt, wenn er die veröffentlichte höchstrichterliche Rechtsprechung, vornehmlich die in der Entscheidungssammlung des BAG abgedruckten Urteile, berücksichtigt.«

296 Diese Entscheidung wirkte, weit über ihren arbeitsrechtlichen Anknüpfungspunkt hinaus, bis heute wie ein Schock auf die Anwaltschaft, hat doch die Zivilrechtsprechung stets eine Richterhaftung aus dem gleichen Grunde abgelehnt.[198] Wenn man bedenkt, dass Anfang der 80er-Jahre noch das Leitbild des Allround-Anwalts galt, die Richter bereits auf ihren unterschiedlichen Gebieten in den einzelnen Zweigen der Gerichtsbarkeit spezialisiert waren, wurde der Entscheidung vom 29.03.1983 mit Recht Unausgewogenheit nachgesagt.

297 In dem vom BGH entschiedenen Fall war der Anwalt beauftragt worden, eine Kündigungsschutzklage zu erheben. Bis zur Rechtskraft des erfolgreich geführten Kündigungsschutzprozesses hatte sich der Anwalt um Annahmeverzugslöhne nicht gekümmert. Als ihn sein Mandant fragte, wo denn »sein Geld bleibe«, erhob der Anwalt eine Zahlungsklage und wurde vom Arbeitgeber mit dem Einwand konfrontiert, der Zahlungsanspruch sei nach dem Tarifvertrag verfristet. Den Tarifvertrag wende man im Unternehmen immer an. Die Zahlungsklage wurde abgewiesen, der Anwalt wurde in Regress genommen.

298 Seinen Einwand, von der Anwendbarkeit des Tarifvertrages nichts gewusst zu haben, ließ der BGH nicht gelten. Der Anwalt hätte beim Arbeitgeber Rückfrage halten können, ob eine Tarifanwendung stattfinde. Es hätte ja immerhin sein können, dass der Arbeitgeber diese Frage positiv beantwortet hätte. Jedenfalls hätte der Versuch unternommen werden müssen, der Anwalt sei deshalb verpflichtet gewesen, auch insoweit zu beraten und für die Sicherung der auf Ersatz des Lohnausfalles gerichteten Ansprüche seines Mandanten im Rahmen einer Kündigungsschutzklage zu sorgen.

299 *Zirnbauer*[199] hat kritisch angemerkt, dass der BGH dem Anwalt eine Haftung wegen eines Mandats auferlegt habe, das er zunächst nicht gehabt habe. Der Auftrag eine Kündigungsschutzklage einzureichen, sei nicht identisch mit dem Auftrag, Annahmeverzugslohn beim Arbeitgeber geltend zu machen. Was hat der Arbeitsrechtsanwalt zu beachten, um nicht in eine Haftung durch den eigenen Mandanten und durch die Ziviljustiz genommen zu werden?

300 Nach der Rechtsprechung des BGH ist der Rechtsanwalt, soweit sein Auftraggeber nicht unzweideutig zu erkennen gibt, dass er des Rates nur in einer bestimmten Richtung bedarf, zur allgemeinen, umfassenden und möglichst erschöpfenden Belehrung des Auftraggebers verpflichtet. Unkundige Mandanten muss der Anwalt über die Folgen ihrer Erklärungen belehren und vor Irrtümern bewahren. Der Anwalt hat dem Mandanten diejenigen Schritte anzuraten, die zu dem erstrebtem Ziel zu führen geeignet sind, und Nachteile für den Auftraggeber zu verhindern, soweit solche voraussehbar

196 AGH Baden-Württemberg, Beschl. v. 28.04.2001, BRAK-Mitt. 5/2001, 233.

197 BGH, Urt. v. 29.03.1983, NJW 1983, 1665.

198 Siehe die Nachweise bei *Fischer*, Die Richterhaftung, 1997; *Gilles*, Die Richterhaftung nach § 839 Abs. 2 BGB, 1934; *Lüders*, Die Haftung des Richters bei Urteilen, 1930.

199 Haftungsgefahren beim arbeitsrechtlichen Mandat, FA 1998, 40.

und vermeidbar sind. Dazu hat der Anwalt dem Auftraggeber den **sichtersten und gefahrlosesten Weg** vorzuschlagen und ihn über mögliche Risiken aufzuklären, damit der Mandant zu einer sachgerechten Entscheidung in der Lage ist.[200] Gleichermaßen entscheidet der BGH[201] beim Steuerberater. Kommt die Inanspruchnahme alternativer Steuervergünstigungen mit unterschiedlichen Rechtsfolgen in Betracht, hat der Steuerberater grundsätzlich über die verschiedenen Möglichkeiten auch dann umfassend zu belehren, wenn noch nicht erkennbar ist, ob die unterschiedlichen Rechtsfolgen für den Mandanten jemals bedeutsam werden.

Welche Pflichten sich aus diesen allgemeinen Grundsätzen im Einzelfall ergeben, hängt naturgemäß davon ab, welches Mandat dem Rechtsanwalt erteilt ist. Der BGH baute in der Vergangenheit die Hürden für die Anwaltshaftung immer mehr ab.[202] Konnte man diese Haftungsrechtsprechung noch aus dem Blickwinkel der persönlichen Verantwortung des Anwalts billigen, wurde die Haftung überspannt, als der BGH entschied, der Anwalt hafte auch für Fehler des Gerichts.[203] Das BVerfG schob dieser deutlich zu weit gehenden Haftungsrechtsprechung einen Riegel vor.[204] Es meldete mit Recht Bedenken gegen die ausufernde Rechtsprechung des BGH an. Immerhin darf nicht vergessen werden, dass der Richter keiner Haftung unterliegt und die Zahl der Fehlentscheidungen, was die Aufhebung von Urteilen in der nächsthöheren Instanz belegt, Legionen bildet. Der Nichtannahmebeschluss des Ersten Senats des BVerfG v. 12.08.2002 lässt es sogar ansatzweise zu, aus dem Berufsgrundrecht einen Anspruch des Anwalts auf haftungsfreie berufliche Schlechtleistung abzuleiten.[205] 301

In einem früheren Urteil entschied der BGH, dass ein Rechtsanwalt, dem vorprozessual ein Fehler unterlaufen war, nicht den Schaden verantwortet, der auf falscher Entscheidung des anschließenden gerichtlichen Verfahrens beruht, wenn das Gericht den ihm richtig unterbreiteten Sachverhalt unrichtig beurteilt hat und bei richtiger Beurteilung der Fehler des Rechtsanwalts folgenlos geblieben wäre.[206] Versäumt der Anwalt eine Frist zur Klageerhebung, wie bei der Kündigungsschutzklage die Drei-Wochen-Frist gem. § 4 KSchG, kann der Mandant nur dann Schadensersatz verlangen, wenn die Kündigung – im konkreten Fall eine personenbedingte Kündigung – sozial nicht gerechtfertigt war.[207] 302

II. Prozessführung auf Kosten des Rechtsanwalts

Kommt die eigene Mandantschaft nach einem in I. Instanz wegen Verjährung verlorenen Prozess, vertreten durch einen neuen anwaltlichen Bevollmächtigten, auf den Rechtsanwalt mit dem Ansinnen zu, er müsse nun die II. Instanz auf eigene Kosten führen, um »den eingetretenen Schaden« wieder gut zu machen, stellt sich die Frage, ob der Anwalt zu einer solchen Prozessführung verpflichtet ist. Im Anwaltsschreiben des neuen Bevollmächtigten wird vermutlich lapidar auf das Urteil des BGH vom 21.09.2000 verwiesen.[208] Im Rahmen der hier in Betracht zu ziehenden Entscheidung führte der BGH aus, der Rechtsanwalt hafte dem Mandanten für den durch den Verlust eines Prozesses entstandenen Schaden. Bestehe jedoch berechtigte Aussicht, diesen Schaden durch die Führung 303

200 Ständige Rspr: BGH, Urt. v. 18.06.1968, VersR 1968, 969; BGH, Urt. v. 25.06.1974, NJW 1974, 1865 = VersR 1974, 1108; BGH, Urt. v. 08.12.1983, NJW 1984, 791 = VersR 1984, 283; BGH, Urt. v. 22.10.1987, NJW 1988, 563; siehe auch *Küttner*, RdA 1999, 59.

201 BGH, Urt. v. 16.10.2003, DB 2004, 131; Erörterung dieses Urteils durch *Jungk/Chab/Grams*, BRAK-Mitt. 1/2004, 23.

202 *Huff*, AnwBl 2002, 700.

203 BGH, Urt. v. 17.01.2002, NJW 2002, 1048.

204 BVerfG, Beschl. v. 12.08.2002, NJW 2002, 2937.

205 *Knöfel*, AnwBl 2004, 76.

206 BGH Urt. v. 05.11.1987, NJW 198, 486.

207 OLG Frankfurt a.M., Urt. v. 29.10.1998, NZA-RR 1999, 359. – In gleicher Weise wie ein Rechtsanwalt haften der Deutsche Gewerkschaftsbund und die Einzelgewerkschaften bei Versäumung einer Klage- oder Berufungsfrist, BGH, Urt. v. 10.01.2002, FA 2002, 111.

208 BGH, Urt. v. 21.09.2000, NJW 2000, 3560.

eines weiteren Rechtsstreits zu beseitigen oder zu vermindern, müsse der Anwalt, sofern er seinen Auftraggeber nicht anderweitig schadlos stelle, diesen Rechtsstreit auf eigene Kosten und auf eigenes Risiko führen.[209]

304 Ungeklärt ist gegenwärtig noch, ob der Anwalt einen solchen Rechtsstreit auch auf eigene Kosten führen muss, insbesondere, ob seine Berufshaftpflichtversicherung zu Erstattung dieser Kosten verpflichtet ist, weil die Versicherung durch die Prozessführung des Anwalts bei einem obsiegenden Urteil von ihrer Eintrittspflicht befreit wird. *Neuhofer*[210] hält das Urteil des BGH vom 21.09.2000 für eine »absolute Einzelfallentscheidung, die nur in den seltensten Fällen übertragbar« sei. Es bleibe durch das Urteil des BGH vom 21.09.2000 alles beim Alten. Unterliege der Mandant im Rechtsstreit, so sei es grundsätzlich seine Sache und nicht die seines Rechtsanwalts, ein etwa Erfolg versprechendes Rechtsmittel zu bemühen. Dies habe sich bereits aus der früheren Rechtsprechung des BGH ergeben.[211]

III. Haftungsgefahren durch Ausschlussfristen

305 Wie das Urteil des BGH vom 29.03.1983 lehrt, muss der Arbeitnehmer bei jeder Kündigungsschutzklage zunächst sein Augenmerk darauf richten, ob etwaige **Tarifverträge** oder **Betriebsvereinbarungen** Anwendung finden, die Ausschlussfristen beinhalten.

306 Der Anwalt muss sich vergegenwärtigen, dass er von sich aus den Mandanten zu befragen hat, ob er sich auch um **etwaige Zahlungsansprüche** kümmern soll. Zu seinen Aufklärungspflichten zählt es dann schließlich, sich mit Hilfe des Mandanten oder auf eigenem Weg über die Existenz und (nur in selteneren Fällen) den Inhalt von Betriebsvereinbarungen und immer aber über einschlägige Tarifverträge zu informieren. Wie man sich Tarifverträge beschafft, schildert *Diller*[212] anschaulich. Zunächst besteht bei tarifgebundenen Arbeitgebern eine Auslagepflicht nach § 8 TVG. Unabhängig davon, ob der Tarifvertrag wegen Verbandsmitgliedschaft des Arbeitgebers oder aufgrund Allgemeinverbindlichkeit anzuwenden ist, muss er nach § 9 Abs. 2 der Durchführungsverordnung zum Tarifvertragsgesetz[213] ausgelegt werden. Soweit ein Tarifvertrag nur durch arbeitsvertragliche Inbezugnahme Anwendung findet, muss er in der Personalabteilung zur Einsichtnahme hinterlegt sein.[214] Wird im Arbeitsvertrag auf die Anwendbarkeit eines einschlägigen Tarifvertrags, der eine Ausschlussklausel enthält, hingewiesen, ist auch hinsichtlich der Verfallfrist § 2 Abs. 1 Nr. 10 NachwG Genüge getan.[215]

307 Die Tarifparteien haben eine Abschrift ihrer abgeschlossenen Tarifverträge dem Bundesminister für Arbeit und dem jeweiligen Länderarbeitsministerium, in deren Zuständigkeit das jeweilige räumliche Geltungsgebiet des Tarifvertrages fällt, zu senden. In den Ministerien liegen die Tarifregister ohne Anspruch auf Richtigkeit und Vollständigkeit der Eintragungen[216] aus. Verschickt werden durch die Ministerien keine Abschriften. § 16 Abs. 2 DVO gewährleistet nur die Einsichtnahme vor Ort.[217] Schließlich haben örtliche Anwaltskammern ein eigenes Tarifregister angelegt. Und wer sich für sämtliche allgemeinverbindlichen Tarifverträge interessiert, kann diese auch auf CD-ROM erhalten.[218]

209 BGH, Urt. v. 21.09.2000, NJW 2000, 3560.
210 AnwBl 2002, 422.
211 BGH, Urt. v. 10.02.1994. NJW 1994, 1472.
212 Wie beschafft man sich Tarifverträge?, FA 1999, 43 ff.
213 NZA 1989, 336.
214 BAG, Urt. v. 05.11.1963, DB 1964, 155; *Lindena*, DB 1988, 1115.
215 BAG, Urt. v. 23.01.2002 – 4 AZR 56/01 (n.v.).
216 *Lindena*, DB 1988, 1115; *Kempen/Zachert*, § 6 TVG Rn 6.
217 Siehe ferner *Diller*, FA 1999, 44.
218 Haufe-Verlag, Freiburg.

Kenntnisse des Tarifvertragsrechts beim Arbeitsrechtsanwalt sind unerlässlich. Sie werden vom Fachanwalt für Arbeitsrecht in § 5 Buchst. c Satz 2 FAO gefordert, können allerdings nach Auffassung des BGH[219] auch anhand von Fällen aus dem Bereich des Individualarbeitsrechts nachgewiesen werden, sofern hierbei Fragen aus dem Bereich des kollektiven Arbeitsrechts erheblich waren und einen wesentlichen Anteil an der argumentativen Auseinandersetzung hatten. 308

Die erste Frage, die sich dem Anwalt stellt, ist also die nach der **Anwendbarkeit von Tarifverträgen**, insbesondere von **Ausschlussfristen** in Tarifverträgen. In einer Reihe von Publikationen sind die Ausschlussfristen systematisiert,[220] so dass sich sehr rasch feststellen lässt, welche Zahlungsansprüche unter welche Ausschlussfristen fallen. Die Arten von Ausschlussfristen reichen von einfachen Formen, bei denen die bloße Geltendmachung den Ausschluss verhindert, über das bloße Erfordernis der schriftlichen Geltendmachung bis hin zu zweistufigen Formen und Mischformen, die mal formlose, mal schriftliche Anspruchserhebung erfordern und an die Geltendmachung gegenüber dem Arbeitgeber eine fristgebundene gerichtliche Anspruchserhebung anschließen. 309

Bei allen Ausschlussfristen bedeutet das Geltendmachen zugleich Begründen und Beziffern eines Anspruchs,[221] es sei denn, der Anspruchsgegner kann die Berechnung einfach und selbst vornehmen. In diesem Falle reicht die Bezeichnung des Anspruchs dem Grunde nach.[222] Enthält die Ausschlussfrist keine Formvoraussetzungen, sind Entgeltansprüche mit der Erhebung der Kündigungsschutzklage gewahrt.[223] Ist Schriftform vorgesehen, gilt das Gleiche.[224] Eine unzulässige Feststellungsklage reicht nicht aus.[225] 310

Fordert dagegen eine – meist zweistufige – Klausel die gerichtliche Geltendmachung, bedarf es einer Zahlungsklage, die mit der Kündigungsschutzklage verbunden werden kann, um einen Rechtsverlust beim gekündigten Arbeitnehmer zu vermeiden.[226] Selbst wenn die zweite Stufe einer Verfallfrist nur einen Monat beträgt, gleichgültig ob in einem Tarif- oder Arbeitsvertrag, bestehen für das BAG[227] keine Wirksamkeitsbedenken. Diese Rechtslage hat sich seit der Schuldrechtsreform geändert. Außerhalb von Tarifverträgen sind zweistufige Klauseln gem. § 309 Nr. 13 BGB nichtig.[228] 311

Eine Haftungsgefahr lauert für den Arbeitsrechtsanwalt, wenn im Tarifvertrag davon die Rede ist, »mit dem Ausscheiden aus dem Betrieb« beginne die Verfallfrist. Bei dieser Formulierung kommt es nicht auf das rechtliche Ende des Arbeitsverhältnisses, das durch die Kündigungsschutzklage verschoben werden soll, sondern auf das tatsächliche Ausscheiden aus dem Arbeitsverhältnis an.[229] Eine rigide Rechtsprechung fordert genaueste Kenntnisse des Anwalts über tarifvertragliche Ausschlussfristen ein. Der Grundsatz, dass ein Rechtsanwalt jeden Rechtsirrtum zu vertreten habe, sei auch auf die fehlende Kenntnis eines Rechtsanwalts über tarifvertragliche Ausschlussfristen anwendbar.[230] 312

Ganz/Schrader[231] regen als Sicherung gegen unbekannte oder in ihrer Anwendbarkeit fragliche **zweistufige Ausschlussfristen** einen zusätzlichen Klageantrag in der Kündigungsschutzklage an. 313

219 BGH, Beschl. v. 06.11.2000, BRAK-Mitt. 2001, 87; siehe hierzu *Schmalenberg*, AE 1/2001, V.

220 *Weyand*, Tarifliche Ausschlussfristen in Arbeitsrechtsstreitigkeiten, 1992; *Langer*, Gesetzliche und vereinbarte Ausschlussfristen im Arbeitsrecht, 1993.

221 BAG, Urt. v. 17.10.1974, EzA § 4 TVG Ausschlussfristen Nr. 25.

222 BAG, Urt. v. 05.03.1981, EzA § 4 TVG Ausschlussfristen Nr. 46.

223 *Zirnbauer*, FA 1998, 41.

224 BAG, Urt. v. 07.11.1991, EzA § 4 TVG Ausschlussfristen Nr. 93.

225 BAG, Urt. v. 29.06.1989, EzA § 4 TVG Ausschlussfristen Nr. 78.

226 Siehe BAG, Urt. v. 03.12.1987, BB 1988, 1465.

227 BAG, Urt. v. 23.11.2000, BB 2001, 940. Zur Problematik einer sich voraussichtlich unter AGB-rechtlichen Gesichtspunkten wandelnden Rechtslage siehe *Hümmerich/Holthausen*, NZA 2002, 173.

228 Wegen Einzelheiten siehe *Hümmerich*, AnwaltFormulare Arbeitsrecht, § 1 Rn 501.

229 LAG Düsseldorf, Urt. v. 12.01.1988, BB 1988, 768.

230 BerlVerfGH Beschl. v. 24.01.2003, NZA 2003, 509.

231 Das Regressrisiko bei Ausschlussfristen, NZA 1999, 571 (573).

Über diesen Klageantrag würden umfangreiche Recherchen und insbesondere die vom BGH vorgeschlagene, indessen fragwürdige Rückfrage beim Arbeitgeber entbehrlich.

314 Erhebt der Anwalt mit der Kündigungsschutzklage auch die Zahlungsklage, muss er damit rechnen, dass der Rechtsschutzversicherer den Deckungsschutz für die Zahlungsklage unter Hinweis auf § 15 I lit. d) cc) ARB 75[232] mit der Begründung verweigert, bei der Zahlungsklage handele es sich um eine unnötige Erhöhung der Kosten. Jahrelange Kündigungsschutzprozesse im Zusammenhang mit der deutschen Einigung, die zum Teil erst über Verfassungsbeschwerden nach klageabweisenden Urteilen des BAG Erfolg hatten, führten, weil keine Zahlungsklagen erhoben waren, zum Verlust bei Arbeitnehmern von bis zu fünf Jahresgehältern.[233] Der Anwalt kann unter Hinweis auf eine entsprechende tarifvertragliche Ausschlussfrist derartige Einwendungen des Rechtsschutzversicherers abwenden. Dazu muss er aber einen Brief schreiben, manchmal mehrfach. Lästig bleiben solche Einwendungen allemal.

IV. Sofortiger Widerspruch in Einzelfällen

315 In einer Reihe von Einzelfällen muss der Arbeitsrechtsanwalt sofort handeln, um sich nicht einem Haftungsrisiko auszusetzen. Dazu gehört der klassische Fall der **fehlenden Originalvollmacht** einer nicht vom Vorstand, Geschäftsführer oder Personalchef erklärten Kündigung.[234] Ein Arbeitgeber-Anwalt, der im Namen des von ihm vertretenen Arbeitgebers ohne Beifügung einer Original-Vollmacht eine Kündigung ausspricht, macht sich regresspflichtig.[235] Der Anwalt, der die Zurückweisung nach § 174 BGB erklärt, sollte allerdings darauf achten, dass seinem Widerspruchsschreiben das Original einer Vollmacht seines Mandanten beiliegt.[236] Eine Zurückweisung per Fax ist also äußerst riskant[237] und deshalb nicht zu empfehlen.

316 Ein sofortiger Widerspruch ist ferner notwendig, wenn der Arbeitgeber im Rahmen einer Kündigung den Arbeitnehmer **»unter Anrechnung auf Urlaubsansprüche«** freigestellt hat, und zwar für den Fall, dass der Mandant hinsichtlich seines Urlaubs bereits abweichende Dispositionen getroffen hat. Dieser Widerspruch ist notwendig, um nicht die Folge des § 7 Abs. 1 BUrlG eintreten zu lassen, wonach der Urlaub als festgelegt gilt, wenn der Arbeitgeber nicht widersprochen hat.[238]

317 Ein sofortiger Widerspruch ist weiterhin beim Arbeitgebermandat notwendig, wenn ein Wettbewerbsverbot für die Dauer von zwei Jahren vereinbart ist, der Arbeitgeber jedoch nur eine unzureichende Karenzentschädigung vereinbart hat und das **Wettbewerbsverbot** damit **unverbindlich** ist. Da der Arbeitgeber nicht weiß, ob sich der Arbeitnehmer für die angemessene Karenzentschädigung oder für das Nichtbestehen des Wettbewerbsverbots entscheidet, muss er, um die Zweijahresfrist nicht wirksam werden zu lassen, frühestmöglich eine Verzichtserklärung mit der Beschränkung auf ein Jahr aussprechen, § 75a HGB.

V. Beratung im Kündigungsschutzprozess

318 Wenn unter wirtschaftlichen Gesichtspunkten verschiedene Entscheidungen in der Beratungssituation ernsthaft in Betracht kommen und die Aufgabe des anwaltlichen Beraters lediglich darin besteht, dem Mandanten durch die erforderlichen fachlichen Informationen eine sachgerechte Entscheidung zu ermöglichen, können nach Auffassung des BGH zur Feststellung einer Haftung des Anwalts nicht

232 Entsprechend § 17 V lit. c) aa) und cc) ARB 94; siehe hierzu § 19 Rn 177.
233 Sächsisches LAG, Urt. v. 26.02.2001, AE 2/2001, 69.
234 Siehe hierzu *Diller*, FA 1999, 106.
235 BGH, Urt. v. 10.02.1994, AnwBl 1995, 44.
236 Das Original ist erforderlich, siehe Palandt/*Heinrichs*, § 174 BGB Rn 2; siehe auch LAG Frankfurt a.M., Urt. v. 09.05.1979 – 10 Sa 192/78 (n.v.).
237 Ebenso *Bauer*, Arbeitsrechtliche Aufhebungsverträge, Rn 139.
238 Siehe BAG, Urt. v. 22.09.1992, DB 1993, 891.

die Regeln des Anscheinsbeweises angewendet werden, um den Ursachenzusammenhang zwischen Pflichtwidrigkeit und entstandenem Schaden darzulegen.[239]

Belehrt ein Rechtsanwalt, der einen Arbeitgeber in einem Kündigungsschutzprozess vertritt, nicht über den Kleinbetriebseinwand i.S.d. § 23 Abs. 1 Satz 1, 2 KSchG, ist der Verlust des Kündigungsschutzprozesses und die aufgrund dessen erfolgte Verurteilung des Arbeitgebers auf Zahlung rückständigen Lohns an den Arbeitnehmer dann durch die Pflichtverletzung des Anwalts verursacht worden, wenn dieser es unterlassen hat aufzuklären, ob bei Kündigung des Arbeitsverhältnisses die Voraussetzungen des Kleinbetriebseinwands gegeben waren und bei Erhebung dieses Einwands im Kündigungsschutzprozess dieser vom Arbeitgeber gewonnen und infolgedessen seine Verurteilung zur Lohnnachzahlung unterblieben wäre. Der BGH ist der Auffassung, dass nach dem Beweis des ersten Anscheins davon auszugehen sei, dass der Arbeitgeber nach Erläuterung der rechtlichen Voraussetzungen des Kleinbetriebseinwands den Rechtsanwalt zutreffend unterrichtet hätte.[240] 319

Hätte ein Arbeitnehmer eine Kündigungsschutzklage wegen einer Änderungskündigung nicht gewonnen, weil die personenbedingte Kündigung nicht sozial gerechtfertigt war, führt es nicht zu einer Haftung des den Arbeitnehmer beratenden Rechtsanwalts, wenn dieser nicht rechtzeitig für seinen Mandanten Klage gegen eine Änderungskündigung erhoben hat.[241] 320

Ein Rechtsanwalt handelt allerdings fahrlässig, wenn er eine Kündigungsschutzklage nur gegen eine zweite Kündigung erhebt, obwohl er Anhaltspunkte dafür hatte, dass dem Mandanten möglicherweise zuvor schon einmal gekündigt worden ist. Verletzt der Mandant allerdings schuldhaft seine Informationspflicht und wird das Informationsverschulden mit ursächlich für den durch eine anwaltliche Fehlleistung eingetretenen Schaden, kann der Schadensersatzanspruch durch Mitverschulden gemindert sein.[242] 321

Auch wenn ein Anwalt die Frist zur Erhebung einer Kündigungsschutzklage nicht ordnungsgemäß notiert hat, haftet er nach den Grundsätzen der positiven Vertragsverletzung.[243] Der Rechtsanwalt muss gegenüber seinem Mandanten für die nachteiligen Folgen einer verspäteten Kündigungsschutzklage nur eintreten, wenn der Mandant den Prozess gewonnen hätte. In einem konkreten Fall verneinte das OLG Düsseldorf eine haftungsbegründende Kausalität, weil der Arbeitnehmer wiederholt eine Arbeitskollegin sexuell belästigt hatte.[244] 322

Schließt jemand, der in einem unbefristeten Arbeitsverhältnis steht, aufgrund einer Nichtverlängerungsanzeige, die keine arbeitsvertragliche und auch keine tarifvertragliche Grundlage hat, einen Abfindungsvergleich, zu dem ihm sein Anwalt in der irrigen Annahme geraten hat, die Nichtverlängerungsanzeige führe zur Beendigung des Arbeitsverhältnisses, bestimmen sich Ursachenzusammenhang und Schadenshöhe wie folgt: Die Frage des Ursachenzusammenhangs zwischen einer anwaltlichen Pflichtverletzung und dem Schaden des Mandanten beantwortet sich nicht danach, ob der Mandant dem pflichtwidrigen Rat des Anwalts gefolgt ist oder aus eigenem Antrieb gehandelt hat, sondern danach, wie er sich verhalten hätte, wenn er richtig beraten worden wäre.[245] 323

Der Anwalt, der seinen Mandanten nach einem Verkehrsunfall bei den Verhandlungen mit der gegnerischen Haftpflichtversicherung vertritt und im Zuge dessen ein Vergleichsangebot erhält, ist besonderen Haftungsgefahren ausgesetzt. Wird der Abfindungsvergleich auf Anraten des Beraters abgeschlossen und stellt sich dies später als ungünstig heraus, kann genauso eine Pflichtverletzung vorliegen wie dann, wenn der Mandant den Vergleich nach entsprechender Beratung nicht akzeptiert und später weniger oder gar keine Leistungen erhält. Schon an Inhalt und Umfang der notwendigen 324

239 BGH, Urt. v. 10.12.1998, BB 1999, 287.
240 BGH, Urt. v. 18.11.1999, BB 2000, 216 = FA 2000, 85.
241 BGH, Urt. v. 27.01.2000, NZA 2000, 478.
242 BGH, Urt. v. 11.02.1999, AnwBl 1999, 350.
243 OLG Brandenburg, Urt. v. 10.11.1998, NZA-RR 2003, 102.
244 OLG Düsseldorf, Urt. v. 19.03.2000, AnwBl 2003, 659.
245 BGH, Urt. v. 06.12.2001, AnwBl 2002, 243.

Belehrungen selbst werden in der Regel recht hohe Maßstäbe angelegt, insbesondere dann, wenn die Unfallfolgen schwerwiegend waren.[246]

325 Auch beim Abfindungsvergleich über die Beendigung eines Arbeitsverhältnisses sind die Grundsätze des vom 9. Senat des BGH aufgestellten Aufklärungsanspruchs eines Mandanten gegen den Rechtsanwalt zu beachten. Damit der Arbeitnehmer als Mandant seine Entscheidung eigenverantwortlich treffen kann, muss er über die Vor- und Nachteile etwaiger Abfindungsvergleiche aus juristischer Sicht beraten werden. Der Anwalt kann nur Prognosen für den Prozess aufzeigen und gegebenenfalls Kostenrisiken errechnen.[247]

326 Dem Anwalt wird, zumindest von den Oberlandesgerichten, ein weiter Beurteilungsspielraum zugebilligt.[248] Im Haftpflichtprozess ist es den Gerichten verwehrt, aus der Sicht ex post zu urteilen.[249]

327 Maßgeblich ist die Lage, die sich dem Rechtsanwalt im Zeitpunkt der Vergleichsverhandlung bot. Es kann durchaus im wohlverstandenen Interesse des Arbeitnehmers wie des Arbeitgebers liegen, einen langjährigen Prozess zugunsten einer schnellen, endgültigen Regelung zu vermeiden, selbst wenn dieser Prozess ordentliche Chancen eröffnen würde. Der Anwalt kann nur die Entscheidungsgrundlagen aufzeigen. Die persönliche Abwägung hat die beratene Partei in eigener Verantwortung zu treffen.

VI. Haftung bei Organisationsfehlern oder Gegenständen der Steuerberatung

328 Auch der erfahrene Rechtsanwalt ist Haftungsansprüchen in zahlreichen Fallkonstellationen ausgesetzt,[250] ihnen durch umsichtige Sachbearbeitung zu begegnen, bleibt eine Daueraufgabe. Wenn Personal des Rechtsanwalts weisungswidrig eine Wiedervorlage unterlässt und den nicht unterschriebenen Schriftsatz in den Postgang gibt, kann Wiedereinsetzung in den vorigen Stand gewährt werden. Ein darauf gestützter Antrag ist jedoch in der Regel erfolglos, wenn dem Gericht die Identität des Mitarbeiters vom Anwalt nicht bekannt gegeben, sondern lediglich vorgetragen wird, der Mitarbeiter bzw. die Mitarbeiterin sei zuverlässig.[251]

329 Kommt das Finanzamt nach Prüfung eines Aufhebungsvertrags zu dem Ergebnis, dass im Zusammenhang mit dem Dienstwagenverkauf wegen des gegenüber dem Kaufpreis höheren Fahrzeugwertes ein geldwerter Vorteil dem ausscheidenden Vorstandsmitglied gewährt worden ist, haftet der Anwalt im Verhältnis zur Arbeitgeberin/Gesellschaft nicht wegen einer nach einer Steuerprüfung fälligen Steuernachzahlung. Ein Rechtsanwalt ist im Zusammenhang mit dem Abschluss eines Aufhebungsvertrages ohne besondere Beauftragung durch seine Mandanten nicht verpflichtet, im Hinblick auf einen eventuellen Freibetrag nach § 3 Nr. 9 EStG steuerberatend tätig zu werden.[252]

330 Geringere Haftungsgefahren als beim Zivilrechtsanwalt lauern für den Arbeitsrechtsanwalt bei Mängeln im Rubrum einer Kündigungsschutzklage. Nach Auffassung des BAG ist für die Parteistellung im Prozess nicht allein die formelle Bezeichnung der Partei in der Klageschrift maßgeblich. Ergibt sich in einem Kündigungsschutzprozess etwa aus dem der Klageschrift beigefügten Kündigungsschreiben, wer als beklagte Partei gemeint ist, so ist eine Berichtigung des Rubrums möglich, auch wenn der Kläger im Rubrum der Klageschrift irrtümlich nicht seinen Arbeitgeber, sondern dessen Bevollmächtigten als Beklagten benannt hat.[253]

246 BGH, Urt. v. 08.11.2001, WM 2001, 2455 = NJW 2002, 292.
247 Siehe hierzu BGH, Urt. v. 21.04.1994, NJW 1994, 2085.
248 OLG Hamm, Urt. v. 24.04.2001 – 28 U 2115/00 (n.v.); OLG Frankfurt, Urt. v. 23.03.2001 – 10 U 90/00 (n.v.).
249 BGH, Urt. v. 08.11.2001, NJW 2002, 292.
250 Siehe z.B. zur Anwaltshaftung bei Verwendung von Internet und Telefax *Laghzaoui/Wirges*, AnwBl 1999, 253.
251 LAG Köln, Urt. v. 07.05.1999, NZA 2000, 504.
252 LG Gießen, Urt. v. 07.07.1999, FA 1999, 327.
253 BAG, Urt. v. 15.03.2001, NJW 2002, 459.

Ein Rechtsanwalt darf das Empfangsbekenntnis über eine Urteilszustellung nicht unterzeichnen und zurückgeben, ohne dass in den Handakten die Rechtsmittelfrist festgehalten und ohne dass vermerkt ist, dass sie im Fristenkalender notiert wurde. Wird die Notierung nur durch mündliche Anweisung des Rechtsanwalts veranlasst, müssen in der Kanzlei ausreichende organisatorische Vorkehrungen dagegen getroffen sein, dass die Anweisung nicht in Vergessenheit gerät und die konkrete Fristeintragung nicht unterbleibt. Werden dem Rechtsanwalt die Handakten im Zusammenhang mit einer fristgebundenen Prozesshandlung vorgelegt, muss er spätestens bei Beginn der Sachbearbeitung eigenverantwortlich die laufenden Fristen überprüfen.[254] Das BAG hat es unentschieden gelassen, ob die Anbringung eines zweiten Eingangsstempels auf einer Urteilsausfertigung nach deren bürointerner Versendung jedenfalls dann einen Organisationsmangel darstellt, wenn sich die Eingangsstempel äußerlich nicht nach ihrer prozessualen Maßgeblichkeit unterscheiden. Auch hat das BAG unentschieden gelassen, ob ein Rechtsanwalt, dem die Handakten zur Erstellung eines fristgebundenen Schriftsatzes bei Ablauf der Vorfrist vorgelegt werden, den Ablauf der Hauptfrist sofort oder erst mit Beginn der von ihm aufgeschobenen Sachbearbeitung prüfen muss. 331

Will ein Arbeitnehmer den Anwalt in Regress nehmen, ist das örtlich zuständige Gericht bei Schadensersatzklagen wegen Schlechterfüllung anwaltlicher Vertragspflichten dasjenige Gericht, in dessen Bezirk der Rechtsanwalt seine Kanzlei eingerichtet hat.[255] 332

VII. Möglichkeiten der Haftungsbegrenzung

§ 51a Abs. 1 und 2 BRAO erlauben eine Haftungsbeschränkung, wobei die Vorschrift zwischen Haftungsbeschränkungen auf einen Höchstbetrag in Abs. 1 und der Möglichkeit der Haftungskonzentration auf einzelne Mitglieder einer Sozietät in Abs. 2 unterscheidet. Nach § 51a Abs. 1. Nr. 1 BRAO kann die Haftung des Rechtsanwalts zur schriftlichen Vereinbarung im Einzelfall auch für Fälle grober Fahrlässigkeit auf die Mindestversicherungssumme von 250.000 EUR beschränkt werden. »Im Einzelfall« bedeutet, dass sich die Freizeichnung bis zur Höhe der Mindestversicherungssumme jeweils nur auf die Ansprüche aus einem Anwaltsvertrag beziehen kann.[256] Eine Individualabrede i.S.v. § 51a Abs. 1 Nr. 1 BRAO muss der Rechtsanwalt mit dem Mandanten im Einzelnen aushandeln. Ein Aushandeln erfordert mehr als die bloße Erörterung der Regelung mit dem Mandanten. Erforderlich ist eine Belehrung über die Tatsache, dass von der gesetzlichen Regelung abgewichen wird sowie eine Belehrung über Konsequenzen und Tragweite der Haftungsbeschränkung.[257] 333

Zum Aushandeln gehört außerdem, den Mandanten über mögliche Schadensrisiken aus dem Mandat aufzuklären und ihn darauf hinzuweisen, ein wegen der Haftungsbeschränkung nicht übernommenes Risiko durch eine Einzelobjektversicherung abzudecken. Diese Aufklärungspflicht wird als notwendiger Bestandteil des Aushandelns angesehen, seine Verletzung führt zur Schadensersatzpflicht wegen Verschuldens bei Vertragsschluss (§ 311 Abs. 2, 3 BGB i.V.m. § 241 Abs. 2 BGB).[258] 334

Der Anwalt soll außerdem dem Mandanten mögliche Schadensrisiken, Tragweite und Auswirkungen der Haftungsbeschränkung sowie einen eventuell ergänzenden Versicherungsschutz nicht nur erläutern, sondern verständlich machen. Allerdings besteht jederzeit die Gefahr, dass das Recht der Allgemeinen Geschäftsbedingungen über § 307 BGB zu einer Unwirksamkeit der Vereinbarung führt. Hier hat die Rechtsprechung noch keine klaren Konturen für hinreichende Aufklärung aufgezeigt. Gewiss wird die BGH-Rechtsprechung zu beachten sein, wonach eine Haftungsbeschränkungs- oder Haftungsfreizeichnungsvereinbarung die Haftung nur auf den vertragstypischen, vorhersehbaren Schaden begrenzen darf.[259] Die Empfehlungen im Schrifttum, in der Praxis solle tunlichst 335

254 BAG, Beschl. v. 10.01.2003, NZA 2003, 397.
255 BayObLG, Beschl. v. 21.03.2002, AnwBl 2002, 430; BayObLG, Beschl. v. 16.08.1995, NJW-RR 1996, 52.
256 *Feuerich/Braun*, BRAO, § 51a Rn 6.
257 *Henssler/Prütting*, BRAO, § 51a Rn 36; ebenfalls *Henssler*, AnwBl 1996, 10.
258 *Henssler/Prütting*, § 51 Rn 43.
259 BGH, Urt. v. 27.09.2000, NJW 2001, 292; BGH, Urt. v 19.01.1984; BGHZ 89, 363; *Graf v. Westphalen*, MDR 1997, 990.

darauf geachtet werden, dass der Mandant eine reale Einflussnahmemöglichkeit auf den Inhalt der Haftungsbeschränkungsvereinbarung habe, um nicht den Anwendungsbereich der §§ 307 bis 309 BGB auszulösen,[260] erscheint doppelbödig. Wie will man dem Mandanten die Einflussmöglichkeit gegeben haben, wenn das Ziel der Haftungsbeschränkung gerade darin besteht, es ihm zu nehmen?

336 Die individuelle Haftungsvereinbarung bedarf gem. § 51a Abs. 1 Nr. 1 BRAO der Schriftform i.S.v. § 126 BGB. Es ist wenig überzeugend, wenn dazu aufgerufen wird, diejenigen Vorgänge in die Urkunde mit aufzunehmen, die dokumentieren, dass die Vereinbarung ausgehandelt wurde.[261] Für einen Richter überzeugend können derartige Dokumente kaum hergestellt werden. *Wölk*[20] empfiehlt neben der nach § 51a Abs. 1 Nr. 1 BRAO geforderten Schriftform auch darauf zu achten, dass die Haftungsbeschränkungsvereinbarung nicht mit der Vollmacht verbunden wird. Die individuelle Haftungsvereinbarung müsse zwar nicht in einer gesonderten Urkunde niedergelegt werden, es sei jedoch misslich, wenn eine solche Vereinbarung im Zusammenhang mit einer Vollmacht dem Gegner vorgelegt werden müsse.

337 Weiterhin besteht die Möglichkeit der Haftungsbeschränkung durch vorformulierte Vertragsbedingungen, § 51a Abs. 1 Nr. 2 BRAO. Nach dem Wortlaut der Vorschrift kann der Anspruch des Auftraggebers auf Schadensersatz durch vorformulierte Vertragsbedingungen auf den vierfachen Betrag der Mindestversicherungssumme i.S.v. § 52 Abs. 4 BRAO, derzeit also 1 Mio. EUR beschränkt werden. Der Haftungshöchstbetrag muss wegen des AGB-rechtlichen Transparenzgebots konkret beziffert werden. Eine Haftungsbeschränkung, die als Wortlaut »den vierfachen Betrag der Mindestversicherungssumme« wählt, ist nicht wirksam.[262] *Stobbe* vertritt die Auffassung, dass dem Mandanten die vorformulierten Vertragsbedingungen »offen und unmissverständlich zur Kenntnis gebracht werden« sollen und dass der Mandant darauf hingewiesen werden soll, dass das Mandat nur zu diesen Bedingungen übernommen wird.[263] Von einer AGB-Festigkeit vorformulierter Haftungsbedingungen kann man gegenwärtig nicht ausgehen. Im Schrifttum wird überwiegend die Auffassung vertreten, Haftungsbedingungen i.S.v. § 51a Abs. 1 Nr. 2 BRAO müssten sich an den gesetzlichen Vorgaben der §§ 307 bis 309 BGB messen lassen.[264] Einschlägige Rechtsprechung besteht noch nicht. Teilweise wird die Auffassung vertreten, weil es die Sonderegelung des § 51a Abs. 1 Nr. 2 BRAO gebe, sei in den dort aufgezeigten Grenzen eine Haftungsbeschränkung unabhängig vom AGB-Recht zulässig.[265] Ob sich diese Auffassung durchsetzen wird, erscheint zweifelhaft.

338 Schließlich besteht die Möglichkeit der Haftungsbeschränkung in der Sozietät über § 52a Abs. 2 Satz 2 BRAO, man spricht hier von einer so genannten Haftungskonzentration in der Sozietät. Vermutlich läuft die Regelung auf Dauer auf eine mit dem Partnerschaftsgesellschaftsgesetz vergleichbare Regelung seit der Entscheidung des BGH von 29.01.2001 über die BGB-Gesellschaft[266] hinaus, wonach diejenigen Mitglieder der BGB-Gesellschaft, die das Mandat nicht bearbeitet haben, nur mit ihrem Vermögen in der Gesellschaft haften.

260 *Wölk*, AnwBl 2003, 328 (330).
261 *Wölk*, AnwBl 2003, 328 (330).
262 *Wölk*, AnwBl 2003, 330; Zugehör/*Sieg*, Handbuch der Anwaltshaftung, Rn 455.
263 *Stobbe*, AnwBl 1997, 16.
264 *Wölk*, AnwBl 2003, 332; zum alten AGB-Recht: *Graf v. Westphalen*, MDR 1997, 990; *Jessnitzer/Blumberg*, BRAO, § 51a Rn 3.
265 *Stobbe*, AnwBl 1997, 16; *Henssler/Prütting*, BRAO, § 51a Rn 44; *Henssler*, AnwBl 1996, 9.
266 BGH, Urt. v. 29.01.2001, DB 2001, 423.

§ 2 Interessenausgleich und Sozialplan als Verhandlungsgegenstand

Inhalt

A. Der Interessenausgleich

Bei Betriebsänderungen hat der Unternehmer gem. §§ 111 f. BetrVG zu versuchen, mit dem Betriebsrat einen Interessenausgleich zu vereinbaren. Die Verpflichtung zum Abschlussversuch besteht nur dann, wenn ein **Schwellenwert** von in der Regel **20 wahlberechtigten Arbeitnehmern** erfüllt ist.[1] Bezugspunkt der Feststellung des Schwellenwertes war bis zum In-Kraft-Treten des BetrVerf-Reformgesetzes der Betrieb, heute ist es das **Unternehmen**. Nach der alten Rechtslage war eine Betriebsänderung in einem Kleinbetrieb auch dann nicht interessenausgleichspflichtig, wenn das Unternehmen über mehrere Betriebe mit insgesamt weit über 20 Mitarbeitern verfügte. Da durch den Schwellenwert insbesondere die geringere wirtschaftliche Leistungsfähigkeit berücksichtigt werden sollte, wurde in der Herausnahme größerer Unternehmen mit Kleinbetrieben zunehmend ein Verstoß gegen den Gleichbehandlungsgrundsatz nach Art. 3 Abs. 1 GG gesehen.[2] Angesichts der Entscheidung des Bundesverfassungsgerichts[3] zu der Kleinbetriebsklausel des § 23 KSchG, die nach Auffassung des BVerfG in Unternehmen mit mehreren Betrieben verfassungskonform dahin gehend auszulegen ist, dass sie auf die Einheiten zu beschränken ist, für deren Schutz die Kleinbetriebsklausel allein bestimmt ist und für die die Benachteiligung der betroffenen Arbeitnehmer sachlich begründet ist, äußerte das BAG,[4] dass ein Mitbestimmungsrecht gem. §§ 111 ff. BetrVG jedenfalls dann bestehe, wenn sich die wirtschaftliche Maßnahme betriebsübergreifend auf mehrere Betriebe des Unternehmens erstrecke und in die Zuständigkeit des Gesamtbetriebsrats falle. Nach dem Schutzzweck der Vorschrift sei in einem solchen Fall für die Berechnung des Schwellenwertes 1

1 BAG, Beschl. v. 10.12.1996, NZA 1997, 733; *Fitting u.a.*, § 111 BetrVG Rn 17. Man beachte die Neufassung durch das BetrV-ReformG, die nunmehr statt auf den Betrieb auf das Unternehmen abstellt.

2 BAG, Beschl. v. 10.12.1996, NZA 1997, 733; BAG, Beschl. v. 09.05.1995, DB 1995, 2075; Däubler/Kittner/Klebe/*Däubler*, § 111 BetrVG Rn 29; MünchArbR/*Matthes*, § 360 Rn 7.

3 BVerfG v. 27.01.1998, AP Nr. 17 zu § 23 KSchG 1969.

4 BAG, Urt. v. 08.06.1999, AP Nr. 47 zu § 111 BetrVG 1972.

auf die Zahl der Arbeitnehmer des Unternehmens abzustellen. Dieser Tendenz in der Rechtsprechung hat das BetrVerf-Reformgesetz dadurch Rechnung getragen, dass es nicht mehr auf den Betrieb, sondern auf das Unternehmen bei der Berechnung des Schwellenwertes abstellt. Überschreitet allein der von einer Betriebsänderung betroffene gemeinsame Betrieb den in § 111 S. 1 BetrVG vermuteten Schwellenwert, nicht aber die beteiligten Unternehmen, gehen die Meinungen über die Anwendung der §§ 111 ff. BetrVG auseinander.[5]

2 An den Tatbestandsvoraussetzungen für das Vorliegen einer konkreten Betriebsänderung ändert sich dadurch nichts. Die Beurteilung bleibt unverändert betriebsbezogen. Hat in den Monaten vor einer beabsichtigten Betriebsänderung bereits eine Personalverminderung stattgefunden, so ist die Zahl der »**regelmäßigen Belegschaftsstärke**«, aus der sich der Versuch eines Interessenausgleichs oder die Sozialplanpflichtigkeit berechnet, anhand einer wertenden Gesamtwürdigung zu ermitteln, die auch eine Prognose der weiteren Entwicklung des Betriebes einschließt. Besteht die Betriebsänderung dagegen in einem bloßen Personalabbau, kann sich die erforderliche Würdigung nur auf die vorangehende Entwicklung beziehen. Als die zur Zeit eines Stilllegungsbeschlusses maßgebliche Zahl der in der Regel Beschäftigten kann auch eine erst zwei Monate vorher erreichte Belegschaftsstärke anzusehen sein, wenn diese das Ergebnis längerfristiger personalwirtschaftlicher Entscheidungen des Arbeitgebers ist.[6]

3 Auch im **gemeinsamen Betrieb** kommt es nunmehr allein auf die Größe der beteiligten Unternehmen an, so dass in einem gemeinsamen Betrieb mit über 20 Arbeitnehmern das Beteiligungsrecht entfallen kann, wenn keines der Unternehmen mehr als 20 Mitarbeiter aufweist.[7] Hat nur ein Unternehmen mehr als 20 Mitarbeiter, besteht das Beteiligungsrecht nur für dessen Betriebsrat.[8]

I. Der Begriff der Betriebsänderung

4 Wann eine Betriebsänderung i.S.v. § 111 BetrVG vorliegt, ergibt sich aus den fünf Tatbeständen des Gesetzes und einer sie präzisierenden BAG-Rechtsprechung und Literatur.[9]

5 § 112 BetrVG konnte in der Zeit vom 30.09.1996 bis 31.12.1998 und kann erneut seit dem 01.01.2004 im Zusammenhang mit dem durch das Arbeitsrechtliche Beschäftigungsförderungsgesetz[10] erstmalig geschaffenen, danach vom Gesetzgeber gestrichenen und durch das Gesetz zu Reformen am Arbeitsmarkt wieder eingeführten § 1 Abs. 5 KSchG gelesen werden. § 1 Abs. 5 KSchG begründet eine gesetzliche Vermutung, dass die Kündigung durch dringende betriebliche Erfordernisse bedingt ist, wenn bei einer Kündigung aufgrund einer Betriebsänderung nach § 111 BetrVG die betroffenen Arbeitnehmer in einem Interessenausgleich namentlich bezeichnet werden. In diesen Fällen kann die soziale Auswahl der Arbeitnehmer nur auf grobe Fehlerhaftigkeit überprüft werden.[11] Der Arbeitnehmer muss die gegen ihn sprechende Vermutung der Betriebsbedingtheit der Kündigung durch substantiierten Vortrag entkräften.[12] Bei einer Änderung der Sachlage nach Zustandekommen des Interessenausgleichs gilt die Vermutung dringender betrieblicher Erfordernisse und korrekter sozialer Auswahl nicht. Schließlich ersetzt der Interessenausgleich die Stellungnahme des Betriebsrats nach § 17 Abs. 3 Satz 2 KSchG,[13] nicht aber die Anhörung des Betriebsrats zu den auszusprechenden Kündigungen nach § 102 BetrVG.[14] Diese Rechtslage wurde

5 Überblick zum Meinungsstand *Boecken*, in: 50 Jahre BAG, 2004, S. 934.
6 BAG, Beschl. v. 10.12.1996, NZA 1997, 733; Beschl. v. 09.05.1995, DB 1995, 2075.
7 *Richardi/Annuß*, § 111 BetrVG Rn 26; *Annuß*, NZA 2001, 367 (369); a.A. *Däubler*, AuR 2001, 285 (291).
8 *Löwisch*, BB 2001, 1790 (1797); *Richardi/Annuß*, § 111 BetrVG Rn 26; a.A. noch *Annuß*, NZA 2001, 367 (369), der auch in diesem Fall den gemeinsamen Betrieb insgesamt von dem Beteiligungsrecht ausnehmen möchte.
9 Vorzüglich die Darstellung bei GK-BetrVG/*Fabricius*, § 111 Rn 1–367; siehe auch *Fitting u.a.*, § 111 BetrVG Rn 1–144; Däubler/Kittner/Klebe/*Däubler*, § 111 BetrVG Rn 1–142.
10 BGBl. I, 1476; siehe auch ErfK/*Ascheid*, § 1 KSchG Rn 497 ff.
11 Siehe BAG, Urt. v. 07.05.1998, NZA 1998, 933 = AP Nr. 36 zu § 113 BetrVG 1972.
12 Siehe BAG, Urt. v. 07.05.1998, NZA 1998, 933.
13 Zum Reformentwurf siehe NZA 2003, 707.
14 BAG, Urt. v. 20.05.1999, NZA 1999, 1039.

für zwischen 1996 und 1998 eingetretene Fallkonstellationen und Fragen von der Rechtsprechung präzisiert, die heute wieder Gültigkeit haben. Ebenfalls wurde § 1 Abs. 4 KSchG wieder eingeführt.

Ersichtlich zielen die aktuellen Gesetzesänderungen darauf ab, die in der betrieblichen Praxis höchst problematische und risikobehaftete Sozialauswahl als Stolperstein bei betriebsbedingten Kündigungen und als Hindernis Erfolg versprechender Sanierungsbemühungen zu entschärfen. Mit § 1 Abs. 5 KSchG wollte respektive will der Gesetzgeber dem Willen der Betriebspartner im Hinblick auf dringende betriebliche Bedürfnisse bzw. die damit im Zusammenhang stehende Sozialauswahl eine Einschätzungsprärogative einräumen, da sie eine größere Sachnähe und -kunde zu den betrieblichen, die Kündigung bedingenden Sachverhalten besitzen. § 1 Abs. 5 KSchG modifiziert die Sozialauswahl, wenn eine Betriebsänderung i.S.v. § 111 BetrVG geplant ist und zwischen Arbeitgeber und Betriebsrat ein Interessenausgleich zustande kommt, in dem die Arbeitnehmer, denen gekündigt werden soll, namentlich bezeichnet sind. Ist die Liste nicht unterschrieben, muss sie mit dem Interessenausgleich fest verbunden sein.[15] Die Rechtswirkung des § 1 Abs. 5 KSchG tritt nur ein, wenn der Interessenausgleich in jeder Hinsicht (Schriftform, Zuständigkeit Betriebsrat/Gesamtbetriebsrat) wirksam abgeschlossen worden ist.[16] Ebenso obliegt dem Arbeitgeber die Darlegungs- und Beweislast dafür, dass eine Betriebsänderung vorliegt.[17] Grob fehlerhaft i.S.d. § 1 Abs. 5 KSchG ist die Sozialauswahl nur dann, wenn der Arbeitnehmer darlegt und im Bestreitensfall nachweist, dass die Gewichtung der Auswahlkriterien jede Ausgewogenheit vermissen lässt.[18] Kommt ein Interessenausgleich mit Namensliste zustande, wird im Rahmen eines Individualprozesses nach § 1 KSchG vermutet, dass die Kündigung der namentlich bezeichneten Arbeitnehmer durch dringende betriebliche Erfordernisse i.S.d. § 1 Abs. 2 KSchG bedingt ist. Abs. 2 erfasst sowohl das Vorliegen der notwendigen betrieblichen Erfordernisse, die einer Weiterbeschäftigung im Rahmen der bisherigen Beschäftigungsmöglichkeit entgegenstehen, als auch die fehlende Möglichkeit des Einsatzes im Rahmen anderer freier Beschäftigungsmöglichkeiten i.S.v. § 1 Abs. 2 S. 2 KSchG.[19] 5a

In § 112 BetrVG hat der Gesetzgeber in Abs. 1 die **Formvoraussetzungen** für Interessenausgleich und Sozialplan geregelt und gleichzeitig bestimmt, dass es sich bei dem Sozialplan um eine Betriebsvereinbarung i.S.v. § 77 BetrVG handelt, für die allerdings § 77 Abs. 3 BetrVG nicht gilt. Im Umkehrschluss folgt aus § 112 Abs. 1 BetrVG, dass der Interessenausgleich keine Betriebsvereinbarung ist. Das BAG hat den Interessenausgleich als eine kollektivrechtliche Vereinbarung sui generis qualifiziert, deren Einhaltung der Betriebsrat nicht aus eigenem Recht verlangen bzw. durchsetzen könne.[20] Demgegenüber hat sich eine zeitweilig im Vordringen befindliche Meinung herausgebildet, wonach dem Betriebsrat ein Anspruch gegen den Arbeitgeber zustehe, dass dieser die Betriebsänderung so wie im Interessenausgleich vereinbart durchführt und alle gegenteiligen Maßnahmen unterlässt.[21] Der Interessenausgleich ist im Gegensatz zum Sozialplan nicht erzwingbar.[22] 6

Betriebsänderungen i.S.v. § 111 Satz 2 Nr. 1–5 BetrVG sind nur Maßnahmen von einem gewissen Gewicht. Die Maßnahmen in Nr. 1–3 müssen sich auf den gesamten Betrieb oder zumindest auf wesentliche Betriebsteile beziehen. Soweit es sich um Änderungen der Betriebsorganisation i.S.d. Nr. 4 und 5 handelt, müssen diese Änderungen »grundlegend« sein. Wann ein betroffener Betriebsteil »wesentlich« oder wann eine Änderung im Sinne der Nr. 4 und 5 »grundlegend« ist, ermittelt das BAG anhand der Zahlenstaffeln in § 17 KSchG.[23] In Betrieben mit 21 bis 59 Arbeitnehmern müssen mehr als fünf Arbeitnehmer, in Betrieben mit 60 bis 499 Arbeitnehmern 10 % oder mehr als 25 Arbeitnehmer, und schließlich in Betrieben mit mindestens 500 Arbeitnehmern müssen in 7

15 BAG, Urt. v. 07.05.1998, AP Nr. 1 zu § 1 KSchG 1969 Namensliste.
16 ErfK/*Ascheid*, § 1 KSchG Rn 584.
17 *Zwanziger*, ArbuR 1997, 427.
18 Vgl. BT-Drucks 13/4612, 9; vgl. auch LAG Köln, Urt. v. 01.08.1997, DB 1997, 282.
19 BAG, Urt. v. 07.05.1998, AP Nr. 1 zu § 1 KSchG 1969 Namensliste; *Preis*, NZA 1997, 1073 (1086).
20 BAG, Beschl. v. 28.08.1991, NZA 1992, 41.
21 *Fitting u.a.*, §§ 112, 112a BetrVG Rn 51; *Matthes*, in: FS Wlotzke, S. 93.
22 GK-BetrVG/*Fabricius*, §§ 112, 112a BetrVG Rn 22; *Willemsen/Hohenstatt*, NZA 1997, 345.
23 BAG, Beschl. v. 07.08.1990, NZA 1991, 113.

jedem Fall 30 Arbeitnehmer, mindestens aber 5 % der Belegschaft betroffen sein. Wie bereits am Beispiel des Schwellenwerts aufgezeigt, lässt sich die Interessenausgleichspflichtigkeit zwar anhand der Zahlenstaffeln bei einer einheitlichen Maßnahme mühelos bestimmen. Besteht die Betriebsänderung dagegen aus mehreren gleichartigen Maßnahmen, die zeitversetzt eingeleitet werden oder aus mehreren verschiedenartigen Maßnahmen, die zeitgleich ergriffen oder sogar zeitversetzt durchgeführt werden, stellt sich die Frage, wann auf Basis der Zahlenstaffeln des § 17 KSchG eine Wesentliche bzw. grundlegende Betriebsänderung vorliegt. Die Problematik ist also ähnlich der beim Schwellenwert.[24] Es kommt vor,[25] dass die einzelne Maßnahme nach der Zahlenstaffel des § 17 KSchG keine Betriebsänderung, eine Gesamtschau über einen längeren Zeitraum dagegen eine interessenausgleichspflichtige Betriebsänderung ergibt.

8 Geht man von der Steuerungsfunktion von Interessenausgleich und Sozialplan aus,[26] kommt es auf eine **einheitliche Planungsentscheidung** an. Zeitversetzt durchgeführte gleichartige Maßnahmen müssen als eine Einheit betrachtet werden, wenn sie auf einer einheitlichen Planungsentscheidung des Unternehmens beruhen.[27] Konsequenterweise hat das BAG die Auffassung vertreten, eine Betriebsänderung sei nicht interessenausgleichs- und sozialplanpflichtig, wenn im Zeitpunkt der Beschlussfassung des Arbeitgebers noch kein Betriebsrat besteht, mag er auch bis zur tatsächlichen Umsetzung der Maßnahme errichtet worden sein.[28]

9 Liegt ein **bloßer inhaltlicher Zusammenhang** vor, beruhen die Maßnahmen aber auf unterschiedlichen Planungsentscheidungen, besteht keine Pflicht zur Zusammenrechnung der von den einzelnen Maßnahmen betroffenen Arbeitnehmer.[29] Anders liegt dagegen der Fall einer **einheitlichen Rahmenentscheidung**. Bei einheitlichen Rahmenentscheidungen besteht eine einheitliche Planungsentscheidung. Behält sich der Arbeitgeber weitere Maßnahmen im Rahmen einer Planungsentscheidung vor, sofern aus seiner Sicht diese Maßnahmen notwendig werden, müssen die Maßnahmen mit Blick auf die Zahlenstaffeln des § 17 KSchG einzeln betrachtet werden. Anders liegt dagegen der Fall, wenn der Arbeitgeber bei der Planungsentscheidung von einer ersten Maßnahme bereits weiß und davon ausgeht, dass weitere Maßnahmen erforderlich sein werden, die einzelnen Maßnahmen jedoch zeitlich auseinanderlegt und in jedem einzelnen Falle ein Interessenausgleich nicht geschlossen werden müsste. Die Rechtsprechung[30] und *Gaul/Gajewski*[31] halten das Unternehmerverhalten für einen Fall des Rechtsmissbrauchs und meinen, die Einzelmaßnahmen hinsichtlich ihrer personellen Auswirkungen zusammenrechnen zu müssen.

10 Interessant ist auch der Fall, dass ein Betrieb vor einer feststehenden Betriebsübernahme einer namentlich festgelegten Anzahl von Personen, die den Zahlenwert des § 17 KSchG erfüllt, Aufhebungsverträge anbieten will und diese Mitarbeiter sämtlich dazu bringen möchte, durch Aufhebungsverträge aus dem Betrieb auszuscheiden. Das LAG Köln hat in diesem Falle entschieden, dass eine die Interessenausgleichspflicht auslösende Betriebsänderung vorliegt.[32] Gleicher Auffassung ist zwischenzeitlich das BAG.[33] Massenaufhebungsverträge bilden danach anzeigepflichtige Entlassungen gem. § 17 KSchG, wenn sie die Funktion haben, anstelle betriebsbedingter Kündigungen in größerem Umfang Entlassungen herbeizuführen. Der bloße Betriebsübergang nach § 613a BGB ist nach gefestigter Rechtsprechung keine Betriebsänderung i.S.d. §§ 111 ff. BetrVG.[34]

24 Vgl. § 2 Rn 4 ff.
25 Beispiele hierzu bei *Baeck/Diller*, NZA 1997, 689.
26 BAG, Beschl. v. 22.05.1979, NJW 1980, 83; BAG Beschl. v. 28.10.1992, NZA 1993, 420.
27 BAG, Beschl. v. 22.05.1979, AP Nr. 3 zu § 111 BetrVG; BAG Beschl. v. 26.10.1982, NJW 1983, 2838.
28 BAG, Beschl. v. 20.04.1982, NJW 1982, 2334.
29 *Baeck/Diller*, NZA 1997, 689 (691).
30 BAG, Beschl. v. 02.08.1983, NJW 1984, 1781.
31 Die Betriebsänderung, S. 26.
32 Beschl. v. 13.01.1998 – 13 TaBV 60/97 (n.v.).
33 BAG, Urt. v. 11.03.1999, NZA 1999, 761; ebenso KR/*Weigandt*, § 17 KSchG Rn 43, 43a.
34 BAG, Beschl. v. 24.07.1979, DB 1980, 164; Beschl. v. 04.12.1979, DB 1980, 743.

Aus bloßer **Zeitgleichheit mehrerer Maßnahmen** kann nicht auf eine einheitliche Planungsentscheidung und damit auf eine Betriebsänderung, die an den Zahlenstaffeln des § 17 KSchG zu messen ist, geschlossen werden.[35] Entscheidend ist, ob eine einheitliche punktuelle Ursache bei einer materiell einheitlichen Planungsentscheidung besteht. Bei zeitversetzten, verschiedenartigen Maßnahmen kommt es ebenfalls auf die einheitliche Planungsentscheidung des Unternehmens an. *Baeck/Diller* weisen darauf hin, dass im Wesentlichen die Darlegungs- und Beweislast darüber entscheidet, ob eine einheitliche Planungsentscheidung im arbeitsgerichtlichen Beschlussverfahren nachgewiesen werden kann. Im Beschlussverfahren gilt nach § 83 Abs. 1 ArbGG der Amtsermittlungs-Grundsatz. Das Gericht hat den Sachverhalt von Amts wegen zu erforschen. Den Parteien obliegt nicht die subjektive Beweislast. Es reicht aus, dass sie die für sie günstigen Tatsachen behaupten. Beweis dafür anbieten müssen sie nicht. Es ist Sache des Gerichts, durch die in § 83 Abs. 2 ArbGG aufgezählten Maßnahmen den Sachverhalt aufzuklären.[36] Einzelne Maßnahmen stellen sich aus der Sicht eines Betriebsrats manchmal erst nach einem Rückblick und in der Kombination einzelner Vorkommnisse als eine von vornherein durchdachte, einheitliche Planungsentscheidung dar. In diesen Fällen kann der Betriebsrat das Arbeitsgericht im Beschlussverfahren den Planungszusammenhang über eine Anordnung der Einsichtnahme von Urkunden (Geschäftsführungsvorlagen, Protokollen von Geschäftsführungssitzungen) ermitteln lassen, § 83 Abs. 2 ArbGG. 11

Der mit dem Umwandlungsrecht in § 111 BetrVG eingefügte Tatbestand der **Spaltung von Betrieben** hat beim 1. Senat des BAG zu der Auffassung geführt, dass die Übertragung eines Betriebsteils auf ein anderes Unternehmen in der Form der organisatorischen Spaltung des Betriebes eine mitbestimmungspflichtige Betriebsänderung i.S.v. § 111 Satz 2 Nr. 3 BetrVG ist.[37] Wegen der wirtschaftlichen Nachteile, die sich für die Mitarbeiter im konkreten Falle ergaben, habe der Betriebsrat einen Sozialplan verlangen können. Zu den berücksichtigungsfähigen Nachteilsfolgen gehörten allerdings nicht eine etwaige Verringerung der Haftungsmasse bei dem Betriebserwerber sowie dessen befristete Befreiung von der Sozialplanpflicht nach § 112a Abs. 2 BetrVG.[38] Insbesondere konnte der Betriebsrat in der Einigungsstelle nicht verlangen, dass der abgebende Betrieb für die Dauer des Verlustes einer Sozialplananwartschaft nach dem Übergang des Betriebsteils auf das neu gegründete Unternehmen für die Dauer von vier Jahren eine Ausfallbürgschaft stellte. 12

Zu beachten ist eine Entscheidung des BAG, wonach bei der Anwendung der Zahlenstaffeln des § 17 KSchG zur Feststellung einer wesentlichen Betriebsänderung, aber auch bei einem Personalabbau nach § 113 BetrVG und den in diesem Zusammenhang zu erfüllenden, zahlenmäßigen Voraussetzungen diejenigen Mitarbeiter mitgerechnet werden, die dem Übergang ihres Arbeitsverhältnisses auf einen Teilbetriebserwerber (und damit auch dem Übergang auf einen Betriebserwerber) widersprochen haben und für die eine Beschäftigungsmöglichkeit im Restbetrieb nicht mehr besteht.[39] Entscheidet sich der Arbeitgeber, eine Betriebsabteilung stillzulegen und kündigt deshalb den dort beschäftigten Arbeitnehmern, so ist er regelmäßig zur Wiedereinstellung entlassener Arbeitnehmer verpflichtet, wenn er sich noch während der Kündigungsfrist entschließt, die Betriebsabteilung mit einer geringeren Anzahl von Arbeitnehmern doch fortzuführen.[40] Abwicklungs- und Aufhebungsverträge können wegen Wegfalls der Geschäftsgrundlage angepasst werden, eine erhaltene Abfindung ist vom Arbeitnehmer zurückzuzahlen. 13

Während ein Sozialplan auch für Maßnahmen aufgestellt werden kann, die noch nicht geplant, aber in groben Umrissen abschätzbar sind,[41] gelten für den Interessenausgleich strengere Anforderungen. In Großunternehmen, die Dauerstrukturierungen vornehmen, ist es üblich, dass **Sozialpläne über** 13a

35 *Baeck/Diller*, NZA 1997, 689 (693).
36 *Baeck/Diller*, NZA 1997, 689 (694).
37 BAG, Beschl. v. 10.12.1996, NZA 1997, 898.
38 BAG, Beschl. v. 10.12.1996, NZA 1997, 898.
39 BAG, Beschl. v. 10.12.1996, NZA 1997, 787.
40 BAG, Urt. v. 04.12.1997, NZA 1998, 701.
41 BAG, Urt. v. 26.08.1997, AP Nr. 57 zu § 76 BetrVG 1972.

längere Zeiträume geschlossen und auch immer wieder **verlängert** werden. Für den Interessenausgleich sieht der erste Senat die Rechtslage nicht wie beim Sozialplan. Der Betriebsrat müsse mit dem Arbeitgeber über konkret geplante Betriebsänderungen verhandeln und diese in einem Interessenausgleich niederlegen. Rein vorsorgliche Interessenausgleichsvereinbarungen seien nicht wirksam.[42]

13b Nach dem Wortlaut des § 111 BetrVG besteht ein Mitbestimmungsrecht des Betriebsrats bei Betriebsänderungen nur in Betrieben mit in der Regel mehr als 20 wahlberechtigten Arbeitnehmern. Der erste Senat[43] hat die Verpflichtung, einen Interessenausgleich zu versuchen, nunmehr auch auf solche Kleinbetriebe ausgedehnt, die einem größeren Unternehmen angehören, auch wenn mehrere der Betriebe dieses Unternehmens nur Kleinunternehmen i.S.v. § 111 BetrVG sind.

II. Die Hinzuziehung eines Beraters

14 Nach dem durch das BetrVerf-Reformgesetz eingefügten Satz 2 in § 111 BetrVG kann der Betriebsrat in Unternehmen mit mehr als 300 Arbeitnehmern zu seiner Unterstützung einen **Berater** hinzuziehen. Die Hinzuziehung von Sachverständigen nach § 80 Abs. 3 BetrVG bleibt unberührt. Der in § 111 Satz 2 BetrVG neu in das Gesetz aufgenommene Begriff des Beraters ist ungeklärt. Nach der Gesetzesbegründung soll sich der Betriebsrat externen Sachverstands bedienen können, um die Auswirkungen einer Betriebsänderung zu erfassen und fundierte Alternativvorschläge insbesondere zur Beschäftigungssicherung entwickeln zu können. Die Regelung soll dem Interesse beider Betriebspartner an einer Beschleunigung des Verfahrens Rechnung tragen.[44] Dementsprechend besteht der Unterschied zur Beauftragung eines Sachverständigen nach § 80 Abs. 3 BetrVG darin, dass der Betriebsrat **nicht auf eine vorhergehende Einigung mit dem Arbeitgeber** angewiesen ist.[45] Auf die allgemeinen Anforderungen der **Erforderlichkeit** und der **Verhältnismäßigkeit** wird man angesichts der Kostentragungspflicht des Arbeitgebers gleichwohl nicht verzichten können.[46] Die Anforderungen werden aber angesichts der Grundentscheidung des Gesetzgebers nicht hoch anzusetzen, die fehlende Erforderlichkeit bei Betriebsänderungen eher die Ausnahme sein. Vor dem Hintergrund der Vermögenslosigkeit des Betriebsrats als Gremium tut der Berater gut daran, sich vor Aufnahme seiner Tätigkeit um eine Regelung der Honorarfrage mit dem Arbeitgeber zu bemühen. Fehlt es an einer solchen vorausgehenden Vereinbarung, ist für die Beratertätigkeit als Geschäftsbesorgung die **übliche Vergütung** nach § 612 Abs. 2 BGB geschuldet. Der Berater unterliegt über eine Verweisung auf § 80 Abs. 4 BetrVG der bußgeldbewehrten Geheimhaltungspflicht nach §§ 79, 120 Abs. 1 Nr. 3a BetrVG.

III. Der Interessenausgleich im taktischen Umfeld

15 Beim Interessenausgleich gilt, dass der Arbeitgeber »ihn versucht hat« im Sinne des Gesetzes, wenn er den Betriebsrat gem. § 111 Satz 1 BetrVG beteiligt hat und ein Interessenausgleich nach Verhandlungen nicht zustande gekommen sowie die Einigungsstelle vergeblich angerufen worden ist.

16 Die Taktik von Betriebsräten beim Abschluss von Interessenausgleichsvereinbarungen und Sozialplänen bestand seit jeher darin, bei drängenden wirtschaftlichen Problemen des Betriebes das kostenauslösende Zeitmoment in die Waagschale zu werfen. Betriebsräte machen gerne, weil es

42 BAG, Urt. v. 19.01.1999, BB 2000, 47.
43 BAG, Urt. v. 08.06.1999, FA 1999, 265.
44 BT-Drucks 14/5741, 52.
45 Vgl. § 12 Rn 122 ff. sowie *Oetker*, NZA 2002, 466.
46 Richardi/*Annuß*, § 111 BetrVG Rn 53; *Annuß*, NZA 2001, 367 (369); *Bauer*, NZA 2001, 375 (376); *Hanau*, RdA 2001, 65 (72); für Erheblichkeit der Erforderlichkeit nur im Hinblick auf den Umfang der Beauftragung *Däubler*, AuR 2001, 285 (286).

einen erzwingbaren Anspruch auf Abschluss eines Interessenausgleichs nicht gibt, die Unterzeichnung eines bereits vollständig verhandelten Interessenausgleichs vom gleichzeitigen Abschluss eines Sozialplans abhängig. Der Unternehmer musste und muss auch heutzutage nur »versuchen«, einen Interessenausgleich mit dem Betrieb zu schließen. Kommt eine Einigung nicht zustande, ruft der Unternehmer die Einigungsstelle an (§ 112 Abs. 2 BetrVG). Dort wird noch einmal über den Inhalt eines Interessenausgleichs verhandelt. Gelingt es auch diesmal nicht, sich auf den Wortlaut eines Interessenausgleichs zu einigen, hat der Unternehmer einen Interessenausgleich ordnungsgemäß »versucht«.[47]

Die Taktik der zeitverzögernden Paketlösung ist für den Betriebsrat weiterhin aktuell, nachdem die zwischenzeitliche Fristenregelung in § 113 Abs. 3 BetrVG zum 01.01.1999 aufgehoben und mit dem Gesetz zu Reformen am Arbeitsmarkt **nicht** wieder eingeführt wurde. 17

Betriebsräte weigern sich manchmal aus taktischen Gründen, in Beratungen einzutreten, mit der Begründung, sie seien nicht hinreichend informiert. Sie lassen sich vom Arbeitgeber schriftlich zur Aufnahme der Beratungen über einen Interessenausgleich auffordern und antworten dann mit dem Verlangen, ergänzende Unterlagen zum Zweck einer vollständigen Unterrichtung über die Betriebsänderung im Original oder in Kopie einzusehen. Nur nach hinreichender Unterrichtung des Betriebsrats über die Betriebsänderung ist der Betriebsrat zur Aufnahme von Beratungen verpflichtet, nur nach ausreichender Unterrichtung des Betriebsrats kann der Versuch von Verhandlungen über einen Interessenausgleich in Lauf gesetzt werden.[48] 18

Eine Sonderregelung bildet § 112a BetrVG, der die **Erzwingbarkeit eines Sozialplans** unter der Voraussetzung formuliert, dass die Betriebsänderung allein in einem Personalabbau besteht. Bestimmte Prozentzahlen bzw. Mindestzahlen von Arbeitnehmern, je nach Betriebsgröße, müssen vom Personalabbau betroffen sein, um die Erzwingbarkeit eines Sozialplans auszulösen. § 112a Abs. 2 BetrVG enthält eine Sonderregelung für Neugründungen von Betrieben in den ersten vier Jahren. 19

In § 113 BetrVG hat der Gesetzgeber schließlich den **Sanktionenkatalog** der Abweichung des Unternehmers von einem Interessenausgleich bzw. der Durchführung einer Betriebsänderung nach § 111 BetrVG, ohne über sie einen Interessenausgleich mit dem Betriebsrat versucht zu haben, aufgestellt. Der Nichtversuch eines Interessenausgleichs und die Abweichung von einem Interessenausgleich haben einen individualrechtlichen Anspruch auf Nachteilsausgleich, also auf Abfindung im wirtschaftlichen Umfang des § 10 KSchG zur Folge. In § 113 Abs. 3 BetrVG sind schließlich die mit dem Arbeitsrechtlichen Beschäftigungsförderungsgesetz zusätzlich geschaffenen Fristen, innerhalb derer der Unternehmer den Interessenausgleich versucht hat, angefügt worden.[49] Der Unternehmer hat den Interessenausgleich erst versucht, wenn er das Verfahren des § 112 BetrVG vollständig ausgeschöpft, insbesondere also die Einigungsstelle angerufen hat, die ihrerseits mit der Feststellung des Scheiterns der Verhandlungen über einen Interessenausgleich endete.[50] Die Anrufung des Präsidenten des Landesarbeitsamts (§ 112 Abs. 2 Satz 1 BetrVG; jetzt: Regionaldirektion) ist dagegen nicht erforderlich. Die Betriebspartner sind schließlich befugt, einen verbindlichen, vorsorglichen Sozialplan in Form einer freiwilligen Betriebsvereinbarung aufzustellen, ohne dass der Betriebsrat dadurch auf künftige Mitbestimmungsrechte verzichtet.[51] Strengere Anforderungen gelten für den Interessenausgleich. Hier ist es notwendig, dass über konkret geplante Maßnahmen mit dem Betriebsrat verhandelt und schon eine Einigung über das ob und wie angestrebt werden kann.[52] 20

47 BAG, Beschl. v. 09.07.1985, NZA 1986, 100.
48 *Röder/Baeck*, DB 1996, Beilage 17, 23; *Löwisch*, RdA 1997, 80 (83).
49 Zur praktischen Unzulänglichkeit der bis 31.12.1998 gültigen Fristen des § 113 Abs. 3 Sätze 3, 4 siehe *Hümmerich*, DB 1998, 1134.
50 BAG, Urt. v. 18.12.1984, v. 09.07.1985 und v. 20.04.1994, AP Nr. 11, 13 und 27 zu § 113 BetrVG 1972.
51 BAG, Beschl. v. 26.08.1997, NZA 1998, 216; siehe ferner BAG, Beschl. v. 01.04.1998, NZA 1998, 768.
52 BAG, Urt. v. 19.01.1999, NZA 1999, 149.

21 Der Unternehmer hat meistens aufgrund des Kostendrucks ein Interesse an einer zügigen Realisierung der Betriebsänderung. Wird eine Betriebseinschränkung geplant, führt dies zu Unruhe in der Belegschaft, die erst bei Klarheit über die betreffenden Personen in erneute Motivation gewandelt werden kann. Das Interesse des Unternehmers geht also stets in Richtung einer schnellen Zustimmung zum Interessenausgleich. Ist der Interessenausgleich mit dem Betriebsrat verhandelt, kann die Betriebsänderung sanktionslos umgesetzt werden. Das Interesse des Betriebsrats geht dagegen in Richtung einer möglichst komfortablen, wirtschaftlichen Ausstattung des Sozialplans. Der Betriebsrat weiß, dass er die Kündigungen im Zusammenhang mit der Betriebsänderung ohnehin nicht verhindern kann. *Neef* hat die Verhandlungsposition des Betriebsrats auf einen einfachen Nenner gebracht: »Zeit oder Geld«.[53]

22 Scheitern die außergerichtlichen Verhandlungen, führt der Weg in die **Einigungsstelle**. Durch eine Mitteilung an den Betriebsrat wird die Einigungsstelle angerufen. Regelmäßig teilt man dem Betriebsrat den Vorsitzenden und die Anzahl der Beisitzer mit. Äußert sich der Betriebsrat nicht oder macht er Gegenvorschläge, die der Arbeitgeber nicht akzeptiert, muss der Arbeitgeber das Arbeitsgericht bemühen, §§ 98 ArbGG, 76 Abs. 2 BetrVG. Das Arbeitsgericht entschied – zeitweilig in Kammerbesetzung[54] – nach Anhörung der Beteiligten. Gegen diese Entscheidung ist Beschwerde möglich, die innerhalb von 14 Tagen eingelegt und begründet sein muss.[55] Das LAG entscheidet dann in letzter Instanz.

23 Auch wenn das Verfahren als Eilverfahren gedacht war, so kann es ohne weiteres mehrere Monate dauern, bis eine Einigungsstelle ihre Arbeit aufnimmt. Sobald der Vorsitzende bestellt ist, muss dieser wiederum die Parteien laden, Termine finden, an denen alle Beteiligten Zeit haben, sich die maßgeblichen Unterlagen und die bisher angefallene Korrespondenz geben lassen, kurzum, in einem Monat lassen sich diese Verfahrensabläufe regelmäßig nicht bewältigen. Es bedarf hierzu keines nennenswerten Verfahrensgeschicks, um angesichts der Terminslage, der zu wahrenden Ladungsfristen und der Geschwindigkeit, mit der bisweilen einzelne Arbeitsgerichte und Landesarbeitsgerichte zu arbeiten pflegen, die Zusammenkunft einer Einigungsstelle in weite Ferne rücken zu lassen. Die Errichtung einer Einigungsstelle im Wege der einstweiligen Verfügung ist ausgeschlossen.[56]

24 Eine neue Variante der Zeitfalle beschreiben *Röder* und *Gradert*, nämlich die **Untätigkeit des zuständigen Gesamt- bzw. Konzernbetriebsrats** bei Betriebsänderungen.[57] Bei Unternehmens- und Konzernumstrukturierungen besteht eine originäre Zuständigkeit des Gesamtbetriebsrats, wenn die Betriebsänderung alle oder zumindest mehrere Betriebe betrifft und notwendigerweise einheitlich für die betroffenen Betriebe geregelt werden muss. Dabei kommt es auf die ursprüngliche Planung des Unternehmers an und nicht darauf, wie sich die Planung realisiert.[58] Bleibt der Gesamtbetriebsrat trotz einer Aufforderung durch den Vorstand, einen Interessenausgleich im Zuge einer das gesamte Unternehmen oder den Konzern betreffenden Umstrukturierung zu verhandeln, untätig, oder verweist der Gesamt- bzw. Konzernbetriebsrat den Vorstand an die Einzelbetriebsräte, stellt sich für die Arbeitgeberseite ein Problem. Wird mit den Einzelbetriebsräten verhandelt, läuft der Arbeitgeber Gefahr, schließlich mit dem unzuständigen Betriebsrat einen Interessenausgleich geschlossen zu haben. Weigern sich Gesamt- oder Konzernbetriebsrat, besteht die Gefahr, dass dem Vorstand nachgesagt wird, er habe nicht ausreichend den Interessenausgleich versucht (beispielsweise mit dem Bemerken, er habe schließlich mit den Einzelbetriebsräten Interessenausgleichsverhandlungen führen können),

53 NZA 1997, 66.

54 Wovor wegen mangelnder Effizienz und Zeitverzögerung gewarnt wurde, siehe *Hümmerich*, DB 1998, 1133. Zwischenzeitlich hat der Gesetzgeber die Kritik aufgenommen und für Anträge gem. §§ 98 ArbGG, 76 Abs. 2 BetrVG die Kammerbesetzung wieder aufgehoben, siehe BGBl I 2001, 3443 (3463).

55 § 98 Abs. 2 ArbGG.

56 LAG Niedersachsen, Beschl. v. 29.09.1988, ArbuR 1989, 290; ArbG Ludwigshafen, Beschl. v. 20.11.1996, NZA 1997, 172; ArbG Düsseldorf, Beschl. v. 24.06.1992, NZA 1992, 907; a.A. LAG Düsseldorf, Urt. v. 08.02.1991, LAGE § 96 ArbGG 1979 Nr. 19.

57 DB 1996, 1674.

58 BAG, Beschl. v. 24.01.1996, BB 1996, 2093.

so dass als Sanktion die Verpflichtung eines Nachteilsausgleichs nach § 113 BetrVG droht. Wenn die originäre Zuständigkeit des Gesamtbetriebsrats nach § 50 Abs. 1 BetrVG zum Aushandeln eines Interessenausgleichs gegeben ist, stellt sich damit die Frage, ob der einzelne Betriebsrat zur Wahrnehmung eines Mitbestimmungsrechts wieder zuständig wird, wenn der Gesamtbetriebsrat den Arbeitgeber an die örtlichen Betriebsräte verweist oder von seiner Zuständigkeit keinen Gebrauch macht.

In der Rechtsprechung ist diese Frage noch nicht eindeutig geklärt. Der 1. Senat des BAG[59] geht davon aus, das Betriebsverfassungsgesetz lege eine grundsätzliche Zuständigkeit des Einzelbetriebsrats fest und sehe es als gerechtfertigt an, von einer Primärzuständigkeit der Einzelbetriebsräte auszugehen. Die maßgebliche Frage, ob im Fall der Zuständigkeit des Gesamtbetriebsrats dennoch wieder der Einzelbetriebsrat zuständig wird, wenn und solange der Gesamtbetriebsrat untätig bleibt, ist offen gelassen. *Röder/Gradert*[60] schließen aus der Verpflichtung des Arbeitgebers zum »Versuch einer Einigung«, dass dieser Versuch nicht stattfinden könne, wenn sich eine Seite, nämlich der Gesamtbetriebsrat, von vornherein weigere, am Verfahren überhaupt teilzunehmen. Aus dem Rechtsgedanken des § 326 BGB, wonach eine Nachfristsetzung für die in Verzug befindliche Partei nicht erforderlich ist, wenn diese die Erfüllung ernstlich und endgültig verweigert, schließen die Autoren, dass das Beteiligungsrecht nicht an die Einzel- bzw. Gesamtbetriebsräte im Fall der Zuständigkeit des Konzernbetriebsrats zurückfällt, wenn ein Gesamt- oder Konzernbetriebsrat seine originäre Zuständigkeit für ein Beteiligungsrecht nicht wahrnimmt. 25

Die Schwierigkeiten des Arbeitgebers, den **richtigen Verhandlungspartner** zu ermitteln, hat das BAG erkannt,[61] aber nicht gelöst. Bei unklarer Rechtslage genüge der Arbeitgeber seinen betriebsverfassungsrechtlichen Pflichten, wenn er in geeigneter Weise versuche, den richtigen Partner für die Verhandlungen um einen Interessenausgleich zu finden. 26

Die Abgrenzung der Zuständigkeit zwischen Einzelbetriebsrat und Gesamtbetriebsrat ist unscharf. Wollte man dem Arbeitgeber die fehlerhafte Wahl des Verhandlungspartners in jedem Fall als unterbliebenen Versuch anlasten, läge hierin ein nicht zumutbares und vom Sanktionszweck der Regelung auch nicht gefordertes Risiko. Eine Vorabklärung der Zuständigkeit in einem gerichtlichen Verfahren ist oft nicht ohne weiteres möglich, weil Betriebsänderungen vielfach schnelle Entscheidungen erfordern. Für die Annahme des hinreichenden Versuchs eines Interessenausgleichs muss daher bei unklarer Zuständigkeit ausreichen, dass der Arbeitgeber alles ihm Zumutbare unternimmt. 27

Der Arbeitgeber trägt im Rahmen des § 113 BetrVG die **Initiativlast**. Diese erstreckt sich auch auf die Ermittlung des richtigen Verhandlungspartners. Bestehen Zweifel, ob Einzelbetriebsräte oder der Gesamtbetriebsrat zuständig sind, muss der Arbeitgeber die in Betracht kommenden **Gremien zur Klärung der Zuständigkeitsfrage auffordern**. Einigen sich Gesamtbetriebsrat und Einzelbetriebsräte auf die Zuständigkeit des Gesamtbetriebsrats, ist dieser in der Regel schon deshalb der richtige Verhandlungspartner, weil dann zumindest eine Beauftragung des Gesamtbetriebsrats nach § 50 Abs. 2 BetrVG anzunehmen ist. Einigen sich Gesamtbetriebsrat und Einzelbetriebsräte auf die Zuständigkeit eines oder mehrerer Einzelbetriebsräte, ist diese Einigung allerdings rechtlich nicht bindend, falls in Wahrheit die Zuständigkeit des Gesamtbetriebsrats gegeben wäre; das Gesetz sieht eine entsprechende Delegation nicht vor. Verhandelt der Arbeitgeber aber dennoch mit derjenigen Arbeitnehmervertretung, die ihm gegenüber von den in Betracht kommenden betriebsverfassungsrechtlichen Organen übereinstimmend als zuständig bezeichnet wurde, liegt hierin regelmäßig ein dem Sanktionszweck des § 113 Abs. 3 BetrVG genügender Versuch eines Interessenausgleichs. Das Gleiche gilt, wenn sich die Arbeitnehmervertretungen nicht einigen und der Arbeitgeber daraufhin eine Entscheidung trifft, die unter Berücksichtigung der Entscheidungssituation nachvollziehbar erscheint. 28

59 Beschl. v. 18.10.1994, DB 1994, 2196.
60 DB 1996, 1678.
61 BAG, Urt. v. 24.01.1996, BB 1996, 2093.

28a Mit den Beschlüssen des BAG vom 11.12.2001[62] und vom 23.10.2002[63] hatte man sich erhofft, dass für die Zukunft Klarheit eintrete. Beide Beschlüsse sind dieser Anforderung nicht gerecht geworden. Im Beschluss vom 11.12.2001 hat der 1. Senat festgestellt, dass aus der Zuständigkeit des Gesamtbetriebsrats für die Vereinbarung eines Interessenausgleichs nicht zwingend die gesetzliche Zuständigkeit für den Abschluss eines Sozialplans folge. Dafür sei das Vorliegen der Voraussetzungen des § 50 Abs. 1 BetrVG gesondert zu prüfen. Ob danach ein zwingendes Bedürfnis nach einer betriebsübergreifenden Regelung bestehe, bestimme sich auch nach dem Inhalt des Interessenausgleichs.

28b In dem Beschluss vom 23.10.2002 ging es um eine grundlegende Änderung der Organisationsstruktur eines bundesweit tätigen Versicherungsunternehmens. Die Organisationsänderung bewirkte, dass Teilbetriebsschließungen in 25 Bezirksdirektionen in der gesamten Bundesrepublik stattfanden. Das Unternehmen vereinbarte aus diesem Anlass mit dem Gesamtbetriebsrat einen Interessenausgleich, wonach jedem Arbeitnehmer, dessen Arbeitsplatz durch die Betriebsänderung wegfällt, ein Arbeitsplatz im Betrieb der neuen Organisationsstruktur anzubieten sei. Gleichzeitig schloss die Firma und der Gesamtbetriebsrat einen Sozialplan ab. Der Betriebsrat einer Bezirksdirektion des Versicherungsunternehmens vertrat die Auffassung, er selbst und nicht der Gesamtbetriebsrat sei zum Abschluss des Sozialplans für die in der Bezirksdirektion von der Betriebsänderung betroffenen Arbeitnehmer zuständig. Die vom Betriebsrat beantragte Einsetzung einer Einigungsstelle lehnten die Vorinstanzen ab. Die Rechtsbeschwerde des Betriebsrats vor dem 7. Senat hatte keinen Erfolg. Der Senat war der Auffassung, der Abschluss des Sozialplans auch für die in der Bezirksdirektion von der Betriebsänderung betroffenen Arbeitnehmer sei in den Zuständigkeitsbereich des Gesamtbetriebsrats gefallen. Die Regelungskompetenz des Gesamtbetriebsrats für den Sozialplan beruhe darauf, dass die in dem Interessenausgleich vereinbarte Betriebsänderung nicht nur einen einzigen Betrieb, sondern die Mehrzahl der Betriebe betroffen habe und die Durchführung der Betriebsänderung betriebsübergreifend einheitliche Kompensationsregelung erfordert habe.[64]

IV. Unterlassungsverfügung

29 Eine zweite Sanktion, neben dem Nachteilsausgleich, stellt es dar, wenn der Betriebsrat den Ausspruch betriebsbedingter Kündigungen im Wege einer einstweiligen Unterlassungsverfügung verhindern kann. Im Gesetz ist ein allgemeiner Unterlassungsanspruch nicht geregelt. Durch einen Beschluss des 1. Senats des BAG vom 03.05.1994[65] ist es möglich geworden, dass der Arbeitgeber generell zur Einhaltung von Beteiligungsrechten des Betriebsrats im Wege des einstweiligen Rechtsschutzes im Beschlussverfahren verpflichtet werden kann. Die Literatur- und Rechtsprechungsäußerungen zur Übertragung der Mitbestimmungssicherungsrechtsprechung des 1. Senats auf Maßnahmen einer geplanten Betriebsänderung sind derzeit geteilt. Ein Teil der Rechtsprechung hat sich für einen Unterlassungsanspruch des Betriebsrats ausgesprochen.[66] Einen Unterlassungsanspruch verneint die wohl überwiegende Rechtsprechung und Literatur.[67]

62 BAG, Beschl. v. 11.12.2001, NZA 2002, 688.

63 BAG, Beschl. v. 23.10.2002 – 7 ABR 55/01 (n.v.) – Kurzwiedergabe: EzA-SD 23/2002, 3 = FA 2002, 389.

64 BAG, Beschl. v. 23.10.2002 – 7 ABR 55/01 (n.v.) – Kurzwiedergabe: EzA-SD 23/2002, 3 = FA 2002, 389.

65 BB 1994, 2273.

66 LAG Hamburg, Beschl. v. 13.11.1981, ArbuR 1982, 389; LAG Hamburg, Beschl. v. 05.02.1986, DB 1986, 598; LAG Frankfurt a.M., Beschl. v. 21.09.1982, DB 1983, 613; LAG Hessen, Beschl. v. 30.08.1994, DB 1995, 178; LAG Berlin, Beschl. v. 07.09.1995, NZA 1996, 1284; *Fitting u.a.*, § 111 BetrVG Rn 132; ErfK/*Hanau/Kania*, § 111 BetrVG Rn 24; GK-BetrVG/*Fabricius*, § 111 Rn 357.

67 LAG Düsseldorf, Beschl. v. 14.11.1983, DB 1984, 511; LAG Baden-Württemberg, Beschl. v. 28.08.1985, DB 1986, 805; LAG Niedersachsen, Beschl. v. 05.06.1987, LAGE § 23 BetrVG Nr. 11; LAG Rheinland-Pfalz, Beschl. v. 18.04.1989, NZA 1989, 863; LAG Schleswig-Holstein, Beschl. v. 13.01.1992, LAGE § 111 BetrVG Nr. 11; LAG Köln, Beschl. v. 23.08.1995, BB 1995, 2115; ArbG Köln, Beschl. v. 27.10.1993, BB 1993, 2311; ArbG Bonn, Beschl. v. 23.08.1995, NZA 1995, 966; ArbG Duisburg, Beschl. v. 23.10.1997 – 5 BVGa 10/96 (n.v.); LAG Düsseldorf, Beschl. v. 19.11.1996, NZA-RR 1997, 297; LAG Hamm, Beschl. v. 01.07.1997, ZIP 1997, 2210; *Heupgen*, NZA 1997, 1271; *Röder/Gradert*,

Gegenwärtig kann allenfalls nach Gerichtsbezirken gesagt werden, ob beim Aushandeln eines Interessenausgleichs ein betriebsverfassungsrechtlicher Unterlassungsanspruch gewährt wird oder nicht. Es kann vereinzelt ein praktischer Bedarf an einem Unterlassungsanspruch gesehen werden, die betriebsverfassungsrechtliche Dogmatik spricht allerdings selbst nach der Rechtsänderung durch den Beschluss des 1. Senats vom 03.05.1994[68] dagegen.[69] 30

B. Der Sozialplan

Während Gegenstand des Interessenausgleichs die unternehmerische Maßnahme ist, also die Be- 31
triebsänderung sowie der Kreis oder die Zahl der betroffenen Arbeitnehmer und die Art, in der sie betroffen sind, befasst sich der Sozialplan mit den Auswirkungen der Betriebsänderung für den Mitarbeiter. Ziel des Sozialplans ist es, die für den Mitarbeiter mit dem Interessenausgleich verbundenen Nachteile aufzufangen oder abzuschwächen. Im Vordergrund stehen regelmäßig wirtschaftliche Kompensationsleistungen, insbesondere in der Form der Abfindung.[70] Mit der Einfügung der Nr. 2a in § 112 Abs. 5 BetrVG durch das BetrVerf-Reformgesetz will auch der Gesetzgeber die Tendenz zum Transfersozialplan fördern. Nach § 112 Abs. 5 Nr. 2a BetrVG soll die Einigungsstelle insbesondere die im SGB III vorgesehenen Förderungsmöglichkeiten zur Vermeidung von Arbeitslosigkeit berücksichtigen.

I. Grundsätze

Der Sozialplan ist, anders als der Interessenausgleich, eine **Betriebsvereinbarung**.[71] Anders als bei 32
den übrigen Betriebsvereinbarungen gilt für den Sozialplan nach § 112 Abs. 1 Satz 4 BetrVG nicht der Tarifvorbehalt des § 77 Abs. 3 BetrVG. Es ist zulässig, in einen Sozialplan, anders als sonst bei Betriebsvereinbarungen, spezifische, individuelle Regelungen für einzelne Arbeitnehmer aufzunehmen.[72] Der Sozialplan hat eine Ausgleichsfunktion, da er einen Ausgleich für den Verlust des Arbeitsplatzes oder die Verschlechterung von Arbeitsbedingungen gewährt.[73] Er soll bis zu einem neuen Arbeitsverhältnis oder dem Bezug des gesetzlichen Altersruhegelds eine Überbrückungshilfe darstellen.[74] Er hat damit eine Überleitungs- und Vorsorgefunktion.[75]

Bei der Gestaltung von Sozialplänen kann vorgesehen werden, dass der Arbeitnehmer eine Abfin- 33
dung erhält, selbst dann, wenn er im unmittelbaren Anschluss an die Beendigung seines Arbeitsverhältnisses einen anderweitigen Arbeitsplatz bei einem anderen Unternehmen gefunden hat.[76] Sozialpläne müssen in diesen Fällen keine Abfindung gewähren[77] und können sogar verminderte Leistungen für Mitarbeiter vorsehen, die kurz vor Erreichen des Rentenalters stehen.[78] Der zeitliche Geltungsbereich richtet sich regelmäßig nach dem Zeitpunkt des Abschlusses bzw. Scheiterns eines Interessenausgleiches[79] oder nach dem Tag des Abschlusses des Sozialplans. Derartige

DB 1996, 1679; *Hümmerich/Spirolke*, BB 1996, 1986; *Röder/Baeck*, BB 1996, Beil. 17, 24; *Neef*, NZA 1997, 68; *Bauer*, DB 1994, 224; *Ehrich*, DB 1993, 356; Richardi/*Annuß*, § 111 BetrVG Rn 168.

68 BB 1994, 2273.

69 Siehe *Hümmerich/Spirolke*, BB 1996, 1986.

70 Zur Abkehr von der finanziellen Kompensationslösung durch Abschluss von Transfersozialplänen vgl. *Wolff*, NZA 1999, 622; *Matthes*, RdA 1999, 178; *Hümmerich*, manager magazin, Heft 1/2000, 194 ff.

71 BAG, Beschl. v. 18.12.1990, DB 1991, 969.

72 BAG, Beschl. v. 12.05.1985, DB 1985, 1487.

73 BAG, Beschl. v. 09.11.1994, DB 1995, 782.

74 BAG, Beschl. v. 31.07.1996 – 10 AZR 45/96 (n.v.).

75 BAG, Beschl. v. 06.06.1990, DB 1990, 2477; siehe auch *Hümmerich*, NZA 1996, 1289 (1291).

76 BAG, Urt. v. 23.04.1985, DB 1985, 1593.

77 BAG, Urt. v. 30.11.1994, DB 1995, 1238; Urt. v. 31.07.1996, DB 1997, 291 = NZA 1997, 165.

78 BAG, Urt. v. 26.07.1988, DB 1988, 2464.

79 BAG, Beschl. v. 30.11.1994, DB 1995, 1238.

Stichtagsregelungen sind praktikabel und statthaft.[80] Aber auch rückwirkende Sozialpläne sind wirksam.[81] Schließlich kann der Betriebsrat mit einem Restmandat[82] auch Sozialpläne für bereits stillgelegte Betriebe schließen. Er kann sogar vorsorgliche Sozialpläne für den Fall schließen, dass kein Betriebsübergang i.S.v. § 613a BGB vorliegt und die Frage, ob eine Betriebsänderung oder nur ein Betriebsübergang wegen Funktionsnachfolge anzunehmen ist, unterdessen gerichtlich klären lassen.[83]

34 Der **zeitliche Geltungsbereich** kann begrenzt werden. Es kann aber auch geregelt werden, dass der Sozialplan endet, ohne dass es einer Kündigung bedarf, mit der Abwicklung aller sich aus ihm ergebenden Ansprüche.

35 Vom **persönlichen Geltungsbereich** des Sozialplans werden alle Personen erfasst, die durch die Betriebsänderung Nachteile erleiden. Teilzeitbeschäftigte dürfen wegen des Diskriminierungsverbotes in § 4 TzBfG nicht von Sozialplanleistungen ausgenommen werden, müssen sich aber mit Leistungen zufrieden geben, die entsprechend ihrer persönlichen Arbeitszeit im Verhältnis zur tariflichen Arbeitszeit herabgesetzt sind.[84] Leitende Angestellte werden ohne ausdrückliche Regelung von Sozialplänen nicht erfasst.[85] Vor allem besteht keine Pflicht, sie in den Sozialplan einzubeziehen.[86] Auch ausgeschiedene Mitarbeiter werden in den Sozialplan einbezogen. Wer aufgrund einer Betriebsänderung einen Aufhebungsvertrag geschlossen[87] oder eine Eigenkündigung ausgesprochen[88] hat, kann, wenn der Arbeitgeber das Ausscheiden veranlasst hat, nicht allein deshalb von Leistungen aus dem Sozialplan ausgeschlossen werden.[89] Allerdings hat das BAG die früher in ihren Grundzügen arbeitnehmerfreundliche Rechtsprechung[90] zwar nicht ausdrücklich beendet, tatsächlich allerdings zwischenzeitlich ganz erheblich eingeschränkt.[91] Insbesondere mit den Entscheidungen vom 05.04.1995[92] und vom 20.04.1994[93] entsteht der Eindruck, dass die bisherige Rechtsprechung zur Eigenkündigung des Arbeitnehmers bei Sozialplanabfindungen zwar formal aufrechterhalten, tatsächlich aber zugunsten einer jedweden Regelung über vor Abschluss eines Sozialplans ausgeschiedene Mitarbeiter in das Belieben der Betriebspartner gestellt wird. Dies bedeutet gleichzeitig für den beratenden Rechtsanwalt, dass er bei der Gestaltung von Sozialplänen Differenzierungen hinsichtlich der Gründe des Ausscheidens eines Mitarbeiters formulieren und insbesondere auch für Mitarbeiter, die vor Abschluss des Sozialplans ausgeschieden sind, nur einen Teil der Abfindung[94] oder auch einen Ausschluss von jeglicher Abfindung vorsehen kann.[95] Stellt ein Sozialplan für die Bemessung der Abfindung wegen Verlustes des Arbeitsplatzes auf die Dauer der Betriebszugehörigkeit ab, so zählen als Zeiten der Betriebszugehörigkeit auch solche, in denen der Arbeitnehmer wegen des Ruhens seines Arbeitsverhältnisses (z.B. wegen Elternzeit) tatsächliche Arbeitsleistungen nicht erbracht hat.[96]

80 BAG, Urt. v. 09.11.1994, DB 1995, 783; siehe auch *Gaul*, DB 1998, 1514.
81 BAG, Beschl. v. 09.12.1981, DB 1982, 908.
82 BAG, Beschl. v. 20.04.1982, DB 1982, 1727, auch gesetzlich geregelt in § 216 BetrVG.
83 BAG, Beschl. v. 01.04.1998, NZA 1998, 768.
84 BAG, Beschl. v. 28.10.1992, NZA 993, 515.
85 BAG, Beschl. v. 21.01.1979, DB 1979, 1039.
86 BAG, Beschl. v. 16.07.1985, DB 1985, 2207; siehe auch § 32 Abs. 2 SprAuG.
87 BAG, Urt. v. 28.04.1993, DB 1993, 2034.
88 BAG, Urt. v. 15.01.1991, DB 1991, 1526.
89 BAG, Urt. v. 19.07.1995, DB 1995, 2531.
90 Siehe hierzu *Hümmerich/Spirolke*, BB 1995, 42.
91 Siehe hierzu *Maier*, NZA 1995, 769.
92 10 AZR 554/94 (n.v.).
93 NZA 1995, 89.
94 LAG Rheinland-Pfalz, Urt. v. 16.02.1993, NZA 1993, 1144.
95 BAG, Urt. v. 24.01.1996, NZA 1996, 834.
96 LAG Hessen, Urt. v. 19.05.1998, ARST 1999, 58.

In einem Sozialplan geregelte Ansprüche kann der Arbeitnehmer unmittelbar einklagen.[97] Enthält der Sozialplan Wiedereinstellungsverpflichtungen, kann der Betriebsrat bei der Einstellung Dritter die Zustimmung nach § 99 Abs. 2 Nr. 1 BetrVG verweigern.[98] Die Rechte des Betriebsrats sind der Verfügung einzelner Arbeitnehmer entzogen.[99] 36

Soweit Formulierungen bei Abfassung eines manchmal unter Zeitdruck zustande gekommenen Sozialplans mehrere Auslegungen gestatten, kann der Wille der Betriebspartner bei der Auslegung nur berücksichtigt werden, soweit er im Sozialplan seinen Niederschlag gefunden hat.[100] Sind Teile des Sozialplans unwirksam, bleibt der Rest wirksam, soweit er eine sinnvolle Regelung ergibt. Dies entspricht der ständigen Rechtsprechung des BAG zur Teilnichtigkeit von Betriebsvereinbarungen.[101] 37

Sozialpläne kommen wie Interessenausgleichsvereinbarungen zustande. Anders als der Interessenausgleich kann der Sozialplan jedoch nach § 112 Abs. 4 BetrVG durch einen **Spruch der Einigungsstelle** oder einvernehmlich durch die Einigungsstelle geschlossen werden. Der Vorsitzende einer Einigungsstelle kann erfolgreich wegen Befangenheit abgelehnt werden. Zum Verfahren hat das BAG neuerlich Regeln erlassen.[102] 38

Höchstrichterlich noch nicht geklärt ist, welche Rechtsregeln auf **kombinierte Rahmenvereinbarungen** und Elemente des Interessenausgleichs und Sozialplans anzuwenden sind. Da derartige Vereinbarungen jedenfalls einen vollständigen Sozialplan beinhalten, müssen mindestens für diesen Teil einer solchen Rahmenvereinbarung die Regeln einer Betriebsvereinbarung gelten. Da alles, was im Interessenausgleich zwischen den Betriebspartnern geregelt wird, auch in einer förmlichen Betriebsvereinbarung geregelt werden kann, bringen die Betriebspartner, ob gewollt oder ungewollt, mit einem kombinierten Interessenausgleich und Sozialplan zum Ausdruck, dass sie die Elemente des Interessenausgleichs auch den Regeln über Betriebsvereinbarungen unterwerfen wollen. Jedenfalls dann, wenn keine Anhaltspunkte für eine hiervon abweichende Betrachtung erkennbar sind, wird man auf die Elemente des Interessenausgleichs in kombinierten Vereinbarungen ebenfalls die Regeln für Betriebsvereinbarungen anwenden können. 39

Lässt sich der Arbeitgeber auf die Forderungen nach einem kombinierten Interessenausgleich und Sozialplan ein, bewegt sich der Betriebsrat von vornherein in der Erzwingbarkeit beider Vereinbarungen über die Einigungsstelle, was eine wesentliche Verbesserung der Verhandlungsposition des Betriebsrats bedeutet. Kündigungsverbote, Versetzungs- oder Umschulungsverpflichtungen des Arbeitgebers sollen allerdings nicht durch Spruch der Einigungsstelle zum Gegenstand eines Sozialplanes gemacht werden können.[103] 40

II. Inhalt eines Sozialplans

Nach der gesetzlichen Definition dient der Sozialplan dem Ausgleich oder der Milderung der wirtschaftlichen Nachteile, die den Arbeitnehmern infolge der geplanten Betriebsänderung entstehen, § 112 Abs. 1 Satz 2 BetrVG. Im Sozialplan sind die **Abfindungen** oder **Maßnahmen zur Vermeidung wirtschaftlicher Nachteile** zu regeln. Umschulungsregelungen, Kündigungsverbote und vergleichbare Regelungspositionen gehören nicht in den Sozialplan; sie können, wenn nicht individualarbeitsvertragsrechtlich oder über eine Regelungsabsprache, nur im Interessenausgleich vereinbart werden.[104] 41

97 BAG, Urt. v. 17.10.1989, DB 1990, 486.
98 BAG, Urt. v. 18.12.1990, DB 1991, 969.
99 BAG, Urt. v. 09.05.1995, DB 1995, 2075.
100 BAG, Beschl. v. 16.03.1994, NZA 1994, 1147.
101 Vgl. BAG, Urt. v. 27.10.1987, DB 1988, 558.
102 BAG, Beschl. v. 11.09.2001, FA 2002, 148.
103 BAG, Urt. v. 17.09.1991, NZA 1992, 227.
104 BAG, Urt. v. 17.09.1991, NZA 1992, 227.

42 Die Betriebspartner sind, wie auch die Einigungsstelle, im Grundsatz frei, welche Nachteile der von der Betriebsänderung betroffenen Arbeitnehmer sie in welchem Umfang ausgleichen oder mildern wollen.[105] Es können **»Null-Sozialpläne«**, die keinerlei Abfindung vorsehen,[106] oder nach der Vermeidbarkeit der Nachteile differenzierende Sozialpläne geschlossen werden.[107] Bei der Gestaltung eines Sozialplans haben die Betriebspartner die Möglichkeit, für ältere Arbeitnehmer nur eine Überbrückungszahlung bis zum Rentenalter statt der ansonsten für die übrigen Mitarbeiter vorgesehenen Abfindungen vorzusehen.[108] Sie können auch ältere Mitarbeiter von Sozialplanleistungen gänzlich ausnehmen, wenn die Mitarbeiter nach Beendigung des Arbeitsverhältnisses Arbeitslosengeld und im unmittelbaren Anschluss daran Rente erhalten können.[109] Bei einer fristlosen Kündigung,[110] bei der Weigerung, einen zumutbaren Arbeitsplatz im Betrieb, Unternehmen oder Konzern anzunehmen[111] sowie bei Widerspruch gegen den Übergang des Arbeitsverhältnisses nach § 613a BGB[112] können Arbeitnehmer von den Leistungen des Sozialplans ganz oder teilweise ausgeschlossen werden. Arbeitnehmer, die im unmittelbaren Anschluss an die Beendigung des Arbeitsverhältnisses, auch durch Vermittlung des Arbeitgebers,[113] eine neue Tätigkeit gefunden haben, können[114] (müssen aber nicht[115]) von Abfindungen ausgeschlossen werden. Der Sozialplan kann einen Ausgleich dafür vorsehen, dass verfallbare Anwartschaften auf betriebliche Altersversorgung verloren gehen[116] oder in Zukunft nicht mehr ansteigen.[117] Zwischenzeitlich hat der Gesetzgeber erleichterte Voraussetzungen im Gesetz über die BetrAVG[118] geschaffen. Knüpft ein Sozialplan für die Berechnung von Abfindungen an das Durchschnittsentgelt »vor dem Kündigungstermin« an, so soll im Zweifel entsprechend dem allgemeinen arbeitsrechtlichen Sprachgebrauch der Tag des Ablaufs der Kündigungsfrist maßgebend sein. Für die Annahme, dass mit dem Kündigungstermin der Tag der Kündigungserklärung gemeint ist, bedarf es besonderer Anhaltspunkte.[119]

42a *Gaul*[120] hat den **Gestaltungsspielraum** der Betriebspartner bei Sozialplänen umfänglich untersucht und ist dabei unter Berücksichtigung der einschlägigen Rechtsprechung zu folgenden Ergebnissen gelangt: Aus dem Gleichbehandlungsgrundsatz folgt, dass Arbeitgeberkündigung, Aufhebungsvertrag und Eigenkündigung des Arbeitnehmers gleich zu behandeln sind, wenn sie als Folge der Betriebsänderung aufgrund individueller Veranlassung des Arbeitgebers erfolgen.[121] Ein Sozialplananspruch, der erst mit der rechtlichen Beendigung des Arbeitsverhältnisses bzw. dem rechtskräftigen Abschluss eines etwaigen Kündigungsschutzverfahrens entsteht, so beispielsweise im Transfersozialplan,[122] ist nicht vererblich, wenn der Arbeitnehmer vor diesem Tag stirbt. Betriebsräte, die den Abfindungsanspruch aus Sozialplänen für die Erben vor dem Zeitpunkt der rechtlichen Beendigung des Arbeitsverhältnisses zur Entstehung kommen lassen wollen, müssen darauf drängen, Formulierungen in den Sozialplan aufzunehmen, wie sie in einigen Aufhebungs- und Abwicklungsverträ-

105 BAG, Urt. v. 15.01.1991, DB 1991, 1526.
106 BAG, Urt. v. 25.10.1983, DB 1984, 725.
107 BAG, Urt. v. 08.12.1976, DB 1977, 729.
108 BAG, Urt. v. 26.07.1988, DB 1988, 2464.
109 BAG, Urt. v. 31.07.1996 – 10 AZR 45/96 (n.v.).
110 BAG, Urt. v. 31.01.1979, DB 1979, 412.
111 BAG, Urt. v. 28.09.1988, DB 1989, 48.
112 BAG, Urt. v. 10.11.1993, DB 1994, 1377.
113 BAG, Urt. v. 19.06.1996 – 10 AZR 23/96 (n.v.).
114 BAG, Urt. v. 30.11.1994, DB 1995, 123.
115 BAG, Urt. v. 23.04.1985, DB 1985, 1693.
116 BAG, Urt. v. 27.10.1987, DB 1988, 558.
117 BAG, Urt. v. 29.11.1978, DB 1979, 795.
118 Siehe hierzu § 5 Rn 518.
119 BAG, Urt. v. 17.11.1998, ARST 1999, 139.
120 Gestaltungsspielraum bei Sozialplanabfindungen, DB 1998, 1513.
121 So auch *Hümmerich/Spirolke*, BB 1995, 42.
122 *Hümmerich*, AnwaltFormulare Arbeitsrecht, Muster 2514.

gen[123] verwendet werden. *Gaul* weist zutreffend darauf hin, dass Regelungen zur Fälligkeit einer Sozialplanabfindung für die Vererbbarkeit eines Anspruchs ohne Bedeutung sind.[124]

Die Grenzen der Gestaltung eines Sozialplans ergeben sich vor allem aus den §§ 75 und 112 Abs. 5 BetrVG und dem arbeitsrechtlichen Gleichbehandlungsgrundsatz. Ein Ausschluss von Arbeitnehmern von Sozialplanabfindungen ist in folgenden fünf Fällen möglich: Das Arbeitsverhältnis wird vor Abschluss oder vor Scheitern des Interessenausgleichs – gleich aus welchem Grund – beendet. Das Arbeitsverhältnis endet vor einem Stichtag, der für die Abwicklung des Betriebes wichtig ist, durch Eigenkündigung. Der oder die Betroffene lehnt einen zumutbaren Arbeitsplatz im Betrieb, Unternehmen oder – auf Vermittlung des Arbeitgebers – in einem anderen Unternehmen ab. Der Mitarbeiter bzw. die Mitarbeiterin widerspricht dem Übergang des Arbeitsverhältnisses gem. § 613a BGB und wird betriebsbedingt gekündigt. Fünfte Ausschlussvariante bildet die rechtliche Möglichkeit eines Arbeitnehmers, unmittelbar nach Beendigung des Arbeitsverhältnisses Anspruch auf (vorzeitige) gesetzliche Altersrente geltend zu machen. 42b

Der bei einem Sozialplan mitgestaltende anwaltliche Berater hat eine Reihe von **Gestaltungsverboten** zu beachten. So dürfen in einem Sozialplan Leistungen nicht davon abhängig gemacht werden, dass keine Kündigungsschutzklage erhoben oder eine bereits erhobene Klage wieder zurückgenommen wird.[125] Zulässig sind dagegen solche Klauseln, wie sie eine Reihe von Textbausteinen enthalten,[126] die die Fälligkeit von im Sozialplan geregelten Ansprüchen bis zum Abschluss des Kündigungsschutzverfahrens hinausschieben.[127] Unzulässig sind Klauseln, die bei ausländischen Arbeitnehmern die Abfindungszahlung davon abhängig machen, dass sie in ihre Heimat zurückkehren.[128] Unverfallbare Versorgungsanwartschaften können durch Sozialplan weder wirksam aufgehoben, noch kapitalisiert werden.[129] Arbeitnehmer, die das Arbeitsverhältnis durch Eigenkündigung oder Aufhebungsvertrag beendet haben, können von Abfindungsansprüchen ausgenommen werden.[130] Insbesondere ist es zulässig, Mitarbeiter von Abfindungszahlungen im Sozialplan auszuschließen, die durch Eigenkündigung oder Aufhebungsvertrag ausscheiden, obwohl der Arbeitgeber auf ihr Verbleiben im Betrieb, beispielsweise bis zum Ende einer Saison, noch angewiesen ist.[131] Empfiehlt der Arbeitgeber anlässlich eines geplanten Personalabbaus auf einer Betriebsversammlung, sich nach anderen Arbeitsplätzen umzusehen, ist die deswegen ausgesprochene Eigenkündigung des Arbeitnehmers auch dann aus Gründen der Betriebsänderung veranlasst und damit grundsätzlich sozialplanpflichtig, wenn dem Arbeitnehmer wegen einer Verbesserung der Auftragslage letzten Endes nicht gekündigt worden wäre, es sei denn, er hat im Zeitpunkt der Kündigung keinen Grund mehr für die Annahme, ihm werde im Zuge des Personalabbaus gekündigt werden.[132] Noch nicht entschieden ist die Wirksamkeit von Rückzahlungsklauseln in Sozialplänen bei Wiedereinstellung. Angemessen erscheint nach *Gaul*,[133] die Rückzahlungspflicht, jedenfalls für den Fall der unbefristeten Wiedereinstellung beim bisherigen Arbeitgeber, um 1/36 für jeden vollen Monat der Arbeitslosigkeit zu mindern. 43

Geklärt ist zwischenzeitlich, dass ein Arbeitgeber, der bestimmten Arbeitnehmern im Rahmen eines Personalabbaus zusätzliche Leistungen zusagt, um sie zur einvernehmlichen Beendigung des Arbeitsverhältnisses zu bewegen, nicht verpflichtet ist, diese Leistungen auch Arbeitnehmern zu 43a

123 Z. B. *Hümmerich*, AnwaltFormulare Arbeitsrecht, Muster 2235 (§ 5), 2240 (§ 3).
124 *Gaul*, DB 1998, 1519.
125 BAG, Urt. v. 20.12.1983, DB 1984, 723.
126 Siehe *Hümmerich*, AnwaltFormulare Arbeitsrecht, Muster 2407, 2430, 2438 (Sozialplanmuster).
127 BAG, Urt. v. 20.06.1985, DB 1985, 2357.
128 BAG, Urt. v. 07.05.1987, DB 1988, 450.
129 BAG, Urt. v. 24.03.1981, DB 1981, 2178.
130 BAG, Urt. v. 19.07.1995, DB 1995, 2531.
131 BAG, Urt. v. 09.11.1994, DB 1995, 782.
132 BAG, Urt. v. 28.10.1992, DB 1993, 590; zur Abgrenzung in der Rechtsprechung siehe *Hümmerich/Spirolke*, BB 1995, 42.
133 DB 1998, 1518.

gewähren, die sich bereits zu geringeren Leistungen mit der Beendigung des Arbeitsverhältnisses einverstanden erklärt hat. So hat das BAG[134] entschieden, dass die Absicht des Arbeitgebers, durch zusätzliche Leistungen die Bereitschaft der Arbeitnehmer, aus dem Arbeitsverhältnis auszuscheiden, zu erhöhen, ein billigenswerter Grund für eine Ungleichbehandlung von Arbeitnehmern sein kann. Der Arbeitgeber verstoße deshalb nicht gegen den arbeitsrechtlichen Gleichbehandlungsgrundsatz, wenn er Arbeitnehmer von diesen Leistungen ausnehme, die schon vor Zusage der Zusatzleistungen mit der Beendigung ihres Arbeitsverhältnisses einverstanden gewesen seien. Zulässig ist auch die Differenzierung nach Vollzeit- und Teilzeitbeschäftigung. Wird zur pauschalen Bewertung der mit dem Arbeitsplatzverlust verbundenen Nachteile auf die Dauer der Betriebszugehörigkeit zurückgegriffen und auch nach Zeiten der Teilzeit- und Vollzeitbeschäftigung differenziert, ist eine Sozialplanregelung wirksam.[135] Es verstößt auch nicht gegen den Gleichbehandlungsgrundsatz, wenn ein Sozialplan Mitarbeiter, die bei Ausscheiden eine abschlagsfreie Rente beanspruchen können, von Sozialplanleistungen ausschließt.[136]

43b Für Ansprüche auf eine Sozialplanabfindung gilt die regelmäßige Verjährungsfrist nach § 195 BGB. Die Sozialplanabfindung ist weder Lohn oder Gehalt, noch ein anderer Dienstbezug oder Lohnersatz.[137]

43c Die **Berechnung von Abfindungen** kann über eine Formel,[138] aber auch über ein Punktesystem[139] erfolgen. Man muss einer Abfindungsregelung im Sozialplan die Dauer der Betriebszugehörigkeit nicht zwangsläufig zugrundelegen.[140]

III. Gestaltungsmöglichkeiten der Einigungsstelle

44 Ruft eine Partei die Einigungsstelle gem. § 112 Abs. 2 Satz 3 BetrVG an, entscheidet die Einigungsstelle nach § 112 Abs. 4 BetrVG verbindlich. Die Einigungsstelle hat sich bei dem einvernehmlich oder durch Spruch erlassenen Sozialplan an den in § 112 Abs. 5 BetrVG vorgegebenen Richtlinien zu orientieren.[141] Sie hat die wirtschaftliche Vertretbarkeit des Sozialplans für das Unternehmen und die sozialen Belange der betroffenen Arbeitnehmer zu beachten.

44a Berücksichtigt ein erzwungener Sozialplan nicht die Gegebenheiten des Einzelfalles, also Lebensalter, familiäre Belastungen, Schwerbehinderteneigenschaft, ist er schon allein deshalb unwirksam.[142] Enthält der Sozialplan Herabgruppierungen von Arbeitnehmern, müssen Ausgleichszahlungen vorgesehen werden.[143] Ein etwas geringer vergüteter Arbeitsplatz kann im Sozialplan für den einzelnen Arbeitnehmer für zumutbar erklärt werden.[144] Der Wegfall von Überstunden führt nicht zur Unzumutbarkeit.[145] In einem Sozialplan können geringere Leistungen für Arbeitnehmer vorgesehen werden, die ihnen angebotene, anderweitige zumutbare Arbeitsplätze nicht annehmen. Will der Arbeitgeber auch die älteren Arbeitnehmer, die sich mit den Leistungen aus dem bestehenden Sozialplan nicht begnügen wollen, zu einem einvernehmlichen Ausscheiden aus dem Arbeitsverhältnis bewegen, verstößt er nicht gegen den Gleichbehandlungsgrundsatz, wenn er zusätzliche Leistungen nur den Arbeitnehmern verspricht, die sich nicht schon zuvor mit einem Ausscheiden auf der Basis des bestehenden Sozialplans einverstanden erklärt haben.[146] Es ist

134 BAG, Urt. v. 18.09.2001, ArbRB 2002, 8.
135 BAG, Urt. v. 14.08.2001 – 1 AZR 760/00 (n.v.).
136 LAG Rheinland-Pfalz, Urt. v. 26.10.2001, EzA-SD 8/2002, 6.
137 BAG, Urt. v. 30.10.2001, ArbRB 2002, 132.
138 Siehe *Hümmerich*, AnwaltFormulare Arbeitsrecht, Muster 2465 (Ziff. 6).
139 Siehe *Hümmerich*, AnwaltFormulare Arbeitsrecht, Muster 2409 (Anlage 1) oder Muster 2430 (Anlage 1).
140 BAG, Beschl. v. 09.11.1994, DB 1995, 782.
141 BAG, Beschl. v. 26.04.1988, DB 1988, 2154.
142 BAG, Beschl. v. 14.09.1994, DB 1995, 430.
143 BAG, Beschl. v. 27.10.1987, DB 1988, 558.
144 BAG, Beschl. v. 28.09.1988, DB 1989, 48.
145 *Fitting u.a.*, §§ 112, 112a BetrVG Rn 223.
146 BAG, Urt. v. 18.09.2001, NZA 2002, 148.

auch den Betriebspartnern grundsätzlich überlassen, generalklauselartig oder im Wege der Prüfung durch einen Ausschuss festzulegen, welche Arbeitsplätze für den jeweiligen Arbeitnehmer zumutbar sind.[147] Bei einem notwendigen Ortswechsel kann die Unzumutbarkeit auf weiteren Umständen als dem bloßen Ortswechsel beruhen.[148] Die Unzumutbarkeit kann beispielsweise durch eine Pflege von Familienangehörigen, durch andernfalls notwendige Umschulung von Kindern etc. ausgelöst werden.

Generell haben die Betriebspartner, hat aber auch die Einigungsstelle, die **Abhängigkeit des Sozialplanvolumens von den wirtschaftlichen Möglichkeiten eines Unternehmens** zu beachten. 44b
Bei Einzelkaufleuten, OHG und KG, kommt es nicht nur auf das Betriebs-, sondern auch auf das Privatvermögen an, das nach dem Gesetz für Verbindlichkeiten haftet, ein in Unkenntnis geltenden Steuerrechts ergangener Beschluss.[149] Dass Sozialplanmittel anderen Investitionen nicht mehr zur Verfügung stehen, soll für sich allein keine Rolle spielen.[150] Für die Unternehmen notwendige Investitionen müssen trotz des Sozialplans möglich bleiben. Es soll jedoch zulässig sein, durch einen Sozialplan Arbeitgeber so zu belasten, dass die Maßnahme für die Ertragskraft des Unternehmens einschneidend ist.[151] Selbst ein Sozialplan, der die durch Betriebsänderung begründeten Einsparungen für ein Jahr aufzehrt, soll nicht zu beanstanden sein.[152] Der in § 112 Abs. 5 Satz 2 Nr. 3 BetrVG enthaltenen Grenzziehung soll zu entnehmen sein, dass das Gesetz bei einem wirtschaftlich wenig leistungsstarken Unternehmen im Falle der Entlassung eines großen Teils der Belegschaft auch einschneidende Belastungen bis an den Rand der Bestandsgefährdung für vertretbar ansieht.[153]

Ansprüche aus Sozialplänen sind **nicht vererblich**, wenn der Arbeitnehmer vor Ablauf der Kündi- 45
gungsfrist bzw. nach Abschluss eines Aufhebungsvertrages, aber vor der vereinbarten Beendigung des Arbeitsverhältnisses verstirbt.[154] In der Zwangsvollstreckung werden Sozialplanabfindungen als Arbeitseinkommen i.S.v. § 850 ZPO von Pfändungsmaßnahmen erfasst. Teile der Abfindung können auf Antrag des Arbeitnehmers nach § 850i ZPO der Pfändung entzogen werden.[155] Der Arbeitgeber ist aber nicht verpflichtet, den Arbeitnehmer auf diese Möglichkeit hinzuweisen.[156] Eine Durchgriffshaftung auf den Gesellschafter zur Realisierung von Sozialplanansprüchen ist denkbar.[157] Generell hat das BAG außerdem entschieden, dass der Rechtsweg zu den Arbeitsgerichten gegeben ist, wenn der Arbeitnehmer die Gesellschafter seines Arbeitgebers, einer GmbH, im Wege des Durchgriffs in Anspruch nimmt.[158]

Sozialpläne können wie jede Betriebsvereinbarung auch zu Lasten der Arbeitnehmer **abgeändert** 45a
werden. In diesem Falle ersetzt der neue Sozialplan den alten. Von solchen Änderungen werden allerdings bereits fällige Ansprüche nicht erfasst, weil sie schon individualisiert sind.[159] Auch entstandene, aber noch nicht fällige Ansprüche können in einem nachfolgenden Sozialplan weder vermindert noch erlassen werden.[160]

Die ordentliche **Kündigung eines Sozialplans** kann im Sozialplan vereinbart werden. Enthält der 45b
Sozialplan keine entsprechende Regelung, ist die ordentliche Kündigung ausgeschlossen.[161] Bereits

147 BAG, Beschl. v. 28.09.1988, DB 1989, 48.
148 BAG, Beschl. v. 25.10.1983, DB 1984, 725.
149 BAG, Beschl. v. 08.07.1972, DB 1972, 2069.
150 BAG, Beschl. v. 22.05.1979, DB 1979, 1896.
151 BAG, Beschl. v. 17.10.1989, DB 1990, 694; kritisch *Hümmerich*, NZA 1996, 1292.
152 BAG, Beschl. v. 27.10.1987, DB 1988, 558.
153 BAG, Beschl. v. 06.05.2003, FA 2004, 46.
154 BAG, Urt. v. 25.09.1996, DB 1997, 281.
155 OLG Düsseldorf, Urt. v. 28.08.1979, DB 1980, 112.
156 BAG, Urt. v. 13.11.1991, DB 1992, 585.
157 BAG, Urt. v. 15.01.1991, DB 1991, 1472; BAG, Urt. v. 10.02.1999, DB 1999, 485.
158 Beschl. v. 13.06.1997, NJW 1998, 261.
159 BAG, Beschl. v. 24.03.1981, DB 1981, 2178.
160 BAG, Beschl. v. 10.08.1994, DB 1995, 480.
161 BAG, Beschl. v. 10.08.1994, DB 1995, 480.

entstandene Ansprüche werden durch die Kündigung eines Sozialplans ebenso wenig berührt, wie bereits fällige Ansprüche.[162] Auch der Sozialplan wirkt nach § 77 Abs. 6 BetrVG nach, bis er durch einen anderen Sozialplan ersetzt wird, oder durch Spruch einer Einigungsstelle ein weiterer Sozialplan zustande kommt.[163] Die fristlose Kündigung von Sozialplänen ist nur auf ganz wenige Sonderfälle, in denen es um die Existenz des Unternehmens geht, beschränkt.[164] Außerordentlich gekündigte Sozialpläne wirken nach § 77 Abs. 6 BetrVG nach,[165] weshalb die Effizienz eines Rechts zur außerordentlichen Kündigung ausscheidet.

46 **Einzelne Arbeitnehmer** können ihre **Ansprüche aus einem Sozialplan gerichtlich verfolgen**.[166] Allerdings erfassen tarifliche Ausschlussfristen bei entsprechend weiter Fassung der tariflichen Bestimmung auch Ansprüche aus Betriebsvereinbarungen und damit aus Sozialplänen.[167] Sie werden mit der Argumentation, das Gesamtvolumen des Sozialplans sei zu niedrig bemessen, nicht gehört.[168] Wer zu Unrecht von Leistungen des Sozialplans ausgeschlossen wurde, kann dagegen gerichtlich vorgehen.[169] Dass die Klage eines einzelnen Arbeitnehmers die Erhöhung des Gesamtvolumens eines Sozialplans zur Folge hat, mindert die Begründetheit seines Anspruchs nicht.[170] Der Betriebsrat hat keinen eigenen Anspruch darauf, dass im Sozialplan für Arbeitnehmer begründete Rechte vom Arbeitgeber erfüllt werden.[171]

46a Meinungsverschiedenheiten zwischen den Betriebspartnern über die **Auslegung eines Sozialplans** können die Arbeitnehmer nicht verbindlich durch Spruch der Einigungsstelle beilegen lassen;[172] Verbindlichkeit erlangt im Streit über die Auslegung eines Sozialplans die gerichtliche Entscheidung entweder über eine vom Arbeitnehmer im Urteilsverfahren eingereichte Klage oder über das von einem Betriebspartner eingeleitete arbeitsgerichtliche Beschlussverfahren.[173] Sozialpläne, wie auch Betriebsvereinbarungen, unterliegen einer arbeitsgerichtlichen Billigkeitskontrolle.[174]

46b Es wird angeregt, bei der Gestaltung von Sozialplänen auch auf die **steuerlichen Auswirkungen** einer Regelung zu achten. So ist es nachteilig für die betroffenen Arbeitnehmer, wenn in den häufig in Sozialplänen anzutreffenden Nachschlagsklauseln[175] Rechnungsdifferenzen aus den tatsächlichen Leistungen des Arbeitsamts und den bei Zahlung der Abfindung zugrunde gelegten Zahlungen durch einen Nachschlag ausgeglichen werden. Ein solcher Nachschlag kann den Verlust der Steuerfreiheit nach § 3 Nr. 9 EStG zur Folge haben. Von dieser hier zu Anschaulichkeitszwecken berücksichtigten Klausel wird abgeraten. Zur steuerlichen Information der Mitarbeiter empfiehlt sich auch eine Anlage zum Sozialplan.

162 BAG, Beschl. v. 10.08.1994, DB 1995, 480.
163 BAG, Beschl. v. 24.03.1981, DB 1981, 2178.
164 LAG Saarland, Beschl. v. 03.07.1985, DB 1986, 48.
165 BAG, Beschl. v. 10.08.1994, DB 1995, 480.
166 BAG, Urt. v. 17.02.1981, DB 1981, 1414.
167 LAG Hamburg, Urt. v. 04.06.1999, DB 1999, 2677.
168 BAG, Urt. v. 26.07.1988, DB 1988, 2464.
169 BAG, Urt. v. 25.10.1983, DB 1984, 725.
170 BAG, Urt. v. 26.10.1990, NZA 1991, 111.
171 BAG, Beschl. v. 17.10.1989, DB 1990, 486.
172 BAG, Beschl. v. 27.10.1987, DB 1988, 503.
173 BAG, Beschl. v. 08.11.1988, DB 1989, 587.
174 BAG, Beschl. v. 26.07.1988, DB 1988, 2464; BAG GS, Beschl. v. 07.11.1989, DB 1990, 1724; BAG, Beschl. v. 26.10.1994, DB 1995, 830; BAG Beschl. v. 14.02.1984, DB 1984, 1527.
175 Siehe *Hümmerich*, AnwaltFormulare Arbeitsrecht (Muster 2435).

IV. Differenzierte Beschäftigungssicherung über Transfer-Interessenausgleich und Transfer-Sozialplan

Während Verhandlungen zwischen Arbeitgeber und Betriebsrat in der Vergangenheit beim Interessenausgleich die Absprache über den Inhalt der Betriebsänderung und beim Sozialplan die Höhe von Abfindungen betraf, kristallisiert sich zunehmend heraus, dass diese beiden Verhandlungsthemen zu grobschlächtig sind, um angesichts der hohen Arbeitslosenzahlen den sozialpolitischen Bedürfnissen der Arbeitnehmer und der Allgemeinheit Rechnung zu tragen. Mit dem Instrumentarium des Transfer-Interessenausgleichs und Transfer-Sozialplans hat der Gesetzgeber Förderungsmöglichkeiten der Bundesagentur für Arbeit gem. § 254f SGB III ins Leben gerufen. Gem. § 112 Abs. 5 Nr. 2a besteht formal für die Einigungsstelle, tatsächlich für die Betriebspartner eine Verpflichtung, das differenzierte Programm der Bundesanstalt für Arbeit im Rahmen der Beschäftigungssicherung zu nutzen. Dieses Programm wurde mit den Hartz-Gesetzen erweitert. Interessenausgleichs- und Sozialplanverhandlungen konzentrieren sich heute deshalb nicht mehr nur noch auf die Festlegung von Inhalt und Umfang der Betriebsänderung und auf das Abfindungsvolumen bzw. die hierbei anzuwendenden Verteilungsmaßstäbe. Heute sitzt bei derartigen Verhandlungen das Arbeitsamt mit am Tisch und es empfiehlt sich auch, auch als eine der beiden Parteien beratender Rechtsanwalt, die Agentur für Arbeit in das Konzept der beschäftigungssichernden Maßnahmen von vornherein einzubeziehen. 47

Rechte der Beschäftigungssicherung stehen dem Betriebsrat nicht nur über § 112 Abs. 5 Nr. 2a zu, sondern auch seit der Betriebsverfassungsrechtsreform über § 92a Abs. 1 Satz 2 BetrVG.[176] Die Beschäftigungssicherungsrechte des Betriebsrats sind daneben das Korrelat zu den Verpflichtungen, die der Gesetzgeber den Arbeitgebern in § 2 Abs. 2 Nr. 2 SGB III auferlegt hat.[177] Wer heute mit den Betriebspartnern Interessenausgleich und Sozialplan verhandelt, sollte deshalb darüber nachdenken, welche Maßnahmen im Paket von Sozialplan und Interessenausgleich in Abstimmung mit der Bundesanstalt für Arbeit vereinbart werden können. Hierzu gehören: 48

- Überbrückungsgeld zur Förderung einer selbständigen Tätigkeit (§§ 57 ff. SGB III);
- Existenzgründungszuschuss (Stichwort: Ich-AG, §§ 421 Abs. 1 SGB III, 7 Abs. 4 SGB IV, 240 SGB V);
- Entgeltsicherung für ältere Arbeitnehmer (Stichwort: Kombilohn, § 421j SGB III);
- Gewährung von Bewerbungskosten, Reisekosten und Mobilitätshilfen (§ 45 SGB III);
- Beitragsbefreiung bei neu eingestellten Arbeitnehmern über 55 Lebensjahren (§ 421k SGB III);
- Überantwortung von Arbeitslosen in Personal-Service-Agenturen (§ 37c SGB III);
- Bildungsgutscheine und Änderungen bei den Entgeltersatzleistungen (§ 77 SGB III);
- Kurzarbeitergeldleistungen (§§ 169 ff. SGB III);
- Strukturkurzarbeitergeld (§§ 175 ff. SGB III);
- Sonderregelungen für die Bauwirtschaft (§§ 209 ff. SGB III);
- Eingliederungszuschüsse (§ 217 SGB III);
- Förderung der Weiterbildung und Eingliederungshilfen nach dem Job-AQTIV-Gesetz (§§ 229 ff., 246a SGB III);
- Sozialplanzuschussmaßnahmen (§§ 254 ff. SGB III);
- Förderung von Arbeitsbeschaffungs- und Strukturanpassungsmaßnahmen (§§ 260 ff., 272 ff. SGB III);
- sonstige Leistungen für von Arbeitslosigkeit bedrohte Arbeitnehmer (§ 17 SGB III).

Über § 92a BetrVG hat der Betriebsrat außerdem ein Vorschlagsrecht zur Abwendung von Kündigungen. In den Grenzen der §§ 77 Abs. 3 BetrVG, 4 Abs. 3 TVG hat der Betriebsrat das Recht, Beschäftigungssicherungsvorschläge dem Arbeitgeber zu unterbreiten. Alle aus Sicht des Betriebsrats in Betracht kommenden betrieblichen Maßnahmen sind zulässige Gegenstände von Beschäf- 49

176 Siehe hierzu *Wendeling-Schröder/Welkoborsky*, NZA 2002, 1370.
177 Siehe hierzu *Preis*, NZA 1998, 449; *Gagel*, in: FS Dieterich, S. 169.

tigungssicherungsvorschlägen.[178] Beschäftigungssicherungspläne, die wiederum ihrerseits Teil von Interessenausgleichsverhandlungen bilden können, vermögen zu umfassen:

- Abbau von Überstunden;
- konjunkturelle Kurzarbeit;
- Absenkung der tariflichen/betrieblichen Wochenarbeitszeit im Rahmen tariflicher Öffnungsklauseln;
- Einrichtung von betriebsorganisatorisch eigenständigen Einheiten (§ 175 SGB III) und Aufnahme von Strukturkurzarbeit;
- Inanspruchnahme von Sozialplanzuschussmaßnahmen gem. §§ 254 ff. SGB III, beispielsweise im Rahmen eines freiwilligen Sozialplans für ein Ausscheiden aufgrund von Vereinbarung;
- Antizipative Maßnahmen i.S.v. Art. 4 Abs. 2d der EG-Richtlinie zur Verbesserung der Beschäftigungsfähigkeit und Anpassungsfähigkeit;
- Maßnahmen zur Ausbildung und Qualifizierung über § 97 Abs. 2 hinaus.

50 In das immer komplexer werdende Instrumentarium der Betriebspartner, das zugleich eine immer differenziertere Ausgestaltung von Arbeitsplatzlösungen für Arbeitnehmer ermöglicht, gehören ferner:

- Vereinbarung unregelmäßigerer Arbeitszeiten und Entgelteinbußen bei Wegfall von Überstunden;
- veränderte und beschleunigte Arbeitsabläufe;
- Entgelteinbußen zum Erhalt von Arbeiten im Betrieb;
- Entgelteinbußen bei Absenkung von Arbeitszeit oder durch Kurzarbeit;
- Vereinbarung von Altersteilzeit und Regelungen zur Einkommens- oder Rentenminderung bei Altersteilzeit/Frühpensionierung.

51 In der Vergangenheit benannte § 112 Abs. 5 BetrVG drei von jeder Einigungsstelle zu beachtende Hauptkriterien beim Aushandeln eines Sozialplans. Mit dem Transfer-Sozialplan ist ein viertes Kriterium hinzugekommen, das bei der Beurteilung des billigen Ermessens zu berücksichtigen ist, die beschäftigungsaktive Gestaltung des Sozialplans nach § 112 Abs. 5 Nr. 2a BetrVG. Der hohe Stellenwert, der sich nicht nur rechtstheoretisch, sondern auch in der Praxis zeitgemäßer Sozialpläne zum Ausdruck kommt, wird durch die Verlagerung der Beschäftigungssicherung in die Grundsätze des billigen Ermessens der Einigungsstelle dokumentiert. Solange die Betriebsänderung noch gestaltungsfähig ist, sollte deshalb der beratende Rechtsanwalt von dem zwischenzeitlich umfangreichen Instrumentarium Gebrauch machen. Ein Teil der Instrumente war bereits seit längerem im SGB III verankert, ein Teil ist über das Job-AQTIV-Gesetz hinzugekommen. Schließlich haben die Hartz-Gesetze das Instrumentarium zusätzlich erweitert.[179] Zeitgemäße Interessenausgleichs- und Sozialplans-Vereinbarungen nutzen die Qualifizierungshilfen für die von Kündigung betroffenen Arbeitnehmer. Eine wichtige Voraussetzung ist es stets, dass der Interessenausgleich die Vereinbarung zwischen den Betriebspartnern über die Bildung einer eigenständigen betriebsorganisatorischen Einheit enthält, in der die von einer Kündigung betroffenen Arbeitnehmer zusammengefasst werden. Wird dieses Leitbild gem. § 175 Abs. 1 Nr. 2 SGB III beachtet, ist es möglich, die in der eigenständigen betriebsorganisatorischen Einheit zusammengefassten Mitarbeiter an Qualifizierungs- und ähnlichen Weiterbildungsmaßnahmen teilnehmen zu lassen. Einen Teil der heute möglichen Qualifizierungshilfen enthalten die beiden abgedruckten Interessenausgleichsvereinbarungen.[180] Die bisher geläufige Unterscheidung zwischen Interessenausgleich und Sozialplan ist bereits durch eine Reihe gesetzlicher Neuregelungen wie in den §§ 175 ff., 254 ff. SGB III, § 125 InsO und § 323 Abs. 2 UmwG brüchig geworden.[181] Auch die neu geschaffenen Beschäftigungssicherungsmaßnahmen, insbesondere soweit sie ihre Rechtsgrundlage im SGB III haben, werden dazu führen, dass die Grenzen zwischen Interessenausgleich (Vereinbarung der Betriebsänderung) und Sozialplan (Vereinbarung

178 *Wendeling-Schröder/Welkoborsky*, NZA 2002, 1370 (1374).

179 Siehe hierzu *Düwell/Weyand*, Hartz und die Folgen: Das neue Arbeits- und Sozialrecht; *Pauly/Osnabrügge*, Das neue Arbeits- und Sozialrecht, Die Hartz-Gesetze in der anwaltlichen Praxis.

180 *Hümmerich*, AnwaltFormulare Arbeitsrecht, Muster 2406 und 2510.

181 *Matthes*, RdA 1999, 178; *Wendeling-Schröder/Welkoborsky*, NZA 2002, 1370 (1376).

der wirtschaftlichen Auswirkungen einer Betriebsänderung) verschwimmen. Zunehmend zeigt sich in der Praxis, dass beide Maßnahmen in einer Regelung zusammengefasst werden, mit der natürlich dadurch zwangsläufig gegebenen Folge, dass inhaltlich zwischen Betriebsvereinbarung (Sozialplan) und betriebsvereinbarungsähnlicher Regelung (Interessenausgleich) kaum mehr unterschieden werden kann.

Wendeling-Schröder/Welkoborsky[182] weisen darauf hin, dass sowohl die Zusammenfassung von Arbeitnehmern in einer betriebsorganisatorisch eigenständigen Einheit i.S.v. § 175 Abs. 1 Nr. 2 SGB III als auch die Durchführung von Sozialplanzuschussmaßnahmen entsprechend §§ 254 ff. SGB III verbindliche Vereinbarungen zwischen Arbeitgeber und Betriebsrat voraussetzen, aus denen dem Arbeitnehmer Rechtsansprüche zustehen müssen. Damit könne die bisherige Rechtsprechung des BAG, wonach im Interessenausgleich nur das »Wie« der unternehmerischen Maßnahme vereinbart werden könne und Regelungen darüber geschaffen würden, ob die unternehmerische Maßnahme überhaupt durchzuführen sei und ob die Betriebsänderung auch gegenüber den davon betroffenen Arbeitnehmern so durchgeführt werden könne, dass diesen möglichst keine oder nur geringfügige wirtschaftliche Nachteile entstehen,[183] nicht mehr uneingeschränkt aufrechterhalten werden. Das BAG gehe davon aus, dass der Interessenausgleich auf die Be- und Festschreibung der Einzelheiten der unternehmerischen Maßnahme und ihre Auswirkungen auf die Arbeitnehmer beschränkt werde. Regelungen zur Begründung von Rechtsansprüchen könne der Interessenausgleich also eigentlich gar nicht haben; er regele nicht, er beschreibe, lege dar und die Einzelheiten der Betriebsänderungen fest.[184] Der Interessenausgleich solle den Unternehmer bekanntlich binden, Erfüllungsansprüche des Arbeitnehmers gegenüber dem Unternehmer sollen sich aus ihm jedoch nicht ergeben.[185] 52

Mit dem erzwingbaren Sozialplan wird an diejenigen wirtschaftlichen Nachteile angeknüpft, die den von der Betriebsänderung betroffenen Arbeitnehmern trotz einer möglichst schonungsvollen Durchführung der Betriebsänderung tatsächlich noch entstehen. Regelungen, die nicht unmittelbar dem Ausgleich oder der Milderung entstehender wirtschaftlicher Nachteile dienen, können nicht durch Spruch der Einigungsstelle erzwungen werden, sondern allenfalls Teil eines einvernehmlich vereinbarten Interessenausgleichs sein. Angesichts dieser traditionellen Abgrenzung hat die Errichtung einer eigenständigen betriebsorganisatorischen Einheit oder die Organisation von Sozialplanzuschussmaßnahmen weder originär im Interessenausgleich, noch im Sozialplan Platz. Auch der Abschluss einer freiwilligen Betriebsvereinbarung neben Interessenausgleich und Sozialplan führt zu keinem anderen Ergebnis.[186] Wer künftig Transfer-Interessenausgleich- und Transfer-Sozialplan-Verhandlungen führt, sollte sich darüber bewusst sein, dass er formaljuristisch alle zwischen den Betriebspartnern maßgeblichen Fragen zur Förderung der aus dem Sozialrecht stammenden Gestaltungsmaßnahmen zur Beschäftigungssicherung in einer Gesamtvereinbarung zusammenfasst oder stattdessen drei verschiedene Vereinbarungswege wählt: 52a

– In einem Interessenausgleich beschränkt man sich auf die Darstellung der unternehmerischen Maßnahme (Betriebsänderung);
– in einer freiwilligen Betriebsvereinbarung nach § 88 BetrVG[187] vereinbart man die Errichtung einer gemeinsamen Einrichtung, wie beispielsweise der betriebsorganisatorisch eigenständigen Einheit gem. § 175 SGB III, die Organisation und Durchführung von Sozialplan-Zuschuss-Maßnahmen sowie ergänzende Beschäftigungsmaßnahmen;
– im Sozialplan werden die Leistungen zum Ausgleich und zur Milderung der im Interessenausgleich beschriebenen Nachteile geregelt.

182 NZA 2002, 1376.
183 BAG, Beschl. v. 17.09.1991, NZA 1992, 227.
184 *Wendeling-Schröder/Welkoborsky*, NZA 2002, 1370 (1376).
185 BAG, Beschl. v. 28.09.1991, AP Nr. 2 zu § 85 ArbGG 1979.
186 *Fitting u.a.*, §§ 112, 112a BetrVG Rn 49 ff.
187 U.U. als Sozialeinrichtung des Arbeitgebers gem. § 87 Abs. 1 Nr. 8 BetrVG, siehe hierzu BAG, Beschl. v. 23.08.2001, NZA 2002, 230.

52b Überwiegend wird die Auffassung vertreten, dass die in § 112 Abs. 5 Nr. 2a BetrVG genannten Maßnahmen zur Vermeidung der Arbeitslosigkeit durch Steigerung der Arbeitsfähigkeit künftig zum Katalog der im Sozialplan zu regelnden Materie rechnet.[188] Überwiegend wird daher die Auffassung vertreten, es sei der gesetzgeberischen Entscheidung, diese Maßnahmen der Verhandlungspflicht zur Herbeiführung des Sozialplans zuzuweisen, zu entnehmen, dass von einer Erzwingbarkeit solcher Maßnahmen auszugehen sei. Auch *Richardi*[189] hält für vorstellbar, solche Maßnahmen zur Verhütung von wirtschaftlichen Nachteilen nicht bloß im Interessenausgleich anzusiedeln, sondern in den Sozialplan einzubeziehen. Dabei wird kein Unterschied gesehen, ob die eigenständige betriebsorganisatorische Einheit intern vom bisherigen Arbeitgeber gebildet wird oder extern durch eine Transfergesellschaft auf Basis eines Sozialplans geführt wird.[190]

52c Die Gestaltungspflicht und die Gestaltungsbefugnis der Einigungsstelle hat sich durch die Neuregelung erweitert. Der Aufwand, Beschäftigungssicherungsmaßnahmen in der Einigungsstelle zu verhandeln, ist wesentlich höher als die Auseinandersetzung um eine Sozialplanformel, insbesondere dann, wenn entsprechend den gesetzgeberischen Absichten anstelle von Sozialplanleistungen/Abfindungen beschäftigungssichernde Maßnahmen, Wiedereingliederungsmaßnahmen u.Ä. vereinbart werden und die soziale Abfederung des Arbeitsplatzverlustes statt der Abfindung in Geld durch Qualifizierung und andere Maßnahmen substituiert wird. Ziel des Gesetzgebers ist es, wegzukommen vom bloß reaktiven Sozialplan zum gestaltenden Transfer-Sozialplan. *Hanau*[191] hat festgestellt, dass die zukunftsbezogene Überbrückungsfunktion des Sozialplans als Transfer-Sozialplan eine grundlegende Umgestaltung der bisherigen Sozialplanpraxis bedeutet. Die Betriebsparteien können nicht ignorieren, was zum Pflichtenprogramm der Einigungsstelle gem. § 112 Abs. 5 Nr. 2a BetrVG gehört. Für den beratenden Rechtsanwalt heißt dies, weitaus aufmerksamer und weitaus umfangreicher für die Zukunft zu beraten und die Verhandlungen über Interessenausgleich und Sozialplan auf die modernen Anforderungen des Transfer-Sozialplans auszurichten.

53 Der Nachteilsausgleich nach § 113 BetrVG und die Sozialplanabfindung dienen beide dem Ausgleich des wirtschaftlichen Nachteils, den Arbeitnehmer infolge ihrer Entlassung aufgrund einer Betriebsänderung erleiden. Infolge dieser Zweckidentität sind ein begründeter Nachteilsausgleichsanspruch, weil der Arbeitgeber einen Interessenausgleich nicht hinreichend versucht hat, und ein Abfindungsanspruch aus einem gleichwohl aufgestellten Sozialplan miteinander zu verrechnen. Auch der weiter gehende Zweck des Nachteilsausgleichs, ein betriebsverfassungswidriges Verhalten des Arbeitgebers zu sanktionieren, schließt eine Verrechnung nicht aus. Die Frage, ob die EG-Massenentlassungsrichtlinie für den Fall, dass der Arbeitgeber seiner Konsultationspflicht nicht genügt, als wirksame Sanktion ein Nebeneinander von Sozialplanabfindung und Nachteilsausgleich verlangt, hat das BAG offen gelassen, da der Arbeitgeber jedenfalls mit dem Ziel der Einigung ernsthaft verhandelt und »nur« die Einschaltung der Einigungsstelle unterlassen hatte, die die Richtlinie, anders als das deutsche Recht, nicht fordert.[192]

53a Der Betriebsrat hat keinen eigenen Anspruch darauf, dass im Sozialplan für Arbeitnehmer begründete Rechte vom Arbeitgeber erfüllt werden.[193]

54 Meinungsverschiedenheiten zwischen den Betriebspartnern über die **Auslegung eines Sozialplans** können die Arbeitnehmer nicht verbindlich durch Spruch der Einigungsstelle beilegen lassen;[194] Verbindlichkeit erlangt im Streit über die Auslegung eines Sozialplans die gerichtliche Entscheidung entweder über eine vom Arbeitnehmer im Urteilsverfahren eingereichte Klage oder über das von einem Betriebspartner eingeleitete arbeitsgerichtliche Beschlussverfahren.[195]

188 Däubler/Kittner/Klebe/*Däubler*, §§ 112, 112a BetrVG Rn 155 ff.; *Fitting u.a.*, §§ 112, 112a BetrVG Rn 133 ff., 147 ff.
189 NZA 2000, 161 (166).
190 *Bachner/Schindele*, NZA 1999, 130; *Wendeling-Schröder/Welkoborsky*, NZA 2002, 1370 (1377).
191 NJW 2001, 2513 (2518).
192 BAG, Urt. v. 20.11.2001, NZA 2002, 992 = BB 2002, 1862.
193 BAG, Beschl. v. 17.10.1989, DB 1990, 486.
194 BAG, Beschl. v. 27.10.1987, DB 1988, 503.
195 BAG, Beschl. v. 08.11.1988, DB 1989, 587.

Sozialpläne, wie auch Betriebsvereinbarungen, unterliegen einer arbeitsgerichtlichen Billigkeitskontrolle.[196] 55

Es wird angeregt, bei der Gestaltung von Sozialplänen auch auf die **steuerlichen Auswirkungen** 56 einer Regelung zu achten. So ist es nachteilig für die betroffenen Arbeitnehmer, wenn in den häufig in Sozialplänen anzutreffenden Nachschlagsklauseln[197] Rechnungsdifferenzen aus den tatsächlichen Leistungen des Arbeitsamts und den bei Zahlung der Abfindung zugrunde gelegten Zahlungen, durch einen Nachschlag ausgeglichen werden. Ein solcher Nachschlag kann den Verlust der Steuerfreiheit nach § 3 Nr. 9 und der steuerlichen Privilegierung nach §§ 34, 24 EStG zur Folge haben.[198] Von dieser hier zu Anschaulichkeitszwecken berücksichtigten Klausel wird abgeraten. Zur steuerlichen Information der Mitarbeiter empfiehlt sich auch eine Anlage zum Sozialplan.[199]

C. Der praktische Fall: Die Stillegung der Gießerei[200]

Die meisten Abhandlungen[201] erläutern die beim Aushandeln von Interessenausgleich und Sozial- 57 plan auftretenden Rechtsfragen. Strategische, taktische oder die Verhandlungssituation betreffende Aspekte gehen aus solchen Darstellungen nicht hervor. Gerade der junge Anwalt hat einen literarischen Bedarf, das Szenario einer solchen Verhandlungssituation nachzuerleben. Deshalb wird in diesem Buch nachfolgend die Geschichte des Abschlusses eines Interessenausgleichs und eines Sozialplans aus der Sicht des Unternehmensanwalts geschildert, verbunden mit der Absicht, gleichzeitig erfolgreiche und weniger erfolgreiche Verhandlungsstrategien aufzuzeigen. Verhandlungsfehler werden gesondert vermerkt. Es wird sich im Übrigen zeigen, dass sich Sozialplanverhandlungen zur Anwendung des strukturiert-kooperativen Verhandlungsmodells wegen ihrer Komplexität besonders gut eignen und immer dann im konkreten Fall die Verhandlungen krisenhaft wurden, wenn sich die eine oder andere Seite am Basarspiel übte oder sonstige Verhandlungsfehler beging.

Verhandlungen über Interessenausgleich und Sozialplan verlaufen unterschiedlich, bei jeder Fall- 58 konstellation spielt die Kompromissbereitschaft, spielen die Temperamente, Erfahrungen und Ängste der Beteiligten eine richtungsentscheidende Rolle. Eine Musterdramaturgie für Interessenausgleichs- und Sozialplanverhandlungen gibt es nicht. Der nachfolgende Bericht protokolliert zwar das Geschehen aus Sicht des Unternehmensanwalts. Trotzdem kann man eine Menge über erfolgreiche Strategien aus Betriebsratssicht lernen, denn unsere Gießerei-Geschichte ist auch eine Geschichte der Taktik einer Rechtsanwältin, die den Betriebsrat vertrat.

196 BAG, Beschl. v. 26.07.1988, DB 1988, 2464; BAG GS, Beschl. v. 07.11.1989, DB 1990, 1724; BAG, Beschl. v. 26.10.1994, DB 1995, 830; BAG Beschl. v. 14.02.1984, DB 1984, 1527.

197 Siehe bei *Hümmerich*, AnwaltFormulare Arbeitsrecht, Muster 2435 (§ 5 Abs. 4).

198 Siehe § 11.

199 Siehe *Hümmerich*, AnwaltFormulare Arbeitsrecht, Muster 2497.

200 Dem nachfolgend geschilderten Fall liegt ein reales, vorliegend anonymisiertes Szenario zugrunde. Interessenausgleich und Sozialplan wurden Ende 1998 verhandelt. Ein besonderer Zeitdruck ergab sich dadurch, dass zwar bekannt war, dass der Gesetzgeber die Höhe der steuerfreien Abfindung gem. § 3 Nr. 9 EStG nach unten korrigieren und die steuerlich privilegierten Entlassungsentschädigungen gem. §§ 34, 24 EStG nicht mehr mit dem halben Steuersatz in Ansatz bringen wollte. Wozu der Gesetzgeber sich aber schließlich entscheiden würde, welchen Inhalt die gesetzliche Neuregelung haben würde, war während der laufenden Verhandlungen naturgemäß nicht bekannt, da die gesetzliche Neuregelung erst Anfang 1999 im Bundestag verabschiedet wurde. Um die psychologischen Elemente dieser Verhandlungssituation, die zur Dynamik des Geschehens beigetragen haben, nicht zu vernachlässigen, wurde darauf verzichtet, Zeiten, Daten und sonstige Umstände fortzuschreiben und zu aktualisieren. So erklärt sich, dass zum damaligen Zeitpunkt auf Basis der Deutschen Mark als Währung und nicht in Euro-Beträgen verhandelt wurde. So erklärt sich, dass die Fundstellen in anwaltlichen Schriftsätzen, Vermerken u.ä. die Gesetzeslage und die zum damaligen Zeitpunkt verwendete Literatur betreffen. Der Betriebsverfassungsgesetzkommentar von *Richardi* wird in der 7. Aufl., *Fitting/Kaiser/Heither/Engels* werden in der 19. Aufl. zitiert. Soweit Gesetzes- oder Rechtsänderungen zwischenzeitlich stattgefunden haben, wird auf diese in den Fußnoten gesondert hingewiesen.

201 *Röder/Baeck*, Interessenausgleich und Sozialplan, 2. Aufl. 1997; *Schaub/Schindele*, Kurzarbeit, Massenentlassung, Sozialplan, 1993; Tschöpe/*Tschöpe*, A Rn 861 ff.

59 Ausgangspunkt der Geschichte bildet die Stilllegung einer Gießerei, die als Betriebsteil Bestandteil eines größeren Maschinenbauunternehmens ist. Das Unternehmen, die Holfelder AG, hat ihren Stammsitz in Aschaffenburg und liegt ca. 50 Kilometer von der Gießerei entfernt.

I. Erstgespräch zwischen Arbeitgeber und Anwalt

60 Wie wird ein solches Mandat an den Anwalt herangetragen? Der Leiter der betriebswirtschaftlichen Abteilung der Holfelder AG, Herr Weber-Düren, suchte einen Anwalt auf und teilte ihm mit, dass man im Vorstand erörtere, die Gießerei zu schließen. Herr Weber-Düren erläuterte, dass Wirtschaftlichkeitsberechnungen und Änderungen in der Maschinenkonstruktion ergeben hätten, dass die Gießerei schon in Kürze nicht mehr wirtschaftlich arbeiten könne. Wie reagiert üblicherweise der Anwalt in einem solchen Beratungsgespräch?

61 Der Anwalt macht sich seine Notizen über die Firma. Die Firma bittet ihn, einen ersten Textentwurf für einen Interessenausgleich und einen Sozialplan zu fertigen. Außerdem soll eine Wirtschaftlichkeitsberechnung Auskunft geben über die Kosten von Interessenausgleich und Sozialplan. Schließlich sollen eine Reihe von Detailfragen geklärt werden, wie die Frage, ob der Betriebsleiter der Gießerei, Herr Wendelin, leitender Angestellter ist. Weiterhin will Herr Weber-Düren wissen, ob für das Aushandeln von Interessenausgleich und Sozialplan der Betriebsrat der Gießerei oder der Gesamtbetriebsrat des Unternehmens zuständig sei. Der Abteilungsleiter Weber-Düren brachte zum Erstgespräch eine Liste der betroffenen Mitarbeiter mit. Er beschrieb noch einmal auf Nachfrage die Tätigkeit und die Befugnisse des Betriebsleiters Wendelin und legte den Interessenausgleich und Sozialplan eines befreundeten Unternehmens vor. Beide Texte hatte er sich nach telefonischer Umfrage im Kollegenkreis verschafft.

62 Im Verlaufe der Unterredung äußert Herr Weber-Düren spontan, ob man diese Texte nicht einfach übernehmen könne. Der Abteilungsleiter stellt ferner einige Fragen zum Zeitablauf, und natürlich interessieren ihn auch die Kosten. Wie hoch werden die Abfindungen ausfallen? Der Anwalt weist darauf hin, dass es keinen Marktpreis für Abfindungen gebe. Vielmehr sei die Abfindungshöhe immer Verhandlungssache. Es empfehle sich aber aus Arbeitgebersicht, zu Beginn solcher Verhandlungen das Budget festzulegen (Reservation Price),[202] und mit dem ersten Vorschlag die Obergrenze nicht gleich auszureizen (um nicht nach der Boulware-Methode[203] zu scheitern), weil sich an der Ausgangslage der Verhandlungen die Forderungen der Gegenseite orientieren werden.

63 Der Anwalt erläutert das System von Interessenausgleich und Sozialplan. Es löst erfahrungsgemäß Erstaunen beim Arbeitgeber aus, wenn der Anwalt erklärt, dass man keinen Interessenausgleich abschließen müsse, sondern nur das Verfahren zum Abschluss eines Interessenausgleichs zu durchlaufen habe, um dann in der Durchführung der Betriebsstilllegung frei zu sein. Der Anwalt weist darauf hin, dass der Arbeitgeber zwar auch vor Abschluss eines Interessenausgleichs den Mitarbeitern kündigen könne, dann allerdings Gefahr laufe, dass die Mitarbeiter einen Anspruch auf Nachteilsausgleichs nach § 113 Abs. 3 BetrVG erlangten.[204] Die Nachteilsausgleichszahlungen, die bis zu 18 Monatsgehälter pro Arbeitnehmer betragen, könnten zu einem insgesamt deutlich höheren Volumen führen, als es ein Sozialplan verursache. Deshalb habe der Betriebsrat immer ein Interesse daran, den Zeitpunkt bis zum Abschluss des Interessenausgleichs zu verzögern und über dieses Zeitmoment den Arbeitgeber in den Abschluss eines Interessenausgleichs und eines Sozialplans zu zwingen.

64 Die Mechanik bestehe darin, dass der Arbeitgeber manchmal aus Zeitgründen gezwungen sei, auf Sozialplanforderungen einzugehen, weil der Betriebsrat die Notwendigkeit rascher Kündigungen erkenne und den Arbeitgeber daran hindere, mit Blick auf die Nachteilsausgleichsregelung in § 113

202 *Haft*, Verhandeln, S. 15.
203 *Haft*, Verhandeln, S. 17.
204 BAG, Urt. v. 15.01.1991, NZA 1991, 681 = DB 1991, 1472; BAG NZA 1985, 400.

BetrVG vorzeitig Kündigungen auszusprechen. *Neef*[205] umschreibt die Position des Betriebsrats kurz und knapp mit den Worten: »Zeit oder Geld«. Die Verzögerung geschehe klassischerweise durch Verweigerung der Unterschrift unter einen ausgehandelten Interessenausgleich, solange nicht das Sozialplanvolumen oder der Sozialplan feststehe.

Schon im Erstgespräch muss der Anwalt das Unternehmen darauf aufmerksam machen, dass neben dieser Strategie eine weitere, beliebte Problematisierungsvariante für Betriebsräte darin besteht, dass sie sich für nicht ausreichend informiert erklären. Dieser Einwand spielte solange eine gewichtige Rolle, wie durch das Arbeitsrechtliche Beschäftigungsförderungsgesetz in § 113 Abs. 3 Sätze 2 und 3 BetrVG der Interessenausgleichsversuch fristgebunden war. Der Arbeitgeber muss bekanntlich nur den Abschluss eines Interessenausgleichs versucht haben, der Interessenausgleich muss nicht zustande gekommen sein. 65

Um Verzögerungstaktiken von Betriebsräten entgegenzuwirken, war mit dem Arbeitsrechtlichen Beschäftigungsförderungsgesetz eine Neuregelung in § 113 Abs. 3 Sätze 2 und 3 BetrVG eingefügt worden. Durch die Neuregelung galt, dass der Arbeitgeber dann den Interessenausgleich hinreichend versucht hatte, wenn er mit dem Betriebsrat **ernsthaft verhandelt** hatte. Geschah dies innerhalb von zwei Monaten, ohne dass eine Einigungsstelle angerufen worden war, stand noch einmal ein Monat für die Tätigkeit der Einigungsstelle zur Verfügung. Scheiterten die Verhandlungen, konnte das Einigungsstellenverfahren auch innerhalb der Zwei-Monats-Frist durchgeführt werden. Damit diese Frist allerdings in Lauf gesetzt wurde, musste der Arbeitgeber den Betriebsrat zu Beginn der Verhandlungen ausreichend über die Gründe der Betriebsstilllegung informiert haben. 66

Dieser Aspekt, der in den nachfolgenden Geschehnissen das Verhandlungsverhalten der Parteien prägte, war von 1999 bis 2003 juristisch ohne Bedeutung. Durch das Gesetz zu Korrekturen in der Sozialversicherung und zur Sicherung der Arbeitnehmerrechte[206] schaffte der Gesetzgeber für die Dauer von vier Jahren § 113 Abs. 3 Sätze 2 und 3 BetrVG und § 1 Abs. 5 KSchG ab und stellte die jahrzehntelange Rechtslage (kein Zeitkorridor beim Interessenausgleich, Vermutung der sozialen Rechtfertigung der Kündigung bei auf Namensliste enthaltenen Mitarbeitern) wieder her. Zum 01.01.2004 wurde mit dem Gesetz zu Reformen am Arbeitsmarkt[207] die Rechtslage erneut geändert. Die Namensliste und ihre Vermutung der Rechtmäßigkeit betriebsbedingter Kündigungen gegenüber auf ihr enthaltenen Mitarbeitern bei Betriebsänderungen wurde über die Reaktivierung von § 1 Abs. 5 KSchG wieder Gesetz. Die **Drei-Monats-Frist** zur Verhandlung des Interessenausgleichs in § 113 Abs. 3 BetrVG **führte der Gesetzgeber** indes **nicht wieder ein**. Von der **gegenwärtigen Rechtslage** unterscheidet sich der dargestellte Fall somit allein hinsichtlich der **fehlenden Möglichkeit für den Arbeitgeber**, den **Versuch des Interessenausgleichs** innerhalb eines vom Gesetzgeber definierten Zeitraums **erleichtert nachgewiesen** zu haben. Wegen der spezifischen Bedeutung der Drei-Monats-Regelung in § 113 Abs. 3 BetrVG für das Verhandlungsverhalten der Parteien wurde davon abgesehen, den Fall der Stilllegung der Gießerei sich zu einem anderen als dem tatsächlich maßgeblichen Zeitpunkt mit der zu dieser Zeit bestehenden Rechtslage ereignen zu lassen. Jeder Leser sollte sich deshalb vor Augen halten, dass es gegenwärtig einen kleinen Unterschied zur aktuellen Rechtslage (§ 113 Abs. 3 BetrVG) gibt. 67

II. Erstdarstellung der Sach- und Rechtslage durch den Anwalt

Zu den Aufgaben des beratenden Anwalts gehört es, die vom Mandanten aufgeworfenen Fragen so konkret wie möglich zu beantworten. So fertigte in unserem Beispiel der Anwalt zunächst einen Vermerk zu der Frage an, ob der Betriebsleiter Wendelin leitender Angestellter sei. Der Vermerk hatte folgenden Wortlaut: 68

205 NZA 1997, 66 (übrigens eine für Verhandlungen nützliche, »einfache« Struktur, die an das Bankräuber-Beispiel bei *Haft*, Verhandeln, S. 69 erinnert).

206 BGBl I 1998, 3843 ff.

207 BGBl I 2003, 3002.

Vermerk
Vertraulich
Confidential

in Sachen

Holfelder AG – Interessenausgleich/Sozialplan

Zu der Frage, ob Herr Ulrich Wendelin als leitender Angestellter i.S.d. § 5 Abs. 3 BetrVG statusrechtlich einzuordnen ist:

1. Es ist derzeit von folgenden tatsächlichen Gegebenheiten auszugehen:

Herr Wendelin ist seit dem 01.07.1989 im Unternehmen beschäftigt und hat zum 01.01.1991 die Werksleitung der Eisengießerei in Braunstein übernommen.

Ausweislich des § 1 des Anstellungsvertrages vom 09.11.1988 ist er der Geschäftsleitung in Aschaffenburg unterstellt. Herr Wendelin hat Gesamthandlungsvollmacht i.S.v. § 54 HGB, Postvollmacht und Bankvollmacht und ist darüber hinaus für die Lohnabrechnung der Mitarbeiter zuständig. Zur selbständigen Einstellung und Entlassung von Arbeitnehmern ist er nicht berechtigt.

Unbekannt ist, ob er an den letzten Betriebsratswahlen teilgenommen hat.

2. Ein Sozialplan kann nur für Arbeitnehmer aufgestellt werden, die zur Belegschaft im Sinne des Betriebsverfassungsgesetzes gehören, also nicht für die in § 5 Abs. 2, 3 BetrVG genannten Personen, auch wenn sie in einem Arbeitsverhältnis zum Betriebsinhaber stehen. Daher gilt ein Sozialplan nicht unmittelbar für leitende Angestellte.

Vgl. BAG, Urt. v. 31.01.1979, AP Nr. 8 zu § 112 BetrVG 1972; BAG, Urt. v. 16.07.1985, AP Nr. 32 zu § 112 BetrVG 1972.

Der Betriebsrat hat für leitende Angestellte nicht nur kein Mitbestimmungsrecht, sondern ihm fehlt auch die Regelungsbefugnis zur Aufstellung eines Sozialplans. Gleichwohl können Arbeitgeber und Betriebsrat in einem Sozialplan durch Vertrag zugunsten Dritter (§ 328 BGB) leitende Angestellte in den Kreis der Abfindungsberechtigten einbeziehen.

BAG, Urt. v. 31.01.1979, AP Nr. 8 zu § 112 BetrVG 1972.

Allerdings ist der Arbeitgeber nicht unter arbeitsrechtlichen Gleichbehandlungsgesichtspunkten verpflichtet, leitenden Angestellten ebenso wie Arbeitnehmern eine Abfindung für den Verlust des Arbeitsplatzes zu zahlen.

BAG, Urt. v. 16.07.1985, AP Nr. 32 zu § 112 BetrVG; *Fitting u.a.*, §§ 112, 112a BetrVG Rn 74.

Ausgehend von diesen rechtlichen Grundsätzen wäre Herr Wendelin dann nicht automatisch von den Sozialplanregelungen erfasst, wenn er leitender Angestellter im Sinne des Betriebsverfassungsgesetzes ist.

Leitende Angestellte unterscheiden sich dadurch von den übrigen Arbeitnehmern, dass sie für das Unternehmen oder einen Betrieb des Unternehmens unter eigener Verantwortung typische Unternehmerfunktionen mit einem eigenen erheblichen Entscheidungsspielraum wahrnehmen.

Schaub, Arbeitsrechts-Handbuch, § 14 III 1.

Leitender Angestellter i.S.v. § 5 Abs. 3 ist, wer nach Arbeitsvertrag und Stellung im Unternehmen oder im Betrieb eines der in § 5 Abs. 3 Satz 2 Nr. 1 bis 3 genannten Merkmale erfüllt. Eine genau umfasste Aufgabenbeschreibung im Arbeitsvertrag wird nicht verlangt. Es reicht aus, wenn die Ausübung leitender Funktionen mündlich vereinbart ist oder jedenfalls mit Billigung des Arbeitgebers ausgeübt wird. Umgekehrt genügt allein die ausdrückliche Vereinbarung im Arbeitsvertrag nicht. Entscheidend ist, dass die tatsächlichen Verhältnisse mit den arbeitsvertraglichen Grundlagen übereinstimmen, der Arbeitnehmer also auch tatsächlich Aufgaben und Befugnisse ausübt, die seinen Status als leitenden Angestellten begründen können.

BAG, Urt. v. 11.03.1982, AP Nr. 28 zu § 5 BetrVG 1972; *Fitting u.a.*, § 5 BetrVG Rn 136.

a) Gem. § 5 Abs. 3 Satz 2 Nr. 1 BetrVG ist leitender Angestellter, wer nach Arbeitsvertrag und Stellung im Unternehmen oder Betrieb zur selbständigen Einstellung und Entlassung von im Betrieb oder in der Betriebsabteilung beschäftigten Arbeitnehmern berechtigt ist. Zur selbständigen Entscheidung ist der Angestellte nur dann berechtigt, wenn er nicht an die Zustimmung übergeordneter Stellen gebunden ist oder nur gemeinsam mit Dritten entscheiden darf. Dabei muss sich die Befugnis nach Sinn und Zweck der Vorschrift auf einen erheblichen Teil der Arbeitnehmer beziehen, mindestens auf eine Arbeitnehmergruppe, Angestellte oder Arbeiter, auf den Betrieb oder einen Betriebsteil.

Fitting u.a., § 5 BetrVG Rn 142.

Mangels einer solchen Einstellungs- und Entlassungsbefugnis kann Herr Wendelin nicht als leitender Angestellter i.S.d. § 5 Abs. 3 Satz 2 Nr. 1 BetrVG angesehen werden. Etwas anderes ergibt sich auch nicht daraus, dass Herr Wendelin offenbar für die Auswahl der einzustellenden Mitarbeiter zuständig war, wie eine Hausmitteilung vom 05.02.1998 an die Personalabteilung zeigt. Die eigentliche Entscheidungsbefugnis liegt jedoch bei der Geschäftsleitung in Aschaffenburg, auch wenn Herr Wendelin die Arbeitsverträge »i. V.« mit unterschreibt.

b) Gem. § 5 Abs. 3 Satz 2 Nr. 2 BetrVG ist leitender Angestellter, wer Generalvollmacht oder Prokura hat und die Prokura auch im Verhältnis zum Arbeitgeber nicht unbedeutend ist. Im Hinblick auf die umfassende Vertretungsmacht, die Generalvollmacht und Prokura (§§ 48 ff. HGB) verleihen, geht das Gesetz davon aus, dass Personen, denen solche Vollmachten erteilt sind, ausschließlich geschäftsleitende Funktionen wahrnehmen und deshalb in einem natürlichen Gegensatz zu den übrigen Arbeitnehmern des Betriebs stehen.

GK-BetrVG/*Kraft*, § 5 BetrVG Rn 81.

Generalvollmacht ist die Vollmacht zur Führung des gesamten Geschäftsbetriebes (§ 105 Abs. 1 AktG), jedenfalls aber eine Vollmacht, die die Besorgung eines wesentlichen Teils der Geschäfte des Vollmachtgebers umfasst. Auch wenn der Begriff der Generalvollmacht gesetzlich nicht definiert ist, wird darin in der Regel eine besondere Spielart der Handlungsvollmacht i.S.v. § 54 HGB gesehen.

Vgl. auch MüKo-HGB/*Lieb/Krebs*, § 54 Rn 15.

Nach ganz überwiegender Ansicht in der arbeitsrechtlichen Rechtsprechung und Literatur reicht die Erteilung einer Handlungsvollmacht nach § 54 HGB im Rahmen von § 5 Abs. 3 Nr. 2 BetrVG nicht aus, vielmehr ist erforderlich, dass eine Rechtsstellung zwischen Vorstandsmitglied und Prokurist eingeräumt wird. I. S. v. § 5 Abs. 3 Nr. 2 BetrVG ist Generalvollmacht nur dann gegeben, wenn ihr Umfang wenigstens gleich weit geht wie die Prokura und dem Bevollmächtigten unbeschränkte Vertretungsmacht in allen den Vollmachtgeber betreffenden Angelegenheiten verschafft, ihn damit praktisch am unternehmerischen Entscheidungsprozess beteiligt.

Vgl. BAG, Urt. v. 10.04.1991, NZA 1991, S. 857, 858; *Fitting u.a.*, § 5 BetrVG Rn 153.

Ob die Herrn Wendelin erteilte Generalhandlungsvollmacht gem. § 54 HGB den oben beschriebenen Umfang hat, kann diesseits nicht abschließend beurteilt werden. Insoweit ist noch näher zu untersuchen, welche konkreten Entscheidungen Herr Wendelin eigenverantwortlich treffen, und welche Geschäfte er selbständig abschließen konnte. Allein die Erteilung der Handlungsvollmacht führt nicht dazu, Herrn Wendelin als leitenden Angestellten i.S.v. § 5 Abs. 3 Nr. 2 BetrVG anzusehen.

c) Leitender Angestellter nach § 5 Abs. 3 Nr. 3 ist, wer sonstige Aufgaben wahrnimmt, die für den Bestand und die Entwicklung des Unternehmens oder eines Betriebes von Bedeutung sind. Es muss sich hierbei um unternehmerische Leitungsaufgaben handeln. Dies können Aufgaben wirtschaftlicher, kaufmännischer, technischer, organisatorischer, personeller oder wissenschaftlicher Art sein.
Fitting u.a., § 5 BetrVG Rn 155, 158.

Entscheidend ist, dass der Angestellte unternehmerische Teilaufgaben in nicht unbedeutendem Umfang wahrnimmt. Kennzeichen unternehmerischer Leitungsaufgaben ist das Treffen von Entscheidungen. Jedoch sind nicht alle wichtigen Aufgaben in einem Unternehmen oder in einem Betrieb Aufgaben der Unternehmensleitung. Das gilt etwa für Aufsichts- und Überwachungsfunktionen, wie auch die Durchführung unternehmischer Entscheidung keine unternehmerische Leitungsaufgabe ist.

BAG, Urt. v. 23.01.1986, AP Nr. 32 zu § 5 BetrVG 1972; *Fitting u.a.*, § 5 BetrVG Rn 157.

Vielmehr müssen die in Nr. 3 genannten Aufgaben mit denen in Nr. 1 und 2 vergleichbar und für den Bestand und die Entwicklung wichtig sein.

Dabei muss der leitende Angestellte seine Entscheidungen im Wesentlichen frei von Weisungen treffen und sie maßgeblich beeinflussen. Ihm muss rechtlich und tatsächlich ein eigener, erheblicher Entscheidungsspielraum zur Verfügung stehen, d.h. er muss mit weitgehender Weisungsfreiheit und Selbstbestimmung im Rahmen seines Tätigkeitsbereichs versehen sein.

BAG, Urt. v. 23.01.1986, AP Nr. 32 zu § 5 BetrVG 1972.

Leitender Angestellter kann auch der sein, der eine unternehmerische Leitungsaufgabe wahrnimmt, die dabei anfallenden Entscheidungen aber nicht selbst trifft, sondern sie »maßgeblich beeinflusst«, so dass die eigentlichen Entscheidungsträger an den durch Tatsachen und Argumente vorbereiteten Vorschlägen »nicht vorbeigehen können«.
BAG, Urt. v. 11.01.1995, DB 1995, 1333.

An der notwendigen Entscheidungsfreiheit fehlt es dann, wenn durch Vorgaben die Entscheidungen derart vorprogrammiert sind, dass die Tätigkeit des Angestellten nur noch ausführenden Charakter hat.
Entscheidend kommt es vorliegend darauf an, in welchem Umfang Herr Wendelin eigene Entscheidungen trifft. Die Rechtsprechung stellt dabei auf die Umstände des Einzelfalls ab. Es ist daher noch näher zu prüfen, welche einzelnen Aufgaben er wahrnimmt und welche Entscheidungen Herr Wendelin im Betrieb trifft.
Näher zu prüfen ist auch, ob ein Rückgriff auf die in § 5 Abs. 4 Nr. 1–4 BetrVG normierten formalen Auslegungsmerkmale möglich ist, d.h. ob Herr Wendelin bei den Betriebsratswahlen mitgestimmt hat und ob eine Vergleichbarkeit mit den leitenden Angestellten im Werk Aschaffenburg gegeben ist.
gez. Rechtsanwalt

Ferner wurde ein Memo über die Frage der Zuständigkeit des Gesamtbetriebsrats bzw. des örtlichen Betriebsrats erarbeitet und dem Abteilungsleiter Weber-Düren übersandt. 69

Vermerk
Vertraulich
Confidential

in Sachen

Holfelder AG – Interessenausgleich/Sozialplan

Zu der Frage der Zuständigkeit des Betriebsrats der Firma Holfelder AG, Gießerei Braunstein, im Zusammenhang mit den Verhandlungen über den Abschluss eines Interessenausgleichs und Sozialplans:

Die Firma Holfelder AG beabsichtigt den Betriebsteil Gießerei Braunstein zu schließen. Neben dem dort gebildeten Betriebsrat besteht für den Gesamtbetrieb ein Gesamtbetriebsrat.

Der Arbeitgeber ist bei Betriebsänderungen, worunter gem. § 111 Abs. 1 Nr. 1 BetrVG auch die Stilllegung eines wesentlichen Betriebsteils fällt, verpflichtet den Betriebsrat rechtzeitig und umfassend zu unterrichten und mit diesem die geplante Betriebsänderung zu beraten.

Das Beteiligungsrecht wird auf der Ebene des Betriebes wahrgenommen; denn es bezieht sich auf Betriebsänderungen, d.h. es handelt sich um Auswirkungen wirtschaftlicher Angelegenheiten auf den einzelnen Betrieb. Daher ist grundsätzlich der Einzelbetriebsrat des von der Maßnahme betroffenen Betriebes zuständig. Mit diesem ist auch der Interessenausgleich zu versuchen.

Richardi, § 111 BetrVG Rn 154, § 112 BetrVG Rn 35; GK-BetrVG/*Fabricius*, § 112 BetrVG Rn 77.

Der Gesamtbetriebsrat ist von Gesetzes wegen nur zuständig, wenn die Betriebsänderung das Gesamtunternehmen oder mehrere Betriebe betrifft und nicht durch die einzelnen Betriebsräte innerhalb ihrer Betriebe geregelt werden kann, vgl. § 50 Abs. 1 BetrVG.

Daher ist der Gesamtbetriebsrat im Rahmen eines Interessenausgleichs nur zuständig, wenn der Betriebsänderung für alle oder mehrere Betriebe eines Unternehmens ein betriebsübergreifendes Konzept zugrunde liegt.

BAG, Urt. v. 20.04.1994, AP Nr. 27 zu § 113 BetrVG 1972; *Richardi*, § 111 BetrVG Rn 155, § 112 BetrVG Rn 36.

Daher muss der Arbeitgeber auch den Sozialplan mit der Betriebsvertretung vereinbaren, die zur Ausübung des Mitbestimmungsrechts zuständig ist.

Richardi, § 112 BetrVG Rn 77.

Gem. § 50 Abs. 2 BetrVG kann der Einzelbetriebsrat den Gesamtbetriebsrat jedoch beauftragen, eine Angelegenheit für ihn zu behandeln.

Ausgehend von diesen rechtlichen Vorgaben ist vorliegend eine Zuständigkeit im Rahmen der Verhandlungen über den Interessenausgleich und den Sozialplan allein des Einzelbetriebsrates des Betriebsteils Gießerei Braunstein gegeben. Die unternehmerische Entscheidung über die Stilllegung des Betriebsteils in Braunstein betrifft nur diesen Betriebsteil. Ein betriebsübergreifendes Konzept, welches auch das Werk in Aschaffenburg erfasst, ist nicht gegeben. Eine Zuständigkeit des Gesamtbetriebsrates scheidet mithin aus.

gez. Rechtsanwalt

70 Schließlich wurde ein Anschreiben an den Finanzvorstand der Gesellschaft, Frau Zimmerling, gefertigt, sowie der erste Entwurf eines Interessenausgleichs und eines Sozialplans:

Rechtsanwälte

PERSÖNLICH/VERTRAULICH

Frau
Viktoria Zimmerling
Holfelder AG
Pommernallee 22
Aschaffenburg

Holfelder ./. BR Holfelder
Interessenausgleich/Sozialplan

Sehr geehrte Frau Zimmerling,

anliegend übersende ich Ihnen den Entwurf eines Interessenausgleichs und eines Sozialplans für die Mitarbeiter der Gießerei Braunstein. Ich bin dabei von Ihren Informationen ausgegangen, wonach der Betriebsteil Braunstein keine eigenständige Gesellschaft im handelsrechtlichen Sinne ist, sondern nur ein Betriebsteil mit einem eigenständigen Betriebsrat. Ich bin weiterhin davon ausgegangen, dass Sie allen 38 Mitarbeiterinnen und Mitarbeitern kündigen wollen. Die Zahl der Schwerbehinderten, Frauen im Mutterschutz oder Erziehungsurlaub sowie Männern im Zivil- oder Wehrdienst, bei denen die Kündigung der Zustimmung staatlicher Stellen bedarf, ist hier nicht bekannt und geht aus der übersandten Personalliste nicht hervor. Wegen zu beachtender Einzelheiten verweise ich auf die beiden Entwürfe.

1. Abfindungshöhe

Vorrangiges betriebswirtschaftliches Ziel eines Sozialplans ist es aus Arbeitgebersicht, die Abfindungen so niedrig wie verhandel- und vertretbar auszugestalten. Dazu ist es nach meinen Erfahrungen sinnvoller, eine Punktwerttabelle, wie die als Anlage zu meinem Sozialplanentwurf beigefügte Multiplikatorenliste, zu wählen, als die in vielen Sozialplänen übliche Formel. Entscheidend ist bei der auch in Ihrem Entwurf eines befreundeten Unternehmens unter Ziff. 3 a) vorgesehenen Formel bekanntlich der Divisor. Der Divisor liegt erfahrungsgemäß zwischen 50 und 120. Die von Ihnen vorgeschlagenen, altersabhängigen Divisoren liegen außerhalb des Üblichen, steigern die Abfindungen zwischen dem 40. und 56. Lebensjahr, während sie danach wieder abfallen. Wenn man sich mit dem Betriebsrat nicht einigen kann, hat der Vorsitzende einer Einigungsstelle die Möglichkeit, seine Kompromisszahl als Divisor einzusetzen und diese treibt dann, je niedriger sie ausfällt, umso mehr die Kosten in die Höhe. Ein Rechtsmittel hiergegen gibt es nicht.

Die beigefügte Punktwertetabelle hat den Vorteil, dass sie nicht zu linearen Steigerungen aufgrund Betriebszugehörigkeit und Alter führt wie die übrigen Formeln, sondern eine Kappung vorsieht, durch die ältere Arbeitnehmer mit meist parallel langer Betriebszugehörigkeit kaum eine nennenswerte Steigerung bei der Höhe der Abfindung erfahren. Insofern rege ich die Verwendung der anliegenden Formel an. Sollte man sich auf betrieblicher Ebene nicht einigen können, tasten die Vorsitzenden von Einigungsstellen oft die Punktwertetabellen nicht mehr an, sondern versuchen durch Zuschläge wegen Unterhaltspflichten oder Schwerbehinderteneigenschaft etc. den Betriebsrat zu besänftigen, was aber von wirtschaftlich weitaus geringerer Tragweite ist als ein niedriger Divisor.

Folgende Beispielsrechnung macht die unterschiedlichen Auswirkungen vielleicht deutlich:

Unterstellt man einmal, dass man auf der Basis des von Ihnen beigefügten Sozialplans zu dem mittleren Divisor 70 gelangt, ergibt dies am Beispiel des Mitarbeiters Mannheim, Andreas, bei einem unterstellten Gehalt von 3.400 DM folgende Abfindung:

Modell Sozialplanentwurf HAG:

$$\frac{34 \times 14 \times 3.400\ \text{DM}}{70} = 23.120\ \text{DM Abfindung}$$

Berechnung gemäß anliegender Punktetabelle:

3.400 x 4,3 = 14.620 DM Abfindung

2. Zum Ausnahmekatalog

In Ihrem Ausnahmekatalog ist geregelt, dass Arbeitnehmer, die zum Zeitpunkt des Ausscheidens das 65. Lebensjahr erreicht haben, keine Abfindung erhalten. Würde man diese Regelung für den Betrieb Braunstein verwenden, würden die Arbeitnehmer Ippendorf (61 Jahre) und Meyersrenken (60 Jahre) eine beträchtliche Abfindung erhalten, denn beide gehören seit 36 Jahren dem Betrieb an, obwohl man mit einer 58er-Regelung diesen Mitarbeitern nur die Differenz zwischen Arbeitslosengeld und Arbeitnehmer-Netto zahlen müsste für ein Jahr Arbeitslosigkeit. Beide Arbeitnehmer könnten anschließend Altersruhegeld, das geringfügig gekürzt würde, beziehen. Man könnte sich also bei diesen beiden Mitarbeitern im Grunde die Abfindung sparen, wenn man den Ausnahmekatalog – anders als in Ihrem Entwurf – formuliert. Ich habe einmal eine dementsprechende Regelung in meinem Entwurf vorgesehen.

Folgende Modellrechnung des Herrn Ippendorf, bei dem ein Bruttogehalt von 4.500 DM, ein Nettogehalt von 3.400 DM und ein gemutmaßtes Arbeitslosengeld von 2.200 DM unterstellt wurde, zeigt den Unterschied auf:

Ippendorf-Abfindung auf Basis des Sozialplan-Entwurf HAG mit dem arbeitgebergünstigen Divisor von 140:

$$\frac{61 \times 36 \times 4.500}{140} = 70.585{,}71\ \text{DM Abfindung}$$

Ippendorf auf Basis des Sozialplanentwurfs Ziff. 1.4:

3.400 DM – 2.200 DM = 1.200 DM x 12 = 14.400 DM

Hiervon 90 % = 12.960 DM Abfindung.

Schwer behinderte Arbeitnehmer können ab dem 60. Lebensjahr ohne wirtschaftliche Einbußen Altersruhegeld in Anspruch nehmen und müssen auch nicht ein Jahr vorher arbeitslos gewesen sein. Hier fehlen mir noch Angaben über die Schwerbehinderten[208] in Ihrem Betrieb. Die Personalliste bitte ich um diese Angaben zu ergänzen.

3. Ausgleichsklausel

Die in Ihrem Entwurf vorgesehene Regelung, dass nach dem Ausscheiden alle Mitarbeiter die Erklärung abzugeben haben, dass mit der Erfüllung dieser Vereinbarung alle Ansprüche aus dem Arbeitsverhältnis erledigt sind und der Arbeitnehmer ausdrücklich auf die Erhebung der Kündigungsschutzklage verzichtet, ist leider nicht rechtswirksam. Diese Regelung hilft außerdem in den Fällen nicht, in denen Sie eine Kündigung aussprechen müssen und keinen Aufhebungsvertrag schließen können.

Sinnvoller ist es deshalb, um einen ähnlichen Effekt zu erzielen, die Fälligkeit von Abfindungsansprüchen hinauszuschieben bis zur Rechtswirksamkeit eines arbeitsgerichtlichen Verfahrens. Das hat dann zur Folge, dass derjenige Arbeitnehmer, der vor das Arbeitsgericht zieht, in jedem Falle seine Abfindung wesentlich später erhält als derjenige Arbeitnehmer, der den Sozialplan akzeptiert. Eine dementsprechende Regelung findet sich in meinem Ihnen vorliegenden Entwurf.

208 Nach heutiger Terminologie spricht man vom »schwerbehinderten Menschen«, siehe § 2 Abs. 1 SGB X. Außerdem wurde die Grenze von 60 Jahren auf 63 Jahre heraufgesetzt, § 37 SGB VI. Für sich aus der Übergangsnorm (§ 236a SGB VI) ergebende Jahrgänge gilt vorübergehend noch die Altersgrenze von 60 Jahren.

4. Anpassungen

Der vorliegende Entwurf des Sozialplans ist anzupassen an die aktuellen tariflichen Regelungen. Hier sollten wir noch einmal gemeinsam hineinschauen, insbesondere im Hinblick auf den Tarifvertrag über die Sonderzuwendungen bzw. etwaige Vorruhestandsregelungen in den Metall-Tarifverträgen. Außerdem sind mir die exakten Kündigungsfristen der einzelnen Mitarbeiter nicht bekannt, weil mir die Arbeitsverträge nicht vorliegen.

Ich entnahm Ihrem Entwurf des Sozialplans, dass Sie gerne zum 31.12.1998 schließen wollen. Da aber die gesetzliche Kündigungshöchstfrist sieben Monate beträgt und eine Reihe von Mitarbeitern (Beispiel: Meyersrenken, Willi; Heinen, Friedrich) schon mehr als 20 Jahre dem Betrieb angehören, ist in solchen Fällen die gesetzliche Kündigungsfrist von sieben Monaten zu beachten, sofern der Tarifvertrag nicht höhere Fristen enthält. Derartige Mitarbeiter sollte man, wenn möglich, noch für Aufräumarbeiten einsetzen, so dass ich eine entsprechende Passage in den Interessenausgleich aufgenommen habe.

Den Verzicht auf die Kündigungsfrist kann man angesichts der gegenwärtigen Rechtslage keinem Mitarbeiter zumuten, da nicht nur eine Sperrzeit durch das Arbeitsamt verhängt wird, sondern auch noch Anrechnungsmöglichkeiten bei der Abfindung auf das Arbeitslosengeld bestehen.

5. Kündigung aller Mitarbeiter

Sie hatten mir am Telefon gesagt, dass Sie gerne allen Mitarbeiterinnen und Mitarbeitern kündigen wollen. Die Problematik besteht darin, dass Kündigungen nur betriebsbezogen und nicht nur betriebsteilbezogen auszusprechen sind (BAG, Urt. v. 22.05.1986, EzA § 1 KSchG Soziale Auswahl Nr. 22). Wenn also im Stammbetrieb in Aschaffenburg Arbeitsplätze frei werden oder bis zum Ablauf der Kündigungsfrist frei würden, für die in Braunstein gekündigte Arbeitnehmer von ihrer Qualifikation her in Frage kämen, so müssen diese Arbeitnehmer im Stammwerk Aschaffenburg beschäftigt werden oder zumindest mit anderen gekündigten Arbeitnehmern aus Aschaffenburg bei Vergleichbarkeit ihrer Qualifikationen in eine soziale Auswahl eingestellt werden.

Auch wenn die Frage der Betriebsbezogenheit der Kündigung hier vielleicht nur theoretischer Natur ist, erscheint es mir sinnvoll, im Sozialplan Regelungen für den (vielleicht auch nur hypothetischen) Fall der Versetzung an einen Arbeitsplatz in Aschaffenburg vorzusehen. Diese Vorschriften im Sozialplan belegen im Falle einer richterlichen Überprüfung den bestehenden guten Willen des Arbeitgebers und sind, sollten sie nicht in einem einzigen Fall zur Anwendung kommen, unschädlich.

6. Begründung des Interessenausgleichs

Die Präambel des Interessenausgleichs, wie ich sie formuliert habe, sollte man mit betriebswirtschaftlichen Fakten untermauern. Da mir keine Daten vorlagen, konnte ich den Text nicht vollständig entwerfen. Da Sie über die entsprechenden Unterlagen verfügen, denke ich, dass Sie mühelos diesen Text in seine endgültige Fassung bringen können.

7. Strategische Überlegungen

Wie ich Ihnen am Telefon bereits erläutert habe, sollten Sie folgende Interventionsmöglichkeiten der Gegenseite beachten: Der Arbeitgeber muss einen Interessenausgleich nur versuchen, er muss keinen Interessenausgleich vereinbaren. Ob der Arbeitgeber den Interessenausgleich versucht hat, bemisst sich nach einer zeitlichen Regel. Für Verhandlungen über den Interessenausgleich stehen dem Betriebsrat zwei Monate zur Verfügung, danach kann er einen Monat über eine Einigungsstelle versuchen, zum Abschluss eines Interessenausgleichs zu gelangen. Sind die insgesamt drei Monate abgelaufen, kann der Arbeitgeber ohne jeglichen Interessenausgleich die Betriebsstillegung vornehmen.

Manche Betriebsräte gehen zu der Taktik über, nach einer gewissen Zeit der Verhandlungen zu behaupten, sie hätten keine vollständigen Informationen und Unterlagen erhalten. Die Frist läuft nämlich erst mit vollständiger Unterrichtung des Betriebsrats. Wenn dieser Einwand beispielsweise zwei Monate nach Verhandlungsaufnahme käme und berechtigt wäre, gingen Ihnen wertvolle fünf Monate (2 + 2 + 1) verloren. Zwar kann der Arbeitgeber auch ab dem Tag, an dem er die Betriebsstilllegung beschlossen hat, betriebsbedingte Kündigungen gegenüber allen Mitarbeitern aussprechen. Liegt aber kein wirksamer Interessenausgleich vor Ausspruch der Kündigung vor, haben die Arbeitnehmer Anspruch auf Nachteilsausgleich nach § 113 BetrVG. Dieser Nachteilsausgleich ist ein Abfindungsanspruch, der sich auf bis zu 18 Bruttomonatsgehälter beläuft und damit angesichts der Vielzahl langjähriger Mitarbeiter in der Gießerei einen unverhältnismäßigen betriebswirtschaftlichen Aufwand darstellen würde. Deshalb müssen die Verhandlungen zügig und vor allem so geführt werden, dass auch noch ggf. Zugeständnisse gemacht werden können.

Der Interessenausgleich kann isoliert und als erstes verhandelt werden, er kann auch parallel mit dem Sozialplan in die Verhandlungen eingebracht werden. Wichtig ist, dass ab Unterzeichnung des Interessenausgleichs die Kündigungen, mit ihren ja in vielen Fällen äußerst langen Fristen, ausgesprochen werden dürfen. Ich vermute, dass die Betriebsstilllegung zum 31.12.1998 erfolgen soll und doch noch eine Reihe von Mitarbeitern deutlich über diese Frist hinaus angesichts der gesetzlichen Kündigungsfristen beschäftigt und bezahlt werden muss. Diese Kostenbelastung gilt es also so klein wie möglich zu halten. Der Sozialplan kann auch noch nach Ausspruch der Kündigungen in aller Ruhe verhandelt werden. Hier gibt es keine Fristen zu beachten und auch kein Verfahren bis zur Anrufung der Einigungsstelle.

Man kann sich theoretisch schon nach einer Sitzung entscheiden, die Verhandlungen für gescheitert zu erklären und danach die Einigungsstelle bemühen, wenn man feststellt, dass auf Seiten des Betriebsrats keinerlei Einigungsbereitschaft besteht und, worauf der Betriebsrat keinen Anspruch hat, ein Junktim zwischen Sozialplan und Interessenausgleich gebildet wird.

8. Anregungen

Ich schlage vor, dass wir, sei es in einem Telefonat, sei es in einem Zusammentreffen, die beiden Entwürfe noch in der Weise verfeinern, dass die betriebsspezifischen Elemente, Betriebsvereinbarungen und etwaige in Frage kommende tarifvertragliche Regelungen eingearbeitet werden.

Der dann vorliegende Text kann m. E. dem Aufsichtsrat zugeleitet werden, ggf. mit einer Risikoberechnung, die wir auf Wunsch auch gemeinsam erarbeiten können. Allerdings wäre diese Berechnung dann äußerst diplomatisch zu behandeln, da Ihrem Aufsichtsrat meines Wissens auch Mitglieder des Betriebsrats als Arbeitnehmervertreter angehören. Die Höhe der Abfindungen kann mit Excel kurzfristig berechnet werden.

Zur Unterstützung etwaiger Verhandlungen über Interessenausgleich und Sozialplan steht Ihnen der Unterzeichner natürlich zur Verfügung.

Mit freundlichen Grüßen

Rechtsanwalt

71 Interessenausgleich

zwischen

der Holfelder AG, vertreten durch das Mitglied des Vorstands Frau Viktoria Zimmerling, Aschaffenburg

und

dem Betriebsrat des Betriebsteils Gießerei Braunstein, vertreten durch den Betriebsratsvorsitzenden

Präambel

Die Parteien stellen übereinstimmend fest, dass der Betriebsteil Braunstein seit mit Verlust arbeitet. Verlustreiche Betriebsteile bei HAG müssen geschlossen werden, wenn sich nicht mittelfristig abzeichnet, dass ein Betriebsteil wieder in eine Gewinnzone geführt werden kann. HAG hat zahlreiche Maßnahmen ergriffen, um den Aufwand zu senken und die Erträge zu steigern ... Es ist jedoch weder gelungen, mittelfristig eine Perspektive für diesen Betriebsteil zu entwickeln, noch ... Aus diesen Gründen stimmen Vorstand und Betriebsrat darin überein, dass die Gießerei als Betriebsteil stillzulegen ist. Der Vorstand hat in seiner Sitzung vom angeregt, aus betriebswirtschaftlichen Gründen die Gießerei Braunstein zu schließen. Der Aufsichtsrat hat in seiner Sitzung vom die Notwendigkeit einer Schließung bestätigt.

1. Geltungsbereich

1.1 Dieser Interessenausgleich gilt für alle Mitarbeiterinnen und Mitarbeiter des Betriebsteils Gießerei Braunstein, die sich am in einem ungekündigten Beschäftigungsverhältnis zu HAG befinden und die von den in der Präambel angesprochenen Maßnahmen betroffen sein werden.

1.2 Dieser Interessenausgleich gilt nicht
- für leitende Angestellte i.S.v. § 5 Abs. 3 BetrVG, für Mitarbeiter, denen aus verhaltensbedingten Gründen gekündigt wird, für Mitarbeiter, die vor dem eine Eigenkündigung ausgesprochen haben,
- für Mitarbeiter in einem befristeten Arbeitsverhältnis sowie
- für Mitarbeiter, die die Wartefrist nach § 1 KSchG nicht erfüllt haben.

2. Personelle Maßnahmen

2.1 Alle personellen Maßnahmen aus Anlass der unter Ziff. 1 genannten Betriebsstillegung werden im Rahmen des Betriebsverfassungsgesetzes unter Wahrung der gesetzlichen und tariflichen Rechte des Betriebsrats und der Mitarbeiterinnen und Mitarbeiter durchgeführt.

2.2 Allen von diesem Interessenausgleich betroffenen Mitarbeiterinnen und Mitarbeitern sollen die Konsequenzen und Zusammenhänge dieses Interessenausgleichs mündlich erläutert werden. Zu solchen Einzelgesprächen kann jede Mitarbeiterin oder jeder Mitarbeiter auf Wunsch ein Mitglied des Betriebsrats hinzuziehen.

2.3 Bei der Kündigung eines Schwerbehinderten ist die Zustimmung der Hauptfürsorgestelle einzuholen, bei der Kündigung einer Mitarbeiterin im Mutterschutz oder Erziehungsurlaub sind, wie auch bei Mitarbeitern, die sich im Wehr- oder Zivildienst befinden, die Zustimmungen der zuständigen staatlichen Stellen einzuholen.

3. Beendigung der Arbeitsverhältnisse

3.1 Die Arbeitsverhältnisse können durch Aufhebungsvertrag, Abwicklungsvertrag oder Kündigung beendet werden.

3.2 Bei Kündigung einer Mitarbeiterin oder eines Mitarbeiters ist die gesetzliche, arbeitsvertragliche oder tarifliche Kündigungsfrist zu beachten.

4. Namensliste

4.1 Eine Liste der von der Betriebsstilllegung betroffenen Mitarbeiter ist dem Interessenausgleich als Anlage beigefügt. Die Liste enthält folgende Angaben: Name, Vorname, Geburtsdatum, Eintrittsdatum, Tätigkeit, Familienstand, Zahl der unterhaltsberechtigten Kinder und besonderer Kündigungsschutz.

4.2 Die Namensliste ist von den Vertragspartnern zu unterzeichnen und mittels Heftung mit dem Text des Interessenausgleichs zu verbinden.

5. Personelle Maßnahmen

5.1 Die Parteien stimmen darin überein, dass grundsätzlich der Betrieb zum 31.12.1998 geschlossen wird und möglichst zu diesem Zeitpunkt sämtliche Arbeitsverhältnisse enden sollen.

5.2 Soweit die Arbeitsverhältnisse aufgrund gesetzlicher Kündigungsfrist nicht zum 31.12.1998 beendet werden können, ist die Geschäftsleitung befugt, Mitarbeiter auch mit unterhalb der tariflichen Eingruppierung angesiedelten Arbeiten, insbesondere Aufräumarbeiten zu beauftragen. Die Geschäftsleitung ist ebenfalls nach Ausspruch einer Kündigung jederzeit befugt, einzelne Mitarbeiterinnen oder Mitarbeiter von ihrer Arbeit freizustellen.

5.3 In jedem Falle sind die Mitarbeiterinnen und Mitarbeiter verpflichtet, vor ihrem Ausscheiden den ihnen noch zustehenden Urlaub zu nehmen.

6. Anhörung des Betriebsrats

Dem Betriebsrat wurden über alle Mitarbeiterinnen und Mitarbeiter Unterlagen übergeben, die die in der Namensliste aufgeführten Merkmale betreffen. Die Geschäftsleitung hat den Betriebsrat gem. § 102 BetrVG gebeten, den nach Ziff. 4 beabsichtigten Kündigungen nicht zu widersprechen. Der Betriebsrat hat über diesen Antrag beraten und nachfolgenden Beschluss getroffen:

In der Zustimmung zum Interessenausgleich liegt zugleich die Erklärung, im Rahmen des Anhörungsverfahrens nach § 102 BetrVG zu den beabsichtigten Kündigungen keine weiter gehende Stellungnahme abgeben zu wollen.

7. In-Kraft-Treten

Der Interessenausgleich tritt mit der Unterzeichnung durch die Vertragsparteien in Kraft. Er endet zum 31.12.2002.

Aschaffenburg/Braunstein, den

Vorstand Betriebsratsvorsitzender

72 **Sozialplan**

zwischen

der Holfelder AG, vertreten durch das Mitglied des Vorstands Frau Viktoria Zimmerling, Aschaffenburg

und

dem Betriebsrat des Betriebsteils Gießerei Braunstein, vertreten durch den Betriebsratsvorsitzenden

1. Geltungsbereich

1.1 Leistungen nach diesem Sozialplan erhalten Mitarbeiterinnen und Mitarbeiter, die am in einem unbefristeten Arbeitsverhältnis mit HAG standen und deren Arbeitsplatz von der zum geplanten Betriebsstilllegung betroffen ist.
Die im Rahmen der Durchführung personeller Einzelmaßnahmen zur Wahrung der Rechte des Betriebsrats bestehenden Befugnisse bleiben von diesem Sozialplan unberührt.

1.2 Leistungen nach den Bestimmungen dieses Sozialplans erhalten auch diejenigen Mitarbeiterinnen und Mitarbeiter, die erkennbar aus Anlass der Betriebsstilllegung auf eigenen Wunsch nach dem bei HAG ausscheiden.

1.3 Keine Leistung nach dieser Vereinbarung erhalten:

1.3.1 Mitarbeiter, die einen freien Arbeitsplatz bei HAG im Stammwerk Aschaffenburg erhalten.

1.3.2 Mitarbeiter, bei denen die Voraussetzungen für die Inanspruchnahme des Altersruhegelds aus der gesetzlichen Rentenversicherung bestehen.

1.3.3 Mitarbeiter, die wegen Erwerbsunfähigkeit aus den Diensten von HAG ausscheiden.

1.3.4 Mitarbeiter, denen durch HAG unter Beachtung von § 102 BetrVG aus einem personen- oder verhaltensbedingten Grund fristlos oder fristgerecht gekündigt wird.

1.3.5 Mitarbeiter, die ein Angebot über einen vergleichbaren Arbeitsplatz im Stammwerk Aschaffenburg nicht annehmen.

1.3.6 Mitarbeiter, die vor dem 31.12.1998 eine Eigenkündigung aussprechen.

1.3.7 Auszubildende, deren Ausbildungsverhältnis bis zum 31.12.1998 endet.

1.4 Keine Abfindung gem. Ziff. 4 erhalten Mitarbeiterinnen und Mitarbeiter, die das 58. Lebensjahr vollendet haben. Diese Mitarbeiter erhalten für die Dauer ihrer voraussichtlichen Arbeitslosigkeit in Form einer Abfindung den Differenzbetrag zwischen Arbeitslosengeld und 90 % ihres Netto-Monatsentgelts i.S.v. Ziff. 4.3.3. Diese Mitarbeiterinnen und Mitarbeiter beantragen Altersruhegeld, sobald die gesetzlichen Voraussetzungen erfüllt sind.

2. Sonstige allgemeine Bestimmungen

2.1 Die über die Abfindungsregelung ausscheidenden Mitarbeiter erhalten zur Suche eines neuen Arbeitsplatzes eine angemessen bezahlte Freistellung von der Arbeit.

2.2 HAG verzichtet nach dem 31.12.1998 auf die Einhaltung der Kündigungsfrist, wenn die Mitarbeiterin oder der Mitarbeiter dies im Hinblick auf die Aufnahme einer anderweitigen Tätigkeit wünscht.

2.3 Stichtag für die Ermittlung und Berechnung von Leistungen aus diesem Sozialplan ist der Tag der Unterzeichnung des Interessenausgleichs.

2.4 Die von HAG nach diesem Sozialplan zu zahlenden Abfindungen sind innerhalb eines Monats nach dem Ausscheiden der Mitarbeiterin oder des Mitarbeiters fällig.
Abweichend hiervon werden die in diesem Sozialplan begründeten Leistungen für Mitarbeiter, die eine Kündigungsschutzklage erheben, erst innerhalb eines Monats nach

rechtskräftigem Abschluss des Kündigungsschutzverfahrens fällig. Eine im Rahmen des Kündigungsschutzverfahrens festgesetzte oder vereinbarte Abfindung wird auf die Leistungen aus dieser Vereinbarung angerechnet.

2.5 Soweit auf Leistungen aus diesem Sozialplan Steuern und Sozialversicherungsbeiträge zu entrichten sind, sind diese unter Beachtung zwingender gesetzlicher Vorschriften von der Mitarbeiterin oder vom Mitarbeiter zu zahlen.

2.6 Die Mitarbeiter werden darauf hingewiesen, dass sie Auskünfte über die wirtschaftlichen Auswirkungen von Aufhebungs- und Abwicklungsverträgen beim Wohnsitz-Finanzamt, beim Wohnsitz-Arbeitsamt sowie bei ihrem Rentenversicherungsträger einholen können.

3. Arbeitsplatzwechsel zum Stammwerk Aschaffenburg

3.1 Sollte einer Mitarbeiterin oder einem Mitarbeiter ein im Stammwerk Aschaffenburg freigewordener oder freiwerdender Arbeitsplatz, der der Qualifikation der Mitarbeiterin oder des Mitarbeiters entspricht, angeboten werden, und sollte die Mitarbeiterin oder der Mitarbeiter dieses Angebot annehmen, werden der Mitarbeiterin oder dem Mitarbeiter bis zur Dauer von ___ Jahren die Fahrtkosten für öffentliche Verkehrsmittel von Braunstein nach Aschaffenburg erstattet.

3.2 Der Mitarbeiterin oder dem Mitarbeiter ist Gelegenheit zu geben, sich an Ort und Stelle über das aufnehmende Stammwerk, den Arbeitsplatz und die dort üblichen Arbeitsbedingungen zu unterrichten. Zur Annahme des Angebots ist eine Überlegungsfrist von mindestens sieben Arbeitstagen einzuräumen. Über die Eignung der Mitarbeiterin oder des Mitarbeiters für den in Aussicht genommenen Arbeitsplatz entscheidet die Personalabteilung des Stammwerks.

3.3 Erfolgt seitens des Stammwerks eine betriebsbedingte Kündigung innerhalb von zwölf Monaten nach Übernahme des neuen Arbeitsplatzes durch den Mitarbeiter oder die Mitarbeiterin im Stammwerk, so findet weiterhin für diese Mitarbeiterin oder diesen Mitarbeiter der vorliegende Sozialplan Anwendung. Die Mitarbeiterin oder der Mitarbeiter sind wirtschaftlich gemäß diesem Sozialplan so zu stellen, als sei keine Annahme eines Arbeitsplatzangebots im Stammwerk Aschaffenburg erfolgt.

4. Abfindungen

4.1 Mitarbeiter, die nicht unter Ziff. 1.3 und 1.4 fallen, und die durch Kündigung, Aufhebungsvertrag oder Abwicklungsvertrag bei der Gießerei Braunstein von HAG ausscheiden, erhalten eine Abfindung für den Verlust des Arbeitsplatzes.
Die Höhe der Abfindung errechnet sich durch Multiplikation des für die Mitarbeiterin oder den Mitarbeiter maßgeblichen Monatsbetrages i.S.v. Ziff. 4.3.3 mit dem sich aus der Anlage 1 ergebenden Multiplikator.
Mitarbeiter, die nach dem ___ bei HAG durch Eigenkündigung oder in sonstiger Weise vorzeitig aus dem Arbeitsverhältnis ausgeschieden sind, erhalten für den Verlust des Arbeitsplatzes bei HAG ebenfalls eine Abfindung, die sich durch Multiplikation des maßgeblichen Monatsbetrages mit dem sich aus der Anlage 1 ergebenden Multiplikator ergibt und um ___ % gekürzt wird.

4.3 Begriffsbestimmungen

4.3.1 Lebensalter ist die Anzahl vollendeter Lebensjahre, die die Mitarbeiterin oder der Mitarbeiter am Stichtag erreicht hat, zzgl. der bis dahin vollendeten weiteren Lebensmonate.

4.3.2 Betriebszugehörigkeit ist die Anzahl vollendeter Dienstjahre, die die Mitarbeiterin oder der Mitarbeiter am Stichtag erreicht hat, zzgl. der bis dahin vollendeten weiteren Dienstmonate.

4.3.3 Als Monatsbetrag ist der Betrag anzusehen, der dem durchschnittlichen Monatsbrutto für die Zeit vom 01.02. bis 30.04.1998 entspricht, Mehrarbeitsvergütungen bleiben unberücksichtigt.

4.4 Mit der Zahlung einer Abfindung sind alle sonstigen Ansprüche zwischen den Parteien abgegolten.

5. Sonstige Leistungen

5.1 Unabhängig vom Termin des Ausscheidens hat die Mitarbeiterin oder der Mitarbeiter für das Jahr des Ausscheidens Anspruch auf das Urlaubsgeld nach folgender Maßgabe . Der anteilige Jahresurlaub ist in natura zu nehmen.

5.2 Im Jahr des Ausscheidens erhalten die Mitarbeiter die tariflich vereinbarte vermögenswirksame Leistung.

5.3 Soweit ein Anspruch auf Betriebsrente entstanden ist, erhalten ausscheidende Mitarbeiter zum Zeitpunkt des Ausscheidens eine Unverfallbarkeitserklärung und, nach Vorlage der Rentenunterlagen, einen Bescheid über die Versorgungsansprüche.

6. Härtefond

6.1 Zur Milderung besonderer Härten, die im Zusammenhang mit der Durchführung dieser Vereinbarung auftreten, kann in Einzelfällen eine Beihilfe gewährt werden. Für derartige Beihilfen wird eine Härtefond in Höhe von gebildet.

6.2 Leistungen aus dem Härtefond werden nur auf Antrag gewährt. Der Antrag muss spätestens innerhalb eines Monats nach Zugang der Kündigung oder Abschluss von Aufhebungs- oder Abwicklungsvertrag gestellt werden. Mit dem Antrag ist glaubhaft zu machen, dass den Antragsteller im Vergleich zu den anderen betroffenen Arbeitnehmern durch das Ausscheiden bei HAG eine besondere Härte trifft.

6.3 Über den Antrag entscheidet eine aus je einem Vertreter der Geschäftsleitung und des Betriebsrats bestehende Kommission einvernehmlich. Der Vertreter des Betriebsrats nimmt sein Amt auch noch nach dem Ausscheiden aus dem Betrieb wahr.

6.4 Auf Leistungen aus dem Härtefond besteht kein Rechtsanspruch.

6.5 Der Härtefond wird zum 31.12.1999 aufgelöst, soweit er nicht in Anspruch genommen wurde.

7. Schlussbestimmungen

7.1 Dieser Sozialplan hat eine Laufzeit bis zum 31.12.2002. Für Mitarbeiterinnen und Mitarbeiter, mit denen zu diesem Zeitpunkt noch ein Kündigungsschutzprozess oder ein anderes arbeitsgerichtliches Verfahren über Leistungen aus diesem Sozialplan anhängig ist, verlängert sich die Laufzeit bis zum Ablauf von zwei Monaten nach rechtskräftigem Abschluss ihres Verfahrens.

7.2 Im Rahmen dieses Sozialplans auftretende grundsätzliche Meinungsverschiedenheiten, die sich bei der Anwendung ergeben, sind von der Geschäftsführung und dem Betriebsrat mit dem Ziel einer einvernehmlichen Lösung zu beraten.

7.3 HAG wird diese Vereinbarung allen betroffenen Mitarbeitern aushändigen, sie beraten und sie über die Durchführung der sie betreffenden Maßnahmen in Kenntnis setzen.

7.4 Diese Vereinbarung tritt am Tage ihrer Unterzeichnung in Kraft.

7.5 Die Mitgliedschaft in der Kommission gem. Ziff. 6.3 bleibt bestehen, bis die Aufgaben beendet sind. Ein zwischenzeitliches Ausscheiden aus dem Betrieb führt auf Betriebsratsseite nicht zum Erlöschen des Mandats in der Kommission.

Aschaffenburg/Braunstein, den

Vorstand Betriebsratsvorsitzender

III. Strategiebesprechung zwischen Geschäftsleitung und Anwalt

Nachdem das Unternehmen die vorgenannten Unterlagen erhalten hatte, wurden dort auf Vorstandsebene und in der Runde der zuständigen Abteilungsleiter die Unterlagen diskutiert. Nach einigen Wochen meldete sich der Abteilungsleiter Weber-Düren wieder beim Anwalt und vereinbarte einen weiteren Besprechungstermin, an dem mehrere zuständige leitende Mitarbeiter aus der Holfelder AG teilnahmen. In dieser Besprechung wurden die **strategischen Eckdaten der Betriebsänderung** erörtert. Zunächst wurde mitgeteilt, dass die Maßnahme um zwei Monate verschoben werden müsse. Es wurde gefragt, wie der Aufsichtsrat einerseits zur Mittelbewilligung eingeschaltet, andererseits vor den Arbeitnehmervertretern die Information verborgen werden könne. Ein Arbeitnehmervertreter im Aufsichtsrat arbeite in der Gießerei, er sei dort auch Betriebsratsmitglied. Wenn man sich im Aufsichtsrat das Sozialplanvolumen genehmigen lasse, wisse der Betriebsrat somit, in welchem Umfange Mittel zur Verfügung stünden. Derartige Informationsprobleme können nur in der Weise gelöst werden, dass man sich mit dem Aufsichtsratsvorsitzenden über Kostenkorridore verständigt oder auf etwaige andere Budgetvolumina zurückgreift. 73

Viele weitere Detailfragen waren im Strategiegespräch zu erörtern, wie die Aufgabenverteilung zwischen dem Personalsachbearbeiter und der beratenden Anwaltskanzlei. So musste das Verfahren der Zustimmungsersetzung nach § 15 SchwbG (jetzt § 85 SGB IX) auch hinsichtlich der konkreten Umsetzung verteilt werden, gleiches galt für eine Mitarbeiterin, die sich im Erziehungsurlaub befand und deren Arbeitsverhältnis nur mit Zustimmung der Bezirksregierung gekündigt werden konnte. 74

Auch wurde darum gebeten, zunächst davon abzusehen, dass sich die beratende Anwaltskanzlei dem Betriebsrat gegenüber nach außen zu erkennen gebe. Unternehmen setzen erfahrungsgemäß, zumindest zu Beginn solcher Verhandlungen, auf jahrelange Zusammenarbeit mit dem Betriebsrat und betrachten externe Berater manchmal als störend oder zumindest hinderlich, an einer den betrieblichen Gepflogenheiten entsprechenden Einigung mitzuwirken. So wurde in der Strategiebesprechung auch festgelegt, dass zunächst der Abteilungsleiter und der Personalsachbearbeiter mit den Betriebsratsmitgliedern versuchen, den Interessenausgleich auszuhandeln. 75

IV. Umsetzungsphase

Die Stilllegungsentscheidung hatte sich auf Vorstandsebene verzögert. Am 20.10. fällte schließlich der Vorstand die Entscheidung, den Betrieb der Gießerei am 31.03.1999 stillzulegen. Am Tag darauf wurde eine Mitarbeiterversammlung durch die Geschäftsleitung anberaumt. Gleichzeitig wurde noch am gleichen Tag in ausführlichen Gesprächen der Betriebsrat informiert. Der Vorstandsvorsitzende sprach vor den Mitarbeitern und erläuterte ihnen in einer für alle Mitarbeiter schicksalschweren Stunde, dass aus betriebswirtschaftlichen Gründen die Gießerei geschlossen werden müsse. 76

In den darauf folgenden Tagen erreichten den Anwalt zahllose Anrufe aus dem Kreis der Verantwortlichen im Unternehmen, die zwar oft nur Details, aber eben wichtige Fragestellungen betrafen, die nicht im Vorhinein alle in die Beratung Eingang gefunden hatten. Der Abteilungsleiter und der Personalsachbearbeiter trafen sich mehrfach mit dem Betriebsrat und stellten dabei schließlich fest, dass der Betriebsrat von einer Rechtsanwältin beraten wurde, die sich kurze Zeit darauf auch bestellte und ihr Bestellungsschreiben mit dem Vorschlag einer Gebührenvereinbarung verband. 77

Von der Geschäftsleitung um Stellungnahme gebeten, ob eine Gebührenvereinbarung mit 500 DM pro Stunde getroffen werden solle, sprach sich der beratende Anwalt dagegen aus. Er wies darauf hin, dass keine Verpflichtung bestehe, auf Basis eines festen Stundensatzes das Honorar zu zahlen, sondern ein Honoraranspruch des den Betriebsrat vertretenden Anwalts nur in den Grenzen der gesetzlichen Gebühren bestehe. Der Stundensatz von 500 DM liege im oberen Bereich. Eine Gebührenvereinbarung in Höhe dieses Stundensatzes verleite zu umfänglicher und vom Arbeitgeber nicht kontrollierbarer und deshalb auch nicht berechenbarer Tätigkeit. Allenfalls einer Honorarvereinbarung mit geringerem Stundensatz und einem festgelegten Maximalbetrag könne man zustimmen. 78

Daraufhin erhielt die Rechtsanwältin eine ablehnende Mitteilung des Vorstands in der von ihr aufgeworfenen Gebührenfrage.

79 Zwischenzeitlich sah sich der beratende Anwalt folgender Problematik ausgesetzt: Er konnte nicht erkennen, ob die Akteure aus dem Bereich seiner Mandantschaft dem Betriebsrat alle Unterlagen und Informationen gegeben hatten, die notwendig waren, um den Lauf der Frist nach § 113 Abs. 3 Sätze 2 und 3 BetrVG in Gang zu setzen. Der Vorstandsvorsitzende, aber auch der Abteilungsleiter, verlangten vom Anwalt, in jedem Falle sicherzustellen, dass die Kündigungen noch im November oder spätestens im Dezember ausgesprochen werden konnten. Erschwert wurde die Situation dadurch, dass sich die Anwältin wenig kooperationsbereit zeigte und beispielsweise dem Betriebsrat von der Durchführung eines Verhandlungstermins mit dem Arbeitgeber abgeraten hatte, sie war vielleicht auch durch die Nichtunterzeichnung der erbetenen Gebührenvereinbarung verärgert.

79a Die Ausgangslage des Arbeitgeber-Anwalts bestand zu diesem Zeitpunkt darin, dass ihm sein Mandant eine **unzulässige Zieloptimierung** abverlangte: Der Anwalt sollte auf der einen Seite sicherstellen, dass alle Wünsche des Mandanten befriedigt würden, wusste auf der anderen Seite, dass die von dem Mandanten gestellten Anforderungen über die gesetzlichen Rahmenbedingungen hinausgingen. Sowohl die Zeitschiene (»Abschluss noch in diesem Monat«) als auch das Abfindungsvolumen ließen sich nur mit einer nicht erzwingbaren, freiwilligen Zustimmung des Betriebsrats und seiner Anwältin verwirklichen.

79b Hinzu kam, dass der Anwalt beobachtete, dass seine Anregungen nicht immer im Verhältnis 1:1 umgesetzt wurden und er am Ort des Geschehens, den Verhandlungen, auf Mandantenwunsch nicht teilnehmen sollte, so dass er auch nicht im Sinne einer Fehlervermeidungsstrategie unmittelbar eingreifen konnte. Auch stellte der Finanzvorstand wiederholt die Frage, ob man nicht zum Zeitpunkt der Betriebsschließung, also zum 31.03.1999, alle Arbeitsverhältnisse enden lassen könne und die restlichen Gehälter den Abfindungen zuschlagen könne. Diese Frage war zwar durch das erste Anschreiben des Anwalts an den Finanzvorstand bereits beantwortet. Sie wurde dennoch immer wieder gestellt. Hintergrund der Hartnäckigkeit des Finanzvorstands bildet der Umstand, dass man für Abfindungen in der Bilanz Rückstellungen bilden kann, für zu zahlende Gehälter nicht.

80 In solchen Krisenphasen muss der Anwalt Nerven bewahren. Es besteht regelmäßig die Gefahr, dass die Mandantschaft über den Anwalt hinweg mit der Gegenseite, ggf. auch mit deren Rechtsberater, verhandelt, wenn sie mit den Rechtsauskünften oder Strategien des eigenen Anwalts nicht zufrieden ist. Das Unternehmen interessiert sich primär für das Ziel, so schnell wie möglich einen nur in begrenztem Maße Kosten auslösenden Interessenausgleich und Sozialplan zu erhalten, um die personalwirtschaftliche Aufgabenstellung als erledigt betrachten und sich wieder anderen Herausforderungen stellen zu können.

V. Krisenphase

81 Nachdem der Betriebsrat anwaltlich vertreten war, entschied sich der Vorstand dazu, dem Betriebsrat nunmehr mitzuteilen, dass auch er anwaltliche Hilfe in Anspruch nehme. Der Arbeitgeber-Anwalt nahm die zu regelnden Schwerbehindertenangelegenheiten gem. § 15 SchwbG (jetzt § 85 SGB IX) zum Anlass eines Anschreibens an den Betriebsrat:

Rechtsanwälte

PERSÖNLICH/VERTRAULICH

Herrn Mario Heinevetter
– Betriebsrat –
Holfelder AG, Eisengießerei Braunstein
Auf der grünen Wiese 17
Braunstein

18. November 1998

Holfelder ./. BR Holfelder – Eisengießerei Braunstein

Sehr geehrter Herr Heinevetter,

wir vertreten die rechtlichen Interessen der Firma Holfelder AG, Pommernallee 22, Aschaffenburg. Ordnungsgemäße Bevollmächtigung wird anwaltlich versichert.

Wie Ihnen bekannt ist, arbeiten in der Eisengießerei in Braunstein fünf schwer behinderte Mitarbeiter, deren Namen Sie bitte dem anliegenden Schreiben der Hauptfürsorgestelle entnehmen.

Namens der Firma Holfelder AG haben wir im Zusammenhang mit der geplanten Betriebsstilllegung der Eisengießerei bei der Hauptfürsorgestelle die Zustimmung zur ordentlichen Kündigung dieser Mitarbeiter gem. § 15 SchwbG beantragt. Mit heutigem Schreiben hat uns die Hauptfürsorgestelle das als Anlage beigefügte Schreiben übersandt, mit der Bitte um Weiterleitung an den Betriebsrat.

In diesem Zusammenhang dürfen wir Sie höflich bitten, Ihre Stellungnahme der örtlichen Fürsorgestelle der Stadtverwaltung Aschaffenburg, z. Hd. Herrn Bräutigam, Tel.: , zukommen zu lassen, damit das Anhörungsverfahren durchgeführt werden kann. Sollten Sie Fragen haben oder weitere Informationen benötigen, können Sie sich jederzeit an die örtliche Fürsorgestelle oder unmittelbar an den Unterzeichner wenden.

Mit freundlichen Grüßen

Rechtsanwalt

Außerdem wandte sich der beratende Anwalt am Tag darauf, am 19. November, an die gegnerische Rechtsanwältin, die er zuvor angerufen hatte, und bestellte sich für die Firma Holfelder AG: 82

Rechtsanwälte

Frau
Rechtsanwältin

19. November 1998

Holfelder ./. BR Holfelder
Interessenausgleich

Sehr geehrte Frau Kollegin,

hiermit zeigen wir an, dass wir die rechtlichen Interesse der Firma Holfelder AG vertreten. Eine auf uns lautende Vollmacht ist beigefügt.

Ich komme auf unser Gespräch vom heutigen Tage zurück. Die Mandantschaft müsste Ihnen zwischenzeitlich schriftlich mitgeteilt haben, dass sie die Kosten Ihrer Interessenvertretung des Betriebsrats zu den gesetzlichen Gebühren übernimmt.

> Sie haben den Rat an den Betriebsrat, den Verhandlungstermin am heutigen Tage abzusagen, damit begründet, es habe nicht ausreichend Zeit zur Beratung zwischen dem Betriebsrat und Ihnen, aber auch innerhalb des Betriebsrats über den Interessenausgleichsentwurf bestanden. Dem Betriebsrat sei am vergangenen Freitag der Entwurf des Interessenausgleichs übergeben worden. Sie hätten erst am gestrigen Nachmittag mit Ihrer Mandantschaft den Interessenausgleich besprechen können, den Sie einen Tag zuvor erhalten hätten.
>
> Sie beanstandeten außerdem, dass das Mitglied des Vorstands unserer Mandantschaft, Frau Zimmerling, vom Betriebsrat verlangt habe, dass am heutigen Tag der Interessenausgleich unterzeichnet werde. Ich darf Ihnen nach telefonischer Rücksprache mit Frau Zimmerling mitteilen, dass eine entsprechende Erklärung von Frau Zimmerling zu keiner Zeit abgegeben worden ist.
>
> Im Übrigen hatten Sie uns mitgeteilt, dass Sie uns Ihre Änderungsvorschläge zum Entwurf des Interessenausgleichs bekannt geben würden. Ich darf Sie bitten, diese Änderungsvorschläge dem Unterzeichner zu übersenden.
>
> Ich bedauere, dass Sie sich trotz meiner Nachfrage nicht bereit gefunden haben, den Zeitpunkt, zu dem Sie uns Ihre Änderungsvorschläge zukommen lassen wollen, näher einzugrenzen.
>
> Ich darf Sie bitten, Ihre Änderungsvorschläge uns binnen einer Woche zukommen zu lassen. Lassen Sie uns auch bitte wissen, ob Sie am Termin der Verhandlungen über den Interessenausgleich teilnehmen wollen oder nicht.
>
> Im Übrigen überreiche ich Ihnen in Anlage umfangreiche Unterlagen unserer Mandantschaft, aus denen Sie unter den verschiedenen betriebswirtschaftlichen Gesichtspunkten erkennen können, warum sich unsere Mandantschaft zur Stilllegung der Gießerei entschlossen hat. Sollten Sie weitere Unterlagen oder mündliche Auskünfte wünschen, benennen Sie uns bitte freundlicherweise Ihre Informationswünsche, damit unsere Mandantschaft diese ggf. zusätzlich erfüllen kann.
>
> Mit freundlichen und kollegialen Grüßen
>
> Rechtsanwalt

83 Am Tag nach Eingang dieses Schreibens bei der gegnerischen Rechtsanwältin wurde bekannt, dass die gegnerische Rechtsanwältin bei dem Betriebsleiter der Gießerei unmittelbar angerufen hatte und darum gebeten hatte, ihr Einzelheiten zu den Grundlagen der Betriebsänderung, beispielsweise der Kostenstruktur und der Auftragslage, zu erläutern. Der Betriebsleiter verweigerte vorsichtshalber jegliche Auskünfte und wandte sich zunächst an die Geschäftsleitung, diese wiederum informierte den sie beratenden Anwalt. Das Verhalten der Anwältin war ein Verhandlungsfehler, hier haben wir es schon aus standesrechtlichen Gründen mit einem klassischen Fall von Unfairness zu tun.[209] Der beratende Anwalt forderte die gegnerische Anwältin mit folgendem Wortlaut zur Stellungnahme auf:

209 Zu den richtigen Gegenstrategien bei Unfairness siehe *Haft*, Verhandlung und Mediation, S. 192 ff. Er empfiehlt die Fragetechnik (Erkundigung nach dem Sinn des unfairen Verhaltens), die Wiederholungstechnik (Wiederholung einer unfairen Behauptung) oder die Übersetzungstechnik (man bemüht sich, den Worten des Anderen einen rationalen Sinn zu geben). Hier liegt der Fall insofern anders, als es nicht um eine unfaire Äußerung geht, sondern um ein unfaires Verhalten, das eine berufsrechtliche Verfahrensordnung sanktioniert.

84

Rechtsanwälte

PERSÖNLICH/VERTRAULICH

Frau

Rechtsanwältin

20. November 1998

Holfelder./.BR Holfelder

Interessenausgleich

Sehr geehrte Frau Kollegin,

Sie haben am 20.11.1998 den Betriebsleiter Wendelin unserer Mandantschaft angerufen und ihn um ergänzende Informationen im Hinblick auf die Unterlagen, die ich Ihnen mit Schreiben vom 19.11.1998 übersandt habe, gebeten. Ich hatte Ihnen u.a. Folgendes mitgeteilt:

»Sollten Sie weitere Unterlagen oder Auskünfte wünschen, benennen Sie uns bitte freundlicherweise Ihre Informationswünsche, damit unsere Mandantschaft diese ggf. zusätzlich erfüllen kann.«

Obwohl ich gebeten habe, dass Sie uns ihre Informationswünsche benennen sollen, haben Sie sich hierüber hinweggesetzt und unmittelbar mit Mitarbeitern unserer Mandantschaft Kontakt aufgenommen.

Ihr Verhalten ist nicht nur unhöflich, es stellt zugleich einen Verstoß gegen geltendes anwaltliches Berufsrecht dar. Unabhängig von meiner ausdrücklich geäußerten Bitte, sich mit dem Unterzeichner in Verbindung zu setzen, waren Sie auch nach geltendem Berufsrecht verpflichtet, den Kontakt ausschließlich über den Unterzeichner zu suchen. Nach Ziffer 5.5 der Standesregeln der Rechtsanwälte der Europäischen Gemeinschaft (BRAK-Mitt. 6/1996, 245) ist es dem Rechtsanwalt untersagt, sich bezüglich einer bestimmten Sache mit einer Person in Verbindung zu setzen, von der er weiß, dass sie einen Rechtsanwalt mit Ihrer Vertretung beauftragt hat. Meine Beauftragung war Ihnen durch das Schreiben vom 19.11.1998 und die Ihnen vorliegende Originalvollmacht bekannt.

Sie haben außerdem gegen § 12 Abs. 1 der Berufsordnung (BRAK-Mitt. 6/1996, 241) verstoßen und müssen sich nunmehr eine Umgehung des Gegenanwalts vorwerfen lassen. Herr Wendelin von der Holfelder AG steht als Zeuge zur Verfügung.

Unsere Mandantschaft hat Sie zudem über den Vorstand mit Fax vom heutigen Tage darauf hingewiesen, dass Sie etwaige Informationen über den Unterzeichner einzuholen haben.

Ich gebe Ihnen hiermit Gelegenheit, zu den vorgenannten Feststellungen binnen drei Tagen Stellung zu nehmen. Ich behalte mir vor, nach Ablauf der Frist die Rechtsanwaltskammer von Ihrem berufswidrigen Verhalten in Kenntnis zu setzen.

In Erwartung Ihrer geschätzten Nachricht verbleibe ich

mit freundlichen und kollegialen Grüßen

Rechtsanwalt

Die Rechtsanwältin antwortete mit Schreiben vom 23.11.:

85 Rechtsanwältin

Rechtsanwälte

vorab per Telefax

23.11.1998

Holfelder ./. BR Holfelder Braunstein

Sehr geehrter Herr Kollege,

in oben genannter Angelegenheit kommen wir zurück auf Ihr Telefax vom 20.11.1998. Gerne nehmen wir zwischenzeitlich zu dem von Ihnen dargestellten Sachverhalt Stellung:

Unter dem 19.11.1998 übersandten Sie uns Ihr Anschreiben nebst verschiedenen Anlagen mit dem mehrfachen und ausdrücklichen Hinweis auf die von Ihrer Mandantschaft gewünschte Eile. Wir hatten unsererseits zugesagt, keine Verzögerungen entstehen zu lassen. Unter der uns zur Verfügung stehenden Telefonnummer ist unser Mandant erreichbar; auch Herr Wendelin nimmt dort Anrufe entgegen. So ergab sich gelegentlich eines Anrufs der Unterzeichnerin bei ihrer eigenen Mandantschaft das Gespräch mit Herrn Wendelin, in dem die Unterzeichnerin Herrn Wendelin ausdrücklich bat, bei der Geschäftsleitung Rücksprache zu nehmen, ob er unmittelbar der Unterzeichnerin lediglich das vorgelegte Zahlenmaterial erläutern dürfe. Entsprechend unserer Bitte fragte Herr Wendelin bei dem Vorstand nach, ob er diese Erläuterungen uns gegenüber geben dürfte und teilte der Unterzeichnerin mit, dass ihm die Geschäftsleitung untersagt habe, seine handschriftlichen Aufzeichnungen uns gegenüber zu erläutern. Entsprechend werden wir unsere Fragen zu diesen Zahlen Ihnen, sobald wir sie schriftlich umgesetzt haben, zukommen lassen.

Ihren Vorwurf der Unhöflichkeit weisen wir entschieden zurück; der Vorwurf des berufsrechtswidrigen Verhaltens ist nicht nachvollziehbar. Wie Sie zu Recht schreiben, ist die Kontaktaufnahme mit der Gegenseite in den Standesregeln aufgegriffen. Wir können nicht ersehen, worin Sie die Kontaktaufnahme mit der Gegenseite sehen wollen, da wir auch ausweislich Ihres Vorwurfs nicht an Ihre Mandantschaft herangetreten sind, sondern anlässlich der Kontaktaufnahme mit unserem Mandanten mit einem Mitarbeiter Ihrer Mandantschaft gesprochen haben, den wir ausdrücklich um die Einholung der Zustimmung Ihrer Mandantin zu einem Gespräch mit uns gebeten haben. Wir wiederum sind von dem durch die Mitarbeiter Ihrer Mandantin gewählten Gremium mandatiert. Uns ist nicht erkennbar, inwieweit durch diesen Versuch, den von Ihnen dargestellten Zeitdruck vorab zu mildern, standes- oder berufsrechtliche Regelungen betroffen sein können. Einer Klärung dieses Sachverhaltes durch die Rechtsanwaltskammer sehen wir gefasst entgegen, wenn Sie sich hierzu entschließen sollten.

Mit freundlichen kollegialen Grüßen

Rechtsanwältin

86 Was war geschehen? Die Rechtsanwältin benutzte eine **Vernebelungstechnik**. Die Darstellung im Schreiben des Rechtsanwalts hatte sich als richtig erwiesen, die Anwältin hatte sich Informationen bei einem Mitarbeiter, dem Betriebsleiter Wendelin beschaffen wollen, um Ansatzpunkte für Kritik an den überreichten Unterlagen zu finden. Sie äußerte sich nicht zu der Frage, warum sie sich nicht an ihren Anwaltskollegen gewandt hatte, sondern bevorzugte das im Basarspiel gebräuchliche Geschichtenerzählen. Darauf, dass sie zuvor mit dem Betriebsratsvorsitzenden telefoniert hatte und darauf, dass Herr Wendelin im gleichen Gebäude arbeitet wie Herr Heinevetter, kam es mit Blick auf den Regelverstoß nicht an. Der Rechtsanwalt schaltete nun trotzdem die Anwaltskammer nicht ein – das konnte er immer noch nach Abschluss der Verhandlungen. Die Einleitung eines Verfahrens

gegen die Anwältin hätte zu einer Verhärtung – wenn nicht Gefährdung – der Verhandlungssituation geführt.

Die Anwältin des Betriebsrats änderte im Übrigen nunmehr ihre Strategie und nahm zu den überreichten Unterlagen mit einer Reihe von Informationswünschen und Anmerkungen in einem längeren Brief Stellung. Das musste sie jetzt auch, um in einem etwaigen berufsrechtlichen Verfahren ihren sachlichen Beitrag zur Auseinandersetzung nachweisen zu können. So nutzte der Arbeitgeber-Anwalt den Regelverstoß, um die gegnerische Anwältin zu einem von ihr bislang verweigerten Fortgang der Verhandlungen zu veranlassen. 87

Rechtsanwältin

Herrn
Rechtsanwalt

per Telefax vorab
24.11.1998

Holfelder ./. BR Holfelder, Gießerei Braunstein

Sehr geehrter Herr Kollege,

in oben genannter Angelegenheit kommen wir nach Rücksprache mit unserer Mandantschaft auf die von Ihnen vorgelegten Unterlagen und das zwischenzeitlich erstellte Protokoll Ihrer Mandantschaft über die erfolgte Besprechung am Montag, den 23.11.1998, sowie die zu ergänzenden Punkte in dem Vorschlag des Interessenausgleichs zurück.

I. Zu den vorgelegten Unterlagen
Auch nachdem die Information Ihrer Mandantschaft gegenüber dem Betriebsrat am 23.11.1998 zu den von Ihnen vorgelegten Unterlagen erfolgt ist, bleiben noch folgende Fragen im Sinne einer Unterrichtung des Betriebsrates offen:

1. Zu der von Ihnen als Anlage 1 vorgelegten Unterlage:

- Worauf beruhen die jeweils angegebenen Zahlen? Wenn diese nicht auf Schätzungen, sondern Firmenangeboten beruhen, liegen diese vor?
- Sind ggf. Vergleichsangebote eingeholt worden?
- Welche dringenden Prioritäten sind Ihrerseits zu setzen (es wird von Seiten des Betriebsrates davon ausgegangen, dass beispielsweise die Posten »Malerarbeiten – allgemein, zur Verbesserung der Optik« in Höhe von 50.000 DM und »zwei neue Zufahrtstore« nicht von einer höchsten Prioritätsstufe belegt sind); der tatsächlich erforderliche Investitionsaufwand ist nicht nachvollziehbar.
- Von den angegebenen – angeblichen – 5 Mio. DM erforderlichen Investitionsaufwand enthält Ihre eigene Berechnung lediglich eine geschätzte Summe von 4,3 Mio. DM, wovon allein 1,3 Mio. DM für »Unvorhergesehenes« vorbehalten bleibt. Tatsächlich wird damit lediglich – allenfalls und unter Einbeziehung der sicher nicht existenzrelevanten Verschönerungsarbeiten – ein Investitionsvolumen von 3 Mio. DM erkennbar. Soweit diesbezüglich von Seiten Frau Zimmerling in dem Gespräch am 23.11. eine Erläuterung dahin gehend gegeben worden ist, dass »Blitzschutzanlagen, Neuverlegung Heizung/Rohre, Beleuchtung, Bodensanierung, Elektroinstallation sowie DV-Vernetzung« enthalten seien, müsste eine spezifizierte Aufstellung erfolgen. Dabei weisen wir darauf hin, dass die Posten »Heizung« und »Bodensanierung« bereits insgesamt mit einem Aufwand von 365.000 DM in Ansatz gebracht worden sind und eine Erforderlichkeit neuer Beleuchtung, Blitzschutzanlagen oder einer DV-Vernetzung der Gießerei bislang nicht dargelegt ist.
- Hinsichtlich der produktionsrelevanten Investitionen – Formsandmischer ca. 78.000 DM, Formsandbrecher ca. 82.000 DM, Durchlaufstrahlanlage ca. 800.000 DM – wird um Vorlage der erwähnten Angebote gebeten sowie um Mitteilung, ob Alternativangebote eingeholt worden sind.

- Bezüglich der Kupolofenanlage sowie der Sanierung des Ofenhauses wird ebenfalls um Darlegung der Berechnungsgrundlage gebeten.

2. Zu der als Anlage 2 vorgelegten Unterlage:

- Diesbezüglich ist festzustellen, dass eine schlichte Gegenüberstellung von Zahlen erfolgt ist, ohne dass insoweit ein tatsächlicher Vergleich nachvollzogen werden kann. Insbesondere ist die einzige Vergleichsberechnung mit der Fa. Friedensreich nicht anhand der Arbeitsqualität nachvollziehbar, da kein Probeguss angefordert wurde. Des Weiteren wurde, was aus diesen Zahlen unschwer zu errechnen ist, nicht festgestellt, dass der angegebene Vergleichspreis der Fa. Friedensreich nicht bei den behaupteten 2,47 DM je Kilogramm liegt, sondern bei 2,61 DM, d.h. selbst bei kritischer Betrachtung der Gusspreise der zu schließenden Gießerei diese allenfalls 0,15 DM über diesem einen Vergleichspreis liegt (s. Ihre Anlage 3, Kosten für 100 kg Gute Ware in 1997 sind 276,09 DM/100 kg).
- Des Weiteren ist nicht angegeben, inwieweit Transport- und Abstimmungsarbeiten, die bei der Beauftragung einer Drittfirma in anderem Maß erforderlich sind, zu den einzelnen Kilopreisen hinzuzurechnen sind.
- Das weiter als »Vergleichsangebot« vorgelegte Schreiben der Fa. Holfelder, Barcelona, Spanien, vom 21.09.1998, enthält aus unserer Sicht ausschließlich höhere Gusspreise als die, zu denen die Gießerei Braunstein produzieren kann. Es wird um Erläuterung gebeten, worauf die Aussage fußt, die Gießerei Braunstein sei im internationalen Vergleich nicht konkurrenzfähig. Sind weitere Angebote von ausländischen Gießereien eingeholt worden?
- Die einzelnen Preisangebote der Fa. Friedensreich vom 23.09.1998 sind nicht in entsprechendem Vergleich zu den kilogrammbezogenen Preisen der Gießerei Braunstein gesetzt und – wie gesagt – nicht in Bezug zu Qualität bzw. hinzukommenden Kosten.

3. Der aus den Unterlagen hervorgehende Gewinn für Ihre Mandantschaft allein aus der zu schließenden Gießerei Braunstein von 1.634,8 Mio. DM im Jahr 1997 ergibt nach dem ersichtlichen Umsatz für dieses Jahr eine Rendite von 26,04 %. Übrige Gießereien erwirtschaften nach Kenntnis unserer Mandantschaft eine Rendite von allenfalls 7 %. Der durch die Gießerei Braunstein bei Ihrer Mandantschaft ausweislich der Anlage 8 Ihrer Anlage 3 erzielte Reingewinn betrug in den letzten Jahren ca. acht Mio. DM (7.980.600 DM). Die behauptete Unrentabilität der Gießerei angesichts der als nachvollziehbar lediglich mit 2,45 Mio. DM anzusetzenden Investitionen müsste vor diesem Hintergrund noch verdeutlicht werden.
4. Die Anlage 7 Ihrer Anlage 3 enthält eine für den Betriebsrat nicht nachvollziehbare Berechnung einer Gewinndifferenz Aschaffenburg/Braunstein (hierauf bezog sich die Herrn Wendelin zu stellende Frage).

II. Zu dem Protokoll der Besprechung zwischen Ihrer und unserer Mandantschaft vom 23.11.1998

Das uns vorliegende »Protokoll zu den Interessenausgleichsverhandlungen« entspricht nicht den Tatsachen, so dass wir ihm ausdrücklich und namens und in Vollmacht unserer Mandantschaft widersprechen, soweit nicht diesseits Einigkeit erklärt wird. Es ist erkennbar lediglich eine Darstellung Ihrer Mandantschaft dessen, was sie möglicherweise als abgehandelt ansehen möchte. Inhaltlich ist das Protokoll daher um folgende Punkte zu ergänzen:

1. Zunächst ist festzuhalten, dass unsere Mandantschaft in der als Informationsgespräch vorgesehenen Besprechung deutlich darauf hingewiesen hat, dass die zwischen dem Betriebsrat und seinen Bevollmächtigten besprochenen Punkte von uns erarbeitet und zu Ihnen gereicht werden. Das Protokoll enthält diesen Hinweis nicht. Sämtliche, von Ihrer Mandantschaft als »keine Änderungswünsche« bezeichneten Punkte stehen und standen jedoch unter diesem Vorbehalt.

2. Das Protokoll ist weiter dahin gehend zu ergänzen, dass der Reingewinn der Gießerei von 1,6 Mio. DM im Jahr 1997 mit einer Rendite von derzeit 26,04 % der Schließung der seit 1924 für die Firma arbeitenden und seit 1928 der Firma angehörigen Gießerei aus Sicht des Betriebsrates entgegensteht.
3. Des Weiteren wurde erörtert, dass der tatsächlich von HAG gezahlte Gusspreis, abzüglich des aus den Kundenaufträgen erzielten Erlöses, eine Produktion von Guss zu dem Preis von 2,03 DM möglich macht. Damit läge der Betrieb Braunstein weit unter dem üblichen Marktpreis.
4. Wie in der Besprechung am 23.11.1998 vom Betriebsrat weiter bekannt gegeben wurde, wurden lediglich an Investitionen für erforderlich gehalten:

■ Heizung	15.000 DM
■ Sozialbereich	100.000 DM
■ Sandfanganlage (behördliche Auflagen)	110.000 DM
■ Neubaumaßnahme (Chemikalienlager)	540.000 DM
■ Produktionsrelevante Investitionen	1.690.000 DM
	==========
	2.455.000 DM

Diese Investitionen müssten aus der Sicht des Betriebsrates innerhalb der nächsten zwei Jahre vorgenommen werden. Etwaige Erweiterungen dieser Investitionen in einem längerfristigen Zeitraum sind möglich, aber nicht erforderlich im Sinne der vorgesehenen Präambel. Das Protokoll ist um diese Klarstellung zu ergänzen, ebenso ggf. die Präambel des Interessenausgleiches.

5. Ihrer Mandantschaft wurde weiter mitgeteilt, dass der vorgegebene Preisvergleich nicht haltbar ist, aufgrund dessen wurde im Protokoll festgehalten, dass der Preis der Fa. Friedensreich auf 2,61 DM abgeändert werden soll. Tatsächlich gibt dies die Besprechung in diesem Punkt nur unzureichend wieder. Zum einen ist darüber gesprochen worden, dass ein Qualitätsvergleich nicht stattfinden kann, da von Ihrer Seite nicht einmal ein Probeguss angefordert wurde und bereits von daher über eine Wettbewerbsfähigkeit des Betriebes keine Aussage getroffen werden kann. Der Betriebsrat ist nach wie vor der Auffassung, dass die Konkurrenzfähigkeit unbeschränkt besteht. Das Protokoll und ggf. die Präambel des Interessenausgleichs sind insoweit zu ergänzen.
   Des Weiteren kann aus den vorgelegten Unterlagen nicht ersehen werden, inwieweit ein internationaler Marktvergleich letztlich zur Schließung des Betriebes führen soll. Auch dies wäre ggf., sollte die internationale Marktfähigkeit angesprochen bleiben, in dem Interessenausgleich zu berücksichtigen.
6. Zu dem Protokoll bezüglich des dritten und vierten Absatzes des vorgeschlagenen Interessenausgleiches ist Folgendes zu sagen:
   Der Betriebsrat kann sich mit einem Passus einverstanden erklären, der wie folgt lautet: »Der Betriebsrat ist sich darüber im Klaren, dass die Firma HAG künftig erheblich weniger Aufträge an Grauguss zu vergeben hat und dies zu der Entscheidung des Unternehmens beigetragen hat, die Gießerei zu schließen.« Nicht richtig ist demgegenüber die Aussage, der Betriebsrat hatte keine Änderungswünsche.
7. Im Übrigen ist – wenn die Präambel in dieser Form aufrechterhalten bleiben soll – diese um die Aussage zu erweitern, dass der Betrieb aufrechterhalten werden soll, wenn bis zur Mitte nächsten Jahres entsprechende Kapitalanleger gefunden sind. Die Leistungen aus diesem Interessenausgleich und Sozialplan sollen ggf. dazu dienen, dass die Belegschaft selbst in die Lage versetzt wird, den Betrieb zu übernehmen. Da dies Gegenstand der Gespräche am 23.11.1998 war, ist dies ebenfalls in das Protokoll aufzunehmen.

8. Das Protokoll ist des Weiteren wie folgt zu vervollständigen: Zum Geltungsbereich.
   a) Zu Punkt 1.1
   Der Einwand von Seiten des Betriebsrats wurde auch in dem Gespräch am 23.11.1998 erhoben, dass bereits gekündigte Mitarbeiter in dem Geltungsbereich des Interessenausgleichs erfasst werden sollten. Von Ihrer Seite wurde demgegenüber erläutert, der Gesetzgeber sehe dies nicht vor. Da dies eine Frage der Einigung der Betriebspartner ist, möchten wir noch einmal klarstellen, dass durchaus Mitarbeiter einbezogen werden sollen, die seit Mitte diesen Monats entweder selbst kündigen oder durch Aufhebungsvertrag ausscheiden oder bereits gekündigt sind.
   b) Zu Punkt 1.2
   Der Betriebsrat hat ausdrücklich angesprochen, dass Herr Wendelin von dem Interessenausgleich grundsätzlich erfasst werden sollte. Aus unserer Sicht ist nicht klar, inwieweit Ihrer Auffassung nach Herr Wendelin unter Punkt 1.2 1. Spiegelstrich fallen soll. Wir erbitten hierzu Klarstellung.
   - Spiegelstrich drei kann nur unter der oben genannten Prämisse (s. 1.1.) akzeptiert werden.
   - Die vier Mitarbeiter, die in befristeten Arbeitsverhältnissen beschäftigt sind, sollen in den Interessenausgleich aufgenommen werden. Hierzu erbitten wir konkrete Vorschläge, der Verweis auf eine gesonderte Verhandlung ist nicht ausreichend.
9. Eine Namensliste ist aus Sicht des Betriebsrates nicht erforderlich; andere Aussagen sind von dem Betriebsrat auch nie gemacht worden; Punkt 4.1. und 4 2. des Interessenausgleichs erübrigen sich daher und das Protokoll vom 23.11.1998 ist insoweit unrichtig.
10. Zu Punkt 5.: Schließung 30.06.1999
   Insoweit ist das Protokoll ebenfalls nicht vollständig. Der Betriebsrat kann sich auch unter Berücksichtigung des Gespräches vom 23.11.1998 lediglich mit einer Formulierung in folgendem Sinne einverstanden erklären:
   »Für den Fall, dass zwischen dem 31.03.1999 und dem 30.06.1999 Abwicklungsarbeiten erforderlich sind, die die verbliebenen Mitarbeiter unter Berücksichtigung ihres Lebensalters nicht vollständig abwickeln, erklärt sich die Fa. bereit, von diesem Interessenausgleich erfasste Mitarbeiter zu dem dann einschlägigen Tariflohn mit Aufräum- und Abwicklungsarbeiten vorrangig zu beschäftigen.
   Zu 5.3 wird folgende Formulierung vorgeschlagen;
   »Die Mitarbeiter sind generell gehalten, ihren Erholungsurlaub bis zum Ende des Arbeitsverhältnisses zu beantragen. Für den Fall, dass Erholungsurlaub nicht genommen oder gewährt werden kann, wird dieser zum Ende des Arbeitsverhältnisses abgegolten.«
   Dies entspricht auch dem Sinn des Gespräches am 23.11.1998.
11. Zu Punkt 6:
   Es wird darauf hingewiesen, dass dem Betriebsrat bislang keine vollständige Liste der Mitarbeiter einschließlich deren Bruttobezüge vorgelegt wurde. Der Betriebsrat hat seinerseits versucht, über den Betriebsleiter insoweit eine Vervollständigung der Unterlagen zu erreichen, was bisher nicht erfolgt ist. Wir bitten insoweit um Vervollständigung der Liste.
   Des Weiteren bitten wir um die Vorlage der aktuellen Pensionsordnung. Ein Passus, wonach die unverfallbar gewordenen Betriebsrentenanwartschaften von der Fa. HAG weiter übernommen werden, wird gewünscht.

III. Aus unserer Sicht fehlen noch die folgenden ausdrücklich gegebenen Zusagen in ausformulierter Form, wobei wir aufgrund des erheblichen Zeitdrucks, den Ihre Mandantschaft verursacht hat, zunächst nicht zwischen der Einformulierung in den Interessenausgleich oder den Sozialplan unterscheiden:

1. Die Zusage, dass die Gießerei bis zum 31.03.1999 aufrechterhalten bleibt und keine Kündigung bzw. Befristung aktuell bestehender Anstellungsverhältnisse vor diesem Zeitpunkt wirksam beendet werden wird (einschließlich evtl. Verlängerung befristeter Verträge).

2. Die Zusage, dass dann bis zum 30.06.1999 Abwicklungsarbeiten unter Weiterbeschäftigung des insoweit erforderlichen Personals erfolgen.
3. Die Zusage, dass dann, wenn bis zum 30.06.1999 ein neuer Investor gefunden wird bzw. sich Kapitalanleger finden, die zur Weiterführung des Betriebes bereit sind, bereits begonnene Abwicklungsarbeiten – wie Abzug von Modellen u.a. – wieder rückgängig gemacht werden und die Fa. HAG zusagt, ihre Gussaufträge über Grauguss über den Zeitraum von drei Jahren der Gießerei Braunstein zu erteilen. Dabei erklärt sich die Firma ausdrücklich bereit, mit der Belegschaft darüber zu verhandeln, einen symbolischen Kaufpreis jetzt zu vereinbaren und bei einer Auftragserteilung über die Dauer von fünf Jahren über die Gusspreisgestaltung ein bestimmtes Kaufpreisvolumen abzudecken. Sie erklärt sich weiter bereit, über die Beibehaltung des Firmennamens Holfelder zu verhandeln.
4. Die Zusage, dass zehn Stellen in Aschaffenburg zur Umschulung mit ggf. sich anschließender Weiterbeschäftigung bereit gehalten werden.
5. Die Zusage, dass zwei bis drei Arbeitsplätze im Ersatzlager in Aschaffenburg für betroffene Mitarbeiter zur Verfügung stehen.
6. Die Zusage, dass die Firma HAG bei Kunden und anderen bekannten Firmen für Unterbringung von betroffenen Mitarbeitern sorgt, und Herr Weber-Düren oder Frau Zimmerling an Vorstellungsgesprächen einzelner Mitarbeiter bei Fremdfirmen teilnehmen wollen.
7. Darüber hinaus wird eine Formulierung in dem Interessenausgleich vermisst, die der Zusage unter TOP 2 entspricht. Wir schlagen folgende Formulierung vor:
   »Die Fa. HAG sichert zu, dass die in dem Sozialplan vorgesehenen Abfindungszahlungen unabhängig von dem tatsächlichen Beendigungsdatum des jeweiligen Anstellungsvertrages bis spätestens 18.12.1998 den jeweiligen Konten der Mitarbeiter gutgeschrieben sind.«
8. Die Zusage der Firma HAG, dass ein Härtefond eingerichtet wird.
9. Weiterer, besprochener Verhandlungspunkt: Es sollen Kinder, die nicht auf der Lohnsteuerkarte sind, bei der Berücksichtigung von sozialen Kriterien mit herangezogen werden.

Im Übrigen teilen wir mit, dass der Betriebsrat zum Abschluss des Interessenausgleichs bereit ist, sofern die oben genannten Punkte in diesem oder dem Sozialplan behandelt sind und der Sozialplan vorgelegt ist.

Des Weiteren weisen wir ausdrücklich darauf hin, dass vorliegend lediglich die aus den letzten Besprechungen vom 23. und 24.11.1998 zwischen dem Betriebsrat und uns herausgearbeiteten Aspekte, unter Berücksichtigung der am Donnerstag abend von Ihnen vorgelegten Unterlagen und den am Montag, dem 23.11. hierzu weiter gegebenen Erklärungen Ihrer Mandantschaft, hinzugezogen werden konnten. Eine ordentliche Bearbeitung des ersichtlich nicht auf die konkrete Fallgestaltung erarbeiteten Interessenausgleichs konnte in der Kürze der Zeit nicht erfolgen. Daher behalten wir uns ausdrücklich vor, weitere Verhandlungspunkte sowohl in den Interessenausgleich als auch in den Sozialplan einzubringen.

Wir möchten abschließend noch einmal verdeutlichen, dass der Abschluss eines Interessenausgleichs vor abschließender Beratung des Sozialplans aus der Sicht des Betriebsrates nicht in Betracht kommt. Dabei gehen wir davon aus, dass Ihnen die hierzu bestehende Rechtsprechung des BAG bekannt ist.

Wenn uns der Entwurf des Sozialplans, der nach Angaben Ihrer Mandantschaft bereits »in der Schublade« ist, sofort – bis morgen 9.00 Uhr – zukommen kann und die genannten Punkte berücksichtigt sind, kann aus unserer Sicht ein Verhandlungstermin, wie zwischen den Betriebspartnern vorgesehen, am Freitag, den 27.11 1998, 9.00 Uhr, stattfinden. Wir bitten ausdrücklich um baldmöglichste Mitteilung, wenn dieser Verhandlungstermin stattfinden soll.

Mit freundlichen und kollegialen Grüßen

Rechtsanwältin

88 Wie aus der Korrespondenz hervorgeht, waren verschiedene Besprechungstermine, die zwischen dem Betriebsrat und der Geschäftsleitung vereinbart waren, auf Anraten der gegnerischen Anwältin kurzfristig abgesagt worden. Die meisten der zwischenzeitlich über den Betriebsrat oder die gegnerische Anwältin erhobenen Forderungen zur Ergänzung des Wortlauts des Interessenausgleichs wurden in den Interessenausgleich eingearbeitet, so dass bis Ende November eine **dritte Version des Interessenausgleichs** fertig gestellt war. Eine **Verhandlung zwischen Betriebsrat und Geschäftsleitung** verlief erfolgreich. Hierüber fertigte die Geschäftsleitung ein Protokoll. Die Naturalparteien trafen sich dann ein letztes Mal am 26.11.1998. Der Betriebsrat erklärte sich mit dem Text des Interessenausgleichs einverstanden und wollte am nächsten Tag den Text unterzeichnen. Es sollte nur noch eine Änderung vorgenommen werden (Berücksichtigung aller, auch der nicht auf einer Lohnsteuerkarte eingetragenen Kinder).

89 Als dann am nächsten Morgen die Geschäftsleitung zur Besprechung mit dem Betriebsrat anreiste und die Unterschriften geleistet werden sollten, erklärten die Betriebsratsmitglieder, die wiederum mit der Anwältin vorher telefoniert hatten, sie leisteten ihre Unterschrift nur dann, wenn ihnen schriftlich zugesichert werde, dass das Volumen des Sozialplans 1,7 Mio. DM betrage. Daraufhin erklärte Frau Zimmerling die **Verhandlungen** für **gescheitert**. Der beratende Anwalt wurde beauftragt, das nun in der Sache Notwendige einzuleiten. Außerdem sollte er dem Unternehmen einen Überblick über die gegenwärtige strategische Situation geben.

VI. Zwischenbetrachtungen

90 Warum wählte das Unternehmen den **Ausstieg aus den Verhandlungen**? Wenn – wie hier – in strukturiert-kooperativen Verhandlungen eine Partei aussteigt, sind Fehler gemacht worden. Der erste Fehler bestand in einer **unklaren Verhandlungsstruktur**. Das Unternehmen wollte zweigleisig fahren, mit den Anwälten – zunächst verdeckt, später im Hintergrund – und es wollte selbst verhandeln und erzeugte damit eine diffuse Struktur. Verantwortung wurde nicht klar definiert. Es wurde versäumt, **Vereinbarungen über den Ablauf der Verhandlung** zu schließen. Die Parteien hatten sich keine für beide Seiten **verbindliche Verfahrensordnung** gegeben.[210] Eine unklare Struktur führt in rationalen Verhandlungsmodellen immer zu Störungen.

91 Zweiter Fehler war der vom Vorstand propagierte Zeitdruck. Es war zu keiner Zeit zwischen den Verhandlungspartnern **ein Zeitrahmen** vereinbart. Wenn beim Zeitrahmen unterschiedliche Auffassungen bestehen, ist ein Misserfolg der Verhandlung vorprogrammiert.[211]

92 Dritter Fehler waren die mehrfachen **Regelverstöße** auf Seiten der Betriebsrats-Anwältin. Sie hatte wiederholt veranlasst, dass ein Besprechungstermin zwischen Betriebsrat und Vorstand platzte, sie hatte unter Umgehung des Gegenanwalts Erkundigungen in der Firma einzuholen versucht, und schließlich beschwor sie am 27.11.1998 unter Verstoß gegen eine Abmachung zwischen Arbeitgeber und Betriebsrat (Regelverstoß) eine »Erpressungssituation« herauf, im Stil einer Trivialstruktur, wie wir sie vom Bankräuber-Beispiel[212] kennen: 1,7 Mio.DM oder keine Unterschrift!

92a Der richtig strukturiert-kooperative Verhandlungsansatz im Schreiben vom 24.11.1998 hatte sich sogleich im Sinne einer Förderung des Verhandlungsergebnisses ausgewirkt, hatte die Einigung zwischen Betriebsrat und Arbeitgeber ermöglicht. Der Arbeitgeber hatte die konstruktiven Forderungen übernommen und in seinen Interessenausgleichsentwurf eingearbeitet.

93 Hinzu kommt, dass die Rechtsanwältin im entscheidenden Verfahrensstadium am 27.11.1998 die Basarmethode einsetzte, nämlich eine Extremforderung erhob und ein unechtes Geschenk, die Unterschrift unter den ohnehin bereits ausgehandelten Interessenausgleich, anbot. Beim Interessenausgleich bestanden keine streitigen Verhandlungspunkte mehr. Hinzu kam, dass nunmehr verhandelt

210 Dieser Fehler wird bei *Haft*, Verhandlung und Mediation, S. 119 beschrieben.
211 *Haft*, Verhandlung und Mediation, S. 130.
212 *Haft*, Verhandlung und Mediation, S. 69.

worden war und der Arbeitgeber eine Einigungsstelle gemeinsam oder mit Hilfe des Gerichts installieren lassen konnte. Sobald die Einigungsstelle getagt hatte, benötigte der Arbeitgeber die Unterschrift nicht mehr, weil er dann in der Durchführung der Betriebsänderung und in der Kündigung der Arbeitnehmer frei war. Das mit der 1,7 Mio.Forderung verbundene Unterschriftsangebot lässt sich daher leicht als unechtes Geschenk entlarven.

VII. Beschlussverfahren zur Bestellung eines Einigungsstellenvorsitzenden

Der Arbeitgeber-Anwalt versuchte zunächst mit seiner Kollegin Kontakt aufzunehmen und fragte nach, ob man sich über einen Einigungsstellenvorsitzenden einigen könne. Die Kollegin befand sich zum Zeitpunkt des Anrufs in einer Besprechung, ihre Sekretärin sicherte Rückruf zu. Ein Rückruf erfolgte jedoch nicht. Daraufhin fertigte der beratende Anwalt den nachfolgenden Schriftsatz: 94

Rechtsanwälte 95

Arbeitsgericht Würzburg

Außenstelle Aschaffenburg

In dem Beschlussverfahren

mit den Beteiligten

1. Holfelder AG, vertreten durch den Vorstandsvorsitzenden Dr. Wilhelm Schneider und das Mitglied des Vorstandes Frau Viktoria Zimmerling, Pommernallee 22, Aschaffenburg

– Antragsteller und Beteiligte zu 1. –

Verfahrensbevollmächtigte: Rechtsanwälte

und

2. Betriebsrat der Firma Holfelder, Betriebsteil Gießerei Braunstein, vertreten durch den Betriebsratsvorsitzenden Mario Heinevetter, Auf der grünen Wiese 17, Braunstein

– Beteiligter zu 2. –

Wir bestellen uns zu Verfahrensbevollmächtigten der Antragstellerin, in deren Namen und Auftrag wir beantragen, wie folgt zu erkennen:

1. Es wird beantragt, einen an den Arbeitsgerichten Frankfurt, Darmstadt oder Hanau tätigen Richter zum Vorsitzenden einer Einigungsstelle zu bestellen.
2. Es wird beantragt, die Zahl der von jeder Seite zu benennenden Beisitzer für die im Antrag Ziff. 1 erwähnte Einigungsstelle auf zwei Mitglieder zu begrenzen.

In prozessualer Hinsicht wird beantragt:

Die Ladungsfristen auf 48 Stunden abzukürzen.

Gründe:

I.

Der Beteiligte zu 2. ist der gewählte Betriebsrat bei der Antragstellerin, Betriebsteil Gießerei Braunstein. Die Antragstellerin beabsichtigt, eine Betriebsänderung gem. § 111 BetrVG durchzuführen. Gemäß einem Vorstandsbeschluss soll der Betriebsteil Gießerei Braunstein stillgelegt werden. Die Mitarbeiter wurden über die geplante Betriebsstilllegung in einer Betriebsversammlung am 28.10.1998 informiert. Seither hat sich die Geschäftsleitung in Verhandlungen mit dem Betriebsrat um den Abschluss eines Interessenausgleichs bemüht. Diese Verhandlungen haben keinen Erfolg gehabt. Im Einzelnen:

Die Geschäftsleitung übergab dem Betriebsrat nach vorangegangenen, wiederholten Besprechungen den Entwurf eines Interessenausgleichs.

Beweis: Vorlage des Interessenausgleichsentwurfs in seiner ersten Fassung in Kopie
– **Anlage K 1**.

Betriebsrat und Geschäftsleitung hatten einen Verhandlungstermin über den Text des Interessenausgleichsentwurfs für den 19.11.1998 vorgesehen. Am Abend zuvor, am 18.11.1998 gegen 18.30 Uhr, sagte das Mitglied des Betriebsrats Fahrtmann den vereinbarten Verhandlungstermin ohne Angabe von Gründen ab.

Zwischenzeitlich entwickelte sich eine Korrespondenz zwischen den anwaltlichen Bevollmächtigten, Frau Rechtsanwältin [redacted] und dem Unterzeichner. Telefonisch hatte Frau Rechtsanwältin [redacted] gegenüber dem Unterzeichner Zweifel angemeldet, dass die Stilllegungsentscheidung betriebswirtschaftlich hinreichend begründet sei. Daraufhin ließen die anwaltlichen Bevollmächtigten der Antragstellerin, auch der Bevollmächtigten des Beteiligten zu 2., eine Reihe von Unterlagen zukommen, damit diese sich ein Bild von den Gründen der Betriebsstilllegung machen konnte.

Beweis: Vorlage des Anwaltsschreibens vom 19.11.1998 in Kopie
– **Anlage K 2**.

Am 23.11.1998 fand eine Verhandlung zwischen den Beteiligten über den Interessenausgleich statt.

Beweis: Vorlage des Protokolls der Besprechung in Kopie
– **Anlage K 3**.

Am 24.11.1998 übersandte die anwaltliche Bevollmächtigte ein Schreiben (vorab per Fax), das eine umfangreiche Forderungsliste zu Änderungen im Interessenausgleich enthielt.

Beweis: Vorlage des Schreibens in Kopie
– **Anlage K 4**.

Die anwaltlichen Bevollmächtigten der Antragstellerin arbeiteten den Interessenausgleichstext daraufhin in der Weise um, dass die über die Rechtsanwältin [redacted] bekannt gewordenen Forderungen des Beteiligten zu 2. weitgehend berücksichtigt wurden.

Beweis: Vorlage des Interessenausgleichs, 4. Fassung, in Kopie
– **Anlage K 5**.

Über diesen Interessenausgleichstext traten die Beteiligten am 26.11.1998 in erneute Verhandlungen. Der gesamte Text wurde durchgesprochen. Die Mitglieder des Betriebsrats erklärten sich mit dem Wortlaut dieses Textes einverstanden.

Beweis: Vorlage des Interessenausgleichs, 4. Version, Seite 7 in Kopie – **Anlage K 5**.

Am Ende der Verhandlungen unterzeichneten sie den Text des Interessenausgleichs. Dabei wurde handschriftlich folgender Zusatz aufgenommen:

»Die geänderte Fassung des Interessenausgleichs wurde durchgesprochen und inhaltlich akzeptiert.«

Beweis: Vorlage des Interessenausgleichs, 4. Version, in Kopie
– **Anlage K 5**, S. 7.

Es unterzeichneten den Interessenausgleich mit einer Paraphe das Mitglied des Vorstands Frau Zimmerling, Herr Gottwald für die Beteiligte zu 1. und für den Beteiligten zu 2. sämtliche Betriebsratsmitglieder, nämlich der Betriebsratsvorsitzende Heinevetter, der mit der Paraphe

»M. H.« zeichnete, das Mitglied des Betriebsrats Fahrtmann auf der für den Betriebsratsvorsitzenden vorgesehenen Unterschriftenleiste und das Mitglied des Betriebsrats Heinrich Große-Wilde.

Beweis: Wie vor.

Es sollte in die endgültige Version des Interessenausgleichs, wie sich aus den handschriftlichen Aufzeichnungen auf Seite 7, Ziff. 3 der Protokollnotizen ergibt, nur noch ein Text aufgenommen werden mit dem Inhalt, wie er bereits im Forderungskatalog der anwaltlichen Bevollmächtigten vom 14.11.1998 enthalten war, wonach auch solche Kinder, die nicht auf der Lohnsteuerkarte eingetragen sind, als im Rahmen der Sozialauswahl zu berücksichtigende, unterhaltsberechtigte Kinder behandelt werden.

Dementsprechend fertigte die Beteiligte die endgültige Version des Interessenausgleichs noch am gleichen Abend aus.

Beweis: Vorlage des zwischen den Beteiligten verabredeten Wortlauts des Interessenausgleichs in Kopie
– **Anlage K 6**.

Am Abend des 26.11.1998 rief schließlich auch noch einmal das Mitglied des Betriebsrats, Herr Fahrtmann, bei dem Mitglied des Vorstands, Frau Zimmerling, an, um mitzuteilen, dass der Termin zur Unterschriftsleistung unter den Interessenausgleich am Morgen des 27.11.1998 in Braunstein, wofür Frau Zimmerling gesondert anreisen musste, stattfände. Frisch angereist wurde dann Frau Zimmerling überraschend am Morgen des 27.11.1998 mit der Forderung konfrontiert, man würde aber nur dann unterschreiben, wenn bereits schriftlich ein Sozialplanvolumen von 1,7 Mio. DM zugesichert würde.

Unter diesen Umständen erklärte das Mitglied des Vorstands, Frau Zimmerling, die Verhandlungen über den Abschluss eines Interessenausgleichs für gescheitert.

Beweis: Vorlage des Schreibens vom 27.11.1998 in Kopie
– **Anlage K 7**.

Die neuerliche Forderung des Betriebsrats steht im Gegensatz zu den schriftlichen Erklärungen unter die 4. Entwurfsfassung des Interessenausgleichs, steht im Gegensatz zu der telefonischen Mitteilung des Betriebsratsmitglieds Fahrtmann vom Abend des 26.11.1998 und stellt eine Verknüpfung zwischen Inhalt des Interessenausgleichs und des Sozialplans dar, auf die sich die Beteiligte zu 1. nicht einlassen muss.

Nachdem der Bevollmächtigte der Antragstellerin am Nachmittag des 27.11.1998 vergeblich versucht hat, mit Frau Rechtsanwältin eine Einigung über einen Einigungsstellenvorsitzenden herbeizuführen, unternimmt die Antragstellerin gem. § 113 Abs. 3 Sätze 3 und 4 BetrVG nunmehr den Versuch eines Interessenausgleichs im Rahmen einer Einigungsstelle.

II.

Da ein Einvernehmen über einen Kandidaten nicht erzielt werden konnte, wird angeregt, den Einigungsstellenvorsitzenden, wie gem. §§ 98 Abs. 1 ArbGG, 76 Abs. 2 Satz 2 BetrVG vorgesehen, im vorliegenden Verfahren zu bestellen.

Wir halten es für eine Stilfrage, sich nicht an einer Diskussion über die Vor- und Nachteile einzelner Richterpersönlichkeiten zu beteiligen. Eine weiter gehende Begründung des Antrags Ziff. 1 muss damit nach unserer Auffassung entfallen.

III.

Mit dem Antrag, die Ladungsfrist auf 48 Stunden abzukürzen, wird von der gesetzlichen Neuregelung in § 98 Abs. 1 Satz 3 ArbGG Gebrauch gemacht. Die Neufassung des Gesetzes ist in den einschlägigen Gesetzessammlungen noch nicht abgedruckt und wird vorsorglich als **Anlage K 8** beigefügt.

Die besondere Eilbedürftigkeit ergibt sich aus folgendem Grund:

Wie aus dem Wortlaut des Interessenausgleichs hervorgeht, ist die Beteiligte zu 1. bereit, im Interesse der Mitarbeiterinnen und Mitarbeiter noch im Dezember 1998 den Interessenausgleich zum Abschluss zu bringen und danach mit dem Beteiligten zu 2. einen Sozialplan auszuhandeln. Es ist deshalb im Interesse der Mitarbeiterinnen und Mitarbeiter, wenn Kündigungen noch 1998 ausgesprochen und Aufhebungs- oder Abwicklungsverträge geschlossen werden können.

Denn mit der gesetzlichen Neuregelung von § 3 Ziff. 9 EStG und §§ 34, 24 EStG ergibt sich für die Arbeitnehmer folgende Rechtslage:[213]

Mit der Neuregelung von § 3 Ziff. 9 findet eine Halbierung der Freibeträge statt (anstelle von 24.000 DM künftig 12.000 DM) bei gleichzeitiger Einführung einer Kappungsgrenze. Abfindungen über 62.000 DM sind künftig voll zu versteuern.

Beweis: Vorlage der Neufassung der gesetzlichen Regelung in Kopie
– **Anlage K 9**.

In § 52 Abs. 2e ist eine Übergangsregelung vorgesehen. Für alle vor dem 01.01.1998 abgeschlossenen Verträge über Abfindungen (Aufhebungs- oder Abwicklungsverträge) gilt § 3 Ziff. 9 in seiner bisherigen Fassung, wenn die Abfindung bis zum 31.03.1999 oder aufgrund einer vor dem 01.01.1999 getroffenen Gerichtsentscheidung gezahlt wird.

Beweis: Vorlage des Wortlauts der Übergangsregelung in Kopie
– **Anlage K 10**.

In gleicher Weise verhält es sich mit der Neuregelung zum halben Steuersatz. Die für den Arbeitnehmer ungünstigere Neuregelung in § 34 Abs. 1 EStG enthält keine Übergangsvorschrift, so dass sie nach ihrem Wortlaut nur für ab dem 01.01.1999 vereinbarte Abfindungen gilt.

Beweis: Vorlage des künftigen Wortlauts in Kopie
– **Anlage K 11**.

Insoweit haben die Mitarbeiter der Antragstellerin ein dringendes Interesse, auch für etwaige über 62.000 DM hinausgehende Abfindungen, dass die vertraglichen Grundlagen noch in 1998 geschaffen werden. Für die Antragstellerin, die bislang bereit war, diese Abfindungen vorzeitig zu zahlen, ist es gleichgültig, in welchem Umfange die Arbeitnehmer Sozialplanabfindungen versteuern müssen. Allein die Arbeitnehmer sind für den Fall, dass es in 1998 nicht mehr zum Abschluss eines Interessenausgleichs und eines Sozialplans kommt, wirtschaftlich benachteiligt.

Da das Mitglied des Vorstands, Frau Zimmerling, sich ab 20.12.1998 dienstlich in den USA aufhält, verbleibt für das Aushandeln des Interessenausgleichs und des Sozialplans nur die Zeit vom 30.11.1998 bis 19.12.1998. Wenn es im Interesse der Belegschaft möglich werden soll, beide Verträge, die anerkanntermaßen voneinander getrennt zu verhandeln sind, noch in 1998 zu schließen, so ist dies nur noch möglich, wenn die Ladungsfrist gem. § 98 Abs. 1 Satz 3 ArbGG verkürzt wird.

Rechtsanwalt

213 Die Gesetzeslage ist so dargestellt, wie sie sich im November 1998 abzeichnete. Zur jetzt geltenden Gesetzeslage vgl. § 11 Rn 142 ff.

Die gegnerische Anwältin übergab die Durchschriften ihres Erwiderungsschriftsatzes dem Rechtsanwalt erst während der Sitzung, während das Original dem Gericht bereits zwei Tage vorher zugefaxt worden war. In diesem Schriftsatz wiederholte die Anwältin auf 18 Seiten überwiegend ihre Standpunkte aus dem Schreiben vom 23.11.1998. Die **Sitzung vor dem Arbeitsgericht** fand in gereizter Atmosphäre statt. Das unkollegiale Verhalten, den Schriftsatz dem Arbeitgeber-Anwalt nicht ebenfalls vorab zusenden und das gebetsmühlenartige Wiederholen des Standpunkts, die Voraussetzungen für die Bestellung einer Einigungsstelle lägen nicht vor, trugen zu einer frostigen Verhandlungsatmosphäre bei. Auf mehreren Ebenen suchte die Betriebsrats-Anwältin den Fortgang des Verfahrens zu blockieren. In Verfahren dieser Art ist es ratsam, zuvor mit dem zuständigen Richter telefoniert zu haben, schon um die ernsthafte Eilbedürftigkeit eines solchen Verfahrens zu erläutern und, wenn man kurzfristige Termine benötigt, um Verständnis für die Situation der Mandantschaft zu wecken. Es schadet auch nicht, wenn man einmal im Vorfeld sondiert, welche Arbeitsrichterin oder welcher Arbeitsrichter als Vorsitzende der Einigungsstelle in Frage kommen. Hier geht es häufig um die ganz banale Frage der zeitlichen Verfügbarkeit. 96

Richter benötigen für jedes Einigungsstellenverfahren eine **Genehmigung** des Präsidenten des zuständigen Landesarbeitsgerichts. Ist der Richter bereits in einem Einigungsstellenverfahren tätig, erhält er die Genehmigung nicht. Kümmert sich das Gericht nicht im Vorfeld um die Feststellung, ob ein Arbeitsrichter derzeit aus zeitlichen oder dienstrechtlichen Gründen verfügbar ist, kann es geschehen, dass der Beschluss nachträglich wieder aufgehoben werden muss, was in Fällen großer Eilbedürftigkeit besonders misslich ist. Deshalb ist es hilfreich, wenn man mehrere Richterinnen und Richter ermittelt, die in einem solchen Einigungsstellenverfahren zur Verfügung stehen würden. Man sollte hierüber auch in guter telefonischer Abstimmung mit der für den Beschluss über die Einsetzung der Einigungsstelle zuständigen Kammer bleiben, wenn man auf ein rasches Zusammentreten der Einigungsstelle angewiesen ist. 97

VIII. Betriebswirtschaftliche Risikobetrachtung

Während der Vorbereitung des Verfahrens vor der Einigungsstelle kam im Vorstand des Unternehmens Ungeduld auf. Man verlangte vom beratenden Rechtsanwalt, eine Risikobetrachtung vorzunehmen. Der Vorstand fragte sich, ob es ökonomisch sinnvoll sei, unter Berücksichtigung aller nunmehr anfallenden Zusatzkosten auf die Forderung des Betriebsrats einzugehen. Wenn nämlich das nachfolgende Einigungsstellenverfahren für Interessenausgleich und Sozialplan annähernd gleich hohe Kosten verursachen würde und mit Blick auf die in mehreren Monaten anschließend noch zu zahlenden Gehälter (weil nicht frühzeitig gekündigt werden kann) die geforderten Sozialtransferleistungen niedriger wären, falls man dem Betriebsrat nachgeben würde, lohnte es sich nicht, das zeitverzögernde eingeleitete Verfahren durchzuführen (offenes Verhandeln, rationale Beurteilungskriterien). Vielmehr erschien es dem Unternehmen dann sinnvoller, auf die Forderungen des Betriebsrats einzugehen und sie allenfalls noch so herunter zu handeln, dass der gegnerische »Reservation Price« getroffen würde. Der beratende Anwalt fertigte deshalb auf Wunsch des Vorstands eine Risikoanalyse: 98

99 Rechtsanwälte

PERSÖNLICH/VERTRAULICH

Frau
Viktoria Zimmerling
Holfelder AG
Pommernallee 22
Aschaffenburg

Holfelder AG ./. BR Holfelder AG

Interessenausgleich/Sozialplan

Sehr geehrte Frau Zimmerling,

Ihre Ausführungen im Schreiben vom 30.11.1998 fassen knapp und präzise unsere zahlreichen Besprechungen und Telefonate zusammen. Wir beantworten Ihre weiter gehenden Fragen wie folgt:

1. Wird ein Interessenausgleich geschlossen, der eine Namensliste enthält, ist der Arbeitnehmer im Kündigungsschutzprozess nahezu chancenlos. Über die Namensliste nach § 1 Abs. 5 KSchG[214] entsteht eine Vermutung, dass die Kündigung durch dringende betriebliche Erfordernisse bedingt und auch die Sozialauswahl ordnungsgemäß ist (BAG, Urt. v. 07.05.1998, NZA 1998, 933).
   Auch wenn ein Interessenausgleich mit Namensliste geschlossen wurde, klagen erfahrungsgemäß 3 bis 5 % der Arbeitnehmer. Wird ein Betrieb stillgelegt und hat der Arbeitgeber ordnungsgemäß den Abschluss eines Interessenausgleichs versucht, sind Kündigungsschutzklagen chancenlos. Die Gerichte akzeptieren generell die freie Unternehmerentscheidung (BAG, Urt. v. 24.10.1979, NJW 1981, 301). Die Voraussetzungen einer willkürlichen Betriebsstilllegung können von der Gegenseite nicht dargetan werden, da der Betriebsrat in den Interessenausgleichsverhandlungen akzeptiert hat, dass der Gusspreis nicht mehr marktgerecht ist. Hinzu kommt, dass der Betriebsrat seine Rechtsanwältin ausdrücklich um den Zusatz in der Präambel gebeten hat, dass zu der Schließungsentscheidung beigetragen habe, dass HAG künftig erheblich weniger Aufträge an Grauguss zu vergeben hat.
   Bei fehlendem Interessenausgleich und vorangegangenem ordnungsgemäßen Versuch des Abschlusses eines Interessenausgleichs, ist mit einer erhöhten Anzahl von Kündigungsschutzklagen zu rechnen. Die Klagen bieten jedoch keine Aussicht auf Erfolg. Eine Betriebsstilllegung ist der sicherste Kündigungsgrund. Nur diejenigen Arbeitnehmer, die als Lagerarbeiter in Aschaffenburg in Betracht kämen, können im Prozess erfolgreich sein. Deshalb sollte jetzt festgelegt werden, wie viele Mitarbeiter nach Aschaffenburg übernommen und die soziale Auswahl getroffen werden.
   Wieviele Kündigungsschutzklagen erhoben werden, kann nicht prognostiziert werden. Der wirtschaftliche Wert der Kündigungsschutzklagen für die Arbeitnehmer ist gleich Null. Dasjenige, was der Arbeitnehmer mit Kündigungsschutzklagen normalerweise erreichen kann, nämlich bei einer unsicheren Rechtslage eine Abfindung, gelingt den Mitarbeitern von HAG, Gießerei Braunstein, in diesem Falle nicht. Die Mitarbeiter werden ihre Abfindung über den Sozialplan beziehen. Als Hebel zur Erreichung einer Abfindung eignet sich die Kündigungsschutzklage bei der Betriebsstillegung mit Sozialplan nicht.
2. Wie lange sich die Einrichtung der Einigungsstelle hinzieht, hängt vom guten Willen der Beteiligten ab. Immerhin ist es bereits gelungen, mit verkürzter Ladungsfrist (Ausnahmevorschrift) einen Termin am 08.12.1998 zu erlangen. Die zuständige Richterin habe ich gebeten,

214 Diese Rechtslage besteht heute wieder. § 1 Abs. 5 KSchG wurde vom 01.01.1999 bis 31.12.2003 aufgehoben, mit dem Gesetz zu Reformen am Arbeitsmarkt (BGBl. I 2003, 3002) wieder eingeführt; siehe hierzu auch § 2 Rn 6.

mit den vom Direktor des Arbeitsgerichts vorgeschlagenen Einigungsstellenvorsitzenden vorab Kontakt aufzunehmen, um zu einem möglichst raschen Termin in der 50. oder 51. KW zu kommen. Was ich von meiner Seite aus tun konnte, um die Geschwindigkeit zu erhöhen, ist geschehen. Zur Bedingung einer Richterbestellung als Einigungsstellenvorsitzenden habe ich gemacht, dass der Richter absolut kurzfristig zur Verfügung steht und ebenso kurzfristig die Einigungsstelle einberuft. Beide benannten Richter, die ich wegen ihrer Terminslage zur Kontrolle selbst noch einmal kurz angerufen habe, haben mir zugesichert, für Interessenausgleich und Sozialplan noch in der 50. KW zur Verfügung zu stehen, wenn sie am 08.12.1998 bestellt werden. Von beiden Richtern habe ich deshalb auch freundlicherweise die privaten Telefonnummern erhalten.
Können sich die Parteien unter der Mitwirkung der Richterin am 08.12.1998 nicht auf einen Einigungsstellenvorsitzenden verständigen, müsste das Gericht einen entsprechenden Beschluss fassen. Bis dieser Beschluss zugestellt ist und dann einer der Richter seine Arbeit aufnehmen kann, dürfte das Jahr 1998 abgelaufen sein.

3. Wenn HAG die Frist, innerhalb derer man einen Interessenausgleich versucht haben muss, nicht einhält und vorzeitig die Kündigung der Arbeitsverhältnisse ausspricht, erwerben die Arbeitnehmer einen Anspruch auf Nachteilsausgleich nach § 113 Abs. 1 BetrVG. Diesen Anspruch erwerben sie auch, wenn kein Sozialplan geschlossen würde.
Die Höhe des Nachteilsausgleichsanspruchs beträgt bei älteren Arbeitnehmern im Höchstfall 18 Bruttomonatsgehälter, bei Arbeitnehmern bis zum 50. Lebensjahr bis zu zwölf Bruttomonatsgehälter. Bei geschätzten Lohnkosten von monatlich 130.000 DM beläuft sich das Risiko des Nachteilsausgleichs auf ca. 1,65 Mio. DM. Sozialplanabfindungen werden auf Nachteilsausgleichsansprüche angerechnet. Nachteilsausgleichsansprüche sind ausgeschlossen, wenn ein Interessenausgleich zustande kommt oder ordnungsgemäß versucht wurde, § 113 Abs. 3 Satz 1 BetrVG. Das Kostenrisiko, nicht zuzuwarten und vor Ablauf der Zwei-Monats-Frist die Kündigungen auszusprechen, entspricht also in etwa der Betriebsratsforderung von 1,7 Mio. DM für den Sozialplan.
4. Durch Artikel 9 des Gesetzentwurfs vom 20.11.1998 (BT-Drucks. 14/45) soll die Frist in § 113 Abs. 3 Satz 2 BetrVG aufgehoben werden. Wenn dieser Entwurf Gesetzeskraft erlangt, wird der gleiche Rechtszustand wieder hergestellt, wie er bereits vor dem 30.09.1996 bestand.
Es ist unwahrscheinlich, dass die Rückkehr zur alten Rechtslage die Kündigungsmöglichkeiten für HAG einschränken könnte. Eine Gesetzesänderung darf nach der Rechtsprechung des Bundesverfassungsgerichts schon aus Vertrauensschutzgründen nicht in ein laufendes Verfahren eingreifen (BVerfG, Urt. v. 30.01.1978, AP Nr. 1 zu § 1 BetrAVG). Außerdem war auch nach altem Recht mit einem Spruch der Einigungsstelle der Nachweis geführt, dass der Arbeitgeber den Abschluss eines Interessenausgleichs ordnungsgemäß versucht hat. Die geplante Gesetzesänderung führt also für HAG zu keinem zusätzlichen Risiko.
HAG hat zwei starke Argumente:
- Kann nach Abschluss eines Interessenausgleichs der Sozialplan im Dezember 1998 nicht mehr vereinbart werden, wird nach dem jetzigen Gesetzesentwurf zur Steuerentlastung § 52 Abs. 2e EStG gelten. Nur noch für vor dem 01.01.1999 abgeschlossene Verträge über Abfindungen ist § 3 Nr. 9 EStG mit seinen höheren Freibeträgen gültig, wenn die Abfindung außerdem dem Arbeitnehmer bis zum 31.03.1999 gezahlt wird. Auch die Privilegien in §§ 34, 24 EStG für Abfindungen (früherer »halber Steuersatz«) fallen, wenn nicht bis zum 31.12.1998 oder eventuell noch bis zum 31.03.1999 Verträge über Abfindungen geschlossen oder Abfindungen gezahlt worden sind. Für HAG sind die erwarteten Änderungen steuerlicher Vorschriften aufwandsneutral, mit Zahlungen zum Ende der Arbeitsverhältnisse ist ein Zinsvorteil für die Belegschaft verbunden. Das vorzeitige Zahlungs- und Regelungsinteresse liegt ausschließlich bei den Arbeitnehmern.

- Sobald der Betriebsrat den Interessenausgleich unterzeichnet hat oder es bis ca. Mitte Dezember 1998 unterlässt, gerät er unter einen unaufholbaren Zeitdruck. Von diesem Moment an muss der Betriebsrat jedes vertretbare Sozialplanvolumen akzeptieren, wenn den Mitarbeitern der heutige steuerliche Wert der Abfindungen noch erhalten bleiben soll.

Der Betriebsrat ist in einer Fallen-Situation: Unterzeichnet er den Interessenausgleich, gibt er sein Druckmittel in Bezug auf die Höhe der Sozialplanabfindungen aus der Hand. Unterzeichnet er nicht, muss er damit rechnen, dass die Kündigungen Ende Januar 1999 ausgesprochen werden und den Mitarbeitern die bisherigen Vorteile einer Netto-Abfindung unwiederbringlich verloren gehen.

5. Das alleinige Risiko sehe ich darin, dass der Betriebsrat oder einzelne Arbeitnehmer fälschlich geltend machen würden, der Betriebsrat sei nicht hinreichend informiert gewesen und deshalb habe die Zwei-Monats-Frist des § 113 Abs. 3 Satz 3 BetrVG selbst nach gescheitertem Einigungsstellenversuch nicht zu laufen begonnen. Vielleicht glaubt die Gegenseite, diese Argumentation als ein »As« ansehen zu dürfen.

   Dieses Risiko bewerte ich als minimal. Die Geschäftsleitung hat dem Betriebsrat wesentliche Berechnungsunterlagen, die zu den in der Präambel ausgewiesenen Feststellungen geführt haben, übergeben. Frau Rechtsanwältin wurde spätestens am 23.11.1998 mit allen vorhandenen Unterlagen ausgestattet. Alle auf Seiten des Betriebsrats noch bestehenden Fragen wurden von Herrn Weber-Düren ausführlich erläutert und zwar in den Sitzungen am 23.11.1998 und am 26.11.1998. Ergebnis dieser Erläuterungen war die Korrektur des gemittelten Gusspreises gem. dem Besprechungsprotokoll von Ihnen, Frau Zimmerling, vom 23.11.1998, die entsprechende Änderung in der Präambel und der Zusatz in der Präambel, dass der Betriebsrat sich darüber im Klaren sei, dass HAG künftig erheblich weniger Aufträge an Grauguss zu vergeben habe und dies zu der Entscheidung beigetragen habe, die Gießerei zu schließen. Schließlich hat der Betriebsrat mit der Unterschrift aller Betriebsratsmitglieder bzw. mit deren Paraphe in der Sitzung am 26.11.1998 sein Einverständnis mit den Feststellungen in der Präambel erklärt und diese auch nicht mehr weiter zum Verhandlungsgegenstand gemacht. Nach der Kommentarliteratur (*Fitting u.a.*, § 111 BetrVG Rn 102) müssen nicht alle Informationen an den Betriebsrat schriftlich gegeben werden, wenn Erläuterungsbedarf besteht und dieser mündlich befriedigt wird, ist dies grundsätzlich ausreichend. Für die Unterrichtung ist keine Form vorgeschrieben.

   Damit können weder einzelne Mitarbeiter noch der Betriebsrat m. E. erfolgreich mit dem Einwand sein, der Betriebsrat sei nicht ausreichend über die Gründe der Betriebsstilllegung informiert worden. In jedem Falle schlägt sich HAG auf die sichere Seite, wenn als Fristbeginn der 27.11.1998 gewählt wird, weil jedenfalls am Abend des 26.11.1998 der Betriebsrat nachweislich keinen Informationsbedarf mehr hatte.

6. HAG kann wegen des Nichtzustandekommens einer Interessenausgleichsvereinbarung nicht zu Nettoabfindungen gerichtlich gezwungen werden, außer zum Nachteilsausgleich unter den bereits geschilderten Voraussetzungen, die hier nicht vorliegen, weil für die Kündigungen die 2-Monats-Frist abgewartet wird. Das Risiko, zu einem Nachteilsausgleich verurteilt zu werden, bewerte ich gleich Null.

To-Do-Liste:

Es muss die Festlegung der Lagermitarbeiterstellen und die ordnungsgemäße Sozialauswahl unter der Belegschaft in Braunstein umgehend vorgenommen werden. Es macht wenig Sinn, wie unter Zeitdruck im Interessenausgleich vorgesehen, Mitarbeitern zunächst zu kündigen und sie während der Kündigungsfrist nach Aschaffenburg zu versetzen. Jetzt ist die Zeit, die Zahl der Stellen und die auszuwählenden Personen zu klären.

worst case

Es kommt darauf an, dass am 08.12.1998 das Gericht entweder eine Einigung über die Person des Einigungsstellenvorsitzenden erreicht, sich auf keinen Fall vertagt und auch nicht ein Richter bestellt wird, der sich mit der Einberufung der Einigungsstelle Zeit lässt. Verhindern können wir derartige Fehlentwicklungen nicht. Worst case wäre, dass keiner der beiden im Gespräch befindlichen Richter bestellt wird, sondern ein anderer Richter und die Sitzung der Einigungsstelle erst im Januar 1999 stattfindet. Wenn dann die Einigungsstelle bis zum 20.01.1999 getagt hätte, das Anhörungsverfahren am 20.01.1999 eingeleitet würde, die Frist des § 103 BetrVG am 27.01.1999 abgelaufen wäre, könnten am 28. und 29.01.1999 die Kündigungen ausgesprochen werden. Dass zum Zeitpunkt der Einleitung des Anhörungsverfahrens die Zwei-Monats-Frist (Beginn: 23.11.1998 oder 26.11.1998) noch nicht abgelaufen wäre, wäre unschädlich. Es kommt allein darauf an, dass zu dem Zeitpunkt, an dem die Kündigung ausgesprochen wird, nämlich am 27. oder 28.01.1999, die Zwei-Monats-Frist des § 113 Abs. 3 Satz 2 erfüllt ist. § 113 BetrVG behandelt nur die Rechtsfolgen von Entlassungen, bei denen angenommen wird, dass das wirtschaftliche Mitbestimmungsrecht des Betriebsrates nicht gewahrt wurde, insbesondere nicht das Verfahren zur Erzielung eines Interessenausgleichs. Das Beteiligungsrecht des Betriebsrates bei Kündigungen gem. § 102 BetrVG bleibt unberührt (*Fitting u.a.*, § 113 BetrVG Rn 40).

Wenn die bisherige Strategie beibehalten wird, beläuft sich das Sozialplanvolumen auf voraussichtlich ca. 900.000 DM. Eine Unbekannte bildet dabei der Spruch des Vorsitzenden der Einigungsstelle, wenn es zu einem solchen Spruch im Verfahren der Verhandlung des Sozialplans kommt.

Executive Summary

Die Kosten des Sozialplans gemäß der Forderung des Betriebsrats belaufen sich auf 1,7 Mio. DM. Die Beratungs- und Prozesskosten steigen geringfügig, solange der Betriebsrat an seinem Junktim festhält.

Die preisgünstigste Lösung bleibt die Veräußerung des Betriebsteils Braunstein an einen Investor. Die Veräußerung des Betriebsteils ist keine Betriebsänderung. Sie bedeutet einen bloßen Gesellschafterwechsel (BAG, Urt. v. 17.03.1987, AP Nr. 18 zu § 111 BetrVG 1972), der weder interessenausgleichs- noch sozialplanpflichtig ist.

Mit freundlichen Grüßen

Rechtsanwalt

Außerdem wollte die Personalabteilung zwischenzeitlich wissen, wie der Wortlaut des Kündigungs- 100
schreibens, der Wortlaut des Kündigungsschreibens für Betriebsratsmitglieder und der Wortlaut des Kündigungsschreibens für Schwerbehinderte zu wählen sei. Der beratende Anwalt fertigte folgende Schreiben:

Entwurf Kündigungsschreiben gem. § 20 Abs. 4 MTV 101

Holfelder AG AG
Pommernallee 22
Aschaffenburg

Aschaffenburg, den

Herrn

Sehr geehrter Herr ,

hiermit kündigen wir das mit Ihnen bestehende Arbeitsverhältnis aus betriebsbedingten Gründen wegen Betriebsstilllegung ordentlich, fristgerecht zum .

Hilfsweise kündigen wir das mit Ihnen bestehende Arbeitsverhältnis außerordentlich aus wichtigem Grund wegen Betriebsstilllegung unter Einhaltung einer sozialen Auslauffrist im Umfang der ordentlichen Kündigungsfrist zum .

Vor Ausspruch der Kündigung ist die Möglichkeit einer Weiterbeschäftigung im Betrieb in Aschaffenburg geprüft worden. Eine Weiterbeschäftigungsmöglichkeit besteht nicht.

Die Rechte des Betriebsrates vor Ausspruch der Kündigung sind gewahrt.

Mit freundlichen Grüßen

Ich habe heute das Kündigungsschreiben vom im Original erhalten.

Braunstein, den

(Mitarbeiter)

102 Entwurf Kündigungsschreiben Betriebsratsmitglieder

Holfelder AG
Pommernallee 22
Aschaffenburg

Aschaffenburg, den

Herrn

Sehr geehrter Herr ,

hiermit kündigen wir das mit Ihnen bestehende Arbeitsverhältnis aus betriebsbedingten Gründen wegen Betriebsstilllegung ordentlich, fristgerecht zum .

Vor Ausspruch der Kündigung ist die Möglichkeit einer Weiterbeschäftigung im Betrieb in Aschaffenburg geprüft worden. Eine Weiterbeschäftigungsmöglichkeit besteht nicht.

Die Rechte des Betriebsrates vor Ausspruch der Kündigung sind gewahrt.

Mit freundlichen Grüßen

Ich habe heute das Kündigungsschreiben vom im Original erhalten.

Braunstein, den

(Mitarbeiter)

103 Entwurf Kündigungsschreiben ordentliche Kündigung

Holfelder AG
Pommernallee 22
Aschaffenburg

Aschaffenburg, den

Herrn

Sehr geehrter Herr ,

hiermit kündigen wir das mit Ihnen bestehende Arbeitsverhältnis aus betriebsbedingten Gründen ordentlich, fristgerecht zum .

> Der Betriebsrat hat der Kündigung nicht widersprochen.
>
> Mit freundlichen Grüßen
>
> Ich habe heute das Kündigungsschreiben vom im Original erhalten.
>
> Braunstein, den
>
> (Mitarbeiter)

D. Einigungsstelle über Interessenausgleich und Sozialplan

I. Beschlussverfahren

Noch am gleichen Tag, an dem der Kammertermin im Beschlussverfahren stattfand, rief der beratende Anwalt nachmittags bei der Richterin an und erfuhr, welcher Richter zum Vorsitzenden bestellt worden war und auch den übrigen wesentlichen Inhalt des Beschlusses, der fünf Tage später bei den Parteivertretern einging: 104

> **Öffentliche Sitzung des Arbeitsgerichts Würzburg** 105
>
> Geschäftsnummer: Würzburg, den 08.12.1998
>
> Anwesend:
> Vorsitzende: Richterin am Arbeitsgericht Birgit Willers
>
> Ehrenamtliche Richterin Küster und ehrenamtlicher Richter Herrmann
>
> Urkundsbeamter der Geschäftsstelle: Auf die Zuziehung eines Urkundsbeamten wird gem. § 159 ZPO verzichtet. Die Aufzeichnung erfolgt gem. § 160a ZPO auf einem Tonträger
>
> In dem Beschlussverfahren
>
> der Holfelder AG AG, vertr. d. d. Vorstand, Pommernallee 22, Aschaffenburg
>
> – Antragstellerin –
>
> Verfahrensbevollmächtigter: Rechtsanwalt
>
> **gegen**
>
> den Betriebsrat der Fa. Holfelder AG, Eisengießerei Braunstein, Auf der grünen Wiese 17, Braunstein
>
> – Antragsgegnerin –
>
> Verfahrensbevollmächtigte: Rechtsanwältin
>
> erschienen nach Aufruf der Sache
> 1. für die Arbeitgeberin Rechtsanwalt
> 2. für den Betriebsrat Frau Rechtsanwältin
>
> Die Vertreterin des Betriebsrats überreicht Schriftsatz vom 07.12.1998. Der Gegenseite werden Durchschriften des Schriftsatzes überreicht.
>
> Der Vertreter der Arbeitgeberin stellt den Antrag zu 1) aus der Antragsschrift mit der Maßgabe, dass die Bestellung des Richters am Arbeitsgericht Schnürle, hilfsweise des Richters am Arbeitsgericht Werner, begehrt wird, den Antrag zu 2) mit der Maßgabe, dass die Anzahl der Beisitzer auf 3 festgesetzt werden soll für jede Seite.

> Die Vertreterin des Betriebsrats beantragt,
>
> die Anträge zurückzuweisen und stellt den Hilfsantrag aus dem Schriftsatz vom 07.02.1998 mit der Maßgabe, dass die Bestellung von Herrn Richter am Arbeitsgericht Windhund, hilfsweise des Richters am Arbeitsgerichts Dr. Neukirchen, begehrt.
>
> Der Vertreter der Arbeitgeberin beantragt,
>
> den Hilfsantrag zurückzuweisen.
>
> Vorgespielt und genehmigt.
>
> **Beschlossen und verkündet**
>
> Eine Entscheidung ergeht am Schluss der Sitzung.
>
> Nach geheimer Beratung wird am Schluss der Sitzung in Abwesenheit der Beteiligten und Anwesenheit der ehrenamtlichen Richter folgender
>
> **BESCHLUSS**
>
> verkündet:
>
> 1.) Herr Richter am Arbeitsgericht Werner wird zum Vorsitzenden der Einigungsstelle zur Verhandlung eines Interessenausgleichs im Zusammenhang mit der beabsichtigten Schließung der Gießerei bestellt.
>
> 2.) Die Zahl der Beisitzer jeder Seite wird auf drei festgesetzt.
>
> gez. Willers
>
> Die Richtigkeit der Übertragung vom Tonträger wird beglaubigt
>
> gez. Hahmann, Reg. Ang.

II. Erster Termin der Einigungsstelle

106 Der Beschluss war noch nicht zugestellt, da hieß es, zu Beschleunigungszwecken mit dem Richter Kontakt aufzunehmen. Der als Vorsitzender der Einigungsstelle bestellte Richter telefonierte mehrfach noch mit beiden Anwälten und legte einen Termin fest, zu dem er schriftlich per Fax lud.

107 In diesem Termin ging es noch sehr hektisch zu, die unterschiedlichen Standpunkte wurden beiderseitig energisch wiederholt. Trotzdem hatte die Verhandlung ein wichtiges Zwischenergebnis. Die Sitzungsniederschrift gibt hierüber Auskunft:

> **Sitzungsniederschrift**
>
> In dem Einigungsstellenverfahren nach dem Betriebsverfassungsgesetz
>
> zwischen
>
> der Firma Holfelder AG
>
> und
>
> dem Betriebsrat Braunstein der Firma Holfelder AG
>
> betreffend Interessenausgleich
>
> hat am 14. Dezember 1998 in der Zeit von 15.00 Uhr bis 23.00 Uhr die Sitzung der Einigungsstelle im Konferenzraum der Rechtsanwälte stattgefunden.
>
> An der Sitzung haben teilgenommen
>
> ■ Richter am Arbeitsgericht
> Werner als unparteiischer Vorsitzender

- Beisitzer der Geschäftsleitung

Frau Zimmerling (Vorstandsmitglied)

Herr Dr. Schneider (Vorstandsvorsitzender)

Rechtsanwalt [redacted]

- Beisitzer des Betriebsrates

Herr Mario Heinevetter (Betriebsratsvorsitzender)

Herr Heinrich Große-Wilde (Betriebsratsmitglied)

Frau Rechtsanwältin [redacted]

Gegen die ordnungsgemäße Konstituierung und Einberufung der Einigungsstelle wurden keine Bedenken erhoben.

Nach kurzen einleitenden Bemerkungen des Vorsitzenden nahm zunächst Frau Rechtsanwältin [redacted] Gelegenheit zu einer grundsätzlichen Stellungnahme für den Betriebsrat. Der Betriebsrat, der sich zunächst auf das von der Geschäftsleitung vorgegebene Tempo und den Zeitdruck eingelassen habe, sei vor der Vorlage des Interessenausgleichs-Entwurfes nicht hinreichend und umfassend unterrichtet worden und habe keine hinreichende Gelegenheit zur Beratung gehabt. Auch im weiteren Verlauf sei die hinreichende Frist nicht eingehalten worden, noch Zeit für eine Abstimmung des Betriebsrates geblieben. Der Betriebsrat müsse sich daher vorbehalten, den Einigungsstellenbeschluss des Arbeitsgerichts Würzburg anzufechten.

Aus den vorgelegten Unterlagen ergebe sich auch nach dem letzten Stand keine Notwendigkeit zur Stilllegung der Betriebsstätte Braunstein, insbesondere im Hinblick auf die in den letzten Jahren erzielten Gewinne und der nicht schlüssig dargelegten anderweitig günstigeren Gusspreise. Der Betriebsrat habe noch Bedarf für Beratung mit der Geschäftsleitung hinsichtlich der beabsichtigten Stilllegung. In Anbetracht der äußerst schlechten Aussichten für die Mitarbeiter auf dem Arbeitsmarkt, sei statt der Stilllegung insbesondere ein Strecken von Investitionen und Sparen an anderen Stellen, ggf. auch bei Leistungen an die Arbeitnehmer, alternativ zu prüfen. Der Betriebsrat sei andererseits auch bereit, der Geschäftsleitung auf dem beabsichtigten Wege entgegenzukommen, wenn die Geschäftsleitung entsprechend entgegenkomme und berücksichtigt werde, dass die beabsichtigte Stilllegung aus der Sicht des Betriebsrates ohne Not bei guter Geschäftslage der Betriebsstätte Braunstein und des Gesamtunternehmens erfolge.

Die Beisitzer der Geschäftsleitung machen demgegenüber geltend, der Betriebsrat sei von Beginn an über alle wesentlichen Punkte unter Vorlage entsprechender Unterlagen unterrichtet worden; der zuständige Mitarbeiter Weber-Düren stehe im Übrigen der Einigungsstelle für etwaige weitere Informationen heute zur Verfügung. Die Betriebsstätte Braunstein sei in der Vergangenheit betriebswirtschaftlich sinnvoll eingebunden gewesen. Dies sei jedoch bei einem Blick nach vorne in die nähere Zukunft anders: Die Betriebsstätte Braunstein werde kapazitätsmäßig nicht mehr hinreichend ausgelastet sein, nachdem der Gussanteil bezüglich der Abnahme durch Aschaffenburg, bedingt durch heute anders konstruierte Maschinen einerseits und Fremdvergabe der Maschinenherstellung andererseits, gesunken sei und zukünftig etwa auf die Hälfte der bisherigen Abnahme absinken werde.

Hinzu komme ein dringender und nicht aufschiebbarer Investitionsbedarf zur Erhaltung der Wettbewerbsfähigkeit in der Größenordnung von etwa 5 Mio. DM, wie dem Betriebsrat mehrfach belegt und auch zuletzt noch einmal detailliert erläutert worden sei. Da die rückläufige Abnahmemenge nicht anderweitig aufgefangen werden könne, sei mit Blick auf die Zukunft die Stilllegung der Betriebsstätte Braunstein betriebswirtschaftlich zwingend geboten.

Die weitere umfangreiche Erörterung der wirtschaftlichen Daten durch die Beisitzer und deren Bewertung ergab zwar weitere teilweise konträr dargestellte Einzelkomplexe und Bewertungen, jedoch keine Änderungen der beiderseitigen Positionen.

Nunmehr wurde das Zustandekommen des der Einigungsstelle vorliegenden Interessenausgleichs teilweise konträr hinsichtlich des Verhandlungsstandes und der begleitenden Erklärungen erörtert. Die Beisitzer des Betriebsrates blieben bei der Darstellung, dass der Betriebsrat seine Unterschriftsleistung stets von der Vorlage und Einigung über einen Sozialplan abhängig gemacht habe. Zur Frage der inhaltlichen Ausgestaltung des Interessenausgleichs erklärten die Beisitzer des Betriebsrats, einem Interessenausgleich mit Verzicht des Betriebsrats auf einen Kündigungswiderspruch und mit Namensliste könne der Betriebsrat (bei weiter klärungsbedürftigen Nebenpunkten) auf keinen Fall zu Lasten der Belegschaft zustimmen, solange nicht andererseits der Sozialplan abgeschlossen sei; eine Zustimmung zum Interessenausgleich ohne gleichzeitig vorliegenden Sozialplan sei der Belegschaft nicht zu vermitteln.

Die Beisitzer der Geschäftsleitung bestanden demgegenüber auf einer strikten Trennung von Interessenausgleich und Sozialplan, wobei nach Unterschriftsleistung unter den Interessenausgleich unmittelbar anschließend über einen freiwilligen Sozialplan auch in der Einigungsstelle verhandelt werden könne und solle. Sie drangen darauf, dass der Interessenausgleich inhaltlich abschließend verhandelt und geklärt werde.

Die weitere umfangreiche Diskussion führte bei inhaltlicher Vorklärung nicht zu einer weiteren Annäherung, da für den Betriebsrat weiter darauf beharrt wurde, eine verbindliche Aussage zum Interessenausgleich könne erst bei Einigung über den Sozialplan abgegeben werden.

Nachdem Herr Heinrich Große-Wilde seine Vorstellung über ein Punktsystem für den Sozialplan dargelegt hatte (etwa 740 Punkte mit einem Faktor von 5.000 DM je Punkt), versuchte der Vorsitzende in getrennten Besprechungen mit den Beisitzern beider Seiten, eine Annäherung auf den Weg zu bringen. Bei diesen Verhandlungen zeichnete sich ab, dass ein gemeinsam getragener Inhalt des Interessenausgleichs hinsichtlich der strittigen Fragen gefunden werden könne (kein Widerspruch des Betriebsrates, Namensliste als Anlage, Regelung befristeter Arbeitsverhältnisse im Sozialplan, Einbeziehung von Herrn Wendelin, Verzicht auf Abzinsung). Für den Betriebsrat wurde jedoch weiterhin eine irgendwie geartete verbindliche Festschreibung des Interessenausgleichs abgelehnt, solange keine Einigung über den Sozialplan erzielt sei.

Die weitere umfangreiche Erörterung der Problematik führte schließlich zu einer gemeinsam getragenen Lösung dahin gehend, dass der Interessenausgleich inhaltlich abgesprochen, niedergelegt und unter der Bedingung verbindlich gestellt wurde, dass der angesprochene Sozialplan zustande komme, dass die Einigungsstelle auch als Einigungsstelle für den Sozialplan fungiere, dass bei Einigung oder Spruch bezüglich des Sozialplanes der niedergelegte Interessenausgleich keiner weiteren Unterschrift bedürfe und dass diese getroffene Einigung hinfällig werde, wenn bis zum 20.12.1998 keine Einigung oder kein Spruch bezüglich des Sozialplanes zustande komme.

Die niedergelegte Regelung wurde von allen Mitgliedern der Einigungsstelle siebenfach unterschrieben, desgleichen die angehefteten Anlagen (Namenslisten) für den Betriebsrat durch das Betriebsratsmitglied Mario Heinevetter, für die Geschäftsleitung durch das Vorstandsmitglied Frau Zimmerling und weiterhin durch den Vorsitzenden der Einigungsstelle.

Je eine unterschriebene Ausfertigung verblieb bei den Beisitzern, eine Ausfertigung beim Vorsitzenden.

Herr Rechtsanwalt [illegible] legte nunmehr den Mitgliedern der Einigungsstelle für die Geschäftsleitung einen vorbereiteten Sozialplan-Entwurf vor, den er in den einzelnen Punkten erläuterte.

Die Einigungsstelle entschloss sich nunmehr in allseitiger Übereinstimmung zur Vertagung, damit dem Betriebsrat und den Beisitzern des Betriebsrats Gelegenheit gegeben werde, sich mit dem vorgelegten Sozialplan-Entwurf zu befassen und die entsprechenden Positionen entwickeln und darstellen zu können.

Als nächster Termin zur Fortsetzung der Sitzung der Einigungsstelle wurde in allseitiger Übereinstimmung festgelegt:

Mittwoch, 16. Dezember 1998,18.00 Uhr, Kanzlei

Als weitere Fortsetzungstermine wurden abgesprochen und festgelegt:

Donnerstag, 17. Dezember 1998, 14.00 Uhr bis 18.00 Uhr, Kanzlei

und

Samstag, 19. Dezember 1998, 10.00 Uhr, Kanzlei

Bonn, den 14.12.1998

Zunächst einmal sieht man am Protokoll, dass der Richter seine Lektion über strukturiert-kooperative 108
Verhandlungstechnik gelernt hat. Er hat trotz der noch bestehenden deutlichen Uneinigkeit zwischen den Parteien der Verhandlung eine **Struktur** gegeben, **feste Termine** vereinbart und eine formale Führungsfunktion übernommen. Er hat die inhaltlich streitigen, gleichwohl gekennzeichneten Positionen stehen lassen und damit ein Aufflackern der Streitigkeiten vermieden. In seinem Protokoll findet sich jede Partei wieder. Er geht fair mit allen Beteiligten um. Folge dieser Verhandlungstechnik war, dass der Wortlaut des Interessenausgleichs unterzeichnet und unstreitig gestellt werden konnte.

Wichtig war für den Arbeitgeber-Anwalt, dass er erreicht hatte, dass der Interessenausgleich nicht 109
wieder verhandelt werden konnte, wenn man sich innerhalb eines vereinbarten Zeitkorridors über den Sozialplan verständigt hatte. Damit war ausgeschlossen, dass bei Einigung über den Sozialplan der Betriebsrat erneut in Verhandlungen über einzelne Passagen des Interessenausgleichs eintreten konnte. Eine weitere, wichtige Voraussetzung wurde durch eine Parteierklärung vor der letzten Unterschriftsleiste geschaffen: Wenn man sich nicht bis zum 20.12.1998 über den Sozialplan einigte, war die Einigung über den Interessenausgleich zwar hinfällig, die Verhandlungen über den Versuch eines Interessenausgleichs waren damit aber endgültig gescheitert und der Arbeitgeber konnte von diesem Zeitpunkt an, ohne das Risiko eines Nachteilsausgleichs, die Kündigungen noch im Dezember aussprechen.

Die 7. Version des Interessenausgleichs war damit schon im ersten Termin der Einigungsstelle 110
vereinbart worden und hatte folgenden Wortlaut:

Interessenausgleich

zwischen

der Holfelder AG

vertreten durch den Vorstand, dieser vertreten durch die Mitglieder des Vorstands Dr. Wilhelm Schneider und Frau Viktoria Zimmerling,

– nachfolgend HAG genannt –

und

dem Betriebsrat des Betriebsteils Gießerei Braunstein

vertreten durch den Betriebsratsvorsitzenden, Herrn Mario Heinevetter,

– nachfolgend Betriebsrat genannt –

Präambel

Im nationalen und internationalen Vergleich ist der Betriebsteil Gießerei Braunstein nicht mehr konkurrenzfähig. Die Kostensätze für HAG – Guss des Betriebsteils Gießerei Braunstein betragen im Durchschnitt 2,79 DM pro Kilogramm. Im nationalen und internationalen Vergleich kann Guss mit gleicher Qualität bereits zu einem Preis von 2,61 DM je Kilogramm eingekauft werden. Würde HAG die Investitionen in einer Größenordnung von 4,3 Mio. DM tätigen, würde sich die Relation zwischen dem Guss-Preis des Betriebsteils Braunstein und dem Weltmarktpreis noch weiter verschlechtern.

Schließlich lässt sich feststellen, dass der Gussanteil in der jetzigen und künftigen HAG-Produktpalette reduziert ist. Die Maschine 627 beispielsweise weist 40 % weniger Gussanteile als die Maschine der älteren Generation auf. Darüber hinaus werden in den Neuentwicklungen vorzugsweise Schweißkonstruktionen als Trägerkonsolen der Maschinen der Firma HAG eingesetzt. Die Wettbewerbsfähigkeit des Betriebsteils Braunstein würde sich durch die rückläufigen Aufträge aus dem Bereich von HAG zusätzlich in Zukunft dadurch verschlechtern, dass der Anteil an kostenintensivem Auftragsmix steigen und der Anteil an hochstandardisiertem HAG-Guss fallen würde. Eine erfolgreiche Beteiligung des Betriebsteils Braunstein im nationalen Wettbewerb würde schließlich daran scheitern, dass der Betriebsteil Braunstein nur das Gießen von Grauguss anbieten kann. Andere technologische Verfahren, wie Sphäroguss oder Aluminiumguss, sind mit den technologischen Voraussetzungen in Braunstein zur Zeit nicht zu gießen.

Die Parteien stimmen überein, dass für den Betriebsteil Braunstein seit Jahren ein Investitionsstau besteht. Um die Produktion im Betriebsteil Gießerei Braunstein auf Dauer fortsetzen zu können, wären Investitionen aus technischen, aus sicherheits- und umweltschutzrechtlichen Gründen dringend erforderlich. Nach Auffassung der Geschäftsleitung beliefe sich das Investitionsvolumen in den nächsten drei bis vier Jahren auf ca. 4,3 Mio. DM; nach Meinung des Betriebsrats wären in den nächsten zwei Jahren Investitionen im Umfang von 2,455 Mio. DM ausreichend, aber auch erforderlich. Mit diesen Investitionen fände nur eine Anpassung an den derzeit notwendigen technologischen Stand statt.

Im Zuge der Konzentration auf die Kernkompetenzen von HAG und aus betriebswirtschaftlichen Erwägungen hat sich der Vorstand entschlossen, den Betriebsteil Gießerei Braunstein zu schließen.

Der Betriebsrat ist sich darüber im Klaren, dass HAG künftig erheblich weniger Aufträge an Grauguss zu vergeben hat und dies zu der Entscheidung des Unternehmens beigetragen hat, die Gießerei zu schließen.

1. Geltungsbereich

1.1 Dieser Interessenausgleich gilt für alle Mitarbeiterinnen und Mitarbeiter des Betriebsteils, Gießerei Braunstein, die sich am Tag der Unterzeichnung des Interessenausgleichs in einem ungekündigten Arbeitsverhältnis zu HAG befinden und die von der in der Präambel angesprochenen Maßnahme betroffen sein werden.

1.2 Dieser Interessenausgleich gilt nicht
- für leitende Angestellte i.S.v. § 5 Abs. 3 BetrVG,
- für Mitarbeiter, denen aus verhaltensbedingten Gründen gekündigt wird,
- für Mitarbeiter, die vor Unterzeichnung dieses Interessenausgleichs eine Eigenkündigung ausgesprochen haben,
- für Mitarbeiter, die die Wartefrist nach § 1 KSchG nicht erfüllt haben.

1.3 Für befristete Arbeitsverhältnisse soll in den Verhandlungen über einen Sozialplan eine Sonderregelung getroffen werden.

2. Gesetzliche Rechte, Information der Mitarbeiter

2.1 Alle personellen Maßnahmen aus Anlass der unter Ziff. 1 genannten Betriebsstillegung werden im Rahmen des Betriebsverfassungsgesetzes unter Wahrung der gesetzlichen und tariflichen Rechte des Betriebsrats und der Mitarbeiterinnen und Mitarbeiter durchgeführt.

2.2 Allen von diesem Interessenausgleich betroffenen Mitarbeiterinnen und Mitarbeitern sollen die Konsequenzen und Zusammenhänge dieses Interessenausgleichs mündlich erläutert werden. Zu solchen Einzelgesprächen kann jede Mitarbeiterin oder Mitarbeiter auf Wunsch ein Mitglied des Betriebsrats hinzuziehen.

2.3 Bei der Kündigung eines Schwerbehinderten ist die Zustimmung der Hauptfürsorgestelle[215] einzuholen, bei der Kündigung einer Mitarbeiterin im Mutterschutz oder Erziehungsurlaub[216] sind, wie auch bei Mitarbeitern, die sich im Wehr- oder Zivildienst befinden, die Zustimmungen der zuständigen staatlichen Stellen einzuholen.

3. Beendigung der Arbeitsverhältnisse

3.1 Die Arbeitsverhältnisse können durch Aufhebungsvertrag, Abwicklungsvertrag oder Kündigung beendet werden.

3.2 Bei Kündigung einer Mitarbeiterin oder eines Mitarbeiters ist die gesetzliche, arbeitsvertragliche oder tarifliche Kündigungsfrist zu beachten.

3.3 Keiner Mitarbeiterin und keinem Mitarbeiter darf aus betriebsbedingten Gründen in der Weise gekündigt werden, dass ihr/sein Arbeitsverhältnis vor dem 31.03.1999 endet.

3.4 Unverfallbare Betriebsrentenanwartschaften bleiben von HAG anerkannt und führen gem. dem Gesetz über betriebliche Altersversorgung und unter Wahrung arbeitsvertraglicher und betrieblicher Normen zu entsprechenden Ansprüchen gegen HAG.

4. Namensliste

4.1 Eine Liste der von der Betriebsstillegung betroffenen Mitarbeiter ist dem Interessenausgleich als Anlage beigefügt. Die Liste enthält folgende Angaben: Name, Vorname, Geburtsdatum, Eintrittsdatum, Funktionsbereich, Familienstand, Zahl der unterhaltsberechtigten Kinder und besonderer Kündigungsschutz (Namensliste 1).

4.2 Die in einem befristeten Arbeitsverhältnis stehenden Mitarbeiterinnen und Mitarbeiter werden in einer gesonderten Namensliste erfasst (Namensliste 2).

4.3 Die Namenslisten sind von den Vertragspartnern zu unterzeichnen und werden an den Text des Interessenausgleichs geheftet.

4.4 Soweit § 20 Abs. 4 des Manteltarifvertrags zur Anwendung kommt, ist darauf zu achten, dass vor Ausspruch einer Kündigung geprüft worden ist, ob ein zumutbarer Arbeitsplatz in Aschaffenburg vorhanden ist.

4.5 Mitarbeitern, die unter § 20 Abs. 4 des Manteltarifvertrages fallen, ist hilfsweise aus wichtigem Grund wegen Betriebsstilllegung zu kündigen. Die Kündigung ist mit einer sozialen Auslauffrist im Umfang der ordentlichen Kündigungsfrist zu verbinden.

5. Personelle Maßnahmen

5.1 Die Parteien stimmen darin überein, dass grundsätzlich der Betrieb zum *30.06.1999* geschlossen wird und spätestens zu diesem Zeitpunkt sämtliche Arbeitsverhältnisse enden sollen.

215 Jetzt: Integrationsamt (§ 88 SGB IX).
216 Jetzt: Elternzeit (§ 15 BErzGG).

5.2 Soweit die Arbeitsverhältnisse aufgrund gesetzlicher Kündigungsfrist nicht zum Schließungszeitpunkt *30.06.1999* beendet werden können, ist die Geschäftsleitung befugt, Mitarbeiter auch mit unterhalb der tariflichen Eingruppierung angesiedelten Arbeiten, insbesondere Aufräumarbeiten, zu beschäftigen. Eigenem Personal von HAG wird bei Beschäftigung mit Aufräumarbeiten anstelle von Fremdpersonal der Vorzug gegeben. Die Geschäftsleitung ist ebenfalls nach Ausspruch einer Kündigung jederzeit befugt, einzelne Mitarbeiterinnen oder Mitarbeiter von ihrer Arbeit unter Fortzahlung der Bezüge freizustellen.

5.3 Die Mitarbeiterinnen und Mitarbeiter sind generell verpflichtet, vor ihrem Ausscheiden den ihnen noch zustehenden Urlaub zu nehmen. Sollte einzelnen Mitarbeitern aus Gründen der Aufrechterhaltung der Produktion bis zum Ablauf der Kündigungsfrist Urlaub ganz oder teilweise nicht gewährt werden können, verlängert sich das Arbeitsverhältnis über den Zeitpunkt der ordentlichen Kündigungsfrist hinaus im Sinne einer sozialen Auslauffrist um die Zahl der Tage, die der Mitarbeiter oder die Mitarbeiterin noch als Urlaubstage zu beanspruchen hat. In dieser Zeit der sozialen Auslauffrist ist Urlaub zu gewähren.

5.4 In Aschaffenburg werden bis zu zehn Stellen zur Umschulung im Zusammenwirken mit dem Arbeitsamt eingerichtet. HAG ist bemüht, den Umschülern nach Ablauf der Umschulungsmaßnahmen Arbeitsplätze anzubieten, sofern Stellen vorhanden sind und die erforderliche Qualifikation erworben wurde.

5.5 Im Ersatzteillager in Aschaffenburg werden zwei bis drei Stellen geschaffen. Sobald sich abzeichnet, wie viele Stellen zur Verfügung stehen und welche Mitarbeiterinnen oder Mitarbeiter für diese Stellen in Frage kommen, soll unter Beachtung der sozialen Auswahlkriterien (Alter/Betriebszugehörigkeit/unterhaltsberechtigte Kinder) die Kündigung zurückgenommen werden und die Mitarbeiter spätestens mit Ablauf ihrer Kündigungsfrist die Tätigkeit im Ersatzteillager Aschaffenburg aufnehmen.

5.6 HAG wird die bestehenden Möglichkeiten bei Kunden und anderen Firmen nutzen, sich für die Beschäftigung von bei HAG nach diesem Interessenausgleich gekündigten Mitarbeitern einzusetzen. Das Mitglied des Vorstands, Frau Viktoria Zimmerling, oder Herr Dipl.-Ing. Ulrich Weber-Düren nehmen auf Wunsch des Betroffenen an Vorstellungsgesprächen bei Firmen i.S.v. Satz 1 teil.

6. Anhörung des Betriebsrats

Der Betriebsrat wurde über die in den Namenslisten aufgeführten Merkmale aller Mitarbeiterinnen und Mitarbeiter unterrichtet. Die Geschäftsleitung hat den Betriebsrat gem. § 102 BetrVG gebeten, den nach Ziff. 4 beabsichtigten Kündigungen nicht zu widersprechen. Der Betriebsrat hat über diesen Antrag beraten und nachfolgenden Beschluss getroffen:

In der Zustimmung zum Interessenausgleich liegt zugleich die Erklärung, im Rahmen des Anhörungsverfahrens nach § 102 BetrVG zu den beabsichtigten Kündigungen keine weiter gehende Stellungnahme abgeben zu wollen.

Auf Wunsch des Betriebsrates kann deshalb von HAG auf die Fristen gem. § 102 Abs. 2 BetrVG mit Unterzeichnung dieser Vereinbarung verzichtet werden.

Dieser Interessenausgleich gilt zugleich als Stellungnahme des Betriebsrates zu der Meldung nach § 17 KSchG und in den Verfahren nach § 15 SchwbG.

7. In-Kraft-Treten

Der Interessenausgleich tritt mit der Unterzeichnung durch die Vertragsparteien in Kraft. Er endet zum 31.12.2002.

Falls sich ein Investor finden sollte, der die Gießerei Braunstein betreiben oder weiterführen möchte, wird HAG eine Abnahmegarantie im Umfang des benötigten Gussmaterials für die Dauer von drei Jahren erklären. Führt ein Investor den Betrieb Braunstein fort, kann jede Partei bis zum 31.03.1999 verlangen, dass der Interessenausgleich sowie der noch abzuschließende Sozialplan aufgehoben wird und die empfangenen Leistungen durch Arbeitgeber wie Mitarbeiter vollständig zurückgewährt werden. Entreicherungseinwände werden ausgeschlossen.

Aschaffenburg/Braunstein, den

Vorstand Betriebsratsvorsitzender

Protokollnotizen zum Interessenausgleich:

1. Herr Wendelin ist nach übereinstimmender Auffassung der Betriebspartner kein leitender Angestellter.
2. HAG sagt zu, dass im Zuge der Sozialplanregelung ein Angebot über die Einrichtung eines Härtefonds abgegeben wird.
3. Kinder, die nicht auf der Lohnsteuerkarte erwähnt sind, sind bei der Berücksichtigung sozialer Kriterien mit heranzuziehen. In diesen Fällen sind die berücksichtigungsfähigen Kinder durch Vorlage von Unterlagen der Personalabteilung vom Unterhaltsverpflichteten bis zum 21.12.1998 bekannt zu machen.
4. Zum Ausgleich und zur Milderung wirtschaftlicher Nachteile bei den Mitarbeitern, die im Zuge der Betriebsänderung ihren Arbeitsplatz verlieren oder sonstige wirtschaftliche Nachteile erleiden, werden die Betriebspartner einen Sozialplan schließen. Sollte dieser Interessenausgleich bis zum 20.12.1998 von den Betriebspartnern geschlossen werden und sollten sich die Parteien bis zum 20.12.1998 über den Inhalt eines Sozialplans ebenfalls geeinigt haben, wird HAG die Abfindungen gem. Sozialplan vorzeitig zum 31.12.1998 an die Mitarbeiter zahlen, sofern diese sich verpflichten, eine Rückzahlung vorzunehmen, falls der Rechtsgrund der Zahlung entfällt oder entfallen ist.

Aschaffenburg/Braunstein, den

Vorstand Betriebsratsvorsitzender

Die Betriebspartner haben sich über den vorstehenden Interessenausgleich nebst angehefteter Anlage verbindlich unter der Bedingung geeinigt, dass der angesprochene Sozialplan durch Einigung der Betriebspartner zustande kommt. Dabei erklären sich beide Betriebspartner damit einverstanden, dass die Einigungsstelle in ihrer jetzigen Besetzung auch als Einigungsstelle für den Sozialplan fungiert; der Spruch ersetzt die Einigung. Bei Einigung oder Spruch bezüglich des Sozialplans bedarf es keiner weiteren Unterschrift unter den Interessenausgleich. Die vorstehende Einigung wird hinfällig, wenn bis zum 20.12.1998 keine Einigung oder kein Spruch bezüglich des Sozialplans zustande gekommen ist.

Aschaffenburg/Braunstein, den

Vorstand Betriebsratsvorsitzender

111 Der im Protokoll des Einigungsstellenvorsitzenden erwähnte Sozialplanentwurf, der dem Betriebsrat und dem Vorsitzenden am Ende des 1. Sitzungstages übergeben wurde, hatte folgenden Wortlaut:

Sozialplan

zwischen

der Holfelder AG

vertreten durch den Vorstand, dieser vertreten durch die Mitglieder des Vorstands, Frau Viktoria Zimmerling und Herrn Dr. Wilhelm Schneider

– nachfolgend HAG genannt –

und

dem Betriebsrat des Betriebsteils Gießerei Braunstein

vertreten durch den Betriebsratsvorsitzenden, Herrn Mario Heinevetter

– nachfolgend Betriebsrat genannt –

1. Geltungsbereich

1.1 Leistungen nach diesem Sozialplan erhalten Mitarbeiterinnen und Mitarbeiter, die am Tag der Unterzeichnung des Interessenausgleichs in einem unbefristeten Arbeitsverhältnis mit HAG standen und deren Arbeitsplatz von der zum geplanten Betriebsstilllegung betroffen ist.
Die im Rahmen der Durchführung personeller Einzelmaßnahmen zur Wahrung der Rechte des Betriebsrats bestehenden Befugnisse bleiben von diesem Sozialplan unberührt.

1.2 Leistungen nach den Bestimmungen dieses Sozialplans erhalten auch diejenigen Mitarbeiterinnen und Mitarbeiter, die erkennbar aus Anlass der Betriebsstilllegung auf eigenen Wunsch nach dem bei HAG ausscheiden, sofern .

1.3 Keine Leistung nach dieser Vereinbarung erhalten:

1.3.1 Mitarbeiter, die einen freien Arbeitsplatz bei HAG in Aschaffenburg erhalten oder ein Angebot über einen zumutbaren Arbeitsplatz in Aschaffenburg nicht annehmen.

1.3.2 Mitarbeiter, bei denen die Voraussetzungen für die Inanspruchnahme des Altersruhegelds aus der gesetzlichen Rentenversicherung bestehen.

1.3.3 Mitarbeiter, die wegen Erwerbsunfähigkeit aus den Diensten von HAG ausscheiden.

1.3.4 Mitarbeiter, denen durch HAG unter Beachtung von § 102 BetrVG aus einem personen- oder verhaltensbedingten Grund fristlos oder fristgerecht gekündigt wird oder mit denen aus diesen Gründen ein Aufhebungs- oder Abwicklungsvertrag geschlossen wird.

1.3.5 Mitarbeiter, die vor dem Abschluss des Interessenausgleichs eine Eigenkündigung aussprechen.

1.3.6 Mitarbeiter, die sich in einem befristeten Arbeitsverhältnis befinden.

1.4 Mitarbeiterinnen und Mitarbeiter, die bei Beendigung ihres Arbeitsverhältnisses das 58. Lebensjahr vollendet haben, erhalten keine Abfindung gem. Ziff. 4.
Diesen Mitarbeitern wird nach dem Ausscheiden ein Zuschuss zum Arbeitslosengeld gewährt bis zu dem Zeitpunkt, ab dem sie Altersruhegeld beziehen können. Der Zuschuss wird so bemessen, dass er zusammen mit dem Arbeitslosengeld

- *in den ersten zwölf Monaten nach dem Ausscheiden des Mitarbeiters 85 % des letzten Nettoeinkommens,*
- *in den nächsten zwanzig Monaten nach dem Ausscheiden des Mitarbeiters 80 % des letzten Nettoeinkommens*

jeweils berechnet entsprechend Ziffer 4.3.3., abdeckt.
Der Zuschuss wird im Voraus berechnet und im Monat des Ausscheidens als Abfindung im Rahmen der steuer- und sozialversicherungsrechtlichen Vorschriften als Einmalbetrag

gezahlt. Diese Mitarbeiterinnen und Mitarbeiter beantragen Altersruhegeld, sobald die gesetzlichen Voraussetzungen erfüllt sind.

2. Sonstige allgemeine Bestimmungen

2.1 Die über die Abfindungsregelung ausscheidenden Mitarbeiter erhalten zur Suche eines neuen Arbeitsplatzes eine angemessen bezahlte Freistellung von der Arbeit.

2.2 HAG verzichtet nach dem auf die Einhaltung der Kündigungsfrist, wenn die Mitarbeiterin oder der Mitarbeiter dies im Hinblick auf die Aufnahme einer anderweitigen Tätigkeit wünscht.

2.3 Stichtag für die Ermittlung und Berechnung von Leistungen aus diesem Sozialplan ist der Tag der Unterzeichnung des Interessenausgleichs.

2.4 Die von HAG nach diesem Sozialplan zu zahlenden Abfindungen sind innerhalb eines Monats nach dem Ausscheiden der Mitarbeiterin oder des Mitarbeiters fällig.
Abweichend hiervon werden die in diesem Sozialplan begründeten Leistungen für Mitarbeiter, die eine Kündigungsschutzklage erheben, erst innerhalb eines Monats nach rechtskräftigem Abschluss des Kündigungsschutzverfahrens fällig. Eine im Rahmen des Kündigungsschutzverfahrens festgesetzte oder vereinbarte Abfindung wird auf die Leistungen aus dieser Vereinbarung angerechnet.

2.5 Soweit auf Leistungen aus diesem Sozialplan Steuern und Sozialversicherungsbeiträge zu entrichten sind, sind diese unter Beachtung zwingender gesetzlicher Vorschriften von der Mitarbeiterin oder vom Mitarbeiter zu zahlen.

2.6 Die Mitarbeiter werden darauf hingewiesen, dass verbindliche Auskünfte über die wirtschaftlichen Auswirkungen von Aufhebungs- und Abwicklungsverträgen nur von dem Wohnsitz-Finanzamt, dem Wohnsitz-Arbeitsamt sowie den Rentenversicherungsträgern erteilt werden.

3. Arbeitsplatzwechsel nach Aschaffenburg

3.1 Sollte einer Mitarbeiterin oder einem Mitarbeiter ein in Aschaffenburg freigewordener oder freiwerdender Arbeitsplatz, der der Qualifikation der Mitarbeiterin oder des Mitarbeiters entspricht, angeboten werden, und sollte die Mitarbeiterin oder der Mitarbeiter dieses Angebot annehmen, werden der Mitarbeiterin oder dem Mitarbeiter bis zur Dauer von die Fahrtkosten für öffentliche Verkehrsmittel von Braunstein nach Aschaffenburg erstattet.

3.2 Der Mitarbeiterin oder dem Mitarbeiter ist Gelegenheit zu geben, sich an Ort und Stelle in Aschaffenburg über den Arbeitsplatz und die dort üblichen Arbeitsbedingungen zu unterrichten. Zur Annahme des Angebots ist eine Überlegungsfrist von mindestens sieben Arbeitstagen einzuräumen. Über die Eignung der Mitarbeiterin oder des Mitarbeiters für den in Aussicht genommenen Arbeitsplatz entscheiden die Personalverantwortlichen in Aschaffenburg.

3.3 Erfolgt durch den Arbeitgeber nach Arbeitsplatzwechsel nach Aschaffenburg eine betriebsbedingte oder personenbedingte Kündigung innerhalb von zwölf Monaten nach Übernahme des neuen Arbeitsplatzes durch den Mitarbeiter oder die Mitarbeiterin, so findet weiterhin für diese Mitarbeiterin oder diesen Mitarbeiter der vorliegende Sozialplan Anwendung. Die Mitarbeiterin oder der Mitarbeiter sind wirtschaftlich gemäß diesem Sozialplan so zu stellen, als sei keine Annahme eines Arbeitsplatzangebots nach Aschaffenburg erfolgt.

4. Abfindungen

4.1 Mitarbeiter, die nicht unter Ziff. 1.3 und 1.4 fallen, und die durch Kündigung, Aufhebungsvertrag oder Abwicklungsvertrag bei der Gießerei Braunstein von HAG ausscheiden, erhalten eine Abfindung für den Verlust des Arbeitsplatzes.
Die Höhe der Abfindung errechnet sich durch Multiplikation des für die Mitarbeiterin oder den Mitarbeiter maßgeblichen Monatsbetrages i.S.v. Ziff. 4.3.3 mit dem sich aus der Anlage 1 ergebenden Multiplikator.
Bei Teilzeitkräften wird die Abfindung anteilig entsprechend ihrer monatlichen Arbeitszeit im Verhältnis zur tarifvertraglichen Arbeitszeit der vollbeschäftigten Mitarbeiter gekürzt.

4.2 Mitarbeiter, die nach dem bei HAG durch Eigenkündigung oder in sonstiger Weise vorzeitig aus dem Arbeitsverhältnis ausgeschieden sind, erhalten für den Verlust des Arbeitsplatzes bei HAG ebenfalls eine Abfindung, die sich durch Multiplikation des maßgeblichen Monatsbetrages mit dem sich aus der Anlage 1 ergebenden Multiplikator ergibt und um % gekürzt wird.

4.3 Begriffsbestimmungen

4.3.1 Lebensalter ist die Anzahl vollendeter Lebensjahre, die die Mitarbeiterin oder der Mitarbeiter am Stichtag erreicht hat.

4.3.2 Betriebszugehörigkeit ist die Anzahl vollendeter Dienstjahre, die die Mitarbeiterin oder der Mitarbeiter am Stichtag (siehe Ziff. 2.3) erreicht hat.

4.3.3 Als Monatsbetrag ist der Betrag anzusehen, der dem durchschnittlichen Monatsbrutto für die Zeit vom 01.02. bis 30.04.1998 entspricht, ohne Leistungs-, Schmutz-, Gießereizulage oder sonstige Zulagen. Mehrarbeitsvergütungen und einmalige Zahlungen – gleich welcher Art – bleiben unberücksichtigt.

4.4 Mit der Zahlung einer Abfindung sind alle sonstigen Ansprüche zwischen den Parteien abgegolten.

5. Sonstige Leistungen

5.1 Unabhängig vom Termin des Ausscheidens hat die Mitarbeiterin oder der Mitarbeiter für das Jahr des Ausscheidens Anspruch auf das Urlaubsgeld nach folgender Maßgabe . Der anteilige Jahresurlaub ist in natura zu nehmen.

5.2 Im Jahr des Ausscheidens erhalten die Mitarbeiter die tariflich vereinbarte vermögenswirksame Leistung bis zum Ausscheidenstag.

5.3 Soweit ein Anspruch auf Betriebsrente entstanden ist, erhalten ausscheidende Mitarbeiter innerhalb von acht Wochen nach dem Ausscheiden eine Unverfallbarkeitserklärung und, nach Vorlage der Rentenunterlagen, einen Bescheid über die Versorgungsansprüche.

6. Härtefond

6.1 Zur Milderung besonderer Härten, die im Zusammenhang mit der Durchführung dieser Vereinbarung auftreten, kann in Einzelfällen eine Beihilfe gewährt werden. Für derartige Beihilfen wird ein Härtefond in Höhe von DM gebildet.

6.2 Leistungen aus dem Härtefond werden nur auf Antrag gewährt. Der Antrag muss spätestens innerhalb eines Monats nach Zugang der Kündigung oder Abschluss von Aufhebungs- oder Abwicklungsvertrag gestellt werden. Mit dem Antrag ist glaubhaft zu machen, dass den Antragsteller im Vergleich zu den anderen betroffenen Arbeitnehmern durch das Ausscheiden bei HAG eine besondere Härte trifft.
Über den Antrag entscheidet eine aus je einem Vertreter der Geschäftsleitung und des Betriebsrats bestehende Kommission einvernehmlich. Der Vertreter des Betriebsrats nimmt sein Amt auch noch nach dem Ausscheiden aus dem Betrieb wahr. Kann keine

Einigung über Zahlungen aus dem Härtefond erzielt werden, kann ein Anspruch des Mitarbeiters auf Leistungen aus dem Härtefond nicht entstehen.

6.4 Auf Leistungen aus dem Härtefond besteht kein Rechtsanspruch.

6.5 Der Härtefond wird zum aufgelöst, soweit er nicht in Anspruch genommen wurde.

7. Schlussbestimmungen

7.1 Dieser Sozialplan hat eine Laufzeit bis zum 31.12.2002. Für Mitarbeiterinnen und Mitarbeiter, mit denen zu diesem Zeitpunkt noch ein Kündigungsschutzprozess oder ein anderes arbeitsgerichtliches Verfahren über Leistungen aus diesem Sozialplan anhängig ist, verlängert sich die Laufzeit bis zum Ablauf von zwei Monaten nach rechtskräftigem Abschluss ihres Verfahrens.

7.2 Im Rahmen dieses Sozialplans auftretende grundsätzliche Meinungsverschiedenheiten, die sich bei der Anwendung ergeben, sind von der Geschäftsführung und dem Betriebsrat mit dem Ziel einer einvernehmlichen Lösung zu beraten.

7.3 HAG wird diese Vereinbarung allen betroffenen Mitarbeitern aushändigen, sie beraten und sie über die Durchführung der sie betreffenden Maßnahmen in Kenntnis setzen.

7.4 Diese Vereinbarung tritt am Tage ihrer Unterzeichnung in Kraft.

7.5 Die Mitgliedschaft in der Kommission gem. Ziff. 6.3 bleibt bestehen, bis die Aufgaben beendet sind. Ein zwischenzeitliches Ausscheiden aus dem Betrieb führt auf Betriebsratsseite nicht zum Erlöschen des Mandats in der Kommission.

Aschaffenburg/Braunstein, den

Vorstand Betriebsratsvorsitzender

Um diesen Text in Ruhe beraten zu können, wurde auf einen ursprünglich vorgesehenen Weiterverhandlungstermin am nächsten Tag verzichtet und die Parteien trafen dann wieder am 16.12.1998 zu einer Verhandlung zusammen.

III. Zweiter Termin der Einigungsstelle

Zwischen dem ersten und zweiten Termin hatten **informelle Gespräche zwischen Geschäftsleitung und Betriebsrat** stattgefunden, in deren Verlauf man glaubte, sich auf ein Volumen von 1,3 Mio. DM geeinigt zu haben. Es muss die Information eingeschoben werden, dass sich der Vorstandsvorsitzende und der Aufsichtsratsvorsitzende informell vor Beginn der Verhandlungen über einen maximalen Aufwand von 1,5 Mio.DM verständigt hatten. Von dieser Absprache wussten nur die beiden Beteiligten der Absprache, Frau Zimmerling und der Arbeitgeber-Rechtsanwalt. 112

In dem Gespräch zwischen dem Vorstandsvorsitzenden und dem Betriebsrat am 15.12.1998 hatte man sich auf 1,3 Mio.DM verständigt. Meinungsunterschiede zeigten sich jedoch, wie sich später herausstellte, in der Frage, welche Kosten in diese 1,3 Mio. DM einzustellen waren.

Ein wichtiges Verhandlungskonzept besteht darin, dass man Vereinbarungsentwürfe zunächst einmal der Reihe nach durchgeht und nicht versucht, sich bei strittigen Vertragspassagen zu verbeißen, sondern solche strittigen Passagen über Flipchart festzuhalten, um sich dann weiter von Absatz zu Absatz in der Diskussion zu begeben. Nach diesem Prinzip wurde auch in der zweiten Sitzung verfahren, so dass eine Reihe von Vertragspassagen zwar strittig war (sieben Passagen), aber zunächst noch in dem Bewusstsein, die wichtigste Hürde, das Sozialplanvolumen genommen zu haben, die strittigen Passagen zu Ende verhandelt wurden. 113

Gegen Mitternacht stellte sich dann heraus, dass beide Seiten von falschen Vorstellungen ausgegangen waren, die Kosten des Interessenausgleichs, die mit ca. 500.000 DM von der Geschäftsleitung – 114 bis ins Irreale überzogen – beziffert wurden, sollten in dem Betrag von 1,3 Mio. DM enthalten sein. Die Vorstellung einer Einigung, wie sie auf der Betriebsratsseite und beim Einigungsstellenvorsitzenden bestanden, dass nämlich 1,3 Mio.DM für Abfindungen ausgegeben würden, führten dann zu heftigen Dikussionen um Mitternacht. Der Vorstandsvorsitzende, den vielleicht auch gereut hatte, dass er seinen Reservation Price von 900.000 DM am 15.12. – übrigens ohne Absprache mit dem Anwalt – in der Unterredung mit dem Betriebsratsvorsitzenden verlassen hatte, ließ sich schließlich nach einer Sitzungsunterbrechung in einem Hintergrundgespräch vom Finanzvorstand überzeugen, dass er mit den geweckten Erwartungen von 1,3 Mio.DM zu seinem Wort stehen müsse. Im Übrigen liege man mit 1,3 Mio.unter dem vom Aufsichtsrat eingeräumten Sozialplanvolumen. Schließlich gab die Geschäftsleitung morgens um 0.32 Uhr ihre Interpretation der Einigung vom Vortag auf, woraufhin eine Teileinigung über das Sozialplanvolumen getroffen wurde:

115 Version: Stand 17.12.1998 00.32 Uhr

– Teilvereinbarung –

Sozialplan

zwischen

der Holfelder AG

vertreten durch den Vorstand, dieser vertreten durch den Vorstandsvorsitzenden Dr. Wilhelm Schneider

und

dem Betriebsrat des Betriebsteils Gießerei Braunstein

vertreten durch den Betriebsratsvorsitzenden, Herrn Mario Heinevetter

– nachfolgend Betriebsrat genannt –

Das Gesamtvolumen des Sozialplans für Abfindungen und Vorruhestandsleistungen nach dem Interessenausgleich beträgt 1,3 Mio. DM. Dieses Volumen wird in einer noch auszuhandelnden Vereinbarung (Sozialplan) am 19.12.1998 verteilt.

Aschaffenburg, den 17.12.1998

(Mario Heinevetter)

(Dr. Wilhelm Schneider)

(Dietmar Werner)

Einzelheiten des Terminablaufs ergibt die Sitzungsniederschrift:

116 **Sitzungsniederschrift**

In dem Einigungsstellenverfahren nach dem Betriebsverfassungsgesetz

Zwischen der Firma Holfelder AG

und dem Betriebsrat Braunstein der Holfelder AG

betreffend Interessenausgleich und Sozialplan

hat am 16./17. Dezember 1998

in der Zeit von 18.00 Uhr bis 1.00 Uhr

die zweite Sitzung der Einigungsstelle im Konferenzraum der Kanzlei in der Besetzung der ersten Einigungsstellensitzung vom 14. Dezember 1998 stattgefunden.

Der Vorsitzende überreichte zunächst den Beisitzern für die jeweiligen Betriebspartner das von ihm gefertigte Protokoll vom 14.12.1998, das nach Durchsicht genehmigt wurde.

Herr Rechtsanwalt überreichte den Einigungsstellenmitgliedern eine zwischenzeitlich fortentwickelte, so genannte zweite Version eines Sozialplanentwurfs mit dem Stand 16.12.1998,17.00 Uhr, als Grundlage für die weitere Erörterung der Einigungsstelle.

Herr Heinrich Große-Wilde informierte nunmehr darüber, dass zwischen den Mitgliedern der Einigungsstelle, den Herren Dr. Schneider und Mario Heinevetter, am Vortag bei einem Gespräch in Aschaffenburg eine Einigung dahin gehend erzielt worden sei, dass ein mit dem Betrag von 1,3 Mio. DM ausgestatteter »Topf« zur Verfügung gestellt werde.

Die Einigungsstelle nahm nunmehr nach Hinzukommen von Herrn Dr. Schneider die weitere Verhandlung in Form des Durchgehens des vorgelegten Sozialplanentwurfes auf, wobei jeweils das erzielte Zwischenergebnis bzw. die zunächst nicht erzielte Einigung an den entsprechenden Punkten festgehalten wurde.

Im Verlauf dieser Erörterung zeigte sich alsbald, dass Herr Mario Heinvetter das mit Herrn Dr. Schneider erzielte Ergebnis einer Einigung auf einen »Topf« in Höhe von 1,3 Mio. DM dahin gehend verstanden und weitergegeben habe, dass die vorgesehenen Vorruhestandsleistungen nicht im »Topf« enthalten seien, sondern zusätzlich geleistet würden. Demgegenüber führte Herr Dr. Schneider aus, er habe den Einigungsbetrag als »Topf mit Deckel« gemeint; die Geschäftsleitung sei auf keinen Fall bereit, über den Einigungsbetrag hinaus zusätzliche Leistungen zu erbringen. Die weitere Diskussion ergab, dass es sich um ein Missverständnis gehandelt haben könnte, weil Herr Heinvetter, so seine Erklärung, den Betrag von 1,3 Mio. DM den Abfindungen zugeordnet und die Vorruhestandsleistungen gemäß Sozialplanentwurf nicht als Abfindungen verstanden habe. Das Werben der Beisitzer des Betriebsrates um eine Erhöhung des Einigungsbetrages im Kompromissweg scheiterte an der Ablehnung jeglicher weiterer Erhöhung des Einigungsbetrages durch die Beisitzer der Geschäftsleitung. Das weitere Durchgehen des vorgelegten Sozialplanentwurfs stockte dann an der Verteilungsfrage, nachdem Herr Heinrich Große-Wilde den Mitgliedern der Einigungsstelle eine von ihm ausgearbeitete Verteilungsregelung für den Betriebsrat vorgelegt und erläutert hatte. Die Beisitzer des Betriebsrates zogen sich zur getrennten Beratung über die eingebrachte Verteilungsregelung zurück. Nach Rückkehr der Beisitzer der Geschäftsleitung legten sie ein skizziertes und von Herrn Rechtsanwalt erläutertes Sozialplanmodell dar, das, ausgehend von einem Basisbetrag in Höhe von 1,3 Mio. DM, vorab einen Abzug für Kosten des Interessenausgleichs in Höhe von 378.000 DM und für Anwaltskosten und Einigungsstellenkosten in Höhe von 40.000 DM und sodann eine weitere Verteilung des verbleibenden Betrages in Höhe von 882.000 DM in Einzelpositionen vorsah. Die Beisitzer der Geschäftsleitung führten aus, der zwischen Herrn Dr. Schneider und Herrn Heinevetter ausgehandelte Einigungsbetrag von 1,3 Mio. DM sei von Herrn Dr. Schneider für die Geschäftsleitung so gemeint gewesen, dass der insoweit gebildete »Topf« sämtliche Kosten des Interessenausgleichs und Sozialplanes abdecken sollte. Diesem Verständnis widersprachen die Beisitzer des Betriebsrates, die sich sodann ihrerseits zur getrennten Beratung zurückzogen. Nach Wiedereintritt in die Verhandlung der Einigungsstelle verblieb es bei strikter Ablehnung des von den Beisitzern der Geschäftsleitung vorgelegten Modells im Hinblick auf den Vorwegabzug. Nachdem auch eine weitere von Frau Zimmerling vorgetragene Zwischenkompromisslösung nicht weiterführte, bemühte sich der Vorsitzende zur Vermeidung eines absehbaren Scheiterns einer Einigung bzw. Zwischeneinigung, jedenfalls für die heutige Verhandlung, mit einem letzten Versuch um eine Einigung, der letztlich erfolgreich war dahin gehend, dass eine Teilvereinbarung zwischen den Betriebspartnern über ein Gesamtvolumen des Sozialplans für Abfindung und Vorruhestandsleistungen in Höhe von 1,3 Mio. DM zustande kam.

> Die Teilvereinbarung wurde niedergelegt, für die Betriebspartner von Herrn Dr. Schneider für die Geschäftsleitung und von Herrn Mario Heinevetter für den Betriebsrat insoweit unterschrieben, des Weiteren vom Vorsitzenden der Einigungsstelle. Unterschriebene Exemplare wurden den Beisitzern der Einigungsstelle übergeben; ein unterschriebenes Exemplar verblieb beim Vorsitzenden.
>
> Die Beisitzer beider Seiten erklärten, dass die Betriebspartner nunmehr unmittelbar eine Umsetzung und Durchrechnung einer Verteilungsregelung in Angriff nehmen wollten, so dass bei dem nunmehr von den Mitgliedern der Einigungsstelle festgelegten weiteren Verhandlungstermin am 19. Dezember 1998 zügig eine abschließende und beendende Betriebsvereinbarung/Sozialplan niedergelegt und unterschrieben werden könne. Die Einigungsstelle vertagte sich somit auf Samstag, 19. Dezember 1998, 10.00 Uhr, Kanzlei
> Aschaffenburg, 17. Dezember 1998

117 Aus diesem Protokoll sollen zwei Aspekte kurz vertieft werden. Der Arbeitgeber-Anwalt oder – was seltener der Fall ist – der Betriebsratsanwalt muss in solchen Verfahren regelmäßig dann, wenn sich die übrigen Beteiligten in die Nachtruhe begeben oder anderen beruflichen Aufgaben nachgehen, die Weiterentwicklung solcher Verfahren durch Diktat von Texten (hier: Erstellung einer aktualisierten Form des Sozialplans) fördern. Solche Texte müssen meist noch von einer Mitarbeiterin am nächsten Tag geschrieben, kopiert und u.U. versandt werden. Deshalb ist mit der stillen Förderung des Verhandlungszwecks für den Anwalt häufig Disziplin erfordernde Nachtarbeit verbunden, zumal derartige Arbeiten stets zeitnah zum Erlebten erledigt werden sollten. Nicht unerwähnt bleiben sollte der Kardinal-Verhandlungsfehler, den der Vorstandsvorsitzende begangen hat. Ohne Abstimmung mit seinem Anwalt 1,3 Mio.DM Abfindungsvolumen zu vereinbaren, war ungeschickt. Der generelle Fehler bestand darin, mit dem Betriebsrat überhaupt über ein Volumen zu verhandeln. Denn normalerweise verhandelt man über Abfindungsformeln, das Gesamtvolumen interessiert nur den Arbeitgeber. Insoweit hat die Betriebsratsanwältin einen erfolgreichen Verhandlungsansatz gewählt.

Das Protokoll belegt weiterhin, dass der Vorsitzende der Einigungsstelle alle Regeln einer strukturiert-kooperativen Verhandlungsführung beachtet hat. Auffallend ist die logische und in sich stimmige Abfolge der einzelnen Phasen. Rahmenphase, Themenphase, Informationsphase und Argumentationsphase bauten aufeinander auf und wechselten ab. Fairness sowie die vereinbarten Regeln wurden eingehalten. So gelang schließlich der Durchbruch, das erlösende »Getting to Yes«.

IV. Dritter Termin der Einigungsstelle

118 Im dritten Termin wurden dann weitere Einzelheiten des Sozialplans verhandelt. Hierüber gibt die Sitzungsniederschrift Auskunft:

> **Sitzungsniederschrift**
>
> In dem Einigungsstellenverfahren nach dem Betriebsverfassungsgesetz
> zwischen
> der Firma Holfelder AG
> und
> dem Betriebsrat Braunstein der Firma Holfelder AG
> betreffend Interessenausgleich und Sozialplan
>
> hat am 19. Dezember 1998 in der Zeit von 10.00 Uhr bis 12.00 Uhr die dritte und letzte

Sitzung der Einigungsstelle im Konferenzraum der Kanzlei [redacted] in der Besetzung der ersten Einigungsstellensitzung vom 14. Dezember 1998 stattgefunden.

Der zwischenzeitlich von Herrn Rechtsanwalt [redacted] nach der von den Betriebspartnern entwickelten Vorvereinbarung erarbeitete weitere Sozialplan-Entwurf wurde von der Einigungsstelle durchgesprochen und in weiteren Punkten erörtert und einer Einigung zugeführt, nachdem auch insoweit Übereinstimmung erzielt worden war, dass bei einem einvernehmlichen Ausscheiden eines Mitarbeiters vor dem 31.03.1999 ein tariflicher Rückforderungsanspruch betreffend Weihnachtsgeld/Sonderzahlung nicht bestehe.

Frau Zimmerling überreichte zwei Arbeitnehmerlisten, bestehend aus jeweils vier Seiten, beinhaltend verschiedene Arbeitnehmerdaten und bezifferte Abfindungs- bzw. Leistungspositionen, enthaltend u.a. einen abschließenden Gesamtbetrag in Höhe von 1.300.305,72 DM. Diese zwischen den Betriebspartnern erarbeiteten Listen wurden allseits zustimmend zur Kenntnis genommen und verbleiben bei den Protokollunterlagen des Einigungsstellenvorsitzenden.

Der damit insgesamt abgestimmte Sozialplan wurde nunmehr in neun Ausfertigungen ausgedruckt, durchgesehen und unterschrieben, nachdem Herr Mario Heinevetter den Beschluss des Betriebsrates zur Einsicht vorgelegt hatte und nachdem Frau Zimmerling und Herr Dr. Schneider erklärt hatten, nach Satzung der AG seien zwei Vorstandsmitglieder verpflichtungsbefugt. Die Unterschriften für die Betriebspartner wurden von Frau Zimmerling, Herrn Dr. Schneider und Herrn Mario Heinevetter geleistet. Weiterhin unterschrieben auch die weiteren Mitglieder der Einigungsstelle.

Eine Ausfertigung des Sozialplans wurde vom Vorsitzenden zu den Einigungsstellenakten genommen, sechs Ausfertigungen wurden den Beisitzern der Einigungsstelle und je eine Ausfertigung der Geschäftsleitung und dem Betriebsrat ausgehändigt.

Für Geschäftsleitung und Betriebsrat wurde nunmehr nach erzielter Einigung folgende Erklärung abgegeben:

»Geschäftsleitung und Betriebsrat versichern abschließend nach erfolgreicher Verhandlung über Interessenausgleich und Sozialplan, sich dafür einzusetzen, dass der ordnungsgemäße Betriebsablauf bis zum 31.03.1999 wie bisher gewährleistet ist.«

Nunmehr wurde noch die Frage des Vorsitzendenhonorars nach dem Maßstab des § 76a BetrVG besprochen und einer Einigung auf den Betrag von 17.500 DM zugeführt.

Aschaffenburg, den 19. Dezember 1998

Das Gesamtergebnis der Verhandlungen mündete in dem geschlossenen Sozialplan: **119**

Sozialplan

zwischen

der Holfelder AG

vertreten durch den Vorstand, dieser vertreten durch die Mitglieder des Vorstands Dr. Wilhelm Schneider und Viktoria Zimmerling

– nachfolgend HAG genannt –

und

dem Betriebsrat des Betriebsteils Gießerei Braunstein

vertreten durch den Betriebsratsvorsitzenden Mario Heinevetter,

– nachfolgend Betriebsrat genannt –

1. Geltungsbereich

1.1 Leistungen nach diesem Sozialplan erhalten Mitarbeiterinnen und Mitarbeiter, die am Tag der Unterzeichnung des Sozialplans in einem unbefristeten Arbeitsverhältnis mit HAG standen und deren Arbeitsplatz von der zum 31.03.1999 geplanten Betriebsstillegung betroffen ist.
Die im Rahmen der Durchführung personeller Einzelmaßnahmen zur Wahrung der Rechte des Betriebsrats bestehenden Befugnisse bleiben von diesem Sozialplan unberührt, unbeschadet der Regelung in Ziff. 6 des Interessenausgleichs.

1.2 Leistungen nach den Bestimmungen dieses Sozialplans erhalten auch diejenigen Mitarbeiterinnen und Mitarbeiter, die erkennbar aus Anlass der Betriebsstillegung auf eigenen Wunsch nach dem 01.01.1999 bei HAG im Einvernehmen zwischen Geschäftsleitung und Betriebsrat ausscheiden.

1.3 Keine Leistung nach dieser Vereinbarung erhalten:

1.3.1 Mitarbeiter, die einen freien Arbeitsplatz bei HAG in Aschaffenburg erhalten oder ein Angebot bis zum 31.03.1999 über einen zumutbaren und vergleichbaren Arbeitsplatz in Aschaffenburg nicht annehmen.

1.3.2 Mitarbeiter, bei denen die Voraussetzungen für die Inanspruchnahme des Altersruhegelds aus der gesetzlichen Rentenversicherung bestehen.

1.3.3 Mitarbeiter, die wegen Erwerbsunfähigkeit aus den Diensten von HAG ausscheiden.

1.3.4 Mitarbeiter, denen durch HAG unter Beachtung von § 102 BetrVG aus einem verhaltensbedingten Grund fristlos oder fristgerecht gekündigt wird oder mit denen aus diesen Gründen ein Aufhebungs- oder Abwicklungsvertrag geschlossen wird.

1.3.5 Mitarbeiter, die vor dem Abschluss des Interessenausgleichs eine Eigenkündigung ausgesprochen haben.

1.4 Mitarbeiterinnen und Mitarbeiter, die bei Beendigung ihres Arbeitsverhältnisses das 58. Lebensjahr vollendet haben, erhalten keine Abfindung gem. Ziff. 4.1. Diesen Mitarbeitern wird nach dem Ausscheiden ein Zuschuss zum Arbeitslosengeld gewährt bis zu dem Zeitpunkt, ab dem sie Altersruhegeld beziehen können. Der Zuschuss wird so bemessen, dass er zusammen mit dem Arbeitslosengeld

- in den ersten zwölf Monaten nach dem Ausscheiden des Mitarbeiters 85 % des letzten Nettoeinkommens,
- in den nächsten zwanzig Monaten nach dem Ausscheiden des Mitarbeiters 80 % des letzten Nettoeinkommens,

jeweils berechnet entsprechend Ziffer 4.3.3., abdeckt.
Der Zuschuss wird im Voraus berechnet und im Dezember 1998 als Abfindung im Rahmen der steuer- und sozialversicherungsrechtlichen Vorschriften als Einmalbetrag gezahlt.

1.5 Mitarbeiter, die sich in einem befristeten Arbeitsverhältnis befinden, erhalten keine Abfindung gem. Ziffer 4. Statt dessen erhalten Mitarbeiter in befristeten Arbeitsverhältnissen einen Abfindungsbetrag von 4.000 DM.

2. Sonstige allgemeine Bestimmungen

2.1 Die über die Abfindungsregelung ausscheidenden Mitarbeiter erhalten zur Suche eines neuen Arbeitsplatzes eine angemessen bezahlte Freistellung von der Arbeit.

2.2 HAG verzichtet nach dem 31.03.1999 auf die Einhaltung der Kündigungsfrist, wenn die Mitarbeiterin oder der Mitarbeiter dies im Hinblick auf die Aufnahme einer anderweitigen Tätigkeit wünscht.

2.3 Stichtag für die Ermittlung und Berechnung von Leistungen aus diesem Sozialplan ist der Tag der Unterzeichnung des Sozialplans.

2.4 Die von HAG nach diesem Sozialplan zu zahlenden Abfindungen sind bis zum 31.12.1998 fällig und bis zu diesem Tage zu zahlen.
Eine im Rahmen eines Kündigungsschutzverfahrens festgesetzte oder vereinbarte Abfindung wird auf die Leistungen aus dieser Vereinbarung angerechnet.

2.5 Soweit auf Leistungen aus diesem Sozialplan Steuern und Sozialversicherungsbeiträge zu entrichten sind, sind diese unter Beachtung zwingender gesetzlicher Vorschriften von der Mitarbeiterin oder vom Mitarbeiter zu zahlen.

2.6 Die Mitarbeiter werden darauf hingewiesen, dass verbindliche Auskünfte über die wirtschaftlichen Auswirkungen von Aufhebungs- und Abwicklungsverträgen nur von dem Wohnsitz-Finanzamt, dem Wohnsitz-Arbeitsamt sowie den Rentenversicherungsträgern erteilt werden.

3. Arbeitsplatzwechsel nach Aschaffenburg

3.1 Sollte einer Mitarbeiterin oder einem Mitarbeiter ein in Aschaffenburg frei gewordener oder frei werdender Arbeitsplatz, der der Qualifikation der Mitarbeiterin oder des Mitarbeiters entspricht, angeboten werden, und sollte die Mitarbeiterin oder der Mitarbeiter dieses Angebot annehmen, werden der Mitarbeiterin oder dem Mitarbeiter bis zur Dauer eines Jahres die Fahrtkosten für öffentliche Verkehrsmittel von Braunstein nach Aschaffenburg erstattet.
Der Mitarbeiterin oder dem Mitarbeiter ist Gelegenheit zu geben, sich an Ort und Stelle in Aschaffenburg über den Arbeitsplatz und die dort üblichen Arbeitsbedingungen zu unterrichten. Zur Annahme des Angebots ist eine Überlegungsfrist von mindestens sieben Arbeitstagen einzuräumen. Über die Eignung der Mitarbeiterin oder des Mitarbeiters für den in Aussicht genommenen Arbeitsplatz entscheiden die Personalverantwortlichen in Aschaffenburg.

3.3 Erfolgt durch den Arbeitgeber nach einem Arbeitsplatzwechsel nach Aschaffenburg eine betriebsbedingte oder personenbedingte Kündigung innerhalb von zwölf Monaten nach Übernahme des neuen Arbeitsplatzes durch den Mitarbeiter oder die Mitarbeiterin, so findet weiterhin für diese Mitarbeiterin oder diesen Mitarbeiter der vorliegende Sozialplan Anwendung. Die Mitarbeiterin oder der Mitarbeiter sind *hinsichtlich der Bruttoabfindung* gemäß diesem Sozialplan so zu stellen, als sei keine Annahme eines Arbeitsplatzangebots nach Aschaffenburg erfolgt.

3.4 Umschüler erhalten zunächst die volle Abfindung gem. Ziff. 4. Wird ein Umschulungsverhältnis im Stammwerk Aschaffenburg im Jahre 1999 begründet, ist die Abfindung in Höhe von 50 % der Brutto-Abfindung bis zum 31.12.1999 zurückzuzahlen. Die Regelungen in Ziff. 3 gelten sinngemäß auch für Mitarbeiter, die gem. Ziff. 5.4 des Interessenausgleichs umgeschult werden oder die einen Arbeitsplatz im Ersatzteillager nach Maßgabe von Ziff. 5.5 des Interessenausgleichs erhalten.

4. Abfindungen

4.1 Mitarbeiter, die nicht unter Ziff. 1.3, 1.4 *und 1.5* fallen, und die durch Kündigung, Aufhebungsvertrag oder Abwicklungsvertrag bei der Gießerei Braunstein von HAG ausscheiden, erhalten eine Abfindung für den Verlust des Arbeitsplatzes, nach folgender Maßgabe:
Die Höhe der Abfindung errechnet sich durch Multiplikation des für die Mitarbeiterin oder den Mitarbeiter maßgeblichen Monatsbetrages i.S.v. Ziff. 4.3.3 mit dem sich aus der Anlage 1 ergebenden Multiplikator.
Bei Teilzeitkräften wird die Abfindung anteilig entsprechend ihrer monatlichen Arbeitszeit im Verhältnis zur tarifvertraglichen Arbeitszeit der vollbeschäftigten Mitarbeiter gekürzt.

4.2 Abfindungsberechtigte i.S.v. Ziff. 4.1 und Berechtigte i.S.v. 1.4 erhalten zusätzlich einen Basisabfindungsbetrag in Höhe von 10.000 DM, Teilzeitbeschäftigte in Höhe von 5.000 DM. Für jedes der Personalabteilung am 18.12.1998 bekannte unterhaltsberechtigte Kind erhält der Mitarbeiter oder die Mitarbeiterin einen Zuschlag auf die Abfindung in Höhe von 5.000 DM. Bei Schwerbehinderten wird die Abfindung um 11.000 DM erhöht.

4.3 Begriffsbestimmungen

4.3.1 Lebensalter ist die Anzahl der Lebensjahre, die die Mitarbeiterin oder der Mitarbeiter erreicht hat (1998 minus Geburtsjahr).

4.3.2 Betriebszugehörigkeit ist die Anzahl der Dienstjahre, die die Mitarbeiterin oder der Mitarbeiter erreicht hat (1998 minus Eintrittsjahr).

4.3.3 Als Monatsbetrag ist der Betrag anzusehen, der der derzeitigen tariflichen Einstufung (Arbeitnehmer-Brutto) im November 1998 entspricht, ohne Leistungs-, Schmutz-, Gießereizulage oder sonstige Zulagen. Mehrarbeitsvergütungen und einmalige Zahlungen – gleich welcher Art – bleiben unberücksichtigt.

4.3.4 Als Schwerbehinderte gelten Mitarbeiter mit einer Behinderung gem. § 1 SchwbG. Die Schwerbehinderung wird aber nur dann bei der Berechnung der Abfindung berücksichtigt, wenn HAG am Tag der Unterzeichnung des Sozialplans ein feststellender Bescheid vorliegt.

4.4 Die Betriebspartner vereinbaren zugunsten der betroffenen Angehörigen aller Mitarbeiterinnen und Mitarbeiter, dass der Abfindungsanspruch ab dem Tage der Unterzeichnung des Sozialplans entstanden und vererbbar ist.

5. Sonstige Leistungen

5.1 Unabhängig vom Termin des Ausscheidens hat die Mitarbeiterin oder der Mitarbeiter für das Jahr des Ausscheidens Anspruch auf das Urlaubsgeld zum Zeitpunkt des Ausscheidens im Umfang des tariflichen Anspruchs.

5.2 Im Jahr des Ausscheidens erhalten die Mitarbeiter die tariflich vereinbarte vermögenswirksame Leistung bis zum Ausscheidenstag.

5.3 Soweit ein Anspruch auf Betriebsrente entstanden ist, erhalten ausscheidende Mitarbeiter innerhalb von acht Wochen nach dem Ausscheiden eine Unverfallbarkeitserklärung und, nach Vorlage der Rentenunterlagen, einen Bescheid über die Versorgungsansprüche.

6. Schlussbestimmungen

6.1 Dieser Sozialplan hat eine Laufzeit bis zum 31.12.2002. Für Mitarbeiterinnen und Mitarbeiter, mit denen zu diesem Zeitpunkt noch ein Kündigungsschutzprozess oder ein anderes arbeitsgerichtliches Verfahren über Leistungen aus diesem Sozialplan anhängig ist, verlängert sich die Laufzeit bis zum Ablauf von zwei Monaten nach rechtskräftigem Abschluss ihres Verfahrens.

6.2 Im Rahmen dieses Sozialplans auftretende grundsätzliche Meinungsverschiedenheiten, die sich bei der Anwendung ergeben, sind von der Geschäftsführung und dem Betriebsrat mit dem Ziel einer einvernehmlichen Lösung zu beraten.

6.3 HAG wird diese Vereinbarung am Schwarzen Brett aushängen, mit den Mitarbeitern beraten und sie über die Durchführung der sie betreffenden Maßnahmen in Kenntnis setzen.

6.4 Die in diesem Sozialplan geregelten Abfindungen werden von HAG bis zum 23.12.1998 den Banken zur Auszahlung angewiesen.

6.5 Diese Vereinbarung tritt am Tage ihrer Unterzeichnung in Kraft.

Aschaffenburg, den 19.12.1998

Vorstand Betriebsrat

Die übrigen Mitglieder der Einigungsstelle:

Protokollnotiz:

1. Das Arbeitsverhältnis von Herrn Klaus-Peter Weingartz wird mit einer sozialen Auslauffrist bis zum 31.03.1999 versehen.
2. Der Betriebsrat wird unverzüglich, bis spätestens Montag, den 21.12.1998, gegenüber der örtlichen Fürsorgestelle seine Stellungnahme abgeben. Die Betriebspartner erklären in diesem Zusammenhang, dass eine weitere Beschäftigungsmöglichkeit für die schwer behinderten Mitarbeiter in Aschaffenburg geprüft worden ist, jedoch nicht besteht.
3. Angesichts des im Zuge der Verhandlungen erweiterten Umfangs des Sozialplanvolumens und im Hinblick auf zusätzlich geschaffene, differenzierte Regelungen wie Schwerbehindertenzuschlag, Kinderzuschlag, Basiszuschläge sowie Abfindungen für Mitarbeiter in befristeten Arbeitsverhältnissen, haben die Betriebspartner auf Vorschlag des Betriebsrats von der Einrichtung eines Härtefonds abgesehen. Die Protokollnotiz Nr. 2 des Interessenausgleichs ist damit überholt.
4. Den Betriebspartnern ist bewusst, dass sie in Ziff. 4.2 des Sozialplans das Datum, zu dem die Mitarbeiter die berücksichtigungsfähigen, unterhaltsberechtigten Kinder dem Arbeitgeber bekannt zu geben haben, in Abweichung der Protokollnotiz Nr. 3 zum Interessenausgleich geregelt haben. Die Gründe ergaben sich aus dem Zeitdruck für die Personalabteilung von HAG, die, falls sie bis zum 21.12.1998 zuwarten müsste, keine fristgerechte Zahlung der Abfindungen hätte gewährleisten können.

Aschaffenburg, den 19.12.1998

Vorstand Betriebsrat

Die übrigen Mitglieder der Einigungsstelle:

§ 3 Grundlagen des Arbeitsrechts

Inhalt

A. Rechtsquellenpyramide

Das Arbeitsverhältnis ist ein auf Dauer angelegtes Schuldverhältnis, welches auf den Austausch abhängiger Arbeit gegen Entgelt gerichtet ist. Es wird durch einen zweiseitig abzuschließenden Arbeitsvertrag begründet, dessen dort bestimmte Rechte und Pflichten sich in einem **synallagmatischen Austauschverhältnis i.S.d. §§ 320 ff. BGB** befinden.[1] 1

Das Arbeitsrecht im Einzelnen zu regeln, liegt als Bestandteil der konkurrierenden Gesetzgebung in der primären Zuständigkeit des Bundes (§ 74 Nr. 12 i.V.m. § 72 GG).[2] Die hohe politische Bedeutung des Arbeitsrechts sowie die in der Natur der Sache liegenden Interessengegensätze haben es bis heute aber verhindert, dass dieser eine einheitliche Kodifikation des Arbeitsrechts im Rahmen eines Arbeitsvertragsgesetzes hat schaffen können.[3] Auch der gesamtdeutsche Gesetzgeber ist der ihm durch den Einheitsvertrag zugewiesenen Aufgabe zur Schaffung eines einheitlichen Arbeitsvertragsrechts nicht nachgekommen.[4] So verbleibt es dabei, dass das Arbeitsrecht einer Vielzahl von Rechtsquellen unterliegt, die wiederum in einem Rangverhältnis zueinander stehen (**Rangprinzip**). Das Rangverhältnis kann dem Grundsatz nach wie folgt skizziert werden: Das Dach aller das Arbeitsverhältnis bestimmenden Faktoren bildet mit dem Europäischen Gemeinschaftsrecht das Verfassungsrecht. Unter diesem Dach stehen in der Rangfolge zu berücksichtigender Rechtsquellen das einfache Recht des nationalen Gesetzgebers, der Tarifvertrag, Betriebs- sowie Dienstvereinbarungen, der Arbeitsvertrag sowie andere, vornehmlich durch die Rechtsprechung aus- und fortgebildete Rechtsquellen wie das Weisungsrecht des Arbeitgebers (nunmehr auch ausdrücklich geregelt in § 106 GewO), der Gleichbehandlungsgrundsatz oder die betriebliche Übung. 2

Während die letztbenannten Rechtsquellen die individualrechtliche Beziehung zwischen Arbeitgeber und Arbeitnehmer bestimmen, wirken die erstbenannten normativ, d.h. unmittelbar und zwingend auf die von der Regelung erfassten Arbeitsverhältnisse ein. Von dem dort Geregelten kann durch eine im Rangverhältnis nachrangige Rechtsquelle grundsätzlich nur abgewichen werden, wenn die ranghöhere Quelle bereits selbst wie etwa in den Fällen des § 622 Abs. 4 BGB, § 13 Abs. 1, 2 BUrlG, § 4 Abs. 4 EFZG, § 22 TzBfG, § 7 ArbZG oder den verschiedenen tarifvertraglichen Öffnungsklauseln dispositiv ausgestaltet ist.

Das Rangprinzip wird durch das **Günstigkeitsprinzip** als Auslegungsgrundsatz und Schranke der kollektivrechtlichen Regelungsbefugnis ergänzt. So ist ein Abweichen vom normativ Geregelten nur unter Berücksichtigung des Günstigkeitsprinzips möglich. Enthält die kollektivvertragliche Regelung für den Arbeitnehmer günstigere Bedingungen als die bereits im Arbeitsvertrag bestehende Regelung, wird letztere nicht unwirksam; sie kommt lediglich aufgrund des Vorrangs der günstigeren kollektivvertraglichen Regelung nicht zum Tragen und kann folglich erst wieder nach deren Außer-Kraft-Treten Bedeutung erlangen.[5] 3

Das BAG[6] sieht in dem in § 4 Abs. 3 TVG erwähnten Günstigkeitsprinzip einen umfassenden Grundsatz, der unabhängig von der Art der Rechtsquelle auch außerhalb des TVG Geltung beansprucht. Wenngleich die Begründung der allgemeinen Geltung des Günstigkeitsprinzips unterschiedlich ausfällt,[7] so steht doch fest, dass eine auf einer rangniedrigeren Ebene getroffene Regelung, soweit eine solche nicht von vornherein ausgeschlossen ist (vgl. z.B. § 77 Abs. 3, § 87 Abs. 1 BetrVG), die 3a

1 MünchArbR/*Richardi*, § 8 Rn 1 ff.

2 Für den Bereich des öffentl. Dienstes besteht eine ausschließl. Gesetzgebungszuständigkeit des Bundes für Rechtsverhältnisse der im Dienst des Bundes und der bundesunmittelbaren juristischen Personen des öffentl. Rechts (Art. 73 Nr. 8 GG); i.Ü. besitzt der Bund nur eine Rahmenkompetenz (Art. 75 Abs. 1 Nr. 1 GG).

3 Vgl. hierzu auch MünchArbR/*Richardi*, § 9 Rn 18 ff., 21 ff., 25 f.

4 Zu etwaigen Vorschlägen für eine Kodifikation des Arbeitsvertragsrechts vgl. *Buchner*, DB 1992, 1930; *Wank*, BB 1992, 1993; *Weber*, BB 1992, 1345.

5 BAG, Urt. v. 21.09.1989, NZA 1990, 351.

6 BAG GS, Beschl. v. 16.09.1986, AP Nr. 17 zu § 77 BetrVG.

7 Vgl. dazu Nachw. bei BAG (GS), Beschl. v. 16.09.1986, AP Nr. 17 zu § 77 BetrVG, unter II 3 a.

ranghöhere abbedingen kann, wenn sie den Arbeitnehmer begünstigt und damit besser schützt.[8] Dabei geht das BAG[9] von einem Sachgruppenvergleich aus, indem es sachlich sich entsprechende Regelungen unter Zugrundelegung eines objektiven Vergleichsmaßstabes miteinander in Bezug setzt. Maßgebend ist insofern, dass die Bestimmungen denselben Gegenstand betreffen.[10] Lässt sich dies nicht hinreichend bestimmen, kann hilfsweise auch die Verkehrsanschauung herangezogen werden.[11] Während im Regelfall auf das Interesse des einzelnen Arbeitnehmers an der jeweils getroffenen Regelung abzustellen ist, hat das BAG[12] für den Fall einer verschlechternden Betriebsvereinbarung einen kollektiven Günstigkeitsvergleich anerkannt. Danach können vertraglich begründete Ansprüche von Arbeitnehmern auf Sozialleistungen, die auf eine vom Arbeitgeber gesetzte Einheitsregelung oder Gesamtzusage zurückgehen, durch eine nachfolgende Betriebsvereinbarung in den Grenzen von Recht und Billigkeit beschränkt werden, wenn die Geschäftsgrundlage für die zugesagte Leistung gestört ist, der Arbeitgeber sich ihren Widerruf vorbehalten hat, sie unter den Vorbehalt einer abändernden Neuregelung durch Betriebsvereinbarung gestellt wurde oder die Neuregelung insgesamt bei kollektiver Betrachtung nicht ungünstiger ist.[13] Ist die nachfolgende Betriebsvereinbarung ungünstiger und hat sich der Arbeitgeber nicht den Widerruf der individuell gewährten günstigeren Leistung vorbehalten,[14] muss er sich der allgemeinen arbeitsrechtlichen Gestaltungsmöglichkeiten (Änderungsvertrag, Änderungskündigung, Vertragsanpassung nach den Grundsätzen des Wegfalls der Geschäftsgrundlage) bedienen, um sich von der Pflicht zur Absicherung des zugesagten Leistungsniveaus zu entledigen. Allgemein wird daher empfohlen, individualrechtlich gewährte Leistungen unter den Vorbehalt sog. Betriebsvereinbarungsöffnungsklauseln zu stellen.[15]

4 Innerhalb derselben Rangstufe von Rechtsquellen ist das Nebeneinander anwendbarer Regelungen durch den **Grundsatz der Spezialität** aufzulösen. Nach dem **Ablöseprinzip** kann im Übrigen für Zweifelsfälle davon ausgegangen werden, dass eine später entstandene Regelung der früher zum gleichen Sachverhalt getroffenen vorgeht.[16] Im Rahmen des § 613a Abs. 1 BGB gilt dies auch, wenn die ablösende Neuregelung für den Arbeitnehmer, in dessen Individualvertrag das früher durch Kollektivvertrag geregelte Günstigere über § 613a Abs. 1 Satz 2 BGB fortwirkt, ungünstiger ist.[17] Dabei ist es als ausreichend anzusehen, wenn die Neuregelung erst nach dem Betriebsübergang geschaffen wird und nicht bei dem Betriebsübergang bereits vorhanden ist.[18] Dies folgt aus dem Zweck der Regelung des § 613a Abs. 1 BGB, der darauf gerichtet ist, den Kollektivschutz einerseits zu erhalten (Schutzfunktion) und andererseits betriebseinheitliche Arbeitsbedingungen zu ermöglichen (Ordnungsfunktion).[19]

5 Wenngleich im Folgenden lediglich auf die durch Gesetzgeber, Tarif- und Betriebsparteien sowie die sich unmittelbar aus dem Arbeitsverhältnis selbst ergebenden Rechtsquellen eingegangen wird,

8 BAG (GS), Beschl. v. 16.09.1986, AP Nr. 17 zu § 77 BetrVG.

9 BAG, Beschl. v. 20.04.1999, AP Nr. 89 zu Art. 9 GG; zur Krit. hieran vgl. u.a. *Buchner*, NZA 1999, 897 ff.; *Heinze*, NZA 1991, 329 ff.; *ders.*, SGb 2000, 244 f.; *Natzel*, NZA 2003, 835 ff.; *ders.*, ZfA 2003, 103 ff. (131 ff.).

10 Einen anderen Maßstab, nämlich den des § 121 SGB III wählt *Heinze*, SGb 2000, 244 f., indem er die Frage stellt, ob (beschäftigungserhaltende) Arbeitsverträge, die den Zumutbarkeitskriterien des § 121 SGB III entsprechen, nicht günstiger für den Arbeitnehmer sind, wenn anderenfalls Arbeitslosigkeit mit Sperrfrist droht.

11 BAG, Urt. v. 23.05.1984, AP Nr. 9 zu § 339 BGB.

12 BAG GS, Beschl. v. 16.09.1986, AP Nr. 17 zu § 77 BetrVG, dem Grundsatz nach bestätigt durch BAG, Beschl. v. 17.06.2003, DB 2004, 714 f.

13 BAG, Urt. v. 23.10.2001, DB 2002, 1383, bestätigt durch BAG, Beschl. v. 17.06.2003, DB 2003, 714 f.

14 Zur Vorbehaltserklärung angesichts des neuen § 308 Nr. 4 BGB vgl. auch *Lingemann*, NZA 2002, 190, sowie ferner § 5 Rn 153.

15 Vgl. hierzu *Hümmerich*, AnwaltFormulare Arbeitsrecht, § 1 Rn 661 ff.

16 So z.B. BAG, Urt. v. 10.08.1994, DB 1995, 480; v. 05.10.2000, DB 2001, 1563; v. 15.11.2000, NZA 2001, 1412; v. 14.08.2001, DB 2002, 380 ff.

17 BAG, Urt. v. 05.10.2000, DB 2001, 1563; v. 15.11.2000, NZA 2001, 1412; v. 14.08.2001, DB 2002, 380 ff.

18 BAG, Urt. v. 20.04.1994, AP Nr. 108 zu § 613a BGB; v. 14.01.2001, DB 2002, 380 ff.; *Wank*, NZA 1987, 510 ff.

19 BAG, Urt. v. 21.02.2001, AP Nr. 20 zu § 4 TVG; v. 14.08.2001, DB 2002, 380 ff.

sei auf eine Quelle vorab hingewiesen, die keine Rechtsquelle im eigentlichen Sinne darstellt, der aber mangels Kodifikation eines einheitlichen Arbeitsvertragsrechts eine ebenbürtige Wirkung zukommt, nämlich das **Richterrecht**.[20] Es hat die Aufgabe der Auflösung von Interessenkonflikten und der Auslegung von Rechtsnormen. Nicht jedoch darf es der ersetzenden Normsetzung dienen. Insofern ist gerade auch im Hinblick auf die Feststellung auslegungsbedürftiger Regelungslücken Zurückhaltung geboten. Dies gilt vornehmlich auch für kollektivvertragliche Regelungen, die regelmäßig ein Ergebnis der Kompromisssuche darstellen, weshalb im Zweifelsfall bei Fehlen einer Regelung auch vom Fehlen einer entsprechenden Einigung auszugehen ist.[21]

I. Europäisches Gemeinschaftsrecht

Der Begriff des **europäischen Arbeitsrechts** umfasst alle arbeitsrechtlich relevanten Regelungen 6
des Europarats wie bspw. die Europäische Sozialcharta. Auch das im Folgenden zu behandelnde, durch die Europäische Union gesetzte **supranationale Arbeitsrecht** ist unbeschadet seiner andersartigen rechtlichen Struktur als Teil des europäischen Arbeitsrechts anzusehen.[22] Sie werden unbeschadet der noch im Folgenden darzustellenden Grundsätze der Subsidiarität und des Übermaßverbots allgemein als Dach der Normenpyramide angesehen.[23]

Der neu gefasste Vertrag zur Gründung der Europäischen Gemeinschaft hat die Zuständigkeit 7
des Europäischen Gesetzgebers im Bereich der Arbeits- und Sozialpolitik erheblich ausgeweitet. Zugleich wurde über Art. 5 EGV durch Festschreibung des **Prinzips der Subsidiarität** eine klare Kompetenzabgrenzung in der Zuständigkeit des europäischen zum nationalen Normsetzer getroffen: Danach wird die Gemeinschaft innerhalb der Grenzen der ihr im EGV zugewiesenen Befugnisse und gesetzten Ziele tätig. Insofern geht der Vertrag vom Prinzip begrenzter Einzelzuständigkeiten aus. In Bereichen, die nicht in die ausschließliche Zuständigkeit der Gemeinschaft fallen, kann diese nach dem Subsidiaritätsprinzip nur tätig werden, sofern und soweit die Ziele der in Betracht gezogenen Maßnahmen auf Ebene der Mitgliedsstaaten nicht ausreichend sind und daher wegen ihres Umfangs oder ihrer Wirkungen besser auf Gemeinschaftsebene erreicht werden können. Das Subsidiaritätsprinzip wird durch das ebenfalls in Art. 5 EGV niedergelegte **Übermaßverbot** ergänzt, nach dem Maßnahmen der Gemeinschaft nicht über das für die Erreichung der Ziele des Vertrags erforderliche Maß hinausgehen dürfen. Das BVerfG sieht in dem Prinzip der begrenzten Einzelzuständigkeiten und dem Subsidiaritätsprinzip wesentliche Kriterien für die Abgrenzung zwischen supranationaler und nationaler Normsetzung.[24] Danach ist eine europäische Normsetzung auf dem Gebiet des Arbeits- und Sozialrechts als unzulässig anzusehen, wenn und soweit die Vertragsziele nicht reichen bzw. die ausdrückliche Kompetenz zur Normsetzung nicht hinreichend legitimiert ist. Dies wird bei Rechtsetzungsakten der Gemeinschaft ebenso wie deren Messung an den Grundsätzen des Subsidiaritätsprinzips und des Übermaßverbots zu berücksichtigen sein.[25] Nur soweit die nationale Arbeitsrechtspolitik nicht in der Lage ist, arbeitsrechtlich angemessene Lösungen zu schaffen, kann der Gemeinschaft eine Zuständigkeit erwachsen.[26] Diese Aussage ist nicht etwa von rein rechtstheoretischem Erkenntniswert; sie schränkt vielmehr auch die Auslegungsmöglichkeiten von Arbeitsgerichten unter Berufung auf Akte der Gemeinschaft ein. Zu Recht hat daher *Heinze*[27] darauf hingewiesen, dass die Arbeitsgerichte gehalten sind, Entscheidungen nach Maßgabe einer peripheren, systematischen und teleologischen Interpretation zu treffen. Ihnen ist es verwehrt, eine

20 Zum Richterrecht als »arbeitsrechtliche Besonderheit« i.S.d. § 310 Abs. 4 BGB vgl. *Thüsing* in: *Graf v. Westphalen*, Vertragsrecht und AGB-Klauselwerke, Stichwort: Arbeitsverträge Rn 43.
21 Vgl. insofern auch *Herschel*, FS Molitor, S. 192; MünchArbR/*Richardi*, § 9 Rn 43 ff.
22 MünchArbR/*Birk*, § 18 Rn 1.
23 So ErfK/*Preis*, § 611 BGB Rn 248; vgl. ferner hierzu: EuGH v. 15.07.1964, Slg 64, 1251.
24 BVerfG, Entsch. v. 12.10.1993, NJW 1993, 3047 ff.
25 Vgl. auch KassKomm/*Heinze*, Abschn. 12 Rn 38 ff.
26 KassKomm/*Heinze*, Abschn. 12 Rn 41.
27 KassKomm/*Heinze*, Abschn. 12 Rn 42.

vom nationalen Gesetzgeber durch eine eindeutige, nicht auslegungsfähige Regelung umgesetzte Richtlinie europarechtskonform umzuinterpretieren oder gar aufzuheben.[28]

8 Innerhalb des Gemeinschaftsrechts wird zwischen **primärem Recht**, das unmittelbar durch die Gemeinschaftsverträge[29] gesetzt wird, und **sekundärem Recht** unterschieden, das von den Gemeinschaftsorganen in Form von Verordnungen, Richtlinien, Entscheidungen, Empfehlungen oder Stellungnahmen ergeht. Art. 137 EGV enthält einen Katalog einzelner Zuständigkeitsbereiche.[30] Ausgenommen von der Zuständigkeit der Gemeinschaft werden über Art. 137 Abs. 6 EGV Fragen des Arbeitsentgelts, das Koalitionsrecht, das Streik- sowie das Aussperrungsrecht.

9 Im **Primärrecht** der Europäischen Union sind die Art. 39–42 EGV von maßgeblicher arbeitsrechtlicher Relevanz. Dort werden unter anderem die **Freizügigkeit der Arbeitnehmer** (Art. 39 Abs. 1) sowie das Verbot der Diskriminierung aufgrund der Staatsangehörigkeit (Art. 39 Abs. 2) geregelt.[31] Art. 141 EGV verpflichtet jeden Mitgliedsstaat zur **Gleichbehandlung von Frauen und Männern** bei der Vergütung von Arbeit.[32]

10 Was dem **Sekundärrecht** zuzurechnen ist, wird in Art. 249 EGV geregelt. Danach können das Europäische Parlament und der Rat gemeinsam, der Rat und die Kommission zur Erfüllung ihrer Aufgaben nach Maßgabe des Vertrages Verordnungen, Richtlinien und Entscheidungen erlassen sowie Empfehlungen aussprechen oder Stellungnahmen abgeben. **Verordnungen** haben allgemeine Geltung und entfalten wie ein Gesetz unmittelbare Wirkungen in den jeweiligen Mitgliedsstaaten; sie können daher unmittelbar in das nationale Arbeitsrecht der Mitgliedstaaten eingreifen, ohne dass es eines Umsetzungsaktes durch den nationalen Gesetzgeber bedarf (Art. 249 Abs. 2 EGV).[33] Sie bilden damit eine unmittelbare Rechtsquelle für Rechte und Pflichten; entgegenstehende nationale Bestimmungen sind »ohne weiteres unanwendbar«.[34] **Richtlinien** bedürfen demgegenüber stets einer Umsetzung durch den nationalen Gesetzgeber, der insofern in der Wahl der Form und Mittel zur Verwirklichung des Richtlinienziels frei ist (Art. 249 Abs. 3 EGV).[35] Ausnahmsweise können sie dann unmittelbare Wirkung entfalten, wenn sie einen Sachverhalt erschöpfend regeln und der nationale Gesetzgeber die Anpassung seines nationalen Rechts nicht fristgerecht und damit rechtswidrig nicht vorgenommen hat.[36] Aber auch dann greift die Richtlinienwirkung nur gegenüber dem Staat, nicht jedoch im Verhältnis von Privaten untereinander.[37] Dem Einzelnen gegenüber, dem mangels Umsetzung einer Richtlinie ein bezifferbarer Schaden entsteht, kann allenfalls ein Schadensersatzanspruch gegen den untätigen Mitgliedstaat erwachsen, soweit dessen Umsetzungsverschulden hinreichend qualifiziert ist.[38] Mittelbar wirken die Richtlinien insofern, als das nationale

28 So auch BAG, Beschl. v. 18.02.2003, DB 2003, 1387; vgl. hierzu auch *Kerwer*, NZA 2002, 1316 ff.

29 Das sind die Gründungsverträge zur EG einschließl. Anlagen, Anhänge, Protokolle sowie deren späteren Ergänzungen und Änderungen.

30 Vgl. hierzu i.E.: MünchArbR/*Birk*, § 18 Rn 30 ff.

31 Dazu: KassKomm/*Heinze*, Abschn. 12 Rn 60 ff.

32 Dazu: KassKomm/*Heinze*, Abschn. 12 Rn 71 ff., der zugleich darauf verweist, dass sonstige Arbeitsbedingungen nicht durch Art. 119 EGV erfasst werden.

33 Vgl. insofern etwa die Verordnung Nr. 2157/2001 v. 08.10.2001 über das Statut der Europäischen Gesellschaft, ABl EG Nr. 294, S. 1 ff.

34 So ausdrückl. EuGH, Urt. v. 09.03.1978, NJW 1978, 1741 f.; vgl. ferner EuGH, Urt. v. 14.12.1971, EuGHE 17, 1039 ff.

35 Zu nennen wären in diesem Zusammenhang bspw. die Nachweisrichtlinie 91/5333/EWG v. 14.10.1991, EAS A3330, die Arbeitszeitrichtlinie 93/104/EWG v. 23.11.1991, EAS A3020, die Massenentlassungsrichtlinie 75/129/EWG v. 17.02.1975, EAS A3020, die Betriebsübergangsrichtlinie 77/187/EWG v. 14.02.1977, EAS A3040, die Richtlinien zur Anwendung des Gleichbehandlungsgrundsatzes (Richtl. 2000/43/EG) v. 29.06.2000, ABl EG Nr. L 180, S. 22 ff., sowie zur Festlegung eines allg. Rahmens für die Verwirklichung des Gleichbehandlungsgrundsatzes in Beschäftigung und Beruf (Richtl. 2000/78/EG) v. 27.11.2000, ABl EG Nr. L 303, S. 16 ff., oder die Richtlinie zur Festlegung eines allgemeinen Rahmens für die Unterrichtung und Anhörung der Arbeitnehmer in der Europäischen Gemeinschaft (Richtl. 2002/14/EG) v. 11.03.2002, ABl EG Nr. L 80, S. 29. Diese Richtlinien werden ergänzt durch zahlreiche Rahmenrichtlinien im Bereich des technischen und sozialen Arbeitsschutzes.

36 Vgl. i.E. KassKomm/*Heinze*, Abschn. 12 Rn 56.

37 BAG, Beschl. v. 18.02.2003, DB 2003, 1387; *Kerwer*, NZA, 2002, 1318.

38 EuGH, Urt. v. 30.09.2003, EWS 2004, 19.

Recht der richtlinienkonformen Interpretation unterliegt.[39] Dabei ist der Bedeutung der nationalen Rechts- und Verwaltungsvorschriften unter Berücksichtigung ihrer Auslegung durch die nationalen Gerichte Rechnung zu tragen.[40] Für die Arbeitsgerichtsbarkeit bedeutet dies, dass sie gehalten ist, einen richtlinienkonformen Zustand nur im Rahmen des Spielraums herstellen können, den ihnen das nationale Recht gibt. Sie ist also nicht befugt, entgegen der nationalen Regelung zu entscheiden, um diese in Einklang mit der Richtlinie zu bringen. Hält sie eine nationale Regelung für unvereinbar mit dem Gemeinschaftsrecht, kann sie diese somit nicht für nichtig, sondern lediglich für unanwendbar erklären. Im Übrigen hat sie nur dort einen Raum für eine richtlinienkonforme Auslegung, wo Wortlaut, Entstehungsgeschichte, Gesamtzusammenhang sowie Sinn und Zweck eines Gesetzes mehrere Deutungsmöglichkeiten zulassen.[41] Keine normative Wirkung kommt **Entscheidungen, Empfehlungen** und **Stellungnahmen** zu. Entscheidungen sind lediglich für denjenigen verbindlich, an den sie gerichtet sind. Empfehlungen und Stellungnahmen gewinnen nur dann eine rechtliche Bedeutung, soweit sie der Auslegung unbestimmter Rechtsbegriffe dienen.

Der **Europäische Gerichtshof** (EuGH) wird auf Antrag der Kommission tätig, soweit nach deren 11
Auffassung ein Mitgliedsstaat gegen eine Verpflichtung aus dem EGV verstößt (Art. 226 EGV). Im Wege einer Vorabentscheidung kann er durch ein nationales Gericht zur Frage der Auslegung des Vertrags oder des auf ihm beruhenden Sekundärrechts angerufen werden (Art. 234 EGV). Voraussetzung einer Vorlage zur Vorabentscheidung ist die Entscheidungserheblichkeit der Auslegung des Gemeinschaftsrechts sowie ernsthafte Zweifel des vorlegenden Gerichts an der in Aussicht genommenen Auslegung, was wiederum einen Auslegungsspielraum voraussetzt.[42] Die nationalen Gerichte sind zur Vorlage verpflichtet, auch wenn deren Entscheidung selbst nicht mit Rechtsmitteln angefochten werden kann. Eine zu Unrecht unterlassene Vorlage durch das letztinstanzliche Gericht stellt eine Verletzung des Recht auf den gesetzlichen Richter (Art. 101 Abs. 1 Satz 2 GG) dar.[43] Wird der EuGH angerufen, ist es ihm verwehrt, über die Wirksamkeit oder die Auslegung nationalen Rechts und die Umsetzung der Richtlinie zu entscheiden. Seine Kompetenz liegt damit in Interpretationsfragen zu einer Richtlinie oder des EG-Vertrags.

II. Verfassungsrecht

Die ranghöchste innerstaatliche Rechtsquelle bildet das Grundgesetz und hier vor allem die in 12
Art. 1 bis 19 niedergeschriebenen **Grundrechte**. Auch wenn diese vorrangig als Abwehrrechte gegenüber dem Staat fungieren, strahlen sie in ihrer Wirkung auf das Arbeitsrecht aus, indem sie Ordnungsgrundsätze des sozialen Lebens beinhalten, die in einem aus dem Grundrecht näher zu entwickelnden Umfang unmittelbare Bedeutung auch für den Rechtsverkehr der Bürger untereinander haben.[44] Auch die normsetzend tätigen Tarifvertragsparteien haben die Grundrechte zu berücksichtigen. Umstritten ist lediglich die Intensität der Grundrechtsbindung.[45] Während die bisherige Rechtsprechung eher von einer unmittelbaren Bindung an die Grundrechte ausging,[46] unterstellt sie nunmehr zunehmend eine mittelbare Grundrechtsbindung. Wie dem auch sei: Fest steht, dass die in den Grundrechten zum Ausdruck kommenden objektiven Wertentscheidungen auf das Arbeitsrecht

39 EuGH, Urt. v. 13.11.1990, EAS C EG-Vertrag Art. 189 Nr. 8; BAG, Urt. v. 05.03.1996, AP Nr. 226 zu Art. 3 GG; BAG, Beschl. v. 02.04.1996, DB 1996, 1725; vgl. dazu grundlegend *Franzen*, Privatrechtsangleichung durch die EG, 1999, S. 321 ff.

40 Vgl. auch *Thüsing*, BB 2002, 830, unter Berufung auf EuGH, Urt. v. 24.01.2001, Rs. 372/99.

41 Vgl. auch BAG, Beschl. v. 18.02.2003; DB 2003, 1387; ferner: *Kerwer*, NZA 2002, 1316 ff.

42 MünchArbR/*Birk*, § 19 Rn 130.

43 BVerfG, Beschl. v. 22.10.1986, BVerfGE 73, 339.

44 BAG, Urt. v. 10.11.1955, AP Nr. 2 zu § 611 BGB Beschäftigungspflicht, v. 17.12.1957, AP Nr. 2 zu § 13 KSchG; v. 25.01.1963, AP Nr. 77 zu Art. 3 GG.

45 Vgl. hierzu ausführlich *Säcker/Oetcker*, Grundlagen und Grenzen der Tarifautonomie, S. 242 ff.; *Zachert*, AuR 2002, 41 ff.; *ders.*, AuR 2002, 330 ff.

46 So BAG, Urt. v. 15.01.1955, NJW 1955, 684; v. 13.05.1997, NZA 1997, 1292; v. 04.04.2000, RdA 2001, 110.

einwirken und deshalb zu beachten sind.[47] Der Gestaltungsfreiheit von Tarifvertragsparteien sind damit Grenzen gesetzt.[48] Gleichermaßen sind auch die Betriebsparteien an die in den Grundrechten zum Ausdruck kommenden Wertentscheidungen gebunden, wie auch der in § 75 Abs. 1 BetrVG enthaltene Hinweis auf die »Grundsätze von Recht und Billigkeit« belegt.[49]

13 Seine Ausstrahlung entfaltet das GG insbesondere durch **Art. 1 (Menschenwürde)** und **Art. 2 (freie Entfaltung der Persönlichkeit)**. Aus dem hierin verbürgten Schutz der Persönlichkeit hat das BAG einen Beschäftigungsanspruch des Arbeitnehmers gegen seinen Arbeitgeber abgeleitet.[50] Der Schutz der Persönlichkeit umschließt auch das Recht auf informationelle Selbstbestimmung.[51] Vor allem findet aber auch die **Privatautonomie** durch diese Grundrechte ihre rechtliche Grundlage. In diese kann nach der Rechtsprechung des BVerfG[52] nur eingegriffen werden, wenn das Prinzip freier Selbststeuerung und damit die Privatautonomie selbst versagt. Daraus folgt zugleich auch, dass Rechtssetzung wie -anwendung den in der individuell getroffenen Regelung zum Ausdruck kommenden Willen zu respektieren haben und allenfalls inhaltlich regulierend tätig werden dürfen.[53] Der in **Art. 3 GG (Gleichheitssatz)** verbürgte Gleichbehandlungsgrundsatz gebietet die gleiche Vergütung gleicher Arbeit und verbietet jede ungleiche Behandlung von Arbeitnehmern, die nicht von einem sachlichen Grund getragen ist.[54] In **Art. 4 GG (Glaubens-/Meinungsfreiheit)** ist insbesondere auch eine Schranke für die Ausübung des arbeitgeberseitigen Direktionsrechts zu sehen. Dabei wirken die Grundrechte über § 106 GewO in die danach im Rahmen der Billigkeitsprüfung vorzunehmende Interessenabwägung ein. Der Arbeitnehmer darf somit nicht zu Tätigkeiten verpflichtet werden, die ihn in einen Gewissenskonflikt bringen.[55] Gleichfalls kann der Arbeitnehmer deshalb nicht entgegen seinem Willen zur Streikarbeit herangezogen werden.[56] Aus dem Grundrecht auf Glaubensfreiheit kann jedoch kein Recht auf Gebetspausen während der Arbeitszeit abgeleitet werden, wenn hierdurch betriebliche Störungen verursacht werden.[57] Wohl aber kann unter Berufung auf die Glaubensfreiheit ein überwiegendes Interesse einer muslimischen Arbeitnehmerin am Tragen eines Kopftuches bestehen, wenn der Arbeitgeber eine Störung des Betriebsablaufs lediglich befürchtet, ohne diese jedoch nachweisen zu können.[58] Den Schranken der Vorschriften der allgemeinen Gesetzte kommt bei **Art. 5 GG (Recht auf freie Meinungsäußerung)** im Arbeitsrecht eine besondere Bedeutung zu. Denn zu diesen gehören auch die Grundregeln des Arbeitsrechts. Diese legen beiden Vertragsparteien eine Verhaltenspflicht dahin gehend auf, den Betriebsfrieden und damit die Zusammenarbeit zwischen den Arbeitnehmern selbst wie auch im Verhältnis der Arbeitsvertragsparteien untereinander nicht ernstlich und schwer zu gefährden.[59] Provozierende Meinungsäußerungen sind daher zu unterlassen.[60] Sachliche Kritik, die weder ehrverletzend ist noch zu Störungen des Betriebsablaufs führt, ist indes hinzunehmen. **Art. 6 (Ehe und Familie)** verbietet Vertragsklauseln, die die

47 So BAG, Urt. v. 28.03.1996, NZA 1996, 1280; ferner für eine mittelb. Bindung: BAG, Urt. v. 30.08.2000, ArbuR 2001, 223.

48 *Natzel*, ZfA 2003, 103 ff. (108); vgl. ferner zur Prüfung der grundrechtskonformen Normsetzung durch die Tarifvertragsparteien BAG, Urt. v. 26.06.2001, NZA 2002, 99.

49 Vgl. etwa BAG, Urt. v. 19.04.1983, AP Nr. 124 zu Art. 3 GG; ferner: GK-BetrVG/*Kreutz*, § 77 Rn 251 ff. m.w.N.

50 BAG, Urt. v. 10.11.1955, AP Nr. 2 zu § 611 BGB Beschäftigungspflicht, BAG (GS), Beschl. v. 27.02.1985, AP Nr. 14 zu § 611 BGB Beschäftigungspflicht.

51 MünchArbR/*Richardi*, § 10 Rn 42.

52 BVerfG v. 07.02.1990, NZA 1990, 389 ff.; vgl. hierzu auch *Natzel*, ZfA 2003, 103 ff. (108 ff.).

53 So auch für den Vorrang der individuell ggü. dem Kollektivvertrag vereinbarten höheren Arbeitszeit: *Richardi*, NZA 1984, 389; *ders.*, NZA 1994, 593; *Heinze*, NZA 1991, 335; *ders.*, DB 1996, 729.

54 BAG, Urt. v. 15.01.1955, v. 02.03.1955, v. 06.04.1955, v. 23.03.1957, v. 18.10.1961, AP Nr. 4, 6, 7, 17, 69 zu Art. 3 GG.

55 BAG, Urt. v. 20.12.1984, NZA 1986, 21, sowie v. 20.12.1994 und 24.05.1989, AP Nr. 27, 35 zu § 242 BGB Direktionsrecht.

56 BAG, Urt. v. 25.07.1957, AP Nr. 3 zu § 615 BGB.

57 BAG, Urt. v. 18.01.2002, NZA 2002, 675.

58 BAG, Urt. v. 10.10.2002, BB 2003, 1283.

59 BAG, v. Urt. 17.12.1957, AP Nr. 2 zu § 13 KSchG; v. 13.10.1977, AP Nr. 1 zu § 1 KSchG Verhaltensbedingte Kündigung.

60 BAG, Urt. v. 09.12.1982, AP Nr. 43 zu § 626 BGB.

Entwicklung von Ehe und Familien beeinträchtigen. Besonderheiten können sich für den kirchlichen Dienst aus der verfassungsrechtlich gewährleisteten Kirchenautonomie ergeben.[61]

Kernstück der Arbeitsverfassung bildet **Art. 9 Abs. 3 GG (Koalitionsfreiheit)**, das als Jedermannsrecht unmittelbar gilt. Er garantiert positiv die Freiheit, eine Koalition zu gründen, ihr beizutreten, in ihr zu verbleiben und sich für sie zu betätigen.[62] Negativ sichert Art. 9 Abs. 3 GG dem Einzelnen das Recht zu, von einer Koalition fernzubleiben.[63] Dies haben die Tarifvertragsparteien auch im Rahmen der von ihnen abgeschlossenen Tarifverträge zu berücksichtigen; sie dürfen keine Regelungen treffen, die tarifungebundenen Arbeitnehmern tariflich geregelte Rechtspositionen verwehren.[64] Der Koalition gewährleistet Art. 9 Abs. 3 GG die Bildung und deren Bestand (Existenzgarantie). Die Koalition kann sich durch ihre Satzung selbständig organisieren (Organisationsautonomie) und sich zur Erfüllung des in Art. 9 Abs. 3 GG bestimmten Zwecks betätigen (Betätigungsgarantie).[65] Dabei besitzen die Tarifvertragsparteien eine originäre Zuständigkeit zur sinnvollen Ordnung der Arbeits- und Wirtschaftsbedingungen. Nur dort, wo die Tarifvertragsparteien die ihnen übertragenen Aufgaben nicht erfüllen können, kann der Staat eine Regelungszuständigkeit für sich in Anspruch nehmen.[66] Die verfassungsrechtlich gewährte Betätigungsgarantie schließt auch das Recht gewerkschaftlicher Betätigungen im Betrieb mit ein. Der Arbeitgeber hat somit werbende Tätigkeiten grundsätzlich zu dulden, soweit sie außerhalb der Arbeitszeit stattfinden.[67] Nicht jedoch hat er es hinzunehmen, wenn das von ihm zur Verfügung gestellte Eigentum zu Zwecken der koalitionsspezifischen Betätigung benutzt wird. 14

Ebenfalls unmittelbar der Arbeitsverfassung zuzurechnen ist **Art. 12 GG (Berufsfreiheit)**. Mit dem Grundsatz der Berufsfreiheit gewährt die Verfassung zugleich dem **Grundsatz der Privatautonomie** als Strukturprinzip für die rechtliche Ordnung der Arbeitswelt einen besonderen Schutz.[68] Das Eingehen arbeitsrechtlicher Beziehungen unterliegt also den Prinzipien individueller Vertragsfreiheit. Vertragsklauseln, mit denen dem Arbeitnehmer jegliche nicht genehmigte Nebentätigkeiten versagt werden, sind mit diesem Grundrecht nicht vereinbar. Sie sind dahin gehend auszulegen, dass nur die Verrichtung solcher Tätigkeiten untersagt ist, die zu einer Beeinträchtigung der vertraglich geschuldeten Leistung führen würden.[69] 15

Dem Schutz des Arbeitgebers dient **Art. 14 GG (Eigentumsgarantie)**. Das zur Erfüllung des arbeitstechnischen Zwecks eingesetzte Arbeitgebereigentum unterliegt der Sozialbindung. Aus ihr rechtfertigen sich auch die gesetzgeberischen Eingriffe in die Gestaltung der Arbeitsbeziehungen. 16

III. Nationale Arbeitsrechtsgesetze

Das Arbeitsrecht bildet einen Teil des Zivilrechts. Die Grundlage des Arbeitsverhältnisses, der Arbeitsvertrag, wird damit auch vom System des BGB erfasst, zu dessen Regelungen nunmehr ergänzend auch die über § 6 Abs. 2 GewO allgemein gültigen Bestimmungen der §§ 105 ff. GewO zu berücksichtigen sind. Die Regelung der Arbeitsbeziehungen ist aber weder dort noch in einem anderen Gesetz einheitlich kodifiziert. Gesetzlich normierte einheitliche Mindestarbeitsbedingungen gibt es nicht, sieht man einmal von der in der Praxis unbeachtet gebliebenen Möglichkeit des Gesetzes 17

61 MünchArbR/*Richardi*, § 10 Rn 55.
62 BVerfG, Beschl. v. 01.03.1979, AP Nr. 7 zu Art. 9 GG.
63 BAG GS, Beschl. v. 19.11.1967, AP Nr. 13 zu Art. 9 GG; BAG, Urt. v. 21.01.1987, AP Nr. 46 zu Art. 9 GG.
64 Vgl. in diesem Zusammenhang auch zur Auslegung von in Altersteilzeittarifverträgen vorgesehenen Überforderungsschutzklauseln: BAG, Urt. v. 18.09.2001, DB 2002, 486 ff.
65 Vgl. nur BVerfG, Beschl. v. 26.06.1991, AP Nr. 117 zu Art. 9 GG.
66 BVerfG, Beschl. v. 24.05.1977, AP Nr. 13 zu § 5 TVG.
67 BAG, Urt. v. 14.02.1978, AP Nr. 26 zu Art. 9 GG.
68 MünchArbR/*Richardi*, § 9 Rn 5.
69 BAG, Urt. v. 03.12.1970, v. 26.08.1976, AP Nr. 60, 68 zu § 626 BGB.

über die Festlegung von Mindestarbeitsbedingungen[70] ab. Weil aber in einer Arbeitsbeziehung Interessen aufeinanderstoßen, wie es sonst nur in wenigen Bereichen des täglichen Lebens vorkommt, hat der Gesetzgeber Regelungen geschaffen, die dem Interessenausgleich zwischen Arbeitgeber und Arbeitnehmer dienen sollen. Dieser Interessenausgleich kann nur erlangt werden, wenn die staatlich gesetzten Normen **unmittelbar zwingendes Recht** bilden, von dem nur im Einzelfall aufgrund der dispositiven Ausgestaltung des Rechts – im Regelfall durch Tarifvertrag – oder in Anwendung des Günstigkeitsprinzips abgewichen werden kann.[71] Das Gesetzesrecht wird ergänzt durch **Rechtsverordnungen**, wie sie etwa zur Durchführung des TVG, im Bereich der Mitbestimmung in Form von Wahlordnungen, im Bereich des Arbeitsschutzes oder im Recht der beruflichen Bildung erlassen worden sind.

18 Neben zahlreichen arbeitsrechtlichen Gesetzen und Rechtsverordnungen gehören zu den Rechtsquellen des nationalen Arbeitsrechts solche des geschützten **autonomen Satzungsrechts**. Hier sind vor allem die zum Gefahrenschutz von den Berufsgenossenschaften erlassenen **Unfallverhütungsvorschriften** zu nennen, die von diesen als Körperschaften des öffentlichen Rechts im Rahmen ihrer Satzungsautonomie geschaffen werden.

IV. Tarifvertrag

19 In Ausübung ihrer Befugnis zur koalitionsspezifischen Betätigung regeln Arbeitgeber oder Vereinigungen von Arbeitgebern zusammen mit gewerkschaftlichen Interessenvertretungen im Rahmen von Tarifverträgen Arbeitsentgelte und sonstige Arbeitsbedingungen. Während die frühere Rechtsprechung die Rechtssetzungskompetenz der Tarifvertragsparteien aus einer staatlich durch den Gesetzgeber delegierten Normsetzungskompetenz abgeleitet hat, geht die neuere Rechtsprechung davon aus, dass die Tarifvertragsparteien aufgrund privatautonomer Legitimation tätig werden, die sich auf den Verbandsbeitritt ihrer Mitglieder gründet.[72] Unbeschadet dessen steht jedoch fest, dass den Tarifvertragsparteien in der kollektivrechtlichen Gestaltung von Arbeitsverhältnissen durch die Grundrechte Grenzen gesetzt sein können.[73]

20 Der Tarifvertrag stellt einen Normenvertrag dar, der zum einen durch die Regelung von Rechten und Pflichten der Tarifvertragsparteien einen **schuldrechtlichen Teil**, zum anderen durch die Regelung von Inhalt, Abschluss und Beendigung von Arbeitsverhältnissen sowie betrieblicher und betriebsverfassungsrechtlicher Fragen einen **normativen Teil** enthält. Neben den benannten Regelungen können die Tarifvertragsparteien Regelungen über gemeinsame Einrichtungen nach § 4 Abs. 2 TVG treffen. Daneben gibt es in der Praxis der Sozialpartner rein **schuldrechtliche Verträge**, die nur zwischen den Sozialpartnern rechtliche Wirkungen entfalten. Von diesen Verträgen sind sog. **Sozialpartnervereinbarungen** abzugrenzen, in denen die Sozialpartner einen – nicht einklagbaren – Verhaltenskodex festlegen.[74]

21 Normative Wirkung können tarifvertragliche Regelungen nur entfalten, wenn sie durch die **Tarifabschlusskompetenz** der Tarifvertragsparteien gedeckt sind. Diese setzt zum einen die Tariffähigkeit der vertragsabschließenden Partei und damit die Kompetenz zur Erzeugung rechtlicher Bindungen gegenüber dem Vertragspartner (Vertragsabschlusskompetenz) voraus, zum anderen die Tarifzuständigkeit und damit die Befugnis zur Erstreckung der Normwirkung in dem satzungsmäßig bestimmten

70 G über die Festsetzung von Mindestarbeitsbedingungen v. 11.01.1952, BGBl I, 17 i.d.F. v. 26.02.1993, BGBl I, 278.

71 Vgl. auch ErfK/*Preis*, § 611 BGB Rn 258; MünchArbR/*Richardi*, § 9 Rn 35 ff.

72 Vgl. hierzu Nachw. bei BAG, Urt. v. 28.06.2001, NZA 2002, 331, unter III/3/b/bb der Gründe, wonach ersterenfalls sich die Grundrechtsbindung aus der Abwehrfunktion der Grundrechte, letzterenfalls aus deren Schutzfunktion ableitet; vgl. dazu auch *Natzel*, ZfA 2003, 103 ff. (110 ff.).

73 Vgl. auch zur Frage der Grundrechtsbindung BAG, Urt. v. 26.06.2001, NZA 2002, 98 ff.

74 Solche Sozialpartnervereinbarungen finden sich in der Praxis der in der chem. Industrie gelebten sog. Sozialpartnerschaft etwa zu Fragen von Arbeitsschutz, Gruppenarbeit, Umweltschutz, Weiterbildung und Schulung oder zur Abgrenzung leitender Angestellter; vgl. Broschüre »Außertarifliche Sozialpartnervereinbarungen«, hrsg. vom Bundesarbeitgeberverband Chemie e.V., Stand: November 2002.

Rahmen (Erstreckbarkeitskompetenz). Es hängt somit maßgeblich auch von der jeweiligen Ausgestaltung des Satzungsrechts einer Koalition ab, ob diese zur Setzung von Rechtsnormen befugt ist.[75]

Bei der **Auslegung** der Tarifbestimmungen ist über den reinen Tarifwortlaut hinaus der wirkliche Wille der Tarifvertragsparteien zu berücksichtigen, wie er in der tariflichen Norm seinen Niederschlag gefunden hat. Neben dem tariflichen Gesamtzusammenhang sowie dem Zweck einer Regelung können als weitere Kriterien auch die Tarifgeschichte oder praktische Handhabung des Tarifvertrags zur Auslegung herangezogen werden.[76] 22

Die im Rahmen des schriftlich abzuschließenden Normenvertrages getroffenen Regelungen gelten zunächst kraft beidseitiger Tarifbindung oder Erklärung der Allgemeinverbindlichkeit des Tarifvertrages nach § 5 TVG **unmittelbar und zwingend** (§ 4 Abs. 1 TVG). Aber auch sonst können die tarifvertraglich bestimmten Regelungen im Arbeitsverhältnis Wirkung entfalten. So ist es durch das BAG anerkannt, dass ein Tarifvertrag kraft betrieblicher Übung oder sonst durch konkludentes Verhalten der Arbeitsvertragsparteien in das Arbeitsverhältnis einwirken kann, obgleich eine mitgliedschaftliche Bindung zu einer der Tarifvertragsparteien nicht besteht.[77] Relevant kann dies insbesondere dann werden, wenn die Gewährung tarifvertraglicher Leistungen so zu verstehen ist, dass alle einschlägigen Bestimmungen gelten sollen; in diesem Fall finden auch andere, nicht leistungsbezogene Tarifnormen wie Ausschlussfristen im Arbeitsverhältnis Anwendung.[78] Allerdings wird das Entstehen einer Tarifbindung kraft betrieblicher Übung bei einem tarifgebundenen Arbeitgeber eher angenommen werden können als bei einem nicht tarifgebundenen, da letzterenfalls ein Verpflichtungswille, auf den der Arbeitnehmer vertrauen könnte, mangels Beitritt zu einem Tarifträgerverband im Zweifelsfall nicht ausgemacht werden kann.[79] 23

Schließlich kann auch über Betriebsnormen i.S.d. § 3 Abs. 2, § 4 Abs. 1 Satz 2 TVG in das nicht tarifgebundene Arbeitsverhältnis eingewirkt werden. Diese Wirkung wird aber nur erreicht, soweit die Norm eine Regelung enthält, die eine über das einzelne Arbeitsverhältnis hinausgehende unmittelbare und zwingende Geltung auch gegenüber dem Arbeitnehmer beansprucht und der Sache nach beanspruchen darf.[80] 23a

Die tarifvertraglichen Regelungen können auch kraft eines Verweises auf den einschlägigen Tarifvertrag im Arbeitsvertrag selbst anzuwenden sein.[81] Sie gelten dann als schuldrechtlicher Inhalt des Arbeitsvertrages, nicht jedoch kraft der normativen Wirkung des Tarifvertrags. Individualvertragliche Bezugnahmeklauseln können nicht den normativ wirkenden Tarifvertrag verdrängen, sofern sich dessen Regelungen insgesamt oder im Rahmen eines Sachgruppenvergleichs als günstiger erweisen.[82] Bei der Anwendung von Bezugnahmeklauseln ist zu prüfen, ob es sich um eine **deklaratorische Bezugnahmeklausel**, die lediglich einen Hinweis auf die geltende Rechtslage enthält, oder eine **konstitutive Klausel** handelt, die eigenständige Wirkung im Arbeitsvertrag entfalten soll. Stets ist durch Auslegung zu ermitteln, welchen Charakter die Bezugnahme hat. Während das BAG[83] in einem Fall aus der konkreten Bezeichnung von in Bezug genommenen Tarifverträgen nicht auf eine konstitutive Bedeutung hat schließen wollen, hat es in einem anderen Fall einer Bezugnahmeklausel unter konkreter Benennung eines Tarifvertrags eine »stets« rechtsbegründende 24

75 Zu der durch die Satzung getragenen Tarifabschlusskompetenz der Tarifvertragsparteien vgl. i. E.: *Natzel*, SAE 2001, 43 ff.

76 BAG, Urt. v. 12.09.1984, AP Nr. 135 zu § 1 TVG Auslegung.

77 BAG, Urt. v. 19.01.1999, NZA 1999, 879 ff.; v. 17.04.2002, DB 2003, 560; zur Inbezugnahme kraft betrieblicher Übung vgl. auch *Thüsing/Lambrich*, NZA 2002, 1367.

78 BAG, Urt. v. 19.01.1999, NZA 1999, 879 ff.; v. 17.04.2002, DB 2003, 560.

79 BAG, Urt. v. 20.06.2001, NZA 2002, 351.

80 BAG, Urt. v. 01.08.2001, DB 2001, 2609, wonach es allerdings an dieser Voraussetzung fehlt, wenn die Tarifbestimmung – hier: über die Absenkung der betrieblichen Arbeitszeit – ihrerseits erst noch der Ausfüllung bedarf.

81 Vgl. auch BAG, Urt. v. 05.11.1963, AP Nr. 1 zu § 1 TVG Bezugnahme.

82 BAG, Urt. v. 17.04.2002, DB 2002, 1201.

83 BAG, Urt. v. 21.08.2002, DB 2003, 1227.

Wirkung zugesprochen.[84] Letzteres ist unstreitig so, wenn der nicht tarifgebundene Arbeitgeber einen Tarifvertrag einbezieht; eine solche Einbeziehung wirkt immer konstitutiv.

25 Weiterhin wird zwischen **statischen und dynamischen Bezugnahmeklauseln** unterschieden.[85] Während statische Klauseln auf die Inbezugnahme eines bestimmten, genau definierten Tarifvertrags abzielen, kann eine dynamische Bezugnahme angenommen werden, wenn auf den jeweils für den Betrieb geltenden Tarifvertrag verwiesen wird. Der Zweck solcher dynamischer Bezugnahmeklauseln ist in der Gleichstellung tarifgebundener mit nicht tarifgebundenen Arbeitnehmern zu sehen.[86] Ihre Vereinbarung ist auch für Arbeitnehmer möglich, die außerhalb der in Bezug genommenen Tarifverträge beschäftigt werden.[87] Nach der Rechtsprechung des BAG bedarf es aber einer Bindung des Arbeitgebers an den in Bezug genommenen Tarifvertrag, die bei Abschluss des Vertrags gegeben sein muss.[88] Soweit dies nicht in der Bezugnahme selbst zum Ausdruck kommt, dient die Inbezugnahme nicht der dauernden Teilhabe des nicht tarifgebundenen Arbeitnehmers an der Tarifentwicklung unabhängig von der Tarifgebundenheit des Arbeitgebers.[89] Tritt somit ein tarifgebundener Arbeitgeber aus dem Tarifträgerverband aus, kann der Arbeitnehmer nicht unter Berufung auf die Bezugnahmeklausel die Weitergabe einer danach erfolgten Entgelterhöhung verlangen.[90] Die bisherige Rechtsprechung ging weiterhin bislang noch davon aus, dass eine arbeitsvertragliche Verweisungsklausel, die einen konkret benannten Tarifvertrag in der jeweils geltenden Fassung in Bezug nimmt, bei einem Verbandswechsel des Arbeitgebers in der Regel dahin korrigierend ausgelegt werden müsse, dass die Verweisung auf den jeweils für den Betrieb geltenden Tarifvertrag erfolgt.[91] Nunmehr soll von einer solchen sog. großen dynamischen Bezugnahmeklausel nur bei Vorliegen weiterer Umstände ausgegangen werden können, die belegen, dass in der Bezugnahme auch die Vereinbarung enthalten ist, es sollten für den Betrieb oder Betriebsteil jeweils die fachlich/betrieblich einschlägigen Tarifverträge in der jeweils geltenden Fassung Anwendung finden.[92] Solche Umstände sind insbesondere dann anzunehmen, wenn die Vertragsparteien vorausschauend eine Regelung für den Fall eines Tarifwechsels haben treffen wollen (**Gleichstellungsabrede in Form einer Tarifwechselklausel**). Dies kann etwa dadurch erfolgen, indem im Arbeitsvertrag auf den »für den Betrieb jeweils einschlägigen Tarifvertrag« verwiesen wird.[93] Eine solche Tarifwechselklausel bewirkt auch, dass anstelle der Bedingungen dieser Tarifverträge die Normen anderer Tarifverträge anzuwenden sind, an die der Arbeitgeber im Fall eines Wechsels seiner Tarifgebundenheit gebunden ist. Endet die Tarifbindung jedoch ersatzlos, gelten die Bedingungen des in Bezug genommenen Tarifvertrags statisch weiter.[94] Um den Anforderungen des NachwG Genüge zu tun, sollte bei Verwendung einer Tarifwechselklausel auch klargestellt werden, um welches tarifliche Regelwerk es sich »derzeit« handelt.[95] Ist in der

84 BAG, Urt. v. 19.03.2003, DB 2003, 2126; vgl. hierzu auch *Schliemann*, NZA-Beil. 16/2003, S. 6.
85 Zu Formulierungsvorschlägen vgl. *Thüsing/Lambrich*, NZA 2002, 1368 f.
86 BAG, Urt. v. 20.02.2002, NZA 2003, 933; *Meyer*, NZA 2003, 1127.
87 BAG, Urt. v. 21.08.2002, BB 2003, 963; *Schliemann*, NZA-Beil. 16/2003, 8.
88 BAG, Urt. v. 25.09.2002, NZA 2003, 807; *Schliemann*, NZA-Beil. 16/2003, 8; vgl. aber auch BAG, Urt. v. 19.03.2003, DB 2003, 2126, wonach es nicht gegen die Unklarheitsregel des § 305c Abs. 2 BGB verstößt, wenn dem Arbeitnehmer die Tarifgebundenheit des Arbeitgebers unbekannt ist; krit. demgegenüber *Thüsing*, in: *Graf von Westphalen*, Vertragsrecht und AGB-Klauselwerke, Stichwort: Arbeitsverträge, Rn 95.
89 BAG, Urt. v. 20.06.2001, BB 2002, 683; v. 29.08.2001, BB 2002, 1201; zur Zulässigkeit solcher dynamisch ausgestalteten Klauseln angesichts der Übernahme des in § 307 Abs. 1 Satz 2 BGB normierten Transparenzgebots vgl. *Thüsing/Lambrich*, NZA 2002, 1364 f., die jedoch eine Zulässigkeitsgrenze im Überraschungsschutz sehen.
90 BAG, Urt. v. 26.09.2001, DB 2002, 1005; v. 20.02.2002, NZA 2003, 933; v. 19.03.2003, DB 2003, 2126; vgl. hierzu auch *Thüsing*, NZA 2003, 1184 ff.
91 BAG, Urt. v. 04.09.1996, AP Nr. 61 zu § 1 TVG Tarifverträge Einzelhandel.
92 BAG, Urt. v. 30.08.2000, BB 2001, 782 f.; v. 25.10.2000, DB 2001, 1891; v. 16.10.2002, DB 2003, 617; *Schliemann*, NZA-Beil. 16/2003, 8.
93 Zu Formulierungsvorschlägen vgl. bspw. *Meyer*, NZA 2003, 1128; *Schliemann*, NZA-Beil. 16/2003, 8; *Thüsing/Lambrich*, NZA 2002, 1368 f.
94 BAG, Urt. v. 16.10.2002, DB 2003, 617.
95 *Schliemann*, NZA-Beil. 16/2003, S. 8.

Bezugnahmeklausel ein Verweis auf den jeweils anzuwendenden Tarifvertrag zu sehen, können sich nicht nur tarifvertragliche Verbesserungen, sondern auch Verschlechterungen auf den Inhalt der Arbeitsbedingungen auswirken.[96]

Nimmt der Arbeitsvertrag insgesamt auf ein tarifliches Regelwerk Bezug, ist aufgrund der Richtigkeitsgewähr der in Bezug genommenen Regelungen, die aufgrund § 2 Abs. 3 NachwG keines Nachweises im Einzelnen bedürfen, eine Inhaltskontrolle ausgeschlossen.[97] Dies gilt jedenfalls, soweit die Einbeziehungsabrede auf einen Tarifvertrag abzielt, der auch bei einer beiderseitigen Tarifbindung Anwendung finden würde.[98] Im Übrigen, soweit die Bezugnahme lediglich Teile eines tariflichen Gesamtwerks mit in den Vertrag einbeziehen, ist zunächst danach zu differenzieren, ob es sich hierbei um eine in sich sachlich geschlossenen Regelungsmaterie handelt.[99] Verweist bspw. ein Arbeitsvertrag eines Angestellten auf die Anwendbarkeit des branchenmäßigen Altersteilzeittarifvertrags, um die Rechtswirkung des § 2 Abs. 4 Satz 2 ATG herbeizuführen, ist die Bezugnahme auf diesen in sich abgeschlossenen tariflichen Regelungsbereich beschränkt; eine Inhaltskontrolle ist von vornherein ausgeschlossen. Darüber hinaus sei aber angesichts der in ihren Auswirkungen noch nicht abschließend einzuschätzenden Regelungen der §§ 305 ff. BGB angeraten, im Einzelfall zu prüfen, ob der individuellen Ausgestaltung des Vertrags Vorrang vor einer teilweisen Inbezugnahme von Tarifverträgen zu geben ist. Entscheidet sich der Vertragsgestalter aber zugunsten einer Teilverweisung, muss er dies hinreichend klar formulieren.[100] 26

Die Anwendbarkeit tarifvertraglicher Regelungen hat der **Rechtsanwalt im Rahmen seiner Rechtsberatung** zu prüfen.[101] Soweit ihm der Inhalt der Tarifverträge nicht bekannt ist, kann er hierzu beim Tarifregister der Arbeitsministerien von Bund und Ländern Einsicht nehmen, denen die Tarifverträge nach Abschluss zur Registrierung durch die Tarifvertragsparteien zu übermitteln sind. Im Übrigen ist auf die bei Arbeitsgerichten, Anwaltskammern oder sonstigen Einrichtungen vorhandenen Tarifsammlungen zu verweisen.[102] 27

V. Betriebsvereinbarungen

Betriebsvereinbarungen gelten nach § 77 Abs. 4 BetrVG unmittelbar und zwingend; sie stellen damit ebenfalls einen **Normenvertrag** dar. Das BetrVG ordnet selbst durch § 77 Abs. 3 die Betriebsvereinbarung rangmäßig unterhalb des Tarifvertrags in die Normenpyramide ein. Danach können Arbeitsentgelte und sonstige Arbeitsbedingungen, die durch Tarifvertrag geregelt sind oder üblicherweise geregelt werden, nicht Gegenstand einer Betriebsvereinbarung sein, wenn nicht der Tarifvertrag bereits selbst den Abschluss ergänzender Betriebsvereinbarungen zulässt. In ihrer Normwirkung unterscheiden sich erzwingbare und freiwillig abgeschlossene Betriebsvereinbarungen zunächst 28

96 Vgl. insofern auch *Friedrichs/Kloppenburg*, RdA 2001, 295, mit dem zusätzlichen Hinweis, dass diese Wirkung auch rückwirkend eintreten (BAG, Urt. v. 23.11.1994, AP Nr. 12 zu § 1 TVG Rückwirkung) sowie den Nachwirkungszeitraum erfassen (BAG, Urt. v. 08.09.1999, AP Nr. 33 zu § 4 TVG Nachwirkung) kann.

97 BAG, Urt. v. 11.01.1973, AP Nr. 30 zu § 138 BGB; v. 13.12.2000, DB 2001, 928 ff.; vgl. ferner hierzu: *Diehn*, NZA 2004, 129 ff.; *Hönn*, ZfA 2003, 325 ff. (334 f.); *Thüsing/Lambrich*, NZA 2002, 1361 ff.; *Witt*, NZA 2004, 135 ff.

98 Vgl. zu dieser Problematik *Richardi*, NZA 2002, 1061 f. mit dem Zusatz, dass dem Arbeitgeber ein Wahlrecht verbleibe, wenn das Arbeitsverhältnis unter mehrere Tarifverträge fallen würde; vgl. ferner hierzu: *Thüsing/Lambrich*, NZA 2002, 1363 f.; *Witt*, NZA 2004, 135 ff.

99 Vgl. hierzu auch BAG, Urt. v. 17.11.1998, DB 1999, 1456.

100 BAG, Urt. v. 20.03.1991, NZA 1991, 736 ff.

101 Vgl. insofern auch BGH, Urt. v. 29.03.1983, AP Nr. 6 zu § 11 ArbGG Prozessvertreter.

102 Ein Verzeichnis allgemeinverbindlich erklärter Tarifverträge ist im Internet unter der Adresse des BMA www.bma.bund.de, Kap. »Arbeit«, Unterkap. »Arbeitsrecht«, vorhanden. Des weiteren ist auf das Tarifarchiv des Wirtschafts-/Sozialwissenschaftl. Instituts der Hans Böckler-Stiftung-WSI (WSI@boeckler.de) zu verweisen.

nicht. Erst nach Auslaufen ihrer Geltung erweist sich die erzwingbare Betriebsvereinbarung als die stärkere, da vorbehaltlich einer anderen Vereinbarung[103] nur diese nachwirkt.[104]

29 Als Normenverträge unterliegen Betriebsvereinbarungen der **Wirksamkeitskontrolle**, wie sie auch bei anderen kollektiv-rechtlichen Normen Anwendung findet. Ihre Auslegung folgt den gleichen Grundsätzen, wie sie auch bei der Auslegung von Tarifverträgen zu berücksichtigen sind.[105] Ausgehend vom Wortlaut ist der Wille der Vertragsparteien zu ermitteln, wie er in der jeweiligen Norm seinen Niederschlag gefunden hat. Zudem sind neben dem Zweck der Regelung auch der regelungstechnische Gesamtzusammenhang zu berücksichtigen. Bestehen bei entsprechender Auswertung des Wortlauts und regelungstechnischen Zusammenhangs noch Zweifel über den Inhalt des Regelungstatbestandes, kann auch auf die Entstehungsgeschichte zurückgegriffen werden.[106]

30 Wie sonstige Normen auch unterliegen Betriebsvereinbarungen einer besonderen Kontrolle, soweit mit ihnen Rechtspositionen zum Nachteil von Arbeitnehmern verändert werden. Hier sind in besonderer Weise die **Grundsätze der Verhältnismäßigkeit und des Vertrauensschutzes** zu berücksichtigen.[107] Eine Inhaltskontrolle nach Maßgabe der §§ 305 ff. BGB ist jedoch ausgeschlossen; vgl. § 310 Abs. 4 BGB.

31 Von Betriebsvereinbarungen zu unterscheiden sind anderweitig auf das Kollektiv bezogene Regelungen wie die formlos zwischen Arbeitgeber und Betriebsrat getroffene **Regelungsabrede**.

VI. Arbeitsvertrag

32 Den maßgeblichen Bestimmungsfaktor des Arbeitsverhältnisses bildet der Arbeitsvertrag, mit dem der Arbeitnehmer die Erbringung einer Vielzahl im Voraus nicht abgrenzbarer Einzelleistungen zusagt, und der Arbeitgeber sich zur Gewährung der vereinbarten Vergütung verpflichtet (§ 611 Abs. 1 BGB). Er stellt das Arbeitsverhältnis überhaupt her und bildet damit die causa für die Erbringung von Leistungen. Damit ist der Arbeitsvertrag aber nicht etwa eine Rechtsquelle minderen Rangs, wie seine Platzierung am Boden der klassischen Normenpyramide vermuten lässt. Er bildet vielmehr die Grundlage für die Anwendung arbeitsrechtlicher Gesetze oder Kollektivverträge. Seine Abfassung ist damit nicht ein notwendiges »Muss«, sondern ein Gestaltungsmittel zum Zwecke der optimalen Erfüllung des Vertragsziels und der Risikovorsorge.[108]

33 Die Vertragsparteien sind nach den Grundsätzen der **Vertragsfreiheit** vorbehaltlich verbindlicher gesetzlicher oder tarifvertraglicher Regelungen grundsätzlich frei, ob und zu welchen Bedingungen sie ein auf den dauerhaften Austausch von Leistung und Gegenleistung ausgerichtetes Schuldverhältnis eingehen oder ob und inwiefern sie dieses späterhin abändern.[109] Dies wird auch durch § 105 GewO bestätigt.[110] Insbesondere steht auch dem **Betriebsrat** kein Mitbestimmungs- oder Mitwirkungsrecht bei der Gestaltung des Vertrags zu.[111] Diese ist unabhängig von der Zustimmung

103 Zur äußerst umstrittenen Frage der für freiwillige Betriebsvereinbarungen vereinbarten Nachwirkung vgl. BAG, Beschl. v. 28.04.1998, AP Nr. 11 zu § 77 BetrVG; zustimmend: Richardi/*Richardi*, § 77 BetrVG Rn 172, abl. GK-BetrVG/*Kreutz*, § 77 Rn 340, jew. m.w.N.

104 Vgl. etwa BAG v. 09.02.1989, v. 21.09.1989, AP Nr. 43, 50 zu § 77 BetrVG; v. 26.04.1990, v. 21.08.1990, AP Nr. 4, 5 zu § 77 BetrVG Nachwirkung.

105 BAG, Urt. v. 27.08.1975, AP Nr. 2 zu § 112 BetrVG.

106 BAG, Urt. v. 12.09.1984, AP Nr. 135 zu § 1 TVG Tarifauslegung.

107 BAG, Urt. v. 10.08.1994, DB 1995, 480; v. 05.10.2000, DB 2001, 1563; v. 18.09.2001, DB 2002, 1114.

108 *Küttner*, RdA 1999, 59 spricht insofern von der Vertragsgestaltung als »Erfüllungs- und Risikoplanung«.

109 Zu der an den Wünschen des jeweiligen Vertragspartners und dem Erfordernis der Risikominimierung ausgerichteten Vertragsgestaltung vgl. auch *Küttner*, RdA 1999, 59 ff.

110 Vgl. hierzu auch *Bauer/Opolony*, BB 2002, 1590; *Schöne*, NZA 2002, 830; *Wisskirchen*, DB 2002, 1886.

111 Zu berücksichtigen ist allerdings, dass § 94 Abs. 2 BetrVG die Mitbestimmung zum Inhalt von Personalfragebögen auch auf die persönlichen Angaben des Arbeitnehmers in schriftlichen Arbeitsverträgen erstreckt; vgl. hierzu auch *Hümmerich*, RdA 1979, 143; *ders.*, DB 1978, 1932.

des Betriebsrats nach § 99 BetrVG.[112] Wohl aber kann der Betriebsrat nach § 80 Abs. 1 Nr. 1 BetrVG für sich beanspruchen, dass die zugunsten der Arbeitnehmer geltenden Gesetze durchgeführt werden, und insoweit auch die Vorlage von Arbeitsverträgen verlangen. Kennt er aber die im Betrieb verwandten vorformulierten Vertragsmuster, besteht kein Anspruch auf Vorlage der ausgefüllten Arbeitsverträge.[113]

So sehr sich der Arbeitgeber des Arbeitsvertrags als Gestaltungsmittel bewusst sein sollte, sollte er allerdings auch bedenken, dass er sich je nach **Konkretisierung der Arbeitsbedingungen** im Arbeitsvertrag selbst seiner Ausgestaltungsmöglichkeit im Wege des Weisungsrechts mit der Folge begibt, dass eine Veränderung der Arbeitsbedingungen nur durch abändernde Vereinbarung oder Kündigung möglich ist. Es ist somit bei der Festlegung der Arbeitsbedingungen jeweils die Abstraktionsstufe zu wählen, die dem Arbeitgeber eine angemessene und ausreichende Flexibilität bei der Durchführung des Arbeitsverhältnisses belässt. Dabei kann vom Grundsatz ausgegangen werden, dass mit der Qualifikation des Arbeitnehmers auch der Konkretisierungsbedarf steigt.[114] 34

Die Arbeitsvertragsparteien sind grundsätzlich nicht an eine bestimmte **Form der Vertragsgestaltung** gebunden. Wohl aber hat der Arbeitgeber die vereinbarten wesentlichen Vertragsbedingungen dem Arbeitnehmer nach dem **NachwG** spätestens einen Monat nach Arbeitsaufnahme oder nach einer vorgenommenen Änderung von Vertragsinhalten mitzuteilen, wobei gemäß § 1 Abs. 3 NachwG insoweit bei einschlägigen Kollektivregelungen ein einfacher Hinweise auf diese genügt. Auf diese Nachweispflicht verweist auch klarstellend § 105 S. 2 GewO. Die beweissichernde Nachweispflicht ändert nichts an dem Umstand, dass das Arbeitsverhältnis vorbehaltlich anderweitiger Regelungen auch ohne einen schriftlichen Arbeitsvertrag begründet werden kann.[115] Unterlässt der Arbeitgeber aber den vorgeschriebenen Nachweis, kann der Arbeitnehmer diesen ggf. im Wege einer Leistungsklage durchsetzen.[116] Im Übrigen kann aber der unterlassene Nachweis im Einzelfall als Beweisvereitelung gewertet werden[117] und ggf. Schadensersatzansprüche auslösen.[118] Eine generelle Beweislastumkehr zu Lasten des Arbeitgebers kann in den Pflichten zum Nachweis wesentlicher Vertragsbedingungen allerdings nicht gesehen werden.[119] Soweit im Übrigen der Arbeitsvertrag selbst – aufgrund einschlägiger Tarifbestimmungen – oder Teile desselben – wie etwa die Befristungsabrede nach § 14 Abs. 4 TzBfG – der Schriftform bedürfen und diese nicht eingehalten wird, kann dieser Mangel nicht durch einen Nachweis nach dem NachwG geheilt werden.[120] 35

Vielfach enthalten Arbeitsverträge eine **Schriftformklausel**, nach der Änderungen und Ergänzungen des Arbeitsvertrages der Schriftform bedürfen. Es gelten dann über § 127 BGB die Bestimmungen der §§ 125 ff. BGB. Im Falle einer Schriftformklausel ist entsprechend dem Willen der Vertragsparteien zu ermitteln, ob die Einhaltung der Form Gültigkeitsvoraussetzung sein soll (konstitutive Schriftform) oder lediglich zu Beweiszwecken dient (deklaratorische Schriftform). Aufgrund der Regelung des § 309 Nr. 13 BGB sind Klauseln, durch die Anzeigen oder Erklärungen an eine strengere Form als die gesetzliche Schriftform oder an besondere Zugangserfordernisse gebunden werden, unwirksam. Unzulässig sind damit insbesondere die in der Praxis immer noch häufig verwandten Vereinbarungen, wonach der Arbeitnehmer nur per Einschreiben kündigen darf. Allerdings hat die Rechtsprechung schon bislang bei Klauseln, nach denen die Kündigung des Vertrags durch eingeschriebenen Brief zu erfolgen hat, zwischen der Vereinbarung der Schriftform für die 36

112 BAG, Urt. v. 02.07.1980, AP Nr. 5 zu § 101 BetrVG.
113 BAG, Beschl. v. 19.10.1999, DB 2000, 1031.
114 Vgl. auch *Bauer*, JuS 1999, 156 ff.
115 ErfK/*Preis*, Einf. NachwG Rn 5.
116 Dazu *Weber*, NZA 2002, 641.
117 So *Preis*, NZA 1997, 10; ebenso *Bergwitz*, BB 2001, 2316 ff., soweit infolge der Lückenhaftigkeit der Dokumentation dem Beweisbelasteten die Beweisführung unzumutbar erschwert wird.
118 BAG, Urt. v. 17.04.2002, DB 2003, 560; kritisch demgegenüber *Weber*, NZA 2002, 643.
119 *Bergwitz*, BB 2001, 2316 ff.; i.E. ebenso, aber zugleich auf eine »erhebliche Erleichterung der Beweislast« verweisend *Weber*, NZA 2002, 644.
120 So auch für das TzBfG *Bauer*, BB 2001, 2528.

Kündigungserklärung und der Vereinbarung der besonderen Übersendungsart durch eingeschriebenen Brief differenziert und der Versendung als Einschreibebrief nur beweissichernden Charakter zugesprochen.[121] Haben die Vertragsparteien in zulässiger Weise die Schriftform vereinbart, kann der vereinbarte Schriftformzwang einvernehmlich aufgehoben werden, wenn »die Parteien die Maßgeblichkeit der mündlichen Vereinbarung übereinstimmend gewollt haben«.[122] Enthält der Arbeitsvertrag jedoch eine **doppelte Schriftformklausel**, nach der Änderungen des Arbeitsvertrags der Schriftform bedürfen und eine mündliche Änderung der Schriftformklausel nichtig ist, sind der formlosen Änderung des Arbeitsvertrags Grenzen gesetzt.[123] Hier wie auch für den Fall, dass sich die Arbeitsvertragsparteien über eine vereinbarte einfache Schriftformklausel hinwegsetzen, kann sich die Berufung auf die Nichteinhaltung einer vorgeschriebenen Form in Einzelfällen unter Berücksichtigung der Rechtsgrundsätze rechtsmissbräuchlichen Verhaltens als unzulässig erweisen.[124]

37 Auch ohne übereinstimmende Erklärungen kann es in Einzelfällen zu einem Arbeitsverhältnis kommen. So kann ein **Arbeitsverhältnis kraft Gesetz** begründet werden, wenn das Mitglied einer Jugend- und Auszubildendenvertretung nach Maßgabe des § 78a Abs. 2 BetrVG die Übernahme in ein Arbeitsverhältnis verlangt und der Arbeitgeber nicht im Verfahren nach § 78a Abs. 4 BetrVG der Weiterbeschäftigung entgegenstehende Gründe wirksam geltend macht.[125] Nach § 10 Abs. 1 AÜG gilt ein Arbeitsverhältnis zwischen dem Entleiher und dem Leiharbeitnehmer als zustande gekommen, wenn der zwischen Verleiher und Leiharbeitnehmer geschlossene Vertrag nach § 9 Nr. 1 AÜG unwirksam ist. Dergleichen gilt ein Arbeitsverhältnis auf unbestimmte Zeit als begründet, wenn ein Auszubildender im Anschluss an das Berufsausbildungsverhältnis ohne ausdrückliche Vereinbarung hierüber weiterbeschäftigt wird. Ob auch die aufgrund § 102 Abs. 5 BetrVG oder des allgemeinen Weiterbeschäftigungsanspruchs[126] erfolgende Weiterbeschäftigung ein gesetzliches Arbeitsverhältnis zu begründen vermag, ist umstritten.[127] Jedenfalls für den allgemeinen Weiterbeschäftigungsanspruch dürfte davon auszugehen sein, dass sich diese im Rahmen eines bereicherungsrechtlichen Rückabwicklungsverhältnisses und damit nicht im Rahmen eines Arbeitsverhältnisses vollzieht.[128] Darüber hinaus können auch tarifvertragliche Abschlussnormen Abschlussver- oder -gebote vorsehen, die jedoch eine beiderseitige Tarifgebundenheit voraussetzen. Doch auch hier gilt, dass entgegen dem Willen, sich als Arbeitgeber oder Arbeitnehmer betätigen zu wollen, kein Rechtsverhältnis aufgezwungen werden kann. Die Tätigkeit selbst zu konkretisieren, liegt stets in der Hand der Vertragsparteien; dies kann nicht durch Gesetz oder kollektivvertragliche Regelung ersetzt werden.[129]

38 Die Gestaltung der Arbeitsbedingungen obliegt den Arbeitsvertragsparteien, die darin im Rahmen ihrer **Privatautonomie** grundsätzlich frei sind. Der Grundsatz der Privatautonomie wird aber in mannigfaltiger Weise im Arbeitsrecht zum einen durch eine Durchregulierung der Arbeitsbeziehungen durchbrochen, zum anderen durch eine Vertragskontrolle, in deren Wege die privatautonome Handlungskompetenz der Vertragsparteien in Frage gestellt wird. Der Grund hierfür liegt in der sowohl beim Gesetzgeber wie der Rechtsprechung und Literatur vorhandenen Grundannahme eines Ungleichgewichts der einen Arbeitsvertrag abschließenden Vertragsparteien, das die Einwirkungsmöglichkeiten des Arbeitnehmers auf den Vertragsinhalt beschränke.[130] Diese Grundannahme hat

121 BAG, Urt. v. 20.09.1979, AP Nr. 8 zu § 125 BGB.

122 BAG, Urt. v. 10.01.1989, AP Nr. 57 zu § 74 HGB; zur weiteren Gültigkeit dieser Rspr. angesichts des § 305b BGB: *Lingemann*, NZA 2002, 185.

123 So BAG, Urt. v. 24.06.2003, NZA 2003, 1145, wonach die doppelte Schriftformklausel das Entstehen eines Anspruchs kraft betrieblicher Übung verhindert; vgl. hierzu auch eingehend *Hromadka*, DB 2004, 1261 ff.

124 Vgl. dazu etwa BAG, Urt. v. 27.03.1981 – 7 AZR 1005/78 (n.v.).

125 Vgl. hierzu auch *Natzel*, DB 1998, 1721 f.; *ders.*, SAE 1999, 8 ff.

126 Vgl. hierzu BAG GS, Urt. v. 27.02.1985, AP Nr. 14 zu § 611 BGB Beschäftigungspflicht.

127 Zum Streitstand vgl. MünchArbR/*Buchner*, § 40 Rn 74 ff.; KassKomm/*Leinemann*, Abschn. 1.1 Rn 9 ff.

128 *Natzel*, SAE 1999, 224; vgl. hierzu auch MünchArbR/*Buchner*, § 39 Rn 55 sowie § 40 Rn 74 ff.

129 Vgl. auch MünchArbR-*Richardi*, § 8 Rn 22.

130 Vgl. etwa *Dieterich*, RdA 1995, 129, 135; KassKomm/*Leinemann*, Abschn. 1.1 Rn 477; MünchArbR/*Richardi*, § 14 Rn 40 ff.; *Zwanziger*, DB 1994, 982.

man sich stets vor Augen zu halten, will man beurteilen, ob das von den Arbeitsvertragsparteien Ausgehandelte von der ihnen zustehenden Vertragsfreiheit gedeckt wird, wenngleich das BAG an anderer Stelle[131] dem Argument struktureller Unterlegenheit für den Aufhebungsvertrag eine Absage erteilte. Könne der Arbeitnehmer einem Ansinnen des Arbeitgebers auf einen bestimmten Vertragsabschluss mit einem schlichten »Nein« entgegnen, könne ihm nicht »die zur Durchsetzung seiner berechtigten Interessen erforderliche Verhandlungsmacht abgesprochen werden«.[132] Die Möglichkeit, sowohl das »Ob« als auch das »Wie« und »Wann« der Vertragsbeendigung von seinem vollen Konsens abhängig zu machen, spreche gegen eine umfassende Inhaltskontrolle aufgrund einer anzunehmenden strukturell ungleichen Verhandlungsstärke.

Wie immer man es auch mit der Grundannahme des Ungleichgewichts der Arbeitsvertragsparteien halten will, so steht fest, dass die Rechtsprechung eine Vielzahl unterschiedlicher und nur schwerlich in einen systematischen Gesamtzusammenhang einzuordnender Kriterien entwickelt hat, aufgrund derer die arbeitsvertraglich einheitlich festgelegten Regelungen über die Grenzen der zulässigen **Vertragsauslegung** hinaus einer grundsätzlichen **Inhaltskontrolle** unterworfen werden.[133] Mit ihr hat sich der Rechtsanwender auf jeden Fall bei der Vertragsgestaltung unbeschadet der Frage auseinander zu setzen, ob man nach der weitgehenden Integration des Verbraucherschutzrechts (hier insbes. der Vorschriften über Allgemeine Geschäftsbedingungen) in das BGB den Arbeitnehmer als Verbraucher ansieht[134] oder nicht[135] und welche Konsequenzen man hieraus zieht.[136] 39

Unbestritten ist, dass im Rahmen der Inhaltskontrolle zunächst zu prüfen ist, ob vom Gesetzgeber oder von den Tarifvertrags- und Betriebsparteien vorgegebene **Normen dem individuell Vereinbarten entgegenstehen**. Diese Normen sind als Mindeststandard eines sozialen Interessenausgleichs grundsätzlich zu berücksichtigen. Von ihnen kann nur abgewichen werden, soweit sie selbst hierfür eine Öffnung enthalten oder für den Arbeitnehmer günstiger sind. Dies ist klar und ergibt sich aus dem der Rechtsquellenpyramide angelegten Rangprinzip. Ein Verstoß gegen den verbindlich wirkenden Mindeststandard führt somit nach § 134 BGB zur Nichtigkeit der Vertragsbestimmung. Dies gilt sowohl für den unmittelbaren Verstoß, der etwa in einer Regelung zu sehen ist, die verbindliche arbeitsrechtliche Schutzvorschriften für nicht anwendbar erklärt. Gleiches gilt für den mittelbaren Verstoß gegen zwingendes Recht im Rahmen von Umgehungsregelungen, wie sie von der Rechtsprechung beispielsweise im Rahmen des Befristungsrechts[137] oder der Vereinbarung der Widerrufsmöglichkeit der im Synallagma befindlichen Hauptleistungspflicht[138] überprüft werden. 40

131 Vgl. BAG, Urt. v. 14.02.1996, NZA 1996, 811.

132 So BAG, Urt. v. 14.02.1996, NZA 1996, 811 unter Berufung auf *Ernst*, Aufhebungsverträge zur Beendigung von Arbeitsverhältnissen, 1993, S. 2; diese Rspr. unter dem neuen § 312 BGB bestätigend: BAG, Urt. v. 27.11.2003, DB 2004, 1208.

133 Grundlegend insofern bereits BVerfG, Urt. v. 07.02.1990, AP Nr. 65 zu Art. 12 GG (Handelsvertreterurteil) sowie v. 19.10.1993, AP Nr. 35 zu Art. 2 GG.

134 So *Boemke*, BB 2002, 96; *Däubler*, NZA 2001, 1334; *Fiebig*, DB 2002, 1608 ff.; *Hümmerich/Holthausen*, NZA 2002, 178; *Reim*, DB 2002, 2434 ff.; *Schleusener*, NZA 2002, 949 ff.; *Thüsing*, BB 2002, 2668.

135 So *Annuß*, BB 2002, 458 ff.; *Bauer/Kock*, DB 2002, 42 ff.; *Bauer*, NZA 2002, 169 ff.; *Hönn*, ZfA 2003, 325 ff.; *Joussen*, NZA 2001, 745 ff.; *Henssler*, RdA 2002, 133; *Krebs*, DB 2002, 520; *Leder/Morgenroth*, NZA 2002, 953; *Lingemann*, 2002, 181 ff.; *Natzel*, NZA 2002, 595 ff.

136 Die Verbrauchereigenschaft offen lassend und statt dessen maßgeblich auf das Tatbestandsmerkmal der Gestellung abstellend: *Richardi*, NZA 2002, 1058; ähnlich bezogen auf das Widerrufsrecht bei Aufhebungsverträgen BAG, Urt. v. 27.11.2003, DB 2004, 1208, wonach sich der Arbeitnehmer jedenfalls nicht in einer Verbrauchersituation i.S.d. § 312 BGB befinde; i.E. ebenso: BAG, Urt. v. 27.11.2003, 2 AZR 177/03, Pressemitteilung Nr. 79/03.

137 Vgl. etwa BAG, Urt. v. 30.09.1981, AP Nr. 63 zu § 620 BGB Befristeter Arbeitsvertrag; v. 20.12.1984, AP Nr. 9 zu § 620 BGB Bedingung.

138 BAG, Urt. v. 12.12.1984, AP Nr. 6 zu § 2 KSchG.

41 Im Rahmen der Inhaltskontrolle ist die Rechtsprechung[139] darüber hinaus bereits vor der Schuldrechtsreform des Jahres 2001 davon ausgegangen, dass jeder, auch der nicht vorformulierten Regelung, eine **immanente Inhaltsbegrenzung** zu eigen sei.[140] Zur Begründung hat das BAG angeführt, die Gerichte hätten den konkurrierenden Grundrechtspositionen des Arbeitnehmers und des Arbeitgebers ausgewogen Rechnung zu tragen und dann, wenn eine Regelung den strukturell unterlegenen Arbeitnehmer ungewöhnlich belaste, einen angemessenen Interessenausgleich herbeizuführen.[141] Die Rechtsgrundlagen für eine solche Kontrolle durch die Arbeitsgerichtsbarkeit waren indes unklar. Teilweise stützte das BAG seine Rechtsprechung auf § 242 BGB,[142] auf § 138 BGB[143] oder im Bereich der einseitigen Leistungsbestimmung auf § 315 BGB.[144] Unmittelbar wollte das BAG aufgrund der klaren Formulierung des § 23 Abs. 1 AGBG a.F. die Regeln über Allgemeine Geschäftsbedingungen im Arbeitsrecht nicht anwenden, betonte jedoch gleichwohl, dass die Regelung des § 23 AGBG a.F. eine Inhaltskontrolle nicht ausschließe.[145] So hat das BAG den Überraschungsgedanken des § 3 AGBG a.F.[146] ebenso wie die Unklarheitsregel des § 5 AGBG a.F.[147] in seine Rechtsprechung integriert. In Fragen der Inhaltskontrolle hat es die §§ 8 bis 11 AGBG ebenfalls inhaltlich im Rahmen einer Abwägung nach § 242 BGB berücksichtigt.[148] Zu den speziellen Klauselverboten der §§ 10 f. AGBG a.F. hatte sich keine gefestigte Rechtsprechung herausgebildet.[149]

42 Unbeschadet der bislang bestehenden Unklarheit über die Rechtsgrundlage einer derartigen Inhaltskontrolle stand allerdings stets fest, dass dieser insoweit Grenzen gesetzt werden, als über dieselbe nicht der Wille des Arbeitnehmers, wie er sich im abgeschlossenen Vertrag widerspiegelt, unterlaufen werden darf, soweit nicht von einer Beeinträchtigung in der Entscheidungsfreiheit bei Vertragsschluss auszugehen ist.[150] Dies bestätigt nunmehr auch § 305b BGB.[151] Individuell ausgehandelte Arbeitsbedingungen können damit nicht auf ihre Angemessenheit überprüft werden.[152] Der

139 So z.B. BAG, Urt. v. 16.03.1994, AP Nr. 18 zu § 611 BGB Ausbildungsbeihilfe; v. 23.06.1994, AP Nr. 9 zu § 242 BGB Kündigung; v. 11.01.1995 – 10 AZR 5/95 (n.v.); v. 29.11.1995, AP Nr. 1 zu § 3 AGBG, wo allerdings offen gelassen wird, ob sich die Unwirksamkeit überraschender Klauseln aus entsprechender Anwendung des § 3 AGBG oder aus § 242 BGB ergibt; indes eine analoge Anwendung des AGBG ablehnend BAG, Urt. v. 13.12.2000, NZA 2001, 723.

140 Dem zustimmend: *Küttner*, RdA 1999, 59 ff.; vgl. i.Ü. zum Meinungsstand *Pauly*, NZA 1997, 1030.

141 BAG, Urt. v. 16.03.1994, AP Nr. 18 zu § 611 BGB Ausbildungsbeihilfe.

142 BAG, Urt. v. 16.03.1994, AP Nr. 18 zu § 611 BGB Ausbildungsbeihilfe.

143 BAG, Urt. v. 11.01.1973, AP Nr. 30 zu § 138 BGB; v. 24.03.1988, AP Nr. 1 zu § 241 BGB; v. 21.06.2000, NZA 2000, 1050.

144 BAG, Urt. v. 11.06.1975, AP Nr. 1 zu § 77 BetrVG Auslegung; v. 28.09.1977, AP Nr. 4 zu § 1 TVG Tarifverträge: Rundfunk; v. 13.05.1987, AP Nr. 4 zu § 305 BGB Billigkeitskontrolle.

145 So deutlich in BAG, Urt. v. 23.05.1984, AP Nr. 9 zu § 339 BGB; v. 16.10.1991, AP Nr. 1 zu § 19 BErzGG; dies offen lassend: BAG, Urt. v. 29.11.1995, AP Nr. 1 zu § 3 AGBG; eine analoge Anwendung des AGBG jedoch ablehnend: BAG, Urt. v. 13.12.2000, DB 2001, 928.

146 Dazu: BAG, Urt. v. 29.11.1995, AP Nr. 1 zu § 3 AGBG für eine drucktechnisch nicht bes. hervorgehobene vertragliche Ausschlussfrist; vgl. ferner BAG, Urt. v. 24.03.1988, AP Nr. 1 zu § 241 BGB; v. 11.01.1995 – 10 AZR 5/94 (n.v.).

147 Dazu: BAG, Urt. v. 05.09.1995, NZA 1996, 700.

148 So zur Unwirksamkeit einer Ausschlussfrist BAG, Urt. v. 29.11.1995, AP Nr. 1 zu § 3 AGBG; ferner zur vereinbarten Rückzahlung von Ausbildungskosten BAG, Urt. v. 16.03.1994, AP Nr. 18 zu § 611 BGB Ausbildungsbeihilfe.

149 Vgl. insofern BAG, Urt. v. 16.03.1994, AP Nr. 18 zu § 611 BGB Ausbildungsbeihilfe, wo das Gericht § 11 Nr. 15 b AGBG bei der Prüfung einer beweislaständernden Klausel heranzog. Die Anwendung der Regelung des § 11 Nr. 6 AGBG (Vertragsstrafe) auf das Arbeitsrecht indes ablehnend BAG, Urt. v. 23.05.1984, AP Nr. 9 zu § 339 BGB.

150 So für den Fall der auf den ausdrücklichen Wunsch des Arbeitnehmers erfolgten Befristung BAG, Urt. v. 22.03.1973, AP Nr. 38 zu § 620 BGB Befristeter Arbeitsvertrag; vgl. ferner BAG, Urt. v. 30.06.1976, AP Nr. 3 zu § 7 BUrlG, zur vereinbarten Abbedingung eines Anspruchs auf Lohnzahlung während Betriebsferien.

151 Vgl. aber auch BAG, Urt. v. 30.11.1994, AP Nr. 16 zu § 4 TVG, wonach es diesbzgl. keines Rückgriffs auf das Recht Allgemeiner Geschäftsbedingungen (damals: § 4 AGBG) bedarf, da sich der Vorrang individueller Vertragsabreden bereits aus allgemeinen Rechtsgrundsätzen ergebe.

152 *Lindemann*, ArbuR 2002, 85 unter gleichzeitiger Zurückweisung anderweitiger Tendenzen in Rspr. (BAG, Urt. v. 06.05.1998, AP Nr. 28 zu § 611 BGB Ausbildungsbeihilfe; v. 24.03.1988, NZA 1989, 101) sowie Lit. (*Dietrich*, RdA 135; *Fastrich*, RdA 1997, 75 ff.).

in Ausübung der grundgesetzlich geschützten Vertragsfreiheit zustande gekommenen Regelung ist eine **von den Gerichten grundsätzlich anzuerkennende materielle Richtigkeitsgewähr** zuzugestehen.[153] Eine revisionsgerichtliche Überprüfbarkeit besteht hier lediglich hinsichtlich der Frage, ob Auslegungsregeln der §§ 133, 157 BGB, die Denkgesetze oder allgemeine Erfahrungsgrundsätze eingehalten wurden.[154] Handelt es sich jedoch nicht um individuell ausgehandelte, sondern um Regelungen, die nicht im Wege eines gegenseitigen Interessenausgleichs ausgehandelt, sondern maßgeblich vom Arbeitgeber – etwa durch Verwendung vertraglicher Einheitsregelungen – vorgegeben werden, unterliegen diese der Kontrolle durch die Arbeitsgerichtsbarkeit.[155] Zugleich geht die Rechtsprechung von einer geringeren Bindungswirkung der auf einer einheitlichen Regelung geschaffenen Vertragsbedingung aus, indem sie diese im Rahmen eines kollektiven Günstigkeitsvergleichs für abdingbar hält.[156]

An den dargestellten Grundzügen zur Vertragskontrolle ist auch nach der **Integration des AGBG in das BGB** mit weitgehend unverändertem Inhalt in seinen wesentlichen Grundzügen festzuhalten.[157] Der um einen Abs. 4 im Laufe des Gesetzgebungsverfahrens ergänzte § 310 BGB, der an die bisherige Regelung des § 23 Abs. 1 AGBG anknüpft, sieht vor, dass der die Allgemeinen Geschäftsbedingungen regelnde Abschnitt keine Anwendung auf Tarifverträge, Betriebs- und Dienstvereinbarungen findet. Wohl aber sollen bei der Anwendung der Regeln über Allgemeine Geschäftsbedingungen auf Arbeitsverträge die im Arbeitsrecht geltenden Besonderheiten »angemessen« berücksichtigt werden.[158] Damit hat eine bislang zu Recht als methodisch zweifelhaft und in sich unsystematisch bezeichnete Rechtsprechung, die »trotz« des geltenden Rechts[159] eine Inhaltskontrolle durchgeführt hat, eine nunmehr einheitliche Rechtsgrundlage gefunden. Sie ist nicht mehr dem Bereich der Rechtsfortbildung, sondern geltendem Gesetzesrecht zuzurechnen. Mehr lässt sich dem auf die Besonderheiten im Arbeitsrecht verweisenden Gesetzeswortlaut allerdings nicht entnehmen. Auch die Gesetzesbegründung lässt eine gesetzgeberische Intention zur Veränderung des Arbeitsvertragsrechts über die in das Gesetz integrierten Bestimmungen des Verbraucherschutzrechts hinaus nicht erkennen.[160] Wie dem auch sei: Fest steht, dass der Gesetzgeber mit der Integration der AGB-Bestimmungen in das BGB etwas angestoßen hat, was die Rechtsprechung die nächsten Jahre immer wieder beschäftigen dürfte.[161] Dabei wird sich die Rechtsprechung, die sich bislang »im freien Raum« aus- und fortgebildet hat, an den kodifizierten Kontrollmaßstäben messen lassen müssen.[162] 43

Vom Arbeitgeber gestellte arbeitsrechtliche Formularverträge unterliegen demnach einer **an den Maßstäben des Arbeitsrechts auszurichtenden Kontrolle**.[163] Das Gesetz geht von einer Gestel- 44

153 Vgl. insofern auch MünchArbR/*Richardi*, § 14 Rn 51 ff.

154 BAG, Urt. v. 17.02.1966, AP Nr. 30 zu § 133 BGB; v. 27.06.1963, AP Nr. 5 zu § 276 BGB Verschulden bei Vertragsschluss; v. 18.06.1980, AP Nr. 68 zu § 4 TVG Ausschlussfristen.

155 BAG, Urt. v. 11.10.1967, AP Nr. 1 zu § 1 TVG Rundfunk; v. 03.12.1985, AP Nr. 2 zu § 74 BAT; v. 13.08.1986, AP Nr. 77 zu § 242 BGB Gleichbehandlung.

156 BAG (GS), Beschl. v. 16.09.1986, AP Nr. 17 zu § 77 BetrVG; vgl. insofern auch *Hanau/Preis*, Der Arbeitsvertrag, I A Rn 49 f.

157 So deutlich: *Lingemann*, NZA 2002, 181 ff.

158 Zur Frage nach den Besonderheiten im Arbeitsrecht vgl. LAG Schleswig-Holstein, Urt. v. 24.09.2003, BB 2004, 608 ff., wonach hierzu nur die rechtlichen, nicht jedoch tatsächlichen Besonderheiten zählen sollen; vgl. i.Ü. hierzu *Birnbaum*, NZA 2003, 944; *Hönn*, ZfA 2003, 325 ff.; *Thüsing*, NZA 2002, 591.

159 So die BReg. in BT-Drucks 14/6857, 54.

160 Vgl. hierzu auch *Henssler*, RdA 2002, 129 ff.; *Lingemann*, NZA 2002, 183; *Natzel*, NZA 2002, 595 ff.; *Thüsing*, BB 2002, 2666 ff.

161 Vgl. auch *Hümmerich/Holthausen*, NZA 2002, 173, wonach als Ergebnis der Schuldrechtsreform »kein Stein mehr auf dem anderen« bleiben dürfte.

162 Vgl. auch *Thüsing*, BB 2002, 2667, der daher zur Recht feststellt, dass eine Verdoppelung der bislang rein richterlich vorgenommenen Inhaltskontrolle durch die nunmehr erfolgte Kodifizierung der Vertragskontrolle innerhalb des BGB nicht stattgefunden hat.

163 Arbeitsrechtliche Besonderheiten sind indes nicht zu berücksichtigen bei Verträgen, die lediglich anlässlich des Arbeitsverhältnisses abgeschlossen werden; vgl. auch BAG, Urt. v. 23.09.1992, NZA 1993, 936; v. 26.05.1993, AP Nr. 3 zu § 23 AGBG; *Bauer/Kock*, DB 2002, 43; *Lingemann*, NZA 2002, 184; *Natzel*, NZA 2002, 597.

lung bei Verbraucherverträgen, also zwischen einem Unternehmer und einem Verbraucher abgeschlossenen Verträgen aus (vgl. § 310 Abs. 3 BGB). Ob eine Gestellung i.S.d. Gesetzes vorliegt oder nicht, ist jedoch unabhängig von der an den Verbraucherbegriff anknüpfenden Regelung des § 310 Abs. 3 BGB für den Einzelfall festzustellen. Es bedarf dieses Rückgriffs auf § 310 Abs. 3 BGB nicht, um zur Vertragskontrolle nach Maßgabe der §§ 305 ff. BGB zu kommen. Denn der Tatbestand der Gestellung bereitete bereits bislang der Rechtsprechung die Grundlage für die von ihr vorgenommene Vertragskontrolle. So führte sie bereits bislang eine Vertragskontrolle durch, wenn der Arbeitnehmer auf die Vertragsgestaltung keinen Einfluss nehmen konnte und demnach der vom Arbeitgeber vorformulierte und vom Arbeitnehmer unterschriebene Vertrag als gestellt anzusehen war. Dies wird auch weiterhin zu prüfen sein. Ob der Arbeitgeber ein Vertragsmuster erstmalig oder zum wiederholten Male verwendet, ist ohne Belang.[164] Es genügt die beabsichtigte mehrfache Verwendung, ohne dass es darauf ankommt, ob die Bestimmungen selbst oder durch einen Dritten – etwa einem Arbeitgeberverband – vorformuliert worden sind.[165] Die Einbeziehung von Arbeitsvertragsbedingungen wird auch in konkludenter Form für möglich gehalten.[166] Neben Formulararbeitsbedingungen können schließlich auch Einzelvertragsklauseln einer entsprechenden Kontrolle unterzogen werden, soweit der andere Vertragspartner auf deren Inhalt keinen Einfluss nehmen konnte.[167] Werden diese jedoch individuell ausgehandelt, ist den Arbeitsgerichten eine Kontrolle nach den Wertungen der §§ 305 ff. BGB verwehrt. Keine Anwendung findet nach § 310 Abs. 4 Satz 2 Hs. 2 BGB die Regelung des § 305 Abs. 2 BGB, wonach Allgemeine Geschäftsbedingungen nur dann Bestandteil des Vertrags werden, wenn der Verwender durch deutlichen Aushang am Ort des Vertragsschlusses auf sie hinweist bzw. der anderen Vertragspartei in zumutbarer Weise die Möglichkeit der Kenntnisnahme verschafft. Dergleichen gilt für die Vorschrift des § 305 Abs. 3 BGB, aufgrund derer die Anwendbarkeit Allgemeiner Geschäftsbedingungen im Voraus vereinbart werden kann. Hier gehen jeweils die gesonderten Bestimmungen des NachwG vor.[168]

45 Klauseln mit **überraschendem Charakter** können wie bisher[169] nicht zum Vertragsbestandteil werden (§ 305c Abs. 1 BGB). Der Arbeitgeber hat für klare und verständliche Vertragsbedingungen Sorge zu tragen.[170] **Zweifel in der Auslegung** gehen zu seinen Lasten (§ 305c Abs. 2 BGB).[171]

46 Eine im Arbeitsvertrag verwandte Bestimmung darf nicht gegen ein Klauselverbot verstoßen. Dabei unterscheidet das Gesetz wie §§ 10 f. AGBG a.F. zwischen Klauselverboten mit und ohne Wertungsmöglichkeit (§§ 308 f. BGB). Die **Klauselverbote ohne Wertungsmöglichkeit** greifen im Regelfall innerhalb des Arbeitsrechts nur, wie der Einleitungssatz belegt, soweit dispositives Recht betroffen ist.[172] Da die arbeitsrechtlichen Normen überwiegend zwingender Natur sind, gehen diese mit ihren Wertungen vor.[173] Die Klauselverbote können also nur im ungeregelten oder dispositiv ausgestalteten Recht eingreifen. Aber auch i.Ü. ist bei der Anwendung des § 309 BGB Vorsicht geboten, mahnt doch bereits die Gesetzesbegründung an, dass »vor allem die besonderen Klauselverbote ohne Wertungsmöglichkeit im Arbeitsrecht nicht zwingend uneingeschränkt zur Anwendung kommen« sollten.[174] Unbeschadet dessen wird u.A. die Auswirkung des § 309 Nr. 6 BGB (Zahlung einer **Vertragsstrafe**) diskutiert. Das BAG hat zur Vorgängerregelung des § 11 Nr. 6 des AGBG festgestellt, dass diese Regelung auf das Arbeitsvertragsverhältnis nicht übertragen

164 *Lingemann*, NZA 2002, 183.
165 *Schnittker/Grau*, BB 2002, 2121.
166 So etwa *Thüsing*, BB 2002, 2670.
167 *Annuß/Leder*, BB 2004, 43.
168 Vgl. auch Gesetzesbegründung BT-Drucks 14/6857, 54.
169 BAG, Urt. v. 24.03.1988, AP Nr. 1 zu § 241 BGB; v. 11.01.1995 – 10 AZR 5/94 (n.v.); v. 29.11.1995, AP Nr. 1 zu § 3 AGBG; vgl. hierzu auch *Hromadka*, NJW 2002, 2525 f.; *Thüsing*, BB 2002, 2670.
170 So ausdrückl. geregelt in § 307 Abs. 1 Satz 2 BGB (dazu noch im Folgenden).
171 So auch bereits BAG, Urt. v. 03.05.1979, DB 1969, 1465; v. 18.09.1991, DB 1992, 383; v. 05.09.1995, NZA 1996, 700.
172 Vgl. hierzu auch die Gesetzesbegründung, BT-Drucks 14/6040, S. 155 f.
173 Vgl. hierzu auch *Lingemann*, NZA 2002, 190.
174 BT-Drucks. 14/6857, 54.

werden könne und dementsprechend eine Vertragsstrafenvereinbarung als zulässig erachtet, die den Arbeitnehmer zur Einhaltung von Kündigungsfristen anhalten sollte.[175] Gleichermaßen hat das BAG eine Vertragsstrafenklausel für den Nichtantritt einer Stelle als wirksam anerkannt.[176] Während die erste Zeit nach der Schuldrechtsreform die weitere Zulässigkeit von Vertragsstrafenabreden uneinheitlich beurteilt wurde,[177] hat das BAG inzwischen die Zulässigkeit von Vertragsstrafen dem Grunde nach bejaht.[178] Es sei als Besonderheit des Arbeitsrechts anzusehen, dass der Arbeitnehmer nicht durch Zwangsgeld oder Zwanghaft zur Erbringung der Arbeitsleistung nach § 888 Abs. 3 ZPO angehalten werden könne. Im konkret entschiedenen Fall hielt das BAG allerdings die getroffene Abrede aufgrund unangemessener Benachteiligung i.S.d. § 307 BGB für unwirksam. Weiterhin wird wie bisher auch zu prüfen sein, ob die Vertragsstrafenregelung dem Transparenzgebot entspricht und damit sowohl im Hinblick auf den Verwirkungstatbestand wie die Höhe der Strafsumme eindeutig und klar ist.[179] Von Vertragsstrafen sind anderweitige Strafabreden wie für den Fall der Schädigung des Arbeitgebers[180] oder Wettbewerbsverstößen[181] zu unterscheiden. Sie sind nicht vom Klauselverbot des § 309 Nr. 6 BGB betroffen. Strafabreden für den Fall von Schlechtleistungen sind indes nach wie vor unzulässig.[182]

Aufgrund der Regelung von § 309 Nr. 12 BGB sind **beweislaständernde Regelungen** unzulässig. 47
Dies gilt nicht für Empfangsbekenntnisse, die gesondert unterschrieben oder mit einer gesonderten qualifizierten elektronischen Signatur verbunden sind. Diese müssen deutlich vom Vertragstext abgesetzt und vom Empfänger gesondert unterschrieben sein.[183] Ferner dürfen nach § 309 Nr. 13 BGB **Anzeigen und Erklärungen** nicht an eine strengere Form als die Schriftform oder besondere Zugangserfordernisse gebunden werden.[184]

Bei den **Klauseln mit Wertungsmöglichkeiten** kann insbesondere § 308 Nr. 4 BGB über die 48
Zulässigkeit eines Änderungsvorbehalts arbeitsrechtliche Bedeutung erlangen. Die bisherige Rechtsprechung hatte Änderungs- und Widerrufsvorbehalte an § 138 BGB sowie § 134 BGB i.V.m. den Regeln des KSchG als Schutzgesetz gemessen.[185] *Lingemann*[186] hat zutreffend aufgewiesen, dass **Widerrufsvorbehalte** ein notwendiges Pendant zum KSchG bilden. Die Langfristigkeit, auf die das arbeitsvertragliche Rechtsverhältnis ausgerichtet sei, lasse es nicht zu, bereits zum Zeitpunkt des Vertragsschlusses Notwendigkeit, Zeitpunkt und Modalitäten einer Vertragsänderung zu definieren. Dies schließt es aus, das Arbeitsverhältnis den gleichen Anforderungen zu unterstellen wie

175 BAG, Urt. v. 05.02.1986, AP Nr. 12 zu § 339 BGB; v. 27.05.1992, EzA § 339 BGB Nr. 8; vgl. hierzu auch *Heinze*, NZA 1994, 249.

176 BAG, Urt. v. 01.10.1963, AP Nr. 2 zu § 67 HGB; v. 17.07.1985 – 5 AZR 104/84 (n.v.).

177 Vertragsstrafenklauseln für zulässig haltend: ArbG Duisburg, Urt. v. 14.08.2002, DB 2002, 1943; ebenso: *Annuß*, BB 2002, 463; *Bartz*, AuA 2002, 138; *Conein-Eikelmann*, DB 2003, 2546 ff.; *Henssler*, RdA 2002, 138; *Hromadka*, NJW 2002, 2528; *Lederer-Morgenroth*, NZA 2002, 957; *Lingemann*, NZA 2002, 191; ebenso mit Einschränkungen: *Hönn*, ZfA 2003, 325 ff. (339); *Reinecke*, DB 2002, 586; *Reichenbach*, NZA 2003, 309 ff.; a.A.: LAG Hamm, Urt. v. 24.01.2003, NZA 2003, 499; LAG Baden-Württemberg, Urt. v. 10.04.2003, DB 2003, 2551; LAG Frankfurt a.M., Urt. v. 07.05.2003, 2 Sa 53/03 (n.v.); *Däubler*, NZA 2001, 1336; *Hümmerich*, NZA 2003, 762; *Koppenfels*, NZA 2002, 598 ff.; *Thüsing*, BB 2002, 2673.

178 BAG, Urt. v. 04.03.2004 – 8 AZR 196/03, BAG-Pressemitteilung Nr. 13/04.

179 BAG, Urt. v. 27.04.2000 – 8 AZR 301/99 (n.v.); ausführlich zur Angemessenheitskontrolle: *Leder/Morgenroth*, NZA 2002, 956 f.

180 Dazu BAG, Urt. v. 23.05.1984, NZA 1984, 255; vgl. ferner die ein Monatsgehalt als Höchstgrenze anerkennenden Entscheidungen: LAG Düsseldorf, Urt. v. 05.11.1972, DB 1973, 85; v. 19.05.1980, AP Nr. 8 zu § 339 BGB; ArbG Frankfurt, Urt. v. 20.04.1999, NZA-RR 2000, 82; dem i. E. folgend: *Leder/Morgenroth*, NZA 2002, 956 f.

181 *Bauer*, JuS 1999, 455.

182 LAG Frankfurt, Urt. v. 05.09.1967, DB 1969, 987.

183 *Lingemann*, NZA 2002, 192.

184 Vgl. hierzu auch unter Verweis auf die bisherige Rspr. *Reinecke*, DB 2002, 586, der in diesem Zusammenhang zweistufige tarifliche Ausschlussfristen, auf die verwiesen wird, nicht aufgrund § 309 Nr. 13 BGB unzulässig sind.

185 S. hierzu i. E. auch § 5 Rn 14 f., 22.

186 *Lingemann*, NZA 2002, 190.

i.d.R. kurzfristig angelegte Warenaustauschverträge.[187] Die Zumutbarkeitsprüfung dürfte demnach weiterhin unter den kündigungsschutzrechtlichen Besonderheiten des Arbeitsrechts zu erfolgen haben. Unbeschadet der grundsätzlichen Zulässigkeit erklärter Widerrufsvorbehalte wird allerdings teilweise gefordert, dass zumindest die Voraussetzungen für deren Ausübung arbeitsvertraglich mit hinreichender Bestimmtheit vereinbart werden.[188] Die bisherige Rechtsprechung hat eine solche Angabe von Gründen für einen Widerruf indes nicht verlangt.[189]

49 Ist eine Klausel nicht nach §§ 308 f. BGB unwirksam, kann sie einer **Inhaltskontrolle** nach § 307 Abs. 1, 2 BGB unterzogen werden. Die Regelungen zur Inhaltskontrolle gelten nach § 307 Abs. 3 BGB nur für Bestimmungen, durch die von Rechtsvorschriften, zu denen aufgrund § 310 Abs. 4 Satz 3 BGB auch Tarifverträge und Betriebsvereinbarungen zu zählen sind, abweichende oder diese ergänzende Regelungen vereinbart werden. Diese Regelung ist unproblematisch, soweit zum Nachteil des normunterworfenen Arbeitnehmers abgewichen wird. Hier greifen bereits die Spezialvorschriften des § 4 TVG und § 77 Abs. 4 BetrVG. Verweist der Arbeitsvertrag eines nicht tarifgebundenen Arbeitnehmers auf einen Tarifvertrag, dürfte ebenfalls eine Inhaltskontrolle regelmäßig nicht in Betracht kommen, da von der Richtigkeitsgewähr der tariflichen Norm auszugehen ist.[190] Hier kann regelmäßig nicht i.S.d. § 307 Abs. 1 BGB von einer unangemessenen Benachteiligung gesprochen werden. Werden hingegen nur Teile von einem zusammenhängenden Regelungskomplex übernommen, andere jedoch nicht, kommt eine Inhaltskontrolle in Betracht, aufgrund deren eine unangemessene Benachteiligung im Zweifel anzunehmen ist, wenn die getroffene Regelung mit dem wesentlichen Grundgedanken der normativen Regelung, von der sie abweicht, nicht zu vereinbaren ist (§ 307 Abs. 2 Nr. 1 BGB) oder wesentliche Rechte oder Pflichten aus dem Vertrag so eingeschränkt werden, dass der Vertragszweck gefährdet wird (§ 307 Abs. 2 Nr. 2 BGB). Der Vertragsgestalter sollte sich daher überlegen, ob er eine tarifliche Regelung komplett angewandt wissen will; dann empfiehlt sich eine Bezugnahmeklausel. Will er dies nicht, sollte überlegt werden, ob und für welche Regelungsmaterien eine Bezugnahme sich als sinnvoll erweist. Ansonsten empfiehlt es sich, den Arbeitsvertrag als individuelles Gestaltungsmittel zu nutzen. Denn Vorrang hat weiterhin, soweit nicht von vornherein die Vertragsbedingungen zwischen den Vertragsparteien im Einzelfall ausgehandelt worden sind (Fall des § 305 Abs. 1 S. 3 BGB), die individuelle Vertragsabrede (Fall des § 305b BGB).[191] Daran hat sich auch nach der Schuldrechtsreform nichts geändert. Auch wenn Unternehmen in der Praxis aus unterschiedlichen Erwägungen heraus[192] weitgehend dazu neigen, sich ausformulierter Vertragsmuster von hoher Regelungsdichte zu bedienen,[193] die als »wichtigstes Gegenüber nicht den Arbeitnehmer, sondern das zwingende Arbeitsschutzrecht und die Rechtsprechung des BAG« ansehen,[194] gibt die verstärkt in den Mittelpunkt getretene Kontrolle gestellter allgemeiner Vertragsbedingungen Anlass, sich des Arbeitsvertrags als individuelles Gestaltungsmittel zurückzubesinnen; ihm ist zu einer Renaissance zu verhelfen.[195] Dabei kann es sich bei zum Teil vorgegebenen und zum anderen Teil individuell ausgehandelten Vertragsbedingungen empfehlen, letztere in einer gesonderten Vereinbarung aufzunehmen, um so eine klare Abgrenzung zu erreichen.

187 Vgl. auch *Zöllner*, RdA 1989, 161; *Hromadka*, FS Dietrich 1999, S. 465 f.

188 So z.B. *Sievers*, NZA 2002, 1184, mit dem gleichzeitigen Verweis, dass die Anforderungen an die Konkretisierung des Klauseltextes angesichts der Vielzahl unwägbarer, in Zukunft in Betracht kommender Widerrufsgründe nicht zu hoch geschraubt werden dürften; krit. indes *Lingemann*, NZA 2002, 191.

189 Vgl. auch Hümmerich, NZA 2003, 760, unter Berufung auf BAG, Urt. v. 10.05.1995, NZA 1995, 1098.

190 BAG, Urt. v. 11.01.1973, AP Nr. 30 zu § 138 BGB; vgl. ferner BAG, Urt. v. 13.12.2000, DB 2001, 928 ff., wo das Gericht die Überprüfung einer arbeitsvertraglichen Ausschlussfrist unter vergleichender Heranziehung tarifvertraglicher Ausschlussfristen vorgenommen hat.

191 Zur Abgrenzung von Individualvereinbarung und individueller Vertragsabrede vgl. auch *Hromadka*, NZA 2002, 2525; *Richardi*, NZA 2002, 1059.

192 Vgl. insofern *Preis*, Der Arbeitsvertrag, I A Rn 107 f.

193 Vgl. hierzu die Untersuchungen von *Preis*, Der Arbeitsvertrag, I B Rn 1 ff.

194 So *Preis*, Der Arbeitsvertrag, I B Rn 1 ff.

195 Vgl. aber auch *Hümmerich*, AnwaltFormulare Arbeitsrecht, § 1 Rn 119, der gleichermaßen – wenngleich vorsichtig, aber dennoch zu Recht – die These vertritt, das Modell der Kollektivnormen könnte angesichts der Bereichsausnahme des § 310 Abs. 4 BGB für die Normenkontrolle zur Renaissance gelangen.

Diskutiert wird unter Berufung auf § 310 Abs. 4 Satz 3 BGB darüber hinaus die Frage, ob Gerichte zur Inhaltskontrolle befugt sind, wenn der **Arbeitsvertrag wesentlich von dem tariflich Geregelten abweicht**, das weder aufgrund einer Tarifbindung noch der Inbezugnahme des Tarifvertrags im Arbeitsvertrag gilt. Wollte man hier die Tarifnorm dennoch als Vergleichsmaßstab einer Inhaltskontrolle heranziehen, würde damit die negative Koalitionsfreiheit missachtet.[196] Hierauf hat auch in der Vergangenheit das BAG hingewiesen, indem es ausgeführt hat, dass bei der Feststellung der »üblichen Vergütung« i.S.d. § 612 Abs. 2 BGB nicht allein auf das Tarifniveau des einschlägigen Wirtschaftszweiges abgehoben werden darf.[197] Überdies ist zu berücksichtigen, dass die Rechtsordnung über die §§ 134, 138 BGB hinreichende Instrumente enthält, um unangemessene Vertragsbedingungen zu unterbinden. Auf diese hat auch die bisherige Rechtsprechung zurückgegriffen. Es ist nicht ersichtlich, dass der Gesetzgeber von der durch die Rechtsprechung entwickelten Rechtspraxis hat abrücken wollen, wie auch die in § 310 BGB enthaltene Formulierung der »angemessenen« Berücksichtigung der für das Arbeitsrecht geltenden Besonderheiten belegt.[198] 50

Über die bisherige Bestimmung des § 9 Abs. 1 AGBG hinaus hat der Gesetzgeber in § 307 Abs. 1 Satz 2 BGB zusätzlich geregelt, dass eine unangemessene Benachteiligung sich auch aus einer **unklaren und unverständlichen Bestimmung** ergeben könne. Entsprechend § 5 AGBG ist das BAG bislang davon ausgegangen, dass unklare Bestimmungen im Zweifel zu Lasten seines Verwenders gehen. Es bleibt abzuwarten, ob das BAG die Regelung des § 307 Abs. 1 Satz 2 BGB zum Anlass einer verschärften Verständlichkeitskontrolle nimmt.[199] Bereits die bisherige Rechtsprechung hat insbesondere für den Arbeitnehmer belastende Regelungen wie Rückzahlungsklauseln wiederholt aufgezeigt, dass diese klar und verständlich sein müssen.[200] 51

Erweist sich im Wege der Inhaltskontrolle eine **Vertragsklausel** als **unwirksam**, lässt dies die Wirksamkeit des Vertrags im Übrigen unberührt (§ 306 Abs. 1 BGB).[201] Teilnichtigkeit führt somit nicht zur Gesamtnichtigkeit.[202] Offen sind jedoch die weiteren Wirkungen der Teilnichtigkeit. Das Gesetz sieht vor, dass bei Bestimmungen, die nicht zum Vertragsbestandteil haben werden können, grundsätzlich im allgemeinen Vertragsrecht die gesetzlichen Vorschriften treten (§ 306 Abs. 2 BGB);[203] zu diesen zählen auch die durch Rechtsprechung und Literatur herausgebildeten Rechtsgrundsätze.[204] Das BAG hat indes vielfach – so vor allem bei Versetzungs- oder Widerrufsvorbehalten[205] – die Klauseln als solche unbeanstandet gelassen, wohl aber eine Ausübungskontrolle durchgeführt. In anderen Fällen hat es der geltungserhaltenden Reduktion Vorrang vor der Anwendbarkeit der gesetzlichen Bestimmungen eingeräumt.[206] Ob es an dieser Rechtsprechung unter Berufung auf die angemessene Berücksichtigung der im Arbeitsrecht geltenden Besonderheiten (§ 310 Abs. 4 52

196 Vgl. hierzu auch *Bayreuther*, RdA 2002, 81; *Hadeler*, FA 2002, 68; *Hromadka*, NJW 2002, 2526 f.; *Lingemann*, NZA 2002, 188 f.; *Thüsing*, BB 2002, 2671; *Tschöpe*, DB 2002, 1830.

197 BAG, Urt. v. 11.01.1973, AP Nr. 30 zu § 138 BGB.

198 Vgl. auch *Henssler*, RdA 2002, 136; *Richardi*, NZA 2002, 1061; vgl. ferner *Reinecke*, DB 2002, 584, wonach entsprechend dem Wortlaut einschlägigen EU-Richtlinie sich die Inhaltskontrolle nicht auf den Hauptgegenstand des Vertrags und die Angemessenheit des Entgelts erstreckt.

199 Zweifelnd insofern *Lingemann*, NZA 2002, 187.

200 BAG, Urt. v. 10.07.1974, v. 26.06.1975, v. 08.11.1978 und v. 14.06.1995, AP Nr. 83, 86, 100, 176 zu § 611 BGB Gratifikation.

201 So auch bisher st. Rspr., vgl. nur BAG, Urt. v. 09.09.1981, AP Nr. 170 zu Art. 3 GG; v. 23.01.1990, DB 1990, 1620; v. 18.09.1991, DB 1992, 383; v. 05.09.1995, NZA 1996, 700.

202 *Willemsen/Gau*, RdA 2003, 321 ff., empfehlen unter Berücksichtigung dessen für die Kautelarpraxis eine möglichst textlich aufgegliederte und in selbständige Regelungsbestandteile aufgespaltete Vertragsgestaltung.

203 Ebenso BGH v. 30.09.1998, ZTR 1999, 34, für die Berechnung der Zusatzversorgung eines Teilzeitbeschäftigten.

204 *Hromadka*, NJW 2002, 2529 f.; *Lingemann*, NZA 2002, 186.

205 Zum Versetzungsvorbehalt: BAG v. 14.10.1982, v. 22.05.1986 und v. 27.11.1991, AP Nr. 1, 4, 6 zu § 1 KSchG Konzern; zum Widerrufsvorbehalt: BAG v. 15.11.1995, NZA 1996, 603.

206 BAG, Urt. v. 11.04.1984, AP Nr. 8 zu § 611 BGB Ausbildungsbeihilfe; v. 15.02.1990, AP Nr. 15 zu § 611 BGB Anwesenheitsprämie; v. 14.06.1995, AP Nr. 176 zu § 611 BGB Gratifikation; anders jedoch BGH, Urt. v. 30.09.1998, ZTR 1999, 34.

BGB) festhalten wird, bleibt abzuwarten.[207] *Thüsing*[208] spricht sich insofern dafür angesichts der durch das bisherige Richterrecht geschaffenen Besonderheiten dafür aus, die AGB-Regeln insofern zu modifizieren. *Preis*[209] indes weist dieser Frage im Ergebnis keine praktische Bedeutung zu, da etwaige Lücken, die nicht über die ungeschriebenen, durch Richterrecht entwickelten Rechtsgrundsätze gefüllt werden könnten, durch das Mittel der ergänzenden Vertragsauslegung zu schließen seien.

VII. Sonstige Rechtsquellen

1. Weisungen

53 Dem Arbeitsverhältnis immanent ist, dass die vom Arbeitnehmer zu erbringenden Leistungen nicht bereits zum Beginn des Vertrags, sondern erst in dessen Durchführung bestimmt werden können. Im Arbeitsvertrag wird daher nur eine der Art nach bestimmte Tätigkeit zugesagt. In seiner Durchführung wird die vertragliche Leistungspflicht sodann durch Ausübung des arbeitgeberseitigen **Direktionsrechts** konkretisiert. Während das allgemeine Weisungsrecht bislang aus dem Wesen des Arbeitsverhältnisses selbst abgeleitet und seine inhalts- wie umfangsmäßige Konkretisierung anhand der in § 315 BGB niedergelegten Grundsätze billiger Ermessensausübung vorgenommen wurde,[210] findet es nunmehr in § 106 GewO eine für alle Arbeitnehmer gültige Rechtsgrundlage.[211] Danach kann der Arbeitgeber Inhalt, Ort und Zeit der Arbeitsleistung nach billigem Ermessen näher bestimmen, soweit diese Arbeitsbedingungen nicht durch den Arbeitsvertrag, Bestimmungen einer Betriebsvereinbarung, eines anwendbaren Tarifvertrags oder gesetzliche Vorschriften festgelegt sind. Klarstellend wird hinzugefügt, dass dies auch hinsichtlich der Ordnung und des Verhaltens des Arbeitnehmers im Betrieb gelte.[212] Bei seiner Ermessensausübung hat der Arbeitgeber auch auf Behinderungen des Arbeitnehmers Rücksicht zu nehmen (§ 106 Satz 3 GewO).[213] Änderungen gegenüber der früheren Rechtslage, wonach das Direktionsrecht seinem Inhalt und Umfang nach auf § 315 BGB gestützt wurde, ergeben sich weder aus den beiden ersten Sätzen des § 106 GewO noch aus dem letzten.[214] Die Pflicht, etwaige Behinderungen des Arbeitnehmers im Rahmen von Weisungen zu berücksichtigen, war bislang schon Bestandteil der billigen Ermessensausübung nach § 315 BGB. Demnach bleibt zunächst festzuhalten, dass dem Arbeitgeber zur Konkretisierung der Arbeitsverpflichtung weiterhin ein mit dem Spielraum billigen Ermessens verbundenes Weisungsrecht zusteht. Es müssen also die wesentlichen Umstände des Falles abgewogen und die beiderseitigen Interessen angemessen berücksichtigt werden.[215]

54 Das Weisungsrecht erstreckt sich auf die **Art und Weise der vom Arbeitnehmer auszuübenden Tätigkeit** und das Umfeld, in dem diese Tätigkeit erbracht wird.[216] Nicht jedoch darf mittels des Direktionsrechtes in das Austauschverhältnis von Leistung und Gegenleistung eingegriffen werden;

207 Vgl. insoweit auch ausführlich *Willemsen/Gau*, RdA 2003, 321 ff.

208 *Thüsing*, BB 2002, 2674; *ders.* in: *Graf v. Westphalen*, Vertragsrecht und AGB-Klauselwerke, Stichwort: Arbeitsverträge Rn 58; ebenso: *Henssler*, RdA 2002, 137; *Lingemann*, NZA 2002, 186 f.; gegen eine geltungserhaltende Reduktion indes *Annuß*, BB 2002, 462; *Lindemann*, ArbuR 2002, 87; *Reinecke*, DB 2002, 586; *Singer*, RdA 2003, 203 dgl. *Wisskirchen/Stühm*, DB 2003, 2227 f., die daher auch salvatorische Klauseln mit Ersetzungsregelung für problematisch halten.

209 *Preis*, NZA Sonderbeil. 16/2003, 28; i.E. ebenso: *Krebs*, SAE 2004, 66 ff.

210 Vgl. hierzu etwa *Hromadka*, DB 1995, 1610 ff., 2601 ff.

211 Hierzu: *Borgmann/Faas*, NZA 2004, 241 ff.; vgl. ferner *Hromadka*, RdA 2003, 238, wonach der zwingende Charakter des § 106 GewO auch keine abweichenden tarifvertraglichen Regelungen zulässt.

212 Vgl. hierzu auch *Bauer/Opolony*, BB 2002, 1590 ff.; *Borgmann/Faas*, NZA 2004, 241 ff.; *Lakies*, BB 2003, 364 ff.; *Schöne*, NZA 2002, 830.

213 Zum Begriff der Behinderung vgl. auch *Bauer/Opolony*, BB 2002, 1591; *Schöne*, NZA 2002, 831.

214 *Bauer*, BB 2002, 1591; *Lakies*, BB 2003, 364; vgl. ferner *Schöne*, NZA 2002, 831, unter Bezugnahme auf die Gesetzeshistorie.

215 *Lakies*, BB 2003, 366 m.w.N. in Fn 26.

216 Zu dem das Tätigkeitsumfeld betreffenden Weisungen können die Anordnung einer bestimmten, der Art der Tätigkeit angemessenen Kleidung (LAG Hamm, Urt. v. 22.10.1991, BB 1992, 430) oder die Weisung über Durchführung einer

insofern ist zwischen vertragsausfüllenden Weisungen und der Änderung der Arbeitsbedingungen zu unterscheiden. Über seine Ausübung kann folglich nicht auf die Höhe des Arbeitsentgelts oder den Umfang der geschuldeten Arbeitszeit eingewirkt werden.[217] Wohl aber kann mittels des Weisungsrechts über die bloße Tätigkeitsverrichtung hinaus auch auf das arbeitsbegleitende Verhalten Einfluss genommen werden.[218] Der Arbeitgeber kann also Zeit, Art und Ort der Arbeitsleistung im Rahmen des vertraglich Zulässigen bestimmen,[219] den Arbeitsbereich des Arbeitnehmers verkleinern[220] oder einen Wechsel in der Art der Beschäftigung bestimmen,[221] soweit dem der Arbeitsvertrag selbst nicht entgegensteht. Dabei ist von dem Grundsatz auszugehen, dass das Direktionsrecht um so weiter ist, je generalisierender die arbeitsvertragliche Tätigkeitsbeschreibung selbst ist.[222]

Inhalt wie Umfang des Direktionsrechts sind in erster Linie durch den Arbeitsvertrag bestimmt. 55
Die Arbeitsvertragsparteien sollten sich daher bei seiner Abfassung stets bewusst sein, inwieweit durch die dort erfolgten oder auch unterlassenen Konkretisierungen der gegenseitigen Rechte und Pflichten das Direktionsrecht erweitert oder eingeschränkt wird. Über den Arbeitsvertrag hinaus, wie er von den Vertragsparteien abgefasst ist und sich sodann im Verlaufe der Durchführung des Arbeitsverhältnisses konkretisiert hat,[223] findet das Direktionsrecht seine Grenzen **an den Vorschriften des Gesetzes sowie des Kollektiv- und Individualvertragsrechts.**[224] Hält es sich im Rahmen des gesetzlich Vorgegebenen und enthält der Arbeitsvertrag auch sonst etwa durch die Bestimmung eines Ausführungsspielraums (z.B. durch Definition selbstbestimmter Arbeitszeiten) keine Einschränkungen, kann das in diesem Rahmen ausgeübte Weisungsrecht in der Regel nicht als i.S.d. § 106 GewO unbillig angesehen werden.[225] Würde der Arbeitnehmer in Befolgung des Weisungsrechts gegen gesetzliche oder tarifvertragliche Bestimmungen verstoßen, ist er nicht an die Weisung des Arbeitgebers gebunden. Auch kann das Weisungsrecht nur im Rahmen des Arbeitsverhältnisses ausgeübt werden, wie es durch den Arbeitsvertrag ausgestaltet bzw. durch dessen Handhabung konkretisiert worden ist. Die Definition der Tätigkeit des Arbeitnehmers sowie die Ausgestaltung der Einzelheiten seiner Beschäftigung sind daher für den Umfang der Weisungsmöglichkeiten von ausschlaggebender Bedeutung. Daher sollte in der Vertragsabfassung darauf geachtet werden, sich Möglichkeiten einer anderweitigen Leistungsbestimmung offen zu halten; den Interessen des Arbeitnehmers ist dann im Rahmen der Ermessenskontrolle Rechnung zu tragen.[226] Auch die Neuregelungen der §§ 305 ff. BGB gebieten nichts anderes, da es gerade zur Besonderheit des auf eine Dauerbeziehung angelegten Arbeitsverhältnisses gehört, die nicht im Vorhinein bestimmbare Leistung im Verlaufe der Vertragsdurchführung zu konkretisieren. Allerdings ist bei der Vertragsgestaltung zu berücksichtigen, dass über den vereinbarten Vorbehalt zur anderweitigen Leistungsbestimmung zwingende kündigungsschutzrechtliche Vorschriften nicht ausgehebelt werden können.[227] Aus diesem Grund können grundsätzlich nicht mittels Weisung etwa Tätigkeiten außerhalb des Bereichs der Tätigkeitsmerkmale einer Vergütungsgruppe übertragen werden.[228] Insbesondere gibt das Weisungsrecht

Dienstreise mit Dienst-PKW unter Mitnahme eines Kollegen (BAG, Urt. v. 29.08.1992, AP Nr. 38 zu § 611 BGB Direktionsrecht) gehören.

217 BAG, Urt. v. 12.12.1984, AP Nr. 6 zu § 2 KSchG; *Hromadka*, DB 1995, 2601; *Lakies*, BB 2003, 364.

218 *Hromadka*, DB 1995, 2601 f.

219 BAG, Urt. v. 27.03.1980, v. 29.08.91, v. 23.01.1992 und v. 23.06.1993, AP Nr. 26, 38, 39, 42, zu § 611 BGB Direktionsrecht.

220 BAG, Urt. v. 23.06.1993, AP Nr. 42 zu § 611 BGB Direktionsrecht.

221 BAG, Urt. v. 27.03.1980, AP Nr. 26 zu § 611 BGB Direktionsrecht.

222 BAG, Urt. v. 10.11.1955, AP Nr. 2 zu § 611 BGB Beschäftigungspflicht.

223 Zur Konkretisierung der Arbeitspflicht vgl. auch § 5 Rn 15.

224 BAG, Urt. v. 27.03.1980, v. 25.10.1989, v. 23.06.1993 und v. 11.10.1995, AP Nr. 26, 36, 42, 45 zu § 611 BGB Direktionsrecht; v. 07.12.2000, DB 2001, 2051.

225 BAG, Urt. v. 25.10.1989, AP Nr. 36 zu § 611 BGB Direktionsrecht; anders aber für den Fall, dass die Befolgung der Weisung den Arbeitnehmer in einen Gewissenskonflikt bringt: BAG, Urt. v. 20.12.1994 und v. 24.05.1989, AP Nr. 27, 35 zu § 242 BGB Direktionsrecht.

226 *Hromadka*, DB 1995, 2601 ff.

227 Vgl. hierzu auch *Lingemann*, NZA 2002, 190.

228 BAG, Urt. v. 29.01.1960, AP Nr. 12 zu § 123 GewO; v. 14.12.1961, AP Nr. 17 zu § 611 BGB Direktionsrecht.

nicht die Befugnis zur Versetzung auf einen Arbeitsplatz mit geringerer Vergütung, soweit sich der Arbeitgeber nicht auch die Übertragung niedrigwertiger Tätigkeiten arbeitsvertraglich in zulässiger Weise[229] vorbehalten hat.[230] Dies gilt auch, wenn die bisherige Vergütung fortgezahlt wird.[231] Ebenso ist die Übertragung von Aufgaben nicht vom Weisungsrecht gedeckt, die dem Arbeitnehmer nur im Wege eines Bewährungsaufstiegs ermöglicht, in die für ihn maßgebliche Vergütungsgruppe zu gelangen.[232] All solche Veränderungen, die auf eine Änderung der Arbeitsbedingungen ausdrücklich abzielen oder diese zwangsläufig bewirken, können nur mit Mitteln der abändernden Vereinbarung oder Änderungskündigung durchgesetzt werden, sofern sich der Arbeitgeber nicht von vornherein die Versetzungsmöglichkeit vorbehalten hat.[233] Wohl aber ist die Übertragung von Tätigkeiten zulässig, infolge deren nicht tätigkeitsbezogene Zulagen oder Aufwendungsersatzleistungen wegfallen.[234]

56 Das allgemeine Weisungsrecht findet nicht nur Beschränkungen durch individual- oder kollektivvertragliche Regelungen, sondern kann durch diese auch erweitert werden.[235] Die Erweiterung des Rechts zur einseitigen Leistungsbestimmung unterliegt dann aber, soweit es nicht durch Kollektivregelungen[236] erfolgt (§ 310 Abs. 4 Satz 1 BGB), der **Inhaltskontrolle**.[237] Die Rechtsprechung hat insofern in der Vergangenheit dem Arbeitgeber einen gewissen Handlungsspielraum zugestanden. Ihm kann die Befugnis zur Versetzung des Arbeitnehmers auf einen Arbeitsplatz mit geringerer Entlohnung durch besondere Vereinbarung in einem Tarifvertrag, einer Betriebsvereinbarung oder im Einzelvertrag in zulässiger Weise eingeräumt sein.[238] Auch diese Klauseln zur Erweiterung des Weisungsrechts sind im Grundsatz weiterhin zulässig, sofern sie nicht den Kernbereich des synallagmatischen Austauschverhältnisses berühren;[239] sie müssen aber dem Bestimmtheits- und Transparenzgebot entsprechen. Von ihnen kann nur im Rahmen billigen Ermessens (§ 106 GewO) Gebrauch gemacht werden.[240]

57 Die Bestimmungen über das Weisungsrecht geben dem Arbeitnehmer keinen Anspruch darauf, dass der Arbeitgeber sein Ermessen in eine bestimmte Richtung ausübt; seine Rechtsposition ist die des Inhabers eines Abwehrrechts. Überschreitet somit der Arbeitgeber das ihm zustehende Weisungsrecht, kann der Arbeitnehmer die Leistung verweigern.[241] Er wird sich hierzu auf § 275 Abs. 3 BGB stützen können. Das Risiko der Beurteilung der unter Überschreitung des Direktionsrechts ausgeübten Weisung trägt der Arbeitnehmer.[242] Er kann sich zur Klärung des Umfangs der durch

229 Auch insofern ist auf die durch die Rspr. anhand des Kündigungsschutzrechts aufgestellten Maßstäbe als Besonderheit des Arbeitsrechts zu verweisen (s. bereits oben).

230 BAG, Urt. v. 11.06.1958, v. 14.07.1965 und v. 28.02.1968, AP Nr. 2, 19, 22 zu § 611 BGB Direktionsrecht; vgl. i.Ü. zum Zusammenhang von Zuweisung niedrigerwertiger Tätigkeiten und korrigierender Rückgruppierungen *Friedrichs/Kloppenburg*, RdA 2001, 297 ff.

231 BAG, Urt. v. 08.10.1962 und v. 14.07.1965, AP Nr. 18, 19 zu § 611 BGB Direktionsrecht; *Lakies*, BB 2003, 366.

232 BAG, Urt. v. 30.08.1995 und v. 24.04.1996, AP Nr. 44 und 49 zu § 611 BGB Direktionsrecht.

233 *Hümmerich*, AnwaltFormulare Arbeitsrecht, § 1 Rn 2173 hält solche direktionsrechtserweiternden Versetzungsklauseln nach der Schuldrechtsreform nur noch für wirksam, wenn die übertragene Tätigkeit gleichwertig ist und gleich vergütet wird.

234 *Hromdka*, DB 1995, 2603.

235 BAG, Urt. v. 16.10.1965, AP Nr. 20 zu § 611 BGB Direktionsrecht; v. 21.11.2002, DB 2003, 1630.

236 Vgl. insofern etwa § 12 BAT; zur Erweiterung des Direktionsrechts kraft Tarifvertrags vgl. auch *Popp*, BB 1997, 1791.

237 Vgl. dazu: ErfK/*Preis*, § 611 BGB Rn 524 ff.

238 BAG, Urt. v. 11.06.1958, v. 08.10.1962 und v. 14.07.1965, AP Nr. 2, 18, 19 zu § 611 BGB Direktionsrecht; v. 22.05.1985, AP Nr. 6 zu § 1 TVG Tarifverträge – Bundesbahn; anders jedoch BAG, Urt. v. 12.12.1984, NZA 1985, 321.

239 Vgl. insofern auch die Rspr. zu Freiwilligkeitsvorbehalten: BAG, Urt. v. 13.05.1987, AP Nr. 4 zu § 305 BGB Billigkeitskontrolle.

240 BAG, Urt. v. 29.10.1997, ZTR 1998, 187.

241 So unter Berufung auf § 273 BGB BAG, Urt. v. 24.05.1989, DB 1989, 2538; *Bauer/Opolony*, BB 2002, 1591; vgl. aber auch *Hromadka*, DB 1995, 1610, der von einer Nichtschuld ausgeht, weshalb es keines Rückgriffs auf die Grundsätze zum Leistungsverweigerungsrecht oder zur Annahme eines subjektiven Unvermögens bedarf; *ders.*, RdA 2003, 239, wo auch für den Fall der unzul. Zuweisung einer höherwertigen Tätigkeit von der Unverbindlichkeit der Weisung ausgegangen wird, die den Vertrag mit seinem auf die geringerwertige Tätigkeit bezogenen Inhalt weiterhin als verbindlich ansieht.

242 LAG Düsseldorf, Urt. v. 25.01.1993, BB 1993, 1149.

das Direktionsrecht konkretisierten Arbeitspflicht der Feststellungsklage bedienen.[243] Auch kommt im Einzelfall eine Klärung im Wege der einstweiligen Verfügung in Betracht.[244]

2. Gleichbehandlungsgrundsatz

Der in Art. 3 Abs. 1 GG angelegte **allgemeine Gleichbehandlungsgrundsatz** verbietet eine willkürliche sachfremde Schlechterstellung einzelner Arbeitnehmer gegenüber anderen vergleichbaren Arbeitnehmern. Aus ihm kann kein Anspruch auf Gleichbehandlung abgeleitet werden, soweit der Arbeitgeber einzelne Arbeitnehmer besser stellt; dies ist dem Arbeitgeber stets im Rahmen seiner Privatautonomie zuzugestehen.[245] Wohl aber ist der Gleichbehandlungsgrundsatz anwendbar, wenn der Arbeitgeber Leistungen nach einem bestimmten erkennbaren und generalisierenden Prinzip gewährt und diese insoweit an bestimmte Voraussetzungen oder einen bestimmten Zweck bindet.[246] Dies erfordert, dass der Arbeitgeber die Leistungsvoraussetzungen so aufstellt, dass der Ausschluss eines Teils der Arbeitnehmer aus dem Leistungssystem nicht sachwidrig oder willkürlich erscheint.[247] Dabei ist auch darauf zu achten, dass nach inzwischen gefestigter Auffassung die Grundsätze der Gleichbehandlung betriebsübergreifend bezogen auf das ganze Unternehmen gelten.[248] Dies schließt nicht aus, dass die spezifischen Besonderheiten in einem Betrieb des Unternehmens und somit die unterschiedliche Betriebszugehörigkeit selbst einen tauglichen Sachgrund für eine differenzierte Behandlung abzugeben vermag.[249] Ob ein Sachgrund für eine ungleiche Behandlung vorliegt, ist unter Berücksichtigung des Zweck eines gewährten Vorteils zu beurteilen. Einen abschließenden Katalog zulässiger Leistungen gibt es insoweit nicht. So kann die Gewährung einer Leistung davon abhängig gemacht werden, ob sie im Rahmen eines fremdfinanzierten Arbeitsverhältnisses gewährt wird und damit bei wirtschaftlicher Betrachtung einen lediglich kostenneutralen »durchlaufenden Posten« darstellt.[250] Nicht indes vermag allein der unterschiedliche Status von Arbeitern und Angestellten einen Grund für eine Ungleichbehandlung abgeben.[251] 58

Der allgemeine Gleichbehandlungsgrundsatz wird ergänzt durch spezialgesetzliche Verpflichtungen zum **Verbot diskriminierender Arbeitsbedingungen**, wie es etwa in § 4 Abs. 1 und 2 TzBfG enthalten ist. Als gemeinsame Aufgabe der Betriebsparteien hat der Gesetzgeber in § 75 Abs. 1 BetrVG eine auf die Einhaltung des Gleichbehandlungsverbots ausgerichtete Überwachungspflicht normiert. Für den öffentlichen Dienst haben zudem Bundes- wie Landesgesetzgeber verschiedene Regelungen zur Gleichstellung von Frauen und Männern getroffen.[252] 59

Weitere Konkretisierungen des allgemeinen Gleichbehandlungsgrundsatzes stellen das **Gebot der Gleichberechtigung von Männern und Frauen** (Art. 3 Abs. 2 GG) sowie das Verbot ungleicher Behandlung wegen des Geschlechts, der Abstammung, der Rasse, der Sprache, der Heimat und Herkunft, des Glaubens oder politischer Anschauungen sowie einer Behinderung (Art. 3 Abs. 3 GG) dar. Hierzu hat das BAG schon frühzeitig darauf hingewiesen, dass Art. 3 Abs. 2 und 3 GG 60

243 BAG, Urt. v. 27.03.1980, AP Nr. 26 zu § 611 BGB Direktionsrecht; vgl. hierzu auch Muster bei *Hümmerich*, AnwaltFormulare Arbeitsrecht, § 7 Rn 202.

244 Vgl. auch MünchArbR/*Blomeyer*, § 49 Rn 18; ein Muster hierzu enthält *Hümmerich*, AnwaltFormulare Arbeitsrecht, § 7 Rn 201.

245 BAG, Urt. v. 12.06.1996, AP Nr. 4 zu § 611 BGB Werkstudent; v. 21.06.2000, DB 2000, 1920; v. 25.04.2001, DB 2001, 2150; v. 13.02.2002, DB 2002, 1381.

246 BAG, Urt. v. 12.06.1996, AP Nr. 4 zu § 611 BGB Werkstudent; v. 25.04.2001, DB 2001, 2150.

247 BAG, Urt. v. 12.01.2000, NZA 2000, 944.

248 Vgl. nur BAG, Urt. 17.11.1998, NZA 1999, 606; Hess. LAG, Urt. v. 15.08.2001, DB 2002, 1210; *Freitag*, NZA 2002, 296; *Natzel*, Die Betriebszugehörigkeit im ArbR, S. 256 f.

249 I. d. S. auch BAG, Urt. v. 17.11.1998, NZA 1999, 606; Hess. LAG, Urt. v. 15.08.2001, DB 2002, 1010; *Natzel*, Die Betriebszugehörigkeit im ArbR, S. 257.

250 BAG, Urt. v. 21.05.2003, DB 2004, 257 f.

251 BAG, Urt. v. 10.12.2002, DB 2003, 2018.

252 Vgl. z.B. G zur Durchsetzung der Gleichstellung von Frauen und Männern (DGleiG) v. 30.11.2001, BGBl I, 3243 ff.; vgl. ferner Überblick bei MünchArbR/*Freitag*, § 187 Rn 22.

nach der Entstehungsgeschichte und Sinn der Bestimmungen das Prinzip der Vergütungsgleichheit von Männern und Frauen bei gleicher Arbeit festschreibt.[253] Der Gesetzgeber hat in Umsetzung der Gleichbehandlungsrichtlinie Nr. 76/207/EWG des Rates vom 09.02.1976[254] dem Gebot der Gleichbehandlung von Frauen und Männern im Wege des Arbeitsrechtlichen EG-Anpassungsgesetzes vom 13.08.1980[255] durch Aufnahme des § 611a, § 611b sowie § 612 Abs. 3 in das BGB Rechnung getragen. Ein weiteres Diskriminierungsverbot enthält § 81 Abs. 2 SGB IX. Ebenso dem Schutz vor Ungleichbehandlungen aus Gründen der Rasse oder ethnischen Herkunft sowie der Religion, der Weltanschauung, der Behinderung, des Alters oder der sexuellen Ausrichtung dienen die Richtlinien 2000/43/EG v. 29.06.2000[256] und 2000/78/EG v. 27.11.2000,[257] an deren Umsetzung in nationales Recht der Gesetzgeber derzeit noch arbeitet.[258]

61 Das Benachteiligungsverbot untersagt die unmittelbare wie mittelbare geschlechtsbezogene Diskriminierung. Von einer **unmittelbaren Diskriminierung** ist zu sprechen, wenn das Differenzierungskriterium unmittelbar geschlechtsbezogen ausgestaltet ist. Eine **mittelbare Diskriminierung** liegt vor, wenn das Differenzierungskriterium zwar nicht am Geschlecht einer Gruppe ansetzt, sich die Regelung typischerweise auf eine Gruppe etwa auch aufgrund einer sozialtypischen Rollenverteilung in besonderer Weise auswirkt.[259]

62 Die Anwendung des Gleichbehandlungsgrundsatzes setzt einen **gleichen bzw. vergleichbaren Sachverhalt** voraus. Wann eine Beschäftigung zu gleichen oder vergleichbaren Bedingungen erfolgt, die eine Gleichbehandlung gebieten würde, ist nicht immer offensichtlich. Die Eingruppierung in dieselbe Tätigkeitsgruppe kann ein Indiz für eine gleiche oder gleichwertige Arbeit sein; zwingend ist dies jedoch nicht.[260] Liegt ein gleicher oder vergleichbarer Sachverhalt vor, ist eine geschlechtsbezogene Differenzierung zulässig, wenn sie durch sachliche Gründe gerechtfertigt ist oder wenn die Differenzierung geboten ist, weil die Anknüpfung an das Geschlecht eine unverzichtbare Voraussetzung für die auszuübende Tätigkeit darstellt (vgl. § 611a Abs. 1 BGB).[261]

63 Eine besondere Ausprägung findet der **Gleichbehandlungsgrundsatz in § 612 Abs. 3 BGB**, der entsprechend dem unmittelbar geltenden Art. 141 EGV sowie der hierzu erlassenen Gleichbehandlungsrichtlinie 75/117/EWG des Rates vom 10.02.1975 unabhängig von dem Geschlecht eine gleiche Vergütung für gleiche oder gleichwertige Arbeit vorschreibt.[262] Die Auslegung dieser Bestimmung hat den Grundsätzen des zuvor angeführten Gemeinschaftsrechts zu entsprechen.[263] Der EuGH hat zu dem europarechtlich vorgesehenen Gleichbehandlungsgebot festgestellt, dass die Gleichheit des Entgelts nicht nur nach Maßgabe einer Gesamtbewertung der den Arbeitnehmern gewährten Vergütungen, sondern für jeden einzelnen Entgeltbestandteil zu gewähren sei.[264] Das Gleichbehandlungsgebot erstreckt sich somit auf jeden einzelnen Entgeltbestandteil, wie er in Art. 141 Abs. 2 Buchst. a) EGV erwähnt wird, also auch auf monatlich gezahlte Zulagen. Wird diese für die Qualität oder die Leistungsfähigkeit bei einer ansonsten nach Zeit vergüteten Tätigkeit ausgezahlt, kann eine ungleiche Behandlung nicht durch Faktoren gerechtfertigt werden, die erst nach dem Dienstantritt der vergleichbaren Arbeitnehmer bekannt werden und somit auch erst während der Durchführung des Arbeitsvertrages beurteilt werden können.[265]

253 BAG, Urt. v. 15.01.1955, v. 02.03.1955, v. 06.04.1955, v. 23.03.1957, v. 18.10.1961, AP Nr. 4, 6, 7, 17, 69 zu Art. 3 GG.
254 Die RL wurde zwischenzeitlich durch die RL 2002/73/EG v. 23.09.2002 (ABl EG Nr. L 269, S. 15 ff.) geändert.
255 BGBl I, 1308.
256 ABl EG Nr. L 180, S. 22 ff.
257 ABl EG Nr. L 303, S. 16 ff.
258 Vgl. zu Fragen der Umsetzung durch den Entwurf eines zivilrechtlichen Anti-DiskriminierungsG *Wiedemann/Thüsing*, DB 2002, 463 ff.; *Leuchten*, NZA 2002, 1254 ff.
259 MünchArbR/*Richardi*, § 11 Rn 16 ff.
260 EuGH, Urt. v. 26.06.2001, DB 2001, 1620.
261 Zum Tatbestandsmerkmal der Unverzichtbarkeit vgl. *Thüsing*, RdA 2001, 319 ff.
262 Zum Begriff »gleichwertiger Arbeit«: *Thüsing*, RdA 2003, 260.
263 MünchArbR/*Richardi*, § 11 Rn 53; ErfK/*Schlachter*, § 612 BGB Rn 46.
264 EuGH, Urt. v. 26.06.2001, DB 2001, 1620.
265 EuGH, Urt. v. 26.06.2001, DB 2001, 1620.

Ob eine nicht zu rechtfertigende Ungleichbehandlung vorliegt, hat der sich benachteiligt fühlende Arbeitnehmer **glaubhaft zu machen**. Er hat dabei auch darzulegen, dass die Ungleichbehandlung trotz Verrichtung einer gleichen oder gleichwertigen Tätigkeit, wie sie von den zum Vergleich herangezogenen Arbeitnehmern ausgeübt wird, erfolgt ist. Dem Arbeitgeber obliegt die **Darlegungs- und Beweislast**, dass die festgestellte unterschiedliche Behandlung durch objektive Faktoren gerechtfertigt oder das Geschlecht eine unverzichtbare Voraussetzung für die auszuübende Tätigkeit ist (§ 611a Abs. 1 Satz 3 BGB). Dabei kann die Beschäftigung in derselben tariflichen Tätigkeitsgruppen als ein Indiz unter mehreren herangezogen werden.[266] Ist die unterschiedliche Behandlung nicht gerechtfertigt, ist eine zugrunde liegende Vereinbarung oder sonstige rechtsgeschäftliche Maßnahme nach § 134 BGB, nicht jedoch der Rechtsakt insgesamt nichtig. Im Falle gegen das Benachteiligungsverbot verstoßender Weisungen steht dem Arbeitnehmer das Recht zur Leistungsverweigerung zu. Verweigert er sich, kann ihm deshalb nicht gekündigt werden. Im Übrigen kann eine Benachteiligung einen Anspruch auf Beseitigung der Beeinträchtigung auslösen, wenn weitere Beeinträchtigungen zu besorgen sind. Ggf. kann auch ein Schadensersatzanspruch nach den Grundsätzen der pVV – nunmehr durch § 280 BGB als Pflichtverletzung erfasst – geltend gemacht werden.[267] Wird ein Bewerber aufgrund seines Geschlechts in ungerechtfertigter Weise von der Möglichkeit, ein Arbeitsverhältnis zu begründen, ausgeschlossen, oder versperrt der Arbeitgeber einem Arbeitnehmer aufgrund seines Geschlechts die Möglichkeit des beruflichen Aufstiegs, kann dies einen Anspruch auf angemessene Entschädigung nach § 611a Abs. 2 BGB in Höhe von höchstens drei Monatsverdiensten auslösen, der innerhalb der Fristen des § 611a Abs. 4 BGB geltend zu machen ist. Ein Anspruch auf Begründung eines Arbeitsverhältnisses oder der Teilnahme am beruflichen Aufstieg besteht jedoch nicht. 64

Obgleich mangels arbeitsvertraglicher Anbindung an denselben Arbeitgeber ein gleicher Sachverhalt gerade nicht gegeben ist, hat der Gesetzgeber im Rahmen der sog. Hartz-Gesetzgebung dem Gleichbehandlungsgrundsatz eine weitere Facette durch seine Verankerung in den Vorschriften zur Arbeitnehmerüberlassung beigefügt. Nach § 3 Nr. 3 AÜG haben Leiharbeitnehmer Anspruch auf die im Betrieb des Entleihers geltenden wesentlichen Arbeitsbedingungen sowie das Arbeitsentgelt eines vergleichbaren Stammarbeitnehmers im Entleiherbetrieb. Dabei soll mangels im Entleiherbetrieb beschäftigter vergleichbarer Arbeitnehmer auf die Üblichkeit von Arbeitsbedingungen der Stammbelegschaft vergleichbarer Betriebe abzustellen sein können.[268] Die **Verpflichtung zur Gleichbehandlung von Leiharbeitnehmern** gilt für die Dauer der Überlassung. Im Übrigen unterliegt also die Festlegung der Vergütung der Vereinbarung zwischen dem verleihenden Arbeitgeber und dem Leiharbeitnehmer.[269] Durch einen anzuwendenden Tarifvertrag kann Abweichendes geregelt werden. Auch wird die Verpflichtung zur Gleichbehandlung für den Fall durchbrochen, dass der Verleiher dem zuvor arbeitslosen Leiharbeitnehmer während der Überlassung an einen Entleiher für die Dauer von insgesamt höchstens sechs Wochen mindestens ein Nettoarbeitsentgelt in Höhe des Betrags gewährt, den der Leiharbeitnehmer zuletzt als Arbeitslosengeld erhalten hat.[270] 64a

Zur Durchsetzung seines Anspruchs auf Gleichbehandlung kann der Leiharbeitnehmer für die Zeit seiner Verleihung die Arbeitsbedingungen vergleichbarer Stammarbeitnehmer des Entleihers verlangen (§ 10 Abs. 4 AÜG). Um die Arbeitsbedingungen transparent zu machen, sind in §§ 12 f. AÜG entsprechende Informationspflichten festgelegt.

266 EuGH, Urt. v. 26.06.2001, DB 2001, 1620.
267 MünchArbR/*Richardi*, § 11 Rn 27 ff.
268 *Boemke/Lembke*, DB 2002, 897; *Lembke*, BB 2003, 100; *Rieble/Klebeck*, NZA 2003, 24.
269 Vgl. auch *Kokemoor*, NZA 2003, 239.
270 Vgl. zu alledem: *Kappelhoff*, ArbRB 2003, 48 f.; *Kokemoor*, NZA 2003, 238 ff.; *Lembke*, BB 2003, 98 ff.; *Rieble/Klebeck*, NZA 2003, 23 ff.

3. Gesamtzusage

65 Mittels Gesamtzusage verpflichtet sich ein Arbeitgeber gegenüber allen Arbeitnehmern oder einer abgrenzbaren Gruppe von Arbeitnehmern einseitig zur Erbringung von Leistungen nach Maßgabe eines von ihm aufgestellten Planes.[271] Die rechtsdogmatische Einordnung der Gesamtzusage ist umstritten.[272] Feststehen dürfte, dass dem Arbeitnehmer aus der Leistungszusage ein **individualrechtlicher Anspruch** erwächst.[273] Richtigerweise wird man daher in der Verpflichtungserklärung des Arbeitgebers ein an den einzelnen Arbeitnehmer gerichtetes Angebot zur Vertragsänderung zu sehen haben, dessen Annahme es durch diesen nicht bedarf; § 151 Abs. 1 BGB.[274] Da auf die Leistung, zu der sich der Arbeitgeber im Rahmen der Gesamtzusage verpflichtet hat, ein individualrechtlicher Anspruch besteht, kann der Arbeitgeber von diesem nur mit Mitteln der Änderungskündigung oder Vertragsänderung loskommen, es sei denn, er hat die Leistungszusage mit einem Änderungs- oder Widerrufsvorbehalt versehen.[275]

66 Aus dem Umstand, dass die Gesamtzusage einen einseitigen Erklärungsakt gegenüber jedem einzelnen Arbeitnehmer enthält, ist zugleich zu folgern, dass nichtige Kollektivvereinbarungen regelmäßig **nicht in eine Gesamtzusage umgedeutet** werden können. Denn regelmäßig wird man keinen hypothetischen Willen des Arbeitgebers i.S.d. § 140 BGB ausmachen können, er habe das in der Vereinbarung Geregelte auch als individualrechtlichen und damit nur mit Schwierigkeiten abänderbaren Bestandteil des Arbeitsvertrages gewähren wollen.[276] Insofern geht auch das BAG davon aus, dass eine Umdeutung nur in Einzelfällen möglich ist, und zwar wenn besondere Umstände vorliegen, aus denen die Arbeitnehmer schließen durften, der Arbeitgeber habe sich über die betriebsverfassungsrechtliche Verpflichtung hinaus für eine bestimmte Leistung binden wollen.[277]

67 Gleichermaßen wie die Gesamtzusage entfaltet die **arbeitsvertragliche Einheitsregelung**, mit der auf die vom Arbeitgeber für eine Vielzahl von Verträgen vorformulierten Arbeitsbedingungen Bezug genommen wird, über die darauf gerichtete übereinstimmenden Willenserklärungen der Arbeitsvertragsparteien ausschließlich individualrechtliche Wirkung.[278] Auf ihre inhaltliche Kontrolle wurde bereits an anderer Stelle hingewiesen.

4. Betriebliche Übung

68 Auch ein mehrfach geübtes Verhalten kann anspruchsbegründend wirken, soweit es nicht bereits auf der Grundlage einer anderweitigen rechtlichen Verpflichtung gegenüber dem Arbeitnehmer geübt wird.[279] Die Rechtsprechung geht davon aus, dass infolge des geübten Verhaltens ein Vertrauenstatbestand dahin gehend erwachse, dem Arbeitnehmer solle eine Leistung oder Vergünstigung **kraft seines Vertrages** auf Dauer gewährt werden.[280] Auf einen rechtlichen Bindungswillen des Arbeitgebers kommt es insofern nicht an.[281] Entscheidend ist vielmehr, dass der Arbeitnehmer unter Berücksichtigung von Treu und Glauben (§ 242 BGB) sowie aller Begleitumstände (§§ 133, 157 BGB) auf ein bestimmtes Erklärungsverhalten des Arbeitgebers schließen durfte.[282]

271 BAG, Urt. v. 12.03.1963, AP Nr. 90 zu § 242 BGB Ruhegehalt.
272 Zum Streitstand vgl. MünchArbR/*Richardi*, § 12 Rn 38 ff.
273 BAG, Urt. v. 30.01.1970, AP Nr. 1 zu § 242 BGB Ruhegehalt.
274 BAG, Urt. v. 13.03.1975, AP Nr. 167 zu § 242 BGB Ruhegehalt; v. 25.01.2000, AP Nr. 15 zu § 157 BGB.
275 BAG, Urt. v. 14.06.1995, AP Nr. 1 zu § 611 BGB Personalrabatt.
276 GK-BetrVG/*Kreutz*, § 77 Rn 47.
277 BAG, Urt. v. 23.08.1989, AP Nr. 42 zu § 77 BetrVG.
278 MünchArbR/*Richardi*, § 12 Rn 42.
279 BAG, Urt. v. 17.12.1987, AP Nr. 65 zu § 611 BGB Dienstordnungs-Angestellte; v. 07.12.2000, DB 2001, 2051; zum Entstehen einer betrieblichen Übung bei inhaltsgleicher tariflicher Regelung vgl. i.Ü. BAG, Urt. v. 27.06.1985, AP Nr. 14 zu § 77 BetrVG.
280 BAG, Urt. v. 17.09.1970, v. 29.11.1983, v. 10.04.1985, v. 05.02.1986 und v. 21.01.1997, AP Nr. 9, 15, 19, 21, 52 zu § 242 Betriebl. Übung.
281 BAG, Urt. v. 05.02.1971 und v. 04.09.1985, AP Nr. 10, 22 zu § 242 BGB Betriebl. Übung.
282 BAG, Urt. v. 28.03.2000, NZA 2001, 49; v. 07.12.2000, DB 2001, 2051.

Aufgrund der in der Übung enthaltenen Willenserklärung, die vom Arbeitnehmer stillschweigend nach § 151 BGB angenommen wird, erwächst diesem ein Anspruch auf die üblich gewordenen Vergünstigungen.[283] Die anspruchsbegründende Wirkung der betrieblichen Übung setzt **keinen Verpflichtungswillen des Arbeitgebers** voraus, da es allein im Rechtsverkehr darauf ankommt, dass der Erklärungsempfänger einen auf eine bestimmte Rechtswirkung gerichteten Willen berechtigterweise annehmen durfte. Allerdings geht die Rechtsprechung davon aus, dass die anspruchsbegründende Wirkung sich nur ausnahmsweise entfalten kann, wenn ein Gegenstand betroffen ist, der seinem Schwerpunkt nach der Organisation des Betriebs zuzurechnen ist und daher üblicherweise auf kollektiver Ebene oder durch Ausübung des Direktionsrechts geregelt wird. Insofern gilt der Grundsatz, dass je mehr eine Regelung auf das Funktionieren des Betriebs in seiner Gesamtheit bezogen ist, desto weniger ein Arbeitnehmer annehmen kann, der Arbeitgeber wolle sich mit einem bestimmten Verhalten ihm gegenüber individualrechtlich binden.[284] 69

Auch wenn es auf einen tatsächlichen Verpflichtungswillen des Arbeitgebers nicht ankommt, so muss doch wie bei einem sonstigen Erklärungsverhalten auch ein **schützenswertes Vertrauen des Arbeitnehmers** bestehen, der Arbeitgeber habe einen entsprechenden Verpflichtungswillen. Dieses kann bei materiellen Zuwendungen eher angenommen werden als bei aus besonderem Anlass gewährten zusätzlichen freien Tagen oder Stunden.[285] Entscheidend ist daher, wie der Arbeitnehmer den objektiven Tatbestand der Betriebsübung nach allgemeinen Auslegungsgrundsätzen verstehen durfte.[286] Werden Leistungen zwar in mehreren aufeinander folgenden Jahren, aber in unterschiedlicher Höhe gewährt, kann hieraus kein schützenswerter Vertrauenstatbestand dahin gehend erwachsen, das Unternehmen werde auch in Zukunft gleichermaßen verfahren.[287] So kann sich auch ein außertariflicher Angestellter, dessen Gehalt über mehrerer Jahre hinweg jeweils zu einem bestimmten Zeitpunkt in Anlehnung an die Tarifentwicklung erhöht wurde, angesichts der jeweils unterschiedlichen Parameter, unter denen eine Tarifanhebung erfolgt, nicht auf einen Verpflichtungswillen dahin gehend berufen, der Arbeitgeber wollte die für den Tarifbereich vorzunehmende Erhöhung auch im außertariflichen Bereich gewähren.[288] Schließlich kann auch nicht im tarifgebundenen Arbeitsverhältnis darauf vertraut werden, eine langjährig vorbehaltlos über Tarif erfolgte Zahlung, die anlässlich von Tariferhöhungen durch Anrechnung nicht in Frage gestellt wurde, würde auch in Zukunft stets wie eine anrechnungsfeste Zulage behandelt.[289] Anders kann allerdings die Bewertung beim tarifgebundenen Arbeitgeber ausfallen, der ohne Rücksicht auf die Gewerkschaftszugehörigkeit des Arbeitnehmers die Entgelte Organisierter wie Nichtorganisierter an die allgemeine Tarifentwicklung anpasst. Aus der erfolgten Gleichstellung kann dem Nichtorganisierten ein Anspruch auf Gleichstellung für die Zukunft erwachsen. 70

Im öffentlichen Dienst können dem Entstehen eines Vertrauenstatbestandes tarifvertragliche oder haushaltsrechtliche Regelungen entgegenstehen.[290] So ist die Rechtsprechung bei der Beurteilung der Frage nach dem Entstehen eines Vertrauenstatbestandes hier äußerst restriktiv. Sie begründet dies damit, dass hier der öffentliche Arbeitgeber deutlich stärker an die Festlegungen im Haushaltsplan als in der Privatwirtschaft gebunden sei.[291] Hinzu kommt, dass der BAT in § 4 Abs. 2 für Nebenabreden 71

283 So u.a. BAG, Urt. v. 14.08.1996, AP Nr. 47 zu § 242 Betriebl. Übung; v. 21.01.1997, AP Nr. 64 zu § 77 BetrVG; v. 04.05.1999, NZA 1999, 1162 ff.

284 BAG, Urt. v. 21.01.1997, AP Nr. 64 zu § 77 BetrVG.

285 BAG, Urt. v. 17.09.1970, AP Nr. 9 zu § 242 BGB Betriebl. Übung.

286 BAG, Urt. v. 05.02.1971, v. 03.08.1982, v. 29.11.1983 sowie v. 04.09.1985, AP Nr. 10, 12, 15, 22 zu § 242 BGB Betriebl. Übung.

287 BAG, Urt. v. 12.01.1994, AP Nr. 43 zu § 242 BGB Betriebl. Übung; v. 16.01.2002, NZA 2002, 632.

288 BAG, Urt. v. 04.09.1985, AP Nr. 22 zu § 242 BGB Betriebl. Übung.

289 BAG, Beschl. v. 14.08.2001, NZA 2002, 342.

290 BAG, Urt. v. 06.03.1984, v. 10.04.1985, v. 23.06.1988, v. 24.03.1993 und v. 14.09.1994, AP Nr. 16, 19, 33, 38, 46 zu § 242 BGB Betriebl. Übung; anders jedoch für den Fall einer der jeweiligen Erhöhung der Beamtenbesoldung entsprechenden Gehaltsanpassung: BAG, Urt. v. 05.02.1986, AP Nr. 21 zu § 242 Betriebl. Übung.

291 Vgl. etwa BAG, Urt. v. 23.06.1988, AP Nr. 33 zu § 242 Betriebl. Übung.

die Schriftform zwingend vorschreibt, was nach der Rechtsprechung des BAG ebenfalls dem Entstehen einer betrieblichen Übung entgegensteht.[292]

72 Arbeitnehmer können den Anspruch auf Leistungen und sonstige Vergünstigungen nach den Grundsätzen der betrieblichen Übung erwerben, wenn diese ihnen **mindestens dreimalig gewährt** werden.[293] Dabei steht ein individualvertraglich vorgesehenes Schriftformgebot für Änderungen oder Ergänzungen des Vertrages dem Entstehen eines Anspruchs aus betrieblicher Übung nicht entgegen.[294] Insofern geht die Rechtsprechung davon aus, dass in der Nichtbeachtung des konstitutiven Formgebots durch die betriebliche Übung eine Abbedingung des Schriftformerfordernisses zu sehen ist.[295] Gilt ein Formerfordernis jedoch aufgrund eines Tarifvertrags unmittelbar und zwingend, kann ein Anspruch aus betrieblicher Übung nicht wirksam entstehen. Die Berufung auf die fehlende Schriftform kann dann aber gegen den Grundsatz von Treu und Glauben verstoßen und so eine unzulässige Rechtsausübung darstellen.[296]

73 Will der Arbeitgeber das Erwachsen eines Anspruchs aus betrieblicher Übung verhindern, hat er einen entsprechenden **Vorbehalt** zu erklären.[297] Eine bestimmte Form ist hierfür nicht vorgesehen und ergibt sich auch nicht aus den Regelungen der §§ 305 ff. BGB.[298] Erforderlich ist aber, dass der Vorbehalt klar und unmissverständlich kundgetan wird.[299] Die Grundsätze der Bestimmtheit und Transparenz (§ 307 Abs. 1 Satz 2 BGB) sind damit zu beachten. Eine so abgefasste Klausel ist auch wirksam, wenn der Vorbehalt nicht bei jeder späteren Leistung wiederholt wird.[300] Ebenso wie ein Vorbehalt wirkt die Zusage einer Leistung, die für den Arbeitnehmer erkennbar auf das jeweilige Kalenderjahr bezogen sein soll.[301] Erfolgt die Leistungsgewährung unter Einräumung eines Rechts zum jederzeitigen **Widerruf**, ist dem Arbeitnehmer dieser vor Fälligkeitszeitpunkt, also dem Zeitpunkt zu erklären, zu dem dieser aufgrund der bisher geübten Praxis mit der Leistung rechnen durfte. Der Widerruf unterliegt der gerichtlichen Billigkeitskontrolle nach § 315 BGB.[302]

74 Nach den Grundsätzen der betrieblichen Übung erwächst dem Arbeitnehmer infolge der gewährten Leistung oder sonstigen Vergünstigung ein **individualvertraglicher Anspruch**. Die darauf begründete Rechtsposition kann also nicht durch eine nachfolgende kollektivvertragliche Regelung, sondern nur mittels Änderungskündigung oder Vereinbarung mit dem Arbeitnehmer abbedungen oder gänzlich beseitigt werden.[303] Allerdings kann der Arbeitgeber für die Zukunft dann von der betrieblichen Übung loskommen, wenn er in besonderer Weise klar und unmissverständlich in drei aufeinander folgenden Jahren zum Ausdruck bringt, dass er sich von der betrieblichen Übung lösen und einen Anspruch für die Zukunft ausschließen wolle. Überdies ist durch die Rechtsprechung auch anerkannt, dass der durch Betriebsübung begründete Anspruch durch eine **entgegengesetzte betriebliche Übung** wieder abgeändert werden kann, sofern der Arbeitnehmer einer neuen Handhabung der Übung über einen Zeitraum von drei Jahren nicht widerspricht.[304] Dabei kann eine negative

292 BAG, Urt. v. 18.09.2002, DB 2003, 776; ebenso Urt. v. 24.06.2003, AP Nr. 63 zu § 242 BGB Betriebl. Übung.
293 BAG, Urt. v. 05.02.1971, AP Nr. 10 zu § 242 BGB Betriebl. Übung; v. 04.05.1999, NZA 1999, 1162 ff.
294 BAG, Urt. v. 27.03.1987, AP Nr. 29 zu § 242 Betriebl. Übung.
295 BAG, Urt. v. 07.09.1982, AP Nr. 1 zu § 3 TV Arb Bundespost, bestätigt durch BAG, Urt. v. 27.03.1987, AP Nr. 29 zu § 242 Betriebl. Übung; wenngleich mit anderen Nuancen, so aber i.E. ebenso: *Hromadka*, DB 2004, 1261 ff.
296 BAG, Urt. v. 08.12.1981, AP Nr. 8 zu § 4 BAT.
297 BAG, Urt. v. 12.01.1994, v. 06.09.1994, AP Nr. 43, 45 zu § 242 Betriebl. Übung.
298 Vgl. auch *Freitag*, NZA 2002, 295.
299 BAG, Urt. v. 10.07.1968, v. 05.02.1971, v. 12.01.1994, v. 06.09.1994, v. 16.04.1997 und v. 16.09.1998, AP Nr. 7, 10, 43, 45, 53, 54, jew. zu § 242 BGB Betriebl. Übung.
300 BAG, Urt. v. 06.12.1995 sowie v. 05.06.1996, AP Nr. 187, 193 zu § 611 BGB Gratifikation.
301 BAG, Urt. v. 16.04.1997, AP Nr. 53 zu § 242 BGB Betriebl. Übung.
302 *Freitag*, NZA 2002, 295.
303 BAG, Urt. v. 05.02.1971 und v. 14.08.1996, AP Nr. 10, 47 zu § 242 BGB Betriebl. Übung; vgl. ferner *Freitag*, NZA 2002, 295; *Tappe/Koplin*, DB 1998, 2114.
304 BAG, Urt. v. 26.03.1997, v. 04.05.1999, AP Nr. 50, 55 zu § 242 Betriebl. Übung.

betriebliche Übung auch durch einen nachträglichen, auch konkludent in den Arbeitsvertrag aufgenommenen Freiwilligkeitsvorbehalt begründet werden.[305] Hat sich der Arbeitnehmer vor Änderung einer bisher geübten Praxis gegen die Aufhebung derselben verwahrt, ist hierin ein Widerspruch zu sehen, der dem Arbeitgeber ein Abstandnehmen von der betrieblichen Übung nur unter erschwerten Bedingungen ermöglicht.[306]

Arbeitnehmer, die nach Beendigung einer betrieblichen Übung eingestellt werden, können aus ihr keinen Anspruch ableiten. Die betriebliche Übung kommt damit nur denjenigen Arbeitnehmern zugute, mit denen unter der Geltung der Übung ein Arbeitsverhältnis begründet wird.[307] 75

B. Wesen des Arbeitsverhältnisses

I. Arbeitnehmer

Das Arbeitsrecht kommt bei Vorliegen eines Arbeitsverhältnisses zur Anwendung. Ob ein Arbeitsverhältnis vorliegt, ist vom Begriff des Arbeitnehmers her zu klären, so dass dem Begriff des Arbeitnehmers entscheidende Bedeutung zukommt. Der Arbeitnehmerbegriff ist Anknüpfungspunkt zahlreicher arbeitsrechtlicher Gesetze, so des Kündigungsschutzgesetzes (§ 1 Abs. 1 KSchG), des Bundesurlaubsgesetzes (§ 1 BUrlG), des Entgeltfortzahlungsgesetzes (§ 1 Abs. 1 EFZG), des Altersteilzeitgesetzes (§ 1 ATG), des Mutterschutzgesetzes (§ 1 Nr. 1 MuSchG), und begründet die sachliche Zuständigkeit der Arbeitsgerichte gem. § 2 Abs. 1 Nr. 3 ArbGG, um nur einige Beispiele zu nennen. Auf andere Vertragsverhältnisse als Arbeitsverhältnisse sind arbeitsrechtliche Gesetze grundsätzlich nicht anwendbar, es sei denn, dass der Anwendungsbereich einzelner Gesetze auf andere Personengruppen ausdrücklich erweitert ist.[308] 76

1. Arbeitnehmerbegriff

Trotz seiner zentralen Bedeutung für das Arbeitsrecht ist der Arbeitnehmerbegriff **gesetzlich nicht definiert**. Auch die zahlreichen arbeitsrechtlichen Gesetze der jüngeren Zeit haben nichts zur Begriffsbestimmung beigetragen. Soweit überhaupt Definitionen vorhanden sind, setzen diese den Arbeitnehmerbegriff voraus, wie in § 5 Abs. 1 Satz 1 ArbGG, in dem es heißt: »Arbeitnehmer (Arbeitnehmerinnen und Arbeitnehmer) im Sinne dieses Gesetzes sind Arbeiter und Angestellte sowie die zu ihrer Berufsausbildung Beschäftigten, unabhängig davon, ob sie im Betrieb, im Außendienst oder mit Telearbeit beschäftigt werden.« 77

Der Begriff des Arbeiters und des Angestellten ist ebenfalls gesetzlich nicht definiert. Für die Bestimmung des Arbeitnehmerbegriffs ist die Begriffsdefinition des Arbeiters und Angestellten allerdings nicht weiterführend, denn das Vorliegen eines Arbeitsverhältnisses wird auch hier vorausgesetzt. Die Unterscheidung zwischen Arbeitern und Angestellten ist zudem überkommen, man denke an die Vereinheitlichung der Kündigungsfristen in § 622 BGB durch das Kündigungsfristengesetz vom 08.10.1993[309] oder die Ablösung des Lohnfortzahlungsgesetzes durch das Entgeltfortzahlungsgesetz. Relevant wird die Unterscheidung zwischen Arbeitern und Angestellten vor allem noch bei der Rentenversicherung (BfA oder LVA)[310] und bei der Anwendbarkeit von Tarifverträgen.[311] 78

305 Vgl. dazu auch mit Rspr.-Bsp. *Tappe/Koplin*, DB 1998, 2114 ff.
306 BAG, Urt. v. 27.06.2001 – 10 AZR 488/00 (n.v.).
307 BAG, Urt. v. 23.06.1988 und v. 10.08.1988, AP Nr. 32, 33 zu § 242 BGB Betriebl. Übung; zur Abänderung durch neg. betriebliche Übung vgl. auch *Tappe/Koplin*, DB 1998, 2114 ff.
308 So bei den sog. arbeitnehmerähnlichen Personen oder den in Heimarbeit Beschäftigten, vgl. Rn 216 ff.
309 Vgl. hierzu *Hümmerich*, NJW 1995, 1177.
310 Einschlägige Bestimmung ist § 133 Abs. 2 SGB VI.
311 § 1 Abs. 3 bestimmt den persönlichen Anwendungsbereich des Bundesrahmentarifvertrags für das Baugewerbe vom 03.02.1981 i.d.F. v. 15.05.2001 wie folgt: Gewerbliche Arbeitnehmer (Arbeiter), die eine nach den Vorschriften des

Mangels gesetzlicher Definition sind daher zur Begriffbestimmung die von der Rechtsprechung, insbesondere des BAG, und der arbeitsrechtlichen Literatur entwickelten Grundsätze heranzuziehen.

a) Der Arbeitnehmerbegriff nach der Rechtsprechung des BAG

79 Nach der Rechtsprechung des BAG unterscheiden sich Arbeitsverhältnisse von anderen Rechtsverhältnissen durch den **Grad der persönlichen Abhängigkeit**, in der sich der zur Dienstleistung Verpflichtete befindet.[312] Der Arbeitnehmer sei zwar typischerweise, aber nicht immer vom Arbeitgeber wirtschaftlich abhängig. Eine wirtschaftliche Abhängigkeit sei daher zur Begründung der Arbeitnehmereigenschaft weder erforderlich noch ausreichend.[313] Der Arbeitnehmer sei in die Arbeitsorganisation des Betriebes eingegliedert. Die Eingliederung zeige sich insbesondere darin, dass der Beschäftigte dem Weisungsrecht des Arbeitgebers unterliege. Das Weisungsrecht könne Inhalt, Durchführung, Zeit, Dauer und Ort der Tätigkeit betreffen.

In § 84 Abs. 1 Satz 2 HGB ist für die Abgrenzung des selbständigen Handelsvertreters vom kaufmännischen Handlungsgehilfen (Angestellten) die Selbständigkeit wie folgt definiert: Selbständig ist, wer im Wesentlichen **frei seine Tätigkeit gestalten und seine Arbeitszeit bestimmen kann**. Über ihren unmittelbaren Anwendungsbereich hinaus enthalte diese Vorschrift eine allgemeine gesetzgeberische Wertung, die für die Abgrenzung einer selbständigen von einer unselbständigen Tätigkeit bedeutsam sei.[314]

79a Der Grad der persönlichen Abhängigkeit hänge auch von der Eigenart und der Organisation der zu leistenden Tätigkeit ab. Manche Tätigkeiten könnten sowohl im Rahmen eines Arbeitsverhältnisses als auch im Rahmen eines anderen Rechtsverhältnisses erbracht werden, andere regelmäßig nur im Rahmen eines Arbeitsverhältnisses. Bei untergeordneten und einfacheren Arbeiten sei eher eine Eingliederung in die fremde Arbeitsorganisation anzunehmen als bei gehobenen Tätigkeiten. Ein Arbeitsverhältnis könne aber auch bei Diensten höherer Art gegeben sein, selbst wenn dem Dienstverpflichteten ein hohes Maß an Gestaltungsfreiheit, Eigeninitiative und fachlicher Selbständigkeit verbleibe.[315] Für die Abgrenzung von Bedeutung seien demnach in erster Linie die Umstände, unter denen die Dienstleistung zu erbringen ist, und nicht die Modalitäten der Zahlung oder die steuer- und sozialversicherungsrechtliche Behandlung oder die Überbürdung vertraglicher Risiken. Der jeweilige Vertragstyp ergebe sich aus dem wirklichen Geschäftsinhalt. Widersprächen sich Vereinbarungen und tatsächliche Durchführung, so sei Letztere maßgebend. Dieser Grundsatz gilt aber nur dann, wenn ein Arbeitsverhältnis fälschlich als freies Mitarbeiterverhältnis bezeichnet ist. Im umgekehrten Fall bleibt es beim Willen der Vertragspartner, ein Arbeitsverhältnis zu begründen.[316] Es spreche nicht schon für ein Arbeitsverhältnis, wenn es sich um ein auf Dauer angelegtes Rechtsverhältnis handele. Andererseits kann ein Arbeitsverhältnis nicht verneint werden, nur weil es sich um eine nebenberufliche Tätigkeit handele.[317] Insgesamt komme es auf eine Würdigung der Umstände des Einzelfalls an.[318]

Die Rechtsprechung des BAG ist beständig, kleinere Verschiebungen der Gewichtung der Merkmale von der Arbeitszeitsouveränität weg hin zu Art und Organisation der Tätigkeit sind zu beobachten.[319]

Sechsten Buches Sozialgesetzbuch – Gesetzliche Rentenversicherung – (SGB VI) versicherungspflichtige Tätigkeit ausüben.

312 BAG, Urt. v. 30.11.1994, AP Nr. 74 zu § 611 BGB Abhängigkeit; BAG, Urt. v. 06.05.1998, NZA 1998, 873.
313 BAG, Urt. v. 16.03.1994, AP Nr. 68 zu § 611 BGB Abhängigkeit; BAG, Urt. v. 30.09.1998, NZA 1999, 374.
314 BAG, Urt. v. 27.03.1991, AP Nr. 53 zu § 611 BGB Abhängigkeit; BAG, Urt. v. 19.11.1997, AP Nr. 90 zu § 611 BGB Abhängigkeit.
315 BAG, Urt. v. 30.11.1994, AP Nr. 74 zu § 611 BGB Abhängigkeit.
316 BAG, Urt. v. 12.09.1996, NZA 1997, 194.
317 BAG, Urt. v. 30.10.1991, AP Nr. 59 zu § 611 BGB Abhängigkeit.
318 BAG, Urt. v. 30.09.1998, NZA 1999, 374.
319 *Reinecke*, NZA 1999, 729, 731 m.w.N. aus der Rspr.

aa) Fallgruppen aus der Rechtsprechung

Vor dem Hintergrund der schwierigen, nicht zweifelsfreien Einstufung auf der Basis des Merkmals der persönlichen Abhängigkeit verneint das BAG die Möglichkeit, abstrakte, für alle Arbeitsverhältnisse geltende Kriterien aufzustellen. Es sei daher unvermeidlich, die unselbständige von der selbständigen Arbeit **typologisch** abzugrenzen.[320] Ausgehend vom Normalfall wird der Typus als Normalfall beschrieben. Es gibt kein Kriterium, bei dessen Vorliegen von einem Arbeitsverhältnis ausgegangen werden kann. Umgekehrt kann aus dem Fehlen eines oder mehrerer Merkmale nicht darauf geschlossen werden, dass kein Arbeitsverhältnis vorliegt. Daraus folgt, dass nicht sämtliche Kriterien des Normalfalls zur Erfüllung des Arbeitnehmerbegriffs vorliegen müssen. Diese können vielmehr in einem unterschiedlichen Maße gegeben sein. Erforderlich ist stets eine Gesamtwürdigung aller Umstände. 80

Mit der Frage der Statusbeurteilung von Vertragsverhältnissen hat sich die Rechtsprechung in zahlreichen Entscheidungen befasst. Eine sichere Statusbeurteilung des jeweiligen Rechtsverhältnisses ist auch anhand der Vielzahl der Entscheidungen kaum möglich. Die Rechtsprechung ist stets einzelfallbezogen und bietet keinen zuverlässigen Überblick. Die folgende Darstellung befasst sich mit einigen Berufsgruppen, die immer wieder Gegenstand von Entscheidungen insbesondere des BAG sind. Trotz des Versuchs zur Typisierung lassen sich aber auch innerhalb der verschiedenen Berufsgruppen nur zum Teil typische Merkmale ausmachen. Die Prüfung hat sich daher am Einzelfall und vor allem an der tatsächlichen Vertragsdurchführung zu orientieren. Hieran muss der Rechtsanwalt im Statusprozess seinen Sachvortrag ausrichten. Ein Sachvortrag, der in Wahrheit Wertungen enthält, wie z.B. »war von Weisungen abhängig«, »war an feste Arbeitszeiten gebunden«, ohne die dazugehörende Faktenbasis anzugeben, ist nicht hinreichend substantiiert.[321] Wie weitgehend zuweilen die Substantiierungslast reichen kann, zeigen aus jüngerer Zeit die Entscheidungen des BAG vom 15.12.1999[322] zur Frage der Arbeitnehmereigenschaft von Mitarbeitern im Versicherungsgewerbe.[323] 80a

(1) Lehrpersonal

Die vom BAG entwickelte typologische Methode wird insbesondere im Zusammenhang mit der Statusbeurteilung von Lehrpersonal verwandt. Für die Frage, ob eine Lehrkraft Arbeitnehmerin ist, ist entscheidend, wie intensiv sie in den Unterrichtsbetrieb eingebunden ist und in welchem Umfang sie den Unterrichtsinhalt, die Art und Weise seiner Erteilung, ihre Arbeitszeit und die sonstigen Umstände der Dienstleistung mitgestalten kann. Danach sind an **allgemein bildenden Schulen** unterrichtende Lehrkräfte in aller Regel Arbeitnehmer, auch wenn sie ihren Unterricht nebenberuflich erteilen.[324] Etwas anderes gilt, wenn der Beschäftigte nur an die Unterrichtsstunden gebunden und zur Übernahme sonstiger Dienstleistung einschließlich Vertretungen nicht verpflichtet ist, selbst wenn die Lehrkraft 35 Stunden in der Woche zu absolvieren hat.[325] 81

Demgegenüber können **Volkshochschuldozenten** und **Musikschullehrer**, die außerhalb schulischer Lehrgänge unterrichten, auch als freie Mitarbeiter beschäftigt werden, und zwar selbst dann, wenn es sich bei ihrem Unterricht um aufeinander abgestimmte Kurse mit vorher festgelegtem Programm handelt.[326] Musikschullehrer und Volkshochschuldozenten können allerdings dann Arbeitnehmer sein, wenn die Parteien dies vereinbart haben oder im Einzelfall festzustellende Umstände vorliegen, aus denen sich ergibt, dass der für das Bestehen eines Arbeitsverhältnisses erforderliche Grad 82

320 BAG, Urt. v. 30.10.1991, AP Nr. 59 zu § 611 BGB Abhängigkeit; ErfK/*Preis*, § 611 BGB Rn 65.
321 LAG Köln, Urt. v. 28.04.1995, ARSt 1999, 16.
322 BAG, Urt. 15.12.1999 – 5 AZR 169/99, NZA 2000, 1162; – 5 AZR 457/98, NZA 2000, 775; – 5 AZR 566/98, NZA 2000, 447; – 5 AZR 3/99; ZIP 2000, 808; – 5 AZR 770/98; NZA 2000, 481; – 5 AZR 168/99 (n.v.).
323 Siehe Rn 97.
324 BAG, Urt. v. 09.07.2003 – 5 AZR 595/02 (n.v.); BAG, Urt. v. 19.11.1997, EzA § 611 BGB Arbeitnehmerbegriff zu Nr. 62; BAG, Urt. v. 24.06.1992, AP Nr. 61 zu § 611 BGB Abhängigkeit.
325 BAG, Urt. v. 07.02.1990, EzA zu § 611 BGB Arbeitnehmerbegriff Nr. 31.
326 BAG, Urt. v. 11.10.2000, HVBG-INFO 2001, 1243; BAG, Urt. v. 23.09.1981, AP Nr. 22 zu § 611 BGB, Lehrer, Dozenten.

der persönlichen Abhängigkeit gegeben ist, was sich insbesondere in der einseitigen Einteilung in Stundenpläne oder durch »Dienstanweisungen« ausdrückt.[327] Eine Volkshochschuldozentin ist Arbeitnehmerin, wenn sie in schulischen Kursen des zweiten Bildungsweges zur Vorbereitung auf eine staatliche Prüfung eingesetzt ist, insbesondere, wenn ihr die Aufgaben einer Studienleiterin übertragen sind.[328]

83 Das BAG begründet seine Differenzierung im Wesentlichen wie folgt:[329] Die stärkere Einbindung von Schülern in ein Schul- oder Ausbildungssystem bedeutet auch eine stärkere persönliche Abhängigkeit der Lehrkräfte vom Unterrichtsträger. Das zeigt sich in verschiedenen Punkten. Für den Unterricht an allgemein bildenden Schulen gibt es ein dichtes Regelwerk von Gesetzen, Verordnungen, Verwaltungsvorschriften und Einzelweisungen. Diese betreffen nicht nur die Unterrichtsziele, die genau beschrieben werden, sondern auch Inhalt, Art und Weise des Unterrichts. Der Unterricht der verschiedenen Fächer und Stufen muss nicht nur inhaltlich, sondern auch methodisch und didaktisch aufeinander abgestimmt werden. Außerdem unterliegen diese Lehrkräfte einer verstärkten Kontrolle durch die staatliche Schulaufsicht. Dabei ist zu berücksichtigen, dass die häufigen Leistungskontrollen der Schüler mittelbar auch eine Kontrolle der Unterrichtenden bedeuten. Schließlich fallen bei Unterricht an allgemein bildenden Schulen regelmäßig mehr Nebenarbeiten an als bei der Abhaltung außerschulischer Volkshochschulkurse. Dazu gehören die Unterrichtsvorbereitung, die Korrektur schriftlicher Arbeiten, die Beteiligung an der Abnahme von Prüfungen, die Teilnahme an Konferenzen, unter Umständen auch die Abhaltung von Schulsprechstunden, Pausenaufsichten und die Durchführung von Wandertagen und Schulreisen. Die Erteilung von Unterricht an allgemein bildenden Schulen bedingt die Eingliederung der Lehrkräfte in die vom Schulträger bestimmte Arbeitsorganisation. Daher ist es folgerichtig, wenn Lehrkräfte an allgemein bildenden Schulen, soweit sie auf Grund von privatrechtlichen Verträgen tätig sind, als Arbeitnehmer in einem Arbeitsverhältnis beschäftigt werden. Ist die Verbindung der Schüler oder Kursteilnehmer zum Unterrichtsträger deutlich lockerer, weil z.B. kein Schulzwang besteht und sich die Schüler leicht von der Schule lösen können, gibt es regelmäßig auch keine förmlichen Abschlüsse. Die Kurse dienen vielfach nicht der Berufsvorbereitung. Regelmäßig kann in solchen Kursen den Lehrkräften mehr Spielraum belassen bleiben.

84 Die an einer beruflichen Weiterbildungseinrichtung tätige Lehrkraft ist in einen fremdbestimmten Unterrichtsbetrieb eingegliedert und daher Arbeitnehmerin, wenn sie wie eine festangestellte Dozentin nach vorgegebenen Stundenplänen regelmäßig 30 Stunden Unterricht pro Woche erteilt. Der Annahme eines Arbeitsverhältnisses steht nicht entgegen, dass die Dozentin den Unterricht im Wesentlichen frei gestalten und bei der Aufstellung der Stundenpläne Wünsche hinsichtlich Lage und Umfang der Unterrichtsstunden äußern kann.[330] Ebenso kann eine auf Honorarbasis angestellte Lehrkraft, die Fach- oder Förderunterricht in Schulabschlusslehrgängen für den Hauptschulabschluss (u.a. Deutsch und Deutsch für Ausländer) erteilt, Arbeitnehmerin sein.[331]

85 Nach der typologischen Betrachtung des BAG stehen auch Lehrkräfte in schulischen **Kursen des zweiten Bildungsweges** den Lehrern an allgemein bildenden Schulen gleich, so dass sie in aller Regel als Arbeitnehmer zu betrachten sind.[332] Entscheidend ist, wie intensiv die Lehrkraft in den Unterrichtsbetrieb eingebunden ist und in welchem Umfang sie den Unterrichtsinhalt, die Art und Weise seiner Erteilung, die Arbeitszeit und die sonstigen Umstände der Dienstleistung gestalten

327 BAG, Urt. v. 29.05.2002; AP Nr. 152 zu § 611 BGB Lehrer, Dozenten; BAG, Urt. v. 19.11.1997, EzA § 611 BGB Arbeitnehmerbegriff Nr. 62.

328 LAG Hannover, Urt. v. 28.01.2003 – 13 Sa 1381/02 (n.v.).

329 BAG, Urt. v. 09.07.2003 – 5 AZR 595/02 (n.v.); BAG, Urt. v. 29.05.2002; AP Nr. 152 zu § 611 BGB Lehrer, Dozenten; BAG, Urt. v. 11.10.2000, HVBG-INFO 2001, 1243.

330 LAG Hamm, Urt. v. 28.07.2001, LAGReport 2002, 257.

331 LAG Köln, Urt. v. 03.08.2000, BB 2001, 49.

332 BAG, Urt. v. 11.10.2000, HVBG-INFO 2001, 1243; BAG, Urt. v. 12.09.1996, AP Nr. 122 zu § 611 BGB Lehrer, Dozenten; für Lehrer in staatlich anerkannten Ergänzungsschulen LAG Niedersachsen, Urt. v. 18.05.2001, ZTR 2001, 371.

kann.[333] Dozenten in der beruflichen Bildung sind daher Arbeitnehmer, wenn der Schulträger einseitig den Unterrichtsgegenstand sowie Zeit und Ort der Tätigkeit vorgibt.[334] Die Lehrkraft einer Bildungseinrichtung steht aber dann nicht in einem Arbeitsverhältnis, sondern in einem freien Mitarbeiterverhältnis, wenn der Inhalt der Dienstleistung und die Arbeitszeiten im Einzelnen vertraglich geregelt und damit dem Weisungsrecht des Arbeitgebers entzogen wurden.[335] Die Bindung an einen Rahmenlehrplan ist dann unerheblich. Nur methodisch-didaktische Anweisungen des Arbeitgebers zur Gestaltung des Unterrichts führen zu einer persönlichen Abhängigkeit.

Lehrbeauftragte an Hochschulen oder Fachhochschulen nehmen eine gesonderte Rechtsstellung ein. Nach Auffassung des BAG stehen Lehrbeauftragte an Hochschulen, die mit bestimmten Lehrverpflichtungen im Semester betraut werden, in einem öffentlich-rechtlichen Dienstverhältnis besonderer Art, wenn der Lehrauftrag durch eine einseitige Maßnahme der Hochschule erteilt wird.[336] 86

Die Einflussnahme der Zentralstelle für das Auslandsschulwesen beim Bundesverwaltungsamt auf den Inhalt des Arbeitsverhältnisses zwischen einer deutschen Programmlehrkraft an einem Fremdsprachengymnasium in Schumen/Bulgarien und dem bulgarischen Staat begründet kein Arbeitsverhältnis zwischen der Lehrkraft und der Bundesrepublik.[337] 86a

(2) Medienmitarbeiter

Im Medienbereich werden zahlreiche Mitarbeiter, insbesondere jene, die auf die Programmgestaltung maßgeblichen Einfluss haben, als freie Mitarbeiter beschäftigt. Die Rechtsprechung des BAG hatte lange Zeit fast alle Personen, die im Bereich der Rundfunk- und Fernsehanstalten beschäftigt sind, auch die vorerwähnten **programmgestaltenden Mitarbeiter**, als Arbeitnehmer angesehen.[338] Hiergegen hatten die Rundfunkanstalten mit Erfolg Verfassungsbeschwerde erhoben. Das Bundesverfassungsgericht vertrat die Ansicht, dass den Rundfunkanstalten zur Erfüllung ihres Programmauftrages die notwendige Freiheit und Flexibilität[339] genommen würde, wenn sie verpflichtet wären, die für andere Bereiche geltenden arbeitsrechtlichen Maßstäbe uneingeschränkt zu übernehmen. Erforderlich zur Umsetzung der Rundfunkfreiheit sei unter anderem, dass den Rundfunkanstalten ein Spielraum zur Verfügung stehe, innerhalb dessen sie die Rechtsverhältnisse zu ihren Mitarbeitern in einer Weise regeln können, die eine effektive Umsetzung der Verpflichtung der Rundfunkanstalten zu umfassender, vielfältiger und ausgewogener Information gewährleiste. Hinter der Rundfunkfreiheit müsse der »arbeitsrechtliche Bestandsschutz« zurücktreten.[340] 87

Das BAG hat im Anschluss an die Entscheidung des Bundesverfassungsgerichts den Erfordernissen der Programmvielfalt in größerem Maße Rechnung getragen. Typisierend unterscheidet das BAG nunmehr zwischen programmgestaltenden und nicht programmgestaltenden Mitarbeitern. 88

Bei programmgestaltenden Mitarbeitern, wie z.B. Regisseuren,[341] Moderatoren,[342] Reportern[343] und Korrespondenten, ist ein Arbeitsverhältnis nur dann zu bejahen, wenn der Sender innerhalb eines bestimmten zeitlichen Rahmens über die Arbeitsleistung verfügen kann.[344] Das ist etwa dann der 89

333 BAG, Beschl. v. 30.10.1991, AP Nr. 59 zu § 611 BGB Abhängigkeit.
334 BAG, Urt. v. 19.11.1997, NZA 1998, 595.
335 BAG, Beschl. v. 30.10.1991, AP Nr. 59 zu § 611 BGB Abhängigkeit.
336 BAG, Urt. v. 23.06.1993, AP Nr. 10 zu § 128 ZPO; vgl. auch ArbG Berlin, Urt. v. 05.07.2001, NZA-RR 2002, 221.
337 BAG, Urt. v. 24.10.2001, NZA 2002, 527.
338 BAG, Urt. v. 22.06.1977, AP Nr. 22 zu § 611 BGB Abhängigkeit.
339 BVerfG, Beschl. v. 13.01.1982, BVerfGE 59, 231, 265.
340 BVerfG, Beschl. v. 13.01.1982, BVerfGE 59, 231, 265.
341 BAG, Urt. v. 09.06.1993, NZA 1994, 169.
342 BAG, Urt. v. 11.12.1996 – 5 AZR 592/95 (n.v.).
343 BAG, Urt. v. 22.04.1998, NZA 1998, 1275.
344 BAG, Urt. v. 09.06.1993, NZA 1994, 169; BAG, Urt. v. 22.04.1998, NZA 1998, 1275, 1276.

Fall, wenn **ständige Dienstbereitschaft** erwartet wird[345] oder wenn der Mitarbeiter in nicht unerheblichem Umfang ohne Abschluss dahin gehender Vereinbarung zur Arbeit herangezogen wird, ihm also die Arbeiten letztlich »zugewiesen« werden. Die ständige Dienstbereitschaft kann sich sowohl aus den ausdrücklich getroffenen Vereinbarungen der Parteien als auch aus der praktischen Durchführung der Vertragsbeziehungen ergeben. Wird der Mitarbeiter in **Dienstplänen** geführt, ohne dass die einzelnen Einsätze im Voraus abgesprochen werden, ist diese Arbeitsorganisation ein starkes Indiz für Arbeitnehmereigenschaft.[346] Die Indizwirkung greift regelmäßig auch dann, wenn der Sender ausdrücklich erklärt, dass die Dienstpläne unverbindlich sind oder erst in Kraft treten, wenn ihnen die eingesetzten Mitarbeiter nicht widersprechen.[347] Die einseitige Aufstellung von Dienstplänen ist nämlich in der Regel nur dann sinnvoll, wenn Dienstbereitschaft der darin aufgenommenen Beschäftigten erwartet werden kann.[348] Wer einseitig Dienstpläne aufstellt, die tatsächlich im Wesentlichen eingehalten werden, und gleichzeitig erklärt, diese seien unverbindlich, verhält sich nach verbreiteter Auffassung in der Rechtsprechung widersprüchlich. Entscheidend sei dann das tatsächliche Verhalten, also die Verfügung über die Arbeitskraft der Mitarbeiter nach Maßgabe der Dienstpläne.[349] Demgegenüber spricht es für die Einordnung eines Vertragsverhältnisses als freies Mitarbeiterverhältnis, wenn die Aufnahme in den Dienstplan nicht ohne vorherige Zustimmung des Mitarbeiters erfolgt.[350] Die Aufnahme in einen Dienstplan spricht also nach der arbeitsgerichtlichen Rechtsprechung nur dann für die Weisungsgebundenheit des Beschäftigten, wenn dieser in seiner Freiheit, jederzeit über seinen Einsatz zu entscheiden, eingeschränkt ist. Daher ist ein freies Mitarbeiterverhältnis dann anzunehmen, wenn der Mitarbeiter erst nach einer vorherigen Vereinbarung bestimmte Aufträge übernimmt und nicht ohne seine Zustimmung in den Dienstplan aufgenommen wird. Ist eine Rundfunkanstalt aufgrund eines Bestandsschutztarifvertrages für freie Mitarbeiter gehalten, einen Mindestbeschäftigungsanspruch des freien Mitarbeiters zu erfüllen, kommt allein der Aufnahme des Mitarbeiters in Dienstpläne nicht die Bedeutung eines die Annahme der Arbeitnehmerstellung auslösenden Umstands zu.[351] Die Aufnahme in Dienstpläne einer Rundfunkanstalt ist zwar ein starkes Indiz für das Vorliegen der Arbeitnehmereigenschaft, ist aber auch nur als solches bei der Gesamtbetrachtung zu berücksichtigen.

90 **Nicht programmgestaltende**, aber rundfunk- und fernsehtypische Mitarbeit, etwa von Sprechern, Übersetzern, Aufnahmeleitern oder Kameraassistenten, soll dagegen in der Regel nur durch ein Arbeitsverhältnis durchgeführt werden können.[352] Anders als bei den programmgestaltenden Mitarbeitern, stellt bei den nicht programmgestaltenden Mitarbeitern die Einbeziehung in Dienstpläne nur ein zusätzliches Indiz von geringerer Bedeutung dar. Wesentlich ist in erster Linie die Art der verrichteten Tätigkeit.[353] Daher sind Rundfunksprecher und Übersetzer, die aufgrund von Dienstplänen eingesetzt werden, auch dann Arbeitnehmer, wenn sie einzelne Einsätze auch ablehnen können.[354] Der Aufstellung von Dienstplänen kommt damit bei den Mitarbeitern im Medienbereich eine unterschiedliche Bedeutung zu.

91 Das BAG hat sich immer wieder erläuternd mit Detailfragen bei der Statusbeurteilung von Rundfunkmitarbeitern befasst. Am 22.04.1998 traf das BAG zu diesem Themenkomplex vier Entscheidungen. Dabei entschied das BAG, dass ein über viele Jahre nebenberuflich tätiger **Rundfunkrepor-**

345 BAG, Urt. v. 07.05.1980, AP Nr. 35 zu § 611 BGB Abhängigkeit; BAG, Urt. v. 22.04.1998, NZA 1998, 1275, 1276.
346 BAG, Urt. v. 20.04.1994, NZA 1995, 161, 162; BAG, Urt. v. 22.04.1998, NZA 1998, 1336, 1338: kritisch: *Wrede*, NZA 1999, 1019, 1026; *Benzani*, NZA 1997, 856, 860 f.
347 BAG, Urt. v. 16.02.1994, NZA 1995, 21.
348 BAG, Urt. v. 16.02.1994, NZA 1995, 21; BAG, Urt. v. 20.07.1994, NZA 1995, 161; BAG, Urt. v. 30.11.1994, NZA 1995, 622, 624; BAG, Urt. v. 22.04.1998, NZA 1998, 1336, 1338.
349 BAG NZA 1995, 622, 624.
350 ArbG Hannover, Beschl. v. 11.01.1995, AfP 1996, 190; vgl. auch BAG, Urt. v. 22.04.1998, NZA 1998, 1275, 1276.
351 BAG, Urt. v. 20.09.2000, NZA 2001, 551.
352 BAG, Urt. v. 11.03.1998, NZA 1998, 705.
353 BAG, Urt. v. 11.03.1998, NZA 1998, 705.
354 BAG, Urt. v. 30.11.1994, NZA 1995, 622.

ter freier Mitarbeiter sein könne.[355] In einem weiteren Urteil vom 22.04.1998[356] hatte das BAG über den Status eines Mitarbeiters der Nachrichtenbeiträge, Reporterberichte, Magazinberichte und Wortmeldungen erstellte und in bis zu 40 % seiner Gesamtarbeitszeit auch mit nichtprogrammgestaltenden Tätigkeiten befasst war, zu entscheiden. Da die programmgestaltende Tätigkeit überwog und das Rechtsverhältnis prägte, kam es auf den Umstand, dass der Mitarbeiter auch nichtprogrammgestaltende Tätigkeiten ausführte, nicht an. Dennoch sah das BAG das Vorliegen eines Arbeitsverhältnisses als gegeben an, da der Mitarbeiter in Dienstplänen geführt wurde, ohne dass über die einzelnen Einsätze vorher Absprachen getroffen werden.[357] **Kameraassistenten**,[358] die fernsehtypische Arbeiten ausführen, gehören zum betriebstechnischen Personal und können nur in Arbeitsverhältnissen beschäftigt werden, da sie genauso weisungsgebunden sind wie die festangestellten Kameraassistenten und eine eher untergeordnete Tätigkeit ausüben, die keinen nennenswerten eigenen Gestaltungsspielraum zulässt.[359] Ein programmgestaltender Rundfunkmitarbeiter ist aber nicht allein deshalb Arbeitnehmer, weil er zur Herstellung seines Beitrags auf technische Einrichtungen und Personal der Rundfunkanstalt angewiesen ist und aus diesem Grunde in Dispositions- und Raumbelegungspläne aufgenommen wird.[360]

Nach einer Entscheidung des LAG Köln soll die Tätigkeit eines **Redakteurs** im engeren Sinne arbeitnehmertypisch sein. Die regelmäßige Heranziehung zu Wochenenddiensten und der Umstand, dass die Absage solcher Einsätze zu nachteiligen Konsequenzen für den Mitarbeiter führt, können starke Indizien für das Bestehen eines Arbeitsverhältnisses sein.[361] Hingegen kann ein Regisseur und Autor den Inhalt seiner Arbeit auch dann im Wesentlichen frei gestalten, wenn die Thematik seiner Beiträge ihm in groben Rastern vorgegeben wird. Dass er sich das Kamerateam und die Cutterin nicht selbst aussuchen kann, schränkt seine Gestaltungsfreiheit nicht ein, wenn sie während der Ausführung ihrer Arbeiten seinen Weisungen unterliegen.[362] Ein Mitarbeiter einer privaten Rundfunkanstalt, die sich durch Werbeeinnahmen finanziert, ist programmgestaltender Mitarbeiter, wenn er Werbespots produziert.[363] Ein Arbeitsverhältnis liegt dann vor, wenn der Mitarbeiter weitgehend inhaltlichen Weisungen unterliegt und der Sender innerhalb eines bestimmten weiteren Rahmens über die Arbeitsleistung verfügen kann. Es muss ein geringes Maß an Gestaltungsfreiheit, Eigeninitiative und Selbständigkeit verbleiben. 92

Bei den sonstigen Mitarbeitern im Medienbereich ist nach den allgemeinen Kriterien zu entscheiden. **Gebührenbeauftragte** von Rundfunkanstalten sind freie Mitarbeiter, wenn sie ihre Arbeitszeit im Wesentlichen frei einteilen und die Haupttätigkeit, nämlich die Gespräche mit den Kunden, frei gestalten können. Die Tätigkeit des Rundfunkgebührenbeauftragten ist durch öffentlichrechtliche Besonderheiten (Rundfunkgebührenstaatsvertrag, Satzung des Senders) geprägt. Daher darf der Sender den Einsatz von Hilfspersonen verbieten, die Art und Weise des Schriftverkehrs vorschreiben und die Überprüfung bestimmter Kunden von seiner Zustimmung abhängig machen, ohne dass dadurch ein Arbeitsverhältnis begründet wird.[364] 93

Ein **Rundfunkermittler**, der im Auftrag der Rundfunkanstalt Schwarzhörer aufspürt, ist kein Arbeitnehmer, sondern Gewerbetreibender, wenn die Höhe seiner Einnahmen weitgehend von seinem eigenen Arbeitseinsatz abhängt und er auch im Übrigen – bei Ausfallzeiten – ein Unternehmerrisiko 94

355 BAG, Urt. v. 22.04.1999, NZA 1998, 1275.
356 BAG, Urt. v. 22.04.1998, NZA 1998, 1336.
357 BAG, Urt. v. 22.04.1998, NZA 1998, 1336, 1339.
358 BAG, Urt. v. 22.04.1998, NZA 1998, 1277; BAG, Urt. v. 22.04.1998, NZA 1999, 82.
359 BAG, Urt. v. 16.07.1997, NZA 1998, 368; BAG, Urt. v. 22.04.1998, NZA 1998, 1277; BAG, Urt. v. 22.04.1998, NZA 1999, 82.
360 BAG, Urt. v. 19.01.2000, NZA 2000, 1102.
361 LAG Köln, Urt. v. 13.08.1998, NZA-RR 1999, 119.
362 LAG Köln, Urt. v. 27.08.1999 – 4 Sa 271/99 (n.v.).
363 LAG Mainz, Urt. v. 13.06.2002, AfP 2003, 278.
364 BAG, Urt. v. 26.05.1999, NZA 1999, 983.

in Gestalt des Entgeltrisikos trägt. Dies gilt unabhängig davon, dass der Rundfunkermittler nur für einen einzigen Vertragspartner tätig ist.[365]

95 Pauschal bezahlte **Bildberichterstatter**, die einer Zeitungsredaktion monatlich eine bestimmte Zahl von Bildern liefern, sind keine Arbeitnehmer i.S.d. § 5 Abs. 1 BetrVG, wenn sie in der Übernahme der Fototermine frei sind.[366] Pauschal bezahlte Fotoreporter einer Zeitungsredaktion können Arbeitnehmer sein, wenn sie – unter anderem in Dienstplänen – derart in den Arbeitsablauf eingebunden sind, dass sie faktisch die Übernahme von Fototerminen nicht ablehnen können.[367] Ist der Fotograf an Urlaubspläne gebunden sowie für bestimmte Dienstzeiten eingeteilt und kann er erteilte Aufträge nicht ohne weiteres ablehnen, ist er Arbeitnehmer.[368]

96 Verrichtet ein mit den Vorarbeiten für die Herausgabe einer Buchreihe beauftragter Mitarbeiter eines Verlages den wesentlichen Teil seiner Aufgaben in selbst bestimmter Arbeitszeit und an selbst gewähltem Arbeitsort, so fehlt die für ein Arbeitsverhältnis erforderliche Abhängigkeit. Daran ändert sich nichts, wenn der Mitarbeiter aufgrund gelegentlich notwendiger Zusammenarbeit auf die Arbeitszeit der Verlagsangestellten Rücksicht nehmen muss.[369]

(3) Handelsvertreter, Außendienstmitarbeiter, Versicherungsvertreter

97 Nach § 84 Abs. 2 Satz 1 HGB ist Handelsvertreter, wer als selbständiger Gewerbetreibender ständig damit betraut ist, für einen anderen Unternehmer Geschäfte zu vermitteln oder in dessen Namen abzuschließen. Selbständig ist nach § 84 Abs. 2 Satz 2 HGB, wer im Wesentlichen frei seine Tätigkeit gestalten und seine Arbeitszeit bestimmen kann. Liegen diese Voraussetzungen nicht vor, so ist ein mit der Vermittlung für ein Unternehmen Betrauter dessen Handlungsgehilfe, § 59 HGB.[370] Die Vertragstypen des Handelsvertreters und des mit der Vermittlung von Geschäften betrauten Handlungsgehilfen unterscheiden sich also nicht durch die Art der zu leistenden Dienste, sondern nach dem Maß an persönlicher Freiheit, das dem Dienstpflichtigen bei seiner Tätigkeit eingeräumt ist.[371]

98 Dabei darf aber nicht übersehen werden, dass auch Handelsvertreter gewissen Weisungen des Unternehmers unterliegen, ohne dass dadurch ihre Selbständigkeit im Sinne einer persönlichen Freiheit beeinträchtigt wird. Die **Weisungsbefugnis des Unternehmers** folgt aus der Natur der Geschäftsbesorgungspflicht des Handelsvertreters. Der Handelsvertreter steht – obwohl selbst Kaufmann und Unternehmer (§ 1 Abs. 2 Nr. 7 HGB) – in einer ständigen Vertragsbeziehung zu einem anderen Unternehmer, für den er tätig ist und dessen Interessen er wahrzunehmen hat, § 86 Abs. 1 HGB. Zudem braucht der Handelsvertreter bei der Gestaltung seiner Tätigkeit nur im Wesentlichen frei zu sein, § 84 Abs. 1 Satz 1 HGB. Auch seine Freiheit kann also eingeschränkt werden, solange die Einschränkungen eine Selbständigkeit nicht in ihrem Kerngehalt beeinträchtigen.[372] Vor diesem Hintergrund steht dem Unternehmer z.B. ein Weisungsrecht über die einzuhaltende Vertriebspolitik sowie über die Art der Kundenwerbung und -betreuung zu.[373] Außerdem kann er Weisungen erteilen, die die vertraglichen Pflichten des Handelsvertreters aus § 86 HGB konkretisieren, so etwa für die Verbuchung und Abgrenzung von Lieferungen[374] oder für die Verwendung besonderer Vordrucke bei der Mitteilung von Geschäftsabschlüssen. Darüber hinaus ist der Unternehmer befugt, dem Abschlussvertreter, der sich in seinem Namen und auf seine Rechnung um den Abschluss

365 BFH, NZA-RR 1999, 376.
366 BAG, Beschl. v. 29.01.1992, NZA 1992, 835.
367 BAG, Beschl. v. 16.06.1998, NZA 1998, 839.
368 LAG Mainz, Urt. v. 16.05.2001, AfP 2001, 530; vgl auch LAG Sachsen, Urt. v. 29.05.2001 – 6 Sa 772/00 (n.v.).
369 BAG, Urt. v. 27.03.1991, NZA 1991, 933.
370 *Schwerdtner/Schmidt*, Rn 70.
371 BSG, Urt. v. 29.01.1981, BSGE 51, 164 (Bausparkassenvertreter).
372 BGH, BB 1966, 265; LAG Düsseldorf, Beschl. v. 06.03.1991, LAGE § 611 BGB Arbeitnehmerbegriff Nr. 18; OLG Düsseldorf, Urt. v. 05.12.1997, NZA-RR 1998, 145, 148.
373 BAG, Beschl. v. 30.08.1994 – 1 ABR 3/94, Finanzberater im Außendienst (n.v.).
374 BGH, VersR 1964, 331, 332.

von Geschäften bemühen muss, die Vertragskonditionen und die Zahlungsmodalitäten verbindlich vorzugeben. Er darf zudem Anweisungen geben, in welcher Art und Weise mit der bereitgestellten Ware und den für ihn – den Unternehmer – vereinnahmten Gelder zu verfahren ist, solange im Kernbereich die Selbständigkeit gewahrt bleibt. Die Selbständigkeit von Handelsvertretern wird auch nicht durch Abreden über Ort und Zeit der Leistungen eingeschränkt, z.B. Tourenpläne, sofern der Handelsvertreter nicht durch übermäßige Anforderungen zum unselbständigen Arbeitnehmer wird. Dies gilt auch für regelmäßige Rücksprachen, Aufsuchen des Büros des Unternehmers und telefonische Erreichbarkeit.[375] Kommen jedoch so viele Einschränkungen der handelsvertretertypischen Selbständigkeit zusammen und werden dem Vertragspartner gleichsam sämtliche Vorteile genommen, die mit der Stellung eines selbständigen Handelsvertreters verbunden sind, und bleiben ihm letztlich nur die Nachteile, nämlich die Übernahme des wirtschaftlichen Risikos, dann liegt in Wahrheit ein Arbeitsverhältnis vor, auch wenn die Regelungen im Handelsvertretervertrag für sich genommen zulässig und mit der Rechtsstellung eines Handelsvertreter vereinbar sind.[376]

Für die Abgrenzung des selbständigen Handelsvertreters von einem angestellten Außendienstmitar- 99
beiter ist daher – nicht zuletzt – die zeitliche Weisungsgebundenheit entscheidend. So ist beispielsweise ein **Pharmaberater** Arbeitnehmer, der in dem ihm zugewiesenen Reisegebiet pro Arbeitstag durchschnittlich zehn Arbeitsbesuche auszuführen hatte.[377] Andererseits deutet es auf eine selbständige Tätigkeit hin, wenn der Vertreter frei darüber entscheiden kann, welche Kunden er im vorgegebenen Gebiet wann besuchen will.[378] Dann ist es auch unschädlich, wenn die Kunden in einer bestimmten zeitlichen Reihenfolge zu besuchen sind, sofern die Einteilung der täglichen Arbeitszeit ansonsten frei ist.[379] Bestehen keine vorgeschriebenen Arbeitszeiten und kann der Außendienstmitarbeiter die Entscheidung über die Vereinbarung von Kundenterminen selbst treffen, auch wenn ihm mittelbar vorgegeben wird, die Terminswünsche der Kunden einzuhalten, so spricht dies für die Annahme eines freien Handelsvertreterverhältnisses.[380]

Für den Bereich der **Außendienstmitarbeiter von Versicherungen**[381] haben die sog. Hamburg- 100
Mannheimer-Entscheidungen in der Vergangenheit für Aufsehen gesorgt. Eine Kammer des ArbG Nürnberg[382] hatte die Arbeitnehmereigenschaft eines Außendienstmitarbeiters der Hamburg-Mannheimer-Versicherungsgruppe bejaht, mit der Erwägung, dass bei einer Vertragsgestaltung, die dem Versicherungsvertreter keine unternehmerische Freiheit lasse, sondern nur das unternehmerische Risiko aufbürde, in der Gesamtbetrachtung die Arbeitnehmereigenschaft das Übergewicht gewinne, wenn eine berufsbegleitende, durch den anderen Vertragspartner finanziell unterstützte Qualifizierung stattfinde, sich die unternehmerische Freiheit faktisch auf die Abarbeitung vorgegebenen Adressenmaterials beschränke, der Einsatz von Untervertretern mittelbar durch ein Verbot der Weitergabe überlassener Adressen an Dritte untersagt sei und untersagt sei, ohne vorherige Zustimmung eine Tätigkeit für ein anderes Unternehmen der Versicherungsbranche aufzunehmen, versicherungsfremde Leistungen zu vermitteln, werbend für den Versicherungsvertreter oder sein Unternehmen am Markt tätig zu werden.

Das LAG Nürnberg[383] bestätigte ohne eigene Begründung die Entscheidung. In einer anderen 100a
Entscheidung änderte das LAG Nürnberg[384] mit dem Hinweis auf die Parallelsache ein Urteil des ArbG Nürnberg[385] ab, das die Selbständigkeit des Versicherungsvertreters bejaht hatte. Das BAG

375 LAG Düsseldorf, Urt. v. 03.03.1998 – 8 Sa 1801/96, Baufinanzierungsberater im Außendienst (n.v.).
376 OLG Düsseldorf, Urt. v. 05.12.1997, NZA-RR 1998, 145, 148.
377 LAG Hamm, Urt. v. 13.10.1989, LAGE § 611 BGB Arbeitnehmerbegriff Nr. 14.
378 ArbG München, Urt. v. 29.05.1990, EzA § 611 BGB Arbeitnehmerbegriff Nr. 33.
379 BAG, Urt. v. 24.03.1992, NZA 1992, 1129.
380 LAG Düsseldorf, Beschl. v. 03.03.1998 – 8 Sa 1801/96, Baufinanzierungsberater im Außendienst (n.v.).
381 Vgl. hierzu ausführlich *Hanau/Strick*, DB 1998, Beil. 14.
382 ArbG Nürnberg, Urt. v. 31.07.1996, NZA 1997, 37.
383 LAG Nürnberg, Urt. v. 25.02.1997, AiB 1998, 296.
384 LAG Nürnberg, Urt. v. 25.02.1997, ZIP 1998, 617.
385 ArbG Nürnberg, Urt. v. 09.09.1996, ARST 1997, 261.

hob beide Entscheidungen als nicht mit Gründen versehen i.S.d. § 551 Nr. 7 ZPO auf und verwies die Sache an das LAG Nürnberg zurück.[386] Eine andere Kammer des LAG Nürnberg, die mit der Angelegenheit nunmehr befasst war, lehnte die Arbeitnehmereigenschaft des Versicherungsvertreters ab.[387] Zur Begründung führt das Gericht aus, dass die Abgrenzung des Versicherungsvertreters vom Angestellten (Handlungsgehilfen) aufgrund der Vorschrift des § 92 Abs. 2 HGB nach § 84 Abs. 1 Satz 2, Abs. 2 HGB erfolge. Die in § 84 Abs. 1 Satz 2 HGB enthaltenen zwei Abgrenzungsmerkmale, nämlich die Freiheit der Bestimmung der Arbeitszeit und die Freiheit der Gestaltung der Tätigkeit, seien abschließende Abgrenzungsmerkmale, die einer richterlichen Rechtsfortbildung dahin, diese Merkmale durch andere zu ersetzen (z.B. Übernahme von Unternehmensrisiko oder Bestehen von Marktchancen), nicht zugänglich sei. Bei der Beurteilung der Freiheiten i.S.d. § 84 Abs. 1 Satz 2 HGB seien von vornherein die auf Vertrag oder Weisung beruhenden Beschränkungen, die dem gesetzlichen Leitbild des Handelsvertreters dem Grunde und dem Ausmaß nach entsprechen, auszuklammern. Dem gesetzlichen Leitbild des Handelsvertreters entsprächen z.B. Bindungen an ein Unternehmen (Konkurrenzverbot), Berichtspflichten, Unabänderlichkeit der Bedingungen, zu denen das vermittelte Produkt angeboten wird, notwendige besondere Mitwirkungshandlungen des Vertreters zum Zustandekommen besonderer Verträge, wie z.B. das Einholen von Zuwendungserklärungen im Verbandsgruppengeschäft. Ebenso sprächen die Tätigkeitsausübung beschränkenden Vorgaben, wie z.B. die Verpflichtung mit kooperierenden Partnern zusammen zu arbeiten, Wettbewerbsrichtlinien der Deutschen Versicherungswirtschaft oder Weisungen von Aufsichtsbehörden, nicht gegen die Selbständigkeit.

101 Am 15.12.1999 hatte der 5. Senat des BAG in sechs Verfahren[388] über die Arbeitnehmerstellung von Versicherungsvertretern zu entscheiden. Die Kläger waren nach der Bezeichnung in ihren Verträgen sämtlich als selbständige Handelsvertreter und Versicherungsvermittler (§ 84 Abs. 1, § 92 HGB) tätig. Alle waren sog. Einfirmenvertreter, die nur für ihr eigenes Vertragsunternehmen Geschäfte vermitteln durften. Zum Teil war ihnen darüber hinaus die Aufnahme jedweder anderen Tätigkeit nur mit Zustimmung ihres Vertragsunternehmens gestattet. Die jeweils umfangreichen Vertragswerke enthielten ferner teilweise das Verbot der Telefonwerbung, der Weitergabe von Unterlagen an Dritte, Zustimmungsvorbehalte für Zeitungsanzeigen und Publikationen auf dem Gebiet des Versicherungswesens, Beschränkungen der Vertretungsmacht zur Abgabe von Willenserklärungen für das Vertragsunternehmen, das Gebot zur sofortigen Vorlage des Dienstausweises bei Kundenbesuchen, zur Abgabe von Besuchsberichten, zur sorgfältigen Antragsbearbeitung u.v.m. Die Betroffenen nahmen an Schulungen zur Einweisung in die zu vermittelnden Versicherungsprodukte teil. Zum Teil gab es die Anweisung, wöchentlich einmal auf der Geschäftsstelle zu erscheinen und bestimmte Kundenlisten binnen zwei Monaten zu bearbeiten. Die Arbeitsgerichte hatten die Verfahren unterschiedlich entschieden, von den Landesarbeitsgerichten wurden die Klagen – bis auf eine – abgewiesen. In den Revisionsverfahren hatten die Klagen insgesamt keinen Erfolg.[389] Das BAG hat klargestellt, dass die Prüfung, ob die Tätigkeit als Versicherungsvermittler im Einzelfall frei gestaltet und die Arbeitszeit frei bestimmt werden kann, allein anhand der gesetzlichen Vorgaben in § 84 Abs. 1 Satz 2 HGB zu prüfen sei und ein Rückgriff auf andere Kriterien, die sich diesen gesetzlichen Unterscheidungsmerkmalen nicht zuordnen ließen, nicht zulässig sei. Die Arbeitnehmereigenschaft sei jedenfalls dann zu verneinen, wenn die zeitliche und gestalterische Weisungsfreiheit nicht wesentlich in Frage gestellt werde, sofern die Verpflichtungen aufgrund schriftlicher Vereinbarung oder tatsächlicher Vertragsdurchführung nur geringfügig erweitert werden.

102 Aus der Rechtsprechung ist ferner auf folgende Entscheidungen hinzuweisen: Die Vereinbarung im Vertrag eines **Versicherungsvermittlers** (hier Bausparkasse), nicht für andere Unternehmen

386 BAG, Urt. v. 16.06.1998, NZA 1998, 1079.

387 LAG Nürnberg, Urt. v. 26.01.1999, BB 1999, 793; nachfolgend BAG, Urt. v. 15.12.1999 – 5 AZR 168/99 (n.v.).

388 BAG, Urt. 15.12.1999 – 5 AZR 169/99, NZA 2000, 1162; – 5 AZR 457/98, NZA 2000, 775; – 5 AZR 566/98, NZA 2000, 447; – 5 AZR 3/99, ZIP 2000, 808; – 5 AZR 770/98, NZA 2000, 481; – 5 AZR 168/99 (n.v.); siehe im Anschluss auch LAG Hamburg, Urt. v. 21.11.2001 – 8 Sa 15/01 (n.v.).

389 Eine Schwachstelle war nach Ansicht des BAG u.a. fehlender substantiierter Tatsachenvortrag.

tätig zu werden und auch sonst keiner weiteren Beschäftigung nachzugehen, schließt selbständige Tätigkeit nicht aus. Auch gewisse zeitliche Einschränkungen der Tätigkeit durch Schulungen in der Einarbeitungsphase begründen für sich allein kein abhängiges Beschäftigungsverhältnis.[390] Wird in einem Handelsvertretervertrag der Inhalt des § 84 Abs. 1 Satz 2 HGB übernommen (»Der Vertreter bestimmt im Wesentlichen frei die Einteilung seiner Tätigkeit und seiner Arbeitszeit.«), so gibt diese Regelung für die rechtliche Zuordnung des Vertrages dennoch nicht den Ausschlag, wenn sie mit den übrigen Vertragsbestimmungen nicht vereinbar ist, insbesondere sich der Unternehmer an anderer Stelle ein nach Inhalt und Reichweite unbeschränktes Weisungsrecht einräumen lässt, so dass nicht feststellbar ist, dass der Kerngehalt der Selbständigkeit erhalten bleibt.[391] Ist der Versicherungsvertreter bei der Durchführung und Gestaltung seiner Tätigkeit frei, Versicherungsverträge zu vermitteln und abzuschließen, und auch hinsichtlich der Bestimmung über die Arbeitszeit frei, so ist ein Versicherungsvertreter kein Arbeitnehmer.[392] Schließen sich mehrere selbständige Versicherungsvertreter zur gemeinsamen Berufsausübung in einer Agentur zusammen, begründet die in dem Gesellschaftsvertrag vereinbarte wechselseitige Verpflichtung der Partner zur Einbringung ihrer vollen Arbeitskraft regelmäßig keine entsprechende Verpflichtung im Verhältnis zu dem Versicherungsunternehmen, mit dem alle Partner individuelle Agenturverträge geschlossen haben.[393]

Für den Bereich der Handelsvertreter haben die **Spitzenverbände der Sozialversicherungsträger** 103
im Zusammenhang mit der Scheinselbständigkeitsgesetzgebung des sog. Korrekturgesetzes einen umfangreichen Abgrenzungskatalog entwickelt,[394] der unmittelbar allerdings nur für die sozialversicherungsrechtliche Abgrenzung des selbständigen Handelsvertreters vom angestellten Außendienstmitarbeiter oder Handlungsgehilfen herangezogen werden kann.

(4) Franchisenehmer

Das Franchising ist eine Art **Absatzorganisation**. Zwischen Franchisegeber und Franchisenehmer 104
besteht ein vertraglich vereinbartes Dauerschuldverhältnis über den Vertrieb von Waren und/oder Dienstleistungen unter Verwendung von Namen, Warenzeichen, Ausstattung oder sonstigen Schutzrechten sowie der technischen Erfahrung des Franchisegebers und unter Beachtung des von diesem entwickelten Organisations- und Werbesystems.[395] Franchisesysteme sind z.B. Cosy-Wash, Eismann, Eduscho, Foto-Porst, Marco Polo, McDonalds, Obi Heimwerkermärkte, Wienerwald, Sixt Autovermietung.[396]

Die Definition des Franchising prägt auch in der Praxis das Erscheinungsbild der meisten Franchise- 105
systeme. Die Einheitlichkeit im Erscheinungs- und Leistungsbild ist hierbei eines der entscheidenden Erfolgskriterien am Markt. Der Eindruck für den Kunden ist, dass es sich um eine unselbständige Filiale handelt. Im Innenverhältnis sucht die Systemzentrale, die Einhaltung dieser Einheitlichkeit sicherzustellen. Im Spannungsverhältnis hierzu steht das Recht des Franchisenehmers, im eigenen Namen und auf eigene Rechnung zu handeln.[397] Es entspricht daher allgemeiner Auffassung, dass auch das Franchiseverhältnis durch Weisungsgebundenheit, Kontrolle und Eingliederung gekennzeichnet ist.[398]

Die Rechtsprechung hatte sich zunächst nur vereinzelt mit der Frage der Arbeitnehmereigenschaft 106
von Franchisenehmern auseinander zu setzen. Das BAG[399] verneinte im Fall eines Franchiseneh-

390 LAG Rheinland-Pfalz, Urt. v. 28.05.1998 – 5 Sa 1392/97, AE März 1999, 17.
391 LAG Köln, Beschl. v. 07.07.1998 – 11 Ta 322/97, AE März 1999, 18.
392 LAG Saarland, Urt. v. 14.05.1996 – 3 (1) Sa 257/96 (n.v.); s. auch LAG Schleswig-Holstein, Beschl. v. 29.05.1996 – 5 Ta 163/95 (n.v.).
393 BAG, Urt. v. 20.09.2000, NZA 2001, 210.
394 Siehe Rn 149 ff.
395 *Skaupy*, DB 1982, 1447; LAG Düsseldorf, Beschl. v. 20.10.1987, NJW 1988, 725.
396 *Reinecke*, NZA 1999, 729, 733.
397 *Braun*, NZA Sonderheft 1999, 3, 5.
398 *Reinecke*, NZA 1999, 729, 733.
399 BAG, Urt. v. 24.04.1989, AP Nr. 1 zu § 84 HGB.

mers, der auf dem Gebiet der Arbeitnehmerüberlassung tätig war, ausdrücklich die Arbeitnehmereigenschaft. Ausschlaggebend war, dass der Franchisenehmer in der Betriebsorganisation und der Einteilung seiner Mitarbeiter selbständig war. Das BAG führte aus, dass die allgemeinen Richtlinien für die Geschäftsabwicklung, wie sie in Franchise- oder Handelsvertreter-Verträgen üblich seien, nicht zu einer wirtschaftlichen und damit persönlichen Abhängigkeit geführt hätten.[400]

107 In einer weiteren Entscheidung ging es um das **Agentursystem »Jacques Weindepot«**. Das BAG hatte darüber zu entscheiden, ob zwischen dem neu eingestellten Mitarbeiter eines Agenturpartners und der hinter dem System stehenden Weinhandlungsfirma ein mittelbares Arbeitsverhältnis entstanden war. Das Gericht verneinte den Abeitnehmerstatus des Agenturpartners, da dieser Ladenöffnungszeiten, Warensortiment, Mitarbeiterbeschäftigung und damit einen entscheidenden Teil der Betriebsorganisation selbst bestimmen konnte.[401] Demgegenüber hatte das Landesarbeitsgericht Düsseldorf in einem Beschlussverfahren des Betriebsrats der Weinhandlungsfirma entschieden, dass die Agenturpartner Arbeitnehmer der Weinhandlungsfirma i.S.d. § 5 Abs. 1 BetrVG seien.[402]

108 Ein weiteres Franchisesystem, das in mehreren Entscheidungen zur Überprüfung stand, ist das »Eismann-System«. Zwischen den Beteiligten wird stets ein Partnerschaftsvertrag über das Eismann-Franchise-System abgeschlossen. Danach hat der Partner im eigenen Namen und auf eigene Rechnung in einem ihm zugewiesenen Verkaufsgebiet, für das ein (gewisser) Gebietsschutz besteht, ausschließlich von Eismann und verbundenen Unternehmen bereitgestellte Tiefkühlkost zu verkaufen. Das Einkommen des Partners besteht in dem so genannten Wiederverkäuferrabatt. Bereits im Jahre 1986 wurde die Selbständigkeit der im Eismann-System tätigen Franchisenehmer vom OLG Schleswig bejaht.[403] In einer Entscheidung des BAG vom 16.07.1997 hatte ein Franchisenehmer des Eismann-Systems Klage vor dem Arbeitsgericht erhoben. Zu entscheiden war, ob der Rechtsweg zu den Arbeitsgerichten eröffnet ist oder nicht. Im Gegensatz zu der Entscheidung des OLG Schleswig,[404] in der das Gericht die Auffassung vertrat, dass aus dem Wesen des so genannten Franchisevertrages zu schließen sei, dass kein Arbeitsverhältnis vorliege, vertrat das BAG die Ansicht, dass aus einer bloßen Typisierung der Vertragsart sich für die Frage der Arbeitnehmereigenschaft nichts herleiten ließe.[405] Im zweiten Leitsatz heißt es: »Dass ein Franchisenehmer den für ein solches Rechtsverhältnis typischen Bindungen unterliegt, schließt die Annahme eines Arbeitsverhältnisses nicht aus.« Nach Auffassung des BAG sprach viel dafür, dass der Franchisenehmer Arbeitnehmer war. Der Rechtsweg zu den Gerichten für Arbeitssachen war jedoch bereits deshalb eröffnet, weil der Franchisenehmer wegen seiner wirtschaftlichen Abhängigkeit und seiner mit einem Arbeitnehmer vergleichbaren sozialen Schutzbedürftigkeit jedenfalls als arbeitnehmerähnliche Person anzusehen war (§ 5 Abs. 1 Satz 2 ArbGG), so dass eine nähere Klärung unterblieb.

109 Auch der BGH[406] vertrat die Auffassung, dass ein Franchisenehmer arbeitnehmerähnliche Person sein kann. Für die wirtschaftliche Abhängigkeit spreche danach der Umstand, dass der Franchisenehmer neben dem Verdienst aus der Tätigkeit für den Franchisegeber über keine anderweitigen Einkünfte verfüge und der Vertrag darauf angelegt sei, die Arbeitskraft voll in Anspruch zu nehmen. Dies solle selbst dann gelten, wenn der Franchisenehmer sämtliche Geschäfte im eigenen Namen und für eigene Rechnung abschließe. Entgegen der Ansicht des OLG Düsseldorf[407] als Vorinstanz sah der BGH in der Möglichkeit des Franchisenehmers, sämtliche Geschäfte im eigenen Namen und auf eigene Rechnung abzuschließen, lediglich eine formale Rechtsposition. Dem Vertragspartner sei

400 BAG, Urt. v. 24.04.1989, AP Nr. 1 zu § 84 HGB.
401 BAG, Urt. v. 21.02.1990, BB 1990, 1064.
402 LAG Düsseldorf, Beschl. v. 20.10.1987, NJW 1988, 725.
403 OLG Schleswig, Urt. v. 27.08.1986, NJW-RR 1987, 220.
404 OLG Schleswig, Urt. v. 27.08.1986, NJW-RR 1987, 220.
405 BAG, Urt. v. 16.07.1997, NZA 1997, 1126.
406 Beschl. v. 04.11.1998, NZA 1999, 53.
407 OLG Düsseldorf, Beschl. v. 18.03.1998, NJW 1998, 2981.

keine nennenswerte Selbständigkeit verblieben. Hingegen sah das LAG Düsseldorf,[408] wie schon die Vorinstanz, einen Eismann-Fahrer als Arbeitnehmer an.

Der Franchisenehmer eines Ladensystems zur Abgabe einer bestimmten Auswahl von einheitlichen Qualitätsprodukten an den Endverbraucher ist kein Arbeitnehmer.[409] Unterliegt der Franchisenehmer hinsichtlich Ausstattung der Räumlichkeiten und Änderungen der Baulichkeiten und des Außenbereichs bestimmten Weisungen, handelt es sich nicht um eine erhebliche Einschränkung des Freiraums für die Erbringung der geschuldeten Leistung. Auch die Verpflichtung, ein bestimmtes Warensortiment zum Zwecke der Vermarktung über den Franchisegeber zu beziehen, begründet keine persönliche Abhängigkeit, insbesondere wenn weitere Waren von Dritten bezogen werden können, die über das vom Franchisegeber angebotene Programm hinausgehen (Non-Food-Artikel). Wenn hierfür eine Genehmigung erforderlich ist, rechtfertigt sich daraus, dass ein Franchisekonzept darauf beruht, überall möglichst einheitliche Angebote präsentieren zu können, was einer gewissen Kontrolle bedarf. Nichts anderes gilt auch für die Verpflichtung, ausschließlich bestimmte Werbematerialien zu verwenden. Auch die Verpflichtung das Ladengeschäft im Rahmen der gesetzlichen Ladenschlusszeiten möglichst lange offen zu halten ist unerheblich, wenn eine Pflicht zum persönlichen Einsatz in diesem Zeitrahmen nicht besteht. 110

Die Kardinalfrage bei der Beurteilung von Franchisenehmern dürfte sein, wo die systembedingte notwendige Abhängigkeit endet und damit die unternehmerische Selbständigkeit eingebüßt wird.[410] 110a

(5) Verkehrsgewerbe, Frachtführer, Kurierfahrer

Für den Bereich Transport und Verkehr finden sich zahlreiche Entscheidungen des BAG und der Instanzengerichte, die sich mit jeweils unterschiedlichen Sachverhalten befassen. Besondere Aufmerksamkeit haben insbesondere die Entscheidungen zur Abgrenzung von Frachtführerverträgen und Arbeitsverhältnissen gefunden. Der Frachtverkehr ist von der Aufteilung der Funktionen auf Frachtführer (§§ 407 ff. HGB n.F.) und Spediteure (§§ 553 ff. HGB) gekennzeichnet. In jüngerer Zeit haben sich insbesondere für kürzere Transporte franchiseähnliche Gestaltungen durchgesetzt. Hier fahren viele Mitarbeiter meist mit ihrem eigenen Fahrzeug für einen Auftraggeber. Sie treten nach außen hin einheitlich auf, d.h. die Transportfahrzeuge weisen die Farben und das Logo des Auftraggebers auf. Oftmals tragen die **Transporteure** zusätzlich eine einheitliche Firmenkleidung. Nach dem Vertragswortlaut sind sie aber selbständige Frachtführer. 111

Zum Arbeitnehmerstatus eines Frachtführers hat das BAG in seiner Entscheidung vom 19.11.1997[411] Stellung genommen, in der die Abhängigkeit des Frachtführers besonders stark ausgeprägt war: Die Transporteure hatten morgens um 6.00 Uhr zur Übernahme der Transportaufträge und der Transportgüter zu erscheinen. Die Auslieferungsaufträge wurden erteilt, indem die Fahrer die für sie bestimmten Sendungen von einem Rollband im Depot des Auftraggebers nahmen. Auslieferung und Abholung von Transportgut hatten zu den Zeitoptionen der Kunden des Auftraggebers zu erfolgen. Die Routen legten die Transporteure selbst fest. Während des Tages hatten sie sich aber stündlich in der Zentrale telefonisch zu melden, um ggf. neue Abholaufträge entgegenzunehmen. Im Sachverhalt der Entscheidung vom 19.11.1997 durfte der Transporteur zwar nach dem Wortlaut andere Fahrer einsetzen, hatte dies aber bis auf eine kurze Zeit nicht getan. 112

Das BAG bejahte die Arbeitnehmereigenschaft der Transporteure. Zwar übten Frachtführer im Sinne des HGB ein selbständiges Gewerbe aus. Dies gelte auch dann, wenn der als Einzelperson ohne weitere Mitarbeiter nur für einen Spediteur Tätige beim Transport ein mit den Farben und dem Firmenzeichen des Spediteurs ausgestattetes eigenes Fahrzeug einsetze. Wenn aber die Tätigkeit des Transporteurs stärker eingeschränkt werde, als es aufgrund gesetzlicher Regelungen

408 LAG Düssldorf, Urt. v. 25.05.1999 – 6 Sa 510/99 (n.v.).

409 BGH, Beschl. v. 16.10.2002, DB 2003, 198.

410 *Schwerdtner/Schmidt*, Rn 98.

411 BAG, Urt. v. 19.11.1997, NZA 1998, 364.

oder wegen versicherungsrechtlicher Obliegenheiten geboten sei, so müsse das Rechtsverhältnis als Arbeitsverhältnis angesehen werden. Das Gesamtbild der Tätigkeit werde nicht nennenswert dadurch verändert, dass der Transporteur berechtigt ist, Dritte einzusetzen, da die persönliche Leistungserbringung die Regel und die Leistungserbringung durch Dritte die seltene Ausnahme darstellt, so das BAG.

113 In einer weiteren Entscheidung zu diesem Themenkomplex hat das BAG dagegen die Arbeitnehmereigenschaft des Frachtführers verneint.[412] Diesem waren anders als dem Frachtführer in der Entscheidung vom 19.11.1997 weder Dauer noch Beginn und Ende der täglichen Arbeitszeit vorgeschrieben. Er hatte zudem die – nicht nur theoretische – Möglichkeit, auch Transporte für eigene Kunde auf eigene Rechnung durchzuführen. Ob er diese Möglichkeit tatsächlich nutzte, sah das BAG als nicht entscheidend an. Diese Rechtsprechung hat das BAG mit seiner Entscheidung vom 27.06.2001[413] bestätigt und die Arbeitnehmereigenschaft eines Kurierdienstfahrers, der allein über den Zeitpunkt und den Umfang seiner Tätigkeit entscheiden konnte und der für ausgeführte Frachtaufträge das volle vom Auftraggeber zu leistende Entgelt erhielt, verneint.

114 Auch der BGH[414] entschied zur Rechtsstellung eines Lkw-Fahrers ähnlich wie das BAG in seinen jüngsten Entscheidungen. Beziehe sich bei einem Frachtführer die Weisungsgebundenheit nur auf das Fahrzeug und den jeweiligen Fahrer und ist es dem Frachtführer nach dem Vertrag gestattet, als Fahrer einen Dritten einzusetzen, dann stehe, so der BGH, dem Frachtführer ein eigener Gestaltungsspielraum zu, der mit dem Status eines Arbeitnehmers nicht zu vereinbaren sei.

115 Aus der Rechtsprechung ist noch auf nachfolgende Entscheidungen hinzuweisen: **Unterfrachtführer** können Arbeitnehmer und Beschäftigte i.S.d. § 7 Abs. 1 SGB IV sein, wenn sie in ihrer Berufsausübung so stark eingeschränkt sind, dass sie weitgehend dem Berufsbild eines abhängig beschäftigten Kraftfahrers entsprechen. Dies ist immer dann der Fall, wenn sie in die Arbeitsorganisation des Auftraggebers eingegliedert sind.[415] Gleiches gilt für Kurierfahrten.[416] Ein Subunternehmer eines Paketdienst-Systems, der mit 18 selbst ausgewählten Arbeitnehmern oder eigenen Fahrzeugen in einem ihm überlassenen Bezirk einen Zustellungsdienst organisiert und durchführt, ist hingegen kein Arbeitnehmer.[417] Ein Kraftfahrer ist Arbeitnehmer, wenn er innerhalb einer bestimmten Zeit ein Kraftfahrzeug zur Verfügung gestellt bekommt und nach Vorgaben eine Auslieferungsroute abzufahren hat, um Auslieferungen von Telegrammen und Telebriefen zu tätigen, ohne dass er über ein eigenes Fahrzeug, noch über eigene Geschäftsräume, noch über eigene Kunden oder über selbst angestellte Beschäftigte verfügt.[418]

116 Im Hinblick auf die Tätigkeit von **Taxifahrern** hat das BAG entschieden, dass diese sowohl im Rahmen eines abhängigen Arbeitsverhältnisses als auch im Rahmen eines freien Mitarbeiterverhältnisses erfolgen kann.[419] Bei Taxifahrern hängt die Arbeitnehmereigenschaft von der Eingliederung in den Betrieb sowie dem Grad der Weisungsgebundenheit ab. Problematisch ist, dass auch als freie Mitarbeiter beschäftigte Taxifahrer in der Regel in gleicher Weise wie festangestellte Fahrer beschäftigt werden. Das BAG hat bei einer nur aushilfsweisen Eingliederung in den Betrieb den Status als freier Mitarbeiter bejaht.[420] Entscheidend kommt es darauf an, ob der Arbeitgeber innerhalb eines

412 BAG, Urt. v. 30.09.1998, DB 1999, 436; vgl. auch LAG Hamm, Urt. v. 15.11.2000, MDR 2001, 700; LAG Hamm, Urt. v. 07.02.2001 – 18 Sa 1564/00 (n.v.): Nur wenn die Tätigkeit des Transporteurs durch den Auftraggeber stärker eingeschränkt wird, als es aufgrund der gesetzlichen Regelungen geboten ist, kann das Rechtsverhältnis als Arbeitsverhältnis anzusehen sein.

413 BAG, Urt. v. 27.06.2001; NZA 2002, 742; LAG Nürnberg, Urt. v. 28.05.2002, ARST 2003, 18; vgl. auch *Linnenkohl*, BB 2002, 622.

414 BGH, Beschl. v. 21.10.1998, NZA 1999, 110.

415 LSG Berlin, Urt. v. 27.10.1993, DB 1994, 1829.

416 ArbG Düsseldorf AiB 1989, 128.

417 LAG Köln, Beschl. v. 05.03.1997, NZA-RR 1998, 373l.

418 LAG Köln, Beschl. v. 06.03.2003, ArbuR 2003, 234.

419 Beschl. v. 30.10.1991, EzA § 611 BGB Arbeitnehmerbegriff Nr. 44.

420 BAG, Urt. v. 15.04.1986, AP Nr. 35 zu § 99 BetrVG 1972.

bestimmten zeitlichen Rahmens über die Arbeitsleistung des Taxifahrers verfügen darf.[421] Zeitliche Vorgaben oder die Verpflichtung, bestimmte Termine für die Erledigung der übertragenen Aufgabe einzuhalten, führen noch nicht zur Begründung eines Arbeitsverhältnisses. Können Taxifahrer sich jederzeit bei einer Zentrale »abmelden« und das Taxi zurückgeben, sind sie nicht zur Einhaltung von Mindest- und Höchstzeiten, Präsenz- oder Bereitschaftszeiten verpflichtet und ergibt sich der Ort der auszuführenden Tätigkeit erst aus dem jeweiligen Fahrauftrag, spricht dies gegen die Annahme eines Arbeitsverhältnisses.[422]

(6) Mitarbeiter in freien Berufen

Bei der Frage, ob Rechtsanwälte in Rechtsanwaltskanzleien freie Mitarbeiter oder Arbeitnehmer sind, spricht es für eine Arbeitnehmereigenschaft, wenn der Anwalt keine eigenen Mandanten betreuen kann, ihm ein Arbeitsgebiet zugewiesen wird, er auf den Entzug und die Zuweisung von Mandanten keinen Einfluss nehmen kann, er Bürostunden einzuhalten hat und wenn er nicht am Ertrag der Kanzlei beteiligt ist, sondern ein festes Gehalt erhält.[423] Ein Rechtsanwalt, der in einer Sozietät aufgrund eines Gesellschaftsvertrages tätig ist, ist hingegen in der Regel kein Arbeitnehmer und auch nicht arbeitnehmerähnliche Person, selbst wenn er von der Sozietät wirtschaftlich abhängig ist.[424] Auch Rechtsanwälte, die in den Vermögensämtern der Landkreise der neuen Bundesländer an Aufgaben nach dem Vermögensgesetz mitwirken, können freie Mitarbeiter sein.[425] 117

Ein Architekt, der nach dem mit einem Unternehmer geschlossenen Rahmenvertrag über eine Bauleitertätigkeit seine Arbeitskraft nicht allein für den Unternehmer einsetzen muss und dies bei der Mehrzahl der von ihm betreuten Objekte auch nicht tut, ist von dem Unternehmer wirtschaftlich nicht abhängig. Deshalb kann auch aus der Tatsache, dass ihm im Unternehmensgebäude ein Büro zur Verfügung steht, nicht auf eine Eingliederung in das Unternehmen geschlossen werden. Ebenso wenig ergibt sich aus dem Umstand, dass der Architekt dem Unternehmer »bei Anforderung ... jederzeit zur Verfügung stehen« muss, eine Weisungsgebundenheit. Auch die Vereinbarung einer Gewährleistungsregelung »gem. VOB bzw. HOAI« spricht für ein selbständiges Dienstverhältnis.[426] 118

(7) Telearbeit, Heimarbeit

Neue Kommunikationstechniken erlauben, dass klassische Büroarbeiten heute nicht mehr im Betrieb verrichtet werden müssen, sondern auch von zu Hause aus erledigt werden können, etwa durch häusliche E-Mail und Internet-Anbindung. Die Organisationsform der Telearbeit ist dadurch charakterisiert, dass die physische Anwesenheit des Arbeitnehmers im zentralen Betrieb fehlt, so dass hierauf für die Annahme des Merkmals der Eingliederung in den Betrieb nicht abgestellt werden kann. Eine Eingliederung kann daher im Bereich der Telearbeit angenommen werden, wenn der Mitarbeiter für seine Tätigkeit auf die Arbeitsmittel des Arbeitgebers angewiesen ist, etwa durch den Online-Zugriff auf die Datenverarbeitung des Arbeitgebers oder auf die Zusammenarbeit mit den betrieblichen Mitarbeitern.[427] Hinsichtlich der örtlichen Weisungsgebundenheit kann sich diese daraus ergeben, dass die in der Regel vom Arbeitgeber zur Verfügung gestellte Hard- und Software zu Hause beim Arbeitnehmer installiert wird und damit jedenfalls konkludent eine örtliche Bindung des Arbeitnehmers hergestellt wird.[428] Eine zeitliche Weisungsbindung kann dann entstehen, wenn etwa 119

421 BAG, Beschl. v. 29.05.1991, AP Nr. 2 zu § 99 BetrVG 1972.
422 BAG, Beschl. v. 29.05.1991, AP Nr. 2 zu § 99 BetrVG 1972.
423 OLG Brandenburg, Beschl. v. 07.02.2002, NJW 2002, 1659; LAG Thüringen, Urt. v. 28.03.1996, LAGE § 611 BGB Arbeitnehmerbegriff Nr. 31; LAG Thüringen, Urt. v. 06.02.1998, NZA-RR 1998, 296; LAG Hamm, Urt. v. 20.07.1989, NZA 1990, 228; LAG Berlin, Urt. v. 16.12.1986, NZA 1987, LAGE § 611 BGB Arbeitnehmerbegriff Nr. 31; LAG Hessen, Beschl. v. 01.06.1995, NZA-RR 1996, 64; LAG Baden-Württemberg, BB 1985, 1534.
424 BAG, Urt. v. 15.04.1993, AP Nr. 12 zu § 5 ArbGG 1972.
425 BAG, Urt. v. 03.06.1998, NZA 1998, 1165.
426 OLG Oldenburg, Beschl. v. 11.07.2000, NZBau 2000, 578.
427 *Wank*, NZA 1999, 225, 231.
428 *Wank*, NZA 1999, 225, 231.

die Datenübermittelung nur zu bestimmten Zeiten möglich ist[429] oder dem Arbeitnehmer konkrete zeitliche Vorgaben zur Erledigung der Arbeiten erteilt werden. Die fachliche Weisungsgebundenheit resultiert aus den inhaltlichen Vorgaben des Arbeitgebers und Vorgaben über die zu verwendende Software.[430] Nur sofern Telearbeit frei von organisatorischen Einbindungen geleistet werden kann, ist Arbeitnehmereigenschaft zu verneinen.[431] Dies dürfte indes nur bei höherwertiger Arbeit denkbar sein, denn bei einfachen Arbeiten ist nach der Rechtsprechung des BAG eher eine Eingliederung in die fremde Arbeitsorganisation anzunehmen, als bei gehobenen Tätigkeiten.[432] Bei einfachen Tätigkeiten bestehen von vornherein nur geringe Gestaltungsmöglichkeiten, so dass schon wenige organisatorische Weisungen den Beschäftigten in der Ausübung der Arbeit so festlegen, dass von einer wesentlichen freien Gestaltung der Tätigkeit nicht mehr die Rede sein kann.[433]

120 Kann die Arbeitnehmereigenschaft des Telearbeiters nicht bejaht werden, so kann er immer noch Heimarbeiter nach dem Heimarbeitergesetz sein.[434] Heimarbeiter sind weder Arbeitnehmer noch gehören sie zu den arbeitnehmerähnlichen Selbständigen. Sie stehen in einem Rechtsverhältnis besonderer Art. Die Voraussetzungen für die Annahme eines Arbeitsverhältnisses nach dem HAG dürfte beim Telearbeiter, wenn man ihn nicht bereits als Arbeitnehmer ansieht, gegeben sein.[435]

(8) Sportler, Trainer

121 Berufssportler sind Arbeitnehmer, wenn sie ihre Leistungen in einem persönlichen Abhängigkeitsverhältnis erbringen, das über die durch die **Vereinsmitgliedschaft** begründete Weisungsgebundenheit hinausgeht.[436] Vertragsamateure i.S.d. § 15 der Spieleordnung des DFB sind Arbeitnehmer, wenn sie aufgrund der jeweiligen Vertragsgestaltung und -abwicklung ihre Leistung für den Verein in einer für ein Arbeitsverhältnis typischen persönlichen Abhängigkeit erbringen, die über die durch die Vereinsmitgliedschaft begründete Weisungsgebundenheit hinausgeht.[437] Auch eine **Tennisspielerin** kann dann Arbeitnehmerin sein, wenn sie vertraglich verpflichtet ist, Vorbereitungs- und Meisterschaftsspiele zu bestreiten.[438] Eine **Motorradrennfahrerin** kann aufgrund der Eingliederung in den Betrieb und der persönlichen Abhängigkeit Arbeitnehmerin sein.[439]

122 Erhält der Sportler lediglich eine Pauschale zur Abdeckung der Fahrtkosten, ist er weder Arbeitnehmer noch arbeitnehmerähnliche Person.[440] Ähnliches gilt, wenn ein **Amateur-Eishockey-Spieler** eine verhältnismäßig geringe monatliche Zahlung (hier: 450 EUR) während der Spielsaison als »Grundgehalt für Aufwendungen« erhält.[441]

123 Fußballtrainer sind zwar in der Regel Arbeitnehmer des Vereins.[442] Dies gilt auch dann, wenn der Trainer einer Fußball-Oberligamannschaft neben dem Trainervertrag mit dem Verein einen Arbeitsvertrag mit einer Sponsorenfirma abgeschlossen hat, dort jedoch von jeder Arbeitsleistung freigestellt ist und dem Präsidium/Vorstand des Vereins unterstellt ist.[443] Wenn aber die Arbeitsdurchführung völlig in ihren Händen liegt, d.h. die Unterrichtsstunden selbst bestimmt werden, ist

429 *Wank*, NZA 1999, 225, 231.
430 *Wank*, NZA 1999, 225, 231.
431 *Schaub*, Arbeitsrechts-Handbuch, § 163 II.
432 BAG, Urt. v. 16.07.1997, AP Nr. 4 zu § 611 BGB Zeitungsausträger.
433 BAG, Urt. v. 16.07.1997, AP Nr. 4 zu § 611 BGB Zeitungsausträger.
434 *Wank*, NZA 1999, 225, 233.
435 *Wank*, NZA 1999, 225, 233.
436 BAG, Urt. v. 10.05.1990, AP Nr. 51 zu § 611 BGB Abhängigkeit.
437 BAG, Urt. v. 10.05.1990, AP Nr. 51 zu § 611 BGB Abhängigkeit; LAG Mainz, Urt. v. 27.01.2000, SpuRt 2000, 119.
438 ArbG Bielefeld, Urt. v. 12.07.1989, NZA 1989, 966.
439 LAG Sachsen, 21.09.2000 – 8 Sa 114/00 (n.v.).
440 LAG Nürnberg, Urt. v. 27.01.1995, NZA-RR 1996, 1.
441 LAG Nürnberg, Beschl. v. 28.07.1998 – 2 Ta 55/97, AE März 1999, 17.
442 BAG, Urt. v. 10.05.1990, AP Nr. 51 zu § 611 BGB Abhängigkeit; ArbG Passau, Urt. v. 22.10.1999, SpuRt 2000, 165.
443 LAG Thüringen, Urt. v. 01.03.2002 – 1 Ta 84/01 (n.v.).

ein freies Dienstverhältnis anzunehmen.[444] Nebenberufliche Übungsleiter von Amateurvereinen sind im Allgemeinen als freie Dienstnehmer anzusehen. Dass sie sich an die vom Verein zugeteilten Trainingsstätten und Trainingsstunden zu halten haben, begründet keine für ein Arbeitsverhältnis erforderliche persönliche Abhängigkeit.[445]

(9) Zeitungszusteller

Zeitungszusteller können je nach Umfang und Organisation der übernommenen Tätigkeit Arbeitnehmer oder Selbständige sein.[446] In der Entscheidung vom 16.07.1997 führt das BAG Folgendes aus: 124

»Für Tätigkeiten, die sowohl im Rahmen eines Arbeitsverhältnisses als auch im Rahmen eines freien Dienstverhältnisses erbracht werden können, gilt der Grundsatz, dass bei untergeordneten, einfachen Arbeiten eher eine Eingliederung in die fremde Arbeitsorganisation anzunehmen ist, als bei gehobenen Tätigkeiten. Dies entspricht auch der Verkehrsanschauung. Bei einfachen Tätigkeiten, insbesondere manchen mechanischen Handarbeiten, bestehen schon von vornherein nur geringe Gestaltungsmöglichkeiten. Daher können schon wenige organisatorische Weisungen den Beschäftigten in der Ausübung der Arbeit so festlegen, dass von einer wesentlichen freien Gestaltung der Tätigkeit (vgl. § 84 Abs. 1 Satz 2 HGB) nicht mehr die Rede sein kann. In derartigen Fällen kann die Arbeitnehmereigenschaft auch nicht dadurch ausgeschlossen werden, dass der Dienstgeber die wenigen erforderlichen Weisungen bereits in den Vertrag aufnimmt. Das Austragen von Zeitungen ist eine einfache Tätigkeit, die von vornherein nur geringe Gestaltungsmöglichkeiten zulässt. Die Weisungsgebundenheit ergibt sich hier in der Regel daraus, dass dem Zusteller ein bestimmter Bezirk mit Kundenlisten zugewiesen und ein zeitlicher Rahmen vorgegeben wird.«

Dennoch hat das BAG im entschiedenen Fall die Annahme eines Arbeitsverhältnisses abgelehnt, da der Zusteller das übernommene **Arbeitsvolumen** in der vorgegebenen Zeit nicht bewältigen konnte, so dass er weitere Mitarbeiter einsetzen musste.[447]

Die **Zustellerin einer Sonntagszeitung** ist weder eine Arbeitnehmerin noch arbeitnehmerähnliche Person,[448] da die tatsächliche Inanspruchnahme zu gering ist, als dass sich hieraus eine persönliche Abhängigkeit ergeben könne. Wegen des geringen Umfangs der Tätigkeit und des geringen finanziellen Ertrags ist auch ihre wirtschaftliche Abhängigkeit zu verneinen. Ein Teamleiter eines Sonntagshandels mit einer Tageszeitung, der berechtigt ist, Verkäufer einzustellen und zu entlassen, um damit durch Optimierung des Verkaufspersonals seine Verdienstchancen zu erhöhen, ist kein Arbeitnehmer, sondern freier Handelsvertreter.[449] 125

(10) Vereinsmitglieder

Es ist anerkannt, dass als Rechtsgrundlage für die Leistung von Diensten auch die Mitgliedschaft in einem Verein in Betracht kommt. Dabei kann es sich auch um die Leistung von Diensten in persönlicher Abhängigkeit handeln,[450] wie dies insbesondere im Bereich der Sportler der Fall sein kann. Körperschaftliche und arbeitsrechtliche Pflichten können nebeneinander bestehen. Dabei darf jedoch die Begründung vereinsrechtlicher Arbeitspflichten nicht zu einer Umgehung zwingender arbeitsrechtlicher Schutzbestimmungen führen. Eine solche Umgehung arbeitsrechtlicher Schutzpflichten liegt nach der Rechtsprechung des BAG immer dann vor, wenn dem zur Leistung der Arbeit verpflichteten Vereinsmitglied keine **Mitgliedschaftsrechte** zustehen, die ihm eine Einflussnahme ermöglichen.[451] Eine solche Umgehung kann nach der Rechtsprechung auch dann vorliegen, wenn der Verein seinen in erheblichem Umfang zur Arbeit verpflichteten Mitgliedern weder einen Anspruch 126

444 LAG Frankfurt, Urt. v. 27.10.1964, AP Nr. 4 zu § 611 BGB Abhängigkeit; vgl. LAG Köln, Beschl. v. 01.08.1998 – 11 Ta 106/97, AE März 1999, 17.
445 LAG Düsseldorf, LAGE § 611 BGB Arbeitnehmerbegriff Nr. 25.
446 BAG, Beschl. v. 29.01.1992, EzA § 7 BetrVG 1972 Nr. 1; BAG, Urt. v. 16.07.1997, AP Nr. 4 zu § 611 BGB Zeitungsausträger.
447 BAG, Urt. v. 16.07.1997, AP Nr. 4 zu § 611 BGB Zeitungsausträger.
448 ArbG Oldenburg, Urt. v. 07.06.1996, NZA-RR 1997, 162.
449 ArbG Berlin, 15.09.1999, AfP 2000, 203.
450 BAG, Urt. v. 10.05.1990, AP Nr. 51 zu § 611 BGB Abhängigkeit.
451 BAG, Beschl. v. 22.03.1995, EzA Art. 140 GG Nr. 26.

auf eine angemessene Vergütung noch einen Anspruch auf Versorgung einräumt. Zu berücksichtigen ist auch der Vereinszweck. Bei Vereinen mit wirtschaftlicher Zwecksetzung kommt nach der Rechtsprechung die Begründung einer vereinsrechtlichen Verpflichtung zur Leistung von Arbeit in persönlicher Abhängigkeit in der Regel nicht in Betracht. Mitglieder der **Scientology-Organisation** können daher in einem Arbeitsverhältnis stehen, da Scientology nach der Rechtsprechung des BAG einen Gewerbebetrieb betreibt.[452] Wird die Arbeitsleistung nicht aufgrund eines privatrechtlichen Vertrages, sondern aufgrund der vereinsrechtlichen Mitgliedschaft erbracht, so ist ein Arbeitsverhältnis nicht anzunehmen.[453] Ein ordentliches Scientology-Mitglied, das im Wesentlichen als sog. Auditor tätig gewesen ist, kann nicht als Arbeitnehmer oder arbeitnehmerähnliche Person angesehen werden.[454]

(11) Sonstige Berufsgruppen

127 Beschäftigte, die Kunden ihres Dienstherrn in der Bedienung von Geräten gemäß den terminlichen Wünschen und in den Räumlichkeiten dieser Kunden nach inhaltlichen Vorgaben des Dienstherren zu unterweisen haben, sind Arbeitnehmer.[455] **Propagandistinnen**, die im Auftrag von Firmen Waren in Warenhäusern verkaufen, sind Arbeitnehmer, wenn sie wie Arbeitnehmer im Warenhaus eingegliedert sind.[456]

128 Ein **Kommissionär** ist grundsätzlich kein Arbeitnehmer.[457] Der Gesetzgeber hat den Kommissionär als selbständigen Gewerbetreibenden eingeordnet. Die Selbständigkeit folgt dabei aus der Gewerbsmäßigkeit seines Tätigwerdens. Dies schließt nach § 384 Abs. 1 HGB ein, dass der Kommissionär Weisungen seines Kommittenten unterliegt. Ein Kommissionär ist nur dann Arbeitnehmer, wenn Vereinbarungen getroffen und praktiziert werden, die zur Folge haben, dass der betreffende Kommissionär nicht mehr im Wesentlichen frei seine Tätigkeit gestalten und seine Arbeitszeit bestimmen kann.[458] Dies kann auch der Fall sein, wenn er so in die Organisation des Kommittenten eingebunden ist, dass daneben eine Erwerbstätigkeit in nennenswertem Umfang nicht ausgeübt werden kann.[459]

129 Ein Sargträger, der sich jeden Morgen auf dem Hauptfriedhof einfindet, um dort die Terminliste für den Folgetag in Empfang zu nehmen und anschließend die ihm zugeteilte Kolonne mit einem firmeneigenen Fahrzeug in firmeneigener Kleidung zur Verrichtung der Dienste zu den Beerdigungen auf den Vorortfriedhöfen fährt, ist auch dann Arbeitnehmer, wenn er ein eigenes Gewerbe angemeldet hat.[460]

130 **Familienhelferinnen** sind regelmäßig Arbeitnehmer, da sie in die Arbeitsorganisation der Sozialämter eingegliedert und weisungsabhängig sind.[461] Die Familienhelferin kann ihre Dienste nicht unmittelbar den Familien anbieten, sondern wird diesen zugewiesen.

131 Ein **Grundstücksmakler**, der laut Dienstvertrag verpflichtet ist, Weisungen in Bezug auf seine Tätigkeit zu befolgen, ist Arbeitnehmer, auch wenn bei der Durchführung des Vertrages keine Weisungen praktiziert wurden.[462]

132 Der über mehrere Jahre turnusmäßig erfolgende Einsatz eines Orchestermusikers auf einer Position, die nach der künstlerischen Ausrichtung des Orchesters regelmäßig bei bestimmten Stücken zu

452 BAG, Beschl. v. 22.03.1995, EzA Art. 140 GG Nr. 26.
453 BAG, Beschl. v. 22.04.1997, 1 ABR 74/96; BAG, Beschl. v. 06.07.1995, DB 1995, 2612.
454 LAG Berlin, Beschl. v. 13.03.2001 – 6 Ta 2569/00 (n.v.).
455 BAG, Urt. v. 06.05.1998, NZA 1999, 205.
456 LSG Berlin, Urt. v. 14.06.1997, NZS 1997, 31; LAG Köln, Urt. v. 30.06.1995, LAGE § 611 BGB Nr. 29; BAG, Urt. v. 23.04.1997, NZA 1997, 1246.
457 BAG, Urt. v. 04.12.2002, AP Nr. 115 zu § 611 BGB Abhängigkeit.
458 BAG, Urt. v. 04.12.2002, AP Nr. 115 zu § 611 BGB Abhängigkeit.
459 BAG, Beschl. v. 08.09.1997, NZA 1997, 1302, für die Einordnung als arbeitnehmerähnliche Person.
460 LAG Düsseldorf, Urt. v. 09.09.1997, NZA-RR 1998, 193.
461 BAG, Urt. v. 06.05.1998, NZA 1998, 873; LAG Köln 22.09.2000, ARST 2001, 92.
462 LAG Hamm, 18.12.2000, ARST 2001, 112.

besetzen ist, führt zu einer persönlichen Abhängigkeit und damit zum Entstehen eines Arbeitsverhältnisses.[463] Für den Arbeitnehmerstatus eines zur Aushilfe engagierten **Orchestermusikers** ist entscheidend, ob der Mitarbeiter auch im Rahmen des übernommenen Engagements seine Arbeitszeit noch im Wesentlichen frei gestalten kann oder insoweit einem umfassenden Weisungsrecht der Orchesterleitung unterliegt.[464] Hingegen steht ein für zwei Konzerte verpflichteter Gastmoderator, der ein Kinderkonzert mit eigenen Texten zu erläutern hat, nicht in einem Arbeitsverhältnis zu dem ihn beschäftigenden Orchester.[465]

Bei der Abgrenzung zwischen einem Arbeitnehmer und einem Selbständigen beim Betreiber einer Gaststätte sprechen im Rahmen der vorzunehmenden Gesamtschau für das Vorliegen eines Arbeitsverhältnisses u.a. folgende Kriterien: Vereinbarung einer Umsatzbeteiligung des Betreibers und Nichtzahlung eines Pachtzinses, Festlegung der Öffnungszeiten, des angebotenen Warensortiments und der Verkaufspreise durch den Auftraggeber.[466] 132a

Der Hauptgeschäftsführer einer Kreishandwerkerschaft kann Arbeitnehmer sein.[467] Gem. §§ 89, 60 HandwO ist er nicht als Organ der Kreishandwerkerschaft anzusehen. Auch durch Satzung können weitere Organe für die Kreishandwerkerschaft nicht eingeführt werden. 132b

Prokuristen sind regelmäßig Arbeitnehmer, weil der Erteilung der Prokura regelmäßig ein Arbeitsverhältnis zugrunde liegt.[468] 132c

bb) Berufsgruppenübergreifende Kriterien

Berufsgruppenübergreifende Kriterien, die zur Bestimmung des Merkmals der persönlichen Abhängigkeit herangezogen werden, sind u.a. die Verpflichtung der Beantragung von Urlaub, Entgeltfortzahlung an Feiertagen und bei Krankheit, die Möglichkeit des Einsatzes eigener Mitarbeiter, eigener Betriebsmittel, die Unterhaltung einer eigenen Betriebsstätte, die Erledigung der gleichen Tätigkeit in einem Betrieb durch Arbeitnehmer und freie Mitarbeiter. 133

Beim Urlaub wird in der Rechtsprechung des BAG unterschieden. Muss der Urlaub lediglich angezeigt werden, spricht dies noch nicht gegen ein freies Dienstverhältnis. Ist der Urlaub jedoch zu beantragen und muss vom Arbeitgeber genehmigt werden, spricht dies für das Vorliegen eines Arbeitsverhältnisses,[469] insbesondere wenn die Zahl der Urlaubstage im Vorhinein festgelegt wird.[470] Kann der Dienstnehmer dagegen seinen »Urlaub« selbst nehmen, ist das ein Indiz für die Selbständigkeit.[471] Die Informationspflicht über eine Arbeitsunfähigkeit spricht nicht gegen Selbständigkeit.[472] 134

Nach einer Entscheidung des BAG[473] soll auch die **Entgeltfortzahlung** nicht gegen Selbständigkeit sprechen, da die Fortzahlung nicht auf dem Entgeltfortzahlungsgesetz beruhen muss, sondern auch aus § 616 BGB für freie Dienstnehmer abgeleitet werden kann. Dagegen hat der BFH[474] es als »vorrangig rechtserheblich« bezeichnet, dass der Mitarbeiter bei persönlicher Verhinderung keine Einnahmen erzielen könne und er keinen Anspruch auf Lohnfortzahlung im Krankheitsfalle habe. 135

Muss die Arbeitsleistung höchstpersönlich erbracht werden, ist dies ein gewichtiges Indiz für das Vorliegen eines Arbeitsverhältnisses. Ausdruck eines Gestaltungsspielraums ist es jedoch, 136

463 BAG, Urt. v. 09.10.2002, AP Nr. 114 zu § 611 BGB Abhängigkeit.
464 BAG, Urt. v. 22.08.2001, NZA 2003, 662.
465 LAG Berlin, Urt. v. 16.07.2001 – 6 Ta 1178/01 (n.v.).
466 LAG Mainz, Beschl. v. 10.09.2001, LAGReport 2002, 19.
467 LAG Hamm, Urt. v. 05.07.2002 – 15 Sa 1756/01 (n.v.).
468 LAG Berlin, Beschl. v. 11.12.2001, MDR 2002, 650.
469 BAG, Urt. v. 09.06.1993, AP Nr. 66 zu § 611 BGB Abhängigkeit.
470 BAG, Urt. v. 19.11.1997, AP Nr. 90 zu § 611 BGB Abhängigkeit.
471 BAG, Urt. v. 30.09.1998, NZA 1999, 374.
472 LAG Düsseldorf, Urt. v. 06.03.1991, LAGE § 611 BGB Arbeitnehmerbegriff Nr. 18.
473 Beschl. v. 29.01.1992, AP Nr. 47 zu § 5 BetrVG 1972.
474 Urt. v. 02.12.1998 – X R 83/96 (n.v.).

wenn der Dienstnehmer die Dienstleistung **durch einen Dritten** erbringen lassen kann oder gar eigene Arbeitnehmer beschäftigt. Die Austauschbarkeit desjenigen, der die Dienstleistung für den Dienstnehmer erbringt, spricht gegen ein Arbeitsverhältnis.[475] Ist der zur Dienstleistung Verpflichtete nach den tatsächlichen Umständen nicht in der Lage, seine vertraglichen Leistungspflichten alleine zu erfüllen, sondern auf Hilfskräfte angewiesen und vertraglich berechtigt, seine Leistungen durch Dritte erbringen zu lassen, liegt regelmäßig kein Arbeitsverhältnis vor.[476]

137 Die Unterhaltung einer eigenen **Betriebsstätte** ist für ein Arbeitsverhältnis atypisch und deutet auf ein freies Dienstverhältnis.[477] Beim Einsatz eigener Betriebsmittel ist eine differenzierende Betrachtungsweise geboten. Zu bewerten ist, ob der Einsatz der eigenen Betriebsmittel die Möglichkeit eröffnet, die Tätigkeit frei zu gestalten, also ein Gestaltungsspielraum auch bei Art und Maß des Betriebsmittels besteht.[478]

138 Für die Bewertung unerheblich ist die **Anmeldung einer Gewerbes**[479] oder die **Modalitäten der Entgeltzahlung**,[480] erst recht die **Nichtabführung von Steuern und Sozialversicherungsabgaben** und das Unterlassen der Führung von **Personalakten**.[481] Aus Letzterem zieht der Dienstgeber/Arbeitgeber nur die Konsequenz seiner rechtlichen Auffassung zum Status des Mitarbeiters.

b) Neubestimmung des Arbeitnehmerbegriffs im Arbeitsrecht

139 Immer wieder werden insbesondere in der Literatur Ansätze zur Neubestimmung des Arbeitnehmerbegriffs unternommen. *Wank*[482] hat in seiner Habilitationsschrift die inhaltliche Weisungsgebundenheit als konstituierendes Merkmal für den Arbeitnehmerbegriff kritisiert. Die Arbeitnehmereigenschaft müsse, wenn die Prämisse des BAG zutreffend sei, in allen Betrieben verneint werden, in denen, wie beispielsweise bei Ärzten und Rechtsanwälten, der Beschäftigte in der Ausführung seiner Tätigkeit keinen Weisungen unterliege bzw. unterliegen könne.[483] Das maßgebliche Merkmal müsse jedoch in allen Arbeitsverhältnissen erfüllt sein, wenn eine Definition einen Sinn machen solle. Zudem bestehe zwischen einer intensiven Ausübung des Direktionsrechts auf der Tatbestandsseite und der Rechtsfolgenseite, nämlich der Anwendbarkeit des Arbeitsrechts mit der Lohnfortzahlung im Krankheitsfall, Urlaubsgewährung oder Kündigungsschutz, kein unmittelbarer Zusammenhang. Juristische Definitionen müssten auch einen Sinnzusammenhang zwischen Tatbestand und Rechtsfolge herstellen.

140 Die Rechtsprechung hat sich dem von *Wank* definierten Arbeitnehmerbegriff nur vereinzelt angeschlossen.[484] *Wank* hat zwei unterschiedliche Problemkreise in den Vordergrund gerückt. Zum einen stellt er heraus, dass es kein Merkmal gibt, mit dem man die für den Arbeitnehmerbegriff nach Rechtsprechung und herrschender Lehre konstituierende so genannte persönliche Abhängigkeit umschreiben könnte, zum anderen weist er darauf hin, dass die persönliche Abhängigkeit, wenn man sie mit dem Begriff der Weisungsgebundenheit gleichsetzt, allein noch nicht die Anwendbarkeit der arbeitsrechtlichen Normen rechtfertigen kann. Arbeitnehmertätigkeit sei eine auf Dauer angelegte Arbeit für nur einen Auftraggeber in eigener Person, ohne Mitarbeiter, im Wesentlichen ohne eigenes Kapital und im Wesentlichen ohne eigene Organisation. Wer zwar wirtschaftlich abhängig sei, aber aufgrund eigener Organisation mit eigenem Kapital und eigenen Mitarbeitern am Markt

475 BAG, Urt. v. 19.11.1997, AP Nr. 90 zu § 611 BGB Abhängigkeit.
476 BAG, Urt. v. 12.12.2001, NZA 2002, 787.
477 BAG, Urt. v. 09.05.1996, AP Nr. 79 zu § 1 KSchG 1969 Betriebsbedingte Kündigung.
478 BAG, Urt. v. 19.11.1997, AP Nr. 90 zu § 611 BGB Abhängigkeit.
479 LAG Düsseldorf, Urt. v. 09.09.1997, NZA-RR 1998, 193.
480 BAG, Urt. v. 14.12.1983, EzBAT Nr. 8 zu § 1 BAT Arbeitnehmerbegriff.
481 BAG, Beschl. v. 30.10.1991, AP Nr. 59 zu § 611 BGB Abhängigkeit.
482 Arbeitnehmer und Selbständige, 1988, S. 34 f.
483 *Wank*, DB 1992, 90 f.
484 LAG Köln, Urt. v. 30.06.1995, AP Nr. 80 zu § 611 BGB Abhängigkeit; ausdrücklich ablehnend LAG Düsseldorf, Urt. v. 04.09.1996, LAGE § 611 BGB Arbeitnehmerbegriff Nr. 33; ArbG Nürnberg, Urt. v. 31.07.1996, EzA § 611 BGB Arbeitnehmerbegriff Nr. 57; LAG Nürnberg, Urt. v. 25.02.1998, LAGE § 611 BGB Arbeitnehmerbegriff Nr. 44.

auftrete, sei demgegenüber Unternehmer. Bei freiwilliger **Übernahme eines Unternehmerrisikos**, bei einem Auftreten am Markt und bei Ausgewogenheit im Hinblick auf unternehmerische Chancen und unternehmerisches Risiko liege Selbständigkeit vor. Allein die Zuweisung zusätzlicher Risiken mache einen abhängig Beschäftigten noch nicht zum Selbständigen.[485]

Für die Beibehaltung des Merkmals der persönlichen Abhängigkeit plädiert *Hromadka*.[486] Allerdings unterscheidet er zwischen dem Arbeitnehmerbegriff und der Anwendbarkeit arbeitsrechtlicher Vorschriften. Entscheidend sei der **Zweck der jeweiligen Norm**. Um Leitlinien zu gewinnen, anhand derer entschieden werden könne, ob und inwieweit arbeitsrechtliche Bestimmungen auf Arbeitsverhältnisse und Rechtsverhältnisse zwischen arbeitnehmerähnlichen Selbständigen und anderen Selbständigen anzuwenden seien, empfehle sich eine stärkere Aufschlüsselung nach dem Umstand, der die gesetzliche Regelung ausgelöst hat, dem Regelungsbedarf, den dieser Umstand hervorruft, und der gesetzlichen Regelung selbst. Anschließend sei zu prüfen, ob und inwieweit es sich bei den auslösenden Faktoren um arbeitsrechtsspezifische Umstände oder um Umstände handelt, die eben auch beim Arbeitsverhältnis eine Rolle spielen.[487] 141

Zutreffend an der Auffassung *Hromadkas* ist, dass die Lösung nicht im Austausch der Definition des Arbeitnehmerbegriffs gesucht werden kann, sondern in der Abkehr vom »Alles- oder-Nichts-Prinzip«.[488] Mit jeder neuen Definition beginnt die Problematik der Trennschärfe aufs Neue, die Unklarheit in Grenzbereichen, welche Sachverhalte und welche sozialen Phänomene noch erfasst werden und welche nicht. Das Kündigungsverbot des Mutterschutzgesetzes verfolgt den Zweck, zum Schutz der Mutter und des ungeborenen Lebens die werdende Mutter vor übermäßiger psychischer Belastung zu bewahren, die durch eine Kündigungssituation stets hervorgerufen wird.[489] Dieser Schutzzweck gilt gleichermaßen für eine als selbständige Propagandistin arbeitende Frau, wie für eine GmbH-Geschäftsführerin. Warum soll ihnen der Schutz des § 9 MuSchG nicht zugute kommen?[490] 142

In der Entscheidung des BAG vom 26.05.1999 hat das BAG im Wege der Auslegung des Klageantrags das Begehren der Klägerin, die eine (stellvertretende) GmbH-Geschäftsführerin war, dahin gehend eingeschränkt, dass allein der Fortbestand eines Arbeitsverhältnisses zwischen den Parteien festgestellt werden sollte. Die Entscheidung darüber, ob womöglich nicht ein Arbeitsverhältnis, sondern ein freies Dienstverhältnis zwischen den Parteien durch die ausgesprochene Kündigung nicht aufgelöst worden sei, sei nicht Inhalt des Antrags. Das BAG hat dies daraus abgeleitet, dass die Klägerin ausdrücklich bekundet habe, sie sei der Auffassung, zwischen den Parteien bestehe ein Arbeitsverhältnis im arbeitsrechtlichen Sinne, und sie begehre, dies mit dem gestellten Antrag festzustellen. Klägerin und BAG haben sich selbst verbaut, auf dem hier aufgezeigten Weg zu einem abgestuften Arbeitsrecht[491] einen Schritt zu gehen. Dies ist bedauerlich, weil es im Kern um die Vermeidung einer psychischen Belastung einer Schwangeren, hervorgerufen durch eine Kündigung, ging, die die Klägerin als stellvertretende Geschäftsführerin unabhängig von der Frage traf, ob sie, geprüft an dem Weisungsrecht der Gesellschaft, als Arbeitnehmerin oder freie Dienstnehmerin einzustufen war. Weitere Beispiele ließen sich problemlos bilden.[492] Ein am Schutzzweck orientiertes, abgestuftes Arbeitsrecht, das sich von der dogmatischen Trennung Arbeitnehmer/Selbständiger ablöst, wäre wünschenswert, um mit den sich im Arbeits- und Wirtschaftsleben entwickelnden Anforderungen Schritt zu halten. 143

485 *Wank*, DB 1992, 90, 91; so auch LSG Berlin, Urt. v. 27.10.1993, NZA 1995, 139, 142.
486 NZA 1997, 569.
487 *Hromadka*, NZA 1997, 569, 577 f.
488 *Hümmerich*, NJW 1998, 2625, 2632 f.
489 Vgl. BAG, Urt. v. 26.05.1999, NZA 1999, 987.
490 Bejahend *Hümmerich*, NJW 1995, 1177, 1181.
491 Für ein Stufenmodell auch *Heinze*, NZA 1997, 1, 4; *Hromadka*, NZA 1997, 569, 577 ff.
492 Vgl. bei *Hümmerich*, NJW 1998, 2625, 2633; *Hromadka*, NZA 1997, 569, 579.

c) Der Arbeitnehmerbegriff im Sozial- und Steuerrecht

144 Im Bereich des Sozialrechts ist der dem Arbeitsverhältnis im Arbeitsrecht entsprechende zentrale Begriff derjenige des Beschäftigungsverhältnisses. Nach § 7 Abs. 1 Satz 1 SGB IV ist Beschäftigung die nichtselbständige Arbeit, insbesondere in einem Arbeitsverhältnis. Anhaltspunkte für eine Beschäftigung sind nach § 7 Abs. 1 Satz 2 SGB IV[493] eine Tätigkeit nach Weisungen und eine Eingliederung in die Arbeitsorganisation des Weisungsgebers. Weiterführende Definitionen sucht man auch im Sozialrecht vergebens.

145 Auch nach der Rechtsprechung des Bundessozialgerichts ist die persönliche Abhängigkeit, geprägt durch Eingliederung in den Betrieb und Unterordnung unter das Weisungsrecht des Arbeitgebers in Bezug auf Zeit, Dauer, Ort und Art der Arbeitsausführung, konstituierendes Merkmal.[494] Zwar könne das Weisungsrecht erheblich eingeschränkt sein, wie dies vornehmlich bei Diensten höherer Art der Fall sei, vollständig entfallen dürfe es jedoch nicht; es müsse eine fremdbestimmte Dienstleistung verbleiben, die Dienstleistung also zumindest in einer von anderer Seite vorgegebenen Ordnung des Betriebes aufgehen. Ist ein Weisungsrecht nicht vorhanden, kann der Betreffende also seine Tätigkeit wesentlich frei gestalten, insbesondere über die eigene Arbeitskraft, über Arbeitsort und Arbeitszeit frei verfügen. Füge er sich nur in die von ihm selbst gegebene Ordnung des Betriebes ein, so liege keine abhängige, sondern eine selbständige Tätigkeit vor, die zusätzlich durch ein Unternehmerrisiko gekennzeichnet zu sein pflege.[495]

146 Im **Steuerrecht** sind nach § 18 Abs. 1 Nr. 1 EStG **Einkünfte aus selbständiger Tätigkeit** Einkünfte aus freiberuflicher Tätigkeit. Zu den Einkünften aus nichtselbständiger Arbeit gehören u.a. Löhne und Gehälter, die »für eine Beschäftigung im öffentlichen oder privaten Dienst gewährt werden« (§ 19 Abs. 1 Satz 1 Nr. 1 EStG). Gem. § 38 i.V.m. § 2 Abs. 1 Nr. 4 EStG knüpft die Pflicht zur Abführung von Lohnsteuer an die Leistung »nichtselbständiger Arbeit« an. Nach § 1 Abs. 1 LStDV sind Arbeitnehmer »Personen, die in öffentlichem oder privatem Dienst angestellt oder beschäftigt sind oder waren und die aus diesem Dienstverhältnis oder einem früheren Dienstverhältnis Arbeitslohn beziehen«. Nach § 1 Abs. 2 LStDV liegt ein solches Dienstverhältnis vor, »wenn der Angestellte (Beschäftigte) dem Arbeitgeber (öffentliche Körperschaft, Unternehmer, Haushaltsvorstand) seine Arbeitskraft schuldet. Dies ist der Fall, wenn die tätige Person in der Betätigung ihres geschäftlichen Willens unter der Leitung des Arbeitgebers steht oder im geschäftlichen Organismus des Arbeitgebers dessen Weisungen verpflichtet ist«. Schließlich enthält § 2 Abs. 2 Nr. 1 UStG eine Definition der Nichtselbständigkeit: »Die berufliche Tätigkeit wird nicht selbständig ausgeübt, soweit natürliche Personen einzeln oder zusammengeschlossen in einem Unternehmen so eingegliedert sind, dass sie den Weisungen des Unternehmers zu folgen verpflichtet sind«.

147 Nach der Rechtsprechung des BFH ist Arbeitnehmer, wer seine Arbeitskraft in abhängiger Stellung schuldet. Kennzeichnend hierfür sei, dass die tätige Person in der Betätigung ihres geschäftlichen Willens unter der Leitung des Arbeitgebers steht oder im geschäftlichen Organismus des Arbeitgebers dessen Weisungen zu folgen verpflichtet ist. Ob dies der Fall ist, bestimme sich nach dem Gesamtbild der Verhältnisse, wobei die für bzw. gegen Nichtselbständigkeit sprechenden Umstände gegeneinander abzuwägen und Einzelmerkmale nach ihrer Bedeutung zu gewichten seien. Bei untergeordneten Arbeiten sei eher eine Eingliederung in den Betrieb des Auftraggebers anzunehmen als bei gehobenen Tätigkeiten. Auch wenn eine unternehmerische Betätigung nicht notwendigerweise eine besondere berufliche Qualifikation voraussetze, vielmehr auch einfachste Leistungen auf Grund von Werkverträgen erbracht werden können, stünden die Art der Arbeit und die Weisungsbefugnis des Auftraggebers doch insofern in einem Wechselverhältnis zueinander, als bei einfachen Arbeiten schon organisatorische Dinge betreffende Weisungen den Beschäftigten in der Ausübung der Arbeit festlegten und damit in den Organismus des Betriebs eingegliedert erscheinen ließen. Der Wille der

493 Satz 2 wurde durch das »Gesetz zur Förderung der Selbständigkeit« vom 20.12.1999 (BGBl I 2000, 2) eingefügt.
494 BSG, Urt. v. 08.08.1990, SozR 3-GZ-2400 § 7 SGB IV Nr. 4.
495 BSG, Urt. v. 21.04.1993, AP Nr. 67 zu § 611 BGB Abhängigkeit.

Vertragsparteien sei nur in Grenzfällen ausschlaggebend.[496] Das Steuerrecht hebe neben der Art und Weise der persönlichen Leistungsverrichtung schwerpunktmäßig auf die Nähe des Steuerpflichtigen zum Marktgeschehen ab, die anhand der Merkmale »Unternehmerrisiko« und »Unternehmerinitiative« beurteilt wird.[497]

Kennzeichnend ist, dass Arbeitsrecht, Steuerrecht und Sozialversicherungsrecht keinen einheitlichen Arbeitnehmerbegriff verwenden. Arbeitsrecht und Steuerrecht verwenden unabhängig voneinander den Begriff des Arbeitnehmers. Für die lohnsteuerrechtliche Behandlung ist entscheidend, ob es sich bei den Einkünften um Einkünfte aus nichtselbständiger Arbeit handelt. Im Sozialversicherungsrecht wird der Begriff der nichtselbständigen Arbeit verwendet, der mit dem Arbeitnehmerbegriff nicht deckungsgleich ist. Gleiche Tätigkeiten können arbeitsrechtlich von Arbeitnehmern, freien Mitarbeitern oder arbeitnehmerähnlichen Personen, lohnsteuerrechtlich von nichtselbständig Tätigen oder von selbständig Tätigen ausgeführt werden. Sozialversicherungsrechtlich können gleiche Tätigkeiten von Beschäftigten und Selbständigen ausgeübt werden. Trotz dieser Unterschiede lassen sich in der Rechtsprechungspraxis nennenswerte Abweichungen allerdings nicht feststellen.[498] 148

2. Die »Scheinselbständigkeit«

Das Thema der sog. »Scheinselbständigkeit« hat deutlich an Brisanz verloren. Scheinselbständigkeit ist in der Regel gegeben, wenn jemand zwar nach der zugrunde liegenden Vertragsgestaltung selbständige Dienst- oder Werkleistungen für ein fremdes Unternehmen erbringt, tatsächlich aber nichtselbständige Arbeiten in einem Arbeitsverhältnis leistet. Es handelt sich meist um Ein-Personen-Unternehmen, die tatsächlich wie abhängig Beschäftigte arbeiten und sich auch hinsichtlich ihrer **sozialen Schutzbedürftigkeit** nicht von diesen unterscheiden. Mit dem Ziel, sozialversicherungsrechtlich die Ausweitung der Beschäftigung von scheinselbständigen Mitarbeitern in vielen Branchen einzugrenzen, traten am 01.01.1999 mit dem Gesetz zu Korrekturen in der Sozialversicherung und zur Sicherung der Arbeitnehmerrechte (Korrekturgesetz)[499] auch die Bestimmungen des § 7 Abs. 4 SGB IV und § 2 Nr. 9 SGB VI in Kraft. Anhand eines Kriterienkataloges wurde in § 7 Abs. 4 SGB IV zunächst eine gesetzliche Beweislastregel geschaffen. Nach der Vorschrift wurde bei erwerbstätigen Personen, die zwei von vier in der Vorschrift genannte Kriterien erfüllten, vermutet, dass sie in einem Arbeitsverhältnis stehen und damit nach § 7 Abs. 1 SGB IV Beschäftigte im sozialversicherungsrechtlichen Sinne sind. Gleichsam als Rückfalloption wurde mit der Regelung des § 2 Nr. 9 SGB VI die Rechtsfigur des »arbeitnehmerähnlichen Selbständigen« geschaffen und der Kreis der rentenversicherungsrechtlichen Selbständigen erheblich erweitert. Bereits unmittelbar nach In-Kraft-Treten ist das Korrekturgesetz auf heftige Kritik gestoßen.[500] Die Kritik richtete sich vor allem gegen die aufgestellten Vermutungskriterien. Unter dem Eindruck der massiven Einwände setzte die Bundesregierung die Kommission »Scheinselbständigkeit« unter der Leitung des früheren Präsidenten des BAG, Prof. Dr. Thomas Dieterich, ein, deren Vorschläge[501] vom Gesetzgeber durch das »Gesetz zur Förderung der Selbständigkeit« vom 20.12.1999[502] im Wesentlichen umgesetzt 149

496 BFH, Urt. v. 24.07.1992, AP Nr. 63 zu § 611 BGB Abhängigkeit (Stromableser).
497 BFH, Urt. v. 02.12.1998, NZA-RR 1998, 276, 380.
498 ErfK/*Preis* § 611 BGB Rn 124.
499 BGBl I 1998, 3843.
500 Ohne Anspruch auf Vollständigkeit sei auf folgende Beiträge verwiesen: *Baeck*, DB 1999, 1065 ff.; *Bauer/Diller/Lorenzen*, NZA 1999, 169 ff.; *Bengelsdorf*, DB, 1999, 1162 ff.; *Brand*, DB 1999, 1162; *Buchner*, DB 1999, 146 ff., 533 ff. und 1502 ff.; *Däubler*, NJW 1999, 601 ff.; *Fischer/Harth*, ArbuR 1999, 126 ff.; *Goretzki/Hohmeister*, BB 1999, 635 ff.; *Hanau*, ZIP 1999, 252; *Hohmeister*, NZA 1999, 337 ff., *ders*. NZS 1999, 179 ff.; *Kerschbaumer/Tiefenbacher*, ArbuR 1999, 121 ff.; *Kilger*, AnwBl 1999, 39 ff.; *Kollmer*, NJW 1999, 608 ff.; *Krebs*, DB 1999, 1602 ff.; *Kunz/Kunz*, DB 1999, 583 ff. und 846 ff.; *Leuchten/Zimmer*, DB 1999, 381 ff.; *Löwisch*, BB 1999, 102; *Reiserer*, BB 1999, 366 ff.; *Reiserer/Briesinger*, BB 1999, 1006; *Richardi*, DB 1999, 958 ff.; *Schiefer*, DB 1999, 48 ff.; *Söhnlein/Mocellin*, NZS 1999, 280; *Weimar/Goebel*, ZIP 1999, 217 ff.
501 NZA 1999, 1145.
502 BGBl I 2000, 2.

wurden. Das Gesetz hatte u.a. die Vermutungsregelung des § 7 Abs. 4 SGB IV neu gefasst und deren Anwendungsbereich konkretisiert.[503] Von vielen unbemerkt hat der Gesetzgeber Ende des Jahres 2002 durch das zweite Gesetz für moderne Dienstleistungen am Arbeitsmarkt vom 23.12.2003[504] die Regeln über die Scheinselbständigkeit geändert und die gefürchtete Vermutungsregelung in § 7 Abs. 4 SGB IV durch eine Vermutungsregelung für Selbständigkeit ersetzt.

150 Mit dem Ziel, den Betroffenen in der betrieblichen Praxis möglichst frühzeitig Planungssicherheit zu geben, einigten sich die **Spitzenverbände der Sozialversicherungsträger** Anfang 1999 auf eine gemeinsame Handhabung der Bestimmungen des Korrekturgesetzes und veröffentlichten mit Rundschreiben vom 19.01.1999[505] Hinweise zur beabsichtigten Handhabung. Das Rundschreiben konnte jedoch zu einer Klärung der offenen Fragen nicht beitragen. Mit ihrem zweiten Rundschreiben vom 18.08.1999[506] hatten die Spitzenverbände der Sozialversicherungsträger vor dem Hintergrund der anhaltenden öffentlichen Kritik die gesetzlichen Neuregelungen zum Teil entschärft.[507] Die sich ergebenden Auswirkungen wurden im Rundschreiben vom 20.12.1999 nochmals neu gefasst, das die Rundschreiben vom 19.01.1999 und 18.08.1999 ablöste. Die durch das zweite Gesetz für moderne Dienstleistungen am Arbeitsmarkt erfolgten Änderungen haben auch eine Überarbeitung des Rundschreibens vom 20.12.1999 erforderlich gemacht, das nunmehr durch das Rundschreiben vom 26.03.2003 abgelöst wurde.[508] In den Anlagen 1, 2, 3 und 4 enthält das Rundschreiben detaillierte Beurteilungsrichtlinien für bestimmte Berufsgruppen. Die Anlage 1 enthält Beurteilungshilfen für im Bereich Theater, Orchester, Rundfunk- und Fernsehanbieter, Film- und Fernsehproduktionen tätige Personen. Zur sozialversicherungsrechtlichen Beurteilung von Handelsvertretern enthält Anlage 2 zahlreiche Merkmale für und gegen das Vorliegen eines Beschäftigungsverhältnisses. Anlage 3 gilt für die Versicherungsrechtliche Beurteilung von Gesellschafter- und Fremdgeschäftsführern sowie mitarbeitenden Gesellschaftern einer GmbH. Anlage 4 beinhaltet einen umfangreichen Berufsgruppenkatalog und konkrete Richtlinien für die Beurteilung bestimmter Berufsgruppen, bei denen das Problem der Scheinselbständigkeit immer wieder auftaucht. Anlage 5 enthält einen Musterantrag zur Feststellung des sozialversicherungsrechtlichen Status.

151 Ebenso wie die in § 7 Abs. 4 Satz 1 SGB IV genannten Kriterien keine Bewertungsmerkmale für das Arbeitsverhältnis im Arbeitsrecht enhielten,[509] haben auch die Rundschreiben keine Auswirkungen auf die Statusbeurteilung im Arbeitsrecht.

3. Konsequenzen fehlerhafter Einordnung

152 Die Feststellung einer fehlerhaften Einordnung eines Arbeitsverhältnisses als freies Mitarbeiterverhältnis hat regelmäßig weit reichende Folgen, die nicht auf das Arbeitsrecht begrenzt sind, sondern gleichfalls aus dem Sozial- und Steuerrecht folgen und sowohl für die Zukunft wirken als auch in die Vergangenheit reichen.

a) Prozessuale Besonderheiten

153 Begehrt der Arbeitnehmer während eines bestehenden Vertragsverhältnisses die Feststellung, dass ein Arbeitsverhältnis für die Vergangenheit, Gegenwart oder Zukunft besteht, unterliegt dies keinen Bedenken.[510] Das BAG[511] sieht gegenwartsbezogene Klagen von Beschäftigten auf Feststellung

503 Vgl. *Bauer/Diller/Schuster*, NZA 1999, 1297; *Buchner*, DB 1999, 2514; *Gaul/Wisskirchen*, DB 1999, 2466; *Reiserer*, BB 2000, 94; *Schmidt*, NZS 2000, 57.
504 BGBl I, 4621.
505 www.vdr.de.
506 Veröffentlicht in NZA 1999, 746; siehe auch www.vdr.de.
507 *Bauer/Diller*, NZA 1999, 745.
508 www.vdr.de.
509 *Bauer/Diller/Schuster*, NZA 1999, 1297; *Gaul/Wisskirchen*, DB 1999, 2466; *Reiserer*, BB 2000, 94.
510 BAG, 15.12.1999, ZIP 2000, 808.
511 BAG, Urt. v. 09.07.2003 – 5 AZR 595/02 (n.v.); BAG, Urt. v. 06.11.2002, NZA 2000, 775; BAG, Urt. v. 15.12.1999, AP Nr. 59 zu § 256 ZPO 1977; BAG, Urt. v. 15.12.1999, ZIP 2000, 808.

des Bestehens eines Arbeitsverhältnisses in ständiger Rechtsprechung als zulässig an. Das Interesse an einer alsbaldigen Feststellung ergibt sich hier daraus, dass bei einem Erfolg der Klage die zwingenden gesetzlichen Vorschriften, die ein Arbeitsverhältnis gestalten, auf das Vertragsverhältnis der Parteien unabhängig von den getroffenen Vereinbarungen anzuwenden sind, und zwar sofort und nicht erst in Zukunft. Darauf, ob über einzelne Bedingungen des Vertragsverhältnisses Streit besteht, kommt es nicht an. Solange das Rechtsverhältnis nicht wirksam beendet ist, kann die Statusfrage jederzeit zur gerichtlichen Entscheidung gestellt werden. Jedenfalls dann, wenn sich die gegenwärtigen tatsächlichen Umstände seit Vertragsbeginn nicht geändert haben, bedarf es auch keines gesonderten Feststellungsinteresses für einen bis dahin zurückreichenden Klageantrag.

Dagegen bedarf das Interesse an der Feststellung, ein vergangenes Rechtsverhältnis sei ein Arbeitsverhältnis gewesen, einer besonderen Begründung. Die Erwägungen, mit denen das Rechtsschutzbedürfnis für gegenwartsbezogene Feststellungsklagen zu bejahen ist, treffen auf Klagen, die auf Feststellung eines bereits beendeten Rechtsverhältnisses gerichtet sind, nicht zu. Bei beendeten Vertragsverhältnissen ist in aller Regel klar erkennbar, welche Ansprüche noch im Raum sind. Das Feststellungsinteresse ist nach ständiger Rechtsprechung nur dann gegeben, wenn sich gerade aus dieser Feststellung Rechtsfolgen für Gegenwart oder Zukunft ergeben. Die bloße Möglichkeit des Eintritts solcher Folgen reicht nicht aus. Mit der Feststellung des Arbeitsverhältnisses muss vielmehr zugleich feststehen, dass eigene Ansprüche des Klägers gerade aus dem Arbeitsverhältnis zumindest dem Grunde nach noch bestehen oder gegnerische Ansprüche zumindest in bestimmtem Umfang nicht mehr gegeben sind. Anderenfalls könnte die Feststellungsklage weder dem Rechtsfrieden noch der Prozessökonomie dienen.[512] Das Interesse an der Feststellung erlischt in der Regel mit der unstreitigen Beendigung dieses Rechtsverhältnisses. Dies gilt auch, wenn das Rechtsverhältnis im Laufe des Gerichtsverfahrens endet.[513] Das Feststellungsinteresse entfällt aber nicht bei einem Betriebsinhaberwechsel gem. § 613a BGB nach Rechtshängigkeit.[514] 153a

Nach beendeter Vertragsbeziehung ist eine vergangenheitsbezogene Feststellungsklage wegen fehlendem Rechtsschutzbedürfnis als unzulässig abzuweisen. Dem Antrag, das Arbeitsverhältnis (für die Vergangenheit) ordnungsgemäß abzurechnen, fehlt es an der hinreichenden Bestimmtheit i.S.d. § 253 Abs. 2 Nr. 2 ZPO.[515] 153b

Ein Feststellungsinteresse ergibt sich nicht daraus, dass die Sozialversicherungsträger und Sozialgerichte an eine arbeitsgerichtliche Entscheidung über das Bestehen eines Arbeitsverhältnisses rechtlich gebunden wären.[516] Eine solche präjudizielle Wirkung ist gesetzlich nicht vorgeschrieben. Dies gilt selbst dann, wenn ein Sozialversicherungsträger ausdrücklich erklärt hat, die Entscheidung des Arbeitsgerichts de facto respektieren zu wollen. Die Sozialversicherungsträger sind nicht berechtigt, Entscheidungen der Arbeitsgerichte zur alleinigen Grundlage eigener Entscheidungen zu machen.[517] Würden sich die Sozialversicherungsträger einem solchen Urteil unterwerfen, wäre dies rechtswidrig, denn sie müssen sowohl im Interesse des Anspruchstellers als auch im Interesse der Versichertengemeinschaft von Amts wegen ermitteln, ob die Voraussetzungen für einen Leistungsanspruch vorliegen, § 20 SGB X. Dies gilt auch für etwaige Stundungen des Finanzamts und der Berufsgenossenschaft im Hinblick auf das arbeitsgerichtliche Verfahren.[518]

Ist zwischen den Parteien das Bestehen eines Arbeitsverhältnisses ab einem bestimmten Zeitpunkt unstreitig und wird lediglich die Feststellung begehrt, dass ab einem davor liegenden Zeitpunkt 153c

512 BAG, Urt. v. 06.11.2002, NZA 2000, 775; BAG, Urt. v. 21.06.2000, DB 2001, 52; BAG, Urt. v. 15.12.1999, AP Nr. 59 zu § 256 ZPO 1977.
513 LAG Nürnberg, Urt. v. 28.05.2002, ARST 2003, 18.
514 BAG, Urt. v. 09.07.2003 – 5 AZR 595/02 (n.v.).
515 BAG, Urt. v. 25.04.2001, NZA 2001, 1157, 1158.
516 BAG, Urt. v. 17.04.2001, ARST 2002, 230.
517 BAG, Urt. v. 17.04.2001, ARST 2002, 230; BAG, Urt. v. 21.06.2000, NZA 2002, 164; LAG Nürnberg, Urt. v. 28.05.2002, ARST 2003, 18.
518 LAG Nürnberg, Urt. v. 28.05.2002, ARST 2003, 18.

bereits ein Arbeitsverhältnis bestanden habe, so handelt es sich weder um eine ausschließlich gegenwartsbezogene, noch um eine rein vergangenheitsbezogene Klage. In diesem Fall ist das notwendige Feststellungsinteresse nach den Grundsätzen der vergangenheitsbezogenen Statusklagen zu beurteilen.[519] Das erforderliche Feststellungsinteresse besteht daher nur dann, wenn die Feststellung der Beschäftigungszeit den Status des Arbeitnehmers prägt, z.B. bei der Feststellung der Beschäftigungszeit im öffentlichen Dienst. Außerhalb des öffentlichen Dienstes, der Geltung vergleichbarer Tarifwerke oder vergleichbar umfangreicher Arbeitsverträge besteht kein Grund, den Sozialstatus abstrakt klären zu lassen. Sofern es, z.B. im Kündigungsrechtsstreit auf die Dauer der Betriebszugehörigkeit überhaupt ankommen sollte, ist dort über diese Vorfrage zu entscheiden. Nur wenn von der Klärung des Bestands eines Arbeitsverhältnisses in der Vergangenheit, z.B. bei Streit über die zutreffende Kündigungsfrist, Leistungsansprüche abhängen, kann dennoch ein Feststellungsinteresse begründet sein, wenn nicht eine Leistungsklage vorrangig geboten ist.[520]

154 In der Praxis ergibt sich daraus die Folgerung, dass eine Statusklage spätestens innerhalb von drei Wochen nach Beendigung des Rechtsverhältnisses erhoben werden sollte, um gleichzeitig die Unwirksamkeit der Beendigung innerhalb der Klagefrist des § 4 KSchG geltend zu machen. Regelmäßig ist ohnehin die Tatsache der einseitigen Beendigung durch den »Auftraggeber« bzw. den »Dienstgeber« Auslöser für Streit um die tatsächliche Rechtsstellung des Mitarbeiters.

155 Nach ständiger Rechtsprechung des BAG kann sich ein Beschäftigter gegenüber seinem Vertragspartner nicht darauf berufen, zu ihm in einem Arbeitsverhältnis zu stehen, wenn er sich hierbei unter dem Gesichtspunkt des widersprüchlichen Verhaltens rechtsmissbräuchlich verhält.[521] Die Rechtsprechung hat eine rechtsmissbräuchliche Berufung auf den Arbeitnehmerstatus angenommen, wenn der Statuskläger eine frühere Statusklage zurückgenommen, nach erfolgreicher Statusklage erneut ein freies Mitarbeiterverhältnis vereinbart oder Angebote auf Abschluss eines Arbeitsvertrags jahrelang ausdrücklich abgelehnt hatte. In diesen Fällen lagen ausdrückliche statusbezogene Erklärungen vor, aus denen der Vertragspartner schließen durfte, der Dienstverpflichtete werde sich nicht auf seine Arbeitnehmereigenschaft berufen.[522] Die Berufung auf den Arbeitnehmerstatus ist regelmäßig dann nicht rechtsmissbräuchlich, wenn der Arbeitnehmer einen Vertrag über »freie Mitarbeit« abgeschlossen und seiner vergütungsmäßigen Behandlung als freier Mitarbeiter nicht widersprochen, sondern deren Vorteile entgegengenommen hat.[523]

b) Arbeitsrechtliche Konsequenzen

156 Geht es um arbeitsrechtliche Konsequenzen nach einem vom Arbeitnehmer gewonnenen Statusprozess für die Zukunft, ist zunächst offensichtlich, dass der Arbeitgeber alle für Arbeitnehmer vorgesehenen Leistungen wie bezahlten Urlaub oder Entgeltfortzahlung im Krankheitsfall zu gewähren hat, gleichzeitig der allgemeine und besondere Kündigungsschutz zu beachten ist und kollektivrechtlich der Mitarbeiter das aktive und passive Wahlrecht zum Betriebsrat besitzt.

157 Besondere Bedeutung erlangt vor allem die Frage nach der **Höhe der Vergütung**. Häufig erhalten freie Mitarbeiter eine messbar höhere Vergütung als Arbeitnehmer, gerade weil den Dienstgebern bewusst ist, dass der freie Mitarbeiter von seinem Honorar seine komplette soziale Absicherung selbst bestreiten muss. Hat der Mitarbeiter den Statusprozess gewonnenen, stellt sich die Frage, ob er Anspruch auf das bisherige Honorar als Bruttovergütung hat, zu der sich dann der hälftige Sozialversicherungsbeitrag für den Arbeitgeber noch hinzuaddiert. Das LAG Berlin[524] hatte diese Frage bejaht.

519 BAG, Urt. v. 06.11.2002, NZA 2000, 775.
520 BAG, Urt. v. 17.04.2001, ARST 2002, 230.
521 BAG, Urt. v. 04.12.2001, NZA 2003, 341; BAG, Urt. v. 12.08.1999, NZA 2000, 106; BAG, Urt. v. 11.12.1996, NZA 1997, 817; BAG, Urt. v. 11.12.1996, NZA 1997, 818.
522 BAG, Urt. v. 04.12.2001, NZA 2003, 341; BAG, Urt. v. 12.08.1999, NZA 2000, 106; BAG, Urt. v. 11.12.1996, NZA 1997, 817; BAG, Urt. v. 11.12.1996, NZA 1997, 818.
523 BAG, Urt. v. 04.12.2001, NZA 2003, 341, anders LAG Niedersachsen, Urt. v. 18.05.2001, ZTR 2001, 371.
524 Urt. v. 08.06.1993, NZA 1994, 512.

157a Zwischenzeitlich liegen einige neuere Entscheidungen des BAG vor. Zu unterscheiden ist danach, ob die Parteien eine **Vereinbarung über die Vergütung** getroffen haben oder die **Vergütung aus Tarifverträgen folgt** und danach, ob der Arbeitgeber die Vergütung bei Arbeitsverhältnissen grundsätzlich aus Tarifverträgen nimmt. Vergütet der Arbeitgeber unabhängig von der rechtlichen Einordnung sowohl Selbständige als auch Arbeitnehmer nach **Tagespauschalen**, richtet sich die Höhe der Vergütung gem. § 611 Abs. 1 BGB nach der bestehenden vertraglichen Vereinbarung und nicht gem. § 612 Abs. 2 BGB nach der üblichen Vergütung.[525] Eine vertragliche Vergütungsabrede eines freien Dienstverhältnisses bleibt auch dann maßgeblich, wenn sich dieses nachträglich als Arbeitsverhältnis herausstellt. Etwas anderes gilt nur dann, wenn das Festhalten an der Vergütungsabrede für den Schuldner ein unzumutbares Opfer darstellt. Dies kann nicht allein darin gesehen werden, dass der Arbeitgeber auf der Grundlage der vereinbarten Vergütung Beiträge zur Sozialversicherung entrichten muss.[526] Wird dagegen bei der Vergütung von Selbständigen und Arbeitnehmern dahin gehend unterschieden, dass bei Arbeitsverhältnissen die Vergütung aus Tarifverträgen (des öffentlichen Dienstes) zugrunde gelegt wird und (Stunden)pauschalen nur an freie Mitarbeiter gewährt werden, dann richtet sich die Vergütung im Falle der rückwirkenden Feststellung eines Arbeitsverhältnisses nach der üblich geschuldeten Vergütung.[527] Fehlt eine Vergütungsabrede und vergütet der Arbeitgeber sowohl freie Mitarbeiter als auch Angestellte nach tarifvertraglichen Sätzen, dann folgt aus der bloßen Zahlung der Honorare für freie Mitarbeiter nicht, dass diese Vergütung auch bei Feststellung eines Arbeitsverhältnisses vereinbart ist.[528] In diesem Fall besteht ein Anspruch auf die übliche Vergütung. Im öffentlichen Dienst kann eine tarifliche Vergütung regelmäßig als übliche Vergütung angesehen werden.[529]

158 Für die Vergangenheit stellt sich die Frage, ob der Arbeitgeber einen **Rückzahlungsanspruch** in Höhe der Differenz zwischen dem gezahlten Honorar und der üblichen Arbeitnehmervergütung erwirbt. Nach Auffassung des BAG[530] scheitert der Rückforderungsanspruch jedenfalls bei beendeten Rechtsverhältnissen daran, dass eine Anpassung des Vertrages nach den Grundsätzen des Wegfalls der Geschäftsgrundlage nur für die Zukunft in Betracht komme. Anders liegt der Fall, wenn das Vertragsverhältnis noch fortbesteht. Die Anpassung an veränderte Verhältnisse wirkt dann zwangsläufig auch in die Vergangenheit zurück. Das BAG hat in diesem Zusammenhang entschieden, dass dem Arbeitgeber auf Grund der rückwirkenden Feststellung des Arbeitnehmerstatus ein Anspruch auf Rückzahlung überzahlter Honorarbeträge gegen den Arbeitnehmer zusteht, soweit die dem Arbeitnehmer zustehenden Entgeltansprüche geringer sind als die ihm gezahlten Honorare.[531] Die rückwirkende Feststellung eines Arbeitsverhältnisses führt dazu, dass anstelle von Honorar nur Arbeitsentgelt geschuldet war.[532] Der Arbeitgeber kann die Rückzahlung überzahlter Honorare nach § 812 Abs. 1 Satz 1, 1. Alt. BGB in Höhe der Differenz zwischen beiden Vergütungen verlangen.[533] In die vorzunehmende Verrechnung ist auch ein etwaiger tariflicher Abfindungsanspruch einzubeziehen.[534] Dem Rückzahlungsanspruch steht § 814 BGB nur entgegen, wenn der Leistende im Zeitpunkt der Leistung positive Kenntnis davon hatte, dass er zur Leistung nicht verpflichtet

525 BAG, Urt. v. 12.12.2001, ArbRB 2002, 192 m. Hinw. von *Groeger*; vgl. auch BAG, Urt. v. 21.11.2001, DB 2002, 537.
526 BAG, Urt. v. 12.12.2001, ArbRB 2002, 192 m. Hinw. *Groeger*.
527 BAG, Urt. v. 21.11.2001, DB 2002, 537 (für den Bereich des öffentlichen Dienstes).
528 BAG, Urt. v. 21.01.1998, AP Nr. 55 zu § 612 BGB.
529 BAG, Urt. v. 21.01.1998, AP Nr. 55 zu § 612 BGB; BAG, Urt. v. 21.11.2001, DB 2002, 537.
530 Urt. v. 09.07.1986, AP Nr. 7 zu § 242 BGB Geschäftsgrundlage.
531 BAG, Urt. v. 29.05.2002, NZA 2002, 1328; BAG, Urt. v. 14.03.2001, NZA 2002, 155; siehe aber auch Urt. v. 09.07.1986, AP Nr. 7 zu § 242 BGB Geschäftsgrundlage.
532 BAG, Urt. v. 21.01.1998, AP Nr. 55 zu § 612 BGB; s. auch BAG, Urt. v. 14.03.2001, NZA 2002, 155.
533 BAG, Urt. v. 29.05.2002, NZA 2002, 1328; LAG Köln, Urt. v. 10.09.1998 – 5 Sa 834/98 (n.v.); ebenso *Hochrather*, NZA 1999, 1016, 1018; a.A. *Hohmeister*, NZA 1999, 1009, 1011: Bei beiderseitigem Rechtsirrtum bilde das wirksam begründete Rechtsverhältnis, sei es auch falsch klassifiziert, Rechtsgrund für die Vergütung. Der Anspruch wird aber auch von *Hohmeister* bejaht, wenn ohne Vereinbarung lediglich die übliche Vergütung für freie Mitarbeiter nach § 612 Abs. 2 BGB gezahlt wurde.
534 BAG, Urt. v. 29.05.2002, NZA 2002, 1328.

ist.[535] Davon ist bei der rechtlichen Qualifizierung eines Beschäftigungsverhältnisses in der Regel nicht auszugehen. Die Darlegungs- und Beweislast trägt der Leistungsempfänger.

159 Denkbar sind aber auch die Fälle, in denen die freien Mitarbeiter geringer vergütet werden als die Festangestellten. Beispiel bildet der Sachverhalt, der der Entscheidung des BAG vom 12.06.1996[536] zugrunde lag. Der Kläger hatte als »freier Mitarbeiter« 9 DM in der Stunde erhalten, während seine festangestellten Kollegen mit 18,60 DM/Stunde vergütet wurden. Nach Auffassung des BAG stand dem Kläger auch für die Vergangenheit die höhere Vergütung zu, da die Vereinbarung der vertraglichen Vergütung gem. § 134 BGB wegen Verstoßes gegen das gesetzliche Gebot der Gleichbehandlung von Teilzeitbeschäftigten in § 2 Abs. 1 BeschFG unwirksam war. Liegt ein solcher Fall gesetzwidriger Ungleichbehandlung nicht vor, bleibt es beim Vorrang der individuellen Vergütungsabrede gegenüber der üblichen Vergütung nach § 612 Abs. 2 BGB, es sei denn, die abweichende Vergütungshöhe ergibt sich aus einem die Parteien bei Bestand eines Arbeitsverhältnisses bindenden Tarifvertrag, der gegenüber einer verschlechternden einzelvertraglichen Abmachung den Vorrang genießt.

160 Nachforderungsansprüche des Arbeitnehmers und Rückforderungsansprüche des Arbeitgebers unterliegen der üblichen Verjährung und einschlägigen Verfallfristen. Der Lauf einer **Verfallfrist** für die Vergütungsansprüche des Arbeitnehmers beginnt nach Auffassung des BAG[537] aber nicht erst mit der Rechtskraft der gerichtlichen Feststellung des Arbeitsverhältnisses. Der Streit um den Status als Arbeitnehmer hindere nicht den Lauf der Verfallfristen für etwaige sich daraus ergebende Ansprüche des Arbeitnehmers. Derjenige, der meinte, ihm stünden Entgeltansprüche aus einem behaupteten Arbeitsverhältnis zu, könne diese ohne weiteres geltend machen. Es hänge lediglich von der rechtskräftigen Feststellung des Arbeitnehmerstatus ab, ob die Vergütungsansprüche dem Grunde nach begründet seien. Aus dieser Rechtsprechung folgt, dass der Arbeitnehmer nur dann für die Vergangenheit eine höhere Vergütung durchsetzen kann, wenn er die Vergütungsansprüche rechtzeitig geltend gemacht hat. Allein die schriftliche Forderung nach Anerkennung des Arbeitnehmerstatus bzw. nach Abschluss eines Arbeitsvertrages, ebenso wie ein gerichtlicher Beschäftigungsantrag, ohne dass Vergütungsansprüche geltend gemacht werden, genügt zur Wahrung der Ausschlussfristen nicht.[538]

161 Dagegen wird der Rückzahlungsanspruch des Arbeitgebers wegen überzahlter Honorare aufgrund der rückwirkenden Feststellung des Arbeitnehmerstatus erst fällig, wenn feststeht, dass das Vertragsverhältnis kein freier Dienstvertrag, sondern ein Arbeitsverhältnis ist, durch eine rechtskräftige gerichtliche Feststellung oder durch eine außergerichtliche Klärung, z.B. durch eine entsprechende gegenüber dem Arbeitnehmer abgegebene Erklärung.[539] Erst von diesem Zeitpunkt an kann vom Arbeitgeber zur Vermeidung des Rechtsverlustes auf Grund der Verfallfrist erwartet werden, dass er Ansprüche wegen der Überzahlungen geltend macht. Andernfalls würde von ihm ein widersprüchliches Verhalten verlangt werden. Er müsste den Rückzahlungsanspruch mit der Begründung geltend machen, dass das Vertragsverhältnis ein Arbeitsverhältnis sei, obwohl er zur gleichen Zeit im Rahmen des Statusprozesses den entgegengesetzten Standpunkt vertritt.[540]

535 BAG, Urt. v. 29.05.2002, NZA 2002, 1328.
536 AP Nr. 4 zu § 611 BGB Werkstudent.
537 BAG, Urt. v. 14.03.2001, NZA 2002, 155.
538 BAG, Urt. v. 14.03.2001, NZA 2002, 155.
539 BAG, Urt. v. 29.05.2002, NZA 2002, 1328; BAG, Urt. v. 14.03.2001, NZA 2002, 155.
540 BAG, Urt. v. 14.03.2001, NZA 2002, 155.

c) Sozialrechtliche Konsequenzen

Gem. § 28e Abs. 1 Satz 1 SGB IV hat der Arbeitgeber den Gesamtsozialversicherungsbeitrag zu zahlen. Die Zahlungspflicht gilt auch für in der Vergangenheit zu Unrecht nicht abgeführte Beiträge. Ein vom Arbeitnehmer gewonnener Statusprozess zieht mithin eine Pflicht zur **Nachentrichtung der Sozialversicherungsbeiträge** nach sich. Die Verjährung beträgt gem. § 25 SGB IV vier Jahre nach Ablauf des Kalenderjahres, in dem die Ansprüche fällig geworden sind. Bei Vorsatz des Arbeitgebers, d.h. Begründung eines »freien Mitarbeiterverhältnisses« im Wissen über die rechtliche Qualität eines Arbeitsverhältnisses, beträgt die Verjährungsfrist 30 Jahre. Ein Nachforderungsanspruch der Sozialversicherungsträger wird nur dann entfallen, wenn diese aufgrund einer Vorabanfrage des Arbeitgebers nach § 15 SGB I eine Sozialversicherungspflicht trotz vollständiger Information über vertragliche Ausgestaltung und tatsächliche Handhabung des Rechtsverhältnisses verneint haben.[541] Der Arbeitgeber trägt also das Risiko, den Gesamtsozialversicherungsbeitrag in Höhe von ca. 40 % der in den letzten vier Jahren an den Mitarbeiter gezahlten Vergütung nachzahlen zu müssen. 162

Dabei bleiben dem Arbeitgeber keine nennenswerten Möglichkeiten, den Arbeitnehmeranteil von seinem neu hinzugewonnenen Arbeitnehmer zurückzufordern. Zwar hat der Arbeitgeber gegen den Arbeitnehmer gem. § 28g Satz 1 SGB IV einen Anspruch auf den vom Beschäftigten zu tragenden Teil des Sozialversicherungsbeitrags. Der Anspruch kann jedoch gem. Satz 2 und 3 nur durch Abzug vom Arbeitsentgelt realisiert werden und ein **unterbliebener Abzug** kann nur bei den nächsten drei Gehaltszahlungen nachträglich einbehalten werden. Dabei sind die Pfändungsfreigrenzen zu beachten. Nach Ablauf der drei Monate kann der Arbeitgeber einen weiteren Abzug für die nachentrichteten Beiträge nur dann vornehmen, wenn der frühere Abzug ohne sein **Verschulden** unterblieben ist, wobei leichteste Fahrlässigkeit genügt. Den Vorwurf selbst leichtester Fahrlässigkeit wird der Arbeitgeber aber nur dann ausräumen können, wenn er eine Vorabanfrage nach § 15 SGB I gestellt und sich auf eine – im Nachhinein sich als fehlerhaft herausstellende – Auskunft der Sozialversicherungsträger verlassen hat. Dann wird aber regelmäßig schon eine Inanspruchnahme im Außenverhältnis zum Sozialversicherungsträger nicht in Betracht kommen.[542] Auch das nützt dem Arbeitgeber nichts, wenn das Arbeitsverhältnis bereits beendet ist. Die Beschränkung auf den Lohnabzug ist abschließend. Daneben kommt eine Haftung des Arbeitnehmers nicht in Betracht.[543] Vereinbarungen, die die Erstattungspflicht auf den Arbeitnehmer abwälzen, sind gem. § 32 SGB I nichtig. 163

Die **Ausschließlichkeit des Lohnabzugsverfahrens** greift nur dann nicht, wenn der Beschäftigte seiner Meldepflicht nach § 28o Abs. 1 Satz 1 SGB IV vorsätzlich oder grob fahrlässig nicht nachkommt, § 28g Satz 4 SGB IV. Hauptanwendungsfall ist jedoch nicht die fehlerhafte Begründung eines freien Mitarbeiterverhältnisses, sondern die Begründung eines geringfügigen Beschäftigungsverhältnisses unter Verschweigen eines weiteren geringfügigen oder (seit 01.04.1999) einer weiteren versicherungspflichtigen Beschäftigung durch den Mitarbeiter. Da seit dem 01.04.1999 auch geringfügige Beschäftigungsverhältnisse der Beitragspflicht unterliegen, dürfte die Bedeutung des § 28g Satz 4 SGB IV noch weiter zurückgedrängt werden. 164

d) Steuerrechtliche Konsequenzen

Ist die Tätigkeit auch steuerrechtlich als nichtselbständige Tätigkeit anzusehen, ändert sich deswegen nichts an der grundsätzlichen Pflicht zur Versteuerung der Vergütung. Im Hinblick auf die Einkommen- bzw. Lohnsteuer ändert sich allenfalls etwas bei der Abzugsfähigkeit von Aufwendungen. Während vom **Selbständigen Betriebsausgaben** nach § 4 Abs. 4 EStG abzugsfähig sind, kann der Arbeitnehmer lediglich **Werbungskosten** nach § 9 EStG geltend machen. Hieraus kann sich die Notwendigkeit zur Neuveranlagung ergeben. Hat der Arbeitnehmer während seiner vermeintlichen 165

541 *Hohmeister*, NZA 1999, 1009, 1013.
542 *Hohmeister*, NZA 1999, 1009, 1013 f.
543 BAG, Urt. v. 14.01.1988, NZA 1988, 803.

Selbständigkeit ein Gewerbe betrieben, werden die Gewerbesteuerbescheide nach Korrektur der Einkommensteuerbescheide gem. § 35b Abs. 1 Satz 1 GewStG aufzuheben sein. Bereits gezahlte Steuer ist rückzuerstatten. Ist der Arbeitgeber verpflichtet, auch die Arbeitnehmeranteile am Gesamtsozialversicherungsbeitrag nachzuentrichten, stellt dies einen steuerpflichtigen geldwerten Vorteil für den Arbeitnehmer dar.[544]

166 Ein Problem für den Mitarbeiter stellen seine mit **Umsatzsteuer** versehenen Rechnungen dar, die den in § 14 Abs. 4 UStG enthaltenen Rechnungsbegriff wegen Fehlens seiner Unternehmereigenschaft nicht erfüllen. Der Mitarbeiter schuldet gem. § 14 Abs. 3 UStG den in den Rechnungen ausgewiesenen Umsatzsteuerbetrag, auch wenn er sich versehentlich für einen Unternehmer hielt.[545] Das allein wäre noch unschädlich, wenn der Mitarbeiter die Umsatzsteuer vom Arbeitgeber tatsächlich vereinnahmt hat. In seiner Umsatzsteueranmeldung wird der Mitarbeiter jedoch selbst für seine Tätigkeit verauslagte Umsatzsteuer bzw. die Umsatzsteuerschuld mindernde Vorsteuerbeträge in Abzug bringen. Der Nichtunternehmer ist aber zum Vorsteuerabzug nicht berechtigt. Der Mitarbeiter wird mithin seine Umsatzsteueranmeldungen ohne Ausweisung betrieblich bedingter, bei ihm selbst angefallener Umsatzsteuer korrigieren müssen, was bei ihm zu erheblichen Nachzahlungen führen kann.[546]

167 Auch der Arbeitgeber ist dementsprechend gehindert, die vom Mitarbeiter in Rechnung gestellte Umsatzsteuer seinerseits als Vorsteuer von seiner eigenen Umsatzsteuerschuld gegenüber dem Finanzamt abzuziehen, obwohl sie von dem Mitarbeiter seinerseits dem Finanzamt geschuldet sind, das Finanzamt also »doppelt kassiert«.[547]

168 Wenn rechtskräftig feststeht, dass es sich bei dem vermeintlichen freien Mitarbeiter um einen Arbeitnehmer handelt, sollte der Arbeitgeber unverzüglich seinen Anzeigepflichten nach §§ 38 Abs. 4, 41 c Abs. 4 EStG nachkommen und entsprechende Berichtigungserklärungen abgeben, um sich nicht dem Verdacht der Steuerhinterziehung oder -verkürzung auszusetzen.[548] Denn der Arbeitgeber ist auch hinsichtlich etwa ausstehender Lohnsteuernachforderungen Steuerschuldner neben dem Arbeitnehmer als Gesamtschuldner, § 42d Abs. 1 Nr. 1, Abs. 3 Satz 1 EStG. Das Finanzamt hat zunächst zu versuchen, beim Arbeitnehmer die Steuerschuld beizutreiben. Wird der Arbeitgeber für die Steuerschuld des Arbeitnehmers in Anspruch genommen, so kann er beim Arbeitnehmer, auch nach dessen Ausscheiden, Rückgriff nehmen.

e) Aufhebungsvereinbarung ohne Statusfeststellung

169 Auch Statusprozesse enden häufig mit einem Vergleich.[549] Der Dienstgeber/Arbeitgeber zahlt an den freien Mitarbeiter/Arbeitnehmer eine Abfindung, die rechtliche Qualität des Vertragsverhältnisses bleibt letztlich offen. Steuerlich können für die Abfindung nicht die Freibeträge des § 3 Nr. 9 EStG herangezogen werden, weil diese an die Beendigung eines Arbeitsverhältnisses anknüpfen, sondern nur die Steuerbegünstigung nach §§ 24, 34 EStG, da hierfür die Rechtsnatur des beendeten Rechtsverhältnisses keine Bedeutung hat. Trotz des Aufhebungsvertrages läuft der Dienstgeber Gefahr, Sozialversicherungsbeiträge nachentrichten zu müssen, da die Parteien die Sozialversicherungsträger nicht binden können. Auch eine Verpflichtung des Arbeitnehmers, bei den Sozialversicherungsträgern keine Ansprüche anzumelden, ist gem. § 32 SGB I nichtig. Die Wirksamkeit einer Rückzahlungsklausel über die Abfindung für den Fall der Inanspruchnahme auf die Sozialversicherungsbeiträge ist höchstrichterlich noch nicht geklärt, die besseren Argumente sprechen aber für ihre Wirksamkeit.[550] Manche Unternehmer nehmen solche Klauseln in gesonderte Vereinbarungen auf. Ein Beispiel für einen solchen Aufhebungsvertrag kann wie folgt lauten:

544 BAG, Urt. v. 14.06.1974, AP Nr. 20 zu § 670 BGB.
545 BFH, Urt. v. 08.12.1988, BStBl II 1989, 250, 252.
546 Vgl. *Goretzki/Hohmeister*, BB 1999, 635, 639.
547 BFH, Urt. v. 08.12.1988, BStBl II 1989, 250, 252.
548 Vgl. *Goretzki/Hohmeister*, BB 1999, 635, 639.
549 Vgl. hierzu *Diller/Schuster*, FA 1998, 138.
550 ArbG Köln, Urt. v. 21.06.1996, NZA-RR 1996, 324; *Bauer/Diller*, BB 1992, 2287.

Aufhebungsvertrag mit einem freien Mitarbeiter 170

Zwischen

dem Unternehmen

und

Herrn

wird das am vereinbarte Vertragsverhältnis nach Maßgabe der nachfolgenden Regelungen beendet:

1. Die Parteien sind sich darüber einig, dass das zwischen ihnen bestehende Vertragsverhältnis gem. Vertrag vom mit Wirkung zum auf Veranlassung des Unternehmens endet.
2. Als Entschädigung für entgangene bzw. in der Zukunft entgehende Einnahmen zahlt das Unternehmen an Herrn eine Abfindung in Höhe von EUR . Die Abfindung ist fällig am .

   Sollte angesichts des beendeten Vertragsverhältnisses das Unternehmen wirksam und rechtskräftig zur Nachentrichtung von Sozialversicherungsbeiträgen herangezogen werden, hat Herr in dem vom Sozialversicherungsträger festgestellten Umfang die erhaltene Abfindung zurückzuzahlen. Soweit die zurückzuzahlenden Beträge die Höhe der Abfindung überschreiten, findet eine Rückzahlung durch Herrn nicht statt.
3. Herr erklärt verbindlich, dass er sämtliche Honorare, die er von dem Unternehmen im Rahmen des Vertragsverhältnisses vom erhalten hat, ordnungsgemäß versteuert hat.
4. Mit der Erfüllung aller in diesem Aufhebungsvertrag geregelten Ansprüche des Herrn gegen das Unternehmen sind sämtliche Ansprüche des Herrn gegen das Unternehmen erledigt.
5. Sollte eine Bestimmung dieses Vertrages unwirksam sein, so wird die Wirksamkeit der übrigen Bestimmungen hiervon nicht berührt. Die Parteien verpflichten sich, eine etwaige unwirksame Bestimmung durch eine dieser Interessenlage und Bedeutung möglichst nahe kommende, wirksame Vereinbarung zu ersetzen.

4. Arbeitnehmer in besonderen Rechtsverhältnissen

a) Arbeitnehmer des öffentlichen Dienstes

Die Ausübung hoheitsrechtlicher Befugnisse ist nach Art. 33 Abs. 4 GG als Aufgabe in der Regel Angehörigen des öffentlichen Dienstes zu übertragen, die in einem öffentlich-rechtlichen Dienst- und Treueverhältnis stehen. Dementsprechend sind dem öffentlichen Dienst die Tätigkeiten zuzuordnen, die Personen im Dienste einer juristischen Person des öffentlichen Rechts[551] erbringen. Nicht dem öffentlichen Dienst zurechenbar sind indes Tätigkeiten von Personen in privatrechtlich organisierten Einrichtungen, auch soweit diese einen öffentlichen Auftrag erfüllen. Insofern ist auch auf die in § 130 BetrVG enthaltene Abgrenzung zu verweisen. 171

Der Beschäftigung im öffentlichen Dienst kann ein öffentlich-rechtliches Dienstverhältnis oder ein privatrechtlich begründetes Arbeitsverhältnis zugrunde liegen. Im Rahmen eines Arbeitsverhältnisses wird beschäftigt, wer aufgrund eines privatrechtlichen Vertrages gegenüber einem Arbeitgeber 172

551 Hierzu zählen Gebietskörperschaften ebenso wie Stiftungen, Anstalten und sonstige Körperschaften des öffentlichen Rechts.

des öffentlichen Dienstes zur Leistung von Arbeit verpflichtet ist.[552] Selbiges kann beispielsweise nicht bei Personen angenommen werden, die wie Strafgefangene oder in einer psychiatrischen Anstalt untergebrachte Personen im Rahmen eines öffentlich-rechtlichen Gewaltverhältnisses Tätigkeiten verrichten.[553]

173 Während sich die Beschäftigung im Rahmen eines privatrechtlich begründeten Arbeitsverhältnisses nach den Grundsätzen des allgemeinen Arbeitsrechts richtet,[554] wird das öffentlich-rechtliche Dienstverhältnis ausschließlich durch Gesetz und Rechtsverordnungen geregelt. Es wird nicht durch Vertrag, sondern hoheitlichen Akt begründet, weshalb hier die Regelungen bspw. des Kündigungsrechts oder auch die Grundsätze des Arbeitskampfrechts keine Anwendung finden.

aa) Rechtsgrundlagen der Beschäftigung

174 Wird ein Arbeitnehmer in einem privatrechtlichen Vertragsverhältnis im öffentlichen Dienst beschäftigt, können anders als in der Privatwirtschaft auch ansonsten nicht zwingend wirkende **Richtlinien der EU** unmittelbare Wirkung entfalten.[555] Ferner sind im öffentlichen Dienst besondere **Normen des GG sowie der Landesverfassungen** zu berücksichtigen. Besondere Bedeutung kommt insofern Art. 33 Abs. 2 GG zu, nach dem jedem Deutschen gleicher Zugang entsprechend seiner Eignung, Befähigung und fachlichen Leistung zu gewähren ist. Dieser auf chancengleiche Teilhabe an einem Bewerbungsverfahren ausgerichtete Anspruch gilt uneingeschränkt. Er verbietet auch eine Stellenausschreibung mit einem Anforderungsprofil, das nur von Beamten, nicht jedoch von Angestellten erfüllt werden kann.[556] Der Anspruch ist im Wege einer auf die Wiederholung des Auswahlverfahrens ausgerichteten arbeitsrechtlichen Konkurrentenklage durchzusetzen.[557] Wurde die Stelle zwischenzeitlich rechtlich verbindlich besetzt, kann aus Art. 33 Abs. 2 GG keine Verpflichtung abgeleitet werden, dasselbe Amt mehrfach zu besetzen. Der subjektive Anspruch aus Art. 33 Abs. 2 GG erschöpft sich hier; der Bewerber kann seine Rechte nur noch im Wege einer Schadensersatzklage weiterverfolgen.[558]

175 Aufgrund seiner Bindung als Arbeitgeber des öffentlichen Dienstes an Art. 3 Abs. 2 Satz 2 GG haben sich der Bundes- ebenso wie die Landesgesetzgeber zur Verabschiedung von **Gesetzen zur Gleichstellung von Frauen und Männern** veranlasst gesehen.[559] Diese Gesetze zielen auf eine Förderung von Frauen unabhängig davon ab, ob diese in öffentlich- oder privatrechtlichen Rechtsverhältnissen beschäftigt werden.

176 Die Arbeitsbedingungen im öffentlichen Dienst werden maßgeblich durch **Tarifverträge** geregelt, die üblicherweise durch eine entsprechende Bezugnahmeklausel zum Bestandteil der Arbeitsverträge gemacht werden.[560] Sie werden damit unbeschadet der Tarifgebundenheit des einzelnen Arbeitnehmers in der Praxis nicht zuletzt aufgrund der Bindung des öffentlichen Arbeitgebers an das Haushaltsrecht einheitlich auf die im öffentlichen Dienst bestehenden Arbeitsverhältnisses angewandt. Zu den wichtigsten Tarifverträgen gehört der Bundesangestelltentarifvertrag (BAT), der Manteltarifvertrag für Arbeiterinnen und Arbeiter des Bundes und der Länder (MTArb),[561] der

552 MünchArbR/*Freitag*, § 187 Rn 10.
553 BAG, Urt. v. 24.04.1969, AP Nr. 18 zu § 5 ArbGG '53.
554 Die in Art. 33 Abs. 5 GG enthaltene Aufforderung, dass das Recht des öffentl. Dienstes unter Berücksichtigung der hergebrachten Grundsätze des Berufsbeamtentums auszurichten ist, bezieht sich nur auf Beamte.
555 *Kerwer*, NZA 2002, 1318.
556 Vgl. etwa *Kerwer*, NZA 2002, 1319.
557 BAG, Urt. v. 11.08.1998, AP Nr. 45 zu Art. 33 Abs. 2 GG. Ist eine Neubesetzung bereits erfolgt, wird dieser Anspruch gegenstandslos; vgl. BAG, Urt. v. 02.12.1997, AP Nr. 41 zu Art. 33 Abs. 2 GG.
558 BAG, Urt. v. 28.05.2002, AP Nr. 56 zu Art. 33 Abs. 2 GG.
559 Eine der jüngsten Gleichstellungsbemühungen ist das G zur Durchsetzung der Gleichstellung von Frauen und Männern (DGleiG) v. 30.11.2001, BGBl I, 3234 ff.; zu den einzelnen Gesetzen vgl. ausführlich: MünchArbR/*Freitag*, § 187 Rn 22.
560 Vgl. i.Ü. mit einem Überblick über die wesentlichen, im öffentl. Dienst einschlägigen Tarifverträge: MünchArbR/*Freitag*, § 187 Rn 14 ff.
561 Dieser einheitliche Tarifvertrag hat zum 01.03.1996 die getrennt für Arbeiter des Bundes (MTB II) und Arbeiter der Länder (MTL II) bestehenden Manteltarifverträge abgelöst.

Bundesmanteltarifvertrag für Arbeiter gemeindlicher Verwaltungen und Betriebe (BMT-G II) sowie der Manteltarifvertrag für Auszubildende (MTV-Azubi), die entsprechend modifiziert auch für die östlichen Bundesländer abgeschlossen wurden. Neben den üblicherweise in Tarifverträgen enthaltenen Regelungen über Begründung und Auflösung des Arbeitsverhältnisses sowie den Inhalt der Arbeitsbeziehung (z.B. Arbeitszeit, Eingruppierung, Vergütung, Urlaub, Sonderzuwendungen etc.) kommt im Tarifvertragsrecht des öffentlichen Dienstes den Bestimmungen über Beschäftigungs-, Dienst- sowie Bewährungszeiten (z.B. §§ 19 ff. BAT) eine besondere Bedeutung zu.

Die **kollektive Interessenwahrnehmung** richtet sich im öffentlichen Dienst nach dem Personal- 177
vertretungsrecht, das dem öffentlichen Dienstrecht zuzurechnen ist, weshalb im Streitfalle hier auch die Gerichte der Verwaltungsgerichtsbarkeit anzurufen sind.[562] Den von der Dienststelle mit dem Personalrat abgeschlossenen **Dienstvereinbarungen** kommt dieselbe normative Wirkung wie Betriebsvereinbarungen zu. Von ihnen erfasst werden alle im öffentlichen Dienst Beschäftigten unabhängig davon, ob ihre Beschäftigung im Rahmen eines öffentlichen Dienstverhältnisses oder eines dem Privatrecht unterliegenden Arbeitsverhältnisses erfolgt. Sonderregelungen sind für bestimmte Personengruppen zu berücksichtigen.[563]

Im Übrigen richten sich die Arbeitsbedingungen **nach allgemeinem Arbeitsrecht**. Auf diese kann 178
der öffentliche Arbeitgeber nicht durch Rechtsverordnungen, Erlasse, Richtlinien oder haushaltsrechtliche Maßnahmen unmittelbar einwirken.[564] Auch kommen weder zu Gunsten noch zu Ungunsten der individualrechtlichen Stellung als Arbeitnehmer die Grundsätze der Selbstbindung der Verwaltung zum Tragen.[565] Allerdings können Rechts- und Haushaltsvorschriften dem Erwachsen eines Vertrauenstatbestandes entgegenstehen. So geht die Rechtsprechung davon aus, dass für Arbeitsverhältnisse des öffentlichen Dienstes die **Grundsätze der betrieblichen Übung** nicht uneingeschränkt gelten, da die öffentlichen Arbeitgeber anders als in der Privatwirtschaft mit ihrem Gebaren Normenvollzug betreiben, auf deren Fortsetzung der Arbeitnehmer nicht vertrauen könne, wenn damit eine rechtliche Verpflichtung des Arbeitgebers überschritten wird.[566] Ferner können auch haushaltsrechtliche Erwägungen bei der Frage der **Befristung von Arbeitsverhältnissen** von Bedeutung sein. So ist es in Anlehnung an die Rechtsprechung[567] nunmehr durch § 14 Abs. 1 Nr. 7 TzBfG als Zulässigkeitsgrund für eine Befristung anerkannt, dass eine Stelle, auf der ein Arbeitnehmer befristet beschäftigt wird, gerade auch haushaltsrechtlich für befristete Beschäftigungen bestimmt ist. Der öffentliche Arbeitgeber muss dann im Zeitpunkt des Vertragsabschlusses aufgrund konkreter Tatsachen die Prognose erstellen können, dass für die Beschäftigung des Arbeitnehmers diese Haushaltsmittel nur vorübergehend zur Verfügung stehen.[568] Nicht jedoch genügt der allgemeine Hinweis auf begrenzte Haushaltsmittel oder die allgemeine Anordnung restriktiver Mittelverwendung. Enthält bspw. ein Haushaltsplan einen sog. kw-Vermerk (künftig wegfallend), so reicht dies zur Rechtfertigung der Befristung nicht, sofern nicht zugleich aufgrund konkreter Anhaltspunkte mit einiger Sicherheit davon ausgegangen werden kann, dass die Stelle zu dem im kw-Vermerk genannten Zeitpunkt tatsächlich wegfallen wird.[569]

562 MünchArbR/*Germelmann*, § 368 Rn 31 f. mit Verweis auf die aus Art. 73 Nr. 8 GG folgende ausschließliche Gesetzgebungskompetenz des Bundes, soweit der Bereich des Bundes betroffen ist; im Übrigen ist der Bundesgesetzgeber nach Art. 75 Nr. 1 GG zum Erlass von Rahmenvorschriften berechtigt (vgl. insofern auch §§ 94 ff. BPersVG).

563 Vgl. insofern MünchArbR/*Germelmann*, § 368 Rn 55 ff.

564 BAG, Urt. v. 05.02.1986, AP Nr. 21 zu § 242 Betriebl. Übung; v. 17.10.1990, AP Nr. 9 zu § 611 BGB Lohnzuschläge.

565 BAG, Urt. v. 18.05.1988, AP Nr. 24 zu §§ 22, 23 BAT Lehrer; vgl. ferner für den aus einer rechtswidrigen Einstellungspraxis abgeleiteten Anspruch auf Wiederholung dieses unrechtmäßigen Verwaltungshandelns: BAG, Urt. v. 19.02.2002, AP Nr. 58 zu Art. 33 Abs. 2 GG.

566 BAG, Urt. v. 23.06.1988 sowie v. 14.09.1994, AP Nr. 33, 46 zu § 242 BGB Betriebl. Übung; i.E. ebenso, aber unter Berufung auf das Schriftformgebot des § 4 Abs. 2 BAT: BAG, Urt. v. 18.09.2002, DB 2003, 776.

567 Vgl. insofern BAG, Urt. v. 07.07.1999, AP Nr. 215 zu § 620 BGB Befristeter Arbeitsvertrag.

568 BAG, Urt. v. 07.07.1999, AP Nr. 215 zu § 620 BGB Befristeter Arbeitsvertrag.

569 BAG, Urt. v. 16.01.1987, AP Nr. 111 zu § 620 BGB Befristeter Arbeitsvertrag.

bb) Abschluss, Durchführung und Beendigung des Arbeitsverhältnisses

179 Nach den Bestimmungen der Tarifverträge des öffentlichen Dienstes ist der Arbeitsvertrag regelmäßig **schriftlich abzuschließen** (vgl. etwa § 4 BAT). Die Rechtsprechung geht davon aus, dass dem Formgebot eine lediglich deklaratorische Bedeutung zukommt, soweit Vereinbarungen getroffen werden, die den Hauptinhalt des Arbeitsverhältnisses betreffen.[570] Nebenabreden, die nicht das Austauschverhältnis von Leistung und Gegenleistung unmittelbar betreffen, bedürfen indes stets der Schriftform, um Wirkung zu entfalten.[571]

180 Wird das Angestelltenverhältnis auf unbestimmte Zeit begründet, gelten vorbehaltlich einer anderweitigen Regelung die ersten sechs Monate als **Probezeit** (§ 5 BAT).[572] Im Falle der unterbliebenen Arbeit über einen Zeitraum von zehn Tagen hinaus, verlängert sich die Probezeit entsprechend (§ 5 BAT). Während der Probezeit kann das Arbeitsverhältnis mit einer Frist von zwei Wochen zum Monatsschluss aufgelöst werden (§ 53 Abs. 1 BAT; § 50 Abs. 2 BMT-G II). Von der Bestimmung einer Probezeit unabhängig besteht die Möglichkeit, ein befristetes Probearbeitsverhältnis nach Maßgabe des § 14 Abs. 1 Nr. 5 TzBfG abzuschließen.

181 Vor der Einstellung hat sich der Arbeitnehmer auf ein entsprechendes Verlangen auf Kosten des Arbeitgebers einer **ärztlichen Untersuchung** zu unterziehen (§ 7 BAT, § 10 MTArb).[573]

182 Die tarifvertraglichen Bestimmungen über den Inhalt des Arbeitsverhältnisses orientieren sich weitgehend an den allgemein im Arbeitsrecht geltenden Grundsätzen. Nach den im öffentlichen Dienst üblichen Arbeitsverträgen wird der Angestellte regelmäßig nicht für eine bestimmte Tätigkeit eingestellt, sondern für einen allgemein umschriebenen Aufgabenbereich, der lediglich durch die Nennung der Vergütungsgruppe bezeichnet ist.[574] Dies erfordert eine **Konkretisierung der Arbeitspflicht** im Hinblick auf Zeit, Ort und Art. Dabei kann dem Arbeitnehmer im Rahmen des Direktionsrechtes grundsätzlich jede Tätigkeit zugewiesen werden, die den Merkmalen seiner Vergütungsgruppe entspricht.[575] Das allgemeine Direktionsrecht wird durch § 12 BAT erweitert. So kann der Angestellte aus dienstlichen oder betrieblichen Gründen versetzt oder abgeordnet werden; eine Anhörung hierzu ist bei einer Versetzung an eine Dienststelle außerhalb des bisherigen Dienstortes oder einer länger als drei Monaten dauernden Abordnung vorgeschrieben. Der Begriff **Versetzung** bezeichnet die Zuweisung einer auf Dauer bestimmten Beschäftigung bei einer anderen Dienststelle desselben Arbeitgebers unter Fortsetzung des bestehenden Arbeitsverhältnisses, der der **Abordnung** die vorübergehende Zuweisung.[576] Aber auch das erweiterte Direktionsrecht ist unter Berücksichtigung billigen Ermessens auszuüben. So kann sich das Direktionsrecht des Arbeitgebers im öffentlichen Dienst zwar auf alle dem Beruf des Arbeitnehmers entsprechenden Tätigkeiten erstrecken, die den Merkmalen seiner Vergütungsgruppe entsprechen.[577] Nach der Rechtsprechung des BAG unerheblich ist es jedoch, ob aus der einschlägigen Fallgruppe der jeweiligen Vergütungsgruppe ein Bewährungsaufstieg möglich ist oder nicht.[578] Das BAG rechnet insoweit der Tatsache, dass einem Arbeitnehmer die Möglichkeit der Teilnahme am Bewährungsaufstieg verwehrt ist, kein rechtliches Eigengewicht zu.[579] Stets sind bei der Ausübung des Direktionsrechts Billigkeitsgesichtspunkte zu berücksichtigen. So berechtigt das Weisungs- oder Direktionsrecht den Arbeitgeber grundsätzlich nicht, dem Arbeitnehmer dauerhaft Tätigkeiten einer niedrigeren Vergütungsgruppe zu übertragen,

570 BAG, Urt. v. 06.09.1972 und v. 25.08.1976, AP Nr. 3 und 4 zu § 4 BAT; v. 18.02.2002, DB 2003, 776.

571 So z.B. BAG, Urt. v. 09.02.1972, v. 18.05.1977, v. 22.08.1979 und v. 07.05.1986, AP Nr. 1, 4, 6, 12 zu § 4 BAT.

572 Für Arbeiter gelten nach § 5 BMT-G II die ersten drei Monate der Beschäftigung als Probezeit.

573 Zur Feststellung der Dienstfähigkeit im laufenden Arbeitsverhältnis vgl. BAG, Urt. v. 15.07.1993, AP Nr. 1 zu § 10 MTB II.

574 Vgl. hierzu auch BAG, Urt. v. 29.10.1997, ZTR 1998, 187.

575 BAG, Urt. 14.12.1961 sowie v. 12.04.1973, AP Nr. 17, 24 zu § 611 BGB Direktionsrecht; v. 23.10.1985, AP Nr. 10 zu § 24 BAT; v. 24.11.1993, ZTR 1994, 166.

576 MünchArbR/*Freitag*, § 188 Rn 52.

577 St. Rspr.; vgl. nur BAG, Urt. v. 21.11.2002, DB 2003, 1630.

578 BAG, Urt. v. 30.08.1995 sowie v. 24.04.1996, AP Nr. 44, 49 zu § 611 BGB Direktionsrecht.

579 St. Rspr.; vgl. nur BAG, Urt. v. 21.11.2002, DB 2003, 1630.

und zwar auch dann nicht, wenn er die der bisherigen Tätigkeit entsprechende höhere Vergütung weiter zahlt.[580]

Die regelmäßige tarifliche wöchentliche **Arbeitszeit** beträgt derzeit im öffentlichen Dienst 38,5 Stunden (§ 15 Abs. 1 BAT; dgl. § 15 MTArb). Ihr Beginn und Ende wird in § 15 Abs. 7 BAT geregelt. Daneben sind Regelungen über die Verlängerung der Arbeitszeit, Sonn- und Feiertagsarbeit, Samstagsarbeit, Frühschluss sowie Freistellung zu Zwecken der Arbeitszeitverkürzung zu beachten.[581] Unter Berücksichtigung des § 15 Abs. 6a, b BAT kann Bereitschaftsdienst und Rufbereitschaft angeordnet werden.[582] 183

Die **Vergütung** richtet sich wie sonst auch nach der einschlägigen Vergütungs- bzw. Lohngruppe, in die der Arbeitnehmer aufgrund seiner Tätigkeit eingruppiert ist.[583] § 22 BAT spricht insofern davon, dass der Angestellte in die Vergütungsgruppe einzugruppieren ist, deren Tätigkeitsmerkmalen die gesamte von ihm nicht nur vorübergehend auszuübende Tätigkeit entspricht, wovon der Tarifvertrag ausgeht, wenn zeitlich mindestens zur Hälfte Arbeitsvorgänge anfallen, die den Anforderungen der jeweiligen Tätigkeitsgruppe zuzurechnen sind. Sog. Zusammenhangstätigkeiten sind dabei der Primärtätigkeit selbst zuzurechnen.[584] Maßgebliche Bestandteile der Vergütung sind zunächst die Grundvergütung, die um einen Ortszuschlag ergänzt wird (§ 26 BAT). Deren konkrete Höhe ist anhand des jeweils einschlägigen Vergütungstarifvertrags zu bestimmen, der die in §§ 26a ff. BAT bestimmten Grundsätze zu beachten hat. Dabei ist für die Grundvergütung in Anlehnung an das Besoldungsrecht neben der Tätigkeit als solcher das Lebensalter von maßgeblicher Bedeutung. Übertarifliche Vergütungssysteme sind im öffentlichen Dienst wegen der haushaltsrechtlichen Bindungen die Ausnahme. 184

Die **vorübergehende Zuweisung höherwertiger Tätigkeit** führt nach einem Monat der Übertragung dazu, dass dem Angestellten für den Kalendermonat, in dem er mit der ihm übertragenen Tätigkeit begonnen hat, und für jeden der folgenden vollen Kalendermonate dieser Tätigkeit eine persönliche Zulage nach Maßgabe des § 24 BAT zu gewähren ist. Die nur vorübergehende Übertragung höherwertiger Tätigkeit hat unter Berücksichtigung billigen Ermessens zu erfolgen. Dieses muss sich auf die Tätigkeitsübertragung »an sich« und die »Nicht-Dauerhaftigkeit« der Übertragung beziehen (doppelte Billigkeit). Wendet sich der Arbeitnehmer nicht gegen die Tätigkeitsübertragung an sich, sondern deren zeitliche Begrenzung, sind sein Interesse an einem dauerhaften Erhalt der höherwertigen Tätigkeit mit dem Interesse des Arbeitgebers, die Tätigkeit nicht auf Dauer zu übertragen, gegeneinander abzuwägen.[585] 185

Eine besondere Bedeutung kommt im öffentlichen Dienst den Regelungen über den bereits erwähnten sog. **Bewährungsaufstieg** zu, die bei Erfüllung bestimmter Tätigkeitsmerkmale eine Höhergruppierung ermöglichen. Wie der Begriff des Bewährungsaufstiegs bereits nahe legt, ist es hier erforderlich, dass der Arbeitnehmer sich während des Bemessungszeitraumes bewährt hat, was nur dann der Fall sein kann, wenn er durch tatsächliche Arbeitsleistung seine Kenntnisse und Fertigkeiten dokumentiert und verfestigt hat.[586] So bestimmt § 23a Nr. 1 BAT, dass das den Bewährungsaufstieg bedingende Erfordernis der Bewährung dann erfüllt sei, »wenn der Angestellte während der vorgeschriebenen Bewährungszeit sich den in der ihm übertragenen Tätigkeit auftretenden Anforderungen gewachsen gezeigt hat«.[587] Das Erfordernis der Bewährung haben allerdings die normsetzenden Tarifvertragsparteien insofern relativiert, indem sie in § 23a Nr. 4 BAT zugleich Tatbestände formuliert 186

580 BAG, Urt. v. 29.10.1997, ZTR 1998, 187.

581 Vgl. dazu i.E. MünchArbR/*Freitag*, § 188 Rn 54 ff.

582 Zu Bereitschaftsdiensten im öffentl.-rechtl. Gesundheitswesen angesichts des Simap-Urteils des EuGH vgl. *Litschen*, NZA 2001, 1355 ff.

583 Dabei ist der Personalrat nach Maßgabe des § 75 Abs. 1 Nr. 2 BPersVG zu beteiligen.

584 BAG, Urt. v. 19.03.1975, AP Nr. 85 zu §§ 22, 23 BAT.

585 BAG, Urt. v. 17.04.2002, NZA 2003, 159.

586 Hierzu: BAG, Urt. v. 10.09.1980, AP Nr. 125 zu § 1 TVG Auslegung.

587 Vgl. insofern auch BAG, Urt. v. 09.10.1968, AP Nr. 3 zu § 23a BAT, wonach es dabei erforderlich – aber auch genügend – sein soll, dass der Arbeitnehmer seine Tätigkeit *unbeanstandet* ausgeübt hat.

haben, die eine Anrechnung von Fehlzeiten vorsehen.[588] Der Arbeitnehmer wird hier also über die Anrechnung so gestellt, als ob er sich bewährt hätte. Die Regelungen des Bewährungsaufstiegs sind von denjenigen des bloßen **Zeitaufstiegs** zu unterscheiden, wo eine Höherstufung des Arbeitnehmers allein von der fortbestehenden rechtlichen Beziehung zu einem Arbeitgeber abhängig gemacht wird.[589]

187 Besondere **Verhaltens-, Treue** und **Verschwiegenheitspflichten** sind zudem zu berücksichtigen (vgl. insofern auch §§ 8 ff. BAT; §§ 9 ff. BMT-G II). Dies wird zunächst dadurch dokumentiert, dass der Arbeitnehmer dem öffentlichen Arbeitgeber die gewissenhafte Diensterfüllung und Wahrung der Gesetze **zu geloben** hat (§ 6 BAT, § 7 MTArb). Die aus der auch im Gelöbnis zum Ausdruck kommenden Treueverpflichtung bedeutet zwar nicht, dass allen Angestellten und Arbeitern des öffentlichen Dienstes das gleiche Maß an politischer Treue abverlangt werden kann wie Beamten. Doch können sich vergleichbare Pflichten auch in politischer Hinsicht aus den Anforderungen des jeweiligen Amtes selbst ergeben.[590] So hat das BAG namentlich für Lehrer und Erzieher anerkannt, dass deren Tätigkeit auch hinsichtlich der sich aus dem Arbeitsverhältnis ergebenden Treuepflichten grundsätzlich denselben Anforderungen genügen müsse, wie dies von einem Beamten abverlangt werde.[591] Insbesondere ist auch ein außerdienstliches Verhalten wie das Verbreiten ausländerfeindlicher Pamphlete aufgrund der besonderen Verantwortung eines Angestellten des öffentlichen Dienstes geeignet, eine außerordentliche Kündigung des Arbeitsverhältnisses zu begründen.[592]

188 Um die Unabhängigkeit der öffentlichen Hand zu wahren, dürfen Arbeitnehmer des öffentlichen Dienstes **Belohnungen und Geschenke**, die an diese in Bezug auf ihre dienstliche Tätigkeit angetragen werden, nicht ohne Zustimmung des Arbeitgebers annehmen (§ 10 BAT, § 12 MTArb).

189 **Nebentätigkeiten** sind im öffentlichen Dienst genehmigungspflichtig (vgl. etwa § 11 BAT). Einzelheiten regelt das Nebentätigkeitsbegrenzungsgesetz v. 09.09.1997.[593] Die dort niedergelegten Grundsätze gelten aufgrund der tarifvertraglichen Verweisungen auch für die nicht in einem Beamtenverhältnis Beschäftigten. Es besteht ein grundsätzlicher Anspruch auf ermessensfehlerfreie Entscheidung darüber, ob infolge der Nebentätigkeit eine Beeinträchtigung von Arbeitgeberinteressen droht, die eine Versagung der Nebentätigkeitsgenehmigung geboten erscheinen lässt.[594] Generell gilt, dass eine beabsichtigte oder bereits vollzogene Nebentätigkeit dem Arbeitgeber angezeigt werden muss, soweit dadurch dessen Interessen bedroht sind, wovon dann auszugehen ist, wenn die Nebentätigkeit mit der vertraglich geschuldeten Arbeitsleistung nicht vereinbar ist und die Ausübung der Nebentätigkeit somit eine Verletzung der Arbeitspflicht darstellt.[595] Ruhen die gegenseitigen Hauptleistungspflichten aufgrund einer Sonderurlaubsvereinbarung, dürften im Regelfall berechtigte Interessen des öffentlichen Dienstherrn nicht betroffen sein.[596]

190 **Kündigungen** bedürfen im öffentlichen Dienst stets der Schriftform (vgl. etwa § 57 BAT). Der Arbeitgeber soll dabei auch den Kündigungsgrund mit angeben. Im Übrigen gelten die allgemein zum Kündigungsrecht entwickelten Grundsätze. Ebenso wie im Bereich des Befristungsrechts ein bloßer kw-Vermerk nicht genügt, um eine Befristung zu rechtfertigen, kann der öffentliche Arbeitgeber unter Berufung auf einen solchen nicht bereits eine betriebsbedingte Kündigung aussprechen. Vielmehr bedarf es dann eines auf den Stellenbedarf der jeweiligen Dienststelle zugeschnittenen Konzepts der

588 Ergänzend sei darauf verwiesen, dass lediglich die Tatbestände des § 23a Nr. 4 Satz 3 BAT zur Anrechnung führen, während i.Ü. die rechtserhaltende Wirkung der Hemmung eintritt; BAG, Urt. v. 09.11.1994, DB 1995, 1967.

589 Zur Abgrenzung vgl. auch BAG, Urt. v. 10.09.1980, AP Nr. 125 zu § 1 TVG Auslegung; v. 01.06.1988, DB 1988, 2655; vgl. i.Ü. hierzu *Natzel*, Die Betriebszugehörigkeit im ArbR, S. 8 ff., 197 ff.

590 BAG, Urt. v. 31.03.1976, AP Nr. 2 zu Art. 33 Abs. 2 GG.

591 BAG, Urt. v. 06.02.1980, AP Nr. 5 zu Art. 33 Abs. 2 GG; vgl. ferner hierzu BAG, Urt. v. 02.03.1982, AP Nr. 8 zu Art. 5 Abs. 1 GG zum Tragen einer Anti-Atomkaft-Plakette in Schulen.

592 BAG, Urt. v. 14.02.1996, AP Nr. 26 zu § 626 BGB.

593 BGBl I, 2294.

594 BAG, Urt. v. 11.12.1974, AP Nr. 1 zu § 11 BAT.

595 BAG, Urt. v. 18.01.1996, AP Nr. 25 zu § 242 BGB Auskunftspflicht.

596 So jedenfalls BAG, Urt. v. 13.03.2003, NZA 2003, 976.

zuständigen Verwaltung, aus dem der Wegfall des Arbeitsplatzes ersichtlich wird.[597] Gleiches gilt für den Entzug von Drittmitteln; auch dieser bedarf erst noch der Umsetzung in ein personalpolitisches Konzept.[598]

Mit einer Beschäftigungszeit von 15 Jahren sind Angestellte des öffentlichen Dienstes ab Vollendung des 40. Lebensjahres **unkündbar**, wenn deren Arbeitszeit mindestens die Hälfte von der eines Vollzeitbeschäftigten beträgt (§ 53 Abs. 3 BAT). Dieses Kündigungsverbot wird durch § 55 Abs. 2 BAT erweitert, wonach andere wichtige Gründe, insbesondere dringende betriebliche Erfordernisse, die einer Weiterbeschäftigung entgegenstehen, eine außerordentliche Beendigungskündigung nicht zu rechtfertigen vermögen. Damit wird die im Einzelfall auch unter Berufung auf betriebsbedingte Gründe zulässige[599] außerordentliche Kündigung ausgeschlossen.[600] 191

Die **Haftung** für Schäden infolge Verletzung der arbeitsvertraglichen Pflichten richtet sich nach den allgemeinen arbeitsrechtlichen Haftungsgrundsätzen. Sie ist jedoch über § 839 BGB i.V.m. Art. 34 GG für Fälle der sog. Amtspflichtverletzung begrenzt. 192

b) Kirchliche Arbeitnehmer

Staatlich als Kirche anerkannte Religionsgemeinschaften bleiben nach Art. 37 Abs. 5 WRV, der nach § 140 GG Bestandteil des Grundgesetzes ist, Körperschaften des Öffentlichen Rechts. Sie können nach Art. 137 Abs. 3 WRV ihre Angelegenheiten innerhalb der Schranken der für alle geltenden Gesetze selbst ordnen und verwalten. Dieses **Selbstverwaltungsrecht der Kirchen** hat der Staat auch bezogen auf die karitativen und erzieherischen Einrichtungen der Kirchen anzuerkennen.[601] Ihm ist es auch verwehrt, über den Schrankenvorbehalt Ordnungsgewalt über die kirchliche Organisation auszuüben.[602] 193

Das Selbstverwaltungsrecht der Kirchen eröffnet es diesen, die in ihnen begründeten Dienstverhältnisse nach öffentlich-rechtlichen Grundsätzen zu ordnen.[603] Bedienen sich die Kirchen der Privatautonomie zur Begründung und Durchführung von Arbeitsverhältnissen, ist das staatliche Arbeitsrecht anzuwenden.[604] Die Bindung an das staatliche Arbeitsrecht ist insofern als Folge der bei Begründung des Rechtsverhältnisses erfolgten Rechtswahl zu respektieren. Allerdings ist auch im Rahmen des gewählten Arbeitsverhältnisses die **religiös geprägte Eigenart des kirchlichen Dienstes** zu berücksichtigen. So gewährleistet die Verfassungsgarantie des kirchlichen Selbstbestimmungsrechts den Kirchen, darüber zu befinden, welche Dienste es in ihren Einrichtungen geben soll und in welchen Rechtsformen sie wahrzunehmen sind. Den Kirchen obliegt es dabei, in den Schranken des für alle geltenden Gesetzes den kirchlichen Dienst nach ihrem Selbstverständnis zu regeln und die spezifischen Obliegenheiten kirchlicher Arbeitnehmer verbindlich zu machen.[605] Die arbeitsrechtlichen Regelungen sind damit im Lichte der Wertentscheidung des verfassungsrechtlich garantierten Selbstbestimmungsrechts der Kirchen anzuwenden und auszulegen.[606] Dabei sind im Rahmen der Umsetzung diese getroffenen Wertentscheidungen die hiermit kollidierenden Grundrechtspositionen zu berücksichtigen.[607] 194

597 BAG, Urt. v. 18.11.1999, AP Nr. 55 zu § 2 KSchG.
598 BAG, Urt. v. 20.02.1986, AP Nr. 11 zu § 1 KSchG.
599 Vgl. etwa BAG, Urt. v. 05.02.1998, NZA 1998, 771.
600 Die Rechtmäßigkeit solcher Tarifvertragsklauseln daher in Frage stellend *Kania/Kramer*, RdA 1995, 288 f.
601 BVerfG, Beschl. v. 11.10.1977, AP Nr. 1 zu Art. 140 GG.
602 MünchArbR/*Richardi*, § 192 Rn 5.
603 MünchArbR/*Richardi*, § 192 Rn 15.
604 BAG, Urt. v. 25.04.1978, AP Nr. 2 zu Art. 140 GG.
605 BVerfG, Beschl. v. 04.06.1985, AP Nr. 24 zu Art. 140 GG.
606 BAG, Urt. v. 25.04.1978, AP Nr. 2 zu Art. 140 GG.
607 BVerfG, Beschl. v. 07.05.2002, NZA 2002, 609.

aa) Rechtsgrundlagen der Beschäftigung

195 Personen, die wie etwa Angehörige eines Ordens als Mitglied einer religiösen Gemeinschaft für diese tätig sind, sind keine Arbeitnehmer; auf sie findet das staatliche Arbeitsrecht also keine Anwendung.[608] Im Übrigen ist aber die Anwendbarkeit staatlichen Arbeitsrechts nicht ausgeschlossen. Zwar können die Kirchen im Rahmen ihres Selbstverwaltungsrechts allgemeine Grundsätze entwickeln, über die die Durchführung des Arbeitsverhältnisses im Sinne des kirchlichen Auftrags gewährleistet wird; die Befugnis zur Schaffung eines eigenen Arbeitsrechts geht damit jedoch nicht einher. Bedienen sich somit die Kirchen wie jedermann der Privatautonomie zur Begründung von Arbeitsverhältnissen, so findet als schlichte Folge der getroffenen Rechtswahl auf diese das staatliche Arbeitsrecht Anwendung.[609] Auch ist daher für Rechtsstreitigkeiten aus einem Arbeitsverhältnis der **Rechtsweg zu den staatlichen Arbeitsgerichten** gegeben, während im Übrigen die kirchlichen Gerichte entscheiden.

196 Soweit staatliches Arbeitsrecht anzuwenden ist, gelten bspw. für die im Dienst der erzieherischen und karitativen Einrichtungen der Kirche stehenden Arbeitnehmer die **Regelungen des KSchG**, selbst wenn deren Tätigkeit in Bindung an den übergeordneten Auftrag der Kirche ausgeübt wird. Allerdings sind in diesem Rahmen die sich aus der Sonderstellung der Kirchen ergebenden Besonderheiten zu berücksichtigen.[610] Zwar können diese nicht ein eigenständiges Kündigungsrecht etwa durch Bestimmung absoluter Kündigungsgründe entwickeln.[611] Wohl aber können sie aufgrund ihrer Autonomie für die im kirchlichen Dienst stehenden Arbeitnehmer aus dem Verkündigungsauftrag heraus abgeleitete Loyalitätspflichten festlegen,[612] jedenfalls soweit die in den Einrichtungen der Kirche Beschäftigten irgendwie an der kirchlichen Verkündigung teilhaben.[613] Die Befugnis zur autonomen Festlegung von Loyalitätsmaßstäben ändert aber nichts an der Tatsache, dass die Frage, ob die Verletzung einer Loyalitätspflicht eine ausgesprochene Kündigung rechtfertigt, nach den allgemeinen kündigungsschutzrechtlichen Rechtsgrundsätzen zu beantworten ist.[614]

197 Soweit das staatliche Arbeitsrecht anzuwenden ist, gelten auch die den **Betriebsübergang** regelnden Bestimmungen. Geht ein Betrieb auf eine private Einrichtung über, bleibt der Betriebserwerber an die bislang geltenden Arbeitsbedingungen einschließlich der auf der Grundlage von Arbeitsvertragsordnungen geschaffenen Regelungen[615] gebunden.[616] Dies gilt auch für den Erwerb eines Betriebs oder Betriebsteils durch einen kirchlichen Rechtsträger. Mit dem Betriebsübergang tritt dieser in alle

608 MünchArbR/*Richardi*, § 193 Rn 3.

609 BVerfG, Beschl. v. 04.06.1985, AP Nr. 24 zu Art. 140 GG.

610 Vgl. insoweit auch *Vogler*, RdA 1993, 257 ff.

611 Vgl. auch *Dütz*, NJW 1990, 2025. Davon unbeschadet sind Regelungen zum besonderen Schutz des Arbeitnehmers wie die des § 5 GrO, wonach vor einer Kündigung ein »klärendes Gespräch« durchzuführen ist; eine dies unberücksichtigt lassende Kündigung ist unwirksam (BAG, Urt. v. 16.09.1999, NZA 2000, 208).

612 So für die kath. Kirche in der »Grundordnung des kirchlichen Dienstes im Rahmen kirchlicher Arbeitsverhältnisse (GrO)« (abgedr. in: NJW 1994, 1394), die insbes. Maßstäbe für die Loyalitätsobliegenheiten (Anerkennung der Grundsätze der kath. Glaubens- und Sittenlehre; Kirchenzugehörigkeit; kein öffentlichen Eintreten gegen die tragenden Grundsätze der Kirche; Anerkennung der einen kirchlichen Ehe etc.) im kirchlichen Arbeitsverhältnis aufstellt.

613 BVerfG, Beschl. v. 04.06.1985, AP Nr. 24 zu Art. 140 GG; ferner BAG, Urt. v. 25.04.1978, AP Nr. 2 zu Art. 140 GG (Kündigung einer Leiterin eines katholischen Pfarrkindergartens, die in weltlicher Ehe einen geschiedenen Mann geheiratet hat); v. 19.12.1984, AP Nr. 21 zu Art. 140 GG (Kündigung eines in einem katholischen Krankenhaus beschäftigten Assistenzarztes nach dessen Kirchenaustritt); v. 07.10.1993, AP Nr. 114 zu § 626 BGB (Kündigung eines Chefarztes wg. gegen die Grundsätze der Kirche verstoßende Behandlungsmethoden); v. 21.02.2001, NZA 2001, 1136 (Kündigung einer Erzieherin, die öffentl. für eine Sekte wirbt); anders jedoch mangels kirchenspezifischer Aufgabenstellung BAG, Urt. v. 23.03.1984, AP Nr. 16 zu Art. 140 GG (Kündigung eines Buchhalters in einem katholischen Jugendheim nach dessen Kirchenaustritt); zu alledem vgl. *Thüsing*, NZA 2002, 306 f.; *Vogel*, NZA 2002, 313 ff.

614 Vgl. hierzu auch *Dütz*, NJW 1990, 2025; *Richardi*, NZA 1994, 19.

615 Zu diesen vgl. noch im Folgenden.

616 Vgl. insofern auch BAG, Urt. v. 20.03.2002, NZA 2002, 1402, wo zugleich die Frage der analogen Anwendung des § 613a Abs. 1 Satz 2 und 3 BGB auf im dritten Wege zustande gekommene Arbeitsrechtsregelungen offen gelassen wird; ferner zur (analogen) Anwendung des § 613a BGB: *Thüsing*, NZA 2002, 310.

Rechte und Pflichten aus dem bestehenden Arbeitsverhältnis ein; er kann sich dem nicht durch die Auswahl bestimmter, zu übernehmender Arbeitnehmer entziehen.[617]

Die **Koalitionsfreiheit** ist auch im Bereich des kirchlichen Dienstes gewährt. Dies gilt allerdings nur, soweit die Wahrnehmung von Kollektivinteressen die Besonderheit des kirchlichen Dienstes nicht entgegensteht.[618] Letzteres schließt nach herrschender Auffassung aus, dass die Koalition im Rahmen ihrer Betätigungsfreiheit ein Streikrecht gegenüber kirchlichen Einrichtungen für sich in Anspruch nimmt.[619] 198

Weil die Kirchen nicht dem Tarifvertragssystem mit seinen arbeitskampfrechtlichen Instrumentarien unterliegen, haben sie ein eigenständiges Modell zur **Gestaltung der allgemeinen Arbeitsbedingungen** geschaffen, das je nach Kirchenzuständigkeit unterschiedlich ausgestaltet ist (sog. dritter Weg).[620] Die dabei im Rahmen sog. **Arbeitsvertragsordnungen oder -richtlinien**[621] geschaffenen Regelungsmechanismen können Tarifverträgen nicht gleichgestellt werden; ihnen wird somit keine unmittelbare und zwingende Wirkung zuteil.[622] Ob daher ihre inhaltliche Kontrolle auf eine Rechtskontrolle oder eingeschränkte Billigkeitskontrolle nach §§ 317, 319 BGB beschränkt ist, hat das BAG offen gelassen.[623] Über eine Transformation durch Einzelvertrag, Gesamtzusage oder Einheitsregelung in das Arbeitsverhältnis entfalten die Arbeitsvertragsordnungen und -richtlinien aber eine ebenbürtige Wirkung.[624] Sie sind als Bestandteil der individualrechtlichen Vereinbarung jedoch grundsätzlich nur mit Mitteln des allgemeinen Arbeitsrechts (Änderungskündigung, Änderungsvereinbarung) abzubedingen. 199

Ob eine Änderung der Arbeitsbedingungen durch einen Wechsel des Tarifsystems aufgrund von Beschlüssen kirchlicher Arbeitsrechtskommissionen möglich ist, wird aufgrund mangelnder Vorhersehbarkeit der Änderungen auch dann in Zweifel gezogen, wenn in den Einzelarbeitsvertrag eine Verweisungsklausel aufgenommen wurde.[625] Dem kann unter Zugrundelegung der BAG-Rechtsprechung nicht gefolgt werden. So hat das BAG unter Berufung auf § 317 BGB auf das Recht der Arbeitsvertragsparteien hingewiesen zu bestimmen, dass ein Dritter die Anpassung des Vertragsverhältnisses an veränderte Bedingungen vornehmen soll. Als Dritter könne auch eine paritätisch zusammengesetzte, unabhängige Kommission angesehen werden, wie sie die Arbeitsrechtlichen Kommissionen der Kirchen darstellten. Dagegen spräche nicht, dass es sich bei diesen Kommissionen um eine kraft Kirchengesetzes eingesetzte Institution handelt, die durch ein entsprechendes Kirchengesetz auch wieder abgeschafft bzw. bzgl. ihrer paritätischen Besetzung oder Unabhängigkeit grundlegend verändert werden könnte. Folgt man dieser Rechtsprechung, ist in der Inbezugnahme der kirchlichen Arbeitsvertragsordnungen/-richtlinien eine Überlassung des Rechts zur Leistungsbestimmung an die kirchliche Arbeitskommission als Dritten i.S.d. § 317 BGB zu sehen.[626] Damit wird dieser aber zugleich auch das Recht eingeräumt, im Rahmen billigen 200

617 MünchArbR/*Richardi*, § 193 Rn 45 ff.

618 MünchArbR/*Richardi*, § 194 Rn 6 ff.

619 BAG, Urt. v. 06.11.1996, NZA 1997, 778; *Grethlein*, NZA 1996, Beil. 1, S. 18; ferner: MünchArbR/*Richardi*, § 194 Rn 21; *ders.*, NZA 2002, 929 ff.; *Thüsing*, NZA 2002, 311; *ders.*, RdA 2003, 213.

620 Vgl. Einzelheiten bei MünchArbR/*Richardi*, § 195 Rn 7 ff.

621 Zuständig in der katholischen Kirche sind für die Diözesen die regionalen Kommissionen zur Ordnung des Arbeitsvertragsrechts (RegionalKODA) sowie für die Bistümer und den dt. Caritasverband die ZentralKODA (vgl. hierzu auch *Richardi*, NZA 1998, 1305). Es handelt sich ebenso wie bei den in den evangelischen Landeskirchen vorhandenen Einrichtungen um paritätisch besetze Kommissionen.

622 BAG, Beschl. v. 24.09.1980, AP Nr. 9 zu § 72a ArbGG; v. 28.10.1987, AP Nr. 1 zu § 7 AVR Caritasverband; v. 17.04.1996, AP Nr. 24 zu § 611 BGB Kirchendienst; v. 20.03.2002, NZA 2002, 1402; *Dietz*, RdA 1979, 79; *Thüsing*, NZA 2002, 310.

623 BAG Urt. v. 19.02.2003, NZA 2004, 54 ff.

624 BAG, Urt. v. 26.07.1995, AP Nr. 8 zu § 12 AVR Caritasverband; v. 17.04.1996, AP Nr. 24 zu § 611 BGB Kirchendienst; v. 06.11.1996, AP Nr. 1 zu § 10a AVR Caritasverband; v. 20.03.2002, NZA 2002, 1402, wo zugleich die Frage offen gelassen wird, ob das kirchliche Recht eine normative Wirkung der Arbeitsbedingungen anordnen kann; v. 19.02.2003, NZA 2004, 54 ff.

625 Vgl. *Hammer*, ArbuR 2002, 50 unter Berufung auf *Hanau/Thüsing*, KuR 1999, 143.

626 BAG, Urt. v. 17.04.1996, AP Nr. 24 zu § 611 BGB Kirchendienst.

Ermessens Arbeitsvertragsbedingungen zu ändern; insofern nehmen sie eine den Tarifvertragsparteien vergleichbare Funktion wahr. Dies hat das BAG im Ergebnis mit seiner Entscheidung vom 19.02.2003[627] bestätigt. Danach können Regelungen, die kraft arbeitsvertraglicher Bezugnahme auf ein im Dritten Wege beschlossenes Regelungswerk im Arbeitsverhältnis anzuwenden sind, auch rückwirkend durch eine entsprechende Regelung geändert werden.

201 Die Unterschiede der Festlegungen durch die Beschlüsse der kirchlichen Arbeitsrechtskommissionen gegenüber der Entstehung von Tarifverträgen haben nach der Rechtsprechung nicht zur Folge, dass die Arbeitsvertragsrichtlinien, soweit sie einschlägige tarifvertragliche Regelungen insgesamt übernehmen, einer grundsätzlich anderen **Vertragskontrolle** zu unterziehen sind, als sie bei Tarifverträgen vorzunehmen ist. Begründet wird diese Rechtsprechung damit, dass die paritätische Besetzung der tätigen arbeitsrechtlichen Kommissionen und deren Weisungsunabhängigkeit gegenüber der Kirchenleitung eine ähnliche materielle Richtigkeitsgewähr biete, wie sie auch bei Tarifverträgen unterstellt wird.[628] Werden somit die Regeln kirchlicher Arbeitsvertragsrichtlinien zum Bestandteil des Arbeitsvertrages gemacht, ist wie bei der Übernahme von Tarifverträgen lediglich zu prüfen, ob die übernommene Regelung nicht gegen die Verfassung, gegen anderes höherrangiges Recht oder gegen die guten Sitten verstößt.[629] Eine Billigkeitskontrolle findet allenfalls insoweit statt, als die durch die Arbeitsrechtliche Kommission als Dritten erfolgte Leistungsbestimmung i.S.d. § 319 BGB offensichtlich unbillig ist.[630] Damit ist der Prüfungsmaßstab ein anderer, als er für arbeitsvertragliche Einheitsregelungen gilt. Im Regelfall ist hier ebenso wie bei tarifvertraglichen Regelungen, die in den Arbeitsvertrag übernommen wurden, von deren Richtigkeitsgewähr auszugehen. Die unterschiedlichen Methoden, nach denen Arbeitsvertragsrichtlinien einerseits und Tarifverträge andererseits entstehen, haben nach dieser Rechtsprechung nicht zur Folge, dass für die Arbeitsvertragsrichtlinien, jedenfalls soweit diese in Anlehnung an bestehende tarifliche Regelwerke erstellt sind, andere Maßstäbe gelten. Sie unterliegen folglich ebenso wenig wie Tarifverträge der gerichtlichen Billigkeitskontrolle zur Korrektur eines festgestellten Ungleichgewichts. An diesen durch die Rechtsprechung aufgestellten Regeln wird festzuhalten sein. Der Gesetzgeber hat im Rahmen seiner Gesetzesbegründung des Schuldrechtsmodernisierungsgesetzes zu § 310 Abs. 4 BGB, mit dem die Anwendung der Vorschriften über Allgemeine Geschäftsbedingungen unter den Vorbehalt der Berücksichtigung der im Arbeitsrecht geltenden Besonderheiten gestellt wurde, insofern ausdrücklich auf die im kirchlichen Arbeitsrecht bestehenden Besonderheiten hingewiesen.[631] Den nach dem kircheneigenen Beteiligungsmodell des Dritten Weges zustande gekommenen Regelungen ist damit die gleiche Richtigkeitsgewähr zuzugestehen, wie den in § 310 Abs. 4 BGB ausdrücklich erwähnten Tarif-, Betriebs- und Dienstvereinbarungen; die insoweit mangels entsprechender Kirchenklausel unvollständige Regelung des § 310 Abs. 4 BGB ist daher auszufüllen.[632]

202 Aus der nicht rechtlichen, aber funktionalen Gleichstellung von Tarifverträgen und Arbeitsvertragsrichtlinien wird zugleich abgeleitet, dass **tarifdispositives Recht auch durch Regelungen des kirchlichen Arbeitsrechts abdingbar** sei, auch wenn ein ausdrücklicher Hinweis darauf im staatlichen Recht fehlt.[633] Folglich ist es einer kirchlichen Arbeitsrechtskommission nicht verwehrt, von einer gesetzlichen Öffnungsklausel zugunsten abweichender Regelungen Gebrauch zu machen.[634]

203 Die Gestaltung der **Mitbestimmungsordnung** ist den Kirchen aufgrund ihres Selbstbestimmungsrechts verfassungsrechtlich garantiert. So bestimmt auch Art. 137 Abs. 3 WRV, dass es zur eigenen Regelungskompetenz der Kirchen gehört, ob und in welcher Weise Arbeitnehmer und ihre

627 BAG, Urt. v. 19.02.2003, NZA 2004, 54 ff.
628 BAG, Urt. v. 06.11.1996, AP Nr. 1 zu § 10a AVR Caritasverband.
629 BAG, Urt. v. 06.11.1996, AP Nr. 1 zu § 10a AVR Caritasverband.
630 BAG, Urt. v. 17.04.1996, AP Nr. 24 zu § 611 BGB Kirchendienst mit insofern krit. Anm. von *Thüsing*.
631 Vgl. Ges.-Begr. BT-Drucks 14/7052, S. 189.
632 *Richardi*, NZA 2002, 1062 f.; *Thüsing*, NZA 2002, 310.
633 Vgl. hierzu auch *Müller-Volbehr*, NZA 2002, 301 ff.
634 Vgl. hierzu auch *v. Hoyningen-Huene*, RdA 2002, 65 ff.; *Thüsing*, NZA 2002, 310.

Vertretungen in Angelegenheiten des Betriebs, die ihre Interessen berühren, mitwirken und mitbestimmen. Folglich unterliegen Religionsgemeinschaften sowie deren karitative und erzieherische Einrichtungen unbeschadet ihrer rechtlichen Organisation nicht den Regelungen über betriebliche und unternehmerische Mitbestimmung.[635] Die Grundsätze des kirchlichen Arbeitsrechts sind somit zu beachten. Den einzelnen Rechtsträgern solcher Einrichtungen steht jedoch auch insofern keine Befugnis zur Aufstellung eigener arbeitsrechtlicher Regelungen zu.[636]

204 Während § 118 Abs. 1 BetrVG die Anwendung betriebsverfassungsrechtlicher Regelungen für Religionsgemeinschaften und deren karitative sowie erzieherische Einrichtungen ausschließt und damit die durch die WRV geschützten christlichen Kirchen anspricht, regelt dies § 118 Abs. 2 BetrVG ebenso für nichtchristliche Religions- und Weltanschauungsgemeinschaften wie für privatrechtlich organisierte selbständige Einrichtungen, die karitativen oder erzieherischen Zwecken dienen. Entscheidend ist insofern, dass dort Aufgaben wahrgenommen werden, die nach kirchlichem Selbstverständnis dem Auftrag der Kirche zuzuordnen sind und deshalb auch durch die Kirchen ein Mindestmaß an Einfluss ausgeübt wird.[637] Hierzu bedarf es jedoch keiner satzungsmäßigen Absicherung. Es genügt, wenn die Kirche in der Lage ist, einen etwaigen Dissens in religiösen Angelegenheiten zwischen ihr und der Einrichtung unterbinden zu können.[638] Ist jedoch die Einrichtung rein auf einen kommerziellen Zweck ausgerichtet, greifen die Ausnahmebestimmungen des § 118 BetrVG nicht.[639] Gleiches gilt für den Fall, dass sich eine bislang kirchliche Einrichtung verselbständigt, indem sie erklärt, die Grundordnung des kirchlichen Dienstes fortan nicht mehr anerkennen zu wollen.[640]

205 Unbeschadet der fehlenden Einbeziehung kirchlicher Einrichtungen in das gesetzlich vorgesehene Mitbestimmungssystem haben die Kirchen **Einrichtungen der Mitarbeitervertretung** geschaffen.[641]

bb) Abschluss, Durchführung und Beendigung des Arbeitsverhältnisses

206 Im Rahmen ihrer Selbstbestimmung können Kirchen **Vorgaben für die Personalauswahl** treffen. Sie können somit die Einstellung von einer kirchlichen Bindung des Einzustellenden und dessen Eignung abhängig machen, den kirchlichen Auftrag nach außen hin angemessen zu repräsentieren. Dies bedingt auch ein darauf gerichtetes Fragerecht.[642]

207 Das Arbeitsverhältnis wird nach den allgemeinen **Vorgaben des bürgerlichen Rechts durch Vertrag** begründet. Dabei können dem Arbeitnehmer neben der Verpflichtung zur ordnungsgemäßen Erledigung der ihm übertragenen Aufgaben im dienstlichen wie auch im außerdienstlichen Bereich gewisse Loyalitätsobliegenheiten auferlegt werden, soweit dies die Erfüllung des kirchlichen Auftrags erfordert.[643]

208 Die Regelungen über die **Befristung und Kündigung** von Arbeitsverhältnissen sind zu berücksichtigen. Allerdings kann die Besonderheit des Dienstes im Rahmen der Kirche eine eigene Interpretation

635 So auch geregelt in § 118 Abs. 1 BetrVG, § 1 Abs. 3 Nr. 2 SprAuG, § 112 BPersVG, § 1 Abs. 2 Nr. 2a DrittelbG, § 1 Abs. 4 Satz 2 MitbestG.

636 MünchArbR/*Richardi*, § 192 Rn 43.

637 BAG, Beschl. v. 24.07.1991, AP Nr. 48 zu § 118 BetrVG; v. 31.07.2002, DB 2002, 2729.

638 BAG, Beschl. v.14.04.1988, v. 24.07.1991 sowie v. 30.04.1997, AP Nr. 36, 48, 60 zu § 118 BetrVG; v. 31.07.2002, DB 2002, 2729.

639 LAG Hamm, Beschl. v. 14.03.2000, NZA-RR 2000, 532; vgl. i.Ü. zur Anwendung der Bereichsausnahme des § 118 BetrVG: *Thüsing*, NZA 2002, 308 ff.

640 *Thüsing*, NZA 2002, 309.

641 Für die evangelische Kirche ist das Kirchengesetz über die Mitarbeitervertretungen bei den Dienststellen der EKD (MitarbeitervertretungsG), für die diakonischen Einrichtungen die Ordnung für die Mitarbeitervertretungen in diakonischen Einrichtungen (MitarbeitervertretungsO) sowie für die kath. Kirche die Rahmenordnung für eine MitarbeitervertretungsO v. 25.11.1985 (MAVO) einschlägig; vgl. hierzu auch *Thüsing*, NZA 2002, 309 f.

642 MünchArbR/*Richardi*, § 193 Rn 14.

643 MünchArbR/*Richardi*, § 193 Rn 21 ff.

der maßgeblichen Beendigungsnormen erfordern.[644] Dabei sind die Arbeitsgerichte etwa auch an die Loyalitätsvorgaben der Kirchen gebunden. Diese unterliegen allerdings der arbeitsgerichtlichen Rechtskontrolle dahin gehend, ob sie vom Selbstbestimmungsrecht der Kirchen gedeckt sind und nicht zu den Grundprinzipien der Rechtsordnung in Widerspruch stehen.

209 Sehen die dem Arbeitsverhältnis zugrunde liegenden Arbeitsvertragsordnungen oder -richtlinien eine Beteiligung der jeweiligen Mitarbeitervertretung vor, ist eine ohne eine solche Beteiligung vorgenommene Maßnahme gegenüber dem Arbeitnehmer unwirksam.[645]

5. Abgrenzung zu Organen juristischer Personen

210 Die Frage, ob das **Organ einer Gesellschaft** zugleich deren Arbeitnehmer sein kann, hat der Gesetzgeber ansatzweise für das Arbeitsrecht gelöst. So gelten nach § 5 Abs. 1 Satz 3 ArbGG nicht als Arbeitnehmer Personen, die kraft Gesetzes, Satzung oder Gesellschaftsvertrags allein oder als Mitglieder des Vertretungsorgans zur Vertretung einer juristischen Person oder einer Personengesamtheit berufen sind.[646] Ebenso finden nach § 14 Abs. 2 KSchG die Vorschriften über den Kündigungsschutz auf diese Personengruppe grundsätzlich keine Anwendung. Gleiches gilt für die Betriebsverfassung nach § 5 Abs. 1 Nr. 1, 2 BetrVG, wo fingiert wird, dass Organvertreter nicht als Arbeitnehmer im Sinne des Gesetzes gelten. Darüber hinaus ist die Arbeitnehmerstellung auch zu verneinen, wenn die gesellschaftsrechtliche Stellung des Organs unvereinbar mit der Stellung als Arbeitnehmer ist, da dieses als **Repräsentant** der Gesellschaft anzusehen ist, was sich mit einer persönlich abhängigen Rechtsstellung nicht vereinbaren lässt. Eine Repräsentationsfunktion nimmt beispielsweise wahr der Vorstand einer Aktiengesellschaft, der die Gesellschaft gerichtlich und außergerichtlich vertritt (§ 78 Abs. 1 AktG), der Geschäftsführer einer GmbH (§ 35 Abs. 1 GmbHG), der Geschäftsführer einer Komplementär-GmbH einer KG,[647] der Vorstand einer Genossenschaft (§ 24 Abs. 1 GenG) oder eines Versicherungsvereins auf Gegenseitigkeit (§ 34 Abs. 1 Satz 2 VAG i.V.m. § 78 AktG). Diese Personen unterliegen nicht dem arbeitsrechtlichen Weisungsstatut. Sie können ihre Tätigkeit im Wesentlichen frei gestalten und dabei über ihre eigene Arbeitskraft, über Arbeitsort und Arbeitszeit frei verfügen. Sie fügen sich damit in eine von ihnen selbst gegebene Ordnung des Betriebs ein.[648] **Besondere Vertreter** i.S.d. § 30 BGB sind nur dann als Repräsentationsorgan und nicht lediglich als rechtsgeschäftlich besonders bevollmächtigte Arbeitnehmer anzusehen, wenn ihre Bestellung auf der Satzung des Vereins beruht.[649] Nur dann sind sie i.S.d. § 5 Abs. 1 ArbGG kraft Gesetzes, Satzung oder Gesellschaftsvertrags als zur Vertretung berufen anzusehen. Anderenfalls steht der besondere Vertreter gleich anderen, mit besonderen Befugnissen betrauten Angestellten.

211 Zweifel an der fehlenden **Arbeitnehmerstellung eines GmbH-Geschäftsführers** werden bisweilen unter Berufung auf § 37 GmbHG angeführt. Danach sind die Geschäftsführer einer GmbH der Gesellschaft gegenüber verpflichtet, die Beschränkungen einzuhalten, welche für den Umfang ihrer Befugnis, die Gesellschaft zu vertreten, durch den Gesellschaftervertrag oder die Beschlüsse der Gesellschafter festgesetzt sind. Ist der Geschäftsführer zugleich Gesellschafter der GmbH und stehen ihm als solchem mehr als 50 % der Stimmen zu, kann er kein Arbeitnehmer sein; hier kann eine Weisungsunterworfenheit nicht angenommen werden.[650] Aber auch wenn eine Beteiligung im vorgenannten Umfang nicht gegeben ist, erscheint es als zweifelhaft, ob das Organ einer Gesellschaft

644 Hierzu i.E.: MünchArbR/*Richardi*, § 192 Rn 31 ff.

645 BAG, Urt. v. 07.10.1993, NZA 1994, 443; v. 26.07.1995, NZA 1995, 1197; vgl. i.Ü. zum Schlichtungsverfahren in Streitigkeiten nach der MitarbeitervertretungsO der kath. Kirche: *Bleistein*, RdA 1998, 37 ff.

646 Die Fiktion greift unabhängig davon, ob sich das der Organstellung zugrunde liegende Rechtsverhältnis materiell-rechtlich als freies Dienstverhältnis oder Arbeitsverhältnis darstellt; vgl. hierzu noch im Folgenden.

647 BAG, Beschl. v. 20.08.2003, DB 2003, 2183.

648 Vgl. insofern auch BSG, Urt. v. 08.12.1987, BB 1989, 73.

649 BAG, Beschl. v. 05.05.1997, AP Nr. 31 zu § 5 ArbGG.

650 BAG, Urt. v. 06.05.1998, AP Nr. 95 zu § 611 BGB Abhängigkeit.

zugleich auch Arbeitnehmer sein kann.[651] Das BAG betont insofern, dass nicht auf den Umfang der Vertretungsbefugnis im Innenverhältnis nach § 37 Abs. 1 GmbHG abzustellen, sondern die Arbeitnehmerstellung unabhängig von der gesellschaftsrechtlichen Bewertung nach den allgemeinen Kriterien zur Abgrenzung vom freien Dienstverhältnis zu bewerten sei.[652] Damit führt es eine klare Unterscheidung zwischen der Organstellung und dem ihr zugrunde liegenden Anstellungsverhältnis durch: Während die Bestellung zum Organ oder die Abberufung aus dieser Stellung einen rein körperschaftsrechtlichen Akt darstellt, soll für die Tätigkeit selbst auf den zugrunde liegenden schuldrechtlichen Vertrag abzustellen sein.[653] Für den Regelfall geht das BAG somit zwar davon aus, dass die schuldrechtliche Beziehung im Rahmen eines freien Dienstverhältnisses begründet wird; das Vorhandensein eines Arbeitsverhältnisses hält es aber in Abweichung zur Rechtsauffassung des BGH[654] im Einzelfall ebenso für möglich.[655] So hat es ausgeführt, dass zumindest bei einer Mehrpersonengeschäftsführung die Repräsentation der Gesellschaft, die unternehmerische Willensbildung und die Wahrnehmung von Arbeitgeberfunktionen auch dann noch möglich sei, wenn einzelne Mitglieder der Geschäftsführung wegen entsprechender Weisungsabhängigkeit materiell-rechtlich als Arbeitnehmer anzusehen sind. Diese Rechtsprechung ist nicht unproblematisch, verkennt sie doch, dass auch bei einer mehrgliedrigeren Geschäftsführung jedes einzelne Mitglied der Geschäftsführung nach außen hin Repräsentationsfunktionen als Teil des Gesamtorgans wahrnimmt, auch wenn es die Willensbildung nicht in seinem Sinne hat beeinflussen können.[656] Hält man aber mit der Rechtsprechung ein Nebeneinander von gesellschaftsrechtlicher Organstellung und Arbeitnehmereigenschaft für möglich, können sich deren Schicksale unterschiedlich entwickeln.[657] So kann die Organstellung durch Amtsniederlegung zum Erliegen kommen, ohne dass zugleich das der Beschäftigung zugrunde liegende Arbeitsverhältnis aufgelöst wird bzw. werden muss.[658]

212 Erfolgt die **Bestellung zum Geschäftsführer aus einem bestehenden Arbeitsverhältnis heraus**, soll nach der Rechtsprechung des BAG[659] im Zweifel mit Abschluss des Geschäftsführerdienstvertrages das bisherige Arbeitsverhältnis aufgehoben sein, sofern die Bestellung zum Geschäftsführer sich nicht mit der Stellung eines Arbeitnehmers vereinbaren lässt. Nicht nur aus Gründen der Rechtsklarheit, sondern vor allem auch aufgrund des Schriftformerfordernisses des § 623 BGB sollte jedoch unbeschadet dieser Rechtsprechung vor der Bestellung zum Organ das bislang bestehende Arbeitsverhältnis schriftlich aufgehoben werden.[660] Allerdings wird auch nach In-Kraft-Treten des § 623 BGB die Auffassung vertreten, dass eine konkludente Aufhebung des bisherigen Arbeitsverhältnisses formwirksam erfolgen könne, wenn eine zum Geschäftsführer bestellende Urkunde vorliegt, die den Anforderungen des § 126 BGB genügt und zugleich die Voraussetzungen der vom BAG entwickelten Andeutungstheorie erfüllt.[661] Im umgekehrten Fall, dass ein ehemaliger

651 Hierzu auch *Holthausen/Steinkraus*, NZA-RR 2002, 287.

652 BAG, Urt. v. 26.05.1999, AP Nr. 10 zu § 35 GmbHG; v. 20.08.2003, DB 2003, 2183.

653 BAG, Urt. v. 16.09.1998, AP Nr. 56 zu § 611 BGB Direktionsrecht; v. 26.05.1999, AP Nr. 10 zu § 35 GmbHG; v. 23.08.2001, BB 2001, 2535; v. 20.08.2003, DB 2003, 2183.

654 BGH, Urt. v. 09.02.1978, AP Nr. 1 zu § 38 GmbHG; v. 26.03.1984, NJW 1984, 2528; v. 09.03.1987, NJW 1987, 2073; vgl. ferner i.d.S.: *Boemke*, ZfA 1998, 209 ff.; *Nägele*, BB 2001, 305 ff.

655 BAG, Urt. v. 06.05.1999, AP Nr. 46 zu § 5 ArbGG; v. 26.05.1999, AP Nr. 10 zu § 35 GmbHG; ebenso i.d.S.: *Henssler*, RdA 1992, 292.

656 So zutr. auch *Boemke* in Anm. zu BAG, Urt. v. 26.05.1999, AP Nr. 10 zu § 35 GmbHG; *Hueck*, ZfA 1985, 31 f.; vgl. ferner MünchArbR/*Richardi*, § 24 Rn 114, wo zu Recht festgestellt wird, dass eine gesellschaftsrechtliche Weisungsgebundenheit nicht zugleich auch eine arbeitsrechtliche Gebundenheit bewirkt.

657 Vgl. insofern BAG, Urt. v. 08.12.1977, AP Nr. 9 zu § 850 ZPO; BGH, Urt. v. 09.02.1978, AP Nr. 1 zu § 38 GmbHG; vgl. i.Ü. hierzu *Holthausen/Steinkraus*, NZA-RR 2002, 281.

658 BGH, Urt. v. 09.02.1978, AP Nr. 1 zu § 38 GmbHG.

659 BAG, Urt. v. 08.06.2000; AP Nr. 49 zu § 5 ArbGG unter teilweiser Korrektur der Rechtsprechung v. 09.05.1985, BAGE 49, 81; hierzu auch *Dollmann*, BB 2003, 1838 ff.; *Holthausen/Steinkraus*, NZA-RR 2002, 287 ff.

660 Dollmann, BB 2003, 1838; vgl. i.Ü. zur Auslegung eines Geschäftsführervertrages als schriftlicher Aufhebungsvertrag vgl. *Baeck/Hopfner*, DB 2000, 1914.

661 *Baeck/Hopfner*, DB 2000, 1914 f.; *Holthausen/Steinkraus*, NZA-RR 2002, 282 ff.; *Nägele*, BB 2001, 305 f.; *Kamanabrou*, DB 2002, 149 f.; sich gegen die Wirksamkeit konkludenter Aufhebungsverträge nach Schaffung des § 623 BGB indes aussprechend: *Bauer*, GmbHR 2000, 767 f.; *Dollmann*, BB 2003, 1840.

Geschäftsführer nach dem **Ende seiner Organstellung** weiter für das Unternehmen tätig ist, ist ebenfalls von einem konkludenten Vertragsschluss dahin gehend auszugehen, die Tätigkeit solle nunmehr im Rahmen eines Arbeitsverhältnisses durchgeführt werden.[662] Hier bedarf es aufgrund der Beschränkung des § 623 BGB auf Arbeitsverhältnisse keiner Schriftform.[663] Dennoch ist auch hier eine förmliche Vereinbarung über das Fortbestehen oder den Wegfall der Rechtsnatur des bisherigen Vertragsverhältnisses zu empfehlen.

213 Unbeschadet vorgenannter Zweifel an der BAG-Rechtsprechung kann unzweifelhaft dann die Eigenschaft, Arbeitnehmer zu sein, angenommen werden, wenn das **Anstellungsverhältnis des GmbH-Geschäftsführers nicht zu der Gesellschaft besteht, deren Organ er ist**.[664] Hier wird eine Weisungsgebundenheit und damit die Arbeitnehmerstellung bejaht werden können, zumal bezogen auf jene Gesellschaft ein unternehmerisches Risiko nicht getragen und ein von der Ertragslage unabhängiges Arbeitsentgelt bezogen wird.[665] Der Geschäftsführer kann aus diesem, aber eben nur aus diesem Beschäftigungsverhältnis entstehende Ansprüche vor dem Arbeitsgericht geltend machen.

214 Mit der arbeitsrechtlichen Bewertung der Bestellung zum Geschäftsführer ist nicht zugleich auch etwas über deren sozialversicherungsrechtlichen Folgen gesagt. Für das **Sozialversicherungsrecht** ist gesondert zu prüfen, ob dieser funktionsgerecht dienend am Arbeitsprozess des Betriebs teilnimmt, er ein Entgelt dafür erhält und keinen maßgeblichen Einfluss auf die Geschicke der Gesellschaft ausüben kann.[666] Für die Beurteilung der persönlichen Abhängigkeit können als Kriterien der Umfang der Kapitalbeteiligung,[667] die Bestellung als Fremdgeschäftsführer einer GmbH,[668] der Besitz einer Sperrminorität,[669] der dominierende Einfluss aufgrund von Wissensüberlegenheit,[670] die Befreiung vom Selbstkontrahierungsverbot,[671] die Befugnis zur Einzelvertretung,[672] das Unternehmerrisiko[673] oder die Art der Beschäftigung[674] sein. Unterhält der Geschäftsführer einer GmbH & Co. KG an einer der Gesellschaften Anteile, ist darauf abzustellen, bei welcher dieser Gesellschaften er die Anteile in welcher Höhe hält.[675] Für das **Rentenversicherungsrecht** ist zusätzlich zu dem zuvor Dargestellten zu beachten, dass die Rentenversicherungsträger unter Berufung auf die Versicherungspflicht nach § 2 Nr. 9 SGB VI für arbeitnehmerähnliche Selbständige den Geschäftsführer einer Gesellschaft in die Rentenversicherung mit einbezieht, wenn die GmbH regelmäßig nur einen Auftraggeber hat und keine eigenen sozialversicherungsrechtlichen Arbeitnehmer beschäftigt.[676]

215 Für Rechtsstreitigkeiten eines kraft Gesetzes, Satzung oder Gesellschaftervertrags zur Vertretung einer juristischen Person berufenen Organs ist diesem grundsätzlich der **Rechtsweg zur Arbeitsgerichtsbarkeit** verwehrt.[677] § 5 Abs. 1 Satz 3 ArbGG bestimmt, dass solche zur Vertretung berufenen Organe nicht als Arbeitnehmer im Sinne des ArbGG gelten. Diese Fiktion greift unabhängig davon, ob sich das der Organstellung zugrunde liegende Rechtsverhältnis materiell-rechtlich als freies

662 BAG, Urt. v. 13.02.2003, DB 2003, 942.
663 Zur Frage der Unanwendbarkeit des § 623 BGB auf GmbH-Geschäftsführer und AG-Vorstände vgl. auch *Zimmer*, BB 2003, 1175.
664 *Boemke*, ZfA 1998, 214; *ders.*, Anm. zu BAG, v. 26.05.1999, AP Nr. 10 zu § 35 GmbHG.
665 BAG, Urt. v. 27.06.1985, AP Nr. 2 zu § 1 AngestelltenkündigungsschutzG; vgl. ferner BAG, Urt. v. 08.09.1997, AP Nr. 38 zu § 5 ArbGG 1979.
666 Vgl. dazu ausführl.: *Reiserer*, BB 1999, 2026 ff. unter Hinweis auf das Schreiben der BfA v. 09.02.1968, BB 1968, 208.
667 BSG, Urt. v. 08.12.1994, NZS 1995, 37; *Reiserer*, BB 1999, 2026 ff.
668 Vgl. insofern *Reiserer*, BB 1999, 2027.
669 BSG, Urt. v. 18.04.1991, NZA 1991, 869.
670 BSG, Urt. v. 05.05.1988, SozR 2400 § 2 Nr. 25.
671 *Reiserer*, BB 1999, 2028.
672 BSG, Urt. v. 08.08.1990, SozR 3 – 2400 § 7 Nr. 4.
673 BSG, Urt. v. 18.04.1991, NZA 1991, 869.
674 BSG, Urt. v. 23.09.1982, SozR 2100 § 7 Nr. 7.
675 Dazu: *Reiserer*, BB 1999, 2029.
676 Dazu: *Reiserer*, BB 1999, 2030.
677 Vgl. hierzu auch: *Holthausen/Steinkraus*, NZA-RR 2002, 283 ff.

Dienstverhältnis oder Arbeitsverhältnis darstellt.[678] Der Rechtsweg zur Arbeitsgerichtsbarkeit ist hier nur dann eröffnet, wenn die Rechtsstreitigkeit zwischen dem Organ und der juristischen Person nicht das der Organstellung zugrunde liegende Rechtsverhältnis, sondern eine weitere Rechtsbeziehung betrifft.[679] An der für die Eröffnung des Rechtsweges zur Arbeitsgerichtsbarkeit folglich notwendigen Doppelrelevanz fehlt es, wenn es allein um die Frage geht, ob das zwischen den Parteien bestehende Vertragsverhältnis ein Arbeitsverhältnis ist. Diese Frage ist allein für die Begründetheit einer darauf gerichteten Klage, nicht jedoch für die Bestimmung des Rechtsweges von Relevanz.[680] Unbeschadet des § 5 Abs. 1 S. 3 ArbGG ist die Vereinbarung der arbeitsgerichtlichen Zuständigkeit möglich (§ 2 Abs. 4 ArbGG).

6. Arbeitnehmerähnliche Personen

Der Begriff der arbeitnehmerähnlichen Person wird in **§ 12a Abs. 1 Nr. 1 TVG** definiert. Hierzu rechnen Personen, die wirtschaftlich abhängig und vergleichbar einem Arbeitnehmer sozial schutzbedürftig sind, wenn sie auf Grund eines Dienst- oder Werkvertrages für andere Personen tätig sind, die geschuldeten Leistungen persönlich und im Wesentlichen ohne Mitarbeit von Arbeitnehmern erbringen und überwiegend für eine Person tätig sind oder ihnen von einer Person im Durchschnitt mehr als die Hälfte des Entgelts zusteht, das ihnen für ihre Erwerbstätigkeit insgesamt zusteht. Entscheidendes Kriterium für die Feststellung der Arbeitnehmerähnlichkeit ist die wirtschaftliche Unselbständigkeit, was den Arbeitnehmerähnlichen einem Arbeitnehmer vergleichbar sozial schutzbedürftig macht.[681] In diesem Sinne stellen auch § 2 Satz 2 BUrlG sowie § 5 Abs. 1 Satz 2 ArbGG auf die wirtschaftliche Unselbständigkeit ab. Arbeitnehmerähnliche Personen sind jedoch nicht in die betriebliche Organisation eingebunden und damit persönlich unabhängig. Darin unterscheidet sich gerade deren Rechtsstellung von der eines Arbeitnehmers. 216

Den Tarifvertragsparteien ist es verwehrt, den Begriff der sozialen Schutzbedürftigkeit über den gesetzlichen Begriff hinaus zu erweitern und damit weitere Personenkreise in den Geltungsbereich eines Tarifvertrages einzubeziehen; ein derartiger Tarifvertrag wäre (teilweise) unwirksam.[682] Als maßgeblich für die **wirtschaftliche Abhängigkeit** ist zunächst anzusehen, ob der Betreffende frei am Markt auftritt, insbes. ob er lediglich für einen oder mehrere Auftraggeber tätig wird. Wird er für mehrere tätig, ist darauf abzustellen, ob eine dieser Personen wesentlich zu seinem Lebensunterhalt beiträgt. Dies ist dann anzunehmen, wenn er über diese Person mehr als die Hälfte des Entgelts bezieht, das er insgesamt durch seine Tätigkeit erwirbt. Wenngleich die insoweit in § 12a Abs. 1 TVG enthaltenen Maßstäbe keine Allgemeingültigkeit für sich in Anspruch nehmen können, so geben sie doch zumindest einen Anhaltspunkt dafür, wann von einer wirtschaftlichen Abhängigkeit gesprochen werden kann.[683] 217

Fest steht zugleich, dass die bloße dominierende Bestreitung des Einkommenserwerbs durch einen Auftraggeber nicht genügt, um Arbeitnehmerähnlichkeit anzunehmen.[684] Erforderlich ist darüber hinaus eine einem Arbeitnehmer vergleichbare **soziale Schutzbedürftigkeit**.[685] Diese ist nach der Rechtsprechung des BAG anzunehmen, wenn das Maß der Abhängigkeit nach der Verkehrsanschauung einen solchen Grad erreicht, wie er im Allgemeinen nur in einem Arbeitsverhältnis vorkommt, 218

678 BAG, Urt. v. 13.05.1996, BB 1996, 1774; v. 06.05.1999, AP Nr. 46 zu § 5 ArbGG; v. 23.08.2001, BB 2001, 2535.

679 BAG, Urt. v. 23.08.2001, BB 2001, 2535 ff.

680 BAG, Urt. v. 23.08.2001, BB 2001, 2535 ff.; vgl. i.Ü. zur arbeitsgerichtlichen Zuständigkeit: *Kamanabrou*, DB 2002, 148 (GmbH-Geschäftsführer) sowie *Moll*, RdA 2002, 226 ff. (Geschäftsführer einer GmbH & Co KG).

681 BAG, Urt. v. 30.08.2000, NZA 2000, 1359.

682 BAG, Urt. v. 02.10.1990, AP Nr. 1 zu § 12a TVG.

683 Noch weiter *Beuthien/Wehler*, RdA 1978, 9, die sich zugunsten einer generellen Übernahme der in § 12a TVG aufgeführten Maßstäbe aussprechen.

684 BAG, Urt. v. 28.06.1973, AP Nr. 10 zu § 611 BGB Abhängigkeit.

685 BAG, Urt. v. 23.12.1961, AP Nr. 2 zu § 717 ZPO; vgl. ferner BAG, Urt. v. 15.04.1993, AP Nr. 12 zu § 5 ArbGG für den an einer Rechtsanwaltssozietät als Sozius beteiligten Anwalt.

und die geleisteten Dienste nach ihrer sozialen Typik mit denen eines Arbeitnehmers vergleichbar sind.[686] Als Kriterien hierzu hat die Rechtsprechung neben der Höhe der Einkünfte[687] die Dauer der Beziehung[688] sowie die Abhängigkeit in der Auftragsvergabe[689] entwickelt. Eine einmalige oder gelegentliche Tätigkeit für einen Auftraggeber dürfte nach diesen Kriterien der Annahme eines arbeitnehmerähnlichen Rechtsverhältnisses widersprechen.

219 Der Beschäftigung als Arbeitnehmerähnlicher kann ein **Dienst-, Werk- oder Werklieferungsvertrag** zugrunde liegen. § 12a TVG führt ausdrücklich die Möglichkeiten an, aufgrund von Dienst- oder Werkverträgen für einen anderen tätig zu werden. Nicht jedoch benennt es den Werklieferungsvertrag, innerhalb dessen sich der Unternehmer verpflichtet, ein Werk aus einem von ihm zu beschaffenden Stoff herzustellen (§ 651 BGB). Überwiegend wird unbeschadet der Verknüpfung dieses Vertragstyps mit dem Kaufvertragrecht, dessen Anwendbarkeit das Gesetz vorsieht, angenommen, dass ein arbeitnehmerähnliches Vertragsverhältnis auch durch einen Werklieferungsvertrag begründet und demzufolge auch i.S.d. § 12a TVG tarifvertraglich geregelt werden kann.[690] Auch soweit i.Ü. das Vertragsverhältnis mit Elementen anderer Vertragstypen (z.B. Pacht-, Lizenzverträge) verbunden ist, schließt dies eine Tätigkeit als Arbeitnehmerähnlicher jedenfalls dann nicht aus, wenn diese im Zusammenhang mit dienst- oder werkvertraglichen Elementen stehen.[691] Zudem ist aber auch erforderlich, dass die arbeitnehmerähnliche Person die im Rahmen des Dienst- oder Werkvertrags geschuldeten Leistungen **persönlich und im Wesentlichen ohne Mitarbeit von Arbeitnehmern** erbringt. Gerade auch dieser Aspekt der Pflicht zur persönlichen Leistungserbringung macht ihn einem Arbeitnehmer ähnlich.

220 **Handelsvertreter** i.S.d. § 84 HGB sind aus dem Anwendungsbereich des § 12a TVG durch den dort enthaltenen Abs. 4 ausdrücklich herausgenommen. Der Handelsvertreter schließt als Handlungsbevollmächtigter i.S.d. §§ 55 Abs. 1, 54 HGB im eigenen Namen für andere Geschäfte ab. Er kann dies im Rahmen eines selbständig handelnden Gewerbetreibenden (§ 84 Abs. 1 HGB) ebenso wie eines Angestellten (§ 84 Abs. 2 HGB) tun. Wann ein Handelsvertreter als Arbeitnehmer anzusehen ist, regelt für das arbeitsgerichtliche Verfahren § 5 Abs. 3 ArbGG, der wiederum auf § 92a HGB Bezug nimmt. Abgesehen von dem dort spezialgesetzlich geregelten Fall, der von einer ausschließlich zugunsten eines Unternehmers erfolgenden Tätigkeit ausgeht, weshalb hier besondere Schutzbestimmungen als erforderlich angesehen wurden, dürfte der Handelsvertreter regelmäßig nicht als arbeitnehmerähnlich anzusehen sein.

221 Keine Arbeitnehmerähnlichkeit besteht bei **in Heimarbeit Beschäftigten**. Hier fehlt es an dem in § 12a Abs. 1 Nr. 1 TVG enthaltenen Kriterium der persönlichen Leistungserbringung.[692] Das Heimarbeitsverhältnis ist ein Rechtsverhältnis eigener Art, das der Gesetzgeber deshalb auch in einem eigenständigen Gesetz geregelt hat.

222 Eine besondere Gruppe arbeitnehmerähnlicher Personen stellt die der **künstlerisch, schriftstellerisch oder journalistisch Tätigen** sowie der Personen dar, die an der Erbringung solcher Leistungen unmittelbar mitwirken. Hier wird die Arbeitnehmerähnlichkeit bereits angenommen, wenn diesen Personen im Durchschnitt mindestens ein Drittel des Entgelts zusteht, das ihnen für ihre Erwerbstätigkeit insgesamt zusteht (§ 12a Abs. 3 TVG). Im Übrigen richtet sich auch hier die Abgrenzung zum Arbeitsverhältnis nach den allgemeinen Kriterien. Dem Einfluss der Rundfunkfreiheit meint das BAG dadurch gerecht werden zu können, indem einzelne gegen eine Befristung sprechende Merkmale zurückzutreten haben.[693]

686 BAG, Urt. v. 02.10.1990, AP Nr. 1 zu § 12a TVG.
687 Vgl. dazu insbes. das bereits angesprochene Urt. des BAG v. 02.10.1990, AP Nr. 1 zu § 12a TVG.
688 BAG, Urt. v. 13.01.1983, AP Nr. 43 zu § 611 BGB Abhängigkeit.
689 BAG, Urt. v. 02.10.1990, AP Nr. 1 zu § 12a TVG.
690 Vgl. insofern etwa *Wlotzke*, DB 1974, 2258 f.; ferner KR/*Rost*, Arbeitnehmerähnl. Personen, Rn 13 m.w.N.
691 KR/*Rost*, Arbeitnehmerähnl. Personen Rn 14.
692 *Natzel*, Die Betriebszugehörigkeit im Arbeitsrecht, S. 49 m.w.N.
693 St. Rspr. im Anschluss an BVerfG, Beschl. v. 13.01.1982, BVerfGE 59, 231; BAG, Urt. v. 09.06.1993, AP Nr. 66 zu § 611 BGB Abhängigkeit; vgl. i.Ü. hierzu: KR/*Rost*, Arbeitnehmerähnl. Personen, Rn 16a ff.

Grundsätzlich finden **arbeitsrechtliche Regelungen auf arbeitnehmerähnliche Personen keine Anwendung**, soweit nicht eine Einbeziehung in das Arbeitsrecht ausdrücklich vorgesehen ist.[694] So eröffnet § 5 Abs. 1 ArbGG arbeitnehmerähnlichen Personen den Weg zur Arbeitsgerichtsbarkeit. Steht nicht fest, ob eine klagende Person Arbeitnehmer oder arbeitnehmerähnlich ist, ist auch dann der Rechtsweg zum Arbeitsgericht eröffnet, das dann insoweit eine zulässige Wahlfeststellung trifft.[695] Für arbeitnehmerähnliche Handelsvertreter ist die Zuständigkeit nach § 5 Abs. 3 ArbGG nur gegeben, wenn ihnen die Vermittlung von Geschäften nur für ein Unternehmen gestattet ist und sie während der letzten sechs Monate des Vertragsverhältnisses im Durchschnitt nicht mehr als 1000 EUR an Vergütung bezogen haben. Die Bestimmungen des BUrlG sind bei Personen zu beachten, die wegen ihrer wirtschaftlichen Abhängigkeit als arbeitnehmerähnlich anzusehen sind. Verschiedene landesgesetzliche Regelungen gewähren Arbeitnehmerähnlichen einen Anspruch auf Bildungsurlaub.[696] Eine entsprechende Geltung der Regelungen über die betriebliche Altersversorgung sieht § 17 Abs. 1 Satz 2 BetrAVG vor. Neben verschiedenen Schutzregelungen[697] ist schließlich auf den bereits mehrfach erwähnten § 12a TVG zu verweisen, der die Regelung von Beschäftigungsbedingungen arbeitnehmerähnlicher Personen durch Tarifvertrag ermöglicht. 223

II. Arbeitgeber

Als Arbeitgeber ist derjenige anzusehen, der eine **Arbeitsleistung vom Arbeitnehmer kraft Arbeitsvertrags zu fordern berechtigt** ist.[698] Es ist also die natürliche bzw. juristische Person oder auch Mehrheit von Personen, die dem Arbeitnehmer als Vertragspartner gegenübersteht und im Rahmen des Arbeitsvertrages zur Erteilung von Weisungen berechtigt ist. 224

Soweit das Arbeitsvertragsrecht Regelungen trifft, ist hiervon im Regelfall der **Vertragsarbeitgeber,** also die natürliche oder juristische Person angesprochen, die mit dem Arbeitnehmer den Arbeitsvertrag abgeschlossen hat. Die an den Arbeitgeberbegriff anknüpfenden Bestimmungen finden daher auch bei einem innerhalb eines Gemeinschaftsbetriebs vorgenommenen Wechsel des Vertragsarbeitgebers grundsätzlich weder unmittelbar noch entsprechend Anwendung. Es kommt insofern regelmäßig nicht auf eine tatsächlich vollzogene Eingliederung, sondern die individualvertraglich bestehenden Bindungen an.[699] Dementsprechend kann die Person des Arbeitgebers auch nicht stets mit der Person des Inhabers der betrieblichen Organisationsgewalt gleichgestellt werden.[700] Dies mögen auch Fälle der Arbeitnehmerüberlassung belegen: Der überlassene Arbeitnehmer wird in einen anderen Betrieb zwar – jedenfalls zu einem gewissen Grade – eingegliedert, indem er dem dort ausgeübten Weisungsstatut, das der Entleiher kraft des Überlassungsvertrages auszuüben berechtigt ist, unterstellt wird. Der überlassene Arbeitnehmer verliert aber abgesehen vom Fall der unwirksamen Arbeitnehmerüberlassung (vgl. § 10 AÜG) nicht dadurch seinen Arbeitgeber; er gewinnt auch keinen neuen hinzu. Vielmehr bleibt der überlassende Arbeitgeber einzig und allein zur Einforderung der Arbeitsleistung berechtigt, wenngleich er dieses Recht vorübergehend einem Dritten überlassen hat.[701] 225

694 So auch für die Anwendung des § 613a BGB: BAG, Urt. v. 03.07.1980, BB 1981, 1466.

695 BAG, Beschl. v. 14.01.1997, AP Nr. 41 zu § 2 ArbGG.

696 So z.B. § 2 ArbeitnehmerweiterbildungsG NRW; § 1 Abs. 1 Hess. G über den Anspruch auf Bildungsurlaub; § 6 Bildungsfreistellungs- und QualifizierungsG SchlH.

697 Vgl. insofern § 2 Abs. 2 Nr. 3 ArbSchG; § 1 Abs. 2 Nr. 1 BeschSchG; § 138 SGB IX; § 8 ArbPlSchG.

698 BAG, Urt. v. 16.10.1974, AP Nr. 1 zu § 705 BGB; v. 09.09.1982, AP Nr. 1 zu § 611 BGB Hausmeister; *Fischer*, BB 2002, 95.

699 So für die Befristung aufeinander folgender Verträge verschiedener Arbeitgeber, die einen Gemeinschaftsbetrieb unterhalten: BAG, Urt. v. 25.04.2001, DB 2001, 2152; *Wißmann*, NZA 2003, 2 f.; ferner für den Arbeitgeberbegriff nach § 8 Abs 7 TzBfG: *Fischer*, BB 2002, 96.

700 So aber MünchArbR/*Richardi*, § 30 Rn 2.

701 Vgl. insofern auch *Natzel*, Die Betriebszugehörigkeit im ArbR, S. 43 ff.; ferner: *Rieble/Klebeck*, NZA 2003, 26, die deshalb unter Berufung auf BAG, Urt. v. 21.06.2000, NZA 2000, 1050, ausführen, dass der Gleichbehandlungsgrundsatz auf die Beziehung zum Vertragsarbeitgeber, nicht jedoch zum Entleiher abstellt.

226 Dass die Person des Arbeitgebers nicht stets auch mit dem Betriebsinhaber identisch ist, kann auch in anderweitigen Fällen relevant werden. So tritt im Falle des Betriebsübergangs nach § 613a BGB der Erwerber eines Betriebs zwar in die Rechte und Pflichten des abgebenden Betriebsinhabers ein; es handelt sich aber bei ihm nicht um denselben Arbeitgeber. Folglich trifft ihn auch nicht das Befristungsverbot des § 14 Abs. 2 Satz 2 TzBfG, wenn der befristet einzustellende Arbeitnehmer einst in einer Vertragsbeziehung zum früheren Betriebsinhaber gestanden hat.[702]

227 Im Rahmen eines **Insolvenzverfahrens** ist der Insolvenzverwalter als der Arbeitgeber anzusehen, auf den mit seiner Bestellung alle Befugnisse in personellen wie sozialen Angelegenheiten übergehen.[703] Ist der Insolvenzverwalter allerdings für mehrere Gemeinschuldner, die Arbeitgeber sind, tätig, erlangt er durch die gleichzeitige Insolvenzverwaltung nicht eine einheitliche Arbeitgeberstellung. Diese bestimmt sich vielmehr aus der für den jeweiligen Gemeinschuldner jeweils eigenständig übernommenen Funktion.[704]

228 Gelegentlich wie insbes. im Falle der Beschäftigung in mehreren Betrieben lässt der Arbeitsvertrag bzw. die nach § 2 NachwG zu erfolgende Niederschrift der wesentlichen Arbeitsbedingungen in der Praxis eine **Konkretisierung des Arbeitgebers** nicht oder nicht eindeutig erkennen. Da die Unklarheit darüber, welche von mehreren, in Betriebsgemeinschaft und teilweise in Personalunion geführten Gesellschaften mit gleichen oder sich ergänzenden Unternehmenszwecken Vertragspartner und damit Arbeitgeber des unstreitig eingestellten Arbeitnehmers werden sollte, überwiegend vom Arbeitgeber verschuldet ist, ist der dadurch verschuldeten Beweisnot des Arbeitnehmers durch erleichterte Anforderungen an seine Darlegungs- und Beweislast zur Frage der Passivlegitimation Rechnung zu tragen.[705] Er kann seiner Darlegungs- und Beweislast hinreichend Rechnung tragen, indem er auf die durch den Verfasser der ersten Lohnabrechnung oder anderweitig geschaffene Indizwirkungen verweist.

229 Ob der Arbeitgeber als **natürliche** oder **juristische Person** gegenüber dem Arbeitnehmer auftritt, ist nur insoweit von Relevanz, als es sich um die Fragestellung dreht, wen der Arbeitnehmer für bestehende Verbindlichkeiten aus dem Arbeitsverhältnis in Anspruch nehmen kann. So sind in einer **BGB-Gesellschaft** die Gesellschafter als aus der Arbeitgeberstellung heraus gemeinschaftlich haftende Personen anzusehen. Etwaige Ansprüche sind daher auch gegen die Gesamtheit der Gesellschafter zu richten. Schließt ein im Gesellschaftsvertrag eingerichtetes Organ für die Gesellschaft Arbeitsverträge, wird nicht die rechtlich unselbständige Gesellschaft bürgerlichen Rechts Arbeitgeber; vielmehr fällt die Arbeitgeberstellung den Gesellschaftern gemeinschaftlich zu.[706] Bei einer **OHG** können die Gesellschafter (§ 128 HGB) oder bei einer **KG** die Komplementäre (§§ 128, 161 HGB) bzw. die Kommanditisten bis zur Höhe ihrer Einlage (§ 171 Abs. 1 HGB) für die Verbindlichkeiten der Gesellschaft in Anspruch genommen werden.[707] Daneben haftet die Gesellschaft, die mit Begründung des Arbeitsverhältnisses Rechte erwirbt und Verbindlichkeiten eingeht. Gleiches gilt für die **Partnerschaftsgesellschaft** (§ 7 Abs. 2 PartGG). Neben der Partnerschaft selbst, die mit ihrem Vermögen für Verbindlichkeiten einzustehen hat, haften deren Partner als Gesamtschuldner (§ 8 Abs. 1 Satz 1 PartGG). Die persönliche Einstandpflicht für berufliche Fehler kann allerdings beschränkt sein, soweit nur einzelne Partner mit der Bearbeitung eines Auftrags beschäftigt werden (§ 8 Abs. 2 PartGG).

230 Das gesellschaftsrechtliche Gebilde des **Konzerns** vermag indes nicht als arbeitsrechtliches Subjekt und damit als Arbeitgeber aufzutreten.[708] Hier ist Arbeitgeber die Gesellschaft, die mit dem Arbeitnehmer den Arbeitsvertrag abgeschlossen hat. Darüber hinaus sind Fallkonstellationen denkbar, in

702 Vgl. auch *Bauer*, BB 2001, 2476.
703 BAG, Urt. v. 28.01.1987, AP Nr. 14 zu § 4 TVG.
704 *Fischer*, BB 2002, 95.
705 LAG Köln, Urt. v. 09.01.1998, NZA-RR 1998, 513.
706 BAG, Urt. v. 16.10.1974 sowie v. 06.07.1989, AP Nr. 1, 4 zu § 705 BGB.
707 BAG, Urt. v. 01.03.1993, AP Nr. 4 zu § 3 ArbGG.
708 Vgl. insofern auch *Lingemann/v. Steinau-Steinrück*, DB 1999, 2161; *Schwerdtner*, ZfA 1987, 175; *Windbichler*, Arbeitsrecht im Konzern, S. 12 ff., 67 ff.

denen die konzernbeteiligten Unternehmen zusammen als Arbeitgeber auftreten. Dabei ist es unerheblich, ob und in welchem Rechtsverhältnis diese Unternehmen zueinander stehen.[709] Entscheidend für eine über das Konzernunternehmen hinausgehende Arbeitgeberstellung ist, ob ein rechtlicher Zusammenhang zwischen den arbeitsvertraglichen Beziehungen des Arbeitnehmers zu den einzelnen Arbeitgebern besteht, der es verbietet, diese Beziehungen rechtlich getrennt zu behandeln. Dieser rechtliche Zusammenhang kann sich aus einer Auslegung des Vertragswerks der Parteien, aber auch aus zwingenden rechtlichen Wertungen ergeben.[710] So spricht für ein Konzernarbeitsverhältnis, wenn der Arbeitnehmer aufgrund einer Konzernversetzungsklausel in einem anderen Unternehmen des Konzerns tätig wird und währenddessen das ursprüngliche Arbeitsverhältnis ruhend weiterläuft oder der Arbeitsvertrag eine Rückkehrklausel enthält.

Das **Betriebsverfassungsrecht** verwendet zwar auch den Begriff des Arbeitgebers, meint aber damit 231
überwiegend den Inhaber der betrieblichen Organisationsgewalt, dessen Planungs-, Organisations- und Leitungsautonomie über die Ausübung von Mitbestimmungsrechten kontrolliert und ggf. auch begrenzt werden soll. Dort, wo das BetrVG individualrechtliche Positionen definiert (§§ 81 ff.) oder sich die Wahrnehmung betriebsverfassungsrechtlich bestimmter Rechte sich sonst etwa in Form von Freistellungstatbeständen auf den Inhalt des Arbeitsverhältnisses auswirken, ist der Arbeitgeber als Vertragspartner des Arbeitnehmers angesprochen; ihm gegenüber sind daher auch etwaige Beteiligungsrechte auszuüben.[711] In den §§ 111 ff. BetrVG werden die Begriffe »Unternehmer« und »Arbeitgeber« deckungsgleich verwandt; sie bezeichnen diejenige Rechtsperson, die Inhaber des Betriebes, für den eine Betriebsänderung geplant wird, und damit Arbeitgeber der in diesem Betrieb beschäftigten Arbeitnehmer ist.[712]

Für den **Gemeinschaftsbetrieb mehrerer Unternehmen** treten mehrere Arbeitgeber an die Stelle 232
des einzelnen Vertragsarbeitgebers,[713] der als solcher jedoch maßgebliche Arbeitgeberfunktionen beibehält, weshalb in der Beurteilung der Arbeitgeberstellung und davon abhängiger Rechte wie folgt zu differenzieren ist: Als Arbeitgeber, dem gegenüber ein betriebsverfassungsrechtliches Beteiligungsrecht geltend gemacht wird, ist derjenige anzusehen, der im konkreten Fall die Bestimmungsmacht innehat. Betrifft eine Angelegenheit die vom Vertragsarbeitgeber geschuldete Leistung, ist dieser auch im Gemeinschaftsbetrieb Adressat der einschlägigen Mitbestimmungsrechte. Sind jedoch Fragen der im Gemeinschaftsbetrieb geltenden Ordnung, die Festlegung von Beginn und Ende der täglichen Arbeitszeit, die Einführung technischer Überwachungseinrichtungen, betrieblicher Regelungen zum Arbeitsschutz oder der Ausgestaltung von Sozialeinrichtungen betroffen, ist der Betriebsarbeitgeber, also derjenige, der die durch Führungsvereinbarung geschaffene gemeinsame Betriebsleitung innehat, als im betriebsverfassungsrechtlichen Sinne maßgeblicher Arbeitgeber anzusehen.[714]

Eine Besonderheit enthält das BetrVG insofern, als es die Möglichkeit der Errichtung von Konzern- 233
betriebsräten vorsieht und damit eine unternehmensübergreifende Interessenwahrnehmung ermöglicht.[715] Der Gesetzgeber hat damit die betriebsverfassungsrechtlichen Grundstrukturen zwischen Arbeitnehmervertretung und »dazugehörigem« Arbeitgeber nur ansatzweise durchbrochen, indem er die Möglichkeit der Errichtung von Konzernbetriebsräten auf den Unterordnungskonzern beschränkt hat. Die **Konzernleitung nimmt** für den hierarchisch gegliederten Konzern **in ihrer Gesamtheit**

709 BAG, Urt. v. 27.03.1981, AP Nr. 1 zu § 611 BGB Arbeitgebergruppe.

710 BAG, Urt. v. 27.03.1981, AP Nr. 1 zu § 611 BGB Arbeitgebergruppe.

711 *Lembke*, DB 2003, 102; *Wißmann*, NZA 2003, 3.

712 BAG, Urt. v. 15.01.1991, AP Nr. 21 zu § 113 BetrVG.

713 *Wißmann*, NZA 2001, 410, spricht insofern der Leitung des gemeinsamen Betriebs eine Vertretungsfunktion für die am Gesamtbetrieb beteiligten Arbeitgeber zu.

714 *Wißmann*, NZA 2001, 409 ff.

715 Über die Konzernvertretung hinaus kann eine unternehmensübergreifende Interessenvertretung auch aufgrund einer nach § 3 BetrVG getroffenen Vereinbarung ermöglicht werden.

Arbeitgeberfunktion wahr, weshalb der Gesetzgeber es hier für gerechtfertigt hielt, diesem eine konzerneinheitliche Interessenvertretung gegenübersetzen zu können.[716]

234 Im **Tarifvertragsrecht** sind Arbeitgeber und Unternehmensträger deckungsgleich; das TVG weist insofern auch dem Arbeitgeber die Tariffähigkeit zu.[717] Denn auch wenn der Anwendungsbereich eines Tarifvertrages auf einen bestimmten Betrieb oder Teile von Betrieben beschränkt werden kann, ist sein Geltungsgrund im Bestehen eines Arbeitsverhältnisses zwischen dem Arbeitnehmer und der unternehmerischen Organisationseinheit zu sehen, die entweder selbst oder als Mitglied einer den Tarifvertrag abschließenden Tarifvertragspartei auftritt. Dieses Band bildet den ausschlaggebenden Faktor für die Anwendung von Tarifverträgen in den einzelnen Betrieben.[718] Erst wenn die arbeitsvertragliche Verbundenheit zu einem Arbeitgeber, der als Unternehmer selbst Tarifvertragspartei oder Mitglied einer solchen ist, feststeht, stellt sich die weitere Frage, ob sich der Geltungsbereich einer Tarifnorm auf alle Betriebe des Unternehmens oder lediglich bestimmte Betriebe bzw. Teile davon erstreckt.

III. Sonstige Beschäftigungsverhältnisse

235 Auch außerhalb des Arbeitsverhältnisses kann eine Beschäftigung mit Aufgaben durch einen Dritten erfolgen. So bestimmt § 7 SGB IV, dass die Beschäftigung »insbesondere in einem Arbeitsverhältnis«, d.h. im Umkehrschluss »auch außerhalb eines Arbeitsverhältnisses« erfolgen kann. § 7 SGB IV enthält insofern eine eigenständige Definition des Begriffs der Beschäftigung, die über die im Rahmen eines Arbeitsverhältnisses erfolgende Beschäftigung hinausgeht. Arbeits- und Sozialrecht können sich hier überschneiden; sie müssen es aber nicht.

235a Maßgeblich im Vordergrund der hier in Rede stehenden sonstigen Beschäftigungsverhältnisse stellen die zum Zwecke der beruflichen Bildung begründeten Rechtsverhältnisse. Das BBiG definiert den **Begriff der Berufsbildung** in § 1 BBiG. Er umfasst neben der Berufsausbildungsvorbereitung die Berufsausbildung, die berufliche Fortbildung und die berufliche Umschulung, für die §§ 46 f. BBiG Sonderregelungen enthalten. Die inhaltlichen Beschränkungen der §§ 3 ff. BBiG sind hier jedoch nicht zu berücksichtigen.[719] Mit der **beruflichen Fortbildung** sollen die beruflichen Kenntnisse und Fertigkeiten erhalten, erweitert, der technischen Entwicklung angepasst oder zu Zwecken des beruflichen Aufstiegs fortgebildet werden (§ 1 Abs. 3 BBiG). Die **berufliche Umschulung** soll zu einer anderen beruflichen Tätigkeit befähigen (§ 1 Abs. 4 BBiG). Der primär das BBiG prägende Begriff der **Berufsausbildung** umfasst hingegen die breit angelegte berufliche Grundbildung und Vermittlung der für die Ausübung einer qualifizierten Tätigkeit notwendigen fachlichen Fertigkeiten und Kenntnisse in einem geordneten Ausbildungsgang (§ 1 Abs. 2 BBiG). Aber auch außerhalb des BBiG tauchen diverse Begriffe auf, die an den der Bildung anknüpfen. So regeln bspw. §§ 77 ff. SGB III das Recht der Förderung beruflicher Weiterbildung. Das BetrVG kennt den Begriff der betrieblichen Berufsbildung.[720]

716 *Wißmann*, NZA 2001, 409.

717 Zur Frage der Tariffähigkeit eines verbandszugehörigen Arbeitgebers vgl. auch *Natzel*, SAE 2001, 44 f.

718 *Wiedemann/Stumpf*, TVG, § 3 Rn 41. Dies schließt allerdings nicht aus, dass die Tarifvertragsparteien die Anwendung einer Regelung auf bestimmte Betriebe beschränken oder der Arbeitgeber die Tarifzuständigkeit über entsprechende gesellschaftsrechtliche Organisationsformen oder den Abschluss gesonderter Firmenbetriebe für einzelne Betriebe unterschiedlich bestimmt.

719 So für Umschulungsverträge BAG, Urt. v. 20.02.1975, AP Nr. 2 zu § 611 BGB Ausbildungsbeihilfe.

720 Vgl. etwa LAG Hamm, NZA 2004, 113, wonach die Einweisung keine »betriebliche Berufsbildung« i.S.d. § 97 Abs. 2 BetrVG darstelle.

1. Berufsausbildungsvorbereitung

Es ist eine gesicherte Erkenntnis, dass Elternhaus und Schule in der heutigen Zeit nicht mehr genügend zur Aufnahme einer Berufsausbildung vorbereiten. Die Unternehmen führen daher bereits seit langer Zeit Maßnahmen durch, mit denen der Schulabgänger für die Aufnahme in ein Berufsausbildungsverhältnis vorbereitet werden sollen. In diese Programme wird durch die nunmehr in den §§ 50 ff. BBiG enthaltenen Vorschriften über die Berufsausbildungsvorbereitung nicht eingegriffen; die dort geregelte Berufsausbildungsvorbereitung stellt lediglich eine mögliche Variante der Vorbereitung auf eine Ausbildung dar, ohne dass anderen Modellen der Berufsausbildungsvorbereitung die Basis entzogen wird.[721] Dies wird auch durch die Gesetzesbegründung klargestellt, in der es heißt, dass außerhalb von Qualifizierungsbausteinen andere mögliche Bestandteile der Ausbildungsvorbereitung bestehen bleiben.[722] 235b

Das Gesetz enthält keine genaue Definition der Berufsausbildungsvorbereitung, sondern beschreibt lediglich ihr Ziel. Sie soll an eine Berufsausbildung in einem anerkannten Ausbildungsberuf oder eine gleichwertige Berufsausbildung heranführen (§ 1 Abs. 1 a BBiG). Sie richtet sich an lernbeeinträchtigte oder sozial benachteiligte Personen, deren Entwicklungsstand eine erfolgreiche Ausbildung in einem anerkannten Ausbildungsberuf oder eine gleichwertige Berufsausbildung noch nicht erwarten lässt (§ 50 Abs. 1 BBiG). Diese müssen nach Inhalt, Art, Ziel und Dauer den besonderen Erfordernissen des benannten Personenkreises entsprechen, durch sozialpädagogische Betreuung und Unterstützung begleitet werden und sollen so Vermittlung von Grundlagen für den Erwerb beruflicher Handlungsfähigkeit dienen (§ 50 Abs. 2 BBiG). 235c

Anbieter von Maßnahmen der Berufsausbildungsvorbereitung können neben Bildungsträgern auch Betriebe sein.[723] Diese sollen die Vermittlung von Grundlagen für den Erwerb beruflicher Handlungsfähigkeit insbesondere durch inhaltlich und zeitlich abgegrenzte Lerneinheiten vornehmen, die aus sog. Qualifizierungsbausteine entwickelt werden sollen (§ 51 Abs. 1 BBiG). Mit ihnen soll einerseits eine Verknüpfung zur angestrebten Berufsausbildung hergestellt werden. Andererseits soll mit ihrer Hilfe die anschließende Berufsausbildung selbst gem. § 29 Abs. 2 BBiG verkürzt werden können.[724] Grundsätze über den Erwerb von Qualifizierungsbausteinen sind entsprechend der nach § 51 Abs. 2 BBiG zu entwickelnden Rechtsverordnung zum 22.07.2003 in Kraft getreten.[725] 235d

Das Berufsausbildungsvorbereitungsverhältnis stellt unbeschadet einer insoweit fehlerhaften Gesetzesbegründung[726] kein »anderes Vertragsverhältnis« i.S.d. § 19 BBiG, sondern ein Qualifizierungsverhältnis sui generis dar, das nur bedingt eine entsprechende Anwendung der §§ 3 ff. BBiG ermöglicht.[727] Dies gilt maßgeblich auch für die Vorschriften über die Vergütung (§§ 10 ff. BBiG). 235e

2. Berufsausbildung

Die **Berufsausbildung** zum Zwecke der Vermittlung einer breit angelegten Grundbildung und fachlichen Qualifizierung unterteilt sich in einen betrieblichen Teil (betriebliche Berufsbildung) sowie einen schulischen (§ 1 Abs. 5 BBiG). Das Berufsausbildungsverhältnis richtet sich nur dann nach dem BBiG, sofern sie in einem anerkannten Ausbildungsberuf stattfindet (vgl. auch § 28 Abs. 1 BBiG). Zur Entwicklung und Erprobung neuer Ausbildungsformen und Ausbildungsberufe können nach Maßgabe des § 28 Abs. 3 BBiG Ausnahmeregelungen getroffen werden. In anderen als den anerkannten Ausbildungsberufen dürfen Jugendliche unter 18 Jahren nicht ausgebildet werden, soweit die Berufsausbildung nicht auf den Besuch weiterführender Bildungsgänge vorbereitet. 236

721 Gesetzesbegründung, BT-Drucks 16/26, S. 30.
722 *Natzel*, DB 2003, 719 ff.
723 Zu den an den Anbieter zu stellenden Voraussetzungen vgl. *Natzel*, DB 2003, 720.
724 Vgl. hierzu BT-Drucks 15/26, S. 30.
725 BGBl I, 1472.
726 *Natzel*, DB 2003, 719 ff.
727 *Natzel*, DB 2003, 720.

237 Die **staatliche Anerkennung als Ausbildungsberuf** erfolgt durch den Bundesminister für Wirtschaft oder die sonst zuständigen Fachminister im Einvernehmen mit dem Bundesminister für Bildung und Wissenschaft durch Rechtsverordnung. Nach ihr hat sich die Ausbildung auszurichten. Ausnahmen lässt das Gesetz nur für die Berufsausbildung körperlich, geistig oder seelisch Behinderter zu (§ 48 Abs. 1 BBiG). Der Mindestinhalt einer Ausbildungsordnung ist in § 25 Abs. 2 BBiG festgelegt; er umfasst die Bezeichnung des Ausbildungsberufes, die Ausbildungsdauer, die Beschreibung des Berufsausbildungsbildes, den Ausbildungsrahmenplan sowie die Prüfungsanforderungen. Für das Führen des Verzeichnisses der anerkannten Ausbildungsberufe ist das Bundesinstitut für Berufsbildung (BiBB) zuständig (§ 6 BerBiFG). Es wird jährlich im Bundesanzeiger veröffentlicht.

a) Begriff und Rechtscharakter des Berufsausbildungsverhältnisses

238 Das Ausbildungsverhältnis stellt kein Arbeitsverhältnis dar und kann diesem auch nicht gleichgesetzt werden.[728] Dies ist zuletzt auch über den Befristungstatbestand des § 14 Abs. 1 Nr. 2 TzBfG durch den Gesetzgeber ausdrücklich bestätigt worden. Zwar sieht § 3 Abs. 2 BBiG vor, dass auf den Berufsausbildungsvertrag die für den Arbeitsvertrag – also nicht generell für das durch Vertrag begründete Ausbildungsverhältnis – geltendenden Rechtsvorschriften und Rechtsgrundsätze anzuwenden seien. Diese Regelung enthält aber einen lediglich technischen Verweis; nicht jedoch dient sie der rechtlichen Charakterisierung. So sieht sie auch nur die Anwendung arbeitsrechtlicher Vorschriften und Grundsätze vor, soweit sich aus Wesen und Zweck und aus dem Gesetz selbst nichts anderes ergibt. Etwas anderes ergibt sich aus den Rechten und Pflichten des Ausbildenden ebenso wie des Auszubildenden.[729] Der Ausbildende hat die für die Erreichung des Ausbildungsziels erforderlichen Fertigkeiten und Kenntnisse zu vermitteln. Er darf dem Auszubildenden nur Verrichtungen im Rahmen des Ausbildungszwecks übertragen (§ 6 BBiG). Der Auszubildende ist demgegenüber nicht zur Arbeitsleistung verpflichtet, sondern hat sich zu bemühen, die für die Erreichung des Ausbildungsziels erforderlichen Fertigkeiten und Kenntnisse zu erwerben (§ 9 BBiG).

239 Die Beurteilung der Frage nach dem Rechtscharakter der Berufsausbildungsverhältnisses hat Auswirkungen bspw. für die Stellung des Auszubildenden im Arbeitskampf,[730] bei der Frage nach dem rechtlichen Charakter der Ausbildungsvergütung,[731] für die Beurteilung von Kurz- oder Mehrarbeit[732] oder die Frage nach Zuschlägen, die im Zusammenhang mit der Arbeitsleistung stehen. Auch spielt sie eine Rolle, sofern es um die Berücksichtigung der in einer Berufsausbildung verbrachten Zeit bei Rechtspositionen geht, die von der Betriebszugehörigkeit abhängen, wie es bspw. bei der arbeitsrechtlichen Wartezeitregelung des § 1 Abs. 1 KSchG der Fall ist.[733]

240 Vom Berufsausbildungsverhältnis sind neben dem zur beruflichen Fortbildung oder Umschulung begründeten Rechtsverhältnis fernerhin **andere Vertragsverhältnisse** i.S.d. § 19 BBiG zu unterscheiden. Für diese gelten die Bestimmungen der §§ 3 bis 18 BBiG mit der Maßgabe, dass die gesetzliche Probezeit abgekürzt und auf die Vertragsniederschrift verzichtet wird sowie bei vorzeitiger Auflösung des Vertragsverhältnisses nach Ablauf der Probezeit abweichend von § 16 Abs. 1 Satz 1 BBiG Schadensersatz nicht verlangt werden kann. Die im Rahmen anderer Vertragsverhältnisse beschäftigten Personen müssen zum Erwerb von beruflichen Kenntnissen, Fertigkeiten oder Erfahrungen eingestellt werden, ohne dass es sich um ein Berufsausbildungsverhältnis, ein Fort- oder Umschulungsverhältnis handelt. Sie werden nicht im Rahmen eines Arbeitsverhältnisses eingestellt. Damit ist die Regelung primär zugeschnitten auf Anlernlinge, Volontäre und Praktikanten,

728 BAG, Urt. v. 17.08.2000, NZA 2001, 150; v. 10.07.2003, NZA 2004, 269; v. 20.08.2003, NZA 2004, 205 ff.; *Bichel*, FS Wolf, S. 35; *Friedemann*, BB 1985, 1541 ff.; *Hurlebaus*, BBiG, § 3 Rn 20; MünchArbR/*Natzel B.*, § 177, Rn 145 ff.; *Natzel B./Natzel I.*, SAE 1997, 121; a.A.: MünchArbR/*Richardi*, § 28 Rn 23 m.w.N. für die gegenteilige Auffassung.

729 Vgl. ausführlich zum Rechtscharakter des Ausbildungsverhältnisses MünchArbR/*Natzel, B.*, § 177 Rn 145 ff.

730 Dazu: MünchArbR/*Natzel, B.*, § 177 Rn 183 ff.

731 Dazu: MünchArbR/*Natzel, B.*, § 177 Rn 194.

732 Dazu: MünchArbR/*Natzel, B.*, § 177 Rn 195 (zur Kurzarbeit).

733 Hier ist das Berufsausbildungsverhältnis nicht anzurechnen; vgl. *Friedemann*, BB 1985, 1541 ff.; *Natzel*, Die Betriebszugehörigkeit im ArbR, S. 240 f.; *Natzel*, SAE 2000, 350 ff.

nicht jedoch etwa die Weiterbildung von bereits ausgebildeten Fachkräften für bestimmte Aufgaben.[734] **Anlernlingen** werden berufliche Kenntnisse zum Zwecke der Ausübung einer beruflichen Tätigkeit vermittelt, für die der Abschluss einer Berufsausbildung regelmäßig nicht erforderlich ist. **Volontäre** werden zu Zwecken der beruflichen Ausbildung außerhalb eines Ausbildungsverhältnisses beschäftigt.[735] Als **Praktikant** ist anzusehen, wer sich zur Vorbereitung auf den Hauptberuf in einem Betrieb betätigt, um dort praktische Kenntnisse und Erfahrungen zu sammeln, die er für die Gesamtausbildung benötigt.[736] Der Praktikant unterzieht sich, ohne eine systematische Berufsausbildung i.S.d. BBiG zu absolvieren, einer bestimmten betrieblichen Tätigkeit und Ausbildung im Rahmen einer Gesamtausbildung, weil er diese z.B. für die Zulassung zum Studium oder zu einer Prüfung nachweisen muss. Nicht jedoch ist eine Praktikantenstellung i.S.d. BBiG gegeben, wenn die Ausbildung einen Bestandteil eines in einer Studienordnung geregelten Ausbildungsgangs darstellt.[737] Auf die Rechtsverhältnisse solcher Personen finden arbeitsrechtliche Regelungen keine Anwendung.[738]

Keine besondere Kategorie von Verträgen sind diejenigen zur **Berufsausbildung Behinderter**, für die das Gesetz in §§ 48 f. BBiG gewisse Erleichterungen enthält.[739] 241

b) Rechtsgrundlagen des Berufsausbildungsverhältnisses

Neben **internationalen** und **supranationalen Rechtsquellen**[740] sind **zwischenstaatliche Abkommen über die Anerkennung von Prüfungszeugnissen** zu berücksichtigen.[741] Wie auch im übrigen Arbeitsrecht wirken die **Wertentscheidungen des GG** auf das Berufsausbildungsverhältnis mit ein.[742] 242

aa) Berufsbildungsgesetz

Die maßgebliche innerstaatliche Rechtsquelle bildet das **Berufsbildungsgesetz (BBiG) v. 14.08. 1969**. Es regelt den Bereich der betrieblichen und außerschulischen Berufsbildung; der Bereich der berufsbildenden Schulen obliegt der Regelungen durch die Länder als Träger der Kultushoheit. Für sonstige Vertragsverhältnisse, in deren Rahmen Personen eingestellt werden, um berufliche Kenntnisse, Fertigkeiten oder Erfahrungen zu erwerben, gelten die Bestimmungen des BBiG nach Maßgabe des § 19 BBiG. 243

Das Gesetz definiert in seinem ersten Teil den Begriff der Berufsbildung und legt den **Geltungsbereich des Gesetzes** fest. Es gilt für die Berufsbildung, soweit sie nicht in berufsbildenden Schulen durchgeführt wird, die den Schulgesetzen der Länder unterstehen (§ 2 Abs. 1 BBiG). Das Gesetz gilt nicht für die für die Berufsausbildung in einem öffentlich-rechtlichen Dienstverhältnis (§ 2 Abs. 2 Nr. 1 BBiG).[743] Hiermit ist nicht die Berufsausbildung angesprochen, die mit dem Ziel der Qualifikation für eine berufliche Tätigkeit als Arbeiter oder Angestellter im öffentlichen Dienst erfolgt. Auch unterliegt den Bestimmungen des BBiG im Regelfall nicht die Berufsausbildung auf Kauffahrteinschiffen, die nach dem Flaggenrechtsgesetz vom 08.02.1951 die Bundesflagge führen. Eine Ausnahme bestimmt insofern § 2 Abs. 2 Nr. 2 BBiG für Schiffe der kleinen Hochseefischerei oder der Küstenfischerei. **Beginn, Inhalt und Ende des Berufsausbildungsverhältnisses** werden im zweiten Teil des Gesetzes geregelt. Besonderheiten sind für nach § 19 BBiG begründete sog. sonstige 244

734 BAG, Urt. v. 21.11.2001, DB 2002, 745.
735 Zum Rechtsverhältnis des Volontärs vgl. i. E. *Schmidt*, BB 1971, 622 ff.
736 Zum Praktikantenverhältnis vgl. i. E. *Schmidt*, BB 1971, 313 ff.; *Stuhr/Stuhr*, BB 1981, 916 ff.
737 BAG, Urt. v. 19.06.1974, AP Nr. 3 zu § 3 BAT.
738 LAG Hamburg, Urt. v. 05.09.1980, EzB Nr. 1 zu § 19 BBiG.
739 MünchArbR/*Natzel, B.*, § 177 Rn 138; § 178 Rn 426 ff.
740 Vgl. zu diesen MünchArbR/*Natzel, B.*, § 177 Rn 26 ff., 39 ff.
741 Zu diesen vgl. MünchArbR/*Natzel, B.*, § 177 Rn 57 ff.
742 Vgl. Einzelheiten bei MünchArbR/*Natzel, B.*, § 177 Rn 64 ff.
743 Zur Berufsausbildung im Rahmen des Strafvollzugs, die ebenfalls im Rahmen eines öffentlich-rechtlichen Rechtsverhältnisses stattfindet vgl. BAG, Urt. v. 18.11.1986, AP Nr. 5 zu § 2 ArbGG mit Anm. *Natzel, B.*

Vertragsverhältnisse zu berücksichtigen. Der dritte Teil enthält alle **öffentlichen Bestimmungen über die Ordnung der Berufsbildung.**[744] Die Teile werden ergänzt u.a. durch Sonderregelungen zur Berufsausbildung in einzelnen Wirtschafts- und Berufszweigen sowie Bußgeldvorschriften.

245 Auch wenn sie nicht in das Vertragsverhältnis zwischen Ausbildenden und Auszubildenden eingebunden ist, kommt der **zuständigen Stelle** im Berufsausbildungsverhältnis eine besondere Bedeutung zu: Sie überwacht die Ausbildung, die Eignung von Ausbildenden und Ausbildungsstätte, berät Ausbildende und Auszubildende, regelt die Berufsausbildung und ist schließlich für das Prüfungswesen zuständig (vgl. hierzu insbes. §§ 44 f. BBiG). Keine Regelungszuständigkeit ist jedoch bezogen auf die privatrechtliche Gestaltung des Berufsausbildungsverhältnisses gegeben.[745] Damit nimmt die zuständige Stelle ausschließlich hoheitliche Aufgaben wahr, weshalb auch für Anfechtungen von Entscheidungen dieser Stellen der Rechtsweg der Verwaltungsgerichtsbarkeit gegeben ist. Zu den zuständigen Stellen gehören im Handwerk die jeweiligen Handwerkskammern, im Übrigen die Industrie- und Handelskammern (§ 75 BBiG). Weitere zuständige Stellen können im Bereich des öffentlichen Dienstes, des kirchlichen Dienstes sowie der selbständigen Berufe eingerichtet sein.[746]

bb) Sonstige Rechtsgrundlagen

246 Auf den Berufsausbildungsvertrag sind die **für den Arbeitsvertrag geltenden Rechtsvorschriften und Rechtsgrundsätze anzuwenden**, soweit sich aus seinem Wesen und Zweck sowie aus dem BBiG selbst nichts anderes ergibt (§ 3 Abs. 2 BBiG). So gelten die Grundsätze des **BGB** bspw. über das Zustandekommen des Vertrages oder den Betriebsübergang nach § 613a BGB auch im Ausbildungsverhältnis. Auch die Haftung im Ausbildungsverhältnis richtet sich nach den allgemeinen, aus dem BGB abgeleiteten Haftungsgrundsätzen.[747] Teilweise beziehen arbeitsrechtliche Gesetze Auszubildende ausdrücklich mit ein. Das **BUrlG** ist nach § 2 auf die zu ihrer Berufsausbildung Beschäftigten anzuwenden. Das **ArbPlSchG** bezieht Auszubildende durch § 15 mit in den Geltungsbereich ein. Berufsausbildungsverhältnisse stehen Arbeitsverhältnissen nach dem **BetrAVG** gleich (vgl. § 17 Abs. 1). Ebenso erfasst § 1 Abs. 2 **VermögensbildungsG** diese Personengruppe. Diverse Schutzgesetze (z.B. **BeschäftigtenschutzG, ArbZG, BErzGG, MuSchG, SGB IX**, etc.) sind im Berufsausbildungsverhältnis zu berücksichtigen. Schließlich werden Berufsausbildungsverhältnisse auch im Bereich des **BetrVG** erfasst. Auch wenn das **TVG** Auszubildende nicht erwähnt, können die Tarifvertragsparteien ihre Tarifregelungen auch auf Auszubildende erstrecken oder für diese gesonderte Tarifverträge abschließen.[748] Dabei müssen die Tarifvertragsparteien den Unabdingbarkeitsgrundsatz des § 18 BBiG beachten.

247 Neben den arbeitsrechtlichen Regelungen, die durch weitere, für den Bereich insbesondere der schulischen Ausbildung durch den jeweiligen Landesgesetzgeber getroffene Regelungen ergänzt werden, sind die des **Sozialversicherungsrechts** zu berücksichtigen, in deren Schutz Berufsauszubildende einbezogen werden.

248 Für die **Berufsbildung im Handwerk** ist die **HwO** einschlägig, wo noch anstelle des Berufsauszubildenden vom Lehrling die Rede ist.[749] Sie ergänzt teilweise durch auf die besonderen Verhältnisse des Handwerks eingehende Regelungen die Bestimmungen des BBiG, die im Übrigen zu berücksichtigen sind (vgl. § 73 BBiG). Dies gilt insbesondere für die individualrechtlichen Vorschriften der §§ 3 bis 19 BBiG; diese gelten ohne Einschränkungen auch im Handwerk.[750] Weiter können für

744 Hierzu gehören: Eignung der in der Ausbildung beschäftigten Personen und der Ausbildungsstätte, Anerkennung von Ausbildungsberufen, Verzeichnis der Berufsausbildungsverhältnisse, Prüfungswesen, Regelung und Überwachung der Berufsausbildung, beruflichen Fortbildung und Umschulung einschließlich der beruflichen Bildung Behinderter.

745 Vgl. auch *Breitmeier*, BB 1972, 275.

746 Zu Einzelheiten vgl. MünchArbR/*Natzel, B.*, § 180 Rn 28 ff.

747 BAG, Urt. v. 18.04.2002, DB 2050.

748 MünchArbR/*Natzel, B.*, § 177 Rn 114.

749 Vgl. insofern auch den in § 21 enthaltenen Klammerzusatz.

750 MünchArbR/*Natzel, B.*, § 177 Rn 85.

die Ausbildung in bestimmten Berufsgruppen wie die Heil- und Pflegeberufe[751] oder die Berufe im Verkehrswesen besondere Vorschriften einschlägig sein.[752]

Sonstige öffentlich-rechtliche Normen wie die **GewO** können auch für die Durchführung der Berufsausbildung relevant werden. Dort ist u.a. in § 149 die Einrichtung eines Gewerbezentralregisters vorgesehen, in das insbesondere auch die vollziehbaren oder die nicht mehr anfechtbaren Entscheidungen einer Verwaltungsbehörde einzutragen sind, durch die wegen Unzuverlässigkeit oder Ungeeignetheit die Befugnis zur Einstellung oder Ausbildung von Auszubildenden oder die Beschäftigung, Beaufsichtigung, Anweisung oder Ausbildung von Kindern und Jugendlichen verboten ist. 249

Maßgebliche Bedeutung für die Berufsausbildung kommen den auf der Grundlage von § 25 BBiG, § 25 HwO geschaffenen **Ausbildungsordnungen** zu, über die die Ausbildungsberufe im Einzelnen geregelt und staatlich anerkannt werden. Insbesondere hat die grundsätzlich bindende[753] Ausbildungsordnung eine Anleitung zur sachlichen und zeitlichen Gliederung der zu vermittelnden Fertigkeiten und Kenntnisse festzulegen. Hierzu hat sie einen sog. **Ausbildungsrahmenplan** aufzustellen (§ 25 Abs. 2 Nr. 4 BBiG), der als Empfehlung[754] einer weiteren Konkretisierung durch einen betrieblichen Ausbildungsplan bedarf.[755] Soweit Regelungen nicht bestehen, können die zuständigen Stellen die Durchführung der Berufsausbildung im Rahmen des BBiG regeln. Die im Rahmen der Satzung der zuständigen Stellen getroffenen Regelungen binden die Mitglieder ebenso wie die Auszubildenden.[756] 250

Bei der Ausbildung Jungendlicher sind die durch das Zweite Gesetz zur Änderung des Jugendarbeitsschutzgesetzes[757] veränderten **Bestimmungen des JArbSchG**, insbesondere die arbeitszeitrechtlichen Bestimmungen zum Schutze von Jugendlichen, zu berücksichtigen.[758] 251

Das **Berufsbildungsförderungsgesetz (BerBiFG)**[759] dient der Förderung der Berufsbildung (Berufsausbildungsvorbereitung, Berufsausbildung, berufliche Fortbildung, berufliche Umschulung), soweit sie nicht in berufsbildenden Schulen durchgeführt wird, die den Schulgesetzen der Länder unterstehen (§ 1 BerBiFG). Gemäß seinem § 2 zielt es darauf ab, durch eine Berufsbildungsplanung Grundlagen für eine abgestimmte und den technischen, wirtschaftlichen und gesellschaftlichen Anforderungen entsprechende Entwicklung der beruflichen Bildung zu schaffen. Mit zu den Aufgaben des auf der Grundlage des BerBiFG gegründeten **Bundesinstituts für berufliche Bildung (BiBB)** gehört es, nach allgemeinen Verwaltungsvorschriften des zuständigen Bundesministers die Planung, Errichtung und Weiterentwicklung überbetrieblicher Berufsbildungsstätten zu unterstützen (§ 6 Abs. 2 BerBiFG). 252

751 Das hierzu ergangene KrankenpflegeG sowie das HebammenG sehen ausdrücklich die Unanwendbarkeit der Bestimmungen des BBiG vor; die Vorschriften sind aber teilweise inhaltsgleich zu denen der §§ 3 bis 18 BBiG gestaltet (dazu: MünchArbR/*Natzel, B.*, § 179 Rn 1 ff.; *Opolony*, NZA 2004, 18 ff.).

752 Auch diese Ausbildungsgänge unterliegen nicht den Bestimmungen des BBiG (dazu: MünchArbR/*Natzel, B.*, § 179 Rn 5 ff.).

753 Vgl. MünchArbR/*Natzel, B.*, § 180 Rn 1.

754 So *Bodewig*, BB 1976, 982.

755 MünchArbR/*Natzel, B.*, § 178 Rn 85.

756 *Breitmeier*, BB 1972, 275; MünchArbR/*Natzel, B.*, § 177 Rn 131.

757 2. G zur Änderung des JArbSchG v. 27.02.1997, BGBl I, 311.

758 Vgl. dazu mit Einzelheiten: *Mitsch/Richter*, AuA 1997, 256 f.; *Schlüter*, BArbBl 1997, 17 ff.

759 G zur Förderung der Berufsbildung durch Planung und Forschung (BerufsbildungsförderungsG – BerBiFG) v. 23.12.1981, BGBl I, 1692, i.d.F. der Bek. v. 12.01.1994, BGBl I, 918, zuletzt geändert durch Art. 39 G. v. 24.12.2003, BGBl I, 2954.

c) Abschluss und Durchführung des Berufsausbildungsvertrags

253 Der Berufsausbildungsvertrag wird durch den zur Berufsausbildung Einstellenden, dem **Ausbildenden** und dem **Auszubildenden** abgeschlossen (§ 3 Abs. 1 BBiG).[760] Seine Durchführung obliegt entweder dem Ausbildenden selbst oder einer als **Ausbilder** von ihm beauftragten, persönlich wie fachlich geeigneten Person,[761] ohne dass damit die Stellung des Ausbildenden als Vertragspartner berührt wird (§ 6 Abs. 1 Nr. 2 BBiG).[762] Die **Bestellung eines Ausbilders** hat unter Berücksichtigung der Mitbestimmungsrechte des Betriebsrats (vgl. § 98 Abs. 2 BetrVG) zu erfolgen und ist der nach §§ 73 ff. BBiG jeweils **zuständigen Stelle** anzuzeigen (§ 33 Abs. 2 Nr. 2 BBiG). Häufig wird mangels eigener Ausbildungskapazitäten die Ausbildung oder Teile hiervon auf eine außerhalb des Betriebs angesiedelte Ausbildungsstätte verlagert. So sieht auch § 27 BBiG[763] vor, dass die Berufsausbildung in geeigneten Einrichtungen außerhalb der Ausbildungsstätte durchgeführt wird, soweit es die Berufsausbildung erfordert.[764]

254 Voraussetzung, als Ausbildender einzustellen, ist die **persönliche wie fachliche Eignung** (§ 20 Abs. 1 BBiG).[765] Wer persönlich nicht geeignet ist, ist anhand des Negativkatalogs des § 20 Abs. 2 BBiG zu beurteilen. Fachlich geeignet ist, wer die nach Maßgabe des § 76 BBiG nachzuweisenden erforderlichen beruflichen Fertigkeiten und Kenntnisse aufweist (§ 20 Abs. 3 BBiG). Die konkreten Anforderungen werden über eine nach § 21 BBiG erlassene Rechtsverordnung, die Ausbildereignungsverordnung[766] konkretisiert, die jedoch für die Zeit bis zum 31.07.2008 ausgesetzt wurde.[767] Zu der persönlichen wie fachlichen Eignung des Ausbildenden hinzukommen muss die **Eignung der Ausbildungsstätte**.[768] Sie muss nach Art und Einrichtung für die Berufsausbildung geeignet sein und ein angemessenes Verhältnis zwischen dem bzw. den Auszubildenden und der Zahl der Ausbildungsplätze oder beschäftigten Fachkräfte aufweisen (§ 22 Abs. 1 BBiG). Ist dies nicht der Fall, kann dieser Mangel durch Ausbildungsmaßnahmen außerhalb der Ausbildungsstätte behoben werden (§ 22 Abs. 2 BBiG). Die Eignung wird durch die zuständige Stelle festgestellt und überwacht (§ 23 BBiG). Sie kann zur Beseitigung von Mängeln auch Auflagen auferlegen. Die Nichtabhilfe von Mängeln kann ein Bußgeld nach § 99 BBiG nach sich ziehen. Neben Schadensersatzansprüchen des Auszubildenden kommt für diesen ein Recht zur Kündigung in Betracht.[769]

aa) Abschluss des Berufsausbildungsvertrags

255 Das Berufsausbildungsverhältnis wird durch den abzuschließenden **Berufsausbildungsvertrag** zwischen dem Ausbildenden und dem Auszubildenden begründet (§ 3 BBiG). Die Vorschriften des BGB über Zustandekommen, Nichtigkeit und Anfechtbarkeit des Vertrages finden unmittelbare Anwendung. So bedarf der minderjährige Auszubildende zur Begründung des Ausbildungsvertrages der Vertretung durch seinen gesetzlichen Vertreter.[770] Besteht ein Mangel in der Berechtigung, Auszubildende einzustellen und auszubilden, berührt dies die Wirksamkeit des Ausbildungsvertrags nicht (§ 3 Abs. 4 BBiG).[771]

760 Zur Vertragsgestaltung kann es sich empfehlen, auf die bei Kammern, Arbeitgeberverbänden und Gewerkschaften vielfach vorgehaltenen branchenspezifischen Vertragsmuster zurückzugreifen.

761 Zur persönlichen wie fachlichen Eignung des Ausbilders vgl. MünchArbR/*Natzel, B.*, § 180 Rn 193 ff.

762 Der Ausbilder nimmt damit als Erfüllungsgehilfe die dem Ausbildenden obliegenden Pflichten wahr; BAG, Urt. v. 11.12.1964, AP Nr. 22 zu § 611 BGB Lehrverhältnis.

763 Entsprechend: § 26a HwO.

764 Eine Kostenübernahmeverpflichtung für Fahrten zur außerbetrieblichen Ausbildungsstätte besteht regelmäßig nicht; vgl. MünchArbR/*Natzel, B.*, § 178 Rn 47.

765 Zur persönlichen wie fachlichen Eignung vgl. MünchArbR/*Natzel, B.*, § 180 Rn 175 ff.

766 Vgl. insofern Ausbilder-EignungsVO v. 16.02.1999, BGBl I, 157 f.

767 ÄnderungsVO v. 28.05.2003, BGBl. I, 783.

768 Hierzu: MünchArbR/*Natzel, B.*, § 180 Rn 204 ff.

769 Zur außerordentlichen Kündigung in diesem Fall vgl. LAG Stuttgart, Urt. v. 28.02.1955, AP Nr. 1 zu § 77 HGB.

770 Kein nach § 181 BGB verbotenes Rechtsgeschäft liegt insoweit vor, als der Lehrvertrag für den Minderjährigen durch dessen gesetzlichen Vertreter mit dem Prokuristen des Lehrbetriebes abgeschlossen wird und der gesetzliche Vertreter an sich bevollmächtigt ist, den Lehrbetrieb zu vertreten; vgl. BAG, Urt. v. 29.05.1969, AP Nr. 1 zu § 181 BGB.

771 Dazu: MünchArbR/*Natzel, B.*, § 177 Rn 18.

Der Berufsausbildungsvertrag muss den zwingenden Vorschriften der §§ 3 ff. BBiG entsprechen. Der Berufsausbildungsvertrag sowie etwaige Änderungen bedürfen zwar selbst nicht der Schriftform.[772] Sie sind aber nach § 4 BBiG spätestens vor Beginn der Berufsausbildung mit seinen wesentlichen, in Abs. 1 Satz 2 beschriebenen Inhalten **schriftlich niederzulegen**. Zum wesentlichen Inhalt zählen Art, sachliche und zeitliche Gliederung sowie Ziel der Berufsausbildung, Beginn und Dauer der Berufsausbildung, Ausbildungsmaßnahmen außerhalb der Ausbildungsstätte, Dauer der regelmäßigen täglichen Ausbildungszeit, Dauer der Probezeit, Zahlung und Höhe der Vergütung, Urlaubsdauer, Kündigungsvoraussetzungen[773] sowie ein in allgemeiner Form gehaltener Hinweis auf die Tarifverträge, Betriebs- oder Dienstvereinbarungen, die auf das Ausbildungsverhältnis anzuwenden sind.[774] Die Nichteinhaltung der Form führt nicht zur Nichtigkeit des Berufsausbildungsvertrags,[775] kann aber als Ordnungswidrigkeit geahndet werden (§ 99 BBiG). Die Niederschrift ist vom Ausbildenden, dem Auszubildenden und dessen gesetzlichem Vertreter zu unterzeichnen und auszuhändigen (§ 4 Abs. 2, 3 BBiG). Zugleich ist der abgeschlossene Berufsausbildungsvertrag mit seinem wesentlichen Inhalt in das bei der zuständigen Stelle zu führende **Verzeichnis der Berufsausbildungsverhältnisse** einzutragen (§ 31 BBiG, § 28 HwO). Antragspflichtig ist insofern der Ausbildende (§ 33 BBiG, § 30 HwO).[776] 256

Über die benannten wesentlichen Inhalte hinaus ist den Vertragparteien ein (wenn auch begrenzter) Spielraum zur **Vereinbarung sonstiger Vertragsbedingungen** gegeben. Sie können insbesondere aufgrund der besonderen Umstände innerhalb des jeweiligen Ausbildungsbetriebs geboten sein.[777] 257

Fehlt ein wesentlicher Inhaltsteil, muss der Antrag auf Eintragung in das Verzeichnis der Berufsausbildungsverhältnisse von der zuständigen Stelle abgelehnt werden (§ 32 Abs. 1 Satz 1 Nr. 1 BBiG). Damit können die Voraussetzungen für die Zulassung zur Abschlussprüfung entfallen (§ 39 BBiG). 258

Der Berufsausbildungsvertrag unterliegt der **Wirksamkeitskontrolle**. So ist eine Vereinbarung, die einen Auszubildenden für die Zeit nach Beendigung des Berufsausbildungsverhältnisses in der Ausübung seiner beruflichen Tätigkeit beschränkt, nichtig (§ 5 Abs. 1 Satz 1 BBiG).[778] Wann von einer nicht zu rechtfertigenden Beschränkung auszugehen ist, ist unter Berücksichtigung der in § 5 Abs. 2 BBiG enthaltenen Wertungen nach den Grundsätzen der Verhältnismäßigkeit zu bestimmen.[779] Dort werden als nichtig Vereinbarungen über die Verpflichtung des Auszubildenden angesehen, für die Berufsausbildung eine Entschädigung zu zahlen. Unter den Begriff der Entschädigung fallen alle im Rahmen der Berufsausbildung notwendigen Kosten einschließlich der Kosten für außerbetriebliche Lehrgänge, die in den Ausbildungsgang integriert sind. Die im Rahmen der schulischen Ausbildung anfallenden Kosten sind indes vom Auszubildenden zu tragen.[780] Weist aber der Ausbildende den Auszubildenden zur Teilnahme an Lehrgängen externer Bildungsanbieter anstelle des Berufsschulbesuchs an, kann er die dadurch veranlassten Kosten nicht zurückverlangen; darauf gerichtete Rückzahlungsklauseln sind damit nichtig.[781] Die Nichtigkeitsfolge tritt in entsprechender Anwendung des § 5 Abs. 1 Satz 1 BBiG auch dann ein, wenn durch eine Rückzahlungsvereinbarung mittelbar Druck auf den Auszubildenden ausgeübt und dadurch dessen Berufsfreiheit unverhältnismäßig eingeschränkt 259

772 BAG, Urt. v. 22.02.1972, DB 1972, 1731.

773 Gemeint sind hiermit die gesetzlichen Kündigungsvoraussetzungen. Nicht jedoch können unter Berufung auf § 4 Abs. 1 Nr. 8 BBiG die zwingenden Bestimmungen des § 15 BBiG umgangen werden.

774 Zu Einzelheiten vgl. MünchArbR/*Natzel, B.*, § 177 Rn 24 ff.

775 BAG, Urt. v. 21.08.1997, AP Nr. 1 zu § 4 BBiG.

776 Vgl. i.Ü. zum Eintragungsverfahren MünchArbR/*Natzel, B.*, § 180 Rn 55 ff.

777 Zu zulässigen und unzulässigen sonstigen Vereinbarungen vgl. MünchArbR/*Natzel, B.*, § 178 Rn 66 ff.

778 Vgl. hierzu auch BAG, Urt. v. 25.04.2001, RdA 2002, 184, wo die Regelungen des § 5 BBiG als eine Konkretisierung des Art. 12 GG beschrieben wird.

779 BAG, Urt. v. 30.11.1994, DB 1995, 1283; v. 25.04.2001, DB 2001, 2300.

780 BAG, Urt. v. 16.10.1974, AP Nr. 1 zu § 7 BBiG; v. 16.12.1976, AP Nr. 3 zu § 611 BGB Ausbildungsverhältnis; v. 25.04.2001, RdA 2002, 184; v. 26.09.2002, NZA 2003, 1403.

781 BAG, Urt. v. 25.07.2002, SAE 2003, 149 ff. m. Anm. *Natzel*.

wird.[782] Vereinbarungen, in deren Rahmen sich ein Auszubildender innerhalb der letzten sechs Monate des Berufsausbildungsverhältnisses verpflichtet, nach Beendigung des Berufsausbildungsverhältnisses ein Arbeitsverhältnis einzugehen, sind jedoch von der Unwirksamkeitsfolge des § 5 Abs. 1 Satz 1 BBiG nicht erfasst (§ 5 Abs. 1 Satz 2 BBiG). Damit wird den Vertragsparteien ein gleitender Übergang in ein befristetes oder unbefristetes Arbeitsverhältnis ermöglicht. Schließlich werden über § 5 Abs. 2 Nr. 2 bis 4 BBiG Vereinbarungen von Vertragsstrafen, über den Ausschluss oder die Beschränkung von Schadensersatzansprüchen[783] oder die Festsetzung der Höhe eines Schadensersatzes in Pauschbeträgen vom Gesetzgeber als nichtig angesehen.

260 Von den im BBiG niedergelegten Bedingungen können keine vertraglichen Festlegungen zuungunsten des Auszubildenden festgelegt werden (vgl. **Unabdingbarkeitsgrundsatz des § 18 BBiG**).[784] Insofern ist auf die Günstigkeitsrechtsprechung des BAG zurückzugreifen. Danach scheidet ein abstrakter Gesamtvergleich aller Vorschriften des Gesetzes gegenüber denen des Vertrages aus. Ein Abgleich oder Ausgleich von günstigeren mit ungünstigeren Bestimmungen ist unzulässig. Vielmehr bedarf es eines einzelfallbezogenen konkreten Vergleichs der konkurrierenden Bestimmungen.[785] Der Unabdingbarkeitsgrundsatz ist auch durch die Tarifvertragsparteien sowie Betriebsparteien zu beachten.

bb) Beginn des Berufsausbildungsverhältnisses

261 Vor der Einstellung eines Auszubildenden ist der **Betriebsrat nach Maßgabe der §§ 99 ff. BetrVG zu beteiligen**. Bevor es dann zur Durchführung des Ausbildungsverhältnisses mit dem noch jugendlichen Auszubildenden kommt, hat sich dieser einer ärztlichen Untersuchung zu unterziehen und diese dem Ausbildenden nachzuweisen (§ 32 JArbSchG). Ohne diesen Nachweis ist die Beschäftigung im Rahmen des Ausbildungsverhältnisses unzulässig.[786]

262 Das Berufsausbildungsverhältnis beginnt nach § 13 BBiG mit der tatsächlichen Aufnahme der Ausbildung im Rahmen einer **Probezeit**, die mindestens einen Monat, höchstens drei Monate betragen darf, was im Einzelnen den Vertragspartnern zu vereinbaren vorbehalten bleibt.[787] Die Probezeit dient der Erprobung des Auszubildenden. Zugleich soll sie dem Auszubildenden die Prüfung ermöglichen, ob er für den gewählten Beruf eine Neigung besitzt, auf die im Rahmen der Ausbildung aufgebaut werden kann.[788] Sie besitzt einen zwingenden Charakter, weshalb auch ohne gesonderte Vereinbarung der erste Ausbildungsmonat stets als Probezeit anzusehen ist.[789]

263 Die vorgesehene Probezeit verlängert sich im Falle einer **Unterbrechung der Ausbildung während der Probezeit** nicht automatisch um die Dauer derselben.[790] Der Gesetzgeber hat aber verschiedene Tatbestände festgelegt, die eine Verlängerung bedingen. So finden Zeiten des Grund- oder Zivildienstes oder der Wehr- oder Eignungsübung keine Anrechnung auf die Probezeit (§ 6 Abs. 3 ArbPlSchG, § 78 ZDG). Die Probezeit ist um jene Zeit als gehemmt anzusehen. Gleiches gilt für eine während der Ausbildung in Anspruch genommene Elternzeit (§ 20 Abs. 1 Satz 2 BErzGG). Unbeschadet der geregelten Fälle der Ausbildungsunterbrechung dürfte eine vertraglich vereinbarte

782 BAG, Urt. v. 25.04.2001, DB 2001, 2300. Das Verbot vertraglicher Rückzahlungsklauseln ist auf das Berufsausbildungsverhältnis beschränkt; vgl. auch BAG, Urt. v. 16.10.1991, AP Nr. 2 zu § 611 BGB Ausbildungsbeihilfe.

783 Davon unberührt bleibt der nachträgliche Verzicht auf Schadensersatzansprüche; MünchArbR/*Natzel, B.*, § 178 Rn 15.

784 Sehr weitgehend insofern BSG, Urt. v. 28.02.1990, NZA 1990, 995 ff., wonach einem Verzicht auf einen Teil der Ausbildungsvergütung, um dadurch für sich und den Kindergeldberechtigten einen wirtschaftlichen Vorteil zu erlangen, weder das Günstigkeitsprinzip des § 4 Abs 3 TVG noch Normen des Sozial- und Privatrechts entgegenstehen sollen.

785 MünchArbR/*Natzel, B.*, § 177 Rn 139.

786 BAG, Urt. v. 22.02.1972, AP Nr. 1 zu § 15 BBiG; zu weiteren ärztlichen Untersuchungen vgl. §§ 33 ff. JArbSchG.

787 Als unzulässig dürfte aber die Vereinbarung einer »Probezeit von . . . bis . . . Monaten« anzusehen sein; MünchArbR/*Natzel, B.*, § 178 Rn 50.

788 *Natzel, B.*, BerBiR, S. 166 f.; MünchArbR/*Natzel, B.*, § 171 Rn 43.

789 *Opolony*, DB 1999, 1706.

790 H.M.; zum Streitstand vgl. auch *Natzel*, Die Betriebszugehörigkeit im ArbR, S. 177 f.; *Natzel, B.*, BerBiR, S. 167 f.; *Monjau*, DB 1969, 1846.

Verlängerung der Probezeit um die Dauer einer Ausbildungsunterbrechung als zulässig angesehen werden.[791] Von einer Ausbildungsunterbrechung kann indes nicht ausgegangen werden, wenn eine betriebliche Ausbildung aufgrund in die Probezeit fallenden Berufsschulunterrichts unterbleibt.[792]

Sofern in der Ausbildungsordnung vorgesehen, kann die Ausbildung mit jeweils eigenständigen Aus- 264
bildungsstufen vorgenommen werden (sog. **Stufenausbildung**; vgl. § 26 BBiG, § 26 HwO).[793] Auf einer in der ersten Stufe stattfindenden Grundausbildung werden Grundlagen für die weiterführende berufliche Fachbildung vermittelt und auf diese vorbereitet. Der Anteil der Fortbildung ist dabei abhängig vom Qualifizierungsniveau, zu dem die Ausbildungsstufe hinführt.[794] Wird die Ausbildung als Stufenausbildung durchgeführt, ist der Beginn der ersten Ausbildungsstufe für die Bemessung der Probezeit als maßgeblich anzusehen.[795] Unzulässig hingegen ist die Vereinbarung zusätzlicher Probezeiten für spätere Folgestufen.[796]

cc) Inhalt des Berufsausbildungsverhältnisses

Der maßgebliche Inhalt des Berufsausbildungsverhältnisses ergibt sich zum einen aus dem Ausbil- 265
dungsvertrag, wie er inhaltlich nach Maßgabe des § 4 BBiG niedergeschrieben wurde, sowie den in §§ 6 ff. BBiG beschriebenen Rechten und Pflichten.

(1) Rechte und Pflichten des Auszubildenden

§ 9 BBiG regelt die Pflichten des Auszubildenden. Seine Hauptpflicht besteht darin, **sich zu bemü- 266
hen, die Fertigkeiten und Kenntnisse zu erwerben**, die für das Erreichen des Ausbildungsziels erforderlich sind.[797] Dazu gehört insbesondere, die im Rahmen der Berufsausbildung aufgetragenen Verrichtungen sorgfältig auszuführen, an Ausbildungsmaßnahmen teilzunehmen, im Rahmen des Ausbildungsverhältnisses erteilte Weisungen zu befolgen, die für die Ausbildungsstätte geltende Ordnung zu beachten,[798] Werkzeuge, Maschinen und sonstige Einrichtungen pfleglich zu behandeln[799] sowie über Betriebs- und Geschäftsgeheimnisse Stillschweigen zu wahren[800] (§ 9 Satz 2 BBiG). Auch hat der Auszubildende ein Berichtsheft zu führen, das als Zulassungsvoraussetzung für die Abschlussprüfung der zuständigen Stelle vorzulegen ist (§ 39 BBiG).[801] Verstöße gegen vorerwähnte Pflichten können im Einzelfall nach erfolgter Abmahnung kündigungsrechtliche Folgen nach sich ziehen.[802] Soweit mit der schuldhaften Verletzung Schädigungen des Ausbildenden einhergehen, hat der Auszubildende hierfür nach den **Haftungsgrundsätzen des allgemeinen Arbeitsrechts** einzustehen.[803] Besonderheiten, die sich insbesondere aus der Reife des Auszubildenden, seinen Kenntnissen und Fertigkeiten ergeben, sind im Rahmen der Risikozuweisung zu berücksichtigen.

791 So auch BAG, Urt. v. 15.01.1981, AP Nr. 1 zu § 13 BBiG mit zust. Anm. *Natzel, B.;* zum Streitstand vgl. ferner *Natzel, I.,* Die Betriebszugehörigkeit im ArbR, S. 178 ff.

792 ArbG Mainz, Urt. v. 10.04.1980, BB 1980, 781.

793 Hierzu: MünchArbR/*Natzel, B.*, § 180 Rn 9 ff.

794 MünchArbR/*Natzel, B.*, § 177 Rn 216, 228.

795 *Opolony*, BB 1999, 1706.

796 Dies gilt jedenfalls, sofern die Stufe innerhalb desselben Betriebs absolviert wird; BAG, Urt. v. 27.11.1991, AP Nr. 2 zu § 13 BBiG.

797 Allgemein zu den Pflichten des Auszubildenden vgl. *Natzel, B.*, DB 1970, 1319 ff., 1975 ff.

798 Zur Beachtung der Ordnung in der Ausbildungsstätte vgl. MünchArbR/*Natzel, B.*, § 178 Rn 171 ff.

799 Zur pfleglichen Behandlung von Ausbildungsmitteln vgl. MünchArbR/*Natzel, B.*, § 178 Rn 174 f.

800 Zur Wahrung von Betriebs-/Geschäftsgeheimnissen im Ausbildungsverhältnis vgl. MünchArbR/*Natzel, B.*, § 178 Rn 176 ff.

801 In neueren Ausbildungsordnungen ersetzen die Berichtshefte sog. Ausbildungsnachweise, die entgegen der früheren Rspr. zu Berichtsheften (vgl. BAG, Urt. v. 11.01.1973, AP Nr. 1 zu § 6 BBiG) während der Ausbildungszeit zu führen sind; vgl. hierzu MünchArbR/*Natzel, B.*, § 178 Rn 148 ff.

802 Zum Kündigungsrecht im Ausbildungsverhältnis s. noch im Folgenden.

803 BAG, Urt. v. 07.07.1970, AP Nr. 59 zu § 611 BGB Haftung des Arbeitnehmers. Der neu geschaffene § 619a BGB ist dabei zu berücksichtigen; vgl. *Oetker*, BB 2002, 44.

267 Die Pflicht, sich um die Aneignung von Fertigkeiten und Kenntnissen zu bemühen, kann vom Auszubildenden auch ein geistiges **Bemühen** außerhalb der regulären Ausbildungszeit abverlangen.[804] Im Übrigen ist das Maß der vom Auszubildenden abverlangbaren Bemühungspflicht abhängig von der Art der Ausbildung und des darin zu erlernenden Berufes, seinem Können, Fleiß und Fähigkeiten im Einzelnen.

268 **Nimmt** der Auszubildende entgegen § 9 Nr. 2 BBiG trotz Freistellung **am Berufsschulunterricht nicht teil**, kann seine Vergütung für jeden einzelnen Fehltag um 1/30 gekürzt werden.[805] Diese Möglichkeit besteht selbstredend nur für Fälle des unentschuldigten Fernbleibens, nicht also etwa im Falle der Arbeitsunfähigkeit. Auch zur Teilnahme an **Prüfungen** ist der Auszubildende verpflichtet. Doch wird weitgehend davon ausgegangen, dass kein Teilnahmezwang auf den Auszubildenden ausgeübt werden kann.[806]

269 Bei der Beschäftigung im Rahmen der Ausbildung sind die **arbeitszeitrechtlichen Schutzvorschriften der §§ 9 ff. JArbSchG** zu beachten. So darf die Beschäftigung nicht mehr als acht Stunden täglich und nicht mehr als 40 Stunden wöchentlich betragen (§ 8 Abs. 1 JArbSchG). Der Auszubildende darf keine Beschäftigung vor einem vor 9.00 Uhr beginnenden Unterricht vornehmen. Diese Regelung gilt auch für Personen, die über 18 Jahre alt und noch berufsschulpflichtig sind. Im Übrigen ist für diese Personen unabhängig von der Lage des Berufsschulunterrichts eine Beschäftigung im Betrieb unter Berücksichtigung der Bestimmungen des ArbZG möglich, sofern die Beschäftigung als solche i.S.d. § 7 BBiG zumutbar ist.[807] Ansonsten ist die Beschäftigung jugendlicher Auszubildender an einem Berufsschultag mit mehr als fünf Unterrichtsstunden von mindestens 45 Minuten einmal in der Woche (§ 9 Abs. 1 Nr. 2 JArbSchG) und in Berufsschulwochen mit einem planmäßigen Blockunterricht von mindestens 25 Stunden an mindestens fünf Tagen unzulässig. Davon unberührt sind betriebliche Ausbildungsveranstaltungen bis zu wöchentlich zwei Stunden (§ 9 Abs. 1 Nr. 3 JArbSchG). Ergänzend zu § 7 BBiG sieht § 9 JArbSchG die Anrechnung auf die Arbeitszeit von Berufsschultagen mit acht Stunden, von Berufsschulwochen mit 40 Stunden und im Übrigen die der Unterrichtszeit einschließlich der Pausen vor.[808] Diese Regelung wird ergänzt durch § 10 JArbSchG für die Teilnahme an Prüfungen und Ausbildungsmaßnahmen, die auf Grund öffentlich-rechtlicher oder vertraglicher Bestimmungen außerhalb der Ausbildungsstätte durchzuführen sind. Nach § 21a JArbSchG in zulässiger Weise abweichend zu vorbenannten Grundsätzen in einem Tarifvertrag oder auf Grund eines Tarifvertrags in einer Betriebsvereinbarung getroffene Regelungen sind zu berücksichtigen.[809] Dies gilt auch für die Regelung des § 15 JArbSchG, mittels derer neben der Beschäftigung in einer Fünf-Tage-Woche im Sinne einer Soll-Bestimmung sichergestellt wird, dass dem Jugendlichen zwei aufeinander folgende Ruhetage in der Woche gewährt werden.

(2) Rechte und Pflichten des Ausbildenden

270 Die Hauptpflicht des Ausbildenden ist die **Ausbildungspflicht**, die zugleich mit dem Recht zur Erteilung von Weisungen im Rahmen der Berufsausbildung korrespondiert. Er hat dafür zu sorgen, dass dem Auszubildenden die für das Erreichen des Ausbildungsziels erforderlichen **Fertigkeiten und Kenntnisse vermittelt** werden[810] und die Berufsausbildung in einer durch ihren Zweck gebotenen Form planmäßig, zeitlich und sachlich so durchgegliedert wird, dass das Ausbildungsziel in der

804 BAG, Urt. v. 11.01.1973, AP Nr. 1 zu § 6 BBiG.

805 So unter Berufung auf die Berechnungsformel des § 11 Abs. 1 BBiG: MünchArbR/*Natzel, B.*, § 178 Rn 154 m.w.N.

806 Dazu: MünchArbR/*Natzel, B.*, § 178 Rn 164.

807 Vgl. auch *Mitsch/Richter*, AuA 1997, 256 f.; *Schlüter*, BArbBl 1997, 18.

808 Vgl. in diesem Zusammenhang auch AP 27.05.1992, Nr. 1 zu § 8 JArbSchG, wonach Berufsschultage mit mehr als fünf Unterrichtsstunden von mindestens je 45 Minuten mit jeweils acht Stunden nur auf die gesetzliche Höchstarbeitszeit von 40 Stunden wöchentlich (§ 8 Abs 1 JArbSchG) und nicht auf die kürzere tarifliche Arbeits- bzw Ausbildungszeit anzurechnen sind, wenn es an einer eigenen tariflichen Anrechnungsregelung fehlt.

809 Vgl. dazu auch *Mitsch/Richter*, AuA 1997, 257.

810 Zum Begriff von Fertigkeiten und Kenntnissen vgl. MünchArbR/*Natzel, B.*, § 178 Rn 86.

vorgesehenen Zeit erreicht werden kann (§ 6 Abs. 1 Nr. 1 BBiG). Die Pflicht gibt dem Auszubildenden zugleich einen Anspruch auf Ausbildung durch tatsächliche Beschäftigung zu Zwecken seiner Ausbildung. Sie ist anhand des in der Ausbildungsordnung festgelegten Ausbildungsrahmenplans (vgl. § 25 Abs. 2 Nr. 4 BBiG) zu konkretisieren. Nicht jedoch wird dem Ausbildenden mit der Pflicht auch die Verpflichtung zur Vermittlung des im Rahmen der schulischen Ausbildung zu erlernenden Lehrstoffs auferlegt.[811]

Zur Erfüllung seiner Ausbildungspflicht kann der Ausbildende auch einen **Ausbilder beauftragen**, der damit zum Erfüllungsgehilfen des Ausbildenden wird (§ 6 Abs. 1 Nr. 2 BBiG).[812] Gleichermaßen ist es möglich, Ausbildungsmaßnahmen außerhalb der Ausbildungsstätte durchzuführen (§ 22 Abs. 2 BBiG, § 23 Abs. 2 HwO). Auch die außerbetriebliche Ausbildungsstätte fungiert als Erfüllungsgehilfe des Ausbildenden, der weiterhin für die Erfüllung seiner sich aus Gesetz und Vertrag ergebenden Pflichten einzustehen hat. 271

Der Ausbildende hat dem Auszubildenden die **Ausbildungsmittel**, insbes. Werkzeuge und Werkstoffe **kostenlos zur Verfügung zu stellen**, die zur Berufsausbildung und zum Ablegen von Zwischen- und Abschlussprüfungen erforderlich sind (§ 6 Abs. 1 Nr. 3 BBiG). Hierzu gehören alle zum betrieblichen Teil der Ausbildung zuzurechnenden Ausbildungsmittel. Die mit diesen Mitteln erstellten Ausbildungsergebnisse bleiben allerdings im Eigentum des Ausbildenden.[813] Nicht von der Kostentragungspflicht erfasst sind Kosten, die nicht durch die Ausbildung verursacht, sondern allgemein der Lebenshaltung zuzurechnen sind.[814] Auch hat der Ausbildende nicht die Ausbildungsmittel zur Verfügung zu stellen, derer der Auszubildende im Rahmen seiner schulischen Ausbildung bedarf. Der Deckung dieser Kosten dient mitunter die nach § 10 BBiG zu gewährende Ausbildungsvergütung.[815] 272

Der Ausbildende hat zudem den Auszubildenden **zum Besuch der Berufsschule und Führen der von ihm durchzusehenden Berichtshefte anzuhalten** (§ 6 Abs. 1 Nr. 4 BBiG). Mit der Verpflichtung, zum Besuch der Berufsschule anzuhalten, korrespondiert die Pflicht, den Auszubildenden unter Fortzahlung der Vergütung für die Teilnahme am Berufsschulunterricht und an Prüfungen freizustellen (§ 7 BBiG).[816] Die Freistellungspflicht umfasst auch die Zeiträume, in denen der Auszubildende zwar nicht am Berufsschulunterricht teilnehmen muss, er aber wegen des Schulbesuchs aus tatsächlichen Gründen (Verbleib an der Berufsschule zwecks Überbrückung einer unterrichtsfreien Zeit, notwendige Wegezeiten, etc.) gehindert ist, im Ausbildungsbetrieb an der betrieblichen Ausbildung teilzunehmen.[817] Nicht jedoch besteht über den Anspruch auf Freistellung hinaus ein solcher auf Erstattung von Fahrtkosten oder Freizeitausgleich wegen der aufgewandten Wegezeit außerhalb der Zeit der betrieblichen Ausbildung.[818] Der Ausbildende hat ferner für die **charakterliche Förderung** sowie Abwehr sittlicher und körperlicher Gefährdungen Sorge zu tragen (§ 6 Abs. 1 Nr. 5 BBiG). Diese Sorgepflicht beinhaltet nicht die Pflicht oder auch das Recht zur Erziehung der Gesamtpersönlichkeit, sondern muss einen Bezug zum Ausbildungszweck selbst aufweisen.[819] 273

Der Ausbildende darf dem Auszubildenden nur **Verrichtungen übertragen, die dem Ausbildungszweck dienen** und seinen körperlichen Kräften angemessen sind (§ 6 Abs. 2 BBiG). In positiver Hinsicht bedeutet dies, dass der Ausbildende dem Auszubildenden alle im Rahmen der zu erlernenden 274

811 MünchArbR/*Natzel, B.*, § 178 Rn 147.

812 Zur Beauftragung als Ausbilder vgl. MünchArbR/*Natzel, B.*, § 177 Rn 223 ff.

813 Je nach Einzelfallgestaltung ist aber dem Auszubildenden das Eigentum an Prüfungsstücken zu gewähren; vgl. dazu: BAG, Urt. v. 03.03.1960, DB 1960, 643; zum Recht am Prüfungsstück vgl. i.Ü. MünchArbR/*Natzel, B.*, § 178 Rn 99 f.

814 *Natzel. B./Natzel, I.*, SAE 1997, 16.

815 MünchArbR/*Natzel, B.*, § 178 Rn 97; *ders.*, BerBiR, S. 182.

816 Vgl. dazu auch *Natzel, B.*, BerBiR, S. 193 f.

817 BAG, Urt. v. 26.03.2001, NZA 2001, 892 f.

818 BAG, Urt. v. 11.01.1973, DB 1973, 831; vgl. ferner Urt. v. 26.03.2001, NZA 2001, 892 f., wonach die Summe der Berufsschulzeiten und der betrieblichen Ausbildungszeiten kalenderwöchentlich größer als die regelmäßige tarifliche wöchentliche Ausbildungszeit sein kann.

819 So auch BVerwG, Urt. v. 09.11.1962, AP Nr. 1 zu Art 4 GG.

Tätigkeiten zu vermitteln hat und die Aufgabenübertragung zu allen berufspädagogisch sinnvollen Lernzielen somit erfolgen darf. Dies schließt im Rahmen des normalen Betriebsablaufs anfallende Zusammenhangstätigkeiten (z.B. übliche Wartungs-, Pflege- und Reinigungsarbeiten) mit ein.[820]

275 Die **Verletzung der Ausbildungspflicht** kann zu einem Entzug der Ausbildungsbefugnis (§ 24 BBiG) sowie zur Verhängung eines Ordnungsgeldes (§ 99 BBiG) führen.[821] Im Übrigen kommt bei Verletzung der Ausbildungspflicht auch eine Haftung des Ausbildenden in Betracht, sofern diese für das Nichtbestehen der Abschlussprüfung kausal ist.[822] Für das Verschulden eines beauftragten Ausbilders hat der Ausbildende nach Maßgabe des § 278 BGB einzustehen.

276 Die Pflicht zur **Zahlung einer Ausbildungsvergütung** stellt eine **vertragliche Nebenpflicht** dar.[823] Die Vergütung selbst ist kein Entgelt für Arbeitsleistung.[824] Das BAG misst ihr neben der Funktion der finanziellen Hilfestellung für den Auszubildenden die Funktion zu, die Heranbildung eines ausreichenden Nachwuchses an qualifizierten Fachkräften zu gewährleisten und eine gewisse Entlohnung darzustellen.[825] Dennoch dürfte letzterem Gesichtspunkt nur eine untergeordnete Rolle zukommen, ist doch der Ausbildende nicht zum Abruf von Arbeitsleistungen berechtigt, sondern darf lediglich Verrichtungen übertragen, die dem Ausbildungszweck dienen und den körperlichen Kräften angemessen sind (§ 6 Abs. 2 BBiG). Nicht zuletzt wegen ihres besonderen Charakters ist die Ausbildungsvergütung auch **unpfändbar**. Sie kann weder abgetreten werden (§ 400 BGB), noch kann unter Berufung auf sie aufgerechnet werden (§ 394 BGB).[826]

277 Regelmäßig regeln die einschlägigen Tarifverträge die Höhe der Ausbildungsvergütung. Unterliegt das Berufsausbildungsverhältnis nicht einer solchen Regelung, ist dem Auszubildenden nach § 10 Abs. 1 BBiG eine **angemessene Vergütung** zu gewähren, die nach Monaten zu bemessen und spätestens am letzten Arbeitstag des Monats zu zahlen ist (§ 11 BBiG). Eine bestimmte tarifliche Vergütung kann auch dann nicht unter Berufung auf einen Tarifvertrag verlangt werden, wenn die Ausbildung im Rahmen eines nicht tarifgebundenen Ausbildungsverbundes in einem tarifgebundenen Ausbildungsbetrieb durchgeführt wird.[827]

278 Die Angemessenheit ist ein unbestimmter Rechtsbegriff, aufgrund dessen dem Auszubildenden nicht von vornherein ein Anspruch auf eine bestimmte fixierte Vergütung erwächst.[828] Entlohnungsgesichtspunkte können dabei mangels einer Arbeitsleistung, die vergütet werden könnte, ebenso wenig eine Rolle spielen wie Erwägungen hinsichtlich der Absicherung eines gewissen Lebensstandards oder eines Zuschusses hierfür.[829] Richtigerweise ist daher auf die im unmittelbaren Zusammenhang mit der Ausbildung stehenden Aufwendungen abzustellen.[830] Auch können zur Ermittlung der Angemessenheit als unverbindliche Richtsätze die in einschlägigen und verwandten Berufen gewährte Vergütung oder die örtliche Praxis herangezogen werden.[831] Das BAG hat insofern in einem Fall ein Unterschreiten der Höhe um mehr als 20 % gegenüber dem einschlägigen Tarifvertrag als unzulässig, in einem weiteren ein »erhebliches« Unterschreiten als noch angemessen angesehen,

820 MünchArbR/*Natzel, B.*, § 178 Rn 132.
821 Zum Schadensersatzanspruch bei Ausbildungspflicht, die zum Abbruch der Ausbildung geführt hat vgl. LAG Köln, Urt. v. 30.10.1998, NZA 1999, 317.
822 BAG, Urt. v. 10.06.1976, AP Nr. 2 zu § 6 BBiG.
823 BAG, Urt. v. 10.02.1981, AP Nr. 26 zu § 5 BetrVG m. Anm. *Natzel, B.*; *Natzel, B.*, DB 1992, 1524; *Opolony*, BB 2000, 511.
824 BAG, Urt. v. 20.10.1983, DB 1984, 1306.
825 BAG, Urt. v. 15.11.2000, BB 2001, 1481 ff.
826 MünchArbR/*Natzel, B.*, § 178 Rn 196.
827 *Natzel, B./Natzel, I.*, SAE 1997, 119.
828 MünchArbR/*Natzel, B.*, § 178 Rn 198 ff.; *Natzel, B.*, DB 1982, 1521 ff.; *Natzel, B./Natzel, I.*, SAE 1997, 119; *Opolony*, BB 2000, 510 ff.
829 *Natzel, B./Natzel, I.*, SAE 1997, 120.
830 *Natzel, B.*, DB 1992, 1527.
831 So für die Empfehlungen von Kammern und Innungen BAG, Urt. v. 30.09.1998, AP Nr. 8 zu § 10 BBiG.

wenn die Ausbildung zu 100 % durch die öffentliche Hand finanziert wird.[832] In seiner Entscheidung vom 24.10.2002 hat das BAG sogar eine Ausbildungsvergütung im Rahmen eines ausschließlich durch öffentliche Gelder und private Spenden geförderten Ausbildungsverhältnisses als angemessen angesehen, die etwa 35 % unter der tariflich geregelten Ausbildungsvergütung lag.[833] Jedenfalls sei – so das BAG in seiner Entscheidung vom 08.05.2003 – ein Unterschreiten der tariflichen Vergütung dann zulässig, wenn eine Umgehung tariflicher Bindungen ausgeschlossen ist und eine kommerzielle Verwertung der Leistungen des Auszubildenden unterbleibt.[834]

Die angemessene Vergütung ist nach § 10 Abs. 1 Satz 2 BBiG nach dem Lebensalter des Auszubildenden so zu bemessen, dass sie mit **fortschreitender Berufsausbildung mindestens jährlich steigt**. Dabei kann ein zwischenzeitlich eingetretener Prüfungserfolg auch eine vorzeitige Anhebung der Ausbildungsvergütung rechtfertigen.[835] Soweit es im Rahmen des § 29 BBiG zu einer Anrechnung vorangegangener beruflicher oder schulischer Vorbildungen kommt, führt diese nicht dazu, dass die Ausbildungsvergütung für ein späteres Ausbildungsjahr bereits um den Verkürzungszeitraum früher gezahlt werden muss.[836] 279

Eine **über die vereinbarte regelmäßige tägliche Ausbildungszeit hinausgehende Beschäftigung** ist nach § 10 Abs. 3 BBiG besonders zu vergüten oder durch entsprechende Freizeit auszugleichen. Damit einher geht jedoch – vorbehaltlich anderweitiger individual- oder kollektivvertraglicher Regelungen – kein Anspruch auf gesonderte Zuschläge. Tarifvertragliche Regelungen über Mehrarbeitszuschläge können hier nicht entsprechend herangezogen werden, setzten diese regelmäßig eine über die regelmäßige tarifliche Arbeitszeit hinausgehende Arbeitsleistung voraus, die vom Berufsauszubildenden gerade nicht abgefordert werden kann. I.Ü. ist bei Heranziehung jugendlicher Auszubildender über die vereinbarte Ausbildungszeit hinaus zu beachten, dass diese stets nach Maßgabe des § 21 JArbSchG durch Freizeit auszugleichen ist. 280

Das BBiG regelt in § 12 die **Fortzahlung der Auszubildendenvergütung** für die Zeit der Freistellung für die Teilnahme am Berufsschulunterricht und an Prüfungen sowie für die Dauer von bis zu sechs Wochen, wenn sich der Auszubildende für die Berufsausbildung bereithält, diese aber ausfällt, oder er aus einem sonstigen, in seiner Person liegenden Grund unverschuldet verhindert ist, seine Pflichten aus dem Berufsausbildungsverhältnis zu erfüllen. Die für das Arbeitsverhältnis maßgeblichen Grundsätze des Entgeltfortzahlungsrechts finden insofern entsprechende Anwendung. 281

d) Ende des Berufsausbildungsverhältnisses

Die Ausbildungszeit, wie sie in den Ausbildungsordnungen festgelegt wird, soll nach § 25 Abs. 2 BBiG nicht mehr als drei und nicht weniger als zwei Jahre betragen. Dabei kann durch Rechtsverordnung eine Anrechnung des vorherigen Besuchs einer berufsbildenden Schule oder sonstigen Einrichtung auf die Ausbildungszeit bestimmt werden (§ 29 Abs. 1 BBiG). Eine solche Rechtsverordnung ist bindend; von ihr kann durch Vereinbarung nicht abgewichen werden. Im Übrigen obliegt es der zuständigen Stelle, in Anbetracht des Ausbildungsziels über **Verkürzungen oder Verlängerungen der Ausbildungszeit** auf Antrag des Auszubildenden zu befinden (§ 29 Abs. 2, 3 BBiG).[837] Soweit der Endpunkt für die Beendigung des Ausbildungsverhältnisses feststeht, bedarf es keiner weiteren Mitteilung, Vereinbarung oder Kündigung des Vertragsverhältnisses. 282

832 BAG, Urt. v. 11.10.1995, SAE 1997, 113 ff. mit Anm. *Natzel, B./Natzel, I.*; ferner für die Unterschreitung einer Kammerempfehlung um mehr als 20 % BAG, Urt. v. 30.09.1998, DB 1999, 338; v. 08.05.2003, FA 2003, 214.

833 BAG, Urt. v. 24.10.2002, DB 2003, 1002.

834 BAG, Urt. v. 08.05.2003, FA 2003, 214.

835 So für eine bestandene Zwischenprüfung, der sich der Auszubildende vorzeitig unterzogen hat: ArbG Bochum, Urt. v. 17.10.1978, DB 1979, 172.

836 BAG, Urt. v. 08.12.1982, 5 AZR 484/80 (n.v.); v. 08.12.1982, AP Nr. 1 zu § 29 BBiG.

837 Die nach Vertragsschluss erfolgte Verkürzung oder Verlängerung stellt eine Vertragsänderung dar, die der Niederschrift nach § 4 BBiG und der Bewilligung durch die zuständige Stelle bedarf. Sie rechtfertigt keine Anhebung der Ausbildungsvergütung nach Maßgabe des § 10 Abs. 1 Satz 2 BBiG; MünchArbR/*Natzel, B.*, § 178 Rn 210.

283 Bei Beendigung des Berufsausbildungsverhältnisses ist nach § 8 BBiG dem Auszubildenden ein **Zeugnis** zu erstellen, das sich auf Art, Dauer, Ziel der Berufsausbildung, die dort erworbenen Kenntnisse und Fertigkeiten sowie auf Verlangen des Auszubildenden auf Führung, Leistung und besondere fachliche Fähigkeiten erstreckt. Wurde die Berufsausbildung durch einen beauftragten Ausbilder durchgeführt, so soll auch dieser das Zeugnis unterschreiben. Im Übrigen sind bei Zeugnissen die Grundsätze der Wahrheit und des Wohlwollens zu beachten. Dabei hat der Ausbildende im Streitfall für die Tatsachen Beweis zu erbringen, die er seiner Bewertung zugrunde gelegt hat.

aa) Beendigung durch Fristablauf

284 Das Berufsausbildungsverhältnis endet grds. mit dem Ablauf der Ausbildungszeit (§ 14 Abs. 1 BBiG). Es kann sich bei einer Unterbrechung aufgrund spezialgesetzlicher Regelungen (vgl. z.B.: § 20 Abs. 1 BErzGG, § 6 Abs. 3 ArbPlSchG) verlängern.

285 Im Regelfall führt das Bestehen der vor den zuständigen Stellen nach dem BBiG abzulegenden **Abschlussprüfung** zur Beendigung des Ausbildungsverhältnisses. Diese muss inhaltlich so gestaltet sein, dass Betriebs- und Berufspraxis sowie die anerkannten Prüfungskriterien (Objektivität, Reliabilität, Validität und Ökonomie) beachtet werden. Über die Bestimmungen der §§ 34 ff. BBiG[838] hinaus bestimmen die in den jeweiligen Ausbildungsordnungen enthaltenen Prüfungsvorschriften den Inhalt der Prüfungen. Da die Feststellung des Bestehens oder Nichtbestehens der Abschlussprüfung einen dem öffentlichen Recht unterliegenden Verwaltungsakt darstellt, ist im Streitfall über das festgestellte Prüfungsergebnis der Rechtsweg der Verwaltungsgerichtsbarkeit gegeben.

286 Der Auszubildende kann sich **vor Ablauf der regelmäßigen Dauer der Ausbildung zur Abschlussprüfung melden**. Er ist dann zuzulassen, wenn die Ausbildungszeit nicht später als drei Monate nach dem Prüfungstermin endet (§ 39 Abs. 1 BBiG). Besteht der Auszubildende in diesem Fall vor Ablauf der maßgeblichen Ausbildungszeit die Abschlussprüfung, endet das Ausbildungsverhältnis mit Bestehen derselben (§ 14 Abs. 2 BBiG). Dabei ist vom Bestehen der Prüfung auszugehen, wenn das Gesamtergebnis der Prüfung feststeht und bekannt gegeben ist.[839]

287 **Besteht** jedoch ein Auszubildender die **Abschlussprüfung nicht**, verlängert sich auf sein Verlangen hin das Berufsausbildungsverhältnis bis zur nächstmöglichen Wiederholungsprüfung, längstens jedoch bis zu einem Jahr (§ 14 Abs. 3 BBiG). Diese Regelung gilt entsprechend, soweit der Auszubildende wegen Krankheit an der Abschlussprüfung nicht hat teilnehmen können.[840] Scheitert der Auszubildende auch in der Wiederholungsprüfung, die innerhalb der gesetzlichen Höchstfrist von einem Jahr abzulegen ist, tritt die Beendigungswirkung unabhängig davon ein, ob die zweite Wiederholungsprüfung bestanden oder nicht bestanden wird.[841] Das **Verlängerungsverlangen** ist in angemessener Frist nach Mitteilung des Prüfungsergebnisses zu stellen.[842] Der Ausbildende hat diesem Verlangen regelmäßig zuzustimmen; ansonsten kann er sich schadensersatzpflichtig machen.[843] Stimmt er dem Verlangen zu, kommt es zu einem den ursprünglichen Vertrag abändernden Fortsetzungsvertrag.[844]

288 **Nach Beendigung des Berufsausbildungsverhältnisses** besteht vorbehaltlich einer gesondert vereinbarten Übernahmeverpflichtung grundsätzlich keine Verpflichtung zur Begründung eines Arbeitsverhältnisses mit dem nunmehr Ausgebildeten. Besonderheiten sind für Mitglieder der Jugend- und Auszubildendenvertretung nach § 78a BetrVG zu beachten.[845] Kommt es i.Ü. nach Beendigung des

838 Entsprechend: §§ 31 ff. HwO.
839 BAG, Urt. v. 07.10.1971 sowie v. 12.09.1979, AP Nr. 1, 2 zu § 14 BBiG.
840 BAG, Urt. v. 30.09.1998, AP Nr. 9 zu § 14 BBiG.
841 BAG, Urt. v. 15.03.2000, SAE 2001, 273 ff.
842 Zum Verlängerungsverlagen in angemessener Frist vgl. auch *Brill*, BB 1978, 208.
843 *Brill*, BB 1978, 209.
844 *Brill*, BB 1978, 209; MünchArbR/*Natzel, B.*, § 178 Rn 266; *ders.*, BerBiR, S. 270.
845 Vgl. hierzu auch *Natzel*, SAE 1999, 8 ff.; *ders.*, DB 1998, 1721 f.

Berufsausbildungsverhältnisses zu einer Beschäftigung, richten sich daraus ergebende Rechte und Pflichten nach den Grundsätzen des allgemeinen Arbeitsrechts.

bb) Kündigung

Das Berufsausbildungsverhältnis kann jederzeit **im gegenseitigen Einvernehmen aufgehoben** werden.[846] Der Zustimmung durch den Betriebsrat bedarf es hierzu nicht. Im Übrigen ist die Kündigung des Berufsausbildungsverhältnisses nur unter eingeschränkten Bedingungen während und nach Ablauf der gesetzlich in § 13 BBiG vorgesehenen Probezeit von zwischen einem und drei Monaten zulässig. Die während der Probezeit ausgesprochene **Kündigung** bedarf keiner Begründung.[847] Soweit nach Ablauf der Probezeit eine Kündigung erfolgt, erstreckt sich das Schriftformerfordernis auch auf die Angabe der Kündigungsgründe (§ 15 Abs. 3 BBiG).[848] Die Nichtberücksichtigung der Schriftform macht eine ausgesprochene Kündigung unwirksam; sie kann auch nicht nachgeholt werden.[849] Ferner ist auch zu berücksichtigen, dass die Kündigung eines minderjährigen Auszubildenden nur dann wirksam werden kann, wenn sie gegenüber dem gesetzlichen Vertreter erklärt wird.[850] 289

Neben den Bestimmungen des § 15 BBiG sind die **besonderen Kündigungsschutzbestimmungen** bspw. des MuSchG, des BErzGG oder des SGB IX zu beachten.[851] Auch ist der Betriebsrat nach Maßgabe der §§ 102 f. BetrVG zu beteiligen. Ihm ist eine Frist von einer Woche zur Stellungnahme der beabsichtigten und vom Ausbildenden begründeten Kündigung einzuräumen.[852] Handelt es sich um eine außerordentliche Kündigung, kann der Betriebsrat, auch wenn eine soziale Auslauffrist gewährt wird, innerhalb von drei Tagen zur Kündigung Stellung nehmen.[853] 290

(1) Kündigung während der Probezeit

Entsprechend dem Zweck der Probezeit, mittels derer eine gegenseitige Prüfung auch im Hinblick auf die Eignung für den angestrebten Beruf erfolgen soll,[854] ermöglicht es § 15 Abs. 1 BBiG beiden Vertragsparteien, das Berufsausbildungsverhältnis während dieser Zeit **ohne Einhaltung einer Kündigungsfrist und ohne Angaben von Kündigungsgründen** zu kündigen. Dabei kann die Kündigungserklärung auch eine Auslauffrist vorsehen, soweit diese nicht mit einer unangemessen langen Fortsetzung des Ausbildungsverhältnisses verbunden ist.[855] Auch ist es anerkannt, dass das Berufsausbildungsverhältnis bereits vor dessen Beginn ordentlich entfristet gekündigt werden kann, wenn die Parteien keine abweichende Regelung vereinbart haben und sich der Ausschluss der Kündigung vor Beginn der Ausbildung für den Ausbilder auch nicht aus den konkreten Umständen (z.B. der Abrede oder dem ersichtlichen gemeinsamen Interesse, die Ausbildung jedenfalls für einen bestimmten Teil der Probezeit tatsächlich durchzuführen) ergibt.[856] 291

846 Die noch bei LAG München, Urt. v. 02.11.1977, EzB Nr. 3 zu § 305 BGB, vertretene Auffassung, die Aufhebung sei auch formfrei möglich, ist nach Einfügung des § 623 BGB nicht mehr haltbar; vgl. auch *Preis/Gotthardt*, NZA 2000, 354.

847 Kündigungsgründe müssen allerdings im Rahmen der Betriebsratsanhörung nach § 102 Abs. 1 S. 1 BetrVG angegeben werden.

848 Die schriftl. Begründung kann insofern auch nicht nachgeholt werden; vgl. BAG, Urt. v. 25.11.1976, AP Nr. 4 zu § 15 BBiG.

849 *Opolony*, BB 1999, 1707.

850 BAG, Urt. v. 25.11.1976, AP Nr. 4 zu § 15 BBiG; vgl. ferner *Opolony*, BB 1999, 1707, der insofern auch auf die Nichtanwendbarkeit des § 113 BGB verweist.

851 So für die Anhörung der Schwerbehindertenvertretung: BAG, Urt. v. 10.12.1987, AP Nr. 11 zu § 18 SchwbG; vgl. i.Ü. hierzu auch *Opolony*, BB 1999, 1708.

852 *Opolony*, BB 1999, 1706.

853 *Opolony*, BB 1999, 1708.

854 *Natzel, B.*, BerBiR, S. 166 f.; MünchArbR/*Natzel, B.*, § 171 Rn 43.

855 BAG, Urt. v. 10.11.1988, AP Nr. 8 zu § 15 BBiG.

856 BAG, Urt. v. 17.09.1987, AP Nr. 7 zu § 15 BBiG.

292 Das Gesetz stellt in § 13 BBiG auf den Bestand des Berufsausbildungsverhältnisses während der Erprobungsphase ab. Auf diesen sind **tatsächliche Unterbrechungen der Ausbildung** ohne Einfluss. Dieser wortgetreuen Gesetzesauslegung steht allerdings eine Stellungnahme im Bericht des Ausschusses für Arbeit zum Entwurf des BBiG[857] entgegen, in der es heißt, dass im Falle einer Unterbrechung der Ausbildung während der Probezeit (etwa wegen Erkrankung des Auszubildenden) diese (nicht jedoch die Ausbildungszeit) unterbrochen werde. Die im Bericht geäußerte Vorstellung hat aber im Gesetz keinen Niederschlag gefunden, weshalb auch das BAG[858] dieser Stellungnahme im Rahmen der Gesetzesauslegung keine selbständige Bedeutung zumessen wollte. Dementsprechend ist von dem Grundsatz auszugehen, dass eine automatische Verlängerung der Probezeit um die Dauer der Ausbildungsunterbrechung nicht erfolgt.[859] Davon zu trennen ist allerdings die Frage, ob die Probezeit verlängernde Vereinbarungen zulässig sind.[860] Dies ist zu bejahen, sofern mittels der Verlängerungsvereinbarung die gesetzliche 3-Monatsgrenze nicht überschritten wird.[861]

(2) Kündigung nach Ablauf der Probezeit

293 Nach Ablauf der Probezeit kann der Auszubildende das Ausbildungsverhältnis mit einer Kündigungsfrist von vier Wochen kündigen, wenn er die Berufsausbildung aufgeben oder sich für eine andere Berufstätigkeit ausbilden lassen will (§ 15 Abs. 2 Nr. 2 BBiG). Dabei kann sich der Auszubildende nur darauf berufen, er wolle die Berufsausbildung aufgeben oder sich für eine andere Berufstätigkeit ausbilden lassen. Ein solcher Fall kann auch bei einer Aufhebung der Anerkennung als Ausbildungsberuf gegeben sein (vgl. auch § 25 Abs. 3 BBiG). Die Berechnung der 4-Wochenfrist richtet sich nach den allgemeinen Bestimmungen des BGB. Darüber hinaus ist eine ordentliche Kündigung sowohl für den Auszubildenden wie den Ausbildenden ausgeschlossen.

(3) Kündigung aus wichtigem Grund

294 Dem Ausbildenden ist eine (außerordentliche) Kündigung nach Ablauf der Probezeit nur bei Vorliegen eines wichtigen Grundes möglich, sofern die Kündigung innerhalb einer Frist von zwei Wochen nach Kenntniserlangung der zur Kündigung führenden Tatsachen ausgesprochen wird (§ 15 Abs. 2 Nr. 1, Abs. 4 Satz 1 BBiG).[862] Bei dauerhaftem Fehlverhalten ist auf den Zeitpunkt der Einstellung dieses Verhaltens abzustellen. Erforderlich ist eine positive Kenntnis; das Kennenmüssen kündigungsrelevanter Tatsachen setzt die Zwei-Wochen-Frist nicht in Lauf.[863] Liegen kündigungsrelevante Tatsachen vor, müssen diese von einem solchem Gewicht sein, das die Annahme rechtfertigt, dass dem Ausbildenden unter Berücksichtigung des Einzelfalls und unter Abwägung der Interessen beider Vertragsteile die **Fortsetzung des Vertragsverhältnisses bis zum Ablauf der Ausbildungszeit nicht zugemutet** werden kann. Die »Berücksichtigung des Einzelfalls« erfordert insbesondere auch eine Abwägung der Chancen und Risiken eines Abbruchs der Ausbildung für den Auszubildenden. Dabei sind das Stadium der Ausbildung, die Nähe zum Prüfungstermin, der Entwicklungsstand des Auszubildenden ebenso in die Abwägung mit einzubeziehen wie die besondere Fürsorgepflicht auch im Hinblick auf die charakterliche Förderung (§ 6 Abs. 1 Nr. 5 BBiG).[864] Bei Störungen im Leistungsbereich hat der Kündigung stets eine Abmahnung vorauszugehen.

295 Die im Rahmen der außerordentlichen Kündigung schriftlich **anzugebenden Kündigungsgründe** müssen durch Darlegung von Tatsachen erkennen lassen, warum der Vertrag gelöst werden soll.

857 BT-Drucks. 5/4260, S. 103 f.
858 BAG, Urt. v. 15.01.1981, AP Nr. 1 zu § 13 BBiG mit zust. Anm. *Natzel, B.*
859 So auch die überwiegende Literaturauffassung; vgl. Nachw. bei *Natzel, B.*, BerBiR, S. 167 f. sowie *Natzel, I.*, Die Betriebszugehörigkeit im ArbR, S. 177.
860 Dazu: BAG, Urt. v. 15.01.1981, AP Nr. 1 zu § 13 BBiG m. zust. Anm. *Natzel.*
861 Zum Streitstand vgl. ausführlich *Natzel, I.*, Die Betriebszugehörigkeit im ArbR, S. 178 ff.
862 Die Frist des § 15 Abs. 4 Satz 1 BBiG ist eine der abändernden Vereinbarung durch die Vertragsparteien entzogene Ausschlussfrist; BAG, Urt. v. 22.02.1972 sowie v. 25.11.1976, AP Nr. 1, 4 zu § 15 BBiG.
863 BAG, Urt. v. 06.07.1972, AP Nr. 3 zu § 626 BGB Ausschlussfrist.
864 *Opolony*, BB 1999, 1707.

Allgemeine Werturteile genügen indes nicht. Um die Kündigung anfechtungssicher zu machen, sollten die zur Kündigung führenden Tatsachen hinsichtlich Datum, Uhrzeit, Ort und sonstigen Einzelheiten in groben Zügen bezeichnet werden. Ein Nachschieben von Kündigungsgründen ist aufgrund des unabdingbaren Erfordernisses des § 15 Abs. 3 BBiG unzulässig.

Die Frage, wann eine **Fortsetzung der Ausbildung bis zu deren regulärem Ende als unzumutbar anzusehen** ist, ist unter Rückgriff auf die zu § 626 BGB entwickelten Fallgruppen unter besonderer Berücksichtigung der Situation im Ausbildungsverhältnis zu beurteilen. So hat der Ausbildende Straftaten allgemeiner oder gegen seine Person gerichteter Art nicht zu dulden.[865] Die nachhaltige Nichterfüllung von Ausbildungspflichten kann eine Kündigung rechtfertigen, sofern unbeschadet entsprechender Abmahnungen mit einer Verhaltensänderung nicht zu rechnen ist.[866] Auch kann mit einer den tarifvertraglichen oder gesetzlichen Bestimmungen entsprechenden Auslauffrist im Ausnahmefall betriebsbedingt gekündigt werden, wenn infolge der Betriebsaufgabe eine Fortsetzung der Ausbildung weder an der bisherigen Ausbildungsstätte noch an einer sonstigen Stätte der Unternehmung möglich ist.[867] Die Auslauffrist ist auch im Rahmen des § 113 Abs. 1 InsO zu beachten.[868] Ebenso wie der Ausbildende kann auch der Auszubildende das Ausbildungsverhältnis außerordentlich kündigen, etwa wenn sich der Ausbildende als persönlich oder fachlich ungeeignet erweist.[869] 296

Mit der vorzeitigen Auflösung des Berufsausbildungsverhältnisses[870] nach Ablauf der Probezeit können **Schadensersatzansprüche** erwachsen, wenn der andere Teil des Vertragsverhältnisses die Auflösung zu vertreten hat. Dies gilt nicht für den Fall der Auflösung des Berufsausbildungsverhältnisses wegen Berufsaufgabe (§ 16 Abs. 1 BBiG).[871] Bei der Schadensermittlung ist das nicht ordnungsgemäß erfüllte Berufsausbildungsverhältnis nach Maßgabe der §§ 259 ff. BGB mit einem ordnungsgemäßen zu vergleichen.[872] Löst der Auszubildende vorzeitig das Berufsausbildungsverhältnis schuldhaft, kann der Ausbildende dabei nur den Ersatz der Aufwendungen verlangen, die er nach den Umständen für erforderlich halten durfte. Hierzu gehören nicht etwaige Aufwendungen für die ersatzweise Beschäftigung eines ausgebildeten Arbeitnehmers; hier kommt die unterschiedliche Pflichtenbindung von Auszubildenden und Arbeitnehmern zum Tragen.[873] Kommt ein Schadensersatzanspruch in Betracht, ist dieser innerhalb einer Ausschlussfrist von drei Monaten geltend zu machen (§ 16 Abs. 2 BBiG). 297

e) Streitigkeiten im Zusammenhang mit der Berufsausbildung

Bereits an anderer Stelle wurde darauf hingewiesen, dass für **Streitigkeiten, die die Ordnung der beruflichen Bildung betreffen**, der Rechtsweg der Verwaltungsgerichtsbarkeit gegeben ist.[874] 298

Zur Beilegung von **Streitigkeiten zwischen Ausbildenden und Auszubildenden aus einem bestehenden Berufsausbildungsverhältnis** können nach § 111 Abs. 2 ArbGG im Bereich des Handwerks die Handwerksinnungen und i.Ü. die zuständigen Stellen i.S.d. BBiG Ausschüsse bilden, 299

865 So BAG, Urt. v. 01.07.1999, AP Nr. 11 zu § 15 BBiG sowie LAG Köln, Urt. v. 11.08.1995, NZA-RR 1996, 128, für die Verbreitung neonazistischen oder sonst rassistischen Gedankenguts; LAG Düsseldorf, Urt. v. 06.11.1973, DB 1974, 928, für die Entwendung von Geld.

866 So z.B. LAG Hamm, Urt. v. 26.09.1977, BB 1998, 2268, für die standhafte Weigerung zum ordnungsgemäßen Führen eines Berichtsheftes.

867 MünchArbR/*Natzel, B.*, § 178 Rn 271.

868 BAG, Urt. v. 27.05.1993, AP Nr. 9 zu § 22 KO; vgl. ferner dazu *Lakies*, RdA 1997, 146.

869 LAG Stuttgart, Urt. v. 28.02.1955, AP Nr. 1 zu § 77 HGB, für den Fall des Entzugs der Ausbildereigenschaft.

870 Der Grund für die Auflösung ist ohne Bedeutung; § 16 BBiG spricht lediglich von der Lösung des Berufsausbildungsverhältnisses.

871 Zum Verhältnis des spezielleren § 16 Abs. 1 BBiG zu § 628 Abs. 2 BGB vgl. BAG, Urt. v. 17.07.1997, AP Nr. 2 zu § 16 BBiG.

872 BAG, Urt. v. 17.07.1997, AP Nr. 2 zu § 16 BBiG.

873 BAG, Urt. v. 17.08.2000, NZA 2001, 150 f.

874 Ausführlich hierzu MünchArbR/*Natzel, B.*, § 181 Rn 56 ff.

denen Arbeitgeber und Arbeitnehmer in gleicher Zahl angehören müssen. Die Durchführung eines Streitschlichtungsverfahrens vor einem solchen Ausschuss hat zwingend einer etwaigen Klage voranzugehen (§ 111 Abs. 2 Satz 5 ArbGG).

300 Der Ausschuss ist nur zuständig für **Streitigkeiten aus einem »bestehenden« Berufsausbildungsverhältnis**. Keine Zuständigkeit besteht für Streitigkeiten aus sonstigen Vertragsverhältnissen i.S.d. § 19 BBiG, Fortbildungs- oder Umschulungsverhältnissen. Liegt der Streitgegenstand gerade in der Frage des Bestandes des Ausbildungsverhältnisses, ist der Ausschuss auch dann zuständig.[875] Nicht jedoch ist der Ausschuss für die Beilegung von Streitigkeiten über Zeugnisse nach § 8 BBiG zuständig. Auch besteht keine Zuständigkeit des Schlichtungsausschusses, soweit eine Angelegenheit lediglich anlässlich des Berufsausbildungsverhältnisses zum Streit geführt hat, sie somit nicht aus dem Berufsausbildungsverhältnis selbst herrührt.[876] Ebenfalls keine Zuständigkeit besitzt der Ausschuss für die Gewährung einstweiligen Rechtsschutzes; hier ist die ausschließliche Zuständigkeit der Arbeitsgerichtsbarkeit gegeben.

301 Eine **Frist für die Anrufung des Ausschusses** ist gesetzlich nicht vorgesehen. Insbesondere sind auch nicht in bestandsschutzrechtlichen Streitigkeiten die Vorschriften des § 13 Abs. 1 Satz 2 i.V.m. § 4 KSchG anzuwenden, wenn gem. § 111 Abs. 2 Satz 5 ArbGG eine Verhandlung vor einem zur Beilegung von Streitigkeiten aus einem Berufsausbildungsverhältnis gebildeten Ausschuss stattfinden muss.[877] Ist dies jedoch nicht der Fall, ist bei Anrufung der Arbeitsgerichte die 3-Wochenfrist zwingend zu beachten.[878]

302 Vor dem Ausschuss sind die **Parteien mündlich zu hören** (§ 111 Abs. 2 Satz 2 ArbGG). Weitere Bestimmungen zur Durchführung des Verfahrens legt das Gesetz nicht fest. Fest steht lediglich, dass der Ausschuss grundsätzlich **durch Spruch entscheidet** und nach diesem, sofern er nicht innerhalb einer Woche von beiden Parteien anerkannt wird, binnen zwei Wochen danach Klage beim zuständigen Arbeitsgericht zu erheben ist (§ 111 Abs. 2 Satz 3 ArbGG). Kommt es wegen Stimmengleichheit nicht zum Spruch, ist die Abgabe einer entsprechenden Erklärung dem Schiedsspruch gleich zu achten.[879] Auch ist ein Spruch wegen **Säumnis einer oder beider Vertragsparteien** möglich.[880] Erfolgt eine **Streitbeilegung durch Vergleich**, ist aus diesem die Zwangsvollstreckung möglich, sobald dieser rechtswirksam geworden ist (§ 111 Abs. 2 Satz 6 ArbGG). Der Vergleich muss unter Angabe des Tages seines Zustandekommens von den Parteien des Berufsausbildungsverhältnisses sowie den Mitgliedern des Schlichtungsausschusses unterschrieben werden (§ 111 Abs. 2 Satz 7 i.V.m. § 107 ArbGG). Kommt es zur **Verfahrensbeendigung durch einen angenommenen Schiedsspruch oder Vergleich**, können hiergegen nur Einwendungen erhoben werden, die die Annahme des Spruchs betreffen oder den Bestand des Vergleichs berühren.

303 Die **Zuständigkeit der Arbeitsgerichtsbarkeit** für Streitigkeiten aus dem Berufsausbildungsverhältnis ergibt sich aus § 2 Abs. 1 Nr. 3 a i.V.m. § 5 ArbGG. Die vorherige Verhandlung vor der Schlichtungsstelle stellt für die Anrufung des Arbeitsgerichts eine unverzichtbare Prozessvoraussetzung dar (§ 111 Abs. 2 Satz 5 ArbGG).[881] Auf diese kann nicht durch die Prozessparteien verzichtet werden.[882] Der Mangel der Nichtanhörung des Ausschusses kann aber im Laufe des Verfahrens geheilt werden.[883]

875 BAG, Urt. v. 18.09.1975, AP Nr. 2 zu § 111 ArbGG.
876 MünchArbR/*Natzel, B.*, § 181 Rn 21; *ders.*, BerBiR, S. 484.
877 BAG, Urt. v. 13.04.1989, AP Nr. 21 zu § 4 KSchG.
878 BAG, Urt. v. 05.07.1990 sowie v. 26.01.1999, AP Nr. 23, 43 zu § 4 KSchG; dgl. für die außerordentliche Kündigung: *Bauer/Krüger*, Kündigungsrechtsreform 2004, Rn 105.
879 MünchArbR/*Natzel, B.*, § 181 Rn 29.
880 MünchArbR/*Natzel, B.*, § 181 Rn 30.
881 Dies gilt selbstverständlich nur, soweit eine solche eingerichtet ist; vgl. auch BAG, Urt. v. 26.11.1999, AP Nr. 43 zu § 4 KSchG.
882 BAG, Urt. v. 13.04.1989, 2 AZR 609/88 (n.v.).
883 BAG, Urt. v. 25.11.1976, AP Nr. 4 zu § 15 BBiG.

Die in § 111 Abs. 2 Satz 3 ArbGG vorgesehene **2-Wochenfrist** beginnt erst zu laufen, wenn die klagende Prozesspartei über die einzuhaltende Frist und Form der weiteren Rechtsverfolgungsmöglichkeiten **schriftlich belehrt** worden ist.[884] 304

Das vor der Schlichtungsstelle durchgeführte Verfahren ersetzt nach Streichung des § 111 Abs. 2 S. 8 ArbGG a.F. die arbeitsgerichtliche **Güteverhandlung** nicht. Im Übrigen richtet sich das Verfahren vor dem Arbeitsgericht nach den allgemeinen Grundsätzen des arbeitsgerichtlichen Urteilsverfahrens. 305

3. Berufliche Fortbildung

Die **berufliche Fortbildung** soll es ermöglichen, nach Abschluss einer beruflichen Erstausbildung die beruflichen Kenntnisse und Fertigkeiten zu erhalten, zu erweitern, der technischen Entwicklung anzupassen (**Anpassungsfortbildung**) oder beruflich aufzusteigen (**Aufstiegsfortbildung**); § 1 Abs. 3 BBiG.[885] Nicht unter den Begriff der beruflichen Fortbildung zu subsumieren ist die Einarbeitung in bestimmte Arbeitsgebiete oder Anweisung zur Erledigung von Aufgaben.[886] 306

Auf das Fortbildungsverhältnis finden die Bestimmungen der §§ 3 bis 19 BBiG keine Anwendung.[887] Der maßgebliche Grund hierfür ist darin zu sehen, dass die Fortbildung **in der Regel im Rahmen eines bestehenden Arbeitsverhältnisses** durchgeführt wird, innerhalb dessen der Arbeitnehmer von seiner Arbeitsverpflichtung zu Zwecken der beruflichen Fortbildung freigestellt wird; es findet hier also lediglich ein Austausch der Arbeitspflicht gegen die Fortbildungspflicht statt. Die Fortbildung kann aber auch in einem **selbständigen Fortbildungsvertrag** seine Rechtsgrundlage haben, innerhalb dessen sich der Arbeitnehmer zur Fortbildung verpflichtet. Dann bedarf es eines gesonderten Augenmerks darauf, welches Schicksal die durch Arbeitsvertrag begründeten Rechte und Pflichten während der Dauer der Fortbildung nehmen sollen. 307

Da der Arbeitgeber, soweit er – wie es regelmäßig der Fall ist – die Kosten der Fortbildung in der Erwartung auf sich nimmt, diese würden sich im Verlaufe des weiteren Arbeitsverhältnisses amortisieren, werden Fortbildungsverträge mit **Rückzahlungsklauseln** versehen. Solche Klauseln wurden durch die Rechtsprechung einer Inhaltskontrolle dahin gehend unterworfen, ob über diese der Arbeitnehmer unter Berücksichtigung der Grundsätze von Treu und Glauben sowie des Rechts auf freie Arbeitsplatzwahl (Art. 12 GG) in zumutbarer Weise an den Arbeitgeber gebunden wird.[888] Diese Rechtsprechung ist auch angesichts der §§ 305 ff. BGB weiterhin zu berücksichtigen.[889] Generell unzulässig sind Rückzahlungsklauseln weiterhin nicht; § 5 BBiG findet keine Anwendung.[890] Der Arbeitgeber kann aber von seinem Arbeitnehmer, der vor Ablauf einer bestimmten Frist aus einem von ihm zu vertretenden Grund ausscheidet, die Erstattung von Ausbildungskosten aufgrund einer entsprechenden Vereinbarung regelmäßig nur dann verlangen, wenn der Arbeitnehmer mit der Ausbildung eine angemessene Gegenleistung erhalten hat. Die Gegenleistung für die durch die Rückzahlungsklausel bewirkte Bindung kann darin liegen, dass der Arbeitnehmer eine Ausbildung erhält, die ihm auf dem allgemeinen Arbeitsmarkt berufliche Möglichkeiten eröffnet, die ihm zuvor 308

884 LAG Frankfurt, Urt. v. 14.06.1989, DB 1990, 589.
885 Zu Beispielen beruflicher Fortbildung vgl. MünchArbR/*Natzel, B.*, § 178 Rn 385 ff.
886 So auch für den Begriff der »betrieblichen Berufsbildung« i.S.d. § 97 Abs. 2 BetrVG: LAG Hamm, Beschl. V. 08.11.2002, NZA 2004, 113.
887 Vgl. hierzu auch BAG, Urt. v. 21.11.2001, DB 2002, 744.
888 Vgl. z.B. BAG, Urt. 29.06.1962, AP Nr. 25 zu Art. 12 GG; v. 20.02.1975 sowie v. 24.07.1991, AP Nr. 2, 16 zu § 611 BGB Ausbildungsbeihilfe.
889 S. hierzu auch BAG, Urt. v. 24.10.2002, NZA 2003, 668, wonach eine mit einem selbständigen Handelsvertreter vereinbarte Rückzahlungsklausel zwar nicht nach den von der Rspr. aufgestellten Grundsätzen zu arbeitsvertraglichen Rückzahlungsklauseln, wohl aber nach den Vorschriften der §§ 305 ff. BGB einer Inhaltskontrolle unterliegen.
890 Vgl. auch BAG, Urt. v. 23.06.1992, AP Nr. 4 zu § 5 BBiG.

verschlossen waren.[891] Dient die Fortbildung jedoch der Vertiefung von Kenntnissen und Fertigkeiten, wie sie für den betrieblichen Arbeitsablauf erforderlich sind, wird regelmäßig von einem überwiegenden Interesse des Arbeitgebers auszugehen sein, was eine Rückzahlungsverpflichtung ausschließt.[892] Neben der Interessenabwägung und damit verbunden der Frage, ob und inwieweit der Arbeitnehmer mit der Fortbildung einen geldwerten Vorteil aufgrund der Verbesserung seiner beruflichen Möglichkeiten erlangt, kommt es bei der Überprüfung von Rückzahlungsklauseln maßgeblich auch auf das **Verhältnis der Ausbildungsdauer** sowie der damit **verbundenen Kosten** zu der mit der Klausel **verbundenen Bindungsdauer** an.[893] Eine Lehrgangsdauer von bis zu zwei Monaten rechtfertigt nach der am Einzelfall orientierten Rechtsprechung in der Regel nur dann eine längere Bindung als ein Jahr nach Abschluss der Ausbildung, wenn durch die Teilnahme am Lehrgang eine besonders hohe Qualifikation verbunden mit überdurchschnittlichen Vorteilen für den Arbeitnehmer entsteht oder wenn die Fortbildung besonders kostenintensiv ist.[894] So hat das BAG eine Regelung zu darlehensweise für die Ausbildung an einer Berufsakademie zum Betriebswirt übernommenen Studiengebühren mit einer Bindungsdauer von 24 Monaten unbeanstandet gelassen.[895] Eine Bindungsdauer über die Grenzen des § 624 BGB hinaus ist stets als unzulässig anzusehen.[896]

309 Haben Arbeitgeber und Arbeitnehmer einzelvertraglich eine zu lange Bindungsfrist für die Rückzahlung von Fortbildungskosten vereinbart, ist sie nach der bisherigen Rechtsprechung des BAG **auf das zulässige Maß zurückzuführen**.[897] Wenn auch die Vertragspraxis bei der Bestimmung zu langer Bindungsfristen Vorsicht walten lassen sollte, spricht vieles dafür, an der bisherigen Rechtsprechung auch angesichts des § 306 Abs. 2 BGB festzuhalten, da den »gesetzlichen Vorschriften« im Sinne dieser Bestimmung auch die von der Rechtsprechung und Literatur herausgebildeten ungeschriebenen Rechtsgrundsätze zuzurechnen sind.[898] Die angesprochene Rechtsprechung hat nicht zur Folge, dass der Rückzahlungsbetrag im selben Maße zu kürzen wäre, wie die Bindungsdauer gekürzt worden ist. Kann somit die Bindungsdauer entsprechend dem mutmaßlichen Parteiwillen angepasst werden, kann auf einen entsprechenden Parteiwillen nicht auch im Hinblick auf die Rückzahlungssumme geschlossen werden, da der Aufwand, den der Arbeitgeber getragen hat, unabhängig davon entstanden ist, wie lange die Bindungsdauer sein durfte.[899]

310 **Scheidet der Arbeitnehmer vor der bestimmten Bindungsfrist aus**, hat er dem Arbeitgeber die Ausbildungskosten in Höhe und auf der Grundlage der an diesen Maßstäben zu messenden Rückzahlungsklauseln zurückzuzahlen. Der Zweck von Rückzahlungsklauseln, der auf eine Bindung des Arbeitnehmers aufgrund der ihm gewährten Vorteile gerichtet ist, gebietet allerdings nach der Rechtsprechung des BAG, dass der Arbeitnehmer nicht zur Rückzahlung von Fortbildungskosten verpflichtet werden kann, wenn das Arbeitsverhältnis vor Ablauf der Bindungsfrist durch den Arbeitgeber betriebsbedingt aufgelöst wird.[900]

311 Den gleichen Kriterien wie Rückzahlungsklauseln unterliegen auch Vereinbarungen über die **Beteiligung an Ausbildungskosten**. Wird der Arbeitnehmer durch einzelvertragliche Vereinbarung an den Kosten einer Aus- oder Weiterbildung beteiligt, führt die Rechtsprechung[901] eine Kontrolle dahin gehend durch, ob der Zahlung des Arbeitnehmers ein angemessener Gegenwert gerade für den betreffenden Arbeitnehmer in Gestalt der Aus- und Weiterbildung gegenübersteht. Dabei ist

891 BAG, Urt. v. 18.08.1976, AP Nr. 3 zu § 611 BGB Ausbildungsbeihilfe; v. 21.11.2001, DB 2002, 744.
892 Vgl. auch LAG Düsseldorf, Urt. v. 29.03.2001, NZA-RR 2002, 292.
893 BAG, Urt. v. 16.03.1994 sowie v. 06.09.1995, AP Nr. 18, 23 zu § 611 BGB Ausbildungsbeihilfe.
894 BAG, Urt. v. 15.12.1993, AP Nr. 17 zu § 611 BGB Ausbildungsbeihilfe.
895 BAG, Urt. v. 25.04.2001, RdA 2002, 184.
896 *Hümmerich*, AnwaltFormulare Arbeitsrecht, § 2 Rn 96.
897 BAG, Urt. v. 16.03.1994 sowie v. 06.09.1995, AP Nr. 18, 23 zu § 611 BGB Ausbildungsbeihilfe.
898 Vgl. auch *Lingemann*, NZA 2002, 186 m.w.N. in Fn 81.
899 BAG, Urt. v. 06.09.1995, AP Nr. 23 zu § 611 BGB Ausbildungsbeihilfe.
900 BAG, Urt. v. 06.05.1998, AP Nr. 28 zu § 611 BGB Ausbildungsbeihilfe; bestätigt durch BAG, Urt. v. 24.06.2004 – GAZR 320 und 383/03 (BAG-Pressemitteilung Nr. 46/04).
901 Vgl. BAG, Urt. v. 21.11.2001, DB 2002, 744.

insbesondere der Aspekt der Verbesserung von Chancen auf dem Arbeitsmarkt im Rahmen der Interessensabwägung zu würdigen.

4. Berufliche Umschulung

Die **berufliche Umschulung** soll zu einer anderen beruflichen Tätigkeit befähigen; § 1 Abs. 4 BBiG.[902] In aller Regel wird die Umschulung durch einen außerhalb des bisherigen Beschäftigungsbetriebs etablierten besonderen Träger durchgeführt. Dabei sind eine Vielzahl rechtlicher Gestaltungsrahmen denkbar.[903] Neben durch die Bundesagentur für Arbeit initiierten und selbst oder durch einen Dritten durchgeführten Umschulungsmaßnahmen gewinnt das durch das Modell des sog. Transfer-Sozialplans geförderte Modell der Umschulung in einem Betrieb im Auftrag und für Rechnung des Kostenträgers, der hierfür im Sozialplan vorgesehene Mittel einsetzt, eine zunehmende Bedeutung. 312

Die Umschulung kann zu einem anerkannten Ausbildungsberuf führen (§ 47 Abs. 3 BBiG; § 42a HwO). Dann sind ebenso wie in einem Berufsausbildungsverhältnis das Ausbildungsberufsbild, der Ausbildungsrahmenplan und die Prüfungsanforderungen zugrunde zu legen (§ 25 Abs. 2 Nr. 3 bis 5 BBiG). Möglich ist gem. § 47 Abs. 2 BBiG aber auch eine Umschulung, die nicht zu einem anerkannten Ausbildungsberuf führt. Jeweils gilt, dass das Umschulungsverhältnis nicht den Bestimmungen des BBiG unterliegt.[904] 313

Auch gelten die Bestimmungen des BBiG nicht für den Abschluss des **Umschulungsvertrages**. Dieser muss lediglich nach Maßgabe des § 47 Abs. 1 BBiG seinem Inhalt, Art, Ziel und Dauer nach den besonderen Erfordernissen der Erwachsenenbildung entsprechen. Nach der um einen Abs. 3a ergänzten Regelung des § 47 BBiG ist die Durchführung der beruflichen Umschulung unverzüglich nach Maßnahmenbeginn der zuständigen Stelle schriftlich mit seinem wesentlichen Inhalt anzuzeigen. 314

Der Vertrag ist grundsätzlich, soweit nichts anderes geregelt wurde, nach allgemeinen Regeln des Arbeitsrechts kündbar. Ist eine ordentliche Kündigung vereinbart, kann er nicht grundlos, sondern nur aus solchen Gründen mit der vereinbarten Frist gekündigt werden, die Sinn und Zweck der Ausbildung in Frage stellen. Wird eine Kündigung ohne einen solchen Grund ausgesprochen und dadurch die Ausbildung vorzeitig abgebrochen, kann dies Schadensersatzansprüche auslösen.[905]

5. Förderung der beruflichen Bildung

Die Förderung der beruflichen Bildung obliegt mitunter den Sozialversicherungsträgern als Aufgabe. So gewährt § 3 SGB I einen grundsätzlichen **Anspruch auf Bildungsförderung** durch Beratung bei der Wahl des Bildungsweges und des Berufs, individuelle Förderung der beruflichen Weiterbildung, Hilfe zur Erlangung und Erhaltung eines angemessenen Arbeitsplatzes sowie wirtschaftliche Sicherung bei Arbeitslosigkeit und Zahlungsunfähigkeit des Arbeitgebers. 315

Die konkrete Förderung der beruflichen Bildung erfolgt in verschiedener Weise insbesondere durch die Arbeitsverwaltung. Das im SGB III geregelte **Arbeitsförderungsrecht** widmet einen gesonderten Abschnitt der Förderung der Berufsausbildung einschließlich der Berufsausbildungsvorbereitung (§§ 59 ff.). Ein weiterer Abschnitt beschäftigt sich mit der Förderung der beruflichen Weiterbildung (§§ 77 ff.). Dabei hat der Gesetzgeber die früher noch im AFG enthaltene Unterscheidung zwischen Fortbildung und Umschulung aufgegeben und beides unter dem Oberbegriff der Weiterbildung einer 316

902 Der Begriff »Tätigkeit« umfasst das gesamte Spektrum möglicher beruflicher Umschulung unabhängig von der konkreten rechtlichen Ausgestaltung des Umschulungsverhältnisses im Einzelfall; vgl. BAG, Urt. v. 18.02.1997, NZA 1997, 1357.

903 Vgl. Beispiele bei MünchArbR/*Natzel, B.*, § 178 Rn 403 ff.

904 BAG, Urt. v. 20.02.1975, AP Nr. 2 zu § 611 BGB Ausbildungsbeihilfe; v. 15.03.1991, AP Nr. 2 zu § 15 BBiG; vgl. i.Ü. hierzu bei MünchArbR/*Natzel, B.*, § 178 Rn 413 ff.

905 BAG, Urt. v. 22.06.1972, AP Nr. 1 zu § 611 BGB Ausbildungsverhältnis.

Regelung unterworfen. Schließlich ist auf einen weiteren Abschnitt (§§ 97 ff. SGB III) zu verweisen, der sich mit der Förderung der beruflichen Eingliederung Behinderter beschäftigt.

317 Der Tatsache der **Förderung der beruflichen Bildung** durch die öffentliche Hand oder eine sonstige Einrichtung ist **für die arbeitsrechtliche Qualifizierung des Beschäftigungsverhältnisses ohne Relevanz**. Denn die Förderung eines Beschäftigungsverhältnisses knüpft an die Voraussetzungen an, unter denen dieses Rechtsverhältnis abgeschlossen wird, und nicht umgekehrt.[906] Allerdings kann die Förderung des Ausbildungsverhältnisses Auswirkungen auf die Rechtsstellung im begründeten Rechtsverhältnis selbst sein. So ist es anerkannt, dass die in einem vollständig durch die Bundesagentur für Arbeit, sonstige öffentliche Gelder oder private Spenden finanzierten Ausbildungsverhältnis gewährte Ausbildungsvergütung die nach § 10 BBiG zu gewährende »angemessene« Ausbildungsvergütung erheblich unterschreiten kann.[907]

318 Die **Förderung der Erstausbildung** unterliegt §§ 59–76 SGB III. Danach fördert die Bundesagentur den Erwerb von beruflichen Fertigkeiten und Kenntnissen durch Gewährung einer Ausbildungsbeihilfe. Diese ist davon abhängig, dass die berufliche Ausbildung förderungsfähig ist, die Anspruchsberechtigten zum förderfähigen Personenkreis gehören und ihnen die erforderlichen Mittel zur Deckung des Bedarfs für den Lebensunterhalt, die Fahrtkosten, die sonstigen Aufwendungen und die Lehrgangskosten nicht anderweitig zur Verfügung stehen (§ 59 SGB III). Die Berufsausbildungsbeihilfe wird grds. nur als Zuschuss gewährt. Dabei wird der entsprechende Bedarf für den Lebensunterhalt des Auszubildenden und für seinen Ausbildungsaufwand ermittelt. Die Ausbildungsvergütung wird in diesem Zusammenhang stets voll angerechnet, das Einkommen eines Ehegatten oder der Eltern nur, soweit es bestimmte Freigrenzen übersteigt. Mittel werden auch für berufsvorbereitende Bildungsmaßnahmen zur Verfügung gestellt, die zur Erleichterung der beruflichen Eingliederung dienen, soweit hier der Anteil auch allgemein bildender Fächer nicht überwiegt, oder auf den nachträglichen Erwerb des Hauptschulabschlusses vorbereiten (§ 64 Abs. 2 SGB III).

319 Die **Förderung beruflicher Weiterbildung** richtet sich nach §§ 77–87 SGB III. Indirekt definiert § 85 Abs. 3 SGB III, was der beruflichen Weiterbildung zuzurechnen ist, indem dort bestimmt wird, dass eine Maßnahme den Zielen der Weiterbildungsförderung entspricht, wenn sie das Ziel hat, berufliche Kenntnisse, Fertigkeiten und Fähigkeiten festzustellen, zu erhalten, zu erweitern, der technischen Entwicklung anzupassen oder einen beruflichen Aufstieg zu ermöglichen (Nr. 1), einen beruflichen Abschluss zu vermitteln (Nr. 2) oder zu einer anderen beruflichen Tätigkeit zu befähigen (Nr. 3). Nicht förderfähig in diesem Sinne sind Maßnahmen, in denen überwiegend Wissen vermittelt wird, das dem Bildungsziel allgemein bildender Schulen oder berufsqualifizierender Studiengänge entspricht oder nicht berufsbezogene Inhalte vermittelt werden (§ 85 Abs. 4 SGB III). Zeiten einer der Weiterbildung folgenden Beschäftigung, die der Erlangung der staatlichen Anerkennung oder der staatlichen Erlaubnis zur Ausübung des Berufes dienen, unterliegen nicht dem Recht zur Förderung der beruflichen Weiterbildung (§ 85 Abs. 5 SGB III).

320 Die **Voraussetzungen der Förderung** durch Übernahme von Weiterbildungskosten werden in dem durch das 3. Gesetz für moderne Dienstleistungen am Arbeitsmarkt[908] neu gefassten § 77 SGB III geregelt. Danach ist die berufliche Weiterbildung förderfähig, wenn sie im Hinblick auf die Erforderlichkeit der beruflichen Eingliederung bei Arbeitslosigkeit, die Abwendung einer drohenden Arbeitslosigkeit oder eines fehlenden Berufsabschlusses als notwendig anerkannt ist (Nr. 1), vor Beginn der Teilnahme eine Beratung durch die Agentur für Arbeit erfolgt ist (Nr. 2), und die Maßnahme und der Träger der Maßnahme für die Förderung zugelassen sind (Nr. 3).

906 Vgl. insofern auch für das geförderte Ausbildungsverhältnis: *Natzel/Natzel*, SAE 1997, 116 ff.; für das geförderte Eingliederungsverhältnis: *Natzel*, NZA 1997, 806 ff.; schließlich für das im Rahmen einer ABM-Maßnahme geförderte Arbeitsverhältnis: *Natzel*, SAE 1998, 37 ff.

907 BAG, Urt. v. 24.10.2002, DB 2003, 1002; 15.11.2000, BB 2001, 1481 ff.; vgl. ferner BAG, Urt. v. 11.10.1995, SAE 1997, 113 ff. m. Anm. *Natzel, B./Natzel, I.*

908 V. 23.12.2003, BGBl. I, 2848 ff.

Als **notwendig** kann eine Maßnahme angesehen werden, die erforderlich ist, um den Arbeitslosen beruflich einzugliedern oder die Möglichkeit der Eingliederung zu erhalten.

Neu ist nunmehr auch die Einführung von Bildungsscheinen für Arbeitnehmer, bei denen die Agentur für Arbeit die Notwendigkeit einer Weiterbildung dem Grunde nach festgestellt hat. Mit dem Bildungsgutschein stellt die Agentur für Arbeit fest, dass die Voraussetzungen für eine Förderung der beruflichen Weiterbildung vorliegen. Damit werden die Entscheidungs- und Wahlrechte der Versicherten im Vergleich zum früheren Recht deutlich gestärkt; sie können nunmehr mit dem Bildungsgutschein weitgehend frei unter zugelassenen Bildungsmaßnahmen und Trägern wählen. Im Einzelnen weist der Bildungsschein das Bildungsziel, die Qualifizierungsschwerpunkte, die vorgesehene maximale Weiterbildungsdauer sowie die Gültigkeitsdauer aus. 320a

Die Leistung des **Unterhaltsgeldes** kann unter den Voraussetzungen des § 153 SGB III gewährt werden. Bei Teilnahme an einer Teilzeitmaßnahme mit mindestens wöchentlich zwölf Unterrichtsstunden kommt ein Teilunterhaltsgeld nach Maßgabe des § 154 SGB III in Betracht, der ebenso wie § 153 SGB III über den 31.12.2004 hinaus für Teilnehmer einer Maßnahme der beruflichen Weiterbildung anzuwenden ist, die die Voraussetzungen für einen Anspruch auf Arbeitslosenhilfe erfüllt haben. Im Übrigen hat der Gesetzgeber aber mit Wirkung zum 01.01.2005 das Arbeitslosen- wie das Unterhaltsgeld zu einer einheitlichen Versicherungsleistung bei Arbeitslosigkeit und bei beruflicher Weiterbildung in § 117 SGB III zusammengefasst. Damit geht die Leistung des Unterhaltsgeldes vollständig in den rechtlichen Strukturen des bisherigen Arbeitslosengeldes auf. Als Leistungen können ferner die in §§ 79 ff. SGB III aufgeführten **Weiterbildungskosten** in Form von Lehrgangskosten und Kosten für die Eignungsfeststellung, Fahrtkosten, Kosten für die auswärtige Unterbringung und Verpflegung sowie für die Betreuung von Kindern gewährt werden. 321

Die individuelle Förderung beruflicher Bildung wird in §§ 248 ff. SGB III durch Regelungen zur **Förderung von Einrichtungen der beruflichen Aus- und Weiterbildung** ergänzt. So gewährt die Bundesagentur für Arbeit im Rahmen ihrer aktiven Arbeitsförderung individuelle Leistungen zur Abwendung von Arbeitslosigkeit an die Träger von Einrichtungen der beruflichen Aus- oder Weiterbildung oder zur beruflichen Eingliederung Behinderter durch Darlehen und Zuschüsse, wenn dies für die Erbringung von anderen Leistungen der aktiven Arbeitsförderung erforderlich ist und sich die Träger in angemessenem Umfang an den Kosten beteiligen (§ 248 Abs. 1 SGB III). Einzelheiten über Voraussetzungen, Art, Umfang und Verfahren der Förderung legt die Bundesagentur durch Anordnung fest (§ 251 SGB III). 322

Über die Bestimmungen des SGB III hinaus sehen **anderweitige Regelungen** Fördermaßnahmen vor.[909] So erbringen die Berufsgenossenschaften Zuschüsse an Arbeitgeber, wenn solche insbesondere zu Zwecken der dauerhaften Eingliederung, der befristeten Probebeschäftigung sowie der Ausbildung oder Umschulung im Betrieb erforderlich sind (§ 36 SGB VII). Sozialpädagogische Hilfen, die der schulischen und beruflichen Ausbildung, der Eingliederung in die Arbeitswelt und sozialen Integration dienen, werden im Rahmen der Jugendsozialarbeit nach § 13 SGB VIII angeboten. Über den durch die Ausgleichsabgabe nach § 77 SGB IX gebildeten Ausgleichsfonds sollen überregionale Vorhaben zur Teilhabe schwerbehinderter Menschen am Arbeitsleben unterstützt werden. 323

Nicht der Förderung der beruflichen Ausbildung im Rahmen des dualen Ausbildungssystems dienen die **Bestimmungen des Berufsausbildungsförderungsgesetzes** (BAföG). 324

Das **Aufstiegsfortbildungsförderungsgesetz (AFBG)**[910] zielt auf die Förderung von Personen ab, die sich nach ihrer beruflichen Erstausbildung an Fortbildungsmaßnahmen für gehobenere Berufstätigkeiten beteiligen. Die Förderung hier besteht aus einem Maßnahmebeitrag in Form eines Anspruchs gegenüber der Deutschen Ausgleichsbank auf ein zinsgünstiges Darlehen und einen einkommens- und vermögensabhängigen Beitrag zur Deckung des Lebensunterhalts, der teils als 325

909 Vgl. hierzu Überblick bei MünchArbR/*Natzel, B.*, § 182 Rn 23 ff.

910 AufstiegsfortbildungsförderungsG in der Bekanntmachung v. 01.01.2002, BGBl I, 623.

Zuschuss, teils als Anspruch auf Abschluss eines Vertrags mit der Deutschen Ausgleichsbank einschließlich der Befreiung von Zins- und Tilgungspflichten für die Dauer der Maßnahme und einer anschließenden Karenzzeit begehrt werden kann.

6. Eingliederungsverhältnis

326 Das in §§ 229–234 SGB III a.F. geregelte und inzwischen durch das Job-AQTIV-Gesetz wieder aufgegebene Instrument des Eingliederungsvertrages diente der **Eingliederung von Langzeit- oder sonst schwer vermittelbaren Arbeitslosen in den Arbeitsprozess.**[911] Er wurde befristet mit dem Ziel der Übernahme in ein Arbeitsverhältnis begründet (§ 229, 231 Abs. 3 SGB III a.F.). Das so begründete sozialversicherungsrechtliche Beschäftigungsverhältnis konnte nicht mit einem Arbeitsverhältnis gleichgesetzt werden.[912] Dies hat das BAG mit Urteil vom 17.05.2001[913] bestätigt.[914] Die Frage nach dem Rechtscharakter des Eingliederungsverhältnisses kann auch nach Aufgabe dieses Instruments in Einzelfällen noch Bedeutung erlangen, soweit ein Einzugliedernder nach Abschluss der Eingliederung in ein Arbeitsverhältnis übernommen worden ist. Da das nach Abschluss des Eingliederungsverhältnisses eingegangene Arbeitsverhältnis ein neu begründetes, eigenständiges Rechtsverhältnis darstellt, ist bei arbeitsrechtlichen Vorschriften, die Rechtspositionen des Arbeitnehmers entsprechend dem zeitlichen Bestand eines Arbeitsverhältnisses begründen, auf den Zeitpunkt des vereinbarten Beginns des Arbeitsverhältnisses abzustellen.[915]

7. Sonstige geförderte Beschäftigungsverhältnisse

327 Vom vorerwähnten Eingliederungsvertrag ist die **stufenweise Wiedereingliederung Arbeitsunfähiger in den Arbeitsprozess nach § 74 SGB V** zu unterscheiden. Charakteristisch für das Wiedereingliederungsverfahren ist es, dass ein Arbeitsverhältnis zwar besteht, die aus ihm herrührenden arbeitsvertraglichen Hauptpflichten jedoch ruhen.[916] Auf Wiedereingliederung besteht kein Anspruch. Der Arbeitgeber ist somit nicht verpflichtet, eine Tätigkeit des Arbeitnehmers im Wege der Wiedereingliederung als (teilweise) Arbeitsleistung entgegenzunehmen.[917] Es bedarf vielmehr einer gesonderten Vereinbarung, die nach der Rechtsprechung des BAG ein **Rechtsverhältnis sui generis** begründet, das nicht als Fortsetzung des bestehenden oder Begründung eines Zweitarbeitsverhältnisses angesehen werden kann.[918] Gegenstand der Tätigkeit ist hier nicht die nach dem Arbeitsvertrag geschuldete Arbeitsleistung, sondern die Gewährung einer Gelegenheit zu erproben, ob der Arbeitnehmer auf dem Wege einer im Verhältnis zur vertraglich geschuldeten Arbeitsleistung quantitativ und/oder qualitativ verringerten Tätigkeit zur Wiederherstellung seiner Arbeitsfähigkeit gelangen kann. Dementsprechend kann der Wiedereinzugliedernde auch keinen Anspruch auf Entgelt für geleistete Arbeit geltend machen.[919] Wird jedoch eine Vergütung gewährt, findet diese in Höhe dieses Betrages Anrechnung auf das Krankengeld. Auch kann der Wiedereinzugliedernde keinen Anspruch auf Erholungsurlaub geltend machen, da wegen Nichtbestehens einer Arbeitspflicht auch eine Befreiung von der Hauptleistungspflicht nicht möglich ist.[920] Schließlich sind nach § 74 SGB V

911 Vgl. hierzu ausführlich: *Natzel*, NZA 1997, 806 ff.

912 *Baur*, DB 1997, 728; *Caspers*, DB 2000, 2306; *Hanau*, DB 1997, 1279; *Kopp*, NZS 1997, 457; *Natzel*, NZA 1997, 285 ff.; *ders.*, Die Betriebszugehörigkeit im ArbR, S. 43; *Niesel*, NZA 1997, 581; *Rolfs*, NZA 1998, 19; a.A.: *Bader*, ArbuR 1997, 389 f.; *Bepler*, in: *Gagel*, § 231 SGB III, Rn 8; *ders.*, ArbuR 1999, 228.

913 BAG, Urt. v. 17.05.2001, DB 2001, 2354 ff.

914 Anderes gilt für die mit Zuschüsen zum Arbeitsentgelt nach §§ 217 ff. SGB III geförderten Arbeitsverhältnisse.

915 BAG, Urt. v. 17.05.2001, DB 2001, 2354 ff.; *Natzel*, NZA 1997, 809; *ders.*, Die Betriebszugehörigkeit im ArbR, S. 145; a.A. *Schmidt*, ArbuR 1997, 468.

916 BAG, Urt. v. 29.01.1992 sowie v. 19.04.1994, AP Nr. 1, 2 zu § 74 SGB V.

917 BAG, Urt. v. 29.01.1992, AP Nr. 1 zu § 74 SGB V.

918 BAG, Urt. v. 29.01.1992 sowie v. 19.04.1994, AP Nr. 1, 2 zu § 74 SGB V; ebenso i.d.S. *Compensis*, NZA 1992, 631 ff.; *Gitter*, ZfA 1995, 123 ff.; *v. Hoyningen-Huene*, NZA 1992, 49 ff.; a.A.: *Glaubitz*, NZA 1992, 402.

919 BAG, Urt. v. 29.01.1992, AP Nr. 1 zu § 74 SGB V.

920 BAG, Urt. v. 19.04.1994, AP Nr. 2 zu § 74 SGB V.

wiedereinzugliedernde Personen aufgrund § 5 Abs. 2 Nr. 4 BetrVG nicht als Arbeitnehmer i.S.d. BetrVG anzusehen.[921] Das **Wiedereingliederungsverhältnis endet** entweder durch Aufhebung des Eingliederungsverhältnisses[922] oder durch Wiederherstellung der Arbeitsfähigkeit.

Soweit Arbeitsverhältnisse **mit anderweitigen Mitteln der Arbeitsmarktpolitik gefördert** werden, 328
ist zwischen dem sozialversicherungsrechtlichen Fördertatbestand und der arbeitsrechtlichen Beziehung zwischen Arbeitnehmer und Arbeitgeber zu unterscheiden. Auch das geförderte Arbeitsverhältnis unterliegt dem Grundsatz nach den allgemeinen arbeitsrechtlichen Bestimmungen; dass die Zuweisung von Mitteln der Arbeitsförderung der Beurteilung nach öffentlich-rechtlichen Kriterien erfolgt, ist arbeitsrechtlich zunächst ohne Belang. Allerdings hat das BAG in einer Entscheidung vom 18.06.1997[923] angedeutet, dass einem in einer Arbeitsbeschaffungsmaßnahme beschäftigten Arbeitnehmer trotz fehlender Einbezogenheit in den persönlichen Geltungsbereich des einschlägigen Tarifvertrages jedenfalls eine Vergütung in Höhe eines bestimmten Prozentsatzes des einschlägigen Tarifvertrags zu zahlen sei. Dabei berief sich das Gericht auf § 93 Abs. 2 Satz 1 AFG a.F., der für die Beziehung zwischen Arbeitgeber und Arbeitnehmer die Geltung arbeitsrechtlicher Vorschriften vorsieht. Dennoch gilt, dass die Frage der arbeitsrechtlichen Zulässigkeit einer privatautonom getroffenen Vergütungsvereinbarung nicht abhängig von einer nach öffentlich-rechtlichen Grundsätzen getroffenen Leistungsentscheidung sein kann. Es gilt insofern der Grundsatz, dass die sozialversicherungsrechtliche Leistungsbeziehung an die nach arbeitsrechtlichen Grundsätzen zustande gekommene Rechtsbeziehung anknüpft und nicht umgekehrt.[924] In diesem Sinne hat das BAG auch an anderer Stelle anerkannt, dass die Zuweisung von Mitteln der Arbeitsmarktpolitik lediglich einen Vertragsschluss zwischen Arbeitnehmer und Arbeitgeber fördern, nicht jedoch eine arbeitsrechtliche Pflicht auf Abschluss eines Arbeitsvertrages zu begründen vermag.[925]

Ist jedoch ein Arbeitsverhältnis zustande gekommen, richten sich die Rechte und Pflichten nach 329
den allgemeinen Bestimmungen des Arbeitsrechts. Wird beispielsweise mit einem Hilfe Suchenden ein Vertrag zu Zwecken der Gewährung einer Gelegenheit gemeinnütziger und zusätzlicher Arbeit i.S.v. § 19 Abs. 2 BSHG abgeschlossen, ist auch dies unbeschadet des Umstandes, dass die Gewährung von Arbeitsgelegenheit einen Verwaltungsakt darstellt, als Arbeitsverhältnis anzusehen, das nach arbeitsrechtlichen Grundsätzen zu beurteilen ist.[926]

IV. Teilzeitarbeitsverhältnisse

1. Zielsetzung des TzBfG

Das mit Wirkung zum 01.01.2001 in Kraft getretene Gesetz über Teilzeitarbeit und befristete Arbeits- 330
verträge (TzBfG)[927] verbindet das vormals in dem befristet angelegten Arbeitsrechtlichen Beschäftigungsförderungsgesetz[928] geregelte Recht zur Befristung mit Regelungen zur Teilzeitarbeit. Der Gesetzgeber wollte damit die Richtlinien des Rates der Europäischen Union über Teilzeitarbeit[929] sowie über befristete Arbeitsverträge[930] umsetzen.[931] Seiner in § 1 TzBfG beschriebenen Zielsetzung

921 *V. Hoyningen-Huene*, NZA 1992, 54.

922 Nach *v. Hoyningen-Huene*, NZA 1992, 53, ist der Widerruf nicht nur durch den Einzugliedernden möglich, wenn dieser sich den Anforderungen nicht gewachsen fühlt, sondern auch durch den Arbeitgeber.

923 BAG, Urt. v. 18.06.1997, SAE 1998, 33 mit Anm. *Natzel, I.*

924 I. d. S. auch LSG Bremen v. 29.09.1983 – L 5 Ar 41/82 (n.v.).

925 BAG, v. 26.04.1995, AP Nr. 4 zu § 91 AFG.

926 BAG, Urt. v. 07.07.1999, NZA 2000, 542; v. 22.03.2000, NZA 2001, 605 ff.

927 BGBl I, 1966.

928 BeschFG v. 26.04.1985, BGBl I, 710, letztmalig geändert durch G v. 26.07.1994, BGBl I, 1786.

929 RL 97/81/EG v. 15.12.1997, ABl EG Nr. L 14, 9.

930 RL 99/70/EG v. 28.06.1999, ABl EG Nr. 175, 43.

931 Zur Kritik, ob die Richtlinien die Regelungen des TzBfG in der Form tragen vgl. *Schiefer*, DB 2000, 2118; vgl. ferner zur Frage der europarechtskonformen Umsetzung der RL 97/81/EG v. 15.12.1997: *Thüsing*, BB 2002, 829 ff.

nach dient das Gesetz der Förderung der Teilzeitarbeit, der Festlegung der Voraussetzungen für die Zulässigkeit befristeter Arbeitsverträge und der Verhinderung der Diskriminierung von in Teilzeit und befristet beschäftigten Arbeitnehmern.

331 Das Gesetz enthält keine Einschränkung des Geltungsbereichs. Es gilt für alle Arbeitsverhältnisse bei privaten und öffentlichen Arbeitgebern.[932] Es unterteilt sich in einen allgemeinen Teil, zu dessen wesentlichem Inhalt vor allem die Verbote von Diskriminierung und Benachteiligung gehören (§ 4f. TzBfG). Die Hauptabschnitte über die Regelung der Teilzeitarbeit (§§ 6 bis 13 TzBfG) sowie befristeter Arbeitsverhältnisse (§§ 14 bis 21 TzBfG) werden ergänzt durch gemeinsame Vorschriften über Möglichkeiten abweichender Regelungen (§ 22 TzBfG) sowie über das Konkurrenzverhältnis zu anderweitigen gesetzlichen Regelungen (§ 23 TzBfG).

2. Teilzeitarbeit

a) Begriff des teilzeitbeschäftigten Arbeitnehmers

332 Teilzeitbeschäftigt ist nach der Legaldefinition des § 2 Abs. 1 TzBfG ein Arbeitnehmer, dessen Wochenarbeitszeit kürzer als die regelmäßige Wochenarbeitszeit eines **vergleichbaren vollzeitbeschäftigten Arbeitnehmers** ist.[933] Arbeitnehmer, für die keine regelmäßige Wochenarbeitszeit vereinbart ist, sind teilzeitbeschäftigt, wenn ihre regelmäßige durchschnittliche Arbeitszeit unter der eines vergleichbaren vollzeitbeschäftigten Arbeitnehmers liegt. Vergleichbar sind dabei zunächst die Arbeitnehmer des Betriebs, die mit der Erledigung gleicher oder vergleichbarer Tätigkeiten betraut sind. Ist kein vergleichbarer Arbeitnehmer vorhanden, ist auf den anwendbaren Tarifvertrag, hilfsweise auf die im Wirtschafszweig vorherrschende Üblichkeit abzustellen.[934]

333 Eröffnet eine tarifvertragliche Regelung die Möglichkeit zur betrieblichen Festlegung eines vom Tarif abweichenden Arbeitszeitvolumens (sog. **Arbeitszeitkorridor**),[935] ist die abweichend vom Tarif für den Betrieb oder bestimmte Arbeitnehmergruppen betrieblich festgelegte höhere oder niedrigere Arbeitszeit als die tarifübliche, für Vollzeitbeschäftigte maßgebliche Arbeitszeit anzusehen; an sie knüpfen auch weitere, von der Arbeitszeit abhängige Entgeltregelungen an. Legt bspw. ein Tarifvertrag die regelmäßige tarifliche Wochenarbeitszeit auf 37,5 Std. fest und heben die Betriebsparteien aufgrund einer entsprechenden Öffnungsklausel die Arbeitszeit auf 40 Std. an, ist ein Arbeitnehmer, der in seinem Arbeitsvertrag eine Arbeitszeit von 39 Std. festgelegt hat, als teilzeitbeschäftigt anzusehen. Umgekehrt führt bspw. die betriebliche Festlegung der Arbeitszeit auf 35 Stunden dazu, dass der in diesem Rahmen beschäftigte Arbeitnehmer als Vollzeitbeschäftigter zu behandeln ist, auch wenn sein Arbeitsverhältnis vor Absenkung der betrieblich festgelegten Arbeitszeit als Teilzeitarbeitsverhältnis einzustufen war.

334 Die durchschnittliche Arbeitszeit kann auf der Grundlage eines bis zu einem Jahr reichenden Beschäftigungszeitraumes ermittelt werden. Damit trägt der Gesetzgeber praktizierten Modellen verblockter Arbeitszeit Rechnung, aufgrund derer beispielsweise ein Teilzeitbeschäftigter je nach Arbeitsanfall mit einer Arbeitszeit eines Vollzeitbeschäftigten eingesetzt und er dafür zu anderen Zeiten freigestellt wird.[936] Möglich sind somit eine Vielzahl von Arbeitszeitmodellen wie die gleichmäßige Verkürzung der täglichen Arbeitszeit, die Beschäftigung an einzelnen Wochentagen, in einzelnen Wochen oder zur Saisonzeiten sowie zur Ermöglichung längerer Freistellungsphasen (Sabbatical).

932 Vgl. insofern auch die in § 6 enthaltene Parenthese »auch in leitenden Positionen«.

933 *Hanau*, NZA 2001, 1170, verweist darauf, dass Teilzeit stundenweise oder prozentual gegenüber der Arbeitszeit eines Vollzeitbeschäftigten bemessen werden kann, was auch für die Anspruchsstellung nach § 8 TzBfG von Bedeutung ist.

934 Vgl. Gesetzesbegründung, BT-Drucks 14/4374, 15.

935 Als Beispiel für eine solche Korridorregelung ist § 2 I Ziff. 3 MTV Chemie zu erwähnen.

936 Zu einzelnen Rechtsfragen solcher verblockter Arbeitszeitmodelle vgl. auch *Natzel, I.*, NZA 1998, 1262 ff.

Zu Teilzeitbeschäftigten zählen auch i.S.v. § 8 Abs. 1 Nr. 1 SGB IV **geringfügig beschäftigte Arbeitnehmer** (§ 2 Abs. 2 TzBfG). Grundsätzlich finden daher alle Vorschriften des TzBfG auch auf diese Arbeitnehmer Anwendung. 335

b) Arbeitsrechtliche Stellung des Teilzeitarbeitnehmers

Das Teilzeitarbeitsverhältnis wird durch Vertrag begründet, zu dessen wesentlichem Inhalt i.S.d. § 2 TzBfG die Vereinbarung einer kürzeren regelmäßigen Wochenarbeitszeit gehört, als sie bei vergleichbaren vollzeitbeschäftigten Arbeitnehmern üblich ist.[937] Das so festgelegte **Arbeitszeitvolumen** unterliegt nicht der Disposition durch den Arbeitgeber. Davon unbeschadet sind Lösungen nach Maßgabe des § 12 TzBfG zulässig, die einen Abruf von Arbeit nach Arbeitsanfall ermöglichen. Im Übrigen unterliegt vorbehaltlich einer anderweitigen vertraglichen Regelung die Festlegung der Lage der Arbeitszeit grundsätzlich dem Dispositionsrecht des Arbeitgebers. 336

Der in Teilzeit beschäftigte Arbeitnehmer hat dieselben **Rechte und Pflichten** wie ein Vollzeitbeschäftigter, soweit sich aus dem Wesen des Arbeitsverhältnisses nichts anderes ergibt. Kann eine bestimmte Verteilung und Lage der Arbeitszeit aufgrund ausdrücklicher Vereinbarung oder beständiger Übung dem Inhalt des Arbeitsvertrages zugerechnet werden, kann der Arbeitgeber hinsichtlich der Festlegung des konkreten Arbeitseinsatzes in seinem Direktionsrecht beschränkt sein. Auch wenn in der betrieblichen Praxis vielfach anders verfahren wird, indem hier – anders als bei vollzeitbeschäftigten Arbeitnehmern – die Lage der Arbeitszeit vertraglich fixiert wird, sollte der Arbeitgeber sich der Möglichkeit der Verteilung der Arbeitszeit kraft des ihm zustehenden Direktionsrechts nicht ohne Grund vertraglich begeben. 337

Auch stehen dem teilzeitbeschäftigten Arbeitnehmer grundsätzlich dieselben **Freistellungsansprüche** zu, wie sie ein vollzeitig beschäftigter Arbeitnehmer geltend machen kann.[938] Jedoch kann das Mehr an zur Verfügung stehender Freizeit der Notwendigkeit einer Freistellung – etwa im Rahmen des § 616 BGB – entgegenstehen. Besonderheiten können insofern zu berücksichtigen sein, als durch die Gewährung von Freistellungen besonderen Arbeitsbelastungen Rechnung getragen werden soll.[939] 338

Soweit sich Rechtspositionen nach der Betriebszugehörigkeit i.e.S oder dem Bestand der arbeitsvertraglichen Beziehung bemessen, stehen diese dem in Teilzeit Beschäftigten ebenso wie dem vollzeitig beschäftigten Arbeitnehmer zu.[940] Dies gebietet auch das in § 4 TzBfG normierte Diskriminierungsverbot. Sachliche Gründe für eine differenzierte Behandlung können aber angenommen werden, soweit es um den unmittelbaren, aus dem Synallagma herrührenden Vergütungsanspruch geht.[941] So können Leistungen, die neben oder anstelle der bloßen vertraglichen Bindung von dem Erbringen von Arbeitsleistung abhängen (**Leistungen ohne Bindungswirkung** bzw. **mit Mischcharakter**), entsprechend dem pro-rata-temporis-Prinzip anhand des Umfangs der Teilzeitbeschäftigung bemessen werden.[942] Der Teilzeitbeschäftigte muss ebenso wie ein Vollzeitbeschäftigter in den Genuss einer Senkung der Arbeitszeit unter Lohnausgleich kommen können.[943] 339

937 Der Arbeitgeber kann sich bei einer arbeitszeitabhängigen Vergütung insofern auch nicht wegen der zwingenden Vorschriften des KSchG vertraglich einräumen lassen, die zunächst festgelegte Arbeitszeit später einseitig nach Bedarf zu reduzieren; vgl. BAG, Urt. v. 12.12.1984, AP Nr. 6 zu § 2 KSchG.

938 Vgl. etwa BAG, Urt. v. 19.01.1993, NZA 1993, 988.

939 So sieht bspw. § 2a Ziff. 1 MTV Chemie die Gewährung zusätzlicher sog. Altersfreizeiten beschränkt auf Arbeitnehmer ab vollendetem 57. Lebensjahr vor, die im Rahmen der für Vollzeitbeschäftigte geltenden Arbeitszeit beschäftigt werden.

940 Vgl. Einzelheiten bei *Natzel, I.*, Die Betriebszugehörigkeit im ArbR, S. 244 ff.

941 So auch für den Fall eines monatl. »zur Anerkennung der Unternehmenszugehörigkeit« ausgezahlten Zuschlags: BAG, Urt. v. 16.04.2003, DB 2003, 1849.

942 Zum Schicksal der Gegenleistung vgl. auch *Kelber/Zeißig*, NZA 2001, 577 ff.

943 BAG, Urt. v. 18.12.1963, AP Nr. 1 zu § 1 TVG: Lederindustrie; vgl. aber zum umgekehrten Fall der Anhebung der Arbeitszeit bei gleich bleibendem Entgelt BAG, Urt. v. 17.05.2000, NZA 2001, 799.

340 Die unterschiedliche Höhe der Arbeitszeit kann bei der Bemessung einer im Sozialplan vereinbarten Abfindung berücksichtigt werden.[944] Darüber hinaus kann die Beschäftigung mit reduzierter Arbeitszeit bei der Bemessung von **Bewährungszeiten** eine unterschiedliche Behandlung rechtfertigen, soweit anzunehmen ist, dass der Teilzeitbeschäftigte infolge der verkürzten Arbeitszeit nicht entsprechend dem tariflich geforderten Umfang seine Fertigkeiten und Kenntnisse vertieft oder zumindest beständig geübt hat.[945] Der unterschiedliche Umfang zu erbringender Arbeitsleistung rechtfertigt es jedoch nicht, teilzeitbeschäftigte Arbeitnehmer aus Regelungen mit rein treuebezogener Zwecksetzung (**Leistungen mit Bindungswirkung**) herauszunehmen.[946] Hier gebietet es der Zweck der Leistung, diese ebenso Teilzeitbeschäftigten zu gewähren. Ebenfalls unter Berücksichtigung des Leistungszwecks hat das BAG auch einen Verstoß gegen das Diskriminierungsverbot in einer Regelung gesehen, die einen Ausschluss einer mit 3/4 der regelmäßigen wöchentlichen Arbeitszeit eines Vollzeitbeschäftigten vom Bezug eines jährlich im Voraus gezahlten pauschalen Essensgeldzuschusses vorsah und in ihren Anspruchsvoraussetzungen so ausgestaltet war, dass alle Beschäftigten den Zuschuss erhalten sollten, von denen zu erwarten ist, dass sie typischerweise ein Mittagessen während ihrer Arbeitszeit einnehmen, was in diesem Fall auf die klagende Teilzeitbeschäftigte ebenfalls zutraf.[947]

341 Wer es mit der gleichen Rechtsstellung Teilzeitbeschäftigter ernst meint, muss dies auch in Bezug auf die Pflichtenstellung tun. Aus diesem Grunde erscheint das Argument, ein Teilzeitbeschäftigter könne nicht zur **Mehrarbeit** herangezogen werden, da der Abschluss des Teilzeitarbeitsvertrags indiziere, dass der Arbeitnehmer nur im Rahmen der vereinbarten Arbeitszeit zur Verfügung stehen wolle,[948] geradezu als grotesk, baut es doch auf dem Trugschluss auf, dem Vollzeitbeschäftigten sei es egal, ob seine Arbeitskraft für 35, 40 oder 60 Stunden in der Woche abgefragt wird. Die Gleichbehandlung erfordert auch beim Teilzeitbeschäftigten das gleiche Einstehen im Rahmen der arbeitsvertraglichen Pflichtbeziehung wie bei einem Vollzeitbeschäftigten. Es bedarf i.Ü. auch keiner gesonderten Ankündigungsfrist zur Anordnung von Mehrarbeit. Hier gilt das Gleiche wie für das Vollzeitarbeitsverhältnis: Eine Ankündigung kann noch am Tage des Arbeitseinsatzes erfolgen. § 12 TzBfG gebietet i.Ü. nichts anderes; er findet auf die Anordnung von Überstunden keine Anwendung.[949]

342 Besondere Pflichten können sich auch aus dem Wesen der Teilzeitbeschäftigung selbst ergeben. Dies gilt namentlich für die Auskunft über anderweitige Beschäftigung, zumal die zu mehreren Arbeitgebern bestehende Rechtsbeziehung zu besonderen Pflichtenkollisionen führen kann.[950] Insbesondere hat der Arbeitgeber auch darüber Auskunft zu erteilen, wenn infolge der weiteren Beschäftigung die Schwelle geringfügiger Beschäftigung überschritten wird.

944 BAG, Urt. v. 28.10.1992, DB 1993, 591; v. 14.08.2001, NZA 20002, 491.

945 I.d.S. zu § 23a BAT: BAG, Urt. v. 14.09.1988, AP Nr. 24 zu § 23a BAT; v. 02.12.1992, AP Nr. 28 zu § 23a BAT, wo zudem ein Verstoß gegen Art. 119 EWG-Vertrag zurückgewiesen wird; vgl. i.Ü. BAG, Urt. v. 15.05.1997, NZA 1997, 1355.

946 Mit Verweis auf Art. 119 EWG-Vertrag: BAG, Urt. v. 06.04.1982, AP Nr. 1 zu § 1 BetrAVG Gleichbehandlung; v. 14.10.1986, AP Nr. 11 zu Art. 119 EWG-Vertrag; v. 14.03.1989, AP Nr. 5 zu § 1 BetrAVG Gleichbehandlung; v. 15.05.1997 – 6 AZR 220/96 (n.v.); vgl. ferner hierzu *Viethen*, NZA Beil. 24/2001, 7.

947 BAG, Urt. v. 26.09.2001, DB 2002, 47 ff.

948 So bspw. LAG Bremen, Urt. v. 29.04.1998 – 2 Sa 223/97 (n.v.); ebenso: MünchArbR/*Schüren*, § 162 Rn 134; a.A.: *Sowka*, DB 1994, 1878.

949 ErfK/*Preis*, § 12 TzBfG Rn 15.

950 BAG, Urt. v. 18.11.1988, AP Nr. 3 zu § 611 BGB Doppelarbeitsverhältnis; v. 18.01.1996, AP Nr. 25 zu § 242 BGB Auskunftspflicht.

c) Anspruch auf Verringerung der Arbeit (§ 8 Abs. 2 TzBfG)

Jeder voll- oder teilzeitbeschäftigte Arbeitnehmer, dessen befristet[951] oder unbefristet abgeschlossenes Arbeitsverhältnis länger als sechs Monate bestanden hat, kann eine (weitere[952]) **Reduktion seiner Arbeitszeit verlangen** (§ 8 Abs. 1 TzBfG). Bei der **Wartefrist** ist auf den arbeitsvertraglich vorgesehenen Beginn des Arbeitsverhältnisses, nicht jedoch die tatsächliche Arbeitsaufnahme abzustellen. Es handelt sich bei ihr um eine arbeitsplatzbezogene Bestandszeit,[953] für deren Bemessung es auf die rechtliche Bindung an das Arbeit gebende Unternehmen ankommt.[954] Frühere Beschäftigungen sind nach Maßgabe der zu § 1 Abs. 1 KSchG entwickelten Rechtsgrundsätze zu berücksichtigen.[955] 343

Dem **Umfang der Arbeitszeitreduktion** sind keine gesetzgeberischen Grenzen gesetzt. Diese können sich aber aus den entgegenstehenden betrieblichen Gründen ergeben, die der Arbeitgeber gegenüber dem Verlangen des Arbeitnehmers geltend machen kann. 344

Kein Anspruch auf Verringerung der Arbeitszeit besteht für Arbeitnehmer in **Kleinunternehmen** mit in der Regel bis zu 15 Beschäftigten, wobei die zu ihrer Berufsausbildung beschäftigten Personen nicht mitgerechnet werden (§ 8 Abs. 7 TzBfG).[956] Diese Regelung orientiert sich an § 15 Abs. 7 Satz 1 Nr. 1 BErzGG. Die Berechnung des Schwellenwerts erfolgt nach Köpfen, also ohne eine quotiale Berücksichtigung der bestehenden Teilzeitarbeitsverhältnisse. Sie ist unternehmensbezogen unter Außerachtlassung vorübergehend eingestellter Arbeitnehmer vorzunehmen.[957] Offen ist der für die Bestimmung der Mindestbeschäftigtenzahl maßgebliche Zeitpunkt.[958] 345

aa) Geltendmachung des Wunsches auf Verringerung und Verteilung der Arbeitszeit

Der Wunsch auf Arbeitszeitverringerung und deren Umfang ist **spätestens drei Monate** vor dem begehrten Beginn der Verringerung gegenüber dem Arbeitgeber geltend zu machen; § 8 Abs. 2 TzBfG.[959] Formvorschriften sind dabei nicht zu beachten.[960] Auch bedarf der Antrag keiner inhaltlichen Begründung.[961] Die Frist stellt eine materielle Wirksamkeitsvoraussetzung dar.[962] Hält der Arbeitnehmer somit die Frist zur Geltendmachung seines Begehrens nicht ein, ist sein Antrag wegen Nichteinhaltung der Frist als unzulässig anzusehen und kann unter Berufung darauf vom Arbeitgeber zurückgewiesen werden; der Arbeitnehmer ist dann an die Sperrfrist des § 8 Abs. 6 TzBfG gebunden.[963] Lässt sich der Arbeitgeber indes trotz Fristsäumnis auf eine Erörterung des 346

951 So jedenfalls *Viethen*, NZA Beil. 24/2001, 4.

952 Vgl. hierzu auch ArbG Bonn, Urt. v. 20.06.2001, DB 2001, 1619.

953 Zum Begriff vgl. *Natzel, I.,* Die Betriebszugehörigkeit im ArbR, S. 198 f.

954 *Fischer*, BB 2002, 95; *Lindemann/Simon,* BB 2001, 148; *Preis/Gotthardt*, DB 2001, 49; *Viethen*, NZA Beil. 24/2001, 4.

955 Vgl. auch *Viethen*, NZA Beil. 24/2001, 4.

956 Zur fehlenden einheitlichen Arbeitgeberstellung eines für mehrere Gemeinschuldner tätigen Insolvenzverwalters vgl. *Fischer*, BB 2002, 95.

957 ArbG Mönchengladbach, Urt. v. 30.05.2001, NZA 2001, 970; *Kliemt*, NZA 2001, 64; *Lindemann/Simon*, BB 2001, 148.

958 Vgl. hierzu *Straub*, NZA 2001, 922, der auf den Zeitpunkt abstellt, zu dem der Arbeitgeber spätestens nach § 8 Abs. 4 TzBfG seine Entscheidung über den Antrag mitzuteilen hat.

959 Das ArbG Mönchengladbach, Urt. v. 30.05.2001, NZA 2001, 970, geht insofern davon aus, dass die Geltendmachung der Verringerung rechtsdogmatisch ein Angebot zur Änderung des Arbeitsverhältnisses darstellt.

960 Dies gilt auch, soweit ansonsten für Vertragsänderungen die Schriftform vorgesehen ist; vgl. daher auch krit. zur bestehenden Regelung *Hopfner*, DB 2001, 2144.

961 *Viethen,* NZA Beil. 24/2001, 4.

962 So jedenfalls ArbG Frankfurt, Urt. v. 25.03.2003 – 5 Ga 62/03 (n.v.); *Meindl/Heyn/Herms*, TzBfG, § 8 Rn 38; *Preis/Gotthardt*, DB 2001, 145; *Straub*, NZA 2001, 922; a.A.: *Beckenschulze*, DB 2000, 2603; *Richardi/Annuß*, BB 2000, 2202; *Rolfs*, RdA 2001, 134; dies indes ausdrücklich dahingestellt sein lassend: BAG, Urt. v. 18.02.2003, DB 2003, 1682.

963 Vgl. insofern auch zur Unzulässigkeit des Antrags ohne kalendermäßige Bestimmung des Beginns der begehrten Arbeitszeitänderung: *Hopfner*, DB 2001, 2145; a.A. jedoch ArbG Nienburg, Urt. v. 23.01.2002, NZA 2002, 382, wonach ein zu spät geltend gemachter Antrag gem. § 140 BGB dahin gehend umzudeuten sei, die Arbeitszeitverringerung solle zum nächstmöglichen Zeitpunkt erfolgen; ebenso: *Richardi/Annuß*, BB 2000, 2201 ff.

Teilzeitbegehrens ein, kann hierin ein Verzicht auf die Geltendmachung der Nichterfüllung der Wirkungsvoraussetzung des § 8 Abs. 2 TzBfG gesehen werden.[964] Im Übrigen gelten für die Fristberechnung die Bestimmungen der §§ 187 Abs. 1, 188 Abs. 2 BGB.[965] Nicht indes kann sich ein Arbeitgeber auf die Anwendbarkeit einschlägiger tariflicher Ausschlussfristen in diesem Zusammenhang berufen.[966]

347 Das Verlangen kann **nur auf unbefristete Verkürzung** der Arbeitszeit gerichtet werden.[967] Einem etwaigen Interesse des Arbeitnehmers auf weitere Verringerung oder spätere Wiederanhebung der Arbeitszeit hat der Gesetzgeber durch § 8 Abs. 6, § 9 TzBfG abschließend Rechnung getragen.[968]

348 Aus dem Wortlaut des Abs. 1 (»bestanden hat«) ist zu folgern, dass der Anspruch erstmals **nach Ablauf der Wartezeit** geltend gemacht werden, die Verringerung der Arbeitszeit somit vorbehaltlich einer anderweitigen Übereinkunft zwischen den Vertragsparteien frühestens im zehnten Monat der Beschäftigung vollzogen werden muss.[969] Für die Geltendmachung ist keine Schriftform vorgesehen.[970] Zu Dokumentationszwecken sollte jedoch die Geltendmachung des Teilzeitanspruchs schriftlich festgehalten werden.

349 Der Antrag soll auch die **gewünschte Verteilung der Arbeitszeit** angeben (§ 8 Abs. 2 TzBfG). Die Gesetzesbegründung[971] spricht insofern lediglich die Verteilung auf die Wochentage an. Richtigerweise wird man aber auch die Lage der Arbeitszeit als einen Unterfall des Begriffs der Verteilung anzusehen haben.[972] Äußert der Arbeitnehmer keinen Wunsch bzgl. der Verteilung der Arbeitszeit und kommt kein Einvernehmen i.S.d. § 8 Abs. 3 Satz 2 TzBfG hierüber zustande,[973] obliegt die Festlegung der Arbeitszeit dem Arbeitgeber als Inhaber des Direktionsrechts, der dabei die gesetzlichen, arbeits- und tarifvertraglichen Grenzen zu beachten hat.[974]

350 Der Antrag auf eine anderweitige Verteilung kann **nur im Rahmen des Verringerungsbegehrens** nach § 8 Abs. 1 TzBfG und folglich nicht isoliert geltend gemacht werden.[975] Dies wird durch den eindeutigen Wortlaut belegt, der mit dem in § 8 Abs. 2 Satz 2 TzBfG enthaltenen Wortlaut »dabei« auf die Annexfunktion des Verteilungsbegehrens hinweist.

bb) Behandlung des Wunsches auf Verringerung und Verteilung der Arbeitszeit

351 Soweit das Teilzeitbegehren an sich ordnungsgemäß beantragt worden ist[976] hat der Arbeitgeber die gewünschte Verringerung der Arbeitszeit sowie deren Verteilung mit dem Ziel **zu erörtern**, zu einer einvernehmlichen Vereinbarung hinsichtlich der Frage von Arbeitszeitverkürzung wie Verteilung der Arbeitszeit zu gelangen (§ 8 Abs. 3 TzBfG).[977] Die Verletzung dieser Pflicht führt nicht dazu, dass die Zustimmung als erteilt gilt. Das BAG[978] führt insoweit aus, dass den Arbeitgeber eine Verhandlungsobliegenheit treffe, aus der keine Zustimmungsfiktion abgeleitet werden könne. Wohl

964 BAG, Urt. v. 14.10.2003, DB 2004, 986.
965 BAG, Urt. v. 14.10.2003, DB 2004, 986; zur Fristberechnung vgl. auch *Straub*, NZA 2001, 921 f.; *Wisskirchen*, DB 2003, 280.
966 LAG Niedersachsen, Urt. v. 18.11.2002, BB 2003, 905.
967 Die anderweitig von *Viethen*, NZA Beil. 24/2001, 4, geäußerte Rechtsauffassung findet im Gesetz keinen Niederschlag.
968 BAG, Urt. v. 18.03.2003, DB 2004, 319 ff.; *Hanau*, NZA 2001, 1169.
969 BAG, Urt. v. 18.03.2003, DB 2004, 319 ff.; *Bauer*, NZA 2000, 1040; *Lindemann/Simon*, BB 2001, 148; *Preis/Gotthardt*, DB 2001, 149; *Rolfs*, RdA 2001, 134; *Schiefer*, DB 2000, 2119.
970 Zur Krit. hieran vgl. *Preis/Gotthardt*, DB 2001, 145.
971 BT-Drucks 14/4374, 17.
972 I.d.S. wohl auch *Rieble/Gutzeit*, NZA 2002, 9.
973 Vgl. dazu *Kliemt*, NZA 2001, 66.
974 Vgl. auch *Rolfs*, RdA 2001, 134.
975 *Preis/Gotthardt*, DB 2001, 147; a.A.: *Straub*, NZA 2001, 919.
976 Ist dies nicht der Fall, sollte aufgrund der Entsch. des BAG v. 14.10.2003, DB 2004, 986 f., das Teilzeitbegehren von vornherein zurückgewiesen werden.
977 BAG, Urt. v. 18.02.2003, DB 2003, 1682.
978 BAG, Urt. v. 18.02.2003, DB 2003, 1682.

aber können dem nicht ordnungsgemäß erörternden Arbeitgeber Einwendungen verlustig gehen, die er im Rahmen einer Verhandlung hätte ausräumen können.[979] Nach einer Erörterung muss der Arbeitgeber sodann – spätestens einen Monat vor Beginn der beantragten Verringerung – eine Entscheidung treffen, die er dem Arbeitnehmer **schriftlich** mitteilen muss (§ 8 Abs. 5 Satz 1 TzBfG). Im Gegensatz zu § 15 Abs. 7 Satz 2 BErzGG sieht § 8 Abs. 5 Satz 1 TzBfG keine Begründungspflicht vor.[980] Soweit er seine Entscheidung ablehnend begründet, wird er dadurch für das weitere Verfahren nicht präkludiert. Er kann somit die mitgeteilten Gründe weiter konkretisieren oder gänzlich neue Gründe vorbringen.[981] Voraussetzung ist aber, dass diese im Zeitpunkt der Ablehnung des Begehrens bereits angelegt und geeignet waren, dieselbe zu tragen.

Entscheidet der Arbeitgeber nicht oder nicht rechtzeitig, wird die Zustimmung des Arbeitgebers zum Wunsch auf **Verringerung der Arbeitszeit fingiert**; vgl. § 8 Abs. 5 Satz 2 TzBfG.[982] Dergleichen gilt nach Satz 3, wenn die Arbeitsvertragsparteien über die Verteilung der Arbeitszeit kein Einvernehmen erzielt haben und der Arbeitgeber nicht spätestens einen Monat vor dem gewünschten Beginn der Arbeitszeitverringerung die gewünschte Arbeitszeitverteilung abgelehnt hat. Hat der Arbeitgeber nur die Verringerung abgelehnt, kann die Fiktion bzgl. der Lage der Arbeitszeit nicht eintreten.[983] Stimmt der Arbeitgeber zwar der beantragten Verringerung, nicht aber der gewünschten Verteilung zu und teilt dies dem Arbeitnehmer rechtzeitig mit, kann der Arbeitgeber im Rahmen seines Direktionsrechts nach billigem Ermessen die Verteilung der Arbeitszeit einseitig festsetzen.[984] Der Arbeitgeber kann damit, auch wenn er mit der Verringerung an sich einverstanden ist, die gewünschte Verteilung z.B. mit der Begründung ablehnen, der Arbeitsplatz wäre ansonsten nachmittags unbesetzt, und so den Arbeitnehmer mit der verringerten Arbeitszeit am Nachmittag einsetzen. Ebenso kraft seines Direktionsrechtes kann der Arbeitgeber weiter die Erbringung der Arbeitsleistung abweichend von den Wünschen des Arbeitnehmers anordnen, wenn er nur die gewünschte Arbeitszeitverteilung, nicht aber die Arbeitszeitreduzierung als solche form- und fristgerecht abgelehnt hat.[985] Um einer ungewünschten Arbeitszeitverteilung bei reduzierter Arbeitszeit vorzubeugen kann es sich für den Arbeitnehmer empfehlen, das Verlangen auf Arbeitszeitverringerung mit einem konkreten Verteilungswunsch in der Weise zu verbinden, dass er sein Änderungsbegehren von der Festsetzung der gewünschten Arbeitszeit abhängig macht. Macht er dies, kann der Arbeitgeber nur einheitlich einwilligen oder ablehnen.[986] 352

cc) Entgegenstehende betriebliche Gründe

Die Durchsetzbarkeit des Rechtsanspruchs auf Teilzeitarbeit hängt davon ab, ob der Arbeitgeber dem Anspruch **betriebliche Gründe** entgegensetzen kann. Dabei ist zu berücksichtigen, dass sich der Anspruch auf Verringerung der Arbeitszeit bezogen auf den innegehabten Arbeitsplatz und nicht generell auf die Zuteilung irgendeines geeigneten Arbeitsplatzes bezieht.[987] Im ursprünglichen Referentenentwurf waren noch »dringende betriebliche« Gründe als Voraussetzung für die Ablehnung genannt. Mit dem nunmehr enthaltenen unbestimmten Rechtsbegriff des »betrieblichen Grundes« meint der Gesetzgeber »rationale, nachvollziehbare Gründe«.[988] Ob diese Konkretisierung 353

979 Vgl. insoweit auch *Thüsing*, SAE 2004, 4 ff.

980 Vgl. insofern auch ArbG Bonn, Urt. v. 20.06.2001, DB 2001, 1619; ArbG Mönchengladbach, Urt. v. 30.05.2001, NZA 2001, 970; *Diller*, NZA 2001, 592; *Kliemt*, NZA 2001, 66 f.; *Lindemann/Simon*, BB 2001, 150; *Rolfs*, RdA 2001, 137; *Straub*, NZA 2001, 924; mit a.A. *Blanke*, AiB 2000, 733.

981 *Rolfs*, RdA 2001, 137.

982 Zur Änderungskündigung als möglichem Ausweg aus der eingetretenen Fiktionswirkung vgl. *Straub*, NZA 2001, 923.

983 ArbG Mönchengladbach, Urt. v. 30.05.2001, NZA 2001, 970.

984 *Bauer*, NZA 2000, 1040 f.; *Rolfs*, RdA 2001, 135. Die Möglichkeit der Durchsetzung einer anderweitigen Verteilung der Arbeitszeit im Wege des Direktionsrechts besteht auch nach Eintritt der gesetzlichen Fiktion; vgl. *Grobys/Bram*, NZA 2001, 1179.

985 *Rolfs*, RdA 2001, 135.

986 BAG, Urt. v. 18.02.2003, DB 2003, 1682.

987 *Hanau*, NZA 2001, 1169; dies verkennend: ArbG Berlin, Urt. v. 12.10.2001, DB 2001, 2727 ff.

988 Vgl. Gesetzesbegründung, BT-Drucks 14/4374, 17.

weiterhilft, sei dahingestellt.[989] Fest steht, dass sich der Änderungswunsch sowohl bezogen auf die Dauer sowie auf die Verteilung der Arbeitszeit in das unternehmerische Konzept einbinden lassen können muss.[990] Dabei ist die **unternehmerische Organisationsentscheidung** selbst hinzunehmen;[991] sie kann lediglich auf offensichtliche Unsachlichkeit, Unvernunft oder Willkür überprüft werden.[992] Dementsprechend kann auch das Organisationskonzept eines Arbeitgebers nicht beanstandet werden, in einer Abteilung Vertrieb/Export ausschließlich Vollzeitbeschäftigte zu beschäftigen, um eine höchstmögliche Präsenz der jeweiligen Sachbearbeiter zu gewährleisten.[993] Gleichermaßen hinzunehmen hat der Arbeitnehmer die betrieblich vereinbarte Arbeitszeitregelung.[994] Der Arbeitnehmer kann somit seinen Rechtsanspruchs auf Teilzeitarbeit nur dann mit Aussicht auf Erfolg geltend machen, wenn sein Änderungswunsch hinsichtlich Dauer und Verteilung der Arbeitszeit in das arbeitgeberseitig vorgegebene Organisationskonzept passt.[995] Ein anderes Organisations-Konzept – etwa in Form der Ausfüllung der durch die Reduzierung der Arbeitszeit entstehenden Lücke mittels eines Subunternehmers – kann der Arbeitnehmer nicht verlangen.[996] Entgegen dem LAG München vom 06.11.2002[997] kann daher der Arbeitgeber auch nicht darauf verwiesen werden, durch Verzicht auf Mehrarbeit und entsprechende Umorganisation die Einrichtung eines neuen Vollzeitarbeitsplatzes zu ermöglichen.[998] Der Arbeitnehmer kann sich ferner nicht darauf berufen, dass der Arbeitsplatz mit der Zuweisung einer anderen, der bisherigen Tätigkeit vergleichbaren Beschäftigung passend gemacht werden könnte. Insofern ist dem vom ArbG Freiburg[999] aufgestellten Grundsatz zu folgen, dass ein betrieblicher Grund immer in den Fällen angenommen werden kann, in denen der Arbeitgeber, die angestrebte Änderung des Arbeitsvertrags als gegeben unterstellt, dem Arbeitsplatzinhaber in diesem Fall betriebsbedingt kündigen könnte.

354 Das Gesetz führt beispielhaft – wie das Wort »insbesondere« belegt – als betriebliche Gründe an:

- Beeinträchtigung der Organisation (z.B. Gefährdung von Ansprechzeiten,[1000] keine Verfügbarkeit einer geeigneten Ersatzkraft)[1001]
- Beeinträchtigung des Arbeitsablaufs (z.B. Unteilbarkeit des Arbeitsplatzes etwa wegen besonderer Vertrauensstellung, Spezialistentätigkeit, etc.)
- Beeinträchtigung der Sicherheit (z.B. Unterbesetzung bei Wechselschicht)

989 Zur Krit. vgl. *Schiefer*, DB 2000, 2120.

990 ArbG Nienburg, Urt. v. 23.01.2002, NZA 2002, 382; *Kliemt*, NZA 2001, 65; *Lindemann/Simon*, BB 2001, 149; *Preis/Gotthardt*, DB 2000, 2068; *dies.*, DB 2001, 148; *Schiefer*, DB 2000, 2120; *Straub*, NZA 2001, 923.

991 ArbG Freiburg, Urt. v. 04.09.2001, NZA 2002, 216 ff.; *Hohenhaus*, DB 2003, 1958; vgl. ferner *Rolfs*, RdA 2001, 132 f., unter Hinw. auf die erforderliche verfassungskonforme Interpretation des § 8 TzBfG.

992 BAG, Urt. v. 18.03.2003, DB 2004, 319 ff.; insofern auch auf die kündigungsschutzrechtliche Rspr. zur unternehmerischen Organisationsfreiheit (vgl. etwa BAG, Urt. v. 29.05.1993, DB 1993, 1879; v. 03.12.1998, NZA 1999, 431 ff.) verweisend: LAG Baden-Württemberg, Urt. v. 04.11.2002, LAGE § 8 TzBfG Nr. 10; vgl. i.Ü. aber auch ArbG Stuttgart, Urt. v. 05.07.2001, NZA 2001, 968, das die arbeitsgerichtliche Überprüfbarkeit nicht auf eine reine Missbrauchskontrolle beschränkt sieht; ebenso ArbG Berlin, Urt. v. 12.10.2001, DB 2001, 2727; *Reiserer/Penner*, BB 2002, 1697; ferner i.d.S. *Schmidt*, ArbuR 2002, 248, die das Organisationskonzept am betrieblichen Grund i.S.v. § 8 Abs. 4 TzBfG bemessen wissen will.

993 ArbG Freiburg, Urt. v. 04.09.2001, NZA 2002, 216 ff.

994 BAG, Urt. v. 18.02.2003, DB 2003, 2442; LAG Baden-Württemberg, Urt. v. 04.11.2002, LAGE § 8 TzBfG Nr. 10; LAG Berlin, Urt. v. 18.01.2002, AuR 2002, 190 ff.; vgl. hierzu auch *Reiserer/Penner*, BB 2002, 1698.

995 ArbG Nienburg, Urt. v. 23.01.2002, NZA 2002, 382; a.A. ArbG Bonn, Urt. v. 20.06.2001, DB 2001, 1619, wonach aus dem Begriff »wesentlich« folgt, dass die geltend gemachten entgegenstehenden Gründe einen »nicht unerheblichen Schweregrad« aufweisen müssen. Ebenfalls in diese Richtung gehend: ArbG Stuttgart, Urt. v. 05.07.2001, NZA 2001, 968.

996 ArbG Hannover, Urt. v. 31.01.2002, NZA-RR 2002, 294.

997 LAG München, Urt. v. 06.11.2002, EWiR 2003, 545.

998 So nunmehr auch BAG, Urt. v. 09.12.2003 – 9 AZR 16/03, BAG-Pressemitteilung Nr. 80/03.

999 ArbG Freiburg, Urt. v. 04.09.2001, NZA 2002, 216 ff.

1000 Vgl. hierzu ArbG Essen, Urt. v. 19.06.2001, FA 2001, 361.

1001 Vgl. insg. hierzu: *Hohenhaus*, DB 2003, 1954 ff.

- Verursachung von unverhältnismäßigen Kosten[1002] (z.B. durch zusätzliche Kosten durch Neueinstellung,[1003] unverhältnismäßig hoher zusätzlicher Schulungsaufwand, unverhältnismäßige Arbeitsplatzkosten im Vergleich zur Arbeitszeit)

Zusätzlich führt die Gesetzesbegründung als betrieblichen Grund die fehlende Verfügbarkeit zusätzlicher Arbeitskräfte auf dem für den Arbeitgeber maßgeblichen (regionalen) Arbeitsmarkt an.[1004] Zum Nachweis dieses Grundes sollte der Arbeitgeber sich die entsprechende Auskunft der Agentur für Arbeit (Meldezettel für Vermittlungsvorschläge) schriftlich geben lassen.[1005] Der bloße Verweis auf Schwierigkeiten bei einer früheren Suche nach einem geeigneten Mitarbeiter genügt jedoch nicht.[1006] Auch dürfte der Arbeitgeber nur schwerlich mit dem Einwand eines entgegenstehenden betrieblichen Grundes durchdringen können, wenn er nicht zuvor geprüft hat, ob andere bei ihm beschäftigte Teilzeitkräfte, die ihm gegenüber ihr Begehren auf Verlängerung der Arbeitszeit geltend gemacht haben, die wegfallende Arbeitskraft ersetzen können.

Der dargestellte Katalog entgegenstehender betrieblicher Gründe kann nicht als abschließend be- 355
trachtet werden. Je nachdem, in welchem zeitlichen Umfang der Arbeitnehmer seine Arbeitszeit verringern möchte, wie viele Arbeitnehmer ihren Teilzeitanspruch geltend machen oder ob die betriebliche Arbeitszeit starr oder flexibel ausgestaltet ist, kann die Frage nach Vorliegen eines betrieblichen Grundes unterschiedlich zu beurteilen sein.[1007] Jedenfalls hat aber der Arbeitgeber konkrete Darlegungen über ein in sich nachvollziehbares unternehmerisches Konzept der Arbeitszeit zu machen.[1008] Ob er darüber hinaus verpflichtet ist, weiter gehende Anstrengungen zwecks Verwirklichung des Teilzeitverlangens zu machen,[1009] erscheint fraglich.[1010] Das Gesetz gibt dies nicht her; es wäre auch verfassungsrechtlich höchst bedenklich.

Ob ein betrieblicher Grund dem Verlangen nach Verringerung der Arbeitszeit entgegengesetzt 355a
werden kann, prüft das BAG[1011] **dreistufig**: Zunächst soll das vom Arbeitgeber aufgestellte und durchgeführte Organisationskonzept festgestellt werden, das der vom Arbeitgeber als betrieblich erforderlich angesehenen Arbeitszeitregelung zugrunde liegt. Sodann soll überprüft werden, ob die vom Organisationskonzept bedingte Arbeitszeitregelung tatsächlich der gewünschten Änderung der Arbeitszeit entgegensteht. Abschließend prüft das BAG, ob das Gewicht der entgegenstehenden betrieblichen Gründe so erheblich ist, dass die Erfüllung des Arbeitszeitwunsches zu einer wesentlichen Beeinträchtigung der Arbeitsorganisation, des Arbeitsablaufs, der Sicherung des Betriebs oder zu einer unverhältnismäßigen wirtschaftlichen Belastung des Betriebs führen würde.

Schließlich sei auf die in § 8 Abs. 3 Satz 2 TzBfG enthaltene Ermächtigung der Tarifvertragsparteien 356
verwiesen, die Gründe für die Ablehnung oder Verringerung der Arbeitszeit zu konkretisieren und dabei den spezifischen Erfordernissen des jeweiligen Wirtschaftszweiges Rechnung zu tragen.[1012] Im

1002 Vgl. hierzu z.B. LAG Niedersachsen, Urt. v. 18.11.2002, BB 2003, 905, wo die notwendig werdende Anschaffung eines weiteren Dienstwagens für unverhältnismäßig angesehen wurde.

1003 Dabei können auch Kosten zu berücksichtigen sein, die damit verbunden sind, dass die durch das Teilzeitbegehren bedingte Neueinstellung ein Überschreiten bspw. nach dem BetrVG maßgeblicher Schwellenwerte auslöst; vgl. dazu: *Hanau*, NZA 2001, 1171; mit a.A. jedoch *Beckenschulze*, DB 2000, 2601 f.

1004 BT-Drucks 14/4374, 31.

1005 ArbG Mönchengladbach, Urt. v. 30.05.2001, NZA 2001, 970.

1006 ArbG Mönchengladbach, Urt. v. 30.05.2001, NZA 2001, 970.

1007 Vgl. insofern auch *Beckenschulze*, DB 2000, 2598.

1008 Vgl. hierzu auch *Hohenhaus*, DB 2003, 1954 ff.; *Reiserer/Penner*, BB 2002, 1698.

1009 So ArbG Stuttgart, Urt. v. 05.07.2001, NZA 2001, 968; ebenso ArbG Berlin, Urt. v. 12.10.2001, DB 2001, 2728.

1010 So zu Recht: *Hohenhaus*, DB 2003, 1959.

1011 BAG, Urt. v. 18.02.2003, DB 2003, 2442; ähnlich BAG, Urt. v. 18.03.2003, DB 2004, 319 ff.

1012 Zu den dabei den Tarifvertragsparteien gesetzten Grenzen vgl. *Kliemt*, NZA 2001, 66; zur Anwendbarkeit der Öffnungsklauseln im Bereich des kirchlichen Arbeitsrechts vgl. *Müller/Volbehr*, NZA 2002, 301 ff.

Geltungsbereich eines solchen Tarifvertrags kann auch im nicht tarifgebundenen Arbeitsverhältnis die Anwendung der tariflich festgelegten Ablehnungsgründe vereinbart werden.[1013]

dd) Durchsetzung des Anspruchs

357 Auch wenn durch § 8 Abs. 5 Satz 2 TzBfG für den Fall einer mangelnden rechtzeitigen Entscheidung über den Wunsch des Arbeitnehmers die Veränderung der arbeitszeitbezogenen Rahmenbedingungen fingiert wird, steht dem Arbeitnehmer **kein Recht zum Selbstvollzug** des Teilzeitanspruchs zu. Er hat in Fällen der unterbliebenen oder nicht rechtzeitig erfolgen Reaktion des Arbeitgebers ebenso wie in Fällen von dessen Verweigerung, dem Wunsch nach Verringerung und Verteilung der Arbeitszeit Rechnung zu tragen, den Rechtsweg zu beschreiten.[1014] Ein anderweitiges Verhalten kann einen Grund zur fristlosen Kündigung abgeben.[1015]

358 Der Klageantrag zur Durchsetzung des Anspruchs auf Teilzeitbeschäftigung richtet sich auf die Abgabe einer dem Änderungsverlangen **zustimmenden Willenserklärung nach § 894 ZPO**.[1016] Insofern genügt im Klageantrag die Formulierung »ab Rechtskraft«.[1017] Begehrt der Arbeitnehmer neben der verweigerten Zustimmung zur Arbeitszeitverringerung auch eine bestimmte Verteilung der Arbeitszeit, ist dies richtigerweise im Rahmen einer Stufenklage nach § 256 ZPO geltend zu machen.[1018] Hat der Arbeitgeber bis zu diesem Zeitpunkt nicht bereits dem Verteilungswunsch zur Lage der reduzierten Arbeitszeit widersprochen, hat er dem entsprechenden Begehren spätestens im gerichtlichen Verfahren entgegenzutreten, um der Fiktionswirkung des § 8 Abs. 5 Satz 3 TzBfG zu entgehen.[1019]

359 Das Mittel **einstweiligen Rechtsschutzes** wird der Arbeitnehmer nur in begründeten Ausnahmefällen mit Erfolg wählen können, da eine Entscheidung in der Sache hier stets auch eine Vorwegnahme der Hauptsache bedeuten würde.[1020] Ein begründeter Ausnahmefall kann bspw. in einer familiären Notlage gesehen werden.[1021] Zur Belegung des Verfügungsgrundes hat der Arbeitnehmer darzulegen und glaubhaft zu machen, dass er alle ihm zumutbaren Anstrengungen unternommen hat, um anderweitig den Umständen Abhilfe zu verschaffen, die ihn veranlassen, die Herabsetzung seiner Arbeitszeit zu begehren.[1022] Überdies verlangt die Rechtsprechung, dass betriebliche Ablehnungsgründe i.S.d. § 8 Abs. 4 Satz 2 TzBfG nicht ersichtlich oder mit hoher Wahrscheinlichkeit auszuschließen sind.[1023]

360 Die **Darlegungs- und Beweislast** für die anspruchsbegründenden Tatsachen trägt der Arbeitnehmer. Das Vorliegen entgegenstehender betrieblicher Gründe hat hingegen der Arbeitgeber darzulegen und

1013 *Kliemt*, NZA 2001, 66.

1014 *Kliemt*, NZA 2001, 67.

1015 ArbG Bonn, Urt. v. 20.06.2001, DB 2001, 1619; *Diller*, NZA 2001, 590; *Kliemt*, NZA 2001, 67; *Lindemann/Simon*, BB 2001, 151; *Preis/Gotthardt*, DB 2000, 2068; *Rolfs*, RdA 2001, 135.

1016 ArbG Mönchengladbach, Urt. v. 30.05.2001, NZA 2001, 970; *Diller*, NZA 2001, 589 f.; *Grobys/Bram*, NZA 2001, 1178; *Kliemt*, NZA 2001, 67; *Lindemann/Simon*, BB 2001, 150; *Richardi/Annuß*, BB 2000, 2203; *Rolfs*, RdA 2001, 136. Das Rechtsschutzbedürfnis für den Fall, dass die Bestimmung (hier: mangels Erörterung des Teilzeitbegehrens) versagt wurde, jedoch ablehnend: LAG Düsseldorf, Urt. v. 01.03.2002, DB 2002, 1222.

1017 ArbG Mönchengladbach, Urt. v. 30.05.2001, NZA 2001, 970; vgl. insofern auch *Grobys/Bram*, NZA 2001, 1176.

1018 Dies allerdings nicht als zwingend ansehend: ArbG Mönchengladbach, Urt. v. 30.05.2001, NZA 2001, 970.

1019 ArbG Bonn, Urt. v. 20.06.2001, DB 2001, 1619.

1020 *Kliemt*, NZA 2001, 67 f.; *Lindemann/Simon*, BB 2001, 150; *Rolfs*, RdA 2001, 136; weiter gehend indes: *Grobys/Bram*, NZA 2001, 1181; mit a.A. vgl. ferner ArbG Berlin, Urt. v. 12.10.2001, DB 2001, 2727, bestätigt durch LAG Berlin, Urt. v. 20.02.2002, NZA 2002, 858; *Dütz*, AuR 2003, 161.

1021 *Diller*, NZA 2001, 590; *Gotthardt*, NZA 2001, 1183 ff.; *Lindemann/Simon*, BB 2001, 150; vgl. auch *Wißkirchen*, DB 2003, 281, wonach die einstweilige Verfügung dann ausnahmsweise in Betracht komme, wenn anderenfalls eine Rechtsverweigerung eintreten würde.

1022 LAG Rheinland-Pfalz, Urt. v. 12.04.2002, NZA 2002, 856 ff.

1023 ArbG Köln, Beschl. v. 05.03.2002, DB 2002, 1208.

zu beweisen.[1024] Er hat dabei die betrieblichen Gründe substantiiert und nicht nur schlagwortartig so darzulegen, dass sie in nachvollziehbarer Weise die wesentliche Beeinträchtigung der Organisation oder des Arbeitsablaufs erkennbar werden lassen, würde dem Teilzeitbegehren entsprochen werden.[1025] Auch obliegt es dem Arbeitgeber, Ursache und Höhe der Kosten sowie die Umstände substantiiert vorzutragen, aus denen sich die Unverhältnismäßigkeit ergibt.[1026] Soweit der Einwand darauf gerichtet ist, keine geeignete zusätzliche Arbeitskraft finden zu können, soll dies nach der Gesetzesbegründung nur dann beachtlich sein, wenn er nachweist, dass eine dem Berufsbild des Arbeitnehmers, der seine Arbeitszeit reduziert, entsprechende zusätzliche Arbeitskraft auf dem für ihn maßgebenden Arbeitsmarkt nicht zur Verfügung steht.

Offen war, auf welchen **Zeitpunkt im Streitfall** abzustellen ist, wenn es um die Beurteilung der Frage der Berechtigung geht, das Teilzeitverlangen geltend machen zu können. Teilweise wurde hierzu vertreten, dass insofern auf die zum Zeitpunkt der gerichtlichen Entscheidung über das Teilzeitverlangen bestehenden Verhältnisse abzustellen sei.[1027] Auch sollte eine Prognose dahin gehend vorzunehmen sein, ob bis zum begehrten Beginn der Arbeitszeitverringerung die gegen das Teilzeitbegehren geltend gemachten betrieblichen Gründe fortbestehen.[1028] Das BAG[1029] hat insoweit nunmehr den Zeitpunkt der Ablehnung des Arbeitszeitwunsches durch den Arbeitgeber als maßgeblich angesehen. Hieraus folgt allerdings auch, dass dem Arbeitgeber ein Nachschieben nach erfolgter Ablehnung erst aufgekommener betrieblicher Gründe verwehrt ist. Davon unberührt bleibt das Vorbringen bislang zwar angelegter, aber noch nicht in das Verfahren eingebrachter Gründe. 361

Der **Streitwert** dürfte in einem Verfahren nach dem TzBfG richtigerweise nach § 12 Abs. 7 Satz 1 ArbGG zu bemessen sein, da mit dem Verlangen des Arbeitnehmers – vergleichbar den Fällen der Änderungskündigung – in die Substanz des Arbeitsverhältnisses eingegriffen wird.[1030] 362

ee) Einseitige Änderungsbefugnis des Arbeitgebers

Bei Vorliegen eines überwiegenden betrieblichen Interesses kann der Arbeitgeber nach erteilter Zustimmung die Verteilung der Arbeitszeit wieder ändern, ohne sich des Mittels einer Änderungskündigung bedienen zu müssen (§ 8 Abs. 5 Satz 4 TzBfG).[1031] Er muss dies dem Arbeitnehmer mindestens einen Monat vorher ankündigen, wobei unbeschadet eines mangelnden Formgebots aus Beweisgründen die schriftliche Form gewählt werden sollte. Das Änderungsrecht besteht nicht bezogen auf die verringerte Arbeitszeit an sich, sondern deren Verteilung.[1032] Letzteres schließt die Lage der Arbeitszeit mit ein; auch diese kann der Arbeitgeber einseitig verändern.[1033] Das Änderungsrecht ist an ein erhebliches Überwiegen betrieblicher Interessen gebunden, was eine Abwägung der beiderseitigen Interessen erforderlich und den Arbeitgeber i.Ü. darlegungs- und beweislastpflichtig macht. 363

1024 ArbG Berlin, Urt. v. 12.10.2001, DB 2001, 2727; ArbG Bonn, Urt. v. 20.06.2001, DB 2001, 1619; ArbG Stuttgart, Urt. v. 05.07.2001, NZA 2001, 968; *Grobys/Bram*, NZA 2001, 1180; *Kliemt*, NZA 2001, 65; *Reiserer/Penner*, BB 2002, 1696; *Rolfs*, RdA 2001, 136.

1025 ArbG Stuttgart, Urt. v. 05.07.2001, NZA 2001, 968.

1026 ArbG Mönchengladbach, Urt. v. 30.05.2001, NZA 2001, 970.

1027 So z.B. *Diller*, NZA 2001, 591; vgl. ferner i.d.S.: ArbG Mönchengladbach, Urt. v. 30.05.2001, NZA 2001, 970; *Rolfs*, RdA 2001, 137; *Straub*, NZA 2001, 925; a.A.: ArbG Arnsberg, Urt. v. 22.01.2002, NZA 2002, 564.

1028 So unter Berufung auf die kündigungsschutzrechtliche Rspr.: *Lindemann/Simon*, BB 2001, 150.

1029 BAG, Urt. v. 18.02.2003, DB 2003, 1682 f.; vgl. insoweit bereits *Hanau*, NZA 2001, 1171 f.

1030 So *Ennemann*, NZA 2001, 1190; a.A. Hess. LAG, Beschl. v. 28.11.2001, DB 2002, 853, unter gleichzeitigem Verweis auf die sich aus § 12 Abs. 7 Satz 1 ArbGG ergebende Höchstgrenze; vgl. ferner ArbG Stuttgart, Urt. v. 05.07.2001, NZA 2001, 968; ArbG Mönchengladbach, NZA 2001, 970; *Kliemt*, NZA 2001, 68, wonach der Streitwert in Anwendung des § 12 Abs. 7 Satz 2 ArbGG nach dem 36-fachen der Differenz zwischen dem Verdienst in Vollzeit- zur Teilzeitarbeit zu bemessen sein soll.

1031 Dies erfolgt im Rahmen des arbeitgeberseitigen Direktionsrechtes; so *Grobys/Bram*, NZA 2001, 1176; ferner: *Rolfs*, RdA 2001, 137; eine ansonsten unzulässige Teilkündigung indes annehmend: *Preis/Gotthardt*, DB 2001, 148; *Straub*, NZA 2001, 920.

1032 *Kliemt*, NZA 2001, 67; *Lindemann/Simon*, BB 2001, 150; *Rolfs*, RdA 2001, 137.

1033 Ebenso: *Preis/Gotthardt*, DB 2001, 148.

Der Arbeitnehmer kann sich gegen die einseitige Veränderung der anderweitigen Festlegung der Arbeitszeit mit dem Antrag vor dem Arbeitsgericht erwehren, zu den bisherigen Arbeitsbedingungen weiterbeschäftigt zu werden.

364 Dem Arbeitgeber steht das Änderungsrecht des § 8 Abs. 3 Satz 4 TzBfG nur bezüglich der Arbeitnehmer zu, die ihre Arbeitszeit unter Berufung auf § 8 TzBfG verringert haben. Bezüglich anderer Arbeitnehmer sind die allgemeinen Regeln über die anderweitige Verteilung der Arbeitszeit durch Ausübung des Direktionsrechts zu beachten.

ff) Bindung des Arbeitnehmers für zwei Jahre

365 Der Arbeitnehmer ist an seinen einmal gestellten Antrag bis zur Entscheidung des Arbeitgebers hierüber gebunden.[1034] Soweit der Arbeitgeber berechtigterweise seinen Antrag ablehnt, kann er diesen erst nach Ablauf von zwei Jahren erneut stellen.[1035] Die gleiche **zweijährige Bindungsfrist** ist zu beachten, wenn der Arbeitgeber positiv über den Antrag des Arbeitnehmers entscheidet (§ 8 Abs. 6 TzBfG). Der Arbeitnehmer kann dann eine erneute Verringerung frühestens nach Ablauf von zwei Jahren verlangen. »Nach Ablauf« bedeutet, dass er erst nach diesen zwei Jahren und nicht bereits drei Monate vor Ablauf den Antrag auf eine weitere Verringerung der Arbeitszeit stellen kann. Die Bindungswirkung – dies geht zwar nicht unmittelbar aus dem Gesetz hervor, ergibt sich aber aus dem systematischen Zusammenhang – gilt auch dann, wenn die Zustimmung zur ersten Verringerung wegen Verstreichenlassens der Monatsfrist durch den Arbeitgeber nach § 8 Abs. 5 Satz 2 TzBfG fingiert wurde. Umgekehrt hat das Erfordernis der »berechtigten Ablehnung« zur Folge, dass auch vor Ablauf der zwei Jahre eine erneute Verringerung beantragt werden kann, wenn der Arbeitnehmer die Ablehnung berechtigterweise für unzulässig halten durfte. Die Grundsätze der Verwirkung setzen hier eine Grenze.

366 Gleichermaßen wie der Arbeitnehmer an sein Begehren auf Verringerung der Arbeitszeit für die Dauer von zwei Jahren gebunden ist, kann er auch nicht die infolge seines Verringerungsbegehrens erfolgte Verteilung der Arbeitszeit angreifen. Die Bindungswirkung erstreckt sich auch auf diese.[1036]

gg) Verlängerung der Arbeitszeit

367 Hat ein Arbeitnehmer, der teilzeitbeschäftigt eingestellt oder dessen vollzeitige Arbeitszeit im Nachhinein verringert worden ist, gegenüber seinem Arbeitgeber den Wunsch nach einer Veränderung von Lage und Dauer seiner vertraglich vereinbarten Arbeitszeit angezeigt, ist der Arbeitgeber verpflichtet, ihn nach § 7 Abs. 2 TzBfG über entsprechende Arbeitsplätze **zu informieren**, die im Betrieb oder Unternehmen besetzt werden sollen.[1037] Dabei gilt die Informationsverpflichtung nur hinsichtlich solcher Arbeitsplätze, die für den Arbeitnehmer aufgrund seiner Eignung und Wünsche infrage kommen. Eine Unterlassung dieser Pflicht wird nicht sanktioniert. Insbesondere kann der Arbeitnehmer daraus keinen Schadensersatzanspruch ableiten.[1038]

368 Wie der Arbeitgeber den Arbeitnehmer zu informieren hat, ist gesetzlich nicht geregelt. Es muss lediglich sichergestellt sein, dass die Information den Arbeitnehmer erreichen kann. Hierzu genügt die allgemeine Bekanntgabe am schwarzen Brett oder durch die Nutzung anderweitiger firmeninterner Kommunikationsmittel.[1039]

1034 Dazu auch *Hanau*, NZA 2001, 1169.

1035 Eine nach berechtigter Ablehnung des Teilzeitbegehrens eintretende Veränderung der tatsächlichen Verhältnisse ist damit unerheblich; *Viethen*, NZA Beil. 24/2001, 6.

1036 *Grobys/Bram*, NZA 2001, 1177.

1037 Dazu auch *Hanau*, NZA 2001, 1168, der dem Arbeitgeber aus administrativen Gründen zumindest das Recht zubilligt, dem Arbeitnehmer aufzuerlegen, einen entsprechenden Wunsch innerhalb einer Frist zu wiederholen und dabei klarzustellen, ob sich der Wunsch auch auf andere Betriebe bezieht.

1038 *Gotthardt*, NZA 2001, 1189; *Hanau*, NZA 2001, 1169; *Kliemt*, NZA 2001, 68.

1039 *Rolfs*, RdA 2001, 141, der allerdings die Bekanntgabe über Anschlag am schwarzen Brett nicht für genügend hält.

Über die Informationspflicht hinaus besteht **kein Anspruch, dass dem Verlängerungswunsch des Arbeitnehmers entsprochen wird**. Der Anspruch des § 8 TzBfG umfasst nur die Verringerung der Arbeitszeit, nicht jedoch den umgekehrten Fall der Heraufsetzung der Arbeitszeit.[1040] Will der Arbeitnehmer seine Arbeitszeit verlängern, ist er jedoch gem. § 9 TzBfG bei der Besetzung eines entsprechenden freien Arbeitsplatzes bei gleicher Eignung bevorzugt zu berücksichtigen, soweit keine dringenden betrieblichen Gründe oder Arbeitszeitwünsche anderer Arbeitnehmer dem entgegenstehen.[1041] Insofern kann auch dem Betriebsrat bei fehlender oder fehlerhafter Berücksichtigung des Verlängerungswunsches ein Zustimmungsverweigerungsrecht gegenüber einer Einstellung zustehen.[1042] Begehren mehrere gleich geeignete Arbeitnehmer eine Verlängerung ihrer Arbeitszeit, steht es im billigen Ermessen des Arbeitgebers, hierüber eine Entscheidung zu treffen.[1043] Eine Sozialauswahl mit anderen teilzeitbeschäftigten Arbeitnehmern ist also nicht zu treffen. 369

Soweit vertreten wird, dass der die Verlängerung begehrende Arbeitnehmer die Auswahlentscheidung des Arbeitgebers zur Besetzung der Stelle im Rahmen einer arbeitsrechtlichen Konkurrentenklage überprüfen lassen kann,[1044] ist jedenfalls für die Privatwirtschaft darauf zu verweisen, dass § 9 TzBfG tatbestandlich das Vorhandensein eines freien Arbeitsplatzes voraussetzt. Dies hat zur Folge, dass mit einer rechtswirksamen Besetzung der konkreten Stelle ein Anspruch auf Berücksichtigung nach § 9 TzBfG ausgeschlossen ist.[1045] Der Arbeitnehmer kann somit nicht eine Freikündigung der besetzten Stelle oder Versetzung des anderen Arbeitnehmers verlangen.[1046] 370

§ 9 TzBfG erfasst auch die Fälle, in denen der bereits als Teilzeitbeschäftigte eingestellte Arbeitnehmer den Wunsch hat, seine Arbeitszeit zu verlängern. Eine Wartezeit von sechs Monaten wie beim Teilzeitanspruch nach § 8 TzBfG gilt hier nicht. Auch die Bindungswirkung des § 8 Abs. 6 TzBfG von zwei Jahren greift nur für eine erneute Verringerung der Arbeitszeit und nicht für die Heraufsetzung nach § 9 TzBfG. Erfolgt innerhalb eines ansonsten unbefristeten Arbeitsverhältnisses die **Verlängerung befristet**, bedarf die Verlängerungsabrede zu ihrer Wirksamkeit nicht der Schriftform des § 14 Abs. 4 TzBfG.[1047] 371

d) Ausschreibung und Information über freie Arbeitsplätze (§ 7 TzBfG)

Nach § 7 Abs. 1 TzBfG ist jeder öffentlich oder innerbetrieblich ausgeschriebene Arbeitsplatz vom Arbeitgeber auch **als Teilzeitarbeitsplatz auszuschreiben**, wenn er sich hierfür eignet. Ob der Arbeitsplatz sich zur Teilzeitarbeit eignet, obliegt der unternehmerischen Beurteilung, die nur auf einen offenkundigen Widerspruch zu bestehenden Stellen- oder Organisationsplänen überprüfbar ist.[1048] Es müssen insofern auch nicht – wie es noch im ursprünglichen Gesetzentwurf hieß[1049] – entgegenstehende dringende betriebliche Erfordernisse geltend gemacht werden. Die Verletzung der Ausschreibungspflicht unterliegt nicht einer – etwa dem § 611a Abs. 2 BGB vergleichbaren – 372

1040 *Kliemt*, NZA 2001, 68; *Lindemann/Simon*, BB 2001, 151.

1041 Bei einer schuldhaften Nichtberücksichtigung kann dem Arbeitnehmer ggf. ein Schadensersatzanspruch nach § 280 BGB zustehen. Vgl. insofern bereits zu einer ähnlich lautenden Tarifregelung: BAG, Urt. v. 25.10.1994, ArbuR 2001, 146.

1042 Vgl. insofern auch *Beckenschulze*, DB 2000, 2605 unter Hinw. auf die Gesetzesbegründung, BT-Drucks 14/4625, 24.

1043 Vgl. hierzu auch BT-Drucks 14/4374, 18; *Hanau*, NZA 2001, 1174; *Lindemann/Simon*, BB 2001, 151; *Rolfs*, RdA 2001, 140.

1044 So bspw. *Rolfs*, RdA 2001, 140.

1045 So zutr. *Gotthardt*, NZA 2001, 1189.

1046 Zur Frage der Zulässigkeit des auf Unterlassung einer Einstellung gerichteten einstweiligen Rechtsschutzes vgl. *Gotthardt*, NZA 2001, 1189.

1047 BAG, Urt. v. 03.09.2003, DB 2004, 490 f.

1048 *Kliemt*, NZA 2001, 68; a.A. *Herbert/Hix*, DB 2002, 2377, die darauf abstellen, ob der Arbeitgeber – würde der einzustellende Arbeitnehmer nach Ablauf der Wartezeit die Verringerung seiner Arbeitszeit verlangen – diesem Begehren betriebliche Gründe entgegensetzen könnte.

1049 BT-Drucks 14/4625, 7.

gesetzgeberischen Sanktion.[1050] Weder kann als Annex zu § 87 Abs. 1 Nr. 3 BetrVG ein Mitbestimmungsrecht abgeleitet werden, da die Verringerung der Arbeitszeit auf einen nicht nur vorübergehenden Zeitraum angelegt ist. Noch besteht ein Zustimmungsverweigerungsrecht des Betriebsrats, wenn nach unterlassener Ausschreibung der Stelle auch als Teilzeitstelle ein Vollzeitarbeitnehmer eingestellt wird.[1051] Zieht der Arbeitgeber eine Ausschreibung in Betracht, hat er zu beachten, dass er bereits mit der Ausschreibung zeigt, ob er die Stelle für eine Teilzeittätigkeit als geeignet ansieht.[1052]

e) Abrufarbeit (§ 12 TzBfG)

373 Die Arbeitsvertragsparteien können vereinbaren, dass der Arbeitnehmer seine Arbeitsleistung entsprechend dem Arbeitsanfall zu erbringen hat (Arbeit auf Abruf). Die Vereinbarung muss eine bestimmte **Dauer der wöchentlichen und täglichen Arbeitszeit** festlegen.[1053] Fehlt eine solche Festlegung, gilt eine Arbeitszeit von zehn Stunden als vereinbart; sie ist unabhängig vom erfolgten Einsatz des Arbeitnehmers zu vergüten.[1054] Ist die Dauer der täglichen Arbeitszeit nicht festgelegt, hat der Arbeitgeber die Arbeitsleistung des Arbeitnehmers jeweils für mindestens drei aufeinander folgende Stunden in Anspruch zu nehmen. Weder aus der Regelung des Satzes 2 noch aus der des Satzes 3 kann allerdings ein allgemeiner Anspruch auf eine Mindestbeschäftigung abgeleitet werden; sie gelten beide nur für den Fall der Nichtfestlegung der wöchentlichen oder täglichen Arbeitszeit.

373a Die Heranziehung des Arbeitnehmers zur Arbeitsleistung ist diesem nach § 12 Abs. 2 TzBfG mindestens vier Kalendertage im Voraus mitzuteilen; anderenfalls kann dem Arbeitnehmer ein Leistungsverweigerungsrecht zustehen.[1055] Ggf. kann dem Arbeitnehmer insofern aber auch vertraglich auferlegt werden, sich bspw. telefonisch über die zeitliche Lage der Arbeitszeit zu erkundigen.

374 Soweit der Arbeitgeber beabsichtigt, den Arbeitnehmer wiederkehrend nur im Rahmen von tagbefristeten Arbeitsverhältnissen zu beschäftigen, ist hierin keine Arbeit auf Abruf i.S.d. § 12 TzBfG zu sehen. Wird lediglich eine Rahmenvereinbarung abgeschlossen, die die Bedingungen der erst noch abzuschließenden, auf den jeweiligen Einsatz befristeten Arbeitsverträge wiedergibt, kann hierin mangels Verpflichtung zur Arbeitsleistung nicht die Begründung eines Arbeitsverhältnisses gesehen werden.[1056] Derartig vielfach in der Praxis abgeschlossene Rahmenverträge sind auch nicht aus bestandsschutzrechtlichen Erwägungen heraus zu beanstanden.[1057] Wird der Arbeitnehmer aber aufgrund einer solchen Rahmenvereinbarung **wiederkehrend zur Beschäftigung mit Tagesarbeiten** herangezogen, ist dies daraufhin zu überprüfen, ob sich diese Verfahrensweise nicht als objektive Umgehung des KSchG erweist.[1058] Die wiederkehrende Beschäftigung mit Tagesarbeiten ist nur zulässig, soweit der Befristung des Arbeitsverhältnisses jeweils auf einen Tag ein sachlicher Grund zugrunde liegt.[1059]

375 Die Tarifvertragsparteien können nach § 12 Abs. 3 TzBfG zuungunsten der Arbeitnehmer von den Vorschriften über die Anpassung der Arbeitszeit an den Arbeitsanfall abweichen, wenn sie Vorschriften über die tägliche und wöchentliche Arbeitszeit und die Vorankündigungsfrist treffen.[1060] Tarifverträge können damit Bandbreiten für den Abruf von Arbeit festlegen. Grenzen hierfür hat der

1050 *Ehler*, BB 2001, 1147; *Richardi/Annuß*, BB 2000, 2201; vgl. ausführlich hierzu *Herbert/Hix*, DB 2002, 2377 ff.
1051 So auch *Ehler*, BB 2001, 1147; a.A. *Herbert/Hix*, DB 2002, 2381 f.
1052 Vgl. auch *Hanau*, NZA 2001, 1168.
1053 Zur Frage nach dem i.S.d. § 12 TzBfG zulässigen Bezugszeitraum vgl. *Hunold*, NZA 2003, 899.
1054 LAG München, Urt. v. 20.09.1985, BB 1986, 1577; LAG Berlin, Urt. v. 12.01.1999, ArbuR 1999, 316.
1055 *Hümmerich*, AnwaltFormulare Arbeitsrecht, § 1 Rn 223.
1056 BAG, Urt. v. 31.07.2002, BB 2003, 525 ff.; bestätigt durch BAG, Urt. v. 16.04.2003, NZA 2004, 40 ff.
1057 Vgl. auch BAG, Urt. v. 31.07.2002, BB 2003, 525 ff., wo dem Bestandsschutzargument mit dem Hinweis entgegengetreten wird, der Arbeitnehmer könne die einzelnen befristet abgeschlossenen Arbeitsverhältnisse im Rahmen der Befristungskontrolle überprüfen lassen; vgl. ferner hierzu BAG, Urt. v. 16.04.2003, DB 2003, 2391.
1058 BAG, Urt. v. 16.04.2003, NZA 2004, 40.
1059 Vgl. auch zu befristeten Eintages- und Kurzfristarbeitsverhältnissen *Hunold*, NZA 2002, 260 f.
1060 Zur Unzulässigkeit individualvertraglich vereinbarter Bandbreitenregelungen vgl. BAG, Urt. v. 12.12.1984, NZA 1985, 321.

Gesetzgeber nicht gesetzt. Ermöglicht somit der Tarifvertrag von vornherein den Abruf von Arbeit in der Bandbreite bis zur Höhe der tariflich für einen Vollzeitarbeitnehmer geregelten Arbeitszeit und legt er eine angemessene Vorankündigungsfrist fest, unterliegt der Abruf von Arbeit lediglich der Prüfung, ob diese der Billigkeit widerspricht.[1061]

Schwierigkeiten kann im Einzelfall die Frage bereiten, ob bei Arbeit auf Abruf eine an einem Feiertag nicht abgerufene Arbeit einen **Anspruch auf Entgeltfortzahlung** zu begründen vermag. Hier bedarf es einer Abwägung, ob der Feiertag die alleinige Ursache für den Arbeitsausfall ist. Nach der Rechtsprechung des BAG[1062] hat hier der Arbeitnehmer zunächst die tatsächlichen Umstände vorzutragen, aus denen sich eine hohe Wahrscheinlichkeit dafür ergibt, dass die Arbeit allein wegen des Feiertags ausgefallen ist. Hierzu hat sich der Arbeitgeber zu erklären, indem er darlegt, dass der Feiertag für den Arbeitsausfall nicht ursächlich war.

f) Arbeitsplatzteilung (§ 13 TzBfG)

Nach § 13 TzBfG kann vereinbart werden, dass mehrere Arbeitnehmer sich die Arbeitszeit an einem Arbeitsplatz teilen (**Job-Sharing**). Dabei unterliegt es grundsätzlich der selbständigen und eigenverantwortlichen Entscheidung der Arbeitnehmer, wie sie die vorgegebene Gesamtarbeitszeit und die dort anfallende Arbeit unter einander aufteilen.[1063] Ist einer der Arbeitnehmer an der Arbeitsleistung verhindert, sind die anderen Arbeitnehmer zur Vertretung verpflichtet, wenn sie der Vertretung im Einzelfall zugestimmt haben (§ 13 Abs. 1 Satz 2 TzBfG). Es bedarf somit einer für jeden Vertretungsfall gesonderten Vereinbarung.[1064] Eine Pflicht zur Vertretung besteht auch, wenn der Arbeitsvertrag bei Vorliegen dringender betrieblicher Gründe eine Vertretung vorsieht und diese im Einzelfall zumutbar ist (§ 13 Abs. 1 Satz 3 TzBfG). 376

Scheidet ein Arbeitnehmer aus der Arbeitsplatzteilung aus, so ist die darauf gestützte Kündigung des Arbeitsverhältnisses eines anderen in die Arbeitsplatzteilung einbezogenen Arbeitnehmers durch den Arbeitgeber unwirksam. Das Recht zur Änderungskündigung aus diesem Anlass und zur Kündigung des Arbeitsverhältnisses aus anderen Gründen bleibt allerdings davon unberührt. 377

Die Tarifvertragsparteien können nach § 13 Abs. 4 TzBfG zuungunsten der Arbeitnehmer von den Vorschriften über die Arbeitsplatzteilung abweichen, wenn sie Vorschriften über die Vertretung der Arbeitnehmer schaffen. Die gesetzlich zulässige Arbeitszeit darf dabei nicht überschritten werden. 378

g) Schutzvorschriften

aa) Aus- und Weiterbildung (§ 10 TzBfG)

§ 10 TzBfG verpflichtet den Arbeitgeber appellartig dazu, auch teilzeitbeschäftigte Arbeitnehmer an Maßnahmen der beruflichen Aus- und Weiterbildung zu beteiligen. Mit dieser Vorschrift soll eine Gleichbehandlung von Vollzeit- und Teilzeitbeschäftigten bei einem beruflichen Aufstieg gewährleistet werden. Sie begründet keinen eigenständigen Anspruch auf Aus- und Weiterbildung, sondern ein Recht auf Gleichbehandlung, soweit der Arbeitgeber dementsprechende Maßnahmen durchführt.[1065] 379

Der Arbeitgeber kann das Verlangen auf Gleichbehandlung bei Maßnahmen der betrieblichen Aus- und Weiterbildung unter Berufung auf entgegenstehende dringende betriebliche Gründe oder Aus- und Weiterbildungswünsche anderer Voll- oder Teilzeitarbeitnehmer zurückweisen. Bei gleichzeitigen Aus- und Weiterbildungswünschen entscheidet der Arbeitgeber unter den Bewerbern frei 380

1061 Enger: *Kliemt*, NZA 2001, 70; *Rolfs*, RdA 2001, 142; *Preis/Gotthardt*, DB 2000, 2065.
1062 BAG, Urt. v. 24.10.2001, DB 2002, 1110.
1063 *Heinze*, NZA 1997, 686.
1064 LAG München, Urt. v. 15.09.1993, DB 1993, 2599; vgl. ferner hierzu *Heinze*, NZA 1997, 686.
1065 *Rolfs*, RdA 2001, 142; *Preis/Gotthardt*, DB 2000, 2067.

nach billigem Ermessen.[1066] Im Übrigen sind hier die Beteiligungsrechte nach §§ 96 ff. BetrVG zu berücksichtigen.

bb) Kündigungsverbot (§ 11 TzBfG)

381 § 11 TzBfG enthält einen **eigenständigen kündigungsrechtlichen Unwirksamkeitsgrund**, der nach der Vereinheitlichung der Fristen zur gerichtlichen Geltendmachung von Unwirksamkeitsgründen innerhalb der durch § 4 KSchG festgelegten Drei-Wochen-Frist geltend zu machen ist.[1067] Danach darf der Arbeitgeber einem Arbeitnehmer nicht kündigen, der sich weigert, von einem Vollzeit- in ein Teilzeitarbeitsverhältnis oder umgekehrt zu wechseln. Dabei darf die Weigerung nicht lediglich den äußeren Anlass zur Kündigung bieten; sie muss den tragenden Grund der Kündigung bieten.[1068] Das Recht zur Kündigung des Arbeitsverhältnisses aus anderen Gründen bleibt nach § 11 Satz 2 TzBfG jedoch unberührt. Zu den »anderen Gründen« zählen beispielsweise wirtschaftliche, technische oder organisatorische Gründe, die zur Änderung oder Beendigung des Arbeitsverhältnisses führen. So kann auch die Organisationsentscheidung, keine Teilzeit-, sondern nur noch Vollzeitkräfte zu beschäftigen, einen die Kündigung rechtfertigenden Sachverhalt darstellen.[1069] Insofern ist auf die BAG-Rechtsprechung zum Ausspruch von Änderungskündigungen zwecks Herauf- oder Absenkens der Arbeitszeit oder der Einführung eines neuen Arbeitszeitsystems zu verweisen.[1070] Derartige Maßnahmen können nur auf offensichtliche Unsachlichkeit, Unvernunft oder Willkür überprüft werden. Dergleichen gilt für die Frage der differenzierten Berücksichtigung von Teil- und Vollzeitarbeitskräften im Rahmen der Sozialauswahl, soweit der Arbeitgeber eine Organisationsentscheidung getroffen hat, aufgrund derer für bestimmte Arbeiten Vollzeitarbeitskräfte vorgesehen sind.[1071]

382 § 11 TzBfG dürfte einschränkend dahin gehend auszulegen sein, dass das Kündigungsverbot erst ab dem Zeitpunkt greift, zu dem der Arbeitgeber in seinem Recht zur Auflösung des Arbeitsverhältnisses über § 1 KSchG beschränkt ist.[1072] Denn es wäre systemwidrig, wollte man einen Arbeitnehmer, der sich innerhalb der Probezeit weigert, von einem Vollzeit- in ein Teilzeitarbeitsverhältnis oder umgekehrt zu wechseln, deshalb über § 11 TzBfG besonders kündigungsrechtlich zu schützen, obgleich er ohne weitere Begründung innerhalb der in § 1 Abs. 1 KSchG benannten Wartefrist gekündigt werden könnte.[1073]

cc) Diskriminierungs- und Benachteiligungsverbot (§§ 4 f. TzBfG)

383 Nach dem **Diskriminierungsverbot** des § 4 Abs. 1 TzBfG darf ein teilzeitbeschäftigter Arbeitnehmer nicht schlechter behandelt werden als ein vergleichbarer vollzeitbeschäftigter Arbeitnehmer, es sei denn, dass sachliche Gründe eine unterschiedliche Behandlung rechtfertigen. Die Vorschrift entspricht inhaltlich im Wesentlichen dem früheren § 2 Abs. 1 BeschFG. Sie scheint lediglich die schlechtere, nicht jedoch die bessere Behandlung sanktionieren zu wollen.[1074] Jedoch ist es in Verbindung mit dem Gleichbehandlungsgrundsatz zu sehen, der uneingeschränkte Geltung für sich

1066 *Kliemt*, NZA 2001, 69; *Lindemann/Simon*, BB 2001, 151.

1067 *Lindemann/Simon*, BB 2001, 151.

1068 *Preis/Gotthardt*, DB 2000, 2069; *Lindemann/Simon*, BB 2001, 151.

1069 BAG, Urt. v. 03.12.1998 sowie v. 12.08.1999, AP Nr. 39, 44 zu § 1 KSchG Soziale Auswahl; vgl. i.Ü. hierzu: *Bauer*, NZA 2000, 1042; *Kliemt*, NZA 2001, 69; *Lindemann/Simon*, BB 2001, 151; *Preis/Gotthardt*, DB 2000, 2068 f.; *Schiefer*, DB 2000, 2121.

1070 BAG, Urt. v. 29.05.1993, DB 1993, 1879.

1071 BAG, Urt. v. 03.12.1998 sowie v. 12.08.1999, AP Nr. 39, 44 zu § 1 KSchG Soziale Auswahl.

1072 Anders für das Eingreifen des Kündigungsverbots in einem nicht unter das KSchG fallenden Kleinbetrieb: *Viethen*, NZA Beil. 24/2001, 6.

1073 Ebenso für Fälle des Zustimmungsverweigerungsrechts nach § 99 Abs. 2 Nr. 3 BetrVG bei Einstellung trotz vorhandener gleich geeigneter befristet Beschäftigter: *Hanau*, RdA 2001, 73; *Konzen*, RdA 2001, 92; a.A. jedoch: *Kliemt*, NZA 2001, 69.

1074 Vgl. insofern auch Gesetzesbegründung, BT-Drucks 14/4374, 15.

beanspruchen kann.[1075] Danach ist die schlechtere Behandlung ebenso unzulässig wie eine bessere, soweit diese erkennbar generalisierend Teilzeitbeschäftigte begünstigt.[1076]

Erfasst wird von § 4 Abs. 1 TzBfG jede Diskriminierung, die die tatbestandlichen Voraussetzungen erfüllt. Dies schließt benachteiligende Regelungen mit ein, von denen typischerweise Teilzeitbeschäftigte betroffen sind (sog. **mittelbare Diskriminierung**). So sind bspw. Regelungen als unzulässig anzusehen, die an ein bestimmtes Arbeitseinkommen anknüpfen. Gleichermaßen unwirksam sind Klauseln, aufgrund deren die Zeiten in der Teilzeitbeschäftigung nicht auf Zeiten der Betriebszugehörigkeit anzurechnen sind.[1077] Nicht jedoch handelt es sich um Fälle unmittelbarer oder mittelbarer Diskriminierung, wenn die unterschiedliche Behandlung sich aus der Lage der Arbeitszeit ergibt, wie es bspw. der Fall ist, wenn nur die Arbeitnehmer in den Genuss einer Freistellung kommen, die nur oder auch am Nachmittag Arbeitsleistung zu erbringen haben.[1078] Weiter können unterschiedliche Behandlungen etwa aufgrund der Qualifikation,[1079] im Zusammenhang mit der Arbeitsleistung und der hierin gesammelten Berufserfahrung oder zur Wahrung sozialer Besitzstände[1080] gerechtfertigt sein.[1081] Ebenso kann eine in einem Sozialplan getroffene, nach der Arbeitszeit differenzierende Abfindungsregelung gerechtfertigt sein.[1082] Auch können hinreichende anderweitige Kompensationen etwa in Form von Trinkgeldern einen Sachgrund für unterschiedliche Behandlungen abgeben.[1083] 384

Beim Vergleich ist auf vollzeitbeschäftigte Arbeitnehmer abzustellen, die in einem gleich gearteten Arbeitsverhältnis mit gleich oder ähnlich gelagerten Tätigkeiten betraut sind. Das unterschiedliche Arbeitspensum ist bei der Vergleichsbetrachtung ebenso außer Acht zu lassen wie bei der Beurteilung der Frage, ob dieses einen die unterschiedliche Behandlung rechtfertigenden Sachgrund darstellt.[1084] 385

Das Diskriminierungsverbot untersagt es dem Arbeitgeber, bestimmte Vergütungsbestandteile wegen der Teilzeit dem Grunde nach zu versagen.[1085] Wohl aber lässt es zu, dass **Arbeitsentgelt und andere teilbare geldwerte Leistungen** entsprechend der geschuldeten Arbeitsleistung pro-rata-temporis gewährt werden; § 4 Abs. 1 Satz 2 TzBfG.[1086] Erhält der Teilzeitarbeitnehmer jedoch eine niedrigere Vergütung, als es dem Verhältnis seiner Arbeitszeit zu der eines Vollzeitarbeitnehmers entspricht, ist die zugrunde liegende Vergütungsabrede nach § 4 Abs. 1 TzBfG i.V.m. § 134 BGB nichtig; an die Stelle der unwirksam vereinbarten Vergütung tritt ein Anspruch auf Zahlung der üblichen Vergütung i.S.d. § 612 Abs. 2 BGB.[1087] Das BAG sieht in diesem Fall die Vergütungsabrede nicht als dauerhaft nichtig an. Dementsprechend kann die Vergütungsabrede wieder Geltung erlangen, wenn von einer Benachteiligung des in Teilzeit Beschäftigten nicht mehr angenommen werden kann.[1088] 386

Die pro-rata-temporis-Bemessung des Arbeitsentgelts einschließlich darauf entfallender Zulagen und Zuschläge ist unproblematisch, soweit sich Leistung und Gegenleistung im Rahmen des Synallagmas eindeutig feststellen lassen, wie es bspw. auch bei Tantiemen der Fall ist.[1089] Vielfach wird dem 387

1075 Vgl. insoweit auch *Willemsen/Bauer*, DB 2000, 2223.

1076 Vgl. insoweit auch BAG, Urt. v. 16.04.2003, DB 2003, 1849 ff., wonach eine nicht zu rechtfertigende Diskriminierung von Männern vorliege, wenn i.d.R. teilzeitbeschäftigte Frauen aufgrund der Gewährung voller Zuschläge eine höhere Gesamtvergütung als die in Vollzeit Beschäftigten erhalten; vgl. i.Ü. unter Hinweis auf das europäische Recht: *Richardi/Annuß*, BB 2000, 2201.

1077 BAG, Urt. v. 15.05.1997 – 6 AZR 220/96 (n.v.); vgl. ferner *Natzel*, Die Betriebszugehörigkeit im ArbR, S. 244 ff.

1078 So z.B. BAG, Urt. v. 26.05.1993, AP Nr. 42 zu Art. 119 EWGV; v. 01.12.1994, AP Nr. 41 zu § 2 BeschFG 1985.

1079 BAG, Urt. v. 28.09.1994, AP Nr. 38 zu § 2 BeschFG 1985.

1080 BAG, Urt. v. 26.05.1993, AP Nr. 2 zu § 612 BGB Diskriminierung.

1081 *Rolfs*, RdA 2001, 130.

1082 BAG, Urt. v. 28.10.1992, DB 1993, 591.

1083 So z.B. BAG, Urt. v. 19.04.1995, AP Nr. 124 zu § 242 BGB Gleichbehandlung.

1084 BAG, Urt. v. 25.04.2001, DB 2001, 2150.

1085 Vgl. auch BAG, Urt. v. 26.05.1993, DB 1993, 2288.

1086 Dieses Prinzip bereits unter Geltung des § 2 BeschFG a.F. bestätigend: BAG, Urt. v. 16.04.2003, DB 2003, 1840.

1087 Vgl. auch BAG, Urt. v. 25.04.2001, NZA 2002, 1211, wo das Gericht den Unterschiedsbetrag zu der Stundenvergütung eines Vollzeitbeschäftigten auf der Grundlage des § 823 Abs. 2 BGB zusprach.

1088 BAG, Urt. v. 17.04.2002, NZA 2002, 1334.

1089 *Kelber/Zeißig*, NZA 2001, 581.

aber nicht so sein. So stellt sich die Frage nach der Bemessung des Arbeitsentgelts, wenn die **Arbeitsverpflichtung nicht stundenmäßig begrenzt** ist und der Arbeitnehmer dann eine Reduzierung der Arbeitszeit auf ein bestimmtes wöchentliches Stundensoll verlangt. Möglich erscheint es hier, die reduzierte Arbeitszeit in Verhältnis zur gesetzlich zulässigen Höchstarbeitsgrenze von 48 Stunden zu setzen.[1090] Legt ein Arbeitsvertrag die **Verpflichtung zur Ableistung einer bestimmten Anzahl von Überstunden** fest, die mit der Vergütung bereits abgegolten sein sollen, ist richtigerweise davon auszugehen, dass diese Verpflichtung ebenso anteilig erhalten bleibt, wie dem Arbeitnehmer hierfür eine anteilige Vergütung gewährt wird.[1091] Werden dem Arbeitnehmer **unteilbare Naturalvergütungen** gewährt, ist im Falle der Arbeitszeitverkürzung eine Anpassung der zugrunde liegenden Vereinbarung vorzunehmen.[1092] Der Weg der Vertragsanpassung wird im Übrigen auch für den Fall angenommen, dass sich der Arbeitgeber den Widerruf der Naturalleistung vorbehalten hat.[1093] Begründet wird dies damit, dass ein allgemein formulierter Widerrufsvorbehalt als Umgehung der Vorschriften des Änderungskündigungsschutzes zu betrachten sei, wenn dieser bei einer Reduzierung der Arbeitsleistung den Arbeitgeber zur Rücknahme der Naturalvergütung berechtigen könnte.[1094] *Kleber/Zeißig*[1095] empfehlen daher bei Gewährung von Naturalleistungen wie einem Dienst-PKW ein Berechnungsmodell zu vereinbaren, in dem für den Fall der Reduzierung der Arbeitszeit ein Ausschluss für die private Nutzung vereinbart wird und dem Arbeitnehmer dafür anteilig der geldwerte Vorteil als zusätzliche Bruttovergütung ausgezahlt wird. Eine solche Regelung dürfte auch angesichts des § 308 Nr. 4 BGB, soweit dessen Anwendung nicht von vornherein aufgrund der kündigungsrechtlichen Besonderheiten des Arbeitsrechts ausgeschlossen werden muss,[1096] unbedenklich sein.

388 Das Diskriminierungsverbot hat mehrfach bei der Frage des Anfalls von **Mehrarbeit** eine Rolle gespielt. Vielfach sehen tarifvertragliche Regelungen vor, dass zuschlagspflichtige Mehrarbeit erst beim Überschreiten der tariflichen wöchentlichen oder der davon abweichend festgelegten regelmäßigen täglichen Arbeitszeit anzunehmen ist.[1097] Solche Regelungen verstoßen nicht gegen höherrangiges Recht, soweit nach ihr teilzeitbeschäftigte Angestellte für zusätzliche Arbeitsstunden, die keine Überstunden sind, nur die anteilige Vergütung eines entsprechenden vollzeitbeschäftigten Angestellten, nicht aber die für Überstunden vorgesehenen Zeitzuschläge verlangen können.[1098]

389 **Verstöße gegen das Gleichbehandlungsgebot** führen zur Nichtigkeit der benachteiligenden Regelung. Der Arbeitnehmer kann dann in Erfüllung des Gleichbehandlungsanspruchs die nach § 612 Abs. 2 BGB übliche Vergütung verlangen.[1099] Diese ist im Zweifelsfall anteilig anhand der Vergütung eines Vollzeitbeschäftigten zu bemessen.[1100] Im Streitfall obliegt es dann dem Arbeitgeber, die eine Ungleichbehandlung rechtfertigenden Gründe darzulegen und zu beweisen.

1090 So *Kelber/Zeißig*, NZA 2001, 579, unter Verweis darauf, dass sich eine vergleichbare betriebsübliche oder die in der Vergangenheit tatsächlich geleistete Arbeitszeit im Zweifel nicht feststellen lassen dürften.
1091 Vgl. hierzu *Kelber/Zeißig*, NZA 2001, 579.
1092 *Kelber/Zeißig*, NZA 2001, 579, die als Anspruchsgrundlage §§ 133, 157 BGB oder § 242 BGB in Betracht ziehen.
1093 Zur Widerrufsmöglichkeit angesichts des neuen § 308 Nr. 4 BGB vgl. auch *Lingemann*, NZA 2002, 190.
1094 So *Kelber/Zeißig*, NZA 2001, 579 unter Berufung auf BAG, Urt. v. 21.04.1993, NZA 1994, 476.
1095 *Kelber/Zeißig*, NZA 2001, 581.
1096 So *Lingemann*, NZA 2002, 190.
1097 So z.B. § 3 I MTV Chemie; § 34 Abs. 1 Satz 3 Hs. 2 BAT.
1098 BAG, Urt. v. 25.07.1996, NZA 1997, 774.
1099 Neben § 612 Abs. 2 BGB kann auch § 823 Abs. 2 i.V.m. § 4 Abs. 1 TzBfG als Anspruchsgrundlage herangezogen werden; vgl. BAG, Urt. v. 25.04.2001, DB 2001, 2150.
1100 BAG, Urt. v. 25.04.2001, DB 2001, 2150.

Das Diskriminierungsverbot des § 4 wird durch ein **allgemeines Benachteiligungsverbot** ergänzt, das der Sache nach dem Maßregelungsverbot des § 612a BGB entspricht.[1101] Es bindet auch die Tarifvertragsparteien.[1102] 390

h) Vorrang anderweitiger Sonderregelungen (§ 23 TzBfG)

Besondere Regelungen über Teilzeitarbeit nach anderen gesetzlichen Vorschriften bleiben gem. § 23 TzBfG unberührt; sie gehen also als lex specialis den Regelungen des TzBfG vor. Als besondere Regelungen anderer Gesetze sind insbesondere die Regelungen des § 15 Abs. 6, 7 BErzGG oder des § 81 Abs. 5 Satz 3 i.V.m. Abs. 4 Satz 3 SGB IX anzusehen, die ebenfalls einen Rechtsanspruch auf Beschäftigung in Teilzeitarbeit vorsehen. Auch die Regelungen über Altersteilzeit (ATG) sind in diesem Zusammenhang zu erwähnen, mit denen jedoch – auf gesetzlicher Ebene – kein Anspruch auf Teilzeitbeschäftigung geschaffen ist.[1103] 391

aa) Teilzeitarbeit während Elternzeit

Nach den durch das Haushaltsbegleitgesetz überarbeiteten Bestimmungen des BErzGG, die zum 01.01.2004 in Kraft getreten sind,[1104] kann der Arbeitgeber den Anspruch auf Teilzeitarbeit in den gesetzlich vorgesehenen Grenzen nur abwehren, wenn dringende betriebliche Gründe entgegenstehen (§ 15 Abs. 7 Satz 1 Nr. 4 BErzGG).[1105] Der Anspruch ist dem Arbeitgeber acht Wochen oder, wenn die Verringerung unmittelbar nach der Geburt des Kindes oder nach der Mutterschutzfrist beginnen soll, sechs Wochen vor Beginn der Tätigkeit schriftlich mitzuteilen (§ 15 Abs. 7 S. 1 Nr. 5 BErzGG). Der Antrag muss Beginn und Umfang der verringerten Arbeitszeit enthalten und soll die gewünschte Verteilung der verringerten Arbeitszeit angeben (§ 15 Abs. 7 S. 2 BErzGG). Die innerhalb von vier Wochen nach Anmeldung des Anspruchs auf Arbeitszeitreduzierung zu erklärende Ablehnung durch den Arbeitgeber bedarf nach § 15 Abs. 7 Satz 3 BErzGG nicht nur der Schriftform, sondern ist darüber hinaus schriftlich zu begründen. Äußert sich der Arbeitgeber nicht rechtzeitig, wird nicht wie im Fall des § 8 Abs. 5 TzBfG die Verteilung der Arbeitszeit entsprechend den Wünschen des Arbeitnehmers fingiert. Der Elternzeit beanspruchende Arbeitnehmer ist somit auf den Rechtsweg zur Durchsetzung seines Anspruchs verwiesen. 392

Kommt es zu einer erziehungsgeldunschädlichen Teilzeittätigkeit während der Elternzeit, kann diese nicht dazu führen, dass der Arbeitnehmer einen geringeren Zuwendungsanspruch erwirbt, als ihm im Fall der Elternzeit ohne Arbeitsleistung zustehen würde.[1106]

Nach Beendigung der Teilzeit während der Elternzeit kann der Arbeitnehmer einen Teilzeitanspruch nach dem TzBfG geltend machen. Die Bindungswirkung von zwei Jahren nach § 8 Abs. 6 TzBfG greift hier nicht. 393

bb) Teilzeitarbeit als schwerbehinderter Arbeitnehmer

Das SGB IX sieht in § 81 Abs. 5 Satz 3 einen Anspruch auf Teilzeitbeschäftigung für schwerbehinderte Arbeitnehmer vor, wenn eine kürzere Arbeitszeit wegen Art oder Schwere der Behinderung notwendig ist.[1107] Der Anspruch ist unabhängig von der Unternehmensgröße; auch ist er an keine Wartezeit gebunden. Zeitliche Beschränkungen für eine Geltendmachung eines Begehrens auf weitere Arbeitszeitreduzierung hat der Gesetzgeber nicht vorgesehen. Der Arbeitgeber kann gegen den 394

1101 *Richardi*, BB 2000, 2201; *Rolfs*, RdA 2001, 131.
1102 BAG, Urt. v. 18.03.2003, DB 2003, 319.
1103 Anders sieht es bei der Umsetzung des ATG durch die Tarifvertragsparteien aus. So enthält bspw. § 2 TV zur Förderung der Altersteilzeit in der chem. Industrie einen grundsätzlichen Anspruch vor.
1104 Zu den Neuregelungen vgl. *Sowka*, NZA 2004, 82 f.
1105 Zur Ablehnung aus dringenden Gründen vgl. auch *Joussen*, NZA 2003, 644 ff.; *Reiserer/Penner*, BB 2002, 1962 ff.
1106 BAG, Urt. v. 12.02.2003, DB 2003, 1583.
1107 Vgl. hierzu auch *Rolfs/Paschke*, BB 2002, 1263 f.

geltend gemachten Anspruch nach Abs. 4 Satz 3 einwenden, dass dessen Erfüllung für ihn nicht zumutbar oder mit unverhältnismäßigen Aufwendungen verbunden wäre.

cc) Regelung geringfügiger Beschäftigungsverhältnisse

395 Auch geringfügige Beschäftigungsverhältnisse zählen zu den Teilzeitarbeitsverhältnissen. Wer als geringfügig Beschäftigter anzusehen ist, wird für das Sozialversicherungsrecht in § 8 SGB IV festgelegt. Die Regelung wurde im Rahmen des 2. Gesetzes für moderne Dienstleistungen am Arbeitsmarkt[1108] überarbeitet und durch Regelungen zur geringfügigen Beschäftigung in privaten Haushalten ergänzt.[1109] Sie gilt nicht für Personen in der Berufsausbildung, für im Rahmen eines freiwilligen sozialen oder ökologischen Jahres Beschäftigte, für Behinderte in geschützten Einrichtungen, für Jugendliche in Einrichtungen der Jugendhilfe oder Berufsbildungswerken, für zur stufenweisen Wiedereingliederung Beschäftigte sowie im Falle der Kurzarbeit oder dem witterungsbedingten Arbeitsausfall. Eine geringfügige Beschäftigung liegt vor, wenn

- das Arbeitsentgelt aus der Beschäftigung regelmäßig im Monat 400 EUR nicht übersteigt (sog. **geringfügig entlohnte Beschäftigung**) oder
- die Beschäftigung innerhalb eines Kalenderjahres auf längstens zwei Monate oder 50 Arbeitstage nach ihrer Eigenart begrenzt zu sein pflegt oder im Voraus vertraglich begrenzt ist, es sei denn, dass die Beschäftigung berufsmäßig ausgeübt wird und ihr Entgelt 400 EUR im Monat übersteigt (sog. **kurzfristige Beschäftigung**).[1110]

395a Im Gegensatz zur früheren Rechtslage ist nunmehr alleiniges Kriterium für die sozialversicherungsrechtliche Beurteilung des geringfügig entlohnten Beschäftigungsverhältnisses das **Arbeitsentgelt**. Auf die Arbeitszeitdauer kommt es indes nicht mehr an. Dies ermöglicht auch für geringfügig Beschäftigte die Bildung von Arbeitszeitkonten. Beginnt oder endet die Beschäftigung im Laufe eines Kalendermonats, ist der anteilige Monatswert entsprechend den verbleibenden Kalendertagen maßgebend. Zur Feststellung, ob das Arbeitsentgelt die Geringfügigkeitsgrenze von 400 EUR übersteigt, ist auf das **regelmäßige Arbeitsentgelt** abzustellen. Beginnt oder endet das Arbeitsverhältnis innerhalb eines Kalendermonats, ist eine anteilige Betrachtung vorzunehmen. I.Ü. sind die steuerfreien Aufwandsentschädigungen, die in § 3 Nr. 26 EStG genannten steuerfreien Einnahmen (z.B.: Einnahmen aus nebenberuflicher Beschäftigung als Übungsleiter, Ausbilder, Erzieher, Betreuer, etc.) sowie steuerfreie Aufwendungen nach § 3 Nr. 63 EStG nicht zum Arbeitsentgelt in der Sozialversicherung zuzurechnen. Auch pauschal besteuerte Bezüge gem. § 2 Abs. 1 ArEV sind für die Prüfung der Geringfügigkeitsgrenze ohne Belang.

395b Wie bislang auch gilt das **sozialversicherungsrechtliche Entstehungsprinzip**, wie es in § 14 Abs. 1 SGB IV definiert ist. Danach sind Arbeitsentgelt alle laufenden oder einmaligen Einnahmen aus einer Beschäftigung, gleichgültig, ob ein Rechtsanspruch auf die Einnahmen besteht, unter welcher Bezeichnung oder in welcher Form sie geleistet werden. Bestätigt wird das sozialversicherungsrechtliche Entstehungsprinzip durch die Neuregelung des § 22 SGB IV. Nach ihr entstehen Beitragsansprüche, sobald ihre im Gesetz oder aufgrund eines Gesetzes bestimmten Voraussetzungen vorliegen. Ein arbeitsrechtlich in zulässiger Weise erklärter Verzicht auf künftig entstehende Entgeltansprüche soll nach den Ausführungen der Spitzenverbände der Sozialversicherungsträger das zu berücksichtigende Arbeitsentgelt mindern können.[1111] Beitragsansprüche entstehen nach der Regelung des § 22 SGB IV auch bei einmalig ausgezahltem Arbeitsentgelt, sobald dieses ausgezahlt ist. Hat der Arbeitnehmer auf eine Einmalzahlung im Voraus schriftlich verzichtet, soll – ungeachtet der arbeitsrechtlichen Zulässigkeit eines solchen Verzichts – der Anspruch auf Einmalzahlung nicht bei der Bemessung des der Beitragspflicht unterliegenden Arbeitsentgelts berücksichtigt werden. Das

1108 V. 23.12.2002, BGBl. I, 4621.

1109 Zur geringfügigen Beschäftigung in privaten Haushalten vgl. etwa *Wiegelmann*, BB 2003, 734 ff.

1110 Vgl. im Einzelnen zu den Voraussetzungen von Entgelt- und Zeitgeringfügigkeit *Rolfs*, NZA 2003, 67.

1111 Vgl. Geringfügigkeitsrichtlinien der Sozialversicherungsträger v. 25.02.2003, NZA, Sonderbeil. zu Heft 7/2003.

sozialversicherungsrechtliche Entstehungsprinzip wird hier also, wie die erwähnten Ausführungen der Spitzenverbände der Sozialversicherungsträger belegen, durchbrochen.

Bei einem **schwankenden Arbeitsentgelt** oder in Fällen, in denen im Rahmen eines Dauerarbeitsverhältnisses saisonbedingt unterschiedliche Arbeitsentgelte erzielt werden, ist der regelmäßige Betrag anhand derselben Grundsätze zu ermitteln, wie sie für die Schätzung des Jahresarbeitsentgelts in der Krankenversicherung bei schwankenden Bezügen gelten. 396

Mehrere geringfügig entlohnte Beschäftigungen sind mit der Folge zusammenzurechnen, dass eine geringfügige Beschäftigung nicht mehr angenommen werden kann, sobald die Voraussetzungen für eine geringfügige Beschäftigung nicht mehr gegeben sind. Ebenfalls nach § 8 Abs. 2 SGB IV sind **geringfügig entlohnte Beschäftigungen und nicht geringfügige Beschäftigungen** (versicherungspflichtige Hauptbeschäftigungen) zusammenzurechnen; keine Anrechnung findet indes mit einer versicherungsfreien Beschäftigung (z.B. Tätigkeit als Beamter) statt. Allerdings bleibt im Falle einer Zusammenrechnung eine, und zwar die zeitlich zuerst aufgenommene geringfügige Beschäftigung, anrechnungsfrei.[1112] Die Zusammenrechnung bewirkt, dass alle weiteren Nebenbeschäftigungen voll versicherungspflichtig werden. Dies gilt für alle Versicherungszweige mit Ausnahme der Arbeitslosenversicherung; dort findet wegen des besonderen Charakters des in diesem Versicherungszweig versicherten Risikos gem. § 27 Abs. 2 SGB III eine Zusammenrechnung nicht statt. Im Übrigen wird nur die artgleiche Beschäftigung zusammengerechnet; eine Zusammenrechnung einer geringfügig entlohnten und einer kurzfristigen Beschäftigung findet demnach nicht statt. 396a

Um das **Risiko von Nachzahlungspflichten** infolge Überschreitens der Geringfügigkeitsgrenze gering zu halten, hat der Gesetzgeber nunmehr mit dem neuen § 8 Abs. 2 S. 3 SGB IV festgelegt, dass die Versicherungspflicht erst mit dem Tage der Bekanntgabe ihrer Feststellung durch die Bundesknappschaft als zuständiger Einzugsstelle oder den Rentenversicherungsträger im Rahmen einer Betriebsprüfung eintritt. Dies gilt nicht, wenn der Arbeitgeber vorsätzlich oder grob fahrlässig versäumt hat, den Sachverhalt für die versicherungsrechtliche Beurteilung aufzuklären. Hierzu hat die BDA in Zusammenarbeit mit den Sozialversicherungsträgern einen vom Arbeitgeber und dem Arbeitnehmer gemeinsam auszufüllenden Fragebogen entwickelt, der dem Arbeitgeber als Leitfaden für die Daten gelten soll, die er abfragen sollte.[1113] Unterlässt der Arbeitnehmer die Angabe weiterer Beschäftigungen, kann er insoweit dem Arbeitgeber gegenüber zum Schadensersatz verpflichtet sein. Dabei ist es dem Arbeitgeber jedoch nicht möglich, seine Arbeitgeberanteile der Beiträge zur gesetzlichen Kranken- und Rentenversicherung geltend zu machen.[1114] 397

Bei einer geringfügig vergüteten Beschäftigung hat der Arbeitgeber eine **Pauschalabgabe in Höhe von 25 %** des tatsächlich gezahlten Arbeitsentgelts an die Bundesknappschaft in 45115 Essen zu entrichten, die die Verteilung der Beitrags- und Steueranteile vornimmt. Von der Pauschalabgabe entfallen zunächst 12 % der Beiträge auf die Rentenversicherung (§ 172 Abs. 3 SGB VI). Dieser Beitrag kann der Arbeitnehmer wie bislang auch auf den gewöhnlichen Beitragssatz zur Rentenversicherung aufstocken. Weitere 11 % kommen der Krankenversicherung zugute (§ 249b Satz 1 SGB V). Hier ist der Beitrag aber nur zu entrichten, wenn der geringfügig Beschäftigte gesetzlich krankenversichert, sei es pflicht-, freiwillig oder familienversichert ist. Nicht jedoch fällt er bspw. für die Ehefrau eines privat krankenversicherten Beamten an. 397a

Die bisherige Steuerfreiheit aus geringfügig entlohnter Beschäftigung ist mit Wirkung zum 01.04.2003 entfallen. Dementsprechend werden die weiteren 2 % der Pauschalabgabe als Pauschalsteuer mit Abgeltungswirkung geleistet (§ 40a Abs. 2 EStG). Sie kann im Innenverhältnis vorbehaltlich anderweitiger Regelungen auf den Arbeitnehmer abgewälzt werden. Eine Lohnsteuerpauschale von 20 % ist bei geringfügigen Beschäftigungen abzuführen, für die der Arbeitgeber 398

1112 Vgl. hierzu auch *Kazmierczak*, NZS 2003, 179 f.; vgl. ferner hierzu *Wirges*, DB 2003, 1171, der nach Wahl des Beschäftigten für eine Anrechnungsfreiheit der geringfügigen Beschäftigung mit dem höchsten Arbeitsentgelt plädiert.

1113 Abrufbar im Internet unter www.bda-online.de (Fachbereich: Soziale Sicherung).

1114 So BAG, Urt. v. 18.11.1988, NZA 1989, 389.

keine Pauschalbeiträge zur gesetzlichen Rentenversicherung zu zahlen hat. Hierbei handelt es sich vornehmlich um solche Beschäftigungen, die für sich gesehen geringfügig entlohnt sind, aber durch Zusammenrechnung mit weiteren Beschäftigungen der Rentenversicherungspflicht unterliegen. Alternativ zur Pauschalversteuerung kann der Arbeitgeber auch eine reguläre Versteuerung anhand der Merkmale der Lohnsteuerkarte vornehmen.

398a Geringfügig entlohnte Beschäftigte können auf ihre **Versicherungsfreiheit in der Rentenversicherung verzichten**, um so eigene Rechte nach dem SGB VI zu erwerben.[1115] Der Verzicht, auf dessen Möglichkeit der Arbeitgeber hinzuweisen hat,[1116] ist gegenüber diesem, gerichtet auf die Zukunft, bindend zu erklären. Der Arbeitgeber hat dann Beiträge i.H.v. 12 % des der Beschäftigung zugrunde liegenden Arbeitsentgelts zu tragen. Im Übrigen werden die Beiträge vom Arbeitnehmer in Höhe des vollen Rentenversicherungsbeitrags erbracht. Ohne Verzicht hat der Arbeitgeber für Beschäftigte nach § 8 Abs. 1 Nr. 1 SGB IV, die in dieser Beschäftigung versicherungsfrei, von der Versicherungspflicht befreit oder nach § 5 Abs. 4 SGB VI versicherungsfrei sind, Beiträge in Höhe von 12 % des Arbeitsentgelts abzuführen, das beitragspflichtig wäre, wenn die Beschäftigung versicherungspflichtig wäre (§ 172 Abs. 3 SGB VI). Dies gilt nicht für Studierende, die nach § 5 Abs. 3 SGB VI versicherungsfrei sind.

399 **Kurzfristige Beschäftigungen** begründen keine Beitragspflicht zur Kranken- oder Rentenversicherung. Eine Pauschalierung der Lohnsteuer kann nach Maßgabe des § 40a EStG erfolgen. Kurzfristige Beschäftigungen sind auch nicht im Rahmen der Zusammenrechnung mit geringfügig entlohnten Beschäftigungen nach Maßgabe des § 8 Abs. 2 S. 1 SGB IV zu berücksichtigen.

400 Arbeitsrechtlich sind geringfügig Beschäftigte **Vollzeitbeschäftigten gleichgestellt**, soweit sich aus dem Wesen der geringfügigen Beschäftigung nichts anderes ergibt; ihr Arbeitsverhältnis ist daher auch als ein vollwertiges zu behandeln. Bei ihrer Beschäftigung ist insbesondere auch das in § 4 TzBfG normierte Diskriminierungsverbot zu beachten.[1117] Die Konsequenzen dieses Verbots werden in der Praxis häufig verkannt, was nicht nur arbeitsrechtliche, sondern vor allem auch sozialversicherungs-, steuer- sowie haftungsrechtliche Konsequenzen mit sich zieht. Ist nämlich ein Tarifvertrag kraft beiderseitiger Tarifbindung oder Allgemeinverbindlichkeitserklärung einschlägig, können geringfügig Beschäftigte die **tariflich bestimmten Leistungen anteilig** verlangen, sofern diese einen Bestandteil der synallagmatischen Austauschbeziehung darstellen, wie es im Regelfall bei Sonderzahlungen wie dem Weihnachtsgeld oder dem Urlaubsgeld der Fall ist.[1118] Ist eine Leistung ausschließlich an den Bestand des Arbeitsverhältnisses gebunden, kann sogar ein Anspruch auf die volle tarifliche Leistung bestehen.

401 Die **allgemeinen arbeitsvertragsrechtlichen Grundsätze** sind zu berücksichtigen. Der Arbeitnehmer ist im Rahmen der **Pflichten nach dem NachwG** insbesondere auch auf die Möglichkeit hinzuweisen, durch Aufstockung der Sozialversicherungsbeiträge rentenversicherungsrechtliche Ansprüche zu erwerben (§ 2 Abs. 1 Satz 3 NachwG). Bei **Befristungen** sind wie sonst auch die Vorschriften des TzBfG zu beachten.[1119] Wird der geringfügig Beschäftigte ohne Hinweis auf eine Befristung nach dem TzBfG eingestellt, genießt er wie jeder andere Arbeitnehmer unbeschadet der alltäglichen Praxis, in der dieser als »Aushilfe« bezeichnet wird, den regulären wie besonderen gesetzlichen **Kündigungsschutz**.[1120] Die besonderen Anrechnungsvorschriften des § 23 Abs. 1 Satz 3 KSchG sind dabei zu berücksichtigen.

1115 S. hierzu Einzelheiten bei *Boecken*, NZA 1999, 399; *Rolfs*, NZA 2003, 69.

1116 Vgl. § 2 Abs. 1 Satz 3 NachwG.

1117 Das Diskriminierungsverbot ist auch für die Tarifvertragsparteien verbindlich. Die Tarifvertragsparteien des öffentlichen Dienstes haben sich daher innerhalb des 77. Änderungstarifvertrages zum BAT v. 29.10.2001 (in Kraft seit dem 01.01.2002) veranlasst gesehen, die bislang in § 3n BAT vorgesehene Herausnahme geringfügiger Beschäftigungsverhältnisse aus dem Geltungsbereich des Tarifvertrags aufzuheben.

1118 *Marx*, NZA 2002, 128; *Reiserer/Große Vorholt*, BB 2001, 1843.

1119 I.d.S. bereits BAG, Urt. v. 14.01.1982, AP Nr. 65 zu § 620 BGB Befristeter Arbeitsvertrag.

1120 Vgl. hierzu auch BAG, Urt. v. 13.03.1987, AP Nr. 37 zu § 1 KSchG Betriebsbedingte Kündigung, wonach es insofern auch nicht auf die durch eine anderweitige Haupttätigkeit vorhandene wirtschaftliche Absicherung ankommt.

Dem geringfügig Beschäftigten ist in den gesetzlich bzw. tarifvertraglich bestimmten Fällen **Entgeltfortzahlung** zu gewähren, die allerdings in Betrieben mit bis zu 30 regelmäßig Beschäftigten nach Maßgabe der §§ 10 bis 19 LFZG von der Bundesknappschaft als zuständiger Lohnausgleichskasse erstattet werden können.[1121] Ebenso steht ihnen der gesetzlich oder tarifvertraglich vorgesehene Urlaubsanspruch zu. Dieser ist nach den Grundsätzen der Gleichwertigkeit zu ermitteln, wenn die Arbeitszeit des geringfügig Beschäftigten nicht gleichmäßig auf die Tage in der Woche verteilt sind.[1122] Zweifel dürften angebracht sein, ob die Einbeziehung geringfügig Beschäftigter in die **betriebliche Altersversorgung** aus Gründen der Gleichbehandlung geboten ist. Dies wird im Einzelfall angesichts des Missverhältnisses von Verwaltungsaufwand auf der einen Seite und Effektivität auf der anderen Seite zu verneinen sein. Die Maßstäbe der Rechtsprechung sind hier allerdings streng. So stellt nicht jeder noch so geringfügige finanzielle Vor- oder Nachteil ein wirkliches Bedürfnis dar, das zu einer differenzierenden Behandlungsweise berechtigt; es müssen vielmehr erhebliche Kostenvor- oder -nachteile die differenzierende Regelung erfordern.[1123] Werden somit geringfügig Beschäftigte unter Verstoß gegen das Lohngleichheitsgebot von einer betrieblichen Altersversorgung ausgeschlossen, ist dieser Ausschlusstatbestand unwirksam.[1124] 402

dd) Regelung der Beschäftigung im Niedriglohnbereich

Im Rahmen des 2. Gesetzes für moderne Dienstleistungen am Arbeitsmarkt wurden ferner besondere Regelungen für **Beschäftigungen im Niedriglohnbereich** eingeführt. Arbeitsrechtlich sind mit einer Beschäftigung in diesem Bereich keine Besonderheiten verbunden. Es gilt also, die vorstehend zur Teilzeitbeschäftigung sowie insbes. zur geringfügigen Beschäftigung erwähnten Grundsätze zu berücksichtigen. Von einer Beschäftigung im Niedriglohnbereich ist zu sprechen, wenn diese mit einem **Entgelt von 400,01 EUR bis 800,00 EUR** vergütet wird (§ 20 Abs. 2 SGB IV). Es gelten die allgemeinen Grundsätze zur Feststellung des regelmäßigen Arbeitsentgelts. Keinen Fall, der unter die Gleitzonenregelung fällt, stellt derjenige der Altersteilzeit dar. Gleiches gilt für den Fall der Kurzarbeit, bei der das geminderte Arbeitsentgelt in die Gleitzone fällt. Zur Berufsausbildung Beschäftigte unterliegen ebenfalls nicht der Gleitzonenregelung. Schließlich liegt auch kein Gleitzonenfall vor, wenn lediglich Teilarbeitsentgelte bspw. wegen Ablaufs der Entgeltfortzahlung bei Arbeitsunfähigkeit oder bei Beginn bzw. Ende der Beschäftigung im Laufe eines Kalendermonats innerhalb der Gleitzone liegen. 403

Werden **mehrere Beschäftigungen** ausgeübt, sind für die Prüfung des Anwendungsbereichs der Gleitzonenregelung nur Arbeitsentgelte zusammenzurechnen, die aus versicherungspflichtigen Beschäftigungen herrühren. Eine Ausnahme besteht lediglich insoweit, als es um die Zusammenrechnung auch mit geringfügigen Beschäftigungen geht; hier bleibt die erste geringfügige Beschäftigung, die neben einer versicherungspflichtigen Beschäftigung ausgeübt wird, anrechnungsfrei (§ 8 Abs. 2 Satz 1 SGB IV). Stets ist für die Beurteilung als Niedriglohnbeschäftigung eine **Jahresbetrachtung** anzustellen; Schwankungen im Arbeitsentgelt sind damit unschädlich. 404

Sozialversicherungsrechtlich besteht für Beschäftigte im Niedriglohnbereich nach allgemeinen Grundsätzen eine grundsätzliche Versicherungspflicht. Je nach Versicherungszweig unterschiedliche versicherungsrechtliche Besonderheiten sind aber zu beachten. Zuständige Einzugsstellen sind die gesetzlichen Krankenkassen. Die Bemessung der Beiträge[1125] zur Sozialversicherung erfolgt auf der Grundlage eines **fiktiv festgestellten Gesamtsozialversicherungsbeitrags**, der auf der in den §§ 344d Abs. 4 SGB III, 226 Abs. 4 SGB V, 163 Abs. 10 SGB VI näher konkretisierten Formel 405

1121 Zum Umlageverfahren vgl. etwa *Wiegelmann*, BB 2003, 738.

1122 Vgl. hierzu auch BAG, Urt. v. 14.02.1991, AP Nr. 1 zu § 3 BUrlG.

1123 BAG, Urt. v. 23.01.1990, BB 1990, 1202; v. 20.11.1990, AP Nr. 8 zu § 1 BetrAVG Gleichberechtigung; den Ausschluss geringfügig Beschäftigter aus einer Versorgungsregelung des öffentl. Dienstes jedoch befürwortend: BAG, Urt. v. 27.02.1996, AP Nr. 28 zu § 1 BetrAVG Gleichbehandlung.

1124 BAG, Urt. v. 20.11.1990, AP Nr. 8 zu § 1 BetrAVG Gleichberechtigung.

1125 Zur leistungsrechtlichen Seite vgl. *Rolfs*, NZA 2003, 71.

zu berechnen ist. Zur Erleichterung der Berechnung der Sozialversicherungsbeiträge werden der in der Formel enthaltene Faktor F sowie der durchschnittliche Gesamtsozialversicherungsbeitrag bis zum Ende eines Kalenderjahres für das nächste Kalenderjahr vom zuständigen Ministerium im Bundesanzeiger bekannt gegeben. Auf dieser vereinfachten Formel können dann die Sozialversicherungsbeiträge berechnet werden.

406 **Besonderheiten** bei der Berechnung des Gesamtsozialversicherungsbeitrags sind in den Fällen zu berücksichtigen, in denen mehrere Beschäftigungen zusammengerechnet werden und die Summe der Arbeitsentgelte entweder innerhalb oder außerhalb der Gleitzone liegen. Die Sozialversicherungsträger haben hierzu besondere Berechnungsformeln entwickelt.[1126] Soweit bspw. wegen Ablaufs der Entgeltfortzahlung im Krankheitsfall ein Teilarbeitsentgelt gezahlt wird, ist ausgehend von der monatlichen beitragspflichtigen Einnahme die anteilige beitragspflichtige Einnahme zu berechnen. Liegt das anteilige Arbeitsentgelt unterhalb der Gleitzone, ist dies unschädlich; es finden also nicht etwa die Regeln über geringfügige Beschäftigungen Anwendung.

407 Auf der Grundlage des fiktiven Gesamtsozialversicherungsbeitrags erfolgt dann die Beitragsberechnung. Dabei hat der **Arbeitgeber** seinen Anteil in Höhe des Betrages zu tragen, der sich ergibt, wenn der Beitragssatz auf das der Beschäftigung zugrunde liegende Arbeitsentgelt aufgewendet wird. Ihn trifft also die gleiche Beitragsbelastung, wie sie ihn auch sonst bei höher vergüteter Tätigkeit treffen würde. Für den **Arbeitnehmer** steigen seine Anteile zur Sozialversicherung bis zum vollen Beitragsanteil an. Der von ihm zu tragende Beitragsanteil berechnet sich aus der Differenz des aus der reduzierten beitragspflichtigen Einnahme berechneten Gesamtsozialversicherungsbeitrags zu dem jeweiligen Versicherungszweig und des vom Arbeitgeber zu tragenden regulären Beitragsanteils.

407a Die Regelungen über die zu zahlenden Beiträge sind zu beachten, soweit nach den besonderen Regelungen in einzelnen Versicherungszweigen nicht besondere Regelungen bestehen, die eine Versicherungsfreiheit oder Befreiung von der Versicherungspflicht vorsehen.

408 Wie sonst auch kann der Arbeitnehmer den Erwerb von Entgeltpunkten für eine höhere Rentenanwartschaft durch entsprechende Erklärung absichern, er wolle das volle Arbeitsentgelt der Beitragsbemessung zugrunde gelegt wissen (§ 163 Abs. 10 SGB VI).[1127] Diese Erklärung ist für die Dauer der Beschäftigung bindend.

409 **Steuerrechtlich** ergeben sich keine Besonderheiten bei der Beschäftigung im Niedriglohnbereich gegenüber sonstigen Beschäftigungsverhältnissen.

i) Beteiligungsrechte des Betriebsrats

410 Bei der Verringerung und Verteilung der Arbeitszeit bedarf es **keiner Einschaltung des Betriebsrats**. Dies gilt unstreitig für die festgelegte Dauer der Arbeitszeit, die als Kern des Synallagmas stets den Arbeitsvertragsparteien bzw. den die Arbeitsbedingungen festlegenden Tarifvertragsparteien vorbehalten ist.[1128] Aber auch hinsichtlich der im Rahmen des Verringerungsbegehrens festzulegenden Verteilung der Arbeitszeit kommt ein Mitbestimmungsrecht nach § 87 Abs. 1 BetrVG nicht zum Tragen, da mit dem TzBfG i.S.d. Einleitungssatzes eine gesetzliche Regelung vorhanden ist, die das Mitbestimmungsrecht ausschließt.[1129] Wohl aber kann die durch Betriebsvereinbarung festgelegte Lage der Arbeitszeit dazu führen, dass hierin ein betrieblicher Grund zu sehen ist, der den geäußerten Arbeitszeitwünschen des Arbeitnehmers entgegenstehen kann.[1130] Ein Mitbestimmungsrecht besteht darüber hinaus auch deshalb nicht, weil regelmäßig kein kollektiver Tatbestand festgestellt werden kann. Für die Regelung von Einzelfällen ist ein Mitbestimmungsrecht gerade nicht gegeben, da es

1126 Vgl. hierzu die gemeinsamen Hinweise der Sozialversicherungsträger v. 25.02.2003, NZA Sonderbeil. zu Heft 7/2003.
1127 Vgl. dazu auch *Rolfs*, NZA 2003, 71.
1128 Insofern auch *Rieble/Gutzeit*, NZA 2002, 8.
1129 *Hanau*, NZA 2001, 1172, *Preis/Gotthardt*, DB 2001, 149; *Straub*, NZA 2001, 924; a.A.: *Rieble/Gutzeit*, NZA 2002, 9 f.
1130 *Straub*, NZA 2001, 924.

an der kollektiven Regelung fehlt.[1131] Dies gilt auch, soweit eine Mehrzahl von Arbeitnehmern eine Veränderung ihrer Arbeitszeit verlangt. Auch hier geht der individuelle Anspruch des § 8 TzBfG vor; ein Mitbestimmungsrecht des Betriebsrats kommt somit nicht zum Tragen.[1132]

Die bloße **Aufstockung der Arbeitszeit** ist nach der Rechtsprechung des BAG[1133] weder eine Einstellung noch eine Versetzung, so dass ein Mitbestimmungsrecht nach § 99 BetrVG ausscheidet.[1134] Ebenso stellt die Verkürzung der Arbeitszeit keine Einstellung i.S.d. § 99 BetrVG oder Versetzung i.S.d. § 95 Abs. 3 BetrVG dar, die der Zustimmung des Betriebsrates nach § 99 BetrVG bedarf.[1135] Nimmt der Arbeitgeber allerdings eine Einstellung ohne Beachtung von § 9 TzBfG vor, kann das Zustimmungsverweigerungsrecht des § 99 Abs. 2 Nr. 1 BetrVG zum Tragen kommen.[1136] Die zum SchwbG erfolgte Rechtsprechung des BAG v. 14.11.1989[1137] kann jedoch nicht entsprechend übertragen werden, sieht doch das TzBfG im Gegensatz zum SchwbG keine Mindestbeschäftigungsquote vor; ein Zwang zur Einstellung teilzeitbeschäftigter Arbeitnehmer soll durch dieses Gesetz nicht ausgeübt werden.[1138] 411

Daneben besteht die allgemeine Überwachungsbefugnis des Betriebsrates (§ 80 Abs. 1 Nr. 1 BetrVG). Grundsätzlich entscheidet der Arbeitgeber, ob die Stelle sich als Teilzeitstelle eignet. Letztlich muss davon ausgegangen werden, dass diese Entscheidung aber justiziabel ist. Allerdings ist der Arbeitgeber frei, den Arbeitsplatz trotz alternativer Ausschreibung als Teilzeitarbeitsplatz mit einer Vollzeitkraft zu besetzen. 412

§ 7 Abs. 3 TzBfG verpflichtet den Arbeitgeber, den Betriebsrat über vorhandene oder geplante Teilzeitarbeitsplätze im Betrieb und Unternehmen zu informieren und auf Verlangen der Arbeitnehmervertretung die erforderlichen Unterlagen zur Verfügung zu stellen. Die unternehmensbezogene Informationspflicht erfordert eine Unterrichtung aller in der Unternehmung vorhandener Betriebsräte. Im Übrigen bleiben die weiteren Pflichten des Arbeitgebers nach § 92 BetrVG unberührt. 413

V. Befristete Arbeitsverhältnisse

1. Begriff des befristet beschäftigten Arbeitnehmers (§ 3 TzBfG)

Ein Arbeitnehmer ist gem. § 3 Abs. 1 TzBfG befristet beschäftigt, wenn er aufgrund eines auf bestimmte Zeit geschlossenen Arbeitsvertrags tätig ist. Ein befristeter Arbeitsvertrag in diesem Sinne liegt vor, wenn die Dauer des Vertrages kalendermäßig bestimmt ist (**Zeitbefristung**) oder sich aus Art, Zweck oder Beschaffenheit der Arbeitsleistung ergibt (**Zweckbefristung**). Die in den Arbeitsvertrag aufgenommene Regelung zur Beendigung des Arbeitsverhältnisses infolge Fristablaufs oder Zweckerreichung stellt eine besondere Beendigungsbedingung dar, die als solche eine Auflösung des im Regelfall auf unbestimmte Dauer ausgerichteten Arbeitsverhältnisses durch rechtsgeschäftlichen Erklärungsakt entbehrlich macht.[1139] Soweit sich die Parteien keine Möglichkeit zur ordentlichen Kündigung während des Vertragsverhältnisses vorbehalten haben oder sich diese aus einem anwend- 414

1131 *Rieble/Gutzeit*, DB 2001, 149 f.; *Rolfs*, RdA 2001, 137 f.
1132 A.A. *Schmidt*, ArbuR 2002, 252.
1133 BAG Urt. v. 25.10.1994 – 3 AZR 987/93 (n.v.).
1134 *Hanau*, NZA 2001, 1172; *Rolfs*, RdA 2001, 138.
1135 BAG, Urt. v. 16.07.1991, DB 1992, 145.
1136 *Kliemt*, NZA 2001, 70; vgl. ferner *Beckenschulze*, DB 2000, 605, unter Berufung auf BAG, Beschl. v. 14.11.1989 zu § 99 BetrVG 1972 zur Frage der unterlassenen Prüfung nach § 14 Abs. 1 Satz 1 SchwbG (nunmehr § 81 Abs. 1 SGB IX).
1137 BAG, Beschl. v. 14.11.1989 zu § 99 BetrVG 1972.
1138 Vgl. insofern auch *Hanau*, NZA 2001, 1168.
1139 Davon unbeschadet können dem Arbeitgeber besondere Informationspflichten im Hinblick auf die Auflösung des Vertragsverhältnisses erwachsen, wie § 15 Abs. 2 TzBfG zeigt.

baren Tarifvertrag ergibt,[1140] ist in ihr zugleich eine Regelung über die Mindestdauer des Vertrags zu sehen.[1141]

415 Das BAG sieht in seiner inzwischen veränderten Rechtsprechung in der **Festlegung einer Altersgrenze eine Befristungsabrede, die einer sachlichen Rechtfertigung** bedarf.[1142] Dabei sind die beiderseitigen Interessen der Vertragspartner gegeneinander abzuwägen. Dem Interesse des Arbeitnehmers an einer zeitlich begrenzten weiteren Beschäftigung steht das Interesse des Arbeitgebers gegenüber, beizeiten geeigneten Nachwuchs einstellen oder bereits beschäftigte Arbeitnehmer fördern zu können. Letzterem Interesse räumt das BAG regelmäßig Vorrang ein. Allerdings kann nach Auffassung des BAG im Einzelfall das Interesse des Arbeitnehmers überwiegen, wenn bei Vertragsschluss oder bei Bestätigung nach § 41 Satz 2 SGB VI objektiv besondere Umstände vorgelegen haben, die bei der Entscheidung des Arbeitnehmers für seine Zustimmung zur Altersgrenzenvereinbarung nicht bekannt und deshalb nicht berücksichtigt werden konnten.[1143]

416 Der Gesetzgeber unterscheidet zwei Formen der Befristung. In § 14 Abs. 1 TzBfG regelt er die Befristung, die mit einem **sachlichen Grund** abgeschlossen wird. § 14 Abs. 2 TzBfG nennt die Voraussetzungen, unter denen **ohne sachlichen Grund** ein Arbeitsverhältnis befristet werden kann. Dabei finden die Regelungen über die Befristung des Arbeitsverhältnisses für das **auflösend bedingt abgeschlossene Arbeitsverhältnis** nach Maßgabe des § 21 TzBfG, der insoweit auf die Abs. 1 und 4, nicht jedoch 2 und 3 des § 14 TzBfG verweist, entsprechende Anwendung.[1144] Hierbei machen die Arbeitsvertragsparteien die Beendigung des Arbeitsverhältnisses von einem in der Zukunft liegenden ungewissen Ereignis abhängig. Das BAG hat bereits seit längerem das unter eine auflösende Bedingung gestellte Arbeitsverhältnis den gleichen Zulässigkeitskriterien unterstellt, wie es diese auf Befristungsvereinbarungen anwandte.[1145]

2. Zulässigkeit der Befristung mit sachlichem Grund (§ 14 Abs. 1 TzBfG)

417 Das mit dem TzBfG neu geregelte Recht über befristete Beschäftigungsverhältnisse baut in seiner Grundkonzeption darauf auf, dass jede Befristung einer vorherigen schriftlichen Vereinbarung bedarf (§ 14 Abs. 4 TzBfG), bei einem erstmaligen Abschluss der Arbeitsvertrag für die Dauer von bis zu zwei Jahren sachgrundlos befristet werden kann (§ 14 Abs. 2 TzBfG) und im Übrigen die Befristung eines Sachgrundes bedarf (§ 14 Abs. 1 TzBfG), es sei denn, der Arbeitnehmer ist mindestens 52 Jahre alt (§ 14 Abs. 3 TzBfG). In dem Erfordernis der **vorherigen schriftlichen Vereinbarung** ist ein besonders heikler Fallstrick für die Vertragspraxis zu sehen. Der einzustellende Arbeitnehmer darf nicht beschäftigt werden, soweit die Befristungsabrede nicht schriftlich fixiert ist. Ansonsten ist das Arbeitsverhältnis als unbefristet anzusehen, weshalb die nachträgliche Befristung wieder selbst eines sachlichen Grundes bedarf, um eine unzulässige Umgehung des gesetzlichen Kündigungsschutzes auszuschließen.[1146] Besteht somit bspw. ein Auszubildender seine Abschlussprüfung und sagt ihm der Ausbilder, dass er ihn befristet übernehmen wolle und er am nächsten Tag sofort anfangen könne, ist er somit bereits mit einem Bein in der Befristungsfalle. Nimmt der Ausgebildete die Arbeit auf, ohne dass es zuvor zu einer schriftlichen Befristungsvereinbarung gekommen ist, kann diese nicht nachgeholt werden.

418 Grundsätzlich bedarf somit nach § 14 TzBfG jede Befristung eines Arbeitsvertrages eines sachlichen Grundes, soweit nicht die Befristung nach § 14 Abs. 2 oder 3 TzBfG zulässig ist. Daraus folgt,

1140 So etwa in der Sonderregelung Nr. 7 SR 2 y BAT; hierzu BAG, Urt. v. 18.09.2003, NZA 2004, 222.

1141 BAG, Urt. v. 04.07.2001, NZA 2002, 288; v. 18.09.2003, NZA 2004, 222; *Koppenfels*, ArbuR 2001, 203 f.

1142 BAG, Urt. v. 14.08.2002, AP Nr. 20 zu § 620 BGB Altersgrenze; bestätigt durch BAG, Urt. v. 19.11.2003, DB 2004, 1045; anders noch: BAG, Urt. v. 20.12.1984, AP Nr. 9 zu § 620 BGB Bedingung; v. 20.11.1987, AP Nr. 2 zu § 620 BGB Altersgrenze.

1143 BAG, Urt. v. 19.11.2003, DB 2004, 1045.

1144 Zur Differenzierung zwischen befristetem und bedingtem Arbeitsverhältnis vgl. *Hromadka*, BB 2001, 621 ff.

1145 Vgl. etwa BAG, Urt. v. 13.06.1985, DB 1986, 1827.

1146 BAG, Urt. v. 17.11.1998 – 9 AZR 542/97 (n.v.).

dass jede ohne Sachgrund erfolgende Folgebefristung unzulässig ist. Das Arbeitsverhältnis kann auch nicht unter Berufung auf den mangelnden Sachgrund gekündigt werden.[1147] Die auf einem Sachgrund beruhende Befristung ist demgegenüber zulässig. Mit dieser Regelung greift der Gesetzgeber die Rechtsprechung auf, dass mittels Vertragsbefristung die zwingenden kündigungsschutzrechtlichen Vorschriften nicht umgangen werden dürfen.[1148] Diese auf dem Sachgrund aufbauende Rechtsprechung gilt auch bezogen auf die **Befristung einzelner Arbeitsbedingungen**, soweit durch sie der Inhaltsschutz des Arbeitsverhältnisses nach § 2 KSchG nicht umgangen wird.[1149] Von einer objektiven Gefahr der Umgehung gesetzlicher Kündigungsschutzvorschriften geht die Rechtsprechung jedenfalls dann aus, wenn dadurch die Arbeitspflicht nach Inhalt und Umfang in einer Weise geändert wird, die sich unmittelbar auf die Vergütung auswirkt.[1150] Die Drei-Wochen-Frist des § 17 TzBfG soll hier nicht anwendbar sein.[1151]

Das Erfordernis des Vorliegens eines sachlichen Grundes greift nach allerdings umstrittener Auffassung nicht, soweit nicht die Gefahr besteht, dass mittels der Befristung kündigungsschutzrechtliche Bestandsschutznormen zuungunsten des Arbeitnehmers umgangen werden. Da in **Betrieben, die unter die Kleinbetriebsklausel des § 23 KSchG fallen**, eine Umgehung des KSchG ausgeschlossen ist, können hier erleichterte Befristungen weiterhin abgeschlossen werden.[1152] Dergleichen gilt nach der hier vertretenen Auffassung auch für die Befristungen, die nicht über die durch § 1 Abs. 1 KSchG gezogene Grenze von sechs Monaten hinausgehen.[1153] 419

a) Sachgründe

Neben spezialgesetzlich geregelten Sachgrundbefristungen (vgl. etwa § 21 BErzGG, § 57a ff. HRG, § 1 Gesetz über befristete Arbeitsverträge mit Ärzten in der Weiterbildung) hat der Gesetzgeber in § 14 Abs. 1 Satz 2 TzBfG die wichtigsten durch die Rechtsprechung anerkannten Regelbeispiele als sachlich gerechtfertigte Befristungen nunmehr normativ anerkannt. Es handelt sich ausweislich der Gesetzesbegründung[1154] um eine nicht abschließende Aufzählung von Regelbeispielen, durch die weder andere vom BAG akzeptierte noch weitere Gründe ausgeschlossen sind.[1155] So hat bspw. das BAG in seiner Entscheidung v. 23.01.2002[1156] die befristete Verlängerung eines ansonsten auslaufenden Arbeitsverhältnisses eines Betriebsratsmitglieds anerkannt, wenn der befristete Vertrag zur Sicherung der personellen Kontinuität der Betriebsratsarbeit geeignet und erforderlich ist. Eine allgemeine Verhältnismäßigkeitsprüfung, wie sie das BAG in dieser Entscheidung durch den Hinweis auf die Geeignet- und Erforderlichkeit offenbar annimmt, dürfte jedoch zu weitgehend sein, da in den allermeisten Fällen mit dem Abschluss eines unbefristeten Arbeitsverhältnisses der Sachgrundzweck (z.B. ein vorübergehender Personalbedarf) ebenso erreicht werden könnte wie mit einer Befristungsabrede, ersteres jedoch als milderes Mittel erscheint. Wählen die Parteien 420

1147 BAG, Urt. v. 02.12.1965, AP Nr. 27 zu § 620 BGB Befristetes Arbeitsverhältnis.

1148 Grundlegend insofern bereits BAG GS, Urt. v. 12.10.1960, AP Nr. 16 zu § 620 BGB Befristeter Arbeitsvertrag; fortgeführt u.a. durch BAG, Urt. v. 02.08.1978, 29.08.1979, 30.09.1981, 14.01.1982, 04.04.1990, 31.08.1994, AP Nr. 46, 50, 61, 65, 136, 163 zu § 620 BGB Befristeter Arbeitsvertrag.

1149 Vgl. BAG, Urt. v. 13.06.1986, NZA 1987, 241 ff.; v. 23.01.2002, BB 2002, 1204; v. 04.06.2003, BB 2003, 1683. Vgl. ferner BAG, Urt. v. 14.01.2003, DB 2004, 1101, wo zugleich festgestellt wird, dass die Bestimmungen des TzBfG bei der Befristungskontrolle einzelner Vertragsbedingungen keine Anwendung finden.

1150 BAG, Urt. v. 23.01.2002, BB 2002, 1204; v. 04.06.2003, BB 2003, 1683.

1151 BAG, Urt. v. 04.06.2003, BB 2003, 1683; *Dörner*, NZA Beil. 16/2003, 41.

1152 Vgl. Gesetzesbegründung, BT-Drucks 14/4374, 18; vgl. hierzu bereits BAG, Urt. v. 13.06.1986, AP Nr. 19 zu § 2 KSchG 1969; v. 13.06.1986, NZA 1987, 241; *Richardi/Annuß*, BB 2000, 2204; a.A.: *Backhaus*, NZA-Beil 24/2001, 10; *Dörner*, NZA Beil. 16/2003, 34.

1153 So zutreffend *Schiefer*, DB 2000, 2121 in Abweichung zu *Backhaus*, NZA Beil. 24/2001, 10; *Bauer*, NZA 2000, 1042; *Preis/Gotthardt*, DB 2000, 2070; vgl. hierzu bereits auch BAG, Urt. v. 11.11.1982, AP Nr. 71 zu § 620 BGB Befristeter Arbeitsvertrag; v. 12.12.1985, NZA 1986, 571; v. 13.06.1996, NZA 1987, 241; v. 14.02.1990, NZA 1990, 737.

1154 BT-Drucks 14/4374, 18.

1155 Einen Überblick gibt insofern *Koch*, NZA 1992, 154 ff.

1156 BAG, Urt. v. 23.01.2002, SAE 2003, 52 ff. m. krit. Anm. *Ricken*.

einen von der Rechtsordnung zugelassenen Vertragstyp, ist dies zu respektieren; die Entscheidung, welcher Vertragstyp für einen der beteiligten Vertragspartner der bessere wäre, entzieht sich jeglicher Kontrollmöglichkeit.[1157]

421 Der Abschluss eines befristeten Arbeitsvertrages mit Sachgrund ist nicht aus sich heraus schon zulässig. Hinzu kommen muss zudem, dass der sachliche Grund auch die Dauer der Befristung selbst zu tragen vermag. Zwar geht das BAG davon aus, dass die Vertragsdauer selbst keiner sachlichen Rechtfertigung bedarf.[1158] Dies lässt jedoch eine Befristungsabrede nur insoweit als unproblematisch erscheinen, als die Vertragsparteien mit der Befristungsabrede hinter der bei Vertragsschluss voraussehbaren Dauer des Befristungsgrundes zurückgeblieben sind; hier kann der Arbeitgeber eine kürzere Zeitbefristung wählen, als sie der Sachgrund selbst hergibt.[1159] Im Übrigen gilt jedoch, dass die vereinbarte Befristungsdauer mit dem Befristungsgrund im Einklang stehen muss.[1160] Die **Prognose über die erforderliche Befristung** muss damit den Sachgrund selbst tragen können.[1161] Erweist sie sich im Nachhinein aufgrund des Eintretens weiterer Umstände als unzutreffend, tangiert dies die Rechtswirksamkeit der Befristung selbst nicht.[1162]

422 **Ziff. 1: Nur vorübergehender Bedarf**

Nach § 14 Abs. 1 Satz 2 Nr. 1 TzBfG liegt ein die Befristung eines Arbeitsvertrages rechtfertigender Sachgrund in einem nur vorübergehenden betrieblichen Bedarf an der Arbeitsleistung begründet.[1163] Der Sachgrund vorübergehenden Bedarfs muss die Befristung selbst, nicht deren Dauer rechtfertigen; jene kann unterhalb des angenommenen vorübergehenden Bedarfs liegen.[1164] Darüber hinaus gehen darf er indes nicht. Dies hat auch der Arbeitgeber bei der Einstellung zu beachten. Kann nämlich der Arbeitnehmer aufgrund des Verhaltens des Arbeitgebers berechtigterweise davon ausgehen, er werde im Anschluss des Zeitvertrags weiterbeschäftigt werden, kann hierin ggf. ein Vertrauenstatbestand gesehen werden, der die Berufung auf die Wirksamkeit der Befristung wegen Rechtsmissbrauchs ausschließt.[1165]

423 Der Bedarf kann in außer- wie innerbetrieblichen Gründen begründet liegen.[1166] Nicht jedoch wird die jeder wirtschaftlichen Tätigkeit innewohnende Unsicherheit über die künftige Entwicklung des Arbeitskräftebedarfs von diesem Sachgrund erfasst.[1167] Diesem Umstand wird nach Auffassung des Gesetzgebers bereits durch die Möglichkeit der Befristung ohne Sachgrund gem. § 14 Abs. 2 und Abs. 3 TzBfG hinreichend Rechnung getragen.[1168] Entscheidend für die Annahme des Sachgrundes des vorübergehenden Bedarfes ist damit, dass die Parteien bereits bei Vertragsabschluss aufgrund konkreter tatsächlicher Anhaltspunkte annehmen konnten, die Beschäftigungsmöglichkeit werde zu einem bestimmten Zeitpunkt mit dem Eintritt eines bestimmten Ereignisses entfallen.[1169] Hiervon kann bspw. ausgegangen werden, wenn sich der Arbeitgeber bereits bei Abschluss des Vertrags

1157 *Ricken*, SAE 2003, 55 ff.

1158 BAG, Urt. v. 26.08.1988, AP Nr. 124 zu § 620 BGB Befristeter Arbeitsvertrag; *Bauer*, BB 2001, 2526.

1159 Vgl. auch *Bauer*, BB 2001, 2526; *Dörner*, NZA Beil. 16/2003, 36.

1160 BAG, Urt. v. 03.01.1984, v. 22.03.1985 sowie v. 03.12.1986, AP Nr. 88, 89, 110 zu § 620 BGB Befristeter Arbeitsvertrag.

1161 Vgl. eingehend zum Prognoseprinzip im Befristungsrecht *Oberthür*, DB 2001, 2246.

1162 Vgl. insofern auch gegen eine Übertragung der BAG-Rspr. auf den Wegfall des Befristungsgrundes: LAG Düsseldorf, Urt. v. 22.11.1999, LAGE § 620 BGB Nr. 62; vgl ferner hierzu *Dörner*, NZA Beil. 16/2003, 35; *Oberthür*, DB 2001, 2249 f.

1163 Vgl. hierzu eingehend: *Plander/Witt*, DB 2002, 1002 ff.

1164 S. bereits hierzu in vorheriger Rn; vgl. ferner dazu *Hromadka*, BB 2001, 622 mit zusätzlichem Verweis darauf, dass die Dauer jedoch ein Indiz dafür abzugeben vermag, dass der Sachgrund nicht vorliegt; ebenso: BAG, Urt. v. 20.02.2002, DB 2002, 1448.

1165 BAG, Urt. v. 24.10.2001, NZA 2003, 153 ff.

1166 *Hromadka*, BB 2001, 622.

1167 *Bauer*, BB 2001, 2526; *Hunold*, NZA 2002, 259.

1168 BT-Drucks 14/4374, 19.

1169 BAG, Urt. v. 03.12.1997, AP Nr. 196 zu § 620 BGB Befristeter Arbeitsvertrag; v. 26.07.2000, BB 2000, 2576 ff.; v. 05.06.2002, NZA 2003, 149 ff.; *Plander/Witt*, DB 2002, 2003.

zur Schließung seines Betriebs entschlossen hat und davon auszugehen ist, dass eine Weiterbeschäftigung auch in einem anderen Betrieb nicht möglich ist.[1170] Gleichermaßen von Nr. 1 erfasst werden Fälle vorübergehenden Mehrbedarfs bspw. infolge organisatorischer Veränderungen,[1171] zum Zwecke der Erledigung von Eilaufträgen, bei periodisch wiederkehrendem Mehrbedarf[1172] oder bei sonstigen außergewöhnlichen Ereignissen, die einen vorübergehenden Mehrbedarf an Arbeitskräften erforderlich machen. Der Fall der Aushilfe zwecks Vertretung wird jedoch nicht von der Nr. 1 erfasst; für ihn ist auf Nr. 3 zurückzugreifen.[1173]

Ziff. 2: Anschluss an Ausbildung und Studium 424

§ 14 Abs. 1 Satz 2 Nr. 2 TzBfG lässt die Befristung mit Sachgrund im Anschluss an eine Ausbildung oder ein Studium zu, um den Übergang des Arbeitnehmers in eine Anschlussbeschäftigung zu erleichtern. Mit diesem Sachgrund greift der Gesetzgeber die von der Rechtsprechung anerkannten tariflichen Regelungen mit dem Ziel auf, den Start in das Berufsleben zu erleichtern.[1174] Erfasst werden soll auch der Fall, dass ein Arbeitnehmer, der als Werkstudent bei einem Arbeitgeber beschäftigt war, nach dem Studium bei diesem Arbeitgeber erneut befristet beschäftigt werden kann.[1175] Ebenso kann die Anschlussbeschäftigung auch nach Beendigung der Ausbildung bei einem anderen Arbeitgeber erfolgen. Eine Unterbrechung z.B. durch Wehrdienst ist insoweit unschädlich. Entscheidend kommt es jeweils darauf an, ob die Überbrückungsfunktion die Befristung des Arbeitsverhältnisses zu rechtfertigen vermag.[1176]

Neben der Erstausbildung ist eine zulässige Anschlussbeschäftigung auch die nach einer Zweitausbildung anschließende Beschäftigung anzusehen. Dies gebietet neben dem nicht einschränkenden Wortlaut des Gesetzes auch sein Zweck, die Aufnahme einer Berufstätigkeit im Anschluss an eine Ausbildung zu erleichtern.[1177] 425

Das Gesetz lässt offen, bis zu welcher **Höchstdauer** eine Befristung mit diesem Sachgrund zulässig ist. Richtigerweise kann hier in Anlehnung an § 14 Abs. 2 TzBfG eine Befristung von zwei Jahren als Anhaltspunkt angenommen werden.[1178] 426

Das Arbeitsverhältnis muss unmittelbar der Ausbildung folgen. Mit dem Erfordernis **unmittelbarer Aufeinanderfolge** wird das erste Arbeitsverhältnis im Anschluss an eine Ausbildung oder ein Studium angesprochen. Andernfalls würde die diesem Sachgrund innewohnende Brückenfunktion hin zu einer Anschlussbeschäftigung leer laufen. Ein Arbeitnehmer kann daher nicht im Anschluss an eine Ausbildung oder ein Studium mit dem Sachgrund des § 14 Abs. 1 Satz 2 Nr. 2 TzBfG befristet beschäftigt werden, wenn er zwischen Ausbildung bzw. Studium und dem neuen Arbeitsverhältnis bereits bei einem anderen Arbeitgeber befristet oder unbefristet beschäftigt war. Ein solches – sich mittelbar anschließendes – Arbeitsverhältnis könnte nicht mehr die Funktion haben, in eine Anschlussbeschäftigung überzuleiten. 427

Das sich anschließende Arbeitsverhältnis muss **zeitlich nah** zur abgeschlossenen Berufsausbildung begründet werden. Jedoch dürften angesichts des Zwecks dieser Sachbefristung, eine Brückenfunktion zur Erleichterung des Übergangs in eine Anschlussbeschäftigung sicherzustellen, keine 428

1170 BAG, Urt. v. 03.12.1997, AP Nr. 196 zu § 620 BGB Befristeter Arbeitsvertrag; vgl. hierzu auch *Hunold*, NZA 2002, 259.

1171 Dazu: *Hunold*, NZA 2002, 256.

1172 Vgl. insofern etwa BAG, Urt. v. 20.10.1967, AP Nr. 30 zu § 620 BGB Befristeter Arbeitsvertrag; v. 29.01.1987, AP Nr. 1 zu § 620 BGB Saisonarbeit.

1173 Zur Abgrenzung vgl. auch *Hunold*, NZA 2002, 255 ff.

1174 BAG, Urt. v. 03.10.1984 sowie v. 26.04.1985, AP Nr. 88, 91 zu § 620 BGB Befristeter Arbeitsvertrag; v. 12.12.1985, NZA 1986, 571 ff.; v. 14.05.1997, NZA 1998, 50.

1175 *Schlachter*, NZA 2003, 1180 ff.

1176 *Backhaus,* NZA Beil. 24/2001, 9.

1177 *Backhaus,* NZA Beil. 24/2001, 10.

1178 *Hromadka*, BB 2001, 623.

überhöhten Anforderungen zu stellen sein.[1179] So dürfte es keine Rolle spielen, ob ein befristetes Arbeitsverhältnis unmittelbar am Tag nach einer Abschlussprüfung oder erst einige Monate später beginnt.[1180] Auch kurzfristige Gelegenheitstätigkeiten dürften insofern als unschädlich angesehen werden.[1181] Entscheidend ist aber jeweils, dass es sich um das erste auf Ausbildung bzw. Studium folgende Arbeitsverhältnis von gewisser Dauer handelt, über das eine Erleichterung des Übergangs zur Dauerbeschäftigung erreicht werden kann. Daher ist es auch als möglich anzusehen, einen befristeten Arbeitsvertrag gem. § 14 Abs. 1 Satz 2 Nr. 2 TzBfG mit einem Ausgebildeten zu schließen, der sich vor Einstieg in das Berufsleben anderen Interessen wie einem Auslandsaufenthalt oder der Anfertigung einer Promotionsarbeit gewidmet hat, um dann in das Berufsleben einzusteigen.

429 Die Zwecksetzung des Sachgrundes des § 14 Abs. 1 Satz 2 Nr. 2 TzBfG, nämlich den Übergang in das Berufsleben zu erleichtern, gebietet nicht, dass eine konkrete Aussicht auf einen Anschlussarbeitsplatz bei demselben Arbeitgeber begründet sein muss. Vielmehr ist es ausreichend, wenn durch die befristete Beschäftigung erste Berufserfahrung erworben werden kann.[1182]

430 **Ziff. 3: Vertretung eines anderen Arbeitnehmers**
In Anknüpfung an die ständige BAG-Rechtsprechung[1183] normiert § 14 Abs. 1 Satz 2 Nr. 3 TzBfG als weiteren Sachgrund die befristete Einstellung eines Arbeitnehmers zur Vertretung eines anderen Arbeitnehmers. Ein Vertretungsfall liegt nach der Gesetzesbegründung vor, wenn durch den zeitweiligen Ausfall eines Arbeitnehmers (z.B. wegen Krankheit, Beurlaubung, Wehrdienst, Abordnung ins Ausland) ein vorübergehender Bedarf nach einer Beschäftigung eines anderen Arbeitnehmers entsteht. Dabei ist eine Identität des Aufgabengebiets sowie zeitliche Kongruenz nicht zwingend erforderlich.[1184] In solchen Fällen **mittelbarer Vertretung** muss der Arbeitgeber regelmäßig nachweisen können, dass der Arbeitnehmer im Rahmen einer in sich geschlossenen Vertretungskette tätig wird oder auch der Vertretene die dem Vertreter zugewiesenen Aufgaben im Rahmen seines Arbeitsvertrages hätte wahrnehmen müssen. *Hunold*[1185] hält darüber hinaus auch den erforderlichen Kausalzusammenhang für gegeben, wenn lediglich mit den für den Arbeitsplatz des Vertretenen ursprünglich vorgesehenen Finanzmitteln ein völlig neuer Arbeitsplatz erstellt wurde, den der Vertretene aufgrund des Direktionsrechts nicht hätte einnehmen müssen und zu dem auch keine geschlossene Vertretungskette reicht. Ohne kausalen Zusammenhang und damit nicht die Befristung rechtfertigend ist es indes, wenn die vollzeitbeschäftigte Vertretungskraft einen teilzeitbeschäftigten Arbeitnehmer vertreten soll.[1186]

431 Soweit **mehrere Vertretungsbefristungen** aufeinander folgen, ist zu berücksichtigen, dass sich die Anforderungen an den Sachgrund mit zunehmender Zahl und Dauer der auf diesem Sachgrund beruhenden Verträge erhöht.[1187] Doch kann von einer unzulässigen Dauerbefristung nicht bereits ausgegangen werden, wenn sich schon zu Anfang oder auch erst am Ende der Befristung ein

1179 I.d.S. auch *Backhaus,* NZA Beil. 24/2001, 10.
1180 I.d.S. auch *Hromadka,* BB 2001, 623.
1181 *Hromadka,* BB 2001, 623.
1182 *Hromadka*, BB 2001, 622; dies hingegen offen lassend: *Preis/Gotthardt*, DB 2000, 2071.
1183 Vgl. nur BAG, Urt. v. 24.09.1997, AP Nr. 192 zu § 620 BGB Befristeter Arbeitsvertrag.
1184 Vgl. insofern auch BAG, Urt. v. 08.05.1985, AP Nr. 97 zu § 620 BGB Befristeter Arbeitsvertrag; v. 20.01.1999, AP Nr. 138 zu § 611 BGB Lehrer, Dozenten; v. 15.08.2001, DB 2002, 152 f.; v. 10.03.2004, DB 2004, 1434; ferner: *Backhaus,* NZA Beil. 24/2001, 9; *Bauer*, BB 2001, 2526; *Dörner*, NZA Beil. 16/2003, 37; *Hromadka*, BB 2001, 623; *Hunold*, NZA 2002, 256.
1185 *Hunold*, NZA 2002, 256.
1186 BAG, Urt. v. 04.06.2003, DB 2003, 2340.
1187 BAG, Urt. v. 22.11.1995, AP Nr. 178 zu § 620 BGB Befristeter Arbeitsvertrag; v. 21.02.2001, DB 2001, 1509; vgl. hierzu auch *Hunold*, NZA 2002, 258, verbunden mit dem Umkehrschluss, dass jede kürzere Befristung als eher unproblematisch angesehen werden müsste.

weiterer Bedarf an einer befristeten Beschäftigung zeigt und deshalb erneut eine Vereinbarung über die befristete Beschäftigung getroffen wird.[1188]

Die **sachliche Rechtfertigung der Befristungsabrede** liegt darin, dass der Arbeitgeber mit einer Wiederaufnahme der Arbeit durch den vertretenen Arbeitnehmer rechnen muss. Der Arbeitgeber hat daher eine Prognose anzustellen, ob mit einer Rückkehr des vertretenen Arbeitnehmers zu rechnen ist, wobei mangels besonderer Umstände auch in Fällen mehrfacher Vertretungen etwa wegen krankheitsbedingten Arbeitsausfalls im Zweifel von der Rückkehr der zu vertretenden Stammkraft ausgegangen werden kann.[1189] Die Prognose hat nicht abschließend zu konkretisieren, zu welchem Zeitpunkt die Arbeit durch den Vertretenen wieder aufgenommen wird.[1190] Dieser kann sowohl kalendermäßig als auch durch Angabe des Zwecks bestimmt werden. Auch steht es dem Arbeitgeber frei, die Vertretung nur für eine kürzere Zeit als die voraussichtliche Dauer prognostizierten Arbeitsausfalls zu regeln.[1191] 432

Nimmt der vertretene Arbeitnehmer entgegen der angestellten Prognose seine Tätigkeit nicht in vollem Umfang wieder auf, ist auch dann von einem **Entfallen des Vertretungsbedarfs** auszugehen.[1192] Es bleibt insofern in der Entscheidungskompetenz des Arbeitgebers, ob, wie und in welchem Umfang er den Vertretungsbedarf decken will.[1193] 433

Ebenfalls der unternehmerischen Entscheidung unterliegt es, ob und in welchem Umfang der Arbeitgeber zur Abfederung von Arbeitsausfällen eine **Personalreserve** vorrätig hält.[1194] Eine Befristung nach Ziff. 3 ist damit stets zulässig, sofern der Vertretungsfall die Befristung zu tragen vermag; sie ist folglich nicht etwa deshalb unzulässig, weil ein ständiger Vertretungsbedarf besteht, der über eine Personalreserve ebenso gut wie über vertretungsbedingt befristet abgeschlossene Arbeitsverhältnisse abgedeckt werden könnte.[1195] 434

Ziff. 4: Eigenart der Arbeitsleistung 435

Gem. § 14 Abs. 1 Satz 2 Nr. 4 TzBfG liegt ein Sachgrund auch vor, wenn die Eigenart der Arbeitsleistung die Befristung rechtfertigt. Mit diesem Sachgrund nimmt der Gesetzgeber insbesondere auf das von der Rechtsprechung aus den Grundrechten (Art. 5 Abs. 1 und Abs. 3 GG) entwickelte Recht der Befristung im Rundfunk- und Kunstbereich Bezug.[1196] Aber auch andere Gründe wie bspw. Projektarbeiten können eine auf diesem Sachgrund beruhende Befristung rechtfertigen.

Ziff. 5: Erprobung 436

Eine Befristung kann gem. § 14 Abs. 1 Satz 2 Nr. 5 TzBfG auch zur Erprobung des Arbeitnehmers erfolgen. Die Sachgrundbefristung zur Erprobung war bislang bereits durch die Rechtsprechung anerkannt.[1197] Durch sie wird es dem Arbeitgeber vor einer längeren arbeitsvertraglichen Bindung ermöglicht, die fachliche und persönliche Eignung des Arbeitnehmers für die vorgesehene Tätigkeit festzustellen.[1198] Dieser Sachgrund kann insbesondere auch dann zur Anwendung kommen, wenn bereits zuvor ein Arbeitsverhältnis mit demselben Arbeitgeber i.S.v. § 14 Abs. 2 Satz 2 TzBfG

1188 BAG, Urt. v. 04.06.2003, DB 2003, 2340 f.; vgl. i.Ü. auch *Hunold*, NZA 2002, 257, unter Hinweis auf den Grundsatz der unternehmerischen Entscheidungsfreiheit darüber, ob der Arbeitgeber für eine Vertretung sorgt oder sich in anderer Weise behilft.

1189 BAG, Urt. v. 23.01.2002, DB 2002, 1274; v. 02.07.2003, DB 2004, 80; vgl. hierzu auch *Dörner*, NZA Beil. 16/2003, 36, wonach an die Prognose keine hohen Anforderungen zu stellen sind.

1190 BAG, Urt. v. 22.11.1995, DB 1996, 1679; v. 06.12.2000, DB 2001, 870; v. 21.02.2001, DB 2001, 1509.

1191 BAG, Urt. v. 06.12.2000, DB 2001, 870; v. 21.02.2001, DB 2001, 1509 f.; *Bauer*, BB 2001, 2526; *Hunold*, NZA 1997, 744.

1192 BAG, Urt. v. 06.12.2000, DB 2001, 870; vgl. hierzu auch *Oberthür*, DB 2001, 2246 ff.

1193 BAG, Urt. v. 05.06.2002, AP Nr. 235 zu § 620 BGB Befristeter Arbeitsvertrag.

1194 BAG, Urt. v. 24.11.1982 – 7 AZR 547/80 (n.v.); v. 06.06.1984, AP Nr. 83 zu § 620 BGB Befristeter Arbeitsvertrag.

1195 *Hunold*, NZA 2002, 257 f.

1196 BT-Drucks 14/4374, 19.

1197 BAG, Urt. v. 28.11.1963, v. 15.03.1966, v. 15.03.1978, AP Nr. 26, 28, 45 zu § 620 BGB Befristeter Arbeitsvertrag.

1198 BAG, Urt. v. 29.07.1958, AP Nr. 3 zu § 620 BGB Probearbeitsverhältnis.

bestanden hat und der Arbeitnehmer in diesem Zusammenhang aber nicht für die vorgesehene Beschäftigung erprobt werden konnte. Eine Befristung ohne Sachgrund wäre in diesem Fall aufgrund der Vorbeschäftigung gem. § 14 Abs. 2 Satz 2 TzBfG ausgeschlossen.[1199]

437 Von dem befristeten Probearbeitsverhältnis ist die **Bestimmung einer Probezeit** in einem ansonsten auf unbestimmte Zeit eingegangenen Arbeitsverhältnis zu unterscheiden, die regelmäßig dem Zweck dient, das Arbeitsverhältnis mit einer verkürzten Kündigungsfrist auflösen zu können, ohne jedoch nach Ablauf der kündigungsschutzrechtlich bestimmten Wartezeitregelung das Erfordernis sozialer Rechtfertigung der Kündigung entbehrlich werden zu lassen.[1200] Im Gegensatz zu einem zu Erprobungszwecken befristeten Arbeitsverhältnis bedarf es hier zur Beendigung des Arbeitsverhältnisses mit Ablauf der vereinbarten Probezeit einer Kündigungserklärung. Sie hat die gesetzlichen oder davon tarifvertraglich abweichend festgelegten Kündigungsfristen zu beachten.[1201]

438 **Ziff. 6: Personenbedingte Gründe**

Ein Befristungsgrund kann gem. § 14 Abs. 1 Satz 2 Nr. 6 TzBfG auch in der Person des Arbeitnehmers liegen. Ein personenbedingter Grund liegt u.a. vor, wenn ein Arbeitnehmer aus sozialen Gründen vorübergehend beschäftigt wird, um beispielsweise die Zeit bis zum Beginn einer bereits feststehenden anderen Beschäftigung, des Wehrdienstes oder eines Studiums überbrücken zu können.[1202] Eine personenbedingte Befristung eines Arbeitsvertrages kann entsprechend der Gesetzesbegründung auch gerechtfertigt sein, wenn der Arbeitsvertrag für die Dauer einer befristeten Aufenthaltserlaubnis des Arbeitnehmers geschlossen wird und zum Zeitpunkt des Vertragsschlusses hinreichend gewiss ist, dass die Aufenthaltserlaubnis nicht verlängert wird.[1203] Grundsätzlich ist als Sachgrund auch anerkannt, wenn ein Student über die Befristung die Möglichkeit erhält, die Erfordernisse des Studiums mit denen des Arbeitsverhältnisses in Einklang zu bringen.[1204] Wird aber dem Bedürfnis, die Arbeit mit den Erfordernissen des Studiums in Einklang zu bringen, bereits durch eine entsprechend flexible Ausgestaltung des Arbeitsverhältnisses Rechnung getragen, ist die Befristung des Arbeitsvertrags nicht als sachlich begründet anzusehen.[1205]Anerkannt ist auch als personenbedingte Befristung i.S.d. § 14 Abs. 1 Nr. 6 TzBfG die Vereinbarung einer Altersgrenzenklausel.[1206]

439 Die Befristungsabrede darf nicht das bloße Motiv für die Eingehung des befristeten Arbeitsverhältnisses sein; vielmehr muss sie zum Vertragsinhalt geworden sein.[1207] Bei der Abfassung des Arbeitsvertrags ist daher darauf zu achten, dass die befristete Beschäftigung auf ausdrücklichen Wunsch des einzustellenden Arbeitnehmers erfolgt. Der Hinweis auf ein insoweit typisches Interesse des Arbeitnehmers an der Erhaltung seiner Dispositionsfreiheit genügt nicht. Vielmehr muss deutlich werden, dass der Arbeitnehmer bei Vereinbarung der Befristung in seiner Entscheidungsfreiheit nicht beeinträchtigt war.[1208] Gerade bei länger andauernden Befristungen kann es daher geboten sein, dem Arbeitnehmer alternativ zum Abschluss jeweils befristeter Arbeitsverträge den Abschluss eines unbefristeten Arbeitsverhältnisses anzubieten, um ihm die Alternative zu eröffnen, sich trotzdem für eine Beschäftigung aufgrund befristeter Arbeitsverträge zu entscheiden.[1209] Die Rechtsprechung

1199 Vgl. *Preis/Gotthardt*, DB 2000, 2071.
1200 Vgl. i.E. zu beiden Formen der Erprobung: *Wilhelm*, NZA 2001, 818 ff.
1201 Das Gesetz sieht insofern in § 622 Abs. 3 BGB für die Dauer von sechs Monaten eine Frist von zwei Wochen vor.
1202 Zu arbeitsmarktpolitischen Aspekten als Befristungsgrund vgl. auch *Natzel*, NZA 2003, 836.
1203 *Schiefer*, DB 2000, 2122.
1204 BAG, Urt. v. 10.08.1994, NZA 1995, 30.
1205 So für den aufgrund eines Rahmenvertrags zu befristeten Eintagsarbeiten herangezogenen Werkstudenten: BAG, Urt. v. 16.04.2003, DB 2003, 2391 f.
1206 *Preis/Gotthardt*, DB 2000, 2065.
1207 Vgl. insofern auch BAG, Urt. v. 12.12.1995, AP Nr. 96 zu § 620 BGB Befristeter Arbeitsvertrag.
1208 *Bauer*, BB 2001, 2527.
1209 LAG Hamburg, Urt. v. 24.02.1998, LAGE § 620 BGB Nr. 54; vgl. auch *Dörner*, NZA Beil. 16/2003, 38, der dies gar als zwingend ansieht.

sieht es insofern als entscheidend an, ob der Arbeitnehmer auch bei einem Angebot auf Abschluss eines unbefristeten Vertrages nur ein befristetes Arbeitsverhältnis vereinbart hätte.[1210]

Ziff. 7: Begrenzte Haushaltsmittel 440

Als Sachgrund erkennt das Gesetz in § 14 Abs. 1 Satz 2 Nr. 7 TzBfG auch an, wenn eine Haushaltsstelle von vornherein nur für eine bestimmte Zeit, beispielsweise für ein bestimmtes Forschungsprojekt, bewilligt ist und eine Befristung für diese Zeit vorgenommen wird. Eine unter Berufung auf das öffentliche Haushaltsrecht begründete Befristung war durch die Rechtsprechung seit jeher anerkannt.[1211] Dabei berief sie sich auf das öffentliche Haushaltsrecht, das dem öffentlichen Arbeitgeber aufgebe, keine Verpflichtung einzugehen, die haushaltsrechtlich nicht gedeckt sei. So könnte unter Berufung auf das Haushaltsrecht das Arbeitsverhältnis u.a. auch befristet werden, wenn die Einstellung eines Arbeitnehmers nur deshalb möglich werde, weil die für den Stelleninhaber vorgesehenen Haushaltsmittel durch dessen zeitweise Beurlaubung oder Teilzeitbeschäftigung vorübergehend frei werden.[1212] Gleichermaßen kann aus haushaltsrechtlichen Erwägungen heraus die befristete Beschäftigung von ABM-Kräften für die Dauer der Zuweisung von Mitteln der Bundesagentur für Arbeit erfolgen.[1213] Die Gewährung eines Eingliederungszuschusses nach §§ 217 ff. SGB III soll aber nach Auffassung des BAG[1214] keine Befristung rechtfertigen, da dieser im Gegensatz zur früheren Rechtslage nach dem AFG nicht der Arbeitsbeschaffung, sondern dem Ausgleich von Minderleistungen diene. Wohl aber hat das BAG die Befristung eines Arbeitsvertrages als zulässig anerkannt, um einem Hilfe Suchenden Gelegenheit zu gemeinnütziger und zusätzlicher Arbeit i.S.v. § 19 Abs. 2 BSHG zu schaffen.[1215]

Anknüpfend an die Rechtsprechung des BAG ist Voraussetzung für die Zulässigkeit dieses Sachgrundes, dass die Mittel haushaltsrechtlich für die befristete Beschäftigung bestimmt sind und der Arbeitnehmer zu Lasten dieser Mittel eingestellt und beschäftigt wird. Dadurch wird ein vornehmlich auf die Verhältnisse des öffentlichen Dienstes zugeschnittenes Sonderbefristungsrecht geschaffen, indem der Haushaltsgesetzgeber durch die Bestimmung der Haushaltsmittel für befristete Beschäftigung die Zulässigkeit der Befristung selbst herbeiführen kann. Die Kritik hieran, »haushaltsrechtliche« Gründe der privaten Arbeitgeber fänden keine Berücksichtigung,[1216] ist daher gewiss nicht ganz unberechtigt. Sie lässt allerdings unberücksichtigt, dass die Bereitstellung von Fördermitteln aus öffentlichen Kassen auch dem privaten Arbeitgeber zugute kommen können und er unter Berufung hierauf eine Befristung vornehmen kann. 441

Unabdingbares Wirksamkeitserfordernis für die Befristung aus haushaltsrechtlichen Gründen ist, dass ein Bezug zum konkreten Arbeitsplatz besteht. Es genügt also nicht, wenn der Haushaltsplan Mittel begrenzt oder allgemeine Mitteleinsparungen bspw. im Rahmen eines kw-Vermerks (künftig wegfallend) anordnet.[1217] 442

Ziff. 8: Gerichtlicher Vergleich 443

Weiterhin ist eine Befristung mit sachlichem Grund gem. § 14 Abs. 1 Satz 2 Nr. 8 TzBfG zulässig, wenn sie auf einem gerichtlichen Vergleich beruht. Der Vergleich ist hier selbst Sachgrund; er bedarf somit keines Sachgrundes. Durch die Vereinbarung eines befristeten Arbeitsvertrages kann demnach ein Rechtstreit über eine vorausgegangene Kündigung, die Wirksamkeit einer Befristung oder eine sonstige Bestandsstreitigkeit beendet werden.[1218] Die Mitwirkung des Gerichts an dem Vergleich soll hinreichende Gewähr für die Wahrung der Schutzinteressen des Arbeitnehmers bieten.

1210 BAG, Urt. v. 06.11.1996, BB 1997, 1779; v. 26.08.1998, BB 1999, 424; v. 04.06.2003, BB 2003, 1683.
1211 Vgl. nur BAG, Urt. v. 21.02.1987, NZA 1988, 280; v. 28.09.1988, AP Nr. 125 zu § 620 BGB Befristeter Arbeitsvertrag; v. 03.11.1999 – 7 AZR 719/95 (n.v.); v. 15.08.2001, DB 2002, 152; v. 24.10.2001, NZA 2002, 443.
1212 So erneut BAG, Urt. v. 15.08.2001, DB 2002, 152.
1213 Zur Vergütung in einem so geförderten Arbeitsverhältnis vgl. *Natzel, I.*, SAE 1998, 37 ff.
1214 BAG, Urt. v. 04.06.2003, DB 2003, 142.
1215 BAG, Urt. v. 07.07.1999, NZA 2000, 542; v. 22.03.2000, NZA 2001, 605 f.
1216 Vgl. *Preis/Gotthardt*, DB 2000, 2072.
1217 BAG, Urt. v. 16.01.1987, AP Nr. 111 zu § 620 BGB Befristeter Arbeitsvertrag; *Bauer*, BB 2001, 2527.
1218 BT-Drucks 14/4374, 19.

444 Der Verweis auf die Mitwirkung des Gerichts bedeutet zugleich, dass der außergerichtlich abgeschlossene Vergleich keinen die Befristung rechtfertigenden Grund darstellt.[1219] Jedoch berührt die Beschränkung auf den gerichtlichen Vergleich die Zulässigkeit von Aufhebungs- oder Abwicklungsverträgen nicht. Solche Vereinbarungen können auch weiterhin außergerichtlich wirksam vereinbart werden. Sie unterliegen nur dann einer gerichtlichen Befristungskontrolle, soweit in ihnen die Auslauffrist für die Beendigung des Arbeitsverhältnisses die Kündigungsfrist um ein Vielfaches übersteigt und es an weiteren, den Aufhebungs- oder Abwicklungsvertrag kennzeichnenden Vereinbarungen mangelt.[1220]

b) Mehrfachbefristungen

445 Die Aufeinanderfolge mehrerer befristet abgeschlossener Arbeitsverhältnisse ist grundsätzlich zulässig, soweit diesen ein Sachgrund zugrunde liegt. Allerdings ist insofern Vorsicht geboten, da mit der Dauer der Beschäftigung und der Anzahl der aufeinander folgenden Befristungen sich die Anforderungen an die Befristungsabrede erhöhen, deren Zulässigkeit dort ihre Grenze findet, wo von einem Fall rechtlich nicht zu billigender Dauervertretung ausgegangen werden muss.[1221]

446 Im Falle aufeinander folgender Befristungen unterliegt der Befristungskontrolle die **im letzten Vertrag enthaltene Befristungsabrede**.[1222] Dies folgt daraus, dass die Arbeitsvertragsparteien, wenn sie im Anschluss an einen befristeten Arbeitsvertrag ihr Arbeitsverhältnis für eine durch Befristungsregelung bestimmte Zeit fortsetzen, damit regelmäßig zum Ausdruck bringen, dass der neue Vertrag fortan maßgeblich sein soll. Eines neuen Arbeitsvertrages würde es nicht bedürfen, wenn die vorangegangene Befristung unwirksam gewesen wäre und sich die Parteien deshalb bereits in einem unbefristeten Arbeitsverhältnis befunden hätten.[1223]

447 Nicht jedoch ist dann auf die zuletzt getroffene Befristungsabrede abzustellen, wenn lediglich der Endzeitpunkt des Arbeitsverhältnisses geändert und dadurch der alte Vertrag mit dem fortdauernden Sachgrund der Befristung in Einklang gebracht wird. Einen solchen **unselbständigen Annexvertrag** hatte das BAG für den Fall angenommen, wenn durch Vertragsänderung der Endzeitpunkt eines mit Drittmitteln finanzierten Arbeitsverhältnisses an die Laufzeit der Mittel angepasst wird, weil ein noch vorhandener Rest aufgebraucht werden soll.[1224]

3. Zulässigkeit der Befristung ohne sachlichen Grund (§ 14 Abs. 2 TzBfG)

448 Neben der grundsätzlich zulässigen Befristung mit Sachgrund lässt das Gesetz unter den in § 14 Abs. 2 TzBfG genannten Voraussetzungen eine erleichterte Befristung ohne sachlichen Grund zu. Nach § 14 Abs. 2 Satz 1 TzBfG kann ein kalendermäßig befristeter Arbeitsvertrag ohne sachlichen Grund bis zur Dauer von zwei Jahren geschlossen werden. Ein auf dieser Grundlage neu abgeschlossener befristeter Arbeitsvertrag kann innerhalb des Gesamtrahmens von bis zu zwei Jahren dreimal verlängert werden. Generell empfiehlt es sich, stets zunächst eine sachgrundlose Befristung vorzunehmen. Denn nur an eine sachgrundlose Befristung kann eine Sachgrundbefristung angeschlossen werden, nicht jedoch eine sachgrundlose an eine sachgrundbefristete. Der Arbeitgeber kann sich

1219 Vgl. *Preis/Gotthardt*, DB 2000, 2071 m.w.N.

1220 BAG, Urt. v. 12.01.2000, DB 2000, 1183.

1221 BAG, Urt. v. 30.09.1981, AP Nr. 63 zu § 620 BGB Befristeter Arbeitsvertrag; vgl. i.Ü. *Hunold*, NZA 1997, 744; *ders.*, NZA, 2002, 257; *Schiefer*, DB 2000, 2122.

1222 BAG, Urt. v. 13.05.1982, v. 08.05.1985, v. 27.01.1988, v. 26.08.1988, AP Nr. 67, 97, 116, 124 zu § 620 BGB Befristeter Arbeitsvertrag; v. 22.03.2000, NZA 2001, 605 ff.; v. 04.06.2003, DB 2003, 2340; *Dörner*, NZA Beil. 16/2003, 35.

1223 So BAG, Urt. v. 08.05.1985, AP Nr. 97 zu § 620 BGB Befristeter Arbeitsvertrag; vgl. aber auch BAG, Urt. v. 05.06.2002, DB 2002, 2385, wonach dies nicht gelte, wenn die Parteien sich vorbehalten haben, die Wirksamkeit der im vorangegangenen Arbeitsvertrag vereinbarten Befristung überprüfen zu lassen; ebenso für eine bereits klageweise angegriffene Befristung, der eine weitere Befristungsabrede folgt: BAG, Urt. v. 10.03.2004, DB 2004, 1434.

1224 BAG, Urt. v. 21.01.1987, AP Nr. 4 zu § 620 BGB Hochschule; zu diesem Vertragstypus vgl. auch *Hunold*, NZA 1997, 741 f.

auch nicht im Nachhinein auf die Zulässigkeit der sachgrundlos getroffenen Befristungsvereinbarung berufen, wenn er die Befristung im Arbeitsvertrag mit einem Sachgrund begründet hat.[1225]

Durch das Gesetz zu Reformen am Arbeitsmarkt[1226] ist es zum Zwecke der Förderung von Existenzgründern möglich gemacht worden, in den ersten vier Jahren nach Gründung eines Unternehmens die kalendermäßige Befristung eines Arbeitsvertrags bis zur Dauer von vier Jahren ohne Vorliegen eines sachlichen Grundes vornehmen zu können (§ 14 Abs. 2a TzBfG).[1227] Innerhalb dieser Zeit soll auch die mehrfache Verlängerung eines kalendermäßig befristeten Arbeitsvertrags zulässig sein. Dies gilt nicht für Neugründungen im Zusammenhang mit der rechtlichen Umstrukturierung von Unternehmen, wohl aber für Existenzgründer, die im Wege des § 613a BGB einen Betrieb übernehmen.[1228] Maßgebend für die Bestimmung des Zeitpunkts der Unternehmensgründung ist die Aufnahme einer Erwerbstätigkeit, die nach § 138 AO vom Finanzamt mitzuteilen ist. Ansonsten ergeben sich hier keine Besonderheiten; auf das so befristete Arbeitsverhältnis finden die im Nachfolgenden noch darzustellenden Bestimmungen von § 14 Abs. 2 Satz 2–4 TzBfG entsprechende Anwendung. 448a

a) Verlängerung des sachgrundlos befristeten Arbeitsverhältnisses

Nach § 14 Abs. 2 Satz 1 2. Hs. TzBfG ist eine **höchstens dreimalige Verlängerung des sachgrundlos befristeten Arbeitsverhältnisses** bis zu einer Dauer von zwei Jahren zulässig.[1229] Eine »Verlängerung« i.S.d. Gesetzes ist anzunehmen, wenn das ursprünglich vorgesehene Befristungsende einvernehmlich auf einen späteren Zeitpunkt festgelegt wird und insofern die neue Befristungsabrede bei im Übrigen unveränderten Vertragsverhältnissen die ursprünglich getroffene ersetzt.[1230] Ändert sich allerdings der Vertragsinhalt, ist von einer Neubegründung auszugehen.[1231] Diese kann aufgrund § 14 Abs. 2 Satz 2 TzBfG nicht ohne Sachgrund befristet vorgenommen werden. 449

Die »Verlängerung« setzt i.Ü. ein unmittelbares Anschließen einer weiteren Vertragsperiode voraus. Dies bedingt eine Vereinbarung über die Verlängerung vor Ablauf des zu verlängernden Zeitvertrags.[1232] Eine nach Beendigung des befristeten Erstarbeitsverhältnisses später vereinbarte sachgrundlose Befristung eines weiteren Arbeitsverhältnisses ist somit auch dann unzulässig, wenn sie innerhalb des Gesamtrahmens von zwei Jahren erfolgt.[1233] 450

Soweit es um die Prüfung der Verlängerung eines in zulässiger Weise sachgrundlos befristeten Arbeitsvertrages geht, ist auf den Vertrag abzustellen, der dem erstmals auf § 14 Abs. 2 TzBfG gestützten und höchstens drei Mal verlängerten Zeitvertrag vorausgeht.[1234] Hat der Arbeitnehmer die Unwirksamkeit der dort enthaltenen Befristung nicht in der durch § 17 TzBfG bestimmten Klagefrist geltend gemacht, kann er in der weiteren Auseinandersetzung mit seinem Arbeitgeber nicht einwenden, der vorangehende Arbeitsvertrag sei ein unbefristeter Vertrag gewesen. Denn 451

1225 BAG, Urt. v. 05.06.2002, DB 2002, 2166.

1226 BGBl I, 2003, 3002.

1227 Dazu: *Lembke*, DB 2003, 2702 ff.

1228 *Lipinski*, DB 2004, 1221; *Thüsing/Stelljes*, BB 2003, 1680.

1229 Zur Bemessung der Zwei-Jahres-Frist auf Grundlage der §§ 187 f. BGB vgl. *Osnabrügge*, NZA 2003, 640.

1230 Zum Begriff der Verlängerung vgl. BAG, Urt. v. 26.07.2000, BB 2000, 2576; ferner *Hopfner*, BB 2001, 200; *Koppenfels*, ArbuR 2002, 241. Die bisherige Rspr. zum Begriff der Verlängerung jedoch unter Berufung auf die mit dem TzBfG umgesetzte EU-Richtlinie in Frage stellend: *Backhaus*, NZA Beil. 24/2001, 11.

1231 BAG, Urt. v. 26.07.2000, BB 2000, 2576; *Koppenfels*, ArbuR 2002, 243; zur abw. Auffassung vgl. *Backhaus*, NZA Beil. 24/2001, 11.

1232 BAG, Urt. v. 26.07.2000, AP Nr. 4 zu § 1 BeschFG; v. 25.10.2000, BB 2001, 526; *Bauer*, BB 2001, 2475; *Hunold*, NZA 1997, 741 ff.; *Rolfs*, NZA 1996, 1137.

1233 Vgl. aber auch LAG Düsseldorf, Urt. v. 06.12.2001, DB 2002, 900, wonach eine wirksame Verlängerung auch dann vorliegt, wenn der Verlängerungsvertrag zunächst mündlich vor Ablauf des zu verlängernden Vertrags vereinbart, aber erst am ersten Tag seiner Laufzeit schriftlich bestätigt wird; vgl. hierzu auch *Koppenfels*, ArbuR 2002, 241.

1234 So BAG, Urt. v. 08.05.1985, NZA 1986, 569; v. 26.07.2000, BB 2000, 2576 f. unter Berufung auf die Gesetzessystematik.

diese Befristung ist aufgrund der Fiktionswirkung des § 7 KSchG i.V.m. § 17 TzBfG als wirksam anzusehen.[1235]

452 Der Gesetzgeber eröffnet den Tarifvertragsparteien über die **Öffnungsklausel des § 14 Abs. 2 Satz 3 TzBfG** die Möglichkeit, abweichend von Satz 1 die Anzahl der Verlängerungen oder die Höchstbefristungsdauer zu regeln.[1236]

Nicht tarifgebundene Arbeitgeber können im Geltungsbereich eines solchen Tarifvertrags die Anwendung der abweichenden Tarifregelung einzelvertraglich vereinbaren (§ 14 Abs. 2 Satz 4 TzBfG).

453 Für den Bereich des **öffentlichen Dienstes** haben die Tarifvertragsparteien in der **Protokollnotiz Nr. 1 zu SR 2 y BAT** vorgesehen, dass eine befristete Einstellung nur zulässig ist, wenn hierfür sachliche oder in der Person des Angestellten liegende Gründe vorhanden sind. Die dazu ergänzend verfasste Protokollnotiz Nr. 6, die abweichend davon vorsah, dass Arbeitsverhältnisse ohne sachlichen Grund nach Maßgabe des § 1 BeschFG a.F. abgeschlossen werden können, ist zum 31.12.2000 ausgelaufen. In einer Übergangszeit war umstritten, ob im Bereich des öffentlichen Dienstes sachgrundlose Befristungen möglich waren.[1237] Das Problem ist seit dem 01.01.2002 mit In-Kraft-Treten des 77. Änderungstarifvertrags zum BAT gelöst. Nunmehr sieht die Protokollnotiz der Ziff. 6 vor, dass abweichend von der Protokollnotiz Nr. 1 Arbeitsverträge nach § 14 Abs. 2 und 3 TzBfG begründet werden können.

b) Verbot der sachgrundlosen Anschlussbefristung

454 Gem. § 14 Abs. 2 Satz 2 TzBfG ist eine Befristung ohne Sachgrund unzulässig, wenn mit demselben Arbeitgeber bereits zuvor ein befristetes oder unbefristetes Arbeitsverhältnis bestanden hat. Durch diese Regelung sollten die nach früherem Recht (§ 1 Abs. 3 BeschFG) im Einzelfall praktizierten Befristungsketten ausgeschlossen werden.[1238] Damit ist nunmehr eine erleichterte Befristung ohne sachlichen Grund bereits nicht mehr zulässig, wenn zwischen Arbeitnehmer und Arbeitgeber jemals zuvor ein Arbeitsverhältnis bestanden hat, und zwar unabhängig von dessen Dauer und zeitlichem Abstand zu einem neu zu begründenden Arbeitsverhältnis.[1239]

455 Das Verbot der Anschlussbefristung stellt auf den **Vertragsarbeitgeber**, also die natürliche oder juristische Person ab, die mit dem Arbeitnehmer den befristeten Arbeitsvertrag abgeschlossen hat.[1240] Hat der Arbeitnehmer zu verschiedenen Arbeitgebern, die gemeinsam einen Betrieb führen, ein Vertragsverhältnis begründet, kann auch dann keine Betrachtung der tatsächlichen Verhältnisse erfolgen, sondern ist auf die jeweilig eingegangenen individualvertraglichen Bindungen abzustellen. Das Verbot der Anschlussbefristung findet daher bei einem innerhalb eines Gemeinschaftsbetriebs vorgenommenen Wechsel des Vertragsarbeitgebers weder unmittelbar noch entsprechend Anwendung.[1241]

1235 BAG, Urt. v. 26.07.2000, BB 2000, 2576 f.

1236 Von dieser Option haben die Tarifvertragsparteien der M+E-Industrie (Tarifgebiet Ost) in dem mit der Christlichen Gewerkschaft (CGM) abgeschlossenen Tarifvertrag vom 28.06.2001 Gebrauch gemacht; zu weiteren Tarifverträgen vgl. *Lembke*, DB 2003, 2702. Vgl. ferner zur Anwendbarkeit der Öffnungsklausel im Bereich der Kirchen *Müller-Volbehr*, NZA 2002, 301 ff.; *v. Hoyningen-Huene*, RdA 2002, 65 ff.

1237 Dies unter Hinweis auf § 14 Abs. 2 als höherrangigem Recht bejahend: *Pöltl*, NZA 2001, 582 ff.; verneinend: *Backhaus*, NZA Beil. 24/2001, 11, der unter Hinweis auf die Tariföffnungsklausel des § 14 Abs. 2 Satz 3 TzBfG folgert, dass diese Klausel den Tarifvertragsparteien auch eine Reduzierung von Zahl und Höchstdauer sachgrundloser Befristungen auf Null ermögliche.

1238 Vgl. Gesetzesbegründung, BT-Drucks 14/4374, 19.

1239 Vgl. auch *Schmalenberg*, NZA 2001, 938, der Bestrebungen nach einer korrigierenden Auslegung (vgl. etwa *Löwisch*, BB 2001, 254; *Bauer*, BB 2001, 2475; *Osnabrügge*, NZA 2003, 642) eine Absage erteilt; i.d.S. auch *Backhaus*, NZA Beil. 24/2001, 11; *Kliemt*, NZA 200, 299.

1240 BAG, Urt. v. 25.04.2001, BB 2001, 2152 ff.; *Dörner*, NZA Beil. 16/2003, 39.

1241 BAG, Urt. v. 25.04.2001, BB 2001, 2152 ff.

Wer unter den **Begriff »derselbe Arbeitgeber«** fällt, wenn die Beschäftigung in unterschiedlichen Unternehmen desselben Konzerns oder im Wechsel zwischen Konzernmutter und -tochter durchgeführt wird, ist gesetzlich nicht geregelt. Eine Regelung dem § 147a Abs. 5 SGB III entsprechend, der die Einheit der Arbeitgeberstellung für Konzernunternehmen im Rahmen der Prüfung der Erstattungsvoraussetzungen nach § 147a SGB III fingiert, fehlt. Da es aber oftmals infolge von Umstrukturierungen nicht mehr klar erkennbar ist, ob zuvor einmal ein Arbeitsverhältnis zu dem sich bewerbenden Arbeitnehmer bestanden hat, empfiehlt es sich, den neu einzustellenden Arbeitnehmer zu befragen, zu welchen Arbeitgebern er in seinem Berufsleben in einem Beschäftigungsverhältnis gestanden hat.[1242] Das einstellende Unternehmen hat darauf beruhend zu prüfen, ob es als derselbe Arbeitgeber anzusehen ist. Liegt aber lediglich ein Fall der auf einem Betriebsinhaberwechsel beruhenden Rechtsnachfolge vor, ist der neue Betriebsinhaber nicht als derselbe Arbeitgeber i.S.d. § 14 Abs. 2 Satz 2 TzBfG anzusehen.[1243] Denn der Betriebserwerber tritt zwar in die im Zeitpunkt des Betriebsübergangs bestehenden Arbeitsverhältnisse ein, erlangt aber nicht zugleich eine Arbeitgeberstellung in Bezug auf frühere abgeschlossene Rechtsverhältnisse. Entscheidend ist also die Stellung als Vertragsarbeitgeber. 456

Das Anschlussverbot wird teilweise dahin gehend ausgelegt, dass auch ein erneut ohne sachlichen Grund abgeschlossenes Arbeitsverhältnis sich nahtlos an eine vorangegangene Sachgrundbefristung anschließt und damit wie eine Verlängerung i.S.d. § 14 Abs. 2 Satz 2 TzBfG wirken kann. Begründet wird dies damit, dass es mit dem Sinn und Zweck des Gesetzes nicht vereinbar sein dürfte, ein sachgrundlos befristetes Arbeitsverhältnis ohne weiteres innerhalb des gesetzlichen Rahmens von zwei Jahren verlängern zu können, ein zunächst sachgrundgerecht befristetes Arbeitsverhältnis jedoch nicht.[1244] 457

> *Beispiel*
> Kurz vor Auslaufen des auf sechs Monate mit Sachgrund befristeten Vertrags wird ein 18-monatiges Arbeitsverhältnis ohne Sachgrund vereinbart, das sich nahtlos an das erste Arbeitsverhältnis anschließen soll.

Wäre die erste Befristung ohne Sachgrund gewesen, dann wäre die zweite Befristung unproblematisch zulässig, weil sie eine Verlängerung i.S.d. § 14 Abs. 2 Satz 1 TzBfG darstellt. Die Rechtslage soll hier nicht anders sein können, als wenn für die erste Befristung sogar ein Sachgrund vorgelegen hätte. Dementsprechend wäre die zweite Befristung nach Sinn und Zweck des Gesetzes ebenfalls als zulässig anzusehen.[1245] Unbeschadet der dargestellten Rechtsauffassung, die bislang nicht der Prüfung durch die Rechtsprechung unterzogen wurde und daher gewiss mit einigen Risiken verbunden ist, sei angeraten, stets das Arbeitsverhältnis zunächst sachgrundlos zu befristen, bevor auf einen Sachgrund zurückgegriffen wird.

Gleichermaßen wie die vorbehandelten Fälle wird man eine Befristung anzusehen haben, die auf zwei Jahre abgeschlossen wurde, in die aber ein auf sechs Monate angelegtes Probearbeitsverhältnis integriert ist.[1246] 458

Eine Ausnahme ergibt sich nach der Gesetzesbegründung für **Befristungen im Anschluss an Berufsausbildungsverhältnisse**.[1247] Danach ist es wie bisher zulässig, einen befristeten Arbeitsvertrag ohne sachlichen Grund im Anschluss an die Berufsausbildung abzuschließen, da es sich bei einem Berufsausbildungsverhältnis nicht i.S.v. § 14 Abs. 2 Satz 2 TzBfG um ein zum Anschlussverbot 459

1242 Auf das Bestehen eines Fragerechts weist auch die Gesetzesbegründung, BT-Drucks 14/4374, 19, hin.

1243 *Bauer*, BB 2001, 2476; *Osnabrügge*, NZA 2003, 641.

1244 So *Sowka*, DB 2000, 2427.

1245 *Sowka*, DB 2000, 2427.

1246 *Sowka*, DB 2000, 2428, der allerdings zutreffend darauf verweist, dass es hier statt der Integration eines Probearbeitsverhältnisses rechtstechnisch sinnvoller wäre, sich im befristen Arbeitsverhältnis die Kündigungsmöglichkeit durch eine Regelung offen zu halten, die wie folgt lauten könnte: »Die ersten sechs Monate gelten als Probezeit. In dieser Zeit kann das Arbeitsverhältnis beiderseits unter Einhaltung einer Kündigungsfrist von . . . Tagen gekündigt werden.«.

1247 BT-Drucks 14/4374, 20; krit. demgegenüber *Schlachter*, NZA 2003, 1180 ff.

führendes Arbeitsverhältnis handelt.[1248] Diese Ausnahmeregelung steht neben derjenigen des § 14 Abs. 1 Satz 2 Nr. 2 TzBfG, wonach die Befristung mit Sachgrund im Anschluss an eine Ausbildung oder ein Studium zulässig ist, um den Übergang des Arbeitnehmers in eine Anschlussbeschäftigung zu erleichtern. Der Arbeitgeber hat daher zu prüfen, welche Befristungsvariante für ihn vorteilhafter ist. Dabei mag auf den ersten Blick im Anschluss an ein Ausbildungsverhältnis eine Befristung mit Sachgrund i.S.v. § 14 Abs. 1 Satz 2 Nr. 2 TzBfG günstiger erscheinen, da die Befristung mit Sachgrund ausdrücklich an keine Höchstdauer gebunden ist. Allerdings mag man hier entsprechend § 14 Abs. 2 Satz 2 TzBfG davon ausgehen, dass eine gleichartige Befristung ohne Sachgrund ebenfalls nur für einen Zeitraum von höchstens zwei Jahren zulässig ist, weshalb dem vorsichtigen Arbeitgeber angeraten sei, das Arbeitsverhältnis nicht über die Höchstdauer von zwei Jahren hinaus zu befristen.[1249] Jedenfalls soweit der Arbeitgeber (zunächst) eine Befristung unterhalb dieses Zeitraums vornimmt, sollte er diese sachgrundlos vornehmen, da ihm nur so die Möglichkeit der Verlängerung bis zur Höchstdauer von zwei Jahren verbleibt.

Beispiel
Aufgrund einer betrieblichen Übernahmeverpflichtung übernimmt der Arbeitgeber den Ausgebildeten zunächst für zwölf Monate. Kurz vor Ablauf der zwölf Monate wird ein weiterer Vertrag abgeschlossen, der sich nahtlos an die vorherige Befristung anschließt. Hierzu gibt es keinen Sachgrund.

Die Befristung wäre unproblematisch gewesen, wenn für die erste Befristung kein sachlicher Grund vorgelegen hätte: Die Übernahme von Auszubildenden ist auch deshalb ohne Sachgrund möglich, weil laut Gesetzesbegründung das Ausbildungsverhältnis kein Arbeitsverhältnis darstellt, so dass man hier von einer Erstbefristung ausgehen kann. Zwei Jahre sollten aber nicht überschritten werden.

460 Die vorstehenden Ausführungen zu den Befristungsmöglichkeiten im Anschluss an eine Ausbildung lassen sich nicht ohne weiteres auf die Problematik der **Werkstudenten** übertragen. Ein Arbeitsverhältnis im Anschluss an ein Studium kann zwar gem. § 14 Abs. 1 Satz 2 Nr. 2 TzBfG zulässig befristet werden. Eine korrespondierende Aussage findet sich in der vorbezeichneten Gesetzesbegründung bezogen auf diese Gruppe in einem Arbeitsverhältnis Tätiger jedoch nicht. Dort wird ausdrücklich nur die Befristung ohne Sachgrund im Anschluss an die Berufsausbildung im dualen System als zulässig festgeschrieben.

c) Befristung mit älteren Arbeitnehmern (§ 14 Abs. 3 TzBfG)

461 § 14 Abs. 3 TzBfG sah in seiner bisherigen Fassung Erleichterungen bei der Befristung eines Arbeitsvertrages vor, wenn der Arbeitnehmer das 58. Lebensjahr vollendet hat. Anstelle der Altersgrenze von 58 Lebensjahren gilt aufgrund der in Art. 7 des Ersten Gesetzes für moderne Dienstleistungen am Arbeitsmarkt erhaltenen Ergänzung des § 14 Abs. 3 TzBfG befristet bis zum 31.12.2006 die Altersgrenze von 52 Lebensjahren.[1250] Die Befristung von Arbeitsverträgen mit Arbeitnehmern, die das 52. Lebensjahr vollendet haben, bedarf keines sachlichen Grundes. Aufgrund dieser Regelung kann somit ein Arbeitnehmer, der zunächst auf der Grundlage des § 14 Abs. 1 oder 2 TzBfG befristet beschäftigt wurde, danach unter den erleichterten Bedingungen des § 14 Abs. 3 TzBfG ohne zeitliche und/oder zahlenmäßige Einschränkungen weiter befristet beschäftigt werden. Die Befristung ist jedoch unzulässig, wenn sie auf einen vorher bestehenden unbefristeten Arbeitsvertrag hin erfolgte und ein enger sachlicher Zusammenhang mit diesem Arbeitsvertrag besteht.[1251] Ein solcher ist insbesondere dann anzunehmen, wenn zwischen den Arbeitsverträgen ein Zeitraum von weniger als sechs Monaten liegt. Beträgt der zeitliche Abstand mehr als das Doppelte des in § 14

1248 So auch ausdrückl. die Gesetzesbegründung, BT-Drucks 14/4374, 20. Gleiches dürfte auch für andere der Ausbildung dienliche Rechtsverhältnisse, etwa Praktikantenverhältnisse, gelten (a.A. aber *Viethen*, BABl 2001, 8).

1249 Vgl. insofern auch *Sowka*, DB 2000, 2428.

1250 Vgl. hierzu auch *Bauer*, NZA 2003, 30; *Hümmerich/Hothausen/Welslau*, NZA 2003, 8 f.

1251 *Backhaus*, NZA Beil. 24/2001, 12; *Lembke*, DB 2003, 2704.

Abs. 3 Satz 3 TzBfG vorgesehenen Zeitraums, kann ein enger sachlicher Zusammenhang in der Regel nicht angenommen werden.[1252]

Unbeschadet der Regelung des § 14 Abs. 3 TzBfG wird teilweise vor dem Abschluss befristeter Arbeitsverträge mit älteren Arbeitnehmern unter Hinweis auf eine mögliche Europarechtswidrigkeit gewarnt.[1253] Unbeschadet dieser Kritik sei allerdings festgestellt, dass mit der Entscheidung des BAG v. 18.02.2003[1254] feststehen dürfte, dass eine nicht auslegungsfähige nationale Vorschrift nicht von der nationalen Rechtsprechung europarechtskonform uminterpretiert oder gar aufgehoben werden kann. Diese europarechtskonforme Umsetzung von Richtlinien ist Aufgabe des Gesetzgebers und nicht der Gerichte. 461a

4. Schriftformerfordernis der Befristung (§ 14 Abs. 4 TzBfG)

Die mit oder ohne Sachgrund erfolgende erstmalige oder verlängernde Befristungsabrede unterliegt nach § 14 Abs. 4 TzBfG dem **Schriftformgebot**.[1255] Das konstitutiv wirkende Schriftformerfordernis erfasst alle maßgeblichen Angaben, um den Befristungstatbestand zu definieren, also das Enddatum der Zeitbefristung oder die Benennung des mit der Befristung erfolgten Zwecks. Nicht jedoch erstreckt es sich auf die befristete Ausgestaltung einzelner Arbeitsbedingungen in einem ansonsten unbefristeten Arbeitsverhältnis.[1256] Ein Verstoß gegen das gesetzlich normierte Formerfordernis führt somit zur Unwirksamkeit der ohne das Formerfordernis vollzogenen Rechtshandlung (§ 125 BGB).[1257] Jedoch ist beim Verstoß gegen das Formerfordernis nicht der – i.Ü. weiterhin formfrei mögliche[1258] – Arbeitsvertrag insgesamt, sondern die in ihm enthaltene Befristungsabrede mit der Folge unwirksam, dass das befristet abgeschlossene Arbeitsverhältnis als auf unbestimmte Zeit abgeschlossen gilt. Dies hat der Gesetzgeber in § 16 Satz 1 TzBfG nochmals klargestellt. Da – im Gegensatz zu § 623 BGB – die elektronische Form nicht ausdrücklich ausgeschlossen wird, dürfte i.Ü. davon auszugehen sein, dass die schriftliche Form nach § 126 Abs. 3 BGB durch eine elektronische ersetzt werden kann.[1259] 462

Stets ist darauf zu achten, dass die Befristungsabrede vor oder zeitgleich zusammen mit dem Arbeitsvertrag formgerecht niedergelegt wird. Denn ist erst einmal ein Arbeitsvertrag zustande gekommen, fehlt es aber an der Befristungsabrede oder ist diese formmangelhaft abgeschlossen worden, kann dieser Mangel nicht geheilt werden.[1260] Insbesondere ist auch keine Heilung durch einen Nachweis nach § 2 Abs. 1 Nr. 3 NachwG möglich.[1261] Die Regelung des § 14 Abs. 4 TzBfG ist unabdingbar (§ 22 Abs. 1 TzBfG). Daher ist dem Schriftformgebot eine gesonderte Aufmerksamkeit zu widmen. Dies gilt auch, soweit ein befristet abgeschlossenes Arbeitsverhältnis innerhalb der Frist des § 14 Abs. 2 TzBfG verlängert werden soll; diese Verlängerung ist stets vor Auslaufen der vorhergehenden Befristung schriftlich zu fixieren.[1262] 463

In der Befristungsvereinbarung sind weder die Angabe der Befristungsgrundlage noch die eines Sachgrundes erforderlich, sofern dessen Angabe nicht für die Bestimmung des Beendigungstatbe- 464

1252 So für § 1 Abs. 3 BeschFG: BAG, Urt. v. 25.10.2000, NZA 2001, 609 ff.

1253 Vgl. dazu auch *Bauer*, NZA 2003, 30; *Krewer*, NZA 2002, 1316; *Linsemaier*, RdA Sonderbeil. 5/2003, 29 f.

1254 BAG, Beschl. v. 18.02.2003, DB 2003, 1387 ff.

1255 Ein Schriftformerfordernis bestand bereits vor In-Kraft-Treten des TzBfG durch den mit Wirkung zum 01.05.2000 in das BGB aufgenommenen § 623; vgl. dazu: *Lakies*, BB 1999, 667 ff.; *Preis/Gotthardt*, NZA 2000, 348 ff.; *Sander/Sieber*, ArbuR 2000, 287 ff.

1256 BAG, Urt. v. 03.09.2003, DB 2004, 490 f.

1257 Dazu *Koppenfels*, ArbuR 2002, 241.

1258 *Koppenfels*, ArbuR 2001, 201.

1259 *Bauer*, BB 2001, 2527.

1260 So auch für die verspätete in schriftlicher Form vorgenommene Verlängerung einer sachgrundlosen Befristung: *Koppenfels*, ArbuR 2002, 241 ff.

1261 Vgl. auch *Bauer*, BB 2001, 2528.

1262 *Osnabrügge*, NZA 2003, 640.

standes geboten ist, wie es bei Zweckbefristungen der Fall ist.[1263] Die Parteien sind somit nicht gehalten zu dokumentieren, ob die Befristung mit oder ohne Sachgrund erfolgt.[1264] Nehmen sie aber einen Sachgrund mit in die Befristungsabrede auf, kann hierin nicht zwingend ein ausdrücklicher oder konkludenter Ausschluss der Anwendbarkeit des § 14 Abs. 2 TzBfG gesehen werden; der benannte Sachgrund kann hier allenfalls als Indiz für das Vorliegen einer Sachgrundbefristung unter gleichzeitigem Ausschluss der Möglichkeit der sachgrundlosen Befristung angesehen werden.[1265] Ein entsprechendes Schriftformerfordernis, das den Befristungsgrund als solchen dokumentiert, war noch im Referentenentwurf zu § 14 Abs. 4 TzBfG vorgesehen, fand sich im durch den Bundestag verabschiedeten Gesetzentwurf sodann jedoch nicht mehr wieder. Damit trägt das Gesetz auch der bisherigen Rechtsprechung Rechnung, nach der es im Regelfall ausreichend ist, dass der sachliche Grund bei Vertragsschluss objektiv vorgelegen hat; er muss also nicht dem Vertragspartner mitgeteilt oder ausdrücklich zum Inhalt des Vertrages gemacht worden sein.[1266] Im Regelfall dürfte es daher ratsam sein, weder eine Rechtsgrundlage noch einen sachlichen Grund für die Befristung mit in die Befristungsabrede aufzunehmen. *Sowka*[1267] hält es auch für empfehlenswert, sich durch einen Hinweis sowohl auf § 14 Abs. 1 wie Abs. 2 TzBfG alle erdenkbaren Optionen offen zu halten. Ausnahmen vom Grundsatz, dass es der Aufnahme eines Befristungsgrundes nicht bedarf, sind aber im Rahmen von Zweckbefristungen zu beachten. Hier ist es geboten, den Zweck, mit dessen Erreichen das Arbeitsverhältnis enden soll, so genau vertraglich zu bezeichnen, dass der Endzeitpunkt des Arbeitsverhältnisses klar und eindeutig bestimmbar ist. Überdies sollen bei mehreren bei Vertragsschluss einschlägigen Befristungsgründen, die verschiedenen tariflich zugelassenen Befristungsformen zugeordnet werden können, nur die ausdrücklich erwähnten eine Berücksichtigung finden; für diese Fälle empfiehlt sich also auch eine ausdrückliche Benennung der Befristungsgründe.

464a Umstritten war die Frage, ob die Vereinbarung einer **Weiterbeschäftigung eines Arbeitnehmers während des Kündigungsschutzprozesses** zwecks Vermeidung von Verzugsfolgen der Schriftform bedarf. *Bayreuther*[1268] war einer entsprechenden Auffassung des LAG Hamm[1269] mit überzeugenden Argumenten entgegengetreten, indem er darauf verwiesen hat, dass die in einer Weiterbeschäftigungsabrede enthaltene Prozessbedingung lediglich eine Rechtsbedingung enthalte, die ohne echten rechtsgeschäftlichen Charakter ist und somit nicht §§ 21, 14 Abs. 4, 16 TzBfG unterfallen würde. Nunmehr, seit der Entscheidung des BAG v. 22.10.2003[1270] steht fest, dass die Weiterbeschäftigung zwecks Vermeidung von Verzugslohnansprüchen ohne schriftliche Befristungsabrede mit höchsten Risiken behaftet ist. Das BAG geht nämlich davon aus, dass hierbei das Schriftformgebot zu beachten ist.

5. Beendigung des befristeten Arbeitsvertrages (§ 15 TzBfG)

465 Gem. § 15 Abs. 1 TzBfG endet ein kalendermäßig befristeter Arbeitsvertrag mit **Ablauf der vereinbarten Zeit**. Einer Kündigung bedarf es nicht. Durch die Gesetzesbegründung wird auch klargestellt, dass ein kalendermäßig befristeter Arbeitsvertrag auch dann mit Zeitablauf endet, wenn das Arbeitsverhältnis einem besonderen Kündigungsschutz, z.B. nach dem MuSchG oder dem

1263 *Koppenfels*, ArbuR 2001, 201; *Osnabrügge*, NZA 2003, 640; vgl. i.Ü. hierzu auch BAG, Urt. v. 26.07.2000, BB 2000, 2576 f.

1264 Vgl. auch BAG, Urt. v. 04.12.2002, DB 2003, 1174.

1265 So zum alten § 1 Abs. 1 Satz 1 BeschFG 1996: BAG, Urt. v. 05.06.2002, DB 2002, 2166 ff. m. Anm. *Sowka*; v. 04.12.2002, DB 2003, 1174.

1266 BAG, Urt. v. 31.08.1994, AP Nr. 163 zu § 620 BGB Befristeter Arbeitsvertrag; v. 15.08.2001, DB 2002, 152; v. 05.06.2002, DB 2002, 2166.

1267 *Sowka*, DB 2002, 2168 f.

1268 *Bayreuther*, DB 2003, 1736 ff.

1269 LAG Hamm, Urt. v. 16.01.2003, DB 2003, 1739.

1270 BAG, Urt. v. 22.10.2003 – 7 AZR 113/03, Pressemitteilung Nr. 71/03.

SGB IX, unterliegt.[1271] Dadurch wird deutlich, dass es allein auf die Wirksamkeit der Befristung zum Zeitpunkt des Vertragsschlusses gem. § 14 TzBfG ankommt.[1272]

In § 15 Abs. 2 TzBfG ist die Beendigung eines Arbeitsverhältnisses mit Zweckbefristung geregelt. 466
Da der Arbeitnehmer den genauen Zeitpunkt der Zweckerreichung, z.B. den Abschluss eines Forschungsprojekts, nicht immer kennt, wird der Arbeitgeber verpflichtet, mindestens zwei Wochen vorher dem Arbeitnehmer den **Zeitpunkt der Zweckerreichung schriftlich mitzuteilen.**[1273] Die Mitteilung löst für den Arbeitnehmer die nunmehr in § 37b SGB III enthaltene Verpflichtung aus, sich unverzüglich bei der Agentur für Arbeit zu melden. Wird dem Arbeitnehmer der Zeitpunkt der Zweckerreichung verspätet mitgeteilt, endet das Arbeitsverhältnis zwei Wochen nach Zugang dieser Mitteilung.[1274] Einzel- oder kollektivvertraglich kann eine andere Auslauffrist als die im Gesetz vorgesehene vereinbart werden (§ 22 TzBfG). Von dieser Öffnungsklausel haben inzwischen die Tarifvertragsparteien des öffentlichen Dienstes Gebrauch gemacht und insoweit die Protokollnotiz Nr. 6 zur Sonderregelung 2 y dahin gehend ergänzt, dass bei einer auflösenden Bedingung § 21 TzBfG mit der Maßgabe gelte, dass bei der Anwendung des § 15 Abs. 2 TzBfG anstelle der Frist von zwei Wochen eine solche von vier Wochen trete, sofern das Arbeitsverhältnis zum Zeitpunkt des Eintritts der auflösenden Bedingung länger als ein Jahr bestanden hat.

Da die Befristungsabrede eine besondere Vereinbarung über die Beendigung des Arbeitsverhältnisses 467
darstellt, die ein Recht zur ordentlichen Kündigung ausschließt, bedarf es nach § 15 Abs. 3 TzBfG einer gesonderten individual- oder kollektivrechtlichen Regelung, aufgrund derer das Arbeitsverhältnis unbeschadet der Befristungsabrede ordentlich kündbar ist. Dies sollte vom Vertragsgestalter beherzigt werden. Das Recht der Vertragsparteien zur außerordentlichen Kündigung aus einem wichtigen Grund bleibt davon unabhängig stets unter den Voraussetzungen des § 626 BGB erhalten.

Durch § 15 Abs. 4 TzBfG wird § 624 BGB für den Fall in das Gesetz integriert, dass ein Arbeitneh- 468
mer einen Arbeitsvertrag für die Lebenszeit des Arbeitgebers, des Arbeitnehmers oder einer dritten Person oder für eine längere Zeit als fünf Jahre eingegangen ist. Nach Ablauf von fünf Jahren kann der Arbeitnehmer in diesen Fällen mit einer Frist von sechs Monaten kündigen.

Anknüpfend an § 625 BGB regelt § 15 Abs. 5 TzBfG den Fall, dass ein Arbeitsverhältnis kraft Geset- 469
zes als auf unbestimmte Zeit verlängert gilt, wenn es der Arbeitnehmer nach seinem Ablauf mit Wissen des Arbeitgebers und ohne dessen unverzüglichen Widerspruch bzw. unverzügliche Mitteilung der Zweckerreichung fortsetzt. Ein Irrtum des Arbeitgebers oder eines zum Abschluss von Arbeitsverträgen berechtigten Repräsentanten soll nach Auffassung des LAG Düsseldorf[1275] unbeachtlich sein; vielmehr sei nur entscheidend, wie der Arbeitnehmer das Verhalten des Arbeitgebers beurteilen durfte. Von einer Fortsetzung mit Wissen des Arbeitgebers kann nach der Rechtsprechung[1276] nur für den Fall der tatsächlichen Arbeitsleistung, nicht jedoch im Rahmen einer Freistellung etwa wegen Urlaubs oder Inanspruchnahme von Freizeitausgleich ausgegangen werden.[1277] Ein solcher nicht der sozialen Rechtfertigung nach § 1 KSchG bedürftiger[1278] Widerspruch kann auch bereits vor Ablauf des Arbeitsverhältnisses ausdrücklich oder konkludent erklärt werden.[1279] Er sollte auch so rechtzeitig wie möglich erklärt werden, um einem Übergang in ein unbefristetes Arbeitsverhältnis zu entgegnen, von dem sich der Arbeitgeber in der Regel nur über die Möglichkeit der

1271 Gesetzesbegründung, BT-Drucks 14/4374, 20.

1272 Vgl. hierzu auch *Preis/Gotthardt*, DB 2000, 2073.

1273 Vgl. ausführlich zur Nichtverlängerungsvereinbarung *Schimana/Glasz*, AuR 2002, 365 ff., die allerdings contra legem die Mitteilungspflicht auf kalendermäßig befristete Arbeitsverträge erweitert wissen wollen und insofern mit einem nicht nachvollziehbaren Argument »Erst-Recht-Schluss« argumentieren.

1274 Vgl. zur Mindestankündigungsfrist nach früherem Recht: BAG, Urt. v. 12.06.1987, DB 1988, 969.

1275 LAG Düsseldorf, Urt. v. 26.09.2002, DB 2003, 668.

1276 BAG, Urt. v. 19.06.1980, DB 2246.

1277 Vgl. i.Ü. zu den Voraussetzungen der Fortsetzung *Nehls*, DB 2001, 2718 f.

1278 *Nehls*, DB 2001, 2719.

1279 BAG, Urt. v. 03.12.1997, AP Nr. 196 zu § 620 BGB Befristeter Arbeitsvertrag; v. 26.07.2000, BB 2000, 2576.

betriebsbedingten Kündigung wird lösen können.[1280] Die Fortbestandsfiktion des § 15 Abs. 5 TzBfG kann zu Problemen führen, wenn der Arbeitgeber den Arbeitnehmer bei einer Zweckbefristung nicht rechtzeitig entsprechend § 15 Abs. 2 TzBfG über die Zweckerreichung informiert. Um dem Eintritt der Rechtsfolge des § 15 Abs. 5 TzBfG vorzubeugen, empfiehlt es sich, von vornherein die Zweckbefristung mit einer Höchstbefristung zu koppeln.[1281]

6. Folgen der unwirksamen Befristung (§ 16 TzBfG)

470 Werden die in § 14 Abs. 1–3 TzBfG geregelten Voraussetzungen nicht eingehalten oder der befristete Arbeitsvertrag nicht formgerecht abgeschlossen, gilt nach § 16 TzBfG der Arbeitsvertrag mit dem dort vereinbarten Befristungsende als auf unbestimmte Zeit abgeschlossen. Dies gilt auch, soweit die Befristungsabrede das den Vertrag beendende Ereignis nicht hinreichend bestimmt. Der Vertrag kann dann frühestens zum vereinbarten Ende nach Maßgabe der allgemeinen Kündigungsfristen durch den Arbeitgeber ordentlich gekündigt werden, sofern nicht einzel- oder tarifvertraglich entsprechend § 15 Abs. 3 TzBfG eine vorzeitige ordentliche Kündigungsmöglichkeit festgelegt ist. Der Arbeitnehmer wird durch das Gesetz nicht an diese Kündigungsfrist gebunden.

471 Ist die Befristung nur wegen Verstoßes gegen das Schriftformgebot unwirksam, kann der Arbeitsvertrag nach § 16 Satz 2 TzBfG auch vor dem vereinbarten Ende ordentlich gekündigt werden.

7. Anrufung des Arbeitsgerichts (§ 17 TzBfG)

472 Will der Arbeitnehmer geltend machen, dass die Befristung seines Arbeitsvertrages unwirksam ist, hat er innerhalb von drei Wochen nach Ende des befristeten Arbeitsvertrages vor dem Arbeitsgericht **Klage auf Feststellung** zu erheben, dass das Arbeitsverhältnis nicht auf Grund der Befristung beendet ist (§ 17 TzBfG). Dem Feststellungsinteresse steht dabei der vorbehaltlose Abschluss eines Folgevertrages nicht entgegen.[1282] Nach einer fragwürdigen Entscheidung des LAG Düsseldorf soll die Klagefrist – damals noch des BeschFG – nicht bei Streitigkeiten über die Frage gelten, ob überhaupt eine Befristungsabrede getroffen wurde.[1283] Die Frage der Existenz der Befristungsabrede ist unabdingbar mit der Frage verbunden, ob diese vorliegend das Arbeitsverhältnis hat beendigen können. Eine Differenzierung ist hier nicht zu machen. Sie entspräche auch nicht der gesetzgeberischen Intention, möglichst zügig für beide Seite Klarheit über die Frage nach Fortbestand oder Beendigung mittels der Klagefrist zu schaffen.

473 Die Drei-Wochen-Frist wird bei mehreren **aufeinander folgenden Befristungsabreden** für jede Befristungsabrede mit dem Ablauf der darin vereinbarten Befristung und nicht erst mit dem Ablauf der letzten Befristung in Gang gesetzt.[1284] Sie gilt für **Zeit- und Zweckbefristungen** gleichermaßen wie für die vereinbarte auflösende Bedingung (§ 21 TzBfG). Wird die Unwirksamkeit der Befristungsabrede nicht rechtzeitig geltend gemacht, ist von der Wirksamkeit der Befristungsabrede auszugehen, wie sich aus dem in § 17 TzBfG enthaltenen Verweis auf § 7 KSchG ergibt. Der Formmangel wird dann also geheilt.

474 Der Arbeitnehmer hat innerhalb der gesetzlich vorgesehenen **Drei-Wochen-Frist** alle die Wirksamkeit der Befristungsabrede in Frage stellenden Unwirksamkeitsgründe einschließlich eines möglichen Formverstoßes geltend zu machen.[1285] Für das Ingangsetzen der Frist des § 17 Satz 1 TzBfG

1280 *Nehls*, DB 2001, 2718.

1281 BAG, Urt. v. 21.04.1993, AP Nr. 148 zu § 620 BGB Befristeter Arbeitsvertrag; v. 27.06.2001, NZA 2002, 351; v. 18.09.2003, NZA 2004, 222; *Sowka*, DB 2002, 1158 ff.; kritisch demgegenüber: *Backhaus*, NZA Beil. 24/2001, 14.

1282 BAG, Urt. v. 22.03.2000, SAE 2001, 33 ff.

1283 LAG Düsseldorf, Urt. v. 01.03.2002, DB 2002, 1892; a.A. LAG Frankfurt, Urt. v. 18.01.2000, NZA 2000, 1071.

1284 BAG, Urt. v. 24.10.2001, NZA 2002, 1336.

1285 Vgl. insofern auch BAG, Urt. v. 22.03.2000, SAE 2001, 35; ferner: *Backhaus*, NZA Beil. 24/2001, 13; *Bauer*, BB 2001, 2528.

ist der Zeitpunkt der vereinbarten Beendigung des Arbeitsverhältnisses entscheidend. Jedoch ist eine vor dem beabsichtigten Ende des Arbeitsverhältnisses erhobene Klage auch unter Berücksichtigung des Rechtsschutzbedürfnisses zulässig, wenn das Bestehen eines unbefristeten Arbeitsverhältnisses durch den Arbeitgeber bestritten wird.[1286] Läuft das Arbeitsverhältnis entsprechend dem in § 15 Abs. 2 Alt. 2 TzBfG angesprochenen Fall über das vereinbarte Ende hinaus, beginnt die Frist mit Zugang der schriftlichen Erklärung des Arbeitgebers, dass das Arbeitsverhältnis aufgrund der Befristung beendet sei (§ 17 Satz 3 TzBfG).

Im arbeitsgerichtlichen Verfahren hat der Arbeitgeber durch Vorlage des schriftlichen Arbeitsvertrags die Tatsache der Befristung zu beweisen.[1287] Demgegenüber obliegt dem Arbeitnehmer die **Darlegungs- und Beweislast** für das Fehlen eines sachlichen Grundes.[1288] Es gelten dabei die Grundsätze der abgestuften Beweislast: Spricht der vom Arbeitnehmer geführte Beweis des ersten Anscheins für das Fehlen eines sachlichen Grundes, muss der Arbeitgeber diesen durch Gegendarstellung und Gegenbeweis entkräften.[1289] Dabei ist grundsätzlich auf die Umstände zum Zeitpunkt des Vertragsabschlusses abzustellen.[1290] Erweist sich im Nachhinein die der Befristung zugrunde liegende Prognose als unzutreffend, hat der Arbeitgeber darzulegen, welche nachvollziehbaren und die Befristung rechtfertigenden Gründe im Zeitpunkt der Befristungsabrede vorgelegen haben.[1291] 475

Da die Befristungsabrede selbst zum Inhalt des Arbeitsvertrages gehört, ist dem Arbeitgeber ein **Nachschieben von Befristungsgründen** verwehrt. Der Arbeitgeber sollte sich daher bereits im Rahmen der Befristungsabrede hilfsweise oder kumulativ auf mehrere Befristungsgründe stützen.[1292] Desgleichen kann sich aber auch nicht ein Arbeitnehmer auf einen Wiedereinstellungsanspruch berufen, wenn sich im Nachhinein herausstellt, dass der Arbeitgeber entgegen seiner Prognose nach Ablauf des zu Recht befristeten Arbeitsvertrages wider Erwarten doch einen Beschäftigungsbedarf hat.[1293] 476

8. Übergangsfälle

Das Gesetz, dessen In-Kraft-Treten auf den 01.01.2001 bestimmt ist, beinhaltet keine Übergangsregelung. Es kann sich daher für einen Übergangszeitraum das Problem stellen, welches Recht auf befristete Arbeitsverträge Anwendung findet, die entweder noch im Jahre 2000 verlängert oder neu abgeschlossen wurden. Richtigerweise wird man hier auf den Zeitpunkt des vereinbarten Beginns der Arbeitsaufnahme abstellen. Das BAG hat hierzu festgestellt, dass jeweils das Recht anzuwenden ist, das im Falle des einschlägiges Rechtsaktes gilt.[1294] Somit beurteilt sich die Wirksamkeit der nach In-Kraft-Treten des TzBfG vereinbarten Verlängerung eines nach den Bestimmungen des BeschFG befristeten Arbeitsvertrags nach dem TzBfG. 477

1286 *Bauer*, BB 2001, 2528.
1287 KR/*Lipke*, § 620 BGB Rn 247 ff.
1288 BAG (GS), Urt. v. 12.10.1960, AP Nr. 16 zu § 620 BGB Befristeter Arbeitsvertrag.
1289 BAG (G), Urt. v. 12.10.1960, AP Nr. 16 zu § 620 BGB Befristeter Arbeitsvertrag; LAG Bremen, Urt. v. 23.11.2000, DB 2001, 1203 f.
1290 BAG, Urt. v. 16.01.1987, NZA 1988, 279; v. 16.03.1989, NZA 1989, 719; v. 24.09.1997 sowie v. 12.01.2000, AP Nr. 192, 217 zu § 620 BGB Befristeter Arbeitsvertrag.
1291 *Oberthür*, DB 2001, 2246.
1292 Vgl. insofern auch *Bauer*, BB 2001, 2529.
1293 BAG, Urt. v. 20.02.2002, DB 2002, 1448; LAG Düsseldorf, Urt. v. 15.02.2000, NZA-RR 2000, 456; v. 19.08.1999, DB 2000, 222; *Bauer*, BB 2001, 2527; *Dörner*, NZA Beil. 16/2003, 34; *Oberthür*, DB 2001, 2250.
1294 BAG, Urt. v. 15.01.2003, NZA 2003, 914.

9. Schutzvorschriften

478 In Übereinstimmung mit der BAG-Rechtsprechung darf nach § 4 Abs. 2 TzBfG ein befristet beschäftigter Arbeitnehmer wegen der Befristung des Arbeitsvertrages **nicht schlechter behandelt werden** als ein vergleichbarer unbefristet beschäftigter Arbeitnehmer.[1295] Eine Benachteiligung darf sich weder durch eine geringere Entlohnung noch durch andere Beschäftigungsbedingungen, wie beispielsweise Dauer der Arbeitszeit oder des Urlaubs, ergeben. Aus diesem Grunde ist in § 4 Abs. 2 Satz 2 TzBfG der pro-rata-temporis-Grundsatz für das Arbeitsentgelt und geldwerte Leistungen ausdrücklich normiert. Danach stehen Arbeitsentgelt oder andere teilbare geldwerte Leistungen, die für einen bestimmten Bemessungszeitraum gewährt werden, dem befristet beschäftigten Arbeitnehmer mindestens entsprechend dem Anteil seiner Beschäftigungsdauer am Bemessungszeitraum zu. Ist eine Ungleichbehandlung aus sachlichen Gründen gerechtfertigt, so liegt kein Verstoß gegen das Diskriminierungsverbot vor.[1296] Beispielhaft nennt die Gesetzesbegründung den Fall, wenn bei nur kurzzeitigen Arbeitsverhältnissen die anteilige Gewährung von bestimmten Zusatzleistungen nur zu sehr geringfügigen Beträgen führt, die in keinem angemessenen Verhältnis zum Zweck der Leistung stehen.[1297]

479 § 4 Abs. 2 Satz 3 TzBfG konkretisiert das Diskriminierungsverbot in Satz 1 und stellt klar, dass bei Beschäftigungsbedingungen, deren Gewährung von einer bestimmten Dauer des Bestehens des Arbeitsverhältnisses abhängt, für befristet Beschäftigte dieselben Zeiten wie für unbefristet beschäftigte Arbeitnehmer zu berücksichtigen sind. Dazu zählt beispielsweise der Anspruch auf vollen Jahresurlaub in Abhängigkeit von einer sechsmonatigen Wartezeit und auf tarifliche Entgelt- oder Urlaubsansprüche in Abhängigkeit von zurückzulegenden Beschäftigungszeiten.

480 Das Diskriminierungsverbot wird ergänzt durch die in § 19 enthaltene Verpflichtung zur angemessenen **Aus- und Weiterbildungsmaßnahmen**, die zum Zwecke der beruflichen Entwicklung und Mobilität durchgeführt werden und wie sie auch unbefristet eingestellten Arbeitnehmern gegenüber angeboten werden. Die Teilhabe an Aus- und Weiterbildungsmaßnahmen ist nur im »angemessenen« Umfang zu gewähren. Sie muss damit gerade auch im Hinblick auf die vereinbarte Beschäftigungsdauer sinnvoll sein und darf den Arbeitgeber nicht unverhältnismäßig belasten. Soweit mehrere Arbeitnehmer für entsprechende Bildungsmaßnahmen in Betracht kommen, hat der Arbeitgeber zwischen ihnen nach billigem Ermessen zu entscheiden.[1298]

481 Um dem Arbeitnehmer die Aussicht auf eine unbefristete Beschäftigung zu ermöglichen, begründet § 18 TzBfG eine **Informationspflicht über unbefristete Arbeitsplätze**, der der Arbeitgeber durch allgemeine Bekanntgabe an geeigneter, den Arbeitnehmern zugänglicher Stelle nachkommen kann. Die Informationspflicht erstreckt sich nur auf der Eignung des Arbeitnehmers entsprechende Arbeitsplätze.

10. Beteiligungsrechte des Betriebsrats

482 Der Betriebsrat ist bei der Einstellung des befristet Beschäftigten nach § 99 BetrVG zu beteiligen. Er kann seine Zustimmung zur Einstellung nicht unter Berufung auf eine etwaige mangelnde Rechtfertigung der Befristung verweigern, ohne dass sich sein Mitbestimmungsrecht allerdings auf die Befristung als solche erstreckt.[1299] Der Betriebsrat ist damit ausschließlich an die Zustimmungsverweigerungsgründe des § 99 Abs. 2 BetrVG gebunden.[1300] Gleichermaßen ist der Betriebsrat bei einer

1295 Das Diskriminierungsverbot wird durch das in § 5 TzBfG enthaltene Benachteiligungsverbot für Fälle der Inanspruchnahme von Rechten nach diesem Gesetz unterstützt.

1296 Vgl. insofern auch *Bauer*, BB 2001, 2474.

1297 Gesetzesbegründung, BT-Drucks 14/4374, 16.

1298 BT-Drucks 14/4625, 24 f.

1299 Besonderheiten können im öff. Dienst zu beachten sein, wo teilweise auch die Befristungsabrede unter Zustimmungsvorbehalt gestellt wird; vgl. insofern BAG, Urt. v. 13.04.1994, BB 1994, 1359; v. 20.02.2002, BB 2002, 1594 f.

1300 BAG, Beschl. v. 20.06.1978 und v. 16.07.1985, AP Nr. 8, 21 zu § 99 BetrVG.

Verlängerung des befristet abgeschlossenen Arbeitsverhältnisses zu beteiligen.[1301] Wird jedoch das befristete Probearbeitsverhältnis in ein unbefristetes umgewandelt, bedarf es hierzu keiner erneuten Zustimmung des Betriebsrats, sofern er hiervon vor Einstellung zur Probe bei seiner Zustimmung zum befristeten Probearbeitsverhältnis Kenntnis hatte.[1302]

Der Arbeitgeber hat die Arbeitnehmervertretung nach § 20 TzBfG über die Anzahl der befristet beschäftigten Arbeitnehmer und ihren Anteil an der Gesamtbelegschaft des Betriebs und des Unternehmens zu informieren. Die Information soll den Betriebsrat unter anderem in die Lage versetzen, das in dem ergänzten § 99 Abs. 2 Ziff. 3 BetrVG enthaltene Zustimmungsverweigerungsrecht ausüben zu können. Danach kann der Betriebsrat die **Zustimmung zur Einstellung** verweigern, wenn **gleich geeignete befristet Beschäftigte nicht berücksichtigt** wurden.[1303] Aus dem Zusammenhang zu § 8 Abs. 4 TzBfG ist zu folgern, dass eine Nichtberücksichtigung gleich geeigneter befristet Beschäftigter hinzunehmen ist, wenn ihr betriebliche Gründe entgegenstehen. Die Entscheidung, ob ein befristet beschäftigter Arbeitnehmer i.S.d. § 99 Abs. 2 Nr. 3 »gleich geeignet« ist, obliegt der Feststellung durch den Arbeitgeber.[1304] Die Gründe hierfür hat er in seiner Unterrichtung dem Betriebsrat darzulegen. Darüber hinausgehende Zustimmungsverweigerungsrechte bestehen indes nicht. Insbesondere kann ein Verstoß gegen die Vorschrift des § 18 TzBfG nicht das Zustimmungsverweigerungsrecht des § 99 BetrVG auslösen, da die Verletzung der Informationspflicht allein noch keinen Nachteil i.S.d. § 99 Abs. 2 Nr. 3 BetrVG darstellt.[1305] 483

C. Anbahnung und Begründung des Arbeitsverhältnisses

I. Einstellungsvorbereitungen

1. Personalplanung

Die Personalplanung, die früher nur in größeren Unternehmen eine Rolle spielte, gewinnt mehr und mehr an Bedeutung. Dies ist sowohl eine Folge der Möglichkeiten, die sich durch die Datenverarbeitung ergeben, als auch eine Folge des verstärkten Bedürfnisses der Unternehmen, durch ein sinnvolles Personalmanagement die Personalkosten zu senken. 484

Personalplanung unterteilt sich in vier voneinander nicht immer klar abgrenzbare Bereiche.[1306] Die **Personalbedarfsplanung**, bei der ermittelt wird, welche und wie viele Arbeitskräfte mit welcher Qualifikation an welchem Ort zu welchem Zeitraum gebraucht werden. Davon zu unterscheiden ist die sog. **Personaldeckungsplanung**. Bei der Personaldeckungsplanung wird ermittelt, wie der zuvor im Rahmen der Personalbedarfsplanung berechnete Bedarf gedeckt werden kann, sei es durch Einstellungen, Neuqualifizierungen, oder ggf. Personalabbau. Bei der **Personalentwicklungsplanung** handelt es sich um Planung in qualitativer Hinsicht. Es wird untersucht, ob der innerbetriebliche Bedarf an Arbeitnehmern durch Fortbildung oder Ausbildung gedeckt werden kann. Ziel ist, dass sich Personalbestand und Personalbedarf in qualitativer Hinsicht decken. Am konkretesten ist die **Personaleinsatzplanung**, bei dieser geht es um die Zuordnung der Arbeitnehmer zu den einzelnen 485

1301 BAG, Beschl. v. 28.10.1986, NZA 1987, 531.

1302 BAG, Beschl. v. 07.08.1989, NZA 1991, 150.

1303 Das Mitbestimmungsrecht ist restriktiv anzuwenden, soweit sich der befristet beschäftigte Arbeitnehmer noch in der durch das KSchG vorgesehenen Sechs-Monats-Frist befindet. Hier dürfte ein Zustimmungsverweigerungsrecht abzulehnen sein. Denn es wäre systemwidrig, wollte man einem Arbeitnehmer einen Anspruch auf Dauerbeschäftigung geben, der ohne weitere Begründung innerhalb der in § 1 Abs. 1 KSchG benannten Wartefrist gekündigt werden könnte (*Hanau*, RdA 2001, 73; *Konzen*, RdA 2001, 92).

1304 *Konzen*, RdA 2001, 92.

1305 *Kliemt*, NZA 2001, 304.

1306 S. auch die ausführliche Darstellung in MünchArbR/*Buchner*, § 32; *Kadel*, BB 1993, 797 ff. *Fitting u.a.*, § 92 BetrVG Rn 1 ff.

Stellen. Die dargestellten Bereiche der Personalplanung gehen teilweise ineinander über und sind nicht klar voneinander abzugrenzen. Die grundsätzliche Unterscheidung in diese Bereiche ist jedoch für die Frage, wann und in welchem Maß Unterrichtungs- bzw. Beratungsrechte des Betriebsrates bestehen, von Bedeutung.

486 Dem Betriebsrat stehen **im Rahmen der Personalplanung Mitwirkungsrechte zu, die durch die Reform des Betriebsverfassungsgesetzes**, insbesondere im Bereich der Personalentwicklungsplanung, **erweitert** wurden. Zweck der Regelung ist insbesondere, die Arbeitnehmervertretung rechtzeitig über alle Planungen zu unterrichten, die zu mitbestimmungspflichtigen personellen Einzelmaßnahmen führen können. Nach § 92 Abs. 1 Satz 1 BetrVG ist der Betriebsrat über die gesamte Personalplanung umfassend zu unterrichten. Der Arbeitgeber ist weiter verpflichtet, mit dem Betriebsrat über Art und Umfang der erforderlichen Maßnahmen und über die Vermeidung von Härten zu beraten (§ 92 Abs. 1 Satz 2 BetrVG). Durch die Rechtsprechung des BAG wurde konkretisiert, wann eine Unterrichtung, bzw. eine Beratung zu erfolgen hat. Im Hinblick auf den Ablauf der Planung gilt, dass bloße Vorüberlegungen des Arbeitgebers noch kein Unterrichtungsrecht des Betriebsrates begründen. Erkundet der Arbeitgeber lediglich Möglichkeiten einer Personalreduzierung, so besteht kein Unterrichtungsrecht des Betriebsrates.[1307] Erfolgt dann der Übergang in die Planungsphase, ist zunächst nur wesentlich, ob der Arbeitgeber überhaupt Personalplanung betreibt. Ist dies der Fall, ist der Betriebsrat zu beteiligen, also zu unterrichten. Dies beinhaltet ein Einsichtsrecht des Betriebsrates in Unterlagen, die zur Personalplanung verwendet wurden.[1308] Unerheblich ist, ob mit dieser Planung noch andere Zwecke verfolgt werden.[1309] Personalplanung i.S.d. § 92 Abs. 1 Satz 1 BetrVG ist jede Planung, die sich auf den gegenwärtigen und zukünftigen Personalbedarf in quantitativer oder qualitativer Hinsicht, auf dessen Deckung im weitesten Sinne, auf den abstrakten Einsatz der personellen Kapazität bezieht. Einbezogen sind in diese Definition die Personalbedarfsplanung, die Personaldeckungsplanung, die Personalentwicklungsplanung und die Personaleinsatzplanung.[1310] Ein Unterrichtungsrecht des Betriebsrates besteht somit für den gesamten Bereich der Personalplanung. Allerdings ist nach dem Verständnis der Rechtsprechung Personalplanung nicht nur als gesamtunternehmerische Planung zu verstehen, sondern Personalplanung i.S.d. § 92 BetrVG liegt auch vor, wenn eine besondere wirtschaftliche oder betriebliche Situation zu Maßnahmen im Personalbereich Anlass gibt.[1311]

487 Im Gegensatz zum Personalplanungsbegriff des § 92 Abs. 1 Satz 1 ist das Beratungsrecht des § 92 Abs. 1 Satz 2 BetrVG enger gefasst. Ein Beratungsrecht steht dem Betriebsrat infolgedessen nur hinsichtlich der mit der Personalplanung verbundenen personellen Maßnahmen zu. Beschränkt sich die Personalplanung des Arbeitgebers auf eine Personalbedarfsplanung, so besteht kein Beratungsrecht des Betriebsrates, denn eine bloße Personalbedarfsplanung ergibt noch keine personellen Maßnahmen. Erst wenn auf Grund der vorgenommenen Personalbedarfsplanung im Rahmen der Personaldeckungsplanung konkrete Maßnahmen erfolgen sollen, hat der Arbeitgeber von sich aus mit dem Betriebsrat zu beraten.[1312]

488 Durch die Reform des Betriebsverfassungsgesetzes wurden die Beteiligungsrechte des Betriebsrates im Rahmen der Personalentwicklungsplanung wesentlich erweitert. Musste der Arbeitgeber bisher auf Verlangen des Betriebsrats mit dem Betriebsrat Fragen der Berufsbildung der Arbeitnehmer beraten, so kann der Betriebsrat nunmehr verlangen, dass der Arbeitgeber den Berufsbildungsbedarf ermittelt. Nach der Begründung des Kabinettsentwurfs soll der Arbeitgeber verpflichtet werden, den Bedarf zu ermitteln, wobei der Bedarf sich aus Durchführung einer Ist-Analyse, der Stellung

1307 BAG, Beschl. v. 19.06.1984, BB 1984, 2265.
1308 ErfK/*Hanau/Kania,* § 92 BetrVG Rn 7.
1309 BAG, Beschl. v. 11.06.1990, BB 1991, 689.
1310 BAG, Beschl. v. 11.06.1990, BB 1991, 689.
1311 OLG Hamm, Beschl. v. 07.12.1977, DB 1978, 748; LAG Berlin, Beschl. v. 13.06.1988, DB 1988, 1860.
1312 BAG, Beschl. v. 11.06.1990, BB 1990, 689.

eines Soll-Konzepts und der Ermittlung des betrieblichen Bildungsinteresses der Arbeitnehmer ergibt.[1313] Es bleibt abzuwarten, wie sich diese Regelung in der Praxis bewährt.

2. Stellenausschreibung

Der Arbeitgeber hat die Möglichkeit, Stellen auszuschreiben. Unter Ausschreibung ist die schriftliche Bekanntmachung offener und demnächst frei werdender Stellen zu verstehen. Der Arbeitgeber bestimmt allein, wie eine solche Ausschreibung erfolgt. Waren bisher die Ausschreibung in Tageszeitungen, der entsprechenden Fachpresse oder am schwarzen Brett am häufigsten, so ist festzustellen, dass mehr und mehr von der Möglichkeit einer Online-Stellenanzeige Gebrauch gemacht wird. Der Arbeitgeber hat die Möglichkeit spezielle Plattformen im Internet für eine Stellenausschreibung zu nutzen oder einen Arbeitsplatz nur auf der von ihm selbst erstellten Homepage auszuschreiben. Für die **betriebsinterne Ausschreibung**, die der Betriebsrat gem. § 93 BetrVG vom Arbeitgeber verlangen kann, ist davon auszugehen, dass der Arbeitgeber **diese auch in einem firmeninternen Intranet vornehmen kann**. Allerdings trägt der Arbeitgeber in diesem Falle das Risiko, dass die Ausschreibung während ihrer Dauer für alle Mitarbeiter zur Verfügung steht. 489

a) Inhaltliche Anforderung an Stellenausschreibungen

Eine Ausschreibung unterliegt inhaltlichen Anforderungen. Werden diese nicht beachtet, steht dem Betriebsrat ein Zustimmungsverweigerungsrecht gem. § 99 Abs. 2 Nr. 5 BetrVG zu. Wird im Falle einer Zustimmungsverweigerung die Einstellung als vorläufige Maßnahme (§ 100 BetrVG) vollzogen, so kann bis zum Schluss der Beschwerdeinstanz die unterbliebene oder fehlerhafte Stellenausschreibung nachgeholt werden.[1314] Im Falle der nicht geschlechtsneutralen Ausschreibung einer Stelle ist ein gegen den Arbeitgeber gerichteter Schadensersatzanspruch möglich. 490

Gem. § 611b BGB darf der Arbeitgeber einen Arbeitsplatz weder öffentlich noch innerhalb des Betriebes nur für Männer oder nur für Frauen ausschreiben, es sei denn, ein bestimmtes Geschlecht ist unverzichtbare Voraussetzung für die auszuübende Tätigkeit, wie z.B. die Besetzung einer bestimmten Schauspielerrolle.[1315] Es ist deshalb sowohl die männliche als auch die weibliche Berufsbezeichnung zu verwenden oder ein geschlechtsunabhängiger Oberbegriff. Dies gilt auch für die Stellenausschreibung von Beratern oder Vermittlern, die für einen Arbeitgeber Personal suchen, da geschlechtsspezifische Differenzierungen in jeder Phase des Einstellungsverfahrens zu unterbleiben haben.[1316] Ist eine Stelle, die nicht unter die Ausnahmevorschrift des § 611b Hs. 2 BGB fällt, nicht für Männer und Frauen ausgeschrieben, so berechtigt dies den Betriebsrat zur Zustimmungsverweigerung nach § 99 Abs. 2 Nr. 5 BetrVG wegen unterbliebener Ausschreibung. In § 99 Abs. 2 Nr. 5 BetrVG wird dem Betriebsrat das Recht gegeben, die Zustimmung zu einer Einstellung oder Versetzung zu verweigern, wenn die Stelle nicht gem. § 93 BetrVG ausgeschrieben wurde. Dem Fall, dass eine solche Stelle nicht ausgeschrieben wurde, ist der Fall gleichzustellen, dass eine erfolgte Ausschreibung gegen geltendes Recht verstößt. Bei einer nicht geschlechtsneutral gefassten Stellenausschreibung ist ein solcher Gesetzesverstoß anzunehmen mit der Folge, dass die Stellenausschreibung als unterblieben anzusehen ist.[1317] Eine höchstrichterliche Bestätigung dieser wohl mittlerweile herrschenden Meinung steht jedoch noch aus. 491

1313 BT-Drucks 14/5741, 49.

1314 LAG Berlin, Beschl. v. 26.09.2003 – 6 TaBV 633/03 (n.v.).

1315 ArbG Bonn, Urt. v. 08.03.2002, NZA-RR 2002, 100; das ArbG Bonn bejahte bei der Betreuung ausschließlich weiblicher Kundinnen das Geschlecht als unverzichtbare Voraussetzung einer Kundenbetreuerin.

1316 BVerfG v. 16.11.1993, BVerfGE 89, 276; ErfK/*Schlachter*, § 611b BGB Rn 2; Tschöpe/*Moll*, Teil 1 C Rn 4.

1317 LAG Hessen, Beschl. v. 13.07.1999; LAGE § 99 BetrVG 1972 Nr. 58; ArbG Berlin, Beschl. v. 25.04.1983, BB 1998, 1920; *Fitting u.a.*, § 93 BetrVG Rn 8 und § 99 Rn 205; a.A. GK-BetrVG/*Kraft*, § 99 Rn 148; *Stege/Weinspach*, § 99 BetrVG Rn 82.

Die Vorschrift ist weiter dadurch sanktioniert, dass eine **Verletzung dieser Vorschrift**, als schwerwiegendes **Beweisindiz für eine Diskriminierung nach § 611a BGB**, zu einer **Schadensersatzverpflichtung** des Arbeitgebers nach § 611a BGB führt.[1318]

492 Nach § 7 Abs. 1 TzBfG hat der Arbeitgeber bei der Ausschreibung eines Arbeitsplatzes diesen auch als Teilzeitarbeitsplatz auszuschreiben, wenn der Arbeitsplatz hierfür **geeignet** ist, wobei die Entscheidung, ob ein Arbeitplatz für Teilzeitarbeit geeignet ist, allein dem Arbeitgeber obliegt.[1319] Ungeklärt ist, wann ein Arbeitsplatz als geeignet gilt. § 7 Abs. 1 TzBfG wurde durch den Ausschuss für Arbeit und Soziales gegenüber dem Entwurf der Bundesregierung stark abgemildert. Sah der Entwurf der Bundesregierung noch vor, dass ein Arbeitsplatz nur dann nicht als Teilzeitarbeitsplatz anzusehen sei, wenn dringende betriebliche Gründe einer Teilzeitarbeit an diesem Arbeitsplatz entgegenständen, ist nunmehr nur davon die Rede, dass der Arbeitsplatz sich für eine Teilzeitstelle eignen müsse.[1320] In der Begründung des Ausschusses für Arbeit und Sozialordnung heißt es hierzu, dass der Arbeitgeber Arbeitsplätze, die er ausschreibt, nur im Rahmen seiner betrieblichen Möglichkeiten auch als Teilzeitarbeitsplatz ausschreiben muss.[1321] Da ein individueller Anspruch auf Teilzeitarbeit gegeben ist, wenn diesem betriebliche Gründe nicht entgegenstehen, ist davon auszugehen, dass **die Pflicht, einen Arbeitsplatz als Teilzeitarbeitsplatz auszuschreiben, nur dann entfällt**, wenn einem Anspruch auf Teilzeittätigkeit auf diesen Arbeitsplatz **betriebliche Gründe entgegenstehen**. Nur dadurch kann eine Übereinstimmung der Rechtslage bei der Ausschreibung und der Prüfung des individuellen Teilzeitanspruches erreicht werden.[1322]

492a Umstritten ist auch, ob die Missachtung dieser Vorschrift sanktioniert ist. Eine Sanktionierung dahin gehend, dass eine Verletzung der Ausschreibungspflicht des § 7 Abs. 1 TzBfG einen Schadensersatzanspruch auslösen kann, ist abzulehnen.[1323] Die Vorschrift stellt kein Schutzgesetz i.S.d. § 823 Abs. 2 BGB dar. Auch ein Vergleich mit § 611b BGB führt nicht zu einem anderen Ergebnis, da die Sanktionsnorm vom Gesetzgeber in § 611a BGB ausgestaltet wurde. Es bleibt zu prüfen, ob der Betriebsrat einer Einstellung oder Versetzung nach § 99 BetrVG widersprechen kann, wenn der Arbeitgeber einen Arbeitsplatz, der nach Auffassung des Betriebsrates als Teilzeitarbeitsplatz geeignet ist, nicht als solchen bei einer innerbetrieblichen Ausschreibung ausgeschrieben hat. Bei der Diskussion dieser Frage wird von den Gegnern einer solchen Sanktionsmöglichkeit lediglich darauf verwiesen, dass es sich um eine sanktionslos ausgestaltete Norm handle.[1324] Dies greift jedoch zu kurz. Ausgangspunkt der Diskussion kann nicht nur die Ausgestaltung des § 7 Abs. 1 TzBfG sein, sondern es ist auf §§ 93, 99 Abs. 2 Nr. 5 BetrVG zurückzugreifen. Mit dem Teilzeit- und Befristungsgesetz wurden Satz 2 und 3 des § 93 BetrVG abgeschafft, die vorsahen, dass der Betriebsrat anregen kann, dass Arbeitsplätze auch als Teilzeitarbeitsplätze auszuschreiben sind und dass der Arbeitgeber in der Ausschreibung darauf hinzuweisen hat, wenn er beabsichtigt, die Stelle auch mit Teilzeitbeschäftigten zu besetzen. Die Regelung ist mit der Begründung entfallen, dass die Regelung aufgrund des § 7 Abs. 1 TzBfG gegenstandslos geworden sei.[1325] Daraus folgt, dass der Gesetzgeber zu Recht davon ausging, dass es **sich bei § 7 TzBfG um ein gesetzliches Gebot handelt, wie eine Stellenausschreibung auszugestalten** ist. Grund für das Recht des Betriebsrates, die Zustimmung gem. § 99 Abs. 2 Nr. 5 BetrVG zu verweigern, ist der Verstoß gegen dieses gesetzliche Gebot.[1326]

1318 Siehe Rn 552 ff.
1319 *Boewer,* § 7 Rn 4.
1320 Vgl. Bericht des Ausschusses für Arbeit und Sozialordnung v. 15.11.2000, BT-Drucks 14/4625, 7.
1321 Bericht des Ausschusses für Arbeit und Sozialordnung v. 15.11.2000, BT-Drucks 14/4625, 20.
1322 Insoweit mit überzeugender Argumentation *Lindemann/Simon*, BB 2001, 146, 147; a.A. *Schlosser*, BB 2001, 411, 411.
1323 Ebenso *Schlosser*, BB 2001, 411, 411; *Kliemt*, NZA 2001, 66, 68 m.w.N. zur Rechtslage nach § 3 BeschFG.
1324 *Lindemann/Simon*, BB 2001, 146, 147.
1325 BT-Drucks 14/4625, 21.
1326 A.A. *Schlosser*, BB 2001, 411, 411, ebenso ErfK/*Preis*, § 7 TzBfG Rn 5; wie hier *Boewer,* § 7 Rn 19.

b) Mitbestimmungsrecht des Betriebsrates bei der Ausgestaltung der Stellenbeschreibung

Der Betriebsrat kann vom Arbeitgeber verlangen, dass dieser neu zu besetzende Arbeitsplätze generell innerbetrieblich ausschreibt. Der Betriebsrat kann eine Ausschreibung allerdings nicht für konkrete Arbeitsplätze verlangen.[1327] Liegt ein solches generelles Verlangen vor, gilt dies auch für Arbeitsplätze, die nach der Intention des Arbeitgebers nur mit freien Mitarbeitern besetzt werden sollen.[1328] 493

Eine Stellenausschreibung i.S.d. § 93 BetrVG ist eine schriftliche Aufforderung an alle Arbeitnehmer oder an eine bestimmte Gruppe von Arbeitnehmern des Betriebes, sich auf einen bestimmten Arbeitsplatz im Betrieb zu bewerben.[1329] Aus § 93 BetrVG lassen sich keine weiteren Voraussetzungen an die inhaltliche Gestaltung einer solchen Stellenausschreibung entnehmen. Nach der Rechtsprechung des BAG muss aus der Stellenbeschreibung allerdings hervorgehen, um was für einen Arbeitsplatz es sich handelt und welche Anforderungen der Arbeitgeber an den Bewerber stellt.[1330] Weiter darf sich die innerbetriebliche Ausschreibung nicht von der außerbetrieblichen Ausschreibung unterscheiden. Unterscheidet sie sich von der außerbetrieblichen Ausschreibung, so gilt die innerbetriebliche Ausschreibung als nicht erfolgt, mit der Folge, dass der Betriebsrat die Zustimmung gem. § 99 Abs. 2 Nr. 5 BetrVG versagen kann.[1331] 494

Dem Betriebsrat steht **kein Mitbestimmungsrecht hinsichtlich der Form und des Inhalts der Ausschreibung** zu. Dass die Ausschreibung einen gewissen Mindestinhalt aufweisen muss, bedeutet nicht, dass dem Betriebsrat ein Mitbestimmungsrecht hinsichtlich des Inhalts der Ausschreibung, der sich aus dem Gesetz ergibt, zusteht. Es steht den Betriebsparteien jedoch frei, über die Anforderungen an Stellenausschreibungen und das Verfahren eine freiwillige Betriebsvereinbarung abzuschließen. Haben der Betriebsrat und der Arbeitgeber solche Ausschreibungsgrundsätze vereinbart, so sind diese vom Arbeitgeber bei der Ausschreibung zu beachten. **Werden die Ausschreibungsgrundsätze vom Arbeitgeber nicht beachtet, so kann der Betriebsrat die Zustimmung ebenfalls verweigern.**[1332] 495

Anwendungsbereich der Vorschrift ist grundsätzlich der Betrieb, so dass durch den Betriebsrat lediglich eine betriebsweite Ausschreibung verlangt werden kann. Es ist jedoch anerkannt, dass auch der Gesamt- bzw. der Konzernbetriebsrat eine unternehmens- bzw. konzernweite Ausschreibung verlangen kann.[1333] 496

Unterbleibt die vom Betriebsrat verlangte Ausschreibung, so kann der Betriebsrat die Zustimmung zur Einstellung oder Versetzung gem. § 99 Abs. 2 Nr. 5 BetrVG verweigern. Der Arbeitgeber muss dann ein Verfahren zur Ersetzung der Zustimmung des Betriebsrates einleiten. Dies gilt auch in Fällen, in denen der Arbeitgeber gegen wesentliche gesetzliche Vorschriften, wie die geschlechtsneutrale Ausschreibung, verstößt. Verlangt der Betriebsrat, generell entsprechende Stellenausschreibungen vorzunehmen, so hat der Betriebsrat die Möglichkeit, im Beschlussverfahren nach §§ 2a, 80 ff. ArbGG eine solche Verpflichtung feststellen zu lassen oder die Sanktionierung gem. § 23 BetrVG geltend zu machen. 497

1327 LAG Köln, Beschl. v. 01.04.1993, LAGE § 93 BetrVG 1972 Nr. 2; ebenso *Stege/Weinspach*, § 93 BetrVG Rn 4 m.w.N.
1328 BAG, Beschl. v. 27.07.1993, AP Nr. 3 zu § 93 BetrVG 1993.
1329 BAG, Beschl. v. 23.02.1988, AP Nr. 2 zu § 93 BetrVG 1972.
1330 BAG, Beschl. v. 23.02.1988, AP Nr. 2 zu § 93 BetrVG 1972.
1331 Ebd.
1332 *Fitting u.a.*, § 99 BetrVG Rn 217, ebenso GK-BetrVG/*Kraft*, § 99 Rn 148.
1333 ErfK/*Kania*, § 93 BetrVG Rn 7; GK-BetrVG/*Kraft*, § 93 Rn 9, 7; a.A. *Stege/Weinspach*, § 93 BetrVG Rn 5.

3. Stellensuche

498 Nach § 629 BGB hat der Arbeitgeber dem Arbeitnehmer angemessene Zeit zur Stellensuche zu gewähren, sofern das Arbeitsverhältnis auf Dauer angelegt war. Dies ist bei unbefristeten Arbeitsverhältnissen, auch wenn eine Probezeit vereinbart war, der Fall, ebenso bei befristeten Arbeitsverhältnissen.[1334] Verneint wird ein solcher Anspruch bei befristeten Probearbeitsverhältnissen und Aushilfsarbeitsverhältnissen, da diese nicht auf Dauer angelegt sind. Weitere Voraussetzung ist, dass das Arbeitsverhältnis zu diesem Zeitpunkt schon gekündigt ist, da der Anspruch erst mit der Kündigung entsteht. Bei befristeten Arbeitsverhältnissen ist für die Bestimmung des Zeitraumes auf die normalerweise anwendbare Kündigungsfrist zurückzugreifen.

499 Der Arbeitnehmer muss die Gewährung von Freizeit für die Stellensuche **rechtzeitig vom Arbeitgeber verlangen**. Es folgt insoweit aus dem Wortlaut, dass es dem Arbeitnehmer nicht erlaubt ist, sich eigenmächtig Freizeit zur Stellensuche zu gewähren. Strittig ist, ob eine solche eigenmächtige Freizeitgewährung den Arbeitgeber zur fristlosen Kündigung berechtigt,[1335] wobei überwiegend davon ausgegangen wird, dass dem Arbeitnehmer auch in dieser Konstellation ein Selbstbeurlaubungsrecht nicht zusteht.[1336]

500 Der Arbeitgeber hat bei Vorliegen der Voraussetzungen angemessene Freizeit für die Stellensuche zu gewähren. Welche Zeiten angemessen sind, bestimmt sich nach der Häufigkeit, Länge und Zeitpunkt des Verlangens. Mit einzubeziehen ist die Bedeutung und Stellung des Arbeitnehmers. Verweigert der Arbeitgeber die Zustimmung, so kann der Arbeitnehmer seinen Anspruch im Wege des einstweiligen Rechtsschutzes geltend machen. Er kann das Arbeitsverhältnis auch aus wichtigem Grund kündigen und Schadensersatz gem. § 628 Abs. 2 BGB geltend machen.

501 Gewährt der Arbeitgeber dem Arbeitnehmer keine Freizeit zur Stellensuche, so kann der Arbeitnehmer einstweiligen Rechtsschutz der Arbeitsgerichte in Anspruch nehmen. Weiter kann der Arbeitnehmer das Arbeitsverhältnis außerordentlich kündigen. In diesem Fall stünde ihm ein Schadensersatzanspruch nach § 628 Abs. 2 BGB zu. Kündigt der Arbeitnehmer das Arbeitsverhältnis nicht, so besteht eine Schadensersatzpflicht des Arbeitgebers **aus § 241 Abs. 2 i.V.m. § 280 BGB**. Da die Nichtgewährung von Freizeit für die Stellensuche eine Pflichtverletzung i.S.d. § 241 Abs. 2 BGB darstellt.

Rn 502–503 einstweilen frei.

504 Während der Freizeit zur Stellensuche bleibt dem Arbeitnehmer der Vergütungsanspruch erhalten. Der Vergütungsanspruch ergibt sich dabei aus § 616 BGB. Der Arbeitnehmer hat aus § 629 BGB einen Anspruch auf »angemessene« Freizeitgewährung, übersteigt dieser Anspruch jedoch die verhältnismäßig »nicht unerhebliche Zeit« des § 616 BGB,[1337] so hat dies zur Folge, dass der überschießende Zeitraum nicht vergütet werden muss.

505 Die Regelung des § 629 ist nicht abdingbar. **Der Freistellungsanspruch kann weder individualrechtlich noch kollektivrechtlich abbedungen werden**. Konkretisierungen, zum Beispiel hinsichtlich Dauer und Ankündigungszeitraum, sind zulässig, solange diese die Freistellung nicht unmöglich machen. Im Gegensatz dazu kann die Vergütungspflicht des § 616 BGB abbedungen werden, so dass

1334 ErfK/*Müller-Glöge*, § 629 BGB Rn 10 m.w.N.

1335 LAG Düsseldorf, Urt. v. 23.04.1963, BB 1963, 1137 verneint die Wirksamkeit einer außerordentlichen Kündigung, wenn der Arbeitnehmer es lediglich unterlassen hat den entsprechenden Antrag zu stellen, ebenso LAG Baden-Württemberg, Urt. v. 11.04.1967, DB 1967, 1048; anders LAG Düsseldorf, Urt. v. 15.03.1967, BB 1967, 799, in dem ein eigenmächtiger Urlaubsantritt zum Zwecke der Stellensuche als Grund für eine außerordentliche Kündigung anerkannt wird.

1336 Palandt/*Putzo*, § 629 BGB Rn 2; ErfK/*Müller-Glöge*, § 629 BGB Rn 22.

1337 BAG, Urt. v. 13.11.1969, DB 1970, 211.

die Vergütungspflicht für die Freistellung im Rahmen einer Stellensuche schon im Arbeitsvertrag ausgeschlossen werden kann.

II. Eignungsüberprüfung

1. Ärztliche Untersuchungen

Der Arbeitgeber hat bei der Einstellung eines Arbeitnehmers ein großes Interesse daran, festzustellen, ob der Arbeitnehmer körperlich und gesundheitlich für den ausgeschriebenen Arbeitsplatz geeignet ist. Dieses Interesse des Arbeitgebers ist grundsätzlich anzuerkennen, so dass für den Arbeitgeber die Möglichkeit besteht, den Arbeitnehmer aufzufordern, sich einer ärztlichen Untersuchung, einer Einstellungsuntersuchung, zu unterziehen. Da eine solche ärztliche Untersuchung einen massiven Eingriff in das Persönlichkeitsrecht des Arbeitnehmers darstellt, ist Voraussetzung für die Durchführung einer solchen ärztlichen Untersuchung, dass der Arbeitnehmer in diese Untersuchung eingewilligt hat. Da eine Weigerung des Arbeitnehmers, sich ärztlich untersuchen zu lassen, im Regelfall dazu führen wird, dass der Arbeitnehmer nicht eingestellt wird, muss, um dem Persönlichkeitsrecht des Arbeitnehmers Rechnung zu tragen, **der Gegenstand der Untersuchung und darauf aufbauend die Informationen, die an den Arbeitgeber weitergeleitet werden, begrenzt werden.**[1338] Das Recht des Arbeitgebers vom Stellenbewerber eine Untersuchung seines Gesundheitszustandes zu verlangen, findet dort seine Grenze, wo der Gegenstand der Untersuchung mit den Erfordernissen des zu besetzenden Arbeitsplatzes nichts zu tun hat. Daraus folgt, dass sich die Untersuchung auf die Eignung des Bewerbers für die ausgeschriebene Stelle zum Zeitpunkt der Einstellung und für die Zeit danach beziehen muss. Die so vorgenommene Begrenzung des Rechts des Arbeitgebers hinsichtlich der Einstellungsuntersuchung findet auch Anwendung bei der Frage, welche Untersuchungsergebnisse dem Arbeitgeber zur Verfügung gestellt werden. Ausgangspunkt ist die ärztliche Schweigepflicht. Dem Arbeitgeber stehen Informationen über die Untersuchung nur insoweit zu, als sie sich darauf beziehen, ob der Bewerber für die ausgeschriebene Stelle geeignet ist. Dem Arbeitgeber darf deshalb nicht die Diagnose mitgeteilt werden, sondern nur die Information hinsichtlich der Eignung des Arbeitnehmers. 506

Umstritten ist in diesem Zusammenhang die Frage, ob **Informationen über eine Aidsinfektion bzw. eine Aidskrankheit an den Arbeitgeber weitergegeben werden dürfen**. Maßstab für die Beurteilung dieser Frage kann nur sein, ob eine Aidsinfektion bzw. -krankheit dazu führt, dass ein Bewerber für einen bestimmten Arbeitsplatz nicht geeignet ist. Dies ist bei medizinischen Heilberufen und ggf. bei Berufen im Bereich der Lebensmittelherstellung zu bejahen.[1339] 507

Durchgeführt werden kann eine solche Untersuchung durch den nach § 2 ASiG bestimmten Werksarzt oder einen Vertrauensarzt, Amtsarzt oder anderen Arzt. Die Kosten einer solchen Untersuchung trägt ohne anders lautende Regelung der Arbeitgeber (§ 670 BGB). 508

Nach § 43 Infektionsschutzgesetz ist für Personen, die im Lebensmittelbereich beschäftigt sind, die Vorlage eines Gesundheitszeugnisses vorgeschrieben, wenn Anhaltspunkte für eine ein Beschäftigungsverbot begründende Erkrankung vorliegen. Untersuchungen des Arbeitnehmers werden auch von folgenden Vorschriften angeordnet: § 81 SeemannsG, § 37 ff. RöntgenVO, § 67 ff. StrahlenschutzVO, § 28 ff. GefahrstoffVO, Verordnung über die Beschäftigung von Frauen auf Fahrzeugen, und Unfallverhütungsvorschriften. 509

1338 *Keller*, NZA 1988, 561, 564.
1339 Siehe Rn 546.

2. Psychologische Tests

510 Beim psychologischen Testverfahren ist zwischen zwei verschiedenen Formen zu unterscheiden, den psychometrischen Testverfahren, die bestimmte Eigenschaften oder Fähigkeiten eines Menschen ermitteln und den sog. projektiven Testverfahren. Bei projektiven Testverfahren muss der Bewerber grafische oder verbale Darstellungen gestalten oder deuten (Lüscher–Farbtest, Rohrschach-Test).[1340] Die Durchführung psychologischer Testverfahren stellt einen Eingriff in das Persönlichkeitsrecht des Bewerbers dar. Sie sind deshalb nur zulässig, wenn der Arbeitgeber ein berechtigtes, billigenswertes und schutzwürdiges Interesse an der Durchführung, insbesondere im Hinblick auf den zu besetzenden Arbeitsplatz, hat. Solche Tests verlangen somit, dass für die Tätigkeit der ausgeschriebenen Stelle besondere Fertigkeiten verlangt werden oder dass die Stelle mit erheblichen psychischen Belastungen verbunden ist (dies wurde vom BAG in der Entscheidung vom 13.02.1964 für einen Busfahrer bejaht).[1341] Ähnlich wie bei der Einstellungsuntersuchung ist ein solcher **Test nur zulässig, wenn der Bewerber in einen solchen Test einwilligt**. Im Hinblick auf die Bedeutung des Eingriffs in das allgemeine Persönlichkeitsrecht des Bewerbers, ist die Einwilligung bestimmten Voraussetzungen unterworfen. Der Bewerber muss über den Ablauf des Tests, die Art der Aufgaben, Auswertung des Tests, Bedeutung des Ergebnisses, Funktionsweise und Zweck des Tests ausreichend aufgeklärt worden sein. Die Einwilligung muss ohne Täuschung oder Zwang erfolgen und der Bewerber muss die notwendige Einsichtsfähigkeit haben.

511 **Bei der Ausgestaltung des Tests ergibt sich die Zulässigkeit aus den Grundsätzen, die für das Fragerecht des Arbeitgebers gelten**. Die Ergebnisse, die mit Hilfe eines solchen Tests erworben werden, müssen einen konkreten Bezug zu der am Arbeitsplatz auszuübenden Tätigkeit, aufweisen.[1342] Eine Begrenzung, welche Tests zulässig sind, ergibt sich auch daraus, dass nach der Rechtsprechung des BAG dem Arbeitgeber **keine umfassende Information über ein gesamtheitliches Persönlichkeitsbild des Bewerbers zusteht**, so dass psychologische Testverfahren nicht auf die Durchleuchtung der gesamten Persönlichkeit des Bewerbers gerichtet sein dürfen, sondern nur soweit wie sie dazu dienen, die Eignung des Arbeitnehmers für einen bestimmten Arbeitsplatz zu überprüfen.[1343] Bei Anwendung dieser Grundsätze ergibt sich, dass beispielsweise rein quantifizierende Intelligenztests unzulässig sind.[1344] Zudem hat der Arbeitgeber nur wissenschaftlich anerkannte Tests einzusetzen. Der Test selbst darf nur von einem Berufspsychologen erfolgen, welcher der Schweigepflicht (§ 203 Abs. 1, 2 StGB) unterliegt.[1345]

512 Werden vom Arbeitgeber psychologische Tests durchgeführt, so steht dem **Betriebsrat in bestimmten Fällen ein Mitbestimmungsrecht** zu. Das Mitbestimmungsrecht kann sich sowohl aus § 94 Abs. 1 BetrVG, als auch aus § 94 Abs. 2 BetrVG oder aus § 95 Abs. 1 BetrVG ergeben. Gem. § 94 Abs. 1 BetrVG steht dem Betriebsrat ein Mitbestimmungsrecht zu, wenn der Arbeitgeber Personalfragebögen einsetzt. Diese Bestimmung soll einerseits einer Versachlichung der Personalpolitik dienen und zum anderen unzulässigen Eingriffen in die Intimsphäre des Bewerbers vorbeugen.[1346] Werden bei der Durchführung des Tests Äußerungen des Bewerbers schriftlich festgehalten, um sie später auszuwerten, sei es vom Arbeitgeber selbst oder von einem Beauftragten des Arbeitgebers, ist der Tatbestand des § 94 Abs. 1 BetrVG erfüllt, so dass in diesen Fällen ein Mitbestimmungsrecht des Betriebsrates nach § 94 Abs. 1 BetrVG besteht.[1347] Ein Mitbestimmungsrecht des Betriebsrates ergibt sich jedoch auch aus § 94 Abs. 2 BetrVG. In § 94 Abs. 2 BetrVG wird dem Betriebsrat ein Mitbestimmungsrecht bei der Aufstellung allgemeiner Beurteilungsgrundsätze gegeben. Beurteilungsgrundsätze sind Regelungen, die die Bewertung des Verhaltens oder der Leistung des Arbeitnehmers

1340 *Hunold,* DB 1993, 224, 227; Tschöpe/*Moll*, Teil 1 C Rn 67.
1341 BAG, Urt. v. 13.02.1964, DB 1964, 544.
1342 *Hunold,* DB 1993, 224, 227.
1343 BAG, Urt. v. 13.02.1964, DB 1964, 544; ebenso *Fitting u.a.,* § 94 BetrVG Rn 22.
1344 BVerfG, Beschl. v. 16.11.1993, BVerfGE 89, 276 m.w.N.; Tschöpe/*Moll*, Teil 1 C Rn 70.
1345 Tschöpe/*Moll*, Teil 1 C 3 Rn 69.
1346 *Fitting u.a.*, § 94 BetrVG Rn 1 f.
1347 *Hunold,* DB 1993, 224, 228.

verobjektivieren und nach einheitlichen Kriterien ausrichten sollen, damit Beurteilungserkenntnisse miteinander verglichen werden können. Dies ist bei einem psychologischen Testverfahren der Fall, so dass auch ein Mitbestimmungsrecht aus § 94 Abs. 2 BetrVG zu bejahen ist.[1348]

3. Graphologische Gutachten

Graphologische Gutachten von handschriftlich eingereichten Unterlagen des Bewerbers sind auf Grund des in Art. 1 Abs. 1, Art. 2 Abs. 1 GG normierten allgemeinen Persönlichkeitsrechts nur zulässig, **wenn der Bewerber vorher ausdrücklich eingewilligt hat.**[1349] Die Einholung eines graphologischen Gutachtens ohne ausdrückliche Einwilligung des Arbeitnehmers stellt eine Persönlichkeitsrechtsverletzung dar, die sowohl zur Unterlassung, als auch zum Schadensersatz i.V.m. § 823 Abs. 1 BGB führen kann.[1350] Weiter kann der Bewerber verlangen, dass das ohne Einwilligung erstellte Gutachten vernichtet wird. Der Anspruch ergibt sich aus §§ 823, 1004 BGB. 513

Da für die Erstellung des graphologischen Gutachtens die Einwilligung des Arbeitnehmers Voraussetzung ist, stellt sich die Frage, **welche Anforderung an diese Einwilligung zu stellen sind**, insbesondere, ob in der Übersendung eines handgeschriebenen Lebenslaufes eine konkludente Einwilligung in ein graphologisches Gutachten zu sehen ist. Dies wird teilweise mit der Begründung bejaht, dass der Arbeitnehmer damit rechnen müsste, dass von handschriftlichen Lebensläufen derartige Gutachten erstellt werden.[1351] Eine konkludente Einwilligung ist zu bejahen, wenn dem Bewerber bei Anforderung des Lebenslaufes der Hinweis erteilt wird, dass die Anfertigung eines graphologischen Gutachtens beabsichtigt ist. Bei Einstellung wird nicht derart häufig auf graphologische Gutachten zurückgegriffen, dass ein Bewerber bei der Übersendung seines Lebenslaufes immer damit rechnen müsste, dass ein graphologisches Gutachten erstellt werden könnte. Der handgeschriebene Lebenslauf wird häufig lediglich zur Vervollständigung der Bewerbungsunterlagen angefordert oder um sich anhand des Schriftbildes und der Rechtschreibung einen Eindruck über den Bewerber zu bilden. Dies gilt insbesondere dann, wenn es sich bei der ausgeschriebenen Stelle nicht um Führungspositionen handelt. Bei Bewerbungen auf Führungspositionen und bei leitenden Angestellten ist eine konkludente Einwilligung bei Übersendung eines handgeschriebenen Lebenslaufes anzunehmen, da der Arbeitgeber bei der Besetzung dieser Position ein großes Interesse daran hat, die Persönlichkeit des Bewerbers kennen zu lernen. Der Arbeitgeber ist auch bei diesen Einstellungen bereit mehr zu investieren, so dass der Arbeitnehmer, der sich auf solche Stellen bewirbt, damit rechnen muss, dass der Arbeitgeber auch auf Mittel zurückgreift, welche über die Erkenntnismöglichkeiten hinausgehen, die jedermann zur Verfügung stehen.[1352] 514

Neben der Notwendigkeit einer Einwilligung in die Erstellung eines graphologischen Gutachtens, führt das Persönlichkeitsrecht des Bewerbers auch zu anderen Einschränkungen. **Das graphologische Gutachten darf sich nur auf Bereiche beziehen, die mit der auszufüllenden Position in Zusammenhang stehen**. Dies ergibt sich aus der Abwägung zwischen den Belangen des Arbeitnehmers, insbesondere dem allgemeinen Persönlichkeitsrecht und dem Recht des Arbeitgebers auf Informationsbeschaffung. Die Informationen, die sich der Arbeitgeber über ein graphologisches Gutachten beschafft, dürfen nicht über das hinausgehen, was im Rahmen der Grundsätze zum Fragerecht des Arbeitgebers von der Rechtsprechung zugestanden wurde. Aus dem allgemeinen Persönlichkeitsrecht ergibt sich weiter, dass das graphologische Gutachten vom Arbeitgeber vertraulich zu behandeln ist und falls der Bewerber nicht eingestellt wird, zu vernichten ist. 515

1348 *Fitting u.a.*, § 94 BetrVG Rn 25; a.A. *Hunold*, DB 1993, 224, 228, der zu dem Ergebnis kommt, dass die Durchführung psychometrischer Tests mitbestimmungsfrei sei und die Durchführung projektiver Tests mitbestimmungspflichtig, da lediglich projektive Tests tatsächlich Grundsätze zur Beurteilung und Bewertung von Arbeitnehmern auf Grund eines projektivierten und einheitlichen Maßstabes geben.

1349 BAG, Urt. v. 16.09.1982, NJW 1984, 446; LAG Tübingen, Urt. v. 26.01.1972, NJW 1976, 310; *Schaub*, Arbeitsrechts-Handbuch, § 24 Rn 9.

1350 LAG Freiburg, Urt. v. 26.01.1982, NJW 1976, 310.

1351 ArbG München, Urt. v. 14.04.1975, NJW 1975, 1908.

1352 ErfK/*Preis*, § 611 BGB Rn 376.

516 Ein Mitbestimmungsrecht des Betriebsrates besteht gem. § 94 Abs. 2 BetrVG, wenn der Arbeitgeber generell graphologische Gutachten bei der Einstellung einführen möchte. Im Zustimmungsverfahren des § 99 BetrVG sind dem Betriebsrat lediglich die Ergebnisse eines graphologischen Gutachtens vorzulegen.

4. Führungszeugnis

517 Immer häufiger verlangen Arbeitgeber von Bewerbern auch die Vorlage eines Führungszeugnisses, aus dem Vorstrafen ersichtlich sind. Dies ist bedenklich und abzulehnen, denn den Bewerber trifft ohnehin eine Offenbarungspflicht hinsichtlich etwaiger Vorstrafen, die eine Eignung für den zukünftigen Arbeitsplatz betreffen. Bei Vorlage eines Führungszeugnisses besteht aber die Möglichkeit, dass der Arbeitnehmer dadurch indirekt gezwungen wird, Vorstrafen zu offenbaren, die für die Eignung auf den entsprechenden Arbeitsplatz unerheblich sind.[1353] Etwas anderes gilt für den öffentlichen Dienst. Hier ist von der Zulässigkeit des Vorlageverlangens auszugehen.[1354]

518 Nach der Rechtsprechung hat der Verleiher im Rahmen eines Arbeitnehmerüberlassungsvertrages den zu überlassenden Arbeitnehmer auch auf seine charakterliche Eignung zu überprüfen. Der Verleiher kann dem Entleiher gegenüber auf Grund des Überlassungsvertrages verpflichtet sein, einen Arbeitnehmer zur Vorlage eines Führungszeugnisses zu veranlassen, wenn er ihn als Buchhalter vermitteln will.[1355]

5. Sicherheitsüberprüfung

519 Bewirbt sich der Bewerber auf eine sicherheitsempfindliche Stelle, so kann der Arbeitgeber eine **Sicherheitsüberprüfung des Arbeitnehmers** vornehmen. Voraussetzung für die Durchführung einer solchen Sicherheitsüberprüfung ist die **Zustimmung des Arbeitnehmers**. Durch die Neufassung des Sicherheitsüberprüfungsgesetzes durch das Gesetz zur Bekämpfung des internationalen Terrorismus wurde der Personenkreis, der sicherheitsüberprüft werden kann über den bisherigen Personenkreis hinaus erweitert.[1356] Es wurde eine Rechtsgrundlage für die Sicherheitsüberprüfung von Personen geschaffen, die an einer sicherheitsempfindlichen Stelle innerhalb lebens- oder verteidigungswichtiger Einrichtungen tätig sind oder werden sollen (§ 1 Abs. 4 SÜG). Ist ein Unternehmen in diesem Bereich tätig, so ist jedoch nicht jeder Mitarbeiter zu überprüfen, sondern nur Mitarbeiter, die tatsächlich im sicherheitsrelevanten Bereich arbeiten. Aus der Begründung des SÜG ergibt sich, dass darunter Einrichtungen verstanden werden sollen, die für »die Versorgung der Bevölkerung (z.B. Energie, Wasser, pharmazeutische Firmen, Krankenhäuser, Banken) dienen oder die für das Funktionieren des Gemeinwesens (z.B. Telekommunikation, Bahn, Post, Rundfunk und Fernsehanstalten) notwendig sind«. Mittlerweile wurde der Kreis der Behörden und nicht-öffentlichen Stellen, auf die das Sicherheitsüberprüfungsgesetz gem. § 1 Abs. 4 SÜG Anwendung findet, im Rahmen einer Rechtsverordnung bestimmt.[1357] Für den unter § 1 Abs. 4 SÜG fallenden Personenkreis ist dann eine sog. einfache Sicherheitsüberprüfung nach § 8 Abs. 1, 3 SÜG möglich. Für eine solche Sicherheitsüberprüfung hat der Beschäftigte dann zunächst eine Sicherheitserklärung nach § 13 SÜG abzugeben. Diese wird dann der mitwirkenden Stelle nach § 3 Abs. 2 SÜG des Bundesamtes für Verfassungsschutz übermittelt, das dann Maßnahmen nach § 12 i.V.m. § 8 Abs. 1 SÜG einleitet. Dies beinhaltet folgende Überprüfung:

1353 *Schaub*, Arbeitsrechts-Handbuch, § 26 Rn 29; völlig abgelehnt außerhalb des öffentlichen Dienstes wird die Vorlage eines Führungszeugnisses von Tschöpe/*Moll*, Teil 1 C Rn 72.

1354 Tschöpe/*Moll*, Teil 1 C Rn 72.

1355 BGH, Urt. v. 13.05.1975, NJW 1975, 1695.

1356 BGBl I 2002, 361 ff.

1357 Verordnung zur Feststellung von Behörden des Bundes mit vergleichbarer Sicherheitsempfindlichkeit wie die der Nachrichtendienste des Bundes und zur Feststellung der öffentlichen Stellen des Bundes und der nichtöffentlichen Stellen mit lebens- oder verteidigungswichtigen Einrichtungen (SÜFV – Sicherheitsüberprüfungsfeststellungsverordnung; BGBl I 2003, 1553.

- Sicherheitsmäßige Bewertung der Angaben in der Sicherheitserklärung unter Berücksichtigung der Erkenntnisse der Verfassungsschutzbehörden,
- Einholung einer unbeschränkten Auskunft aus dem Bundeszentralregister,
- Anfragen an das Bundeskriminalamt, die Grenzdirektion und die Nachrichtendienste des Bundes.

Zuständig für die Sicherheitsüberprüfung ist dann die jeweils zuständige Stelle, die in § 12 SÜFV bestimmt ist. 520

6. Erkundigungen beim früheren Arbeitgeber

Da Zeugnisse häufig nicht aussagekräftig sind und auch Gefälligkeitszeugnisse üblich geworden sind, hat der neue Arbeitgeber lebhaftes Interesse daran, bei ehemaligen Arbeitgebern nachzufragen. Es sind zunächst zwei verschiedene Fragestellungen zu unterscheiden, **zum einen ob der ehemalige Arbeitgeber verpflichtet ist**, Auskunft zu erteilen und welche Anforderungen an diese Auskunftserteilung zu stellen sind, **zum anderen die Frage, ob hierfür die Einwilligung des Arbeitnehmers notwendig ist.** 521

Es ist davon auszugehen, dass auf Grund der nachwirkenden Fürsorgepflicht des Arbeitgebers dieser auch verpflichtet ist, dem neuen Arbeitgeber Auskünfte zu erteilen.[1358] Die von ehemaligen Arbeitgebern erteilten Auskünfte müssen, ebenso wie Zeugnisse, der **Wahrheit entsprechen**, so dass die Inhalte ggf. auch negative Auskünfte über den Arbeitnehmer beinhalten. Sind die Auskünfte falsch, so steht dem Arbeitnehmer ein Schadensersatzanspruch zu. Es handelt sich um die Verletzung einer Nebenpflicht, die der Arbeitgeber schuldhaft verletzt, wenn er falsche Auskünfte erteilt. Der Schadensersatzanspruch stützt sich auf §§ 241, 280 BGB. 521a

Der Arbeitgeber darf jedoch Auskünfte nur an solche Personen erteilen, die ein berechtigtes Interesse an der Erteilung der Auskunft haben. Dies wird für einen neuen Arbeitgeber, mit dem der Bewerber in Verhandlungen steht, anerkannt. 521b

Nach der Rechtsprechung kann der neue Arbeitgeber auch ohne die Einwilligung des Arbeitnehmers Erkundigungen bei dem ehemaligen Arbeitgeber einholen.[1359] Diese Ansicht wird bestritten. Im Schrifttum wird teilweise verlangt, dass die Zustimmung des Arbeitnehmers wegen des Schutzes des allgemeinen Persönlichkeitsrechts vorliegen müsse.[1360] Das Arbeitsgericht Stuttgart geht ebenfalls davon aus, dass es der Zustimmung des Bewerbers bedarf, wenn ein potenzieller Arbeitgeber Auskünfte bei dessen früherem Arbeitgeber einholen will. Anders sei ein effektiver Persönlichkeitsschutz nicht zu gewährleisten. Das verfassungsrechtlich abgesicherte Persönlichkeitsrecht genieße Vorrang vor dem Bedürfnis der beteiligten Arbeitgeber, Informationen über einen Bewerber unkontrolliert auszutauschen.[1361] Für Arbeitgeber im Bereich des öffentlichen Dienstes gilt, dass diese untereinander zu Auskünften über Bewerber auf Grund des Amtshilfegrundsatzes verpflichtet sind. 522

7. Assessment Center

Bei einem Assessment Center, auch Auswahlseminar genannt, handelt es sich um ein Verfahren, bei dem mehrere Bewerber über einen längeren Zeitraum hinweg von mehreren Beobachtern geprüft werden. Zur Prüfung werden verschiedene Tests, Rollenspiele, Planspiele, Einzelgespräche, Gruppengespräche u.Ä. durchgeführt. Ziel bei einem solchen Assessment Center ist, ein Gesamtbild eines Bewerbers zu bekommen im Hinblick auf die sog. soft skills, insbesondere Verhaltensleistungen, Verhaltensdefizite, Gruppenfähigkeit, Kommunikationsfähigkeit, Konfliktmanagement, Arbeiten unter Stress u.a. 523

1358 BGH, Urt. v. 10.07.1959, NJW 1959, 2011; BAG, Urt. v. 25.10.1957, BB 1958, 593; BAG v. 18.08.1991 – 3 AZR 792/78 (n.v.).

1359 BAG, Urt. v. 25.10.1957, BB 1958, 593; BAG v. 18.08.1981 – 3 AZR 792/78 (n.v.).

1360 *Schulz,* NZA 1990, 717, 719.

1361 ArbG Stuttgart, Teilurt. v. 01.02.2001, NZA-RR 2002, 153, 154.

524 Voraussetzung der Teilnahme eines Bewerbers an einem Assessment Center **ist dessen Einwilligung**, wobei zu verlangen ist, dass der externe Bewerber bei einer Einladung zu einem Assessment Center über dessen Zweck und Charakteristika zu informieren ist.[1362]

525 Der Betriebsrat hat ein **Mitbestimmungsrecht nach §§ 94, 95 BetrVG.**[1363] Teilweise wurde zurückgehend auf eine Entscheidung des BAG vom 20.04.1993[1364] vertreten, dass das BAG davon ausgeht, dass eine zustimmungsbedürftige Einstellung i.S.v. § 99 BetrVG auch bei Teilnahme bei einem Assessment Center besteht. Diese Interpretation der Entscheidung des BAG vom 20.04.1993 ist zu weitgehend, da in dieser Entscheidung das Assessment Center ein Teil einer innerbetrieblichen Ausbildung war. Bei einem Assessment Center von ein bis zwei Tagen, das lediglich der Evaluation der Bewerber dient, ist nicht von einer zustimmungsbedürftigen Einstellung i.S.d. § 99 BetrVG auszugehen.

8. Genomanalyse

526 Bei der Genomanalyse wird mit Hilfe der direkten oder indirekten biochemischen Analyse der Gene das genetische Material eines Menschen daraufhin überprüft, ob determinierte Erbkrankheiten festgestellt werden können. Es soll herausgefunden werden, ob der Mensch bestimmte konstitutionelle Empfindlichkeiten gegenüber Umweltfaktoren besitzt oder sogar Träger von genetischen Defekten ist.[1365] Solche Genomanalysen können dazu dienen, dass der Arbeitgeber das Risiko einer späteren Erkrankung des Arbeitnehmers abschätzen kann, gleichzeitig können die Ergebnisse einer solchen Untersuchung, zum Beispiel im Hinblick auf besondere Anfälligkeiten gegenüber bestimmten Stoffen, auch zum Schutz des Arbeitnehmers genutzt werden.

526a Die Durchführung einer solchen Genomanalyse führt jedoch zu Erkenntnissen, die über die Frage, ob ein Bewerber für einen bestimmten Arbeitsplatz geeignet ist, weit hinausgehen, so dass in das Persönlichkeitsrecht des Bewerbers eingegriffen wird. Dies gilt umso mehr, da der Bewerber u.U. von genetischen Defekten oder potentiellen Krankheiten erfährt, von denen er nichts erfahren möchte. Es ist deshalb aus mehreren Gründen von der Unzulässigkeit der Genomanalyse im Rahmen einer Einstellungsuntersuchung auszugehen.

527 Greift man auf die Grundsätze zum Fragerecht des Arbeitgebers zurück, so bezieht sich das Informationsrecht des Arbeitgebers nur auf die gesundheitliche Verfassung des Bewerbers im Zeitpunkt der Vorstellung. Bei der Durchführung einer Genomanalyse soll jedoch die zukünftige Entwicklung vorhergesagt werden.[1366] Vereinzelt wird von der Zulässigkeit der Genomanalyse ausgegangen. Begründet wird dies mit der Möglichkeit, den betroffenen Arbeitnehmer besser zu schützen, insbesondere beim Umgang mit bestimmten Stoffen. Hier könne im Vorfeld durch die Genomanalyse festgestellt werden, ob Überempfindlichkeiten bestehen. Weiter wird in Einzelfällen eine Genomanalyse zugelassen bei besonders verantwortungsvollen Tätigkeiten, bei denen das Schutzbedürfnis anderer überwiegt.[1367] Doch auch der Hinweis darauf, dass der Arbeitnehmer ggf. besser vor Gesundheitsgefahren am Arbeitsplatz geschützt werden könne, vermag einen so weitgehenden Eingriff in das Persönlichkeitsrecht des Bewerbers nicht zu rechtfertigen. Kenntnis einer Erbkrankheit, die vielleicht gar nicht zum Ausbruch kommt, kann den gesamten Lebensentwurf eines Menschen zerstören. Ein solcher Eingriff ist vor dem Hintergrund der grundgesetzlichen Werteordnung, die die Würde des

1362 *Hunold*, DB 1993, 224, 229.

1363 ErfK/*Preis*, § 611 BGB Rn 381; a.A. *Hunold*, DB 1993, 224, 229, der ein Mitbestimmungsrecht nach § 95 BetrVG verneint und ein Mitbestimmungsrecht nach § 94 BetrVG nur dann annimmt, wenn Beobachtungen der Assessoren beim Assessment Center schriftlich festgehalten werden (§ 94 Abs. 1 BetrVG), oder ob Grundsätze zur Beurteilung und Bewertung der Bewerber auf Grund eines objektivierten und einheitlichen Maßstabes den Assessoren an die Hand gegeben werden (§ 94 Abs. 2 BetrVG).

1364 BAG, Beschl. v. 20.04.1993, BB 1993, 1946.

1365 *Simon,* MDR 1991, 5, 6.

1366 *Diekgräf*, BB 1991, 1854; *Hunold*, DB 1993, 224, 229, *Fitting u.a.,* § 94 BetrVG Rn 26.

1367 *Simon*, MDR 1991, 5; *Wiese,* MDR 1988, 217, 222.

Menschen an höchste Stelle stellt, nicht zu rechtfertigen. Soweit von der Zulässigkeit ausgegangen wird, wird verlangt, dass der Arbeitnehmer in eine solche Genomanalyse einwilligt, wobei eine solche Einwilligung voraussetze, dass eine Zweckbestimmung und Zweckbegrenzungsmaßnahme, eine umfassende Aufklärung des Arbeitnehmers und eine Belehrung über die Folgen und Verwendungsmöglichkeiten einer Genomanalyse vorliegt.[1368]

III. Anbahnungsverhältnis

Da auf Grund der höchstpersönlichen Natur des Arbeitsvertrages beide Parteien ein Interesse daran haben herauszufinden, ob sie zusammen arbeiten wollen, kommt es vor Abschluss eines Arbeitsvertrages regelmäßig zu Vorgesprächen und Verhandlungen. Dabei entsteht ein sog. **Anbahnungsverhältnis**. Es handelt sich dabei um ein vorvertragliches Schuldverhältnis, das zwar keine Leistungspflichten begründet, aus dem jedoch Sorgfaltspflichten resultieren, deren Verletzung Schadensersatzansprüche begründen kann. 528

Von Bedeutung in diesem Anbahnungsverhältnis sind die Offenbarungspflichten des Arbeitnehmers und Aufklärungspflichten des Arbeitgebers, da sich bei diesen Pflichten die Interessengegensätze zwischen Arbeitgeber und Arbeitnehmer am deutlichsten manifestieren. Der Arbeitgeber hat ein lebhaftes Interesse daran, über den Bewerber soviel wie möglich zu erfahren,[1369] der Arbeitnehmer hat ein Interesse daran, dass seine Persönlichkeitssphäre geschützt wird. Der Ausgleich zwischen diesen beiden gegensätzlichen Interessen wurde von der Rechtsprechung anhand der Grundsätze zum **Fragerecht des Arbeitgebers** ausgestaltet. 529

Nach der Rechtsprechung ist der Arbeitgeber berechtigt, dem Arbeitnehmer Fragen zu stellen, soweit er ein **billigenswertes, schützenswertes und berechtigtes Interesse an der Informationserlangung** hat. Diese Fragen hat der Arbeitnehmer wahrheitsgemäß zu beantworten. Beantwortet der Arbeitnehmer die Fragen wahrheitswidrig, so hat der Arbeitgeber die Möglichkeit den Arbeitsvertrag wegen einer arglistigen Täuschung i.S.d. § 123 Abs. 1 BGB anzufechten. Ist die Frage nicht mehr durch das berechtigte und billigenswerte Interesse des Arbeitgebers gerechtfertigt und das Persönlichkeitsrecht des Arbeitnehmers überwiegt, so ist die Frage unzulässig. Stellt der Arbeitgeber eine unzulässige Frage, wird dies dadurch sanktioniert, dass der Bewerber keine arglistige Täuschung gem. § 123 Abs. 1 BGB begeht, wenn er diese Frage wahrheitswidrig beantwortet. Dem Arbeitgeber wird so die Möglichkeit genommen, sich über den Weg der Anfechtung vom Arbeitsvertrag zu lösen. In der Konsequenz heißt dies, dass der Arbeitnehmer lügen darf. Dies ist gerechtfertigt, da es nicht ausreichend ist, dem Arbeitnehmer lediglich ein Recht zur Nichtbeantwortung der Frage zu geben. Beantwortet ein Bewerber eine Frage nicht, so wird dies im Regelfall dazu führen, dass er den gewünschten Arbeitsplatz nicht erhält. 529a

Weitere vorvertragliche Pflichten ergeben sich aus den gesetzlichen Diskriminierungsverboten.

1. Fragerecht des Arbeitgebers

Die Rechtsprechung zum Fragerecht des Arbeitgebers ist ausgesprochen umfangreich.[1370] Im Folgenden erfolgt eine Darstellung anhand der praxisrelevanten Themenkomplexe. 530

- Beruflicher Werdegang

Keine Bedenken bestehen bei Fragen nach dem bisherigen beruflichen Werdegang, der fachlichen Qualifikation, Ausbildung/Weiterbildungszeiten, der beruflichen Entwicklung und den Erwartungen hinsichtlich des neuen Arbeitsplatzes, wobei die berufliche Entwicklung im Regelfall durch 531

1368 *Simon*, MDR 1991, 5, 6.

1369 Zu den möglichen Implikationen der Neufassung des BDSG vom 23.05.2001 auf das Fragerecht des Arbeitgebers vgl. *Thüsing*, BB 2002, 1146, 1149 f.

1370 Eine gesetzliche Regelung findet sich nur für Arbeitnehmer in der unmittelbaren und mittelbaren Bundesverwaltung, § 7 BGleiG, der einen Katalog unzulässiger Fragen normiert.

Zeugnisse dokumentiert sein wird. Der Arbeitnehmer ist bei Nachfragen verpflichtet, den früheren Arbeitgeber, die Dauer der jeweiligen Beschäftigung sowie auch Informationen über längere Arbeitsfreistellungen anzugeben.[1371] Falschangaben zu einer Überqualifikation hingegen berechtigen nicht zu einer Anfechtung, weder nach § 123 Abs. 1 BGB noch nach § 119 Abs. 2 BGB.[1372]

532 Weiter ist die Frage zu erörtern, ob der Arbeitgeber nach der Höhe der **bisherigen Vergütung** des Arbeitnehmers fragen darf. Nach der differenzierten Rechtsprechung des BAG ist die Frage nach den Einkommensverhältnissen des Arbeitnehmers in der Einstellungsverhandlung, insbesondere nach der derzeitigen Vergütung, zumindest dann nicht zulässig, wenn das Einkommen beim bisherigen Arbeitgeber für den zu besetzenden Arbeitsplatz nicht aufschlussreich für die erforderliche Qualifikation ist.[1373] Das BAG hat in diesem Urteil ausdrücklich nicht über die generelle Zulässigkeit oder Nichtzulässigkeit der Frage nach dem bisherigen Gehalt entschieden, sondern es weist darauf hin, dass in den Fällen, in denen der Arbeitgeber das bisherige Gehalt zur Mindestbedingung erhebt oder wenn das bisherige Gehalt Schlüsse auf seine Eignung für den angestrebten Posten erlaubt, eine Frage nach der bisherigen Vergütung zulässig sein kann.[1374] Im Hinblick auf die vorangegangenen Arbeitsverhältnisse ist auch eine Frage nach einem **Wettbewerbsverbot** zulässig, sofern sie sich auf das einzugehende Arbeitsverhältnis bezieht.[1375]

533 Dem Arbeitgeber ist es erlaubt, bei Abschluss eines **befristeten Arbeitsvertrages** nachzufragen, ob der Arbeitnehmer schon einmal für ihn tätig war. Aufgrund der Regelung des § 14 Abs. 2 Satz 2 TzBfG, nach der eine Befristung nicht zulässig ist, wenn mit dem selben Arbeitgeber bereits zuvor ein befristetes oder unbefristetes Arbeitsverhältnis bestanden hat, hat der Arbeitgeber ein berechtigtes Interesse daran sicherzugehen, ob der Arbeitnehmer schon einmal bei ihm beschäftigt war.

■ Gewerkschaftszugehörigkeit

534 Das Verbot der Frage nach der Gewerkschaftszugehörigkeit ergibt sich schon aus Art. 9 Abs. 3 GG. Ist der Arbeitgeber tarifgebunden, so kann er sich, im Hinblick auf seine Pflicht, den Tariflohn zu bezahlen, nach Abschluss des Arbeitsvertrages nach der Gewerkschaftszugehörigkeit erkundigen.[1376]

■ Körperbehinderung und Schwerbehinderteneigenschaft

535 Bei der Frage, ob sich der Arbeitgeber in zulässiger Weise nach einer Körperbehinderung oder der Schwerbehinderteneigenschaft erkundigen kann, ist grundsätzlich zwischen Körperbehinderung und Schwerbehinderteneigenschaft zu unterscheiden. Hinsichtlich der Körperbehinderung steht dem Arbeitgeber nur insoweit ein Fragerecht zu, als die Frage auf eine durch die Körperbehinderung mögliche Beeinträchtigung der zu verrichtenden Arbeit gerichtet ist. Die Frage nach der Schwerbehinderteneigenschaft ist nach der bisherigen **Rechtsprechung des BAG zum Schwerbehindertenrecht zulässig und deren Falschbeantwortung führt zu einem Anfechtungsrecht des Arbeitgebers** nach § 123 Abs. 1 BGB. Der Arbeitgeber habe ein berechtigtes Interesse daran zu wissen, ob der Arbeitnehmer als schwerbehinderter Mensch anerkannt oder einem schwerbehinderten Mensch gleichgestellt ist, da sich daran für den Arbeitgeber während der gesamten Dauer des Arbeitsverhältnisses zahlreiche gesetzliche Pflichten knüpfen.[1377] Das BAG hatte zwar dazu tendiert, die Rechtsprechung zu der Frage der Körperbehinderung auf die Schwerbehinderteneigenschaft zu übertragen und die Frage nur zuzulassen, wenn die der Schwerbehinderung zu Grunde liegende Beeinträchtigung für die auszuübende Tätigkeit von Bedeutung ist.[1378] Diese Auffassung setzte sich

1371 LAG Frankfurt, Urt. v. 29.10.1980, DB 1981, 752.
1372 LAG Berlin, Urt. v. 16.12.1988, RDV 1989, 181, 182.
1373 MüKo-BGB/*Roth*, § 242 Rn 205.
1374 So aber LAG Düsseldorf, Urt. v. 29.04.1966, DB 1966, 1137; LAG Düsseldorf, Urt. v. 14.11.1980 – 4 Sa 924/80 (n.v.).
1375 *Ehrich*, DB 2000, 421, 422.
1376 Küttner/*Kreitner*, Auskunftspflicht des Arbeitnehmers Rn 18.
1377 BAG, Urt. v. 05.10.1995, NJW 1996, 2323; BAG, Urt. v. 03.12.1998, NZA 1999, 584.
1378 BAG, Urt. v. 11.11.1993, NJW 1994, 1363.

aber beim BAG nicht durch. Daraus folgt, dass die Frage wie bisher auch zulässig ist, wenn die Behinderung, auf die die Anerkennung beruht, nicht zu einer Verminderung der Arbeitsleistung führt.

Insbesondere diese Konsequenz der zitierten Rechtsprechung führt zur Kritik an der Rechtsprechung des BAG, da es nicht Sinn und Zweck des Schwerbehindertengesetzes sei, die Einstellung eines schwerbehinderten Menschen oder Gleichgestellten abzulehnen, um den Belastungen des Gesetzes zu entgehen.[1379] Es ist auch **fraglich, ob diese Rechtsprechung nach der Änderung im Bereich des Schwerbehindertenrechts[1380] aufrechterhalten werden kann.**[1381] In § 81 Abs. 2 Nr. 1 SGB IX ist als arbeitsrechtlicher Grundsatz eingeführt worden, dass Arbeitgeber schwerbehinderte Beschäftigte nicht wegen ihrer Behinderung benachteiligen dürfen. Damit ist ein einfachrechtliches Diskriminierungsverbot eingeführt worden, das sich eindeutig an § 611a BGB anlehnt. Die Rechtsprechung des BAG kann somit nicht mehr damit begründet werden, dass ein solches Diskriminierungsverbot bei der Begründung von Arbeitsverhältnissen mit Behinderten fehle.[1382] Zudem wurde durch die Änderung des Schwerbehindertenrechtes durch das SGB IX auch ein Schadensersatzanspruch für den Behinderten als Sanktionsnorm bei einer Diskriminierung eingeführt. Gem. § 81 Abs. 2 Nr. 1 SGB IX kann ein schwerbehinderter Bewerber eine angemessene Entschädigung in Geld verlangen, wenn der Arbeitgeber bei der Begründung eines Arbeitsverhältnisses gegen das in § 81 Abs. 2 Nr. 1 SGB IX normierte Benachteiligungsverbot verstößt. Der Arbeitgeber trägt die Beweislast dafür, dass die Nichteinstellung auf sachlichen Gründen beruht. Macht der schwerbehinderte Beschäftigte oder der schwerbehinderte Bewerber Tatsachen glaubhaft, die eine Benachteiligung wegen der Behinderung vermuten lassen, trägt der Arbeitgeber die Beweislast. Er muss dann nachweisen, dass nicht auf die Behinderung bezogene, sondern sachliche Gründe eine unterschiedliche Behandlung rechtfertigen oder eine bestimmte körperliche Funktion, geistige Fähigkeit oder seelische Gesundheit wesentliche und entscheidene berufliche Anforderung für diese Tätigkeit ist.[1383] Diese Vorschriften gehen auf die Richtlinie 2000/78 EG vom 27.11.2000 zurück.[1384] Daraus folgt, dass die Regelungen auch richtlinienkonform auszulegen sind. Werden die Grundsätze, die der EuGH bei der Geschlechterdiskriminierung entwickelt hat, auf die Einstellung schwerbehinderter Bewerber übertragen, so ist davon auszugehen, dass eine allgemeine Frage nach der **Schwerbehinderung ohne speziellen Bezug zum Arbeitsplatz ein schwerwiegendes Indiz für eine Diskriminierung darstellt**. Fragt der Arbeitgeber nach der Schwerbehinderteneigenschaft, so riskiert er, dass er zu einer Entschädigungszahlung verurteilt wird, wenn er nicht den Gegenbeweis führen kann, dass die Ablehnung des Bewerbers auf sachlichen Gründen beruht. Die Anfechtung des Arbeitsvertrages wegen Falschbeantwortung der Frage nach einer Schwerbehinderung ist jedoch ausgeschlossen, wenn die Schwerbehinderung für den Arbeitgeber offensichtlich war und deshalb bei ihm ein Irrtum nicht entstehen konnte.[1385] 535a

■ Vorstrafen

Nach Vorstrafen darf lediglich gefragt werden, **wenn und soweit die Art des zu besetzenden Arbeitsplatzes dies erfordert**, also nach einschlägigen Vorstrafen (z.B. Vermögensdelikte beim Buchhalter).[1386] Es kommt nicht auf die subjektive Einstellung des Arbeitgebers an, welche Vorstrafe 536

1379 ArbG Siegburg, Urt. v. 22.03.1994, NZA 1995, 943.

1380 Zum 01.07.2001 ist das SchwbG durch das SGB IX (BGBl I 2001, 1046) abgelöst worden.

1381 Die Zulässigkeit der Frage verneinen *Messingschlager* NZA 2003, 301 ff.; *Joussen,* NJW 2003, 2857 ff.; *Thüsing, Lambrich,* BB 2002, 1146, 1149; *Rolfs, Paschke,* BB 2002, 1260, 1261; wohl auch LAG Hamm, Urt. v. 06.11.2003, verneinend *Schaub,* NZE 2003, 299, 301; differenzierend *Brors,* DB 2003, 1734 ff.

1382 *Düwell,* BB 2001, 1527, 1529.

1383 Richtlinie 2000/78 EG, ABl L 303, 16; Art. 10 der Richtlinie sieht diese Beweislastregelung vor; *Düwell,* BB 2001, 1527, 1529.

1384 ABl L 303, 16.

1385 BAG, Urt. v. 18.10.2000, EzA-SD 4/2001, 35.

1386 BAG, Urt. v. 05.12.1957, MDR 1960, 353.

er als einschlägig ansieht, entscheidend ist vielmehr ein objektiver Maßstab.[1387] Vorstrafen, die gem. § 30 BZRG nicht in ein polizeiliches Führungszeugnis aufzunehmen sind oder die gem. § 51 BZRG nicht (mehr) in ein polizeiliches Führungszeugnis aufzunehmen sind, dürfen verschwiegen werden, auch wenn es einschlägige Vorstrafen sind. Umstritten ist die Frage nach noch nicht abgeschlossenen Ermittlungs- bzw. Strafverfahren. Teilweise wird die Auffassung vertreten, dass dies gegen die Unschuldsvermutung nach Art. 6 Abs. 2 EMRK verstößt.[1388] Nach Auffassung des BAG ist dies nicht der Fall, da die in Art. 6 Abs. 2 EMRK verankerte Unschuldsvermutung unmittelbar nur den Richter, der über die Begründetheit der strafrechtlichen Anklage zu entscheiden habe, binde. Aus der Unschuldsvermutung ließe sich nicht der Schluss ziehen, dass dem Betroffenen aus der Tatsache, dass ein Ermittlungsverfahren gegen ihn anhängig sei, überhaupt keine Nachteile entstehen dürften.[1389] Danach kann die Frage nach laufenden Ermittlungsverfahren zulässig sein. Von Bedeutung ist auch, ob ein anhängiges Ermittlungsverfahren dazu führen kann, dass der Arbeitnehmer seine Arbeit nicht erbringen kann, sei es durch die Verhängung einer Untersuchungshaft oder auf Grund einer zu erwartenden Haftstrafe.[1390]

- Wehrdienst

537 Die Frage nach dem zukünftigen Wehrdienst/Ersatzdienst wurde bisher immer für zulässig gehalten, da dieser sich auf die Verfügbarkeit des Bewerbers für einen längeren Zeitraum auswirkt. Vor dem Hintergrund der Rechtsprechung des EuGH zur geschlechterspezifischen Diskriminierung ist jedoch davon auszugehen, dass eine solche Frage nicht zulässig ist, da hiervon nur männliche Bewerber betroffen sind.[1391]

- Vermögensverhältnisse, Lohnpfändungen, Lohnabtretungen

538 Die Vermögensverhältnisse gehören grundsätzlich zur Privatsphäre des Arbeitnehmers, so dass ein Fragerecht des Arbeitgebers nicht besteht. Zwar kann in bestimmten Fällen eine andere Beurteilung gerechtfertigt sein, insbesondere wenn der Arbeitnehmer eine herausragende Position beim Arbeitgeber einnehmen soll,[1392] dies ist jedoch als Ausnahmefall anzusehen.

539 Zu der spezielleren Frage, ob der Arbeitgeber sich danach erkundigen kann, ob der Arbeitnehmer eine eidesstattliche Versicherung abgegeben hat:

Diese Frage ist wohl als zulässig anzusehen, soweit sich der Bewerber für eine leitende Stellung oder hervorgehobene Position bewirbt und solange das Verfahren im Zeitpunkt des Einstellungsgespräches nicht abgeschlossen ist. Ein Recht zur Frage über in der Vergangenheit liegende Verfahren zur Abnahme der eidesstattlichen Versicherung, ist nicht ohne Einschränkung anzuerkennen.[1393] Das BAG hat in seiner Entscheidung vom 25.04.1980 nicht grundlegend zu der Frage Stellung genommen, bis zu welchem zeitlichen Umfang der Arbeitgeber Fragen nach bereits abgeschlossenen Verfahren zur Abnahme der eidesstattlichen Versicherung stellen darf. Zu denken wäre als zeitlicher Maßstab an die in § 915 Abs. 2 ZPO enthaltene Dreijahresfrist.[1394]

540 Die Frage nach Lohnpfändungen oder Lohnabtretungen ist nur bei Bewerbern **für besondere Vertrauenspositionen zulässig**.[1395] Umstritten ist, ob in Fällen, in denen ein nicht zumutbarer Arbeitsaufwand wegen mehrerer Lohnpfändungen entsteht, die Zulässigkeit der Frage nach Lohnpfändungen zu bejahen ist. Dem ist jedoch entgegenzuhalten, dass das Interesse des Arbeitnehmers

1387 BAG, Urt. v. 15.01.1970, BB 1970, 803; BAG, Urt. v. 20.05.1999, NZA 1999, 975.
1388 ArbG Münster, Urt. v. 20.01.1992, NZA 1993, 461; Küttner/*Kreitner*, Auskunftspflichten des Arbeitnehmers Rn 28.
1389 BAG, Urt. v. 20.05.1999, NZA 1999, 975; BAG, Urt. v. 14.09.1994, AP Nr. 24 zu § 626 BGB Verdacht strafbarer Handlungen.
1390 LAG Frankfurt v. 07.08.1986, LAG § 123 BGB Nr. 8; ErfK/*Preis*, § 611 BGB Rn 342.
1391 *Moritz*, NZA 1987, 329, 335; *Ehrich*, DB 2000, 421, 426.
1392 Tschöpe/*Moll*, Teil 1 C Rn 42.
1393 BAG, Urt. v. 25.04.1980 – 7 AZR 322/78 (n.v.).
1394 Wie in BAG, Urt. v. 25.04.1980 – 7 AZR 322/78 (n.v.) angedeutet.
1395 ArbG Berlin, Urt. v. 16.07.1986, BB 1986, 1853.

an der Erlangung eines Arbeitsplatzes trotz Lohnpfändung oder -abtretung höher zu bewerten ist, und eine Frage aus diesem Grunde nicht zulässig ist.[1396]

Nichts anderes kann für die Frage des Arbeitgebers nach der Durchführung eines **Verbraucherinsolvenzverfahrens** gelten. Auch hier überwiegt – mit Ausnahme eines Bewerbers auf eine leitende oder herausragende Position – das Interesse des Arbeitnehmers trotz Durchführung des Verbraucherinsolvenzverfahrens einen Arbeitsplatz zu erhalten. Durch das Verbraucherinsolvenzverfahren und die damit möglich gewordene Restschuldbefreiung soll dem Schuldner ein Weg eröffnet werden, aus dem »modernen Schuldenturm« herauszukommen und sich von seinen restlichen Verbindlichkeiten zu befreien. Entscheidet sich der Arbeitnehmer ein solches Verfahren durchzuführen, versucht er einen Strich unter seine ungeordneten Vermögensverhältnisse zu ziehen.[1397] Dies wird ihm jedoch nur möglich sein, wenn er einen Arbeitsplatz erhalten kann. Aus diesem Grund ist die Frage nach einem anhängigen Verbraucherinsolvenzverfahren nicht zulässig. 541

- Persönliche Lebensverhältnisse

Schon aus der Eingrenzung des Fragerechts des Arbeitgebers auf Tatsachen, die für den zu besetzenden Arbeitsplatz relevant sind, ergibt sich, dass Fragen **nach den persönlichen Lebensverhältnissen nicht zulässig sind**. Im Einzelnen sind Fragen nach der Heiratsabsicht, nach der nichtehelichen Lebensgemeinschaft, nach der sexuellen Ausrichtung oder nach der Religionszugehörigkeit unzulässig. Zulässig muss aber die Frage nach Namensänderungen sein. Auf Grund der Vorschrift des § 14 Abs. 2 TzBfG hat der Arbeitgeber ein berechtigtes Interesse daran, zu erfahren, ob ein Bewerber schon vorher bei ihm beschäftigt war. Dies kann der Arbeitgeber nur nachprüfen, wenn ihm auch Namensänderungen bekannt sind. 542

- Politische Parteien

Die Frage nach der Mitgliedschaft in einer politischen Partei ist **grundsätzlich unzulässig**, wobei für bestimmte Tendenzbetriebe etwas anderes gelten kann. Für den öffentlichen Dienst ist anerkannt, dass die Frage nach der Mitgliedschaft in einer verfassungsfeindlichen Partei zulässig ist. 543

- Krankheiten/Gesundheitszustand des Bewerbers

Die Frage nach Krankheiten trifft den Kernbereich des Persönlichkeitsrechts des Bewerbers, da dieser Bereich zur Intimsphäre des Arbeitnehmers gehört. Aus diesem Grund ist an Fragen nach Krankheiten oder nach dem Gesundheitszustand des Bewerbers **ein strenger Maßstab anzulegen.**[1398] Kriterium für die Zulässigkeit der Frage nach dem Gesundheitszustand ist, ob dem Arbeitgeber ein berechtigtes, billigenswertes und schützenswertes Interesse zusteht. 544

Basierend auf dieser Abwägung sind Fragen nach dem Gesundheitszustand insoweit zulässig, 545
- als sie sich lediglich auf die **Geeignetheit des Bewerbers für die konkrete Stelle** beziehen;[1399]
- soweit sie sich auf schon zu diesem Zeitpunkt geplante Operationen oder Kuren beziehen, da der Arbeitgeber ein berechtigtes Interesse daran hat, ob der Arbeitnehmer **zu Beginn des Arbeitsverhältnisses verfügbar ist**;[1400]
- soweit sie sich auf ansteckende Krankheiten beziehen, da der Arbeitgeber insoweit ein berechtigtes Interesse daran hat, seine Arbeitnehmer bzw. Kunden vor Ansteckungen zu schützen.

Daraus folgt, dass allgemeine Fragen nach dem Gesundheitszustand ohne die oben erwähnten Ausnahmen nicht zulässig sind.[1401] Auch ist der Bewerber nicht dazu verpflichtet auf eine latente

1396 ErfK/*Preis*, § 611 BGB Rn 340.

1397 Das BAG hat in seiner Entscheidung v. 25.04.1980 anerkannt, dass sich das Interesse des Arbeitnehmers am Verschweigen der eidesstattlichen Versicherung auch darauf stützt, zu einem bestimmten Zeitpunkt einen Schlussstrich unter die Vergangenheit ziehen zu können, um unbelastet eine Arbeitsstelle und damit eine Lebensgrundlage zu finden.

1398 BAG, Urt. v. 07.06.1984, NZA 1985, 57; *Ehrich*, DB 2000, 421, 423.

1399 BAG, Urt. v. 07.06.1984, NZA 1985, 57.

1400 *Hunold*, DB 2000, 573, 573.

1401 *Ehrich*, DB 2000, 421, 423; ErfK/*Preis*, § 611 BGB Rn 372.

Gesundheitsgefährdung hinzuweisen.[1402] Die oben dargelegten Ausnahmen gelten auch für die Frage nach einer bestehenden Alkoholkrankheit.[1403]

■ Aidskrankheit

546 Ob die Frage des Arbeitgebers nach Aids zulässig ist, ist umstritten. Nach heute wohl herrschender Meinung ist zu differenzieren zwischen der Frage nach einer Aidserkrankung und nach einer Aidsinfektion.[1404] Danach soll die Frage nach einer Aidserkrankung generell zulässig sein, da im akuten Erkrankungsstadium die Arbeitsfähigkeit des Bewerbers in zunehmendem Maße beeinträchtigt ist. Die Frage nach der **Aidsinfektion ist nur zulässig**, wenn der Bewerber sich für Tätigkeiten bewirbt, bei denen er entweder selbst wegen seiner Infektion im Rahmen des **Arbeitsverhältnisses erhöhter Gefahr ausgesetzt** ist oder bei denen er auf Grund seiner Arbeitsaufgabe **für Dritte**, insbesondere **wegen der Möglichkeit der Übertragung von Körperflüssigkeiten, eine besondere Gefahr darstellt**.[1405]

546a Diese Unterscheidung ist gerechtfertigt, da eine HIV-Infizierung noch keine nach außen wirkende Beeinträchtigung des Gesundheitszustandes zur Folge hat. Weder werden die Tätigkeiten selbst noch die Eignung für vertraglich geschuldete Tätigkeiten beeinträchtigt. Zudem ist bei bestehender Aidsinfektion unklar, wann es tatsächlich zum Ausbruch aidsbedingter Krankheiten kommt. Die Behandlungsmöglichkeiten im Rahmen der Aidsinfektion haben sich wesentlich verbessert und führen dazu, dass der Zeitraum zwischen Aidsinfektion und Ausbruch aidsbedingter Krankheiten ständig länger wird. Aus diesem Grunde vermag die Auffassung, keine Differenzierung zwischen Aidserkrankung und Aidsinfektion zu machen, nicht zu überzeugen.[1406] In diesem Zusammenhang ist auch darauf hinzuweisen, dass eine werksärztliche Untersuchung vor Einstellung nicht zu einer Erweiterung des Fragerechtes führen kann.

■ Schwangerschaft

547 Ob die Frage nach einer Schwangerschaft zulässig ist, war lange Zeit umstritten. Ursprünglich ging das BAG von der generellen Zulässigkeit der Frage nach der Schwangerschaft aus.[1407] Erst im Zuge der Diskussion über Geschlechterdiskriminierung und auf Grund der von der europäischen Gemeinschaft erlassenen Gleichbehandlungsrichtlinien, kam es durch die Rechtsprechung des EuGH zu einem Wandel in der Rechtsprechung des BAG.

547a Bewirbt sich eine Bewerberin auf eine **unbefristete Stelle**, so ist die Frage nach einer Schwangerschaft **unzulässig**.[1408] Der EuGH ging in einer Entscheidung vom 05.05.1994 *(»Dekker«)* davon aus, dass ein Beschäftigungsverbot für Schwangere der arbeitsvertraglich geschuldeten Leistung bei einem unbefristeten Arbeitsverhältnis nur zeitweilig entgegensteht. Eine Anfechtung des Arbeitsvertrages ist auf Grund dessen nicht gerechtfertigt, da diese eine unmittelbare Diskriminierung der Frau darstellen würde. Da der EuGH ausdrücklich auf eine nur zeitweise Verhinderung während eines unbefristeten Beschäftigungsverhältnisses abgestellt hatte, war umstritten, ob die Frage nach der Schwangerschaft bei Abschluss eines befristeten Arbeitsvertrages zulässig sei. Nach der neueren Rechtsprechung des EuGH ist eine Anfechtung des befristeten Arbeitsvertrages auch dann nicht zulässig, wenn feststand, dass die **Arbeitnehmerin auf Grund ihrer Schwangerschaft während**

1402 LAG Berlin, Urt. v. 06.07.1973, BB 1974, 510.
1403 ErfK/*Preis*, § 611 BGB Rn 343.
1404 ErfK/*Preis*, § 611 BGB Rn 344; *Ehrich*, DB 2000, 421, 423; *Heilmann*, BB 1989, 1413, 1414; *Bruns*, MDR 1988, 95, 96; *Lichtenberg/Schücking*, NZA 1990, 41, 44; *Löwisch*, DB 1987, 936, 940.
1405 *Ehrich*, DB 2000, 421, 423; *Heilmann*, BB 1989, 1413, 1414; der allerdings zu einer generellen Unzulässigkeit der Frage tendiert, da durch diese Frage ein wirksamer Schutz vor Aidsansteckung für andere Arbeitnehmer nicht gewährleistet ist, da ein Großteil der Aidsinfizierten von der Infektion nichts wissen; schon aus diesem Grunde sei der Arbeitgeber verpflichtet, durch Schutzmaßnahmen eine Übertragung auszuschließen.
1406 *Heilmann*, BB 1989, 1413, 1414.
1407 BAG, Urt. v. 22.09.1961, NJW 1962, 74.
1408 EuGH, Urt. v. 08.11.1990 *(Dekker)*, NZA 1994, 967.

eines wesentlichen Teils der Vertragszeit nicht arbeiten kann.[1409] Das BAG schloss sich mittlerweile der Rechtsprechung des EuGH an. In seiner Entscheidung vom 06.02.2003[1410] beurteilte es die Frage nach der Schwangerschaft als unzulässig, wenn eine unbefristet eingestellte Arbeitnehmerin ihre Tätigkeit wegen eines mutterschutzrechtlichen Beschäftigungsverbotes zunächst nicht ausüben darf.

- Staatssicherheit, MfS

Die Fragen nach Tätigkeiten für das Ministerium für Staatssicherheit sind nach der Rechtsprechung des Bundesverfassungsgerichtes verfassungsrechtlich unbedenklich.[1411] Sind die Tätigkeiten für das Ministerium für Staatssicherheit vor 1970 abgeschlossen worden, sind diese Fragen jedoch auf Grund des allgemeinen Persönlichkeitsrechts der Befragten nicht zulässig. Bewerber dürfen somit Vorgänge, die vor dem Jahr 1970 abgeschlossen waren, verschweigen, so dass der öffentliche Arbeitgeber aus einer Falschbeantwortung keine Konsequenzen ziehen kann. 548

2. Offenbarungspflicht des Arbeitnehmers

Weitergehend als die Frage, ob der Arbeitgeber sich nach bestimmten Tatsachen erkundigen kann, ist die Frage, ob Offenbarungspflichten des Arbeitnehmers bestehen, d.h., **ob er bestimmte Tatsachen ungefragt und von sich aus dem Arbeitgeber offenbaren muss**. Hintergrund ist, dass ein Recht zur Anfechtung des Arbeitsverhältnisses nach § 123 Abs. 1 BGB bestehen kann, wenn die Täuschung durch Unterlassen begangen wurde. Dies ist der Fall, wenn der Erklärende zur Offenbarung der fraglichen Tatsachen verpflichtet ist. Der Arbeitnehmer muss im Rahmen der Anbahnung des Arbeitsverhältnisses ohne eine entsprechende Frage des Arbeitgebers von sich aus nur auf solche Tatsachen hinweisen, deren Mitteilung der Arbeitgeber nach Treu und Glauben erwarten darf.[1412] Dies ist regelmäßig nur der Fall, wenn die verschwiegenen Umstände dem Arbeitnehmer die Erfüllung der arbeitsvertraglichen Leistungspflicht unmöglich machen oder in sonstiger Weise für den in Betracht kommenden Arbeitsplatz von ausschlaggebender Bedeutung sind.[1413] Eine weitere Begrenzung erfolgt durch die Anwendung der innerhalb des Fragerechtes des Arbeitgebers entwickelten Grundsätze. Eine Offenbarungspflicht kann dann nicht bestehen, wenn eine Frage nach demselben Gegenstand unzulässig wäre. So wurde vom LAG Hamm sowohl ein Fragerecht als auch eine Offenbarungspflicht verneint, wenn ein Anfallsleiden (Epilepsie) die Eignung für den Arbeitsplatz nicht beeinträchtigt.[1414] 549

3. Aufklärungspflichten des Arbeitgebers

Im Rahmen des Anbahnungsverhältnisses treffen den Arbeitgeber bestimmte Aufklärungspflichten. 550
Dies ergibt sich nach der Schuldrechtsreform aus der Kodifizierung des vorvertraglichen Schuldverhältnisses in § 311 Abs. 2 Nr. 2 i.V.m. § 241 Abs. 2 BGB. Es ist insoweit ausdrücklich bestimmt, dass auch im Rahmen des vorvertraglichen Schuldverhältnisses beide Parteien zur Rücksichtnahme auf die gegenseitigen Belange verpflichtet sind. Hinsichtlich der inhaltlichen Ausgestaltung der vorvertraglichen Pflichten, ist auf die zuvor im Rahmen der cic entwickelten Grundsätze zurückzugreifen. Danach ist der Arbeitgeber verpflichtet, darauf hinzuweisen, ob er sich in **Zahlungsschwierigkeiten befindet, ein Betriebsübergang** oder **eine örtliche Versetzung** ansteht und ob die **Leistungsanforderungen** für den in Aussicht gestellten Arbeitsplatz außergewöhnlich oder

1409 EuGH, Urt. v. 04.10.2001 Teledanmark A/S/Handels-og Kontorfunktionaerernes Forbund I Dannmark (H) (K), BB 2001, 2478, 2478; siehe auch *Thüsing*, BB 2002, 1146 ff.

1410 BAG, Urt. v. 06.02.2003, NZA 2003, 848, 849.

1411 BVerfG, Urt. v. 08.07.1997, BVerfGE 96, 171; BVerfG, Kammerbeschl. v. 04.08.1998, NZA 1998, 1329.

1412 BAG, Urt. v. 21.02.1991, NJW 1991, 2723; siehe auch BAG, Urt. v. 20.05.1999, NZA 1999, 975 ff. zur Frage der Übernahme einer Offenbarungspflicht im Bewerbungsverfahren.

1413 BAG, Urt. v. 21.02.1991, NJW 1991, 2723 m.w.N.

1414 LAG Hamm, Urt. v. 22.01.1999 – 5 Sa 702/98 (n.v.).

überdurchschnittlich hoch sind. Der Arbeitgeber darf auch keine falschen Vorstellungen beim Arbeitnehmer erwecken, die zu den tatsächlichen Gegebenheiten im Widerspruch stehen.[1415]

550a Bei der Abwägung, ob Hinweispflichten bestehen, ist auch darauf abzustellen, ob im Rahmen der Verhandlungen ersichtlich wird, dass **erkennbare Informationsdefizite** auf Seiten des Bewerbers bestehen. Ebenso sind die intellektuellen und wirtschaftlichen Voraussetzungen der Parteien, und das Ausmaß der Interessengefährdung in die Abwägung mit einzubeziehen.

551 Verletzt der Arbeitgeber seine vorvertraglichen Aufklärungspflichten, so steht dem Arbeitnehmer ein Schadensersatzanspruch aus § 311 Abs. 2, Abs. 3 i.V.m. § 241 Abs. 1 i.V.m. § 280 BGB zu.

4. Diskriminierungsverbote

a) Verbot geschlechtsbezogener Diskriminierung

552 Aufgrund der Richtlinie 76/207/EWG (Gleichbehandlungsrichtlinie), wurde § 611a BGB eingefügt. Die Vorschrift muss infolgedessen richtlinienkonform ausgelegt werden. Gem. § 611a BGB darf der Arbeitgeber bei der Begründung des Arbeitsverhältnisses niemanden wegen seines Geschlechtes benachteiligen. Grund dieser Vorschrift ist der Schutz vor geschlechtsbezogener Diskriminierung. Maßstab ist grundsätzlich das einfache (nationale) Recht und in zweiter Linie Verfassungs- und Gemeinschaftsrecht. Die Vorschrift erfasst sowohl die unmittelbare, als auch die mittelbare Diskriminierung. Eine unmittelbare Benachteiligung liegt vor, wenn nach dem Geschlecht differenziert wird. Mittelbar ist eine Benachteiligung, wenn zwar nicht die Geschlechtszugehörigkeit als Differenzierungskriterium dient, sondern solche Merkmale, die entweder von Frauen oder von Männern deutlich häufiger erfüllt werden. Im Rahmen des Anbahnungsverhältnisses wäre eine mittelbare Diskriminierung bei Auswahlrichtlinien denkbar.

553 § 611a BGB richtet sich an private und öffentliche Arbeitgeber und gilt für den gesamten Bereich des Beschäftigungsverhältnisses, von der Anbahnung des Arbeitsverhältnisses bis zu dessen Beendigung. Gleichzeitig bezieht sich § 611a BGB nicht nur auf Arbeitsverhältnisse, wie sich dies aus dem Wortlaut ergibt, sondern eine analoge Anwendung auf Dienstverträge, arbeitnehmerähnliche Personen, Geschäftsführer oder Verträge mit freien Mitarbeitern ist geboten.[1416]

554 Es ist ausreichend, dass bereits die Chancen des Bewerbers durch ein diskriminierendes Verhalten beeinträchtigt werden. In diesem Fall, kommt es nicht darauf an, ob das Geschlecht bei der abschließenden Einstellungsentscheidung noch eine nachweisbare Rolle gespielt hat.[1417] Im Rahmen des Anbahnungsverhältnisses gilt § 611a BGB in jeder Phase der Stellenbesetzung, auch beim Einschalten eines Personalberaters. Auch dieser ist verpflichtet, § 611a BGB bei einer evtl. Vorauswahl von Bewerbern zu beachten. Von diesem Verbot der geschlechtsbezogenen Diskriminierung macht § 611a Abs. 1 Satz 2 BGB eine Ausnahme. Danach ist eine unterschiedliche Behandlung wegen des Geschlechts zulässig, soweit ein bestimmtes Geschlecht **unverzichtbare Voraussetzung für die Tätigkeit ist**; beispielhaft Mannequin, Tanz, Theaterrollen, katholische Kirche, Justizvollzugsdienst.[1418] Diese Beispiele gehen auf einen von der Bundesregierung erstellten Katalog zurück, der notwendig wurde, nachdem der EuGH die Mitgliedsstaaten verpflichtet hatte, die Tätigkeiten, die vom Diskriminierungsverbot nicht erfasst werden sollten, aufzuzählen. Dieser Katalog ist jedoch nicht abschließend, sondern die Entscheidung, ob das Geschlecht für eine bestimmte Tätigkeit unverzichtbar ist, obliegt im Streitfall dem Ermessen der Gerichte. Eine unverzichtbare Voraussetzung stellt erheblich höhere Anforderungen an das Gewicht des rechtfertigenden Umstandes, als ein sachlicher Grund. Das Geschlecht ist nur dann unverzichtbar, wenn ein Angehöriger des jeweils

1415 LAG Frankfurt, Urt. v. 27.03.2003 – 9 Sa 1211/01 (n.v.).
1416 EuGH, Urt. v. 02.10.1997, NZA 1997, 1221.
1417 BVerfG, Beschl. v. 16.11.1993, NJW 1984, 647, 648.
1418 ArbG Bonn, Urt. v. 02.03.2002, NZA-RR 2002, 100; das ArbG Bonn bejahte für die Betreuung ausschließlich weiblicher Kundinnen das Geschlecht als unverzichtbare Voraussetzung einer Kundenbetreuerin.

anderen Geschlechts die vertragsmäßige Leistung nicht erbringen könnte und dieses Unvermögen auf Gründen beruht, die ihrerseits der gesetzlichen Wertentscheidung der Gleichberechtigung beider Geschlechter genügen.[1419]

Um es diskriminierten Personen zu erleichtern, ihre Rechte durchzusetzen, enthält § 611a Abs. 1 Satz 3 BGB **eine Beweislastregel**. Dies wurde als notwendig angesehen, da der Nachweis einer Diskriminierung Kenntnis von Tatsachen voraussetzt, die im Bereich des Arbeitgebers liegen und dem Bewerber bzw. dem Arbeitnehmer häufig nicht bekannt sind. Nach § 611a Abs. 1 Satz 3 BGB muss der Arbeitnehmer darlegen und nachweisen, dass ein Verstoß gegen ein Benachteiligungsverbot durch den Arbeitgeber vorliegt. Dem Arbeitgeber obliegt es dann in der Folge darzulegen, dass seine Auswahlentscheidung auf sachlichen Gründen beruht und nicht geschlechtsbezogen war bzw. dass das Geschlecht eine unverzichtbare Voraussetzung für die Besetzung der Stelle war. Klarzustellen ist, dass ein sachlicher Grund eine Differenzierung nach dem Geschlecht nicht gestattet. Ansonsten würde die enge Voraussetzung der »Unverzichtbarkeit« der Geschlechtszugehörigkeit ihren Anwendungsbereich weitestgehend einbüßen.[1420] 555

Soweit der Arbeitnehmer darlegen und nachweisen muss, dass ein Verstoß gegen ein Benachteiligungsverbot vorliegt, sind mehrere Möglichkeiten denkbar. Hat der Arbeitgeber dem Arbeitnehmer gegenüber zunächst die Ablehnung damit begründet, dass keine Frauen eingestellt werden, ist der Verstoß offensichtlich. Ausreichend ist die **Darlegung von Tatsachen, die vermuten lassen, dass eine Benachteiligung wegen des Geschlechtes vorliegt**. Vorstellbar ist zum Beispiel der Hinweis gegenüber einer jungen Frau, dass man Ausfallzeiten befürchte. Wesentliches Indiz in diesem Zusammenhang ist jedoch die **nicht geschlechtsneutrale Ausschreibung,** also der Verstoß gegen § 611b BGB. Da eine Benachteiligung wegen des Geschlechtes bereits dann vorliegt, wenn eine rechtliche Ungleichbehandlung an das Geschlecht anknüpft, ist es nicht ausreichend, wenn der Arbeitgeber beweist, dass auch andere Gründe für die Auswahlentscheidung maßgeblich waren. Der Arbeitgeber muss beweisen, dass das Geschlecht des abgewiesenen Bewerbers im Motivbündel, das seine Entscheidung beeinflusst hat, nicht enthalten ist.[1421] Der Arbeitgeber kann auch beweisen, dass das Geschlecht für die Besetzung der Stelle unverzichtbar ist. 556

Liegt ein Verstoß gegen das Diskriminierungsverbot vor, so steht dem Bewerber **ein Entschädigungsanspruch zu**. Ein Verschulden des Arbeitgebers ist für die Entstehung dieses Entschädigungsanspruchs nicht notwendig. Ausreichend ist ein Verstoß gegen das Diskriminierungsverbot. Hinsichtlich der Höhe des Entschädigungsanspruches ist zu unterscheiden zwischen dem Bewerber, der bei fehlerfreier Auswahl die Stelle erhalten hätte und dem Bewerber, der auch bei fehlerfreier Auswahl nicht eingestellt worden wäre. Für beide gilt zunächst, dass der entstandene Vermögensschaden zu ersetzen ist. Für den Bewerber, der bei fehlerfreier Auswahl die Stelle nicht erhalten hätte, gilt jedoch, dass gem. § 611a Abs. 3 BGB der Entschädigungsanspruch auf drei Monatsgehälter begrenzt ist, selbst wenn der tatsächliche Schaden höher liegen sollte. Diese Einschränkung betrifft nicht den Bewerber, der bei fehlerfreier Auswahl die Stelle auch tatsächlich erhalten hätte. In beiden Konstellationen gilt, dass in Fällen, in denen dem Bewerber nur ein geringfügiger Schaden entstanden ist (dies wird häufig der Fall sein, da der Schaden sich zumeist auf Portokosten beschränkt), vom Gericht eine angemessene Entschädigung festzusetzen ist. Im Normalfall ist **von einem Monatsgehalt auszugehen**. In die Abwägung, welche Entschädigung angemessen ist, sind Anlässe und Beweggründe des Handelns des Arbeitgebers, Art und Schwere der Benachteiligung und der Grad des Verschuldens des Arbeitgebers mit einzubeziehen. 557

§ 61b Abs. 2 Satz 2 ArbGG sieht eine Begrenzung der Entschädigungspflicht des Arbeitgebers vor, wenn der Arbeitgeber von mehreren Bewerbern in Anspruch genommen wird. Der Arbeitgeber kann 558

1419 BAG, Urt. v. 27.04.2000 – 8 AZR 295/99 (n.v.).

1420 LAG Düsseldorf, Urt. v. 01.02.2002, NZA-RR 2002, 345.

1421 BVerfG, Beschl. v. 16.11.1993, NJW 1984, 647, 648; a.A. ErfK/*Preis*, § 611a BGB Rn 24, der davon ausgeht, dass es ausreiche, wenn der Arbeitgeber nachweise, dass die Maßnahme ebenso getroffen worden sei, wenn der Bewerber gerade dem anderen Geschlecht angehört hätte.

beim Arbeitsgericht einen Antrag stellen, eine Obergrenze für die Haftung gegenüber allen in Betracht kommenden Bewerbern in Höhe von sechs Monatsverdiensten festzusetzen. Die Obergrenze erhöht sich auf zwölf Monatsverdienste, wenn ein einheitliches Auswahlverfahren für mehrere freie Stellen durchgeführt wurde. Sobald die Obergrenze durch die Summe der Einzelansprüche überschritten wird, müssen nach § 61b Abs. 2 Satz 1 ArbGG die Einzelansprüche anteilig gekürzt werden. Für Fälle, in denen der Arbeitgeber bereits vor dem gerichtlichen Verfahren Ansprüche von Bewerbern befriedigt hat, erfolgt eine Anrechnung dieser Zahlungen, insoweit sie im Falle einer gerichtlichen Geltendmachung hätten erfüllt werden müssen (§ 61b Abs. 2 Satz 2 u. 3 ArbGG). Diese Festsetzung eines Höchstbetrages kann dazu führen, dass auf einzelne Bewerber nur noch ausgesprochen geringe Entschädigungsbeträge entfallen. Der EuGH hat zu diesem Punkt bereits ausgeführt, dass eine solche Regelung mit der Richtlinie 76/207/EWG nicht vereinbar ist.[1422]

559 Zudem besteht gem. § 61b Abs. 2 ArbGG ein besonderer Gerichtsstand, wenn mehrere Verfahren wegen Diskriminierung bei einer Einstellung anhängig sind. Stellt der Arbeitgeber den Antrag auf Begrenzung der Entschädigungssumme, so ist das Gericht zuständig, bei dem die erste Klage erhoben wurde. Die Arbeitsgerichte haben in diesem Fall Prozesse von Amts wegen an den Gerichtsort des einheitlichen Entschädigungsverfahrens zu verweisen.

559a Für den Entschädigungsanspruch gilt eine Ausschlussfrist von zwei Monaten ab dem Tag nach Zugang der Ablehnung der Bewerbung.[1423] Ist der Anspruch gegenüber dem Arbeitgeber geltend gemacht worden, so muss der Anspruch innerhalb von drei Monaten ab der schriftlichen Geltendmachung des Anspruches gerichtlich geltend gemacht werden.

b) Quotenregelung

560 Eine Quotenregelung dient der Frauenförderung, indem Frauen in Bereichen, in denen sie stark unterrepräsentiert sind, bevorzugt eingestellt oder befördert werden. Um die Zulässigkeit von Quotenregelungen zu beurteilen, ist zunächst zwischen den unterschiedlichen Quoten zu unterscheiden. Bei sog. »starren« Quoten handelt es sich um Quoten, bei denen mindestens die Hälfte der jeweiligen Plätze für ein Geschlecht ohne Berücksichtigung der Qualifikation reserviert sind.[1424] Leistungsabhängige Quoten sind Quoten, die eine Bevorzugung eines Geschlechtes bei gleicher Qualifikation verlangen, wenn dieses Geschlecht in einem bestimmten Bereich unterrepräsentiert ist. Starre Quoten werden allgemein als unzulässig angesehen. Schwieriger zu beurteilen ist die Rechtmäßigkeit der **leistungsabhängigen Quotenregelung**. Leistungsabhängige Quotenregelungen sind an den Anforderungen des EuGH zur Quotenregelung zu messen. Nach der Rechtsprechung des EuGH steht die Richtlinie 207/96/EWG einer Quotenregelung nicht entgegen, wenn diese die **gleiche fachliche Qualifikation** für Bewerber unterschiedlichen Geschlechts verlangt, wenn das zu bevorzugende Geschlecht in einem Geschäftsbereich unterrepräsentiert ist und wenn den weiblichen Bewerbern nicht automatisch der Vorrang eingeräumt wird, sondern die jeweilige Quotenregelung **eine Öffnungsklausel enthält**. Die Öffnungsklausel muss es ermöglichen, dass das nicht zu bevorzugende Geschlecht vorgezogen wird, wenn in der Person des Mitbewerbers Gründe vorliegen, die überwiegen.[1425] Ein absoluter unbedingter Vorrang für ein bestimmtes Geschlecht verstößt somit gegen die Richtlinie 76/207/EWG. Möglich sind jedoch Regelungen, die eine solche Öffnungsklausel enthalten. Dies führt dazu, dass eine praktische Kontrolle von Quoten nicht mehr möglich ist.[1426]

1422 EuGH, Urt. v. 22.04.1997, DB 1997, 983.
1423 Palandt/*Putzo,* § 611a BGB Rn 27.
1424 *Pfarr,* NZA 1995, 808, 809.
1425 EuGH, Urt. v. 17.10.1995 (*Kalanke ./. Freie Hansestadt Bremen),* BB 1995, 2172.
1426 ErfK/*Dieterich,* Art. 3 GG Rn 95.

c) Bevorzugung schwerbehinderter Menschen

Das Recht der Schwerbehinderten wurde durch das SGB IX zum 01.07.2001 neu gefasst.[1427] Durch die Änderung wurde ein **Benachteiligungsverbot** wegen der Behinderung eingeführt. Danach darf ein schwerbehinderter Beschäftigter bei der Begründung des Arbeitsverhältnisses, beim beruflichen Aufstieg, bei einer Weisung oder einer Kündigung nicht wegen seiner Behinderung benachteiligt werden. Eine unterschiedliche Behandlung ist nur zulässig, wenn sie wegen **der Art der vom schwerbehinderten Beschäftigten auszuübenden Tätigkeit notwendig ist**. Der Arbeitgeber trägt die Beweislast, dass nicht auf die Behinderung bezogene sachliche Gründe eine unterschiedliche Behandlung rechtfertigen oder eine bestimmte körperliche Funktion, geistige Fähigkeit oder seelische Gesundheit wesentliche oder entscheidende Anforderung für diese Tätigkeit ist. Der Arbeitnehmer muss lediglich Tatsachen glaubhaft machen, die eine Benachteiligung wegen der Behinderung vermuten lassen. Die Regelung wurde an § 611a BGB angelehnt, auch dahin gehend, dass dieses Benachteiligungsverbot nunmehr, im Gegensatz zur bisherigen Rechtslage, sanktioniert ist. 561

Wird bei der Begründung gegen das Benachteiligungsverbot verstoßen, kann der Arbeitnehmer eine **angemessene Entschädigung in Geld verlangen**.[1428] Aus der Ähnlichkeit der Regelung mit § 611a BGB ergibt sich, dass der Arbeitnehmer in diesem Fall den ihm entstandenen Schaden vollumfänglich ohne eine Begrenzung geltend machen kann. Ist kein Schaden entstanden, so hat das Gericht eine angemessene Entschädigung festzusetzen. Dies gilt, wenn der Arbeitnehmer bei benachteiligungsfreier Auswahl eingestellt worden wäre. 562

Wäre der schwerbehinderte Beschäftigte bei benachteiligungsfreier Auswahl nicht eingestellt worden, so ist der Anspruch des Arbeitnehmers auf angemessene Entschädigung begrenzt auf die Höhe von höchstens drei Monatsverdiensten. Der Anspruch muss vom Bewerber innerhalb von zwei Monaten nach Zugang der Ablehnung der Bewerbung schriftlich geltend gemacht werden (§ 81 SGB IX). 563

IV. Zustandekommen eines wirksamen Arbeitsvertrages

1. Angebot und Annahme

Der Arbeitsvertrag folgt als schuldrechtlicher Vertrag den Regeln des allgemeinen Teils des BGB und des allgemeinen Schuldrechts. Er kommt durch Angebot und Annahme gem. §§ 145 ff. BGB zustande. Die Willenserklärungen können mündlich, schriftlich, ausdrücklich, konkludent oder durch schlüssiges Verhalten abgegeben werden. Die Parteien müssen sich über die essentialia negotii einig sein. Hinsichtlich der Art der im Einzelnen zu leistenden Arbeit gilt, dass diese mit Hilfe des Direktionsrechts des Arbeitgebers vorgenommen wird. Die Höhe der Vergütung muss im Arbeitsvertrag nicht festgelegt sein, in diesem Fall richtet sich die Vergütung nach § 612 Abs. 2 BGB. 564

2. Geschäftsfähigkeit

Beide Parteien müssen für den Abschluss des Arbeitsvertrages geschäftsfähig sein. Die Geschäftsfähigkeit bestimmt sich nach dem allgemeinen Teil des BGB. Für den minderjährigen Arbeitnehmer gilt § 113 BGB. Der Minderjährige ist gem. § 113 BGB für Rechtsgeschäfte, die Eingehung und Aufhebung von Rechtsgeschäften im Zusammenhang mit einer Erwerbstätigkeit unbeschränkt geschäftsfähig, wenn er vom gesetzlichen Vertreter zur Aufnahme einer Erwerbstätigkeit ermächtigt ist. Dies umfasst die Eingehung, Beendigung, das Aushandeln einzelner Vertragsbedingungen im Rahmen eines Arbeitsverhältnisses und die selbständige Tätigkeit. Nicht erfasst werden von § 113 565

1427 Für einen Überblick über die Änderungen im Recht der Schwerbehinderten s.a. *Welti*, NJW 2001, 2210 ff.; *Düwell*, BB 2001, 1527 ff.; *Thüsing*, BB 2002, 1146, 1148.

1428 *Rolfs/Paschke*, BB 2002, 1260, 1262.

BGB Lehr-, Anlern-, oder Volontärsverhältnisse, da bei diesen nicht die Erwerbstätigkeit, sondern der Ausbildungszweck im Vordergrund steht.

566 Die Ermächtigung durch den gesetzlichen Vertreter nach § 113 BGB bedarf nicht der Genehmigung des Vormundschaftsgerichtes. Die Genehmigung kann auch konkludent erteilt werden, wobei ein »resignierendes Dulden«[1429] nicht ausreichend ist. Die Ermächtigung ist gegenüber dem Minderjährigen auszusprechen.

567 Der als Arbeitgeber tätige Minderjährige ist für Rechtsgeschäfte, die im Rahmen eines Erwerbsgeschäftes notwendig sind, unbeschränkt geschäftsfähig, sofern der gesetzliche Vertreter ihn zum selbständigen Betrieb eines Erwerbsgeschäftes ermächtigt hat. Die Ermächtigung des gesetzlichen Vertreters ist eine einseitige, formfreie Willenserklärung, die erst mit Genehmigung des Vormundschaftsgerichtes wirksam wird. Für die Eingehung von Arbeitsverhältnissen, die den Minderjährigen als Arbeitgeber für eine längere Dauer als ein Jahr verpflichten, bedarf der Minderjährige der Zustimmung des Vormundschaftsgerichtes (§§ 1643, 1822 Nr. 7 BGB). Fehlt die Zustimmung des Vormundschaftsgerichtes, so ist der Vertrag aufrechtzuerhalten.

3. Scheingeschäft

568 § 117 BGB, nach dem ein Scheingeschäft nichtig ist, findet auch im Arbeitsrecht Anwendung. Ein Scheingeschäft liegt vor, wenn die Beteiligten ein Ziel durch den bloßen Schein eines wirksamen Rechtsgeschäftes erreichen, aber die mit dem betreffenden Rechtsgeschäft verbundenen Rechtswirkungen nicht eintreten lassen wollen.[1430] Diejenige Partei, die sich darauf beruft, es handle sich um ein Scheingeschäft i.S.v. § 117 Abs. 1 BGB, trägt die Darlegungs- und Beweislast.[1431]

4. Verstoß gegen gesetzliche Verbote

569 Das Arbeitsrecht enthält verschiedene Verbotsvorschriften, insbesondere so genannte Beschäftigungsverbote. Ein Beschäftigungsverbot untersagt den tatsächlichen Einsatz des Arbeitnehmers auf einen bestimmten Arbeitsplatz für eine bestimmte Tätigkeit. Wurde ein Arbeitsvertrag abgeschlossen, dessen Durchführung gegen ein Beschäftigungsverbot verstößt, stellt sich die Frage, ob es sich bei den Beschäftigungsverboten um Verbotsgesetze i.S.d. § 134 BGB mit der Folge der Nichtigkeit des Vertrages handelt. Dies ist nach dem Zweck des jeweiligen Beschäftigungsverbotes festzustellen. Dient das Beschäftigungsverbot dem Arbeitnehmerschutz (z.B. Arbeitszeitgesetz, Mutterschutzgesetz) so führt ein Verstoß gegen das Beschäftigungsverbot **nicht zu einer totalen Nichtigkeit des Arbeitsvertrages.**[1432] Durch ein solches Beschäftigungsverbot wird nicht der Abschluss des Arbeitsvertrages untersagt, sondern das Beschäftigungsverbot berührt nur die Möglichkeit den Arbeitsvertrag zu erfüllen.[1433] Im Regelfall ist ein Vertrag, dessen Durchführung gegen ein Beschäftigungsverbot verstößt, aufrechtzuerhalten. Eine andere Beurteilung ist geboten, wenn der Zweck des Beschäftigungsverbotes bzw. des Verbotsgesetzes öffentlich-rechtlichen Interessen dient und die Durchsetzung nur durch die Sanktion der totalen Nichtigkeit des Vertrages zu erreichen ist. Dies ist zum Beispiel anzunehmen bei der Beschäftigung von Kindern entgegen §§ 2, 5 JArbSchG.

Von praktischer Bedeutung sind insbesondere folgende Beschäftigungsverbote.

■ Arbeitszeitgesetz

570 Verstößt die im Arbeitsvertrag enthaltene Arbeitszeitregelung gegen entsprechende Bestimmungen des Arbeitszeitgesetzes, so ist der Vertrag nur insoweit nichtig, als die gesetzliche Höchstdauer

1429 BAG, Urt. v. 19.07.1974, AP Nr. 6 zu § 113 BGB.
1430 BAG, Urt. v. 22.09.1992, AP Nr. 2 zu § 117 BGB.
1431 BAG, Urt. v. 09.02.1995, NZA 1996, 249, 250: ebenso BAG, Urt. vom 13.02.2003 – AZ 8 AZR 59/02 (n.v.).
1432 Küttner/*Kreitner*, Beschäftigungsverbot Rn 6; ErfK/*Preis*, § 611 Rn 464 f.
1433 BAG, Urt. v. 11.07.1980, AP Nr. 18 zu § 611 BGB Lehrer, Dozenten.

überschritten wird. Wird ein zweiter Arbeitsvertrag abgeschlossen, durch den die gesetzliche Arbeitshöchstzeit überschritten wird, so ist dieser zweite Arbeitsvertrag insgesamt nichtig.[1434]

■ Jugendarbeitsschutzgesetz

§ 5 Abs. 1 JArbSchG, der die Beschäftigung von Kindern (bis 15 Jahre und Jugendliche zwischen 15 571 und 18 Jahren, die der Vollzeitschulpflicht unterliegen) untersagt, stellt ein sog. absolutes Beschäftigungsverbot dar. Verträge, die gegen dieses Beschäftigungsverbot verstoßen, sind nichtig. Grund ist der Zweck des Gesetzes. Durch das JArbSchG soll der besonderen Schutzbedürftigkeit von Kindern und Jugendlichen Rechnung getragen werden. Dies ist nur möglich, wenn ein entgegen des Beschäftigungsverbotes abgeschlossener Vertrag nichtig ist. Etwas anderes gilt für die in §§ 22 ff. JArbSchG enthaltenen Regelungen. Diese begründen lediglich ein einfaches Beschäftigungsverbot. Der Arbeitsvertrag ist in diesen Fällen nicht nichtig, sondern entsprechend den gesetzlichen Bestimmungen aufrechtzuerhalten. § 25 JArbSchG enthält ein Verbot der Beschäftigung für bestimmte Personen. Personen, die wegen eines Verbrechens zu einer Freiheitsstrafe von mindestens zwei Jahren, wegen einer vorsätzlichen Straftat, die unter Verletzung der als Ausbilder oder Arbeitgeber obliegenden Pflichten zum Nachteil von Kindern begangen wurde, wegen Sexualstraftaten, wegen Straftaten gegen das Betäubungsmittelgesetz oder nach dem Jugendschutzgesetz bestraft wurden, dürfen Jugendliche nicht beschäftigen. Ein Verstoß gegen dieses Beschäftigungsverbot führt nicht zu einer totalen Nichtigkeit des Arbeitsvertrages. Dem Arbeitnehmer steht in diesen Fällen jedoch ein Recht zur außerordentlichen Kündigung zu. Weiter können sich Ansprüche auf Schadensersatz ergeben.

■ Arbeitserlaubnis § 284 SGB III

Das Fehlen einer Arbeitserlaubnis eines ausländischen Arbeitnehmers führt nicht zur Nichtigkeit des 572 Arbeitsverhältnisses, da nur die Ausübung einer Beschäftigung durch den Ausländer, nicht aber der Abschluss eines Arbeitsvertrages genehmigungspflichtig ist.[1435]

■ Infektionsschutzgesetz

Leidet ein Arbeitnehmer an einer in § 42 InfG aufgeführten ansteckenden Krankheit, so ist auch bei 573 ausgesprochenem Beschäftigungsverbot der Arbeitsvertrag nicht nichtig.[1436]

■ Mutterschutzgesetz

Das Mutterschutzgesetz enthält verschiedene Beschäftigungsverbote für werdende und stillende 574 Mütter (§§ 3, 4, 6 MuSchG). Die Frage, ob die im MuSchG enthaltenen Beschäftigungsverbote zu einer Nichtigkeit des Arbeitsvertrages führen, muss vor dem Hintergrund der Rechtsprechung des EuGH zur Richtlinie 76/207 gesehen werden. Nach der Rechtsprechung des EuGH stellt eine Entlassung wegen einer Schwangerschaft eine unmittelbare Diskriminierung auf Grund des Geschlechtes dar, die gegen die Richtlinie 76/207/EWG verstößt. Die Annahme der Nichtigkeit des Arbeitsvertrages wegen eines nur zeitweise bestehenden Beschäftigungsverbotes steht im Ergebnis einer Entlassung gleich, so dass hier eine unmittelbare Diskriminierung auf Grund des Geschlechtes zu bejahen ist. Zudem gehen Sinn und Zweck des Mutterschutzgesetzes nicht dahin, der Schwangeren den Arbeitsplatz schlechthin vorzuenthalten oder den Arbeitsvertrag zu untersagen, sondern es ist lediglich vorübergehend eine Durchführung arbeitsvertraglicher Pflichten nicht möglich.[1437] Danach ist keine Nichtigkeit des Vertrages anzunehmen.

Die frühere Rechtsprechung des BAG, dass der Arbeitsvertrag nach § 134 BGB nichtig sei, wenn 575 ein Beschäftigungsverbot für eine Schwangere besteht, kann keinen Bestand mehr haben. Dies gilt für unbefristete Arbeitsverhältnisse. Bisher war umstritten, wie bei befristeten Arbeitsverhältnissen zu verfahren ist. In der Entscheidung vom 04.10.2001 stellt der EuGH fest, dass die Entlassung

1434 LAG Nürnberg, Urt. v. 19.09.1985, AP Nr. 35 zu § 138 BGB.
1435 BAG, Urt. v. 13.01.1977, AP Nr. 2 zu § 19 AFG; BAG v. 19.01.1977, AP Nr. 3 zu § 19 AFG.
1436 BAG, Urt. v. 02.03.1971, BB 1971, 1005.
1437 Tschöpe/*Moll*, Teil 1 C Rn 119 m.w.N.

einer Arbeitnehmerin wegen Schwangerschaft auch dann nicht möglich ist, wenn der Arbeitgeber nicht über die Schwangerschaft unterrichtet war, obwohl diese bei Abschluss des Arbeitsvertrages bekannt war, wenn der Arbeitsvertrag befristet abgeschlossen wurde und wenn feststand, dass sie auf Grund der Schwangerschaft während eines wesentlichen Teils der Vertragszeit nicht würde arbeiten können.[1438] Daraus ergibt sich, dass auch eine Beendigung des Arbeitsverhältnisses durch § 134 BGB und die Annahme einer Nichtigkeit auf Grund eines Beschäftigungsverbotes des MuSchG nicht möglich ist. Bei Arbeitsverträgen, die für mehr als zwölf Monate abgeschlossen sind, ist eine Nichtigkeit nach § 134 BGB nicht mehr anzunehmen. Da der EuGH deutlich gemacht hat, dass dies auch Anwendung findet, wenn die Schwangere während eines »wesentlichen« Teils der Vertragszeit nicht arbeiten kann, bleibt lediglich die Frage offen, ob eine Nichtigkeit ggf. dann gerechtfertigt wäre, wenn die Arbeitnehmerin ihre Tätigkeit zu keinem Zeitpunkt während des befristeten Arbeitsverhältnisses erbringen kann. Die Entwicklung der Rechtsprechung bleibt hier abzuwarten.

5. Sittenwidrigkeit

576 Ein Rechtsgeschäft ist gem. § 138 Abs. 1 BGB nichtig, wenn es gegen die guten Sitten verstößt. Eine Sittenwidrigkeit i.S.d. § 138 Abs. 1 BGB ist anzunehmen, wenn der Inhalt des Rechtsgeschäftes mit den **grundlegenden Wertungen der Rechtsordnung unvereinbar ist**. In diesem Fall kommt es auf eine Würdigung der Begleitumstände – z.B. Gutgläubigkeit der Parteien – nicht an.[1439] Die Sittenwidrigkeit kann sich auch aus dem Gesamtcharakter des Rechtsgeschäftes ergeben. In diesem Fall sind Inhalt, Beweggründe und Zweck des Geschäftes zu beurteilen.[1440] Es ist zu unterscheiden zwischen Rechtsgeschäften, die objektiv sittenwidrig sind, da ihr Inhalt gegen wesentliche Wertungen der Rechtsordnung verstößt und Rechtsgeschäfte, bei denen sich die Sittenwidrigkeit aus den Gesamtumständen ergibt. Hierbei ist nicht nur der objektive Gehalt des Rechtsgeschäftes zu beurteilen, sondern auch die Umstände, die zu seiner Vornahme geführt haben.[1441]

577 Soweit bisher die Sittenwidrigkeit bei Prostitution angenommen wurde, hat sich die Rechtslage durch das Gesetz zur Regelung der Rechtsverhältnisse der Prostitution vom 20.09.2001, in Kraft getreten zum 01.01.2002, geändert.[1442] Nach § 1 ProstG gilt nunmehr, dass sexuelle Handlungen, die gegen ein vorher vereinbartes Entgelt vorgenommen werden, eine rechtswirksame Forderung begründen können.[1443] Die Entscheidung des LAG Schleswig-Holstein, nach der das Führen von Sexgesprächen sittenwidrig ist mit der Folge, dass eine Lohnzahlung nicht verlangt werden könne, vermag vor dem Hintergrund des ProstG nicht zu überzeugen.[1444]

578 Grundsätzlich ist die Frage, ob ein Arbeitsvertrag bei Vorliegen sittenwidriger Einzelregelungen insgesamt sittenwidrig ist, eine Frage des Einzelfalles, die anhand der oben skizzierten Kriterien beantwortet werden muss. Folgende Vereinbarungen wurden von der Rechtsprechung als sittenwidrig anerkannt:

- Eine Verlustbeteiligung des Arbeitnehmers ist sittenwidrig, wenn dafür kein angemessener Ausgleich erfolgt;[1445] wird eine Provisionsabrede der Art getroffen, dass der Arbeitnehmer die geforderten Umsätze nicht erbringen kann, ist diese sittenwidrig.[1446]

1438 EuGH Urt. v. 04.10.2001, Teledanmark A/S/Handels-og Kontorfunktionaerernes Forbund I Dannmark (H) (K), BB 2001, 2478.
1439 BAG, Urt. v. 10.10.1999, NJW-RR 1991, 504.
1440 BGHZ 86, 88, 107.
1441 Palandt/*Heinrichs*, § 138 BGB Rn 7 m.w.N.
1442 BGBl I 2001, 3983.
1443 Zur Begründung des Gesetzes BT-Drucks 14/5958, 1.
1444 LAG Schleswig-Holstein, Urt. v. 14.10.2002 – 4 Sa 31/02 (n.v.).
1445 BAG, Urt. v. 10.10.1999, NJW-RR 1991, 504.
1446 LAG Berlin, Urt. v. 03.11.1986, DB 1987, 1899; siehe auch ErfK/*Preis*, § 611 BGB Rn 463 mit weiteren Beispielen.

- Eine Abrede, die Arbeitsvergütung ohne Berücksichtigung von Steuern und Sozialversicherungsbeiträgen (»schwarz«) auszuzahlen, führt nicht aufgrund Sittenwidrigkeit zur Nichtigkeit des Arbeitsvertrages. Solle die Abführung von Steuern und Beiträgen vereinbarungsgemäß teilweise unterbleiben, ist nur diese Abrede und nicht ein Teil der Vergütungsvereinbarung nichtig.[1447]
- Die Sittenwidrigkeit kann sich auch lediglich auf einzelne Vertragsabreden beschränken. Dies führt dann zu einer Anpassung der jeweiligen Vertragsklausel.
- Ein weiterer Anwendungsbereich ist § 138 BGB, die Prüfung von Leistung und Gegenleistung. Ein Verstoß gegen § 138 Abs. 2 BGB kann vorliegen, wenn die Vergütung unangemessen niedrig ist oder wenn dem Arbeitnehmer ohne ausreichende Vergütung das wirtschaftliche Risiko der Arbeit überbürdet wird. Nicht sittenwidrig ist eine einzelvertragliche Vereinbarung, wonach etwaige Überstunden mit dem Gehalt oder einer gleich bleibenden Pauschale abgegolten sind.[1448]

6. Formerfordernis

Für den Arbeitsvertrag gilt der **Grundsatz der Formfreiheit**. Der Arbeitsvertrag kann wirksam 579
mündlich, schriftlich, ausdrücklich oder durch schlüssiges Verhalten abgeschlossen werden. Für befristete Arbeitsverträge gilt § 14 Abs. 4 TzBfG. Die **Befristung eines Arbeitsvertrages** bedarf zu ihrer **Wirksamkeit der Schriftform**, ebenso § 623 BGB, der ebenfalls die Schriftform für eine Befristungsabrede vorschreibt. Schriftformerfordernisse können sich aus kollektivrechtlichen Regelungen, sowohl aus Tarifverträgen als auch aus Betriebsvereinbarungen ergeben. Ist Schriftform durch eine kollektivvertragliche Regelung vorgeschrieben, so müssen die Arbeitsvertragsbedingungen, die dem Formzwang unterfallen, in einer Urkunde entsprechend § 126 BGB niedergelegt werden. Beruht die Formvorschrift auf kollektivrechtlichen Regelungen so ist zu prüfen, ob es sich um deklaratorische oder konstitutive Schriftformerfordernisse handelt. Handelt es sich nur um deklaratorische Schriftformerfordernisse, so wird die Wirksamkeit des lediglich mündlich abgeschlossenen Vertrages nicht berührt. Ergibt die Auslegung des kollektivrechtlichen Schriftformerfordernisses, dass die Schriftform konstitutiv ist, so ist zwischen der tarifvertraglich und betriebsverfassungsrechtlich vorgeschriebenen Schriftform zu unterscheiden. Für die tarifvertragliche Regelung gilt, dass diese zur Unwirksamkeit des Arbeitsvertrages führt. Ist das Arbeitsverhältnis schon vollzogen, so gilt die Unwirksamkeit nur ex nunc.[1449] Ausnahmen von der Nichtigkeitsfolge des § 125 Satz 1 BGB sind zulässig, wenn es im Hinblick auf Treu und Glauben und auf die Beziehungen der Parteien unvereinbar wäre, das Rechtsgeschäft am Formmangel scheitern zu lassen.[1450] Im Arbeitsrecht ist dies denkbar, wenn das Arbeitsverhältnis längere Zeit als gültig betrachtet wurde.

Für das in **einer Betriebsvereinbarung** niedergelegte konstitutive Schriftformerfordernis gilt hin- 580
sichtlich des Abschlusses des Arbeitsvertrages, dass ein Verstoß **nicht zur Nichtigkeit nach § 125 Satz 1 BGB führt**, da der Neueintritt der Arbeitnehmer zum Zeitpunkt des Abschlusses des Arbeitsvertrages noch nicht dem Betrieb angehört und der betrieblichen Normsetzung nicht unterfällt.

Das NachwG verpflichtet den Arbeitgeber **dem Arbeitnehmer einen schriftlichen Nachweis über** 581
die vereinbarten Arbeitsbedingungen auszuhändigen. Dieser Nachweis hat lediglich deklaratorischen und keinen konstitutiven Charakter. Das NachwG gilt für alle Arbeitsverhältnisse mit Ausnahme von Arbeitsverhältnissen, die nur zur vorübergehenden Aushilfe von höchstens einem Monat begründet werden (§ 1 NachwG). Ebenfalls nicht vom Anwendungsbereich des NachwG erfasst werden arbeitnehmerähnliche Personen.[1451] Der Arbeitgeber muss spätestens einen Monat nach dem vereinbarten Beginn des Arbeitsverhältnisses die wesentlichen Vertragsbedingungen schriftlich niederlegen, diese unterzeichnen und dem Arbeitnehmer aushändigen. Wesentliche Arbeitsbedingungen, die nach § 2 NachwG aufgeführt werden müssen:

1447 BAG, Urt. v. 26.02.03, DB 2003, 1581, 1583.
1448 LAG Schleswig-Holstein, Urt. v. 05.11.2002, LAGReport 2003, 93 ff.
1449 BAG, Urt. v. 15.11.1957, BAGE 5, 58.
1450 Palandt/*Heinrichs*, § 125 BGB Rn 16.
1451 ErfK/*Preis*, § 1 NachwG Nr. 5.

- Name und Anschrift der Vertragsparteien,
- Zeitpunkt des Beginns des Arbeitsverhältnisses, (darunter ist die Aufnahme der Arbeit zu verstehen und nicht der Vertragsabschlusss)[1452] bei befristeten Arbeitsverhältnissen: die vorhersehbare Dauer des Arbeitsverhältnisses,
- der Arbeitsort, ggf. Hinweis darauf, dass der Arbeitnehmer an verschiedenen Orten beschäftigt werden kann,
- Beschreibung der vom Arbeitnehmer zu leistenden Tätigkeit,
- Zusammensetzung und Höhe des Arbeitsentgeltes einschließlich der Zuschläge, Zulagen, Prämien, Sonderzulagen und andere Bestandteile des Arbeitsentgeltes und deren Fälligkeit,
- vereinbarte Arbeitszeit,
- die Dauer des jährlichen Erholungsurlaubes,
- die Fristen für die Kündigung des Arbeitsverhältnisses,
- Hinweis auf Tarifverträge, Betriebs- oder Dienstvereinbarungen, die Anwendung finden,
- bei geringfügig Beschäftigten ist zusätzlich noch der Hinweis aufzunehmen, dass der Arbeitnehmer in der gesetzlichen Rentenversicherung die Stellung eines versicherungspflichtigen Arbeitnehmers erwerben kann, wenn er auf die Versicherungsfreiheit durch Erklärung gegenüber dem Arbeitgeber verzichtet.
- § 2 Abs. 2 NachwG sieht weitere Nachweispflichten für Arbeitnehmer vor, die im Rahmen ihrer Tätigkeit länger als einen Monat ins Ausland entsandt werden. Der vom Arbeitgeber zu erteilende Nachweis muss die folgenden Angaben enthalten:
- Dauer der im Ausland auszuübenden Tätigkeit,
- Währung, in der das Arbeitsentgelt ausgezahlt wird,
- zusätzliches mit dem Auslandsaufenthalt verbundenes Arbeitsentgelt und zusätzliche Sachleistungen,
- Bedingungen für die Rückkehr des Arbeitnehmers.

582 Der Katalog ist nicht abschließend. Gehen die Parteien des Arbeitsverhältnisses davon aus, dass auch andere Abreden wesentlich für das Arbeitsverhältnis sind, so sind auch diese in den Nachweis aufzunehmen. Hinsichtlich des Arbeitsentgeltes einschließlich Zulagen, der vereinbarten Arbeitszeit, der Dauer des jährlichen Erholungsurlaubes und der Kündigungsfrist ist es ausreichend, wenn auf geltende kollektivrechtliche oder gesetzliche Regelungen, aus denen sich die Einzelheiten ergeben, hingewiesen wird (§ 2 Abs. 3 i.V.m. § 1 Nr. 6 des neuen NachwG). Gelten für das Arbeitsverhältnis kollektivrechtliche Regelungen, ist unabhängig von der Ersetzungsmöglichkeit für die eben angeführten Regelungen, der Arbeitgeber nach dem NachwG verpflichtet, einen allgemeinen Hinweis auf die anwendbaren kollektivrechtlichen Regelungen zu erteilen (§ 2 Abs. 1 Nr. 10 NachwG) – auch wenn es sich um einen für allgemeinverbindlich erklärten Tarifvertrag handelt. Wird danach auf die geltenden Tarifverträge verwiesen, so ist ein allgemeiner Hinweis auf die einschlägigen Tarifverträge ausreichend. Dies ergibt sich aus der Gesetzesbegründung zum NachwG. Eine Einzelauflistung ist nach Auffassung des Gesetzgebers entbehrlich, da der Arbeitgeber auf Grund § 8 TVG und § 77 Abs. 2 Satz 3 BetrVG verpflichtet ist, die für den Betrieb maßgeblichen kollektivrechtlichen Regelungen an geeigneter Stelle auszulegen.[1453]

582a Ändern sich wesentliche Arbeitbedingungen, so muss der Arbeitgeber dies dem Arbeitnehmer spätestens einen Monat nach der Änderung schriftlich mitteilen (§ 3 S. 1 NachwG). Dies gilt nicht, wenn es sich lediglich um Änderungen von gesetzlichen Vorschriften, Betriebsvereinbarungen oder Tarifverträgen handelt (§ 3 S. 2 NachwG). Schließt der Arbeitgeber allerdings erstmalig einen Haustarifvertrag ab, so gilt § 3 S. 1 NachwG. Der Arbeitgeber muss den Arbeitnehmer auf den neu abgeschlossenen Haustarifvertrag hinweisen.[1454]

1452 Dies ergibt sich aus Art. 3 Abs. 1 der Richtlinie 533 aus 91/EG, in dem es heißt: »... nach Aufnahme der Arbeit ...«.
1453 BT-Drucks 13/668, 10.
1454 BAG, Urt. v. 05.11.2003, EzA § 3 NachwG Nr. 1.

Davon zu trennen ist die Frage, ob der Arbeitgeber verpflichtet ist, die wesentlichen Vertragsbedingungen, die nicht in § 2 Abs. 1 Satz 2 Nr. 6–9 NachwG enthalten sind, sich aber aus Tarifvertrag ergeben, im Nachweis gesondert aufzuführen oder ob der allgemein erteilte Hinweis auf kollektivrechtliche Regelungen ausreichend ist. Fraglich ist dies insbesondere für Ausschlussfristen im Tarifvertrag. Teilweise wird die Ansicht vertreten, dass Ausschlussfristen, die die gesetzlichen Verjährungsfristen erheblich unterschreiten, in den Nachweis aufzunehmen sind, da ein bloßer Hinweis auf einen Tarifvertrag der einschneidende Verfallfristen enthält, dem Schutzzweck des Nachweisgesetzes nicht ausreichend Rechnung trüge.[1455] Gegen diese Auffassung wird eingewandt, dass der allgemeine Hinweis auf den geltenden Tarifvertrag ausreichend sei, eine zusätzliche Aufnahme als wesentliche Vertragsbedingung im Nachweis sei nicht notwendig.[1456] Das BAG hat mit Entscheidung vom 23.01.2002 zu dieser Frage Stellung genommen. Danach kann einem Arbeitnehmer die Ausschlussfrist eines Tarifvertrages auch dann entgegengehalten werden, wenn lediglich gem. § 2 Abs. 1 Nr. 10 NachwG auf den einschlägigen Tarifvertrag hingewiesen wird, ohne zusätzlich auf die Ausschlussfrist zu verweisen.[1457] 583

Beim Verstoß gegen das Nachweisgesetz hat der Arbeitnehmer die Möglichkeit, den Nachweis als Erfüllungsanspruch einzuklagen oder ggf. Schadensersatzansprüche geltend zu machen. Der Anspruch ergibt sich nicht aus § 823 Abs. 2 BGB i.V.m. dem NachwG, da nach Auffassung des BAG das NachwG kein Schutzgesetz i.S.d. § 823 Abs. 2 BGB ist.[1458] Das BAG geht für den Fall des fehlenden Nachweises und der Zurückweisung eines Vergütungsanspruches des Arbeitnehmers wegen der Versäumung der Ausschlussfrist davon aus, dass dem Arbeitnehmer ein Schadensersatzanspruch aufgrund Verzug zustünde. Habe der Arbeitgeber dem Arbeitnehmer nicht innerhalb von vier Wochen nach Begründung des Arbeitsverhältnisses einen Nachweis über die wesentlichen Arbeitsbedingungen ausgehändigt, so befände sich der Arbeitgeber in Verzug. Der Arbeitnehmer müsse so gestellt werden, wie er stünde, wenn ihm der Nachweis rechtzeitig ausgehändigt worden sei. Ein Schadensersatzanspruch sei begründet, wenn geltend gemachte Vergütungsansprüche bestanden, diese nur wegen Versäumens der Ausschlussfrist erloschen seien und bei gesetzmäßigem Nachweis der Arbeitsbedingungen seitens des Arbeitgebers nicht untergegangen wären. Wobei grundsätzlich davon auszugehen sei, dass jedermann bei ausreichender Information seine Eigeninteressen in vernünftiger Weise wahre.[1459] 584

Nicht abschließend geklärt ist, welche Folgen der Verstoß gegen die Nachweispflicht für die **Beweissituation der jeweiligen Partei im Prozess** hat. 585

Zu unterscheiden sind die Fälle, in denen die im Nachweis niedergelegten Vertragsbedingungen streitig sind und die Fälle, in denen kein Nachweis i.S.d. § 2 NachwG erteilt wurde. Sind die niedergelegten Vertragsbedingungen unvollständig oder falsch, so gelten die allgemeinen beweisrechtlichen Grundsätze.[1460] Beruft sich der Arbeitgeber auf für ihn günstigere Bedingungen als im Nachweis niedergelegt, so trägt er die Beweislast dafür, dass der Nachweis unvollständig und unrichtig ist. Bei dem Nachweis i.S.d. § 2 NachwG handelt es sich um eine Privaturkunde i.S.d. § 416 ZPO. Der Arbeitgeber als Aussteller der Urkunde muss bei Behauptungen gegen den Inhalt der Urkunde beweisen, dass die Urkunde unrichtig oder unvollständig sei und dass das mündliche Besprochene oder tatsächlich Durchgeführte Gültigkeit haben soll.[1461] 586

1455 LAG Schleswig Holstein, Urt. v. 20.08.2000, DB 2000, 724, 725.

1456 LAG Niedersachsen, Urt. v. 07.12.2000, NZA-RR 2001, 145; LAG Bremen, Urt. v. 09.11.2000, DB 2001, 336; LAG Köln, Urt. v. 06.12.2000 – 3 Sa 1077/00 (n.v.).

1457 BAG, Urt. v. 23.01.2002, NZA 2002, 800; BAG, Urt. v. 17.04.2002, BAGE 101, 75 ff.; BAG, Urt. v. 29.05.2002, NZA 2002, 1360 ff.

1458 BAG, Urt. v. 17.04.2002, NZA 2002, 1096 ff.; anders noch ArbG Frankfurt, Urt. v. 25.08.1999, NZA-RR 1999, 648 m.w.N.

1459 BAG, Urt. v. 17.04.2002, BAGE 101, 75, 77.

1460 *Preis*, NZA 1997, 10, 12.

1461 Zöller/*Geimer*, § 416 ZPO Rn 10.

587 Macht der Arbeitnehmer geltend, dass der Nachweis unrichtig oder unvollständig sei, ist er ebenfalls nach den allgemeinen Grundsätzen beweisbelastet. Der Arbeitnehmer muss die von ihm behaupteten Vertragsbedingungen beweisen. Bei dieser Konstellation kann der Arbeitgeber sich allerdings nicht auf den von ihm ausgestellten Nachweis mit beweisrechtlicher Privilegierung berufen. Die Grundsätze des Anscheinsbeweises sind zu Gunsten des Arbeitgebers nicht anzuwenden. Voraussetzung für den Anscheinsbeweis ist ein typischer Geschehensablauf, der den Nachweis eines ursächlichen Zusammenhanges oder eines schuldhaften Verhaltens erlaubt.[1462] Einen Erfahrungssatz, dass Arbeitgeber Arbeitsbedingungen im Nachweis richtig und vollständig erfassen, gibt es nicht.[1463] Zudem hätte der Arbeitgeber es sonst in der Hand, durch die selbst vorgenommene Nachweiserteilung die Beweislage einseitig zu seinen Gunsten zu manipulieren.[1464]

588 Wurde vom Arbeitgeber kein Nachweis erteilt, ist streitig, ob und welche Beweiserleichterungen dem Arbeitnehmer zu Gute kommen sollen. Teilweise wird von einer Beweislastumkehr ausgegangen, da der Verstoß gegen die Dokumentationspflicht zu sanktionieren sei.[1465] Dies ist jedoch zu weitgehend und auch nicht mit einem Rückgriff auf die Richtlinie 533/91/EWG, die dem NachwG zu Grunde liegt, zu begründen. Die Nichterteilung des Nachweises stellt eine Beweisvereitelung durch den Arbeitgeber dar.[1466] Die Beweisvereitelung setzt ein missbilligenswertes Verhalten voraus, so z.B. die Beseitigung von Beweismitteln.[1467] Der Verstoß des Arbeitgebers gegen die gesetzliche Pflicht, dem Arbeitnehmer einen Nachweis zur erteilen, ist dem gleichzustellen.[1468] Die Beweisvereitelung ist im Rahmen des § 286 ZPO zu berücksichtigen. Sie kann zu einer Erleichterung der Beweisführungslast des Arbeitnehmers führen, im Ergebnis kann sie sogar zu einer Beweislastumkehr führen. Dies gilt insbesondere dann, wenn der Arbeitnehmer einen schriftlichen Nachweis vom Arbeitgeber gefordert hat und er diesen nicht erhalten hat.[1469] Der Arbeitnehmer kann die Beweiserleichterung jedoch nicht bereits dadurch auslösen, dass er Vertragsbedingungen »ins Blaue hinein« behauptet, erforderlich ist vielmehr ein plausibler Vortrag, aus dem sich weitere Indizien für die Richtigkeit der geltend gemachten Vertragsbedingungen ergeben.

7. Rechtsfolgen der Anfechtung

589 Im arbeitsrechtlichen Schrifttum und in der Rechtsprechung besteht Einigkeit darüber, dass die Regelung des BGB über die Anfechtung eines Rechtsgeschäftes (§§ 119 ff. BGB) im Ausgangspunkt grundsätzlich auch für die Anfechtung eines Arbeitsvertrages gilt und demgemäß ein wirksam angefochtener Arbeitsvertrag nach § 142 BGB mit rückwirkender Kraft (ex-tunc-Wirkung) beseitigt wird.

590 Vor allem wegen der Schwierigkeiten einer Rückabwicklung hat sich – ebenso wie bei anderen Dauerschuldverhältnissen (Gesellschafts- und Vereinsrecht) – in der Rechtsprechung und in der Literatur die Meinung durchgesetzt, dass ein bereits in Vollzug gesetzter Arbeitsvertrag **nicht mehr mit rückwirkender Kraft angefochten werden kann**; § 142 Abs. 1 BGB finde, so wird argumentiert, auf das bereits begonnene Arbeitsverhältnis als Dauerrechtsverhältnis keine Anwendung. Anstelle der rückwirkenden Nichtigkeit wird der Anfechtung nur die kündigungsähnliche Wirkung der Auflösung des Arbeitsverhältnisses für die Zukunft (ex-nunc-Wirkung) zugeschrieben.

591 Davon wiederum wird in der Rechtsprechung des BAG dann eine Ausnahme gemacht, wenn das Arbeitsverhältnis – aus welchen Gründen auch immer – zwischenzeitlich wieder außer Funktion

1462 Zöller/*Greger*, vor § 284 ZPO Rn 29.
1463 So zutreffend ErfK/*Preis*, Einf. NachwG Rn 20.
1464 *Bergwitz*, BB 2001, 2316, 2319.
1465 *Birk*, NZA 1996, 280, 289; *Kaul*, NZA 2000, Beilage 3, 5153; *Weber*, NZA 2002, 641 ff.
1466 LAG Hamm, Urt. v. 14.08.1998, NZA-RR 1999, 210, 212; *Preis*, NZA 1997, 10, 13; *Bergwitz*, BB 2001, 2316, 2318, LAG Niedersachsen, Urt. v. 21.02.2003, NZA RR 2003, 520, 523.
1467 Zöller/*Greger*, § 286 ZPO Rn 14.
1468 LAG Köln, Urt. v. 31.07.1998, NZA 1999, 545.
1469 LAG Hamm, Urt. v. 14.08.1998, MDR 1999, 618, 619.

gesetzt worden ist; dann soll die Anfechtung auf den Zeitpunkt der Außerfunktionssetzung des Arbeitsvertrages zurückwirken. Denn wenn Rückabwicklungsschwierigkeiten auftreten, ist es nach dieser Rechtsprechung nicht gerechtfertigt, abweichend von § 142 Abs. 1 BGB der Anfechtungserklärung nur Wirkung für die Zukunft beizumessen.[1470]

Eine Außerfunktionssetzung in diesem Sinne lag nach der bisherigen Rechtsprechung des BAG allerdings nicht bei einer vom Willen der beiden Vertragsparteien unabhängigen Erkrankung des Arbeitnehmers vor.[1471] Diese Rechtsprechung hat der 2. Senat in der Entscheidung vom 03.12.1998[1472] ausdrücklich aufgegeben. 592

8. Faktisches Arbeitsverhältnis

Für fehlerhaft begründete Arbeitsverhältnisse hat sich die Bezeichnung »faktisches Arbeitsverhältnis« eingebürgert. Damit kommt zum Ausdruck, dass die Parteien auf Grund einer tatsächlichen Willenseinigung in einem tatsächlichen Verhältnis zueinander stehen und dass die gegenseitigen Leistungen bis zur jederzeit möglichen Auflösung wie in einem wirksamen Arbeitsverhältnis abzuwickeln sind. Voraussetzung ist, dass jedenfalls eine – wenn auch rechtsfehlerhafte – Willensübereinstimmung über die Beschäftigung des Arbeitnehmers vorgelegen hat. **Das faktische Arbeitsverhältnis steht dem vertraglich wirksam begründeten Arbeitsverhältnis bis zu dessen Beendigung gleich**. Ein faktisches Arbeitsverhältnis kann von jedem Partner jederzeit durch einseitige Erklärung beendet werden, ohne dass die Voraussetzungen einer fristlosen Kündigung vorzuliegen brauchen.[1473] Der BGH zieht diese Grundsätze bei einem fehlerhaften Geschäftsführeranstellungsvertrag entsprechend heran; dieser ist für die Dauer der Geschäftsführertätigkeit als wirksam zu behandeln, kann aber für die Zukunft jederzeit aufgelöst werden.[1474] 593

Die Beschränkung der Anfechtungs- und Nichtigkeitswirkung für die Vergangenheit greift nicht ein, wenn dem Arbeitsvertrag so schwere Rechtsmängel anhaften, dass die Anerkennung quasi vertraglicher Ansprüche der geltenden Rechtsordnung widersprechen würde. Dies ist anerkannt, wenn der Vertragsinhalt gegen die guten Sitten oder ein Strafgesetz verstößt, wenn eine Partei die Nichtigkeit des Arbeitsvertrages gekannt hat und wenn der Abschluss des Arbeitsvertrages durch arglistige Täuschung oder widerrechtliche Drohung herbeigeführt wurde. Anwendbar sind dann die § 812 BGB bzw. die Vorschriften des gesetzlichen Rücktrittsrechts. 594

Weiter finden die Grundsätze des faktischen Arbeitsverhältnisses keine Anwendung bei einem Vertragsabschluss mit Minderjährigen, da der Schutz des Minderjährigen Vorrang hat. Den Minderjährigen treffen aus einem solchen Arbeitsverhältnis keine Pflichten. War der Arbeitnehmer minderjährig, so ist ihm für die Zeit der Beschäftigung das Arbeitsentgelt zu bezahlen. War der Arbeitnehmer nicht geschäftsfähig, so bestehen keine quasi vertraglichen Vergütungsansprüche gegen ihn. Der Arbeitnehmer kann lediglich Bezahlung im Rahmen der Regeln über die ungerechtfertigte Bereicherung verlangen. 595

9. Schadensersatzansprüche im Rahmen des Anbahnungsverhältnisses

Nach § 311 Abs. 2 BGB besteht ein Schuldverhältnis mit der Aufnahme von Vertragsverhandlungen (Nr. 1) und bei der Anbahnung eines Vertrages (Nr. 2), bei dem der eine Teil im Hinblick auf eine etwaige rechtsgeschäftliche Beziehung dem anderen Teil die Möglichkeit zur Einwirkung auf seine Rechte, Rechtsgüter und Rechtsinteressen gewährt oder durch andere geschäftliche Kontakte (Nr. 3). § 311 Abs. 3 statuiert, dass ein solches Schuldverhältnis auch zu den Personen 596

1470 BAG, Urt. v. 03.12.1998, AP Nr. 49 zu § 123 BGB.
1471 BAG, Urt. v. 20.02.1986, AP Nr. 31 zu § 123 BGB.
1472 BAG, Urt. v. 03.12.1998, BB 1999, 796.
1473 BAG, Urt. v. 07.12.1961, AP Nr. 1 zu § 611 BGB Faktisches Arbeitsverhältnis.
1474 BGH, Urt. v. 03.07.2000, NZA 2000, 945, 946.

entstehen kann, die nicht selbst Vertragspartei werden sollen, sofern dieser Dritte im besonderen Maße Vertrauen für sich in Anspruch nimmt und dadurch die Vertragsverhandlungen oder den Vertragsabschluss erheblich beeinflusst. Liegen diese Voraussetzungen nach § 311 BGB vor, so besteht ein Schuldverhältnis i.S.d. § 241 BGB. Ein solches Schuldverhältnis verpflichtet nach der Regelung des § 241 Abs. 2 BGB jede der Parteien zu Rücksicht auf Rechte, Rechtsgüter und Interessen des anderen Teils. Bei den oben im Einzelnen erläuterten Pflichten handelt es sich um Pflichten i.S.d. § 241 Abs. 2 BGB. **Liegt nun eine Verletzung einer Pflicht aus § 241 Abs. 2 BGB vor, so steht dem Geschädigten ein Schadensersatzanspruch aus § 280 Abs. 1 BGB zu**, wenn der Schuldner diese Pflichtverletzung zu vertreten hat (§ 280 Abs. 1, 2 i.V.m. § 276 BGB). Anspruchsgrundlage für den Schadensersatzanspruch ist § 280 BGB, der die zentrale Neuregelung der Schuldrechtsreform darstellt. Hinsichtlich des Tatbestandsmerkmales des Verschuldens gilt, dass das Verschulden des Schuldners bei feststehender Pflichtverletzung vermutet wird. Die Vermutung kann natürlich grundsätzlich widerlegt werden. Diese Beweislastumkehr lehnt sich an § 282 BGB a.F. an.

597 Die **Übergangsvorschriften des Schuldrechtsmodernisierungsgesetzes** bezwecken eine rasche Umstellung auf das neue Recht. Als Grundregel gilt, dass auf Schuldverhältnisse, **die vor dem 01.01.2002 entstanden sind, altes Recht anzuwenden ist, auf Schuldverhältnisse, die nach dem 01.01.2002 entstanden sind, neues Schuldrecht anzuwenden** ist. Diese Anknüpfung umfasst das Schuldverhältnis insgesamt. Für die Haftung aus Verletzung von Schutz- oder Aufklärungsfristen im Rahmen des Anbahnungsverhältnisses gilt daher, dass an den Zeitpunkt des vorvertraglichen Kontaktes anzuknüpfen ist. Wurde die pflichtwidrige Handlung vor dem 01.01.2002 vorgenommen, so ist altes Recht anzuwenden, auch wenn der Schaden erst nach dem neuen Stichtag eintreten sollte.[1475] Die Regelung des Art. 229 § 5 Satz 2 EGBGB, dass die oben dargestellte Anknüpfungsregel für Dauerschuldverhältnisse mit der Maßgabe gilt, dass das Bürgerliche Gesetzbuch und die in Satz 1 bezeichneten weiteren Gesetze erst ab 01.01.2003 in der dann geltenden Fassung anzuwenden sind, spielt im Rahmen der Haftung aus culpa in contrahendo im Anbahnungsverhältnis keine Rolle.

V. Sonstige vorvertragliche Pflichten

1. Meldepflichten des Arbeitgebers bei Einstellung

598 Den Arbeitgeber treffen bei Einstellung umfangreiche **Meldepflichten**, hauptsächlich sozialversicherungsrechtlicher und arbeitsschutzrechtlicher Art.

a) Sozialversicherung

599 Der Arbeitgeber hat jeden in der Kranken-, Pflege- oder Rentenversicherung oder nach dem Recht der Arbeitsförderung versicherten Beschäftigten zu melden; vgl. § 28a Abs. 1 SGB IV. Weiter sind zu melden Beschäftigte, für die Beiträge zur Rentenversicherung nach dem Recht der Arbeitsförderung zu entrichten sind; geringfügig Beschäftigte, Leiharbeitnehmer, Bezieher von Lohnersatzleistungen sowie Wehr- und Ersatzdienstleistende.[1476]

b) Arbeitsschutzrecht

600
- Gem. § 5 Abs. 1 Satz 3 MuSchG ist die Einstellung einer schwangeren Arbeitnehmerin gegenüber der Aufsichtsbehörde mitzuteilen.
- Gem. § 15 HAG sind Namen und Arbeitsstätte eines in Heimarbeit Beschäftigten gegenüber Gewerbeaufsichtsamt und Polizeibehörde mitzuteilen.

1475 *Heff*, NJW 2002, 223, 225.
1476 Vgl. § 2 ff. DEÜV.

- Nach § 15e StVZO ist der Arbeitgeber z.B. verpflichtet die Einstellung eines Taxi-, Mietwagen- oder Krankenwagenführers gegenüber der örtlich zuständigen Verwaltungsbehörde zu melden.

2. Vorlage von Arbeitspapieren

Der Arbeitnehmer ist verpflichtet, zu Beginn des Arbeitsverhältnisses die Lohnsteuerkarte (§§ 38 ff. EStG), den Sozialversicherungsausweis, die Bescheinigung über im Kalenderjahr gewährten oder abgegoltenen Erholungsurlaub) vorzulegen. 601

Ggf. sind weitere Unterlagen vorzulegen: 602

- Gesundheitszeugnis nach § 43 Infektionsschutzgesetz,
- Arbeitsgenehmigung von ausländischen Arbeitnehmern (§§ 285, 286 SGB III),
- Gesundheitsbescheinigung von Jugendlichen (JArbSchG),
- Lohnnachweiskarte im Baugewerbe (§ 2 BRTV-Bau),
- Seefahrt- oder Schifffahrtbuch (§§ 11, 16 SeemG, §§ 1, 4 SchifferdienstbücherG).

Bei Nichtvorlage der erforderlichen Arbeitspapiere kann der Arbeitgeber den Arbeitnehmer zunächst abmahnen, je nach Bedeutung der Dokumente für das Arbeitsverhältnis kommt u.U. auch eine ordentliche bzw. außerordentliche Kündigung in Betracht.[1477] 603

Ausnahmsweise kann auch der Arbeitgeber verpflichtet sein, dem Arbeitnehmer Arbeitspapiere bei Beginn der Beschäftigung auszuhändigen: 604

- Niederschrift des Berufsausbildungsvertrages;[1478]
- dem Leiharbeitnehmer ist eine Urkunde auszuhändigen, die den wesentlichen Inhalt des Arbeitsverhältnisses wiedergibt (§ 11 Abs. 1 AÜG).
- Entgeltbücher (§ 9 HAG) an Heimarbeiter.

3. Ersatz von Vorstellungskosten

Der Arbeitgeber hat dem Arbeitnehmer **Kosten, die im Rahmen einer Vorstellung entstehen**, dann zu ersetzen, wenn entweder eine diesbezügliche **Vereinbarung** getroffen worden ist oder die Voraussetzungen des § 670 BGB vorliegen und **der Arbeitnehmer zur Vorstellung aufgefordert worden ist**. Ein Anspruch auf Ersatz der Vorstellungskosten besteht dagegen nicht, wenn der Arbeitnehmer sich auf eigene Veranlassung vorstellt. 605

Erstattungsfähig sind objektiv erforderliche Aufwendungen und solche, die der Arbeitnehmer für erforderlich halten durfte.[1479] Hierzu können Fahrt-, Verpflegungs- und Unterbringungskosten gehören. Im Zweifel richtet sich die Erstattungshöhe nach steuerlichen Grundsätzen. In der Regel sind die Kosten für die Benutzung öffentlicher Verkehrsmittel oder die Kosten für die Benutzung eines Kraftfahrzeuges nach den einschlägigen gesetzlichen Vorschriften zu ersetzen. Übernachtungskosten sind nur dann zu erstatten, wenn sie aufgrund der Entfernung erforderlich sind. Dieser Anspruch unterliegt nun gem. § 195 BGB n.F. der dreijährigen regelmäßigen Verjährung. 606

4. Erstattung von Umzugskosten

Grundsätzlich steht dem Arbeitnehmer **kein Kostenerstattungsanspruch für Umzugskosten** gegenüber dem Arbeitgeber zu, wenn er zur Arbeitsaufnahme oder im Laufe seines Arbeitsverhältnisses in die Nähe des Betriebes umzieht. Eine Kostenübernahmeverpflichtung des Arbeitgebers kann sich jedoch aus einer gesonderten Vereinbarungen (Arbeitsvertrag, Betriebsvereinbarung oder Tarifvertrag) ergeben, vgl. z.B. § 44 BAT. 607

1477 Z.B. Gesundheitszeugnis, BAG, Urt. v. 25.06.1970 und v. 02.03.1971, AP Nr. 1, 2 zu § 18 BSeuchG.
1478 § 4 Abs. 3 BBiG.
1479 BAG, Urt. v. 14.02.1977, AP Nr. 8 zu § 196 BGB; BAG, Urt. v. 16.03.1995, AP Nr. 12 zu § 11 BGB Gefährdungshaftung des Arbeitgebers.

608 Anders, wenn der Arbeitnehmer aus dienstlichen Gründen versetzt wird; in diesem Fall steht ihm ein Aufwendungsersatzanspruch zu (§ 670 BGB). Erstattungsfähig sind danach die entstandenen Umzugskosten, sofern der Umzug aus betrieblichen Gründen notwendig war und der Arbeitnehmer die dafür getätigten Aufwendungen für erforderlich halten durfte.[1480] Vertragliche Vereinbarungen der Parteien haben insoweit Vorrang. Verbreitet ist die Praxis, diesbezüglich das für den öffentlichen Dienst Geltende zugrunde zu legen. Ist dies im Betrieb üblich, so hat der Arbeitnehmer aufgrund des Gleichbehandlungsgrundsatzes Anspruch auf die dort vorgegebenen Erstattungsbeträge.

Ein Rückerstattungsanspruch des Arbeitgebers bei Auflösung des Arbeitsverhältnisses durch den Arbeitnehmer besteht nur im Falle ausdrücklicher Vereinbarung.

D. Internationales Arbeitsrecht

I. Einleitung

609 Nachfolgend soll ein Überblick über einige Fragen des internationalen Arbeitsrechts gegeben werden. Zunächst werden die Kernelemente des Arbeitskollisionsrechts dargestellt (unter II.), im Anschluss daran Einzelfragen aus den Bereichen des individuellen (unter III.) und schließlich des kollektiven Arbeitsrechts (unter IV). Ausgespart wurde der Bereich des Prozessrechts.[1481]

II. Kollisionsregeln nach deutschem und internationalem Arbeitsrecht

610 Grenzüberschreitende Sachverhalte sind die typischen Gebiete, in denen eine **Rechtswahl** getroffen wird. Haben die Parteien die Geltung des deutschen Arbeitsvertragsrechts vereinbart oder kommt dieses gem. Art. 30 Abs. 2 EGBGB zur Anwendung, so gilt dies im Bereich des Individualrechts grundsätzlich umfassend.

1. Internationale Kollisionsregeln des Arbeitsrechts (überstaatliche und ausländische nationale)

611 Soweit mit oder ohne Parteiwahl (z.B. über den deutschen Art. 30 Abs. 2 EGBGB) auf ein im Ausland ausgeübtes Arbeitsverhältnis deutsches Recht Anwendung finden soll, kann dies mit ausländischem Ortsrecht kollidieren. Dies kann zum einen dann der Fall sein, wenn die betroffenen Rechtsordnungen das Kollisionsrecht nicht koordiniert haben. Zu Teilkollisionen kann es darüber hinaus dann kommen, wenn das anwendbare deutsche Recht mit dem **Ordre Public** des Staates, in dem das Arbeitsverhältnis ausgeübt wird, kollidiert.

612 Völkerrechtliche Regelungen, die unmittelbar anwendbares innerstaatliches Recht geworden sind, haben Vorrang vor dem nationalen Kollisionsrecht, Art. 3 Abs. 2 EGBGB. Das überstaatliche, insbesondere das **EU-Recht**, hat in den EU-Staaten und zum Teil in assoziierten Staaten eine relativ hohe Rechtsharmonisierung herbeigeführt. Das Römische Schuldvertragsübereinkommen (EVÜ) vom 19.06.1980[1482] ist Vorlage des jetzigen deutschen Internationalen Privatrechts geworden, ohne unmittelbar innerstaatlich anwendbares Recht zu werden.[1483] Eine Kollision mit überstaatlichem Recht im Arbeitsrecht scheidet daher im Vertragsrecht derzeit prinzipiell aus.

1480 BAG, Urt. v. 21.03.1973, AP Nr. 4 zu § 44 BAT; BUKG v. 11.11.1990, BGBl I, 2682.
1481 Vgl. hierzu *Mauer*, FA 2002, 130; *Däubler*, NZA 2003, 1297.
1482 BGBl II 1986, 810, in der BRD in Kraft getreten durch Gesetz v. 12.07.1991, BGBl II 1991, 871.
1483 BGBl II 1986, 809, Gesetz v. 25.07.1986; *Hoppe*, Die Entsendung von Arbeitnehmern ins Ausland, S. 82.

2. Deutsche Kollisionsregeln des Arbeitsrechts

Die Kollisionsregeln des nationalen deutschen Arbeitsrechts finden sich nach dem Gesetz zur Neuregelung des Internationalen Privatrechts vom 25.07.1986[1484] mit Wirkung seit dem 01.09.1986 im **EGBGB**. Die Übergangsregelungen werden nach der Rechtsprechung[1485] und herrschenden Meinung[1486] für Arbeitsverhältnisse dahin gehend ausgelegt, dass die »neuen« Regelungen auch auf solche Arbeitsverhältnisse Anwendung finden, die zwar vor dem In-Kraft-Treten begründet wurden, aber nach In-Kraft-Treten noch nicht beendet waren. 613

a) Möglichkeiten und Grenzen einer Rechtswahl der Parteien

Im Bereich des Individualarbeitsrechts stellt Art. 30 EGBGB die arbeitsrechtliche Zentralvorschrift für den Auslandseinsatz des Arbeitnehmers dar. Die Entscheidung über das anzuwendende Recht (sog. **Arbeitsvertragsstatut**) obliegt primär den Vertragsparteien. Nach Art. 27 Abs. 1, 30 Abs. 1 EGBGB können Arbeitgeber und Arbeitnehmer die auf das Arbeitsverhältnis anwendbare Rechtsordnung grundsätzlich frei wählen (Grundsatz der Privatautonomie). Der Arbeitsvertrag kann also bestimmen, ob deutsches oder ein anderes – auch außereuropäisches – Recht auf das Arbeitsverhältnis in Deutschland bzw. im Ausland angewendet werden soll. Die Rechtswahl kann sogar unabhängig von einer Auslandsberührung des Arbeitsverhältnisses vorgenommen werden.[1487] Auch für Arbeitsverträge bedarf es keiner besonderen objektiven Beziehung zur vereinbarten Rechtsordnung; es besteht keine Beschränkung des Kreises der wählbaren Rechtsordnungen.[1488] Die Parteien können das anwendbare Recht ausdrücklich durch Aufnahme einer »AGB«-Klausel in den Arbeitsvertrag oder formularmäßig durch Bezugnahme auf eine arbeitsrechtliche Einheitsregel oder einen Tarifvertrag regeln.[1489] Die Rechtswahl braucht nicht ausdrücklich zu erfolgen; eine stillschweigende Vereinbarung reicht aus.[1490] Als konkludente Rechtswahl angesehen werden z.B. die arbeitsvertragliche Inbezugnahme eines deutschen Tarifvertrages[1491] oder eine Gerichtsstandsklausel mit Verweis auf ein deutsches Gericht.[1492] Zulässig ist auch eine **teilweise Rechtswahl** (Art. 27 Abs. 1 Satz 3 EGBGB) für einzelne abtrennbare Komplexe.[1493] Liegt eine teilweise Rechtswahl vor, z.B. im Arbeitsvertrag der ausdrückliche Verweis auf die Vorschriften über die Entgeltfortzahlung nach dem EFZG, den Datenschutz und Wettbewerbsabreden nach dem HGB, während der Arbeitsvertrag im Übrigen zum anwendbaren Recht schweigt, so schließt die Rechtsprechung hieraus gerne auf eine Gesamtrechtswahl für den Arbeitsvertrag.[1494] 614

Der freien Wahl der anzuwenden (Teil-)Rechtsordnung im Arbeitsrecht sind jedoch folgende, in der genannten Reihenfolge enger werdende Grenzen gezogen: 615

- sie darf zunächst nicht gegen den nationalen, deutschen Ordre-Public-Grundsatz verstoßen, Art. 6 EGBGB (aa),
- sie darf weiterhin nicht gegen zwingendes bundesdeutsches Recht verstoßen, Art. 34 EGBGB (bb) und schließlich

1484 BGBl I, 1142.

1485 BAG Urt. v. 29.10.1992 AP Internationales Privatrecht, Arbeitsrecht Nr. 31; BAG Urt. v. 26.07.1995, NZA 1996, 30.

1486 *Däubler,* RIW 1987, 249; *Sonnenberger*, FS Ferid, S. 447; *Mankowski*, IPRax 1994, 88 (92); *Hoppe*, Die Entsendung von Arbeitnehmern ins Ausland, S. 94; *Reithmann/Martiny*, Internationales Vertragsrecht, S. 181 Rn 188; MüKo-BGB/*Sonnenberger*, Art. 220 EGBGB Rn 17 und 23; *v. Bar*, IPR Bd. I., S. 274 Rn 307; a.A.: *Basedow*, NJW 1986, 2973; *Hönsch,* NZA 1988, 113; *Lorenz,* RdA 1989, 220; Palandt/*Heldrich,* Art. 220 EGBGB Rn 4.

1487 *Reiserer,* NZA 1994, 673.

1488 MüKo-BGB/*Martiny*, Art. 30 EGBGB Rn 10.

1489 *Reiserer*, NZA 1994, 673.

1490 MüKo-BGB/*Martiny*, Art. 30 EGBGB Rn 12.

1491 BAG Urt. v. 26.07.1995, AP Nr. 7 zu § 157 BGB; LAG Köln Urt. v. 06.11.1998, NZA-RR 1999, 118.

1492 LAG Niedersachsen Urt. v. 20.11.1998, LAGE Art. 30 EGBGB Nr. 3.

1493 MüKo-BGB/*Martiny,* Art. 30 EGBGB Rn 14.

1494 LAG Niedersachsen Urt. v. 20.11.1998, LAGE Art. 30 EGBGB Nr. 3.

- darf die Rechtswahl der Parteien dem Arbeitnehmer nicht den Schutz unabdingbaren deutschen oder ausländischen Rechts entziehen, das ohne Rechtswahl der Parteien gelten würde, Art. 30 EGBGB (cc).

aa) Ordre public als weiteste Grenze einer Rechtswahl

616 Eine erste, aber noch keine engen Grenzen ziehende Beschränkung der Rechtswahlfreiheit stellt der **Ordre Public** (Art. 6 EGBGB) dar. Er bestimmt, dass eine Rechtsnorm eines anderen Staates nicht anzuwenden ist, wenn ihre Anwendung zu einem Ergebnis führt, das mit wesentlichen Grundsätzen des deutschen Rechts unvereinbar ist, insbesondere wenn die Anwendung mit den Grundrechten unvereinbar ist. Als Ausnahmevorschrift ist Art. 6 EGBGB restriktiv auszulegen.[1495] Durch das Wort »offensichtlich« wird klargestellt, dass ein Verstoß gegen den Ordre Public nur ausnahmsweise und bei eklatantem Widerspruch der ausländischen Rechtsnorm zur deutschen öffentlichen Ordnung vorliegen soll.[1496] Ein Verstoß gegen den Zweck eines deutschen Gesetzes liegt dann vor, wenn das Ergebnis der Anwendung des ausländischen Rechts zu den Grundgedanken der deutschen Regelung und der in ihnen liegenden Gerechtigkeitsvorstellungen in so starkem Widerspruch steht, dass es von uns für untragbar gehalten wird.[1497] Der Verstoß gegen den Ordre Public ist auch nur dann anzunehmen, wenn eine hinreichend starke Inlandsbeziehung, zum Beispiel durch den gewöhnlichen Aufenthalt oder die Staatsangehörigkeit eines Beteiligten, gegeben ist.[1498]

617 Eine solche Ordre-Public-Wirkung kann beispielsweise dem allgemeinen **Kündigungsschutz** des deutschen Kündigungsschutzgesetzes jedenfalls dann nicht beigemessen werden, wenn das ausländische Recht überhaupt eine Art von Kündigungsschutz vorsieht.[1499] Enthält das Arbeitsrecht des Vertragsstatuts keinerlei Kündigungsschutz, so ist ein solches Ergebnis nicht hinzunehmen, es verstößt gegen den deutschen Ordre Public.[1500] Der Ausschluss des Ausgleichsanspruchs nach § 89b HGB[1501] wurde ebenso als nicht gegen den Ordre Public verstoßend eingestuft wie das Fehlen eines dem deutschen **§ 613a BGB** entsprechenden Schutzes bei Betriebsübergängen.[1502]

618 Schwierig zu beurteilen ist damit in jedem Fall die Frage, wann der vom Vertragsstatut gewährte Schutz aus deutscher Sicht völlig unzureichend und inakzeptabel ist. Als Leitschnur für Fälle quantitativer Differenzen wird vertreten, dass das ausländische Vertragsstatut zumindest die Hälfte des deutschen gesetzlichen Anspruchs gewährt.[1503] Herangezogen werden könnten als Maßstab auch der in den Abkommen der ILO[1504] enthaltene arbeitsrechtliche internationale Standard.[1505]

619 Wird ausnahmsweise ein Verstoß gegen den deutschen Ordre Public angenommen, werden als Rechtsfolge nur die Rechtsnormen oder Rechtssätze des ausländischen Rechts ausgeschlossen, die den Verstoß begründen, nicht jedoch die komplette ausländische Rechtsordnung.[1506] Dies geschieht entweder durch Nichtanwendung des ausländischen Rechts oder durch dessen Ersetzung durch gleiche Sachverhalte regelnde Rechtssätze inländischen Rechts.[1507]

1495 *Hönsch*, NZA 1988, 113.
1496 *Hönsch*, NZA 1988, 113.
1497 BGH, Urt. v. 17.09.1968, BGHZ 50, 370 (375).
1498 *Hönsch*, NZA 1988, 113.
1499 BAG, Urt. v. 24.08.1989, AP Internationales Privatrecht, Arbeitsrecht Nr. 30; *Reiserer*, NZA 1994, 673.
1500 MünchArbR/*Birk*, § 20 Rn 101.
1501 LG Frankfurt a.M., Urt. v. 18.09.1980, AP Internationales Privatrecht, Arbeitsrecht Nr. 4.
1502 BAG, Urt. v. 29.10.1992, AP Internationales Privatrecht, Arbeitsrecht Nr. 31.
1503 MünchArbR/*Birk*, § 20 Rn 102.
1504 International Labour Organization = Internationale Arbeitsorganisation (IAO) mit Sitz in Genf.
1505 MünchArbR/*Birk*, § 20 Rn 103.
1506 BAG, Urt. v. 03.05.1995, AP Internationales Privatrecht, Arbeitsrecht Nr. 32.
1507 MünchArbR/*Birk*, § 20 Rn 98.

bb) Unzulässigkeit der Verdrängung zwingenden nationalen Rechts

Die Freiheit der Rechtswahl nach Art. 27 Abs. 3 EGBGB findet eine Grenze weiterhin dort, wo zwingende Normen des Rechts der Bundesrepublik Deutschland verletzt werden, Art. 34 EGBGB. Art. 34 EGBGB ist allerdings aus rechtslogischen Gründen wiederum eng auszulegen. Es genügt nicht die bloße Unabdingbarkeit einer Norm nach deutschem Recht.[1508] Vielmehr muss die Vorschrift Bedeutung für **Gemeinwohlinteressen** aufweisen und über die Individualinteressen einzelner Vertragsbeteiligter hinausgehen.[1509] Dies ergibt sich aus dem mehrstufigen Arbeitnehmerschutzrecht, das als weiteste Grenze den Ordre Public, als mittlere den des Art. 34 EGBGB und als engste Grenze die des Art. 30 Abs. 1 EGBGB aufweist. Würde Art. 34 EGBGB alle nicht parteidispositiven Normen erfassen, verbliebe für Art. 30 Abs. 1 EGBGB kein inhaltlicher Anwendungsfall mehr. Daher muss zwischen Art. 34 und Art. 30 Abs. 1 EGBGB eine Abstufung vorgenommen werden. Unter Art. 34 EGBGB werden daher nur solche Normgruppen gefasst, die nicht nur zwingendes Recht sind, sondern darüber hinaus auch auf das öffentliche Interesse gerichtet sind.[1510] 620

Zu den bereits von Art. 34 EGBGB erfassten Normkomplexen gehören in Deutschland das gesamte Arbeitsschutz-, Arbeitszeit-, Entgeltfortzahlungs-, Mutterschutz-, Feiertags- und Befristungsrecht sowie beispielsweise § 138 BGB.[1511] Das **KSchG** gehört – jedenfalls als Ganzes – nicht zu den wesentlichen Normkomplexen des deutschen Arbeitsrechts.[1512] Der erste Abschnitt des KSchG tariert nur die Interessen von Arbeitgeber und Arbeitnehmer aus und berührt nicht das Gemeinwohl. 621

Über die Beschränkung der Privatautonomie nach Art. 27 Abs. 3 und 30 Abs. 1 EGBGB hinaus sieht Art. 34 EGBGB eine zwingende Anwendung derjenigen Bestimmungen des deutschen Rechts vor, die ohne Rücksicht auf das auf Grund Rechtswahl oder objektiver Anknüpfung ermittelte Arbeitsvertragsstatut anzuwenden sind.[1513] Die Frage, ob das Kündigungsschutzgesetz ein solch zwingendes Gesetz i.S.v. Art. 34 EGBGB ist, wird bisher vom BAG verneint.[1514] Jedenfalls die Bestimmungen des allgemeinen Kündigungsschutzes (§§ 1–14 KSchG) seien nicht als **Eingriffsnormen** i.S.v. Art. 34 EGBGB anzusehen.[1515] Diese Vorschriften dienten in erster Linie dem Ausgleich zwischen Bestandsschutzinteressen des Arbeitnehmers und der Vertragsfreiheit des Arbeitgebers und hätten nicht auch einen auf öffentliche Interessen ausgerichteten Normzweck. 622

cc) Günstigkeitsvergleich nach Art. 30 Abs. 1 EGBGB

Der Grundsatz der freien Rechtswahl findet eine weitere Einschränkung in Art. 30 EGBGB. Dem Arbeitnehmer darf gem. Art. 30 Abs. 1 EGBGB nicht der Schutz entzogen werden, der ihm durch die zwingenden Bestimmungen des Rechts gewährt wird, das nach Abs. 2 mangels einer Rechtswahl anzuwenden wäre. Damit soll verhindert werden, dass die aufgrund objektiver Anknüpfung maßgeblichen zwingenden arbeitsrechtlichen Vorschriften ausgeschaltet oder umgangen werden.[1516] Die zwingenden Bestimmungen i.S.d. Art. 30 Abs. 1 EGBGB sind nicht identisch mit den zwingenden Bestimmungen i.S.d. Art. 27 Abs. 3 EGBGB, denn bei Art. 30 Abs. 1 EGBGB handelt es sich nur um solche zwingenden Bestimmungen, die zum **Arbeitnehmerschutz** gehören, aber nicht generell um Rechte, über die die Parteien eines schuldrechtlichen Vertrages nicht disponieren können.[1517] Die 623

1508 BAG, Urt. v. 24.08.1989, AP Internationales Privatrecht, Arbeitsrecht Nr. 30.
1509 BAG Urt. v. 12.12.2001, AP Nr. 10 zu Art. 30 EGBGB; BAG Urt. v. 03.05.1995, AP Internationales Privatrecht, Arbeitsrecht Nr. 32; BAG Urt. v. 24.08.1989, AP Internationales Privatrecht, Arbeitsrecht Nr. 30; Staudinger/*Magnus* Art. 30 EGBGB Rn 193; *Thüsing*, NZA 2003, 1303.
1510 BAG, Urt. v. 03.05.1995, AP Internationales Privatrecht, Arbeitsrecht Nr. 32.
1511 BAG Urt. v. 24.08.1989, AP Internationales Privatrecht, Arbeitsrecht Nr. 30; *Pohl*, NZA 1998, 735.
1512 BAG, Urt. v. 24.08.1989, AP Internationales Privatrecht, Arbeitsrecht Nr. 30; BAG Urt. v. 29.10.1992, AP Internationales Privatrecht, Arbeitsrecht Nr. 31.
1513 *Reiserer*, NZA 1994, 673.
1514 BAG, Urt. v. 24.08.1989, AP Internationales Privatrecht, Arbeitsrecht Nr. 30.
1515 BAG, Urt. v. 24.08.1989, AP Internationales Privatrecht, Arbeitsrecht Nr. 30.
1516 MüKo-BGB/*Martiny*, Art. 30 EGBGB Rn 17.
1517 MünchArbR/*Birk*, § 20 Rn 22.

Rechtswahl nach Art. 30 Abs. 1 EGBGB erfasst auch all jene auf den Vertrag an sich anwendbaren privat- und öffentlich-rechtlichen Normen dieser Rechtsordnung.[1518] Voraussetzung ist jedoch, dass das zwingende Recht territorial den Sachverhalt erfassen will, der Gegenstand des Vertrages ist; wenn dieser außerhalb des Geltungsbereichs des Rechts liegt, dem der Vertrag unterliegt, so ist die betreffende Regelung nicht anzuwenden.[1519] Eine solche räumlich begrenzte Sachnorm stellt beispielsweise auch das Kündigungsschutzgesetz dar, das der Sache nach einen Betrieb im Inland voraussetzt.[1520]

624 Wegen Art. 30 EGBGB hat ein **Günstigkeitsvergleich** stattzufinden, wenn das gewählte Recht mit dem Recht des Arbeitsortes auseinander fällt. Die Maßstäbe des Günstigkeitsvergleichs sind allerdings umstritten. Es besteht Einigkeit, dass die in Betracht kommenden Arbeitsrechtsordnungen nicht global als günstiger oder ungünstiger für den Arbeitnehmer beurteilt werden dürfen und andererseits auch nicht Einzelvorschriften wie etwa Kündigungsfristen miteinander verglichen werden dürfen (abstrakter Gesamtvergleich bzw. konkreter Vergleich von Einzelvorschriften).[1521] Nach überwiegender Ansicht ist für den Günstigkeitsvergleich der Teil der Vorschriften gegenüberzustellen, der sachlich zusammenhängend das streitige Begehren betrifft.[1522] Im Fall der Kündigung wären dies die Vorschriften, die funktional die Kündigung eines Arbeitsverhältnisses regeln. Die Richter müssen hierbei zwei Rechtsordnungen vergleichen, deren Rechtssätze ihnen möglicherweise nicht vertraut sind.

b) Rechtslage nach deutschem Arbeitskollisionsrecht ohne Rechtswahl der Parteien

625 Haben die Parteien keine Rechtswahl über das auf das Arbeitsverhältnis oder eine Kündigung anwendbare Recht getroffen, erfolgt gem. Art. 30 Abs. 2 EGBGB eine Bestimmung anhand der dort genannten Kriterien.

Gem. Art. 30 Abs. 2 Nr. 1 EGBGB unterliegt der Arbeitsvertrag in erster Linie dem Recht des Staates, in dem der Arbeitnehmer in Erfüllung des Vertrages gewöhnlich seine Arbeit verrichtet, es sei denn, dass sich aus der Gesamtheit der Umstände ergibt, dass der Arbeitsvertrag oder das Arbeitsverhältnis engere Verbindungen zu einem anderen Staat aufweist. In deutschen Betrieben kommt damit mangels Rechtswahl für die dort gewöhnlich tätigen Arbeitnehmer deutsches Recht zur Anwendung. Das Arbeitsvertragsstatut ändert sich auch dann nicht, wenn ein Arbeitnehmer lediglich vorübergehend in einen anderen Staat entsendet wird, also für einen zeitlich begrenzten Zeitraum im **Ausland** arbeitet (Art. 30 Abs. 2 Nr. 1 Hs. 1 EGBGB). Selbst Arbeitnehmer des deutschen Betriebes, die vorübergehend ins Ausland entsandt werden, so zum Beispiel im Rahmen der Ausführung eines Dienst- oder Werkvertrages, unterliegen weiter dem deutschen Arbeitsvertragsstatut.[1523] Ungeklärt ist, wie lange von einer vorübergehenden **Entsendung** ausgegangen werden kann. Hier schwanken die Meinungen von einem Jahr[1524] bis zu drei Jahren[1525] und zeitlich unbegrenzt, soweit nur überhaupt von einem Rückkehrwillen ausgegangen werden kann.[1526]

626 Hilfsweise wird gem. Art. 30 Abs. 2 Nr. 2 EGBGB an die **einstellende Niederlassung** angeknüpft, und zwar für solche Arbeitnehmer, die ihre Arbeit gewöhnlich nicht in ein und demselben Staat verrichten. Es gilt dann das Recht des Staates, in dem sich die Niederlassung befindet, die den Arbeitnehmer eingestellt hat. Hierunter fallen Schlafwagenschaffner, Monteure, extraterritorial tätige

1518 MünchArbR/*Birk*, § 20 Rn 77.
1519 MünchArbR/*Birk*, § 20 Rn 77.
1520 MünchArbR/*Birk*, § 20 Rn 77.
1521 *Pohl*, NZA 1998, 735.
1522 *Birk*, RdA 1989, 206.
1523 *Birk*, RdA 1989, 206.
1524 *Bittner*, NZA 1993, 161.
1525 Soergel/*v. Hoffmann*, Art. 30 EGBGB Rn 39; *Gamillscheg*, ZFA 1983, 307 (333); *Franzen*, AR-Blattei, SD Nr. 920 Internationales ArbeitsR Rn 76.
1526 MünchArbR/*Birk*, § 20 Rn 38; Staudinger/*Magnus*, Art. 30 EGBGB Rn 111; *Schlachter*, NZA 2002, 59; *Thüsing*, NZA 2003, 1303.

Arbeitnehmer (z.B. auf Bohrinseln) und auch die im Rahmen gewerbsmäßiger Arbeitnehmerüberlassung nach Deutschland entliehenen Leiharbeitnehmer.[1527]

Die vorgenannten Grundsätze scheiden aber nach Art. 30 Abs. 2 Hs. 2 EGBGB aus, wenn das Arbeitsverhältnis im Einzelfall nach der **Gesamtheit der Umstände** eine engere Verbindung zu einer anderen Rechtsordnung aufweist. Es bedarf hierzu einer Mehrzahl von Einzelumständen, die auf eine bestimmte Rechtsordnung hinweisen und insgesamt das Gewicht der jeweils in Betracht kommenden Regelanknüpfung deutlich überwiegen.[1528] Solche Umstände können sein (ohne eine bestimmte Rangfolge): die Staatsangehörigkeit der Parteien, der Sitz des Arbeitgebers, die Vertragssprache, die Währung für das Arbeitsentgelt, der Ort des Vertragsschlusses und der Wohnsitz der Parteien.[1529] 627

Führt die Anwendung der Kollisionsregeln des Art. 30 Abs. 2 EGBGB für ein in Deutschland ausgeübtes Arbeitsverhältnis zu dem Ergebnis, dass auf dieses ausländisches Recht anzuwenden ist, so gelten die oben bei den Fragen der Rechtswahl der Parteien dargestellten Grenzen des deutschen Ordre Public (Art. 6 EGBGB) und der sog. Eingriffsnormen (Art. 34 EGBGB) in gleicher Weise auch hier. 628

III. Individualarbeitsrechtliche Fragen

Ohne Anspruch auf Vollständigkeit werden im Folgenden einige praxisrelevante Bereiche des individuellen bundesdeutschen Arbeitsrechts und daraus resultierende Fragen bei Auslandsberührung angesprochen. 629

1. Nachweisgesetz

Bei arbeitsvertraglichen **Einsätzen im Ausland**, die die Dauer eines Monats übersteigen, müssen bestimmte Inhalte vertraglich vom Arbeitgeber nachgewiesen werden. Dies ergibt sich EU-einheitlich aus der Nachweisrichtlinie, in der Bundesrepublik Deutschland umgesetzt durch das Nachweisgesetz. Nach § 2 Abs. 2 NachwG muss der vom Arbeitgeber zu erbringende schriftliche Nachweis der vereinbarten Arbeitsbedingungen über die **Pflichtangaben** in Abs. 1 hinaus enthalten: 630

- die Dauer der im Ausland auszuübenden Tätigkeit,
- die Währung, in der das Arbeitsentgelt ausgezahlt wird,
- ein zusätzliches, mit dem Auslandsaufenthalt verbundenes Arbeitsentgelt und damit verbundene zusätzliche Sachleistungen sowie
- die vereinbarten Bedingungen für die Rückkehr des Arbeitnehmers.

2. Urlaubs- und Feiertagsrecht

Das anwendbare Urlaubsrecht folgt dem Recht des Arbeitsvertrages, dem sog. Arbeitsvertragsstatut.[1530] Das deutsche Urlaubsrecht wird als zwingend i.S.d. Art. 34 EGBGB angesehen.[1531] Der Zusatzurlaub für besonders geschützte Arbeitnehmergruppen wie Jugendliche oder Schwerbehinderte hängt jedoch unabhängig vom Vertragsstatut vom Anwendungsbereich des betreffenden Schutzgesetzes ab. Das Gleiche gilt für Bildungs- oder Erziehungsurlaube bzw. Elternzeit. 631

Ob ein bestimmter Tag als Feiertag anzusehen ist, bestimmt nicht das Arbeitsvertragsstatut, sondern das Recht, wo die Arbeit an sich geleistet werden soll.[1532] Der Arbeitgeber hat den Feiertag 632

1527 *Bittner,* NZA 1993, 161.
1528 *Reiserer,* NZA 1994, 673.
1529 *Reiserer,* NZA 1994, 673.
1530 BAG, Urt. v. 27.08.1964, AP Internationales Privatrecht, Arbeitsrecht Nr. 9; MünchArbR/*Birk,* § 20 Rn 151.
1531 MüKo-BGB/*Martiny,* Art. 30 EGBGB Rn 55.
1532 MünchArbR/*Birk,* § 20 Rn 152.

zu bezahlen, wenn dieses Recht die Weiterzahlung des Lohnes anordnet.[1533] Eine Vergütung der **ausländischen Feiertage** muss in entsprechender Anwendung des Feiertagslohnzahlungsgesetzes regelmäßig erfolgen, solange es sich hierbei nach Art und Ausmaß um dem deutschen Recht vergleichbare Feiertage handelt.[1534] Dann scheidet jedoch eine gleichzeitige Bezahlung der deutschen Feiertage aus.[1535]

3. Entgeltfortzahlung

633 Für Arbeitsverhältnisse in Deutschland gilt das deutsche EFZG als Mindeststandard zwingend, also unabhängig vom Arbeitsvertragsstatut.[1536] Dies kann heute auf Art. 34 EGBGB gestützt werden.[1537]

4. Weisungsrecht, Gleichbehandlungsgrundsatz

634 Auch bei Auslandstätigkeit kann der Arbeitgeber den Inhalt der Leistungspflicht des Arbeitnehmers durch das Weisungs- oder Direktionsrecht konkretisieren. Es besteht im Fall einer Entsendung unverändert fort, ist jedoch auch im Ausland in den **Grenzen** billigen Ermessens auszuüben. Die allgemeinen Arbeitsbedingungen des Einsatzlandes können bei der Beurteilung der Billigkeit allerdings Bedeutung erlangen. Will der Arbeitgeber für Auslandstätigkeiten die regelmäßige wöchentliche Arbeitszeit unter Überschreitung der 40-Stunden-Woche einseitig festsetzen, weil er hierbei die im Einsatzland geltende Arbeitszeit übernommen hat, ist dies ein sachlicher Grund und entspricht der Billigkeit gemäß dem bisherigen § 315 BGB.[1538]

635 Der allgemeine Gleichbehandlungsgrundsatz soll zwar zwingend auf deutschem Gebiet gelten, Art. 34 EGBGB,[1539] nicht jedoch in anderen Ländern, da er ein spezifischer Grundsatz deutschen Arbeitsrechts ist. In ausländischen Betrieben soll er daher auch in Entsendungsfällen grundsätzlich nicht gelten.[1540] Er wird also nicht an das Arbeitsvertragsstatut angeknüpft. Auch wenn ausnahmsweise gleich mehrere Arbeitsverhältnisse in einem ausländischen Betrieb deutschem Recht unterliegen, kann dem ausländischen Betrieb der allgemeine Gleichbehandlungsgrundsatz deutschen Rechts nicht aufgedrängt werden.[1541] Das Gleiche gilt für das Rechtsinstitut der **betrieblichen Übung**.[1542]

5. Aufwendungserstattungen

636 Um den Arbeitnehmer nicht über Gebühr mit besonderen Aufwendungen wie Reise- und Umzugskosten, Familienheimflügen, Schulgebühren und so weiter zu belasten, werden die Kosten häufig auf vertraglicher Basis ganz oder anteilig vom Arbeitgeber übernommen.

637 Aber auch bei Fehlen einer entsprechenden vertraglichen Regelung können gesetzliche Ansprüche des Arbeitnehmers gegeben sein. Der Anspruch auf solche Aufwendungserstattungen folgt dem auf den Arbeitsvertrag anwendbaren Recht, also dem Arbeitsvertragsstatut. Bei der Anwendbarkeit deutschen Arbeitsrechts können Aufwendungserstattungsansprüche aus dem entsprechend anwendbaren **Auftragsrecht** entstehen.[1543]

1533 MünchArbR/*Birk*, § 20 Rn 152.
1534 Küttner/*Kreitner*, Auslandstätigkeit Rn 12.
1535 *Däubler*, ArbuR 1990, 1.
1536 MüKo-BGB/*Martiny*, Art. 30 EGBGB Rn 54.
1537 MüKo-BGB/*Martiny*, Art. 30 EGBGB Rn 54.
1538 BAG, Urt. v. 12.12.1990, AP Nr. 2 zu § 4 TVG Arbeitszeit.
1539 *Bittner*, NZA 1993, 163; MünchArbR/*Birk*, § 20 Rn 158.
1540 MünchArbR/*Birk*, § 20 Rn 158.
1541 MünchArbR/*Birk*, § 20 Rn 158.
1542 MünchArbR/*Birk*, § 20 Rn 158.
1543 So im Ergebnis auch *Däubler*, ArbuR 1990, 1.

Für beide Arbeitsvertragsparteien ungewollte Mehraufwendungen können entstehen, wenn der Arbeitgeber von seinem Rückrufrecht Gebrauch macht. Für den Arbeitnehmer können zum Beispiel Mehrkosten entstehen, weil er in Deutschland eine teure Wohnung anmieten muss. Sowohl in diesem Fall wie auch bei sog. Steuerschäden, die aus einer ungewollten Verteilung der zu versteuernden Einkünfte in verschiedenen Ländern entstehen können, lehnt die Rechtsprechung einen Schadensersatzanspruch des Arbeitnehmers regelmäßig ab.[1544] 638

Je nachdem, auf welchen Gründen ein vorzeitiger Abbruch des Auslandsaufenthaltes beruht – höhere Gewalt, arbeitgeberseitige Kündigung mit oder ohne Verschulden des Arbeitnehmers, arbeitnehmerseitige Kündigung – kann zudem die Frage der Kostentragung des **Rückumzugs** Probleme aufwerfen. Es ist zunächst zu klären, ob die Parteien diesen Fall geregelt haben bzw. ob die Frage durch ergänzende Vertragsauslegung zu klären ist. Hat der Arbeitgeber eine allgemeine Umzugskostenzusage erteilt, reicht dies aus.[1545] Wenn sich umgekehrt der Arbeitgeber ein Rückforderungsrecht in Bezug auf die Reisekosten vorbehalten hat, soweit der Aufenthalt im Ausland vorzeitig endet, so wird dieses Recht von der Rechtsprechung eingrenzend dahin gehend ausgelegt. Gefordert wird in diesem Fall, dass der Rückforderungsbetrag in angemessener Relation zum Einkommen des Arbeitnehmers stehen müsse.[1546] 639

6. Teilzeit und Befristung

Im Recht der Teilzeitarbeitsverhältnisse und der Befristung ist – jedenfalls innerhalb der EU – zwischenzeitlich ein hoher Harmonisierungsgrad erreicht worden, so dass über das ebenfalls einheitliche Kollisionsrecht die Teilzeitarbeitsverhältnis-Schutzvorschriften innerhalb der EU als zwingendes Recht im Sinne der Eingriffsnormen angesehen wird. Es erfasst damit auch abweichende Arbeitsvertragsstatute bei Einsätzen innerhalb der EU, Art. 30 Abs. 2, 34 EGBGB[1547] bzw. analoge Vorschriften der übrigen **EU-Staaten**. Ob bei Einsätzen inländischer Arbeitnehmer in Nicht-EU-Staaten ebenfalls Schutzvorschriften mit zwingendem Charakter bestehen, ist im Einzelfall zu prüfen. Das Gleiche gilt hinsichtlich der Befristung von Arbeitsverhältnissen. 640

7. Folgen faktischer Arbeitsverhältnisse

Für nichtige, aber faktische Arbeitsverhältnisse sieht das deutsche Kollisionsrecht spezielle Regeln vor. Die Art. 30, 32 Abs. 1 Nr. 5 EGBGB bestimmen, dass in diesen Fällen das Kollisionsrecht des EGBGB in gleicher Weise gilt wie bei wirksamen Arbeitsverträgen.[1548] Ein Anwendungsfall ist die kollusiv vereinbarte und praktizierte Aufnahme einer Arbeitstätigkeit in der Bundesrepublik Deutschland ohne Aufenthalts- und/oder **Arbeitserlaubnis**. 641

8. Recht am Arbeitsergebnis

Das Arbeitsvertragsstatut[1549] ist wiederum maßgeblich für das Arbeitnehmererfindungsrecht. Obwohl es sich bei den Vorschriften des Arbeitnehmererfindungsrechts nicht um Eingriffsnormen i.S.d. Art. 34 EGBGB handelt, gelten sie innerhalb der Bundesrepublik Deutschland über Art. 30 642

1544 BAG, Urt. v. 23.08.1990, DB 1991, 445; LAG Frankfurt a.M., Urt. v. 17.04.1985, DB 1986, 52.
1545 BAG, Urt. v. 26.07.1995, NZA 1996, 30; vgl. auch zur Frage der eigenmächtigen Heimreise in Katastrophenfällen: *Diller/Winzer*, DB 2001, 2094.
1546 LAG Frankfurt a.M., Urt. v. 22.06.1981, DB 1982, 656; kritisch hierzu: Küttner/*Kreitner,* Auslandstätigkeit Rn 31.
1547 MünchArbR/*Birk*, § 20 Rn 131 ff.
1548 MünchArbR/*Birk*, § 20 Rn 140 f.
1549 *Birk*, RabelsZ 46 (1982), 400; MüKo-BGB/*Martiny*, Art. 30 EGBGB Rn 56.

Abs. 1 EGBGB. Das Arbeitsvertragsstatut bestimmt auch, ob und wenn ja welches Urheberrecht dem Arbeitgeber zusteht.[1550]

9. Betriebsübergang

643 **EU-einheitlich** gilt der Mindestschutz bei Betriebsübergängen, also vorbehaltlich fakultativ nationaler Schutzrechte, die über die Richtlinienvorgaben der EU jeweils hinausgehen. Abgesehen von im Fluss befindlichen Fragen steht zunächst fest, dass der Betriebsübernehmer alle Arbeitsverhältnisse automatisch und unverändert mit übernimmt, ob er will oder nicht. Abweichende Vereinbarungen in Übernahmeverträgen, die der Rechtsordnung eines EU-Mitgliedstaates unterstehen, sind unwirksam, Kündigungen aufgrund des Betriebsüberganges unwirksam.

644 Ob hinsichtlich der Anwendbarkeit dieser Schutzvorschriften auf das Arbeitsvertragsstatut abzustellen ist[1551] oder auf den Sitz des betroffenen Betriebes,[1552] ist umstritten. Die unterschiedlichen Auffassungen können sich rechtlich auswirken, wenn einzelne Arbeitnehmer eines übernommenen Betriebes ein Nicht-EU-Vertragsstatut besitzen, nach dem es das Recht des Betriebsüberganges nicht gibt. Auch wenn es auf den Sitz des neuen Betriebsinhabers ankommt, kann sich der Meinungsstreit auswirken. Denn wenn das Recht des neuen Betriebssitzes die Regelungen zum Betriebsübergang nicht kennt, sollen sie nach einer Auffassung auch keine Anwendung finden. In der Praxis dürfte die jeweilige Rechtsprechung maßgeblich sein. Der Wortlaut des Art. 1 Abs. 2 der Richtlinie 77/187 spricht für die einheitliche Anknüpfung an den Sitz des übernommenen Betriebs.

10. Anwendbares Kündigungsschutzrecht

645 Nach ganz überwiegender Rechtsauffassung zählen die Vorschriften des deutschen Kündigungsschutzgesetzes nicht zu den unabdingbaren Bestandteilen der deutschen Rechtsordnung i.S.d. Art. 34 EGBGB.[1553] Voraussetzung für die geografische Anwendbarkeit des Kündigungsschutzgesetzes sei zudem, dass ein Betrieb im Inland vorliege.[1554]

646 Andererseits ist zu beachten, dass dann, wenn die Parteien die Geltung deutschen Rechts vereinbart haben oder wenn dieses ohne Rechtswahl gem. Art. 30 Abs. 2 EGBGB zur Anwendung kommt, dieses im Bereich des individuellen Arbeitsrechts umfassend gilt. Art. 32 Abs. 1 Nr. 4 EGBGB bestimmt zudem, dass die verschiedenen Arten des Erlöschens bzw. der Aufhebung der Verpflichtungen aus dem Vertrag dem Arbeitsvertragsstatut unterliegen.[1555]

647 Eine Geltung der Vorschriften des deutschen Kündigungsschutzgesetzes bei Auslandseinsätzen unter deutschem Arbeitsvertragsstatut ist daher grundsätzlich möglich. Es kann wie folgt differenziert werden:[1556]

648 ■ In Fällen der **Entsendung**, bei denen der Arbeitnehmer einen Arbeitsvertrag mit dem inländischen Unternehmen hat und für einen begrenzten Zeitraum im Ausland eingesetzt wird, bleibt die Zurechnung des Arbeitnehmers zum entsendenden Unternehmen und Betrieb gegeben. Unabhängig vom gewählten Arbeitsvertragsstatut gilt daher als Recht des gewöhnlichen Arbeitsortes i.S.d. Art. 30 Abs. 2 EGBGB der Heimatbetrieb. Damit bleibt das Kündigungsschutzgesetz für

1550 MüKo-BGB/*Martiny*, Art. 30 EGBGB Rn 56.

1551 *Däubler*, DB 1988, 1850; *Richter*, ArbuR 1992, 68; *Mankowski*, IPRax 1994, 97; Soergel/*v. Hoffmann*, Art. 30 EGBGB Rn 22; Palandt/*Heldrich*, Art. 34 EGBGB Rn 3; KR/*Weigand*, Internationales Arbeitsrecht Rn 106; MüKo-BGB/*Martiny*, Art. 30 EGBGB Rn 50 a.

1552 *Wimmer*, IPRax 1995, 208; *Junker*, Internationales Arbeitsrecht im Konzern, S. 236 ff.; MünchArbR/*Birk*, § 20 Rn 184 f.

1553 BAG, Urt. v. 30.04.1987, NJW 1987, 2766; BAG, Urt. v. 24.08.1989, AP Internationales Privatrecht, Arbeitsrecht Nr. 30; MüKo-BGB/*Martiny*, Art. 30 EGBGB Rn 60; a.A. MünchArbR/*Birk*, § 20 Rn 93.

1554 MünchArbR/*Birk*, § 20 Rn 77; Küttner/*Kreitner*, Auslandstätigkeit Rn 11.

1555 Hierzu auch MüKo-BGB/*Martiny*, Art. 30 EGBGB Rn 60.

1556 Vgl. hierzu auch *Lingemann/v. Steinau-Steinrück*, DB 1999, 2161.

den entsandten Arbeitnehmer auch während der Entsendung anwendbar, soweit das Recht des Arbeitsvertragsstatutes nicht ganz oder in vergleichbaren Normgruppen günstiger ist. Entsandte Arbeitnehmer zählen bei der Berechnung der Arbeitnehmeranzahl des § 23 KSchG mit,[1557] anders als sog. Ortskräfte.[1558] Bei Vorliegen der Grundvoraussetzungen, Überschreiten der sechsmonatigen Wartefrist (§ 1 KSchG) und des Schwellenwertes von mehr als fünf Arbeitnehmern (§ 23 KSchG), muss daher der kündigende Arbeitgeber die Voraussetzungen des KSchG beachten.[1559] Im Fall der Zurechnung des zu kündigenden Arbeitnehmers zum Inlandsbetrieb ist dann auch eine Betriebsratsanhörung nach § 102 BetrVG erforderlich.

- In den sog. **Versetzungs-Fällen** hat hingegen der Arbeitnehmer neben einem lokalen Anstellungsvertrag mit einem Unternehmen im Ausland häufig, aber nicht stets, einen »Stammhausbindungsvertrag« oder eine wie auch immer geartete Nebenabrede zum Arbeitsvertrag mit dem Arbeitgeber in Deutschland und ist so rechtlich mit dem deutschen Arbeitgeber verbunden. Seit der Wiedereinführung des jetzigen § 623 BGB mit Wirkung zum 01.05.2000 besteht das Inlands-Arbeitsverhältnis immer dann fort, wenn es nicht durch schriftlichen Beendigungstatbestand mit dem Inlandsarbeitgeber aufgehoben wird.[1560] 649

Ein fortbestehender Kündigungsschutz kommt in Betracht, wenn die Parteien das Inlands-Arbeitsverhältnis durch eine Nebenabrede ruhend stellen oder es als Rumpfarbeitsverhältnis mit Nebenpflichten (z.B. Berichtspflichten) fortbestehen lassen oder wenn die Parteien einen neuen Vertrag schließen, der die Rechte und Pflichten des ruhenden Arbeitsverhältnisses regelt. 650

11. Aufhebungsvertrag

Das auf einen Aufhebungsvertrag anwendbare Recht folgt dem Arbeitsvertragsstatut.[1561] Die Einhaltung des nach deutschem Recht geltenden Schriftformerfordernisses sollte unabhängig vom Vertragsstatut aus Beweisgründen erfolgen. Außerdem gilt das **Schriftformerfordernis** ohnehin in einigen Rechtsordnungen. Zudem sehen ausländische Rechtsordnungen zum Teil behördliche oder gerichtliche Mitwirkungs- oder gar Zustimmungserfordernisse bei Aufhebungs- und/oder Abwicklungsverträgen vor. 651

12. Nachvertragliche Wettbewerbsverbote

Wettbewerbsverbote für die Zeit nach Beendigung des Arbeitsverhältnisses unterstehen ebenfalls dem Arbeitsvertragsstatut. Soweit das ausländische Recht geringeren Schutz gewährt, als die deutschen Vorschriften, gelten die deutschen Vorschriften als Eingriffsnormen i.S.d. Art. 34 EGBGB, jedenfalls jedoch über Art. 30 EGBGB.[1562] 652

Folgerichtig wird eine isolierte **Rechtswahl** für nachvertragliche Wettbewerbsverbote zum Teil für nicht zulässig gehalten.[1563]

1557 So auch BAG, Urt. v. 09.10.1997, NZA 1998, 141.

1558 MünchArbR/*Birk*, § 20 Rn 202.

1559 BAG, Urt. v. 19.06.1986, DB 1986, 2498; LAG Frankfurt a.M., Urt. v. 10.12.1986, LAGE § 1 KSchG Betriebsbedingte Kündigung Nr. 11.

1560 Vgl. nur BAG, Urt. v. 21.01.1999, NZA 1999, 539 und die Erläuterungen hierzu bei *Lingemann/v. Steinau-Steinrück*, DB 1999, 2161.

1561 MünchArbR/*Birk*, § 20 Rn 190.

1562 MüKo-BGB/*Martiny*, Art. 30 EGBGB Rn 62.

1563 *Birk*, RabelsZ 46 (1982), 403.

13. Sonstige Pflichten anlässlich der Beendigung des Arbeitsverhältnisses

653 Pflichten im Zusammenhang mit der Beendigung des Arbeitsverhältnisses, insbesondere also die **Zeugniserteilung** durch den Arbeitgeber, die Herausgabe von Gegenständen durch beide Parteien oder die Freistellung des Arbeitnehmers zur Stellensuche unterliegen dem Arbeitsvertragsstatut.[1564]

14. Schutz besonderer Personengruppen

a) Berufsausbildungsverhältnisse[1565]

654 Soweit Auszubildende nach deutschem Berufsbildungsrecht Praktika im Ausland absolvieren, bleibt die Berufsschulpflicht über das Territorialprinzip in Deutschland erhalten. Dies folgt daraus, dass die gesetzlichen Regelungen des Berufsbildungsgesetzes überwiegend zwingendes Privatrecht darstellen und in anderen Teilen ebenfalls privatrechtlich nicht abdingbares öffentliches Recht sind. Eine Wahl eines vom deutschen Recht abweichenden Rechts bei einer Berufsausbildung in Deutschland ist daher unzweckmäßig.[1566]

655 Im Fall eines echten Praktikums im Ausland, also keines verdeckten Arbeitsverhältnisses gegen Entlohnung, ist es rechtlich unerheblich, ob der Praktikant selbst oder sein deutscher Ausbildungsarbeitgeber ein Rechtsverhältnis (Praktikumsvertrag) mit dem aufnehmenden Betrieb im Ausland eingeht. Soweit der inländische Ausbildungsbetrieb zustimmt, kann sich der Auszubildende selbst einen Praktikumsplatz im Ausland suchen und einen Praktikumsvertrag abschließen.

b) Schwerbehinderte Arbeitnehmer

656 Anders als die Regelungen des ersten Abschnitts des Kündigungsschutzgesetzes werden die Schutznormen des deutschen Schwerbehindertenrechts als überwiegend öffentlich-rechtliche Regelungen angesehen. Der Schwerbehindertenschutz ist daher nicht abdingbar.[1567] Soweit der Arbeitsort in Deutschland liegt, gelten die **Schutzvorschriften** daher unabhängig davon, welches Recht die Arbeitsvertragsparteien vereinbart haben.[1568]

657 Zu beachten ist, dass der Schwerbehindertenschutz auch auf das Arbeitsverhältnis im Ausland zwingend ausstrahlen kann. Ähnlich wie beim allgemeinen Kündigungsschutz kann über die persönliche Zurechnung des Arbeitnehmers zu einem Inlandsbetrieb das Territorialitätsprinzip gewahrt werden. Allerdings können einer ausländischen Rechtsordnung öffentlich-rechtliche Vorschriften der Bundesrepublik Deutschland nicht »aufgedrängt« werden.

658 Weiterhin stellt sich die Frage, ob die Schutzvorschriften im Ausland auch ohne Ausstrahlungswirkung im Wege des Arbeitsvertragsstatuts zugunsten des Arbeitnehmers vereinbart werden können. Ohne das rechtliche Konstrukt der arbeitsrechtlichen Ausstrahlung, also bei einer rein lokalen Anstellung im Ausland ohne (ruhendes) Arbeitsverhältnis mit einem inländischen Unternehmen oder bei Ortskräften, finden kraft gesetzlicher Anknüpfung weder die öffentlich-rechtlichen, noch die privatrechtlichen Schutzvorschriften des deutschen Rechts Anwendung. Nur über eine Rechtswahl der Parteien lassen sich die der Privatautonomie offen stehenden Vorschriften zugunsten des Arbeitnehmers vereinbaren. Im Schwerbehindertenrecht ist dies nach Auffassung des BAG die Vorschrift über die Mindestkündigungsfrist.[1569] Eine behördliche Zustimmung durch das **Integrationsamt** zur

1564 MünchArbR/*Birk*, § 20 Rn 206 f.

1565 Ausführlich hierzu *Eule*, BB 1992, 986.

1566 MünchArbR/*Birk*, § 20 Rn 213.

1567 BAG, Urt. v. 24.08.1989, AP Internationales Privatrecht, Arbeitsrecht Nr. 30; a.A. hinsichtlich § 14 MuSchG: LAG Frankfurt a.M., Urt. v. 16.11.1999, NZA-RR 2000, 401, dort bejahend hinsichtlich des zwingenden Charakters der §§ 15, 18 BErzGG.

1568 BAG, Urt. v. 10.12.1964, BAGE 17, 1; *Pohl*, NZA 1998, 735; MüKo-BGB/*Martiny*, Art. 30 EGBGB Rn 73a, Soergel/*v. Hoffmann*, Art. 30 EGBGB Rn 23.

1569 BAG, Urt. v. 30.04.1987, AP Nr. 15 zu § 12 SchwbG.

Kündigung ist daher bei reinen Auslandsfällen selbst dann nicht erforderlich, wenn die Parteien die Anwendbarkeit deutschen Rechts vereinbart haben und die Kündigung in Deutschland ausgesprochen wird.[1570]

c) Mutterschutz und Elternzeit

Bei den Vorschriften über den Mutterschutz sowie über Elternzeit gelten die gleichen Erwägungen wie beim Schwerbehindertenschutz. Die Schutzvorschriften sind nicht zu Lasten des Arbeitnehmers abdingbar, soweit das Arbeitsverhältnis einem im Inland belegenen Betrieb zugerechnet wird und damit die Schutzvorschriften ausstrahlen, Art. 34 EGBGB.[1571] 659

Hingegen können die Parteien öffentlich-rechtliche Schutzvorschriften bei im Ausland belegenen Arbeitsverhältnissen nicht konstitutiv vereinbaren, da die deutschen Behörden nicht befugt sein können, im Ausland Schutznormen deutschen Rechts umzusetzen. Schutzvorschriften, die auch privatrechtlichen Schutzcharakter haben, was bei Kündigungserschwerungen der Fall sein kann, können im Wege der Rechtswahl zugunsten des Arbeitnehmers ins Auslandsarbeitsverhältnis anwendbar sein. 660

15. Betriebliche Altersversorgung

a) Individualrechtliche Fragen

Auch bei der Anwendbarkeit des Altersversorgungsrechts ist nach herrschender Meinung das Arbeitsvertragsstatut maßgeblich.[1572] Unabhängig vom Arbeitsvertragsstatut soll hingegen das deutsche BetrAVG Anwendung finden, soweit sich der Anspruch gegen einen **Versorgungsschuldner** mit Sitz in der Bundesrepublik Deutschland richtet.[1573] 661

Ob der Arbeitnehmer, dessen Arbeitgeber ein ausländisches Unternehmen ist und dessen Arbeitsort überwiegend im Ausland liegt, einen Anspruch nach deutschem Recht haben kann, hängt vom Fortbestehen eines – ruhenden – zweiten Arbeitsverhältnisses zu einem inländischen Arbeitgeber und von der konkreten Versorgungszusage ab.[1574] 662

Regelmäßig unproblematisch ist das »Ob« des Fortbestehens der inländischen Altersversorgung im Fall von **Entsendungen**. In diesem Fall stellt sich hingegen die Frage, ob Auslandszulagen oder sonstige einsatzspezifische Leistungen auf die betriebliche Altersversorgung anzurechnen sind, also zugunsten des Arbeitnehmers die Bemessungsgrundlage seiner betrieblichen Altersversorgung im Inland steigern. Auch hierfür ist der Inhalt der Versorgungsordnung selbst maßgeblich. Das BAG[1575] hat entschieden, dass ein pauschaler Auslandszuschlag nicht zu den ruhegeldfähigen Bezügen rechnet. In diesem Fall bestimmte die Versorgungsordnung, dass Kindergeld, als Unterstützungen und Beihilfen gewährte Zulagen, Überstundenentgelte und sonstige für Sonderleistungen gewährte Sondervergütungen nicht zu den ruhegeldfähigen Bezügen rechnen. In einem anderen Fall hat das BAG[1576] eine österreichische Sozialversicherungsrente als anrechnungsfähig angesehen. 663

1570 BAG, Urt. v. 30.04.1987, AP Nr. 15 zu § 12 SchwbG.

1571 BAG, Urt. v. 24.08.1989, AP Internationales Privatrecht, Arbeitsrecht Nr. 30; a.A. hinsichtlich § 14 MuSchG LAG Frankfurt a.M., Urt. v. 16.11.1999, NZA-RR 2000, 401, dort bejahend hinsichtlich des zwingenden Charakters der §§ 15, 18 BErzGG.

1572 BAG, Urt. v. 05.05.1955, AP Nr. 4 zu § 242 BGB Ruhegehalt; BAG AP Internationales Privatrecht, Arbeitsrecht Nr. 4; BAG, Urt. v. 05.09.1972, AP Nr. 159 zu § 242 BGB Ruhegehalt; a.A. *Birk*, RabelsZ 46 (1982), 384 (403 f.).

1573 BAG, Urt. v. 06.08.1985, AP Nr. 24 zu § 7 BetrVG.

1574 Vgl. auch *Buttler*, BetrAV 3/2000, 179.

1575 BAG, Urt. v. 23.10.1990, AP Nr. 5 zu § 1 BetrAVG Berechnung.

1576 BAG, Urt. v. 24.04.1990, DB 1990, 2172.

Die Differenzierung zwischen entsandten Arbeitnehmern und **Ortskräften** ist zulässig. Weiterhin ist es rechtmäßig, Fallgruppen zu bilden, die sich an einem unterschiedlichen späteren Versorgungsbedarf orientieren.[1577]

b) Insolvenzsicherung

664 Soweit der Sitz des Versorgungsschuldners in der Bundesrepublik Deutschland liegt, greift die Insolvenzsicherung durch den deutschen Pensionssicherungsverein (PSV) ein.[1578]

IV. Kollektivrecht

1. Betriebsverfassungsrecht bei Auslandstätigkeit

665 Das deutsche Betriebsverfassungsgesetz[1579] (BetrVG) kann durchaus auch auf Auslandssachverhalte Anwendung finden, genau so wie umgekehrt ausländisches Betriebsverfassungsrecht auf in Deutschland ausgeübte Arbeitsverhältnisse einstrahlen kann. Die nachfolgende Darstellung beschränkt sich auf das Betriebsverfassungsgesetz. Die gleichen Abgrenzungsregeln gelten jedoch für den Bereich des Sprecherausschussgesetzes sowie des Personalvertretungsrechts.

666 Grundsätzlich gilt das BetrVG nur für im Bundesgebiet gelegene Betriebe und für unter deutscher Flagge fahrende Schiffe,[1580] sog. **Territorialitätsprinzip**. Auf die Staatsangehörigkeit des Arbeitnehmers oder den Sitz des Arbeitgebers in einem bestimmten Staat kommt es hingegen nicht an,[1581] ebenso wenig wie auf das individuelle Arbeitsvertragsstatut. Die Geltung des BetrVG kann im Arbeitsvertrag bzw. Entsendungsvertrag also nicht wirksam zwischen den Parteien vereinbart werden; das BetrVG unterliegt nicht dem Arbeitsvertragsstatut.[1582]

667 Im Fall einer Ausstrahlung[1583] gilt das BetrVG unter bestimmten Umständen auch für im Ausland tätige Arbeitnehmer.[1584] Diese Ansicht stellt keine Durchbrechung des Territorialitätsprinzips dar, da es sich insofern nicht um eine Frage des räumlichen Geltungsbereichs des BetrVG handelt, sondern um eine Frage des persönlichen Geltungsbereichs des BetrVG.[1585]

668 Ist die Anwendbarkeit des BetrVG in einem arbeitsgerichtlichen Prozess zwischen den Parteien umstritten, trägt der Arbeitnehmer die Darlegungs- und Beweislast für die Tatsachen, aus denen sich die Anwendbarkeit des BetrVG ableitet, wenn die Anwendbarkeit des BetrVG zu seinen Gunsten wirkt.[1586] Beruft sich hingegen der Arbeitgeber ausnahmsweise auf die Anwendbarkeit, so trägt er die Darlegungs- und Beweislast.

1577 BAG, Urt. v. 05.12.1995, ZTR 1996, 230.

1578 BAG, Urt. v. 06.08.1985, DB 1986, 131; MüKo-BGB/*Martiny*, Art. 30 EGBGB Rn 63.

1579 Betriebsverfassungsgesetz i.d.F. der Bekanntmachung v. 25.09.2001, BGBl I, 2518.

1580 BAG, Beschl. v. 25.04.1978, AP Internationales Privatrecht, Arbeitsrecht Nr. 16; ständige Rspr., zuletzt BAG, Beschl. v. 22.03.2000, NZA 2000, 1119; *Boemke*, NZA 1992, 112; *Däubler*, ArbuR 1990, 1 (8); *Gaul*, BB 1990, 697 (698); *Steinmeyer*, DB 1980, 1541; Däubler/Kittner/Klebe/*Trümmer*, § 1 Rn 23 f.; Küttner/*Kreitner*, Auslandstätigkeit Rn 14; *Fitting u.a.*, § 1 Rn 12 ff.; *Hess/Schlochauer/Glaubitz*, vor § 1 Rn 3; *Stege/Weinspach*, § 1 Rn 1; *Löwisch/Kaiser*, Einl. Rn 11.

1581 BAG, Urt. v. 07.12.1989, AP Internationales Privatrecht, Arbeitsrecht Nr. 27; MünchArbR/*Birk*, § 22 Rn 6.

1582 BAG, Urt. v. 21.10.1980, DB 1981, 696; *Gaul*, BB 1990, 697; *Mayer*, BB 1999, 842; MünchArbR/*Birk*, § 22 Rn 7; a.A. *Gamillscheg*, Internationales Arbeitsrecht, S. 370.

1583 BAG, Urt. v. 21.10.1980, DB 1981, 696; BAG, Urt. v. 07.12.1989, NZA 1990, 658; *Boemke*, NZA 1992, 112; *Gaul*, BB 1990, 697; *Fitting u.a.*, § 1 Rn 22; *Stege/Weinspach*, § 1 Rn 3; *Löwisch/Kaiser*, Einl. Rn 11.

1584 BAG, Beschl. v. 25.04.1978, AP Internationales Privatrecht, Arbeitsrecht Nr. 16; BAG, Urt. v. 21.10.1980, DB 1981, 696; BAG, Urt. v. 07.12.1989, NZA 1990, 658; *Boemke*, NZA 1992, 112; *Gaul*, BB 1990, 697; *Steinmeyer*, DB 1980, 1541; Küttner/*Kreitner*, Auslandstätigkeit Rn 17; *Fitting u.a.*, § 1 Rn 22 ff.; *Hess/Schlochauer/Glaubitz*, vor § 1 Rn 4; *Stege/Weinspach*, § 1 Rn 3; *Löwisch/Kaiser*, Einl. Rn 11.

1585 BAG, Urt. v. 07.12.1989, NZA 1990, 658; *Boemke*, NZA 1992, 112; *Fitting u.a.*, § 1 Rn 22; *Löwisch/Kaiser*, Einl. Rn 11.

1586 LAG Rheinland-Pfalz, Urt. v. 10.12.1996, BB 1997, 2002.

Damit das BetrVG auch auf einen im Ausland tätigen Arbeitnehmer Anwendung finden kann, müssen zwei besondere Voraussetzungen erfüllt sein: Zwischen Arbeitnehmer und Inlandsbetrieb müssen eine rechtliche und eine tatsächliche Verbindung bestehen.[1587] Die rechtliche Verbindung wird durch den – wenn auch ruhend gestellten – Arbeitsvertrag begründet. Die tatsächliche Beziehung zwischen Arbeitnehmer und Inlandsbetrieb fasst das BAG unter verschiedenen Gesichtspunkten zusammen, die es dann einzelfallbezogen gewichtet.[1588] Besonders wichtig ist die beabsichtigte Dauer der Auslandstätigkeit. Eine **zeitliche Obergrenze** nennt das BAG jedoch nicht,[1589] was auch in der Literatur begrüßt wird.[1590] Weitere Gesichtspunkte sind die Art und Weise der **Eingliederung** in einen Betrieb im Ausland,[1591] die Existenz eines vertraglich vereinbarten Rückrufsrechts[1592] und die fortbestehende Weisungsgebundenheit des Arbeitnehmers an den Inlandsbetrieb.[1593] Unerheblich ist demgegenüber, ob es sich bei dem Auslandsbetrieb um einen selbständigen Betrieb oder um einen Nebenbetrieb i.S.v. § 4 BetrVG handelt.[1594] In der Literatur wird jedoch teilweise gerade § 4 BetrVG als Unterscheidungskriterium angeführt.[1595] 669

Die vorgenannten Erwägungen führen in den Fällen der sog. **Versetzung** dazu, dass das BetrVG auf die im Ausland tätigen Arbeitnehmer regelmäßig keine Anwendung finden kann. Auch wenn es einen mit Nebenpflichten (z.B. Berichtspflicht des Mitarbeiters) ausgestatteten Stammhausbindungsvertrag gibt, fehlt es an der fortbestehenden Eingliederung in den Inlandsbetrieb, die auch bei den Entsendungsfällen oft schon gekünstelt wirkt. 670

Soweit eine Ausstrahlung des BetrVG bejaht wird, treten bestimmte Rechtsfolgen ein:

- Soweit es nach dem BetrVG für die Errichtung von betriebsverfassungsrechtlichen Einrichtungen oder für einzelne Beteiligungsrechte auf die Zahl der beschäftigten Arbeitnehmer ankommt, sind im Ausland beschäftigte, aber dem Inlandsbetrieb zugehörige Arbeitnehmer mitzuzählen.[1596]
- Den Auslandsmitarbeitern steht das aktive Wahlrecht zum Betriebsrat zu.[1597]
- Nach ganz herrschender Meinung besteht auch das passive Wahlrecht.[1598] Dem wird entgegengehalten, im Ausland tätige Arbeitnehmer seien aufgrund der räumlichen Distanz nicht im Stande, die ihnen im Falle ihrer Wahl obliegenden Aufgaben ordnungsgemäß zu erfüllen. Folglich seien sie nicht wählbar.[1599] Dieser Einwand lässt sich zwar nicht ganz von der Hand weisen, gleichwohl

1587 BAG, Urt. v. 21.10.1980, DB 1981, 696; BAG, Urt. v. 07.12.1989, NZA 1990, 658; *Boemke*, NZA 1992, 112; *Gaul*, BB 1990, 697; *Reiff*, SAE 1990, 251.

1588 BAG, Urt. v. 07.12.1989, NZA 1990, 658; *Boemke*, NZA 1992, 112; *Gaul*, BB 1990, 697; Küttner/*Kreitner*, Auslandstätigkeit Rn 16 f.

1589 BAG, Beschl. v. 25.04.1978, AP Internationales Privatrecht, Arbeitsrecht Nr. 16; LAG Düsseldorf, Beschl. v. 02.02.1982, DB 1982, 962.

1590 Küttner/*Kreitner*, Auslandstätigkeit Rn 16 f.; *Boemke*, NZA 1992, 112; *Gaul*, BB 1990, 697; *Steinmeyer*, DB 1980, 1541.

1591 BAG, Beschl. v. 25.04.1978, AP Internationales Privatrecht, Arbeitsrecht Nr. 16; BAG, Urt. v. 07.12.1989, NZA 1990, 658; LAG Hamm, Beschl. v. 15.11.1979, EzA § 61 ArbGG 1979 Nr. 1; *Gaul*, BB 1990, 697; *Reiff*, SAE 1990, 251 (253); *Küttner/Kreitner*, Auslandstätigkeit Rn 15 ff.; *Fitting u.a.*, § 1 Rn 24; *Stege/Weinspach*, § 1 Rn 3.

1592 BAG, Urt. v. 07.12.1989, NZA 1990, 658; *Gaul*, BB 1990, 697, Küttner/*Kreitner*, Auslandstätigkeit Rn 18; *Fitting u.a.*, § 1 Rn 24; *Hess/Schlochauer/Glaubitz*, vor § 1 Rn 6; *Stege/Weinspach*, § 1 Rn 3.

1593 BAG, Urt. v. 07.12.1989, NZA 1990, 658; *Gaul*, BB 1990, 697; *Reiff*, SAE 1990, 251.

1594 BAG, Beschl. v. 25.04.1978, AP Internationales Privatrecht, Arbeitsrecht Nr. 16.

1595 *Fitting u.a.*, § 1 Rn 17.

1596 *Boemke*, NZA 1992, 112; *Schlüpers-Oehmen*, Betriebsverfassung bei Auslandstätigkeit, S. 112 f.; *Fitting u.a.*, § 1 Rn 27; zur Frage der Errichtung von Gesamt- oder Konzernbetriebsräten bei Betrieben in mehreren Staaten vgl. MüKo-BGB/*Martiny*, Art. 30 EGBGB Rn 81; MünchArbR/*Birk*, § 22 Rn 14 ff.

1597 BAG, Beschl. v. 22.03.2000, NZA 2000, 1119; BAG, Beschl. v. 27.05.1982, DB 1982, 2519; *Boemke*, NZA 1992, 112; *Gaul*, BB 1990, 697; *Schlüpers-Oehmen*, Betriebsverfassung bei Auslandstätigkeit, S. 113; Däubler/Kittner/Klebe/*Trümmer*, § 1 Rn 25; Küttner/*Kreitner*, Auslandstätigkeit Rn 20; *Fitting u.a.*, § 1 Rn 27; *Hess/Schlochauer/Glaubitz*, vor § 1 Rn 7.

1598 BAG, Beschl. v. 22.03.2000, NZA 2000, 1119; BAG, Beschl. v. 27.05.1982, DB 1982, 2519; *Boemke*, NZA 1992, 112; *Gaul*, BB 1990, 697; Däubler/Kittner/Klebe/*Trümmer*, § 1 Rn 25; Küttner/*Kreitner*, Auslandstätigkeit Rn 19; *Fitting u.a.*, § 1 Rn 27.

1599 *Hess/Schlochauer/Glaubitz*, vor § 1 Rn 7 f.

kann nicht so ohne weiteres aus reinen Zweckmäßigkeitsgesichtspunkten der Wortlaut des § 8 BetrVG um das Merkmal »im Inland tätig« ergänzt werden.[1600]

- Auch ein Teilnahmerecht an im inländischen Betrieb stattfindenden Betriebsversammlungen wird bejaht.[1601] Die Teilnahmezeiten einschließlich der für Hin- und Rückfahrt benötigten Zeit werden wie Arbeitszeit vergütet (§ 44 Abs. 1 Satz 2 BetrVG).[1602] Die entstandenen Fahrtkosten muss der Auslandsarbeitnehmer aber entgegen § 44 Abs. 1 Satz 3 BetrVG in der Regel selbst tragen, weil dies für den Arbeitgeber wirtschaftlich eine unzumutbare Belastung wäre.[1603]
- Äußerst streitig ist, ob Teil- oder Abteilungsversammlungen i.S.v. § 42 BetrVG für im Ausland tätige Angehörige eines inländischen Betriebes im Ausland stattfinden können. Das BAG ist der Ansicht, es handele sich insofern um eine Frage des räumlichen Geltungsbereichs des BetrVG.[1604] Folgerichtig hat es Teil- oder Abteilungsversammlungen im Ausland unter Hinweis auf das Territorialitätsprinzip als unzulässig abgelehnt. Die Tätigkeit der Organe der Betriebsverfassung sei ans Inland gebunden, so dass der Betriebsrat nicht über die Kompetenz verfüge, im Ausland Betriebsversammlungen abzuhalten.[1605] Selbst Besuche der im Ausland tätigen Arbeitnehmer durch Betriebsratsmitglieder sollen unzulässig sein.[1606]
- Die betriebsverfassungsrechtlichen **Mitbestimmungsrechte** in sozialen Angelegenheiten gelten grundsätzlich für im Inland und Ausland tätige, einem Inlandsbetrieb zugehörige Arbeitnehmer gleichermaßen. Streitig ist, ob dem Betriebsrat eine Kompetenz für Betriebsvereinbarungen nach §§ 77, 87 BetrVG, deren Anwendungsbereich sich auf im Ausland tätige Betriebsangehörige beschränkt, zusteht.[1607]
- Die betriebsverfassungsrechtlichen Mitbestimmungsrechte in personellen Angelegenheiten bestehen bei einem dem Inlandsbetrieb zugehörigen, im Ausland tätigen Arbeitnehmer in vollem Umfang.[1608]

2. Tarifrechtliche Fragen

a) Arbeiten im Ausland unter deutschem Tarifvertragsrecht

671 Die Anwendung deutschen Tarifvertragsrecht auf in Deutschland tätige **Ortskräfte** ausländischer Gesellschaften ist unproblematisch zulässig.[1609] Je nachdem, ob eine Rechtswahl der Parteien stattfindet und je nach gewählter vertraglicher Konstruktion des Auslandseinsatzes – Entsendung oder Versetzung in Kombination mit einem sog. Stammhausbindungsvertrag – können sich unterschiedliche tarifliche Geltungsfragen stellen.

672 Im Fall der **Entsendung** beantwortet sich die Frage der Geltung des Tarifvertrages nach dem Arbeitsvertragsstatut, also dem für das Arbeitsverhältnis kraft Vereinbarung oder kraft Arbeitskollisionsrecht geltendem Arbeitsrecht: Das anwendbare Tarifvertragsrecht folgt also dem Arbeitsvertragsrecht. Für den Fall der im Arbeitsvertrag vereinbarten Geltung des deutschen Rechts im Ausland oder der Geltung des Tarifvertrages im Ausland folgt die kollisionsrechtliche Prüfung somit den allgemeinen Kollisionsregeln des Internationalen Privatrechts. Gleiches gilt im Fall der unmittelbaren Tarifbindung beider Vertragsparteien des Entsendungsvertrages auch ohne Rechtswahl

1600 So auch *Boemke*, NZA 1992, 112; *Gaul*, BB 1990, 697.
1601 *Boemke*, NZA 1992, 112; *Gaul*, BB 1990, 697.
1602 *Boemke*, NZA 1992, 112.
1603 *Boemke*, NZA 1992, 112; *Gaul*, BB 1990, 697.
1604 BAG, Beschl. v. 27.05.1982, DB 1982, 2519.
1605 BAG, Beschl. v. 27.05.1982, DB 1982, 2519.
1606 BAG, Beschl. v. 27.05.1982, DB 1982, 2519.
1607 BAG, Beschl. v. 30.01.1990, NZA 1990, 571; a.A.: LAG Düsseldorf, Beschl v. 14.02.1979, DB 1979, 2233 ff.; ihm folgend *Stege/Weinspach*, § 1 Rn 3.
1608 BAG, Beschl. v. 10.09.1985, AP Nr. 3 zu § 117 BetrVG; *Boemke*, NZA 1992, 112; MünchArbR/*Birk*, § 22 Rn 21; Küttner/*Kreitner*, Auslandstätigkeit Rn 24; *Fitting u.a.*, § 1 Rn 28.
1609 BAG, Urt. v. 09.07.1980, AP Nr. 7 zu § 1 TVG Form; BAG, Beschl. v. 10.09.1985, AP Nr. 3 zu § 117 BetrVG; *Mayer*, BB 1999, 842.

im Entsendungsvertrag, da bei der naturgemäß nur vorübergehenden Entsendung als Recht des gewöhnlichen Arbeitsortes das deutsche Arbeitsrecht weiter gilt.[1610]

Werden Mitarbeiter im oder ausschließlich für das Ausland eingestellt, so liegt keine Entsendung vor. In diesem Fall spricht man von sog. Ortskräften. Auch in diesem Fall ist die Vereinbarung des Heimatrechts des Arbeitgebers unabhängig von der Staatsangehörigkeit des Arbeitnehmers grundsätzlich zulässig und wird von der deutschen Arbeitsrechtsprechung[1611] und Wissenschaft[1612] anerkannt. Zum Teil werden in Deutschland eigens Tarifverträge für Auslands-Ortskräfte abgeschlossen.[1613] Soweit ein hinreichender Bezug der erfassten Arbeitsverhältnisse zur gewählten Rechtsordnung besteht, ist dies nicht problematisch;[1614] zwingende Normen des Ortsrechts gelten allerdings immer,[1615] ebenso supranationales Recht.[1616] Dies können selbst wieder, je nach Rechtsordnung, auch tarifliche Regelungen sein.[1617] Soweit die Parteien deutsches Recht vereinbaren und ein Tarifvertrag unmittelbar gelten würde, scheidet daher auch die Geltung des Tarifvertrages aus, wenn aufgrund des Arbeitskollisionsrechts das ausländische Recht das vereinbarte deutsche Recht verdrängt.[1618] Dann wird das vereinbarte Tarifrecht des Sitzstaates des Arbeitgebers verdrängt. Soweit die Parteien unmittelbar an einen deutschen Tarifvertrag gebunden sind, der aufgrund seines tariflich definierten räumlichen **Geltungsbereichs** ausstrahlt, kann das deutsche Recht des konkreten Tarifvertrages das ausländische Recht überlagern,[1619] das ansonsten Kraft Vereinbarung oder kraft Kollisionsrechts gilt. 673

b) Arbeiten in Deutschland unter ausländischem Tarifvertragsrecht

Soweit ein Auslandsbezug gegeben ist, kann auch ein ausländischer Tarifvertrag in Deutschland gelten, so dass der umgekehrte Fall gegeben ist, wie zuvor dargestellt. Voraussetzung ist neben dem Auslandsbezug die vereinbarte oder gesetzliche Geltung ausländischen Rechts. Die kollisionsrechtlichen Grenzen der Art. 6 und 34 EGBGB gelten gleichwohl. Kein Hindernis stellen allerdings nach der Rechtsprechung konkurrierende und kollidierende deutsche Tarifverträge dar, die bei der Anwendbarkeit deutschen Rechts auf das Arbeitsverhältnis gelten würden, z.B. aufgrund einer **Allgemeinverbindlichkeit**.[1620] 674

c) Die Entsenderichtlinie der EU und das Arbeitnehmerentsendegesetz[1621]

Einen regulierenden Eingriff zum Schutz der heimischen Bauindustrie stellt das Entsendegesetz dar, das seinerseits auf der Entsenderichtlinie der EU basiert. 675

Wie zuvor dargestellt wurde, folgt grundsätzlich der Tarifvertrag dem Arbeitsvertrag und dessen Arbeitsvertragsstatut. Bei einer vorübergehenden Entsendung gilt tarifrechtlich daher nicht das Recht des Einsatz- und Beschäftigungsortes, sondern das jeweilige nationale Recht, wenn der Arbeitnehmer in Erfüllung des Arbeitsvertrages dort gewöhnlich seine Arbeit verrichtet. Für Deutschland 676

1610 *Schlachter*, NZA 2000, 57.

1611 BAG, Urt. v. 11.09.1991, AP Internationales Privatrecht, Arbeitsrecht Nr. 29.

1612 *Däubler*, Tarifvertragsrecht, Rn 1658; *Wiedemann*, TVG, § 1 Rn 77 jew. m.w.N.

1613 Goethe-Institut, Tarifvertrag zur Regelung der Arbeitsbedingungen der im Ausland beschäftigten deutschen nicht entsandten Angestellten des Goethe-Instituts (TVAngAusland GI) v. 19.04.1994.

1614 *Schlachter*, NZA 2000, 57.

1615 *Wiedemann*, TVG, § 1 Rn 78.

1616 BAG, Urt. v. 08.08.1996, NZA 1997, 434.

1617 Zu diesem Fall der Tarifkonkurrenz: *Däubler*, Tarifvertragsrecht, Rn 1681 f.

1618 LAG Rheinland-Pfalz, Urt. v. 16.06.1981, IPRspr. 1981 Nr. 44, S. 94: Amerikanische Beschäftigte des ZDF in Washington; *Junker*, Internationales Arbeitsrecht im Konzern, S. 445; a.A. *Wiedemann*, TVG, § 1 Rn 79.

1619 Ausführlich hierzu *Däubler*, Tarifvertragsrecht, Rn 1662 ff.

1620 BAG, Urt. v. 04.05.1977, AP Nr. 30 zu § 1 TVG Tarifverträge Bau; *Schlachter*, NZA 2000, 57; a.A. *Däubler*, DB 1995, 726.

1621 Vgl. hierzu auch Mayer, BB 1999, 842.

ergibt sich dies aus Art. 30 Abs. 2 EGBGB, für die übrigen **EU-Staaten** aus den inzwischen umgesetzten E.V.Ü-Vorgaben. Dies führte aufgrund der Dienstleistungsfreiheit in der EU dazu, dass die zum Teil EU-weit ausschreibungspflichtigen Baugroßaufträge zunehmend an Bauunternehmen aus Staaten mit relativ niedrigen Löhnen vergeben wurden, mit denen die einheimische Bauwirtschaft nicht konkurrieren konnte.

677 Die Entsenderichtlinie und das deutsche Entsendegesetz statuieren nun für das Baugewerbe das genau umgekehrte Prinzip, wie zuvor dargestellt: Am Ort der Beschäftigung gelten zwingend die allgemeinverbindlichen **Bautarifverträge**, selbst wenn der gewöhnliche Arbeitsort der Bau-Arbeitnehmer z.B. in Spanien oder Griechenland liegt. Eine Rechtswahl ist ausgeschlossen. Soziale Mindeststandards werden damit auch bei noch so kurzfristigen Einsätzen an die Tarifverträge am Tätigkeitsort geknüpft und schließen damit innerhalb der EU die grenzüberschreitenden Wettbewerbsvorteile der Staaten mit niedrigeren Löhnen aus.

V. Steuerrecht

1. Die Arbeitnehmerentsendung in das Ausland

678 Steuerrechtlich steht bei der Arbeitnehmerentsendung in das Ausland die Frage im Mittelpunkt, inwieweit Deutschland als Entsendestaat das Besteuerungsrecht behält und wie vermieden werden kann, dass Einkünfte des entsandten Arbeitnehmers doppelt besteuert werden. Zu diesem Zweck sind die Vorschriften des deutschen Einkommensteuerrechts in Zusammenspiel mit den Abkommen zur Vermeidung der Doppelbesteuerung (DBA) zu beachten.

a) Die grundsätzlichen Regelungen des deutschen Einkommensteuerrechts und der Doppelbesteuerungsabkommen

aa) Unbeschränkte oder beschränkte Steuerpflicht nach dem EStG

679 Im Fall der Entsendung in das Ausland wird der Arbeitnehmer grundsätzlich im Gastland steuerpflichtig und unterliegt dort der Besteuerung. Er unterliegt dann nach deutschem Steuerrecht nur noch mit seinen inländischen Einkünften der deutschen Besteuerung (**§ 1 Abs. 4 EStG, beschränkte Steuerpflicht**).

680 Anders ist es, wenn der Arbeitnehmer einen Wohnsitz im Inland beibehält. **§ 1 Abs. 1 EStG** bestimmt, dass natürliche Personen, die im Inland ihren Wohnsitz oder gewöhnlichen Aufenthalt haben, unbeschränkt steuerpflichtig sind und damit mit ihren Welteinkünften grundsätzlich der deutschen Einkommensteuer unterliegen.

681 Einen **Wohnsitz** hat jemand, der eine Wohnung unter Umständen inne hat, die darauf schließen lassen, dass er die Wohnung beibehalten und benutzen wird (§ 8 AO). Eine Aufgabe des so definierten Wohnsitzes ist anzunehmen, wenn eine Wohnung nicht mehr tatsächlich zur Verfügung steht, insbesondere wenn die Mietwohnung gekündigt und aufgelöst oder die Wohnung im eigenen Haus verkauft oder vermietet wurde. Kritisch im Sinne einer Anerkennung der Aufgabe des Wohnsitzes durch die Finanzverwaltung sind dabei evtl. kurzfristige Vermietungen während eines Auslandsaufenthalts (bis zu sechs Monaten), die **unter Umständen** vorgenommen werden, die darauf schließen lassen, dass die Wohnung nach dem Auslandsaufenthalt gleich wieder benutzt werden soll.[1622] Kritisch in diesem Sinne sind auch Vermietungen an Angehörige.[1623] Es kommt auf die tatsächliche Durchführung im Einzelfall an. Die Meldung beim Einwohnermeldeamt kann allenfalls eine Bedeutung als Indiz haben.[1624]

1622 Vgl. AEAO zu § 8 Nr. 5 S. 3.
1623 Vgl. FG Niedersachsen, Urt. v. 28.05.1997, EFG 1997, 1150.
1624 BFH, Urt. v. 14.11.1969, BStBl II 1970, 153; vgl. *Kruse*, in: *Tipke/Kruse*, § 8 AO Rn 6.

bb) Die Zuordnung des Besteuerungsrechts nach den Doppelbesteuerungsabkommen

Mit den meisten ausländischen Staaten, die für eine Mitarbeiterentsendung in Frage kommen, hat die Bundesrepublik Deutschland **Doppelbesteuerungsabkommen** abgeschlossen. Ziel der Doppelbesteuerungsabkommen ist die Zuordnung des Besteuerungsrechts zwischen den beteiligten Staaten und die Vermeidung der Doppelbesteuerung für die Steuerpflichtigen. 682

Die meisten der von Deutschland abgeschlossenen Abkommen orientieren sich am **OECD-Musterabkommen.**[1625]

(1) Die Systematik des Art. 15 DBA OECD-Musterabkommens (MA)

Art. 15 MA verteilt das Besteuerungsrecht zwischen dem Ansässigkeitsstaat des Arbeitnehmers und dem Quellenstaat. Quellenstaat ist bei Art. 15 der Staat, in dem die Arbeit ausgeübt wird (Tätigkeitsstaat) und nicht, wie oft fälschlich angenommen wird, der Staat aus dem die Auszahlung des Gehaltes vorgenommen wird. Letzteres ist für die Anwendung des Art. 15 MA irrelevant. 683

Art. 15 Abs. 1 MA ordnet das Besteuerungsrecht grundsätzlich dem Ansässigkeitsstaat zu. Als Ausnahme bestimmt die Vorschrift jedoch, dass dies nicht gilt, wenn die Arbeit im anderen Vertragsstaat ausgeübt wird. In diesem Fall **hat grundsätzlich der Tätigkeitsstaat das Besteuerungsrecht**. 684

Art. 15 Abs. 2 MA ordnet wiederum als Gegenausnahme an, dass **das Besteuerungsrecht an den Ansässigkeitsstaat zurückfällt**, wenn drei Bedingungen erfüllt sind: 685

- der Steuerpflichtige hat sich innerhalb eines Zwölf-Monats-Zeitraums weniger als 183 Tage im Tätigkeitsstaat aufgehalten,
- die Vergütungen werden von oder für einen Arbeitgeber gezahlt, der nicht im Tätigkeitsstaat ansässig ist,
- die Vergütungen werden nicht von einer Betriebstätte oder festen Einrichtung getragen, die der Arbeitgeber im Tätigkeitsstaat hat

Diese Regelung wird in der Praxis oft verkürzt **183-Tage Regelung** genannt. Zu beachten ist jedoch, dass die drei oben genannten Bedingungen kumulativ erfüllt sein müssen, um das Besteuerungsrecht wieder an den Ansässigkeitsstaat zurückfallen zu lassen. 686

Beispiel
Wenn ein Arbeitnehmer für seinen deutschen Arbeitgeber eine einmalige zehntägige Dienstreise nach Frankreich unternimmt, hätte grundsätzlich Frankreich als Tätigkeitsstaat das Besteuerungsrecht für die Bezüge, soweit sie auf die Zeit des Frankreichaufenthalts entfallen. Da jedoch der Aufenthalt kürzer als 183 Tage ist bleibt das Besteuerungsrecht beim Ansässigkeitsstaat Deutschland, solange die Bezüge von einem »nichtfranzösischen« (d.h. hier deutschen) Arbeitgeber gezahlt werden und nicht einer Betriebstätte des Arbeitgebers in Frankreich belastet werden.

(2) Ansässigkeit

Die Antwort auf die Frage, welches der Ansässigkeitsstaat des Arbeitnehmers i.S.d. Art. 15 MA ist, bestimmt sich nach dem jeweiligen innerstaatlichen Recht (Art. 4 Abs. 1 MA). Für Deutschland bedeutet dies, dass ansässig in Deutschland im Sinne der Doppelbesteuerungsabkommen ist, wer der unbeschränkten Steuerpflicht (§ 1 Abs. 1 EStG) unterliegt.[1626] 687

Da auf das jeweilige innerstaatliche Recht abgestellt wird, kann es zu Fällen der **Doppelansässigkeit** kommen. Das liegt an der Bestrebung der jeweiligen Gesetzgeber, das Besteuerungsrecht ihres Staates möglichst umfassend zu sichern und ferner daran, dass die Vorschriften der einzelnen Staaten voneinander abweichen. 688

1625 Vgl. *Prokisch*, in: *Vogel*, Kommentar MA, Art. 15 OECD-MA Rn 69.
1626 Siehe Rn 678 ff.

689 In diesen Fällen bestimmt das OECD-Musterabkommen in Art. 4 Abs. 2 MA, nach welchen Kriterien bestimmt wird, in welchem der Abkommensstaaten die (natürliche) Person dann für Zwecke des Abkommens als (allein) ansässig gilt **(sog. »tie-breaker«-Regelung)**.

690 Die praktisch wichtigsten Regeln enthält Art. 4 Abs. 2 a) MA. Danach ist derjenige Staat als Ansässigkeitsstaat anzusehen, in dem der Steuerpflichtige über eine ständige Wohnstätte verfügt. Die ständige Wohnstätte entspricht weitgehend, wenn auch nicht vollständig, dem Wohnsitzbegriff des § 8 AO.

691 Verfügt der Steuerpflichtige in beiden Staaten über eine ständige Wohnstätte, dann ist derjenige Staat als Ansässigkeitsstaat anzusehen, zu dem der Steuerpflichtige die engeren persönlichen und wirtschaftlichen Beziehungen hat **(Mittelpunkt der Lebensinteressen)**.[1627] Wirtschaftliche Beziehungen sind vor allem Beziehungen zu Einkunftsquellen. Für einen Arbeitnehmer werden dies vorwiegend Vergütungen für seine Arbeitsleistung sein. Er wird die engeren wirtschaftlichen Beziehungen daher regelmäßig zu dem Staat haben, in dem er seine Arbeit ausübt.

692 Fallen Mittelpunkt der wirtschaftlichen Interessen und Mittelpunkt der persönlichen Interessen auseinander, so ist kein allgemeiner Vorrang des Mittelpunkts der persönlichen Interessen anzunehmen. Vielmehr kommt es auf die Prognose an, welches der längerfristige Mittelpunkt sein wird.[1628]

Beispiel
Ein Arbeitnehmer wird für einen Zeitraum von zwei Jahren nach Belgien entsandt. Dort wohnt er während der Woche in einem kleinen möblierten Appartement. Die Familie des Arbeitnehmers bleibt im geräumigen Einfamilienhaus in Deutschland, wohin der Arbeitnehmer an den Wochenenden regelmäßig zurückkehrt.

693 In diesem Fall wird man annehmen, dass der Ansässigkeitsstaat im Sinne des Abkommens Deutschland geblieben ist, da sich hier der längerfristige Mittelpunkt der Lebensinteressen befindet.

694 Lässt sich auch der Mittelpunkt der Lebensinteressen nicht eindeutig bestimmen, so ist die Frage der Ansässigkeit nach dem gewöhnlichen Aufenthalt (Art. 4 Abs. 2 b) MA) zu bestimmen. Ist auch danach keine Entscheidung möglich, da die betreffende Person in beiden Staaten ihren gewöhnlichen Aufenthalt hat oder aber in keinem der beiden Staaten, dann entscheidet die Staatsangehörigkeit (Art. 4 Abs. 2 c) MA). Wenn auch dieses Kriterium keine Entscheidung zulässt, müssen die beteiligten Staaten die Frage in gegenseitigem Einvernehmen lösen (Art. 4 Abs. 2 d) MA).

(3) Ort der Tätigkeit

695 Der Ort der Tätigkeit befindet sich in der Regel dort, wo sich der Arbeitnehmer zur Ausführung der Tätigkeit persönlich aufhält.[1629]

696 Dies gilt grundsätzlich auch für **geistige Tätigkeiten**. Die Rechtsprechung des BFH hatte früher eine wichtige Ausnahme bei der Arbeitsausübung von GmbH-Geschäftsführern und Vorständen von Aktiengesellschaften gemacht.[1630] Diese sollten ihre Tätigkeiten stets am Ort des Sitzes der Gesellschaft ausüben. Diese **»Geschäftsführerrechtsprechung«** ist allerdings **aufgegeben** worden. Auch für diese Personengruppe kommt es nunmehr allein auf den Ort der physischen Anwesenheit an.[1631] Ausnahmen sind in einzelnen Doppelbesteuerungsabkommen enthalten, so zum Beispiel im Doppelbesteuerungsabkommen mit der Schweiz (Art. 15 Abs. 4 DBA Schweiz).

1627 BFH, Urt. v. 31.10.1990, BStBl II 1991, 562; BFH, Urt. v. 23.10.1985, BStBl II 1986, 133.
1628 BFH, Urt. v. 31.10.1990, BStBl II 1991, 562.
1629 *Becker/Höppner/Vogelsang*, Art. 15 OECD-MA Rn 106.
1630 BFH, Beschl. v. 15.11.1971, BStBl II 1972, 68.
1631 BFH, Urt. v. 05.10.1994, BStBl II 1995, 95.

(4) Die 183-Tage-Regelung

Die Doppelbesteuerungsabkommen sehen grundsätzlich eine Ausnahme vom Tätigkeitsortprinzip vor, wenn der Aufenthalt im Tätigkeitsstaat nur vorübergehend ist. Wie oben dargestellt,[1632] greift Art. 15 Abs. 2 MA ein, wenn sich der Arbeitnehmer **im Ausübungsstaat nicht länger als 183 Tage** während eines Zeitraums von zwölf Monaten, der während des betreffenden Steuerjahres beginnt oder endet, **aufhält**. 697

Diese Fassung des Art. 15 Abs. 2 des Musterabkommens existiert allerdings erst seit 1992 und kommt in einigen neuen Doppelbesteuerungsabkommen der Bundesrepublik Deutschland mit anderen Staaten, wie zum Beispiel mit Liberia, Mexiko und Norwegen zur Anwendung. 698

Die meisten Doppelbesteuerungsabkommen, die zur Zeit gelten, entsprechen aber noch dem alten Musterabkommen. Danach kommt es nur auf den 183-Tage-Zeitraum innerhalb eines bestimmten Steuerjahres an. Das bedeutet konkret, dass sich ein Arbeitnehmer zum Beispiel fünf von zwölf Monaten während des ersten Steuerjahres und dann fünf von zwölf Monaten während des nächsten Steuerjahres im Tätigkeitsstaat aufhalten kann, ohne dass die 183-Tage-Regelung zu Lasten des Ansässigkeitsstaatsbesteuerung eingreift. 699

Bei der Ermittlung, ob die 183-Tage-Regelung erfüllt ist, kommt es auf die körperliche Anwesenheit an – nicht auf die Dauer der Tätigkeit.[1633] So zählen bei einem Arbeitnehmer, der täglich zu seinem ausländischen Arbeitsort reist, aber jeden Abend zurückkommt, diese Tage im Sinne der 183-Tage-Regelung mit. 700

(5) Die Tätigkeit für einen Arbeitgeber im Tätigkeitsstaat

Weitere Voraussetzung für das Verbleiben des Besteuerungsrechts beim Ansässigkeitsstaat ist, dass die Vergütung des Arbeitnehmers nicht von oder für einen Arbeitgeber gezahlt wird, der im Tätigkeitsstaat ansässig ist. Nach dem Sinn dieser Vorschrift soll der Tätigkeitsstaat auf sein Besteuerungsrecht nur verzichten, wenn der Arbeitslohn nicht die Besteuerungsgrundlage beim Arbeitgeber im Tätigkeitsstaat gemindert hat. 701

Demnach legen Rechtsprechung[1634] und Finanzverwaltung[1635] den **Begriff des Arbeitgebers** in den Doppelbesteuerungsabkommen **wirtschaftlich** aus. Arbeitgeber ist danach derjenige Unternehmer, der die Vergütungen für die ihm geleistete Arbeit wirtschaftlich trägt, sei es, dass er die Vergütungen unmittelbar dem betreffenden Arbeitnehmer auszahlt, sei es, dass ein anderes Unternehmen für ihn in Vorlage tritt.[1636] 702

Bei der internationalen **Mitarbeiterentsendung im Konzern** wird in der Regel das aufnehmende Unternehmen zum wirtschaftlichen Arbeitgeber, da zumeist lediglich die Gehaltskosten der entsandten Arbeitnehmer ohne Gewinnaufschlag weiterberechnet werden und Gegenstand der Abrechnung zwischen entsendendem und aufnehmendem Unternehmen keine eigenständige Dienstleistung des einen Unternehmens an das andere Unternehmen ist. 703

> *Beispiel*
> Das Mutterunternehmen A-AG in Deutschland hat eine neue Vertriebstochtergesellschaft in Russland gegründet. Da in Russland zumindest in der Anfangsphase kein geeignetes Personal zur Verfügung steht, werden deutsche Mitarbeiter für einen Zeitraum von zwei bis drei Jahren nach Russland entsandt. Einen Arbeitsvertrag mit der russischen Gesellschaft schließen die deutschen Mitarbeiter nicht ab. Die Gehälter werden ganz überwiegend weiterhin von der deutschen

1632 Siehe Rn 685.
1633 BMF, v. 05.01.1994, BStBl I 1994, 11; *Wassermeyer, in: Debatin/Wassermeyer*, Art. 15 MA Rn 37.
1634 BFH, Urt. v. 21.08.1985, BStBl II 1986, 4; BFH, Urt. v. 29.01.1986, BStBl II 1986, 442.
1635 BMF, v. 12.11.1993, BStBl I 1994, 11.
1636 BFH, Urt. v. 21.08.1985, BStBl II 1986, 4.

Muttergesellschaft überwiesen. Allerdings belastet die deutsche Muttergesellschaft die Tochtergesellschaft in Russland mit den gesamten Gehaltskosten zuzüglich einer Verwaltungsgebühr.

Arbeitgeber im Sinne des Doppelbesteuerungsabkommens ist hier die russische Tochtergesellschaft geworden.

Darauf, wer zivilrechtlich Arbeitgeber ist und wer die Gehälter auszahlt, kommt es nicht an.[1637] Entscheidend ist, dass die russische Tochtergesellschaft wirtschaftlich das Gehalt getragen hat. Die Belastung einer Verwaltungsgebühr für die Kosten der Entsendung entsprechen dem Fremdvergleich und sind daher unschädlich.

704 Die Abgrenzung zwischen bloßer Gehaltsweiterbelastung im Rahmen einer Entsendung und eigenständiger Dienstleistung kann im Einzelnen sehr schwierig sein. Nicht entscheidend ist dabei, wie die Gehaltskosten in der Buchhaltung der beteiligten Unternehmen behandelt werden.[1638] Es ist vielmehr darauf abzustellen, wie sich fremde Dritte untereinander verhalten hätten.[1639]

Beim internationalen Arbeitnehmerverleih ist der Entleiher nach Auffassung der Finanzverwaltung als Arbeitgeber anzusehen.[1640] Nach Auffassung des BFH ist in jedem Einzelfall des Arbeitnehmerverleihs zu prüfen, wer wirtschaftlicher Arbeitgeber ist. Bei ordnungsgemäß abgewickeltem Arbeitnehmerverleih ist dies der Verleiher.[1641]

(6) Die Tätigkeit für eine Betriebstätte des Arbeitgebers im Tätigkeitsstaat

705 Weitere Voraussetzung für einen Verbleib des Besteuerungsrechts im Ansässigkeitsstaat ist, dass die Vergütung nicht von einer Betriebstätte oder festen Einrichtung des Arbeitgebers **im Tätigkeitsstaat** getragen wird.

706 Der **Begriff der Betriebstätte** richtet sich nach Art. 5 Musterabkommen. Danach bedeutet der Ausdruck Betriebstätte jede feste Geschäftseinrichtung, durch die die Tätigkeit eines Unternehmens ganz oder teilweise ausgeübt wird (Art. 5 Nr. 1 MA). Dies umfasst u.a. Zweigniederlassungen und Geschäftsstellen (Art. 5 Nr. 2 MA).

(7) Sonderregelungen in anderen Artikeln des DBA Musterabkommens

707 Das DBA Musterabkommen enthält einige Vorschriften, in denen das Besteuerungsrecht abweichend von Art. 15 MA geregelt ist.

708 Es gibt Sonderregelungen für bestimmte Berufsgruppen: Künstler und Sportler (Art. 17 MA), Öffentlicher Dienst (Art. 19 MA) sowie Studenten (Art. 20 MA).

709 Weiterhin ist, in Art. 18 MA, die Behandlung von Ruhegehältern gesondert geregelt. **Ruhegehälter sind** abweichend vom Grundgedanken des Art. 15 MA **im Ansässigkeitsstaat zu versteuern** und nicht im ehemaligen Tätigkeitsstaat.

710 Art. 16 MA regelt **Aufsichtsratsvergütungen**. Das Besteuerungsrecht liegt danach beim Sitzstaat der Gesellschaft, bei der der Aufsichtsrat gebildet wird. Allerdings wird Art. 16 MA, jedenfalls nach deutscher Auffassung, nur auf Vergütungen angewandt, die sich auf eine überwachende

1637 Vgl. *Becker/Höppner/Vogelsang*, Art. 15 OECD-MA Rn 219 zur Zahlung des Arbeitslohns zu Lasten einer Betriebstätte.
1638 Vgl. *Becker/Höppner/Vogelsang*, Art. 15 OECD-MA Rn 175.
1639 *Becker/Höppner/Vogelsang*, Art. 15 OECD-MA Rn 171; *Wassermeyer*, in: *Debatin/Wassermeyer*, Art. 15 MA Rn 74.
1640 BMF, 12.11.1993, BStBl I 1994, 11.
1641 BFH, Beschl. v. 04.09.2002, IStR 2003, 128; vgl. Hessisches FG, Urt. v. 07.12.2000, DStRE 2001, 926; *Wassermeyer*, in: *Debatin/Wassermeyer*, Art. 15 MA Rn 117 m.w.N.

Tätigkeit beziehen. Soweit es sich materiell um Arbeitnehmertätigkeiten handelt, ist Art. 15 DBA MA anzuwenden.[1642]

b) Typische Fragestellungen aus Sicht der Arbeitnehmer

aa) Besteuerung in Deutschland

Für den Arbeitnehmer ist von Bedeutung, in welchem Umfang seine Einkünfte trotz Entsendung weiter der deutschen Steuerpflicht unterliegen. 711

(1) Besteuerung bei Beibehaltung des Wohnsitzes oder gewöhnlichen Aufenthalts

Bei **Fortbestehen der unbeschränkten Steuerpflicht** unterliegt der Arbeitnehmer grundsätzlich nach deutschem Steuerrecht weiterhin mit seinem gesamten Welteinkommen der deutschen Besteuerung (§ 2 Abs. 1 i.V.m. § 1 Abs. 1 EStG). Bei Entsendungen in Staaten mit Doppelbesteuerungsabkommen kommt es außerdem darauf an, ob der Arbeitnehmer auch in dem anderen Staat einen Wohnsitz begründet und welcher Staat nach den oben erläuterten »tie breaker rules«[1643] als Ansässigkeitsstaat im Sinne des Abkommens gilt. 712

(a) Deutschland ist Ansässigkeitsstaat

Wenn Deutschland Ansässigkeitsstaat im Sinne des Abkommens ist, gilt Folgendes: 713

Die Bundesrepublik Deutschland kann als Ansässigkeitsstaat grundsätzlich alle Einkünfte besteuern – es sei denn diese Einkünfte können auch in dem anderen Staat (Quellenstaat) besteuert werden. In einem solchen Fall, beseitigt Deutschland die Doppelbesteuerung entweder durch **Freistellung der Einkünfte** (Art. 23 A MA) oder durch **Anrechnung der ausländischen Steuern** (Art. 23 B MA).

Die Bundesrepublik Deutschland wendet in ihren Abkommen in der Regel die Freistellungsmethode an. Diese wird begleitet durch Anwendung des **Progressionsvorbehalts**. Die Anwendung des Progressionsvorbehalts auf Einkünfte, die nach einem Abkommen zur Vermeidung der Doppelbesteuerung steuerfrei gestellt werden, ist in § 32b Abs. 1 Nr. 3 EStG geregelt. Es kommt ein besonderer Steuersatz zur Anwendung, d.h. für Zwecke der Berechnung des Steuersatzes nach dem progressiven Einkommensteuertarif werden die freigestellten Einkünfte einbezogen. Dieser Steuersatz wird dann auf die steuerpflichtigen Einkünfte angewendet. Die Auswirkungen können erheblich sein. 714

Beispiel

A wird ab Mai für acht Monate zu der französischen Betriebstätte seines deutschen Arbeitgebers entsandt. Der Familienwohnsitz und Mittelpunkt der Lebensinteressen bleibt in Deutschland. A bezieht während dieser Zeit neben seinen Arbeitseinkünften noch Zinseinkünfte und Einkünfte aus der Vermietung einer Wohnung in Deutschland.

Die Zinseinkünfte (Art. 10 DBA Frankreich) und die Einkünfte aus Vermietung (Art. 3 DBA Frankreich) muss A in Deutschland versteuern. Die Arbeitseinkünfte können hingegen teilweise im Tätigkeitsstaat (Quellenstaat) Frankreich versteuert werden. Die Ausnahmeregel des Art. 13 Abs. 4 DBA Frankreich zugunsten des Ansässigkeitsstaats Deutschland greift nicht ein, da sich A länger als 183 Tage in Frankreich aufgehalten hat und außerdem seine Vergütung von der Betriebstätte seines Arbeitgebers in Frankreich getragen wurde.

Die Arbeitseinkünfte, soweit sie auf seine Tätigkeit in Frankreich entfallen, sind daher nach Art. 20 Abs. 1 a) DBA Frankreich freizustellen. Sie werden allerdings bei der Berechnung des Steuersatzes, mit dem er seine übrigen Einkünfte (Arbeitseinkünfte in den übrigen vier Monaten, Zinseinkünfte, Vermietungseinkünfte) zu versteuern hat, einbezogen.

1642 Vgl. *Becker/Höppner/Wilke,* Art. 16 OECD-MA Rn 7; vgl. BFH Urt. v. 27.04.2000, IStR 2000, 568.
1643 Siehe Rn 689.

715 Das Beispiel macht deutlich, dass **Arbeitseinkünfte**, die in einem Kalenderjahr bezogen werden, bisweilen **zwischen dem Ansässigkeitssaat und dem Tätigkeitsstaat aufgeteilt** werden müssen. Die deutsche Finanzverwaltung[1644] geht bei dieser Aufteilung in der Regel in Anlehnung an Rechtsprechung des BFH[1645] wie folgt vor:

716 Zunächst werden die Gehaltsbestandteile ausgesondert, die direkt entweder der Inlandstätigkeit oder der Auslandstätigkeit zugeordnet werden können. Die restlichen Einkünfte werden zeitanteilig aufgeteilt. Dabei werden zunächst die vereinbarten Arbeitstage ermittelt (Kalendertage abzüglich Urlaubstage und sonstige arbeitsfreie Tage). In nächsten Schritt lässt sich dann das durchschnittliche Arbeitsentgelt pro Tag ermitteln. Dieses wird dann auf die inländische und ausländische Tätigkeit aufgeteilt, wobei es auf die tatsächlichen Arbeitstage in dem jeweiligen Land ankommt. Es gilt hier also eine andere Zählweise als bei der 183-Tage-Regelung.

Beispiel
In dem o.g. Beispiel der Entsendung nach Frankreich hat A eine spezielle Zulage für den Frankreichaufenthalt in Höhe von 3.000 EUR erhalten. Im Übrigen bezieht A ein Monatsgehalt von 4.000 EUR. Außerdem hat er einen Tantieme von weiteren 12.000 EUR bezogen. Insgesamt hat er in Frankreich an 160 Tagen gearbeitet. Die restliche Arbeitszeit entfiel auf Deutschland.

Aufgeteilt wird wie folgt:
Die Zulage in Höhe von 3.000 EUR wird direkt zugeordnet. Sie ist voll in Frankreich zu versteuern. Das übrige Gehalt wird aufgeteilt. Insgesamt 48.000 EUR + 12.000 EUR = 60.000 EUR. Es wird angenommen, dass A 220 vertragliche Arbeitstage hatte. Dies ergibt einen Arbeitslohn pro Tag von 273 EUR. Mit diesem Betrag ist jeder Arbeitstag in Frankreich zu multiplizieren. Es sind daher in Deutschland freizustellen: 160 Tage x 273 EUR = 43.680 EUR. Der übrige Arbeitslohn ist in Deutschland zu versteuern.

717 Zu beachten ist seit dem 01.01.2004, dass für unbeschränkt Steuerpflichtige nach erfolgter lohnsteuerlicher Freistellung eine endgültige Steuerbefreiung im Veranlagungsverfahren nur erfolgt, wenn der Steuerpflichtige nachweist, dass der ausländische Staat von seinem Besteuerungsrecht Gebrauch gemacht hat oder bewusst darauf verzichtet hat (§ 50d Abs. 8 EStG). Der Arbeitnehmer wird daher Steuererklärung und Steuerbescheid, sowie möglicherweise einen Zahlungsbeleg vorlegen müssen, um die Besteuerung seiner Arbeitseinkünfte im Ausland nachzuweisen.

(b) Ausländischer Staat als Ansässigkeitsstaat

718 Trotz eines Wohnsitzes in Deutschland und unbeschränkter Steuerpflicht kann es sein, dass zum Beispiel weil der Mittelpunkt der Lebensinteressen in das Ausland verlagert wurde, **ein anderer DBA-Staat Ansässigkeitsstaat** wird. Das bedeutet, dass Deutschland nur noch diejenigen Einkünfte besteuern darf, für die es nach dem Abkommen als Quellenstaat das Besteuerungsrecht hat.

Beispiel
Der allein stehende A ist von der Deutschen B-GmbH für zwei Jahre zu deren italienischer Tochtergesellschaft entsandt. A hat in Italien eine Wohnung gemietet. Er besitzt ferner eine voll eingerichtete Ferienwohnung in Deutschland, die er während seines Urlaubs und einiger Wochenenden benutzt. Seine Eigentumswohnung in Deutschland hat er für die Zeit seines Aufenthalts fremdvermietet. Seine Arbeit übt A ausschließlich in Italien aus.

Die Arbeitseinkünfte des A sind nach Art. 15 DBA Italien ausschließlich dort zu versteuern. Ein Besteuerungsrecht der Bundesrepublik Deutschland scheitert daran, dass Italien sowohl Ansässigkeits- als auch Tätigkeitsstaat ist. Deutschland darf allerdings die Mieteinnahmen versteuern, die A aufgrund der Vermietung seiner Eigentumswohnung erzielt, da nach Art. 6 DBA Italien für diese Einkünfte das Belegenheitsprinzip gilt.

1644 BMF, v. 12.11.1993, BStBl I 1994, 13.
1645 BFH, Urt. v. 29.01.1986, BStBl II 1986, 479.

Nach neuer **Rechtsprechung des BFH**[1646] werden nun Einkünfte wie der im o.g. Beispiel im Ausland steuerbare Arbeitslohn im Rahmen des Progressionsvorbehalts i.S.d. § 32b Abs. 1 Nr. 3 EStG bei der Berechnung des Steuersatzes berücksichtigt, der auf die übrigen Einkünfte angewendet wird. 719

Der BFH hatte bisher in ständiger Rechtsprechung[1647] den Progressionsvorbehalt nur angewendet, wenn der Steuerpflichtige nicht nur unbeschränkt steuerpflichtig war, sondern auch ansässig im Sinne der Doppelbesteuerungsabkommen, weil es nur in dieser Konstellation zu einer Anwendung der Abkommensvorschriften kommt (Art. 23 MA), die den Progressionsvorbehalt enthalten. 720

Der BFH[1648] hat sich nunmehr aus gleichheitsrechtlichen Gesichtspunkten auf den Standpunkt gestellt, dass der **Progressionsvorbehalt immer anzuwenden** sei, wenn ein Doppelbesteuerungsabkommen zur Freistellung von ausländischen Einkünften führe und das betreffende DBA die Anwendung des Progressionsvorbehaltes nicht ausdrücklich verbiete. 721

(2) Bei Aufgabe des Wohnsitzes

Bei Aufgabe des Wohnsitzes ist der Arbeitnehmer nicht länger unbeschränkt steuerpflichtig, d.h. er **unterliegt nur noch mit seinen inländischen Einkünften der deutschen Besteuerung** (§ 49 EStG), soweit die einschlägigen Doppelbesteuerungsabkommen dies zulassen. 722

> *Beispiel*
>
> A wird für einen Zeitraum von zwei Jahren von der inländischen A-GmbH zu deren niederländischer Tochtergesellschaft B-BV entsandt. A wird ausschließlich für die niederländische Gesellschaft tätig, die auch die vollen Gehaltskosten trägt. An zehn Tagen im Jahr übt A trotzdem seine Arbeit in Deutschland aus.
>
> A könnte nach deutschem Steuerrecht mit dem Arbeitslohn, soweit er auf die Arbeitstage in Deutschland entfällt, besteuert werden (§ 49 Abs. 1 Nr. 4 EStG). Allerdings ordnet Art. 10 DBA Niederlande das Besteuerungsrecht dem Ansässigkeitsstaat – also den Niederlanden zu, denn A hält sich im Tätigkeitsstaat Deutschland an weniger als 183 Tagen auf und die Vergütung wird auch nicht von oder für einen deutschen Arbeitgeber gezahlt.

Die wichtigsten Fälle steuerpflichtiger Einkünfte sind Vermietungseinkünfte (§ 49 Abs. 1 Nr. 6 EStG) oder gewerbliche Einkünfte für die im Inland eine Betriebstätte unterhalten wird (§ 49 Abs. Nr. 2 a)). 723

Zu beachten ist, dass Verluste, die während der Zeit der bloß beschränkten Steuerpflicht erzielt werden, möglicherweise nicht ausgeglichen werden können, weil keine positiven Einkünfte vorhanden sind, die in Deutschland noch steuerpflichtig sind. 724

bb) Die zeitliche Gestaltung der Entsendung

(1) Nachzahlung von Arbeitslohn

Nachzahlungen von Arbeitslohn sind in der Regel im ehemaligen Tätigkeitsstaat zu versteuern. Es kommt für die Zuordnung des Besteuerungsrechts nicht auf den Aufenthaltsort im Zeitpunkt des Zuflusses (Zahlung) an, sondern darauf, ob der Lohn für eine Inlands- oder Auslandstätigkeit gezahlt wird.[1649] Es kann sich daher bei Aufgabe des Wohnsitzes in Deutschland aus Gründen des progressiven Steuersatzes empfehlen, eine Zahlung erst in dem Veranlagungszeitraum zufließen zu 725

1646 Vgl. BFH, Urt. v. 19.12.2001, DB 2002, 874.
1647 Vgl. BFH, Urt. v. 20.10.1982, BStBl II 1983, 402; BFH, Urt. v. 12.01.1983, BStBl II 1983, 382.
1648 BFH, Urt. v. 19.12.2001, DB 2002, 874; siehe auch *Wassermeyer*, Anm. zum BFH Urt. v. 19.12.2001, IStR 2002, 289.
1649 BFH, Urt. v. 05.02.1992, BStBl II 660, 661.

lassen, in dem keine weiteren Einkünfte in Deutschland mehr erzielt werden und der Steuersatz entsprechend niedrig ist.

(2) Besteuerung von Abfindungen

726 Bei Abfindungen, die der Arbeitnehmer wegen des Wegfalls des Arbeitsplatzes erhält, handelt es sich nach Auffassung des BFH um Einkünfte i.S.d. Art. 15 Abs. 1 MA. Sie sind nicht der früheren Tätigkeit zuzuordnen und sind demnach in dem Land zu besteuern, in dem der Arbeitnehmer zur Zeit der Auszahlung ansässig ist. Dieser Umstand sollte bei geplanter Verlagerung des Wohnsitzes beachtet werden. Dies gilt in DBA-Fällen trotz der durch das Steueränderungsgesetz neu eingefügten Vorschrift des § 49 Abs. 1 Nr. 4 d EStG.[1650] Allerdings ist auf Sonderregelungen bei einzelnen DBA-Ländern zu achten.[1651]

(3) Besteuerung im Jahr des Wechsels

727 Die Einkommensteuer ist eine Jahressteuer. Wenn ein Arbeitnehmer während des Jahres in das Ausland entsandt wird, kann es dazu kommen, dass in einem Jahr sowohl unbeschränkte, als auch beschränkte Steuerpflicht besteht. In diesem Fall werden die Einkünfte, die während der beschränkten Steuerpflicht erzielt werden **in die Veranlagung zur unbeschränkten Steuerpflicht einbezogen** (§ 2 Abs. 7 Satz 3 EStG). Diese Regelung gilt seit 1996. Sie wurde eingeführt um ungerechtfertigte Progressionsvorteile zu vermeiden.[1652]

728 Ergänzt wird diese Regelung durch die **Anwendung des Progressionsvorbehalts auf ausländische Einkünfte**, die im Veranlagungszeitraum nicht der deutschen Einkommensteuer unterlegen haben (§ 32b Abs. 1 Nr. 2 EStG). Die letztgenannte Regelung wurde und wird von Teilen der Literatur als verfassungswidrig und gegen das Recht der Doppelbesteuerungsabkommen verstoßend angesehen.[1653]

729 Der BFH hat inzwischen in mehreren Urteilen die Auffassung vertreten, dass die Vorschrift verfassungsgemäß ist.[1654]

(4) Kurzfristige Entsendungen

730 Im Vergleich zu Langzeitentsendungen können kurzfristige Entsendungen steuerlich vorteilhaft sein. Das liegt zum einen daran, dass sich ein Wechsel des Besteuerungsrechts wegen der 183-Tage-Regelung häufig umgehen lässt, falls es gleichzeitig gelingt, einen Arbeitgeberwechsel zu vermeiden. Zum anderen sind bei einer Dauer des Auslandsaufenthalts von bis zu drei Monaten **Dienstreisegrundsätze** anwendbar. Dies bedeutet, dass der Arbeitgeber dem Arbeitnehmer innerhalb der gesetzlichen Grenzen Reisekosten steuerfrei ersetzen kann (§ 3 Nr. 16 EStG).

c) Typische Fragestellungen aus Sicht der Arbeitgeber

aa) Die Gestaltung der Vergütung

731 Für den Arbeitgeber stellt sich die Aufgabe, eine Entsendung so zu gestalten, dass sie für den Arbeitnehmer akzeptabel oder möglichst sogar attraktiv ist. Arbeitnehmer werden selten bereit sein, bei einer Auslandsentsendung wirtschaftliche Nachteile in Kauf zu nehmen, weil ihr Gehalt nunmehr nach ausländischem Steuerrecht zu versteuern ist.

732 Die meisten Arbeitgeber stellen **Entsenderichtlinien** auf, in denen, neben der Regelung besonderer Vergütungselemente, wie zum Beispiel Auslandszulagen, auch Regelungen zur Vermeidung steuerlicher Nachteile enthalten sind.

1650 Vgl. BFH, Urt. v. 18.07.1973, BStBl II 1973, 757.
1651 Vgl. *Wassermeyer*, in: *Debatin/Wassermeyer*, Art. 15 MA Rn 144.
1652 *Schmidt/Seeger*, § 2 EStG Rn 93.
1653 Vgl. *Mössner*, IStR 1997, 225;
1654 BFH, Urt. v. 19.12.2001, DB 2002, 874; BFH, Urt. v. 19.11.2003, IStR 2004, 87.

Zwei verschiedene Ansätze zum Steuerausgleich werden häufig gewählt: 733

- Dies ist einmal die **»Tax Protection«**. Diese Methode hat den Zweck, den Arbeitnehmer hinsichtlich der Besteuerung nicht schlechter (möglicherweise aber besser) zu stellen, als wäre er im Inland geblieben. Der Arbeitnehmer ist gegen steuerliche Nachteile geschützt. Mögliche Vorteile darf er selbst behalten.
- Bei der anderen Methode, der **»Tax Equalization«** soll der Arbeitnehmer hinsichtlich der Besteuerung durch die Entsendung nicht schlechter, aber auch nicht besser gestellt werden, sondern so als wäre er im Inland geblieben. Auch hier ist der Arbeitnehmer gegen steuerliche Nachteile geschützt. Allerdings stehen die steuerlichen Vorteile nicht ihm, sondern seinem Arbeitgeber zu.

Bei beiden Methoden wird vom Arbeitgeber eine hypothetische Inlandssteuer ermittelt. Im Falle der »Tax Protection« wird diese dann – in der Regel einmal jährlich – mit der tatsächlichen Steuer verglichen. Ist die tatsächliche Steuer höher als die hypothetische Inlandssteuer, erfolgt ein Ausgleich zugunsten des Arbeitnehmers. Bei der »Tax Equalization« wird eine **hypothetische Steuer** vom Gehalt des Arbeitnehmers einbehalten. Ist die tatsächliche Steuer höher, übernimmt sie der Arbeitgeber. Ist sie niedriger, so behält der Arbeitgeber diesen Vorteil. 734

Beide Methoden haben Vor- und Nachteile, die im Einzelfall sorgfältig abgewogen werden sollten. So hat zum Beispiel »Tax Protection« den Vorzug der Einfachheit. Die »Tax Equalization« ist jedoch besser geeignet, mögliche »windfalls« von Arbeitnehmern, die zum Beispiel in Niedrigsteuerländer entsandt werden, zu vermeiden. 735

bb) Lohnsteuerliche Pflichten bei Entsendung

Lohnsteuerliche Pflichten im Inland können im Falle der Entsendung in das Ausland dann bestehen bleiben, wenn der deutsche entsendende Unternehmer **trotz Entsendung lohnsteuerlicher Arbeitgeber** i.S.d. § 38 Abs. 1 EStG bleibt. 736

Lohnsteuerlicher Arbeitgeber ist nach § 1 Abs. 2 LStDV derjenige, dem der Arbeitnehmer seine Arbeitskraft schuldet und dessen Weisungen zu folgen er verpflichtet ist. Nach Auffassung des BFH sind diese Voraussetzungen bei demjenigen Unternehmen erfüllt, dass den Lohn im eigenen Namen auszahlt.[1655] Belastet das inländische Unternehmen, das den Lohn im eigenen Namen auszahlt, den Lohn an ein verbundenes Unternehmen im Ausland weiter – und wird dieses wirtschaftlicher Arbeitgeber im Sinne der Doppelbesteuerungsabkommen, so bleibt es dennoch für lohnsteuerliche Zwecke bei der Arbeitgeberstellung des inländischen Unternehmens.[1656] 737

Oft wird Arbeitslohn trotz Entsendung im Inland gezahlt und der auszahlende Unternehmer ist inländischer Arbeitgeber. Die Frage, ob deutsche Lohnsteuer von diesem Arbeitslohn einzubehalten ist, entscheidet sich nach materiellem Steuerrecht. Wenn der Arbeitslohn voll in Deutschland steuerpflichtig ist, ist Lohnsteuer einzubehalten und an das Finanzamt abzuführen (§ 38 Abs. 3 EStG). 738

Ist der Arbeitslohn schon nach den Vorschriften des EStG nicht steuerbar, etwa weil der Arbeitnehmer seinen Wohnsitz aufgegeben hat und seine Tätigkeit vollständig in seinem neuen Gastland ausübt, so bestehen keine lohnsteuerlichen Pflichten für den deutschen Arbeitgeber. Beruht die mangelnde Steuerpflicht jedoch auf einer Freistellung des Arbeitslohns aufgrund eines Doppelbesteuerungsabkommens, so muss der Arbeitgeber nach § 39b Abs. 6 EStG eine **Freistellungsbescheinigung** beantragen und diese als Beleg zum Lohnkonto aufbewahren. Allerdings ist materiellrechtlich 739

1655 BFH, Urt. v. 24.03.1999, BStBl II 2000, 41.
1656 Vgl. BFH, Urt. v. 24.03.1999, BStBl II 2000, 41.

eine Freistellungsbescheinigung nur erforderlich, wenn das jeweils einschlägige Doppelbesteuerungsabkommen die Steuerbefreiung von einem Antrag abhängig macht.[1657]

d) Sonderfall: Entsendung in einen Staat ohne Doppelbesteuerungsabkommen

aa) Die Besteuerungsfolgen nach dem EStG

740 Es gibt aufgrund des dichten Netzes deutscher Doppelbesteuerungsabkommen nicht mehr viele Länder, in denen sich die steuerlichen Folgen der Entsendung allein nach dem deutschen Einkommensteuerrecht richten. Praktisch wichtige Beispiele sind Hong Kong und Taiwan.

741 Wenn der Arbeitnehmer trotz Auslandsentsendung wegen der Beibehaltung seines deutschen Wohnsitzes unbeschränkt steuerpflichtig bleibt, besteht die Gefahr einer Doppelbesteuerung, denn er bleibt in Deutschland mit seinen weltweit erzielten Einkünften steuerpflichtig und wird zusätzlich möglicherweise im Tätigkeitsstaat zu einer Steuer herangezogen. Um die Doppelbesteuerung zu beseitigen, gestattet § 34c Abs. 1 EStG bei ausländischen Einkünften (§ 34d EStG) die **Anrechnung der ausländischen Steuer auf die deutsche Einkommensteuer**, die auf diese Einkünfte entfällt. Die Anrechnung führt jedoch höchstens zu einer Reduzierung der deutschen Einkommensteuer auf 0 EUR. Im Ergebnis führt die Anrechnung daher zu einer Besteuerung auf dem jeweils höheren Steuerniveau.

742 Alternativ zur Anrechnung der ausländischen Steuern ist nach § 34c Abs. 2 EStG auf Antrag ein Abzug der ausländischen Steuer bei der Ermittlung der Einkünfte möglich.

743 Gibt der Arbeitnehmer die unbeschränkte Steuerpflicht mit seinem deutschen Wohnsitz auf, so ist er **nur noch mit seinen inländischen Einkünften steuerpflichtig**. Diese Einkünfte sind in § 49 Abs. 1 EStG abschließend aufgezählt. Einkünfte aus nichtselbständiger Tätigkeit sind nach § 49 Abs. 1 Nr. 4 a) nur inländische Einkünfte, wenn die Arbeit im Inland ausgeübt oder verwertet wird. Daneben enthält § 49 EStG in Abs. 1 Nr. 4 b) und c) Sondervorschriften für Vergütungen aus inländischen Kassen und Vergütungen für die Tätigkeiten leitender Angestellter und Organe von deutschen Kapitalgesellschaften. Durch das Steueränderungsgesetz 2003 ist ab 01.01.2004 die Vorschrift des § 49 Abs. 1 Nr. 4 d EStG hinzugekommen, die eine Besteuerung von Abfindungszahlungen regelt. Werden diese Einkünfte auch im Gastland besteuert, so ist die Doppelbesteuerung dort zu beseitigen.

bb) Der Auslandstätigkeitserlass

744 Nach dem auf §§ 34c Abs. 5 und 50 Abs. 7 EStG beruhenden **Auslandstätigkeitserlass**[1658] wird bei Arbeitnehmern inländischer Arbeitgeber von einer Besteuerung des Arbeitslohns abgesehen, der von diesen Arbeitnehmern für eine begünstigte Tätigkeit im Ausland bezogen wird. Begünstigte Tätigkeiten sind Montage, Aufsuchen oder Gewinnen von Bodenschätzen sowie Beratung und Entwicklungshilfe.[1659] Voraussetzung für eine Anwendung des Erlasses ist eine mindestens dreimonatige Auslandstätigkeit in einem Nicht-DBA Land.

2. Die Arbeitnehmerentsendung in das Inland

745 Die Problematik bei der Arbeitnehmerentsendung in das Inland ist ähnlich derjenigen bei der Auslandsentsendung deutscher Arbeitnehmer: es geht um die Frage, wo Einkünfte besteuert werden müssen und wie eine Doppelbesteuerung vermieden werden kann. Da die deutschen Einkommensteuersätze im Vergleich zu einigen wichtigen Entsendeländern, wie zum Beispiel USA und

1657 BFH, Urt. v. 10.05.1989, BStBl II, 755.
1658 BMF v. 31.10.1983, BStBl I 1983, 470.
1659 Siehe im Einzelnen BMF v. 31.10.1983, BStBl I 1983, 470.

Großbritannien, immer noch recht hoch sind, werden viele ausländische Arbeitnehmer versuchen, soweit möglich, eine Besteuerung in Deutschland zu vermeiden.

a) Die grundsätzlichen Regelungen des deutschen Einkommensteuerrechts und der Doppelbesteuerungsabkommen

Die Systematik der Zuordnung des Besteuerungsrechts entspricht derjenigen bei der Entsendung in das Ausland. 746

Wenn ein Arbeitnehmer aus dem Ausland kommend im Inland seinen Wohnsitz (§ 8 AO) oder seinen gewöhnlichen Aufenthalt (§ 9 AO) begründet, so wird er in Deutschland **unbeschränkt steuerpflichtig**. Der Arbeitnehmer unterliegt dann mit seinem Welteinkommen der deutschen Einkommensteuer, falls sich nicht aus einem Doppelbesteuerungsabkommen etwas anderes ergibt. Es gelten die oben dargestellten[1660] Grundsätze der Doppelbesteuerungsabkommen. 747

Wenn eine deutsche unbeschränkte Steuerpflicht nicht begründet wird, ist der Arbeitnehmer nur mit seinen inländischen Einkünften steuerpflichtig (beschränkte Steuerpflicht). Es sind auch in diesem Fall ggf. die Einschränkungen der jeweiligen Doppelbesteuerungsabkommen zu beachten. 748

Beispiel

Arbeitnehmer A wird von seinem französischen Arbeitgeber, der Ingenieurarbeiten ausführt, für drei Monate nach Deutschland entsandt. Während seines Aufenthalts lebt A im Hotel. Seinen Wohnsitz in Frankreich behält er während dieser Zeit bei.

A hat in Deutschland keinen Wohnsitz begründet und aufgrund der kurzen Zeit auch nicht seinen gewöhnlichen Aufenthalt. Er ist allerdings mit seiner in Deutschland ausgeübten Arbeit hier grundsätzlich beschränkt steuerpflichtig (§ 49 Abs. 1 Nr. 4 EStG). Das Besteuerungsrecht fällt nach Art. 13 Abs. 4 DBA Frankreich nicht der Bundesrepublik Deutschland als Tätigkeitsstaat zu, sondern dem Ansässigkeitsstaat Frankreich, da sich A an weniger als 183 Tagen in Deutschland aufgehalten hat und nicht für einen deutschen Arbeitgeber oder eine deutsche Betriebstätte seines französischen Arbeitgebers tätig geworden ist.

b) Typische Fragestellungen aus Sicht der Arbeitnehmer

aa) Die Besteuerung in Deutschland während der Entsendung

(1) Bei unbeschränkter Steuerpflicht

Ein ausländischer Arbeitnehmer, der in Deutschland seinen Wohnsitz nimmt und dadurch unbeschränkt steuerpflichtig wird (§ 1 Abs. 1 EStG), unterscheidet sich grundsätzlich in seiner steuerlichen Situation nicht von einem deutschen Arbeitnehmer, da das deutsche Steuerrecht in der Regel keine besonderen Steuerfolgen an die Staatsbürgerschaft knüpft. 749

Bisweilen versuchen ausländische Arbeitnehmer die deutsche unbeschränkte Steuerpflicht zu vermeiden, indem sie sich nicht polizeilich melden. **Maßgeblich** für die Begründung eines Wohnsitzes (§ 8 AO) sind jedoch die tatsächlichen Umstände und **nicht die polizeiliche Meldung**.[1661] 750

Bei der Beantwortung der Frage, ob es zu der Begründung eines Wohnsitzes kommt, wird man die geplante Zeitdauer der Entsendung in Betracht ziehen. Wer zum Beispiel für eine Zeitdauer von einem Jahr nach Deutschland entsandt wird, wird in aller Regel vom ersten Tag an einen Wohnsitz i.S.v. § 8 AO begründen, sobald er eine Wohnung bezieht. Eine gesetzlich definierte Aufenthaltshaltsdauer existiert zwar nicht, aber als Orientierung für eine geplante Mindestaufenthaltsdauer mag die Frist von sechs Monaten beim gewöhnlichen Aufenthalt dienen (§ 9 AO).[1662] 751

1660 Siehe Rn 683–710.
1661 *Kruse,* in: *Tipke/Kruse,* § 8 AO Rn 6; siehe auch Rn 681.
1662 Vgl. *Kruse,* in: *Tipke/Kruse,* § 8 AO Rn 6.

752 Der gewöhnliche Aufenthalt i.S.v. § 9 AO setzt demgegenüber keinen Wohnsitz voraus. Die unbeschränkte Steuerpflicht kann folglich auch dann eintreten, wenn sich der Arbeitnehmer in Deutschland über einen längeren Zeitraum ausschließlich in Hotels aufhält.

(2) Bei beschränkter Steuerpflicht

753 Wird der ausländische Arbeitnehmer nur beschränkt steuerpflichtig, so ist er nur mit seinen inländischen Einkünften steuerpflichtig (§ 49 EStG) – dies sind bei Einkünften aus nichtselbständiger Arbeit im Wesentlichen solche Einkünfte aus Tätigkeiten, die **im Inland ausgeübt oder verwertet** worden sind (§ 49 Abs. 1 Nr. 4 a) EStG). Dem Verwertungstatbestand kommt in der Praxis nur eine geringe Bedeutung zu, da die meisten Doppelbesteuerungsabkommen allein auf die Ausübung abstellen.

754 § 49 Abs. 1 Nr. 4 c) EStG ermöglicht eine Besteuerung der Vergütungen für Tätigkeiten als Geschäftsführer, Prokurist oder Vorstandsmitglied einer Gesellschaft mit Geschäftsleitung im Inland, ohne dass diese Arbeit im Inland verwertet oder ausgeübt wird. Bedeutung hat diese Vorschrift für Fälle, in denen kein Doppelbesteuerungsabkommen anwendbar ist, sowie für die Fälle, in denen das einschlägige Doppelbesteuerungsabkommen ein deutsches Besteuerungsrecht vorsieht. Letzteres ist zum Beispiel bei dem Abkommen mit der Schweiz der Fall (Art. 15 Abs. 4 DBA Schweiz).

755 Bei Einkünften aus nichtselbständiger Arbeit wird die Steuer grundsätzlich **im Wege des Lohnsteuerabzugs** mit abgeltender Wirkung erhoben (§ 38 Abs. 1 Nr. 1 i.V.m. § 39d EStG). Eine Veranlagung findet grundsätzlich nicht statt. Für Arbeitnehmer aus EU-Mitgliedstaaten sind ausnahmsweise Veranlagungen auf Antrag möglich (§ 50 Abs. 5 EStG).

756 Die Fallgruppe der beschränkt steuerpflichtigen Arbeitnehmer besteht, neben Kurzzeitentsandten, zu einem hohen Prozentsatz aus **Grenzpendlern**. Diese sind gegenüber ihren unbeschränkt steuerpflichtigen Kollegen mangels Veranlagung potentiell benachteiligt, da ihnen grundsätzlich keine persönlichen und familienbezogenen steuerlichen Entlastungen zustehen. Um verfassungsrechtlichen und EU-rechtlichen Bedenken Rechnung zu tragen, hat der Gesetzgeber mit § 1 Abs. 3 EStG eine »fiktive unbeschränkte Steuerpflicht« eingeführt.[1663] Voraussetzung dieser fiktiven unbeschränkten Steuerpflicht ist, dass die Einkünfte der Betroffenen zu 90 % der deutschen Einkommensteuer unterliegen und die Einkünfte, die nicht der deutschen Einkommensteuer unterliegen, nicht mehr als 6.136 EUR betragen. Die Vorschrift gilt für alle Grenzpendler – nicht nur für Staatsangehörige eines EU-Mitgliedstaates. Die Rechtsfolge des § 1 Abs. 3 EStG ist, dass die Grenzpendler auf Antrag hinsichtlich ihrer inländischen Einkünfte so behandelt werden als wären sie unbeschränkt steuerpflichtig. Ergänzt wird die Regelung durch § 1a EStG. Danach werden Familienangehörigen von unbeschränkt Steuerpflichtigen, aber auch von fiktiv unbeschränkt Steuerpflichtigen, auf Antrag personenbezogene und familienbezogene Vergünstigungen gewährt. Voraussetzung hierfür ist allerdings, dass diese Familienangehörigen »EU/EWR-Bürger« sind. Die wichtigste Auswirkung der Vorschrift ist, dass auf diese Weise der Splitting-Tarif angewendet werden kann (§ 1a Abs. 1 Nr. 2 EStG).

bb) Zeitliche Gestaltung des Aufenthalts

757 Wie im Falle des Wegzugs, so ist auch im Falle des Zuzugs zu beachten, dass **für das Jahr des Wohnsitzwechsels Besonderheiten** gelten. Im Kalenderjahr der Begründung der unbeschränkten Steuerpflicht werden Einkünfte, die im Rahmen der beschränkten Steuerpflicht zu erfassen sind, in die Veranlagung zur unbeschränkten Steuerpflicht miteinbezogen (§ 2 Abs. 7 Satz 3 EStG). Ferner gilt der Progressionsvorbehalt für Einkünfte, die nicht der deutschen Steuer unterlegen haben (§ 32b Abs. 1 Nr. 2 EStG).

1663 *Schmidt/Heinicke*, § 1 EStG Rn 41.

c) Typische Fragestellungen aus Sicht der Arbeitgeber

aa) Die Gestaltung der Vergütung

Bei der Gestaltung der Vergütung stellen sich bei der Inlandsentsendung die gleichen Probleme wie bei der Auslandsentsendung. Die ausländischen Mitarbeiter, die nach Deutschland entsandt werden, kommen nicht selten aus Staaten mit vergleichsweise niedrigen Steuersätzen. Der Arbeitnehmer wird daher häufig zu einer Entsendung nach Deutschland nur bereit sein, wenn er »Tax Protection« oder »Tax Equalization« genießt. 758

Der Arbeitgeber wird außerdem Vergütungsformen wählen, die im internationalen Vergleich günstig sind. Zu nennen ist hier die Firmenwagenregelung (§ 8 Abs. 2 EStG) sowie die Regelungen zur doppelten Haushaltsführung (§ 3 Nr. 16 EStG). 759

bb) Lohnsteuerliche Pflichten bei Entsendung

Lohnsteuerliche Pflichten mit Bezug auf Arbeitnehmer, die zu einem Unternehmen nach Deutschland entsandt sind, entstehen für dieses Unternehmen, wenn es **inländischer Arbeitgeber** wird. Der Begriff des inländischen Arbeitgebers ist in § 38 Abs. 1 EStG geregelt, welcher auf die §§ 8 bis 13 AO verweist. Erfasst werden danach nicht nur inländische natürliche Personen und inländische Gesellschaften, sondern auch die inländischen Betriebstätten ausländischer Gesellschaften, sowie ausländische Verleiher. Hinzu kommt in der ab dem Veranlagungszeitraum 2004 gültigen Gesetzesfassung, dass bei der Arbeitnehmerentsendung als inländischer Arbeitgeber auch das in Deutschland ansässige aufnehmende Unternehmen, das den Arbeitslohn wirtschaftlich trägt, zur Einbehaltung von Lohnsteuer verpflichtet ist. Damit trifft diese Verpflichtung nunmehr auch den bloß wirtschaftlichen inländischen Arbeitgeber, der den Lohn gar nicht selbst an den Arbeitnehmer auszahlt, sondern einen entsprechenden Betrag im Rahmen einer Lohnweiterbelastung an ein verbundenes Unternehmen im Ausland zahlt, welches wiederum den Arbeitnehmer bezahlt. Diese Änderung durch das Steueränderungsgesetz 2003 ist von erheblicher praktischer Bedeutung. 760

Rn 761 einstweilen frei.

3. Steuerliche Sonderthemen bei der Entsendung von Arbeitnehmern

a) »Salary Split«

Eine der am häufigsten diskutierten Gestaltungsmöglichkeiten bei der grenzüberschreitenden Tätigkeit von Arbeitnehmern ist der sog. »Salary Split«. Gemeint ist die Konstellation, **dass ein Arbeitnehmer zwei wirtschaftliche Arbeitgeber hat**. Dies ermöglicht in vielen Fällen das Ausnutzen von Grundfreibeträgen und/oder von Steuersatzunterschieden zwischen verschiedenen Ländern. 762

> *Beispiel*
> A hat einen Arbeitsvertrag mit einer deutschen Kapitalgesellschaft. Daneben schließt er einen Arbeitsvertrag mit deren amerikanischer Tochtergesellschaft. Für diese wird er vereinbarungsgemäß an 15 Tagen im Jahr – in den USA – tätig. Die US-Gesellschaft trägt insoweit auch den Gehaltsaufwand.
>
> A ist mit dem von der amerikanischen Tochtergesellschaft bezogenen Gehalt für seine US-Arbeitstage nach Art. 15 DBA USA in den USA steuerpflichtig. Er verbringt dort zwar weniger als 183 Tage – aber er übt seine Tätigkeit für einen Arbeitgeber im Tätigkeitsstaat aus. In Deutschland sind die US-Einkünfte nach Art. 23 Abs. 2 a) DBA USA unter Anwendung des Progressionsvorbehalts von der Steuer befreit.

b) Betriebliche Altersvorsorge und Entsendung

763 Bei der Entsendung von Mitarbeitern ist als ein möglicher **Fallstrick** die **betriebliche Altersvorsorge** zu nennen. Die Durchführung der betrieblichen Altersvorsorge unterscheidet sich von Land zu Land zum Teil erheblich. Unter anderem ist die deutsche Form der Direktzusage in den meisten Ländern unbekannt, weshalb häufig im Falle einer Entsendung in das Ausland ein Verbleiben in der deutschen Altersversorgung vereinbart wird. Die steuerlichen und arbeitsrechtlichen Voraussetzungen sind von Land zu Land unterschiedlich und müssen jeweils im Einzelfall geprüft werden.

764 Aufgrund mangelnder Abstimmung der Besteuerungsvorschriften für die betriebliche Altersversorgung besteht bei Entsendungen zudem die **Gefahr der Doppelbesteuerung**.

> *Beispiel*
> Das Entsendeland A erlaubt eine aufgeschobene Versteuerung der Zuführung von Mitteln zu einer Altersversorgung. Der Arbeitnehmer wird in das Land B entsandt – dort gibt es keine solche Regelung und er muss die Zuführungen als laufendes Gehalt sofort versteuern. Das Besteuerungsrecht steht dem Land B aufgrund Art. 15 DBA MA zu. Nach Beendigung seiner Entsendung kehrt der Arbeitnehmer in das Land A zurück. Dort tritt der Arbeitnehmer in den Ruhestand und erhält seine Altersversorgung in Form eines Ruhegehalts. Nunmehr möchte das Land A die Bezüge besteuern. Das Besteuerungsrecht liegt auch beim Land A als Ansässigkeitsstaat (Art. 19 DBA MA).

765 Das Musterabkommen enthält leider keine Lösung für dieses Problem, das in Deutschland zum Beispiel im Verhältnis zu den Niederlanden besteht. In einigen neueren Doppelbesteuerungsabkommen wird versucht, das Problem durch Spezialregelungen zu lösen.[1664]

c) Mitarbeiterbeteiligungsmodelle bei Entsendung

766 Mitarbeiterbeteiligungsmodelle haben in den vergangenen Jahren an Bedeutung gewonnen. Bei der Entsendung von Mitarbeitern stellt sich die Frage, ob und wie die **Besteuerung von geldwerten Vorteilen aus Beteiligungsmodellen** zwischen den beteiligten Ländern aufzuteilen sind.

767 Hinsichtlich der Besteuerung von Arbeitnehmeraktienoptionen hat der BFH folgende Grundsätze aufgestellt:[1665]

768 Bei den typischen, nicht handelbaren Arbeitnehmer-Aktienoptionen **fließt ein geldwerter Vorteil** in Höhe des Unterschieds zwischen dem Ausübungspreis und dem Börsenkurs der Aktie **zu**. Nach Auffassung der Finanzverwaltung ist der maßgebliche Zeitpunkt für den Zufluss und damit die Bewertung des geldwerten Vorteils der Tag der Ausbuchung der Aktie aus dem Depot desjenigen, der die Aktien überlässt.[1666] Ob der gesamte Vorteil im Inland zu versteuern ist, bestimmt sich nach der Periode zwischen Gewährung der Optionsrechte durch den Arbeitgeber und der Ausübung.[1667] Hat der Arbeitnehmer während der gesamten Erdienungsphase seine Arbeit in Deutschland ausgeübt, so ist keine Aufteilung erforderlich. War der Arbeitnehmer jedoch während der Erdienungsphase in zwei oder mehr Ländern tätig, so ist das Besteuerungsrecht zeitanteilig aufzuteilen.[1668]

769 Da nicht alle Länder hinsichtlich des Besteuerungszeitpunkts und der Grundsätze der Aufteilung übereinstimmen, kann es zur Doppelbesteuerung oder auch zur Nichtbesteuerung kommen. Diskussionen auf Ebene der OECD deuten darauf hin, dass die Lösung in der Zukunft in einer weitgehenden

1664 Vgl. DBA USA-Canada, Art. 18 Nr. 1; DBA USA-United Kingdom, Art. 18.
1665 BFH, Urt. v. 24.01.2001, BStBl II 2001, 509; BFH, Urt. v. 24.01.2001, BStBl II 2001, 512.
1666 BMF-Schreiben v. 10.03.2003, BStBl I 2003, 234.
1667 BFH, Urt. v. 24.01.2001, BStBl II 2001, 509; BFH, Urt. v. 24.01.2001, BStBl II 2001, 512.
1668 BFH, Urt. v. 24.01.2001, BStBl II 2001, 509; BFH, Urt. v. 24.01.2001, BStBl II 2001, 512.

Steueranrechnung über die Grenzen der beteiligten Länder hinweg und über die zeitliche Begrenzung des einzelnen Veranlagungszeitraums hinweg bestehen wird.[1669]

Bei anderen Formen der Mitarbeiterbeteiligung – beispielsweise bei Mitarbeiteraktien – ist die Problematik ähnlich. Auch hier kann es zu Abweichungen hinsichtlich des Besteuerungszeitpunkts kommen, so dass es notwendig sein kann, den geldwerten Vorteil zwischen den beteiligten Ländern aufzuteilen. 770

§ 38 Abs. 1 EStG stellt seit dem 01.01.2004 zu Lasten der Arbeitgeber klar, dass auch der von einem Dritten gezahlte Arbeitslohn der Lohnsteuer unterliegt. Die für den Lohnsteuereinbehalt notwendige Kenntnis der Fakten wird bei verbundenen Unternehmen i.S.d. § 15 AktG unterstellt. Die Vorschrift bedeutet praktisch, dass zum Beispiel geldwerte Vorteile aus Aktien, die von einer Konzernobergesellschaft direkt an die Arbeitnehmer einer Tochtergesellschaft ausgegeben werden, bei der Tochtergesellschaft dem Lohnsteuereinbehalt unterliegen. 770a

VI. Ausnahmen vom Territorialitätsprinzip in der deutschen Sozialversicherung bei grenzüberschreitenden Beschäftigungsverhältnissen

1. Einleitung

In den letzten Jahrzehnten hat die Globalisierung des Berufslebens sprunghaft zugenommen. Unternehmensfusionen und die Verlagerung von Produktionsstandorten in das Ausland, aber auch die Personalentwicklungsmaßnahmen von global operierenden Unternehmen machten es mehr und mehr notwendig, dass Arbeitnehmer auch einen Teil ihrer Beschäftigung im Ausland ausüben müssen. In einem solchen Fall stellt sich für den Arbeitgeber und auch für den Arbeitnehmer und seinen Familienangehörigen die Frage, ob und unter welchen Voraussetzungen weiterhin eine Versicherungspflicht oder -berechtigung zur deutschen Sozialversicherung besteht. 771

Die Normen zum **Territorialitätsprinzip** im nationalen oder über- und zwischenstaatlichen Sozialversicherungsrecht gehören rechtssystematisch zu den **Kollisionsnormen** – im Vorgriff der späteren Anwendung der Sachnormen – die bestimmen, ob die Rechtsvorschriften des Entsende- und/oder des Beschäftigungsstaates bei grenzüberschreitenden Beschäftigungsverhältnissen anzuwenden sind. Diese Rechtsnormen sind ein wesentlicher Bestandteil sowohl der über- und zwischenstaatlichen als auch der nationalen Regelungen im Bereich der Sozialen Sicherheit. 772

Wegen der mit der Anwendung der Regelungen des über- und zwischenstaatlichen Sozialversicherungsrechts in der täglichen Praxis verbunden komplexen Fragestellungen können nachfolgend nur einige grundsätzliche Aussagen getroffen werden.

2. Das Territorialitätsprinzip in der deutschen Sozialversicherung

Die Versicherungspflicht in der deutschen Sozialversicherung setzt in der Regel eine **Beschäftigung**[1670] voraus, so dass grundsätzlich § 3 Nr. 1 SGB IV als Grundnorm zur Bestimmung der anzuwendenden Rechtsvorschriften maßgebend ist. Liegt im Falle des § 3 Nr. 1 SGB IV der Ort der Beschäftigung des Arbeitnehmers in Deutschland, sind die Vorschriften über die Versicherungspflicht in der deutschen Sozialversicherung anzuwenden. Dieses bedeutet einerseits, dass Personen, die zwar 773

1669 OECD, Committee on Fiscal Affairs, »Cross-border income tax issues arising from employees stock option plans«, Revised Discussion Draft, March 2002 – kann auf der Internetseite der OECD unter http://www.oecd.org abgerufen werden.

1670 Krankenversicherung: §§ 5 Abs. 1 Satz 1 ff. SGB V; Arbeitslosenversicherung: §§ 24 Abs. 1 ff. SGB III; Rentenversicherung: §§ 1 Satz 1 ff. SGB VI; Unfallversicherung: §§ 2 Abs. 1 Satz 1 ff. SGB VII; Pflegeversicherung: §§ 20 Abs. 1 ff. SGB XI.

außerhalb Deutschlands wohnen, aber innerhalb Deutschlands ihre Beschäftigung physisch ausüben, dem deutschen Sozialversicherungsrecht unterliegen, andererseits Personen, die im Geltungsbereich des Sozialgesetzbuches wohnen, ihre Beschäftigung aber außerhalb Deutschlands ausüben, nicht den deutschen Rechtsvorschriften unterliegen. Es ist somit unerheblich, ob der Arbeitgeber seinen Betriebssitz im In- oder Ausland hat oder welches Arbeitsvertragsrecht beispielsweise gewählt wurde. Damit wird auch festgestellt, dass für die Einbeziehung in die deutsche Sozialversicherung territoriale und nicht personelle Anknüpfungspunkte maßgebend sind. Für die Anwendung der deutschen Rechtsvorschriften über Soziale Sicherheit kommt es weiterhin nicht darauf an, welche Staatsangehörigkeit eine Person besitzt.

774 Sofern Arbeitnehmer für ihren deutschen Arbeitgeber in Staaten beschäftigt werden, mit denen keine über- oder zwischenstaatlichen Regelungen im Bereich der Sozialen Sicherheit bestehen, stellt sich die Frage, ob und unter welchen Voraussetzungen diese weiterhin den deutschen Rechtsvorschriften über Soziale Sicherheit unterliegen. Eine **strikte Anwendung des Territorialitätsprinzips** würde dazu führen, dass bei jeder im Ausland ausgeübten Beschäftigung (z.B. auch im Rahmen einer Dienstreise) die Versicherungspflicht in der deutschen Sozialversicherung endet, und sowohl der betroffene Arbeitnehmer als auch seine Familienangehörigen damit schutzlos gestellt werden. Um diesem Problem Rechnung zu tragen, sieht § 4 SGB IV – als Ausnahme vom Territorialprinzip – vor, dass auch bei einer vorübergehenden Beschäftigung[1671] eines Arbeitnehmers im Ausland unter bestimmten Voraussetzungen die Vorschriften über die Versicherungspflicht in der deutschen Sozialversicherung weiter anzuwenden sind (Ausstrahlung).

3. Anwendung der deutschen Rechtsvorschriften über Soziale Sicherheit bei Beschäftigung im vertragslosen Ausland

a) Kriterien einer Ausstrahlung

775 Nach den Richtlinien zur versicherungsrechtlichen Beurteilung von Arbeitnehmern bei Ausstrahlung (§ 4 SGB IV) und Einstrahlung (§ 5 SGB IV)[1672] der Spitzenverbände der Sozialversicherung[1673] unterliegt ein Arbeitnehmer bei einer im vertragslosen Ausland[1674] ausgeübten Beschäftigung den deutschen Vorschriften über die Sozialversicherung, wenn

- es sich um eine Entsendung
- im Rahmen eines im Inland bestehenden Beschäftigungsverhältnisses handelt und
- die Dauer der Beschäftigung im Ausland im Voraus zeitlich begrenzt ist.

776 Wenn diese drei Voraussetzungen **kumulativ** vorliegen, besteht bei Beschäftigung im vertragslosen Ausland weiterhin eine Pflichtversicherung bzw. Versicherungsberechtigung in der deutschen Sozialversicherung. Dementsprechend würde bei Fehlen eines dieser Kriterien die Versicherungspflicht[1675] oder -berechtigung[1676] in der deutschen Sozialversicherung enden. Eine **Wahlmöglichkeit** des Arbeitnehmers oder des Arbeitgebers, ob bei einer im Ausland ausgeübten Beschäftigung eine Versicherungspflicht im Inland vorliegt, **besteht insofern nicht**. Auch den Sozialversicherungsträgern steht insofern kein Ermessensspielraum zu.

777 Bei der Frage, ob bei Beschäftigung im vertragslosen Ausland weiterhin eine Versicherungspflicht oder -berechtigung in der deutschen Sozialversicherung besteht, ist ferner nicht auf die vertraglichen

1671 I.S.v. § 7 SGB IV.

1672 Der Rechtsnatur nach handelt es sich um so genannte Verwaltungsvorschriften, die zu einer Selbstbindung der Sozialversicherungsträger im Außenverhältnis führen, vgl. *Maurer*, § 24 Rn 20 ff., 24 ff, *Giesen*, NZS 1996, 309.

1673 In der zurzeit gültigen Fassung v. 20.11.1997.

1674 Also in Staaten, mit denen keine über- und zwischenstaatlichen Regelungen auf dem Bereich der Sozialen Sicherheit bestehen.

1675 Die Möglichkeit einer freiwilligen Versicherung in einzelnen Versicherungszweigen (z.B. § 4 SGB VI oder § 7 SGB VI) bleibt hiervon unberührt.

1676 Z.B. §§ 9 ff. SGB V.

Vereinbarungen zwischen Arbeitgeber und Arbeitnehmer abzustellen. Wie im Sozialversicherungsrecht allgemein üblich,[1677] sind ausschließlich die **tatsächlichen Verhältnisse** maßgebend.

b) Fehlende Koordinierung der Systeme der Sozialen Sicherheit

Durch § 4 SGB IV wird **ausschließlich** die Frage der Versicherungspflicht oder -berechtigung in der deutschen Sozialversicherung bei Beschäftigung im vertragslosen Ausland geregelt. Durch das Fehlen von über- und zwischenstaatlichen Koordinierungsregelungen[1678] kann es, unabhängig von einer in Deutschland bestehenden Sozialversicherungspflicht, zudem zu einer Anwendung der lokalen Rechtsvorschriften über Soziale Sicherheit im Beschäftigungsstaat kommen. Ob dann im Beschäftigungsstaat eine Sozialversicherungs- bzw. Beitragspflicht eintritt, kann von Faktoren abhängig sein, die im deutschen System der Sozialen Sicherheit keinen Einfluss auf die Versicherungspflicht oder -freiheit haben. 778

c) Begriff der Entsendung

Der Begriff »Entsendung«[1679] setzt voraus, dass sich ein Arbeitnehmer auf **Weisung** seines inländischen Arbeitgebers vom Inland in das Ausland begibt, es muss sich also um eine **physische Bewegung** von Deutschland in das vertragslose Ausland handeln. Einer Entsendung widerspricht es in diesem Zusammenhang nicht, wenn der Arbeitnehmer zum Zweck der Entsendung eingestellt wurde, also vor der Beschäftigung noch nicht bei dem inländischen Arbeitgeber im Inland beschäftigt war. Dieses ermöglicht auch, dass Personen, die zuvor noch nicht im Erwerbsleben gestanden haben (beispielsweise Studenten), bei einer Entsendung in das vertragslose Ausland weiterhin im deutschen System der Sozialen Sicherheit versichert sein können. 779

Gegen eine Entsendung spricht allerdings – alleine schon aus der Begrifflichkeit –, wenn der Arbeitnehmer sich bereits im ausländischen Beschäftigungsstaat aufhält und beispielsweise vom dortigen Arbeitsmarkt rekrutiert wird.[1680] Bei diesen sog. **Ortskräften** fehlt es an der physischen Entsendebewegung vom Inland in das vertragslose Ausland. Gleiches gilt, wenn der Arbeitnehmer in einem Drittstaat eingestellt wird, um für das inländische Unternehmen eine Beschäftigung im vertragslosen Ausland aufzunehmen. Die **zeitlich befristete Einreise** des Arbeitnehmers nach Deutschland zum Abschluss des Arbeitsvertrages oder eine Einarbeitungszeit führen zu keinem anderen Ergebnis.[1681] 780

Weiterhin hat bei der vorübergehenden Beschäftigung im Ausland eine **Inlandsintegration** bei dem inländischen Arbeitgeber zu bestehen. Welche Kriterien für eine solche sprechen, wird von der Rechtsprechung unterschiedlich beurteilt. Die Entsenderichtlinien[1682] nehmen eine Inlandsintegration schon dann an, wenn keine Anhaltspunkte dafür sprechen, dass der Arbeitnehmer nach der Beschäftigung im Ausland nicht nach Deutschland zurückkehrt, um hier seinen gewöhnlichen Aufenthalt (wieder) aufzunehmen.[1683] Dem entgegen führt das BSG in unterschiedlichen Entscheidungen[1684] aus, dass bei der Frage, ob eine Entsendung vorliegt, zu berücksichtigen ist, ob nach Beendigung der Auslandsbeschäftigung eine Wieder- oder Weiterbeschäftigung beim entsendenden Arbeitgeber gewährleistet ist.[1685] 781

1677 BSG, Urt. v. 07.11.1996, USK 9651.

1678 Z.B. die VO (EWG) 1408/71 oder das deutsch-bulgarische Abkommen über Soziale Sicherheit.

1679 Zum Begriff »Entsendung« vgl. § 4 SGB IV.

1680 BSG, Urt. v. 25.02.1976, SozR 2200 § 625 Nr. 3.

1681 BfA Information »Beschäftigung im vertragslosen Ausland«, S. 16.

1682 Richtlinien zur versicherungsrechtlichen Beurteilung von Arbeitnehmern bei Ausstrahlung (§ 4 SGB IV) und Einstrahlung (§ 5 SGB IV) vom 20.11.1997.

1683 BSG, Urt. v. 08.12.1994, USK 94106.

1684 Siehe auch *Raschke*, in DRV-Schriften, Band 28, S. 18 sowie BSG, Urt. v. 10.08.1999, USK 99166.

1685 Erstaunlicherweise hat diese ständige Rspr. des BSG noch zu keiner Änderung der Richtlinien zur versicherungsrechtlichen Beurteilung von Arbeitnehmern bei Ausstrahlung (§ 4 SGB IV) und Einstrahlung (§ 5 SGB IV) der Spitzenverbände der Sozialversicherung geführt.

782 Eine Entsendung kann auch dann vorliegen, wenn der Arbeitnehmer **nacheinander** – ohne zeitliche Unterbrechung – **in unterschiedlichen Staaten** eingesetzt werden soll. Voraussetzung ist allerdings auch hier, dass die Beschäftigung im vertragslosen Ausland von Beginn an zeitlich begrenzt und eine Rückkehr in das Inland vorgesehen ist.[1686]

d) Vorliegen eines inländischen Beschäftigungsverhältnisses

783 Neben dem Vorliegen einer Entsendung muss der Arbeitnehmer zusätzlich im Rahmen eines inländischen Beschäftigungsverhältnisses im vertragslosen Ausland beschäftigt werden. Hierbei ist **allein nach sozialversicherungsrechtlichen Grundsätzen** zu prüfen, ob bei der Beschäftigung im Ausland weiterhin ein Beschäftigungsverhältnis zum inländischen Arbeitgeber fortbesteht. Ob in diesem Zusammenhang ein steuerliches oder arbeitsrechtliches Beschäftigungsverhältnis zum inländischen Arbeitgeber fortbesteht, hat allenfalls Indiziencharakter. In der Praxis hat der inländische Arbeitgeber weiterhin seine Weisungsbefugnis hinsichtlich Zeit, Dauer, Ort und Art der Ausführung der Arbeit gegenüber dem im Ausland eingesetzten Arbeitnehmer auszuüben, es dürfen also keine Indizien dafür sprechen, dass der Arbeitnehmer in die betriebliche Organisation des aufnehmenden Unternehmens eingegliedert ist. Schließlich muss sich auch der arbeitsrechtliche Entgeltanspruch des Arbeitnehmers, als wesentliches Indiz für das Vorliegen eines inländischen Beschäftigungsverhältnisses, gegen den inländischen Arbeitgeber richten.

784 Bei der versicherungsrechtlichen Beurteilung ist in diesem Zusammenhang – wie im Sozialversicherungsrecht allgemein üblich – allein auf die tatsächlichen Verhältnisse abzustellen.[1687]

785 Zur Annnahme eines inländischen Beschäftigungsverhältnisses reicht es nicht aus, wenn zwischen dem Arbeitnehmer und dem deutschen Arbeitgeber lediglich ein **ruhender Arbeitsvertrag** (Rumpfvertrag) besteht. Gemeint sind damit Abreden über das Ruhen der Hauptpflichten auf Arbeitsleistung und die Zahlung von Arbeitsentgelt sowie das »automatische« Wiederaufleben der Rechte und Pflichten aus dem ursprünglichen Arbeitsvertrag bei Beendigung der Beschäftigung im Ausland.[1688] Vielmehr müssen die gegenseitigen Hauptpflichten – aus dem Beschäftigungsverhältnis – während der Beschäftigung im Ausland fortbestehen.

786 Wenn ein Unternehmen die Kosten der Arbeitsleistung (Arbeitsentgelt) als **Betriebsausgaben** steuerlich geltend macht, ist die Annahme gerechtfertigt, dass die Arbeit im Rahmen eines Beschäftigungsverhältnisses zu diesem Betrieb erbracht wird. Von daher kann davon ausgegangen werden, dass bereits dann ein sozialversicherungsrechtliches Beschäftigungsverhältnis mit einem Betrieb besteht bzw. der Arbeitnehmer in diesen Betrieb eingegliedert ist, wenn der Betrieb das Arbeitsentgelt zwar nicht selbst auszahlt, aber die Kosten der Arbeitsleistung als eigene Personalkosten ansieht und als Betriebsausgaben steuerlich geltend macht.[1689]

787 Bis jetzt wurde noch nicht höchstrichterlich durch das BSG entschieden, ob dieser Grundsatz auch dann anzuwenden ist, wenn der Personaltransfer nicht zu einem verbundenen Unternehmen, sondern zu einer Betriebsstätte des inländischen Arbeitgebers erfolgt. Bei einer näheren Betrachtung spricht vieles dafür, dass zwischen einem Personaltransfer zu einem verbundenen Unternehmen oder einer Betriebsstätte kein Unterschied gemacht werden kann, da auch zu einer unselbständigen Betriebsstätte – anders als bei Personaltransfers zu Repräsentationsbüros – ein sozialversicherungsrechtliches Beschäftigungsverhältnis bestehen kann.

788 Grundsätzlich ist es bei der Frage, ob ein inländisches Beschäftigungsverhältnis vorliegt, ohne Bedeutung ob

- die Beschäftigung auf Veranlassung der inländischen Muttergesellschaft zustande gekommen ist,

1686 BSG, Urt. v. 25.08.1994, USK 9466.
1687 BSG, Urt. v. 07.11.1996, USK 9651.
1688 BSG, Urt. v. 25.01.1994, DStR 1994, 799.
1689 BSG, Urt. v. 07.11.1996, USK 9651 sowie v. 30.04.1997 – 12 RK 54/96 und 12 RK 55/96, USK 9709.

- der Arbeitnehmer von seinem inländischen Arbeitgeber weiterhin als Vertrauensperson betrachtet wird,
- die Tochtergesellschaft von der Muttergesellschaft wirtschaftlich beherrscht wird oder
- der Arbeitnehmer auch während der im vertragslosen Ausland ausgeübten Beschäftigung der Betriebspensionskasse des inländischen Unternehmens angehört.

e) Zeitliche Befristung der Beschäftigung im Ausland

Die zeitliche Begrenzung der Beschäftigung im Ausland ist dann gegeben, wenn diese bei vorausschauender Betrachtungsweise – also bei Aufnahme der Auslandsbeschäftigung – durch ein **festes Datum**, mindestens aber durch den Eintritt eines vorher zeitlich **bestimmten Ereignisses** festgelegt ist.[1690] Ergibt sich erst während des Auslandseinsatzes, dass dieser begrenzt ist, handelt es sich nicht um eine Entsendung im Sinne der Ausstrahlung. 789

Weiterhin ist eine zeitliche Befristung **nicht** gegeben, wenn 790

- diese nur dadurch erreicht werden kann, dass der Arbeitgeber von seinem Recht Gebrauch macht, den Arbeitnehmer jederzeit in das Inland zurückzuholen,
- das Ende der Entsendung mit dem Erreichen des Rentenalters zusammen fällt, da der Bezug der Regelaltersrente vom Versicherten auf unbestimmte Zeit aufgeschoben werden kann.
- der beispielsweise auf ein Jahr befristete Vertrag mit einer automatischen Verlängerungsklausel versehen ist, falls keine Kündigung erfolgt,[1691]
- bei Beginn des Beschäftigungsverhältnisses mit dem inländischen Arbeitgeber von Anfang an nur Auslandseinsätze geplant sind, oder diese wegen der Art der Tätigkeit nur als solche in Frage kommen.[1692]

Aus einem Recht des inländischen Arbeitgebers, den Beschäftigten jederzeit aus dem Ausland zurückzurufen und ihm einen Arbeitsplatz im Inland zuzuweisen, ergibt sich für sich isoliert betrachtet keine im Voraus bestehende zeitliche Begrenzung der Entsendung. In diesem Falle steht nicht bereits zu Beginn der Entsendung fest, ob und wann der Arbeitgeber von seinem Rückrufrecht Gebrauch machen wird. 791

Die zeitliche Begrenzung kann entweder mit Hilfe einer **Befristung** infolge einer Eigenart der Tätigkeit im Ausland oder durch eine **vertragliche Begrenzung** hergeleitet werden. Unter die zeitliche Begrenzung durch die Eigenart der Beschäftigung im Ausland fallen Beschäftigungen, die nach allgemeiner Lebenserfahrung **nicht auf Dauer angelegt** sind. Dies sind beispielsweise Beschäftigungen, die mit Projekten usw. im Zusammenhang stehen, deren Fertigstellung eine absehbare Zeit in Anspruch nehmen – insbesondere für Montage- und Einweisungsarbeiten, Arbeiten im Zusammenhang mit der Errichtung von Bauwerken oder Betriebsanlagen. Auch hier ist in vorausschauender Betrachtungsweise zu beurteilen, ob Wesen, Inhalt oder Umfang der vorgesehenen Beschäftigung deren zeitliche Beschränkung ergeben. 792

Ob eine Entsendung im Voraus vertraglich begrenzt ist, lässt sich dem **Arbeitsvertrag** oder **Entsendungsvertrag** entnehmen. Wenn dieser ein Datum enthält, zu dem die Entsendung endet, liegt eine vertragliche Begrenzung vor. Durch das Nachweisgesetz[1693] dürfte in der heutigen Zeit eine sehr große Anzahl der internationalen Personaltransfers unter diese Gruppe fallen. Eine vertragliche Begrenzung ist dagegen dann zu verneinen, wenn ein befristeter Vertrag vorliegt, der sich – wenn er nicht gekündigt wird – automatisch fortsetzt.[1694] Eine zunächst begrenzte Entsendung, die nach dem Vertrag für einen weiteren begrenzten Zeitraum fortgesetzt werden kann, gilt auch für die Verlängerungszeit als im Voraus zeitlich begrenzt. 793

1690 BSG, Urt. v. 04.05.1994, USK 9435; zur praktischen Bedeutung siehe auch § 2 Abs. 2 Nr. 1 NachwG.
1691 BSG, Urt. v. 04.05.1994, USK 9435.
1692 BSG, Urt. v. 25.08.1994, USK 9466.
1693 § 2 Abs. 2 NachwG bzw. Art. 4 Richtlinie 91/533/EWG v. 14.10.1991.
1694 BSG, Urt. v. 04.05.1994, USK 9435.

794 **Wie lange** eine im vertragslosen Ausland für den deutschen Arbeitgeber ausgeübte Beschäftigung noch als zeitlich befristet angesehen werden kann, wird **unterschiedlich beurteilt**. So sprechen die Entsenderichtlinien[1695] von »etwa zwei Jahren«. Die Bundesversicherungsanstalt vertritt dagegen die Auffassung, dass keine zeitliche Begrenzung mehr vorliegt, wenn die vereinbarte Zeitgrenze sehr lang (zum Beispiel 15 Jahre)[1696] ist. Bei diesen langen Zeiträumen muss davon ausgegangen werden, dass eine zeitliche Begrenzung nicht mehr ernstlich gewollt ist. In der Praxis hat es sich eingebürgert, eine zeitliche Begrenzung bei einer Dauer von bis zu sechs bis acht Jahren anzunehmen. Die Sozialversicherungsträger orientieren sich hier oftmals an den Zeitobergrenzen, die im Bereich des über- und zwischenstaatlichen Rechts zurzeit üblich sind.

f) Beendigung der Ausstrahlung

795 Regelmäßig ist die Ausstrahlung auch beendet, wenn

- der ausländische Ort der Beschäftigung derselbe bleibt, aber der inländische Arbeitgeber gewechselt wird. Erfolgt ein Wechsel des Arbeitgebers lediglich im Rahmen eines Betriebsübergangs, so ist dieser Wechsel unbeachtlich,
- der Arbeitgeber derselbe bleibt, jedoch der Ort der Beschäftigung vom Ausland ins Inland nicht nur vorübergehend[1697] verlegt wird. Ein vertraglich vorgesehener vorübergehender Aufenthalt im Inland während der Entsendung, etwa aus Urlaubsgründen oder zur Berichterstattung, zur Unterrichtung über neue Techniken, Geschäftsgrundsätze usw., unterbricht die Entsendung nicht. Für die Beurteilung, ob eine zeitliche Begrenzung der Entsendung im Sinne der Ausstrahlung vorliegt, ist mithin von dem insgesamt vorgesehenen Entsendezeitraum auszugehen oder
- eine zunächst befristete Entsendung in eine unbefristete Auslandsbeschäftigung umgewandelt wird.

795 Die Entscheidung über das (Nicht-)Bestehen einer Versicherungspflicht in der deutschen Sozialversicherung bei Beschäftigung im Ausland trifft die **gesetzliche Krankenkasse** als Einzugsstelle für den Gesamtversicherungsbeitrag.[1698] Zuständig ist die Einzugsstelle, an die der Arbeitgeber den Gesamtsozialversicherungsbeitrag des betroffenen Arbeitnehmers abführt.[1699] Dieses gilt auch für Arbeitnehmer, die bei einem privaten Krankenversicherungsunternehmen krankenversichert sind.

797 In diesem Zusammenhang ist zu beachten, dass – wie bei innerstaatlichen Sachverhalten auch – durch die alleinige Abführung des Gesamtversicherungsbeitrages an die Einzugsstelle bzw. die Annahme der Beiträge durch diese kein Versicherungsschutz hergeleitet werden kann.

g) Entsendung auf fremdflaggige Seeschiffe

798 Seit dem 01.01.1998 gelten die Regelungen über die Ausstrahlung ohne Einschränkung auch für die auf fremdflaggige Seeschiffe entsandten Personen.[1700]

4. Über- und zwischenstaatliche Regelungen im Bereich der Sozialen Sicherheit

799 In § 6 SGB IV wird ein Rechtsvorbehalt für den Bereich des überstaatlichen sowie des zwischenstaatlichen Vertragsrechtes eingeräumt. Die Vorschrift ergänzt insoweit § 4 SGB IV, hat aber nur **deklaratorische Bedeutung**.

1695 Richtlinien zur versicherungsrechtlichen Beurteilung von Arbeitnehmern bei Ausstrahlung (§ 4 SGB IV) und Einstrahlung (§ 5 SGB IV) vom 20.11.1997.

1696 BfA Information »Beschäftigung im vertragslosen Ausland«, S. 18.

1697 Analoge Anwendung von § 8 Abs. 1 Nr. 2 SGB IV.

1698 § 28h SGB IV.

1699 Sollen also mehrere Arbeitnehmer eines Arbeitgebers in das Ausland entsandt werden, kann die Einschaltung mehrerer Krankenkassen in Betracht kommen.

1700 Vgl. § 4 Abs. 2 Satz 1 SGB IV in der bis zum 31.12.1997 gültigen Fassung.

Die VO (EWG) 1408/71, die die Systeme der Sozialen Sicherheit innerhalb des EWR koordiniert, gilt in Deutschland unmittelbar und verdrängt ihr entgegenstehendes nationales Recht der §§ 3 bis 5 SGB IV. Die bi- oder multilateralen Abkommen über Soziale Sicherheit, die die Bundesrepublik Deutschland mit anderen Staaten geschlossen hat, werden durch ihre Ratifikation[1701] in innerstaatliches Recht transformiert und gehen deshalb als **Völkervertragsrecht** den nationalen Vorschriften vor. 800

Bei Beschäftigten von diplomatischen Vertretungen (Botschaften, Konsulaten) sind im Allgemeinen aufgrund des Wiener Übereinkommens die Rechtsvorschriften über Soziale Sicherheit des vertretenen Staates anzuwenden. Beschäftigte bei internationalen Organisationen (z.B. der UN, NATO) oder europäischen Einrichtungen (z.B. Europäische Zentralbank) unterliegen im Regelfall unmittelbar den diesbezüglich in Völkerrechtsverträgen bestimmten Systemen der Sozialen Sicherheit. Über das Vorliegen der Befreiung von den ausländischen Rechtsvorschriften hat die jeweilige Regierung des Beschäftigungsstaates eine entsprechende Erklärung abzugeben. 801

a) Personaltransfer innerhalb des Europäischen Wirtschaftsraumes (EWR)

Die Aufgabe der Europäischen Gemeinschaft ist es unter anderem in der ganzen Gemeinschaft eine harmonische Entwicklung des Wirtschaftslebens, ein hohes Beschäftigungsniveau und ein hohes Maß an sozialem Schutz zu fördern und innerhalb der Gemeinschaft die Freizügigkeit von Arbeitnehmern zu gewährleisten.[1702] Diese Grundforderungen wurden im Weiteren durch einen Auftrag an den Europäischen Rat genauer ausgeführt, der diesen auffordert, die auf dem Gebiet der sozialen Sicherheit für die Herstellung der Freizügigkeit der Arbeitnehmer notwendigen Maßnahmen zu schaffen.[1703] 802

Bedingt durch die Tatsache, dass die Ausgestaltung der Systeme der Sozialen Sicherheit den Mitgliedsstaaten obliegt, wurde von einer **Harmonisierung Abstand** genommen, und man hat der **Koordinierung** – wie in den bilateralen Abkommen über Soziale Sicherheit – den Vorzug gegeben. 803

Unter Berücksichtigung von Art. 42 EGV, welcher die Rechtsstellung von Arbeitnehmern auf dem Gebiet der Sozialen Sicherheit vor Benachteiligungen aufgrund der Zugehörigkeit zu verschiedenen nationalen Systemen der sozialen Sicherheit bei Wanderung von einem in den anderen Staat schützen soll, wurden die **Koordinierungsregelungen der VO (EWG) 1408/71** geschaffen. In der Präambel der VO (EWG) 1408/71 wird noch einmal hervorgehoben, dass die Vorschriften zur Koordinierung der innerstaatlichen Rechtsvorschriften über soziale Sicherheit zur Freizügigkeit von Personen gehören und zur Verbesserung von deren Lebensstandard und Arbeitsbedingungen beitragen sollen. Ergänzt wird diese VO durch die VO (EWG) 574/72, die die Durchführung der Bestimmungen der VO (EWG) 1408/71 regelt sowie durch Beschlüsse und Empfehlungen der Verwaltungskommission. 804

aa) Territorialer Geltungsbereich

Die Koordinierungsregeln der VO (EWG) 1408/71 sind grundsätzlich in allen Staaten des EWR anzuwenden. Diese sind: 805

- Belgien
- Dänemark
- Deutschland
- Finnland
- Frankreich
- Griechenland
- Großbritannien
- Irland
- Island
- Italien
- Liechtenstein
- Luxemburg
- Niederlande
- Norwegen
- Österreich
- Portugal
- Schweden
- Spanien

1701 Bei Abkommen über Soziale Sicherheit handelt es sich um zustimmungsbedürftige Verträge i.S.v. Art. 56 Abs. 2 Satz 1 GG.

1702 Art. 2, 39 EGV.

1703 Art. 42 EGV.

806 Hierbei sind aber nachfolgende Besonderheiten zu berücksichtigen:

- **Dänemark** Im Verhältnis zu Grönland oder zu den Faröer-Inseln sind die Vorschriften der VO (EWG) 1408/71 nicht anzuwenden.
- **Frankreich** Unter den territorialen Geltungsbereich der VO (EWG) 1408/71 fallen neben dem Staatsgebiet Frankreichs in Europa auch die französischen überseeischen Departements Martinique, Guadeloupe, Rèunion, Französisch-Guyana, St. Pierre und Miquelon.
- **Großbritannien** Die VO (EWG) 1408/71 ist nicht für die britischen Kanalinseln anzuwenden. Bei einem Personaltransfer auf die Insel Man, die vom sachlichen Geltungsbereich der VO (EWG) 1408/71 ausgenommen wurde, ist das deutsch-britische Abkommen über Soziale Sicherheit anzuwenden (Art. 5 Abs. 2). Die VO (EWG) 1408/71 ist auf Gibraltar, aber nicht auf die britischen Hoheitszonen auf Zypern (Akrotiri und Dekhelia) anzuwenden.
- **Italien** Die VO (EWG) 1408/71 ist nicht in San Marino und dem Vatikan anzuwenden.
- **Norwegen** Die VO (EWG) 1408/71 ist nicht in Bezug auf das Gebiet Spitzbergen und die Bäreninseln anzuwenden.
- **Portugal** Die VO (EWG) 1408/71 gilt auch auf den Azoren und Madeira.
- **Spanien** Die VO (EWG) 1408/71 gilt neben den Balearen auch für die kanarischen Inseln und für die nordafrikanischen Provinzen Ceuta und Melilla.

807 Am 01.05.2004 sind folgende Staaten der Europäischen Union beigetreten:

- Estland
- Lettland
- Litauen
- Malta
- Polen
- Slowakei
- Slowenien
- Tschechien
- Ungarn
- Zypern

Ab dem Beitrittsdatum sind – ohne Übergangszeitraum – die Koordinierungsregelungen der VO (EWG) 1408/71 und VO (EWG) 574/72 einschließlich der entsprechenden Beschlüsse und Empfehlungen der Verwaltungskommission und der Rechtsprechung des EuGH anzuwenden. Die zwischen Deutschland und Polen, Slowakei, Slowenien, Tschechien und Ungarn geschlossenen bilateralen Abkommen über Soziale Sicherheit sind ab diesem Zeitpunkt nur für Sachverhalte anzuwenden, die nicht durch die VO (EWG) 1408/71 geregelt werden oder für Zeiträume, die vor dem Beitritt dieser Staaten zur Europäischen Union liegen.[1704]

bb) Besonderheiten im Verhältnis zur Schweiz

808 Durch das Personenverkehrsabkommen als Bestandteil der bilateralen Abkommen Schweiz – EU erfolgt in den nächsten Jahren eine schrittweise Öffnung des Arbeitsmarkts zwischen der EU und der Schweiz. Durch die damit verbundene Freizügigkeit wird auch eine einheitliche Koordinierung der Systeme der Sozialen Sicherheit zwischen der EU und der Schweiz notwendig. Im Anhang II zu diesem Abkommen werden die innerhalb der EU bestehenden Koordinierungsregelungen der Systeme der Sozialen Sicherheit auch im Verhältnis zur Schweiz angewendet.

809 Gegenwärtig werden die Staatsangehörigen der EWR-Staaten, also Island, Lichtenstein und Norwegen nicht von diesen Bestimmungen erfasst,[1705] da es auch hier noch eines formalen Übernahmebeschlusses durch den so genannten »Gemischten Ausschuss« der EU und der Schweiz bedarf.

1704 Vgl. Rn 844 ff.

1705 Sowohl für die Staatsangehörigen dieser Staaten als auch für alle sonstigen Drittstaatsangehörigen ist das deutsch-schweizerische Abkommen über Soziale Sicherheit weiter anzuwenden.

cc) Persönlicher Geltungsbereich

Die Koordinierungsregelungen der VO (EWG) 1408/71 sind nur auf **Staatsangehörige eines EWR-Staates**, Staatenlose und Flüchtlinge,[1706] solange sie in einem EWR-Staat wohnen oder dort als Arbeitnehmer oder Selbständiger tätig sind und in einem System der Sozialen Sicherheit versichert sind (Art. 2 VO (EWG) 1408/71), anzuwenden. 810

Durch die VO (EG) 859/03 werden die Bestimmungen der VO (EWG) 1408/71 auch für Staatsangehörige aus Drittstatten angewendet, die alleine wegen ihrer Staatsangehörigkeit nicht bereits unter die Bestimmungen der VO (EWG) 1408/71 fallen, sofern sich diese Personen auf dem Territorium eines Mitgliedsstaats aufhalten und legal innerhalb der Gemeinschaft zu- und abwandern. Von diesem Grundsatz sieht die VO (EG) 859/03 folgende **Ausnahmen** vor: 811

- Die obigen Grundsätze sind nicht im Verhältnis zu Dänemark anzuwenden.[1707] Vor dem In-Kraft-Treten der VO (EWG) 1408/71 haben Deutschland und Dänemark allerdings ein bilaterales Abkommen über Soziale Sicherheit geschlossen, das zur Zuweisung des Versicherungsrechtes für Personen heranzuziehen ist, die nicht unter den Persönlichen Geltungsbereich der VO (EWG) 1408/71 fallen. Das bilaterale Abkommen ist aber nur auf die Staatsangehörigen der Vertragsstaaten anwendbar. Dieser Grundsatz wird durch das Vorläufige Europäische Abkommen[1708] insoweit aufgehoben, als dass auf Staatsangehörige der Türkei die Abkommensregelungen dieser Abkommen angewendet werden können. Für alle anderen Staatsangehörigen sind im Verhältnis zwischen Deutschland und Dänemark die Richtlinien zur versicherungsrechtlichen Beurteilung von Arbeitnehmern bei Ausstrahlung (§ 4 SGB IV) und Einstrahlung (§ 5 SGB IV) vom 20.11.1997 anzuwenden. 812
- Deutsche Familienleistungen (z.B. Kindergeld) werden nur für Familienangehörige gezahlt, die eine gültige Aufenthaltserlaubnis für die Bundesrepublik Deutschland besitzen. 813

Im Verhältnis zu den EWR-Staaten, die nicht gleichzeitig EU-Staaten sind (Island, Liechtenstein und Norwegen), ist diese Verordnung zur Zeit noch nicht anzuwenden, da es noch eines formalen Übernahmebeschlusses durch den so genannten »EWR-Ausschuss« bedarf. Im Verhältnis zu diesen Staaten sind für Drittstaatsangehörige die Richtlinien zur versicherungsrechtlichen Beurteilung von Arbeitnehmern bei Ausstrahlung (§ 4 SGB IV) und Einstrahlung (§ 5 SGB IV) vom 20.11.1997 anzuwenden. 814

Auch im Verhältnis zur Schweiz ist die obige Verordnung zurzeit noch nicht anzuwenden. Auch hier bedarf es noch eines formalen Übernahmebeschlusses; hier durch den so genannten »Gemischten Ausschuss« der EU und der Schweiz. In der Zwischenzeit sind die Bestimmungen des deutsch-schweizerischen Abkommens über Soziale Sicherheit anzuwenden. 815

dd) Sachlicher Geltungsbereich

Anders als in den bilateralen Abkommen über Soziale Sicherheit, die einzelne Versicherungszweige koordinieren, werden in der VO (EWG) 1408/71 Leistungen im Falle von Krankheit und Mutterschaft, Invalidität, Alter und Hinterbliebenen, Arbeitsunfälle und Berufskrankheiten, Sterbegeld, Leistungen im Falle von Arbeitslosigkeit sowie Familienleistungen, koordiniert (Art. 4.1 VO (EWG) 1408/71). In Hinblick auf das deutsche System der Sozialen Sicherheit können alle Zweige der Sozialen Sicherheit[1709] hierunter gefasst werden. 816

Der Begriff »Leistungen bei Krankheit und Mutterschaft« ist nach Rechtsprechung des EuGH so auszulegen, dass auch die durch den Arbeitgeber zu erbringende **Entgeltfortzahlung**[1710] im 817

1706 Zur Begriffsbestimmung siehe auch Genfer Flüchtlingskonvention.
1707 Vgl. Erwägungsgrund Nr. 19 zur VO (EG) 859/2003.
1708 Vorläufiges Europäisches Abkommen über Soziale Sicherheit unter Ausschluss der Systeme für den Fall des Alters, der Invalidität und zugunsten der Hinterbliebenen (Zustimmungsgesetz v. 07.05.1956, BGBl II, 507).
1709 Kranken-, Pflege-, Renten-, Unfall- und Arbeitslosenversicherung.
1710 Entgeltfortzahlungsgesetz.

Krankheitsfalle, sowie der arbeitgeberseitige Zuschuss zum Mutterschaftsgeld[1711] Leistungen sind, die vom sachlichen Geltungsbereich der VO (EWG) 1408/71 erfasst sind.[1712]

818 Zu den erfassten Familienleistungen zählt das **Kindergeld** nach dem Bundeskindergeldgesetz (BKGG) und nach Rechtsprechung des EUGH[1713] auch das **Erziehungsgeld** nach dem Bundeserziehungsgeldgesetz (BErzGG).

Hinsichtlich der gesetzlichen Rentenversicherung ist zu beachten, dass die nach Landesrecht eingerichteten berufsständigen Versorgungswerke der Ärzte, Tierärzte, Apotheker, Rechtsanwälte, Patentanwälte, Notare, Wirtschaftsprüfer, Steuerberater, Steuerbevollmächtigten und Seelotsen nicht vom sachlichen Geltungsbereich der VO (EWG) 1408/71 erfasst sind.

ee) Grundsätze

819 Durch die Abgrenzungsnormen der VO (EWG) 1408/71 (Art. 13.1) wird innerhalb des EWR eine Doppelversicherung in verschiedenen Systemen der Sozialen Sicherheit ausgeschlossen[1714],[1715] Hintergrund dieser Regelung ist, dass ein Arbeitnehmer bzw. sein Arbeitgeber für das gleiche Beschäftigungsverhältnis **nicht doppelte Beitragslasten** tragen, aber auch nicht für den gleichen Leistungsfall doppelte Sozialleistungen erhalten soll.

820 Eine vergleichbare Rechtsvorschrift wie § 3 SGB IV findet sich auch in der VO (EWG) 1408/71 wieder, da in Art. 13.2.a VO (EWG) 1408/71 ein Territorialitätsprinzip definiert wird. Grundsätzlich unterliegt ein Arbeitnehmer den Rechtsvorschriften über Soziale Sicherheit des EWR-Staates, in dessen Gebiet er physisch seine Beschäftigung ausübt. In diesem Zusammenhang ist es unbeachtlich, in welchem EWR-Staat sich der Betriebssitz des Arbeitgebers befindet oder in welchem EWR-Staat der Arbeitnehmer seinen Wohnsitz[1716] hat.

821 In den Art. 14 bis 16 der VO (EWG) 1408/71 wird durch diverse Ausnahmen die relativ starre Regelung des Beschäftigungsstaatprinzips durchbrochen. Von dem Grundsatz des Art. 13.2.a VO (EWG) 1408/71 sind insbesondere Ausnahmen möglich, wenn es sich um eine Entsendung i.S.v. Art. 14.1.a VO (EWG) 1408/71 handelt.

822 Daneben sieht die VO (EWG) 1408/71 unter anderem für **folgende Personengruppen** Sonderregelungen zur Bestimmung des zuständigen Versicherungsrechts vor:

- Personen, die ihre Tätigkeit gewöhnlich in zwei oder mehr Staaten des EWR ausüben,
- Beamte,
- Seeleute,
- Personen, die im internationalen Verkehrswesen beschäftigt sind,
- selbständig Tätige,
- Personen, die bei diplomatischen Dienststellen oder bei Organen der Europäischen Gemeinschaft beschäftigt sind.

Auf die Koordinierungsregeln für diese Personengruppen wird an dieser Stelle nicht weiter eingegangen.

1711 § 14 MuschG.
1712 Rs C-45/90 (Paletta).
1713 Rs C-245/94 (Hoever).
1714 Vgl. *Frank*, SRH, D.33 Rn 63 ff.
1715 Zu den Ausnahmen siehe Art. 14 c i.V.m. Anhang VII VO (EWG) 1408/71.
1716 Rs 102/76 (Perenboom), Rs C-2/89 (Kits van Heijningen), Rs 60/93 (Aldewereld).

ff) Entsendung von Arbeitnehmern (Art. 14.1.a ff. VO (EWG) 1408/71)

Für den Fall, dass ein Arbeitnehmer für seinen Arbeitgeber eine Beschäftigung in einem anderen EWR-Staat ausübt, stellt sich auch hier die **Frage der anzuwendenden Rechtsvorschriften**. Jede in einem anderen EWR-Staat physisch ausgeübte Beschäftigung führt zunächst einmal zu einer Anwendung der entsprechenden Rechtsvorschriften des Beschäftigungsstaates (Art. 13.2.a VO (EWG) 1408/71); hierbei spielt es zunächst keine Rolle, für wie lange diese Beschäftigung dort ausgeübt wird; auch jede Dienstreise ist zunächst nach diesen Kriterien zu beurteilen. In diesem Zusammenhang ist es ebenso unerheblich, in welchem Staat der Arbeitgeber seinen Betriebssitz oder wo der Arbeitnehmer seinen Wohnsitz hat. 823

Bei In-Kraft-Treten der VO (EWG) 1408/71 bestand allerdings Einvernehmen darüber, dass diese Bestimmungen sehr oft zu unbefriedigenden Lösungen führen könnten. Art. 14.1.a ff. VO (EWG) 1408/71 trägt diesem Gesichtspunkt Rechnung. Nach dieser Vorschrift unterliegt ein Arbeitnehmer bei einer für seinen Arbeitgeber in einem anderen EWR-Staat ausgeübten Beschäftigung weiterhin den deutschen Rechtsvorschriften über Soziale Sicherheit, sofern 824

- die im anderen EWR-Staat ausgeübte Beschäftigung voraussichtlich nicht über zwölf Monate hinausgeht und
- der Arbeitnehmer keine andere Person ablöst, deren Entsendezeit abgelaufen ist.

Weitergehende Kriterien, für den bei der Entsendung geforderten Fortbestand der arbeitsrechtlichen Bindung zum entsendenden Unternehmen sowie die Voraussetzung für die Weitergeltung der deutschen Rechtsvorschriften über Soziale Sicherheit bei Arbeitnehmern, die zum Zwecke der Entsendung eingestellt wurden, sind in dem Beschluss Nr. 181 der Verwaltungskommission der Europäischen Gemeinschaften vom 13.12.2000 nachzulesen.[1717] Die wesentlichen Punkte sind: 825

- Der Arbeitnehmer war in den letzten zwölf Monaten nicht im Entsendestaat beschäftigt.
- Der arbeitsrechtliche Entgeltanspruch richtet sich während der Entsendung ausschließlich gegen den deutschen Arbeitgeber.
- Das deutsche Unternehmen muss während der Entsendung weiterhin für die Anwerbung des Arbeitnehmers, den Arbeitsvertrag mit dem Arbeitnehmer, die Ausübung arbeitsrechtlicher Sanktionen (beispielsweise Beendigung des Beschäftigungsverhältnisses), Ausübung des Direktionsrechtes und die Abführung der Sozialversicherungsbeiträge an die zuständige Einzugsstelle verantwortlich sein.

Das Fehlen eines der oben aufgeführten Kriterien führt dazu, dass die Voraussetzungen für die Anwendung von Art. 14.1.a VO (EWG) 1408/71 nicht erfüllt sind und somit der Arbeitnehmer aus dem deutschen System der Sozialen Sicherheit ausscheidet. Im Gegenzug hat z.B. ein deutscher Arbeitgeber die lokalen Beiträge der Sozialen Sicherheit zu zahlen. Ob im Einzelfall der Abschluss von Vereinbarungen nach Art. 17 VO (EWG) 1408/71 in Betracht kommt, mag an dieser Stelle offen bleiben. 826

Der Beschluss 181 enthält auch Regelungen zur Frage der anzuwendenden Rechtsvorschriften bei grenzüberschreitender Arbeitnehmerüberlassung,[1718] auf die an dieser Stelle nicht eingegangen wird. 827

Die Prüfung, ob die Voraussetzungen einer Entsendung im Sinne der VO (EWG) 1408/71 erfüllt sind, obliegt dem **Träger der gesetzlichen Krankenversicherung** (AOK, BKK, Bundesknappschaft, Ersatzkasse, IKK, Landwirtschaftliche Krankenkasse oder See-Krankenkasse). Sollte der Arbeitnehmer bei einem privaten Krankenversicherungsunternehmen versichert sein (z.B. wegen Überschreiten der Beitragsbemessungsgrenze in der Kranken- und Pflegeversicherung), ist die Bundesversicherungsanstalt für Angestellte oder Landesversicherungsanstalt für diese Prüfung zuständig. 828

Sind die Voraussetzungen einer Entsendung im Sinne der VO (EWG) 1408/71 erfüllt, stellt die deutsche zuständige Stelle einen **Nachweis** über die anzuwendenden Rechtsvorschriften über Soziale 829

1717 ABl. EG v. 14.12.2001 Nr. L 329, 73.
1718 Siehe auch Rs 35/70 (Manpower).

Sicherheit aus (**Vordruck E 101**). Der Vordruck wird üblicherweise dem Arbeitgeber für die deutschen Lohn- und Gehaltsunterlagen zur Verfügung gestellt.[1719] Weiterhin ist es angebracht, Kopien der Vordrucke dem Arbeitnehmer und der ausländischen Beschäftigungsstelle auszuhändigen. Dort kann damit die Nichtzahlung der lokalen Beiträge der Sozialen Sicherheit, bzw. die Nichtanwendung der entsprechenden Rechtsvorschriften, nachgewiesen werden.

830 Nach der Rechtsprechung des EuGH[1720] ist die von einem dafür zuständigen Träger ausgestellte Bescheinigung (E 101) grundsätzlich von den zuständigen Trägern der anderen EWR-Staaten zu akzeptieren. Die **Rücknahme** einer solchen Bescheinigung nach Vordruck E 101 kommt in der Regel nur durch den ausstellenden Träger in Betracht, wenn dieser beispielsweise den Vordruck unter falschen Voraussetzungen ausgestellt hat.

831 Durch die Aushändigung des Vordruckes E 101 wird der Arbeitgeber darüber **belehrt**, dass während der Entsendung die zuständigen Träger Kontrollen durchführen können, die sich insbesondere auf die Abführung der Beiträge der Sozialen Sicherheit und die Aufrechterhaltung der arbeitsrechtlichen Bindung zum entsendenden Unternehmen beziehen. Außerdem wird der deutsche Arbeitgeber darüber informiert, dass er jede Änderung, die während der Entsendungszeit eintritt, insbesondere wenn

- die beantragte Entsendung oder die beantragte Verlängerung nicht erfolgt,
- diese Entsendung unterbrochen wird, es sei denn, dass diese Unterbrechung der Tätigkeiten des Arbeitnehmers für das Unternehmen im Beschäftigungsstaat nur vorübergehend ist,
- der entsandte Arbeitnehmer von seinem Arbeitgeber zu einem anderen Unternehmen im Beschäftigungsstaat abgestellt wird,

dem ausstellenden Träger mitzuteilen hat.

832 Bei einer Entsendung nach Belgien, in die Niederlande, nach Finnland, Schweden oder Island hat der den Vordruck E 101 ausstellende Träger eine Ausfertigung des Vordruckes an die zuständigen Behörden dieser Staaten zu übersenden.

833 Die Ausstellung der Vordrucke E 101 für Arbeitnehmer solcher Arbeitgeber, die Arbeitnehmer bis zu einer Dauer von drei Monaten in andere EWR-Staaten entsenden, ist durch Beschluss Nr. 148 der Verwaltungskommission der Europäischen Gemeinschaften vom 01.02.1993 erleichtert worden. Danach kann die für die Ausstellung zuständige Stelle dem Arbeitgeber auf Antrag und unter Berücksichtigung bestimmter Rahmenbedingungen Vordrucke E101 zur Verfügung stellen, die vom Arbeitgeber im Bedarfsfall vervollständigt und dem Arbeitnehmer ausgehändigt werden.

834 Stellt sich im Laufe der Entsendung heraus, dass diese über den zunächst vorgesehen Zeitraum von nicht mehr als zwölf Monaten um nicht mehr als weitere zwölf Monate **verlängert** werden muss, kann der Arbeitgeber eine Verlängerung der Entsendung beantragen. Zu beachten ist allerdings, dass dieser Antrag vor Ablauf der ersten zwölf Monate mittels des Vordruckes E 102 (in vierfacher Ausfertigung) bei der zuständigen Stelle des EWR-Staates zu stellen ist, in dessen Gebiet der Arbeitnehmer seine Entsendebeschäftigung ausübt.[1721]

835 Sofern der Vordruck E 102 genehmigt wird, wird die ausländische zuständige Stelle dem Arbeitgeber zwei Ausfertigungen übersenden. Weiterhin erhält die Stelle, die den Vordruck E 101 ausgestellt hat, eine Ausfertigung.

1719 § 2 ff. BeitrÜberwachVO.

1720 Rs C 202/97 (Fitzwilliam) und Rs C 178/97 (Banks).

1721 Die zuständigen Stellen sind in den Erläuterungen des Vordruckes E 102 zu finden.

gg) Vereinbarungen nach Art. 17 VO (EWG) 1408/71

Abschließend bietet Art. 17 VO (EWG) 1408/71 die Möglichkeit Ausnahmen von den teilweise sehr starren Regelungen der Art. 13 bis 16 der VO (EWG) 1408/71 zu treffen (Ausnahmevereinbarungen). In Anbetracht der großen Anzahl der von den zuständigen Behörden oder Stellen getroffenen Ausnahmevereinbarungen stellt sich in der Praxis die Frage, ob die Regelungen der VO (EWG) 1408/71 den heutigen Bedürfnissen global operierender Unternehmen bzw. Arbeitnehmern, die für ihren Arbeitgeber über Grenzen hinweg tätig werden, gerecht werden. Auch *Steinmeyer* sieht die steigende Anzahl von Ausnahmevereinbarungen als ein Symptom für eine Reformbedürftigkeit des Regelungssystems der VO (EWG) 1408/71.[1722] 836

Eine Ausnahmevereinbarung kann beispielsweise dann in Betracht kommen, wenn die Beschäftigung eines Arbeitnehmers in einem anderen EWR-Staat für mehr als zwölf Monate vorgesehen[1723] ist oder der Arbeitnehmer zu seinem deutschen Arbeitgeber nur noch eine arbeitsrechtliche Anbindung in Form eines ruhenden Arbeitsverhältnisses (Rumpfbeschäftigungsverhältnis)[1724] besitzt. Die zuständigen Behörden[1725] des Heimat- und Gaststaates entscheiden über den gemeinsam vom Arbeitgeber und Arbeitnehmer zu stellenden Antrag im Wege einer Ermessensausübung.[1726] In der Praxis sind die zuständigen Behörden bereit, die Höchstdauer für den Zeitraum, für den Ausnahmevereinbarungen getroffen werden, flexibel zu handhaben. In der Regel können Vereinbarungen von bis zu sechs bis acht Jahren getroffen werden. Die Behörden von Belgien, den Niederlanden, Schweden, Spanien, Irland und Finnland sind bereit, Ausnahmevereinbarungen für maximal bis zu fünf Jahre zu treffen. 837

Der formlose Antrag auf Abschluss, der an die zuständige Stelle des Staates gerichtet wird, dessen Rechtsvorschriften weiter angewendet werden sollen – also bei Weitergeltung der deutschen Rechtsvorschriften an die Deutsche Verbindungsstelle Krankenversicherung – Ausland –, sollte folgende Angaben enthalten: 838

- Vor- und Zuname, Geburtsdatum, Staatsangehörigkeit, bisherige Wohnanschrift des Arbeitnehmers in der Bundesrepublik Deutschland sowie ggf. neue Wohnanschrift im Beschäftigungsstaat,
- Beginn und voraussichtliches Ende der Beschäftigung im Beschäftigungsstaat,
- Aufgabenstellung des Arbeitnehmers,
- Bezeichnung und vollständige Anschrift sowohl des Arbeitgebers in der Bundesrepublik Deutschland als auch der Beschäftigungsstelle in dem anderen EWR-Staat,
- Art der arbeitsrechtlichen Bindung zwischen Arbeitnehmer und deutschem Arbeitgeber während der Beschäftigung im anderen EWR-Staat,
- Darlegung, aus welchen Gründen die Weitergeltung der deutschen Rechtsvorschriften im Interesse des Arbeitnehmers liegt,
- Bezeichnung und vollständige Anschrift der Stelle, die die Melde- und Beitragspflichten für den Antragszeitraum erfüllen wird,
- Erklärung des Arbeitnehmers, dass der Abschluss einer Vereinbarung nach Art. 17 VO (EWG) 1408/71 in seinem Interesse liegt,

Der Antrag auf Abschluss einer Ausnahmevereinbarung ist **rechtzeitig vor Aufnahme der Beschäftigung** im anderen EWR-Staat zu stellen, damit bereits bei Beginn des in Frage kommenden Zeitraums geklärt ist, ob für den Arbeitnehmer die deutschen oder die Rechtsvorschriften des Beschäftigungsstaates anzuwenden sind. 839

1722 *Steinmeyer*, in: *Fuchs*, Europäisches Sozialrecht, Art 17 Rn 1 S. 204.

1723 Art. 14.1.a. VO (EWG) 1408/71.

1724 Bei Personaltransfer nach Belgien ist zu berücksichtigen, dass die belgische zuständige Behörde ihr Ermessen dahingegen ausübt, bei einem in Deutschland bestehenden ruhenden Arbeitsvertrag keinen Vereinbarungen nach Art. 17 VO (EWG) 1408/71 zuzustimmen.

1725 In Deutschland ist dieses die Deutsche Verbindungsstelle Krankenversicherung-Ausland (DVKA).

1726 Zur Rechtsnatur der Ausnahmevereinbarungen siehe *Steinmeyer*, in: *Fuchs*, Europäisches Sozialrecht, Art. 17 Rn 5 S. 205.

840 Sofern der Antrag auf Abschluss einer Ausnahmevereinbarung **verspätet** gestellt wird, sind die Gründe, die zur verspäteten Antragsstellung führten, darzulegen. Zusätzlich muss bestätigt werden, dass in der Zeit nach Beschäftigungsaufnahme im anderen EWR-Staat weiterhin deutsche Beiträge der sozialen Sicherheit an die zuständige Einzugsstelle für den Gesamtsozialversichersicherungsbeitrag (Krankenkasse) abgeführt wurden.

841 Ist bei Aufnahme der Beschäftigung im anderen EWR-Staat über den gestellten Antrag **noch nicht entschieden**, sollte für den praktischen Vollzug der Versicherung – insbesondere hinsichtlich der Beitragszahlung – zunächst davon ausgegangen werden, dass dem Antrag entsprochen wird. Andenfalls kann es zu Schwierigkeiten bei der Geltendmachung des internen Erstattungsanspruches des Arbeitgebers gegen den vom Arbeitnehmer zu tragenden Teil des Gesamtsozialversicherungsbeitrages[1727] kommen.

842 Sofern sowohl die deutsche als auch die zuständige Behörde des Beschäftigungsstaates einer Ausnahmevereinbarung zugestimmt haben, erhält der deutsche Arbeitgeber eine entsprechende Zustimmungsmitteilung. Eine Zweitschrift der Zustimmungsmitteilung ist der zuständigen Krankenkasse, bzw. bei nicht gesetzlich krankenversicherten Arbeitnehmern dem zuständigen Rentenversicherungsträger vorzulegen. Von dieser Stelle wird dann die Weitergeltung der deutschen Rechtsvorschriften über soziale Sicherheit mit Vordruck E 101 bestätigt. Weiterhin sind der zuständige Träger der gesetzlichen Unfallversicherung (Berufsgenossenschaft) durch den Arbeitgeber und – sofern ein Anspruch auf Kindergeld besteht – die zuständige Familienkasse (Arbeitsamt) durch den Arbeitnehmer zu unterrichten.

843 Die bei Entsendungen nach Art. 14.1.a VO (EWG) 1408/71 bestehenden Mitteilungspflichten des Arbeitnehmers und Arbeitgebers sowie die Prüfungsbefugnisse der Versicherungsträger gelten bei Ausnahmevereinbarungen entsprechend.

b) Personaltransfer in Staaten, mit denen bilaterale Abkommen über Soziale Sicherheit bestehen

844 Neben den Koordinierungsregeln in der VO (EWG) 1408/71 hat Deutschland auch mit folgenden Staaten bilaterale Abkommen über Soziale Sicherheit geschlossen:

- Australien[1728]
- Bosnien Herzegowina
- Bulgarien
- Chile
- China
- Israel
- Japan
- Kanada/Quebec
- Korea
- Kroatien
- Marokko
- Mazedonien
- Polen
- Schweiz[1729]
- Serbien & Montenegro
- Slowenien
- Slowakei
- Tschechien
- Türkei
- Tunesien
- Ungarn
- USA

Die bilateralen Abkommen, die Deutschland mit Polen, Slowakei, Slowenien, Tschechien und Ungarn geschlossen hat, wurden durch den Beitritt dieser Staaten am 01.05.2004 zur Europäischen Union bedeutungslos.[1730]

845 Die Abkommen über Soziale Sicherheit sind anders als die Abkommen zur Vermeidung einer Doppelbesteuerung (DBA) nicht einheitlich hinsichtlich der Regelungsinhalte. Ein **Musterabkom-**

1727 § 28g SGB IV.
1728 Das deutsch-australische Abkommen über Soziale Sicherheit enthält im Gegensatz zu allen anderen von Deutschland mit anderen Staaten geschlossenen Abkommen über Soziale Sicherheit keine Abgrenzungsnormen.
1729 Seit dem 01.06.2002 ist das Abkommen nur noch auf Staatsangehörige von Island, Liechtenstein und Norwegen (EWR-Staaten) und sonstige Drittstaatsangehörige anzuwenden.
1730 Vgl. Rn 805 ff.

men, ähnlich dem Musterabkommen der OECD im Bereich der Abkommen zur Vermeidung einer Doppelbesteuerung, **existiert nicht**.

Neben diesen bilateralen Abkommen haben einige Staaten auch **multilaterale** Abkommen geschlossen, um den besonderen Bedürfnissen bestimmter Situationen Rechnung zu tragen. Beispielsweise wurden für Rheinschiffer das Übereinkommen über die Soziale Sicherheit der Rheinschiffer[1731] zwischen Deutschland, Belgien, Frankreich, Luxemburg, den Niederlanden und der Schweiz geschlossen. Auf die Regelungsinhalte des Rheinschiffer-Übereinkommens wird an dieser Stelle nicht weiter eingegangen. 846

aa) Territorialer Geltungsbereich

Der Natur der Sache nach sind die bilateralen Abkommen über Soziale Sicherheit im Hoheitsgebiet der Vertragsstaaten anzuwenden. Die Abkommen enthalten daher in der Regel in einem der ersten Artikel eine entsprechende Begriffsbestimmung. 847

Insbesondere das Abkommen mit China und den USA enthält hinsichtlich des territorialen Geltungsbereiches einige **Besonderheiten**. Hinsichtlich des Abkommens mit **China** besteht zwischen der deutschen und der chinesischen zuständigen Behörde Einvernehmen, dass die Sonderverwaltungszonen von Hongkong und Macao nicht vom territorialen Geltungsbereich des Abkommens erfasst sind.[1732] Das Abkommen zwischen Deutschland und den **USA** schließt auch den District Columbia, den Freistaat Puerto Rico, die Jungferninseln, Guam, Amerikanisch Samoa und den Bund der Nördlichen Marianen ein. 848

Diese Abkommen enthalten abweichende Sonderregelungen für folgende Personengruppen, auf die an dieser Stelle nicht weiter eingegangen wird: 849

- Besatzungsmitglieder von Seeschiffen und Luftfahrzeugen,
- Beschäftigte, die nicht Arbeitnehmer sind,
- Beschäftigte im öffentlichen Dienst sowie
- Personen, die bei diplomatischen oder konsularischen Dienststellen beschäftigt sind.

bb) Persönlicher Geltungsbereich

Die Abkommen über Soziale Sicherheit sind in der Regel ohne Rücksicht auf die Staatsangehörigkeit des Arbeitnehmers anzuwenden. Es reicht aus, dass die betroffenen Personen in einem der Vertragsstaaten **als Arbeitnehmer beschäftigt** sind. 850

Die Abkommen zwischen Deutschland und **Tunesien** bzw. **Marokko** sind lediglich auf die Staatsangehörigen der Vertragsstaaten anzuwenden. Auch der persönliche Geltungsbereich des **deutsch-türkischen** Abkommens ist grundsätzlich beschränkt. Das Abkommen gilt bei Anwendung der deutschen Rechtsvorschriften außer für die Staatsangehörigen der Vertragsstaaten auch für die Angehörigen der Staaten, mit denen Deutschland über- und zwischenstaatliche Beziehungen über Soziale Sicherheit unterhält. 851

Ebenso wie in der VO (EWG) 1408/71 sind Staatenlose und Flüchtlinge im Sinne der Genfer Flüchtlingskonvention grundsätzlich im persönlichen Geltungsbereich der bilateralen Abkommen über Soziale Sicherheit erfasst. 852

1731 BGBl II 1983, 594.

1732 Hier sind die Regelungen des vertragslosen Auslandes anzuwenden.

cc) Sachlicher Geltungsbereich

853 Die Abkommen über Soziale Sicherheit, die Deutschland mit anderen Staaten geschlossen hat, sind vom sachlichen Geltungsbereich immer auf die **gesetzliche Rentenversicherung** anzuwenden.[1733] **Andere Versicherungszweige** können vom sachlichen Geltungsbereich ebenso erfasst sein, sofern beide Vertragsstaaten annähernd deckungsgleiche Systeme der Sozialen Sicherheit eingerichtet haben[1734] und die Ausdehnung auf weitere Versicherungszweige ausdrücklich vereinbart wurde.

854 Daneben können die Vertragsstaaten **einseitig** den sachlichen Geltungsbereich bzw. den Verbleib im heimatlichen System der Sozialen Sicherheit auf weitere Versicherungszweige erstrecken. So können die von Deutschland in den anderen Vertragsstaat entsandten Arbeitnehmer auch in den Zweigen der Sozialen Sicherheit verbleiben, die nicht vom sachlichen Geltungsbereich des Abkommens erfasst sind. Diese Ausdehnung auf andere Versicherungszweige erfolgt durch eine Protokollnotiz im entsprechenden Schlussprotokoll zum jeweiligen Abkommen.[1735]

dd) Grundsätze

855 Neben der VO (EWG) 1408/71 ist auch in den bilateralen Abkommen über Soziale Sicherheit das **Territorialitätsprinzip** zu finden. Ein Arbeitnehmer unterliegt bei den bilateralen Abkommen immer den Rechtsvorschriften des Staates, in dessen Gebiet er seine Beschäftigung physisch ausübt.[1736] Ob die Anwendung der Rechtsvorschriften des Beschäftigungsstaates im Weiteren zu einer Versicherungs- oder Beitragspflicht führt, hängt von den entsprechenden lokalen Rechtsvorschriften des Beschäftigungsstaates ab, da die Abkommen über Soziale Sicherheit, ähnlich wie die Abkommen zur Vermeidung einer Doppelbesteuerung (DBA) das Recht zur Anwendung der Rechtsvorschriften über Soziale Sicherheit einem der Vertragsstaaten zuweisen.

ee) Entsendung von Arbeitnehmern

856 Die von Deutschland geschlossenen Abkommen über Soziale Sicherheit enthalten grundsätzlich **Definitionen zur Bestimmung der anzuwendenden Rechtsvorschriften** bei Entsendungen von Arbeitnehmern.[1737] Die bilateralen Abkommen enthalten ebenso wie die VO (EWG) 1408/71 keine Definition des Begriffes Entsendung. In der Praxis legt diesen Begriff jeder Staat nach seinen Grundsätzen aus. Bei einem Personaltransfer von Deutschland in einen Abkommensstaat werden zur Beurteilung die Richtlinien zur versicherungsrechtlichen Beurteilung von Arbeitnehmern bei Ausstrahlung (§ 4 SGB IV) und Einstrahlung (§ 5 SGB IV) analog angewendet.[1738]

857 Diese einheitliche Auslegung des Entsendebegriffes bietet in der Praxis den entscheidenden Vorteil, dass, sofern die Voraussetzungen einer Entsendung i.S.v. § 4 SGB IV vorliegen, der entsandte Arbeitnehmer neben den vom Abkommen erfassten Zweigen auch in den nicht erfassten Zweigen der Sozialen Sicherheit den deutschen Rechtsvorschriften über Soziale Sicherheit unterliegen.

858 Eine **Ausnahme** bildet in diesem Zusammenhang das Abkommen zwischen Deutschland und Polen über die Sozialversicherung von Arbeitnehmern, die in das Gebiet des anderen Staates vorübergehend entsandt werden. Im Verhältnis zu Polen wurde im Jahre 2000 durch einen Notenaustausch ein gemeinsamer Entsendebegriff vereinbart, der sich im Wesentlichen an den Bestimmungen des Beschlusses 181 der EG-Verwaltungskommission orientiert.

859 Da das jeweilige Abkommen im Gegenzug zur Weitergeltung der deutschen Rechtsvorschriften eine Befreiung von den Rechtsvorschriften über Soziale Sicherheit des Beschäftigungsstaates vorsieht,

1733 Siehe z.B. Art. 2 des deutsch-amerikanischen Abkommens über Soziale Sicherheit.
1734 Siehe z.B. Art. 2 (1) 1 des deutsch-ungarischen Abkommens über Soziale Sicherheit.
1735 Siehe z.B. Ziffer 10 des Protokolls zum deutsch-japanischen Abkommen über Soziale Sicherheit.
1736 Siehe z.B. Art. 6 des deutsch-kroatischen Abkommens über Soziale Sicherheit.
1737 Eine Ausnahme bildet das deutsch-australische Abkommen über Soziale Sicherheit. In diesem Abkommen wird keine Zuweisung des Versicherungsrechtes vorgenommen.
1738 BSG, Urt. v. 08.12.1994, USK 94106.

erstreckt sich die Befreiung ausschließlich auf die vom Abkommen erfassten Zweige, ggf. unter ergänzender Berücksichtigung der Bestimmungen des entsprechenden Schlussprotokolls.

Die in den Abkommen vereinbarten **Zeitgrenzen** sind jeweils abkommensabhängig, beginnen bei 24 Monaten[1739] und gehen bis zu 60 Monaten.[1740] Ausnahmen bilden die Abkommen mit Bosnien Herzegowina, Israel, Mazedonien, Serbien und Montenegro sowie mit der Türkei. In diesen Abkommen sind keine Zeitgrenzen vereinbart worden. In diesem Fall können die Bestimmungen der Entsenderichtlinien[1741] analog angewendet werden. 860

Anders als im Rahmen der VO (EWG) 1408/71 erfolgt die Prüfung, ob die Voraussetzungen für eine Entsendung im Sinne der jeweiligen Abkommensvorschriften, bzw. nach § 4 SGB IV erfüllt sind, durch die für den Einzug der Rentenversicherungsbeiträge zuständige **Krankenkasse** (z.B. AOK, BKK, Bundesknappschaft, Ersatzkasse, IKK, Landwirtschaftliche Krankenkasse oder See-Krankenkasse). In diesem Zusammenhang ist es unerheblich, ob der Arbeitnehmer bei einem privaten Krankenversicherungsunternehmen oder gesetzlichen Krankenversicherungsträger versichert ist. Ist der Arbeitnehmer von der Rentenversicherungspflicht befreit, erfolgt die Prüfung der Voraussetzungen durch die Bundesversicherungsanstalt für Angestellte. 861

Sofern die Voraussetzungen einer Entsendung im Sinne des jeweiligen Abkommens über Soziale Sicherheit erfüllt sind, stellt der zuständige Träger eine **Bescheinigung** über die anzuwendenden Rechtsvorschriften aus.[1742] Ob die im Rahmen der bilateralen Abkommen ausgestellten Bescheinigungen über die anzuwendenden Rechtsvorschriften die gleiche Rechtskraft haben, wie die Bescheinigung E 101 nach der VO (EWG) 1408/71, ist nicht abschließend geklärt.[1743] 862

Der Vordruck wird üblicherweise dem Arbeitgeber für die deutschen Lohn- und Gehaltsunterlagen zur Verfügung gestellt.[1744] Weiterhin ist es angebracht, Kopien der Vordrucke dem Arbeitnehmer und der ausländischen Beschäftigungsstelle auszuhändigen. Im Beschäftigungsstaat kann somit die Nichtzahlung der lokalen Beiträge der Sozialen Sicherheit, bzw. die Nichtanwendung der entsprechenden Rechtsvorschriften nachgewiesen werden. 863

ff) Ausnahmeregelungen

Auch die bilateralen Abkommen über Soziale Sicherheit sehen vor, dass Ausnahmen von dem Territorialitätsprinzip zwischen den **zuständigen Behörden der Vertragsstaaten** getroffen werden können.[1745] Hinsichtlich des Verfahrensablaufes und der Rechtswirkung kann im Wesentlichen auf das Verfahren zum Abschluss einer Vereinbarung nach Art. 17 VO (EWG) 1408/71 verwiesen werden. Der wesentliche Unterschied zu den Vereinbarungen nach Art. 17 VO (EWG) 1408/71 besteht darin, dass Ausnahmevereinbarungen nur für die Zweige der Sozialen Sicherheit getroffen werden, die vom sachlichen Geltungsbereich der Abkommens erfasst sind.[1746] Für die anderen Versicherungszweige besteht ein Verhältnis wie bei einem Personaltransfer zu einem Staat des vertragslosen Auslandes. 864

Bei Arbeitnehmern, welche die Voraussetzungen einer Ausstrahlung nach § 4 SGB IV nicht erfüllen, kann eine Versicherungspflicht für die nicht vom Abkommen erfassten Zweige nicht erreicht werden. Die Versicherungspflicht endet in diesen Zweigen mit Aufnahme der Beschäftigung im anderen Staat. 865

1739 Siehe z.B. deutsch-bulgarisches Abkommen über Soziale Sicherheit.
1740 Siehe z.B. Art. 7 des deutsch-japanischen Abkommens über Soziale Sicherheit.
1741 Richtlinien zur versicherungsrechtlichen Beurteilung von Arbeitnehmern bei Ausstrahlung (§ 4 SGB IV) und Einstrahlung (§ 5 SGB IV) vom 20.11.1997.
1742 Im Verhältnis zu Kanada z.B. der Vordruck CAN 1.
1743 Siehe auch *Raschke*, in: DRV-Schriften, Band 28, S. 17, sowie BSG, Urt. v. 16.12.1999, SozR 3-5870 § 1 Nr. 17.
1744 § 1 ff. BeitrÜberwachVO.
1745 Siehe z.B. Art. 11 des deutsch-kroatischen Abkommens über Soziale Sicherheit.
1746 Z.B. die gesetzliche Rentenversicherung im Verhältnis zu den USA (vgl. Art. 2 des Abkommens).

866 Die maximale **Zeitdauer**, für die Ausnahmeregelungen getroffen werden können, ist wesentlich großzügiger als bei den Ausnahmevereinbarungen nach Art. 17 VO (EWG) 1408/71. Die Obergrenzen sind jeweils individuell zwischen den einzelnen Vertragsstaaten vereinbart. Zwischen Deutschland und den USA wurde beispielsweise vereinbart, dass Ausnahmeregelungen bis zu neun Jahren getroffen werden können.

5. Zahlung von freiwilligen Beiträgen der Sozialen Sicherheit

867 Neben der Frage, ob bei einer Beschäftigung außerhalb der Bundesrepublik Deutschland Pflichtbeiträge zur deutschen Sozialversicherung abzuführen sind, besteht ggf. die Möglichkeit, dass der Arbeitnehmer oder der Arbeitgeber freiwillige Beiträge zu einzelnen Zweigen der Sozialen Sicherheit abführen kann. Auf diese Möglichkeiten wird an dieser Stelle nicht weiter eingegangen.

6. Übersicht über die wesentlichen Regelungsinhalte der von Deutschland geschlossenen Abkommen über Soziale Sicherheit

868

Abkommensstaat	Mittelbar & unmittelbar erfasste Zweige	Zeitgrenzen bei Entsendung	Ausnahme-vereinbarung	Auszustellende Bescheinigung
Australien	RV	n/a	n/a	n/a
Bosnien Herzegowina	RV, KV, UV, ALV, KG	Keine feste zeitliche Vorgabe	Art. 10	JU 1
Bulgarien	RV, ALV, UV	24 Monate	Art. 11	BU/D 101
Chile	RV, ALV	36 Monate	Art. 11	RCH/D 101
China	RV, ALV	48 Monate	Art. 8	VRC/D 101
Israel	RV, KV, UV	Keine feste zeitliche Vorgabe	Art. 10	ISR/D 101
Japan	RV, ALV	60 Monate	Art. 10	J/D 101
Kanada	RV, ALV	60 Monate	Art. 10	CAN 1
Korea	RV, ALV	24 Monate	Art. 11	K/D 101
Kroatien	RV, KV, PV, UV, ALV	24 Monate	Art. 11	HR/D 101
Marokko	RV, KV, UV, ALV	36 Monate	Art. 11	MA/D 101
Mazedonien	RV, KV, UV, KG, ALV	Keine feste zeitliche Vorgabe	Art. 10	JU 1
Polen	RV, KV, UV	24 Monate	Art. 6	PL/D 101
Quebec	RV, ALV	60 Monate	Art. 10	Q 101

Abkommensstaat	Mittelbar & unmittelbar erfasste Zweige	Zeitgrenzen bei Entsendung	Ausnahme-vereinbarung	Auszustellende Bescheinigung
Serbien & Montenegro	RV, KV, UV, KG, ALV	Keine feste zeitliche Vorgabe	Art. 10	JU 1
Slowenien	RV, KV, PV, UV, ALV	24 Monate	Art. 11	SL 101
Slowakei	RV, UV, ALV	24 Monate	Art. 11	SK/D 101
Tschechien	RV, KV, PV, UV, ALV	24 Monate	Art. 11	CZ/D 101
Türkei	RV, KV, UV, ALV, KG	Keine feste zeitliche Vorgabe	Art. 9	T/A 1
Tunesien	RV, KV, UV	12 Monate	Art. 11	TN/A 1
Ungarn	RV, KV, PV, UV, ALV	24 Monate	Art. 11	H/D 101
USA	RV	60 Monate	Art. 6	D/USA 101

Abkürzungen: RV: gesetzliche Rentenversicherung
KV: gesetzliche Krankenversicherung
PV: soziale Pflegeversicherung
UV: gesetzliche Unfallversicherung
ALV: Arbeitslosenversicherung
KG: Kindergeld nach dem BKGG

§ 4 Dienstverträge mit GmbH-Geschäftsführern und AG-Vorständen

Inhalt

A. Der GmbH-Geschäftsführer

I. Die Stellung des GmbH-Geschäftsführers

1. Doppelstellung des Geschäftsführers

a) Geschäftsführer als Handlungsorgan

1 Der Geschäftsführer einer GmbH steht in einer **Doppelstellung**: Er ist zum einen Organ der Gesellschaft und damit als deren Vertreter befugt, die Gesellschaft nach außen im gesamten Rechts- und Geschäftsverkehr zu vertreten. Der Geschäftsführer wird daneben aber regelmäßig auch als Angestellter der Gesellschaft im Rahmen eines Dienstverhältnisses zur GmbH tätig.[1] Die Anstellung behandelt also das schuldrechtliche Vertragsverhältnis zwischen GmbH und Geschäftsführer.

2 Der Geschäftsführer ist das ausführende Organ, mit welchem die Gesellschaft nach außen hin tätig wird. Er vertritt die Gesellschaft im gesamten Rechts- und Geschäftsverkehr und wird Dienstherr

1 Zur heute ganz herrschenden Trennungstheorie vgl. BGH, Urt. v. 24.11.1980, BB 1981, 197; BGH, Urt. v. 14.07.1980, BB 1980, 1397; Baumbach/Hueck/*Zöllner*, § 35 Rn 9; a.A. Einheitstheorie: *Hachenburg/Schilling*, § 35 Rn 40, jeweils m.w.N.

der Arbeitnehmer der GmbH. Er schließt die Verträge mit den Kunden und Lieferanten und nimmt die Rechte der Gesellschaft gegenüber Behörden wahr, während er andererseits als **gesetzlicher Vertreter der GmbH** als juristische Person auch deren Pflichten zu erfüllen hat, insbesondere die steuerlichen Pflichten gegenüber dem Fiskus. Diese umfassende Vertretungsbefugnis kann nach außen, gegenüber Dritten, weder durch Gesellschaftsvertrag noch durch Vereinbarung zwischen GmbH und Geschäftsführer beschränkt werden.

Die Bestellung des Geschäftsführers erfolgt regelmäßig durch Beschluss der Gesellschafterversammlung und wird wirksam mit Zugang der Bestellungserklärung an den berufenen Geschäftsführer sowie der Annahme der Bestellung durch den Geschäftsführer. Ab diesem Zeitpunkt kann der Geschäftsführer nach außen als gesetzlicher Vertreter für die GmbH tätig werden. Die gesetzlich vorgeschriebene Eintragung in das Handelsregister hat nur deklaratorische Wirkung. 3

b) Geschäftsführer als Angestellter der GmbH

Die **Anstellung** des Geschäftsführers betrifft dagegen das Innenverhältnis, also das der Geschäftsführung zugrunde liegende Vertragsverhältnis des Geschäftsführers zur GmbH. Während die Bestellung zum gesetzlichen Organ der Gesellschaft nach den Regeln des GmbH-Rechts erfolgt, unterliegt die Anstellung des Geschäftsführers den Bestimmungen des Schuldrechts. Im Normalfall ist eine **entgeltliche Dienstleistung** gegeben, deren Tätigkeits- und Vergütungsbedingungen im Rahmen eines zwischen der Gesellschaft und dem Geschäftsführer zu schließenden Anstellungsvertrages geregelt werden. 4

2. Der GmbH-Geschäftsführer – ein Arbeitnehmer?

Während die Rechte und Pflichten des GmbH-Geschäftsführers als Organ der Gesellschaft im Gesellschaftsrecht im Wesentlichen gesetzlich bestimmt sind, fehlen entsprechende Regelungen des Gesetzgebers zur rechtlichen Einordnung der internen Rechtsbeziehung des Geschäftsführers zur GmbH, dem Anstellungsverhältnis. Insbesondere hat der Gesetzgeber bisher keine Aussage getroffen, ob der angestellte GmbH-Geschäftsführer als **Arbeitnehmer** i.S.d. arbeitsrechtlichen Schutzvorschriften anzusehen ist. Nur vereinzelt und einseitig befassen sich Normen des Arbeitsrechts mit dem Anstellungsverhältnis des GmbH-Geschäftsführers. So hat der Gesetzgeber den GmbH-Geschäftsführer an einigen Stellen von der Geltung **arbeitsrechtlicher Schutzvorschriften** ausgeschlossen. Dies gilt für §§ 5 Abs. 1 Satz 3 ArbGG, 14 Abs. 1 Nr. 1 und 17 Abs. 5 Nr. 5 KSchG, 5 Abs. 2 Nr. 1 BetrVG sowie 1 Abs. 2 a VermBG. Die Klärung der Frage nach der allgemeinen arbeitsrechtlichen Stellung des GmbH-Geschäftsführers ist im Übrigen damit bisher der Rechtsprechung und dem wissenschaftlichen Schrifttum vorbehalten. 5

Gedanklicher Ansatzpunkt für die Befürworter der Arbeitnehmerschaft zumindest des Fremdgeschäftsführers sowie des von den Gesellschaftern abhängigen Minderheitsgesellschafter-Geschäftsführers war bisher regelmäßig das Argument, dass sich die persönliche Lage und die soziale Stellung des Geschäftsführers nicht allzu deutlich von der eines leitenden Angestellten unterscheidet.[2] Auch wurde immer wieder der Vergleich mit dem Sozialversicherungs- und Steuerrecht herangezogen, um die Arbeitnehmereigenschaft des Geschäftsführers, der keine oder nur wenig Anteile an der Gesellschaft hat, zu begründen. 6

In der juristischen Praxis galt es dagegen bisher als eindeutig, dass das Dienstverhältnis des Geschäftsführers **kein Arbeitsverhältnis** ist.[3] Aus arbeitsrechtlicher Sicht steht vielmehr der Geschäftsführer für die GmbH selbst und nimmt als oberste Leitungsmacht Arbeitgeberfunktionen wahr. 7

2 *Gissel,* S. 10, m.w.N.

3 BGH, Urt. v. 26.03.1984, NJW 1984, 2366 und 2528; BGH, Urt. v. 11.05.1981, DB 1981, 1661; für den stellvertretenden Geschäftsführer BAG, Urt. v. 26.05.1999, BB 1999, 1276; für den Geschäftsführer einer Vor-GmbH BAG, Urt. v. 13.05.1996, BB 1996, 1174; für den Geschäftsführer, dessen Bestellung unterblieben ist, BAG, Urt. v. 25.06.1997, BB 1997, 2008; aus der Kommentarliteratur vgl. MüKo-BGB/*Söllner,* § 611 Rn 113 m.w.N. sowie die ausführliche Auseinandersetzung mit den verschiedenen Meinungen bei *Hueck,* ZfA 1985, 25, 27.

8 Erstmalig hat nun das **Bundesarbeitsgericht** in einem Urteil vom 26.05.1999[4] ausdrücklich festgestellt, dass das Dienstverhältnis eines GmbH-Geschäftsführers auch ein Arbeitsverhältnis sein könne. Ob dies der Fall sei, beurteile sich insbesondere danach, ob der Geschäftsführer »arbeitsbegleitende oder verfahrensorientierte Weisungen« erhalte. Auf den Umfang der Vertretungsmacht soll es nach Meinung des 5. Senates des BAG dagegen nicht ankommen. Damit hat der Senat für den Anstellungsvertrag des GmbH-Geschäftsführers erstmals auf Kriterien zurückgegriffen, die bisher nur zur Beurteilung freier Mitarbeiterverhältnisse herangezogen worden sind.

9 Für die Praxis könnte das Urteil gravierende Folgen haben. Ähnlich wie bei der Beauftragung von freien Mitarbeitern muss die Gesellschaft in Zukunft auch im Verhältnis zu ihrem Geschäftsführer darauf achten, dass die Vertragsgestaltung keine arbeitsrechtlichen Weisungsmöglichkeiten enthält. Zahlreiche Abgrenzungskriterien, die in der Rechtsprechung entwickelt worden sind, um die persönliche Abhängigkeit festzustellen und um damit zwischen Arbeitnehmern und freien Mitarbeitern zu unterscheiden, werden nun auch für den GmbH-Geschäftsführer wichtig werden: Besteht eine Pflicht zum regelmäßigen Erscheinen am Arbeitsort? Gibt es zeitliche Vorgaben? Unterliegt die Urlaubsgestaltung engen Grenzen? Kann der Geschäftsführer die übertragenen Aufgaben im Wesentlichen eigenverantwortlich erfüllen? Dabei ist zu beachten, dass neben der reinen Vertragsgestaltung auch die tatsächliche Vertragsabwicklung, also die Handhabung der Zusammenarbeit in der Praxis, eine wichtige Rolle spielt.

9a Der Geschäftsführer der Komplementär-GmbH ist Organ der KG und damit kein Arbeitnehmer i.S.d. § 5 Abs. 1 Satz 3 ArbGG. Dies gilt unabhängig davon, ob der Geschäftsführer der Komplementär-GmbH seinen Dienstvertrag mit der Komplementär-GmbH selbst oder der KG abschließt.[5]

II. Der Anstellungsvertrag

1. Rechtsnatur des Anstellungsvertrages

10 Der Anstellungsvertrag des gegen Vergütung tätig werdenden Geschäftsführers einer GmbH ist ein auf Dienstleistungen gerichteter **Geschäftsbesorgungsvertrag** (§§ 675, 611 BGB), auf welchen die §§ 611 ff. BGB Anwendung finden. Um einen Arbeitsvertrag handelt es sich dagegen regelmäßig nicht.[6]

2. Zustandekommen des Anstellungsvertrages

a) Abschluss durch die Gesellschafter

11 Nach § 46 Nr. 5 GmbHG sind für die Bestellung eines Geschäftsführers die **Gesellschafter zuständig**. Diese Zuständigkeit erstreckt sich in der Regel auch auf den Abschluss des Anstellungsvertrages. Die gesetzliche Vertretungsbefugnis der Geschäftsführer gilt insoweit nicht.[7] Nach interner **Beschlussfassung** betrauen allerdings regelmäßig die Gesellschafter einen einzelnen Gesellschafter oder einen weiteren Geschäftsführer mit der Unterzeichnung des Anstellungsvertrages. Der Ausführende tritt dann als Vertreter der Gesellschafter auf, wobei ihm von den Gesellschaftern auch ein gewisser Entscheidungsspielraum eingeräumt werden kann, soweit bereits ein Beschluss über das Grundsätzliche des Anstellungsvertrages vorliegt.[8]

4 BB 1999, 1276; kritische Auseinandersetzung mit dem Urteil bei *Reiserer,* DStR 2000, 31, 32; a.A. BGH, Urt. v. 10.01.2000, NZA 2000, 376; vgl. hierzu auch LAG Düsseldorf, Urt. v. 18.04.2001, LAGE § 611 BGB Arbeitnehmerbegriff Nr. 43.

5 BAG, Beschl. v. 20.08.2003, EWiR § 5 ArbGG 2/03, 1131 m. Anm. *Reiserer,* unter Aufgabe der bisherigen Rspr.

6 Vgl. aber die Rechtsentwicklung durch die neue Entscheidung des BAG vom 26.05.1999, näheres oben Rn 5 ff.

7 BGH, Urt. v. 09.10.1989, BB 1989, 2209.

8 BGH, Urt. v. 01.02.1968, WM 1968, 570.

Zulässig ist es auch, dass der Gesellschaftsvertrag die interne Zuständigkeit zum Abschluss des Anstellungsvertrages von den Gesellschaftern auf einen eingerichteten fakultativen Aufsichtsrat überträgt.[9] Dabei reicht es regelmäßig, wenn der Gesellschaftsvertrag die Zuständigkeit zur Bestellung des Geschäftsführers auf das Gremium überträgt, da die Befugnis zum Abschluss des Anstellungsvertrages hiervon mit erfasst wird. In diesem Fall ruht die Zuständigkeit der Gesellschafter und lebt erst dann wieder auf, falls das Gremium nicht mehr besteht oder jedenfalls handlungsunfähig wird. 12

b) Vertragsänderung

Soweit nach Gesellschaftsvertrag keine anderweitige Zuständigkeit bestimmt ist, sind die Gesellschafter auch für **Änderungen des Dienstvertrages** eines Geschäftsführers sowie für dessen vertragliche Aufhebung[10] zuständig. Auch Regelungen, die mit einer Abänderung des Anstellungsvertrages verbunden sein können, wie die vorzeitige Beurlaubung und ein Hausverbot, werden von dieser Zuständigkeit erfasst.[11] 13

Die ältere Rechtsprechung des BGH, wonach für Vertragsänderungen, die nicht unmittelbar mit Begründung oder mit Beendigung des Organverhältnisses verbunden sind, die anderen Mitgeschäftsführer zuständig sind, hat der BGH zwischenzeitlich ganz aufgegeben.[12] Damit haben es die Geschäftsführer nicht länger in der Hand, sich gegenseitig die Gehälter zu erhöhen oder ein Ruhegehalt zuzusagen. Allerdings bleibt es der Gesellschafterversammlung unbenommen, den Mitgeschäftsführer durch einfachen Gesellschafterbeschluss zur Abänderung des Vertrages oder zum Abschluss eines Aufhebungsvertrages zu ermächtigen. 14

c) Die mitbestimmte GmbH

Beschäftigt die GmbH in der Regel mehr als 2000 Mitarbeiter und unterliegt sie dem MitbestG, so ist der Aufsichtsrat neben der Bestellung auch zum Abschluss des Anstellungsvertrages zuständig. Gleiches gilt für die Änderung der Anstellungsbedingungen sowie den Abschluss eines Aufhebungsvertrages.[13] 15

d) Steuerliche Hinweise

Die Zuständigkeit der Gesellschafterversammlung für Abschluss und Änderung des Dienstvertrages hat auch **steuerliche Konsequenzen**. Denn nach dem Schreiben des Bundesministers der Finanzen vom 16.05.1994[14] ist eine zivilrechtlich nicht wirksame Vereinbarung zwischen Gesellschaft und Geschäftsführer, z.B. über Gehaltserhöhungen und Pensionszusagen, jedenfalls bei Gesellschafter-Geschäftsführern auch steuerrechtlich nicht anzuerkennen, so dass die veränderten Gehaltszahlungen als verdeckte Gewinnausschüttungen anzusehen wären. Dies gilt für alle ab dem 01.01.1986 gezahlten Bezüge.[15] 16

9 Scholz/*Schneider*, § 35 Rn 174.

10 BGH, Urt. v. 25.03.1991, BB 1991, 927; OLG Schleswig-Holstein, Urt. v. 13.02.1992, GmbHR 1993, 156.

11 BGH, Urt. v. 27.06.1986, WM 1987, 71.

12 BGH, Urt. v. 25.03.1991, BB 1991, 927; bestätigt durch BGH, Urt. v. 03.07.2000, NJW 2000, 2983.

13 BGH, Urt. v. 14.11.1983, BGHZ 89, 48; OLG Frankfurt a.M., Urt. v. 08.11.1994, BB 1995, 2440.

14 Veröffentlicht in NZA 1995, 20.

15 Zur grundsätzlichen Zuständigkeit der Gesellschafterversammlung für den Anstellungsvertrag und dessen Änderung aus Sicht der Finanzverwaltung vgl. auch BMF v. 21.12.1995, IV B 7 – S 2742 – 68/95, BStBl I 1996, 50; BMF v. 15.08.1986, IV B 7 – S 2742 – 60/96, DB 1996, 1797 zur mitbestimmten GmbH.

3. Form des Anstellungsvertrages

17 Der Anstellungsvertrag des GmbH-Geschäftsführers bedarf keiner Form. Er kann durch konkludentes Handeln, mündliche Abreden oder schriftliche Vereinbarung zustande kommen. Wie beim Arbeitsvertrag empfiehlt sich aber auch beim Geschäftsführerdienstvertrag aus Beweisgründen die Regelungen der Vereinbarung schriftlich festzulegen.

18 Daneben sprechen beim Anstellungsvertrag des Geschäftsführers aber vor allem auch steuerliche Gründe für die **Schriftform**. Zwar ist die Schriftform auch beim beherrschenden Gesellschafter-Geschäftsführer keine Voraussetzung für die Anerkennung von Verträgen mit der GmbH. Aus Nachweisgründen ist es jedoch ratsam, Verträge und insbesondere auch Vertragsänderungen schriftlich niederzulegen. Denn bleiben bei mündlichen Vereinbarungen Zweifel darüber, was von Anfang an vereinbart wurde, gehen diese Zweifel zu Lasten desjenigen, der sich auf das mündlich Vereinbarte beruft.[16]

III. Inhalt des Anstellungsvertrages

1. Analogien zum Arbeitsrecht

19 Unabhängig von der rechtlichen Qualifizierung des GmbH-Geschäftsführeranstellungsverhältnisses besteht weitgehend Einigkeit über das Erfordernis eines sozialen Schutzes für den Geschäftsführer, jedenfalls dann, wenn er nicht oder nicht mehrheitlich an der Gesellschaft beteiligt ist.[17] Die **analoge Anwendung von arbeitsrechtlichen Schutzbestimmungen** auf den Geschäftsführer kommt vor allem in Betracht, wenn der Geschäftsführer sich wie ein Arbeitnehmer zumindest teilweise in einem Abhängigkeitsverhältnis befindet. Dies gilt jedenfalls für den Fremdgeschäftsführer, der an der GmbH nicht beteiligt ist und daher auch keinen Einfluss auf die Entscheidungsfindung der Gesellschafterversammlung hat.

20 Eine Analogie begründende Ähnlichkeit mit Arbeitnehmern besteht hingegen nicht für den beherrschenden Gesellschafter-Geschäftsführer, der als Alleingesellschafter oder als Mehrheitsgesellschafter zugleich die Gesellschaft unternehmerisch maßgeblich führt.[18] Der einfache Gesellschafter-Geschäftsführer, der wegen seiner geringen Beteiligung keinen maßgeblichen Einfluss auf den Geschäftablauf in der GmbH hat, ist dagegen wie der Fremdgeschäftsführer im Einzelfall schutzbedürftig, so dass eine Analogie zu arbeitsrechtlichen Bestimmungen in Betracht kommt.

2. Befristung

21 Der Anstellungsvertrag des GmbH-Geschäftsführers unterliegt **keinerlei Beschränkungen bezüglich einer Befristung**. Die einschränkenden Bestimmungen des Teilzeit- und Befristungsgesetzes kommen für den GmbH-Geschäftsführer nicht zur Anwendung. Auch der mehrfache Abschluss eines befristeten Anstellungsvertrages mit dem selben Geschäftsführer ist möglich.

22 In der Praxis spielen Befristungsabreden für Anstellungsverträge von GmbH-Geschäftsführern eine große Bedeutung. Da der Geschäftsführer sich nicht auf den allgemeinen Kündigungsschutz des Kündigungsschutzgesetzes berufen kann,[19] versuchen Geschäftsführer gerne, durch die Vereinbarung einer Befristungsabrede einen jedenfalls zeitlich beschränkten Bestandsschutz zu erreichen.

16 BFH, Urt. v. 04.12.1991, BB 1992, 979.
17 *Reiserer/Heß-Emmerich*, S. 23 f. m.w.N.
18 *Hueck*, ZfA 1985, 25, 32 m.w.N.
19 Siehe hierzu Rn 75.

3. Arbeitszeit/Nebentätigkeit

Der GmbH-Geschäftsführer schuldet der Gesellschaft grundsätzlich seine gesamte Arbeitskraft. Weil die Arbeitszeitschutzbestimmungen des **Arbeitszeitgesetzes** für den Geschäftsführer **nicht anwendbar** sind, unterliegt weder die Lage der Arbeitszeit noch die Höchstdauer der täglichen und wöchentlichen Arbeitszeit gesetzlichen Beschränkungen. 23

Da der Geschäftsführer anders als ein Arbeitnehmer seine Arbeitskraft der Gesellschaft voll zur Verfügung stellen muss, verbleibt oft nur wenig Raum für Nebentätigkeiten. Soweit diese mit seinen Aufgaben als Geschäftsführer vereinbar sind, darf aber auch der GmbH-Geschäftsführer außerhalb des Unternehmensgegenstandes der Gesellschaft tätig werden. 24

Anders als im Arbeitsvertrag kann im Anstellungsvertrag des GmbH-Geschäftsführers aber ein **absolutes Nebentätigkeitsverbot** aufgenommen werden. Dieses Nebentätigkeitsverbot kann auch die Veröffentlichung von Publikationen sowie die Übernahme von Ehrenämtern umfassen. Eines berechtigten Interesses für die Unterlassung der Nebentätigkeiten, welches die Arbeitsgerichte für Arbeitnehmer fordern, bedarf es bei einer entsprechenden Vereinbarung mit dem Geschäftsführer der GmbH nicht.[20] 25

4. Haftungsmaßstab

Die Anwendung der arbeitsrechtlichen Grundsätze zur Haftungsbeschränkung im Arbeitsverhältnis[21] wird für den Geschäftsführer der GmbH abgelehnt.[22] Obwohl auch der Geschäftsführer einer GmbH bei Erledigung seiner vielseitigen und verantwortungsvollen Geschäftsführungsaufgaben u.U. in erhöhtem Maße der Gefahr ausgesetzt ist, Fehler zu machen, schließt die Organstellung des Geschäftsführers, die letztlich Ausdruck unternehmerischer Freiheit und damit der verbundenen Risiken ist, eine arbeitsrechtliche Haftungsbeschränkung aus. Vielmehr richtet sich die Haftung des Geschäftsführers gegenüber der Gesellschaft ausschließlich nach den **gesellschaftsrechtlichen Haftungsbestimmungen** des § 43 GmbHG. 26

Eine Haftungsmilderung entsprechend den arbeitsrechtlichen Kriterien kommt lediglich dann in Betracht, wenn der entstandene Schaden bei einer Tätigkeit des Geschäftsführers aufgetreten ist, die außerhalb des typischen Aufgabengebiets als Geschäftsführer der Gesellschaft liegt. Ein Beispiel ist der vom Geschäftsführer verursachte Verkehrsunfall bei einer dienstlich veranlassten Autofahrt. Da der Geschäftsführer hinsichtlich dieser Tätigkeit einem Arbeitnehmer vergleichbar ist, kann hier das arbeitsrechtliche Haftungsprinzip auch dem Geschäftsführer zugute kommen.[23] 27

Im Übrigen können die **strengen Haftungskriterien** des § 43 GmbHG für den Geschäftsführer nur dadurch gemildert werden, dass im Gesellschaftsvertrag oder im Anstellungsvertrag die Ersatzpflicht wenigstens teilweise eingeschränkt wird. So kann die Frist für die gesetzliche Verjährung des Anspruchs nach § 43 Abs. 2 GmbHG abgekürzt werden, solange nicht die Pflichtverletzung des Geschäftsführers darin besteht, dass er entgegen § 43 Abs. 3 GmbHG an der Auszahlung gebundenen Kapitals der GmbH an die Gesellschafter mitgewirkt hat.[24] 28

20 *Hachenburg/Mertens,* § 35 Rn 206.

21 Siehe hierzu § 6 Rn 193 ff.

22 BGH, Urt. v. 27.02.1975, WM 1975, 467, 468; Scholz/*Schneider,* § 43 Rn 182; a.A. *Köhl,* DB 1996, 2597, 2600; einen aktuellen Überblick zur Haftung des GmbH-Geschäftsführers gibt *Lutter,* GmbHR 2000, 301.

23 *Schneider*, in: FS Werner, S. 804 ff.; offen gelassen von OLG Koblenz, Urt. v. 14.05.1998, DB 1999, 522.

24 BGH, Urt. v. 16.09.2002, EWiR § 43 GmbHG 1/03, 19 m. Anm. *Blöse*, unter Aufgabe der bisherigen Rspr.; vgl. auch OLG Stuttgart, Urt. v. 26.05.2003, GmbHR 2003, 835.

5. Wettbewerbsverbot

a) Während des Anstellungsverhältnisses

29 **Während des laufenden Anstellungsverhältnisses** besteht für den GmbH-Geschäftsführer die vertragliche Nebenpflicht, mit der Gesellschaft nicht in Wettbewerb zu treten. Dieses **Wettbewerbsverbot** für den GmbH-Geschäftsführer wird aus der dem Geschäftsführer gegenüber der Gesellschaft obliegenden Treuepflicht abgeleitet. § 60 HGB, der ein Wettbewerbsverbot für Handlungsgehilfen normiert, ist auf den GmbH-Geschäftsführer wegen seiner Organstellung nicht unmittelbar anwendbar.[25]

30 Der **Umfang des Wettbewerbsverbots** wird von der herrschenden Meinung **sehr weit** gefasst. Unzulässig ist sowohl die Tätigkeit als konkurrierender Unternehmer, als Geschäftsführer eines konkurrierenden Unternehmens sowie in abhängiger Stellung als leitender Angestellter. Umstritten ist allerdings, ob für das Wettbewerbsverbot nur der tatsächliche Tätigkeitsbereich der Gesellschaft maßgeblich ist,[26] oder auch der im Gesellschaftsvertrag festgelegte Unternehmensgegenstand, unabhängig davon, ob die Gesellschaft diesen Gegenstand (schon) voll ausfüllt.[27]

31 Der Geschäftsführer kann von dem Wettbewerbsverbot befreit werden. Ob hierfür eine Klausel im Gesellschaftsvertrag erforderlich[28] oder ob für den Dispens ein einfacher Gesellschafterbeschluss ausreichend ist,[29] ist streitig. Weitgehend Einigkeit besteht allerdings über die Möglichkeit der **Befreiung durch Gesellschafterbeschluss**, wenn der Gesellschaftsvertrag eine entsprechende Ermächtigung für die Gesellschafterversammlung vorsieht. Letztlich sind die Folgen der unterschiedlichen Ansichten hierzu für die Praxis heute aber kaum noch relevant, da die steuerrechtliche Behandlung der konkurrierenden Tätigkeit des Geschäftsführers durch die Rechtsprechung des BFH unter dem Gesichtspunkt der verdeckten Gewinnausschüttung in den Vordergrund gerückt ist.

b) Nach Vertragsbeendigung

aa) Inhalt des nachvertraglichen Wettbewerbsverbots

32 Ohne eine entsprechende Regelung im Anstellungsvertrag ist der GmbH-Geschäftsführer nach Beendigung seiner Amtszeit und Ausscheiden aus seinem Dienstverhältnis[30] keinem nachvertraglichen Wettbewerbsverbot unterworfen.[31] Zwar hat der Geschäftsführer auch nach seinem Ausscheiden gewisse Treuepflichten; aus ihnen folgt jedoch **kein nachvertragliches Wettbewerbsverbot**. Weder hat er weiterhin die künftige Geschäftstätigkeit zu fördern noch ist er etwa generell gehalten, durch eigene geschäftliche Zurückhaltung wirtschaftliche Nachteile der GmbH zu vermeiden. Nur ausnahmsweise lässt sich ein Wettbewerbsverbot für den Geschäftsführer aus seiner Treuepflicht zur Gesellschaft herleiten, wenn der ehemalige Geschäftsführer Verträge, welche die Gesellschaft während seiner Amtszeit geschlossen hat, an sich zieht.[32]

33 Rechtsgrundlage für ein nachvertragliches Wettbewerbsverbot kann aber eine **vertragliche Vereinbarung im Gesellschaftsvertrag oder im Anstellungsvertrag** sein. Dabei gelten für den GmbH-Geschäftsführer – anders als für Arbeitsverhältnisse – die §§ 74 ff. HGB nach überwiegender An-

25 Ständige Rspr., BGH, Urt. v. 12.06.1989, BB 1989, 1637; Urt. v. 23.09.1985, BB 1986, 90; zum Inhalt des vertraglichen Wettbewerbsverbots BGH, Urt. v. 17.02.1997, BB 1997, 1913.

26 So BGH, Urt. v. 05.12.1983, DB 1984, 495.

27 So *Lutter/Hommelhoff,* Anh. § 6 Rn 22; Scholz/*Schneider,* § 43 Rn 127.

28 So *Lutter/Hommelhoff,* Anh. § 6 Rn 23.

29 So *Osten,* GmbHR 1989, 450, 454.

30 Gilt nicht, solange die Rechtswirksamkeit der Kündigung noch nicht feststeht und ein Rechtsstreit hierüber anhängig ist, BGH, Urt. v. 19.10.1987, BB 1988, 88.

31 BGH, Urt. v. 11.10.1976, BB 1977, 313; BGH, Urt. v. 09.03.1987, GmbHR 1987, 302; a.M. OLG Frankfurt, Urt. v. 13.05.1997, GmbHR 1998, 376; OLG Hamm, Urt. v. 11.01.1988, GmbHR 1988, 344.

32 BGH, Urt. v. 11.10.1976, GmbHR 1977, 43, 44.

sicht nicht.[33] Denn noch herrscht allseitiges Einvernehmen darüber, dass vor allem auch für den Fremdgeschäftsführer ein nachvertragliches Wettbewerbsverbot nicht völlig frei vereinbart werden darf, sondern dass im Interesse der verfassungsrechtlichen Freiheiten aus Art. 2 und Art. 12 GG enge Grenzen gezogen sind und die **Wertungsmaßstäbe der §§ 74 ff. HGB** jedenfalls mittelbar auch beim Fremdgeschäftsführer sowie beim Minderheitsgesellschafter-Geschäftsführer zu beachten sind.[34] Auch nachvertragliche Wettbewerbsverbote eines Organs sind demnach nur zulässig, wenn sie einerseits dem Schutz eines berechtigten Interesses der Gesellschaft dienen und andererseits noch Ort, Zeit und Gegenstand die Berufsausübung und wirtschaftliche Betätigung des Geschäftsführers nicht unnötig erschweren. Andernfalls ist die Wettbewerbsklausel nach § 138 BGB nichtig. Im Einzelfall bedarf es somit einer sorgfältigen Abwägung, inwieweit möglicherweise ein nachvertragliches Wettbewerbsverbot den ehemaligen Geschäftsführer übermäßig benachteiligt und somit den Wertungskriterien des § 138 BGB widerspricht. Im Einzelnen hat die Rechtsprechung hierzu folgende Kriterien entwickelt:

Für die zeitliche Begrenzung orientiert sich der BGH an der **Zwei-Jahres-Frist des § 74a Abs. 1 HGB**, wobei er bei Vorliegen besonderer Umstände sowohl eine Verlängerung als auch eine Verkürzung anerkennt.[35] Der räumliche und gegenständliche Geltungsbereich des Wettbewerbsverbots darf nur entsprechend der berechtigten Interessen der Gesellschafter festgelegt werden. Obwohl nach feststehender Rechtsprechung des BGH beim Organvertreter grundsätzlich keine **Karenzentschädigung** festgelegt werden muss, wird der völlige Verzicht auf eine finanzielle Kompensation jedenfalls an den ehemaligen Fremdgeschäftsführer zur Nichtigkeit der Wettbewerbsklausel führen.[36] Ausnahmsweise kann die finanzielle Kompensation (jedenfalls beim Gesellschafter-Geschäftsführer) auch in einer einmaligen Abfindung bestehen.[37] Für die Höhe der Entschädigung ist generell die Bestimmung des § 74a HGB maßgeblich. Allerdings ist in bestimmten Ausnahmefällen auch eine Reduzierung entsprechend dem Umfang des Wettbewerbsverbotes denkbar. 34

Die **Erstattungspflicht** der Gesellschaft gem. **§ 147a SGB III** gilt auch bei Wettbewerbsverboten von Organmitgliedern.[38] Ist jedoch eine Entschädigung festgelegt worden, so braucht sich der Geschäftsführer anderweitigen Verdienst nur anrechnen lassen, wenn dies ausdrücklich vereinbart wurde, auf § 74a HGB im Vertrag Bezug genommen wurde oder wenn der Fall des § 147a Abs. 1 Satz 3 SGB III vorliegt.[39] Insgesamt bleibt somit festzuhalten, dass zwar die strengen Regeln der §§ 74 ff. HGB auf das Wettbewerbsverbot eines GmbH-Geschäftsführers nicht unmittelbar angewendet werden. Dennoch empfiehlt sich jedenfalls eine Orientierung an den Maßstäben der §§ 74 ff. HGB, um damit das Risiko der Unwirksamkeit oder Unverbindlichkeit der Wettbewerbsklausel zu minimieren.[40] 35

33 BGH, Urt. v. 15.04.1991, BB 1991, 1640; BGH, Urt. v. 26.03.1984, BB 1984, 1381; BSG, Urt. v. 09.08.1990, NZA 1991, 159; a.A. LG Frankfurt a.M., Urt. v. 20.04.1994, GmbHR 1994, 803.

34 BGH, Urt. v. 26.03.1984, BB 1984, 1381; OLG Düsseldorf, Urt. v. 08.01.1993, NJW-RR 1994, 35; OLG Hamm, Urt. v. 11.01.1988, GmbHR 1988, 344; bejahend auch für den Alleingesellschafter-Geschäftsführer OLG München, Urt. v. 22.01.1997, BB 1997, 1015.

35 BGH, Urt. v. 16.10.1989, BB 1990, 11.

36 BVerfG, Urt. v. 07.02.1990, NJW 1990, 1469, 1471; OLG Hamm, Urt. v. 11.01.1988, GmbHR 1988, 344, 345.

37 OLG Hamm, Urt. v. 11.01.1988, GmbHR 1988, 344.

38 BSG, Urt. v. 09.08.1990, NZA 1991, 159.

39 BSG, Urt. v. 15.04.1991, BB 1991, 1640.

40 Weiterführende Hinweise bei *Henssler,* RdA 1992, 289 ff. und *Thüsing*, NZG 2004, 9 ff., jeweils mit umfangreichen Nachw. aus der Rspr.

bb) Einseitiger Verzicht

36 Entsprechend der Regelung des § 75a HGB kann sich die Gesellschaft bis zum Ablauf der Organstellung und Beendigung des Anstellungsverhältnisses **jederzeit** durch einen **einseitigen Verzicht** von der Wettbewerbsvereinbarung lösen. Die in § 75a HGB vorgesehene einjährige Entschädigungspflicht besteht hierbei für die Gesellschaft nicht.[41] Wird im Anstellungsvertrag allerdings auf die §§ 74 ff. HGB verwiesen, befreit ein zugleich mit der Kündigung des Anstellungsvertrages ausgesprochener Verzicht auf das Wettbewerbsverbot die Gesellschaft erst mit Ablauf eines Jahres gem. § 75a HGB von ihrer Entschädigungspflicht.[42] Nach Beendigung der Geschäftsführerstellung ist auch bei Organvertretern ein einseitiger Verzicht der Gesellschaft und der Wegfall der vereinbarten Karenzentschädigung nicht mehr möglich.

c) Steuerliche Hinweise

37 **Konkurrenztätigkeiten** eines Gesellschafter-Geschäftsführers können **verdeckte Gewinnausschüttungen** auslösen, wenn hierdurch bei der GmbH eine gesellschaftsrechtlich veranlagte Vermögensminderung oder verhinderte Vermögensmehrung eintritt. Die neue Rechtsprechung des BFH stellt hier nicht mehr nur auf den Verstoß gegen ein zivilrechtliches Wettbewerbsverbot ab. Sie untersucht des Weiteren, ob der Gesellschaft ein Vermögensnachteil durch Entzug einer konkreten Geschäftschance zugefügt wird. Die bislang noch gültigen Anweisungen der Finanzverwaltung zum Wettbewerbsverbot[43] sind in wesentlichen Punkten durch diese neue Rechtsprechung überholt.

38 Wird gegen ein bestehendes zivilrechtliches Wettbewerbsverbot verstoßen und werden hierdurch Schadensersatz- bzw. Herausgabeansprüche begründet, die in der Steuerbilanz der GmbH erfolgswirksam zu aktivieren sind, fehlt es an einer Vermögensminderung bei der Gesellschaft. Der zivilrechtliche Anspruch verhindert insoweit die verdeckte Gewinnausschüttung. Eine verdeckte Gewinnausschüttung wird jedoch übereinstimmend von Rechtsprechung und Finanzverwaltung angenommen, wenn die Gesellschaft aus Gründen, die ihre Ursache im Gesellschaftsverhältnis haben, auf diese Ansprüche verzichtet oder sie nicht geltend macht.[44]

39 Sofern ein Wettbewerbsverbot besteht, ist es zur Vermeidung von Schadensersatz- bzw. Herausgabeansprüchen empfehlenswert, eine Vereinbarung zu treffen, die dem Gesellschafter-Geschäftsführer erlaubt, im Geschäftsbereich der GmbH konkurrierend tätig zu werden. Die Befreiung vom Wettbewerbsverbot wird steuerlich anerkannt, wenn die Vereinbarung zivilrechtlich wirksam und im Voraus abgeschlossen wird. Die Befreiung des beherrschenden Gesellschafter-Geschäftsführers erfolgt entweder direkt in der Satzung oder durch Aufnahme einer Öffnungsklausel in der Satzung. Für den nicht beherrschenden Gesellschafter-Geschäftsführer ist eine satzungsmäßige Regelung nicht erforderlich. Sein Wettbewerbsverbot kann wirksam im Anstellungsvertrag abbedungen werden.[45]

40 Bei **Neugründung der GmbH** kann die **Befreiung vom Wettbewerbsverbot unentgeltlich** erfolgen. Umstritten ist jedoch, ob eine spätere Befreiung unentgeltlich erfolgen muss. Während die Finanzverwaltung wohl immer noch grundsätzlich von einer Entgeltpflicht ausgeht[46] macht der BFH dies von der konkreten Marktsituation im Einzelfall abhängig. Ein Entgelt kann hiernach nur gefordert werden, wenn es die GmbH aufgrund einer stärkeren wirtschaftlichen Position hätte durchsetzen können.[47] Dies nachzuweisen wird jedoch in der Regel schwierig sein. Allerdings empfiehlt sich unter Umständen, Art und Umfang der erlaubten Konkurrenztätigkeit bei der Bemessung der

41 BGH, Urt. v. 17.02.1992, BB 1992, 723; OLG Düsseldorf, Urt. v. 22.08.1996, BB 1996, 2377; a.A. noch OLG Hamm, Urt. v. 18.03.1991, GmbHR 1991, 367, wo § 75a HGB sogar für den Gesellschafter-Geschäftsführer entsprechend angewendet wird.

42 BGH, Urt. v. 25.06.1990, ZIP 1990, 1196.

43 BMF v. 04.02.1992, BStBl I 1992, 137; BMF v. 15.12.1992, BStBl I 1993, 24; BMF v. 29.06.1993, BStBl I 1993, 556.

44 BFH, Urt. v. 14.09.1994, DStR 1995, 93.

45 BMF v. 20.12.1993, BB 1994, 127.

46 BMF v. 04.02.1992, BStBl I 1992, 137.

47 BFH, Urt. v. 18.12.1996, BB 1997, 779.

Gesamtvergütung des Gesellschafter-Geschäftsführers zu berücksichtigen und dies entsprechend zu dokumentieren.[48]

6. Vergütung

a) Freie Vereinbarkeit

Der Geschäftsführer der GmbH erbringt seine Leistung **in der Regel nur gegen Vergütung**, deren Höhe im Anstellungsvertrag festgelegt wird. Über das übliche Monatsgehalt hinaus werden oft noch Sondervereinbarungen wie Gewinn- oder Umsatztantiemen, private Nutzung von Fahrzeugen, Zuschüsse zu Versicherungen o. ä. vorgesehen. Wird dem Geschäftsführer eine Tantieme zugesagt, ohne deren Höhe festzulegen, bestimmt sich die Tantieme nach billigem Ermessen gem. § 315 BGB.[49] 41

Kommt die Gesellschaft mit der Annahme der Dienste in Verzug, kann der Geschäftsführer die vereinbarte Vergütung gem. § 615 Satz 1 BGB gleichwohl verlangen. Dabei setzt ein wörtliches Angebot der Dienste, bevor die Gesellschaft die Kündigung ausgesprochen hat, diese nur in **Annahmeverzug**, wenn das wörtliche Angebot nach Ausspruch der Kündigung wiederholt wird (§ 295 BGB). Andernfalls entfällt der Vergütungsanspruch.[50] Die Gesellschaft befindet sich auch in Annahmeverzug, wenn sie den Geschäftsführer nach Ausspruch der Kündigung von weiterer Tätigkeit freistellt und der Geschäftsführer gegen den Ausspruch der Kündigung Widerspruch eingelegt hat.[51] 42

b) Reduzierung/Erhöhung

Anders als im Arbeitsverhältnis ist die **vertragliche Vergütungsregelung** im Dienstverhältnis des GmbH-Geschäftsführers **nicht immer starr**. Ausnahmsweise kann die Gesellschaft einseitig von ihrem Geschäftsführer verlangen, bei wesentlicher Verschlechterung der wirtschaftlichen Verhältnisse der Gesellschaft einer Gehaltsreduzierung zuzustimmen. Für die schlechte wirtschaftliche Lage der Gesellschaft sowie für den Umstand, dass die Weitergewährung der Bezüge in der bisher gewährten Höhe für die Gesellschaft zu einer groben Unbilligkeit führt, trägt allerdings die Gesellschaft die Beweislast. Diese Rücksichtnahmepflicht, die sich für das Vorstandsmitglied einer Aktiengesellschaft aus § 87 Abs. 2 AktG ergibt, wird für den Geschäftsführer der GmbH von der Rechtsprechung mit der ihm obliegenden Treuepflicht begründet.[52] Auf die Frage, inwieweit der Geschäftsführer durch seine geschäftsführenden Maßnahmen die schlechte wirtschaftliche Situation der Gesellschaft (mit-) zu verantworten hat, kommt es dabei nicht an. 43

Ein **Anspruch** des Geschäftsführers **auf Erhöhung** der vertraglich vereinbarten Bezüge kommt dagegen nur in Ausnahmefällen in Betracht, und zwar in der Regel nur bei unbefristeten Anstellungsverträgen. Diskutiert wird dies für Fremdgeschäftsführer etwa bei völlig unerwartetem Wirtschaftswachstum der Gesellschaft, insbesondere wenn der Teil der erfolgsabhängigen Vergütung vertraglich sehr gering festgelegt wurde. Gerichtliche Entscheidungen liegen zu diesem Fragenkomplex – soweit ersichtlich – nicht vor. Denn wenn sich die wirtschaftlichen Bedingungen unter der Geschäftsführung eines Geschäftsführers so wesentlich verbessern, dass an eine Gehaltsanpassung zu denken wäre, einigen sich die Parteien meist ohne Zwang auf eine entsprechende Gehaltssteigerung. 44

48 Ausführlich zum Wettbewerbsverbot unter steuerrechtlichem Aspekt *Reiserer/Heß-Emmerich,* S. 176–180.
49 BGH, Urt. v. 09.05.1994, BB 1994, 2096.
50 BGH, Urt. v. 20.01.1988, BB 1988, 935.
51 BGH, Urt. v. 09.10.2000, BB 2000, 2434; BGH, Urt. v. 09.03.1987, BB 1987, 847.
52 BGH, Urt. v. 15.06.1992, BB 1992, 1583; ausführlich zu den Bezügen des GmbH-Geschäftsführers *Bauder,* BB 1993, 369.

c) Steuerliche Besonderheiten bei Gesellschafter-Geschäftsführern

aa) Angemessenheit der Gesamtbezüge

45 Die **Bezüge des Gesellschafter-Geschäftsführers** müssen aus steuerlicher Sicht insgesamt **angemessen** sein. In die Prüfung der Angemessenheit der Gesamtbezüge sind sämtliche Vergütungsbestandteile in Geld oder Geldeswert, wie beispielsweise Festgehalt, Tantieme, Altersversorgung und Sachbezüge mit einzubeziehen. Die Bestimmung einer angemessenen Obergrenze ist schwierig, denn es existieren keine festen Regeln für ihre Ermittlung. Sie ist vielmehr im Einzelfall zu schätzen.[53] Ist die Angemessenheitsgrenze überschritten, liegt nur in Höhe des übersteigenden Betrages eine verdeckte Gewinnausschüttung vor. Die verdeckte Gewinnausschüttung wird dann dem Einkommen der GmbH wieder zugerechnet und führt beim Gesellschafter grundsätzlich zu Einkünften aus Kapitalvermögen.[54]

46 Anhaltspunkte zur Ermittlung der Obergrenze der Gesamtbezüge sind Art und Umfang der Tätigkeit, die künftigen Ertragsaussichten des Unternehmens, das Verhältnis des Geschäftsführergehaltes zum Gesamtgewinn und zur verbleibenden Kapitalverzinsung[55] sowie Art und Höhe der Vergütungen, die gleichartige Betriebe ihren Geschäftsführern für entsprechende Leistungen gewähren. Wegen der Schwierigkeit der Schätzung werden häufig Zuschläge auf ermittelte Werte genannt. Die Rechtsprechung hat allerdings Gesamtvergütungen beanstandet, wenn die von ihr ermittelte **Angemessenheitsgrenze** um mehr als 20 % überschritten war.[56] Mit Datum vom 14.10.2002[57] hat das BMF erstmalig selbst ein erläuterndes Schreiben zur steuerlichen Beurteilung der Angemessenheit der Gehälter der Gesellschafter-Geschäftsführer herausgegeben. Darin wird nicht nur auf die von der Rechtsprechung aufgestellten Beurteilungskriterien und auf die Angemessenheit einzelner Vergütungsbestandteile, insbesondere der Tantieme Bezug genommen. Es wird auch eine Prüfreihenfolge aufgestellt und es werden Aussagen zu Zweifelsfragen getroffen.

bb) Tantiemevereinbarungen

47 Die Anerkennung von Tantiemevereinbarungen im Anstellungsvertrag unterliegt dem Grunde und der Höhe nach einer gesonderten steuerlichen Prüfung. Dies gilt auch, wenn die Gesamtvergütung nicht über der Angemessenheitsgrenze liegt.

48 **Tantiemevereinbarungen**, insbesondere für den beherrschenden Gesellschafter-Geschäftsführer, müssen **klar und eindeutig formuliert** sein.[58] Der Anstellungsvertrag sollte daher die Bemessungsgrundlage der Tantieme so regeln, dass sie allein durch Rechenvorgänge ermittelt werden kann. Bei unklaren Vereinbarungen besteht die Gefahr, dass die Tantieme insgesamt nicht anerkannt wird.[59] Für den beherrschenden Gesellschafter-Geschäftsführer muss die Vereinbarung zudem wegen des Rückwirkungsverbotes im Voraus getroffen und auch tatsächlich so durchgeführt werden.[60]

49 Im Regelfall werden **gewinnabhängige** Tantiemen vereinbart. Umsatztantiemen sind problematisch und werden nur in besonderen Ausnahmefällen[61] anerkannt. Das gilt selbst dann, wenn die Umsatztantieme der Höhe nach nicht zu einer unangemessenen Gesamtvergütung führt. Rohgewinn-Tantiemen werden grundsätzlich anerkannt, wenn sie wegen der berücksichtigten Aufwendungen

53 BFH, Urt. v. 08.07.1998, BFH/NV 1999, 370.

54 Zur verdeckten Gewinnausschüttung bei der Vergütung des Gesellschafter-Geschäftsführers und nahe stehenden Personen vgl. *Reiserer/Heß-Emmerich,* S. 153–157.

55 Als Mindestsatz nimmt die Rspr. eine Stammkapitalverzinsung von 10 % an.

56 BFH, Urt. v. 05.10.1994, BB 1995, 966; BFH, Urt. v. 28.06.1989, BB 1989, 2096.

57 GmbHR 2002, 1152.

58 BFH, Urt. v. 01.04.2003, GmbHR 2003, 1502.

59 BFH, Urt. v. 04.12.1991, BB 1992, 979; BFH, Urt. v. 25.10.1995, BB 1996, 465 (zur Rohgewinn-Tantieme).

60 BFH, Urt. v. 17.12.1997, BB 1998, 1139; BFH, Urt. v. 29.10.1997, BB 1998, 776.

61 BFH, Urt. v. 19.12.1999, BB 1999, 321 (z.B. in der Aufbau- oder Umbauphase, bei ausschließlicher Vertriebszuständigkeit).

und der konkreten Kostenstruktur eher einer Gewinntantieme als einer Umsatztantieme gleichkommen.[62] Als **Bemessungsgrundlage** der Gewinntantieme sollte der handelsrechtliche oder steuerrechtliche Jahresüberschuss mit bestimmten Modifikationen zugrunde gelegt werden. Abzuraten ist von mehrdeutigen, unbestimmten Begriffen, wie z.B. »Jahresgewinn«, »Bilanzgewinn«, »Gewinn gem. GoB« o. ä. als Bemessungsgrundlage.

Tantiemen dürfen nicht der Absaugung von Gewinnen dienen. Die Geschäftsführer-Tantiemen sind daher entsprechend zu bemessen. Die Rechtsprechung hat diesbezüglich **pauschale Verhältnisregeln** aufgestellt,[63] die von der Finanzverwaltung übernommen wurden.[64] Hiernach soll der Beweis des ersten Anscheins für eine verdeckte Gewinnausschüttung sprechen, wenn die Tantiemen sämtlicher Gesellschafter-Geschäftsführer insgesamt den Satz von 50 % des handelsrechtlichen Jahresüberschusses, vor Abzug der Gewinntantiemen und der ertragsabhängigen Steuern, übersteigen. 50

Bisher wurde regelmäßig unterstellt, dass die Jahresgesamtbezüge des einzelnen Gesellschafter-Geschäftsführers in der Regel höchstens zu 25 % aus einem erfolgsabhängigen Bestandteil bestehen dürfen (Relation Festgehalt zu variablem Gehalt 75:25). War der Tantiemeanteil höher, musste die Gesellschaft und nicht die Finanzverwaltung Gründe vortragen, wonach die Bemessung der Tantieme nicht in der Gesellschafterstellung des Geschäftsführers begründet ist. Diese sog. 75:25-Aufteilungsregel zwischen fixen und variablen Gehaltsteilen ist nach einer jüngeren Entscheidung des BFH[65] aber ein bloßes Angemessenheitsindiz. Es muss also im Einzelfall durch das Finanzgericht eine Würdigung der konkret getroffenen Vereinbarung vorgenommen werden. 51

Die **Finanzverwaltung überprüft die Angemessenheit der Tantieme** im Zeitpunkt des Abschlusses des Anstellungsvertrages und danach anlässlich jeder tatsächlich vorgenommenen Gehaltsanpassung, spätestens jedoch nach Ablauf von drei Jahren. 52

d) Dienstwagen

Neben dem Grundgehalt sowie weiteren Sondervergütungen wird dem Geschäftsführer einer GmbH in der Praxis häufig auch ein **Dienstwagen** überlassen, der zum Teil **auch für private Zwecke** genutzt werden darf. Ist im Anstellungsvertrag keine anderweitige Regelung enthalten, darf der Geschäftsführer den Dienstwagen bis zur rechtlichen Beendigung des Anstellungsverhältnisses nutzen, d.h. bei Ausspruch einer ordentlichen Kündigung bis zum Ablauf der Kündigungsfrist. Ist der Geschäftsführer berechtigt, den Dienstwagen auch privat zu nutzen, gilt dies sogar im Fall der einseitigen Freistellung durch die Gesellschaft für die Dauer der Kündigungsfrist. Entzieht die Gesellschaft dem Geschäftsführer gleichwohl den PKW, ist sie zum Ersatz des Schadens verpflichtet, der durch den Nutzungsausfall dem Geschäftsführer entsteht und hat diesem die Kosten für die Miete eines vergleichbaren Wagens zu ersetzen.[66] Um diese Rechtsfolge auszuschließen, bedarf es einer vertraglichen Vereinbarung, wonach die Gesellschaft im Fall der einseitigen Freistellung des Geschäftsführers berechtigt ist, den Dienstwagen zurückzunehmen, ohne dem Geschäftsführer hierfür einen finanziellen Ausgleich zu schulden. 53

e) Vergütungsfortzahlung im Krankheitsfall

Wird der Geschäftsführer ohne sein Verschulden »für eine verhältnismäßig nicht erhebliche Zeit« an seiner Dienstleistung gehindert, verliert er dadurch nicht den Anspruch auf die vereinbarte Vergütung. Dies ergab sich bisher aus § 616 Abs. 1 BGB a.F. (der jetzige § 616 n.F. BGB), der nach g. h.M. auch für den Geschäftsführer galt, der nicht oder nicht wesentlich an der Gesellschaft beteiligt ist. Wann eine solche »verhältnismäßig nicht erhebliche Zeit« vorliegt, ist gesetzlich 54

62 BFH, Urt. v. 26.01.1999, BB 1999, 571; kritisch hierzu die Finanzverwaltung, vgl. BMF v. 13.10.1997, BStBl I 1997, 900; aber: OFD Frankfurt v. 25.07.2000, S 2742A-19-StII10, Anerkennung i.H.v. 25 %.

63 BFH, Urt. v. 05.10.1994, BB 1995, 966.

64 BMF v. 05.01.1998, BStBl I 1998, 90.

65 Urt. v. 27.02.2003, DStR 2003, 1567.

66 BGH, Urt. v. 25.02.1991, BB 1991, 714.

nicht geregelt. Die Sechs-Wochen-Frist, von der § 3 Abs. 1 EFZG für alle Arbeitnehmer für den Krankheitsfall ausgeht, findet keine direkte Anwendung auf die GmbH-Geschäftsführer. Die **Dauer des Gehaltsfortzahlungsanspruchs** ist demnach beim Geschäftsführer in jedem Fall einzeln zu prüfen, wobei die Sechs-Wochen-Frist des EFZG von Vielen als Anhaltspunkt herangezogen wird.[67]

55 Um etwaige Streitigkeiten über die Dauer der Vergütungsfortzahlung zu vermeiden, ist daher die Aufnahme einer entsprechenden **Vereinbarung in den Anstellungsvertrag** zu empfehlen. Häufig wird dabei zusätzlich zu der Sechs-Wochen-Frist vereinbart, dass daneben noch für einen weiteren Zeitraum nach Ablauf dieser Frist ein Zuschuss zu den Leistungen der bestehenden Krankenversicherung an den Geschäftsführer auszuzahlen ist.

f) Pfändungsschutz

56 Die für Arbeitseinkommen geltenden **Pfändungsschutzbestimmungen** der §§ 850 ff. ZPO gelten nach einhelliger Auffassung **auch für den GmbH-Geschäftsführer**, »der an der Gesellschaft nicht oder nicht wesentlich beteiligt ist«.[68] Ob diese Rechtsprechung auch für den beherrschenden Gesellschafter-Geschäftsführer gilt, hat der BGH ausdrücklich offen gelassen. Da der Pfändungsschutz aber nicht vom Bestehen eines Arbeitsverhältnisses abhängig ist, sondern vielmehr dem Schutze des Lebensunterhaltes dient, muss gleiches auch für den beherrschenden Gesellschafter-Geschäftsführer gelten.[69]

g) Verjährung

57 Der Anspruch des GmbH-Geschäftsführers auf Zahlung der Vergütung verjährte bisher in vier Jahren (§ 197 BGB), gerechnet vom Ende des Jahres, in dem er entstanden ist (§§ 198, 201 BGB a.F.).[70] Die kurze Verjährungsfrist des § 196 Abs. 1 Nr. 8, 9 BGB, die für den Anspruch des Arbeitnehmers auf Arbeitsentgelt besteht, findet auf den GmbH-Geschäftsführer keine Anwendung.

58 Nach der gesetzlichen Neuregelung des Schuldrechtes zum 01.01.2002 beträgt die **Verjährungsfrist** nach § 195 BGB n.F. für den Vergütungsanspruch des GmbH-Geschäftsführers **regelmäßig drei Jahre**. Die Verjährung beginnt mit Schluss des Jahres, in dem der Anspruch entstanden ist und die Kenntniserlangung oder grob fahrlässige Unkenntnis der begründenden Umstände durch den Geschäftsführer vorliegt (§ 199 Abs. 1 BGB n.F.). Die neue Verjährungsfrist findet generell Anwendung für alle Dienstverhältnisse, die nach dem 01.01.2002 entstanden sind. Weiter ist die gesetzliche Neuregelung maßgeblich für Ansprüche aus alten Rechtsverhältnissen, bei denen der konkrete Anspruch erst nach dem 01.01.2002 entstanden ist sowie auf Ansprüche, die zwar schon vor dem 01.01.2002 entstanden sind, aber noch nicht verjährt waren.[71]

IV. Beendigung des Anstellungsvertrages

1. Beendigungsgründe

a) Tod des Geschäftsführers

59 Stirbt der Geschäftsführer, so **endet sein Anstellungsverhältnis**. Die Rechte und Pflichten daraus gehen nicht auf die Erben über. Dies ergibt sich aus § 613 BGB, der den zur Dienstleistung Verpflichteten dazu verpflichtet, die Dienste persönlich zu leisten. Der Anspruch auf rückständige Gehaltszahlungen ist allerdings vererbbar. Häufig findet sich auch in den Anstellungsverträgen eine

67 Vgl. *Bauer,* DB 1979, 2178, 2179 m.w.N.
68 BGH, Urt. v. 24.11.1980, NJW 1981, 2465.
69 *Reiserer/Heß-Emmerich,* S. 48; Scholz/*Schneider,* § 35 Rn 198 m.w.N.
70 BGH, Urt. v. 14.05.1964, NJW 1964, 1620; BGH, Urt. v. 17.12.1961, DB 1962, 96.
71 Wg. weiterer Einzelheiten vgl. *Mansel,* in: *Dauner-Lieb/Heidel/Lepa/Ring,* Das neue Schuldrecht, § 1 Rn 39.

Klausel, wonach im Falle des Todes des Geschäftsführers das Festgehalt für eine bestimmte Zeit an die Hinterbliebenen weiter bezahlt wird.

b) Zeitablauf

Wenn das Anstellungsverhältnis **befristet** ist, endet es mit dem Ablauf der Zeit, für welches es eingegangen worden ist. Das Anstellungsverhältnis endet in diesem Fall mit dem Zeitablauf von selbst; einer Kündigung bedarf es nicht. 60

c) Abberufung/Amtsniederlegung

Die **Abberufung** des Geschäftsführers aus der Organstellung kann durch die Gesellschaft jederzeit und ohne besondere Gründe erfolgen und führt nicht automatisch zur Beendigung des Anstellungsvertrages.[72] Das Gleiche gilt für die **Amtsniederlegung** durch den Geschäftsführer. Vielmehr bedarf es neben der Beendigung der Organstellung stets einer gesonderten Kündigung des Geschäftsführerdienstvertrages. 61

Diese Trennung der Beendigung der Organstellung von der Beendigung des Anstellungsverhältnisses entspricht meist nicht den Interessen der Gesellschaft, die in der dem Geschäftsführer eingeräumten Stellung des Geschäftsführers als Vertretungsorgan der Gesellschaft einerseits und als deren Angestellter andererseits eine Einheit sehen möchte. Aus diesem Grund findet sich in den Geschäftsführeranstellungsverträgen häufig eine vertragliche Koppelung von Abberufung und Kündigung. Dies kann in der Weise erfolgen, dass die Abberufung des Geschäftsführers zugleich auch die Wirkung einer Kündigung des Geschäftsführeranstellungsvertrages zum nächst zulässigen Zeitpunkt beinhaltet. Die rechtliche Zulässigkeit der vertraglichen Verknüpfung von Abberufung und Kündigung ist grundsätzlich anerkannt[73] und kann auch für den Fall der Amtsniederlegung durch den Geschäftsführer vereinbart werden. 62

d) Auflösung der Gesellschaft

Der Anstellungsvertrag des Geschäftsführers wird durch den Beschluss über die Auflösung der Gesellschaft nicht berührt, sondern besteht fort. In der Regel übernimmt der bisherige Geschäftsführer das Amt des Liquidators. Auch stellt die Auflösung der Gesellschaft in der Regel keinen Grund zur fristlosen Kündigung des Geschäftsführeranstellungsvertrages dar. Dieser kann jeweils nur unter Einhaltung der ordentlichen Kündigungsfrist gekündigt werden. 63

e) Vertragliche Altersklausel

Entgegen einer allgemeinen Meinung endet ein Anstellungsverhältnis grundsätzlich nicht »automatisch« mit Erreichen eines bestimmten Alters, des so genannten **Rentenalters**. Vielmehr bedarf es zur Beendigung des Anstellungsvertrages grundsätzlich eines Beendigungsaktes, also einer Kündigung oder eines Aufhebungsvertrages. Um dies zu umgehen, werden meist in den Anstellungsverträgen Klauseln aufgenommen, wonach das Anstellungsverhältnis bei Erreichen einer bestimmten Altersgrenze automatisch endet. Solche Klauseln sind bei Anstellungsverträgen von GmbH-Geschäftsführern uneingeschränkt zulässig. 64

2. Betriebsübergang

Die **Arbeitnehmerschutzvorschriften** des § 613a BGB für den Fall des Übergangs eines Betriebes auf einen neuen Arbeitgeber finden nach nahezu einhelliger Ansicht auf das Dienstverhältnis eines 65

72 BGH, Urt. v. 28.10.2002, NJW 2003, 1323; hierzu *Bauer/Diller/Krets,* DB 2003, 2687.

73 BGH, Urt. v. 29.05.1989, NJW 1989, 2683; OLG Düsseldorf, Urt. v. 24.06.1999, GmbHR 2000, 378; OLG Köln, Urt. v. 06.12.1999, GmbHR 2000, 432.

Organmitglieds und damit auch für den GmbH-Geschäftsführer **keine Anwendung**.[74] Dies gilt unabhängig davon, ob der Geschäftsführer gleichzeitig Anteile an der GmbH gehalten hat, oder ob er ausschließlich als Fremdgeschäftsführer tätig war. Das Dienstverhältnis des GmbH-Geschäftsführers geht somit im Fall des Betriebsüberganges nicht auf den neuen Erwerber über.

3. Vertragsaufhebung

a) Zuständigkeit

66 Das Anstellungsverhältnis kann jederzeit im gegenseitigen Einvernehmen durch Abschluss eines Aufhebungsvertrages beendet werden. Für den Abschluss des Aufhebungsvertrages gelten die gleichen Zuständigkeitsregelungen wie für den Ausspruch der Kündigung. Zuständig ist daher auf Seiten der Gesellschaft grundsätzlich die **Gesellschafterversammlung**.[75]

67 Abfindungen, die wegen Auflösung eines Arbeitsverhältnisses gezahlt werden, sind nach § 3 Nr. 9 EStG bis zu einem Höchstbetrag, der von dem Lebensalter und der Dauer des Dienstverhältnisses abhängt, für den Arbeitnehmer steuerfrei. In den Genuss dieser Steuervergünstigung kommt auch der Fremdgeschäftsführer einer GmbH, ausgenommen sind dagegen Gesellschafter-Geschäftsführer.[76]

b) Erstattung des Arbeitslosengeldes

68 Besonderheiten für den Abschluss eines Aufhebungsvertrages zwischen GmbH und Geschäftsführer ergeben sich allerdings, soweit es um die sozialversicherungsrechtliche Sonderfrage des § 147a SGB III geht. Obgleich der GmbH-Geschäftsführer nach der h.M. kein Arbeitnehmer ist, findet § 147a SGB III jedenfalls auf solche Geschäftsführer, die der Sozialversicherungspflicht unterliegen, Anwendung. Bezieht der Geschäftsführer nach seiner Entlassung und nach Erreichen des 58. Lebensjahres also Arbeitslosengeld, entsteht für die Gesellschaft somit grundsätzlich die **Erstattungspflicht**.

69 Für die **Befreiungstatbestände** des § 147a Abs. 1 Nr. 3 u. 4 SGB III ergeben sich für den Geschäftsführer gegenüber Arbeitnehmern Besonderheiten. Nach § 147a Abs. 1 Nr. 4 SGB III entfällt die Erstattungspflicht u.a. dann, wenn der Arbeitgeber das Arbeitsverhältnis durch eine »sozial gerechtfertigte« Kündigung beendet hat. Abzustellen ist dabei auf die Kriterien einer sozial gerechtfertigten Kündigung nach § 1 Abs. 1 KSchG. Ob diese Ausnahmeregelung auch auf den GmbH-Geschäftsführer anwendbar ist, ist bisher nicht abschließend geklärt. Denn § 14 Abs. 1 KSchG schließt den Anwendungsbereich des Kündigungsschutzgesetzes auf den GmbH-Geschäftsführer grundsätzlich aus, so dass es systemwidrig wäre, im Rahmen des § 147a SGB III die Kündigung des Geschäftsführers hypothetisch doch auf ihre soziale Rechtfertigung zu überprüfen. Vielmehr dürfte die Erstattungspflicht hier bereits dann nicht entstehen, wenn die Kündigung des Anstellungsverhältnisses rechtmäßig erfolgt, unabhängig davon, ob ein Kündigungsgrund nach § 1 KSchG gegeben ist.[77] Endet das Dienstverhältnis eines GmbH-Geschäftsführers dagegen durch Fristablauf, so ist der Dienstherr von der Erstattung des Arbeitslosengeldes jedenfalls dann befreit, wenn die gesetzlichen Voraussetzungen einer Kündigung des Dienstverhältnisses gewahrt sind.[78]

74 BAG, Urt. v. 13.02.2003, NJW 2003, 2473; OLG Hamm, Urt. v. 18.06.1990, GmbHR 1991, 466; MüKo-BGB/*Schaub*, § 613a Rn 13 m.w.N.

75 OLG Hamm, Urt. v. 18.06.1990, GmbHR 1991, 466; zum schwebend unwirksamen Aufhebungsvertrag OLG Frankfurt a.M., Urt. v. 08.11.1994, BB 1995, 2440; zur Schriftformproblematik vgl. Rn 73a.

76 § 1 LStDV.

77 So auch *Lunk,* DB 1994, 934; a. A. *Stolz,* BB 1993, 1650.

78 BSG, Urt. v. 16.10.2003, SozR 4–4300 § 147a Nr. 2.

V. Die Kündigung des Anstellungsvertrages

1. Zuständigkeit

Nach § 46 Nr. 5 GmbHG sind für die Bestellung eines Geschäftsführers die **Gesellschafter zuständig.**[79] Diese Zuständigkeit erstreckt sich in der Regel auch auf den Abschluss des Anstellungsvertrages und gilt als actus contrarius auch für die Kündigung (sog. Annexkompetenz). Dies gilt sowohl für die ordentliche als auch für die fristlose außerordentliche Kündigung.[80] Die gesetzliche Vertretungsbefugnis der Geschäftsführer greift insoweit nicht.[81] Die Gesellschafter entscheiden, soweit in dem Gesellschaftsvertrag keine anders lautende Bestimmung enthalten ist, mit einfacher Mehrheit. Der Beschluss bedarf gem. § 48 Abs. 3 GmbHG zu seiner Wirksamkeit der Protokollierung. Dabei kann der betroffene Gesellschafter-Geschäftsführer, ebenso wie bei seiner Anstellung, mitstimmen, es sei denn, er soll aus wichtigem Grund entlassen werden.[82] Wird der Geschäftsführer von der Beschlussfassung ausgeschlossen, kann er den Gesellschafterbeschluss wirksam anfechten, wenn die Vorenthaltung des Stimmrechts für das Ergebnis ursächlich war.[83] Nach interner Beschlussfassung der Gesellschafterversammlung betrauen regelmäßig die Gesellschafter einen einzelnen Gesellschafter oder einen Mitgeschäftsführer mit dem Ausspruch der Kündigungserklärung.[84] Der Ausführende handelt dabei als Bevollmächtigter der Gesellschaft, nicht aber als deren Organ. Die Gesellschafter haben dann eine Ermächtigung ausgesprochen, den von ihnen gefassten Beschluss auszuführen. Fehlt ein wirksamer Gesellschafterbeschluss, ist die Kündigung des Anstellungsvertrages unwirksam. Eine rückwirkende Genehmigung durch die Gesellschafter, wenn ein Beschluss fehlte, ist nicht möglich.[85] Lediglich wenn das Anstellungsverhältnis nach der Abberufung noch als Arbeitsverhältnis fortgeführt worden ist, ist für die Kündigung der neue Geschäftsführer zuständig.[86] 70

Zulässig ist es aber, dass der Gesellschaftsvertrag die interne Zuständigkeit für den Ausspruch der Kündigung des Anstellungsvertrages von den Gesellschaftern auf einen eingerichteten **fakultativen Aufsichtsrat** überträgt.[87] In diesem Fall ruht die Zuständigkeit der Gesellschafterversammlung und lebt erst wieder auf, falls das Gremium nicht mehr besteht oder jedenfalls handlungsunfähig wird.[88] 71

Kündigt der Geschäftsführer, so kann er die Erklärung sowohl an einen Mitgeschäftsführer, auch wenn Gesamtvertretungsbefugnis besteht,[89] als auch an die Gesellschafter richten. 72

2. Kündigungsfrist

Ist im Anstellungsvertrag eine bestimmte Kündigungsfrist nicht geregelt und bestehen feste Bezüge, die nach Monaten bemessen sind, so finden die **Kündigungsfristen des § 622 BGB n.F.** Anwendung. Nach ihrem Wortlaut ist diese Vorschrift zwar nicht unmittelbar auf den GmbH-Geschäftsführer anwendbar, da sie lediglich für Arbeitnehmer gilt. Dessen ungeachtet gebietet es die Interessenlage, auch dem Geschäftsführer, der seine Arbeitskraft der Gesellschaft für eine Anzahl von Jahren zur Verfügung gestellt hat, mit zunehmender Betriebszugehörigkeit steigende Kündigungsfristen zu gewähren.[90] Dies gilt allerdings nur für den Fremdgeschäftsführer sowie für 73

79 Zu den Besonderheiten bei der GmbH & Co. vgl. BGH, Urt. v. 27.03.1995, DB 1995, 1169; vgl. auch oben Rn 11 f.

80 BGH, Urt. v. 27.03.1995, BB 1995, 1102; Urt. v. 17.03.1980, BB 1980, 1177; OLG Köln, Urt. v. 21.02.1990, GmbHR 1991, 156; ausführlich zu Kündigung und Abberufung *Lunk,* ZIP 1999, 1777.

81 BGH, Urt. v. 09.10.1989, BB 1989, 2209.

82 BGH, Urt. v. 26.03.1984, NJW 1984, 2528; OLG Stuttgart, Urt. v. 13.04.1994, GmbHR 1995, 228; *Gehrlein,* BB 1996, 2257.

83 BGH, Urt. v. 27.10.1986, WM 1987, 71.

84 BGH, Urt. v. 01.02.1968, WM 1968, 570.

85 OLG Köln, Urt. v. 21.02.1990, GmbHR 1991, 156; Scholz/*Schneider,* § 35 Rn 222.

86 BGH, Urt. v. 27.03.1995, BB 1995, 1102; BGH Urt. v. 13.02.1984, WM 1984, 523, 533.

87 So zuletzt BGH, Urt. v. 10.09.2001, EzA § 611 BGB Abmahnung Nr. 43.

88 Scholz/*Schneider,* § 35 Rn 174.

89 Einhellige Ansicht, vgl. bereits BGH, Urt. v. 19.01.1961, GmbHR 1961, 48; Scholz/*Schneider,* § 35 Rn 224.

90 So auch *Bauer/Gragert,* ZIP 1997, 2177, 2180; a.A. *Hümmerich,* NJW 1995, 1177.

den nicht beherrschenden Gesellschafter-Geschäftsführer, die sich beide darauf eingestellt haben, die Geschäftsführertätigkeit auch beruflich auszuüben und für ihren Lebensunterhalt ein Gehalt zu beziehen.[91] Somit verbleibt es lediglich für den beherrschenden Gesellschafter-Geschäftsführer bei den kurzen Kündigungsfristen des § 621 BGB.[92]

3. Schriftform

73a Seit 01.05.2000 gilt für die Kündigung und die einvernehmliche Aufhebung von Arbeitsverhältnissen die Schriftformklausel des § 623 BGB. Es ist bisher umstritten, ob diese Schriftformklausel auch für die Kündigung und die einvernehmliche Aufhebung des Dienstverhältnisses von GmbH-Geschäftsführern und AG-Vorständen gilt. Obwohl dies nach grammatikalischer, systematischer und teleologischer Auslegung zu verneinen ist, bleiben bis zur höchstrichterlichen Klärung Unwägbarkeiten, die nur durch die Einhaltung der Schriftform ausgeschlossen werden können.

4. Freistellung

74 Der GmbH-Geschäftsführer **kann jederzeit** von seinen vertraglichen Dienstpflichten **freigestellt werden**. Eine Einschränkung gilt nur dann, wenn der Widerruf der Bestellung im Geschäftsführerdienstvertrag auf wichtige Gründe beschränkt wurde (§ 38 Abs. 2 GmbHG). In diesem Fall ist es allerdings auch ausreichend, wenn die Gesellschaft billigenswerte Gründe hat, die in der Regel dann bejaht werden, wenn die Suspendierung dem Zweck dienen soll, vorliegende Tatsachen oder Vorwürfe auf ihre Tragweite bzw. eine etwa erforderliche Abberufung zu überprüfen. Des Vorliegens eines wichtigen Grundes bedarf es für die Suspendierung dagegen regelmäßig nicht.[93]

5. Allgemeiner Kündigungsschutz nach dem Kündigungsschutzgesetz

a) Ausschluss des Kündigungsschutzgesetzes

75 Der allgemeine Kündigungsschutz des Kündigungsschutzgesetzes greift nicht ein in Betrieben einer juristischen Person für die Mitglieder des Organs, das zur gesetzlichen Vertretung der Gesellschaft berufen ist, § 14 Abs. 1 KSchG. **Geschäftsführer einer GmbH**, gleichgültig, ob Mehrheitsgesellschafter-Geschäftsführer, Minderheitsgesellschafter-Geschäftsführer oder Fremdgeschäftsführer, sind zur Vertretung der GmbH berufen und **unterfallen** somit grundsätzlich **nicht dem allgemeinen Kündigungsschutz des Kündigungsschutzgesetzes**.[94]

b) Weiteres abgrenzbares Arbeitsverhältnis

76 Nach der Rechtsprechung des BAG gibt es im Wesentlichen zwei Situationen, in denen ausnahmsweise auch die Kündigung des Geschäftsführers an den Kriterien des Kündigungsschutzgesetzes zu messen ist. Der weniger häufig auftretende Fall liegt vor, wenn zwischen der Person des Geschäftsführers und der Gesellschaft zwei Rechtsverhältnisse bestehen, von denen eines ein dienstlich abgrenzbares Arbeitsverhältnis ist. Da der Geschäftsführer in diesem Fall neben der Organstellung auch in einem Angestelltenverhältnis zu der Gesellschaft steht, z.B. als angestellter Architekt einer Baugesellschaft, deren Geschäftsführer er gleichzeitig ist, wäre in diesem Fall die Kündigung des Architekten nur wirksam, wenn sie nicht nach § 1 KSchG sozialwidrig ist.

91 Zu § 622 BGB a.F. vgl. BGH, Urt. v. 29.01.1981, BB 1981, 752 betr. Fremdgeschäftsführer; Urt. v. 26.03.1984, GmbHR 1984, 312 betr. Gesellschafter-Geschäftsführer.

92 BGH, Urt. v. 09.03.1987, BB 1987, 848; OLG Hamm, Urt. v. 27.01.1992, NJW-RR 1993, 492.

93 LG Köln, Urt. v. 09.09.1997, GmbHR 1997, 1104; *Reiserer/Heß-Emmerich,* S. 70.

94 Einhellige Ansicht, BAG, Urt. v. 17.01.2002, AP Nr. 8 zu § 14 KSchG 1969 m. Anm. *Reiserer;* vgl. i.Ü. statt vieler *Lutter/Hommelhoff,* Anh. § 6 Rn 47 m.w.N.

Die für die Praxis wichtigere Ausnahme lag nach der bisherigen Rechtsprechung des BAG dann vor, wenn ein bis dahin im Angestelltenverhältnis tätiger Mitarbeiter der Gesellschaft einen **innerbetrieblichen Aufstieg zum Geschäftsführer** machte. Denn nach bisher gefestigter Rechtsprechung des BAG sollte das KSchG auch bei der ordentlichen Kündigung eines Geschäftsführers anwendbar sein, wenn der Geschäftsführer vor seiner Bestellung in einem Arbeitsverhältnis zur Gesellschaft gestanden hatte und sich durch seine Bestellung zum Organ die Vertragsbedingungen nicht wesentlich geändert haben. Wird in diesem Fall das Arbeitsverhältnis nicht ausdrücklich aufgehoben, ging das BAG bisher davon aus, dass das frühere Arbeitsverhältnis während der Geschäftsführertätigkeit lediglich ruhte, also sachlich fortbestand, und nach Abberufung des Geschäftsführers ohne besondere Vereinbarung wieder auflebt.[95] 77

Das BAG hat diese Grundsätze, die mit der besonderen Schutzbedürftigkeit des Geschäftsführers begründet wurden, in jüngerer Zeit schrittweise aufgegeben. Der inzwischen zuständige 5. Senat hat in seiner Entscheidung vom 28.09.1995[96] festgestellt, dass im Zweifel mit der Geschäftsführerbestellung das bisherige Arbeitsverhältnis aufgehoben wird. Auch die jüngsten Entscheidungen des 2. Senats vom 08.06.2000 und 25.04.2002[97] führen weiter von der bisherigen Theorie vom »ruhenden Arbeitsverhältnis« weg. Danach wird jedenfalls in dem Fall, in dem der bisher leitende Angestellte zum Geschäftsführer einer neu gegründeten GmbH bestellt wird und er wesentliche Teilaufgaben seines bisherigen Arbeitgebers übernimmt, im Zweifel der bisherige Arbeitsvertrag konkludent aufgehoben. 78

Völlig losgelöst von der bisherigen Entwicklung der Rechtsprechung steht neuerdings zu erwarten, dass das BAG diese neuere Rechtsprechung weg vom »ruhenden Arbeitsverhältnis« nach In-Kraft-Treten des neuen Schriftformerfordernisses in § 623 BGB nicht mehr aufrechterhalten kann. Denn § 623 BGB, der seit 01.05.2000 in Kraft ist, schreibt nicht nur für Kündigungen, sondern auch für Aufhebungsverträge Schriftform vor. Für den Fall, dass ein Arbeitnehmer zum Geschäftsführer befördert wird, könnte dies bedeuten, dass ohne schriftlichen Aufhebungsvertrag das bisherige Arbeitsverhältnis nicht beendet wird. Der Geschäftsführer könnte sich daher nach Beendigung seines Geschäftsführerdienstvertrages wieder auf das frühere Arbeitsverhältnis berufen.[98] In Zukunft wird es daher noch wichtiger sein, Auslegungsschwierigkeiten durch ausdrückliche und schriftliche Beendigung des bisherigen Arbeitsvertrages zu vermeiden. Dabei reicht es unter Umständen nicht aus, wenn der Geschäftsführerdienstvertrag eine allgemeine Ersetzungsklausel enthält, wonach bisher zwischen den Parteien bestehende Verträge durch den Abschluss des Geschäftsführerdienstvertrages ersetzt werden. Vielmehr sollte klar zum Ausdruck gebracht werden, dass der bisher bestehende Arbeitsvertrag einvernehmlich aufgehoben werden soll. 79

6. Besonderer Kündigungsschutz

a) Mutterschutz/Elternzeit

Der **besondere Kündigungsschutz des Mutterschutzgesetzes** sowie des **Bundeserziehungsgeldgesetzes** findet nach ganz überwiegender Meinung für die Geschäftsführerin bzw. den Geschäftsführer der GmbH **keine Anwendung**.[99] Da die Fremd- oder Minderheitsgesellschafter-Geschäftsführerin sozialversicherungsrechtlich aber als Arbeitnehmerin eingestuft wird,[100] be- 80

95 BAG, Urt. v. 09.05.1985, BB 1985, 1474; BAG, Urt. v. 27.06.1985, DB 1986, 2132; BAG, Urt. v. 12.03.1987, DB 1987, 2659; ausführlich hierzu *Reiserer,* DB 1994, 1822; *Reiserer/Heß-Emmerich,* S. 73 ff.

96 ZIP 1996, 146.

97 NZA 2000, 1013; NZA 2003, 272, zur Rechtslage vor In-Kraft-Treten des § 623 BGB.

98 So auch *Bauer/Baeck/Lösler*, ZIP 2003, 1821.

99 Statt vieler *Lutter/Hommelhoff,* Anh. § 6 Rn 47; *Hümmerich,* NJW 1995, 1177, 1181, der dies allerdings für verfassungswidrig hält.

100 Vgl. hierzu ausführlich Rn 127 ff.

steht während der Schutzfristen grundsätzlich ein Anspruch auf Mutterschutzgeld gem. § 13 MuSchG,[101] wodurch gem. § 11 Abs. 1 Satz 1 MuSchG der Anspruch auf Arbeitsentgelt entfällt.

81 Unabhängig von der Frage bzw. Verneinung der analogen Anwendung des Mutterschutzgesetzes auf die GmbH-Geschäftsführerin wird die Frage des besonderen Kündigungsschutzes im Hinblick auf die jüngste Entscheidung des BAG vom 26.05.1999 unter Umständen eine neue Entwicklung vollziehen. In dieser Entscheidung hatte der 5. Senat erstmalig ausdrücklich festgestellt, dass das Dienstverhältnis eines GmbH-Geschäftsführers auch ein Arbeitsverhältnis sein könne.[102] Ferner bestehen abseits von der Frage der analogen oder unmittelbaren Anwendbarkeit einzelner Bestimmungen des Mutterschutzgesetzes auf die Fremdgeschäftsführerin Bedenken jedenfalls gegen eine Kündigung der schwangeren Geschäftsführerin, wenn diese Kündigung gerade wegen der Schwangerschaft ausgesprochen wird.[103]

b) Schwerbehinderung

82 Der Sonderkündigungsschutz für schwerbehinderte Arbeitnehmer lässt sich nicht auf Organmitglieder übertragen.[104]

7. Die außerordentliche Kündigung der Gesellschaft

a) Wichtiger Grund

83 Die fristlose Kündigung des Anstellungsvertrages nach § 626 BGB setzt voraus, dass ein **wichtiger Grund** für die Kündigung vorliegt. Dabei ist der »wichtige Grund« zur Abberufung nach § 38 Abs. 2 GmbHG nicht notwendig auch ein wichtiger Grund für die außerordentliche Kündigung des Anstellungsvertrages.[105] Vielmehr hat eine gerichtliche Entscheidung über die Wirksamkeit der sofortigen Abberufung aus wichtigem Grund auch dann keine Rechtskraftwirkung für die fristlose Kündigung des Anstellungsverhältnisses, wenn die Beendigung beider Rechtsverhältnisse gemeinsam ausgesprochen und auf denselben Grund gestützt wird.[106]

84 Ein wichtiger Grund für die fristlose Kündigung des Geschäftsführerdienstvertrages setzt voraus, dass dem Geschäftsführer eine **schwere Pflichtverletzung** zur Last gelegt wird und der Gesellschaft die Fortsetzung des Dienstverhältnisses bis zu einem ordentlichen Ablauf der Kündigungsfrist bei Abwägung aller Umstände, insbesondere auch der beiderseitigen Interessen und des eigenen Verhaltens des Dienstherren, nicht mehr zugemutet werden kann.[107] Vorvertragliche Gründe, also Vorgänge, die der Gesellschafterversammlung bereits bei der Bestellung bzw. bei Abschluss des Anstellungsvertrages bekannt waren, rechtfertigen grundsätzlich keine fristlose Kündigung. Das gilt selbst dann, wenn ein möglicherweise wegen Mehrheitsmissbrauchs rechtswidriger, aber nicht erfolgreich angefochtener Gesellschafterbeschluss über den Abschluss des Anstellungsvertrages vorliegt.[108]

85 Das Recht zur Kündigung des Anstellungsvertrages aus wichtigem Grund ist **unabdingbar**. Es darf weder ganz beseitigt noch dadurch beschränkt werden, dass die Möglichkeit zur außerordentlichen

101 BSG, Urt. v. 24.11.1983, DB 1984, 510.
102 DB 1999, 1906; ausführlich hierzu Rn 5 ff.
103 BAG, Urt. v. 28.09.1972, NJW 1973, 77 f.
104 BGH, Urt. v. 09.02.1978, BB 1978, 520; OLG Hamm, Urt. v. 02.06.1986, GmbHR 1987, 307; LG Siegen, Urt. v. 24.09.1985, ZIP 1985, 1282; a.A. LG München I, Urt. v. 18.12.1991 – 3 O 6702/91, u.v. rechtskräftig; zur Anrechenbarkeit des Geschäftsführers auf Pflichtplatzzahl für Schwerbehinderte vgl. BVerwG, Urt. v. 26.09.2002, NZA 2003, 1094.
105 BGH, Urt. v. 09.02.1978, BB 1978, 520.
106 BGH, Urt. v. 28.05.1990, GmbHR 1990, 345; zur außerordentlichen Kündigung generell *Reiserer,* BB 2002, 1999.
107 BGH, Urt. v. 19.10.1987, BB 1988, 88.
108 BGH, Urt. v. 12.07.1993, BB 1993, 1681.

Kündigung vertraglich auf wenige Gründe reduziert oder durch eine Abfindungsregel unzulässig eingeschränkt wird.[109]

Die Angabe des Kündigungsgrundes ist zur Wirksamkeit der Kündigung nicht erforderlich.[110] Aus der Kündigungserklärung muss aber hervorgehen, dass das Dienstverhältnis aus wichtigem Grund ohne Bindung an die vertraglich vereinbarten oder gesetzlichen Kündigungsfristen beendet werden soll.[111] 86

Die **Beweislast** für die Tatsachen, die den wichtigen Grund tragen, **trägt die Gesellschaft**. Beruft sich der Geschäftsführer auf Umstände, die sein Verhalten rechtfertigen sollen, hat die Gesellschaft diese zu widerlegen und hierfür den Beweis zu führen.[112] 87

Als wichtige Gründe kommen grundsätzlich nur solche Umstände in Betracht, die in der Person des Geschäftsführers liegen. Dies sind meist Pflichtverletzungen des Geschäftsführers wie Treuepflichtverletzungen oder strafbare Handlungen. Einer vorherigen Abmahnung des Geschäftsführers bedarf es nicht.[113] In Einzelfällen können aber auch objektive Umstände wie etwa die dauernde Arbeitsunfähigkeit des Geschäftsführers wegen Krankheit eine außerordentliche Kündigung rechtfertigen, ohne dass es hier eines Verschuldens des Geschäftsführers bedürfte.[114] 88

Als **wichtiger Grund** wurde **von der Rechtsprechung** bisher unter anderem **anerkannt**: 89

- Eigenmächtige Entnahme vom Konto der Gesellschaft zur Sicherung etwaiger künftiger Ansprüche gegen die Gesellschaft[115] oder Mitgeschäftsführer;
- Verletzung der Auskunftspflicht gegenüber Gesellschaftern;[116]
- Verletzung der Pflicht zur Überwachung der wirtschaftlichen Entwicklung der Gesellschaft;[117]
- Unberechtigte Vorwürfe durch Mitgeschäftsführer;[118]
- Beharrliche Nichtbefolgung von Gesellschafterweisungen;[119]
- Tiefgreifendes, die weitere Zusammenarbeit unmöglich machendes, auch nach außen zum Ausdruck kommendes Zerwürfnis unter den Geschäftsführern, zu dem der Betroffene durch sein Verhalten mit beigetragen haben muss;[120]
- Stetige Widersetzung gegen die Interessen der Gesellschaft;[121]
- Illoyales Verhalten gegenüber dem Alleingesellschafter;[122]
- Begründeter Verdacht, auf betrügerische Weise Subventionen erschlichen zu haben;[123]
- Begründeter Verdacht einer (auch außerdienstlichen) strafbaren Handlung;[124]

109 BGH, Urt. v. 03.07.2000, NZA 2000, 945.
110 BGH, Urt. v. 16.01.1995, BB 1995, 477.
111 OLG Frankfurt, Urt. v. 19.01.1988, GmbHR 1989, 254, 256.
112 BGH, Urt. v. 14.10.1994, WM 1995, 706.
113 BGH, Urt. v. 14.02.2000, BB 2000, 844.
114 BGH, Urt. v. 11.07.1955, WM 1955, 1222.
115 BGH, Urt. v. 26.06.1995, BB 1995, 1844.
116 BGH, Urt. v. 20.02.1995, BB 1995, 975; OLG Hamm, Urt. v. 06.03.1996, GmbHR 1996, 939; OLG München, Urt. v. 23.02.1994, BB 1994, 735; OLG Frankfurt, Urt. v. 24.11.1992, DB 1993, 2324.
117 BGH, Urt. v. 20.02.1995, BB 1995, 975; BGH, Urt. v. 08.12.1994, WM 1995, 709; OLG Bremen, Urt. v. 20.03.1997, GmbHR 1998, 536.
118 BGH, Urt. v. 09.03.1992, NJW-RR 1992, 992.
119 OLG Frankfurt, Urt. v. 07.02.1997, GmbHR 1997, 346, auch bei für die Gesellschaft wirtschaftlich nachteiligen, aber rechtmäßigen Weisungen.
120 BGH, Urt. v. 17.10.1983, WM 1984, 29, für die zweigliedrige Gesellschaft LG Karlsruhe, Urt. v. 29.04.1998, DB 1998, 1225, hierzu *Morawietz*, GmbHR 2000, 637; OLG Naumburg, Urt. v. 25.01.1996, GmbHR 1996, 935; LG Frankenthal, Urt. v. 23.04.1994, GmbHR 1996, 939; ausführlich hierzu *Wolf*, GmbHR 1998, 1163.
121 BGH, Urt. v. 08.05.1967, BB 1967, 731.
122 BGH, Urt. v. 14.02.2000, BB 2000, 844.
123 BGH, Urt. v. 02.07.1984, WM 1984, 1187.
124 BGH, Urt. v. 09.01.1967, WM 1967, 251; Urt. v. 25.01.1956, WM 1956, 867; OLG Celle, Urt. v. 05.05.2003, GmbHR 2003, 773; LAG Berlin, Urt. v. 30.06.1997, GmbHR 1997, 839.

- Überschreitung der Geschäftsführerbefugnis;[125]
- Unberechtigte Amtsniederlegung;[126]
- Verfolgung eigennütziger Interessen zum Nachteil der Gesellschaft;[127]
- Wettbewerb zur Gesellschaft, Verschweigen von Eigengeschäften;[128]
- Überschreiten der Kreditlinie;[129]
- Veranlassung vorzeitiger Tantiemenauszahlung.[130]

90 **Nicht als wichtiger Grund** wurde **von der Rechtsprechung** bisher **anerkannt**:

- Vertrauensentzug durch die Gesellschafterversammlung, wenn dem Geschäftsführer nur Geringfügigkeiten und weder schuldhaftes Verhalten[131] noch missbräuchliche Ausnutzung der Erwerbschancen der Gesellschaft[132] vorgeworfen werden kann;
- Laufende gerichtliche Auseinandersetzung mit dem Bundeskartellamt wegen angeblicher Beteiligung an verbotenen Preisabsprachen, wenn das Anstellungsverhältnis wegen einer Befristung ohnehin bald ausläuft und die Gesellschaft keinen besonderen wirtschaftlichen Nachteil darlegen kann;[133]
- Der nicht verheimlichte Bezug eines zusätzlichen Bonus, der bisher zwar nicht durch Gesellschafterbeschluss bewilligt worden ist, dem Geschäftsführer aber auch im Vorjahr eingeräumt worden war.[134]
- Unkorrekte Spesenabrechnungen bei unklarer Regelung im Geschäftsführerdienstvertrag.[135]
- Entscheidung der Muttergesellschaft, den Betrieb ihrer Tochtergesellschaft einzustellen.[136]

b) Vertraglich vereinbarte Kündigungsgründe

91 Die **vertragliche Vereinbarung von Gründen**, die eine außerordentliche Kündigung rechtfertigen sollen, ist im Geschäftsführerdienstvertrag – anders als bei Arbeitsverhältnissen – grundsätzlich **zulässig**. Die Wirksamkeit der außerordentlichen Kündigung hängt dann nicht noch von einer Abwägung ab, ob der kündigenden Gesellschaft ein Festhalten am Vertrag zuzumuten ist. Um aber durch die Vereinbarung außerordentlicher Kündigungsgründe nicht die Mindestkündigungsfristen des § 622 BGB zu umgehen, führt die Kündigung zwar zu einer Beendigung des Anstellungsverhältnisses, aber nur unter Einhaltung der zwingenden Fristen des § 622 BGB.[137] Ein Kündigungsgrund, der nur kraft Vereinbarung einen wichtigen Grund darstellt, aber nicht die gesetzlichen Anforderungen des wichtigen Grundes des § 626 Abs. 1 BGB erfüllt, rechtfertigt deshalb zwar die Auflösung des Anstellungsverhältnisses, jedoch nur unter Einhaltung der gesetzlichen Kündigungsfristen.

c) Abmahnungspflicht

92 Im Arbeitsrecht gilt seit langem der Grundsatz, dass die verhaltensbedingte Kündigung eines Arbeitnehmers, gleich ob als ordentliche Kündigung oder als außerordentliche Kündigung nach § 626 BGB ausgesprochen, grundsätzlich der vorherigen Abmahnung bedarf.[138] Ob eine solche Abmahnungspflicht auch für die Kündigung des GmbH-Geschäftsführers wegen Verletzung der im Dienstvertrag

125 OLG Stuttgart WM 1979, 1296; einschränkend BGH, GmbHR 1991, 197.
126 BGH, Urt. v. 14.07.1980, BB 1980, 1397; OLG Celle, Urt. v. 31.08.1994, GmbHR 1995, 728.
127 BGH, Urt. v. 19.11.1990, WM 1991, 97; OLG Köln, Urt. v. 28.06.1995, GmbHR 1996, 290.
128 OLG Karlsruhe, Urt. v. 08.07.1988, GmbHR 1988, 484.
129 BGH, Urt. v. 03.02.1973, BB 1974, 253.
130 OLG Hamm, Urt. v. 24.06.1994, GmbHR 1995, 732.
131 BGH, Urt. v. 29.05.1989, WM 1989, 1246, vgl. auch BGH, Urt. v. 13.02.1995, BB 1995, 688.
132 BGH, Urt. v. 13.02.1995, BB 1995, 688.
133 BGH, Urt. v. 27.10.1986, NJW 1987, 1889.
134 BGH, Urt. v. 09.01.1992, WM 1992, 2142.
135 BGH, Urt. v. 28.10.2002, NJW 2003, 431.
136 BGH, Urt. v. 28.10.2002, NJW 2003, 431.
137 BGH, Urt. v. 29.05.1989, BB 1989, 1157.
138 Ständige Rspr. seit BAG, Urt. v. 18.01.1968, EzA § 124a GewO Nr. 7; KR/*Fischermeier,* § 626 BGB Rn 253 m.w.N.

niedergelegten Pflichten besteht, war bisher umstritten. Bei der ordentlichen Kündigung des Geschäftsführers spielt diese Fragestellung regelmäßig keine Rolle. Denn die ordentliche Kündigung kann wegen der fehlenden Anwendbarkeit des Kündigungsschutzgesetzes (§ 14 Abs. 1 KSchG) stets unter Beachtung der vereinbarten vertraglichen Kündigungsfrist ausgesprochen werden. Eine verhaltensbedingte Kündigung, die in Anlehnung an die Grundsätze des § 1 KSchG eines vorwerfbaren Sachverhaltes bedarf, ist im Fall der Kündigung des Dienstvertrages des GmbH-Geschäftsführers nicht anzutreffen.[139]

In der Entscheidung vom 10.09.2001 hat der 2. Senat des BGH sein Urteil vom 14.02.2000 bestätigt, wonach die außerordentliche Kündigung des GmbH-Geschäftsführers wegen Verletzung der im Dienstvertrag niedergelegten Pflichten **grundsätzlich nicht der vorherigen Abmahnung** durch die Gesellschafterversammlung bedarf.[140] Da der Geschäftsführer nicht Arbeitnehmer der Gesellschaft ist, sondern im Innenverhältnis Arbeitgeberfunktionen erfüllt, bedarf es nach Auffassung des BGH erst recht keiner Hinweise der Gesellschafterversammlung oder des Aufsichtsrates, dass er sich an die Gesetze, an die Satzung und an die in seinem Dienstvertrag niedergelegten Pflichten zu halten hat. Vielmehr hat er sich, so der BGH, ohne Abmahnung und von sich aus im Rahmen seines Pflichtenkreises dem Standard eines ordentlichen Geschäftsmannes entsprechend zu verhalten. Diese Rechtsprechung könnte durchbrochen werden durch die Einführung des § 314 BGB im Rahmen der Schuldrechtsreform, wonach Pflichtverletzungen, die einen wichtigen Grund darstellen, regelmäßig nur zur Fristsetzung zum Zwecke der Abhilfe und zur Abmahnung, nicht dagegen gleich zum Ausspruch der fristlosen Kündigung berechtigen. Da diese Vorschrift keine arbeitsrechtliche Sonderregel, sondern Ausformung des allgemeinen Grundsatzes des mildesten Mittels ist, wird sie generell auch auf den Anstellungsvertrag des GmbH-Geschäftsführers anzuwenden sein.[141] 93

d) Kündigungserklärungsfrist

Das außerordentliche Kündigungsrecht geht verloren, wenn die Kündigungserklärung nicht innerhalb der **Zwei-Wochen-Frist des § 626 Abs. 2 BGB** dem Geschäftsführer zugeht. Für die Wahrung der Kündigungserklärungsfrist kommt es auf den fristgerechten Zugang der Kündigungserklärung bei dem Kündigungsempfänger an. Dabei trägt die Gesellschaft für den fristgerechten Zugang im Streitfall die Beweislast. 94

Nach § 626 Abs. 2 Satz 2 BGB **beginnt** die Zwei-Wochen-Frist **mit** dem Zeitpunkt, in dem der Kündigungsberechtigte von den für die Kündigung maßgebenden Tatsachen **Kenntnis** erlangt. Die in der Rechtsprechung des BGH gestellten Anforderungen an eine sichere und umfassende positive Kenntnis der maßgeblichen Gründe sind noch nicht erfüllt, wenn tatsächliche Grundlagen des wichtigen Grundes noch aufklärungsbedürftig sind.[142] Dabei ist positive und sichere Kenntnis der Tatsachen erforderlich, die den wichtigen Grund ausmachen; bloßes Kennenmüssen genügt nicht. Insbesondere reicht nicht bereits der Verdacht unlauterer Machenschaften. Der Gesellschafterversammlung muss der Kündigungssachverhalt bekannt sein, so dass ihr eine Entscheidung möglich ist, ob das Anstellungsverhältnis vorzeitig beendet werden soll.[143] 95

Umstritten war bisher, auf wessen Kenntnis es für die Kündigung des Geschäftsführers ankommt. Nach der gesetzlichen Regelung des § 626 Abs. 2 BGB kommt es auf die Kenntnis derjenigen Person an, der im konkreten Fall das Recht zur Kündigung zusteht. Obwohl für die Kündigung des Geschäftsführers grundsätzlich die Gesellschafterversammlung zuständig ist, erachten einige 96

139 Zur ordentlichen Kündigung des GmbH-Geschäftsführers vgl. *Reiserer,* DB 1994, 1822; *Reiserer/Heß-Emmerich,* S. 73 ff.

140 BGH, Urt. v. 10.09.2001 – II ZR 14/00, EzA § 611 BGB Abmahnung Nr. 43; BGH, Urt. v. 14.02.2000, GmbHR 2000, 431.

141 Ausführlich hierzu *Schneider,* GmbHR 2003, 1.

142 BGH, Urt. v. 15.06.1998, BB 1998, 1808; BGH, Urt. v. 11.03.1998, GmbHR 1998, 931; BGH, Urt. v. 26.02.1996, NJW 1996, 1403.

143 Ausführlich *Lüders,* BB 1990, 790; zur Möglichkeit des Nachschiebens von Gründen vgl. BGH, Urt. v. 01.12.2003, NZA 2004, 173.

Stimmen in der einschlägigen Literatur bereits die Kenntnis eines Gesellschafters[144] oder jedenfalls die Kenntnis einer zur Einberufung der Gesellschafterversammlung berechtigten Minderheit von Gesellschaftern[145] für ausreichend. Richtigerweise **bedarf es** für den Fristbeginn aber der **Kenntnis aller Gesellschafter** von den Kündigungstatsachen.[146] Dabei genügt nicht bereits die außerhalb der Gesellschafterversammlung, sondern erst die nach dem Zusammentritt erlangte Kenntnis.[147] Auch brauchen sich die für die Kündigung des Anstellungsvertrages zuständigen Gesellschafter die Kenntnis des Vorsitzenden[148] oder eines Mitgeschäftsführers von dem Kündigungssachverhalt nicht zurechnen zu lassen.[149] Die Kenntnis der einberufungsberechtigten Gesellschafter begründet die Pflicht zur Einberufung einer außerordentlichen Gesellschafterversammlung. Ist der zu kündigende Geschäftsführer der einzige Geschäftsführer der Gesellschaft und verweigert er die Einberufung der Gesellschafterversammlung, so darf der einberufungsberechtigte Gesellschafter die dreiwöchige Wartefrist des § 50 Abs. 3 GmbHG verstreichen lassen, unabhängig von der Kündigungserklärungsfrist nach § 626 Abs. 2 BGB.[150] Wenn die Satzung für außerordentliche Gesellschafterversammlungen eine längere Einberufungsfrist vorsieht, die Gesellschafterversammlung also nicht innerhalb der Frist des § 626 Abs. 2 BGB zusammentreten kann, verlängert sich die Kündigungserklärungsfrist um den Lauf der Ladungsfrist.[151]

97 Die dargestellten Grundsätze gelten entsprechend, wenn ein fakultativer Aufsichtsrat für die Kündigung zuständig ist. Auch in diesem Fall beginnt die Kündigungserklärungsfrist erst mit Kenntnis aller Aufsichtsratsmitglieder von dem Kündigungssachverhalt.[152]

98 Ein **Gesellschafter-Geschäftsführer kann an einem Beschluss**, der die Frage betrifft, ob gegen ihn eine Maßnahme aus wichtigem Grund ergriffen werden soll, **nicht mitwirken**. Dieser Ausschluss betrifft sowohl die Abberufung aus wichtigem Grund als auch die fristlose Kündigung des Anstellungsvertrages.[153] Etwas anderes gilt lediglich dann, wenn sich alle Gesellschafter einig waren, die Kündigung des Anstellungsverhältnisses solle stets nur mit Zustimmung des betroffenen Gesellschafters erfolgen. An eine solche schuldrechtliche Bindung außerhalb des Gesellschaftsvertrages sind die Gesellschafter im Fall des Kündigungsausspruches gebunden.[154]

8. Die außerordentliche Kündigung des Geschäftsführers

99 Das Vorliegen eines wichtigen Grundes für die fristlose Kündigung durch den Geschäftsführer erfordert eine **schwerwiegende Vertragsverletzung durch die Gesellschaft**, die dem Geschäftsführer bei Abwägung aller Umstände die weitere Tätigkeit für die Gesellschaft bis zum Ablauf der ordentlichen Kündigungsfrist nicht zumutbar macht.

144 *Densch/Kahlo,* DB 1983, 813.
145 *Wiesner,* BB 1981, 1539.
146 BGH, Urt. v. 17.03.1980, BB 1980, 1127; neuerlich bestätigt durch BGH, Urt. v. 10.09.2001, EzA § 611 BGB Abmahnung Nr. 43.
147 So neuerdings BGH, Urt. v. 10.09.2001, EzA § 611 BGB Abmahnung Nr. 43; BGH, Urt. v. 15.06.1998, BB 1998, 1608 in Abweichung von der bisherigen Rspr., vgl. BGH, Urt. v. 02.06.1996, DStR 1997, 1338; strittig ist, ob diese Grundsätze auch für kleinere Gesellschaften gelten, vgl. *Jaeger,* S. 96; zur alleinstimmberechtigten Mitgesellschafterin BGH, Urt. v. 02.06.1997, GmbHR 1997, 998; ausführlich und kritisch hierzu auch *Slabschi,* ZIP 1999, 391; *Reiserer,* BB 2002, 1199.
148 BGH, Urt. v. 10.09.2001, EzA § 611 BGB Abmahnung Nr. 43.
149 BGH, Urt. v. 09.11.1992, BB 1992, 2453.
150 Scholz/*Schneider,* § 35 Rn 237 d.
151 BGH, Urt. v. 17.03.1980, DB 1980, 1686.
152 BAG, Urt. v. 05.05.1977, DB 1978, 353; *Lutter/Hommelhoff,* Anh. § 6 Rn 61; a.A. OLG Stuttgart, Urt. v. 27.02.1979, WM 1979, 1296, 1302: ausreichend ist bereits die Kenntnis eines Aufsichtsratsmitglieds, es sei denn, dass das Mitglied mit dem Geschäftsführer zusammenwirkt.
153 BGH, Urt. v. 27.10.1987, NJW 1987, 1889.
154 BGH, Urt. v. 27.10.1987, NJW 1987, 1889, 1890.

Als wichtiger Grund wurde **von der Rechtsprechung** bisher **anerkannt**: 100

- Ungerechtfertigte fristlose Kündigung durch die Gesellschaft, wobei der Geschäftsführer hier auch Schadensersatzansprüche nach § 628 Abs. 2 BGB geltend machen kann,[155]
- Abberufung als Organ der Gesellschaft,[156]
- Beschränkung vertraglich eingeräumter Kompetenzen durch nachträgliche Satzungsänderung,[157]
- willkürliche Verweigerung der Entlastung oder das rechtswidrige Vorenthalten von Dienstbezügen,[158]
- Weisungen an den Geschäftsführer zu gesetzeswidrigem Handeln durch die Gesellschafterversammlung,[159]
- unberechtigte und in beleidigender Form erhobene Vorwürfe durch einen Mitgeschäftsführer, auch wenn sich die Gesellschafterversammlung dieses Verhalten nicht zu Eigen macht.[160]

Dagegen besteht Übereinstimmung, dass eine **wirtschaftliche Krise des Unternehmens** für sich 101
keinen Grund für eine fristlose Kündigung durch den Geschäftsführer begründet, es sei denn, dass dem Geschäftsführer die erforderliche Unterstützung der Gesellschafterversammlung versagt wird und der Geschäftsführer dadurch in nicht absehbare Haftungsrisiken gerät.[161]

VI. Betriebliche Altersversorgung

1. Versorgungsanspruch

Der Begriff »betriebliche Altersversorgung« steht für alle **Versorgungsleistungen der Alters-,** 102
Invaliditäts- oder Hinterbliebenenversorgung, die dem Geschäftsführer aus Anlass seines Anstellungsverhältnisses von der Gesellschaft zugesagt worden sind. Der Versorgungsanspruch bedarf einer besonderen Zusage, die auch formlos oder konkludent erteilt werden kann.[162]

2. Steuerliche Anerkennung

a) Form der Zusage

Da nach § 6a Abs. 1 Satz 3 EStG eine Pensionsrückstellung aber **steuerlich nur anerkannt** 103
wird, wenn die Pensionszusage **schriftlich** erteilt wurde, sollte die Schriftform gewählt werden. § 6a EStG regelt weitere Voraussetzungen für die Anerkennung einer Pensionsrückstellung in der Steuerbilanz. Danach darf die Zusage keine Vorbehalte enthalten, wonach die Anwartschaft beliebig vermindert oder ganz entzogen werden kann. Schädlich ist insbesondere eine Klausel, wonach die Pensionszusage von der Gesellschaft in Höhe des steuerlichen Teilwerts gem. § 6a Abs. 3 EStG abgefunden werden darf.[163] Die Erteilung einer Pensionszusage und eventuelle Änderungen erfordern für ihre zivilrechtliche Wirksamkeit die Zustimmung der Gesellschafterversammlung. U.U. kann auch eine andere Zuständigkeit, z.B. in der Satzung, geregelt sein.[164]

155 Ständige Rspr., vgl. BGH, Urt. v. 01.12.1993, WM 1994, 387.
156 *Rowedder/Koppenstein,* § 38 Rn 41; aber der Widerruf der Bestellung stellt kein vertragswidriges Verhalten der Gesellschaft i.S.d. § 628 Abs. 2 BGB dar, BGH, Urt. v. 28.10.2002, NJW 2003, 351; vgl. auch BAG, Urt. v. 08.08.2002, NZA 2002, 1323.
157 OLG Frankfurt, Urt. v. 17.12.1992, WiB 1994, 26 m. Anm. *Jasper.*
158 BGH, Urt. v. 19.10.1987, WM 1988, 165; BGH, Urt. v. 20.05.1985, WM 1985, 1200.
159 Allgemeine Meinung, vgl. *Jaeger,* S. 130.
160 BGH, Urt. v. 09.03.1992, WM 1992, 733.
161 BGH, Urt. v. 14.07.1980, NJW 1980, 2415.
162 BGH, Urt. v. 20.12.1993, WM 1994, 380.
163 BFH, Urt. v. 10.11.1998, BB 1999, 581.
164 Vgl. Rn 11 f.; vgl. auch BMF v. 21.12 1995, IV B 7 – S2742 – 68/95, BStBl I 1996, 50.

b) Betriebliche Veranlassung

104 Die Pensionszusage an einen Gesellschafter-Geschäftsführer wird **steuerlich nur insoweit anerkannt, als sie betrieblich** und nicht gesellschaftsrechtlich **veranlasst** ist. Bei gesellschaftsrechtlicher Veranlassung liegt eine so genannte verdeckte Gewinnausschüttung vor. Hinsichtlich der Anerkennung einer Pensionszusage zugunsten eines Gesellschafter-Geschäftsführers wurden von der Rechtsprechung eine Reihe von Kriterien entwickelt, die das abbilden sollen, was unter fremden Dritten üblich ist. In seinem Schreiben vom 09.12.2002 hat das BMF zu der Frage Stellung genommen, wie die Unverfallbarkeit von Pensionszusagen an beherrschende Gesellschafter-Geschäftsführer ausgestaltet sein muss, wenn die Folgen einer verdeckten Gewinnausschüttung vermieden werden sollen. Gleiches gilt für den Mindestzeitraum zum Erdienen der Altersversorgung.[165]

105 Eine Pensionszusage wird als betrieblich veranlasst angesehen, wenn sie zivilrechtlich wirksam und ernsthaft vereinbart, sowie finanzierbar, erdienbar und angemessen ist.[166] Beim beherrschenden Gesellschafter-Geschäftsführer ist zusätzlich das Nachzahlungsverbot zu beachten, d.h. alle Vereinbarungen müssen im Voraus klar und eindeutig abgeschlossen werden.

106 Die Ernsthaftigkeit der Pensionszusage wird zwar von der Rechtsprechung als Anerkennungsvoraussetzung genannt, die Anforderungen an die Anerkennung der Zusage werden jedoch diesem Kriterium nicht immer eindeutig zugeordnet.[167] Eine Pensionszusage ist jedenfalls nur dann ernsthaft vereinbart, wenn eine Inanspruchnahme der Gesellschaft entsprechend der Vereinbarung zu erwarten ist und die Gesellschaft auch wirtschaftlich in der Lage ist, die Ansprüche zu erfüllen. Der Abschluss einer Rückdeckungsversicherung ist grundsätzlich nicht Voraussetzung für die Anerkennung der Pensionszusage.[168]

107 Eine **Pensionszusage an einen beherrschenden Gesellschafter-Geschäftsführer** wird von der Finanzverwaltung nur dann anerkannt, wenn das Pensionierungsalter mindestens 60 Jahre beträgt.[169] Bei der Berechnung der Pensionsrückstellung ist dagegen im Regelfall mindestens ein Pensionierungsalter von 65 Jahren zugrunde zu legen. Dies gilt auch, wenn vereinbart wird, dass der Gesellschafter-Geschäftsführer von der gesetzlichen, flexiblen Altersgrenze Gebrauch machen kann. Bei einer vereinbarten Pensionierung zwischen 60 und 65 Jahren wird die Rückstellung erst im Jahr der Pensionierung um den Differenzbetrag aufgestockt.

108 Die Erteilung einer Pensionszusage bereits im **Zeitpunkt des Abschlusses des Anstellungsvertrages** ist grundsätzlich problematisch. Es muss sichergestellt sein, dass der Geschäftsführer entsprechend qualifiziert ist und die wirtschaftliche Entwicklung der GmbH eine Pensionszusage rechtfertigt. Nach Auffassung der Finanzverwaltung[170] ist daher bei Neuanstellung eines Geschäftsführers eine Wartezeit zwischen Anstellung und Zusage von mindestens zwei bis drei Jahren einzuhalten. Handelt es sich um eine neu gegründete GmbH, soll die wirtschaftliche Entwicklung mindestens fünf Jahre abgewartet werden, bevor eine Pensionszusage erteilt wird. Das Risiko der verdeckten Gewinnausschüttung ist jedoch auf die Zuführungen während der Wartezeit beschränkt. Danach werden die Zuführungen als Betriebsausgabe anerkannt.[171] Ist sowohl die Eignung des Geschäftsführers als auch die wirtschaftliche Situation des Unternehmens bekannt, kann die Wartezeit auch

165 DStR 2002, 2172.

166 Abschn. 32 KStR 1995.

167 *Cramer,* BB 1995, 919.

168 BFH, Urt. v. 15.10.1997, BStBl II 1999, 316 = BB 1998, 628; BFH, Urt. v. 29.10.1997, BStBl II 1999, 318 = BB 1998, 730; der Abschluss einer Rückdeckungsversicherung kann jedoch erforderlich sein, wenn die Finanzierbarkeit des Versorgungsfalles gefährdet ist.

169 R 32 Abs. 1 S. 15 KStR 1995; unklar ist, ob dies auch für den nicht beherrschenden Gesellschafter-Geschäftsführer gelten soll.

170 BFH, Urt. v. 24.04.2002, DStR 2002, 1614: danach setzt das Erteilen einer Pensionszusage an den Gesellschafter-Geschäftsführer grundsätzlich die Einhaltung einer Probezeit voraus; bestätigt von BFH, Urt. v. 20.08.2003, GmbHR 2004, 261; BMF v. 14.05.1999, IV C6 – S2742 – 9/99, BStBl I 1999, 512 = BB 1999, 1474.

171 Es besteht auch die Möglichkeit, die Zusage aufzuheben und nach der Wartezeit eine neue Zusage zu erteilen.

kürzer sein.[172] Ausnahmsweise kann auf eine Wartezeit verzichtet werden, beispielsweise bei gesellschaftsrechtlichen Umstrukturierungen.

Eine Versorgungszusage ist nicht finanzierbar, wenn die Passivierung des Barwerts der Pensions- 109
verpflichtung zu einer Überschuldung der Gesellschaft führen würde. Auch bei der Beurteilung der Finanzierbarkeit einer im Invaliditätsfall eintretenden Versorgungsverpflichtung ist nur deren im Zusagezeitpunkt gegebener versicherungsmathematischer Barwert anzusetzen. Es ist nicht von demjenigen Wert auszugehen, der sich bei einem Eintritt des Versorgungsfalls ergeben würde. Insgesamt ist die Finanzierbarkeit einer Zusage, die sowohl eine Altersversorgung als auch vorzeitige Versorgungsfälle abdeckt, hinsichtlich der einzelnen Risiken jeweils gesondert zu prüfen.[173]

Eine Pensionszusage muss während der aktiven Beschäftigungszeit erdient werden. Ist die Zusage 110
nicht erdienbar, wird sie insgesamt nicht anerkannt. Die Rechtsprechung erkennt Pensionszusagen, die erst **nach Vollendung des 60. Lebensjahres** des Gesellschafter-Geschäftsführers erteilt werden, daher nicht an. Das gilt sowohl für den beherrschenden, als auch für den nicht beherrschenden Gesellschafter.[174] Wegen des Nachzahlungsverbotes müssen bei einem beherrschenden Gesellschafter-Geschäftsführer zwischen dem Zeitpunkt der Zusage und dem vorgesehenen Eintritt in den Ruhestand noch mindestens zehn Jahre liegen.[175] Für den nicht beherrschenden Gesellschafter-Geschäftsführer ist es ausreichend, wenn dieser Zeitraum mindestens drei Jahre und die Betriebszugehörigkeit im Zeitpunkt der Zusage bereits zwölf Jahre beträgt.[176]

c) Angemessenheit

Die Angemessenheit der Pensionszusage wird in zweierlei Hinsicht geprüft. Zum einen geht die 111
Pensionszusage als Gehaltsbestandteil in die Angemessenheitsprüfung der Gesamtbezüge[177] ein. Zum anderen **unterliegt die Pensionszusage** selbst einer isolierten **Angemessenheitsprüfung**. In die Prüfung der Angemessenheit der Gesamtbezüge geht die Pensionszusage nicht mit dem Betrag der jährlichen Zuführung zur Rückstellung ein, sondern mit der Jahresprämie für eine vergleichbare Versicherung. Angemessenheit der Pensionszusage selbst bedeutet insbesondere, dass die Zusage nicht zu einer Überversorgung führt.[178] Eine Überversorgung liegt nach der Rechtsprechung vor, soweit die zugesagte Pension zusammen mit einer eventuell zu erwartenden Sozialversicherungsrente und Leistungen aus einer Direktversicherung mehr als 75 % der letzten Aktivbezüge betragen.[179]

Die Zusage kann feste Steigerungsraten sowohl der Anwartschaft als auch der Rente enthalten. 112
Diese Dynamisierungsklauseln (Anwartschaftsdynamik und Rentendynamik) werden grundsätzlich anerkannt, jedoch sind nach Auffassung der Finanzverwaltung bei Anwartschaftsdynamik die

172 BFH, Urt. v. 04.05.1998, BFH/NV 1998, 1530: 18 Monate bei Branchenerfahrung und Eignung (im Urteilsfall war das Invaliditätsrisiko auf eine Rückdeckungsversicherung verlagert und bei vorzeitigem Ausscheiden war die Kürzung der Altersrente des Pensionsberechtigten vereinbart).

173 BFH, Urt. v. 24.01.2001, BFH/NV 2001, 1147.

174 BFH, Urt. v. 05.04.1995, BStBl II 1995, 478 = BB 1995, 1276; a.A. z.B. *Höfer/Kisters-Kölkes,* BB 1989, 1157.

175 BFH, Urt. v. 21.12 1994, BStBl II 1995, 419 = BB 1995, 861; zur Übergangsregelung für Zusagen vor dem 07.07.1995 vgl. BMF v. 01.08.1996, IV B7 – S2742 – 88/96, BStBl I 1996, 1138.

176 BFH, Urt. v. 24.01.1996, BStBl II 1997, 440 = BB 1996, 1713, BFH, Urt. v. 29.10.1997, BStBl II 1999, 318 = BB 1998, 730; BFH, Urt. v. 15.03.2000, BB 2000, 1504 zu Vordienstzeiten in einem eingebrachten Einzelunternehmen; Zur Übergangsregelung für Zusagen vor dem 10.07.1997 vgl. BMF v. 05.01.1998, IV B7 – S2742 – 1/98, BStBl I 1998, 90.

177 Vgl. Rn 45 f.

178 *Höfer,* BB 1996, 41, zur möglichen Abweichung von der 75 %-Grenze bei Gehaltsumwandlung.

179 BFH, Urt. v. vom 17.05.1995, BStBl II 1996, 204 = BB 1995, 2470; zu Einzelheiten und einer Vereinfachungsregel vgl. BMF v. 07.01.1998, IV B2 – S2176 – 178/97, DStR 1998, 531.

vorstehenden Grenzen zu beachten.[180] Die Anwartschaftsdynamik liegt in der Regel zwischen 1 und 2 %. Ab Beginn der Rente können Steigerungsraten von 2 bis 3 % vereinbart werden.[181]

3. Betriebsrentengesetz

a) Gesellschafter-Geschäftsführer

113 Die Vorschriften des BetrAVG gelten nach § 17 nicht nur für Arbeitnehmer, sondern entsprechend auch für Personen, die nicht Arbeitnehmer sind, wenn ihnen Leistungen der Alters-, Invaliditäts- oder Hinterbliebenenversorgung aus Anlass ihrer Tätigkeit für ein Unternehmen zugesagt worden sind. Es entspricht allgemeiner Auffassung, dass **Fremdgeschäftsführer**, d.h. die Geschäftsführungsorgane, die kapitalmäßig nicht an der Gesellschaft beteiligt sind, **in den Geltungsbereich des BetrAVG fallen**.[182]

114 Hält der Geschäftsführer der GmbH dagegen gleichzeitig Anteile an der Gesellschaft, so muss danach differenziert werden, ob der Geschäftsführer aufgrund seiner gesellschaftsrechtlichen Stellung eine Unternehmerstellung inne- und damit einen bestimmenden Einfluss auf die Gesellschaft hat. Bejaht wird die Unternehmerstellung im Recht der betrieblichen Altersversorgung regelmäßig für den Allein- oder den Mehrheitsgesellschafter, der mindestens 50 % der Anteile besitzt.[183] Liegt die Kapitalbeteiligung dagegen unter 50 %, so genießt auch der Gesellschafter-Geschäftsführer grundsätzlich den Schutz des Betriebsrentengesetzes. Denn Minderheitsgesellschafter haben in der Regel innerhalb des Unternehmens keine so herausragende Stellung, dass sie das Unternehmen, für das sie tätig sind, wie ein Unternehmer leiten können.[184] Daran ändert auch der Umstand nichts, dass der Minderheitsgesellschafter-Geschäftsführer alleiniges Mitglied der Geschäftsführung ist.[185]

115 Den Schutz des BetrAVG genießt ein Minderheitsgesellschafter-Geschäftsführer dann nicht, wenn er mit einem oder mehreren anderen Gesellschafter-Geschäftsführern über die Mehrheit verfügt, und wenn keiner der Gesellschafter-Geschäftsführer bereits für sich die Mehrheit der Anteile hält.[186] Auch der Minderheitsgesellschafter-Geschäftsführer, der über einen Stimmbindungsvertrag in wichtigen Angelegenheiten über die Mehrheit verfügt, wird wie ein Mehrheitsgesellschafter-Geschäftsführer behandelt. Ein **Minderheitsgesellschafter**, der zusammen mit einem Mehrheitsgesellschafter die Gesellschaft vertritt, **genießt** hingegen **den Schutz des Betriebsrentengesetzes**.[187]

116 Ein Indiz für die fehlende Anwendbarkeit des BetrAVG auf die Versorgungszusage des Minderheitsgesellschafter-Geschäftsführers kann auch der Umstand sein, dass Familienangehörige an der Gesellschaft mit beteiligt sind und diese starke Verbundenheit zwischen Geschäftsführer und verwandten Mitgesellschaftern etwa dadurch zum Ausdruck kommt, dass die Gesellschafter ihr Direktionsrecht gegenüber dem Geschäftsführer nicht ausüben. Fehlen solche zusätzlichen Anhaltspunkte, sind Anteile von Ehegatten oder minderjährigen Kindern aber nicht automatisch den Anteilen des Gesellschafter-Geschäftsführers hinzuzurechnen.[188]

180 OFD Kiel v. 09.07.1996, S 2176A – St 113, BB 1996, 1661; vgl. auch BFH, Urt. v. 22.03.1972, BStBl II 1972, 501; BFH, Urt. v. 28.04.1982, BStBl II 1982, 612; BMF v. 17.08.1993, IV B 2 – S2176-49/93, BB 1993, 1912.

181 Ausführlich zu Altersvorsorge aus steuerlicher Sicht *Reiserer/Heß-Emmerich*, S. 167 – 176.

182 BAG, Urt. v. 21.08.1990, NZA 1991, 311.

183 BGH, 14.07.1980, AP Nr. 3 zu § 17 BetrAVG; BGH, Urt. v. 28.04.1980, BB 1980, 1046.

184 BGH, Urt. v. 02.06.1997, GmbHR 1997, 843; BGH, Urt. v. 16.04.1997, BB 1997, 2486.

185 BGH, Urt. v. 28.04.1980, BB 1980, 1046; BGH, Urt. v. 16.12.1976, AP Nr. 4 zu § 16 BetrAVG.

186 BGH, Urt. v. 29.12.1974, BGHZ 77, 233.

187 BAG, Urt. v. 16.04.1997, BB 1997, 2486; BGH, Urt. v. 25.09.1989, BB 1990, 637.

188 BGH, Urt. v. 28.04.1980, BB 1980, 1046.

b) Geschäftsführer der GmbH & Co. KG

Besonderheiten ergeben sich regelmäßig, wenn die GmbH, deren Geschäftsführer eine Versorgungszusage erhält, Komplementärin einer KG ist und der **Gesellschafter-Geschäftsführer Anteile an beiden Gesellschaften hält**. Für die Frage, ob sich die Höhe der Kapitalbeteiligung des Geschäftsführers in diesem Fall nach seinem Status in beiden Gesellschaften richtet, ist zu differenzieren, ob die Komplementär-GmbH lediglich Verwaltungsgesellschaft der Kommanditgesellschaft ist, oder ob sie einen eigenen Geschäftsbetrieb hat. Führt die GmbH nur die Geschäfte der KG, werden beide Gesellschaften als wirtschaftliche Einheit betrachtet mit der Folge, dass es unbeachtlich ist, welche Gesellschaft die Versorgungszusage erteilt hat. Hat die KG die Zusage gegeben, sind die Anteile an der Kommanditgesellschaft zu der mittelbaren Beteiligung an der GmbH insoweit hinzuzurechnen, wie diese an der KG beteiligt ist.[189] Hält z.B. die GmbH 80 % der Anteile an einer KG und der Gesellschafter-Geschäftsführer 20 % und ist der Gesellschafter-Geschäftsführer gleichzeitig an der GmbH zu 40 % beteiligt, so ist seinem 20 %-Anteil an der KG ein weiterer Anteil von 32 % (40 % von 80 %) hinzuzurechnen, so dass dieser als Mehrheitsgesellschafter der KG zu behandeln ist.[190] Beherrscht die GmbH die KG dagegen und beherrscht gleichzeitig der Gesellschafter-Geschäftsführer die GmbH, ist eine direkte Beteiligung des Gesellschafter-Geschäftsführers an der KG gar nicht mehr erforderlich, um die Unternehmerstellung zu bejahen und damit die Anwendbarkeit des BetrAVG zu verneinen. 117

Wenn die Komplementär-GmbH dagegen einen von der Förderung der Geschäfte der KG unterscheidbaren, wirtschaftlich eigenständigen Geschäftsbetrieb hat, der die Grundlage für besondere Dienstleistungen bildet, ist darauf abzustellen, wer die Versorgungszusage erteilt hat und ob der Geschäftsführer diese Gesellschaft beherrscht.[191] 118

4. Insolvenzsicherung

a) Pensionssicherungsverein

Die betriebliche Altersversorgung, die im Schutzbereich des BetrAVG gewährt wird, ist nach der Erfüllung der auch für die Unverfallbarkeit maßgeblichen Fristen insolvenzgesichert. Von diesem Insolvenzschutz **nicht erfasst** sind **Versorgungszusagen an Mehrheitsgesellschafter-Geschäftsführer**. War der Geschäftsführer als Fremdgeschäftsführer oder als Minderheitsgesellschafter-Geschäftsführer ohne weitere Unternehmerkriterien zunächst in den Schutzbereich des Betriebsrentengesetzes mit einbezogen und verliert er diesen Schutz nun dadurch, dass er die Mehrheit der Anteile an der GmbH übernimmt, bezieht sich der Schutz des BetrAVG grundsätzlich nur auf den Teil des betrieblichen Versorgungsanspruches, der auf die Fremdgeschäftsführertätigkeit i.S.d. § 17 Abs. 1 Satz 2 BetrAVG entfällt.[192] Dies gilt ebenso im umgekehrten Fall eines Statuswechsels. Während der BGH inzwischen dazu tendiert, in diesem Fall für die Zeitdauer der Unverfallbarkeit alle Beschäftigungszeiten in der Gesellschaft zusammen unabhängig vom jeweiligen Status zu rechnen,[193] lehnen der PSV und Teile der Kommentarliteratur diese Zusammenrechnung für den Bereich des Insolvenzschutzes ab.[194] 119

Da GmbH-Geschäftsführer keine Arbeitnehmer i.S.d. § 17 Abs. 1 Satz 2 BetrAVG sind, unterwirft der BGH die Höhe der zugesagten Versorgung bei der Berechnung des Anspruchs gegen den PSV anders als bei Arbeitnehmern einer Angemessenheitsprüfung in entsprechender Anwendung des § 7 Abs. 5 des BetrAVG. Geht danach insbesondere die Versorgungszusage eines Minderheits-Geschäftsführers über das Maß hinaus, was bei einem Fremdgeschäftsführer unter sonst vergleich- 120

189 BGH, Urt. v. 28.04.1980, BB 1980, 1046; BGH, Urt. v. 25.09.1989, BB 1990, 637.
190 Rechenbeispiel von MünchArbR/*Ahrend/Förster*, § 110 Rn 11.
191 BGH, Urt. v. 09.06.1980, AP Nr. 4 zu § 17 BetrAVG = WM 1980, 822.
192 BGH, Urt. v. 25.09.1989, WM 1989, 1661; OLG Frankfurt a. M., Urt. v. 22.04.1999, GmbHR 2000, 664.
193 BGH, Urt. v. 25.09.1989, WM 1989, 1661; in diese Richtung auch BAG, Urt. v. 21.08.1990, NZA 1991, 311.
194 MünchArbR/*Ahrend/Förster*, § 104 Rn 17.

baren Verhältnissen gewährt wird und wirtschaftlich vernünftig ist, besteht für den Gesellschafter-Geschäftsführer nur in Höhe des angemessenen Teils ein Anspruch gegen den PSV.[195]

b) Rückdeckungsversicherung, Verpfändung

121 Für die Gesellschafter-Geschäftsführer, die nicht dem Insolvenzschutz des BetrAVG unterliegen, wird in der Praxis eine **Insolvenzsicherung** meist **durch den Abschluss einer Rückdeckungsversicherung** sichergestellt.[196] Die Rückdeckungsversicherung wird von der GmbH (Versicherungsnehmer) auf das Leben des Zusageempfängers (versicherte Person) abgeschlossen. Die Leistungen aus der Versicherung stehen dabei der GmbH als Versicherungsnehmerin zu. Das Risiko des Sicherungsfalles wird auf diese Weise also durch Zahlung einer Versicherungsprämie auf eine Versicherungsgesellschaft ausgelagert.

122 Um die Rückdeckungsversicherung insolvenzfest zu machen[197] und dem Geschäftsführer auch im Falle der Insolvenz die Auszahlung der Leistungen aus der Versicherung sicherzustellen, verpfändet die GmbH die Rückdeckungsversicherung an den versorgungsberechtigten Geschäftsführer. Denn die **Verpfändung der Versicherung** an den Geschäftsführer bewirkt, dass der Gesellschafter-Geschäftsführer im Insolvenzfall ein Absonderungsrecht geltend machen kann mit der Folge, dass er bis zur Höhe seines Versorgungsanspruchs die Versicherungssumme beanspruchen kann. Die Bestellung des Pfandrechts erfolgt im Sinne der §§ 1273 ff. BGB und umfasst alle Rechte und Ansprüche aus der Rückdeckungsversicherung.

123 *§ X (des Pensionsvertrages)*

Rückdeckungsversicherung

1. Zur Finanzierung und Absicherung der künftigen Verpflichtungen aus der Versorgungszusage schließt die Gesellschaft eine Rückdeckungsversicherung ab. Alle Rechte und Ansprüche aus diesem Versicherungsvertrag stehen der Gesellschaft unbelastet zu.
2. Der Geschäftsführer gibt gleichzeitig mit der Anerkennung dieser Zusage sein Einverständnis, alle für den Abschluss der Versicherung erforderlichen Unterlagen und Angaben zur Verfügung zu stellen und sich ggf. ärztlich untersuchen zu lassen.
3. Die Gesellschaft verpflichtet sich, dem Geschäftsführer und sonstigen Versorgungsberechtigten zur Sicherung aller Ansprüche aus der Versorgungszusage an der Rückdeckungsversicherung ein erstrangiges Pfandrecht auf die Leistungen der Lebensversicherung einzuräumen. Die Gesellschaft verpflichtet sich ferner, das eingeräumte Pfandrecht auf jeden hinzukommenden Versorgungsberechtigten gem. § Y dieser Vereinbarung auszudehnen.

Die Verpfändungsvereinbarung zwischen Gesellschaft und versorgungsberechtigtem Geschäftsführer wird regelmäßig in einer gesonderten Urkunde aufgenommen, nachdem die Rückdeckungsversicherung durch die Gesellschaft abgeschlossen worden ist.

195 BGH, Urt. v. 20.12.1993, BB 1994, 305; BGH, Urt. v. 28.09.1981, BB 1982, 1303.
196 Ausführlich zur Rückdeckungsversicherung auch *Reuter*, GmbHR 1997, 1125.
197 Zur Insolvenzfestigkeit des »Verpfändungsmodells« BAG, Urt. v. 16.04.1997, ZIP 1997, 1596; ausführlich *Artega*, ZIP 1998, 276.

Verpfändungsvereinbarung

Versicherungsnummer:

Versicherungsnehmer:

Versicherter:

Zwischen

GmbH

und

dem versorgungsberechtigten Geschäftsführer

wird folgende Verpfändungsvereinbarung getroffen:

1. Die Gesellschaft hat dem Versorgungsberechtigten die beiliegende Versorgungszusage erteilt und unter der o.g. Versicherungsnummer bei der eine Rückdeckungsversicherung abgeschlossen. Alle Rechte und Ansprüche aus diesem Versicherungsvertrag stehen der Gesellschaft zu.
2. Zur Sicherung aller Ansprüche des Versorgungsberechtigten aus der Versorgungszusage räumt die Gesellschaft dem Versorgungsberechtigten ein erstrangiges Pfandrecht auf die Erlebensleistung und die Berufsunfähigkeitsleistung ein.
3. Die Gesellschaft zeigt die Verpfändung der Rückdeckungsversicherung der gesondert an.

, den

(GmbH) (Geschäftsführer)

(Unterschrift des versorgungsberechtigten Ehegatten)

(Unterschrift der volljährigen, versorgungsberechtigten Kinder; für nicht volljährige Kinder gelten die Unterschriften der dazu berechtigten Elternteile)

VII. Prozessuale Besonderheiten

1. Zuständigkeit bei Streitigkeiten aus dem Anstellungsvertrag

Für Streitigkeiten zwischen Geschäftsführer und GmbH aus dem Anstellungsvertrag sind die ordentlichen Gerichte zuständig, nicht die Arbeitsgerichte (§ 5 Abs. 1 Satz 3 ArbGG). Beim Landgericht ist der Rechtsstreit **vor den Kammern für Handelssachen** (§ 95 Abs. 1 Nr. 4 a GVG) zu führen. Der Gesetzgeber hat die Personengruppe der Organvertreter einer juristischen Person aus dem Zuständigkeitsbereich der Arbeitsgerichte herausgenommen, ohne Rücksicht darauf, ob wegen der Besonderheiten des Einzelfalls das Rechtsverhältnis zwischen Geschäftsführer und GmbH als Arbeitsverhältnis angesehen werden müsste. Dies gilt auch dann, wenn der Organvertreter an sich wegen wirtschaftlicher Unselbständigkeit als arbeitnehmerähnliche Person i.S.d. § 5 Abs. 1 Satz 2 Hs. 2 ArbGG anzusehen wäre.[198] Auch der Dienstnehmer, der zum Geschäftsführer einer GmbH bestellt werden sollte, dessen Bestellung dann aber unterbleibt, wird nicht dadurch zum Arbeitnehmer 124

198 BAG, Urt. v. 09.05.1985, GmbHR 1986, 263; für den Geschäftsführer der Komplementär-GmbH einer KG: BAG, Beschl. v. 20.08.2003, EWiR § 5 ArbGG 2/03, 1171 m. Anm. *Reiserer;* für den Geschäftsführer einer Vor-GmbH sind die Arbeitsgerichte nicht zuständig, BAG, Urt. v. 13.05.1996, BB 1996, 1774.

i.S.d. § 2 Abs. 1 Nr. 3 a ArbGG.[199] Die im Übrigen streitige Diskussion, ob der Geschäftsführer im Falle der Entgeltlichkeit auch Arbeitnehmer der Gesellschaft sein kann, ist für den Geltungsbereich des § 5 Abs. 1 Satz 3 ArbGG ohne Bedeutung.

125 Ausnahmsweise wurde früher die **Zuständigkeit der Arbeitsgerichte** für Streitigkeiten zwischen Geschäftsführer und GmbH bejaht, wenn neben dem Geschäftsführerdienstverhältnis noch ein weiteres Vertragsverhältnis, ein früheres, fortwirkendes Arbeitsverhältnis bestand. Dabei galten die gleichen Grundsätze wie bei der ausnahmsweisen Anwendbarkeit des Kündigungsschutzgesetzes zugunsten des GmbH-Geschäftsführers, der neben dem Geschäftsführerdienstverhältnis noch in einem -ruhenden- Arbeitsverhältnis aus zurückliegenden Zeiten zur GmbH stand.[200] Nach einer kurzen Zwischenphase vom 24.04.1996[201] bis zum 05.05.1999, in welcher der Geschäftsführer über die sog. sic-non-Rechtsprechung[202] erleichterten Zugang zu den Arbeitsgerichten fand, sind Geschäftsführer einer GmbH seit der Entscheidung des 5. Senats vom 06.05.1999[203] nunmehr abschließend vom Rechtsweg zu den Arbeitsgerichten ausgeschlossen. Die Anwendbarkeit der Grundsätze für die Rechtswegbestimmung in sog. sic-non-Fällen wurde für Organvertreter ausdrücklich verneint. Dies ist besonders wichtig für einen Hauptanwendungsfall, die Klage auf Feststellung des Bestehens des Dienstverhältnisses nach den Bestimmungen des KSchG.

2. Streitwert bei Vergütungs- oder Pensionsklagen

126 Nach der Entscheidung des BGH vom 24.11.1980 ist vor allem bei Pensionsklagen von Geschäftsführern der **Gebührenstreitwert** nach § 17 Abs. 3 GKG auf den dreifachen Jahresbetrag begrenzt und nicht nach § 12 Abs. 1 GKG i.V.m. § 9 ZPO der 12 1/2-fache Jahresbetrag anzusetzen.[204] Der BGH sah sich durch den Begriff »Arbeitnehmer« entgegen seiner bis dahin gültigen Rechtsprechung nicht mehr daran gehindert, § 17 Abs. 3 GKG auch auf Organmitglieder anzuwenden. Er begründet dies mit einer fortgeschrittenen Rechtsentwicklung und einer Tendenz des Gesetzgebers, in neuerer Zeit zunehmend dazu überzugehen, bei solchen Vorschriften, bei denen nicht die Eigenschaft als gesetzliches Vertretungsorgan oder die Ausübung von Arbeitgeberfunktionen im Vordergrund steht, sondern das Schutzbedürfnis von Personen, deren Lebensunterhalt auf persönlichen Dienstleistungen beruht, Gesellschaftsorgane in dem gebotenen Umfang einem Arbeitnehmer gleichzustellen. Wie ein Arbeitnehmer sei auch der Geschäftsführer einer GmbH in der Regel auf die Gehalts- und Versorgungsbezüge mehr oder weniger wirtschaftlich angewiesen, so dass es nicht zu rechtfertigen wäre, ihn dem erhöhten Prozessrisiko durch einen hohen Gebührenstreitwert auszusetzen. Ob diese Rechtsprechung auch bei Streitigkeiten über die Bezüge eines Mehrheitsgesellschafters gelten, hat der BGH allerdings ausdrücklich offen gelassen.

VIII. Sozialversicherungspflicht bzw. -freiheit des GmbH-Geschäftsführers

127 Dass der Geschäftsführer in der Regel kein Arbeitnehmer i.S.d. Arbeitsrechts ist, steht der versicherungspflichtigen Beschäftigung des Geschäftsführers i.S.d. Sozialversicherungsrechts nicht entgegen. Die Organmitgliedschaft allein schließt eine Beschäftigung in persönlicher Abhängigkeit

199 BAG, Urt. v. 25.06.1997, BB 1997, 2008.
200 Siehe ausführlich hierzu Rn 76 ff.
201 BAG 5. Senat, Urt. v. 24.04.1996, BB 1996, 1512; bestätigt im Urt. v. 10.12.1996, BB 1997, 998.
202 Der 5. Senat legte für die Frage des Rechtsweges zu den Arbeitsgerichten verbindlich fest, dass allein die Berufung auf eine Arbeitnehmerstellung die Zuständigkeit der Arbeitsgerichte begründet. Obwohl in der Entscheidung von 24.04.1996 offen geblieben war, ob die neuen sic-non-Grundsätze auch für Organvertreter gelten, wurde dies vielfach bejaht. Ausführlich hierzu *Reiserer*, DStR 2000, 31; *Jaeger,* NZA 1998, 961; *Reinecke,* ZIP 1997, 1525.
203 BB 1999, 1437.
204 BGH, Urt. v. 24.11.1980, NJW 1981, 2465; ausführlich hierzu *Reiserer*, DStR 2000, 31.

auch nicht aus. Sozialversicherungspflicht wird für den GmbH-Geschäftsführer bejaht, wenn das maßgebliche Kriterium der »persönlichen Abhängigkeit« erfüllt ist.

1. Kapitalbeteiligung mindestens 50 %

Ein wesentliches Kriterium für die Frage der persönlichen Abhängigkeit ist der Umfang der Kapitalbeteiligung und das Ausmaß des sich daraus für den Geschäftsführer ergebenden Einflusses auf die Gesellschaft. Hat der Geschäftsführer eine **Kapitalbeteiligung von 50 % oder mehr** an der Gesellschaft, **verneint** das BSG regelmäßig **ein Beschäftigungsverhältnis.**[205] Für den GmbH-Geschäftsführer besteht in diesem Fall in allen Zweigen der Sozialversicherung (Kranken-, Renten-, Arbeitslosen- und Unfallversicherung) Versicherungsfreiheit. Hintergrund hierfür ist, dass der Geschäftsführer bei einer Kapitalbeteiligung von 50 % und mehr regelmäßig nicht mehr »funktionsgerecht dienend am Arbeitsprozess beteiligt« ist, sondern kraft seiner Gesellschafterstellung und der kapitalmäßigen Beteiligung, die sich bei der Stimmrechtsverteilung auswirkt, selbst die Geschicke des Unternehmens bestimmt oder jedenfalls keine Entscheidung gegen seinen Willen durchgeführt werden kann.[206] 128

Unerheblich ist es nach Auffassung des BSG, ob der Gesellschafter-Geschäftsführer von seinen Rechten, die sich aus der Mehrheitsbeteiligung ergeben, tatsächlich Gebrauch macht oder ob er die wesentlichen Entscheidungen anderen überlässt. Nach dem Grundsatz »Rechtsmacht entfällt nicht durch tatsächliche Ohnmacht«[207] bejaht das BSG selbst dann eine selbständige und damit sozialversicherungsfreie Tätigkeit, wenn der Geschäftsführer zwar Alleingesellschafter ist, die Geschäfte aber schwerpunktmäßig noch von dem früheren Gesellschafter ausgeführt werden, weil ihm noch die erforderliche Sachkenntnis fehlt.[208] 129

Unerheblich ist es auch, ob der Geschäftsführer unmittelbar oder nur mittelbar über eine beherrschende Stellung in der Gesellschaft verfügt. Dies kann von Bedeutung sein, wenn der Geschäftsführer zwar an der Gesellschaft keine Beteiligung hat, aber mittelbar über eine von ihm beherrschte Gesellschaft an der GmbH mehrheitlich beteiligt ist.[209] 130

Auch wenn die Gesellschaft einen Beirat besitzt, der nach dem Gesellschaftsvertrag für außerordentliche Geschäfte zuständig ist, verneint das BSG ein Beschäftigungsverhältnis.[210] Da der Beirat als Organ der Gesellschaft fakultativ und damit von dem Mehrheitsgesellschafter-Geschäftsführer jederzeit durch Änderung des Gesellschaftsvertrages beeinflussbar ist, erhält der Betreffende auch bei dieser Konstellation seinen Einflussbereich. 131

Lediglich eine **Ausnahme** für den Fall einer kapitalmäßigen Mehrheit lassen die Sozialgerichte zu, und zwar für den Fall, dass der Gesellschafter-Geschäftsführer die Anteile nur treuhänderisch hält. Die Rechtsmacht des Gesellschafter-Geschäftsführers ist insbesondere dann eingeschränkt, wenn dem Geschäftsführer zum Beispiel aufgrund einer **unwiderruflichen Stimmrechtsvollmacht auf den** – wirtschaftlich maßgebenden – **Treugeber** ein wesentlicher Teil des Mitgliedschaftsrechts, hier das Stimmrecht, genommen ist.[211] In einer jüngeren Entscheidung vom 30.01.1997[212] hat der 10. Senat des BSG diese Rechtsprechung aufgegriffen und noch fortgeführt. Immer dann, wenn die Gesellschafterrechte des Mehrheitsgesellschafter-Geschäftsführers in Fällen treuhänderischer Bindungen modifiziert werden, sei die Regelvermutung, dass der Geschäftsführer mit einer Kapitalbeteiligung von 50 % oder mehr sozialversicherungsfrei ist, außer Kraft gesetzt. In diesen 132

205 BSG, Urt. v. 08.12.1987, BB 1989, 72, 73 m.w.N.
206 BfA, Mitt. v. 09.02.1968, BB 1968, 208.
207 *Plagemann,* WiB 1994, 223, 224.
208 BSG, Urt. v. 08.08.1990, SozR 3-2400 § 7 Nr. 4.
209 *Brandmüller,* Rn 267.
210 BSG, Urt. v. 24.06.1982, USK 82, 166.
211 BSG, Urt. v. 08.12.1994, GmbHR 1995, 584.
212 10 RAr 6/95, GmbHR 1997, 696.

Fällen bedarf es also in Ermangelung anderer Beweiserleichterungen der Prüfung im Einzelnen, ob und inwieweit die Gesellschafterrechte die arbeitnehmertypische Abhängigkeit berühren oder ganz vermeiden. Dazu ist der Status des Geschäftsführers als Ganzes, sowohl auf der Grundlage seines Anstellungsvertrages als auch der ihn betreffenden gesellschaftsrechtlichen Maßgaben, wie insbesondere Treuhandvertrag, einschließlich deren praktischer Anwendung zu ermitteln.

2. Kapitalbeteiligung unter 50 %

133 Liegt die **Kapitalbeteiligung des Geschäftsführers unter 50 %**, so führt dies nach der Rechtsprechung der Sozialgerichte aber nicht im Umkehrschluss automatisch dazu, dass der Geschäftsführer prinzipiell als weisungsgebunden und damit als sozialversicherungspflichtig anzusehen ist.[213] Vielmehr ist im Einzelfall zu prüfen, ob der Geschäftsführer trotz seiner geringen Kapitalbeteiligung einen so maßgebenden Einfluss auf die Entscheidungen der Gesellschaft hat, dass er jeden Beschluss, insbesondere jede ihm nicht genehme Weisung der Gesellschafter verhindern kann.[214]

a) Sperrminorität

134 Eine Sozialversicherungspflicht wird regelmäßig verneint, wenn der Minderheitsgesellschafter-Geschäftsführer **aufgrund einer Sperrminorität** ihm **unliebsame Entscheidungen verhindern** kann.[215] Dies ist immer dann der Fall, wenn sich aus dem Gesellschaftsvertrag ergibt, dass Gesellschafterbeschlüsse – vor allem auf dem Gebiet der Geschäftsführung – einer qualifizierten Mehrheit bedürfen (z.B. 75 %). Der Geschäftsführer, der 30 % der Anteile hält, kann in diesem Fall alle Gesellschafterbeschlüsse, insbesondere solche, die seine Organstellung und sein Anstellungsverhältnis betreffen, verhindern, und hat somit maßgeblichen Einfluss auf die Gesellschaft. Reicht das Stimmrecht des Gesellschafter-Geschäftsführers für eine Beschlusssperre aus, wird die Annahme einer selbständigen sozialversicherungsfreien Tätigkeit auch nicht dadurch gehindert, dass der Geschäftsführer ansonsten gesellschaftsvertraglichen oder dienstvertraglichen Beschränkungen unterliegt. Jedenfalls reicht die in vielen Geschäftsführerdienstverträgen enthaltene Beschränkung der Geschäftsführungsbefugnis für wichtige Geschäfte für die Annahme einer Weisungsgebundenheit noch nicht aus.[216]

b) Sonstige Abgrenzungskriterien

135 Wie bereits oben ausgeführt, ist der Umkehrschluss, dass bei fehlender Kapitalbeteiligung bzw. Sperrminorität regelmäßig ein abhängiges Beschäftigungsverhältnis anzunehmen ist, von der Rechtsprechung bisher schon nicht gezogen worden. Mit der weiter liberalisierenden Entscheidung vom 14.12.1999 zum Fremdgeschäftsführer wurde dieser Grundsatz nochmals verfestigt. Entscheidend für die Unternehmerstellung ist nach dem BSG somit mehr denn je, ob der Geschäftsführer ein eigenes Unternehmerrisiko trägt, Verfügungsmöglichkeiten über die eigene Arbeitskraft hat und über die Möglichkeit verfügt, frei über Arbeitsort und Arbeitszeit zu verfügen.[217] Dabei sind, ausgehend von der vertraglichen Situation, letztlich die tatsächlichen Umstände maßgebend. Konkretisiert wird dieser Grundsatz durch weitere Entscheidungen des BSG, in denen einzelne Abgrenzungskriterien bewertet wurden. Dabei bleibt festzuhalten, dass jedenfalls bei nicht mehrheitlich beteiligten Geschäftsführern erst ein **Gesamtbild seiner Tätigkeit** die Frage der Sozialversicherungspflicht beantworten kann. Und wenn eine Tätigkeit Merkmale aufweist, die sowohl auf Abhängigkeit als auch auf Unabhängigkeit hinweisen, ist entscheidend, welche Merkmale überwiegen.

213 Bestätigt nochmals in der jüngsten Entscheidung, BSG, Urt. v. 14.12.1999, BB 2000, 674 mit Anm. *Reiserer*.

214 BSG, Urt. v. 06.03.2003, SozR 4–4100 § 168 Nr. 1; BSG, Urt. v. 15.12.1971, BB 1972, 404; ausführlich zur Sozialversicherungspflicht des Geschäftsführers der GmbH *Reiserer*, BB 1999, 2026; *Reiserer/Heß-Emmerich*, S. 125 ff.

215 BSG, Urt. v. 15.12.1971, BB 1972, 404; verneint für den Fall, dass sich die Einspruchmöglichkeit nur auf die Unternehmenspolitik im Allgemeinen bezieht, BSG, Urt. v. 24.09.1992, GmbHR 1993, 355.

216 BSG, Urt. v. 08.12.1987, ZIP 1988, 913; BSG, Urt. v. 29.10.1986, BB 1987, 406, 407.

217 BSG, Urt. v. 14.12.1999, BB 2000, 674.

Ein wichtiges Kriterium für die Frage der Sozialversicherungspflicht ist der Umstand, dass der nicht mehrheitlich beteiligte Geschäftsführer **besondere Branchenkenntnisse** und/oder sonstige **Erfahrungen** wie z.B. Kundenverbindungen mitbringt. Da die mehrheitlichen Gesellschafter in diesem Fall faktisch gar nicht in der Lage sind, dem fachkundigen Geschäftsführer Weisungen zu erteilen, erkennt das BSG dieses Kriterium als starkes Indiz für eine beherrschende Stellung des Geschäftsführers[218] an. Relevant wird dieses Kriterium häufig im Dienstleistungssektor oder auch im handwerklichen Bereich, insbesondere bei kleineren Gesellschaften, deren Geschäftsführer »Kopf und Seele des Geschäfts«[219] sind. 135a

Das Kriterium der Branchenkenntnis und besonderen Erfahrung erlangt Bedeutung auch für den Fall, dass die GmbH aus der **Umwandlung eines Einzelunternehmens** oder einer Personengesellschaft hervorgeht und der ehemalige Geschäftsinhaber jetzt als kapitalmäßig geringfügig beteiligter Geschäftsführer dieses Unternehmen leitet. Wenn der ehemalige Geschäftsinhaber weiterhin die Geschicke des Unternehmens maßgeblich beeinflusst und hierbei seine Kenntnisse, Erfahrungen und Verbindungen in die GmbH einbringt, so spricht dies gegen ein abhängiges und damit sozialversicherungspflichtiges Beschäftigungsverhältnis.[220] 135b

Ist der Gesellschafter-Geschäftsführer vom **Verbot des Selbstkontrahierens** nach § 181 BGB befreit, ist dies ein wichtiges Indiz für die Versicherungsfreiheit des Geschäftsführers.[221] Denn die Möglichkeit des Geschäftsführers, als Vertreter der Gesellschaft mit sich selbst im eigenen Namen ein Rechtsgeschäft abzuschließen, gibt ihm eine über die übliche Stellung eines GmbH-Geschäftsführers hervorgehobene Position. Ob und in welchem Umfang dem Geschäftsführer die In-sich-Vertretung gestattet ist, können die Gesellschafter nur im Gesellschaftsvertrag oder durch Gesellschafterbeschluss regeln. Eine Vereinbarung im Anstellungsvertrag reicht hierfür nicht aus. 135c

Auch in der **Einräumung der Einzelvertretungsbefugnis** für den Geschäftsführer liegt ein Indiz gegen ein versicherungspflichtiges Beschäftigungsverhältnis vor. Denn die Einzelvertretungsbefugnis dokumentiert die unabhängige Stellung des Geschäftsführers, die ihn einem Einzelunternehmer annähert. Die Gesamtvertretungsbefugnis, sei es gemeinsam mit einem weiteren Geschäftsführer oder mit einem Prokuristen, zeigt demgegenüber, dass noch eine Kontrollinstanz außerhalb der Gesellschafterversammlung die Handlungsweise des Geschäftsführers billigen muss, so dass in der Regel ein abhängiges Beschäftigungsverhältnis anzunehmen ist. Ob der Geschäftsführer die ihm gewährten Rechte auch tatsächlich ausübt, oder ob er die Mitgeschäftsführer trotz der ihm gewährten rechtlichen Möglichkeiten in die Entscheidungen mit einbezieht, spielt dabei keine Rolle. Denn nach dem Grundsatz »Rechtsmacht entfällt nicht durch tatsächliche Ohnmacht« kommt dem tatsächlichen Verhalten des Geschäftsführers für die Frage, ob eine beherrschende Stellung des Geschäftsführers zu bejahen ist, keine maßgebliche Bedeutung zu.[222] 135d

Als weitere Indizien zieht die Rechtsprechung der Sozialgerichte das **Unternehmerrisiko**[223] sowie die bisherige Beschäftigung[224] heran. Die Frage, ob die Gesellschafter ihre Rechte tatsächlich in Gesellschafterversammlungen wahrnehmen, kann eine Rolle spielen.[225] Zusätzliche Indizien für eine **weisungsfreie** und deshalb unternehmerische **Tätigkeit** sind das Fehlen eines schriftlichen 135e

218 BSG, Urt. v. 23.09.1982, USK 82, 140; BSG, Urt. v. 31.07.1974, GmbHR 1975, 36.
219 *Plagemann,* WiB 1994, 223, 225.
220 BSG, Urt. v. 23.09.1982, USK 82, 140.
221 *Brandmüller,* Rn 269.
222 BSG, Urt. v. 08.08.1990, BSG SozR 3–2400 § 7 Nr. 4.
223 BSG, Urt. v. 18.04.1991, NZA 1991, 869, 870; BSG, Urt. v. 08.12.1987, ZIP 1988, 913; BSG, Urt. v. 29.10.1986, BB 1987, 406.
224 BSG, Urt. v. 23.09.1982, ZIP 1983, 103, 104.
225 BSG, Urt. v. 14.12.1999, BB 2000, 674.

Anstellungsvertrages, das Vorhandensein anderer Mitgesellschafter-Geschäftsführer, wobei alle ein einheitliches Entgelt bekommen sowie die Möglichkeit, die Arbeitszeit frei einteilen zu können.[226]

c) Familiengesellschaft

136 Bei einer GmbH, deren **Geschäftsanteile von verschiedenen Familienmitgliedern gehalten** werden, ergeben sich oft besondere Kriterien im Zusammenhang mit der Sozialversicherungsfreiheit des Geschäftsführers.

137 In einem Runderlass vom 13.05.1987[227] ging die Bundesagentur für Arbeit noch davon aus, dass bei einer Familien-GmbH kein abhängiges Beschäftigungsverhältnis besteht, wenn die Geschäftsführertätigkeit mehr durch familienhafte Rücksichtnahmen und durch ein gleichberechtigtes Nebeneinander als durch einen für ein Arbeitgeber/Arbeitnehmerverhältnis typischen Interessengegensatz gekennzeichnet ist. Dieser Erlass war durch die Tendenz gekennzeichnet, die Gesellschafter-Geschäftsführer einer Familien-GmbH – also den häufigsten Fall im Wirtschaftsleben – unabhängig von der Höhe ihrer Kapitalbeteiligung als beherrschend einzustufen und aus der Sozialversicherung damit förmlich herauszudrängen.[228]

138 Die Sozialgerichte sind dieser Auffassung auch in Anlehnung an die Rechtsprechung des Bundesverfassungsgerichts[229] nicht gefolgt.[230] So rechtfertigt die Tatsache an sich, dass die Gesellschafter einer GmbH verwandtschaftlich verbunden sind, für sich noch nicht den Schluss, dass der Minderheitsgesellschafter-Geschäftsführer eine beherrschende Stellung inne hat. Erst wenn weitere Umstände im Einzelfall hinzukommen, können die Besonderheiten der familiären Situation zu einer abweichenden Einschätzung führen. Während diese Voraussetzungen in dem Fall, dass der Geschäftsführer gleichzeitig in Vertretung seiner **minderjährigen Kinder** deren Beteiligungsrechte wahrnimmt, meist zu bejahen sein dürfte,[231] kommt es im **Ehegattenbereich** regelmäßig auf den Einzelfall an. Anders als bei sonstigen Gesellschaften wird darüber hinaus für die Familien-GmbH schon länger anerkannt, dass auch derjenige, der weder kapitalmäßig an der GmbH beteiligt ist noch formal die Stellung des Geschäftsführers inne hat, der aber aufgrund verwandtschaftlicher Beziehungen die Gesellschaft faktisch wie ein Alleingesellschafter-Geschäftsführer nach eigenem Gutdünken führt, sozialversicherungsfrei sei.[232] Auch hierbei kommt es auf die Umstände des Einzelfalles an. Wenn der Familienangehörige im Wesentlichen alle in der Gesellschaft anfallenden Arbeiten eigenständig ausführt, die Verhandlungen mit Kunden, Beratern und Lieferanten führt und die übrige Arbeit nach seinem Ermessen einteilt, ist trotz der fehlenden formalen Stellung von einer beherrschenden Position des Betreffenden auszugehen, so dass kein sozialversicherungspflichtiges Beschäftigungsverhältnis vorliegt. Dabei spielt es anders als im Steuerrecht auch keine Rolle, ob das zwischen den Familienangehörigen vereinbarte Entgelt des Geschäftsführers tatsächlich zur Auszahlung kommt. Solange Arbeitgeber und Arbeitnehmer den Willen haben, das Beschäftigungsverhältnis fortzusetzen, schadet die zeitweise Nichtauszahlung des vereinbarten Gehalts nicht; vielmehr besteht die Beitragspflicht zur Bundesagentur für Arbeit fort, so dass sich daraus auch Ansprüche auf Zahlung von Arbeitslosengeld ergeben können.[233]

226 *Brandmüller,* Rn 269.
227 43/87.
228 *Brandmüller,* Rn 270.
229 Beschl. v. 12.03.1985, BVerfGE 69, 188 zur Zusammenrechnung von Kapitalanteilen nahe stehender Personen.
230 BSG, Urt. v. 28.01.1992, GmbHR 1992, 810 m. Anm. *Figge*; BSG, Urt. v. 11.02.1993 RAr 48/92, UV.
231 BSG, Urt. v. 29.10.1986, BB 1987, 406.
232 BSG, Urt. v. 08.12.1987, BB 1989, 72.
233 BSG, Urt. v. 21.04.1993, NJW 1994, 341.

d) Geschäftsführer ohne Beteiligung/Fremdgeschäftsführer

Bisher war allgemein anerkannt, dass die Organstellung innerhalb der GmbH für sich allein das Bestehen eines für die Sozialversicherungspflicht maßgeblichen Beschäftigungsverhältnisses nicht ausschließt. Sog. **Fremdgeschäftsführer** oder **Managergeschäftsführer** unterlagen also stets der Sozialversicherung. Nur einmal hatte das BSG ausgeführt, dass selbst bei einem Geschäftsführer ohne Kapitalbeteiligung die Verhältnisse ggf. so liegen könnten, dass Selbständigkeit angenommen werden müsste.[234] Da diese Aussage damals nicht entscheidungserheblich war und in den folgenden Jahren – soweit ersichtlich – kein Senat diesen Ansatz wieder aufgegriffen hatte, ging man bis vor kurzem davon aus, dass damals keine Grundaussage getroffen worden war. 139

Erst mit einer **jüngsten Entscheidung des BSG** vom 14.12.1999[235] könnte nun eine Wendung in der Rechtsprechung eingetreten sein. In dieser Entscheidung stellt das BSG ausdrücklich heraus, dass auch Geschäftsführer, die nicht am Kapital beteiligt sind, als Unternehmer gelten können. Entscheidend sei hierfür nur, dass der Betreffende nicht Weisungen in Bezug auf Zeit, Dauer und Ort der Arbeitsausführung unterliege bzw. seine Leistung nicht in einer von anderer Seite vorgegebenen Ordnung erfolge. Allerdings bleibt festzuhalten, dass die Frage der Nichtbeteiligung abermals nicht entscheidungserheblich war, da es in dem der Entscheidung zugrunde liegenden Fall um einen Geschäftsführer mit Minderheitsbeteiligung ging. 140

3. Scheinselbständigkeit/arbeitnehmerähnliche Selbständigkeit

Im Rahmen der Neuregelung des Rechts der Scheinselbständigkeit wurde unter anderem auch kontrovers diskutiert, ob nicht auch der Gesellschafter-Geschäftsführer unabhängig von seiner Kapitalbeteiligung und ohne Rücksicht auf die bisherigen Abgrenzungskriterien regelmäßig sozialversicherungspflichtig ist, da er nur einem Auftraggeber diene, seiner GmbH, und keine eigenen Angestellten habe. Die Spitzenverbände der Sozialversicherung haben diese Frage im Rahmen ihrer gemeinsamen Stellungnahme vom 16.06.1999[236] wie folgt geklärt: Wird eine Dienstleistung über eine GmbH erbracht, **scheidet** nach derzeitiger Handhabung der Krankenkassen ein sozialversicherungsrechtlicher **Durchgriff auf den handelnden Gesellschafter oder Gesellschafter-Geschäftsführer** grundsätzlich **aus**. Dies gilt ausdrücklich **auch für die Ein-Mann-GmbH**. 141

Dagegen haben die Spitzenverbände der Rentenversicherungsträger im Rahmen einer am 17.05.1999 veröffentlichten Richtlinie klargestellt, dass die Vorschrift des § 2 Nr. 9 SGB VI, welche die Rentenversicherungspflicht für **arbeitnehmerähnliche Selbständige** seit 01.01.1999 in das Sozialgesetzbuch aufgenommen hat, auch im Rahmen der Mitarbeit in einer Personen- oder Kapitalgesellschaft erfüllt werden kann. Dies gilt insbesondere für die Tätigkeit als Mehrheitsgesellschafter-Geschäftsführer oder Alleingesellschafter-Geschäftsführer einer GmbH. Erfüllt die GmbH die in § 2 Nr. 9 SGB VI erwähnten beiden Kriterien – keine Beschäftigung versicherungspflichtiger Arbeitnehmer (mit Ausnahme von Familienangehörigen) sowie regelmäßige Tätigkeit nur für einen Auftraggeber – so hat dies zur Folge, dass der mitarbeitende Gesellschafter-Geschäftsführer rentenversicherungspflichtig ist.[237] 142

4. Feststellungsverfahren

Um spätere Überraschungen und Unannehmlichkeiten bei der Rückabwicklung von zu Unrecht erbrachten Sozialversicherungsbeiträgen von vornherein auszuschließen, empfiehlt sich regelmäßig die **Einholung einer verbindlichen Auskunft**. Gem. § 15 SGB I sind die Sozialversicherungsträger hierzu auf Antrag verpflichtet. Da die Krankenkasse die Einzugsstelle für die Versicherungsbeiträge 143

234 BSG, Urt. v. 29.10.1986, BB 1987, 406, 407.
235 BB 2000, 674 m. Anm. *Reiserer*.
236 BB 1999, 471 und 1500.
237 Ausführlich hierzu *Reiserer*, BB 1999, 2026, 2030.

aller Versicherungszweige ist, entscheidet sie auch über die Versicherungspflicht (§ 28h Abs. 2 SGB IV). An dieser Zuständigkeit hat sich auch durch die Verlagerung der Kompetenz für die Betriebsprüfung auf die Rentenversicherungsträger nichts geändert.

144 Besonderer Beachtung bedarf der Umstand, dass nach der Rechtsprechung des BSG die Bundesagentur für Arbeit leistungsrechtlich nicht an die Entscheidungen der Krankenkasse gebunden ist.[238] Hat die Krankenkasse die Versicherungspflicht bejaht und wurden für den Geschäftsführer auch Beiträge zur Arbeitslosenversicherung abgeführt, kann die Bundesanstalt dennoch die Gewährung von Arbeitslosen- oder Insolvenzgeld verweigern mit der Argumentation, es läge gar kein versicherungspflichtiges Beschäftigungsverhältnis zwischen der Gesellschaft und dem Geschäftsführer vor. Um diese unbefriedigende Situation zu vermeiden, ist dringend zu empfehlen, die **Anfrage zur Sozialversicherungspflicht** nicht nur **bei der Krankenkasse** als Einzugsstelle, sondern bei allen Versicherungsträgern und insbesondere **bei der zuständigen Agentur für Arbeit** für die spätere Gewährung von Arbeitslosengeld zu veranlassen. Die rechtliche Grundlage für diesen ergänzenden Statusbescheid der Bundesagentur für Arbeit gibt seit 01.01.1998 § 336 SGB III. Danach ist die Bundesagentur für Arbeit auf Antrag der Betroffenen verpflichtet, der Feststellung der Versicherungspflicht durch die Einzugsstelle oder den Träger der Rentenversicherung zuzustimmen oder mitzuteilen, dass sie nicht zustimmt. Im Falle der Zustimmung ist die Bundesagentur für Arbeit leistungsrechtlich bis zu fünf Jahre an ihre Zustimmung gebunden. Die Erklärung der Bundesagentur kann nach § 336 Abs. 4 SGB III für jeweils weitere fünf Jahre beantragt werden. Die Spitzenverbände der Krankenkassen, des Verbandes deutscher Rentenversicherungsträger und der Bundesagentur für Arbeit haben zu Verbindlichkeitsregelungen der Arbeitslosenversicherung am 07.10.1997 ein Merkblatt herausgegeben.[239] Ferner können für das Anfrageverfahren von den Krankenkassen sowie der BfA bzw. den Landesversicherungsanstalten Feststellungsbögen zur sozialversicherungsrechtlichen Beurteilung eines GmbH-Geschäftsführers angefordert werden.

5. Tabellarisches Prüfungsschema

145 Bei der Frage, ob ein Gesellschafter-Geschäftsführer abhängig beschäftigt oder selbständig ist, sind, wie oben dargestellt, eine Vielzahl von Einzelmerkmalen zu prüfen, die in dem folgenden tabellarischen Prüfungsschema nochmals im Überblick zusammengestellt werden:

1. Kapitalbeteiligung
   1.1 >= 50 % keine Sozialversicherungspflicht
       Ausnahme: Treuhandverhältnis
   1.2 < 50 % Einzelfallprüfung
       Ausnahme: Rechtlicher oder tatsächlicher Einfluss auf die Gesellschaft
       möglich, vgl. Punkte 2–11
2. Sperrminoritäten im Gesellschaftsvertrag
3. Besondere Branchenkenntnisse
4. Unternehmerstellung **vor** Umwandlung des Unternehmens
5. Befreiung vom Verbot des Selbstkontrahierens
6. Einzelvertretungsbefugnis
7. Mehrere gleichberechtigte Gesellschafter-Geschäftsführer
8. Besondere familiäre Verbindungen zwischen den Gesellschaftern

238 BSG, Urt. v. 06.02.1992, BB 1992, 2437.
239 DStR 1998, 174.

9. Art der Diensterbringung
   9.1 Arbeitszeit
   9.2 Arbeitsdauer
   9.3 Ort der Arbeitsleistung
   9.4 Urlaubsregelung
10. Unternehmerrisiko
   10.1 Erfolgsabhängige Vergütung
   10.2 Vergütung im Krankheitsfall
11. Abberufung/Kündigung

B. Der AG-Vorstand

I. Grundsatz des Gleichlaufs zum GmbH-Geschäftsführer

1. Der AG-Vorstand: Kein Arbeitnehmer

Wie der Geschäftsführer einer GmbH ist auch der Vorstand einer Aktiengesellschaft **Vertretungsorgan einer juristischen Person**. Neben diesen organschaftlichen Akt der Bestellung zum Mitglied des Vorstandes tritt – wie beim GmbH-Geschäftsführer – der Anstellungsvertrag zwischen dem Vorstandsmitglied und der AG, der die vertragliche Beziehung zwischen der Gesellschaft und dem Vorstandsmitglied regelt. Wie der Anstellungsvertrag des GmbH-Geschäftsführers ist auch der Anstellungsvertrag des Vorstandsmitgliedes einer AG kein Arbeitsvertrag, sondern ein **Dienstvertrag, der eine Geschäftsbesorgung zum Gegenstand** hat. Die Mitglieder des Vorstandes bilden gemeinsam die Geschäftsleitung der AG und übernehmen – ebenfalls wie der Geschäftsführer der GmbH – damit gegenüber den Arbeitnehmern der AG Arbeitgeberfunktion. Eine Qualifizierung des Vorstandsmitgliedes als Arbeitnehmer scheidet daher wie im Recht des GmbH-Geschäftsführers aus.[240] Für den Vorstand einer AG wird diese im Recht der Kapitalgesellschaft vorherrschende Auffassung noch von § 76 Abs. 1 AktG gestützt, da angesichts der dort dem Vorstand zugewiesenen autonomen Leitungsbefugnis und der damit verbundenen Weisungsunabhängigkeit auch insoweit eine Qualifizierung des Vorstandsmitgliedes als Arbeitnehmer ausscheidet. 146

2. Analoge Anwendung arbeitsrechtlicher Vorschriften

Unabhängig von der Verneinung der Arbeitnehmerstellung für Mitglieder des Vorstandes einer AG besteht weitgehend Übereinstimmung, dass **einzelne Schutznormen des Arbeitsrechtes für die Mitglieder des Vorstandes zur Anwendung kommen** müssen. Wie Geschäftsführer einer GmbH sind auch Vorstandsmitglieder der AG jedenfalls faktisch gegenüber der Gesellschaft in einer sozialen Abhängigkeit, da der Anstellungsvertrag regelmäßig die (finanzielle) Grundlage ihrer Existenz darstellt.[241] Auch auf die Mitglieder des Vorstandes der AG sind daher eine Reihe arbeitsrechtlicher Vorschriften und arbeitsrechtlicher Grundsätze entsprechend anzuwenden. Die Herleitung dieses Schutzbedürfnisses für Vorstandsmitglieder der AG als auch die Ausprägung der analogen Anwendbarkeit arbeitsrechtlicher Vorschriften im Einzelnen orientiert sich dabei ganz maßgeblich an den Grundsätzen im Recht des GmbH-Geschäftsführers. 147

240 BGH, Urt. v. 11.07.1953, BGHZ 10, 187; Urt. v. 16.12.1953, BGHZ 12, 1; *Hefermehl*, in: *Geßler/Hefermehl*, § 84 Rn 35; KölnKomm/*Mertens*, § 84 Rn 34; *Henssler*, RdA 1992, 289; für Vorstandsmitglieder konzernabhängiger Aktiengesellschaften: *Martens*, FS Hilger und Stumpf, 437; *Säcker*, BB 1979, 1321.

241 KölnKomm/*Mertens*, § 84 Rn 35.

- Die **Grundsätze zur Haftungsbeschränkung** bei gefahrgeneigter Arbeit finden **keine Anwendung** auf Vorstandsmitglieder.[242]
- Wird der Betrieb der Aktiengesellschaft oder ein abgrenzbarer Betriebsteil auf einen Dritten nach **§ 613a BGB** übertragen, geht das Anstellungsverhältnis des Vorstandsmitgliedes **nicht** nach § 613a Abs. 1 Satz 1 BGB auf den Erwerber über.[243]
- Für die ordentliche Kündigung des Anstellungsverhältnisses gilt im Anschluss an die Rechtsprechung des BGH zum Geschäftsführer der GmbH[244] nach ganz herrschender Meinung die Regelung des **§ 622 Abs. 2 Satz 1 BGB entsprechend.**[245] Unter Berücksichtigung der gesamten Tätigkeit des Vorstandsmitgliedes für das Unternehmen, ggf. auch aus früherer Tätigkeit als Arbeitnehmer, verlängern sich die Fristen für die Kündigung des Anstellungsvertrages des Vorstandsmitgliedes durch die Gesellschaft entsprechend § 622 Abs. 2 BGB. Abweichende Vereinbarungen im Anstellungsvertrag des Vorstandsmitgliedes sind entsprechend § 622 Abs. 5 BGB unwirksam.
- Weder der **allgemeine Kündigungsschutz** nach den gesetzlichen Bestimmungen des Kündigungsschutzgesetzes (§ 14 Abs. 1 Nr. 1 KSchG), noch der besondere Kündigungsschutz nach § 85 SGB IX für schwerbehinderte Menschen oder die Kündigungsschutzbestimmungen des Mutterschutzgesetzes und des Bundeserziehungsgeldgesetzes finden auf Vorstandsmitglieder Anwendung.[246]
- Obwohl die gesetzlichen Regelungen des Bundesurlaubsgesetzes nicht für Vorstandsmitglieder gelten, steht jedem Vorstandsmitglied in angemessenem Umfang **Erholungsurlaub** unter Entgeltfortzahlung zu.[247]
- Schließlich kann sich das Vorstandsmitglied unter ganz engen Voraussetzungen auch auf den aus dem Arbeitsrecht abgeleiteten **Gleichbehandlungsgrundsatz**[248] – allerdings nur im Verhältnis zu anderen Vorstandsmitgliedern – sowie auf den gleichfalls aus dem Arbeitsrecht abgeleiteten Grundsatz der betrieblichen Übung berufen.[249]

II. Besonderheiten für den AG-Vorstand

1. Abschluss des Anstellungsvertrages

a) Zuständigkeit des Aufsichtsrates

148 Der Aufsichtsrat ist gem. § 84 Abs. 1 AktG zwingend für die Bestellung des Vorstandsmitgliedes zuständig. Gem. § 84 Abs. 1 Satz 5 AktG gelten für den Anstellungsvertrag die Regelungen über die Bestellung in § 84 Abs. 1 Satz 1–4 AktG sinngemäß mit der Folge, dass auch für die Entscheidung über den Abschluss und den Inhalt des Anstellungsvertrages zwingend der Aufsichtsrat zuständig ist. Abweichende Regelungen in der Satzung der Aktiengesellschaft etwa in Form von Zustimmungsvorbehalten für die Hauptversammlung sind unzulässig.[250] Die Entscheidung über den Abschluss und den Inhalt des Anstellungsvertrages kann allerdings, anders als die Aufgabe der Bestellung und Wiederbestellung auf einen Ausschuss, in der Regel an den Personalausschuss, delegiert werden. Dies ergibt sich aus § 107 Abs. 3 Satz 2, der für § 84 Abs. 1 Satz 5 AktG nicht

242 BGH, Urt. v. 27.02.1975, WM 1975, 467 (für Geschäftsführer einer Genossenschaftsbank); *Henze*, Rspr. zum AktR S. 127; vgl. im Übrigen die Ausführungen zum GmbH-Geschäftsführer in Rn 26 ff.
243 *Henssler*, RdA 1992, 289, 297; vgl. im Übrigen die Ausführungen zum GmbH-Geschäftsführer in Rn 65.
244 Vgl. hierzu Rn 73.
245 *Hüffer*, § 84 Rn 17; MünchGesR IV/*Wiesner*, § 21 Rn 11; KölnKomm/*Mertens*, § 84 Rn 36 und 92.
246 Vgl. hierzu Rn 80 ff.
247 *Hefermehl*, in: *Geßler/Hefermehl*, § 84 Rn 52; KölnKomm/*Mertens*, § 84 Rn 74; MünchGesR IV/*Wiesner*, § 21 Rn 61.
248 BGH, WM 1955, 183; KölnKomm/*Mertens*, § 84 Rn 37.
249 Zu weiteren Erwägungen und Einzelheiten im Zusammenhang mit Analogien zum Arbeitsrecht vgl. die Ausführungen zum GmbH-Geschäftsführer Rn 19 f.
250 BGH, Urt. v. 06.04.1964, BGHZ 41, 282; KölnKomm/*Mertens*, § 84 Rn 49; MünchGesR IV/*Wiesner*, § 21 Rn 15; a.A. *Hanau/Ulmer*, § 31 Rn 37.

gilt.[251] Ähnlich wie im Recht des GmbH-Geschäftsführers kann dagegen die Kompetenz zum Abschluss oder zur Änderung des Anstellungsvertrages nicht auf ein einzelnes Aufsichtsratsmitglied oder gar anderes Vorstandsmitglied übertragen werden. Zulässig ist dagegen die Ermächtigung, den vom Personalausschuss beschlossenen Anstellungsvertrag mit dem neuen Vorstandsmitglied zu unterzeichnen.[252] Fehlt es an einem wirksamen Abschluss des Anstellungsvertrages, weil es an einem Beschluss des Aufsichtsrates oder des Personalausschusses fehlt, finden die für das fehlerhafte Arbeitsverhältnis entwickelten Grundsätze entsprechend auf den fehlerhaften Anstellungsvertrag des Vorstandsmitgliedes Anwendung. Daneben kann ein wegen mangelhafter Vertretung der Gesellschaft unwirksamer Anstellungsvertrag auch vom Aufsichtsrat durch ausdrücklichen Beschluss nachträglich genehmigt werden.[253]

b) Form des Anstellungsvertrages

Der **Anstellungsvertrag** zwischen Aktiengesellschaft und dem Mitglied des Vorstandes **bedarf keiner Form**.[254] Obwohl damit generell auch der mündliche Anstellungsvertrag wirksam ist, empfiehlt sich aus Gründen der Rechtssicherheit stets eine schriftliche Fixierung. 149

c) Dauer des Anstellungsvertrages

Der Anstellungsvertrag kann gem. § 84 Abs. 1 Satz 1 i.V.m. Satz 5 AktG **nicht auf mehr als fünf Jahre** abgeschlossen werden. Obwohl eine entsprechende Vorschrift des Gesetzgebers zur Mindestdauer des Anstellungsvertrages fehlt, darf die Dauer des Anstellungsvertrages nicht zu kurz gewählt werden. Nach Auffassung des OLG Karlsruhe liegt die Mindestdauer von Bestellung und Anstellungsvertrag bei einem Jahr.[255] Anders als beim GmbH-Geschäftsführer kann der Anstellungsvertrag des Vorstandsmitgliedes der AG nicht auf Probe abgeschlossen werden. Zulässig ist es allenfalls, dem Vorstandsmitglied – nicht aber der Gesellschaft – im Anstellungsvertrag ein ordentliches Kündigungsrecht vor Ablauf der Bestellung einzuräumen. 150

d) Verlängerungsklausel

Eine **Verlängerungsklausel**, nach der sich der Anstellungsvertrag jeweils für die Dauer der Wiederbestellung verlängert, ist **zulässig**.[256] Fehlt eine solche Klausel im Anstellungsvertrag, so ist für die Verlängerung ein Aufsichtsratsbeschluss erforderlich, der gem. § 84 Abs. 1 Satz 3 AktG frühestens ein Jahr vor Ablauf des Anstellungsvertrages wirksam gefasst werden kann. Wird der Anstellungsvertrag ohne ausdrückliche Regelung praktisch weitergeführt, gilt nach § 625 BGB jedenfalls für die Dauer der Wiederbestellung der Anstellungsvertrag als verlängert.[257] 151

2. Inhalt des Anstellungsvertrages

a) Vergütung

Der Aufsichtsrat hat gem. § 87 Abs. 1 Satz 1 AktG bei der Festsetzung der **Gesamtbezüge** des einzelnen Vorstandsmitgliedes dafür zu sorgen, dass die Gesamtbezüge in einem angemessenen Verhältnis zu den Aufgaben des Vorstandsmitgliedes und zur Lage der Gesellschaft stehen. Die 152

251 BGH, Urt. v. 23.10.1975, BGHZ 65, 190; ausführlich zu dem beschränkten Wirkungskreis des Personalausschusses MünchGesR IV/*Wiesner*, § 21 Rn 15 ff m.w.N.
252 BGH, Urt. v. 17.04.1967, BGHZ 47, 341; Urt. v. 06.04.1964, BGHZ 41, 282; KölnKomm/*Mertens*, § 84 Rn 48; vgl. im Übrigen Rn 12.
253 BGH, Urt. v. 21.01.1991, BGHZ 113, 237, 247 (Anstellungsvertrag beim Verein); BGH, Urt. v. 06.04.1964, BGHZ 41, 282, 285; KölnKomm/*Mertens*, § 84 Rn 52; MünchGesR IV/*Wiesner*, § 21 Rn 26, 27.
254 BGH, Urt. v. 27.01.1997, GmbHR 1997, 547.
255 OLG Karlsruhe, Urt. v. 10.07.1993, BB 1973, 1088 m. zust. Anm. *Miller*.
256 *Hefermehl*, in: *Geßler/Hefermehl*, § 84 Rn 42.
257 OLG Karlsruhe, Urt. v. 13.10.1995, AG 1996, 224; offen gelassen von BGH, Urt. v. 16.02.1967, WM 1967, 540; a.A. *Hüffer*, § 84 Rn 17, wonach § 625 BGB im Recht des Vorstandsmitgliedes generell unanwendbar ist.

Gesamtbezüge setzen sich in der Regel aus Barbezügen wie Festgehalt und Tantieme, Sachbezügen wie Dienstwagen sowie einer Alters- und Hinterbliebenenversorgung und der Gewährung von Stockoptions[258] zusammen.[259] Der Vergütungsanspruch von Vorstandsmitgliedern verjährte bisher gem. § 197 BGB in vier Jahren, gerechnet vom Ende des Jahres, in dem er entstanden ist (§§ 198, 201 BGB).[260] Nach der gesetzlichen Neuregelung im Rahmen der Schuldrechtsreform zum 01.01.2002 **verjährt** der Vergütungsanspruch gem. § 195 BGB n.F. **in drei Jahren.**[261] Dem Vorstandsmitglied wird im Rahmen des Anstellungsvertrages regelmäßig eine Tantieme zugesagt. Diese **Gewinnbeteiligung** soll nach § 86 Abs. 1 Satz 2 AktG in der Regel in einem Anteil am Jahresgewinn der Gesellschaft bestehen. Die Berechnung des für die Tantieme maßgeblichen Jahresgewinns erfolgt dabei nach der zwingenden Bestimmung des § 86 Abs. 2 Satz 1 AktG. Danach ist maßgeblich der Jahresüberschuss (§ 275 Abs. 2 Nr. 20 und Abs. 3 Nr. 19 HGB), vermindert um einen Verlustvortrag aus dem Vorjahr (§ 158 Abs. 1 Nr. 1 AktG) und um die Beträge, die nach Gesetz oder Gesellschaftsvertrag aus dem Jahresüberschuss in Gewinnrücklagen einzustellen sind (§ 158 Abs. 1 Nr. 4 AktG).[262]

b) Einseitige Herabsetzung der Bezüge

153 Der Aufsichtsrat ist nach § 87 Abs. 2 Satz 1 AktG berechtigt, die **Bezüge** des Vorstandsmitgliedes **angemessen herabzusetzen**, wenn nach der Festsetzung der Vorstandsbezüge eine so wesentliche Verschlechterung in den Verhältnissen der Gesellschaft eintritt, dass eine Weitergewährung der vereinbarten Bezüge eine schwere Unbilligkeit für die Gesellschaft darstellen würde. Eine schwere Unbilligkeit liegt für die Gesellschafter regelmäßig vor, wenn an die Aktionäre keine Dividende mehr ausgeschüttet wird, und sei es auch nur aufgrund der Veräußerung von Gegenständen aus dem Anlagevermögen der Gesellschaft.[263] Die Herabsetzung der Bezüge ist nur für die Zukunft möglich und erfolgt regelmäßig befristet. Sobald sich die wirtschaftliche Lage der Gesellschaft wieder nachhaltig bessert, hat das Vorstandsmitglied Anspruch auf Wiederherstellung der vertraglich vereinbarten Bezüge.[264] Da die Herabsetzung der Bezüge auf Gründe gestützt wird, die betrieblicher und nicht persönlicher Natur sind, kann sie bezüglich der einzelnen Vorstandsmitglieder nur unter gleichen Bedingungen erfolgen.

154 Hat die Gesellschaft die Bezüge berechtigterweise herabgesetzt, kann das Vorstandsmitglied nach § 87 Abs. 2 Satz 3 AktG seinen Anstellungsvertrag mit einer Kündigungsfrist von 6 Wochen zum Ende des nächsten Kalendervierteljahres außerordentlich kündigen. Erfolgt die Herabsetzung der Bezüge dagegen unberechtigterweise, gewährt dies dem Vorstandsmitglied das Recht zur fristlosen Kündigung des Anstellungsvertrages und zur Niederlegung des Vorstandsamtes.[265] Ist die Reduzierung der Bezüge aus Sicht des Vorstandsmitgliedes unverhältnismäßig, so kann die Angemessenheit der Herabsetzung vom Vorstandsmitglied gerichtlich überprüft werden.

258 Vgl. OLG Braunschweig, Urt. v. 29.07.1998, WM 1998, 1929; OLG Stuttgart, Urt. v. 12.08.1998, WM 1998, 1936; LG Frankfurt, Urt. v. 10.02.1997, WM 1997, 473; *Adams*, ZIP 2002, 1325; *Binz*, BB 2002, 1273; *Spindler*, DStR 2004, 36.
259 Einen Überblick über Art, Höhe und Üblichkeit der Vergütung von Vorstandsmitgliedern gibt der von *Kienbaum*, Vergütungsberatung, herausgegebene Bericht »Vergütung Vorstands- und Aufsichtsratsmitglieder«, aktuelle Ausgabe; zur Angemessenheit von Vorstandsvergütungen *Thüsing*, DB 2003, 1612.
260 BGH, Urt. v. 07.12.1961, BGHZ 36, 142.
261 Weitere Einzelheiten hierzu im Recht des GmbH-Geschäftsführers siehe Rn 57 f.
262 *Hüffer*, § 86 Rn 6; MünchGesR IV/*Wiesner*, § 21 Rn 37; strittig ist, ob der Jahresüberschuss ferner um die Tantieme selbst gekürzt wird, so KölnKomm/*Mertens*, § 86 Rn 17.
263 LG Duisburg, Urt. v. 20.11.1970, BB 1971, 145; KölnKomm/*Mertens*, § 87 Rn 10; *Weisner/Kölling*, NZG 2003, 465.
264 KölnKomm/*Mertens*, § 87 Rn 22.
265 KölnKomm/*Mertens*, § 87 Rn 21; MünchGesR IV/*Wiesner*, § 21 Rn 32.

155 Eine Rechtsgrundlage für einen einseitigen Anspruch auf Heraufsetzung der Bezüge bei wesentlicher Verbesserung der wirtschaftlichen Verhältnisse der Gesellschaft sieht das Aktiengesetz für Vorstandsmitglieder nicht vor.[266]

c) Betriebsrente

aa) Geltung des Betriebsrentengesetzes

Vorstandsmitglieder erhalten neben ihren regelmäßigen und variablen Bezügen meist auch eine Pensionszusage, die sich regelmäßig auf eine Altersrente, eine Invaliditätsrente sowie eine Hinterbliebenenversorgung bezieht. Solche **Ruhegeldvereinbarungen** mit Vorstandsmitgliedern fallen gem. § 17 Abs. 1 Satz 2 BetrAVG regelmäßig **in den Anwendungsbereich des Betriebsrentengesetzes**. Eine Ausnahme gilt nur dann, wenn das Vorstandsmitglied als Mehrheitsaktionär oder wegen seiner besonderen unternehmensleitenden Funktion als Unternehmer einzustufen ist.[267] Die Bestimmungen des BetrAVG sind bei ihrer generellen Anwendbarkeit zwingend und können wie im Bereich der Arbeitnehmerzusagen auch für Vorstandsmitglieder nicht vertraglich abbedungen werden.[268] Dieser Grundsatz gilt vor allem auch für die gesetzlich zwingenden Unverfallbarkeitsregelungen nach § 1 Abs. 1 BetrAVG.[269] 156

bb) Insolvenzschutz

Laufende Ruhegeldansprüche und unverfallbare Anwartschaften sind nach § 7 BetrAVG **insolvenzgesichert**. Die Insolvenzsicherung ist nach § 7 Abs. 3 BetrAVG für laufende Rentenleistungen auf das Dreifache der im Zeitpunkt der ersten Fälligkeit geltenden Beitragsbemessungsgrenze für Monatsbezüge in den gesetzlichen Rentenversicherungen der Arbeiter und Angestellten begrenzt. Die Sicherungshöchstgrenze beträgt demnach für 2004 3 x 5.150 EUR = 15.450 EUR. Diese gesetzliche Insolvenzsicherung gilt auch für Vorstandsmitglieder, die nach § 17 Abs. 1 Satz 2 BetrAVG in den Anwendungsbereich des Betriebsrentengesetzes fallen. Vorstandsmitglieder, die wegen einer Unternehmerstellung nicht in den Anwendungsbereich des Betriebsrentengesetzes fallen,[270] haben keinen gesetzlichen Insolvenzschutz für ihre Pensionszusagen. In diesen Fällen und für die Rentenleistung, die über die Sicherungshöchstgrenze nach § 7 Abs. 3 BetrAVG hinausgeht, ist aus Sicht des Vorstandsmitgliedes eine vertragliche Absicherung erforderlich. In Betracht kommt hier vor allem der Abschluss einer Rückdeckungsversicherung mit Einräumung eines erstrangigen Pfandrechtes zugunsten des Vorstandsmitgliedes.[271] 157

d) Wettbewerbsverbot

aa) Vertragliches Wettbewerbsverbot

Vorstandsmitglieder einer Aktiengesellschaft unterliegen nach § 88 AktG **für die Dauer ihrer Bestellung einem Wettbewerbsverbot**. So dürfen Vorstandsmitglieder nach § 88 Abs. 1 Satz 1 AktG kein Handelsgewerbe im Geschäftszweig der Gesellschaft betreiben, auch wenn dies der Gesellschaft keine Konkurrenz macht. Das Wettbewerbsverbot bezieht sich darüber hinaus auch auf sonstige Teilnahme am geschäftlichen Verkehr, die nicht nur zur Befriedigung eigener privater Bedürfnisse erfolgt, also nicht lediglich persönlichen Charakter hat. 158

Nach § 88 Abs. 1 Satz 2 AktG dürfen Vorstandsmitglieder ferner nicht Mitglied des Vorstands oder Geschäftsführer oder persönlich haftender Gesellschafter einer anderen Handelsgesellschaft 159

266 So auch die herrschende Meinung, vgl. KölnKomm/*Mertens*, § 87 Rn 22.
267 BGH, Urt. v. 09.06.1980, BGHZ 77, 233, 241; BGH, Urt. v. 14.07.1980, WM 1980, 1114; ausführlich hierzu *Ahrendt/Förster/Rössler*, GmbHR 1980, 229.
268 KölnKomm/*Mertens*, § 84 Rn 62; *Braunert*, NZA 1988, 832; a.A. LG Köln, Urt. v. 20.03.1985, DB 1985, 1580.
269 Zu einzelnen gesetzlichen Bestimmungen des BetrAVG vgl. Rn 113 ff.
270 Vgl. hierzu Rn 114.
271 Vgl. hierzu näher *Reiserer/Heß-Emmerich*, S. 169 ff.

sein, auch wenn es sich dabei nicht um ein Konkurrenzunternehmen, sondern zum Beispiel um ein konzernverbundenes Unternehmen handelt. Nicht verboten ist dagegen die Zugehörigkeit zum Aufsichtsrat eines anderen Unternehmens sowie die Beteiligung an einer anderen Gesellschaft als stiller Gesellschafter, als Kommanditist und als lediglich kapitalmäßig beteiligter Aktionär oder Gesellschafter einer GmbH.[272] Der Aufsichtsrat kann durch Beschluss eine Einwilligung zu bestimmten Geschäften im Vorhinein erteilen. Eine generelle Einwilligung ohne Konkretisierung auf die bestimmte Art des Geschäftes ist unwirksam (§ 88 Abs. 1 Satz 3 AktG). Eine nachträgliche Genehmigung durch den Aufsichtsrat ist dagegen bedeutungslos, da dieser nach § 93 Abs. 4 Satz 2 AktG nicht über die nach § 88 Abs. 2 Satz 1 AktG entstandenen Schadensersatzansprüche der Gesellschaft gegen das Vorstandsmitglied verfügen kann.[273]

160 **Bei Verstoß** gegen das gesetzliche Wettbewerbsverbot steht der Gesellschaft nach § 88 Abs. 2 Satz 1 AktG ein **Schadensersatzanspruch** zu, welcher nach § 88 Abs. 3 AktG allerdings der Verjährung unterliegt. So verjährt der Schadensersatzanspruch in drei Monaten seit dem Zeitpunkt, indem die übrigen Vorstandsmitglieder und die Aufsichtsratsmitglieder von der zum Schadensersatz verpflichtenden Handlung Kenntnis erlangen. Ohne Rücksicht auf die Kenntnisse der Vorstands- und Aufsichtsratsmitglieder verjähren die Ansprüche der Gesellschaft nach § 88 Abs. 3 Satz 2 AktG spätestens in fünf Jahren seit Entstehung des Anspruchs. Der Schadensersatzanspruch gibt der Gesellschaft die Möglichkeit, den aus dem Geschäft erzielten Gewinn herauszuverlangen, § 88 Abs. 2 Satz 2 AktG. Die Verpflichtung zur Fortzahlung der vereinbarten Bezüge wird durch den Verstoß eines Vorstandsmitgliedes gegen das gesetzliche Wettbewerbsverbot dagegen generell nicht berührt.[274]

bb) Nachvertragliches Wettbewerbsverbot

161 Das gesetzliche Wettbewerbsverbot nach § 88 AktG endet mit der Beendigung der Organstellung. Rechtsgrundlage für ein Wettbewerbsverbot nach diesem Zeitpunkt kann nur die Vereinbarung eines nachvertraglichen Wettbewerbsverbotes sein. Solche **nachvertraglichen Wettbewerbsverbote** mit Vorstandsmitgliedern sind generell **zulässig**. Obwohl die Schutzbestimmungen der §§ 74 ff. HGB hier nicht unmittelbar Anwendung finden, sind nach gefestigter Rechtsprechung des Bundesgerichtshofes die Wertmaßstäbe, die für Wettbewerbsverbote mit Arbeitnehmern gelten, über § 138 BGB im Grundsatz auch bei nachvertraglichen Wettbewerbsverboten mit Vorstandsmitgliedern zu beachten. Dies gilt insbesondere für die Dauer des nachvertraglichen Wettbewerbsverbotes als auch für die Verpflichtung zur Vereinbarung einer Karenzentschädigung.[275]

3. Beendigung des Anstellungsvertrages

a) Zuständigkeit

162 Da Organstellung und Anstellungsvertrag rechtlich zu unterscheiden sind, hat der Widerruf der Bestellung nicht zwangsläufig auch das Ende des Anstellungsvertrages zur Folge.[276] Der Vergütungsanspruch aus dem Anstellungsvertrag besteht somit auch nach Widerruf der Bestellung oder Amtsniederlegung grundsätzlich fort, solange der Anstellungsvertrag nicht – zumindest konkludent – gekündigt wird.[277] Zur Vermeidung von Auslegungsschwierigkeiten sollte der **Beschluss des Aufsichtsrates** daher nicht nur den Widerruf der Bestellung, sondern **auch die Kündigung des Anstellungsvertrages umfassen**. Wenn sich der Beschluss des Aufsichtsrates nur auf den

272 MünchGesR IV/*Wiesner*, § 21 Rn 64.
273 *Hefermehl*, in: *Geßler/Hefermehl*, § 88 Rn 19; KölnKomm/*Mertens*, § 88 Rn 12; MünchGesR IV/*Wiesner*, § 21 Rn 64.
274 BGH, Urt. v. 19.10.1987, AG 1988, 75 (für GmbH-Geschäftsführer).
275 KölnKomm/*Mertens,* § 88 Rn 26; vgl. im Übrigen die näheren Ausführungen und Fundstellen im Recht des GmbH-Geschäftsführers, oben Rn 33 ff.
276 Zur Abberufung und Kündigung von Vorstandsmitgliedern vgl. *Grumann/Gillmann*, DB 2003, 770.
277 BGH, Urt. v. 23.10.1995, NJW-RR 1996, 156 (für GmbH-Geschäftsführer).

Widerruf der Bestellung bezieht, kann allerdings durch Auslegung ermittelt werden, dass die gesamte Rechtsbeziehung zu dem Vorstandsmitglied beendet werden soll.[278]

Die Auflösung der Gesellschaft nach § 262 AktG führt ebenso wenig wie die Eröffnung des Insolvenzverfahrens der Gesellschaft automatisch zur Beendigung des Vorstandsvertrages.[279] Im Fall der Insolvenz kann der Insolvenzverwalter das Anstellungsverhältnis nach § 113 InsO, der nach § 87 Abs. 3 AktG auch für Vorstandsmitglieder gilt, kündigen.[280] Der Formwechsel gem. §§ 190 ff. UmwG oder die Verschmelzung führen nicht zu einer automatischen Beendigung des Anstellungsvertrages. Vielmehr geht der Anstellungsvertrag des Vorstandsmitgliedes in dem Fall auf die übernehmende bzw. neue Gesellschaft über (§ 20 Abs. 1 Satz 1 UmwG).[281] 163

Der Ausspruch der Kündigung obliegt wie der entsprechende Beschluss dem **Aufsichtsrat**, kann aber einem seiner Mitglieder oder auch einem anderen Vorstand übertragen werden.[282] Eines besonderen Ausspruches der Kündigung bedarf es nicht, wenn der zu Kündigende bei der Beschlussfassung anwesend ist.[283] 164

Wie der Abschluss des Anstellungsvertrages kann auch die Kündigung des Anstellungsvertrages vom Aufsichtsrat auf den (Personal-)Ausschuss delegiert werden. Dabei ist allerdings zu beachten, dass der Personalausschuss erst kündigen darf, wenn der Aufsichtsrat über den Widerruf der Bestellung entschieden hat.[284] 165

b) Befristung

Der Anstellungsvertrag kann **befristet** werden, wobei die **Obergrenze gem. § 84 Abs. 1 Satz 1, Satz 5 AktG bei fünf Jahren** liegt. Die gesetzlichen Beschränkungen im Recht des befristeten Arbeitsverhältnisses nach § 14 TzBfG finden auf den Anstellungsvertrag des Vorstandsmitgliedes einer AG keine Anwendung.[285] 166

c) Aufhebung

Der Anstellungsvertrag kann **jederzeit durch einvernehmliche Vereinbarung** zwischen der Gesellschaft und dem Vorstandsmitglied **aufgehoben werden**. Der Aufhebungsvertrag kann auf Seiten der Gesellschaft vom Personalausschuss abgeschlossen werden. Allerdings ist wie bei der Kündigung durch die Gesellschaft zu beachten, dass der Personalausschuss durch den verfrühten Abschluss eines Aufhebungsvertrages der ihm nicht zustehenden Entscheidung über den Widerruf der Bestellung nicht vorgreifen darf.[286] 167

278 Vgl. BGH, Urt. v. 11.05.1981, WM 1981, 759; BGH, Urt. v. 29.03.1973, WM 1973, 639 (bei Genossenschaft); KölnKomm/*Mertens*, § 84 Rn 94; dies gilt trotz des allgemeinen Grundsatzes, dass Aufsichtsratsbeschlüsse ausdrücklich ergehen müssen.

279 OLG Nürnberg, Urt. v. 20.03.1990, BB 1991, 1512.

280 BGH, Urt. v. 25.06.1979, BGHZ 79, 291; BGH, Urt. v. 20.03.1990, BGHZ 75, 209; OLG Nürnberg, Urt. v. 29.01.1981, BB 1991, 1512; KölnKomm/*Mertens,* § 84 Rn 165.

281 *Lutter/Grunewald,* § 20 Rn 26; *Röder/Linkemann,* DB 1993, 1331, 1344 f.

282 BGH, Urt. v. 17.04.1967, BGHZ 47, 341, 350; BGH, Urt. v. 24.02.1954, BGHZ 12, 327, 333.

283 BGH, Urt. v. 22.09.1969, BGHZ 52, 316, 321 (für GmbH-Geschäftsführer).

284 BGH, Urt. v. 25.02.1982, BGHZ 89, 48, 56 (für Aufsichtsratsmitglied einer GmbH); BGH, Urt. v. 24.11.1980, BGHZ 83, 144, 150; BGH, Urt. v. 14.11.1983, BGHZ 79, 38, 44.

285 Zur Mindestdauer des Anstellungsvertrages und zu Verlängerungsklauseln vgl. Rn 150 f.

286 BGH, Urt. v. 24.11.1980, BGHZ 79, 38; ausführlich MünchGesR IV/*Wiesner*, § 21 Rn 83; *Bauer,* DB 1992, 1413, 1415.

d) Ordentliche Kündigung

aa) Vorheriger Widerruf der Bestellung

168 Wegen der Vorgaben des Gesetzgebers nach § 84 Abs. 3 Satz 1 AktG ist die ordentliche Kündigung des Anstellungsvertrages durch die Gesellschaft regelmäßig nur zulässig, wenn **zuvor oder gleichzeitig die Bestellung als Organ der Gesellschaft** (aus wichtigem Grund) **widerrufen** wird. Dieser Grundsatz gilt auch, wenn in befristeten Anstellungsverträgen das Recht zur ordentlichen Kündigung vertraglich begründet wird oder wenn die Kündigung bereits vor Amtsbeginn ausgesprochen werden soll.[287]

169 Zulässig ist es, dem Vorstandsmitglied im Anstellungsvertrag ein ordentliches Kündigungsrecht unabhängig von dem Widerruf der Bestellung einzuräumen.[288]

bb) Kündigungsfrist

170 In Anlehnung an die Rechtsprechung des BGH zum Geschäftsführer der GmbH gelten für die ordentliche Kündigung des Anstellungsvertrages die Kündigungsfristen in § 622 Abs. 1 Satz 1 BGB entsprechend.[289]

e) Außerordentliche Kündigung

aa) Wichtiger Grund

171 Der Anstellungsvertrag kann von beiden Vertragsparteien unter Beachtung der Bestimmung des § 626 BGB aus wichtigem Grund gekündigt werden. Ein **wichtiger Grund** ist nur dann zu bejahen, wenn Tatsachen vorliegen, aufgrund derer für eine Vertragspartei unter Berücksichtigung aller Umstände des Einzelfalls und unter Abwägung der beiderseitigen Interessen die Fortsetzung des Anstellungsvertrages bis zu seiner ordentlichen Beendigung nicht zumutbar ist. Ein wichtiger Grund, der nach § 84 Abs. 3 Satz 1 AktG den Widerruf der Bestellung rechtfertigt, reicht regelmäßig noch nicht zur Kündigung des Anstellungsvertrages nach § 626 BGB. Allerdings können die Vertragsparteien bei Abschluss des Anstellungsvertrages **einvernehmlich außerordentliche Kündigungsgründe vertraglich vereinbaren**, die dann eine außerordentliche Kündigung allerdings unter Beachtung der gesetzlich zwingenden Fristen nach § 622 BGB rechtfertigen. Ferner ist es zulässig, den Anstellungsvertrag durch eine **Gleichlaufklausel mit der Organbestellung** bzw. dem Widerruf der Bestellung in der Form zu verknüpfen, dass im Fall des Widerrufs der Bestellung auch der Anstellungsvertrag automatisch endet. Auch in diesem Fall führt die Gleichlaufklausel allerdings nur zur Beendigung des Anstellungsverhältnisses nach Ablauf der Kündigungsfristen nach § 622 BGB.[290]

172 Schließlich bleibt der Vergütungsanspruch des Vorstandsmitgliedes auch bestehen, wenn die Gesellschaft den Anstellungsvertrag unter Missachtung der Vorgaben des § 626 BGB unberechtigterweise gekündigt hat. In diesem Fall ist das Gehalt gem. § 615 BGB aus Annahmeverzug fortzuzahlen, wobei für die Begründung des Annahmeverzuges gem. § 295 BGB ein wörtliches Angebot des gekündigten Vorstandsmitgliedes, welches auch in der Klage auf Gehaltsfortzahlung liegen kann, genügt.[291]

287 MünchGesR IV/*Wiesner*, § 21 Rn 80; *Krieger*, Personalentscheidungen, S. 181 f.; a.A. *Hefermehl*, in: *Geßler/Hefermehl*, § 84 Rn 85; zu Kündigungsklauseln in Vorstandsverträgen *Steinbeck/Menke*, DStR 2003, 940; *Grobys/Littger*, BB 2002, 2292.

288 MünchGesR IV/*Wiesner*, § 21 Rn 21.

289 Vgl. hierzu die Nachweise in Rn 73.

290 Ausführlich zu den Regelungskompetenzen der Vertragsparteien im Zusammenhang mit der außerordentlichen Kündigung nach § 626 BGB und den entsprechenden Nachweisen aus der Rspr. siehe die gleichlaufenden Ausführungen zum GmbH-Geschäftsführer in Rn 99 ff.

291 BGH, Urt. v. 28.10.1996, NJW-RR 1997, 537.

Wichtige, von der Rechtsprechung anerkannte Gründe zur Kündigung sind: 173

- unberechtigte Amtsniederlegung;[292]
- Aufstellung irreführender oder gar falscher Bilanzen und voreilige Ausschüttung einer garantierten Dividende vor Deckungseingang;[293]
- Überschreitung einer Kreditlinie;[294]
- verbotener Wettbewerb und Inanspruchnahme von Betriebsmitteln oder Geschäftspersonal für persönliche Zwecke;[295]
- Bilanz- und Warenlagermanipulation;[296]
- mangelnde Offenheit gegenüber dem Aufsichtsrat;[297]
- wirtschaftlicher Niedergang des Betriebs mit Fehlen einer sinnvollen Beschäftigungsmöglichkeit;[298]
- Weigerung des aus der Organstellung Ausgeschiedenen, bei längerer Vertragsdauer seine Tätigkeit als Vertretungsorgan nach Wegfall von Hinderungsgründen wiederaufzunehmen oder unter zumutbaren anderen Bedingungen weiterzuarbeiten, oder beharrliches Unterlassen von Bemühungen um eine Neueinstellung;[299]
- Verdacht einer Verfehlung, wenn wegen des darauf beruhenden Vertrauensverlustes eine Fortsetzung des Dienstverhältnisses für die Gesellschaft unzumutbar ist;[300]
- der Formwechsel gem. §§ 190 ff. UmwG sowie die Verschmelzung stellen für die Gesellschaft regelmäßig keinen wichtigen Grund für die Kündigung des Anstellungsvertrages des Vorstandsmitgliedes dar.[301]

bb) Kündigungserklärungsfrist

Nach § 626 Abs. 2 BGB kann die außerordentliche Kündigung des Anstellungsvertrages nur inner- 174
halb einer **Kündigungserklärungsfrist von zwei Wochen seit Kenntnis vom wichtigen Grund** erfolgen. Die Zwei-Wochen-Frist beginnt mit der Information sämtlicher Aufsichtsratsmitglieder in ihrer Eigenschaft als Mitwirkende an der kollektiven Willensbildung.[302] Weder genügt die außerhalb einer Aufsichtsratsitzung erlangte Kenntnis[303] noch die Kenntnis eines anderen Gesellschaftsorganes, welches nicht zur Kündigung des Anstellungsvertrages berechtigt ist oder gar einzelner seiner Mitglieder, also beispielsweise einzelner Vorstandsmitglieder.[304]

292 BGH, Urt. v. 13.07.1998, AG 1998, 519.

293 BGH, Urt. v. 21.09.1970, WM 1970, 1394; OLG Hamburg, Urt. v. 20.03.1997, EWiR § 626 BGB 1/97, 499 m. Anm. *Müller*.

294 BGH, Urt. v. 03.12.1973, WM 1974, 131 (für Geschäftsführer einer eG).

295 BGH, Beschl. v. 19.06.1995, DStR 1995, 1359 m. Anm. *Goette*.

296 OLG Düsseldorf, Urt. v. 15.02.1991, WM 1992, 14, 19.

297 BGH, Urt. v. 19.06.1995, DStR 1995, 1359 m. Anm. *Goette;* BGH, Urt. v. 26.03.1956, BGHZ 20; 239, 246.

298 BGH, Urt. v. 21.04.1975, WM 1975, 761 (für GmbH-Geschäftsführer).

299 BGH, Urt. v. 09.02.1978, WM 1978, 319 (für GmbH-Geschäftsführer); BGH, Urt. v. 14.07.1966, WM 1966, 968.

300 BGH, Urt. v. 13.07.1956, LM § 626 BGB Nr. 8.

301 KölnKomm/*Zöllner,* § 365 Rn 6, § 372 Rn 6; *Semmler/Kronewald,* in: *Geßler/Hefermehl*, § 365 Rn 7; a.A. *Lutter/Decher,* § 202 Rn 14, wegen weiterer Beispiele, in denen ein wichtiger Grund zur Kündigung anerkannt oder nicht anerkannt wurde, vgl. die gleichlaufenden Entscheidungen der Gerichte zum GmbH-Geschäftsführer in § 4 A 6 a, Rn 83 ff.

302 BGH, Urt. v. 15.06.1998, ZIP 1998, 1269 (für GmbH-Geschäftsführer); zu Fristproblemen bei der außerordentlichen Kündigung von Vorstandsmitgliedern *Schumacher-Mohr,* ZIP 2002, 2245.

303 BGH, Urt. v. 15.06.1998, NZG 1998, 634.

304 BGH, Urt. v. 15.06.1998, ZIP 1998, 1269; BGH, Urt. v. 26.02.1996, NJW 1996, 1403 (für Geschäftsführer eines gg. VerwRat); BGH, Urt. v. 09.11.1992, NJW 1993, 463; OLG Köln, Urt. v. 26.11.1993, DB 1994, 471 (für Geschäftsführer einer eG); KölnKomm/*Mertens,* § 84 Rn 144; MünchGesR IV/*Wiesner,* § 21 Rn 76; vgl. im Übrigen die gleichlaufenden ausführlichen Ausführungen zum GmbH-Geschäftsführer oben Rn 94 ff.

III. Sozialversicherungsrecht

175 Im Recht der Sozialversicherung wird der Gleichlauf zwischen dem GmbH-Geschäftsführer und dem Mitglied des Vorstandes einer AG durchbrochen. Während sich das Sozialversicherungsrecht für den GmbH-Geschäftsführer ausschließlich auf in der Rechtsprechung entwickelte Grundsätze gründet, hat der Gesetzgeber selbst für die Mitglieder des Vorstandes einer AG die Vorgaben gemacht.

1. Rentenversicherung

176 Mitglieder des Vorstandes einer Aktiengesellschaft sind nach § 1 Satz 4 SGB VI in der seit 01.01.1992 geltenden Fassung **in der gesetzlichen Rentenversicherung nicht versicherungspflichtig**. Bis dato knüpfte die Versicherungsfreiheit in der gesetzlichen Rentenversicherung nicht an der Tätigkeit, sondern an der Person des Vorstandsmitglieds an, was dazu führte, dass auch an sich versicherungspflichtige Nebentätigkeiten von der Versicherungsfreiheit umfasst wurden. Mit der Neufassung des § 1 Satz 4 SGB VI sind Mitglieder des Vorstandes einer Aktiengesellschaft seit 01.01.2004 nur noch in dem Unternehmen, dessen Vorstand sie angehören, nicht versicherungspflichtig beschäftigt, wobei Konzernunternehmen i.S.d. § 18 AktG als ein Unternehmen gelten. Weitere Beschäftigungen, die neben der Tätigkeit als Vorstandsmitglied einer Aktiengesellschaft ausgeübt werden, sind damit rentenversicherungspflichtig.[305]

2. Arbeitslosenversicherung

177 Mitglieder des Vorstandes einer Aktiengesellschaft unterliegen nach § 27 Abs. 1 Nr. 5 SGB III in der seit 01.01.1999 geltenden Fassung auch **nicht der Arbeitslosenversicherung**.

3. Krankenversicherung

178 Mitglieder des Vorstandes einer Aktiengesellschaft unterliegen auch **nicht der gesetzlichen Krankenversicherung**, da ihre Bezüge regelmäßig die Beitragsbemessungsgrenze gem. § 309 Abs. 1 Nr. 2 SGB V übersteigen. Vorstandsmitglieder haben aber wie abhängig Beschäftigte Anspruch auf Arbeitgeberzuschüsse zur Krankenversicherung nach § 257 SGB V und zur Pflegeversicherung nach § 61 Abs. 1 und 2 SGB XI.[306]

305 Vgl. hierzu und zu den Übergangsregelungen *Küffner/Zugmaier*, DStR 2003, 2235.

306 BSG, Urt. v. 31.05.1989, DB 1989, 2074; MünchGesR IV/*Wiesner* § 21 Rn 14; anders wohl BSG, Urt. v. 26.03.1992, BB 1993, 442.

§ 5 Inhalt des Arbeitsverhältnisses

Inhalt

D. Wettbewerbsverbote 669

A. Arbeitsleistung

I. Haupt- und Nebenpflichten des Arbeitnehmers

1 Das Arbeitsverhältnis wird durch die Pflicht zur Arbeitsleistung auf der einen und deren Vergütung auf der anderen Seite bestimmt, die in einem synallagmatischen Verhältnis zueinander stehen und damit auch den Bestimmungen der §§ 320 ff. BGB unterliegen.[1] Daneben treffen die Arbeitsvertragsparteien darüber hinausgehende Nebenpflichten, denen aufgrund der persönlichen Bindung zwischen den Vertragsparteien im Arbeitsrecht eine besondere Bedeutung zukommt. Diese können über die Dauer des eigentlichen Vertragsverhältnisses in Form vor- oder nachvertraglicher Pflichten ebenso wie im ruhenden Arbeitsverhältnis[2] zu beachten sein.

2 Auch wenn das auf der Grundlage des **SchuldrechtsmodernisierungsG** in einer Neufassung bekannt gemachte BGB[3] die für das Arbeitsrecht maßgeblichen Vorschriften der §§ 611 ff. BGB abgesehen von der klarstellenden Ergänzung des § 615 BGB und der ebenfalls klarstellenden neuen Regelung des § 619a BGB unberührt gelassen hat, strahlen anderweitige Änderungen wie die Neuregelung des Verjährungsrechts (§§ 194 ff.), des Leistungsstörungsrechts (§§ 275 ff., 323 ff.) sowie des Rechts über die Gestaltung rechtsgeschäftlicher Schuldverhältnisse durch Allgemeine Geschäftsbedingungen (§§ 305 ff.) auf das Arbeitsrecht aus und sind somit bei der Beurteilung der sich aus dem Arbeitsvertrag ergebenden Pflichten zu berücksichtigen. Anstelle des vielfach erfolgten Rückgriffs auf § 242 BGB ist nunmehr für die Beurteilung nicht leistungsbezogener Nebenpflichten § 241 Abs. 2 BGB als lex specialis heranzuziehen, wonach das Schuldverhältnis nach seinem Inhalt jeden Teil zur Rücksicht auf die Rechte, Rechtsgüter und Interessen des anderen Teils verpflichten kann. Von besonderer Bedeutung sind fernerhin die Grundregeln über rechtsgeschäftliche oder rechtsgeschäftsähnliche Schuldverhältnisse (§ 311 BGB), Leistungshindernisse bei Vertragsschluss (§ 311a BGB) sowie Störung der Geschäftsgrundlage (§ 313 BGB). Die Neuregelung des § 314 BGB

1 BAG (GS), Urt. v. 17.12.1959, AP Nr. 21 zu § 616 BGB.
2 So für die im ruhenden Arbeitsverhältnis fortbestehende Fürsorgepflicht: BAG, Urt. v. 26.01.1959, DB 1959, 379.
3 BGBl I 2001, 45 ff.

(Kündigung von Dauerschuldverhältnissen aus wichtigem Grund) ist jedoch für das Arbeitsverhältnis angesichts der Spezialregelung des § 626 BGB von minderer Bedeutung, zumal die bislang zur Entbehrlichkeit der Abmahnung entwickelten Rechtsgrundsätze über die in Bezug genommenen Regelungen des § 323 Abs. 2 BGB fortwirken. Gleiches gilt für die zum Rücktritt berechtigende Neuregelung des § 323 BGB, die im Arbeitsverhältnis aufgrund der dort vorhandenen spezialgesetzlichen Kündigungsvorschriften nicht zum Tragen kommt.

3 Werden die im Nachfolgenden im Einzelnen dargestellten Haupt- oder Nebenpflichten verletzt, stellt sich die Frage nach der schuldrechtlichen Sanktion solcher Pflichtverletzungen.[4] Diese werden nunmehr einheitlich von § 280 erfasst, auf den §§ 281, 282, 283 BGB verweisen. Wenngleich sie von unterschiedlichen weiteren Voraussetzungen abhängen, ist somit für die Tatbestände des Leistungsausschlusses wegen Unmöglichkeit, Verzug, Schlechtleistung, positiver Forderungsverletzung sowie der Verletzung vorvertraglicher Pflichten derselbe Grundmaßstab anzulegen. Der in § 280 Abs. 1 BGB an dem Begriff der **Pflichtverletzung** anknüpfende Tatbestand bildet folglich nunmehr den Grundtatbestand zur Regelung der Rechtsfolgen auf Sekundärebene, wenn es zu Störungen im Bereich der arbeitsvertraglichen Pflichten kommt. Dabei beinhaltet der Begriff der Pflichtverletzung das objektive Zurückbleiben des Schuldverhältnisses, ohne dass es auf das Vertretenmüssen ankommt.[5] Der Schuldner kann sich seiner Inanspruchnahme allerdings erwehren, indem er nachweist, dass er die Pflichtverletzung nicht zu vertreten hat. Dabei kommt dem Arbeitnehmer jedoch der bereits erwähnte § 619a BGB zugute, der zur Beweislastverteilung des § 280 Abs. 1 BGB entsprechend dem bisherigen Recht eine Ausnahme enthält.[6] Mit dieser Regelung soll zugleich an den zur Arbeitnehmerhaftung entwickelten Grundsätzen der abgestuften Beweislast festgehalten werden.[7]

1. Hauptpflichten

4 Der Arbeitnehmer ist nach § 611 Abs. 1 BGB zur »Leistung der versprochenen Dienste« verpflichtet. Dies stellt seine Hauptleistungspflicht dar. Sie korrespondiert im Rahmen des synallagmatischen Austauschverhältnisses mit der Verpflichtung des Arbeitgebers »zur Gewährung der vereinbarten Vergütung«.

a) Arbeitspflicht

5 Die Arbeitspflicht stellt eine **höchstpersönliche Pflicht** dar. Der Arbeitnehmer muss damit seiner Verpflichtung »im Zweifel« in eigener Person nachkommen (vgl. § 613 Satz 1 BGB). Ebenso wie er nicht berechtigt ist, wie etwa im Falle der Heimarbeit Dritte für sich tätig werden zu lassen, ist er nicht verpflichtet, für den Fall des Ausfalls seiner Arbeitskraft eine Ersatzkraft zur Verfügung zu stellen. Kommt der Arbeitnehmer nicht in eigener Person seiner Arbeitsverpflichtung nach und bedient er sich statt dessen eines Dritten, hat er für einen dabei entstehenden Schaden über § 280 Abs. 1 BGB einzustehen; daneben sind kündigungsschutzrechtliche Konsequenzen in Betracht zu ziehen. Eine Ausnahme zur Höchstpersönlichkeit der Arbeitsleistung bildet das **mittelbare Arbeitsverhältnis**, aufgrund dessen sich der Arbeitnehmer als Mittelsperson zur Erfüllung seiner vertraglichen Pflichten nach entsprechender Vereinbarung eines Dritten bedient, der wiederum aufgrund seiner Verpflichtung gegenüber dem Arbeitnehmer entsprechend den Anweisungen des Arbeitgebers zu handeln hat.[8] Dem Arbeitgeber können aus einem solchen Rechtsverhältnis auch ggü. dem Dritten

4 Zu Sanktionen im Zusammenhang mit dem Bestand des Arbeitsverhältnisses vgl. § 6 Rn 333 ff. (Abmahnung) sowie § 10 (Kündigungs- und Kündigungsschutzrecht).

5 BT-Drucks 14/6040, 134.

6 Vgl. hierzu auch *Oetker*, BB 2002, 43 ff., der die Vorschrift u.a. auf Berufsausbildungsverhältnisse sowie auf die Rechtsverhältnisse Arbeitnehmerähnlicher nur dann angewandt wissen will, soweit die von der Rechtsprechung entwickelten Grundsätze zur beschränkten Arbeitnehmerhaftung auch bei diesem Personenkreis zur Anwendung gelangen.

7 BT-Drucks 14/7052, 204.

8 Vgl. hierzu auch MünchArbR/*Blomeyer*, § 48 Rn 13 ff.

unmittelbare Pflichten wie Fürsorgepflichten erwachsen. Der vermittelnde Arbeitnehmer kann für Schädigungen des Dritten nach § 278 BGB einzustehen haben.

Ebenfalls aus der Höchstpersönlichkeit der Arbeitsverpflichtung folgt, dass im Falle des **Todes des Arbeitnehmers** diese Pflicht nicht auf etwaige Erben übergeht. Wohl aber können den Erben infolge der Abwicklung des mit dem Tod beendeten Arbeitsvertrages oder anderweitig vorgesehener Versorgungsregelungen Pflichten wie die zur Rückgabe von Arbeitsmitteln erwachsen sowie Rechte aus bereits vor dem Todesfall entstandenen Rechtsverhältnissen zustehen. Verkürzt kann man insofern sagen, dass die Vererblichkeit eines Anspruchs seine Entstehung voraussetzt; nicht der Vererbbarkeit unterliegt jedoch das Recht auf Erwerb eines Anspruchs. Im Arbeitsleben durch den Arbeitnehmer erdiente Entgeltansprüche sind somit vererbbar, nicht jedoch der Anspruch auf Urlaubsabgeltung oder künftige Rechtspositionen, die zum Todeszeitpunkt noch nicht entstanden sind.[9] Ebenso vererbbar sind aufgrund eines Aufhebungsvertrags oder gerichtlichen Vergleichs zum Ausgleich des Arbeitsplatzverlustes entstandene Abfindungsansprüche.[10] Ansprüche auf Konkursausfall- bzw. Insolvenzgeld unterliegen nicht der Vererbbarkeit.[11] 6

Die Arbeitsleistung beanspruchen kann »im Zweifel« nur der Arbeitgeber (§ 613 Satz 2 BGB). Die Arbeitsvertragsparteien können allerdings auch die Übertragbarkeit des Anspruchs auf Arbeitsleistung vorsehen. So kann der Arbeitnehmer im Rahmen eines **unechten Leiharbeitsverhältnisses** von vornherein zum Zwecke der gewerbsmäßigen Verleihung an Dritte eingestellt werden. Zieht der Arbeitgeber aus dem Verleihungsakt selbst keine wirtschaftlichen Vorteile, ist von einem **echten Leiharbeitsverhältnis** zu sprechen. 7

Die Tatsache, dass im Zweifel nur der Arbeitgeber Gläubiger der Arbeitsleistung ist, macht den Anspruch auf die Leistung nicht unübertragbar. So tritt der Erbe im Wege der **Gesamtrechtsnachfolge** in die Rechte und Pflichten eines verstorbenen Arbeitgebers ein, sofern nicht ausnahmsweise kraft ausdrücklich oder konkludent getroffener Vertragsregelung die Arbeitspflicht mit der Person des bisherigen Arbeitgebers verbunden war. Auch kann es zu einem Gläubigerwechsel infolge einer betrieblichen Umstrukturierung nach § 613a BGB oder den Vorschriften des UmwG kommen, wenn der Arbeitnehmer sein nunmehr durch § 613a Abs. 6 BGB normiertes Widerspruchsrecht nicht ausübt.[12] 8

aa) Inhalt der Arbeitspflicht

Entsprechend seiner arbeitsvertraglichen Hauptpflicht hat der Arbeitnehmer seine Arbeitskraft am richtigen Ort, zur richtigen Zeit und in geeigneter Weise zur Verfügung zu stellen und in dem vorgegebenen Rahmen Arbeitsleistung zu erbringen. Zur Verwirklichung des Vertragszwecks bedarf es stets noch einer Mitwirkungshandlung durch den Arbeitgeber, der neben der Zurverfügungstellung von Arbeitsmitteln insbesondere die lediglich in einem groben Rahmen vertraglich festgelegte Arbeitsverpflichtung zu konkretisieren hat. Kommt der Arbeitgeber dem nicht nach, so dass dem Arbeitnehmer eine ordnungsgemäße Vertragserfüllung nicht möglich ist, kann der Arbeitnehmer nach Maßgabe des § 615 BGB für die infolge des Verzuges nicht geleisteten Dienste die vereinbarte Vergütung verlangen, ohne zur Nachleistung verpflichtet zu sein.[13] 9

9 MünchArbR/*Blomeyer*, § 48 Rn 10.

10 BAG, Urt. v. 16.10.1969, AP Nr. 20 zu § 794 ZPO; vgl. ferner BAG, Urt. v. 26.08.1997, AP Nr. 8 zu § 620 BGB Aufhebungsvertrag, wo allerdings die Vererbbarkeit vom Eintritt des Todesfalls nach Ausscheiden aus dem Arbeitsverhältnis als dem anspruchsauslösenden Faktor abhängig gemacht wird.

11 BSG, Urt. v. 11.03.1987, NZA 1987, 538.

12 Zu diesem vgl. *Bauer/v. Steinau-Steinrück*, ZIP 2002, 457 ff.; *Worzalla*, NZA 2002, 353 ff.

13 Zum Annahmeverzug des Arbeitgebers vgl. § 6 Rn 107 ff.

(1) Art und Umfang der Arbeit

10 **Art und Umfang der Arbeitsverpflichtung** richten sich primär nach den Regelungen des Arbeitsvertrags, die nach Maßgabe des § 2 Abs. 1 Nr. 5 NachwG durch »eine kurze Charakterisierung oder Beschreibung der vom Arbeitnehmer zu leistenden Tätigkeit« nachzuweisen sind. Sammelbezeichnungen wie »Angestellter« oder »kaufmännischer Angestellter« genügen insofern nicht. Auch stellt die Zuordnung eines Arbeitnehmers kraft arbeitsvertraglicher Klausel zum Bereich leitender Angestellter keine hinreichende Konkretisierung dar. Sie beinhaltet keine Beschreibung, sondern rechtliche Bewertung. Auch können aus ihr keine Rückschlüsse auf die zu verrichtende Tätigkeit gezogen werden. Sie ist ohne Aussagekraft, da mit ihr nicht das betriebsverfassungsrechtliche Erfordernis abbedungen werden kann, das für die Stellung als leitender Angestellter die Wahrnehmung unternehmensbezogener Leitungsaufgaben entscheidend ist, was ihm einerseits einen erheblichen Entscheidungsspielraum zubilligt, ihn aber andererseits in Interessenpolarität zur übrigen Arbeitnehmerschaft stellt.[14]

11 Da das Arbeitsverhältnis ein auf Dauer angelegtes und durch eine Vielzahl von nicht im Einzelnen bestimmbaren Leistungen geprägtes Schuldverhältnis darstellt, genügt die vertragliche Bestimmung von Art und Umfang der geschuldeten Arbeitsleistung nicht, um das Geschuldete festzustellen. Vielmehr bedarf es einer Konkretisierung der als Gesamtheit zusammengefassten Pflichten durch Ausübung des arbeitgeberseitigen Direktionsrechts. Ergänzend sind zur Bestimmung der Arbeitspflicht die betrieblichen sowie tarifvertraglichen Regelungen hinzuzuziehen.

12 Je konkreter der Arbeitsvertrag den **Tätigkeitsbereich des Arbeitnehmers** festlegt, desto begrenzter sind die Möglichkeiten, ihn zur Leistung anderweitiger Aufgaben heranzuziehen.[15] Legt der Arbeitsvertrag allerdings das Tätigkeitsfeld des Arbeitnehmers, wie es bei einfach gelagerten Tätigkeiten der Regelfall ist, nur nach allgemeinen Kriterien fest,[16] kann der Arbeitgeber diese über die Ausübung seines Direktionsrechtes nach billigem Ermessen bestimmen und eine der vertraglich festgelegten Art entsprechende Tätigkeit zuweisen.[17] Die Zuweisung von Tätigkeiten dürfte dann nicht billigem Ermessen entsprechen, wenn die Art der zu leistenden Arbeit erheblich von der anderer vergleichbarer Arbeitnehmer bzw. dem in Branche, Beruf, Betrieb und am Ort Üblichen abweicht.[18] Es muss demnach der Grundsatz der Gleichwertigkeit gewahrt bleiben. Sie ist mangels anderer Anhaltspunkte anhand der auf den jeweiligen Betrieb bezogenen Verkehrsauffassung und dem sich daraus ergebenden Sozialbild zu bestimmen.[19]

13 Die **Wahl der richtigen Konkretisierungsstufe** sollte vor Abfassung des Vertrages eingehend geprüft werden. Nicht ohne Not sollte sich der Arbeitgeber durch eine einengende Konkretisierungsstufe der ihm ansonsten zustehenden Konkretisierungsmöglichkeiten begeben und so notwendige spätere Änderungen der Arbeitsbedingungen erschweren.[20] Zugleich hat der Arbeitgeber aber auch zu beachten, dass mit der Wahl einer niedrigen Konkretisierungsstufe der Kreis vergleichbarer Arbeitnehmer wächst, was im Kündigungsfalle im Rahmen einer vorzunehmenden Sozialauswahl an Relevanz gewinnen kann.

14 Der Arbeitgeber kann aufgrund individual- oder kollektivvertraglicher **Vorbehaltsklauseln** zur Zuweisung einer anderweitigen Tätigkeit befugt sein, soweit die Zuweisung im Rahmen der Konkretisierung der Arbeitspflicht erfolgt und damit nicht als Abänderung der bestehenden Arbeitsbedingungen anzusehen ist.[21] Solche Klauseln sind auch nach Übernahme der AGB-Vorschriften in das BGB

14 BAG, Urt. v. 09.12.1975, AP Nr. 11 zu § 5 BetrVG.

15 BAG, Urt. v. 10.11.1955, AP Nr. 2 zu § 611 BGB Beschäftigungspflicht.

16 Der Konkretisierung kann sich der Arbeitgeber allerdings aufgrund § 2 Abs. 1 Satz 2 Nr. 5 NachwG nicht gänzlich begeben.

17 BAG, Urt. v. 10.11.1955, AP Nr. 2 zu § 611 BGB Beschäftigungspflicht; *Berger-Delhey*, DB 1990, 2266.

18 *Hromadka*, DB 1995, 2602; zu Beispielen unzulässiger Tätigkeitszuweisungen vgl. *Hümmerich*, AnwaltFormulare Arbeitsrecht, § 1 Rn 1888 ff.

19 BAG, Urt. v. 20.08.1995 sowie v. 24.04.1996, AP Nr. 44, 48 zu § 611 BGB Direktionsrecht.

20 *Hümmerich*, AnwaltFormulare Arbeitsrecht, § 1 Rn 1889.

21 Vgl. auch BAG, Urt. v. 22.05.1985, AP Nr. 7 zu § 1 TVG Tarifverträge: Bundesbahn; vgl. i.Ü. hierzu § 3 Rn 53 ff.

(hier insbes.: § 308 Nr. 4 BGB) zulässig, da sie eine Präzisierung des nach § 106 GewO (bislang: § 315 BGB) dem Arbeitgeber zustehenden Leistungsbestimmungsrechts enthalten.[22] Ob darüber hinaus **dynamische Klauseln**, mit denen sich der Arbeitgeber eine Änderung und Ergänzung der Tätigkeit nach betriebsorganisatorischen Erfordernissen vorbehält,[23] weiterhelfen, erscheint fraglich, gilt es doch, auch hier eine Prüfung dahin gehend vorzunehmen, ob sich die Veränderung des Tätigkeitsbereichs im Rahmen des zulässig ausgeübten Weisungsrechts hält oder eine Änderungskündigung erforderlich macht. Macht der Arbeitgeber von einem ihm zustehenden Versetzungsrecht Gebrauch, ist zu prüfen, ob die Versetzung an sich und die konkrete Versetzung der Billigkeit entspricht. Dabei kann der Arbeitgeber auch das persönliche Ansehen und die Möglichkeiten der Persönlichkeitsentfaltung des Arbeitnehmers zu berücksichtigen haben.[24]

Die vorbehaltlose Beschäftigung mit einer bestimmten Tätigkeit kann zu einer **Konkretisierung auf diesen bestimmten Tätigkeitsbereich** führen.[25] Allerdings müssen dann weitere Umstände hinzutreten, die auf eine Vertragskonkretisierung schließen lassen, auf deren Fortbestand der Arbeitnehmer zu Recht vertrauen durfte.[26] Ein schutzwürdiges Vertrauen kann bspw. angenommen werden, wenn der Arbeitnehmer über eine längere Zeit vorbehaltlos mit qualifizierteren Aufgaben betraut war und die Zuweisung einer anderen, geringer qualifizierten Tätigkeit als Zurücksetzung erscheint.[27] Will der Arbeitgeber dem Arbeitnehmer (auch mehrmals) nur vorübergehend eine höherwertige Tätigkeit übertragen, hat er dies (bezogen auf den jeweiligen Übertragungsakt) kenntlich zu machen. Der Übertragungsakt selbst wie die fehlende Dauerhaftigkeit der Übertragung hat den Grundsätzen der Billigkeit zu entsprechen.[28] Stellt sich allerdings zwischenzeitlich heraus, dass aus dem vorübergehenden Bedarf nach Ausübung der höherwertigen ein dauerhafter geworden ist, ist der Arbeitnehmer nicht in seinem Interesse an der dauerhaften Beschäftigung mit der höherwertigen Tätigkeit geschützt, wenn nicht weitere Umstände hinzukommen, die ein Vertrauen auf eine weitere Beschäftigung zu unveränderten Bedingungen rechtfertigen.[29] 15

Die langjährige Beschäftigung eines Arbeitnehmers auf einem bestimmten Arbeitsplatz allein kann die einseitige **Umsetzungsbefugnis des Arbeitgebers** nicht ausschließen.[30] Selbiges gilt selbst dann, wenn der Arbeitgeber ein ihm zustehendes Direktionsrecht auf eine anderweitige Arbeitsplatzzuweisung über mehrere Jahre hinweg nicht ausübt.[31] Im Übrigen ist die Beurteilung der Konkretisierungsfrage im Regelfall in einem funktionalen Sinne tätigkeitsbereichsbezogen vorzunehmen; nicht jedoch ist die Tätigkeit in ihren konkreten Umständen geschützt. So kann sich ein Arbeitnehmer nicht auf die Beschäftigung als Verkäufer in der Abteilung A berufen, wenn er unter Zuweisung einer ebensolchen Tätigkeit in die Abteilung B umgesetzt werden soll.[32] Fernerhin kann sich ein Arbeitnehmer auch 15a

22 Vgl. auch *Lingemann*, NZA 2002, 191, der insofern auch auf die ebenfalls zu berücksichtigenden Vorteile solcher Klauseln für den Arbeitnehmer (erweiterter Kreis in die Sozialauswahl Einzubeziehender, bessere Beschäftigungsmöglichkeiten) verweist.

23 So *Hümmerich*, AnwaltFormulare Arbeitsrecht, § 1 Rn 2376 in § 2 Abs. 1 des Vertragsmusters 1026.

24 So LAG München, Urt. v. 18.09.2002, DB 2003, 1232, für den Fall der Versetzung eines Institutsleiters.

25 BAG, Urt. v. 15.10.1960, AP Nr. 73 zu § 3 TOA; v. 11.06.1958 sowie v. 14.12.1961, AP Nr. 2, 17 zu § 611 BGB Direktionsrecht; *Stege*, DB 1975, 1507.

26 Vgl. etwa BAG, Urt. v. 11.06.1958, v. 14.12.1961, AP Nr. 2, 17 zu § 611 BGB Direktionsrecht; v. 07.12.2000, DB 2001, 2051.

27 BAG, Urt. v. 15.10.1960, AP Nr. 73 zu § 3 TOA; v. 14.12.1961, AP Nr. 17 zu § 611 BGB Direktionsrecht.

28 So zu § 24 BAT: BAG, Urt. v. 17.04.2002, NZA 2003, 159.

29 So zu Recht *Hromadka*, RdA 2003, 237 ff. (Anm. zu BAG, Urt. v. 17.04.2002, NZA 2003, 159).

30 BAG, Urt. v. 12.04.1973, AP Nr. 24 zu § 611 BGB Direktionsrecht.

31 BAG, Urt. v. 11.10.1995, AP Nr. 9 zu § 611 BGB Arbeitszeit; v. 07.12.2000, DB 2001, 2051 f.

32 LAG Köln, Urt. v. 26.10.1984, NZA 1985, 258; ähnlich für den Fall einer Stationsschwester, der nach längerer Leitung einer Station ebenfalls eine Leitungsfunktion, aber in einer anderen Station zugewiesen wurde: BAG, Urt. v. 24.04.1996, AP Nr. 48 zu § 611 BGB Direktionsrecht; grds. kann im öffentlichen Dienst einem Arbeitnehmer jede Tätigkeit zugewiesen werden, die den Merkmalen seiner Vergütungsgruppe entspricht: vgl. BAG, Urt. 14.12.1961 sowie v. 12.04.1973, AP Nr. 17, 24 zu § 611 BGB Direktionsrecht; v. 23.10.1985, AP Nr. 10 zu § 24 BAT; v. 24.11.1993, ZTR 1994, 166.

nicht auf eine eingetretene Konkretisierung berufen, wenn zwar die Tätigkeit gleich bleibt, jedoch infolge deren anderweitigen Verrichtung mit der Tätigkeit im Zusammenhang stehende Zulagen entfallen.[33] Umgekehrt ist es vom Direktionsrecht jedoch nicht gedeckt, wenn zwar die Vergütung gleich bleibt, die zu verrichtende Tätigkeit sich aber sonst als geringwertiger erweist.[34] Hierzu bedarf es stets eines kollektiv- oder individualrechtlich erklärten Vorbehaltes, der die Zuweisung einer geringerwertigen Arbeit ermöglicht. Der arbeitsvertragliche Vorbehalt darf nicht so ausgestaltet sein, dass das Äquivalenz- und Ordnungsgefüge der im Synallagma befindlichen Leistungspflichten unter Umgehung der kündigungsrechtlichen Schutzbestimmungen verändert wird.[35] Insoweit halten Vorbehaltsklauseln mit verdiensterhaltendem Charakter einer Inhaltskontrolle eher stand als Klauseln ohne einen den Verdienst absichernden Zusatz; sie müssen aber den Grundsätzen von Transparenz und Zumutbarkeit entsprechen.[36] Größere Gestaltungsspielräume haben aber die Tarifvertragsparteien; denn der tarifvertraglich vorgesehene Vorbehalt unterliegt keiner entsprechenden Inhaltskontrolle (§ 310 Abs. 4 BGB). Die Rechtsprechung geht hier von der Richtigkeitsgewähr der Vorbehaltsnorm aus. Gleichermaßen, wie ein Tarifvertrag regeln kann, dass dem Arbeitnehmer eine andere, auch nach einer niedrigeren Vergütungsgruppe zu vergütende Tätigkeit zugewiesen werden kann, kann er vorsehen, dass sich die Vergütungshöhe bei Änderung der Zahl der dem Arbeitnehmer unterstellten Mitarbeiter ändert.[37]

16 Die Verpflichtung zur Arbeitsleistung kann als immanenten Bestandteil auch die Verpflichtung zur Leistung gewisser **Nebendienste** beinhalten (sog. Zusammenhangstätigkeiten).[38] Dies ist unproblematisch, wenn der Arbeitsvertrag bereits auf mit der Haupttätigkeit zu verrichtende Nebentätigkeiten verweist. Im Übrigen ist nach Treu und Glauben sowie der Verkehrssitte zu bestimmen, ob die arbeitsvertragliche Hauptleistungspflicht auch die Verpflichtung zu damit im Zusammenhang stehenden Tätigkeiten enthält.

17 Über den konkret festgelegten Rahmen hinaus kann aus Gründen arbeitsvertraglicher Treuepflichten der Arbeitnehmer in nicht vorhersehbaren Notsituationen im Rahmen sog. **Notdienste** zu anderen, fachfremden Arbeiten herangezogen werden, wie sie auch in § 14 ArbZG angesprochen sind.[39] Darunter fällt auch die Anordnung notwendiger Erhaltungsarbeiten während eines Arbeitskampfes,[40] nicht jedoch die Erledigung direkter Streikarbeit, mit der die durch den Streik ausfallende Arbeitskraft überbrückt werden soll.[41] Im Einzelfall hängt es von der Gefahrenlage und den Fähigkeiten des Arbeitnehmers ab, ob von ihm unter Berücksichtigung des Grundsatzes der Verhältnismäßigkeit Notarbeiten abverlangt werden können. Die Grundsätze billiger Ermessensausübung (§ 106 GewO / § 315 BGB) sind dabei zu berücksichtigen.

18 Der Arbeitnehmer ist zur **Leistung der »versprochenen Dienste«** verpflichtet, für die er vergütet wird. Er schuldet damit keinen konkreten Arbeitserfolg. Gleichermaßen schuldet er aber mehr als lediglich sein Vorhandensein am Arbeitsplatz; der Arbeitnehmer muss also stets unter angemessener Ausschöpfung seiner persönlichen Leistungsfähigkeit entsprechend der arbeitsvertraglichen Vorgabe

33 Vgl. daher auch für die Umsetzung auf nicht zulagenfähige Tagschichten: BAG, Urt. v. 15.10.1992, AP Nr. 2 zu § 9 MTB II; LAG Düsseldorf, Urt. v. 23.10.1991, LAGE § 611 BGB Direktionsrecht Nr. 10.

34 BAG, Urt. v. 28.02.1968, AP Nr. 22 zu § 611 BGB; v. 26.02.1976, AP Nr. 172 zu § 242 BGB Ruhegehalt; v. 24.04.1996 sowie v. 30.08.1995, AP Nr. 44, 48 zu § 611 BGB Direktionsrecht.

35 BAG, Urt. v. 04.02.1958 sowie v. 07.10.1982, AP Nr. 1, 5 zu § 620 BGB Teilkündigung; v. 14.11.1990, NZA 1991, 377; KR/*Rost*, § 2 KSchG Rn 48. Zur Frage der Überprüfbarkeit solcher Klauseln angesichts des neuen § 308 Nr. 4 BGB vgl. bereits vorstehend.

36 Vgl. auch *Hümmerich*, AnwaltFormulare Arbeitsrecht, § 1 Rn 2165 ff. sowie der unter Rn 2371, Muster 1016, § 1 Abs. 2, enthaltene Formulierungsvorschlag.

37 BAG, Urt. v. 07.11.2001, DB 2002, 746, wonach es dann im Falle einer Veränderung der Zahl unterstellter Mitarbeiter keiner Änderungskündigung bedarf.

38 MünchArbR/*Blomeyer*, § 48 Rn 34; *Hromadka*, DB 1995, 2602.

39 Vgl. etwa BAG, Urt. v. 29.01.1960, AP Nr. 12 zu § 123 GewO; v. 14.12.1961, v. 08.10.1962, v. 27.03.1980, AP Nr. 17, 18, 26 zu § 611 BGB Direktionsrecht; vgl. ferner *Hromadka*, DB 1995, 2602; *Hümmerich*, NZA 1999, 1132.

40 LAG Nieders. v. 01.02.1980, DB 1980, 2041; *Gaumann*, DB 2001, 1722 f.; *Wiese*, NZA 1984, 378 f.

41 BAG, Urt. v. 25.07.1957, AP Nr. 3 zu § 615 BGB.

arbeiten. Ist die zu erbringende Arbeitsleistung vertraglich nicht näher beschrieben, richtet sich deren Inhalt zum einen nach dem vom Arbeitgeber durch Ausübung des Direktionsrechts festzulegenden Arbeitsinhalt und zum anderen nach dem persönlichen, subjektiven Leistungsvermögen des Arbeitnehmers. Es kommt insoweit darauf an, ob die Arbeitsleistung die berechtigte Erwartung des Arbeitgebers von der Gleichwertigkeit der beiderseitigen Leistungen erfüllt. Tut sie es nicht, hat der Arbeitgeber im Streitfalle die Tatsachen vorzutragen, aus denen ersichtlich wird, dass die Leistungen des Arbeitnehmers deutlich hinter denen vergleichbarer Arbeitnehmer zurückbleiben. Sodann ist es Sache des Arbeitnehmers, hierauf zu entgegnen; ansonsten gilt ein insoweit schlüssiges Arbeitgebervorbringen als zugestanden und es ist davon auszugehen, dass der Arbeitnehmer seine Leistungsfähigkeit nicht ausgeschöpft hat.[42] Jeweils können solche im Grenzbereich zur Nichtleistung anzusiedelnden Verhaltensweisen ebenso wie Schlechtleistungen zur Anwendung des Leistungsstörungsrechts und ggf. auch zur Anwendung kündigungsrechtlicher Maßnahmen führen.[43] Im Übrigen widerspricht es dem Grundsatz, dass der Arbeitnehmer zur Leistung von Diensten und nicht zur Erbringung eines bestimmten Leistungserfolges verpflichtet ist, jedoch nicht, dass eine Vergütung der geleisteten Tätigkeit von quantitäts- oder qualitätsbezogenen oder sonstigen leistungsbezogenen Faktoren abhängig gemacht wird.[44]

(2) Arbeitsort

19 Auch wenn sich die starren Modelle, in denen Arbeitsleistung erbracht wurde, zunehmend auflösen, so stellt doch die Arbeitsleistung nach klassischem Verständnis in aller Regel eine Bringschuld dar, die an einem bestimmten Ort zu erfüllen ist, der zugleich Erfüllungsort ist.[45] Deshalb hat auch der Arbeitsvertrag den Ort zu bestimmen, an dem die Arbeitsleistung zu erbringen ist. § 2 Abs. 1 Nr. 4 NachwG verpflichtet zum Nachweis hierüber.[46] Falls der Arbeitnehmer nicht an einem bestimmten Arbeitsort tätig sein soll, ist dies durch einen entsprechenden Hinweis kenntlich zu machen. Eines solchen Hinweises bedarf es nicht, soweit sich bereits aus der Tätigkeit selbst ergibt, dass der Arbeitnehmer an verschiedenen Orten zum Einsatz kommt.

20 Ist der **Arbeitsort nicht oder nur in Umrissen bestimmt**, kann er durch den Arbeitgeber in Ausübung des Direktionsrechtes nach billigem Ermessen (§ 106 GewO) konkretisiert werden. Die Grenzen hierfür dürften anhand der Zumutbarkeitskriterien des § 121 SGB III zu bestimmen sein. Dabei schließt die jahrelang unverändert gebliebene Konkretisierung des Arbeitsortes eine anderweitige Ausübung des Direktionsrechts grundsätzlich nicht aus, soweit nicht weitere Umstände hinzutreten, die auf einen entsprechenden Bindungswillen des Arbeitgebers schließen lassen.[47] Wohl aber sind auch hier die berechtigten Interessen des Arbeitnehmers (Lebensverhältnisse, zeitlicher/finanzieller Aufwand, etc.) im Rahmen der billigen Ermessensausübung zu berücksichtigen.[48] Als Abwägungsmaßstab eignen sich auch hier die Zumutbarkeitskriterien des § 121 SGB III.

21 Im Verlaufe der Durchführung kann der Arbeitgeber zur Anordnung einer **Tätigkeit an einem anderen Ort** berechtigt sein, sofern er sich diese Möglichkeit im Rahmen von Umsetzungs- bzw. Versetzungsklauseln arbeitsvertraglich hat einräumen lassen. War die Verpflichtung zur Arbeitsleistung an verschiedenen Orten bereits arbeitsvertraglich vorgesehen oder ist die Zuweisung eines bestimmten Ortes unter Vorbehalt erfolgt, kann somit die Bestimmung des Arbeitsortes durch Ausübung des Direktionsrechts vorgenommen werden. Gerade in Fällen außerbetrieblicher Tätigkeiten, wie sie bspw. in Arbeitsformen wie der Telearbeit ausgeübt werden, sollte sich daher der Arbeitgeber

42 BAG, Urt. v. 11.12.2003, DB 2004, 1506.
43 Zu Sanktionsmechanismen bei Schlechtleistung vgl. *Hunold*, BB 2003, 2345 ff.
44 BAG, Urt. v. 15.03.1960, AP Nr. 13 zu § 611 BGB Akkordlohn; vgl. hierzu ferner unter Rn 161 f.
45 Vgl. auch BAG, Urt. v. 03.12.1985, AP Nr. 5 zu § 1 TVG Tarifverträge: Außenhandel.
46 Der Nachweis wirkt nicht konstitutiv; vgl. *Preis*, NZA 1997, 10.
47 BAG, Urt. v. 07.12.2000, DB 2001, 2051 f.
48 BAG, Urt. v. 27.03.1980, AP Nr. 16 zu § 611 BGB Direktionsrecht; v. 19.06.1985, AP Nr. 11 zu § 4 BAT; v. 27.04.1999, AP Nr. 5 zu § 4 MuSchG; v. 07.12.2000, DB 2001, 2051.

von vornherein im Arbeitsvertrag ein **erweitertes Direktionsrecht** dahin gehend vorbehalten, die Verrichtung der Arbeit an verschiedenen Einsatzorten verlangen zu können.[49]

22 Klauseln mit einem Versetzungsvorbehalt sind auch angesichts des neuen § 308 Nr. 4 BGB als zulässig anzusehen.[50] In einem auf eine Dauerbeziehung angelegten Arbeitsverhältnis, das als solches in seinem Bestand besonders geschützt ist, ist es nicht möglich, alle möglichen Eventualitäten im Voraus zu regeln.[51] Da das Arbeitsverhältnis bereits kündigungsrechtlich geschützt ist und die Rechtsprechung den kündigungsschutzrechtlichen Maßstab auch stets in seine Kontrollprüfung einbezieht, ist die Möglichkeit eines von vornherein einzuräumenden erweiterten Weisungsrechts, das unter eigenen, von Gesetzgebung wie Rechtsprechung herausgebildeten Kriterien einer Überprüfung unterzogen wird, als Besonderheit des Arbeitsrechts i.S.d. § 310 Abs. 4 BGB zu respektieren.[52] Derartige Klauseln können auch ein größeres Gebiet als Arbeitsort bestimmen, wobei die kündigungsrechtlichen Auswirkungen gerade auch hinsichtlich der Sozialauswahl zu berücksichtigen sind. In Fällen außerbetrieblicher Tätigkeiten wie der alternierenden Telearbeit sollte sowohl der betriebliche als auch der häusliche Arbeitsplatz als möglicher Erfüllungsort für die zu erbringende Arbeitsleistung bestimmt werden, um so Forderungen nach Übernahme des Wegezeitrisikos vorzubeugen. Stets aber müssen die Klauseln den Anforderungen des § 307 BGB Stand halten.[53] Soweit dies der Fall ist, kann eine Versetzung jedoch nicht willkürlich erfolgen. Die Ausübung des Versetzungsrechts hat nämlich stets unter Beachtung der Grundsätze billiger Ermessensausübung zu erfolgen.[54]

23 Während nach der Rechtsprechung betriebs- oder unternehmensbezogene Versetzungsklauseln als weitgehend unproblematisch anzusehen sind,[55] ist dies nicht so eindeutig bei **Konzernversetzungsklauseln**, sofern hiermit ein Arbeitgeberwechsel verbunden ist, was regelmäßig dann der Fall ist, wenn die beteiligten Konzernunternehmen nicht von vornherein als Vertragspartner des Arbeitnehmers auftreten. Denn die bei Vertragsschluss erteilte Einwilligung in einen etwaigen späteren konzerninternen Arbeitgeberwechsel dürfte regelmäßig als Umgehung der kündigungsrechtlichen Schutzvorschriften anzusehen sein.[56] *Hümmerich*[57] hält sie nunmehr in Anbetracht der Regelung des § 309 Nr. 10 BGB generell für unzulässig, soweit nicht alle Unternehmen im Einzelnen aufgelistet werden, in die der Arbeitnehmer versetzt werden könnte, was angesichts der permanenten Umstrukturierungen schon aus praktischen Erwägungen heraus problematisch ist. Aber auch, soweit die Zulässigkeit einer Konzernversetzungsklausel bejaht werden sollte, sollte man sich auch dann dieses vertraglichen Gestaltungsmittels mit Vorsicht bedienen.[58] Insbesondere sind die kündigungsschutzrechtlichen Konsequenzen zu beachten. Zwar verneint das BAG im Grundsatz einen konzernbezogen Bestandsschutz, bejaht aber im Einzelfall aus Vertrauensgesichtspunkten eine konzerndimensionale Betrachtung.[59]

24 Enthält der Arbeitsvertrag keine Umsetzungs- bzw. Versetzungsklausel oder hat sich der Arbeitgeber kein erweitertes Direktionsrecht hinsichtlich der Bestimmung des Arbeitsortes vertraglich einräumen

49 Zur Wirksamkeit solcher Versetzungsklauseln vgl. BAG, Urt. v. 22.05.1985, AP Nr. 6 zu § 1 TVG Tarifverträge: Bundesbahn.

50 Vgl. aber auch *Hümmerich*, NZA 2003, 757 f., der eine verstärkte Zumutbarkeitsprüfung durch die Rspr. erwartet.

51 Vgl. insoweit auch *Hromadka*, RdA 2003, 239 (unter Hinw. auf BAG, Urt. v. 30.10.1970, AP Nr. 142 zu § 242 BGB Ruhegehalt), wonach auch nach Jahren von einem sich vorbehaltenen Versetzungsrecht Gebrauch gemacht werden könne, da Arbeitsbedingungen sich nun einmal nicht versteinern dürften.

52 I. d. S. auch *Lingemann*, NZA 2002, 191; vgl. ferner *Schnitker/Grau*, BB 2002, 2124, die von vornherein die Einschlägigkeit des Klauselverbots des § 308 Nr. 4 BGB ablehnen, da sich Versetzungsklauseln nicht auf die Leistung des Arbeitgebers, sondern die Gegenleistung des Arbeitnehmers bezögen.

53 *Schnitker/Grau*, BB 2002, 2124.

54 Vgl. auch *Schnitker/Grau*, BB 2002, 2126.

55 Vgl. BAG, Urt. v. 22.05.1985, AP Nr. 6 zu § 1 TVG Tarifverträge: Bundesbahn.

56 Vgl. hierzu auch KR/*Etzel*, § 1 KSchG Rn 590 ff.

57 *Hümmerich*, NZA 2003, 758.

58 Zu den Risiken von Konzernversetzungsklauseln aus Arbeitgeber- wie Arbeitnehmersicht vgl. auch *Hümmerich*, AnwaltFormulare Arbeitsrecht, § 1 Rn 2191.

59 BAG, Urt. v. 27.11.1991, AP Nr. 6 zu § 1 KSchG 1969 Konzern; vgl. hierzu auch *Feudner*, DB 2002, 1106 ff.

lassen, bedarf es einer einvernehmlichen **Vertragsänderung** oder des Ausspruchs einer **Änderungskündigung**. Bedingt die Zuweisung eines anderen Arbeitsortes einen Wechsel des Wohnortes, kann dem Arbeitnehmer ein gesetzlicher Anspruch auf Erstattung der dadurch entstandenen **Umzugskosten** entsprechend § 670 BGB erwachsen.[60]

Die Zuweisung eines Arbeitsplatzes an einem anderen Ort ist regelmäßig auch mit einer Veränderung 25
des Arbeitsbereichs verbunden und deshalb als **mitbestimmungspflichtige Versetzung** anzusehen, soweit sie die Dauer eines Monats übersteigt.[61] Sie ist nicht mitbestimmungspflichtig, sofern der Arbeitnehmer aufgrund der Art der geschuldeten Arbeit von vornherein an verschiedenen Arbeitplätzen beschäftigt wird.[62]

Kommt es zu einer **Entsendung ins Ausland**, gebietet es bereits das Transparenzgebot, auf eine 26
solche Möglichkeit hinzuweisen.[63] Bei einer **Entsendung in einen anderen EU-Staat** kommt mangels anderweitiger Festlegung das Recht des Staates zum Tragen, mit dem der Vertrag die engsten Verbindungen aufweist; Art. 28 Abs. 1 EGBGB. Im Übrigen bleibt den Parteien die Bestimmung des anzuwendenden Rechts nach Maßgabe des Art. 27 EGBGB für den ganzen Vertrag oder einen Teil hiervon unbenommen. Jedoch darf bei Arbeitsverträgen und Arbeitsverhältnissen die Rechtswahl der Parteien gem. Art. 30 Abs. 1 EGBGB nicht dazu führen, dass dem Arbeitnehmer der Schutz entzogen wird, der ihm durch die zwingenden Bestimmungen des Rechts gewährt wird, das mangels einer Rechtswahl anzuwenden wäre. Art. 30 Abs. 2 EGBGB bestimmt zudem, dass mangels Rechtswahl Arbeitsverträge und Arbeitsverhältnisse dem Recht des Staates unterliegen, in dem der Arbeitnehmer in Erfüllung des Vertrags unbeschadet vorübergehender Entsendungen gewöhnlich seine Arbeit verrichtet oder in dem sich die Niederlassung befindet, die den Arbeitnehmer eingestellt hat, sofern dieser seine Arbeit nicht in ein und demselben Staat verrichtet. Etwas anderes kann sich aber aus der Gesamtheit der Umstände ergeben, wenn der Arbeitsvertrag oder das Arbeitsverhältnis engere Bindungen zu einem anderen Staat aufweist; in diesem Fall ist das Recht dieses anderen Staates anzuwenden.

Alles in allem kommt es somit, soweit eine Bestimmung des anzuwendenden Vertragsstatuts erfolgt 27
ist, auf einen Günstigkeitsvergleich an, bei dem die Regelungen dem Vergleich zu unterziehen sind, die in einem sachlichen Zusammenhang stehen.[64]

(3) Arbeitszeit

Der Arbeitsvertrag hat die Arbeitszeit festzulegen. Eine arbeitsvertragliche Vereinbarung, die bei ar- 28
beitszeitabhängiger Vergütung den Arbeitgeber berechtigen soll, die zunächst festgelegte Arbeitszeit später **einseitig** nach Bedarf **zu reduzieren**, stellt nach eine objektive Umgehung von zwingenden Vorschriften des Kündigungsschutzrechts dar und ist daher nach § 134 BGB **nichtig**.[65]

Die Arbeitsvertragsparteien haben bei Gestaltung der Arbeitszeit die **arbeitsschutzrechtlichen** 28a
Rahmenregelungen zu beachten, wie sie bspw. in §§ 3 ff. ArbZG bzw. abweichend davon im Rahmen des § 7 ArbZG durch eine tarifvertragliche oder aufgrund eines Tarifvertrages durch eine betriebliche Regelung geregelt sind. Soweit diese Regelungen dem Arbeitnehmerschutz dienen, sind sie vorbehaltlich etwaiger Öffnungsklauseln zwingend.[66] Der Arbeitgeber kann sich diesen auch nicht etwa mit der Begründung entziehen, er wolle bewusst wegen der Einführung eines

60 BAG, Urt. v. 21.03.1973, AP Nr. 4 zu § 44 BAT.
61 BAG, Beschl. v. 18.10.1988, AP Nr. 56 zu § 99 BetrVG.
62 MünchArbR/*Blomeyer*, § 48 Rn 85.
63 Vgl. etwa LAG Hamm, Urt. v. 22.03.1974, DB 1974, 877.
64 Auf die häufig in bilateralen Abkommen festgehaltenen steuer- und sozialversicherungsrechtlichen Besonderheiten sei für die Gestaltung von Arbeitsverträgen mit Auslandsbezug hingewiesen; vgl. hierzu *Hümmerich*, AnwaltFormulare Arbeitsrecht, § 1 Rn 449 ff.
65 BAG, Urt. v. 12.12.1984, NZA 1985, 321; vgl. i.Ü. zu direktionsrechtserweiternden Klauseln unter Berücksichtigung der §§ 305 ff. BGB: *Hümmerich*, NZA 2002, 758 f.
66 BAG, Urt. v. 12.12.1984, DB 1985, 1240.

bestimmten Arbeitszeitmodells wie dem der **Vertrauensarbeitszeit** von der für die Einhaltung der arbeitsschutzrechtlichen Vorschriften maßgeblichen Daten keine Kenntnis nehmen.[67] Nicht dem Arbeitsschutz zuzurechnen sind tarifliche Regelungen über die Dauer der regelmäßigen tariflichen Arbeitszeit. Die Festlegung von Regelarbeitszeiten in Tarifverträgen ist Ergebnis eines rein tarifpolitischen Kompromisses, der aus unterschiedlichsten Erwägungen heraus getroffen wurde. Die tarifvertraglich bestimmten Arbeitszeiten können daher nicht als indisponible Höchstarbeitszeiten verstanden werden. Insbesondere können sie daher auch nicht individuelle Regelungen sperren, mit denen im Rahmen des arbeitszeitgesetzlich Zulässigen und unter Wahrung des synallgmatischen Austauschverhältnisses höhere Arbeitszeiten vereinbart werden, als dies tarifvertraglich vorgesehen ist.[68] Neben der Festlegung der Dauer der Arbeitszeit enthalten die einschlägigen **Manteltarifverträge** regelmäßig weitere Arbeitszeitbestimmungen wie die Festlegung von Verteilzeiträumen, in denen die festgelegte Arbeitszeit erreicht werden kann, Gleitzeitregelungen, Regelungen über Mehr- sowie Sonn-, Feiertags- und Nachtarbeit oder die Rufbereitschaft. Die kollektive Festlegung von Beginn und Ende der täglichen Arbeitszeit sowie deren Verteilung auf Wochentage wird vielfach aufgrund des bestehenden Mitbestimmungsrechtes des Betriebsrats (§ 87 Abs. 1 Nr. 2 BetrVG) über **Betriebsvereinbarungen** geregelt. Gleiches gilt für die vorübergehende Verkürzung oder Verlängerung der betriebsüblichen Arbeitszeit (§ 87 Abs. 1 Nr. 3 BetrVG). Im Übrigen obliegt die Festlegung der Dauer und Verteilung der **individuellen Vereinbarung** durch die Arbeitsvertragsparteien, die der Arbeitgeber in Ausübung seines Direktionsrechts zu konkretisieren befugt ist (§ 106 GewO).[69] Vereinbaren diese bei Abschluss des Arbeitsvertrages, die zu diesem Zeitpunkt im Betrieb geltende Regelung über Beginn und Ende der täglichen Arbeitszeit und die Verteilung der Arbeitszeit auf die einzelnen Wochentage zu übernehmen, liegt darin keine individuelle Arbeitszeitvereinbarung, die gegenüber einer späteren Veränderung der betrieblichen Arbeitszeit durch Betriebsvereinbarung Bestand hat. Dementsprechend kann auch aus der langjährigen Handhabung einer Arbeitszeitregelung keine Bindung hieran entstehen.[70] Dem widerspricht auch nicht, dass mit einer anderweitigen Zuweisung der Arbeitszeit der Anspruch auf Gewährung arbeitszeitabhängiger Zulagen entfällt.[71]

29 Als **Arbeitszeit** definiert § 2 Abs. 1 ArbZG die Zeit vom Beginn bis zum Ende der Arbeit ohne die Ruhepausen.[72] Dabei ist der Beginn der Arbeit in der Aufnahme der Arbeit bzw. der Zurverfügungstellung der Arbeitskraft, das Ende in der Beendigung der Arbeit bzw. dem Zeitpunkt zu sehen, ab dem der Arbeitnehmer nicht mehr zur Arbeitsleistung zur Verfügung steht.[73] Ist eine Stechuhr vorhanden, ist deren (ordnungsgemäße[74]) Bedienung maßgebend.[75] **Wegezeiten**, also Zeiten von und zur Arbeitsstelle, gehören regelmäßig nicht zur Arbeitszeit.[76] Soweit der Arbeitnehmer seine Zeit darauf verwendet, um an einen Ort außerhalb der Betriebsstätte seiner Tätigkeit nachzugehen (**Dienstreisezeiten**), hängt es vorbehaltlich einer ausdrücklichen vertraglichen Regelung vom Einzelfall ab, ob diese Zeit vergütungspflichtige Arbeitszeit ist. Dabei kommt es zunächst darauf an, ob die Dienstreisezeit den einzelnen Umständen und dem Berufsbild nach der arbeitsvertraglichen Hauptpflicht zuzurechnen ist. Sie kann aber auch lediglich Voraussetzung für die Erfüllung der Hauptpflicht sein.[77] Fällt die Dienstreise während der üblichen Arbeitszeit an, ist sie durch

67 BAG, Beschl. v. 06.05.2003, NZA 2003, 1348.

68 Daher zugunsten des Vorrangs der individuellen Vereinbarung: *Richardi*, NZA 1984, 389; *ders.*, ZfA 1990, 232 ff.; *ders.*, NZA 1994, 593; *Heinze*, NZA 1991, 335; *ders.*, DB 1996, 733.

69 Vgl. etwa BAG, Urt. v. 12.12.1984, NZA 1985, 321.

70 BAG, Urt. v. 07.12.2000, NZA 2001, 780.

71 BAG, Urt. v. 23.06.1992, AP Nr. 1 zu § 611 BGB Arbeitszeit.

72 Zum Begriff der Arbeitszeit vgl. auch *Anzinger-Koberski*, NZA 1989, 737.

73 *Zmarzlik/Anzinger*, ArbZG, § 2 Rn 6.

74 Zur Bedienung der Uhr für oder durch einen anderen vgl. etwa LAG Düsseldorf, Urt. v. 21.09.1976, DB 1977, 501; LAG Berlin, Urt. v. 06.06.1988, BB 1988, 1531.

75 Vgl. auch MünchArbR/*Blomeyer*, § 49 Rn 151.

76 Anders für Wegezeiten zur Beförderung von Arbeitnehmern in betriebseigenen Beförderungsmitteln von der Betriebsstätte zu einer auswärtigen Arbeitsstätte und zurück: BayObLG, Urt. v. 23.03.1992, BB 1992, 1215.

77 Vgl. etwa BAG, Urt. v. 15.03.1989, AP Nr. 9 zu § 611 BGB Wegezeit; v. 20.06.1995, EzB Nr. 27 zu § 1 TVG; v. 20.09.1989, NZA 1990, 488; LAG Hamm, Urt. v. 12.01.1996, LAGE § 612 BGB Nr. 5.

die normale Vergütung abgegolten. Geht sie darüber hinaus, ist auf die Umstände des Einzelfalls abzustellen.[78] Dabei können Verantwortung und Vergütung eine maßgebliche Rolle spielen.[79] I.Ü. ist bei auswärtigen Einsätzen durch das BAG anerkannt, dass sich der Arbeitnehmer jedenfalls die Zeit anrechnen lassen muss, die er dadurch erspart, dass er nicht die Strecke zwischen seiner Wohnung und dem Betrieb zurückzulegen hat.[80]

Wasch- und Umkleidezeiten sind als notwendige Vor- und Nachbereitungshandlungen von der eigentlichen Tätigkeit des Arbeitnehmers zu unterscheiden und stellen damit keine vergütungspflichtige Arbeitszeit dar.[81] 30

Ebenfalls gehören **Ruhepausen** nicht zur Arbeitszeit und sind demzufolge auch nicht zu vergüten. 31
Hierunter sind im Voraus festliegende Unterbrechungen der Arbeitszeit zu verstehen, in denen der Arbeitnehmer weder Arbeit zu leisten noch sich hierfür bereitzuhalten braucht.[82] Davon zu trennen sind die zwischen dem Ende der täglichen Arbeit und deren Wiederbeginn nach § 5 ArbZG einzuhaltenden Ruhezeiten. Der Arbeitnehmer hat freie Verfügung darüber, wo und wie er die ihm zu gewährenden Ruhepausen verbringt.[83] Das ArbZG schreibt in § 4 Satz 2 ArbZG als Mindestdauer einer Ruhepause eine Pausenzeit von 15 Minuten vor, indem es die Aufteilungsmöglichkeit der Gesamtpausenzeit auf höchstens je 15 Minuten beschränkt. Daraus folgt, dass **Kurzpausen** mit einer Dauer von weniger als 15 Minuten nicht als Ruhepausen angesehen werden können; sie sind daher auf die Arbeitszeit anzurechnen und einschließlich aller tariflichen wie übertariflichen Zuschläge und Zulagen zu vergüten.[84]

Unter dem Begriff des **Bereitschaftsdienstes** werden die Zeiten verstanden, an denen sich der Arbeitnehmer an einer vom Arbeitgeber im oder außerhalb des Betriebs festgelegten Stelle auf gesonderte Anordnung hin für betriebliche Zwecke aufzuhalten hat.[85] Die sog. Simap-Entscheidung des EuGH[86] aufgreifend hat der Gesetzgeber mit der zum 01.01.2004 in Kraft getretenen Änderung des ArbZG auch die Zeit des Bereitschaftsdienstes in vollem Umfang als Arbeitszeit anerkannt.[87] Ob er hieran festhalten wird, bleibt abzuwarten, da mit einer Korrektur der EU-Arbeitszeitrichtlinie und damit auch verbunden der zu ihr ergangenen Rechtsprechung zu rechnen ist. Bis dahin – genauer: bis spätestens zum 31.12.2005 – können die bislang aufgrund einer zum 31.12.2003 bestehenden oder nachwirkenden tariflichen Regelung in zulässiger Weise gefahrenen Arbeitszeitmodelle aufgrund der Übergangsregelung des § 25 ArbZG weiter gefahren werden.[88] Ohne eine solche Regelung aber müssen sowohl Bereitschaftsdienst als auch Arbeitsbereitschaft mit ihrer vollen Zeitdauer bei der Ermittlung der täglichen und wöchentlichen Höchstarbeitszeit, wie sie im Gesetz oder abweichend davon in einem Tarifvertrag festgelegt sind, berücksichtigt werden. **Rufbereitschaft**, also die Zeit, 32

78 Vgl. auch BAG, Urt. v. 22.02.1978, AP Nr. 3 zu § 17 BAT; v. 03.09.1997, AP Nr. 1 zu § 611 BGB.

79 BAG, Urt. v. 03.09.1997, AP Nr. 1 zu § 611 Dienstreise, wonach bei Arbeitnehmern, die akademischen Tätigkeiten nachgehen und deren Gehalt deutlich oberhalb der allgemeinen durchschnittlichen Bezahlung abhängig Beschäftigter liegt, nicht angenommen werden kann, dass die durch die Reise erbrachte Dienstleistung nur gegen Vergütung zu erwarten ist. Hier gilt die Reisetätigkeit mit dem regulären Gehalt als abgegolten.

80 BAG, Urt. v. 08.12.1960, v. 12.04.1965, AP Nr. 1, 7 zu § 611 BGB Wegezeit.

81 BAG, Urt. v. 25.04.1962, BB 1962, 715; v. 11.10.2000, NZA 2001, 458.

82 Zur zul. Verweigerung von Arbeit während gesetzlich vorgeschriebener Ruhepausen (hier: Lenkruhezeiten) vgl. ArbG Passau, Urt. v. 23.08.1996, BB 1997, 160.

83 Wird die Verfügbarkeit in Zeiten der Ruhe jedoch eingeschränkt, etwa indem dem Arbeitnehmer auferlegt wird, sich nur dort aufhalten zu dürfen, wo er durch direkte Betriebsalarme oder durch Ausrufen über die Sprechanlage sofort erreichbar ist, kann dies nach LAG München, Urt. v. 24.02.1993, BetrR 1993, 100, vergütungsrechtlich als Zeit vergütungspflichtiger Arbeitsbereitschaft anzusehen sein.

84 Vgl. hierzu auch BAG, Urt. v. 28.09.1972, AP Nr. 9 zu § 12 AZO.

85 Vgl. etwa BAG, Urt. v. 13.11.1986, AP Nr. 27 zu § 242 BGB Betriebl. Übung.

86 EuGH, Entsch. v. 03.10.2000, NZA 2000, 1227; vgl. ferner Folgeentscheidung des EuGH v. 09.09.2003 (Norbert Jäger), BB 2003, 2064.

87 Dazu: *Bermig*, BB 2004, 101 ff.; *Reim*, DB 2004, 186 ff.

88 I. d. S. auf offene Formulierung des § 25 ArbZG verweisend, die jede von den genannten Normen abweichende Tarifregelung erfasse: *Bermig*, BB 2004, 105.

zu der sich der Arbeitnehmer zu Zwecken der alsbaldigen Arbeitsaufnahme bereithalten muss, ohne jedoch am Arbeitsplatz präsent sein zu müssen, zählen auch weiterhin nicht zur Arbeitszeit; sie spielt folglich für die Feststellung der Höchstarbeitszeit keine Rolle.[89]

33 Für Zeiten des Bereitschaftsdienstes ist dem Arbeitnehmer eine **angemessene Vergütung** zu gewähren.[90] Jedoch kann weder aus der EU-Arbeitszeitrichtlinie oder den Regelungen des ArbZG eine bestimmte Vergütungshöhe abgeleitet werden; diesen Regelungen ist ein rein arbeitszeitrechtlicher Charakter zu Eigen.[91] Gleiches gilt für die überwiegende Zahl von tarifvertraglichen Regelungen über Rufbereitschaft oder Arbeitsbereitschaft; auch diese sind regelmäßig arbeitszeitrechtlichen, nicht jedoch vergütungsrechtlichen Inhaltes.[92]

34 Die **Dauer der geschuldeten Arbeit** bezeichnet den zeitlichen Umfang der geschuldeten Arbeitsleistung und ist im Zusammenhang mit der für einen Zeitraum gewährten Vergütung zu sehen.[93] Sie richtet sich nach der tariflichen oder individualvertraglichen Festlegung. Auf sie kann der Betriebsrat grds. nicht durch Ausübung seiner Mitbestimmungsrechte einwirken; seine Rechte beschränken sich auf die Festlegung von Beginn und Ende der täglichen Arbeitszeit einschließlich der Pausen[94] sowie die Verteilung der Arbeitszeit auf einzelne Wochentage (§ 87 Abs. 1 Nr. 2 BetrVG) sowie auf die vorübergehende Verkürzung oder Verlängerung der betriebsüblichen Arbeitszeit (§ 87 Abs. 1 Nr. 3 BetrVG).[95] Auch steht es dem Arbeitgeber aufgrund der synallagmatischen Verknüpfung mit der Gegenleistung nicht zu, auf die Änderung der Dauer der geschuldeten Arbeitsleistung mittels Ausübung des Weisungsrechts einzuwirken. Arbeitsvertragliche Regelungen, nach denen der Arbeitgeber berechtigt ist, den Umfang der Arbeitszeit von Fall zu Fall festzulegen, stellen eine objektive Umgehung von zwingenden kündigungsschutzrechtlichen Vorschriften dar; sie sind daher gem. § 134 BGB nichtig.[96] Aus den gleichen Gründen als unzulässig anzusehen sind vertragliche Änderungsvorbehalte bzgl. der Dauer der geschuldeten Arbeitszeit. Zulässig hingegen sind im Rahmen des § 12 TzBfG getroffene Vereinbarungen über den flexiblen Abruf von Arbeit bei i.Ü. festgelegter Dauer der wöchentlichen und täglichen Arbeitszeit.

35 Der Begriff der **Regelarbeitszeit** definiert die tarifliche oder betriebsübliche regelmäßige Arbeitszeit und dient der Abgrenzung von Überstunden, die Höhe der zu berücksichtigenden Arbeitszeit im Falle bezahlter Abwesenheit sowie zur Bestimmung der Teilzeitarbeit. Zur Feststellung der regelmäßigen Arbeitszeit ist auf das gelebte Rechtsverhältnis als Ausdruck des wirklichen Parteiwillens abzustellen. Hierzu ist nach der Rechtsprechung des BAG[97] grundsätzlich ein Vergleichszeitraum von zwölf Monaten heranzuziehen.

35a Soweit es auf die tarifliche regelmäßige Arbeitszeit ankommt und Tarifverträge im Rahmen sog. **Arbeitszeitkorridore** ein Abweichen von der tariflich festgelegten Arbeitszeit um eine festgelegte Stundenzahl erlauben,[98] gilt die in diesem Rahmen abweichend festgelegte Arbeitszeit als echte ta-

89 Vgl. auch BT-Ausschussdrucks 15(9)610, 3 zu Nr. 1 (§ 5).

90 Vgl. hierzu auch *Löwisch*, BB 1985, 1200; vgl. hierzu aber auch BAG, Urt. v. 05.06.2003, NZA 2004, 164 ff., wonach die EU-Arbeitszeitrichtlinie keine Vorgaben für die Vergütung von Bereitschaftsdiensten enthalte.

91 BAG, Urt. v. 05.06.2003, NZA 2004, 164; v. 28.01.2004 – 5 AZR 530/02, BAG-Pressemitteilung Nr. 5/04; vgl. insoweit auch *Bauer/Krieger*, BB 2004, 549 ff.

92 Vgl. so z.B. § 3 V MTV Chemie.

93 Vgl. daher auch § 2 V MTV Chemie, wo in der Regelung über gleitende Arbeitszeit bestimmt ist, dass Zeitschulden oder Zeitguthaben »im Abrechnungszeitraum« auszugleichen sind.

94 Das hinsichtlich der Pausenfestlegung bestehende Mitbestimmungsrecht soll nach BAG, Beschl. v. 01.07.2003 – 1 ABR 20/02 (n.v.), auch bei bezahlten Kurzpausen greifen.

95 Beachte aber auch zur Frage der tarifvertraglich erlaubten, durch eine Betriebsvereinbarung umzusetzenden Arbeitszeitverlängerung oder -verkürzung BAG, Urt. v. 18.08.1987, DB 1987, 2257.

96 BAG, Urt. v. 12.12.1984, DB 1985, 1240.

97 BAG, Urt. v. 26.06.2002, DB 2002, 2439 ff.

98 Vgl. insofern etwa die Regelung des § 2 I Ziff. 3 MTV Chemie.

rifliche Regelarbeitszeit. Nach ihr richten sich folglich alle sonstigen von der Arbeitszeit abhängigen Rechtspositionen des Arbeitnehmers.

(a) Verteilung und Flexibilisierung der Arbeitszeit

Die **Verteilung der Arbeitszeit** kann je nach der individual- oder kollektivvertraglichen Regelung gleichmäßig oder ungleichmäßig auf Tage, Wochen, Monate oder ggf. sogar auf Jahre erfolgen. Sie unterliegt im Rahmen der individuell- und/oder kollektivvertraglichen sowie gesetzlichen Vorgaben der Bestimmung durch den Arbeitgeber im Rahmen seines Direktionsrechts, wobei die Billigkeit in der Ermessensausübung zu berücksichtigen ist.[99] Die Lage der Arbeitszeit, wie sie über einen längeren Zeitraum hinweg beibehalten wurde, kann nicht als hinreichend konkretisiert und demnach das Direktionsrecht ausschließend angesehen werden, sofern nicht weitere Umstände hinzutreten.[100] Soweit der Arbeitgeber Länge und Lage der Arbeitszeit für eine Mehrzahl von Arbeitnehmern regelt und deshalb ein kollektiver Tatbestand anzunehmen ist, hat er dabei die Mitbestimmungsrechte des Betriebsrats zu berücksichtigen.[101] Individuell getroffene Vereinbarungen können jedoch hierüber nicht sanktioniert werden.[102] 36

Auch sind die **Grenzen des ArbZG** bei der Verteilung der Arbeitszeit zu beachten. Das Gesetz lässt eine tägliche Arbeitszeit von acht Stunden zu. Die Arbeitszeit kann auf zehn Stunden täglich ausgedehnt werden, wenn innerhalb eines Ausgleichszeitraums von sechs Monaten oder innerhalb von 24 Wochen ein Durchschnitt von acht Stunden werktäglich nicht überschritten wird (§ 3 ArbZG). Jeweils ist dem Arbeitnehmer nach Beendigung der täglichen Arbeitszeit eine ununterbrochene Ruhenszeit von mindestens elf Stunden zu gewähren (§ 5 Abs. 1 ArbZG). In einem Tarifvertrag oder auf Grund eines Tarifvertrags in einer Betriebsvereinbarung können im Rahmen der Bestimmungen des § 7 ArbZG von den Schutzbestimmungen des ArbZG abweichende Regelungen getroffen werden,[103] 37

(aa) Gleitzeit

Gleitzeitregelungen ermöglichen es dem Arbeitnehmer, Länge und Lage der täglichen Arbeitszeit ganz oder teilweise selbst zu bestimmen. Sie sind in den klassischen Modellvarianten aus einem festen Kernarbeitszeitblock sowie diesem vor- und nachgelagerten Zeiträumen zusammengesetzt, die vorbehaltlich anderweitiger Anordnungen der Selbstbestimmung durch den Arbeitnehmer unterliegen. Die Kernarbeitszeiten sind hier aber ebenso verbindlich wie sonst durch den Arbeitgeber festgelegte Arbeitszeiten.[104] Im Übrigen aber erwirbt der Arbeitnehmer, dem im Rahmen von Gleitzeitregelungen oder sonstigen Regelungen flexibler Arbeitszeit die Bestimmung von Länge und Lage der Arbeitszeit überlassen wird, ein Mitgestaltungsrecht, infolge dessen der Arbeitgeber zwar nicht seines ihm zustehenden Direktionsrechts verlustig geht, sich wohl aber seine Berechtigung zur Konkretisierung der Arbeitszeit auf ein Mitwirkungs- und Kontrollrecht dahin gehend reduziert, auf einen Ausgleich von Zeitkonten hinzuwirken. Dem Arbeitnehmer obliegt es, den Ausgleich seines Zeitkontos zu bewirken bzw. dort, wo ihm dies verweigert wird, den Anspruch auf einen Ausgleich seines Zeitkontos durchzusetzen. Mit dem Mitgestaltungsrecht der Arbeitszeit einher geht insofern ein Rechtsanspruch auf Freizeitausgleich, den der Arbeitnehmer ggf., soweit sich der Arbeitgeber 38

99 BAG, Urt. v. 23.06.1992, NZA 1993, 89; v. 15.10.1992, NZA 1993, 1139; v. 11.02.1998, NZA 1998, 547.

100 BAG, Urt. v. 19.06.1985, NZA 1993, 89; v. 15.10.1992, NZA 1993, 1139.

101 Zur Abgrenzung der Zuständigkeiten des Betriebsrats des Ver- oder Entleiherbetriebs im Fall der Arbeitnehmerüberlassung, die aufgrund der Arbeitszeitregelung im Entleiherbetrieb mit einer Arbeitszeitverlängerung verbunden ist, vgl. BAG, Beschl. v. 19.06.2001, DB 2001, 2302.

102 Vgl. hierzu auch *Löwisch*, NZA 1989, 959.

103 Vgl. insoweit zu Möglichkeiten der Abweichung nach den zum 01.01.2004 in Kraft getretenen Änderungen des ArbZG: *Bernig*, BB 2004, 101 ff.; *Reim*, DB 2004, 186 ff.

104 So zur verhaltensbedingten Kündigung bei wiederholter Nichteinhaltung der Kernarbeitszeit LAG München, Urt. v. 05.10.1988, NZA 1989, 278.

der Durchführung des Freizeitausgleichs entzieht oder diesen sonst verhindert, im Rahmen eins Schadensersatzanspruchs geltend machen kann.[105]

39 Ist ein Arbeitnehmer **an der Wahrnehmung seiner Arbeitsverpflichtung während der Gleitzeit gehindert**, hat er keinen Anspruch auf zusätzliche Arbeitsbefreiung durch Gutschrift der Zeit seiner Verhinderung.[106] Auch führen arbeitskampfbedingte Ausfallzeiten nicht zu einer Belastung des Gleitzeitkontos, sondern zu einer Minderung des Arbeitsentgelts.[107]

40 Im Übrigen ist im Zweifel für den Fall, dass der **Arbeitszeitausgleich durch Freischichten** erfolgt, vom »Glück-Pech-Prinzip« auszugehen: Freischichten kommen auch den Arbeitnehmern zugute, die wegen vorheriger Krankheit oder anderer Fehlzeiten keinen entsprechenden Freizeitausgleich erworben haben. Umgekehrt entfällt bei den Arbeitnehmern, die am Tage der Freischicht erkrankt sind oder aus anderen Gründen fehlen, der vorher erworbene Anspruch auf Freizeitausgleich.[108]

(bb) Zeitwertkonten

41 Arbeitszeitkonten dienen der Sicherung gleichmäßiger Einkünfte bei unterschiedlicher Verteilung der Arbeitszeit. Sie drücken damit den Vergütungsanspruch des Arbeitnehmers nur in einer anderen Form aus.[109] Werden zu Zwecken der Arbeitszeitflexibilisierung sog. **Zeitwertkonten** eingerichtet, unterliegen diese arbeitsrechtlich allenfalls dahin gehend einer Kontrolle, ob mit diesen Regelungen Grenzen der Privatautonomie überschritten werden. Auch das Sozialversicherungsrecht schreibt insofern kein bestimmtes Modell einer Verteilung der Arbeitszeit vor.[110] Als problematisch hat sich allerdings erwiesen, dass beim Ausgleich positiver Zeitsalden durch bezahlte Freistellung das aus sozialversicherungsrechtlicher Sicht notwendige Austauschverhältnis von Arbeit gegen Entgelt durchbrochen wird. Durch § 7 Abs. 1a SGB IV ist nunmehr sichergestellt, dass in Arbeitszeitmodellen, die Zeiten der bezahlten Freistellung zum Ausgleich vor oder nach diesen Zeiten erbrachter Arbeitsleistung (sog. **Wertguthaben**) vorsehen, auch diese Zeiten der Freistellung eine Beschäftigung gegen Arbeitsentgelt darstellen. Es kommt insofern ebenfalls nicht darauf an, ob die Arbeitsvertragsparteien eine Fortsetzung des Beschäftigungsverhältnisses anstreben.[111] Steuerrechtlich führt der Aufbau von Zeitguthaben nicht zu einem Zufluss von Arbeitsentgelt; für die steuerliche Anerkennung eines Zuflusses ist damit der Zeitpunkt entscheidend, in dem das Guthaben durch Auszahlung realisiert wird.[112]

42 Voraussetzung für die Annahme eines fortwährenden sozialversicherungsrechtlichen Beschäftigungsverhältnisses ist allerdings, dass die Freistellung aufgrund einer schriftlichen individual- oder kollektivvertraglichen Vereinbarung erfolgt, das Arbeitsentgelt während der Freistellung nicht unangemessen von dem in den letzten zwölf Kalendermonaten vor der Freistellung monatlich fälligen Arbeitsentgelt abweicht und i.Ü. das eines geringfügig Beschäftigten übersteigt (§ 7 Abs. 1a SGB IV). Die im Rahmen solcher Modelle gebildeten Wertguthaben können sich sowohl in Geldwertguthaben wie in Zeitguthaben ausdrücken.[113] Sie sind durch einen Insolvenzschutz abzusichern (§ 7d SGB IV). Die Vertragsparteien haben insofern zwingend im Rahmen ihrer Flexibilisierungsvereinbarung Vorkehrungen zu treffen, die der Erfüllung der Wertguthaben einschließlich des auf sie entfallenden Arbeitgeberanteils am Gesamtsozialversicherungsbeitrag bei Zahlungsunfähigkeit des Arbeitgebers dienen, sowie ein Anspruch auf Insolvenzgeld nicht

105 ArbG Stuttgart, Beschl. v. 23.07.2001 – 6 BV 167/00 (n.v.), unter gleichzeitiger Ablehnung eines diesbzgl. zu Zwecken der Kontrolle der Einhaltung arbeitszeitrechtlicher Vorschriften begehrten Mitbestimmungsrechts.
106 So für die Wahrnehmung öffentlicher Ehrenämter BAG, Urt. v. 24.11.1993, AP Nr. 5 zu § 52 BAT.
107 BAG, Urt. v. 30.08.1984, AP Nr. 131 zu Art 9 GG Arbeitskampf.
108 ArbG München v. 28.06.1988 – 8 Ca 1354/88 (n.v.); vgl. ferner BAG, Urt. v. 02.12.1987, DB 1988, 1402, wo in diesem Zusammenhang auch auf den besonderen Charakter von Freischichten gegenüber Urlaubsansprüchen verwiesen wird.
109 BAG, Urt. v. 13.02.2002, DB 2002, 1162; v. 13.03.2002, DB 2002, 2383.
110 *Knospe/Ewert/Marx*, NZS 2001, 461.
111 *Knospe/Ewert/Marx*, NZS 2001, 462 unter Hinw. auf die noch anders lautende sozialversicherungsrechtliche Rspr.
112 Vgl. hierzu insg. mit weiteren steuerrechtlichen Hinweisen *Niermann*, DB 2002, 2124 ff.
113 *Diller*, NZA 1998, 793; *Knospe/Ewert/Marx*, NZS 2001, 462.

besteht und das Wertguthaben das Dreifache der monatlichen Bezugsgröße und der vereinbarte Zeitraum, in dem das Wertguthaben auszugleichen ist, 27 Kalendermonate nach der ersten Gutschrift übersteigt. Andere Grenzen können durch Tarifvertrag oder aufgrund eines Tarifvertrags durch Betriebsvereinbarung festgelegt werden. Über den Insolvenzschutz, bezüglich dessen Form der Arbeitgeber in seiner Wahl frei ist, hat dieser schriftlich zu informieren.

Durch § 23b Abs. 1 SGB IV wird darüber hinaus bestimmt, dass **Beiträge** aus dem nach § 7 Abs. 1a SGB IV erwirtschafteten Wertguthaben erst im Zeitpunkt dessen Realisierung durch bezahlte Freistellung fällig werden. Die Beiträge für das während der Arbeitsphase angesparte Guthaben werden insofern um das erst während der Freistellungsphase ausgezahlte Arbeitsentgelt gestundet.[114] Im sog. **Störfall**, also dem Fall, dass das angesammelte Wertguthaben nicht zu Zwecken der Freistellung verwendet wird, werden die Teile beitragspflichtig, die bereits im Zeitpunkt der Arbeitsleistung beitragspflichtig gewesen wären, wenn sie nicht in ein Wertguthaben übertragen worden wären. Über den neu gefassten § 23b Abs. 3 SGB IV wird es ermöglicht, auch nach Beendigung einer Beschäftigung durch Entlassung oder Kündigung das Wertguthaben für die Zeit von 6 Monaten fortführen zu können. Findet der Arbeitnehmer bis dahin eine neue Beschäftigung und ist der neue Arbeitgeber bereit, das Wertguthaben mit allen Rechten und Pflichten zu übernehmen, kann das Wertguthaben weitergeführt werden; ansonsten ist es mit den beitragsrechtlichen Folgen aufzulösen. Die diesem Zwecke dienende Wertguthabendarstellung kann neben dem im Gesetz beschriebenen Summenfeldermodell auch in anderen Verfahren erfolgen. Der Arbeitgeber kann also nunmehr auch nur ein Konto für die Gesamtsumme der Wertguthaben führen, in dem in einer Summe sowohl beitragspflichtige als auch über der Beitragsbemessungsgrenze liegende Entgeltbestandteile enthalten sind. Daneben sind im Hinblick auf die unterschiedlichen Beitragsbemessungsgrenzen in der Kranken- und Pflegeversicherung einerseits und der Renten- und Arbeitslosenversicherung andererseits Unterkonten zu führen. 43

Bei **Gleitzeitvereinbarungen**, die von vornherein eine Freistellung für längstens 250 Stunden ermöglichen, müssen keine Aufzeichnungen über Wertguthaben erfolgen (§ 23b Abs. 2 Satz 8 SGB IV). 44

Auch Modelle der **Vertrauensarbeitszeit** stellen keine flexible Arbeitszeit im Sinne der angeführten Regelungen dar. Für sie gelten also die Aufzeichnungspflichten nach der BeitragsüberwachungsVO (BÜVO) nicht.[115] 45

(b) Mehrarbeit

Mehrarbeit wird gemeinhin in Tarifverträgen als eine gesondert angeordnete, über die tarifliche wöchentliche oder die in diesem Rahmen betrieblich festgelegte regelmäßige tägliche Arbeitszeit hinausgehende Arbeitszeit definiert.[116] Aus dieser Definition von Mehrarbeit folgt zugleich, dass der Mehrarbeitstatbestand bei einem Teilzeitbeschäftigten nicht eintreten kann, wenn durch die Anordnung von Arbeit die für Vollzeitarbeitnehmer festgelegte Arbeitszeitgrenze nicht überschritten wird.[117] Soweit im Übrigen in Betrieben von tariflichen Arbeitszeitkorridoren Gebrauch gemacht wird, die eine längere oder kürzere Festlegung der regelmäßigen betrieblichen Arbeitszeit ermöglichen, ist die betrieblich festgelegte Arbeitszeit maßgebend für die Beurteilung der Frage nach Mehrarbeit. Die anderweitige Verteilung der regelmäßigen Arbeitszeit im Rahmen von Verteilzeiträumen führt jedoch regelmäßig nicht zur Mehrarbeit.[118] Dies gilt insbesondere auch für im Rahmen von § 12 TzBfG geregelte Modelle der Arbeit auf Abruf.[119] 46

114 *Knospe/Ewert/Marx*, NZS 2001, 463.

115 Verlautbarung der Spitzenorganisationen der Sozialversicherungsträger v. 07.02.2001, DB 2001, 1724; vgl. ferner den Fragen-/Antwortkatalog der Spitzenorganisationen v. 27.06.2001 zu § 7 I lit. a SGV IV, abgedruckt in NZA 2001, 1376.

116 So z.B. § 3 I Abs. 1 MTV Chemie.

117 BAG, Urt. v. 25.07.1996, NZA 1997, 774.

118 So auch ausdrücklich geregelt in § 3 I Abs. 4 MTV Chemie.

119 ErfK/*Preis*, § 12 TzBfG Rn 12.

47 Der Arbeitnehmer, der die Vergütung von Mehrarbeit fordert, muss im Einzelnen darlegen, an welchen Tagen und zu welchen Tageszeiten er über die übliche Arbeitszeit hinaus gearbeitet hat.[120] Dies gilt auch bzgl. der Frage, ob der Leistung von Mehrarbeit eine **ausdrücklichen Anordnung** zugrunde gelegen hat, dass die regelmäßige tägliche oder tarifliche wöchentliche Arbeitszeit überschritten werden soll;[121] je nach der Einlassung des Arbeitgebers kann insoweit eine abgestufte Darlegungs- und Beweislast bestehen.[122] Überschreitungen der regelmäßigen täglichen oder tariflichen wöchentlichen Arbeitszeit ohne eine entsprechende Anordnung sind keine Mehrarbeit. Dies hat zur Folge, dass in selbstbestimmten Arbeitszeitmodellen der Tatbestand der Mehrarbeit nur in Ausnahmefällen auftreten kann.

48 Die **Zulässigkeit der Anordnung von Mehrarbeit** richtet sich nach den kollektiv- oder individualvertraglichen Regelungen. Ordnet der Arbeitgeber in einer generalisierenden Form Mehrarbeit an, kann er nicht ohne sachlichen Grund einzelne Arbeitnehmer aus der Zuweisung von Mehrarbeitsstunden herausnehmen.[123] Außerhalb des Bestehens einer kollektiv- oder individualrechtlichen Mehrarbeitsregelung ist nur für den Einzelfall anerkannt, dass sich eine Verpflichtung zur Mehrarbeit aus den Nebenpflichten im Arbeitsverhältnis ergeben kann, weshalb sich vorbehaltlich des Bestehens einer kollektivrechtlichen Regelung eine ausdrückliche Verpflichtung zur Leistung von Mehrarbeit im Arbeitsvertrag empfiehlt.[124] Im Übrigen hat die Anordnung von Mehrarbeit die Grenzen des ArbZG zu berücksichtigen. Ist die Anordnung von Mehrarbeit unzulässig, berechtigt eine daraufhin eingelegte Arbeitsverweigerung nicht zur Kündigung.[125]

49 Von der arbeitszeitrechtlich zu bewertenden Frage der Zulässigkeit angeordneter Mehrarbeit ist die der **Vergütung** zu unterscheiden.[126] Regelmäßig enthalten hierfür die einschlägigen Tarifregelungen besondere Vergütungsregelungen, bei denen wiederum zwischen der Grundvergütung für Mehrarbeit und hierauf zu zahlenden Mehrarbeitszuschlägen zu unterscheiden ist.[127] Ist dem Arbeitgeber nicht – wie teilweise ebenfalls tarifvertraglich vorgesehen[128] – die Möglichkeit eingeräumt, die geleistete Mehrarbeit durch Freizeit auszugleichen, kann der Arbeitgeber einen bereits entstandenen Anspruch auf Vergütung für geleistete Überstunden nicht einseitig durch Anordnung der Freistellung von der Arbeit erfüllen.[129]

50 Soweit keine Bindung an kollektivvertragliche Regelungen besteht, bedient sich die Praxis vielfach **Regelungen zur pauschalen Überstundenvergütung**. Grundsätzlich ist es anerkannt, Mehrarbeit über die Grundvergütung abzugelten.[130] Voraussetzung ist jedoch, dass die getroffene Abrede klar zu erkennen gibt, die vereinbarte Vergütung werde als Äquivalent für die gesamte Arbeitsleistung gezahlt.[131] Im Übrigen ist aber danach zu differenzieren, ob der Arbeitnehmer eine bestimmte zeitliche Normalleistung zu erbringen hat oder der Arbeitsvertrag eine solche Regelung nicht kennt.[132] Gerade im Bereich leitender Angestellter geht die Rechtsprechung von der Unbedenklichkeit solcher Klauseln aus, nach denen der leitende Angestellte seine gesamte Arbeitskraft dem Arbeitgeber zur

120 BAG, Urt. v. 29.05.2002, NZA 2003, 120.
121 Vgl. hierzu auch *Hümmerich/Rech*, NZA 1999, 1132 ff.
122 BAG, Urt. v. 24.10.2001, DB 2002, 1110.
123 BAG, Urt. v. 07.11.2002, DB 2003, 828.
124 Zur Verpflichtung, Mehrarbeit zu leisten, vgl. etwa BAG, Urt. v. 08.11.1989, NZA 1990, 309.
125 LAG Düsseldorf, Urt. v. 21.01.1964, DB 1964, 628; anders jedoch für den Fall zulässiger, aber verweigerter Mehrarbeit: LAG Köln, Urt. v. 27.04.1999, NZA 2000, 39.
126 Zur Vergütung vgl. auch *Dikomey*, DB 1988, 1949; *Hümmerich/Rech*, NZA 1999, 1132 ff.
127 Derartige Bestimmungen sind regelmäßig dahin gehend auszulegen, dass nur die tatsächlich geleistete Arbeit den Anspruch auf Mehrarbeitszuschläge auslöst; vgl. auch BAG, Urt. v. 21.11.2001, NZA 2002, 439.
128 Vgl. etwa § 2 I Abs. 5 MTV Chemie.
129 So für eine individualvertraglich vereinbarte Vergütungsregelung BAG, Urt. v. 18.09.2001, DB 2002, 434; vgl. ferner BAG, Urt. v. 17.01.1995, DB 1995, 1413; v. 14.10.1997 – 7 AZR 562/96 (n.v.).
130 BAG, Urt. v. 24.02.1960, AP Nr. 11 zu § 611 BGB Dienstordnung-Angestellte; vgl. ferner *Hümmerich/Rech*, NZA 1999, 1132 ff.
131 BAG, Urt. v. 06.11.1961, AP Nr. 5 zu § 611 BGB Mehrarbeitsvergütung; v. 16.01.1965, AP Nr. 1 zu § 1 AZO.
132 *Hümmerich/Rech*, NZA 1999, 1133.

Verfügung zu stellen habe.[133] Wegen der mangelnden Vorgabe bestimmter Arbeitszeiten komme eine Vergütung etwaiger Überstunden nicht in Betracht. Hieraus folgert das BAG, dass eine zusätzliche Vergütung nur verlangt werden kann, wenn diese besonders vereinbart ist und mit der Vergütung lediglich eine zeitlich oder sachlich genau bestimmte Leistung abgegolten werden sollte.[134] Unbeschadet dessen halten es *Hümmerich/Rech*[135] im Hinblick auf das Transparenzgebot für geboten, eine Höchstzahl der durch eine Überstundenpauschale abgegoltenen Überstunden anzugeben.[136] Die Transparenzregelung des neuen § 307 Abs. 1 Satz 2 BGB dürfte dem Vertragsgestalter Anlass zur Vorsicht geben. Jedenfalls wird die Regelung über eine pauschale Abgeltung von Überstunden aber stets an §§ 612 Abs. 1, 242, 138 BGB ihre Grenzen finden.[137] Wird die pauschale Abgeltung von Überstunden vereinbart, fließt die hierfür gezahlte Grundvergütung einschließlich der Zuschläge nicht in die Entgeltortzahlung nach § 4 Abs. 1 a EFZG mit ein.[138] Der Arbeitgeber kann also gegen das Begehren auf die volle Entgeltfortzahlung einwenden, mit der festgelegten Vergütung seien vereinbarungsgemäß bestimmte Überstunden oder bestimmte tarifliche Überstundenzuschläge abgegolten.[139]

Im Rahmen einer flexiblen Gestaltung von Arbeitszeiten vor Ablauf eines vorgesehenen Ausgleichs- 51
zeitraums entstandene **positive Zeitsalden stellen keine zuschlagspflichtige Mehrarbeit dar**. Dies hat auch das BAG entsprechend den Regelungen der überwiegenden Zahl von Tarifverträgen für den Fall festgestellt, dass ein Arbeitgeber vor Ablauf des Ausgleichszeitraums bestehende Zeitguthaben bezogen auf die sich aus dem Saldo ergebenden Plusstunden unter Außerachtlassung etwaiger Mehrarbeitszuschläge ausgezahlt hat. Auch durch Auszahlung werden positive Zeitsalden nicht zur tarifvertraglichen Mehrarbeit.[140]

Bestehen hingegen **bei Beendigung des Arbeitsverhältnisses negative Zeitsalden** kann der Ar- 52
beitgeber diese mit den ausstehenden Lohnzahlungen verrechnen.[141] Dies gilt jedenfalls dann, wenn der Arbeitnehmer selbst über die Entstehung und den Ausgleich eines negativen Kontostandes entscheiden kann. Das BAG geht insofern davon aus, dass die einvernehmliche Einrichtung eines Arbeitszeitkontos die konkludente Abrede enthalte, dass das Konto spätestens mit Beendigung des Arbeitsverhältnisses auszugleichen sei. Da es sich bei einem negativen Zeitguthaben des Arbeitnehmers der Sache nach um einen Lohn- oder Gehaltsvorschuss des Arbeitgebers handele, habe der Arbeitnehmer das bei Beendigung des Arbeitsverhältnisses bestehende negative Guthaben finanziell auszugleichen.

(c) Kurzarbeit

Kurzarbeit liegt vor, wenn die betriebsübliche Normalarbeitszeit unter Entgeltminderung vorüber- 53
gehend für einen Betrieb oder den Teil eines Betriebes verkürzt wird. Dabei kann die Verkürzung auf der Verringerung der täglichen Normalarbeitszeit, dem Ausfall von Wochenarbeitstagen oder von Arbeitswochen beruhen. Sie hat den Zweck, Arbeitnehmern bei vorübergehendem Arbeitsausfall die Arbeitsplätze zu erhalten. Außerhalb der Regelung des § 19 KSchG, aufgrund derer der Arbeitgeber während einer Entlassungssperre nach § 18 KSchG zur Einführung von Kurzarbeit durch die Bundesagentur für Arbeit ermächtigt sein kann, bedarf ihre Einführung stets einer gesonderten

133 BAG, Urt. v. 17.11.1966, AP Nr. 1 zu § 611 BGB Leitende Angestellte.
134 BAG, Urt. v. 17.11.1966, AP Nr. 1 zu § 611 BGB Leitende Angestellte.
135 *Hümmerich/Rech*, NZA 1999, 1132 ff.; dgl. *Hümmerich*, NZA 2003, 757.
136 Vgl. insoweit auch LAG Köln, Urt. v. 20.12.2001, AuR 2002, 193, das in einer vorformulierten Kombination einer Überstundenverpflichtung mit einer Pauschalierungsabrede eine krasse, nicht hinnehmbare Beeinträchtigung des Äquivalenzprinzips sieht.
137 Vgl. hierzu auch BAG, Urt. v. 26.01.1956, AP Nr. 1 zu § 15 AZO; ferner: *Diller*, NJW 1994, 2728.
138 BAG, Urt. v. 26.06.2002, DB 2002, 2439 sowie v. 26.06.2002, DB 2002, 2441.
139 BAG, Urt. v. 26.06.2002, DB 2002, 2439.
140 BAG, Urt. v. 25.10.2000, DB 2001, 1620.
141 BAG, Urt. v. 13.12.2000, DB 2000, 1565.

Rechtsgrundlage.[142] Soweit der Arbeitgeber nicht bereits kollektivrechtlich aufgrund einer tarifvertraglichen Regelung oder einer Betriebsvereinbarung zur Einführung von Kurzarbeit berechtigt ist[143] und der Arbeitsvertrag selbst keine Klausel zur Einführung von Kurzarbeit enthält, ist eine gesonderte Vereinbarung oder Änderungskündigung erforderlich.[144] Dabei kann auch das konkludente Verhalten der Vertragsparteien die Schlussfolgerung rechtfertigen, beide Vertragsparteien seien mit der Abänderung des Arbeitsvertrages zugunsten von Kurzarbeit einverstanden.[145] Im Übrigen geben aber die Bestimmungen des SGB III eine individualrechtliche Befugnis des Arbeitgebers zur Einführung von Kurzarbeit nicht her.

54 Bei der Einführung von Kurzarbeit sind tarifvertraglich vorgesehene **Ankündigungsfristen**[146] sowie das **Mitbestimmungsrecht** des Betriebsrats nach § 87 Abs. 1 Nr. 3 BetrVG zu beachten.[147] Das Mitbestimmungsrecht des Betriebsrates erstreckt sich auf alle mit der Kurzarbeit zusammenhängenden Einzelfragen; es umfasst insbesondere die Frage des Zeitraums der Einführung von Kurzarbeit, ihrer Form (Verkürzung der täglichen Arbeitszeit, des Ausfalls von ganzen Arbeitstagen, sog. Feierschichten etc.), die Frage teilweiser Einführung von Kurzarbeit im Betrieb sowie auch der Abgrenzung des von Kurzarbeit betroffenen Personenkreises.[148] Wird als Form der Kurzarbeit die Verkürzung der täglichen Arbeitszeit gewählt, so ist für die Dauer der Kurzarbeit mit dem Betriebsrat ab Beginn und Ende der täglichen Arbeitszeit ggf. eine veränderte Lage der Pausen zu vereinbaren. Können sich Unternehmensleitung und Betriebsrat über die Einführung der Kurzarbeit als solche oder die Modalitäten der Kurzarbeit nicht einigen, entscheidet die Einigungsstelle verbindlich. Die Rückkehr zur normalen Arbeitszeit kann der Arbeitgeber jedoch mitbestimmungsfrei anordnen.[149]

55 Die **sozialversicherungsrechtlichen Voraussetzungen** der Kurzarbeit sind in §§ 169 ff. SGB III sowie der ergänzend hierzu erlassenen Kurzarbeitergeld-Anordnung geregelt. Die »klassische« Kurzarbeit ist die aus konjunkturellen Gründen (§§ 169 ff. SGB III). Mit Wirkung zum 01.01.2004 wurde das Unterstützungsmittel des strukturellen Kurzarbeitergeldes (§ 175 SGB a.F.) gestrichen und durch Regelungen zur Transferkurzarbeit ersetzt (§ 216b SGB III i.V.m. §§ 177 ff. SGB III).[150]

56 Finanzielle Nachteile von Kurzarbeit werden durch die Gewährung von Kurzarbeitergeld abgefedert. Es beträgt bei erhöhtem Leistungssatz (unterhaltspflichtiges Kind) 67 %, ansonsten 60 % des infolge der Kurzarbeit entfallenden Netto-Entgelts (§ 178 SGB III). Die **Bemessung des Kurzarbeitergeldes** richtet sich grundsätzlich nicht nach einem vor der Kurzarbeit erzielten Arbeitsentgelt (Referenzprinzip), sondern nach dem wegen der Kurzarbeit im Kalendermonat aktuell ausfallenden Arbeitsentgelt (Ausfallprinzip). Dabei ist gem. § 179 SGB III auf den pauschalierten Nettoentgeltausfall abzustellen, der infolge eines auf wirtschaftlichen Ursachen beruhenden Arbeitsausfalls eintritt. Es ist damit nicht erforderlich, die tarifliche Arbeitszeit und deren Verteilung auf die Arbeitstage zu ermitteln. Die Dauer des konjunkturellen Kurzarbeitergeldes beträgt gem. § 177 Abs. 1 Satz 3 SGB III längstens sechs Monate.

57 Die Gewährung von Kurzarbeitergeld setzt zunächst gem. § 173 SGB III eine **Anzeige** des Arbeitsausfalls bei der Agentur für Arbeit voraus, in dessen Bezirk der betroffene Betrieb liegt. Der Anzeige

142 *Säcker/Oetcker*, ZfA 1991, 131; zu Kurzarbeitsklauseln in Arbeitsverträgen vgl. bei *Hümmerich*, AnwaltFormulare Arbeitsrecht, § 1 Rn 2381 (Muster 1045, § 4 Abs. 4).

143 Vgl. insofern etwa § 7 MTV Chemie; zur umstrittenen Frage solcher Normen als betriebliche Norm i.S.d. § 3 Abs. 2 TVG vgl. *Säcker/Oetcker*, ZfA 1991, 144 einerseits und MünchArbR/*Blomeyer*, § 49 Rn 6 andererseits.

144 Vgl. auch BAG, Urt. v. 08.03.1961, AP Nr. 13 zu § 615 BGB Betriebsrisiko; v. 07.04.1970, AP Nr. 3 zu § 615 BGB Kurzarbeit; v. 25.11.1981, AP Nr. 3 zu § 9 TVAL.

145 LAG Düsseldorf, Urt. v. 14.10.1004, DB 1995, 682.

146 Vgl. z.B. § 7 I MTV Chemie.

147 Zum Initiativrecht hierzu vgl. BAG, Beschl. v. 04.03.1986, AP Nr. 3 zu § 87 BetrVG 1972, Kurzarbeit; ablehnend hierzu indes zu Recht MünchArbR/*Blomeyer*, § 49 Rn 10 m.w.N.

148 Zur Frage, ob das Mitbestimmungsrecht neben dem »Wie« der Kurzarbeit (so z.B. *Hanau*, BB 1972, 499 f.) auch das »Ob« (so *Farthmann*, RdA 1974, 69; *v. Stebut*, RdA 1974, 345 f.) umfasst, vgl. MünchArbR/*Blomeyer*, § 49 Rn 10.

149 BAG, Urt. v. 11.07.1990, AP Nr. 32 zu § 615 BGB Betriebsrisiko.

150 Vgl. hierzu *Gaul/Bonanni/Otto*, DB 2003, 2386 ff.

ist eine Stellungnahme des Betriebsrats beizufügen. Zugleich sind das Vorliegen eines erheblichen Arbeitsausfalls und die betrieblichen Voraussetzungen für das Kurzarbeitergeld glaubhaft zu machen.

Betriebliche Voraussetzung für die Gewährung von Kurzarbeitergeld ist gem. § 171 SGB III, 58
dass in dem Betrieb oder der Abteilung eines Betriebes regelmäßig mindestens ein Arbeitnehmer beschäftigt ist. Der Arbeitsausfall muss erheblich sein (§ 169 Nr. 1 SGB III). Dies ist der Fall, wenn er auf einem wirtschaftlichen oder unabwendbaren Ereignis beruht (§ 170 Abs. 1 Nr. 1 SGB III).[151] Als **wirtschaftliche Ursachen** sind alle Einflüsse anzusehen, die sich unmittelbar oder mittelbar aus dem wirtschaftlichen Ablauf ergeben (z.B. Lieferschwierigkeiten oder Halbfertigwaren, Absatzmangel). Ein **unabwendbares Ereignis** liegt u.a. vor, wenn der Arbeitsausfall durch außergewöhnliche Witterungsverhältnisse (z.B. Hochwasser), behördliche oder behördlich anerkannte Maßnahmen verursacht ist, die der Arbeitgeber nicht zu vertreten hat (z.B. Ausfall beim Energielieferanten, Stromsperre bei Energiemangel). Der **vorübergehende Arbeitsausfall muss unvermeidbar sein** (§ 170 Abs. 1 Nr. 2, 3 SGB III), wovon dann auszugehen ist, wenn Arbeitgeber und ggf. Betriebsvertretung vor der Anzeige des Arbeitsausfalls vergeblich versucht haben, den Arbeitsausfall abzuwenden oder einzuschränken (§ 170 Abs. 4 SGB III). Als vermeidbar gilt insbesondere ein Arbeitsausfall, der überwiegend branchenüblich, betriebsüblich oder saisonbedingt ist oder ausschließlich auf betriebsorganisatorischen Gründen beruht. Aus Letzterem folgt, dass sich der Betrieb während des Bezuges von Kurzarbeitergeld darum bemühen muss, den Arbeitsausfall zu verringern oder zu beenden, etwa indem in den Grenzen des § 7 Abs. 1 BUrlG Erholungsurlaub eingesetzt wird, im Betrieb zulässige Arbeitszeitschwankungen genutzt und Arbeitszeitguthaben aufgelöst werden. Die Auflösung eines Arbeitszeitguthabens kann vom Arbeitnehmer nicht verlangt werden, soweit es ausschließlich für eine vorzeitige Freistellung eines Arbeitnehmers vor einer altersbedingten Beendigung des Arbeitsverhältnisses oder, bei Regelung in einem Tarifvertrag oder auf Grund eines Tarifvertrages in einer Betriebsvereinbarung, zum Zwecke der Qualifizierung bestimmt ist, zur Finanzierung einer Winterausfallgeld-Vorausleistung angespart worden ist, den Umfang von zehn Prozent der ohne Mehrarbeit geschuldeten Jahresarbeitszeit eines Arbeitnehmers übersteigt oder länger als ein Jahr unverändert bestanden hat (§ 170 Abs. 4 S. 3 SGB III). Um Kurzarbeit zu vermeiden kann vorbehaltlich der wirtschaftlichen Zumutbarkeit auch nicht der Aufbau von Minussalden verlangt werden. Ebenso besteht keine Verpflichtung, dass ein Betrieb zur Vermeidung von Arbeitsausfall eine aufgrund einer tariflichen Öffnungsklausel zulässige Absenkung der Arbeitszeit vereinbart.

Zu den **persönlichen Voraussetzungen für die Gewährung von Kurzarbeitergeld** zählt, dass 59
dieses nur für beitragspflichtig beschäftigte Arbeitnehmer gezahlt wird. Ausgeschlossen sind zur Vermeidung von Missbrauch Arbeitnehmer, die erst während der Kurzarbeit eingestellt wurden, es sei denn, die Einstellung erfolgt aus zwingenden Gründen, wie z.B. Einstellung einer unentbehrlichen Fachkraft oder im Anschluss an die Berufsausbildung.

(d) Sonn-, Feiertags-, Nachtarbeit

Arbeitnehmer dürfen grundsätzlich nicht an **Sonn- und Feiertagen** in der Zeit von 0 bis 24 Uhr 60
beschäftigt werden (§ 9 ArbZG). Durch eine Öffnungsklausel wird es in mehreren Schichten arbeitenden Betrieben ermöglicht, den Beginn oder das Ende der Sonn- und Feiertagsarbeit um bis zu sechs Stunden vor- oder zurückzuverlegen, sofern für die auf den Beginn der Ruhezeit folgenden 24 Stunden der Betrieb ruht.[152] Dabei sind die steuerrechtlichen Konsequenzen zu beachten.[153] Abweichend vom Beschäftigungsverbot des § 9 ArbZG ist die Arbeit an Sonn- und Feiertagen zur Verrichtung der in § 10 ArbZG bestimmten Tätigkeiten oder sonst kraft entsprechender Bewilligung durch

151 Zu den abweichenden Voraussetzungen beim Transferkurzarbeitergeld vgl. § 216b SGB III.

152 Vgl. hierzu etwa auch § 3 III MTV Chemie, wo für Sonn-/Feiertagsarbeit die Zeitspanne von 6 bis 6 Uhr festgelegt wird, wobei abweichende betriebliche Festlegungen von Beginn und Ende zulässig sind.

153 § 3b EStG legt die Steuerbegünstigung nur für die Sonn- und Feiertagsarbeit fest, die in der Zeit zwischen 0 Uhr bis 24 Uhr des jeweiligen Tages geleistet wird; s. dazu noch im Folgenden.

die Aufsichtsbehörde nach § 13 ArbZG möglich. So hat die Aufsichtsbehörde unter anderem nach § 13 Abs. 5 ArbZG die Beschäftigung von Arbeitnehmern an Sonn- und Feiertagen zu bewilligen, wenn bei einer weitgehenden Ausnutzung der gesetzlich zulässigen wöchentlichen Betriebszeiten und bei längeren Betriebszeiten im Ausland die Konkurrenzfähigkeit unzumutbar beeinträchtigt ist und durch die Genehmigung von Sonn- und Feiertagsarbeit die Beschäftigung gesichert werden kann. Stets ist darauf zu achten, dass bereits in den Arbeitsvertrag eine Klausel aufgenommen wird, die den Arbeitgeber zur Heranziehung an Sonn- und Feiertagen berechtigt.

61 Für die Beschäftigung an Sonntagen ist gem. § 11 ArbZG Arbeitnehmern ein **Ersatzruhetag** zu gewähren, der innerhalb eines den Beschäftigungstag einschließenden Zeitraums von zwei Wochen liegt. Werden Arbeitnehmer an einem Wochenfeiertag beschäftigt, ist der Ersatzruhetag innerhalb eines Zeitraumes von acht Wochen zu gewähren. Das ArbZG als öffentlich-rechtliches Schutzgesetz enthält mit seinen Regelungen über die Gewährung eines Ersatzruhetages keine Einschränkung der tarifvertraglich zu leistenden Arbeitszeit. Es hat damit dem Grundsatz nach keine arbeitszeitverkürzende Wirkung. Ist somit aufgrund des vorgegebenen Schichtrhythmus von vornherein ein Tag eingeplant, der dem Arbeitnehmer zur Erholung dient, ist damit den Erfordernissen des ArbZG hinreichend Rechnung getragen; ein Anspruch auf weitere Freistellung besteht nicht.[154]

62 Die Befugnis zur Anordnung von **Nachtarbeit**, also der Arbeit während der Nachtzeit mit einer Dauer von mehr als 2 Stunden (§ 2 Abs. 4 ArbZG), sollte sich der Arbeitgeber – soweit erforderlich – bereits im Arbeitsvertrag einräumen lassen. Für die während Nachtzeiten geleistete Arbeit hat der Arbeitgeber, soweit keine tarifvertraglichen Ausgleichsregelungen bestehen, eine angemessene Zahl bezahlter freier Tage oder einen angemessenen Zuschlag auf das Bruttoarbeitsentgelt zu gewähren (§ 6 Abs. 5 ArbZG). Der Arbeitgeber besitzt insoweit also ein Wahlrecht zwischen dem Ausgleich durch Freizeit oder Geld.[155] Der Zuschlag ist im Rahmen des § 3b EStG steuerfrei, wobei das Gesetz als Nachtarbeit den Zeitraum zwischen 20 Uhr und 6 Uhr definiert. Der für das Steuerrecht definierte Zeitraum der Nachtarbeit weicht insofern von der im ArbZG, aus arbeitsmedizinischen Gesichtspunkten heraus festgelegten Zeitspanne der Nachtarbeit ab. Nach den dortigen Bestimmungen (§ 2 Abs. 5 ArbZG) ist ein Arbeitnehmer erst als Nachtarbeiter anzusehen, wenn er aufgrund seiner Arbeitszeitgestaltung normalerweise Nachtarbeit in Wechselschicht zu leisten hat oder wenn er im Kalenderjahr mindestens an 48 Tagen Nachtarbeit leistet. I.Ü. schreibt das ArbZG in § 6 vor, dass die Arbeitszeit von Nacht- und Schichtarbeitnehmern nach den gesicherten **arbeitswissenschaftlichen Erkenntnissen** festzulegen sei. Derzeit gibt es keine gesicherten arbeitsmedizinischen Erkenntnisse darüber, ob eine kurze oder längere Schichtenfolge die Gesundheit der Arbeitnehmer stärker beeinträchtigt.[156] Dies wird gelegentlich seitens der staatlichen Ämter für Arbeitsschutz verkannt.

63 Die **werktägliche Arbeitszeit der Nachtarbeitnehmer** darf acht Stunden nicht überschreiten. Sie kann auf zehn Stunde verlängert werden, wenn innerhalb von einem Kalendermonat oder innerhalb von vier Wochen die Arbeitszeit von im Durchschnitt werktäglich acht Stunden nicht überschritten wird.

64 Zumeist wird in tariflichen Zuschlagsregelungen zwischen **regelmäßiger und unregelmäßiger Nachtarbeit** differenziert.[157] Von einer Regelmäßigkeit kann ausgegangen werden, wenn der Arbeitnehmer wiederkehrend, also in gleichen Abständen, zur Nachtarbeit verpflichtet ist. Eine solche Verpflichtung ist auch dann anzunehmen, wenn der Arbeitnehmer mit einem wiederkehrenden Arbeitsanfall zu rechnen hat, wie es etwa bei beständig auftretenden Wartungs- und Reparaturarbeiten der Fall ist. Unregelmäßige Nachtarbeit liegt dagegen vor, wenn sich der Arbeitnehmer nicht auf sie einstellen kann, weil er ihren Eintritt infolge der vom Arbeitgeber ungleichmäßig anberaumten Arbeitsleistung nicht voraussehen konnte.[158]

154 Vgl. auch BAG, Urt. v. 12.12.2001, BB 2002, 785.
155 BAG, Urt. v. 05.09.2002, NZA 2003, 563 ff.
156 BAG, Urt. v. 11.02.1998, NZA 1998, 647.
157 So z.B. in § 4 I MTV Chemie.
158 LAG Düsseldorf, Urt. v. 14.07.1961, BB 1961, 1237.

Die für tatsächlich geleistete Sonn-, Feiertags- oder Nachtarbeit neben dem Grundlohn gezahlten **Zuschläge sind nach § 3b EStG steuerfrei**, soweit sie (1.) für Nachtarbeit 25 %, (2.) vorbehaltlich der Nr. 3 und 4 für Sonntagsarbeit 50 %, (3.) vorbehaltlich der Nr. 4 für Arbeit am 31. Dezember ab 14.00 Uhr und an den gesetzlichen Feiertagen 125 %, (4.) für Arbeit am 24. Dezember ab 14. Uhr, am 25. und 26. Dezember sowie am 1. Mai 150 % des Grundlohns nicht übersteigen. Dabei gilt als Grundlohn der laufende Arbeitslohn, der dem Arbeitnehmer bei der für ihn maßgebenden Arbeitszeit für den jeweiligen Lohnzahlungszeitpunkt zusteht; er ist in einen Stundenlohn umzurechnen und mit höchstens 50 EUR anzusetzen. Darüber hinaus sind die Präzisierungen des **Begriffs des Grundlohns** in Ziff. 30 der LStR zu berücksichtigen. Danach gehören auch Ansprüche auf Sachbezüge, Aufwendungszuschüsse und vermögenswirksame Leistungen zum Grundlohn, wenn sie laufender Arbeitslohn sind. Das Gleiche gilt für Ansprüche auf Zuschläge und Zulagen, die wegen der Besonderheit der Arbeit in der regelmäßigen Arbeitszeit gezahlt werden. Hierzu gehören insbesondere Erschwernis- oder Schichtzulagen. Der steuerrechtliche Grundlohnbegriff ist damit weiter als der regelmäßig in den Tarifverträgen vorausgesetzte Grundlohnbegriff. Da die tarifliche Bemessungsgrundlage für SFN-Arbeit regelmäßig eine niedrigere als die steuerrechtliche ist, ist für den Fall, dass der tarifliche Zuschlag den gesetzlichen Zuschlag gemäß dem festgelegten Prozentsatz übersteigt, der die steuerrechtliche Grenze überschießende Zuschlagsbetrag zu versteuern. Es ist damit eine Doppelberechnung anzustellen, um den Betrag zu ermitteln, um den die tariflichen Zuschläge die gem. § 3b EStG steuerfreien Zuschläge übersteigen. 65

(e) Schichtarbeit

Schichtarbeit liegt vor, wenn eine bestimmte Arbeitsaufgabe über einen erheblich längeren Zeitraum als die wirkliche Arbeitszeit eines Arbeitnehmers erfüllt wird und von mehreren Arbeitnehmern oder Arbeitnehmergruppen in einer geregelten zeitlichen Reihenfolge erbracht wird. Dabei muss nicht der jeweils abgelöste Arbeitsplatz identisch sein. Ausreichend ist es vielmehr, wenn die übereinstimmende Arbeitsaufgabe von untereinander austauschbaren Arbeitnehmern erbracht wird.[159] Das Vorliegen von Schichtarbeit ist nicht von der Anzahl der in einer Schicht eingesetzten Arbeitnehmer abhängig. So widerspricht es nicht der Annahme von Schichtarbeit, wenn in jeder Schicht nur ein Arbeitnehmer zum Einsatz kommt.[160] Nicht von Schichtarbeit kann jedoch gesprochen werden, soweit in die Arbeitszeit von Arbeitnehmern regelmäßig und in erheblichen Umfang Arbeitsbereitschaft fällt. Für diese Arbeitnehmer enthalten die Tarifverträge regelmäßig gesonderte Bestimmungen.[161] 66

Einen besonderen Fall der Schichtarbeit stellt derjenige der **Wechselschichtarbeit** dar, von der dann zu sprechen ist, wenn die zur Schichtarbeit eingeteilten Arbeitnehmer an den eingeteilten Schichtzeiten in einem wechselnden Rhythmus teilnehmen. Die in verschiedenen tarifvertraglichen Regelungen[162] geregelte **vollkontinuierliche Schichtarbeit** unterscheidet sich von derjenigen der **teilkontinuierlichen Schichtarbeit** dadurch, dass letzterenfalls der Arbeitsplatz zeitweise – regelmäßig an einem im Wochenende liegenden Zeitraum – unbesetzt bleibt. Beide Formen kontinuierlicher Schichtarbeit setzen jedoch voraus, dass der Arbeitsplatz im übrigen Schichtrhythmus durchgehend besetzt ist. Es müssen also in einem über mehrere Perioden angelegten Schichtsystem neben Früh- und Spätschichten auch Nachtschichten in den Schichtenturnus eingeplant sein. Auf die Länge des Schichtenturnus kommt es dabei nicht an. Die **Vergütung von Schichtarbeit** richtet sich dann nach den einschlägigen tarifvertraglichen Zuschlagsregelungen. 67

Bei der **Schichtplangestaltung** selbst ist darauf zu achten, dass über dieselbe die **zwingenden Vorschriften zur Entgeltfortzahlung** nicht umgangen werden. Der Schichtplan darf also nicht darauf gerichtet sein, Entgeltfortzahlungsansprüche auszuschließen. Ergibt sich aber die Arbeitsbefreiung 68

159 BAG, Urt. v. 20.06.1990, NZA 1990, 861.
160 BAG, Urt. v. 04.02.1988, DB 1988, 1855.
161 So z.B. § 5 MTV Chemie.
162 Vgl. insofern etwa § 4 III MTV Chemie.

aus einem Schema, das von der Feiertagsruhe an einem bestimmten Feiertag unabhängig ist, kann keine Entgeltfortzahlung verlangt werden. Es kommt somit für die Frage, ob ein feiertagsbedingter Arbeitsausfall vorliegt, allein darauf an, welche Arbeitsverpflichtung für den Arbeitnehmer gegolten hätte, wenn der betreffende Tag kein Feiertag gewesen wäre.[163] Die Arbeitsbefreiung muss sich somit aus einem Dienstplanschema ergeben, das von der Feiertagsruhe an bestimmten Tagen unabhängig ist.[164] Das schließt allerdings eine Schichtplangestaltung nicht aus, die dem grundsätzlichen gesetzlichen Verbot der Feiertagsarbeit Rechnung trägt; die Herausnahme dieser Tage aus der Schichtplangestaltung ist sachlich begründet.[165]

bb) Befreiung von der Arbeitspflicht

69 Der Arbeitnehmer kann von vornherein von der Verpflichtung zur Arbeitsleistung befreit sein, indem das Arbeitsverhältnis ruhend gestellt ist. Mit dem Begriff des **ruhenden Arbeitsverhältnisses** werden die Rechtsfolgen eines Vorgangs beschrieben, der durch einen zeitweisen Fortfall der Arbeitspflicht auf der einen und der Pflicht zur Entgeltzahlung auf der anderen Seite gekennzeichnet ist.[166] Zugleich steht mit der Beschränkung der Rechtsfolge des Ruhens auf einzelne (Haupt-) Leistungspflichten fest, dass das Arbeitsverhältnis als ein verschiedene Haupt- und Nebenleistungspflichten zusammenfassendes Rechtsverhältnis auch im Ruhenszustand fortbesteht, weshalb neben den im Synallagma befindlichen Hauptleistungspflichten bestehende Pflichten auch im Ruhensverhältnis zu beachten sind. Darüber hinaus bedarf es im Ruhensfall einer auf den Einzelfall bezogenen Prüfung, wie sich der Tatbestand der Suspendierung der gegenseitigen Hauptleistungspflichten auf von der Betriebszugehörigkeit abhängige Rechtspositionen auswirkt.[167]

70 Der Gesetzgeber hat teilweise das **Ruhen des Arbeitsverhältnisses** wie etwa in den Fällen der § 1 ArbPlSchG, § 1 Abs. 1 EigÜbG oder § 15 Abs. 1 ASG ausdrücklich angeordnet. Auch im Fall der nach § 15 Abs. 1 BErzGG aufgrund einer einseitigen und unwiderruflichen Gestaltungserklärung des Arbeitnehmers zu gewährenden Elternzeit ruht das Arbeitsverhältnis hinsichtlich der sich aus ihm ergebenden Hauptleistungspflichten.[168] Für den rechtmäßig geführten Streik ist heute uneingeschränkt anerkannt, dass dieser zwar nicht den Bestand des Arbeitsverhältnisses berührt, wohl aber zu einem Ruhen der gegenseitigen Hauptleistungspflichten führt.[169] Gleiches gilt für die im Regelfall nur mit suspendierender Wirkung zulässige Abwehraussperrung.[170] Kein ruhendes Arbeitsverhältnis stellt indes das des in der Freistellung befindlichen Altersteilzeitarbeitnehmers dar.[171]

71 Ein weiterer für die betriebliche Praxis bedeutsamer Ruhensgrund stellt die vereinbarte Freistellung unter Verzicht auf die Entgeltfortzahlung dar, die im allgemeinen Sprachgebrauch mit dem Begriff des **Sonderurlaubs** bezeichnet wird.[172] Sie beruht üblicherweise auf der Initiative des Arbeitnehmers und ist insofern von den Fallgestaltungen zu unterscheiden, in denen sich der Arbeitnehmer auf Veranlassung des Arbeitgebers außerhalb der Betriebsorganisation z.B. zum Zwecke der Weiterbildung befindet.[173] Zum Teil sehen auch tarifvertragliche Bestimmungen (z.B. § 50 BAT)

163 Vgl. nur BAG, Urt. v. 20.09.2000, NZA 2001, 735.
164 BAG, Urt. v. 27.09.1983, DB 1984, 1251; v. 09.10.1996, DB 1997, 480 f.; v. 20.09.2000, NZA 2001, 735.
165 LAG Köln, Urt. v. 28.09.1995, 5 Sa 790/95 (n.v.).
166 BAG, Urt. v. 10.05.1989, SAE 1989, 255; v. 09.08.1995, DB 1996, 280; *Dikomey*, Das ruhende Arbeitsverhältnis, S. 3; *v. Hoyningen-Huene*, NJW 1981, 713; *Isele*, FS Molitor, S. 107.
167 Vgl. hierzu i.E. *Natzel*, Die Betriebszugehörigkeit im ArbR, S. 29 ff.
168 BAG, Urt. v. 13.10.1983, DB 1983, 889; v. 22.06.1988, DB 1988, 2365; v. 10.05.1989, SAE 1989, 254 ff.; v. 15.02.1994, NZA 1994, 794 ff.; *Dikomey*, Das ruhende Arbeitsverhältnis, S. 25; *Köster/Schiefer/Überacker*, DB Beil. 10/1992, S. 3; *Sowka*, NZA 1994, 103.
169 BAG (GS), Beschl. v. 21.04.1971, DB 1971, 1061.
170 Vgl. i.E. *Natzel*, Die Betriebszugehörigkeit im ArbR, S. 32 ff.
171 *Natzel*, NZA 1998, 1262.
172 Zur unterschiedlichen Terminologie vgl. *Natzel*, Die Betriebszugehörigkeit im ArbR, S. 34.
173 Dann besteht die Arbeitsverpflichtung in Form einer Fortbildungsverpflichtung fort; *Natzel*, Die Betriebszugehörigkeit im ArbR, S. 34.

einen Anspruch auf Abschluss solcher Freistellungsvereinbarungen vor. Darüber hinaus kann der Arbeitnehmer regelmäßig nicht die Freistellung von seiner Arbeitsverpflichtung begehren.[174]

Typischerweise kommt es aber zu einer Unterbrechung der Arbeitsleistung infolge **Nichtleistung trotz einer an sich bestehenden Arbeitsverpflichtung**. Die Nichtleistung von Arbeit kann auf dem Umstand beruhen, dass die Arbeitsverpflichtung von vornherein etwa durch urlaubsrechtliche Bestimmungen eingeschränkt ist; ein solcher Tatbestand ist auch dann anzunehmen, wenn der Arbeitgeber den Arbeitnehmer bis zur Beendigung des Arbeitsverhältnisses von seiner Pflicht zur Arbeitsleistung unter Anrechnung auf den Urlaub freistellt und dies unmissverständlich zum Ausdruck bringt.[175] Davon abzugrenzen ist die Nichtleistung von Arbeit, die auf einer Störung im synallagmatischen Austauschverhältnis beruht.[176] Diese wird nunmehr einheitlich als Pflichtverletzung von dem leistungsstörungsrechtlichen Grundtatbestand des § 280 BGB erfasst. Ob damit Folgen in der synallagmatischen Austauschbeziehung verbunden sind, ist eine hiervon ebenso zu trennende Frage wie die nach schadensersatzrechtlichen Konsequenzen oder der arbeitsrechtlichen Sanktionierbarkeit der Pflichtverletzung.[177] 72

(1) Unmöglichkeit

Der Arbeitnehmer kann von seiner Leistungspflicht infolge des Umstandes befreit sein, dass ihm die **Leistung aus tatsächlichen oder rechtlichen Gründen** unmöglich ist (§ 275 Abs. 1 BGB). Dabei steht, da die Arbeitsleistung im Zweifel persönlich zu erbringen ist und es damit regelmäßig nicht darauf ankommen kann, ob ein anderer Arbeitnehmer die Arbeitsleistung erbringen kann, die subjektive Unmöglichkeit der objektiven Umöglichkeit gleich.[178] Liegt nicht bereits Unmöglichkeit nach § 275 Abs. 1 BGB vor, ist es dem Arbeitnehmer unter den Voraussetzungen des neuen § 275 Abs. 2 einerseits sowie des Abs. 3 BGB andererseits auch möglich, die **Einrede der Unmöglichkeit** zu erheben.[179] Ausgangsnorm des Unmöglichkeitsrechts bildet somit auch nach der Neugestaltung des Schuldrechts § 275 BGB. Das Gesetz unterscheidet jedoch nicht mehr wie bislang zwischen anfänglicher und nachträglicher Unmöglichkeit, wie die Formulierung, dass eine Leistung nicht mehr möglich »ist«, belegt. Zugleich legt das Gesetz in § 311a Abs. 1 BGB fest, dass auch der auf eine bereits von Anfang an unmögliche Leistung gerichtete Vertrag wirksam ist. 73

Während das Vorliegen objektiver oder subjektiver Unmöglichkeit rechtsvernichtend auf einen bestehenden Anspruch einwirkt und so diesen zum Erlöschen bringt (§ 275 Abs. 1 BGB), können Fälle der Unmöglichkeit wegen Unverhältnismäßigkeit, also der **faktischen Unmöglichkeit** (§ 275 Abs. 2 BGB), sowie der **persönlichen Unzumutbarkeit** (§ 275 Abs. 3 BGB) als Einrede gegen die Leistungspflicht des Schuldners durch diesen geltend gemacht werden.[180] Für den Ausschluss des Erfüllungsanspruchs kommt es entgegen dem früheren Wortlaut des § 275 BGB nicht mehr darauf an, ob der Arbeitnehmer die Unmöglichkeit zu vertreten hat. Die Gesetzesbegründung verweist 74

174 So für einen türkischen Arbeitnehmer, der auf Grund gesetzlicher allgemeiner Wehrpflicht zum Wehrdienst in seinem Heimatland einberufen wird: LAG Hamm, Urt. v. 14.04.1982, DB 1982, 1328.

175 Vgl. hierzu BAG, Urt. v. 09.06,1998, NZA 1999, 80.

176 Von einer Störung ist unbeschadet normativ zugestandener Urlaubsansprüche bei einer eigenmächtigen Verwirklichung dieser Ansprüche auszugehen, die deshalb auch mit kündigungsrechtlichen Konsequenzen verbunden sein kann; vgl. etwa BAG, Urt. v. 10.08.1983 – 7 AZR 369/81 (n.v.); v. 21.05.1992, NZA 1993, 115; v. 21.09.1993, BB 1993, 2531; v. 22.01.1998, NZA 1998, 708; anders jedoch für den in unzulässiger Weise verweigerten Freistellungsanspruch nach § 45 Abs. 3 SGB V LAG Köln, Urt. v. 10.11.1993, NZA 1995, 128.

177 Daneben ist zu prüfen, ob und inwiefern sich die Arbeitsunterbrechung infolge einseitigen Wegfalls der Arbeitsverpflichtung bei von der Betriebszugehörigkeit i.w.S. abhängigen Regelungen wie arbeitsrechtlichen Wartezeiten oder Zeiten des tariflich bestimmten Zeit- oder Bewährungsaufstiegs zu berücksichtigen ist; vgl. hierzu *Natzel*, Die Betriebszugehörigkeit im ArbR, S. 207 ff.

178 Vgl. auch BAG, Urt. v. 24.02.1982, AP Nr. 7 zu § 17 BAT.

179 Vgl. hierzu auch *Richardi*, NZA 2002, 1007, der zudem darauf verweist, dass, auch wenn die Voraussetzungen des Leistungsverweigerungsrechts nach § 275 Abs. 3 BGB nicht erfüllt sind und der Arbeitnehmer somit ungerechtfertigt von der Arbeit fernbleibt, die Leistung nach § 275 Abs. 1 BGB ausgeschlossen ist.

180 Zur Rechtsnatur als Einrede vgl. auch Gesetzesbegründung BT-Drucks 14/6040, 129.

in diesem Zusammenhang darauf, dass über die Regelung des § 275 Abs. 2 Satz 2 BGB, wonach für die Frage des Bestehens eines Leistungsverweigerungsrechts und den dabei dem Schuldner zuzumutenden Anstrengungen auch zu berücksichtigen ist, ob der Schuldner das Leistungshindernis zu vertreten hat, den Besonderheiten des Arbeitsrechts Genüge getan sei. Die Antwort auf die Frage des Vertretenmüssens wirkt sich folglich regelmäßig erst bei der Feststellung etwaiger Sekundäransprüche aus.[181]

75 Die **Nichtleistung** stellt damit einen **Fall der Unmöglichkeit** dar. Der Arbeitnehmer ist von seiner Leistungspflicht befreit und kann auch nicht zur Nachleistung verpflichtet werden.[182] Nur in Ausnahmefällen wird der Tatbestand einer Teilunmöglichkeit im Arbeitsrecht angenommen werden können.[183]

76 Im Regelfall wird bei der Nichtleistung von Arbeit auch von einer **nicht nur vorübergehend andauernden Unmöglichkeit** auszugehen sein.[184] Dies bedingt der Charakter des Arbeitsverhältnisses als Dauerschuldverhältnis, welches die Verpflichtung des Arbeitnehmers zu einer Vielzahl im Voraus nicht abgrenzbarer Einzelleistungen beinhaltet, die im Regelfall zu einem fixen Zeitpunkt zu erbringen sind und damit jeweils selbst absoluten Fixschuldcharakter aufweisen. Nichtleistung von Arbeit ist demzufolge regelmäßig, soweit sich aus der näheren Bestimmung der Arbeitspflicht nicht etwas anderes ergibt, endgültig mit Unmöglichkeit verbunden.[185] Etwas anderes ist bspw. für Fälle selbstbestimmter Arbeitszeitsysteme anzunehmen, in denen der Arbeitnehmer zur Erfüllung eines bestimmten Arbeitszeitvolumens innerhalb eines festgelegten Zeitrahmens verpflichtet ist, die Art und Weise der Erfüllung in zeitlicher Hinsicht selbst bestimmen kann; hier tritt der Fall der Unmöglichkeit erst mit Ablauf des Zeitrahmens ein, wenn der Arbeitnehmer bis dahin nicht seiner Arbeitsverpflichtung nachgekommen ist.[186]

77 Kann also die Arbeit nicht aufgenommen werden, etwa weil der Betrieb infolge eines Brandes zerstört ist, der Beschäftigung ein Beschäftigungsverbot entgegensteht oder der Arbeitnehmer arbeitsunfähig erkrankt ist, liegt Unmöglichkeit i.S.d. § 275 Abs. 1 BGB vor.[187] Dies gilt auch für den Fall, wenn der Arbeitnehmer zwar objektiv arbeitsunfähig ist, aber dennoch seine Arbeit anbietet. So kann dieser auch nicht Ansprüche aus Annahmeverzug geltend machen, indem er sein objektiv fehlendes Leistungsvermögen durch eine subjektive Einschätzung ersetzt und geltend macht, er sei trotzdem gesundheitlich in der Lage, einen Arbeitsversuch zu unternehmen.[188] Ist der Arbeitnehmer allerdings erkrankt, ohne objektiv arbeitsunfähig zu sein, kommt für ihn die **Unmöglichkeitseinrede** des § 275 Abs. 3 BGB in Betracht.[189] Er hat es damit über die Ausübung seines Leistungsverweigerungsrechtes in der Hand, ob er sich einer ausgestellten Arbeitsunfähigkeit bedient und fern bleibt oder seine

181 BT-Drucks 14/6857, 47.

182 Vgl. auch BAG, Urt. v. 26.09.2001, DB 2002, 795, wonach eine Tarifregelung, die den Arbeitgeber berechtigt, für jeden Tag der Entgeltfortzahlung den Arbeitnehmer 1,5 Std. nacharbeiten zu lassen bzw. von einem Zeitkonto 1,5 Std. in Abzug zu bringen, unwirksam ist.

183 So etwa im Fall des Fußballspielers, dem auch während seiner Sperre die Trainingsteilnahme möglich ist: BAG, Urt. v. 17.01.1979, AP Nr. 2 zu § 611 BGB Berufssport; anderes jedoch zu Fällen der stets Unmöglichkeit insg. herbeiführenden Krankheit: BAG, Urt. v. 25.20.1973, AP Nr. 42 zu § 616 BGB; v. 29.01.1992, AP Nr. 1 zu § 74 SGB V.

184 So auch *Richardi*, NZA-Beil. 16/2003, 15. Dies gilt auch, soweit der Arbeitnehmer einen Teil der Arbeitsleistung erbringen könnte; vgl. insofern auch BAG, Urt. v. 25.10.1973, AP Nr. 42 zu § 616 BGB.

185 Vgl. auch *Lindemann*, AuR 2002, 82; ferner *Nietwetberg*, BB 1982, 995; *Richardi*, NZA 2002, 1006 f.

186 *Lindemann*, AuR 2002, 82; *Richardi*, NZA 2002, 1007.

187 *Gotthardt/Greiner*, DB 2002, 2106 f.

188 BAG, Urt. v. 29.10.1998, AP Nr. 77 zu § 615 BGB.

189 *Gotthardt/Greiner*, DB 2002, 2108; *Lindemann*, AuR 2002, 82; a.A.: *Joussen*, NZA 2001, 747, unter Berufung auf BAG, Urt. v. 21.05.1992, wo von einem »auf gesundheitlichen Gründen beruhenden dauernden Unvermögen des Arbeitnehmers, die geschuldete Arbeitsleistung zu erbringen«, die Rede ist; noch weiter gehend indes *Löwisch*, NZA 2001, 466, wonach bei nach ärztlichem Urteil objektiv bestehender Arbeitsunfähigkeit dem Arbeitnehmer stets das Recht zugestanden werden müsse, die Leistung als unzumutbar verweigern zu können.

Arbeitskraft anbietet.[190] Beruft er sich jedoch auf das ihm zustehende Leistungsverweigerungsrecht, dürfte im Regelfall die erforderliche Interessenabwägung aufgrund der Gewichtigkeit der Schutzgüter von Leben und Gesundheit zu seinen Gunsten ausfallen.[191] Neben dem Fall der Erkrankung wird ein weiterer Hauptanwendungsfall des § 275 Abs. 3 BGB derjenige der Pflichtenkollision sein, auf den nachstehend noch im Rahmen der Behandlung des Zurückbehaltungsrechts eingegangen wird. Nur eines sei an dieser Stelle festgehalten: Der Tatbestand des § 275 Abs. 3 BGB wird ebenso wie der des Abs. 2 hinsichtlich seiner Rechtsfolgen der Unmöglichkeit zugeordnet und wie diese behandelt (vgl. § 326 Abs. 5 BGB).

(2) Verzug

Leistungsverzug spielt im bestehenden Arbeitsverhältnis aufgrund des für den Regelfall anzunehmenden absoluten Fixschuldcharakters der Arbeitspflicht eine eher untergeordnete Rolle.[192] Der Arbeitnehmer hat seine Arbeitsleistung zu einem bestimmten Zeitpunkt am rechten Ort zu erbringen, soweit sich nicht aus der Besonderheit der Arbeitsvertragsgestaltung etwas anderes ergibt, etwa indem der Arbeitnehmer zur Nachleistung verpflichtet wird.[193] Daran ändern auch die in der Praxis bestehenden Modelle flexibler Arbeitszeit nichts. Diese lassen dem Arbeitnehmer zwar einen Gestaltungsspielraum; er steht jedoch der Annahme einer Fixschuld regelmäßig nicht entgegen. Entweder wirkt sich die Nichtleistung bei Nutzung des Gestaltungsspielraums überhaupt nicht aus, so dass sich die Frage nach Verzug oder Unmöglichkeit gar nicht stellt, oder der Gestaltungsspielraum wird überschritten, so dass dann die Rechtsfolgen der Unmöglichkeit eintreten.[194] Auch die in der Praxis vorzufindenden Regelungen belegen, dass unbeschadet praktizierter Arbeitszeitflexibilisierung vom Fixschuldcharakter der Arbeitsleistung auszugehen ist, indem für den Fall der Nachholung ausgefallener Arbeit bestimmt wird, dass diese nicht als Ableistung regelmäßiger Arbeitszeit, sondern als Mehr- bzw. Überarbeit anzusehen ist, was voraussetzt, dass der vorangegangene Arbeitsausfall endgültig war.[195] Dergleichen wird dies durch Regelungen über die zeitliche Anrechenbarkeit von Ausfalltagen bei flexibilisierten Arbeitszeitsystemen belegt.[196] 78

Vom Leistungsverzug des Arbeitnehmers ist der **Annahmeverzug durch den Arbeitgeber** zu unterscheiden.[197] Der Arbeitnehmer muss hierzu die Arbeitsleistung tatsächlich **so, wie sie zu bewirken ist, anbieten** (§ 294 BGB). Ein wörtliches Angebot genügt, wenn der Arbeitgeber dem Arbeitnehmer erklärt hat, er werde die angebotene Leistung nicht annehmen, oder wenn zur Bewirkung der Leistung eine Mitwirkungshandlung des Arbeitgebers erforderlich ist (§ 295 BGB).[198] Aufgrund § 296 BGB, wonach ein Schuldner seine **Leistung nicht anzubieten** braucht, wenn der Gläubiger die von ihm geschuldete, kalendarisch bestimmte oder bestimmbare und zur Annahme erforderliche Handlung nicht rechtzeitig vornimmt, ist der Arbeitgeber gehalten, die Mitwirkungshandlung vorzunehmen, die dem Arbeitnehmer die Erfüllung seiner arbeitsvertraglichen Verpflichtung ermöglicht.[199] Der Arbeitnehmer wiederum muss **zur Erbringung der Leistung imstande** sein (§ 297 79

190 *Gotthardt/Greiner*, DB 2002, 2108 f.

191 *Gotthardt/Greiner*, DB 2002, 2110.

192 Vgl. auch die Gesetzesbegründung BT-Drucks 14/6040, 129, wo es apodiktisch heißt, dass der Arbeitnehmer, der vorübergehend an der Arbeitsleistung gehindert sei, diese Zeit nicht nacharbeiten müsse.

193 *Lindemann*, AuR 2002, 84.

194 Vgl. insofern aber differenzierend MünchArbR/*Blomeyer*, § 57 Rn 9 ff.

195 Vgl. insofern z.B.: § 10 Nr. 1 Abs. 2 MTV Metall NRW; § 17 Abs. 3 BAT.

196 Vgl. hierzu etwa § 2 V MTV Chemie.

197 Vgl. zu diesem noch ausführlich § 6 Rn 107 ff.

198 Zur Entbehrlichkeit des Angebots, wenn Form und Begleitumstände einen Widerspruch des Arbeitnehmers gegen eine außerordentl. Kündigung als unzumutbar erscheinen lassen, vgl. BAG, Urt. v. 11.11.1976, AP Nr. 8 zu § 103 BetrVG; zur Erhebung der Kündigungsschutzklage als ein dem wörtlichen Angebot gleichgestellter Erklärungsakt vgl. BAG, Urt. v. 10.04.1963, v. 19.04.1990, v. 24.10.1991, v. 24.11.1994, AP Nr. 23, 45, 50, 60 zu § 615 BGB.

199 Hieraus begründet sich die Rspr. des BAG, Urt. v. 09.08.1984, AP Nr. 34 zu § 615 BGB, wonach ein Angebot als entbehrlich anzusehen ist, wenn der Arbeitgeber aufgrund einer von ihm ausgesprochenen Kündigung, die sich im Nachhinein als unwirksam erweist, die Erbringung der Arbeitsleistung nicht ermöglicht hat.

BGB).[200] Sein **Nichtkönnen** infolge Arbeitsunfähigkeit oder sonstiger tatsächlicher oder rechtlicher Hindernisse[201] hindert den Eintritt des Verzugstatbestands; es liegt auf Seiten des Arbeitnehmers Unmöglichkeit vor.[202]

(3) Zurückbehaltungsrecht des Arbeitnehmers

80 Der Arbeitnehmer kann seine **geschuldete Arbeitsleistung verweigern**, wenn der Arbeitgeber mit fällig gewordenen Entgeltleistungen rückständig ist.[203] Die Rechtsgrundlage für sein Zurückbehaltungsrecht ist nicht immer klar.[204] Das BAG neigt dazu, das Zurückbehaltungsrecht für den Fall der Nichterfüllung von Entgeltleistungen auf § 273 BGB zu stützen. Dieses Zurückbehaltungsrecht könne auch der Arbeitnehmer an seiner Arbeitsleistung ausüben, wenn er einen fälligen Lohnanspruch gegen den Arbeitgeber erworben hat und der Arbeitgeber nicht erfüllt.[205] Den Einwand, dass das Zurückbehaltungsrecht nur an nachholbaren Leistungen bestehe, die Zurückhaltung der Arbeitskraft aber zur teilweisen Unmöglichkeit der Arbeitsleistung führe, hat das BAG unter Hinweis darauf als unbegründet zurückgewiesen. Einem Arbeitnehmer könne nicht zugemutet werden, weitere Arbeitsleistung zu erbringen und damit dem Arbeitgeber den als Gegenleistung geschuldeten Lohn zu kreditieren.[206]

81 Aufgrund des neu gefassten § 321 BGB kann der Arbeitnehmer auch ein Leistungsverweigerungsrecht geltend machen, wenn nach Abschluss des Vertrages erkennbar wird, dass ein Anspruch auf die Gegenleistung durch mangelnde Leistungsfähigkeit des anderen Teils gefährdet wird (sog. **Unsicherheitseinrede**). Ihm kann damit ein Leistungsverweigerungsrecht nicht nur bei Nichterfüllung, sondern bereits bei Gefahr der Nichterfüllung zustehen. Das Zurückbehaltungsrecht kann durch Bewirkung der Gegenleistung oder einer Sicherheitsleistung als Surrogat abgewendet werden. Hierzu hat der Arbeitnehmer als Vorleistungspflichtiger eine angemessene Frist zu setzen (§ 321 Abs. 2 BGB).

82 Der Gesetzgeber hat im Rahmen des § 275 Abs. 2 und 3 BGB zwei Tatbestände zulässiger Leistungsverweigerung als **Unmöglichkeitseinrede** ausdrücklich normiert, die jedoch bezogen auf die Gegenleistung über § 326 BGB der Unmöglichkeit nach § 275 Abs. 1 BGB gleichgestellt sind. Nach § 275 Abs. 2 BGB kann sich der Schuldner einem Begehren auf Leistungserbringung damit erwehren, dass diese mit einem unverhältnismäßigen Aufwand verbunden und ihm diese nicht zuzumuten wäre (**Leistungsverweigerung wegen Unverhältnismäßigkeit**). Zur Veranschaulichung weist die Gesetzesbegründung auf den Schulfall des geschuldeten, aber auf dem Grund eines Sees liegenden Rings hin.[207] Leistungsinteresse und Leistungsaufwand müssen hier also in einem groben Missverhältnis zueinander stehen, wobei als subjektive Komponente auch zu berücksichtigen ist, ob

200 Eine im Zeitpunkt einer Kündigung entfallene, aber später wieder hergestellte Leistungsfähigkeit hat der Arbeitnehmer unter Aufforderung der Arbeitszuweisung dem Arbeitgeber mitzuteilen; BAG, Urt. v. 09.08.1984, DB 1985, 552; vgl. i.Ü. hierzu *Tschöpe*, DB 2004, 434 ff..

201 Vgl. hierzu etwa für Entzug der Fahrererlaubnis beim Berufskraftfahrer: BAG, Urt. v. 18.12.1986, AP Nr. 2 zu § 297 BGB; für die fehlende Approbation des Arztes: BAG, Urt. v. 06.03.1974, AP Nr. 29 zu § 615 BGB; für die fehlende Arbeitserlaubnis ausl. Arbeitnehmer: BAG, Urt. v. 19.01.1977, AP Nr. 3 zu § 19 AFG.

202 Eine ärztliche Empfehlung zu einem Arbeitsplatzwechsel steht aber der Annahme der Arbeitsfähigkeit nicht entgegen; vgl. BAG v. 17.02.1998, NZA 1999, 33.

203 BAG, Urt. v. 07.06.1973 sowie v. 21.05.1981, AP Nr. 28, 32 zu § 615 BGB.

204 Vgl. insofern BAG, Urt. v. 21.05.1981, AP Nr. 32 zu § 615 BGB, wo offen bleibt, ob dem Arbeitnehmer wegen Zahlung rückständigen Gehalts ein Zurückbehaltungsrecht nach § 273 BGB oder die Einrede des nicht erfüllten Vertrages (§ 320 BGB) zusteht. Anders jedoch BAG, Urt. v. 25.10.1984, AP Nr. 3 zu § 273 BGB, wo das Zurückbehaltungsrecht wg. rückständiger Zahlungsansprüche auf § 273 BGB gestützt wird. Zum Meinungsstand über das Verhältnis von § 273 BGB zu § 320 BGB vgl. auch MünchArbR/*Blomeyer*, § 49 Rn 51 ff.

205 Vgl. insbes. BAG, Urt. v. 25.10.1984, AP Nr. 3 zu § 273 BGB unter Verw. auf *Capodistrias*, RdA 1954, 53; *Haase*, DB 1968, 708; *Hueck/Nipperdey*, Lehrbuch des Arbeitsrechts, 7. Aufl., Band I, S. 222; *Söllner*, ZfA 1973, 1.

206 BAG, Urt. v. 25.10.1984, AP Nr. 3 zu § 273 BGB.

207 BT-Drucks 14/6040, 129 f.

der Schuldner das Leistungshindernis zu vertreten hat (§ 275 Abs. 2 Satz 2 BGB). Fälle wirtschaftlicher Unmöglichkeit werden von diesem Leistungsverweigerungsrecht jedoch nicht erfasst; diese sind über die Grundsätze des Wegfalls der Geschäftsgrundlage zu lösen.[208]

Soweit dem Arbeitnehmer die Arbeitsleistung aufgrund außerhalb der Arbeitsbeziehung liegender Gründe, wie etwa im Fall des religiös oder sonst ethisch begründeten Gewissenskonflikts,[209] unzumutbar oder der Schutz der persönlichen Integrität etwa infolge Ausübung von Mobbing nicht gewährleistet war, konnte der Arbeitnehmer ein Zurückbehaltung bislang auf § 242 BGB stützen.[210] Dieses Rückgriffs auf die immer mit Rechtsunsicherheiten behaftete Vorschrift des § 242 BGB bedarf es nach der Novellierung des BGB durch das Schuldrechtsmodernisierungsgesetz nicht mehr. Denn nunmehr ist durch § 275 Abs. 3 BGB anerkannt, dass der Schuldner eine Leistung verweigern kann, wenn er die Leistung persönlich zu erbringen hat und sie ihm unter Abwägung des seiner Leistung entgegenstehenden Hindernisses mit dem Leistungsinteresse des Gläubigers nicht mehr zugemutet werden kann (**Leistungsverweigerung wegen Unzumutbarkeit**). Als Beispiele für die Unzumutbarkeit der Leistungserbringung führt die Gesetzesbegründung[211] den Schulfall der Sängerin, die wegen der lebensgefährlichen Erkrankung ihres Kindes einen Auftritt verweigert,[212] sowie den des türkischen Arbeitnehmers an, der zum Wehrdienst einberufen wurde und bei Nichtbefolgung des Einberufungsbefehls mit der Todesstrafe hätte rechnen müssen. Gleichermaßen ist dem Arbeitnehmer ein Leistungsverweigerungsrecht zuzugestehen, wenn der Arbeitgeber diesem nicht eine bestimmte Tätigkeit in Ausübung seines Direktionsrechtes hätte zuweisen dürfen, weil die Erfüllung der Weisung den Arbeitnehmer in einen unauflösbaren Gewissenskonflikt bringen würde.[213] Auch kommt ein Leistungsverweigerungsrecht in Betracht, wenn mit der Änderung der weltpolitischen Lage eine Gefahr für Leib und Leben des im Ausland eingesetzten Arbeitnehmers einhergeht.[214] 83

Bei der Abwägung des Verweigerungsgrundes mit dem Leistungsinteresse kann im Unterschied zum Einredetatbestand des Abs. 2 ein eventuelles **Vertretenmüssen** unbeachtet bleiben.[215] Der Arbeitnehmer hat sich also nicht etwa darauf verweisen zu lassen, er habe die Frage, ob er als Schuldner der Arbeitsleistung zur Leistung derselben verpflichtet ist oder ihm die Leistung unter Abwägung mit dem Leistungsinteresse des Arbeitgebers das Leistungsverweigerungsrecht des Abs. 3 zusteht, im einstweiligen Rechtsschutzverfahren klären lassen können. Die Feststellung der Unzumutbarkeit kann somit nur unter rein objektiven Gesichtspunkten erfolgen. Da die unzulässige Verweigerung der Arbeit aber eine Pflichtverletzung darstellt, kann sich der Umstand der unterlassenen Klärung einer streitigen Frage wohl aber auf der sekundären Anspruchsebene auswirken. 84

Durfte also der Arbeitgeber den Arbeitnehmer nicht zur Arbeitsleistung anweisen oder ist es diesem aus anderen Gründen unzumutbar, diese zu erbringen, kann er die Leistung verweigern. Die Abgrenzung zur objektiven Unmöglichkeit nach § 275 Abs. 1 BGB ist einzelfallbezogen zu beurteilen. Würde mit der **Beschäftigung gegen gesetzliche Schutzbestimmungen** wie etwa das Beschäftigungsverbot nach den Bestimmungen des MuSchG, des JArbSchG oder sonstige, dem Arbeitsschutz 85

208 Gesetzesbegründung BT-Drucks 14/6040, 130; vgl. ferner zur Abgrenzung des Leistungsverweigerungsrechts zu den nunmehr kodifizierten Rechtsgrundsätzen des Wegfalls der Geschäftsgrundlage *Fischer*, DB 2001, 1925 ff.

209 Zu diesen Fällen vgl. z.B. BAG, Urt. v. 10.09.1985, AP Nr. 86 zu Art. 9 GG Arbeitskampf; v. 20.05.1988, AP Nr. 9 zu § 1 KSchG Personenbedingte Kündigung; v. 24.05.1989, AP Nr. 1 zu § 611 BGB Gewissensfreiheit; v. 20.12.1989, AP Nr. 27 zu § 611 BGB Direktionsrecht; v. 21.05.1992, AP Nr. 29 zu § 1 KSchG Verhaltensbedingte Kündigung.

210 Vgl. etwa BAG, Urt. v. 07.09.1983, AP Nr. 7 zu § 1 KSchG Verhaltensbedingte Kündigung; zur Rechtsgrundlage vgl. ferner MünchArbR/*Blomeyer*, § 49 Rn 46.

211 Vgl. BT-Drucks 14/6040, 130.

212 Vgl. zu einer solchen Fallgestaltung BAG, Urt. v. 21.05.1992, NZA 1993, 115; vgl. ferner LAG Köln, Urt. v. 10.11.1993, NZA 1995, 128, wonach bei einer rechtswidrig verweigerten Freistellung nach § 45 Abs. 3 SGB V der Arbeitnehmer eigenmächtig von der Arbeit fernbleiben darf, ohne mit kündigungsrechtlichen Konsequenzen rechnen zu müssen.

213 BAG, Urt. v. 20.12.1984, NZA 1986, 21.

214 Vgl. dazu *Diller/Winzer*, DB 2001, 2094.

215 *Joussen*, NZA 2001, 747, hält diese zuvor im RegE in § 275 Abs. 2 Satz 2 enthaltene Regelung für entbehrlich, da hier bereits § 616 BGB eine Spezialregelung für das Arbeitsrecht bereit halte.

dienende Regelungen verstoßen, wird im Regelfall bereits Unmöglichkeit nach § 275 Abs. 1 BGB gegeben sein, da eine Leistungspflicht hier bereits von vornherein nicht besteht.[216] Sofern dies nicht der Fall ist, kommt eine Einrede nach § 275 Abs. 3 BGB in Betracht wie in den Fällen, wo der Arbeitgeber aus Gründen der Fürsorge zur Freistellung verpflichtet wäre. Als Grundformel kann gesagt werden, dass das Zurückbehaltungsrecht besteht, wenn dem Arbeitnehmer (1) durch das Festhalten an der Arbeitsverpflichtung eine wesentliche (Persönlichkeits-)Beeinträchtigung droht, (2) der Anlass unvorhersehbar war, (3) nur die Nichtleistung vor der Beeinträchtigung zu schützen vermag und (4) das betriebliche Interesse des Arbeitgebers aufgrund des hohen Interesses des Arbeitnehmers deshalb im Rahmen der Abwägung zurückzutreten hat.[217]

86 Darüber hinaus sind auch spezialgesetzliche Zurückbehaltungstatbestände zu berücksichtigen. So enthält für den Fall sexueller Belästigungen **§ 4 Abs. 2 BeschäftigtenschutzG** ein gesondert geregeltes Zurückbehaltungsrecht. **§ 21 Abs. 6 Satz 2 GefStoffVO** enthält ein weiteres ausdrücklich geregeltes Zurückbehaltungsrecht für das Überschreiten festgelegter Toleranzwerte, wenn hierdurch eine unmittelbare Gefahr für Leben oder Gesundheit des Arbeitnehmers besteht. Die ursprüngliche Rechtsprechung des BAG, wonach die genannte Vorschrift schon dann anwendbar ist, wenn das Gebäude, in dem gearbeitet wird, Gefahrstoffe enthält,[218] hat das Gericht insofern revidiert und festgestellt, dass dieses Zurückbehaltungsrecht nur aus § 273 Abs. 1 bzw. § 618 Abs. 1 BGB, nicht aber aus § 21 Abs. 6 Satz 2 der GefStoffVO gestützt werden könne.[219] Darüber hinaus ist anerkannt, dass das Zurückbehaltungsrecht aus der GefStoffVO nicht geltend gemacht werden kann, wenn der Arbeitgeber unverzüglich die notwendigen Maßnahmen zur Wiedereinhaltung der Grenzwerte einleitet und deshalb mit einer Gefahrbeseitigung zu rechen ist.[220]

87 Jeweils ist zu berücksichtigen, dass der Arbeitnehmer bei der Geltendmachung eines ihm zustehenden und aufgrund § 309 Nr. 2 BGB nicht durch eine allgemeine Vertragsbedingung auszuschließenden[221] Zurückbehaltungsrechts den **Grund der Zurückhaltung kenntlich** zu machen hat.[222] Die Ausübung des Zurückbehaltungsrechts hat zudem unter Beachtung des Grundsatzes von **Treu und Glauben** zu erfolgen.[223] So darf ein Arbeitnehmer nicht etwa die Arbeit verweigern, wenn der Lohnrückstand verhältnismäßig geringfügig ist, nur eine kurzfristige Verzögerung der Lohnzahlung zu erwarten ist, dem Arbeitgeber ein unverhältnismäßig hoher Schaden entstehen würde oder wenn der Lohnanspruch auf andere Weise abgesichert ist.[224] Auch darf er sein Leistungsverweigerungsrecht nicht zur Unzeit und somit unter Zufügung eines unverhältnismäßig hohen Schadens ausüben.[225]

88 Neben der individuellen ist auch die **kollektive Ausübung des Leistungsverweigerungsrechts** anerkannt.[226] Dieses setzt allerdings voraus, dass die Ausübung des Leistungsverweigerungsrechts im inneren Zusammenhang mit den Rechten aus dem Arbeitsverhältnis steht. Unzulässig ist es daher etwa, unter Berufung auf ein Zustimmungsverweigerungsrecht die Wiedereinstellung betriebsbedingt gekündigter Arbeitnehmer zu verlangen.[227]

216 I. d. S. auch *Lindemann*, AuR 2002, 82.

217 Vgl. i.d.S. MünchArbR/*Blomeyer*, § 49 Rn 18.

218 BAG, Urt. 02.02.1994, AP Nr. 4 zu § 273 BGB.

219 BAG, Urt. v. 08.05.1996, NZA 1997, 86.

220 Vgl. hierzu auch *Möx*, AuR 1992, 238.

221 Vgl aber auch *Annuß*, BB 2002, 463, wonach der Ausschluss von Zurückbehaltungsrechten an vom Arbeitgeber gestellten Arbeitsmitteln aufgrund der in der spezifischen Struktur der Arbeitsbeziehung weiterhin zulässig ist.

222 BAG, Urt. v. 20.12.1963, AP Nr. 32 zu Art. 9 GG Arbeitskampf; v. 07.06.1973, AP Nr. 28 zu § 615 BGB.

223 Vgl. insofern auch zur Verletzung arbeitsvertraglicher Nebenpflichten *Kort*, NZA 1996, 855. Ergänzend sei darauf verwiesen, dass dem Arbeitnehmer ein Zurückbehaltungsrecht an Gegenständen des Arbeitgebers gänzlich versagt ist, die dieser nur als Besitzdiener besitzt; vgl. LAG Düsseldorf, Urt. v. 18.04.1966, DB 1975, 2040; i.d.S. ebenso LAG Hamm, Urt. v. 18.10.1957, BB 1958, 117.

224 BAG, Urt. v. 25.10.1984, AP Nr. 3 zu § 273 BGB.

225 BAG, Urt. v. 25.10.1984, AP Nr. 3 zu § 273 BGB.

226 Vgl. hierzu auch BAG, Urt. v. 20.12.1963, v. 14.02.1978, AP Nr. 32, 58 zu Art. 9 GG Arbeitskampf.

227 BAG, Urt. v. 14.02.1978, AP Nr. 58 zu Art. 9 GG Arbeitskampf.

Übt der Arbeitnehmer in berechtigter Weise sein Zurückbehaltungsrecht an der Arbeitsleistung aus, bleibt der **Arbeitgeber weiterhin zur Gegenleistung verpflichtet**. Dabei ist je nach Sachverhalt der Fortzahlungsanspruch auf eine unterschiedliche Rechtsgrundlage zu stützen. Durfte der Arbeitgeber eine Weisung von vornherein nicht erteilen, kommt § 615 BGB als Anspruchsgrundlage in Betracht. Lag jedoch das zur Zurückhaltung berechtigende Ereignis in der Sphäre des Arbeitnehmers, ist ggf. auf § 616 BGB zurückzugreifen. Stets gilt, dass eine Kündigung wegen der Ausübung des Zurückbehaltungsrechts nicht rechtswirksam ausgesprochen werden kann.[228] Im Fall der unberechtigten Leistungsverweigerung entfällt jedoch der Anspruch auf Arbeitsvergütung (§ 326 Abs. 1 i.V.m. § 275 BGB). Neben etwaig entstehenden Schadensersatzansprüchen kann die unberechtigte Ausübung des Leistungsverweigerungsrechts kündigungsrechtliche Konsequenzen nach sich ziehen. Der Arbeitnehmer trägt insofern das Beurteilungsrisiko über das Bestehen eines Leistungsverweigerungsrechts.[229] 89

b) Verletzung der Arbeitspflicht

Der Arbeitnehmer verletzt seine Arbeitsverpflichtung, wenn er, ohne hierzu aufgrund eines Freistellungstatbestandes berechtigt zu sein, die Leistung überhaupt nicht oder lediglich schlecht erfüllt. Dies kann mit kündigungsrechtlichen[230] und entgeltrechtlichen[231] ebenso wie mit den im Folgenden zu behandelnden schadensersatzrechtlichen Konsequenzen verbunden sein. 90

Die **Nichtleistung von Arbeit** führt regelmäßig Unmöglichkeit herbei; der Anspruch auf Arbeitsleistung ist ausgeschlossen. Liegt ein Fall objektiver oder aufgrund einer Einrede nach § 275 Abs. 2, 3 BGB geltend gemachter subjektiver Unmöglichkeit vor, kann der Arbeitgeber als Gläubiger der Leistung unter den Voraussetzungen des § 280 BGB **Schadensersatz statt Leistung** verlangen (§ 283 BGB). Da hier eine Leistungspflicht nicht besteht und demzufolge auch eine Fristsetzung keinen Sinn machen würde, bedarf es ihrer nicht, wie in § 281 Abs. 1 BGB gefordert, weshalb § 283 lediglich einen Verweis auf § 281 Abs. 1 Satz 2, 3 sowie Abs. 5 BGB enthält. Als **ersatzfähiger Schaden** kommen die durch die Übernahme von Aufgaben seitens anderer Arbeitnehmer angefallenen Überstundenzuschläge in Betracht. Stellt der Arbeitgeber eine Ersatzkraft ein, kann auch die Differenz zwischen dem Entgelt des seine Vertragspflichten nicht erfüllenden Arbeitnehmers und dem höheren Entgelt der Ersatzkraft als Schaden geltend gemacht werden.[232] Auch kann ein entgangener Gewinn als Schaden geltend gemacht werden. 91

Anstelle von Schadensersatzes kann nach § 284 BGB ggf. auch **Ersatz vergeblicher Aufwendungen (sog. Frustrationsschaden)** verlangt werden, wie sie etwa in Form von in Erwartung eines Vertragsschlusses aufgewandten Vertragskosten angefallen sind. Dieser an die Stelle des Anspruchs nach § 281 BGB tretende Anspruch ist ebenso wie dieser verschuldensabhängig. Er kann auch im Falle eines bereits bei Vertragsschluss vorliegenden Leistungshindernisses verlangt werden (§ 311a BGB). Dies kann bspw. relevant werden, wenn die ausnahmsweise zulässige Frage nach einer Schwangerschaft[233] verneint wird und das daraufhin eingegangene Vertragsverhältnis nicht realisiert werden kann. Gleichermaßen kommt ein Anspruch auf das Erfüllungsinteresse nach § 311a Abs. 2 BGB in Betracht, wenn der Arbeitnehmer in Kenntnis oder auch fahrlässiger Unkenntnis einen Arbeitsvertrag trotz eines bereits bei Vertragsschluss bestehenden Gewissenskonflikts abschließt, den er sodann im Rahmen des § 275 Abs. 3 BGB geltend macht. 92

Von der Nicht- ist die **Schlechtleistung** bei der Erfüllung der Arbeitspflicht zu unterscheiden. Nicht jede mit Mängeln behaftete Arbeitsleistung kann als Schlechtleistung angesehen werden, schuldet der Arbeitnehmer doch lediglich, dem Arbeitgeber seine Arbeitskraft nach dessen Weisungen zur 93

228 BAG, Urt. v. 25.10.1984 sowie v. 09.05.1996, AP Nr. 3, 5 zu § 273 BGB.
229 BAG, Urt. v. 29.11.1993, AP Nr. 78 zu § 626 BGB.
230 Vgl. hierzu § 10 Rn 278 ff.
231 Zum Schicksal der Gegenleistung vgl. noch im Folgenden.
232 BAG, Urt. v. 09.05.1975, AP Nr. 8 zu § 628 BGB.
233 Vgl. etwa BAG, Urt. v. 15.10.1992, AP Nr. 8 zu § 611a BGB; v. 01.07.1993, AP Nr. 36 zu § 123 BGB.

Verfügung zu stellen.[234] Er hat aber in diesem Rahmen die ihm übertragenen Aufgaben sorgfältig und konzentriert unter Anspannung der möglichen Fertigkeiten zu verrichten,[235] weshalb bei der Beurteilung der Arbeitsleistung neben objektiven Kriterien auch das individuelle Leistungsvermögen eine Berücksichtigung finden muss.[236] Ausgehend von dem Umstand, dass das Dienstvertragsrecht anders als etwa das Kauf-, Miet- oder Werkvertragsrecht keine Gewährleistung des mit der Leistung angestrebten Erfolgs kennt, geht die Rechtsprechung davon aus, dass dem Arbeitgeber kein Kürzungsrecht, wohl aber ein Schadensersatzanspruch erwachsen kann.[237] Auch kann er die Schlechtleistung nicht mit Vertragsstrafen sanktionieren; eine darauf ausgerichtete Klausel ist unwirksam.[238] Davon unbeschadet steht dem Arbeitgeber das Recht zur Kündigung im Falle wiederholt festgestellter Leistungsmängel zu, wozu er wie im Schadensrecht auch im Sinne einer Kausalkette darlegen können muss, welche Mängel in der fachlichen und persönlichen Qualifikation zu welchen Fehl- und Schlechtleistungen geführt haben.[239] Unterschiede im Umfang der notwendigen Darlegung ergeben sich aber aus den unterschiedlichen Voraussetzungen beider Sanktionssysteme.[240]

94 Die **Abgrenzung zwischen Nicht- und Schlechtleistung** kann im Einzelfall Schwierigkeiten bereiten. Erbringt der Arbeitnehmer eine Arbeitsleistung, entspricht diese aber nicht den qualitativen Anforderungen und ist dem Arbeitgeber hierdurch ein Schaden erwachsen, ist dies regelmäßig als Schlechtleistung anzusehen. Allenfalls kann in diesem Fall aufgrund anzunehmender Nichtleistung der Vergütungsanspruch entfallen, wenn das Arbeitsergebnis entgegen den Anweisungen des Arbeitgebers erbracht wurde und völlig unbrauchbar ist.[241] Bei quantitativer Schlechtleistung (Bummelei) kann nur in Ausnahmefällen ein Fall der Nichterfüllung angenommen werden, wenn infolge der Zurückhaltung der Arbeitsleistung bewusst das Gesamtbild der Arbeitsleistung wie eine Nichtleistung erscheint[242] oder eine zeitbezogene Aufteilung von Phasen der Leistung und Nichtleistung möglich ist.[243] Im Regelfall ist der Arbeitgeber jedoch auf das Schadensersatzrecht angewiesen, um durch Schlechtleistung eingetretene Schäden zu sanktionieren.[244] Hier findet dann auch im Rahmen der Verschuldensprüfung die Frage nach der individuellen Leistungsfähigkeit eine Berücksichtigung.[245]

c) Durchsetzung der Arbeitspflicht

95 Kommt der Arbeitnehmer seiner Arbeitsverpflichtung nicht nach, obgleich er hierzu rechtlich verpflichtet wäre, kann der Arbeitgeber **auf Erfüllung klagen**, wobei der Klageantrag unter den Voraussetzungen der §§ 258 f. ZPO auch auf die künftig geschuldete Arbeitsleistung erstreckt werden kann.[246] Dabei wird regelmäßig ein Rechtsschutzinteresse zu unterstellen sein, da mit einem der Klage stattgebenden oder nicht stattgebenden Urteil eine Klärung der Rechtslage durch Hinweis des Arbeitnehmers auf seine Arbeitsverpflichtung herbeigeführt wird.[247] Mit der Klage kann

234 Vgl. hierzu auch *Beuthien*, ZfA 1972, 73; *Ulrich*, NJW 1984, 585.

235 BAG, Urt. v. 17.07.1970, AP Nr. 3 zu § 11 MuSchG; Beschl. v. 14.01.1986, AP Nr. 10 zu § 87 BetrVG 1972 Ordnung des Betriebes; *Hunold*, BB 2003, 2345 ff.

236 BAG, Urt. v. 20.03.1969, AP Nr. 27 zu § 123 GewO; v. 17.07.1970, AP Nr. 3 zu § 11 MuSchG; *Rüthers*, ZfA 1973, 403.

237 So z.B. BAG v. 06.06.1972, AP Nr. 71 zu § 611 BGB, Haftung des Arbeitnehmers; vgl. aber auch BAG, Urt. v. 17.07.1970, AP Nr. 3 zu § 11 MuSchG, wonach es im Falle zurückgehaltener Arbeitsleistung dahinstehen kann, ob diese wie ein Fall der Nichtleistung von Arbeit oder schuldhafte Schlechtleistung zu bewerten sei, die die Pflicht zur Zahlung des ungeminderten Arbeitsentgelts unberührt lässt und dem Arbeitgeber lediglich gestattet, mit ihm entstandenen Schadensersatzansprüchen aufzurechnen. *Lindemann*, AuR 2002, 83, meint darüber hinaus, dass nunmehr über § 326 Abs. 1 Satz 2 BGB ausdrücklich klargestellt sei, dass ein Minderungsrecht bei Schlechtleistung nicht bestehe.

238 LAG Frankfurt; Urt. v. 05.09.1967, DB 1969, 987.

239 BAG, Urt. v. 15.08.1984, AP Nr. 8 zu § 1 KSchG.

240 Vgl. hierzu etwa LAG Berlin, Urt. v. 22.10.1984, BB 1985, 271.

241 MünchArbR/*Blomeyer*, § 58 Rn 16.

242 Vgl. insofern BAG v. 17.07.1970, AP Nr. 3 zu § 11 MuSchG.

243 MünchArbR/*Blomeyer*, § 58 Rn 19.

244 So unter Hinw. auf § 326 Abs. 1 Satz 2 BGB: *Lindemann*, AuR 2002, 83.

245 Vgl. hierzu auch *Söllner*, ZfA 1973, 422.

246 BAG, Urt. v. 02.12.1964, DB 1966, 195.

247 MünchArbR/*Blomeyer*, § 50 Rn 1; *Schaub*, Arbeitsrechts-Handbuch, § 45 VII 1.

zugleich entsprechend § 61 Abs. 2 ArbGG ein Antrag auf Entschädigung bei Nichtbefolgung der im Urteilstenor festgestellten Handlungspflicht verbunden werden.[248]

Offen ist, wie ein der Klage stattgebendes **Urteil vollstreckt** werden kann. Aufgrund des höchstpersönlichen Charakters der Arbeitsverpflichtung wird vielfach davon ausgegangen, dass es sich hier um eine unvertretbare Handlung i.S.d. § 888 ZPO handeln würde, die dem Arbeitgeber eine Ersatzvornahme verwehre.[249] Teilweise wird jedoch auch angenommen, dass es dem Arbeitgeber in der Regel nicht um die persönliche Erfüllung der Arbeitspflicht, sondern die Vermeidung von Störungen im betrieblichen Arbeitsprozess gehe, was eine Zwangsvollstreckung nach § 887 ZPO erlauben würde.[250] Sollte im Einzelfall von einer vertretbaren Handlung ausgegangen werden können, sollte der Arbeitgeber mit seinem Antrag die Feststellung begehren, dass er auf gerichtliche Ermächtigung hin zur Ersatzvornahme der vertretbaren Arbeitshandlung ermächtigt sei; das Gericht hat dann über die Vertretbarkeit der Arbeitshandlung im Rahmen seiner Tenorierung zu entscheiden.[251] Im **einstweiligen Verfügungsverfahren** wird im Regelfall die Vollstreckbarkeit des Anspruchs auf Arbeitsleistung als unvertretbare Handlung ebenfalls an § 888 Abs. 2 ZPO scheitern.[252] Die Verpflichtung zur Erbringung von Arbeitsleistung im einstweiligen Rechtsschutzverfahren würde den im Hauptsacheverfahren geltend gemachten Anspruch verwirklichen und dadurch dieses vorwegnehmen; dies würde dem Zweck des einstweiligen Rechtsschutzverfahren, die Entscheidungsfähigkeit im Hauptsacheverfahren zu gewährleisten, unterlaufen.[253] Sollte im Einzelfall von einer vertretbaren Handlung ausgegangen werden können, hat der Arbeitgeber glaubhaft zu machen, dass eine Entscheidung im Eilverfahren zur Abwendung einer Gefährdung seiner Interessen notwendig ist, wovon dann ausgegangen werden kann, wenn ihm ein Schaden droht, der über den üblichen Vertragsbruchschaden hinausgeht.[254] 96

2. Nebenpflichten

Über die konkrete Pflicht zur Arbeitsleistung treffen den Arbeitnehmer Nebenpflichten, die darauf gerichtet sind, die Arbeitgeberinteressen so zu wahren, wie es »unter Berücksichtigung seiner Stellung im Betrieb, seiner eigenen Interessen und der Interessen der anderen Arbeitnehmer des Betriebs nach Treu und Glauben billigerweise verlangt werden kann«.[255] Unter Verweis auf die anzuwendenden Grundsätze von Treu und Glauben wurde die dogmatische Verankerung der Nebenpflichten bislang in § 242 BGB gesehen.[256] Nunmehr steht dem Rechtsanwender eine speziellere Vorschrift, nämlich die des § 241 Abs. 2 BGB zur Verfügung, nach der im Rahmen eines Schuldverhältnisses jeder Teil zur Rücksicht auf die Rechte, Rechtsgüter und Interessen des anderen Teils verpflichtet ist. Damit werden auch vertragsbegleitende, nicht leistungsbezogene Nebenpflichten ausdrücklich erfasst. 97

Unselbständige Nebenpflichten weisen eine akzessorische Verknüpfung zur Hauptleistungspflicht auf, weshalb sie auch häufig als Nebenleistungspflichten bezeichnet werden.[257] Zu ihnen gehören insbes. die Pflicht zur Befolgung der arbeitgeberseitigen Weisungen,[258] Arbeitsbummelei,[259] be- 98

248 MünchArbR/*Blomeyer*, § 50 Rn 11.
249 So z.B. MüKo-BGB/*Müller-Glöge*, § 611 Rn 420; *Kraft*, NZA 1989, 778.
250 Vgl. insofern *Grunsky*, ArbGG, § 62 Rn 13.
251 Vgl. auch MünchArbR/*Blomeyer*, § 50 Rn 2.
252 So auch MünchArbR/*Blomeyer*, § 50 Rn 3; *Heinze*, RdA 1986, 280.
253 *Heinze*, RdA 1986, 280.
254 MünchArbR/*Blomeyer*, § 50 Rn 3.
255 So MünchArbR/*Blomeyer*, § 51 Rn 1 unter Verw. auf § 77 des Entw. der Arbeitsgesetzbuchkommission für ein Arbeitsvertragsgesetz (1972).
256 MünchArbR/*Blomeyer*, § 51 Rn 3 m.w.N. in Fn 8.
257 MünchArbR/*Blomeyer*, § 56 Rn 2.
258 BAG, Urt. v. 15.01.1986, AP Nr. 96 zu § 611 BGB Fürsorgepflicht.
259 BAG, Urt. v. 27.01.1988, ZTR 1988, 309.

ständiges Telefonieren,[260] die verspätete Arbeitsaufnahme,[261] das fehlerhafte Arbeiten[262] sowie anderweitige Auskunfts-, Rechenschafts- oder Schutzpflichten. Ihre Erfüllung kann nicht selbständig eingeklagt werden. Die Verletzung dieser Nebenpflichten kann aber auf die Hauptleistungspflicht durchschlagen, so dass auch die Sanktionen eingreifen, die bei einer Verletzung der Hauptleistungspflicht einschlägig wären.[263] Sie kann dann neben kündigungsrechtlich relevanten Sanktionen[264] in Einzelfällen einen Anspruch auf Schadensersatz auslösen.[265] Letzterenfalls bildet, da die Verletzung dieser leistungsbezogenen Nebenpflichten einen nicht behebbaren Leistungsmangel darstellt, § 283 i.V.m. § 280 BGB die richtige Anspruchsgrundlage. Soweit individualvertraglich[266] oder kollektivrechtlich[267] vorgesehen, kann die Verletzung auch über Vertragsstrafen[268] oder Betriebsbußen sanktioniert werden. Angesichts der vom AGBG in § 309 Nr. 6 BGB überführten Regelung bedarf es allerdings einer Konkretisierung der Gründe.[269]

99 Zu den **selbständigen Nebenpflichten** gehören die außerhalb des Synallagmas bestehenden Schutzpflichten. Zu diesen vielfach unter dem Begriff der Treuepflicht zusammengefassten Nebenpflichten zählen in negativer Hinsicht die Pflicht, alles zu unterlassen, das die Erreichung der arbeitsvertraglichen Ziele gefährden oder vereiteln könnte, sowie in positiver Hinsicht die Pflicht zu einem dem Vertragszweck dienlichen Verhalten.[270] Da auf die Erfüllung selbständiger Nebenpflichten ein eigenständiger Anspruch besteht, können sie selbständig eingeklagt werden. In der Praxis werden solche Klagen überwiegend auf die Unterlassung eines bestimmten, den Arbeitsvertragszweck gefährdenden Handelns gerichtet.[271] Im Übrigen kann die Pflichtverletzung zu einem Schadensersatzanspruch in Anwendung der Grundsätze der pVV – nunmehr positiv geregelt in dem auf § 280 Abs. 1 BGB verweisenden § 282 BGB[272] – sowie zu kündigungsrechtlichen Konsequenzen führen.[273] Letzterenfalls ist zu beachten, dass entgegen einer früheren Rechtsprechung, die bei Störungen infolge der Verletzung einer dem Vertrauensbereich zuzurechnenden Nebenpflicht eine vorherige Abmahnung regelmäßig für entbehrlich hielt,[274] inzwischen eine modifiziertere Betrachtungsweise Platz greift. So soll es nunmehr einer vorherigen Abmahnung bedürfen, wenn der Arbeitnehmer mit vertretbaren Gründen annehmen durfte, sein Verhalten sei nicht vertragswidrig oder werde vom Arbeitgeber

260 LAG Düsseldorf, Urt. v. 14.02.1963, BB 1963, 732; grds. ebenso, aber aufgrund einer Interessenabwägung mit anderen Schlussfolgerungen: LAG Köln, Urt. v. 02.07.1998, LAGE § 1 KSchG Verhaltensbedingte Kündigung Nr. 66.

261 BAG, Urt. v. 17.03.1988, AP Nr. 99 zu § 626 BGB.

262 BAG, Urt. v. 07.09.1988, AP Nr. 2 zu § 611 BGB Abmahnung.

263 MünchArbR/*Blomeyer*, § 51 Rn 17.

264 Hier stets unter dem Vorbehalt einer vorherigen Abmahnung; vgl. BAG, Urt. v. 17.02.1994, AP Nr. 116 zu § 626 BGB.

265 Zur Abgrenzung der Anspruchsgrundlage des § 281 BGB für behebbare und des § 282 BGB für nicht behebbare Leistungsmängel vgl. BT-Drucks. 14/6040, 137 f.

266 Zur Zulässigkeit individualvertraglich getroffner Strafabreden vgl. BAG, Urt. v. 04.09.1964, v. 23.05.1984 sowie v. 05.02.1986, AP Nr. 3, 9, 23 zu § 339 BGB.

267 Zur Zulässigkeit betrieblicher Regelungen der Betriebsbuße vgl. BAG, Urt. v. 05.12.1975, AP Nr. 1 zu § 87 BetrVG Betriebsbuße.

268 Zur Vertragsstrafe nach bisherigem Recht vgl. BAG, Urt. v. 05.02.1986, AP Nr. 12 zu § 339 BGB; v. 27.05.1992, EzA Nr. 8 zu § 339 BGB; vgl. hierzu auch *Heinze*, NZA 1994, 249.

269 Vgl. auch *Lingemann*, NZA 2002, 192; vgl. i.Ü. zur Zulässigkeit von Vertragsstrafen: *Annuß*, BB 2002, 463; *Bartz*, AuA 2002, 138; *Conein-Eikelmann*, DB 2003, 2546 ff.; *Henssler*, RdA 2002, 138; *Hromadka*, NJW 2002, 2528; *Lederer-Morgenroth*, NZA 2002, 957; *Lingemann*, NZA 2002, 191; *Reichenbach*, NZA 2003, 309 ff.; gegen die Zulässigkeit einer Vertragsstrafenklausel jedoch *Däubler*, NZA 2001, 1336; *Hümmerich*, NZA 2003, 762; *Koppenfels*, NZA 2002, 598 ff.; *Thüsing*, BB 2002, 2673.

270 MünchArbR/*Blomeyer*, § 51 Rn 21 f.

271 Vgl. insofern Beispiele bei MünchArbR/*Blomeyer*, § 56 Rn 6.

272 Zu § 282 BGB als Anspruchsgrundlage bei Verletzung nicht leistungsbezogener Nebenpflichten vgl. auch Gesetzesbegründung BT-Drucks 14/6040, 141.

273 Vgl. insofern auch bei *Hümmerich*, AnwaltFormulare Arbeitsrecht, § 4 Rn 181 ff., mit einem »Alphabet der verhaltensbedingten Kündigungssachverhalte«.

274 So z.B. BAG, Urt. v. 02.06.1960, AP Nr. 42 zu § 626 BGB; v. 30.11.1978, NJW 1980, 255.

zumindest nicht als ein erhebliches, den Bestand des Arbeitsverhältnisses gefährdendes Fehlverhalten angesehen.[275] Diese Rechtsprechung erweiterte das BAG durch die Feststellung, dass auch bei Störungen im Vertrauensbereich jedenfalls dann eine Abmahnung erforderlich sei, wenn es um ein steuerbares Verhalten des Arbeitnehmers geht und eine Wiederherstellung zu erwarten sei.[276]

Die Nebenpflichten sind bei Durchführung des Arbeitsverhältnisses zu beachten. Sie können aber 100
auch darüber hinaus den Arbeitnehmer zu bestimmten Verhaltensweisen verpflichten. Dies gilt regelmäßig dann, wenn das **außerdienstliche Verhalten** eine Reflexwirkung im Arbeitsverhältnis selbst zeitigt.[277] So hat ein Arbeitnehmer den Konsum von Drogen zu unterlassen, wenn dessen Nachwirkungen unvereinbar mit der Durchführung der von ihm zu erledigenden Aufgaben sind.[278] Er hat fernerhin Äußerungen über unternehmensinterne Fakten oder unternehmensschädliche Meinungsäußerungen zu unterlassen.[279] Auch kann die Häufung von Lohnpfändungen die Kündigung eines in einer Vertrauensstellung beschäftigten Arbeitnehmers wegen berechtigter Zweifel an seiner Integrität, auch bezogen auf den dienstlichen Bereich, kündigungsrechtliche Relevanz gewinnen.[280] Nicht jedoch hat der Arbeitnehmer seinen außerdienstlichen Lebenswandel entsprechend den Vorstellungen des Arbeitgebers einzurichten.[281] Etwas anderes kann allenfalls angenommen werden, sofern das außerdienstliche Verhalten die ordnungsgemäße Erfüllung des Vertragsverhältnisses gefährdet. So hat der Arbeitnehmer sein Verhalten so auszurichten, dass er seine Arbeitskraft dem Arbeitgeber in vollem Umfang zur Verfügung stellen kann. Dies gilt insbesondere für Zeiten der krankheitsbedingten Arbeitsunfähigkeit. Der Arbeitnehmer darf nicht durch sein Verhalten den Heilungsprozess verzögern oder gefährden; ihm ist es untersagt, Nebenbeschäftigungen während einer bestehenden Arbeitsunfähigkeit auszuüben.[282]

a) Wahrung der betrieblichen Ordnung

Der Arbeitnehmer hat sich im Betrieb so zu verhalten, dass die betriebliche Ordnung gewahrt 101
bleibt sowie Eigentum und Geschäftsbeziehungen des Arbeitgebers nicht gefährdet werden. Häufig werden hiermit im Zusammenhang stehende Pflichten im Rahmen von generellen Weisungen in Form von Betriebs- oder Arbeitsordnungen zusammengefasst. Diese unterliegen der Mitbestimmung des Betriebsrats nach § 87 Abs. 1 Nr. 1 BetrVG. Die einzelne Anordnung zur Einhaltung der betrieblichen Ordnung ist jedoch mitbestimmungsfrei.

Aufgrund des Umstandes, dass der Arbeitnehmer über die im Betrieb zur Verfügung stehenden 102
Arbeitsmittel und erstellten Arbeitsergebnisse eine besondere besitzrechtliche Stellung erlangt, hat er dieses **Eigentum zu schützen**. Er ist gehalten, Gefahren von den ihm anvertrauten und zugänglichen Arbeitsmitteln und Arbeitsergebnisse abzuwenden. Weisungen, die ihm zum Schutze des Eigentums angetragen werden, hat er zu beachten.[283]

275 BAG, Urt. v. 30.06.1983, AP Nr. 15 zu Art. 140 GG; v. 10.11.1988, AP Nr. 3 zu § 1 KSchG 1969 Abmahnung; v. 05.11.1992, NZA 1993, 308; v. 14.02.1996, NZA 1996, 873.

276 BAG, Urt. v. 26.01.1996, NZA 1995, 517; v. 04.06.1997, NZA 1997, 1281.

277 BAG, Urt. v. 06.06.1984, v. 24.09.1987 sowie v. 28.09.1989, AP Nr. 11, 19, 24 zu § 1 KSchG Verhaltensbedingte Kündigung; vgl. fernerhin LAG Nürnberg, Urt. v. 26.04.2001, BB 2001, 1906, für den Fall der außerordentlichen Kündigung unter Berufung auf eine Trunkenheitsfahrt, die das Gericht auch nicht aufgrund eines im Arbeitsvertrag vorgesehenen entsprechenden Kündigungsrechts für gerechtfertigt hielt.

278 Vgl. auch BAG, Urt. v. 23.08.1986, NZA 1987, 250.

279 S. dazu noch im Folgenden unter Rn 144 ff.

280 So z.B. in BAG, Urt. v. 15.10.1992 – 2 AZR 188/92 (n.v.).

281 Vgl. daher auch BAG, Urt. v. 23.06.1994, AP Nr. 9 zu § 242 BGB Kündigung, zur Kündigung eines Arbeitnehmers wegen seines persönlichen (Sexual-)Verhaltens innerhalb der Probezeit; vgl. ferner LAG Baden-Württemberg, Urt. v. 03.04.1967, BB 1967, 757; LAG Hamm, Urt. v. 01.03.1990, 1671.

282 BAG, Urt. v. 13.11.1979, DB 1980, 741; v. 26.08.1993, NZA 1994, 63; LAG Köln, Urt. v. 23.05.1996, NZA-RR 1997, 338.

283 MünchArbR/*Blomeyer*, § 53 Rn 53.

103 Der Arbeitnehmer hat die in Konkretisierung der Arbeitspflicht erfolgenden **Weisungen zu befolgen.**[284] So hat er auch die ihm angewiesene angemessene Arbeitskleidung zu tragen.[285] Allerdings muss die Weisung zum Tragen einer bestimmten Arbeitskleidung von überwiegenden Interessen des Arbeitgebers getragen sein. Die Befürchtung, es werde infolge des Tragens einer bestimmten Arbeitskleidung zu einer nicht hinnehmbaren Störung in Kundenbeziehungen kommen, genügt insoweit nicht.[286]

104 Stets nicht hinzunehmen hat der Arbeitgeber Agitationen mit menschenverachtendem Inhalt.[287] Aber auch sonst hat der Arbeitnehmer im Interesse des betrieblichen Friedens **partei- oder sonst allgemeinpolitische Agitationen** zu unterlassen.[288] Dies gilt im besonderen Maße für betriebsverfassungsrechtliche Amtsträger.[289] Die Rechtsprechung behandelt in diesem Zusammenhang das Tragen einer auffälligen Plakette im Betrieb während der Arbeitszeit, durch die eine parteipolitische Meinung bewusst und herausfordernd zum Ausdruck gebracht wird, ähnlich wie eine ständige verbale Agitation provozierenden parteipolitischen Inhalts. Sie ist zu unterlassen, wenn durch das Verhalten des Arbeitnehmers der Betriebsfrieden oder der Betriebsablauf konkret gestört oder die Erfüllung der Arbeitspflicht beeinträchtigt wird.[290] Erhöhte Anforderungen sind dabei an Arbeitnehmer zu richten, die eine erzieherische Funktion wahrnehmen, da hier die Aufgabenstellung eine besondere Zurückhaltung gebietet.[291] Allein die Besorgnis der Indoktrination genügt allerdings nicht.[292]

105 Auch hat der Arbeitnehmer ein vom Arbeitgeber einseitig erlassenes **Rauchverbot** zu beachten, soweit dieses im Zusammenhang mit der Arbeitsleistung des Arbeitnehmers steht.[293] Ein solcher Zusammenhang kann etwa auch angenommen werden, soweit mit dem Rauchen am Arbeitsplatz eine Gesundheitsgefahr oder sonstige Belästigungen für Nichtraucher einhergeht, indem diese dem Rauch passiv ausgesetzt sind. Allerdings haben der Arbeitgeber bzw., soweit dies durch eine betriebliche Regelung zusammen mit dem Betriebsrat erfolgt, die Betriebsparteien die Grundsätze der Verhältnismäßigkeit zu beachten.[294] Der Arbeitgeber kann daher zur Schaffung von Rauchgelegenheiten verpflichtet sein.[295]

106 Ebenfalls ist das Verhältnismäßigkeitsprinzip bei der Frage nach Ausspruch eines **Alkoholverbots** zu berücksichtigen.[296] Ein absolutes Alkoholverbot wird stets als zulässig zu erachten sein, soweit der – auch nur in geringen Mengen erfolgende – Genuss von Alkohol mit der Arbeit des Arbeitnehmers unvereinbar ist.[297] Aber auch sonst wird der Ausspruch eines Alkoholverbots wegen der Gefahr der Beeinträchtigung in der Arbeit dem Grundsatz nach zu bejahen sein.[298] Dabei ist es unerheblich,

284 Zum Direktionsrecht vgl. bereits ausführlich § 3 Rn 53 ff.

285 LAG Hamm, Urt. v. 22.10.1991, LAGE § 611 BGB Direktionsrecht Nr. 11.

286 So für die Weisung an eine muslimische Einzelhandelskauffrau, ohne Kopftuch die Arbeit aufzunehmen: BAG v. 10.10.2002, BB 2003, 1283.

287 BAG, Urt. v. 15.12.1977, DB 1978, 1038; v. 14.02.1996, NZA 1996, 873; v. 05.11.1992 – 2 AZR 287/92 (n.v.).

288 Vgl. insofern auch BAG, Urt. v. 03.12.1954, AP Nr. 2 zu § 13 KSchG; v. 15.12.1977, DB 1978, 1038; v. 09.12.1982, AP Nr. 73 zu § 626 BGB.

289 Vgl. insofern auch MünchArbR/*Blomeyer*, § 53 Rn 86 ff., der hier eine abstrakte Gefährdung der betrieblichen Ordnung ausreichen lässt, i.Ü. aber eine konkrete Störung für erforderlich hält.

290 BAG, Urt. v. 09.12.1982, AP Nr. 73 zu § 626 BGB.

291 BAG, Urt. v. 02.03.1992, DB 1982, 2142.

292 BAG, Urt. v. 28.09.1989, NJW 1990, 1196.

293 LAG Düsseldorf, Urt. v. 17.06.1997, DB 1998, 376; zum Mitbestimmungsrecht des Betriebsrats vgl. insofern BAG, Beschl. v. 19.01.1989, AP Nr. 28 zu § 87 BetrVG 1972 Ordnung des Betriebes.

294 BAG, Urt. v. 19.01.1999, AP Nr. 28 zu § 87 BetrVG Ordnung des Betriebes.

295 BAG, Urt. v. 19.01.1999, AP Nr. 28 zu § 87 BetrVG Ordnung des Betriebes.

296 MünchArbR/*Blomeyer*, § 53 Rn 4 ff.; zum Mitbestimmungsrecht hier des Personalrats vgl. BAG, Urt. v. 23.09.1987, AP Nr. 20 zu § 75 BPersVG.

297 Vgl. etwa BAG, Urt. v. 23.09.1986, AP Nr. 20 zu § 75 BPersVG; *Künzl*, BB 1993, 1581; *Willemsen/Brune*, DB 1988, 2304, 2305.

298 Abstufungen entsprechend den Anforderungen am Arbeitsplatz jedoch für »denkbar« haltend: MünchArbR/*Blomeyer*, § 53 Rn 5; nach BAG, Urt. v. 22.07.1982, AP Nr. 5 zu § 1 KSchG Verhaltensbedingte Kündigung, sollen auch betriebliche oder branchenspezifische Gepflogenheiten bei einer Interessenabwägung zu berücksichtigen sein.

ob sich die Gefahr auch durch eine Störung im betrieblichen Ablauf realisiert hat.[299] Erfolgt der Konsum von Alkohol aufgrund einer Sucht, kann der Arbeitgeber verpflichtet sein, dem Arbeitnehmer die Durchführung einer Entziehungskur zu ermöglichen.[300] Nimmt der Arbeitnehmer diese Gelegenheit nicht wahr, kann aufgrund der dann anzustellenden negativen Gesundheitsprognose eine personenbedingte Kündigung gerechtfertigt sein.[301]

Die Pflicht zur **Unterlassung sexueller Belästigungen** am Arbeitsplatz hat durch § 2 Abs. 3 BeschäftigtenschutzG eine spezialgesetzliche Grundlage bekommen. Die Belästigung wird dort ausdrücklich als Verletzung der arbeitsvertraglichen Pflichten bezeichnet. Von der Unterlassungspflicht werden nicht nur strafrechtlich relevante Handlungen, sondern generell jedes Verhalten erfasst, das nach seinem äußeren Erscheinungsbild eine Beziehung zum Geschlechtlichen aufweist.[302] Dem Verhalten braucht auch nicht eine sexuelle Annäherungsabsicht zugrunde zu liegen.[303] Art, Umfang und Intensität sind jedoch bei der Beurteilung des Verhaltens im Rahmen der Verhältnismäßigkeitsprüfung zu berücksichtigen.[304] 107

Der Arbeitnehmer ist zu **korrektem Verhalten gegenüber seinen Arbeitskollegen** verpflichtet.[305] Er hat mit seinen Kollegen, die ihm zur Zusammenarbeit zugewiesen werden, zusammenzuarbeiten. Auf Anweisung hat er diese auch auf einer Dienstfahrt mit einem hierfür zur Verfügung gestellten PKW mitzunehmen.[306] Insbesondere hat er auch jegliches kränkendes oder gar gewalttätiges Verhalten gegenüber Mitarbeitern zu unterlassen. Sind die von einem Arbeitnehmer gegenüber einem Kollegen erhobenen Beschuldigungen aus der Sicht eines vernünftig urteilenden Dritten nicht nachvollziehbar und/oder auf den ersten Blick in keiner Weise sachlich fundiert oder stellt ein Anzeigenerstatter insoweit objektiv unrichtige Behauptungen gerade auch deshalb fälschlich auf, weil er sie nicht einmal in einem ihm unter den konkreten Umständen persönlich zumutbaren Umfang vorher auf ihre Richtigkeit überprüft hatte, kann dies eine verhaltensbedingte Kündigung rechtfertigen.[307] Dies gilt in besonderer Weise, wenn aufgrund ehrschädigenden Verhaltens die Zusammenarbeit zwischen den Arbeitnehmern gestört ist.[308] Ggf. kann der Arbeitgeber aber hier zu Schlichtungsversuchen verpflichtet sein.[309] Diese müssen jedoch eine Chance auf Erfolg bieten. Hieran dürfte es in aller Regel fehlen, wenn die Zusammenarbeit aufgrund des Verbreitens ausländerfeindlicher Hetzschriften gestört ist.[310] 108

Zunehmend spielen in der betrieblichen Praxis anderweitige physische und psychische Belästigungen unter Mitarbeitern, sog. **Mobbing**, eine Rolle. Auch ein solches Verhalten stört die betriebliche Ordnung und ist somit zu unterlassen. Ob ein Fall von Mobbing vorliegt, hängt von den Umständen des Einzelfalls ab, wobei eine Abgrenzung zu dem im gesellschaftlichen Umgang im Allgemeinen üblichen oder rechtlich erlaubten und deshalb hinzunehmenden Verhalten erforderlich ist.[311] Die 109

299 BAG, Urt. v. 26.01.1995, AP Nr. 34 zu § 1 KSchG Verhaltensbedingte Kündigung; anders jedoch für den Konsum von Haschisch, der ohne nachweisbare Auswirkungen auf das Arbeitsverhältnis erfolgt: LAG Baden-Württemberg, Urt. v. 19.10.1993, NZA 1994, 175.

300 So z.B. LAG Hamm, Urt. v. 19.09.1986, NZA 1987, 669; LAG Frankfurt, Urt. v. 26.06.1986, NZA 1997, 24.

301 BAG, Urt. v. 09.04.1987, NZA 1987, 811.

302 Vgl. i.E. MünchArbR/*Blomeyer*, § 53 Rn 22 ff.

303 LAG Hamm, Urt. v. 13.02.1997, NZA-RR 1997, 250.

304 LAG Hamm, Urt. v. 13.02.1997, NZA-RR 1997, 250.

305 Vgl. hierzu auch den umfangreichen Katalog sanktionsfähiger Verhaltensweisen bei *Hümmerich*, AnwaltFormulare Arbeitsrecht, § 4 Rn 181 ff.

306 BAG, Urt. v. 29.08.1992, DB 1992, 147.

307 LAG Frankfurt, Urt. v. 14.02.1991, DB 1991, 2346.

308 BAG, Urt. v. 15.12.1977, AP Nr. 69 zu § 626 BGB.

309 LAG Köln, Urt. v. 04.07.1996, NZA-RR 1997, 171.

310 Vgl. hierzu z.B. LAG Rheinland-Pfalz, Urt. v. 10.06.1997, BB 1998, 163; LAG Hamm, Urt. v. 11.11.1994, BB 1995, 678.

311 LAG Thüringen, Urt. v. 10.04.2001, DB 2001, 1204 ff.

Verletzung des Verbots persönlichkeitsschädigenden Verhaltens kann zum Totalentzug der Beschäftigung ebenso wie zu einer nicht arbeitsvertragsmäßigen Beschäftigung führen.[312] Einen Anspruch auf eine die Persönlichkeitsrechte nicht verletzende Beschäftigung kann der Arbeitnehmer mit einer einstweiligen Verfügung oder Klage auf Unterlassung persönlichkeitsverletzender Beschäftigung geltend machen, bei der die Androhung von Zwangsmitteln für den Fall der Zuwiderhandlung nach § 890 Abs. 2 ZPO mit dem Urteil selbst erfolgen kann.[313] Die Beweislast für ein die Persönlichkeitsrechte verletzendes Mobbingverhalten trägt der hiervon Betroffene.[314]

110 Mit zur Wahrung der betrieblichen Ordnung gehört es auch, dass der Arbeitnehmer in einem gewissen Umfang persönliche **Überwachungen und Kontrollen zu dulden** hat. Die aus dem Persönlichkeitsschutz ergebenden Grenzen sind hier allerdings zu beachten.[315] So ist beispielsweise ein Arbeitnehmer im laufenden Arbeitsverhältnis nicht verpflichtet, sich routinemäßigen Kontrolluntersuchungen auf Alkohol- oder sonstige Drogenabhängigkeit zu unterziehen.[316]

b) Anzeige- und Auskunftspflichten

111 Der Arbeitnehmer ist gegenüber dem Arbeitgeber bzgl. solcher Tatsachen aufklärungspflichtig, die im Zusammenhang mit dem Arbeitsverhältnis stehen und an deren Kenntnis der Arbeitgeber ein berechtigtes Interesse hat. Die Pflicht kann dem Arbeitnehmer über individual- oder kollektivvertraglich geregelte **Aufklärungspflichten** hinaus erwachsen. So ist er auch zur Auskunft über seinen bisherigen beruflichen Werdegang verpflichtet und hat dem Arbeitgeber die hierzu erforderlichen Arbeitspapiere auf Verlangen vorzulegen.[317] Die wahrheitswidrige Beantwortung der Frage nach einer Mitarbeit für das Ministerium für Staatssicherheit der ehemaligen DDR kann bei einer Einstellung in den öffentlichen Dienst unter Umständen die Anfechtung des Arbeitsvertrages wegen einer arglistigen Täuschung gem. §§ 123, 142 BGB rechtfertigen, sofern die Falschbeantwortung im Zeitpunkt der Anfechtung noch zu Beeinträchtigungen in der Durchführung des Vertragsverhältnisses führt.[318]

112 **Arbeitsverhinderungen** sind dem Arbeitgeber rechtzeitig **anzuzeigen**, damit dieser Störungen im Arbeitsprozess vermeiden bzw. zumindest gering halten kann. Dies gilt auch, soweit der Arbeitnehmer zwecks Wahrnehmung anderweitiger Aufgaben ein Freistellungsanspruch gegenüber dem Arbeitgeber zusteht.[319] Über die Anzeige hinaus kann der Arbeitnehmer dann auch zum Nachweis der Arbeitsverhinderung verpflichtet sein (so z.B. in § 5 EFZG). Insoweit ist regelmäßig davon auszugehen, dass die Anzeige der Nachweispflicht vorangeht.[320] Verletzt der Arbeitnehmer seine Anzeigepflicht, kann dies über kündigungsrechtliche Konsequenzen hinaus Schadensersatzansprüche des Arbeitgebers auslösen.[321]

113 Zum Bestandteil seiner arbeitsvertraglichen Pflichten gehört es auch, dass der Arbeitnehmer **Schäden oder Störungen im Arbeitsablauf** zu verhindern strebt. Dies schließt mit ein, dass er sich umsichtig verhält. Er hat somit den Arbeitgeber auf Risiken (z.B. Materialfehler, Verzögerungen bei Zulieferern etc.) hinzuweisen, die im Verlaufe des Arbeitsprozesses gewahr werden. Auch hat er

312 LAG Thüringen, Urt. v. 10.04.2001, DB 2001, 1204 ff.; v. 15.02.2001, DB 2001, 1783 ff.; zur Geltendmachung von Schadensersatzansprüchen gegen den öffentlich-rechtlichen Dienstherrn vgl. BGH, Urt. v. 01.08.2002, NZA 2002, 1214 f.; vgl. i.Ü. zu dieser Problematik: *Aigner*, BB 2001, 1354 ff.; *Kerst-Würkner*, AuR 2001, 251 ff.; *Wickler*, DB 2002, 477 ff.

313 LAG Thüringen, Urt. v. 10.04.2001, DB 2001, 1204 ff.; eingehend dazu: *Wickler*, DB 2002, 477 ff.

314 *Wickler*, DB 2002, 482 f., der insofern aber unter Berufung auf die zit. Urteile des LAG Thüringen Erleichterungen in der Beweislast anerkennt.

315 Vgl. insofern MünchArbR/*Blomeyer*, § 53 Rn 33 ff.

316 BAG, Urt. v. 12.08.1999, NZA 1999, 1209.

317 Kommt er dem nicht nach, kann dies eine Kündigung bedingen; vgl. LAG Düsseldorf, Urt. v. 23.02.1961, BB 1961, 677.

318 BAG, Urt. v. 11.11.1993, AP Nr. 38 zu § 123 BGB; v. 28.05.1998, NZA 1998, 1052.

319 So z.B. für die Wahrnehmung von Betriebsratsaufgaben BAG, Urt. v. 15.07.1992, AP Nr. 27 zu § 1 KSchG Verhaltensbedingte Kündigung.

320 So z.B. BAG, Urt. v. 31.08.1989, DB 1990, 790, wonach der erkrankte Arbeitnehmer sich nicht darauf berufen kann, er habe erst das Vorliegen einer ärztlichen Diagnose abwarten wollen.

321 BAG, Urt. v. 15.01.1986, NZA 1987, 93; v. 31.08.1989, DB 1990, 790.

über Störungen oder Schädigungen Dritter Anzeige zu erstatten. Bemerkt er beispielsweise, dass eine andere Person Aufzeichnungen über Betriebsgeheimnisse macht, ist der Arbeitnehmer zur Meldung solcher Vorgänge gegenüber dem Arbeitgeber verpflichtet.[322] Die unterlassene Meldung strafbarer Handlungen kann ein Grund zur ggf. fristlosen Kündigung sein.[323]

c) Treuepflicht, Verschwiegenheitspflicht

Die **arbeitsvertragliche Treuepflicht** verlangt dem Arbeitnehmer Loyalität gegenüber seinem Ar- 114
beitgeber ab. Illoyalität gegenüber dem Arbeitgeber kann mit kündigungsrechtlichen Mitteln bis hin zur außerordentlichen Kündigung sanktioniert werden.[324] Selbstverständlich gilt dies zunächst für Verhaltensweisen mit beleidigendem Charakter oder sonst strafbare Handlungen im Arbeitsbereich.[325] Aber auch im außerdienstlichen Bereich ausgeübte Straftaten braucht der Arbeitgeber nicht hinzunehmen, wenn diese sich negativ auf den mit seiner Unternehmung verfolgten Betriebszweck auswirken.[326]

Der Arbeitnehmer hat insbesondere **unternehmensschädliche Meinungsäußerungen** zu unterlas- 115
sen. Dies gilt jedoch angesichts der Ausstrahlung der Grundrechte und hier insbesondere des Art. 5 GG nicht unbeschränkt. Dort wird das Recht auf freie Meinungsäußerung gewährt (Abs. 1); es findet jedoch eine Schranke in den Vorschriften der allgemeinen Gesetze und somit in den Grundsätzen des Arbeitsrechts selbst (Abs. 2).[327] Demnach sind unternehmensschädliche Äußerungen zu unterlassen, soweit die arbeitsvertragliche Bindung die Rücksichtnahme auf die unternehmerischen Interessen erfordert und dies auch gegenüber dem Recht auf freie Meinungsäußerung nicht unverhältnismäßig erscheint. Aufgrund der Wechselwirkung zwischen den zu berücksichtigenden unternehmerischen Interessen auf der einen und dem Recht zur freien Meinungsäußerung auf der anderen Seite kann nur für den Einzelfall entschieden werden, wann die Treuepflicht des Arbeitnehmers das Unterlassen bestimmter Aktivitäten gebietet. Dabei gilt es zu berücksichtigen, dass dem Arbeitnehmer aus der Loyalitätsverpflichtung gegenüber seinem Arbeitgeber Verhaltenspflichten erwachsen, die auch im außerdienstlichen Bereich zu beachten sind.[328] Wirkt die unternehmensschädliche Äußerung aber nicht über den betrieblichen Bereich hinaus, ist der Arbeitgeber in seinen Sanktionsmöglichkeiten beschränkt.[329]

Besondere Treuepflichten können auch tarifvertraglich begründet werden, wie es die Tarifver- 116
tragsparteien des öffentlichen Dienstes durch die besondere Verpflichtung des dort Beschäftigten getan haben, »sich durch sein gesamtes Verhalten zur freiheitl. demokratischen Grundordnung« zu bekennen (§ 8 BAT). Besondere Anforderungen an die Treueverpflichtung sind ferner zu berücksichtigen, soweit der Arbeitnehmer in einem sog. **Tendenzunternehmen** i.S.d. § 118 BetrVG beschäftigt wird. Er ist hier nicht nur zur Unterlassung der Tendenzwirkung schädigender Verhaltensweise, sondern auch zur Förderung des Tendenzzwecks im Rahmen seiner Arbeitsaufgabe verpflichtet.[330] Dies gilt auch für den außerdienstlichen Bereich. So kann ein in einem katholischen

322 LAG Frankfurt, Urt. v. 06.04.1955, SAE 1956, 91; vgl. i.Ü. MünchArbR/*Blomeyer*, § 53 Rn 53; § 54 Rn 6 ff.
323 ArbG Stuttgart, Urt. v. 09.12.1981, DB 1982, 1626.
324 Vgl. auch BAG, Urt. v. 11.03.1999, AP Nr. 149 zu § 626 BGB, mit Verweis darauf, dass eine wegen Loyalitätsverstoßes ausgesprochene außerordentliche Kündigung nicht deshalb unwirksam sei, weil für den Arbeitgeber die Möglichkeit der Freistellung unter Fortzahlung der Bezüge bis zum Ablauf einer ordentlichen Kündigungsfrist bestehe; vgl. ferner BAG, Urt. v. 23.05.1985 – 2 AZR 290/84 (n.v.); v. 06.02.1997, AuR 1997, 210.
325 Vgl. z.B. BAG, Urt. v. 20.09.1984, NZA 1985, 285.
326 So für die homosexuelle Praxis eines im Dienst des Diakonischen Werks einer evangelischen Landeskirche stehenden, im Bereich der Konfliktsberatung eingesetzten Arbeitnehmers: BAG, Urt. v. 30.06.1983, NJW 1984, 1917; vgl. ferner LAG Berlin, Urt. v. 15.12.1989, BB 1990, 286, für den Fall einer außerdienstlich erfolgten Körperverletzung eines Erziehers.
327 BAG, Urt. v. 28.09.1972, AP Nr. 2 zu § 134 BGB.
328 MünchArbR/*Blomeyer*, § 53 Rn 121.
329 So für die Busfahrerin, die ihre Gäste als Abschaum bezeichnet: LAG Düsseldorf, Urt. v. 19.12.1995, NZA 1996, 166.
330 *Buchner*, ZfA 1979, 346 ff.; *Kissel*, NZA 1988, 152.

Krankenhaus beschäftigter Arbeitnehmer verpflichtet sein, sich öffentlichen Stellungnahmen zugunsten des legalen Schwangerschaftsabbruchs zu enthalten.[331] Ebenso darf sich ein im Rechtsschutz tätiger Gewerkschaftssekretär dienstlich wie außerdienstlich nicht dadurch gegen die grundsätzliche Zielsetzung seines Arbeitgebers wenden, dass er Mitglied einer kommunistischen Partei ist und für deren Programm mit verfassungsfeindlichem Inhalt eintritt.[332]

117 Dem Arbeitnehmer ist es untersagt, andere zur Nichterfüllung oder nicht ordnungsgemäßen Pflichterfüllung aufzufordern.[333] Er hat auch jegliches **abwerbendes Verhalten** zu unterlassen.[334] Dies gilt für abwerbendes Verhalten gegenüber Kollegen. So hat der Arbeitnehmer zu unterlassen, einen anderen Arbeitnehmer beharrlich zu bewegen, unter Vertragsbruch aus dem Unternehmen auszuscheiden. Entsprechendes gilt für den Fall, dass der Arbeitnehmer im Auftrag eines Konkurrenzunternehmens gegen Bezahlung diesen Versuch unternimmt oder er insoweit seinen Arbeitgeber planmäßig zu schädigen sucht.[335] Gleichermaßen hat der Arbeitnehmer die vom Arbeitgeber gepflegten Geschäftsbeziehungen zu achten. Neben der tatsächlich erfolgten oder versuchten Abwerbung von Auftraggebern im Hinblick auf eine für die Zukunft angestrebte selbständige Tätigkeit kann insofern auch schon die erklärte und manifest gewordene Absicht, Auftraggeber abzuwerben, wegen der hierin liegenden Störung des Vertrauensverhältnisses einen wichtigen Grund für eine außerordentliche Kündigung abgeben, wenn bereits durch diese greifbar gewordene Absichtserklärung die für die weitere Zusammenarbeit erforderliche Vertrauensgrundlage empfindlich gestört oder beeinträchtigt wird.[336]

118 Der Loyalitätspflicht gegenüber dem Arbeitgeber widerspricht es, im Rahmen der Ausübung der Arbeitspflicht **Schmiergelder** oder sonstige Begünstigungen Dritter anzunehmen, wie es die Tarifvertragsparteien des öffentlichen Dienstes ausdrücklich in § 10 Abs. 1 BAT erwähnt haben.[337] Soweit der Arbeitnehmer damit in unlauterer Weise in den Wettbewerb eingreift, kann § 299 StGB zum Tragen kommen. Im Übrigen kann bei unzulässiger Annahme von Begünstigungen der Tatbestand der Sittenwidrigkeit gegeben sein.[338] Als unzulässig ist die Annahme von Begünstigungen stets dann anzusehen, wenn sie mit einem Versprechen zu bestimmten Handlungen oder Unterlassungen im Rahmen der Ausübung der arbeitsvertraglichen Tätigkeit verbunden ist. Hiervon abzugrenzen ist die je nach Tätigkeitsbereich unterschiedlich zu bewertende Annahme üblicher Aufmerksamkeiten, soweit durch diese die Loyalität gegenüber dem Arbeitgeber nicht gefährdet ist. Verstößt der Arbeitnehmer gegen das Annahmeverbot, muss er das Empfangene herausgeben.[339] Im Übrigen kann der Verstoß gegen die Loyalitätsverpflichtung kündigungsrechtliche Konsequenzen haben.[340]

119 Der Arbeitnehmer hat über die ihm im Zusammenhang mit seiner Tätigkeit erlangten Betriebs- und Geschäftsgeheimnisse **Verschwiegenheit** zu bewahren.[341] Dies gilt unabhängig von einem etwaigen Hinweis oder einer konkretisierenden Vereinbarung der Verschwiegenheitspflicht, und zwar je nach Einzelfall auch über die Beendigung des Arbeitsverhältnisses hinaus.[342] Als Betriebs-/Geschäftsgeheimnis sind die Tatsachen anzusehen, die im Zusammenhang mit dem Geschäftsbetrieb erlangt

331 BAG, Urt. v. 21.10.1987, AP Nr. 14 zu Art. 140 GG.
332 BAG, Urt. v. 06.12.1979, DB 1980, 547.
333 BAG, Urt. v. 12.09.1985 – 2 AZR 501/84 (n.v.).
334 BAG, Urt. v. 22.11.1965, AP Nr. 1 zu § 611 BGB Abwerbung.
335 LAG Rheinland-Pfalz, Urt. v. 07.02.1992, NZA 1993, 265.
336 BAG, Urt. v. 23.05.1985 – 2 AZR 268/84 (n.v.).
337 Vgl. etwa BAG, Urt. v. 15.04.1970, DB 1970, 883; v. 26.02.1971, DB 1971, 1162.
338 Vgl. auch BAG, Urt. v. 13.10.1976, BB 1977, 264; v. 23.01.1992, AP Nr. 31 zu § 138 BGB.
339 BAG, Urt. v. 14.07.1961; v. 15.04.1970, AP Nr. 1, 4 zu § 687 BGB.
340 So z.B. BAG, Urt. v. 17.08.1972, AP Nr. 65 zu § 626 BGB; v. 15.11.1995, AP Nr. 73 zu § 102 BetrVG.
341 Vgl. hierzu auch BAG, Beschl. v. 26.02.1987, AP Nr. 2 zu § 79 BetrVG 1972, wonach auch Lohn- und Gehaltsdaten als Teil der betriebswirtschaftlichen Kalkulation über Umsätze und Gewinnmöglichkeiten unter Berücksichtigung der Besonderheiten des betroffenen Unternehmensbereiches ein Geschäftsgeheimnis darstellen können.
342 *Wochner*, BB 1975, 1541; vgl. ferner zur über den Zeitpunkt der Beendigung des Arbeitsverhältnisses hinausreichenden Verschwiegenheitspflicht auch BAG, Urt. v. 16.03.1982 sowie v. 15.12.1987, AP Nr. 1, 5 zu § 611 BGB Betriebsgeheimnis.

werden, nur einem eng begrenzten Personenkreis bekannt oder sonst nicht offenkundig sind und an deren Geheimhaltung der Arbeitgeber ein berechtigtes wirtschaftliches Interesse hat.[343] Das berechtigte Interesse an einer Geheimhaltung ist unter dem subjektiven Gesichtspunkten zu beurteilen. Die gelegentlich in der Praxis verwandten »All-Klauseln«, wonach sämtliche während einer Tätigkeit bekannt werdenden geschäftlichen und betrieblichen Vorgänge geheim zu halten sind, werden teilweise nach §§ 134, 138 BGB für unwirksam gehalten.[344] Dem kann so nicht gefolgt werden, da dem Arbeitgeber wie jeder anderen Privatperson auch der Schutz seiner Sphäre zugestanden werden muss. Möglicherweise liegt das Problem hier aber nicht in §§ 134, 138 BGB, sondern in der Abgrenzung von Geschäfts- und Betriebsgeheimnissen auf der einen Seite, die der Arbeitgeber bestmöglich zu schützen befugt sein muss, und solchen Kenntnissen auf der anderen Seite, die der Arbeitnehmer erwirbt und die den allgemeinen Berufskenntnissen zuzurechnen sind, die der Arbeitnehmer selbstverständlich zu verwerten in der Lage sein muss.

Soweit der Arbeitgeber **gegen gesetzliche Bestimmungen in strafrechtsrelevanter Weise verstößt**, darf er auf die Verschwiegenheit des Arbeitnehmers im Regelfall nicht vertrauen.[345] Dies gilt jedenfalls dann, wenn ein Arbeitnehmer nach seinem Ausscheiden aus dem Anstellungsverhältnis Betriebsinterna offenbart und damit gewichtige innerbetriebliche Missstände aufdeckt, durch die die Öffentlichkeit betroffen ist und denen durch betriebsinternes Vorstelligwerden nicht erfolgreich begegnet werden konnte.[346] Gleichermaßen begeht ein Arbeitnehmer, dem die Verantwortung für die Sicherheit betrieblicher Einrichtungen obliegt, keine eine Kündigung rechtfertigende Treuepflichtverletzung, wenn er vergeblich auf Abhilfe des mangelhaften Zustandes betrieblicher Einrichtungen hingewirkt hat und sodann die zuständigen Behörden auf seine Bedenken gegen den sicheren Zustand der Anlagen hinweist.[347] 120

Grundsätzlich gilt, dass mit der Verantwortung des Arbeitnehmers und insbesondere auch den ihm übertragenen Aufgaben die Anforderungen an seine Verpflichtung zur Verschwiegenheit steigen. Deshalb hat der Gesetzgeber für besondere Einzelfälle **besondere Pflichten zur Verschwiegenheit** normiert.[348] Gerade in sicherheitsrelevanten Bereichen hat der Arbeitnehmer bereits jedes Verhalten zu vermeiden, was den Anschein auszulösen in der Lage ist, er werde sich über die Sicherheits- und Geheimhaltungspflichten hinwegsetzen. Hat der Arbeitgeber aber Zweifel an der Wahrung der Verschwiegenheit, bedarf es einer Darlegung der tatsächlichen Umstände, aus denen sich die Sicherheitsbedenken ergeben. Die Gerichte müssen dann entscheiden, ob wegen des vorgetragenen Sachverhalts und eines sich daraus ergebenden Sicherheitsbedenkens die Kündigung sozial gerechtfertigt ist.[349] 121

Die Verletzung der aus der arbeitsvertraglichen Rechtsbeziehung selbst herrührenden Verpflichtung zur Verschwiegenheit kann einen **Schadensersatzanspruch** auslösen.[350] Daneben ist das nach §§ 17 ff. UWG **strafbewehrte Verbot des Verrats von Geschäfts- und Betriebsgeheimnissen** zu berücksichtigen. Dabei ist i.S.d. § 17 Abs. 1 UWG von einer »unbefugten« Weitergabe von Geheimnissen auszugehen, wenn der Arbeitgeber ein berechtigtes Interesse an ihrer Geheimhaltung hat. Berechtigt ist nur das Interesse an Geheimnissen anzusehen, die in Übereinstimmung mit der Rechtsordnung geheim gehalten werden sollen. Während die dem Vertrag immanente Rücksichtspflicht dem Schutz der subjektiven Interessen des Arbeitgebers und deshalb auch unter subjektiven 122

343 Vgl. i.E. MünchArbR/*Blomeyer*, § 53 Rn 56 ff.

344 So MünchArbR/*Blomeyer*, § 53 Rn 65 mit Verw. auf LAG Hamm, Urt. v. 05.10.1988, DB 1989, 783; vgl. ferner *Preis/Reinfeld*, AuR 1989, 364.

345 Vgl. aber auch BAG, Urt. v. 05.02.1959, AP Nr. 2 zu § 70 HGB, wonach die Drucksituation und Pflichtenkollision auch dann einer eingehenden tatrichterlichen Überprüfung bedarf.

346 BGH, Urt. v. 20.01.1981, AP Nr. 4 zu § 611 BGB Schweigepflicht.

347 BAG, Urt. v. 14.12.1972, AP Nr. 8 zu § 1 KSchG Verhaltensbedingte Kündigung.

348 So z.B. § 79 BetrVG, § 10 BPersVG, § 96 Abs. 7 SGB IX, § 9 Nr. 6 BBiG, § 24 ArbNErfG, § 5 Satz 2 BDSG.

349 BAG, Urt. v. 21.03.1993 – 2 AZR 479/95 (n.v.).

350 Vgl. hierzu MünchArbR/*Blomeyer*, § 53 Rn 76 ff.

Maßstäben zu prüfen ist, ist bei der Beurteilung der strafbewehrten Verschwiegenheitspflicht ein objektiver Beurteilungsmaßstab anzulegen.[351]

d) Nebentätigkeiten

123 Nebentätigkeiten können grundsätzlich als zulässig angesehen werden, soweit nicht mit ihrer Verfolgung die Gefahr eines Konkurrenzverhältnisses, der Überschreitung der arbeitszeitgesetzlichen Höchstarbeitsgrenzen[352] oder der Beeinträchtigung der vertraglich geschuldeten Leistung und damit des Hauptarbeitsverhältnisses selbst einhergeht.[353] Sie können nicht ohne weiteres untersagt werden, da die durch Art. 12 Abs. 1 GG gewährleistete Berufsfreiheit auch die Freiheit umfasst, nebenberufliche Tätigkeiten zu ergreifen.[354] Vielmehr muss der Arbeitgeber aus zeit-, leistungs- oder wettbewerbsbezogenen Gründen ein berechtigtes Interesse an ihrer Untersagung geltend machen können. Dies wird er unstreitig tun können, sofern die Nebentätigkeit während der Arbeitszeit ausgeübt wird.

124 Grundsätzlich unzulässig sind **absolute Nebentätigkeitsverbote**.[355] Nebentätigkeitsverbote, mit denen die **Nebentätigkeit unter dem Vorbehalt** gestellt wird, dass diese die »Wahrnehmung der dienstlichen Aufgaben zeitlich nicht oder allenfalls unwesentlich behindert und sonstige berechtigte Interessen der Firma nicht beeinträchtigt«,[356] sind indes unbedenklich. Die Rechtsprechung legt Klauseln, die dem Arbeitnehmer jede vom Arbeitgeber nicht genehmigte Nebentätigkeit verbietet, dahin gehend aus, dass nur solche Nebentätigkeiten verboten sind, an deren Unterlassung der Arbeitgeber ein berechtige Interesse hat, also wenn die vertraglich geschuldete Leistung durch die Nebentätigkeit beeinträchtigt zu werden droht.[357]

125 Stets zulässig ist es, den Arbeitnehmer zur **Anzeige einer Nebentätigkeit** zu verpflichten und ggf. eine **Erlaubnis** vom Arbeitgeber einzuholen, um diesem die Prüfung zu ermöglichen, ob eine genehmigungspflichtige Tätigkeit vorliegt.[358] Dies gilt umso mehr, als sich aus der Wahrnehmung der Tätigkeit arbeitszeit-, sozialversicherungs- wie auch steuerrechtliche Konsequenzen ergeben können.[359] So hat das BAG insbesondere für geringfügig Beschäftigte die Pflicht zur Anzeige weiterer eingegangener geringfügigen Beschäftigungsverhältnisse anerkannt; ein vertraglich vereinbartes Verbot zur Aufnahme weiterer geringfügiger Beschäftigungen ist indes unwirksam.[360]

126 Eine die Nebentätigkeit ausschließende oder einschränkende Klausel ist regelmäßig dahin gehend auszulegen, dass diese zugleich auch eine **Verpflichtung zur Anzeige** enthält.[361] Verletzt der Arbeitnehmer die Anzeigepflicht, ist er dem Arbeitgeber zum Schadenersatz verpflichtet.[362] I.Ü. kann die Verletzung eines Nebentätigkeitsverbots einen Grund zur Abmahnung und ggf. zur Kündigung

351 MünchArbR/*Blomeyer*, § 53 Rn 60 f.

352 BAG, Urt. v. 11.12.2001, NZA 2002, 966; ferner bzgl. der arbeitszeitrechtlichen Lenkzeitbestimmungen BAG, Urt. v. 26.06.2001, NZA 2002, 98.

353 Vgl. i.d.S. zur Zulässigkeit von Nebentätigkeiten beschränkenden Vertragsklauseln: BAG, Urt. v. 03.12.1970, v. 26.08.1976, AP Nr. 60, 68 zu § 626 BGB.

354 Vgl. insofern auch BAG, Urt. v. 26.06.2001, NZA 2002, 98.

355 Vgl. nur *Kappes/Aabadi*, DB 2003, 938 m.w.N.

356 So z.B. im § 13 des Vertragsmusters 1026 bei *Hümmerich*, AnwaltFormulare Arbeitsrecht, § 1 Rn 2376.

357 BAG, Urt. v. 26.08.1976, AP Nr. 68 zu § 626 BGB.

358 BAG, Urt. v. 18.11.1988, AP Nr. 3 zu § 611 BGB Doppelarbeitsverhältnis; Urt. v. 26.06.2001, NZA 2002, 98, für eine tarifvertragliche Regelung, die ein bezogen auf das Lenken von Kraftfahrzeugen gerichtetes Nebentätigkeitsverbot für vollzeitbeschäftigte Busfahrer vorsieht; ebenso: BAG, Urt. v. 11.12.2001, DB 2002, 1560, m. Anm. *Kappes/Aabadi*, DB 2003, 938 ff.; vgl. zu nebentätigkeitsbezogenen Anzeigepflichten i.Ü. *Löwisch*, Anm. zu BAG, Urt. v. 26.08.1976, AP Nr. 68 zu § 626 BGB.

359 BAG, Urt. v. 22.04.1967, v. 21.10.1979, v. 18.01.1996, AP Nr. 12, 13, 25 zu § 242 BGB Auskunftspflicht.

360 BAG, Urt. v. 18.11.1988, AP Nr. 3 zu § 611 BGB Doppelarbeitsverhältnis.

361 *Hümmerich*, AnwaltFormulare Arbeitsrecht, § 1 Rn 1689.

362 BAG, Urt. v. 18.11.1988, AP Nr. 3 zu § 611 BGB Doppelarbeitsverhältnis; einen Ersatzanspruch ggü. dem gegen seine nach § 28o SGB IV bestehende Auskunftspflicht vorsätzlich oder grob fahrlässig verstoßenden Arbeitnehmer sieht inzwischen auch § 28g SGB IV vor.

des Arbeitsverhältnisses abgeben.[363] Kommt ein Arbeitnehmer indes seiner Anzeigepflicht nach, kann der Arbeitgeber nicht willkürlich die Aufnahme der angezeigten Tätigkeit versagen; der Arbeitnehmer hat grundsätzlich Anspruch auf Erteilung der Nebentätigkeitsgenehmigung, wenn keine Beeinträchtigung der betrieblichen Interessen des Arbeitgebers zu erwarten sind.[364]

Eine gesetzliche Regelung weiterer Konkurrenztätigkeiten enthält § 60 Abs. 1 HGB für den Hand- 127
lungsgehilfen gegenüber seinem Prinzipal mit dem dort vorgesehenen gesetzlichen **Wettbewerbsverbot**.[365] Die dort festgelegten Grundsätze wirken über § 241 Abs. 2 BGB auch auf das Arbeitsverhältnis mit ein.[366] Der Arbeitgeber kann aber regelmäßig nicht die Unterlassung jeglicher Tätigkeiten verlangen; vielmehr gilt es, den Grundsatz zu berücksichtigen, dass die Nebentätigkeit eine Wettbewerbstätigkeit selbst zum Gegenstand haben muss und damit geeignet ist, die Interessen des Arbeitgebers als Vertragspartner zu beeinträchtigen.[367] Dabei genügt die bloße Geeignetheit der Wettbewerbsbeeinträchtigung, weshalb gegen das Wettbewerbsverbot gerichteter Sachverhalt auch dann gegeben ist, wenn der Arbeitnehmer an einem Unternehmen beteiligt ist, das mit dem Arbeitgeber in Wettbewerb steht.[368] Die Übernahme der formalen Stellung eines GmbH-Geschäftsführers durch den Arbeitnehmer in einem mit dem Arbeitgeber nicht in Wettbewerb stehenden Unternehmen kann nach der Rechtsprechung allerdings nicht beanstandet werden.[369] Geht der Arbeitnehmer jedoch einer gegen das Wettbewerbsverbot verstoßenden Tätigkeit nach, kann der Arbeitgeber unabhängig davon zu den Mitteln des Kündigungsrechts greifen, ob ihm ein konkreter Schaden infolge des Verstoßes gegen das Wettbewerbsverbot entstanden ist oder konkrete Kunden von ihm abgeworben wurden.[370] Der Arbeitnehmer ist dann auch während des sich an die Kündigung anschließenden Rechtsstreits an das Wettbewerbsverbot gebunden; Verstöße hiergegen können mit einer weiteren, ggf. außerordentlichen Kündigung geahndet werden.[371] Bloße Vorbereitungshandlungen, die nach außen noch nicht als Betätigung im Geschäftsbereich des Arbeitgebers erscheinen, sind indes nicht zwingend sanktionsfähig.[372] Ist eine Beeinträchtigung der Interessen des Arbeitgebers nicht zu befürchten, kann der Arbeitnehmer eine erforderliche Genehmigung vom Arbeitgeber erteilt verlangen.[373]

Über die Beendigung des Arbeitsverhältnisses hinaus kann der Arbeitnehmer auch durch ein **nach-** 128
vertragliches Wettbewerbsverbot verpflichtet sein.[374] Dies ist nunmehr einheitlich für alle Arbeitnehmer durch § 110 GewO klargestellt. Danach können Arbeitgeber und Arbeitnehmer die berufliche Tätigkeit des Arbeitnehmers für die Zeit nach Beendigung des Arbeitsverhältnisses beschränken. Durch eine Inbezugnahme der §§ 74 bis 75 f. HGB wird die Rechtslage vor Änderung der GewO bestätigt, wonach diese Vorschriften entsprechend Anwendung finden sollten.[375] Insbesondere gilt es somit, den in § 74 Abs. 2 HGB enthaltenen Karenzgrundsatz zu berücksichtigen.[376] Ohne eine entsprechende Karenzentschädigung vereinbarte Wettbewerbsverbote, sind unverbindlich. Gleiches

363 BAG, Urt. v. 26.08.1993, AP Nr. 112 zu § 626 BGB; v. 11.12.2002, DB 2002, 1507.

364 BAG, Urt. v. 11.12.2002, DB 2002, 1507.

365 Vgl. im Einzelnen zum gesetzlichen Wettbewerbsverbot Rn 669 ff.

366 Die Rechtsprechung hat sich bislang auf § 242 BGB gestützt, der nunmehr durch § 241 Abs. 2 BGB eine speziellere Ausformung erhalten hat. Zur bisherigen Anwendung des § 242 BGB vgl. BAG, Urt. v. 21.10.1970, AP Nr. 13 zu § 242 Auskunftspflicht; v. 16.06.1976, AP Nr. 8 zu § 611 BGB Treuepflicht.

367 MünchArbR/*Blomeyer*, § 55 Rn 52.

368 LAG Köln, Urt. v. 29.04.1994, NZA 1995, 994.

369 BAG, Urt. v. 26.08.1976, AP Nr. 68 zu § 626 BGB.

370 LAG Rheinland-Pfalz, NZA-RR 1998, 496.

371 BAG, Urt. v. 25.04.1991, NZA 1992, 212.

372 BAG, Urt. v. 12.05.1972 sowie v. 16.01.1975, AP Nr. 6, 8 zu § 60 HGB; v. 22.02.1980 – 7 AZR 236/78 (n.v.).

373 BAG, Urt. v. 26.06.2001, NZA 2002, 98 ff.

374 Vgl. zu nachvertraglichen Wettbewerbsverbotsklauseln ausführlich Rn 700 ff.

375 Vgl. hierzu auch *Düwell*, DB 2002, 2270.

376 BAG, Urt. v. 13.09.1969, AP Nr. 24 zu § 611 BGB Konkurrenzklausel.

gilt, soweit Wettbewerbsverbote mit Arbeitnehmern sich über eine längere Zeit als zwei Jahre von der Beendigung des Arbeitsverhältnisses an erstrecken.[377]

II. Haupt- und Nebenpflichten des Arbeitgebers

129 Auch den Arbeitgeber treffen Haupt- und Nebenpflichten, die über die Dauer der Durchführung des Arbeitsverhältnisses hinaus auch vor- oder nachvertraglich wirken können.[378]

1. Hauptpflichten

a) Vergütungspflicht

130 Zur Hauptleistungspflicht des Arbeitgebers gehört es, dem Arbeitnehmer die für die versprochenen Dienste vereinbarte Vergütung zu gewähren. Dabei ist der **Begriff der Vergütung** in Anlehnung an Art. 141 Abs. 2 EGV weit zu wählen. Dort werden als »Entgelt« definiert die üblichen Grund- oder Mindestlöhne und -gehälter sowie alle sonstigen Vergütungen, die der Arbeitgeber aufgrund des Dienstverhältnisses dem Arbeitnehmer unmittelbar oder mittelbar in bar oder in Sachleistungen zahlt. Mit dieser Definition werden zunächst alle **laufenden Entgelte** einschließlich im Rahmen von Altersteilzeitarbeitsverhältnissen gezahlter Aufstockungsleistungen erfasst, die sich primär nach der zeitlichen Quantität bemessen. Daneben umfasst der Entgeltbegriff auch vom Arbeitgeber **aus einem bestimmten Anlass gewährte Leistungen**.[379] Teilweise sind sie fest in das synallagmatische Austauschverhältnis eingebunden; ihr Unterschied zu laufenden Entgeltzahlungen besteht dann darin, dass sich ihre Auszahlung durch den Fälligkeitstermin verzögert.[380] Andere Leistungen werden vor dem Hintergrund erbrachter Betriebstreue, Gewinnfeststellungen, Ablauf von Wartezeiten, etc. gewährt und sind so mit diesen Faktoren in einem konditionalen Sinne verknüpft.[381] Zwischen beiden Leistungsformen stehen Leistungen mit Mischcharakter, bei denen die Leistung sowohl von dem Eintritt einer Bedingung wie auch der Erbringung von Arbeitsleistung abhängig gemacht wird.

130a Neu ist eine Differenzierung, die das BAG mit Urteil vom 27.03.2003[382] vorgenommen hat, indem es zwischen vereinbartem Arbeitsentgelt und der Gewährung solcher entgeltwerter Vorteile differenzierte, die auf einer Nebenabrede beruhten und an Umstände anknüpften, die erkennbar nicht während der gesamten Dauer des Arbeitsverhältnisses gewährt werden sollten. Hier soll der Arbeitgeber leichter zu Anpassungen befugt sein.

131 Lange Zeit umstritten war es, ob auch **Leistungen zur Absicherung von Versorgungsrisiken** als Vergütung für geleistete Arbeit anzusehen ist. Frühere Auffassungen ordneten derartige Leistungen unmittelbar in die synallagmatische Austauschbeziehung ein, indem sie diese als Entgeltbestandteil betrachteten, der lediglich im Hinblick auf den Versorgungsfall aufgespart würde.[383] Mit der zunehmenden, inzwischen aber aufgegebenen Charakterisierung des Arbeitsverhältnisses als personenrechtliches Gemeinschaftsverhältnis[384] wurden Versorgungsleistungen nicht mehr als Bestandteil der synallagmatischen Austauschbeziehung, sondern als Ausfluss arbeitgeberseitiger Fürsorge angesehen.[385] Das BAG geht inzwischen in Übereinstimmung mit der überwiegenden Literatur davon

377 BAG, Urt. v. 13.09.1969, AP Nr. 24 zu § 611 BGB Konkurrenzklausel.

378 Zu den vorvertraglichen Pflichten vgl. bereits ausführlich § 3 Rn 598 ff.

379 Vgl. hierzu i. E. Rn 161 f.

380 Sog. »Entgelt i.e.S.«; vgl. BAG v. 24.10.90, DB 1991, 446; *Hanau/Vossen,* DB 1992, 213; *Natzel*, Die Betriebszugehörigkeit im ArbR, S. 77; *Schiefer,* NZA 1993, 1017.

381 *Beckers*, NZA 1997, 129; *Hanau/Vossen*, DB 1992, 213; *Natzel*, Die Betriebszugehörigkeit im ArbR, S. 77; *Schiefer,* NZA 1993, 1017; *Sowka,* NZA 1993, 783.

382 BAG, Urt. v. 27.03.2003, DB 2003, 1962; vgl. hierzu auch *Berkowsky*, NZA 2003, 1130 ff.

383 *Lemke,* BB 1975, 512 ff., sowie *Monjau,* DB 1970, 1786 f. m.w.N. aus der Rspr.

384 Vgl. etwa BAG, Urt. v. 24.02.1955, AP Nr. 2 zu § 616 BGB; v. 10.11.1955, AP Nr. 2 zu § 611 BGB Beschäftigungspflicht; dgl.: *Hueck/Nipperdey*, I § 22; *Niklisch*, I § 19 II.

385 I. d. S. den Fürsorgegedanken in den Vordergrund stellend: BAG v. 29.07.1967, AP Nr. 1 zu § 29 KO; *Gaul/Garreis,* BB 1978, 918; *Höfer/Ahrend,* DB 1972, 1824; *Hueck-Nipperdey,* I § 52 III.

aus, dass Leistungen mit versorgendem Charakter arbeitsrechtlich Entgeltcharakter zuzusprechen ist,[386] erkennt aber zugleich den Konnex des Versorgungsanspruchs mit dem Fürsorgegedanken an,[387] so dass im Ergebnis von einem zweigleisigen Rechtscharakter arbeitgeberseitig gewährter Sozialleistungen die Rede sein muss.[388]

Nicht dem Arbeitsentgelt sind neben Aufwendungsersatzansprüchen **Abfindungen** für den Verlust des Arbeitsplatzes zuzurechnen.[389] Wird jedoch anlässlich einer einvernehmlichen Beendigung eines Arbeitsverhältnisses oder seiner gerichtlichen Auflösung im Kündigungsschutzprozess rückständiges Arbeitsentgelt gezahlt, ist es als beitragspflichtiges Arbeitsentgelt unbeschadet seiner Bezeichnung als Abfindung zu behandeln.[390] 132

aa) Rechtsgrundlagen des Vergütungsanspruchs

Der Anspruch auf Vergütung ist gesetzlich nur insofern geregelt, als der Arbeitgeber nach §§ 611, 612 BGB zur Gewährung der »vereinbarten« bzw. dort, wo eine Vergütungsregelung fehlt, der »üblichen« Vergütung verpflichtet ist. Im Übrigen schreibt das Gesetz an keiner Stelle einen bestimmten Satz einer Mindestvergütung fest. Auch hat der zuständige Bundesminister bislang nicht von seiner durch das Gesetz über die Festsetzung von Mindestarbeitsbedingungen[391] geregelten Kompetenz Gebrauch gemacht.[392] Inzwischen hat der Gesetzgeber aber über § 1 Abs. 3 a AEntG[393] den zuständigen Bundesminister ermächtigt, durch Rechtsverordnung ein tariflich zu gewährendes Mindestentgelt und Regelungen über andere Arbeitsbedingungen ohne Zustimmung der Tarifvertragsparteien und ohne Zustimmung des Bundesrats auf nicht tarifgebundene Arbeitnehmer und Arbeitgeber auszuweiten. Damit hat er die bislang nur unter den engen Voraussetzungen des § 5 Abs. 1 TVG bestehende Möglichkeit der Unterwerfung nicht Organisierter durch Allgemeinverbindlichkeit erheblich ausgeweitet. Von seiner Ermächtigung hat der Bundesminister durch Rechtsverordnung vom 25.08.1999[394] Gebrauch gemacht. 133

Wengleich die Festlegung von Mindestarbeitsbedingungen und somit der Mindestvergütung selbst maßgeblich in der Hand der Individual- sowie Kollektivvertragsparteien liegt, wirken andere gesetzliche Regelungen wie etwa die des § 612 Abs. 2 BGB (Üblichkeit der Vergütung), § 10 BBiG (Angemessenheit der Vergütung), Art. 141 EGV, §§ 3 Abs. 1 Nr. 3, 9 Nr. 2, 10 Abs. 4 AÜG (Gleichbehandlungspflichten bei Leiharbeit)[395] sowie § 612 Abs. 3 BGB (Gleichbehandlungsgebot)[396] mittelbar auf die Höhe der Vergütung ein. 134

Die Vergütung ist grundsätzlich nach Leistung der Dienste zu entrichten (§ 614 Satz 1 BGB).[397] Der Arbeitnehmer ist also vorbehaltlich einer anderweitigen Regelung **zur Vorleistung verpflichtet**. Ist die Vergütung nach Zeitabschnitten bemessen, ist sie nach Ablauf der Zeitabschnitte zu entrichten (§ 614 Satz 2 BGB). Endet das Arbeitsverhältnis innerhalb dieses Zeitabschnittes, steht dem Arbeitnehmer ein seinen bisherigen Leistungen entsprechender Teil der Vergütung zu.[398] Der anteilige 135

386 So z.B. BAG, Urt. v. 23.06.1955, AP Nr. 3 zu § 242 Ruhegehalt.

387 In diese Richtung bereits frühzeitig BAG, Urt. v. 30.11.1955, AP Nr. 8 zu § 242 BGB Ruhegehalt.

388 BAG, Urt. v. 12.02.1971, DB 1971, 920; v. 10.03.1972, AP Nr. 156 zu § 242 Ruhegehalt; v. 18.10.1979, DB 1980, 500; *Gaul/Garreis*, BB 1978, 918; *Hanau*, BB 1976, 91; *Hilger*, S. 20 ff.; *Höfer/Ahrend*, DB 1972, 1825; *Hoppach*, DB 1994, 1672 ff.; abl. indes ggü. der Verwendung des Fürsorgebegriffs: *Schwerdtner*, ZRP 1970, 67.

389 So auch für die in einem Sozialplan vorgesehene Abfindungsleistung BAG, Urt. v. 30.10.2001, DB 2001, 903.

390 BSG, Urt. v. 23.02.1988, SozR 2200 § 180 Nr 39; v. 21.02.1990, DB 1990, 1520.

391 Gesetz über die Festsetzung von Mindestarbeitsbedingungen v. 11.01.1952, BGBl I, 17.

392 Bindende Festsetzungen sind aber im Rahmen von Heimarbeitsverhältnissen nach § 19 HAG zu berücksichtigen.

393 Eingefügt durch Artikel 10 Nr. 1 d) des Gesetz über zwingende Arbeitsbedingungen bei grenzüberschreitenden Dienstleistungen (Arbeitnehmer-Entsendegesetz – AEntG) vom 19.12.1998, BGBl I, 3843.

394 BauArbVO v. 25.08.1999, BGBl I, 1894, abgelöst durch Folgeverordnung v. 17.08.2000, BGBl I, 1290.

395 Sog. »equal pay«; vgl. hierzu *Grimm/Brock*, DB 2003, 1113; *Thüsing*, DB 2003, 446 ff.

396 Vgl. dazu § 3 Rn 58 ff.

397 Für Handlungsgehilfen enthält § 64 HGB eine Sonderregelung, wonach die Vergütung spätestens am Ende eines Monats fällig wird.

398 So ausdrücklich geregelt für den Fall der außerordentlichen Kündigung in § 628 Abs. 1 Satz 1 BGB.

Anspruch ist so zu berechnen, dass das monatliche Entgelt durch die in dem betreffenden Monat tatsächlich anfallenden Arbeitstage geteilt und der so ermittelte Betrag mit der Zahl der bis zur Beendigung des Arbeitsverhältnisses angefallenen Arbeitstage multipliziert wird.[399]

136 Wird ein **Anspruch erst mit Beendigung des Arbeitsverhältnisses fällig**, ist vom rechtlichen, nicht tatsächlichen Ende des Arbeitsverhältnisses auszugehen.[400]

137 Abweichend von der arbeitsrechtlichen Fälligkeit sind die **sozialversicherungsrechtlichen Beitragspflichten** zu beurteilen, die sich nach dem Entstehungsprinzip ausrichten.[401] Die Beiträge werden nach § 23 SGB IV spätestens zum 15. Kalendertag des auf den Abrechnungszeitraum folgenden Monats fällig. Ist das Arbeitsentgelt für den gezahlten Abrechnungszeitraum bereits bis zum 15. des laufenden Monats fällig, werden die Beiträge am 25. dieses Monats fällig. Wird das Arbeitsentgelt betriebsüblich erst nach dem 10. des Folgemonats abgerechnet, zieht § 23 Abs. 1 Satz 4 SGB IV die Fälligkeit auf den 25. des laufenden Monats vor.

138 Bei dem Vergütungsanspruch handelt es sich um eine am Arbeitsort zu erfüllende **Schickschuld** i.S.d. § 270 Abs. 1 BGB, die mit Überweisung des geschuldeten Betrages erfüllt ist.[402] Damit ist auch das Arbeitsgericht nach § 29 Abs. 1 ZPO örtlich zuständig, in dessen Sprengel die Niederlassung des Arbeitgebers liegt. Dies ist auch bei Klagen von Außendienstmitarbeitern zu beachten.[403]

(1) Tarifvertragliche Rechtsgrundlagen

139 Maßgebliche Rechtsgrundlage des Vergütungsanspruchs bildet zunächst der **Tarifvertrag**, der durch die betrieblichen Kollektivregelungen sowie die zwischen den Vertragsparteien getroffene Individualvereinbarung ergänzt wird. Soweit tarifliche Regelungen kraft unmittelbarer Wirkung oder Verweises zu berücksichtigen sind, werden im Regelfall mehrere Regelungen heranzuziehen sein, nämlich ein **Entgeltrahmentarifvertrag**, dem üblicherweise die Grundsätze der Vergütung und insbesondere die Eingruppierungsvoraussetzungen zu entnehmen sind,[404] sowie ein **Entgelttarifvertrag**, aus dem sich der der Entgeltgruppe entsprechende konkrete Vergütungsanspruch ergibt. Dabei können die einschlägigen Tarifregelungen auch bestimmte Staffelungen etwa nach Tätigkeitsjahren vorsehen.[405] Auch kann sich im Rahmen einer Staffelungsregelung die Höhe der Vergütung bei Änderung tatsächlicher Umstände nach der Zahl der i.d.R. unterstellten Vollzeitbeschäftigten einschließlich der Auszubildenden richten.[406] Neben den Regelungen über das regelmäßige Entgelt können die regelmäßig in den einschlägigen Manteltarifverträgen enthaltenen Regelungen über Mehr-, Schicht-, Sonn-, Feiertags- und Nachtarbeit oder anderweitige Sonderregelungen für die Zusammensetzung bei der Feststellung des Vergütungsanspruchs von Bedeutung sein. Des Weiteren sind die in daneben bestehenden Tarifverträgen geregelten Ansprüche auf Sonderleistungen zu berücksichtigen.

140 Für die **Eingruppierung** ist regelmäßig nicht die berufliche Bezeichnung, sondern die ausgeübte Tätigkeit maßgeblich.[407] Im Übrigen hängt es von der jeweiligen Ausgestaltung des Tarifvertrages ab, in welche Entgeltgruppe der Arbeitnehmer konkret einzugruppieren ist. Allgemein gültige Formeln lassen sich nicht aufstellen. Während bspw. die Eingruppierung im Rahmen des § 2 Nr. 2

399 BAG, Urt. v. 14.08.1985, AP Nr. 40 zu § 63 HGB.
400 BAG, Urt. v. 30.03.1989, EzA Nr. 79 zu § 4 TVG Ausschlussfristen.
401 Vgl. dazu auch *Marx*, NZS 2002, 126 ff.
402 BAG, Urt. v. 15.12.1976, AP Nr. 1 zu § 1 TVG Arbeitsentgelt; v. 08.03.1977, AP Nr. 1 zu § 87 BetrVG Auszahlung; *Natzel*, DB 1998, 368.
403 Vgl. insofern z.B. ArbG Hamm, Beschl. v. 02.10.1998 – 2 Ca 21597/98 (n.v.).
404 So z.B. der Bundesentgelttarifvertrag für die chem. Industrie v. 18.07.1987.
405 Vgl. z.B. § 8 Bundesentgelttarifvertrag/Chemie.
406 Eine solche tarifvertragliche Regelung ist zulässig; vgl. BAG, Urt. v. 07.11.2001, DB 2002, 746. Der Übergang in eine andere Gehaltsstaffel bedarf dann als Ergebnis des Normenvollzugs keiner Änderungskündigung.
407 Sog. Tarifautomatik; vgl. dazu *Friedrichs/Kloppenburg*, RdA 2001, 294.

BundesentgeltTV/Chemie voraussetzt, dass der Arbeitnehmer mit seiner Tätigkeit alle Tätigkeitsmerkmale eines im Tarifvertrag bestimmten Oberbegriffs erfüllt, stellt § 22 Nr. 2 Abs. 2 BAT auf die überwiegende Erfüllung der Tätigkeitsmerkmale ab. So muss innerhalb des BAT mindestens die Hälfte der die Gesamtarbeitszeit ausfüllenden Arbeitsvorgänge den Tätigkeitsmerkmalen der jeweiligen Vergütungsgruppe entsprechen. Das BAG geht hier vom Begriff des Arbeitsvorgangs aus, den es als eine unter Hinzurechnung der Zusammenhangstätigkeiten bei Berücksichtigung einer sinnvollen, vernünftigen Verwaltungsübung nach tatsächlichen Gesichtspunkten abgrenzbare und rechtlich selbständig zu bewertende Arbeitseinheit der zu einem bestimmten Arbeitsergebnis führenden Tätigkeit eines Angestellten definiert.[408]

Soweit der Tarifvertrag neben der Auflistung von Tätigkeitsmerkmalen **Regelbeispiele** benennt, bei 141
denen die Tätigkeitsmerkmale als erfüllt angesehen werden können, kommt diesen zumeist eine lediglich erläuternde Funktion zu.[409] Weder kann aus ihnen ein Eingruppierungsanspruch abgeleitet werden, soweit die Tätigkeitsmerkmale nicht als erfüllt angesehen werden können, noch schließen sie einen solchen aus, wenn der Arbeitnehmer mit seiner Tätigkeit die Tätigkeitsmerkmale ausfüllt.

Macht ein Tarifvertrag die Eingruppierung von der Zurücklegung einer bestimmten Zeit der Be- 142
triebszugehörigkeit abhängig, ist zu prüfen, ob in der betreffenden Regelung ein **Zeit- oder Bewährungsaufstieg** zu sehen ist.[410] Ersterenfalls ist die zeitliche Zuordnung zu einer bestimmten Entgeltgruppe infolge der arbeitsvertraglichen Bindung, letzterenfalls die Bewährung durch die Tätigkeit des Arbeitnehmers in der jeweiligen Entgeltgruppe von Ausschlag gebender Bedeutung.[411] Daneben können bestimmte gesetzliche oder durch die Rechtsprechung entwickelte Anrechnungstatbestände zu berücksichtigen sein.[412] Die Regelungen über die Teilnahme an einem Bewährungsaufstieg setzten regelmäßig eine Zugehörigkeit zu der Entgeltgruppe voraus, die einen Bewährungsaufstieg ermöglicht, was vorbehaltlich geregelter Anrechnungstatbestände die Berücksichtigung sonstiger Beschäftigungszeiten etwa in einer anderen Branche ausschließt. Eine über Tarif erfolgte Eingruppierung schließt demzufolge in der Regel die Teilnahme an einem Bewährungsaufstieg aus.[413] Ist der Arbeitnehmer aber mit einer geringerwertigen Tätigkeit beschäftigt worden, als dies vertraglich zulässig ist, ist er so zu behandeln, als hätte er eine den Bewährungsaufstieg ermöglichende Tätigkeit ausgeübt.[414]

Die in einem Arbeitsvertrag erfolgte **Zuordnung zu einer bestimmten Entgeltgruppe** ist Rechts- 143
vollzug; sie ist als deklaratorischer Hinweis zu verstehen, dem lediglich in prozessrechtlicher Hinsicht eine Bedeutung zukommt. Aus der Angabe der einschlägigen Entgeltgruppe kann damit regelmäßig kein unabhängiger vertraglicher Vergütungsanspruch abgeleitet werden.[415] Sie kann aber ausschlaggebend sein, soweit in einem Zustimmungsersetzungsverfahren nach § 99 Abs. 4 BetrVG eine bestimmte Entgeltgruppe als zutreffend ermittelt oder als unzutreffend ausgeschlossen wurde.[416] Hat der Arbeitgeber bewusst unabhängig von der tariflichen Bewertung eine höhere Vergütungsgruppe in den Vertrag mit aufgenommen, kommt dem eine konstitutive Bedeutung zu.[417] Im Streitfall hat der Arbeitnehmer hierfür die Tatsachen darzulegen und zu beweisen, aus

408 Vgl. nur BAG, Urt. v. 20.09.1995, AP Nr. 206 zu §§ 22, 23 BAT m.w.N.

409 So ausdrücklich geregelt in § 3 Nr. 2 Bundesentgelttarifvertrag/Chemie. Der generell bei MünchArbR/*Hanau*, § 62 Rn 47 getroffenen Aussage, dem Regelbeispiel komme ein Vorrang vor den aufgeführten Tätigkeitsmerkmalen zu, kann daher nicht gefolgt werden.

410 Vgl. dazu *Friedrichs/Kloppenburg*, RdA 2001, 305; *Natzel*, Die Betriebszugehörigkeit im ArbR, S. 52 ff.

411 Das BAG weist insofern dem Arbeitgeber die Darlegungs- und Beweislast zu, dass die den Bewährungsaufstieg rechtfertigenden Gründe nicht vorliegen; vgl. BAG v. 26.04.2000 sowie v. 17.05.2000, BB 2001, 1156.

412 Dazu *Natzel*, Die Betriebszugehörigkeit im ArbR, S. 51 ff.

413 *Friedrichs/Kloppenburg*, RdA 2001, 305.

414 BAG, Urt. v. 25.03.1998, AP Nr. 46 zu §§ 22, 23 BAT Sozialarbeiter.

415 BAG, Urt. v. 08.08.1996, AP Nr. 46 zu §§ 22, 23 BAT; vgl. ferner: *Friedrichs/Kloppenburg*, RdA 2001, 294.

416 BAG, Urt. v. 03.05.1992, AP Nr. 2 zu § 99 BetrVG Eingruppierung.

417 *Friedrichs/Kloppenburg*, RdA 2001, 294.

denen gefolgert werden kann, dass eine Vergütung nach einer tariflich nicht zutreffenden Vergütungsgruppe vereinbart worden ist.[418] Für den öffentlichen Dienst ging das BAG davon aus, dass bei einer in einem Formulararbeitsvertrag enthaltenen Übernahme der einschlägigen Tarifverträge als Vertragsbestandteil der Arbeitnehmer einen individualvertraglichen Anspruch auf die Vergütung nach der Vergütungsgruppe erwerben könne, deren Tätigkeitsmerkmale er durch die ihm auf Dauer übertragene Tätigkeit erfüllt.[419] Diese Rechtsprechung zugrunde gelegt, kann zu Zwecken der tarifkonformen Eingruppierung überlegt werden, das Mittel der Änderungskündigung zu wählen, um den mit dem Vertrag beabsichtigten Rechtszustand herzustellen.

144 Zu wiederholen ist es, dass die **Eingruppierung einen Normenvollzug** darstellt. Beruht die nicht mit dem Tarifvertrag übereinstimmende zu hohe Eingruppierung auf einem Irrtum, ist eine Rückgruppierung unter Beteiligung des Betriebsrats vorzunehmen.[420] Im Streitfall hat der Arbeitgeber dann darzulegen und ggf. zu beweisen, bei der ursprünglichen Eingruppierung sei ein Qualifizierungsmerkmal als erfüllt angesehen worden, das es in der betreffenden Fallgruppe nicht gibt.[421] Soweit die vom Tarifvertrag abweichend erfolgte Eingruppierung nicht als immanenter Bestandteil des Arbeitsvertrags angesehen werden kann,[422] kann diese ohne Ausspruch einer Kündigung – im Zweifelsfall aus Vertrauensschutzgesichtspunkten nur für die Zukunft – korrigiert werden. Hat der Arbeitnehmer aufgrund einer zu niedrigeren Eingruppierung ein niedrigeres Entgelt bekommen, können seinem Nachforderungsbegehren tarifliche Ausschlussfristen entgegenstehen.

145 Während eine Vergütung unter Tarif nur unter den Voraussetzungen des § 4 Abs. 3 TVG zulässig ist, sind **über- oder außertarifliche Leistungen** stets zulässig. Von übertariflichen Leistungen ist zu sprechen, soweit mit ihnen zwar an einen tariflichen Grundtatbestand angeknüpft, jedoch über die dort festgelegte Mindestbedingung hinausgegangen wird. Demgegenüber betrifft die außertarifliche Leistung einen tariflich nicht geregelten Gegenstand.[423] Diese über- oder außertariflichen Leistungen können nicht durch die Vereinbarung sog. **tarifvertraglicher Effektivklauseln** vor der Anrechnung im Rahmen einer Tariferhöhung mittels Klauseln abgesichert werden, nach denen »das effektive Arbeitsentgelt garantiert« sein und somit die übertarifliche Leistung um die Tariferhöhung aufgestockt werden muss (Effektivgarantieklausel) oder »die Tariflohnerhöhung beim Arbeitgeber voll wirksam« werden und damit die übertarifliche Leistung als solche erhalten bleiben muss (allg. Effektivklausel).[424] Dementsprechend kann die arbeitsvertragsrechtlich zulässige Aufsaugung übertariflicher Leistungen infolge einer Erhöhung der Tarifentgelte grundsätzlich nicht durch die Tarifvertragsparteien ausgeschlossen werden.[425] Sieht jedoch die arbeitsvertraglich oder kraft Betriebsvereinbarung geltende Regelung zur Gewährung übertariflicher Leistungen vor, dass diese auch im Falle einer Tariflohnerhöhung weiterzuzahlen sind, bleibt diese in ihrer Wirkung als günstigere Regelung erhalten.[426] Die gewährte übertarifliche Leistung ist dann als anrechnungsfest anzusehen. Um sich den notwendigen Gestaltungsspielraum zu erhalten, sollte daher bei der Regelung übertariflicher Zulagen darauf geachtet werden, dass deren Gewährung unter Widerrufs- und Anrechnungsvorbehalt erfolgt.[427] Dabei sollte der Arbeitgeber jedenfalls nicht in abschließender

418 BAG, Urt. v. 17.05.2000, NZA 2001, 1316 f.

419 BAG, Urt. v. 15.03.1991, AP Nr. 28 zu § 2 KSchG, unter Bestätigung des Urt. v. 22.03.1978, AP Nr. 100 zu §§ 22, 23 BAT.

420 Vgl. insofern ausführlich zur korrigierenden Rückgruppierung *Friedrichs/Kloppenburg*, RdA 2001, 293 ff.

421 BAG, Urt. v. 18.02.1998, AP Nr. 239 zu §§ 22, 23 BAT; vgl. i.Ü. *Friedrichs/Kloppenburg*, RdA 2001, 299.

422 BAG, Urt. v. 15.03.1991, AP Nr. 28 zu § 2 KSchG.

423 BAG, Urt. v. 16.04.1980, AP Nr. 9 zu § 4 TVG Effektivklausel.

424 BAG, Urt. v. 14.02.1968, v. 16.04.1980, v. 16.09.1987, AP Nr. 7, 9, 15 zu § 4 TVG Effektivklausel; vgl. i.Ü. Wiedemann/*Wank*, TVG, § 4 Rn 538 ff.

425 So auch bzgl. der Tariflohnerhöhung zum Ausgleich der infolge einer Arbeitszeitverkürzung eintretenden Verringerung des Arbeitsentgelts BAG, Urt. v. 16.09.1987, AP Nr. 15 zu § 4 TVG Effektivklausel.

426 BAG, Urt. v. 18.08.1971, AP Nr. 8 zu § 4 TVG Effektivklausel.

427 Vgl. *Lingemann*, NZA 2002, 192.

Form einzelne Tatbestände formulieren, die ihn zur Anrechnung berechtigen, da ihn dies in der grundsätzlich bestehenden Anrechnungsbefugnis beeinträchtigen könnte.[428]

Generell ist bei der Vereinbarung widerrufbarer Zulagen darauf zu achten, dass mittels des vorbehaltenen Widerrufs der **gesetzliche Kündigungsschutz nicht umgangen** werden darf.[429] Eine Umgehung des Kündigungsschutzes kann nicht in einer Vereinbarung gesehen werden, bei der die Zulage nur ca. 15 % der Gesamtbezüge des Arbeitnehmers ausmacht. Die Ausübung des Widerrufs unterliegt dann lediglich billigem Ermessen, ist aber regelmäßig gerechtfertigt, wenn die Zusatzaufgabe wirksam entzogen wird.[430] 146

(2) Betriebliche Rechtsgrundlagen

Auch betriebliche Regelungen können eine Grundlage des Vergütungsanspruchs sein. Dabei schließt der im Einleitungssatz zu § 87 Abs. 1 BetrVG festgelegte Tarifvorrang das Mitbestimmungsrecht des Betriebsrats nur dann aus, wenn eine inhaltliche und abschließende tarifliche Regelung über den Mitbestimmungsgegenstand besteht.[431] Es ist also jeweils zu prüfen, ob und in welchem Umfang in der positiven Regelung einer Tarifmaterie zugleich ein Wille der Tarifvertragsparteien zur Nichtregelung zum Ausdruck kommt. Ein solcher Wille kann vorbehaltlich anderweitiger Anhaltspunkte bezogen auf über- oder außertarifliche Zulagen regelmäßig nicht angenommen werden. Legt somit ein Tarifvertrag ein tarifliches Mindestentgelt fest, so schließt dies nicht aus, dass der Arbeitgeber darüber hinaus über- oder außertarifliche Zulagen gewährt.[432] In diesem Fall sperrt der Einleitungssatz zu § 87 Abs. 1 BetrVG nicht. Auch § 77 Abs. 3 BetrVG sperrt keine Regelungen im Rahmen der in § 87 Abs. 1 Nr. 10, 11 BetrVG angesprochenen Regelungsbereiche (Vorrangtheorie).[433] Der Arbeitgeber kann damit **Systeme der über- sowie außertariflichen Vergütung** betrieblich vorsehen. Dabei ist er in der Grundentscheidung frei, ob und in welchem Umfang er Mittel zur Vergütung zur Verfügung stellt, welcher Zweck mit diesen Mitteln erfüllt werden soll sowie welcher Personenkreis in Anbetracht dieses Zwecks in das Vergütungssystem einbezogen werden soll.[434] Die Verteilung solcher Mittel unterliegt jedoch der Mitbestimmung.[435] 147

Wenngleich eine betriebseinheitliche Regelung über- sowie außerbetrieblicher Leistungen immer mit Vorsicht erfolgen sollte, kann sie gegenüber entsprechenden individualvertraglichen Zusagen von Vorteil sein.[436] So ist der Arbeitgeber nicht an die Vorschriften des KSchG gebunden, wenn er wieder von den zugesagten Leistungen loskommen will. Da es sich um einen Mitbestimmungsgegenstand handelt, der nur das »wie«, nicht aber das »ob« der Leistung anbetrifft, kann er die **Betriebsvereinbarung unter Wahrung der Frist des § 77 Abs. 5 BetrVG aufkündigen**, ohne dass diese Nachwirkung entfalten kann.[437] Wohl aber können die Betriebsparteien hier die Nachwirkung vereinbaren.[438] Auch kann der Arbeitgeber mittels späterer Tarifverträge die zusätzlichen kollektiv geregelten Leistungen verändern, ohne dass es einer Änderungskündigung bedarf. Nicht so eindeutig ergibt sich dies hinsichtlich der eine Betriebsvereinbarung betreffenden Änderungskündigung. Hier 148

428 Vgl. i.E. zu dieser Problematik (noch ohne Berücksichtigung der in das BGB übernommenen AGB-Regelungen) *Schneider*, DB 2000, 922 ff.

429 Vgl. hierzu noch angesichts der neuen Regelungen der §§ 305 ff. im Folgenden unter Rn 150 ff.

430 BAG, Urt. v. 15.11.1995, AP Nr. 20 zu § 1 TVG Tarifverträge Lufthansa.

431 BAG GS, Beschl. v. 03.12.1991, AP Nr. 51 zu § 87 BetrVG Lohngestaltung.

432 BAG GS, Beschl. v. 03.12.1991, AP Nr. 51 zu § 87 BetrVG Lohngestaltung.

433 BAG GS, Beschl. v. 03.12.1991, AP Nr. 51 zu § 87 BetrVG Lohngestaltung.

434 MünchArbR/*Hanau*, § 62 Rn 64.

435 Vgl. i. E. zu Mitbestimmungsrechten des Betriebsrats § 12 Rn 273 ff.

436 Vgl. zu Folgendem auch MünchArbR/*Hanau*, § 62 Rn 73 ff.

437 Vgl. insofern auch BAG, Urt. v. 18.09.2001, DB 2002, 1114; MünchArbR/*Hanau*, § 62 Rn 95 ff.

438 BAG, Beschl. v. 16.03.1956, DB 1956, 1149; Urt. v. 15.05.1964, AP Nr. 5 zu § 56 BetrVG 52 Akkord; v. 28.04.1998, AP Nr. 11 zu § 77 BetrVG 1972 Nachwirkung; LAG Düsseldorf, Beschl. v. 23.02.1988, NZA 1988, 813; Hess. LAG, Beschl. v. 22.04.1994 sowie v. 05.05.1994, LAGE § 77 BetrVG Nr. 17 und 18; *Boemke/Kursawe*, DB 2000, 1405 ff.; *Hanau*, NZA Beil. 2/1985, 3.; krit.: *Jacobs*, NZA 2000, 69 ff.

kommt es zur Nachwirkung nach § 77 Abs. 6 BetrVG, wenn der Arbeitgeber damit in den Verteilungsschlüssel eingreift. Im Übrigen sind jedoch die gleichen Maßstäbe wie bei der Anrechnung von Leistungen auf eine Tariferhöhung anzuwenden: Ein zwingendes Mitbestimmungsrecht und demzufolge eine Nachwirkung tritt dann nicht ein, wenn mittels der Abänderung die Gesamtleistung insgesamt gekürzt wird, sich der Verteilungsschlüssel aber nicht ändert.[439]

149 Mittels Aufkündigung der bestehenden Betriebsvereinbarung kann der Arbeitgeber grundsätzlich **nicht in bereits erworbene Rechte und Anwartschaften eingreifen**.[440] Diese genießen Vertrauensschutz und können allenfalls bei einer wirtschaftlichen Notlage des Unternehmens entzogen werden. Variable Berechnungsfaktoren für zeitanteilig bereits erdiente Anwartschaften dürfen aus triftigen Gründen, Zuwachsraten für noch nicht erdiente Anwartschaften aus sachlichen Gründen verändert werden.[441]

(3) Individualvertragliche Rechtsgrundlagen

150 Neben kollektivrechtlichen Grundlagen bietet der Arbeitsvertrag, wie er vereinbart und etwa durch Abänderungsvereinbarung fortentwickelt wurde, einen weiteren Gestaltungsfaktor. Besteht weder eine kollektivrechtliche noch eine ausdrücklich in den Vertrag aufgenommene individualrechtliche Vergütungsregelung, ist nach § 612 BGB die **übliche Vergütung** als stillschweigend vereinbart anzusehen. Diese ist auch nach der Rechtsprechung des BAG zu leisten, wenn über den arbeitsvertraglichen Rahmen hinaus höherwertige Dienste geleistet werden, ohne dass hierfür der Vertrag eine Vergütungsregelung enthält.[442] Zur üblichen Vergütung rechnet die Rechtsprechung die in dem gleichen oder einem ähnlichen Gewerbe an dem betreffenden Ort für die entsprechende Arbeitsleistung gewährte Vergütung.[443] Dabei soll nach der Rechtsprechung auf einen einschlägigen Tarifvertrag jedenfalls dann zurückgegriffen werden können, wenn der Arbeitgeber i.Ü. unabhängig von der Gewerkschaftszugehörigkeit den Tariflohn zahlt.[444] Dieser Rechtsprechung kann gefolgt werden, sofern der Gleichbehandlungsgrundsatz eine unterschiedliche Vergütung untersagt. Aus ihr kann aber nicht die generelle Schlussfolgerung gezogen werden, das Übliche sei das für die Branche im Tarifvertrag Bestimmte. Würde man nämlich zur Bestimmung des Üblichen unabhängig von der Tarifbindung auf den Tarifvertrag abstellen, der im Falle der Tarifbindung anzuwenden wäre, würde diesem ein allgemeinverbindlicher Charakter zukommen, ohne dass berücksichtigt würde, dass die Verhältnisse in Betrieben ohne Tarifbindung eine andere Üblichkeitsbeurteilung bedingen können.

150a Soweit die Arbeitsvertragsparteien die Abrede getroffen haben, die Arbeitsvergütung ohne Berücksichtigung von Steuern und Sozialversicherungsbeiträgen auszuzahlen (sog. **Schwarzgeldabrede**), ist diese, nicht der Arbeitsvertrag insgesamt nichtig, soweit nicht der Wille zur Steuer- und Abgabenhinterziehung als Hauptzweck der Abrede anzusehen ist.[445]

151 Grundsätzlich ist zu berücksichtigen, dass die individuell getroffene Entgeltregelung regelmäßig als bestandsfester anzusehen ist, da sie grundsätzlich nur mit Mitteln der abändernden Vereinbarung oder der Änderungskündigung abbedungen werden kann. Neben der ausdrücklich im Individualvertrag festgelegten Entgelthöhe können auch andere Rechtsinstitute wie das der **betrieblichen Übung** oder des **Gleichbehandlungsgrundsatzes** auf den individualvertraglichen Entgeltanspruch des Arbeitnehmers einwirken.

439 MünchArbR/*Hanau*, § 62 Rn 96.
440 Vgl. insofern etwa zu Anwartschaften auf eine betriebliche Altersversorgung BAG, Urt. v. 18.04.1989 sowie v. 10.03.1992, AP Nr. 2, 5 zu § 1 BetrAVG; v. 18.09.2001, DB 2002, 1114.
441 BAG, Urt. v. 18.09.2001, DB 2002, 1114; MünchArbR/*Hanau*, § 62 Rn 97.
442 BAG, Urt. v. 24.09.1960 sowie v. 30.09.1971, AP Nr. 15, 27 zu § 612 BGB.
443 BAG, Urt. v. 26.05.1993, NZA 1993, 1049.
444 BAG, Urt. v. 27.10.1960, AP Nr. 21 zu § 611 BGB Ärzte, Gehaltsansprüche; v. 24.10.1989, AP Nr. 29 zu § 11 BUrlG; v. 26.09.1990, AP Nr. 9 zu § 2 BeschFG; beachte aber auch BAG, Urt. v. 11.01.1973, AP Nr. 30 zu § 138 BGB, zur Frage der Sittenwidrigkeit, deren Beurteilung sich nicht nach der Verkehrssitte der jeweiligen Branche richtet.
445 BAG, Urt. v. 26.02.2003, DB 2003, 1581 ff.

Verweist der Arbeitsvertrag auf die Anwendbarkeit einschlägiger tarifvertraglicher Regelungen, aus denen sich ein Entgeltanspruch ableiten lässt, kommt eine **richterliche Inhaltskontrolle** regelmäßig nicht in Betracht. Das BAG geht insofern von der Richtigkeitsgewähr der tariflichen Norm aus.[446] Aber auch dann sind die Möglichkeiten richterlicher Inhaltskontrolle begrenzt, wenn der Arbeitsvertrag wesentlich von dem tariflich Geregelten abweicht, das weder aufgrund einer Tarifbindung noch der Inbezugnahme des Tarifvertrags im Arbeitsvertrag gilt. Wollte man die Tarifnorm dennoch als Vergleichsmaßstab einer Inhaltskontrolle heranziehen, würde damit die negative Koalitionsfreiheit missachtet.[447] So geht auch das BAG davon aus, dass bei der Feststellung der »üblichen Vergütung« i.S.d. § 612 Abs. 2 BGB nicht allein auf das Tarifniveau des einschlägigen Wirtschaftszweiges abgehoben werden darf.[448] Es ist davon auszugehen, dass der Gesetzgeber an dieser durch die Rechtsprechung entwickelten Rechtspraxis auch im Rahmen des § 310 Abs. 4 BGB festhalten wollte, wie die dort enthaltene Formulierung, dass die für das Arbeitsrecht geltenden Besonderheiten »angemessen« zu berücksichtigen seien, belegt. Dementsprechend kommt eine entgeltbezogene Inhaltskontrolle nur für die Fälle in Betracht, wo das vereinbarte Entgelt nicht den Grundsätzen des § 138 BGB entspricht. Wann i.S.d. § 138 Abs. 2 BGB von einem auffälligen Missverhältnis von Leistung und Gegenleistung zu sprechen ist, ist unter Berücksichtigung aller billig und gerecht Denkenden anhand des in der Branche örtlich Üblichen zu beurteilen.[449] Zu diesem »Üblichen« gehört auch das, was im nicht tarifgebundenen Arbeitsverhältnis gezahlt wird; ein alleiniges Abstellen auf das Tarifniveau des jeweiligen Wirtschaftszweiges genügt damit nicht (s.o.). Insbesondere gibt es auch keine zwingenden Untergrenzen, ab denen ein Unterschreiten des allgemeinen Niveaus die Grenze des Unzulässigen tangiert, weshalb eine Berufung auf § 138 BGB nur im Ausnahmefall erfolgreich sein dürfte.[450] Anderen Beurteilungsgrundsätzen unterliegt es jedoch, soweit, wie in den Fällen des § 136 Abs. 1 SGB IX oder § 10 Abs. 1 BBiG, ein Rechtsanspruch auf »angemessene« Vergütung besteht.[451] 152

Innerhalb der individuell vereinbarten Entgeltregelung können einzelne Entgeltbestandteile im über- oder außertariflichen Bereich dem **Vorbehalt der Freiwilligkeit** sowie der **Widerrufsmöglichkeit** unterstellt werden.[452] Hierzu ist eine klare und unmissverständliche Erklärung vonnöten.[453] Eine Bezeichnung einer Zuwendung als »freiwillige Sozialleistung« lässt nach Auffassung des BAG[454] nicht klar erkennen, die entsprechende Zusage stehe unter einem Widerrufsvorbehalt; hier bedarf es für den, der auf der »rechtssichereren« Seite leben will, klarstellender Formulierungen. Im Übrigen muss dem Arbeitnehmer ein bestimmtes Grundentgelt sicher sein. Insoweit hat die Rechtsprechung Vertragsklauseln als zulässig anerkannt, aufgrund deren der Arbeitgeber übertarifliche Zulagen bis zur Höhe von 1/4 des Tariflohns widerruflich ausgestalten kann.[455] An der bisherigen durch die Rechtsprechung vollzogenen Inhaltskontrolle ist auch angesichts des neuen § 308 Nr. 4 BGB festzuhalten, da hier kündigungsschutzrechtliche Spezialregelungen als »Besonderheit« i.S.d. § 310 Abs. 4 153

446 BAG, Urt. v. 11.01.1973, AP Nr. 30 zu § 138 BGB.

447 So auch *Annuß*, BB 2002, 460; *Bayreuther*, RdA 2002, 81; *Hadeler*, FA 2002, 68; *Lingemann*, NZA 2002, 189; *Singer*, RdA 2003, 198; *Thüsing* in: *Graf v. Westphalen*, Vertragsrecht und AGB-Klauselwerke, Stichwort: Arbeitsverträge Rn 46; *Tschöpe*, DB 2002, 1830; unter Berufung auf § 310 Abs. 4 Satz 3 BGB im Ergebnis ebenso *Preis*, NZA Beil. 16/2003, 31 f.; a.A.: *Däubler*, NZA 2001, 1334 f.

448 BAG v. 11.01.1973, AP Nr. 30 zu § 138 BGB.

449 Vgl. insofern auch BAG, Urt. v. 11.01.1973, AP Nr. 30 zu § 138 BGB.

450 Auch Sozialhilfesätze können insofern nicht herangezogen werden; vgl. BAG, Urt. v. 22.03.1989 – 5 AZR 151/88 (n.v.); vgl. im Einzelnen zu den Prüfungsmaßstäben des § 138 BGB *Tschöpe*, DB 2002, 1830.

451 Vgl. hierzu auch BAG, Urt. v. 11.10.1995, SAE 1997, 113 ff. m. Anm. *Natzel, B./Natzel, I.*; vgl. i.Ü. zur Angemessenheit der Ausbildungsvergütung § 3 Rn 277 ff.

452 Zu solchen Klauseln vgl. *v. Hoyningen-Huene*, BB 1997, 1998; *Reiserer*, DB 1997, 426; *Sievers*, NZA 2002, 1182 ff.; *Swoboda/Kinner*, BB 2003, 418 ff.

453 So auch angesichts des Transparenzgebots des § 307 Abs. 1 Satz 2 BGB: *Hümmerich*, NZA 2003, 760.

454 BAG, Urt. v. 23.10.2002, DB 2003, 286.

455 BAG, Urt. v. 28.05.1987, DB 1988, 183; noch weiter gehend bzgl. Spitzenverdienern: BAG, Urt. v. 28.05.1997, DB 1997, 2620; vgl. i.Ü. hierzu *Sievers*, NZA 2002, 1182 ff..

BGB zu berücksichtigen sind, die regelmäßig der Rechtsprechung[456] als Abgrenzungsmaßstab zur Feststellung des rechtlich Zumutbaren dienten.[457] Sie sind von allgemeiner Aussagekraft; sie sind infolge der Übernahme des AGB-Rechts in das BGB auch in Arbeitsverhältnissen zu berücksichtigen, auf die das KSchG keine Anwendung findet.[458]

154 Der Widerrufsvorbehalt unterscheidet sich vom Freiwilligkeitsvorbehalt dadurch, dass der Widerruf die Grundsätze billiger Ermessensausübung (§ 315 BGB) zu berücksichtigen hat,[459] während im Falle des Freiwilligkeitsvorbehalts der Arbeitgeber ohne weitere Voraussetzungen jeweils neu entscheiden kann, ob er eine Leistung nochmals gewährt.[460] Die unter einem entsprechenden Freiwilligkeitsvorbehalt erfolgte Leistungszusage hindert folglich die Entstehung eines Rechtsanspruchs auf zusätzliche Entgeltbestandteile;[461] der Vorbehalt vermag nicht nur Ansprüche für die Zukunft, sondern auch für den laufenden Bezugszeitraum auszuschließen.[462] Eine besondere Form des Widerrufsvorbehalts stellen **Rückzahlungsklauseln** dar, die einerseits im Rahmen von Gratifikationen,[463] andererseits im Rahmen beruflicher Bildungsmaßnahmen verwandt werden.[464]

155 Freiwilligkeitsvorbehalte unterliegen nicht der Kontrolle nach § 308 Nr. 4 BGB, da diese Regelung gerade an die »versprochene Leistung« anknüpft; wohl aber muss sie in sich transparent sein.[465] Jeweils ist zu berücksichtigen, dass **Regelungen des Freiwilligkeitsvorbehalts oder vergleichbare Regelungen nicht in den vom KSchG geschützten Bestand des Arbeitsverhältnisses eingreifen dürfen.**[466] Der Kernbereich des synallagmatischen Austauschverhältnisses darf folglich nicht durch entsprechende Regelungen angetastet werden.[467] Eine eindeutige Grenzziehung ist hier aber nur schwer möglich. Feststehen dürfte, dass nicht jegliche mit einer Vorbehaltsklausel zugestandene Rechtsposition im Falle der Ausübung des Vorbehaltsrechts an der Kontrolle nach Maßstäben der kündigungsschutzrechtlichen Bestimmungen oder denen der Billigkeit nach § 315 BGB ihre Grenzen findet, die unbeschadet der Bestimmungen der §§ 305 ff. BGB stets zu berücksichtigen sind.[468] Denn ebenso wie es dem Arbeitgeber zugebilligt wird, Rechtspositionen freiwillig unter Ausschluss eines Rechtsanspruchs für die Zukunft zuzusagen, muss ihm gleichermaßen zugestanden werden, von vornherein die Leistungszusage unter Vorbehalt zu stellen.[469] Darüber hinaus dürften Versuche abstrakter Abgrenzungen[470] nur schwerlich weiterhelfen. Der am nächsten liegende Anknüpfungspunkt dürfte noch in der Differenzierung zwischen Entgelt i.e.S. und Entgelt i.w.S. zu sehen sein:[471] Ist eine individuell vereinbarte Leistung ausschließlich von der erbrachten Arbeitsleistung abhängig und somit unmittelbar in das synallagmatische Austauschverhältnis eingebaut, wird sich der Arbeitgeber einer Kontrolle auf Nichtumgehung der kündigungsrechtlichen Schutzbestimmungen unterwerfen

456 Vgl. etwa BAG, Urt. v. 15.11.1995, AP Nr. 20 zu § 1 TVG Tarifverträge: Lufthansa.

457 I. d. S. auch *Lingemann*, NZA 2002, 190; *Natzel*, NZA 2002, 595 ff.; *Schnitker/Grau*, BB 2002, 2123; vgl. ferner *Richardi*, NZA 2002, 1063.

458 *Schnitker/Grau*, BB 2002, 2123.

459 Vgl. insofern auch BAG, Urt. v. 15.11.1995, AP Nr. 20 zu § 1 TVG Tarifverträge: Lufthansa.

460 Vgl. insofern auch BAG, Urt. v. 17.01.1995, AP Nr. 7 zu § 77 BetrVG; v. 06.12.1995, AP Nr. 187 zu § 611 BGB Gratifikation.

461 BAG, Urt. v. 04.10.1956, AP Nr. 4 zu § 611 BGB Gratifikation.

462 BAG, Urt. v. 05.06.1996, AP Nr. 193 zu § 611 BGB Gratifikation.

463 Vgl. hierzu etwa BAG, Urt. v. 28.01.1981, AP Nr. 106 zu § 611 BGB Gratifikation.

464 Vgl. hierzu mit Überblick: *Freitag*, NZA 2002, 294; *v. Hoyningen-Huene*, NZA 1998, 1084 f.

465 Vgl. auch *Hümmerich*, NZA 2003, 760.

466 BAG, Urt. v. 09.06.1965, AP Nr. 10 zu § 315 BGB; v. 16.10.1965, AP Nr. 20 zu § 611 BGB Direktionsrecht; v. 13.05.1987, AP Nr. 4 zu § 305 BGB Billigkeitskontrolle.

467 Vgl. insofern auch BAG, Urt. v. 13.05.1987, AP Nr. 4 zu § 305 BGB Billigkeitskontrolle; ferner zum Freiwilligkeitsvorbehalt bei Sonderleistungen *Swoboda/Kinner*, BB 2003, 421.

468 Vgl. *Lingemann*, NZA 2002, 190.

469 MünchArbR/*Hanau*, § 62 Rn 109; *Hromadka*, DB 1995, 1609 ff.

470 So etwa bei MünchArbR/*Hanau*, § 62 Rn 110, der zwischen dem Kernbereich, Haupt- und Nebengruppen unterscheidet.

471 Vgl. insofern die Rspr. zur Anerkennung von Bindungsklauseln bei Gratifikationen: BAG, Urt. v. 13.09.1974, AP Nr. 84 zu § 611 BGB Gratifikation.

müssen.[472] I.Ü. unterliegt der Widerruf der zugesagten Leistung im Sinne einer Billigkeitskontrolle der Prüfung, ob er aus sachfremden, willkürlichen Erwägungen heraus erfolgt. Entsprechend ist zu urteilen, wenn die individuell gewährte zusätzliche Leistung laut Zusage nur befristet gewährt wird.[473]

Wird neben der tariflichen eine übertarifliche Vergütung gewährt, kann diese infolge **Anrechnung anlässlich einer Tariferhöhung** aufgesogen werde. Auch wenn sie auch ohne gesonderten Vorbehalt zu erklären möglich ist,[474] empfiehlt es sich, einen solchen vertraglich zu fixieren. Vor einer Anrechnung ist zu prüfen, ob die Zulage einen selbständigen Charakter aufweist, wovon dann auszugehen ist, wenn diese wie im Fall von Schmutzzulagen, Fahrt- oder Erschwerniszulagen unabhängig von der Höhe der Vergütung gezahlt werden. Diese sind nicht anrechnungsfähig.[475] Allgemeine Leistungszulagen, die als unselbständiger übertariflicher Teil der Vergütung gewährt werden, sind indes anrechnungsfähig, und zwar auch dann, wenn eine Erhöhung für bei Tarifabschluss zurückliegende Monate nicht prozentual, sondern durch als Einmalzahlungen bezeichnete, für alle Arbeitnehmer gleich hohe monatliche Pauschalbeträge erfolgt.[476] Hier geht die Rechtsprechung davon aus, dass lediglich die Rechtsgrundlage des im Vorgriff auf etwaige künftige Erhöhungen gezahlten Leistungsbestandteils infolge der Tariferhöhung ausgetauscht wird.[477] Damit wirkt sich vorbehaltlich anderweitiger Vereinbarungen eine Tariferhöhung in der Weise aus, dass sich die übertarifliche Zulage um den Betrag der Tariferhöhung verringert, ohne dass es hierzu einer ausdrücklichen Erklärung des Arbeitgebers bedarf.[478] Insofern enthält also eine durch den Arbeitgeber erfolgte Anrechnungserklärung nur den Inhalt, dass durch die Tariflohnerhöhung der Gesamtlohn des Arbeitnehmers unverändert bleibt.[479] Damit ist die Tariffestigkeit der Zulage zwar gewährt, ihre Anrechnungsfähigkeit jedoch nicht. Diese Rechtsprechung begründet sich aus der Tarifsystematik, nach der die tariflich festgelegten Arbeitsbedingungen unabhängig vom Willen des Arbeitgebers in Kraft treten, der an die im Allgemeinen branchenbezogen und ohne Berücksichtigung der wirtschaftlichen Verhältnisse im Einzelfall abgeschlossenen Tarifverträge gebunden ist, ohne dass es für ihn absehbar sei, ob er bei künftigen Erhöhungen aus wirtschaftlichen Gründen weiterhin in der Lage ist, die bisher gewährte Zulage in unveränderter Form weiterzuzahlen.[480] Es findet somit eine Aufsaugung mit der Folge statt, dass das vormals übertarifliche Entgelt zum tariflich abgesicherten Entgelt wird.[481] 156

Für den **Bereich außertariflicher Angestellter** stellt sich die Frage, in welcher Weise diese an Entwicklungen im Entgeltbereich teilhaben können. Das BAG hat hierzu festgestellt, dass auch bei einer über mehrere Jahre hinweg zu einem festgelegten Zeitpunkt erfolgten Anhebung der Gehälter außertariflicher Angestellter entsprechend der allgemeinen Tarifentwicklung nicht ein Vertrauenstatbestand dahin gehend geschaffen werden könne, der Arbeitgeber wolle auch in den Folgejahren so verfahren.[482] 157

472 Zur Zulässigkeit solcher Klauseln auch im Bereich arbeitsleistungsbezogener Sonderleistungen vgl. *Swoboda/Kinner*, BB 2003, 418 ff.

473 Vgl. insofern auch zur befristet angelegten Provisionsregelung BAG, Urt. v. 21.03.1993, AP Nr. 34 zu § 2 KSchG.

474 BAG, Urt. 23.03.1993, AP Nr. 26 zu § 87 BetrVG Tarifvertrag.

475 BAG, Urt. v. 07.02.1996, AP Nr. 85 zu § 87 BetrVG 1972 Lohngestaltung.

476 Vgl. nur BAG, Urt. v. 25.06.2002, DB 2002, 2494, in Fortführung der Rspr. v. 14.08.2001, DB 2002, 902.

477 BAG (GS), Beschl. v. 03.12.1991, AP Nr. 51 zu § 87 BetrVG Lohngestaltung; vgl. ferner BAG, Beschl. v. 14.08.2001, NZA 2002, 342, wonach tarifliche Einmalzahlungen nicht als Teil einer Tariferhöhung angesehen werden kann, die zur Anrechnung übertariflicher Zulagen aus Anlass einer Tariferhöhung berechtigt.

478 BAG, Urt. v. 08.12.1982, AP Nr. 15 zu § 4 TVG Übertarifl. Lohn, Tariflohnerhöhung; v. 03.06.1987, DB 1987, 1943; v. 16.04.1986, DB 1987, 1542 ff.; v. 24.11.1987, DB 1988, 556; bestätigt durch BAG (GS), Beschl. v. 03.12.1991, AP Nr. 51 zu § 87 BetrVG 1972 Lohngestaltung.

479 Vgl. insofern auch BAG, Urt. v. 13.11.1963, AP Nr. 7 zu § 4 TVG Übertarifl. Lohn, Tariflohnerhöhung.

480 BAG, Urt. v. 31.10.1995, NZA 1996, 613; v. 07.02.1995, NZA 1995, 894; Beschl. v. 24.08.2001, NZA 2002, 342.

481 Dies gilt auch bei rückwirkender Erhöhung der Tarifentgelte um einen Pauschalbetrag; vgl. BAG, Urt. v. 10.03.1982, AP Nr. 47 zu § 242 BGB Gleichbehandlung.

482 BAG, Urt. v. 04.09.1985, AP Nr. 22 zu § 242 BGB Betriebl. Übung.

158 Die Vertragspraxis hat sich in der Vergangenheit für den außertariflichen Bereich vielfach sog. **Wertsicherungsklauseln** bedient, mit denen die Höhe von Leistungen an die Veränderung der Lebenshaltungskosten gekoppelt oder von tariflichen oder gesetzlichen Vergütungsregelungen abhängig gemacht wurden. Solche Klauseln bedurften bisher der Genehmigung durch die Deutsche Bundesbank.[483] Im Rahmen der Währungsumstellung auf Euro hat der Gesetzgeber nunmehr im Rahmen des Preisangaben- und Preisklauselgesetzes solche Klauseln als unzulässig eingestuft, mit denen der Betrag einer Geldschuld unmittelbar und selbständig durch den Preis oder Wert von anderen Gütern oder Leistungen bestimmt wird, die mit den vereinbarten Gütern und Leistungen nicht vereinbar sind. Das Bundeswirtschaftsministerium oder eine andere von der Bundesregierung durch Rechtsverordnung bestimmte Bundesbehörde kann auf Antrag hiervon jedoch Ausnahmen zulassen. Nach der im Anschluss an das Gesetzgebungsverfahren erlassenen Preisklausel-VO[484] ist nunmehr das Bundesamt für Wirtschaft als Genehmigungsbehörde für zuständig erklärt worden.

159 Die individuell vereinbarten Entgelte lassen sich nach bislang herrschender Rechtsauffassung nur in besonderen Ausnahmefällen durch **Änderungskündigung** herabsetzen. Das BAG differenziert insoweit zwischen konkret vereinbartem Entgelt und sonstigen entgeltwerten Vorteilen wie etwa Fahrt- oder Mietkostenzuschüssen, die im Falle der Änderungskündigung an geringeren Maßstäben zu messen seien.[485] I.Ü. hat die Rechtsprechung eine Änderungskündigung ausnahmsweise als gerechtfertigt angesehen, wenn mit ihr die Stilllegung eines Betriebs oder Reduzierung der Belegschaft verhindert werden kann und andere Maßnahmen der Kostensenkung nicht zur Verfügung stehen.[486] Stets muss aber der angestrebten Änderungskündigung ein Sanierungsplan vorangestellt sein, der alle gegenüber der beabsichtigten Kündigung milderen Mittel ausschöpft.[487] *Heinze*[488] hat auf den Systemwiderspruch hingewiesen, der in den hohen Anforderungen der arbeitsgerichtlichen Überprüfung von Änderungskündigungen auf der einen und den Zumutbarkeitskriterien des § 121 SGB III auf der anderen Seite zu sehen ist. Nach heutigem Rechtsverständnis muss ein Arbeitnehmer arbeitsrechtlich erst durch Kündigung aus dem Arbeitsverhältnis ausscheiden, um dann durch die Arbeitsverwaltung auf einen Arbeitsplatz zu den Arbeitsbedingungen verwiesen zu werden, die der Arbeitgeber mittels Änderungskündigung herbeizuführen nicht in der Lage gewesen wäre. Aus dem in den verschiedenen Systemen enthaltenen Wertungswiderspruch leitet *Heinze* ab, dass der Zumutbarkeitsbegriff des Arbeitsförderungsrechts unmittelbare Wechselwirkung im Arbeitsrecht besitzen muss, weil ansonsten die Zielrichtung des sozialrechtlichen Zumutbarkeitsbegriffs arbeitsrechtlich ausgehebelt würde. Es bleibt abzuwarten, inwieweit der einleuchtende Befund sowie die daraus von *Heinze* gezogenen Schlussfolgerungen in der forensischen Praxis ihren Niederschlag finden. Insoweit ist auf eine Entscheidung des LAG Frankfurt zu verweisen, wo eine zu überprüfende Versetzung unter Berufung auf § 121 Abs. 4 SGB III als billig und hinnehmbar angesehen wurde.[489]

159a Über die Änderungskündigung hinaus können nach Auffassung des BAG wegen der Gefahr der Umgehung zwingender kündigungsschutzrechtlicher Vorschriften sog. Überprüfungsklauseln, wie sie oft in Arbeitsverträgen außertariflicher Angestellter enthalten sind, regelmäßig nicht für Abänderungen des Entgelts zu Ungunsten des Angestellten herhalten.[490] Auch kann sich der Arbeitgeber nach der Rechtsprechung des BAG nicht zur Begründung der Absenkung einer vereinbarten über dem betrieblichen Niveau liegenden Vergütung auf den Gleichbehandlungsgrundsatz berufen.[491]

483 Sog. Indexierungsverbot nach § 3 WährungsG; vgl. hierzu auch *Natzel*, DB 1998, 369.
484 PreisklauselVO v. 23.09.1998, BGBl I, 3042.
485 So in BAG, Urt. v. 27.03.2003, DB 2003, 1962 f.; dazu *Berkowsky*, NZA 2003, 1130 ff.
486 BAG, Urt. v. 20.08.1998, AP Nr. 50 zu § 2 KSchG; v. 16.05.2002, DB 2002, 2725; vgl. ferner hierzu *Sievers*, NZA 2002, 1186.
487 BAG, Urt. v. 16.05.2002, 2725; *Sievers*, NZA 2002, 1187.
488 *Heinze*, SGb 2000, 241 ff.
489 LAG Frankfurt, Urt. v. 11.04.2001 – 3 SaGa 2095/00 (n.v.).
490 BAG, Urt. v. 12.12.1984, AP Nr. 6 zu § 2 KSchG.
491 BAG, Urt. v. 16.05.2002, DB 2002, 2725; vgl. hierzu auch *Sievers*, NZA 2002, 1187.

Unbeschadet dessen ist zu beachten, dass inzwischen den Betriebsparteien vor Ort im Rahmen **betrieblicher Bündnisse für Arbeit** in verschiedener Weise Anpassungen der Arbeitsbedingungen, insbesondere auch im Entgeltbereich, an gegebene Veränderungen der wirtschaftlichen Verhältnisse tarifvertraglich ermöglicht worden ist.[492] Um die Erstreckung von im Rahmen solcher beschäftigungswirksamen Bündnisse getroffenen Regelungen auch auf nicht tarifgebundene Mitarbeiter zu ermöglichen, ist es empfehlenswert, hierzu eine Klausel in den Arbeitsvertrag mit aufzunehmen.[493] 160

bb) Formen des Arbeitsentgelts

Die in der Praxis festzustellende Grundtendenz zur Flexibilisierung der Arbeitsbedingungen findet in der Vergütung von Arbeitnehmern zunehmend ihren Niederschlag. So sehen verschiedentliche **tarifvertragliche Öffnungsklauseln** Möglichkeiten vor, bestimmte tarifvertraglich normierte Leistungen etwa bei bestehenden wirtschaftlichen Schwierigkeiten entfallen lassen oder in ihrer Auszahlung verschieben zu können.[494] Auch können tarifvertragliche Regeln es über Öffnungsklauseln ermöglichen, dass abweichend von den bindenden Tarifentgeltsätzen niedrigere betriebliche Entgeltsätze vereinbart werden können.[495] Die so betrieblich festgelegten Entgeltsätze sind den ansonsten tarifvertraglich geregelten u.a. mit der Rechtsfolge gleichgestellt, dass alle weiteren tariflichen Leistungen entsprechend der abweichend festgelegten Arbeitsbedingung zu bemessen sind. 161

Aber auch i.Ü. kann eine zunehmende inhaltliche **Flexibilisierung der Vergütungssysteme** festgestellt werden, indem die Vergütung mit anderweitigen variablen Größen wie Provisionen, Gewinnbeteiligungen, Tantiemen, Indexklauseln oder Spannenklauseln[496] verknüpft werden. Solche Klauseln finden allerdings dort ihre arbeitsrechtlichen Grenzen, wo mit ihnen versucht wird, das typische Wirtschafts- und Betriebsrisiko des Arbeitgebers auf den Arbeitnehmer abzuwälzen.[497] Zudem darf die Bestimmung variabler Entgeltbestandteile nicht zu einer objektiven Umgehung des gesetzlichen Änderungskündigungsschutzes führen. Insofern ist das BAG davon ausgegangen, dass ein variabler Entgeltbestandteil von 15 bis 20 % der Gesamtvergütung in zulässiger Weise als leistungsabhängig definiert werden dürfe.[498] Woraus es diese Erkenntnis schöpft, bleibt ungewiss, gibt das Gesetz doch über die Generalklauseln wie die des § 138 BGB hinaus keine gesetzlichen Grenzen für eine bestimmte Mindestvergütung vor. Werden diese Grenzen eingehalten, ist kein Grund ersichtlich, wieso die variable Ausgestaltung des darüber hinausgehenden Teils ab einem bestimmten Prozentsatz unzulässig sein sollte. 162

(1) Zeit- und Leistungsvergütung

Die **laufende Vergütung** im Arbeitsverhältnis erfolgt vorwiegend nicht ergebnis-, sondern zeitbezogen. Der Begriff des Zeitlohns bezeichnet die nach Zeitabschnitten wie Stunden, Wochen, Monaten oder darüber hinausgehenden Zeiträumen berechnete Vergütung. Er kennzeichnet sich dadurch aus, dass der Arbeitnehmer ihn unbeschadet etwaiger quantitativer oder qualitativer Leistungsschwankungen erhält. Das gilt sowohl hinsichtlich des zeitbezogen ausgezahlten Fixums wie auch davon abhängiger Zuschläge oder sonstiger Zulagen, etwa für die besondere Erschwernis, der der Arbeitnehmer bei seiner Arbeitsverrichtung ausgesetzt ist. Entscheidend ist jeweils, dass die Vergütung für die in einem entsprechenden Zeitraum erbrachte Arbeitsleistung erfolgt. Kommt es zu Minder- oder Schlechtleistungen, ist der Arbeitgeber auf das Schadensersatzrecht verwiesen.[499] Soweit eine 163

492 Vgl. bspw. § 10 Bundesentgelt-TV Chemie; Fn 1 zum MTV Chemie; § 2 TV über Einmalzahlungen und Altersvorsorge in der chem. Industrie.

493 Zu solchen sog. Betriebsvereinbarungsöffnungsklauseln vgl. auch *Hümmerich*, AnwaltFormulare Arbeitsrecht, § 1 Rn 661 ff.

494 So bspw. § 2 TV über Einmalzahlungen und Altersvorsorge in der chem. Industrie.

495 So bspw. § 10 Bundesentgelttarifvertrag für die chem. Industrie oder Fn 1 zum MTV Chemie.

496 Zu solchen Klauseln im Lichte der Euro-Einführung vgl. auch *Natzel*, DB 1998, 369.

497 MünchArbR/*Hanau*, § 62 Rn 91.

498 BAG, Urt. v. 21.04.1993, NZA 1994, 476.

499 BAG, Urt. v. 06.06.1972, DB 1975, 1731.

Umrechnung der Zeitvergütung in Teillohnperioden erforderlich ist, ist bei Fehlen einschlägiger Regelungen von der Berechnungspraxis des Arbeitgebers auszugehen.[500] Vielfach enthalten hier aber tarifvertragliche Regelungen Berechnungsformeln vor.[501]

164 Zunehmend werden in den Unternehmen auch **leistungsabhängige Vergütungssysteme** installiert, um hierdurch zusätzliche Leistungspotentiale zu aktivieren. Eine allgemein gültige Definition, was unter einem leistungsabhängigen Vergütungssystem zu verstehen ist, gibt es nicht. Zu § 87 Abs. 1 Nr. 11 BetrVG hat das BAG eine Definition der dort aufgeführten, den Akkord- und Prämiensätzen vergleichbaren »leistungsbezogenen Entgelte« angestellt, indem es ausführte, dass ein solches Entgeltsystem bei einer Vergütungsform vorliegen würde, mit der eine »Leistung« des Arbeitnehmers, gleichgültig, worin diese besteht, gemessen und mit einer Bezugsleistung verglichen wird und bei der sich die Höhe der Vergütung in irgendeiner Weise nach dem Verhältnis der Leistung des Arbeitnehmers zur Bezugsleistung bemisst.[502] Bemessungsfaktoren können dabei zum einen der abstrakte Arbeitswert (Arbeitsschwierigkeit) und zum anderen entweder der Zeitfaktor, in dem die Arbeitsleistung erbracht wird, oder das konkrete Leistungs- oder Arbeitsergebnis sein.[503] Die hierzu geschaffenen Kriterien unterliegen der Mitbestimmung nach § 87 Abs. 1 Nr. 10 BetrVG.

165 Es ist damit zwischen zeit- und leistungsabhängigen Vergütungsformen zu differenzieren. Leistungsabhängige Vergütungssysteme waren seit jeher in Form der Akkordvergütung bekannt, mittels derer die Vergütung anhand der erbrachten Arbeitsmenge bemessen wird.[504] Neben dieser Form leistungsabhängiger Vergütung sind in der heutigen Arbeitswelt in verschiedener Weise ausgestaltete Vergütungsformen hinzugetreten. So erfolgt zunehmend vor allem im Bereich höher qualifizierter Arbeitnehmer eine Vergütung unter Berücksichtigung von Leistungsbeurteilungen, der Kriterien wie persönlicher Arbeitseinsatz, Kommunikationsfähigkeiten oder Führungseigenschaften zugrunde liegen.

166 Die Leistungsvergütung bedarf stets einer gesonderten **individual- oder kollektivvertraglichen Rechtsgrundlage**. Die Grenze für so vereinbarte Systeme einer leistungs- oder erfolgsorientierten Vergütung ist dort zu sehen, wo auf den Arbeitnehmer über das Vergütungssystem das Betriebsrisiko abgewälzt wird.[505] Dem Arbeitnehmer muss es also möglich sein, das mit dem Vergütungssystem anvisierte Leistungsziel erreichen zu können. Es muss damit eine leistungsgerechte Vergütung gewährleisten können. Insbesondere darf mit einem solchen System das »Ob« der Leistung nicht in Frage gestellt sein.[506]

167 Das traditionsreichste, jedoch zunehmend durch andere Systeme ersetzte System der Leistungsvergütung ist die **Akkordvergütung**. Hier wird die Höhe des Arbeitsentgelts nach dem konkreten Ergebnis der Arbeit etwa anhand von Stückzahlen, Gewicht bspw. eines beförderten Gutes, Größe oder Länge einer bearbeiten Fläche bemessen. Dabei kann auch die Qualität der Arbeit zur Grundlage der Beurteilung gemacht werden, etwa indem bestimmt wird, dass eine Bezahlung nur für fachlich einwandfreie Arbeiten erfolgt. Leistet in einem solchen Fall der im Akkord beschäftigte Arbeitnehmer Arbeiten, die nicht diesen Anforderungen entsprechen, so entsteht sein Lohnanspruch von vornherein nicht in voller Höhe des tariflichen Akkordlohns. Der Arbeitgeber, der einen niedrigeren Lohn zahlt, ist nicht gehalten, etwa einen ihm zustehenden Gegenanspruch wegen der Schlechtleistung geltend zu machen, so dass eine tarifliche Verfallfrist für Arbeitgeberansprüche nicht zum Zuge kommt; hier reguliert das Vergütungssystem bereits selbst die mindere Arbeitsqualität.[507] Doch

500 BAG, Urt. v. 28.02.1975, DB 1975, 1128.

501 So z.B. Fn 6 des MTV Chemie.

502 BAG, Beschl. v. 28.07.1981, DB 1981, 2031.

503 MünchArbR/*Kreßel*, § 66 Rn 5.

504 Die Vereinbarung solcher Systeme ist etwa bei Jugendlichen (§ 23 Abs. 1 JArbSchG) oder Schwangeren (§ 4 Abs. 3 MuSchG) als unzulässig anzusehen.

505 BAG, Urt. v. 15.03.1960, AP Nr. 13 zu § 611 BGB Akkordlohn; vgl. ferner für eine vorgesehene Verlustbeteiligung ohne angemessenen Ausgleich BAG, Urt. v. 15.10.1990, AP Nr. 47 zu § 138 BGB.

506 MünchArbR/*Kreßel*, § 66 Rn 21.

507 BAG, Urt. v. 15.03.1960, AP Nr. 13 zu § 611 BGB Akkordlohn.

ist auch in einem solchen System sicherzustellen, dass die mindere Arbeitsqualität der Sphäre des Arbeitnehmers zuzurechnen ist; der Verlagerung von der Sphäre des Arbeitgebers zuzurechnenden Risiken zu Lasten des Arbeitnehmers darf das Vergütungssystem jedoch nicht dienen.

Vom **Einzelakkord** spricht man, wenn das Leistungsergebnis des einzelnen Mitarbeiters gemessen und der Berechnung der Vergütung zugrunde gelegt wird, vom **Gruppenakkord**, wenn dies bezogen auf eine Arbeitsgruppe erfolgt. Beim **Geldakkord** wird die Vergütung der erzielten Arbeitsmenge mit einem Geldfaktor multipliziert. Beim **Zeitakkord** wird die Vergütung anhand der in einer Vorgabezeit produzierten Menge multipliziert um einen Geldfaktor bemessen. Methoden der Vorgabezeitbestimmung können der ausgehandelte Akkord, Faust- oder Meisterakkord, Schätzakkord oder der bspw. nach REFA ermittelte arbeitswissenschaftliche Akkord sein.[508] Auch im Fall der Akkordarbeit schuldet der Arbeitnehmer die volle Arbeitsleistung. Es kann also nicht aus dem Umstand, dass bei einem Weniger an Arbeitsleistung der Arbeitnehmer auch weniger Vergütung erhält, darauf geschlossen werden, der Arbeitgeber wolle oder könne auf die volle Arbeitsleistung verzichten.[509] 168

Im Rahmen der **Prämienvergütung** wird der Arbeitnehmer anhand seiner Arbeitsleistung vergütet, indem die Leistung des Arbeitnehmers in Verhältnis zu einer Normalleistung als Bezugsgröße gesetzt wird.[510] Doch werden hier über den Leistungserfolg hinaus auch anderweitige Faktoren wie etwa die bessere Nutzung von Ressourcen vergütet.[511] 169

Wie bereits angedeutet, werden **Vergütungssysteme individueller Leistungsbeurteilung** vermehrt eingesetzt, die auf festgelegten Bewertungssystemen aufbauen, in denen Kriterien wie Fertigkeiten und Kenntnisse, Sorgfalt, Zuverlässigkeit, Mitarbeiterkompetenz, Führungsverhalten, Arbeitseinsatz oder die Belastbarkeit eine Rolle spielen können, die sodann im Rahmen einer Punkteskala in periodischen Abständen beurteilt werden.[512] Ein ähnliches System periodenbezogener Leistungsbeurteilung stellt das der Leistungssteuerung über **Zielvereinbarungen** dar.[513] Auf die Erörterung seiner Leistungen und deren Beurteilung hat der Arbeitnehmer einen Anspruch; vgl. § 82 Abs. 2 BetrVG. Stets hat sich der Arbeitnehmer auch im Rahmen solcher leistungssteuernder Instrumente um den herbeizuführenden Erfolg mit seinen individuellen Fähigkeiten zu bemühen und kann sich dabei nicht unter Inkaufnahme von Entgeltverzicht in der Anstrengung seiner Kräfte und Fähigkeiten beschränken.[514] Daher kann auch das Nichterreichen von Zielen negative arbeitsrechtliche Konsequenzen wie Abmahnung, Versetzung oder gar Kündigung nach sich ziehen.[515] Der Arbeitgeber indes schuldet eine sachgerechte Durchführung des in der Zielvereinbarung vorgesehenen Verfahrens über ihre Durchführung, die Beurteilung und die Entgeltzahlung.[516] 170

Wird in einem Arbeitsvertrag lediglich in allgemeiner Form[517] festgelegt, dass sich ein bestimmter Teil der Vergütung nach »jährlich festzulegenden Umsatzziele« richtet, hat der Arbeitnehmer einen Anspruch auf Festlegung der Ziele.[518] Wurde eine Zielvereinbarung nicht getroffen, ist der Inhalt 170a

508 Zu alldem vgl. ausführlich bei MünchArbR/*Kreßel*, § 67 Rn 15 ff.

509 BAG, Urt. v. 20.03.1969, AP Nr. 27 zu § 123 GewO.

510 BAG, Beschl. v. 13.09.1983, AP Nr. 3 zu § 87 BetrVG 1972 Prämie.

511 Vgl. hierzu auch MünchArbR/*Kreßel*, § 67 Rn 76 ff.

512 Vgl. hierzu auch mit Mustern für Leistungsbeurteilungen *Hümmerich*, AnwaltFormulare Arbeitsrecht, § 3 Rn 77 ff.

513 Zu Zielvereinbarungen als Instrument der Leistungssteuerung vgl. auch *Bauer/Diller/Göpfert*, BB 2002, 882 ff.; *Bergwanger*, BB 2003, 1499 ff.; *Felder/Ritter*, Variable Vergütung, Reihe GDA-Praxishdb., 5. Band; *Köppen*, DB 2002, 374 ff.; *Mauer*, NZA 2002, 540 ff.

514 BAG, Urt. v. 11.12.2003 – 2 AZR 667/02, BAG-Pressemitteilung Nr. 82/03, wonach das dauerhafte Unterschreiten einer geforderten Durchschnittsleistung einen personen- wie verhaltensbedingten Kündigungsgrund abzugeben vermag; vgl. ferner hierzu: *Berwanger*, BB 2003, 1500; *Gaul*, BB 1990, 1555; *Hunold*, BB 2003, 2349 ff.; *Köppen*, DB 2002, 379.

515 *Bauer/Diller/Göpfert*, BB 2002, 886; *Hunold*, BB 2003, 2345 ff.

516 *Köppen*, DB 2002, 374 ff.

517 Die sich aus § 307 BGB ergebenden Risiken sind bei einer zu allgemein gehaltenen Zielvereinbarung zu berücksichtigen.

518 Hierzu *Bauer/Diller/Göpfert*, BB 2002, 883.

einer konkreten Zielvereinbarung aufgrund des hypothetischen Parteiwillens zu bestimmen.[519] Die Rechtsgrundlage des konkreten Zahlungsanspruchs ist nicht abschließend geklärt. Teilweise wird sie in § 280 Abs. 1 BGB gesehen, da der Arbeitgeber als Schuldner der Zielvorgabe dem Arbeitnehmer die Erreichung der Zielvereinbarungsprämie verhindere.[520] Auch wird eine entsprechende Anwendung des § 315 BGB befürwortet.[521] Oder es wird der Weg über die ergänzende Vertragsauslegung gegangen.[522] Wurde indes eine Zielvereinbarung getroffen und kommt es nunmehr über das Erreichen der in der Vereinbarung festgelegten Ziele zum Streit, hat der Arbeitnehmer darzulegen und zu beweisen, auf welchen Tatsachen eine von ihm behauptete Zielerreichung beruht. Der Arbeitgeber muss seinerseits substantiiert darlegen, welche Gründe aus seiner Sicht gegen die Annahme sprechen, der Arbeitnehmer habe das vereinbarten Ziel verfehlt; hierzu sollte er durch die zuständigen Vorgesetzten festgestellte Defizite regelmäßig dokumentieren lassen. Der Arbeitnehmer hat dann zu beweisen, dass er entgegen des arbeitgeberseitigen Vortrags die vereinbarten Ziele erreicht hat.[523]

170b Im Einzelfall kann sich wegen veränderter Rahmenbedingungen entsprechend den Grundsätzen über den Wegfall der Geschäftsgrundlage die Frage nach einer Anpassung der Zielvorgaben stellen. Hier ist zu prüfen, welcher Risikosphäre die Störung zuzurechnen ist. Sein unternehmerisches Risiko auf den Arbeitnehmer abzuwälzen, ist dem Arbeitgeber verwehrt; dem Arbeitnehmer muss die Zielerreichung unter normalen Umständen möglich sein.[524] Im Übrigen können Zielvereinbarungen nicht, wohl aber die konkrete Zielvorgaben einer Inhaltskontrolle zugeführt werden.[525]

170c Zielvereinbarungen können mit einem Widerrufsvorbehalt ausgestaltet oder von vornherein befristet werden. Beides geht aber nur im Rahmen des auch ansonsten Zulässigen. So darf mittels des Widerrufvorbehaltes nicht der Kernbereich des Arbeitsverhältnisses tangiert werden. Und die Befristung der Zielvereinbarung bedarf wie sonst auch eines Sachgrundes. Ein solcher kann bspw. auch in der Erprobung eines neu eingeführten Bonussystems gesehen werden.[526]

171 Die **Entgeltfortzahlung** in Systemen leistungsbezogener Vergütung richtet sich wie sonst auch nach dem Entgeltausfallprinzip. Es ist somit darauf abzustellen, wie viel der Arbeitnehmer ohne den Arbeitsausfall verdient hätte. Regelmäßig wird zur Feststellung dieses hypothetischen Verdienstes auf die Verhältnisse vor dem maßgeblichen Arbeitsausfall abzustellen sein.[527] Im Übrigen bejaht aber das BAG außerhalb des gesetzlichen Entgeltfortzahlungszeitraums die Möglichkeit der Vereinbarung der proportionalen Kürzung des Entgelts für den Fall der Nichtarbeit.[528]

172 Jeweils gilt es bei Einführung einer der hier in Rede stehenden Systeme die **Mitbestimmungsrechte des Betriebsrats** nach § 87 Abs. 1 Nr. 10, 11 BetrVG zu beachten. Darüber hinaus soll dem Betriebsrat auch ein Auskunftsrecht über mit den Arbeitnehmern im Rahmen eines tariflichen Leistungslohnsystems individuell vereinbarten Umsatzzielen zustehen können, um die Einhaltung des Gleichbehandlungsgrundsatzes überprüfen zu können.[529]

519 *Schmiedl*, BB 2004, 329 ff. m.w.N. für andere Lösungswege für Fallkonstellationen fehlender Zielvereinbarungen.
520 So LAG Köln, Urt. v. 23.05.2002, DB 2003, 451.
521 So ArbG Düsseldorf, Urt. v. 13.08.2003, DB 2004, 1103.
522 So *Mauer*, NZA 2002, 540.
523 *Behrens/Rinsdorf*, NZA 2003, 364 ff.
524 Hierzu *Bauer/Diller/Göpfert*, BB 2002, 883.
525 *Bauer/Diller/Göpfert*, BB 2002, 884.
526 *Lindemann/Simon*, BB 2002, 1813.
527 *Berwanger*, BB 2003, 1504.
528 Vgl. etwa BAG, Urt. v. 15.02.1990, NZA 1990, 601; v. 26.10.1994, NZA 1995, 266; vgl. hierzu auch *Mauer*, NZA 2002, 544.
529 BAG, Beschl. v. 21.10.2003, DB 2004, 322 ff.

(2) Provisionen

173 Eine besondere Form der Erfolgsvergütung stellt die **Provisionsvergütung** dar, mit der der Arbeitnehmer am Wert der durch ihn unmittelbar (durch Herbeiführung des Geschäftsabschlusses) oder mittelbar (durch Werbung von Kunden für gleichartige Geschäfte) zustande gekommenen Geschäfte beteiligt wird (§ 87 Abs. 1 HGB). Auch kommt die Vereinbarung von Provisionen für Geschäfte mit Kunden eines bestimmten Bezirks oder einen bestimmten Kundenkreis in Betracht (§ 87 Abs. 2 HGB). Von den Vermittlungs- und Bezirksprovisionen sind Modelle der Beteiligung an den geschäftlich erzielten Unternehmensgewinnen abzugrenzen, für die gelegentlich auch der Begriff der Umsatzprovision gewählt wird.

174 Während das Handelsgesetzbuch in §§ 87 ff. HGB[530] zur Vergütung über Provisionen für den Handelsvertreter Regelungen enthält, fehlen im übrigen Recht entsprechende Regelungen. Dennoch wird allgemein von der **entsprechenden Anwendbarkeit der handelsgesetzlichen Regelungen** ausgegangen.[531] Voraussetzung ist jedoch stets, dass die Provisionsvergütung ausdrücklich mit dem Arbeitnehmer vereinbart wurde. Dabei ist zu beachten, dass im Rahmen einer solchen Vereinbarung nicht das unternehmerische Risiko auf den Arbeitnehmer abgewälzt wird; der Arbeitnehmer muss somit unter normalen Einsatz seiner Arbeitskraft über die Provisionszahlungen ein angemessenes Gehalt erzielen können. So hat das LAG Hamm[532] ausgeführt, dass die Überwälzung des Marktrisikos auf den abhängig beschäftigten Arbeitnehmer als sittenwidrig einzustufen sei, wenn ausschließlich ein bestimmter Arbeitserfolg entlohnt wird, ohne dass dem Arbeitnehmer im Fall des Nichterfolges für seine ordnungsgemäß geleisteten Dienste eine Vergütung garantiert wird. Soweit Provisionsleistungen in zulässiger Weise mit einer Befristungsabrede verbunden sind oder unter Widerrufsvorbehalt gewährt werden, ist zu beachten, dass dem Arbeitnehmer ein angemessenes Grundgehalt erhalten bleiben muss.[533]

175 Der Provisionsanspruch entsteht grundsätzlich **nur im bestehenden Arbeitsverhältnis**. Hat allerdings der Arbeitnehmer ein Geschäft, das in angemessener Frist nach Beendigung des Vertragsverhältnisses abgeschlossen worden ist, vermittelt, eingeleitet oder sonst vorbereitet und ist dies überwiegend auf seine Tätigkeit zurückzuführen, kann ihm auch nach Beendigung des Arbeitsverhältnisses ein Provisionsanspruch erwachsen.

176 Für das Geschäft muss der **Arbeitnehmer ursächlich** tätig geworden sein, was dann der Fall ist, wenn es ohne seine Tätigkeit nicht zustande gekommen wäre.[534] Er muss also die Verhandlungen in Gang gebracht und damit den Vertragsabschluss mitverursachend bewirkt haben. Nicht erforderlich ist es indes, dass er die alleinige Ursache zum Geschäftsabschluss gesetzt hat.[535] Soweit der Arbeitgeber aus sachwidrigen Erwägungen heraus einen ansonsten sicheren Geschäftsabschluss aber verhindert hat, kann dem Arbeitnehmer ggf. ein Schadensersatzanspruch in Höhe des entfallenen Provisionsanspruchs zustehen.

177 Im Fall des **Arbeitsausfalls**, für den nach den gesetzlichen oder sonstigen kollektivrechtlichen Bestimmungen das Entgelt fortzuzahlen ist, ist auf das Entgeltausfallprinzip abzustellen. Es ist damit zu prüfen, was der Arbeitnehmer ohne den Ausfall seiner Arbeitskraft an Provisionseinnahmen hätte erzielen können, wofür auf die Verhältnisse vor dem maßgeblichen Arbeitsausfall zurückgegriffen werden kann.

530 Hierauf verweist § 65 HGB für den Handlungsgehilfen.

531 MünchArbR/*Kreßel*, § 68 Rn 12.

532 LAG Hamm, Urt. v. 16.10.1989, AuR 1990, 262.

533 Vgl. hierzu auch BAG, Urt. v. 21.04.1993, NZA 1994, 476, wonach eine Umgehung des gesetzlichen Kündigungsschutzes nicht bereits in der Befristung einer Provisionszusage zu sehen ist, die neben das Tarifgehalt tritt und lediglich 15 % der Gesamtvergütung ausmacht.

534 BAG, Urt. v. 12.04.1962, AP Nr. 1 zu § 65 HGB.

535 BAG, Urt. v. 22.01.1971, AP Nr. 2 zu § 87 HGB.

(3) Gratifikation und Sondervergütung

178 Von laufenden Entgeltleistungen, die als Gegenleistung für Arbeit erbracht werden, sind die Leistungen zu unterscheiden, die dem Arbeitnehmer wie Gratifikationen oder Sondervergütungen aus einem bestimmten Anlass gewährt werden.[536] Teilweise sind die Leistungen fest in das synallagmatische Austauschverhältnis eingebunden. Von laufenden Entgeltleistungen unterscheiden sie sich lediglich insofern, als ein pro rata temporis erdienter Verdienstbestandteil zu einem hinausgeschobenen Fälligkeitszeitpunkt ausgezahlt wird. Ist ihre Auszahlung an keine weiteren Voraussetzungen als die Erfüllung der Arbeitspflicht gebunden (sog. **Leistungen ohne Bindungswirkung**[537]), weisen diese Leistungen einen reinen Entgeltcharakter auf.[538] Davon abzugrenzen sind Leistungen, die ganz oder teilweise von der Betriebstreue des Arbeitnehmers abhängen (**Leistungen mit Bindungswirkung** oder **mit Mischcharakter**).[539] Jeweils hat sich die Leistungsgewährung, soweit sie nicht gleichermaßen an alle Arbeitnehmer erfolgt, am Gleichbehandlungsgrundsatz messen zu lassen.[540]

179 Der Charakter dieser Sonderleistungen ist durch **Auslegung entsprechend dem Motiv für die Zahlung sowie dem Zweck** zu ermitteln, der mit ihr verfolgt wird.[541] Auch wenn die Bezeichnung einer Leistung ihren rechtlichen Charakter nicht zu bestimmen vermag, kann sie dennoch als Indiz für die Charakterisierung der Sonderleistung dienlich sein.[542] So lässt die Bezeichnung der Leistung als Einkommen darauf schließen, dass es sich hier um Arbeitsentgelt i.e.S. handelt, dessen Auszahlung nur zum Fälligkeitszeitpunkt hin aufgeschoben wurde.[543] Ebenfalls kann für eine Entgeltregelung im synallagmatischen Austauschverhältnis sprechen, dass für den Fall der unterbliebenen Arbeitsleistung entsprechende Minderungen der Sonderzahlung vorgesehen werden[544] oder Sonderbestimmungen für eine anteilige Leistungskürzung im Ein- und Austrittsjahr bestehen.[545] Enthält die Regelung ausschließlich eine Bestimmung zum Auszahlungsmodus, ist im Zweifel von einer Sonderleistung ohne Bindungswirkung auszugehen.[546] Bindet indes die anzuwendende Regelung die Sonderleistung ausschließlich an den Bestand des Arbeitsverhältnisses, z.B. indem sie die Leistung »nach . . . Jahren der Betriebszugehörigkeit« staffelt, liegt eine Regelung mit Bindungswirkung vor.[547] Dergleichen gilt für den Fall, dass der erstmalige Bezug der Sonderleistung von einer Wartezeit abhängig gemacht wird.[548] oder wenn die Leistungsgewährung mit einer Rückzahlungsverpflichtung für den Fall verbunden ist, dass das Arbeitsverhältnis vor einem benannten Stichtag beendet wird.[549]

180 Ist die Sonderzahlung allein als Entgelt für erbrachte Arbeitsleistung anzusehen, wird davon ausgegangen werden können, dass deren Kürzung auch ohne gesonderte **Kürzungsvereinbarung** um

536 Zur Abgrenzung laufender und einmaliger Entgeltleistungen vgl. *Buchner,* FS Hilger/Stumpf, S. 69 f.; *Fenn/Bepler,* RdA 1973, 229; *Hanau/Vossen,* DB 1992, 213.

537 *Beckers,* NZA 1997, 129; *Dörner,* RdA 1993, 25; *Natzel,* Die Betriebszugehörigkeit im ArbR, S. 77; *Schwarz,* NZA 1996, 573.

538 Daher den Begriff »Entgelt i.e.S« verwendend: BAG v. 24.10.1990, DB 1991, 446; *Gaul,* BB 1994, 496; *Hanau/Vossen,* DB 1992, 213; *Schiefer,* NZA 1993, 1017; *Schwarz,* NZA 1996, 573; *Wackerbarth,* S. 120 f.

539 Das Ziel der Betriebstreue kann auch mittels Rückzahlungsklauseln verfolgt werden, die vor allem bei laufenden Entgeltleistungen verwandt werden. Diese finden ihre Zulässigkeit allerdings darin, wo mit ihnen in das Entgelt i.e.S. einschließlich der leistungsabhängigen Entgelte eingegriffen wird; vgl. insofern BAG, Urt. v. 13.09.1974, AP Nr. 84 zu § 611 BGB Gratifikation m.w.N.

540 *Freitag,* NZA 2002, 295.

541 BAG, Urt. v. 18.03.1981, DB 1981, 1470; v. 08.11.1978, DB 1979, 505; v. 24.10.1990, DB 1991, 447; vgl. ferner *Gaul, B.,* S. 79 ff.; *Natzel,* Die Betriebszugehörigkeit im ArbR, S. 76 ff.; *Swoboda/Kinner,* BB 2003, 419 f.; *Wackerbarth,* Entgelt für Betriebstreue, S. 115 ff., 127 ff.

542 *Gaul, B.,* S. 66 m.w.N. in Fn 352; sehr zurückhaltend diesbzgl. BAG, Urt. v. 08.11.1978, AP Nr. 100 zu § 611 BGB Gratifikation; v. 24.08.1989 – 6 AZR 752/87 (n.v.).

543 *Gaul,* BB 1994, 496; *Hanau/Vossen,* DB 1992, 214.

544 Vgl. hierzu auch BAG v. 15.02.1990, DB 1990, 1416; v. 26.10.1994, AP Nr. 18 zu § 611 BGB.

545 BAG, Urt. v. 24.10.1990, DB 1991, 447; *Beckers,* NZA 1997, 130; *Gaul,* BB 1994, 496; *Hanau/Vossen,* DB 1992, 214.

546 BAG, Urt. v. 08.11.1978, DB 1979, 505; *Sowka,* NZA 1993, 783.

547 BAG, Urt. v. 07.09.1989, DB 1990, 942; *Dörner,* RdA 1993, 25.

548 BAG, Urt. v. 24.10.1990, DB 1991, 446; *Dörner,* RdA 1993, 26; *Hanau/Vossen,* DB 1992, 214.

549 Vgl. insofern etwa BAG, Urt. v. 10.07.1974 sowie v. 14.06.1995, AP Nr. 83, 176 zu § 611 BGB Gratifikation.

Zeiten gemindert werden kann, in denen das Arbeitsverhältnis nicht bestanden hat oder Fehlzeiten ohne Anspruch auf Entgeltfortzahlung vorliegen.[550] Unbeschadet dessen sollte aber stets unabhängig vom Charakter der Sonderleistung eine Kürzungsregelung mit in den Vertrag aufgenommen werden. Denn inzwischen[551] geht die Rechtsprechung davon aus, dass es jeweils einer ausdrücklichen Kürzungsvereinbarung bedarf, sofern die Jahressonderleistung an die Arbeitsleistung gekoppelt sein soll.[552] Sie billigt damit im Grundsatz, das Versprechen einer Zusatzleistung von der persönlichen Anwesenheit abhängig zu machen, fordert aber zugleich, dass dem Arbeitnehmer vor Beginn des Bezugszeitraums bekannt sein muss, dass und mit welcher Kürzungsrate Abwesenheitszeiten belegt sind.[553] Dies gebietet in besonderer Weise nunmehr auch das Transparenzgebot des § 307 Abs. 1 BGB. Hinsichtlich des Kürzungsumfangs sind die Grenzen des § 4a EFZG zu beachten. So darf die Kürzung für jeden Tag einer Arbeitsunfähigkeit infolge Krankheit ein Viertel des Arbeitsentgelts nicht überschreiten, das im Jahresdurchschnitt auf einen Arbeitstag fällt.[554]

Von den vorgenannten Grundsätzen abweichend hat das BAG für den Fall entschieden, dass eine Sonderleistung freiwillig erbracht wird. Hier soll im Zweifel davon ausgegangen werden können, dass mit der Leistung in der Vergangenheit geleistete Dienste besonders honoriert werden sollen. Wie bei anderen in die Zukunft gerichteten Regelungen auch geht das BAG hier davon aus, dass bei der Leistungsgewährung in den Grenzen des § 4a EFZG eine Differenzierung unter Berücksichtigung der Abwesenheitstage erfolgen kann.[555] Einer vorherigen Vereinbarung i.S.d. § 4a Satz 1 EFZG bedürfe es insoweit nicht, weil auch die Sonderzahlung nicht vereinbart ist und deshalb ein Anspruch bis zu einer Zusage oder der Zahlung nicht besteht. Kann aber der Arbeitnehmer ohnehin nicht mit der Gewährung einer Sonderleistung rechnen, steht einer Differenzierung entsprechend § 4a Satz 2 EFZG nichts entgegen.[556] 180a

Sieht eine Regelung über Sonderleistungen vor, dass sich der Berechtigte zu einem bestimmten **Stichtag in ungekündigter Stellung** befinden muss,[557] kann die Sonderleistung nicht verlangt werden, wenn das Arbeitsverhältnis vor diesem Stichtag endet.[558] Das gilt auch, wenn das Arbeitsverhältnis vor dem maßgeblichen Stichtag durch betriebsbedingte Arbeitgeberkündigung bzw. aufgrund einer betriebsbedingten Befristung (wirksam) gekündigt wurde.[559] Macht eine Regelung den Anspruch auf eine Jahreszahlung davon abhängig, dass das Arbeitsverhältnis an einem Stichtag »ungekündigt« ist, dann steht ein vor dem Stichtag abgeschlossener Aufhebungsvertrag einer Kündigung des Arbeitsverhältnisses nicht gleich.[560] Sieht jedoch der einschlägige Tarifvertrag im Rahmen einer 181

550 So *Hümmerich*, AnwaltFormulare Arbeitsrecht, § 1 Rn 1809 m.w.N.

551 Zur anderweitigen Rspr. vgl. BAG, Urt. v. 18.01.1978, DB 1978, 1503; v. 29.08.1979, AP Nr. 104 zu § 611 BGB Gratifikationen; v. 07.09.1989, NZA 1990, 498.

552 BAG, Urt. v. 05.08.1992, SAE 1993; v. 24.03.1993, DB 1993, 2490; v. 08.12.1993, AP Nr. 159 zu § 611 BGB Gratifikation; v. 16.03.1994, DB 1994, 2035; v. 28.09.1994, SAE 1995, 325; abl.jedoch *Schiefer,* NZA 1993, 1019; *Sowka,* NZA 1993, 783.

553 BAG, Urt. v. 26.10.1994, AP Nr. 18 zu § 611 BGB Anwesenheitsprämie; weiter gehend BAG, Urt. v. 05.06.1996, AP Nr. 193 zu § 611 BGB Gratifikation, wonach eine Gratifikationszusage Freiwilligkeitsvorbehalt des Inhalts, dass Ansprüche für die Zukunft auch aus wiederholten Zahlungen nicht hergeleitet werden können, der ausgesprochene Vorbehalt nicht nur Ansprüche für die Zukunft, sondern auch für den laufenden Bezugszeitraum erfassen kann, der Arbeitgeber somit jederzeit frei bestimmen könne, ob und unter welchen Voraussetzungen er die Gratifikation gewähren wolle.

554 Vgl. insofern aber auch BAG, Urt. v. 26.09.2001, DB 2002, 795, wonach § 4a EFZG keine Regelung rechtfertigt, die den Arbeitgeber berechtigt, anstelle der Kürzung der Sonderleistung den Arbeitnehmer zur Nachleistung eines Stundendeputats von 1,5 Std. je Ausfalltag zu verpflichten.

555 BAG, Urt. v. 07.08.2002, BB 2002, 2552.

556 BAG, Urt. v. 07.08.2002, BB 2002, 2552.

557 So z.B. § 4 TV über Einmalzahlungen und Altersvorsorge in der chem. Industrie.

558 So z.B. BAG, Urt. v. 12.01.2000 – 10 AZR 928/98 (n.v.) zum Vorgängertarifvertrag des in vorstehender Fn erwähnten Tarifvertrags.

559 BAG, Urt. v. 12.01.2000 – 10 AZR 928/98 (n.v.); für den Fall des Obsiegens im anschließenden Kündigungsschutzprozess vgl. BAG, Urt. v. 07.12.1989, AP Nr. 14 zu § 1 TVG Tarifverträge Textilindustrie.

560 BAG, Urt. v. 07.12.1989, AP Nr. 14 zu § 1 TVG Tarifverträge: Textilindustrie, v. 07.10.1992, AP Nr. 146 zu § 611 BGB Gratifikation.

Ausnahmebestimmung vor, dass »Arbeitnehmer, deren Arbeitsverhältnis aufgrund betriebsbedingter Kündigung in der zweiten Kalenderjahreshälfte endet«, Anspruch auf ein Zwölftel der Jahresleistung für jeden Kalendermonat haben sollen, in dem das Arbeitsverhältnis mindestens 14 Kalendertage bestanden hat, steht dem Arbeitnehmer ein Anspruch auf die gesamte Jahresleistung zu, wenn die betriebsbedingte Kündigung erst im Folgejahr zu einer Beendigung des Arbeitsverhältnisses führt.[561]

182 Meldet sich der Arbeitnehmer bei langjähriger und auf nicht absehbare Zeit **fortbestehender Arbeitsunfähigkeit** nach Aussteuerung durch die Krankenkasse arbeitslos und beantragt die Zahlung von Arbeitslosengeld, werden die durch das an sich fortbestehende Arbeitsverhältnis begründeten Bindungen zwischen Arbeitnehmer und Arbeitgeber so gelockert, dass keine Ansprüche auf die tariflichen Sonderzahlungen mehr bestehen.[562] Hier geht das BAG davon aus, dass ein Arbeitsverhältnis im Sinne der für die Sonderzahlung maßgeblichen Regelung aufgrund der gelockerten Bindungen zwischen Arbeitgeber und Arbeitnehmer nicht mehr vorliegt.[563]

183 Soweit Sonderleistungen nicht aufgrund Tarifvertrag oder Betriebsvereinbarung gewährt werden, ist die Aufnahme arbeitsvertraglicher Klauseln zu empfehlen, mit denen diese unter einen **Freiwilligkeits- und Widerrufsvorbehalt** gestellt werden, um so dem Entstehen einer betrieblichen Übung vorzubeugen. Ein Freiwilligkeitsvorbehalt derart »die Zahlung erfolgt freiwillig und begründet keinen Rechtsanspruch »[564] lässt dem Arbeitgeber für jedes Jahr neu den Gestaltungsspielraum, ob und ggf. unter welchen Voraussetzungen er im jeweiligen Jahr diese Leistung gewähren will.[565] Ob und inwiefern ein auf einem entsprechenden Vorbehalt beruhender Widerruf an weitere zeitliche oder förmliche Voraussetzungen gebunden ist, ist im Einzelnen umstritten.[566] Fest steht, dass mittels des sich eingeräumten Widerrufsrechts die kündigungsrechtlichen Voraussetzungen nicht unterlaufen werden dürfen;[567] diese sind als arbeitsrechtliche Besonderheit zu berücksichtigen.[568] Ist die Widerrufsklausel zulässig, unterliegt die Ausübung des Widerrufs der Prüfung nach Einhaltung billigen Ermessens.[569]

184 Häufig werden Sonderleistungen auch mit **Rückzahlungsklauseln** verbunden.[570] Ihre dem Grundsatz nach anerkannte Zulässigkeit[571] ist aufgrund ihrer die freie Arbeitsplatzwahl einschränkenden Wirkung durch die Rechtsprechung an besondere Voraussetzungen geknüpft.[572] Dabei kann von dem Grundsatz ausgegangen werden, dass mit der Höhe der Sonderleistung die zulässige Bindungsfrist ansteigt.[573] Die Rückzahlungsklausel muss demnach das Verhältnis von Leistung und Betriebstreue angemessen widerspiegeln. So hat das BAG für Weihnachtsgratifikationen, die unter einem Monatsbezug liegen, festgestellt, dass dem Arbeitnehmer zugemutet werden kann, eine Rückzahlungsklausel einzuhalten, die bis zum 31. März des darauf folgenden Jahres reicht.[574] Bei Weihnachtsgratifikation von einem Monatsbezug sah das BAG eine darüber hinausgehende Bindung als zulässig an.[575] Ist eine Rückzahlungsklausel unter Zugrundelegung dieser Maßstäbe als unwirksam

561 BAG, Urt. v. 14.11.2001, DB 2002, 485 f.
562 BAG, Urt. v. 10.04.1996, AP Nr. 3 zu § 1 TVG Tarifverträge Bergbau.
563 Vgl. hierzu auch *Natzel*, Die Betriebszugehörigkeit im ArbR, S. 92 ff.
564 Vgl. *Hümmerich*, AnwaltFormulare Arbeitsrecht, § 1 Rn 391 (Muster 1026, § 5 Abs. 2).
565 Vgl. etwa auch BAG, Urt. v. 06.12.1995, AP Nr. 187 zu § 611 BGB Gratifikation.
566 Vgl. dazu *Hümmerich*, AnwaltFormulare Arbeitsrecht, § 1 Rn 1827.
567 BAG, Urt. v. 15.11.1995, AP Nr. 17 zu § 1 TVG Rückwirkung, wonach eine Umgehung des KSchG jedenfalls für eine solche Vereinbarung zu verneinen ist, nach der die Zulage nur ca. 15 % der Gesamtbezüge des Arbeitnehmers ausmacht.
568 *Lingemann*, NZA 2002, 190; vgl. hierzu bereits Rn 153.
569 *Freitag*, NZA 2002, 295; *Swoboda/Kinner*, BB 2003, 420.
570 Eine tarifvertragliche Rückzahlungsklausel enthält bspw. § 5 Nr. 8 TV über Einmalzahlungen und Altersvorsorge in der chem. Industrie.
571 Vgl. etwa BAG, Urt. v. 10.05.1962, v. 28.01.1981 sowie v. 09.06.1993, AP Nr. 23, 106, 150 zu § 611 BGB Gratifikation.
572 Vgl. hierzu *Wackerbarth*, Entgelt für Betriebstreue, S. 198 ff.
573 Vgl. hierzu mit weiteren Rspr.-Nachw. *Freitag*, NZA 2002, 294.
574 BAG, Urt. v. 10.05.1962, v. 28.01.1981 sowie v. 09.06.1993, AP Nr. 23, 106, 150 zu § 611 BGB Gratifikation.
575 BAG, Urteil vom 20.03.1974 sowie v. 09.06.1993, AP Nr. 82, 150 zu § 611 BGB Gratifikation.

anzusehen, nimmt die Rechtsprechung eine geltungserhaltende Reduktion vor.[576] So spricht nach der Rechtsprechung bei Teilnichtigkeit einer Rückzahlungsklausel eine Vermutung dafür, dass der Arbeitgeber im Falle der Kenntnis der Teilnichtigkeit die Urlaubsgratifikation weder unterlassen noch gekürzt, sondern unter einem solchen Rückzahlungsvorbehalt gewährt hätte, wie er gültig vereinbart werden kann; mit diesem Inhalt muss der Arbeitnehmer die Rückzahlungsklausel gegen sich gelten lassen.[577]

(4) Sonstige Vergütungsformen

Wie bereits ausgeführt wurde, ist der Begriff des Entgelts ein umfassender. Er umfasst Vergütungen jeder Art, gleichgültig, ob sie laufend oder einmalig, innerhalb oder außerhalb des Synallagmas, in Geld oder Geldeswert im Rahmen des Arbeitsverhältnisses gewährt werden. Sie werden damit grundsätzlich auch von der Steuer- und Sozialversicherungspflicht erfasst. 185

(a) Sachleistungen

Anstelle geldlicher Leistungen kann dem Arbeitnehmer ein Anspruch auf Sachleistungen zustehen.[578] Der Anspruch auf eine Sachleistung ist nicht von minderer Qualität als der auf Gewährung eines Entgelts. Verweigert somit etwa ein Arbeitgeber zu Unrecht die Gewährung der zugesagten Sachleistung, kann er auf Ersatz des darauf beruhenden Schadens belangt werden.[579] Begrifflich wird zwischen **echten Sachleistungen**, die dem Arbeitnehmer aufgrund des Arbeitsverhältnisses gewährt werden, und **verdeckten Sachleistungen** unterschieden, durch die der Arbeitgeber dem Arbeitnehmer Vorteile etwa in Form von Personalrabatten, Essenszuschüssen oder zinsbegünstigten Darlehen gewährt. Unproblematisch sind echte Sachleistungen als Arbeitsentgelt anzusehen und teilen somit dessen rechtliches Schicksal. Weniger eindeutig ist dies bei verdeckten Sachleistungen, dies jedoch nicht, weil der Leistung im Regelfall keine messbare Arbeitsleistung gegenübersteht,[580] sondern weil der Umfang eines messbaren Zuflusses regelmäßig vom weiteren Verhalten des Arbeitnehmers abhängig ist, weshalb auch die steuerrechtliche Bewertung solcher Leistungen nicht unproblematisch ist. Letztlich handelt es sich hier jedoch nur um ein Nachweisproblem und ist für die Frage ohne entscheidende Relevanz, ob die verdeckte Sachleistung als Arbeitsentgeltbestandteil angesehen werden kann. 186

Nach der für alle Arbeitnehmer geltenden Vorschrift des § 107 Abs. 2 GewO können Sachbezüge als Teil des Arbeitsentgelts vereinbart werden, wenn dies dem Interesse des Arbeitnehmers oder der Eigenart des Arbeitsverhältnisses entspricht. Ein »Interesse« des Arbeitnehmers kann bspw. bei einem Sachbezug in Form eines auch zur privaten Nutzung überlassenen Dienstwagens, Mobiltelefons oder Notebooks angenommen werden.[581] Allerdings müssen die Arbeitsvertragsparteien insoweit übereinstimmend davon ausgehen, dass es sich bei dem überlassenen Gegenstand überhaupt um einen anrechenbaren Entgeltanteil handelt.[582] Der »Eigenart« des Arbeitsverhältnisses zugerechnet werden können Deputate, wie sie etwa im Brauerei- oder Gastronomiegewerbe gewährt werden. 186a

Aufgrund § 107 Abs. 2 Satz 2 GewO unzulässig ist es, dem Arbeitnehmer Waren auf Kredit zu überlassen.[583] Davon unbeschadet zulässig ist die Überlassung von Waren in Anrechnung 186b

576 Zur Frage der geltungserhaltenden Reduktion anlässlich der Neuregelung des § 306 BGB vgl. bereits § 3 Rn 52.

577 BAG, Urt. v. 03.10.1963, AP Nr. 1 zu § 611 BGB Urlaub und Gratifikation.

578 *Bauer/Opolony*, BB 2002, 1593.

579 So für die Vorenthaltung eines Dienstfahrzeuges BAG, Urt. v. 23.06.1994, AP Nr. 34 zu § 249 BGB.

580 Hierauf abstellend LAG Bremen, Urt. v. 28.07.1987, NZA 1987, 815.

581 Vgl. insoweit auch *Bauer/Opolony*, BB 2002, 1593, die zur Bestimmung des Interesses einen am »wohlverstandenen Interesse« ausgerichteten objektiven Maßstab zugrunde legen.

582 *Schöne*, NZA 2002, 831; vgl. aber auch *Wisskirchen*, DB 2002, 1887, die angesichts der unterlassenen Eingrenzung des Begriffs »Interesse« Rechtsunsicherheiten befürchtet.

583 Nach *Bauer/Opolony*, BB 2002, 1592, fällt die Vereinbarung im Rahmen von Aktienoptionsplänen, in denen eine Stundung des Aktienkaufpreises vorgesehen wird, nicht unter das Kreditierungsverbot.

auf das Arbeitsentgelt.[584] Das Gesetz schreibt hierbei vor, dass die Anrechnung nur zu den durchschnittlichen Selbstkosten erfolgen darf. Hierzu zählen neben den Anschaffungskosten auch Kosten der Lagerung, Versicherung, sonstiger Unterhaltung sowie Zinsen.[585] Wie sich bereits aus dem Kaufvertragsrecht selbst ergibt, verweist das Gesetz zudem darauf, dass die geleisteten Gegenstände mittlerer Art und Güte sein müssen. Schließlich verpflichtet das Gesetz, dass sowohl bei der Vereinbarung eines Sachbezugs als auch bei der Überlassung von Waren in Anrechnung auf das Arbeitsentgelt dieses mindestens in Höhe des Pfändungsfreibetrags in Geld zu leisten ist.

186c Werden Sachwerte wie Handys, Laptops oder Dienstwagen ausschließlich zur dienstlichen Nutzung überlassen, ist der Arbeitnehmer insoweit als Besitzdiener i.S.d. § 855 BGB anzusehen, gegenüber dem der Arbeitgeber einen Herausgabeanspruch hat.[586] Häufig erfolgt die Überlassung solcher Sachwerte jedoch auch zur privaten Nutzung. Sie wird dann mit der Regelung verbunden, dass der Arbeitnehmer diese Gegenstände herauszugeben hat, wenn er von der Erbringung der Arbeitsleistung freigestellt wird. Das BAG hat für solche Fälle mehrfach eine Nutzungsentschädigung zugestanden.[587] *Preis* meint unter Berufung auf diese Rechtsprechung, dass solche Rückgabeverpflichtungen gegen § 307 verstoßen, und empfiehlt deshalb, dem Mitarbeiter im Rahmen der Sachwertüberlassung (hier: Dienstwagen) eine Nutzungsentschädigung für den Fall des vorzeitig geltend gemachten Herausgabeanspruchs zuzusagen.[588] Nach *Nägele*,[589] der in den angesprochenen Rückgabeverpflichtungen einen Erlassvertrag i.S.d. § 397 Abs. 1 BGB mit dem Inhalt sieht, dass der Arbeitnehmer auf die Überlassung der Sachwerte mit Eintritt der Bedingung verzichtet, wäre dies indes nicht erforderlich. Dieser Auffassung kann jedenfalls dann gefolgt werden, wenn die Sachwertüberlassung in erster Linie zu dienstlichen Zwecken erfolgt und die Vereinbarung damit die Möglichkeit der privaten Nutzung von vornherein zeitlich begrenzt.

187 Dem Arbeitsentgelt zuzurechnende Sachleistungen, mit denen ein entgeltwerter Vorteil verbunden ist, sind **nach Maßgabe der SachBezV** zu bewerten und der **Steuer- und Beitragspflicht** zuzuführen.[590] Die insofern in § 17 Abs. 1 Satz 1 Nr. 3 SGB IV enthaltene Verordnungsermächtigung zur Bestimmung des Werts der Sachbezüge nach dem tatsächlichen Verkehrswert gilt aufgrund § 8 Abs. 1 Satz 6 EStG auch im Steuerrecht. Soweit die SachBezV keinen Tatbestand für die Umrechnung aufweist, ist der Preis zu ermitteln, den der Arbeitnehmer für den Vorteil aufwenden müsste, wenn ihm dieser nicht durch den Arbeitgeber verschafft und eingeräumt worden wäre. Werden Sachleistungen in einer größeren Zahl von Fällen durch den Arbeitgeber gewährt, kommt auch eine Pauschalierung der Lohnsteuer nach Maßgabe des § 40 Abs. 1 EStG in Betracht. Im Regelfall gilt für Einnahmen, die nicht in Geld bestehen, dass diese innerhalb der Regelgrenze von 44 EUR steuer- und beitragsfrei sind (§ 8 Abs. 2 letzter Satz EStG).[591] Sachzuwendungen, die u.a. im gesellschaftlichen Verkehr üblicherweise ausgetauscht werden und zu keiner ins Gewicht fallenden Bereicherung des Empfängers führen, sind bis zur Grenze von 40 EUR steuer- und beitragsfrei (vgl. auch Richtl. 73 LStR). Bis zur Grenze von 110 EUR gilt dies auch für **übliche Zuwendungen im Rahmen von Betriebsveranstaltungen** (Richtl. 72 Abs. 4 LStR). Die verbilligte **Überlassung von Dienstwohnungen** ist ab der Grenze eines gebrauchswerten Vorteils von 44 EUR steuer- und beitragspflichtig, wobei nach § 4 SachBezV der ortsübliche Marktpreis zugrundezulegen

584 *Schöne*, NZA 2002, 831, der diesen Anrechnungsfall als Leistung an Erfüllung Statt (§ 364 Abs. 1 BGB) einordnet, aber auch die Konstruktion einer Aufrechnungslage gem. §§ 387 ff. BGB für möglich hält.

585 *Schöne*, NZA 2002, 831, der in diesem Zusammenhang zu Recht auf den fehlerhaft in der Gesetzesbegründung (BT-Drucks 14/8796, 25) verwandten Begriff des Werksverkauf verweist; ebenso *Wisskirchen*, DB 2002, 1888.

586 *V. Bürck/Nussbaum*, BB 2002, 2278.

587 Vgl. etwa BAG v. 27.05.1999 sowie v. 11.10.2000, AP Nr. 12, 13 zu § 612 BGB Sachbezüge, jeweils den Entzug eines Dienstwagens bei bezahlter Freistellung bzw. während ges. Mutterschutzfristen betreffend.

588 *Preis*, Der Arbeitsvertrag, S. 689 ff.

589 *Nägele*, BB 1994, 2277 (Anm. zu BAG, Urt. v. 23.06.1994).

590 Vgl. insoweit auch *Benner/Bals*, BB Beil. 04/2004 mit der jährl. erscheinenden Übersicht »Arbeitsentgelt i.S.d. Sozialversicherung und Arbeitslohn i.S.d. Lohnsteuerrechts«, Stand: 01.01.2004.

591 Vgl. hierzu wie zu folgenden Beispielen der steuer- und sozialversicherungsrechtlichen Behandlung von Sachzuwendungen *Benner/Bals*, BB Beil. 1/2001, 1 ff.

ist. **Essenszuschüsse** unterliegen dann der Steuer- und Beitragspflicht, wenn der Kostenanteil des Arbeitnehmers mindestens so hoch ist wie der amtliche Sachbezugswert für die Mahlzeit; bei einer Pauschalbesteuerung nach § 40 Abs. 2 Nr. 1 EStG besteht Beitragsfreiheit. Die **Nutzung von Telefonen** sowie des Internets im Betrieb ist auch dann steuer- und beitragsfrei, wenn sie privat veranlasst ist (vgl. auch § 3 Nr. 45 EStG).[592] Für die Bewertung sind die um übliche Preisnachlässe geminderten Endpreise (Regelsatz: 4 %) oder die entsprechenden amtlichen Sachbezugswerte maßgebend.[593] Sie unterliegen nicht der Steuer- und Beitragpflicht, soweit der Nachlass insgesamt 1080 EUR nicht übersteigt. Wird dem Arbeitnehmer ein **Dienstwagen** auch zur privaten Nutzung überlassen, ist der darin liegende geldwerte Vorteil ebenso steuer- und beitragspflichtig. Bei privater KFZ-Nutzung ist für jeden Kalendermonat 1 % des inländischen Listenpreises im Zeitpunkt der Erstzulassung zzgl. der Kosten für Sonderausstattung einschließlich der Umsatzsteuer anzusetzen.[594] Die private Nutzung kann auch mit den auf die Privatfahrten entfallenden Aufwendungen angesetzt werden, wenn die für das KFZ insgesamt entstehenden Aufwendungen durch Belege und das Verhältnis zwischen privaten zu den übrigen Fahrten durch ein ordnungsgemäßes Fahrtenbuch nachgewiesen werden (§ 6 Abs. 1 Nr. 4 EStG).[595]

(b) Vermögensbildung/-beteiligung

Nach § 19a EStG können in dem gesetzlich bestimmten Maße steuerfreie Vermögensbeteiligungen in verschiedener Weise etwa durch Aktien, Wandelschuldverschreibungen, Genussscheinen, Anteilsscheinen an bestimmten Sondervermögen, Geschäftsguthaben, stillen Beteiligungen, gesicherten Darlehensforderungen gegen den Arbeitgeber erfolgen. Jeweils ist der Arbeitgeber bei Einräumung von Beteiligungsmöglichkeiten an den Gleichbehandlungsgrundsatz gebunden.[596] 188

Soweit eine Tarifbindung besteht, ist zu prüfen, ob aus ihr ein tariflicher Anspruch auf Gewährung **vermögenswirksamer Leistungen** neben dem sonstigen Arbeitsentgelt abgeleitet werden kann, wie es in der überwiegenden Anzahl tariflicher Branchenregelungen vorgesehen ist. Die dem Arbeitsentgelt zuzuordnenden Leistungen unterliegen der Steuer- und Sozialversicherungspflicht; ihre Anlage ist aber nach Maßgabe des 5. VermBG durch eine Arbeitnehmersparzulage förderfähig, die selbst nicht der Steuer- und Sozialversicherungspflicht unterliegt. 189

Die Anlage vermögenswirksamer Leistungen erfolgt nach Wahl des Arbeitnehmers entsprechend den durch das Gesetz geförderten **Anlageformen**. Zu den vermögenswirksamen Leistungen, für deren Anlage der Arbeitnehmer eine Arbeitnehmersparzulage erhalten kann, zählen Sparbeiträge aufgrund von Sparverträgen über Wertpapiere oder andere Vermögensbeteiligungen (§ 2 Abs. 1 Nr. 1, § 4 VermBG), Leistungen in Form eines Wertpapierkaufvertrages oder anderer Vermögensbeteiligungen (§ 2 Abs. 1 Nr. 2, § 5 VermBG), Sparbeiträge, die z.B. zum Erwerb von Anteilscheinen an einem Wertpapier-Sondervermögen, Beteiligungs-Sondervermögen, Investmentfondsanteil-Sondervermögen oder gemischten Wertpapiervermögen erfolgen, Aufwendungen des Arbeitnehmers aufgrund eines Beteiligungsvertrages oder eines Kaufvertrages zum Erwerb von Rechten am Unternehmen (§§ 2 Abs. 1 Nr. 3, 6, 7 VermBG),[597] Aufwendungen des Arbeitnehmers aufgrund des WohnbauprämienG/WoPG (§ 2 Abs. 1 Nr. 4 VermBG), Aufwendungen des Arbeitnehmers zum Erwerb von Wohneigentum (§ 2 Abs. 1 Nr. 5 VermBG), Leistungen des Arbeitgebers als Beiträge des Arbeitnehmers aufgrund eines Sparvertrages (§ 2 Abs. 1 Nr. 6, § 8 VermBG), Leistungen des 190

592 Vgl. hierzu auch *Jenak*, AuA 2003, 38 ff.

593 § 8 Abs. 2 EStG, § 17 Abs. 1 Nr. 3 SGB IV; vgl. ferner hierzu Richtl. 31 der LStR sowie die Regelungen der SachBezV.

594 Bei privater Nutzung von Firmenwagen aus einem Pool ist nach BFH, Urt. v. 15.05.2002, BB 2002, 1466, der geldwerte Vorteil auf die Gesamtheit der Arbeitnehmer aufzuteilen.

595 Vgl. i.Ü. zur Regelung der KFZ-Nutzung im Arbeitsvertrag *v.Bürck/Nussbaum*, BB 2002, 2278; *Haase*, NZA 2002, 1199; *Hümmerich*, AnwaltFormulare Arbeitsrecht, § 2 Rn 50 ff.

596 BAG, Urt. v. 12.12.1970, DB 1971, 727.

597 Der Arbeitgeber ist hier (sanktionslos) verpflichtet, vor der Anlage vermögenswirksamer Leistungen im eigenen Unternehmen Vorkehrungen zum Insolvenzschutz zu treffen. Die Ausgestaltung derartiger Vorkehrungen wird nicht spezifiziert.

Arbeitgebers für den Arbeitnehmer als Aufwendungen des Arbeitnehmers zu Kapitalversicherungen auf den Erlebens- oder Todesfall (§ 2 Abs. 1 Nr. 7, § 9 VermBG) sowie angelegte Teile des Arbeitslohns (§ 11 VermBG).

191 Aus der Unübertragbarkeit des Anspruchs auf vermögenswirksame Leistungen (vgl. § 3 Abs. 7 Satz 2 VermBG) folgt zugleich auch dessen **Unpfändbarkeit** (§ 851 ZPO). Dies gilt unabhängig von der Rechtsgrundlage, aus der sich der Anspruch auf vermögenswirksame Leistungen ableitet.

192 Die Anlage vermögenswirksamer Leistungen wird **durch die Arbeitnehmersparzulage nach den Vorschriften des § 13 VermBG gefördert**. Die Arbeitnehmersparzulage ist kein Entgeltbestandteil und unterliegt damit nicht der Steuer- und Sozialversicherungspflicht. Die Auszahlung und Berechnung der – pfändbaren – Arbeitnehmersparzulage obliegt dem Arbeitgeber. Der Anspruch auf Arbeitnehmersparzulage besteht gem. § 13 Abs. 1 VermBG für Einkünfte aus nichtselbständiger Arbeit im Sinne des § 19 Abs. 1 EStG, sofern das Einkommen die **Einkommensgrenze** von 17.900 EUR bzw. einer Zusammenveranlagung von Ehegatten nach § 26b EStG von 35.800 EUR nicht überschreitet.[598] Maßgeblich ist das zu versteuernde Einkommen im Kalenderjahr. Zu berücksichtigen sind somit alle der Besteuerung unterliegenden Einkommen. Eine **Überschreitung der Einkommensgrenze** führt dazu, dass kein Anspruch auf Arbeitnehmersparzulage besteht. Dies hat jedoch keinen Einfluss auf einen kraft Tarifvertrags zustehenden Anspruch auf vermögenswirksame Leistungen. Der Anspruch auf vermögenswirksame Leistungen besteht also immer, solange und soweit der Berechtigte sie nach dem VermBG anlegt. Stellt sich später heraus, dass eine entsprechende Anlage nicht erfolgte, kann eine bereits ausgezahlte Leistung zurückverlangt werden.

193 Eine **Barauszahlung** oder eine andere Leistung anstelle der tarifvertraglich geregelten vermögenswirksamen Leistungen ist **grundsätzlich ausgeschlossen**. Lediglich im Falle des § 2 Abs. 1 Ziffer 5 VermBG kann der Arbeitgeber eine Barauszahlung zum Zwecke der Bestreitung der Aufwendungen des Arbeitnehmers zum Bau, zum Erwerb oder zur Erweiterung eines Wohngebäudes und dergleichen nicht verweigern. Voraussetzung ist allerdings, dass der Arbeitnehmer die zugewandten Beträge unmittelbar für die vorbezeichneten Vorhaben verwendet. Hierüber hat der Arbeitnehmer dem Arbeitgeber eine schriftliche Bestätigung eines Gläubigers vorzulegen, dass der ausgezahlte Betrag zu dem benannten Zweck eingesetzt wird (§ 3 Abs. 3 VermBG). Dem Arbeitgeber ist die zweckentsprechende Verwendung der in einem Kalenderjahr erhaltenen vermögenswirksamen Leistungen jeweils bis zum Ende des folgenden Kalenderjahres nachzuweisen. Kann dieser Nachweis nicht erbracht werden, kann der Arbeitgeber den geleisteten Betrag gem. § 812 BGB zurückfordern oder mit Barlohnansprüchen verrechnen; vgl. auch § 14 Abs. 4 VermBG.

194 Scheidet der Arbeitnehmer vor Ablauf der Nachweispflicht des § 3 Abs. 3 VermBG aus dem Arbeitsverhältnis aus, ohne den **Nachweis über die zweckentsprechende Verwendung** der vermögenswirksamen Leistungen erbracht zu haben, empfiehlt es sich, den bei Ausscheiden zu zahlenden Restlohn in der Höhe zurückzubehalten, in welcher der Arbeitgeber den als vermögenswirksame Leistung ausgezahlten Betrag nachversteuern muss oder in der Höhe, in der seine Haftung für zu Unrecht gezahlte Sparzulagen gem. § 14 Abs. 7 VermBG in Betracht kommt.

(c) Betriebliche Altersversorgung

195 Eine **betriebliche Altersversorgung**[599] liegt vor, wenn einem Arbeitnehmer Leistungen der Alters-, Invaliditäts- oder Hinterbliebenenversorgung zugesagt werden und diese Leistung Versorgungsfunktion hat (§ 1 Abs. 1 Satz 1 BetrAVG). Die hierzu aufgewendeten Mittel besitzen auch Entgeltfunktion.[600] Dies gilt auch für Fälle der beitragsorientierten Leistungszusage sowie der Beitragszusage

598 Ein eigener Förderhöchstbetrag von 480 EUR gilt ausschließlich für das Bausparen; diese Anlageform wird mit einer Sparzulage von 10 % gefördert (§ 13 Abs. 2 i.V.m. § 2 Abs. 1 Nr. 1, 5 VermBG). Ein weiterer Höchstbetrag von 408 EUR mit einer Förderung von 20 % gilt ausschließlich für das Beteiligungssparen (§ 13 Abs. 2 i.V.m. § 2 Abs. 1 Nr. 1 – 3, Abs. 2 – 4 VermBG). Beide Förderhöchstbeträge können vom Arbeitnehmer zusammen in Anspruch genommen werden.

599 Zu Leistungen der betrieblichen Altersvorsorge vgl. noch ausführl. Rn 441 ff.

600 Vgl. insofern ausführl. *Natzel*, Die Betriebszugehörigkeit im ArbR, S. 101 ff.

mit Mindestleistung, die ebenfalls wie die Umwandlung künftiger Entgeltansprüche in eine wertgleiche Anwartschaft auf Versorgungsleistungen der betrieblichen Altersversorgung zuzurechnen sind (§ 1 Abs. 2 BetrAVG). Letzterenfalls erwirbt der Arbeitnehmer allerdings regelmäßig keine zusätzliche Leistung. Er ersetzt vielmehr durch seine Erklärung, Entgelt umwandeln zu wollen, den geschuldeten Entgeltteil durch eine andere, vom Arbeitgeber zu erbringende wertgleiche Leistung.[601] Auf diese Form der arbeitnehmerfinanzierten Altersversorgung hat der Arbeitnehmer in Höhe von bis zu 4 % der jeweiligen Beitragsbemessungsgrenze vorbehaltlich einer anderweitig bestehenden betrieblichen Altersversorgung einen Anspruch (§ 1a BetrAVG). Soweit der Arbeitnehmer von diesem Recht Gebrauch macht und gegenüber dem Arbeitgeber geltend macht, dass dieser für ihn eine Direktversicherung abschließt oder dessen Absicherung über einen der anderen Durchführungswege gewährleistet, hat er jährlich einen Mindestbetrag von 1/160 der Bezugsgröße nach § 18 Abs. 1 SGB IV für seine betriebliche Altersversorgung zu verwenden (§ 1a Abs. 1 Satz 4 BetrAVG).

Von einer betrieblichen Altersversorgung ist die Vereinbarung einer sog. **Lohnverwendungsabrede** 196 zu unterscheiden, die darauf abzielt, dass der Arbeitgeber einen bestimmten Teil des Nettolohns des Arbeitnehmers direkt auf den hierzu vom Arbeitnehmer etwa in Form einer Lebensversicherung abzuschließenden zertifizierten Altersversorgungsvertrag abführt. Aufgrund des unmittelbaren Vertragsverhältnisses zwischen Arbeitnehmer und Lebensversicherungsunternehmen oder dem Investmentfonds ist hier nicht von einer betrieblichen Altersversorgung, sondern einer privaten Eigenvorsorge im Rahmen der dritten Säule auszugehen.

(d) Umsatz-/Gewinnbeteiligung, Aktienoptionen

Regelungen zur **Umsatz- und Gewinnbeteiligung** oder sonst ergebnis- oder erfolgsbezogenen Be- 197 teiligung, mit denen der Arbeitnehmer am wirtschaftlichen Erfolg der Unternehmung beteiligt wird, werden regelmäßig mit dem Bestand des Arbeitsverhältnisses verbunden.[602] Es handelt sich hier um Entgeltbestandteile i.w.S., die nicht dem Synallagma des Arbeitsverhältnisses zugerechnet werden können.[603] Solche Bestandteile finden sich zunehmend in individual- wie kollektivvertraglichen Regelungen wieder.[604]

Eine besondere Form der Erfolgsbeteiligung stellen in Aktiengesellschaften die Gewährung unmit- 198 telbarer **Unternehmensbeteiligungen** durch Ausgabe von Belegschaftsaktien, das Angebot zum Kauf von Belegschaftsaktien oder die Einräumung von Aktienoptionen (Stock Options) dar.[605] Ziel solcher Modelle der Unternehmensbeteiligung ist es, eine stärkere Identifikation mit dem Unternehmen zu erreichen, um so auch die Motivation der Mitarbeiter zu stärken.

Die Rechtsgrundlage solcher Modelle kann kollektiv- wie individualrechtlich bestimmt werden. 199 Dabei ist der **Grundsatz der Gleichbehandlung** zu berücksichtigen.[606] Doch wird eine Herausnahme geringfügig Beschäftigter regelmäßig als zulässig zu erachten sein, wenn bei ratierlicher Kürzung der Wert der Ansprüche in keinem Verhältnis mehr zum betrieblichen Verwaltungs- und

601 Sog. echte Schuldersetzung; vgl. BAG, Urt. v. 26.06.1990 und v. 10.03.1992, AP Nr. 11, 12 zu § 1 BetrAVG Lebensversicherung.

602 Vgl. hierzu ausführlich MünchArbR/*Kreßel*, § 68 Rn 86 ff.

603 Vgl. aber BAG, Urt. v. 27.04.1982, AP Nr. 16 zu § 620 BGB, wonach eine vereinbarte Jahresumsatzprämie dem Entgelt i.e.S. zugerechnet wird, das nicht mit Bindungsklauseln belastet werden dürfe. Vgl. ferner BAG, Urt. v. 08.09.1994, AP Nr. 214 zu § 611 BGB Gratifikation, wonach der Anspruch auf eine einem leitenden Angestellten zugesagte Beteiligung am Jahresgewinn des von ihm geführten Betriebs (Tantieme) erlischt, wenn der Angestellte während des gesamten Geschäftsjahres arbeitsunfähig erkrankt ist und keine Entgeltfortzahlung beanspruchen kann.

604 So sieht bspw. der für die chem. Industrie geltende sog. Entgeltkorridor neben der Möglichkeit entgeltsenkender Betriebsvereinbarungen (§ 10 BundesentgeltTV) die Beteiligung am Unternehmenserfolg (§ 11 BundesentgeltTV) vor. Gleichermaßen kann nach § 5a des TV über Einmalzahlungen und Alktersvorsorge i.d.F. v. 18.04.2002 die Jahresleistung erfolgsbezogen ausgestaltet werden.

605 Zu Beispielen vgl. *Hümmerich*, AnwaltFormulare Arbeitsrecht, § 1 Rn 2694 ff.

606 *Baeck/Diller*, DB 1998, 1409.

Kostenaufwand steht.[607] Auch befristete oder gekündigte Arbeitsverhältnisse können aufgrund der regelmäßig erfolgenden Bindung der Leistung an die Betriebszugehörigkeit (Leistung mit Bindungswirkung; s.o.) aus dem Modell herausgenommen werden.[608] Im Übrigen sind bei der Einführung von Belegschaftsaktien und Aktienoptionen die **Mitbestimmungsrechte des Betriebsrats** nach § 87 Abs. 1 Nr. 10 BetrVG zu beachten, über die nicht auf das »Ob«, wohl aber das »Wie«, also die Verteilung der vom Unternehmen zur Verfügung gestellten Mittel, Einfluss genommen werden kann.

199a Als problematisch kann sich das **Schicksal erfolgsbezogener Vergütungsformen im Fall des Betriebsübergangs** erweisen.[609] Unzweifelhaft gehen die Verpflichtungen aus einer erfolgsbezogenen Vergütungsabrede auf den neuen Rechtsinhaber über, da sie ihren Rechtsgrund in einer individual- oder kollektivrechtlichen Regelung aus dem Arbeitsverhältnis haben. Vielfach kann der übergegangene Anspruch aber nicht wie zugesagt erfüllt werden, etwa weil sich die Erfolgsparameter, die der erfolgsbezogenen Vergütung zugrunde liegen sollten, geändert haben oder der Erwerber die zugesagte Aktienoption mangels Eigentümerstellung nicht mehr erfüllen kann. In diesen Fällen kann ein Anspruch auf Vertragsanpassung wegen Störung der Geschäftsgrundlage (§ 313 BGB) gegeben sein.[610] Hinsichtlich einer unmittelbar von einer Konzernmutter gewährten **Aktienoption** hat das BAG festgestellt, dass Ansprüche aus der der Option zugrunde liegenden Vereinbarung grundsätzlich nur gegenüber dem vertragsschließenden Konzernunternehmen geltend gemacht werden können und damit nicht Bestandteil des Arbeitsverhältnisses mit der Tochtergesellschaft sind.[611] Daraus folgt zugleich, dass sie nicht als Anspruch aus dem Arbeitsverhältnis von § 613a BGB erfasst sind. Soweit nicht bereits vorbeugend für diese Fälle des Betriebsübergangs in die Vergütungsregelung eine Anpassungsklausel eingebaut wurde, ist zu prüfen, ob ggf. übergehende Ansprüche aus dem Aktienoptionsplan nach den Regeln der ergänzenden Vertragsauslegung oder nach § 313 BGB wegen Störung der Geschäftsgrundlage angepasst werden können.[612]

199b Für die Beurteilung des steuerrechtlichen Vorteils ist der Zuflusszeitpunkt infolge der Ausübung des Aktienoptionsrechts entscheidend.[613] Gleichermaßen erfolgt auch sozialversicherungsrechtlich eine beitragsrechtliche Berücksichtigung des geldwerten Vorteils bei Optionsausübung. Dabei sind die Regelungen für einmalig gezahltes Arbeitsentgelt (§ 23a SGB IV) anzuwenden.

(e) Arbeitgeberdarlehen

200 Der Arbeitgeber leistet ein Darlehen, wenn er dem Arbeitnehmer einen den jeweiligen Entgeltanspruch erheblich übersteigenden Betrag zur Erreichung eines Zwecks zur Verfügung stellt, der mit den normalen Bezügen nicht oder nicht sofort erreicht werden kann und zu dessen Befriedigung auch sonst übliche Kreditmittel in Anspruch genommen werden.[614] Davon abzugrenzen ist der Gehaltsvorschuss als Abschlagszahlung auf eine demnächst fällige Entgeltzahlung, die dem Arbeitnehmer die Überbrückung des Zeitraums bis zur nächsten Entgeltzahlung und die Bestreitung seines normalen Lebensunterhalts bis dahin ermöglicht.[615] Soweit der Arbeitgeber Geldbeträge zum Zwecke der Darlehensgewährung oder Bevorschussung gewährt, hat er den **Gleichbehandlungsgrundsatz** zu berücksichtigen. Er darf somit nicht etwa Teilzeitbeschäftigte vom Bezug zinsgünstiger Darlehen ausnehmen.[616] Da die Gewährung solcher Darlehen einen entgeltwerten Vorteil darstellt, kann der Arbeitgeber zudem zur Berücksichtigung des **Mitbestimmungsrechts** des Betriebsrats nach § 87 Abs. 1 Nr. 10 BetrVG verpflichtet sein.[617]

607 *Baeck/Diller*, DB 1998, 1408.
608 *Hümmerich*, AnwaltFormulare Arbeitsrecht, § 1 Rn 2717.
609 Vgl. hierzu ausführlich *Grimm/Walk*, BB 2003, 577 ff.
610 So *Grimm/Walk*, BB 2003, 580 ff.
611 BAG, Urt. v. 12.02.2003, BB 2003, 1068.
612 So *Grimm/Walk*, BB 2003, 580 ff.
613 BMF-Schreiben v. 10.03.2003 – IV C 5 – S 2332 – 11/03.
614 LAG Düsseldorf, Urt. v. 14.07.1955, AP Nr. 1 zu § 614 BGB Gehaltsvorschuss.
615 LAG Düsseldorf, Urt. v. 14.07.1955, AP Nr. 1 zu § 614 BGB Gehaltsvorschuss.
616 BAG, Urt. v. 27.07.1994, AP Nr. 37 zu § 2 BeschFG 1985.
617 BAG, Beschl. v. 09.12.1980, AP Nr. 5 zu § 87 BetrVG 1972 Lohngestaltung.

Soweit der Arbeitgeber der Darlehensgewährung einen vorformulierten Vertrag zugrundelegt, hat er die **Bestimmungen der §§ 305 ff. BGB** zu beachten.[618] Der Darlehensvertrag darf also nicht den Arbeitnehmer in unangemessener Weise benachteiligen. So ist eine Klausel als unzulässig anzusehen, die den Arbeitnehmer zur Zahlung des ihm im Rahmen des Verkaufs eines Werksautos eingeräumten Preisnachlasses verpflichtet, wenn er binnen eines Jahres nach Auslieferung fristlos entlassen wird, und die Höhe des Preisnachlasses im Vertrag nicht angegeben ist.[619] Ebenfalls ist eine formularmäßig eingeforderte Bürgschaft zur Sicherung aller künftigen Forderungen aus einem Arbeitsverhältnis als unzulässig anzusehen.[620] Im Übrigen unterliegen solche Klauseln der Billigkeitskontrolle, die für den Fall der vorzeitigen Beendigung des Arbeitsverhältnisses das Darlehen insgesamt fällig stellen. Dies gilt jedenfalls dann, soweit diese auch die allein in den Verantwortungsbereich des Arbeitgebers fallende betriebsbedingte Kündigung erfassen.[621] Als zulässig werden allerdings solche Klauseln angesehen, nach denen nach Beendigung des Arbeitsverhältnisses der für Versicherungsnehmer geltende höhere Marktzinssatz zur Anwendung kommt.[622] 201

Erfolgt die Rückzahlung des Darlehens im Wege der Aufrechnung mit laufenden Entgeltansprüchen, hat der Arbeitgeber die **Pfändungsgrenzen** zu beachten. Er kann also nicht mittels Aufrechnung in den unpfändbaren Teil des Arbeitseinkommens eingreifen. *Hümmerich*[623] empfiehlt insofern die Aufnahme einer Klausel in den Darlehensvertrag, durch die die Rückzahlung durch eine Lohnabtretung in Höhe der monatlichen, unter Beachtung der Pfändungsgrenzen zulässigen Rückzahlungsrate abgesichert wird. Eine vor einer Pfändung durch einen Dritten zwischen Arbeitgeber und Arbeitnehmer wirksam getroffene Aufrechnungsvereinbarung kann dem Pfändungsgläubiger insoweit entgegengesetzt werden, wie die Voraussetzungen einer einseitigen Aufrechnung nach § 392 BGB gegeben sind. Diese geht also der Pfändung vor, wenn die zur Aufrechnung gestellte Forderung vor der Beschlagnahme erworben worden ist und nicht nach der Beschlagnahme und auch nicht später als der gepfändete Entgeltanspruch fällig wird.[624] 202

Soweit das Arbeitsverhältnis den Ausschlag gebenden Anlass für die Darlehensgewährung bildet, jene also nicht lediglich bei Gelegenheit des Arbeitsverhältnisses erfolgt, handelt es sich bei dem Rückzahlungsanspruch um einen Anspruch aus einem Arbeitsverhältnis. Dies ist bei der Geltendmachung des Rückzahlungsanspruchs zu berücksichtigen; sie hat innerhalb individual- oder kollektivvertraglich bestehender **Ausschlussfristen** zu erfolgen.[625] 203

Die aus dem verbilligt gewährten Arbeitgeberdarlehen resultierenden Zinsersparnisse sind steuer- und beitragsfrei, soweit der Effektivzins von 5,5 % nicht unterschritten wird. Dasselbe gilt, wenn die Summe der an den Arbeitnehmer gewährten und noch nicht getilgten Darlehen im Zeitpunkt der Lohnzahlung 2.600 EUR nicht übersteigt.[626] 204

618 So bereits für das AGBG: BAG, Urt. v. 23.09.1992, AP Nr. 1 zu § 611 BGB Arbeitgeberdarlehen.
619 BAG, Urt. v. 26.05.1993, AP Nr. 3 zu § 23 AGBG.
620 BAG, Urt. v. 27.04.2000, AP Nr. 1 zu § 765 BGB.
621 Vgl. insofern auch BAG, Urt. v. 24.02.1964, AP Nr. 1 zu § 607 BGB.
622 BAG, Urt. v. 23.02.1999, AP Nr. 4 zu § 611 BGB Arbeitgeberdarlehen; vgl. aber auch BAG, Urt. v. 16.10.1991, AP Nr. 1 zu § 19 BErzGG zur Unwirksamkeit einer Klausel, die einen rückwirkenden Wegfall von Zinsvergünstigungen vorgesehen hat.
623 *Hümmerich*, AnwaltFormulare Arbeitsrecht, § 2 Rn 83.
624 BAG, Urt. v. 10.10.1966, AP Nr. 2 zu § 392 BGB.
625 BAG, Urt. v. 20.02.2001, BB 2001, 2222.
626 Abschn. 31 Abs. 11 LStR.

(5) Variable Vergütung bei Führungskräften

(a) Tantieme

205 Arbeitsverträge von Führungskräften sehen neben der vereinbarten Festvergütung meist eine zusätzliche variable Vergütung vor. Damit soll den Führungskräften ein Anreiz gegeben werden, zu einem guten wirtschaftlichen Ergebnis des Unternehmens beizutragen. Insbesondere bei Vorstands- und Geschäftsführungsmitgliedern von Kapitalgesellschaften aber auch bei leitenden Angestellten wird der Tantieme als eine Gewinnbeteiligung der Vorzug gegeben. Dabei gibt es viele Varianten, eine Tantieme oder Gewinnbeteiligung zu vereinbaren.

(aa) Gewinntantieme

206 Die »echte« Tantieme ist eine Gewinn-Tantieme, die auf den tatsächlich erzielten wirtschaftlichen Ertrag des Unternehmens abzielt. Als Bemessungsgrundlage der Gewinn-Tantieme sollte der handelsrechtliche oder steuerrechtliche Jahresüberschuss mit bestimmten Modifikationen zugrunde gelegt werden. Zur Vermeidung von Auslegungsstreitigkeiten ist abzuraten von mehrdeutigen unbestimmten Begriffen, wie z.B. »Jahresgewinn«, »Bilanzgewinn«, »Gewinn gem. GoB« o. ä. als Bemessungsgrundlage.

207 Folgende Modifikationen des handelsrechtlichen oder steuerrechtlichen Jahresüberschusses sollten bei der Formulierung der Tantiemevereinbarung bedacht werden:

- Gewerbesteuer, Körperschaftssteuer, Tantieme
  Die Berechnung ist einfacher, wenn der Jahresüberschuss vor Steuern und vor der Tantieme selbst zugrunde gelegt wird.
- Abschreibungs- und Bewertungsspielräume, Bildung von (steuerfreien) Rücklagen, Korrekturen nach dem Außensteuergesetz, außerordentliche Aufwendungen und Erträge
  Bei erheblichen Ergebnisauswirkungen sollte vereinbart werden, ob diese eliminiert werden oder in die Bemessungsgrundlage eingehen. Die Teilregelungen sind grundsätzlich jedoch nicht erforderlich und verkomplizieren nur die Berechnung.
- Verdeckte Gewinnausschüttungen, Änderungen aufgrund einer Betriebsprüfung
  Tantiemen auf verdeckte Gewinnausschüttungen dürfen nicht gewährt werden. Gewinnkorrekturen durch die Finanzverwaltung können einbezogen oder eliminiert werden.
- Verlustvorträge
  Bei Unternehmen mit stark schwankenden Ergebnissen oder bei hohen Tantiemeprozentsätzen ist eine Berücksichtigung von Verlusten in den Folgejahren empfehlenswert.
- Ergebnisse aus Beteiligungen
  Es kann unter Umständen gewollt sein, Beteiligungserträge zu eliminieren.[627]

(aaa) Bemessungsgrundlage

208 Haben die Vertragsparteien die Bemessungsgrundlage für die Gewinn-Tantieme nicht konkret festgelegt, erfolgt diese nach dem jährlichen Reingewinn des Unternehmens[628] oder eines Unternehmensteils (Abteilung, Filiale). Dabei ist nach Auffassung des Bundesarbeitsgerichtes nicht die Handelsbilanz, sondern die Steuerbilanz maßgeblich.[629] Die Vertragsgestaltung von Tantiemeregelungen bei Gesellschafter-Geschäftsführern einer GmbH sowie bei Vorstandsmitgliedern einer AG bedarf unter steuerrechtlichen Gesichtspunkten besonderer Anforderungen, insbesondere im Hinblick auf die zu vermeidende »verdeckte Gewinnausschüttung«.[630]

627 Ausführlich insb. zur steuerrechtlichen Behandlung von Tantiemen *Reiserer/Heß-Emmerich,* S. 163 ff.

628 LAG Düsseldorf, Urt. v. 29.01.1957, DB 1957, 288.

629 Urt. v. 07.07.1960, AP Nr. 2 zu § 242 BGB Auskunftspflicht; Urt. v. 13.04.1978, AP Nr. 1 zu § 611 BGB Tantieme; zur Berücksichtigung stiller Reserven LAG Baden-Württemberg, Urt. v. 20.01.1970, DB 1970, 934.

630 Hierzu ausführlich § 4 Rn 47 ff.

(bbb) Fälligkeit

Sofern die Arbeitsvertragsparteien im Anstellungsvertrag keine anderweitige Regelungen treffen, wird die Tantieme fällig, sobald die Bilanz festgestellt ist oder bei ordnungsgemäßem Geschäftsgang hätte festgestellt werden können.[631] Mit der Fälligkeit der Tantieme beginnt auch die Verjährungsfrist, die nach §§ 196 Nr. 8, 198 BGB bisher zwei Jahre betrug. Nach der gesetzlichen Neuregelung beträgt die Verjährungsfrist heute nach § 195 BGB n.F. drei Jahre. 209

Der Fälligkeitszeitpunkt wird auch nicht vorverlagert, wenn das Arbeitsverhältnis bereits im laufenden Kalenderjahr beendet worden ist. Auch in diesem Fall bleibt die Jahresbilanz maßgeblich, der leitende Mitarbeiter hat keinen Anspruch auf Aufstellung einer Zwischenbilanz.[632] Der Tantiemeanspruch besteht in diesem Fall entsprechend der tatsächlichen Beschäftigungszeit.[633] Anders als bei Gratifikationen kann die Tantieme im Fall des Ausscheidens insbesondere bei Eigenkündigung nicht gänzlich gestrichen werden, da damit eine unzulässige Kündigungserschwerung für den tantiemeberechtigten Mitarbeiter verbunden wäre.[634] Nur im Fall der dauernden Arbeitsunfähigkeit während eines ganzen Geschäftsjahres kann die Tantiemezahlung verweigert werden.[635] 210

(ccc) Anspruch auf Auskunft

Da der tantiemeberechtigte Arbeitnehmer in der Regel keine Informationen über die für die Berechnung der Tantieme erforderliche Bemessungsgrundlage hat, weist ihm das Bundesarbeitsgericht einen Anspruch auf Auskunft und Rechnungslegung zu.[636] Der Arbeitgeber kann die Herausgabe der Bilanz unter Verweis auf Unzumutbarkeit verhindern, indem er sie einem unparteiischen Wirtschaftsprüfer oder Buchsachverständigen vorlegt. Die damit verbundenen Kosten trägt der Arbeitgeber.[637] Ferner ist der Arbeitgeber nicht verpflichtet, über die Berechnung der Gewinne im Einzelnen zu informieren oder einzelne Belege zu den Bilanzposten vorzulegen. 211

(bb) Umsatztantieme

Bei der Umsatztantieme wählen die Arbeitsvertragsparteien als Bemessungsgrundlage den Umsatz des Unternehmens oder einer Abteilung. Diese Form der variablen Vergütung wird in der Praxis zum Teil im Vertriebsbereich angewendet, wobei sie das Risiko trägt, dass die tantiemeberechtigten Mitarbeiter ihr Hauptaugenmerk nicht auf den wirtschaftlichen Ertrag, sondern auf die Umsatzmaximierung legen. Besonders problematisch sind Umsatztantiemen für Gesellschafter-Geschäftsführer einer GmbH unter dem steuerrechtlichen Gesichtspunkt der »verdeckten Gewinnausschüttung«.[638] 212

(cc) Freiwillige Tantieme

Die Tantieme ist eine zusätzliche Vergütung, die prozentual nach der Bemessungsgrundlage berechnet wird. Sie ist damit Arbeitsentgelt und keine Gratifikation.[639] Sofern sich der Arbeitgeber bei Einräumung des Tantiemeanspruchs keinen Freiwilligkeitsvorbehalt einräumt, besteht für den 213

631 BAG, Urt. v. 03.06.1958, AP Nr. 9 zu § 59 HGB; LAG Baden-Württemberg, Urt. v. 31.03.1969, DB 1969, 1023; LAG Berlin, Urt. v. 07.10.1975, DB 1976, 636.

632 BAG, Urt. v. 03.06.1958, AP Nr. 9 zu § 59 HGB.

633 BAG, Urt. v. 08.09.1998, AP Nr. 6 zu § 87a HGB.

634 BAG, Urt. v. 27.04.1982, AP Nr. 16 zu § 620 BGB Probearbeitsverhältnis; BAG, Urt. v. 12.01.1973, AP Nr. 4 zu § 87a HGB; BAG, Urt. v. 13.09.1974, AP Nr. 84 zu § 611 BGB Gratifikation (auch bei betriebsbedingter Arbeitgeberkündigung).

635 BAG, Urt. v. 08.09.1998, AP Nr. 214 zu § 611 BGB Gratifikation.

636 BAG, Urt. v. 28.10.1986 – 3 AZR 323/85 (n.v.); Urt. v. 07.07.1960, AP Nr. 2 zu § 242 BGB Auskunftspflicht; Urt. v. 13.01.1960, AP Nr. 1 zu § 242 BGB Auskunftspflicht.

637 BAG, Urt. v. 07.07.1960, AP Nr. 2 zu § 242 BGB Auskunftspflicht; LAG Bremen, Urt. v. 29.10.1971, DB 1971, 2265 (jederzeitiges Wahlrecht des Arbeitgebers); ArbG Bochum, Urt. v. 30.07.1970, DB 1971, 729.

638 Hierzu ausführlich § 4 Rn 47 ff.

639 BAG, Urt. v. 08.09.1998, AP Nr. 214 zu § 611 BGB Gratifikation.

tantiemeberechtigten Mitarbeiter ein Anspruch auf Auszahlung. Ist die Höhe bzw. die Bemessungsgrundlage für die Tantieme nicht vertraglich festgelegt, verbleibt dem Arbeitgeber die Bestimmung der Höhe nach billigem Ermessen gem. § 315 BGB.[640]

(dd) Mindest-/Höchsttantieme

214 Zulässig ist auch die Vereinbarung einer Mindesttantieme, die auch dann zu zahlen ist, wenn das Unternehmen keinen Gewinn erwirtschaftet hat.[641] Häufig wird die Festlegung einer Mindesttantieme mit einer Gewinntantieme verbunden, um damit sicherzustellen, dass der Tantiemeberechtigte jedenfalls eine Mindestzahlung pro Jahr erhält. Letztlich handelt es sich bei der Mindesttantieme damit um einen Teil der Fixvergütung.

Denkbar ist es auch, die Gewinntantieme oder die Umsatztantieme der Höhe nach zu begrenzen. In diesem Fall erfolgt die Berechnung der Tantieme nach den oben genannten Kriterien, begrenzt durch eine Kappungsgrenze.

(b) Bonus, Prämie, Profit-Share

215 Neben der Tantiemevereinbarung sind in Arbeitsverträgen mit leitenden Mitarbeitern, jedenfalls unterhalb der Geschäftsführungsebene, häufig variable Vergütungsbestandteile anzutreffen, die neben die Fixvergütung treten. Diese Zusatzvergütung, die zum Teil als Bonus oder als Prämie oder auch als Profit-Share bezeichnet wird, wird auf der Grundlage individueller Leistungsziele gewährt. Die Bandbreite der Bezeichnungen ist ebenso weit wie die festgelegten Leistungsziele, die individuell, abteilungs- oder unternehmensbezogen sein können.

216 Die Zusatzvergütung wird regelmäßig als Jahresprämie gezahlt, wobei der Fälligkeitszeitpunkt in der Zusage individuell festgelegt werden kann. Die Einmalzahlung kann der Arbeitgeber als freiwillige zusätzliche Leistung erbringen, wobei er den Gleichbehandlungsgrundsatz berücksichtigen muss. Sofern die Zusatzvergütung nicht nur an leitende Angestellte i.S.d. § 5 BetrVG gewährt wird, ist jeweils das Mitbestimmungsrecht des Betriebsrates nach § 87 Abs. 1 Nr. 10 bzw. Nr. 11 BetrVG für leistungsbezogene Zahlungen gestaffelt nach Beurteilungsstufen zu beachten.

(c) Provision

217 Die Provision ist eine variable Vergütungsform, die aus dem Recht des Handelsvertreters bekannt ist (§§ 87 bis 87 c HGB). Provisionsvereinbarungen finden sich häufig in Außendienstmitarbeiterverträgen auch unterhalb der Führungsebene des Unternehmens. Bei der Provision erhält der provisionsberechtigte Arbeitnehmer eine Vergütung für die Vermittlung oder den Abschluss von Verträgen. Nach § 65 HGB finden auf den Provisionsanspruch des Arbeitnehmers die Provisionsvorschriften des Handelsvertreterrechtes mit Ausnahme des § 87 Abs. 2 und Abs. 4 HGB entsprechende Anwendung.

218 Problematisch sind Vereinbarungen, nach denen die Tätigkeit ausschließlich auf Provisionsbasis, d.h. ohne Fixum und ohne Provisionsgarantie, ausgeführt werden soll.[642] Dagegen ist es zulässig, Provisionen auf ein vom Arbeitgeber bezahltes Fixum bzw. auf regelmäßige Provisionsvorschüsse anzurechnen.[643]

640 BAG, Urt. v. 22.12.1970, AP Nr. 2 zu § 305 BGB Billigkeitskontrolle.
641 LAG Berlin, Urt. v. 07.10.1975, DB 1976, 636; LG Hannover, Urt. v. 03.01.1983, ZIP 1983, 448.
642 BAG, Urt. v. 20.06.1989, BB 1989, 2333.
643 BAG, Urt. v. 29.10.1986, BB 1987, 1257.

(d) Stock-Options

(aa) Begriff und Verbreitung

Seit den Änderungen des Aktiengesetzes durch das Gesetz zur Kontrolle und Transparenz im Unternehmensbereich im Jahre 1998 können Stock-Option-Programme, die in angelsächsischen Ländern seit langem Standard sind, auch in Deutschland verstärkt aufgelegt werden. Stock-Option-Pläne verbriefen für den Berechtigten das Recht, innerhalb eines bestimmten Zeitraumes Aktien des arbeitgebenden Unternehmens zu einem vorher fixierten Ausübungspreis zu erwerben. Neben diesem klassischen Vergütungssystem werden auch so genannte virtuelle oder fiktive Modelle praktiziert. Bei diesen Modellen, die sich inhaltlich an die Ausgestaltung von Stock-Option-Programmen anlehnen, kommt es nicht zu einem Umtausch in Unternehmensaktien, sondern nur zu einer Auszahlung des Wertzuwachses der (fiktiv) zugeteilten Aktien. Der Vorteil von Stock-Option-Programmen gegenüber sonstigen variablen Vergütungsmodellen liegt darin, die Berechtigten zu einer an langfristiger Wertsteigerung orientierten Unternehmensstrategie zu motivieren. Gleichzeitig werden die Mitarbeiter langfristig an das Unternehmen gebunden, was vor allem in Branchen mit Fachkräftemangel und hoher Fluktuationsrate, wie beispielsweise der IT-Branche, von Bedeutung ist. In der Regel werden neben Vorstandsmitgliedern[644] nur Führungskräfte der ersten und zweiten Hierarchieebene sowie Geschäftsführer wichtiger Tochterunternehmen in den Kreis der Begünstigten einbezogen. Obwohl die Verbreitung der verschiedenen Formen von Stock-Option-Plänen seit 1998 stark zugenommen hat, spielt diese Form der variablen Vergütung in der arbeitsgerichtlichen Rechtsprechung bisher noch keine (große) Rolle.[645] 219

(bb) Regelungselemente

(aaa) Erfolgsziele

Regelmäßig werden in Stock-Option-Plänen Erfolgsziele durch Ausübungshürden festgelegt. So können die Bezugsrechte nur dann ausgeübt werden, wenn die Kursentwicklung der Aktie seit dem Ausgabetag des Bezugsrechtes eine bestimmte nachhaltige Wertsteigerung erfahren hat. Diese Ausübungshürden sind zentraler Punkt bei der Ausgestaltung des Aktienoptionsplanes, da sie bei den Berechtigten motivationsfördernd wirken sollen. 220

(bbb) Laufzeit/Wartefrist/Ausübungszeiträume

In Deutschland haben Optionspläne in der Regel eine Laufzeit von fünf Jahren, wobei die Bandbreite von drei bis sieben Jahren reicht. Die Übertragbarkeit der Aktien ist regelmäßig ausgeschlossen, außer für den Fall der Weitergabe an die Erben im Fall des Ablebens. 221

Daneben sehen Aktienoptionspläne regelmäßig eine Wartefrist für die erstmalige Ausübung des Bezugsrechtes vor, die üblicherweise bei zwei bis drei Jahren liegt. Bei der Ausgabe isolierter Bezugsrechte ist eine Mindestfrist von zwei Jahren gesetzlich vorgeschrieben, § 193 Abs. 2 Nr. 4 AktG. Die Bezugsrechte können somit erst nach Ablauf dieser Wartefrist ausgeübt werden.

Außerdem werden zur Vermeidung von Insidergeschäften regelmäßig Ausübungszeiträume festgelegt, innerhalb derer die Optionsrechte ausgeübt werden können. So ist regelmäßig die Ausübung des Bezugsrechtes in dem Zeitraum, der der Bekanntgabe von Geschäftsergebnissen vorausgeht, untersagt. 222

644 Die Aktienübertragung auf Vorstandsmitglieder ist erst seit der gesetzlichen Neuregelung in § 71 Abs. 1 Nr. 8, Abs. 3 AktG im Jahre 1998 möglich.

645 Zur arbeitsrechtlichen Literatur vgl. *Baeck/Diller,* Arbeitsrechtliche Probleme bei Aktienoptionen und Belegschaftsaktien, DB 1998, 1405; *Aha,* Ausgewählte Gestaltungsmöglichkeiten bei Aktienoptionsplänen, BB 1997, 2225; *Neyer,* Steuerliche Behandlung von Arbeitnehmer-Aktienoptionen, BB 1999, 130.

(ccc) Vertragliche Grundlagen

223 Die Einräumung von Aktienoptionen wird üblicherweise durch individuelle Vereinbarung, auch im Rahmen des Anstellungsvertrages festgelegt. Nur wenn ausnahmsweise neben leitenden Angestellten auch sonstige Arbeitnehmer in den Kreis der Begünstigten miteinbezogen werden sollen, ist die Betriebsvereinbarung das geeignete Gestaltungsmittel. Eine nachträgliche einseitige Änderung oder Beseitigung der Zusage ist nur unter Beachtung der Allgemeinen kündigungsrechtlichen Bestimmung in § 2 KSchG möglich, sofern in der Zusage selbst kein wirksamer Widerrufsvorbehalt enthalten ist. Da die Aktienoptionen Vergütungscharakter haben, gelten für die Einführung eines Stock-Option-Programmes ferner der arbeitsrechtliche Gleichbehandlungsgrundsatz, der sich allerdings regelmäßig auf eine bestimmte Hierarchieebene beschränkt.

Ein gesonderter Insolvenzschutz ist für Stock-Option-Pläne nicht vorgesehen, so dass im Insolvenzfall über §§ 183 Abs. 1, 185 Abs. 1 SGB III nur für die laufenden Bezüge Insolvenzgeld bezahlt wird.

(ddd) Steuerliche Folgen

224 Da Aktienoptionen Vergütungscharakter haben, stellen sie einen geldwerten Vorteil dar und gehören zum einkommenssteuerpflichtigen Teil des Arbeitslohns nach § 19 EStG, wenn der Berechtigte sie unentgeltlich oder verbilligt erhält. Die Versteuerung des geldwerten Vorteils erfolgt nach Auffassung des BFH aber erst bei der Ausübung der Optionsrechte, da erst zu diesem Zeitpunkt ein steuerpflichtiger Vermögenszuschuss vorliegt[646]

cc) Wegfall des Vergütungsanspruchs

225 Der Vergütungsanspruch kann aufgrund der gesetzlich angeordneten oder durch die Vertragsparteien vereinbarten Suspendierung der gegenseitigen Hauptleistungspflichten zum Erlöschen kommen. Hier bedarf es keines Rückgriffs auf das Leistungsstörungsrecht, da von vornherein keine Leistungspflicht besteht. Sofern aber der Arbeitnehmer berechtigt oder unberechtigt trotz bestehender Arbeitspflicht dieser nicht nachkommt, ist die Frage nach dem Schicksal der Gegenleistung zu beantworten. Dabei ist vorab die Frage zu klären, ob überhaupt ein Fall der Nichtleistung vorliegt.[647] Im Einzelfall kann die Abgrenzung zwischen Nicht- und Schlechtleistung infolge Zurückhaltung von Arbeitsleistung zu Problemen führen. Das BAG stellt insofern darauf ab, ob die Zurückhaltung der Arbeitsleistung bewusst und in erheblichem Umfang geschieht, so dass das Gesamtbild der Arbeitsleistung wie eine Nichtleistung erscheint, die an den Rechtsfolgen des Unmöglichkeitsrechts zu messen ist; der Arbeitgeber ist insofern darlegungs- und beweislastpflichtig.[648] Ein generelles Minderungsrecht für Schlechtleistung gibt es jedoch nicht, weshalb in aller Regel in Fällen, in denen der Arbeitnehmer zwar anwesend ist, aber keine verwertbare Arbeitsleistung erbringt, sich die Rechtsfolgen nicht nach Unmöglichkeits-, sondern Schadensersatzrecht richten.[649]

(1) Wegfall im beiderseitig suspendierten Arbeitsverhältnis

226 Das **ruhende Arbeitsverhältnis** zeichnet sich durch einen zeitweisen Fortfall der gegenseitigen Hauptleistungspflichten aus.[650] Zugleich steht mit der Beschränkung der Rechtsfolge des Ruhens auf einzelne (Haupt-)Leistungspflichten fest, dass das Arbeitsverhältnis als ein verschiedene Haupt-

646 Beschl. v. 23.07.1999, DB 1999, 1932 = DStR 1999, 1524; Beschl. v. 08.08.1991, BB 1992, 48; BMF-Schreiben v. 28.08.1998, NWB Fach 1 S. 318; kritisch hierzu *Neyer*, BB 1999, 131; *Knoll*, DStR 1999, 242.

647 Vgl. bereits Rn 75 ff.

648 Vgl. insofern BAG v. 17.07.1970, AP Nr. 3 zu § 11 MuSchG.

649 So unter Hinw. auf § 326 Abs. 1 Satz 2 BGB *Lindemann*, AuR 2002, 83.

650 BAG, Urt. v. 09.08.1995, DB 1996, 280; *v. Hoyningen-Huene*, NJW 1981, 713; eine Besonderheit behandelt insofern aber BAG, Urt. v. 24.02.1999, NZA 1999, 830 ff., wo für den Fall der geringfügigen Beschäftigung eines Arbeitnehmers während des (damals) Erziehungsurlaubs weiterhin von einem ruhenden Arbeitsverhältnis ausgegangen wurde.

und Nebenleistungspflichten zusammenfassendes Rechtsverhältnis auch im Ruhenszustand fortbesteht.[651] Von der vereinbarten oder gesetzlich angeordneten Ruhensfolge werden die Ansprüche auf **sämtliche Entgeltbestandteile** erfasst, die einen **Bezug zur Arbeitsleistung** aufweisen. So ist ein Arbeitgeber etwa auch nicht während einer Elternzeit zur Fortzahlung vermögenswirksamer Leistungen verpflichtet.[652] Bezüglich anderer Leistungen, die ausschließlich an den Bestand des Arbeitsverhältnisses gebunden sind, sollte stets eine gesonderte Regelung getroffen werden, die eine Berücksichtigung des im ruhenden Arbeitsverhältnis untätigen Arbeitnehmers bei der Leistungsgewährung ausschließt.

(2) Wegfall infolge unterbliebener Arbeitsleistung

Der Gesetzgeber hat das **Schicksal der Gegenleistung bei Nichterfüllung der Leistungspflicht** in §§ 323 ff. BGB neu geregelt. Maßgeblich für die Antwort auf die Frage nach dem Schicksal der Gegenleistung ist nunmehr zunächst § 326 BGB. Die Regelungen der §§ 323 bis 325 BGB, die ein Rücktrittsrecht für eine nicht oder nicht vertragsgemäße Leistung sowie für den Fall der Verletzung einer vertraglichen Nebenpflicht vorsehen, werden im Arbeitsrecht durch die spezielleren des KSchG verdrängt. Gleiches gilt für die Regelung des § 326 Abs. 5 BGB, wonach der Gläubiger einer Leistung vom Vertrag zurücktreten kann, wenn der Schuldner nach § 275 Abs. 1 bis 3 nicht zu leisten braucht.[653] 227

Der neue § 326 Abs. 1 BGB übernimmt den allgemeinen Grundsatz des bisherigen § 323 BGB a.F., nach dem der Schuldner den **Anspruch auf die Gegenleistung verliert**, wenn ihm die Leistung unmöglich wird. Der Arbeitnehmer verliert somit dem Grundsatz nach seinen Anspruch auf Arbeitsentgelt, wenn ihm nach Begründung des Arbeitsverhältnisses die Leistung ganz oder teilweise unmöglich wird. Dabei kommt es auf den Grund der Unmöglichkeit nicht an; diese kann auf objektiven Umständen (§ 275 Abs. 1 BGB) oder Erhebung der Unmöglichkeitseinrede (§ 275 Abs. 2, 3 BGB) beruhen. Auch ist nach der Grundregel ein etwaiges Verschulden ohne Belang. Jeweils tritt entsprechend dem Grundsatz »ohne Arbeit kein Geld« eine Befreiung von der Vergütungspflicht ein, und zwar bezogen auf den bestimmten Zeitraum des Leistungshindernisses.[654] Soweit trotz der Befreiung von der Vergütungspflicht der Arbeitgeber gegenüber dem Arbeitnehmer Leistungen zur Erfüllung seiner nicht bestehenden Schuld erbracht hat, können diese **nach den Vorschriften des Rücktrittsrecht (§§ 346 ff. BGB) zurückgefordert** werden (§ 326 Abs. 4 BGB). Die Rückabwicklung erfolgt nunmehr nicht wie nach bisherigem Recht (vgl. § 323 Abs. 3 a.F. i.V.m. §§ 812 ff. BGB) nach den Regeln des Bereicherungsrechts. Der Arbeitnehmer kann sich folglich auch nicht mehr auf den Wegfall der infolge einer ungerechtfertigen Auszahlung erfolgten Bereicherung berufen. Für andere Fälle der Entgeltüberzahlung gelten die Bestimmungen des Bereicherungsrechts aber weiterhin.[655] 228

Der in § 326 Abs. 1 BGB normierte Grundsatz »ohne Arbeit kein Entgelt« wird in vielfacher Weise durch Regelungen zur **Fortzahlung des Entgelts trotz unterbliebener Arbeitsleistung** durchbrochen. Zunächst ist in diesem Zusammenhang § 326 Abs. 2 BGB zu erwähnen, der dem bisherigen § 324 BGB inhaltlich entspricht. Danach behält ein Arbeitnehmer den Anspruch auf Gegenleistung, wenn der Arbeitgeber als Gläubiger für den Umstand, auf Grund dessen der Arbeitnehmer nach § 275 Abs. 1 bis 3 BGB nicht zu leisten braucht, allein oder weit überwiegend verantwortlich ist (Alt. 1) oder dieser von ihm nicht zu vertretene Umstand während einer Zeit eintritt, zu welcher er sich im Annahmeverzug befindet (Alt. 2). Während erstere Alternative eine eigenständige Bedeutung 229

651 Vgl. i.d.S. auch eine frühere, missverständliche Rspr. klarstellend: BAG, Urt. v. 10.05.1989, SAE 1989, 255.
652 *Schleicher*, BB Beil. 1/1986, 8.
653 *Lindemann*, AuR 2002, 84.
654 Vgl. auch *Lindemann*, AuR 2002, 83.
655 Zur Kritik an der unterschiedlichen Behandlung von Rückforderungsansprüchen vgl. *Löwisch*, NZA 2001, 467; siehe dazu Rn 281 f.

im Arbeitsrecht entfaltet, tritt die zweite vor der spezielleren Regelung des § 615 BGB über die **Vergütung bei Annahmeverzug und bei Betriebsrisiko** in den Hintergrund,[656] die einen besonderen Fall der Entgeltfortzahlung darstellt.[657] Kommt der Arbeitgeber mit der Annahme der angebotenen Arbeit ganz oder teilweise[658] in Verzug, kann der Arbeitnehmer nach § 615 BGB die vereinbarte Vergütung für die infolge des Verzugs nicht geleisteten Dienste verlangen, ohne zur Nachleistung der aufgrund des grundsätzlich anzunehmenden Fixschuldcharakters der Arbeitsschuld unmöglichen Leistung verpflichtet zu sein. Dies gilt insbesondere auch, wenn die Nichtannahme auf der Verwirklichung eines Betriebsrisikos beruht, wie der Gesetzgeber nunmehr unter Zugrundelegung der hierzu ergangenen Rechtsprechung durch eine Ergänzung des § 615 BGB bestätigt hat.[659] Macht der Arbeitgeber also von der ihm unter Berücksichtigung der Erfordernisse des § 294 BGB ordnungsgemäß angebotenen Arbeitsleistung keinen Gebrauch, treten die Verzugsfolgen ebenso ein wie in dem Fall, dass der Arbeitnehmer seine grundsätzliche Arbeitsbereitschaft im Zusammenhang mit der Erhebung einer Kündigungsschutzklage oder sonstigen Widerspruch gegen die Kündigung deutlich gemacht hat.[660] **Nichtannahme der geschuldeten Arbeitsleistung** kann auch darin liegen, dass der Arbeitgeber ohne Ausspruch einer Änderungskündigung dem Arbeitnehmer unter Überschreitung des Direktionsrechts eine andere Tätigkeit als die vertraglich geschuldete zuweist.[661] Erweist sich eine ausgesprochene Änderungskündigung im Nachhinein als unwirksam, kann ebenfalls bei Vorliegen der sonstigen Voraussetzungen Annahmeverzug eintreten. Ein Verschulden hinsichtlich der unterlassenen Annahme ist hier wie auch sonst nicht erforderlich.

230 Auch an weiteren Stellen hat der Gesetzgeber das Prinzip des Wegfalls der Vergütungspflicht im Falle der Nichtleistung von Arbeit durch Anordnung der **Entgeltfortzahlung** durchbrochen.[662] Aus dem BGB ist zunächst die Regelung zur Entgeltfortzahlung bei nur vorübergehender Verhinderung (§ 616 BGB) zu erwähnen. Zur Konkretisierung des in § 616 BGB enthaltenen Tatbestandsmerkmals der **vorübergehenden Verhinderung** enthalten die einschlägigen Tarifverträge eine Auflistung von Fällen, für die die Tarifvertragsparteien vom Tatbestand vorübergehender Verhinderung ausgehen. Diese Regelungen haben abschließenden Charakter; über sie hinaus kann somit nicht unter Berufung auf § 616 BGB bezahlte Freistellung verlangt werden.[663] Der Regelung zur Entgeltfortzahlung eines Dienstverpflichteten (§ 617 BGB) gehen im Arbeitsrecht die spezielleren über die **Entgeltfortzahlung im Krankheitsfall** (EFZG) vor.[664]

231 Der Arbeitnehmer hat grundsätzlich nur in diesen genannten Fällen einen Anspruch auf bezahlte Freistellung von der Arbeit. Weitere Regelungen, die eine **Entgeltfortzahlung für den Fall der Nichtarbeit** vorsehen, sind in zahlreichen weiteren Sonderregelungen wie § 1 BUrlG[665] oder § 37 BetrVG[666] enthalten. Auch in Fällen gesetzlich angeordneter Beschäftigungsverbote[667] hat der Arbeitgeber den Arbeitnehmer nach den Grundsätzen des § 615 BGB weiter zu vergüten. Die Höhe des fortzuzahlenden Entgelts ergibt sich aus dem Arbeitsvertrag, so wie er praktiziert wird. Bei Schwankungen der individuellen Arbeitszeit ist zur Bestimmung des auf der Grundlage der regelmäßigen Arbeitszeit fortzuzahlenden Entgelts eine vergangenheitsbezogene Betrachtung regelmäßig geboten.[668] Ergibt sich dabei, dass der Arbeitnehmer ständig eine bestimmte, über der

656 Vgl. dazu Gesetzesbegründung BT-Drucks 14/6857, 47 f.; hierzu ausführlich § 6 Rn 107 ff.
657 Der Anspruch aus § 615 BGB stellt einen Erfüllungs-, keinen Schadensersatzanspruch dar; vgl. BAG, Urt. v. 16.05.2000, NZA 2001, 26.
658 Zum teilweisen Annahmeverzug vgl. BAG, Urt. v. 07.11.2002, NZA 2003, 1139.
659 Vgl. hierzu auch *Luke*, NZA 2004, 244 ff.
660 BAG, Urt. v. 19.04.1990, v. 24.10.1991, AP Nr. 45, 50 zu § 615 BGB.
661 BAG, Urt. v. 25.10.1984, NZA 1985, 355; v. 27.01.1994, AP Nr. 32 zu § 2 KSchG; v. 03.12.1980, AP Nr. 4 zu § 615 BGB Annahmeverzug.
662 Vgl. hierzu auch den Überblick über Freistellungstatbestände bei MünchArbR/*Blomeyer*, § 49 Rn 3 ff.
663 BAG, Urt. v. 29.02.1984, BB 1984, 1164.
664 Dazu § 6 Rn 19 ff.
665 Vgl. hierzu Rn 305 ff.
666 Vgl. hierzu § 12 Rn 103 ff.
667 Vgl. etwa §§ 8 ff., 22 ff. JArbSchG, §§ 3 ff. ArbZG, §§ 3 ff. LadSchlG.
668 BAG, Urt. v. 21.11.2001, NZA 2002, 439.

betriebsüblichen oder tariflichen liegende Arbeitszeit leistet, ist diese als regelmäßige Arbeitszeit der Entgeltfortzahlung zugrundezulegen. Zur Bemessung des konkret fortzuzahlenden Entgelts ist sodann im Falle der Stundenvergütung die Zahl der durch den Arbeitsausfall entfallenden Arbeitsstunden (Zeitfaktor) mit dem hierfür jeweils geschuldeten Arbeitsentgelt (Geldfaktor) zu multiplizieren.[669]

Generell ist all den aufgeführten gesetzlichen wie regelmäßig auch tarifvertraglichen Pflichten zur Entgeltfortzahlung gemein, dass diese **unabdingbar** sind.[670] Dementsprechend können die Arbeitsvertragsparteien auch keine Regelung treffen, über die der Anspruch des Arbeitnehmers für Tage ausgeschlossen wird, an denen die Arbeit ausfällt oder der Arbeitnehmer sonst zur Erbringung der Arbeitsleistung verpflichtet ist.[671] Ebenso ist eine betriebliche Regelung zur flexiblen Verteilung der Arbeitszeit als unwirksam anzusehen, aufgrund derer dem arbeitsunfähig erkrankten Arbeitnehmer eine geringere als die tatsächlich angefallene Arbeitszeit gutgeschrieben wird; die Gutschrift der tatsächlich ausgefallenen Arbeitszeit folgt damit den zwingenden entgeltfortzahlungsrechtlichen Vorschriften.[672] Auf sie kann regelmäßig auch nicht verzichtet werden.[673] Hat ein Arbeitnehmer bei Beendigung des Arbeitsverhältnisses im Rahmen einer Ausgleichsquittung unterschrieben, dass mit dem Austausch der Arbeitspapiere alle Ansprüche aus dem Arbeitsverhältnis abgegolten seien und er keine Forderungen gegen die Firma mehr habe, so kann hierin kein wirksamer Verzicht auf einen etwaigen Lohnfortzahlungsanspruch gesehen werden, wenn sich nicht aus den weiteren Umständen ergibt, dass der Arbeiter seiner Unterschrift diese Bedeutung zumessen wollte.[674] Unbeschadet des zwingenden Charakters der Regelungen zur Entgeltfortzahlung können dem Anspruch auf Entgeltfortzahlung tarifvertragliche Ausschlussfristen entgegenstehen.[675] 232

Voraussetzung für das Eingreifen einer Regelung zur Entgeltfortzahlung ist stets, dass die **Ursache des Arbeitsausfalls der Tatbestand der die Entgeltfortzahlung begründenden Unmöglichkeit** ist.[676] Fällt die Arbeit jedoch aufgrund einer anderweitigen Verteilung der Arbeitszeit aus und ist der Arbeitnehmer demnach entsprechend seinem im Voraus bestimmten Arbeitsplan an dem Tag, für den eine Entgeltfortzahlung in Betracht käme, von der Verpflichtung zur Arbeitsleistung freigestellt, kann der Tatbestand der Entgeltfortzahlung nicht eintreten, da dann die Arbeit wegen der besonderen Arbeitszeitverteilung und nicht infolge eines anderweitigen, zur Entgeltfortzahlung verpflichtenden Tatbestandes ausfällt.[677] Auf der anderen Seite behält er seinen Anspruch auf eine vereinbarte Entgeltfortzahlung, wenn die Arbeit etwa aufgrund eines Streiks ausfällt, an dem er sich nicht beteiligt.[678] 233

(3) Verzicht und Verwirkung

Der Gesetzgeber hat an verschiedener Stelle einen Verzicht auf gesetzlich geregelte Rechtspositionen durch Festschreibung der Unabdingbarkeit ausdrücklich ausgeschlossen.[679] Aber auch sonst können Arbeitsvertragsparteien aufgrund des zwingenden Charakters arbeitsrechtlicher Schutznormen grds. kein dispositives Recht setzen und damit den gesetzlichen Schutz zu Lasten des Arbeitnehmers abbedingen; über gesetzlich vorgegebene Mindeststandards kann nicht durch Erlassvertrag oder 234

669 BAG, Urt. v. 21.11.2001, NZA 2002, 439.

670 Vgl. aber auch BAG, Urt. v. 16.01.2002, DB 2002, 797, wonach eine tarifliche Ausschlussfrist, die alle übrigen Ansprüche aus dem Arbeitsverhältnis erfasst, den zwingenden Vorschriften zur Entgeltfortzahlung nicht entgegensteht.

671 BAG, Urt. v. 16.01.2002, DB 2002, 950.

672 BAG, Urt. v. 13.02.2002, DB 2002, 1162.

673 Vgl. z.B. BAG, Urt. v. 26.10.1991, AP Nr. 1 zu § 6 LohnFG.

674 BAG, Urt. v. 26.10.1971, AP Nr. 3 zu § 9 LohnFG.

675 BAG, Urt. v. 16.01.2002, DB 2002, 797.

676 So auch für die an einem Feiertag in einem Arbeitsverhältnis nach § 12 TzBfG nicht abgerufene Arbeit: BAG, Urt. v. 24.10.2001, DB 2002, 1110.

677 BAG, Urt. v. 29.09.1983, DB 1984, 1251; v. 16.03.1988, DB 1988, 1498; v. 24.01.2001, DB 2001, 1889.

678 BAG, Urt. v. 15.01.1991, AP Nr. 114 zu Art. 9 GG Arbeitskampf; v. 07.04.1992, AP Nr. 122 zu Art. 9 Arbeitskampf.

679 Vgl. etwa § 12 EFZG, § 22 Abs. 1 TzBfG, § 13 Abs. 1 BUrlG, § 17 Abs. 3 BetrAVG.

negatives Schuldanerkenntnis verfügt werden.[680] So kann ein Arbeitnehmer nicht auf die gesetzlich angeordnete Entgeltfortzahlung wirksam verzichten.[681] Kündigt ein Arbeitgeber aus Anlass einer Arbeitsunfähigkeit, entfallen die Entgeltfortzahlungsansprüche des Arbeitnehmers im Regelfall nicht schon dadurch, dass Arbeitgeber und Arbeitnehmer anschließend das Arbeitsverhältnis zu demselben Termin einvernehmlich aufheben; noch nicht entstandene und fällige Ansprüche auf Entgeltfortzahlung im Krankheitsfall können hier auch nicht im Rahmen einer am letzten Tag des Arbeitsverhältnisses getroffenen Vereinbarung rechtswirksam erlassen werden.[682] Ebenfalls kann der Arbeitnehmer nicht über den gesetzlichen Urlaubsanspruch wirksam durch Rechtsgeschäft verfügen, den Anspruch daher auch nicht in einem gerichtlichen oder außergerichtlichen Vergleich zum Gegenstand eines negativen Schuldanerkenntnisses machen.[683]

235 Auch für **tarifvertraglich oder betrieblich bestimmte Ansprüche** gilt das Verzichtsverbot; ein Verzicht ist hier nur mit Zustimmung der Tarifvertragsparteien (§ 4 Abs. 1 Satz 1 TVG) oder der Betriebsparteien (§ 4 Abs. 4 Satz 3 BetrVG) möglich. So ist auch eine Vereinbarung unwirksam, mit der sich der Arbeitnehmer verpflichtet, eine Klage auf tarifvertragliche Leistungen zurückzunehmen und keine neue Klage zu erheben.[684] Ein Verzicht auf über die gesetzlich, tarifvertraglich oder betrieblich normierten Mindeststandards hinaus vereinbarte individualvertragliche Rechtspositionen ist indes stets zulässig.[685]

236 Von dem Verbot des Rechtsverzichtes zu trennen ist der **Tatsachenvergleich**.[686] Er bezeichnet den Vergleich über die tatsächlichen Voraussetzungen eines unabdingbaren gesetzlichen Anspruchs bzw. eines Anspruchs aus Tarifvertrag, Betriebsvereinbarung und bindender Festsetzung.[687] Bezieht sich im Rahmen eines solchen Vergleichs das Nachgeben auf eine Ungewissheit im Tatsächlichen, so ist dieser trotz der Möglichkeit wirksam, dass dadurch verzichtet wird.[688] Die Rechtfertigung der teleologischen Reduktion normativ bedingter Verzichtsverbote wird von der Rechtsprechung darin gesehen, dass das Bedürfnis nach gütlicher Einigung in solchen Fällen dem Schutzbedürfnis des Arbeitnehmers vorgeht. Insoweit verweist die Rechtsprechung darauf, dass das Gesetz dem Arbeitnehmer auch sonst nicht jegliche Dispositionsbefugnis hinsichtlich seiner tariflichen Rechte nimmt, zumal dieser es in der Hand hat, durch ein Unterlassen der Verfolgung seiner Rechte auf tarifliche Rechte zu verzichten.[689]

237 In diesem Rahmen sind sog. **Ausgleichsquittungen oder Ausgleichsklauseln** anlässlich der Auflösung des Arbeitsverhältnisses, mit denen das Nichtbestehen wechselseitiger Ansprüche aus dem Arbeitsverhältnis gegenseitig anerkannt wird, wirksam. Die in der formularmäßig erstellten Ausgleichsquittung enthaltenen Erklärungen des Arbeitnehmers unterliegen in vollem Umfange der gerichtlichen Überprüfung.[690] Den Arbeitgeber trifft eine Aufklärungspflicht darüber, dass mit der Unterschrift des Arbeitnehmers unter eine Ausgleichserklärung alle Streitpunkte auch bezogen auf etwaig bestehende Entgeltfortzahlungsansprüche erledigt sein sollten.[691] Dies bedeutet keine Hinweispflicht in dem Sinne, dass ohne entsprechenden vorherigen Hinweis des Arbeitgebers eine Ausgleichsklausel unwirksam wäre. Wohl aber hat die unterlassene Aufklärung Bedeutung für die Auslegung der vom Arbeitnehmer unterschriebenen Erklärung. Aus der Ausgleichsquittung muss

680 BAG, Urt. v. 31.05.1990, DB 1991, 392; v. 20.01.1998, NZA 1998, 846.
681 Vgl. z.B. BAG, Urt. v. 26.10.1991, AP Nr. 1 zu § 6 LohnFG.
682 BAG, Urt. v. 28.11.1979, DB 1980, 1448.
683 BAG, Urt. v. 31.05.1990, DB 1991, 392.
684 BAG, Urt. v. 19.11.1996, NZA 1997, 1117.
685 Vgl. etwa BAG, Urt. v. 31.05.1990, DB 1991, 392.
686 BAG, Urt. v. 20.08.1980, AP Nr. 12 zu § 6 LohnFG; v. 05.11.1997, NZA 1998, 434.
687 BAG, Urt. v. 21.12.1972, BB 1973, 427; v. 23.08.1994, DB 1995, 52; v. 31.07.1996, DB 1997, 882; v. 05.11.1997, NZA 1998, 434.
688 BAG, Urt. v. 05.11.1997, NZA 1998, 434.
689 BAG, Urt. v. 05.11.1997, NZA 1998, 434.
690 BAG, Urt. v. 20.08.1980, DB 1981, 221.
691 BAG, Urt. v. 20.08.1980, DB 1981, 221.

sich somit ergeben, dass der Arbeitnehmer nicht nur eine **Empfangsbestätigung**, sondern eine **rechtsgeschäftliche Willenserklärung** abgeben wollte. Ansonsten kann eine unterschriebene Erklärung, dass »alle Ansprüche aus dem Arbeitsverhältnis abgegolten« sind und »keine Forderungen, ganz gleich aus welchem Grund« bestehen, im Zweifelsfall nur dahin gehend ausgelegt werden, der Arbeitnehmer habe damit nur den Empfang der Papiere quittiert und allenfalls die Richtigkeit der Lohnabrechnung anerkannt; ein weiter gehender Verzicht kann aus einer so abgefassten Ausgleichsklausel nicht abgeleitet werden.[692] Hat der Arbeitgeber jedoch hinreichend aufgeklärt und unterschreibt der Arbeitnehmer nach einem solchen Hinweis, ist für beide Seiten klar, dass ein Verzicht erklärt werden sollte.[693] Dabei stellt die Rechtsprechung jedoch hohe Anforderungen auf. Ein in einer Ausgleichsquittung erklärter Verzicht auf Kündigungsschutz oder auf die Durchführung einer Kündigungsschutzklage erfordert, dass ein solcher Verzicht aus Gründen der Rechtsklarheit in der Ausgleichsquittung selbst unmissverständlich zum Ausdruck kommen müsse, da anderenfalls der Wille, auf Kündigungsschutz zu verzichten, der Ausgleichsquittung nicht entnommen werden könne.[694] Indes hat die Rechtsprechung eine Klausel, wie sie inzwischen im Rahmen der Ingebrauchnahme des neuen § 1 Abs. 1 a KSchG verwandt werden kann, für verbindlich angesehen, in der der Arbeitnehmer erklärt hat, gegen die Kündigung keine Einwendungen zu erheben und das Recht, das Fortbestehen des Arbeitsverhältnisses geltend zu machen, nicht wahrzunehmen oder eine Klage mit diesem Ziel nicht zu erheben.[695] Bei bedeutsamen Ansprüchen wie dem auf Ruhegeld muss der Arbeitgeber eine umfassende Aufklärung betreiben; er kann nicht ohne weiteres annehmen, der Arbeitnehmer wolle bei Unterzeichnung der Ausgleichsquittung beiläufig auf solche Ansprüche verzichten.[696] Ein besonderes Augenmerk auf die Abfassung sog. Ausgleichsquittungen ist also zu richten. Dies gilt insbesondere angesichts des nunmehr in § 307 Abs. 1 BGB enthaltenen Transparenzgebots.[697] *Preis*[698] empfiehlt angesichts einer gebotenen verschärften Inhaltskontrolle, generalklauselartige Ausgleichsquittungen nicht und statt dessen nur eindeutig begrenzte, möglichst durch Vorteile kompensierte Verzichtserklärungen zu verwenden.

Das **Rechtsinstitut der Verwirkung** stellt einen Sonderfall der unzulässigen Rechtsausübung dar 238
und leitet sich aus dem Verbot widersprüchlichen Verhaltens ab. Es dient dem Bedürfnis nach Rechtsklarheit. Nicht jedoch bezweckt es, den Schuldner vorzeitig von seiner Leistungspflicht gegenüber dem Schuldner zu befreien. Aus diesem Grund geht die Rechtsprechung davon aus, dass allein der Zeitablauf die Verwirkung eines Rechts nicht herbeiführen kann. Erforderlich ist vielmehr, dass neben dem Zeitmoment ein Umstandsmoment bezogen auf das Verhalten des Berechtigten wie auch des Verpflichteten hinzukommt, das es rechtfertigt, die späte Geltendmachung eines Rechts als mit Treu und Glauben unvereinbar und für den Verpflichteten als unzumutbar erscheinen zu lassen.[699] Der Berechtigte muss damit unter Umständen untätig gewesen sein, die den Eindruck erwecken konnten, dass er sein Recht nicht mehr geltend machen wolle, so dass sich der Verpflichtete darauf einstellen durfte, nicht mehr in Anspruch genommen zu werden. Die Verwirkung kann damit nur im Einzelfall bei Hinzutreten besonderer Umstände geltend gemacht werden. Dem Schutz vor unbekannten Forderungen dient es nicht; insofern ist auf das Recht der Verjährung zurückzugreifen.[700] Für tarifvertraglich oder betrieblich festgelegte Arbeitsbedingungen ist die Möglichkeit der Verwirkung bereits durch § 4 Abs. 4 Satz 2 TVG bzw. § 77 Abs. 4 Satz 3 BetrVG ausgeschlossen.

692 BAG, Urt. v. 20.08.1980, DB 1981, 221.
693 BAG, Urt. v. 20.08.1980, DB 1981, 221.
694 BAG, Urt. v. 06.04.1977, v. 29.06.1878 sowie v. 03.05.1979, AP Nr. 4, 5, 6 zu § 4 KSchG 1969.
695 BAG, Urt. v. 20.06.1985, DB 1985, 2375.
696 BAG, Urt. v. 09.11.1973, DB 1974, 487.
697 LAG Schleswig-Holstein, Urt. v. 24.09.2003, BB 2004, 608 ff.
698 *Preis*, NZA Beil. 16/2003, 29.
699 BAG, Urt. v. 07.02.1988, NJW 1988, 1616; v. 25.04.2001, NZA 2001, 966.
700 BAG, Urt. v. 25.04.2001, NZA 2001, 966.

239 Von der Verwirkung ist die **unzulässige Rechtsausübung** zu unterscheiden. Seine Rechtsgrundlage findet das Prinzip unzulässiger Rechtsausübung in § 242 BGB. Es beschränkt den Inhaber eines Anspruch hinsichtlich der Geltendmachung desselben, wenn diese als missbilligenswert erscheint. Die Rechtsposition des Rechtsinhabers findet somit über das Rechtsprinzip der unzulässigen Rechtsausübung eine innere Begrenzung. Dabei kann der Grund für diese von Rechts wegen zu berücksichtigende Grenze einer Rechtsposition der Einwand unredlichen Rechtserwerbs oder derjenige der unbilligen Verfolgung einer gegenwärtigen Rechtsposition sein. Der Einwand kann dann gerechtfertigt sein, wenn eine objektiv feststellbare Unverhältnismäßigkeit zwischen Schuldneraufwand und Gläubigervorteil besteht. Ein bloßes Intressenungleichgewicht genügt indes nicht. Vielmehr müssen die sozialen Grenzen der subjektiven Privatrechte überschritten und die Gleichheitsforderung verletzt sein, indem der Rechtsinhaber das eigene Interesse in unverhältnismäßiger Weise überbewertet.[701] Eine besondere Bedeutung kommt dem Prinzip unzulässiger Rechtsausübung im Rahmen an den Bestand des Arbeitsverhältnisses gebundener Leistungen zu.[702]

(4) Ausschlussfristen

240 Mittels der regelmäßig in Tarifverträgen, aber auch andernorts vorgesehenen Ausschlussfristen kommt ein Recht zum Erlöschen, wenn es nicht rechtzeitig geltend gemacht wird.[703] Sie können nur Rechte erfassen, die ihre Grundlage im Arbeitsverhältnis haben. Ansprüche aus selbständig begründeten Rechtsverhältnissen werden nur erfasst, wenn das Rechtsverhältnis ohne das Arbeitsverhältnis überhaupt nicht oder nicht zu den vereinbarten Bedingungen zustande gekommen wäre.[704] Formell ist zwischen Ausschlussfristen der einfachen Form, bei denen die bloße Geltendmachung den Ausschluss verhindert, und qualifizierteren Formen zu unterscheiden, die eine bestimmte Form der Geltendmachung erfordern.[705] In materieller Hinsicht können neben einfachen auch mehrstufige Ausschlussfristen vorgesehen werden, etwa indem bestimmt wird, dass ein Anspruch verfällt, wenn er nicht innerhalb eines Monats nach Fälligkeit gegenüber dem Vertragspartner schriftlich erhoben wird (1. Stufe), oder der Verfall eintritt, wenn ein Anspruch, den der Vertragspartner abgelehnt oder zu dem sich dieser nicht erklärt hat, nicht innerhalb eines Monats nach der Ablehnung oder des Fristablaufs gerichtlich geltend gemacht wird (2. Stufe).[706] Zu empfehlen sind solche zweistufigen Ausschlussfristen aber nicht, da diese den Arbeitnehmer zur Durchführung eines Gerichtsverfahrens geradezu drängen. Sie werden teilweise auch unter Hinweis auf § 309 Nr. 13 BGB für bedenklich gehalten.[707]

241 Ausschlussfristen **binden im Regelfall beide Arbeitsvertragsparteien.**[708] Sie müssen in sich ausgewogen sein und dürfen eine Partei nicht einseitig bevorteilen oder benachteiligen.[709] Für

701 Vgl. i.E. *Natzel,* Die Betriebszugehörigkeit im ArbR, S. 93 ff. m.w.N.

702 Vgl. hierzu auch *Natzel,* Die Betriebszugehörigkeit im ArbR, S. 230 ff., unter Hinw. auf § 162 BGB, der in diesen Fällen konditionaler Leistungsverknüpfung die treuwidrige Verhinderung oder Herbeiführung des Bedingungseintritts sanktioniert.

703 Vgl. insofern auch BGH, Urt. v. 29.03.1983, AP Nr. 6 zu § 11 ArbGG Prozessvertreter, wonach zu den Pflichten eines Rechtsanwalts, der einen Arbeitnehmer in einem Kündigungsschutzprozess vertritt, im Hinblick auf die Sicherung des seinem Mandanten entstandenen Lohnausfalls gehört, über die Anwendbarkeit etwaiger tarifvertraglicher Ausschlussfristen und der daraus folgenden weiteren Maßnahme aufzuklären.

704 BAG, Urt. v. 10.10.2002, DB 2003, 508.

705 Vgl. insofern auch Überblick bei *Langer*, Ges. und vereinbarte Ausschlussfristen im ArbR, 1993; *Schrader*, NZA 2003, 345; *Weyand*, Tarifliche Ausschlussfristen in Arbeitsrechtsstreitigkeiten, 1992.

706 Vgl. zu einer solchen zweistufigen Ausschlussfrist BAG, Urt. v. 22.02.1980, AP Nr. 69 zu § 4 TVG Ausschlussfrist; v. 13.12.2000, DB 2001, 928 ff.; ferner BAG v. 27.02.2002, DB 2002, 1720, wonach eine durch Formularvertrag vereinbarte zweistufige Ausschlussfrist nicht deshalb unzulässigerweise überraschend ist, weil die zweite Stufe kürzer ist als die erste; vgl. ferner hierzu *Laskawy*, DB 2003 1325.

707 *Hümmerich,* NZA 2003, 755; *Schrader*, NZA 2003, 350; *Lakies*, NZA 2004, 574 f.

708 Vgl. insofern aber auch *Lingemann*, NZA 2002, 190, der auch angesichts der Schuldrechtsmodernisierung die Vereinbarung einseitiger Ausschlussfristen weiterhin (vgl. insoweit etwa BAG, Urt. v. 04.12.1997, NZA 1998, 431) für zulässig hält; a.A. indes *Thüsing,* in: *Graf von Westfalen*, Vertragsrecht und AGB-Klauselwerke, Stichwort: Arbeitsverträge Rn 73, sofern nicht die damit einhergehende Schlechterstellung durch kompensierende Maßnahmen ausgeglichen wird.

709 BAG, Urt. v. 24.03.1988, AP Nr. 1 zu § 241 BGB.

tarifvertraglich bestimmte Ausschlussfristen ist es allerdings durch das BAG[710] anerkannt, dass diese einseitig nur Ansprüche des Arbeitnehmers, nicht jedoch solche des Arbeitgebers erfassen können. Dies gilt selbst dann, wenn die tarifliche Verfallklausel nicht nur tarifliche Ansprüche, sondern darüber hinaus alle Ansprüche des Arbeitnehmers aus dem Arbeitsverhältnis erfasst. So steht auch eine tarifliche Ausschlussfrist, die »alle übrigen Ansprüche« aus dem Arbeitsverhältnis erfasst, den zwingenden Vorschriften zur Entgeltfortzahlung nicht entgegen.[711] Sachverhalte, die zur Feststellung führen müssen, es würde eine unerlaubte Handlung vorliegen, können hiervon allerdings nicht erfasst werden.[712]

Jeweils ist den Regelungen zu Ausschlussfristen ein rechtsvernichtender Charakter zu eigen.[713] Sie sind **von Amts wegen** und somit ohne Geltendmachung durch eine der Vertragsparteien gerichtlich zu prüfen.[714] Allerdings obliegt es hier den Vertragsparteien im Prozess, auf eine entsprechende Tarifbindung hinzuweisen, aufgrund derer eine bestehende Ausschlussfrist zu beachten wäre.[715] Nicht jedoch kann sich ein Arbeitgeber auf den Anspruchsausschluss infolge Fristeintritts berufen, wenn er es unterlassen hat, auf den anzuwendenden Tarifvertrag entsprechend den Bestimmungen des NachwG hinzuweisen.[716] 242

Gelten Ausschlussfristen kraft Bindung an einen Tarifvertrag, der eine entsprechende Regelung enthält, bedarf es keines gesonderten Nachweises auf dieselbe, wenn der die Frist regelnde Tarifvertrag als solcher im Arbeitsvertrag nachgewiesen ist.[717] Wird ein für das Arbeitsverhältnis einschlägiger Tarifvertrag erst im Nachhinein, also nach Begründung des Arbeitsverhältnisses, abgeschlossen, ist dies als eine nachweisepflichtige Änderung wesentlicher Vertragsbedingungen anzusehen.[718] Auch außerhalb des tarifgebundenen Arbeitsverhältnisses ist die **Aufnahme von Ausschlussklauseln in einen Arbeitsvertrag** grundsätzlich als zulässig anzusehen.[719] Hieran hat sich auch durch die Schuldrechtsreform des Jahres 2001 nichts geändert, da es aufgrund der besonderen Bindungen im Arbeitsverhältnis eines Instrumentariums bedarf, das eine schnelle Klärung der gegenseitigen Ansprüche ermöglicht.[720] Derartige Klauseln unterliegen allerdings der Inhaltskontrolle.[721] Neben der zulässigen Länge einer Ausschlussfrist[722] prüft das BAG in diesem Rahmen insbesondere auch, ob 243

710 Vgl. BAG, Urt. v. 27.09.1967, AP Nr. 1 zu § 1 TVG Tarifverträge: Fernverkehr; v. 04.12.1997, AP Nr. 143 zu § 4 TVG Ausschlussfristen.

711 BAG, Urt. v. 16.01.2002, DB 2002, 797; vgl. ferner zur Erfassung auch unabdingbarer gesetzlicher Ansprüche BAG, Urt. v. 30.03.1962, DB 1962, 842; v. 24.03.1988, DB 1989, 182; m.w.N. zur a.A. vgl. *Laskawy*, DB 2003, 1327.

712 So BAG, Urt. v. 12.06.1997, AP Nr. 4 zu § 611 BGB Werkstudent, für den Verstoß gegen § 2 Abs. 1 BeschFG a.F., in dem zugleich eine unerlaubte Handlung gesehen wurde.

713 Vgl. Wiedemann/*Wank*, TVG, § 4 Rn 719.

714 BAG, Urt. v. 27.03.1963, AP Nr. 9 zu § 59 BetrVG.

715 BAG, Urt. v. 15.06.1993, AP Nr. 123 zu § 4 TVG Ausschlussfristen.

716 So für den allgemeinverbindlich erklärten Tarifvertrag: LAG Düsseldorf, Urt. v. 17.05.2001, DB 2001, 1995; vgl. ferner für den kraft betrieblicher Übung anzuwendenden Tarifvertrag: BAG, Urt. v. 17.04.2002, DB 2003, 560; v. 19.01.1999, NZA 1999, 879; vgl. aber auch *Bergwitz*, BB 2001, 2316 ff., der aus der Verletzung der Nachweispflicht nicht zugleich auch eine Beweislastumkehr ableitet.

717 BAG, Urt. v. 23.01.2002, NZA 2002, 800, wonach es insoweit unerheblich ist, wenn der Arbeitgeber dem (sanktionslosen) Publizitätsgebot des § 8 TVG nicht nachgekommen ist (krit. demggü.: *Linde/Lindemann*, NZA 2003, 649); anders jedoch für den Fall der unterlassenen Aushändigung einer Niederschrift: BAG, Urt. v. 17.04.2002, NZA 2002, 1096, die nach Auffassung des BAG einen Schadensersatzanspruch auszulösen vermag (krit. demggü. *Schrader*, NZA 2003, 345 ff.).

718 BAG, Urt. v. 05.11.2003, NZA 2004, 102 ff.

719 BAG, Urt. v. 24.03.1988, AP Nr. 1 zu § 241 BGB; v. 11.01.1995 – 10 AZR 5/94 (n.v.); v. 13.12.2000, DB 2001, 928 ff.; vgl. ferner *Bauer*, NZA 1987, 440; *Schrader*, NZA 2003, 349 f; problematisch indes *Matthiessen/Shea*, DB 2004, 1366, die das Verbot der Verjährungsvereinbarung (§ 202 BGB) auf Ausschlussfristen analog angewandt wissen wollen, soweit keine Ausnahme für Ansprüche aus Vorsatzhaftung getroffen wurde.

720 *Schrader*, NZA 2003, 350.

721 BAG, Urt. v. 24.03.1988, AP Nr. 1 zu § 241 BGB; v. 13.12.2000, DB 2001, 928 ff; generell zur Inhaltskontrolle nach §§ 305 ff. BGB: *Lakies*, NZA 2004, 569 ff.

722 Welche Länge angesichts der neu geregelten Verjährungsfristen als zulässig zu erachten ist, ist derzeit offen; vgl. hierzu: *Hümmerich*, NZA 2003, 756, sowie *Thüsing*, in: *Graf von Westphalen*, Vertragsrecht und AGB-Kontrolle, Stichwort: Arbeitsverträge Rn 70 ff.

die Klausel wegen eines überraschenden Charakters nicht zum Vertragsinhalt werden konnte.[723] Darüber hinaus ist zu beachten, dass über die Individualvereinbarung tariflich oder betrieblich normierte Rechte nicht ausgeschlossen werden können (§ 4 Abs. 4 Satz 3 TVG, § 77 Abs. 4 Satz 4 BetrVG). Offen ist derzeit noch, wie die Rechtsprechung angesichts der Regelung des § 306 Abs. 2 BGB mit einer zu kurz bemessenen Ausschlussfrist umgehen wird. Vieles spricht insoweit dafür, hier – wie bislang – eine geltungserhaltende Reduktion vorzunehmen.[724]

244 Ausschlussfristen betreffen regelmäßig die **Rechte aus einem Arbeitsverhältnis**. Sie erfassen somit nicht Rechtspositionen Dritter. Ein Arbeitgeber kann sich somit auch nicht gegenüber einem Hinterbliebenen eines Arbeitnehmers, der ein tariflich vorgesehenes Sterbegeld einfordert, auf eine bestehende tarifliche Ausschlussklausel berufen.[725]

245 Ein Recht aus dem Arbeitsverhältnis ist regelmäßig dann betroffen, wenn es **in tatsächlicher oder rechtlicher Verbindung mit dem Arbeitsverhältnis** steht. Dabei lässt das BAG einen auch nur entfernten Zusammenhang genügen.[726] Demzufolge werden auch Rückzahlungsansprüche aus einem Darlehensvertrag von Ausschlussfristen erfasst, wenn das Darlehen nicht nur bei Gelegenheit des Arbeitsverhältnisses gewährt wird und statt dessen mit dem Arbeitsverhältnis verknüpft ist, etwa indem der Arbeitgeber mit Rücksicht auf das Arbeitsverhältnis Zinsvergünstigungen gewährt.[727]

246 Zur Verhinderung des Eintritts der rechtsvernichtenden Wirkung einer Ausschlussfrist ist der Anspruch **in der vorgeschriebenen Form rechtzeitig geltend zu machen**. Bei der Geltendmachung handelt es sich um eine einseitige rechtsgeschäftsähnliche Handlung. Auf diese finden die Vorschriften des BGB entsprechend ihrer Eigenart analog Anwendung.[728] Da die Geltendmachung von Ansprüchen zur Wahrung tariflicher Ausschlussfristen nicht auf die Herbeiführung einer Rechtsfolge kraft rechtsgeschäftlichen Willens, sondern auf die durch den Tarifvertrag angeordnete Rechtsfolge gerichtet ist, findet indes § 174 BGB keine analoge Anwendung. Es genügt also im Zweifelsfall, die Geltendmachung durch einen bevollmächtigten Vertreter, ohne dass es der Vorlage einer Vollmachtsurkunde bedarf.[729] Hat eine Vertragspartei selbst zuvor eine Forderung anerkannt, verstößt es gegen Treu und Glauben, wenn sie sich späterhin darauf beruft, die andere Partei habe bei der Geltendmachung einer Forderung die gültige ein- oder zweistufige Ausschlussfrist nicht gewahrt.[730] Aus der Geltendmachung muss es der anderen Vertragspartei erkennbar werden, dass ein näher bestimmter Anspruch erhoben wird. Hierbei ist eine Bezifferung der Forderung nicht erforderlich, wenn die Schuldner die Höhe der gegen ihn geltend gemachten Forderung bekannt ist oder ohne weiteres erkennbar ist.[731] Ist dies nicht der Fall, bedarf es einer näheren Begründung und Bezifferung des Anspruchs.[732] Verlangt eine Klausel zur Vermeidung des Verfalls die mündliche Geltendmachung von Ansprüchen, ist diese gewahrt, wenn der Arbeitnehmer beim Empfang einer Lohnabrechnung das Fehlen eines bestimmten Lohnbestandteils bemängelt.[733] Ist ein Anspruch zwar fällig geworden, war der Arbeitnehmer wegen in seiner Person liegender Gründe jedoch schuldlos nicht in der Lage zu erkennen, ob der Anspruch vom Arbeitgeber auch tatsächlich erfüllt worden ist, oder konnte er zwar die Nichterfüllung erkennen und war er ansonsten aber schuldlos nicht in der Lage, seinen Anspruch innerhalb der Verfallsfristen geltend zu machen, kann die Berufung auf den Verfall des

723 So etwa in BAG, Urt. v. 29.11.1995, NZA 1996, 702.
724 *Schrader*, NZA 2003, 351.
725 BAG, Urt. v. 04.04.2001, DB 2001, 2200.
726 BAG, Urt. v. 03.02.1961, v. 27.11.1984, AP Nr. 14, 89 zu § 4 TVG Ausschlussfristen.
727 BAG, Urt. v. 20.02.2001, BB 2001, 2222.
728 BAG, Urt. v. 26.02.2003, DB 2003, 1332.
729 BAG, Urt. v. 14.08.2002, NZA 2002, 1344 f.
730 BAG, Urt. v. 10.10.2002, DB 2003, 508, wonach dies auch dann gilt, wenn der andere das Schuldanerkenntnis später anficht.
731 BAG, Urt. v. 26.02.2003, DB 2003, 1332.
732 BAG, Urt. v. 17.10.1974, AP Nr. 55 zu § 4 TVG Ausschlussfristen.
733 BAG, Urt. v. 20.02.2001, NZA 2002, 567.

Anspruchs gegen Treu und Glauben verstoßen.[734] Im Übrigen kann nach der Rechtsprechung des BAG[735] eine hinreichende Geltendmachung auch in einer zunächst unbezifferten und daher gem. § 253 Abs. 2 ZPO unzulässigen Leistungsklage gesehen werden, die nach Ablauf der zweistufigen Ausschlussfrist durch Aufnahme eines konkreten Zahlungsantrages zulässig gemacht wird, wenn die für die Höhe des Anspruchs geltend gemachten Tatsachen in der Klage so mitgeteilt sind, dass für den Beklagten die Errechnung des Betrages ohne weiteres möglich ist. Tritt nach der einschlägigen Bestimmung die Ausschlussfrist »mit dem Ausscheiden aus dem Betrieb« ein, ist auf das tatsächliche (nicht: rechtliche) Ende des Arbeitsverhältnisses abzustellen.[736]

Behauptet eine Person den Bestand eines Arbeitsverhältnisses und macht sie unter Berufung darauf Vergütungsansprüche geltend, beginnen tarifliche Ausschlussfristen nicht erst mit der Rechtskraft der gerichtlichen Feststellung des Arbeitsverhältnisses zu laufen. Der **Streit um den Status als Arbeitnehmer** hindert demnach nicht den Lauf der Verfallsfristen für etwaige sich daraus ergebende Ansprüche.[737] Wird der Arbeitnehmerstatus rückwirkend geltend gemacht, werden jedoch Rückzahlungsansprüche des Arbeitgebers wegen etwaiger Überzahlungen im Sinne einer tarifvertraglichen Ausschlussfrist erst fällig, wenn – ggf. durch Rechtskraft einer gerichtlichen Entscheidung hierüber – feststeht, dass das Vertragsverhältnis ein Arbeitsverhältnis ist.[738] 247

(5) Verjährung

Die Verjährung stellt einen **Einredetatbestand** dar, über den die Vertragsparteien nur im Rahmen des nach § 202 BGB Zulässigen im Voraus disponieren können. Die Einrede der Verjährung schließt nach dem neu gefassten § 215 BGB die Aufrechnung und Geltendmachung eines Zurückbehaltungsrechts nicht aus, wenn der Anspruch in dem Zeitpunkt noch nicht verjährt war, in dem erstmals aufgerechnet oder die Leistung verweigert werden konnte. Das Schuldrechtsmodernisierungsgesetz[739] hat das Verjährungsrecht neu geregelt. So beträgt nunmehr die regelmäßige Verjährungsfrist grundsätzlich drei Jahre[740] mit Fälligkeit des Anspruchs und der Kenntnis hiervon.[741] Sie beginnt mit Schluss des Jahres zu laufen, in dem der Anspruch entstanden ist und der Gläubiger von den anspruchsbegründenden Umständen und der Person des Schuldner Kenntnis hatte oder diese ohne grobe Fahrlässigkeit hätte erlangen müssen (§ 199 Abs. 1 Nr. 2 BGB). Mit dieser Regelung hat der Gesetzgeber im Laufe des Gesetzgebungsverfahrens das Verjährungssystem für Ansprüche, die der regelmäßigen Verjährung von drei Jahren unterliegen, auf ein **subjektives System** umgestellt.[742] Die Umstellung auf ein subjektives System hat es zugleich erforderlich gemacht, Höchstfristen für die Verjährung einzuführen. Kennt daher der Anspruchsberechtigte die anspruchsbegründenden Tatsachen nicht oder grob fahrlässig nicht, verjähren andere Ansprüche als Schadensersatzansprüche in zehn Jahren von ihrer Entstehung an (§ 199 Abs. 4 BGB). Sonstige Schadensersatzansprüche – das sind solche, die nicht i.S.d. § 199 Abs. 2 BGB auf einer Verletzung des Lebens, des Körpers, der Gesundheit oder 248

734 BAG, Urt. v. 16.08.1983, AP Nr. 131 zu § 1 TVG Auslegung; v. 10.03.1988 – 8 AZR 399/85 (n.v.); v. 13.12.2000, DB 2001, 938 ff.

735 Vgl. insofern BAG, Urt. 30.03.1989 – 6 AZR 769/85 (n.v.); v. 29.06.1989, AP Nr. 103 zu § 4 TVG Ausschlussfristen.

736 LAG Düsseldorf, Urt. v. 12.01.1988, LAGE § 4 TVG Ausschlussfristen.

737 BAG, Urt. v. 14.03.2001, NZA 2002, 155 (157) unter gleichzeitigem Verweis, dass Entgeltansprüche aus einem behaupteten Arbeitsverhältnis (anders als in Fällen, in denen ein Geschädigter von einem Schaden und den hierfür Ersatzpflichtigen verspätet Kenntnis erlangt) ohne weiteres geltend gemacht werden können.

738 BAG, Urt. v. 14.03.2001, NZA 2002, 155 (159) unter gleichzeitigem Verweis, dass erst von diesem Zeitpunkt an von dem Arbeitgeber zur Vermeidung von Rechtsverlusten die Geltendmachung von Ansprüchen wegen Überzahlung erwartet werden könne.

739 V. 26.11.2001, BGBl I, 3138 ff.

740 Sonderregelungen enthält § 197 BGB für rechtskräftig festgestellte Ansprüche (Nr. 3), für Ansprüche aus vollstreckbaren Vergleichen oder Urkunden (Nr. 4) sowie für Ansprüche, die durch die im Insolvenzverfahren erfolgte Feststellung vollstreckbar geworden sind (Nr. 5).

741 Bislang galt für Ansprüche aus einem Arbeitsverhältnis nach § 196 Abs. 1 Nr. 8, 9 BGB a.F. die besondere zweijährige Verjährungsfrist, ohne dass es auf die Kenntnis der anspruchsbegründenden Tatsachen angekommen ist.

742 Dazu auch *Hänlein*, DB 2001, 853; *Heinrichs*, BB 2001, 1417.

der Freiheit beruhen – verjähren ohne Rücksicht auf die Kenntnis oder grob fahrlässige Unkenntnis in zehn Jahren nach ihrer Entstehung bzw. ohne Rücksicht auf ihre Entstehung und die Kenntnis oder grob fahrlässige Unkenntnis in 30 Jahren von der Begehung der Handlung, der Pflichtverletzung oder dem sonstigen Schaden auslösenden Ereignis an (§ 199 Abs. 3 BGB).[743] Die Umstellung auf ein subjektives System verbunden mit der Erweiterung der absoluten Verjährungsgrenze hat zur Konsequenz, dass – vorbehaltlich des Eingreifens tariflicher Ausschlussfristen – noch lange Zeit nach Beendigung des Arbeitsverhältnisses ein Anspruch eingeklagt werden kann, von dessen tatsächlichen Voraussetzungen der Arbeitnehmer erst lange Zeit nach Beendigung des Arbeitsverhältnisses Kenntnis erlangt hat. Im Streitfall ist dann zu klären, ob der Arbeitnehmer als Gläubiger des Schadensersatzanspruchs eine die Verjährung auslösende Tatsache nicht oder grob fahrlässig nicht kannte. Hierfür trifft den Arbeitnehmer die Beweislast.

249 Von den für den Lauf der Verjährung maßgeblichen **anspruchsbegründenden Tatsachen** hat der Gläubiger Kenntnis, wenn er die Pflichtverletzung und die Entstehung des Schadens kennt. Nicht indes kommt es auf die rechtliche Würdigung der Voraussetzungen für den Verjährungsbeginn an. Auch bedarf es nicht der Kenntnis aller Einzelheiten. Vielmehr genügt es, dass der Gläubiger auf Grund der ihm bekannten oder erkennbaren Tatsachen mit einiger Erfolgsaussicht (zumindest eine Feststellungs-)Klage erheben könnte. Neben der Kenntnis schadet auch die grob fahrlässige Unkenntnis, die anzunehmen ist, wenn der Gläubiger in besonders vorwerfbarer Weise seine im Verkehr erforderlichen Sorgfaltspflichten vernachlässigt hat, wobei auch in der Individualität des Handelnden begründete Umstände zu berücksichtigen sind.[744] Ist der Gläubiger geschäftsunfähig oder beschränkt geschäftsfähig, ist auf die Kenntnis bzw. grob fahrlässige Unkenntnis des ges. Vertreters abzustellen.[745] Von der **Person des Schuldners** hat der Gläubiger Kenntnis, wenn ihm Name und Anschrift des Schuldners bekannt sind.[746]

250 Eine Sonderregelung für **Ansprüche, die nicht der regelmäßigen Verjährungsfrist unterliegen**, enthält § 200 BGB. Die Verjährung beginnt mit der Entstehung des Anspruchs, soweit nicht ein anderer Verjährungsbeginn festgelegt ist. Soweit es sich um rechtskräftig festgestellte Ansprüche, Ansprüche aus vollstreckbaren Vergleichen oder Urkunden oder um Ansprüche handelt, die durch die in einem Insolvenzverfahren erfolgte Feststellung vollstreckbar geworden sind, beginnt die durch § 197 BGB festgelegte 30-jährige Verjährungsfrist mit der Rechtskraft der Entscheidung, der Errichtung des vollstreckbaren Titels oder der Feststellung im Insolvenzverfahren, nicht jedoch vor der Entstehung des Anspruchs (§ 201 BGB).

251 Eine **Sonderregelung für das Recht der betrieblichen Altersversorgung** hat der Gesetzgeber durch Art. 5 Ziff. 35 des Schuldrechtsmodernisierungsgesetzes in das BetrAVG eingefügt. Nach dem neuen § 18a BetrAVG verjährt der Anspruch auf Leistungen aus der betrieblichen Altersversorgung in 30 Jahren. Ansprüche auf regelmäßig wiederkehrende Leistungen unterliegen der regelmäßigen Verjährungsfrist nach den Vorschriften des BGB. Mit Letzterem wird klargestellt, dass sich die 30-jährige Verjährungsfrist nur auf das Stammrecht beschränkt.[747]

252 Die Verjährung kann nach Maßgabe der §§ 203 ff. BGB n.F. **gehemmt** werden. Die bisherige Unterbrechung der Verjährung entfällt weitgehend. Eine Ausnahme enthält insofern § 212 BGB, wonach die Verjährung in den Fällen des Anerkenntnisses oder der Vornahme einer Vollstreckungshandlung erneut zu laufen beginnt; sog. **Neubeginn der Verjährung**. Die Verjährung wird nach § 203 BGB gehemmt, solange zwischen den Parteien Verhandlungen über den Anspruch oder die den Anspruch begründenden Umstände schweben (**Hemmung der Verjährung bei Verhandlungen**). Die Hemmung dauert so lange, bis eine Partei die Fortsetzung der Verhandlungen verweigert. Danach tritt frühestens drei Monate nach der Hemmung die Verjährung ein. Den Begriff der Verhandlung hat der

743 Vgl. hierzu auch *Däubler*, NZA 2001, 1330 f.
744 *Heinrichs*, BB 2001, 1418.
745 *Heinrichs*, BB 2001, 1418.
746 BGH v. 16.12.1997, NJW 1998, 988.
747 *Däubler*, NZA 2001, 1331.

Gesetzgeber nicht definiert. Um einer Hemmung von Ansprüchen vorzubeugen, sollte der Gläubiger einer Leistung vom Schuldner geltend gemachte, unbegründete Ansprüche schnell und endgültig ablehnen.[748] Kommt es aber zu Verhandlungen und werden diese abgebrochen, tritt die Verjährung frühestens drei Monate nach dem Ende der Hemmung ein. Alternativ zur zügigen und endgültigen Nichtverhandlungserklärung kann auch überlegt werden, einen zeitlichen Verhandlungsrahmen festzulegen, um einem »Einschlafen« von Verhandlungen und damit einer Hemmung durch Verzögerung vorzubeugen.[749]

Im Übrigen kann eine **Hemmung durch Rechtsverfolgung** etwa in Form der Klageerhebung, der Zustellung eines Mahnbescheides, der Streitverkündung, der Zustellung des Antrags auf Durchführung eines selbständigen Beweisverfahrens oder in Form des Antrags auf Arresterlass oder einstweilige Verfügung eintreten (§ 204 BGB). Die hemmende Wirkung beginnt mit Bekanntgabe oder Zustellung des Antrags an den Schuldner. Wenn die Bekanntgabe oder Zustellung demnächst erfolgt, ist die Verjährung aber in der Regel – wie bisher – ab Einreichung des Antrags gehemmt. Das Ende der Hemmung wird in § 204 Abs. 2, 3 BGB geregelt. Neben der Hemmung der Verjährung durch Einleitung der Rechtsverfolgung kommt weiterhin eine **Hemmung durch Ausübung eines Leistungsverweigerungsrechts** (§ 205), **höhere Gewalt** (§ 206), **aus familiären Gründen** (§ 207), **Ablaufhemmung bei nicht voll Geschäftsfähigen** sowie in **Nachlasssachen** (§ 211) in Betracht. 253

Übergangsweise legt § 6 EGBGB fest, dass das **neue Verjährungsrecht auf alle am 01.01.2002 bestehenden und noch nicht verjährten Ansprüche** Anwendung findet. Der Beginn, die Hemmung, die Ablaufhemmung und der Neubeginn der Verjährung bestimmen sich jedoch nach der für den Zeitraum vor dem 01.01.2002 geltenden Fassung des BGB. Sofern die Verjährungsfrist nach neuem Recht länger ist als nach dem bisherigen, verbleibt es zum Schutz des Schuldners bei der kürzeren Frist (§ 6 Abs. 3 EGBGB). Ist die neue Verjährungsfrist jedoch kürzer als die nach altem Recht, so wird die kürzere Frist beginnend mit dem 01.01.2002 an berechnet (§ 6 Abs. 4 EGBGB). Verkürzt kann daher gesagt werden, dass sich der Gesetzgeber für den Fall konkurrierender Verjährungsregelungen zugunsten der jeweils kürzeren Frist entschieden hat. 254

dd) Abtretung des Vergütungsanspruchs

Wie jeder andere schuldrechtliche Anspruch auch ist der pfändbare Teil des Arbeitseinkommens grundsätzlich nach § 398 BGB abtretbar. Die Abtretung von Ansprüchen aus dem Vertragsverhältnis kann nach § 399 BGB mit Folgewirkungen für die Bestellung eines Pfandrechts an diesen Teilen des Arbeitseinkommens (vgl. § 1274 Abs. 2 BGB) ausgeschlossen werden.[750] Dabei kann man sich eines individual- wie kollektivrechtlichen Gestaltungsmittels bedienen;[751] ein stillschweigender Ausschluss der Abtretbarkeit kann indes regelmäßig nicht unterstellt werden.[752] Bei der Formulierung eines **Abtretungsverbots** ist darauf zu achten, dass dieses nicht lediglich im Innenverhältnis verpflichtet, sondern auch dingliche Wirkung entfaltet.[753] Über ein vertraglich vereinbartes Abtretungsverbot hinaus kann die Abtretung nach § 400 BGB ausgeschlossen sein, soweit es sich um einen unpfändbaren Entgeltbestandteil handelt. Für den **Insolvenzfall** bestimmt § 287 Abs. 3 InsO darüber hinaus die Unwirksamkeit von Vereinbarungen, die eine Abtretung von Forderungen des Schuldners auf Bezüge aus einem Dienstverhältnis oder an deren Stelle tretenden laufenden Bezüge ausschließen und damit eine Abtretung vereiteln und beeinträchtigen würden.[754] 255

Ist die Abtretung gesetzlich oder mit einer vertraglichen Formulierung im vorerwähnten Sinne ausgeschlossen, wirkt dies gegenüber jedermann; eine gegen das Verbot erfolgte Abtretung ist 256

748 Vgl. insofern auch die BGH-Rspr. zu § 852 BGB a.F.: BGH, Urt. v. 10.05.1983, NJW 1983, 2075; v. 28.11.1984, BGHZ 93, 64.
749 *Ayad*, DB 2001, 2698.
750 Zu individualrechtlich vereinbarten Abtretungsverboten vgl. auch *Hümmerich*, AnwaltFormulare Arbeitsrecht, Rn 259 ff.
751 Vgl. zur Betriebsvereinbarung BAG, Urt. v. 05.06.1960, AP Nr. 4 zu § 399 BGB.
752 BGH, Urt. v. 20.12.1956, AP Nr. 1 zu § 398 BGB.
753 Zu Beispielen für solche Klauseln vgl. *Hümmerich*, AnwaltFormulare Arbeitsrecht, § 1 Kap. 1 Rn 268.
754 Vgl. hierzu auch *Scholz*, DB 1996, 767.

damit unwirksam. Wiederholt erfolgte Abtretungen können neben Schadensersatzansprüchen im Einzelfall auch eine Kündigung rechtfertigen, wenn zahlreiche Lohnpfändungen oder -abtretungen einen derartigen Arbeitsaufwand des Arbeitgebers verursachen, dass dies – nach objektiver Beurteilung – zu wesentlichen Störungen im Arbeitsablauf (etwa in der Lohnbuchhaltung oder in der Rechtsabteilung) oder in der betrieblichen Organisation führt; aber auch dann bedarf es im Einzelfall einer umfassenden Abwägung der Interessen beider Arbeitsvertragsparteien.[755]

ee) Aufrechnung

257 Eine Aufrechnung mit Entgeltansprüchen des Arbeitnehmers ist nur zulässig, soweit es sich um unpfändbare Ansprüche handelt (§ 394 BGB). Sie kann aufgrund § 309 Nr. 3 BGB nur bedingt ausgeschlossen werden. Da ein Gegenseitigkeitsverhältnis bei den aufzurechnenden Forderungen bestehen muss, kann sich die Aufrechnung nur auf den Nettobetrag erstrecken; die Verpflichtung zur Abführung von Steuern und Sozialversicherungsbeiträgen bleibt demnach von der Aufrechnung unberührt. Davon abweichend geht die Rechtsprechung allerdings davon aus, dass eine Aufrechnung gegenüber unpfändbaren Ansprüchen zulässig sein kann, wenn der Arbeitnehmer den Arbeitgeber im Rahmen des Arbeitsverhältnisses vorsätzlich oder sittenwidrig geschädigt hat.[756]

ff) Pfändbarkeit des Vergütungsanspruchs

258 Mit der **Pfändung** wird es Dritten, die einen titulierten Anspruch gegenüber dem Arbeitnehmer besitzen, ermöglicht, auf das Arbeitseinkommen zuzugreifen. Im Pfändungsverfahren ist der Arbeitgeber dem die Pfändung betreibenden Gläubiger gegenüber Drittschuldner. Jener muss zum Betreiben der Pfändung entweder im Besitz eines vollstreckungsfähigen Endurteils i.S.d. § 704 Abs. 1 ZPO oder eines anderweitigen Vollstreckungstitels i.S.d. § 794 ZPO sein, der mit einer Vollstreckungsklausel versehen und dem Arbeitnehmer als Schuldner zugestellt worden ist (§ 750 ZPO). Zuständig für den Antrag des Gläubigers auf Erlass eines Pfändungs- und Überweisungsbeschlusses ist das Amtsgericht als Vollstreckungsgericht, in dem der Arbeitnehmer seinen Wohnort hat (§ 828 Abs. 2, § 13 ZPO). Neben der die Pfändung veranlassenden Forderung muss der Pfändungs- und Überweisungsbeschluss das Pfändungsziel bezeichnen.[757] Insofern genügt es, die Pfändung auf Zahlung aller jetzigen und künftigen Bezüge aus dem (begründeten und nicht beendeten) Arbeitsverhältnis zu richten. Zu diesen gehören Abfindungen nach §§ 1 Abs. 1a, 9, 10 KSchG[758] ebenso wie bei Beendigung des Arbeitsverhältnisses als Abgeltung gezahltes Urlaubsentgelt.[759]

259 Nach Zustellung des **Pfändungs- und Überweisungsbeschlusses** kann sich der Arbeitgeber im Drittschuldnerprozess nicht auf die Fehlerhaftigkeit, wohl aber auf die Nichtigkeit des Pfändungs- und Überweisungsbeschlusses etwa wegen sittenwidriger Erlangung des Vollstreckungstitels berufen.[760] Gegen die gepfändete Forderung kann der Arbeitgeber die Einwendungen vorbringen, die ihm auch gegen den Anspruch des Arbeitnehmers zugestanden hätten. Im Übrigen steht beiden Arbeitsvertragsparteien – wie sonst auch im Pfändungsverfahren – das Rechtsmittel der Erinnerung (§ 766 ZPO) zur Verfügung, mit dem Rechtsmängel des Pfändungs- und Überweisungsbeschlusses geltend gemacht werden können.

260 Der Arbeitgeber hat nach Zustellung des Pfändungs- und Überweisungsbeschlusses auf das entsprechende Verlangen des Gläubigers binnen zwei Wochen zu erklären, ob und in welchem Umfang er die Forderung anerkennt und erfüllen will und ob andere Gläubiger Anspruch auf die Forderung erheben bzw. ebenfalls Pfändungen eingeleitet haben. Durch die unterlassene **Drittschuldnererklärung** kann er sich gegenüber dem Gläubiger schadensersatzpflichtig machen.[761] Nicht jedoch ist der

755 BAG, Urt. v. 04.11.1981, AP Nr. 4 zu § 1 KSchG Verhaltensbedingte Kündigung.
756 BAG, Urt. v. 31.03.1960, AP Nr. 5 zu § 394 BGB; BGH, Urt. v. 04.12.1968, AP Nr. 12 zu § 394 BGB.
757 Vgl. insofern auch BAG v. 10.02.1962, AP Nr. 3 zu § 850 ZPO.
758 BAG, Urt. v. 12.09.1979, AP Nr. 10 zu § 850 ZPO.
759 BAG, Beschl. v. 28.08.2001, DB 2002, 327.
760 BAG, Urt. v. 15.02.1989, AP Nr. 9 zu § 829 ZPO.
761 BAG, Urt. v. 16.05.1990, NZA 1991, 27.

Arbeitgeber gegenüber dem Arbeitnehmer aus Gründen arbeitsvertraglicher Fürsorge zur Abführung des gepfändeten Entgelts verpflichtet; der Arbeitnehmer kann somit aus der unterlassenen Abführung keine Ansprüche gegen den Arbeitgeber geltend machen.[762]

Mit Zustellung des Pfändungs- und Überweisungsbeschlusses darf der Arbeitgeber über die Pfändungsfreigrenzen hinausgehende Auszahlungen nicht vornehmen; eine Aufrechnung mit erst nach Zustellung entstehenden oder fällig werdenden Forderungen ist nicht möglich. Der Gläubiger kann seinen Anspruch auf die pfändbaren Vergütungsbestandteile im Wege der **Drittschuldnerklage** durchsetzen. 261

Durch ein **vertragliches Pfändungsverbot** können Pfändungen mit Wirkung gegen einen Dritten nicht rechtswirksam ausgeschlossen werden. Wohl aber ist es möglich, für die Bearbeitung von Pfändungen eine Kostenerstattung vertraglich vorzusehen.[763] Um Risiken im Rahmen einer Rechtskontrolle nach § 309 Nr. 5 BGB vorzubeugen, sollten dabei Festbetragspauschalen in den Vertrag mit aufgenommen werden, über die der Arbeitgeber bei Nachweis höherer tatsächlicher Kosten entsprechend hinausgehen kann.[764] Im Übrigen vermögen aber Lohnpfändungen als Folge von Schulden grundsätzlich keine kündigungsrechtlichen Sanktionen nach sich zu ziehen.[765] Die Grenze wird dort zu ziehen sein, wo es infolge von Lohnpfändungen zu erheblichen Störungen im betrieblichen Arbeitsablauf kommt.[766] In Einzelfällen kann hier auch die besondere Vertrauensstellung des Arbeitnehmers eine Bedeutung erlangen.[767] 262

Mit den **gesetzlichen Pfändungsverboten der §§ 850 ff. ZPO** knüpft das Gesetz zum einen an die Art der Bezüge an, zum anderen an deren Höhe. So sind u.A. Überstundenvergütungen bis zu deren Hälfte, die für die Dauer eines Urlaubs über das Arbeitseinkommen hinaus gewährten Bezüge[768] oder aus Anlass besonderer Betriebsereignisse erfolgte übliche Leistungen, Aufwandsentschädigungen, Gefahren-, Schmutz- und Erschwerniszulagen, Weihnachtsvergütungen bis zum hälftigen Betrag des monatlichen Einkommens, Heirats- und Geburtshilfen unpfändbar (§ 850a ZPO). Im Übrigen ist das Einkommen nach Maßgabe der ZPO-Pfändungstabelle nur begrenzt pfändbar. Soweit danach die gesetzlichen Unterhaltspflichten des Arbeitnehmers zu berücksichtigen sind, kann er sich insofern auf die vom Arbeitnehmer erfolgten Angaben verlassen, soweit er berechtigterweise auf deren Richtigkeit vertrauen durfte. Werden dem Arbeitnehmer anstelle von Entgeltleistungen Sachleistungen gewährt, wirkt sich dies auf die Höhe der Pfändungsfreigrenzen nach Maßgabe des § 850e Nr. 3 ZPO aus.[769] 263

gg) Steuer- und sozialversicherungsrechtliche Behandlung des Arbeitseinkommens

Arbeitsrechtlich geschuldet ist im Zweifel regelmäßig eine **Bruttovergütung**.[770] Die Vergütung unter Übernahme der vom Arbeitnehmer geschuldeten Anteile zur Sozialversicherung sowie der Lohnsteuer bedarf daher stets einer gesonderten Vereinbarung, deren Vorliegen der Arbeitnehmer darzulegen und zu beweisen hat.[771] Die von der Bruttovergütung abzuziehenden Steuern und Sozialversicherungsanteile sind ordnungsgemäß zu berechnen.[772] Ein ganz oder teilweise unterbliebener 264

762 LAG Hamm, Urt. v. 15.06.1988, DB 1988, 1703.

763 Vgl. hierzu mit Beispielen: *Hümmerich*, AnwaltFormulare Arbeitsrecht, § 1 Rn 31.

764 *Hümmerich*, AnwaltFormulare Arbeitsrecht, § 1 Rn 275 ff.; vgl. hierzu auch mit Empfehlungen *Brill*, DB 1976, 2400 ff.

765 Anders aber für Arbeitnehmer in besonderen Vertrauensstellungen BAG, Urt. v. 15.10.1992 – 2 AZR 188/92 (n.v.).

766 BAG, Urt. v. 04.11.1981, DB 1984, 498.

767 BAG, Urt. v. 29.08.1990 – 7 AZR 726/77 (n.v.).

768 Hierzu gehört nicht das Urlaubsentgelt als wiederkehrendes Einkommen; vgl. BAG, Urt. v. 20.06.2000, DB 2327; v. 28.08.2001, DB 2002, 327.

769 Vgl. insofern auch § 107 Abs. 2 Satz 5 GewO, wonach der Wert der vereinbarten Sachbezüge die Höhe des Arbeitsentgelts nicht übersteigen darf.

770 BAG, Urt. v. 24.10.1958, v. 19.12.1963, v. 18.01.1974, AP Nr. 7, 15, 19 zu § 670 BGB, zuletzt bestätigt durch BAG (GS), Beschl. v. 07.03.2001, DB 2001, 2196.

771 BAG, Urt. v. 19.12.1963, v. 18.01.1974, AP Nr. 15, 19 zu § 670 BGB.

772 Vgl. insofern auch zur diesbzgl. bestehenden Fürsorgepflicht des Arbeitgebers Rn 290 ff.

Abzug der Anteile zur Sozialversicherung kann im Rahmen der nächsten drei Entgeltabrechnungen nachgeholt werden; danach ist dies nur möglich, soweit dem Arbeitgeber an dem unterbliebenen Abzug kein Verschulden trifft oder der Beschäftigte seinen nach § 280 Abs. 1 Satz 1, 2 SGB IV bestehenden Meldepflichten vorsätzlich oder grob fahrlässig nicht nachgekommen ist (§ 28g SGB IV). Soweit die abzuführende Lohnsteuer zu niedrig bemessen wurde, erwächst dem im Rahmen des § 42d Abs. 1 EStG gesamtschuldnerisch haftenden Arbeitgeber im Innenverhältnis ein Anspruch auf Freistellung, der sich mit der Nachentrichtung der Steuer in einen Erstattungsanspruch wandelt.[773] Gegen diesen kann der Arbeitnehmer aufrechnen, soweit er nachweisen kann, dass ihm infolge der schuldhaft unterbliebenen Abführung von Steuern ein Schaden entstanden ist, etwa weil er im Vertrauen auf die Richtigkeit der Steuerberechnung Aufwendungen getätigt hat, die er ansonsten nicht vorgenommen hätte.[774]

265 Das **Sozialversicherungsrecht** fasst in § 14 SGB IV unter dem Begriff des Arbeitsentgelts alle laufenden oder einmaligen Einnahmen aus einer Beschäftigung unabhängig davon zusammen, ob ein Rechtsanspruch auf sie besteht, unter welcher Bezeichnung oder in welcher Form sie geleistet werden (Entstehungsprinzip[775]). Sie können unmittelbar erzielt werden. Auch genügt es allerdings, dass sie lediglich im Zusammenhang mit der Beschäftigung dem Beschäftigten erwachsen, wie es bspw. bei der Entgegennahme von Trinkgeldern oder der für einen Verbesserungsvorschlag gezahlten Prämie der Fall ist. Entscheidend ist insofern, dass die Leistung ohne das Beschäftigungsverhältnis nicht gewährt worden wäre.[776]

266 Von dem dem Arbeitnehmer zustehenden Entgelt sind nach jeweils für den einzelnen Sozialversicherungszweig einschlägigen Bestimmungen[777] die Beiträge zur Sozialversicherung abzuziehen. Der Arbeitnehmer ist damit Schuldner seines Anteils zur Sozialversicherung, wenngleich der Arbeitgeber für ihn nach § 28e Abs. 1 SGB IV die Abführung der Gesamtsozialversicherungsbeiträge vornimmt.[778]

267 Das **Einkommenssteuerrecht** rechnet zu den Einkünften aus nichtselbständiger Arbeit die laufend oder einmalig gezahlten Bezüge unabhängig davon, ob auf diese ein Rechtsanspruch besteht (§ 19 Abs. 1 Satz 2 EStG). Zu den Einkünften werden auch **Sachbezüge** gezählt, die nach § 8 Abs. 2 Satz 1 EStG entsprechend den amtlichen Sachbezugswerten nach der Sachbezugsverordnung zu bewerten sind. Ebenfalls kommt es für die Beurteilung der Steuer- und Beitragspflicht grundsätzlich nicht darauf an, ob die Leistung laufend oder einmalig ausgezahlt wird.

268 Ob die Vergütung durch den Arbeitgeber erfolgt oder wie im Fall des Trinkgeldes von einem Dritten stammt, ist unerheblich (§ 38 Satz 2 EStG). Im Unterschied zum sozialversicherungsrechtlich bestehenden Entstehungsprinzip kommt es im Steuerrecht auf den Zufluss der Leistungen an (sog. **Zuflussprinzip**). Dabei gelten auch solche Leistungen als zugeflossen, die der Arbeitgeber aufgrund eines Aufrechnungsanspruchs (z.B. Aufrechnung mit einer zustehenden Rate eines Darlehens) vom Entgelt zurückbehält. Die konkrete Steuerschuld ergibt sich aus dem Saldo des Zuflusses abzüglich abgeflossener Aufwendungen (§ 11 EStG). Das Einkommenssteuerrecht baut damit auf dem Nettoprinzip auf: Der Bemessung der Einkommenssteuer unterliegt das nach dem Abfluss tatsächlich zu Verfügung stehende Einkommen.

269 **Schuldner der Steuer** ist nach § 38 Abs. 2 Satz 1 EStG grundsätzlich der Arbeitnehmer.[779] Soweit die Lohnsteuer aber nach §§ 40 ff. EStG der Pauschalbesteuerung unterliegt, ist der Arbeitgeber gegenüber der Finanzverwaltung Steuerschuldner (§ 40 Abs. 3 EStG). Die dadurch entstehende

773 BAG, Urt. v. 19.01.1979, AP Nr. 21 zu § 670 BGB.

774 Tarifliche Ausschlussfristen beginnen hier mit Erlass des Haftungsbescheides und der Abführung der Steuern; vgl. BAG, Urt. v. 20.03.1984, AP Nr. 22 zu § 670 BGB.

775 Vgl. hierzu § 3 Rn 3956.

776 BSG, Urt. v. 26.03.1998, BB 1998, 2426.

777 § 249 Abs. 1 SGB V; § 168 Abs. 1 SGB VI; § 346 Abs. 1 SGB III.

778 BAG, Urt. v. 11.08.1998, NZA 1999, 85.

779 Vgl. insofern auch BAG (GS), Beschl. v. 07.03.2001, DB 2001, 2196.

Belastung kann er jedoch, soweit anderweitige Regelungen dem nicht entgegenstehen, auf den Arbeitnehmer im Innenverhältnis abwälzen. Die Abwälzung der Steuerbelastung im Innenverhältnis berührt die Bemessungsgrundlage der Pauschalsteuer nicht (§ 40 Abs. 3 Satz 4 EStG).

Unbeschadet des Umstandes, dass grundsätzlich der Arbeitnehmer als Schuldner der Steuer anzusehen ist, ist der Arbeitgeber gegenüber der Finanzverwaltung **haftungspflichtig** (§ 42d EStG). Er haftet in diesem Rahmen mit dem Arbeitnehmer als Gesamtschuldner (§ 42d Abs. 3 EStG). 270

Der Einkommenssteuerpflicht unterliegen nicht alle Entgeltbestandteile in gleicher Weise. So enthalten §§ 3, 3 b EStG einen Katalog steuerfreier Einnahmen.[780] Ist ein Tatbestand steuerbefreiter Einnahmen einschlägig, dürfen mit der Einnahme im unmittelbaren wirtschaftlichen Zusammenhang stehende Ausgaben nicht als Betriebsausgaben oder Werbungskosten abgezogen werden (§ 3c EStG). 271

Aus Anlass der vorzeitigen Beendigung des Arbeitsverhältnisses gezahlte **Abfindungen** einschließlich der nach § 1a KSchG gewährten sind im Rahmen der Höchstbeträge des § 3 Nr. 9 EStG steuerfrei. Von einer Abfindung ist dann zu sprechen, wenn mit ihr nicht Ansprüche abgegolten werden sollen, die während des Laufs des Arbeitsverhältnisses entstanden sind. Wird somit eine als Abfindung deklarierte Leistung anstelle eines Entgelts bis zum Auslaufen des Arbeitsverhältnisses gezahlt, ist sie wie dieses zu behandeln; insofern entscheidend ist es, ob die Leistung dem versicherungspflichtigen Beschäftigungszeitraum zuzuordnen ist.[781] Dagegen sind Leistungen steuer- und sozialabgabenfrei zu behandeln, die in Fällen gewährt werden, in denen das Arbeitsverhältnis vor seinem vertraglichen Ablauf oder vor Ablauf der maßgeblichen Kündigungsfrist arbeitsrechtlich wirksam aufgelöst wird. Erfasst werden dabei auch Leistungen zur Abgeltung von Ansprüchen, die nach dem maßgeblichen Auflösungszeitpunkt entstanden wären. Im Rahmen eines Altersteilzeitverhältnisses zum Ausgleich etwaiger Rentenminderungen gezahlte Abfindungen[782] unterliegen ebenfalls nicht der Beitragspflicht zur Sozialversicherung.[783] 272

Auch **Aufwendungsersatzleistungen** unterliegen nicht der Steuerpflicht. So sind Leistungen steuerfrei, die zur Erstattung von Reise- oder Umzugskosten gezahlt werden (§ 3 Nr. 16 EStG). Im Übrigen sind Aufwandsentschädigungen nur im Rahmen der den öffentlichen Dienst betreffenden Regelung des § 3 Nr. 12 EStG steuer- und beitragsbefreit. 273

Beiträge des Arbeitgebers zur Sozialversicherung sind steuer- und abgabenbefreit (vgl. auch § 3 Nr. 62 EStG). Dergleichen gilt für Arbeitgeberzuschüsse zu Aufwendungen eines von der gesetzlichen Rentenversicherungspflicht befreiten Arbeitnehmers für eine Lebensversicherung, die freiwillige Versicherung in einer gesetzlichen Rentenversicherung oder öffentlich-rechtlichen Versorgungseinrichtung. 274

Im Rahmen einer **arbeitnehmerfinanzierten betrieblichen Altersversorgung durch Entgeltumwandlung** unterliegen die Beiträge zur Direktversicherung im Rahmen des § 40b EStG nicht der individuellen Besteuerung, sondern werden pauschal steuerlich mit einem Satz von 20 % versehen. Diese Beträge unterliegen – jedenfalls für einen Übergangszeitraum bis Ende 2008 – nicht der Sozialversicherungspflicht. Danach sind die Beiträge und Zuwendungen für die arbeitnehmerfinanzierte Altersversorgung dem beitragspflichtigen Arbeitsentgelt zuzurechnen (§ 2 Abs. 1 Satz 1 ArEV in der ab 01.01.2009 geltenden Fassung). 275

Die Steuerbegünstigung für Zuschläge, die für **Sonn-, Feiertags- oder Nachtarbeit** neben dem Grundlohn, wie er in § 3b Abs. 2 EStG definiert ist, geleistet werden, tritt nur im Fall der tatsächlichen Arbeitsleistung ein. Um die Steuerfreiheit zu erhalten, sollte darauf geachtet werden, 276

780 Vgl. hierzu auch *Benner/Bals*, BB Beil. 1/2002, 1 ff.

781 BSG, Urt. v. 21.12.1990, BB 1990, 1704; vgl. ferner BAG, Urt. v. 09.11.1988, AP Nr. 6 zu § 10 KSchG.

782 Eine solche Abfindungsregelung enthält bspw. § 11 TV zur Förderung der Altersteilzeit in der chem. Industrie i.d.F. v. 22.03.2000.

783 BSG, Urt. v. 09.11.1988, BB 1989, 428; v. 21.02.1990, NZA 1990, 751. Die Steuerfreiheit nach § 3 Nr. 9 EStG der nach § 11 TV Altersteilzeit Chemie gezahlten Abfindung (vgl. vorherige Fn) ist durch die Finanzverwaltung ggü. den Tarifvertragsparteien anerkannt.

dass die Zuschläge in der Entgeltabrechnung neben der Grundvergütung ausgewiesen werden. Dies gilt insbesondere auch, soweit für Zeiten der Rufbereitschaft während nach § 3b EStG begünstigten Zeiträumen Zuschläge gewährt werden.[784]

hh) Durchsetzung des Vergütungsanspruchs

277 Der Anspruch auf die geschuldete Vergütung ist mit einer **Leistungsklage** geltend zu machen. Nur in begründeten Ausnahmefällen, nämlich wenn von einer wirtschaftlichen Notlage beim Arbeitnehmer infolge der Nichtleistung auszugehen ist, kann er auch im einstweiligen Verfügungsverfahren weiterverfolgt werden. Mangelt es bei schwankender Vergütung an Vereinbarungen oder anderen festen Anhaltspunkten für die Frage des mutmaßlich erzielten Entgelts, kann ein unbestimmter Leistungsantrag gestellt werden, aus dem sich der bezifferbare und sodann im Rahmen des § 287 Abs. 2 ZPO zu schätzende Leistungsanspruch ermitteln lässt.[785] Verfahrenstechnisch kann es sich insofern anbieten, im Wege einer Stufenklage den Arbeitgeber zunächst zu einer ordnungsgemäßen Abrechnung zu verpflichten,[786] aus dem der Vergütungsanspruch nebst darauf fallenden Verzugszinsen ermittelt werden kann.

278 Der Antrag ist regelmäßig auf die **Bruttovergütung** zu richten und so auch im Rahmen der Zwangsvollstreckung beizutreiben.[787] Dies folgt aus der arbeitsrechtlichen Vergütungspflicht, die auch Leistungen umfasst, die der Arbeitgeber für den Arbeitnehmer als Schuldner an Dritte abführt. Eine Minderung des Zinsanspruchs eines Arbeitnehmers auf den nach Abzug der Steuerlast und der Anteile zur Sozialversicherung ergebenden Nettobetrag kommt somit nicht in Betracht.[788] Das BAG hat insofern klargestellt, dass die gesetzlich zugestandenen Verzugszinsen unabhängig von den steuer- und sozialversicherungsrechtlichen Umständen anfallen und der Gesetzgeber sich insofern bewusst zugunsten einer umfassenden Pauschalierung entschieden haben, um so die Durchsetzung von Verzugsschäden zu vereinfachen. Eine Aufspaltung der geschuldeten Vergütung in einen Nettoanteil und die gesetzlichen Abzüge würde diesem Ziel widersprechen, zumal ein Schadenseintritt beim Arbeitnehmer infolge verspäteter Leistung des Lohnsteueranteils und der Sozialversicherungsanteile zumindest nicht von vornherein ausgeschlossen werden könne.[789] Dem widerspricht nach Auffassung des Gerichts auch das steuerrechtliche Zuflussprinzip nicht, wonach die Steuerpflicht erst als Folge der tatsächlichen Zahlung eintritt.

279 Für die Vertragspraxis ist als Konsequenz dieser Rechtsprechung zu überlegen, unter Berücksichtigung der Grenzen des § 276 Abs. 3 BGB eine **Klausel zum Zwecke der Haftungsbeschränkung** aufzunehmen, wonach im Falle des Verzugs mit der Entgeltzahlung der Arbeitgeber den gesetzlichen Zinssatz aus dem Nettolohn schulde, es sei denn, der Verzug werde von ihm, seinem Erfüllungsgehilfen oder gesetzlichen Vertreter vorsätzlich oder fahrlässig herbeigeführt. Eine solche Klausel dürfte auch nach der behandelten Rechtsprechung des BAG zulässig sein, wird doch hier unter Berufung auf eine frühere Rechtsprechung[790] ausgeführt, dass die nach § 611 BGB vereinbarte Vergütung (lediglich) »mangels abweichender Regelung der Vertragsparteien« eine Bruttovergütung sei.

280 Vergütungsansprüche stellen regelmäßig i.S.d. § 286 Abs. 2 Nr. 1 BGB kalendermäßig bestimmte Leistungen[791] dar, bei deren Nichterfüllung der Arbeitgeber als Schuldner in **Verzug** gerät, ohne

784 Vgl. hierzu auch BFH, Urt. v. 27.08.2002, DB 2002, 2519.

785 So für den Fall, dass der Arbeitnehmer im Falle des Abrufs seiner Arbeitsleistung auch Überstunden geleistet hätte BAG, Urt. v. 18.09.2001, DB 2002, 434 f.

786 Zur ordnungsgemäßen Abrechnung als Nebenpflicht des Arbeitgebers BAG, Urt. v. 14.06.1974, DB 1974, 2210; v. 11.02.1987, BB 1987, 1743; v. 11.10.1990, NZA 1990, 309.

787 BAG, Urt. v. 19.12.1963, v. 18.01.1974, AP Nr. 7, 15, 19 zu § 670 BGB; BAG (GS), Beschl. v. 07.03.2001, DB 2001, 2196.

788 BAG (GS), Beschl. v. 07.03.2001, DB 2001, 2196; vgl. ferner BAG, Beschl. v. 11.08.1998, NZA 1999, 85; a.A.: BAG, Urt. v. 20.04.1983, BB 1985, 1395; v. 13.02.1985, AP Nr. 11 zu § 23 BetrVG.

789 BAG (GS), Beschl. v. 07.03.2001, DB 2001, 2196.

790 BAG, Urt. v. 18.01.1974, AP Nr. 19 zu § 670 BGB.

791 Zur nicht kalendermäßig bestimmten Leistung in einem gerichtlich protokollierten Vergleich vgl. *Emmert/Wiskirchen*, DB 2002, 428 ff.

dass es hierzu einer Mahnung bedarf.[792] Wenngleich das Ergebnis in der Herleitung umstritten ist, so dürfte es jedoch übereinstimmende Auffassung sein, dass der **Verzugszinssatz** fünf Prozentpunkte über dem Basiszinssatz liegt, wie er durch § 247 BGB definiert wird.[793] Während die einen unter Berufung auf die Verbrauchereigenschaft des Arbeitnehmers unmittelbar aus § 288 Abs. 1 herleiten,[794] sprechen sich andere, die Verbraucherstellung des Arbeitnehmers zurückweisende Vertreter für eine richtlinienkonforme Interpretation des § 288 Abs. 2 BGB aus.[795] Vor dem Hintergrund des § 288 Abs. 2 BGB, mit dem die EU-Richtlinie über die Bekämpfung des Zahlungsverzugs im Geschäftsverkehr[796] umgesetzt werden sollte, und der sich darauf berufenden Gesetzesbegründung[797] erscheint unbeschadet des insofern irreführenden Gesetzeswortlauts eine richtlinienkonforme Auslegung als geboten.

ii) Berechnung und Auszahlung des Arbeitsentgelts

Das Arbeitsentgelt ist in Euro zu berechnen. Trotz der mit einer zwingenden Anordnung ausgestalteten Regelung des § 107 Abs. 1 GewO wird teilweise davon ausgegangen, dass es sich hierbei um dispositives Recht handelt, das durch Vereinbarung abgedungen werden kann, wie es sich im Rahmen von Beschäftigungsverhältnissen mit Auslandsbezug anbieten könnte.[798] Die Abgeltung durch Sachbezüge ist nur möglich, soweit dies vereinbart ist. Unbeschadet des in § 107 Abs. 2 Satz 2 GewO enthaltenen Kreditierungsverbots ist es dem Arbeitgeber möglich, dass er seinem Arbeitnehmer Waren in Anrechnung auf das Arbeitsentgelt überlässt.[799] Die Anrechnung darf dann (höchstens) zu den durchschnittlichen Selbstkosten erfolgen (§ 107 Abs. 2 Satz 3 GewO).[800] Werden dem Arbeitnehmer Waren in Anrechnung überlassen, müssen diese mittlerer Art und Güte sein (§ 107 Abs. 2 Satz 4 GewO). Stets ist im Falle der Gewährung von Sachbezügen sowie der Warenüberlassung gegen Anrechnung zu beachten, dass dem Arbeitnehmer das Arbeitsentgelt mindestens in Höhe des Pfändungsfreibetrages in Geld zu belassen ist (§ 107 Abs. 2 Satz 5 GewO). 280a

Dem Arbeitnehmer ist bei Zahlung des Arbeitsentgelts gem. § 108 GewO eine Abrechnung in Textform zu erteilen. Sie muss mindestens Angaben über den Abrechnungszeitraum und die Zusammensetzung des Arbeitsentgelts enthalten. Hinsichtlich der Zusammensetzung sind insbesondere Angaben über die Art und Höhe von Zuschlägen, Zulagen uns sonstigen Vergütungen, Art und Höhe der Abzüge, Abschlagszahlungen sowie Vorschüsse zu machen. Die Abrechnungsverpflichtung entfällt, wenn sich die Angaben gegenüber der letzten ordnungsgemäßen Abrechnung nicht geändert haben. 280b

792 *Lindemann*, AuR 2002, 84.

793 *Bauer/Kock*, NZA 2002, 46; *Däubler*, NZA 2001, 1334; *Hönn*, ZfA 2003, 347; *Hümmerich/Holthausen*, NZA 2002, 178; *Joussen*, NZA 2001, 749; *Löwisch*, NZA 2001, 466; *Pick*, ZIP 2001, 1181; *Richardi*, NZA Beil. 16/2003, 17; *Singer*, RdA 2003, 196; zweifelnd indes *Boemke*, BB 2002, 97.

794 So ArbG Hamburg, Urt. v. 01.08.2002, EzA-SD 26/2002, 10; *Däubler*, NZA 2001, 1334, *Hümmerich/Holthausen*, NZA 2002, 178.

795 Vgl. u.a.: *Annuß*, BB 2002, 458 ff.; *Bauer/Kock*, DB 2002, 42 ff.; *Bauer*, NZA 2002, 169 ff.; *Joussen*, NZA 2001, 745 ff.; *Krebs*, DB 2002, 520; *Lingemann*, 2002, 181 ff.; *Natzel*, NZA 2002, 597; *Richardi*, NZA 2002, 1009; *Singer*, RdA 2003, 196.

796 Richtl. 2000/35/EG v. 29.06.2000, ABl EG Nr. L 200, 35.

797 Vgl. BT-Drucks 14/6040, 148 f.

798 I. d. S. etwa *Wisskirchen*, DB 2002, 1886 ff.; a.A.: *Bauer/Opolony*, BB 2002, 1592.

799 Vgl. hierzu *Schöne*, NZA 2002, 831, der für den Fall einer Anrechnung von einer Leistung an Erfüllung Statt (§ 364 Abs. 1 BGB) ausgeht.

800 *Bauer/Opolony*, BB 2002, 1592 f.

jj) Rückforderung bei Gehaltsüberzahlung

281 Hat der Arbeitnehmer eine Vergütung bekommen, ohne diese beanspruchen zu können, ist nunmehr wie folgt zu differenzieren: Beruht die Überzahlung darauf, dass ein Fall der Unmöglichkeit eingetreten ist, findet **Rücktrittsrecht** Anwendung (§ 326 Abs. 4 BGB). Bestand aber von vornherein keine Leistungspflicht, etwa weil der Arbeitsvertrag angefochten oder zwischenzeitlich unvorhergesehen gekündigt wurde, findet **Bereicherungsrecht** Anwendung.[801] Der Arbeitnehmer kann sich gegenüber dem geltend gemachten Rückzahlungsanspruch, der auch abgeführte Steuern und Sozialversicherungsbeiträge umfasst,[802] unter Berufung auf den Wegfall der Bereicherung erwehren, wenn er das überzahlte Entgelt restlos für seine laufenden Lebensbedürfnisse verbraucht hat. Hat er sich jedoch andere noch in seinem Vermögen vorhandene Werte oder Vorteile verschafft, kommt eine Berufung auf den Wegfall der Bereicherung nicht in Betracht. Auch eine infolge Tilgung eigener Schulden mittels des rechtsgrundlos erlangten Geldes eingetretene Befreiung von der Verbindlichkeit zählt zu weiterhin vorhandenen Vermögensvorteilen, die einem Wegfall der Bereicherung grds. entgegenstehen.[803] Um aber dem Einwand der Entreicherung vorzubeugen, empfiehlt *Preis*,[804] diesen sowohl für den Fall der Kenntnis sowie der grob fahrlässigen Unkenntnis vom Fehlen des rechtlichen Grundes auszuschließen.

282 Den Wegfall der Bereicherung hat der Bereicherte zu beweisen. Für die Entgeltüberzahlung hat die Rechtsprechung Erleichterungen geschaffen. Bei kleineren und mittleren Einkommen und einer gleich bleibend geringen Überzahlung besteht die Möglichkeit des Beweises ersten Anscheines für den Wegfall der Bereicherung.[805] Diese Beweiserleichterung kommt für den Arbeitnehmer aber nur in Betracht, wenn erfahrungsgemäß und typischerweise anzunehmen ist, dass die Zuvielzahlung für den laufenden Lebensunterhalt verbracht wurde; es muss sich daher um eine Überzahlung in relativ geringer Höhe handeln. Der Beweis des ersten Anscheins für den Wegfall der durch die Entgeltüberzahlung eingetretenen Bereicherung kann jedoch im Fall einer mehrere Monate betreffenden einmaligen Überzahlung, die das richtige Entgelt über ein Vielfaches übersteigt, regelmäßig nicht angenommen werden.[806]

b) Beschäftigungspflicht

283 Mit dem Anspruch auf die Vergütung korrespondiert nach inzwischen gefestigter Rechtsmeinung auch das Recht des Arbeitnehmers, zu den vereinbarten Bedingungen beschäftigt zu werden.[807] So hatte das BAG bereits frühzeitig dem Arbeitnehmer unter Berufung auf den durch Art. 1 und 2 GG verfassungsrechtlich garantierten Persönlichkeitsschutz einen solchen **Beschäftigungsanspruch** gegen den Arbeitgeber zuerkannt, da das Arbeitsverhältnis nicht lediglich unter dem erwerbsmäßigen Gesichtspunkt betrachtet werden könne und es insofern auch der Entfaltung des Arbeitnehmers in persönlicher wie fachlicher Hinsicht dient.[808] Diesen Anspruch auf Beschäftigung hat der Große Senat des BAG späterhin in seiner Rechtsprechung zum allgemeinen Weiterbeschäftigungsanspruch bestätigt.[809] Er kann im bestehenden Arbeitsverhältnis durch ein jederzeitiges Freistellungsrecht

801 Zur Kritik hieran vgl. *Löwisch*, NZA 2001, 467; zur Frage, ob im Rahmen von Entgeltrückzahlungsklauseln der Entreicherungseinwand ausgeschlossen werden kann vgl. *Hümmerich*, NZA 2003, 764.
802 BAG, Urt. v. 15.03.2000, DB 2000, 1621.
803 BGH, Urt. v. 17.06.1992, BGHZ 118, 383 ff.
804 *Preis*, Der Arbeitsvertrag, A 80 Rn 17.
805 BAG, Urt. v. 18.01.1995, BAGE 79, 115.
806 BAG, Urt. v. 23.05.2001, DB 2001, 2251.
807 Besonders ausgeformte Beschäftigungspflichten enthält für Schwerbehinderte § 81 SGB IX sowie für Auszubildende § 6 BBiG.
808 BAG, Urt. v. 10.11.1955, v. 13.09.1967, v. 19.08.1976, AP Nr. 2, 3, 4 zu § 611 BGB Beschäftigungspflicht.
809 BAG (GS), Beschl. v. 27.02.1985, AP Nr. 14 zu § 611 BGB Beschäftigungspflicht. Dieses Ergebnis wurde späterhin auch auf Fälle des Streits um die Wirksamkeit einer Befristung oder einer auflösenden Bedingung übertragen (vgl. BAG, Urt. v. 13.06.1985, NZA 1986, 562; a.A.: LAG Köln, Urt. v. 26.09.1986, NZA 1987, 158).

nur bei Vorliegen überwiegender schützenswerter Interessen des Arbeitgebers abbedungen werden.[810] Diesbezüglich getroffene **Freistellungsklauseln** unterliegen der Inhaltskontrolle.[811] Sie beinhalten jedoch keine unangemessene Benachteiligung des Arbeitnehmers, sofern sie für den Fall einer Kündigung bis zum Ablauf der Kündigungsfrist eine Freistellung vorsehen; dann besteht für den Arbeitnehmer kein Beschäftigungsanspruch während der Kündigungsfrist.[812] Der Arbeitgeber kann hier eine Freistellung auch unter Anrechnung auf den Urlaub einseitig bestimmen.[813] Hier wird regelmäßig von einem überwiegenden Interesse des Arbeitgebers ausgegangen werden können, da dieser dem Arbeitnehmer nicht im Wege seiner Beschäftigung die Möglichkeit der Teilhabe am Betriebsgeschehen einschließlich des dort vorhandenen Informationsflusses zu verschaffen braucht. Dies gilt umso mehr, als es sich um Arbeitnehmer in Leitungsfunktionen handelt. Hier kann im Einzelfall eine Freistellungsklausel auch für das ungekündigte Arbeitsverhältnis zulässig sein, soweit es sich um Personen in besonderen Vertrauenspositionen handelt. Ist der Arbeitgeber zur Freistellung berechtigt, besteht grundsätzlich der **Anspruch auf Vergütung** fort.[814] Etwas anderes kann nur gelten, sofern die Freistellung auf einem besonders schwerwiegenden Fehlverhalten des Arbeitnehmers beruht, das einen wichtigen Grund i.S.d. § 626 BGB abzugeben in der Lage wäre. Kommt es zur Fortzahlung der Vergütung, kann ein anderweitig erzielter Verdienst vorbehaltlich einer anderweitigen vertraglichen Regelung nicht angerechnet werden.[815]

Aufgrund des allgemeinen Beschäftigungsanspruchs hat der Arbeitgeber sämtliche **Mitwirkungshandlungen** vorzunehmen, die für die Erbringung der geschuldeten Arbeitsleistung erforderlich sind. Er hat somit die erforderlichen sächlichen wie personellen Mittel so, wie es zur ordnungsgemäßen Durchführung der Arbeit erforderlich ist, zur Verfügung zu stellen und, soweit sich die konkrete Arbeitspflicht nicht bereits aus dem Arbeitsvertrag sowie den allgemeinen Umständen ergibt, die für die Arbeitsverrichtung notwendigen Weisungen zu erteilen. Dies gilt insbesondere auch für den Fall einer von ihm ausgesprochenen Kündigung, sofern der Arbeitsvertrag keine Freistellungsklausel im vorerwähnten Sinne enthält. Der Arbeitgeber hat somit auch nach Ausspruch der (sich im Nachhinein als unwirksam erweisenden) Kündigung dem Arbeitnehmer jederzeit die Leistungserbringung zu ermöglichen und hierzu dessen Arbeitseinsatz fortlaufend zu planen und durch Weisungen hinsichtlich Ort und Zeit der Arbeitsleistung näher zu konkretisieren.[816] Er hat ferner dem Arbeitnehmer die Möglichkeit zu gewähren, sich in Schichtpläne einzutragen. Verzichtet er jedoch auf diese für die Erbringung der Arbeitsleistung notwendigen Mitwirkungshandlungen, läuft der Arbeitgeber Gefahr, zu Zahlungen trotz unterbliebener Arbeitsleistung verpflichtet zu sein, wenn sich im Nachhinein die Unwirksamkeit der Kündigung herausstellt.[817] 284

Zur rechtsdogmatischen Einordnung des Anspruchs auf Beschäftigung hat das BAG[818] ausgeführt, dass die **Rechtsgrundlage des Beschäftigungsanspruchs** der Arbeitsvertrag bilde, der den Arbeitnehmer gem. § 613 BGB zur persönlichen Dienstleistung für den Arbeitgeber verpflichte. Der 285

810 BAG, Urt. v. 10.11.1955, AP Nr. 2 zu § 611 BGB Beschäftigungspflicht; vgl. ferner BAG, Urt. v. 21.09.1993, NZA 1994, 267.

811 Zu weitgehend indes *Fischer*, NZA 2004, 233 ff., der die formularmäßig bereits im Arbeitsvertrag vorgesehene Freistellungsregelung für den Fall der Kündigung bis zum Ablauf der Kündigungsfrist unter Berufung auf § 307 Abs. 2 BGB für unzulässig hält.

812 ArbG Köln, Urt. v. 09.05.1996, NZA-RR 1997, 186; ArbG Düsseldorf, Urt. v. 03.06.1993, NZA 1994, 559.

813 Die Anrechnung auf den Urlaub muss allerdings deutlich zum Ausdruck gebracht werden; vgl. BAG, Urt. v. 09.06.1998, NZA 1999, 80.

814 BAG, Urt. v. 04.06.1964, BB 1964, 1045.

815 BAG, Urt. v. 19.03.2002, BB 2002, 1703.

816 BAG, Urt. v. 19.01.1999, AP Nr. 79 zu § 615 BGB.

817 BAG, Urt. v. 19.08.1984, v. 21.03.1985, v. 19.04.1990, AP Nr. 34, 35, 45 zu § 615 BGB; vgl. i.Ü. zu diesem »Spagat zwischen Festhalten an der Kündigung einerseits und Anerbieten der vorl. Weiterbeschäftigung zur Vermeidung von Verzugslohn« *Spirolke*, NZA 2001, 707 ff.

818 BAG (GS), Beschl. v. 27.02.1985, AP Nr. 14 zu § 611 BGB Beschäftigungspflicht.

Anspruch beruhe unmittelbar auf der sich für den Arbeitgeber aus § 242 BGB unter Berücksichtigung der verfassungsrechtlichen Werteentscheidungen der Art. 1, 2 GG über den Persönlichkeitsschutz ergebenden arbeitsvertraglichen Förderpflicht der Beschäftigungsinteressen des Arbeitnehmers. Die Ableitung des Beschäftigungsanspruchs aus § 242 BGB macht eine Interessenabwägung erforderlich, aufgrund deren die **Grenzen des Beschäftigungsanspruchs** dort zu ziehen sind, wo schutzwerte Interessen des Arbeitgebers überwiegen.[819] Ein solches Überwiegen kann etwa beim Wegfall der Vertrauensgrundlage, bei Auftragsmangel oder bei einem demnächst zur Konkurrenz abwandernden Arbeitnehmer aus Gründen der Wahrung von Betriebsgeheimnissen angenommen werden. Von einem Überwiegen des arbeitgeberseitigen Interesses an einer Nichtbeschäftigung ist indes im Falle der offensichtlichen Unwirksamkeit einer Kündigung, im Falle des Widerspruchs des Betriebsrats zur Kündigung[820] oder entsprechend den Grundsätzen zum Weiterbeschäftigungsanspruch nach Obsiegen des Arbeitnehmers im Kündigungsschutzverfahren erster Instanz auszugehen.

286 Der Beschäftigungsanspruch ist im Wege einer **Leistungsklage** auf tatsächliche Beschäftigung zu verfolgen. Er kann nach § 888 Abs. 1 ZPO vollstreckt werden. Ebenso wie die Arbeitspflicht als eine Fixschuld anzusehen ist,[821] ist der Anspruch auf Beschäftigung durch den Arbeitgeber eine Fixschuld. Der Beschäftigungsanspruch wird regelmäßig durch seine Nichterfüllung unmöglich. Dennoch ist es zweifelhaft, ob dem Arbeitnehmer im **einstweiligen Verfügungsverfahren** auch ein Verfügungsgrund zur Seite steht. Die Durchsetzung des Anspruchs auf Beschäftigung wird daher im Wege einstweiligen Rechtsschutzes nur in begründeten Ausnahmefällen möglich sein, da die begehrte Verpflichtung zur Beschäftigung und deren Durchsetzung für die Zeitdauer ihrer Wirksamkeit zu einer umfassenden Befriedigung des vermeintlichen Anspruchs des Antragstellers führen. Eine solche gesetzwidrige Befriedigung als ultima ratio kann nur beim Vorliegen einer außergewöhnlichen Interessenlage gerechtfertigt sein.[822] Diese können in der Gefahr gesehen werden, dass infolge der Nichterfüllung des Beschäftigungsanspruchs ein Verlust an Fähigkeiten droht, der nur durch die Beschäftigung abgewendet werden kann.

2. Nebenpflichten

287 Aufgrund des höchstpersönlichen Charakters der Arbeitspflicht ist es seit jeher – wenn auch unter verschiedenen rechtsdogmatischen Begründungsansätzen und somit auch unter Verwendung verschiedener Begrifflichkeiten – anerkannt, dass den Arbeitgeber über die Pflicht zur Vergütung der Arbeitsleistung umfangreiche Nebenpflichten treffen. Von diesen Pflichten abzugrenzen sind die unmittelbar im Zusammenhang mit der Hauptleistungspflicht bestehenden Pflichten, etwa die Pflicht zur Leistungsbestimmung »nach billigem Ermessen« (§ 315 BGB), die Pflicht zur Bewirkung von Leistungen nach »Treu und Glauben mit Rücksicht auf die Verkehrssitte« (§ 242 BGB) oder aber auch die im Einzelnen bestimmten gesetzlichen oder tarifvertraglichen Freistellungspflichten gegen oder ohne Entgelt.[823] Die den Arbeitgeber treffenden Nebenpflichten können sich auch auf den vorvertraglichen Bereich erstrecken und bei ihrer Verletzung ggf. Schadensersatzansprüche auslösen (vgl. § 311 i.V.m. § 241 Abs. 2 BGB). So kommt eine Haftung des Arbeitgebers in Betracht, wenn er gegenüber einem Bewerber das Vertrauen erweckt, es werde zu einer Einstellung kommen, und ihn dadurch veranlasst, sein bisheriges Arbeitsverhältnis aufzulösen, ohne dass es dann aber zu einem Vertragsabschluss kommt.

288 Zur Erfüllung seiner nebenvertraglichen Verpflichtungen kann der Arbeitgeber auch **Erfüllungsgehilfen** heranziehen, für deren Handeln er nach § 278 BGB einzustehen hat. Zumeist wird er sich derer bedienen müssen. Dabei hat er zu berücksichtigen, dass diese für die Wahrnehmung der vom

819 BAG (GS), Beschl. v. 27.02.1985, AP Nr. 14 zu § 611 BGB Beschäftigungspflicht.
820 Vgl. § 102 Abs. 5 BetrVG.
821 Vgl. bereits Rn 76.
822 LAG Frankfurt; Urt. v. 23.03.1987, NZA 1988, 37; LAG Hamm, Urt. v. 18.02.1998, NZA-RR 1998, 422; ArbG Köln, Beschl. v. 09.05.1996, NZA-RR 1997, 186.
823 Vgl. insofern auch MünchArbR/*Blomeyer*, § 94 Rn 12 f.

Arbeitgeber wahrzunehmenden Aufgaben geeignet sind. Kann er die ihm obliegenden Aufgaben nicht in eigener Person wahrnehmen, hat er dafür Sorge zu tragen, seine Personalabteilung mit entsprechend ausgestatteten sachkundigem Personal zu besetzen.[824]

Auf die Einhaltung arbeitgeberseitiger Fürsorge- und Schutzpflichten steht dem Arbeitnehmer ein **arbeitsvertraglicher Erfüllungs-** bzw. im Falle der Abwehr schädigender Handlungen ein **Unterlassungsanspruch** zu.[825] Unter Berufung auf ihre Nichteinhaltung kann der Arbeitnehmer unter Umständen auch die Arbeit verweigern.[826] Der Arbeitgeber gerät dann in Annahmeverzug, soweit der Arbeitnehmer ihn im Zusammenhang mit dem Angebot seiner Arbeit zugleich auf die zur Leistungsverweigerung berechtigenden Gründe hinweist.[827] Überdies können dem Arbeitnehmer schadensersatzrechtliche Ansprüche aus Vertrag oder Delikt[828] erwachsen. Dabei hat er die Darlegungs- und Beweislast dafür zu tragen, dass der Arbeitgeber eine arbeitsvertragliche Fürsorge- oder Schutzpflicht verletzt hat, die zu einer Schädigung geführt hat. Der Arbeitgeber hat den Nachweis seiner fehlenden Verantwortung für den Schadenseintritt oder ein etwaiges Mitverschulden des Arbeitnehmers zu erbringen.[829] 289

a) Fürsorgepflicht

Der **Begriff der Fürsorge** kann als Umschreibung eines eigenständigen Prinzips rechtlich nicht eingeordnet werden.[830] Es gibt keinen allgemeinen Rechtsgrundsatz, der nach Sozialschutz durch den Arbeitgeber verlangt. Dennoch ist es anerkannt, dass die Beziehungen zwischen den Arbeitsvertragsparteien, die natürlicherweise eine größere Intensität als etwa die Beziehung zwischen zwei Kaufvertragsparteien aufweisen, nach Lösungen verlangen, die den besonderen Bedürfnissen der arbeitsvertraglichen Beziehung Rechnung tragen. Zum Teil hat der Gesetzgeber dem durch die Normierung besonderer Förderpflichten (so bspw. in § 75 Abs. 2 BetrVG) oder Unterrichtungs-, Erörterungs- sowie Einsichtspflichten (vgl. §§ 81 ff. BetrVG) Rechnung getragen. Auch die in verschiedenen kollektivvertraglichen Regelungen wie der Normierung von Ansprüchen zur wirtschaftlichen Absicherung, die sich nicht unmittelbar in die synallagmatische Austauschbeziehung einordnen lassen, dokumentieren die besondere Verantwortung des Arbeitgebers.[831] Als Korrelat zur Treuepflicht des Arbeitnehmers[832] kann die Fürsorgepflicht wie diese über den Bestand des Arbeitsverhältnisses hinauswirken. Das BAG hat insofern auch seine Rechtsprechung zur Wiedereinstellung eines gekündigten Arbeitnehmers auf die nachwirkende Fürsorgepflicht gestützt.[833] 290

Die Fürsorgepflicht umfasst die **Pflicht, die Rechte und Pflichten aus dem Arbeitsverhältnis so auszuüben, wie dies unter Berücksichtigung der Betriebsbelange, der Interessen der Arbeitnehmer insgesamt sowie des Einzelnen nach Treu und Glauben billigerweise geboten ist**.[834] Mit diesem Gedanken hat die Fürsorgepflicht nunmehr auch eine rechtliche Verankerung im neuen § 241 Abs. 2 BGB gefunden, wonach das Schuldverhältnis seinem Inhalt nach jeden Teil zur Rücksicht auf die Rechte, Rechtsgüter und Interessen des anderen Teils verpflichtet. Zugleich verlangt die hierbei jeweils erforderliche Interessenabwägung aber auch nach einer inhaltsmäßigen Begrenzung 291

824 BAG, Urt. v. 09.09.1966, AP Nr. 76 zu § 611 BGB Fürsorgepflicht.
825 *Kort*, NZA 1996, 855.
826 Zum Zurückbehaltungsrecht vgl. Rn 80 ff.
827 BAG, Urt. v. 07.06.1973, AP Nr. 28 zu § 611 BGB Fürsorgepflicht.
828 Bzgl. eines deliktischen Schadensersatzanspruchs ist darauf zu verweisen, dass nach h.A. § 618 BGB nicht als Schutzgesetz i.S.d. § 823 Abs. 2 BGB herangezogen werden kann; vgl. insofern nur *Kort*, NZA 1996, 855.
829 BAG, Urt. v. 27.02.1970, AP Nr. 16 zu § 618 BGB; vgl. i.Ü. hierzu auch *Kort*, NZA 1996, 854 ff., wonach eine Haftung des Arbeitgebers für Personenschäden des Arbeitnehmers nur bei Verschulden, also nicht verschuldensunabhängig angenommen werden kann.
830 Zur Fürsorgepflicht vgl. auch MünchArbR/*Blomeyer*, § 94 Rn 1 ff.
831 Vgl. insofern auch *Natzel*, Die Betriebszugehörigkeit im ArbR, S. 101 ff.
832 S. hierzu auch *Natzel*, Die Betriebszugehörigkeit im ArbR, S. 104, 132, 226.
833 BAG, Urt. v. 27.02.1997, NZA 1997, 757; v. 04.12.1997, NZA 1998, 701; v. 28.06.2000, NZA 2000, 1097.
834 Vgl. allg. zu Inhalt und Grenzen der arbeitsrechtlichen Fürsorgepflicht *Kort*, NZA 1996, 854 ff.

der Fürsorgepflicht; sie ist dort zu sehen, wo der Arbeitgeber unverhältnismäßige Aufwendungen tätigen müsste, die ihm unter Berücksichtigung der schutzwerten Interessen des Arbeitnehmers betriebstechnisch oder wirtschaftlich nicht zumutbar sind.[835]

292 Der Arbeitgeber hat die **im Zusammenhang mit seiner Hauptleistungspflicht stehenden Handlungen ordnungsgemäß vorzunehmen**. Er hat die Abrechnung einschließlich der Berechnung der Lohnsteuer fehlerfrei durchzuführen.[836] Den Arbeitgeber trifft insoweit eine Gewährleistungspflicht. Er kann sich also nicht etwa darauf berufen, dass ihm eine fehlerhafte Auskunft seitens des Finanzamtes erteilt worden ist.[837]

293 Hat es der Arbeitgeber übernommen, einen Arbeitnehmer zu einer Versorgungskasse anzumelden, hat er dem rechtzeitig nachzukommen.[838] Bescheinigungen gegenüber Sozialversicherungsträgern sind zutreffend auszustellen bzw. ggf. dahin gehend zu korrigieren.[839]

294 Auch kann der Arbeitgeber verpflichtet sein, **über betriebliche Sozialleistungen zu unterrichten.**[840] Dabei dürfen jedoch keine übersteigerten Anforderungen an die Unterrichtungspflichten gestellt werden. So trifft den Arbeitgeber keine generelle Verpflichtung, den Arbeitnehmer auf jegliche Möglichkeiten hinzuweisen, Ansprüche gegen ihn geltend machen zu können; insbesondere ist er nicht verpflichtet, jeden einzelnen Arbeitnehmer darauf hinzuweisen, er könne unter gewissen Voraussetzungen Anträge auf außertarifliche Leistungen stellen.[841]

295 Soweit der Arbeitgeber **sozialversicherungs- oder steuerrechtliche Auskünfte** erteilt, müssen diese zutreffend sein.[842] Dies gilt insbesondere auch für die im Hinblick auf eine einvernehmliche Auflösung des Arbeitsverhältnisses hin erfolgte Auskunft.[843] Die Pflicht zur richtigen Auskunft umfasst auch die Pflicht zur Vollständigkeit. Weist bspw. ein Arbeitgeber des öffentlichen Dienstes im Rahmen einer Versorgungsberatung auf die beitragspflichtigen Lasten einer Nachversicherung hin, ohne jedoch die wesentlichen Rentenvorteile zu erwähnen, kann er deshalb zum Ersatz eines dadurch verursachten Versorgungsschadens verpflichtet sein.[844] Allerdings genügt es, wenn er auf mögliche Nachteile in allgemeiner Form hinweist, so dass dem Arbeitnehmer die Einschätzung etwaiger Risiken möglich ist.[845] Es ist damit etwa bei der Auflösung eines Vertragsverhältnisses hinreichend, dass der Arbeitgeber den Arbeitnehmer darüber aufklärt, dass dieser mit einer Sperrzeit zu rechnen habe, ohne näher über deren Dauer zu informieren.[846]

296 Eine Belehrungspflicht entsteht bei einer **Beendigung des Arbeitsverhältnisses auf Veranlassung des Arbeitnehmers** jedoch nur dann, wenn der Arbeitnehmer wegen besonderer Umstände darauf vertrauen durfte, dass der Arbeitgeber sich um die Altersversorgung kümmern werde.[847] Eine weitere Grenze für Aufklärungspflichten ist zudem darin zu sehen, dass der Arbeitgeber eine von der Verwaltung vertretene Auffassung teilt; er muss somit nicht verschiedene möglichen Folgewirkungen eines Sachverhalts darstellen.[848]

835 *Korte*, NZA 1996, 354.
836 BAG, Urt. v. 27.03.1958, v. 17.03.1960, AP Nr. 9 bis 11, 52 zu § 611 BGB Fürsorgepflicht; v. 14.06.1974, DB 1974, 2210; v. 11.10.1990, NZA 1990, 309.
837 BAG, Urt. v. 11.10.1989, NZA 1990, 309.
838 BAG, Urt. v. 22.07.1959, AP Nr. 38 zu § 611 BGB Fürsorgepflicht.
839 BAG, Urt. v. 02.06.1960, v. 13.05.1970, AP Nr. 56, 79 zu § 611 BGB Fürsorgepflicht.
840 BAG, Urt. v. 09.09.1966, AP Nr. 76 zu § 611 BGB Fürsorgepflicht.
841 BAG, Urt. v. 26.07.1972, AP Nr. 1 zu § 4 MTB II.
842 BAG, Urt. v. 24.05.1974, AP Nr. 5 zu § 242 BGB Ruhegehalt-VBL bzgl. der Anspruchsvoraussetzungen einer Zusatzversorgung.
843 BAG, Urt. v. 13.11.1984, AP Nr. 91 zu § 611 BGB Fürsorgepflicht; v. 18.09.1984, NZA 1985, 712; v. 10.03.1988, DB 1988, 2006.
844 BAG, Urt. v. 18.12.1984, AP Nr. 94 zu § 611 BGB Fürsorgepflicht.
845 Vgl. aber auch BAG, Urt. v. 17.10.2000, AP Nr. 116 zu § 611 BGB Fürsorgepflicht, wonach der allg. Hinweis auf mögliche Versorgungsnachteile und der Verweis auf die Zusatzversorgungskasse nicht genügen soll.
846 BAG, Urt. v. 10.03.1988, AP Nr. 99 zu § 611 BGB Fürsorgepflicht.
847 BAG, Urt. v. 23.05.1989, BB 1990, 211.
848 Vgl. auch BAG, Urt. v. 19.03.1992, DB 1992, 2040.

Die Pflicht zur Fürsorge kann schließlich auch als Verpflichtung verstanden werden, den Arbeitnehmer als Person zu **fördern**. Aus der Förderpflicht folgt, dass der Arbeitgeber den Arbeitnehmer zu Fragen seiner Stellung und beruflichen Entwicklung im Betrieb anzuhören und sie mit diesem zu erörtern hat (vgl. insofern auch §§ 81 f. BetrVG). Nicht jedoch kann der Arbeitnehmer aus der Förderpflicht vorbehaltlich anderweitiger Regelungen Maßnahmen der beruflichen Fortbildung oder auch eine berufliche Beförderung[849] verlangen. 297

b) Schutzpflichten

Eine besondere Ausprägung der Fürsorgepflicht stellen die Schutzpflichten dar, die es dem Arbeitgeber auferlegen, vom Arbeitnehmer Schaden in Zusammenhang mit der Aufgabenwahrnehmung abzuhalten. Diese finden über die allgemeine Regelung des § 241 BGB zur gegenseitigen Rücksichtnahme hinaus zunächst in § 618 BGB ihre rechtliche Grundlage und werden durch weitere Regelungen wie § 62 HGB, §§ 120a ff. GewO, §§ 12 f. HAG sowie die diversen arbeitsschutzrechtlichen Bestimmungen bspw. des MuSchG, JArbSchG, ArbSchG, ArbStättVO etc. ergänzt. Die insoweit erfolgte gesetzgeberischen Konkretisierungen können als weitgehend abgeschlossen angesehen werden, so dass die allgemeine Fürsorgepflicht regelmäßig nicht darüber hinaus reichen dürfte.[850] 298

aa) Allgemeine Schutzpflichten

Der Arbeitgeber hat sich dafür einzusetzen, Schäden an Person oder Sachen des Arbeitnehmers im Zusammenhang mit dessen Tätigkeit zu unterbinden. Dies schließt bspw. mit ein, dass er den Arbeitnehmern die nach den Unfallverhütungsvorschriften notwendige Schutzkleidung zur Verfügung stellt.[851] Die Schutzpflichten legen es dem Arbeitgeber nicht nur auf, selbst ein schädigendes Verhalten zu unterlassen. Sie können es auch gebieten, dass der Arbeitgeber Schädigungen oder mögliche Gefahren durch andere Arbeitnehmer abwendet. So hat das BAG inzwischen aus der durch § 618 BGB normierten Schutzpflicht auch einen Anspruch des Arbeitnehmers auf Zurverfügungstellung eines **tabakrauchfreien Arbeitsplatz** anerkannt, wenn dies aus gesundheitlichen Gründen geboten ist.[852] § 3a ArbStättV konkretisiert dies nunmehr, indem dem Arbeitgeber die Pflicht auferlegt wird, die erforderlichen Maßnahmen zu treffen, damit die nichtrauchenden Beschäftigten in Arbeitsstätten wirksam vor Gesundheitsgefahren durch Tabakrauch geschützt sind.[853] 299

Bezüglich der vom Arbeitnehmer eingebrachten Sachen treffen den Arbeitgeber gewisse **Obhuts- und Verwahrungspflichten**.[854] Er hat für den persönlich notwendigen Bedarf sichere Aufbewahrungsmittel zur Verfügung zu stellen.[855] Seine Obhuts- und Verwahrungspflichten sind allerdings hinsichtlich solcher Sachen des Arbeitnehmers unter Berücksichtigung von Billigkeitsgrundsätzen beschränkt, die rein persönlichen oder lediglich mittelbar arbeitsdienlichen Charakter aufweisen. So kann er zwar zur Bereitstellung von Abstellplätzen für Fahrräder oder Motorräder verpflichtet sein; die Pflicht zur Bereitstellung von Parkraum für PKW ist aber nach den Umständen des Einzelfalls zu beurteilen.[856] Wie bei sonstigen Einrichtungen auch, hat er in Bezug auf den zur Verfügung gestellten 300

849 Vgl. hierzu BAG, Urt. v. 28.03.1973, AP Nr. 2 zu § 319 BGB; v. 20.06.1984, AP Nr. 58 zu § 611 BGB Dienstordnungs-Angestellte. Besonderheiten können allerdings im öffentl. Dienst zu berücksichtigen sein, wo dem Dienstherrn versagt ist, ermessenswidrig einen anderen Beamten zu befördern, was im Falle der fehlerhaften Ermessensausübung im Rahmen der Konkurrentenklage einen Schadensersatzanspruch auszulösen vermag; vgl. insofern BVerwG, Urt. v. 25.08.1988, NJW 1989, 1297.

850 So *Kort*, NZA 1996, 854.

851 BAG, Urt. v. 10.03.1976, v. 18.08.1982, AP Nr. 17, 18 zu § 618 BGB.

852 BAG, Urt. v. 17.02.1998, AP Nr. 26 zu § 618 BGB.

853 Verabschiedet durch Kabinett, Beschl. v. 20.04.2002.

854 BAG, Urt. v. 05.03.1959, v. 01.07.1965, AP Nr. 11, 26 zu § 611 BGB Fürsorgepflicht.

855 BAG, Urt. v. 01.07.1965, AP Nr. 75 zu § 611 BGB Fürsorgepflicht.

856 BAG, Urt. v. 04.02.1960, v. 05.03.1959, AP Nr. 7, 9 zu § 611 BGB Fürsorgepflicht; vgl. hierzu auch *Kreßel*, RdA 1992, 169.

Parkraum die Verkehrssicherungspflichten zu beachten.[857] Die hierzu erlassenen Anordnungen und Regeln sind zu berücksichtigen. Kommt es dennoch zu einer Schädigung, kann er sich nicht auf eine vertragliche Einheitsregelung berufen, mittels derer die Haftung für Schäden, die bei dem Betrieb seiner Kraftfahrzeuge an einem im Betriebshof parkenden Privat-PKW entstehen, ausgeschlossen werden sollte.[858]

bb) Schutz der Persönlichkeit des Arbeitnehmers

301 Der Arbeitgeber hat die **Personalakten** ordnungsgemäß zu führen.[859] Dies schließt mit ein, dass er keine Urkunden oder sonstige Schriftstücke zu den Personalakten nimmt, an deren Aufbewahrung er kein berechtigten Interesse nachweisen kann.[860] Auch kann er zur Entfernung wahrer Sachverhaltsdarstellungen verpflichtet sein, wenn diese für die weitere Beurteilung des Arbeitnehmers überflüssig geworden sind und diesen in seiner beruflichen Entwicklung fortwirkend beeinträchtigen können.[861] Insgesamt unterliegt die Führung der Personalakte der Vertraulichkeit. Der Arbeitgeber darf also nicht ohne Wissen des Betroffenen Dritten den Inhalt der Personalakten zugänglich machen.[862] Dem Arbeitnehmer selbst ist jedoch Einsichtnahme in seine Personalakte zu gewähren (vgl. auch § 83 BetrVG, § 26 SprAuG).

302 Der Arbeitgeber hat **Verhaltensweisen anderer Arbeitnehmer entgegenzuwirken**, die das Ausscheiden eines Arbeitnehmers bezwecken sollen. Verlangt die Belegschaft oder ein Teil davon unter der Androhung der Arbeitsniederlegung vom Arbeitgeber die Entlassung eines Arbeitnehmers und gibt der Arbeitgeber diesem Druck nach, dann ist eine auf einen solchen Sachverhalt gegründete außerordentliche Kündigung rechtsunwirksam, wenn der Arbeitgeber nichts getan hat, die Belegschaft von ihrer Drohung abzubringen.[863] Jeweils hat er den Arbeitnehmer, auf den Druck ausgeübt wird, anzuhören.[864]

303 Ebenso auf die Fürsorgepflicht hat das BAG den Anspruch auf **Wiedereinstellung nach betriebsbedingter Kündigung** gestützt, soweit sich vor Ablauf der Kündigungsfrist wider Erwarten eine Weiterbeschäftigungsmöglichkeit ergibt.[865] Die Erstreckung eines Wiedereinstellungsanspruchs auch auf befristete Arbeitsverhältnisse, bei denen eine am Anfang getroffene Prognose für die Befristung sich im Nachhinein als fehlerhaft erweist, hat die Rechtsprechung jedoch abgelehnt, da der befristet Beschäftigte von vornherein mit der Beendigung des Arbeitsverhältnisses hat rechnen müssen und insofern kein schützenswertes Vertrauen erwachsen könne.[866]

304 Darüber hinaus kann sich die Pflicht zum Schutz der Persönlichkeit des Arbeitnehmers auch über die Beendigung des Arbeitsverhältnisses hin auswirken. Wird bspw. ein zunächst begründeter Verdacht einer strafbaren Handlung später ausgeräumt, kann sich nachwirkend zum wirksam beendeten Vertragsverhältnis aufgrund der Fürsorgeverpflichtung des Arbeitgebers ein **Anspruch auf Wiedereinstellung** ergeben.[867] Gleichermaßen hat der Arbeitgeber nach Beendigung des Arbeitsverhältnisses

857 BAG, Urt. v. 05.03.1959, v. 10.11.1960, AP Nr. 26, 58 zu § 611 BGB Fürsorgepflicht; v. 25.06.1975, AP Nr. 4 zu § 611 BGB Parkplatz; vgl. schließlich auch zur Überdachung von Parkplätzen zum Schutz vor Immissionen LAG Hamm, Urt. v. 23.01.1971, DB 1971, 1823.

858 BAG, Urt. v. 28.09.1989, AP Nr. 5 zu § 611 BGB Parkplatz.

859 BAG, Urt. v. 27.11.1985, AP Nr. 93 zu § 611 BGB Fürsorgepflicht.

860 LAG Niedersachsen, Urt. v. 10.07.1980, AP Nr. 85 zu § 611 BGB Fürsorgepflicht.

861 BAG, Urt. v. 13.04.1988, AP Nr. 100 zu § 611 BGB Fürsorgepflicht.

862 BAG, Urt. v. 18.12.1984, AP Nr. 8 zu § 611 BGB Persönlichkeitsrecht.

863 BAG, Urt. v. 11.02.1960, v. 26.01.1962, v. 18.09.1975, AP Nr. 3, 8, 10 zu § 626 BGB Druckkündigung.

864 BAG, Urt. v. 04.10.1990, AP Nr. 12 zu § 626 BGB Druckkündigung.

865 BAG, Urt. v. 27.02.1997, v. 28.06.2000, AP Nr. 1, 6 zu § 1 KSchG Wiedereinstellung.

866 LAG Düsseldorf, Urt. v. 15.02.2000, NZA-RR 2000, 456; v. 19.08.1999, DB 2000, 222; dem zustimmend: *Oberthür*, DB 2001, 2250.

867 BGH, Urt. v. 13.07.1956, AP Nr. 2 zu § 611 BGB Fürsorgepflicht; BAG, Urt. v. 14.12.956, AP Nr. 3 zu § 611 BGB Fürsorgepflicht; vgl. aber auch BAG, Urt. v. 10.11.1977, AP Nr. 1 zu § 611 BGB Einstellungsanspruch, wo ein allgemeiner Einstellungsanspruch etwa nach Lösung des Arbeitsverhältnisses zum Zwecke einer zweijährigen Fortbildung abgelehnt wird.

nach Maßgabe der Billigkeit alles zu vermeiden, was sich für den Arbeitnehmer bei der Suche nach einem geeigneten neuen Arbeitsplatz als nachteilig auswirken könnte.[868]

B. Urlaubsrecht

I. Der Urlaubsanspruch

1. Begriff

Der Erholungsurlaub ist nach ständiger Rechtsprechung des BAG seit 1982 die **zeitweise Freistellung von der vertraglich geschuldeten Arbeitspflicht**, ohne dass die Pflicht zur Zahlung der Vergütung berührt wird.[869] Der gesetzliche Anspruch auf Mindesturlaub wird durch das Bundesurlaubsgesetz (**BUrlG**) geregelt. Urlaubsrechtliche Ansprüche sind nach dem BUrlG zu beurteilen, und zwar auch dann, wenn Tarifvertrag oder Arbeitsvertrag über den gesetzlichen Mindesturlaub hinausgehenden Anspruch begründen,[870] es sei denn, durch einzelvertragliche Vereinbarungen oder tarifvertragliche Vorschriften wird von den Bestimmungen dieses Gesetzes in dem durch § 13 BUrlG[871] zugelassenen Umfang abgewichen. Weitere gesetzliche Urlaubsregelungen finden sich im **HAG**, im **JArbSchG** und in **§ 125 SGB IX**. 305

2. Inhalt des Urlaubsanspruchs

a) Freistellungsanspruch

Der **Urlaubsanspruch** des Arbeitnehmers richtet sich darauf, vom Arbeitgeber von der nach dem Arbeitsvertrag entstehenden **Arbeitspflicht befreit** zu werden. Durch § 1 wird eine Nebenpflicht des Arbeitgebers aus dem Arbeitsverhältnis begründet, die darauf gerichtet ist, die Hauptpflicht des Arbeitnehmers zur Erbringung der vertraglich geschuldeten Arbeitsleistung zu suspendieren. Der Anspruch richtet sich auf zeitliche Festlegung des Urlaubs und auf Freistellung von der Arbeitspflicht im festgelegten Urlaubszeitraum, wobei in der zeitlichen Festlegung zugleich die Freistellung von der Arbeitspflicht liegt. 306

Mit der Gewährung des Urlaubs entsteht **kein neuer Entgeltanspruch**. Der Arbeitnehmer behält vielmehr seinen vertraglichen Anspruch auf die regelmäßige Vergütung, deren Höhe sich nach § 11 richtet. Die Formulierung vom bezahlten Erholungsurlaub stellt somit lediglich sicher, dass die Rechtsfolgen des § 326 Abs. 1 Satz 1 BGB[872] für den Urlaubszeitraum nicht eintreten.[873] 307

Der Arbeitnehmer ist Gläubiger des Urlaubsanspruchs. Die Weigerung des Arbeitgebers, den Arbeitnehmer vertragsgemäß zu beschäftigen (häufig geschieht das in Gestalt einer »Suspendierung«, eines Hausverbots etc. nach Ausspruch einer Kündigung), ist daher regelmäßig keine Erfüllung des Urlaubsanspruchs.[874] Stattdessen gerät der Arbeitgeber als Gläubiger der Arbeitsleistung in Annahmeverzug und schuldet deshalb die vertragliche Vergütung, § 615 BGB. Soll während der Zeit des Annahmeverzugs der Urlaubsanspruch erfüllt werden, muss der Arbeitgeber hinreichend deutlich Urlaub erteilen. Ist dem Arbeitnehmer wirksam Urlaub erteilt worden, so hat er in dieser Zeit keinen Anspruch aus Annahmeverzug.[875] 308

868 BAG, Urt. v. 31.10.1972, AP BGB § 611 Fürsorgepflicht Nr. 80.
869 BAG v. 13.05.1982, AP BUrlG § 7 Übertragung Nr. 4; BAG v. 08.03.1984, AP BUrlG § 3 Rechtsmissbrauch Nr. 14 = NZA 1984, 197; BAG v. 25.01.1994, AP BUrlG § 7 Nr. 16 = NZA 1994, 652.
870 BAG v. 18.10.1990, AP BUrlG § 7 Abgeltung Nr. 56 = NZA 1991, 466.
871 §§ ohne Bezeichnung sind künftig solche des BUrlG.
872 Die zitierten §§ des BGB beziehen sich – soweit nicht anders angegeben – auf die seit dem 01.01.2002 geltende Fassung.
873 BAG v. 08.03.1984, AP BUrlG § 3 Rechtsmissbrauch Nr. 14 = NZA 1984, 197.
874 BAG v. 25.01.1994, AP BUrlG § 7 Nr. 16 = NZA 1994, 652.
875 BAG v. 23.01.1996, AP BUrlG § 5 Nr. 10 = NZA 1996, 1101.

308a Aus der Rechtsnatur des Urlaubsanspruchs folgt, dass Urlaub nicht zu einer Zeit gewährt werden kann, in der der Arbeitnehmer arbeitsvertraglich nicht zur Arbeitsleistung verpflichtet ist[876] oder diese wegen Arbeitsunfähigkeit nicht erbringen kann.[877]

b) Urlaubszweck

309 Zweck des Urlaubs nach dem BUrlG ist die gesetzlich gesicherte Möglichkeit für einen Arbeitnehmer, die ihm eingeräumte **Freizeit selbstbestimmt zur Erholung** zu nutzen. Der Urlaubsanspruch eröffnet dem Arbeitnehmer in den Grenzen von § 8 die freie Verfügbarkeit über seine Urlaubszeit. Ein wie auch immer definierter Urlaubszweck ist jedoch nicht Tatbestandsmerkmal des Urlaubsanspruchs. Für das Entstehen, den Bestand und die Erteilung des Urlaubs kommt es auf ein konkretes Erholungsbedürfnis des Arbeitnehmers und die Art der Gestaltung seiner Freizeit nicht an.[878] Der Gesetzgeber vermutet unwiderleglich, dass ein Arbeitnehmer bei Fälligkeit seines Anspruchs erholungsbedürftig ist.[879] Deshalb setzt der Erwerb und die Inanspruchnahme von Urlaub auch nicht voraus, dass der Arbeitnehmer sich bei der Arbeit verausgabt hat. Eine (auch nur minimale) **Arbeitsleistung** gehört **nicht zu den anspruchsbegründenden Voraussetzungen**.[880] Auch unter Hinweis auf Treu und Glauben kann einem Arbeitnehmer, der während des ganzen Kalenderjahres nicht gearbeitet hat, der Urlaub nicht versagt werden.[881]

c) Urlaubsarbeit

310 Der Urlaubszweck hat weiterhin Bedeutung für das **Verbot der Urlaubsarbeit** in § 8. Nach dieser Vorschrift darf der Arbeitnehmer keine dem Urlaubszweck widersprechende Erwerbstätigkeit leisten. Diese Vorschrift begründet eine vertragliche Pflicht des Arbeitnehmers, aber kein gesetzliches Verbot i.S.d. § 134 BGB.[882] Sie besteht bis zum rechtlichen Ende des Arbeitsverhältnisses, also auch dann, wenn der Arbeitnehmer nach einer Kündigung während des Laufs der Kündigungsfrist seinen Resturlaub nimmt.[883] Verletzt der Arbeitnehmer diese Pflicht, kann der Arbeitgeber ggf. Schadensersatz oder Unterlassung der Erwerbstätigkeit verlangen oder wegen der Pflichtverletzung verhaltensbedingt kündigen. Der Vergütungsanspruch des Arbeitnehmers aus § 11 entfällt bei einer Verletzung der Pflicht aus § 8 jedoch nicht.[884]

311 Unzulässig ist nach § 8 nicht jede Erwerbstätigkeit, sondern **nur eine urlaubszweckwidrige Tätigkeit**, d.h. eine solche, die ein Ausmaß erreicht, dass sie dem Arbeitnehmer die Möglichkeit nimmt, das mit dem Urlaub angestrebte Ziel einer selbstbestimmten Erholung zu verwirklichen.[885] Soweit die nicht unerhebliche Erwerbstätigkeit dem Ziel einer selbstbestimmten Erholung dient, etwa wenn ein kaufmännischer Angestellter als Arbeiter auf einem Bauernhof zur körperlichen, geistigen und seelischen Regeneration tätig wird, liegt keine verbotene Erwerbstätigkeit im Urlaub vor.[886] Nicht in der Absicht des Erwerbs von Geld oder geldwerten Gütern verrichtete Tätigkeiten, wie gemeinnützige Arbeit, Gefälligkeiten, Arbeiten im eigenen Haus und Garten stellen keine pflichtwidrige Urlaubsarbeit dar.

876 BAG v. 19.04.1994, NZA 1995, 123.
877 BAG v. 08.02.1994, NZA 1994, 853; dazu näher unter Rn 382 f.
878 BAG v. 28.01.1982, AP BUrlG § 3 Rechtsmissbrauch Nr. 11.
879 *Leinemann/Linck*, BUrlG, § 1 Rn 5.
880 BAG v. 08.03.1984, AP BUrlG § 13 Nr. 15.
881 BAG v. 28.01.1982, AP BUrlG § 3 Rechtsmissbrauch Nr. 11.
882 BAG v. 25.02.1988, AP BUrlG § 8 Nr. 3 = NZA 1988, 607.
883 BAG v. 25.02.1988, AP BUrlG § 8 Nr. 3 = NZA 1988, 607.
884 BAG v. 25.02.1988, AP BUrlG § 8 Nr. 3 = NZA 1988, 607.
885 MünchArbR/*Leinemann*, § 91 Rn 50.
886 GK-BUrlG/*Bachmann*, § 8 Rn 8 m.w.N.

3. Übertragung auf Dritte

a) Vererblichkeit

Der **Urlaubsanspruch** kann **nicht vererbt** werden. Die Arbeitspflicht ist gem. § 613 BGB an die Person des Arbeitnehmers gebunden. Deshalb kann auch nur der Arbeitnehmer, nicht aber sein Erbe freigestellt werden.[887] Das gilt auch für den **Abgeltungsanspruch** nach § 7 Abs. 4, da der Abgeltungsanspruch Surrogat des Urlaubsanspruchs ist[888] und deshalb nicht weitergehen kann als der mit dem Tod erloschene Urlaubsanspruch.[889] Anders sind hingegen **Schadensersatzansprüche** zu beurteilen: Sind sie bei Lebzeiten des Arbeitnehmers entstanden, so können sie vererbt werden.[890] 312

b) Abtretung, Pfändung

Auch hier ist streng zu trennen zwischen dem Urlaubsanspruch (= Freistellungsanspruch) und dem Vergütungsanspruch. Der Urlaubsanspruch kann nur in der (praktisch wohl nicht vorkommenden) Weise abgetreten bzw. gepfändet werden, dass der Neugläubiger Freistellung des Arbeitnehmers verlangen kann.[891] Das **Urlaubsentgelt** kann hingegen – wie sonstiges Entgelt – in den Grenzen der §§ 850 ff. ZPO **gepfändet**[892] und **abgetreten** werden, mit ihm und gegen ihn kann **aufgerechnet** werden.[893] Vollstreckungsrechtliche Besonderheiten gelten für das zusätzliche Urlaubsgeld; es ist nach Maßgabe des § 850a Nr. 2 ZPO unpfändbar und damit nicht abtretbar. 313

Streitig sind die Verhältnisse bei der Urlaubsabgeltung. Der Kündigungssenat des BAG hat unter Berufung auf ein Urteil des BAG aus der Zeit vor der grundsätzlichen Änderung der Urlaubsrechtsprechung im Jahre 1978 entschieden, dass insoweit Abtretung, Aufrechnung oder Pfändung nicht zulässig seien.[894] Dem kann nicht gefolgt werden, da die Abgeltung Surrogat des Urlaubsanspruchs ist und daher ein weiterer Schutz als beim Urlaubsanspruch nicht in Betracht kommt.[895] 314

II. Anspruchsvoraussetzungen

1. Persönliche Voraussetzungen

Nach § 1 sind alle Arbeitnehmer anspruchsberechtigt. Anspruchsvoraussetzungen sind daher nur das **Bestehen eines Arbeitsverhältnisses** und – für den Vollurlaub – der **Ablauf der Wartezeit** des § 4. Eine tatsächlich erbrachte Arbeitsleistung – in welchem Umfang auch immer – wird vom Gesetz nicht verlangt. Damit wird der Urlaubsanspruch nicht wegen Rechtsmissbrauchs ausgeschlossen, wenn ein Arbeitnehmer im Urlaubsjahr oder im Übertragungszeitraum wegen Krankheit nicht gearbeitet hat.[896] 315

Der urlaubsrechtliche Arbeitnehmerbegriff wird in § 2 dahin bestimmt, dass hierunter neben Arbeitern und Angestellten (=Arbeitnehmer im Sinne des allgemeinen Arbeitsrechts) auch die zu ihrer Berufsausbildung Beschäftigten sowie arbeitnehmerähnliche Personen fallen. 316

Der **arbeitsrechtliche Arbeitnehmerbegriff** ist im BUrlG nicht definiert. Es gelten daher die Grundsätze der ständigen Rechtsprechung des BAG:[897] Arbeitnehmer ist danach der Beschäftigte, der nach 317

887 BAG v. 23.06.1992, AP BUrlG § 7 Abgeltung Nr. 59 = NZA 1992, 1088.
888 Hierzu näher Rn 404 ff.
889 BAG v. 22.10.1991, AP BUrlG § 7 Abgeltung Nr. 57 = NZA 1993, 28.
890 Hierzu näher Rn 417 ff.
891 *Leinemann/Linck*, BUrlG, § 1 Rn 124.
892 BAG v. 20.06.2000, NZA 2001, 100.
893 ErfK/*Dörner*, § 11 BUrlG Rn 51; *Leinemann/Linck*, BUrlG, § 11 Rn 102; *Pfeifer*, NZA 1996, 738.
894 BAG v. 21.01.1988, AP KSchG 1969 § 4 Nr. 19 = NZA 1988, 651; BAG v. 12.02.1959, AP BGB § 611 Urlaubsrecht Nr. 42 = DB 1959, 350.
895 *Leinemann/Linck*, BUrlG, § 7 Rn 222; ErfK/*Dörner*, § 7 BUrlG Rn 107.
896 BAG v. 08.03.1984, AP BUrlG § 3 Rechtsmissbrauch Nr. 14.
897 Z.B. v. 12.09.1996, AP BGB § 611 Freier Mitarbeiter Nr. 1 = NZA 1997, 194.

dem Inhalt des Vertrages und der tatsächlichen Gestaltung der Vertragsbeziehung seine Arbeit in persönlicher Abhängigkeit leistet. Die persönliche Abhängigkeit ergibt sich aus der Eingliederung in eine fremdbestimmte Arbeitsorganisation und dem Umfang der Weisungsgebundenheit. Das BAG zieht zur Abgrenzung die in § 84 Abs. 1 Satz 2 HGB zu findende gesetzgeberische Wertung heran. Nach dieser Vorschrift ist selbständig, wer im Wesentlichen seine Tätigkeit frei gestalten und seine Arbeitszeit bestimmen kann. Das ist bei weisungsgebundener, fremdbestimmter Arbeit nicht der Fall.

318 Arbeitnehmer sind auch die in Teilzeit,[898] zur Aushilfe[899] sowie in Ferienarbeit und in Nebentätigkeit Beschäftigten (Schüler, studentische Aushilfskräfte),[900] soweit die Voraussetzungen des § 4 erfüllt sind; ferner Teilnehmer an Maßnahmen der Arbeitsbeschaffung (§§ 260 ff. SGB III).

319 Bei den zur Berufsausbildung Beschäftigten handelt es sich um die Auszubildenden gem. §§ 3 bis 19 BBiG. Weiterhin gehören hierzu: Krankenpflegeschüler nach dem Krankenpflegegesetz;[901] Volontäre;[902] Praktikanten, sofern sie nicht nur einen Betrieb kennen lernen wollen und aus Gefälligkeit vorübergehend beschäftigt werden;[903] Umschüler.[904] Schüler, deren weitere berufliche Bildung ausschließlich oder überwiegend in einer Schule vorgenommen wird, werden nicht zu ihrer Berufsausbildung i.S.d. § 2 BUrlG beschäftigt und erwerben daher auch keinen Urlaubsanspruch.[905] Erfolgt die Schulausbildung aber als Teil einer betrieblichen Ausbildung oder sogar eines Arbeitsverhältnisses, gehört der Schüler zum Geltungsbereich des BUrlG.[906]

320 **Arbeitnehmerähnlich** sind nach der Definition des § 12a Abs. 1 TVG diejenigen Personen, die wirtschaftlich abhängig und vergleichbar einem Arbeitnehmer sozial schutzbedürftig sind, wenn sie auf Grund von Dienst- und Werkverträgen für andere Personen tätig sind und die geschuldeten Leistungen persönlich und im Wesentlichen ohne Mitarbeit von Arbeitnehmern erbringen. Weitere Voraussetzung ist, dass der Beschäftigte entweder für eine Person tätig ist oder ihm von einer Person im Durchschnitt mehr als die Hälfte des Entgelts (für Journalisten ein Drittel, § 12a Abs. 3 TVG) zusteht, das ihm für seine Erwerbstätigkeit insgesamt zusteht. Für **Heimarbeiter** enthält § 12 Sonderregelungen.

2. Wartezeit

a) Dauer der Wartezeit

321 Der Urlaubsanspruch entsteht gem. § 4 erstmalig nach dem **Ablauf der Wartezeit von sechs Monaten**. Die Wartezeit ist Anspruchsvoraussetzung. Vor ihrem Ablauf kann der Arbeitnehmer vom Arbeitgeber keine Befreiung von der Arbeitspflicht verlangen, auch nicht für einen Teil des Jahresurlaubs. Es entsteht nicht sukzessive mit jedem vollen Monat der Dauer des Arbeitsverhältnisses ein Teilurlaubsanspruch. Der Arbeitnehmer erhält auch keine Anwartschaft auf den Vollurlaub.[907] Nur in den gesetzlich besonders geregelten Fällen (§ 5) können Teilurlaubsansprüche entstehen; sie unterliegen anderen Regeln bei der Erteilung und Übertragung.

898 BAG v.14.02.1991, AP BUrlG § 3 Teilzeit Nr. 1 = NZA 1991, 777; BAG v. 19.01.1993, AP BUrlG § 1 Nr. 20 = NZA 1993, 988.
899 BAG v.19.01.1993, AP BUrlG § 1 Nr. 20 = NZA 1993, 988; BAG v. 23.06.1992, AP BUrlG § 1 Nr. 22 = NZA 1993, 360.
900 BAG v. 23.06.1992, AP BUrlG § 1 Nr. 22 = NZA 1993, 360.
901 BAG v. 14.11.1984, AP § 611 Ausbildungsverhältnis Nr. 9 = NZA 1985, 560.
902 *Leinemann/Linck*, BUrlG, § 2 Rn 17.
903 *Neumann/Fenski*, BUrlG, § 2 Rn 66.
904 *Neumann/Fenski*, BUrlG, § 2 Rn 61.
905 BAG v. 16.10.1974, AP BBiG § 1 Nr. 1.
906 ErfK/*Dörner*, § 2 BUrlG Rn 11.
907 *Leinemann/Linck*, BUrlG, § 4 Rn 2; ErfK/*Dörner*, § 4 BUrlG Rn 2.

In **Tarifverträgen** findet sich im Gegensatz hierzu häufig eine Bestimmung, wonach im Eintritts- bzw. Austrittsjahr – ohne Rücksicht auf die Erfüllung der gesetzlichen Wartezeit – ein Urlaubsanspruch nur pro rata temporis – meist 1/12 des Jahresurlaubs für jeden vollendeten Monat des Bestehens des Arbeitsverhältnisses – entsteht. Solche Quotelungsregelungen sind gem. § 13 Abs. 1 Satz 1 nur wirksam, soweit dadurch in den ersten sechs Monaten des Eintrittsjahrs ein übergesetzlicher Teilurlaubsanspruch entsteht oder soweit sie sich im Austrittsjahr auf den tariflichen Mehrurlaub beziehen. Denn der gesetzliche Mindesturlaub steht auch nicht in der Weise zur Disposition der Tarifvertragsparteien, dass ein nach dem Gesetz entstandener Vollurlaubsanspruch durch tarifliche Regelungen teilweise wieder entzogen werden könnte.[908] 321a

Die Wartezeit selbst kann durch Tarifvertrag verkürzt oder verlängert werden; § 4 ist nicht nach § 13 Abs. 1 Satz 1 unabdingbar. Eine Wartezeit von zwölf Monaten ist allerdings nicht zulässig. Sie könnte zur Folge haben, dass ein das ganze Jahr arbeitender Arbeitnehmer im Kalenderjahr keinen Vollurlaubsanspruch erwirbt. Das wäre mit § 1 nicht vereinbar.[909] Durch Einzelarbeitsvertrag oder durch Betriebsvereinbarung kann von § 4 hingegen nur zugunsten der Arbeitnehmer abgewichen werden, § 13 Abs. 1 Satz 3. 322

b) Beginn der Wartezeit

Für die **Berechnung der Wartezeit** gelten die §§ 187, 188 BGB. 323

Die Wartezeit beginnt regelmäßig mit dem Tag der vereinbarten Arbeitsaufnahme; sie kann auch an einem Sonn- oder Feiertag beginnen oder enden.[910] Wird hingegen als Beginn des Arbeitsverhältnisses nicht nur ein bestimmter Kalendertag, sondern dazu eine Uhrzeit im Laufe dieses Kalendertages vereinbart, wird der »erste« Tag nicht mitgezählt, § 187 Abs. 1 BGB.[911]

Da für die Erfüllung der Wartezeit allein der **rechtliche Bestand des Arbeitsverhältnisses** maßgeblich ist und es einer Arbeitsleistung des Arbeitnehmers nicht bedarf, sind weder Erwerbs- oder Arbeitsunfähigkeit eines Arbeitnehmers noch verschuldetes Fernbleiben von der Arbeit für das Entstehen und das Bestehen urlaubsrechtlicher Ansprüche von Bedeutung.[912] Schließt sich das Arbeitsverhältnis nahtlos an ein vorhergehendes Ausbildungsverhältnis oder ein Beschäftigungsverhältnis als arbeitnehmerähnliche Person (§ 2) an, so werden diese Zeiten auf die Wartezeit angerechnet. Kurzfristige rechtliche Unterbrechungen des Arbeitsverhältnisses sind auch dann erheblich, wenn ein enger sachlicher Zusammenhang zwischen früherem und neuerem Arbeitsverhältnis besteht.[913] Ein Bedürfnis, wie im Falle des § 1 KSchG, zu prüfen, ob ein enger sachlicher Zusammenhang zwischen beiden rechtlich getrennten Arbeitsverhältnissen besteht, ist im Urlaubsrecht nicht anzuerkennen, da bei Nichterfüllung der Wartezeit ein Teilurlaubsanspruch besteht. 324

Ein zwischenzeitlicher **Betriebsübergang** beeinflusst den Lauf der Wartefrist des § 4 BUrlG nicht, § 613a Abs. 1 Satz 1 BGB. Der in das Arbeitsverhältnis eintretende Betriebsnachfolger muss den Urlaubsanspruch nach Ablauf der Wartezeit erfüllen.[914] 324a

908 BAG v. 08.03.1984, AP BUrlG § 13 Nr. 15.
909 ErfK/*Dörner*, § 13 BUrlG Rn 23.
910 ErfK/*Dörner*, § 4 BUrlG Rn 7.
911 ErfK/*Dörner*, § 4 BUrlG Rn 5.
912 ErfK/*Dörner*, § 4 BUrlG Rn 6.
913 Str.; wie hier MünchArbR/*Leinemann*, § 89 Rn 41; *Leinemann/Linck*, BUrlG, § 4 Rn 13 ff.
914 ErfK/*Dörner*, § 4 BUrlG Rn 15.

c) Ende der Wartezeit

325 Die Wartezeit endet mit Ablauf des letzten Tages im 6. Monat nach Beginn des Arbeitsverhältnisses, auch wenn dieser Zeitpunkt im nächsten Kalenderjahr liegt. § 193 BGB findet keine Anwendung. Tatsächliche Unterbrechungen des Arbeitsverhältnisses (Suspendierung, Streik, langandauernde Erkrankung) sind für den Fristablauf ohne Bedeutung.

326 Ist die Wartezeit erfüllt, hat der Arbeitnehmer Anspruch auf den vollen Jahresurlaub. Die Wartezeit muss **nur im ersten Jahr des Arbeitsverhältnisses** erfüllt werden; in den folgenden Jahren entsteht der volle Urlaubsanspruch jeweils mit dem ersten Tage eines Kalenderjahres in voller Höhe und ist zu diesem Zeitpunkt auch fällig.[915]

327 Scheidet der Arbeitnehmer während oder mit dem Ablauf der Wartezeit aus dem Arbeitsverhältnis aus, entsteht kein Vollurlaubsanspruch; er hat jedoch Anspruch auf Teilurlaub nach Maßgabe von § 5.

327a Uneinheitlich wird die Frage beantwortet, wann die Wartezeit in einem Arbeitsverhältnis erfüllt ist, das am 01.07. beginnt. Da der Zeitpunkt des Ablaufs eines Tages rechtlich noch zu diesem Tag und damit zu der Frist gehört, in die der Tag fällt, entsteht in diesem Fall nur ein Teilurlaubsanspruch nach § 5 Abs. 1 lit. a).[916]

III. Urlaubsdauer

1. Allgemeines

328 Nach § 3 Abs. 1 beträgt der gesetzliche Mindesturlaubsanspruch seit dem 01.01.1995 bundeseinheitlich **24 Werktage**. Zu dieser Neuregelung war der Bundesgesetzgeber durch die Richtlinie 93/104 des Rates der Europäischen Union vom 23.11.1993 gezwungen.

329 § 3 berechnet den **Urlaubsanspruch in Tagen**. Urlaub kann daher nicht stundenweise berechnet und regelmäßig auch nicht stundenweise gewährt werden. Auch die Befreiung an Teilen eines Tages wie an einem halben Tag oder einem Vierteltag ist zu Urlaubszwecken nicht statthaft, so lange der Arbeitnehmer noch wenigstens Anspruch auf einen Tag Urlaub hat.[917] Hingegen können sich bei der Umrechnung des gesetzlichen Urlaubsanspruchs von Werk- in Arbeitstage und bei der Berechnung von Teilurlaubsansprüchen nach § 5 Bruchteile von Tagen ergeben, so dass der Arbeitgeber stundenweise Freistellung schuldet. Nur bei Teilurlaubsansprüchen gem. § 5 ist der Bruchteil eines Urlaubstags, der mindestens einen halben Tag ausmacht, nach § 5 Abs. 2 auf einen vollen Urlaubstag aufzurunden.[918] § 5 Abs. 2 gilt hingegen nicht für Bruchteile von vollen Urlaubstagen, die sich bei der Umrechnung der Urlaubsdauer bei flexibler Arbeitszeit und Teilzeitarbeit ergeben können.[919]

In Tarifverträgen können andere Prinzipien vereinbart werden, so lange der gesetzliche Mindesturlaub nicht unterschritten wird.

2. Berechnung des Urlaubsanspruchs

a) Allgemeines

330 § 3 Abs. 1 geht zur Berechnung des Urlaubsanspruchs von **Werktagen** aus. Der Begriff »Werktag« wird in § 3 Abs. 2 dahin legaldefiniert, dass hierunter alle Kalendertage außer Sonn- und Feiertagen

915 BAG v. 18.12.1986, AP BUrlG § 7 Nr. 10 = NZA 1987, 379.
916 ErfK/*Dörner,* § 5 BUrlG Rn 13 m.w.N. zum Streitstand; *Leinemann/Linck,* BUrlG, § 4 Rn 17.
917 ErfK/*Dörner,* § 3 BUrlG Rn 9.
918 BAG v. 26.01.1989, AP BUrlG § 5 Nr. 13 = NZA 1989, 756.
919 BAG v. 09.08.1994, AP BUrlG § 7 Nr. 19 = NZA 1995, 174.

fallen. In einer feiertagsfreien Woche sind also die Tage Montag bis Samstag Werktage. Diese gesetzliche Regelung beruht auf der bei In-Kraft-Treten des Gesetzes (1963) selbstverständlichen Sechs-Tage-Arbeitswoche. Berechnungsprobleme ergeben sich daher immer, wenn – wie üblicherweise – in der Woche weniger Arbeits- als Werktage anfallen. Es gilt der Grundsatz, dass bei der Bemessung der Urlaubsdauer für die heute als Regel gegebene Fünf-Tage-Woche Arbeitstage und Werktage zueinander rechnerisch in Beziehung zu setzen sind, da der in Werktagen ausgedrückte gesetzliche Urlaubsanspruch der konkreten Arbeitsverpflichtung des Arbeitnehmers anzupassen ist. Besondere Probleme entstehen bei ungleichmäßiger Verteilung der Arbeitszeit in Wechselschichtarbeit oder rollierenden Arbeitszeitsystemen und bei Teilzeitarbeit.

b) Fünf-Tage-Woche

Bei einer Verteilung der Arbeitszeit auf die Wochentage von Montag bis Freitag ist die Dauer des gesetzlichen Urlaubsanspruchs den **tatsächlichen Arbeitstagen** anzupassen. Das geschieht durch Umrechnung, die das Anliegen des Gesetzgebers wahrt, dem Arbeitnehmer vier Wochen Urlaub zuzusprechen. Dabei werden die im Gesetz genannten Werktage zu den vom Arbeitnehmer geschuldeten Arbeitstage rechnerisch zueinander in Beziehung gesetzt. Die im Gesetz genannte Dauer des Urlaubs wird durch sechs (Werktage in der Woche) geteilt und mit der Anzahl der Arbeitstage multipliziert, an denen in der Woche eine Arbeitsverpflichtung besteht. Das führt bei einer regelmäßigen Verteilung der Arbeitszeit auf die Tage von Montag bis Freitag zu einem Anspruch von 20 Urlaubstagen.[920] Diese Umrechnungsmethode hat der Gesetzgeber auch in § 47 SchwbG anerkannt. 331

Diese **Umrechnungsregel** ist auch bei Urlaubsansprüchen aus **Tarifvertrag oder Betriebsvereinbarung** (sofern solche nach § 77 BetrVG überhaupt wirksam vereinbart werden können) anzuwenden, wenn keine abweichende Umrechnungsregelung besteht.[921] Anderweitige tarifliche Umrechnungsregelungen sind zulässig, sofern nicht der gesetzliche Mindesturlaubsanspruch verkürzt wird.[922] 332

Keine Besonderheiten bestehen, wenn an **Sonn- und Feiertagen** regelmäßig gearbeitet wird (z.B. bei der kontinuierlichen Wechselschicht). Zwar gelten Sonn- und Feiertage gem. § 3 Abs. 2 nicht als Werktage. Daraus folgt jedoch nicht, dass die Sonn- und Feiertage bei der Berechnung der Urlaubsdauer unberücksichtigt bleiben müssen. Aus der Überlegung, dass dem Arbeitnehmer vierWochen Urlaub zustehen sollen, folgt, dass der Arbeitnehmer in einer Fünf-Tage-Woche an fünf Arbeitstagen von der Arbeit freizustellen ist, auch wenn einige dieser Tage Sonn- oder Feiertage sind. 333

> *Beispiel*
> Der Kellner in einem Gaststättenbetrieb (§ 10 Abs. 1 Nr. 4 ArbZG), der regelmäßig von Mittwoch bis Sonntag arbeitet, hat – unbeschadet der Wirksamkeit der Arbeitszeitverteilung – Anspruch auf 20 (Arbeits-) Tage Urlaub wie sein von Montag bis Freitag arbeitender Kollege. Bliebe der Sonntag bei der Berechnung unberücksichtigt, ergäbe sich nur ein Urlaubsanspruch von 16 Arbeitstagen, obwohl eine fünftägige Arbeitsverpflichtung besteht.[923]

Gesetzliche Feiertage und Sonntage sind daher bei der Bestimmung der individuellen Urlaubsmenge als Werktage anzusehen, wenn an ihnen regelmäßig gearbeitet wird.[924] Wird der Arbeitnehmer von seiner Arbeitspflicht durch Urlaub an einem Feiertag befreit, an dem er sonst hätte arbeiten

920 BAG v. 27.01.1987, AP BUrlG § 13 Nr. 30 = NZA 1987, 462; BAG v. 18.02.1997, AP TVG § 1 Tarifverträge: Chemie Nr. 13 = NZA 1997, 1123.

921 BAG v. 18.02.1997, AP TVG § 1 Tarifverträge: Chemie Nr. 13 = NZA 1997, 1123; BAG v. 19.04.1994, AP BUrlG § 1 Treueurlaub Nr. 3 = NZA 1995, 86.

922 Vgl. BAG v. 18.02.1997, AP TVG § 1 Tarifverträge: Chemie Nr. 13 = NZA 1997, 1123.

923 ErfK/*Dörner*, § 3 BUrlG Rn 21.

924 *Leinemann/Linck*, BUrlG , § 3 Rn 27; ErfK/*Dörner*, § 3 BUrlG Rn 21.

müssen, so wird ihm der Tag nicht nur auf seinen Urlaub als gewährt angerechnet. Er erhält auch das regelmäßige Arbeitsentgelt nach den Maßstäben des § 11.[925]

c) Ungleichmäßige Verteilung der Arbeitszeit

334 Ist die regelmäßige Arbeitszeit eines Arbeitnehmers auf einen Zeitraum verteilt, der mit einer Kalenderwoche nicht übereinstimmt, muss für die Umrechnung des Urlaubsanspruchs auf Arbeitstage auf längere Zeitabschnitte als eine Woche, ggf. auf ein Kalenderjahr, abgestellt werden.

335 In **rollierenden Arbeitszeitsystemen**, die insbesondere im Einzelhandel verbreitet sind, kommt es regelmäßig zu einer Abfolge von Vier-, Fünf- oder Sechs-Tage-Wochen. Ist der Tarifurlaub nach Werktagen bemessen oder richtet sich der Urlaubsanspruch nach dem Gesetz, so ist er in Arbeitstage umzurechnen, weil die Arbeitszeit im Rahmen des rollierenden Arbeitszeitsystems nicht auf alle Werktage einer Woche gleichmäßig verteilt ist. Dazu sind Arbeitstage und Werktage zueinander rechnerisch in Beziehung zu setzen. Da die Arbeitszeit nicht regelmäßig auf eine Woche verteilt ist, sondern auf vier, auf fünf oder sechs Tage in der Woche, ist die Berechnung auf das Jahr zu beziehen.[926] Dabei ist von der konkreten Anzahl der Wochen mit z.B. vier oder fünf Arbeitstagen im Jahr auszugehen. Die Zahl der Urlaubstage ist durch die Zahl der Jahreswerktage zu teilen und sodann mit der so ermittelten Zahl der Jahresarbeitstage zu multiplizieren.[927]

336 *Beispiel*

Ein Arbeitnehmer arbeitet im Kalenderjahr 14 Wochen mit je vier Arbeitstagen und 38 Wochen mit je fünf Arbeitstagen. Es ergibt sich folgender Berechnungsweg: 24 Urlaubstage (Werktage): 312 Jahreswerktage x (14x4=56 + 38x5=190; 56 +190 =246) 246 Jahresarbeitstage = 18,92 Arbeitstage. Der Bruchteil von 0,92 Arbeitstagen ist nicht nach § 5 Abs. 2 aufzurunden, weil es sich nicht um einen Teilurlaubsanspruch nach § 5 Abs. 1 handelt, es sei denn, eine Rundungsregelung zugunsten des Arbeitnehmers ist (tariflich oder einzelvertraglich) vereinbart.

337 In **Wechselschichtsystemen**, in denen es durch die Schichtpläne zu einer ungleichmäßigen Anzahl von Arbeitstagen in der Woche kommt, ist entsprechend zu verfahren.

338 *Beispiel*

In einem Wechselschichtsystem wird an zwei bis sechs Tagen in der Woche gearbeitet. Innerhalb von 20 Wochen wird nach dem Schichtplan die geschuldete Arbeitszeit an 90 Arbeitstagen erbracht. Die durchschnittliche regelmäßige Arbeitszeit der in Normalschicht Beschäftigten beträgt fünf Tage pro Woche. Für die Normalschicht ist ein Urlaubsanspruch von 30 Arbeitstagen vereinbart.

Als maßgeblicher Zeitraum für die Berechnung der Urlaubstage ist der Rhythmus von 20 Wochen zugrundezulegen. Während dieser Zeit hat der regelmäßig an fünf Tagen in der Woche beschäftigte Arbeitnehmer eine Arbeitspflicht an (5 Tage x 20 Wochen =) 100 Arbeitstagen, während der Wechselschichtarbeiter nur an 90 Arbeitstagen zur Arbeit verpflichtet ist. Das Verhältnis von 100 Arbeitstagen zu 90 Arbeitstagen entspricht dem Verhältnis von 30 Urlaubstagen bei Normalschicht zu 27 Urlaubstagen bei Wechselschicht, so dass der Schichtarbeiter Freistellung nur an 27 Arbeitstagen verlangen kann.[928]

339 Wiederholt sich ein **Arbeitsrhythmus** nicht innerhalb eines Jahres, so muss eine Berechnung nach der Arbeitsverpflichtung eines jeden Kalenderjahrs festgestellt werden.[929] Hierfür ist von einer Arbeitsverpflichtung an 260 Tagen in der Fünf-Tage-Woche (52x5) und von 312 Werktagen in der Sechs-Tage-Woche auszugehen.[930] Gesetzliche Wochenfeiertage bleiben unberücksichtigt, da

925 ErfK/*Dörner*, § 3 BUrlG Rn 21.

926 Vgl. BAG v. 14.01.1992, AP BUrlG § 3 Nr. 5 = NZA 1992, 759.

927 Vgl. BAG v. 19.04.1994, AP BUrlG § 1 Treueurlaub Nr. 3 = NZA 1995, 86.

928 Vgl. BAG v. 03.05.1994, AP BUrlG § 3 Fünf-Tage-Woche Nr. 13 = NZA 1995, 477.

929 BAG v. 22.10.1991, AP BUrlG § 3 Nr. 6 = NZA 1993, 79.

930 BAG v. 19.04.1994, AP BUrlG § 1 Treueurlaub Nr. 3 = NZA 1995, 86.

für Feiertage gesetzliche Sonderregelungen sowohl hinsichtlich der Arbeitsbefreiung als auch der Vergütung und ihrer Berechnung bestehen.[931] Dies gilt entsprechend auch für Teilzeitbeschäftigte mit wechselnden Arbeitszeiten.[932]

Die Umrechnungsformel des BAG, mit der Werktage und Arbeitstage rechnerisch in Beziehung zueinander gesetzt werden, gilt in gleicher Weise, wenn die Arbeitszeit des Arbeitnehmers auf regelmäßig **weniger als fünf Arbeitstage in der Woche** verteilt ist (Teilzeitarbeit, Vollzeitarbeit in flexiblen Arbeitszeitsystemen). Das bedeutet: Teilzeitbeschäftigte Arbeitnehmer, die regelmäßig an weniger Arbeitstagen einer Woche als ein vollzeitbeschäftigter Arbeitnehmer beschäftigt sind, haben entsprechend der Zahl der für sie maßgeblichen Arbeitstage ebenso Anspruch auf Erholungsurlaub wie vollzeitbeschäftigte Arbeitnehmer.[933] 340

Beispiel

A ist an einem Tag in der Woche mit acht Stunden und einen weiteren Tag mit vier Stunden beschäftigt. Da der Urlaub tage- und nicht stundenweise berechnet wird,[934] ist von einem Verhältnis von sechs Werktagen zu zwei Arbeitstagen auszugehen. A kann daher an (24: 6 x 2 =) 8 Arbeitstagen Freistellung verlangen. Kontrollüberlegung: 8 Arbeitstage entsprechen 4 Wochen = 24 Werktagen.

Begehrt A so »geschickt« Urlaub, dass er ausschließlich oder überwiegend für seine »langen« Tage Urlaub anmeldet, kann dem der Arbeitgeber nur über die Vorschriften zur Urlaubserteilung (§ 7 Abs. 1 Satz 1 und Abs. 2) begegnen.[935]

Gleiches gilt grundsätzlich für tarifliche Urlaubsregelungen.[936] Ergeben sich bei der Umrechnung des Urlaubsanspruchs für Teilzeitbeschäftigte nach der obigen Formel Bruchteile von Arbeitstagen, hat der Arbeitnehmer Anspruch auf Gewährung in diesem Umfang, es sei denn, der Tarifvertrag regelt dies ausdrücklich anders. 341

Beispiel

Der Tarifurlaub bei einer Fünf-Tage-Woche beträgt 28 Arbeitstage. A, der an zwei Tagen in der Woche acht Stunden und an einem Tag vier Stunden arbeitet, hat einen Anspruch auf (28: 5 x 3 =) 16,8 Urlaubstage. Am letzten Urlaubstag ist A daher an sechs Stunden und 24 Minuten bzw. drei Stunden und zwölf Minuten, je nachdem ob es sich um einen »langen« oder »kurzen« Tag handelt, freizustellen.

Bei **bedarf- oder kapazitätsorientierter variabler Arbeitszeit** (»KAPOVAZ«; vgl. § 12 TzBfG) 342
ist zunächst ein repräsentativer Durchschnittswert der Jahresarbeitstage im Verhältnis zu den Jahreswerktagen zu bilden und der Arbeitnehmer in dem errechneten Umfang von der geplanten Arbeit freizustellen. Ist dies nicht möglich, so ist der Arbeitnehmer unabhängig von seinem Arbeitszeitdeputat für die Dauer des gesetzlichen Mindesturlaubs von 24 Werktagen, bzw. nach etwaigen tariflichen Regelungen für die dort vorgesehene Dauer von der Arbeit freizustellen. Für diese Zeit kann er nicht zur Arbeitsleistung in Anspruch genommen werden.[937]

931 BAG, v. 22.10.1991, AP BUrlG § 3 Nr. 6 = NZA 1993, 79.
932 BAG v. 19.04.1994, AP TVG § 1 Gebäudereinigung Nr. 7 = NZA 1994, 899.
933 BAG v. 14.02.1991, AP BUrlG § 3 Teilzeit Nr. 1 = NZA 1991, 777.
934 BAG v. 28.11.1989, AP BetrVG 1972 § 77 Auslegung Nr. 5 = NZA 1990, 445.
935 ErfK/*Dörner,* § 3 BUrlG Rn 24.
936 BAG v. 14.02.1991, AP BUrlG § 3 Teilzeit Nr. 1 = NZA 1991, 777.
937 GK-TzA/*Mikosch,* Art 1, § 4 Rn 111.

d) Änderung der Arbeitszeit

343 Streitig ist die Berechnung der Urlaubsdauer, wenn sich die Dauer der Arbeitszeit (oder genauer: die Zahl der Arbeitstage, an denen in der Woche Arbeit zu leisten ist) im Laufe des Urlaubsjahrs bzw. im Übertragungszeitraum ändert.

Beispiel

A arbeitet vom 01.01.2003 bis zum 30.06.2003 an drei Tagen, vom 01.07.2003 bis zum 31.12.2003 an fünf Tagen und ab 01.01.2004 an zwei Tagen in der Woche. Er verdient 200 EUR am Tag. Wie viele Urlaubstage bzw. Abgeltung kann er beanspruchen,
a) wenn er im Oktober 2003 Urlaub erhält
b) wenn er im Februar 2004 den übertragenen Urlaub aus 2003 erhält
c) wenn er zum 31.10.2003/28.02.2004 ausscheidet?

344 Es gilt auch hier der Grundsatz, dass der gesetzliche Urlaub in Werktagen bemessen ist und sich deshalb die individuelle Urlaubsdauer nicht nach bereits erbrachten Arbeitsleistungen oder nach bereits erledigten Verteilungen der Arbeitszeit, sondern nach der im **Urlaubszeitraum maßgeblichen Arbeitszeitverteilung**, also der vom Arbeitnehmer an seinen Arbeitstagen zu erbringenden Arbeitsleistung, richtet.[938] Das gilt entsprechend für den Übertragungszeitraum, so dass sich die Zahl der Urlaubs(Arbeits-)tage nach den Verhältnissen im Übertragungszeitraum richtet.[939]

Lösung

Frage a): A kann im zweiten Halbjahr 2003 an 20 Arbeitstagen Freistellung verlangen, obwohl er im ersten Halbjahr nur an drei Tagen in der Woche gearbeitet hat, da 24 Werktage im konkreten Urlaubszeitraum 20 Arbeitstagen entsprechen. Die Dauer des Urlaubsanspruchs ist nicht davon abhängig, ob vor dem Urlaubszeitraum Voll- oder Teilzeit geleistet wurde oder wie die Arbeitszeit vor dem Urlaubszeitraum verteilt war.

Frage b): Da übertragener Urlaub sich nach den Verhältnissen im Übertragungszeitraum berechnet, entsprechen 24 Werktage acht Arbeitstagen im Februar 2004. (Kontrollüberlegung: 20 Arbeitstage im Oktober 2003 entsprechen ebenso vier Wochen wie acht Arbeitstage im Februar 2004).

Frage c): Da Urlaubsabgeltung das Surrogat des Urlaubs ist, kann A am 31.10.2003 Abgeltung für 20 Arbeitstage = 4000 EUR, am 28.02.2004 aber nur Abgeltung für acht Arbeitstage aus 2003 und 4/3 Arbeitstage für 2004 (24 : 12 x 2 : 6 x 2) = 1866 EUR verlangen. Das erscheint unbefriedigend, ist aber Konsequenz der Surrogatstheorie.

e) Zusatzurlaub für schwerbehinderte Menschen

345 Schwerbehinderte Menschen haben einen Anspruch auf **Zusatzurlaub von 5 Arbeitstagen** im Jahr, § 125 SGB IX. Das Gesetz geht von einem Normalarbeitsverhältnis mit fünf Arbeitstagen in der Woche aus und bestimmt deshalb in § 125 Satz 1 Hs. 2, dass im Falle einer Abweichung der Arbeitszeit sich die Zahl der Zusatzurlaubstage entsprechend erhöht oder vermindert; als Kontrollüberlegung gilt auch hier: Der Zusatzurlaub muss unabhängig von der jeweiligen Arbeitszeit eine Woche betragen.

346 Der Anspruch besteht bei **objektivem Vorliegen der Schwerbehinderteneigenschaft**. Die förmliche Anerkennung ist anders als im Falle des Sonderkündigungsschutzes nach §§ 85 ff. SGB IX[940] nicht erforderlich. Der Arbeitnehmer muss lediglich den Anspruch unter Berufung auf seine Schwerbehinderteneigenschaft geltend machen.[941] Das BAG weist in diesem Zusammenhang zutreffend darauf hin, dass der Bescheid nach § 69 SGB IX lediglich deklaratorische Bedeutung hat.

938 BAG v. 28.04.1998, AP BUrlG § 3 Nr. 7 = NZA 1999, 156; a.A. ErfK/*Dörner*, § 3 BUrlG Rn 26.
939 BAG v. 28.04.1998, AP BUrlG § 3 Nr. 7 = NZA 1999, 156; a.A. ErfK/*Dörner*, § 7 BUrlG Rn 65.
940 Vgl. BAG v. 16.08.1991, AP SchwbG 1986 § 15 Nr. 2 = NZA 1992, 23.
941 BAG v. 28.01.1982, AP SchwbG § 44 Nr. 3 = DB 1982, 1329.

Der Zusatzurlaub folgt den Regeln des Erholungsurlaubs nach dem BUrlG. Deshalb ist auch für den vollen Zusatzurlaub die Wartezeit des § 4 zurückzulegen. Auch im Übrigen unterliegt der Anspruch auf Zusatzurlaub den allgemeinen Grundsätzen des Urlaubsrechts, soweit nicht in § 125 SGB IX etwas Besonderes bestimmt ist. 347

§ 125 Abs. 2 Satz 1 SGB IX enthält eine § 5 BUrlG ähnelnde Teilurlaubsregelung für die Fälle, in denen die Schwerbehinderung erst im Verlauf des Urlaubsjahres entsteht; der schwerbehinderte Mensch kann dann nur ein Zwölftel des Zusatzurlaubs für jeden vollen Monat der im Beschäftigungsverhältnis vorliegenden Schwerbehinderteneigenschaft verlangen. Nicht eindeutig ist die Neufassung des § 125 SGB IX im Falle des Ausscheidens des Schwerbehinderten im laufenden Kalenderjahr. Wortlaut (»kann bei einem nicht im ganzen Kalenderjahr bestehenden Beschäftigungsverhältnis nicht erneut gemindert werden«) und Gesetzesbegründung des § 125 Abs. 2 Satz 3 Hs. 2 legen die Auslegung nahe, dass – wie nach der bis zum 30.04.2004 geltenden Fassung[942] – ein in der zweiten Jahreshälfte nach Erfüllung der urlaubsrechtlichen Wartezeit ausscheidender Arbeitnehmer, der im gesamten Kalenderjahr schwerbehindert war, Anspruch auf den vollen Zusatzurlaub hat; eine Kürzung des Vollurlaubsanspruchs erfolgt nur im Falle des § 5 Abs. 1 lit. c) bei Ausscheiden in der ersten Jahreshälfte. Damit wirkt sich das Zwölftelungsprinzip in § 125 Abs. 2 SGB IX nur im Jahr der Entstehung der Schwerbehinderung aus. Bei Ausscheiden innerhalb eines Kalenderjahres bleibt der Zusatzurlaub von einer etwaigen tarifvertraglichen Zwölftelungsregelung unberührt, da es sich hier um einen gesetzlichen Urlaubsanspruch handelt, dessen Gehalt durch Tarifvertrag nicht geändert werden kann.[943] 348

§ 125 Abs. 3 SGB IX regelt, dass im Falle einer rückwirkenden Feststellung der Schwerbehinderteneigenschaft für die Übertragbarkeit des Zusatzurlaubs die allgemeinen urlaubsrechtlichen Vorschriften gelten. Diese Neuregelung ist missglückt. Eine Übertragung des Zusatzurlaubs allein wegen des Laufs des Feststellungsverfahrens wäre auch ohne die Neuregelung nicht erfolgt; die Ungewissheit über das Ergebnis des Feststellungsverfahrens ist kein in der Person des Arbeitnehmers liegender Übertragungsgrund.[944] Der in der Gesetzesbegründung[945] genannte Regelungszweck, bei einem sich über mehrere Jahre hinziehenden Feststellungsverfahren solle der Schwerbehinderte den Zusatzurlaub aus den vorvergangenen Jahren nicht beanspruchen können, wird nicht erreicht, wenn der Arbeitnehmer den Zusatzurlaub sofort nach Antragstellung beim Arbeitgeber geltend macht. In diesem Falle entsteht nach allgemeinem Urlaubs- bzw. Leistungsstörungsrecht mit dem Erlöschen des Zusatzurlaubsanspruchs durch Zeitablauf ein Schadensersatzanspruch (Ersatzurlaub), der durch § 125 Abs. 3 SGB IX nicht berührt wird. 348a

Bei Ausscheiden innerhalb eines Kalenderjahres bleibt der Zusatzurlaub von einer etwaigen tarifvertraglichen Zwölftelungsregelung unberührt, da es sich hier um einen gesetzlichen Urlaubsanspruch handelt, dessen Gehalt durch Tarifvertrag nicht geändert werden kann.[946] 349

3. Teilurlaub

a) Allgemeines

§ 5 Abs. 1 sieht eine **Zwölftelung des Urlaubsanspruchs** in drei unterschiedlichen Fällen vor. § 5 Abs. 1 lit. a) und b) begründen einen Teilurlaubsanspruch, während lit. c) einen nachträglich gekürzten Vollurlaub vorsieht. Der Arbeitnehmer, der im laufenden Urlaubsjahr wegen Nichterfüllung der Wartezeit keinen vollen Urlaubsanspruch erwirbt (§ 5 Abs. 1 lit. a)), vor erfüllter Wartezeit (§ 5 Abs. 1 lit. b)) oder nach erfüllter Wartezeit in der ersten Hälfte eines Kalenderjahres (§ 5 Abs. 1 lit. c)) aus dem Arbeitsverhältnis ausscheidet, hat Anspruch auf ein Zwölftel des Jahresurlaubs für 350

942 BAG v. 08.03.1994, AP SchwbG 1986 § 47 Nr. 5 = NZA 1994, 1095.
943 BAG v. 08.03.1994, AP SchwbG 1986 § 47 Nr. 5 = NZA 1994, 1095.
944 BAG v. 21.02.1995, NZA 1995, 1008.
945 BT-Drucks 15/1783, 46.
946 BAG v. 08.03.1994, AP SchwbG 1986 § 47 Nr. 5 = NZA 1994, 1095.

jeden vollen Monat (nicht: Kalendermonat) des Bestehens des Arbeitsverhältnisses. Maßgebend ist der rechtliche Bestand des Arbeitsverhältnisses. Fehlen an einem vollen Monat Tage, an denen bei Fortbestehen des Arbeitsverhältnisses keine Arbeitspflicht bestanden hätte (gesetzlicher Feiertag, Samstag, Sonntag, freier Tag im Rahmen eines rollierenden Arbeitszeitsystems), entsteht für den nicht vollendeten Monat kein Urlaubsanspruch.[947] Zweifelhaft ist, ob § 5 Abs. 1 lit. b) **mit Art. 7 Abs. 1 der Richtlinie 93/104/EG vereinbar** ist, wenn das Arbeitsverhältnis vor Ablauf eines vollen Monats endet und deshalb ein Teilurlaubsanspruch nicht entsteht. Der EuGH hat hierzu entschieden, dass die Richtlinie einem Mitgliedstaat nicht erlaubt, eine nationale Regelung zu erlassen, nach der ein Arbeitnehmer einen Anspruch auf bezahlten Jahresurlaub erst dann erwirbt, wenn er eine ununterbrochene Mindestbeschäftigungszeit (im Falle des EuGH von 13 Wochen) bei demselben Arbeitgeber zurückgelegt hat. Die Richtlinie 93/104 sei dahin auszulegen, dass sie es den Mitgliedstaaten verwehrt, den allen Arbeitnehmern eingeräumten Anspruch auf bezahlten Jahresurlaub dadurch einseitig einzuschränken, dass sie eine Voraussetzung für diesen Anspruchaufstellen, die bewirkt, dass bestimmte Arbeitnehmer von diesem Anspruch ausgeschlossen sind.[948] Ein deutsches Gericht, das einen derartigen Fall (letztinstanzlich) zu entscheiden hat, müsste die Frage der Vereinbarkeit von § 5 mit der RL 93/104/EG dem EuGH zur Vorabentscheidung gem. Art. 234 Abs. 1 lit. b), 3 EGV vorgelegen.

351 Ergeben sich bei der Berechnung des Teil- oder des gekürzten Vollurlaubs **Bruchteile von Urlaubstagen**, die mindestens einen halben Tag ergeben, sind sie gem. § 5 Abs. 2 auf volle Urlaubstage aufzurunden. Bruchteile von Urlaubstagen nach § 5 Abs. 1, die nicht nach Abs. 2 aufgerundet werden müssen, sind dem Arbeitnehmer entsprechend ihrem Umfang durch (stundenweise) Befreiung von der Arbeitspflicht zu gewähren oder nach dem Ausscheiden aus dem Arbeitsverhältnis abzugelten; eine Abrundung findet nicht statt.[949]

Beispiel

Ein Arbeitsverhältnis mit 40-Stunden-Woche (Montag – Freitag) in Wechselschicht, Stundenlohn 20 EUR, beginnt mit Schichtbeginn um 6.00 Uhr am 02.01. Es endet mit Zugang einer außerordentlichen Kündigung am Freitag, dem 02.04., am Schichtende um 22.00 Uhr.

Der Arbeitgeber schuldet Urlaubsabgeltung für (24 Werktage: 6 x 5 Arbeitstage = 20 Urlaubstage Vollurlaub: 12 x 2 volle Monate =) 3,33 Arbeitstage = (3,33 Tage x 8 Stunden x 20 EUR =) 533,33 EUR.

352 Der Arbeitnehmer hätte zwar am 01.01. nicht arbeiten müssen; auch hat er seine Arbeitsleistung am letzten Tag des Arbeitsverhältnisses bereits erbracht. Gleichwohl sind weder der 01.01. noch der 02.04. mitzurechnen, da angefangene Monate auch dann nicht aufgerundet werden, wenn die fehlenden Tage bei früherem Beginn oder Fortbestand des Arbeitsverhältnisses arbeitsfrei gewesen wären. Eine allgemeine Aufrundungsregel gibt es auch nicht aus Billigkeitsgründen.[950] Der Arbeitnehmer hätte einen Anspruch auf Teilurlaubsanspruch für den dritten Monat daher nur dann, wenn das Arbeitsverhältnis mit Ablauf des 02.04. geendet hätte. Denn der 02.01. wird nach § 187 Abs. 1 BGB nicht mitgerechnet, so dass gem. § 188 Abs. 2 BGB das Fristende mit Ablauf des Tages eintritt, welcher durch seine Zahl dem Tage entspricht, in den der Beginn des Arbeitsverhältnisses fällt. Da die Kündigung bereits mit ihrem Zugang Rechtswirkung entfaltet, hat das Arbeitsverhältnis bereits um 22.00 Uhr des 02.04., also vor Ablauf dieses Tages geendet.[951]

947 BAG v. 26.01.1989, AP BUrlG § 5 Nr. 13 = NZA 1989, 756.
948 EuGH v. 26.06.2001, AP EWG-Richtlinie Nr. 93/104 Nr. 3 = NZA 2001, 827
949 BAG v. 26.01.1989, AP BUrlG § 5 Nr. 13 = NZA 1989, 756.
950 BAG v. 26.01.1989, AP BUrlG § 5 Nr. 13 = NZA 1989, 756.
951 Vgl. BAG v. 16.06.1966, AP BUrlG § 5 Nr. 4 = NJW 1966, 2081.

b) Teilurlaub nach § 5 Abs. 1 lit. a)

Der Anspruch nach dieser Vorschrift entsteht mit dem Beginn des Arbeitsverhältnisses, wenn zu diesem Zeitpunkt feststeht, dass der Arbeitnehmer die sechsmonatige **Wartezeit nicht mehr erfüllen** kann, mithin in allen Arbeitsverhältnissen, die mit Beginn[952] oder im Laufe des 01.07. eines Jahres anfangen.[953] Wenn das Arbeitsverhältnis vor dem 01.07. begonnen hat, aber der Ablauf der Wartezeit nicht erreicht wird, entsteht ein Teilurlaubsanspruch nach lit. b); gleiches gilt für Befristungen für weniger als sechs Monate. Der Teilurlaub nach lit. a) entsteht entsprechend der Dauer des Arbeitsverhältnisses insgesamt, nicht sukzessive mit Beginn eines jeden Monats.[954] 353

Der Anspruch wird mit seinem Entstehen auch fällig.[955] Der Arbeitnehmer, dessen Arbeitsverhältnis im Laufe des 2. Halbjahrs beginnt, kann – rein rechtlich gesehen – seinen Teilurlaubsanspruch mit Beginn des Arbeitsverhältnisses verlangen. Der Arbeitgeber muss erfüllen und kann allenfalls die in § 7 Abs. 1 genannten Leistungsverweigerungsrechte geltend machen, nicht aber einwenden, er schulde wegen der kurzen Dauer des Arbeitsverhältnisses keine oder eine geringere Freistellung von der Arbeitsverpflichtung.[956] Ob dies im Hinblick auf die gesetzliche Probezeit nach § 1 Abs. 1 KSchG ratsam ist, steht auf einem anderen Blatt. 354

Für die Erfüllung und die Abgeltung gelten die gleichen Grundsätze wie für den Vollurlaub. Eine Besonderheit enthält § 7 Abs. 3 Satz 4: Neben der allgemeinen Übertragungsregel in § 7 Abs. 3 Satz 2 gilt, dass der Arbeitnehmer allein durch die **Äußerung seines Übertragungswunsches**, der nicht an bestimmte Voraussetzungen geknüpft ist, den Urlaub auf das gesamte folgende Kalenderjahr übertragen kann. Das Verlangen ist eine empfangsbedürftige Willenserklärung; der Arbeitnehmer muss daher den Zugang nachweisen. Der Übertragungswunsch muss bis zum 31. 12. des Eintrittsjahres geltend gemacht werden. Er ist nicht an die Voraussetzungen des Abs. 3 Satz 2 geknüpft, an keine Form gebunden und bedarf keiner Begründung. Das Verlangen muss nicht ausdrücklich erklärt werden; es genügt ein Verhalten des Arbeitnehmers, das unter Anwendung des § 133 BGB als Verlangen i.S.d. Gesetzes zu verstehen ist. Das Schweigen wird allerdings regelmäßig nicht als konkludenter Übertragungswunsch angesehen werden können.[957] 355

Wird der Teilurlaubsanspruch aufgrund des Verlangens des Arbeitnehmers nach § 7 Abs. 3 Satz 4 übertragen, so geht er auf das **gesamte Folgejahr**, nicht nur auf das erste Quartal über. 355a

Ist weder ein allgemeiner Übertragungstatbestand (§ 7 Abs. 3 Satz 2) gegeben noch eine Übertragung des Teilurlaubs auf Verlangen des Arbeitnehmers zustande gekommen, so **erlischt** der Teilurlaubsanspruch am Jahresende. 355b

c) Teilurlaub nach § 5 Abs. 1 lit. b)

Der Anspruch entsteht und wird fällig mit der **rechtlichen Beendigung des Arbeitsverhältnisses**. Ist die Wirksamkeit der Beendigung oder deren Zeitpunkt im Streit, hängt das Entstehen des Anspruchs von der ggf. später gerichtlich festgestellten Rechtslage ab. Der Anspruch muss deshalb ggf. vorsorglich geltend gemacht werden. 356

Eine Übertragung kommt nur nach den allgemeinen Regeln in § 7 Abs. 3 Satz 2 und 3 in Betracht, z.B. wenn das Arbeitsverhältnis nach Kündigung vom 15.12. am 31.01. endet und der Arbeitnehmer seit Zugang der Kündigung arbeitsunfähig war, nicht aber nach § 7 Abs. 3 Satz 4. Dies ist von 357

952 Vgl. zu diesem Problem Rn 327.
953 *Leinemann/Linck,* BUrlG, § 5 Rn 22 f.
954 *Leinemann/Linck,* BUrlG, § 5 Rn 6.
955 *Leinemann/Linck,* BUrlG, § 5 Rn 11.
956 ErfK/*Dörner,* § 5 BUrlG Rn 10.
957 BAG v. 29.07.2003 – 9 AZR 270/02.

Bedeutung, falls der Arbeitnehmer nicht bis zum 31.03. wieder arbeitsfähig wird: dann erlischt nämlich der Abgeltungsanspruch.

d) Gekürzter Urlaub nach § 5 Abs. 1 lit. c)

358 § 5 Abs. 1 lit. c) regelt die **Kürzung** des im Arbeitsverhältnis **bereits erworbenen Vollurlaubsanspruchs** in dem Fall, dass der Arbeitnehmer bis zum 30.06. eines Jahres einschließlich[958] ausscheidet. Steht das Ausscheiden im 1. Halbjahr bereits zu Beginn des Jahres fest, entsteht von Anfang an nur der gekürzte Urlaubsanspruch, wogegen im Falle eines erst im laufenden Halbjahr entstehender Beendigungstatbestand der Urlaubsanspruch zu Beginn des Jahres als Vollanspruch entsteht und fällig ist (und deshalb auch von dem Arbeitnehmer, der die Beendigung des Arbeitsverhältnisses im 1. Halbjahr plant, verlangt werden kann). Die Kürzung nach lit. c), die von Gesetzes wegen erfolgt, tritt erst mit Vorliegen des Beendigungstatbestandes (z.B. Zugang der Kündigung) ein.

359 Kann der Urlaub bis zur Beendigung des Arbeitsverhältnisses nicht mehr genommen werden, so wandelt er sich nach § 7 Abs. 4 in einen Abgeltungsanspruch um, der bis zum Ende des Kalenderjahrs (bzw. – bei Vorliegen der Übertragungsvoraussetzungen – bis zum Ende des Übertragungszeitraums) geltend gemacht werden muss.[959]

360 Eine **bereicherungsrechtliche Besonderheit** sieht § 5 Abs. 3 vor. Im Falle der Kürzung des Vollurlaubs nach Abs. 1 lit. c) verringert sich mit dem Urlaubs- (= Freistellungs-)anspruch auch der Vergütungsanspruch nach § 11 entsprechend. Abs. 3 verwehrt als Spezialvorschrift zu §§ 812, 818 BGB dem Arbeitgeber, aufgrund der Kürzung überzahltes Urlaubsentgelt zurückzufordern. Damit sind aber nicht die Fälle erfasst, in denen der Arbeitgeber zum Zeitpunkt des Beendigungstatbestandes bereits (Voll-)Urlaub erteilt, aber noch kein Urlaubsentgelt gezahlt hat. Hier kann er die nach lit. c) zu viel gewährte Freistellung kondizieren und damit die Zahlung des entsprechenden Urlaubsentgelts verweigern.[960] Das gilt auch, wenn der Arbeitnehmer den Urlaub bereits angetreten, der Arbeitgeber aber zum Zeitpunkt des Beendigungstatbestandes (wegen später eintretender Fälligkeit oder aus sonstigen Gründen) noch kein Urlaubsentgelt gezahlt hat. Denn § 5 Abs. 3 schützt den Arbeitnehmer nur vor Rückzahlungsansprüchen des Arbeitgebers, schafft aber keinen eigenen Zahlungsanspruch über §§ 5, 11 hinaus.[961]

360a Das Rückforderungsverbot ist nicht durch § 13 Abs. 1 Satz 1 erfasst. In Tarifverträgen kann deshalb **zu Ungunsten** der Arbeitnehmer vereinbart werden, dass Urlaubsentgelt für zu viel geleisteten Urlaub zurückgefordert werden darf.[962]

4. Ausschluss von Doppelansprüchen

a) Ausschlusstatbestände

361 Das Entstehen und die Fälligkeit des Vollurlaubsanspruchs nach erfüllter Wartezeit jeweils mit dem ersten Tage eines Kalenderjahres könnte dazu führen, dass der gesetzliche Urlaubsanspruch im selben Kalenderjahr zweimal entsteht.

> *Beispiel*
> A ist seit 1995 bei Fa. A beschäftigt. Im Februar 2004 verlangt und erhält er seinen gesamten Jahresurlaub. Das Arbeitsverhältnis wird im März zum 30.04. gekündigt. Am 01.06.2004 beginnt er ein Arbeitsverhältnis bei Fa. B.

362 § 6 verhindert in dieser Situation das **Entstehen von Doppelansprüchen**. § 6 ist allerdings nur anwendbar, wenn im selben Kalenderjahr bereits für den Zeitraum des Kalenderjahrs, für das ein

958 BAG v. 16.06.1966, AP BUrlG § 5 Nr. 4.
959 BAG v. 17.01.1995, AP BUrlG § 7 Abgeltung Nr. 66 = NZA 1995, 531.
960 BAG v. 23.04.1996, AP TVG § 1 Tarifverträge: Metallindustrie Nr. 140 = NZA 1997, 265.
961 *Leinemann/Linck,* BUrlG, § 5 Rn 58.
962 BAG v. 23.01.1996 BUrlG § 5 Nr. 10 = NZA 1996, 1101.

weiteres Arbeitsverhältnis begründet worden ist, vom vorherigen Arbeitgeber gesetzlicher Urlaub gewährt wurde. Entstehen in zwei aufeinander folgenden Arbeitsverhältnisses **zwei Teilurlaubsansprüche** (weil in beiden Arbeitsverhältnissen die Wartezeit nicht erfüllt wurde), gilt § 6 nicht. Wird dem Arbeitnehmer aufgrund Tarifvertrag oder einzelvertraglicher Regelung vom früheren Arbeitgeber für den ersten Teil des Jahres mehr als der anteilige gesetzliche Urlaub gewährt, kann sich der neue Arbeitgeber darauf nicht berufen; das Entstehen eines Anspruchs beim neuen Arbeitgeber wird nur insoweit gehindert, wie der vorherige Arbeitgeber mehr als pro rata temporis geschuldet gewährt.

363 *Beispiel*

Arbeitgeber 1 schuldet aus Tarifvertrag 36 Werktage Urlaub. A scheidet zum 30.04. aus. Er tritt am 01.06. bei Arbeitgeber 2, bei dem nur der gesetzliche Urlaub gewährt wird, die Arbeit an. Arbeitgeber 1 zahlt Urlaubsabgeltung für zwölf Werktage.

Arbeitgeber 2 schuldet an sich den gesetzlichen Vollurlaub, da A am 01.12. die Wartezeit erfüllt hat. Nach § 6 verringert sich aber der Anspruch auf 16 Werktage (24 Werktage gesetzlicher Vollurlaub: 12 x 4 = 8 Werktage anzurechnender gesetzlicher Teilurlaubsanspruch für die Zeit vom 01.01. bis 30.04., diese auf den von Arbeitgeber 2 zu gewährenden gesetzlichen Vollurlaub – 24 Werktage – anzurechnen = 16 Werktage).

364 Der neue Arbeitgeber kann sich nicht auf § 6 berufen, wenn der Arbeitnehmer **nicht erfüllte Voll- oder Teilurlaubsabgeltungsansprüche** gegen den vorherigen Arbeitgeber hat. Denn nur der erfüllte Abgeltungsanspruch hindert das Entstehen eines neuen Anspruchs. Der neue Arbeitgeber kann dem Arbeitnehmer auch nicht die Erfüllung des von ihm geschuldeten Urlaubs mit der Begründung verweigern, er solle seinen Abgeltungsanspruch gegenüber dem alten Arbeitgeber durchsetzen. Selbst wenn der Arbeitnehmer eine Klage auf Abgeltung seines Urlaubs gegen den Vorarbeitgeber eingereicht hat, hindert das nicht das Entstehen und die Durchsetzung des beim neuen Arbeitgeber nach Gesetz oder Tarifvertrag entstandenen Anspruchs.[963] Erst wenn der alte Arbeitgeber tatsächlich erfüllt, entfällt nach § 6 der Anspruch beim neuen Arbeitgeber. Hat der neue Arbeitgeber zu diesem Zeitpunkt bereits (zu viel) Urlaub gewährt, kann er das Urlaubsentgelt gem. § 812 BGB zurückfordern.[964]

§ 6 gilt auch **nicht zugunsten des alten Arbeitgebers**. Dieser kann den ausgeschiedenen Mitarbeiter nicht auf seinen beim neuen Arbeitgeber entstehenden Urlaub verweisen.[965]

b) Urlaubsbescheinigung

365 Macht der Arbeitgeber geltend, der Arbeitnehmer fordere Urlaub doppelt, so handelt es sich um eine **rechtshindernde Einwendung**, die der Arbeitgeber darzulegen und zu beweisen hat. Jedoch kann er die Urlaubserteilung verweigern, wenn der Arbeitnehmer nicht die Urlaubsbescheinigung nach § 6 Abs. 2 vorlegt. Legt der Arbeitnehmer auch im Prozess die Bescheinigung nicht vor, kann das unter dem Gesichtspunkt des Verbots der Beweisvereitelung nach § 286 ZPO gewürdigt werden.

366 Der Arbeitnehmer wiederum hat einen Anspruch gegen den früheren Arbeitgeber auf Erteilung der Bescheinigung. Dieser hat die Bescheinigung, die Angaben zur Beschäftigungsdauer, Urlaubshöhe sowie Ausmaß des gewährten bzw. abgegoltenen Urlaubs enthält, unaufgefordert mit der Beendigung des Arbeitsverhältnisses dem Arbeitnehmer zur Verfügung zu stellen.

963 BAG v. 25.11.1982, AP BUrlG § 6 Nr. 3 = DB 1983, 1155; ErfK/*Dörner*, § 6 BUrlG Rn 10.
964 ErfK/*Dörner*, § 6 BUrlG Rn 12.
965 BAG v. 28.02.1991, AP BUrlG § 6 Nr. 4 = NZA 1991, 944.

IV. Erfüllung des Urlaubsanspruchs

1. Leistungshandlung und -erfolg

367 Aus der Rechtsnatur des Urlaubsanspruchs ergibt sich, dass der Arbeitgeber den Urlaubsanspruch dadurch erfüllt, dass er den Arbeitnehmer von der Arbeitsleistung freistellt. Die Leistungshandlung besteht also darin, dass der Arbeitgeber eine **Freistellungserklärung** abgibt,[966] während der Erfolg eintritt, wenn der Arbeitnehmer den Urlaub »antritt«, also seine Arbeitsleistung nicht erbringt.

368 Die Urlaubserteilung ist eine **Willenserklärung**, für die die allgemeinen Grundsätze des Zugangs, der Auslegung und der Beweislast gelten.[967] Daraus ergibt sich insbesondere Folgendes: Die Freistellungserklärung muss hinreichend deutlich erkennen lassen, dass eine Befreiung von der Arbeitspflicht zur Erfüllung des gesetzlichen oder tariflichen Anspruchs auf Urlaub erteilt wird; anderenfalls liegt keine Urlaubsgewährung vor.[968] Dieses Bestimmtheitserfordernis führt in der Praxis immer wieder zu Schwierigkeiten, wenn Arbeitgeber Arbeitnehmer mit Ausspruch einer Kündigung für die Zeit der Kündigungsfrist von der Arbeit freistellen. Um eine Erfüllung der Urlaubsansprüche zu bewirken, bedarf es einer besonderen Erklärung des Arbeitgebers, aus der der Arbeitnehmer entnehmen muss, dass er unter Anrechnung auf seinen Urlaubsanspruch von seiner Arbeitspflicht befreit ist.[969]

369 Aus den allgemeinen Grundsätzen der Rechtsgeschäftslehre ergibt sich auch, dass Schweigen des Arbeitgebers auf einen Urlaubsantrag des Arbeitnehmers regelmäßig nicht als Urlaubserteilung angesehen werden kann,[970] mit der Folge, dass der Arbeitnehmer, der den angemeldeten Urlaub antritt, in kündigungsrechtlich relevanter Weise seine Hauptpflicht verletzt. Ausnahmsweise kann dem Schweigen des Arbeitgebers rechtsgeschäftlicher Erklärungswert beigemessen werden, wenn im Betrieb üblicherweise der beantragte Urlaub als genehmigt gilt, wenn der Arbeitgeber nicht widerspricht.

370 Unzulässig – und grundsätzlich als Kündigungsgrund geeignet[971] – ist eine »**Selbstbeurlaubung**« des Arbeitnehmers. Das gilt auch, wenn das Urlaubsjahr abläuft, das Ende des Übertragungszeitraums bevorsteht oder das Arbeitsverhältnis gekündigt ist und nur noch die Dauer der Kündigungsfrist für eine Urlaubsgewährung zur Verfügung steht.[972] Zudem entfällt der Vergütungsanspruch des Arbeitnehmers für die Zeit der Selbstbeurlaubung.[973]

371 Da es an einer Leistungshandlung fehlt, erlischt durch eine Selbstbeurlaubung nicht der Urlaubsanspruch. Es kann auch **nicht nachträglich die Erfüllung** des gesetzlichen oder tariflichen Urlaubsanspruchs vereinbart werden, da Urlaubsgewährung die Befreiung von der Arbeitspflicht für einen bestimmten zukünftigen Zeitraum ist. Das schließt die nachträgliche Behandlung einer Selbstbeurlaubung als Erfüllung einer gesetzlichen oder tariflichen Schuld auf Urlaubserteilung aus.[974] Der Arbeitnehmer kann daher weiterhin Urlaub – ggf. Abgeltung – verlangen. Unzulässig ist es – entgegen

966 BAG v. 09.08.1994, AP BUrlG § 7 Nr. 19 = NZA 1995, 174.
967 BAG v. 23.01.1996, AP BUrlG § 5 Nr. 10 = NZA 1996, 1101.
968 BAG v. 18.12.1986, AP BUrlG § 11 Nr. 19 = NZA 1987, 633.
969 BAG v. 28.02.1991, AP BUrlG § 6 Nr. 4 = NZA 1991, 944; BAG v. 31.05.1990, AP BUrlG § 13 Unabdingbarkeit Nr. 13; BAG v. 09.06.1998, AP BUrlG § 7 Nr. 23.
970 BAG v. 24.09.1996, AP ArbGG § 64 Nr. 25 = DB 1997, 679.
971 BAG v. 20.01.1994, AP BGB § 626 Nr. 115 = NZA 1994, 548; KR/*Etzel*, § 1 KSchG Rn 462 m.w.N.
972 BAG v. 20.01.1994, AP BGB § 626 Nr. 115 = NZA 1994, 548; BAG v. 25.10.1994, AP BUrlG § 7 Nr. 20 = NZA 1995, 591.
973 BAG v. 25.10.1994, AP BUrlG § 7 Nr. 20 = NZA 1995, 591.
974 BAG v. 25.10.1994, AP BUrlG § 7 Nr. 20 = NZA 1995, 591.

einer weit verbreiteten Übung – auch, unentschuldigte Fehltage mit dem Urlaub zu »verrechnen«. Denn die Freistellungserklärung kann nicht nach der Leistung erfolgen.[975]

2. Urlaubswunsch

§ 7 Abs. 1 und 2 regeln die Art und Weise der Erfüllung des Urlaubsanspruchs abschließend. Die Urlaubserteilung steht daher **nicht im Ermessen** des Arbeitgebers gem. § 315 BGB. Der Arbeitgeber erfüllt den Urlaubsanspruch nur, wenn er bei der Erteilung den Wünschen des Arbeitnehmers nachkommt, es sei denn, der Arbeitgeber hat ein Leistungsverweigerungsrecht aus den in § 7 Abs. 1 Satz 1 bzw. Abs. 2 Satz 1 genannten Gründen.[976] 372

Hat der Arbeitnehmer zunächst keinen Urlaubswunsch geäußert, ist der Arbeitgeber zwar nicht verpflichtet, aber berechtigt, Urlaub zu erteilen. »Nimmt« der Arbeitnehmer den so erteilten Urlaub, tritt Erfüllung ein. Äußert der Arbeitnehmer nach Urlaubserteilung (erstmals) einen abweichenden Urlaubswunsch, muss der Arbeitgeber dem nachkommen. Eine nicht den Wünschen des Arbeitnehmers entsprechende Urlaubserteilung ist auch in diesen Fällen keine Erfüllung.[977] Bei der nachträglichen Äußerung seines Urlaubswunsches ist der Arbeitnehmer so frei wie bei der »Beantragung« des Urlaubs am Beginn des Jahres.[978] 373

Der Urlaub ist gem. § 7 Abs. 2 Satz 1 **grundsätzlich zusammenhängend** zu gewähren. Einen entsprechenden Wunsch des Arbeitnehmers kann der Arbeitgeber nur ablehnen, wenn ihm ein Leistungsverweigerungsrecht aus dringenden betrieblichen Gründen (hierzu sogleich Rn 377) zusteht. Eine dem entgegenstehende Urlaubserteilung führt nicht zum Erlöschen des Urlaubsanspruchs. Wird dem Arbeitnehmer aus betrieblichen oder aus Gründen in seiner Person (die der zusammenhängenden Urlaubserteilung objektiv entgegenstehen müssen, ein bloßer Wunsch genügt nicht) der Urlaub in mehreren Abschnitten erteilt, muss eine Urlaubsperiode **mindestens zwölf Werktage** betragen. Wird dies nicht beachtet, erfüllt auch auf Wunsch des Arbeitnehmers gewährter Kurzurlaub insoweit nicht den Urlaubsanspruch.[979] 374

Beispiel
Wird dem Arbeitnehmer auf seinen Wunsch der gesetzliche Urlaub in 24 Teilen zu je einem Tag gewährt, ohne dass Gründe i.S.d. § 7 Abs. 2 Satz 1 vorliegen, ist der Jahresurlaub in Höhe von zwölf Werktagen nicht erfüllt; der Arbeitnehmer kann also weitere zwei (zusammenhängende) Wochen Urlaub verlangen.

Dem Arbeitnehmer kann nicht das Verbot widersprüchlichen Verhaltens (§ 242 BGB) entgegengehalten werden noch kann sich der Arbeitgeber auf § 13 Abs. 1 Satz 3 berufen, da sich diese Öffnungsklausel nur auf § 7 Abs. 2 Satz 2 bezieht, diese Vorschrift aber wiederum voraussetzt, dass Gründe für eine Aufspaltung gem. § 7 Abs. 2 Satz 1 vorliegen; Satz 1 ist jedoch nicht vertragsdispositiv.[980] 375

3. Leistungsverweigerungsrecht

§ 7 regelt die Gründe, die eine Ablehnung des Urlaubswunsches durch den Arbeitgeber rechtfertigen können, abschließend. Danach kann der Arbeitgeber dringende betriebliche Belange, vorrangige Urlaubswünsche anderer Arbeitnehmer oder den gesetzlichen Vorrang des zusammenhängenden Urlaubs (§ 7 Abs. 2 Satz 1) geltend machen. 376

975 BAG v. 25.10.1994, AP BUrlG § 7 Nr. 20 = NZA 1995, 591.
976 BAG v. 18.12.1986, AP BUrlG § 7 Nr. 10 = NZA 1987, 379.
977 ErfK/*Dörner*, § 7 BUrlG Rn 17 ff.
978 ErfK/*Dörner*, § 7 BUrlG Rn 19.
979 BAG v. 29.07.1965, AP BUrlG § 7 Nr. 1.
980 Vgl. KassArbR/*Schütz*, 2.4 Rn 265.

377 **Dringende betriebliche Belange** liegen nicht bereits dann vor, wenn personelle Engpässe oder sonstige Störungen des Betriebsablaufs zu besorgen sind. Dem Arbeitgeber ist zuzumuten, die regelmäßig durch Urlaub zu erwartenden Engpässe einzukalkulieren und dementsprechend Personal vorzuhalten. Dringend sind daher betriebliche Belange nur dann, wenn nicht vorhersehbare Umstände (z.B. Krankheit) zu Personalmangel führen und dem Arbeitgeber eine zusätzliche Belastung durch urlaubsbedingte Ausfälle nicht zugemutet werden kann. Anzuerkennen sind auch besondere Gegebenheiten beim Arbeitgeber (z.B. Saisonarbeit), die einer Urlaubserteilung zu Zeiten besonderer Personalknappheit entgegenstehen.

378 **Urlaubswünsche eines anderen Arbeitnehmers** stehen einem Urlaubswunsch nur entgegen, wenn der Arbeitgeber wegen dringender betrieblicher Belange nicht beiden Arbeitnehmern gleichzeitig Urlaub erteilen kann (hierfür gelten die eben dargestellten Grundsätze) und die Wünsche des anderen aus sozialen Gründen den Vorrang haben. Soziale Gesichtspunkte können sich insbesondere aus familiären Umständen (Schulkinder, Urlaub des Partners) ergeben. Der Begriff »soziale Gründe« ist nicht identisch mit den »sozialen Gesichtspunkten« in § 1 Abs. 3 KSchG; Betriebszugehörigkeit und Lebensalter sind daher bei der Urlaubserteilung unbeachtlich.

379 Zu beachten ist im Streitfall ggf. das **Mitbestimmungsrecht** des Betriebsrats aus § 87 Abs. 1 Nr. 5 BetrVG. Wird das Mitbestimmungsrecht des Betriebsrats nicht gewahrt, ist der Urlaub nicht wirksam erteilt worden; das bedeutet, dass der Arbeitgeber, der den Arbeitnehmer während der Zeit des unwirksam erteilten Urlaubs trotz Angebots (§§ 294, 295 BGB) nicht beschäftigt, in Annahmeverzug gerät und der Urlaubsanspruch bestehen bleibt.

4. Urlaub im Kündigungsfall

380 Ist der **Urlaubszeitpunkt** vor Beendigung des Arbeitsverhältnisses bereits **festgelegt**, ist zu unterscheiden, ob die Beendigung gerichtlich angegriffen wird oder nicht. Steht die Beendigung fest, ist die Urlaubserteilung hinfällig, da wegen der Beendigung eine Freistellung nicht mehr erfolgen kann. Erteilt der Arbeitgeber den Urlaub nunmehr neu für die Zeit der Kündigungsfrist, kann der Arbeitnehmer ggf. ein Annahmeverweigerungsrecht geltend machen, wenn dieser Urlaubszeitpunkt für ihn unzumutbar ist.[981] Es entsteht dann mit Beendigung des Arbeitsverhältnisses ein Abgeltungsanspruch.

380a Wird dagegen ein Bestandsschutzstreit geführt, gelten die allgemeinen Grundsätze: Insbesondere hat der Arbeitgeber nicht das Recht, den vor Ausspruch der Kündigung für die Zeit nach Ablauf der Kündigungsfrist festgelegten Urlaub in die Kündigungsfrist zu »verlegen«. Zu beachten ist aber, dass der Urlaubsanspruch im Falle eines Kündigungsrechtsstreit das Schicksal der Kündigung teilt. Erweist sie sich als unwirksam, steht dem Arbeitnehmer für die Urlaubszeit das Entgelt nach § 11 zu. Wird die Kündigungsschutzklage abgewiesen, so ist mit Ablauf der Kündigungsfrist ein Abgeltungsanspruch entstanden, der vor seinem Erlöschen gesondert geltend gemacht werden muss, um dem Arbeitnehmer Schadensersatzansprüche zu erhalten (siehe Rn 416 ff. und Rn 412 ff.)

381 Ist der Urlaub nach Erklärung einer fristgerechten Kündigung noch nicht erteilt, gelten die in Rn 376 ff. dargestellten Grundsätze auch, wenn der Arbeitgeber mit der Kündigung den Resturlaub in der Kündigungsfrist erteilt. Allerdings ist zu beachten, dass der Arbeitnehmer die Annahme regelmäßig nicht verweigern kann, wenn die Kündigungsfrist so kurz bemessen ist, dass der Urlaub nur in dem vom Arbeitgeber bestimmten Zeitraum gewährt werden kann. Denn der Arbeitnehmer hat kein Annahmeverweigerungsrecht, um die Urlaubserteilung überhaupt zu verhindern und um in den Genuss einer Abgeltung zu kommen. Insoweit verdrängt der urlaubsrechtliche Grundsatz des Vorrangs der Freistellung von der Arbeit vor der Abgeltung (§ 7 Abs. 4) die Annahmeverweigerungsregelung des BGB, es sei denn, der Arbeitnehmer kann geltend machen, er habe im Vertrauen

981 Vgl. ErfK/*Dörner*, § 7 BUrlG Rn 20; *Leinemann/Linck*, BUrlG, § 7 Rn 54.

auf den Bestand des Arbeitsverhältnisses bereits Dispositionen für einen Urlaub nach Ablauf der Kündigungsfrist getroffen.[982]

5. Unmöglichkeit der Erfüllung

Aus dem Verständnis des Urlaubsanspruchs als Freistellungsanspruch ergibt sich, dass **Erfüllung nur möglich** ist, wenn der Arbeitnehmer ohne die Urlaubsgewährung arbeiten müsste. Ist er bereits aus anderen Gründen an der Arbeitsleistung gehindert bzw. von ihr befreit, ist eine Urlaubserteilung unmöglich.[983] Deshalb kann insbesondere während der Zeit einer Arbeitsunfähigkeit kein Urlaub erteilt werden. 382

Ist wirksam Urlaub gewährt worden, wird der Arbeitnehmer aber **während des Urlaubs arbeitsunfähig krank**, kann der Leistungserfolg insoweit nicht eintreten. Gleichwohl hat der Arbeitgeber als Schuldner des Urlaubsanspruchs mit der Festlegung des Urlaubszeitraums entsprechend den Wünschen des Arbeitnehmers das Erforderliche nach § 7 Abs. 1 BUrlG getan, d.h., der Urlaubsanspruch hat sich auf den Zeitraum, für den er erteilt wurde, konkretisiert, § 243 Abs. 2 BGB. Wird die Freistellung nachträglich unmöglich (z.B. durch ein Beschäftigungsverbot nach dem Mutterschutzgesetz), wird der Arbeitgeber von der Freistellungsverpflichtung deshalb nach § 275 BGB frei.[984] Soweit jedoch die Unmöglichkeit auf krankheitsbedingter Arbeitsunfähigkeit beruht, enthält **§ 9 eine Sonderregelung**. Legt der Arbeitnehmer ein ärztliches Attest vor, entsteht ein Anspruch auf Nachgewährung des Urlaubs im laufenden Kalenderjahr bzw. im Übertragungszeitraum. Der Arbeitgeber wird wieder Schuldner des nicht erfüllten Anspruchs und muss ihn nach den Regeln des § 7 Abs. 1 und 2 erneut erteilen, während der Arbeitnehmer auch in diesem Falle den Urlaub nicht ohne Zustimmung des Arbeitgebers nehmen, insbesondere nicht an die Zeit der Arbeitsunfähigkeit anhängen darf.[985] 382a

6. Durchsetzung des Urlaubsanspruchs

a) Leistungsklage

Da die Urlaubserteilung nicht im Ermessen des Arbeitgebers liegt, kann der Arbeitnehmer durch Leistungsklage seinen Urlaubsanspruch gerichtlich durchsetzen. Zulässig ist es, im Antrag einen konkreten Zeitraum zu nennen, für den der Arbeitnehmer Freistellung verlangt.[986] Die **Vollstreckung** richtet sich in diesem Fall nach **§ 894 ZPO**. Die Freistellungserklärung des Arbeitgebers gilt daher erst mit Rechtskraft der Entscheidung als abgegeben. 383

Die Klage wird unzulässig, wenn vor der letzten mündlichen Verhandlung (ggf. in der Berufungsinstanz) der beantragte Zeitraum verstrichen ist; ist eine Leistung objektiv unmöglich, darf zu ihr nicht verurteilt werden.[987] Zulässig und meist empfehlenswert sind daher Klagen mit dem Hilfsantrag, den Arbeitgeber zu verurteilen, dem Arbeitnehmer x Tage Urlaub zu gewähren. 384

982 ErfK/*Dörner,* § 7 BUrlG Rn 20; *Leinemann/Linck,* BUrlG, § 7 Rn 54.
983 BAG v. 10.02.1987, AP BUrlG § 13 Unabdingbarkeit Nr. 12 = NZA 1987, 675.
984 BAG v. 09.08.1994, AP BUrlG § 7 Nr. 19 = NZA 1995, 174.
985 BAG v. 19.03.1996, AP BUrlG § 9 Nr. 13 = NZA 1996, 942; ErfK/*Dörner,* § 9 BUrlG Rn 18.
986 BAG v. 18.12.1986, AP BUrlG § 7 Nr. 10 = NZA 1987, 379.
987 BAG v. 18.12.1986, AP BUrlG § 7 Nr. 10 = NZA 1987, 379.

> Die Beklagte wird verurteilt, den Kläger vom 05. bis zum 23. Juli 2005 von der Arbeitsleistung freizustellen.
>
> Hilfsweise: Die Beklagte wird verurteilt, den Kläger an 18 aufeinander folgenden Werktagen von der Arbeitsleistung freizustellen.

385 Vollstreckt wird in diesem Fall – Klage auf Urlaubsgewährung ohne bestimmte Zeitangabe – nach § 888 ZPO.[988] Ggf. kann der Arbeitnehmer im Vollstreckungsverfahren die Erteilung des Urlaubs für einen bestimmten Zeitraum verlangen.

386 Nicht zu empfehlen sind **Feststellungsklagen**. Auch soweit sie im Zusammenhang mit dem Bestehen eines Urlaubsanspruchs für zulässig gehalten werden,[989] helfen sie im Fall des Obsiegens häufig nicht, da nicht vollstreckt werden kann.

b) Einstweilige Verfügung

387 Hat der Arbeitgeber den Urlaubszeitpunkt trotz Urlaubsantrags noch nicht festgelegt, bleibt dem Arbeitnehmer zur Vermeidung einer Abmahnung oder Kündigung nur der Antrag auf Erlass einer einstweiligen Verfügung. In der Literatur ist streitig, ob und in welchen Fällen eine einstweilige Verfügung statthaft ist;[990] die arbeitsgerichtliche Praxis ist uneinheitlich. Gegen die **Statthaftigkeit** einer einstweiligen Verfügung wird insbesondere geltend gemacht, dass die Verpflichtung zur Abgabe einer Willenserklärung wegen der besonderen Vollstreckungsregelung in **§ 894 ZPO** grundsätzlich nicht Gegenstand einer einstweiligen Verfügung sein könne.[991] Außerdem werde durch eine solche einstweilige Verfügung der Urlaubsanspruch erfüllt und damit die Hauptsache endgültig erledigt.[992] Diesen Bedenken kann ohne Einbuße der Effektivität des Rechtsschutzes dadurch Rechnung getragen werden, dass Gegenstand der richterlichen Anordnung gem. **§ 938 ZPO** nicht die Verpflichtung des Arbeitgebers zur Freistellung in einem bestimmten Zeitraum ist; es ist hinreichend, wenn das Gericht dem Arbeitgeber aufgibt, es zu dulden, dass der Arbeitnehmer von der Arbeit fernbleibt. Eine solche Anordnung wirft keine vollstreckungsrechtlichen Probleme auf. Sie erfüllt auch den Zweck, den der Arbeitnehmer im Wege des vorläufigen Rechtsschutzes erreichen will: Dem Arbeitnehmer, der die einstweilige Verfügung mit zutreffenden Tatsachenangaben erwirkt hat, kann nicht der Vorwurf der Pflichtverletzung gemacht werden, wenn er nunmehr in den Urlaub fährt.[993] Einer Zurückweisung des Antrags im Übrigen bedarf es auch dann nicht, wenn der Arbeitnehmer »Erteilung des Urlaubs« oder »Freistellung« verlangt.

388 Der **Verfügungsanspruch** ist im Urlaubsrecht regelmäßig unproblematisch, da der Urlaubsanspruch nach Erfüllung der Wartezeit mit Jahresbeginn entsteht und fällig wird. Der Arbeitnehmer legt also den Verfügungsanspruch schlüssig dar, wenn er die persönlichen Voraussetzungen des Urlaubsanspruchs sowie die Erfüllung der Wartezeit behauptet; der Urlaub steht ihm wegen § 7 Abs. 1 (Maßgeblichkeit des Urlaubswunsches) zu dem von ihm gewünschten Zeitpunkt zu. Den Urlaubswunsch muss der Arbeitnehmer im Rahmen des Vortrags zum Verfügungsanspruch nicht begründen. Der Arbeitnehmer hingegen muss in seiner Antragsschrift nicht behaupten (und glaubhaft machen), dem Arbeitgeber stehe kein Leistungsverweigerungsrecht zu.

389 In der gerichtlichen Praxis werden häufig **zu hohe Anforderungen** an den **Verfügungsgrund** gestellt; dies beruht meist auf der Annahme, dass durch den Erlass der einstweiligen Verfügung

988 Streitig; wie hier: ErfK/*Dörner*, § 7 BUrlG Rn 50; a.A. *Leinemann/Linck*, BUrlG, § 7 Rn 84 ff.

989 Vgl. BAG v. 23.07.1987, AP BUrlG § 7 Nr. 11 = DB 1987, 2471; differenzierend ErfK/*Dörner*, § 7 BUrlG Rn 52.

990 Vgl. ErfK/*Dörner*, § 7 BUrlG Rn 55; MüKo-ZPO/*Heinze*, § 935 Rn 42 f. einerseits; *Leinemann/Linck*, BUrlG, § 7 Rn 93 ff.; *Corts*, NZA 1998, 357; MünchArbR/*Leinemann*, § 89 Rn. 135 andererseits.

991 Stein/Jonas/*Grunsky*, vor § 935 Rn 51.

992 Vgl. *Corts*, NZA 1998, 357.

993 Vgl. hierzu BAG v. 20.01.1994, AP BGB § 626 Nr. 115 = NZA 1994, 548; KR/*Etzel*, § 1 KSchG Rn 462 m.w.N.

die Hauptsache vorweggenommen werde. Eilbedürftig ist die Sache immer schon dann, wenn ohne Erlass der einstweiligen Verfügung die Hauptsache allein wegen Zeitablaufs keinen Erfolg mehr haben könnte. Allerdings ist bei dem Erlass einer einstweiligen Verfügung auch ohne **Vorwegnahme der Hauptsache** – über die Erfüllung des Urlaubsanspruchs wird bei richtiger Tenorierung nicht entschieden – stets zu beachten, dass dem Arbeitgeber erhebliche Nachteile entstehen können. Es ist deshalb neben der Prüfung der Erfolgsaussichten in der Hauptsache eine sorgfältige Interessenabwägung erforderlich, die ohne mündliche Verhandlung kaum denkbar ist.

Anders liegt der Fall, wenn der Arbeitgeber den Urlaub bereits **»genehmigt«**, dann aber widerrufen hat. Da ein Widerruf regelmäßig nicht zulässig ist, ist kaum vorstellbar, dass die rechtlich geschützten Interessen des Arbeitgebers die des Arbeitnehmers am Erlass der einstweiligen Verfügung überwiegen; auch die Erfolgsaussichten in einem Hauptsacheverfahren werden eindeutig zugunsten des Arbeitnehmers einzuschätzen sein. Macht der Arbeitnehmer einen Verfügungsgrund geltend und glaubhaft (z.B. alsbald bevorstehende, gebuchte Urlaubsreise), ist in einem solchen Fall die einstweilige Verfügung zu erlassen. Mit Erlass der einstweiligen Verfügung bleibt der Arbeitnehmer berechtigt der Arbeit fern, so dass auch bei einer anderweitigen Beurteilung der Rechtslage in Nachhinein keine (kündigungsrechtlich relevante) **Vertragspflichtverletzung** angenommen werden kann. 389a

> Antrag:
> Der Verfügungsbeklagten wird aufgegeben, es zu dulden, dass der Verfügungskläger vom 05. bis zum 23.07.2005 der Arbeit fernbleibt.

7. Widerruf des erteilten Urlaubs

Entgegen einer in der Praxis weit verbreiteten Auffassung[994] steht dem Arbeitgeber ein »**Widerrufsrecht**« hinsichtlich des erteilten Urlaubs nicht zu; es fehlt an einer Rechtsgrundlage. Insbesondere kann aus § 242 BGB (Treuepflicht) nicht eine Verpflichtung des Arbeitnehmers, bei Personalengpässen den Urlaub zu verschieben oder gar den Urlaub zu unterbrechen oder abzubrechen, hergeleitet werden.[995] Das Leistungsverweigerungsrecht in § 7 Abs. 1 Satz 1 besteht nur vor der Erteilung des Urlaubs. Hat der Arbeitgeber den Urlaub festgelegt und damit die Leistungshandlung vorgenommen, ist er an diese Erklärung gebunden. Ob in **echten Notfällen** etwas anderes gilt, hat der Urlaubssenat des BAG bisher ausdrücklich offen gelassen.[996] Denkbar wäre ein Ausschluss der Leistungspflicht nach § 275 BGB. Jedoch erfasst § 275 Abs. 2 BGB nur den Fall der »faktischen«, nicht aber den der »wirtschaftlichen« Unmöglichkeit im Sinne einer bloßen Leistungserschwerung für den Schuldner.[997] Auf § 275 Abs. 3 BGB, der eine Sonderregelung u.a. für Arbeitsverhältnisse enthält, kann sich ein Arbeitgeber nicht berufen; nur die Arbeitsleistung ist im Arbeitsverhältnis persönlich zu erbringen, § 613 BGB. Dem Arbeitgeber dürften allerdings die allgemeinen Beseitigungsrechte des BGB (Anfechtung, Anpassung wegen Wegfalls der Geschäftsgrundlage (§ 313 BGB), Kondiktion) zur Verfügung stehen, mit deren Hilfe sich auch Notfälle lösen lassen.[998] 390

994 Z.B. LAG Köln v. 28.08.1996, ZTR 1997, 187.
995 BAG v. 20.06.2000, NZA 2000, 100.
996 BAG v. 20.06.2000, NZA 2000, 100.
997 Begründung zu § 275, BT-Drucks 14/6040, 130.
998 ErfK/*Dörner*, § 7 BUrlG Rn 43; *Leinemann/Linck*, BUrlG, § 7 Rn 55; unklar (ohne Erörterung der schuldrechtlichen Probleme des Urlaubsrechts) BAG v. 19.12.1991, RzK I 6 a Nr. 82.

391 Eine Vereinbarung, in der sich der Arbeitnehmer gleichwohl verpflichtet, den Urlaub im Bedarfsfall abzubrechen, verstößt gegen § 13 Abs. 1 BUrlG und ist deshalb nichtig.[999]

V. Befristung und Übertragung

1. Befristung

392 Aus § 1 und § 7 Abs. 3 Satz 1 ergibt sich, dass der Urlaubsanspruch auf das jeweilige Kalenderjahr befristet ist.[1000] Das bedeutet, dass der **Anspruch mit Ablauf des Kalenderjahrs** erlischt, § 275 Abs. 1 BGB. Dies gilt auch, wenn der Arbeitnehmer den Urlaub rechtzeitig verlangt, der Arbeitgeber jedoch ohne Leistungsverweigerungsrecht nicht gewährt (dann kann jedoch ein Schadensersatzanspruch entstehen). Auch während eines laufenden Kündigungsrechtsstreits erlischt der Urlaubsanspruch mit Ende des jeweiligen Jahres.[1001] Tarifliche Urlaubsansprüche erlöschen in gleicher Weise, wenn nicht der Tarifvertrag eine eigenständige Befristungsregelung erhält.[1002]

2. Schadensersatz

393 Hat der Arbeitnehmer seinen Urlaubsanspruch rechtzeitig und in der richtigen Weise geltend gemacht, gewährt der Arbeitgeber jedoch den Urlaub nicht, obwohl ihm die Gewährung möglich war (vgl. Rn 382) und ihm ein Leistungsverweigerungsrecht nicht zur Seite stand, so gerät der Arbeitgeber in **Schuldnerverzug**, § 286 Abs. 1 BGB. Tritt während des Verzugs durch Erlöschen des Urlaubsanspruchs infolge der gesetzlichen Befristung rechtliche Unmöglichkeit der Urlaubsgewährung (§ 275 Abs. 1 BGB) ein, so haftet der Arbeitgeber nach § 287 Satz 2 BGB mit der Folge, dass er Schadensersatz gem. §§ 283, 280 Abs. 1 BGB wegen **zu vertretender Unmöglichkeit** schuldet. Der Schadensersatz ist im bestehenden Arbeitsverhältnis nach § 249 Satz 1 BGB (Naturalrestitution) in der Weise zu leisten, dass der Arbeitnehmer bei fortdauerndem Vergütungsanspruch von der Arbeit freizustellen ist.[1003] Nach Beendigung des Arbeitsverhältnisses ist der Arbeitnehmer gem. § 251 Abs. 1 BGB in Geld zu entschädigen; der Schaden entspricht dem Umfang des Urlaubsabgeltungsanspruchs.[1004]

394 Da die Grundsätze der Befristung des Urlaubsanspruchs auch gelten, wenn in einem Kündigungsrechtsstreit über den Bestand des Arbeitsverhältnisses gestritten wird, muss der Arbeitnehmer seinen Urlaubsanspruch für Zeiten nach Ablauf der Kündigungsfrist während des Rechtsstreits geltend machen, um im Falle des Obsiegens Schadensersatz fordern zu können. Die **Erhebung der Kündigungsschutzklage** beinhaltet nicht die Geltendmachung des Urlaubsanspruchs und begründet keinen Schuldnerverzug.[1005]

395 In der Praxis ist gelegentlich zu beobachten, dass im laufenden Kündigungsprozess der Prozessbevollmächtigte des Arbeitnehmers kurz vor Ablauf des Kalenderjahrs gegenüber dem Anwalt des Arbeitgebers im Schriftsatz den Urlaub geltend macht. Da die Prozessvollmacht gem. § 81 ZPO nicht ohne weiteres zur Geltendmachung des Urlaubs berechtigt, besteht die Gefahr, dass der Arbeitgeber die Geltendmachung nach § 174 BGB zurückweist und bei erneuter – jetzt formgerechter – Geltendmachung der Anspruch zum Zeitpunkt des Zugangs der Geltendmachung beim Arbeitgeber bereits erloschen ist.

999 BAG v. 20.06.2000, NZA 2001, 100.
1000 BAG v. 13.05.1982, AP BUrlG § 7 Übertragung Nr. 4.
1001 BAG v. 17.01.1995, AP BUrlG § 7 Abgeltung Nr. 66 = NZA 1995, 531.
1002 BAG v. 24.09.1996, AP ArbGG § 64 Nr. 25 = NZA 1997, 507.
1003 BAG v. 07.11.1985, AP BUrlG § 3 Rechtsmissbrauch Nr. 16 = NZA 1986, 392.
1004 BAG v. 26.06.1986, AP SchwbG § 44 Nr. 5 = NZA 1987, 98.
1005 BAG v. 17.01.1995, AP BUrlG § 7 Abgeltung Nr. 66 = NZA 1995, 531.

Der Arbeitgeber kann das Entstehen von Schadensersatzansprüchen in dieser Situation vermeiden, indem er den verlangten Urlaub »erteilt«, d.h. eine Freistellungserklärung abgibt, mit der Zahlung der Urlaubsvergütung aber wartet, bis über die Wirksamkeit der Kündigung entschieden wurde. 396

3. Übertragung

a) Voraussetzungen

Voraussetzung der Urlaubsübertragung (bis zum 31.03. des Folgejahrs) sind gem. § 7 Abs. 3 Satz 2 entweder dringende betriebliche oder in der Person des Arbeitnehmers liegende Gründe. 397

Für die **betrieblichen Gründe** gelten dieselben Voraussetzungen wie im Falle des § 7 Abs. 1 Satz 1 (vgl. Rn 377). Im Unterschied zu § 7 Abs. 1 Satz 1 trägt für das Vorliegen der Übertragungsvoraussetzungen der Arbeitnehmer, der sich darauf beruft, dass sein Urlaub nicht am 31.12. des jeweiligen Urlaubsjahrs erloschen sei, die Darlegungs- und Beweislast. Da jedoch der Arbeitnehmer regelmäßig die betrieblichen Belange des Arbeitgebers nicht übersehen kann, wird es ausreichen, wenn der Arbeitnehmer darlegt (und ggf. beweist), dass ihm unter Hinweis auf betriebliche Belange im Urlaubsjahr kein Urlaub gewährt worden sei. 398

Persönliche Gründe liegen vor bei Arbeitsunfähigkeit und Beschäftigungsverboten.

b) Übertragung

Bei Vorliegen der Übertragungsvoraussetzungen wird der Urlaub »**automatisch**«, von Gesetzes wegen übertragen; einer Übertragungshandlung bedarf es nicht.[1006] Die Übertragung bewirkt, dass sich der Zeitraum, auf den der Urlaubsanspruch befristet ist, verlängert bis zum 31.03. des Folgejahrs. 399

Während des Übertragungszeitraums ist der Urlaub entsprechend dem Wunsch des Arbeitnehmers zu gewähren; ein **Leistungsverweigerungsrecht** gem. § 7 Abs. 1 Satz 1 steht dem Arbeitgeber nach dem klaren Wortlaut des § 7 Abs. 3 Satz 3 im Übertragungszeitraum nicht zu. Mit Ablauf des 31.03. erlischt der Urlaubsanspruch.[1007] Hat der Arbeitnehmer den Urlaub im Übertragungszeitraum rechtzeitig geltend gemacht, kann er wiederum Schadensersatz gem. §§ 283, 280 Abs. 1 BGB verlangen (siehe Rn 393). 400

§ 7 Abs. 3 Satz 3 bestimmt, dass der Urlaub im Übertragungszeitraum nicht nur gewährt, sondern auch genommen werden muss. Kann bis zum 31.03. (z.B. wegen Arbeitsunfähigkeit) nur noch ein Teil des übertragenen Urlaubs genommen werden, so **erlischt der Rest**. 401

> *Beispiel*
> A ist vom 01.01.2003 bis zum 15.03.2004 arbeitsunfähig krank. Am 16.03.2004 erscheint er im Betrieb und begehrt den Urlaub für 2003.
>
> A kann für die Zeit vom 16.03. bis 31.03. 14 Werktage Urlaub verlangen. Die restlichen zehn Werktage verfallen.

Soweit in der betrieblichen Praxis gelegentlich davon abgewichen und der gesamte übertragene Urlaub gewährt wird, wenn er nur bis zum 31.03. angetreten werden kann, kommt eine konkludente Vereinbarung übergesetzlichen Urlaubs in Betracht. Häufig tragen Arbeitnehmer in einem Abgeltungsrechtsstreit nach Beendigung des Rechtsstreits vor, sie hätten im bestehenden Arbeitsverhältnis den übertragenen Urlaub immer nach dem 31.03. des Folgejahres erhalten; dies werde im Betrieb auch bei allen anderen Arbeitnehmern so gehandhabt. Soweit der Arbeitnehmer damit Ansprüche aus einer Betriebsübung oder dem arbeitsrechtlichen Gleichbehandlungsgrundsatz geltend machen will, wird vom Arbeitnehmer konkreter Sachvortrag erwartet werden, wann genau welcher Urlaub vom 402

1006 BAG v. 25.08.1987, AP BUrlG § 7 Übertragung Nr. 15 = NZA 1988, 245.
1007 BAG v. 07.12.1993, AP BUrlG § 7 Nr. 15 = NZA 1994, 802.

Arbeitgeber für welchen Zeitraum gewährt wurde bzw. welcher Arbeitnehmer wann für welches Kalenderjahr Urlaub erhalten hat.

Häufig sehen Tarifverträge abweichende, für Arbeitnehmer günstigere Übertragungsregelungen vor.

c) Übertragung von Teilurlaub nach § 5 Abs. 1 lit. a)

403 Keine Übertragungsvoraussetzungen sind für Teilurlaubsansprüchen nach § 5 Abs. 1 lit. a) erforderlich; jedoch erfolgt in diesem Fall die Übertragung nicht »automatisch«, sondern nur **auf Verlangen** des Arbeitnehmers. Dieses Verlangen ist eine rechtsgeschäftsähnliche Handlung, für die die allgemeinen Grundsätze des Zugangs und der Auslegung von Willenserklärungen sowie die allgemeinen Regeln der Beweislastverteilung gelten. Das Verlangen kann daher nach den Umständen auch konkludent erfolgen. In jedem Fall muss die Übertragung vor dem Verfall des Anspruchs verlangt werden. Dabei ist zu beachten, dass nur der Teil des Urlaubs übertragen wird, der zum Zeitpunkt des Verlangens noch erfüllt werden kann.

VI. Abgeltung

1. Rechtsnatur

404 Der Urlaubsabgeltungsanspruch ist Ersatz (»**Surrogat**«[1008]) für den wegen Beendigung des Arbeitsverhältnisses noch bestehenden, nicht mehr realisierbaren Urlaubsanspruch.[1009] Die gesetzliche Abgeltungsregelung des § 7 Abs. 4 verdrängt die bürgerlich-rechtlichen Vorschriften, die ansonsten bei Unmöglichwerden von Leistungen eingreifen. Der wegen Beendigung des Arbeitsverhältnisses unmöglich werdende Anspruch auf Arbeitsbefreiung wird nicht abgefunden, sondern in einen Abgeltungsanspruch umgewandelt.[1010]

405 Das bedeutet, dass der Abgeltungsanspruch – abgesehen vom Bestehen des Arbeitsverhältnisses – an die **gleichen Voraussetzungen** gebunden ist wie der Urlaubsanspruch. Ein Abgeltungsanspruch entsteht also nur, wenn der Urlaubsanspruch bei Fortbestand des Arbeitsverhältnisses noch durch Freistellung des Arbeitnehmers von der Arbeitspflicht erfüllt werden könnte.[1011]

406 Abgeltungsansprüche sind ebenso wenig vererblich wie Urlaubsansprüche. Endet das Arbeitsverhältnis durch Tod des Arbeitnehmers, entsteht kein Abgeltungsanspruch.[1012] Ein bereits entstandener Abgeltungsanspruch erlischt mit dem Tod des Arbeitnehmers.[1013]

407 Für Abtretung, Aufrechnung und Pfändung gelten dieselben Grundsätze wie für den Urlaubsentgeltanspruch. Es sind daher nur die Grenzen des § 850c ZPO zu beachten.[1014]

2. Voraussetzungen

408 Nach § 7 Abs. 4 ist Voraussetzung des Abgeltungsanspruchs, dass das Arbeitsverhältnis (**rechtlich) endet** – auf die Art der Beendigung kommt es nicht an – und der Arbeitnehmer zum Zeitpunkt des

1008 Dieser Begriff ist nicht gleichbedeutend mit dem der Surrogation, § 281 BGB; vgl. BAG v. 20.04.1989, AP BUrlG § 7 Abgeltung Nr. 48 = NZA 1989, 763.

1009 BAG v. 05.12.1995, AP BUrlG § 7 Abgeltung Nr. 70 = NZA 1996, 594.

1010 BAG v. 25.06.1996, AP SchwbG 1986 § 47 Nr. 11 = NZA 1996, 1153.

1011 BAG v. 14.05.1986, AP BUrlG § 7 Abgeltung Nr. 26 = NZA 1986, 834; BAG v. 20.04.1989, AP BUrlG § 7 Abgeltung Nr. 48 = NZA 1989, 763.

1012 BAG v. 23.06.1992, AP BUrlG § 7 Abgeltung Nr. 59 = NZA 1992, 1088.

1013 BAG v. 22.10.1991, AP BUrlG § 7 Abgeltung Nr. 57 = NZA 1993, 28; zur Vererblichkeit eines Schadensersatzanspruchs siehe Rn 417.

1014 Str.; a.A. der Kündigungssenat des BAG v. 21.01.1988, AP § 4 KSchG 1969 = NZA 1988, 651; wie hier: ErfK/*Dörner*, § 7 BUrlG Rn 107.

rechtlichen Endes des Arbeitsverhältnisses noch einen Urlaubsanspruch hat. Erlischt der Urlaubsanspruch mit dem Ausscheiden des Arbeitnehmers, so entsteht auch kein Abgeltungsanspruch.[1015]

Keine Anspruchsvoraussetzung ist die **Arbeitsfähigkeit** des Arbeitnehmers zum Beendigungszeitpunkt.[1016] Jedoch ist der Abgeltungsanspruch als Surrogat des Urlaubsanspruchs so lange nicht erfüllbar, wie ein Urlaubsanspruch wegen Arbeitsunfähigkeit nicht erfüllt werden könnte. 409

Beispiel

A wird am 15.12.2003 zum 31.03.2004 gekündigt. Er ist während der gesamten Kündigungsfrist arbeitsunfähig krank. Erst am 01.05.2004 wird A wieder arbeitsfähig.

Der Urlaub für 2003 wird zwar übertragen, erlischt aber mit dem 31.03.2004, so dass kein Abgeltungsanspruch für 2003 besteht.

Anders ist der Abgeltungsanspruch für den Urlaub aus 2004 zu beurteilen: Erlangt der Arbeitnehmer spätestens vor Ablauf des Übertragungszeitraums für diesen Anspruch (31.03.2005) wieder seine Arbeitsfähigkeit, so wäre ein Urlaubsanspruch im bestehenden Arbeitsverhältnis erfüllbar, so dass ein entsprechender Abgeltungsanspruch zu erfüllen ist. A kann also am 01.05.2004 Abgeltung von 6 Werktagen (§§ 5 Abs. 1 lit. c), 7 Abs. 4) verlangen, muss diesen Anspruch aber auch geltend machen, weil er sonst mit dem 31.12.2004 verfällt. Soll über diesen Anspruch vor dem 01.05.2004 gerichtlich entschieden werden, müsste die Klage als »derzeit unbegründet« abgewiesen werden. 410

Die Ersetzung des Freistellungs- durch den Abgeltungsanspruch vollzieht sich bei Beendigung des Arbeitsverhältnisses **von Gesetzes wegen**. Es bedarf weder der Kenntnis des Arbeitgebers von einem nicht erfüllten Urlaubsanspruch noch einer Handlung des Arbeitnehmers.[1017] 411

3. Befristung

Der Abgeltungsanspruch ist wie der Urlaubsanspruch auf das Urlaubsjahr oder ggf. auf den Übertragungszeitraum befristet; mit Fristablauf erlischt er. Das folgt daraus, dass es sich nicht um einen Abfindungs-(Geld-)anspruch, sondern um einen Urlaubsersatzanspruch handelt.[1018] 412

Der **Anspruch erlischt** auch, wenn er bis zum Ablauf der Frist **nicht erfüllbar** ist. Das ist insbesondere dann der Fall, wenn der Arbeitnehmer ab Beendigung des Arbeitsverhältnisses bis zum Fristablauf dauernd arbeitsunfähig ist,[1019] nicht aber notwendigerweise im Falle der Erwerbsunfähigkeit.[1020] Der Arbeitnehmer trägt die Darlegungs- und Beweislast für die Erfüllbarkeit des Urlaubsanspruchs (und damit des Abgeltungsanspruchs). Im Falle der Erwerbsunfähigkeit muss der Arbeitnehmer vortragen, welche vertragsgemäße Tätigkeit er trotz der Erwerbsunfähigkeit bei Fortbestand des Arbeitsverhältnisses hätte erbringen können.[1021] 413

Der Fristablauf wird nicht durch eine Geltendmachung des Abgeltungsanspruchs (dann kommt aber ein Schadensersatzanspruch in Betracht) oder durch Erhebung einer Kündigungsschutzklage gehemmt. Es gelten dieselben Regeln wie beim Urlaubsanspruch.[1022] 414

1015 BAG v. 07.12.1993, AP BUrlG § 7 Nr. 15 = NZA 1994, 802.
1016 BAG v. 28.06.1984, AP BUrlG § 7 Abgeltung Nr. 18 = NZA 1985, 156.
1017 BAG v. 25.06.1996, AP SchwbG 1986 § 47 Nr. 11 = NZA 1996, 1153.
1018 BAG v. 28.06.1984, AP BUrlG § 7 Abgeltung Nr. 18 = NZA 1985, 156.
1019 BAG v. 05.12.1995, AP BUrlG § 7 Abgeltung Nr. 70 = NZA 1996, 594.
1020 BAG v. 14.05.1986, AP BUrlG § 7 Abgeltung Nr. 26 = NZA 1986, 834.
1021 Vgl. BAG v. 20.04.1989, AP BUrlG § 7 Abgeltung Nr. 48 = NZA 1989, 763.
1022 BAG v. 17.01.1995, AP BUrlG § 7 Abgeltung Nr. 66 = NZA 1995, 531.

415 Abgeltungsansprüche unterliegen nur der gesetzlichen, aber **keiner tariflichen Ausschlussfrist**, soweit sie den gesetzlichen Mindesturlaub betreffen. Entgegenstehende Tarifbestimmungen sind wegen Verstoßes gegen § 13 Abs. 1 Satz 1 unwirksam.[1023]

4. Schadensersatz

416 Wie beim Urlaubsanspruch kommt auch anstelle des erloschenen Abgeltungsanspruchs ein Schadensersatzanspruch in Betracht. Für einen solchen Anspruch ist erforderlich, dass der aus dem Arbeitsverhältnis ausgeschiedene Arbeitnehmer jedenfalls für die Dauer des ihm ursprünglich zustehenden Urlaubsanspruchs arbeitsfähig war und den Abgeltungsanspruch gegenüber seinem früheren Arbeitgeber **ohne Erfolg geltend gemacht** hat. Die danach spätestens mit Ablauf des Übertragungszeitraums entstandene Unmöglichkeit der Erfüllung eines Urlaubsabgeltungsanspruchs hat in einem solchen Fall der Arbeitgeber nach § 287 Satz 2 BGB zu vertreten, ohne dass es auf sein Verschulden ankommt, so dass er den Abgeltungsbetrag als Schadensersatz schuldet, §§ 283, 280 Abs. 1, 249 Satz 1 BGB.[1024]

417 Streitig ist, in welchen Fällen ein **Schadensersatzanspruch** vererblich ist.

Beispiel
Das Arbeitsverhältnis endet am 30.06.2003. A hat zu diesem Zeitpunkt noch einen Urlaubstag zu beanspruchen. Mit einer am 23.08.2003 erhobenen Klage verlangt A Abgeltung des einen Tages. Am 16.10.2003 stirbt A. Der Erbe begehrt Schadensersatz in Höhe der ursprünglich verlangten Urlaubsabgeltung.[1025]

418 Das BAG[1026] hat angenommen, der Arbeitgeber sei nach § 280 Abs. 1 BGB verpflichtet, den durch die Nichterfüllung des Urlaubsabgeltungsanspruchs entstehenden Schaden zu ersetzen, wenn der später verstorbene Arbeitnehmer die Abgeltung verlangt habe. Durch die Geltendmachung des Abgeltungsanspruchs gerate der Arbeitgeber in Schuldnerverzug. Gehe der Abgeltungsanspruch während des Schuldnerverzugs durch den Tod des Arbeitnehmers unter, habe der Arbeitnehmer Anspruch auf Schadenersatz wegen Nichterfüllung des Urlaubsabgeltungsanspruchs nach §§ 280 Abs. 1, 283, 286 Abs. 1, 287 Satz 2 BGB. Dieser Anspruch gehe nach § 1922 Abs. 1 BGB auf den Erben über. Denn der infolge des Schuldnerverzugs entstandene Schadenersatzanspruch falle in den Nachlass, wenn der Erblasser den Arbeitgeber in Verzug gesetzt habe; die mit dem Tod eintretende Unmöglichkeit der Urlaubsfreistellung sei wie ein noch zu Lebzeiten des Erblassers eingetretener Schaden zu bewerten, weil der Arbeitgeber auch bei Fortleben des Erblassers spätestens mit Ablauf des Übertragungszeitraums für die verzugsbedingte Nichterfüllung des Abgeltungsanspruchs Schadenersatz hätte leisten müssen.

419 Diese Entscheidung ist auf m.E. berechtigte Kritik[1027] gestoßen, weil das BAG seine Vorgaben missachtet habe, dass der Abgeltungsanspruch kein einfacher, an keine weiteren Voraussetzungen gebundener Geldanspruch sei, vielmehr nur verwirklicht werden könne, wenn der Arbeitnehmer bei Fortdauer seines Arbeitsverhältnisses seine vertraglich geschuldete Leistung noch erbringen könnte.

420 Ein Schadensersatzanspruch kann allerdings vererbt werden, wenn der Abgeltungsanspruch **allein wegen Fristablaufs** unerfüllbar geworden ist, ein Schadensersatzanspruch entstanden ist und sich der Arbeitgeber beim jetzt eintretenden Tod des Arbeitnehmers immer noch im Verzug befand.[1028]

1023 BAG v. 24.11.1992, AP BUrlG § 1 Nr. 23 = NZA 1993, 423.
1024 BAG v. 22.10.1991, AP BUrlG § 7 Abgeltung Nr. 57 = NZA 1993, 28.
1025 Nach BAG v. 19.11.1996, AP BUrlG § 7 Abgeltung Nr. 71 = NZA 1997, 879.
1026 BAG v. 19.11.1996, AP BUrlG § 7 Abgeltung Nr. 71 = NZA 1997, 879.
1027 ErfK/*Dörner*, § 7 BUrlG Rn 106.
1028 ErfK/*Dörner*, § 7 BUrlG Rn 106.

Beispiel
Das Arbeitsverhältnis endet am 31.10.2003. Im November 2003 macht A seinen Anspruch auf Urlaubsabgeltung geltend. Am 15.01.2004 stirbt A.

In diesem Fall tritt Unmöglichkeit der Abgeltung wegen Ablaufs des Urlaubsjahrs bereits zu Lebzeiten des Arbeitnehmers ein. Da sich der Arbeitgeber zu diesem Zeitpunkt im Verzug befand, entsteht ein Schadensersatzanspruch nach § 280 Abs. 1 BGB. Dieser zu Lebzeiten entstandene Schadensersatzanspruch ist vererblich. 421

Da Schadensersatzansprüche nicht von der Unabdingbarkeit des § 13 Abs. 1 Satz 1 erfasst werden, können sie einer **tariflichen Ausschlussfrist** unterliegen. Allerdings genügt zur Wahrung der schriftlichen Geltendmachung regelmäßig die schriftliche Aufforderung des Arbeitnehmers, Urlaubsabgeltung zu gewähren.[1029] 422

VII. Urlaubsvergütung

1. Entgeltanspruch

Grundlage des Anspruchs auf (Fort-)Zahlung des Entgelts während des Urlaubs ist nicht § 11, sondern § 611 BGB i.V.m. § 1 und dem Arbeitsvertrag.[1030] § 1 stellt sich daher als Sonderregelung zu § 326 BGB dar.[1031] Der Urlaubsentgeltanspruch ist nicht Element eines einheitlichen Urlaubsanspruchs, sondern hat nur die Funktion, den während der Freistellung gem. § 326 BGB an sich entfallenden Vergütungsanspruch aufrechtzuerhalten (vgl. Rn 307). Kann Urlaub mangels bestehender Arbeitspflicht nicht gewährt werden, besteht auch kein Anspruch auf Urlaubsentgelt.[1032] 423

2. Berechnung

Die Berechnung des Urlaubsentgelts erfolgt in einer **Kombination von Referenzprinzip** (Berechnung nach einem in der Vergangenheit liegenden Zeitraum) und **Lohnausfallprinzip** (Berechnung der – hypothetischen – Vergütung, die gezahlt worden wäre, wenn der Arbeitnehmer gearbeitet hätte). Die Urlaubsvergütung erweist sich als ein Produkt aus dem Geldfaktor, der anhand der Daten in der Vergangenheit errechnet wird, und der in der Zukunft liegenden Zeit (Zeitfaktor), die im Urlaub ausfallen wird.[1033] 424

Zunächst ist der Geldfaktor nach dem Referenzprinzip zu ermitteln. Sodann ist die Zahl der durch den Urlaub konkret ausfallenden Stunden zu berechnen und mit dem Geldfaktor zu multiplizieren. Denn der Arbeitgeber hat die ausgefallene Arbeitszeit zu bezahlen, die der in Urlaub befindliche Arbeitnehmer gearbeitet hätte, wäre er nicht von seiner Arbeitspflicht an diesen Tagen befreit worden. Auf die Arbeitszeit im Bezugszeitraum kommt es nicht an. Insofern wird auch im Urlaubsrecht auf das Lohnausfallprinzip zurückgegriffen.[1034] Keine Unterschiede zwischen Referenz- und Lohnausfallprinzip ergeben sich bei gleich bleibender Arbeitszeit im Referenz- und Urlaubszeitraum, so dass in diesen Fällen während des Urlaubs die gleich bleibende Vergütung weitergezahlt wird; erhebliche Differenzen können sich aber bei veränderlichen Arbeitszeiten errechnen. 425

Zu beachten ist, dass Tarifverträge häufig abweichende Regelungen zur Berechnung der Urlaubsvergütung enthalten. 426

1029 BAG v. 24.11.1992, AP BUrlG § 1 Nr. 23 = NZA 1993, 423.
1030 BAG v. 24.11.1992, AP BUrlG § 11 Nr. 34 = NZA 1993, 750.
1031 BAG v. 08.03.1984, AP BUrlG § 3 Rechtsmissbrauch Nr. 14 = NZA 1984, 197.
1032 BAG v. 19.04.1994, AP TVG § 1 Tarifverträge Gebäudereinigung Nr. 7 = NZA 1994, 899.
1033 ErfK/*Dörner*, § 11 BUrlG Rn 4.
1034 ErfK/*Dörner*, § 11 BUrlG Rn 5; *Leinemann/Linck*, BUrlG, § 11 Rn 5 ff.

a) Geldfaktor

427 Der Geldfaktor ist der **Gesamtarbeitsverdienst der letzten 13 Wochen** vor Urlaubsbeginn (§ 11 Abs. 1 Satz 1). Dieser ist je nach Urlaubsberechnung durch 78 Werktage oder (bei einer auf weniger als sechs Tage in der Woche verteilten Arbeitszeit) durch die in diesem Zeitraum geleisteten Arbeitstage zu dividieren. Bei der Fünf-Tage-Woche ist der Gesamtarbeitsverdienst der letzten 13 Wochen entsprechend durch 65 Arbeitstage zu teilen, um das Urlaubsentgelt für jeden dem Arbeitnehmer individuell zustehenden Urlaubstag zu ermitteln. Bei Teilzeitarbeit ist ebenfalls die Zahl der tatsächlichen Arbeitstage als Divisor einzusetzen. In flexiblen Arbeitszeitmodellen ist regelmäßig die Berechnung des Urlaubsentgelts durch Tarifvertrag vorgegeben; ansonsten muss der durchschnittliche Verdienst pro Arbeitstag im Referenzzeitraum berechnet werden. Feiertage und bezahlte Krankheitstage fließen ein und sind nicht abzuziehen.[1035] Dasselbe gilt für Urlaubstage, die im Referenzzeitraum gewährt und genommen sind.[1036]

428 *Beispiel*

A ist im Wechsel jeweils an fünf, drei und zwei Tagen in der Woche zu einem Stundenlohn von 20 EUR beschäftigt. In der Fünf-Tage-Woche arbeitet er an vier Tagen sieben und an einem Tag vier Stunden. In der Drei-Tage-Woche arbeitet er jeweils acht Stunden, während in der Zwei-Tage-Woche 18 Stunden anfallen. Außerdem leistet er regelmäßig Überstunden. Die erste Woche des Referenzzeitraums ist für A eine Fünf-Tage-Woche. Urlaubsvergütung für zwei Wochen Urlaub?

A hat im Referenzzeitraum an 45 Tagen gearbeitet. In dieser Zeit hat er 328 Stunden geleistet und hierfür 6560 EUR erhalten. Der Urlaubstag ist daher mit 6560: 45 = 145,77 EUR zu berechnen, obwohl A in der ersten Urlaubswoche (Drei-Tage-Woche) bei Anwendung des Lohnausfallprinzips einen Tagesverdienst von 160 EUR und in der zweiten Urlaubswoche (Zwei-Tage-Woche) von 180 EUR gehabt hätte. Überstunden bleiben seit der Gesetzesänderung ab dem 01.10.1996 unberücksichtigt, § 11 Abs. 1 Satz 1 letzter Hs.. Wäre die erste Woche des Referenzzeitraums dagegen die Zwei-Tage-Woche gewesen, wäre ein Urlaubstag mit (314 Stunden x 20 EUR =) 6280 EUR: 42 Arbeitstage = 149,52 EUR zu bewerten.

429 Als **Entgelt** sind die Vergütungsbestandteile zugrunde zu legen, die der Arbeitnehmer im Referenzzeitraum als Gegenleistung für seine Tätigkeit in den maßgeblichen Abrechnungszeiträumen erhalten hat.[1037] Zum Arbeitsverdienst gehören das allgemein geschuldete Entgelt (Lohn oder Gehalt), der tatsächlich verdiente Leistungs- (Akkord- oder Prämien)lohn, zusätzliche Vergütung für im Referenzzeitraum erbrachte Leistungen (Prämien),[1038] Zuschläge für Nacht-, Sonn- und Feiertagsarbeit, Zulagen (soweit sie nicht Aufwendungsersatz sind), Vergütung für Bereitschaftsdienst,[1039] Provisionen[1040] und sonstige im Referenzzeitraum gezahlten erfolgsabhängigen Vergütungsbestandteile.[1041] Die Auswirkungen des § 11 Abs. 1 Satz 1 auf den Geldfaktor bei der Einbeziehung von Überstunden sind streitig. Nach Auffassung des BAG[1042] verliert der Arbeitnehmer nur die als Zuschläge bezeichneten Zusatzleistungen, nicht jedoch den Anspruch, dass ihm die ausfallenden Überstunden in gleicher Weise wie die sonstigen ausfallenden Arbeitsstunden zu vergüten sind. In der Literatur wird überwiegend die Auffassung vertreten, der Betrag, den der Arbeitnehmer für Überstunden bekommen hat, bleibe grundsätzlich unberücksichtigt, und zwar nicht nur der Überstundenzuschlag, sondern auch der Grundbetrag.[1043] Dem ist zuzustimmen. Das Urteil des BAG

1035 BAG v. 24.11.1992, AP BUrlG § 11 Nr. 34 = NZA 1993, 750.
1036 ErfK/*Dörner*, § 11 BUrlG Rn 18.
1037 BAG v. 17.01.1991, AP BUrlG § 11 Nr. 30 = NZA 1991, 778.
1038 BAG v. 23.04.1996, AP BUrlG § 11 Nr. 40 = NZA 1996, 1207.
1039 BAG v. 19.03.1996, AP BAT § 47 Nr. 20 = NZA 1996, 1218.
1040 BAG v. 19.09.1985, AP BUrlG § 13 Nr. 21= NZA 1986, 471.
1041 Zu sonstigen Vergütungsbestandteilen vgl. ausführlich ErfK/*Dörner*, § 11 BUrlG Rn 8 ff.
1042 BAG v. 09.11.1999, AP BUrlG § 11 Nr. 47 = NZA 2000, 1335.
1043 ErfK/*Dörner*, § 11 BUrlG Rn 12 m.w.N.

vom 09.11.1999 enthält zwar die Aussage, der Arbeitnehmer habe durch die Neuregelung des § 11 nur den Anspruch auf Berücksichtigung der Überstundenzulagen verloren. Für diese Stellungnahme findet sich aber weder eine Begründung noch trägt sie die Entscheidung. Sie bleibt letztlich auch unklar, weil das BAG sich zuvor nur zur Frage der Berücksichtigung der Überstunden bei der Berechnung des Zeitfaktors verhalten hat. Auch die Entscheidung des BAG vom 22.02.2000[1044] bringt zu diesem Problem keinen Erkenntnisgewinn, da das BAG unter Hinweis auf das Urteil vom 09.11.1999 allein die (zutreffende) Auffassung vertritt, die Neufassung des § 11 Abs. 1 Satz 1 BUrlG habe den »gesetzlichen« Zeitfaktor unberührt gelassen. Zur Berücksichtigung von Überstunden im Referenzzeitraum für die Berechnung des Geldfaktors sagt die Entscheidung nichts.

b) Zeitfaktor

Für den Zeitfaktor ist die Arbeitszeit zu ermitteln, die **konkret dadurch ausgefallen** ist, dass der Ar- 430
beitnehmer von der Arbeitsleistung befreit wurde. Hierbei sind auch die Überstunden zu berücksichtigen, die der Arbeitnehmer geleistet hätte, wenn er nicht freigestellt worden wäre;[1045] § 11 Abs. 1 Satz 1 letzter Hs. betrifft nur die Berechnung des Geldfaktors. Bei flexiblen Arbeitszeitmodellen sind – falls nicht tarifliche Regelungen bestehen – wie bei der Berechnung der Urlaubstage (vgl. Rn 334 ff.) nur die Tage zu bewerten, an denen der Arbeitnehmer tatsächlich hätte arbeiten müssen. Freischichten, Rolliertage u.ä. werden daher nicht berücksichtigt.[1046] Für das obige Beispiel bedeutet dies, dass Urlaubsvergütung für die beiden Urlaubswochen (fünf Tage à 145,77 EUR) 728,85 EUR beträgt.

c) Verdiensterhöhungen und -kürzungen

Nach § 11 Abs. 1 Satz 2 sind abweichend von dem Referenzprinzip in Satz 1 Verdiensterhöhungen 431
nicht nur vorübergehender Natur, die während des Berechnungszeitraums oder des Urlaubs eintreten, bei der Berechnung des Urlaubsentgelts zu berücksichtigen. Damit sind nur **Gehaltserhöhungen** (durch Änderung eines Tarifvertrags, Höhergruppierung o.Ä.) oder eine dauerhafte Erhöhung der Arbeitszeit (z.B. Übergang von Teilzeit- zu Vollzeitarbeit) gemeint, nicht aber Überstunden.[1047]

Verdienstkürzungen, die während des Berechnungszeitraums eintreten, bleiben nach § 11 Abs. 1 431a
Satz 3 unberücksichtigt, wenn sie auf Kurzarbeit, Arbeitsausfällen oder unverschuldeter Arbeitsversäumnis beruhen. Kurzarbeit während des Urlaubszeitraums ist dagegen von § 11 Abs. 1 Satz 3 nicht erfasst. Fällt die Arbeit an einem oder mehreren Tagen während des Urlaubs kurzarbeitsbedingt völlig aus, kann keine Freistellung und damit keine Urlaubserfüllung erfolgen. Verringert sich nur die Arbeitszeit pro Arbeitstag, wird der Urlaubsanspruch erfüllt, der Entgeltanspruch aber entsprechend gekürzt.[1048] Unter Arbeitsausfall ist insbesondere die arbeitskampfbedingte Suspendierung des Arbeitsverhältnisses zu verstehen. Unverschuldete Arbeitsversäumnis liegt bei Arbeitsunfähigkeit ohne Entgeltfortzahlungsanspruch, Freistellung u.Ä. vor. Zeiten verschuldeter Arbeitsversäumnis mindern dagegen den Geldfaktor.

d) Fälligkeit

§ 11 Abs. 2 bestimmt abweichend von § 614 BGB die Fälligkeit der Urlaubsvergütung auf den 432
Beginn des Urlaubs. Voraussetzung dafür, dass der Urlaubsanspruch erfüllt wird, ist die Zahlung des Entgelts vor Urlaubsantritt jedoch nicht.[1049]

1044 BAG v. 22.02.2000, AP TVG § 1 Tarifverträge: Metallindustrie Nr. 171 = NZA 2001, 268.
1045 ErfK/*Dörner,* § 11 BUrlG Rn 31.
1046 BAG v. 18.11.1988, AP BUrlG § 11 Nr. 27 = NZA 1989, 347.
1047 Vgl. die Beispiele bei ErfK/*Dörner,* § 11 BUrlG Rn 34 f.
1048 ErfK/*Dörner,* § 11 BUrlG Rn 39.
1049 BAG v. 18.12.1986, AP BUrlG § 11 Nr. 19 = NZA 1987, 633.

e) Erlöschen

433 Das Urlaubsentgelt unterliegt als normaler Vergütungsanspruch der Vorschrift des § 850c ZPO; insoweit kann gepfändet, abgetreten und aufgerechnet werden.

Wegen § 13 Abs. 1 kann auf das Urlaubsentgelt weder vor noch nach dem Urlaub verzichtet werden.[1050]

Tarifliche Ausschlussklauseln können den Urlaubsentgeltanspruch erfassen.[1051]

VIII. Abdingbarkeit

1. Tarifvertrag

434 Gem. § 13 Abs. 1 Satz 1 können §§ 1 und 2 nicht, § 3 Abs. 1 nur zugunsten der Arbeitnehmer durch Tarifvertrag geändert werden. Das bedeutet, dass der **gesetzliche Mindesturlaub** für die in § 2 genannten Arbeitnehmer, der ihnen in jedem Kalenderjahr zusteht, sowie der Anspruch auf Urlaubsabgeltung[1052] **nicht unterschritten** werden dürfen. Soweit die Tarifvertragsparteien nach § 13 Abs. 1 Satz 1 die Befugnis haben, auch ungünstigere Regelungen zu treffen, darf dies nicht dazu führen, dass mittelbar in die unantastbaren Rechte des Arbeitnehmers nach § 1, § 2 und § 3 Abs. 1 eingegriffen wird.[1053]

435 Im Einzelnen: Obwohl § 4 nicht der Unabdingbarkeit unterliegt, durch Tarifvertrag also auch eine längere als die gesetzliche Wartezeit bestimmt werden kann, darf der einmal entstandene gesetzliche Vollurlaubsanspruch außerhalb des § 5 Abs. 1 lit. c) nicht gekürzt werden (siehe Rn 321).[1054]

436 *Beispiel*

A hat einen tariflichen Urlaubsanspruch von 36 Werktagen. Der Tarifvertrag bestimmt, dass im Austrittsjahr für jeden vollen Monat des Bestehens des Arbeitsverhältnisses 1/12 des Jahresurlaubs zu gewähren sind. A scheidet zum 31.07. aus und begehrt Abgeltung.

Nach dem Tarifvertrag könnte A für (36: 12 x 7 =) 21 Werktage Abgeltung verlangen. Damit wird der gesetzliche Mindesturlaub unterschritten; die Unabdingbarkeit nach § 13 Abs. 1 Satz 1 gilt auch für die Urlaubsabgeltung. A kann daher Abgeltung für 24 Werktage beanspruchen. Wirksamkeit behielte die Tarifbestimmung, wenn A nach dem 31.08. ausgeschieden wäre: Bei Beendigung des Arbeitsverhältnisses zum 31.10. hätte A einen gekürzten tariflichen Anspruch von 30 Werktagen, womit der gesetzliche Mindestanspruch erfüllt ist.

436a Der gesetzliche Mindesturlaub darf nicht von einer Arbeitsleistung abhängig gemacht werden.[1055]

437 Nur der **tarifliche Mehrurlaub** unterliegt einer tariflichen Ausschlussfrist, auch wenn alle Ansprüche aus dem Arbeitsverhältnis von der Ausschlussklausel erfasst werden.[1056] Ebenso können Schadensersatzansprüche aus §§ 283, 280 BGB (nach Verfall des gesetzlichen Mindesturlaubsanspruchs) einer tariflichen Ausschlussfrist unterworfen werden.[1057] Allerdings genügt bei einer einstufigen oder der ersten Stufe einer zweistufigen Ausschlussfrist zur Wahrung der schriftlichen Geltendmachung regelmäßig die schriftliche Aufforderung des Arbeitnehmers, Urlaub bzw. Abgeltung zu gewähren.[1058]

1050 BAG v. 31.05.1990, AP BUrlG § 13 Unabdingbarkeit Nr. 13 = NZA 1990, 935.
1051 ErfK/*Dörner,* § 11 BUrlG Rn 57.
1052 BAG v. 30.11.1977, AP BUrlG § 13 Unabdingbarkeit Nr. 4.
1053 BAG v. 10.02.1966, AP BUrlG § 13 Unabdingbarkeit Nr. 1 = DB 1966, 708.
1054 BAG v. 08.03.1984, AP BUrlG § 13 Nr. 15.
1055 BAG v. 10.02.1987, AP BUrlG § 13 Unabdingbarkeit Nr. 12 = NZA 1987, 673.
1056 BAG v. 24.11.1992, AP BUrlG § 1 Nr. 23 = NZA 1993, 472.
1057 ErfK/*Dörner,* § 7 BUrlG Rn 113.
1058 BAG v. 24.11.1992, AP BUrlG § 1 Nr. 23 = NZA 1993, 423.

Teilurlaubsansprüche nach § 5 Abs. 1 lit. a) und b) unterliegen der Disposition der Tarifvertragsparteien, wogegen der gekürzte Vollurlaub gem. § 5 Abs. 1 lit. c) dem mittelbaren Schutz des § 13 unterliegt; er darf durch Tarifvertrag also nicht mehr als in § 5 vorgesehen gekürzt oder gar ausgeschlossen werden.[1059] § 7 Abs. 1 ist abdingbar, Abs. 2 nicht.[1060] Die Befristungs- und Übertragungsregelungen (§ 7 Abs. 3) sind tarifdispositiv.[1061] § 7 Abs. 4 (Abgeltung) kann nur zugunsten der Arbeitnehmer abbedungen werden, da das Surrogat denselben Schutz genießt wie der Urlaubsanspruch.[1062] Zulässig sollen auch Tarifbestimmungen sein, die die Anforderungen in § 9 an den Nachweis der Arbeitsunfähigkeit verschärfen.[1063] Bei der Entgeltberechnung ist der Geldfaktor (das Referenzprinzip) dispositiv,[1064] während es der Zeitfaktor nicht ist.[1065] Soweit danach Regelungen zuungunsten der Arbeitnehmer zulässig sind, gelten sie auch für **nicht tarifgebundene Arbeitnehmer**, wenn wenigstens die (gesamte) Urlaubsregelung des einschlägigen Tarifvertrags arbeitsvertraglich vereinbart ist, § 13 Abs. 1 Satz 2. Einschlägig ist der Tarifvertrag, wenn er bei Tarifbindung der Arbeitsvertragsparteien Anwendung fände; die Vereinbarung eines nicht einschlägigen Tarifvertrags ist unwirksam, soweit damit Abweichungen vom Gesetz zuungunsten des Arbeitnehmers erfolgen. 438

Sind (zulässige) abweichende Vereinbarungen im Tarifvertrag **nicht** getroffen worden, gelten die gesetzlichen Regelungen auch für einen tariflichen Mehrurlaub.[1066] 438a

2. Einzelvertrag

a) Verzicht

Der gesetzliche Urlaubsanspruch ist nach § 13 Abs. 1 Satz 3 mit Ausnahme des § 7 Abs. 2 Satz 2 **arbeitsvertraglich unabdingbar**.. Der Arbeitnehmer kann deshalb auf den Mindesturlaub nicht verzichten, auch nicht in einem gerichtlichen oder außergerichtlichen Vergleich. Weder eine in Vergleichen in Kündigungsprozessen häufig zu lesende **allgemeine Ausgleichsklausel** noch die ausdrückliche Vereinbarung eines negativen Schuldanerkenntnisses (z.B. eine sog. Ausgleichsquittung[1067]) verwehren es dem Arbeitnehmer, nach Beendigung des Rechtsstreits den Urlaubs-(abgeltungs-)anspruch geltend zu machen.[1068] Die Geltendmachung ist in solchen Fällen auch regelmäßig nicht treuwidrig.[1069] Ein Verzicht ist dagegen rechtlich unbedenklich, soweit er Urlaubsansprüche betrifft, die über dem gesetzlichen Mindesturlaub nach § 1 und § 3 BUrlG liegen. Beim Verzicht auf Tarifurlaub ist § 4 Abs. 4 TVG zu beachten. 439

b) Tatsachenvergleich

Zulässig ist hingegen ein Vergleich, in dem die Parteien sich darauf einigen, dass der Arbeitnehmer den ihm zustehenden Urlaub bereits erhalten habe oder sonstige tatsächliche Anspruchsvoraussetzungen nicht vorlägen (sog. Tatsachenvergleich).[1070] 440

> *Beispiel*
> Die Parteien sind sich darüber einig, dass der (Rest-) Urlaubsanspruch des Klägers für das Jahr 2004 (in Höhe von zehn Arbeitstagen) durch Freistellung vom 01. bis zum 12.12.2004 erfüllt ist.

1059 BAG v. 18.06.1980, AP BUrlG § 13 Unabdingbarkeit Nr. 6 = NJW 1981, 141.
1060 BAG v. 13.02.1996, AP SchwbG 1986 § 47 Nr. 12 = NZA 1996, 1103; *Leinemann/Linck*, BUrlG, § 13 Rn 74.
1061 BAG v. 20.08.1996, AP TVG § 1 Tarifverträge Metallindustrie Nr. 144 = NZA 1997, 839.
1062 BAG v. 23.04.1996, AP BErzGG § 17 Nr. 6 = NZA 1997, 44.
1063 Ohne Begründung BAG v. 15.12.1987, AP BUrlG § 9 Nr. 9 = DB 1988, 1555; krit. ErfK/*Dörner*, § 13 BUrlG Rn 42.
1064 Zu den Einzelheiten vgl. ErfK/*Dörner*, § 13 BUrlG Rn 47 ff.
1065 ErfK/*Dörner*, § 13 BUrlG Rn 50.
1066 BAG v. 18.10.1990, AP BUrlG § 7 Abgeltung Nr. 56 = NZA 1991, 466.
1067 BAG v. 05.04.1984, AP BUrlG § 13 Nr. 16 = NZA 1984, 257.
1068 BAG v. 31.05.1990, AP BUrlG § 13 Unabdingbarkeit Nr. 13 = NZA 1990, 935; BAG v. 20.01.1998, AP BUrlG § 13 Nr. 45 = DB 1998, 1236.
1069 BAG v. 20.01.1998, AP BUrlG § 13 Nr. 45 = DB 1998, 1236.
1070 Vgl. hierzu BAG v. 05.11.1997, AP TVG § 4 Nr. 17 = NZA 1998, 434; BAG v. 20.08.1980, AP LohnFG § 6 Nr. 12.

440a Allerdings ist zu beachten, dass ein Tatsachenvergleich nach § 779 BGB voraussetzt, dass zwischen den Parteien eine Ungewissheit besteht, die im Wege gegenseitigen Nachgebens beseitigt werden soll. Wenn im Streitfall nicht festgestellt werden kann, dass zwischen den Parteien zum Zeitpunkt des Vergleichsschlusses Streit über die Anzahl noch nicht gewährter und damit noch offener Urlaubstage bestand, wird der insoweit beweisbelastete Arbeitgeber sich nicht auf den Vergleich berufen können.[1071]

C. Betriebliche Altersversorgung

I. Allgemeiner Teil

1. Überblick über die Probleme und die gesetzliche Regelung

441 Das Recht der betrieblichen Altersversorgung ist ein sehr komplexes Rechtsgebiet. Es geht um die Sicherung der wirtschaftlichen Existenz der Arbeitnehmer, wenn sie ihre eigene wirtschaftliche Existenz und die wirtschaftliche Existenz ihrer Angehörigen nicht mehr durch Verwertung ihrer Arbeitskraft sichern können. Das ist der Fall im Alter, bei Invalidität und beim Tod; diese Ereignisse sind Versorgungsfälle. Der Arbeitnehmer ist in diesen Fällen auf Versorgung angewiesen.

a) Neues Gesicht der betrieblichen Altersversorgung

442 Im allgemeinen Verständnis handelt es sich bei der betrieblichen Altersversorgung um Leistungen des Arbeitgebers. Daran hat sich im Grunde nichts geändert. Neu ist: Die Mittel für die Versorgung können aber auch – wirtschaftlich gesehen – aus dem eigenen Vermögen des Arbeitnehmers stammen. Das ist eine neue Variante der betrieblichen Altersversorgung. Von »betrieblicher Altersversorgung« ist bei dieser Variante nur deshalb die Rede, weil die arbeitsrechtlichen Regeln über die Ausgestaltung der Leistungen anzuwenden sind.[1072]

aa) Freiwillige Leistungen des Arbeitgebers

443 Leistungen der betrieblichen Altersversorgung gehören zu den **bedeutenden Sozialleistungen des Arbeitgebers**. Es sind im Wesentlichen freiwillige Leistungen. Freiwillig heißt: Der Arbeitgeber ist weder durch Gesetz noch durch Tarifvertrag zu Leistungen der betrieblichen Altersversorgung gezwungen.[1073] Er entscheidet allein, ob er solche Leistungen erbringen will. Der Arbeitgeber stellt die Mittel für »seine« betriebliche Altersversorgung zur Verfügung (**arbeitgeberfinanzierte betriebliche Altersversorgung**).

Für die Einführung, Änderung oder Beibehaltung dieser Leistungen gibt es personalpolitische, betriebswirtschaftliche und steuerrechtliche Gründe. Die betriebliche Altersversorgung »lebt« vor allem von steuerrechtlichen Begünstigungen; das Steuerrecht belohnt die Zusagen des Arbeitgebers.

1071 Vgl. den Fall des BAG v. 20.01.1998, AP BUrlG § 13 Nr. 45 = DB 1998, 1236.

1072 Vgl. Rn 444.

1073 Eine Ausnahme besteht im öffentlichen Dienst; hier beruht die zusätzliche Versorgung der Arbeitnehmer (betriebliche Altersversorgung) auf Tarifverträgen. Es gibt noch einige weitere wenige Branchen, in denen Leistungen der betrieblichen Altersversorgung in Tarifverträgen vorgesehen sind (Bau, Zeitungsredaktionen). Dabei handelt es sich aber um Ausnahmen. Gesetzliche Bestimmungen verpflichten nur in Hamburg die öffentliche Hand zu Leistungen der betrieblichen Altersversorgung (Hamburger Ruhegeldgesetz). Dabei handelt es sich im Wesentlichen um die Übernahme der für den öffentlichen Dienst geltenden Versorgungstarifverträge.

bb) Arbeitnehmerfinanzierte betriebliche Altersversorgung

Das Jahr 2002 hat die bisher bedeutendsten Änderungen für das gesamte Recht der Altersvorsorge gebracht. Leistungen aus der gesetzlichen Rentenversicherung sind zwar nach wie vor die wichtigste Grundlage für die Versorgung der Arbeitnehmer und ihrer Familien in Fällen des Alters und der Invalidität und ihrer Angehörigen im Falle des Todes (erste Säule der Altersvorsorge). 444

Die Leistungen, die Arbeitnehmer aus der gesetzlichen Rentenversicherung zu erwarten haben, werden jedoch erheblich eingeschränkt.[1074] Die gesetzliche Rentenversicherung beruht auf dem Umlageverfahren. Die erwerbstätige Generation finanziert mit ihren Beiträgen das Alterseinkommen der Rentnergeneration. Dieses Verfahren kann in Zukunft das heutige Versorgungsniveau im Alter nicht mehr sicherstellen. Die Gründe liegen in der höheren Lebenserwartung der Menschen und die geringere Zahl der Beitragszahler. Im Jahre 2030 könnte es fast ebenso viele Rentner geben wie Menschen im erwerbsfähigen Alter. 445

Vorsorge des Einzelnen ist deshalb unumgänglich. Zwei Wege kommen in Betracht: Die **betriebliche Altersversorgung** (zweite Säule der Altersvorsorge) und die **private Altersvorsorge** (dritte Säule der Altersvorsorge). Beide Formen beruhen auf einer Kapitalbildung während des Arbeitslebens. Weitgehend unabhängig von demographischen Faktoren steht das im Laufe der Zeit angesparte Kapital im Alter mit den bis zum Versorgungsfall angefallenen Erträgen zur Verfügung. Diese Vorsorgemöglichkeiten sind im Altersvermögensgesetz vom 26.06.2001 geregelt.[1075] 446

Zu dieser **Kapitalbildung** kann der Arbeitnehmer ab 01.01.2002 auch im Rahmen der betrieblichen Altersversorgung beitragen und so seine finanzielle Lage im Alter verbessern. Das Gesetz zur Verbesserung der betrieblichen Altersversorgung (BetrAVG)[1076] räumt dem Arbeitnehmer erstmals einen Anspruch auf Entgeltumwandlung (§ 1a BetrAVG) ein. Er kann Teile seines künftigen Barlohns in Versorgungslohn umwandeln und so in den rechtlichen Rahmenbedingungen des BetrAVG zu seiner Versorgung im Alter beitragen. Nach § 1 Abs. 2 Nr. 3 BetrAVG liegt eine betriebliche Altersversorgung auch vor, wenn künftige Entgeltansprüche in eine wertgleiche Anwartschaft auf Versorgungsleistungen umgewandelt werden (**Entgeltumwandlung**). In diesen Fällen »verzichtet« der Arbeitnehmer auf Barlohn zugunsten eines späteren Versorgungslohns. Diese Umwandlung wird durch das Steuerrecht gefördert. 447

Für Anwartschaften, die auf Entgeltumwandlung beruhen, gelten im Grundsatz die Schutzbestimmungen des BetrAVG (z.B. Unverfallbarkeit, Abfindungsverbot, Übertragbarkeit, Insolvenzschutz); es gibt nur einige sich aus der Sache selbst ergebende Abweichungen. Der Anspruch auf Entgeltumwandlung ist aber kein Anspruch gegen den Arbeitgeber auf Leistungen der betrieblichen Altersversorgung. Einzelheiten der steuerrechtlichen Förderung und der Ausgestaltung des Anspruchs auf Entgeltumwandlung werden in einem besonderen Abschnitt behandelt. 447a

b) Anfänge der betrieblichen Altersversorgung

Die betriebliche Altersversorgung ist älter als die gesetzliche Rentenversicherung. Ihre Anfänge reichen in die Mitte des 19. Jahrhunderts zurück. Die gesetzliche Rentenversicherung beruht auf Gesetzen von 1889. Schon wesentlich früher hatten Unternehmen betriebliche Unterstützungseinrichtungen geschaffen, die wir heute als Einrichtungen der betrieblichen Altersversorgung bezeichnen würden. Das gilt für Einrichtungen der Gutehoffnungshütte (1832), der BASF (1879), Krupp (1885), Henschel (1885) und der Farbwerke Höchst (1882).[1077] Begünstigt waren zunächst nur die leitenden Angestellten der Unternehmen. Erst später wurden auch die übrigen Mitarbeiter in die Versorgung einbezogen. 448

1074 Gesetz zur Reform der gesetzlichen Rentenversicherung und zur Förderung eines kapitalgedeckten Altersvorsorgevermögens v. 26.06.2001, BGBl I, 1310.

1075 BGBl I, 403.

1076 Gesetz v. 19.12.1974, BGBl I, 3610, zuletzt geändert durch Gesetz v. 26.06.2001, BGBl I, 1310 = AVmG.

1077 Vgl. *Griebeling*, Betriebliche Altersversorgung, Rn 6.

Nach der Einführung der gesetzlichen Rentenversicherung handelt es sich bei den betrieblichen Leistungen nur noch um Zusatzleistungen zur gesetzlichen Rente.

c) Das Gesetz zur Verbesserung der betrieblichen Altersversorgung (BetrAVG) von 1974

449 Die rechtlichen Rahmenbedingungen für die Zusagen auf Leistungen der betrieblichen Altersversorgung sind im Gesetz zur Verbesserung der betrieblichen Altersversorgung vom 19.12.1974 (BetrAVG)[1078] geregelt.

aa) Entstehungsgeschichte

450 Arbeitnehmer erhalten bei betrieblicher Altersversorgung von ihren Arbeitgebern Zusagen auf Leistungen in den genannten Versorgungsfällen. Bis zum Bezug der versprochenen Leistungen haben die Arbeitnehmer nur eine Anwartschaft, eine Aussicht, später Ansprüche erwerben zu können. Sie können Leistungen erst beziehen, wenn der Versorgungsfall eingetreten ist. Erst der Versorgungsfall (Alter, Invalidität, Tod) löst den **Anspruch** aus.

451 Nach den alten – vor In-Kraft-Treten des BetrAVG vereinbarten – Regelungen musste das Arbeitsverhältnis bis zum Eintritt des Versorgungsfalls aufrechterhalten werden. Andernfalls »verfielen« die Anwartschaften. Der Arbeitnehmer verlor seine Versorgung sogar in den Fällen, in denen er gegen seinen Willen seinen Arbeitsplatz verlor. Die Rechtsprechung hat diese Vereinbarungen zunächst unter Berufung auf die Vertragsfreiheit der Parteien eines Arbeitsvertrages geduldet, weil der Arbeitgeber den Aufwand regelmäßig allein tragen musste. Jedoch wurde die Verfallbarkeit der Anwartschaften aus arbeitsrechtlicher Sicht als schwerwiegender Mangel (»goldene Fessel«) angesehen.

452 Abhilfe schuf zunächst das BAG.[1079] Nach 20-jähriger Betriebszugehörigkeit sollte die Anwartschaft unverfallbar sein, und zwar gleichgültig und unabhängig davon, aus welchen Gründen das Arbeitsverhältnis endete. Diese bemerkenswerte Entscheidung in einem Einzelfall gab den Anstoß für die Schaffung des Gesetzes zur Verbesserung der betrieblichen Altersversorgung vom 19.12.1974 (BetrAVG). Das Problem wurde als ein Allgemeines erkannt. Verbessert wurde in diesem Gesetz die arbeitsrechtliche Stellung der Arbeitnehmer (arbeitsrechtlicher Teil); verbessert wurde aber auch die Stellung des Arbeitgebers (Versorgungsschuldners) durch ergänzende steuerliche Förderung.

bb) Der wesentliche Inhalt des Gesetzes

453 Das Gesetz ist ein Arbeitnehmerschutzgesetz.[1080] Es regelt in seinem arbeitsrechtlichen Teil (der steuerrechtliche Teil wurde und wird in die Steuergesetze eingearbeitet) vor allem die **Unverfallbarkeit** von Anwartschaften (Mitnehmbarkeit der Anwartschaft bei Beendigung des Arbeitsverhältnisses). Damit wird die Vertragsfreiheit – hier Verfallbarkeit der Anwartschaften mit der entsprechenden Bindungswirkung – zugunsten der Arbeitnehmer eingeschränkt. Den Arbeitnehmern bleibt unter den im Gesetz genannten Voraussetzungen (§ 1 BetrAVG) bei vorzeitigem Ausscheiden eine Teilanwartschaft auf Leistungen der betrieblichen Altersversorgung erhalten. Die Überlegung des Gesetzgebers ist nachvollziehbar: Die Leistungen der betrieblichen Altersversorgung sind ein Teil der Vergütung, die der Arbeitnehmer für seine Arbeitsleistung erhält (Entgeltcharakter) und die er bereits erarbeitet hat. Das Entgelt hierfür (Versorgungslohn) muss dem Arbeitnehmer anteilig im Versorgungsfall gezahlt werden. Seine Anwartschaft hat bei einem vorzeitigen Ausscheiden aus dem Arbeitsverhältnis einen Wert.

454 Aus der Sicht der Arbeitnehmer sind auch die Bestimmungen des Gesetzes über den Schutz der Anwartschaften und Ansprüche bei Insolvenz (**Insolvenzschutz**) des Arbeitgebers (Schuldners) von großer Bedeutung (§§ 7 ff. BetrAVG). Die beste Zusage nützt nichts, wenn sie nach einem langen

1078 BGBl I, 3610.
1079 Urt. v. 10.03.1972, AP Nr. 156 zu § 242 BGB Ruhegehalt = BB 1972, 1005 = DB 1972, 1486.
1080 Zum persönlichen Geltungsbereich vgl. Rn 463.

Arbeitsleben wegen Insolvenz des Arbeitgebers nicht eingelöst oder die Rentenzahlung während des Ruhestandes wegen Insolvenz des Schuldners eingestellt wird und die Arbeitnehmer (Gläubiger) nur auf die Insolvenzquote angewiesen sind. Anwartschaften und Ansprüche auf Leistungen der betrieblichen Altersversorgung sind deshalb gegen Insolvenz des Arbeitgebers gesichert.

Schließlich muss der Arbeitnehmer als Gläubiger eines Anspruchs gerade wegen der langen Laufzeiten der Zusagen vor der wirtschaftlichen Entwertung seiner Versorgungsbezüge durch Inflation geschützt werden. Auch dazu sagt das BetrAVG etwas (§ 16 BetrAVG); der Arbeitgeber hat alle drei Jahre zu prüfen, ob laufende Leistungen angepasst werden müssen. 455

Diese drei Regelungsbereiche machen den Inhalt des BetrAVG aus. Mit diesem Grundwissen kann man einzelne Regelungen des Gesetzes verstehen.

cc) Das BetrAVG als Teilregelung

Das BetrAVG stellt nur eine Teilregelung auf dem Gebiet der betrieblichen Altersversorgung dar. Es schränkt in seinen Regelungsbereichen die Vertragsfreiheit ein (Unverfallbarkeit und Anpassungspflicht) und sichert den Arbeitnehmer im Insolvenzfall durch eine Pflichtversicherung derjenigen, die ein Risiko mit der Zusage auf Leistungen der betrieblichen Altersversorgung begründen. 456

Daneben gilt das allgemeine Arbeitsrecht. Zusagen auf Leistungen der betrieblichen Altersversorgung werden nach den allgemeinen Regeln begründet (**Anspruchsgrundlagen**) und unterliegen auch hinsichtlich der Änderungsmöglichkeiten den allgemeinen arbeitsrechtlichen Regelungen. Das allgemeine Arbeitsrecht bestimmt auch, inwieweit die **Gestaltungsmöglichkeiten** bei der Ausgestaltung eingeschränkt sind (Beispiel: Gleichbehandlung), ob und in welchem Umfang der **Betriebsrat** bei der Ausgestaltung der Zusagen zu beteiligen ist. Vor allem aber ergeben sich die Bedingungen, unter denen der Versorgungsschuldner seine **Zusagen einschränken** kann, nicht aus dem BetrAVG, sie folgen den Grundsätzen, die das allgemeine Arbeitsrecht dafür entwickelt hat. In allen diesen Fällen sind die Zusagen auf Leistungen der betrieblichen Altersversorgung nur Gegenstand der Anwendung dieser allgemeinen arbeitsrechtlichen Grundsätze. 457

Am Beispiel der Ansruchsgrundlagen für das Entstehen von Anwartschaften und Ansprüchen wird dies deutlich: Das BetrAVG enthält keine Anspruchsgrundlage auf Leistungen der betrieblichen Altersversorgung; es gibt keinem Arbeitnehmer einen Anspruch auf arbeitgeberfinanzierte Leistungen der betrieblichen Altersversorgung. Anwartschaften und Ansprüche werden nach allgemeinen arbeitsrechtlichen Regelungen (Vertrag, Betriebsvereinbarung, Tarifvertrag) begründet. 458

2. Der sachliche und persönliche Anwendungsbereich des BetrAVG

Zu unterscheiden sind der sachliche und der persönliche Anwendungsbereich des BetrAVG. Der sachliche Anwendungsbereich regelt die Frage, welche Zusagen des Arbeitgebers unter den Schutz des Gesetzes fallen; davon hängt z.B. der Insolvenzschutz ab. Der persönliche Anwendungsbereich entscheidet darüber, welche Personengruppen unter dieses Schutzgesetz fallen. 459

a) Kennzeichnende Merkmale der betrieblichen Altersversorgung

Das BetrAVG gilt nur für Leistungen der betrieblichen Altersversorgung. Es enthält in § 1 Abs. 1 Satz 1 BetrAVG eine Legaldefinition. Die versprochenen Leistungen müssen drei Voraussetzungen erfüllen: 460

- Sie müssen zum Zweck der Versorgung (**Versorgungszweck**) zugesagt werden. Sie dienen der Alters-, der Invaliditäts- oder der Hinterbliebenenversorgung oder mehreren dieser Zwecke. Der Arbeitnehmer ist auf Versorgung angewiesen, wenn er sein zum Leben notwendiges Einkommen nicht mehr durch Arbeit verdienen kann. Die zugesagten Leistungen müssen also Versorgungsleistungen sein.
- Die Leistungen müssen vom Eintritt eines Versorgungsfalls abhängig sein. Versorgungsfälle

sind das Alter, die Invalidität und der Tod. Bei diesen Ereignissen handelt es sich um sog. **biologische Ereignisse**, die weder Arbeitgeber noch Arbeitnehmer beeinflussen können. Es ist darüber hinaus ungewiss, ob ein bestimmter Versorgungsfall überhaupt eintritt. Wird z.B. nur Altersrente versprochen, tritt der Versorgungsfall nicht ein, wenn der Arbeitnehmer vor Erreichen des vereinbarten Alters (z.B. Alter 65) stirbt. Den Zusagen liegt ein Versorgungsrisiko zugrunde. Insoweit handelt es sich – aus der Sicht des Arbeitgebers – um ein »Versicherungsgeschäft«.

- Die Leistungen müssen aus **Anlass des Arbeitsverhältnisses** zugesagt werden.[1081]

461 Nicht zu den Leistungen der betrieblichen Altersversorgung gehören Abfindungen aus Anlass der Beendigung des Arbeitsverhältnisses, Übergangsgelder zur Vermeidung von Arbeitslosigkeit bis zum Erreichen des Versorgungsfalls »Alter«,[1082] Gewinnbeteiligungen, Treueprämien, Leistungen zur Vermögensbildung, aufgesparter Lohn.

Eine Leistung wird nicht »aus Anlass des Arbeitsverhältnisses« zugesagt, wenn gesellschaftsrechtliche Überlegungen im Vordergrund stehen.[1083]

462 Die Einordnung einer versprochenen Leistung als Leistung der betrieblichen Altersversorgung (mit der Wirkung der Unverfallbarkeit und des Insolvenzschutzes) ist eine Rechtsfrage. Die Parteien können nur den Inhalt der Zusage festlegen, nicht aber die rechtlichen Wirkungen des Schutzgesetzes ausschließen. Unerheblich sind deshalb Bezeichnungen der Leistungen.[1084]

b) Der persönliche Anwendungsbereich des Gesetzes

463 Das Gesetz betrifft in erster Linie **Arbeitnehmer** (§ 17 Abs. 1 BetrAVG). Es gilt der allgemeine Arbeitnehmerbegriff. Das Gesetz ist aber auch anzuwenden auf arbeitnehmerähnliche Personen und freie Mitarbeiter, auch auf **Vorstände und Geschäftsführer von Gesellschaften**.[1085] Ausgeschlossen sind nur die Unternehmer und Gesellschafter eines Unternehmens, die für ihr eigenes Unternehmen tätig sind.[1086] Das trifft etwa zu für Mehrheitsgesellschafter, der als Geschäftsführer der GmbH eine Versorgungszusage erhält. Dieser Gesellschafter/Geschäftsführer ist für sein eigenes Unternehmen tätig.

3. Versorgungsformen – Durchführungswege

464 Leistungen der betrieblichen Altersversorgung können auf verschiedene Weise zugesagt und erbracht werden.

a) Unmittelbare Versorgungszusage oder Einschaltung eines Versorgungsträgers

465
- Der Arbeitgeber kann Leistungen aus seinem eigenen Vermögen versprechen (Direktzusage, § 1 Abs. 1 Satz 2 BetrAVG).
- Die Durchführung der betrieblichen Altersversorgung kann aber auch mittelbar über andere Versorgungsträger erfolgen (§ 1 Abs. 1 Satz 2 BetrAVG).

1081 Vgl. zur Abgrenzung BAG v. 26.06.1990, AP Nr. 11 zu § 1 BetrAVG Lebensversicherung = EzA § 1 BetrAVG Nr. 59 = NZA 1991, 144; BAG v. 10.08.1993, AP Nr. 41 zu § 1 BetrAVG Zusatzversorgungskassen = EzA § 1 BetrAVG Nr. 66 = NZA 1994, 757; BAG v. 25.10.1994, AP Nr. 31 zu § 1 BetrAVG = EzA § 1 BetrAVG Nr. 68 = NZA 1995, 373; BAG v. 03.11.1998, AP Nr. 36 zu § 1 BetrAVG = EzA § 7 BetrAVG Nr. 56 = NZA 1999, 594 = BB 99, 905.

1082 BAG v. 03.11.1998, AP Nr. 36 zu § 1 BetrAVG = EzA § 7 BetrAVG Nr. 56 = NZA 1999, 594 = BB 99, 905.

1083 BAG v. 25.01.2000, AP Nr. 38 zu § 1 BetrAVG.

1084 BAG v. 10.08.1993, AP Nr. 41 zu § 1 BetrAVG Zusatzversorgungskassen = EzA § 1 BetrAVG Nr. 66 = NZA 1994, 757.

1085 Im Folgenden ist aus Gründen der Vereinfachung nur von Arbeitnehmern die Rede, gemeint sind auch die übrigen geschützten Personen.

1086 Vgl. zuletzt BAG v. 16.04.1997, AP Nr. 25 zu § 17 BetrAVG = NZA 1998, 101 = EzA § 17 BetrAVG Nr. 8 zum beherrschenden Einfluss eines Gesellschafters in der GmbH.

Andere Versorgungsträger sind 466
- die Unternehmen der Lebensversicherung (Direktversicherung, § 1b Abs. 2 BetrAVG),
- die Pensionskassen (§ 1b Abs. 3 BetrAVG),
- die Pensionsfonds (§ 1b Abs. 3 BetrAVG)
- und die Unterstützungskassen (§ 1b Abs. 4 BetrAVG).

Die Auswahl unter den Durchführungswegen wurde im Interesse der Arbeitgeber geschaffen. Der Arbeitgeber soll den für ihn und sein Unternehmen günstigsten Durchführungsweg wählen können. Die Wahl wird vor allem durch betriebswirtschaftliche und steuerrechtliche Bedingungen beeinflusst. 467

Wird die betriebliche Altersversorgung über einen anderen rechtlich selbständigen Versorgungsträger durchgeführt, sind die Rechtsbeziehungen zwischen Arbeitgeber und Arbeitnehmer einerseits und die Rechtsbeziehungen zwischen dem Arbeitgeber und dem selbständigen Versorgungsträger sowie die Rechtsbeziehungen zwischen den Arbeitnehmern und dem Versorgungsträger andererseits zu unterscheiden. Der Arbeitgeber muss in jedem Fall für die Erfüllung des Versorgungsanspruchs einstehen (§ 1 Abs. 1 Satz 3 BetrAVG). Damit wird die Rechtsprechung des BAG bestätigt, die von der Erfüllungspflicht des Arbeitgebers ausgeht und dem Arbeitnehmer einen Verschaffungsanspruch gewährt.[1087] 468

b) Direktzusage

Bei einer Direktzusage verspricht der Arbeitgeber im Versorgungsfall Leistungen aus seinem Vermögen. Er muss dann Vorsorge für den Versorgungsfall treffen, z.B. Rückstellungen bilden oder eine Rückdeckungsversicherung abschließen. Diese Rückdeckungsversicherung, die nur der Finanzierung der Zusage dient und bei der keine Rechtsbeziehungen zwischen dem Versicherungsunternehmen und dem Arbeitnehmer entstehen, ist nicht zu verwechseln mit der Direktversicherung. 469

c) Direktversicherung

Bei einer Direktversicherung (§ 1b Abs. 2 BetrAVG) schließt der Arbeitgeber eine Lebensversicherung auf das Leben des Arbeitnehmers ab und bezeichnet den Arbeitnehmer oder seinen Hinterbliebenen als Bezugsberechtigten. Der Arbeitgeber ist Vertragspartner des **Versicherungsvertrags**. Er schuldet die Beiträge (Prämien). Bei einer arbeitgeberfinanzierten Direktversicherung zahlt er diese Beiträge zusätzlich zum Lohn. Bei einer auf Entgeltumwandlung beruhenden Direktversicherung ist der Arbeitgeber zwar ebenfalls Vertragspartner im Versicherungsvertrag. Die von ihm geschuldeten Prämien werden aber – wirtschaftlich gesehen – durch Entgeltumwandlung vom Arbeitnehmer aufgebracht. Die Prämien werden vom Lohn einbehalten. 470

Zu unterscheiden ist bei der Einschaltung anderer Versorgungsträger das **Arbeitsverhältnis als Grundverhältnis** und das Deckungsverhältnis. Im Arbeitsverhältnis werden die Ansprüche auf Leistungen der betrieblichen Altersversorgung begründet. Um die im Arbeitsvertrag eingegangene Verbindlichkeit erfüllen zu können, schließt der Arbeitgeber mit einem Unternehmen der Lebensversicherung einen Versicherungsvertrag. Durch diesen Vertrag muss der Arbeitgeber sicherstellen, dass die zugesagten Leistungen im Versorgungsfall auch zur Verfügung stehen (**Deckungsgeschäft**). 471

Auch für den Arbeitnehmer entstehen Rechtsbeziehungen zum Versicherungsunternehmen. Jeder Vertrag über eine Lebensversicherung enthält Aussagen über Bezugsrechte. Sie entscheiden darüber, wem im Versicherungsfall die Leistungen aus der Versicherung zustehen, dem Arbeitgeber als Vertragspartner oder dem von ihm bezeichneten Bezugsberechtigten, dem Arbeitnehmer oder einem Dritten. 472

Die **Bezugsrechte** für die Arbeitnehmer können **widerruflich oder unwiderruflich** ausgestaltet sein. Bei einem unwiderruflichen Bezugsrecht kann der Arbeitgeber die versicherungsvertragsrechtliche Stellung des Arbeitnehmers nicht einseitig beeinträchtigen. Ein solches Bezugsrecht 473

1087 BAG v. 07.03.1995, AP Nr. 26 zu § 1 BetrAVG Gleichbehandlung = EzA § 1 BetrAVG Gleichbehandlung Nr. 9 = NZA 1996, 48.

ist insolvenzfest; Ansprüche aus dem Versicherungsvertrag gehören nicht in die Insolvenzmasse, sondern zum Vermögen des Arbeitnehmers (Versicherungsnehmers).[1088] Besteht nur ein widerrufliches Bezugsrecht, kann der Arbeitgeber dieses Recht jederzeit ändern. Widerrufliche Bezugsrechte werden in der Regel bis zum Eintritt der Unverfallbarkeit der Anwartschaft vereinbart. Widerrufliche Bezugsrechte gehören im Insolvenzfall nicht zum Vermögen des Arbeitnehmers, sie begründen kein Aussonderungsrecht, sondern fallen in die Insolvenzmasse.[1089] Selbst mit Eintritt der Unverfallbarkeit entsteht nicht automatisch ein unwiderrufliches Bezugsrecht. Zwar verbietet § 1b Abs. 2 Satz 1 BetrAVG in diesem Fall dem Arbeitgeber einen Widerruf des Bezugsrechts wegen Beendigung des Arbeitsverhältnisses. Diese Bestimmung enthält aber keine dem Insolvenzrecht vorgehende Sonderregelung. Sie ist nicht anwendbar, wenn das Bezugsrecht nicht wegen der Beendigung des Arbeitsverhältnisses sondern zum Zweck der gemeinschaftlichen Befriedigung der Insolvenzgläubiger widerrufen wird.[1090]

474 Wichtig ist das **unwiderrufliche Bezugsrecht**, wenn der Arbeitnehmer wirtschaftlich gesehen die Prämien aus seinem Gehalt zahlt (**Versicherung nach Gehaltsumwandlung**).[1091] Der Arbeitnehmer behält in diesem Fall trotz vorzeitigen Ausscheidens seine Anwartschaft auch dann, wenn die gesetzlichen Voraussetzungen für die Unverfallbarkeit einer vom Arbeitgeber finanzierten Zusage nicht vorliegen (§ 1b Abs. 5 BetrAVG). Dem Arbeitnehmer ist von Anfang an ein unwiderrufliches Bezugsrecht einzuräumen. Die Überschussanteile aus der Lebensversicherung dürfen nur zur Verbesserung der Leistung verwendet werden. Der ausgeschiedene Arbeitnehmer muss das Recht zur Fortsetzung der Versicherung mit eigenen Beiträgen haben. Eine wirtschaftliche Verwertung der Versicherung durch den Arbeitgeber ist ausgeschlossen (§ 1b Abs. 5 BetrAVG).

475 Der Arbeitgeber hat bei Einschaltung dieses Versorgungsträgers die Möglichkeit, die Versicherungsleistungen vorübergehend für sich zu verwerten. Durch laufende Beitragsleistungen wird der Anspruch auf die Versicherungsleistungen ständig wertvoller. Der Arbeitgeber kann den Wert der Versicherung dadurch für sich vorübergehend verwerten, dass er die Ansprüche aus dem Versicherungsvertrag abtritt oder beleiht (§ 1b Abs. 2 Satz 3 BetrAVG). Mit Abtretung ist das Rechtsgeschäft nach § 398 BGB gemeint. Unter Beleihung ist die Empfangnahme einer Vorauszahlung auf die spätere Versicherungsleistung zu verstehen.[1092] Möglich ist auch die Verpfändung der Forderungen aus dem Versicherungsvertrag. Die Verpfändung ist nach den Bestimmungen des BetrAVG wie eine Abtretung zu behandeln.

d) Pensionskasse

476 Wird die betriebliche Altersversorgung von einer rechtsfähigen Versorgungseinrichtung durchgeführt, die dem Arbeitnehmer oder seinen Hinterbliebenen auf die Leistungen einen Rechtsanspruch gewährt, handelt es sich um eine Pensionskasse (§ 1b Abs. 3 BetrAVG). Die Pensionskasse ist in der Regel ein kleiner Versicherungsverein auf Gegenseitigkeit. Die Pensionskasse handelt wie ein Versicherungsunternehmen. Es bietet seine Leistungen nur nicht auf dem allgemeinen Markt für Lebensversicherungen an, sondern dient als Versorgungsträger meist nur einem Unternehmen oder einem Konzern. Erst in jüngster Zeit gibt es Pensionskassen, die verschiedenen Unternehmen offen stehen.

477 Die Rechte und Pflichten der Mitglieder (Arbeitnehmer) ergeben sich aus der Satzung der Kasse. Die Pensionskassen unterliegen ebenso wie die Unternehmen der Lebensversicherung in ihren

1088 BAG v. 26.06.1990, AP Nr. 11 zu § 1 BetrAVG Lebensversicherung = EzA § 1 BetrAVG Nr. 59 = NZA 1991, 144; BAG v. 17.10.1995, AP Nr. 23 zu § 1 BetrAVG Lebensversicherung = EzA § 1 BetrAVG Lebensversicherung Nr. 7.
1089 BAG v. 17.10.1995, AP Nr. 23 zu § 1 BetrAVG Lebensversicherung = EzA § 1 BetrAVG Lebensversicherung Nr. 7.
1090 BAG v. 26.02.1991, AP Nr. 15 zu § 1 BetrAVG Lebensversicherung = EzA § 43 KO Nr. 2 = NZA 1991, 845; BAG v. 17.10.1995, AP Nr. 23 zu § 1 BetrAVG Lebensversicherung = EzA § 1 BetrAVG Lebensversicherung Nr. 7.
1091 BAG v. 08.06.1993, AP Nr. 3 zu § 1 BetrAVG Unverfallbarkeit = EzA § 1 BetrAVG Lebensversicherung Nr. 4 = NZA 1994, 507, zum früheren Konkursrecht.
1092 Vgl. *U.Heither*, Ergänzende Altersvorsorge durch Direktversicherung nach Gehaltsumwandlung, S. 161.

Anlagemöglichkeiten der Versicherungsaufsicht (Bundesanstalt für Finanzdienstleistungsaufsicht-BaFin). Die Pensionskasse erhebt zur Finanzierung der Versorgungsleistungen Beiträge. An den Beiträgen können sich – je nach Satzung – Arbeitgeber und Arbeitnehmer beteiligen.

e) Pensionsfonds

Neu ist der Durchführungsweg über einen Pensionsfonds. Er ist ein rechtlich selbständiger Versorgungsträger. Pensionsfonds verwalten das Kapital, das für einen bestimmten Arbeitnehmer eingezahlt wird. Im Versorgungsfall werden aus diesem Kapital die Versorgungsleistungen gezahlt. 478

Die Pensionsfonds unterliegen erleichterten Anlagevorschriften. Das Anlagerisiko ist größer; bei größerem Risiko sind auch höhere Erträge möglich. Damit es sich noch um Leistungen der betrieblichen Altersversorgung handelt, muss auch das biometrische Risiko der Langlebigkeit abgesichert werden. Der Arbeitnehmer muss einen Anspruch auf eine lebenslange Rente erhalten. Um das sicherzustellen, müssen die Pensionsfonds einen Teil des Kapitals für den Abschluss einer Lebensversicherung verwenden. 479

Die Pensionsfonds wurden als 5. Durchführungsweg vor allem deswegen eingeführt, weil diese Form der Altersversorgung in Europa verbreitet ist. Doch verbergen sich unter gleichem Namen unterschiedliche Rechtsinstitute. 480

f) Unterstützungskassen

Unterstützungskassen sind solche selbständigen Einrichtungen, auf deren Leistungen der Arbeitnehmer keinen Rechtsanspruch hat (§ 1b Abs. 4 BetrAVG). Der »**Ausschluss des Rechtsanspruchs**« hat historische Gründe. Die Arbeitgeber wollten vermeiden, dass diese Einrichtungen der Versicherungsaufsicht unterliegen. Der Sache nach handelt es sich nämlich um ein Versicherungsgeschäft. Es werden Risiken »versichert«. Mit dem Ausschluss von Rechtsansprüchen war der Ausschluss der Versicherungsaufsicht möglich. Wo kein Rechtsanspruch besteht, besteht auch keine Rechtsverpflichtung, dauerhaft die Erfüllbarkeit der Verbindlichkeiten sicherzustellen. Die Freiheit von der Versicherungsaufsicht erlaubt dem Träger (Unterstützungskasse), die ihm vom Versorgungsschuldner (Arbeitgeber) zur Verfügung gestellten Mittel frei anzulegen; die Unterstützungskasse kann die ihr überlassenen Mittel sogar darlehensweise zu günstigen Konditionen dem Trägerunternehmen überlassen (die U-Kasse als Sparkasse des Unternehmens). 481

Der Ausschluss des Rechtsanspruchs hat arbeitsrechtlich keine große Bedeutung. Der Arbeitnehmer kann unverfallbare Anwartschaften erwerben. Praktisch hat auch der Arbeitnehmer, dem Leistungen über eine U-Kasse zugesagt wurden, einen Rechtsanspruch gegen den Arbeitgeber. Allerdings kann der Arbeitgeber die Zusage unter erleichterten Voraussetzungen widerrufen.[1093] 482

Auch bei einer Unterstützungskasse bestehen Rechtsbeziehungen zwischen den drei beteiligten Personen: Arbeitgeber, Arbeitnehmer und rechtlich selbständige Kasse. Die Kasse erhält die Mittel vom Arbeitgeber. Der Arbeitnehmer erhält seine Versorgung von der U-Kasse nach einem Leistungsplan, den die Kasse beschließt. Er muss sich bei einem Streit über Voraussetzungen und Inhalt von Versorgungsleistungen zunächst an die Kasse halten. Nur wenn die Kasse vermögenslos ist, kann sich der Arbeitnehmer an den Arbeitgeber halten. 483

Wenn der Arbeitnehmer seinen Anspruch auf Entgeltumwandlung geltend macht, kann er verlangen, dass die Anwartschaft in einem versicherungsförmigen Durchführungsweg (Pensionskasse, Direktversicherung, Pensionsfonds) begründet wird (§ 1a Abs. 3 BetrAVG). Nur Beiträge zu diesen Versorgungsträgern sind förderungsfähig nach den §§ 10a, 82 Abs. 2 EStG (Riester-Förderung). Doch sind 484

1093 BAG v. 17.11.1992, AP Nr. 13 zu § 1 BetrAVG Besitzstand = EzA § 1 BetrAVG Unterstützungskasse Nr. 10 = NZA 1993, 938.

auch die beiden anderen Durchführungswege möglich, wenn sich die Parteien des Arbeitsvertrags hierauf einigen.

4. Anspruchsgrundlagen

485 Anwartschaften und Ansprüche auf Leistungen der betrieblichen Altersversorgung werden nach den allgemeinen arbeitsrechtlichen Regelungen begründet.

a) Übersicht

486 Die Ansprüche der Arbeitnehmer auf Versorgungsleistungen können sich aus einem **Vertrag** ergeben. Die Zusage auf Leistungen der betrieblichen Altersversorgung ist dann Teil des Arbeitsvertrags. Als Anspruchsgrundlage kommen auch der Tarifvertrag und eine Betriebsvereinbarung in Betracht. Ansprüche entstehen nicht kraft Gesetzes (Ausnahme: Hamburger Ruhegeldgesetz). Die **betriebliche Übung**[1094] und der **Gleichbehandlungsgrundsatz** sind ebenfalls Anspruchsgrundlagen.

b) Vertrag

487 Verträge sind entweder Einzelverträge (**Individualverträge**), die auf die besonderen Verhältnisse eines einzelnen Arbeitnehmers zugeschnitten sind. Sie werden in der Regel nur für einige wenige herausgehobene Arbeitnehmer vereinbart. Häufig werden die allgemeinen Bedingungen verbessert; auch Vordienstzeiten werden oft großzügig angerechnet mit der Folge, dass eine im Vergleich zu der Mehrzahl der Arbeitnehmer bessere Versorgung zugesagt wird.

488 Für die meisten Arbeitnehmer eines Unternehmens handelt es sich jedoch um **vertragliche Einheitsregelungen** oder **Gesamtzusagen**. Vertragliche Einheitsregelungen sind Zusagen, die für alle Arbeitnehmer oder für eine Gruppe von Arbeitnehmern einheitlich ausgestaltet sind. In den Arbeitsverträgen wird auf eine Versorgungsordnung (Pensionsordnung, Ruhegeldordnung o. ä., Bezeichnungen spielen keine Rolle) Bezug genommen. Um Gesamtzusagen handelt es sich bei mündlichen Zusagen, die sich an eine unbestimmte, aber doch bestimmbare Zahl von Arbeitnehmern richtet, etwa an alle Arbeitnehmer des Betriebs oder an alle Außendienstmitarbeiter eines Unternehmens. Auch diesen Gesamtzusagen liegt eine schriftlich abgefasste Versorgungsordnung zugrunde. Andernfalls ließe sich der Inhalt der Zusage später im Versorgungsfall nicht oder nur mit Schwierigkeiten und unter Berücksichtigung von Fehlern und Missverständnissen ermitteln. Im Übrigen erhält das Arbeitsrecht eine Hilfe vom Steuerrecht: Die steuerrechtliche Förderung der Zusagen ist davon abhängig, dass eine schriftliche Zusage vorliegt, die eine genaue Berechnung erlaubt. Das hat praktisch zur Folge, dass in einem Rechtsstreit über das Bestehen von Anwartschaften oder Ansprüchen der Inhalt der Verpflichtung nicht streitig ist.

489 Die Kennzeichnung als vertragliche Einheitsregelung oder Gesamtzusage beschreibt nur das – technische – Zustandekommen der Verträge, sie sagt nichts aus über die Rechtsnatur. Es handelt sich um Verträge – mit allen Konsequenzen für die Abänderungsmöglichkeiten.[1095]

490 In Arbeitsverträgen kann auf eine Betriebsvereinbarung Bezug genommen werden. Wird eine Versorgung nach Maßgabe einer Betriebsvereinbarung vereinbart, sind im Zweifel die jeweils geltenden Betriebsvereinbarungen in Bezug genommen (vertraglich vereinbarte Jeweiligkeitsklausel). Diese Begründungsmöglichkeit ist z.B. erforderlich für leitende Angestellte des Unternehmens, weil für diese keine Betriebsvereinbarungen abgeschlossen werden können (§ 5 Abs. 3 Satz 1 BetrVG). Eine vertraglich vereinbarte Jeweiligkeitsklausel gilt auch noch für die Betriebsrentner.[1096] Das ist von

1094 Vgl. Urt. v. 16.07.1996, AP Nr. 7 zu § 1 BetrAVG Betriebliche Übung = EzA § 1 BetrAVG Betriebliche Übung Nr. 1 = NZA 1997, 664.

1095 Vgl. BAG (GS) v. 16.09.1986, AP Nr. 17 zu § 77 BetrVG 1972 = EzA § 77 BetrVG 1972 Nr. 17 = NZA 1987, 168, 185.

1096 BAG v. 23.09.1997, AP Nr. 23 zu § BetrAVG Ablösung = EzA § 1 BetrAVG Ablösung Nr. 14 = NZA 1998, 541.

Vorteil für eine spätere einheitliche Anwendung der Versorgungsordnung, weil die Regelungskompetenz der Betriebsparteien für Ansprüche der Betriebsrentner umstritten ist.[1097]

Im Bereich der betrieblichen Altersversorgung ist die betriebliche Übung als Rechtsquelle vom Gesetzgeber ausdrücklich anerkannt (§ 1b Abs. 1 Satz 4 BetrAVG). Danach steht der Verpflichtung aus einer ausdrücklichen Versorgungszusage eine auf betrieblicher Übung beruhende Versorgungsverpflichtung gleich. Die betriebliche Übung kann darin bestehen, dass im Versorgungsfall an die ausgeschiedenen Arbeitnehmer Leistungen erbracht werden. Die verpflichtende Wirkung einer betrieblichen Übung tritt zugunsten derjenigen aktiven Arbeitnehmer ein, die unter ihrer Geltung in dem Betrieb gearbeitet haben. Solche Arbeitnehmer können darauf vertrauen, dass die Übung nach ihrem Ausscheiden bei Eintritt eines Versorgungsfalls fortgeführt wird.[1098] Außerdem kann eine betriebliche Übung auch noch nach Eintritt eines Versorgungsfalls zustande kommen.[1099] Schließlich können sich auch Ansprüche der Arbeitnehmer auf eine bestimmte Berechnungsweise der Betriebsrente[1100] und auf Anpassung der Betriebsrente über § 16 BetrAVG hinaus[1101] ergeben. 490a

c) Betriebsvereinbarung und Tarifvertrag

Auch Betriebsvereinbarungen und Tarifverträge können Anspruchsgrundlagen sein. Betriebsvereinbarungen gelten unmittelbar und zwingend für die Arbeitnehmer des Betriebs (§ 77 Abs. 4 BetrVG). Sie müssen formgerecht (schriftlich) abgeschlossen werden (§ 77 Abs. 2 Satz 1 BetrVG). Der Arbeitnehmer kann nur mit Zustimmung des Betriebsrats auf Rechte aus einer Betriebsvereinbarung verzichten.[1102] 491

Das Gestaltungsmittel »Betriebsvereinbarung« wird in letzter Zeit häufiger gewählt. Es ist sachgerechter; der Betriebsrat ist ohnehin an der Ausgestaltung beteiligt (vgl. Rn 635 ff.). Die Anspruchsgrundlage kann auch im Vergleich zur vertraglichen Grundlage leichter abgeändert werden (vgl. Rn 640 ff.). 492

Tarifverträge gibt es vor allem im öffentlichen Dienst (Versorgung über die Zusatzversorgungsanstalten für Bund, Länder und Gemeinden).

5. Inhalt des Anspruchs

Der Inhalt der später im Versorgungsfall zu erwartenden Versorgungsleistung wird bestimmt durch die **Versorgungsordnung**. Sie wird vertraglich oder im Wege der Betriebsvereinbarung oder im Tarifvertrag vereinbart (vgl. Rn 485 ff.). 493

a) Inhalt von Versorgungszusagen

Gegenstand der Zusagen sind Leistungen der betrieblichen Altersversorgung (§ 1 Abs. 1 BetrAVG). Leistungen sind entweder **laufende Renten oder Einmalzahlungen** (Kapital). Um eine Leistungszusage handelt es sich auch dann, wenn der Arbeitgeber sich verpflichtet, bestimmte Beiträge in eine Anwartschaft auf Leistungen der betrieblichen Altersversorgung umzuwandeln (beitragsorientierte Leistungszusagen, § 1 Abs. 2 Nr. 1 BetrAVG). 494

Neu (ab 01.01.2002) fallen unter das BetrAVG **auch Beitragszusagen mit Mindestleistung** (§ 1 Abs. 2 Nr. 2 BetrAVG). Bei diesen Zusagen beschränkt sich die Verpflichtung des Arbeitgebers auf die Zahlung von Beiträgen an einen Pensionsfonds, eine Pensionskasse oder an eine Direktversicherung. Durch Beiträge und daraus erzielte Erträge wird bei diesen Versorgungsträgern ein Versorgungskapital gebildet, das dem begünstigten Arbeitnehmer zugerechnet wird. Dieses Kapital steht 495

1097 Vgl. *Fitting u.a.*, BetrVG, § 77 Rn 37 ff.
1098 BAG v. 29.04.2003 – 3 AZR 33/02 (n.v.).
1099 BAG v.20.06.2000 – 3 AZR 842/98 (n.v.).
1100 BAG v. 23.04.2002, AP Nr. 22 zu § 1 BetrAVG Berechnung.
1101 BAG v. 20.06.2000 – 3 AZR 842/98 (n.v.).
1102 BAG v. 03.06.1997, AP Nr. 69 zu § 77 BetrVG 1972 = EzA § 77 BetrVG 1972 Nr. 59 = NZA 1998, 382.

dem Arbeitnehmer im Versorgungsfall zur Verfügung. Als Mindestbetrag muss dem Arbeitnehmer die Summe der zugesagten Beiträge zur Verfügung stehen (Mindestleistung).

496 In den Versorgungsordnungen werden mögliche **Versorgungsfälle** (Alter, Invalidität oder Tod), etwaige Wartefristen und der Umfang der Leistungen beschrieben. Meist ist die **Höhe** der Versorgung von der Dauer der Betriebszugehörigkeit abhängig. Die Formel für die Berechnung könnte etwa lauten: Je Jahr der Betriebszugehörigkeit 3 EUR oder je Jahr der Betriebszugehörigkeit 0,5 % des Endgehalts. Die früher verbreitet zugesagte Gesamtversorgung ist heute fast vollständig verschwunden. Gesamtversorgung heißt: Der Arbeitgeber sagt einen bestimmten Versorgungsgrad zu (z.B. 75 % des letzten Bruttoeinkommens oder 90 % des letzten Nettoeinkommens abzüglich der aus der gesetzlichen Rentenversicherung bezogenen Leistungen. Bei dieser Zusage erhöhen sich die Leistungen des Arbeitgebers in allen Fällen, in denen die Leistungen aus der gesetzlichen Rentenversicherung geringer werden. Der Arbeitgeber muss die größer werdende Differenz auffüllen. Dieses Risiko kann und will er nicht mehr übernehmen.

496a Gegenstand der Versorgungszusage ist auch der **Durchführungsweg** (vgl. Rn 464 ff.).

496b Auch **Anrechnungsbestimmungen** können in einer Versorgungszusage enthalten sein. So können Anhebungen der Leistungen des einen Versorgungsträgers (z.B. Pensionskasse) zur Herabsetzung der Leistungen des anderen Versorgungsträgers (Arbeitgeber unmittelbar) führen. Eine solche Anrechnungsmöglichkeit muss ausdrücklich vereinbart werden.[1103]

497 Versorgungsordnungen sollen möglichst klar sein. Oft kann der Inhalt nur nach mühsamer Auslegungsarbeit ermittelt werden. **Unklarheiten** gehen zu Lasten des Verfassers, das ist der Arbeitgeber (Unklarheitenregel).[1104]

b) Vertragsfreiheit und Schranken

498 Für alle Anspruchsgrundlagen gilt der Grundsatz der Vertragsfreiheit. Die Parteien eines Versorgungsvertrags, einer Betriebsvereinbarung oder eines Tarifvertrags können die Voraussetzungen für die Entstehung eines Anspruchs näher bestimmen. Das gilt auch für eine Invaliditätsrente. Stellen sie auf die Berufsunfähigkeit ab, sind die Voraussetzungen gemeint, die nach dem (früheren) Recht der gesetzlichen Rentenversicherung zur Berufsunfähigkeit führten.

499 Das BetrAVG enthält nur einige wenige Schranken (z.B. Unverfallbarkeit, Recht zur vorzeitigen Inanspruchnahme der Altersrente nach § 6 BetrAVG, Anpassungspflicht nach § 16 BetrAVG). Weitere Schranken der Gestaltungsmöglichkeiten ergeben sich aus allgemein geltenden arbeitsrechtlichen Bestimmungen, z.B. aus dem Grundgesetz und dem arbeitsrechtlichen Gleichbehandlungsgebot.

Einige Beispiele:

- Zulässig ist die Vereinbarung einer »Getrenntlebendklausel« (Ausschluss der Witwenrente, wenn die Eheleute im Zeitpunkt des Todes des Anspruchsberechtigten getrennt lebten).[1105]
- Zulässig ist auch der Ausschluss der Hinterbliebenenrente trotz Scheidung der Zweitehe.[1106]
- Ein Versorgungsvertrag kann bestimmen, dass eine Witwen- oder Witwerrente mit der Wiederverheiratung erlischt. Dann lebt die Betriebsrente nicht wieder auf, wenn die zweite Ehe aufgelöst wird. Eine solche Regelung verstößt nicht gegen Art. 3 Abs. 1 und Art. 6 GG.[1107]

1103 BAG v. 26.08.2003 – 3 AZR 434/02 (n.v.).

1104 BAG v. 27.01.1998, AP Nr. 38 zu § 1 BetrAVG Unterstützungskassen = EzA § 1 BetrAVG Unterstützungskasse Nr. 11 = NZA 1999, 267.

1105 BAG v. 28.03.1995, AP Nr. 14 zu § 1 BetrAVG Hinterbliebenenversorgung = EzA § 1 BetrAVG Hinterbliebenenversorgung Nr. 1 = NZA 1995, 1032.

1106 BAG v. 16.04.1997, AP Nr. 16 Zu § 1 BetrAVG Hinterbliebenenversorgung = EzA § 1 BetrAVG Hinterbliebenenversorgung Nr. 5 = NZA 1997, 1230.

1107 BAG v. 16.04.1997, AP Nr. 16 Zu § 1 BetrAVG Hinterbliebenenversorgung = EzA § 1 BetrAVG Hinterbliebenenversorgung Nr. 5 = NZA 1997, 1230.

- Eine Spätehenklausel, wonach der hinterbliebene Ehegatte keine Leistungen erhält, wenn die Ehe erst nach Eintritt des Arbeitnehmers in den Ruhestand geschlossen wird, ist rechtlich nicht zu beanstanden.[1108]

c) Die Gleichbehandlung

Zu den Schranken des allgemeinen Arbeitsrechts gehören der Gleichbehandlungsgrundsatz und die Diskriminierungsverbote. 500

Der Anspruch auf Gleichbehandlung kann Anspruchsgrundlage sein (§ 1b Abs. 1 Satz 4 BetrAVG). 501
Zu unterscheiden sind der allgemeine und der besondere arbeitsrechtliche Gleichbehandlungsgrundsatz (Ungleichbehandlung wegen des Geschlechts). Beide Grundsätze haben für das Recht der betrieblichen Altersversorgung große Bedeutung erlangt.

aa) Der allgemeine arbeitsrechtliche Gleichbehandlungsgrundsatz

Der allgemeine arbeitsrechtliche Gleichbehandlungsgrundsatz ist immer dann anwendbar, wenn ein 502
Arbeitgeber seine betriebliche Regelungs- und Ordnungsaufgabe eigenständig wahrnimmt.[1109] Er ist nicht anzuwenden, wenn der Arbeitgeber nur Tarifverträge anwendet. Die Tarifnormen werden ihrerseits an Art. 3 Abs. 1 GG gemessen.[1110]

Die Ungleichbehandlung verschiedener Arbeitnehmergruppen ist nur dann sachlich gerechtfertigt, 503
wenn die Unterscheidung nach dem Zweck der Leistung gerechtfertigt ist. Rechtfertigende Zwecke müssen aus der Versorgungsordnung erkennbar sein. **Rechtfertigende Unterscheidungen** sind z.B. der **Versorgungsbedarf** und die **Bindung der Arbeitnehmer** an den Betrieb.[1111]

- Zulässig ist deshalb der Ausschluss von befristet Beschäftigten.[1112]
- Zulässig ist auch die Zusage ausschließlich an solche Mitarbeiter, die der Arbeitgeber wegen ihrer Aufgaben im Unternehmen enger an das Unternehmen binden will (z.B. leitende Mitarbeiter).[1113]
- Unzulässig ist der Ausschluss von Arbeitnehmern im Nebenberuf.[1114]
- Der allgemeine arbeitsrechtliche Gleichbehandlungsgrundsatz ist verletzt, wenn Außendienstmitarbeiter ohne sachlichen Grund von Leistungen der betrieblichen Altersversorgung ausgeschlossen werden.[1115] Umgekehrt kann der Arbeitgeber Mitarbeiter im Außendienst bevorzugen, wenn es dafür sachliche Gründe (Bindungsinteresse) gibt.[1116]
- Wird ein Arbeitnehmer aus der betrieblichen Altersversorgung ausgenommen, erhält er aber zum Ausgleich ein wesentlich höheres laufendes Arbeitsentgelt, kann dies im Einzelfall seine Schlechterbehandlung bei der betrieblichen Altersversorgung rechtfertigen.[1117]

1108 BAG, 26.08.1997 – 3 AZR 235/96 = AP Nr. 27 zu § 1 BetrAVG Ablösung.
1109 BAG v. 25.04.1995, AP Nr. 25 zu § 1 BetrAVG Gleichbehandlung = EzA § 1 BetrAVG Gleichbehandlung Nr. 8 = BB 1995, 2009 = NZA 1996, 84.
1110 BAG v. 07.03.1995, AP Nr. 26 zu § 1 BetrAVG Gleichbehandlung = EzA § 1 BetrAVG Gleichbehandlung Nr. 9 = BB 1995, 2217 = NZA 1996, 48; BAG v. 16.01.1996, AP Nr. 222 zu Art. 3 GG = EzA Art. 3 GG Nr. 50 = NZA 1996, 607.
1111 BAG v. 09.12.1997, AP Nr. 40 zu § 1 BetrAVG Gleichbehandlung = EzA § 1 BetrAVG Gleichbehandlung Nr. 16.
1112 BAG v. 13.12.1994, AP Nr. 23 zu § 1 BetrAVG Gleichbehandlung = EzA § 1 BetrAVG Gleichbehandlung Nr. 5 = NZA 1995, 886.
1113 BAG v. 17.02.1998, AP Nr. 37 zu § 1 BetrAVG Gleichbehandlung = NZA 1998, 762.
1114 BAG v. 22.11.1994, AP Nr. 24 zu § 1 BetrAVG Gleichbehandlung = EzA § 1 BetrAVG Gleichbehandlung Nr. 6 = NZA 1995, 733.
1115 BAG v. 20.07.1993, AP Nr. 11 zu § 1 BetrAVG Gleichbehandlung = EzA § 1 BetrAVG Gleichbehandlung Nr. 4 = NZA 1994, 125; BAG v. 09.12.1997, AP Nr. 40 zu § 1 BetrAVG Gleichbehandlung = EzA § 1 BetrAVG Gleichbehandlung Nr. 16.
1116 BAG v. 17.02.1998, AP Nr. 37 zu § 1 BetrAVG Gleichbehandlung = EzA § 1 BetrAVG Gleichbehandlung Nr. 14 = NZA 1998, 762.
1117 BAG v. 25.04.1995, AP Nr. 25 zu § 1 BetrAVG Gleichbehandlung = EzA § 1 BetrAVG Gleichbehandlung Nr. 8 = BB 1995, 2009 = NZA 1996, 84.; BAG v. 17.10.1995, AP Nr. 132 zu § 242 BGB Gleichbehandlung = EzA Art. 3 GG Nr. 49.

- Ein Arbeitgeber kann aus sozialen Gründen nur solchen Arbeitnehmern eine Zusatzversorgung gewähren, die nicht in vergleichbarer Weise wie andere Arbeitnehmer zur Eigenversorgung in der Lage sind.[1118]
- Arbeiter und Angestellte dürfen nicht allein wegen ihres unterschiedlichen Status unterschiedlich behandelt werden. Die Versorgungsschuldner (Arbeitgeber) konnten jedoch bis einschließlich 30.06.1993 darauf vertrauen, eine allein an den unterschiedlichen Status von Arbeitern und Angestellten anknüpfende Differenzierung sei noch zulässig. Der Vertrauensschutz ist im Rechtsstaatsprinzip (Art. 20 Abs. 3 GG) verankert. Er schützt auch vor einer unvorhersehbaren Änderung der Rechtsprechung.[1119] Den Stichtag des 30.06.1993 hat das BAG gewählt, weil das BVerfG dem Gesetzgeber eine letzte Regelungsfrist bis zum 30.06.1993 zur Herstellung des Gleichbehandlungsgrundsatzes in Bezug auf Kündigungsfristen gesetzt hatte.[1120] Nach dem 30.06.1993 durfte deshalb kein am Arbeitsleben Beteiligter, auch der Arbeitgeber nicht, noch länger darauf vertrauen, eine Differenzierung allein nach dem Status werde von der Rechtsordnung noch anerkannt werden.
- Teilzeitbeschäftigte: § 4 Abs. 1 TzBfG konkretisiert den allgemeinen arbeitsrechtlichen Gleichbehandlungsgrundsatz für Teilzeitarbeitnehmer. Weder im öffentlichen Dienst noch in der privaten Wirtschaft dürfen teilzeitbeschäftigte Arbeitnehmer allein wegen des Umfangs ihrer Arbeitsverpflichtung von Leistungen der Zusatzversorgung ausgeschlossen werden.[1121] Der teilzeitbeschäftigte Arbeitnehmer hat Anspruch auf Verschaffung der entsprechenden Teilleistung.[1122]

504 Der Grundsatz der Gleichbehandlung gilt auch für die Ermittlung der für die Berechnung einer Betriebsrente maßgeblichen Bemessungsgrundlagen (z.B. rentenfähiger Arbeitsverdienst). Einzelne Lohnbestandteile können unberücksichtigt bleiben, wenn es hierfür sachliche Gründe gibt. Die Parteien eines Versorgungsvertrags (und einer Betriebsvereinbarung) können den Versorgungsbedarf so beschreiben, dass nur das Festgehalt, nicht auch Provisionen zum rentenfähigen Arbeitsverdienst gehören.[1123]

505 Der Grund für eine unterschiedliche Behandlung der Arbeitnehmer muss sich aus der betrieblichen Versorgungsordnung selbst ergeben. Das bedeutet zumindest, dass die Versorgungsordnung dem behaupteten Differenzierungsgrund nicht widersprechen darf.[1124]

bb) Die Gleichbehandlung von Frau und Mann

506 Der besondere arbeitsrechtliche Gleichbehandlungsgrundsatz verbietet Benachteiligungen wegen des Geschlechts. Diskriminierungsverbote enthalten Art. 3 Abs. 3 GG, § 611a Abs. 1 Satz 1 BGB und eben der besondere arbeitsrechtliche Gleichbehandlungsgrundsatz, der inhaltlich durch Art. 3 Abs. 3 GG geprägt wird. Zu diesen innerstaatlichen Rechtsquellen kommen internationale Rechtsquellen. Das sind Art. 141 (früher 119) EG-Vertrag und die Richtlinien des Rates der Europäischen Union zur Gleichbehandlung. Art. 141 EG-Vertrag ist unmittelbar geltendes Recht.

1118 BAG v. 09.12.1997, AP Nr. 40 zu § 1 BetrAVG Gleichbehandlung = EzA § 1 BetrAVG Gleichbehandlung Nr. 16.
1119 BAG v. 10.12.2002, AP Nr. 56 zu § 1 BetrAVG Gleichbehandlung.
1120 BVerfGE 82, 126, 154 f.
1121 BAG v. 28.07.1992, AP Nr. 18 zu § 1 BetrAVG Gleichbehandlung = EzA § 1 BetrAVG Gleichbehandlung Nr. 2 = NZA 1993, 215; BAG v. 07.03.1995, AP Nr. 26 zu § 1 BetrAVG Gleichbehandlung = EzA § 1 BetrAVG Gleichbehandlung Nr. 9 = BB 1995, 2217 = NZA 1996, 48; BAG v. 16.01.1996, AP Nr. 222 zu Art. 3 GG = EzA Art. 3 GG Nr. 50 = NZA 1996, 607; BAG v. 12.03.1996, AP Nr. 1 zu § 24 TV Arb Bundespost = DB 1996, 2085 = NZA 1996, 939 = EzA § 1 BetrAVG Gleichbehandlung Nr. 11; BAG v. 26.08.1997 betr. Fleischbeschautierärzte, AP Nr. 20 zu § 611 BGB Fleischbeschauer-Dienstverhältnis = NZA 1998, 265.
1122 BAG v. 25.10.1994, AP Nr. 40 zu § 2 BeschFG 1985 = EzA § 2 BeschFG 1985 Nr. 38 = NZA 1995, 730; BAG v. 07.03.1995, AP Nr. 26 zu § 1 BetrAVG Gleichbehandlung = EzA § 1 BetrAVG Gleichbehandlung Nr. 9 = BB 1995, 2217 = NZA 1996, 48; BAG v. 12.03.1996, AP Nr. 1 zu § 24 TV Arb Bundespost = DB 1996, 2085 = NZA 1996, 939 = EzA § 1 BetrAVG Gleichbehandlung Nr. 11.
1123 BAG v. 17.02.1998, AP Nr. 38 zu § 1 BetrAVG Gleichbehandlung = NZA 1998, 782.
1124 BAG v. 09.12.1997, AP Nr. 40 zu § 1 BetrAVG Gleichbehandlung = EzA § 1 BetrAVG Gleichbehandlung Nr. 16.

Nach diesen Normen ist zum einen die **unmittelbare Diskriminierung** (Geschlecht ist Tatbestandsmerkmal) verboten, z.B. der vollständige oder eingeschränkte Ausschluss der Männer von der Hinterbliebenenversorgung (Witwerrente).[1125] Benachteiligt sind die Frauen, weil sie insoweit keinen Versorgungslohn für ihren hinterbliebenen Ehepartner erhalten. 507

Unterschiedliche Regelungen für das Rentenzugangsalter (Männer 65, Frauen 60) sind nach deutschem Recht als Übergangsregelungen erlaubt, weil jedenfalls das deutsche Arbeitsrecht kompensatorische Regelungen zugunsten der bisher benachteiligten Frauen zulässt (Art. 3 Abs. 2 GG).[1126] Auf Art. 141 EG-Vertrag kann sich ein Mann nur mit Erfolg berufen, soweit bei der Berechnung der Betriebsrente und der Anwartschaft Zeiten nach dem 17.05.1990 (Urteil des EuGH in Sachen Barber) zu berücksichtigen sind.[1127] 508

Unzulässig sind auch **mittelbare Diskriminierungen**. Was mittelbare Diskriminierung ist, hat der EuGH beschrieben. Das BAG hat diese Rechtsprechung im Bereich der Altersversorgung umgesetzt.[1128] Ob mittelbare Diskriminierung vorliegt (objektiver Tatbestand), ist nach objektiven Kriterien zu prüfen (signifikant nachteilige Betroffenheit eines Geschlechts, Ursache der Benachteiligung ist das Geschlecht oder die Geschlechterrolle in der Gesellschaft). Differenzierungen (rechtfertigender Grund für unterschiedliche Behandlung) sind nur erlaubt, wenn die unterschiedliche Behandlung einem wirklichen Bedürfnis des Unternehmens dient, für die Erreichung des Ziels geeignet und nach den Grundsätzen der Verhältnismäßigkeit erforderlich ist.[1129] Wichtigstes Beispiel für mittelbare Diskriminierung wegen des Geschlechts ist die Benachteiligung von teilzeitbeschäftigten Frauen. 509

Der Ausschluss von teilzeitbeschäftigten Frauen von Leistungen der betrieblichen Altersversorgung ist in der Regel nicht zulässig. Dagegen ist eine unterschiedliche Behandlung zulässig, wenn für die Bemessung der Leistungen tatsächliche Arbeit vorausgesetzt wird. Deshalb sind Regelungen, die ein Anwachsen der Anwartschaften von Lohnzahlungen abhängig machen, zulässig. Der Gleichbehandlungsgrundsatz fordert kein Anwachsen in Zeiten der Elternzeit.[1130] 510

Bestimmungen in Versorgungsordnungen, die gegen Diskriminierungsverbote verstoßen, sind **nichtig**. Die Arbeitnehmer haben einen **Anspruch auf Verschaffung** einer entsprechenden Altersversorgung. Dieser Anspruch ist nicht vom Verschulden des Arbeitgebers abhängig.[1131] 511

1125 BAG v. 05.09.1989, AP Nr. 8 zu § 1 BetrAVG Hinterbliebenenversorgung = EzA Art. 3 GG Nr. 25 = NZA 1990, 271.

1126 BAG v. 18.03.1997, AP Nr. 32 zu § 1 BetrAVG Gleichbehandlung = EzA Art. 3 GG Nr. 61 = NZA 1997, 824; BAG v. 03.06.1997, AP Nr. 35 zu § 1 BetrAVG Gleichbehandlung = EzA Art. 119 EWG-Vertrag Nr. 45 = NZA 1997, 1043.

1127 BAG v. 18.03.1997, AP Nr. 32 zu § 1 BetrAVG Gleichbehandlung = EzA Art. 3 GG Nr. 61 = NZA 1997, 824; BAG v. 03.06.1997, AP Nr. 35 zu § 1 BetrAVG Gleichbehandlung = EzA Art. 119 EWG-Vertrag Nr. 45 = NZA 1997, 1043; Art. 3 Abs. 2 GG in der neuen Auslegung durch das BVerfG v. 28.01.1992 – 1 BvR 1025/ 82 u.a., AP Nr. 2 zu § 19 AZO = NJW 1992, 964 = DB 1992, 377 und DB 1993, 633; BAG v. 23.01.1990, AP Nr. 7 zu § 1 BetrAVG Gleichberechtigung = EzA § 1 BetrAVG Gleichberechtigung Nr. 6 = NZA 1990, 778; BAG v. 22.06.1993, AP Nr. 193 zu Art. 3 GG = EzA Art. 3 GG Nr. 40 = NZA 1994, 77.

1128 Vgl. BAG v. 20.11.1990, AP Nr. 8 zu § 1 BetrAVG Gleichberechtigung = EzA Art. 119 EWG-Vertrag Nr. 2 = NZA 1991, 635; BAG v. 05.10.1993, AP Nr. 20 zu § 1 BetrAVG Lebensversicherung = EzA § 1 BetrAVG Lebensversicherung Nr. 5 = NZA 1994, 315.

1129 BAG v. 23.01.1990, AP Nr. 7 zu § 1 BetrAVG Gleichberechtigung = EzA BetrAVG § 1 Gleichberechtigung Nr. 6 = NZA 1990, 778; BAG v. 26.05.1993, AP Nr. 42 zu Art. 119 EWG-Vertrag = EzA Art. 119 EWG-Vertrag Nr. 12 = NZA 1994, 413.

1130 BAG v. 15.02.1994, AP Nr. 12 zu § 1 BetrAVG Gleichberechtigung = EzA § 1 BetrAVG Gleichbehandlung Nr. 9 = NZA 1994, 794.

1131 BAG v. 20.11.1990, AP Nr. 8 zu § 1 BetrAVG Gleichberechtigung = EzA Art. 119 EWG-Vertrag Nr. 2 = NZA 1991, 635; BAG v. 12.11.1991, AP Nr. 17 zu § 1 BetrAVG Gleichbehandlung = EzA § 1 BetrAVG Gleichbehandlung Nr. 1 = NZA 1992, 837; BAG v. 20.07.1993, AP Nr. 11 zu § 1 BetrAVG Gleichbehandlung = EzA BetrAVG § 1 Gleichbehandlung Nr. 4 = NZA 1994, 125.

512 Auch bei Einschaltung eines Versorgungsträgers (z.B. Pensionskasse) muss die Gleichbehandlung von Mann und Frau gewährleistet sein. Nach Art. 141 EG-Vertrag muss auch eine Pensionskasse den Grundsatz der Gleichbehandlung beachten.[1132]

cc) Die Kontrolle von Tarifverträgen

513 Die Tarifverträge werden an **Art. 3 Abs. 1 GG** gemessen.[1133] Die Arbeitsgerichte haben Tarifverträge daraufhin zu überprüfen, ob sie gegen höherrangiges Recht, insbesondere gegen das Grundgesetz verstoßen. Der allgemeine Gleichheitssatz (Art. 3 Abs. 1 GG) ist Teil der objektiven Wertordnung, die als verfassungsrechtliche Grundentscheidung für alle Bereiche des Rechts Geltung beansprucht. Er ist auch von den Tarifvertragsparteien zu beachten. Art. 9 Abs. 3 GG steht dem nicht entgegen. Mit der Tarifautonomie ist den Tarifvertragsparteien nur die Macht verliehen, wie ein Gesetzgeber Rechtsnormen zu schaffen. Sie müssen sich an die zentrale Gerechtigkeitsnorm des Art. 3 Abs. 1 GG halten.[1134]

514 Gemessen an Art. 3 Abs. 1 GG waren die Tarifverträge, die unterhälftig beschäftigte Arbeitnehmer von Leistungen der betrieblichen Altersversorgung ausschlossen, unwirksam. Für den generellen Ausschluss der unterhälftig beschäftigten Teilzeitkräfte aus der betrieblichen Altersversorgung gibt es keine sachlich vertretbaren Gründe.[1135]

515 Soweit die tariflichen Bestimmungen geringfügig Beschäftigte im Sinne des § 8 SGB IV von der Zusatzversorgung des öffentlichen Dienstes ausschließen, verstieß diese Einschränkung nicht gegen den Gleichheitssatz des Art. 3 Abs. 1 GG.[1136] Die Zusatzversorgung ist ein Gesamtversorgungssystem. Sie baut auf der gesetzlichen Rentenversicherung auf. Die Arbeitgeber brauchen die sozialversicherungsrechtlichen Wertentscheidungen nicht zu korrigieren. Müssen mehrere geringfügige Beschäftigungen zusammengerechnet werden (§ 8 Abs. 2 SGB IV), besteht eine Grundsicherung, auf der aufgebaut werden kann. Entsprechendes gilt für Studierende, die in einem Gesamtversorgungssystem nicht versichert zu werden brauchen.[1137]

516 Der **Verstoß** gegen den Gleichheitssatz führt zu einer **Unwirksamkeit der tariflichen Bestimmung**, die die teilzeitbeschäftigten Arbeitnehmer von Leistungen der betrieblichen Altersversorgung ausschließt. Der Arbeitnehmer hat aufgrund der allgemeinen Tarifnorm einen Verschaffungsanspruch.

1132 BAG v. 23.03.1999, AP Nr. 4 zu § 1 BetrAVG Pensionskasse = EzA Art. 119 EWG-Vertrag Nr. 58 = NZA 2000, 90.

1133 BAG v. 07.03.1995, AP Nr. 26 zu § 1 BetrAVG Gleichbehandlung = EzA BetrAVG § 1 Gleichbehandlung Nr. 9 = BB 1995, 2217 = NZA 1996, 48; BAG v. 16.01.1996, AP Nr. 222 zu Art. 3 GG = EzA Art. 3 GG Nr. 50 = NZA 1996, 607; BAG v. 04.04.2000, AP Nr. 1 zu § 1 TVG Gleichbehandlung. Die Rspr. der einzelnen Senate des BAG ist unterschiedlich hinsichtlich der Kontrolldichte und der dogmatischen Begründung, vgl. zur Grundrechtsbindung der Tarifparteien zuletzt *Zachert*, AuR 2001, 41.

1134 BAG v. 07.03.1995, AP Nr. 26 zu § 1 BetrAVG Gleichbehandlung = EzA BetrAVG § 1 Gleichbehandlung Nr. 9 = BB 1995, 2217 = NZA 1996, 48; BAG v.16.01.1996, AP Nr. 222 zu Art. 3 GG = EzA Art. 3 GG Nr. 50 = NZA 1996, 607.

1135 BAG v. 28.07.1992, AP Nr. 18 zu § 1 BetrAVG Gleichbehandlung = EzA BetrAVG § 1 Gleichbehandlung Nr. 2 = NZA 1993, 215; BAG v. 07.03.1995, AP Nr. 26 zu § 1 BetrAVG Gleichbehandlung = EzA BetrAVG § 1 Gleichbehandlung Nr. 9 = BB 1995, 2217 = NZA 1996, 48; BAG v. 16.01.1996, AP Nr. 222 zu Art. 3 GG = EzA Art. 3 GG Nr. 50 = NZA 1996, 607; BAG v. 27.02.1996, AP Nr. 28 zu § 1 BetrAVG Gleichbehandlung = EzA § 1 BetrAVG Gleichbehandlung Nr. 10 = NZA 1996, 992; BAG v. 12.03.1996, AP Nr. 1 zu § 24 TV Arb Bundespost = NZA 1996, 939 = EzA § 1 BetrAVG Gleichbehandlung Nr. 11; BAG, BAG v. 26.08.1997 betr. Fleischbeschautierärzte, AP Nr. 20 zu § 611 BGB Fleischbeschauer-Dienstverhältnis = EzA § 1 BetrAVG Gleichbehandlung Nr. 13 = NZA 1998, 265.

1136 BAG v. 27.02.1996, AP Nr. 28 zu § 1 BetrAVG Gleichbehandlung = EzA § 1 BetrAVG Gleichbehandlung Nr. 10 = NZA 1996, 992; BAG v. 12.03.1996, AP Nr. 1 zu § 24 TV Arb Bundespost = EzA § 1 BetrAVG Gleichbehandlung Nr. 11 = NZA 1996, 939.

1137 BAG, 22.05.2001 – 3 AZR 515/00.

II. Die Regelungen des BetrAVG

1. Die Unverfallbarkeit von Anwartschaften

Unverfallbarkeit der Anwartschaft bedeutet: Der Arbeitnehmer behält seine Anwartschaft auf Leistungen der betrieblichen Altersversorgung auch dann, wenn er vor Eintritt eines Versorgungsfalls (Alter, Invalidität, Tod) aus dem Arbeitsverhältnis ausscheidet. Regelungsbedürftig sind die Fragen nach den Voraussetzungen für eine solche Unverfallbarkeit und nach dem Wert der unverfallbaren Anwartschaft. Darüber hinaus gibt es in § 3 BetrAVG Vorschriften, die die Unverfallbarkeit rechtlich absichern. 517

a) Voraussetzungen

Die Voraussetzungen des Eintritts der Unverfallbarkeit ergeben sich aus § 1b BetrAVG n.F. Durch das Änderungsgesetz vom 11.05.2001 sind die Unverfallbarkeitsfristen abgekürzt und die Altersgrenze herabgesetzt worden.[1138] Erste Voraussetzung ist ein Ausscheiden nach Vollendung des 30. Lebensjahrs (nach altem Recht: 35. Lebensjahr). Außerdem muss die Versorgungszusage nach neuem Recht fünf Jahre bestanden haben (früher zehn Jahre). Der Beginn der Frist ist der Zeitpunkt des Vertragsabschlusses oder der Betriebsvereinbarung oder der Zeitpunkt der Begründung des Arbeitsverhältnisses. Unterbrechungen des Arbeitsverhältnisses schaden.[1139] 518

Die kürzeren Unverfallbarkeitsfristen gelten für alle Zusagen, die nach dem 01.01.2001 begründet wurden. Anwartschaften, die schon vor dem 01.01.2001 begründet wurden, werden nach altem Recht unverfallbar, jedoch spätestens zu dem Zeitpunkt, an dem sie nach neuem Recht unverfallbar würden (§ 30f BetrAVG). Das ist der 01.01.2006. 519

Die Unverfallbarkeitsfrist kann nicht dadurch unterlaufen werden, dass nur eine Zusage auf spätere Erteilung einer Zusage versprochen wird (**Vorschaltzeiten**).[1140] Solche Zusagen mit Vorschaltzeiten zählen bei der Berechnung der Unverfallbarkeitsfrist mit. 519a

Auch Anwartschaften auf eine Invaliditätsrente werden unter den Voraussetzungen des § 1b Abs. 1 BetrAVG unverfallbar. Vereinbarungen, die den Anspruch auf eine Invaliditätsrente davon abhängig machen, dass das Arbeitsverhältnis bei Eintritt der Berufsunfähigkeit noch besteht, sind nichtig; sie verstoßen gegen § 17 Abs. 3 Satz 3 BetrAVG i.V.m. § 1b Abs. 1 BetrAVG.[1141] Auch Anwartschaften auf eine Hinterbliebenenversorgung werden unter den Voraussetzungen des § 1b Abs. 1 BetrAVG unverfallbar.[1142] 520

Bei einem Betriebsübergang rechnet die beim Betriebsveräußerer zurückgelegte Dauer der Betriebszugehörigkeit zur Unverfallbarkeitsfrist des § 1b Abs. 1 BetrAVG.[1143] 520a

Von der Unverfallbarkeitsfrist sind **Wartefristen** zu unterscheiden.[1144] Wartefrist ist die Frist, die verstrichen sein muss, damit ein Arbeitnehmer Leistungen beanspruchen kann, z., B. Hinterbliebenenrente erst nach einer Wartefrist von zehn Jahren. Die Wartefrist kann anders als die Unverfallbarkeitsfrist auch nach Ende des Arbeitsverhältnisses erfüllt werden. 520b

Günstigere Abreden zwischen Arbeitgeber und Arbeitnehmer sind möglich.[1145] Das BetrAVG enthält nur den Mindestschutz für Arbeitnehmer (und andere geschützte Personen, vgl. Rn 463). 521

1138 Vgl. jedoch die Regelungen über das In-Kraft-Treten dieser Verbesserungen: § 30f. BetrAVG.
1139 BAG v. 29.09.1987, AP Nr. 17 zu § 1 BetrAVG = EzA § 1 BetrAVG Nr. 49 = NZA 1988, 311.
1140 BAG v. 20.04.1982, AP Nr. 12 zu § 1 BetrAVG Wartezeit = EzA § 1 BetrAVG Nr. 20 = NJW 1983, 414.
1141 BAG v. 24.06.1998, AP Nr. 11 zu § 1 BetrAVG Invaliditätsrente.
1142 BAG v. 15.12.1998, AP Nr. 17 zu § 1 BetrAVG Hinterbliebenenversorgung = NZA 1999, 488.
1143 BAG v. 20.07.1993, AP Nr. 4 zu § 1 BetrAVG Unverfallbarkeit = EzA § 613a BGB Nr. 110 = NZA 1994, 121; BAG v.19.12.2000, AP Nr. 10 zu § 1 BetrAVG Unverfallbarkeit.
1144 BAG v. 20.07.1993, AP Nr. 4 zu § 1 BetrAVG Unverfallbarkeit = EzA § 613a BGB Nr. 110 = NZA 1994, 121.
1145 BAG v. 04.10.1994, AP Nr. 22 zu § 2 BetrAVG = EzA § 2 BetrAVG Nr. 14 = NZA 1995, 788.

522 Für die Durchführung der betrieblichen Altersversorgung durch andere Versorgungsträger (Direktversicherung, Pensionskasse, Pensionsfonds und Unterstützungskasse) enthält § 1b BetrAVG entsprechende Vorschriften. Auch Anwartschaften in diesen Durchführungswegen können unter denselben Bedingungen unverfallbar werden.

523 Eine besondere Vorschrift ist erforderlich für **Anwartschaften**, die **nach Entgeltumwandlung** für den Arbeitnehmer begründet wurden. Beruht die Zusage auf Leistungen der betrieblichen Altersversorgung auf einer Entgeltumwandlung, behält der Arbeitnehmer seine Anwartschaft in jedem Fall, auch wenn die Unverfallbarkeitsfrist noch nicht erreicht wurde oder der Arbeitnehmer beim Ausscheiden aus dem Arbeitsverhältnis noch keine 30 Jahre alt ist. Es handelt sich – wirtschaftlich betrachtet – um das Geld des Arbeitnehmers (§ 1b Abs. 5 BetrAVG).

524 Allerdings gilt das neue Recht nur für Anwartschaften, die nach dem 01.01.2001 begründet wurden. Die früher begründeten Anwartschaften werden nur nach den allgemeinen Regeln und nicht kraft Gesetzes unverfallbar. Dabei ist im Wege der Auslegung des Umwandlungsvertrags davon auszugehen, dass die Arbeitsvertragsparteien sofortige Unverfallbarkeit vereinbart haben. Nur eine solche Vereinbarung entspricht Treu und Glauben.

b) Wert der Anwartschaft

525 Der Wert der Anwartschaft, die der Arbeitnehmer bei seinem Ausscheiden mitnimmt, ergibt sich aus § 2 BetrAVG. Die Bestimmung unterscheidet nach den verschiedenen Durchführungswegen.

aa) Wert der Anwartschaft bei einer Direktzusage und einer Zusage im Durchführungsweg der Unterstützungskasse

526 Bei der Direktzusage ist zu ermitteln, zu welchem Anteil der vorzeitig ausgeschiedene Arbeitnehmer die jeweils vereinbarte Leistung der betrieblichen Altersversorgung im Versorgungsfall erhalten wird (**Teilrente**).

527 Maßgebend für die Berechnung der beim Ausscheiden aufrecht zu erhaltenden Anwartschaft ist das Verhältnis zwischen der tatsächlichen Dauer der Betriebszugehörigkeit des ausgeschiedenen Arbeitnehmers zur möglichen Betriebszugehörigkeit bis zum Eintritt des Versorgungsfalls »Alter«. Dabei ist auf das 65. Lebensjahr abzustellen, wenn nicht ein früherer Zeitpunkt in der Versorgungsregelung als feste Altersgrenze vorgesehen ist. Feste Altersgrenzen sind die Termine, zu denen die Altersrenten ohne Einschränkungen und Abzüge von allen begünstigten Personen bezogen werden können. Es ist der Zeitpunkt, zu dem der Arbeitnehmer unabhängig von individuellen Willensentschließungen seine Tätigkeit für den Arbeitgeber beenden soll, um mit der vollen betrieblichen Zusatzrente in den Ruhestand zu wechseln.[1146]

528 Der so ermittelte Bruchteil der vollen Rente ist der **Unverfallbarkeitsfaktor**. Das Verfahren ist das **m/n-tel-Prinzip**. Ein Beispiel: Erhält der Arbeitnehmer bei Begründung des Arbeitsverhältnisses im Alter von 25 Jahren die Zusage einer Altersrente mit Vollendung des 65. Lebensjahres und scheidet er mit Vollendung des 45. Lebensjahres aus dem Arbeitsverhältnis aus, erhält er bei Eintritt eines Versorgungsfalls eine Teilrente 20/40 = 1/2 der Vollrente.

529 Der so ermittelte **Unverfallbarkeitsfaktor** ist maßgebend für alle Ansprüche des Arbeitnehmers, die nach seinem Ausscheiden eintreten können, also – falls vereinbart – für Ansprüche auf Altersrente, auf vorgezogene Altersrente (§ 6 BetrAVG), auf Invaliditätsrente und auf Rente im Todesfall.

530 Der Unverfallbarkeitsfaktor ist anzuwenden auf die Leistungen, die ein Arbeitnehmer erhalten würde, der bei Eintritt des jeweiligen Versorgungsfalls noch beim Arbeitgeber beschäftigt wäre (die »ohne das vorzeitige Ausscheiden zustehende Leistung«). Das ist die **Ermittlung einer fiktiven Leistung**, denn tatsächlich war der vorzeitig ausgeschiedene Arbeitnehmer ja nicht mehr beschäftigt.

1146 BAG v. 23.01.2001, AP Nr. 16 zu § 1 BetrAVG Berechnung.

Die Berechnung der fiktiven Vollrente macht insbesondere dann Schwierigkeiten, wenn die Vollrente von variablen Faktoren abhängt, z.B. vom Endgehalt bei Eintritt des Versorgungsfalls, oder wenn auf die vom Arbeitgeber zugesagten Leistungen die Leistungen aus der gesetzlichen Rentenversicherung oder andere Leistungen anzurechnen sind. Diese Rechengrößen sind im Zeitpunkt des vorzeitigen Ausscheidens nicht bekannt. Das BetrAVG greift deshalb zu einer vereinfachenden Rechenregel. Bei der Berechnung der Teilrente bleiben Veränderungen der Versorgungsregelung und der Bemessungsgrundlagen für die Leistung der betrieblichen Altersversorgung, soweit sie nach dem Ausscheiden des Arbeitnehmers eintreten, außer Betracht. Die **variablen Berechnungsgrundlagen** werden »eingefroren« (§ 2 Abs. 5 BetrAVG). 531

Sind bei der Berechnung der Anwartschaft Renten der gesetzlichen Rentenversicherung zu berücksichtigen, so kann das bei der Berechnung von Pensionsrückstellungen allgemein zulässige Verfahren (sog. Näherungsverfahren) zugrunde gelegt werden, wenn nicht der ausgeschiedene Arbeitnehmer die Anzahl der im Zeitpunkt des Ausscheidens erreichten Entgeltpunkte nachweist (§ 2 Abs. 5 Satz 2 BetrAVG). Weder der Arbeitnehmer noch der Arbeitgeber können das Näherungsverfahren gegen den Willen ihres Vertragspartners durchsetzen.[1147] 532

Die Höhe der Teilrente ergibt sich dann aus der Multiplikation des **Unverfallbarkeitsfaktors** mit der **fiktiv berechneten Vollrente**. Das gilt für alle Versorgungsfälle (Alter, Invalidität und Tod). 533

Die Unterstützungskasse muss die Begünstigten nach Maßgabe des § 2 Abs. 1 BetrAVG behandeln.

bb) Alternative Berechnung bei Direktversicherungen und Pensionskassen

Bei einer Direktversicherung gelten zunächst diese Grundsätze (m/n x Vollrente) entsprechend. Soweit der Versicherer auf der Grundlage des Versicherungsvertrages weniger leistet, muss der Arbeitgeber den fehlenden Teil zuzahlen (§ 2 Abs. 2 Satz 1 BetrAVG). Doch kann er diese Verpflichtung dadurch abwenden, dass er die **versicherungsförmige Lösung** wählt. Die von dem Versicherer zu erbringende Leistung tritt an die Stelle der nach § 2 Abs. 1 BetrAVG ermittelten Teilleistung, wenn die Voraussetzungen des § 2 Abs. 2 Satz 2 BetrAVG erfüllt sind. Dabei handelt es sich um Vorschriften, die sicherstellen sollen, dass dem Arbeitnehmer der wirtschaftliche Wert der Teilleistung auch tatsächlich zugute kommt. Ihm muss ein unwiderrufliches Bezugsrecht eingeräumt werden, die **Überschüsse** dürfen nur zur Verbesserung der Versicherungsleistung verwendet werden und der Arbeitnehmer muss das Recht haben, die Versicherung fortsetzen zu können. Einzelheiten sind in § 2 Abs. 2 BetrAVG geregelt. 534

Für Pensionskassen gelten die soeben für die Lebensversicherungsunternehmen beschriebenen Regeln. 535

Das alternative – versicherungsförmige – Verfahren zur Berechnung des Werts einer unverfallbaren Anwartschaft begünstigt den Arbeitgeber. Hält er die sozialen Bedingungen ein, braucht er keine weiteren Zahlungen bei Eintritt des Versorgungsfalls zu leisten. Die Leistungen brauchen nicht »nachfinanziert« zu werden.

cc) Die Regelungen für Pensionsfonds

Für Pensionsfonds gilt § 2 Abs. 1 BetrAVG mit der Maßgabe, dass sich der vom Arbeitgeber zu finanzierende Teilanspruch, soweit er über die vom Pensionsfonds vorgesehenen Leistungen hinausgeht, vom Arbeitgeber zu zahlen ist (§ 2 Abs. 3 a BetrAVG). Das gilt für Leistungszusagen und für beitragsorientierte Leistungszusagen. 536

Verpflichtet sich der Arbeitgeber nur zu Beiträgen (§ 1 Abs. 2 Nr. 2 BetrAVG), braucht er nur dafür einzustehen, dass der Pensionsfonds Leistungen auf der Grundlage der gezahlten Beiträge und die 537

1147 BAG v. 09.12.1997, AP Nr. 27 zu § 2 BetrAVG = EzA § 2 BetrAVG Nr. 15 = NZA 1998, 1172.

daraus erzielten Erträge auszahlt. Zu Nachzahlungen kommt es nur, wenn die Erträge unterhalb der eingezahlten Beiträge liegen.

dd) Die Bescheinigung des Arbeitgebers

538 Der Arbeitgeber hat dem Arbeitnehmer beim Ausscheiden **Auskunft über den Wert** seiner Anwartschaft im Versorgungsfall »Alter« zu erteilen (§ 2 Abs. 6 BetrAVG). Die Auskunft muss ergeben, ob für den Arbeitnehmer eine unverfallbare Anwartschaft besteht und in welcher Höhe er Versorgungsleistungen bei Erreichen der in der Versorgungsordnung vorgesehenen Altersgrenze beanspruchen kann.

539 Aus der Auskunft ergibt sich mithin der **Unverfallbarkeitsfaktor**. Die Auskunft über die Höhe der im Alter 65 zu erwartenden Rente betrifft nur diesen einen Versorgungsfall. Bei Eintritt anderer Versorgungsfälle ist nur der Unverfallbarkeitsfaktor verwertbar. Die Leistungen für andere Versorgungsfälle (vorgezogene Altersrente nach § 6, Invaliditätsrente, Hinterbliebenenrente) muss für jede Leistung gesondert ermittelt werden.

540 Die Auskunft ist weder ein abstraktes noch ein deklaratorisches Schuldanerkenntnis.[1148] Sie dient auch nicht dazu, einen Streit über den Inhalt des Versorgungsanspruchs zu beseitigen.[1149] Ansprüche auf Berichtigung einer Auskunft tragen also nicht zur Klärung eines Streits über die Höhe der beim Ausscheiden mitgenommenen Anwartschaft bei. Möglich ist nur eine Feststellungsklage bezogen auf die Anwartschaft im Alter von 65 Jahren.

c) Abfindungsverbot

541 Der Sicherung der Unverfallbarkeit dient auch das Abfindungsverbot (§ 3 BetrAVG). Nach § 3 BetrAVG dürfen die kraft Gesetzes unverfallbaren Anwartschaften bei Beendigung des Arbeitsverhältnisses nur unter sehr eingeschränkten Voraussetzungen abgefunden werden. § 3 BetrAVG verbietet dagegen keine Vereinbarungen nach Eintritt des Rentenfalls über die Abfindung von Leistungen.[1150] Die Vorschrift verbietet auch keine Abfindungen, die sich nur auf verfallbare Anwartschaften beziehen.

542 Von § 3 BetrAVG werden zunächst Vereinbarungen erfasst, in denen sich die vereinbarte Abfindung unmittelbar auf die erworbene Anwartschaft bezieht. Eine **Barauszahlung** anstelle einer späteren Rentenzahlung ist **nicht möglich**.

543 § 3 BetrAVG erfasst darüber hinaus auch Vereinbarungen zwischen Arbeitgeber und Arbeitnehmer beim Ausscheiden, durch die eine unverfallbare Versorgungsanwartschaft mit oder ohne Zahlung einer **Abfindung** eingeschränkt oder aufgehoben wird. Das gilt auch für die Verrechnung einer späteren Altersrente oder Invaliditätsrente mit Forderungen des Arbeitgebers auf Rückzahlung einer Abfindung, die wegen des Verlustes des Arbeitsplatzes gezahlt wird. Danach ist eine Vereinbarung über die Verrechnung künftiger Rentenansprüche mit Ansprüchen auf eine Abfindung nach §§ 9, 10 KSchG nicht möglich.[1151]

544 Eine Abfindung ist möglich für Anwartschaften, die nur einen geringen Wert haben. Sowohl Arbeitgeber als auch Arbeitnehmer können eine Abfindung verlangen, wenn der Monatsbetrag der zu erwartenden Versorgungsleistung 1 % der monatlichen Bezugsgröße nach § 18 SGB IV nicht übersteigt, oder bei Kapitalleistungen 12/10 der monatlichen Bezugsgröße. Mit Zustimmung des Arbeitnehmers dürfen Anwartschaften abgefunden werden, wenn ihr monatlicher Wert 2 % der monatlichen Bezugsgröße, bei Kapitalleistungen 24/10 der monatlichen Bezugsgröße nicht übersteigt. Mit Zustimmung des Arbeitnehmers ist auch eine Abfindung möglich, wenn der monatliche

1148 BAG v. 12.03.1991, ZIP 1991, 1446.

1149 BAG v. 09.12.1997, AP Nr. 27 zu § 2 BetrAVG = EzA § 2 BetrAVG Nr. 15 = NZA 1998, 1172.

1150 BAG v. 21.03.2000, AP Nr. 9 zu § 3 BetrAVG = EzA § 3 BetrAVG Nr. 6 = NZA 2001, 1308.

1151 BAG v. 24.03.1998, AP Nr. 8 zu § 3 BetrAVG = EzA § 3 BetrAVG Nr. 5 = NZA 1998, 1280; BAG v. 23.05.2000 – 3 AZR 146/99, AP Nr. 45 zu § 16 BetrAVG = EzA § 16 BetrAVG Nr. 37 = NZA 2001, 2255.

Wert 4 % (oder bei Kapitalleistungen 48/10) der monatlichen Bezugsgröße nicht übersteigt und der Abfindungsbetrag vom Arbeitgeber unmittelbar zur Zahlung von Beiträgen zur gesetzlichen Rentenversicherung oder zum Aufbau einer Versorgungsleistung bei einem Versorgungsträger (Direktversicherung, Pensionskasse oder Pensionsfonds) verwendet wird. In diesem Fall bleibt der Zweck der Versorgungszusage unverändert (vgl. zur Regelung insgesamt § 3 Abs. 1 Satz 2 bis 4 BetrAVG).

Die Abfindung ist nach dem Barwert der künftigen (Teil-) Versorgungsleistungen zu berechnen (§ 3 Abs. 2 BetrAVG). Bei Einschaltung eines versicherungsförmigen Versorgungsträgers (Direktversicherung, Pensionskasse oder Pensionsfonds) wird die Abfindung nach dem geschäftsplanmäßigen Deckungskapital im Zeitpunkt der Beendigung des Arbeitsverhältnisses berechnet. Dabei sind die vorgeschriebenen Regeln der Versicherungsmathematik und die Rechnungsgrundlagen der Versorgungsträger maßgebend. 545

Bei einer Anwartschaft, die auf einer **Entgeltumwandlung** beruht, kann die Anwartschaft nur mit Zustimmung des Arbeitnehmers abgefunden werden, und das auch nur dann, wenn es sich um eine Anwartschaft mit geringem Wert handelt (§ 3 Abs. 1 Satz 3 Nr. 4 BetrAVG). Im Übrigen sind Abfindungsvereinbarungen unwirksam (§ 134 BGB). Der Arbeitnehmer darf nicht daran gehindert werden, sich durch Anwartschaften eine ergänzende Altersversorgung aufzubauen. 546

Bei vorzeitiger Auflösung des Arbeitsverhältnisses können Schadensersatzansprüche des Arbeitnehmers nach § 628 Abs. 2 BGB entstehen. Diese Schadensersatzansprüche haben Bedeutung in den Fällen, in denen noch keine Unverfallbarkeit eingetreten ist. Dann kann der Wert der noch verfallbaren Anwartschaft bei der Bemessung einer **Abfindung** eine Rolle spielen. Wurde im Rahmen der gerichtlichen Auflösung des Arbeitsverhältnisses eine Abfindung nach §§ 9, 10 KSchG zuerkannt, kann der durch die Beendigung des Arbeitsverhältnisses eingetretene Verlust einer Anwartschaft später nicht mehr als Schadensersatz nach § 628 Abs. 2 BGB oder aus dem Gesichtspunkt der positiven Vertragsverletzung (§ 280 BGB) verlangt werden.[1152] 546a

2. Vorzeitige Inanspruchnahme der Leistungen (§ 6 BetrAVG)

Die vorgezogene Altersrente nach § 6 BetrAVG ist eine Rente für den Versorgungsfall »Alter.« Die Vorschrift stellt sicher, dass der Arbeitnehmer die Betriebsrente immer dann abrufen darf, wenn er Rente aus der gesetzlichen Rentenversicherung bezieht. Bestimmungen, die den Bezug der Betriebsrente für diesen Fall ausschließen, sind unwirksam (§ 17 Abs. 3 Satz 3 BetrAVG). 547

Das BetrAVG stellt nur sicher, dass der Arbeitnehmer vorgezogene Altersrente beanspruchen kann. Nicht geregelt ist die **Höhe der Versorgungsleistungen**. Hier kommt es in erster Linie auf die **Versorgungsordnung** an. Die Versorgungsordnung muss regeln, wie die Rente zu berechnen ist, wenn der Arbeitnehmer vorzeitig unter Inanspruchnahme der Leistungen der gesetzlichen Rentenversicherung aus dem Arbeitsverhältnis ausscheidet. Häufig sind versicherungsmathematische Abschläge von 0,3 bis 0,5 % je Monat der vorzeitigen Inanspruchnahme. Bei Bezug der vorzeitigen Altersrente statt mit 65 schon mit Vollendung des 60. Lebensjahres beträgt der Abzug (bei 0,5 %/Monat) also 30 % (60 Monate x 0,5 %) des Betrags, der mit 65 zu zahlen wäre. Diese Vereinbarungen sind zulässig. Der Arbeitgeber muss die vereinbarte Leistung früher und länger zahlen. Diese im Vergleich zur ursprünglichen Vereinbarung höhere Verpflichtung wird durch die versicherungsmathematischen Abschläge ausgeglichen. 548

In älteren Versorgungsordnungen fehlt häufig eine entsprechende Regelung. Für diese Fälle hat die Rechtsprechung eine **ergänzende Vertragsauslegung** vorgesehen. Der Arbeitnehmer kann nicht erwarten, dass er dieselbe Rente, die für das Alter 65 vereinbart war, schon mit 60 beziehen kann. Deshalb muss er mit einer Kürzung rechnen. Allerdings braucht er keine versicherungsmathematischen Abschläge hinzunehmen, er braucht nur eine zeitratierliche Kürzung hinzunehmen. Dieses 549

1152 BAG v. 12.06.2003 – 8 AZR 341/02, AP Nr. 16 zu § 628 BGB.

Kürzungsverfahren ist im Regelfall günstiger; es ist im BetrAVG bei vorzeitigem Ausscheiden des Arbeitnehmers vorgesehen.[1153]

550 Die Berechnung der vorzeitig in Anspruch genommenen Altersrente ist auch dann erforderlich, wenn ein zuvor mit einer unverfallbaren Anwartschaft ausgeschiedener Arbeitnehmer die Rente vorzeitig in Anspruch nehmen will. Zunächst ist auch für den Bezug der vorgezogenen Altersrente der Unverfallbarkeitsfaktor maßgebend.[1154] Sodann muss die – fiktive – Leistung für einen betriebstreuen Arbeitnehmer ermittelt werden. Das geschieht nach denselben Regeln, die für einen im Betrieb verbliebenen Arbeitnehmer gelten, also entweder durch versicherungsmathematische Abschläge oder durch zeitratierliche Kürzung.[1155] Das Produkt aus dem Unverfallbarkeitsfaktor und dem fiktiven Betrag für betriebstreue Arbeitnehmer ergibt die Rente des vorzeitig ausgeschiedenen Arbeitnehmers.

551 Nach der neuen Rechtsprechung des BAG darf die fehlende Betriebstreue zwischen dem vorgezogenen Ruhestand und der in der Versorgungsordnung festgelegten festen Altersgrenze (in der Regel das 65. Lebensjahr) nicht noch einmal (zum dritten Mal) nachteilig berücksichtigt werden.[1156] Das bedeutet: Soweit die Versorgungsordnung dies vorsieht, kann ein versicherungsmathematischer Abschlag von der Rente 65 vorgenommen werden. In diesem Fall scheidet eine weitere mindernde Berücksichtigung der fehlenden Betriebstreue zwischen dem vorgezogenen Ruhestand und der in der Versorgungsordnung festgelegten festen Altersgrenze grundsätzlich aus. Sieht die Versorgungsordnung keine versicherungsmathematischen Abschläge vor, kann die Kürzung in der Weise erfolgen, dass die fehlende Betriebstreue zwischen der vorgezogenen Inanspruchnahme und fester Altersgrenze entsprechend durch zeitratierliche Kürzung berücksichtigt wird (»unechter versicherungsmathematischer Abschlag«).

552 Ob der Arbeitgeber bei der Berechnung der Teilrente zwischen betriebstreuen Arbeitnehmern einerseits und vorzeitig ausgeschiedenen Arbeitnehmern unterscheiden darf, ist fraglich. Das BAG meint zwar, dass der Arbeitgeber eine besonders günstige Berechnung für »betriebstreue« Arbeitnehmer nicht an die vorzeitig ausgeschiedenen weiterzugeben braucht. Eine unterschiedliche Behandlung beider Personengruppe verstoße nicht gegen den Gleichbehandlungsgrundsatz.[1157] Das aber widerspricht den Grundwertungen des BetrAVG. Die vorzeitig ausgeschiedenen Arbeitnehmer dürfen nicht allein deshalb schlechter gestellt werden als die im Arbeitsverhältnis verbleibenden Arbeitnehmer.[1158] Es muss sichergestellt sein, dass die vorzeitig ausgeschiedenen Arbeitnehmer ihre durch das BetrAVG gesicherten Renten erhalten.

3. Insolvenzsicherung

553 Gegen Insolvenz des Versorgungsschuldners gesichert sind sowohl **Versorgungsempfänger** (§ 7 Abs. 1 BetrAVG) als auch **Arbeitnehmer mit einer kraft Gesetzes unverfallbaren Anwartschaft** (§ 7 Abs. 2 BetrAVG). Für beide Personengruppen ist eine solche Sicherung unentbehrlich.

1153 BAG v. 29.07.1997, AP Nr. 23 und 24 zu § 6 BetrAVG = EzA § 6 BetrAVG Nr. 19 und Nr. 20; BAG v. 23.01.2001, AP Nr. 16 zu § 1 BetrAVG Berechnung.

1154 BAG v. 24.07.2001, AP Nr. 27 zu § 6 BetrAVG = EzA § 6 BetrAVG Nr. 25 = NZA 2002, 672.

1155 BAG v. 13.03.1990, AP Nr. 17 zu § 6 BetrAVG = EzA § 6 BetrAVG Nr. 13 = NZA 1990, 692; BAG v. 12.03.1991, AP Nr. 9 zu § 1 BetrAVG Besitzstand = EzA § 2 BetrAVG Nr. 11 = NZA 1991, 771; BAG v. 04.10.1994, AP Nr. 22 zu § 2 BetrAVG = EzA § 2 BetrAVG Nr. 14 = NZA 1995, 788; BAG v. 28.03.1995, AP Nr. 21 zu § 6 BetrAVG = EzA § 6 BetrAVG Nr. 17 = NZA 1996, 39; BAG v. 24.07.2001, AP Nr. 27 zu § 6 BetrAVG = EzA BetrAVG § 6 Nr. 28 = NZA 2002, 672.

1156 BAG v. 23.01.2001, AP Nr. 16 zu § 1 BetrAVG Berechnung; BAG v. 24.07.2001, AP Nr. 27 zu § 6 BetrAVG = EzA § 6 BetrAVG Nr. 25 = NZA 2002, 672.

1157 BAG v. 23.01.2001, AP Nr. 16 zu § 1 BetrAVG Berechnung.

1158 *Thüsing/Lambrich,* EWiR 2001, 53.

Die Insolvenz des Versorgungsschuldners (Arbeitgebers) begründet ein gesetzliches Schuldverhältnis zwischen dem Arbeitnehmer und dem Träger der Insolvenzsicherung. Träger der Insolvenzsicherung ist der **Pensionssicherungsverein** VVaG (PSV, § 14 Abs. 1 BetrAVG). Der Anspruch gegen den PSV ist nicht davon abhängig, dass der Arbeitgeber auch während der Dauer der Anwartschaft Beiträge zum PSV geleistet hat. 554

a) Sicherungsfälle

Die Insolvenzsicherung tritt ein in Sicherungsfällen. Das sind die **Insolvenz** des Schuldners und die in § 7 Abs. 1 BetrAVG weiter genannten Tatbestände, also die **Abweisung des Antrags** auf Eröffnung des Insolvenzverfahrens **mangels Masse**, der **außergerichtliche Vergleich** und die **vollständige Beendigung der Betriebstätigkeit** bei Masselosigkeit. Der Sicherungsfall der wirtschaftlichen Notlage (§ 7 Abs. 1 Satz 3 Nr. 5 BetrAVG a.F.) ist weggefallen.[1159] Damit ist auch das Widerrufsrecht entfallen, es kann nicht mehr mit der Störung der Geschäftsgrundlage § 313 BGB) begründet werden. Es gilt im Betriebsrentenrecht der Rechtsgrundsatz, wonach fehlende wirtschaftliche Leistungsfähigkeit in aller Regel kein Grund ist, sich von einer übernommenen Zahlungspflicht zu lösen.[1160] Häufig wird ein Sicherungsfall des außergerichtlichen Vergleichs nach § 7 Abs. 1 Satz 4 Nr. 2 BetrAVG vorliegen. 555

Alle Sicherungsfälle haben gemeinsam, dass der Gläubiger des Anspruchs (Versorgungsempfänger) und der aus einer Anwartschaft berechtigte künftige Gläubiger nicht mit der Erfüllung der Verbindlichkeit durch den Schuldner rechnen können.

b) Geschützter Personenkreis

Insolvenzschutz können nur die Personen beanspruchen, die unter den Geltungsbereich des Gesetzes fallen (§ 17 BetrAVG). Das sind die Arbeitnehmer und die Personen, die für ein fremdes Unternehmen tätig geworden sind. Ausgeschlossen sind die Personen, die für ihr eigenes Unternehmen tätig sind.[1161] 556

c) Insolvenzschutz für Versorgungsempfänger

Versorgungsempfänger haben gegen den PSV einen Anspruch auf die Leistung, die der Arbeitgeber nach der Versorgungsordnung zu erbringen hätte (und bis zum Eintritt des Insolvenzfalles auch tatsächlich erbracht hat), wenn der Sicherungsfall nicht eingetreten wäre. Insolvenzgeschützt sind die Ansprüche der Betriebsrentner auch für die letzten sechs Monate vor dem Sicherungsfall (§ 7 Abs. 1 a BetrAVG). Geschützt sind auch die sog. **»technischen Rentner«.** Das sind solche Arbeitnehmer, bei denen der Versorgungsfall zwar eingetreten ist, die aber noch keine Leistungen von ihrem Arbeitgeber beziehen.[1162] 557

Insolvenzschutz ist erforderlich, wenn der Arbeitgeber sich verpflichtet hatte, die Leistungen der betrieblichen Altersversorgung aus seinem eigenen Vermögen zu zahlen. Das trifft für **Direktzusagen** zu.

Für Ansprüche aus einer **Direktversicherung** ist kein Versicherungsschutz erforderlich. Die Versicherungsunternehmen stehen unter der Aufsicht der Bundesanstalt für Finanzdienstleistungsaufsicht (BAFin), die über die Erfüllbarkeit aller Ansprüche wacht. Die Betriebsrentner können trotz Insolvenz ihres Versorgungsschuldners mit der Zahlung der Versicherungsleistungen rechnen. 558

Auch für Versorgungsempfänger, die Leistungen aus einer **Pensionskasse** beziehen, ist kein Insolvenzschutz erforderlich. Auch diese Unternehmen stehen unter Versicherungsaufsicht.

1159 Zum früheren Recht vgl. BAG v. 24.04.2001, AP Nr. 23 zu § 7 BetrAVG Widerruf.
1160 BAG v. 17.06.2003, AP Nr. 24 zu § 7 BetrAVG.
1161 Zur Abgrenzung vgl. zuletzt BAG v. 16.04.1997, AP Nr. 25 zu § 17 BetrAVG = EzA § 17 BetrAVG Nr. 6 = NZA 1998, 101.
1162 BAG v. 18.03.2003, AP Nr. 108 zu § 7 BetrAVG.

559 Versorgungsempfänger, die Leistungen von einer **Unterstützungskasse** erhalten, brauchen und erhalten Insolvenzschutz. Sicherungsfall ist in diesem Fall die Insolvenz des Arbeitgebers (Trägerunternehmens, vgl. § 7 Abs. 1 Satz 2 Nr. 2). Die Unterstützungskasse kann ihre Leistungen an die Versorgungsempfänger in der Regel nur erbringen, wenn sie vom Arbeitgeber ausreichend Mittel erhält. Diese Mittel fehlen in der Insolvenz des Arbeitgebers.

560 Bei Durchführung der betrieblichen Altersversorgung über einen **Pensionsfonds** ist für Versorgungsempfänger in der Regel Insolvenzschutz erforderlich. Die Pensionsfonds stehen zwar ebenfalls unter Aufsicht der Bundesanstalt für Finanzdienstleistungsaufsicht (BAFin). Sie sind freier in der Anlage, das Risiko ist aber auch größer.

d) Geschützte Anwartschaften

561 Arbeitnehmer mit kraft Gesetzes unverfallbarer Anwartschaft haben bei Eintritt ihres Versorgungsfalles einen Anspruch gegen den PSV. Die **Anwartschaften** müssen **kraft Gesetzes unverfallbar** sein. Eine vertraglich zugesicherte Unverfallbarkeit reicht zur Begründung des Insolvenzschutzes nicht aus.[1163] Deshalb sind Unterbrechungen des Arbeitsverhältnisses jedenfalls dann schädlich, wenn die Anwartschaft nach Wiederaufnahme der Tätigkeit kraft Gesetzes verfallbar war. Dabei ist unerheblich, ob die Inhaber der Anwartschaften dem Betrieb im Zeitpunkt des Sicherungsfalles noch angehören oder bereits ausgeschieden waren.

562 Anwartschaften, die auf **Entgeltumwandlung** beruhen, sind kraft Gesetzes sofort unverfallbar (§ 1b Abs. 5 BetrAVG); sie sind deshalb auch von Anfang an insolvenzgeschützt.

563 Insolvenzschutz für anwartschaftsberechtigte Arbeitnehmer besteht in Fällen

- der Direktzusage (§ 7 Abs. 2 Satz 1 BetrAVG); es ist kein Vermögen auf einen anderen Versorgungsträger ausgelagert. Die Erfüllung der Ansprüche hängt im Versorgungsfall von der Leistungsfähigkeit des Schuldners ab;
- der Direktversicherung, wenn
- nur ein widerrufliches Bezugsrecht bestand (§ 7 Abs. 2 Satz 1 BetrAVG[1164]). Nur unwiderrufliche Bezugsrechte sind insolvenzfest und berechtigen zur Aussonderung. Welchen Inhalt das Bezugsrecht hat, ergibt sich ausschließlich aus dem Versicherungsvertrag, nicht aus dem arbeitsrechtlichen Grundverhältnis. Der Arbeitnehmer muss deshalb darauf achten, dass ihm ein unwiderrufliches Bezugsrecht eingeräumt wird;
- oder die Leistung nicht erbracht wird, weil der Arbeitgeber die Versicherung beliehen hatte und die Beleihung nicht rückgängig gemacht wurde (§ 7 Abs. 2 Satz 1 BetrAVG). Dann ist der Anspruch gegen das Unternehmen der Lebensversicherung nichts mehr wert;
- der Zusage in der Durchführungsform eines Pensionsfonds, wenn der Sicherungsfall beim Arbeitgeber (Trägerunternehmen) eingetreten ist. Die Höhe des Anspruchs gegen den PSV richtet sich in diesen Fällen nach der Höhe der Leistungen gem. § 2 Abs. 1 Satz 2 und Abs. 5 BetrAVG. Bei Pensionsfonds mit Leistungszusagen gelten für die Höhe des Anspruchs die Bestimmungen für unmittelbare Versorgungszusagen entsprechend. Für Beitragszusagen mit Mindestleistung gilt für die Höhe des Anspruchs § 2 Abs. 5 b BetrAVG; es wird nur das planmäßig zuzurechnende Versorgungskapital auf der Grundlage der bis zum Eintritt des Sicherungsfalls geleisteten Beiträge, mindestens die Summe der bis dahin zugesagten Beiträge gesichert (§ 7 Abs. 5 b BetrAVG);
- der Zusage über eine Unterstützungskasse: Hier ist § 2 Abs. 1 BetrAVG anzuwenden.

564 Bei der Durchführung der Versorgung über eine Pensionskasse ist kein Insolvenzschutz erforderlich. Die Pensionskassen unterliegen der Versicherungsaufsicht. Der Arbeitgeber kann die Versicherungsverträge wirtschaftlich nicht verwerten; Beleihungen und Abtretungen sind nicht möglich.

1163 BAG v. 22.02.2000, AP Nr. 9 zu § 1 BetrAVG Unverfallbarkeit.

1164 BAG v. 17.10.1995, AP Nr. 23 zu § 1 BetrAVG Lebensversicherung = EzA § 1 Lebensversicherung Nr. 7; BAG v. 08.06.1999, AP Nr. 26 zu § 1 BetrAVG Lebensversicherung = EzA § 1 BetrAVG Lebensversicherung Nr. 8 = NZA 1999, 1103.

Bei einer unverfallbaren Anwartschaft aus Entgeltumwandlung wird die bis zum Eintritt des Sicherungsfalls erreichte Anwartschaft gesichert (§ 7 Abs. 2 Satz 3 BetrAVG).

Für den Insolvenzschutz der anwartschaftsberechtigten Arbeitnehmer ist die **Höhe des Insolvenzschutzes** wichtig. Hier ist die Berechnung einfach: Maßgebend für die Berechnung des Wertes der gesicherten Anwartschaft ist das Arbeitsverhältnis, in dem die Anwartschaft erworben wurde. Der Wert der insolvenzgeschützten Anwartschaft wird nach § 2 BetrAVG berechnet. Der Arbeitnehmer erhält im Versorgungsfall die Leistungen vom PSV, die er vom früheren (insolvent gewordenen) Arbeitgeber erhalten hätte, wenn er im Zeitpunkt der Insolvenz aus dem Arbeitsverhältnis ausgeschieden wäre. Deshalb kann auf die Ausführungen zum Wert der Anwartschaft bei vorzeitiger Beendigung des Arbeitsverhältnisses verwiesen werden (vgl. Rn 547 ff.). **Daraus folgt:** Der Anspruch für den Inhaber einer im Insolvenzfall unverfallbaren Versorgungsanwartschaft ergibt sich aus § 7 Abs. 2 Satz 3 BetrAVG. Die Bestimmung verweist auf § 2 Abs. 1, Abs. 2 und Abs. 5 BetrAVG. Damit sind Veränderungen der Bemessungsgrundlagen für die Berechnung des Betriebsrentenanspruchs, die nach dem Insolvenzfall eintreten, für die Berechnung des Anspruchs gegen den PSV unerheblich. Auch Veränderungen der Bemessungsgrundlagen nach Eintritt des Versorgungsfalls sind für die Berechnung des Teilanspruchs gegenüber dem PSV unbeachtlich. 565

Eine vertraglich vereinbarte Anpassung der Renten ist bei Anwartschaftsinhabern nicht insolvenzgesichert.[1165]

Der gesetzliche Insolvenzschutz kann ausnahmsweise nach der Rechtsprechung des BAG auf der **Anrechnung von Vordienstzeiten** beruhen, wenn die angerechnete Betriebszugehörigkeit von einer Versorgungszusage begleitet war und bis unmittelbar an das Arbeitsverhältnis heranreicht, das eine neue Versorgungsanwartschaft begründet.[1166] Das gilt aber nicht, wenn der Arbeitnehmer im vorausgegangenen Arbeitsverhältnis bereits eine unverfallbare Anwartschaft erworben hatte.[1167] 566

Steht aufgrund eines rechtskräftigen Urteils fest, dass der Arbeitnehmer von seinem Arbeitgeber keine Leistungen der betrieblichen Altersversorgung fordern kann, wirkt sich das Urteil auch auf die Einstandspflicht des PSV aus. Die Insolvenz des Arbeitgebers führt zu keinem Ausfall von Versorgungsansprüchen. Es fehlt an der nach § 7 Abs. 1 und 2 BetrAVG erforderlichen Ursächlichkeit (Wegfall der Anwartschaft oder des Anspruchs wegen Insolvenz).[1168] 567

e) Versicherungsmissbrauch

Ein Anspruch besteht nicht in Fällen des Versicherungsmissbrauchs (§ 7 Abs. 5 BetrAVG).[1169] 568

Für Verbesserungen von Versorgungszusagen, die in den letzten beiden Jahren vor dem Eintritt eines Sicherungsfalles vereinbart werden, braucht der PSV nicht einzustehen. § 7 Abs. 5 Satz 3 BetrAVG enthält eine unwiderlegliche Vermutung.[1170] Diese Bestimmung schließt Insolvenzschutz auch für Vereinbarungen aus, durch die unabhängig von früheren Zusagen eine neue Leistung der betrieblichen Altersversorgung versprochen wird.[1171] Im Übrigen entfällt der Insolvenzschutz, wenn nach den Umständen des Falles die Annahme gerechtfertigt ist, dass es der alleinige oder überwiegende Zweck der Versorgungszusage oder ihrer Verbesserung gewesen ist, den Träger der Insolvenzsicherung in Anspruch zu nehmen (§ 7 Abs. 5 Satz 1 BetrAVG). Hier greifen die Vermutungsregeln des § 7 Abs. 5 Satz 2 BetrAVG ein.

1165 BAG v. 22.11.1994, AP Nr. 83 zu § 7 BetrAVG = EzA § 1 BetrAVG Nr. 50 = NZA 1995, 887; BAG v. 04.04.2000, AP Nr. 32 zu § 2 BetrAVG.
1166 BAG v. 28.03.1995, AP Nr. 84 zu § 7 BetrAVG = EzA § 1 BetrAVG Nr. 70 = NZA 1996, 258.
1167 BAG v. 28.03.1995, AP Nr. 84 zu § 7 BetrAVG = EzA § 1 BetrAVG Nr. 70 = NZA 1996, 258.
1168 BAG v. 23.03.1999, AP Nr. 29 zu § 322 ZPO.
1169 BAG v. 20.07.1993, AP Nr. 4 zu § 1 BetrAVG Unverfallbarkeit = EzA § 613a BGB Nr. 110 = NZA 1994, 121.
1170 BAG v. 24.11.1998, AP Nr. 3 zu § 7 BetrAVG Missbrauch = BB 1999, 910.
1171 BAG v. 24.11.1998, AP Nr. 3 zu § 7 BetrAVG Missbrauch = BB 1999, 910.

569 Bei einem uneingeschränkt unwiderruflichem Bezugsrecht erfüllt die Zustimmung zur Beleihung für sich gesehen nicht den Tatbestand des Versicherungsmissbrauchs.[1172] Das gilt erst recht für den Fall, dass die Zustimmung zur Beleihung von vornherein vereinbart war (sog. eingeschränkt unwiderrufliches Bezugsrecht).[1173]

f) Verfahren

570 Das Verfahren, in dem Ansprüche der Versorgungsberechtigten gegen den PSV geltend gemacht werden müssen, ist in § 9 BetrAVG geregelt.[1174]

g) Anpassung der Leistungen

571 Der PSV ist **kraft Gesetzes nicht zur Anpassung** laufender Renten verpflichtet.[1175] Eine Anpassung laufender Leistungen kommt nach § 16 BetrAVG nur in Betracht, wenn der Schuldner wirtschaftlich gesehen leistungsfähig ist. Davon kann bei einem insolvent gewordenen Schuldner nicht die Rede sein. Der Arbeitnehmer kann in diesem Fall deshalb nicht mit der Anpassung laufender Leistungen rechnen.

572 Anders ist die Rechtslage, wenn der Arbeitgeber bindend eine Anpassung unabhängig von der Anpassungspflicht nach § 16 BetrAVG zugesagt hatte. Dann ist auch der PSV an die **Vereinbarungen zwischen Arbeitgeber und Arbeitnehmer** gebunden. Er muss nach § 7 Abs. 1 BetrAVG in dem Umfang eintreten, der sich aus der Versorgungszusage des Arbeitgebers ergibt. Enthält die Versorgungsordnung des Arbeitgebers eine Anpassungspflicht unabhängig von § 16 BetrAVG (z.B. früher die Richtlinien des Essener Verbands), besteht diese Pflicht auch für den PSV.[1176]

4. Anpassung laufender Versorgungsleistungen

573 Die vom Versorgungsschuldner geschuldeten laufenden Leistungen sind vom Wertverfall (Verlust der Kaufkraft) bedroht. Das Gesetz will hier einen Schutz schaffen. Das ist in § 16 BetrAVG geschehen. Laufende Leistungen müssen unter den im Gesetz genannten Voraussetzungen angepasst werden. Die Grundsätze über eine Anpassung laufender Leistungen sind in § 16 Abs. 1 und 2 BetrAVG geregelt. § 16 Abs. 3 enthält Ausnahmen von dieser Verpflichtung.

a) Grundsätze

574 § 16 Abs. 1 BetrAVG schreibt dem Arbeitgeber vor, alle drei Jahre zu prüfen, ob **laufende Renten** angepasst werden müssen. Bei einer erstmaligen Prüfung ist eine **gebündelte Prüfung** für alle Ansprüche möglich, die innerhalb eines Jahres entstanden sind.[1177] An diese erstmalige Prüfung schließt sich dann für alle Arbeitnehmer die Prüfung im Drei-Jahres-Rhythmus an.

575 Der Arbeitgeber hat nach **billigem Ermessen** zu entscheiden. Er hat dabei die Belange der Versorgungsempfänger und seine wirtschaftliche Leistungsfähigkeit zu berücksichtigen. Die **Belange der Rentner** bestehen im **Inflationsausgleich** (Erhaltung der Kaufkraft). Die Verpflichtung nach § 16 Abs. 1 gilt als erfüllt, wenn die Anpassung nicht geringer ist als der Anstieg des Verbraucherpreisindexes. Die Verpflichtung gilt auch als erfüllt, wenn der Versorgungsempfänger eine Anpassung in Höhe der Nettolöhne vergleichbarer Arbeitnehmergruppen im Prüfungszeitraum erhält. Das ist die sog. **nettolohnbezogene Obergrenze** (§ 16 Abs. 2 BetrAVG n.F.). Der Betriebsrentner kann nicht erwarten, dass sein Nettoeinkommen stärker steigt als das Nettoeinkommen vergleichbarer

1172 BAG v. 17.10.1995, AP Nr. 2 zu § 7 BetrAVG Lebensversicherung = EzA § 7 BetrAVG Nr. 52 = NZA 1996, 880.
1173 BAG v. 17.10.1995, AP Nr. 2 zu § 7 BetrAVG Lebensversicherung = EzA § 7 BetrAVG Nr. 52 = NZA 1996, 880.
1174 Vgl. BAG v. 06.10.1992, AP Nr. 16 zu § 9 BetrAVG = EzA § 9 BetrAVG Nr. 6 = NZA 1993, 455.
1175 BAG v. 05.10.1993, AP Nr. 28 zu § 16 BetrAVG = EzA § 16 BetrAVG Nr. 25 = NZA 1994, 459.
1176 BAG v. 22.11.1994, AP Nr. 83 zu § 7 BetrAVG = EzA § 1 BetrAVG Nr. 50 = NZA 1995, 887.
1177 BAG v. 28.04.1992, AP Nr. 24 zu § 156 BetrAVG = EzA § 16 BetrAVG Nr. 22 = NZA 1993, 69.

Arbeitnehmer. Bei diesem Vergleich darf der Arbeitgeber nach sachlichen Kriterien Gruppen vergleichbarer Arbeitnehmer bilden.[1178]

Der Arbeitgeber darf andererseits auch die **wirtschaftliche Lage seines Unternehmens** berücksichtigen. Dabei kommt es auf die voraussichtliche künftige Leistungsfähigkeit des Unternehmens an.[1179] Es geht um die Erhaltung des Betriebes und der Arbeitsplätze. Der Arbeitgeber darf Rücksicht nehmen auf eine gesunde Weiterentwicklung des Betriebs. Die Rentenerhöhungen müssen aus den Wertzuwächsen und den **Erträgen des Unternehmens** finanziert werden können.[1180] Berücksichtigt werden ein Investitionsbedarf, eine angemessene Verzinsung des Eigenkapitals[1181] und eine angemessene Unternehmervergütung. Die Anpassung kann unterbleiben, wenn das Unternehmen nicht über eine angemessene Eigenkapitalausstattung verfügt.[1182] 576

Maßgebend bei der Beurteilung der Leistungsfähigkeit sind die Verhältnisse beim Schuldner der Versorgung. Etwas anderes kann gelten, wenn der Versorgungsschuldner in einen **Konzern** eingebunden ist. In diesem Fall kann es ausnahmsweise auf die wirtschaftliche Lage des herrschenden Unternehmens ankommen. Bei der Anpassungsentscheidung ist dann auf die wirtschaftliche Lage dieses Unternehmens abzustellen (sog. Berechnungsdurchgriff). Für einen solchen Berechnungsdurchgriff müssen zwei Voraussetzungen erfüllt sein: Zum einen muss zwischen dem Versorgungsschuldner und dem herrschenden Unternehmen eine verdichtete Konzernverbindung bestehen (Beherrschungs- oder Ergebnisabführungsvertrag oder qualifiziert faktischer Konzern). Zum anderen ist erforderlich, dass die Konzernleitungsmacht in einer Weise ausgeübt worden ist, die auf die Belange des abhängigen Tochterunternehmens keine angemessene Rücksicht genommen und so die mangelnde Leistungsfähigkeit des Versorgungsschuldners verursacht hat.[1183] 577

Der Arbeitnehmer kann die Entscheidung des Arbeitgebers **gerichtlich überprüfen** lassen (§ 315 Abs. 3 Satz 2 BGB). Er kann auch gleich auf Leistung klagen. Das ist aber nicht zeitlich unbeschränkt möglich. Wenn der Versorgungsempfänger die Anpassungsentscheidung des Arbeitgebers für unrichtig hält, muss er dies vor dem nächsten Anpassungsstichtag dem Arbeitgeber gegenüber wenigstens außergerichtlich geltend machen. Mit dem nächsten Anpassungsstichtag entsteht ein neuer Anspruch auf Anpassungsprüfung und -entscheidung. Der Anspruch auf Korrektur einer früheren Anpassungsentscheidung erlischt; es gibt keine nachträgliche Anpassung.[1184] 578

Sind laufende Leistungen nach § 16 Abs. 1 BetrAVG nicht oder nicht in vollem Umfang anzupassen (**zu Recht unterbliebene Anpassung**), ist der Arbeitgeber nicht verpflichtet, die Anpassung zu einem späteren Zeitpunkt nachzuholen. Dabei sind jedoch Schutzbestimmungen zugunsten der Arbeitnehmer zu beachten: Die Anpassung gilt nur dann als zu Recht unterblieben, wenn der Arbeitgeber dem Versorgungsempfänger die wirtschaftliche Lage des Unternehmens schriftlich dargelegt hat, wenn der Versorgungsempfänger nicht binnen drei Kalendermonaten nach Zugang der Mitteilung schriftlich widersprochen hat, und wenn der Arbeitgeber den Arbeitnehmer auf die Rechtsfolgen eines nicht fristgemäßen Widerspruchs hingewiesen hatte (§ 16 Abs. 4 BetrAVG n.F.). 579

Soweit die Regelungen über die Anpassung kraft Gesetzes. Der Arbeitgeber kann aufgrund der Versorgungszusage verpflichtet sein, über § 16 BetrAVG hinaus die laufenden Leistungen der 580

1178 BAG v. 23.05.2000 betr. tarifliche und außertarifliche Angestellte, AP Nr. 44 zu § 16 BetrAVG.

1179 BAG v. 23.01.2001, AP Nr. 46 zu § 16 BetrAVG.

1180 BAG v. 14.02.1989, AP Nr. 22 zu § 16 BetrAVG = EzA § 16 BetrAVG Nr. 21 = NZA 1989, 844; Grundsatzentscheidung zu den Prüfungskriterien und dem Prüfungszeitpunkt v. 17.04.1996, AP Nr. 35 zu § 16 BetrAVG = EzA § 16 BetrAVG Nr. 30 = NZA 1997, 155.

1181 BAG v. 23.05.2000, AP Nr. 45 zu § 16 BetrAVG: 2 % als Risikozuschlag über dem Basiszins; Basiszins ist die Umlaufrendite öffentlicher Anleihen.

1182 BAG v. 23.01.2001, AP Nr. 46 zu § 16 BetrAVG.

1183 BAG v. 04.10.1994, AP Nr. 32 zu § 165 BetrAVG = EzA § 16 BetrAVG Nr. 28 = NZA 1995, 368; BAG v. 23.10.1996, AP Nr. 36 zu § 16 BetrAVG = EzA § 16 BetrAVG Nr. 31 = NZA 1997, 1111.

1184 BAG v. 17.04.1996, AP Nr. 35 zu § 16 BetrAVG = EzA §16 BetrAVG Nr. 30 = NZA 1997, 155, dort auch zu dem Fall, dass der Arbeitgeber bis zum nächsten Anpassungsstichtag keine Erklärung abgegeben hatte.

Betriebsrentner anzupassen. Die Anpassungsverpflichtung kann sich z.B. nach der Entwicklung der Tariflöhne oder nach der Entwicklung der Kosten für die Lebenshaltung ohne Prüfung der wirtschaftlichen Lage richten. Das sind **bessere Zusagen**; sie sind immer möglich (§ 17 Abs. 3 BetrAVG). Dabei kann der Arbeitgeber die verbesserten Zusagen auf diejenigen Arbeitnehmer beschränken, die mit Eintritt eines Versorgungsfalls aus dem Arbeitsverhältnis ausgeschieden sind. Der Mindestschutz der §§ 1, 2 BetrAVG erstreckt sich nicht auf die Anpassung der laufenden Renten. Eine solche Unterscheidung verstößt auch nicht gegen den Gleichbehandlungsgrundsatz; die Wertung entspricht dem Grundgedanken des BetrAVG.[1185]

b) Ausnahmen

581 Die Anpassungsprüfung und -entscheidung entfällt,

- wenn der Arbeitgeber sich verpflichtet, die laufenden Leistungen jährlich um wenigstens 1 % anzupassen (§ 16 Abs. 3 Nr. 1 BetrAVG). Diese Ausnahme gilt aber nur für laufende Leistungen, die auf Zusagen beruhen, die nach dem 31. Dezember 1998 erteilt wurden,
- wenn die betriebliche Altersversorgung über eine Direktversicherung oder über eine Pensionskasse durchgeführt wird und ab Rentenbeginn sämtliche auf den Rentenbestand entfallende Überschussanteile zur Erhöhung der laufenden Leistungen verwendet werden und der vorgeschriebene Höchstzinssatz nicht überschritten wird (§ 16 Abs. 3 Nr. 2 BetrAVG),
- wenn der Arbeitgeber nur eine Beitragszusage mit Mindestleistung erteilt hatte. Das gilt selbst dann, wenn die Zusage mit Beiträgen des Arbeitnehmers finanziert wurde (§ 16 Abs. 3 Nr. 3 BetrAVG),
- wenn die Zusage aus einer Entgeltumwandlung finanziert wird und der Arbeitgeber sich verpflichtet, die laufenden Renten jährlich um wenigstens 1 % zu erhöhen oder bei einer Durchführung über eine Direktversicherung oder eine Pensionskasse dem Arbeitnehmer sämtliche Überschussanteile zustehen (§ 16 Abs. 5 BetrAVG). Diese Vergünstigung gilt nur für laufende Leistungen, die auf Zusagen beruhen, die nach dem 31.12.2000 erteilt wurden (§ 30c Abs. 3 BetrAVG).

582 Diese Erleichterungen bestehen im Interesse des Arbeitgebers, der unkalkulierbare Anpassungsverpflichtungen möglichst vermeiden will. In den geschilderten Fällen erhält der Arbeitnehmer einen angemessenen Ausgleich.

5. Der Anspruch auf Entgeltumwandlung

583 Die Beteiligung des Einzelnen an seiner Altersversorgung ist unerlässlich. Die betriebliche Altersversorgung ist ein Weg, auf dem der Arbeitnehmer die zu erwartenden Kürzungen der Leistungen in der gesetzlichen Rentenversicherung ausgleichen kann. Das BetrAVG gibt dem Arbeitnehmer deshalb einen Anspruch auf Entgeltumwandlung (§ 1a BetrAVG).

a) Grund und Höhe des Anspruchs

584 Der Anspruch des Arbeitnehmers gegen den Arbeitgeber auf Umwandlung eines Teils seines Entgelts in Anwartschaften auf Leistungen der betrieblichen Altersversorgung ist in § 1a BetrAVG geregelt.

aa) Begriff der Entgeltumwandlung

585 Der Arbeitnehmer kann künftige Entgeltansprüche in Anwartschaften umwandeln. Das heißt zum einen, dass die **Entgeltansprüche schon entstanden** sein müssen. Vereinbartes Entgelt muss im Nachhinein in einen Aufwand zum Erwerb von Anwartschaften auf Leistungen der betrieblichen Altersversorgung umgewandelt werden. Eine Entgeltumwandlung im Sinne des Gesetzes liegt also nicht vor, wenn ein Entgelt noch nicht vereinbart wurde.

1185 BAG v. 08.06.1999 – 3 AZR 113/98 (n.v.).

Andererseits muss es sich um **künftige Ansprüche** handeln. Das Entgelt darf dem Arbeitnehmer noch nicht zugeflossen sein. Außerdem darf der Entgeltanspruch noch nicht verdient sein. Der Arbeitnehmer darf die Leistung, für die Entgelt geschuldet wird, noch nicht – auch nicht teilweise – erbracht haben. 586

Die Abgrenzung ist für das Arbeitsrecht und das Steuerrecht von Bedeutung. Nur wenn Entgeltumwandlung im strengen juristischen Sinn vorliegt, sind die Schutzvorschriften des BetrAVG anzuwenden. Die Abgrenzung wird besonders schwierig, wenn im Laufe von Vertragsverhandlungen vor Begründung des Arbeits- oder Dienstverhältnisses Barlohn und Versorgungslohn angeboten und verhandelt werden. 587

Die durch Entgeltumwandlung finanzierte betriebliche Altersversorgung ist auch abzugrenzen von der privaten Altersvorsorge. Bei der betrieblichen Altersversorgung ist immer der Arbeitgeber beteiligt. Er muss die Leistungen der betrieblichen Altersversorgung zusagen. Das gilt unabhängig von den verschiedenen Durchführungswegen. Unabhängig vom gewählten Durchführungsweg besteht keine Verpflichtung des Arbeitgebers. Im Übrigen müssen alle Merkmale der betrieblichen Altersversorgung (vgl. Rn 460 ff.) vorliegen. 588

bb) Höhe der Entgeltumwandlung

Ab 01.01.2002 kann der Arbeitnehmer verlangen, dass von seinem Entgelt bis zu 4 % der Beitragsbemessungsgrenze (BBG) zugunsten von Aufwand für betriebliche Altersversorgung eingesetzt werden. Im Jahre 2004 sind dies jährlich 2.472,00 EUR (4 % von 61.800 EUR). Die Höhe des Betrags ist unabhängig vom individuellen Gehalt. Die Geringverdiener und die Arbeitnehmer mit Spitzenverdiensten werden insoweit gleich behandelt. 589

Macht der Arbeitnehmer von seinem Anspruch auf Entgeltumwandlung Gebrauch, muss er jährlich einen Betrag in Höhe von mindestens einem Hundertsechzigstel der Bezugsgröße von seinem Barlohn hierfür zur Verfügung stellen (§ 1a Abs. 1 Satz 4 BetrAVG). Das sind in 2002 rund 175 EUR jährlich. 590

Außerdem kann der Arbeitgeber verlangen, dass alle Beträge des Arbeitnehmers regelmäßig gezahlt werden, entweder einmal monatlich oder einmal jährlich (§ 1a Abs. 1 Satz 5 BetrAVG). Es soll kein unnötiger Verwaltungsaufwand entstehen. 591

b) Einschränkungen des Anspruchs

Bei der Geltendmachung und Durchsetzung des Anspruchs sind weitere gesetzliche Regelungen zu beachten. 592

aa) Anspruchsberechtigter Personenkreis

Einen Anspruch auf Entgeltumwandlung haben nach § 17 Abs. 1 Satz 3 BetrAVG nur Arbeitnehmer, die aufgrund ihrer Beschäftigung bei einem Arbeitgeber in der gesetzlichen Rentenversicherung pflichtversichert sind. Nur diese Arbeitnehmer müssen Einbußen bei der gesetzlichen Rentenversicherung hinnehmen, nur sie können die zu erwartenden Kürzungen durch Entgeltumwandlung ausgleichen. 593

Zu dem anspruchsberechtigten Personenkreis gehören auch geringfügig Beschäftigte, die auf die Versicherungsfreiheit verzichtet haben, und selbständig Tätige, die in der gesetzlichen Rentenversicherung pflichtversichert sind (Personen, die keinen versicherungspflichtigen Arbeitnehmer beschäftigen und die im Wesentlichen nur für einen Auftraggeber tätig sind, vgl. § 2 Satz 1 Nr. 9 SGB VI). 594

bb) Ausschluss des Anspruchs bei bestehender Entgeltumwandlung

595 Nach § 1a Abs. 2 BetrAVG ist der Anspruch auf Entgeltumwandlung ausgeschlossen, wenn und soweit eine über eine Entgeltumwandlung finanzierte betriebliche Altersversorgung besteht. Hat der Arbeitnehmer bereits bisher schon 3.408 DM (1.742,00 EUR) umgewandelt (z.B. in Form einer Direktversicherung), kann er nur noch auf Umwandlung des Differenzbetrags bis zu 2.472,00 EUR bestehen. Selbstverständlich können sich Arbeitgeber und Arbeitnehmer über eine weitere Entgeltumwandlung einigen.

595a Der Anspruch ist dagegen nicht ausgeschlossen, wenn die betriebliche Altersversorgung vom Arbeitgeber finanziert wird. Der Arbeitnehmer kann seine bestehende betriebliche Altersversorgung aufstocken.

cc) Ausschluss wegen Tarifvorrangs

596 Nach § 17 Abs. 5 BetrAVG kann der Arbeitnehmer kein Entgelt umwandeln, das auf einem Tarifvertrag beruht. Beruht der Entgeltanspruch auf einem Tarifvertrag, ist eine Umwandlung nur möglich, wenn der Tarifvertrag dies vorsieht oder wenn die Umwandlung im Tarifvertrag zugelassen wird.

596a Das Entgelt beruht auf einem Tarifvertrag, wenn beide Seiten, Arbeitgeber und Arbeitnehmer, tarifgebunden sind, das **Entgelt also tarifrechtlich geschuldet** wird. Daraus folgt: Ohne besondere Regelung im Tarifvertrag können tarifgebundene Arbeitnehmer (Tarifbindung des Arbeitgebers vorausgesetzt) nur übertarifliche Lohnbestandteile umwandeln. Nicht tarifgebundene Arbeitnehmer können alle Lohnbestandteile umwandeln. Das gilt auch dann, wenn für die nicht tarifgebundenen Arbeitnehmer im Arbeitsvertrag auf die Bestimmungen des Tarifvertrags Bezug genommen wird. Denn die Bezugnahme führt nicht zu einer tarifrechtlichen Bindung, der Tarifvertrag wird nur kraft individualrechtlicher Vereinbarung zum Inhalt des Arbeitsvertrags.

596b Die Tarifbindung kann auch durch Allgemeinverbindlicherklärung eines Tarifvertrags (§ 5 TVG) herbeigeführt werden.

c) Die Durchführungswege im Rahmen der Entgeltumwandlung

597 Soweit der Arbeitnehmer einen Anspruch auf Entgeltumwandlung besitzt, ist zu entscheiden, in welchem Durchführungsweg (vgl. Rn 464 ff.) die betriebliche Altersversorgung durchgeführt werden soll.

598 Über die Wahl des Durchführungswegs (§ 1a Abs. 1 BetrAVG) sollen sich in erster Linie **Arbeitgeber und Arbeitnehmer einigen**. Es liegt nahe, dass sich die Parteien des Arbeitsverhältnisses auf den Durchführungsweg einigen, der ohnehin schon im Betrieb vorhanden ist.

599 Kommt eine Einigung nicht zustande, kann der **Arbeitgeber** die Durchführung über eine **Pensionskasse** oder über einen **Pensionsfonds** anbieten. Bietet er diese Durchführungswege an, kann der Arbeitnehmer nicht auf einem anderen Durchführungsweg bestehen. Der Grund für diese Regelung: Dem Arbeitgeber sollen möglichst wenig Kosten für die Verwaltung einer Anwartschaft entstehen.

600 Bietet der Arbeitgeber keine Durchführung über eine Pensionskasse oder einen Pensionsfonds an, kann der Arbeitnehmer die Durchführung im Wege der **Direktversicherung** verlangen. Das ist der bisher von kleinen und mittleren Unternehmen bevorzugte Durchführungsweg.

601 Steht fest, dass die Entgeltumwandlung über eine Direktversicherung durchgeführt werden soll, kann der Arbeitgeber das **Versicherungsunternehmen** bestimmen. Er braucht sich auf die wahrscheinlich unterschiedlichen Wünsche der Arbeitnehmer nicht einzulassen, weil ihm Geschäftsbeziehungen zu einer Vielzahl von Unternehmen der Lebensversicherung nicht zugemutet werden kann. Außerdem kann er bei Abschluss eines Gruppenversicherungsvertrags zugunsten der Arbeitnehmer günstige Konditionen erreichen.

d) Folgeregelungen für eine Entgeltumwandlung

Das BetrAVG sieht besondere Schutzbestimmungen für Anwartschaften vor, die auf Entgeltumwandlung beruhen. 602

aa) Sofortige Unverfallbarkeit

Nach § 1b Abs. 5 BetrAVG werden Anwartschaften auf Leistungen der betrieblichen Altersversorgung, die auf Entgeltumwandlung beruhen, sofort – kraft Gesetzes – unverfallbar. Scheidet ein Arbeitnehmer vor Eintritt eines Versorgungsfalls vorzeitig aus dem Arbeitsverhältnis aus, kann er seine **Anwartschaft** in jedem Fall **mitnehmen**. Die Neuregelung gilt nach § 30f Satz 1 und 2 BetrAVG nur für Anwartschaften, die auf Zusagen beruhen, die ab 01.01.2001 erteilt wurden. Bei Zusagen vor diesem Zeitpunkt bleibt es beim alten Recht, d.h. bei der vertraglich vereinbarten Unverfallbarkeit. 603

Der **Wert der unverfallbaren Anwartschaft** ist in § 2 Abs. 5 a BetrAVG geregelt. An die Stelle der Regelung in § 2 BetrAVG (m/n-tel Methode) tritt der Kapitalbetrag, der durch die tatsächlich geleisteten Beiträge einschließlich Zinsen und Zinseszinsen entstanden ist. Damit wird sichergestellt, dass dem Arbeitnehmer die Anwartschaft erhalten bleibt, die dem tatsächlichen Aufwand bis zum Ausscheiden entspricht. 604

Diese Regelung gilt nach der Übergangsbestimmung in § 30g Abs. 1 Satz 1 BetrAVG nur für Anwartschaften, die auf Zusagen beruhen, die nach dem 31.12.2000 erteilt werden. Im Einvernehmen zwischen Arbeitgeber und Arbeitnehmer kann sie auch auf Altzusagen angewendet werden (§ 30g Abs. 1 Satz 2 BetrAVG). 605

bb) Insolvenzschutz

Da die auf Entgeltumwandlung beruhenden Anwartschaften kraft Gesetzes sofort unverfallbar sind, sind sie auch **insolvenzgeschützt**. Bei Insolvenz des Arbeitgebers übernimmt der PSV die Leistungsverpflichtung. Bisher notwendige Sicherungssysteme für solche Anwartschaften (Verpfändung einer Rückdeckungsversicherung) sind nicht mehr erforderlich. 606

cc) Anpassung laufender Leistungen

Der Arbeitgeber ist gesetzlich verpflichtet, Betriebsrenten, die auf Anwartschaften aus Entgeltumwandlung beruhen, **jährlich** um **mindestens 1 % zu erhöhen** (§ 16 Abs. 5 BetrAVG). Diese Regelung gilt gem. § 30c BetrAVG nur für Betriebsrenten, die auf Zusagen beruhen, die nach dem 31.12.2000 erteilt wurden. 607

dd) Entgeltumwandlung und Abfindung von Anwartschaften

Abfindungen von Anwartschaften beim Ausscheiden des Arbeitnehmers aus dem Arbeitsverhältnis sind nach § 3 BetrAVG nur eingeschränkt möglich. Die Abfindung von Anwartschaften, die auf Entgeltumwandlung beruhen, ist von der Zustimmung des Arbeitnehmers abhängig (§ 3 Abs. 1 Satz 3 Nr. 4 BetrAVG), auch wenn die Grenzen der Geringfügigkeit nicht überschritten werden. Wenn der Arbeitnehmer die Abfindung verlangt, muss die Anwartschaft abgefunden werden. Die Regelung will verhindern, dass der Arbeitgeber gegen den Willen des Arbeitnehmers Anwartschaften abfinden kann, obschon der Arbeitnehmer trotz des geringen Wertes der Anwartschaften ein Interesse am Erhalt dieser von ihm selbst finanzierten Anwartschaft hat. 608

e) Besonderheiten für die versicherungsförmigen Durchführungswege (Direktversicherung, Pensionskasse und Pensionsfonds)

Wird die Entgeltumwandlung in den genannten drei versicherungsförmigen Durchführungswegen durchgeführt, gelten einige Besonderheiten. 609

610 Der Arbeitgeber muss dem Arbeitnehmer mit Beginn der Entgeltumwandlung folgende Rechte einräumen:

- ein unwiderrufliches Bezugsrecht,
- die Überschussanteile dürfen nur zur Verbesserung der Leistung verwendet werden,
- dem ausgeschiedenen Arbeitnehmer muss das Recht zur Fortsetzung der Versicherung mit eigenen Beiträgen eingeräumt werden,
- das Recht zur Verpfändung, Abtretung oder Beleihung durch den Arbeitgeber muss ausgeschlossen werden.

Diese Bestimmungen gelten mit Wirkung vom 01.01.2001 an.

611 Beim Pensionsfonds muss dem Arbeitnehmer das Recht zum weiteren Aufbau der Anwartschaften über eigene Beiträge eingeräumt werden. Die Regelung zur Verwendung der Überschussanteile greift bei Pensionsfonds nicht, da es keine garantierte Mindestverzinsung gibt.

Die Bestimmungen dienen der Absicherung des Arbeitnehmers. Sein Vorsorgevermögen darf vom Arbeitgeber nicht im eigenen Interesse verwertet werden.

6. Die steuerrechtliche und sozialversicherungsrechtliche Behandlung von Aufwendungen und Leistungen

612 Durch das AVmG wird auch die betriebliche Altersversorgung steuerlich gefördert. Die folgenden Ausführungen beziehen sich auf das bis zum 31.12.2004 geltende Recht. Für 2005 sind Änderungen zu erwarten. Die Bundesregierung plant wesentliche Änderungen der steuerrechtlichen Behandlung von Altersvorsorgeaufwendungen und Altersbezügen (Alterseinkünftegesetz). Die Alterseinkünfte sollen – nach einer Übergangsfrist – in vollem Umfang besteuert werden. Aufwendungen sind dagegen im Rahmen des Sonderausgabenabzugs steuerfrei. Damit wird dem politischen Ziel und dem verfassungsrechtlichen Gebot einer einheitlichen nachgelagerten Besteuerung der Alterseinkünfte Rechnung getragen (Übergang von der vorgelagerten zur nachgelagerten Besteuerung).

a) Steuerliche Förderung nach § 3 Nr. 63 EStG

613 **Zuführungen** des Arbeitgebers an einen Pensionsfonds oder in eine Pensionskasse werden dauerhaft bis zur Grenze von 4 % der BBG in der Rentenversicherung **steuerfrei** gestellt. Die Besteuerung erfolgt erst bei Zahlung der Versorgungsleistung.

614 Es ist für die steuerliche Behandlung unerheblich, ob es sich um arbeitgeberfinanzierte oder – über eine Entgeltumwandlung – arbeitnehmerfinanzierte Beiträge an die Versorgungseinrichtung handelt.

615 Die Steuerbegünstigung besteht zur Zeit nicht für Leistungen an ein Unternehmen der Lebensversicherung (Direktversicherung). Darin könnte eine verfassungswidrige Ungleichbehandlung der Anbieter von versicherungsförmigen Leistungen liegen. Auch hier ist eine Änderung geplant.

616 Die Steuerfreiheit setzt ein bestehendes Arbeitsverhältnis (Dienstverhältnis) voraus. Sie kann nur für Leistungen in einem ersten Dienstverhältnis beansprucht werden.

b) Förderung nach § 10a EStG und Sonderausgabenabzug

617 Die steuerliche Förderung aus Zulagen und Sonderausgabenabzug (sog. **Riester-Förderung**) kann für die betriebliche Altersvorsorge in Anspruch genommen werden. Die steuerliche Förderung setzt allerdings voraus, dass die Zuführungen an das Altersversorgungssystem aus individuell versteuertem Arbeitslohn erfolgen. Diese Voraussetzung ist für Zahlungen an eine Pensionskasse, einen Pensionsfonds und eine Direktversicherung zu erfüllen. Die Beitragszahlungen des Arbeitgebers an diese Versorgungseinrichtungen sind steuerpflichtiger Arbeitslohn des Arbeitnehmers, da auf die Leistungen ein Rechtsanspruch besteht. Auch in diesem Fall werden erst die Leistungen des Versorgungsträgers besteuert.

Die Förderung erfolgt durch eine Zulage und durch einen Sonderausgabenabzug. Der Arbeitnehmer erhält eine Zulage zum eigenen Sparbeitrag. Ist der Sonderausgabenabzug höher als die Zulage, wird die Differenz dem Steuerpflichtigen im Rahmen seiner Einkommensteuerveranlagung gutgeschrieben (Kombimodell). 618

Die **Höhe der Zulage** ist abhängig von Familienstand und Kinderzahl. Die Zahlung der Zulage ist weiter abhängig von einem Eigenbeitrag des Arbeitnehmers. Im Jahr 2008 müssen 4 % der beitragspflichtigen Einnahmen aufgebracht werden, maximal 2.100 EUR abzüglich der Altersvorsorgezulage (§ 86 Abs. 1 Satz 1 EStG), um die volle Förderung zu erhalten. Für den Fall, dass bereits nur die Zulagen dem Mindesteigenbeitrag entsprechen oder ihn sogar übersteigen, muss zur Erlangung der ungekürzten Zulage zumindest der Sockelbetrag geleistet werden (§ 86 Abs. 1 Satz 4 EStG). Durch die Möglichkeit, den Sparbeitrag als Sonderausgaben geltend zu machen, erhalten »Besserverdienende« eine weitere steuerliche Förderung. Abzugsfähig sind 2.100 EUR im Jahr 2008. 619

Anders als bei der zusätzlichen privaten Altersvorsorge ist für die Förderung von Beiträgen an Einrichtungen der betrieblichen Altersvorsorge eine **Zertifizierung der Produkte nicht erforderlich**. Die Mindeststandards ergeben sich bereits aus dem BetrAVG. Nur müssen die Einrichtungen für die Inanspruchnahme der Förderung eine lebenslange Absicherung des Arbeitnehmers im Alter gewährleisten. Das kann über eine Leibrente oder über einen Auszahlungsplan mit Restkapitalverrentung erfolgen. Förderfähig sind auch die Absicherung verminderter Erwerbsfähigkeit und die Hinterbliebenenversorgung, sofern die Auszahlung der Leistungen in Form einer Rente erfolgt (§ 82 Abs. 3 EStG). 620

c) Pauschalversteuerung nach § 40b EStG

Die bisher schon bestehende Möglichkeit einer Pauschalversteuerung des Beitrags bis 1.752 EUR (3.408 DM) im Jahr für die Durchführungswege der Pensionskasse und der Direktversicherung bleibt bestehen. 621

d) Steuerliche Förderung für Direktzusagen und Unterstützungskassen

Die steuerliche Förderung der Zusagen in Form von Direktzusagen und über eine Unterstützungskasse bleibt erhalten. Die Zusagen sind steuerfrei auf der Seite des Unternehmens; der Unternehmer ist zu Rückstellungen berechtigt. Darin liegt eine Begünstigung. Der Arbeitnehmer braucht keine Steuern zu zahlen. Es sind ihm keine Leistungen zugeflossen (§ 11 EStG). Die Steuerfreiheit der Zusagen ist der Höhe nach unbegrenzt. Die Steuerfreiheit ist Anreiz für gut verdienende Arbeitnehmer, Barlohn in Versorgungslohn umzuwandeln. Allerdings besteht kein Anspruch auf diese Form der Entgeltumwandlung. Es ist ein Einvernehmen zwischen Arbeitgeber und Arbeitnehmer erforderlich. 622

Der Sache nach gilt dasselbe für Unterstützungskassen. Die Zuwendungen des Unternehmers an die Unterstützungskasse sind Betriebsausgaben. Dem Arbeitnehmer fließen keine Leistungen zu, weil er gegen die Unterstützungskasse keinen Rechtsanspruch auf Leistungen hat (§ 1b Abs. 4 BetrAVG). 623

e) Besteuerung der Leistungen

Leistungen des Arbeitgebers aus **Direktzusagen** und der **Unterstützungskasse** unterliegen als Einkünfte aus nichtselbständiger Arbeit nach § 19 Abs. 1 Nr. 2 EStG in vollem Umfang der Steuerpflicht. 624

Leistungen einer **Direktversicherung** werden mit dem Ertragsanteil nach § 22 Nr. 1 EStG besteuert, wenn zuvor Pauschalsteuer nach § 40b EStG gezahlt wurde. Hatte der Arbeitnehmer die Förderung nach § 10a EStG (oder Sonderausgabenabzug) in Anspruch genommen, sind die Leistungen nach § 22 Nr. 5 EStG voll nachgelagert zu versteuern. Auch bei Leistungen einer **Pensionskasse** ist zu unterscheiden: Wurden die Beiträge nach § 40b EStG versteuert, ist der Antragsanteil nach § 22 625

Nr. 1 zu versteuern. Wurden die Beiträge nach § 3 Nr. 63 EStG steuerfrei gezahlt oder wurde die Förderung nach § 10a EStG (oder Sonderausgabenabzug) in Anspruch genommen, sind die Leistungen der Kasse als sonstige Einkünfte nach § 22 Nr. 5 EStG voll nachgelagert zu versteuern. Entsprechendes gilt für die Leistungen des **Pensionsfonds**: Wenn steuerfrei nach § 3 Nr. 63 EStG oder wegen Sonderausgabenabzug oder Zulagenförderung nach § 10a EStG eingezahlt wurde, müssen die Leistungen voll nachgelagert versteuert werden.

626 Das **Prinzip** ist also deutlich: Wenn Leistungen in der Ansparphase aus dem versteuerten Einkommen gezahlt wurden, werden die Leistungen nicht mehr besteuert. Wenn steuerfrei gezahlt wurde, wird nachgelagert besteuert.

f) Sozialversicherungsrechtliche Behandlung der Zusagen

627 Im Sozialversicherungsrecht kommt es auf den Begriff »Arbeitsentgelt« an. Vom Arbeitsentgelt hängen die zu zahlenden Beiträge ab. § 14 SGB IV enthält einen umfassenden Entgeltbegriff. Danach gehören alle laufenden oder einmaligen Einnahmen aus einer Beschäftigung, gleichgültig, ob ein Rechtsanspruch auf die Einnahmen besteht, unter welcher Bezeichnung oder in welcher Form sie geleistet werden, zum Arbeitsentgelt im Sinne der Sozialversicherung. Danach ist jede Zuwendung oder jeder geldwerte Vorteil, den ein Arbeitnehmer im Rahmen eines Beschäftigungsverhältnisses erhält, eine beitragspflichtige Einnahme. Davon gibt es Ausnahmen.

628 Im Einzelnen gilt für die verschiedenen Durchführungswege:

Direktzusagen und **Unterstützungskassen**: Zusätzliche Aufwendungen des Arbeitgebers sind kein sozialversicherungspflichtiges Arbeitsentgelt. Nur Aufwendungen, die durch Entgeltumwandlung finanziert werden, sind sozialversicherungspflichtiges Arbeitsentgelt (§ 14 Abs. 1 Satz 2 SGB IV). Allerdings sind sie in einem Übergangszeitraum bis zum 31.12.2008 beitragsfrei bis zu 4 % der BBG in der Rentenversicherung (§ 115 SGB IV).

629 Beiträge für **Direktversicherungen** sind nach bisheriger Rechtslage sozialversicherungspflichtiges Arbeitsentgelt. Bei einer Pauschalbesteuerung der Beiträge nach § 40b EStG liegt Beitragsfreiheit vor. Voraussetzung ist, dass die Beiträge zusätzlich zu Löhnen und Gehältern erbracht werden. Das gilt auch bei einer Entgeltumwandlung. Die Beitragsfreiheit besteht jedoch nur bis Ende 2008; ab 2009 besteht Beitragsfreiheit nur, wenn keine Entgeltumwandlung vorliegt.

630 Bei Zuwendungen des Arbeitgebers an eine **Pensionskasse** sind Beiträge, die steuerfrei geleistet werden (§ 3 Nr. 63 EStG), auch beitragsfrei. Bei Pauschalversteuerung der Beiträge liegt ebenfalls Beitragsfreiheit vor. Voraussetzung ist, dass es sich um Aufwendungen handelt, die zusätzlich zu Löhnen und Gehältern erbracht werden. Soweit die Beiträge aus einer Entgeltumwandlung stammen, besteht Beitragsfreiheit nur bis zum 31.12.2008. Zuwendungen, die auf Entgeltumwandlung beruhen, sind nur bis zum 31.12.2008 bis zu 4 % der BBG beitragsfrei.

631 Beiträge an einen **Pensionsfonds** wären an sich beitragspflichtig, weil dem Arbeitnehmer ein geldwerter Vorteil erwächst. Er hat einen Rechtsanspruch auf die Leistungen des Pensionsfonds. Um den Aufbau einer zusätzlichen Altersversorgung zu fördern, werden die Zuwendungen an Pensionsfonds weitgehend von der Beitragspflicht freigestellt. Dabei ist – wie bei den anderen Durchführungswegen auch – zwischen Zuwendungen des Arbeitgebers und Zuwendungen, die durch Entgeltumwandlung finanziert werden, zu unterscheiden. Steuerfreie Zuwendungen des Arbeitgebers (§ 3 Nr. 63 EStG) sind auch beitragsfrei. Zuwendungen an Pensionsfonds aufgrund von Entgeltumwandlung sind bis zum 31.12.2008 beitragsfrei bis zu 4 % der BBG, danach unterliegen sie der Beitragspflicht.

631a Danach lässt sich sagen: Ab 2009 besteht für alle Durchführungswege der betrieblichen Altersversorgung im Rahmen der Entgeltumwandlung eine Beitragspflicht – ohne Ausnahme. Bei arbeitgeberfinanzierter betrieblicher Altersversorgung gilt im Rahmen der steuerrechtlich geltenden Obergrenzen vom Grundsatz her Beitragsfreiheit; eine Ausnahme besteht nur bei Förderung nach § 10a EStG einschließlich Sonderausgabenabzug.

g) Übersichten

Die steuer- und sozialversicherungsrechtliche Behandlung der Aufwendungen ergibt sich zusammenfassend aus folgenden Übersichten: 632

aa) Die steuerrechtliche Behandlung der Beiträge und der Leistungen in den verschiedenen Durchführungswegen

633

Durchführungsweg	Beiträge	Leistungen
Direktzusage	Kein steuerpflichtiger Arbeitslohn, ohne Obergrenze, da kein Zufluss	als nachträglicher Arbeitslohn in vollem Umfang steuerpflichtig
Unterstützungskasse	Kein steuerpflichtiger Arbeitslohn, ohne Obergrenze, da kein Zufluss	als Leistung voll zu versteuern
Direktversicherung	Individuelle Versteuerung als Lohn mit der Möglichkeit der Förderung nach § 10a EStG (Sonderausgabenabzug und Zulage)	Besteuerung der gesamten Leistung nach § 22 Nr. 5 EStG (nachgelagerte Besteuerung)
	oder Lohnsteuerpauschalierung (20 %) bis zu 1.752 EUR	Besteuerung des Ertragsanteils
Pensionskasse	Steuerfrei bis zur Höhe von 4 % der BBG	Besteuerung der gesamten Leistung (nachgelagerte Besteuerung)
	oder steuerpflichtiger Arbeitslohn mit der Möglichkeit	
	■ Lohnsteuerpauschalierung (20 %) bis zu 1.752 EUR	Besteuerung des Ertragsanteils
	■ individuelle Lohnversteuerung mit Förderung nach § 10a EStG	Besteuerung der gesamten Leistung (nachgelagerte Besteuerung)
Pensionsfonds	Steuerfrei bis zur Höhe von 4 % der BBG	Besteuerung der gesamten Leistung (nachgelagerte Besteuerung)
	oder steuerpflichtiger Arbeitslohn mit der Möglichkeit der Förderung nach § 10a EStG	Besteuerung der gesamten Leistung (nachgelagerte Besteuerung)

bb) Die sozialversicherungsrechtliche Behandlung der Beiträge und der Leistungen in den verschiedenen Durchführungswegen

634

Durchführungsweg	Beiträge	
	arbeitgeberfinanzierte BAV	**arbeitnehmerfinanzierte BAV (Entgeltumwandlung)**
Direktzusage	beitragsfrei, ohne Obergrenze	ab 2009 beitragspflichtig, vorher bis zu 4 % der BBG beitragsfrei
Unterstützungskasse	beitragsfrei, ohne Obergrenze	ab 2009 beitragspflichtig, vorher bis zu 4 % der BBG beitragsfrei
Direktversicherung	beitragsfrei bis 1.752 EUR	beitragsfrei bei Sonderzahlungen bis 2008, beitragspflichtig, wenn keine Sonderzahlungen, ab 2009 vollständig beitragspflichtig
	bei individueller Lohnversteuerung: beitragspflichtig	beitragspflichtig
Pensionskasse	Wenn steuerfrei bis zu 4 % der BBG auch beitragsfrei	bis 2008 beitragsfrei, ab 2009 beitragspflichtig
	Wenn steuerpflichtiger Arbeitslohn:	
	■ Lohnsteuerpauschalierung: Beitragsfrei bis 1.752 EUR	Bei Sonderzahlungen bis Ende 2008 beitragsfrei bis zu 1.752 EUR, sonst beitragspflichtig; ab 2009 vollständig beitragspflichtig
	■ individuelle Lohnversteuerung nach § 10a EStG: beitragspflichtig	beitragspflichtig
Pensionsfonds	Wenn steuerfrei bis zu 4 % der BBG auch beitragsfrei	Bei Sonderzahlungen bis Ende 2008 beitragsfrei bis zu 1.752 EUR, sonst beitragspflichtig; ab 2009 beitragspflichtig
	Wenn steuerpflichtiger Arbeitslohn: individuelle Lohnversteuerung nach § 10a EStG, beitragspflichtig	beitragspflichtig

III. Betriebliche Altersversorgung und allgemeines Arbeitsrecht

Zusagen auf Leistungen der betrieblichen Altersversorgung spielen im allgemeinen Arbeitsrecht eine große Rolle. Das gilt für die Beteiligung des Betriebsrats an Maßnahmen und Entscheidungen des Arbeitgebers, für die Fragen, ob und innerhalb welcher Grenzen Zusagen eingeschränkt werden können, für die Entziehung von Ansprüchen. Die Besonderheiten der Zusagen rechtfertigen auch eine besondere Betrachtung ihrer Behandlung bei Betriebsübergängen und **Zusammenschlüssen** von Unternehmen. 635

1. Die Beteiligung des Betriebsrats

Mitbestimmungsrechte des Betriebsrats ergeben sich aus **§ 87 Abs. 1 Nr. 8** (Form, Ausgestaltung und Verwaltung von Sozialeinrichtungen) und aus **§ 87 Abs. 1 Nr. 10 BetrVG** (betriebliche Lohngestaltung). Inhaltlich – in Bezug auf den Umfang der Mitbestimmungsrechte – besteht kein Unterschied. Leistungen der betrieblichen Altersversorgung gehören zum Lohn i.S.v. § 87 Abs. 1 Nr. 10 BetrVG.[1186] 635a

Eingeschränkt ist das Mitbestimmungsrecht dadurch, dass es sich um **freiwillige Leistungen** des Arbeitgebers handelt. Der Arbeitgeber entscheidet allein darüber, ob und in welchem Umfang er finanzielle Mittel für diese Leistung zur Verfügung stellen, welchen Durchführungsweg er wählt und welchen Arbeitnehmerkreis er versorgen will. 636

Im Rahmen der Wahl des Durchführungswegs kann der Arbeitgeber den Versorgungsträger (Versicherungsunternehmen, Pensionskasse, Pensionsfonds) mitbestimmungsfrei auswählen. Die Auswahl des Versorgungsträgers berührt keine Fragen der Lohngestaltung, solange der Verteilungsplan und die Beitragsbelastungen der Arbeitnehmer unberührt bleiben.[1187] 636a

Alle übrigen Entscheidungen, insbesondere die **Aufstellung** und jede **Änderung eines Leistungsplanes**, sind mitbestimmungspflichtig. Bei einer Neuordnung nach Kürzung der Mittel ist die Aufstellung eines neuen Leistungsplanes erforderlich. Die Neuregelung ist mitbestimmungspflichtig.[1188] 636b

Mitbestimmung heißt Einigung über den Leistungsplan zwischen Arbeitgeber und Betriebsrat. Kommt eine **Einigung** nicht zustande, entscheidet die Einigungsstelle (§ 87 Abs. 2 BetrVG). Besonderheiten bestehen nur bei der Einschaltung einer U-Kasse. Im Regelfall müssen sich Arbeitgeber und Betriebsrat im Betrieb über die Leistungsordnung einigen, die der Arbeitgeber in der U-Kasse durch das entsprechende Organ beschließen lässt (zweistufige Mitbestimmung). Ist das Organ paritätisch besetzt (Arbeitgeber und Betriebsrat – organschaftliche Mitbestimmung), können also die Vertreter des Arbeitgebers und des Betriebsrats nur gemeinsam Änderungen beschließen, sind die Mitbestimmungsrechte des Betriebsrats gewahrt. 637

Bei **individualrechtlicher Ausgestaltung** der Ansprüche (Vertrag in Form von vertraglicher Einheitsregelung oder Gesamtzusagen) muss sich der Arbeitgeber zunächst mit dem Betriebsrat über den Verteilungsplan einigen. Dann muss er den Leistungsplan dadurch umsetzen, dass er Verträge mit den Arbeitnehmern schließt. Entsprechendes gilt für alle Änderungen des Leistungsplans (Versorgungsordnung). 638

Möglich ist aber auch, dass das Verfahren der Mitbestimmung unmittelbar zum Abschluss von **Betriebsvereinbarungen** führt. Dann braucht das Ergebnis der Mitbestimmung nicht in individualrechtliche Ansprüche umgesetzt zu werden. Die Betriebsvereinbarung ist selbst Anspruchsgrundlage (s.o.). 638a

1186 Vgl. *Fitting* u.a., BetrVG, § 87 Rn 455 ff.

1187 BAG v. 29.07.2003, AP Nr. 18 zu § 87 BetrVG 1972 Sozialeinrichtung, DB 2004, 883.

1188 BAG v. 26.04.1988, AP Nr. 16 zu § 87 BetrVG 1972 Altersversorgung = EzA § 82 BetrVG 1972 Altersversorgung Nr. 2 = NZA 1989, 219; BAG v. 16.02.1993, AP Nr. 19 zu § 87 BetrVG 1972 Altersversorgung = EzA § 87 BetrVG 1972 Lohngestaltung Nr. 41 = NZA 1993, 953; BAG v. 10.03.1992, AP Nr. 34 zu § 1 BetrAVG Unterstützungskassen = EzA § 87 BetrVG 1972 Altersversorgung Nr. 4 = NZA 1992, 949.

639 **Verletzt der Arbeitgeber die Mitbestimmungsrechte** des Betriebsrats, hat dies individualrechtliche Folgen. Alle Rechtshandlungen des Arbeitgebers, die auf eine Änderung der Versorgungsordnung und damit einzelner Versorgungsansprüche abzielen, z.B. Widerruf bei U-Kassen, sind unwirksam, wenn das Mitbestimmungsrecht des Betriebsrats nicht beachtet wurde.[1189] Die durchgeführte **Mitbestimmung ist Wirksamkeitsvoraussetzung**. Das ist wichtig für Änderungen zum Nachteil des Arbeitnehmers. Anwartschaften bleiben bei Verletzungen des Mitbestimmungsrechts unverändert fortbestehen. Das Bestehen einer unveränderten Anwartschaft kann der Arbeitnehmer gerichtlich feststellen lassen.

639a Nach § 77 Abs. 4 Satz 2 BetrVG kann der Arbeitnehmer nur mit Zustimmung des Betriebsrats auf Rechte aus der Betriebsvereinbarung verzichten.[1190]

2. Die Einschränkung von Anwartschaften und Ansprüchen

640 Ob und wie Anwartschaften eingeschränkt werden können, hängt wesentlich von der **Anspruchsgrundlage** ab.

a) Anwartschaften auf vertraglicher Grundlage

641 Ist die Versorgungszusage Bestandteil des Arbeitsvertrags, gilt **allgemeines Vertragsrecht.** Verträge können durch Vertrag abgeändert werden, d.h. mit Zustimmung des Arbeitnehmers.[1191] Ausnahmen: Der Arbeitnehmer kann nicht im Zusammenhang mit der Beendigung des Arbeitsverhältnisses (Aufhebungsverträge) auf Anwartschaften wirksam verzichten.[1192] Auch § 613a BGB schützt Arbeitnehmer vor einer unberechtigten Änderung ihrer Arbeitsbedingungen.[1193]

642 Die in Verträgen enthaltenen Widerrufsmöglichkeiten enthalten als **steuerunschädliche Vorbehalte** nur den Hinweis auf Anpassungsmöglichkeiten nach § 313 BGB (früher § 242 BGB, Wegfall der Geschäftsgrundlage).[1194]

643 Die **Änderungskündigung** ist theoretisch möglich, praktisch aber kein taugliches Instrument, weil im Kündigungsschutzprozess immer nur Einzelinteressen gegeneinander abzuwägen sind. Die Ergebnisse einer größeren Zahl von Kündigungsschutzprozessen wäre das Gegenteil einer Versorgungsordnung.

644 Wird die Versorgung über eine **U-Kasse** zugesagt, kann der Arbeitgeber die Zusage unter erleichterten Bedingungen (wegen des sog. Ausschlusses des Rechtsanspruchs, s.o.) widerrufen. Das BAG hat eine Regel für Eingriffsmöglichkeiten aufgestellt, die die verfassungsrechtlich gebotenen Grundsätze der Verhältnismäßigkeit und des Vertrauensschutzes konkretisiert: Je stärker der Besitzstand ist, um so gewichtiger muss der Grund sein, der einen Eingriff gestattet (**Je-Desto-Regel**).

Bei den Besitzständen ist zu unterscheiden zwischen den Teilbeträgen, die sich aus der Berechnung nach § 2 Abs. 1 BetrAVG ergeben, dem Schutz der zeitanteilig erdienten Dynamik (Schutz des Berechnungsfaktors »ruhegehaltsfähiges Entgelt«) und den Steigerungsbeträgen, die ausschließlich von der weiteren Betriebszugehörigkeit des Arbeitnehmers abhängen.

1189 BAG v. 26.04.1988, AP Nr. 16 zu § 87 BetrVG 1972 Altersversorgung = EzA § 87 BetrVG 1972 Altersversorgung Nr. 2 = NZA 1989, 219; BAG v. 10.03.1992, AP Nr. 34 zu § 1 BetrAVG Unterstützungskassen = EzA § 87 BetrVG 1972 Altersversorgung Nr. 4 = NZA 1992, 949.

1190 BAG v. 03.06.1997, AP Nr. 69 zu § 77 BetrVG 1972 = NZA 1998, 382.

1191 BAG v. 14.08.1990, AP Nr. 4 zu § 3 BetrAVG = EzA § 17 BetrAVG Nr. 5 = NZA 1991, 174.

1192 BAG v. 14.08.1990, AP Nr. 4 zu § 3 BetrAVG = EzA § 17 BetrAVG Nr. 5 = NZA 1991, 174..

1193 BAG v. 12.05.1992, AP Nr. 14 zu § 1 BetrAVG Betriebsveräußerung = EzA § 613a BGB Nr. 104 = NZA 1992, 1080.

1194 Vgl. BAG v. 26.04.1988, AP Nr. 3 zu § 1 BetrAVG Geschäftsgrundlage = EzA § 1 BetrAVG Geschäftsgrundlage Nr. 1 = NZA 1989, 305.

Bei den Eingriffsgründen des Arbeitgebers ist zu unterscheiden zwischen zwingenden, triftigen und sachlich-proportionalen Gründen.[1195] Zwingende Gründe liegen vor bei Zahlungsunfähigkeit (dann aber tritt der PSV für unverfallbare Anwartschaften ein, siehe Rn 561 ff.). Triftige Gründe liegen vor, wenn der Schuldner die Verpflichtungen nicht mehr aus den Erträgen des Unternehmens erwirtschaften kann. Sachliche Gründe liegen vor, wenn sie nachvollziehbar und vernünftig, willkürfrei erscheinen.[1196]

b) Betriebsvereinbarungen und Tarifverträge

Anwartschaften, die auf einer Betriebsvereinbarung (§ 77 Abs. 4 BetrVG) und Tarifvertrag (§ 4 Abs. 1 TVG) beruhen, können ebenfalls abgeändert werden. Zu unterscheiden sind die einverständliche Änderung und die einseitig von einer Betriebspartei (Arbeitgeber) herbeigeführte Änderung. 645

aa) Einverständliche Änderung durch ablösende Betriebsvereinbarung

Betriebsvereinbarungen und Tarifverträge sind Normenverträge. Jede Norm kann durch eine andere spätere Norm zum gleichen Regelungsgegenstand ersetzt werden. Es gilt im Grundsatz die **Zeit-Kollisionsregel**. Die jüngere Vereinbarung ersetzt die ältere. 645a

Auch hier sind die Änderungsmöglichkeiten aber beschränkt. Abändernde Betriebsvereinbarungen unterliegen einer **Rechtskontrolle**. Es gelten dieselben Grundsätze des **Vertrauensschutzes und der Verhältnismäßigkeit** (Je-Desto-Regel), die für die Änderung von U-Kassen-Richtlinien entwickelt wurden.[1197] Bei Eingriffen in die Anwartschaften ist also zu unterscheiden nach der Intensität des Eingriffs und dem Gewicht der Eingriffsgründe. 646

Betrifft die abändernde Betriebsvereinbarung nur Regelungen über die künftige Anpassung von Betriebsrenten, ist ein Eingriff regelmäßig bereits dann gerechtfertigt und rechtswirksam, wenn es für ihn sachlich nachvollziehbare und Willkür ausschließende Gründe gibt.[1198] Außerdem müssen sich Änderungen nach Grund und Umfang auf die Änderungsgründe beziehen. Die Umstellung von Rentenleistungen auf Kapitalleistungen rechtfertigt keine Beschränkung der Hinterbliebenenversorgung.[1199] 646a

Ein triftiger Grund, der einen Eingriff in die erdiente Dynamik rechtfertigen kann, liegt vor, wenn ein unveränderter Fortbestand des Versorgungswerks langfristig zu einer Substanzgefährdung des Versorgungsschuldners führen würde. Dies ist dann der Fall, wenn die Kosten des bisherigen Versorgungswerks nicht mehr aus den Erträgen des Unternehmens erwirtschafet werden können. Die zu § 16 BetrAVG entwickelten Regeln, bei deren Erfüllung eine Anpassung der laufenden Betriebsrenten aufgrund der wirtschaftlichen Lage des Arbeitgebers verweigert werden kann, können bei der Bewertung als Orientierungsmaßstab dienen. Es kommt darauf an, ob dem Versorgungsschuldner im Interesse einer gesunden wirtschaftlichen Entwicklung seines Unternehmens eine Entlastung im Bereich der Versorgungsverbindlichkeiten im Umfang der erdienten Dynamik verwehrt werden darf. Hierfür bedarf es einer sachkundig erstellten Prognose auf der Grundlage der Entwicklung bis zum Ablösungsstichtag.[1200] 646b

1195 BAG v. 17.11.1992, AP Nr. 13 zu § 1 BetrAVG Besitzstand = EzA § 1 BetrAVG Unterstützungskasse Nr. 10 = NZA 1993, 938.

1196 BAG v. 17.11.1992, AP Nr. 13 zu § 1 BetrAVG Besitzstand = EzA § 1 BetrAVG Unterstützungskasse Nr. 10 = NZA 1993, 938.

1197 BAG v. 17.03.1987, AP Nr. 9 zu § 1 BetrAVG Ablösung = EzA § 1 BetrAVG Nr. 48 = NZA 1987, 855; BAG v. 07.07.1992, AP Nr. 11 zu § 1 BetrAVG Besitzstand = EzA § 1 BetrAVG Ablösung Nr. 9 = NZA 1993, 179; zur Abänderung von Tarifverträgen BAG v. 24.08.1993, AP Nr. 19 zu § 1 BetrAVG Ablösung = EzA § 1 BetrAVG Ablösung Nr. 10 = NZA 1994, 807.

1198 BAG v. 16.07.1996, AP Nr. 21 zu § 1 BetrAVG Ablösung = EzA § 1 BetrAVG Ablösung Nr. 13 = NZA 1997, 533.

1199 BAG v. 21.11.2000, AP Nr. 21 zu § 1 BetrAVG Hinterbliebenenversorgung.

1200 BAG v. 11.12.2001, AP Nr. 36 zu § 1 BetrAVG Ablösung.

bb) Die Kündigung einer Betriebsvereinbarung

647 Schließlich kann es bei der Kündigung einer Betriebsvereinbarung Probleme geben. Was ist mit den Anwartschaften, die unter der Geltung der Betriebsvereinbarung erworben wurden? Die Betriebsvereinbarung ist zwar **kündbar**. Es bedarf keiner Kündigungsgründe (§ 77 Abs. 5 BetrVG).[1201] Der Schutz der vorhandenen Anwartschaften wird aber erreicht durch Einschränkung der Rechtsfolgen einer Kündigung.

648 Die **Rechtsfolgen einer Kündigung** sind durch die Rechtsprechung des BAG geklärt: **Nachwirkung** (§ 77 Abs. 6 BetrVG) kommt nicht in Betracht, wenn die Leistung insgesamt oder soweit gesetzlich zulässig eingeschränkt werden soll, also kein Verteilungsspielraum mehr besteht. Hat der Arbeitgeber die erforderlichen rechtfertigenden Gründe für den von ihm beabsichtigten Eingriff, kann er in einem entsprechenden Umfang den Dotierungsrahmen seines Versorgungswerks mitbestimmungsfrei einschränken. Der verringerte Dotierungsrahmen kann dann nicht im Rahmen des Mitbestimmungsrechts nach § 87 Abs. 1 Nr. 10 BetrVG anderweit umverteilt werden. Ein geringerer Eingriff bei der einen Arbeitnehmergruppe müsste auf der Grundlage des feststehenden neuen Dotierungsrahmens durch einen stärkeren Eingriff bei der anderen Arbeitnehmergruppe ausgeglichen werden. Für einen solchen stärkeren Eingriff hat der Arbeitgeber nicht die hierfür erforderlichen gewichtigeren Rechtfertigungsgründe.[1202]

649 Nach der Kündigung bleiben die Anwartschaften der Arbeitnehmer in demselben Umfang geschützt wie bei einer Ablösung der Anwartschaften durch eine nachfolgende Betriebsvereinbarung. Die Kündigung einer Betriebsvereinbarung bewirkt nicht lediglich eine Schließung des Versorgungswerks für die Zukunft. Auch Arbeitnehmer, die zum Zeitpunkt des Ausspruchs der Kündigung durch die Betriebsvereinbarung begünstigt wurden, sind von der Kündigung betroffen. Die **Wirkung der Kündigung** einer Betriebsvereinbarung über betriebliche Altersversorgung ist mit Hilfe der **Grundsätze des Vertrauensschutzes und der Verhältnismäßigkeit** zu begrenzen. Je weiter der Arbeitgeber mit seiner Kündigung in Besitzstände und Erwerbschancen eingreifen will, umso gewichtigere Eingriffsgründe braucht er. Es gilt das Prüfungsschema, das das BAG für ablösende Betriebsvereinbarungen entwickelt hat (Je-Desto-Regel, s.o.).[1203]

650 Auf Anwartschaften und Ansprüche **ausgeschiedener Arbeitnehmer** hat die Kündigung keinen Einfluss.[1204] **Neu eintretende** Arbeitnehmer können keine Anwartschaften mehr erwerben.

cc) Verfahrensfragen

651 Über die Rechtsfolgen einer Kündigung können Arbeitgeber und Betriebsrat streiten. Es geht um die Frage, ob und in welchem Umfang die Betriebsvereinbarung trotz der Kündigung kollektivrechtlich wirksam geblieben ist. Damit sind Verfahrensgegenstand nicht die individualrechtlichen Positionen der Arbeitnehmer, sondern eigene Rechte des Betriebsrats.[1205] Der Streit wird zwischen Arbeitgeber und Betriebsrat im **Beschlussverfahren** ausgetragen. Der Betriebsrat kann deshalb den verbliebenen Umfang der gekündigten Betriebsvereinbarung in diesem Beschlussverfahren feststellen las-

1201 BAG v. 11.05.1999, AP Nr. 6 zu § 1 BetrAVG Betriebsvereinbarung = EzA § 1 BetrAVG Betriebsvereinbarung Nr. 1 = DB 2000, 525 = BB 2000, 516 = NZA 2000, 322.

1202 BAG v. 11.05.1999, AP Nr. 6 zu § 1 BetrAVG Betriebsvereinbarung = EzA § 1 BetrAVG Betriebsvereinbarung Nr. 1 = DB 2000, 525 = BB 2000, 516 = NZA 2000, 322; BAG v. 17.08.1999, AP Nr. 79 zu § 77 BetrVG 1972 = EzA § 1 BetrAVG Betriebsvereinbarung Nr. 2 = DB 2000, 774 = BB 2000, 777 = NZA 2000, 499.

1203 BAG v. 10.03.1992, AP Nr. 5 zu § 1 Betriebsvereinbarung = EzA § 77 BetrVG 1972 Nr. 46 = NZA 1993, 234; BAG v. 11.05.1999, AP Nr. 6 zu § 1 BetrAVG Betriebsvereinbarung = EzA § 1 BetrAVG Betriebsvereinbarung Nr. 1 = DB 2000, 525 = BB 2000, 516 = NZA 2000, 322.

1204 BAG v. 25.10.1988, AP Nr. 1 zu § 1 BetrAVG Betriebsvereinbarung = EzA § 77 BetrVG 1972 Nr. 26 = NZA 1989, 522.

1205 BAG v. 17.08.1999, AP Nr. 79 zu § 77 BetrVG 1972 = EzA § 1 BetrAVG Betriebsvereinbarung Nr. 2 = DB 2000, 774 = BB 2000, 777 = NZA 2000, 499..

sen.[1206] Beschlüsse über die **Wirksamkeit und den Inhalt einer Betriebsvereinbarung** sind für den Individualrechtsstreit zwischen Arbeitgeber und Arbeitnehmer bindend. Arbeitgeber und Betriebsrat haben die Regelung geschaffen. Es ist ihre Aufgabe, deren Inhalt und Reichweite klarzustellen. Die Klarstellung kann notfalls auch durch das Gericht erfolgen.[1207] Im Individualprozess kann der Arbeitnehmer nur noch geltend machen, die Regelung sei wegen einer konkreten Billigkeitskontrolle (außergewöhnliche, nicht erkennbare und nicht gewollte Härte) auf ihn nicht anwendbar.

c) Ansprüche von Rentnern

Ansprüche der Betriebsrentner können in der Regel durch eine spätere Betriebsvereinbarung nicht eingeschränkt werden. Korrekturen sind nur im Randbereich bei Vorliegen sachlicher Gründe möglich. Zulässig sind Regelungen, die sich mit der Anpassung laufender Leistungen befassen und günstiger sind als die gesetzlichen Mindestregelungen nach § 16 BetrAVG; diese Regeln können nachträglich geändert werden. Für die Änderung sind Gründe erforderlich. Wie gewichtig die Gründe für die Änderung der Anpassungsvorschriften sein müssen, hängt davon ab, wie einschneidend die Eingriffe sind. Auf einen solchen nur die Rentenentwicklung betreffenden Eingriff sind nicht die konkretisierenden Grundsätze anzuwenden, die für den Eingriff in Versorgungsanwartschaften entwickelt worden sind.[1208] Eine Umstellung von vor- auf nachschüssige Zahlung durch Betriebsvereinbarung ist bei Vorliegen sachlicher Gründe zulässig.[1209] 652

Zu einer Nachprüfung, ob die rechtlichen Schranken einer abändernden Betriebsvereinbarung eingehalten wurden, kommt es nur, wenn die abändernde Betriebsvereinbarung auch für die bereits ausgeschiedenen Rentner gilt. Das kann auf zweierlei Weise geschehen: Zum einen könnten die Parteien einer Betriebsvereinbarung auch die **Regelungskompetenz** für die Rechtsverhältnisse der Rentner besitzen. Zum anderen könnten die Regelungen der abändernden Betriebsvereinbarung für Rentner gelten, weil sie Ansprüche nach Maßgabe der jeweiligen Betriebsvereinbarung haben (**Jeweiligkeitsklausel**). 653

Die Regelungskompetenz der Betriebsparteien für die Gestaltung der Ansprüche der Betriebsrentner ist umstritten. Das BAG hat sie bisher verneint.[1210] In der Literatur gewinnt die Ansicht an Bedeutung, dass in allen Fällen, in denen Anwartschaften auf der Grundlage einer Betriebsvereinbarung begründet wurden, auch eine Regelungskompetenz für die Gestaltung der Ansprüche nach dem Ausscheiden aus dem Arbeitsverhältnis besteht, selbstverständlich unter strenger rechtlicher Kontrolle. Es muss verhindert werden, dass die Betriebsparteien sich auf Kosten der Rentner verständigen.[1211] 654

d) Ablösung vertraglicher Einheitsregelungen und Gesamtzusagen durch nachfolgende Betriebsvereinbarung

Vertraglich begründete Ansprüche der Arbeitnehmer auf Leistungen der betrieblichen Altersversorgung, die auf eine vom Arbeitgeber gesetzte Einheitsregelung oder eine Gesamtzusage zurückgehen, können durch eine nachfolgende Betriebsvereinbarung in den Grenzen von Recht und Billigkeit beschränkt werden, wenn die Neuregelung insgesamt bei **kollektiver Betrachtung nicht ungünstiger** ist.[1212] 655

1206 BAG v. 17.08.1999, AP Nr. 79 zu § 77 BetrVG 1972 = EzA § 1 BetrAVG Betriebsvereinbarung Nr. 2 = DB 2000, 774 = BB 2000, 777 = NZA 2000, 499.

1207 BAG v. 17.08.1999, AP Nr. 79 zu § 77 BetrVG 1972 = EzA § 1 BetrAVG Betriebsvereinbarung Nr. 2 = DB 2000, 774 = BB 2000, 777 = NZA 2000, 499.

1208 BAG v. 16.07.1996, AP Nr. 21 zu § 1 BetrAVG Ablösung = EzA § 1 BetrAVG Ablösung Nr. 13 = NZA 1997, 533; BAG v. 27.08.1996, AP Nr. 22 zu § 1 BetrAVG Ablösung = EzA § 1 BetrAVG Ablösung Nr. 12 = NZA 1997, 535.

1209 BAG v. 23.09.1997, AP Nr. 23 zu § 1 BetrAVG Ablösung = EzA § 1 BetrAVG Ablösung Nr. 14 = NZA 1998, 541.

1210 BAG (GS) v. 16.03.1959, AP Nr. 1 zu § 57 BetrVG 1952 = BAGE 3, 1; BAG v. 25.10.1988, BAGE 60, 78, einschränkend dann jedoch BAG v. 23.09.1997, AP Nr. 23 zu § 1 BetrAVG Ablösung; eine Übersicht über die Rechtsprechung findet sich bei *Heither*, in: FS Förster 2001, S. 149, 152.

1211 Vgl. Nachweise und Begründung bei *Heither*, in: FS Förster 2001, S. 149, 156 ff.

1212 BAG (GS) v.16.09.1996, AP Nr. 17 zu § 77 BetrVG 1972.

656 Ist die nachfolgende Betriebsvereinbarung insgesamt ungünstiger, ist sie nur zulässig, soweit der Arbeitgeber wegen eines vorbehaltenen Widerrufs oder **Wegfalls der Geschäftsgrundlage** die Kürzung oder Streichung der Leistungen verlangen kann.[1213]

657 Die Geschäftsgrundlage einer Versorgungszusage ist weggefallen, wenn der bei der Versorgungszusage erkennbare Versorgungszweck dadurch verfehlt wird, dass die unveränderte Anwendung der Versorgungszusage zu einer gegenüber dem ursprünglichen Versorgungsziel planwidrig eintretenden Überversorgung führen würde.[1214]

658 Die Geschäftsgrundlage kann auch dadurch wegfallen, dass sich die zugrunde gelegte Rechtslage nach Erteilung der Zusage ganz wesentlich und unerwartet geändert hat und dies beim Arbeitgeber zu erheblichen Mehrbelastungen geführt hat.[1215]

659 Der Wegfall der Geschäftsgrundlage löst ein **Anpassungsrecht des Arbeitgebers** aus. Dieses Recht besteht auch gegenüber den mit einer unverfallbaren Versorgungsanwartschaft ausgeschiedenen Arbeitnehmern.[1216] Ist die Geschäftsgrundlage weggefallen, müssen sich Arbeitgeber und Betriebsrat über eine neue Leistungsordnung in den Grenzen von Recht und Billigkeit (Grundsatz der Verhältnismäßigkeit und des Vertrauensschutzes – Je-Desto-Regel) einigen. Die anpassende Neuregelung muss sich dabei an den Zielen der ursprünglichen Regelung orientieren.[1217] Der Betriebsrat darf seine Mitwirkung an einer Neuregelung nicht verweigern. Er muss mit dem Arbeitgeber notfalls unter dem Vorbehalt der vertragsrechtlich zulässigen Umsetzung der Regelung verhandeln.[1218]

3. Die Entziehung von Versorgungsansprüchen

660 Der Widerruf von Versorgungszusagen wegen Vertragsverletzungen ist nur in engen Grenzen, nämlich nur insoweit zulässig, wie die Berufung des Arbeitnehmers auf die Zusage **rechtsmissbräuchlich** ist.[1219]

661 Mit Schadensersatzansprüchen aus vorsätzlicher unerlaubter Handlung kann der Arbeitgeber gegen Betriebsrentenansprüche aufrechnen. Betriebsrenten sind teilweise unpfändbar; insoweit kann nicht aufgerechnet werden (§ 394 Satz 1 BGB). Die Berufung des Betriebsrentners auf das Aufrechnungsverbot ist regelmäßig unzulässig. Im Interesse der Allgemeinheit darf der Geschädigte regelmäßig durch Aufrechnung nicht so weit in Versorgungsansprüche eingreifen, dass die Schadensersatzansprüche bei wirtschaftlicher Betrachtung teilweise aus Mitteln der öffentlichen Hand befriedigt werden. Dem Schädiger muss das Existenzminimum verbleiben, das in Anlehnung an § 850d ZPO zu ermitteln ist.[1220]

4. Der Einfluss des Betriebsübergangs (§ 613a BGB) auf Anwartschaften und Ansprüche

662 Zu unterscheiden ist zwischen den Ansprüchen der Rentner und den Anwartschaften der aktiven Arbeitnehmer.

1213 BAG (GS) v. 16.09.1996, AP Nr. 17 zu § 77 BetrVG 1972.
1214 BAG v. 23.09.1997, AP Nr. 26 zu § 1 BetrAVG Ablösung; BAG v. 28.07.1998, AP Nr. 4 zu § 1 BetrAVG Überversorgung.
1215 BAG v. 23.09.1997, AP Nr. 26 zu § 1 BetrAVG Ablösung.
1216 BAG v. 28.07.1998, AP Nr. 4 zu § 1 BetrAVG Überversorgung.
1217 BAG v. 23.09.1997, AP Nr. 26 zu § 1 BetrAVG Ablösung.
1218 BAG v. 23.09.1997, AP Nr. 26 zu § 1 BetrAVG Ablösung.
1219 BAG v. 03.04.1990, AP Nr. 9 zu § 1 BetrAVG Treubruch = EzA § 1 BetrAVG Rechtsmissbrauch Nr. 2 = NZA 1990, 808; BGH v. 17.12.2001, ZIP 2002, 364.
1220 BAG v. 18.03.1997, AP Nr. 30 zu § 394 BGB = EzA § 394 BGB Nr. 3 = NZA 1997, 1108.

a) Rentner

Die Ansprüche der Rentner gehen nicht auf den Betriebserwerber über. § 613a Abs. 1 BGB betrifft nur den Übergang von Arbeitsverhältnissen.[1221] 663

b) Anwartschaften der aktiven Arbeitnehmer

Bei den Anwartschaften der aktiven Arbeitnehmer kommt es auf die Anspruchsgrundlage an, auf der Anwartschaften und Ansprüche beruhen. Zu unterscheiden ist nach Vertrag einerseits oder Betriebsvereinbarung und Tarifvertrag andererseits. 664

aa) Anwartschaften auf vertraglicher Grundlage im alten Betrieb

Der Inhalt eines Versorgungsvertrags (siehe Rn 487 ff.) wird vom Betriebsübergang nicht berührt. Der Betriebserwerber tritt in die Rechte und Pflichten aus dem im Zeitpunkt des Betriebsübergangs bestehenden Arbeitsverhältnisses ein (§ 613a Abs. 1 BGB). Zusagen auf betriebliche Altersversorgung sind bei vertraglicher Grundlage Teil des Arbeitsvertrags. Die Anwartschaft läuft unverändert weiter. Auch die Unverfallbarkeitsfristen laufen weiter. 665

Erlassverträge aus Anlass des Betriebsübergangs sind unwirksam. § 613a BGB schützt Arbeitnehmer vor einer unberechtigten Änderung ihrer Arbeitsbedingungen durch Abänderungs- und Erlassverträge.[1222] 666

bb) Anwartschaften auf der Grundlage einer Betriebsvereinbarung im alten Betrieb

Bei der Anspruchsgrundlage Betriebsvereinbarung ist nach der Situation im neuen Betrieb zu unterscheiden: 667

Gibt es im neuen Betrieb keine Altersversorgung oder nur eine Altersversorgung auf vertraglicher Grundlage, besteht also keine Betriebsvereinbarung zu diesem Regelungsgegenstand, wird die Zusage Inhalt des Arbeitsverhältnisses zwischen dem neuen Inhaber und dem Arbeitnehmer (§ 613a Abs. 2 Satz 2 BGB, Transformation). Diese in individualrechtliche Vertragsansprüche **transformierten Bedingungen** der ursprünglichen Betriebsvereinbarung können allerdings später wieder durch eine Betriebsvereinbarung im neuen Betrieb abgelöst werden. Es gelten dann die Grundsätze über die Ablösung von Betriebsvereinbarungen (vgl. Rn 645 ff.), nicht die Grundsätze für die Ablösung von vertraglichen Ansprüchen durch nachfolgende Betriebsvereinbarungen (Rn 655 ff.).

Gibt es im neuen Betrieb eine Altersversorgung auf der Grundlage einer Betriebsvereinbarung, bleibt der bis zum Ablösungsstichtag vom Arbeitnehmer erdiente Besitzstand aufrechterhalten. Der Wert der Anwartschaft bis zum Betriebsübergang wird festgeschrieben.[1223] Nur für die Zeit nach dem Betriebsübergang wird die Anwartschaft nach der Betriebsvereinbarung im neuen Betrieb berechnet. Allerdings wird – Auffassung des BAG – nicht in allen Fällen der bis zum Betriebsübergang erdiente Besitzstand zusätzlich zu der beim neuen Arbeitgeber erdienten Altersversorgung geschuldet. Die gebotene Besitzstandswahrung führt kraft Gesetzes nur dann zu einem höheren Versorgungsanspruch, wenn die Ansprüche aus der Neuregelung im Versorgungsfall hinter dem zurückbleiben, was bis zum Betriebsübergang erdient war.[1224] Jedoch sind bessere Vereinbarungen im Vertrag und in der Betriebsvereinbarung möglich. 668

1221 BAG v. 24.03.1987, AP Nr. 1 zu § 26 HGB = EzA § 25 HGB Nr. 1 = NZkA 1988, 246.
1222 BAG v. 12.05.1992, AP Nr. 14 zu § 1 BetrAVG Betriebsveräußerung = EzA § 613a BGB Nr. 104 = NZA 1992, 1080; BAG v. 24.03.1998, AP Nr. 8 zu § 3 BetrAVG.
1223 BAG v. 24.07.2001, AP Nr. 18 zu § 1 BetrAVG Betriebsveräußerung, m. N. aus der Literatur.
1224 BAG v. 24.07.2001, AP Nr. 18 zu § 1 BetrAVG Betriebsveräußerung.

D. Wettbewerbsverbote

I. Einleitung

669 Ein Wettbewerbsverbot für Arbeitnehmer, worunter allgemein eine Beschränkung des Arbeitnehmers in seiner beruflichen Tätigkeit unter dem Gesichtspunkt, seinem Arbeitgeber keine Konkurrenz zu machen, zu verstehen ist, besteht während des Arbeitsverhältnisses immer. Nach der Beendigung des Arbeitsverhältnisses unterliegt der Arbeitnehmer einem so genannten nachvertraglichen Wettbewerbsverbot nur dann, wenn ein solches vereinbart worden ist.

670 Gesetzlich ausdrücklich geregelt ist ein **Wettbewerbsverbot während des Arbeitsverhältnisses** allein in der Regelung des **§ 60 HGB**, die ihrem unmittelbaren Wortlaut nach nur für kaufmännische Handlungsgehilfen gilt. Allerdings ist allgemein anerkannt, dass die Maßstäbe des § 60 HGB auch für Arbeitnehmer außerhalb des kaufmännischen Bereichs gelten.[1225] § 60 HGB stellt lediglich die Konkretisierung eines allgemeinen Rechtsgedankens dar, der seine Grundlage bereits in der arbeitsvertraglichen Treuepflicht (§ 242 BGB) des Arbeitnehmers hat und den Schutz des Arbeitgebers vor Wettbewerbshandlungen beinhaltet.[1226]

671 Ein **nachvertragliches Wettbewerbsverbot** ist nicht gesetzlich normiert, sieht man einmal von der Strafvorschrift des § 17 Abs. 2 UWG, die den Fall regelt, dass sich ein Arbeitnehmer zu Zwecken des Wettbewerbs unbefugt ein Geschäfts- oder Betriebsgeheimnis verschafft, ab. Nach der Beendigung seines Arbeitsverhältnisses ist ein Arbeitnehmer grundsätzlich frei, im Zuge einer neuen beruflichen Tätigkeit seinem früheren Arbeitgeber auch Konkurrenz zu machen, wenn er nur die durch § 1 UWG, §§ 823 und 826 BGB vorgegebenen Grenzen beachtet.[1227] Einen weiter gehenden Schutz gegen Konkurrenztätigkeiten kann der Arbeitgeber nur durch die Vereinbarung eines nachvertraglichen Wettbewerbsverbots erreichen. Das ist nunmehr in § 110 Satz 1 GewO ausdrücklich geregelt: Danach können Arbeitgeber und Arbeitnehmer die berufliche Tätigkeit des Arbeitnehmers für die Zeit nach Beendigung des Arbeitsverhältnisses durch Vereinbarung beschränken. Gem. Satz 2 von § 110 GewO sind die Vorschriften der §§ 74 bis 75 f. HGB entsprechend anzuwenden. Diese enthalten bezogen auf den kaufmännischen Bereich detaillierte Regelungen über die Zulässigkeit entsprechender Vereinbarungen zwischen Arbeitgeber und Handlungsgehilfen. Es entsprach bereits bis zum In-Kraft-Treten von § 110 GewO ganz allgemeiner Ansicht, dass §§ 74 ff. HGB analog auf alle Arbeitnehmer anzuwenden sind.[1228] Das BAG begründete diese Ausdehnung damit, dass auch für nichtkaufmännische Arbeitnehmer berufliches Wissen und Können mit einem beträchtlichen ideellen und finanziellen Wert verbunden sind, den es wie bei Handlungsgehilfen gegen Wettbewerbsverbote zu schützen gilt.[1229] Zu beachten ist die Sondervorschrift des § 5 Abs. 1 Satz 1 BBiG, wonach eine Vereinbarung, die den Auszubildenden für die Zeit nach Beendigung des Berufsausbildungsverhältnisses in der Ausübung seiner beruflichen Tätigkeit beschränkt, nichtig ist. Hiervon wird auch der Abschluss eines nachvertraglichen Wettbewerbsverbots erfasst.[1230] Anderes gilt dann, wenn sich der Auszubildende innerhalb der letzten sechs Monate des Ausbildungsverhältnisses dazu verpflichtet hat, nach dessen Beendigung mit dem Arbeitgeber ein Arbeitsverhältnis einzugehen.[1231]

1225 Siehe BAG v. 17.10.1969, AP Nr. 7 zu § 611 BGB Treuepflicht; *Buchner*, ARBl SD 1830.2 »Wettbewerbsverbot II« Rn 6, 161 ff.; *Heymann/Henssler*, HGB, § 60 Rn 4. Siehe auch *Wagner*, Die Besonderheiten beim Arbeitsverhältnis des Handlungsgehilfen, 1993, S. 51 ff.

1226 Siehe BAG v. 16.08.1990, NZA 1991, 141 ff. (142); ErfK/*Preis*, § 611 BGB Rn 1005.

1227 Siehe *Boecken*, in: *Ebenroth/Boujong/Joost*, HGB, Bd. 1, § 74 Rn 1 m.w.N. aus der Rspr.

1228 Grundlegend BAG v. 13.09.1969, NJW 1970, 626 ff. (628 ff.); BAG v. 09.01.1990, NJW 1990, 1870 f.

1229 BAG v. 13.09.1969, NJW 1970, 626 ff. (629).

1230 Siehe *Bauer/Diller*, Wettbewerbsverbote, Rn 9.

1231 § 5 Abs. 1 Satz 2 BBiG.

Festzuhalten ist danach, dass das während des Arbeitsverhältnisses auf der Grundlage von § 242 BGB als allgemeiner Rechtsgedanke bestehende Wettbewerbsverbot[1232] in § 60 HGB für den kaufmännischen Bereich eine gesetzliche Konkretisierung erfahren hat, die auch jenseits dieses Bereichs als Orientierung für die nähere Bestimmung dieses Wettbewerbsverbots herangezogen werden kann. Das nur durch Vereinbarung entstehende nachvertragliche Wettbewerbsverbot[1233] unterliegt auch außerhalb des kaufmännischen Bereichs wegen der entsprechenden Anwendung der §§ 74 ff. HGB (siehe § 110 Satz 2 GewO) den hier im Einzelnen geregelten Zulässigkeitsvoraussetzungen. 672

II. Wettbewerbsverbot während des Arbeitsverhältnisses

1. Rechtliche Grundlage

Es ist bereits einleitend ausgeführt worden, dass allein § 60 HGB gesetzlich ein Wettbewerbsverbot während des Arbeitsverhältnisses regelt. Diese Vorschrift stellt sich allerdings nur als Konkretisierung eines allgemeinen Rechtsgedankens dar, der seine Grundlage bereits in der Treuepflicht des Arbeitnehmers hat.[1234] Der Arbeitgeber soll vor Wettbewerbshandlungen seines Arbeitnehmers geschützt sein.[1235] Aus diesem Grunde beinhaltet der Arbeitsvertrag für die Dauer seines Bestehens auch außerhalb des kaufmännischen Bereichs ein Wettbewerbsverbot,[1236] dessen rechtliche Grundlage insoweit in der aus § 242 BGB folgenden **arbeitsvertraglichen Treuepflicht** zu sehen ist.[1237] Angesichts dessen, dass es sich bei § 60 HGB nur um die Positivierung eines allgemeinen Rechtsgedankens handelt, ist der Inhalt des Wettbewerbsverbots unabhängig von der rechtlichen Grundlage identisch. 673

2. Adressaten des Wettbewerbsverbots

Mit der Ableitung des Wettbewerbsverbots aus der arbeitsvertraglichen Treuepflicht unterliegen **Arbeitnehmer allgemein**, d.h. auch außerhalb des kaufmännischen Bereichs während des Arbeitsverhältnisses einem Wettbewerbsverbot. Das gilt auch für Angehörige der so genannten freien Berufe, etwa für in einem Arbeitsverhältnis tätige Architekten[1238] oder auch Rechtsanwälte.[1239] Die Fehlerhaftigkeit eines Arbeitsverhältnisses ändert nichts an der Bindung des Arbeitnehmers an das Wettbewerbsverbot.[1240] Bis zum Zeitpunkt seiner Beendigung ist das in Vollzug gesetzte fehlerhafte Arbeitsverhältnis grundsätzlich den allgemeinen arbeitsrechtlichen Regeln unterworfen.[1241] 674

Das Wettbewerbsverbot gilt unabhängig von dem **Umfang der Arbeitszeit**. Dem Verbot unterliegen deshalb gleichermaßen vollzeitbeschäftigte und teilzeitbeschäftigte Arbeitnehmer[1242] wie auch Arbeitnehmer, deren Arbeitszeit einzel- oder kollektivvertraglich aus betriebsbedingten Gründen verkürzt ist. Zwar wird insoweit z.T. die Auffassung vertreten, dass in den vorgenannten Fällen eine angemessene Reduzierung des Wettbewerbsverbots bis hin zur Grenze des § 826 BGB zu erfolgen 675

1232 Siehe dazu unter Rn 673 ff.
1233 Dazu unter Rn 700 ff.
1234 BAG v. 16.08.1990, NZA 1991, 141 ff. (142).
1235 BAG v. 16.08.1990, NZA 1991, 141 ff. (142).
1236 BAG v. 16.08.1990, NZA 1991, 141 ff. (142).
1237 Siehe nur BAG v. 16.08.1990, NZA 1991, 141 ff. (142); BAG v. 17.10.1969, AP Nr. 7 zu § 611 BGB Treuepflicht; für die analoge Anwendung von § 60 HGB etwa MünchArbR/*Blomeyer*, § 52 Rn 49; *Buchner*, AR-Blattei SD 1830.2 »Wettbewerbsverbot II« Rn 6.
1238 BAG v. 16.06.1976, NJW 1977, 646.
1239 BAG v. 16.08.1990, NZA 1991, 141 ff. (142 f.); Siehe auch LAG Rostock v. 21.02.2002, – 1 Sa 254/01; LAG Hamm v. 16.05.2001 – 16 Sa 1523/00; LAG Sachsen v. 23.01.2001 – 1 Sa 570/00 (Steuerberater).
1240 Siehe MünchArbR/*Blomeyer*, § 50 Rn 13.
1241 Zur Einschränkung der Anwendung arbeitsrechtlicher Regeln auf das fehlerhafte Arbeitsverhältnis siehe BAG v. 03.12.1998, NZA 1999, 584 ff. (585 ff.).
1242 Siehe auch ErfK/*Schaub*, § 60 HGB Rn 2.

habe[1243] bzw. bei Arbeitszeitverkürzungen ein Anspruch auf Einwilligung in die Ausübung einer Konkurrenztätigkeit gegeben sei.[1244] Diese Auffassung ist abzulehnen. Sie trägt nicht ausreichend dem Gesichtspunkt Rechnung, dass der Grund für das Wettbewerbsverbot unabhängig von dem Umfang der Arbeitszeit besteht. Die Schutzbedürftigkeit des Arbeitgebers vor arbeitnehmerseitiger Konkurrenztätigkeit nimmt in den Fällen von Teilzeittätigkeit bzw. Arbeitszeitreduzierung sogar noch zu. Seiner Zielsetzung entsprechend ist deshalb das Wettbewerbsverbot auch auf Arbeitnehmer mit einer nur reduzierten Arbeitszeit uneingeschränkt anzuwenden.

676 Dem Wettbewerbsverbot unterliegen auch **Auszubildende** im Sinne des Berufsbildungsgesetzes.[1245] Gem. § 3 Abs. 2 BBiG sind auf den Berufsausbildungsvertrag vorbehaltlich dessen, dass sich aus seinem Wesen und Zweck oder aus dem Berufsbildungsgesetz nichts anderes ergibt, die für den Arbeitsvertrag geltenden Rechtsvorschriften und Rechtsgrundsätze anzuwenden. Im Hinblick darauf, dass das Berufsbildungsgesetz keine Sonderregelungen enthält, steht nichts entgegen, die allgemeinen Grundsätze über das Wettbewerbsverbot anzuwenden.

677 **Außerhalb eines Arbeitsverhältnisses** dienstleistende Personen sind ohne ausdrückliche Abrede nicht an ein Wettbewerbsverbot gebunden. Das gilt für freie Mitarbeiter[1246] ebenso wie für Organe von Kapitalgesellschaften, die allerdings z.T. besonderen gesetzlichen Wettbewerbsverboten unterliegen.[1247] Für selbständig tätige Handelsvertreter folgt ein Wettbewerbsverbot während der Vertragszeit aus § 86 Abs. 1 Satz 2 HGB.[1248]

3. Zeitliche Geltung des Wettbewerbsverbots

678 Das allgemeine Wettbewerbsverbot entfaltet Wirkung ab dem **Zeitpunkt der vereinbarten Arbeitsaufnahme**, und zwar unabhängig davon, ob das Arbeitsverhältnis tatsächlich aktualisiert wird.[1249] Ruhen die Hauptleistungspflichten aus dem Arbeitsverhältnis, so wirkt das Wettbewerbsverbot gleichwohl uneingeschränkt fort.[1250] Der Arbeitnehmer unterliegt den Beschränkungen so lange, wie das Arbeitsverhältnis seinem **rechtlichen Bande** nach besteht.[1251] Das Verbot gilt deshalb etwa im Falle der Suspendierung während eines Arbeitskampfes,[1252] bei der Inanspruchnahme von Elternzeit,[1253] während eines unbezahlten Sonderurlaubs wie auch bei Freistellung bis zum Ablauf der Kündigungsfrist.[1254] Des Weiteren bleibt der Arbeitnehmer an das Wettbewerbsverbot gebunden, wenn er trotz Fortzahlung des Arbeitsentgelts zur Erbringung der Arbeitsleistung nicht verpflichtet ist, wie etwa in den Fällen der Krankheit oder des Erholungsurlaubs.

679 Angesichts dessen, dass die Geltungsdauer des Wettbewerbsverbots an den rechtlichen Bestand des Arbeitsverhältnisses gebunden ist,[1255] entfällt die Verpflichtung zur Unterlassung von Wettbewerb bei einer wirksamen ordentlichen Kündigung mit dem Ablauf der Kündigungsfrist, bei einer außerordentlichen Kündigung im Zeitpunkt ihres Wirksamwerdens. Im Falle anderer Beendigungstatbestände – etwa Aufhebungsvereinbarung oder Befristung – verliert das Wettbewerbsverbot seine Geltung in dem Zeitpunkt, zu dem diese Tatbestände das Arbeitsverhältnis beenden.[1256] Im Falle

1243 So etwa MüKo-HGB/*v. Hoyningen-Huene*, § 60 Rn 18.
1244 Siehe *Kempen/Kreuder*, AuR 1994, 214 ff. (220).
1245 Zutreffend ErfK/*Schaub*, § 60 HGB Rn 2.
1246 BAG v. 21.01.1997, NJW 1998, 99 ff. (100).
1247 Siehe z.B. § 88 AktG.
1248 *Baumbach/Hopt*, HGB, § 86 Rn 26.
1249 *Baumbach/Hopt*, HGB, § 60 Rn 4.
1250 Siehe BAG v. 30.05.1978, NJW 1979, 335 f. (335).
1251 BAG v. 30.05.1978, NJW 1979, 335 f. (335); LAG Hamm v. 10.05.2001 – 16 Sa 1523/00.
1252 Siehe *Zöllner/Loritz*, Arbeitsrecht, § 41 I.
1253 Siehe *Meisel/Sowka*, Bundeserziehungsgeldgesetz, § 15 Rn 32.
1254 BAG v. 30.05.1978, NJW 1979, 335 f. (335).
1255 BAG v. 30.05.1978, NJW 1979, 335 f. (335).
1256 Zum Ende des befristeten Arbeitsvertrages siehe § 15 Abs. 1 und Abs. 2 TzBfG.

eines Betriebsübergangs gilt das Wettbewerbsverbot für einen dem Übergang seines Arbeitsverhältnisses widersprechenden Arbeitnehmer bis zum Ablauf der Kündigungsfrist auch im Verhältnis zum Erwerber.[1257] Das Wettbewerbsverbot bleibt auch dann nicht aufrechterhalten, wenn der Arbeitnehmer nach der rechtlichen Beendigung des Arbeitsverhältnisses in den Ruhestand eintritt und eine Betriebsrente bezieht.[1258]

Auch während der Dauer eines **Kündigungsschutzverfahrens** ist der Arbeitnehmer nach Auffassung des BAG grundsätzlich an das Wettbewerbsverbot gebunden.[1259] In der Regelung des § 615 Satz 2 BGB, die bei böswilligem Unterlassen der Verwertung der Arbeitskraft eine Anrechnung fiktiven Erwerbs zulässt, sieht das BAG keinen Rechtfertigungsgrund für die Aufnahme einer Konkurrenztätigkeit. Ein böswilliges Unterlassen der Verwertung seiner Arbeitskraft kann dem Arbeitnehmer bei Nichtaufnahme einer Wettbewerbstätigkeit nach Ansicht des BAG nur angelastet werden, wenn der Arbeitgeber nach der Entlassung ausdrücklich oder konkludent zu erkennen gibt, dass er mit Wettbewerbshandlungen des Arbeitnehmers einverstanden ist.[1260] 680

4. Inhalt des Wettbewerbsverbots

Für die Dauer des Arbeitsverhältnisses ist dem Arbeitnehmer auf Grund des Wettbewerbsverbots **jede Tätigkeit** untersagt, die für seinen Arbeitgeber **Konkurrenz bedeutet**.[1261] Unter Anlehnung an die in § 60 Abs. 1 HGB enthaltene Konkretisierung des aus der arbeitsvertraglichen Treuepflicht begründeten allgemeinen Wettbewerbsverbots ist von zwei Verbotstatbeständen auszugehen, die zum Schutze des Arbeitgebers vor Konkurrenztätigkeiten eingreifen: Dem Arbeitnehmer ist es zum einen untersagt, ohne Einwilligung[1262] des Arbeitgebers eine selbständige Tätigkeit (§ 60 Abs. 1 HGB: Handelsgewerbe) zu betreiben, zum anderen hat es der Arbeitnehmer zu unterlassen, in dem Geschäftsbereich des Arbeitgebers Geschäfte für eigene oder fremde Rechnung zu machen. Das Wettbewerbsverbot steht seinem Inhalt nach zur Disposition der Arbeitsvertrags- und Kollektivvertragsparteien, und zwar zu Gunsten wie auch zum Nachteil des Arbeitnehmers.[1263] Allerdings sind die über § 242 BGB einfließenden verfassungsrechtlichen Grenzen insbesondere aus Art. 12 Abs. 1 GG zu beachten. Danach kann eine vertragliche Konkretisierung des Wettbewerbsverbots nur Bestand haben, wenn sie schützenswerten geschäftlichen Interessen des Arbeitgebers dient.[1264] 681

Dem Arbeitnehmer ist unter Berücksichtigung von Art. 12 Abs. 1 GG eine selbständige Tätigkeit nur verwehrt, wenn er diese im **Geschäftsbereich** des Arbeitgebers mit der Folge betreibt, dass daraus für den Arbeitgeber eine wettbewerbliche Gefahr entsteht.[1265] Die Frage, ob der Arbeitnehmer im Geschäftsbereich des Arbeitgebers tätig wird, ist danach zu beurteilen, welche Geschäfte jener tatsächlich unternimmt.[1266] Es kommt nicht auf das abstrakt mögliche, sondern auf das tatsächliche Geschäftsgebaren an.[1267] Von dem Wettbewerbsverbot werden alle Tätigkeiten erfasst, die zu einer Wettbewerbslage zwischen Arbeitgeber und Arbeitnehmer in dem Geschäftsbereich des Arbeitgebers führen.[1268] Das ist dann der Fall, wenn sich Arbeitgeber und Arbeitnehmer auf dem Markt als Konkurrenten begegnen, d.h., jeweils als Anbieter oder Nachfrager für denselben 682

1257 LAG Nürnberg v. 04.02.2003, LAGE § 626 BGB Nr. 148.
1258 Siehe MünchArbR/*Blomeyer*, § 52 Rn 17; MüKo-HGB/*v. Hoyningen-Huene*, § 60 Rn 23.
1259 BAG v. 25.04.1991, NZA 1992, 212 ff. (215); siehe auch LAG Nürnberg v. 04.02.2003 – 6 (5) Sa 981/01, LAGE § 626 BGB Nr. 148, hiernach auch der Arbeitnehmer, der einem Betriebsübergang widersprochen hat, im Verhältnis zum Betriebserwerber.
1260 BAG v. 25.04.1991, NZA 1992, 212 ff. (215).
1261 BAG v. 16.08.1990, NZA 1991, 141 ff. (142).
1262 Siehe dazu noch unter Rn 686 ff.
1263 Vgl. RG v. 11.07.1900, JW 1900, 662.
1264 Vgl. MünchArbR/*Blomeyer*, § 52 Rn 56.
1265 So zu § 60 Abs. 1 HBG BAG, v. 25.05.1970, BB 1970, 1134.
1266 BAG v. 03.05.1983, NJW 1984, 886 f. (887); LAG Nürnberg v. 04.02.2003, LAGE § 626 BGB Nr. 148.
1267 BAG v. 03.05.1983, NJW 1984, 886 f. (887).
1268 BAG v. 03.05.1983, NJW 1984, 886 f. (887).

Kundenkreis in Betracht kommen.[1269] Daran fehlt es, wenn sich die Tätigkeit des Arbeitnehmers darauf beschränkt, gegenüber dem Arbeitgeber als Anbieter aufzutreten. Hier ist ein Wettbewerb mit dem Arbeitgeber nicht möglich. Ein Konkurrenzverhältnis besteht nur zu anderen Anbietern.[1270]

Das Wettbewerbsverbot umfasst auch eine konkurrierende selbständige Tätigkeit, die der Arbeitnehmer mittels Bevollmächtigter, Treuhänder oder so genannter Strohmänner betreibt.[1271] Ist der Arbeitnehmer als leitendes Organ einer juristischen Person oder persönlich haftender Gesellschafter wettbewerblich tätig, so liegt gleichfalls ein Verstoß gegen das Wettbewerbsverbot vor.[1272] Die bloße Kapitalbeteiligung an einer Gesellschaft im Geschäftsbereich des Arbeitgebers ist grundsätzlich nicht als verbotene selbständige Tätigkeit anzusehen.[1273]

683 Während des (noch) bestehenden Arbeitsverhältnisses sind solche Tätigkeiten des Arbeitnehmers zulässig, die der **Vorbereitung** einer künftigen selbständigen Tätigkeit dienen.[1274] Entscheidend für die Abgrenzung zwischen zulässiger und unzulässiger Vorbereitungshandlung ist der Gesichtspunkt, ob die Tätigkeit des Arbeitnehmers geeignet ist, unmittelbar in Geschäfts- oder Wettbewerbsinteressen des Arbeitgebers einzugreifen.[1275] Danach sind Maßnahmen zulässig, die darauf ausgerichtet sind, die formalen und organisatorischen Voraussetzungen für die künftige selbständige Tätigkeit zu schaffen.[1276] Unzulässig sind solche Vorbereitungsmaßnahmen, die bereits selbst als Teil der werbenden Tätigkeit aufzufassen sind.[1277] Dazu zählen etwa die Kontaktaufnahme mit Kunden oder anderen Vertragspartnern des Arbeitgebers.[1278]

684 Der inhaltliche Umfang des Wettbewerbsverbots wird durch den **Unternehmenszweck** beeinflusst und ist insoweit dynamisch. Änderungen können eintreten durch eine Betriebs(teil)veräußerung oder Rechtsträgerumwandlung[1279] wie auch eine Neudefinition des Unternehmenszwecks. Aus dem Vorstehenden folgt, dass es für den Verpflichtungsumfang nicht auf den Zeitpunkt der Begründung des Arbeitsverhältnisses ankommen kann.[1280] Hat ein Arbeitnehmer bis zur Änderung des Unternehmenszwecks zulässigerweise eine selbständige Tätigkeit ausgeübt, so ist ihm gegenüber dem nunmehr an sich eingreifenden Wettbewerbsverbot Bestandsschutz zuzubilligen.[1281]

685 Neben dem Untersagen des Betreibens eines eigenen Unternehmens im Geschäftsbereich des Arbeitgebers beinhaltet das Wettbewerbsverbot unter Orientierung an § 60 Abs. 1 HGB für den Arbeitnehmer das weitere Verbot, in der Branche des Arbeitgebers **Geschäfte für eigene oder fremde Rechnung** zu machen. Für die Erfüllung dieses Verbotstatbestands genügt das »bloße Geschäftemachen«, auf das Bestehen eines Unternehmens kommt es nicht an.[1282] Mit diesem zweiten Verbotstatbestand soll der Arbeitgeber bereits vor einer bloßen Gefährdung seiner Geschäftsinteressen durch den Arbeitnehmer geschützt werden.[1283] Unter dem Begriff des Geschäftemachens ist

1269 BAG v. 03.05.1983, NJW 1984, 886 f. (887).

1270 BAG v. 03.05.1983, NJW 1984, 886 f. (887); *D. Gaul*, Der erfolgreiche Schutz von Betriebs- und Geschäftsgeheimnissen, 1994, S. 38.

1271 Siehe MünchArbR/*Blomeyer*, § 52 Rn 22; *Baumbach/Hopt*, HGB, § 60 Rn 1.

1272 BAG v. 15.02.1962, NJW 1962, 1365 ff. (1366).

1273 Siehe etwa *Heymann/Henssler*, HGB, § 60 Rn 10.

1274 BAG v. 30.01.1963, NJW 1963, 1420; BAG v. 30.05.1978, NJW 1979, 335 f. (335); LAG Berlin v. 28.08.2002, NZA-RR 2003, 362 ff.; LAG Baden-Württemberg v. 21.02.2002, LAGE § 60 HGB Nr. 8; LAG Köln v. 17.01.2002 – 5 Sa 1141/01.

1275 BAG v. 30.05.1978, NJW 1979, 335 f. (335 f.); LAG Berlin v. 28.08.2002, NZA-RR 2003, 362 ff.

1276 BAG v. 30.05.1978, NJW 1979, 335 f. (336), LAG Baden-Württemberg v. 21.02.2002, LAGE § 60 HGB Nr. 8.

1277 BAG v. 30.05.1978, NJW 1979, 335 f. (335).

1278 BAG v. 30.05.1978, NJW 1979, 335 f. (336); LAG Berlin v. 28.08.2002, NZA-RR 2003, 362 ff; LAG Baden-Württemberg v. 21.02.2002, LAGE § 60 HGB Nr. 8; LAG Köln v. 17.01.2002 – 5 Sa 1141/01.

1279 Zum Betriebsübergang siehe LAG Nürnberg v. 04.02.2003, LAGE § 626 BGB Nr. 148.

1280 Siehe auch MünchArbR/*Blomeyer*, § 52 Rn 21 und 25.

1281 Siehe auch MünchArbR/*Blomeyer*, § 52 Rn 25.

1282 Siehe *Boecken*, in: *Ebenroth/Boujong/Joost*, HGB, Bd. 1, § 60 Rn 24.

1283 BAG v. 30.01.1963, NJW 1963, 1420 ff. (1421).

nach der Rechtsprechung des BAG jede, wenn auch nur spekulative, auf Gewinn ausgerichtete Teilnahme am Geschäftsverkehr, die nicht nur zur Befriedigung eigener privater Bedürfnisse des Arbeitnehmers erfolgt, zu verstehen.[1284] Der Begriff des Geschäftemachens umfasst auch die kapitalmäßige Beteiligung etwa als Gesellschafter an einem mit dem Arbeitgeber im Wettbewerb stehenden Unternehmen.[1285] Der Umfang des Verbots des Geschäftemachens ist unter Berücksichtigung und nach Maßgabe des Unternehmenszwecks zu bestimmen. Damit kann sich auch dieses Verbot im Zeitablauf inhaltlich verändern. Ob eine unzulässige Konkurrenztätigkeit gegeben ist, bestimmt sich anhand des Verbots bezogen auf den Zeitpunkt der Ausübung der Tätigkeit.

5. Einwilligung

Ein Verstoß gegen das Wettbewerbsverbot liegt nicht vor, wenn der Arbeitgeber in konkurrierende Tätigkeiten des Arbeitnehmers **eingewilligt** hat. Für den kaufmännischen Bereich ist das in § 60 HGB ausdrücklich geregelt.[1286] 686

Ihrer **Rechtsnatur** nach handelt es sich bei der Einwilligung um eine empfangsbedürftige Willenserklärung. Diese ist dem Arbeitnehmer gegenüber abzugeben. Die Einwilligung bedarf keiner bestimmten Form, sie kann deshalb ausdrücklich oder konkludent[1287] erfolgen.

Sofern die Einwilligung nicht mit einem Widerrufsvorbehalt verbunden wird, ist sie unwiderruflich. 687 Eine Beseitigung ist nur durch Änderungskündigung oder Vereinbarung zwischen Arbeitgeber und Arbeitnehmer möglich.[1288] Der Umfang der Einwilligung steht im Belieben des Arbeitgebers. Sie kann auf einzelne Geschäfte oder auf jede Konkurrenztätigkeit des Arbeitnehmers bezogen sein.[1289]

Es ist Sache des Arbeitnehmers, das grundsätzlich bestehende Wettbewerbsverbot durch die Einholung einer Einwilligung des Arbeitgebers zu beseitigen. Für das Vorliegen einer Einwilligung trägt der Arbeitnehmer die **Darlegungs- und Beweislast**.[1290] Das soll jedoch nicht gelten, wenn es um das Fehlen einer Einwilligung als Voraussetzung für eine außerordentliche Kündigung geht.[1291] 688

Verbotstatbestandsausschließend ist auch eine **Genehmigung** des Arbeitgebers als nachträgliche Zustimmung.[1292] Das ist auch für den Anwendungsbereich des § 60 Abs. 1 HGB anerkannt, obwohl hier explizit nur von Einwilligung gesprochen wird.[1293] 689

Hat der Arbeitgeber bei der Begründung des Arbeitsverhältnisses Kenntnis von einer fortdauernden Konkurrenztätigkeit des Arbeitnehmers, so ist von dem Vorliegen einer konkludenten Einwilligung auszugehen. § 60 Abs. 2 HGB fingiert für diesen Fall bezogen auf den Betrieb eines Handelsgewerbes die Einwilligung, nicht jedoch hinsichtlich der Vornahme von Konkurrenzgeschäften für eigene oder fremde Rechnung. Aber auch hier ist bei Vorliegen der genannten Voraussetzungen eine konkludente Einwilligung anzunehmen.[1294] 690

1284 BAG v. 15.02.1962, NJW 1962, 1365 f. (1366); BAG v. 30.01.1963, NJW 1963, 1420 ff. (1421). Daran fehlt es, wenn ein Arbeitnehmer unentgeltlich tätig wird, a.A. LAG Schleswig-Holstein v. 03.12.2002, LAGE § 60 HGB Nr. 9.

1285 BAG v. 15.02.1962, NJW 1962, 1365 f. (1366).

1286 Siehe dazu *Boecken*, in: *Ebenroth/Boujong/Joost*, HGB, Bd. 1, § 60 Rn 29 ff.

1287 BAG v. 30.05.1978, NJW 1979, 335 f.

1288 Siehe MüKo-HGB/*v. Hoyningen-Huene*, § 60 Rn 25.

1289 Siehe MünchArbR/*Blomeyer*, § 50 Rn 24.

1290 BAG v. 16.06.1976, NJW 1977, 646.

1291 BAG v. 06.08.1987, NJW 1988, 438 f. (438).

1292 § 184 Abs. 1 BGB.

1293 Siehe *Boecken*, in: *Ebenroth/Boujong/Joost*, HGB, Bd. 1, § 60 Rn 34.

1294 So wohl auch *Baumbach/Hopt*, HGB, Bd. 1, § 60 Rn 6.

6. Rechtsfolgen eines Verstoßes gegen das Wettbewerbsverbot

691 Der Verstoß gegen das arbeitsvertraglich aus der Treuepflicht begründete Wettbewerbsverbot kann verschiedene Rechtsfolgen haben. Für den kaufmännischen Bereich regelt § 61 Abs. 1 HGB unter Anknüpfung an § 60 HGB einen Schadensersatzanspruch und – wahlweise – ein Eintrittsrecht des Arbeitgebers.[1295] Nach der Rechtsprechung des BAG ist der persönliche Anwendungsbereich des § 61 HGB auf Handlungsgehilfen begrenzt,[1296] so dass im nichtkaufmännischen Bereich für die Beurteilung der Rechtsfolgen nur auf die allgemeinen Vorschriften und Grundsätze zurückgegriffen werden kann. Als Rechtsfolgen kommen im Einzelnen in Betracht ein Anspruch auf Schadensersatz, ein Eintrittsrecht, ein Anspruch auf Unterlassung, ein Recht zur Kündigung sowie ein Auskunftsanspruch.

a) Anspruch auf Schadensersatz

692 Für den kaufmännischen Bereich regelt **§ 61 Abs. 1 HGB** bei Verletzung der nach § 60 HGB obliegenden Verpflichtungen einen Anspruch des Arbeitgebers auf Schadensersatz. Folgt man der Rechtsprechung des BAG zum begrenzten Anwendungsbereich des § 61 Abs. 1 HGB, so kann bei Wettbewerbsverstößen nichtkaufmännischer Arbeitnehmer ein Schadensersatzanspruch allein nach Maßgabe allgemeiner Regeln bestehen, also vor allem aus **positiver Forderungsverletzung** (§ 280 Abs. 1 BGB)[1297] sowie nach deliktsrechtlichen Vorschriften (§ 823 Abs. 2 und § 826 BGB). Nach diesen Bestimmungen setzt der Anspruch auf Schadensersatz ein Verschulden des Arbeitnehmers voraus, was im Übrigen auch für § 61 Abs. 1 HGB gilt.[1298] In Anwendung von § 280 Abs. 1 Satz 2 BGB hat der Arbeitnehmer darzulegen und zu beweisen, dass ihn an dem Wettbewerbsverstoß ein Verschulden nicht trifft.[1299] Inhalt und Umfang des Schadensersatzanspruchs bestimmen sich nach den §§ 249 ff. BGB, zu ersetzen ist auch der entgangene Gewinn. Hierzu zählen alle vermögenswerten Vorteile, die der Arbeitgeber erzielt haben würde, hätte er die Konkurrenztätigkeit selbst ausgeübt.[1300]

b) Eintrittsrecht

693 Bezogen auf kaufmännische Arbeitnehmer eröffnet § 61 Abs. 1 HGB dem Arbeitgeber die weitere Möglichkeit, anstelle des Anspruchs auf Schadensersatz zu verlangen, dass der Handlungsgehilfe die für eigene Rechnung gemachten Geschäfte als für Rechnung des Arbeitgebers eingegangen gelten lässt und die aus Geschäften für fremde Rechnung bezogene Vergütung herausgibt oder seinen Anspruch auf die Vergütung abtritt. Die Einräumung dieses so genannten **Eintrittsrechts** macht den Schadensersatzanspruch zu einem Anspruch mit Ersetzungsbefugnis.[1301] Der Arbeitgeber hat die Ersetzungsbefugnis durch empfangsbedürftige Willenserklärung gegenüber dem Arbeitnehmer auszuüben, was auch konkludent durch Klageerhebung zum Ausdruck gebracht werden kann.[1302] Nach Ausübung des Rechts steht dem Arbeitgeber ein jus variandi nicht zu: Die Erklärung ist unwiderruflich, der Arbeitgeber damit an das Eintrittsrecht gebunden.[1303]

1295 Ausführlich dazu *Boecken*, in: *Ebenroth/Boujong/Joost*, HGB, Bd. 1, § 61 Rn 4 ff. und Rn 10 ff.

1296 BAG v. 16.01.1975, WM 1975, 1064 ff. (1066); a.A. *Boecken*, in: *Ebenroth/Boujong/Joost*, HGB, Bd. 1, § 61 Rn 2 m.w.N.

1297 § 61 Abs. 1 HGB ist eine gesetzliche Konkretisierung dieses Rechtsinstituts, siehe *Boecken*, in: *Ebenroth/Boujong/Joost*, HGB, Bd. 1, § 61 Rn 4.

1298 Siehe etwa MünchArbR/*Blomeyer*, § 52 Rn 35.

1299 Vgl. allgemein zur positiven Forderungsverletzung im Arbeitsverhältnis BAG v. 11.12.1964, NJW 1965, 709 f. (710).

1300 Ersatzfähig sind auch Detektivkosten, die der Arbeitgeber zur Aufklärung widerrechtlicher Konkurrenztätigkeit aufgewendet hat, siehe LAG Köln v. 10.10.2001, DB 2002, 592; näher zu den ersatzfähigen Schäden *Boecken*, in: *Ebenroth/Boujong/Joost*, HGB, Bd. 1, § 61 Rn 6 ff., hier bezogen auf den Schadensersatzanspruch aus § 61 Abs. 1 HGB.

1301 Siehe hierzu *Boecken*, in: *Ebenroth/Boujong/Joost*, HGB, Bd. 1, § 61 Rn 10 m.w.N.

1302 Siehe Palandt/*Heinrichs*, § 263 Rn 1, hier zum Wahlrecht bei der Wahlschuld.

1303 Siehe MünchArbR/*Blomeyer*, § 52 Rn 33.

Das Eintrittsrecht hat rechtliche Folgen allein für das Verhältnis zwischen Arbeitgeber und Arbeitnehmer. Nach außen im **Verhältnis zu Dritten** bleibt der Handlungsgehilfe Vertragspartner.[1304] Das Eintrittsrecht kann wie der Anspruch auf Schadensersatz nur bei einem schuldhaften Wettbewerbsverstoß wahrgenommen werden.[1305] Bezogen auf Geschäfte, die der Handlungsgehilfe für eigene Rechnung gemacht hat, richtet sich der Anspruch des Arbeitgebers auf die Herausgabe des Ergebnisses aus diesem Geschäft.[1306] Dazu gehört auch die Abtretung etwa noch bestehender Forderungen. Liegt der Wettbewerbsverstoß darin, dass der Arbeitnehmer Gesellschafter bei einer konkurrierenden Gesellschaft ist, so kann der Arbeitgeber entgegen der Ansicht des BAG[1307] die Ergebnisse des Geschäftsbetriebs der konkurrierenden Gesellschaft an sich ziehen, soweit diese dem Handlungsgehilfen zustehen.[1308] Hat der Handlungsgehilfe für fremde Rechnung abgeschlossen, so kann der Arbeitgeber die zugeflossene oder versprochene Vergütung verlangen. 694

Jenseits des kaufmännischen Bereichs kann der Arbeitgeber unter den Voraussetzungen der §§ 687 Abs. 2 Satz 1, 681 Satz 2, 667 BGB wegen angemaßter Geschäftsführung von dem Arbeitnehmer das Erlangte herausverlangen.

c) Anspruch auf Unterlassung

Zu § 60 Abs. 1 HGB ist anerkannt, dass der Arbeitgeber aus dieser Norm einen Anspruch auf Unterlassung des Betriebs eines Handelsgewerbes sowie konkurrierender Geschäftstätigkeit im Handelszweig des Arbeitgebers hat, der sich als Anspruch auf Erfüllung der dem Arbeitnehmer hiernach obliegenden Verpflichtungen darstellt.[1309] Angesichts dessen, dass § 60 HGB nur einen allgemeinen Rechtsgedanken konkretisiert,[1310] ist ein solcher **Unterlassungsanspruch** bei (drohenden) arbeitnehmerseitigen Wettbewerbsverstößen außerhalb des kaufmännischen Bereichs anzuerkennen. Voraussetzung für diesen Anspruch ist, dass ein Verstoß unmittelbar droht oder Wiederholungsgefahr besteht.[1311] Ein Anspruch auf Unterlassung jeglicher Tätigkeit bei einem Konkurrenzunternehmen kann nicht geltend gemacht werden.[1312] Das Wettbewerbsverbot richtet sich allein gegen die Vornahme konkurrierender Geschäfte. Zum Zwecke einer sofortigen Sicherung des Unterlassungsanspruchs ist der Erlass einer einstweiligen Verfügung nach § 935 ZPO zulässig.[1313] Zutreffender Ansicht nach steht § 888 Abs. 2 ZPO nicht entgegen.[1314] Diese Regelung soll allein davor schützen, dass jemand durch Vollstreckungsmaßnahmen gegen seinen Willen zur Arbeit gezwungen wird. Sie hindert deshalb nicht, einem Arbeitnehmer eine bestimmte, unter Vertragsbruch aufgenommene Tätigkeit zu verbieten.[1315] 695

d) Recht zur Kündigung

Die Verletzung des Wettbewerbsverbots kann grundsätzlich einen **wichtigen Grund** für eine außerordentliche Kündigung nach § 626 Abs. 1 BGB abgeben.[1316] Eine Abmahnung ist nach zutreffender Ansicht des BAG im Hinblick darauf nicht erforderlich, dass der Verstoß gegen das Wettbewerbsverbot eine Störung im so genannten Vertrauensbereich darstellt.[1317] 696

1304 Siehe MünchArbR/*Blomeyer*, § 52 Rn 37; *K. Schmidt*, Handelsrecht, S. 515.
1305 *Boecken*, in: *Ebenroth/Boujong/Joost*, HGB, Bd. 1, § 61 Rn 13.
1306 BAG v. 15.02.1962, NJW 1962, 1365 ff. (1366).
1307 Siehe BAG v. 15.02.1962, NJW 1962, 1365 ff. (1366).
1308 Siehe dazu *Boecken*, in: *Ebenroth/Boujong/Joost*, HGB, Bd. 1, § 61 Rn 17 f.
1309 Siehe RG v. 01.05.1906, RGZE 63, 252 ff. (254); MünchArbR/*Blomeyer*, § 52 Rn 46.
1310 BAG v. 17.10.1969, AP Nr. 7 zu § 611 BGB Treuepflicht.
1311 MünchArbR/*Blomeyer*, § 52 Rn 46.
1312 Offengelassen von BAG v. 17.10.1969, AP Nr. 7 zu § 611 BGB Treuepflicht.
1313 Siehe etwa Arbeitsgericht Göttingen, Beschl. v. 11.03.1974, DB 1974, 632 f. (633); MünchArbR/*Blomeyer*, § 52 Rn 46.
1314 Siehe *Canaris*, Anm. zum Beschl. des BAG v. 17.10.1969, AP Nr. 7 zu § 611 BGB Treuepflicht.
1315 *Canaris*, Anm. zu BAG v. 17.10.1969, AP Nr. 7 zu § 611 BGB Treuepflicht.
1316 BAG v. 16.08.1990, NZA 1991, 141 ff. (143); BAG v. 25.04.1991, NJW 1992, 1646 (LS); LAG Nürnberg v. 04.02.2003, LAGE § 626 BGB Nr. 148; LAG Schleswig-Holstein v. 03.12.2002, LAGE § 60 HGB Nr. 9.
1317 BAG v. 16.08.1990, NZA 1991, 141 ff. (143); einschränkend jetzt BAG v. 04.06.1997, NJW 1998, 554 ff. (557).

697 Hat der Arbeitgeber wegen unerlaubter Wettbewerbshandlungen des Arbeitnehmers die fristlose Kündigung ausgesprochen, so ist der Arbeitnehmer nach **§ 628 Abs. 2 BGB** zum Ersatz des durch die Aufhebung des Dienstverhältnisses entstehenden Schadens verpflichtet. Gemäß dieser Anspruchsgrundlage ist nur der Schaden zu ersetzen, der grundsätzlich durch die vorzeitige Beendigung des Arbeitsverhältnisses entstanden ist. Insoweit muss ein Zurechnungszusammenhang bestehen.[1318] Der Anspruch aus § 628 Abs. 2 BGB steht wegen der unterschiedlichen Kausalitätsanknüpfungspunkte neben dem Schadensersatzanspruch aus positiver Forderungsverletzung. Letzterer fordert einen Kausalzusammenhang zwischen dem Verstoß gegen das Wettbewerbsverbot und einem möglichen Schaden.

e) Auskunftsanspruch

698 Nach der Rechtsprechung des BAG ist derjenige, der einem anderen gegenüber vertraglich zur Wettbewerbsunterlassung verpflichtet ist, diesem zur Auskunft verpflichtet, sobald er Anlass für die Vermutung gegeben hat, dass eine Vertragspflichtverletzung begangen wurde.[1319] Die **rechtliche Grundlage** dieses Anspruchs ist in § 242 BGB zu sehen.[1320] Der Auskunftsanspruch hat wesentlich zur Voraussetzung, dass der Arbeitgeber die Wahrscheinlichkeit seines Anspruchs darlegt.[1321] Ihrem Umfang nach erstreckt sich die Auskunftspflicht auf alle Angaben, die Voraussetzung für einen der bei einem Verstoß gegen das Wettbewerbsverbot in Betracht kommenden Ansprüche sein können.[1322]

7. Verjährung

699 Die nach Ansicht des BAG nur für kaufmännische Arbeitnehmer geltende Bestimmung des **§ 61 HGB** enthält in **Abs. 2** eine Verjährungsregelung, wonach die Ansprüche gem. § 61 Abs. 1 in drei Monaten von dem Zeitpunkt an, in welchem der Arbeitgeber Kenntnis von dem Abschlusse des Geschäfts erlangt, verjähren. Ohne Rücksicht auf diese Kenntnis verjähren die Ansprüche in fünf Jahren von dem Abschlusse des Geschäfts an. Der **Zweck der kurzen Verjährungsfrist** von drei Monaten besteht darin, eine rasche Bereinigung der aus einem Verstoß gegen die Pflicht zur Wettbewerbsunterlassung folgenden Ansprüche zu erreichen.[1323] Hiervon ausgehend werden von der Verjährungsregelung des § 61 Abs. 2 HGB entgegen dem Wortlaut nicht nur Ansprüche aus der Verletzung des Verbots, in dem Handelszweig des Arbeitgebers Geschäfte zu machen, erfasst. Auch für den Verbotstatbestand des Betreibens eines Handelsgewerbes gilt die kurze Verjährungsfrist.[1324] Unter Berücksichtigung des für § 61 Abs. 2 HGB maßgebenden vorgenannten Zwecks sind die hiernach bestimmten Verjährungsfristen auch auf vergleichbare Ansprüche aus Wettbewerbsverboten außerhalb des kaufmännischen Bereichs anzuwenden. Sie gelten nicht nur für Schadensersatzansprüche aus positiver Forderungsverletzung und unerlaubter Handlung,[1325] sondern auch für den Anspruch auf Unterlassung.[1326]

1318 Siehe nur Palandt/*Putzo*, § 628 Rn 7.
1319 BAG v. 12.05.1972, AP Nr. 6 zu § 60 HGB; LAG Baden-Württemberg v. 21.02.2002, LAGE § 60 HGB Nr. 8.
1320 Bezogen auf den Schadensersatzanspruch aus § 61 Abs. 1 HGB sieht das BAG die rechtliche Grundlage in dieser Regelung selbst, siehe BAG v. 12.05.1972, AP Nr. 6 zu § 60 HGB und BAG v. 24.04.1970, AP Nr. 5 zu § 60 HGB.
1321 BAG v. 12.05.1972, AP Nr. 6 zu § 60 HGB; LAG Köln v. 17.01.2002 – 5 Sa 1141/01.
1322 BAG v. 12.05.1972, AP Nr. 6 zu § 60 HGB, hier bezogen auf Schadensersatz; MünchArbR/*Blomeyer*, § 52 Rn 34.
1323 RG v. 01.05.1906, RGZE 63, 252 ff. (254); BAG v. 12.05.1972, AP Nr. 6 zu § 60 HGB.
1324 BAG v. 25.05.1970, AP Nr. 4 zu § 60 HGB.
1325 Vgl. BAG v. 28.01.1986, NJW 1986, 2527 f. (2527), hier bezogen auf die dreimonatige Verjährungsfrist des § 61 Abs. 2 HGB.
1326 RG v. 01.05.1906, RGZE 63, 252 ff. (254).

Der Lauf der Verjährungsfrist beginnt in dem Zeitpunkt, in welchem der Arbeitgeber Kenntnis von dem Abschluss des Geschäfts erlangt.[1327]

III. Nachvertragliches Wettbewerbsverbot

1. Einleitung

Ein nachvertragliches Wettbewerbsverbot zu Lasten des Arbeitnehmers ist nicht gesetzlich geregelt[1328] und folgt auch nicht aus nachwirkenden Pflichten des beendeten Arbeitsverhältnisses. Einen Schutz gegen nachvertragliche Konkurrenztätigkeiten des ehemaligen Arbeitnehmers kann der Arbeitgeber nur durch die **Vereinbarung** eines entsprechenden Wettbewerbsverbots erreichen. Insoweit enthalten die Vorschriften der **§§ 74 ff. HGB** detaillierte Regelungen über die Zulässigkeit nachvertraglicher Wettbewerbsverbote, die ganz allgemeiner Ansicht nach über den kaufmännischen Bereich hinaus entsprechend für alle Arbeitnehmer und Arbeitgeber gelten.[1329] Das ist nunmehr in § 110 Satz 2 GewO ausdrücklich gesetzlich geregelt. Darüber hinaus finden die §§ 74 ff. HGB wegen des vergleichbaren Schutzbedürfnisses auch auf wirtschaftlich abhängige freie Mitarbeiter Anwendung.[1330] Den §§ 74 ff. HGB kommt nach Maßgabe des § 75d HGB zwingende Wirkung zu. Hiernach kann sich der Arbeitgeber auf eine von den Vorschriften der §§ 74 bis 75 c HGB zum Nachteil des Arbeitnehmers abweichende Wettbewerbsvereinbarung nicht berufen (§ 75d Satz 1 HGB). Das bedeutet, dass eine solche Vereinbarung vorbehaltlich dessen, dass nicht die Unwirksamkeit einer Abrede ausdrücklich bestimmt wird[1331] oder sich aus dem Sinn einer Regelung ergibt,[1332] nicht zur Nichtigkeit der Wettbewerbsabrede führt.[1333] Das Verbot ist lediglich unverbindlich mit der Folge, dass dem Arbeitnehmer ein **Wahlrecht** eröffnet wird: Der Arbeitnehmer kann sich auf die Unverbindlichkeit der Wettbewerbsabrede berufen, soweit die gesetzlichen Vorgaben nicht beachtet werden. Er ist aber auch nicht gehindert, das Wettbewerbsverbot einzuhalten und die daraus folgenden vertraglichen oder gesetzlichen Rechte in Anspruch zu nehmen.[1334] Das gilt nach § 75d Satz 2 HGB auch für Vereinbarungen, die darauf ausgerichtet sind, die gesetzlichen Vorschriften über das Mindestmaß der Entschädigung durch Verrechnungen oder auf sonstige Weise zu umgehen. So ist mit den Vorschriften der §§ 74 ff. HGB unvereinbar ein bedingtes Wettbewerbsverbot, bei welchem der Arbeitgeber offen lässt, ob er von dem Verbot Gebrauch machen und eine Karenzentschädigung zahlen will.[1335] Eine Mandantenübernahmeklausel ohne Karenzentschädigung stellt jedenfalls dann eine Umgehung i.S.v. § 75d Satz 2 HGB dar, wenn die Konditionen so gestaltet sind, dass sich eine Bearbeitung der Mandate wirtschaftlich nicht lohnt.[1336] 700

1327 Zu der Frage, ob es auf die Kenntnis des Arbeitgebers selbst ankommt, *Boecken*, in: *Ebenroth/Boujong/Joost*, HGB, Bd. 1, § 61 Rn 30.

1328 Abgesehen von der Strafvorschrift des § 17 Abs. 2 UWG.

1329 Grundlegend BAG v. 13.09.1969, NJW 1970, 626 ff. (628 ff.); BAG v. 09.01.1990, NJW 1990, 1870 f. (1870); *Bauer/Diller*, Wettbewerbsverbote, Rn 42 ff.

1330 BGH v. 10.04.2003, NJW 2003, 1864 f.

1331 So § 74a Abs. 2 HGB.

1332 So bei § 74 Abs. 2 HGB im Falle einer gänzlich fehlenden Entschädigungszusage, siehe *Boecken*, in: *Ebenroth/Boujong/Joost*, HGB, Bd. 1, § 74 Rn 50.

1333 BAG v. 14.07.1981, NJW 1982, 1549 f. (1549).

1334 BAG v. 14.07.1981, NJW 1982, 1549 f. (1549); ausführlich zur Unverbindlichkeit abweichender Wettbewerbsverbote *Boecken*, in: *Ebenroth/Boujong/Joost*, HGB, Bd. 1, § 75d Rn 2 ff.

1335 BAG v. 31.07.2002, AP Nr. 48 zu § 611 BGB Konkurrenzklausel; LAG Hamm v. 10.01.2002 – 16 Sa 1217/01; LAG Hamm v. 17.05.2001 – 16 Sa 1719/00; LAG Hamm v. 08.03.2001 – 18 Sa 845/00.

1336 BAG v. 07.08.2002, AP Nr. 4 zu § 75d HGB.

2. Vertrag als rechtliche Grundlage des nachvertraglichen Wettbewerbsverbots

a) Vertragsschluss

701 Das nachvertragliche Wettbewerbsverbot erfordert eine Vereinbarung zwischen den Parteien des Arbeitsvertrages. Diese Vereinbarung kann im Arbeitsvertrag selbst enthalten sein oder als davon selbständiger Vertrag geschlossen werden. Nach überwiegender Auffassung soll ein Wettbewerbsverbot auch durch kollektivrechtliche Vereinbarung geschlossen werden können, wobei sogar in gewissen Grenzen von einer Tarifvertragsdispositivität der §§ 74 ff. HGB zum Nachteil der Arbeitnehmer ausgegangen wird.[1337]

702 Gem. § 74 Abs. 1 HGB bedarf ein Wettbewerbsverbot der **Schriftform** sowie der Aushändigung einer vom Arbeitgeber unterzeichneten, die vereinbarten Bestimmungen enthaltenden Urkunde an den Arbeitnehmer. Dem Schriftformgebot wird nur Genüge geleistet, wenn die in § 126 BGB geregelten Voraussetzungen eingehalten werden. Das Schriftformerfordernis ist auch dann gewahrt, wenn eine nicht selbst unterzeichnete Wettbewerbsabrede Teil einer Gesamturkunde ist, die den gesetzlichen Anforderungen entspricht. Das ist der Fall, wenn die Urkunde über die Wettbewerbsabrede fest mit dem unterzeichneten Arbeitsvertrag verbunden ist und in demselben auf das Wettbewerbsverbot verwiesen wird.[1338] Die Aufhebung eines Wettbewerbsverbots kann auch durch mündliche Vereinbarung der Arbeitsvertragsparteien erfolgen, und zwar auch dann, wenn Schriftform vereinbart wurde.[1339] Die zusätzlich erforderliche Aushändigung der vom Arbeitgeber unterzeichneten Urkunde verlangt eine **Übergabe** derselben an den Arbeitnehmer.[1340] Diese muss innerhalb einer angemessenen Frist erfolgen,[1341] § 147 BGB ist insoweit analog anwendbar.[1342] Die Aushändigung hat ausschließlich Informationsfunktion, sie dient allein dem Schutz des Arbeitnehmers.[1343] Bei Nichteinhaltung des Schriftformgebots oder des Erfordernisses der Aushändigung ist die Vereinbarung über das nachvertragliche Wettbewerbsverbot gem. § 125 Satz 1 BGB nichtig.[1344] Hat der Arbeitgeber den Formfehler verschuldet, so stellt die Berufung des Arbeitgebers auf die Nichtigkeit eine unzulässige Rechtsausübung dar.[1345] Die Nichtigkeit des Wettbewerbsverbots lässt die Wirksamkeit des Arbeitsvertrages grundsätzlich unberührt, und zwar auch dann, wenn das Verbot im Arbeitsvertrag selbst enthalten ist. Im umgekehrten Fall, Nichtigkeit des Arbeitsvertrages, jedoch wirksam vereinbartes Wettbewerbsverbot, entfaltet dieses Wirkung, wenn das Arbeitsverhältnis in Vollzug gesetzt worden ist.[1346]

703 Der Arbeitgeber als **Vertragspartei** eines nachvertraglichen Wettbewerbsverbots kann wechseln. Bei einem **Betriebs(teil)übergang** i.S.d. § 613a Abs. 1 Satz 1 BGB tritt der Erwerber in die Rechte und Pflichten aus einer Wettbewerbsvereinbarung ein, sofern das Arbeitsverhältnis im Zeitpunkt des Betriebs(teil)übergangs besteht.[1347] Mit dem Übergang entfaltet das Wettbewerbsverbot gegenüber dem bisherigen Arbeitgeber keine Wirkung mehr. § 613a Abs. 1 Satz 1 BGB hat keine Bedeutung für Wettbewerbsabreden mit Arbeitnehmern, die bereits vor dem Zeitpunkt des Betriebsübergangs ausgeschieden sind.[1348] Bei betriebs(teil)übertragenden Unternehmensumwandlungen nach dem Um-

1337 Siehe zum Tarifvertrag BAG v. 12.11.1971, WM 1972, 1192, zur Diskussion mit ausführlichen Nachweisen *Boecken*, in: *Ebenroth/Boujong/Joost*, Bd. 1, § 74 Rn 15.

1338 BAG v. 30.10.1984, BAGE 47, 125 ff. (127 f.).

1339 BAG v. 10.01.1989, NJW 1989, 2149 f. (2149 f.).

1340 Siehe LAG Nürnberg v. 21.07.1994, NZA 1995, 532 (LS).

1341 Siehe nur ErfK/*Schaub*, § 74 HGB Rn 27.

1342 Siehe *Heymann/Henssler*, HGB, § 74 Rn 22.

1343 LAG Hamm v. 19.09.2003 – 7 Sa 863/03.

1344 Siehe *Baumbach/Hopt*, HGB, § 74 Rn 19.

1345 LAG Hamm v. 19.09.2003 – 7 Sa 863/03, hier bezogen auf den Fall einer fehlenden Aushändigung. Siehe auch *Baumbach/Hopt*, HGB, § 74 Rn 19.

1346 BAG v. 03.02.1987, NZA 1987, 813 f. (814).

1347 Siehe *D. Gaul*, NZA 1989, 697 ff. (699); MüKo-HGB/*v. Hoyningen-Huene*, § 74 Rn 73.

1348 Siehe LAG Hessen v. 03.05.1993, NZA 1994, 1033 ff. (1034).

wandlungsgesetz – Verschmelzung, Spaltung und Vermögensübertragung[1349] – gelten wegen der Anwendbarkeit von § 613a Abs. 1 Satz 1 BGB[1350] für den Eintritt des übernehmenden Rechtsträgers in die Wettbewerbsabrede keine Besonderheiten. Gehen Arbeitsverhältnisse rein umwandlungsrechtlich im Wege der (partiellen) Gesamtrechtsnachfolge über,[1351] so gilt dies auch für den Übergang des Wettbewerbsverbots auf den übernehmenden Rechtsträger. Im Falle der Erbfolge tritt der Erbe nach §§ 1922, 1967 BGB in die Rechte und Pflichten aus einem Wettbewerbsverbot ein.

b) Rechtsnatur der Vereinbarung

Die Vereinbarung eines nachvertraglichen Wettbewerbsverbots, die – soll eine beiderseits verpflichtende Wirkung entstehen – nach § 74 Abs. 2 HGB nicht ohne die Zusage einer Karenzentschädigung getroffen werden kann,[1352] begründet zwischen den Parteien ein **gegenseitiges Schuldverhältnis**.[1353] Die Unterlassungspflicht und die Entschädigungspflicht stehen zueinander in einem Gegenseitigkeitsverhältnis.[1354] Deshalb finden die Regeln über Leistungsstörungen im gegenseitigen Vertrag grundsätzlich Anwendung.[1355] 704

Die Einhaltung der arbeitnehmerseitigen Verpflichtung zur Unterlassung von Wettbewerb kann, wie § 75c Abs. 1 Satz 1 HGB deutlich macht, durch ein **Vertragsstrafeversprechen** gesichert werden. Der Sinn eines solchen Versprechens ist ein zweifacher: Dadurch soll sowohl der Arbeitnehmer von einer Verletzung des Wettbewerbsverbots abgehalten wie auch ein Schadensnachweis entbehrlich gemacht werden.[1356] Das Vertragsstrafeversprechen ist Bestandteil der Wettbewerbsabrede und unterliegt damit den Anforderungen des § 74 Abs. 1 HGB. Ansprüche aus einem Vertragsstrafeversprechen kann der Arbeitgeber nur nach Maßgabe des § 340 BGB geltend machen.[1357] Über § 75c Abs. 1 Satz 2 HGB findet die Regelung des § 343 BGB Anwendung, wonach eine unverhältnismäßig hohe Strafe auf Antrag des Schuldners durch Urteil auf den angemessenen Betrag herabgesetzt werden kann.[1358] § 75c HGB stellt einen Anwendungsfall der gesetzlichen Inhaltskontrolle dar mit der Folge, dass auch bei Einordnung eines Vertragsstrafeversprechens als allgemeine Geschäftsbedingung die Nichtigkeitsfolge des § 307 Abs. 1 BGB nicht eingreift.[1359] 705

c) Inhalt und Dauer des Wettbewerbsverbots

Das Wettbewerbsverbot ist seinem Inhalt nach darauf ausgerichtet, den Arbeitnehmer nach der Beendigung des Arbeitsverhältnisses in seiner beruflichen Tätigkeit zu beschränken.[1360] Im Rahmen der in den §§ 74 ff. HGB aufgestellten Anforderungen besteht Vertragsinhaltsfreiheit. 706

Beschränkungen der beruflichen Tätigkeit können in örtlicher, zeitlicher und/oder sachlicher Hinsicht vereinbart werden.[1361] Die Beschränkung kann sich auf eine selbständige und/oder unselbständige Erwerbstätigkeit beziehen.[1362] Sie kann tätigkeits- oder unternehmensbezogen sein:[1363] Während im Falle eines unternehmensbezogenen Wettbewerbsverbots dem Arbeitnehmer jede Tätigkeit 707

1349 Siehe zu diesen Begriffen näher *Boecken*, Unternehmensumwandlungen und Arbeitsrecht, Rn 7.
1350 Siehe § 324 UmwG.
1351 Siehe dazu und zu den insoweit relevanten Fallkonstellationen *Boecken*, Unternehmensumwandlungen und Arbeitsrecht, Rn 99 ff.
1352 Siehe dazu noch unter Rn 717.
1353 BAG v. 05.10.1982, NJW 1983, 2896 f. (2897); BAG v. 10.09.1985, NJW 1986, 1192 f. (1192).
1354 BAG v. 05.10.1982, NJW 1983, 2896 f. (2896).
1355 BAG v. 05.10.1982, NJW 1983, 2896 f. (2896).
1356 BAG v. 21.05.1971, NJW 1971, 2007 f. (2007).
1357 Siehe § 75c Abs. 1 Satz 1 HGB; näher zur Verwirkung der Vertragsstrafe und zu den Rechten des Arbeitgebers nach § 340 BGB *Boecken*, in: *Ebenroth/Boujong/Joost*, HGB, Bd. 1, § 75c Rn 7 ff.
1358 Dazu näher *Boecken*, in: *Ebenroth/Boujong/Joost*, HGB, Bd. 1, § 75c Rn 15 ff.
1359 LAG Hamm v. 14.04.2003, NZA-RR 2003, 513 ff.
1360 Siehe die Legaldefinition in § 74 Abs. 1 HGB.
1361 *Baumbach/Hopt*, HGB, § 74 Rn 6.
1362 BAG v. 15.12.1987, NZA 1988, 502 ff. (503).
1363 Siehe BAG v. 26.05.1992, NZA 1992, 976 f. (977).

für alle oder jedenfalls bestimmte Konkurrenzunternehmen untersagt ist, verpflichtet ein tätigkeitsbezogenes Verbot den Arbeitnehmer lediglich zur Unterlassung bestimmter Tätigkeiten. Inhaltlich zu unterscheiden von einem Wettbewerbsverbot ist die Verpflichtung zur Wahrung von **Betriebs- und Geschäftsgeheimnissen.**[1364] Die Verschwiegenheitspflicht bezieht sich allein auf die Geheimhaltung von Tatsachen. Daraus folgt keine Verpflichtung des Arbeitnehmers, nachvertragliche Konkurrenztätigkeit zu unterlassen.[1365] Das kann nur durch ein den Anforderungen der §§ 74 ff. HGB genügendes Wettbewerbsverbot erreicht werden.

708 Für die Ermittlung des Inhalts einer Wettbewerbsabrede gelten die allgemeinen Auslegungsregeln der §§ 133, 157 BGB. Im Hinblick auf die Schutzfunktion der §§ 74 ff. HGB zu Gunsten der Arbeitnehmer sind Verbotsvereinbarungen im Zweifel restriktiv auszulegen. Wird etwa ein Wettbewerbsverbot auf die Herstellung bestimmter Erzeugnisse oder die Tätigkeit in bestimmten Produktionszweigen begrenzt, so hat der Arbeitnehmer eine Erwerbstätigkeit in einem Konkurrenzunternehmen nur insoweit zu unterlassen, als er dort mit der Herstellung eben dieser Erzeugnisse oder dem Vertrieb entsprechender Artikel befasst ist.[1366]

709 Das nachvertragliche Wettbewerbsverbot ist begrifflich auf die **Zeit nach der Beendigung des Arbeitsverhältnisses** bezogen.[1367] Seine Wirkung beginnt mit der rechtlichen Beendigung des Arbeitsverhältnisses. Bis zu diesem Zeitpunkt unterliegt der Arbeitnehmer dem aus § 242 BGB bzw. § 60 HGB begründeten Wettbewerbsverbot.[1368] Wegen **§ 74a Abs. 1 Satz 3 HGB** endet das Verbot spätestens nach zwei Jahren. Zwischen den Parteien kann auch ein kürzerer Zeitraum vereinbart werden, darüber hinaus kann das Verbot jederzeit einvernehmlich aufgehoben werden.[1369] Mit Eintritt des Arbeitnehmers in den Ruhestand verliert ein Wettbewerbsverbot grundsätzlich nicht seine Wirkung.[1370] Für die Geltung des Verbots ist es unerheblich, aus welchem Grund der Arbeitnehmer Wettbewerb unterlässt.[1371] Auch die Zahlung einer Betriebsrente beseitigt nicht die Wirkung eines Wettbewerbsverbots.[1372]

d) Unverbindlichkeit und Nichtigkeit des Wettbewerbsverbots

710 In § 74a HGB werden in Konkretisierung von § 138 BGB[1373] verschiedene Tatbestände genannt, deren Vorliegen zur (partiellen) Unverbindlichkeit[1374] oder weiter gehend zur Nichtigkeit[1375] von Wettbewerbsverboten führt. § 74a HGB stellt einen Anwendungsfall der gesetzlichen Inhaltskontrolle dar, soweit ein nachvertragliches Wettbewerbsverbot in Gestalt allgemeiner Geschäftsbedingungen vereinbart wird.[1376]

711 **§ 74a Abs. 1 HGB** enthält drei Tatbestände, bei deren Vorliegen das Wettbewerbsverbot nach der hier vorgeschriebenen Rechtsfolge **partiell unverbindlich** ist. Im Einzelnen handelt es sich zunächst um ein Wettbewerbsverbot, für das ein **berechtigtes geschäftliches Interesse** des Arbeitgebers fehlt. In diesem Unverbindlichkeitstatbestand gelangt die Zielsetzung der §§ 74 ff. HGB zum Ausdruck,

1364 Siehe näher BAG v. 15.12.1987, NZA 1988, 502 ff.
1365 BAG v. 15.12.1987, NZA 1988, 502 ff.
1366 BAG v. 30.04.1965, DB 1965, 1143.
1367 Siehe § 74 Abs. 1 HGB.
1368 Siehe oben unter Rn 673 ff.
1369 BAG v. 10.01.1989, NZA 1989, 797 f. (797); BAG v. 31.07.2002, AP Nr. 48 zu § 611 BGB Konkurrenzklausel; BAG v. 31.07.2002, AP Nr. 74 zu § 74 HGB.
1370 BAG v. 30.10.1984, BAGE 47, 125 ff. (128).
1371 BAG v. 30.10.1984, BAGE 47, 125 ff. (128).
1372 BAG v. 30.10.1984, BAGE 47, 125 ff. (129), hier auch dazu, dass der Bezug einer Betriebsrente als solcher nicht zur Unterlassung von Wettbewerb verpflichtet, wenn eine entsprechende Vereinbarung fehlt.
1373 BAG v. 02.02.1968, BB 1968, 504.
1374 § 74a Abs. 1 HGB.
1375 § 74a Abs. 2 HGB.
1376 LAG Hamm v. 14.04.2003, NZA-RR 2003, 513 ff.

den Arbeitgeber nur in dem Umfang zu schützen, wie der ausgeschiedene Arbeitnehmer die gewonnenen Kenntnisse, Erfahrungen und Beziehungen nachvertraglich zum Nachteil des Arbeitgebers einsetzen kann. Nach der Rechtsprechung des BAG ist ein berechtigtes geschäftliches Interesse des Arbeitgebers anzuerkennen, wenn das Wettbewerbsverbot entweder dem Schutz von Betriebsgeheimnissen dient oder den Einbruch in den Kunden- oder Lieferantenkreis verhindern soll.[1377] Ein Wettbewerbsverbot dient dann einem berechtigten geschäftlichen Interesse des Arbeitgebers, wenn ein Zusammenhang besteht zwischen dem Inhalt bzw. Umfang des Verbots und der Tätigkeit, die der Arbeitnehmer im Geschäft bzw. Betrieb seines Arbeitgebers ausgeübt hat.[1378]

Ein Wettbewerbsverbot ist des Weiteren nach § 74a Abs. 1 Satz 2 HGB unverbindlich, soweit es unter Berücksichtigung der gewährten Entschädigung nach Ort, Zeit oder Gegenstand eine **unbillige Erschwerung des Fortkommens** des Gehilfen enthält. Die Frage, ob der Fall einer unbilligen Fortkommenserschwerung gegeben ist, ist durch eine Abwägung unter Einbeziehung der arbeitgeberseits gewährten Entschädigung, und zwar deren Dauer und Höhe, auf der einen Seite und dem räumlichen, zeitlichen und gegenständlichen Umfang des Verbots auf der anderen Seite zu ermitteln. Wegen der gesetzlich vorgeschriebenen Interessenabwägung beeinflussen sich die jeweiligen Kriterien gegenseitig. Die Abwägung ist einzelfallbezogen und unter Begrenzung auf die im Gesetz genannten Abwägungsgesichtspunkte durchzuführen.[1379] 712

Schließlich ist ein Wettbewerbsverbot nach § 74a Abs. 1 Satz 3 HGB unverbindlich, wenn es auf einen Zeitraum von **mehr als zwei Jahren** von der Beendigung des Arbeitsverhältnisses an erstreckt wird. Maßgebend für den Beginn des vereinbarten Zeitraums ist der Zeitpunkt der rechtlichen Beendigung des Arbeitsverhältnisses.[1380] Wird unmittelbar im Anschluss an das Arbeitsverhältnis ein freies Mitarbeiterverhältnis mit im Wesentlichen übereinstimmendem Aufgabenkreis begründet, dann ist für den Beginn der Laufzeit des Wettbewerbsverbots auf den Zeitpunkt des Ausscheidens aus dem freien Mitarbeiterverhältnis abzustellen.[1381]

Mit der Rechtsfolgenanordnung der Unverbindlichkeit des Wettbewerbsverbots in § 74a Abs. 1 HGB wird dem Arbeitnehmer ein **Wahlrecht** eingeräumt: Er kann sich an die getroffene Vereinbarung halten oder sich von ihr lossagen. Das Recht zur Lossagung ist insoweit begrenzt, als der Arbeitnehmer an der Wettbewerbsabrede in einem gesetzlich zulässigen Umfang festgehalten wird.[1382] Deshalb kann hier nur von einer **partiellen Unverbindlichkeit** gesprochen werden. Methodisch handelt es sich um den Fall einer gesetzlich angeordneten geltungserhaltenden Reduktion.[1383] Es ist Sache des Arbeitnehmers, sich auf das Vorliegen eines Unverbindlichkeitstatbestandes zu berufen. Die Erklärung über die partielle Nichteinhaltung des Verbots hat er im Zeitpunkt der rechtlichen Beendigung des Arbeitsverhältnisses abzugeben.[1384] 713

§ 74a Abs. 2 HGB[1385] regelt drei Gründe, bei deren Vorliegen ein Wettbewerbsverbot **nichtig** ist: die Minderjährigkeit des Arbeitnehmers, die Abgabe eines ehrenwörtlichen Versprechens und die Verpflichtung eines Dritten. § 74a Abs. 2 Satz 1 Alt. 1 HGB stellt allein auf die Minderjährigkeit des Arbeitnehmers ab, auf eine Zustimmung des gesetzlichen Vertreters kommt es ebenso wenig an wie auf das Vorliegen von Arbeitsmündigkeit nach § 113 BGB. Der in § 74a Abs. 2 Satz 1 Alt. 2 HGB enthaltene Nichtigkeitstatbestand des ehrenwörtlichen Versprechens ist von dem Gedanken 714

1377 BAG v. 01.08.1995, NJW 1996, 1364 f. (1365).

1378 BAG v. 01.08.1995, NJW 1996, 1364 f. (1365). Siehe näher zu diesem Unverbindlichkeitstatbestand *Boecken*, in: *Ebenroth/Boujong/Joost*, HGB, Bd. 1, § 74a Rn 5 ff.

1379 LAG Hamm v. 10.01.2002 – 16 Sa 1217/01.

1380 BAG v. 16.01.1970, BB 1970, 1010.

1381 BAG v. 16.01.1970, BB 1970, 1010.

1382 BAG v. 02.02.1968, BB 1968, 504; BAG v. 19.05.1983, WM 1984, 352 ff. (355).

1383 LAG Hamm v. 14.04.2003, NZA-RR 2003, 513 ff.

1384 BAG v. 22.05.1990, NZA 1991, 263 f. (264).

1385 In der Fassung von Art. 24 des Gesetzes zur Einführung des Euro im Sozial- und Arbeitsrecht sowie zur Änderung anderer Vorschriften (4. Euro-Einführungsgesetz) vom 21.12.2000, BGBl I 2000, 1983.

getragen, dass es mit den guten Sitten nicht zu vereinbaren ist, das ideelle Gut der Ehre zum Zwecke der Sicherung von Vermögensrechten zu verwenden.[1386] Der Nichtigkeitsgrund des ehrenwörtlichen Versprechens greift auch dann ein, wenn das Wettbewerbsverbot den Formerfordernissen des § 74 Abs. 1 HGB genügt.[1387] Schließlich bestimmt § 74a Abs. 2 Satz 2 HGB die Nichtigkeit einer Vereinbarung, durch die ein Dritter anstelle des Arbeitnehmers die Verpflichtung übernimmt, dass sich der Arbeitnehmer nach Beendigung des Arbeitsverhältnisses in seiner beruflichen Tätigkeit beschränken werde. Der Zweck dieses Nichtigkeitsgrundes besteht darin, den Arbeitnehmer, der selbst keine nachvertragliche Wettbewerbsvereinbarung getroffen hat, nicht der Gefahr auszusetzen, über den Einfluss von dem Arbeitgeber gegenüber verpflichteten Dritten zur Unterlassung von Wettbewerb anzuhalten.[1388]

715 Ist einer der vorgenannten Nichtigkeitsgründe gegeben, so sind das Wettbewerbsverbot oder die Vereinbarung mit einem Dritten nichtig. Die Nichtigkeit des Wettbewerbsverbots lässt die **Wirksamkeit des Arbeitsvertrages** unberührt,[1389] und zwar unabhängig davon, ob das Verbot selbst als Teil des Arbeitsvertrages geregelt war oder nicht.[1390]

716 In der Regelung des § 74 Abs. 3 HGB wird ausdrücklich bestimmt, dass die Vorschriften des § 138 BGB über die Nichtigkeit von Rechtsgeschäften, die gegen die guten Sitten verstoßen, unberührt bleiben. Das bedeutet, dass § 74a Abs. 1, Abs. 2 HGB eine abschließende Wirkung im Verhältnis zu § 138 BGB nicht zukommt.[1391] Soweit in § 74a Abs. 1 HGB nur die Unverbindlichkeit bestimmter Wettbewerbsverbote angeordnet wird, sind diese Tatbestände im Verhältnis zu § 138 BGB leges speciales.[1392]

3. Bezahlte Karenz

a) Bedeutung der bezahlten Karenz

717 Ein Wettbewerbsverbot ist nach § 74 Abs. 2 HGB nur verbindlich, wenn sich der Arbeitgeber verpflichtet, für die Dauer des Verbots eine Entschädigung zu zahlen, die für jedes Jahr des Verbots mindestens die Hälfte der von dem Arbeitnehmer zuletzt bezogenen vertragsmäßigen Leistungen erreicht. Dieser so genannte **Grundsatz der bezahlten Karenz**[1393] soll gewährleisten, dass dem Arbeitnehmer während des Zeitraums der beruflichen Beschränkung auf Grund des Wettbewerbsverbots der Lebensstandard gesichert wird, den er sich auf Grund der vorausgegangenen Tätigkeit erarbeitet hat.[1394] Die Entschädigung soll den Nachteil ausgleichen, den der Arbeitnehmer durch die Beschränkung in der Verwendung seiner Arbeitskraft erleidet.[1395] Mit dem Fremdgeschäftsführer einer GmbH kann ein nachträgliches Wettbewerbsverbot auch ohne Karenzentschädigung vereinbart werden.[1396] Im Rahmen der Wettbewerbsvereinbarung als ihrer Rechtsnatur nach gegenseitiger Vertrag[1397] ist die Karenzentschädigung die mit der Unterlassungspflicht des Arbeitnehmers **synallagmatisch verbundene Leistungspflicht** des Arbeitgebers. Die Zusage der Karenzentschädigung muss gleichzeitig mit der Vereinbarung der Wettbewerbsunterlassung erfolgen. Der Anspruch auf Entschädigung setzt nicht voraus, dass der Arbeitnehmer die Absicht einer nachvertraglich weiteren Verwertung seiner Arbeitskraft im Hinblick gerade auf eine solche Tätigkeit hat, wegen der das

1386 Siehe die Verhandlungen des Reichstages, XIII. Legislaturperiode, 1. Session, Bd. 300, Aktenstück Nr. 575, 729.
1387 So auch *Baumbach/Hopt*, HGB, § 74a Rn 6 und *Bauer/Diller*, Wettbewerbsverbote, Rn 113.
1388 Vgl. auch MüKo-HGB/*v. Hoyningen-Huene*, § 74a Rn 31.
1389 Siehe ErfK/*Schaub*, § 74a HGB Rn 19.
1390 *Boecken*, in: *Ebenroth/Boujong/Joost*, HGB, Bd. 1, § 74a Rn 30.
1391 BAG v. 02.02.1968, BB 1968, 504.
1392 Siehe auch BAG v. 02.02.1968, BB 1968, 504.
1393 BGH v. 27.09.1983, BGHZ 88, 260 ff. (264).
1394 BAG v. 09.01.1990, NZA 1990, 519 f. (519).
1395 BAG v. 09.01.1990, NZA 1990, 519 f. (519).
1396 BGH v. 04.03.2002, NJW 2002, 1875 f.
1397 Siehe oben Rn 704 f.

Verbot vereinbart wurde.[1398] Des Weiteren entfällt der Anspruch auf Karenzentschädigung nicht deshalb, weil der Arbeitnehmer mit Beginn der Karenzzeit arbeitsunfähig erkrankt ist.[1399]

Die Regelung des § 75b HGB, die Ausnahmetatbestände – außereuropäische Tätigkeit und Hochbesoldung – zu dem in § 74 Abs. 2 HGB niedergelegten Grundsatz der bezahlten Karenz normierte,[1400] ist mit Wirkung zum 01.02.2002 aufgehoben worden.[1401] Der Regelung kam allerdings bislang schon keine Bedeutung mehr zu, nachdem das BAG den Tatbestand der außereuropäischen Tätigkeit als mit Art. 12 Abs. 1 GG unvereinbar und deshalb nichtig angesehen[1402] und die so genannte Hochbesoldetenklausel wegen Verstoßes gegen das Rechtsstaatsprinzip für verfassungswidrig erachtet hatte.[1403] 718

b) Höhe, Berechnung, Zahlung und Verjährung der Karenzentschädigung

Die Karenzentschädigung hat für jedes Jahr des Verbots **mindestens die Hälfte** der von dem Arbeitnehmer zuletzt bezogenen vertragsmäßigen Leistungen zu erreichen (§ 74 Abs. 2 HGB). **Referenzperiode** für die Bemessung der Karenzentschädigung ist das letzte Jahr vor der Beendigung des Arbeitsverhältnisses.[1404] Vertragsmäßige Leistungen i.S.d. § 74 Abs. 2 HGB sind nicht allein die monatlich oder sonst periodisch geleisteten Entgelte. Vielmehr ist darauf abzustellen, was der Arbeitnehmer **insgesamt als Gegenleistung** für seine Arbeitsleistung in dem maßgebenden Zeitraum zu beanspruchen hat.[1405] Zu berücksichtigen sind deshalb auch Vergütungsleistungen wie Sonderzahlungen, Gewinn- und Umsatzbeteiligungen[1406] oder Gratifikationen.[1407] Außer Betracht bleiben Arbeitgeberleistungen, die nicht in einem synallagmatischen Verhältnis zur erbrachten Arbeitsleistung stehen, so etwa der Ersatz von Aufwendungen.[1408] 719

Die Maßgaben für die Berechnung der Höhe der Karenzentschädigung folgen aus § 74 Abs. 2 HGB. § 74b Abs. 2 HGB enthält eine besondere Bestimmung für die Berücksichtigung so genannter wechselnder Bezüge. Bei der Berechnung fester Bezüge ist wegen der nach § 74 Abs. 2 HGB vorgegebenen Jahresbezogenheit der Höhe der Karenzentschädigung das Jahresarbeitsentgelt des Arbeitnehmers rückwirkend vom Zeitpunkt der rechtlichen Beendigung des Arbeitsverhältnisses an zu ermitteln.[1409] Zu diesem Zweck sind die letzten festen (Monats-, Wochen-, Tages-) Bezüge mit dem entsprechenden Faktor[1410] zu multiplizieren.[1411] Daraus ergibt sich unter Addition eventuell vorhandener und nach § 74b Abs. 2 HGB zu berechnender wechselnder Bezüge das zugrunde zu legende Jahresarbeitsentgelt. Durch die **Fälligkeitsregelung** des § 74b Abs. 1 HGB wird dann festgelegt, dass die längstens auf zwei Jahre zu zahlende Entschädigung in Monatsraten fällig wird, mithin der Gesamtbetrag der Entschädigung durch die Zahl der Monate zu dividieren ist. Wechselnde Bezüge sind bei der Berechnung der Entschädigung nach dem Durchschnitt der letzten drei Jahre in Ansatz zu bringen.[1412] Damit ist ein Durchschnittsbetrag zu bilden, der geteilt durch den Faktor 3 bei der Ermittlung des Jahresarbeitsverdienstes den ermittelten festen Bezügen hinzuzurechnen ist. 720

1398 BAG v. 13.02.1996, NJW 1996, 2677.
1399 LAG Hamm v. 19.09.2003 – 7 Sa 863/03.
1400 Siehe dazu *Boecken*, in: *Ebenroth/Boujong/Joost*, HGB, Bd. 1, § 75b Rn 3 ff.
1401 Durch Art. 24 des Gesetzes zur Einführung des Euro im Sozial- und Arbeitsrecht sowie zur Änderung anderer Vorschriften (4. Euro-Einführungsgesetz) vom 21.12.2000, BGBl I 2000, 1983.
1402 BAG v. 16.10.1980, NJW 1981, 1174 f. (1175).
1403 BAG v. 05.12.1969, NJW 1970, 342 ff. = BB 1970, 259.
1404 BAG v. 09.01.1990, NZA 1990, 519 f. (520).
1405 BAG v. 09.01.1990, NZA 1990, 519 f. (519 f.); LAG Düsseldorf v. 10.12.2002, NZA-RR 2003, 570 ff.
1406 BAG v. 09.01.1990, NZA 1990, 519 f. (520).
1407 BAG v. 16.11.1973, NJW 1974, 765 ff. (766).
1408 Siehe § 74b Abs. 3 HGB.
1409 Siehe auch *Baumbach/Hopt*, HGB, § 74b Rn 3.
1410 12, 52 oder 365.
1411 Siehe *Baumbach/Hopt*, HGB, § 74b Rn 3.
1412 § 74b Abs. 2 Satz 1 HGB.

Zu den wechselnden Bezügen zählen neben der in § 74b Abs. 2 Satz 1 HGB genannten Provision zum Beispiel auch Gewinn- und Umsatzbeteiligungen[1413] sowie Gratifikationen.[1414]

721 Die Karenzentschädigung ist nach § 74b Abs. 1 HGB am **Schluss eines jeden Monats** zu zahlen. Der Schluss jedes Monats ist nicht identisch mit dem Ende eines Kalendermonats. Der Zeitpunkt bestimmt sich vielmehr nach dem Zeitpunkt der rechtlichen Beendigung des Arbeitsverhältnisses und ist gem. §§ 187 Abs. 1, 188 Abs. 2 BGB zu berechnen.[1415] Der in § 74b Abs. 1 HGB festgelegte Fälligkeitszeitpunkt ist nach Maßgabe von § 75d Satz 1 HGB zwingend. Zu Gunsten des Arbeitnehmers kann eine abweichende Vereinbarung getroffen werden, etwa die Fälligkeit der gesamten Karenzentschädigung im Zeitpunkt der Beendigung des Arbeitsverhältnisses.[1416] Nach Ansicht des BAG kann der Anspruch auf Karenzentschädigung Gegenstand einer Ausschlussfrist sein.[1417] Der Anspruch auf Karenzentschädigung unterliegt der Verjährung. Die Verjährungsfrist beträgt nach § 195 BGB drei Jahre und beginnt nach § 199 Abs. 1 BGB mit dem Schluss des Jahres, in dem der Anspruch entstanden ist und wenn die subjektiven Voraussetzungen gegeben sind.

c) Anrechnung anderweitigen Erwerbs

722 Nach **§ 74c Abs. 1 Satz 1, 2 HGB** ist auf die fällige Entschädigung (fiktiver) anderweitiger Erwerb des Arbeitnehmers während des Zeitraums, für den die Entschädigung gezahlt wird, anzurechnen. § 74c Abs. 2 HGB bestimmt eine hierauf bezogene Auskunftspflicht des Arbeitnehmers. Die Anrechnungsregelung ist hinsichtlich der zur Anrechnung führenden Tatbestände vergleichbar etwa mit § 326 Abs. 2 Satz 2 BGB, § 615 Satz 2 BGB oder auch § 11 Nr. 1, Nr. 2 KSchG. Ein Verstoß gegen § 74c HGB macht das Wettbewerbsverbot nicht unverbindlich.[1418]

723 Die Anrechnung (fiktiven) anderweitigen Erwerbs setzt voraus, dass der Arbeitnehmer einen fälligen Anspruch auf Karenzentschädigung hat, er des Weiteren etwas durch anderweite Verwertung seiner Arbeitskraft erwirbt oder einen solchen Erwerb böswillig unterlässt und schließlich die so genannten Anrechnungsfreigrenzen[1419] überschritten werden. Die Anrechnung erfolgt nach § 74c Abs. 1 Satz 1 HGB auf die fällige Entschädigung, womit eine **pro rata temporis-Anrechnung** als Anrechnungsmodus vorgegeben ist.[1420] Durch anderweite Verwertung seiner Arbeitskraft erlangter Erwerb sind alle geldwerten Leistungen zur Abgeltung der Arbeitsleistung des Arbeitnehmers.[1421] Anrechenbar ist allerdings nur das, was der Arbeitnehmer durch die Verwertung seiner infolge der Beendigung des Arbeitsverhältnisses freigewordenen Arbeitskraft erwirbt.[1422] Zu den anrechnungsfähigen Leistungen zählt wesentlich die Vergütung, und zwar unter Einbeziehung von wechselnden Bezügen wie etwa Provisionen, Gratifikationen oder Gewinn- und Umsatzbeteiligungen. Auch Einkommen aus selbständiger Tätigkeit ist anrechenbar. Nicht erfasst werden solche Einkünfte des Arbeitnehmers, die nicht als Gegenleistung für die mit der Beendigung des Arbeitsverhältnisses frei gewordene Arbeitskraft erbracht werden. Auch Ansprüche auf Sozialversicherungsleistungen, zum Beispiel Renten wegen Alters aus der gesetzlichen Rentenversicherung,[1423] unterliegen nicht der Anrechnung.

1413 Hierzu MünchArbR/*Kreßel*, § 68 Rn 86 ff.
1414 BAG v. 16.11.1973, NJW 1974, 765 ff. (766).
1415 Siehe *Boecken*, in: *Ebenroth/Boujong/Joost*, HGB, Bd. 1, § 74b Rn 2.
1416 BAG v. 18.02.1967, BB 1967, 714 f. (715).
1417 BAG v. 17.06.1997, NJW 1998, 1732 f. (1733); kritisch *Boecken*, in: *Ebenroth/Boujong/Joost*, HGB, Bd. 1, § 74b Rn 6.
1418 LAG Hamm v. 20.12.2001 – 16 Sa 414/01.
1419 BAG v. 07.11.1989, DB 1990, 889.
1420 BAG v. 16.05.1969, NJW 1970, 443 ff. (445 f.). Zu § 615 Satz 2 BGB geht das BAG von einer Gesamtberechnung aus, siehe BAG v. 29.07.1993, NJW 1994, 2041 ff. (2042 ff.); BAG v. 24.08.1999, NZA 2000, 818 ff. (820); a.A. *Gumpert*, BB 1974, 1300 ff. (1300 f.); RGRK/*Matthes*, § 615 Rn 86; ErfK/*Preis*, § 615 BGB Rn 96; *Boecken*, NJW 1995, 3218 ff. (3222).
1421 BAG v. 07.11.1989, DB 1990, 889.
1422 BAG v. 16.05.1969, NJW 1970, 443 ff. (445 f.).
1423 BAG v. 30.10.1984, NZA 1985, 429 ff. (430).

Anderes gilt für das Arbeitslosengeld nach §§ 117 ff. SGB III, das im Wege analoger Anwendung des § 74c Abs. 1 Satz 1 HGB als anrechenbarer »Erwerb« zu berücksichtigen ist.[1424]

Neben tatsächlichem Erwerb muss sich der Arbeitnehmer gem. § 74c Abs. 1 Satz 1 HGB auch das anrechnen lassen, was er zu erwerben **böswillig unterlässt**. Diese Voraussetzung ist gegeben, wenn der Arbeitnehmer in Kenntnis der objektiven Umstände, nämlich Arbeitsmöglichkeit, Zumutbarkeit der Arbeit und Nachteilsfolgen für den Arbeitgeber, vorsätzlich untätig bleibt oder gegen eine zu geringe Vergütung arbeitet.[1425] 724

Eine Anrechnung kommt schließlich nur in Betracht, soweit die Entschädigung unter Hinzurechnung des (fiktiven) Erwerbs den Betrag der zuletzt von dem Arbeitnehmer bezogenen vertragsmäßigen Leistungen um mehr als ein Zehntel übersteigt. Die **Anrechnungsfreigrenze** liegt danach bei 110 vom Hundert der zuletzt von dem Arbeitnehmer bezogenen vertragsmäßigen Leistungen. Anderes gilt für den Fall, dass der Arbeitnehmer durch das Wettbewerbsverbot gezwungen worden ist, seinen Wohnsitz zu verlegen. Gem. § 74c Abs. 1 Satz 2 HGB tritt dann an die Stelle des Betrages von einem Zehntel der Betrag von einem Viertel, das heißt, die Anrechnungsfreigrenze liegt bei 125 vom Hundert der zuletzt bezogenen vertragsmäßigen Leistungen. 725

Gem. § 74c Abs. 2 HGB ist der Arbeitnehmer verpflichtet, dem Arbeitgeber auf Erfordern über die Höhe seines Erwerbs Auskunft zu erteilen. Der **Auskunftsanspruch** ist nur auf die Höhe des anderweitigen Verdienstes bezogen. Dass der Arbeitnehmer anderweitig gearbeitet und dadurch Verdienst erzielt hat, muss der Arbeitgeber darlegen und im Bestreitensfall beweisen.[1426] Solange der Arbeitnehmer der Aufforderung zur Auskunftserteilung nicht nachkommt, steht dem Arbeitgeber ein Recht zur Zurückbehaltung der Karenzentschädigung aus § 273 Abs. 1 BGB zu. Nach Ansicht des BAG hat der Arbeitgeber auch die Einrede des nichterfüllten Vertrages.[1427] Der Anspruch auf Auskunft ist selbständig einklagbar. Ein stattgebendes Urteil ist nach § 888 Abs. 1 ZPO vollstreckbar.[1428] Den Arbeitnehmer trifft nach § 74c Abs. 2 HGB inhaltlich die Verpflichtung, dem Arbeitgeber möglichst klare Angaben über seinen anrechenbaren Erwerb bzw. die Umstände eines fiktiven Erwerbs zu machen und diese Angaben nach Aufforderung zu belegen.[1429] Der Umfang der Auskunftspflicht kann nur einzelfallbezogen nach Maßgabe des § 242 BGB bestimmt werden.[1430] 726

d) Folgen einer fehlerhaften Entschädigungszusage

Ist eine Entschädigung nicht vereinbart worden, so ist das Wettbewerbsverbot **nichtig**. Keine der Vertragsparteien kann irgendwelche Ansprüche aus der Vereinbarung geltend machen.[1431] Genügt eine Entschädigungszusage nicht den Voraussetzungen des § 74 Abs. 2 HGB, so ist das Wettbewerbsverbot lediglich **unverbindlich**.[1432] Der Arbeitgeber kann sich nicht auf das Wettbewerbsverbot berufen, der Arbeitnehmer hat ein Wahlrecht: Er kann die Unverbindlichkeit der Abrede geltend machen oder er kann sich an das Wettbewerbsverbot halten und die vereinbarte Karenzentschädigung fordern.[1433] Der Arbeitnehmer hat das Wahlrecht grundsätzlich zu **Beginn der Karenzzeit** auszuüben.[1434] Für die Entstehung des Anspruchs auf Karenzentschädigung aus einem unverbindlichen Wettbewerbsverbot ist es ausreichend, wenn der Arbeitnehmer sich zu Beginn der Karenzzeit 727

1424 BAG v. 25.06.1985, NJW 1986, 275 ff. (276).
1425 BAG v. 13.02.1996, NJW 1996, 2677; BAG v. 23.01.1967, BB 1967, 538 ff. (539). Siehe im Übrigen näher *Boecken*, in: *Ebenroth/Boujong/Joost*, HGB, Bd. 1, § 74c Rn 16 ff.
1426 BAG v. 19.07.1978, NJW 1979, 285 ff. (286).
1427 BAG v. 12.01.1978, NJW 1978, 2215; ablehnend *Boecken*, in: *Ebenroth/Boujong/Joost*, HGB, Bd. 1, § 74c Rn 28.
1428 Siehe auch ErfK/*Schaub*, § 74c HGB Rn 23.
1429 BAG v. 25.02.1975, NJW 1975, 1246.
1430 BAG v. 29.07.1993, NJW 1994, 2041 ff. (2043).
1431 BAG v. 13.09.1969, NJW 1970, 626 ff. (627); LAG Berlin v. 08.05.2003 – 16 Sa 261/03.
1432 BAG v. 13.09.1969, NJW 1970, 626 ff. (627); BAG v. 22.05.1990, NZA 1991, 263 f. (263); LAG Düsseldorf v. 10.12.2002, NZA-RR 2003, 570 ff.; LAG Hamm v. 20.12.2001 – 16 Sa 414/01.
1433 BAG, v. 22.05.1990, NZA 1991, 263 f. (263); LAG Hamm v. 20.12.2001 – 16 Sa 414/01.
1434 BAG v. 24.04.1980, NJW 1980, 2429 (2429); BAG v. 22.05.1990, NZA 1991, 263 f. (263).

endgültig für das Wettbewerbsverbot entscheidet und seiner daraus resultierenden Unterlassungsverpflichtung nachkommt.[1435] Einer darüber hinausgehenden Erklärung an den Arbeitgeber bedarf es nicht.[1436] Will der Arbeitgeber Klarheit, so kann er in entsprechender Anwendung des § 264 Abs. 2 Satz 1 BGB dem Arbeitnehmer eine angemessene Frist zur Vornahme der Wahl setzen.[1437] Eine Feststellungsklage über die Verbindlichkeit eines nachvertraglichen Wettbewerbsverbots ist frühestens dann zulässig, wenn feststeht, dass das Arbeitsverhältnis beendet werden soll.[1438]

4. Unwirksamwerden des Wettbewerbsverbots und arbeitgeberseitiger Verzicht

728 Ein nachvertragliches Wettbewerbsverbot kann unter den Voraussetzungen des § 75 HGB unwirksam werden. Diese Bestimmung regelt die Auswirkungen arbeitnehmerseitiger und arbeitgeberseitiger Kündigungen auf den Fortbestand eines Wettbewerbsverbots.

729 Nach **§ 75 Abs. 1 HGB** wird das Wettbewerbsverbot unwirksam, wenn der **Arbeitnehmer** aus wichtigem Grund i.S.d. § 626 Abs. 1 BGB wegen eines vertragswidrigen Verhaltens des Arbeitgebers das Arbeitsverhältnis löst und vor Ablauf eines Monats nach der Kündigung schriftlich erklärt, dass er sich an das Wettbewerbsverbot nicht gebunden erachte. Mit der Anknüpfung des wichtigen Grundes an ein vertragswidriges Verhalten des Arbeitgebers stellt sich das Lösungsrecht des Arbeitnehmers als Sanktion dar. Diese greift unabhängig davon ein, ob den Arbeitgeber ein Verschuldensvorwurf trifft.[1439] Der Arbeitnehmer hat die Erklärungsfrist des § 626 Abs. 2 BGB zu beachten, im Falle ihrer Versäumung kommt ein Recht zur Lösung von dem Wettbewerbsverbot nicht in Betracht.[1440] Bei Vorliegen eines wichtigen Grundes zur fristlosen Kündigung für den Arbeitnehmer reicht auch eine **einvernehmliche Beendigung** des Arbeitsverhältnisses aus.[1441] Der Arbeitnehmer trägt die Darlegungs- und Beweislast für das Vorliegen eines Anlasses i.S.d. § 75 Abs. 1 HGB.[1442] Bei der weiter erforderlichen Erklärung des Arbeitnehmers, sich an die Vereinbarung nicht mehr gebunden zu erachten, handelt es sich um eine empfangsbedürftige Willenserklärung, die der Schriftform nach § 126 Abs. 1 BGB bedarf. Die Absicht der Lösung von der Vereinbarung muss in der Erklärung deutlich erkennbar zum Ausdruck gelangen.[1443] Der Lauf der Monatsfrist beginnt im Zeitpunkt des Kündigungszugangs.[1444] Liegen die Voraussetzungen des § 75 Abs. 1 HGB vor, so wird das Wettbewerbsverbot unwirksam, die beiderseitigen Rechte und Pflichten aus der Wettbewerbsabrede entfallen. Das Wettbewerbsverbot bleibt bestehen, wenn der Arbeitnehmer die Lösungserklärung nicht abgibt.

730 Nach **§ 75 Abs. 2 Satz 1 HGB** wird das Wettbewerbsverbot grundsätzlich unwirksam, wenn der **Arbeitgeber** das Arbeitsverhältnis **kündigt**. Hierbei kann es sich um eine ordentliche[1445] oder außerordentliche Kündigung handeln. Nicht erfasst wird der Fall einer fristlosen Kündigung wegen vertragswidrigen Verhaltens des Arbeitnehmers, der an sich in **§ 75 Abs. 3 HGB** normiert ist. Diese Regelung ist nach der Rechtsprechung des BAG **verfassungswidrig**,[1446] das BAG wendet insoweit § 75 Abs. 1 HGB analog an.[1447] Neben der Arbeitgeberkündigung setzt die Unwirksamkeit des Wettbewerbsverbots nach § 75 Abs. 2 Satz 1 HGB eine **Lösungserklärung des Arbeitgebers**

1435 BAG v. 22.05.1990, NZA 1991, 263 f. (264).
1436 LAG Hamm v. 08.03.2001 – 18 Sa 845/00.
1437 BAG v. 22.05.1990, NZA 1991, 263 f. (264).
1438 LAG Hamm v. 14.04.2003, NZA-RR 2003, 513 ff.
1439 So auch ErfK/*Schaub*, § 75 HGB Rn 4.
1440 Vgl. BAG v. 24.09.1965, NJW 1966, 123 f. (124).
1441 BAG v. 24.09.1965, NJW 1966, 123 f. (124).
1442 Siehe GK-HGB/*Etzel*, § 74 bis § 75d Rn 73.
1443 BAG v. 13.04.1978, DB 1978, 1502 f. (1503).
1444 BAG v. 26.01.1973, NJW 1973, 1717 f. (1718).
1445 BAG v. 14.07.1981, NJW 1982, 1549 f.
1446 BAG v. 23.02.1977, NJW 1977, 1357 ff. (1357); BAG v. 19.05.1998, NZA 1999, 37 f.
1447 Siehe noch folgend im Text.

i.S.d. § 75 Abs. 1 HGB voraus. Liegt für die Kündigung des Arbeitgebers ein erheblicher Anlass in der Person des Arbeitnehmers vor, so kommt eine Unwirksamkeit des Wettbewerbsverbots nicht in Betracht. Der erhebliche Anlass ist nicht gleichzusetzen mit einem wichtigen Grund i.S.d. § 626 Abs. 1 BGB. Es handelt sich vielmehr um solche Gründe, die eine personen- oder verhaltensbedingte Kündigung nach § 1 Abs. 2 KSchG rechtfertigen können.[1448] Des Weiteren ist die Unwirksamkeit des Wettbewerbsverbots ausgeschlossen, wenn sich der Arbeitgeber bei der Kündigung bereit erklärt, während der Dauer der Beschränkung dem Arbeitnehmer die vollen zuletzt von ihm bezogenen vertragsmäßigen Leistungen zu gewähren. Die Erklärung über das Angebot einer doppelten Karenzentschädigung muss dem Arbeitnehmer im Zeitpunkt der Kündigung zugehen.[1449] Die entsprechende Anwendung von § 74b HGB ist in § 75 Abs. 2 Satz 2 HGB ausdrücklich angeordnet. Trotz Nichterwähnung des § 74c HGB ist auch von dessen Geltung auszugehen.[1450] Die Rechtsfolge des § 75 Abs. 2 Satz 1 HGB kann bei Vorliegen eines Kündigungsgrundes für den Arbeitgeber auch durch einvernehmliche Beendigung des Arbeitsverhältnisses herbeigeführt werden.[1451]

Nach der ständigen Rechtsprechung des BAG ist **§ 75 Abs. 3 HGB** wegen Verstoßes gegen Art. 3 Abs. 1 GG **verfassungswidrig und deshalb nichtig**.[1452] Das BAG schließt die dadurch entstandene Regelungslücke durch eine entsprechende Anwendung von § 75 Abs. 1 HGB,[1453] um eine Benachteiligung des wegen eines vertragswidrigen Verhaltens des Arbeitnehmers außerordentlich kündigenden Arbeitgebers in Bezug auf den Fortbestand des Wettbewerbsverbots zu vermeiden. Damit kann der Arbeitgeber die Unwirksamkeit des nachvertraglichen Wettbewerbsverbots durch eine den Form- und Fristerfordernissen des § 75 Abs. 1 HGB genügende Erklärung herbeiführen.[1454] Nach der Erklärung einer Wiederholungskündigung kann eine erneute Lösungserklärung entbehrlich sein, wenn für den Arbeitnehmer erkennbar ist, dass der Arbeitgeber nicht nur an der Vertragsbeendigung, sondern auch an dem Wegfall des Wettbewerbsverbots festhalten will.[1455]

Die Regelung des § 75a HGB räumt dem Arbeitgeber die Möglichkeit ein, sich noch vor der Beendigung des Arbeitsverhältnisses durch eine **Verzichtserklärung** von dem Wettbewerbsverbot zu lösen. Die Befreiung von der Verpflichtung zur Zahlung der Karenzentschädigung tritt nach Ablauf eines Jahres seit der Erklärung ein. Bei der Verzichtserklärung handelt es sich um eine empfangsbedürftige Willenserklärung,[1456] eine Annahme des Verzichts seitens des Arbeitnehmers ist nicht erforderlich. Auf die Verzichtserklärung durch einen Vertreter findet § 174 BGB Anwendung. Die Erklärung bedarf der Schriftform i.S.d. § 126 BGB und muss unmissverständlich deutlich machen, dass der Arbeitnehmer mit sofortiger Wirkung von der Verpflichtung zur Unterlassung nachvertraglichen Wettbewerbs entbunden sein soll.[1457] Eine Kündigung des Wettbewerbsverbots stellt keine Verzichtserklärung dar.[1458] Ein lediglich der Agentur für Arbeit gegenüber erklärter Verzicht reicht nicht aus.[1459] § 75a HGB hindert die Vertragsparteien nicht, eine Wettbewerbsabrede durch Vereinbarung aufzuheben oder inhaltlich zu ändern. Eine seitens des Arbeitnehmers im Zusammenhang mit der Beendigung des Arbeitsverhältnisses unterzeichnete Ausgleichsquittung enthält im Zweifel keinen Verzicht auf Rechte aus einer Wettbewerbsvereinbarung.[1460] Anderes gilt für eine Ausgleichsklausel in einem Aufhebungsvertrag: Diese erfasst vorbehaltlich besonderer 731

1448 Siehe etwa MüKo-HGB/*v.Hoyningen-Huene*, § 75 Rn 14.
1449 RG v. 01.11.1904, RGZE 59, 125 ff. (127 f.).
1450 Siehe *Baumbach/Hopt*, HGB, § 75 Rn 3.
1451 BAG v. 24.09.1965, NJW 1966, 123 ff. (124).
1452 BAG v. 23.02.1977, NJW 1977, 1357 ff.; BAG v. 19.05.1998, NZA 1999, 37 f.
1453 BAG v. 23.02.1977, NJW 1977, 1357 ff. (1359); BAG v. 19.05.1998, NZA 1999, 37 f. (37).
1454 BAG v. 19.05.1998, NZA 1999, 37 f. (37 f.).
1455 BAG v. 19.05.1998, NZA 1999, 37 f. (38).
1456 LAG Hamm v. 15.05.2002 – 7 Sa 356/02.
1457 LAG Hamm v. 11.07.2003 – 7 Sa 674/03.
1458 LAG Hamm v. 11.07.2003 – 7 Sa 674/03.
1459 BAG v. 31.07.2002, AP Nr. 74 zu § 74 HGB.
1460 BAG v. 20.10.1981, NJW 1982, 1479; LAG Hamm v. 17.05.2001 – 16 Sa 1719/00.

Einzelfallumstände[1461] auch die Ansprüche aus einem Wettbewerbsverbot.[1462] Denn eine solche Klausel ist im Interesse klarer Verhältnisse grundsätzlich weit auszulegen.[1463]

732 Die Verzichtserklärung des Arbeitgebers i.S.v. § 75a HGB hat **vor der rechtlichen Beendigung** des Arbeitsverhältnisses zu erfolgen. Damit reicht es aus, wenn sie bis zum Ablauf der Kündigungsfrist abgegeben wird. Im Falle einer fristlosen Kündigung muss der Verzicht spätestens zusammen mit der Kündigung ausgesprochen werden.[1464] Die Ausübung des Verzichtsrechts kann nach Treu und Glauben ausgeschlossen sein.[1465] Mit dem Zugang einer wirksamen Verzichtserklärung wird der Arbeitnehmer sofort von der Verpflichtung zur Unterlassung nachvertraglichen Wettbewerbs entbunden. Der Arbeitgeber wird erst mit Ablauf eines Jahres seit der Erklärung von der Verpflichtung zur Zahlung der Entschädigung frei. Damit wird bezweckt, dass sich der Arbeitnehmer auf die neue Rechtslage einstellen kann. Der Arbeitgeber kann nur im Ganzen auf das Wettbewerbsverbot verzichten, nicht auf Teile desselben.

5. Rechtsfolgen eines Verstoßes gegen ein wirksam vereinbartes Wettbewerbsverbot

733 Das wirksam vereinbarte nachvertragliche Wettbewerbsverbot stellt einen gegenseitigen Vertrag dar.[1466] Bei Nichteinhalten der jeweiligen Verpflichtungen können sich für Arbeitgeber und Arbeitnehmer verschiedene Ansprüche und Rechte ergeben.

a) Ansprüche bzw. Rechte des Arbeitgebers

734 Der Arbeitgeber kann seinen **Anspruch auf Erfüllung** klageweise geltend machen, wenn der Arbeitnehmer die Verpflichtung zur Unterlassung von Konkurrenztätigkeiten verletzt.[1467] Besteht Anlass zu der Annahme eines (drohenden) Verstoßes gegen das Wettbewerbsverbot, so hat der Arbeitgeber einen **Auskunftsanspruch**.[1468] Die Vorschriften der §§ 320 ff. BGB über den gegenseitigen Vertrag finden grundsätzlich Anwendung.[1469] Der Arbeitgeber hat die **Einrede des nicht erfüllten Vertrages** aus § 320 Abs. 1 BGB, wenn der Arbeitnehmer gegen das Wettbewerbsverbot verstößt. Bei Unmöglichkeit der Unterlassung von Wettbewerb wird der Arbeitnehmer nach § 275 Abs. 1 BGB frei, verliert jedoch nach § 326 Abs. 1 Satz 1 BGB den Anspruch auf die Karenzentschädigung. Verstößt der Arbeitnehmer schuldhaft gegen das Wettbewerbsverbot, so hat der Arbeitgeber einen Schadensersatzanspruch nach §§ 280 Abs. 1, 281 BGB. Bei nur teilweiser Unmöglichkeit kann der Arbeitgeber nach §§ 280 Abs. 1, 281 Abs. 1 Satz 2 BGB Schadensersatz statt der ganzen Leistung nur verlangen, wenn er an der Teilleistung kein Interesse hat. Darüber hinaus kann der Arbeitgeber nach Maßgabe des § 323 BGB von dem Wettbewerbsverbot zurücktreten.

b) Ansprüche bzw. Rechte des Arbeitnehmers

735 Leistet der Arbeitgeber zum Fälligkeitstermin die versprochene Entschädigung nicht, so hat der Arbeitnehmer nach §§ 280 Abs. 1, 286 BGB **Anspruch auf Schadensersatz** wegen Pflichtverletzung. Eine Mahnung ist gem. § 286 Abs. 2 Nr. 1 BGB entbehrlich, der Arbeitgeber muss die Verzögerung der Leistung zu vertreten haben (§ 286 Abs. 4 BGB). Unter den Voraussetzungen des § 323 BGB kann der Arbeitnehmer auch von dem Wettbewerbsverbot zurücktreten. Entgegen der Ansicht des

1461 LAG Hamm v. 15.05.2002 – 7 Sa 356/02: Höhe der Kündigungsschutzabfindung.

1462 BAG v. 31.07.2002, AP Nr. 48 zu § 611 BGB Konkurrenzklausel; BAG v. 31.07.2002, AP Nr. 74 zu § 74 HGB; LAG Nürnberg v. 14.08.2001 – 6 Sa 649/00; LAG Hamm v. 17.05.2001 – 16 Sa 1719/00.

1463 BAG v. 31.07.2002, AP Nr. 74 zu § 74 HGB.

1464 BAG v. 31.07.2002, AP Nr. 74 zu § 74 HGB.

1465 BAG v. 26.10.1978, NJW 1979, 2166 f.

1466 Siehe oben Rn 704 f.

1467 Siehe nur *Baumbach/Hopt*, HGB, § 74 Rn 10.

1468 BAG v. 22.04.1967, AP Nr. 12 zu § 242 BGB Auskunftspflicht.

1469 BAG v. 05.10.1982, NJW 1983, 2896 f. (2897).

BAG[1470] steht dem Arbeitnehmer auch die **Einrede des nichterfüllten Vertrages** (§ 320 Abs. 1 BGB) zu.[1471]

E. Recht am Arbeitsergebnis

I. Einleitung

Erfindungen und Verbesserungsvorschlägen kommt auch im Arbeitsrecht eine –von arbeitsrechtlich orientierten Anwälten oft unterschätzte – Bedeutung zu. In diesem Bereich besteht sowohl auf Arbeitgeber- als auch auf Arbeitnehmerseite großer Beratungsbedarf; zudem erreichen die Streitwerte beachtliche Höhen, so dass es sich in jeder Hinsicht lohnt, das Recht am Arbeitsergebnis nicht zu vernachlässigen. Die folgenden Ausführungen sollen auch dem in diesem Spezialgebiet nicht versierten Anwalt ermöglichen, sich schnell in die Materie einzuarbeiten, um entsprechend beraten zu können. 736

II. Gesetzliche Grundlagen im Überblick

Das Recht am Arbeitsergebnis ist kein in sich geschlossenes Rechtsgebiet, sondern umfasst – was für das Arbeitsrecht ja nicht untypisch ist – eine Vielzahl von verschiedenen Regelungen. Neben einem Spezialgesetz (Arbeitnehmererfindergesetz) gibt es zahlreiche weitere Gesetze (Urheberrechtsgesetz, Patentgesetz, Gebrauchsmustergesetz, Geschmacksmustergesetz, Markengesetz), deren Vorschriften zum Teil auch im Arbeitsrecht zu Rate zu ziehen sind. Soweit Arbeitsergebnisse nicht unter diese Spezialgesetze zu subsumieren sind, gelten die allgemeinen Regelungen des Arbeitsrechts. Dies gilt auch für Know-how, soweit dieses nicht schutzrechts- oder urheberrechtsfähig ist. 737

1. Arbeitnehmererfindergesetz

Die Arbeitnehmererfindung ist im Gesetz über Arbeitnehmererfindungen (Arbeitnehmererfindergesetz)[1472] geregelt. Es enthält sämtliche Regelungen über das Recht der Arbeitnehmererfindung und soll einen Ausgleich zwischen dem Arbeitgeber, dem grundsätzlich das Arbeitsergebnis zugeordnet wird, und dem Arbeitnehmer als Erfinder herbeiführen. Das Arbeitnehmererfindergesetz steht im Mittelpunkt der folgenden Ausführungen. 738

2. Urheberrechtsgesetz

Weitere in arbeitsrechtlicher Hinsicht wichtige Regelungen finden sich auch im Urheberrechtsgesetz vom 09.09.1965.[1473] Gegenstand dieser Vorschriften ist im Wesentlichen die Frage, wem das Urheberrecht an Werken im Sinne des Urheberrechtsgesetzes zusteht, die im Zusammenhang mit dem Arbeitsverhältnis, gelegentlich des Arbeitsverhältnisses oder sogar neben dem Arbeitsverhältnis geschaffen wurden. 739

3. Patentgesetz/Markengesetz

Von Bedeutung können ferner auch das Markengesetz[1474] sowie das Patentgesetz[1475] sein. Beide Gesetze enthalten zwar keine Regelungen, denen unmittelbare Bedeutung im Arbeitsrecht zukommt, 740

1470 BAG v. 05.10.1982, NJW 1983, 2896 f. (2897).

1471 Zur Begründung siehe näher *Boecken*, in: *Ebenroth/Boujong/Joost*, HGB Bd. 1, § 74 Rn 62.

1472 BGBl I 1957, 756, zuletzt geändert durch Gesetz v. 18.01.2002, BGBl I, 414; im Folgenden: ArbNErfG.

1473 BGBl I 1965, 1273, zuletzt geändert durch Gesetz zur Regelung des Urheberrechts in der Informationsgesellschaft v. 10.09.2003, BGBl I, 1774; im Folgenden: UrhG.

1474 Gesetz über den Schutz von Marken und sonstigen Kennzeichen; zuletzt geändert durch Gesetz v. 05.05.2004, BGBl I, 718; im Folgenden: MarkenG.

1475 Patentgesetz i.d.F. der Bekanntmachung v. 16.12.1980, BGBl I 1981, 1, zuletzt geändert durch Gesetz v. 05.05.2004, BGBl I, 718; im Folgenden: PatG.

sie gelangen jedoch anlässlich der Erwirkung des Patent- bzw. Markenschutzes durch den Inhaber des Rechts auf das Schutzrecht – wozu auch der Arbeitnehmer bzw. der Arbeitgeber zählen können – zur Anwendung.

4. Gebrauchsmustergesetz/Geschmacksmustergesetz

741 Arbeitsrechtlich relevant für das Recht am Arbeitsergebnis sind schließlich das Gebrauchsmustergesetz vom 28.12.1986[1476] sowie das Gesetz betreffend das Urheberrecht an Mustern und Modellen vom 11.01.1876 (sog. Geschmacksmustergesetz).[1477] Während das Gebrauchsmustergesetz (wie das Patentgesetz) technische Erfindungen behandelt, befasst sich das Geschmacksmustergesetz mit dem Design von Gegenständen.

III. Arbeitnehmererfindergesetz

742 Nach allgemeinen arbeitsrechtlichen Grundsätzen stehen sämtliche im Zusammenhang mit einem Arbeitsverhältnis geschaffenen Arbeitsergebnisse ausschließlich dem Arbeitgeber zu. Das Patentrecht hingegen weist eine Erfindung ausschließlich dem (Arbeitnehmer-)Erfinder selbst zu. Das ArbNErfG stellt einen Ausgleich zwischen diesen beiden widerstreitenden Ansatzpunkten her. Die Vorschriften dieses Gesetzes enthalten fast ausnahmslos zwingendes Recht, welches gem. § 22 Satz 1 ArbNErfG nicht zuungunsten des Arbeitnehmers abbedungen werden kann.

1. Anwendungsbereich und Begriffsbestimmungen

743 Der **sachliche Anwendungsbereich des Gesetzes** ergibt sich aus § 1 ArbNErfG, wonach Erfindungen und technische Verbesserungsvorschläge von Arbeitnehmern dem ArbNErfG unterliegen. Beide Begriffe werden im Gesetz nicht unmittelbar legaldefiniert. Die allgemeine Meinung versteht unter einer Erfindung eine auf schöpferischer Leistung beruhende Lehre zum planmäßigen Handeln, die also einen individuellen geistigen Inhalt als Ergebnis einer produktiven Geistestätigkeit darstellt.[1478] Erfindungen im Sinne des ArbNErfG sind nur Erfindungen, die patent- oder gebrauchsmusterfähig sind (§ 2 ArbNErfG), wobei maßgeblich die Schutzfähigkeit im deutschen Recht ist. Technische Verbesserungsvorschläge im Sinne des Gesetzes sind nur Vorschläge für sonstige technische Neuerungen, die nicht patent- oder gebrauchsmusterfähig sind (§ 3 ArbNErfG). Ob eine Erfindung oder ein technischer Verbesserungsvorschlag dem ArbNErfG unterliegt, ergibt sich somit nicht unmittelbar aus dem ArbNErfG, sondern lässt sich nur unter ergänzender Hinzuziehung des Patent- bzw. Gebrauchsmustergesetzes[1479] ermitteln. Abzugrenzen ist jedoch die technische Erfindung von nicht technischen schöpferischen Leistungen, wie beispielsweise der geistigen Schöpfung des Urheberrechts oder der Züchtung und Entwicklung neuer Pflanzensorten.[1480] Diese fallen nicht in den Anwendungsbereich des ArbNErfG.

744 Dem **persönlichen Anwendungsbereich** des Gesetzes unterliegen gem. § 1 ArbNErfG Arbeitnehmer im privaten und im öffentlichen Dienst ebenso wie Beamte und Soldaten. Der Begriff des Arbeitnehmers bestimmt sich nach allgemeinen arbeitsrechtlichen Grundsätzen. Besondere Vorschriften galten nach Maßgabe der bis zum 07.02.2002 geltenden §§ 40–42 ArbNErfG für Arbeitnehmer im öffentlichen Dienst, Beamte und Soldaten sowie für Erfindungen von Hochschullehrern und Hochschulassistenten.[1481] Nicht unmittelbar dem ArbNErfG unterliegen Erfindungen von Freien

1476 I.d.F. v. 28.08.1986, zuletzt geändert durch Gesetz v. 05.05.2004, BGBl I, 718; im Folgenden: GebrMG.
1477 RGBl 1876, 11, zuletzt geändert durch Gesetz v. 05.05.2004, BGBl I, 718; im Folgenden: GeschmMG.
1478 *Bartenbach/Volz*, § 2 Rn 2.
1479 Vgl. zu beiden noch sogleich ausführlich unten.
1480 Vgl. *Hesse*, GRUR 1980, 404.
1481 S. hierzu Rn 785 ff.

Mitarbeitern, arbeitnehmerähnlichen Personen,[1482] Ruheständlern bzw. Pensionären und Organmitgliedern juristischer Personen sowie persönlich haftenden Gesellschaftern einer KG.[1483] Bei Leiharbeitsverhältnissen ist zu unterscheiden: Liegt ein echtes Leiharbeitsverhältnis vor, wird der Leiharbeitnehmer also nur ausnahmsweise von seinem Arbeitgeber (Verleiher) einem Dritten überlassen, sind die arbeitsvertraglichen Beziehungen zwischen Arbeitnehmer und Verleiher maßgeblich. Im Falle einer Erfindung stehen dem Verleiher und nicht dem Dritten die Rechte aus dem ArbNErfG zu. Aufgrund § 11 Abs. 7 AÜG ist bei gewerblicher Überlassung von Arbeitskräften an Dritte (unechter Leihvertrag) der Dritte als Entleiher aus dem ArbNErfG berechtigt und verpflichtet.[1484] Ihn treffen die Rechte und Pflichten des Arbeitnehmers aus dem ArbNErfG.

Im Falle eines Betriebsübergangs gehen die Rechte und Pflichten des ArbNErfG gem. § 613a Abs. 1 BGB auf den Betriebsnachfolger über, wenn dieser in die Arbeitsverhältnisse eintritt.[1485] Das ArbNErfG kann nur dann Anwendung finden, wenn das Arbeits- bzw. Dienstverhältnis dem deutschen Recht unterliegt. Dies ist im Falle eines ausländischen Arbeitgebers oder -nehmers bzw. ausländischen Arbeitsorts mit Hilfe der Vorschriften des Internationalen Privatrechts zu ermitteln.[1486] 745

Hinsichtlich des **zeitlichen Anwendungsbereiches** ist zu beachten, dass das ArbNErfG nur für Erfindungen und technische Verbesserungsvorschläge gilt, die vor der rechtlichen Beendigung des Arbeitsverhältnisses fertig gestellt worden sind. Maßgeblich für die Anwendung des ArbNErfG ist der rechtliche Bestand des Arbeitsverhältnisses, nicht, ob der Arbeitnehmer in diesem Zeitraum seinen Arbeitspflichten tatsächlich nachgekommen ist. Somit unterliegen auch Erfindungen oder technische Verbesserungsvorschläge dem ArbNErfG, die während des Urlaubs[1487] oder einer Krankheit des Arbeitnehmers gemacht bzw. erstellt worden sind. Das ArbNErfG findet schließlich auch dann Anwendung, wenn der Arbeitnehmer es pflichtwidrig unterlassen hat, während der Dauer des rechtlichen Bestandes des Arbeitsverhältnisses Erfindungen und technische Verbesserungsvorschläge zu vollenden, obwohl anzunehmen ist, dass er aufgrund der ihm vorliegenden Kenntnisse sowie seiner Fertigkeiten hierzu in der Lage gewesen wäre. Ein Indiz hierfür ist, dass er diese alsbald nach dem Ausscheiden aus dem Arbeitsverhältnis tatsächlich vollendet hat.[1488] Hinsichtlich Erfindungen, die während der Dauer des Arbeitsverhältnisses gemacht worden sind, ist das ArbNErfG auch nach dessen Beendigung anwendbar, § 26 ArbNErfG. 746

Das **Gesetz unterscheidet zwischen Diensterfindungen und freien Erfindungen**, (§ 4 Abs. 1 ArbNErfG). Diese Unterscheidung wird auch im Folgenden zugrunde gelegt. Um gebundene Erfindungen oder Diensterfindungen handelt es sich, wenn diese Erfindungen während der Dauer des Arbeitsverhältnisses gemacht worden sind und sie entweder aus der dem Arbeitnehmer im Betrieb oder in der öffentlichen Verwaltung obliegenden Tätigkeit entstanden sind (§ 4 Abs. 2 Nr. 1 ArbNErfG, sog. Aufgabenerfindung[1489]) oder sie maßgeblich auf Erfahrungen oder Arbeiten des Betriebes bzw. der öffentlichen Verwaltung beruhen (§ 4 Abs. 2 Nr. 2 ArbNErfG, sog. Erfahrungserfindung). Man kann somit zwischen tätigkeits- und erfahrungsbezogenen Erfindungen unterscheiden. Bei der Entscheidung, ob eine Diensterfindung vorliegt, kommt es nicht darauf an, ob der Arbeitnehmer sie innerhalb der Arbeitszeit oder an seinem Arbeitsplatz gemacht hat. Die Erfindung muss jedoch maßgeblich auf seiner Tätigkeit bzw. den Erfahrungen des Betriebes beruhen. Für eine Diensterfindung ist weiterhin nicht erforderlich, dass sie für den Arbeitgeber verwertbar ist. 747

1482 Vgl. *Bartenbach/Volz*, § 1 Rn 24.
1483 Vgl. *Schaub*, Arbeitsrechts-Handbuch, § 115 II. 2. (Rn 6).
1484 *Bartenbach/Volz*, § 1 Rn 56 ff.; *Volmer/Gaul*, § 1 Rn 70 ff.
1485 Vgl. *Schaub*, Arbeitsrechts-Handbuch, § 115 II. 2. (Rn 8); *Bartenbach/Volz*, § 1 Rn 114 ff.
1486 Vgl. *Bartenbach/Volz*, § 1 Rn 32–39.
1487 BGH, Urt. v. 18.05.1971, AP Nr. 1 zu § 4 ArbNErfG.
1488 BGH, Urt. v. 21.10.1980, AP Nr. 3 zu § 4 ArbNErfG.
1489 Auch Auftragserfindung genannt.

748 Freie Erfindungen (»sonstige Erfindungen« i.S.v. § 4 Abs. 3 ArbNErfG) werden von den Diensterfindungen lediglich negativ abgegrenzt. Es handelt sich daher um nicht nach § 4 Abs. 2 ArbNErfG gebundene Erfindungen eines Arbeitnehmers. Von freien Erfindungen spricht man des Weiteren auch dann, wenn eine Diensterfindung nach Maßgabe des § 8 ArbNErfG frei geworden ist, etwa weil der Arbeitgeber diese nur beschränkt in Anspruch nimmt. Schließlich waren gem. § 42 ArbNErfG a.F. (gültig bis 06. 02. 2002) auch Erfindungen von Professoren, Dozenten und wissenschaftlichen Assistenten bei den wissenschaftlichen Hochschulen, die von ihnen in dieser Eigenschaft gemacht werden, freie Erfindungen. Dies gilt für nach dem 06.02.2002 gemachte (= fertig gestellte) Erfindungen nun grundsätzlich nicht mehr.[1490]

2. Diensterfindungen

749 Regelungen über die sog. Diensterfindung finden sich in §§ 5 bis 17 ArbNErfG. Sie sind meldepflichtig, unterliegen der – einen Vergütungsanspruch auslösenden – Ausübung des Inanspruchnahmerechts des Arbeitgebers und können unter bestimmten Voraussetzungen sowohl im Inland als auch im Ausland zur Erteilung eines Schutzrechtes angemeldet werden.

a) Meldepflicht

750 Sofern es sich um eine Diensterfindung handelt, ist der **Arbeitnehmer verpflichtet, diese dem Arbeitgeber unverzüglich** nach Fertigstellung (d.h. ohne schuldhaftes Zögern, § 121 BGB) gesondert **schriftlich zu melden**, § 5 Abs. 1 Satz 1 ArbNErfG. Mehrere Miterfinder[1491] können eine gemeinsame Meldung abgeben, § 5 Abs. 1 Satz 2 ArbNErfG. Die Fertigstellung der Erfindung setzt die Ausführbarkeit der technischen Lehre voraus. Davon ist auszugehen, wenn ein Durchschnittsfachmann aufgrund der Angaben des Erfinders dazu in der Lage ist.[1492] Die Meldung gilt als geschäftsähnliche Handlung, auf die die Vorschriften über Willenserklärungen teilweise angewendet werden können. Es ist kenntlich zu machen, dass es sich um die Meldung einer Erfindung handelt, § 5 Abs. 1 Satz 1 ArbNErfG.[1493] Der Arbeitgeber ist gem. § 5 Abs. 1 Satz 3 ArbNErfG verpflichtet, den Zeitpunkt des Eingangs der Meldung dem Arbeitnehmer unverzüglich schriftlich zu bestätigen. Der Arbeitnehmer soll somit die mit der Meldung in Gang gesetzten Fristen überprüfen können. Der Arbeitgeber kann ausdrücklich (oder bei Vorliegen eindeutiger Indizien auch stillschweigend) auf die schriftliche Meldung verzichten. Allerdings sind damit für beide Seiten erhebliche Beweisrisiken verbunden.[1494]

751 Die näheren Voraussetzungen des Inhalts der Meldung ergeben sich aus § 5 Abs. 2 ArbNErfG, nach dem der Arbeitnehmer beispielsweise das Zustandekommen der Diensterfindung zu beschreiben sowie die zum Verständnis der Erfindung erforderlichen Aufzeichnungen beizufügen hat. Darüber hinaus soll angegeben werden, inwieweit die Tätigkeit im Betrieb bzw. die dort gemachten Erfahrungen für die Erfindung ursächlich waren. Werden diese Voraussetzungen nicht gewahrt, so gilt die Meldung dennoch gem. § 5 Abs. 3 ArbNErfG als ordnungsgemäß, wenn der Arbeitgeber nicht innerhalb von zwei Monaten erklärt, dass und in welcher Hinsicht die Meldung seiner Auffassung nach einer Ergänzung bedarf. Den Arbeitgeber trifft die Verpflichtung, den Arbeitnehmer bei der Ergänzung der Meldung im Rahmen des Erforderlichen zu unterstützen.

1490 S. hierzu Rn 785 ff.
1491 Vgl. zum Begriff *Bartenbach/Volz,* § 5 Rn 44 f.
1492 BGH, Urt. v. 10.11.1970, AP Nr. 2 zu § 4 ArbNErfG.
1493 Vgl. dazu LG Düsseldorf, Urt. v. 27.03.1973, GRUR 1974, 173.
1494 Vgl. *Bartenbach/Volz,* § 5 Rn 38.

b) Inanspruchnahme der Erfindung

Handelt es sich um eine Diensterfindung des Arbeitnehmers, kann der Arbeitgeber alle Rechte an der Erfindung nach Maßgabe der §§ 6, 7 ArbNErfG erlangen, soweit er sie in Anspruch nimmt – so genanntes **Inanspruchnahmerecht**. Es steht ihm gem. § 6 Abs. 1 ArbNErfG insoweit frei, eine Diensterfindung unbeschränkt oder beschränkt in Anspruch zu nehmen. Jedenfalls bedarf es gem. § 6 Abs. 2 Satz 1 ArbNErfG einer schriftlichen Erklärung gegenüber dem Arbeitnehmer, die sobald wie möglich abgegeben werden soll, spätestens jedoch bis zum Ablauf von vier Monaten nach Eingang der ordnungsgemäßen Meldung i.S.d. § 5 Abs. 1 ArbNErfG. Das Schriftformerfordernis ist Wirksamkeitsvoraussetzung der Inanspruchnahme. Allerdings kann auf die Einhaltung dieses Schriftformerfordernisses beidseitig zumindest nach Meldung der Erfindung verzichtet werden.[1495] Die Möglichkeit einer konkludenten Inanspruchnahme durch Benutzungshandlungen des Arbeitnehmers muss jedoch in der Regel verneint werden.[1496] Eine Verlängerung der Frist ist nur nach der Meldung möglich, vgl. § 22 Satz 2 ArbNErfG. Die Inanspruchnahme ist ein einseitiges, gestaltendes Rechtsgeschäft. Erfolgt keine Inanspruchnahme innerhalb der viermonatigen Frist, wird die Erfindung frei, § 8 Abs. 1 Nr. 3 ArbNErfG. 752

Nimmt der Arbeitgeber die **Erfindung unbeschränkt in Anspruch**, so gehen gem. § 7 Abs. 1 ArbNErfG mit dem Zugang der Erklärung alle übertragbaren vermögenswerten Rechte an der Diensterfindung auf den Arbeitgeber über. Der Arbeitgeber kann dann als alleiniger Berechtigter nach seinem Belieben die Erfindung nutzen und Lizenzen an Dritte vergeben. Lediglich die nichtvermögensrechtlichen Erfinderpersönlichkeitsrechte, worunter insbesondere die mit der Nennung des Erfinders verbundenen Namensrechte, § 63 PatG, zu verstehen sind, sind von diesem Rechtsträgerwechsel nicht umfasst.[1497] Die Erfinderehre ist ein absolutes Recht i.S.d. § 823 Abs. 1 BGB, so dass eine Verletzung dieses Rechts Unterlassungs- und Schadensersatzansprüche des Arbeitnehmers auslösen kann.[1498] 753

Im Falle einer **beschränkten Inanspruchnahme** erwirbt der Arbeitgeber lediglich ein nicht ausschließliches, einer einfachen Lizenz entsprechendes Recht zur Benutzung der Diensterfindung, § 7 Abs. 2 Satz 1 ArbNErfG. Im Übrigen wird die Erfindung frei, ist jedoch mit dem Benutzungsrecht des Arbeitgebers belastet. Der Arbeitgeber ist durch das Benutzungsrecht mangels anderweitiger Abreden nur zur Eigennutzung berechtigt. Die Vergabe von Unterlizenzen oder eine Übertragung des Nutzungsrechts durch den Arbeitgeber an Dritte sind daher ausgeschlossen.[1499] Wird dem Arbeitnehmer durch das Benutzungsrecht des Arbeitgebers die anderweitige Verwertung der Diensterfindung unbillig erschwert, so kann er gem. § 7 Abs. 2 Satz 2 ArbNErfG vom Arbeitgeber verlangen, dass dieser innerhalb von zwei Monaten die Diensterfindung entweder unbeschränkt in Anspruch nimmt oder sie dem Arbeitnehmer freigibt. Wenn der Arbeitgeber dieser Aufforderung nicht oder nicht fristgerecht nachkommt, wird die Erfindung nach § 8 Abs. 1 Nr. 3 ArbNErfG frei. 754

Im öffentlichen Dienst besteht neben beschränkter und unbeschränkter Inanspruchnahme die Möglichkeit, dass die Parteien im Voraus vereinbaren, dass der Arbeitgeber vom Arbeitnehmer an dem von diesem erzielten Verwertungsergebnis angemessen beteiligt wird, § 40 Nr. 1 ArbNErfG. 755

Zur Absicherung des Wahlrechts des Arbeitgebers enthält § 7 Abs. 3 ArbNErfG ein **relatives Verfügungsverbot**, nach dem Verfügungen, die der Arbeitnehmer über eine Diensterfindung vor der Inanspruchnahme getroffen hat, dem Arbeitgeber gegenüber unwirksam sind, soweit seine Rechte hierdurch beeinträchtigt werden. Verfügungen dieser Art sind beispielsweise die Abtretung der übertragbaren Erfinderrechte, einfache oder ausschließliche Lizenzvergaben und Verpfändungen, aber auch die Anmeldung der Erfindung beim Patentamt zur Erlangung eines Patentes bzw. die 756

1495 BGH, Urt. v. 28.06.1962, GRUR 1963, 135; BGH, Urt. v. 09.01.1964, GRUR 1964, 449, 452; OLG Karlsruhe, Urt. v. 13.07.1983, GRUR 1984, 42, 43 f.; *Bartenbach/Volz,* § 6 Rn 27, 31.

1496 *Bartenbach/Volz,* § 6 Rn 35 ff.

1497 Vgl. *Schaub,* Arbeitsrechts-Handbuch, § 115 III. (Rn 20).

1498 BGH, Urt. v. 30.04.1969, GRUR 1969, 133.

1499 Vgl. BGH, Urt. v. 23.04.1974, GRUR 1974, 463, 464.

Rücknahme der Anmeldung.[1500] Im Falle der beschränkten Inanspruchnahme ist die Verfügung nur insoweit unwirksam, als sie das einfache Benutzungsrecht des Arbeitgebers berührt. Die Verfügung des Arbeitnehmers über die Erfindung vor der Entscheidung des Arbeitgebers über die Inanspruchnahme stellt zudem eine Verletzung der arbeitsrechtlichen Treuepflicht dar. Dem Arbeitgeber kann hieraus unter Umständen ein Schadensersatzanspruch aus positiver Forderungsverletzung erwachsen.[1501]

c) Vergütungsregelung

757 Die Unterscheidung zwischen einer unbeschränkten und einer beschränkten Inanspruchnahme wirkt sich auch auf den infolge der Inanspruchnahme entstehenden Vergütungsanspruch des Arbeitnehmers aus. Die **unbeschränkte Inanspruchnahme** durch den Arbeitgeber löst einen Anspruch des Arbeitnehmers auf angemessene Vergütung aus, § 9 Abs. 1 ArbNErfG. Die Bemessung der Vergütung richtet sich hierbei gem. § 9 Abs. 2 ArbNErfG nach folgenden Kriterien: wirtschaftliche Verwertbarkeit der Diensterfindung, Aufgabe und Stellung des Arbeitnehmers im Betrieb, Anteil des Betriebes an dem Zustandekommen der Diensterfindung. Unmaßgeblich ist hingegen die vom Arbeitnehmer investierte Zeit und geleistete Arbeit.[1502] Bei einer **beschränkten Inanspruchnahme** hat der Arbeitnehmer gegen den Arbeitgeber gem. § 10 Abs. 1 Satz 1 ArbNErfG einen Anspruch auf angemessene Vergütung, sobald der Arbeitgeber die Diensterfindung beschränkt in Anspruch genommen hat und sie auch benutzt. Für die Bemessung der Vergütung gilt § 9 Abs. 2 ArbNErfG entsprechend. Hat der Arbeitgeber die Diensterfindung einmal in Anspruch genommen, so kann er sich dem Arbeitnehmer gegenüber nicht darauf berufen, dass die Erfindung zur Zeit der Inanspruchnahme nicht schutzfähig gewesen sei, es sei denn, dass sich dies aus einer Entscheidung des Patentamtes oder eines Gerichts ergibt, § 10 Abs. 2 Satz 1 ArbNErfG.

758 Erfolgt im Falle einer unbeschränkten Inanspruchnahme eine Verwertung vor der rechtsbeständigen Erteilung eines Schutzrechts, so wird nach der höchstrichterlichen Rechtsprechung spätestens drei Monate nach dem Beginn der Verwertung ein vorläufiger Vergütungsanspruch fällig.[1503] Der Anspruch auf vorläufige Vergütung bleibt für die Zeit des Schwebens auch dann bestehen, wenn die Schutzrechtserteilung versagt wird. Die Höhe der vorläufigen Vergütung berücksichtigt die Risiken des Erteilungsverfahrens, indem ein Risikoabschlag von der endgültigen, vollen Vergütung abgezogen wird. Dieser bestimmt sich je nach den Chancen für eine bestandskräftige Schutzrechtserteilung und beträgt häufig 50 % der endgültigen Vergütung. Nach erfolgter Schutzrechtserteilung ist der Risikoabschlag regelmäßig nachzuzahlen. Bei einer beschränkten Inanspruchnahme ist der Arbeitgeber ebenfalls verpflichtet, spätestens nach drei Monaten ab Benutzungsaufnahme eine angemessene Vergütung zu zahlen. Darüber hinaus ist der Arbeitgeber auch dann verpflichtet, eine Vergütung zu zahlen, wenn eine Schutzrechtsanmeldung unterbleibt, und zwar bis zum Ablauf eines fiktiven Schutzrechts. Das Bundesverfassungsgericht hat eine gegen diese Regelung gerichtete und auf die Verletzung von Art. 14 Abs. 1 Satz 2 GG gestützte Verfassungsbeschwerde mit der Begründung nicht zur Entscheidung angenommen, es handele sich bei der Regelung des § 9 ArbNErfG um eine zulässige Inhalts- und Schrankenbestimmung des Rechts auf Eigentum, welche die schutzwürdigen Interessen des Arbeitnehmer-Erfinders und die Belange des Arbeitgebers zu einem gerechten Ausgleich bringe.[1504]

759 Das ArbNErfG selbst enthält lediglich Rahmenregelungen zur Feststellung und Festsetzung der Vergütung. Die Art und Höhe der Vergütung soll gem. § 12 Abs. 1 ArbNErfG in angemessener Frist nach Inanspruchnahme der Diensterfindung durch Vereinbarung zwischen dem Arbeitgeber und dem

1500 *Bartenbach/Volz*, § 7 Rn 61–63.

1501 *Bartenbach/Volz*, § 7 Rn 65.

1502 BGH, Urt. v. 25.11.1980, GRUR 1981, 263, 265.

1503 BGH, Urt. v. 30.03.1971, GRUR 1971, 475, 477 »Gleichrichter«; Urt. v. 23.06.1977, GRUR 1977, 7184, 7189 »Blitzlichtgeräte«.

1504 BVerfG, Beschl. v. 24.04.1998, EzA § 9 ArbNErfG Nr. 1.

Arbeitnehmer festgestellt werden. Um die Vergütung berechnen zu können, hat der Arbeitnehmer als Annex zum Vergütungsanspruch einen umfangreichen Auskunfts- und Rechnungslegungsanspruch gegen den Arbeitgeber, den er auch im Wege der Stufenklage geltend machen kann.[1505] Die Vergütung bei Diensterfindungen, an denen mehrere Arbeitnehmer beteiligt sind, regelt § 12 Abs. 2 ArbNErfG, wonach die Vergütung in einem solchen Fall für jeden Beteiligten gesondert festzustellen ist. Die Gesamthöhe der Vergütung und die Anteile der einzelnen Erfinder an der Diensterfindung sind den Beteiligten bekannt zu geben ist. Für den Fall, dass eine Vereinbarung über die Vergütung in angemessener Frist nach Inanspruchnahme der Diensterfindung nicht zustande kommt, hat der Arbeitgeber gem. § 12 Abs. 3 ArbNErfG die Vergütung durch eine begründete schriftliche Erklärung an den Arbeitnehmer festzusetzen und entsprechend der Festsetzung zu zahlen. Bei unbeschränkter Inanspruchnahme der Diensterfindung ist die Vergütung spätestens bis zum Ablauf von drei Monaten nach Erteilung des Schutzrechts, bei beschränkter Inanspruchnahme spätestens bis zum Ablauf von drei Monaten nach Aufnahme der Benutzung (endgültig) festzusetzen.

Der Arbeitnehmer hat gem. § 12 Abs. 4 ArbNErfG die Möglichkeit, der Festsetzung der Vergütung 760 durch schriftliche Erklärung innerhalb von zwei Monaten zu widersprechen. Tut er dies nicht, so wird die Festsetzung für beide Teile verbindlich. Auch im Falle eines Widerspruchs ist der Arbeitgeber zur Zahlung der festgesetzten Vergütung verpflichtet. Sind mehrere Arbeitnehmer an der Diensterfindung beteiligt, so wird die Festsetzung gem. § 12 Abs. 5 ArbNErfG für alle Beteiligten nicht verbindlich, wenn einer von ihnen der Festsetzung mit der Begründung widerspricht, dass sein Anteil an der Diensterfindung unrichtig festgesetzt sei. Der Arbeitgeber ist in diesem Falle berechtigt, die Vergütung für alle Beteiligten neu festzusetzen. Der Vergütungsanspruch besteht grundsätzlich so lange, wie das Schutzrecht besteht.[1506] § 12 Abs. 6 ArbNErfG sieht allerdings vor, dass Arbeitgeber und Arbeitnehmer voneinander die Einwilligung in eine andere Regelung der Vergütung verlangen können, wenn sich Umstände wesentlich ändern, die für die Feststellung oder Festsetzung der Vergütung maßgebend waren, sog. **Anpassungsanspruch**. Die Rückzahlung einer bereits geleisteten Vergütung kann nicht verlangt werden. Die Bestimmungen der Absätze 1 bis 5 sind in diesem Fall nicht anzuwenden. Liegt ein berechtigtes Interesse des Arbeitgebers an der Geheimhaltung der Erfindung vor, ist er nach § 17 Abs. 1 ArbNErfG berechtigt, von der Erwirkung eines Schutzrechtes abzusehen. Allerdings sind bei der Bemessung der Vergütung des Arbeitnehmers auch die wirtschaftlichen Nachteile zu berücksichtigen, die sich für ihn hieraus ergeben (§ 17 Abs. 3 ArbNErfG).

Ergänzt werden diese Rahmenregelungen durch auf der Grundlage von § 11 ArbNErfG des Bundes- 761 ministers für (jetzt) Wirtschaft und Arbeit nach Anhörung der Spitzenorganisation der Arbeitgeber und der Arbeitnehmer erlassene **Richtlinien über die Bemessung der Vergütung**, auf deren ausführlichen Inhalt hier verwiesen wird.[1507] Zusammenfassend sei in diesem Zusammenhang lediglich darauf hingewiesen, dass die Höhe der Vergütung maßgeblich durch die beiden Faktoren Erfindungswert und Anteilsfaktor bestimmt werden. Dabei versteht man unter Erfindungswert den Preis, den der Arbeitgeber einem freien Erfinder bzw. Lizenzgeber zahlen würde. Dieser wird anhand der Lizenzanalogie oder der Methode des erfassbaren betrieblichen Nutzens ermittelt. Der Anteilsfaktor ergibt sich aus der Stellung des Arbeitnehmers im Betrieb in Abwägung mit den betrieblichen Beiträgen am Zustandekommen der Erfindung.

Der Vergütungsanspruch des Arbeitnehmers besteht so lange wie das Schutzrecht, das heißt mit 762 Erlöschen des Schutzrechts erlischt auch der Vergütungsanspruch. Ausnahmsweise kann auch nach

1505 BGH, Urt. v. 13.11.1997, GRUR 1998, 684; BGH, Urt. v. 13.11.1997, BGHZ 137, 162 = GRUR 1998, 689.

1506 Vgl. *Schaub*, Arbeitsrechts-Handbuch, § 115 III. 11. (Rn 35).

1507 »Richtlinien für die Vergütung von Arbeitnehmererfindungen im privaten Dienst v. 20.07.1959«, Beilage zum BAnz. Nr. 156 v. 11.08.1959, zuletzt geändert durch Richtlinie v. 01.09.1983, BAnz. Nr. 169; Fundstelle im Internet: www.transpatent.com. S. a. *Bartenbach/Volz*, Anhang 1 zu § 11. Eine zusammenfassende Darstellung der in diesen Richtlinien enthaltenen Berechnungsmethoden findet sich bei *Schaub*, Arbeitsrechts-Handbuch, § 115 III. (Rn 34). Für den öffentlichen Dienst gelten diese Richtlinien entsprechend, s. *Bartenbach/Volz*, Anhang 2 zu § 11.

Erlöschen des Schutzrechts ein Vergütungsanspruch bestehen, wenn dem Arbeitgeber weiterhin eine faktische Monopolstellung zugute kommt, die er ausnutzt.

763 Hinsichtlich **Verjährung, Verfall und Verwirkung** des Vergütungsanspruchs gilt Folgendes: Sowohl der Anspruch auf Festsetzung der Vergütung als auch der Anspruch auf Zahlung der bereits konkretisierten Vergütung verjähren in der Regelverjährungsfrist des § 195 BGB in drei Jahren.,[1508] [1509] Nach der Rechtsprechung des BGH kommt ein Verfall bei einer schöpferischen Tätigkeit des Arbeitnehmers in der Regel nicht in Betracht.[1510] Für den Einwand der Verwirkung gelten die allgemeinen Grundsätze.[1511] Ist das Arbeitsverhältnis beendet, so hat der Arbeitnehmer seine Vergütungsansprüche allerdings baldmöglichst anzumelden, will er eine Verwirkung seiner Ansprüche vermeiden.[1512] Das besondere Verhältnis zwischen den Arbeitsvertragsparteien ist mit der Beendigung des Arbeitsverhältnisses fortgefallen. Allerdings können auch hier besondere Umstände bestehen, die gegen eine Verwirkung sprechen, etwa das fortdauernde Arbeitsverhältnis des Lebenspartners in demselben Unternehmen.

d) Schutzrechtsanmeldung

764 Dem Arbeitgeber gemeldete Diensterfindungen müssen bzw. können von diesem **sowohl im Inland als auch im Ausland** zur Erteilung eines Schutzrechtes unter den im Folgenden näher darzulegenden Voraussetzungen angemeldet werden.

aa) Schutzrechtsanmeldung im Inland

765 Der **Arbeitgeber** ist gem. § 13 Abs. 1 Satz 1 ArbNErfG **verpflichtet und allein berechtigt,** eine gemeldete Diensterfindung im Inland zur Erteilung eines Schutzrechtes (Patent oder Gebrauchsmuster) anzumelden. Diese Verpflichtung besteht unabhängig von der Entscheidung über die Inanspruchnahme. Eine patentierbare Diensterfindung hat er zur Erteilung eines Patents anzumelden, es sei denn, bei verständiger Würdigung der Verwertbarkeit der Erfindung erscheint der Gebrauchsmusterschutz zweckdienlicher, § 13 Abs. 1 Satz 2 ArbNErfG. Die Anmeldung hat nach dem Wortlaut des Gesetzes unverzüglich zu geschehen, vgl. § 13 Abs. 1 Satz 3 ArbNErfG; wie auch sonst ist zur Bestimmung dieses Begriffes § 121 BGB (»ohne schuldhaftes Zögern«) heranzuziehen. *Schaub* vertritt hierzu die Auffassung, dem Arbeitgeber sei wegen der durch die Schutzrechtsanmeldung entstehenden erheblichen Kosten »eine angemessene Überlegungsfrist« einzuräumen.[1513]

766 § 13 Abs. 2 ArbNErfG sieht vor, dass die Verpflichtung des Arbeitgebers zur Anmeldung entfällt, wenn die Diensterfindung nach § 8 Abs. 1 ArbNErfG frei geworden ist, wenn der Arbeitnehmer der Nichtanmeldung zustimmt oder die Voraussetzungen des § 17 ArbNErfG (Absehen von der Bekanntgabe einer Erfindung, weil diese ein Betriebsgeheimnis darstellt) vorliegen. Unterlässt der Arbeitgeber die gebotene Schutzrechtsanmeldung, kann der Arbeitnehmer sie ggf. im Wege der einstweiligen Verfügung nach §§ 935, 940 ZPO erzwingen, um der drohenden Gefahr eines Prioritätsverlustes entgegenzuwirken.[1514] Im Falle der unbeschränkten Inanspruchnahme durch den Arbeitgeber kann der Arbeitnehmer gem. § 13 Abs. 3 ArbNErfG auch nach Ablauf einer dem Arbeitgeber gesetzten Nachfrist die Anmeldung der Diensterfindung für den Arbeitgeber auf dessen

1508 Dies gilt für Ansprüche, die nach dem 01.01.2002 entstanden sind und somit uneingeschränkt den neuen Verjährungsregeln des Schuldrechtsreformgesetzes unterliegen.

1509 Vor der Schuldrechtsreform galt für den Anspruch auf Festsetzung der Vergütung die Regelverjährungsfrist des § 195 BGB von 30 Jahren (BGH, Urt. v. 23.06.1977, AP Nr. 3 zu § 9 ArbNErfG); für den bereits konkretisierten Vergütungsanspruch die zweijährige Verjährungsfrist des § 196 Nr. 8, 9 BGB (BGH, Urt. v. 25.11.1980, AP Nr. 5 zu § 9 ArbNErfG). Für Ansprüche, die vor dem 01.01.2002 entstanden sind, gilt nunmehr die Übergangsvorschrift des Art. 229 § 5 EGBGB.

1510 BGH, Urt. v. 21.06.1979, AP Nr. 4 zu § 9 ArbNErfG.

1511 BGH, Urt. v. 23.06.1977, AP Nr. 3 zu § 9 ArbNErfG.

1512 *Bartenbach/Volz*, § 9 Rn 48.

1513 *Schaub*, Arbeitsrechts-Handbuch, § 115 III. (Rn 23).

1514 Vgl. Küttner/*Reinecke*, Arbeitnehmererfindung Rn 16; *Bartenbach/Volz*, § 13 Rn 58.

Namen und Kosten selbst bewirken. Ferner hat der Arbeitnehmer im Falle einer verspäteten Anmeldung einen Anspruch auf Schadensersatz. Zu ersetzen ist alles, was der Arbeitnehmer erlangt hätte, wenn die Diensterfindung rechtzeitig angemeldet worden wäre.[1515] Dazu gehören beispielsweise durch Prioritätsverluste entgangene Vergütungsansprüche. Handelt es sich um eine frei gewordene Erfindung, ist nur der Arbeitnehmer gem. § 13 Abs. 4 ArbNErfG berechtigt, sie zur Erteilung eines Schutzrechts anzumelden. Hatte der Arbeitgeber die Diensterfindung bereits zur Erteilung eines Schutzrechtes angemeldet, so gehen die Rechte aus der Anmeldung auf den Arbeitnehmer über.

bb) Schutzrechtsanmeldung im Ausland

Nach unbeschränkter Inanspruchnahme der Diensterfindung ist der **Arbeitgeber** gem. § 14 Abs. 1 ArbNErfG ferner **berechtigt**, diese auch im Ausland zur Erteilung von Schutzrechten anzumelden. Eine Verpflichtung zur Anmeldung besteht – anders als bei einer Schutzrechtsanmeldung im Inland – allerdings nicht. Macht der Arbeitgeber von dieser Berechtigung keinen Gebrauch, hat der Arbeitgeber gem. § 14 Abs. 2 ArbNErfG dem Arbeitnehmer die Diensterfindung für ausländische Staaten, in denen er selbst Schutzrechte nicht erwerben will, freizugeben und ihm auf Verlangen den Erwerb von Auslandsschutzrechten zu ermöglichen. Diese Freigabe soll so rechtzeitig erfolgen, dass der Arbeitnehmer die Prioritätsfristen zwischenstaatlicher Verträge auf dem Gebiet des gewerblichen Rechtsschutzes ausnutzen kann. Nach der Rechtsprechung des Bundesgerichtshofes ist der Arbeitgeber daher verpflichtet, für den sicheren Zugang der Erklärung Sorge zu tragen. Er muss dafür sorgen, dass die Freigabeerklärung den Arbeitnehmer auch erreicht.[1516] Gleichzeitig mit der Freigabe hat der Arbeitgeber gem. § 14 Abs. 3 ArbNErfG die Möglichkeit, sich ein nicht ausschließliches Recht zur Benutzung der Diensterfindung in den betreffenden ausländischen Staaten gegen angemessene Vergütung vorzubehalten. Zudem kann er verlangen, dass der Arbeitnehmer bei der Verwertung der frei gewordenen Erfindung in den betreffenden ausländischen Staaten die Verpflichtungen des Arbeitgebers aus den im Zeitpunkt der Freigabe bestehenden Verträgen über die Diensterfindung gegen angemessene Vergütung berücksichtigt. 767

cc) Rechte und Pflichten beim Erwerb von Schutzrechten

Der **Arbeitgeber** hat dem Arbeitnehmer gem. § 15 Abs. 1 Satz 1 ArbNErfG zugleich mit der Anmeldung der Diensterfindung zur Erteilung eines Schutzrechts Abschriften der Anmeldeunterlagen zu geben. Des Weiteren ist er verpflichtet, den Arbeitnehmer von dem Fortgang des Verfahrens unterrichtet zu halten und ihm auf Verlangen Einsicht in den Schriftwechsel zu gewähren, § 15 Abs. 1 Satz 2 ArbNErfG. Der **Arbeitnehmer** hat den Arbeitgeber nach Maßgabe des § 15 Abs. 2 ArbNErfG auf Verlangen beim Erwerb von Schutzrechten zu unterstützen und die erforderlichen Erklärungen abzugeben. 768

dd) Aufgabe der Schutzrechtsanmeldung oder des Schutzrechts

Wenn der Arbeitgeber vor Erfüllung des Anspruchs des Arbeitnehmers auf angemessene Vergütung die Anmeldung der Diensterfindung zur Erteilung eines Schutzrechtes nicht weiterverfolgen oder das auf die Diensterfindung erteilte Schutzrecht nicht aufrechterhalten will, hat er dies gem. § 16 Abs. 1 ArbNErfG dem Arbeitnehmer mitzuteilen und ihm auf dessen Verlangen und Kosten das Recht zu übertragen sowie die zur Wahrung des Rechts erforderlichen Unterlagen auszuhändigen. Zur Schutzrechtsaufgabe ist der Arbeitgeber berechtigt, sofern der Arbeitnehmer nicht innerhalb von drei Monaten nach Zugang der Mitteilung die Übertragung des Rechts verlangt, § 16 Abs. 2 ArbNErfG. Gleichzeitig mit der Mitteilung kann sich der Arbeitgeber ein nichtausschließliches Recht zur Benutzung der Diensterfindung gegen angemessene Vergütung vorbehalten. 769

1515 *Bartenbach/Volz*, § 13 Rn 68 ff.; *Schaub*, Arbeitsrechts-Handbuch, § 115 III. 6. (Rn 25).
1516 BGH, Urt. v. 31.01.1978, AP Nr. 1 zu § 11 ArbNErfG.

ee) Betriebsgeheimnisse

770 Wenn berechtigte Belange des Betriebes es erfordern, kann der Arbeitgeber gem. § 17 ArbNErfG von der Erwirkung des Schutzrechts absehen, sofern er die Schutzfähigkeit der Diensterfindung gegenüber dem Arbeitnehmer anerkennt. Durch die Anerkennung der Schutzfähigkeit erlangt der Arbeitnehmer die Rechte der §§ 2, 9 ArbNErfG. Wenn der Arbeitgeber die Schutzfähigkeit der Diensterfindung nicht anerkennen will, kann er von der Erwirkung eines Schutzrechts nur absehen, wenn er die Schiedsstelle (§ 29 ArbNErfG) zur Herbeiführung einer Einigung anruft. Die Schiedsstelle kann nicht mit bindender Kraft gegenüber der Allgemeinheit über die Schutzfähigkeit entscheiden, sondern erarbeitet einen in gutachterlicher Form verfassten Einigungsvorschlag. Dem Arbeitnehmer soll aus der Behandlung seiner Erfindung als Betriebsgeheimnis kein Nachteil entstehen, was durch § 17 Abs. 3 ArbNErfG sichergestellt wird. Dieser sieht vor, dass der wirtschaftliche Nachteil bei der Berechnung der angemessenen Vergütung berücksichtigt wird.

3. Freie Erfindungen

771 Hat der Arbeitnehmer während der Dauer des Arbeitsverhältnisses eine freie Erfindung gemacht (§ 4 Abs. 3 ArbNErfG), d.h. eine **Erfindung, die mit der Tätigkeit des Arbeitnehmers für den Arbeitgeber in keinem kausalen Zusammenhang steht**, so ist er nach näherer Maßgabe der Regelungen der §§ 18, 19 ArbNErfG verpflichtet, diese Erfindung dem Arbeitgeber mitzuteilen und sie ihm anzubieten.

772 Nach § 18 Abs. 1 Satz 1 ArbNErfG hat der Arbeitnehmer die freie Erfindung dem Arbeitgeber unverzüglich schriftlich mitzuteilen, wobei er über die Erfindung und ggf. über ihre Entstehung so viel mitteilen muss, dass der Arbeitgeber beurteilen kann, ob die Erfindung frei ist, sog. **Mitteilungspflicht**. Diese Mitteilungspflicht besteht nicht, wenn die Erfindung offensichtlich im Arbeitsbereich des Betriebes des Arbeitgebers nicht verwendbar ist, § 18 Abs. 3 ArbNErfG. Bestreitet der Arbeitgeber nicht innerhalb einer Frist von drei Monaten nach Zugang der Mitteilung schriftlich, dass die ihm mitgeteilte Erfindung frei ist, so kann er die Erfindung nach § 18 Abs. 2 nicht mehr als Diensterfindung in Anspruch nehmen. Als konkludentes Bestreiten kann auch die Inanspruchnahme der Erfindung gewertet werden.[1517] Ebenso kann der Arbeitgeber geltend machen, es handele sich nicht um eine Erfindung, sondern um ein ihm zustehendes Arbeitsergebnis. Entsteht bezüglich der Freiheit der Erfindung Streit, muss zunächst die Schiedsstelle (§§ 28 ff. ArbNErfG) angerufen werden. Ggf. erfolgt eine Klärung vor den ordentlichen Gerichten (§§ 37, 38 ArbNErfG).

773 Bevor der Arbeitnehmer eine freie Erfindung während der Dauer des Arbeitsverhältnisses anderweitig verwendet, hat er zunächst dem Arbeitgeber mindestens ein nicht ausschließliches Recht zur Benutzung der Erfindung zu angemessenen Bedingungen anzubieten, wenn die Erfindung im Zeitpunkt des Angebots in den vorhandenen oder vorbereiteten Arbeitsbereich des Betriebes des Arbeitgebers fällt, § 19 Abs. 1 ArbNErfG, sog. **Anbietungsrecht**. Dieses Angebot kann gleichzeitig mit der Mitteilung nach § 18 ArbNErfG abgegeben werden. Nimmt der Arbeitgeber das Angebot innerhalb von drei Monaten nicht an, so erlischt das Vorrecht, § 19 Abs. 2 ArbNErfG. Bestreitet der Arbeitgeber die Angemessenheit der Bedingungen des Angebotes, so sieht § 19 Abs. 3 ArbNErfG vor, dass das Gericht auf Antrag des Arbeitgebers oder des Arbeitnehmers die Bedingungen festsetzt. Auch hier muss vor einer gerichtlichen Klärung vor den ordentlichen, für Patentstreitsachen zuständigen Gerichten die Schiedsstelle angerufen werden. Dies ist eine notwendige Voraussetzung zur Erhebung der Klage gem. § 37 Abs. 1 ArbNErfG. Für den Fall, dass sich wesentliche Umstände ändern, die für die vereinbarten oder festgesetzten Bedingungen maßgebend waren, sieht § 19 Abs. 4 ArbNErfG eine gerichtliche Anpassung der festgesetzten Bedingungen vor.

1517 Anders als bei der bereits behandelten Inanspruchnahmeerklärung des Arbeitgebers nach § 6 Abs. 2 Satz 1 ArbNErfG.

Die Beschränkungen der §§ 18, 19 ArbNErfG gelten nicht für frei **gewordene** Erfindungen, § 8 ArbNErfG. Über diese kann der Arbeitnehmer beliebig verfügen. Er muss dabei jedoch seine Treuepflichten, beispielsweise die Pflicht zur Verschwiegenheit, gegenüber dem Arbeitgeber beachten. 774

4. Technische Verbesserungsvorschläge

Bei technischen Verbesserungsvorschlägen ist zwischen einfachen und sog. qualifizierten Verbesserungsvorschlägen zu unterscheiden. 775

Für **qualifizierte technische Verbesserungsvorschläge** – d.h. technische Verbesserungsvorschläge, die dem Arbeitgeber eine ähnliche Vorzugsstellung gewähren wie ein gewerbliches Schutzrecht – hat der Arbeitnehmer gegen den Arbeitgeber gem. § 20 Abs. 1 Satz 1 ArbNErfG einen Anspruch auf angemessene Vergütung, sobald dieser sie verwertet. Voraussetzung ist daher eine tatsächliche Verwertung durch den Arbeitgeber und eine faktische Monopolstellung. Die Monopolstellung ergibt sich dabei nicht aus dem Maß der schöpferischen Leistung, sondern aus der Erfolg versprechenden wirtschaftlichen Verwertung der nicht schutzfähigen technischen Neuerung, die eine tatsächlich verbesserte Stellung aufgrund der Möglichkeit der ausschließlichen Nutzung gegenüber Wettbewerbern zur Folge hat.[1518] Ein qualifizierter Verbesserungsvorschlag ist auch dann zu vergüten, wenn er vom Arbeitnehmer im Rahmen seines arbeitsvertraglich geschuldeten Arbeits- und Pflichtenkreises entwickelt wird. Die Regelungen der §§ 9 und 12 ArbNErfG über die Vergütung finden hierbei entsprechende Anwendung, § 20 Abs. 1 Satz 2 ArbNErfG. Bei einer Vergütungvereinbarung sind die §§ 22 Satz 1, 23 ArbNErfG (Unabdingbarkeit und Unbilligkeit) anwendbar. Die Vertragsfreiheit wird dementsprechend eingeschränkt. 776

Einfache technische Verbesserungsvorschläge unterfallen nicht dem Anwendungsbereich des ArbNErfG, so dass deren Behandlung der Regelung durch Tarifvertrag oder Betriebsvereinbarung (§ 20 Abs. 2 ArbNErfG) und Dienstvereinbarungen im öffentlichen Dienst (§ 40 Nr. 2 ArbNErfG) überlassen bleibt. Auch eine individualvertragliche Regelung ist möglich. 777

5. Gemeinsame Bestimmungen

Das ArbNErfG enthält in den §§ 21–27 ArbNErfG mehrere Bestimmungen, die auf Dienst-, freie Erfindungen und auch auf technische Verbesserungsvorschläge des § 20 Abs. 1 ArbNErfG Anwendung finden. 778

§ 21 ArbNErfG sieht vor, dass in Betrieben durch Übereinkunft zwischen Arbeitgeber und Betriebsrat ein oder mehrere **Erfinderberater** bestellt werden können. Dessen Aufgabe soll es sein, den Arbeitnehmer insbesondere bei der Abfassung der Meldung oder Mitteilung zu unterstützen sowie auf Verlangen beider Vertragsparteien bei der Ermittlung einer angemessenen Vergütung mitzuwirken.[1519] In Ausnahme von der die Unabdingbarkeit zu Lasten der Arbeitnehmer normierenden Vorschrift des § 22 Satz 1 ArbNErfG bestimmt § 22 Satz 2 ArbNErfG, dass vertragliche Vereinbarungen über Diensterfindungen nach ihrer Meldung, Vereinbarungen über freie Erfindungen und technische Verbesserungsvorschläge i.S.v. § 20 Abs. 1 ArbNErfG nach ihrer Mitteilung zulässig sind. Vereinbarungen über Diensterfindungen, freie Erfindungen oder technische Verbesserungsvorschläge, die nach § 22 ArbNErfG zulässig sind, sind des Weiteren gem. § 23 Abs. 1 ArbNErfG unwirksam, sofern sie in erheblichem Maße unbillig sind. Dies gilt auch für die Festsetzung der Vergütung, wobei beachtet werden muss, dass die vom Bundesminister für (jetzt) Wirtschaft und Arbeit aufgrund von § 11 ArbNErfG erlassenen Richtlinien nicht zu den zwingenden und unabdingbaren Vorschriften i.S.v. § 22 ArbNErfG gehören. Eine Berufung auf die Unbilligkeit ist allerdings gem. § 23 Abs. 2 ArbNErfG nur bis spätestens zum Ablauf von sechs Monaten nach Beendigung 779

1518 BAG, Urt. v. 30.04.1965, GRUR 1966, 88; BGH, Urt. v. 26.11.1968, GRUR 1969, 341, 344; LAG Hamm, Urt. v. 04.09.1996, NZA-RR 1997, 258.

1519 Näheres dazu unter Rn 822.

des Arbeitsverhältnisses möglich und muss durch schriftliche Erklärung gegenüber dem anderen Teil erfolgen. Eine Vereinbarung ist dann in erheblichem Maße unbillig, wenn im Einzelfall objektiv festgestellt werden kann, dass sie dem Gerechtigkeitsempfinden in besonderem, gesteigertem Maße widerspricht und mit Treu und Glauben (§ 242 BGB) unvereinbar ist. Eine Vergütungsvereinbarung ist insbesondere dann unbillig, wenn ein ungerechtfertigtes Missverhältnis zwischen der vereinbarten und der anhand der §§ 9–12 ArbNErfG i.V.m. den Richtlinien ermittelten Vergütung besteht.[1520]

780 Der Arbeitgeber unterliegt gem. § 24 Abs. 1 Satz 1 ArbNErfG bezüglich der ihm gemeldeten oder mitgeteilten Erfindung eines Arbeitnehmers so lange einer **Geheimhaltungspflicht**, wie dessen berechtigte Belange dies erfordern. Hier ist insbesondere an den Verlust der Patentierbarkeit zu denken, der im Falle der Bekanntgabe der Erfindung an die Öffentlichkeit droht. Nach § 1 Abs. 1 PatG verliert eine Erfindung dann ihre Schutzfähigkeit, wenn sie nicht mehr neu ist. Neuheit scheidet dann aus, wenn die Erfindung durch Benutzung oder in sonstiger Weise der Öffentlichkeit zugänglich gemacht worden ist, § 3 Abs. 1 PatG. Im Verhältnis zu anderen Vorschriften sieht § 25 ArbNErfG vor, dass sonstige Verpflichtungen des Arbeitgebers und Arbeitnehmers durch das ArbNErfG nicht tangiert werden, soweit sich nicht aus dem Umstand, dass die Erfindung frei geworden ist, etwas anderes ergibt. In § 26 ArbNErfG ist geregelt, dass Arbeitgeber und Arbeitnehmer sich nicht durch **Beendigung des Arbeitsverhältnisses** von den Rechten und Pflichten des ArbNErfG freisagen können.

780a Seit dem In-Kraft-Treten des Insolvenzgesetzes enthält das ArbNErfG nunmehr in § 27 eine gegenüber der alten Rechtslage nicht unerheblich veränderte Regelung für den Fall der Eröffnung des **Insolvenzverfahrens** über das Vermögen des Arbeitgebers. Die früher existierenden Konkursbevorrechtigungen für Arbeitnehmer sind (neben anderen) zugunsten einer alle Gläubiger gleich behandelnden Regelung aufgegeben worden. Grundsätzlich gilt: Wenn der Insolvenzverwalter über das Vermögen des Arbeitgebers die unbeschränkt in Anspruch genommene Diensterfindung mit dem Geschäftsbetrieb veräußert, so tritt der Erwerber für die Zeit ab der Eröffnung des Insolvenzverfahren an die Stelle des Arbeitgebers. An ihn sind die Vergütungsansprüche dann zu richten, § 27 Nr. 1 ArbNErfG. Erfolgt die Veräußerung hingegen ohne den Geschäftsbetrieb, so hat der Arbeitnehmer bzgl. »seiner« Erfindung ein Vorkaufsrecht, § 27 Nr. 2 ArbNErfG. Er kann darüber hinaus mit seinen Vergütungsansprüchen gegen die Kaufpreisforderung aufrechnen. Erfolgt keine Veräußerung, so hat sich der Arbeitnehmer an den Insolvenzverwalter zu wenden (vgl. die einzelnen Fälle in § 27 Nr. 3–5 ArbNErfG).

6. Schiedsverfahren

781 Nach § 28 ArbNErfG kann **in allen Streitfällen zwischen Arbeitgeber und Arbeitnehmer aufgrund des ArbNErfG** jederzeit die Schiedsstelle angerufen werden, welche zu versuchen hat, eine gütliche Einigung herbeizuführen. Die Schiedsstelle ist beim Deutschen Patent- und Markenamt in München errichtet, sie kann jedoch auch außerhalb ihres Sitzes zusammentreten, § 29 ArbNErfG. Die Schiedsstelle ist gem. § 30 ArbNErfG mit einem Juristen als Vorsitzenden und zwei Beisitzern besetzt. Letztere werden vom Präsidenten des Patentamtes aus den Mitgliedern oder Hilfsmitgliedern des Patentamtes für den Einzelfall berufen. Die Beisitzer sollen auf dem Gebiet der Technik, auf das sich die Erfindung oder der technische Verbesserungsvorschlag bezieht, besondere Erfahrungen besitzen. Auf Antrag eines Beteiligten ist gem. § 30 Abs. 4 ArbNErfG die Besetzung der Schiedsstelle um je einen Beisitzer aus Kreisen der Arbeitgeber und der Arbeitnehmer zu erweitern. Weitere Bestimmungen zum Verfahren enthalten die §§ 34, 35 ArbNErfG, zudem sind gem. § 33 ArbNErfG bestimmte Vorschriften der ZPO über das Schiedsverfahren entsprechend anzuwenden. Im Übrigen bestimmt die Schiedsstelle das Verfahren selbst. Aufgabe der Schiedsstelle ist es gem. § 34 ArbNErfG, den Beteiligten einen Einigungsvorschlag zu unterbreiten, der als angenommen

1520 BGH, Urt. v. 04.10.1988, GRUR 1990, 271.

gilt, wenn nicht innerhalb eines Monats nach Zustellung des Vorschlags ein schriftlicher Widerspruch eines der Beteiligten bei der Schiedsstelle eingeht. Die Schiedsstelle besitzt keine materielle Entscheidungsbefugnis oder staatliche Aufsichtsfunktion. Ihr obliegt lediglich der Versuch einer gütlichen Einigung zwischen den Parteien. Das Verfahren vor der Schiedsstelle ist kostenfrei, § 36 ArbNErfG.

7. Gerichtliches Verfahren

Das gerichtliche Verfahren ist **gegenüber dem Schiedsverfahren nachrangig**, d.h. eine Klage kann erst erhoben werden, nachdem ein Verfahren vor der Schiedsstelle vorausgegangen ist, § 37 Abs. 1 ArbNErfG. Dies gilt jedoch nach dem Ausnahmekatalog des § 37 Abs. 2 ArbNErfG bspw. dann nicht, wenn seit der Anrufung der Schiedsstelle sechs Monate verstrichen sind oder wenn der Arbeitnehmer aus dem Betrieb des Arbeitgebers ausgeschieden ist. 782

Besteht Streit über die Höhe der Vergütung, so kann nach § 38 ArbNErfG die Klage auch auf Zahlung eines vom Gericht zu bestimmenden angemessenen Betrages gerichtet werden. Für alle Rechtsstreitigkeiten über Erfindungen eines Arbeitnehmers sind gem. § 39 ArbNErfG die für Patentstreitsachen berufenen Gerichte (§ 143 PatG) ohne Rücksicht auf den Streitwert ausschließlich zuständig, es sei denn, es handelt sich um Rechtsstreitigkeiten, die ausschließlich Ansprüche auf Leistung einer festgestellten oder festgesetzten Vergütung für eine Erfindung zum Gegenstand haben. In diesem Fall sind ebenso wie für Rechtsstreitigkeiten bezüglich technischer Verbesserungsvorschläge für Arbeitnehmer die Arbeitsgerichte gem. § 2 Abs. 2 lit. a ArbGG und für Soldaten und Beamte die Verwaltungsgerichte gem. § 126 BRRG, § 172 BBG, § 59 SoldG zuständig. 783

8. Ausblick: Reform des Arbeitnehmererfindergesetzes

Das Bundesministerium der Justiz hat im Oktober 2001 eine Referentenentwurf zur Änderung des Gesetzes über Arbeitnehmererfindungen vorgelegt. Dieser enthält grundlegende Veränderungen des geltenden Rechts und verfolgt das Ziel, die Anreize für Erfindungsmeldungen von Arbeitnehmern zu erhöhen und die zum Teil bürokratischen Verfahren zu vereinfachen. Zu diesem Zweck soll die Meldung der Erfindung beim Arbeitnehmer vereinfacht werden und die Regelungen zur Inanspruchnahme der Erfindung reformiert werden, wobei die Möglichkeit einer beschränkten Inanspruchnahme wegfallen soll. Die Verpflichtung des Arbeitgebers, ein Schutzrecht im Inland anzumelden, soll ebenso entfallen. Grundlegende Veränderungen sollen auch die Regelungen zur Erfindervergütung erfahren. Dabei wird anstatt des komplizierten Berechnungssystems eine Pauschalierung der Vergütungsansprüche angestrebt. Um Streitigkeiten unter Miterfindern zu vermeiden, sollen diese verpflichtet werden, sich über die Höhe ihrer Anteile an der Erfindung zu einigen. Die in der Praxis wenig relevanten technischen Verbesserungsvorschläge sollen vollständig aus dem Anwendungsbereich des ArbNErfG herausgenommen werden. Es bleibt abzuwarten, ob und wann diese tief greifenden Reformen des Gesetzes über Arbeitnehmererfindungen umgesetzt werden. Bis jetzt ist lediglich eine Änderung im Bereich der §§ 42 ff. ArbNErfG in Kraft getreten, die den Fortfall des Hochschullehrerprivilegs regelt. 784

9. Fortfall des Hochschullehrerprivilegs durch Gesetz vom 18.01.2002

Mit der am 07.02.2002 in Kraft getretenen Reform des Gesetzes über Arbeitnehmererfindungen hat der Gesetzgeber das sog. Hochschullehrerprivileg abgeschafft. Nach früherer Rechtslage konnten Hochschullehrer und Hochschulassistenten – anders als Arbeitnehmer in der Privatwirtschaft oder Beschäftigte im öffentlichen Dienst – ihre Erfindungen nicht nur wissenschaftlich, sondern auch gewerblich frei verwerten. Der Hochschule stand nur begrenzt ein Recht auf Ersatz von besonderen Mitteln zu, die für die Forschungsarbeiten aufgewendet worden waren. 785

786 Seit dem 07.02.2002 haben die Hochschulbeschäftigten (Professoren, Dozenten und wissenschaftliche Assistenten) nicht mehr das Recht, ihre Erfindungen frei zu nutzen, wenn diese am **07.02.2002 oder später abgeschlossen** wurden. Eine Ausnahme besteht für solche Erfindungen, die **bis zum 07.02.2003 abgeschlossen** sind, soweit der Hochschulbeschäftigte sich vor dem 18.07.2001 gegenüber einem Dritten zur Übertragung der Rechte an seiner Erfindung vertraglich verpflichtet hat. Für **bis zum 06.02.2002 (einschließlich) abgeschlossene** Erfindungen gilt weiterhin das alte Recht, für danach abgeschlossene Erfindungen das neue Recht. Hochschulbeschäftigte bleiben allerdings insofern privilegiert, als sie nach § 42 Nr. 4 ArbNErfG pauschal 30 % der Einnahmen der Hochschule aus der tatsächlichen Verwertung zustehen. Dies setzt allerdings voraus, dass eine solche Verwertung auch statt findet. Hieraus und aus dem haushaltsrechtlichen Grundsatz der Wirtschaftlichkeit öffentlich-rechtlichen Handelns wird in der Literatur eine Pflicht der Hochschule zur wirtschaftlichen Verwertung einer gemeldeten Erfindung gefolgert.[1521] Unterbleibt die Verwertung, etwa weil sie nicht wirtschaftlich erfolgen kann, so geht der Erfinder leer aus. Neu ist auch, dass Hochschulbeschäftigte ihre Diensterfindungen gem. § 5 ArbNErfG unverzüglich dem Dienstherrn zu melden haben.

787 Unternehmen, die mit Hochschulen oder deren Beschäftigten kooperieren, müssen ihre vertragliche Praxis daher nunmehr ändern. Verträge über die Nutzung von Hochschul-Erfindungen sind fortan in erster Linie mit der Hochschule selbst zu schließen. Allerdings darf hierbei der Erfinder nicht außen vor gelassen werden, da dieser nach neuem Recht die Möglichkeit hat, die Offenbarung seiner Erfindung und damit ihre Verwertung durch die Hochschule zu verhindern (§ 42 Nr. 2 ArbNErfG). Hier besteht also ein Vetorecht der Hochschulbeschäftigten, welches sich diese – wenn gut beraten – teuer vergüten lassen werden. Unternehmen müssen auch berücksichtigen, dass im Falle der Inanspruchnahme einer Diensterfindung durch die Hochschule dem Erfinder ein nicht ausschließliches Recht zur Benutzung der Diensterfindung im Rahmen seiner Lehr- und Forschungstätigkeit verbleibt (§ 42 Nr. 3 ArbNErfG). Dies kann aus Geheimhaltungsaspekten von Bedeutung sein.

IV. Urheberrechtsgesetz

788 Wenn es sich bei einem Arbeitsergebnis um urheberschutzfähige persönliche geistige Schöpfungen wie Schrift- und Musikwerke, Werke der Baukunst, Lichtbild- und Filmwerke[1522] handelt, finden die Vorschriften des ArbNErfG keine Anwendung, da dieses nur für technische Erfindungen gilt. Regelungen finden sich jedoch im Urhebergesetz, welches das Urheberrecht an einer Leistung grundsätzlich beim Schöpfer der Leistung, hier also dem Arbeitnehmer, entstehen lässt, § 7 UrhG. Ist der Schöpfer jedoch Arbeitnehmer, befinden sich in den **§§ 43, 69b, 79 UrhG** Spezialvorschriften.

1. Regelung des § 43 UrhG

789 Die zentrale Bestimmung ist hier die Regelung des § 43 UrhG über den **Urheber in Arbeits- oder Dienstverhältnissen**. Danach finden die Regelungen über Nutzungsrechte (§§ 31 ff. UrhG) auch dann Anwendung, wenn der Urheber das Werk in Erfüllung seiner Verpflichtung aus einem Arbeits- oder Dienstverhältnis geschaffen hat, soweit sich aus dem Inhalt oder dem Wesen des Arbeits- oder Dienstverhältnisses nichts anderes ergibt. Dies stellt zum einen klar, dass der Schöpfer des Werkes auch als Arbeitnehmer Urheber bleibt. Aus dem Wesen des Arbeitsverhältnisses und dem Zweck des geschaffenen Werkes wird jedoch allgemein abgeleitet, dass der **Arbeitnehmer verpflichtet ist, die Nutzungsrechte an dem Werk auf den Arbeitgeber zu übertragen (Zweckübertragungstheorie)**.[1523] Bei der Beantwortung der Frage, ob und in welchem Umfang der angestellte Urheber

1521 *Post/Kuschka*, GRUR 2003, 494, 498.

1522 Vgl. zu urheberrechtlich geschützten Leistungen §§ 1, 2 UrhG.

1523 Vgl. BGH, Urt. v. 22.02.1974, GRUR 1974, 480, 483; BAG, Urt. v. 24.11.1960, GRUR 1961, 491; *Möhring/Nicolini/Spautz*, § 43 Rn 7; *Schricker/Rojahn*, § 43 Rn 38; *Schaub*, Arbeitsrechts-Handbuch, § 115 IX. (Rn 60).

Nutzungsrechte zu übertragen hat, sind stets die Umstände des Einzelfalles zu berücksichtigen. Insbesondere ist auf die Üblichkeiten in den einzelnen Branchen und die Interessen der Parteien abzustellen.[1524] Zumeist wird weiterhin davon ausgegangen werden können, dass sich aus dem Wesen des Arbeitsvertrages auch bereits die stillschweigende Übertragung der Nutzungsrechte auf den Arbeitgeber ergibt.[1525] Der Zeitpunkt der Übertragung ist in der Regel der Augenblick der Ablieferung und Annahme des Werkes durch den Arbeitgeber.[1526] Liegen die Voraussetzungen des § 43 UrhG nicht vor, kann der Schöpfer uneingeschränkt über sein Werk verfügen.

§ 43 UrhG verlangt zunächst, dass ein Arbeits- oder Dienstverhältnis vorliegt. Hierzu zählen – dies 790
ist unstreitig – ohne weiteres alle privatrechtlichen Arbeitsverhältnisse, nicht jedoch die aufgrund eines Werkvertrages geschaffenen Werke. Im Übrigen ranken sich um das Tatbestandsmerkmal des Arbeits- oder Dienstverhältnisses zwei Streitfragen: Während *Schricker/Rojahn*[1527] unter Dienstverhältnissen i.S.v. § 43 UrhG nur die öffentlich-rechtlichen Dienstverhältnisse der Beamten verstehen, halten *Fromm/Nordemann/Vinck*[1528] und *Rehbinder*[1529] diese Auffassung für zu eng und wollen alle Dienstverhältnisse einbeziehen. Letzteres ist auch Auffassung des Bundesgerichtshofs, der das Merkmal der Abhängigkeit und der Einordnung in eine bestimmte Arbeits- und Betriebsgemeinschaft betont.[1530] Hieran knüpft sich des Weiteren die Problematik an, ob arbeitnehmerähnliche Personen den sich aus § 43 UrhG ergebenden Beschränkungen unterworfen sind. *Fromm/Nordemann/Vinck*[1531] wollen insoweit darauf abstellen, ob im konkreten Einzelfall die Elemente des Dienst- oder Werkvertrages überwiegen. *Möhring/Nicolini/Spautz*[1532] sowie *Schricker/Rojahn*[1533] hingegen lehnen dies mit der zutreffenden Begründung ab, bei arbeitnehmerähnlichen Personen fehle das entscheidende Merkmal der persönlichen Abhängigkeit.

§ 43 UrhG ist weiterhin nur dann anwendbar, wenn es um einen in einem Dienst- oder Arbeitsver- 791
hältnis stehenden Urheber geht, zu dessen vertraglichen Pflichten gerade die Schaffung von entsprechenden Werken gehört, d.h. das **Werk muss in Erfüllung der vertraglichen Pflichten geschaffen sein**. Wer nur bei Gelegenheit der Erfüllung arbeitsrechtlicher Verpflichtungen schöpferisch tätig wird, unterliegt nicht den Beschränkungen des § 43 UrhG und kann seine Rechte nach Maßgabe der §§ 31–42 UrhG uneingeschränkt geltend machen.[1534]

2. Computerprogramme

Durch Gesetz vom 09.06.1993[1535] wurde die EG-Richtlinie über den Rechtsschutz von Computer- 792
programmen[1536] umgesetzt. Der Schutzbereich des Urheberrechtsgesetzes wurde durch Einfügung der »Besonderen Bestimmungen für Computerprogramme« (§§ 69a – 69 g UrhG) um die Computerprogramme erweitert.

Im Recht am Arbeitsergebnis ist insbesondere die Vorschrift des § 69b UrhG über den Urheber 793
in Arbeits- und Dienstverhältnissen bedeutsam. »Wird ein Computerprogramm von einem Arbeitnehmer in Wahrnehmung seiner Aufgaben oder nach den Anweisungen seines Arbeitgebers geschaffen, so ist ausschließlich der Arbeitgeber zur Ausübung aller vermögensrechtlichen Befugnisse

1524 Vgl. *Fromm/Nordemann/Vinck*, § 43 Rn 3.
1525 BGH, Urt. v. 22.02.1974, GRUR 1974, 480, 483; BAG, Urt. v. 24.11.1960, GRUR 1961, 491.
1526 BGH, Urt. v. 22.02.1974, GRUR 1974, 480, 483.
1527 *Schricker/Rojahn*, § 43 Rn 10–12.
1528 *Fromm/Nordemann/Vinck*, § 43 Rn 2.
1529 *Rehbinder*, Urheberrecht, 11. Aufl. 2001, S. 249, Rn 329.
1530 BGH, Urt. v. 22.02.1974, GRUR 1974, 480, 481.
1531 *Fromm/Nordemann/Vinck*, § 43 Rn 2.
1532 *Möhring/Nicolini/Spautz*, § 43 Rn 2.
1533 *Schricker/Rojahn*, § 43 Rn 18.
1534 Vgl. *Fromm/Nordemann/Vinck*, § 43 Rn 2.
1535 Zur Entstehung s. *Lehmann*, NJW 1991, 2112 ff.
1536 EG-Richtlinie 91/250, ABl Nr. L 122, S. 42 ff. (sog. EG-Computerrechtsrichtlinie).

an dem Computerprogramm berechtigt, sofern nichts anderes vereinbart ist.« Die Vorschrift **weist grundsätzlich dem Arbeitgeber das alleinige Recht am Arbeitsergebnis zu** und stellt somit den Arbeitgeber deutlich besser, da er alle Verwertungsrechte erwirbt. Die Vorschrift lässt allerdings Raum für abweichende vertragliche Vereinbarungen, vgl. § 69b Abs. 1 letzter Hs. UrhG. Ein wichtiger Unterschied gegenüber der Vorschrift des § 43 UrhG besteht darin, dass auch in der Freizeit oder zu Hause geschaffene Computerprogramme der Verwertungsbefugnis des Arbeitgebers gem. § 69b UrhG unterfallen können.[1537] Handelt es sich jedoch um ein in der Freizeit geschaffenes Computerprogramm, welches in keinerlei Zusammenhang zu den arbeitsvertraglichen Pflichten des Arbeitnehmers bzw. zu den Weisungen des Arbeitgebers steht (sog. Freizeitwerk), ist streitig,[1538] ob dem Arbeitgeber auch insoweit die Befugnis der Verwertung zusteht. Streitig ist auch, ob insofern das ArbNErfG entsprechend angewandt werden kann.[1539] Das BAG hat bei einem Arbeitnehmer, der außerhalb des Arbeitsverhältnisses entwickelte Computerprogramme in den Betrieb eingebracht hat, angenommen, dass dieser dem Arbeitgeber ein Benutzungsrecht eingeräumt hat.[1540]

794 Die Regelung ist gem. § 69b Abs. 2 UrhG **auf Dienstverhältnisse entsprechend anzuwenden**, worunter ausweislich der Gesetzgebungsmaterialien[1541] nur öffentlich-rechtliche Dienstverhältnisse, nicht aber privatrechtliche Dienstverhältnisse bspw. freie Mitarbeiter zu verstehen sind.

3. Leistungsschutzrechte ausübender Künstler

795 Für die Leistungsschutzrechte ausübender Künstler gilt gem. § 79 UrhG ebenfalls die Zweckübertragungstheorie, so dass von einer Übertragung der Nutzungsrechte auf den Arbeitgeber auszugehen ist. Ausübender Künstler ist nach der Legaldefinition des § 73 UrhG jemand, der ein Werk vorträgt oder aufführt oder bei dem Vortrag oder der Aufführung eines Werkes künstlerisch mitwirkt. Zu beachten ist wiederum, dass die Vorschrift des § 79 UrhG nur Anwendung findet, wenn es sich um ein Arbeits- oder Dienstverhältnis handelt; insoweit gelten die allgemeinen arbeitsrechtlichen Abgrenzungskriterien. In welchem Umfang und unter welchen Bedingungen der Arbeitgeber oder Dienstherr die Darbietung des ausübenden Künstlers nutzen darf, ergibt sich mangels Vorliegen besonderer Regelungen wiederum aus dem Wesen des Arbeits- bzw. Dienstverhältnisses.[1542]

4. Anbietungspflicht bei Freizeitwerken

796 Sehr umstritten ist, ob eine Verpflichtung zur Übertragung von sog. **Freizeitwerken** besteht, d.h. von Werken, die zwar nicht in Erfüllung arbeitsvertraglicher Verpflichtungen geschaffen wurden, aber dennoch betrieblich verwertbar sind oder mit Mitteln des Arbeitgebers geschaffen wurden. Eindeutig ist die Rechtslage lediglich für Werke, die vor Beginn des Arbeitsverhältnisses geschaffen wurden.[1543] Im Übrigen reicht die Bandbreite der zu dieser Streitfrage vertretenen Meinungen von einer generellen Annahme bis hin zu einer völligen Ablehnung einer solchen Verpflichtung. Die wohl herrschende Meinung geht aufgrund der arbeits- bzw. dienstrechtlichen Treuepflicht oder in Analogie zum ArbNErfG von einer Anbietungspflicht aus,[1544] während eine nicht unbedeutende andere Auffassung sie ablehnen[1545] oder nur unter bestimmten Voraussetzungen

1537 Vgl. *Fromm/Nordemann/Vinck*, § 69b Rn 4.

1538 Diese Frage ist nicht nur im Rahmen der Vorschrift des § 69b UrhG, sondern generell umstritten.

1539 Vgl. zum Streitstand *Schricker/Rojahn*, § 43 Rn 101 ff.

1540 BAG, Urt. v. 13.09.1983, AP Nr. 2 zu § 43 UrhG.

1541 Vgl. Begründung Regierungsentwurf, abgedruckt bei *Schulze*, Materialien zum Urheberrechtsgesetz, 2. Aufl. 1997, S. 841.

1542 Vgl. *Möhring/Nicolini/Kroitzsch*, § 79 Rn 6.

1543 BGH, Urt. v. 10.05.1984, AP Nr. 3 zu § 43 UrhG.

1544 *Möhring/Nicolini/Spautz*, § 43 Rn 12; *Schricker/Rojahn*, § 43 Rn 101 m.w.N.

1545 *Fromm/Nordemann/Vinck*, § 43 Rn 3; *Kraßer*, in: FS Schricker, S. 77 ff., 103.

annehmen will.[1546] Richtigerweise ist davon auszugehen, dass nicht jedes Freizeitwerk anzubieten ist. Eine Anbietungspflicht kann nur unter besonderen Umständen in Betracht kommen. Solche liegen bspw. vor, wenn das Freizeitwerk mit Material und Know-how des Arbeitgebers erstellt wurde oder sich lediglich als die Fortsetzung der Arbeit im Betrieb darstellt. Auch eine besondere wirtschaftliche Bedeutung des Werkes für den Arbeitgeber kann ggf. eine Anbietungspflicht des Arbeitnehmers begründen.

5. Übertragung von Nutzungsrechten an Dritte

Eine Übertragung von Nutzungsrechten durch den Arbeitgeber bzw. Dienstherrn an Dritte bedarf 797
der Zustimmung des Urheberrechtsinhabers, vgl. im Einzelnen die Vorschriften der §§ 34, 35 UrhG. Diese Zustimmung kann sich der Arbeitgeber auch im Voraus erteilen lassen; oft wird sich auch hier eine stillschweigende Erteilung schon aus dem Zweck des Vertrages ergeben.[1547]

Bei der Übertragung von Nutzungsrechten durch den angestellten Urheber ist zu beachten, dass dieser sich durch den Übertragungsvorgang nicht in Widerspruch zu seinen vertraglichen Pflichten setzen darf; insoweit ist ggf. ein Verstoß gegen die Treuepflicht oder die Verletzung eines Wettbewerbsverbotes zu prüfen.[1548]

6. Immaterielle Persönlichkeitsrechte

Grundsätzlich ist zu beachten, dass der Arbeitnehmerurheber lediglich die Nutzungsrechte i.S. des 798
§§ 31 ff. UrhG auf den Arbeitgeber übertragen kann. Das Urheberpersönlichkeitsrecht, welches insb. das Recht auf Anerkennung der Urheberschaft (§ 13 UrhG) und das Recht, Entstellungen und sonstige Beeinträchtigungen zu verbieten, umfasst, ist nicht übertragbar. Einschränkungen der immateriellen Persönlichkeitsrechte des in einem Arbeits- oder Dienstverhältnis tätigen Angestellten können sich jedoch aufgrund der Fremdbestimmtheit der Tätigkeit ergeben. So wird bspw. das Veröffentlichungsrecht (§ 12 UrhG) in aller Regel ausschließlich dem Arbeitgeber zustehen, während hinsichtlich des Rechts auf Namensnennung je nach Einzelfall zu entscheiden sein wird. Der Arbeitgeber ist grundsätzlich nicht befugt, sich selbst als Urheber zu benennen. Sollen Unterlagen jedoch außerhalb des Betriebs/der Behörde Verwendung finden, können diesbezüglich Ausnahmen gemacht werden, wenn die Urheberschaft im Innenverhältnis anerkannt wird.[1549] Ein weiterer Ausnahmefall wird von *Möhring/Nicolini/Spautz* für den Ghostwriter angenommen.[1550]

7. Vergütung

Anders als bei Erfindungen im Anwendungsbereich des ArbNErfG hat der im Rahmen eines Arbeits- 799
oder Dienstverhältnisses tätige Angestellte **grundsätzlich keinen Anspruch auf Vergütung für die Nutzungsrechte**. Mit dem Arbeitsentgelt sind die für den Vertragszweck eingeräumten Nutzungsrechte abgegolten.[1551] Anderes gilt nur dann, wenn – was allerdings äußerst selten der Fall sein dürfte – ein **außergewöhnliches Missverhältnis** zwischen dem Wert der übertragenen Nutzungsrechte und der gezahlten Vergütung besteht. Insoweit ist ggf. § 36 UrhG heranzuziehen, wodurch dem Urheber bei einer unerwartet erfolgreichen Verwertung seiner Werke ein angemessener Anteil an den Erträgnissen gesichert werden soll. Im Hinblick auf die Alimentationspflicht des Dienstherrn wird die Anwendung dieser Bestimmung bei Beamten allerdings regelmäßig ausscheiden.[1552]

1546 So *Ullmann*, GRUR 1987, 6 ff., der von einer Anbietungspflicht nur für den Fall des Bestehens eines Wettbewerbsverbotes ausgeht.
1547 *Fromm/Nordemann/Vinck*, § 43 Rn 3; *Möhring/Nicolini/Spautz*, § 43 Rn 9.
1548 Vgl. *Fromm/Nordemann/Vinck*, § 43 Rn 3.
1549 Vgl. *Schricker/Rojahn*, § 43 Rn 78.
1550 Vgl. *Möhring/Nicolini/Spautz*, § 43 Rn 10.
1551 Vgl. *Möhring/Nicolini/Spautz*, § 43 Rn 11.
1552 Vgl. *Möhring/Nicolini/Spautz*, § 43 Rn 11; a.A. *Fromm/Nordemann/Vinck*, § 43 Rn 4.

800 Macht der Arbeitgeber von dem ihm aufgrund einer **Anbietungspflicht** angebotenen Urheberrecht Gebrauch, hat der Arbeitnehmer Anspruch auf eine angemessene Vergütung, die jedenfalls nicht unter dem liegen bzw. sich an dem orientieren wird, was einem Dritten angeboten worden wäre. § 612 Abs. 1 BGB findet insoweit entsprechende Anwendung.[1553]

8. Prozessuales

801 Für Urheberrechtsstreitsachen ist gem. § 104 Satz 1 UrhG der ordentliche Rechtsweg gegeben. Sofern es sich jedoch um solche aus Arbeits- oder Dienstverhältnissen handelt, die ausschließlich Ansprüche auf Leistung einer vereinbarten Vergütung zum Gegenstand haben, bleiben der Rechtsweg zu den Arbeitsgerichten und der Verwaltungsrechtsweg unberührt, vgl. § 104 Satz 2 UrhG.

802 Für das Vorliegen der Voraussetzungen der Ausnahmevorschrift des § 43 letzter Hs. UrhG trägt der Arbeitgeber bzw. Dienstherr die Beweislast.[1554] Im Rahmen des § 69b UrhG obliegt die **Darlegungs- und Beweislast** dafür, dass eine abweichende Vereinbarung zur umfassenden Verwertungsbefugnis des Arbeitgebers getroffen worden ist, dem Arbeitnehmer.[1555] Dies gilt ebenso für die Behauptung, das Computerprogramm sei in der Freizeit und ohne engen inneren Zusammenhang zu den arbeitsvertraglichen Pflichten bzw. Anweisungen des Arbeitgebers entstanden.[1556]

9. Stärkung der Rechte der Urheber

803 Das Gesetz zur Stärkung der vertraglichen Stellung von Urhebern und ausübenden Künstlern ist zum 01.07.2002 in Kraft getreten. Wie der Name bereits sagt, sollte durch dieses Gesetz die Rechtsstellung der Urheber gegenüber der bestehenden Rechtslage verbessert werden. Ursprünglich waren umfassende Änderungen der für das Recht am Arbeitsergebnis wichtigsten Normen der §§ 43, 69 b und 79 UrhG geplant. Diese sind jedoch im Gesetzgebungsverfahren »verloren gegangen«.

804 Entscheidend ist die Zielsetzung des Gesetzes: Insbesondere freiberufliche Urheber und ausübende Künstler sind nach Ansicht des Gesetzgebers den strukturell überlegenen Verwertern in Verhandlungen um eine angemessene Vergütung nicht ebenbürtig. Um dieses Ungleichgewicht zu beseitigen, hat der Gesetzgeber nunmehr in § 32 UrhG einen **Anspruch auf »angemessene Vergütung«** vorgesehen. Soweit die Vergütung nicht angemessen ist, kann der Urheber von seinem Vertragspartner die Einwilligung in eine Anpassung verlangen. § 32a UrhG schützt den Urheber darüber hinaus auch dann vor unangemessen niedriger Vergütung, wenn sich im Nachhinein herausstellt, dass die ursprünglich vereinbarte Vergütung in auffälligem Missverhältnis zu den Erträgen und Vorteilen aus der Nutzung des Werkes steht. §§ 32 und 32 a UrhG sind zwingendes Recht, wenn deutsches Recht auf den Nutzungsvertrag Anwendung findet oder die Nutzung (maßgeblich) in Deutschland stattfindet, § 32b UrhG. Das Gesetz führt die Möglichkeit der Einführung von Schlichtungsstellen zur Aufstellung gemeinsamer Vergütungsregeln ein, § 36a UrhG.

805 Es bleibt abzuwarten, inwiefern diese Änderungen des Urhebergesetzes die urheberrechtlichen Regelungen zum Arbeitsergebnis beeinflussen werden. Soweit davon auszugehen ist, dass die Schöpfung eines Werkes durch das Arbeitsentgelt entlohnt ist, wird die Praxis sich nicht ändern. Anders könnte es allerdings im Hinblick auf § 32a UrhG sein, wenn sich im Nachhinein die Unangemessenheit der Vergütung herausstellen sollte, etwa weil sich ein Werk als Überraschungserfolg entpuppte. Das ArbNErfG sieht für Erfindungen mit § 12 Abs. 6 ArbNErfG eine Anpassungsmöglichkeit vor.

806 Der Gesetzentwurf sah zu § 43 UrhG noch vor, dass eine Übertragung von ausschließlichen Nutzungsrechten vom Arbeitnehmer auf den Arbeitgeber/Dienstherr im Zweifel nur insoweit

1553 BGH, Urt. v. 10.05.1984, GRUR 1985, 129; BAG, Urt. v. 04.10.1972, NJW 1973, 293, 294.
1554 Vgl. *Möhring/Nicolini/Spautz*, § 43 Rn 14.
1555 Vgl. *Fromm/Nordemann/Vinck*, § 69b Rn 5.
1556 So *Fromm/Nordemann/Vinck*, § 69b Rn 5.

angenommen wurde, wie diese für die Zwecke seines Betriebs benötigt wurden. Dabei wäre jedoch nur bedingt eine Änderung der jetzigen Rechtslage eingetreten, da der Entwurf lediglich die von der Rechtsprechung erarbeitete Rechtslage wiederholte.[1557] *Schack* hatte in einer ersten Stellungnahme zum Entwurf die Änderungen des § 43 UrhG dahin gehend umschrieben, dass er die für Arbeitnehmerwerke geltende nichts sagende Bestimmung mit etwas Inhalt fülle; gleichwohl aber die wesentlichen Streitfragen offen blieben.[1558] Die verabschiedete Gesetzesänderung bleibt noch hinter dem Entwurf zurück.

§ 69b UrhG sollte bezüglich der Frage der Übertragung von Nutzungsrechten unberührt bleiben, jedoch nicht mehr für Dienstverhältnisse gelten. § 79 UrhG sollte ganz aufgehoben werden. Auch diese geplanten Änderungen sind nicht wirksam geworden.

Hinsichtlich des Bestehens von Nutzungsrechten nach Beendigung des Arbeitsverhältnisses hat sich 807
der Gesetzgeber – so heißt es in der Begründung – einer Regelung enthalten. Ob und wie lange diese dem Arbeitgeber zustehen, sei mangels ausdrücklicher Abrede nach den Umständen des Einzelfalles unter Berücksichtigung insbesondere der betrieblichen Erfordernisse zu bestimmen.[1559]

V. Sonstige gesetzliche Regelungen

1. Patentgesetz

Das Patentgesetz regelt die Voraussetzungen der Erteilung eines Patents und enthält Bestimmungen 808
über die Errichtung des Patentamtes und das vor ihm einzuhaltende Verfahren sowie das Gerichtsverfahren vor den Patentgerichten.

a) Begriff

Um ein Patent handelt es sich gem. § 1 Abs. 1 PatG nur bei **Erfindungen**, die neu sind, auf einer 809
erfinderischen Tätigkeit beruhen und gewerblich anwendbar sind. Der Neuheitsbegriff ist in § 3 Abs. 1 PatG näher definiert, wonach eine Erfindung als neu gilt, wenn sie nicht zum Stand der Technik gehört. Dieser Begriff wiederum umfasst alle Kenntnisse, die vor dem für den Zeitrang der Anmeldung maßgeblichen Tag durch schriftliche oder mündliche Beschreibung, durch Benutzung oder in sonstiger Weise der Öffentlichkeit zugänglich gemacht worden sind. Das Recht auf das Patent steht gem. § 6 PatG grundsätzlich dem Erfinder oder seinem Rechtsnachfolger zu.

b) Arbeitsrechtlich relevante Regelungen

Das Patentgesetz enthält keine speziellen arbeitsrechtlichen Regelungen. Da das Patentrecht die 810
Erteilung von Patenten für bestimmte Erfindungen regelt, ist bei Erfindungen in Arbeitsverhältnissen das ArbNErfG heranzuziehen, um festzustellen, wem das Recht am Arbeitsergebnis, welches zum Patent angemeldet werden soll, zusteht.

c) Prozessuales

Patente sind in einem bestimmten formell ausgestalteten Verfahren beim Patentamt anzumelden, vgl. 811
im Einzelnen §§ 26 ff. PatG; ggf. hieraus resultierende Streitigkeiten werden vor den Patentgerichten nach Maßgabe der §§ 65 ff. PatG ausgetragen

1557 Vgl. *Fromm/Nordemann/Vinck*, § 43 Rn 3 m.N. zur Rspr.
1558 Vgl. *Schack*, ZUM 2001, 453, 457.
1559 Vgl. Begründung zum Gesetzentwurf zu Nr. 8 (§ 43).

2. Gebrauchsmustergesetz

a) Begriff

812 Als Gebrauchsmuster werden gem. § 1 GebrMG Erfindungen geschützt, die neu sind, auf einem erfinderischen Schritt beruhen und gewerblich anwendbar sind, § 1 Abs. 1, 3 GebrMG. Im Unterschied zum Patent sind jedoch die Anforderungen an die Erfindungshöhe und der Umfang der Neuheitsprüfung geringer (§§ 3, 7, 8 Abs. 1 Satz 2 GebrMG).[1560]

b) Arbeitsrechtlich relevante Regelungen

813 Das GebrMG enthält keine arbeitsrechtlichen Regelungen, jedoch ist die Gebrauchsmusterfähigkeit einer Erfindung im Rahmen des § 2 ArbNErfG relevant.

c) Prozessuales

814 Auch die Anmeldung eines Gebrauchsmusterrechts unterliegt besonderen Verfahrensregeln, §§ 4 ff. GebrMG. Gegen die Beschlüsse der Gebrauchsmusterstelle und der Gebrauchsmusterabteilung des Patentamtes ist gem. § 18 Abs. 1 GebrMG die Beschwerde an das Patentgericht zulässig. § 21 GebrMG verweist im Übrigen auf weitere Verfahrensvorschriften des Patentgesetzes.

3. Markengesetz

a) Begriff

815 Das Markengesetz schützt neben der Marke (Legaldefinition in § 3 MarkenG) auch geschäftliche Bezeichnungen (Legaldefinition in § 5 MarkenG) und geographische Herkunftsangaben (Legaldefinition in § 126 MarkenG).

b) Arbeitsrechtlich relevante Regelungen

816 Das Markengesetz enthält keine arbeitsrechtlich relevanten Regelungen. Es gelten daher die allgemeinen arbeitsrechtlichen Grundsätze. Insbesondere verbietet sich eine analoge Anwendung des ArbNErfG, da dieses bewusst auf technische Neuerungen beschränkt ist. Markenrechtliche Bezeichnungen können jedoch zugleich eigentümliche geistige Schöpfungen darstellen, so dass in solchen Fällen § 43 UrhG anwendbar sein kann.

c) Prozessuales

817 Nur der Vollständigkeit halber sei darauf hingewiesen, dass auch die Schutzrechtsanmeldung und -eintragung von Marken besonderen Verfahrensregeln unterliegt (§§ 32 ff. MarkenG) und es im Falle einer streitigen Auseinandersetzung Sondervorschriften für das gerichtliche Verfahren – bspw. vor dem Patentgericht – (§§ 66 ff. MarkenG) zu beachten gilt.

4. Geschmacksmustergesetz

818 Das Geschmacksmustergesetz vom 11.01.1876 regelte das Urheberrecht an Mustern und Modellen. Das nunmehr novellierte Gesetz (Geschmacksmusterreformgesetz vom 12.03.2004) spricht hingegen von Mustern und Erzeugnissen.

1560 Vgl. zum ggü. dem Patentrecht geringeren Erfordernis des »erfinderischen Schritts« i.S.v. § 1 GebrMG *Benkart-Bruchhausen*, GebrMG, § 1 Rn 25 ff.

a) Begriff

Nach der Begriffsbestimmung des neuen § 1 Nr. 1 GeschmMG n.F. werden als Muster im Sinne des Geschmacksmustergesetzes zwei- oder dreidimensionale Erscheinungsformen eines ganzen Erzeugnisses oder eines Teils davon angesehen, die sich insb. aus den Merkmalen der Linien, Konturen, Farben, der Gestalt, Oberflächenstruktur oder der Werkstoffe des Erzeugnisses selbst oder seiner Verzierung ergeben. Ein Erzeugnis ist jeder industrielle oder handwerkliche Gegenstand einschließlich Verpackung, Ausstattung, graphischer Symbole und typografischer Schriftzeichen sowie von Einzelteilen, die zu einem komplexen Erzeugnis zusammengebaut werden sollen, wobei ein Computerprogramm nicht als Erzeugnis gilt, § 1 Nr. 2 GeschmMG n.F. Als Geschmacksmuster werden nur solche Muster geschützt, die neu sind und Eigenart haben, § 2 Abs. 1 GeschmMG n.F. 819

b) Arbeitsrechtlich relevante Regelungen

Eine arbeitsrechtlich relevante Regelung ist in der Vorschrift des § 7 Abs. 2 GeschmMG n.F. enthalten. Danach steht das Recht an einem von einem Arbeitnehmer in Ausübung seiner Aufgaben oder nach den Weisungen des Arbeitgebers entworfenen Geschmacksmuster letzterem zu, falls nicht vertraglich etwas anderes vereinbart wurde. Die Regelung ist derjenigen des § 69b UrhG für Computerprogramme sehr ähnlich. 820

c) Prozessuales

Das Anmelde- und Eintragungsverfahren ist in den §§ 11 ff. GeschmMG n.F. geregelt. Die Anmeldung wird gegenüber dem Deutschen Patent- und Markenamt in München erklärt. Gegen die Beschlüsse des DPMA ist Beschwerde an das Bundespatentgericht zulässig, § 23 Abs. GeschmMG n.F. Prozessuale Regelungen finden sich in den §§ 52 ff. GeschmMG n.F. Nach § 52 Abs. 1 GeschmMG n.F. sind für alle Klagen in Geschmacksmusterstreitsachen die Landgerichte ohne Rücksicht auf den Streitwert ausschließlich zuständig. Wegen weiterer prozessualer Besonderheiten wird auf den Wortlaut des Gesetzes verwiesen. 821

VI. Mitbestimmungsrechtliche Regelungen

1. Bestellung eines sog. Erfinderberaters

Wie oben unter Rn 779 bereits erwähnt, besteht gem. § 21 ArbNErfG die Möglichkeit, einen Erfinderberater zu bestellen. Dieser ist eine neutrale Person, die mit Einsichts-, Informations- und Zugangsrechten ausgestattet ist, den Arbeitnehmererfinder bei Meldung bzw. Mitteilung seiner Erfindung unterstützt und bei der Ermittlung der Vergütung mitwirken kann. Bei der Übereinkunft zur Bestellung eines Erfinderberaters zwischen Arbeitgeber und Betriebsrat handelt es sich um eine Vereinbarung i.S.d. § 77 Abs. 1 BetrVG. Bei Meinungsverschiedenheiten hinsichtlich der Übereinkunft ist die betriebliche Einigungsstelle, § 76 BetrVG, nicht aber die Schiedsstelle für Arbeitnehmererfindungen zuständig. Die Auswahl der Person des Erfinderberaters ist dem Arbeitgeber vorbehalten, der auch die Kosten trägt. 822

2. Fragen des betrieblichen Vorschlagswesens, § 87 Abs. 1 Nr. 12 BetrVG

Nach § 87 Abs. 1 Nr. 12 BetrVG hat der Betriebsrat in Angelegenheiten des betrieblichen Vorschlagswesens mitzubestimmen, soweit eine gesetzliche oder tarifliche Regelung nicht besteht. 823

Zweck dieses Mitbestimmungsrechts ist nach der Rechtsprechung des BAG eine gerechte Bewertung der Vorschläge sowie die Entfaltung der Persönlichkeit der Arbeitnehmer.[1561] Hierbei wird der Arbeitnehmer als Mitarbeiter im wahrsten Sinne des Wortes verstanden werden, wobei die 824

1561 BAG, Urt. v. 28.04.1981, AP Nr. 1 zu § 87 BetrVG 1972 Vorschlagswesen; BAG, Urt. v. 16.03.1982, AP Nr. 2 zu § 87 BetrVG 1972 Vorschlagswesen; vgl. auch GK-BetrVG/*Reinecke*, § 87 Rn 1017.

Entwicklung und Vorlage von betrieblichen Verbesserungsvorschlägen selbstverständlich auch dem Arbeitgeber bzw. dem Betrieb zugute kommt.[1562]

825 Der **Anwendungsbereich** des Mitbestimmungsrechts ist auf Verbesserungsvorschläge begrenzt. Erfindungen, die patent- oder gebrauchsmusterfähig sind, fallen somit grundsätzlich nicht unter den Anwendungsbereich des Gesetzes; insoweit findet ausschließlich das ArbNErfG Anwendung.[1563] Dem Betriebsrat steht zunächst ein Initiativrecht zu, sobald er für eine allgemeine Regelung ein Bedürfnis sieht.[1564] Mitbestimmungsfrei ist allerdings die Höhe der finanziellen Grundausstattung, der »Prämienetat«, wie auch die im Einzelfall zu zahlende Prämie.[1565] Ferner bleibt der Arbeitgeber grundsätzlich frei in seiner Entscheidung, ob ein Verbesserungsvorschlag überhaupt verwertet wird.[1566] Vgl. zu weiteren Einzelheiten die ausführliche Kommentierung von *Reinecke*.[1567] Im Übrigen besteht das Mitbestimmungsrecht in Fragen des betrieblichen Vorschlagswesen unbeschränkt, abgesehen von einer Ausnahme: Handelt es sich um sog. qualifizierte technische Verbesserungsvorschläge, besteht hinsichtlich der Vergütung kein Mitbestimmungsrecht, da die Vergütungsfrage in der Vorschrift des § 20 Abs. 1 i.V.m. §§ 9 und 12 ArbNErfG einer gesetzlichen Regelung zugeführt worden ist, der gem. dem Eingangssatz des § 87 Abs. 1 BetrVG Sperrfunktion zukommt. Da das ArbNErfG im Bereich der nicht-technischen – bspw. organisatorischen, kaufmännischen etc. – Verbesserungsvorschläge selbst nicht einschlägig ist, besteht insoweit auch keine dem Mitbestimmungsrecht vorgehende Regelung.

VII. Sozialversicherungsrechtliche Regelungen

1. Erfindervergütung

826 Da **Einkünfte aus Arbeitnehmererfindungen in der Regel zusätzlich zum Arbeitsentgelt gezahlt werden**, stellt sich die Frage, ob es sich bei diesen Einkünften um zur Versicherungs- und Beitragspflicht führendes Arbeitsentgelt i.S.v. § 14 SGB IV oder um Einkünfte aus selbständiger Tätigkeit i.S.v. § 15 SGB IV handelt, bei der der Arbeitnehmer ggf. die gesamte Beitragslast selbst zu tragen hat.[1568] Nach der Rechtsprechung des Bundessozialgerichts soll es sich um Arbeitsentgelt gem. § 14 SGB IV handeln, sofern die Arbeitnehmererfindung im Zusammenhang mit der arbeitsvertraglichen (Haupt-)Beschäftigung im Sinne eines sog. einheitlichen Beschäftigungsverhältnisses erzielt wurde. Ein solches liege vor, wenn eine selbständige Tätigkeit mit einer abhängigen Beschäftigung derart verbunden sei, dass sie nur aufgrund der abhängigen Beschäftigung ausgeübt werden könne und insgesamt wie ein Teil der abhängigen Beschäftigung erscheine. Wann dies der Fall sei, lasse sich – so das Bundessozialgericht[1569] – nicht abstrakt für alle selbständigen Tätigkeiten bestimmen, sondern werde vielmehr von der Eigenart der jeweiligen selbständigen Tätigkeit bestimmt. Erforderlich aber auch ausreichend sei insoweit, dass die aus der Beschäftigung im Betrieb gewonnene Kenntnis für die Erfindung und der Nutzen des Betriebes aus ihr hinreichend seien, um die selbständige Tätigkeit des Erfinders und das abhängige Beschäftigungsverhältnis insgesamt als einheitliches Beschäftigungsverhältnis zu werten; einer darüber hinausgehenden Verbindung der Tätigkeit mit der Beschäftigung in zeitlicher, örtlicher, organisatorischer und inhaltlicher Hinsicht bedarf es nicht. Um Einkünfte aus selbständiger Tätigkeit i.S.v. § 15 SGB IV handelt es sich hingegen bei Einkünften aus Erfindungen, die der Arbeitnehmer als freie Erfindung außerhalb des Unternehmens des Arbeitgebers verwertet und hierfür von Dritten eine Urheberrechtsvergütung erhält.[1570]

1562 So auch GK-BetrVG/*Reinecke*, § 87 Rn 1017.
1563 Vgl. *Fitting u.a.*, § 87 BetrVG Rn 529; GK-BetrVG/*Reinecke*, § 87 Rn 1011.
1564 Vgl. BAG, Urt. v. 28.04.1981, DB 1981, 1882.
1565 Vgl. BAG, Urt. v. 28.04.1981, DB 1981, 1882.
1566 Vgl. BAG, Urt. v. 16.03.1982, DB 1982, 1468.
1567 Vgl. im einzelnen GK-BetrVG/*Reinecke*, § 87 Rn 1028 ff. m.w.N.
1568 Vgl. Küttner/*Schlegel*, Arbeitnehmererfindung, Rn 31.
1569 BSG, Urt. v. 26.03.1998, SozR 3 – 2400 § 14 Nr. 15.
1570 Vgl. Küttner/*Schlegel*, Arbeitnehmererfindung Rn 36.

Anders als im Steuerrecht sind Beitragssätze und Beitragsbemessungsgrenzen den allgemeinen Regelungen zu entnehmen; es gelten keine besonderen Beitragssätze, und zwar unabhängig davon, ob die Erfindereinkünfte im konkreten Einzelfall Arbeitsentgelt oder Arbeitseinkommen darstellen. 827

2. Urhebervergütung

Bei der Urheberrechtsvergütung ist auch in sozialversicherungsrechtlicher Hinsicht danach zu differenzieren, ob diese durch das »normale« Gehalt abgegolten ist oder ob sie in Gestalt einer Sonderzuwendung gewährt wird. Ist die Urheberrechtsvergütung in dem Gehalt enthalten, so unterliegt sie dem normalen Abzug der Sozialversicherung,[1571] bei einer Sondervergütung gelten die entsprechenden Regeln. 828

VIII. Vertragsgestaltung/Musterklausel für Arbeitnehmer

§ ... Urheberrecht, Erfindungen 829

(1) Für die Behandlung von Erfindungen und technischen Verbesserungsvorschlägen gelten die Bestimmungen des Arbeitnehmererfindergesetzes.

Bezüglich der Übertragung der Urheberrechte kommen verschiedene Formulierungen in Betracht. Abhängig vom Umfang der übertragenen Rechte, der Regelung der Vergütung und dem Ausschluss einer Anbietungspflicht, können die Klauseln als arbeitgeber- oder arbeitnehmerfreundlich qualifiziert werden. 830

Arbeitgeberfreundliche Klausel:

(2) Der Arbeitnehmer überträgt der Firma das ausschließliche, zeitlich, räumlich und inhaltlich unbeschränkte Nutzungs- und Verwertungsrecht für alle etwaigen urheberrechtsfähigen Arbeitsergebnisse, die der Mitarbeiter während der Dauer seines Anstellungsverhältnisses, im Rahmen oder außerhalb seiner Arbeitszeit erstellt. Hierzu gehört insbesondere das Recht, die Arbeitsergebnisse ohne Zustimmung zu vervielfältigen, auf Bild-, Ton- und Datenträger zu übertragen, zu verbreiten, zu bearbeiten, umzugestalten oder zu übersetzen und in abgeänderter Form oder im Original zu veröffentlichen und zu verwerten. Der Arbeitgeber ist befugt, die Rechte ganz oder teilweise auf andere zu übertragen oder anderen Nutzungsrechte daran einzuräumen. Die Übertragung umfasst weiterhin die Erlaubnis zur Bearbeitung.

Der Arbeitnehmer verzichtet ausdrücklich auf alle sonstigen ihm etwa als Urheber/Schöpfer zustehenden Rechte an dem Arbeitsergebnis, insbesondere auf das Namensrecht als Urheber/ Schöpfer und auf Zugänglichmachung des Werks.

Der Arbeitnehmer hat eine angemessene Dokumentation seiner urheberrechtsfähigen Arbeitsergebnisse sicherzustellen und diese dem Arbeitgeber jederzeit zugänglich zu machen und diesem das Eigentum daran zu übertragen. Der Arbeitnehmer ist verpflichtet, den Arbeitgeber bei der Erlangung und Durchsetzung von Urheberrechten und anderen gewerblichen Schutzrechten für seine Arbeitsergebnisse, auch in anderen Ländern, zu unterstützen.

Die Übertragung der Nutzungs- und Verwertungsrechte und die weiteren unterstützenden Handlungen sind durch die nach diesem Vertrag vorgesehene Vergütung abgegolten.

1571 Vgl. *Schaub*, Arbeitsrechts-Handbuch, § 115 X. 5. (Rn 79).

Arbeitnehmerfreundliche Klausel:

(3) Der Arbeitnehmer überträgt dem Arbeitgeber ein einfaches, zeitlich unbegrenztes Nutzungsrecht an von ihm geschaffenen urheberrechtlich geschützten Werken, wenn diese im Bezug zum Arbeitsverhältnis stehen oder mit Mitteln des Arbeitgebers entstanden sind, für die weitere Nutzung im Geschäftsbetrieb des Arbeitgebers. Im Gegenzug dafür erhält der Arbeitnehmer eine zusätzliche Vergütung, die sich am Marktwert des Werkstücks orientiert. Für weiter gehende Verwertungsrechte (Vervielfältigung, Verbreitung usw.) ist im Einzelfall eine gesonderte Vereinbarung abzuschließen. Steht das geschaffene Werk in keinerlei Bezug zum Arbeitsverhältnis und entsteht durch die Verwertung durch den Arbeitnehmer auch keine Konkurrenzsituation zum Arbeitgeber, ist der Arbeitnehmer nicht verpflichtet, dem Arbeitgeber sein Werk anzubieten. Er kann es in diesem Fall frei verwerten.

F. Arbeitszeugnisse

I. Rechtsgrundlagen und Funktion

1. Rechtsgrundlagen

831 Rechtsgrundlagen des Zeugnisrechts bilden die §§ 109 GewO n.F., 630 BGB, 73 HGB, 8 BBiG sowie beispielsweise § 61 BAT. Mit dem Dritten Gesetz zur Änderung der Gewerbeordnung und sonstiger gewerberechtlicher Vorschriften vom 24.08.2002[1572] kodifizierte der Gesetzgeber einheitlich für alle Bundesländer einige arbeitsrechtliche Grundsätze in der GewO. Über § 6 Abs. 2 GewO n.F. wurde klargestellt, dass die in der GewO nunmehr aufgeführten Grundsätze nicht nur für die von der GewO erfassten Gewerbe, sondern umfassend für die Arbeitnehmer in allen Arbeitsverhältnissen Geltung beanspruchen.[1573] Damit hat der Gesetzgeber diesen Teil der GewO zu einer Art arbeitsrechtlichem Grundgesetz ausgestaltet.[1574] § 630 BGB, der stets als die Kernvorschrift des Zeugnisrechts galt, ist nunmehr nur noch auf dienstverpflichtete und arbeitnehmerähnliche Personen anwendbar.[1575]

832 Eine wesentliche Rechtsänderung ist durch § 109 GewO nicht eingetreten. Weiterhin wird zwischen dem **einfachen** und dem **qualifizierten Zeugnis** unterschieden. Das einfache Zeugnis muss gem. § 109 Abs. 1 Satz 2 GewO nur Angaben zu Art und Dauer der Tätigkeit enthalten. Das qualifizierte Zeugnis erstreckt sich gem. § 109 Abs. 1 Satz 3 GewO auf Angaben über Leistung und Verhalten des Arbeitnehmers im Arbeitsverhältnis. Der frühere Begriff »Führung« wurde durch den Begriff »Verhalten« angepasst.

833 Die im Zeugnisrecht noch vorzufindenden Begriffe »Zwischenzeugnis«, »Vorläufiges Zeugnis« und »Ausbildungszeugnis« bezeichnen lediglich die Art des Zeugnisses, abhängig von Anlass und Zeitpunkt der Zeugniserteilung. Inhaltlich handelt es sich aber auch in diesen Fällen, abhängig von der Wahl des Arbeitnehmers, um ein einfaches oder qualifiziertes Zeugnis.

1572 BGBl 2002 I, 3412.
1573 BT-Drucks 14/9254.
1574 *Düwell*, FA 2003, 2.
1575 *Düwell*, FA 2003, 2, 5.

2. Funktion des Zeugnisses

Das Zeugnis dient auf der einen Seite dem Arbeitnehmer als **Bewerbungsunterlage**, so dass er durch eine Unterbewertung gefährdet werden kann.[1576] Auf der anderen Seite dient das Zeugnis dem neuen Arbeitgeber zur **Unterrichtung**, so dass er durch eine Überbewertung der Leistungen des Arbeitnehmers gefährdet werden kann.[1577] Der Arbeitgeber soll sich anhand des Zeugnisses ein genaues Bild über die Eigenschaften des Arbeitnehmers, seine frühere Beschäftigung und seine Verwendungsmöglichkeiten machen können.[1578] Die gesamte Rechtsprechung zum Zeugnisrecht bekennt sich einerseits zur Wahrheitspflicht,[1579] andererseits zur Formel vom verständigen Wohlwollen.[1580] Dem Arbeitnehmer darf das Weitere Fortkommen nicht ungerechtfertigt erschwert werden.[1581] Weder Schönfärberei noch zynisch negative Bemerkungen finden zwischen beiden Polen Platz. Das Wahrheitsgebot genießt ist in jedem Fall Vorrang.[1582] Zeugnisse haben für den Arbeitnehmer auch die Bedeutung, dass sie für ihn Maßstab dafür sind, wie der Arbeitgeber seine Leistung und Führung beurteilt.[1583] Daraus folgt, dass der Arbeitgeber sich mangels entgegenstehender Vorbehalte an der Beurteilung, die er dem Arbeitnehmer hat zukommen lassen, auch diesem gegenüber festhalten lassen muss. Diese Bindung besteht auch bei bewusst unrichtigem Inhalt.[1584] 834

Aufgrund der nachwirkenden Fürsorgepflicht ist der Arbeitgeber verpflichtet, **Auskünfte** über einen ausgeschiedenen Arbeitnehmer jedenfalls an solche Personen zu erteilen, mit denen der Arbeitnehmer in Verhandlungen über den Abschluss eines Arbeitsvertrages steht. Die Pflicht des Arbeitgebers, Auskunft über Leistung und Verhalten seines früheren Arbeitnehmers zu erteilen, erschöpft sich nicht in der Ausstellung eines Zeugnisses. Auch ohne Zustimmung und selbst gegen den Wunsch des Arbeitnehmers ist der Arbeitgeber grundsätzlich berechtigt, Auskünfte über die Person und das während des Arbeitsverhältnisses gezeigte Verhalten des Arbeitnehmers zu erteilen. Diese Auskünfte müssen jedoch, ebenso wie Zeugnisse, der Wahrheit entsprechen und dürfen nur solchen Personen erteilt werden, die ein berechtigtes Interesse daran haben. Dabei dürfen in der Auskunft auch für den Arbeitnehmer **ungünstige Tatsachen** mitgeteilt werden.[1585] 835

II. Voraussetzungen des Zeugnisanspruchs

1. Anspruchsberechtigte

Nach **§ 630 BGB** haben dienstverpflichtete und arbeitnehmerähnliche Personen, nach **§ 109 GewO** alle Arbeitnehmer bei Beendigung eines Arbeitsverhältnisses Anspruch auf Erteilung eines Zeugnisses. Daneben besteht der Zeugnisanspruch für kaufmännische Angestellte nach **§ 73 HGB** und für Auszubildende nach **§ 8 BBiG**. Einen Anspruch auf Zeugniserteilung haben alle Voll- und Teilzeitbeschäftigten, haupt- oder nebenberuflich tätigen Arbeitnehmer einschließlich der leitenden Angestellten,[1586] Volontäre, Praktikanten,[1587] arbeitnehmerähnliche Personen oder auch Heimarbei- 836

1576 BAG, Urt. v. 23.06.1960, AP Nr. 1 zu § 73 HGB.
1577 BAG, Urt. v. 23.06.1960, AP Nr. 1 zu § 73 HGB.
1578 MüKo-BGB/*Schwerdtner*, § 630 Rn 9.
1579 BAG, Urt. v. 09.09.1992, NAZ 1993, 698; BAG, Urt. v. 23.06.1960, AP Nr. 1 zu § 73 HGB.
1580 BAG, Urt. v. 03.03.1993, AP Nr. 20 zu § 630 BGB; BAG, Urt. v. 12.08.1976, AP Nr. 11 zu § 630 BGB m. Anm. *Schleßmann*; siehe ferner *Hümmerich/Gola*, Personaldatenrecht im Arbeitsverhältnis, S. 158 f.; *Schulz*, Alles über Arbeitszeugnisse, S. 80.
1581 BAG, Urt. v. 08.02.1972, AP Nr. 7 zu § 630 BGB; BAG, Urt. v. 03.03.1993, AP Nr. 20 zu § 630 BGB; BAG Urt. v. 20.02.2001, AP Nr. 26 zu § 630 BGB.
1582 BAG, Urt. v. 05.08.1976, AP Nr. 10 zu § 630 BGB.
1583 BAG, Urt. v. 03.03.1993, AP Nr. 20 zu § 630 BGB.
1584 BAG, Urt. v. 03.03.1993, AP Nr. 20 zu § 630 BGB.
1585 BAG, Urt. v. 18.08.1981 – 3 AZR 792/78 (n.v.).
1586 LAG Hamm, Urt. v. 12.07.1994, LAGE § 630 BGB Nr. 27.
1587 BAG, Urt. v. 03.09.1998 – 8 AZR 14/97 (n.v.).

ter, Einfirmenvertreter[1588] und »kleine« Handelsvertreter.[1589] Auch Organvertreter ohne oder mit nur unwesentlichen Geschäftsanteilen haben Anspruch auf ein Zeugnis.[1590] Dienstverpflichtete, die selbständige Arbeit verrichten, hatten nach früherer Rechtsprechung keinen Anspruch auf Zeugniserteilung,[1591] können diesen Anspruch dagegen in Zukunft aus § 630 BGB ableiten.

2. Anspruchsverpflichteter

837 Die Pflicht zur Ausstellung des Zeugnisses trifft den Arbeitgeber. Für die Unterzeichnung des Zeugnisses vertretungsberechtigt sind bei einer **Einzelfirma** deren Inhaber und bei **juristischen Personen** alle Personen, deren Berechtigung sich aus dem Vereins-, Handels- oder Genossenschaftsregister ergibt. Der Arbeitnehmer hat regelmäßig keinen Anspruch darauf, dass der Arbeitgeber das Zeugnis persönlich unterschreibt. Deshalb kann gerichtlich keine Verurteilung zur Unterschrift durch eine bestimmte Person erfolgen.[1592] Der Arbeitgeber kann einen unternehmensangehörigen Vertreter als **Erfüllungsgehilfen** beauftragen, das Zeugnis in seinem Namen zu erstellen. Daher gehören zum Kreis der Zeugnisberechtigten auch Prokuristen, Generalbevollmächtigte, Handlungsbevollmächtigte, Betriebs- und Werkleiter oder mit Personalangelegenheiten betraute Personen, die insoweit für den Arbeitgeber verbindliche Erklärungen abgeben dürfen.[1593] In einem solchen Fall sind aber das Vertretungsverhältnis und die Funktion des Unterzeichners anzugeben, weil die Person und der Rang des Unterzeichnenden Aufschluss über die Wertschätzung des Arbeitnehmers und die Kompetenz des Ausstellers zur Beurteilung des Arbeitnehmers und damit über die Richtigkeit der im Zeugnis getroffenen Aussagen gibt.[1594] Seinen Zweck als Bewerbungsunterlage erfüllt das Zeugnis nur, wenn es von einem »erkennbar Ranghöheren« ausgestellt ist.[1595] Der Vertreter des Arbeitgebers muss dem Arbeitnehmer gegenüber **weisungsbefugt** gewesen sein. Der Dritte, dem das Zeugnis bestimmungsgemäß vorgelegt wird, muss dieses Merkmal ohne weitere Nachforschungen aus dem Zeugnis ablesen können. Das Zeugnis eines Arbeitnehmers, der ausweislich des Zeugnistextes Gesamtprokurist und direkt der Geschäftsleitung unterstellt war, muss von einem Mitglied der Geschäftsleitung ausgestellt werden. Diese Position des Ausstellers ist im Zeugnis ausdrücklich zu nennen.[1596] Die Zeugniserteilung durch einen Außenstehenden oder einen Rechtsanwalt ist unzulässig.[1597]

838 Es besteht kein Anspruch auf einen bestimmten Unterzeichner, selbst wenn dieser eine erste Zeugnisfassung unterzeichnet hatte, es sei denn aufgrund einer besonderen Vereinbarung wäre eine bestimmte Person zur Unterzeichner verpflichtet.[1598]

839 Der **Insolvenzverwalter** ist zur Zeugniserteilung auch für die Zeit vor der Eröffnung des Insolvenzverfahrens verpflichtet, wenn der Betrieb fortgeführt und der Arbeitnehmer weiterbeschäftigt wird.[1599] Der Insolvenzverwalter ist gehalten, die entsprechenden Auskünfte über den Arbeitnehmer bei dem Insolvenzschuldner einzuholen, um auch den Teil des Arbeitsverhältnisses beurteilen zu können, der vor der Insolvenzeröffnung liegt.[1600] Ist der Arbeitnehmer schon **vor** Insolvenzeröffnung ausgeschieden, richtet sich der Anspruch zunächst gegen den Schuldner. Ein Zeugnisrechtsstreit

1588 § 92a HGB.
1589 § 84 Abs. 2 HGB.
1590 KG Berlin, Urt. v. 06.11.1978, BB 1979, 988.
1591 RG, Urt. v. 07.01.1916, RGZ 87, 440, 443; BGH, Urt. v. 09.11.1967, BGHZ 49, 30.
1592 LAG Hamm, Urt. v. 17.06.1999, MDR 2000, 590; LAG Hamm, Urt. v 13.02.1992, LAGE § 630 BGB Nr. 16.
1593 LAG Hamm, Urt. v. 17.06.1999, MDR 2000, 590.
1594 BAG, Urt. v. 26.06.2001, NZA 2002, 33; BAG, Urt. v. 21.09.1999, NZA 2000, 257.
1595 BAG, Urt. v. 26.06.2001, NZA 2002, 33; BAG, Urt. v. 16.11.1995, EzA BGB § 630 Nr. 20; LAG Düsseldorf, Urt. v. 05.03.1968, DB 1969, 534; LAG Köln, Urt. v. 14.07.1994, NZA 1995, 685; ArbG Köln, Beschl. v. 05.01.1968, DB 1968, 534; ArbG Wilhelmshaven, Urt. v. 26.09.1971, DB 1972, 242.
1596 BAG, Urt. v. 26.06.2001, NZA 2002, 33.
1597 LAG Hamm, Urt. v. 17.06.1999, MDR 2000, 590; LAG Hamm, Urt. v. 02.11.1966, DB 1966, 1815.
1598 ArbG Hannover, Urt. v. 31.07.2003, AE 2004, Nr. 31.
1599 BAG, Urt. v. 30.01.1991, AP Nr. 18 zu § 630 BGB.
1600 LAG Köln, Urt. v. 30.07.2001, ZIP 2002, 181.

wird nicht gem. § 240 ZPO durch die Eröffnung des Insolvenzverfahrens unterbrochen und ist deshalb gegen den Insolvenzschuldner fortzusetzen.[1601] Ein titulierter Anspruch auf Erteilung eines Arbeitszeugnisses aus einem beendeten Arbeitsverhältnis ist auch im Fall einer nachfolgenden Insolvenzeröffnung weiterhin gegen den bisherigen Arbeitgeber vollstreckbar.[1602] Wird der Betrieb jedoch **nach Insolvenzeröffnung weitergeführt**, so kann der Arbeitnehmer auch für die Zeit vor Insolvenzeröffnung ein Zeugnis über Führung und Leistung vom Insolvenzverwalter verlangen.[1603] Ein ehemaliger Arbeitnehmer des Insolvenzschuldners (Arbeitgebers), dessen Arbeitsverhältnis vor der Eröffnung des Insolvenzverfahrens endete, kann den (endgültigen) Insolvenzverwalter dann auf Erteilung eines Zeugnisses in Anspruch nehmen, wenn dieser zum Zeitpunkt der Beendigung des Arbeitsverhältnisses bereits zum vorläufigen Insolvenzverwalter bestellt war und die Stellung eines »starken« Insolvenzverwalters i.S.d. § 21 Abs. 2 Nr. 2 Alt. 1 i.V.m. § 22 Abs. 1 InsO hatte.[1604]

Bei einem **Betriebsübergang nach § 613a BGB** richtet sich der Zeugnisanspruch gegen den Betriebserwerber.[1605] Auch der Erbe ist zur Erteilung eines Zeugnisses verpflichtet, soweit ihm die Informationsbeschaffung möglich ist. Dabei muss sich der Erbe aus den verfügbaren Unterlagen unterrichten.[1606] Erlischt eine GmbH, so trifft die Verpflichtung den Liquidator.[1607] 840

3. Fälligkeit des Zeugnisanspruchs

Der Anspruch auf Erteilung des Zeugnisses entsteht bei der **Beendigung** des Arbeitsverhältnisses. 841
Früher vertrat man die Auffassung, wegen des Zusammenhangs zwischen § 630 und § 629 BGB solle mit dem Zeugnis dem Arbeitnehmer die Bewerbung bei einem neuen Arbeitgeber erleichtert werden, so dass der Anspruch infolge einer an Treu und Glauben orientierten Auslegung anlässlich der Beendigung gegeben, nicht erst mit der rechtlichen Beendigung des Arbeitsverhältnisses entstanden sei.[1608] Auch nach dem Wortlaut des § 109 GewO besteht der Anspruch »bei Beendigung eines Arbeitsverhältnisses«, kann also von dem Arbeitnehmer auch bereits vor der rechtlichen Beendigung geltend gemacht werden. Ein fristgerecht entlassener Arbeitnehmer hat spätestens mit Ablauf der Kündigungsfrist oder bei seinem tatsächlichen Ausscheiden Anspruch auf ein qualifiziertes Zeugnis, nicht lediglich auf ein Zwischenzeugnis, auch wenn die Parteien in einem Kündigungsschutzprozess über die Wirksamkeit der Kündigung streiten.[1609] Darüber hinausgehend wird teilweise vertreten, der Zeugnisanspruch entstünde bereits eine angemessene Zeit **vor** der Beendigung[1610] bzw. dann, wenn aufgrund fristgerechter Kündigung, Ablauf einer Befristung oder aufgrund eines Aufhebungsvertrages die Beendigung absehbar sei.[1611] Der Arbeitnehmer habe bereits mit Ausspruch der Kündigung[1612] bzw. mit Beginn der Kündigungsfrist einen Anspruch auf Zeugniserteilung, wenn der Arbeitgeber die Kündigung vor Beginn der Kündigungsfrist erklärt.[1613] Ein Anspruch auf Erteilung eines Endzeugnisses besteht allerdings nicht, wenn für eine absehbare Beendigung des Arbeitsverhältnisses keine Anhaltspunkte bestehen.[1614] Bei fristloser Kündigung ist das Zeugnis vom Arbeitgeber unverzüglich i.S.d. § 121 BGB zu erteilen.

1601 LAG Nürnberg, Beschl. v. 05.12.2002, NZA-RR 2003.
1602 LAG Düsseldorf, Beschl. v. 07.11.2003 – 16 Ta 571/03 (n.v.).
1603 BAG, Urt. v. 30.01.1991, AP Nr. 18 zu § 630 BGB; *Hamacher,* in: *Nerlich/Römermann,* vor § 113 Rn 29; a.A. LAG Nürnberg, Beschl. v. 05.12.2002, NZA-RR 2003, 463; LAG Baden-Württemberg, Urt. v. 08.02.1979, KTS 1979, 317; *Gottwald/Heinze,* § 102 Rn 67.
1604 LAG Frankfurt, Urt. v. 01.08.2003 – 12 Sa 568/03 (n.v.).
1605 LAG Hamm, Urt. v. 30.01.1991, AP Nr. 18 zu § 630 BGB.
1606 ArbG Münster, Urt. v. 10.04.1990, BB 1990, 2266.
1607 BAG, Urt. v. 09.07.1971, AP Nr. 4 zu § 50 ZPO.
1608 BAG, Urt. v. 27.02.1987, AP Nr. 16 zu § 630 BGB.
1609 BAG, Urt. v. 27.02.1987, AP Nr. 16 zu § 630 BGB.
1610 MüKo-BGB/*Schwerdtner*, § 630 Rn 22; Staudinger/*Preis*, § 630 Rn 12; Schaub/*Linck,* § 146 I 4.
1611 Küttner/*Reinecke*, Nr. 480 Rn 9.
1612 Küttner/*Reinecke*, Nr. 480 Rn 9.
1613 Schaub/*Linck*, § 146 I 4.
1614 LAG Frankfurt, Urt. v. 15.06.2000 – 3 Sa 1145/99 (n.v.).

842 Die Pflicht des Arbeitgebers zur Zeugniserteilung besteht nur, wenn der Arbeitnehmer einen entsprechenden Anspruch **geltend macht**. Erst zu diesem Zeitpunkt wird der Zeugnisanspruch erfüllbar. Dies gilt insbesondere für das qualifizierte Zeugnis, das nach § 109 Abs. 1 Satz 3 GewO (§ 630 Satz 2 BGB) nur auf Verlangen auszustellen ist. Erst von diesem Zeitpunkt an ist auch ein Verzug des Arbeitgebers möglich. Der Arbeitnehmer hat auch dann einen Anspruch auf Erteilung eines qualifizierten Zeugnisses, wenn ihm zuvor auf sein Verlangen ein einfaches Zeugnis erteilt wurde. Die Ansprüche gem. § 109 Abs. 1 Satz 2 und Satz 3 GewO schließen einander nicht aus. Der Anspruch auf ein qualifiziertes Zeugnis soll selbst bei einer relativ kurzen Beschäftigungsdauer von nur wenigen Wochen bestehen.[1615]

4. Zwischenzeugnis

843 Auch während des bestehenden Arbeitsverhältnisses kann der Arbeitnehmer ggf. eine Beurteilung in Form des Zwischenzeugnisses verlangen. Die Voraussetzungen, unter denen ein Arbeitnehmer die Ausstellung eines Zwischenzeugnisses verlangen kann, sind **gesetzlich nicht positiv geregelt**. Lediglich einige Tarifverträge enthalten einschlägige Bestimmungen. Es ist allerdings anerkannt, dass nach Treu und Glauben (§ 242 BGB) auch während eines laufenden Arbeitsverhältnisses ausnahmsweise ein Anspruch auf ein Zwischenzeugnis bestehen kann, wenn dafür ein **berechtigtes Interesse** besteht. Ein derartiges Interesse kann sich aus dem Wechsel eines Vorgesetzten,[1616] aus einer Änderung des Konzern- oder Unternehmensgefüges, aus einer vom Arbeitgeber in Aussicht gestellten Kündigung, aus einer Versetzung oder aus einer anstehenden längeren Arbeitsunterbrechung wie Elternzeit, Wehr- oder Zivildienst ergeben. Auch der Bedarf zur Vorlage bei Gericht, Behörden oder Banken gilt als berechtigtes Interesse. Ein Anspruch besteht auch dann, wenn das Zwischenzeugnis für Fortbildungskurse von Interesse ist. Kein berechtigtes Interesse ist gegeben, wenn der Arbeitnehmer das Zwischenzeugnis als Beweismittel in einem Höhergruppierungsrechtsstreit verwenden will. Der Arbeitnehmer muss sein berechtigtes Interesse gegenüber dem Arbeitgeber nicht offenbaren; denn wenn er mitteilen würde, dass er sich beruflich verändern möchte, muss er ggf. damit rechnen, dass dies für ihn im weiteren Verlauf des Arbeitsverhältnisses nachteilige Konsequenzen haben könnte. Deshalb wird überwiegend die Ansicht vertreten, dass im Zwischenzeugnis auch kein berechtigtes Interesse dargelegt werden muss.[1617] Zu Form und Inhalt des Zwischenzeugnisses gilt das gleiche wie beim Schlusszeugnis.

844 Zu beachten ist, dass die im **Schlusszeugnis** verwendeten Formulierungen **nicht** denen des **Zwischenzeugnisses** entsprechen müssen.[1618] Der Arbeitgeber kann jedoch bei gleicher Beurteilungsgrundlage seine im Zwischenzeugnis zum Ausdruck gekommenen Beurteilungen im Schlusszeugnis nicht ändern. Nach achtjähriger Beschäftigungsdauer ist der Arbeitgeber in aller Regel an einer Leistungsbeurteilung festzuhalten, die noch in einem vier Monate zuvor erteilten Zwischenzeugnis »stets zur vollen Zufriedenheit« gelautet hat.[1619] Bei einem fünfjährigen Arbeitsverhältnis spricht eine Vermutung dafür, dass die Beurteilungsgrundlage die gleiche geblieben ist, wenn bei Abfassung des Schlusszeugnisses nur zehn Monate seit dem Zwischenzeugnis vergangen sind.[1620]

845 Der Anspruch auf ein Zwischenzeugnis ist gegenüber dem allgemeinen Zeugnisanspruch **subsidiär**. Er kommt nur in Betracht, wenn kein Anspruch des Arbeitnehmers auf ein Abschlusszeugnis besteht. Da ein solcher Anspruch jedenfalls mit dem Ablauf der Kündigungsfrist entsteht, entfällt der Anspruch auf ein Zwischenzeugnis spätestens zu diesem Zeitpunkt. Der Arbeitnehmer kann dann nur die Erteilung eines Abschlusszeugnisses verlangen, auch wenn er sich gegen die Kündigung wehrt

1615 LAG Köln, Urt. v. 30.03.2001, BB 2001, 1959: zwei Monate Dauer, wovon nur sechs Wochen gearbeitet wurden.
1616 BAG, Urt. v. 01.10.1998, DB 1999, 1120 bzgl. § 61 Abs. 2 BAT-KF.
1617 *Haupt/Welslau*, in: HzA, Gruppe 1, Rn 2112; Küttner/*Reinecke*, Nr. 480 Rn 11; a.A. *Schleßmann*, Das Arbeitszeugnis, S. 42 ff.
1618 LAG Düsseldorf, Urt. v. 02.07.1976, DB 1976, 2310.
1619 LAG Köln, Urt. v. 08.07.1993, LAGE § 630 BGB Nr. 18.
1620 LAG Köln, Urt. v. 22.08.1997, NZA 1999, 771.

und Kündigungsschutzklage erhoben hat. Er setzt sich damit nicht dem Vorwurf widersprüchlichen Verhaltens aus.[1621] Andernfalls würde der von der Wirksamkeit seiner Kündigung ausgehende Arbeitgeber gezwungen, eine nach seiner Überzeugung unwahre Tatsache im Zeugnis zu bekunden, nämlich das Fortbestehen des Arbeitsverhältnisses. Hat der Arbeitnehmer das Zwischenzeugnis **in Verbindung mit der Kündigungsschutzklage** eingeklagt und wird dieser stattgegeben, steht für das Gericht aufgrund der innerprozessualen Bindung nach § 318 ZPO die Unwirksamkeit der Kündigung fest. Dann kann der Arbeitnehmer auch vor dem rechtskräftigen Abschluss des Kündigungsschutzverfahrens das Zwischenzeugnis einklagen, da das Fortbestehen des Arbeitsverhältnisses für das entscheidende Gericht gem. § 318 ZPO feststeht.[1622] Außerhalb der Bindungswirkung von § 318 ZPO gibt es bis zum rechtskräftigen Ende des Kündigungsschutzverfahrens jedoch keine Rechtsgrundlage, auf die der Arbeitnehmer nach dem Ablauf der Kündigungsfrist einen Anspruch auf ein Zwischenzeugnis stützen könnte.

Bei einer Kündigung oder einem Aufhebungsvertrag mit sehr langer **Auslauffrist** oder im Fall der Weiterbeschäftigung des Arbeitnehmers während einer längeren Kündigungsfrist bzw. während der Dauer eines Kündigungsschutzprozesses soll der Arbeitnehmer ein »vorläufiges Zeugnis« verlangen können.[1623] 846

III. Inhalt und Form des Zeugnisses

Hinsichtlich des Inhaltes des Zeugnisses[1624] ist zwischen dem Inhalt des **einfachen** und dem des **qualifizierten** Zeugnisses zu differenzieren. Soweit für den Inhalt des qualifizierten Zeugnisses keine Besonderheiten gelten, gelten die Ausführungen zum Inhalt des einfachen Zeugnisses auch für den Inhalt des qualifizierten Zeugnisses. 847

1. Einfaches Zeugnis

Beim einfachen Zeugnis sind **Art und Dauer der Beschäftigung** darzustellen. Aus dem Zeugnis müssen zwingend Name, Vorname und Beruf (akademischer Grad) des Arbeitnehmers hervorgehen, während Anschrift und Geburtsdatum nur mit Einverständnis des Arbeitnehmers in das Zeugnis aufzunehmen sind.[1625] Das Zeugnis muss die Tätigkeiten, die der Arbeitnehmer im Laufe des Arbeitsverhältnisses ausgeübt hat, so vollständig und genau bezeichnen, dass sich künftige Arbeitgeber ein klares Bild machen können.[1626] Unerwähnt dürfen solche Tätigkeiten bleiben, denen bei einer Bewerbung des Arbeitnehmers keine Bedeutung zukommt. Danach muss das Zeugnis eine Beschreibung des Arbeitsplatzes, besondere Leitungsbefugnisse, Sonderaufgaben und durchgeführte Fortbildungsmaßnahmen enthalten. Nimmt der Arbeitnehmer verschiedene Aufgaben nebeneinander oder nacheinander wahr, sind diese Aufgaben insgesamt zu beschreiben, ohne dass ein Anspruch auf getrennte Zeugnisse besteht.[1627] Wurde dem Arbeitnehmer nicht für die gesamte Dauer des Arbeitsverhältnisses Prokura erteilt, so können die konkreten Daten angegeben werden.[1628] 848

Die im Zeugnis anzugebende **Dauer** des Arbeitsverhältnisses richtet sich nach dem **rechtlichen Bestand** des Arbeitsverhältnisses. Bei außerordentlichen Kündigungen ist die tatsächliche Dauer anzugeben.[1629] Kürzere Unterbrechungen (beispielsweise durch Urlaub, Krankheit, Wehrdienst) 849

1621 BAG, Urt. v. 27.02.1987, AP Nr. 16 zu § 630 BGB; LAG Frankfurt, Urt. v. 28.03.2003 – 12 Sa 1744/02 (n.v.).
1622 LAG Frankfurt, Urt. v. 28.03.2003 – 12 Sa 1744/02 (n.v.).
1623 MüKo-BGB/*Schwerdtner*, § 630 Rn 9.
1624 Ausführliche Muster und Formulierungshinweise finden sich bei *Hümmerich*, AnwaltFormulare Arbeitsrecht, § 3 Kap. 3 Zeugnistexte; *Weuster/Scheer*, Arbeitszeugnisse in Textbausteinen.
1625 Schaub/*Linck*, § 146 Rn 12.
1626 BAG, Urt. v. 12.08.1976, AP Nr. 11 zu § 630 BGB.
1627 Küttner/*Reinecke*, Nr. 480 Rn 22.
1628 LAG Baden-Württemberg, Urt. v. 19.06.1992, NZA 1993, 127.
1629 Küttner/*Reinecke*, Nr. 480 Rn 22.

sind nicht in das Zeugnis aufzunehmen.[1630] Der Grund des Ausscheidens ist nur auf Verlangen des Arbeitnehmers anzugeben.[1631] Auch die Tatsache einer erfolgten fristlosen Kündigung ist nicht aufzunehmen, da sich die Beendigung durch fristlose Kündigung schon regelmäßig aus dem Beendigungszeitpunkt ergibt.[1632] Die Tätigkeit oder Mitgliedschaft im Betriebsrat ist nur auf Verlangen des Arbeitnehmers anzugeben, da sie mit der Tätigkeit nichts zu tun hat und gegen das Benachteiligungsverbot des § 78 Satz 2 BetrVG (§ 8 BPersVG) verstößt.[1633] Es dürfen auch keine mittelbaren Aussagen gemacht werden, die ein derartiges Engagement des Arbeitnehmers nahe legen.

2. Qualifiziertes Zeugnis

850 Das qualifizierte Zeugnis erstreckt sich über die Angabe von Art und Dauer der Beschäftigung hinaus auch auf **Verhalten und Leistung**. Bei der Beurteilung der Leistung muss sich der Arbeitgeber an der jeweiligen Arbeitsaufgabe und den entsprechenden Anforderungen orientieren. Das Zeugnis muss genaue und zuverlässige Angaben über die vom Arbeitnehmer tatsächlich verrichtete Tätigkeit enthalten und durch eine wahrheitsgemäße, nach sachlichen Maßstäben ausgerichtete und nachprüfbare Gesamtbewertung die Leistung des Arbeitnehmers beschreiben. Die Führung des Arbeitnehmers betrifft neben seinem Sozialverhalten gegenüber Vorgesetzten, Kollegen, Dritten sowie gegenüber nachgeordneten Mitarbeitern auch die Beachtung der betrieblichen Ordnung.[1634]

851 Dem Arbeitgeber steht bei der Beurteilung von Leistung und Verhalten ein **Beurteilungsspielraum** zu.[1635] Bei Werturteilen steht dem Arbeitgeber ein größer Beurteilungsspielraum zu, als bei der Tätigkeitsbeschreibung.[1636] Er ist frei in seiner Entscheidung, welche Leistungen und Eigenschaften er mehr hervorheben oder zurücktreten lassen will.[1637] Der Wortlaut des Zeugnisses steht im Ermessen des Arbeitgebers. Der Arbeitnehmer hat keinen Anspruch auf bestimmte Formulierungen.[1638] Der Arbeitgeber muss das Zeugnis nach Form und Stil aber objektiv abfassen und dabei auch der Verkehrsauffassung Rechnung tragen. Das Zeugnis muss in sich **schlüssig** sein. Die einzelnen Abschnitte müssen aufeinander abgestimmt sein und dürfen keine Widersprüche enthalten. Die einzelnen Beurteilungen müssen sich daher mit der Schlussnote decken.[1639] Der Arbeitgeber darf dort nicht schweigen, wo allgemein mit einer Aussage gerechnet wird.[1640] Wird branchenüblich die Erwähnung einer bestimmten Eigenschaft verlangt, so muss der Arbeitgeber zu dieser Stellung nehmen. Ehrlichkeit ist einem Arbeitnehmer zu bescheinigen, der einer Berufsgruppe angehört, die eine besondere Vertrauensstellung voraussetzt (z.B. einer Kassiererin). Nachteilig zu bewertende Tatsachen müssen nicht verschwiegen werden, wenn sie für die Beurteilung der Leistung des Arbeitnehmers von Bedeutung sind. Läuft gegen einen als Heimerzieher beschäftigten Arbeitnehmer ein Strafverfahren wegen Missbrauchs der ihm anvertrauten Jugendlichen, kann der Arbeitnehmer nach der Entlassung von seinem bisherigen Arbeitgeber nicht verlangen, dass dieser das Strafverfahren in dem Zeugnis unerwähnt lässt.[1641]

1630 Schaub/*Linck*, § 146 Rn 12.
1631 LAG Baden-Württemberg, Urt. v. 27.10.1966, DB 1967, 48.
1632 LAG Düsseldorf, Urt. v. 22.01.1988, NZA 1988, 399; LAG Köln, Urt. v. 08.11.1989, BB 1990, 856.
1633 BAG, Urt. v. 19.08.1992, AP Nr. 5 zu § 8 BPersVG; LAG Hamm, Urt. v. 12.04.1976, DB 1976, 112; LAG Hamm, Urt. v. 06.03.1991, DB 1991, 1527; ArbG Ludwigshafen, Urt. v. 13.08.1987, DB 1987, 1364.
1634 LAG Hamm, Urt. v. 12.07.1994, LAGE § 630 BGB Nr. 26 und 27.
1635 BAG, Urt. v. 23.02.1983, AP Nr. 10 zu § 70 BAT; BAG, Urt. v. 17.02.1988, AP Nr. 17 zu § 630 BGB; LAG Frankfurt, Urt. v. 06.09.1991, LAGE § 630 BGB Nr. 14.
1636 BAG, Urt. v. 12.08.1976, AP Nr. 11 zu § 620 BGB; LAG Düsseldorf, Urt. v. 11.06.2003 – 12 Sa 354/03 (n.v.).
1637 BAG, Urt. v. 29.07.1971, AP Nr. 6 zu § 630 BGB.
1638 BAG, Urt. v. 29.07.1971, AP Nr. 6 zu § 630 BGB; LAG Hamm, Urt. v. 20.02.1976, BB 1976, 603; LAG Düsseldorf, Urt. v. 02.07.1976, BB 1976, 1562.
1639 BAG, Urt. v. 23.09.1992, EzA § 630 BGB Nr. 16.
1640 BAG, Urt. v. 29.07.1971, AP Nr. 6 zu § 630 BGB.
1641 BAG, Urt. v. 05.08.1976, AP Nr. 10 zu § 630 BGB.

Da das Zeugnis Leistung und Verhalten während der gesamten Dauer des Arbeitsverhältnisses 852
charakterisieren soll, muss es alle wesentlichen Tatsachen und Bewertungen enthalten, die für die Gesamtbeurteilung von Bedeutung und für den Dritten von Interesse sind.[1642] Die Beurteilung darf **nicht nur** auf **bestimmte Zeiträume** beschränkt werden. Einmalige Vorfälle oder Umstände sind nur dann in das Zeugnis aufzunehmen, wenn sie für den Arbeitnehmer, seine Leistung oder sein Verhalten charakteristisch sind. Auch der Beendigungstatbestand ist ohne Verlangen nur dann im Zeugnis anzugeben, wenn er für den Arbeitnehmer charakteristisch ist.[1643] Für die verschiedenen Beendigungstatbestände werden regelmäßig folgende Formulierungen verwendet: Bei einer Kündigung durch den Arbeitgeber findet sich die Formulierung »Das Arbeitsverhältnis endete am «. Bei Eigenkündigung wird häufig formuliert »Er verlässt unser Unternehmen auf eigenen Wunsch.« Eine einvernehmliche Beendigung des Arbeitsverhältnisses kann der Arbeitgeber durch die Formulierung »Das Arbeitsverhältnis endete im besten beiderseitigen Einvernehmen« zum Ausdruck bringen. Erfolgte ein Aufhebungsvertrag auf Initiative des Arbeitgebers, findet sich die Formulierung »Unsere besten Wünsche begleiten ihn.«

Außerdienstliches Verhalten darf im Zeugnis nur dann erwähnt werden, wenn es sich dienstlich 853
auswirkt (z.B. unbefugte Nutzung eines Dienstfahrzeuges zu einer Privatfahrt im fahruntüchtigen Zustand).[1644] Das Zeugnis darf nur dann Angaben über den Gesundheitszustand enthalten, wenn dadurch das Arbeitsverhältnis grundsätzlich beeinflusst wird.[1645]

Das Zeugnis muss zwingend eine **zusammenfassende Beurteilung** der Leistung des Arbeitnehmers 854
enthalten.[1646] Will ein Arbeitgeber einem Arbeitnehmer ein »gehobenes Befriedigend« bescheinigen, ist dies mit der Formulierung »zur vollen Zufriedenheit« zum Ausdruck zu bringen.[1647]

Dankes- und Bedauernsformeln sind nicht notwendiger Bestandteil des Arbeitszeugnisses, ein 855
Anspruch des Arbeitnehmers auf Aufnahme der Formel in das Zeugnis besteht nicht.[1648] Entscheidet sich ein Arbeitgeber ungeachtet dessen für die Aufnahme der Formel, so darf diese nicht im Widerspruch zum sonstigen Zeugnisinhalt stehen und diesen nicht relativieren.[1649] Zuvor unterlassene negative Wertungen dürfen nicht versteckt mit einer knappen, »lieblosen« Schlussformel nachgeholt werden.[1650]

3. Versteckte Botschaften, Zeugnissprache, Bewertungsskala

Häufig entzündet sich der Streit um die Frage, ob in einer Leistungsbeurteilung versteckte Be- 856
wertungen enthalten sein dürfen, ob der Aussteller eines Zeugnisses durch **»beredtes Schweigen«** Botschaften an einen künftigen Arbeitgeber senden darf und welche Formulierungen noch dasjenige vermitteln, was sie auf den ersten Blick auszudrücken scheinen. Steht in einem Zeugnis, jemand sei ein »gewissenhafter Mitarbeiter«, heißt dies für Personalfachleute, er sei zwar immer zur Stelle, wenn man ihn brauche, mehr leiste er aber nicht. Wird beim Kassierer oder beim Bankmitarbeiter in einem Zeugnis nichts über die Ehrlichkeit gesagt, bedeutet dieses Weglassen für den nächsten Arbeitgeber, dass es an einer für einen Bankmitarbeiter wesentlichen Leistung gefehlt hat. Beschränkt sich dagegen das Zeugnis über einen Manager auf die Hervorhebung, er sei ehrlich gewesen

1642 BAG, Urt. v. 23.06.1960, AP Nr. 1 zu § 73 HGB; BAG, Urt. v. 12.08.1976, AP Nr. 11 zu § 630 BGB.
1643 LAG Hamm, Urt. v. 24.09.1985, AR-Blattei, D, Arbeitsvertragsbruch, Entscheidung 25.
1644 BAG, Urt. v. 29.01.1986, AP Nr. 2 zu § 48 TVAL II.
1645 ArbG Hagen, Urt. v. 17.04.1969, DB 1969, 886.
1646 Vgl. dazu *Hümmerich*, AnwaltFormulare Arbeitsrecht, Muster 2210.
1647 LAG Hamm, Urt. v. 22.05.2002, NZA-RR 2003, 71.
1648 BAG, Urt. v. 20.02.2001, NZA 2001, 843; a.A. LAG Hamm, Urt. v. 17.06.1999, MDR 2000, 590; ArbG Darmstadt, Urt. v. 22.12.2000, AE 2001, 72; ArbG Berlin, Urt. v. 07.03.2003, AuR 2003, 278; LAG Berlin, Urt. v. 10.12.1998, BB 1999, 851; ArbG Bremen, Urt. v. 11.02.1992, NZA 1992, 800; LAG Köln, Urt. v. 29.11.1990, LAGE § 630 BGB Nr. 11, wonach nachteilige Rückschlüsse durch eine Dankes-Bedauern-Formel vermieden werden könnten.
1649 LAG Hamm, Urt. v. 12.07.1994, LAGE § 630 BGB Nr. 26.
1650 Vgl. LAG Hamm, Urt. v. 17.06.1999, MDR 2000, 590.

sei, fehlte es dem Mitarbeiter nach Ansicht des Zeugnisausstellers an wichtigen Eigenschaften wie Einfallsreichtum, Entwicklung kreativer Lösungen, Sozialkompetenz, Durchsetzungsvermögen und Fleiß. Die Formulierung im Arbeitszeugnis, der Arbeitnehmer sei »ehrlich und pünktlich«, entwertet die durchschnittliche Leistungsbeurteilung »zu unserer vollen Zufriedenheit«. Denn durch die Hervorhebung der an sich selbstverständlichen Pünktlichkeit (= zeitliche Zuverlässigkeit) und dem Weglassen des wichtigen Beurteilungskriteriums »Zuverlässigkeit« wird dem Arbeitnehmer »zwischen den Zeilen« bescheinigt, dass er im Übrigen nicht zuverlässig ist.[1651]

857 Eine **allgemeine »Geheimsprache«**, sozusagen ein Lexikon der verschlüsselten Botschaften durch unauffällige Formulierungen, gibt es wohl nicht. Nicht jede negativ interpretierbare Formulierung gestattet die Rechtsprechung auf dem Klagewege korrigieren zu lassen. Eine grobe Hilfe, verschlüsselte Botschaften zu erkennen, bietet die Kontrollüberlegung bei jeder wertenden Formulierung: Was attestiert der Aussteller mit den von ihm gewählten Worten nicht? Erkennt man, was die Formulierung nicht hergibt, erkennt man meist auch, was an negativer Leistungs- oder Verhaltensbewertung der Zeugnisschreiber übermitteln wollte. Botschaften und Zeugnisse müssen stets auf ihren individuellen Wortlaut überprüft werden.

858 Unter Personalverantwortlichen ist es beliebt, Informationen über Zeugnisse auszutauschen, die sich dem Arbeitnehmer bei der Lektüre nicht ohne weiteres erschließen. Formuliert der Aussteller des Zeugnisses, der Arbeitnehmer habe sich »bemüht« oder »interessiert gezeigt«, wird damit zum Ausdruck gebracht, dass über Bemühen oder Interesse die Leistung des Arbeitnehmers nicht hinausgegangen sei.[1652] Die Verwendung des Begriffs »sich bemühen« sowie die Bescheinigung von Pünktlichkeit und korrekter Ausnutzung der Arbeitszeit stellen in einem Zeugnis letztlich eine negative Beurteilung dar und entsprechen nicht dem Erfordernis eines wohl wollenden Zeugnisses. Zu den klassischen Angaben über Mitarbeiter, die mehr der Geselligkeit als der Arbeitsleistung zugetan sind, gehören Formulierungen wie »er hat sich bei Betriebsfeiern um eine gute Atmosphäre gekümmert«.

859 Solche »geheimen Zeichen« durften Arbeitszeugnisse schon in der Vergangenheit nicht enthalten, soweit durch sie der Arbeitnehmer in negativer Hinsicht gekennzeichnet wurde.[1653] Mit der Neuregelung des § 109 GewO verankerte der Gesetzgeber diese Rechtsprechung gesetzlich. Nach § 109 Abs. 2 GewO muss das Zeugnis klar und verständlich formuliert sein. Es darf keine Merkmale oder Formulierungen enthalten, die den Zweck haben, andere als aus der äußeren Form oder dem Wortlaut ersichtliche Aussagen über den Arbeitnehmer zu treffen.

860 Nach mittlerweile gefestigter Rechtsprechung hat sich bei der Gesamtleistungsbeurteilung folgende »Notenskala« herausgebildet:[1654]

»Er/Sie hat die ihm/ihr übertragenen Aufgaben

– stets zu unserer vollsten Zufriedenheit erledigt	= sehr gute Leistungen
– stets zu unserer vollen Zufriedenheit erledigt	= gute Leistungen
– zu unserer vollen Zufriedenheit erledigt	= vollbefriedigende Leistungen
– stets zu unserer Zufriedenheit erledigt	= befriedigende Leistungen
– zu unserer Zufriedenheit erledigt	= ausreichende Leistungen
– im Großen und Ganzen zu unserer Zufriedenheit erledigt	= mangelhafte Leistungen
– zu unserer Zufriedenheit zu erledigen versucht	= unzureichende Leistungen«

861 Zwar ist die in der Praxis verwendete Floskel »(stets) zur vollsten Zufriedenheit«, um eine sehr gute bzw. herausragende Leistung zu bescheinigen, ist zwar grammatikalisch unrichtig, weil

1651 ArbG Nürnberg, Urt. v. 02.05.2001, LAGE § 630 BGB Nr. 36.
1652 ArbG Neubrandenburg, Urt. v. 12.02.2003, NZA-RR 2003, 465.
1653 BAG, Urt. v. 23.06.1960, AP Nr. 1 zu § 73 HGB; LAG Hamm, Urt. v. 20.02.1976, BB 1976, 603.
1654 Grundlegend hierzu: BAG, Urt. v. 14.10.2003, NZA 2004, 842; vgl. auch BAG, Urt. v. 23.09.1992, EzA § 630 BGB Nr. 16; LAG Düsseldorf, Urt. v. 08.08.1990 – 12 Sa 816/90 (n.v.); LAG Düsseldorf, Urt. v. 11.06.2003 – 12 Sa 354/03 (n.v.); LAG Bremen, Urt. v. 09.11.2000, NZA-RR 2001, 287, LAG Hamm, Urt. v. 22.05.2002, NZA-RR 2003, 71, LAG Hamm, Urt. v. 13.02.1992, LAGE § 630 BGB Nr. 16, LAG Köln, Urt. v. 18.05.1995, LAGE § 630 BGB Nr. 23, LAG Köln, Urt. v. 02.07.1999, LAGE § 630 BGB Nr. 35.

eine Steigerung des Wortes »voll« sprachlich ausgeschlossen ist. Dennoch hat der Arbeitnehmer Anspruch auf Verwendung dieser Formulierung. Allerdings kann der Arbeitgeber eine sehr gute Leistung auch mit anderen Worten bescheinigen, z.B. durch Verwendung der Worte »größt«, »höchst« oder »äußerst«.[1655]

Werden in einem Arbeitszeugnis die Einzelbeurteilungen ausnahmslos als »sehr gut« bewertet und wurde die Tätigkeit des Arbeitnehmers darüber hinaus als »sehr erfolgreich« hervorgehoben, so ist die abschließende Formulierung, der Arbeitnehmer habe immer »zu unserer vollen Zufriedenheit« (statt »vollsten Zufriedenheit«) seine Aufgaben geleistet, unvereinbar mit den ausgezeichneten Einzelbewertungen.[1656] Ein Arbeitnehmer, dessen Einzelleistungen im Zeugnis durchweg als »gut« bewertet werden, kann statt einer Gesamtbeurteilung »zur vollen Zufriedenheit« eine solche mit »stets zur vollen Zufriedenheit« aber nicht ohne weiteres verlangen kann.[1657] 862

4. Form des Zeugnisses

Das Zeugnis ist maschinenschriftlich zu erstellen.[1658] Mit der Neuregelung des Zeugnisrechts in § 109 GewO ist bestimmt worden, dass Zeugnisse nicht in elektronischer Form ausgestellt werden dürfen, § 109 Abs. 3 GewO. Für die Erstellung ist haltbares Papier von guter Qualität zu verwenden.[1659] Das Zeugnis darf keine Flecken, Radierungen, Verbesserungen oder ähnliches enthalten.[1660] Das Zeugnis darf nicht bereits durch seine äußere Form den Eindruck erwecken, als distanziere sich der Aussteller von seinem Inhalt. Schreibfehler sind zu berichtigen, wenn sie negative Folgen für den Arbeitnehmer haben könnten.[1661] Die Verwendung der Schriftgröße »10« ist nicht zu beanstanden.[1662] Werden im Geschäftszweig des Arbeitgebers für schriftliche Äußerungen üblicherweise Firmenbögen verwendet und verwendet auch der Arbeitgeber solches Geschäftspapier, so ist ein Zeugnis nur dann ordnungsmäßig, wenn es auf Firmenpapier geschrieben ist.[1663] Gebraucht der Arbeitgeber für bestimmte Anlässe einen sog Repräsentationsbogen ohne Anschriftenfeld, so ist dieser auch für das qualifizierte Zeugnis zu verwenden.[1664] 863

Als **Datum der Ausstellung** ist grundsätzlich das Datum des Ausstellungstages, nicht das des tatsächlichen oder rechtlichen Endes des Arbeitsverhältnisses zu nehmen. Ein vom Arbeitgeber berichtigtes Zeugnis ist allerdings dann auf das ursprüngliche Ausstellungsdatum zurückzudatieren, wenn die verspätete Ausstellung nicht vom Arbeitnehmer zu vertreten ist.[1665] Wird ein bereits erteiltes Zeugnis vom Arbeitgeber inhaltlich geändert bzw. berichtigt, so hat das berichtigte Zeugnis das Datum des ursprünglich und erstmals erteilten Zeugnisses zu tragen hat, und zwar unabhängig davon, ob der Arbeitgeber die Berichtigung von sich aus vornimmt oder ob er dazu gerichtlich verurteilt oder durch Prozessvergleich angehalten wurde. Verlangt der Arbeitnehmer erst einige Zeit nach seinem Ausscheiden erstmalig ein Zeugnis, kann er eine Rückdatierung auf den Tag der Beendigung nicht ohne weiteres verlangen.[1666] 864

Das Zeugnis schließt mit der **eigenhändigen Unterschrift** des Arbeitgebers oder des für ihn handelnden Vertreters. Schließt das Arbeitszeugnis mit dem in Maschinenschrift angegebenen Namen 865

1655 BAG, Urt. v. 23.09.1992, EzA § 630 BGB Nr. 16; LAG Düsseldorf, Urt. v. 11.06.2003 – 12 Sa 354/03 (n.v.).
1656 BAG, Urt. v. 23.09.1992, EzA § 630 BGB Nr. 16.
1657 LAG Frankfurt, Urt. v. 14.10.2002 – 16 Sa 824/02 (n.v.), in diesem Punkt bestätigt durch BAG, Urt. v. 14.10.2004, NZA 2004, 842, 844.
1658 BAG, Urt. v. 03.03.1993, AP Nr. 20 zu § 630 BGB.
1659 BAG, Urt. v. 03.03.1993, AP Nr. 20 zu § 630 BGB.
1660 BAG, Urt. v. 03.03.1993, AP Nr. 20 zu § 630 BGB.
1661 ArbG Düsseldorf, Urt. v. 19.12.1984, NZA 1985, 812.
1662 LAG Frankfurt, Beschl. v. 13.08.2002 – 16 Ta 255/02 (n.v.).
1663 BAG, Urt. v. 03.03.1993, AP Nr. 20 zu § 630 BGB.
1664 LAG Hamm, Urt. v. 27.02.1997, NZA-RR 1998, 151.
1665 BAG, Urt. v. 09.09.1992, AP Nr. 19 zu § 630 BGB.
1666 LAG Bremen 23.06.1989 LAGE § 630 BGB Nr. 6; ArbG Karlsruhe 19.09.1985 NZA 1986, 169; offen gelassen von BAG, Urt. v. 09.09.1992, AP Nr. 19 zu § 630 BGB.

des Ausstellers und seiner Funktion, so muss das Zeugnis von diesem persönlich unterzeichnet werden.[1667] Der Name des Ausstellers muss mit Tinte oder Kugelschreiber, nicht mit Bleistift, voll und nicht bloß als Paraphe ausgeschrieben sein.[1668] Zur Erfüllung der Schriftform genügen weder ein Faksimile noch eine kopierte Unterschrift, so dass auch eine Zeugniserteilung per E-Mail oder per Telefax oder durch Übergabe einer Kopie die gesetzliche Schriftform nicht wahrt.[1669] Ist die bloße Unterschrift nicht entzifferbar, bedarf die Unterschrift des Ausstellers des Weiteren der maschinenschriftlichen Namensangabe.[1670] Bei einem qualifizierten Zeugnis muss der Unterzeichner erkennbar ranghöher sein als der beurteilte Mitarbeiter.[1671]

866 Der Arbeitnehmer hat nach einer Entscheidung des BAG keinen Anspruch auf ein ungeknicktes Zeugnis.[1672] Der Arbeitgeber darf den Zeugnisbogen zweimal falten, um den Zeugnisbogen in einem Geschäftsumschlag üblicher Größe unterzubringen, wenn das Originalzeugnis kopierfähig ist und die Knicke im Zeugnisbogen sich nicht auf den Kopien abzeichnen, z.B. durch Schwärzungen. Während das LAG Schleswig-Holstein den Anspruch auf ein ungeknicktes Zeugnis bereits vor dieser BAG-Entscheidung abgelehnt hatte,[1673] hatte das LAG Hamburg den Anspruch bejaht.[1674]

IV. Änderung, Neuerteilung und Widerruf des Zeugnisses

867 Der Arbeitnehmer hat einen Anspruch auf Erteilung eines Zeugnisses, das nach Form und Inhalt den gesetzlichen Bestimmungen entspricht. Erteilt der Arbeitgeber ein Zeugnis, das den Anforderungen nicht genügt, hat der Arbeitnehmer einen Anspruch auf **Ergänzung bzw. Berichtigung** des Zeugnisses. Bei dem Berichtigungsanspruch handelt es sich um die Geltendmachung des Erfüllungsanspruchs.[1675] Der Arbeitnehmer hat Anspruch auf Berichtigung des Zeugnisses, wenn das Zeugnis nicht den formalen oder inhaltlichen Anforderungen entspricht. Der Arbeitgeber muss dem Arbeitnehmer ein neues Zeugnis ausstellen. Dabei muss er das Zeugnis so gestalten, als ob es sich um eine Erstausfertigung handeln würde.[1676] Insbesondere muss es das Ausstellungsdatum des berichtigten Zeugnisses tragen. Eine Bezugnahme auf das Gerichtsurteil oder den Vergleich, der zur Berichtigung geführt hat, ist unzulässig.[1677] Zu einer Ergänzung eines Zeugnisses kann der Arbeitgeber nur dann verurteilt werden, wenn nach Auffassung des Gerichtes für einen Dritten nicht erkennbar ist, dass es sich um eine – nachträglich eingefügte – Ergänzung handelt.[1678] Der Arbeitnehmer kann die Berichtigung im Wege der Klage geltend machen.

868 Ein transsexueller Arbeitnehmer kann von einem früheren Arbeitgeber die Neuerteilung des Zeugnisses mit geändertem Vornamen bzw. mit geändertem Geschlecht verlangen.[1679] Selbst dann, wenn die Personalakte des Arbeitnehmers infolge Zeitablaufs vernichtet sein sollte, kann der Arbeitgeber die Neuerteilung eines Zeugnisses nicht unter Berufung auf Verwirkung verweigern, da das ursprünglich erteilte Zeugnis zurückzugeben ist und der Arbeitgeber dieses ohne jegliche inhaltliche Überprüfung nur hinsichtlich des geänderten Namens und Geschlechts und der sich daraus ergebenden grammatikalischen Änderungen umformulieren muss.

1667 BAG, Urt. v. 21.09.1999, NZA 2000, 257.
1668 LAG Hamm, Urt. v. 02.04.1998 – 4 Sa 1735/97 (n.v.).
1669 LAG Bremen, Urt. v. 23.06.1989, BB 1989, 1825; LAG Hamm, Urt. v. 28.03.2000, NZA 2001, 576.
1670 LAG Bremen, Urt. v. 23.06.1989, BB 1989, 1825; LAG Hamm, Urt. v. 28.03.2000, NZA 2001, 576.
1671 Siehe hierzu Rn 837.
1672 Urt. v. 21.09.1999 – 9 AZR 893/98 (n.v.).
1673 Beschl. v. 09.12.1997, BB 1998, 275.
1674 Urt. v. 07.09.1993, NZA 1994, 980.
1675 BAG, Urt. v. 14.10.2004, NZA 2004, 842, 845.
1676 LAG Baden-Württemberg, Urt. v. 27.10.1966, DB 1967, 48.
1677 LAG Baden-Württemberg, Urt. v. 27.10.1966, BB 1967, 161.
1678 LAG Bremen, Urt. v. 23.06.1989, NZA 1989, 848.
1679 LAG Hamm, Urt. v. 17.12.1998, NZA-RR 1999, 455.

Von den Fällen der (inhaltlichen) Zeugnisberichtigung sind die Fälle zu unterscheiden, in denen der Arbeitnehmer die Neuausstellung eines (inhaltlich richtigen und nicht beanstandeten) Zeugnisses begehrt, weil es **beschädigt** worden oder **verloren gegangen** ist, oder weil das Zeugnis mit dem Eingangstempel einer Gewerkschaft oder eines Rechtsanwalts versehen wurde. In solchen Fällen ist der Arbeitgeber kraft seiner nachvertraglichen Fürsorgepflicht verpflichtet, auf Kosten des Arbeitnehmers ein neues Zeugnis zu erteilen.[1680] Auf ein Verschulden des Arbeitnehmers kommt es nicht an. Entscheidend ist allein die Frage, ob dem früheren Arbeitgeber die Ersatzausstellung des Zeugnisses zugemutet werden, insbesondere ob er anhand (noch) vorhandener Personalunterlagen ohne großen Arbeitsaufwand das Zeugnis neu schreiben kann oder nicht. 869

Der Arbeitgeber kann das Zeugnis widerrufen und Herausgabe des Zeugnisses Zug um Zug gegen Neuerteilung verlangen, wenn er sich bei der Erteilung geirrt hat.[1681] Ein Widerruf kommt allerdings nur dann in Betracht, wenn wegen nachträglich bekannt gewordener Umstände die grobe Unrichtigkeit des Zeugnisses erkennbar wird und sich das Interesse eines anderen Arbeitgebers an einer Mitteilung dieser Umstände geradezu aufdrängt. Hat der Arbeitgeber das Zeugnis dagegen bewusst unrichtig erteilt, kann er das Zeugnis grundsätzlich nicht zurückfordern.[1682] Etwas anderes gilt aber dann, wenn der Gebrauch des Zeugnisses gegen die guten Sitten verstößt.[1683] 870

V. Erlöschen des Zeugnisanspruchs

1. Erfüllung

Wie jeder andere privatrechtliche Anspruch erlischt auch der Zeugnisanspruch gem. § 362 BGB durch Erfüllung. Diese tritt dann ein, wenn dem Arbeitnehmer ein nach Form und Inhalt den gesetzlichen Vorschriften entsprechendes Zeugnis erteilt worden ist. Der Anspruch auf Erteilung des Zeugnisses ist grundsätzlich eine **Holschuld**.[1684] Aus Gründen der nachwirkenden Fürsorge kann aus der Holschuld aber eine Schickschuld werden. Dies wird dann angenommen, wenn die Abholung für den Arbeitnehmer mit unverhältnismäßig hohen Kosten oder besonderer Mühe verbunden wäre[1685] oder der Arbeitnehmer seinen Wohnort inzwischen an einen weit entfernten Ort verlegt hat.[1686] Das Gleiche gilt, wenn der Arbeitnehmer die Erteilung des Zeugnisses rechtzeitig vor der Beendigung des Arbeitsverhältnisses verlangt hat, es jedoch bis zur Beendigung des Arbeitsverhältnisses aus Gründen, die in der Sphäre des Arbeitgebers liegen, nicht zur Abholung bereit liegt.[1687] 871

Dem Arbeitgeber steht an den Arbeitspapieren und damit auch am Arbeitszeugnis selbst dann **kein Zurückbehaltungsrecht** zu, wenn er noch Ansprüche gegen den Arbeitnehmer hat. Dies gilt selbst in den Fällen grober Pflichtverletzung durch den Arbeitnehmer.[1688] 872

2. Verjährung, Verzicht, Verwirkung, Ausschlussklauseln

Der Anspruch auf Zeugniserteilung ist unabdingbar und kann daher nicht für die Zukunft ausgeschlossen oder erlassen werden. Er **verjährt** nach § 195 BGB in dreißig Jahren. Umstritten ist, ob der 873

1680 LAG Hamm, Urt. v. 15.07.1986, LAGE § 630 BGB Nr. 5; LAG Hamm, Urt. v. 17.12.1998, NZA-RR 1999, 455.
1681 ArbG Passau, Urt. v. 15.10.1990, BB 1991, 350.
1682 LAG Berlin, Urt. v. 22.09.1950, BB 1951, 559; ArbG Duisburg, Urt. v. 03.02.1950, BB 1950, 396.
1683 LAG Frankfurt, Urt. v. 25.10.1950, DB 1951, 308.
1684 BAG, Urt. v. 08.03.1995, AP Nr. 21 zu § 630 BGB; LAG Düsseldorf, Urt. v. 18.12.1962, DB 1963, 419; LAG Frankfurt, Urt. v. 01.03.1984, DB 1984, 2200; ArbG Wetzlar, Beschl. v. 21.07.1971, BB 1972, 222.
1685 LAG Frankfurt, Urt. v. 01.03.1984, DB 1984, 2200.
1686 ArbG Wetzlar, Beschl. v. 21.07.1971, BB 1972, 222.
1687 LAG Frankfurt, Urt. v. 01.03.1984, DB 1984, 2200.
1688 LAG Düsseldorf, Urt. v. 18.04.1966, BB 1967, 1207.

Anspruch nach Beendigung des Arbeitsverhältnisses **erlassen** werden kann.[1689] Das LAG Köln geht davon aus, dass auch in einer **Ausgleichsquittung** aus Anlass der Beendigung eines Arbeitsverhältnisses auf Ansprüche auf ein Zeugnis verzichtet werden kann.[1690] Voraussetzung ist jedoch, dass in der Ausgleichquittung mit hinreichender Deutlichkeit der Verzicht auf das Zeugnis vereinbart wird. Allgemein gehaltene Ausgleichsklauseln – etwa in Vergleichen, die einen Kündigungsschutzprozess beenden – können nicht ohne weiteres dahin ausgelegt werden, dass sie auch einen Verzicht auf ein qualifiziertes Zeugnis enthalten.[1691]

874 Der Anspruch auf Zeugniserteilung unterliegt wie jeder schuldrechtliche Anspruch der **Verwirkung**.[1692] Dies gilt auch für den Anspruch auf Abänderung des Zeugnisses. Der Anspruch ist verwirkt, wenn Zeit- und Umstandsmoment erfüllt sind, der Gläubiger sein Recht also längere Zeit nicht ausgeübt und dadurch beim Schuldner die Überzeugung hervorgerufen hat, er werde sein Recht nicht mehr geltend machen. Hinsichtlich des Zeugnisanspruchs gilt die Besonderheit, dass das Zeugnis der Wahrheit entsprechen muss. Nach Ablauf eines längeren Zeitraums ist nicht mehr gewährleistet, dass es inhaltlich zutrifft, da das menschliche Erinnerungsvermögen nachlässt, der Eindruck, den der Beurteilende hat, mehr und mehr verblasst und auch die Beurteilenden den Arbeitsplatz wechseln.[1693] Die Frage, wann Verwirkung eintritt hängt entscheidend von den Umständen des Einzellfalls ab. Nach einem relativ kurzen Zeitraum von weniger als drei[1694] Monaten tritt eine Verwirkung nicht ein. Ein Anspruch auf Berichtigung eines vom Arbeitgeber bereits geänderten Zeugnisses mit überdurchschnittlichem Inhalt fünf Monate nach Ausscheiden aus dem Arbeitsverhältnis und Erteilung des geänderten Zeugnisses kann verwirkt sein.[1695] Hat der Arbeitgeber in unmittelbarer zeitlicher Nähe zu einem arbeitsgerichtlichen Vergleich ein qualifiziertes Zeugnis erteilt, darf er davon ausgehen, dass der Arbeitnehmer alsbald Einwendungen erheben wird, wenn er mit dem Inhalt des Zeugnisses nicht einverstanden ist.[1696] Wartet der Arbeitnehmer einen längeren Zeitraum von 10 Monaten[1697] oder mehr[1698] ab, hat dies zur Folge, dass der Anspruch auf Erteilung und Abänderung des Zeugnisses verwirkt ist. Die Korrektur eines zweieinhalb Jahre alten Zwischenzeugnisses kann nicht mehr verlangt werden.[1699]

875 **Tarifliche Ausschlussfristen** können auch den Anspruch auf Erteilung eines Zeugnisses erfassen.[1700] Ob der Anspruch von einer tariflichen Ausschlussfrist erfasst wird, ist im Wege der Auslegung zu ermitteln. Die Ausschlussfrist des § 70 BAT erfasst den Anspruch auf Zeugniserteilung.[1701] Erfasst eine tarifliche Regelung alle »Ansprüche aus dem Arbeitsverhältnis« sind hinsichtlich des sachlichen Umfanges und im Hinblick auf die Ordnungsfunktion der Verfallklausel

1689 Dafür: LAG Köln, Urt. v. 17.06.1994, LAGE § 630 BGB Nr. 22; Schaub/*Linck*, § 146 I 7; Staudinger/*Preis*, § 630 Rn 7; dagegen: MüKo-BGB/*Schwerdtner*, § 630 Rn 45; offen gelassen von BAG, Urt. v. 16.09.1974, AP Nr. 9 zu § 630 BGB.

1690 LAG Köln, Urt. v. 17.06.1994, LAGE § 630 BGB Nr. 22.

1691 BAG, Urt. v. 16.09.1974, AP Nr. 9 zu § 630 BGB; anders LAG Hamm, Urt. v. 10.04.2002, NZA-RR 2003, 463, wonach eine einzelvertragliche Ausschlussklausel, die »alle Ansprüche, die sich aus dem Arbeitsverhältnis ergeben« betrifft, auch den Anspruch auf »Berichtigung« des qualifizierten Arbeitszeugnisses erfasst.

1692 BAG, Urt. v. 26.06.2001, NZA 2002, 33; BAG, Urt. v. 17.02.1988, AP Nr. 17 zu § 630 BGB; LAG Hamm, Urt. v. 16.03.1989, BB 1989, 1486; LAG Saarland, Urt. v. 28.02.1990, LAGE § 630 BGB Nr. 9; LAG Düsseldorf, Urt. v. 11.11.1994, DB 1995, 1135.

1693 BAG, Urt. v. 17.02.1988, AP Nr. 17 zu § 630 BGB; LAG Frankfurt, Urt. v. 31.03.1999 – 2 Sa 570/96 (n.v.).

1694 LAG Hamm, Urt. v. 16.03.1989, BB 1989, 1486.

1695 LAG Frankfurt, Urt. v. 31.03.1999 – 2 Sa 570/96 (n.v.).

1696 LAG Hamm, Urt. v. 03.07.2002, NZA-RR 2003, 73.

1697 BAG, Urt. v. 17.02.1988, AP Nr. 17 zu § 630 BGB.

1698 LAG Frankfurt, Urt. v. 31.03.1999 – 2 Sa 570/96 (n.v.): 15 Monate; LAG Köln, Urt. v. 08.02.2000, NZA-RR 2001, 130: 12 Monate; LAG Düsseldorf, Urt. v. 11.11.1994, DB 1995, 1135: 11 Monate.

1699 LAG Berlin, Urt. v. 14.11.2002, LAGReport 2003, 80.

1700 BAG, Urt. v. 23.02.1983, AP Nr. 10 zu § 70 BAT; LAG Köln, Urt. v. 11.02.2002 – 7 Sa 530/02 (n.v.); a.A. LAG Hamm, 28.03.2000, NZA 2001, 576 zum Berichtigungsanspruch.

1701 BAG, Urt. v. 23.02.1983, AP Nr. 10 zu § 70 BAT; BAG, Urt. v. 30.01.1991. NZA 1991, 599; a.A. LAG Hamm, Urt. v. 21.12.1993 – 4 Sa 1123/93 (n.v.).

eines Tarifvertrages grundsätzlich alle denkbaren Ansprüche gemeint, auch Ansprüche auf Erteilung eines Arbeitszeugnisses.[1702] Die Ausschlussfrist für die Geltendmachung des Anspruchs auf Zeugniserteilung beginnt mit dem Tag der endgültigen Beendigung des Arbeitsverhältnisses, für den Berichtigungsanspruch ab Zustellung des berichtigten Zeugnisses.[1703]

VI. Gerichtliche Geltendmachung

1. Prozessuales

Der Anspruch auf Zeugniserteilung und der Anspruch auf Zeugnisberichtigung kann im Klageweg geltend gemacht werden. Der Klageantrag richtet sich auf die **Erstellung** des Zeugnisses, wenn der Arbeitgeber kein Zeugnis erteilt hat. Begehrt der Arbeitnehmer die **Berichtigung** eines Zeugnisses, muss im Klageantrag im Einzelnen angegeben werden, welchen Wortlaut das prozessual angestrebte Zeugnis haben soll.[1704] Da das Zeugnis ein einheitliches Ganzes ist und seine Teile nicht ohne die Gefahr der Sinnentstellung auseinander gerissen werden können, sind die Gerichte befugt, ggf. das gesamte Zeugnis zu überprüfen und unter Umständen neu zu formulieren.[1705] Der Arbeitgeber muss dann das Zeugnis erteilen, ohne auf das Urteil zu verweisen.[1706] Das Zeugnis ist auf den Tag der Erstausstellung zurückzudatieren.[1707] 876

Verlangt ein Arbeitnehmer nicht nur ein einfaches oder qualifiziertes Zeugnis, sondern außerdem auch einen **bestimmten Zeugnisinhalt**, so hat er im Klageantrag genau zu bezeichnen, was in welcher Form das Zeugnis enthalten soll.[1708] Ein Antrag, mit dem der Arbeitgeber verurteilt werden soll, ein Zeugnis über Führung und Leistung im Arbeitsverhältnis zu erteilen, aus dem sich ergibt, dass der Arbeitnehmer stets zur vollsten Zufriedenheit tätig war und dass sein Verhalten jederzeit und in jeder Hinsicht einwandfrei war, entspricht nicht dem Bestimmtheitserfordernis des § 253 Abs. 2 Nr. 2 ZPO.[1709] Klagt der Arbeitnehmer erstmals auf Erteilung eines qualifizierten Zeugnisses und formuliert er den gewünschten Text im Klageantrag vor, so kann sich der Arbeitgeber damit begnügen, darzulegen und ggf. unter Beweis zu stellen, inwieweit er den Vorstellungen des Arbeitnehmers nicht entsprechen kann. In einem solchen Falle ist dann – wie bei einem Rechtsstreit über die Zeugnisberichtigung – der Streit der Parteien im Rahmen des Klageantrags über die gesamte Inhaltsfrage des Zeugnisses zu klären und festzulegen, welches Zeugnis mit welchem Wortlaut vom Arbeitgeber zu erteilen ist.[1710] 877

Bei der Erteilung oder Berichtigung eines qualifizierten Zeugnisses beträgt der **Streitwert** in der Regel ein Bruttomonatseinkommen.[1711] Bei einem Streit über die Erteilung eines Zwischenzeugnisses beläuft sich der Streitwert auf ein halbes Bruttomonatseinkommen.[1712] Die Aufnahme einer Verpflichtung des Arbeitgebers zur Zeugniserteilung in einem im Rahmen des Kündigungsschutzverfahrens abgeschlossenen Prozessvergleichs soll regelmäßig nicht zu einem Vergleichsmehrwert führen, wenn über die Verpflichtung zwischen den Arbeitsvertragsparteien kein Streit besteht, da 878

1702 BAG, Urt. v. 30.01.1991. NZA 1991, 599; LAG Hamm, Urt. v. 09.12.1980, ARST 1981, 112.
1703 LAG Sachsen, Urt. v. 30.01.1996, NZA-RR 1997, 47.
1704 LAG Düsseldorf, Urt. v. 21.08.1973, DB 1973, 1853; LAG Hamm, Urt. v. 13.02.1992, LAGE § 630 BGB Nr. 16.
1705 BAG, Urt. v. 23.06.1960, AP Nr. 1 zu § 73 HGB; BAG, Urt. v. 24.03.1977, AP Nr. 12 zu § 630 BGB.
1706 LAG Baden-Württemberg, Urt. v. 27.10.1966, BB 1967, 161.
1707 BAG, Urt. v. 09.09.1989, AP Nr. 19 zu § 630 BGB; LAG Bremen, Urt. v. 23.06.1989, BB 1989, 1825; ArbG Karlsruhe, Urt. v. 19.09.1985, NZA 1986, 169.
1708 BAG, Urt. v. 14.03.2000, FA 2000, 286.
1709 BAG, Urt. v. 14.03.2000, FA 2000, 286.
1710 LAG Hamm, Urt. v. 28.03.2000, BuW 2001, 220.
1711 BAG, Urt. v. 20.01.1967, AP Nr. 16 zu § 12 ArbGG 1953; LAG Köln, Beschl. v. 29.12.2000, NZA-RR 2001, 324; LAG Düsseldorf, Urt. v. 26.08.1982, EzA § 12 ArbGG 1979 Streitwert Nr. 18; LAG Frankfurt, Beschl. v. 09.12.1970, BB 1971, 653; LAG Hamm, Beschl. v. 19.06.1986, AnwBl 1987, 497; LAG Saarbrücken, Beschl. v. 08.02.1977, AnwBl 1977, 252; LAG Schleswig-Holstein, Beschl. v. 18.03.1986, AnwBl 1987, 497; siehe auch ausführlich § 19 Rn 127.
1712 LAG Rheinland-Pfalz, Beschl. v. 18.01.2002, MDR 2002, 954;LAG Hamm, Beschl. v. 23.02.1989, DB 1989, 1344.

hierin lediglich die Titulierung der gesetzlichen Verpflichtung zur Erteilung eines Zeugnisses zu sehen ist.[1713]

879 Die Klage auf Erteilung eines Zeugnisses, verbunden mit der Kündigungsschutzklage, kann **mutwillig** i.S.d. § 114 ZPO sein, wenn der Anspruch nicht vorher außergerichtlich erfolglos geltend gemacht worden ist und Anhaltspunkte dafür, dass der Arbeitgeber den Anspruch nicht erfüllen will, nicht bestehen.[1714]

880 Die **Vollstreckung** eines stattgebenden Urteils richtet sich nach § 888 ZPO.[1715] Die Zeugniserteilung ist eine unvertretbare Handlung, da das Zeugnis eigenhändig unterschrieben werden muss. Die inhaltliche Richtigkeit wird im Zwangsvollstreckungsverfahren nicht überprüft. Der Berichtigungsanspruch ist im Erkenntnisverfahren durchzusetzen. Hat sich der Arbeitgeber in einem gerichtlichen Vergleich verpflichtet, seinem früheren Arbeitnehmer ein »qualifiziertes Arbeitszeugnis« zu erteilen, so kann, wenn die äußeren Merkmale eines qualifizierten Zeugnisses vorliegen, der Arbeitgeber im Vollstreckungsverfahren gem. § 888 ZPO daher nicht angehalten werden, dem Zeugnis einen bestimmten Inhalt zu geben.[1716] Entspricht das Zeugnis aber schon der Form nach nicht annähernd den Anforderungen an ein qualifiziertes Arbeitszeugnis, kann eine Änderung im Vollstreckungsverfahren betrieben werden. Ist ein Zeugnis nicht unterzeichnet, ist es formal unvollständig, so dass seine Ergänzung im Vollstreckungsverfahren durchgesetzt werden kann, denn eine nicht gehörige Erfüllung der Zeugniserteilungspflicht durch Ausstellung eines nicht ordnungsgemäßen Zeugnisses ist einer Nichterfüllung im Sinne des § 888 ZPO gleichzusetzen.[1717]

881 Hat sich der Arbeitgeber in einem **gerichtlichen Vergleich** zur Erteilung eines Arbeitszeugnisses »auf der Basis« eines Zwischenzeugnisses verpflichtet, kann die Zwangsvollstreckung bezüglich eines bestimmten Zeugnisinhalts schon dann nicht betrieben werden, wenn der Inhalt des Zwischenzeugnisses weder im Vergleichstext wiedergegeben noch der Text des Zwischenzeugnisses nach § 160 Abs. 5 ZPO dem Protokoll beigefügt ist.[1718]

882 Zeugniserteilungs- und Berichtigungsanspruch kann der Arbeitnehmer auch mittels **einstweiliger Verfügung** durchsetzen. Verfügungsanspruch und Verfügungsgrund liegen vor, wenn der Arbeitnehmer sich ernsthaft, aber vergeblich um die Erteilung bzw. Berichtigung des Zeugnisses bemüht hat und ohne das Zeugnis im Hinblick auf einen neuen Arbeitsplatz Nachteile drohen. Allerdings ist bei der Prüfung der Voraussetzungen für eine einstweilige Verfügung ein strenger Maßstab anzulegen. Dazu bedarf es neben der Glaubhaftmachung, dass ein Obsiegen im Verfahren zur Hauptsache überwiegend wahrscheinlich ist (Verfügungsanspruch), auch der Darlegung und Glaubhaftmachung, dass das erteilte Zeugnis schon nach der äußeren Form und seinem Inhalt als Grundlage für eine Bewertung ungeeignet ist (Verfügungsgrund).[1719]

2. Darlegungs- und Beweislast

883 Der Arbeitnehmer, der die Erteilung eines Zeugnisses verlangt, hat zunächst die Tatsachen vorzutragen, aus denen sich der Zeugnisanspruch ergibt, also das Bestehen eines Arbeitsverhältnisses, dessen Beendigung und – wenn ein qualifiziertes Zeugnis begehrt wird – das entsprechende »Verlangen«. Dem Arbeitgeber obliegt es dann als Schuldner, die Tatsachen darzulegen, aus denen sich das Nichtbestehen des Zeugnisanspruchs ergibt, insbesondere der Einwand, der Zeugnisanspruch sei i.S.v. § 362 BGB erfüllt. Trägt der Arbeitgeber vor, er habe ein den gesetzlichen Anforderungen

1713 LAG Köln, Beschl. v. 21.06.2002, MDR 2002, 1441; LAG Köln, Beschl. v. 29.12.2000, NZA-RR 2001, 324.
1714 LAG Berlin, Beschl. v. 19.06.2002 – 3 Ta 1034/02 (n.v.).
1715 BAG, Urt. v. 29.01.1986, AP Nr. 2 zu § 48 TVAL II; LAG Frankfurt, Urt. v. 25.06.1980, DB 1981, 534.
1716 LAG Schleswig-Holstein, Beschl. v. 12.07.1995 – 4 Ta 78/95 (n.v.); LAG Frankfurt, Beschl. v. 16.06.1989, LAGE § 630 BGB Nr. 7.
1717 LAG Hamm, Urt. v. 28.03.2000, NZA 2001, 576.
1718 LAG Frankfurt, Beschl. v. 17.03.2003 – 16 Ta 82/03 (n.v.).
1719 LAG Köln, Beschl. v. 05.05.2003 – 12 Ta 133/03 (n.v.).

entsprechendes Zeugnis erteilt, das also formell ordnungsgemäß ist und den allgemein erforderlichen Inhalt hat (also Angaben zu Art und Dauer des Arbeitsverhältnisses und zur Führung und Leistung des Arbeitnehmers enthält), so genügt er zunächst seiner Darlegungslast.[1720] Bei einem Streit über den Umfang der dem Arbeitnehmer übertragenen Aufgaben muss der **Arbeitnehmer** beweisen, dass ihm die Aufgaben übertragen wurden und er diese auch tatsächlich wahrgenommen hat.

Für die Leistungsbeurteilung gilt im »Berichtigungsprozess« folgende **abgestufte Darlegungs- und Beweislast**: Der Arbeitnehmer hat einen Anspruch auf eine durchschnittliche Bewertung, wenn der Arbeitgeber Defizite nicht substantiiert darlegt und notfalls beweist.[1721] Fordert der Arbeitnehmer die Bescheinigung überdurchschnittlicher Leistungen, trifft ihn die Darlegungs- und Beweislast.[1722] Erteilt der Arbeitgeber dem Arbeitnehmer auf seinen Wunsch ein qualifiziertes Zeugnis, so hat der Arbeitnehmer Anspruch darauf, dass seine Leistung der Wahrheit gemäß beurteilt wird. Bei deren Einschätzung hat der Arbeitgeber einen Beurteilungsspielraum, der von den Gerichten für Arbeitssachen nur beschränkt überprüfbar ist. Voll überprüfbar sind dagegen die Tatsachen, die der Arbeitgeber seiner Leistungsbeurteilung zugrunde gelegt hat. Hat der Arbeitgeber dem Arbeitnehmer insgesamt eine »durchschnittliche« Leistung bescheinigt, hat der Arbeitnehmer die Tatsachen vorzutragen und zu beweisen, aus denen sich eine bessere Beurteilung ergeben soll. Hat der Arbeitgeber den Arbeitnehmer als »unterdurchschnittlich« beurteilt, obliegt dem Arbeitgeber, die seiner Beurteilung zugrunde liegenden Tatsachen darzulegen und zu beweisen.[1723] Allein die beanstandungsfreie Tätigkeit rechtfertigt für sich keine bessere als eine durchschnittliche Beurteilung.[1724] 884

VII. Haftung des Arbeitgebers

Der Arbeitgeber haftet gegenüber dem Arbeitnehmer für die schuldhafte Nichterteilung, verspätete Erteilung oder Erteilung eines unrichtigen Zeugnisses.[1725] Der zu ersetzende Schaden kann zum einen in dem **Verdienstausfall** liegen, den der Arbeitnehmer dadurch erleidet, dass er wegen der aufgrund des Verhaltens des Arbeitgebers gegebenen Unfähigkeit zur Vorlage eines ordnungsgemäßen Zeugnisses keinen Arbeitsplatz findet; zum anderen kann sich der Schaden aus einem **Minderverdienst** ergeben, den der Arbeitnehmer hinzunehmen hat, weil er aufgrund des fehlenden ordnungsgemäßen Zeugnisses zu schlechteren Arbeitsbedingungen eingestellt wird. Die Darlegungs- und Beweislast dafür, dass die Nichterteilung, verspätete Erteilung oder die Erteilung eines unrichtigen Zeugnisses für den Schaden des Arbeitnehmers ursächlich gewesen ist, liegt beim Arbeitnehmer.[1726] Es gibt keinen allgemeinen Erfahrungssatz, wonach das Fehlen eines Zeugnisses für den Misserfolg bei Bewerbungen um einen anderen Arbeitsplatz ursächlich ist.[1727] Der Arbeitnehmer muss darlegen und im Streitfall beweisen, dass ein bestimmter Arbeitgeber bereit gewesen wäre, ihn einzustellen, sich dann aber wegen des fehlenden Zeugnisses davon habe abhalten lassen. Dem 885

1720 BAG, Urt. v. 23.06.1960, AP Nr. 1 zu § 73 HGB.

1721 BAG, Urt. v. 24.03.1977, AP Nr. 12 zu § 630 BGB; LAG Düsseldorf, Urt. v. 11.06.2003 – 12 Sa 354/03 (n.v.); LAG Düsseldorf, Urt. v. 26.02.1985, DB 1985, 2692; LAG Frankfurt, Urt. v. 09.06.1991, LAGE § 630 BGB Nr. 14; LAG Hamm, Urt. v. 16.03.1989, BB 1989, 1486; LAG Hamm, Urt. v. 13.02.1992, LAGE § 630 BGB Nr. 16; LAG Köln, Urt. v. 26.04.1996, NZA-RR 1997, 84.

1722 BAG, Urt. v. 14.10.2004, NZA 2004, 842; LAG Düsseldorf, Urt. v. 26.02.1985, DB 1985, 2692; LAG Düsseldorf, Urt. v. 12.03.1986, LAGE § 630 BGB Nr. 2; LAG Frankfurt, Urt. v. 06.09.1991, LAGE § 630 BGB Nr. 14; LAG Köln, Urt. v. 26.04.1996, NZA-RR 1997, 84.

1723 BAG, Urt. v. 14.10.2003, FA 2003, 378.

1724 LAG Düsseldorf, Urt. v. 26.02.1985, NZA 1985, 503.

1725 BAG, Urt. v. 16.11.1995, EzA § 630 BGB Nr. 20; BAG, Urt. v. 25.10.1967, AP Nr. 6 zu § 73 HBG.

1726 BAG, Urt. v. 16.11.1995, EzA § 630 BGB Nr. 20; BAG, Urt. v. 25.10.1967, AP Nr. 6 zu § 73 HGB; BAG, Urt. v. 26.02.1976, AP Nr. 3 zu § 252 BGB; ArbG Frankfurt, Urt. v. 26.11.2002, AuB 2003, 29.

1727 BAG, Urt. v. 16.11.1995, EzA § 630 BGB Nr. 20; BAG, Urt. v. 25.10.1967, AP Nr. 6 zu § 73 HGB; BAG, Urt. v. 24.03.1977, DB 1977, 1369.

Arbeitnehmer kommen aber die Beweiserleichterungen der §§ 252 Satz 2 BGB, 287 ZPO zugute, wonach der Nachweis von Tatsachen genügt, die den Schadenseintritt wahrscheinlich machen.[1728]

886 Der Arbeitgeber haftet gegenüber dem neuen Arbeitgeber aus vorsätzlicher, sittenwidriger Schädigung nach § 826 BGB, wenn der Arbeitgeber in dem Zeugnis wissentlich falsche Angaben über einen die **Verlässlichkeit des Arbeitnehmers** im Kern berührenden Punkt gemacht hat, sich der Möglichkeit schädlicher Folgen bewusst war und diese billigend in Kauf genommen hat.[1729] Hat der Arbeitgeber nachträglich erkannt, dass das Zeugnis beispielsweise wegen der Untreue eines Buchhalters grob unrichtig ist und dass ein bestimmter Dritter durch Vertrauen auf dieses Zeugnis Schaden zu nehmen droht, dann haftet er für den durch die Unterlassung der Warnung entstandenen Schaden.[1730]

887 Im Rahmen der deliktischen Haftung nach §§ 823 ff. BGB besteht für den Arbeitgeber die Möglichkeit der **Entlastung** nach **§ 831 BGB**, wenn das Zeugnis von einem Mitarbeiter ausgestellt worden ist und dem Arbeitgeber der Nachweis gelingt, dass er diesen sorgfältig ausgewählt und beaufsichtigt hat. Dabei kann sich ein Nichtjurist zur Entschuldigung seines Verhaltens jedoch nicht auf den Rat eines Rechtsanwalts berufen, wenn auch für ihn die zur Sittenwidrigkeit führenden Umstände erkennbar waren.[1731] Daneben soll der Arbeitgeber gegenüber dem neuen Arbeitgeber auch aufgrund einer vertragsähnlichen Beziehung für seine Erfüllungsgehilfen haften.[1732]

1728 BAG, Urt. v. 16.11.1995, EzA § 630 BGB Nr. 20; BAG, Urt. v. 25.10.1967, AP Nr. 6 zu § 73 HGB; BAG, Urt. v. 26.02.1976, AP Nr. 3 zu § 252 BGB.

1729 BGH, Urt. v. 26.11.1963, AP Nr. 10 zu § 826 BGB; BGH, Urt. v. 22.09.1970, AP Nr. 16 zu § 826 BGB; BGH, Urt. v. 15.05.1979, AP Nr. 13 zu § 630 BGB.

1730 BAG, Urt. v. 15.05.1979, AP Nr. 13 zu § 630 BGB.

1731 BGH, Urt. v. 15.05.1979, AP Nr. 13 zu § 630 BGB.

1732 BGH, Urt. v. 15.05.1979, AP Nr. 13 zu § 630 BGB.

§ 6 Leistungsstörungen im Arbeitsverhältnis

Inhalt

A. Entgeltfortzahlungsgesetz

I. Einführung

1. Rechtliche Grundlagen der Entgeltfortzahlung

Das Recht der Entgeltfortzahlung wird zwar maßgeblich, jedoch nicht allein durch das **Entgeltfortzahlungsgesetz** bestimmt. Neben weiteren gesetzlichen Regelungen ist das Entgeltfortzahlungsrecht auch wesentlich tarifvertraglich gestaltet. Bedeutung erlangen können darüber hinaus Betriebsvereinbarungen sowie einzelvertragliche Absprachen zwischen Arbeitgeber und Arbeitnehmer. 1

Unter den gesetzlichen Regelungen steht das durch Art. 53 des Pflege-Versicherungsgesetzes vom 26.05.1994[1] zum 01.06.1994[2] eingeführte Entgeltfortzahlungsgesetz im Vordergrund. Das bis dahin die Entgeltfortzahlung im Krankheitsfall für Arbeiter regelnde Lohnfortzahlungsgesetz ist allerdings nicht in vollem Umfang aufgehoben worden. Der Zweite Abschnitt dieses Gesetzes, §§ 10 ff. LFZG, hat weiterhin Geltung: Zur Erleichterung der mit der Entgeltfortzahlungsverpflichtung insbesondere für Kleinbetriebe verbundenen Belastungen ist in diesen Vorschriften ein Verfahren zwecks Ausgleichs von Arbeitgeberaufwendungen für Leistungen der Entgeltfortzahlung an Arbeiter geregelt.[3] Außerhalb des Entgeltfortzahlungsgesetzes sind die Regelungen der §§ 48 Abs. 1 Satz 1, 52 a, 78 Abs. 1 SeemG entgeltfortzahlungsrechtlich von Bedeutung. Diese Bestimmungen gelten für Besatzungsmitglieder und Kapitäne von Kauffahrteischiffen, welche die Bundesflagge führen.[4] Für Auszubildende im Sinne des Berufsbildungsgesetzes, die bereits nach § 1 Abs. 2 EFZG in den Anwendungsbereich des Entgeltfortzahlungsgesetzes fallen, wird in § 12 Abs. 1 Satz 2 BBiG lediglich auf das Entgeltfortzahlungsgesetz und dessen Regelungen verwiesen.[5] Das gilt entsprechend für die von § 19 BBiG erfassten Vertragsverhältnisse. 2

1 BGBl I 1994, 1014.
2 Siehe Art. 68 Abs. 4 PflegeVG.
3 Siehe zum Ausgleichsverfahren noch näher unter Rn 102 ff.
4 Siehe § 1 SeemG.
5 Siehe etwa Staudinger/*Oetker*, § 616 BGB Rn 188.

3 Neben den gesetzlichen Grundlagen haben für das Recht der Entgeltfortzahlung **tarifvertragliche Regelungen** eine große Bedeutung. Im Rahmen des Entgeltfortzahlungsgesetzes wird den Tarifvertragsparteien im Vergleich mit anderen Vertragsparteien[6] dadurch eine Sonderstellung eingeräumt, dass sie abweichend von der grundsätzlichen Unabdingbarkeit der entgeltfortzahlungsgesetzlichen Bestimmungen zu Ungunsten der Arbeitnehmer (siehe § 12 EFZG) nach Maßgabe des § 4 Abs. 4 Satz 1 EFZG durch Tarifvertrag von den in § 4 Abs. 1, Abs. 1 a und Abs. 3 EFZG enthaltenen Bestimmungen zur Höhe des fortzuzahlenden Arbeitsentgelts auch zum Nachteil der Arbeitnehmer abweichen können.[7]

4 Grundsätzlich können entgeltfortzahlungsrechtliche Bestimmungen auch in **Betriebsvereinbarungen** getroffen werden. Die insoweit erforderliche Kompetenz der Betriebspartner folgt aus der Regelung des § 88 BetrVG, die nach Auffassung des Großen Senats des BAG eine »Allkompetenz« enthält[8] und unter anderem die betriebliche Entgeltgestaltung erfasst.[9] Trotz der grundsätzlichen Regelungsbefugnis der Betriebspartner kommt Betriebsvereinbarungen jedoch bei der Ausgestaltung des Rechts der Entgeltfortzahlung keine große Relevanz zu. Der Grund hierfür liegt vor allem in dem in § 77 Abs. 3 BetrVG normierten Sperrvorrang des Tarifvertrages gegenüber der Betriebsvereinbarung.

5 Schließlich können Regelungen zur Entgeltfortzahlung auch **einzelvertraglich** vereinbart werden. Allerdings ist § 12 EFZG zu beachten, wonach von den Bestimmungen des Entgeltfortzahlungsgesetzes durch Arbeitsvertrag nicht zu Ungunsten des Arbeitnehmers abgewichen werden kann. Günstigere Regelungen – etwa eine Entgeltfortzahlung über die Sechswochenfrist hinaus – können vereinbart werden. Das Günstigkeitsprinzip ist auch der wesentliche Zulässigkeitsmaßstab für von tarifvertraglichen Entgeltfortzahlungsbestimmungen abweichende Vereinbarungen im Arbeitsvertrag.[10] Dasselbe gilt im Verhältnis zu unmittelbar und zwingend wirkenden (§ 77 Abs. 4 Satz 1 BetrVG) Betriebsvereinbarungen.[11]

2. Regelungszwecke des Rechts der Entgeltfortzahlung

6 Erste und vornehmste Aufgabe des Rechts der Entgeltfortzahlung ist seit jeher die **materielle Absicherung** des Arbeitnehmers bei der Verwirklichung des Krankheitsrisikos. Der Arbeitnehmer soll im Hinblick auf das Arbeitsentgelt grundsätzlich so gestellt werden, wie er ohne Eintritt krankheitsbedingter Arbeitsunfähigkeit stünde.[12] Ein weiteres wesentliches Ziel ist die **finanzielle Entlastung der gesetzlichen Krankenversicherung**,[13] die im geltenden Recht durch § 12 EFZG betreffend die Unabdingbarkeit des Anspruchs auf Entgeltfortzahlung zu Lasten der Arbeitgeber gewährleistet wird. Soweit und solange Entgeltfortzahlungsleistungen erbracht werden, ruht nach § 49 Abs. 1 Nr. 1 SGB V der Anspruch auf Krankengeld. Die Ausgestaltung des Rechts zur Entgeltfortzahlung, insbesondere auch des Entgeltfortzahlungsgesetzes, wird schließlich durch das Ziel geprägt, eine **missbräuchliche Inanspruchnahme** von Leistungen der Entgeltfortzahlung zu verhindern.[14] Der Verwirklichung dieses Ziels dienen verschiedene gesetzliche Regelungen. Hingewiesen sei hier auf die in § 5 EFZG normierten Anzeige- und Nachweispflichten wie auch das damit korrelierende Recht des Arbeitgebers zur Leistungsverweigerung nach § 7 Abs. 1 Nr. 1 EFZG.[15] In diesen Zusammen-

6 Betriebspartner, Arbeitsvertragsparteien.
7 Siehe noch unter Rn 54 ff.
8 Siehe BAG (GS) v. 07.11.1989, DB 1990, 1724 ff. (1724).
9 Siehe *Löwisch/Kaiser*, BetrVG, § 88 Rn 5.
10 § 4 Abs. 3 TVG.
11 Siehe nur BAG v. 18.08.1987, BB 1987, 2161.
12 Siehe nur BAG v. 07.11.1975, AP Nr. 38 zu § 1 LFZG; BAG v. 22.08.1984, AP Nr. 65 zu § 616 BGB.
13 Siehe BGH v. 19.06.1952, BGHZ 7, 30 ff. (40 und 47).
14 In diesem Sinne sehr deutlich der Entwurf eines Entgeltfortzahlungsgesetzes vom 02.06.1993.
15 Siehe dazu noch unter Rn 68 ff.

hang gehört auch die durch das Arbeitsrechtliche Beschäftigungsförderungsgesetz von 1996 in § 3 Abs. 3 EFZG eingeführte Wartezeitregelung.[16]

3. Rechtsnatur des Anspruchs auf Entgeltfortzahlung

Es gehört zu den zentralen Grundsätzen des Rechts der Entgeltfortzahlung, dass es sich bei dem während der krankheitsbedingten Arbeitsunfähigkeit fortgezahlten Entgelt um **Arbeitsentgelt** i.S.d. § 611 Abs. 1 BGB und nicht nur um eine das Arbeitsentgelt ersetzende »Sozialleistung« handelt.[17] Diese dogmatische Einordnung steht allein im Einklang mit dem Verständnis der Entgeltfortzahlung als Ausnahme zu § 326 Abs. 1 BGB. Der Entgeltfortzahlungsanspruch teilt in jeder Hinsicht das rechtliche Schicksal des Vergütungsanspruchs.[18] Aus diesem Grunde kommen alle Regelungen und Regelungsgrundsätze, die für den Vergütungsanspruch bei Erbringung der Gegenleistung bestehen, auch für den Entgeltfortzahlungsanspruch zur Anwendung. Einschränkungen gelten nur insofern, als spezifisch entgeltfortzahlungsrechtliche Prinzipien entgegenstehen. Das gilt etwa für die Beschränkung der Verfügbarkeit des Anspruchs für den Arbeitnehmer. 7

II. Anspruchsvoraussetzungen

1. Einleitung

Die Voraussetzungen für die Begründung eines Anspruchs auf Entgeltfortzahlung im Krankheitsfalle ergeben sich aus der Regelung des **§ 3 EFZG**. Einzugehen ist hiernach auf den anspruchsberechtigten Personenkreis,[19] das Bestehen eines Arbeitsverhältnisses,[20] die für den Anspruch auf Entgeltfortzahlung spezifischen Voraussetzungen einer unverschuldeten Arbeitsverhinderung durch Arbeitsunfähigkeit infolge Krankheit bzw. infolge Sterilisation oder Schwangerschaftsabbruch[21] sowie das Erfordernis der Wartezeiterfüllung.[22] 8

2. Anspruchsberechtigter Personenkreis

Die Regelung des § 3 Abs. 1 Satz 1 EFZG setzt für den Anspruch auf Entgeltfortzahlung voraus, dass ein **Arbeitnehmer** durch Arbeitsunfähigkeit infolge Krankheit an seiner Arbeitsleistung verhindert wird, ohne dass ihn ein Verschulden trifft. Das steht im Einklang mit dem in § 1 Abs. 1 EFZG bestimmten persönlichen Anwendungsbereich des Entgeltfortzahlungsgesetzes, wonach hierdurch unter anderem die Fortzahlung des Arbeitsentgelts im Krankheitsfalle an Arbeitnehmer geregelt wird. Gemäß der in § 1 Abs. 2 EFZG enthaltenen Klarstellung sind Arbeitnehmer im Sinne des Gesetzes Arbeiter und Angestellte sowie die zu ihrer Berufsbildung Beschäftigten. 9

Der Begriff des Arbeitnehmers im Sinne des Entgeltfortzahlungsrechts erfasst **Arbeiter und Angestellte**. Ebenso wenig wie der Begriff des Arbeitnehmers werden die Begriffe Arbeiter und Angestellte im Rahmen des Entgeltfortzahlungsgesetzes definiert, geschweige denn voneinander abgegrenzt. Auch außerhalb dieses Gesetzes findet sich keine normative Bestimmung dieser Begriffe. Die Unterscheidung zwischen Arbeitern und Angestellten wird erleichtert durch die in § 133 Abs. 2 SGB VI beispielhaft aufgezählten Angestelltentätigkeiten sowie die Verordnung zur Bestimmung 10

16 Siehe dazu, dass das sozialpolitisch denkbare und rechtlich mögliche Potential zur Bekämpfung missbräuchlicher Inanspruchnahme von Leistungen der Entgeltfortzahlung im Rahmen des geltenden Rechts bei weitem nicht ausgeschöpft wird, MünchArbR/*Boecken*, § 82 Rn 37.
17 Siehe nur BAG v. 26.10.1971, AP Nr. 1 zu § 6 LFZG; BAG v. 20.08.1980, AP Nr. 12 zu § 6 LFZG.
18 Siehe BAG v. 26.10.1971, AP Nr. 1 zu § 6 LFZG.
19 Siehe dazu folgend unter Rn 9 ff.
20 Dazu unter Rn 13 ff.
21 Dazu unter Rn 19 ff.
22 Dazu unter Rn 50 ff.

von Berufsgruppen der Angestelltenversicherung vom 08.03.1924.[23] Ist hiernach eine Zuordnung nicht möglich, muss für die Abgrenzung zwischen Arbeitern und Angestellten weiterhin auf die hergebrachte Unterscheidung zwischen der Erbringung einer überwiegend körperlichen oder geistigen Tätigkeit zurückgegriffen werden. Die Unterscheidung zwischen Arbeitern und Angestellten ist im Hinblick auf die in den §§ 10 ff. des Gesetzes über die Fortzahlung des Arbeitsentgelts im Krankheitsfalle (LFZG) vom 27.07.1969[24] enthaltenen Regelungen über den Ausgleich der Arbeitgeberaufwendungen von Bedeutung: Hiernach kommt ein Ausgleich nur für den Fall in Betracht, dass das Arbeitsentgelt an einen Arbeiter (bzw. Auszubildenden) fortgezahlt worden ist.[25]

11 Zu den Arbeitnehmern i.S.d. § 3 Abs. 1 Satz 1 EFZG zählen weiterhin gem. § 1 Abs. 2 EFZG »die zu ihrer Berufsbildung Beschäftigten«. Der Begriff der **Berufsbildung** ist im Sinne des Berufsbildungsgesetzes (BBiG) vom 14.08.1969[26] zu verstehen und umfasst nach § 1 Abs. 1 BBiG die Berufsausbildung, die berufliche Fortbildung und die berufliche Umschulung.

12 Für **in Heimarbeit Beschäftigte**[27] sowie diesen nach § 1 Abs. 2 lit. a) bis c) des Heimarbeitsgesetzes Gleichgestellte enthält das Entgeltfortzahlungsgesetz in § 10 Abs. 1 EFZG grundsätzlich eine Sonderregelung.[28] Danach haben diese Personen gegen ihren Auftraggeber oder, falls sie von einem Zwischenmeister beschäftigt werden, gegen diesen Anspruch auf Zahlung eines nach § 10 Abs. 1 Satz 2 EFZG zu bemessenden Zuschlages zum Arbeitsentgelt, bei dem es sich um eine Art Vorsorgeleistung handelt. Abweichend davon können Heimarbeiter im Krankheitsfalle Entgeltfortzahlung nach den Vorschriften des Entgeltfortzahlungsgesetzes erhalten, sofern dies in einem Tarifvertrag bestimmt ist.[29]

3. Bestehen eines Arbeitsverhältnisses

13 Die Geltendmachung eines Anspruchs auf Entgeltfortzahlung setzt grundsätzlich das Bestehen eines rechtswirksam begründeten Arbeitsverhältnisses voraus.[30] Das ist nach den allgemeinen arbeitsrechtlichen Grundsätzen zu beurteilen. Nach der Vereinheitlichung des Rechts der Entgeltfortzahlung für Arbeiter und Angestellte im Entgeltfortzahlungsgesetz ist es für die Begründung eines Anspruchs auf Entgeltfortzahlung neben dem Vorliegen eines Arbeitsverhältnisses nicht mehr erforderlich, dass die Arbeitsunfähigkeit erst nach dem Zeitpunkt der tatsächlichen Arbeitsaufnahme eintritt.[31]

14 Grundsätzlich sind auch im Falle eines **fehlerhaften Arbeitsverhältnisses** Leistungen der Entgeltfortzahlung bei Vorliegen der Voraussetzungen im Übrigen zu erbringen.[32] Allerdings hat das BAG inzwischen mit Urteil vom 03.12.1998 für den Fall der im Anschluss an eine Arbeitsunfähigkeit des Arbeitnehmers erfolgten wirksamen Anfechtung des Arbeitsvertrages wegen arglistiger Täuschung einen Anspruch auf Entgeltfortzahlung mit der Begründung abgelehnt, bei fehlenden Rückabwicklungsschwierigkeiten müsse es bei dem gesetzlichen Prinzip des § 142 Abs. 1 BGB verbleiben.[33]

23 RGBl I 1924, 174.
24 BGBl I 1969, 946.
25 Siehe dazu noch unter Rn 102 ff.
26 BGBl I 1969, 1112.
27 Siehe zum Begriff § 1 Abs. 1 und Abs. 2 des Heimarbeitsgesetzes vom 14.03.1951, BGBl I 1951, 191.
28 Früher § 8 LFZG vom 27.07.1969, BGBl I 1969, 946.
29 Siehe § 10 Abs. 4 Satz 1 EFZG.
30 Bzw. eines Berufsbildungsverhältnisses im Sinne des BBiG.
31 Das war für Arbeiter nach § 1 Abs. 1 Satz 1 EFZG anders, siehe zum früheren Recht MünchArbR/*Schulin*, 1. Aufl., § 81 Rn 50 ff.
32 Siehe etwa BAG v. 15.01.1986, AP Nr. 66 zu § 1 LFZG.
33 Siehe NZA 1999, 584 ff. (585 f.) unter Aufgabe von BAG, AP Nr. 32 zu § 63 HGB und BAGE 51, 167 ff. = NZA 1986, 739 ff.

Teilzeitbeschäftigte Arbeitnehmer[34] haben nach denselben Grundsätzen wie vollzeitbeschäftigte Arbeitnehmer Anspruch auf Entgeltfortzahlung. Entgeltfortzahlungsrechtlich wird damit dem nunmehr in § 4 Abs. 1 des Gesetzes über Teilzeitarbeit und befristete Arbeitsverträge enthaltenen allgemeinen Diskriminierungsverbot Rechnung getragen. **Befristet beschäftigte Arbeitnehmer**[35] und damit befristete Arbeitsverhältnisse unterliegen im Rahmen des Entgeltfortzahlungsrechts ebenfalls keiner Sonderbehandlung. Die uneingeschränkte Einbeziehung auch befristeter Arbeitsverhältnisse in den Anwendungsbereich des Entgeltfortzahlungsgesetzes wird allerdings durch die in § 3 Abs. 3 EFZG geregelte vierwöchige Wartezeit eingeschränkt: Im Rahmen eines bis zu einer Dauer von lediglich vier Wochen befristeten Arbeitsverhältnisses tätige Arbeitnehmer können einen Anspruch auf Entgeltfortzahlung nicht erwerben. 15

Ist das Arbeitsverhältnis seitens des Arbeitgebers **gekündigt worden** und hat der Arbeitnehmer nach dem Ablauf der Kündigungsfrist gleichwohl weiterhin bis zur rechtskräftigen Beendigung des Kündigungsschutzprozesses Arbeit geleistet, dann stellt sich die Frage nach einem Anspruch auf Entgeltfortzahlung, wenn während dieses Zeitraums eine krankheitsbedingte Arbeitsunfähigkeit eingetreten ist. Ein Anspruch ist dann unproblematisch zu bejahen, wenn der Arbeitnehmer im Kündigungsschutzprozess obsiegt: Wegen der Unwirksamkeit der arbeitgeberseitigen Kündigung hat das Arbeitsverhältnis fortbestanden und ist damit rechtliche Grundlage der Weiterbeschäftigung gewesen. Wird die Kündigungsschutzklage abgewiesen, so besteht für den Fall ein Anspruch auf Entgeltfortzahlung, dass Arbeitgeber und Arbeitnehmer ausdrücklich oder stillschweigend eine durch die rechtskräftige Abweisung der Klage bedingte Fortsetzung des alten Arbeitsverhältnisses vereinbart haben.[36] Erzwingt der Arbeitnehmer während des laufenden Kündigungsschutzverfahrens auf der Grundlage der Rechtsprechung des Großen Senats des BAG zur Anerkennung eines allgemeinen Weiterbeschäftigungsanspruchs[37] seine Weiterbeschäftigung bis zur (rechtskräftigen) Beendigung des Kündigungsschutzverfahrens und wird in diesem Verfahren festgestellt, dass die Kündigung wirksam war, so erfolgte die Weiterbeschäftigung ohne vertragliche Grundlage, wenn der Arbeitgeber an der Kündigung festhalten und den Arbeitnehmer nicht beschäftigen wollte.[38] Hier ist die Rückabwicklung jeweils erbrachter Leistungen nach den Grundsätzen der ungerechtfertigten Bereicherung durchzuführen.[39] Die bereicherungsrechtliche Rückabwicklung des »Weiterbeschäftigungsverhältnisses« hat zur Folge, dass der Arbeitnehmer lediglich für tatsächlich erbrachte Arbeitsleistungen Vergütung in Gestalt von Wertersatz gem. § 818 Abs. 2 BGB erhält. Die hier besonders interessierenden Leistungen der Entgeltfortzahlung hat der Arbeitnehmer, sofern er solche erhalten hat, gem. § 812 Abs. 1 Satz 1 Alt. 1, § 818 Abs. 2 BGB an den Arbeitgeber zurückzuzahlen, wobei ihm der Einwand der Entreicherung (§ 818 Abs. 3 BGB) offen steht.[40] 16

Durch die auf der Grundlage des **§ 74 SGB V** stufenweise erfolgende Wiedereingliederung arbeitsunfähiger Arbeitnehmer in den Arbeitsprozess wird kein Arbeitsverhältnis im Sinne des Arbeitsrechts begründet.[41] Ein Anspruch auf Entgeltfortzahlung kann hier nicht entstehen. 17

Der **Eingliederungsvertrag** i.S.d. § 231 Abs. 3 SGB III begründet ebenfalls kein Arbeitsverhältnis i.S.d. § 611 BGB. Jedoch hat der in einem solchen arbeitsförderungsrechtlichen Eingliederungs- 18

34 Das sind nach § 2 Abs. 1 Satz 1 TzBfG Arbeitnehmer, deren regelmäßige Wochenarbeitszeit kürzer ist als die vergleichbarer vollzeitbeschäftigter Arbeitnehmer.

35 Das sind nach der jetzt in § 3 Abs. 1 Satz 1 TzBfG enthaltenen Legaldefinition Arbeitnehmer mit einem auf bestimmte Zeit geschlossenen Arbeitsvertrag.

36 Richtigerweise ist hier von dem Bestehen einer arbeitsvertraglichen Grundlage auszugehen, a.A. der Fünfte Senat des BAG v. 15.01.1986, AP Nr. 66 zu § 1 LFZG, der jedoch über eine Anwendung der Grundsätze des fehlerhaften Arbeitsverhältnisses ebenfalls zur Bejahung eines Anspruchs auf Entgeltfortzahlung gelangt. Zur nunmehr einschränkenden Rechtsprechung insoweit siehe oben im Text.

37 BAG (GS) v. 27.02.1985, AP Nr. 14 zu § 611 BGB Beschäftigungspflicht.

38 Siehe etwa BAG v. 17.01.1991, NZA 1991, 669 ff. (670); BAG v. 12.02.1992, NZA 1993, 177 ff. (177 f.).

39 BAG v. 10.03.1987, AP Nr. 1 zu § 611 BGB Weiterbeschäftigung; BAG v. 12.02.1992, NZA 1993, 177 ff. (178).

40 Siehe etwa BAG v. 12.02.1992, NZA 1993, 177 ff. (178).

41 Siehe BAG v. 28.07.1994, AP Nr. 3 zu § 74 SGB V.

verhältnis Beschäftigte im Falle der krankheitsbedingten Arbeitsunfähigkeit auf Grund der in § 231 Abs. 2 SGB III für entsprechend anwendbar erklärten arbeitsrechtlichen Vorschriften und Grundsätze des Arbeitsrechts einen Entgeltfortzahlungsanspruch nach Maßgabe des § 3 Abs. 1 Satz 1 EFZG.[42]

4. Unverschuldete Arbeitsverhinderung durch Arbeitsunfähigkeit infolge Krankheit

19 Der Anspruch auf Entgeltfortzahlung ist – abgesehen von der Zugehörigkeit zum anspruchsberechtigten Personenkreis[43] und dem Bestehen eines Arbeitsverhältnisses[44] sowie der Erfüllung der Wartezeit[45] – nach der Regelung des § 3 Abs. 1 Satz 1 EFZG durch vier spezifische Elemente bedingt: erstens dem Vorliegen einer Krankheit, die zweitens zur Arbeitsunfähigkeit führt, was drittens die dadurch bedingte Verhinderung des Arbeitnehmers an der Erbringung der Arbeitsleistung zur Folge hat, woran viertens den Arbeitnehmer ein Verschulden nicht treffen darf.

a) Krankheit

20 Der Begriff der Krankheit wird im Recht der Entgeltfortzahlung ebenso wenig definiert wie im Krankenversicherungsrecht.[46] Richtiger Ansicht nach ist der arbeitsrechtliche **Begriff der Krankheit** in einem medizinischen Sinne zu verstehen: Krankheit ist jeder regelwidrige Körper- oder Geisteszustand.[47] Damit weicht der für das Recht der Entgeltfortzahlung maßgebende Krankheitsbegriff von dem Begriff der Krankheit im krankenversicherungsrechtlichen Sinne ab. Dieser setzt zusätzlich Arbeitsunfähigkeit und/oder Behandlungsbedürftigkeit voraus, was mit der Bedeutung der Krankheit als Versicherungsfall, der Ansprüche auf bestimmte Leistungen der Krankenversicherung auslöst, zusammenhängt.[48] Ein Körper- oder Geisteszustand ist dann als regelwidrig anzusehen, wenn er von der durch das Leitbild des gesunden Menschen geprägten Norm abweicht.[49] Mit diesem Maßstab wird darauf abgestellt, ob die normalen geistigen und körperlichen Funktionen ausgeübt werden können.[50]

21 Die **Ursache einer Krankheit** spielt für den Begriff der Krankheit im Sinne des Entgeltfortzahlungsrechts grundsätzlich keine Rolle.[51] Das gilt insbesondere auch für Krankheiten wie etwa Alkoholsucht,[52] Drogensucht[53] oder Aids.[54] Das bedeutet nicht, dass die Ursachen einer Krankheit ohne jede rechtliche Relevanz für den Anspruch auf Entgeltfortzahlung sind. Im Zusammenhang mit dem Erfordernis fehlenden Verschuldens können sie durchaus Bedeutung erlangen.[55]

22 Eine Krankheit im Sinne des Rechts der Entgeltfortzahlung liegt auch dann vor, wenn die Erkrankung Folge eines **Arbeitsunfalls** ist. Anders als im Krankenversicherungsrecht – siehe § 11 Abs. 4 SGB V – besteht hier grundsätzlich eine Pflicht zur Entgeltfortzahlung. Das gilt auch dann, wenn

42 In diesem Fall steht dem Arbeitgeber ein Erstattungsanspruch gegenüber der Bundesagentur für Arbeit zu, siehe § 233 Abs. 1 SGB III.

43 Siehe dazu oben unter Rn 9 ff.

44 Dazu oben Rn 13 ff.

45 Siehe dazu noch folgend unter Rn 50 ff.

46 Zum Begriff der Krankheit in der gesetzlichen Krankenversicherung siehe *Kummer*, in: *Schulin* (Hrsg.), HS-KV, § 20 Rn 26 mit Nachweisen aus der Rspr. des BSG.

47 Siehe nur BAG v. 07.08.1991, NZA 1992, 69.

48 Siehe *Kummer*, in: *Schulin* (Hrsg.), HS-KV, § 20 Rn 27.

49 So die ständige Rspr. des BSG, siehe grundlegend BSG v. 28.04.1967, BSGE 26, 240 ff. (242).

50 BSG v. 12.11.1985, BSGE 59, 119 ff. (121) m.w.N.

51 Das ist im Recht der gesetzlichen Krankenversicherung nicht anders, siehe dazu *Kummer*, in: *Schulin* (Hrsg.), HS-KV, § 20 Rn 28.

52 Siehe nur BAG v. 26.01.1995, AP Nr. 34 zu § 1 KSchG Verhaltensbedingte Kündigung.

53 BAG v. 17.04.1985, DB 1986, 976.

54 Dazu *Wollenschläger/Kressel*, AuR 1988, 198 ff. (203 ff.).

55 Siehe dazu noch unter Rn 39 ff.

sich der Arbeitsunfall bzw. Unfall im Zusammenhang mit einer anderen Beschäftigung oder einer selbständigen Tätigkeit ereignet hat.[56]

b) Arbeitsunfähigkeit infolge Krankheit

Eine Krankheit löst nur dann einen Entgeltfortzahlungsanspruch nach § 3 Abs. 1 Satz 1 EFZG aus, wenn sie zur Arbeitsunfähigkeit des Arbeitnehmers führt. Der **Begriff der Arbeitsunfähigkeit** ist gesetzlich nicht definiert. Aus den Materialien des Entgeltfortzahlungsgesetzes ist zu entnehmen, dass das unter der Geltung des Lohnfortzahlungsgesetzes unter anderem hinsichtlich des Merkmals der Arbeitsunfähigkeit entwickelte Begriffsverständnis auch im Rahmen des Entgeltfortzahlungsgesetzes maßgeblich sein soll. Nach der zum Lohnfortzahlungsgesetz entwickelten Rechtsprechung des BAG ist »Arbeitsunfähigkeit infolge Krankheit« dann gegeben, wenn ein Krankheitsgeschehen den Arbeitnehmer außerstande setzt, die ihm nach dem Arbeitsvertrag obliegende Arbeit zu verrichten, oder wenn er die Arbeit nur unter der Gefahr fortsetzen könnte, in absehbar naher Zeit seinen Zustand zu verschlimmern.[57] 23

Arbeitsunfähigkeit infolge Krankheit liegt zunächst vor, wenn der regelwidrige Körper- oder Geisteszustand als solcher den Arbeitnehmer außerstande setzt, die **vertraglich geschuldete Arbeitsleistung** zu erbringen. Darüber hinaus ist anerkannt, dass Arbeitsunfähigkeit infolge Krankheit nicht den »gesundheitlichen Zusammenbruch voraussetzt, der den Arbeitnehmer unmittelbar daran hindert, die vertragsmäßige Arbeitsleistung zu erbringen«.[58] Vielmehr genügen für die Bejahung dieser Voraussetzung etwa auch eine absehbare Verschlimmerungs- oder Rückfallgefahr, unzumutbare Schmerzen und sonstige Erschwernisse. Dieser Begriff der Arbeitsunfähigkeit infolge Krankheit kann als ein solcher im engeren Sinne verstanden werden. 24

Darüber hinaus kann Arbeitsunfähigkeit auch bei lediglich **mittelbaren Auswirkungen** einer Krankheit auf die Fähigkeit zur Erbringung der Arbeitsleistung gegeben sein. So wird das Vorliegen von Arbeitsunfähigkeit infolge Krankheit bejaht, wenn eine – für sich allein die Erbringung der Arbeitsleistung nicht hindernde – Krankheit im medizinischen Sinne einen stationären Krankenhausaufenthalt erforderlich macht.[59] Insoweit hat das BAG ursprünglich allgemein formuliert, dass Arbeitsunfähigkeit infolge Krankheit auch dann gegeben sei, »wenn der Arbeitnehmer ohne die zur Beseitigung des Krankheitsgeschehens notwendige Krankenpflege die ihm vertraglich obliegende Arbeit weiter verrichten könnte und erst durch die ärztlich als notwendig erachtete Krankenpflege an der Arbeitsleistung verhindert wird«. Das danach maßgebende Kriterium der »notwendigen Krankenpflege« wird vom BAG allerdings insoweit restriktiv verstanden, als ambulante Behandlungen weitgehend von der Entgeltfortzahlung ausgenommen werden.[60] 25

Arbeitsunfähigkeit infolge Krankheit liegt nur vor, wenn der Arbeitnehmer wegen der Krankheit »an seiner Arbeitsleistung verhindert« wird, d.h. »ein Krankheitsgeschehen ihn außerstande setzt, die ihm nach dem Arbeitsvertrag obliegende Arbeit zu verrichten«.[61] Das Vorliegen von Arbeitsunfähigkeit infolge Krankheit kann daher immer nur unter Berücksichtigung sowohl der **konkreten einzelvertraglichen Arbeitsverpflichtung**[62] als auch des **individuellen gesundheitlichen Zustandes** des einzelnen Arbeitnehmers beurteilt werden.[63] Was arbeitsvertraglich geschuldet wird, muss nicht stets gleichbedeutend sein mit der von dem erkrankten Arbeitnehmer zuletzt vor der Krankheit tatsächlich ausgeübten Beschäftigung. Zu berücksichtigen sind darüber hinaus alle Tätigkeiten, die 26

56 Siehe etwa BAG v. 19.10.1983, NJW 1983, 1706 ff.; BAG v. 21.04.1982, NJW 1983, 2900 f.; dazu *Boecken*, NZA 2001, 233 ff.
57 Siehe BAG v. 07.08.1991, NZA 1992, 69; BAG v. 09.01.1985, NJW 1985, 2214 f. (2214).
58 Siehe BAG v. 26.07.1989, NJW 1990, 140 f. (140) m.w.N.
59 Siehe etwa BAG v. 09.01.1985, AP Nr. 62 zu § 1 LFZG.
60 Siehe z.B. BAG v. 09.01.1985, AP Nr. 62 zu § 1 LFZG.
61 Siehe nur BAG v. 07.08.1991, NZA 1992, 69.
62 »an seiner Arbeitsleistung verhindert«, § 3 Abs. 1 Satz 1 EFZG.
63 BAG v. 29.01.1992, AP Nr. 1 zu § 74 SGB V.

der Arbeitnehmer auf Grund seines Arbeitsvertrages schuldet. Innerhalb dieses rechtlichen Rahmens bleibt ein erkrankter Arbeitnehmer zu ihm möglichen Arbeitsleistungen verpflichtet. Insoweit kann von einer qualitativen Arbeitsunfähigkeit gesprochen werden, d.h. der Arbeitnehmer kann zwar nicht mehr die unmittelbar vor der Erkrankung ausgeübte, wohl aber eine andere Tätigkeit wahrnehmen.

27 Von der qualitativen Arbeitsunfähigkeit zu unterscheiden ist der Fall, dass der Arbeitnehmer seine bisherige Tätigkeit nur noch in einem zeitlich geringeren Umfang als bislang auszuüben in der Lage ist. Insoweit geht das BAG davon aus, dass das Recht der Entgeltfortzahlung den Begriff der **teilweisen Arbeitsunfähigkeit** nicht kennt.[64] Arbeitsrechtlich bedeutet es nach Ansicht des BAG keinen Unterschied, ob der Arbeitnehmer durch die Krankheit ganz oder teilweise arbeitsunfähig wird. Auch der nur vermindert arbeitsfähige Arbeitnehmer sei im Sinne des Entgeltfortzahlungsrechts arbeitsunfähig krank, eben weil er seine vertraglich geschuldete Arbeitsleistung nicht mehr voll erfüllen könne.[65]

28 Der Anspruch auf Entgeltfortzahlung ist ausgeschlossen, wenn der Arbeitnehmer bereits im **Zeitpunkt des Arbeitsvertragsschlusses** krank und deshalb außerstande war, die vertraglich übernommene Arbeitsleistung zu erbringen.[66] Ist danach für die Entstehung eines Anspruchs auf Entgeltfortzahlung notwendige Voraussetzung, dass die Arbeitsunfähigkeit infolge Krankheit erst nach dem Zeitpunkt des Vertragsschlusses eintritt, so ist das Vorliegen dieser Voraussetzung gleichwohl für die Begründung eines Anspruchs nicht (mehr) ausreichend: Mit Einführung der Wartezeitregelung des § 3 Abs. 3 EFZG[67] entsteht der Anspruch erst nach vierwöchiger ununterbrochener Dauer des Arbeitsverhältnisses.[68]

c) Arbeitsverhinderung

29 Arbeitsunfähigkeit infolge Krankheit im Sinne des Entgeltfortzahlungsrechts ist in der Regel zugleich mit Arbeitsverhinderung verbunden. Das kann ausnahmsweise anders sein, wenn ein Arbeitnehmer trotz anfänglicher und objektiv gegebener, ihm aber nicht bekannter Arbeitsunfähigkeit tatsächlich arbeitet. In diesem Fall kommt ausschließlich ein Entgelt-, nicht aber ein Entgeltfortzahlungsanspruch in Betracht.

d) Kausalität zwischen Arbeitsverhinderung und krankheitsbedingter Arbeitsunfähigkeit

30 Neben der Kausalität zwischen Krankheit und Arbeitsunfähigkeit ist nach § 3 Abs. 1 Satz 1 EFZG ein weiterer Kausalzusammenhang dahin gehend erforderlich, dass die krankheitsbedingte Arbeitsunfähigkeit den Arbeitnehmer an der Erbringung seiner vertraglich geschuldeten Arbeitsleistung gehindert haben muss. Insoweit wird gefordert, dass die krankheitsbedingte Arbeitsunfähigkeit die **alleinige und ausschließliche Ursache** für den Ausfall der Arbeitsleistung und damit für den Verlust des Vergütungsanspruchs bildet.[69] Diese Kausallehre von der »alleinigen und ausschließlichen« Ursache ist praktikabel, wenn sie in dem Sinne verstanden wird, dass der erforderliche Kausalzusammenhang vorliegt, sofern der Arbeitnehmer ohne die krankheitsbedingte Arbeitsunfähigkeit Arbeitsentgelt erhalten hätte.[70] Folglich kann in Fällen der so genannten **Doppelkausalität** ein Anspruch nach § 3 Abs. 1 EFZG nur dann in Betracht kommen, wenn beide Leistungshindernisse

64 Hierzu und zum Folgenden BAG v. 29.01.1992, AP Nr. 1 zu § 74 SGB V.

65 Siehe dazu, dass sich diese vom BAG zur quantitativen Arbeitsunfähigkeit vertretene These eines »Alles-oder-Nichts-Prinzips« entgeltfortzahlungsrechtlich nicht begründen lässt, MünchArbR/*Boecken*, § 83 Rn 50.

66 Siehe BAG v. 26.07.1989, NZA 1989, 141 ff. (142).

67 Durch Art. 3 Nr. 1 lit. b) des Arbeitsrechtlichen Beschäftigungsförderungsgesetzes vom 25.09.1996, BGBl I 1996, 1476.

68 Dazu noch folgend unter Rn 50 ff.

69 BAG v. 24.03.2004, AP Nr. 22 zu § 3 EFZG; BAG v. 28.01.2004, AP Nr. 21 zu 3 EFZG; BAG v. 04.12.2002, AP Nr. 17 zu § 3 EFZG; BAG v. 09.10.2002, AP Nr. 23 zu § 11 MuSchG 1968; BAG v. 09.10.2002, AP Nr. 63 zu § 4 EFZG. Siehe etwa BAG v. 20.03.1985, AP Nr. 64 zu § 1 LFZG; BAG v. 05.07.1995, AP Nr. 7 zu § 3 MuSchG 1968; BAG v. 12.06.1996, AP Nr. 6 zu § 3 EFZG.

70 BAG v. 24.03.2004, AP Nr. 22 zu § 3 EFZG; BAG v. 04.12.2002, AP Nr. 17 zu § 3 EFZG, BAG v. 01.10.1991, NZA 1992, 163 f. (163) m.w.N.

Entgelt(fort)zahlungsansprüche auslösen. Ist diese Voraussetzung erfüllt, so ist zwecks Auflösung des bestehenden Konkurrenzverhältnisses zu entscheiden, auf welche der jeweiligen Anspruchsgrundlagen der Anspruch des Arbeitnehmers gestützt werden soll.[71] Von dem Grundsatz der alleinigen Ursache kann durch Tarifvertrag abgewichen werden.[72]

Der Kausalzusammenhang fehlt, wenn sich der Arbeitnehmer bereits vor Krankheitsbeginn im **Schuldnerverzug** befindet und anzunehmen ist, dass ohne die Krankheit weiterhin Arbeitsunwilligkeit vorgelegen hätte.[73] Nach Ansicht des BAG muss der Arbeitnehmer in einem solchen Fall, wenn der Arbeitgeber Zweifel an seinem Arbeitswillen substantiiert darlegt, vortragen und ggf. beweisen, dass er während der Zeit der krankheitsbedingten Arbeitsunfähigkeit arbeitswillig war.[74] Ein fehlender Arbeitswille liegt nicht vor, wenn der erkrankte Arbeitnehmer einem Betriebsübergang wirksam widersprochen hat und nicht bereit ist, bei dem Erwerber zu arbeiten.[75] Befindet sich der Arbeitgeber im Annahmeverzug (§§ 293 ff. BGB), so hat der während der Zeit des Annahmeverzuges arbeitsunfähig erkrankte Arbeitnehmer einen Anspruch auf Entgeltfortzahlung nach § 3 Abs. 1 EFZG. Denn auch ohne den Eintritt der krankheitsbedingten Arbeitsunfähigkeit hätte er einen Entgeltanspruch nach § 615 BGB. 31

Der erforderliche Ursachenzusammenhang zwischen krankheitsbedingter Arbeitsunfähigkeit und Arbeitsverhinderung ist in solchen Fällen nicht gegeben, in denen der erkrankte Arbeitnehmer zugleich auch **wegen mangelnder Arbeitspflicht** kein Arbeitsentgelt erhalten hätte. Außer in Fällen von (unbezahlter) Urlaubsgewährung und bei Arbeitskämpfen[76] trifft dies bei unbezahlten Freischichten, Verlegung von Arbeitszeiten sowie Kurzarbeit zu. Werden – z.B. für die Zeit zwischen Weihnachten und Neujahr – unbezahlte Freischichten vereinbart und wird ein Arbeitnehmer während dieser Zeit arbeitsunfähig krank, so kommt ein Entgeltfortzahlungsanspruch nicht in Betracht. Auch ohne die Krankheit hätte der Arbeitnehmer nicht gearbeitet und kein Arbeitsentgelt bezogen.[77] Dasselbe gilt für den Fall, dass der Arbeitnehmer wegen einer zwischen Arbeitgeber und Betriebsrat vereinbarten Betriebsruhe sowieso nicht gearbeitet hätte.[78] In Fällen einer Verlegung der Arbeitszeit ist ein Anspruch auf Entgeltfortzahlung für Zeiträume gegeben, in denen wegen der Arbeitszeitverlegung vor- oder nachgearbeitet wird. Für Tage, an denen nicht gearbeitet wird, gibt es keine Entgeltfortzahlung.[79] Wird ein Arbeitnehmer, der sich in einem Altersteilzeit-Arbeitsverhältnis in Gestalt des so genannten Blockmodells befindet,[80] arbeitsunfähig krank, so hat er Anspruch auf Entgeltfortzahlung.[81] Während der so genannten Freistellungsphase erhält der nicht mehr zur Arbeitsleistung verpflichtete Arbeitnehmer auch im Falle der Erkrankung das bereits verdiente Arbeitsentgelt. 32

Im Falle von **Kurzarbeit** ist für den Anspruch auf Entgeltfortzahlung lediglich die verkürzte Arbeitszeit von Bedeutung (§ 4 Abs. 3 EFZG). Bezogen auf die ausgefallene Arbeitszeit kommt Kurzarbeitergeld nach den Regelungen der §§ 169 ff. SGB III in Betracht. Das Kurzarbeitergeld wird so lange weiter gewährt, wie der arbeitsrechtliche Entgeltfortzahlungsanspruch besteht.[82] Nach Erschöpfung des Entgeltfortzahlungsanspruchs hat der Arbeitnehmer einen Anspruch auf Krankengeld.[83] Ist der 33

71 Siehe dazu näher MünchArbR/*Boecken*, § 83 Rn 57 ff.
72 BAG v. 09.10.2002, AP Nr. 63 zu § 4 EFZG.
73 BAG v. 24.03.2004, AP Nr. 22 zu § 3 EFZG; BAG v. 04.12.2002, AP Nr. 17 zu § 3 EFZG.
74 Siehe BAG v. 20.03.1985, AP Nr. 64 zu § 1 LFZG.
75 BAG v. 24.03.2004, AP Nr. 22 zu § 3 EFZG; BAG v. 04.12.2002, AP Nr. 17 zu § 3 EFZG.
76 Siehe noch im Folgenden.
77 Siehe BAG v. 09.05.1984, AP Nr. 58 zu § 1 LFZG.
78 BAG v. 28.01.2004, AP Nr. 21 zu § 3 EFZG.
79 BAG v. 22.08.1967, AP Nr. 42 zu § 1 ArbKrankhG.
80 Siehe dazu ausführlich *Boecken/Spieß*, Vom Erwerbsleben in den Ruhestand, Rn 312 ff.
81 Wobei auch die Aufstockungsleistung des Arbeitgebers nach § 3 Abs. 1 Nr. 1 lit. a) ATG bei der Berechnung der Höhe des fortzuzahlenden Arbeitsentgelts einzubeziehen ist, siehe *Boecken/Spieß*, Vom Erwerbsleben in den Ruhestand, Rn 353.
82 Siehe § 172 Abs. 2 Nr. 2 SGB III.
83 Zu dessen Höhe siehe § 47b SGB V.

Arbeitnehmer bereits vor Einführung der Kurzarbeit erkrankt, so verbleibt es zwar arbeitsrechtlich bei dem Anspruch auf Entgeltfortzahlung. Bezogen auf die wegen Kurzarbeit ausfallende Arbeitszeit wird jedoch kein Kurzarbeitergeld, sondern Krankengeld nach Maßgabe des § 47b Abs. 4 SGB V gewährt.[84]

34 Wird ein Arbeitnehmer während des bezahlten gesetzlichen **Erholungsurlaubs** krankheitsbedingt arbeitsunfähig, so sieht § 9 BUrlG eine Unterbrechung des Urlaubs vor. Damit würde an sich die vertragliche Arbeitspflicht wieder aufleben, deren Erfüllung jedoch wegen der Arbeitsunfähigkeit unmöglich ist (§ 275 BGB). Infolge der Urlaubsunterbrechung ist nunmehr die krankheitsbedingte Arbeitsunfähigkeit die alleinige Ursache für den Entgeltausfall, so dass die Voraussetzungen für einen Entgeltfortzahlungsanspruch erfüllt sind.[85] Befindet sich der krankheitsbedingt arbeitsunfähige Arbeitnehmer in einem **unbezahlten Sonderurlaub**, so besteht ohne besondere vertragliche Abrede ein Anspruch auf Entgeltfortzahlung nicht. Denn auch ohne die krankheitsbedingte Arbeitsunfähigkeit hätte der Arbeitnehmer kein Arbeitsentgelt erhalten.[86] Im Hinblick darauf, dass während der **Elternzeit** nach dem Bundeserziehungsgeldgesetz[87] die arbeitsvertraglichen Hauptpflichten ruhen, besteht im Falle krankheitsbedingter Arbeitsunfähigkeit kein Anspruch auf Entgeltfortzahlung. Denn auch bei Arbeitsfähigkeit würde der in einer Elternzeit befindliche Arbeitnehmer einen Anspruch auf Entgeltfortzahlung nicht haben. Übt der Empfänger von Erziehungsgeld eine zulässige Teilzeitbeschäftigung aus, so gelten für diese bei krankheitsbedingter Arbeitsunfähigkeit die allgemeinen Regeln.

35 Erkrankt ein streikender oder ausgesperrter Arbeitnehmer während des **Arbeitskampfes**, so besteht ein Anspruch auf Entgeltfortzahlung nicht.[88] Der (rechtmäßige) Arbeitskampf führt zur Suspendierung der arbeitsvertraglichen Hauptleistungspflichten, weshalb die Arbeitsunfähigkeit infolge Krankheit nicht die alleinige Ursache für den Entgeltausfall darstellt. Auch ohne die krankheitsbedingte Arbeitsunfähigkeit hätte der Arbeitnehmer Arbeitsentgelt nicht erhalten. Nach der Rechtsprechung des BAG hat ein Arbeitnehmer einen Anspruch auf Entgeltfortzahlung, wenn er – bei fortbestehender Beschäftigungsmöglichkeit – nach Beginn des Arbeitskampfes erkrankt, jedoch schon vorher von der Arbeitspflicht befreit war, z.B. wegen eines Erholungsurlaubs oder wegen der Teilnahme an einer Schulungsveranstaltung. Anderes soll nur dann gelten, wenn der Arbeitnehmer seine Streikteilnahme erklärt.[89] Stellt der Arbeitgeber den bestreikten Betrieb bzw. Betriebsteil während der Dauer des Streiks im Umfang des Streikaufrufs durch eine entsprechende Willenserklärung ein,[90] so steht dem arbeitswilligen, aber arbeitsunfähig erkrankten Arbeitnehmer kein Entgeltfortzahlungsanspruch nach § 3 Abs. 1 Satz 1 EFZG zu, sofern der Arbeitgeber die Stilllegung auch gegenüber dem weiterhin arbeitsunfähigen Arbeitnehmer erklärt hat.

36 Ist der Arbeitnehmer an einem **Feiertag** krankheitsbedingt arbeitsunfähig, so hat er auch für diesen Tag einen Anspruch auf Entgeltfortzahlung nach § 3 Abs. 1 Satz 1 EFZG. Nach der hier zu Grunde gelegten Kausalitätsformel ist ein solcher Anspruch dann gegeben, wenn der Arbeitnehmer ohne die krankheitsbedingte Arbeitsunfähigkeit Arbeitsentgelt erhalten hätte. Das ist der Fall: Gem. § 2 Abs. 1 EFZG hat der Arbeitgeber dem Arbeitnehmer für die Arbeitszeit, die infolge eines gesetzlichen Feiertages ausfällt, das Arbeitsentgelt zu zahlen, das er ohne den Arbeitsausfall erhalten hätte.[91]

84 Siehe dazu auch *Hauck/Haines*, SGB V, K § 47b Rn 12.

85 BAG v. 16.03.1972, AP Nr. 3 zu § 9 BUrlG.

86 Siehe auch BAG v. 25.05.1983, AP Nr. 53 zu § 1 LFZG.

87 I. d. F. v. 05.12.2000, BGBl I 2000, 1646.

88 BAG v. 01.10.1991, AP Nr. 121 zu Art. 9 GG Arbeitskampf.

89 Siehe BAG v. 01.10.1991, NZA 1992, 163 ff. (164).

90 Hierzu näher BAG v. 11.07.1995, AP Nr. 138, 139 zu Art. 9 GG Arbeitskampf.

91 Von dem Bestehen eines Anspruchs auf Entgeltfortzahlung nach § 3 Abs. 1 Satz 1 EFZG geht auch das Gesetz aus, wenn in § 4 Abs. 2 EFZG geregelt wird, dass sich im Falle der Erkrankung des Arbeitnehmers an einem Feiertag die Höhe des »nach § 3« fortzuzahlenden Arbeitsentgelts nach § 2 EFZG bemisst. Zugleich ist der Regelung des § 4 Abs. 2 EFZG zu entnehmen, dass von Gesetzes wegen dem Anspruch auf Entgeltfortzahlung im Krankheitsfall gegenüber der Feiertagsentgeltzahlung der Vorrang eingeräumt worden ist, siehe auch BAG v. 19.04.1989, NZA 1989, 715 f. (716).

Das Fehlen einer **Arbeitserlaubnis/Arbeitsberechtigung** (§ 284 Abs. 1, Abs. 4 SGB III) kann ein Grund für die Nichterbringung der Arbeitsleistung sein, so dass eine krankheitsbedingte Arbeitsunfähigkeit nicht die alleinige und ausschließliche Ursache für die Arbeitsverhinderung wäre. Nach der zutreffenden Rechtsprechung des BAG ist in einem Fall, in welchem während der Erkrankung die Genehmigung abläuft und nicht unmittelbar eine neue Genehmigung beantragt wird, von dem Bestehen eines Anspruchs auf Entgeltfortzahlung auszugehen, wenn die Genehmigung bei rechtzeitiger Antragstellung erteilt worden wäre. Insoweit ist das Fehlen für den Arbeitsausfall nicht als ursächlich anzusehen.[92] Hat der arbeitsunfähig erkrankte ausländische Arbeitnehmer zu keinem Zeitpunkt eine Genehmigung gehabt und ist er gleichwohl in Kenntnis dieser Sachlage von seinem Arbeitgeber beschäftigt worden, besteht ebenfalls ein Anspruch auf Entgeltfortzahlung. Hier ist anzunehmen, dass der Arbeitnehmer ohne die krankheitsbedingte Arbeitsunfähigkeit weiter beschäftigt worden wäre und damit Arbeitsentgelt erhalten hätte. Anderes gilt dann, wenn der Arbeitgeber erst im Zusammenhang mit der Erkrankung von der fehlenden Arbeitserlaubnis erfährt und Entgeltfortzahlung verweigert oder einstellt. 37

Das BAG hat in einer Entscheidung vom 12.03.1997[93] einen Anspruch auf Entgeltfortzahlung in einem Fall abgelehnt, in welchem eine Arbeitnehmerin mit **Anspruch auf Mutterschaftsgeld** während der Schutzfristen nach § 3 Abs. 2 MuSchG arbeitsunfähig erkrankt war. Nach Auffassung des Gerichts fehlte es an dem Erfordernis der alleinigen Ursächlichkeit der krankheitsbedingten Arbeitsunfähigkeit für die Arbeitsverhinderung. Dasselbe gilt nach Ansicht des BAG bei dem Zusammentreffen eines Beschäftigungsverbots nach § 3 Abs. 1 MuSchG und krankheitsbedingter Arbeitsunfähigkeit.[94] Dem kann nicht gefolgt werden. Der erforderliche Kausalzusammenhang ist immer dann gegeben, wenn der Arbeitnehmer auch ohne die krankheitsbedingte Arbeitsunfähigkeit Arbeitsentgelt erhalten hätte.[95] Diese Voraussetzung liegt hier vor: Auch ohne die krankheitsbedingte Arbeitsunfähigkeit hätte die Arbeitnehmerin während der Schutzfristen Arbeitsentgelt erhalten, nämlich den vom Arbeitgeber nach § 14 MuSchG zu zahlenden Zuschuss zum Mutterschaftsgeld bzw. Mutterschaftslohn nach § 11 MuSchG. Das bedeutet: Die bezogen auf diese Fallkonstellation praktisch interessante Frage – erhält die Arbeitnehmerin Entgeltfortzahlung bei Krankheit, die der Arbeitgeber allein zu tragen hat, oder erhält sie Mutterschaftsgeld von der Krankenkasse und hierzu den arbeitgeberseitigen Zuschuss – ist rechtlich ein auf der Rechtsfolgenseite einzuordnendes Konkurrenzproblem und deshalb auf dieser Ebene zu lösen. Insoweit ist von einem Zurücktreten des Anspruchs auf Entgeltfortzahlung wegen Krankheit auszugehen.[96] Nach Ansicht des BAG besteht wegen des Prinzips des Vorrangs der Entgeltfortzahlung ein Anspruch allein auf Entgeltfortzahlung nach § 3 Abs. 1 EFZG.[97] 38

e) Fehlendes Verschulden

Gemäß der Regelung des § 3 Abs. 1 Satz 1 EFZG hat ein Arbeitnehmer nur dann Anspruch auf Entgeltfortzahlung, wenn er durch Arbeitsunfähigkeit infolge Krankheit an seiner Arbeitsleistung verhindert ist, »ohne dass ihn ein Verschulden trifft«. In gefestigter Rechtsprechung versteht das BAG unter Verschulden im Entgeltfortzahlungsrecht ein Arbeitnehmerverhalten, dass »gröblich gegen die von einem verständigen Menschen im eigenen Interesse zu erwartende Verhaltensweise verstößt« und bei dem es »unbillig« wäre, »den Arbeitgeber mit einer Zahlungspflicht zu belasten, weil der Arbeitnehmer zumutbare Sorgfalt gegen sich selbst nicht beachtet und dadurch die Arbeitsunfähigkeit verursacht hat«.[98] Verschulden wird dabei ausdrücklich auf **Vorsatz und grobe Fahrlässigkeit** beschränkt. Vorausgesetzt wird die Zurechnungsfähigkeit des Arbeitnehmers.[99] 39

92 Siehe BAG v. 26.06.1996, NZA 1996, 1087 f.
93 NZA 1997, 763 f.; siehe auch BAG v. 17.02.2002, DB 2002, 1218 ff.
94 Siehe nur BAG v. 09.10.2002, AP Nr. 23 zu § 11 MuSchG 1968 m.w.N.
95 So ausdrücklich BAG v. 01.10.1991, NZA 1992, 163 f. (163).
96 Siehe hierzu ausführlich MünchArbR/*Boecken*, § 83 Rn 87 ff.
97 BAG v. 09.10.2002, AP Nr. 23 zu § 11 MuSchG 1968.
98 Siehe nur BAG v. 30.03.1988, AP Nr. 77 zu § 1 LFZG.
99 BAG v. 28.02.1979, AP Nr. 44 zu § 1 LFZG.

40 Nach ganz herrschender Meinung muss der Arbeitgeber grundsätzlich das Verschulden des Arbeitnehmers **darlegen und beweisen**, wenn er aus diesem Grunde die Entgeltfortzahlung ablehnen will.[100] Das BAG spricht von einer anspruchshindernden Einwendung.[101] Umstritten ist, inwieweit dem Arbeitgeber Beweiserleichterungen zu Gute kommen. Jedenfalls für die Fallgruppe der Suchterkrankungen nimmt das BAG eine Mitwirkungspflicht des Arbeitnehmers hinsichtlich der Aufklärung aller für die Entstehung des Entgeltfortzahlungsanspruchs maßgebenden Umstände, insbesondere auch hinsichtlich des Nichtverschuldens an. Wird diese Mitwirkungspflicht verletzt, so treffen den Arbeitnehmer die rechtlichen Nachteile der Nichtaufklärbarkeit.

41 Bei Vorliegen einer so genannten **allgemeinen Erkrankung**, d.h. einer solchen, die nahezu jeder von Zeit zu Zeit erleidet (übliche Erkältungs- und Infektionskrankheiten) wird ein Verschulden i.S.d. § 3 Abs. 1 Satz 1 EFZG selten anzunehmen sein. Das BAG geht davon aus, dass die schuldhafte Herbeiführung einer solchen Erkrankung erfahrungsgemäß die Ausnahme sei.[102]

42 **Suchterkrankungen** – z.B. Alkohol-, Drogen-, Medikamenten- oder Nikotinabhängigkeit – können nicht ohne weiteres als selbstverschuldet angesehen werden. Vielmehr hat der Arbeitgeber in jedem Fall im Ausgangspunkt ein Verschulden des suchtkranken Arbeitnehmers darzulegen und zu beweisen. Allerdings hält das BAG den kranken Arbeitnehmer für verpflichtet, an der Aufklärung aller für die Entstehung des Entgeltfortzahlungsanspruchs erheblichen Umstände mitzuwirken und den Arbeitgeber über die Gründe aufzuklären, die nach seiner Auffassung zur Krankheit geführt haben.[103] Rückfallerkrankungen sind im Prinzip nach denselben Grundsätzen zu beurteilen. Jedoch nimmt das BAG an, dass nach einer erfolgreichen Entwöhnungskur und einer »längeren Zeit der Abstinenz«[104] ein Erfahrungssatz dahin gehend besteht, der Arbeitnehmer habe die ihm erteilten Ratschläge missachtet und den Rückfall deshalb entgeltfortzahlungsrechtlich verschuldet.[105] Hinsichtlich des Zeitpunktes, der für die Beurteilung des Verschuldens entscheidend ist, stellt das BAG auf die Zeit vor dem Beginn der als Krankheit zu wertenden Sucht, nicht dagegen auf den Beginn der krankheitsbedingten Arbeitsunfähigkeit ab.[106]

43 Resultiert die krankheitsbedingte Arbeitsunfähigkeit aus einem **Selbstmordversuch**, so fehlt es nach Ansicht des BAG grundsätzlich an einem Verschulden.[107] Bei Suizidhandlungen sei die freie Willensbestimmung zwar nicht stets und völlig ausgeschlossen, wohl aber in der Regel zumindest erheblich gemindert.

44 Bei **Arbeitsunfällen** liegt der Vorwurf grober Fahrlässigkeit nahe, wenn Schutzvorschriften – etwa Unfallverhütungsvorschriften der Berufsgenossenschaft – nicht eingehalten worden sind. Ein Verschulden wurde in der Rechtsprechung z.B. angenommen bei verbotener Nutzung einer gefährlichen Kreissäge[108] oder bei Nichttragen von vorgeschriebener Sicherheitskleidung.[109]

45 Erleidet der Arbeitnehmer bei der Ausübung einer **Nebenbeschäftigung oder Nebentätigkeit** einen Unfall, so gelten im Ausgangspunkt keine Besonderheiten. Der Anspruch auf Entgeltfortzahlung ist nach den allgemeinen Grundsätzen zu beurteilen.[110] Der Grund hierfür liegt darin, dass die Ursache

100 Siehe nur BAG v. 23.11.1971, AP Nr. 9 zu § 1 LFZG.
101 BAG v. 07.08.1991, AP Nr. 94 zu § 1 LFZG.
102 BAG v. 09.04.1960, AP Nr. 12 zu § 63 HGB.
103 Siehe BAG v. 01.06.1983, AP Nr. 52 zu § 1 LFZG.
104 Im entschiedenen Fall handelte es sich um fünf Monate.
105 Siehe BAG v. 11.11.1987, AP Nr. 75 zu § 616 BGB; abweichend LAG Frankfurt, 06.02.1991, DB 1992, 533.
106 Siehe BAG v. 01.06.1983, AP Nr. 52 zu § 1 LFZG.
107 Siehe BAG v. 28.02.1979, AP Nr. 44 zu § 1 LFZG.
108 BAG v. 25.06.1964, AP Nr. 38 zu § 1 ArbKrankhG.
109 Z.B. von Schutzhelmen, LAG Frankfurt/Main v. 06.09.1965, BB 1966, 497; Knieschützern, ArbG Passau v. 18.11.1988, BB 1989, 70; Sicherheitshandschuhen, ArbG Bielefeld v. 01.10.1980, BB 1981, 496; Sicherheitsschuhen, LAG Berlin v. 31.03.1981, DB 1982, 707.
110 Siehe nur BAG v. 19.10.1983, NJW 1984, 1706 ff.; BAG v. 21.04.1982, NJW 1983, 2900 f.; BAG v. 07.11.1975, NJW 1976, 823 f.

einer Krankheit für den Anspruch auf Entgeltfortzahlung irrelevant ist. Das schließt allerdings im Einzelfall eine Anspruchsversagung unter dem Gesichtspunkt des Verschuldens oder auch des Rechtsmissbrauchs nicht aus.[111]

Die **Teilnahme am öffentlichen Straßenverkehr** ist durch zahlreiche Vorschriften, die einschlägige Verhaltenspflichten vorsehen, geregelt. Entgeltfortzahlungsrechtlich ist deshalb bei Verstößen genau zu prüfen, ob von einem Verschulden gegen sich selbst ausgegangen werden kann. Besonders strenge Maßstäbe sind im Zusammenhang mit Verkehrsunfällen, die sich wegen Trunkenheit ereignen, anzulegen. Das BAG sieht grundsätzlich jeden durch übermäßigen Alkoholkonsum verursachten Unfall und die daraus resultierende Arbeitsunfähigkeit wegen Krankheit als im entgeltfortzahlungsrechtlichen Sinne verschuldet an.[112] Das Verschulden ist auf den Zeitpunkt zu beziehen, in welchem der Arbeitnehmer sein Verhalten noch steuern konnte. Fährt der Arbeitnehmer ohne angelegten Sicherheitsgurt und erleidet er dabei einen Unfall mit der Folge krankheitsbedingter Arbeitsunfähigkeit, so liegt in der Regel ein Verschulden i.S.d. § 3 Abs. 1 EFZG vor.[113] Es gelten die Grundsätze des Anscheinsbeweises hinsichtlich des Zusammenhangs zwischen dem Nichtanlegen des Sicherheitsgurtes und der krankheitsbedingten Arbeitsunfähigkeit. 46

Beruht die Arbeitsunfähigkeit infolge Krankheit auf einem **Sportunfall**, so unterscheidet das BAG drei Fallgruppen, in denen ein den Anspruch auf Entgeltfortzahlung ausschließendes Verschulden gegeben ist.[114] Zum einen handelt der Arbeitnehmer schuldhaft, der sich in einer seine Kräfte und Fähigkeiten deutlich übersteigenden Weise sportlich betätigt und dadurch gesundheitliche Schäden erleidet.[115] Ein weiterer Fall des Verschuldens ist gegeben, wenn der Arbeitnehmer in besonders grober Weise und leichtsinnig gegen anerkannte Regeln der ausgeübten Sportart verstößt.[116] Schließlich geht das BAG von einem Verschulden aus, wenn sich der Arbeitnehmer die Sportverletzung bei der Teilnahme an einer so genannten gefährlichen Sportart zugezogen hat.[117] Das BAG hat – soweit ersichtlich – bislang in keinem Fall das Vorliegen einer besonderen Gefährlichkeit angenommen, sondern sogar etwa für die Ausübung des Amateurboxens und des Drachenfliegens verneint.[118] 47

Ist ein Arbeitnehmer im Zusammenhang mit seiner Beteiligung an einer **Schlägerei** so verletzt worden, dass Arbeitsunfähigkeit infolge Krankheit eintritt, so ist über die Verschuldensfrage unter Berücksichtigung der konkreten Umstände des Einzelfalles zu entscheiden.[119] Insoweit sind bei der Beurteilung Gesichtspunkte wie z.B. provokatives Verhalten oder Notwehr- bzw. Nothilfesituationen zu berücksichtigen. 48

5. Unverschuldete Arbeitsverhinderung durch Arbeitsunfähigkeit infolge Sterilisation und Schwangerschaftsabbruch

Nach § 3 Abs. 2 EFZG[120] gilt als unverschuldete Arbeitsunfähigkeit i.S.d. Absatzes 1 auch eine Arbeitsverhinderung, die infolge einer nicht rechtswidrigen Sterilisation oder eines nicht rechtswidrigen Abbruchs der Schwangerschaft eintritt. Dasselbe gilt nach Satz 2 von § 3 Abs. 2 EFZG für einen nach Beratung vorgenommenen Schwangerschaftsabbruch. Im Verhältnis zu § 3 Abs. 1 Satz 1 EFZG kommt § 3 Abs. 2 EFZG in zweifacher Hinsicht Bedeutung zu: Zum Ersten reichen anstelle 49

111 Siehe näher zu diesen Fragen *Boecken*, NZA 2001, 233 ff.
112 Siehe BAG v. 11.03.1987, AP Nr. 71 zu § 1 LFZG; BAG v. 30.03.1988, AP Nr. 77 zu § 1 LFZG.
113 Dazu BAG v. 07.10.1981, AP Nr. 46 zu § 1 LFZG.
114 Siehe BAG v. 07.10.1981, AP Nr. 45 zu § 1 LFZG.
115 BAG v. 07.10.1981, AP Nr. 45 zu § 1 LFZG.
116 BAG v. 07.10.1981, AP Nr. 45 zu § 1 LFZG.
117 BAG v. 07.10.1981, AP Nr. 45 zu § 1 LFZG.
118 BAG v. 01.12.1976, AP Nr. 42 zu § 1 LFZG; BAG v. 07.10.1981, AP Nr. 46 zu § 1 LFZG.
119 Siehe hierzu *Schmitt*, Entgeltfortzahlungsgesetz, § 3 Rn 102.
120 Bzw. § 52a Satz 1 SeemG.

der Anspruchsvoraussetzung Krankheit auch eine Sterilisation, ein nicht rechtswidriger Schwangerschaftsabbruch sowie ein Schwangerschaftsabbruch nach Beratung als (alleiniger) Grund für die Arbeitsunfähigkeit aus. Zum Zweiten wird für diesen Fall fingiert, dass die Arbeitsunfähigkeit unverschuldet eingetreten ist. Im Übrigen müssen die für einen Anspruch auf Entgeltfortzahlung nach § 3 Abs. 1 Satz 1 EFZG maßgebenden Voraussetzungen vorliegen, sprich die Arbeitnehmereigenschaft, ein Arbeitsverhältnis, Kausalität sowohl zwischen Sterilisation bzw. Abbruch der Schwangerschaft und Arbeitsunfähigkeit wie auch zwischen dieser und der Arbeitsverhinderung.[121]

6. Erfüllung der Wartezeit

50 Die in **§ 3 Abs. 3 EFZG** normierte Wartezeitregelung ist durch Art. 3 Ziff. 1 lit. b) des Arbeitsrechtlichen Beschäftigungsförderungsgesetzes vom 25.09.1996[122] eingeführt worden. Das Erfordernis der Wartezeiterfüllung gilt für Arbeitnehmer unabhängig davon, ob sie im Rahmen eines unbefristeten oder befristeten Arbeitsverhältnisses beschäftigt werden. Des Weiteren findet § 3 Abs. 3 EFZG unabhängig davon Anwendung, welcher Grund zur krankheitsbedingten Arbeitsunfähigkeit und damit zur Arbeitsverhinderung führt. Die Wartezeitregelung ist auf den Anspruch »nach Absatz 1« bezogen. Erfasst werden damit auch die in § 3 Abs. 2 EFZG genannten Fallkonstellationen, die zwar die Anspruchsvoraussetzung Krankheit substituieren, jedoch nichts daran ändern, dass es sich auch hier um einen Entgeltfortzahlungsanspruch nach § 3 Abs. 1 Satz 1 EFZG handelt.

51 **Voraussetzungen** für die Entstehung des Anspruchs sind zum einen der **Ablauf der Frist** von vier Wochen und zum anderen der während dieser Zeit **ununterbrochene Bestand des Arbeitsverhältnisses**. Die Fristberechnung richtet sich nach den Regelungen der §§ 187 Abs. 2 Satz 1, 188 Abs. 2 BGB. Maßgebender Zeitpunkt für den Anfang des Laufs der Vierwochenfrist kann nur der Beginn des Tages sein, zu dem vereinbarungsgemäß die Arbeitsaufnahme erfolgen soll. Erst ab diesem Zeitpunkt kann krankheitsbedingte Arbeitsunfähigkeit entgeltfortzahlungsrechtliche Relevanz erlangen. Das Arbeitsverhältnis muss während des Laufs der Vierwochenfrist rechtlich ununterbrochen bestanden haben. Auf die Erbringung der tatsächlichen Arbeitsleistung kommt es nicht an. Daraus folgt, dass die Frist auch während solcher Zeiten läuft, während der etwa wegen einer Erkrankung, eines Feiertages, Urlaubs oder eines Streiks eine Beschäftigung nicht stattfindet. Auf die Erfüllung der Wartezeit ist ein vorangegangenes Berufsausbildungsverhältnis anzurechnen, wenn sich daran nahtlos ein Arbeitsverhältnis bei demselben Arbeitgeber anschließt.[123]

52 Der **Anspruch** auf Entgeltfortzahlung **entsteht** erst nach dem Ablauf der Wartezeit von vier Wochen. Deshalb hat ein Arbeitnehmer, dessen Arbeitsverhältnis auf einen Zeitraum von bis zu längstens vier Wochen befristet ist, keinen Anspruch auf Entgeltfortzahlung. Ist ein Arbeitnehmer während der Wartezeit arbeitsunfähig erkrankt und dauert diese Arbeitsunfähigkeit auch nach dem Ablauf der Wartezeit an, so entsteht mit dem Ablauf der Wartezeit der »Anspruch nach Abs. 1«, sprich der Anspruch auf Entgeltfortzahlung bis zur Dauer von sechs Wochen.[124] Erkrankt ein Arbeitnehmer zwischen dem Zeitpunkt des Vertragsschlusses und der vereinbarten Aufnahme der Beschäftigung und erstreckt sich die krankheitsbedingte Arbeitsunfähigkeit über einen Zeitraum von mehr als vier Wochen gerechnet vom vereinbarten Zeitpunkt der Arbeitsaufnahme an, so hat der Arbeitnehmer einen Anspruch auf Entgeltfortzahlung nach Ablauf der Wartezeit. Im Gegensatz zu der früheren Regelung des § 1 Abs. 1 Satz 1 LFZG wird für die Anspruchsentstehung **nicht vorausgesetzt**, dass der Arbeitnehmer seine **Arbeit auch tatsächlich aufgenommen** hat.

53 Die vorstehend dargelegten Konsequenzen der Wartezeitregelung kommen nicht zum Tragen, sofern in einer Vereinbarung (Einzelvertrag, Betriebsvereinbarung oder Tarifvertrag) ein Anspruch auf Entgeltfortzahlung ohne das Erfordernis der Wartezeiterfüllung festgelegt wird. Gem. § 12 EFZG kann

121 Siehe hierzu ausführlich MünchArbR/*Boecken*, § 83 Rn 123 ff.

122 BGBl I 1996, 1476.

123 BAG v. 20.08.2003, AP Nr. 20 zu § 3 EFZG.

124 BAG v. 20.08.2003, AP Nr. 20 zu § 3 EFZG; BAG v. 26.05.1999, NZA 1999, 1273 ff. (1274 f.); a.A. LAG Niedersachsen v. 19.01.1998, DB 1998, 1238.

ohne weiteres zu Gunsten des Arbeitnehmers von den Vorschriften des Entgeltfortzahlungsgesetzes abgewichen werden.

III. Anspruchshöhe und Anspruchsdauer

Der Umfang der Entgeltfortzahlung und die daraus resultierende Belastung der Arbeitgeber werden bestimmt durch Höhe und Dauer des Entgeltfortzahlungsanspruchs. Beide Parameter erfahren im Entgeltfortzahlungsgesetz eine nähere Ausgestaltung. Die Höhe des im Krankheitsfall fortzuzahlenden Arbeitsentgelts ist in § 4 EFZG im Einzelnen geregelt. Gem. § 4 Abs. 1 EFZG ist dem Arbeitnehmer für **längstens sechs Wochen** das ihm bei der für ihn maßgebenden regelmäßigen Arbeitszeit zustehende Arbeitsentgelt fortzuzahlen. Gegenstand des Anspruchs auf Entgeltfortzahlung kann bei einer Arbeitszeitkontenregelung auch ein Anspruch auf Zeitgutschrift sein, denn ein Arbeitszeitkonto drückt nur in anderer Form den Arbeitsentgeltanspruch des Arbeitnehmers aus.[125] Die Regelung des § 4 Abs. 1a EFZG konkretisiert den Begriff des Arbeitsentgelts durch Ausgrenzung bestimmter Leistungen des Arbeitgebers und enthält eine Bestimmung zur Höhe der Entgeltfortzahlung bei einer ergebnisorientierten Vergütung. Für den Fall, dass der Arbeitnehmer an einem **Feiertag** krankheitsbedingt arbeitsunfähig ist, findet sich in § 4 Abs. 2 EFZG eine besondere Regelung zur Höhe des fortzuzahlenden Arbeitsentgelts. Darüber hinaus enthält § 4 Abs. 3 und Abs. 4 EFZG Bestimmungen zur Höhe der Entgeltfortzahlung bei Kurzarbeit sowie zur Frage der Tarifvertragsdispositivität der in § 4 Abs. 1, Abs. 1a und Abs. 3 EFZG niedergelegten Bestimmungen. 54

1. Entgeltausfallprinzip

Den Vorschriften der §§ 3 Abs. 1 Satz 1 und 4 Abs. 1 EFZG liegt das so genannte Entgeltausfall- oder auch Lohnausfallprinzip zu Grunde: Danach hat der arbeitsunfähig erkrankte Arbeitnehmer Anspruch auf Arbeitsentgelt in der Höhe, welches er bei zukunftsorientierter Betrachtung ohne Eintritt der Arbeitsunfähigkeit erlangt hätte.[126] Die Ermittlung des fortzuzahlenden Arbeitsentgelts erfolgt also unter **Anknüpfung an eine hypothetische Entwicklung**. Darin unterscheidet sich das Entgeltausfallprinzip von der Referenzmethode, die etwa nach § 11 Abs. 1 Satz 1 BUrlG grundsätzlich für die Bemessung des Urlaubsentgelts kennzeichnend ist und im Sinne einer ex post-Betrachtung an den innerhalb eines bestimmten Zeitraums in der Vergangenheit erzielten Verdienst anknüpft. Das Entgeltausfallprinzip gilt allerdings nicht uneingeschränkt, weshalb zum Teil auch nur von einem »modifizierten Entgeltausfallprinzip« gesprochen wird.[127] Eine Einschränkung erfährt das Prinzip im geltenden Recht etwa dadurch, dass im Falle der Vereinbarung einer auf das Ergebnis der Arbeit abstellenden Vergütung für die Berechnung des fortzuzahlenden Arbeitsentgelts der von dem Arbeitnehmer in der für ihn maßgebenden regelmäßigen Arbeitszeit erzielbare Durchschnittsverdienst zu Grunde zu legen ist.[128] Das Entgeltausfallprinzip steht gem. § 4 Abs. 4 Satz 1 EFZG zur Disposition der Tarifvertragsparteien. Diese können eine andere Berechnungsmethode vereinbaren,[129] die Bemessungsgrundlage abweichend von § 4 Abs. 1, Abs. 1a EFZG[130] bestimmen oder auch die für die Entgeltfortzahlungshöhe unter anderem maßgebende Arbeitszeit festlegen. 55

125 BAG v. 28.01.2004, AP Nr. 21 zu § 3 EFZG.

126 Siehe nur BAG v. 01.10.1991, NZA 1992, 163 f. (163); BAG v. 03.03.1993, NZA 1993, 699 ff. (700 f.).

127 BAG v. 09.07.2003 – 5 AZR 610/01; BAG v. 26.06.2002, AP Nr. 61 zu § 4 EFZG. Siehe auch *Schmitt*, Entgeltfortzahlungsgesetz, § 4 Rn 11.

128 Siehe § 4 Abs. 1a Satz 2 EFZG.

129 Z.B. ein Referenzperiodensystem.

130 BAG v. 13.03.2002, AP Nr. 58 zu § 4 EFZG, hier zur Nichtberücksichtigung tariflicher Zuschläge bei der Entgeltfortzahlung im Krankheitsfall.

2. Arbeitsentgelt und Arbeitszeit

56 Gem. § 4 Abs. 1 EFZG ist dem Arbeitnehmer für den in § 3 Abs. 1 EFZG bezeichneten Zeitraum »das ihm bei der für ihn maßgebenden regelmäßigen Arbeitszeit zustehende Arbeitsentgelt fortzuzahlen«. Danach sind für die Berechnung des fortzuzahlenden Arbeitsentgelts zwei Faktoren entscheidend: das »Arbeitsentgelt« sowie die »für ihn regelmäßige Arbeitszeit«.

57 Die Funktion der arbeitgeberseitigen Entgeltfortzahlung besteht wesentlich in der wirtschaftlichen Sicherung des arbeitsunfähig erkrankten Arbeitnehmers. Hiervon ausgehend ist der Begriff des fortzuzahlenden Arbeitsentgelts zu bestimmen: Er umfasst alle Leistungen des Arbeitgebers, die dieser arbeitsvertraglich als Gegenleistung für erbrachte Arbeitstätigkeit des Arbeitnehmers schuldet.[131] Nicht zum Arbeitsentgelt gehören Leistungen des Arbeitgebers, mit denen nicht die Arbeitsleistung als solche vergütet werden soll, sondern die auf den Ausgleich von im Zusammenhang mit der tatsächlichen Erbringung der Arbeitsleistung entstehenden Belastungen des Arbeitnehmers gerichtet sind (siehe § 4 Abs. 1 a Satz 1 EFZG). Zum Arbeitsentgelt i.S.d. § 4 Abs. 1 EFZG zählt weiterhin nicht das zusätzlich für **Überstunden** gezahlte Entgelt (§ 4 Abs. 1 a Satz 1 EFZG).[132] Für die Entgeltfortzahlungshöhe ohne rechtliche Bedeutung sind wegen des fehlenden Gegenleistungscharakters solche Vergütungen des Arbeitgebers, deren Gewährung grundsätzlich unabhängig von der Arbeitsleistung und den vereinbarten Entgeltbezugszeiträumen erfolgt. Hierunter sind einmalige **Sonderzahlungen** wie etwa Weihnachtsgratifikationen zu verstehen.[133]

58 Das entgeltfortzahlungsrechtlich relevante Arbeitsentgelt umfasst zunächst alle Formen der so genannten Grundvergütung. Diese kann als Zeitvergütung[134] oder Leistungsvergütung[135] ausgestaltet sein. Maßgebend sind die Bruttobezüge unter Einschluss der Arbeitnehmeranteile zur Sozialversicherung.[136] Über die Zahlung der Grundvergütung hinaus werden vom Arbeitgeber häufig weitere laufende Entgeltleistungen erbracht, die etwa als **Zulagen, Zuschläge oder Prämien** bezeichnet werden. Arbeitsentgeltcharakter haben z.B. Erschwernis- und Gefahrenzulagen wie auch Zuschläge für Sonntags-, Feiertags- oder Nachtarbeit.[137] Das zusätzlich für Überstunden gezahlte Arbeitsentgelt zählt nach § 4 Abs. 1 a Satz 1 EFZG nicht zum Arbeitsentgelt i.S.v. § 4 Abs. 1 EFZG. Zusätzlich für Überstunden bezahltes Entgelt sind sowohl die Überstundenzuschläge wie auch die für die Überstunden gezahlte Grundvergütung.[138] Ob Überstunden gegeben sind, ist nach der individuellen Arbeitszeit des Arbeitnehmers zu beurteilen.[139] Zu den Leistungen mit Aufwendungsersatzcharakter i.S.v. § 4 Abs. 1 a Satz 1 EFZG und damit zu den nicht berücksichtigungsfähigen Entgeltbestandteilen zählen in der Regel Reisekostenvergütungen, Trennungsentschädigungen und Zuschüsse zu Verpflegungskosten. Im Einzelfall können allerdings auch berücksichtigungsfähige Arbeitsentgelte vorliegen, und zwar dann, wenn es an dem Charakter eines bloßen Aufwendungsersatzes fehlt.

59 Der zweite wesentliche Faktor für die Berechnung der Entgeltfortzahlung ist die Arbeitszeit. Gem. § 4 Abs. 1 EFZG ist dem Arbeitnehmer für den in § 3 Abs. 1 EFZG bezeichneten Zeitraum das ihm bei der »für ihn maßgebenden regelmäßigen Arbeitszeit« zustehende Arbeitsentgelt fortzuzahlen. Der Parameter der Arbeitszeit ist danach individuell zu ermitteln.

Für die Berechnung der Höhe des Entgeltfortzahlungsanspruchs ist nicht die betriebsübliche, sondern allein die **konkret-individuelle Arbeitszeit** des krankheitsbedingt arbeitsunfähigen Arbeitnehmers

131 BAG v. 11.01.1978, AP Nr. 7 zu § 2 LFZG.
132 Dasselbe gilt für die Berechnung des Urlaubsentgelts, siehe § 11 Abs. 1 Satz 1 BUrlG.
133 Siehe etwa BAG v. 26.10.1994, AP Nr. 18 zu § 611 BGB Anwesenheitsprämie.
134 Bemessen nach Stunden, Tagen, Wochen oder Monaten.
135 Etwa Akkordlohn, Prämienlohn oder Provision.
136 Siehe BAG v. 11.01.1978, AP Nr. 7 zu § 2 LFZG.
137 Siehe hierzu BAG v. 07.02.1996, NZA 1996, 885 ff. (887).
138 BAG v. 09.07.2003 – 5 AZR 610/01; BAG v. 26.06.2002, AP Nr. 61 zu § 4 EFZG.
139 BAG v. 09.07.2003 – 5 AZR 610/01; BAG v. 26.06.2002, AP Nr. 61 zu § 4 EFZG.

von Bedeutung.[140] Damit wird dem Entgeltausfallprinzip Rechnung getragen. Grundlage für die Ermittlung der individuellen Arbeitszeit ist in erster Linie der Arbeitsvertrag.[141] Auf die allgemein im Betrieb geltende Arbeitszeit kommt es nicht entscheidend an, darüber hinaus kann auch die kraft Tarifvertrag oder Betriebsvereinbarung im Betrieb geltende Arbeitszeit von der individuellen Arbeitszeit des Arbeitnehmers nach oben oder nach unten abweichen.[142] Grundlage hierfür kann eine ausdrückliche oder konkludente Vereinbarung oder etwa eine betriebliche Übung sein.[143] Sofern regelmäßig eine bestimmte, erhöhte Arbeitszeit abgerufen und geleistet wird, ist dies Ausdruck der vertraglich geschuldeten Leistung. Eine wirksame Vereinbarung über die Arbeitszeit ist nicht erforderlich, denn das Gesetz stellt entscheidend darauf ab, welche Arbeitsleistung tatsächlich ausgefallen ist.[144] Verändert sich die für den Arbeitnehmer maßgebende Arbeitszeit während des Zeitraums der krankheitsbedingten Arbeitsunfähigkeit, so ist die neue Arbeitszeit als Berechnungsfaktor zu Grunde zu legen. Die Ermittlung der individuellen Arbeitszeit erfolgt nicht durch Anknüpfung an einen bestimmten Zeitpunkt. Nach § 4 Abs. 1 EFZG ist vielmehr auf die **regelmäßige Arbeitszeit** abzustellen. Die damit verbundene Einschränkung des Entgeltausfallprinzips erfolgt allein aus Gründen der Praktikabilität: Bei schwankender Arbeitszeit des Arbeitnehmers ist ansonsten ohne exakte gesetzliche Fixierung eine sinnvolle Bestimmung der individuellen Arbeitszeit ausgeschlossen. Die regelmäßige Arbeitszeit ist hier unter Bezugnahme auf einen Vergleichszeitraum von zwölf Monaten zu ermitteln.[145] Für den Fall betrieblicher Kurzarbeit hat der Gesetzgeber in § 4 Abs. 3 Satz 1 EFZG eine ausdrückliche Bestimmung zur Ermittlung der regelmäßigen Arbeitszeit getroffen. Danach ist die verkürzte Arbeitszeit für ihre Dauer als die für den Arbeitnehmer maßgebende regelmäßige Arbeitszeit i.S.d. § 4 Abs. 1 EFZG anzusehen. Bei flexiblen Arbeitszeitvereinbarungen mit einer Durchschnittsarbeitszeit ist diese für die Ermittlung der regelmäßigen Arbeitszeit zu Grunde zu legen. Fehlt es an einer Durchschnittsarbeitszeit, ist die regelmäßige Arbeitszeit unter Anknüpfung an eine Referenzperiode festzustellen.

3. Berechnung des fortzuzahlenden Arbeitsentgelts

Bei der Berechnung des fortzuzahlenden Arbeitsentgelts ist unter Anknüpfung an die verwendeten Entgeltsysteme und die Art der zu berücksichtigenden Arbeitszeit im Einzelfall unterschiedlich zu verfahren. Unproblematisch ist die Berechnung der Höhe des Anspruchs auf Entgeltfortzahlung in den Fällen gleich bleibender Arbeitszeit bei ebenso festem Arbeitsentgelt. Hier ist das laufende Arbeitsentgelt während des Zeitraums der krankheitsbedingten Arbeitsunfähigkeit so weiter zu zahlen, als wäre die Arbeitsunfähigkeit nicht eingetreten. Tritt das Ende der Entgeltfortzahlung während des Laufs einer Periode ein – beispielsweise endet bei einem festen Monatsentgelt die Sechswochenfrist während eines laufenden Monats –, so ist nach der vom Bundesarbeitsgericht so genannten »konkreten Berechnungsweise auf der Grundlage des Lohnausfallprinzips« der anteilige Entgeltanspruch wie folgt zu berechnen: Das monatliche Bruttoarbeitsentgelt wird durch die in dem betreffenden Monat tatsächlich anfallenden Arbeitstage geteilt und der sich danach ergebende Betrag mit der Anzahl der krankheitsbedingt ausgefallenen Arbeitstage multipliziert.[146] Fehlt es an einer täglich gleich bleibenden Arbeitszeit, bedarf es einer gesonderten Berechnung des fortzuzahlenden Arbeitsentgelts für die einzelnen, mit unterschiedlichen Arbeitszeiten belegten Arbeitsunfähigkeitstage. Im Falle einer vereinbarten Stundenvergütung ergibt sich die Höhe der Entgeltfortzahlung aus der Multiplikation des Zeitfaktors mit dem Geldfaktor.[147] 60

140 BAG v. 09.07.2003 – 5 AZR 610/01; BAG v. 26.06.2002, AP Nr. 61 zu § 4 EFZG; BAG v. 16.01.2002, AP Nr. 7 zu § 2 EFZG.
141 BAG v. 26.06.2002, AP Nr. 61 zu § 4 EFZG.
142 BAG v. 26.06.2002, AP Nr. 61 zu § 4 EFZG; BAG v. 09.07.2003 – 5 AZR 610/01.
143 BAG v. 26.06.2002, AP Nr. 61 zu § 4 EFZG; BAG v. 09.07.2003 – 5 AZR 610/01.
144 BAG v. 26.06.2002, AP Nr. 61 zu § 4 EFZG.
145 BAG v. 09.07.2003 – 5 AZR 610/01; siehe auch BAG v. 26.06.2002, AP Nr. 61 zu § 4 EFZG.
146 BAG v. 14.08.1985, AP Nr. 40 zu § 63 HGB (LS).
147 BAG v. 09.07.2003 – 5 AZR 610/01.

61 Für den Fall einer auf das Ergebnis der Arbeit bezogenen Vergütung ordnet die Regelung des § 4 Abs. 1a Satz 2 EFZG an, dass der von dem Arbeitnehmer in der für ihn maßgebenden regelmäßigen Arbeitszeit »erzielbare Durchschnittsverdienst der Berechnung zu Grunde zu legen« ist. Inhaltlich entspricht diese Regelung der früheren, nur für Arbeiter geltenden Bestimmung des § 2 Abs. 1 Satz 2 LFZG. Mit der Anknüpfung an den **»erzielbaren« Durchschnittsverdienst** versucht der Gesetzgeber auch im Falle leistungsbezogener Vergütung dem Gedanken des Entgeltausfallprinzips so weit wie möglich Rechnung zu tragen.[148]

62 Die Höhe des **Akkordentgelts**[149] richtet sich nach dem von dem Arbeitnehmer erzielten Arbeitsergebnis, ist also wesentlich von der persönlichen Arbeitsleistung des Arbeitnehmers abhängig. Übt ein Arbeitnehmer seine Tätigkeit im so genannten Einzelakkord aus, ist eine Prognose über das ausfallende Arbeitsentgelt in der Regel nur unter Orientierung an einer der krankheitsbedingten Arbeitsunfähigkeit vorausgehenden Referenzperiode möglich.[150] Ist der erkrankte Arbeitnehmer bis zum Eintritt der Arbeitsunfähigkeit im Gruppenakkord tätig gewesen, so entspricht es dem Entgeltausfallprinzip am ehesten, die Höhe des fortzuzahlenden Arbeitsentgelts an dem Verdienst zu orientieren, den die nicht erkrankten Arbeitskollegen der Akkordgruppe während der Zeit der Arbeitsunfähigkeit des erkrankten Arbeitnehmers erzielen.[151] Das gilt auch bei einer Akkordgruppe, die nur aus zwei Personen besteht.[152] Auch bei **Provisionen** und Prämien ist unter weitestgehender Verwirklichung des Entgeltausfallprinzips von dem erzielbaren Durchschnittsverdienst i.S.d. § 4 Abs. 1 a Satz 2 EFZG auszugehen. Für die erforderliche Prognose muss im Falle erheblich schwankender Provisions- bzw. Prämieneinnahmen eine angemessen lange Referenzperiode zu Grunde gelegt werden.[153]

4. Anspruchsdauer

63 Liegen die nach dem Gesetz maßgebenden Voraussetzungen vor, so entsteht der Entgeltfortzahlungsanspruch unmittelbar mit dem Eintritt der krankheitsbedingten Arbeitsunfähigkeit bzw. Arbeitsverhinderung. Keine Bedeutung für die Anspruchsentstehung hat die Erfüllung der in § 5 EFZG normierten **Anzeige- und Nachweispflichten**.[154] Zu beachten ist, dass der Anspruch auf Entgeltfortzahlung bei Vorliegen der einschlägigen Voraussetzungen in jedem Arbeitsverhältnis neu entsteht. Eine mit § 6 BUrlG – Ausschluss von Doppelansprüchen – vergleichbare Regelung existiert im Entgeltfortzahlungsrecht nicht.

64 Entgeltfortzahlungsansprüche sind nach der Bestimmung des § 3 Abs. 1 Satz 1 EFZG auf die Dauer von längstens sechs Wochen begrenzt.[155] Für den Beginn des Laufs der in § 3 Abs. 1 Satz 1 EFZG geregelten Sechs-Wochen-Frist ist von § 187 Abs. 1 BGB auszugehen. Wird der Arbeitnehmer **während der Arbeitszeit** arbeitsunfähig krank, so beginnt die Sechs-Wochen-Frist erst am nächsten Tag. Für den restlichen Arbeitstag ist der Arbeitgeber auf Grund seiner Fürsorgepflicht gehalten, die Vergütung auch insoweit fortzuzahlen. Auf Grund bestimmter Ereignisse kann der Anspruch auch schon vor Ablauf von sechs Wochen enden. Das ist zunächst der Fall, wenn der Arbeitnehmer

148 Siehe BAG v. 26.02.2003, AP Nr. 64 zu § 4 EFZG.
149 Bemessen etwa als Stückakkord, Flächenakkord oder Gewichtsakkord.
150 Insoweit wird ein Zeitraum von vier Wochen bzw. ein Entgeltabrechnungszeitraum in der Regel als ausreichend angesehen, siehe BAG v. 29.09.1971, AP Nr. 28 zu § 1 Feiertagslohnzahlungsgesetz und BAG v. 22.10.1989, AP Nr. 10 zu § 2 LFZG.
151 BAG v. 26.02.2003, AP Nr. 64 zu § 4 EFZG; BAG v. 22.10.1980, AP Nr. 10 zu § 2 LFZG.
152 BAG v. 26.02.2003, AP Nr. 64 zu § 4 EFZG.
153 Insoweit vermag nach Ansicht des BAG »normalerweise . . . der Zeitraum eines Jahres der besonderen Eigenart eines Arbeitsverhältnisses gerecht zu werden und unbillige Zufallsergebnisse auszuschließen«, siehe BAG v. 05.06.1986, AP Nr. 39 zu § 63 HGB.
154 Siehe dazu noch folgend unter Rn 68 ff.
155 Eine Sonderregelung für erkrankte Besatzungsmitglieder eines Kauffahrteischiffes enthält § 48 Abs. 1 Satz 1 SeemG, die über § 78 Abs. 1 SeemG auch auf den Kapitän eines solchen Schiffes Anwendung findet.

vor dem Ablauf dieser Frist die Arbeitsfähigkeit wieder erlangt. Des Weiteren endet der Anspruch grundsätzlich mit der rechtlich wirksamen Beendigung des Arbeitsverhältnisses. Eine Ausnahme gilt nach Maßgabe der in § 8 Abs. 1 EFZG geregelten Sonderfälle. Bedeutsam ist insbesondere die Regelung des § 8 Abs. 1 Satz 1 EFZG, wonach der Anspruch auf Entgeltfortzahlung nicht dadurch berührt wird, dass der Arbeitgeber das Arbeitsverhältnis **aus Anlass der Arbeitsunfähigkeit kündigt**.[156] Die Arbeitsunfähigkeit muss wesentliche Bedingung der Kündigung sein, wobei es genügt, wenn sie den entscheidenden Anstoß für die Kündigung darstellt.[157] Des Weiteren setzt § 8 Abs. 1 Satz 1 EFZG voraus, dass der Arbeitgeber Kenntnis von der krankheitsbedingten Arbeitsunfähigkeit des Arbeitnehmers im Zeitpunkt der Kündigung hat.[158] Wird eine Kündigung vor Ablauf der in § 5 Abs. 1 Satz 2 EFZG niedergelegten Frist zur Vorlage einer ärztlichen Arbeitsunfähigkeitsbescheinigung ausgesprochen, so ist der Arbeitgeber so zu behandeln, als hätte er von der krankheitsbedingten Arbeitsunfähigkeit Kenntnis gehabt.[159] Deshalb erfasst § 8 Abs. 1 EFZG auch den Fall einer Kündigung des Arbeitgebers aus Anlass der bevorstehenden Arbeitsunfähigkeit, denn es ist ausreichend, dass der Arbeitgeber mit der Arbeitsunfähigkeit rechnet.[160] Wird das Arbeitsverhältnis durch Arbeitgeberkündigung noch vor Ablauf der Wartezeit nach § 3 Abs. 3 EFZG beendet, so ändert das nach der Rechtsprechung des BAG nichts an dem Eintritt der Rechtsfolgen des § 8 Abs. 1 Satz 1 EFZG: Dauert die krankheitsbedingte Arbeitsunfähigkeit fort, so entsteht mit Ablauf der Wartezeit ein Entgeltfortzahlungsanspruch.[161]

5. Wiederholte Erkrankungen des Arbeitnehmers

§ 3 Abs. 1 Satz 2 EFZG enthält eine Regelung für den Fall, dass ein Arbeitnehmer auf Grund **»derselben« Krankheit erneut** arbeitsunfähig erkrankt. Hier besteht ein Anspruch auf Entgeltfortzahlung nur mit Einschränkungen: Entweder war der Arbeitnehmer vor der erneuten Arbeitsunfähigkeit mindestens sechs Monate nicht infolge derselben Krankheit arbeitsunfähig (§ 3 Abs. 1 Satz 2 Nr. 1 EFZG) oder es ist seit dem Beginn der ersten Arbeitsunfähigkeit infolge derselben Krankheit eine Frist von zwölf Monaten abgelaufen (§ 3 Abs. 1 Satz 2 Nr. 2 EFZG). Für die (erneute) Entgeltfortzahlungsverpflichtung des Arbeitgebers kommt es nach diesen Regelungen entscheidend darauf an, ob die wiederholte Arbeitsunfähigkeit auf einer anderen Krankheit oder derselben Krankheit beruht. 65

Der Begriff »dieselbe Krankheit« in § 3 Abs. 1 Satz 2 EFZG ist i.S.v. »dasselbe Grundleiden« zu verstehen: Dieses führt zu zeitlich verschiedenen Krankheitserscheinungen, die ihrerseits jeweils Arbeitsunfähigkeit zur Folge haben. In einem solchen Fall wird von einer so genannten **Fortsetzungserkrankung** gesprochen. Diese ist gegeben, »wenn die Krankheit, auf der die frühere Arbeitsunfähigkeit beruhte, in der Zeit zwischen dem Ende der vorausgegangenen und dem Beginn der neuen Arbeitsunfähigkeit medizinisch nicht vollständig ausgeheilt war, sondern das Grundleiden latent weiter bestanden hat, so dass die neue Erkrankung nur eine Fortsetzung der früheren Erkrankung darstellt«.[162] Bei einer Fortsetzungserkrankung wird die Dauer des Entgeltfortzahlungsanspruchs in der Weise ermittelt, dass die einzelnen Krankheitsphasen bis zur vollständigen Ausschöpfung der insgesamt nach § 3 Abs. 1 Satz 1 EFZG zustehenden sechs Wochen **zusammengerechnet** werden.[163] Nach Ablauf eines Zwölfmonatszeitraums entsteht bei Vorliegen der nach § 3 Abs. 1 Satz 1 EFZG maßgebenden Voraussetzungen ein neuer Anspruch auf Entgeltfortzahlung, und zwar unabhängig davon, in welchem Umfang der Arbeitnehmer in den vorherigen zwölf Monaten 66

156 Von einer so genannten Anlasskündigung spricht das BAG, wenn die Arbeitsunfähigkeit einen objektiven Geschehensablauf in Gang setzt, der schließlich den Entschluss des Arbeitgebers zur Kündigung i.S. einer »wesentlich mitbestimmenden Bedingung« auslöst, siehe BAG v. 26.10.1971, AP Nr. 1 zu § 6 LFZG; BAG v. 28.11.1979, AP Nr. 8 zu § 6 LFZG.

157 BAG v. 17.04.2002, AP Nr. 1 zu § 8 EFZG.

158 BAG v. 20.08.1980, AP Nr. 13 zu § 6 LFZG.

159 BAG v. 29.08.1980, AP Nr. 18 zu § 6 LFZG.

160 BAG v. 17.04.2002, AP Nr. 1 zu § 8 EFZG.

161 BAG v. 26.05.1999, NZA 1999, 1273 ff. (1273 f.).

162 BAG v. 04.12.1985, AP Nr. 42 zu § 63 HGB m.w.N.

163 Siehe BAG v. 22.02.1973, AP Nr. 28 zu § 1 LFZG.

arbeitsunfähig erkrankt war und Entgeltfortzahlung in Anspruch genommen hat. Vorher kann ein infolge derselben Krankheit erneut arbeitsunfähiger Arbeitnehmer einen erneuten Anspruch haben, wenn er mindestens sechs Monate nicht infolge derselben Krankheit arbeitsunfähig war.[164]

67 Erkrankt der Arbeitnehmer im Vergleich mit einer vorherigen krankheitsbedingten Arbeitsunfähigkeit auf Grund einer anderen – neuen – Krankheit, so entsteht nach Maßgabe des § 3 Abs. 1 Satz 1 i.V.m. Satz 2 Nr. 1 EFZG ein neuer Anspruch auf Entgeltfortzahlung bis zur Dauer von sechs Wochen. **Überschneiden** sich verschiedene Krankheiten während ein und desselben Zeitraums, so hat der Arbeitnehmer nach dem Grundsatz der Einheit des Verhinderungsfalles[165] gleichwohl nur einen Anspruch auf Entgeltfortzahlung im Umfang von sechs Wochen.

Entsprechend den allgemeinen Grundsätzen trägt der Arbeitgeber die **Darlegungs- und Beweislast** für das Vorliegen der Voraussetzungen eines Leistungsausschlusses wegen einer Fortsetzungserkrankung nach Maßgabe des § 3 Abs. 1 Satz 2 EFZG.[166]

IV. Geltendmachung des Anspruchs auf Entgeltfortzahlung

1. Anzeige- und Nachweispflichten

68 Mit der Auferlegung von Anzeige- und Nachweispflichten nach Maßgabe des § 5 EFZG werden wesentlich zwei Zielsetzungen verfolgt. Zum einen geht es darum, dem Arbeitgeber für den Fall der Erkrankung seines Arbeitnehmers eine möglichst sichere Dispositionsgrundlage zu verschaffen. Zum anderen – insoweit stehen die Nachweispflichten im Vordergrund – soll einer missbräuchlichen Ausnutzung der Entgeltfortzahlung im Krankheitsfall entgegengewirkt werden.[167] Die in § 5 EFZG normierten Regelungen sind nach Maßgabe des § 12 EFZG zwingend. Danach kann von diesen Vorschriften nicht zu Ungunsten des Arbeitnehmers abgewichen werden.

a) Anzeige- bzw. Mitteilungspflichten

69 Gem. § 5 Abs. 1 Satz 1 EFZG ist der Arbeitnehmer verpflichtet, dem Arbeitgeber die Arbeitsunfähigkeit und deren **voraussichtliche Dauer** mitzuteilen. Der wesentliche Zweck dieser Anzeigepflicht besteht darin, den Arbeitgeber mit der Information über die Arbeitsunfähigkeit und deren Dauer in die Lage zu versetzen, die wegen des krankheitsbedingten Ausfalls des Arbeitnehmers notwendig werdenden organisatorischen und sonstigen Dispositionen treffen zu können. Nach dem Gesetzeswortlaut hat der Arbeitnehmer über die **Art der zur Arbeitsunfähigkeit** führenden Erkrankung keine Mitteilung zu machen, womit dem Interesse des Arbeitnehmers an dem Schutz seiner Intimsphäre Rechnung getragen wird. Ausnahmen gelten aus Gründen des Gefahrenschutzes sowie zum Zwecke der Feststellung des Vorliegens einer Fortsetzungserkrankung. Die Ursache der zur Arbeitsunfähigkeit führenden Erkrankung hat der Arbeitnehmer gleichfalls grundsätzlich nicht anzugeben. Anderes gilt dann, wenn die Erkrankung auf ein Verhalten dritter Personen zurückzuführen ist. Hierüber hat der Arbeitnehmer den Arbeitgeber gem. § 6 Abs. 2 EFZG im Hinblick darauf zu informieren, dass bei einer solchen Fallkonstellation nach § 6 Abs. 1 EFZG abgeleitete Ansprüche des Arbeitgebers gegen den Dritten in Betracht kommen können.

70 Die Mitteilung an den Arbeitgeber hat nach § 5 Abs. 1 Satz 1 EFZG **»unverzüglich«** zu erfolgen. Diesem nach § 121 Abs. 1 BGB zu konkretisierenden Erfordernis kommt der Arbeitnehmer nur nach, wenn er die Mitteilung macht, sobald die betriebsübliche Arbeitszeit dies zulässt. Für den Fall, dass sich der Arbeitnehmer bei Beginn der Arbeitsunfähigkeit im Ausland aufhält, trifft § 5 Abs. 2

164 § 3 Abs. 1 Satz 2 Nr. 1 EFZG.
165 Siehe BAG v. 12.07.1989, AP Nr. 77 zu § 616 BGB.
166 Siehe nur BAG v. 19.03.1986, NZA 1986, 743. Siehe näher zur Beweislast insoweit MünchArbR/*Boecken*, § 84 Rn 85 f.
167 Siehe die Begründung zum Entwurf des Entgeltfortzahlungsgesetzes, BT-Drucks 12/5263, 14, 26.

EFZG bezogen auf die Anzeige- bzw. Mitteilungspflichten des Arbeitnehmers modifizierende bzw. ergänzende Regelungen.[168]

b) Nachweispflicht

Über die Anzeigepflicht des § 5 Abs. 1 Satz 1 EFZG hinaus hat der Arbeitnehmer nach § 5 Abs. 1 Satz 2 EFZG für den Fall einer länger als drei Kalendertage dauernden Arbeitsunfähigkeit unabhängig von der Frage des Bestehens eines Anspruchs auf Entgeltfortzahlung eine **ärztliche Bescheinigung** über das Bestehen der Arbeitsunfähigkeit sowie deren voraussichtliche Dauer spätestens an dem darauf folgenden Tag vorzulegen. Der Zweck der Nachweispflicht besteht einmal darin, einer missbräuchlichen Ausnutzung der Entgeltfortzahlung im Krankheitsfall entgegenzuwirken. Neben diesem Ziel dient die Nachweispflicht ebenso wie die Anzeigepflicht nach § 5 Abs. 1 Satz 1 EFZG dazu, den Arbeitgeber unter anderem vor allem auch über die voraussichtliche Dauer der Arbeitsunfähigkeit zu unterrichten und ihm damit auf der Basis einer ärztlichen Stellungnahme eine möglichst sichere Grundlage für Dispositionen zur Vermeidung einer Beeinträchtigung des Betriebsablaufs durch den Ausfall des Arbeitnehmers zu geben. 71

Gesetzlich vorgesehenes Mittel zur Erfüllung der Nachweispflicht ist die Vorlage einer ärztlichen Bescheinigung, in der die nach dem Gesetz notwendigen Informationen enthalten sind. Es gilt das Prinzip der **freien Arztwahl**. Die ärztliche Bescheinigung muss Angaben enthalten über das Bestehen der Arbeitsunfähigkeit, deren voraussichtliche Dauer, Name und Anschrift des Arbeitnehmers sowie – wenn der Arbeitnehmer Mitglied einer gesetzlichen Krankenkasse ist – einen Vermerk des behandelnden Arztes über eine Mitteilung an die Krankenkasse.[169] 72

Der Zeitpunkt, zu welchem die Arbeitsunfähigkeitsbescheinigung vorzulegen ist, wird im Ausgangspunkt in § 5 Abs. 1 Satz 2 EFZG bestimmt: Danach hat der Arbeitnehmer für den Fall, dass »die Arbeitsunfähigkeit länger als drei Kalendertage« dauert, die Arbeitsunfähigkeitsbescheinigung »spätestens an dem darauf folgenden Arbeitstag vorzulegen«. Mit der Bezugnahme auf »drei Kalendertage« wird sichergestellt, dass die Drei-Tages-Frist auch an solchen Tagen läuft, an denen nicht gearbeitet wird, also an Sonn- und Feiertagen oder auch – je nach betriebsüblicher Verteilung der Wochenarbeitszeit – an Samstagen. Die Bescheinigung ist nur dann am vierten Kalendertag der Erkrankung vorzulegen, sofern es sich bei diesem Tag um einen Arbeitstag handelt. Insoweit ist maßgebend, ob **in dem Betrieb gearbeitet** wird, nicht hingegen, ob der arbeitsunfähig erkrankte Arbeitnehmer an dem nach Ablauf der Drei-Tages-Frist maßgebenden Tag seine Arbeitsleistung erbringen muss. 73

Abweichend von § 5 Abs. 1 Satz 2 EFZG ist der Arbeitgeber gem. § 5 Abs. 1 Satz 3 EFZG berechtigt, die Vorlage der **ärztlichen Bescheinigung früher zu verlangen**. Diese Regelung räumt dem Arbeitgeber das Recht ein, die ärztliche Bescheinigung sowohl zu einem früheren Zeitpunkt als gesetzlich vorgesehen zu fordern wie auch für solche Zeiten der Arbeitsunfähigkeit, die kürzer sind als vier Tage.[170] Nach Ansicht des BAG handelt es sich bei einer Anweisung des Arbeitgebers i.S.d. § 5 Abs. 1 Satz 3 EFZG um eine Frage der betrieblichen Ordnung i.S.v. § 87 Abs. 1 Nr. 1 BetrVG, weshalb dem Betriebsrat ein erzwingbares Mitbestimmungsrecht zustehen soll.[171] Auch durch Tarifvertrag kann bestimmt werden, dass der Arbeitnehmer eine ärztliche Arbeitsunfähigkeitsbescheinigung generell bereits für den ersten Tag einer krankheitsbedingten Arbeitsunfähigkeit beizubringen hat.[172] Gem. § 5 Abs. 1 Satz 4 EFZG ist der Arbeitnehmer für den Fall, dass die Arbeitsunfähigkeit länger als in der Bescheinigung angegeben dauert, verpflichtet, eine neue ärztliche Bescheinigung vorzulegen. Die hier angeordnete **fortgesetzte Nachweispflicht** besteht unabhängig davon, ob der Arbeitnehmer noch einen Anspruch auf Entgeltfortzahlung hat. Nach hier vertretener 74

168 Siehe dazu ausführlich MünchArbR/*Boecken*, § 85 Rn 15 ff.

169 § 5 Abs. 1 Satz 2 und Satz 5 EFZG.

170 Siehe BAG v. 25.01.2000, NZA 2000, 665 ff. (666).

171 BAG v. 25.01.2000, NZA 2000, 665 ff. (666 f.).

172 BAG v. 26.02.2003, AP Nr. 8 zu § 5 EFZG.

Auffassung ist davon auszugehen, dass der Arbeitnehmer in dem Zeitpunkt, in welchem für ihn eine über den ursprünglichen Zeitpunkt hinausgehende Dauer der Arbeitsunfähigkeit absehbar ist, Sorge zu tragen hat, dass der Arbeitgeber rechtzeitig, d.h. grundsätzlich vor Ablauf der ersten bzw. vorherigen Bescheinigung, eine neue Bescheinigung erhält.[173]

75 Entsprechend den allgemeinen Grundsätzen der Beweislastverteilung hat der einen Anspruch auf Entgeltfortzahlung geltend machende Arbeitnehmer das Vorliegen krankheitsbedingter Arbeitsunfähigkeit nachzuweisen.[174] Diesen Beweis führt der Arbeitnehmer in der Regel durch die Vorlage einer ärztlichen Bescheinigung über die krankheitsbedingte Arbeitsunfähigkeit.[175]

76 Hinsichtlich des **Beweiswerts** einer arbeitnehmerseits vorgelegten ärztlichen Bescheinigung über die krankheitsbedingte Arbeitsunfähigkeit ist zu unterscheiden. Nach der Rechtsprechung des BAG kommt einer im Inland ordnungsgemäß ausgestellten ärztlichen Arbeitsunfähigkeitsbescheinigung ein hoher Beweiswert zu.[176] Legt der Arbeitnehmer im Rechtsstreit eine ärztliche Bescheinigung vor, so kann der Tatrichter den Beweis krankheitsbedingter Arbeitsunfähigkeit normalerweise als erbracht ansehen.[177] Beweislastrechtlich gesprochen bedeutet diese Rechtsprechung des BAG, dass eine ordnungsgemäß ausgestellte Arbeitsunfähigkeitsbescheinigung einen Beweis des ersten Anscheins für die Richtigkeit der in ihr enthaltenen Angaben begründet.[178] Der mit der Vorlage einer Arbeitsunfähigkeitsbescheinigung gegebene Anscheinsbeweis kann von Seiten des Arbeitgebers **erschüttert** werden. Hierzu hat der Arbeitgeber nach der Rechtsprechung des BAG im Rechtsstreit Umstände darzulegen und zu beweisen, die zu ernsthaften Zweifeln an der behaupteten krankheitsbedingten Arbeitsunfähigkeit Anlass geben.[179] Ernsthafte Zweifel an der Arbeitsunfähigkeit infolge Krankheit können sich aus arbeitgeberseits dargelegten und bewiesenen Umständen ergeben, die sich auf die Bescheinigung selbst beziehen oder auf ein Verhalten des Arbeitnehmers vor oder während des Zeitraums der behaupteten Arbeitsunfähigkeit. Ist es dem Arbeitgeber gelungen, den Beweiswert der ärztlichen Arbeitsunfähigkeitsbescheinigung zu erschüttern, so tritt wieder der ursprüngliche Darlegungs- und Beweislastzustand ein: Nunmehr obliegt es (erneut) dem Arbeitnehmer, den Nachweis des Vorliegens einer krankheitsbedingten Arbeitsunfähigkeit zu führen.[180]

77 Für Arbeitsunfähigkeitsbescheinigungen eines Arztes aus einem **nicht der Europäischen Gemeinschaft angehörigen Staat** gelten hinsichtlich ihres Beweiswertes grundsätzlich dieselben Prinzipien wie für eine von einem deutschen Arzt ausgestellte Bescheinigung. Der Beweiswert einer solchen Bescheinigung kann zusätzlich durch den Nachweis entkräftet werden, dass der bescheinigende Arzt im Widerspruch zu den Anforderungen des deutschen Arbeits- und Sozialversicherungsrechts nicht zwischen einer bloßen Erkrankung und einer mit Arbeitsunfähigkeit verbundenen Krankheit unterschieden hat.[181]

78 Bezogen auf in einem **anderen Mitgliedsstaat der Europäischen Gemeinschaft** ausgestellte Arbeitsunfähigkeitsbescheinigungen gelten Besonderheiten. Nach der Rechtsprechung des Europäischen Gerichtshofs ist ein Arbeitgeber an die vom Träger des Wohn- und Aufenthaltsortes getroffenen ärztlichen Feststellungen über den Eintritt und die Dauer der Arbeitsunfähigkeit gebunden, wenn er den betroffenen Arbeitnehmer nicht durch einen Arzt seiner Wahl hat untersuchen lassen.[182] Allerdings ist es dem Arbeitgeber nicht verwehrt, Tatsachen darzulegen und zu beweisen, anhand

173 Ebenso *Worzalla/Süllwald*, EFZG, § 3 Rn 77; a.A. etwa *Geyer/Knorr/Krasney*, EFZG, § 5 Rn 34.
174 Siehe nur BAG v. 01.10.1997, NZA 1998, 372 ff. (373).
175 BAG v. 01.10.1997, NZA 1998, 372 ff. (373).
176 BAG v. 19.02.1997, NZA 1997, 652 ff. (653); BAG v. 01.10.1997, NZA 1998, 372 ff. (373).
177 BAG v. 01.10.1997, NZA 1998, 372 ff. (373).
178 Siehe etwa BAG v. 20.02.1985, AP Nr. 4 zu § 3 LFZG.
179 BAG v. 19.02.1997, NZA 1997, 652 ff. (653); BAG v. 21.03.1996, NZA 1996, 1030 f. (1031).
180 BAG v. 26.08.1993, NZA 1994, 63 ff. (65).
181 Siehe BAG v. 19.02.1997, NZA 1997, 652 ff. (653); BAG v. 01.10.1997, NZA 1998, 372 f. (373), jeweils bezogen auf Bescheinigungen türkischer Ärzte mit dem Hinweis, dass eine Arbeitsunfähigkeitsbescheinigung nach Maßgabe des deutsch-türkischen Sozialversicherungsabkommens den gestellten Anforderungen genügt.
182 Siehe EuGH v. 03.06.1992, AP Nr. 1 zu Art. 18 EWG-VO Nr. 575/72 (Paletta I).

deren das nationale Gericht feststellen kann, dass der Arbeitnehmer missbräuchlich oder betrügerisch Arbeitsunfähigkeit gemeldet hat, ohne krank gewesen zu sein.[183] Die Beweislast für das Vorliegen missbräuchlichen oder betrügerischen Verhaltens des Arbeitnehmers trägt der Arbeitgeber.[184]

c) Rechtsfolgen der Verletzung von Anzeige- und Nachweispflichten

Nach Maßgabe der in § 7 Abs. 1 Nr. 1 und Abs. 2 EFZG enthaltenen Regelungen ist der Arbeitgeber berechtigt, die Fortzahlung des Arbeitsentgelts zu verweigern, **solange** der Arbeitnehmer die von ihm nach § 5 Abs. 1 EFZG vorzulegende ärztliche Bescheinigung nicht vorlegt oder den ihm nach § 5 Abs. 2 EFZG obliegenden Verpflichtungen nicht nachkommt. Der Verstoß eines im Inland erkrankten Arbeitnehmers gegen die in § 5 Abs. 1 Satz 1 EFZG niedergelegte Anzeigepflicht begründet kein arbeitgeberseitiges Recht zur Leistungsverweigerung. Neben der Verletzung einer der in § 7 Abs. 1 Nr. 1 EFZG genannten Pflichten setzt das arbeitgeberseitige Leistungsverweigerungsrecht eine **schuldhafte Pflichtverletzung** des Arbeitnehmers voraus (§ 7 Abs. 2 EFZG). Nach der in der Systematik des Gesetzes zum Ausdruck gelangenden Beweislastverteilung hat der Arbeitnehmer darzulegen und zu beweisen, dass ihn an der Verletzung einer Anzeige- oder Nachweispflicht ein Verschulden nicht trifft. Dem Arbeitgeber obliegt es hingegen zunächst, das Vorliegen einer Pflichtverletzung zu behaupten und zu beweisen. Liegen die Voraussetzungen des in § 7 Abs. 1 Nr. 1 EFZG geregelten Leistungsverweigerungsrechts vor, so ist dem Arbeitgeber lediglich das Recht eingeräumt, die Entgeltfortzahlung **zeitweilig** zu verweigern.[185] Kommt der Arbeitnehmer seiner Anzeige- bzw. Nachweispflicht nach, so erlischt das Leistungsverweigerungsrecht und der Arbeitgeber hat Entgeltfortzahlung rückwirkend seit Beginn der Arbeitsunfähigkeit zu leisten.[186] 79

Die Verletzung der dem Arbeitnehmer nach § 5 EFZG obliegenden Anzeige- und Nachweispflichten kann arbeitgeberseitige **Schadensersatzansprüche aus positiver Forderungsverletzung (§ 280 BGB)** auslösen. Dieser Anspruch tritt, soweit der Anwendungsbereich des § 7 Abs. 1 Nr. 1 EFZG eröffnet ist, neben das Recht zur Leistungsverweigerung. 80

Des Weiteren kann bei einem Pflichtenverstoß des Arbeitnehmers eine ordentliche Kündigung, in Ausnahmefällen sogar eine außerordentliche Kündigung in Betracht kommen.[187] Bei einer ordentlichen Kündigung handelt es sich um eine verhaltensbedingte Kündigung i.S.d. § 1 Abs. 2 KSchG. Das bedeutet, dass auf der Grundlage der herrschenden Meinung zur grundsätzlichen Notwendigkeit einer Abmahnung eine fristgemäße Kündigung wegen der Verletzung einer Anzeige- oder Nachweispflicht in der Regel nur ausgesprochen werden kann, wenn der Arbeitnehmer zuvor bereits einmal im Hinblick auf die Verletzung dieser Pflichten abgemahnt worden ist. 81

2. Fälligkeit, Leistungsort, Verjährung und Ausschlussfristen

Unabhängig davon, ob der Anspruch auf Entgeltfortzahlung dogmatisch als über § 3 Abs. 1 Satz 1 EFZG aufrechterhaltener Vergütungsanspruch aus § 611 Abs. 1 BGB oder als in § 3 Abs. 1 Satz 1 EFZG eigenständig begründeter Anspruch anzusehen ist, gelten für die Fortzahlung des Entgelts im Krankheitsfalle grundsätzlich die Regeln, denen der Vergütungsanspruch nach § 611 Abs. 1 BGB unterliegt. Die **Fälligkeit** des Anspruchs auf Entgeltfortzahlung richtet sich grundsätzlich nach § 614 BGB bzw. nach § 11 Abs. 2 BBiG. Hinsichtlich des Leistungs- bzw. Erfüllungsortes sind gleichfalls die Regeln anzuwenden, die für den Anspruch auf Vergütung nach § 611 Abs. 1 BGB maßgebend sind. Der Anspruch auf Entgeltfortzahlung unterliegt der regelmäßigen Verjährung von drei Jahren nach § 195 BGB, wobei der Lauf der Verjährungsfrist nach Maßgabe des § 199 Abs. 1 BGB beginnt. 82

183 EuGH v. 02.05.1996, AP Nr. 2 zu Art. 18 EWG-VO Nr. 574/72 (Paletta II).
184 BAG v. 19.02.1997, NZA 1997, 705 ff. (707).
185 BAG v. 19.02.1997, NZA 1997, 652 ff. (654).
186 BAG v. 19.02.1997, NZA 1997, 652 ff. (654).
187 Vgl. BAG v. 31.08.1989, AP Nr. 23 zu § 1 KSchG 1969 Verhaltensbedingte Kündigung; hinsichtlich einer außerordentlichen Kündigung siehe LAG Sachsen-Anhalt v. 24.04.1996, NZA 1997, 772.

Entgeltfortzahlungsansprüche sollen auch von **Ausschlussfristen** erfasst werden. Nach Ansicht des BAG steht die Unabdingbarkeitsregelung des § 12 EFZG der Anwendung vertraglich vereinbarter Ausschlussfristen auf entstandene Ansprüche nicht entgegen.[188] Das soll auch für tarifvertragliche Ausschlussfristen gelten.[189]

3. Verzicht auf den Entgeltfortzahlungsanspruch

83 Die Möglichkeit eines arbeitnehmerseitigen Verzichts auf Entgeltfortzahlung, der seine rechtliche Grundlage in einem Erlassvertrag,[190] einem negativen Schuldanerkenntnis[191] oder auch einem Vergleich[192] haben kann, ist im Hinblick auf die Unabdingbarkeitsregelung des § 12 EFZG nicht unproblematisch: Danach kann abgesehen von § 4 Abs. 4 EFZG von den Vorschriften dieses Gesetzes nicht zu Ungunsten des Arbeitnehmers abgewichen werden. Das BAG hat zu § 9 LFZG als der mit § 12 EFZG vergleichbaren Vorgängerregelung die Auffassung entwickelt, dass von dem Verbot nachteiliger Vereinbarungen nicht ein Verzicht erfasst wird, der bei oder nach der **Beendigung des Arbeitsverhältnisses** erklärt wird und auf Lohnfortzahlungsansprüche nach deren Fälligkeit bezogen ist.[193] Von dieser Rechtsprechung wird auch für die Bestimmung des Anwendungsbereichs von § 12 EFZG ausgegangen.[194] Das BAG bejaht eine Abdingbarkeit des Anspruchs auf Entgeltfortzahlung auch für den Fall, dass sich Arbeitgeber und Arbeitnehmer im Wege des **Vergleichs** nach dem Ausspruch einer Kündigung über die Beendigung des Arbeitsverhältnisses bezogen auf einen Zeitpunkt einigen, zu dem die zuständige Krankenkasse bereits Krankengeld an den Arbeitnehmer geleistet hat und damit der – bei Fortdauer des Arbeitsverhältnisses bestehende – Entgeltfortzahlungsanspruch gem. § 115 Abs. 1 SGB X im Zeitpunkt des Vergleichs bereits kraft cessio legis auf die Krankenkasse übergegangen ist.[195]

4. Ausschluss von Entgeltfortzahlungsansprüchen bei Rechtsmissbrauch

84 Das zwischen Arbeitgeber und Arbeitnehmer bestehende Arbeitsverhältnis unterliegt dem Grundsatz von Treu und Glauben (§ 242 BGB). Insofern kann es dem Arbeitgeber nach § 242 BGB unzumutbar sein, trotz des Vorliegens aller Anspruchsvoraussetzungen Entgeltfortzahlung zu leisten.[196] Unzumutbarkeit kommt bei einem widersprüchlichen Verhalten des Arbeitnehmers in Betracht, ein solches liegt z.B. vor, wenn sich der Arbeitnehmer vor dem Zeitpunkt krankheitsbedingter Arbeitsunfähigkeit bereits von dem Arbeitsverhältnis gelöst hatte, wie es etwa in einem längeren unentschuldigten Fehlen zum Ausdruck gelangt.[197] Des Weiteren ist ein Anspruch wegen Rechtsmissbrauchs nach § 242 BGB in dem Fall ausgeschlossen, dass der Arbeitnehmer im Zeitpunkt des Vertragsschlusses weiß, dass er in Kürze wegen Krankheit oder wegen einer bevorstehenden Kur arbeitsunfähig sein wird.[198] § 242 BGB steht allerdings nicht ohne Weiteres einem Anspruch auf Entgeltfortzahlung entgegen, wenn die krankheitsbedingte Arbeitsunfähigkeit Folge eines Arbeitsunfalls bzw. eines Unfalls in einer Zweitbeschäftigung oder selbständigen Tätigkeit ist. Im Hinblick darauf, dass

188 Siehe etwa BAG v. 24.05.1973, AP Nr. 53 zu § 4 TVG Ausschlussfristen; bezogen auf einzelvertragliche Ausschlussfristen LAG Köln v. 18.11.1996, BB 1997, 1263.
189 BAG v. 16.01.2002, AP Nr. 13 zu § 3 EFZG.
190 § 397 Abs. 1 BGB.
191 § 397 Abs. 2 BGB.
192 § 779 BGB.
193 BAG v. 20.08.1980, AP Nr. 11 zu § 6 LFZG.
194 Siehe *Schmitt*, Entgeltfortzahlungsgesetz, § 12 Rn 21 m.w.N.; kritisch dazu MünchArbR/*Boecken*, § 85 Rn 76 ff.
195 Siehe BAG v. 20.08.1980, AP Nr. 14 zu § 6 LFZG.
196 BAG v. 04.12.2002, AP Nr. 17 zu § 3 EFZG.
197 BAG v. 04.12.2002, AP Nr. 17 zu § 3 EFZG.
198 BAG v. 27.03.1991, AP Nr. 92 zu § 1 LFZG.

es im Rahmen des Entgeltfortzahlungsrechts grundsätzlich nicht auf die Ursache der Erkrankung ankommt, sind hier die Anforderungen an die Bejahung von Rechtsmissbrauch sehr hoch.[199]

V. Medizinische Vorsorge und Rehabilitation

Die für Entgeltfortzahlung bei medizinischer Vorsorge und Rehabilitation maßgebende Bestimmung des § 9 EFZG enthält zwei Regelungskomplexe. In Absatz 1 werden bei Vorliegen der einschlägigen Voraussetzungen bestimmte Vorschriften des Entgeltfortzahlungsgesetzes für entsprechend anwendbar erklärt, sofern die Arbeitsverhinderung des Arbeitnehmers auf einer Maßnahme der medizinischen Vorsorge oder Rehabilitation beruht. § 9 EFZG stellt mithin der Arbeitsverhinderung durch krankheitsbedingte Arbeitsunfähigkeit die Arbeitsverhinderung wegen Durchführung einer Maßnahme medizinischer Vorsorge oder Rehabilitation gleich. Darüber hinaus wird in § 9 Abs. 2 EFZG eine im Verhältnis zu der allgemeinen Bestimmung des § 5 EFZG eigenständige Regelung über die Anzeige- und Nachweispflichten getroffen, die dem an einer medizinischen Vorsorge- oder Rehabilitationsmaßnahme teilnehmenden Arbeitnehmer obliegen. 85

Der Anspruch auf Entgeltfortzahlung gem. § 9 Abs. 1 EFZG wird flankiert durch die Regelung des § 7 Abs. 1 Satz 2 BUrlG: Danach hat der Arbeitgeber **Urlaub** zu gewähren, wenn der Arbeitnehmer dies im Anschluss an eine Maßnahme der medizinischen Vorsorge oder Rehabilitation verlangt. Der Zweck dieser Regelung besteht darin, dem Arbeitnehmer nach Durchführung einer der vorgenannten Maßnahmen noch für einen gewissen Zeitraum die Möglichkeit zur Erholung einzuräumen. Neben § 7 Abs. 1 Satz 2 BUrlG kommt ein Anspruch aus § 616 Satz 1 BGB auf Fortzahlung der Vergütung wegen Verhinderung an der Arbeitsleistung im Anschluss an eine Vorsorge- oder Rehabilitationsmaßnahme nicht in Betracht. 86

1. Anspruch auf Entgeltfortzahlung bei einer Maßnahme der medizinischen Vorsorge oder Rehabilitation

Die Regelung des § 9 Abs. 1 Satz 1 EFZG dehnt den Anspruch auf Entgeltfortzahlung durch Anordnung der entsprechenden Geltung unter anderem von § 3 Abs. 1 Satz 1 EFZG auf den Fall aus, dass die Arbeitsverhinderung nicht durch Arbeitsunfähigkeit infolge Krankheit herbeigeführt wird, sondern auf »einer Maßnahme der medizinischen Vorsorge oder Rehabilitation« beruht. Ganz allgemein lassen sich Maßnahmen der medizinischen Vorsorge und Rehabilitation dahin gehend differenzieren, dass jene darauf ausgerichtet sind, eine Erkankung zu verhüten,[200] während letztere vor allem dazu bestimmt sind, eine bereits eingetretene und behandelte Krankheit auszuheilen.[201] Der Anspruch auf Entgeltfortzahlung wegen Arbeitsverhinderung auf Grund einer Maßnahme der medizinischen Vorsorge oder Rehabilitation setzt des Weiteren voraus, dass die Maßnahme durch einen **Sozialleistungsträger bewilligt** worden ist.[202] Schließlich muss eine entgeltfortzahlungsrechtlich relevante medizinische Vorsorge- oder Rehabilitationsmaßnahme **stationär** in einer Einrichtung der medizinischen Vorsorge oder Rehabilitation[203] durchgeführt werden. Für den stationären Charakter ist vor allem entscheidend, ob die vorsorgende oder rehabilitative Behandlung in Verbindung mit der Gewährung von Unterkunft und Verpflegung in derselben Einrichtung erfolgt.[204] Liegen die Voraussetzungen des § 9 Abs. 1 Satz 1 EFZG vor, so gelten für den Anspruch auf Entgeltfortzahlung bei Arbeitsverhinderung infolge einer Maßnahme der medizinischen Vorsorge oder Rehabilitation 87

199 Siehe etwa BAG v. 07.11.1975, NJW 1976, 823 f.; BAG v. 21.04.1982, NJW 1983, 2900 f.; BAG v. 19.10.1983, NJW 1984, 1706 ff.; zu dieser Frage auch *Boecken*, NZA 2001, 233 ff.
200 Vgl. BAG v. 14.11.1979, AP Nr. 4 zu § 7 LFZG.
201 Vgl. BAG v. 29.11.1973, AP Nr. 2 zu § 7 LFZG.
202 Mit dem Begriff des Sozialleistungsträgers wird auf den in § 12 Satz 1 SGB I legaldefinierten Terminus des Leistungsträgers Bezug genommen.
203 Zum Begriff einer solchen Einrichtung siehe § 107 Abs. 2 SGB V.
204 Die Unterbringung in einem Hotel reicht nicht, siehe BAG v. 19.01.2000, NZA 2000, 773 ff. (774).

die Vorschriften der §§ 3 bis 4 b und §§ 6 bis 8 EFZG entsprechend. In die entsprechende Geltung nicht einbezogen worden ist die Regelung des § 5 EFZG betreffend die arbeitnehmerseitigen Anzeige- und Nachweispflichten. Insoweit enthält § 9 Abs. 2 EFZG eine besondere Bestimmung. Trotz Nichterwähnung findet auf den hier normierten Anspruch auch die Unabdingbarkeitsregelung des § 12 EFZG Anwendung. Aus der Verweisung aus § 3 EFZG folgt, dass die hiernach für den Anspruch auf Entgeltfortzahlung im Krankheitsfalle maßgebenden Voraussetzungen grundsätzlich auch bezogen auf den in § 9 Abs. 1 Satz 1 EFZG normierten Anspruch gegeben sein müssen. Auch die in § 3 Abs. 1 Satz 2 EFZG normierten Grundsätze zum Fall der **Wiederholungserkrankung** gelten entsprechend. Nach zutreffender Ansicht des BAG ist ein Maßnahmeträger gegenüber dem Arbeitgeber des Versicherten nicht verpflichtet, dafür Sorge zu tragen, dass eine auf derselben Krankheit beruhende Rehabilitationsmaßnahme binnen sechs Monaten nach dem Ende der früheren Erkrankung begonnen wird, um dadurch einen erneuten Anspruch auf Entgeltfortzahlung unter dem Gesichtspunkt der Wiederholungs- bzw. Fortsetzungserkrankung zu vermeiden.[205]

88 Die Regelung des § 9 Abs. 1 Satz 2 EFZG bezieht sich auf Arbeitnehmer, die »nicht Mitglied einer gesetzlichen Krankenkasse oder nicht in der gesetzlichen Rentenversicherung versichert« sind. Mangels Zuständigkeit eines Sozialleistungsträgers i.S.v. § 9 Abs. 1 Satz 1 EFZG, der eine medizinische Vorsorge- oder Rehabilitationsmaßnahme bewilligen könnte, wird der Anspruch auf Entgeltfortzahlung nach § 9 Abs. 1 Satz 2 EFZG unter den Vorbehalt der ärztlichen Verordnung einer entsprechenden Maßnahme gestellt. Als Träger kommen wesentlich private Versicherungsunternehmen, vor allem aus dem Bereich der Krankenversicherung, sowie freie Wohlfahrtsverbände in Betracht. Die Regelung des § 9 Abs. 1 Satz 2 EFZG enthält dieselbe Rechtsfolgenanordnung wie Satz 1.

2. Anzeige- und Nachweispflichten

89 Vergleichbar der Bestimmung des § 5 EFZG, jedoch zugeschnitten auf die Besonderheiten einer durch einen Sozialleistungsträger bewilligten oder ärztlich verordneten Maßnahme der Vorsorge oder Rehabilitation, hat der Gesetzgeber in § 9 Abs. 2 EFZG eine Sonderregelung betreffend die Anzeige- und Nachweispflichten des an einer entsprechenden Maßnahme teilnehmenden Arbeitnehmers getroffen.[206] Gem. § 9 Abs. 2 EFZG ist der Arbeitnehmer verpflichtet, dem Arbeitgeber den Zeitpunkt des Antritts der Maßnahme, die voraussichtliche Dauer und die Verlängerung der Maßnahme unverzüglich anzuzeigen. Die hiermit geregelte Anzeigepflicht bezieht sich sowohl auf den Fall der durch einen Sozialleistungsträger bewilligten wie auch den Fall der ärztlich verordneten Maßnahme. Hinsichtlich der Nachweispflicht wird differenziert: Ist die Maßnahme der medizinischen Vorsorge oder Rehabilitation von einem Sozialleistungsträger bewilligt worden, so hat der Arbeitnehmer unverzüglich eine Bescheinigung über die Bewilligung der Maßnahme durch den Sozialleistungsträger vorzulegen.[207] Handelt es sich um eine nach § 9 Abs. 1 Satz 2 EFZG ärztlich verordnete Maßnahme, so schreibt § 9 Abs. 2 Hs. 2 lit. b) EFZG die unverzügliche Vorlage einer ärztlichen Bescheinigung über die **Erforderlichkeit der Maßnahme** vor. Der Grund für den Nachweis der Erforderlichkeit liegt darin, dass der Arzt bei der Verordnung der Vorsorge- bzw. Rehabilitationsmaßnahme im Gegensatz zu einem Sozialleistungsträger nicht an die einschlägigen sozialgesetzlichen Regelungen gebunden ist, die für die Bewilligung einer Maßnahme deren Erforderlichkeit voraussetzen.

90 Solange der an einer Vorsorge- oder Rehabilitationsmaßnahme teilnehmende Arbeitnehmer seiner Nachweispflicht nicht oder nicht ordnungsgemäß nachkommt, hat der Arbeitgeber auf der Grundlage von § 7 Abs. 1 Nr. 1 EFZG ein vorübergehendes Leistungsverweigerungsrecht. Außerdem kann die Verletzung der in § 9 Abs. 2 EFZG normierten Pflichten einen Schadensersatzanspruch des Arbeitgebers aus positiver Forderungsverletzung (§ 280 BGB) zur Folge haben. Schließlich besteht

205 Siehe BAG v. 18.01.1995, NZA 1995, 729 f.
206 Siehe dazu ausführlich MünchArbR/*Boecken*, § 86 Rn 26 ff.
207 § 9 Abs. 2 Hs. 2 lit. a) EFZG.

bei Vorliegen der entsprechenden Voraussetzungen die Möglichkeit einer verhaltensbedingten Kündigung.

VI. Regress und Ausgleich

1. Forderungsübergang auf den Arbeitgeber bei Dritthaftung

Hat ein durch einen Dritten geschädigter Arbeitnehmer bei daraus resultierender Arbeitsunfähigkeit wegen Krankheit sowohl einen Entgeltfortzahlungsanspruch gegen seinen Arbeitgeber wie auch einen Schadensersatzanspruch gegen den Dritten, so kann ein aus dem Schadensereignis resultierender, rechtlich nicht zu begründender »Gewinn« des Arbeitnehmers nur dadurch verhindert werden, dass der Anspruch des Arbeitnehmers gegen den schädigenden Dritten auf den zur Entgeltfortzahlung verpflichteten Arbeitgeber übergeleitet wird. Dem entsprechend regelt § 6 EFZG einen gesetzlichen Forderungsübergang im Falle der Dritthaftung.[208] Der Forderungsübergang ändert nichts an dem in der Regel allein bürgerlich-rechtlichen Charakter des übergehenden Schadensersatzanspruchs. Das hat zur Folge, dass für Rechtsstreitigkeiten zwischen Arbeitgeber und schädigendem Dritten aus übergegangenem Recht grundsätzlich die **Zuständigkeit der ordentlichen Gerichte** und nicht die der Arbeitsgerichte gegeben ist. 91

a) Voraussetzungen des Forderungsübergangs gem. § 6 Abs. 1 EFZG

Zunächst ist erforderlich, dass der Arbeitnehmer einen Schadensersatzanspruch »auf Grund gesetzlicher Vorschriften« hat. Darunter sind – vergleichbar mit § 116 SGB X – nicht nur solche Ansprüche zu verstehen, die sich unmittelbar aus dem Gesetz ergeben, sondern auch solche, die nach den Vorschriften des Bürgerlichen Rechts im Falle der Verletzung vertraglicher Verpflichtungen entstehen.[209] Damit werden von § 6 EFZG zum einen Ansprüche auf Schadensersatz aus deliktsrechtlicher Verschuldenshaftung nach §§ 823 ff. BGB erfasst. Des Weiteren gewähren auch Tatbestände der Gefährdungshaftung Schadensersatzansprüche »auf Grund gesetzlicher Vorschriften« i.S.d. § 6 Abs. 1 EFZG. Schließlich zählen zu den Schadensersatzansprüchen i.S.d. § 6 Abs. 1 EFZG auch Ansprüche auf **Schadensersatz wegen Vertragspflichtverletzung**.[210] Ein Forderungsübergang gem. § 6 Abs. 1 EFZG setzt weiter voraus, dass der arbeitnehmerseitige Schadensersatzanspruch seinem Inhalt nach auf den Ausgleich von Verdienstausfall bezogen ist, der auf der krankheitsbedingten Arbeitsunfähigkeit beruht. Damit wird die nach dieser Norm eröffnete Rückgriffsmöglichkeit des Arbeitgebers gegen den schädigenden Dritten auf das beschränkt, was der Arbeitgeber aus Anlass der krankheitsbedingten Arbeitsunfähigkeit zu leisten verpflichtet ist: Die Fortzahlung des Entgelts trotz Nichterbringung der Arbeitsleistung. 92

Der Schadensersatzanspruch des Arbeitnehmers muss sich gegen einen Dritten richten. Unter dem Begriff des Dritten sind alle haftungsfähigen Personen und Personenvereinigungen zu verstehen. Zu den Dritten zählen auch Familienangehörige des Arbeitnehmers, die die krankheitsbedingte Arbeitsunfähigkeit auf eine zum Schadensersatz verpflichtende Art und Weise herbeigeführt haben. Allerdings sind die Vorschriften des § 67 Abs. 2 VVG und des § 116 Abs. 6 Satz 1 SGB X entsprechend anzuwenden.[211] Der Forderungsübergang setzt schließlich voraus, dass der Arbeitgeber auf der **Grundlage des Entgeltfortzahlungsgesetzes** zur Weiterzahlung des Arbeitsentgelts verpflichtet ist. Erbringt ein Arbeitgeber im Falle krankheitsbedingter Arbeitsunfähigkeit auf Grund einzelvertragli- 93

208 Damit bringt der Gesetzgeber zugleich zum Ausdruck, dass der Schadensersatzanspruch des Arbeitnehmers nicht wegen des Anspruchs auf Entgeltfortzahlung entfällt.

209 So ausdrücklich BGH v. 20.02.1958, BGHZ 26, 365 ff. (368 f.) zum früheren § 1542 RVO (heute § 116 SGB X).

210 Siehe BGH v. 22.02.1958, BGHZ 26, 365 ff. (369).

211 Siehe nur BGH v. 04.03.1976, BGHZ 66, 104 ff. (105).

cher oder kollektivvertraglicher Vereinbarung weiter gehende Leistungen der Entgeltfortzahlung, so erfolgt insoweit keine cessio legis.

b) Umfang des Forderungsübergangs

94 Liegen die Voraussetzungen des § 6 Abs. 1 EFZG vor, dann erfolgt der Forderungsübergang in dem Umfang, in welchem der Arbeitgeber nach dem Entgeltfortzahlungsgesetz das Arbeitsentgelt fortzahlt und bestimmte, im Gesetz näher bezeichnete Beitragsleistungen zum Zwecke der sozialen Absicherung der Arbeitnehmer erbringt. Die cessio legis ist auf den Teil des arbeitnehmerseitigen Schadensersatzanspruchs begrenzt, der mit den im Gesetz bezeichneten Arbeitgeberleistungen deckungsgleich ist. Der Begriff des Arbeitsentgelts in § 6 Abs. 1 EFZG ist identisch mit dem in den §§ 3 Abs. 1 Satz 1 und 4 Abs. 1, Abs. 1 a EFZG verwendeten Arbeitsentgeltbegriff. Von der cessio legis werden weiterhin bestimmte **Beitragsleistungen** des Arbeitgebers zum Zwecke der sozialen Sicherung des Arbeitnehmers erfasst. § 6 Abs. 1 EFZG spricht ausdrücklich von den auf das fortgezahlte Arbeitsentgelt entfallenden, »vom Arbeitgeber zu tragenden Beiträgen«. Gemeint sind also Beitragsleistungen, die zusätzlich zum Bruttoarbeitsentgelt, das rechnerisch bereits den vom Arbeitnehmer zu tragenden Anteil der Sozialversicherungsbeitragslast umfasst, vom Arbeitgeber als so genannte Lohnnebenkosten aufgebracht werden und deshalb nicht schon unter dem Begriff des Arbeitsentgelts fallen. Der vom Arbeitgeber allein zu tragende Beitrag zur gesetzlichen Unfallversicherung soll nicht von der cessio legis erfasst sein.[212]

c) Zeitpunkt des Forderungsübergangs

95 Der Forderungsübergang tritt erst dann ein, wenn der Arbeitgeber das Arbeitsentgelt fortgezahlt und die darauf entfallenden, gesetzlich bezeichneten Beitragsleistungen zu sozialen Sicherungssystemen erbracht hat. Für den Arbeitgeber ist damit die Gefahr verbunden, dass der Arbeitnehmer bis zum Zeitpunkt des Forderungsübergangs über den Schadensersatzanspruch verfügt, sei es, dass er eine Abtretung vornimmt oder auf den Anspruch verzichtet. Der Arbeitgeber ist jedoch über § 7 Abs. 1 Nr. 2 EFZG ausreichend geschützt: Danach ist er berechtigt, die Fortzahlung des Arbeitsentgelts (endgültig) zu verweigern, wenn der Arbeitnehmer den Übergang eines Schadensersatzanspruchs gegen einen Dritten auf den Arbeitgeber verhindert.

d) Auskunftspflicht und Leistungsverweigerungsrecht

96 Gem. § 6 Abs. 2 EFZG hat der krankheitsbedingt arbeitsunfähige Arbeitnehmer dem Arbeitgeber unverzüglich die zur Geltendmachung des Schadensersatzanspruchs **erforderlichen Angaben** zu machen. § 7 Abs. 1 Nr. 2 i.V.m. Abs. 2 EFZG sieht ein Leistungsverweigerungsrecht des Arbeitgebers vor, wenn der Arbeitnehmer den Übergang eines Schadensersatzanspruchs gegen einen Dritten auf den Arbeitgeber schuldhaft verhindert. § 6 Abs. 2 EFZG stellt im Verhältnis zu § 402 BGB eine Sonderregelung dar, ohne allerdings auch eine Verpflichtung zur Urkundenauslieferung festzulegen. Insoweit ist § 402 BGB jedenfalls analog anzuwenden. Verhindert der Arbeitnehmer schuldhaft den Übergang eines Schadensersatzanspruchs gegen einen Dritten auf den Arbeitgeber, so ist dieser nach § 7 Abs. 1 Nr. 2, Abs. 2 EFZG zur Verweigerung der Fortzahlung des Arbeitsentgelts berechtigt. Das Leistungsverweigerungsrecht kommt allerdings nur in Betracht, wenn den Arbeitnehmer ein **Verschulden** trifft (§ 7 Abs. 2 EFZG). Ein Verschulden liegt etwa in dem Abschluss eines Abfindungsvergleichs mit der Haftpflichtversicherung des Schädigers, sofern der Arbeitnehmer damit rechnen muss, dass das Schadensereignis weitere Erkrankungen zur Folge haben wird, die einen Anspruch auf Entgeltfortzahlung entstehen lassen können.[213]

212 Siehe BAG v. 11.11.1975, NJW 1976, 326 f. (327); kritisch dazu MünchArbR/*Boecken*, § 87 Rn 26.
213 Siehe BAG v. 07.12.1988, AP Nr. 2 zu § 5 LFZG.

e) Nachteilsschutz des Arbeitnehmers

Gem. § 6 Abs. 3 EFZG kann der Forderungsübergang nicht zum Nachteil des Arbeitnehmers geltend gemacht werden. Zum einen wird dadurch sichergestellt, dass ein Arbeitnehmer, der über den Verdienstausfall hinaus Schäden erlitten hat,[214] seinen insoweit bestehenden und wegen fehlender Deckungsgleichheit nicht auf den Arbeitgeber übergegangenen Schadensersatzanspruch vorrangig durchsetzen kann. Zum anderen wird durch § 6 Abs. 3 EFZG ausgeschlossen, dass sich der Arbeitgeber bei dem durch einen Dritten geschädigten Arbeitnehmer erholen kann, wenn der übergegangene Anspruch seitens des Schädigers nicht oder nicht in vollem Umfang erfüllt wird. Als rechtliche Grundlage für einen solchen Rückgriff käme an sich eine positive Forderungsverletzung (§ 280 BGB) in Betracht, wenn etwa ein Mitverschulden des Arbeitnehmers bei der Entstehung des Schadens als Verletzung einer arbeitsvertraglichen Nebenpflicht angesehen wird, oder die Realisierung des übergegangenen Anspruchs an einer unzureichenden Auskunft des Arbeitnehmers scheitert. 97

2. Forderungsübergang auf die Krankenkasse bei Nichterfüllung des Anspruchs auf Entgeltfortzahlung

Gem. § 44 Abs. 1 Satz 1 SGB V haben Versicherte gegen ihre Krankenkasse unter anderem dann einen Anspruch auf Krankengeld, wenn sie krankheitsbedingt arbeitsunfähig sind. Dieser Anspruch ruht nach § 49 Abs. 1 Nr. 1 SGB V, soweit und solange Versicherte beitragspflichtiges Arbeitsentgelt erhalten. Die an den tatsächlichen Bezug der Entgeltfortzahlung anknüpfende Ruhensregelung hat zur Folge, dass der Anspruch auf Krankengeld nicht ruht, wenn der Arbeitgeber seiner Verpflichtung zur Erbringung von Entgeltfortzahlung nicht nachkommt. Leistet die Krankenkasse in diesem Falle Krankengeld, dann liegt ein typischer Anwendungsfall des § 115 Abs. 1 SGB X vor. 98

a) Voraussetzungen des Forderungsübergangs nach § 115 Abs. 1 SGB X

Die cessio legis gem. § 115 Abs. 1 SGB X setzt zunächst einen **fälligen Anspruch** des Arbeitnehmers auf Entgeltfortzahlung voraus. Die rechtliche Grundlage – Gesetz, Kollektivvertrag, Arbeitsvertrag – ist ohne Bedeutung.[215] Der Übergang nach § 115 Abs. 1 SGB X setzt weiter voraus, dass der Arbeitgeber den Anspruch des Arbeitnehmers auf Arbeitsentgelt nicht erfüllt. Von der Rechtsprechung wird gefordert, dass der Arbeitgeber seiner Verpflichtung aus dem Entgeltfortzahlungsgesetz **zu Unrecht** nicht nachkommt.[216] Das hat etwa zur Folge, dass ein Forderungsübergang dann nicht stattfindet, wenn der Arbeitgeber sich zum Beispiel auf das Leistungsverweigerungsrecht nach § 7 Abs. 1 Nr. 2 EFZG berufen kann. Schließlich fordert § 115 Abs. 1 SGB X, dass der Krankenversicherungsträger im Hinblick auf die Nichterfüllung der arbeitgeberseitigen Entgeltfortzahlungsverpflichtung das Krankengeld geleistet hat. Damit wird zweierlei vorausgesetzt: zum einen die tatsächliche Leistungserbringung, zum anderen Kausalität zwischen der Nichterfüllung des fälligen Anspruchs auf Entgeltfortzahlung und der Krankengeldzahlung. 99

b) Rechtsfolgen der cessio legis

Mit Erfüllung der Tatbestandsvoraussetzungen geht der Anspruch auf Entgeltfortzahlung in Höhe des gezahlten Krankengeldes auf den Krankenversicherungsträger über. Die cessio legis findet in dem Augenblick statt, in welchem das **Krankengeld tatsächlich geleistet** worden ist. Mit dem Übergang der Forderung tritt der Krankenversicherungsträger in die Rechtsstellung des Arbeitnehmers ein.[217] Das gilt allerdings nicht ohne Einschränkungen. So können sich bei der Durchsetzung des übergegangenen Anspruchs auf Entgeltfortzahlung Schwierigkeiten ergeben, wenn das 100

214 Z.B. immateriellen Schaden, Sachschaden, Behandlungskosten, weiteren Verdienstausfall.

215 Anderes gilt für den Forderungsübergang nach § 6 Abs. 1 EFZG.

216 Siehe BAG v. 26.05.1993, DB 1993, 2035 f. (2036).

217 Siehe BAG v. 18.01.1995, NZA 1995, 729 f.

Arbeitsverhältnis vor oder während der Arbeitsunfähigkeit (arbeitgeberseits) gekündigt worden ist. Der Krankenversicherungsträger ist nicht berechtigt, eine Kündigungsschutzklage zu erheben. Mit dem Forderungsübergang ist der Arbeitnehmer nicht mehr Inhaber der Forderung, so dass von daher bereits wegen mangelnder Verfügungsbefugnis ein Verzicht des Arbeitnehmers durch Erlass oder negatives Schuldanerkenntnis die Rechtsstellung des Krankenversicherungsträgers als Forderungsinhaber nicht mehr beeinträchtigen kann. Jedoch soll nach der Rechtsprechung des BAG der Krankenversicherungsträger einen **Vergleich** zwischen Arbeitgeber und Arbeitnehmer über die Beendigung des Arbeitsverhältnisses durch Kündigung und einen damit verbundenen Erlass von Entgeltfortzahlungsansprüchen auch dann gegen sich gelten lassen müssen, wenn der Vergleich nach dem Zeitpunkt der cessio legis geschlossen worden ist.[218]

c) Einwendungen des Arbeitgebers

101 Auf die Übertragung einer Forderung kraft Gesetzes finden nach § 412 BGB unter anderem die Vorschriften der §§ 404, 406 ff. BGB entsprechende Anwendung. Das gilt auch für den Forderungsübergang nach § 115 Abs. 1 SGB X.[219] Nach § 404 BGB kann der Schuldner dem neuen Gläubiger die Einwendungen entgegensetzen, die zur Zeit der cessio legis gegen den bisherigen Gläubiger begründet waren. Erfasst werden **rechtshindernde, rechtsvernichtende und rechtshemmende Einwendungen**. So kann sich der Arbeitgeber etwa auf das Fehlen der Voraussetzungen des § 3 Abs. 1 Satz 1 EFZG, zum Beispiel wegen des Nichtvorliegens eines Arbeitsverhältnisses, berufen. Rechtsvernichtend kann der Arbeitgeber gegenüber dem Anspruch des Krankenversicherungsträgers etwa auf den Ablauf einer Ausschlussfrist verweisen.[220] Im Hinblick darauf, dass der Entgeltfortzahlungsanspruch erst im Zeitpunkt der tatsächlichen Leistungserbringung auf die Krankenkasse übergeht, läuft diese Gefahr, dass die Ausschlussfrist in diesem Zeitpunkt schon abgelaufen ist. Dem wird in der Praxis dadurch Rechnung getragen, dass der Krankenversicherungsträger zum Zwecke der Fristwahrung bereits vor dem Zeitpunkt des Forderungsübergangs den (zukünftig) übergehenden Anspruch auf Entgeltfortzahlung gegenüber dem Arbeitgeber geltend machen kann. Auf der Grundlage der §§ 412, 407 Abs. 1 BGB muss ein Krankenversicherungsträger Leistungen, die der Arbeitgeber nach dem Zeitpunkt des Forderungsübergangs an den Arbeitnehmer erbringt, und Rechtsgeschäfte grundsätzlich gegen sich gelten lassen. Bezogen auf die in § 115 Abs. 1 SGB X normierte cessio legis ist wegen der Anknüpfung derselben an die tatsächliche Leistungsgewährung zu fordern, dass der Arbeitgeber **Kenntnis von der Erbringung der Krankengeldleistungen** hat. Der Zeitpunkt der Kenntniserlangung kann dadurch vorverlagert werden, dass der Krankenversicherungsträger dem Arbeitgeber noch vor der Leistung mitteilt, er werde ab einem bestimmten Zeitpunkt Krankengeld in bestimmter Höhe zahlen.[221]

3. Ausgleich der Arbeitgeberaufwendungen

102 Zur Erleichterung der mit der Entgeltfortzahlungsverpflichtung insbesondere für **Kleinbetriebe** verbundenen Belastungen und Risiken ist in den Vorschriften der §§ 10 ff. des Gesetzes über die Fortzahlung des Arbeitsentgelts im Krankheitsfalle (Lohnfortzahlungsgesetz, LFZG) vom 27.07.1969[222] für Kleinbetriebe ein Verfahren zwecks Ausgleichs der Arbeitgeberaufwendungen für Leistungen der Entgeltfortzahlung geregelt.[223] Insoweit gilt das Lohnfortzahlungsgesetz fort.[224] Im

218 Siehe BAG v. 20.08.1980, AP Nr. 14 zu § 6 LFZG.
219 Siehe BAG v. 07.08.1991, DB 1991, 2488 ff. (2489).
220 Siehe BAG v. 07.12.1983, AP Nr. 84 zu § 4 TVG Ausschlussfristen.
221 Siehe BAG v. 20.08.1980, AP Nr. 11 zu § 6 LFZG.
222 BGBl I 1969, 946.
223 Siehe zum Zweck dieses Ausgleichsverfahrens auch BVerfG v. 26.04.1978, BVerfGE 48, 227 ff. (234 und 236).
224 Soweit in den Vorschriften über das Ausgleichsverfahren auf die außer Kraft getretenen Regelungen der §§ 1 bis 9 LFZG verwiesen wird, treten an deren Stelle die entsprechenden Vorschriften des EFZG, wie aus Art. 67 Abs. 3 PflegeVG folgt; kritisch dazu *Canaris*, RdA 1997, 267 ff. (269).

Kern hat das in den §§ 10 ff. LFZG geregelte Ausgleichsverfahren zum Inhalt, dass Arbeitgeber von Kleinbetrieben unter bestimmten Voraussetzungen gegen den Ausgleichsträger einen Anspruch auf (Teil-)Erstattung ihrer Entgeltfortzahlungsaufwendungen haben. Träger des Ausgleichsverfahrens sind bestimmte gesetzliche Krankenkassen,[225] die die Ausgleichsmittel als Sondervermögen zu verwalten haben.[226] Für die Erhebung des Umlagebeitrages wird als Bemessungsgrundlage die für die gesetzliche Rentenversicherung maßgebende Beitragsbemessungsgrundlage herangezogen.[227]

a) Voraussetzungen des Ausgleichs

Die Voraussetzungen für den Anspruch auf Ausgleich von Aufwendungen für die Entgeltfortzahlung 103
sind im Grundsatz in § 10 Abs. 1 Satz 1 Nr. 1 LFZG geregelt. Danach erstatten die Träger des Ausgleichsverfahrens Arbeitgebern, die in der Regel ausschließlich der zu ihrer Berufsausbildung Beschäftigten nicht mehr als zwanzig Arbeitnehmer beschäftigen, 80 vom Hundert des an **Arbeiter** fortgezahlten Arbeitsentgelts und der an Auszubildende fortgezahlten Vergütung. Der Begriff des Arbeitgebers wird nach allgemeinen arbeitsrechtlichen Grundsätzen als Korrelat zum Arbeitnehmerbegriff bestimmt: Danach ist derjenige als Arbeitgeber anzusehen, der die Dienstleistungen vom Arbeitnehmer kraft des Arbeitsvertrages fordern kann.[228] Hinsichtlich des personalen Anwendungsbereichs des Ausgleichsverfahrens ist die Beschränkung nach § 18 LFZG zu beachten. Der Begriff des »beschäftigten Arbeitnehmers« ist über § 7 Abs. 1 SGB IV letztlich arbeitsrechtlich zu bestimmen. In den Regelungen des § 10 Abs. 2 Sätze 1 bis 4 LFZG ist näher bestimmt, wann ein Arbeitgeber »in der Regel« nicht mehr als zwanzig Arbeitnehmer beschäftigt.

b) Rechtsfolge: Erstattungsanspruch gegen den Ausgleichsträger

Bei Vorliegen der Voraussetzungen erstatten die zuständigen Krankenkassen **80 vom Hundert** des 104
fortgezahlten Arbeitsentgelts bzw. der fortgezahlten Ausbildungsvergütung. Darüber hinaus werden nach § 10 Abs. 1 Satz 1 Nr. 4 LFZG 80 vom Hundert der auf dieses Arbeitsentgelt entfallenden und arbeitgeberseits zu tragenden Beiträge zur Bundesagentur für Arbeit und Beitragsanteile zur gesetzlichen Krankenversicherung und gesetzlichen Rentenversicherung erstattet. Die Beitragsanteile zur gesetzlichen Pflegeversicherung sind nicht erstattungsfähig. Insoweit ist § 10 Abs. 1 Satz 1 Nr. 4 LFZG im Zuge der Einführung dieses Versicherungszweiges nicht erweitert worden.[229]

c) Einwendungen des Ausgleichsträgers

Gem. § 11 Abs. 1 LFZG kann die Erstattung im Einzelfall versagt werden, solange der Arbeitge- 105
ber die nach § 10 Abs. 5 LFZG erforderlichen Angaben nicht oder nicht vollständig macht. Ein weiteres Leistungsverweigerungsrecht des ausgleichsverpflichteten Krankenversicherungsträgers ist in § 12 LFZG geregelt. Hiernach hängt die Erstattungspflicht der Krankenkassen davon ab, dass der Arbeitgeber einen auf ihn übergegangenen Schadensersatzanspruch gegen einen Dritten bis zur anteiligen Höhe des Erstattungsbetrages an die Krankenkasse abtritt. § 13 Abs. 1 LFZG regelt die Einrede der Verjährung.[230] Die Bestimmung des § 11 Abs. 2 LFZG normiert nicht abschließend besonders bedeutsame Gründe, bei deren Vorliegen die Krankenkasse an den Arbeitgeber geleistete Erstattungsbeträge zurückfordern kann. Das ist der Fall, wenn der Arbeitgeber schuldhaft falsche oder unvollständige Angaben gemacht oder Erstattungsbeträge gefordert hat, obwohl er wusste oder wissen musste, dass ein zur Erstattung berechtigender Anspruch des Arbeitnehmers auf Entgeltfortzahlung nicht bestand. In § 13 Abs. 2 LFZG ist schließlich besonders geregelt, welche Ansprüche seitens der Krankenkasse gegen arbeitgeberseitige Erstattungsansprüche aufgerechnet werden dür-

225 Siehe § 10 Abs. 1 Satz 1 LFZG.
226 Siehe § 15 Satz 1 LFZG.
227 Siehe § 14 Abs. 2 Satz 1 LFZG.
228 BAG v. 09.09.1982, AP Nr. 1 zu § 611 BGB Hausmeister.
229 Das hängt mit der Kompensationsregelung des § 58 Abs. 2, Abs. 3 SGB XI zusammen.
230 Der Erstattungsanspruch verjährt in vier Jahren nach Ablauf des Kalenderjahres, in welchem er entstanden ist.

fen. Damit wird die Aufrechnungsmöglichkeit des Krankenversicherungsträgers beschränkt. Für eine seitens des Arbeitgebers erklärte Aufrechnung gilt das nicht.

d) Finanzierungsverfahren

106 Gem. § 14 Abs. 1 LFZG werden die Mittel zur Durchführung des Ausgleichsverfahrens durch eine Umlage der am Ausgleich beteiligten Arbeitgeber aufgebracht. Zur Finanzierung der Erstattungsleistungen sind die Umlagebeiträge in Vomhundertsätzen des Entgelts festzusetzen, nach denen die Beiträge zu den gesetzlichen Rentenversicherungen bemessen werden oder bei Versicherungspflicht in den gesetzlichen Rentenversicherungen zu bemessen wären.[231] Der Krankenversicherungsträger hat die Mittel für den Ausgleich der Arbeitgeberaufwendungen als Sondervermögen zu verwalten.[232] Damit wird dem Umstand Rechnung getragen, dass das Ausgleichsverfahren nicht zu den eigentlichen Aufgaben des Krankenversicherungsträgers gehört und dementsprechend auch besonders finanziert wird. Hinsichtlich Zahlung, Fälligkeit und Einzug der Umlage von den Arbeitgebern sind gem. § 17 LFZG die für die gesetzliche Krankenversicherung geltenden Vorschriften entsprechend anzuwenden. Bezug genommen wird damit auf die Regelungen des SGB I, IV, V und X.

B. Annahmeverzug des Arbeitgebers

I. Grundsätze

107 Nach § 615 Satz 1 BGB kann der Arbeitnehmer, wenn der Arbeitgeber mit der Annahme der Arbeitsleistung in Verzug kommt, für die infolge des Verzugs nicht geleisteten Dienste die vereinbarte Vergütung verlangen, ohne zur Nachleistung verpflichtet zu sein. § 615 BGB regelt den Fall, dass der Arbeitnehmer zur Erbringung der Arbeitsleistung im Stande und Willens ist, der Arbeitgeber aber die angebotene Arbeitsleistung nicht annehmen kann oder nicht annehmen will. Die Vorschrift regelt zugunsten des Arbeitnehmers die **Vergütungsgefahr**, wenn die Erbringung der Arbeitsleistung allein an der notwendigen Mitwirkungshandlung des Arbeitgebers scheitert[233] und stellt damit eine Ausnahme von dem auch nach der Schuldrechtsreform[234] weiterhin gültigen Grundsatz »ohne Arbeit kein Lohn« dar (§§ 326 Abs. 1, 275 BGB).

108 § 615 BGB beinhaltet keine eigene Anspruchsgrundlage, sondern bestimmt nur die Rechtsfolgen des Annahmeverzugs, dessen Voraussetzungen sich allein aus den §§ 293 ff. BGB ergeben.[235] Die **Schuldrechtsreform** hat bis auf die Anpassung des § 296 Satz 2 BGB an § 286 Abs. 2 Nr. 2 BGB die Vorschriften über den Annahmeverzug und § 615 Satz 1, 2 BGB nicht verändert.

109 Verzug setzt die Nachholbarkeit der Leistung voraus. Die Leistungspflicht des Arbeitnehmers entfällt jedoch regelmäßig und wird damit unmöglich, sobald die Leistungszeit ungenutzt verstreicht (§ 275 Abs. 1 BGB). **Annahmeverzug und Unmöglichkeit** der Arbeitsleistung schließen sich gegenseitig aus.[236] Die Abgrenzung zwischen Verzug und Unmöglichkeit nimmt das BAG[237] wie folgt vor: Annahmeverzug des Arbeitgebers liegt vor, wenn das Unterbleiben der Arbeitsleistung auf die Weigerung des Arbeitgebers zur Beschäftigung des Arbeitnehmers zurückzuführen ist, während Unmöglichkeit dann gegeben ist, falls die Arbeitsleistung trotz Annahmebereitschaft des Arbeitgebers nicht erbracht werden kann.[238]

231 § 14 Abs. 2 Satz 1 LFZG.
232 § 15 Satz 1 LFZG.
233 MünchArbR/*Boewer*, § 87 Rn 1.
234 BGBl I 2001, 3138.
235 ErfK/*Preis*, § 615 BGB Rn 3.
236 BAG, Urt. v. 11.07.1985, EzA § 615 BGB Nr. 52; BAG, Urt. v. 18.12.1986, EzA § 615 BGB Nr. 53.
237 BAG, Urt. v. 21.03.1985, EzA § 615 BGB Nr. 44; BAG, Urt. v. 30.01.1991, EzA § 615 BGB Betriebsrisiko Nr. 12.
238 Vgl. MünchArbR/*Boewer*, § 76 Rn 9 ff. zu abweichenden Begründungen in der Literatur.

Zu den wichtigsten Fällen des Annahmeverzugs zählen die Nichtbeschäftigung des Arbeitnehmers nach Ausspruch einer Kündigung durch den Arbeitgeber, die sich im Nachhinein als unwirksam herausstellt, die einseitige Freistellung des Arbeitnehmers von der Arbeitspflicht, während des bestehenden Arbeitsverhältnisses, die rechtswidrige Zuweisung von arbeitsvertraglich nicht geschuldeter Arbeit, unter Überschreitung der Grenzen des Direktionsrechts und die wegen fehlender Zustimmung nach § 87 Abs. 1 Nr. 3 BetrVG oder fehlender Rechtsgrundlage rechtsunwirksame Zuweisung von Kurzarbeit.[239] 110

§ 615 Satz 1 BGB ist einzel- ebenso wie kollektivvertraglich **abdingbar**.[240] Dies folgt im Umkehrschluss aus § 619 BGB, der § 615 BGB nicht erwähnt. Auch wenn die Vorschrift des § 615 BGB grundsätzlich abdingbar ist, setzt die Wirksamkeit einer abdingenden Vereinbarung allerdings voraus, dass auch die Interessen des Arbeitnehmers berücksichtigt und gegen die Interessen des Arbeitgebers abgewogen werden.[241] Daran fehlt es, wenn der Arbeitnehmer auf unbegrenzte und für ihn nicht überschaubare Zeit von der Arbeit unbezahlt freigestellt wird mit der Folge, dass er ohne Arbeitseinkommen und ohne sozialversicherungsrechtlichen Schutz bleibt und unter Umständen gezwungen ist, sein Arbeitsverhältnis selbst zu kündigen, um seine Arbeitskraft anderweitig verwerten zu können.[242] 111

Vorsicht ist bei **formularmäßiger Abbedingung** des § 615 BGB geboten. Gegen die Zulässigkeit der formularmäßigen Abbedingung des § 615 BGB wurden schon bisher Bedenken erhoben.[243] Nach der Schuldrechtsreform und der Aufhebung der Bereichsausnahme der AGB-Kontrolle für Arbeitsverträge durch § 310 Abs. 4 Satz 2 BGB kann eine Vertragsklausel, die das Rechts aus § 615 Satz 1 BGB einseitig zu Lasten des Arbeitnehmers einschränkt, nach § 307 Abs. 2 Nr. 1 BGB unwirksam sein. 112

Wird in einem gerichtlichen Vergleich, der den Streit über die Wirksamkeit einer fristlosen Kündigung des Arbeitgebers beenden soll, ein späterer als der in der Kündigung angegebene Beendigungszeitpunkt vereinbart, ohne dass zugleich etwas über die Lohnzahlungspflicht für diesen Zeitraum gesagt wird, schließt eine im Vergleich vereinbarte Ausgleichsklausel mögliche Lohnansprüche nach § 615 Satz 1 BGB aus, wenn es an der erforderlichen klaren und unmissverständlichen Abrede über den Fortbestand dieser Lohnansprüche fehlt.[244] 113

II. Voraussetzungen des Annahmeverzugs

1. Bestehen eines Arbeitsverhältnisses

Lohnansprüche aus Annahmeverzug setzen das Bestehen eines Arbeitsverhältnisses voraus.[245] Anspruchsvoraussetzung ist daher das Vorliegen eines rechtswirksamen Arbeitsvertrages, dessen Hauptpflichten nicht ruhen. Auch bei Vollzug eines fehlerhaften Arbeitsverhältnisses kann der Arbeitgeber in Verzug geraten, so dass der Arbeitnehmer seinen Anspruch nach § 615 Satz 1 BGB bis zum Zugang der Anfechtungserklärung des Arbeitgebers behält.[246] 114

Im Fall des **Betriebsübergangs** nach § 613a BGB muss sich der Betriebserwerber einen bereits eingetretenen Annahmeverzug zurechnen lassen, sofern die Voraussetzungen im Zeitpunkt des 115

239 Zum Betriebsrisiko siehe weiter Rn 185.
240 BAG, Urt. v. 09.03.1983, EzA § 615 BGB Betriebrisiko Nr. 9; ErfK/*Preis,* § 615 BGB Rn 8.
241 BAG, Urt. v. 30.06.1976, AP Nr. 3 zu § 7 BUrlG Betriebsferien.
242 BAG, Urt. v. 13.08.1980, AP Nr. 1 zu § 1 BUrlG Unbezahlter Urlaub.
243 ErfK/*Preis,* § 615 BGB Rn 8; vgl. auch LAG Frankfurt, Urt. v. 18.09.1995, NZA-RR 1996, 445 für eine Rechts- und Billigkeitskontrolle von Abbedingungsvereinbarungen.
244 BAG, Urt. v. 10.05.1978, AP Nr. 25 zu § 794 ZPO.
245 BAG, Urt. v. 16.07.1998, ZInsO 1999, 362.
246 MünchArbR/*Boewer,* § 78 Rn 13.

Übergangs des Arbeitsverhältnisses noch bestehen.[247] Führt der Insolvenzverwalter den Betrieb fort und nimmt er die angebotene Arbeitsleistung des Arbeitnehmers nicht an, so haftet der Erwerber, der den Betrieb vom Insolvenzverwalter übernimmt, nach § 613a Abs. 1 BGB auch für die bis zum Betriebsübergang entstandenen Ansprüche des Arbeitnehmers nach § 615 BGB.[248]

116 Im Falle der **Kurzarbeit** ist der Arbeitgeber verpflichtet, mit allen Arbeitnehmern eine Vereinbarung hierüber herbeizuführen. Die zulässige Einführung der Kurzarbeit begründet keinen Annahmeverzug des Arbeitgebers. Verweigert hingegen ein betroffener Arbeitnehmer die angebotene Kurzarbeitsregelung, so bleibt sein Vergütungsanspruch aus Annahmeverzug bestehen. Dieser Anspruch wird auch nicht in der Höhe des bei seiner Zustimmung zur Durchführung der Kurzarbeit zu beanspruchenden Kurzarbeitergeldes gemindert. § 615 Satz 2 BGB kommt weder unmittelbar noch analog zur Anwendung, weil weder etwas erspart noch erworben wurde und auch kein böswilliges Unterlassen von Erwerb auf Seiten des nicht zustimmenden Arbeitnehmers vorliegt.[249]

117 Die ohne Zustimmung des Arbeitnehmers einseitig durch den Arbeitgeber angeordnete unzulässige **Suspendierung** führt dazu, dass sich der Arbeitgeber ab diesem Zeitpunkt im Annahmeverzug befindet.[250] Nach ständiger Rechtsprechung des BAG kann dem Arbeitgeber die Annahme der vom Arbeitnehmer angebotenen Arbeitsleistung nur ganz ausnahmsweise mit der Folge unzumutbar sein, dass der Arbeitgeber trotz der Nichtannahme der angebotenen Arbeitsleistung nicht in Annahmeverzug gerät.[251] Kann der Arbeitgeber den Arbeitnehmer bei einem vom Hausrechtsinhaber gegenüber dem Arbeitnehmer ausgesprochenen Hausverbot nicht beschäftigen, kann der Arbeitgeber in Annahmeverzug geraten, wenn den Arbeitnehmer hieran kein Verschulden trifft.[252] Gleiches gilt, wenn der Arbeitgeber trotz der Möglichkeit, den Arbeitnehmer anderweitig zu beschäftigen, keinen anderen Arbeitsplatz zur Verfügung stellt. Ein den Annahmeverzug ausschließendes Unvermögen bezüglich der Arbeitsleistung des Arbeitnehmers i.S.v. § 297 BGB ist dann nicht gegeben.[253] Anders liegt der Fall, wenn dem Arbeitnehmer, der in einem Lebensmittelbetrieb in einem Pausenraum in ein Handwaschbecken uriniert und der deshalb von dem Auftraggeber – einem Fruchthandelsunternehmen – seines Arbeitgebers, der für das Handelsunternehmen Ware konfektioniert und verpackt, ein Hausverbot erhält. Dem Arbeitnehmer wird die Arbeitsleistung – verschuldet – unmöglich, so dass der Arbeitgeber von der Verpflichtung zur Gegenleistung frei wird.[254]

2. Angebot der Arbeitsleistung

118 Die Voraussetzungen des Annahmeverzugs richten sich für das Arbeitsverhältnis weiterhin nach den §§ 293 bis 299 BGB. Danach muss der Schuldner in der Regel die geschuldete Leistung tatsächlich anbieten. Nach § 295 BGB genügt jedoch ein wörtliches Angebot, wenn der Gläubiger erklärt hat, er werde die Leistung nicht annehmen oder wenn zur Bewirkung der Leistung eine Handlung des Gläubigers erforderlich ist. Ist für die vom Gläubiger vorzunehmende Handlung eine Zeit nach dem Kalender bestimmt, bedarf es ausnahmsweise überhaupt keines Angebots, wenn der Gläubiger die Handlung nicht rechtzeitig vornimmt (§ 296 BGB). Die Rechtsfolgen des Annahmeverzugs sind in den §§ 300 bis 304 BGB geregelt, die mit Ausnahme von § 304 BGB für das Arbeitsrecht außer Betracht bleiben.[255]

247 BAG, Urt. v. 21.03.1991, NZA 1991, 726; BAG, Urt. v. 09.07.1987, RzK I 13 a Nr. 23.
248 BAG, Urt. v. 04.12.1986, NZA 1987, 460.
249 LAG Mainz, Urt. v. 07.06.1996, LAGE § 615 BGB Kurzarbeit Nr. 2.
250 LAG Hamm, Urt. v. 20.05.1988, LAGE § 615 BGB Nr. 16.
251 BAG, Urt. v. 31.08.1988, RzK I 13 a Nr. 31.
252 LAG Niedersachsen, Urt. v. 04.09.1998, LAGE § 615 BGB Nr. 58, vgl. anders ArbG Kaiserslautern, Urt. v. 30.10.1985, ARST 1987, 18.
253 LAG Frankfurt, Urt. v. 26.04.2000, NZA-RR 2000, 633.
254 LAG Bremen, Urt. v. 24.08.2000, NZA-RR 2000, 632.
255 ErfK/*Preis*, § 615 BGB Rn 16.

a) Tatsächliches Angebot

Der Arbeitnehmer muss grundsätzlich seine Arbeitsleistung, so wie sie zu bewirken ist, tatsächlich anbieten (§ 294 BGB), d.h. in **eigener Person, zur rechten Zeit, am rechten Ort und in der rechten Weise**.[256] Der Arbeitgeber ist dann verpflichtet, dem Arbeitnehmer Arbeit zuzuweisen, damit dieser die geschuldete Arbeitsleistung erbringen kann. Ein Angebot der Arbeitsleistung ist entbehrlich, soweit der Arbeitgeber seine Mitwirkungshandlung versäumt, dem Arbeitnehmer einen funktionsfähigen Arbeitsplatz zur Verfügung zu stellen. Bei Übertragung eines neuen Arbeitsbereichs entsprechen dem nur Maßnahmen des Arbeitgebers, die vom Direktionsrecht gedeckt sind.[257] Allerdings kann durch das Angebot der Arbeitsleistung, die vertraglich nicht geschuldet ist, der Arbeitgeber nicht in Annahmeverzug versetzt werden.[258] Der Leiharbeitnehmer hat seine Arbeitsleistung beim Verleiher anzubieten. Ein Angebot gegenüber dem Entleiher muss auch der Verleiher gegen sich gelten lassen.[259] 119

Der Arbeitnehmer muss grundsätzlich die Arbeitsleistung an der Arbeitsstelle anbieten. Das Angebot der Arbeitskraft am Arbeitsplatz ist nur dann wirksam, wenn es zu einer Zeit erfolgt, zu der es auch angenommen werden kann; da ist z.B. am Tage eines Betriebsausflugs nicht der Fall, ebenso nicht zu einer Uhrzeit, zu der noch niemand anwesend ist, der die Arbeitskraft annehmen könnte.[260] Nach diesen Anwesenheitszeiten muss sich der Arbeitnehmer auch dann richten, wenn mit ihm keine bestimmten Arbeitszeiten vereinbart worden sind.[261] Kein ordnungsgemäßes Angebot liegt vor, wenn der Zugang zum Dienstgebäude während eines Arbeitskampfes durch Streikposten versperrt ist und sich die Arbeitnehmer in eine Liste der »arbeitswilligen Arbeitnehmer« vor dem Dienstgebäude eintragen.[262] Das tatsächliche Angebot der Arbeitsleistung führt dann zum Annahmeverzug des Arbeitgebers, wenn der objektiv arbeitsfähige Arbeitnehmer selbst zwar Zweifel an der eigenen Arbeitsfähigkeit hat, sich aber gleichwohl zum Arbeitsangebot entschließt.[263] 120

b) Wörtliches Angebot

Nach § 295 BGB ist ausnahmsweise statt des tatsächlichen Angebots ein wörtliches Angebot des Arbeitnehmers ausreichend, wenn der Arbeitgeber zuvor erklärt hat, er werde die Leistung nicht annehmen, und die Mitwirkungshandlung des Arbeitgebers unterbleibt.[264] Dem wörtlichen Angebot steht nach § 295 Satz 2 BGB die Aufforderung an den Arbeitgeber gleich, die **Mitwirkungshandlung** vorzunehmen. Eine ausreichende Erklärung des Arbeitgebers, er werde die Arbeitsleistung nicht annehmen, kann im Ausspruch einer Kündigung gesehen werden, da hierdurch zum Ausdruck kommt, dass die Arbeitsleistung nach dem Beendigungszeitpunkt nicht mehr angenommen werde. Auch der Ausspruch einer einseitigen Suspendierung oder Freistellung, ebenso wie die Ankündigung der einseitigen Änderung der Arbeitsbedingungen, unter Überschreitung des Direktionsrechts, sind ausreichend.[265] 121

Die Voraussetzungen für die Begründung des Annahmeverzugs des Arbeitgebers im Zusammenhang mit einer von diesem erklärten **Kündigung**, deren Unwirksamkeit später rechtskräftig festgestellt wird, waren lange sehr umstritten. Das BAG hielt im Falle der zu Unrecht erfolgten unwirksamen (fristlosen) Kündigung ein wörtliches Angebot i.S.d. § 295 BGB für erforderlich, etwa durch Erhebung der Kündigungsschutzklage.[266] Folge dieser Rechtsprechung ist, dass der Annahmeverzug erst 122

256 BAG, Urt. v. 29.10.1992, EzA § 615 BGB Nr. 77.
257 LAG Köln, Urt. v. 14.02.2001, BB 2001, 1588.
258 LAG Kiel, Urt. v. 22.04.1997, DB 1997, 1980.
259 MünchArbR/*Boewer*, § 78 Rn 17.
260 LAG Köln, Urt. v. 12.04.2002, NZA-RR 2003, 128.
261 LAG Köln, Urt. v. 12.04.2002, NZA-RR 2003, 128.
262 LAG Hamm, Urt. v. 01.03.1995, LAGE Art. 9 GG Arbeitskampf Nr. 59; vgl. LAG Hamm Urt. v. 12.08.1994 – 18 Sa 1195/93 (aufgehoben).
263 BAG, Urt. v. 10.05.1973, AP Nr. 27 zu § 615 BGB.
264 BAG, Urt. v. 21.04.1999, NZA 1999, 1044; LAG Köln, Urt. v. 01.08.1997, NZA-RR 1998, 393.
265 Küttner/*Griese*, Annahmeverzug Rn 4.
266 BAG, Urt.v. 10.04.1963, AP Nr. 23 zu § 615 BGB.

mit Zugang des wörtlichen Angebots, z.B. der Kündigungsschutzklage, begründet wurde, wodurch der Arbeitnehmer seinen Vergütungsanspruch für die Zeit seit Zugang der Kündigungserklärung verlor. Diese Rechtsprechung ist in der Literatur auf erhebliche Kritik gestoßen.[267] Seither wendet die Rechtsprechung die Vorschrift des § 296 Satz 1 BGB an, der auch durch die Schuldrechtsreform nicht verändert wurde. Nach dieser Vorschrift ist ein Angebot des Arbeitnehmers überflüssig, wenn der Arbeitgeber zur Erbringung der Arbeitsleistung eine Mitwirkungshandlung vorzunehmen hat, die kalendermäßig bestimmt ist. Die nach dem Kalender bestimmte Mitwirkungshandlung des Arbeitgebers ist darin zusehen, dem Arbeitnehmer für jeden Arbeitstag einen funktionsfähigen Arbeitsplatz zur Verfügung zu stellen und ihm Arbeit zuzuweisen. Da der Arbeitgeber mit Ausspruch der Kündigung eindeutig zu erkennen gibt, er werde die Arbeitsleistung nicht annehmen, muss er den Arbeitnehmer, wenn er nicht in Annahmeverzug geraten will, die Arbeit wieder zuweisen. Dem Arbeitgeber obliegt es als Gläubiger der geschuldeten Arbeitsleistung, dem Arbeitnehmer die Leistungserbringung zu ermöglichen. Dazu muss er den Arbeitseinsatz des Arbeitnehmers fortlaufend planen und durch Weisungen hinsichtlich Ort und Zeit näher konkretisieren. Kommt der Arbeitgeber dieser Obliegenheit nicht nach, gerät er in Annahmeverzug, ohne dass es eines Angebots der Arbeitsleistung durch den Arbeitnehmer bedarf.[268] Es obliegt dem Arbeitgeber, die Arbeitsbedingungen zu schaffen, die es dem Arbeitnehmer ermöglichen, die von ihm geschuldete Arbeitsleistung zu erbringen. Gehört es zu den arbeitsvertraglich vereinbarten Aufgaben des Arbeitnehmers, die vom Arbeitgeber produzierten Waren zu verkaufen, hat der Arbeitgeber für entsprechende Verkaufsmöglichkeiten zu sorgen. Das ist ihm unmöglich, wenn er seinen Betrieb stilllegt und damit nicht mehr die Waren herstellt, deren Verkauf der Arbeitnehmer vermitteln soll. Die Unmöglichkeit zur Erbringung seiner Mitwirkungshandlung begründet den Annahmeverzug. Der Arbeitnehmer braucht in diesem Fall seine Arbeitsleistung nach § 296 BGB weder tatsächlich noch wörtlich anzubieten.[269] Konsequenz der Rechtsprechung ist, dass der Arbeitgeber mit Ausspruch der Kündigung in Annahmeverzug gerät und der Arbeitnehmer folglich keine weitere Aktivität entfalten muss.

123 Über den Fall der unwirksamen Kündigung hinaus ist § 269 Satz 1 BGB auch dann anwendbar, wenn die Kündigungsfrist falsch berechnet wurde. Der Arbeitgeber ist dann mit Ablauf der unzutreffenden Kündigungsfrist gehalten, seine Mitwirkungshandlung (Zur-Verfügung-Stellung eines Arbeitsplatzes) vorzunehmen.[270]

124 Hat der Arbeitgeber dem Arbeitnehmer statt einer gemäß dem ultima-ratio-Prinzip erforderlichen Änderungskündigung eine Beendigungskündigung ausgesprochen, die mithin sozial ungerechtfertigt ist, so kommt der Arbeitgeber in Annahmeverzug, wenn er dem Arbeitnehmer nicht die ursprünglich geschuldete Arbeit anbietet.[271] Nach einer unwirksamen Änderungskündigung tritt der Annahmeverzug des Arbeitgebers unabhängig davon ein, ob der Arbeitnehmer das Änderungsangebot unter Vorbehalt akzeptiert hat oder nicht.[272]

125 Die Grundsätze der Rechtsprechung des BAG, nach der der Arbeitgeber nach § 296 BGB in Annahmeverzug gerät, ohne dass es eines Angebotes der Arbeitskraft durch den Arbeitnehmer bedarf, wenn er nach einer unwirksamen Kündigung nicht von sich aus den Arbeitnehmer zur Wiederaufnehme der Arbeit auffordert, sind entsprechend auf den Fall zu übertragen, dass ein Arbeitgeber zwar nicht unwirksam gekündigt hat, aber – zu Unrecht – gegenüber dem Arbeitnehmer zum Ausdruck bringt, dass das Arbeitsverhältnis seiner Auffassung nach beendet ist, und hieran auch festhält, nachdem der Arbeitnehmer den Fortbestand des Arbeitsverhältnisses geltend gemacht hat. Macht der Arbeitgeber zu Unrecht geltend, das Arbeitsverhältnis sei durch eine Kündigung des

267 Vgl. zur Kritik an der Rspr. ErfK/*Preis*, § 615 BGB Rn 28 ff.; MünchArbR/*Boewer*, § 78 Rn 19 ff.
268 BAG, Urt. v. 23.01.2001, NZA 2001, 1020; BAG, Urt. v. 19.01.1999, NZA 1999, 925.
269 BAG, Urt. v. 11.08.1998, DB 1998, 1719.
270 BAG, Urt. v. 09.04.1987, EzA § 9 AÜG Nr. 1.
271 BAG, Urt. v. 27.01.1994, EzA § 615 BGB Nr. 80.
272 ErfK/*Preis*, § 615 BGB Rn 59.

Arbeitnehmers beendet, und hält er an seiner falschen Rechtsansicht auch im Prozess fest, so bringt er damit hinreichend deutlich zum Ausdruck, dass er in Zukunft seine Mitwirkungshandlung nicht mehr erfüllen und dem Arbeitnehmer keine Arbeit mehr zuweisen will. Vom Empfängerhorizont des Arbeitnehmers aus gesehen ist dieser Fall dem einer durch den Arbeitgeber ausgesprochenen fristlosen Kündigung vergleichbar.[273]

Fehlt es an einer wirksamen Befristung des Arbeitsverhältnisses, gerät der Arbeitgeber in Annahmeverzug gem. § 296 BGB, ohne dass es noch eines tatsächlichen oder wörtlichen Arbeitsangebots durch den Arbeitnehmer bedarf.[274] Die Beendigung des Arbeitsverhältnisses kraft Befristung unterscheidet sich insoweit nicht von der Beendigung durch Kündigung.

Im **bestehenden Arbeitsverhältnis** besteht hingegen grundsätzlich das Erfordernis eines tatsächlichen Angebotes.[275] Allerdings kommt § 296 BGB bei einer rechtswidrigen Anorderung von Kurzarbeit ebenso zur Anwendung, wie im Fall einer unwirksamen Kündigung.[276] Ein Angebot des Arbeitnehmers ist aber auch dann überflüssig, wenn der Arbeitgeber den Arbeitnehmer einseitig von der Arbeit suspendiert. Der Arbeitgeber befindet sich ab dem Zeitpunkt der Suspendierung in Annahmeverzug bezüglich der Arbeitsleistung des Arbeitnehmers. Zur Vermeidung des Annahmeverzugs muss er den Arbeitnehmer wieder zur Arbeit auffordern.[277] Auf ein wörtliches Angebot kann ohnehin dann verzichtet werden, wenn Form und Begleitumstände dem Arbeitnehmer einen Widerspruch unzumutbar machen oder der Arbeitgeber die Weiterbeschäftigung ernsthaft und endgültig verweigert, was bei einem gegenüber dem Arbeitnehmer erteilten Hausverbot der Fall ist.[278] Das Angebot auf Abschluss eines Aufhebungsvertrages durch den Arbeitgeber macht ein tatsächliches Arbeitsangebot des Arbeitnehmers, der das Angebot auf Abschluss des Aufhebungsvertrages nicht angenommen hat, jedoch nicht entbehrlich. 126

Der Gleichbehandlungsgrundsatz verbietet es, ohne sachlichen Grund Arbeitnehmer, die Mehrarbeit leisten wollen, davon auszuschließen, wenn Mehrarbeit für vergleichbare Arbeitnehmer angeordnet oder angenommen wird. Der arbeitswillige Arbeitnehmer, der zu Unrecht zu Mehrarbeit nicht herangezogen wurde, kann dafür unter dem Gesichtspunkt des Annahmeverzugs Vergütung verlangen. Der Arbeitgeber gerät in Annahmeverzug, ohne dass es jeweils eines besonderen Angebots des Arbeitnehmers bedarf, Mehrarbeit zu leisten.[279] 126a

Wenn eine GmbH ihren Geschäftsführer abberuft und an seiner Stelle einen neuen Geschäftsführer bestellt, kann sie die Weiterzahlung des Gehalts nicht deshalb verweigern, weil er seine Weiterarbeit nicht wörtlich angeboten hat. Ausreichend ist eine Gehaltsklage des Geschäftsführers.[280] Die Gesellschaft bringt durch die Abberufung und Neubestellung zum Ausdruck, sie wolle den Geschäftsführer nicht mehr weiterbeschäftigen. Erklärt hingegen der **GmbH-Geschäftsführer** die außerordentliche Kündigung seines Anstellungsvertrages und stellt zugleich seine Tätigkeit für die GmbH ein, so kann er sich später nicht mehr darauf berufen, sein Anstellungsvertrag bestehe mangels Wirksamkeit der Kündigung fort, so dass die GmbH ihm gegenüber auch nicht mehr in Annahmeverzug geraten kann.[281] 127

273 BAG, Urt. v. 21.03.1996, RzK I 13 b Nr. 30; ebenso die Vorinstanz: LAG Hamburg, Urt. v. 08.11.1994, LAGE § 615 BGB Nr. 44.

274 LAG Köln, 13.05.1993, NZA 1993, 550; a.A. LAG Köln, Urt. v. 18.01.1984, LAGE § 615 BGB Nr. 4; zust. ErfK/*Preis*, § 615 Rn 41.

275 BAG, Urt. v. 29.10.1992, EzA § 615 BGB Nr. 77.

276 BAG, Urt. v. 27.01.1994, NZA 1995, 134.

277 LAG Hamm, Urt. v. 20.05.1988, LAGE § 615 BGB Nr. 16.

278 BAG, Urt. v. 20.03.1986, EzA § 615 BGB Nr. 48.

279 LAG Frankfurt, Urt. v. 12.09.2001, NZA-RR 2002, 348.

280 BGH, Urt. v. 28.10.1996, 2 ZR 14/96.

281 BGH, Urt. v. 08.11.1999, ZIP 2000, 75.

c) Leistungsvermögen des Arbeitnehmers

128 Gem. § 297 BGB kommt der Arbeitgeber dann nicht in Annahmeverzug, wenn der Arbeitnehmer zur Zeit des Leistungsangebots oder im Falle des § 296 BGB zu der für die Mitwirkungshandlung bestimmten Zeit außerstande ist, die Leistung zu bewirken. Denn das Leistungsvermögen und die Leistungsbereitschaft des Schuldners zum maßgeblichen Zeitpunkt der termingebundenen Mitwirkungshandlung des Gläubigers sind Voraussetzung des Annahmeverzuges.[282] Liegt nicht nur ein vorübergehendes Unvermögen i.S.d. § 297 BGB vor, sondern entfällt das Leistungsvermögen des Arbeitnehmers dauerhaft, wird die Arbeitsleistung unmöglich, so dass ein Annahmeverzug ausscheidet.[283] Der Arbeitnehmer wird nach § 275 BGB von der Arbeitspflicht frei, verliert aber nach § 326 Abs. 1 BGB den Anspruch auf die Vergütung, es sei denn, dass der Arbeitgeber aus anderen Gründen, z.B. § 3 EFZG, § 616 BGB, zur Entgeltfortzahlung verpflichtet ist.[284]

129 Die Leistungsfähigkeit fehlt, wenn persönliche Voraussetzungen fehlen, etwa die »missio canonica«, die Lehrbefugnis des katholischen Religionslehrers, entzogen wird,[285] der Arbeitnehmer wegen fehlender Approbation als Arzt[286] oder fehlender Arbeitserlaubnis[287] die Arbeitsleistung nicht erbringen kann oder wenn der Arbeitnehmer wegen Alkoholgenusses außerstande ist, seine Arbeitsleistung zu verrichten.[288]

130 Das Unvermögen des Arbeitnehmers bezieht sich stets nur auf die dem **Vertragsinhalt** nach geschuldete Leistung, so dass der Arbeitgeber in Annahmeverzug gerät, wenn er dem Arbeitnehmer eine andere, nicht vertragsgemäße Tätigkeit zuweist. Auf der anderen Seite kann der Arbeitgeber zur Vermeidung des Annahmeverzugs verpflichtet sein, dem Arbeitnehmer andere als die vertraglich geschuldeten Arbeiten anzubieten. Kann ein Arbeitnehmer, z.B. ein Auslieferungsfahrer wegen Entzuges des Führerscheins, seine vertragliche Hauptpflicht zunächst nicht erfüllen, befindet sich der Arbeitgeber in Annahmeverzug, wenn er es unterlassen hat, dem Arbeitnehmer vorübergehend eine mögliche und zumutbare andere Beschäftigung anzubieten.[289]

131 Auch wenn der Arbeitnehmer aus Gründen in seiner Person nicht mehr alle Arbeiten verrichten kann, die zum Spektrum der vertraglich vereinbarten Tätigkeit zählen, ist nicht stets Unmöglichkeit anzunehmen. Ist es dem Arbeitgeber ohne Vertragsänderung und ohne Auswirkungen auf die Höhe des Vergütungsanspruchs möglich und zumutbar, dem krankheitsbedingt nur eingeschränkt leistungsfähigen Arbeitnehmer leidensgerechte Arbeiten zuzuweisen, so ist die Zuweisung anderer Arbeiten unbillig. Die Einschränkung der Leistungsfähigkeit des Arbeitnehmers steht dann dem Annahmeverzug des Arbeitgebers nicht entgegen.[290] Der Arbeitgeber ist auch nicht berechtigt, die Arbeitsleistung des arbeitswilligen und arbeitsfähigen Arbeitnehmers abzulehnen und die Zahlung des Arbeitsentgelts einzustellen, wenn der Arbeitnehmer eine ärztliche Empfehlung zum Wechsel des Arbeitsplatzes vorlegt. Eine entsprechende ärztliche Empfehlung kann den Arbeitgeber nicht nur berechtigen, sondern auch verpflichten, eine anderweitige Beschäftigung des Arbeitnehmers zu prüfen und ihn auf einen leidensgerechten Arbeitsplatz umzusetzen. Da sie keine Arbeitsunfähigkeit attestiert, ist sie nicht geeignet, eine in seiner Person bestehende Unmöglichkeit zur Arbeitsleistung i.S.v. § 297 BGB zu begründen.[291]

132 Mangels Leistungsfähigkeit tritt kein Annahmeverzug ein, wenn der Arbeitnehmer arbeitsunfähig erkrankt ist. Die Rechtsprechung, wonach ein Angebot des Arbeitnehmers im gekündigten Arbeitsverhältnis gem. § 296 BGB nicht erforderlich ist, gilt aber auch im Fall der Arbeitsunfähigkeit des

282 BAG, Urt. v. 18.12.1986, EzA § 615 BGB Nr. 53.
283 LAG Köln, Urt. v. 24.10.2001, AiB 2002, 326.
284 MünchArbR/*Boewer,* § 78 Rn 25.
285 BAG, Urt. v. 25.05.1988, EzA § 611 BGB Kirchliche Arbeitnehmer Nr. 27.
286 BAG, Urt. v. 06.03.1974, EzA § 615 BGB Nr. 21.
287 BAG, Urt. v. 16.03.1976, EzA § 19 AFG Nr. 1.
288 LAG Schleswig-Holstein, 28.11.1988, NZA 1989, 472.
289 BAG, Urt. v. 18.12.1986, AP Nr. 2 zu § 297 BGB.
290 BAG, Urt. v. 06.12.2001, EzA § 1 KSchG Interessenausgleich Nr. 9; BAG, Urt. v. 11.03.1999 – 2 AZR 538/98 (n.v.).
291 BAG, Urt. v. 17.02.1998, NZA 1999, 33.

Arbeitnehmers.[292] War der Arbeitnehmer zum Kündigungstermin befristet **arbeitsunfähig** krank, so treten die Verzugsfolgen unabhängig von der Anzeige der wiedergewonnenen Arbeitsfähigkeit ein, wenn der Arbeitnehmer dem Arbeitgeber durch Erhebung einer Kündigungsschutzklage oder sonstigen Widerspruch gegen die Kündigung seine weitere Leistungsbereitschaft deutlich gemacht hat.[293] Dies gilt auch dann, wenn der Arbeitnehmer zum Zeitpunkt der Kündigung und danach infolge Krankheit mehrfach befristet arbeitsunfähig war.[294] Das BAG hat seine Rechtsprechung mittlerweile auch auf Fälle der langwährenden Arbeitsunfähigkeit (von ca. acht Monaten)[295] und mehrerer jeweils auf unabsehbare Zeit ausgestellter Arbeitsunfähigkeitsbescheinigungen ausgedehnt.[296]

Ist ein Arbeitnehmer aber objektiv aus gesundheitlichen Gründen außerstande, die arbeitsvertraglich 133
geschuldete Leistung zu erbringen, so kann das fehlende Leistungsvermögen nicht allein durch die subjektive Einschätzung des Arbeitnehmers ersetzt werden, er sei trotzdem gesundheitlich in der Lage, einen Arbeitsversuch zu unternehmen.[297]

Die Darlegungs- und Beweislast für das krankheitsbedingte Unvermögen des Arbeitnehmers trägt 133a
der Arbeitgeber.[298] Seiner Vortragslast genügt der Arbeitgeber, wenn er Indizien vorträgt, aus denen auf Arbeitsunfähigkeit geschlossen werden kann. In Betracht kommen insbesondere Krankheitszeiten des Arbeitnehmers vor und nach dem Verzugszeitraum. Die Indizwirkung kann der Arbeitnehmer erschüttern, indem er darlegt, warum die zugrunde liegenden Erkrankungen keine Aussagekraft für den Annahmeverzugszeitraum haben, oder konkrete Umstände für eine Ausheilung von Krankheiten bzw. ein Abklingen der Beschwerden vorträgt. Entbindet der Arbeitnehmer die behandelnden Ärzte von der Schweigepflicht, kann der Arbeitgeber zum Beweis der Leistungsunfähigkeit sich auf das Zeugnis der den Arbeitnehmer behandelnden Ärzte und auf ein Sachverständigengutachten berufen.[299]

Kann ein schwerbehinderter Mensch aus gesundheitlichen Gründen seine arbeitsvertraglich geschul- 134
dete Leistung nicht mehr erbringen, so entsteht kein Anspruch auf Annahmeverzugslohn.[300] Möglich ist aber ein Schadensersatzanspruch aus der Verletzung der sich aus § 81 Abs. 4 SGB IX ergebenden Verpflichtung des Arbeitgebers, den Schwerbehinderten im Rahmen der betrieblichen Möglichkeiten seinem Gesundheitszustand und seinen Fähigkeiten gemäß zu beschäftigen.[301]

d) Leistungswille des Arbeitnehmers

Wie sich aus § 297 BGB ergibt, muss der Arbeitnehmer **während des gesamten Verzugszeitraums** 135
nicht nur (objektiv) leistungsfähig, sondern auch leistungswillig sein, weil die subjektive Leistungsbereitschaft eine von der Entbehrlichkeit des Leistungsangebots unabhängige Voraussetzung des Annahmeverzugs ist. Der Arbeitnehmer muss dem Arbeitgeber bei Anwendung des § 296 BGB neben der Erhebung der Kündigungsschutzklage nicht zusätzlich noch seine Leistungsbereitschaft anzeigen.[302] Für den Fall des § 296 BGB ist auch nicht die Bereitschaft zur sofortigen Leistung erforderlich; vielmehr genügt es, wenn geleistet werden kann, sobald der Gläubiger zur Annahme oder sonstigen Mitwirkung gem. § 296 BGB bereit ist.[303] Ist der Arbeitnehmer bei Zugang der fristlosen Kündigung bzw. bei Ablauf der Kündigungsfrist nach § 297 BGB aber außerstande, die vertragliche Leistung zu erbringen, so muss er den Arbeitgeber gem. § 295 Satz 2 BGB in allen

292 Zur Kritik an dieser Rspr. vgl. die Darstellung bei ErfK/*Preis*, § 615 Rn 53.
293 BAG, Urt. v. 19.04.1990, AP Nr. 45 zu § 615 BGB.
294 BAG, Urt. v. 24.10.1991, EzA § 615 BGB Nr. 70.
295 BAG, Urt. v. 21.01.1993, AP Nr. 53 zu § 615 BGB.
296 BAG, Urt. v. 24.11.1994, AP Nr. 60 zu § 615 BGB.
297 BAG, Urt. v. 29.10.1998, NZA 1999, 377.
298 BAG, Urt. v. 05.11.2003, FA 2004, 23; LAG Düsseldorf, Urt. v. 17.06.2003 – 11 (6) Sa 145/03 (n.v.).
299 BAG, Urt. v. 05.11.2003, FA 2004, 23.
300 BAG, Urt. v. 23.01.2001, NZA 2001, 1020.
301 BAG, Urt. v. 10.07.1991, EzA § 615 BGB Nr. 69.
302 BAG, Urt. v. 26.07.1995, RzK I 13 a Nr. 20.
303 BAG, Urt. v. 09.03.1995, RzK I 13 b Nr. 25.

Fällen zur Zuweisung von Arbeit auffordern, in denen der Arbeitgeber nicht erkennen kann, ob und von welchem Zeitpunkt an der Arbeitnehmer wieder leistungsfähig und leistungswillig ist.[304] Die Darlegungs- und Beweislast dafür, dass der Arbeitnehmer nicht leistungsfähig oder nicht leistungswillig gewesen ist, trägt der Arbeitgeber.[305]

136 Die Wahrnehmung eines Zurückbehaltungsrechts nach § 273 BGB oder § 320 BGB steht der Leistungswilligkeit nicht entgegen. Die Berufung auf ein Zurückbehaltungsrecht schließt den Annahmeverzug des Arbeitgebers trotz § 297 BGB nicht aus, wenn der Arbeitnehmer diesem den Grund für seine fehlende Leistungsbereitschaft mitteilt und ihm auf diese Weise Gelegenheit gibt, das Leistungshindernis zu beseitigen.[306]

137 Steht vor Ausspruch einer Kündigung die fehlende Leistungswilligkeit des Arbeitnehmers fest, kann dies der Verzugsbegründung entgegenstehen. Man wird aber nur in Fällen einer definitiv feststehenden Leistungsunwilligkeit vor Ausspruch einer (unwirksamen) Kündigung Annahmeverzug ablehnen können.[307] Von einem fehlenden Leistungswillen kann nur ausgegangen werden, wenn der Arbeitnehmer trotz mehrfacher Arbeitsaufforderung nicht mehr zur Arbeit erscheint und ihm vor Ausspruch der Kündigung ausreichend Möglichkeit zur Stellungnahme gegeben wird.[308] Nach einer Entscheidung des LAG Kiel soll bei einem Arbeitnehmer, der am Tage vor der außerordentlichen Kündigung bummelt und auch zwei Wochen zuvor drei Tage unentschuldigt der Arbeit ferngeblieben ist, nicht davon auszugehen sein, dass der Arbeitnehmer in der Folgezeit – nach Erhalt der außerordentlichen Kündigung – wieder arbeitswillig gewesen wäre.[309] Hingegen ist eine Leistungsbereitschaft nicht schon dann zu verneinen, wenn der Arbeitnehmer nach Zugang einer wegen behaupteter völliger Unfähigkeit erfolgten fristlosen Kündigung in der Klageschrift und weiteren Schriftsätzen seine Weiterarbeit im Betrieb als unmöglich und unzumutbar bezeichnet.[310]

137a Der fehlende ernste Wille seine Arbeitsleistung in dem geschuldeten Umfang zu erbringen kann bei einer Würdigung der Gesamtumstände fehlen. Dies ist der Fall, wenn der Arbeitnehmer in einem Vorprozess u.a. geltend gemacht hat, das Arbeitsverhältnis sei völlig zerrüttet und könne unter keinen Umständen mehr fortgeführt werden, er vortragen lässt, mit der Abweisung des Auflösungsantrags in dem Kündigungsschutzprozess hätten es sein früherer Arbeitgeber durch uneidliche Falschaussage und sein »lügender Arbeitgeber » geschafft, dass »dieses längst untragbare und unwürdige Arbeitsverhältnis weiterbesteht« und weiterhin ausführt, er wolle sich unverzüglich nach seiner Wiedergenesung um eine neue Arbeitsstelle bemühen.[311]

137b Gegen die für den Annahmeverzug erforderliche Leistungsbereitschaft kann auch sprechen, wenn der Arbeitnehmer nach einer mit zu kurzer Frist erklärten ordentlichen Kündigung des Arbeitgebers bei der Abwicklung des Arbeitsverhältnisses (Urlaub, Papiere, Restgehalt) rechtsirrtümlich ebenfalls von der um einen Monat kürzeren Kündigungsfrist ausgeht, keinen Vorbehalt äußert, sich nicht arbeitslos meldet und erst nach Monaten die Gehaltsfortzahlung beansprucht.[312] Die Eigenkündigung eines Arbeitnehmers rechtfertigt nicht die Unanwendbarkeit von § 296 BGB im fortbestehenden Arbeitsverhältnis, wenn die Leistungswilligkeit des Arbeitnehmers später gegenüber dem Arbeitgeber ausdrücklich bekundet wird oder von ihm aus einer entsprechenden Feststellungsklage des Arbeitnehmers entnommen werden kann.[313] Auch ein längerer Auslandsaufenthalt lässt nicht auf einen fehlenden Leistungswillen schließen, wenn der Arbeitnehmer erreichbar war und seine

304 BAG, Urt. v. 26.07.1995, RzK I 13 a Nr. 20.
305 BAG, Urt. v. 05.11.2003, FA 2004, 23; BAG, Urt. v. 26.07.1995, RzK I 13 a Nr. 20.
306 BAG, Urt. v. 06.05.1998 – 5 AZR 235/97 (n.v.).
307 Offen gelassen von BAG, Urt. v. 06.05.1998 – 5 AZR 235/97 (n.v.).
308 Vgl. den Sachverhalt bei BAG, Urt. v. 06.05.1998 – 5 AZR 235/97 (n.v.).
309 LAG Kiel, 24.08.1995 – 4 Sa 269/95 (n.v.).
310 LAG Nürnberg, Urt. v. 20.10.1992, LAGE § 615 BGB Nr. 38.
311 BAG, Urt. v. 24.09.2003 – 5 AZR 591/02 (n.v.).
312 LAG Köln, Urt. v. 16.08.1990, ARST 1991, 22.
313 BAG, Urt. v. 21.09.1996, RzK I 13 b Nr. 31.

Arbeit ohne größere Überbrückzeiten hätte aufnehmen könne.[314] Zur Annahme eines fehlenden Leistungswillens reicht noch nicht, dass der Arbeitnehmer im Rahmen eines Kündigungsschutzverfahrens einen Auflösungsantrag stellt und diesen später zurücknimmt. Ein Auflösungsantrag lässt nicht darauf schließen, der Antragsteller wolle künftig die Dienste nicht mehr anbieten. Denn der Antrag kann unzulässig oder unbegründet sein.[315] Ebenso wenig genügt es, wenn der Arbeitnehmer nach Erhebung der Kündigungsschutzklage keinen Weiterbeschäftigungsantrag nach § 102 Abs. 5 BetrVG stellt. Die unterbliebene Möglichkeit, neben der Erhebung einer Kündigungsschutzklage nach § 102 Abs. 5 BetrVG die Weiterbeschäftigung zu verlangen oder einen allgemeinen Weiterbeschäftigungsanspruch zu stellen, berührt Annahmeverzugsansprüche nicht; ansonsten würde ein Recht des Arbeitnehmers zur Pflicht gemacht. Demnach ist ein Annahmeverzugsanspruch bei Vorliegen der allgemeinen Voraussetzungen auch dann gegeben, wenn der Arbeitgeber von der Verpflichtung zur Weiterbeschäftigung nach § 102 Abs. 5 Satz 2 BetrVG entbunden wird.[316] Auch eine neue Beschäftigung schließt den Annahmeverzug nicht aus.[317]

Das tatsächliche Angebot der Arbeitsleistung führt auch dann zum Annahmeverzug des Arbeitgebers, wenn der objektiv arbeitsfähige Arbeitnehmer selbst Zweifel an der eigenen Arbeitsfähigkeit hat, sich aber gleichwohl zum Arbeitsangebot entschließt. Ein tatsächliches Angebot der Leistung belegt für sich allein den ernsthaften Leistungswillen. Lehnt der Arbeitgeber die tatsächlich angebotene Arbeitsleistung unter Hinweis auf das Fehlen der Arbeitsfähigkeit ab, so verliert er auch bei unverschuldeter Fehlbeurteilung das Recht, nachträglich die Leistungsbereitschaft des Arbeitnehmers in Frage zu stellen.[318] 138

3. Nichtannahme der Arbeitsleistung

Voraussetzung des Annahmeverzugs ist ferner, dass der Arbeitgeber die **angebotene Leistung** nicht annimmt. Die Nichtannahme ist in der unterlassenen Mitwirkungshandlung des Arbeitgebers zu sehen, dem Arbeitnehmer einen funktionsfähigen Arbeitsplatz zuzuweisen, damit der Arbeitnehmer die geschuldete Arbeitsleistung erbringen kann.[319] Nichtannahme liegt auch vor, wenn der Arbeitgeber dem Arbeitnehmer eine andere als die geschuldete Tätigkeit zuweisen will.[320] Auf ein Verschulden des Arbeitgebers kommt es nicht an, ebenso wenig auf die »Annahmeunwilligkeit« des Arbeitgebers oder »Annahmeunmöglichkeit«.[321] Nach § 615 Satz 3 BGB trägt der Arbeitgeber das Risiko, dass ihm seine Mitwirkungshandlung aufgrund von Betriebsstörungen unmöglich ist. 139

Nichtannahme liegt bei allen rechtswidrigen Ablehnungserklärungen vor, etwa bei rechtswidriger Aussperrung, Suspendierung, Änderung der Arbeitsbedingungen oder Anordnung von Kurzarbeit.[322] Eine Annahme der Leistung fehlt auch dann nicht, wenn der Arbeitgeber zwar bereit ist, diese anzunehmen, aber seinerseits die Gegenleistung nicht anbietet (§ 298 BGB). Für die Nichtannahme der Leistung ist der Arbeitnehmer darlegungs- und beweispflichtig.[323] 140

Hat ein Arbeitgeber den Arbeitnehmer rechtswirksam von der Arbeitspflicht befreit, etwa Urlaub erteilt oder Freizeitausgleich angeordnet, kommen für diesen Zeitraum Ansprüche des Arbeitnehmers auf Annahmeverzugslohn nicht in Betracht. Ist der Arbeitnehmer von der Arbeitspflicht befreit, schuldet er dem Arbeitgeber keine Dienste. Er kann sie dem Arbeitgeber nicht anbieten; dem 141

314 BAG, Urt. v. 11.07.1998, AP Nr. 35 a zu § 615 BGB.
315 BAG, Urt. v. 19.09.1991, RzK I 13 b Nr. 18.
316 LAG Mainz, Urt. v. 11.01.1980, EzA § 615 BGB Nr. 35.
317 ErfK/*Preis*, § 615 BGB Rn 48 ff. mit weiteren Bsp. aus der Rspr.
318 BAG, Urt. v. 10.05.1973, AP Nr. 27 zu § 615 BGB.
319 MünchArbR/*Boewer*, § 78 Rn 31.
320 BAG, Urt. v. 27.01.1994, AP Nr. 32 zu § 2 KSchG 1969.
321 Vgl. ErfK/*Preis*, § 615 BGB Rn 7.
322 ErfK/*Preis*, § 615 BGB Rn 58.
323 MüKo-BGB/*Schaub*, § 615 Rn 31.

Arbeitgeber obliegt keine Mitwirkungshandlung i.S.v. § 296 BGB. Er braucht dem Arbeitnehmer in dieser Zeit keinen funktionsfähigen Arbeitsplatz zur Verfügung zu stellen.[324]

142 Ist der Arbeitnehmer leistungsbereit und leistungswillig, gerät der Arbeitgeber ausnahmsweise trotz Nichtannahme der Dienste nicht in Annahmeverzug, wenn ihm die Weiterbeschäftigung unter Berücksichtigung der dem Arbeitnehmer zuzurechnenden Umstände nach Treu und Glauben **nicht zuzumuten** ist.[325] Der Annahmeverzug des Arbeitgebers setzt nämlich weiter voraus, dass er die Annahme der Dienste des Arbeitnehmers rechtswidrig verweigert hat. Nach dieser Rechtsprechung darf jedoch der Arbeitgeber nicht bei jedem Verhalten des Arbeitnehmers, das zur fristlosen Kündigung berechtigt, die Arbeitsleistung ablehnen, sondern nur bei besonders groben Vertragsverstößen wird der Annahmeverzug ausgeschlossen, nämlich dann, wenn bei Annahme der Leistung Rechtsgüter des Arbeitgebers, seiner Familienangehörigen oder anderer Arbeitnehmer gefährdet würden, deren Schutz Vorrang vor den Interessen des Arbeitnehmers an der Erhaltung seines Verdienstes hat.[326]

143 Unter besonderen Voraussetzungen, etwa beim dringenden Verdacht des sexuellen Missbrauchs von Kleinkindern in einer Kindertagesstätte durch einen Erzieher, kann es dem Arbeitgeber unzumutbar sein, die vom Arbeitnehmer angebotene Arbeitsleistung anzunehmen.[327] Dies gilt auch bei ständiger provozierender parteipolitischer Betätigung im Betrieb, wenn dadurch der Betriebsfrieden und Betriebsablauf gestört und die Arbeitspflicht beeinträchtigt wird.[328] Nicht ausreichend können aber Straftaten gegen den Arbeitgeber sein, etwa wenn der Arbeitnehmer Vermögenswerte beiseite schafft[329] oder im Fall der eigenmächtigen Entnahme von 500 DM (255,64 EUR) aus einer anvertrauten Kasse.[330]

144 Wird dem Arbeitgeber nach Ausspruch der Kündigung rechtzeitig das Bestehen einer Schwangerschaft mitgeteilt und lehnt er eine weitere Beschäftigung ohne Nachweis der Schwangerschaft ab (weil die Arbeitnehmerin eine entsprechende Bescheinigung nicht vorlegt), so kann die Geltendmachung des Anspruchs gem. § 615 Satz 1 BGB je nach den Umständen des Einzelfalles treuwidrig sein.[331] Danach wirkt sich die Verletzung der Nachweispflicht zwar nicht unmittelbar auf das Kündigungsverbot des § 9 MuSchG aus; sie kann aber einen Annahmeverzug des Arbeitgebers vorübergehend auszuschließen oder Schadenersatzansprüche des Arbeitgebers auslösen, die für die Zeit der Nichtbeschäftigung seine Lohnzahlungspflicht praktisch aufheben. Es hängt von den besonderen Umständen des jeweiligen Falles ab, ob und welche Rechtsfolgen eintreten.

4. Beendigung des Annahmeverzugs

145 Die Beendigung des Annahmeverzugs ist gesetzlich nicht geregelt. Der Annahmeverzug endet, sobald seine **Voraussetzungen entfallen**.[332] Der Arbeitgeber muss also seine Mitwirkungshandlung vornehmen und die vom Arbeitnehmer zum Zwecke der Erfüllung des Arbeitsvertrages angebotene Arbeitsleistung als Erfüllung des Vertrages annehmen.[333] Besteht das Arbeitsverhältnis aufgrund Vereinbarung oder gerichtlicher Entscheidung fort, so endet der Annahmeverzug nicht automatisch. Der Arbeitgeber muss vielmehr unmissverständlich den Arbeitnehmer zur Fortsetzung der Beschäf-

324 BAG, Urt. v. 23.01.2001, NZA 2001, 597.
325 BAG GS, Beschl. v. 26.04.1956, AP Nr. 5 zu § 9 MuSchG; BAG, Urt. v. 29.10.1987, AP Nr. 42 zu § 615 BGB.
326 Vgl. BAG, Urt. v. 19.08.1975, EzA § 102 BetrVG 1972 Nr. 15; BAG, Urt. v. 26.07.1995 – 2 AZR 665/94 (n.v.); LAG Schleswig-Holstein, Urt. v. 19.07.2001; EWiR 2002, 135.
327 LAG Berlin, Urt. v. 27.11.1995, NZA-RR 1996, 283.
328 BAG, Urt. v. 12.09.1982, AP Nr. 73 zu § 626 BGB.
329 BAG, Urt. v. 20.10.1987, AP Nr. 42 zu § 615 BGB.
330 BAG, Urt. v. 01.07.1993, RzK I 13 b Nr. 21.
331 BAG, Urt. v. 06.06.1974, AP Nr. 3 zu § 9 MuSchG 1968.
332 BAG, Urt. v. 19.01.1999, NZA 1999, 925.
333 BAG, Urt. v. 14.11.1985, AP Nr. 39 zu § 615 BGB.

tigung zu den bisherigen Vertragsbedingungen auffordern.[334] Der Arbeitnehmer ist nicht gehalten, sich von sich aus wieder zur Arbeit zu melden.[335]

Will der Arbeitgeber den Annahmeverzug beenden, so muss er mit dem Angebot der Weiterbeschäftigung auch **klarstellen**, dass die **Kündigung unwirksam** ist.[336] Denn der Arbeitgeber muss die Leistung des Arbeitnehmers als Erfüllung des Vertrages annehmen, wenn er nicht in Annahmeverzug geraten will. Beharrt er dagegen auf der Wirksamkeit der ausgesprochenen Kündigung, so bringt er zum Ausdruck, dass er die Leistung nicht als Erfüllung des Arbeitsvertrages annimmt. Nicht ausreichend ist daher, wenn der Arbeitgeber sich gegenüber dem Arbeitnehmer bereit erklärt, diesen im Rahmen eines faktischen Arbeitsverhältnisses zur Vermeidung von Verzugslohn bis zur erstinstanzlichen Entscheidung weiterzubeschäftigen.[337] Gleiches gilt, wenn der Arbeitgeber dem Arbeitnehmer bis zur rechtskräftigen Entscheidung über die Wirksamkeit der Beendigung des Arbeitsverhältnisses ein befristetes oder ein bedingtes Arbeitsverhältnis anbietet. Auch wenn der Arbeitgeber die Weiterbeschäftigung aufgrund des allgemeinen oder betriebsverfassungsrechtlichen Weiterbeschäftigungsanspruchs anbietet, bringt er zum Ausdruck, die Arbeitsleistung nicht zur Erfüllung des ursprünglichen Arbeitsvertrages anzunehmen.[338] Diese Rechtsprechung bringt den Arbeitgeber in das Dilemma, dass er zur Vermeidung des Annahmeverzugs seine eigene Kündigung in Frage stellen muss. Allerdings kann in diesen Fällen die Ablehnung des Angebots zur Weiterbeschäftigung ein **böswilliges Unterlassen** anderweitigen Erwerbs i.S. des § 615 Satz 2 BGB darstellen.[339] Für die danach erforderliche Beurteilung kommt es auf die Umstände des Einzelfalles, insbesondere die Art und Begründung der Kündigung und das Verhalten des Arbeitgebers im Kündigungsschutzprozess an.[340] Die gerichtliche Entbindung von der Weiterbeschäftigungspflicht nach § 102 Abs. 5 Satz 2 BetrVG führt nicht zu einer Beendigung des Annahmeverzugs, da die Rechtsbeziehungen gem. §§ 611, 615 BGB unberührt bleiben.[341] Ebenso steht die in Rechtskraft erwachsene Abweisung eines Antrags des Arbeitnehmers, für die Dauer des Rechtsstreits um die Wirksamkeit einer arbeitsvertraglichen Befristungsabrede vorläufig weiterbeschäftigt zu werden, dem Eintritt von Annahmeverzug des Arbeitgebers nach §§ 615, 293 ff. BGB für die Dauer des gerichtlichen Verfahrens nicht entgegen, nachdem endgültig auf die Unwirksamkeit der Befristung erkannt worden ist.[342] 146

Eine **einverständliche »Kündigungsrücknahme«**, z.B. in Form eines außergerichtlichen oder gerichtlichen Vergleichs, führt erst dann zur Beendigung des Annahmeverzuges, wenn der Arbeitgeber die ihm obliegende Mitwirkungshandlung vornimmt, d.h. einen funktionsfähigen Arbeitsplatz zur Verfügung stellt und dem Arbeitnehmer Arbeit zuweist bzw. die versäumte Arbeitsaufforderung nachholt.[343] Wird die Unwirksamkeit der Kündigung in einem gerichtlichen Vergleich festgestellt, dann endet der für die Dauer des Kündigungsschutzprozesses bestehende Annahmeverzug des Arbeitgebers jedoch mit dem Abschluss des Kündigungsschutzprozesses durch rechtsverbindlichen Vergleich des Inhalts, dass die streitbefangene Kündigung unwirksam ist und dass das Arbeitsverhältnis fortgesetzt wird. Vom Zeitpunkt der Rechtsverbindlichkeit des Vergleichs an kommt der Arbeitnehmer in Leistungsverzug, wenn er seine Arbeitsleistung nicht vertragsgemäß anbietet. Einer Aufforderung des Arbeitgebers an den Arbeitnehmer, die Arbeit aufzunehmen, bedarf es nicht.[344] Hingegen beendet der Abschluss eines (Beendigung-)Vergleichs den aufgrund einer vom 147

334 BAG, Urt. v. 19.01.1999, NZA 1999, 925.
335 BAG, Urt. v. 19.09.1991, RzK I 13 b Nr. 18.
336 BAG, Urt. v. 07.11.2002, AP Nr. 98 zu § 615 BGB; BAG, Urt. v. 14.11.1985, AP Nr. 39 zu § 615 BGB; LAG Köln, Urt. v. 05.07.2002, NZA-RR 2003, 308.
337 BAG, Urt. v. 14.11.1985, AP Nr. 39 zu § 615 BGB; LAG Köln, Urt. v. 05.07.2002, NZA-RR 2003, 308.
338 BAG, Urt. v. 14.11.1985, AP Nr. 39 zu § 615 BGB.
339 BAG, Urt. v. 14.11.1985, AP Nr. 39 zu § 615 BGB.
340 BAG, Urt. v. 14.11.1985, AP Nr. 39 zu § 615 BGB; s. im Einzelnen Rn 176 ff.
341 BAG, Urt. v. 17.06.1999, NZA 1999, 1154.
342 LAG Hamm, Urt. v. 12.09.1997, LAGE § 615 BGB Nr. 55.
343 BAG, Urt. v. 19.01.1999, NZA 1999, 925.
344 LAG Mainz, Urt. v. 03.11.1992, LAGE § 615 BGB Nr. 34.

Arbeitgeber erklärten außerordentlichen Kündigung eingetretenen Annahmeverzug für den restlichen Lauf der Kündigungsfrist nicht.[345]

148 Eine **einseitige »Kündigungsrücknahme«** führt nicht zur Beendigung des Annahmeverzuges, da eine solche Erklärung für den Arbeitgeber rechtlich nicht möglich ist.[346] Das in der Kündigungsrücknahme liegende Angebot des Arbeitgebers auf Fortsetzung des Arbeitsverhältnisses bedarf der Annahme durch den Arbeitnehmer. In der Erhebung der Kündigungsschutzklage ist keine vorweggenommene Zustimmung des Arbeitnehmers im Fall der Rücknahme der Kündigung zu sehen.[347] Der nach unwirksamer Arbeitgeberkündigung begründete Annahmeverzug wird nicht allein durch die Aufforderung des Arbeitgebers, die Arbeit vorläufig wieder aufzunehmen, beseitigt, sofern nicht der Arbeitgeber erklärt, er bestehe nicht mehr auf der Kündigung.[348] Will der Arbeitgeber die Folgen des Annahmeverzugs beseitigen, muss er die ihm obliegende Mitwirkungshandlung vornehmen, dazu hat er dem Arbeitnehmer den Ort oder den Zeitpunkt zur Arbeitsaufnahme mitzuteilen.[349]

149 Der Annahmeverzug endet im Übrigen dann, wenn der Arbeitsvertrag wirksam, z.B. durch einen gerichtlichen Vergleich oder ein Gestaltungsurteil, i.S.v. § 9 KSchG beendet wird. Das Arbeitsverhältnis endet, wenn die Kündigung endgültig als rechtswirksam erachtet wird. Dies kann auch bei einer an sich sozialwidrigen Kündigung aufgrund der Fiktionswirkung des § 7 KSchG der Fall sein, wenn die Klage nicht gem. § 5 KSchG nachträglich zugelassen wird. Im Insolvenzfall gilt die Besonderheit, dass gem. § 113 Abs. 2 Satz 1 InsO auch sonstige Unwirksamkeitsgründe innerhalb der Drei-Wochen-Frist geltend gemacht werden müssen.[350] Wird die Kündigungsschutzklage auf Antrag nachträglich zugelassen, steht dies der Geltendmachung von Annahmeverzugsansprüchen nicht entgegen.[351]

150 Der Annahmeverzug endet nicht bei einem **Betriebsübergang**. Der Erwerber muss den gegenüber dem Veräußerer eingetretenen Annahmeverzug aufgrund des Schutzzwecks des § 613a BGB gegen sich gelten lassen.[352] Auch der Arbeitgeber kann den eingetretenen Annahmeverzug nicht dadurch beenden, dass er den Arbeitnehmer auf eine Beschäftigung beim Betriebserwerber verweist, wenn der Arbeitnehmer den Widerspruch zulässigerweise ausgeübt hat und die Beschäftigung beim Betriebserwerber auf nicht absehbare Zeit in Aussicht genommen ist, jedoch objektive Anhaltspunkte dafür bestehen, dass die Vertragserfüllung beim Betriebserwerber nicht ohne weiteres gewährleistet ist.[353]

151 Ein fristlos entlassener Arbeitnehmer, der wegen der Kündigung mit seinem Arbeitgeber einen Kündigungsschutzprozess führt, setzt keinen (erneuten) Kündigungsgrund, wenn er einer im Laufe des Rechtsstreits vom Arbeitgeber zur Verringerung des Annahmeverzugsrisikos ausgesprochenen Arbeitsaufforderung nicht nachkommt, solange der Arbeitgeber an der Kündigung festhält. Der Arbeitgeber kann sein **Direktionsrecht nicht gleichzeitig leugnen und ausüben**.[354]

345 LAG Potsdam, Urt. v. 26.09.1996, LAGE § 615 BGB Nr. 50.

346 BAG, Urt. v. 17.04.1986, EzA § 615 BGB Nr. 47; eine Ausnahme besteht bei einer nach § 623 BGB formunwirksamen Kündigung, KR/*Spilger*, § 11 KSchG Rn 24.

347 BAG, Urt. v. 19.08.1982, EzA § 9 KSchG n.F. Nr. 14.

348 LAG Mainz, Urt. v. 05.03.1998, LAGE § 615 BGB Nr. 57.

349 BAG, Urt. v. 19.01.1999, NZA 1999, 925.

350 *Regh*, in: *Steindorf/Regh*, § 3 Rn 358; siehe auch § 19.

351 BAG, Urt. v. 24.11.1995, NZA 1995, 263; ErfK/*Preis*, § 615 BGB Rn 74.

352 BAG, Urt. v. 21.03.1991, AP Nr. 49 zu § 615 BGB.

353 LAG Stuttgart, Urt. v. 13.02.2003 – 10 Sa 18/02 (n.v.).

354 LAG Köln, Urt. v. 09.08.1996, NZA 1997, 718.

III. Rechtsfolgen des Annahmeverzugs

1. Der Vergütungsanspruch

Dem Arbeitnehmer bleibt gem. § 615 Satz 1 BGB für die Dauer des Annahmeverzuges der Anspruch auf Zahlung der vertraglich geschuldeten Bruttovergütung erhalten, ohne zur Nachleistung verpflichtet zu sein. Bei dem Anspruch handelt es sich um einen **Erfüllungsanspruch**, nicht um einen Schadensersatzanspruch.[355] Die Vorschrift des § 254 BGB ist daher weder unmittelbar noch entsprechend anzuwenden.[356] Der Annahmeverzugslohn ist in steuer- und sozialversicherungsrechtlicher Hinsicht Arbeitsentgelt, mit der Folge, dass Steuer- und Sozialversicherungsbeiträge abzuführen sind. Er unterliegt wie jeder andere Vergütungsanspruch den Bestimmungen der §§ 850 ff. ZPO über den Lohnpfändungsschutz.[357] 152

2. Umfang des Vergütungsanspruchs

Die Höhe des Verzugslohns wird nach dem **Lohnausfallprinzip** berechnet.[358] Der Arbeitnehmer muss so gestellt werden, als hätte er während des Annahmeverzugs weitergearbeitet. Bei Zeitlohn ist der regelmäßige Verdienst einschließlich etwaiger Lohnerhöhungen zu zahlen.[359] Bei leistungsabhängiger Vergütung, z.B. Akkordlohn, Provisionen, ist der hypothetische Verdienst während des Annahmeverzugs gem. § 287 Abs. 2 ZPO zu schätzen, wenn es an einer ausdrücklichen Vereinbarung der Parteien über die Berechnung dieses Verdienstausfalls fehlt.[360] Dazu kann auf die letzten drei Monate des Verdienstes oder auf den Verdienst eines vergleichbaren Arbeitnehmers zurückgegriffen werden.[361] Zulässig ist es auch, die Höhe des Provisionsausfalls nach einer vereinbarten Vorauszahlung auf die Provision zu bemessen. Aus einer solchen Festlegung kann sich die gemeinsame Vorstellung der Arbeitsvertragsparteien ergeben, dass eine Provision mindestens in dieser Höhe zu erwarten sei.[362] 153

Die zu zahlende Vergütung umfasst alle **Leistungen mit Entgeltcharakter**. Neben der Grundvergütung, z.B. Gehalt, Fixum, Akkord- oder Stundenlohn, gehören hierzu auch sonstige Leistungen mit Entgeltcharakter, z.B. das 13. oder 14. Monatsgehalt, Provisionen und Tantiemen. Auch Zulagen sind nachzuzahlen, soweit sie Entgeltcharakter haben, z.B. Sozialzulagen, Leistungszulagen und Zeitzuschläge[363] ebenso wie vermögenswirksame Leistungen.[364] Hätte der Arbeitnehmer bei Weiterarbeit auch Überstunden geleistet, so zählt auch die Überstundenvergütung zur fort zuzahlenden vertraglichen Vergütung.[365] Dabei kommt es nicht darauf an, ob der Arbeitnehmer einen vertraglichen Anspruch auf die Leistung von Überstunden gehabt hat. Entscheidend ist, ob die Überstunden ohne Annahmeverzug tatsächlich geleistet worden wären.[366] Unerheblich ist auch die Frage, ob die in der Vergangenheit geleistete Arbeitszeit und damit auch die während des **Annahmeverzugs** ausgefallene Arbeitszeit das nach den §§ 3 ff. ArbZG zulässige Maß überschritt. Für die Berechnung der Vergütung kommt es nicht darauf an, ob die zugrunde liegende Arbeitszeit arbeitszeitrechtlichen Vorschriften widerspricht.[367] Würde der Arbeitgeber im Falle der Leistung unzulässiger Mehrarbeit 154

355 BAG, Urt. v. 10.04.1963, EzA § 4 TVG Nr. 5.
356 ErfK/*Preis*, § 615 BGB Rn 75.
357 ErfK/*Preis*, § 615 BGB Rn 75.
358 BAG, Urt. v. 18.09.2001, NZA 2002, 268; BAG, Urt. v. 23.04.1994, AP Nr. 56 zu § 615 BGB: Die Rechtslage ist derjenigen bei Lohnfortzahlung im Krankheitsfalle vergleichbar.
359 BAG, Urt. v. 11.08.1998, DB 1998, 1719.
360 BAG, Urt. v. 11.08.1998, DB 1998, 1719.
361 ErfK/*Preis*, § 615 BGB Rn 77.
362 BAG, Urt. v. 11.08.1998, DB 1998, 1719.
363 Vgl. BAG, Urt. v. 18.06.1958, AP Nr. 6 zu § 615 BGB.
364 MünchArbR/*Boewer*, § 87 Rn 47.
365 BAG, Urt. v. 18.09.2001, NZA 2002, 268.
366 BAG, Urt. v. 18.09.2001, NZA 2002, 268.
367 BAG, Urt. v. 18.09.2001, NZA 2002, 268.

von der Lohnzahlungspflicht freigestellt, so käme dies einer Herausforderung gleich, die Vorschriften des Arbeitszeitgesetzes zu missachten. Das liefe dem Sinn des Arbeitszeitgesetzes entgegen. Nicht zu berücksichtigen sind dagegen Leistungen mit Aufwendungscharakter, z.B. Fahrtkostenersatz, Essenszuschüsse, es sei denn, dass diese Leistungen unabhängig von notwendigen Aufwendungen gezahlt werden.[368] Gratifikationen, z.B. Weihnachtsgeld, Treueprämien, sind während des Annahmeverzugs des Arbeitgebers weiterzuzahlen.[369] Sachbezüge gehören ebenfalls zu den vom Arbeitgeber nachzugewährenden Leistungen. Die Nutzungsmöglichkeit eines Dienstwagens ist nach dem Nutzwert abzugelten. Bei der Ermittlung der Höhe des Nutzungswertes ist auf die lohnsteuerrechtliche Vorteilsermittlung abzustellen.[370]

3. Zahlung des Verzugslohns

a) Fälligkeit, Verjährung und Verfall

155 Die gem. § 615 Satz 1 BGB entstehenden Zahlungsansprüche des Arbeitnehmers werden fällig, als ob die Dienste wirklich geleistet worden seien. Dieser Zeitpunkt ist maßgeblich für den Eintritt der Verjährung und für den Lauf vertraglicher oder tariflicher Ausschluss- und Verfallfristen. Der Arbeitnehmer kann auf den entstandenen Verzugslohnanspruch auch verzichten.[371]

156 Der Anspruch aus § 615 Satz 1 BGB unterliegt der **regelmäßigen Verjährung** von drei Jahren nach §§ 195, 199 BGB. Durch die Erhebung der Kündigungsschutzklage wird die Verjährung der sich aus § 615 BGB ergebenden Zahlungsansprüche nicht unterbrochen.[372]

157 Bestimmt eine Vertragsklausel, dass Ansprüche aus einem Arbeitsverhältnis innerhalb einer bestimmten Frist nach Fälligkeit schriftlich geltend zu machen sind (**sog. Ausschlussfrist**), so wird diese Frist hinsichtlich solcher Ansprüche, die vom Ausgang des Kündigungsschutzprozesses abhängen, durch die Erhebung der Kündigungsschutzklage gewahrt. Hierzu zählen auch Ansprüche aus Annahmeverzug des Arbeitgebers.[373] Ist durch Erhebung der Kündigungsschutzklage die tarifliche Frist gewahrt, so müssen nach Rechtskraft des Urteils im Kündigungsschutzprozess die Vergütungsansprüche nicht erneut innerhalb der Ausschlussfrist geltend gemacht werden, wenn die Klausel nichts anderes vorsieht. Für die Fristwahrung ist es aber erforderlich, dass die Klage vor Fristablauf eingereicht und dem Arbeitgeber zugestellt wird.[374]

158 Bei einer **sog. doppelstufigen Ausschlussklausel**, die nicht nur eine Ausschlussfrist für die außergerichtliche, sondern auch für die gerichtliche Geltendmachung von Zahlungsansprüchen vorsieht, muss der Arbeitnehmer zur Fristwahrung eine Leistungsklage erheben.[375] Die Erhebung einer Kündigungsschutzklage ist selbst dann nicht fristwahrend, wenn es sich um Zahlungsansprüche handelt, die vom Fortbestand des Arbeitsverhältnisses abhängig sind. Sieht ein Tarifvertrag vor, dass die zunächst fristgerecht geltend gemachten Ansprüche verfallen, wenn sie nicht binnen einer weiteren Frist seit ihrer ausdrücklichen Ablehnung rechtshängig gemacht werden, so beginnt diese weitere Ausschlussfrist für vom Ausgang eines anhängigen Kündigungsprozesses abhängige Ansprüche des Arbeitnehmers allerdings nicht schon damit, dass der Arbeitgeber die Abweisung der Kündigungsschutzklage beantragt. Es bedarf vielmehr einer unmittelbar auf die Ansprüche selbst bezogenen ausdrücklichen Ablehnungserklärung des Arbeitgebers. Der vom Arbeitgeber im Kündigungsschutzprozess gestellte Klageabweisungsantrag genügt u.U. dann für eine tarifrechtlich vorgeschriebene

368 BAG, Urt. v. 30.05.2001, NZA 2002, 55, zum Vergütungscharakter einer tariflichen Auslandszulage, die ganz wesentlich zur Abgeltung der Mehraufwendungen für Wohnung und Verpflegung für die Auslandsmitarbeiter dient; BAG, Urt. v. 11.02.1976, EzA § 2 LohnFG Nr. 8.

369 BAG, Urt. v. 18.01.1963, EzA § 615 BGB Nr. 5; BAG, Urt. v. 11.07.1985, EzA § 615 BGB Nr. 52.

370 BAG, Urt. v. 27.05.1999, NZA 1999, 1038.

371 MünchArbR/*Boewer*, § 78 Rn 53.

372 BAG, Urt. v. 07.11.1991, AP Nr. 5 zu § 209 BGB.

373 BAG, Urt. v. 21.03.1996, RzK I 13 a Nr. 46.

374 BAG, Urt. v. 08.03.1976, EzA § 4 TVG Ausschlussfristen Nr. 26; vgl. auch BAG, Urt. v. 11.12.2001, FA 2002, 176.

375 BAG, Urt. v. 18.12.1984, AP Nr. 87 zu § 4 TVG Ausschlussfristen.

formlose »Ablehnung«, wenn mit einer derartigen tarifvertraglichen Regelung keine »verstärkte Warnfunktion« verbunden ist.[376] Eine tarifvertraglich vorgeschriebene Schriftform für die »Ablehnung« des Arbeitgebers wird dadurch gewahrt, dass der Schriftsatz im Kündigungsschutzprozess dem Arbeitnehmer fristgem. zugeht.[377]

Eine besondere tarifliche Verfallklausel, nach der abweichend von der allgemeinen Regelung der Lauf von Ausschlussfristen für Vergütungsklagen »im Fall der Erhebung einer Kündigungsschutzklage« bis zur rechtskräftigen Entscheidung über das Weiterbestehen des Arbeitsverhältnisses gehemmt ist, erfasst nicht den Fall, dass ein Arbeitnehmer wegen einer vom Arbeitgeber behaupteten Eigenkündigung des Arbeitnehmers eine allgemeine Feststellungsklage auf den Fortbestand des Arbeitsverhältnisses erhebt.[378] 159

b) Verzugszinsen

Befindet sich der Arbeitgeber mit der Zahlung der Vergütung in Verzug, kann der Arbeitnehmer Verzugszinsen gem. §§ 284, 288, 291 BGB beanspruchen. Gerät der Arbeitgeber in Annahmeverzug, weil er nach Ausspruch einer Kündigung die Gehaltszahlungen an den Arbeitnehmer einstellt, so hat er dies dann zu vertreten und deshalb die rückständigen Beträge zu verzinsen, wenn er bei Anwendung der erforderlichen Sorgfalt hätte erkennen können, dass die Kündigung unwirksam war.[379] Es ist zu prüfen, ob sich der Arbeitgeber in einem entschuldbaren Rechtsirrtum befunden hat. Der Rechtsirrtum ist entschuldbar, wenn die Rechtslage objektiv zweifelhaft ist und der Schuldner sie sorgfältig geprüft hat. Beruht der Ausspruch der Kündigung auf einem vertretbaren Rechtsstandpunkt, handelt der kündigende Arbeitgeber so lange nicht fahrlässig, wie er auf die Wirksamkeit seiner Kündigung vertrauen darf. Das Vertrauen auf die Wirksamkeit der Kündigung kann im Laufe eines Kündigungsrechtsstreits seine Berechtigung verlieren, z.B. nach Durchführung einer Beweisaufnahme, die zum Ergebnis führt, dass keine Kündigungsgründe vorliegen.[380] Die Darlegungs- und Beweislast dafür, dass er die verzögerte Gehaltszahlung nicht zu vertreten hat, trägt der Arbeitgeber, weil er die Kündigung ausgesprochen hat. Er hat darzulegen und ggf. zu beweisen, dass aus seiner Sicht Kündigungsgründe vorlagen, die einen sorgfältig abwägenden Arbeitgeber zur Kündigung veranlassen konnten, so dass er auf die Wirksamkeit der Kündigung vertrauen durfte.[381] 160

Die Frage, ob der Arbeitnehmer Verzugszinsen aus der **Bruttovergütung** oder der **Nettovergütung** verlangen kann, war lange umstritten.[382] Auch die Rechtsprechung des BAG war lange Zeit uneinheitlich. Während die überwiegende Zahl der Senate sich zuletzt der »Bruttolösung« angeschlossen hatte, befürworteten der zweite und vierte Senat weiterhin die »Nettolösung«. Diesen Streit hat der Große Senat des BAG in seinem Beschluss vom 07.03.2001 im Sinne der »Bruttolösung« entschieden. Danach kann der Arbeitnehmer die Verzugszinsen nach § 288 BGB aus der in Geld geschuldeten Bruttovergütung verlangen.[383] 161

Die Schuldrechtsreform hat für neuen Diskussionsstoff gesorgt. § 288 Abs. 1 BGB sieht vor, dass der **Verzugszinssatz** für das Jahr 5 % über dem Basiszinssatz beträgt. Der Basiszinssatz nach § 247 BGB beträgt ab dem 01.01.2004 nunmehr 1,14 %[384] und verändert sich zum 01.01. und 01.07. eines jeden Jahres um die Prozentpunkte, um welche die Bezugsgröße seit der letzten Veränderung des Basiszinssatzes gestiegen oder gefallen ist. Bezugsgröße ist der Zinssatz für die jüngste Hauptrefinanzierungsoperation der Europäischen Zentralbank vor dem ersten Kalendertag des betreffenden 162

376 BAG, Urt. v. 13.09.1984, AP Nr. 86 zu § 4 TVG Ausschlussfristen; vgl. aber BAG, Urt. v. 11.12.2001, FA 2002, 176.
377 BAG, Urt. v. 20.03.1986 – 2 AZR 295/85 (n.v.).
378 BAG, Urt. v. 24.08.1999, NZA 2000, 818.
379 BAG, Urt. v. 22.03.2001, EzBAT § 8 BAT Schadensersatzpflicht des Arbeitgebers Nr. 31; BAG, Urt. v. 13.06.2002, NZA 2003, 44.
380 BAG, Urt. v. 13.06.2002, NZA 2003, 44.
381 BAG, Urt. v. 13.06.2002, NZA 2003, 44; BAG, Urt. v. 23.09.1999, ArbuR 2000, 195.
382 Zum Meinungsstreit siehe u.a. *Griebling*, NZA 2000, 1249; *Hümmerich*, AnwaltFormulare Arbeitsrecht, § 7 Rn 9.
383 BAG (GS), Beschl. v. 07.03.2001, NZA 2001, 2270.
384 Der aktuelle Zinssatz kann im Internet unter www.bundesbank.de abgefragt werden.

Halbjahres (§ 247 Abs. 1 BGB). § 288 Abs. 2 BGB bestimmt, dass bei Rechtsgeschäften, an denen ein Verbraucher nicht beteiligt ist, der Zinssatz für Entgeltforderungen 8 % über dem Basiszinssatz beträgt. § 13 BGB definiert den Verbraucher als jede natürliche Person, die ein Rechtsgeschäft zu einem Zweck abschließt, der weder ihrer gewerblichen noch ihrer selbständigen beruflichen Tätigkeit zugerechnet werden kann.

163 Ob der Arbeitnehmer Verzugszinsen nach § 288 Abs. 1 oder nach § 288 Abs. 2 BGB beanspruchen kann, hängt von der Einordnung des **Arbeitnehmers als Verbraucher** ab. Zum Verbraucherbegriff im Arbeitsrecht haben sich in der Literatur zwischenzeitlich zwei Hauptmeinungen herausgebildet, die man schlagwortartig als **»relativen« und »absoluten« Verbraucherbegriff** bezeichnen könnte.[385] Teilweise wird die Verbrauchereigenschaft des Arbeitnehmers verneint.[386] Verbraucher sei nach dem Wortsinn nur derjenige, der Waren und Dienstleistungen zur Befriedigung eigener Bedürfnisse in Anspruch nimmt. Ein Arbeitnehmer erbringe hingegen seine Dienste gegen Entgelt. Der Arbeitnehmer sei bei Abschluss von Arbeitsverträgen kein Verbraucher, während er bei sonstigen schuldrechtlichen Verträgen als Verbraucher handeln könne.[387] Die Vertreter der Gegenansicht[388] weisen auf den Wortlaut von § 13 BGB hin, wonach Verbraucher jede natürliche Person sei, die ein Rechtsgeschäft zu einem Zweck abschließe, der weder ihrer gewerblichen noch ihrer selbständigen beruflichen Tätigkeit zugerechnet werden kann. In diesem Sinne werde der Arbeitnehmer von der Definition des Verbrauchers erfasst. Die Folge sei, dass Rechtsgeschäfte, die der Arbeitnehmer im Rahmen der Begründung, Durchführung und Beendigung des Arbeitsverhältnisses eingehe, ihn als Arbeitnehmer und als Verbraucher tangieren.[389]

164 Der Streit braucht an dieser Stelle nicht entschieden werden. Denn auch die Vertreter, die eine Verbrauchereigenschaft des Arbeitnehmers ablehnen, gehen fast einhellig davon aus, dass jedenfalls der erhöhte Zinssatz des § 288 Abs. 2 BGB bei Arbeitnehmern keine Anwendung findet.[390] Solange diese Frage aber höchstrichterlich noch nicht entschieden ist, mag man aus anwaltlicher Sicht unter **Haftungsgesichtspunkten** in Erwägung ziehen, den erhöhten Zinssatz geltend zu machen.[391]

164a In Höhe des erhaltenen Arbeitslosengeldes kann der Arbeitnehmer vom Arbeitgeber keine Zinsen auf den Annahmeverzugslohn verlangen.[392] Gem. § 11 Nr. 3 KSchG muss sich der Arbeitnehmer auf die vom Arbeitgeber für die Zeit nach der Entlassung geschuldete Vergütung Leistungen der Sozialversicherungsträger anrechnen lassen. Bestimmt das Gesetz, eine Leistung sei »anzurechnen«, so wird der dem Gläubiger zustehende Anspruch automatisch um die anzurechnende Leistung gekürzt, ohne dass es einer Aufrechnungserklärung oder sonstiger Handlungen des Schuldners bedarf.[393] Die vom Bestehen der Hauptforderung abhängige Zinspflicht des Schuldners entfällt in Höhe des anzurechnenden Betrags.

385 Zu dieser Begriffsbestimmung und zum Stand der Diskussion: *Hümmerich*, AnwaltFormulare Arbeitsrecht, § 1 Rn 58 ff.; *Hümmerich/Holthausen*, NZA 2002, 173, 175. Das BAG hat die Frage im Urt. v. 27.11.2003 – 2 AZR 177/03 (n.v.) offen gelassen.

386 *Bauer/Kock*, DB 2002, 42; *Berkowsky*, AuA 2002, 11; *Löwisch*, NZA 2001, 465; *Joussen*, NZA 2001, 745; *Lingemann*, NZA 2002, 181; Palandt/*Heinrichs*, 61. Aufl., § 13 BGB Rn 3; AnwK-BGB/*Ring*, § 14 Rn 13; AnwK-BGB/*Hennrichs*, § 910 Rn 6 ff.

387 *Bauer/Kock*, DB 2002, 42.

388 *Boemke*, BB 2002, 96 f.; *Däubler*, NZA 2001, 1329, 1333 f.; *Gotthardt*, Arbeitsrecht nach der Schuldrechtsreform, Rn 166 ff., 173; *Hümmerich/Holthausen*, NZA 2002, 173; *Hümmerich*, AnwaltFormulare Arbeitsrecht, § 1 Rn 58 ff.; *Lindemann*, AuR 2002, 81, 83.

389 *Hümmerich/Holthausen*, NZA 2002, 173.

390 So ausdrücklich *Bauer/Kock*, DB 2002, 42, 46; *Berkowsky*, AuA 2002, 11, 15; *Joussen*, NZA 2001, 745, 749; *Pick*, ZIP 2001, 1173, 1181; vgl. im Übrigen ausführlich *Gotthardt*, Arbeitsrecht nach der Schuldrechtsreform, Rn 166 ff.; a.A. *Löwisch*, NZA 2001, 465, 466.

391 *Berrisch*, FA 2002, 72, 73.

392 BAG, Urt. v. 13.06.2002, NZA 2003, 44.

393 BAG, Urt. v. 13.06.2002, NZA 2003, 44.

4. Anrechnung des Zwischenverdienstes

a) Grundsätze

Nach § 615 Satz 2 BGB muss sich der Arbeitnehmer auf den Annahmeverzugslohn den Wert desjenigen anrechnen lassen, was er infolge des Unterbleibens der Arbeit erspart oder durch anderweitige Verwendung seiner Dienste erwirbt oder zu erwerben böswillig unterlässt. Er soll aus dem Annahmeverzug des Arbeitgebers keinen wirtschaftlichen Vorteil ziehen.[394] 165

Auch § 11 KSchG sieht die Anrechnung von tatsächlich erzielten sowie von hypothetischen Einkünften vor. Nach § 11 Nr. 1 KSchG muss sich der Arbeitnehmer im Falle des durch gerichtliche Entscheidung festgestellten Fortbestands des Arbeitsverhältnisses auf das Arbeitsentgelt, das ihm der Arbeitgeber für die Zeit nach der Entlassung schuldet, einen durch anderweitige Arbeit erzielten Verdienst anrechnen lassen. Im Falle des böswilligen Unterlassens anderweitigen Erwerbs sieht § 11 Nr. 2 KSchG die Anrechnung fiktiver Einkünfte vor. Anders als § 615 Satz 2 BGB schreibt § 11 Nr. 1 KSchG nicht die Anrechnung desjenigen vor, was der Arbeitnehmer durch das Unterbleiben der Arbeitsleistung erspart. Die Anrechnung öffentlich-rechtlicher Leistungen ist hingegen nur in § 11 Nr. 3 KSchG normiert. Die Vorschrift des § 11 KSchG ist eine Sonderregelung zu § 615 Satz 2 BGB und verdrängt diese, soweit das Kündigungsschutzgesetz anwendbar ist. § 11 KSchG regelt die vergütungsrechtlichen Folgen einer sozialwidrigen Kündigung. Grund und Höhe des Nachzahlungsanspruchs richten sich nach § 615 Satz 1 BGB. Trotz des unterschiedlichen Wortlauts sind § 615 Satz 2 BGB und § 11 KSchG inhaltlich **deckungsgleich**.[395] § 11 KSchG gilt aber nicht nur für den Fall der Feststellung des Fortbestands des Arbeitsverhältnisses durch gerichtliche Entscheidung (Urteil), sondern auch für Vereinbarungen, die zu dem gleichen Ergebnis gelangen, also von einer unwirksamen Kündigung des Arbeitgebers ausgehen.[396] 166

Hat ein Arbeitgeber den Arbeitnehmer rechtswirksam von der Arbeitspflicht befreit, etwa Urlaub erteilt oder Freizeitausgleich angeordnet, kommen für diesen Zeitraum Ansprüche auf Annahmeverzugslohn nicht in Betracht.[397] Annahmeverzug setzt voraus, dass der Arbeitnehmer dem Arbeitgeber noch eine Arbeitsleistung schuldet. Fehlt es daran, kann der Arbeitgeber mit der Annahme der Arbeitsleistung nicht in Verzug geraten.[398] Dem Arbeitnehmer steht in diesem Fall ein Vergütungsanspruch aus dem Arbeitsvertrag zu. Mit der Freistellung verzichtet der Arbeitgeber (§ 397 BGB) auf die Arbeitsleistung und verkürzt zugleich seine Gläubigerstellung gem. § 615 Satz 1 BGB. Eine Anrechnung von Zwischenverdienst kommt dann nur in Betracht, wenn sie vertraglich vorbehalten wurde[399] Bei einer vertraglichen Freistellung von der Arbeit unterwirft sich der Arbeitgeber freiwillig der Pflicht zur Gehaltsfortzahlung ohne Arbeitsleistung.[400] Mit Abschluss des Vergleichs entfallen die Voraussetzungen des Annahmeverzugs gem. §§ 293 ff. BGB und damit die Tatbestandsvoraussetzungen von § 615 Satz 1 BGB. Für eine Rechtsanalogie zu § 615 Satz 2 BGB besteht kein Raum.[401] Wird in einem Prozessvergleich zwischen Arbeitnehmer und Arbeitgeber eine Freistellung des Arbeitnehmers von der Arbeit vereinbart, ist daher regelmäßig davon auszugehen, dass eine Anrechnung anderweitigen Erwerbs nicht erfolgen soll.[402] Für einen gegenteiligen Vertragswillen trägt der Arbeitgeber die Darlegungs- und Beweislast.[403] 167

394 BAG, Urt. v. 06.09.1990, EzA § 615 BGB Nr. 67.

395 BAG, Urt. v. 24.09.2003, ArbRB 2004, 5; BAG, Urt. v. 16.05.2000, NZA 2001, 26.

396 KR/*Spilger*, § 11 KSchG Rn 8.

397 BAG, Urt. v. 19.03.2002, BB 2002, 1703; BAG, Urt. v. 30.09.1982 – 6 AZR 802/79 (n.v.); LAG Köln, Urt. v. 29.08.2000 – 13 Sa 525/00 (n.v.); LAG Köln, Urt. v. 24.08.1991, LAGE BGB § 615 Nr. 30; LAG Hamm, Urt. v. 11.10.1996, LAGE BGB § 615 Nr. 49; a.A. LAG Schleswig-Holstein, Urt. v. 20.02.1997, LAGE BGB § 615 Nr. 52.

398 BAG, Urt. v. 19.03.2002, BB 2002, 1703; BAG, Urt. v. 23.01.2001, NZA 2001, 597.

399 BAG, Urt. v. 19.03.2002, BB 2002, 1703; BAG, Urt. v. 23.01.2001, NZA 2001, 597; BAG, Urt. v. 09.11.1999 – 9 AZR 922/98 (n.v.); LAG Potsdam, Urt. v. 17.03.1998, LAGE § 615 BGB Nr. 56.

400 LAG Potsdam, Urt. v. 17.03.1998, LAGE § 615 BGB Nr. 56.

401 BAG, Urt. v. 30.09.1982 – 6 AZR 802/79 (n.v.); LAG Köln, Urt. v. 29.08.2000 – 13 Sa 525/00 (n.v.); LAG Potsdam, Urt. v. 17.03.1998, LAGE § 615 BGB Nr. 56; LAG Hamm, Urt. v. 27.02.1991, DB 1991, 1577.

402 BAG, Urt. v. 30.09.1982 – 6 AZR 802/79 (n.v.); LAG Köln, Urt. v. 29.08.2000 – 13 Sa 525/00 (n.v.); LAG Köln, Urt. v. 21.08.1991, NZA 1992, 123; LAG Potsdam, Urt. v. 17.03.1998, LAGE § 615 BGB Nr. 56; LAG Stuttgart,

Sieht hingegen ein Aufhebungsvertrag eine Freistellung unter Fortzahlung der Bezüge vor und begründet er eine Befugnis des Arbeitnehmers, das Arbeitsverhältnis **vorzeitig zu beenden**, so findet § 615 Satz 2 BGB entsprechende Anwendung, wenn der Arbeitnehmer ein neues Arbeitsverhältnis antritt, ohne das alte Arbeitsverhältnis vorzeitig zu beenden.[404]

168 Die Vorschrift des § 615 Satz 2 BGB ist auch zum Nachteil des Arbeitnehmers dispositiv.[405] Dagegen ist § 11 KSchG unabdingbar, soweit für den Arbeitnehmer nachteilige Anrechnungsbestimmungen getroffen werden.[406]

b) Anrechnungsumfang

169 Der Arbeitnehmer soll durch den Annahmeverzug keinen Nachteil erleiden. Auf der anderen Seite soll er aus dem Annahmeverzug keinen finanziellen Vorteil ziehen. Er soll nicht mehr erhalten, als er bei normaler Abwicklung des Arbeitsverhältnisses erhalten hätte.[407] Daher muss sich der Arbeitnehmer im Falle des Annahmeverzugs des Arbeitgebers den Wert desjenigen anrechnen lassen, was er infolge des Unterbleibens der Arbeitsleistung erspart oder durch anderweitige Verwendung seiner Dienste erwirbt oder zu erwerben böswillig unterlässt.

aa) Ersparnisse

170 Anzurechnende Ersparnisse sind ersparte Aufwendungen, die im Zusammenhang mit der Erbringung der Arbeitsleistung angefallen wären, wie etwa Fahrtkosten oder Übernachtungskosten etc. Zwischen den Aufwendungen und der zu erbringenden Arbeitsleistung muss ein **Zusammenhang** bestehen. Eine Anrechnungspflicht der Ersparnisse besteht nicht, soweit § 11 KSchG anwendbar ist.[408]

bb) Zwischenverdienst

171 Anzurechnen ist der erzielte Zwischenverdienst. Der Arbeitnehmer muss sich aber nicht jeden im Verzugszeitraum erzielten Verdienst anrechnen lassen. Zum Tatbestand der Anrechenbarkeit anderweitigen Verdienstes gehört auch die **Kausalität**. Anrechnungspflichtig ist nur derjenige Verdienst, den der Arbeitnehmer durch anderweitige Verwendung desjenigen Teils seiner Arbeitskraft erwirbt, die er dem Arbeitgeber zur Verfügung zu stellen verpflichtet war.[409] Nebenverdienst, den der Arbeitnehmer auch bei fortbestehendem Beschäftigungsverhältnis erworben hätte, bleibt anrechnungsfrei.[410] Bei Teilzeitbeschäftigten bereitet die Feststellung der Kausalität Probleme. Die rechtliche oder tatsächliche Identität der Arbeitsverhältnisse liefert nach der Rechtsprechung des BAG kein brauchbares Abgrenzungskriterium. Es kann auch nicht auf die subjektiven Vorstellungen des Arbeitnehmers oder die Frage, ob beide Arbeitsverhältnisse nur zur selben Zeit ausgeübt werden, ankommen. So spielt es keine Rolle, ob der Arbeitnehmer, der vormittags eine Teilzeittätigkeit ausübt, eine neue Tätigkeit annimmt, die er wiederum vormittags ausübt, wenn nicht der Arbeitgeber zumindest Indizien dafür vorträgt, dass die neue Tätigkeit nicht nur zeitlich an die Stelle der bisherigen Beschäftigung getreten ist und dem Arbeitnehmer die Darlegung misslingt, er hätte die neue Tätigkeit auch neben der bisherigen Beschäftigung ausgeübt.[411] Der teilzeitbeschäftigte Arbeitnehmer muss sich im Verzugszeitraum nur den anderweitig erzielten Verdienst anrechnen

Urt. v. 21.06.1994, EzA § 615 BGB Nr. 87; LAG Hamm, Urt. v. 11.10.1996, NZA-RR 1997, 287; LAG Hamm, Urt. v. 27.02.1991, LAGE § 615 BGB Nr. 26; vgl. auch BAG, Urt. v. 09.11.1999 – 9 AZR 922/98 (n.v.); LAG Berlin, Urt. v. 27.10.2000 – 19 Sa 2007/00 (n.v.); a.A. LAG Erfurt, Urt. v. 21.11.2000, LAGE § 615 BGB Nr. 62.

403 LAG Köln, Urt. v. 21.08.1991, NZA 1992, 123; a.A. LAG Erfurt, Urt. v. 21.11.2000, LAGE § 615 BGB Nr. 62.

404 LAG Frankfurt, Urt. v. 02.12.1993, LAGE § 615 BGB Nr. 42.

405 BAG, Urt. v. 06.11.1968, Nr. 16 zu § 615 BGB Betriebsrisiko.

406 KR/*Spilger*, § 11 KSchG Rn 7.

407 ErfK/*Preis*, § 615 BGB Rn 94.

408 ErfK/*Preis*, § 615 BGB Rn 93.

409 BAG, Urt. v. 06.09.1990, NZA 1991, 221, 224.

410 BAG, Urt. v. 06.09.1990, NZA 1991, 221, 224.

411 *Spirolke*, NZA 2001, 707.

lassen, der kausal durch das Freiwerden der Arbeitskraft ermöglicht worden ist.[412] Der Arbeitnehmer muss sich den »Nebenverdienst«, den er nach einer fristlosen Kündigung des Arbeitsverhältnisses im Annahmeverzugszeitraum morgens in der Zeit ab 5.00 Uhr bei einem Konkurrenzunternehmen erzielt auf die Annahmeverzugsansprüche anrechnen lassen, wenn seine Arbeitszeit bei dem in Annahmeverzug geratenen Arbeitgeber um 7.30 Uhr begonnen hätte. Er hätte diese Nebentätigkeit nicht ausüben dürfen, da sie wegen ständiger Ableistung von Mehrarbeit bei seinem »Hauptarbeitgeber« gegen das Arbeitszeitgesetz verstoßen hätte und eine Tätigkeit bei einem Konkurrenzunternehmen arbeitsvertraglich unzulässig gewesen wäre.[413]

Anzurechnen ist in erster Linie Verdienst, der im Rahmen eines anderweitigen Arbeits- oder Dienst- 172
verhältnisses erzielt wird, auch wenn es sich um eine selbständige Gewerbe- oder Berufstätigkeit handelt. Dazu gehören aber nicht Einkünfte aus kapitalmäßiger Beteiligung, es sei denn, der Arbeitnehmer verwendet seine ganze Arbeitskraft in die Vermögensverwaltung.[414] Auch Einkünfte aus Gefälligkeitsarbeiten (z.B. entgeltliche Dienstleistungen bei Verwandten oder Nachbarn) können angerechnet werden, sofern der Arbeitnehmer diese Tätigkeiten nur infolge der Nichtbeschäftigung beim Arbeitgeber zeitlich verrichten konnte.[415]

Zum anrechenbaren Zwischenverdienst gehören alle Leistungen mit Entgeltcharakter (z.B. Gehalt, 173
Fixum, Akkord- oder Stundenlohn, Prämien sowie Leistungszulagen). Auch Provisionen[416] und die von einem anderen Arbeitgeber erbrachte Urlaubsabgeltung sind anzurechnen.[417] Angerechnet wird das anderweitige Bruttoeinkommen.[418]

Der anderweitige Verdienst des Arbeitnehmers ist auf die Vergütung für die gesamte Dauer des 174
Annahmeverzugs anzurechnen und nicht nur auf die Vergütung für den Zeitabschnitt, in dem der anderweitige Erwerb gemacht (pro rata temporis) wurde. Für die deshalb erforderliche Vergleichsberechnung (**Gesamtberechnung**) ist die Vergütung für die infolge des Verzugs nicht geleisteten Dienste zu ermitteln. Dieser Gesamtvergütung ist gegenüberzustellen, was der Arbeitnehmer in der betreffenden Zeit anderweitig erwirbt.[419] In die Vergleichsberechnung sind zugunsten des Arbeitnehmers alle Ansprüche einzustellen, die er gegen den Arbeitgeber erworben hat. Ein zwischenzeitliches Erlöschen wegen nicht fristgerechter Geltendmachung der Forderung ist unerheblich. Anderes ergibt sich nicht aus der in § 615 Satz 2 BGB bestimmten Gesamtberechnung. Die Gesamtberechnung soll aus Gründen der Billigkeit sicherstellen, dass der Arbeitnehmer aus der anderweitigen Verwendung seiner Dienste keinen Gewinn auf Kosten des Arbeitgebers machen kann, was möglich wäre, wenn in einzelnen Zeitabschnitten ein höherer und in anderen Zeitabschnitten ein geringerer Zwischenverdienst erzielt wird.[420] Wird der Annahmeverzug nach § 12 Abs. 4 KSchG auf die Zeit bis zum Eintritt in ein neues Arbeitsverhältnis beschränkt, so ist die Anrechnung auf diesen Zeitraum beschränkt.[421]

Der Arbeitgeber ist für die Voraussetzungen der Anrechnung **darlegungs- und beweispflichtig**. Der 175
Arbeitgeber muss bei der Anrechnung anderweitigen Erwerbs die Ausübung der Erwerbstätigkeit beweisen.[422] In den Fällen der Anrechnung anderweitigen Erwerbs richtet sich der Umfang der Beweislast danach, wie substantiiert sich der Arbeitnehmer auf den Vortrag des Arbeitgebers einlässt. Der Arbeitgeber kann sich auf den Vortrag von Indizien beschränken, den Arbeitnehmer trifft dann eine Widerlegungslast nach § 138 Abs. 2 ZPO.[423]

412 BAG, Urt. v. 06.09.1990, NZA 1991, 221, 224; LAG Köln, Urt. v. 13.12.2002 – 4 Sa 221/02 (n.v.).
413 LAG Bremen, Urt. v. 17.09.2001, NZA-RR 2002, 186.
414 BAG, Urt. v. 27.03.1974, EzA § 615 BGB Nr. 22.
415 KR/*Spilger*, § 11 KSchG Rn 35.
416 LAG Düsseldorf, Urt. v. 05.03.1970, DB 1970, 1277.
417 LAG Hamm, Urt. v. 25.11.1996, ZTR 1997, 97.
418 ErfK/*Preis*, § 615 BGB Rn 95.
419 BAG, Urt. v. 24.08.1999, NZA 2000, 818; BAG, Urt. v. 19.02.1997 – 5 AZR 379/94 (n.v.).
420 BAG, Urt. v. 24.08.1999, NZA 2000, 818; a.A. *Boecken*, NJW 1995, 3218, 3222.
421 BAG, Urt. v. 19.07.1978, AP Nr. 16 zu § 242 BGB Auskunftspflicht; ErfK/*Preis*, § 615 BGB Rn 97.
422 BAG, Urt. v. 06.09.1990, NZA 1991, 221, 224.
423 BAG, Urt. v. 06.09.1990, NZA 1991, 221, 224.

Vom Arbeitgeber sind daher Tatsachen vorzutragen und im Bestreitensfall zu beweisen, die darauf schließen lassen, dass der Arbeitnehmer einer Erwerbstätigkeit nachgegangen ist. Die Beweiserleichterungen, die dem Arbeitgeber zugestanden werden, dürfen nicht darüber hinwegtäuschen, dass der Arbeitgeber in der Praxis erhebliche Hürden zu überwinden hat.[424] Die Kausalität ist ebenfalls von der Darlegungslast des Arbeitgebers umfasst. Gelingt es ihm, Anhaltspunkte für die Kausalität aufzuzeigen, muss der Arbeitnehmer Tatsachen nennen, die es plausibel erscheinen lassen, dass ein Nebeneinander der beiden Beschäftigungen beabsichtigt war.[425] Die Darlegungs- und Beweislast des Arbeitgebers erstreckt sich grundsätzlich auch auf die Höhe des Zwischenverdienstes. Allerdings erkennt das BAG zumindest insoweit an, dass es dem Arbeitgeber regelmäßig nicht möglich sein wird, Erkenntnisse über die Höhe des anderweitigen Verdienstes zu erlangen, während der Arbeitnehmer hierüber verhältnismäßig einfach Auskunft erteilen kann. Wird der Arbeitgeber auf Zahlung von Annahmeverzugslohn in Anspruch genommen, hat er gegen den Arbeitnehmer zur Milderung der ihn treffenden Darlegungs- und Beweislast in entsprechender Anwendung von § 74c HGB Anspruch auf Auskunft über die tatsächlichen Umstände, die nach § 615 Satz 2 BGB das Erlöschen seiner Zahlungsverpflichtung bewirken. Erteilt der Arbeitnehmer die verlangte Auskunft nicht, kann der Arbeitgeber die Fortzahlung des Arbeitsentgelts verweigern.[426] Die Klage des Arbeitnehmers ist dann als zur Zeit unbegründet abzuweisen.[427] Ein Leistungsverweigerungsrecht hat der Arbeitgeber allerdings nur, soweit von einer Nichterfüllung der Auskunftspflicht auszugehen ist. Ist die erteilte Auskunft lediglich in einzelnen Punkten unvollständig, so kommt nur eine Verpflichtung des Arbeitnehmers zur Ableistung einer eidesstattlichen Versicherung in Betracht.[428] Hat der Arbeitgeber bereits Leistungen erbracht, kann er den Auskunftsanspruch selbständig einklagen, sofern dies zur Durchsetzung eines Rückzahlungsanspruchs erforderlich ist. Der Arbeitgeber kann Stufeklage nach § 254 ZPO verbunden mit dem Anspruch auf Abgabe einer eidesstattlichen Versicherung erheben.[429]

175a Liegt eine vertraglich vereinbarte Freistellung vor, scheidet eine Anwendung von § 615 BGB und damit eine Anrechnung von Zwischenverdienst aus. Da mangels Arbeitspflicht des Arbeitnehmers dem Arbeitgeber die Gläubigerstellung fehlt, kann ein Annahmeverzug nach §§ 293 ff. BGB nicht begründet werden. Kommt danach eine Anrechnung anderweitigen Verdienstes nicht in Betracht, schuldet der Arbeitnehmer dem Arbeitgeber auch keine Auskunft über etwaige Zwischenverdienste.[430]

cc) Böswilliges Unterlassen

176 Nach § 615 Satz 2 BGB wird auch dasjenige angerechnet, was der Arbeitnehmer böswillig zu erwerben unterlässt. Gesetzliche Folge ist die Anrechnung des hypothetischen Verdienstes. Der Arbeitgeber wird von seiner Zahlungspflicht befreit, ohne dass es einer Anrechnungserklärung bedarf.[431] Der Arbeitnehmer handelt böswillig, wenn ihm ein Vorwurf daraus gemacht werden kann, dass er während des Annahmeverzugs trotz Kenntnis aller objektiven Umstände (Arbeitsmöglichkeit, Zumutbarkeit der Arbeit, nachteilige Folgen für den Arbeitgeber) vorsätzlich untätig bleibt oder die Aufnahme der Arbeit bewusst verhindert.[432] Böswilligkeit setzt nicht voraus, dass der Arbeitnehmer in der Absicht handelt, den Arbeitgeber zu schädigen. Es genügt das vorsätzliche Außerachtlassen einer dem Arbeitnehmer bekannten Gelegenheit zur Erwerbsarbeit. Fahrlässiges, auch grob fahrlässiges Verhalten genügt nicht. Die vorsätzliche Untätigkeit muss vorwerfbar sein. Das ist nicht

424 *Spirolke*, NZA 2001, 707, 708.
425 *Spirolke*, NZA 2001, 707, 708.
426 BAG, Urt. v. 19.03.2002, BB 2002, 1702; BAG, Urt. v. 24.08.1999, NZA 2000, 818; BAG, Urt. v. 19.02.1997 – 5 AZR 379/94 (n.v.).
427 BAG, Urt. v. 24.08.1999, NZA 2000, 818; BAG, Urt. v. 19.02.1997 – 5 AZR 379/94 (n.v.).
428 BAG, Urt. v. 29.07.1993, NZA 1994, 116.
429 BAG, Urt. v. 29.07.1993, AP Nr. 52 zu § 615 BGB.
430 BAG, Urt. v. 19.03.2002, BB 2002, 1702.
431 BAG, Urt. v. 24.09.2003, ArbRB 2004, 5.
432 BAG, Urt. v. 19.03.1998, NZA 1998, 750.

der Fall, wenn eine angebotene oder sonst mögliche Arbeit nach den konkreten Umständen für den Arbeitnehmer unzumutbar ist. Die Unzumutbarkeit kann sich etwa aus der Art der Arbeit, den sonstigen Arbeitsbedingungen oder der Person des Arbeitgebers ergeben. Die Frage der Zumutbarkeit ist unter Berücksichtigung aller Umstände nach Treu und Glauben zu bestimmen.[433]

Will der Arbeitgeber sein Risiko der späteren Zahlung von Verzugslohn, ohne für den entsprechenden Zeitraum eine Arbeitsleistung erhalten zu haben, minimieren, kann er dem Arbeitnehmer die »vorläufige« Weiterbeschäftigung »zur Vermeidung von Verzugslohn« auf Grund eines faktischen oder eines für die Dauer des Kündigungsschutzprozesses befristeten Arbeitsverhältnisses anbieten. Lehnt der Arbeitnehmer ein solches Angebot ab, endet zwar dadurch der Annahmeverzug nicht. Die Ablehnung eines solchen Angebots kann jedoch ein böswilliges Unterlassen anderweitigen Erwerbs i.S.d. § 615 Satz 2 BGB darstellen. Für diese Beurteilung kommt es nach der Rechtsprechung auf die Umstände des Einzelfalls an, insbesondere auf Art und Begründung der Kündigung und das Verhalten des Arbeitgebers im Kündigungsschutzprozess.[434] Handelt es sich um eine betriebsbedingte Kündigung, wird dem Arbeitnehmer die vorläufige Weiterbeschäftigung in der Regel zumutbar sein. Gleiches gilt für Fälle der personenbedingten Kündigung. Wird eine Kündigung auf verhaltensbedingte Gründe gestützt, spricht dieser Umstand eher für die Unzumutbarkeit der vorläufigen Weiterarbeit im Betrieb. Dies gilt insbesondere, wenn eine außerordentliche Kündigung erklärt wurde, da der Arbeitnehmer bereits durch diese Art der Kündigung in seinem Ansehen beeinträchtigt wird.[435] Auch Art und Schwere der gegenüber dem Arbeitnehmer erhobenen Vorwürfe können für ihn bereits die Unzumutbarkeit der Weiterarbeit begründen.[436] Muss der Arbeitnehmer befürchten, der Einsatz auf einem anderen Arbeitsplatz werde im Zusammenhang mit der nachdrücklichen Aufrechterhaltung bestimmter Vorwürfe durch den Arbeitgeber betriebs-öffentlich als kompromittierend angesehen, so kann dies als nachvollziehbares Motiv für die Ablehnung der Arbeitsangebote des Arbeitgebers verstanden werden, das den Vorwurf der Böswilligkeit ausschließt.[437] Der Arbeitnehmer handelt auch nicht böswillig, indem er ohne Beteiligung des Betriebsrats ausgesprochenen Versetzungen keine Folge leistet.[438] Allein aus dem Festhalten an der außerordentlichen verhaltensbedingten Kündigung kann hingegen die Unzumutbarkeit der Prozessbeschäftigung nicht hergeleitet werden.[439] Sind die erhobenen Vorwürfe unstreitig und für den Ausspruch einer außerordentlichen Kündigung grundsätzlich geeignet, erweist sich die außerordentliche Kündigung nur aufgrund rechtlicher Bewertung als unwirksam, ist es dem Arbeitnehmer grundsätzlich zumutbar, der Arbeitsaufforderung des Arbeitgebers nachzukommen.[440] 177

Stellt der Arbeitnehmer im Kündigungsschutzprozess neben dem Kündigungsschutzantrag den allgemeinen **Weiterbeschäftigungsantrag**, so ist Folgendes zu beachten: Gegen die Unzumutbarkeit der Weiterarbeit kann es sprechen, wenn der Arbeitnehmer im Rahmen des Kündigungsschutzverfahrens den Antrag auf Weiterbeschäftigung anhängig macht. Es stellt ein widersprüchliches Verhalten dar, trotz Rechtshängigkeit dieses Antrages die Unzumutbarkeit der Weiterbeschäftigung geltend zu machen.[441] Dem Arbeitnehmer, der einen Anspruch auf vorläufige Weiterbeschäftigung gerichtlich durchgesetzt hat, ist es auch bei einer verhaltensbedingten Kündigung regelmäßig nicht 178

433 BAG, Urt. v. 24.09.2003, ArbRB 2004, 5.

434 BAG, Urt. v. 24.09.2003, ArbRB 2004, 5;BAG, Urt. v. 14.11.1985, AP Nr. 39 zu § 615 BGB.

435 BAG, Urt. v. 24.09.2003, ArbRB 2004, 5;BAG, Urt. v. 22.02.2000, AP Nr. 2 zu § 11 KSchG 1969; BAG, Urt. v. 07.11.2002, AP Nr. 98 zu § 615 BGB; BAG, Urt. v. 14.11.1985, AP Nr. 39 zu § 615 BGB.

436 BAG, Urt. v. 14.11.1985, AP Nr. 39 zu § 615 BGB.

437 BAG, Urt. v. 07.11.2002, AP BGB § 615 Nr. 98.

438 BAG, Urt. v. 07.11.2002, AP BGB § 615 Nr. 98.

439 BAG, Urt. v. 24.09.2003, ArbRB 2004, 5; vgl. aber LAG Brandenburg, Urt. v. 12.12.2000 – 2 Sa 195/00 (n.v.), wonach die Ablehnung eines vom Arbeitgeber angebotenen und auf den Zeitraum des Kündigungsschutzprozesses befristeten Ersatzarbeitsplatzes durch den Arbeitnehmer nicht böswillig sein soll, wenn der Arbeitgeber im Rechtsstreit dem Arbeitnehmer die behauptete Pflichtverletzung erneut vorhält.

440 BAG, Urt. v. 24.09.2003, ArbRB 2004, 5.

441 LAG München, Urt. v. 09.05.2001, NZA-RR 2001, 414; LAG Köln, Urt. v. 14.12.1995, NZA-RR 1996, 361 für den Fall der verhaltensbedingten Kündigung.

unzumutbar, der Arbeitsaufforderung Folge zuleisten. Die fehlende Vertragsgrundlage der Beschäftigung steht dem nicht entgegen. Umstände, die die Weiterbeschäftigung unzumutbar machen, muss der Arbeitnehmer darlegen.[442] Der Arbeitnehmer handelt aber nicht bereits dann böswillig, wenn er unterlässt, ein Urteil des Arbeitsgerichts, mit dem der Arbeitgeber verurteilt worden ist, den Arbeitnehmer für die Dauer des Kündigungsschutzprozesses weiterzubeschäftigen, zu vollstrecken oder die Vollstreckung anzudrohen.[443]

179 Im Übrigen muss die angebotene Tätigkeit selbst adäquat sein. Dies erstreckt sich auf die Art der Tätigkeit, deren zeitlichen Umfang, die Entlohnung sowie die geographische Lage. Daher unterlässt der Arbeitnehmer nicht böswillig eine anderweitige Verwendung seiner Arbeitskraft, wenn er es ablehnt, eine vom Arbeitgeber unter Überschreitung des Direktionsrechts zugewiesene Tätigkeit auszuüben.[444] Dies gilt auch, wenn der Arbeitgeber zwar dem Arbeitnehmer die vertraglich vorgesehene Tätigkeit anbietet, aber nicht bereit ist, die vereinbarte Vergütung in voller Höhe zu zahlen. Dem Arbeitnehmer ist es nicht zumutbar, diese vertraglich geschuldete Tätigkeit aufzunehmen und sich hinsichtlich der Lohnhöhe auf das Klagebegehren verweisen zu lassen.[445] Ebenso liegt kein Fall böswilligen Unterlassens vor, wenn der Arbeitgeber einem Arbeitnehmer, der mit einer Arbeitszeit von acht Stunden pro Tag eingestellt ist, eine Arbeit mit sechs Stunden pro Tag anbietet.[446] Im bestehenden Arbeitsverhältnis kann die vorübergehende Übertragung anderer Arbeiten hingegen eher zumutbar sein.[447]

180 Der Arbeitnehmer ist nicht verpflichtet, von sich aus gegenüber seinem bisherigen Arbeitgeber aktiv zu werden, vielmehr hat zunächst der Arbeitgeber dem Arbeitnehmer ein Arbeitsangebot zu unterbreiten.[448] Ebenso ist der Arbeitnehmer nicht gehalten eigene Anstrengungen zu unternehmen, um eine Beschäftigung bei einem anderen Arbeitgeber zu finden.[449] **Eigene Bemühungen zur Stellensuche** schuldet der Arbeitnehmer auch nicht auf Grund der Treuepflicht. Eine Handlungspflicht des Arbeitnehmers würde eine im Gesetz nicht vorgesehene Erweiterung der Anrechnungsmöglichkeiten bewirken.[450] Nach Ansicht des BAG ist der Arbeitnehmer auch nicht verpflichtet, sich beim Arbeitsamt als Arbeitsuchender zu melden.[451] Die Vorschriften über den Annahmeverzug begründeten keine Obliegenheit des Arbeitnehmers, die Vermittlung der Bundesanstalt für Arbeit in Anspruch zu nehmen.[452] Dies gilt auch dann, wenn der Arbeitnehmer sich entgegen der seit dem 01.07.2003 geltenden Meldepflicht nach § 37b SGB III nicht unverzüglich bei der Bundesagentur für Arbeit arbeitssuchend meldet.[453] Die Vorschrift hat ausschließlich eine arbeitsmarktpolitische Zielsetzung und zeitigt im Falle des Verstoßes durch den Arbeitnehmer nur in sozialversicherungsrechtlicher Hinsicht Konsequenzen durch eine Minderung des Arbeitslosengeldes. Will der Arbeitgeber sein Entgeltrisiko im Annahmeverzug mindern, so muss er die hierfür erforderlichen Handlungen selbst vornehmen. Er kann z.B. den Arbeitnehmer auch über konkrete Stellenangebote informieren, ihn dadurch in Zugzwang setzen und Bewerbungen veranlassen.[454]

181 Der Arbeitnehmer handelt im Allgemeinen auch dann nicht böswillig i.S.d. § 615 Satz 2 BGB, wenn er während des Annahmeverzugs des Arbeitgebers kein anderweitiges Dauerarbeitsverhältnis

442 BAG, Urt. v. 24.09.2004, ArbRB 2004, 5.
443 BAG, Urt. v. 22.02.2000, NZA 2000, 817.
444 LAG Berlin, Urt. v. 26.07.1993, LAGE § 611 BGB Direktionsrecht Nr. 16.
445 BAG, Urt. v. 06.05.1998 – 5 AZR 235/97 (n.v.).
446 LAG Chemnitz, Urt. v. 23.01.1998 – 3 Sa 1234/97 (n.v.).
447 BAG, Urt. v. 30.04.1992, AuR 1992, 181.
448 BAG, Urt. v. 22.02.2000, NZA 2000, 817.
449 BAG, Urt. v. 16.05.2000, NZA 2001, 26; kritisch *Spirolke*, NZA 2001, 707, 710.
450 BAG, Urt. v. 16.05.2000, NZA 2001, 26.
451 BAG, Urt. v. 16.05.2000, NZA 2001, 26; LAG Köln, Urt. v. 13.12.2003 – 4 Sa 221/02, (n.v.); LAG Sachsen-Anhalt, Urt. v. 28.06.2001, PflR 2001, 390; ablehnend *Spirolke*, NZA 2001, 707, 711.
452 BAG, Urt. v. 16.05.2000, NZA 2001, 26; ablehnend *Spirolke*, NZA 2001, 707, 711.
453 A.A. *Hanau*, ZIP 2003, 1573, 1575; *Bayreuther*, NZA 2003, 1365, 1366.
454 LAG Köln, Urt. v. 13.12.2003 – 4 Sa 221/02, (n.v.).

eingeht, das ihm die Rückkehr an den bisherigen Arbeitsplatz erschweren könnte.[455] Der Arbeitnehmer ist auch nicht verpflichtet, durch eine entsprechende inhaltliche Ausgestaltung des neuen Arbeitsvertrags, beispielsweise durch den Abschluss unter der auflösenden Bedingung »des Obsiegens im Kündigungsrechtsstreit«, eine jederzeitige Rückkehr zum alten Arbeitgeber sicherzustellen. Der Arbeitnehmer ist für den Fall einer beabsichtigten Fortsetzung des alten Arbeitsverhältnis nach gewonnenem Kündigungsrechtsstreit nur verpflichtet, das neue Arbeitsverhältnis zum frühestmöglichen Zeitpunkt zu kündigen. Der Arbeitnehmer ist berechtigt, das neue Arbeitsverhältnis ordnungsgemäß abzuwickeln, ohne dort vertragsbrüchig zu werden.[456] Der Arbeitnehmer handelt auch dann nicht böswillig, wenn er sich auf einen anderen Beruf vorbereitet, Weiterbildungsmaßnahmen besucht oder sich auf ein Studium vorbereitet.[457] Das böswillige Unterlassen ist auch nicht bereits einem Auslandsaufenthalt zu entnehmen, es muss vielmehr hinzukommen, dass in dieser Zeit zumutbare Arbeitsmöglichkeiten vorhanden gewesen sind, die wegen der Auslandsreise nicht haben genutzt werden können.[458]

Ein böswilliges Unterlassen des Erwerbs beim neuen Betriebsinhaber ist nicht schon deswegen ausgeschlossen, weil der Arbeitnehmer das Widerspruchsrecht wirksam ausgeübt hat.[459] Es ist für den Arbeitnehmer grundsätzlich zumutbar, bei einem Betriebserwerber das Arbeitsverhältnis trotz Widerspruchs fortzusetzen. § 615 Satz 2 BGB erklärt die Aufnahme der Arbeit bei einem anderen Arbeitgeber gerade nicht für unzumutbar. Für die Annahme der Unzumutbarkeit der anderweitigen Arbeit muss der Arbeitnehmer daher konkrete Umstände, z.B. aus der Person des Arbeitgebers, der Art der Arbeit oder den sonstigen Arbeitsbedingungen darlegen.[460] Die Unzumutbarkeit kann sich etwa daraus ergeben, dass der Arbeitnehmer befürchten muss, im Arbeitsverhältnis beim Betriebserwerber damit rechnen zu müssen, dass er die Entgeltleistungen nicht zuverlässig erhält und dass die arbeitsvertraglichen Bedingungen beim Betriebserwerber sich verschlechtern. Liegen begründete Anhaltspunkte dafür vor, dass der Betriebserwerber nicht ausreichend wirtschaftlich gefestigt ist, um auf Dauer die vertraglichen Leistungen zu erbringen und, dass auf Dauer beim Betriebserwerber nicht mit einer unbefristeten Fortsetzung des Vertragsverhältnisses gerechnet werden kann, kann die Aufnahme der Arbeit beim Betriebserwerber unzumutbar sein.[461] 182

Die Darlegungs- und Beweislast für den Nachweis böswilligen Unterlassens trägt der Arbeitgeber. Der Arbeitgeber muss dementsprechend zunächst darlegen, dass dem Arbeitnehmer zumutbare Arbeitsangebote unterbreitet wurden und er diese abgelehnt hat.[462] 183

Böswilliges Unterlassen anderweitigen Erwerbs i.S.v. § 615 Satz 2 BGB erfordert positive Kenntnis des Arbeitnehmers von der Arbeitsmöglichkeit und seine vorsätzliche Untätigkeit. Positive Kenntnis beweist der Arbeitgeber grundsätzlich nicht schon durch den Beweis des Zugangs eines Arbeitsangebotsschreibens.[463] Vielmehr ist der Nachweis der tatsächlichen Kenntniserlangung erforderlich.[464] Es gelten die Grundsätze, die für den Zugang von Willenserklärungen gelten. 183a

455 BAG, Urt. v. 18.06.1965, AP Nr. 2 zu § 615 BGB Böswilligkeit.
456 LAG Köln, Urt. v. 23.11.1994, LAGE § 12 KSchG Nr. 2.
457 BAG, Urt. v. 12.03.1996, AP Nr. 18 zu § 74c HGB; Küttner/*Griese*, Annahmeverzug Rn 17.
458 BAG, Urt. v. 11.07.1985, AP Nr. 35 a zu § 615 BGB.
459 BAG, Urt. v. 19.03.1998, NZA 1998, 750.
460 BAG, Urt. v. 19.03.1998, NZA 1998, 750.
461 LAG Stuttgart, Urt. v. 13.02.2003 – 10 Sa 18/02 (n.v.).
462 BAG, Urt. v. 11.07.1985, AP Nr. 35 a zu § 615 BGB; kritisch *Spirolke*, NZA 2001, 707, 712, der dem Arbeitgeber einen Auskunftsanspruch über Bewerbungsaktivitäten und daraus resultierende Bewerbungsangebote zubilligt.
463 LAG Köln, Urt. v. 05.07.2002, NZA-RR, 308.
464 Vgl. zum Zugang von Kündigungserklärungen § 10 Rn 30 ff.

dd) Leistungen der Sozialversicherungsträger

184 Hat der Arbeitnehmer im Nachzahlungszeitraum infolge Arbeitslosigkeit öffentlich-rechtliche Leistungen aus der Sozialversicherung, der Arbeitslosenversicherung, der Arbeitslosenhilfe oder der Sozialhilfe erhalten, so sind diese Beträge auf den Nachzahlungsanspruch anzurechnen (§ 11 Nr. 3 KSchG). Nachdem § 115 Abs. 1 SGB X in allen Fällen, in denen der Arbeitgeber den Anspruch des Arbeitnehmers auf Arbeitsentgelt nicht erfüllt und deshalb ein Leistungsträger Sozialleistungen erbracht hat, einen Übergang des Anspruchs des Arbeitnehmers gegen den Arbeitgeber auf den Leistungsträger bis zur Höhe der erbrachten Sozialleistungen vorsieht, kommt der Anrechnungs- und damit der Erstattungsregelung des § 11 Nr. 3 Satz 1 und 2 KSchG praktisch keine selbständige Bedeutung mehr zu.[465] Dem Arbeitgeber steht auch hinsichtlich der dem Arbeitnehmer im Nachzahlungszeitraum gewährten öffentlich-rechtlichen Leistungen ein Auskunftsanspruch zu.[466]

184a Hat der Arbeitnehmer einen Annahmeverzugsanspruch gegen den Arbeitgeber auf Entgeltzahlung für einen Zeitraum, in dem er Arbeitslosengeld bezogen hat, dann muss er sich von der eingeklagten Bruttoentgeltforderung neben dem Nettobetrag bezogenen Arbeitslosengeldes auch die hierauf durch die Bundesanstalt für Arbeit als Arbeitnehmeranteil abgeführten Beiträge zur Kranken-, Pflege- und Rentenversicherung abziehen lassen. Nach §§ 115 Abs. 1 SGB X, 14 SGB IV ist auch dieser Teil seines Arbeitsentgeltanspruches auf die Bundesanstalt für Arbeit übergegangen. Da davon auszugehen ist, dass die Bundesanstalt die Abführung der Beiträge regelmäßig gesetzeskonform vorgenommen hat, ist es im Prozess Sache des Arbeitnehmers darzulegen, in welcher Höhe der Anspruch nicht mehr besteht, oder zu erklären, dass die Abführung der Beiträge gesetzwidrig unterblieben ist. Fehlt eine solche Darlegung, ist der Entgeltanspruch nicht schlüssig dargelegt.[467]

IV. Betriebs- und Wirtschaftsrisiko

185 Durch das Schuldrechtsmodernisierungsgesetz wurde § 615 BGB durch einen neuen Satz 3 ergänzt. Danach trägt der Arbeitgeber das Risiko des Arbeitsausfalls. Wie die amtliche Überschrift zeigt, ist mit dem **Risiko des Arbeitsausfalls** das Betriebrisiko gemeint.[468]

Schon bisher werden dem Arbeitgeber, dem die wirtschaftliche Initiative und das Entscheidungsrecht in Fragen der Betriebsführung zusteht, die Verantwortung und damit in Gestalt der Lohnfortzahlung die Folgen auferlegt, die sich daraus ergeben, dass die Entgegennahme der Arbeitsleistung des Arbeitnehmers aus Gründen unmöglich wird, die im betrieblichen Bereich liegen. Dabei wird zwischen dem Betriebs- und Wirtschaftsrisiko unterschieden. Das Betriebsrisiko betrifft die Fälle, in denen der Arbeitnehmer zur Arbeit fähig und bereit ist, der Arbeitgeber ihn aber aus tatsächlichen oder zwingenden rechtlichen Gründen nicht beschäftigen kann, ohne dass hieran eine Vertragspartei ein Verschulden trifft. Typische Beispiele sind Produktionsunterbrechungen, die durch Brand- oder Wasserschäden, Energieausfall oder auch Smog-Alarm eintreten. Das Wirtschaftsrisiko umfasst im Gegensatz dazu die Fälle, in denen die Arbeitsleistung als solche technisch möglich ist, der Arbeitgeber aber den Arbeitnehmer nicht mehr beschäftigen will, weil sich die Fortsetzung der Arbeit aus wirtschaftlichen Gründen (z.B. Auftrags- bzw. Absatzmangel, fehlende Rentabilität) nicht mehr lohnt.

1. Risiko des Arbeitsausfalls, § 615 Satz 3 BGB

186 Nach der Rechtsprechung des BAG trägt der Arbeitgeber das Wirtschaftsrisiko.[469] Hat der Arbeitgeber für die Arbeitsleistung des Arbeitnehmers keine Verwendung mehr und wird der Arbeitnehmer

465 KR/*Spilger*, § 11 KSchG Rn 44.
466 KR/*Spilger*, § 11 KSchG Rn 48.
467 LAG Nürnberg, Urt. v. 24.06.2003 – 6 Sa 424/02, (n.v.).
468 *Gotthardt*, Arbeitsrecht nach der Schuldrechtsreform, Rn 113.
469 BAG, Urt. v. 23.06.1994, AP Nr. 56 zu § 615 BGB.

aus diesem Grund nicht mehr beschäftigt, dann gerät der Arbeitgeber in Annahmeverzug und schuldet den Verzugslohn nach § 615 Satz 1 BGB.[470] Die Fälle des Wirtschaftsrisikos werden über § 615 Satz 1 BGB gelöst. Das Wirtschaftsrisiko wird daher nicht von § 615 Satz 3 BGB erfasst.

Auch wenn die Arbeitsleistung aufgrund von Betriebsstörungen unmöglich wird, trägt nach allgemeiner Auffassung der Arbeitgeber das Vergütungsrisiko. Nach Ansicht des BAG werden diese Fälle aber weder von § 615 Satz 1 BGB noch von § 323 BGB a.F. erfasst.[471] Die Gesetzeslücke wurde bislang durch die **Betriebsrisikolehre** geschlossen, indem dem Arbeitgeber, als dem Inhaber des Direktionsrechts, stets das Betriebsrisiko auferlegt wird.[472] Der Arbeitgeber wird nach dieser Rechtsprechung von der Entgeltzahlungspflicht nicht frei, auch wenn er ohne eigenes Verschulden die Betriebstätigkeit unterbrechen muss. Dabei ist unerheblich, ob diese Gründe betriebstechnische Ursachen haben, auf einem Versagen sachlicher oder persönlicher Mittel des Betriebes beruhen oder von außen auf das Unternehmen einwirken. Erfasst sind also auch Ursachen, die für den Arbeitgeber einen Fall höherer Gewalt darstellen (z.B. Naturkatastrophen, Unglücksfälle, extreme Witterungsverhältnisse).[473] Dieser Rechtsprechung hat sich die arbeitsrechtliche Literatur zwischenzeitlich jedenfalls im Ergebnis angeschlossen, auch wenn eingewandt wird, dass der Annahmeverzug i.S.v. § 615 Satz 1 BGB nicht nur den Fall der Annahmeunwilligkeit des Arbeitgebers, sondern auch den Fall der »Annahmeunmöglichkeit« erfasse und daher eine Gesetzeslücke nicht vorliege.[474] 187

Mit der Einfügung des § 615 Satz 3 BGB knüpft der Gesetzgeber nunmehr an die Rechtsprechung des BAG an. Auch die Fälle des Betriebsrisikos können künftig über § 615 BGB gelöst werden. Die Vorschrift des § 615 Satz 3 BGB bestimmt aber nicht, wann das Risiko des Arbeitsausfalls vom Arbeitgeber zu tragen ist. Nach dem Willen des Gesetzgebers[475] sind zur Konkretisierung weiterhin die Grundsätze der Rechtsprechung des BAG heranzuziehen.[476] Fraglich ist aber, ob aufgrund der Anwendbarkeit des § 615 Satz 1 BGB auch weiterhin die Rechtsprechung des BAG anzuwenden ist, soweit sie eine Ausnahme der Risikoverteilung bei Existenzgefährdung zulässt, wenn das die Betriebsstörung herbeiführende Ereignis den Betrieb wirtschaftlich so schwer trifft, dass bei Zahlung der vollen Löhne die Existenz des Betriebes gefährdet ist.[477] Bei Anwendung des § 615 Satz 1 BGB, auf den § 615 Satz 3 BGB Bezug nimmt, erscheint dies jedenfalls problematisch.[478] Andererseits ist zu berücksichtigen, dass der Gesetzgeber an die bisherige Rechtsprechung anknüpfen wollte. Aufgrund der ohnehin restriktiven Rechtsprechung dürfte die praktische Relevanz der Frage gering sein.[479] 188

Das vom Arbeitgeber zu tragende Betriebsrisiko erstreckt sich nur auf den betrieblichen Bereich. Der Transport der Arbeitnehmer in den Betrieb, auch wenn er mit werkseigenen Bussen durchgeführt wird, ist kein Fall des Betriebsrisikos.[480] Das sog. **Wegerisiko** trägt der Arbeitnehmer.[481] 189

Schon bisher konnte vom Grundsatz der Tragung des Betriebsrisikos, z.B. aufgrund Tarifvertrags, Betriebsvereinbarung oder Einzelarbeitsvertrags abgewichen werden. Auch § 615 Satz 3 BGB ist 190

470 ErfK/*Preis*, § 615 BGB Rn 127.

471 BAG, Urt. v. 13.06.1990 – 2 AZR 635/89 (n.v.).

472 BAG, Urt. v. 28.09.1972, AP Nr. 28 zu § 615 BGB Betriebsrisiko; BAG, Beschl. v. 22.12 1980, AP Nr. 70 zu Art. 9 GG Arbeitskampf; zuletzt BAG, Urt. v. 18.05.1999, NZA 1999, 1166.

473 BAG, Urt. v. 09.03.1983, AP Nr. 31 zu § 615 BGB Betriebsrisiko.

474 MünchArbR/*Boewer*, § 79 Rn 13 ff.; ErfK/*Preis*, § 615 BGB Rn 134; ähnlich auch LAG Hannover, Urt. v. 23.07.1993, 92 LAGE § 615 BGB Nr. 40; vgl. auch BAG, Urt. v. 18.05.1999, NZA 1999, 1166.

475 BT-Drucks 14/6857, 48.

476 Vgl. die Darstellung der Rspr. bei ErfK/*Preis*, § 615 BGB Rn 139 f.

477 BAG, Urt. v. 23.06.1994, NZA 1995, 468; BAG, Urt. v. 28.09.1972, AP Nr. 28 zu § 615 BGB Betriebsrisiko; ablehnend ErfK/*Preis*, § 615 BGB Rn 135; MünchArbR/*Boewer*, § 79 Rn 21 ff.

478 Vgl. ErfK/*Preis*, § 615 BGB Rn 135; anders *Gotthardt*, Arbeitsrecht nach der Schuldrechtsreform, Rn 114.

479 ErfK/*Preis*, § 615 BGB Rn 136; *Gotthardt*, Arbeitsrecht nach der Schuldrechtsreform, Rn 114.

480 BAG, Urt. v. 08.12.1982, AP Nr. 58 zu § 616 BGB.

481 BAG, Urt. v. 08.09.1982, AP Nr. 59 zu § 616 BGB.

abdingbar.[482] Die Abweichung muss aber mit hinreichender Deutlichkeit und Klarheit vereinbart sein.[483] Eine tarifvertragliche Regelung, die eine Vergütungspflicht des Arbeitgebers festlegt, wenn die Arbeitszeit infolge eines Umstandes ausfällt, den der Arbeitgeber zu vertreten hat, umfasst auch die Vergütungspflicht für Fälle, in denen die Arbeit infolge einer auf höherer Gewalt (Störung der Elektrizitätsversorgung) beruhenden Betriebsstörung ausfällt, die der Arbeitgeber nach der Lehre vom Betriebsrisiko zu vertreten hat.[484]

2. Rechtsfolgen des § 615 Satz 3 BGB

191 § 615 Satz 3 BGB erklärt die Sätze 1 und 2 von § 615 BGB für entsprechend anwendbar. Eine reine **Rechtsfolgenverweisung** wird man § 615 Satz 3 BGB nicht entnehmen können, andernfalls bliebe unberücksichtigt, dass auch bei Unmöglichkeit der Arbeitsleistung aufgrund von Betriebsstörungen der Arbeitnehmer zur Leistung imstande und bereit sein muss. Die Voraussetzungen des Annahmeverzugs nach §§ 293 ff. BGB müssen indes nicht erfüllt sein.[485]

3. Arbeitskampfrisiko

192 Vom Betriebs- und Wirtschaftsrisiko ist das Arbeitskampfrisiko zu unterscheiden. Nach der Rechtsprechung des BAG gilt die Regel, wonach der Arbeitgeber das Betriebs- und Wirtschaftsrisiko trägt, bei arbeitskampfbedingten Betriebsstörungen nur eingeschränkt.[486] Die Verteilung des Arbeitskampfrisikos ist eine Frage des Arbeitskampfrechts, die durch § 615 Satz 3 BGB in ihren Maßstäben nicht entschieden wird.[487] Ein Vergütungsanspruch kann in den Fällen, in denen der Arbeitgeber das Risiko des arbeitskampfbedingten Arbeitsausfalls nicht zu tragen hat, daher nicht auf § 615 Satz 3 BGB gestützt werden.[488]

C. Haftung im Arbeitsverhältnis

I. Einführung

1. Haftungsrechtliche Besonderheiten im Arbeitsverhältnis

193 Die wechselseitige Haftung von Arbeitnehmer und Arbeitgeber für Schäden, die aus dem Arbeitsverhältnis entstehen, richtet sich grundsätzlich nach dem **Schuldrecht des BGB**, hat aber durch die Rechtsprechung des BAG wegen arbeitsrechtlicher Besonderheiten (Verantwortung des Arbeitgebers für die mit der Organisation seines Betriebes verbundenen Risiken und den im Arbeitsrecht besonders intensiv ausgeprägten wechselseitigen Schutzpflichten) erhebliche Modifikationen erfahren. Für den Arbeitnehmer wirkt sich das in einer weitgehenden Beschränkung der Haftung für bei betrieblicher Tätigkeit verursachte Schäden aus, den Arbeitgeber trifft eine teilweise sogar verschuldensunabhängige Pflicht, Ersatz auch für unfreiwillige Aufwendungen des Arbeitnehmers zu leisten.

482 Palandt/*Putzo*, Ergänzungsband, § 615 Rn 2.
483 BAG, Urt.v. 09.03.1983, AP Nr. 31 zu § 615 BGB Betriebsrisiko.
484 MünchArbR/*Boewer*, § 79 Rn 75.
485 *Gotthardt*, Arbeitsrecht nach der Schuldrechtsreform, Rn 117.
486 BAG, Urt. v. 17.02.1998, AP Nr. 152 zu Art. 9 GG Arbeitskampf.
487 *Gotthardt*, Arbeitsrecht nach der Schuldrechtsreform, Rn 116; *Däubler*, NZA 2001, 1329, 1332.
488 *Gotthardt*, Arbeitsrecht nach der Schuldrechtsreform, Rn 116.

2. Schuldrechtsreform

Mit der Schuldrechtsreform haben sich eine Vielzahl von Regelungen zur Haftung im Arbeitsverhältnis geändert – neben begrifflichen Veränderungen sind auch eine Reihe echter materieller Rechtsänderungen erfolgt. Darüber hinaus enthält die Reform eine Kodifizierung der Rechtsprechung sowohl der Zivilgerichte wie auch der Arbeitsgerichte ohne angestrebte substantielle Änderungen. 194

a) Pflichtverletzung, § 280 BGB

Im Mittelpunkt des allgemeinen Leistungsstörungsrechts steht der Begriff der »Pflichtverletzung«. 195 Der einheitliche Grundtatbestand, auf dem die Rechte des Gläubigers wegen einer Leistungsstörung aufbauen, besteht in der Verletzung einer Pflicht. Dies gilt vor allem für die Schadensersatzansprüche des Gläubigers (§ 280 Abs. 1 Satz 1 BGB).

Das Merkmal der Pflichtverletzung verlangt nur den **objektiven Verstoß** gegen eine Pflicht; hin- 196 gegen kommt es nicht darauf an, dass dem Schuldner die Pflichtverletzung vorgeworfen werden kann. Ebenso wenig ist es von Bedeutung, auf welchen Gründen die Pflichtverletzung beruht oder welche Folgen sie hat. Auch der Schadensersatzanspruch bei Unmöglichkeit der Leistung nach § 283 BGB wird als ein Unterfall des Schadensersatzes wegen Pflichtverletzung aus § 280 Abs. 1 BGB verstanden, wie sich aus der Formulierung dieser Vorschrift und der Bezugnahme hierauf in § 283 BGB ergibt. In diesem Sinne bildet auch der Verzug neben der Pflichtverletzung nur ein zusätzliches Erfordernis für den Anspruch des Gläubigers auf Ersatz des Verzögerungsschadens (§§ 280 Abs. 2, 286 BGB). Das neue Leistungsstörungsrecht beruht damit auf einer Weiterentwicklung und Verallgemeinerung der Grundsätze über die Haftung wegen positiver Forderungsverletzung.

§ 280 BGB regelt die allgemeinen Voraussetzungen, unter denen der Gläubiger **Schadensersatz** 197 verlangen kann, wenn der Schuldner eine Pflicht aus dem Schuldverhältnis verletzt hat. Danach führt jede Pflichtverletzung zu einem Schadensersatzanspruch, es sei denn, der Schuldner hat die Pflichtverletzung nicht zu vertreten. Eine Unterscheidung nach der Art der verletzten Pflicht wird nicht gemacht. Insbesondere kommt es nicht darauf an, ob der Schuldner eine Haupt- oder eine Nebenpflicht, eine Leistungs- oder eine Schutzpflicht verletzt hat, ebenso wenig darauf, ob er überhaupt nicht, nicht rechtzeitig oder am falschen Ort geleistet hat oder ob er eine ganz andere als die geschuldete Leistung oder eine Leistung erbracht hat, die nach Menge, Qualität und Art oder aus sonstigen Gründen hinter der vertraglich geschuldeten Leistung zurückbleibt. Die Regelung des § 280 Abs. 1 BGB schreibt damit auch die Voraussetzungen und Rechtsfolgen positiver Forderungsverletzung im Gesetz fest.

§ 280 Abs. 1 S. 2 BGB übernimmt die **Beweislastregel** des § 282 BGB a.F. § 619a BGB stellt 198 dagegen klar, dass § 280 Abs. 1 Satz 2 BGB in den Fällen der Haftung des Arbeitnehmers aus dem Arbeitsverhältnis keine Anwendung findet; hier bleibt es bei der vom BAG entwickelten Regel, dass der Arbeitgeber die Beweislast für das – haftungsbegründende – Verschulden des Arbeitnehmers trägt.

Schadensersatz statt der Leistung kann der Gläubiger gem. §§ 280 Abs. 3, 281 BGB grundsätzlich 199 erst verlangen, wenn eine dem Gläubiger gesetzte angemessene Frist für die Leistung ergebnislos verstrichen ist. In den Fällen, in denen das Ausbleiben der Leistung auf deren Unmöglichkeit beruht (z.B. echte Fixschuld), ergibt für den Anspruch auf Schadensersatz statt der Leistung das Erfordernis einer Fristsetzung keinen Sinn. § 283 BGB sieht daher für diese Fälle einen Schadensersatzanspruch ohne vorherige Fristsetzung vor. Auch der Anspruch auf Ersatz des Verzögerungsschadens baut auf § 280 Abs. 1 BGB auf; nach § 280 Abs. 2 BGB ist aber weiterhin Verzug gemäß § 286 BGB erforderlich.

b) Nebenpflichten

200 § 241 Abs. 2 BGB bestimmt, dass sich aus einem Schuldverhältnis für die Beteiligten auch **Sorgfaltspflichten** im Hinblick auf die Rechte und Rechtsgüter des anderen Teils ergeben können. In § 311 Abs. 2 und 3 BGB werden die typischen Fallgruppen eines vorvertraglichen Schuldverhältnisses bestimmt. Der Anspruch auf Schadensersatz wegen Verletzung solcher Pflichten ergibt sich schließlich aus § 280 Abs. 1 BGB. Diese Vorschrift ist in Verbindung mit § 241 Abs. 2 BGB folglich Anspruchsgrundlage für Ansprüche wegen Verschuldens bei Vertragsanbahnung sowie für die Fälle der Nebenpflichtverletzung, die bisher mit dem Rechtsinstitut der positiven Vertragsverletzung gelöst wurden. Daraus folgt auch, dass im Falle einer vorvertraglichen Pflichtverletzung des Arbeitnehmers § 619a BGB Anwendung findet, der Arbeitgeber also die Beweislast trägt.[489]

201 Von § 241 Abs. 2 BGB werden nicht die leistungsbezogenen Nebenpflichten erfasst. Diese ergeben sich unmittelbar aus dem Vertrag; eines Rückgriffs auf § 241 Abs. 2 BGB bedarf es daher nicht. Eine Verletzung einer leistungsbezogenen Nebenpflicht kann ebenfalls gem. § 280 Abs. 1 BGB einen Schadensersatzanspruch begründen.

202 Zweifelhaft ist, ob § 241 Abs. 1 BGB mehr als nur terminologische Bedeutung im Arbeitsverhältnis haben wird. Die sich aus dem Arbeitsvertrag ergebenden Rücksichtnahmepflichten wurden bisher unter den Bezeichnungen **Fürsorge- bzw. Treuepflicht** aus § 242 BGB abgeleitet.[490] Eine Konkretisierung der Nebenpflichten hat § 241 Abs. 2 BGB nicht bewirkt; wie bisher ist Grundlage der konkreten Rücksichtnahmepflichten der jeweilige Arbeitsvertrag, der Umfang dieser Pflichten lässt sich daher im Einzelfall nur aufgrund einer eingehenden Abwägung der beiderseitigen Interessen bestimmen. Eine Verstärkung der Rücksichtnahmepflichten und damit eine Vergrößerung des Haftungsrisikos der Arbeitsvertragsparteien hat der Gesetzgeber durch ihre Kodifizierung nicht beabsichtigt.[491]

II. Leistungsstörungen im Arbeitsverhältnis

203 Der Begriff der Leistungsstörung umfasst die Nichtleistung und die Schlechtleistung. Die Nichtleistung wird unterteilt in die Leistungsunmöglichkeit und die Leistungsverzögerung.

1. Unmöglichkeit

a) Voraussetzungen

204 Das Recht der Unmöglichkeit ist durch die Schuldrechtsreform erheblich umgestaltet worden.

Die Regelungen zur **anfänglichen objektiven Unmöglichkeit** in den §§ 306 bis 308 BGB a.F. sahen die Nichtigkeit des Vertrags sowie unter den Voraussetzungen des § 307 a.F. eine Haftung auf das negative Interesse vor. § 311a Abs. 1 BGB bestimmt nunmehr, dass ein Vertrag auch dann wirksam ist, wenn er auf die Erbringung einer anfänglich unmöglichen Leistung gerichtet ist. Demzufolge gelten die Vorschriften über die Unmöglichkeit für alle Fälle der subjektiven und objektiven, anfänglichen und nachträglichen sog. echten, physischen[492] oder rechtlichen Unmöglichkeit (die Leistung kann überhaupt nicht – mehr – erbracht werden).

205 Im Arbeitsverhältnis führt die **Nichterbringung der Arbeitsleistung** meist zur Unmöglichkeit und nicht zum Verzug. Kennzeichnend für den Verzug ist, dass die Leistung nachgeholt werden kann. Regelmäßig kann die Arbeitsleistung nicht nachgeholt werden, weil der Arbeitnehmer an den folgenden Tagen im Rahmen seines Dauerschuldverhältnisses bereits die nächste Teilleistung

489 *Gotthardt*, Arbeitsrecht nach der Schuldrechtsreform, Rn 135.
490 Vgl. BAG v. 13.04.1988, AP BGB § 611 Fürsorgepflicht Nr. 100 = NZA 1988, 654 einerseits; BAG v. 16.08.1990, AP BGB § 611 Treuepflicht Nr. 10 = NZA 1991, 141 andererseits.
491 *Gotthardt*, Arbeitsrecht nach der Schuldrechtsreform, Rn 16.
492 Begründung zu § 275, BT-Drucks 14/6040, 127 f.

schuldet. Eine Nachleistung durch Überstunden kann zumindest bei längerer Zeit der Nichtleistung auch aufgrund der Arbeitszeitbestimmungen rechtlich unmöglich sein. Die Arbeitsleistung ist so stark von der Zeit bestimmt, dass das Nachleisten einen Eingriff in einen anderen Teil der Arbeitskraft des Arbeitnehmers bedeuten würde. Dies zeigt sich insbesondere bei Teilzeitkräften, die ihre Arbeitszeit selbst bestimmen wollen oder mehrere Teilzeitarbeitsverhältnisse eingegangen sind.[493]

Unter besonderen Umständen ist die Verpflichtung zur Arbeitsleistung jedoch eine **relative Fixschuld** (z.B. bei Gleitarbeitszeit, Arbeitszeitkonten); hier kann ein Recht oder eine Pflicht zur Nachleistung bestehen.[494] Auch Teilzeitkräfte können ein berechtigtes Interesse an der Nachholbarkeit der Arbeitsleistung haben, wenn sonst der Lohnanspruch entfiele. Entscheidend ist die jeweilige vertragliche Vereinbarung. Im Zweifel tritt aber mit der Leistungsverzögerung Unmöglichkeit ein.[495] 206

Nach der Neuregelung des **§ 275 Abs. 3 BGB** sollen für den Fall einer Leistung, die in der Person des Schuldners zu erbringen ist, nicht nur objektive, sondern auch auf die Leistung bezogene **persönliche Umstände des Schuldners** berücksichtigt werden und zur Unmöglichkeit führen können. Solche Umstände sind also, anders als in den Fällen des § 313 BGB, nicht nur unter dem Gesichtspunkt des Wegfalls der Geschäftsgrundlage zu berücksichtigen, sondern schon unter dem Gesichtspunkt eines Wegfalls der Primärleistungspflicht. 207

Beispiele 208

Eine Arbeitnehmerin weigert sich zu arbeiten, weil ihr Kind lebensgefährlich erkrankt ist.

Ein Arbeitnehmer möchte seine Arbeit nicht verrichten, weil er in der Türkei zum Wehrdienst einberufen ist und bei Nichtbefolgung des Einberufungsbefehls mit der Todesstrafe rechnen muss.[496]

In diesen Fällen geht es um die **Rücksichtnahme auf das Schuldnerinteresse**, das in § 275 Abs. 3 BGB in Abgrenzung zu Abs. 2 Satz 1 und zu § 313 BGB auch maßgeblich sein soll. Genauso sind andere Fälle zu lösen, in denen dem Schuldner die Leistungspflicht unter Beachtung des Leistungsinteresses des Gläubigers nicht zugemutet werden kann (z.B. während der Arbeitszeit notwendige Arztbesuche, notwendige Versorgung schwerwiegend erkrankter Angehöriger, Ladung zu Behörden und Gerichtsterminen).[497] 209

Arbeitsunfähigkeit infolge Krankheit kann sowohl zu echter Unmöglichkeit (§ 275 Abs. 1 BGB) wie auch zu einem Leistungsverweigerungsrecht des Arbeitnehmers nach § 275 Abs. 3 BGB führen. Ist dem Arbeitnehmer wegen der Erkrankung die Erbringung der vertraglich geschuldeten Arbeitsleistung objektiv unmöglich, erlischt die Arbeitspflicht insoweit von Gesetzes wegen; der Arbeitgeber kann einen gleichwohl zum Versuch der Arbeitsleistung erscheinenden Arbeitnehmer nach Hause schicken. Ist hingegen die Arbeitsleistung wegen der Art der Erkrankung dem Arbeitnehmer zwar möglich, aber nicht zumutbar, bestimmt er durch die Ausübung des Leistungsverweigerungsrechts selbst, ob er die Arbeitsleistung schuldet. Tritt er zur Arbeit an, kann der Arbeitgeber nicht unter Hinweis auf die Erkrankung die Annahme der Arbeitsleistung verweigern. Kein Fall der objektiven Unmöglichkeit trotz Arbeitsunfähigkeit i.S.d. § 3 EFZG, sondern der Unzumutbarkeit ist z.B. dann gegeben, wenn die Erbringung der Arbeitsleistung trotz Erkrankung mittelfristig die Gefahr von gesundheitlichen Folgeschäden mit sich bringt (eine Grippe wird nicht richtig »auskuriert«, es besteht deshalb die Gefahr einer Herzschädigung o.ä.). Auch wenn der Arbeitnehmer in einem solchen Fall möglicherweise eine Pflicht zu gesundheitsförderndem Verhalten verletzt, ist er durch § 275 BGB nicht gehindert, seine Arbeitsleistung zu erbringen. Damit ist nicht eine »Teilarbeitsunfähigkeit« 210

493 Staudinger/*Richardi*, § 611 Rn 350; ErfK/*Preis*, § 611 BGB Rn 962.

494 Vgl. BAG, 17.03.1988, AP BGB § 626 Nr. 99; MünchArbR/*Blomeyer*, § 55 Rn 11; *Schaub*, § 49; ErfK/*Preis*, § 611 BGB Rn 962.

495 ErfK/*Preis*, § 611 BGB Rn 962.

496 BAG v. 22.12.1982, NJW 1983, 2782.

497 Begründung zu § 275, BT-Drucks 14/6040, 130.

anzuerkennen;[498] auch nach der Schuldrechtsreform ist die Arbeitsleistung entweder ganz oder gar nicht (wenn entweder § 275 Abs. 1 oder Abs. 3 BGB vorliegt) zu erbringen.

b) Rechtsfolgen

211 Der Arbeitnehmer als Schuldner der Arbeitsleistung wird bei echter Unmöglichkeit von Gesetzes wegen **von der Leistungspflicht befreit** (§ 275 Abs. 1 BGB). In Fällen der faktischen oder praktischen Unmöglichkeit kann der Schuldner den Anspruch des Arbeitgebers durch die Einrede nach § 275 Abs. 2 BGB abwehren, wenn die dort genannten Voraussetzungen erfüllt sind.

212 Das Gleiche gilt nach § 275 Abs. 3, wenn dem Arbeitnehmer die Erbringung der Arbeitsleistung unter Abwägung des Leistungshindernisses und des Leistungsinteresses des Gläubigers nicht zugemutet werden kann. Abs. 3 ist Spezialvorschrift gegenüber Abs. 2.

213 Die **Rechte des Gläubigers (Arbeitgebers)** bestimmen sich gem. § 275 Abs. 4 BGB nach den §§ 280, 283 bis 285, 311 a und 326 BGB:

214 ■ Hat der Arbeitnehmer den **Ausschluss der Leistungspflicht (die Unmöglichkeit) zu vertreten**, arbeitet er also vertragswidrig und ohne gesetzlichen Befreiungsgrund – z.B. § 616 BGB, EFZG, BUrlG, MuSchG, BErzGG – nicht (etwa durch »Blaumachen«, eigenmächtige Pausen, vorzeitigen Feierabend, unzulässige Beendigung des Arbeitsverhältnisses, eigenmächtigen Urlaubsantritt, Teilnahme an einem rechtswidrigen Streik, Vertragsbruch durch Nichtantreten der Arbeit), so kann der Arbeitgeber Schadensersatz statt der Leistung verlangen, §§ 275 Abs. 3, 280 Abs. 1 und 3, 283 BGB; außerdem wird er von der Vergütungspflicht frei, § 326 Abs. 1 Satz 1 BGB. Das Rücktrittsrecht aus § 323 wird durch die Regelungen zur Kündigung des Arbeitsverhältnisses verdrängt.[499]

215 ■ Ist die eingetretene **Unmöglichkeit weder vom Arbeitgeber noch vom Arbeitnehmer zu vertreten**, greift grundsätzlich ebenfalls die Rechtsfolge des § 326 Abs. 1 Satz 1 BGB, so dass auch der Arbeitgeber von seiner Leistungspflicht befreit wird (»ohne Arbeit kein Lohn«). Dieser Grundsatz ist jedoch durch viele Arbeitnehmerschutzvorschriften (z.B. § 616, EFZG, BUrlG, § 11 MuSchG) sowie durch die richterrechtlich entwickelte, durch die Schuldrechtsreform in § 615 Satz 3 BGB aufgegriffene Betriebsrisikolehre[500] durchbrochen. Mit dieser Vorschrift hat der Gesetzgeber klargestellt, dass § 615 BGB auch die Fälle der Annahmeunmöglichkeit erfasst, also trotz des gegenseitigen Ausschlusses von Verzug und Unmöglichkeit Spezialvorschrift zu § 326 BGB ist.[501] Wichtigster Anwendungsfall des § 326 Abs. 1 BGB ist das Wegerisiko (Glatteis, Schneesturm, Ausfall des Verkehrsmittels), das der Arbeitnehmer zu tragen hat.[502] Eine u.U. erhebliche Änderung der Rechtslage durch die Schuldrechtsreform im Vergleich zu § 323 BGB a.F. besteht darin, dass im Falle der von keiner Seite zu vertretenden Unmöglichkeit der Gläubiger (Arbeitgeber) bereits geleistete Vergütungszahlungen für die Zeit des Arbeitsausfalls gem. § 326 Abs. 4 BGB nach den Rücktrittsregelungen (§§ 346 bis 348 BGB) zurückfordern darf, ohne dass sich der Arbeitnehmer auf Entreicherung berufen kann. § 323 Abs. 3 BGB a.F. hingegen verwies auf das Bereicherungsrecht, so dass § 818 Abs. 3 BGB anwendbar war. Die mögliche soziale Härte dieser Regelung hat in der Literatur zu Überlegungen geführt, über § 242 BGB oder eine teleologischen Reduktion mit dem Ergebnis der Anwendbarkeit von § 818 Abs. 3 BGB eine Milderung der gesetzlich angeordneten Rechtsfolge der nicht zu vertretenden Unmöglichkeit zu erreichen.[503]

498 Die auch bisher nicht anerkannt wurde; vgl. BAG v. 29.01.1992, AP SGB V § 74 Nr. 1 = NZA 1992, 643; ErfK/*Dörner*, § 3 EFZG Rn 26.
499 ErfK/*Preis*, § 611 BGB Rn 966.
500 Vgl. ErfK/*Preis*, § 615 BGB Rn 126 ff.
501 Vgl. *Gotthardt*, Arbeitsrecht nach der Schuldrechtsreform, Rn 108 m.w.N.
502 Vgl. BAG v. 08.12.1982, AP BGB § 616 Nr. 58 = NJW 1982, 1179.
503 Vgl. *Canaris*, JZ 2001, 495, 509; *Löwisch*, NZA 2001, 465, 467; vgl. dagegen *Joussen*, NZA 2001, 745, 750.

- Ist der **Arbeitgeber** für den Umstand, auf Grund dessen der Arbeitnehmer nach § 275 Abs. 1 BGB nicht zu leisten braucht, **allein oder weit überwiegend verantwortlich** oder tritt dieser vom Arbeitnehmer nicht zu vertretende Umstand zu einer Zeit ein, zu welcher der Arbeitgeber im Verzug der Annahme ist, so behält der Arbeitnehmer den Anspruch auf die Gegenleistung. Er muss sich jedoch dasjenige anrechnen lassen, was er infolge der Befreiung von der Leistung erspart oder durch anderweitige Verwendung seiner Arbeitskraft erwirbt oder zu erwerben böswillig unterlässt, § 326 Abs. 2 BGB. 216

- **Kündigungsrechtlich** wird insbesondere durch die Vorschrift des § 275 Abs. 3 BGB die Frage aufgeworfen, ob an der Rechtsprechung des BAG, dass ein Leistungsverweigerungsrecht des Arbeitnehmers nur bei unverschuldeter Pflichtenkollision (Leistungsbefreiung zur Betreuung des kranken Kindes nur, wenn und soweit eine anderweitige Betreuung nicht möglich ist)[504] angenommen werden kann, festzuhalten ist. Einerseits sieht § 280 Abs. 1 BGB auch in der unverschuldeten Unmöglichkeit eine objektive Vertragspflichtverletzung; auf diese allein wird jedoch eine verhaltensbedingte Kündigung nicht gestützt werden können. Andererseits hat der Arbeitnehmer auch bei verschuldeter Unmöglichkeit ein Leistungsverweigerungsrecht nach § 275 Abs. 3 BGB. Die Lösung dürfte darin bestehen, den Grund für die verhaltensbedingte Kündigung im Falle einer Pflichtenkollision nicht in der Verletzung der Hauptleistungspflicht zu sehen – diese entfällt nach § 275 Abs. 3 BGB –, sondern ggf. in der Verletzung einer vertraglichen Nebenpflicht (zur Vermeidung bzw. Verkürzung des Zeitraums einer Pflichtenkollision, mindestens aber zur unverzüglichen Benachrichtigung des Arbeitgebers entsprechend § 5 EFZG).[505] 217

2. Leistungsverzögerung

Ist dem Arbeitnehmer nach dem Arbeitsvertrag die Nachleistung ausnahmsweise möglich, kommen die Regeln über den **Schuldnerverzug** zum Tragen. 218

Verzug dürfte im Arbeitsverhältnis gem. § 286 Abs. 2 Nr. 1 BGB regelmäßig auch ohne Mahnung vorliegen. Das nach § 286 Abs. 4 BGB erforderliche Verschulden wird in den typischen Fällen der Verspätungen in aller Regel vorliegen. Zu beachten ist allerdings, dass wegen § 619a BGB auch beim Verzug der Arbeitgeber das Verschulden des Arbeitnehmers zu beweisen hat. 219

Die Rechtsfolgen der vom Arbeitnehmer zu vertretenen Leistungsverzögerung bestimmen sich nach §§ 280 Abs. 2, 286 BGB sowie §§ 281, 280 Abs. 3 BGB.

a) Schadensersatz wegen Verzögerung der Leistung

Neben der Erfüllung (in Betracht kommt eine Nachleistung insbesondere bei geringfügigen Verspätungen[506]) kann der Arbeitgeber auch den Verzugsschaden nach §§ 280, 286 BGB verlangen. Dieser berechnet sich nach § 249 BGB und kann z.B. in zusätzlichen Kosten bestehen, die der Arbeitgeber wegen der Verzögerung der Arbeitsleistung zu tragen hat. 220

b) Schadensersatz statt der Leistung

Unter den Voraussetzungen der §§ 281, 280 Abs. 3 BGB kann der Arbeitgeber statt der Arbeitsleistung Schadensersatz verlangen. Gem. § 281 Abs. 1 BGB muss der Arbeitgeber dem Arbeitnehmer erfolglos eine angemessene Frist zur Leistung oder Nacherfüllung bestimmt haben. Nach § 281 Abs. 2 BGB ist die Fristsetzung jedoch entbehrlich, wenn der Arbeitnehmer die Leistung ernsthaft und endgültig verweigert oder wenn besondere Umstände vorliegen, die unter Abwägung der beiderseitigen Interessen die sofortige Geltendmachung des Schadenersatzanspruchs rechtfertigen. 221

Das **Rücktrittsrecht** in § 323 BGB wird durch das arbeitgeberseitige Kündigungsrecht verdrängt.[507]

504 BAG v. 21.05.1992, AP KSchG 1969 § 1 Verhaltensbedingte Kündigung Nr. 29 = NZA 1993, 115.
505 Vgl. *Gotthardt,* Arbeitsrecht nach der Schuldrechtsreform, Rn 90, 95.
506 BAG v. 17.03.1988, AP BGB § 626 Nr. 99.
507 ErfK/*Preis,* § 611 BGB Rn 966.

222 Eine arbeitsrechtliche Besonderheit ergibt sich in dieser Fallkonstellation aus § 61 Abs. 2 ArbGG. Dem Arbeitgeber ist es demnach gestattet, den Klageantrag auf Erfüllung der primären Arbeitspflicht mit einem Antrag auf Festsetzung einer Entschädigung zu verbinden.[508] Bei der festzusetzenden »Entschädigung« handelt es sich um den aufgrund des Vertragsbruchs zu leistenden Schadensersatz.[509]

3. Schlechtleistung

223 Unter Schlechtleistung werden alle **Verletzungen arbeitsvertraglicher (Haupt- und Neben-) Pflichten** verstanden, die weder Verzug noch Unmöglichkeit der Arbeitsleistung zur Folge haben. Es handelt sich um zwei Fallgruppen:

- Der Arbeitnehmer erbringt die Arbeitsleistung nicht in der geschuldeten Qualität (Schlechtleistung im engeren Sinne, unzureichende Arbeitsleistung).
- Der Arbeitnehmer verletzt die Interessen des Arbeitgebers im Rahmen der Arbeitsleistung auf andere Weise, insbesondere indem er seiner Verpflichtung aus § 241 Abs. 2 BGB nicht nachkommt (Schlechtleistung im weiteren Sinne, Verletzung sonstiger Pflichten).

a) Unzureichende Arbeitsleistung

224 Da im Arbeitsverhältnis kein Erfolg geschuldet wird, besteht **keine objektive Gewährleistungspflicht** des Arbeitnehmers, die eine verschuldensunabhängige Haftung zur Folge hätte. Der Arbeitgeber kann allein kraft seines Direktionsrechts die Beseitigung der Mängel verlangen, aber nur im Rahmen der normalen Tätigkeit und damit letztlich auf eigene Kosten. Etwas anderes gilt in den Ausnahmefällen, in denen eine Mankohaftung (sieheRn 278 ff.) wirksam vereinbart wurde.

225 Wenn der Arbeitnehmer die Schlechtleistung zu vertreten hat – was gem. § 619a BGB vom Arbeitgeber zu beweisen ist –, kann der Arbeitgeber einen Schadensersatzanspruch nach § 280 Abs. 1 BGB geltend machen; hierbei sind die Grundsätze der Haftungserleichterung im Arbeitsverhältnis zu beachten.

226 Das **Arbeitsentgelt** bleibt in seiner Höhe bei Schlechtleistung grundsätzlich unberührt, es sei denn, es besteht ein aufrechenbarer Schadensersatzanspruch aus § 280 Abs. 1 BGB. Eine Minderung des Arbeitsentgelts wegen Schlechtleistung ist prinzipiell ausgeschlossen;[510] allein im Fall des Ausschlusses der Leistungspflicht nach § 275 BGB (z.B. Nichtleistung bei festen Arbeitszeiten, § 275 Abs. 1 BGB, Unzumutbarkeit der Arbeitsleistung, § 275 Abs. 3 BGB) entfällt der Lohnanspruch oder kann gem. §§ 326 Abs. 1 Satz 1 Hs. 2, 441 Abs. 3 BGB gekürzt werden. Daran hat sich durch die Schuldrechtsreform nichts geändert; § 326 Abs. 1 Satz 2 BGB stellt ausdrücklich klar, dass eine irreparable Schlechtleistung keine Teilunmöglichkeit i.S.d. § 326 Abs. 1 Satz 1 BGB darstellt, die automatisch zu einer anteiligen Reduzierung der Gegenleistung kraft Gesetzes führen würde.[511]

Eine Beschränkung des Teilvergütungsanspruchs kann sich im Falle des Arbeitsvertragsbruchs aus § 628 Abs. 1 Satz 2 Alt. 2 BGB ergeben.[512]

227 Die **Abgrenzung zwischen Nicht- und Schlechtleistung** kann im Einzelfall schwierig sein. Unzureichende Qualität der geleisteten Arbeit bzw. die Nichterfüllung von Leistungsvorgaben (z.B. Einhaltung des vom Arbeitgeber vorgegebenen Kostenrahmens auf dem Bau) sind Fälle der Schlecht-

508 Vgl. BAG v. 02.12.1965, AP BGB § 620 Befristeter Arbeitsvertrag Nr. 27; BAG v. 23.05.1984, AP BGB § 339 Nr. 9; *Germelmann/Matthes/Prütting*, § 61 ArbGG Rn 28.

509 *Germelmann/Matthes/Prütting*, § 61 ArbGG Rn 28.

510 BAG v. 06.06.1972, AP BGB § 611 Haftung des Arbeitnehmers Nr. 71.

511 BT-Drucks 14/6040, 189; AnwK-BGB/*Dauner-Lieb*, § 326 Rn 7; *Gotthardt*, Arbeitsrecht nach der Schuldrechtsreform, Rn 180.

512 Vgl. hierzu ErfK/*Müller-Glöge*, § 628 BGB Rn 18 ff.

leistung, während extreme Arbeitsbummelei, die einer Leistungsverweigerung gleichkommt, als Nichtleistung anzusehen ist.[513]

Eine Vereinbarung in einem Arbeitsvertrag, der Arbeitnehmer habe das Risiko des Arbeitsergebnisses zu tragen, ist für Zeitlöhner unzulässig. Darin läge wegen des Verstoßes gegen arbeitsvertragliche Grundprinzipien eine unwirksame Vereinbarung nach § 138 BGB.[514] 228

b) Verletzung sonstiger Pflichten

Verletzt eine Arbeitsvertragspartei eine **vertragliche Nebenleistungspflicht** oder eine sich aus dem Arbeitsvertrag ergebende **Rücksichtnahmepflicht** (§ 241 Abs. 2 BGB), kann der Geschädigte nach § 280 Abs. 1 BGB Schadensersatz verlangen. Zu den Pflichtverletzungen, die § 280 Abs. 1 Satz 1 regelt, gehören auch die Fälle der bisher sog. positiven Forderungsverletzung und der culpa in contrahendo (§ 311 Abs. 2, 3 i.V.m. § 241 Abs. 2 BGB). Entsteht einer Partei aus einer derartigen Pflichtverletzung ein Schaden, so ist er ihm nach § 280 Abs. 1 Satz 1 zu ersetzen. »Pflicht« aus einem Schuldverhältnis umfasst also sowohl die (echten) vertraglichen Nebenpflichten, die der Erfüllung des spezifisch vertraglichen Leistungsinteresses des Gläubigers dienen, als auch die (bloßen) Schutzpflichten, die die Bewahrung seiner sonstigen Rechte und Güter vor Schäden zum Ziel haben. Bei den Nebenpflichten bereitet das Pflichtverletzungskonzept keine Schwierigkeiten. Bei der Verletzung von Schutzpflichtverletzungen i.S.v. § 241 Abs. 2 BGB muss demgegenüber positiv festgestellt werden, worin die Pflichtverletzung an sich besteht. Die Beweislast dafür trägt der Geschädigte, weil es sich um den Tatbestand der Pflichtverletzung handelt. Dem Verletzten kommen hier allerdings unter dem Gesichtspunkt der Sphärentheorie Beweiserleichterungen zugute.[515] 229

Einzelheiten zu Voraussetzungen und Umfang der Haftung des Arbeitnehmers werden sogleich unter Rn 263 ff., zu der des Arbeitgebers unter Rn 302 ff. dargestellt.

4. Zurückbehaltungsrecht

Der Leistungspflicht kann im Gegenseitigkeitsverhältnis die Einrede des nicht erfüllten Vertrags, § 320 BGB, ansonsten das allgemeine Leistungsverweigerungsrecht aus § 273 BGB entgegengestellt werden. Voraussetzung für die Ausübung des Zurückbehaltungsrechts gem. § 273 BGB ist das Bestehen eines fälligen, auf einem einheitlichen Lebensverhältnis beruhenden Gegenanspruches (sog. Konnexität). 230

Für den **Arbeitgeber** kommt ein Zurückbehaltungsrecht an dem geschuldeten Arbeitsentgelt in Betracht, wenn der Arbeitnehmer seine Arbeitspflicht nicht erfüllt (§ 320 Abs. 1 Satz 1 BGB). Ist der für die Arbeitsleistung vorgesehene Zeitabschnitt jedoch verstrichen, tritt regelmäßig Unmöglichkeit der Arbeitspflicht ein (s.o. Rn 205 ff.). Ein Zurückbehaltungsrecht ist weiterhin denkbar, wenn der Arbeitnehmer wegen Nichterfüllung seiner Arbeitspflicht auf Schadensersatz haftet oder wegen eines Verstoßes gegen ein vertragliches Wettbewerbsverbot entschädigungspflichtig ist.[516] Im Übrigen besteht für den Arbeitgeber bei der schuldhaften, zu Schadensersatzansprüchen führenden Verletzung wesentlicher Nebenpflichten ein Zurückbehaltungsrecht aus § 273 BGB.[517] Zurückbehaltungsrechte an anderen Leistungen, insbesondere die Herausgabe von Arbeitspapieren oder Sachen des Arbeitnehmers kommen mangels Gegenseitigkeit regelmäßig nicht in Betracht.[518] 231

513 Vgl. KassArbR/*Künzl*, 2.1 Rn 180.
514 KassArbR/*Künzl*, 2.1 Rn 186.
515 Begründung zu § 280, BT-Drucks 14/6040, 135.
516 BAG v. 05.08.1968, AP HGB § 74 Nr. 24.
517 ErfK/*Preis*, BGB Einl. Rn 53.
518 BAG v. 20.12.1958, AP BGB § 611 Urlaubskarten Nr. 2; MüKo-BGB/*Müller-Glöge*, § 611 Rn 485; ErfK/*Preis*, § 611 BGB Rn 1144.

232 Die Ausübung eines Zurückbehaltungsrechts, das sich auf ganz oder teilweise unpfändbare Gegenansprüche bezieht, ist insoweit nicht zulässig, als ein Aufrechnungsverbot nach § 394 BGB besteht. So kann der Arbeitgeber wegen seiner Rückgabeansprüche bezüglich Werkzeug nur den pfändbaren Arbeitslohn zurückhalten und ein weiter gehendes Zurückbehaltungsrecht nur bei verbotener Eigenmacht oder strafbarer Handlung des Arbeitnehmers ausüben.[519]

233 Die Ausübung des Zurückbehaltungsrechts unterliegt ferner dem Grundsatz von Treu und Glauben. Deshalb darf zwischen zurückgehaltener Leistung und Gegenanspruch kein grobes Missverhältnis bestehen.[520] Wegen behaupteter und umstrittener Schadensersatzansprüche kommt ein Leistungsverweigerungsrecht jedenfalls dann nicht in Betracht, wenn es sich um einen verhältnismäßig geringfügigen Betrag handelt.[521]

234 Ein Zurückbehaltungsrecht des **Arbeitnehmers** mit der Arbeitsleistung besteht, wenn der Arbeitgeber erheblichen Nebenpflichten nicht nachkommt, insbesondere öffentlich-rechtliche Arbeitnehmerschutzvorschriften missachtet.[522] Ob und inwieweit der Arbeitnehmer wegen anderer Ansprüche (Schadensersatzansprüche) oder wegen unpünktlicher Lohnzahlung berechtigt ist, die Arbeitsleistung zu verweigern, hängt von der Beurteilung des Einzelfalles ab. Auch hier gilt der Verhältnismäßigkeitsgrundsatz.

III. Haftung des Arbeitnehmers

235 Bei der Haftung des Arbeitnehmers ist zu unterscheiden zwischen der Haftung gegenüber dem Arbeitgeber, gegenüber Arbeitskollegen und gegenüber Dritten.

1. Haftung gegenüber dem Arbeitgeber

a) Haftung für Sach- und Vermögensschäden

236 Der Arbeitnehmer haftet dem Arbeitgeber für Sach- und Vermögensschäden nach § 280 Abs. 1 BGB auf Schadensersatz wegen Pflichtverletzung.

237 Typische haftungsrelevante Nebenpflichten des Arbeitnehmers sind:

238 ■ Pflicht zur **Verschwiegenheit** über Betriebs- und Geschäftsgeheimnisse; diese Pflichten können auch über die Beendigung des Arbeitsverhältnisses hinaus bestehen.[523]

239 ■ **Wettbewerbsverbot** während der Dauer des Arbeitsverhältnisses;[524] nach Beendigung des Arbeitsverhältnisses besteht jedoch ohne wirksames nachvertragliches Wettbewerbsverbot keine Verpflichtung des Arbeitnehmers es zu unterlassen, seinem bisherigen Arbeitgeber Konkurrenz zu machen und auch in seinen Kundenstamm einzudringen. Die Verwertung langjährig erworbenen beruflichen Erfahrungswissens ist statthaft.

240 ■ **Unterlassen von Anzeigen** und Beschwerden bei Behörden, wenn diese haltlose Vorwürfe aus verwerflichen Motiven enthalten. Dabei wird in der gerichtlichen Praxis jedoch gelegentlich verkannt, dass ein Arbeitnehmer mit einer nicht wissentlich unwahren oder leichtfertig falschen Zeugenaussage oder Strafanzeige gegen den Arbeitgeber keine Pflichtverletzung begeht. Die Wahrnehmung staatsbürgerlicher Rechte im Strafverfahren darf – soweit nicht wissentlich un-

519 Küttner/*Griese*, Zurückbehaltungsrecht Rn 7 m.w.N.
520 Vgl. BAG v. 25.10.1984, NZA 1985, 355.
521 ArbG Passau v. 17.03.1989, BB 1989, 1197; ArbG Hannover v. 11.12.1996, EzA BGB § 273 Nr. 6; ErfK/*Preis*, BGB Einl. Rn 56.
522 BAG v.08.05.1996, AP BGB § 618 Nr. 23 = NZA 1997, 86.
523 Vgl. BAG v. 15.12.1987, AP BGB § 611 Betriebsgeheimnis Nr. 5 = NZA 1988, 502.
524 BAG v. 16.08.1990, AP BGB § 611 Treuepflicht Nr. 10 = NZA 1991, 141.

wahre oder leichtfertig falsche Angaben gemacht werden – im Regelfall aus rechtsstaatlichen Gründen nicht dazu führen, dass der Arbeitnehmer dadurch zivilrechtliche Nachteile erleidet.[525]

- **Pflicht zur Schadensanzeige bzw. -abwendung**; die Pflicht zur Schadensabwendung besteht, soweit sie dem Arbeitnehmer möglich und in Anbetracht seiner schutzwerten Interessen zumutbar ist.[526] Zur Schadensabwendung gehört in diesem Rahmen die Pflicht des Arbeitnehmers, in Notfällen über den Rahmen der arbeitsvertraglichen Hauptpflicht hinaus tätig zu werden, d.h. Überstunden zu leisten oder eine vertraglich nicht vereinbarte Tätigkeit zu erbringen.[527] 241
- Vorvertraglich treffen den Arbeitnehmer u.U. **Aufklärungspflichten** über Umstände, die die Durchführung des Arbeitsverhältnisses vollständig in Frage stellen können.[528] Eine Offenbarungspflicht des Arbeitnehmers ist an die Voraussetzung gebunden, dass die verschwiegenen Umstände dem Arbeitnehmer die Erfüllung der arbeitsvertraglichen Leistungspflicht unmöglich machen oder sonst für den in Betracht kommenden Arbeitsplatz von ausschlaggebender Bedeutung sind.[529] Sie besteht in jedem Fall nur soweit, wie ein Fragerecht des Arbeitgebers in diesem Punkt zulässig wäre. Nach der neueren Rechtsprechung des EuGH[530] besteht (entgegen der bisherigen Auffassung des BAG[531]) danach in keinem Fall eine Verpflichtung zur Offenbarung einer Schwangerschaft bei der Begründung eines auf längere Zeit angelegten Arbeitsverhältnisses. 242
- Große Zurückhaltung ist geboten bei der Annahme einer **Pflicht zu dienstlichem oder außerdienstlichem Wohlverhalten**. Aus verfassungsrechtlichen Gründen (Art. 5 GG) kann innerbetriebliche oder öffentliche Kritik am Arbeitgeber nur dann als Pflichtverletzung angesehen werden, wenn konkrete Gefahren für Betriebsabläufe oder für die Außenwirkung des Unternehmens drohen.[532] Für den außerdienstlichen Bereich ist zu beachten, dass die Verpflichtungen des Arbeitnehmers gegenüber seinem Arbeitgeber grundsätzlich dort enden, wo sein privater Bereich beginnt. Die Gestaltung des privaten Lebensbereiches steht außerhalb der Einflusssphäre des Arbeitgebers und wird durch arbeitsvertragliche Pflichten nur insoweit eingeschränkt, als sich das private Verhalten auf den betrieblichen Bereich konkret auswirkt und dort zu Störungen führt.[533] 243

b) Innerbetrieblicher Schadensausgleich

244 Seit dem Beschluss des Großen Senats vom 27.09.1994[534] sieht das BAG in der Gefahrgeneigtheit der Tätigkeit nicht mehr eine Voraussetzung für eine eingeschränkte Haftung des Arbeitnehmers, sondern nur noch eines von mehreren Kriterien, das im Rahmen der Billigkeits- und Zumutbarkeitsabwägung, die beim innerbetrieblichen Schadensausgleich über die Verteilung der Haftungsquoten entscheidet, zu berücksichtigen ist.

245 Um den Arbeitgeber nicht mit dem allgemeinen Lebensrisiko des Arbeitnehmers zu belasten, muss die Tätigkeit, die zu dem Schaden geführt hat, **durch den Betrieb veranlasst** und aufgrund des Arbeitsverhältnisses geleistet worden sein.[535] Betrieblich ist eine Tätigkeit, die dem Arbeitnehmer entweder ausdrücklich von dem Betrieb und für den Betrieb übertragen ist oder die er im Interesse

525 Vgl. BVerfG v. 02.07.2001, NZA 2001, 888.
526 Vgl. BAG v. 16.02.1995, AP BGB § 611 Haftung des Arbeitnehmers Nr. 106 = NZA 1995, 565 (Vermeidung einer Einreisestrafe, die den Arbeitgeber trifft).
527 ErfK/*Preis*, § 611 BGB Rn 1029 f.
528 Vgl. BAG v. 17.07.1997, AP BBiG § 16 Nr. 2 = NZA 1997, 1224.
529 BAG v. 21.02.1991, AP BGB § 123 Nr. 35 = NZA 1991, 719.
530 Vgl. zuletzt EuGH v. 03.02.2000, EuGHE I 2000, 549.
531 BAG v. 01.07.1993, AP BGB § 123 Nr. 36 = NZA 1993, 933.
532 ErfK/*Dieterich*, Art. 5 GG Rn 33; *Schinz*, Zur Bedeutung der Grundrechte des Grundgesetzes in der arbeitsgerichtlichen Praxis, in: FS Anna Christensen, Lund 2000, S. 431, 448.
533 Vgl. BAG v. 23.06.1994, AP BGB § 242 Kündigung Nr. 9 = NZA 1994, 1080.
534 AP BGB § 611 Haftung des Arbeitnehmers Nr. 103 = NZA 1994, 1083.
535 BAG (GS) v. 27.09.1994, AP BGB § 611 Haftung des Arbeitnehmers Nr. 103 = NZA 1994, 1083.

des Betriebes ausführt, die in nahem Zusammenhang mit dem Betrieb und seinem betrieblichen Wirkungskreis steht und in diesem Sinne betriebsbezogen ist.[536] Entscheidend ist nicht, ob die zu dem schädigenden Ereignis führende Arbeitstätigkeit zum eigentlichen Aufgabengebiet des Beschäftigten gehört, wenn sie nur überhaupt mit dem Betriebszweck in Zusammenhang steht;[537] erst dann, wenn das schädigende Ereignis mit dem Betrieb in keinem oder nur noch in losem Zusammenhang steht, fällt sie in das allgemeine Lebensrisiko des Arbeitnehmers.[538] Der notwendige innere Zusammenhang ist zu verneinen, wenn nicht mehr die Verfolgung betrieblicher Zwecke, sondern die durch die Eigeninteressen des Arbeitnehmers bedingte Art und Weise der Tätigkeit als entscheidende Schadensursache anzusehen ist.[539]

246 Die **Abgrenzung zwischen den beiden Risikosphären** kann im Einzelfall schwierig sein. Entscheidend muss immer der vom Großen Senat des BAG in der Entscheidung vom 27.09.1994 genannte Grund für die Haftungsbeschränkung des Arbeitnehmers sein: Die Privilegierung ist durch entsprechende Anwendung des § 254 BGB im Hinblick auf die verfassungsrechtliche Gewährleistung der Berufsfreiheit (Art. 12 Abs. 1 GG) und der allgemeinen Handlungsfreiheit (Art. 2 Abs. 1 GG) geboten. Der Arbeitgeber muss sich im Rahmen der Abwägung nach § 254 BGB auch seine Verantwortung für die Organisation des Betriebs und die Gestaltung der Arbeitsbedingungen zurechnen lassen. Der Arbeitgeber organisiert den Betrieb und steuert den Arbeitsprozess. Der Arbeitgeber kann die Betriebsorganisation nach seinen Plänen und Bedürfnissen gestalten und auf die Tätigkeit des Arbeitnehmers einwirken. Mit der Eingliederung in die Betriebsorganisation und den faktischen Gegebenheiten des Arbeitsprozesses (z.B. der Art der vorhandenen, oft besonders wertvollen technischen Anlagen, der Ausgestaltung der Arbeitsorganisation und des Produktionsverfahrens mit qualitativen und quantitativen Anforderungen an die Arbeitsprodukte) wird die Berufsausübung des Arbeitnehmers gesteuert. Der Arbeitnehmer kann den vorgegebenen Arbeitsbedingungen nicht ausweichen. Damit prägt die vom Arbeitgeber gesetzte Organisation des Betriebs das Haftungsrisiko für den Arbeitnehmer. Kraft seiner Organisationsbefugnis kann der Arbeitgeber Bedingungen für Schadensrisiken schaffen, beibehalten oder verändern, z.B. Gefahrenmomenten entgegenwirken durch Veränderung der Arbeitsabläufe, durch bessere Überwachung oder durch Sicherheitsvorkehrungen. Diese Erwägungen rechtfertigen nicht nur die Haftungserleichterung als solche, sondern sind maßgeblich für das Verständnis des Begriffs betrieblich veranlasste Tätigkeit.

Im Einzelnen gilt:

247 ■ **Haftung nach § 311a Abs. 2 BGB** (Schadensersatz bei anfänglicher Unmöglichkeit/anfänglichem Unvermögen): Nach § 311a Abs. 1 BGB steht es der Wirksamkeit des Vertrags zwar nicht entgegen, dass das Leistungshindernis bereits bei Vertragsschluss vorliegt. Es geht jedoch um das Einstehen für das wirksame Leistungsversprechen; wenn dieses aus Gründen, die in der Sphäre des Arbeitnehmers liegen, nicht eingehalten werden kann, lässt sich ein dadurch entstandener Schaden nicht dem Betriebsrisiko des Arbeitgebers zuordnen.[540]
Für die Haftung aus § 311a Abs. 2 BGB gilt auch nicht die Beweislastregel des § 619a BGB, da diese Vorschrift nur auf § 280 Abs. 1 BGB Bezug nimmt; der Arbeitnehmer hat also zu beweisen, dass er das Leistungshindernis bei Vertragsschluss nicht kannte und seine Unkenntnis auch nicht zu vertreten hat (§ 311a Abs. 2 Satz 2 BGB).[541]

248 ■ Bei der **Verletzung vorvertraglicher Pflichten** (§§ 311 Abs. 2 i.V.m. § 241 Abs. 2 BGB) ist zu differenzieren:[542] Auch vor Abschluss des Arbeitsvertrags können Schäden entstehen, die

536 BAG v. 06.11.1974, AP RVO § 636 Nr. 8; ErfK/*Preis*, § 611 BGB Rn 1040.
537 BGH v. 02.03.1971, LM RVO § 637 Nr. 2; BAG v. 14.03.1974, AP RVO § 637 Nr. 8.
538 OLG München v. 29.10.1976, VersR 1977, 328, 329; Staudinger/*Oetker*, § 618 Rn 369.
539 BAG v. 21.10.1983, AP BGB § 611 Haftung des Arbeitnehmers Nr. 84.
540 Vgl. *Gotthardt,* Arbeitsrecht nach der Schuldrechtsreform, Rn 135.
541 *Gotthardt,* Arbeitsrecht nach der Schuldrechtsreform, Rn 138.
542 Generell gegen eine Haftungserleichterung bei vorvertraglichen Pflichtverletzungen: *Schlachter*, Anm. zu BAG (GS) v. 27.09.1994, AP BGB § 611 Haftung des Arbeitnehmers Nr. 103.

auf betrieblich veranlasste Handlungen zurückzuführen sind. Dies gilt beispielsweise, wenn der Arbeitnehmer bei Einstellungsverhandlungen seine Fertigkeiten beweisen soll und dabei einen Schaden verursacht[543] oder Aufklärungspflichten im Hinblick auf die zu erbringende Arbeitsleistung verletzt. Hingegen greifen die Grundsätze der Haftungserleichterung nicht, wenn die Pflichtverletzung nicht im Zusammenhang mit der ins Auge gefassten Tätigkeit steht.

- **Vertragsbruch** (Nichtantritt der Arbeit, zu vertretende Leistungsverweigerung gem. § 275 Abs. 3 BGB): Eine Haftungserleichterung kommt grundsätzlich nicht in Betracht, wenn der Arbeitnehmer eigenmächtig handelt oder zur Verfolgung eigener Interessen die Arbeit verweigert; hier fehlt es an dem betrieblichen Zusammenhang.[544] Eine auf dem Gedanken einer gerechten Verteilung von Risikosphären basierende Haftungsbegrenzung ist m.E. aber möglich, wenn die Haftung angesichts des Verschuldensgrades und der Höhe des Schadens unverhältnismäßig wäre und die Schadensentstehung bei wertender Betrachtung nicht dem allgemeinen Lebensrisiko des Arbeitnehmers zugeordnet werden kann (z.B.: Arbeitnehmer – unersetzlicher Spezialist – verpasst leicht fahrlässig den Rückflug aus dem Urlaub und kann deshalb erst mit mehrtägiger Verspätung die Arbeit wieder aufnehmen; dem Arbeitgeber entsteht hierdurch ein hoher Schaden – Vertragsstrafe gegenüber Kunden o.ä.). 249

- Keine Haftungserleichterung gibt es nach Auffassung des LAG Köln für Schäden an einem vom Arbeitgeber dem Arbeitnehmer für den **Weg zur Arbeitsstätte** zur Verfügung gestellten Firmenwagen, da der Weg zur Arbeit allein der Risikosphäre des Arbeitnehmers zugerechnet werden müsse, so dass hier für eine auf dem Gedanken einer gerechten Verteilung von Risikosphären basierenden Haftungsbegrenzung kein Raum sei.[545] 250

- Die Grundsätze über die Beschränkung der Arbeitnehmerhaftung kommen auch dann zur Anwendung, wenn der Arbeitnehmer Deckungsschutz durch eine Versicherung beanspruchen kann, bei der er sich gegen das Risiko seiner betrieblichen Tätigkeit freiwillig selbst versichert hat. Die **private Haftpflichtversicherung**, für deren Abschluss kein gesetzlicher Zwang besteht, haftet nur in dem Umfang, in dem der Arbeitnehmer selbst haftet. 251

  Für die Anwendung der Grundsätze des innerbetrieblichen Schadensausgleichs ist jedoch kein Raum, wenn zu Gunsten des Arbeitnehmers eine **gesetzlich vorgeschriebene Haftpflichtversicherung** (z.B. Kfz-Haftpflichtversicherung) eingreift.[546] Bei Bestehen einer Pflichtversicherung liegen Risiken vor, die der Gesetzgeber als so gefahrträchtig erachtet hat, dass er den Handelnden im Hinblick auf mögliche Gefahren für andere ohne Versicherungsschutz nicht tätig sehen wollte. Diese Tatsache überlagert gleichsam die Grundsätze der beschränkten Arbeitnehmerhaftung. Für die Anwendung dieser Grundsätze besteht kein Raum in der vom Gesetzgeber durch die Pflichtversicherung vorgesehenen Wertung. Besteht ein solcher Pflichtversicherungsschutz jedoch nicht, hängt die Anwendung der Grundsätze der Arbeitnehmerhaftung nicht von der Zufälligkeit des Bestehens einer privaten Haftpflichtversicherung ab.[547]

- **Freie Mitarbeiter und arbeitnehmerähnliche Personen**, die nur wirtschaftlich, nicht aber persönlich abhängig sind, können sich auf das Haftungsprivileg nicht stützen.[548] 252

543 S. BAG v. 24.01.1974, AP BGB § 611 Haftung des Arbeitnehmers Nr. 74 = BB 1974, 887.
544 *Schlachter*, Anm. zu BAG, (GS) v. 27.09.1994, AP BGB § 611 Haftung des Arbeitnehmers Nr. 103; *Gotthardt*, Arbeitsrecht nach der Schuldrechtsreform, Rn 151 m.w.N.
545 LAG Köln v. 24.06.1994, NZA 1995, 1163, 1164; LAG Köln v. 15.09.1998, NZA 1999, 991 (LS).
546 Vgl. BAG v. 11.01.1966, AP BGB § 611 Haftung des Arbeitnehmers Nr. 36; ebenso BGH v. 08.12.1971, AP BGB § 611 Haftung des Arbeitnehmers Nr. 68.
547 BAG v. 25.09.1997, AP BGB § 611 Haftung des Arbeitnehmers Nr. 111 = NZA 1998, 310.
548 BGH v. 07.10.1969, AP BGB § 611 Haftung des Arbeitnehmers Nr. 51.

c) Haftungsumfang

253 Nach den Grundsätzen über die Beschränkung der Arbeitnehmerhaftung haftet der Arbeitnehmer bei Vorsatz voll. Bei grober Fahrlässigkeit hat er in aller Regel den gesamten Schaden zu tragen, bei leichtester Fahrlässigkeit haftet er dagegen nicht, während bei normaler (mittlerer) Fahrlässigkeit der Schaden in aller Regel zwischen Arbeitgeber und Arbeitnehmer quotal zu verteilen ist.

aa) Leichteste Fahrlässigkeit

254 Leichteste Fahrlässigkeit kann vorliegen bei Überlastung oder Zeitdruck, in Konfliktsituationen[549] und in den Fällen des »typischen Abirrens« der Arbeitsleistung (»Sich-Vergreifen«, »Sich-Versprechen« oder »Sich-Vertun«).[550]

bb) Mittlere Fahrlässigkeit

255 Mittlere Fahrlässigkeit ist anzunehmen, wenn der Arbeitnehmer die im Verkehr erforderliche Sorgfalt außer Acht gelassen hat, der rechtlich missbilligte Erfolg bei Anwendung der gebotenen Sorgfalt voraussehbar und vermeidbar gewesen wäre (§ 276 Abs. 2 BGB) und wenn die soeben genannten »mildernden Umstände« nicht vorliegen.[551]

cc) Grobe Fahrlässigkeit

256 Grob fahrlässig handelt der Arbeitnehmer, wenn er die im Verkehr erforderliche Sorgfalt nach den gesamten Umständen in einem ungewöhnlich hohen Grad verletzt und dasjenige unbeachtet gelassen hat, was im gegebenen Fall jedem hätte einleuchten müssen.[552] Dafür genügt nicht der bloß **objektiv besonders schwerwiegende Pflichtverstoß**, den Arbeitnehmer muss **auch subjektiv** der Vorwurf treffen, in nicht entschuldbarer Weise gegen die an ihn im gegebenen Fall zu stellenden Anforderungen verstoßen zu haben.[553] In einer neueren Entscheidung[554] hat das BAG den Begriff der »gröbsten Fahrlässigkeit« verwendet, bei der der Arbeitnehmer – nicht anders als bei Vorsatz – uneingeschränkt haften soll. Eine solche gröbste (oder besonders grobe) Fahrlässigkeit hat es bei der gleich mehrfachen und auch subjektiv unentschuldbaren Verletzung von Sicherheitsvorschriften angenommen, die tödlichen Gefahren entgegenwirken sollen (im konkreten Fall die Verwendung einer falschen Blutkonserve durch eine Narkoseärztin, was den Tod der Patientin zur Folge hatte).

dd) Haftung bei mittlerer Fahrlässigkeit

257 Ob und ggf. in welchem Umfang der Arbeitnehmer bei mittlerer Fahrlässigkeit an den Schadensfolgen zu beteiligen ist, richtet sich im Rahmen einer **Abwägung der Gesamtumstände**, insbesondere von Schadensanlass und Schadensfolgen, nach Billigkeits- und Zumutbarkeitsgesichtspunkten. Zu den Umständen, denen je nach Lage des Einzelfalls ein unterschiedliches Gewicht beizumessen ist und die im Hinblick auf die Vielfalt möglicher Schadensursachen auch nicht abschließend bezeichnet werden können, gehören der Grad des dem Arbeitnehmer zur Last fallenden Verschuldens, die Gefahrgeneigtheit der Arbeit, die Höhe des Schadens, ein vom Arbeitgeber einkalkuliertes und durch Versicherung deckbares Risiko, die Stellung des Arbeitnehmers im Betrieb und die Höhe des Arbeitsentgelts, in dem möglicherweise eine Risikoprämie enthalten ist. Auch können unter Umständen die persönlichen Verhältnisse des Arbeitnehmers, wie die Dauer seiner Betriebszugehörigkeit, sein Lebensalter, seine Familienverhältnisse und sein bisheriges Verhalten, zu berücksichtigen sein.[555]

549 BAG v. 16.02.1995, AP BGB § 611 Haftung des Arbeitnehmers Nr. 106 = NZA 1995, 565.
550 ErfK/*Preis*, § 611 BGB Rn 1045.
551 Vgl. BAG v. 16.02.1995, AP BGB § 611 Haftung des Arbeitnehmers Nr. 106.
552 BAG v. 23.03.1983, AP BGB § 611 Haftung des Arbeitnehmers Nr. 82.
553 BAG v. 22.02.1972, AP BGB § 611 Haftung des Arbeitnehmers Nr. 70.
554 BAG v. 25.09.1997, AP BGB § 611 Haftung des Arbeitnehmers Nr. 111 = NZA 1998, 310.
555 BAG v. 23.01.1997, NZA 1998, 140.

ee) Haftung bei grober Fahrlässigkeit

Auch wenn der Arbeitnehmer bei grober Fahrlässigkeit in aller Regel den gesamten Schaden zu tragen hat, sind **Haftungserleichterungen** nicht ausgeschlossen. Die Entscheidung ist nach Abwägung aller Umstände des Einzelfalls zu treffen, wobei es zu Gunsten des Arbeitnehmers entscheidend darauf ankommen kann, dass der Verdienst des Arbeitnehmers in einem deutlichen Missverhältnis zum Schadensrisiko der Tätigkeit steht.[556] Liegt jedoch der zu ersetzende Schaden nicht erheblich über einem Brutto-Monatseinkommen des Arbeitnehmers, so besteht keine Veranlassung zu einer Haftungsbegrenzung.[557] 258

Eine **summenmäßige Beschränkung** der Haftung durch Rechtsfortbildung wird vom BAG de lege lata ausdrücklich abgelehnt, weil es insoweit sowohl an einer allgemeinen Rechtsüberzeugung als auch an gesetzgeberischen Vorbildern fehle. Eine summenmäßige Haftungsbeschränkung sei allein dem Gesetzgeber vorbehalten.[558] In der Instanzrechtsprechung wird dagegen zum Teil bereits faktisch eine summenmäßige Beschränkung der Haftung praktiziert, die bei mittlerer Fahrlässigkeit auf bis zu einem, bei grober Fahrlässigkeit auf bis zu drei Monatsentgelte beschränkt sein soll.[559] De facto führt aber auch die Rechtsprechung des BAG zur Haftung bei grober Fahrlässigkeit zu einer am Entgelt orientierten relativen Haftungsbeschränkung. So hat das BAG in einem Fall, in dem ein Arbeitnehmer seinen Dienst im alkoholisierten Zustand (1,4 ‰) angetreten, ein Fahrzeug trotz absoluter Fahruntauglichkeit gefahren und infolge Trunkenheit und Übermüdung einen Schaden am Fahrzeug in Höhe von 150.000 DM verschuldet hat, einen besonders deutlichen Fall eines Missverhältnisses zwischen Arbeitsentgelt (3.500 DM brutto) und Haftungsrisiko angenommen. Der Arbeitnehmer dürfe angesichts seiner Einkommensmöglichkeiten nicht auf Dauer in seiner wirtschaftlichen Existenz gefährdet werden. Ihm könne bei einem monatlichen Bruttoverdienst von 3.500 DM lediglich ein Schadensersatzbetrag von 20.000 DM zugemutet werden. Der Arbeitnehmer müsse bis zu fünf Jahre Abzahlungen leisten, um diesen Schadensersatzbetrag einschließlich der verlangten Zinsen zu leisten. 259

ff) Verschulden bezogen auf den Schaden

Anders als nach der im allgemeinen Privatrecht geltenden Grundregel,[560] wonach sich das Verschulden nur auf den Verstoß gegen die Vertragspflicht bzw. die Rechtsgutsverletzung, nicht aber auch auf den eingetretenen Schaden zu erstrecken braucht, haftet der Arbeitnehmer nur dann, wenn er auch bezogen auf den **Schadenserfolg haftungsbegründend schuldhaft**, also vorsätzlich oder grob bzw. mittelfahrlässig gehandelt hat.[561] Das bedeutet: Vorsatz ist erst dann anzunehmen, wenn der Arbeitnehmer nicht nur die Pflichtverletzung, sondern auch den Schaden in seiner konkreten Höhe zumindest als möglich voraussieht und ihn für den Fall seines Eintritts billigend in Kauf nimmt (dolus eventualis).[562] Für die volle Haftung des Arbeitnehmers bei Vorsatz genügt es also nicht, dass er sich bewusst über Weisungen hinweggesetzt hat und hieraus Schäden erwachsen sind. Bei der Feststellung des Grades der Fahrlässigkeit ist zu prüfen, in welchem Umfang der Arbeitnehmer auch bezogen auf den Schadenserfolg fahrlässig gehandelt hat.[563] 260

556 BAG v. 23.01.1997, NZA 1998, 140.
557 BAG v. 12.11.1998, AP BGB § 611 Haftung des Arbeitnehmers Nr. 117 = NZA 1999, 263, 264.
558 BAG v. 12.10.1989, AP BGB § 611 Haftung des Arbeitnehmers Nr. 97; BAG v. 23.01.1997, NZA 1998, 140, 141.
559 Vgl. LAG Nürnberg v. 18.04.1990, LAGE BGB § 611 Arbeitnehmerhaftung Nr. 14; LAG Nürnberg v. 20.03.1996, NZA-RR 1997, 3; LAG Köln v. 17.06.1993, LAGE BGB § 611 Gefahrgeneigte Arbeit Nr. 10.
560 Vgl. BGH v. 20.11.1979; BGHZ 75, 328, 329.
561 BAG v. 17.09.1998, AP BGB § 611 Mankohaftung Nr. 2 = NZA 1999, 141.
562 ErfK/*Preis*, § 611 BGB Rn 1042.
563 BAG v. 17.09.1998, AP BGB § 611 Mankohaftung Nr. 2 = NZA 1999, 141.

gg) Kaskoversicherung

261 Nach der Rechtsprechung des BGH[564] und des BAG[565] besteht eine **Rechtspflicht des Arbeitgebers** gegenüber dem angestellten Fahrer zum Abschluss einer Kfz-Kaskoversicherung nicht. Sie kann insbesondere nicht aus § 15 Abs. 2 der Allgemeinen Bedingungen für die Kfz-Versicherung (AKB), hergeleitet werden, nach der Ersatzansprüche des Versicherungsnehmers, die nach § 67 VVG auf den Versicherer übergegangen sind, gegen den berechtigten Fahrer nur geltend gemacht werden können, wenn von ihm der Versicherungsfall vorsätzlich oder grob fahrlässig herbeigeführt worden ist. Allein dadurch, dass die Versicherer in § 15 Abs. 2 AKB ihre Rückgriffsansprüche zurückgenommen haben, wurden die Arbeitgeber nicht ihren als Kraftfahrzeugführer tätigen Arbeitnehmern gegenüber zum Abschluss von Kaskoversicherungen verpflichtet. Dass eine bestimmte Versicherung geeignet ist, die Haftung des Arbeitnehmers zu beschränken, besagt noch nicht, dass der Arbeitgeber dem Arbeitnehmer gegenüber gehalten ist, sie abzuschließen. Jedenfalls gilt dies für die Kaskoversicherung, eine Sachversicherung, die nicht dem Schutz gegen eine Inanspruchnahme durch Dritte dient, sondern durch die der Eigentümer sich gegen Beschädigung oder Zerstörung seiner eigenen Sache schützt.

262 Ob der Arbeitgeber dem Arbeitnehmer gegenüber zum Abschluss einer Kaskoversicherung verpflichtet ist, kann sich im Einzelfall aus dem Arbeitsvertrag oder den das Arbeitsverhältnis gestaltenden normativen Bestimmungen ergeben. Fehlt es insoweit an Regelungen, so besteht eine Verpflichtung des Arbeitgebers gegenüber dem Arbeitnehmer auf Abschluss einer Kaskoversicherung nicht. Der Arbeitnehmer hat dann auch keinen Anspruch darauf, ohne weiteres so gestellt zu werden, als ob eine Kaskoversicherung bestünde, es sei denn, dies wiederum sei besonders vereinbart.[566] Der Arbeitnehmer ist vielmehr durch die Haftungserleichterungen, die ihm nach den Grundsätzen des innerbetrieblichen Schadensausgleichs zugute kommen, angemessen dadurch geschützt, dass der Arbeitgeber sich im Schadensfall entgegenhalten lassen muss, er habe sein Eigentum an dem Fahrzeug nicht durch den Abschluss einer Kaskoversicherung geschützt. Das ist dann anzunehmen, wenn die Abwägung aller für die Schadensteilung in Betracht kommenden Umstände ergibt, dass dem Arbeitnehmer auch die quotale Schadensbeteiligung nicht in voller Höhe zuzumuten ist, sondern weiterer Ermäßigung auf den Betrag bedarf, der bei Abschluss einer Kaskoversicherung als Selbstbeteiligung zu vereinbaren gewesen wäre.[567]

hh) Mitverschulden

263 Über die Haftungserleichterung nach den Grundsätzen über den innerbetrieblichen Schadensausgleich hinaus kann sich die Haftungsquote des Arbeitnehmers durch ein Mitverschulden des Arbeitgebers verringern. Ein Mitverschulden des Arbeitgebers kann gem. § 254 Abs. 2 BGB daraus resultieren, dass er es unterlassen hat, den Schuldner auf die Gefahr eines ungewöhnlich hohen Schadens aufmerksam zu machen, die der Schuldner weder kannte noch kennen musste, oder den Schaden abzuwenden oder zu mindern. In Betracht kommen hier insbesondere Organisationsverschulden, mangelhafte, aber im Einzelfall gebotene Kontrollen u.ä.

d) Beweislast

264 Der Arbeitgeber trägt die Darlegungs- und Beweislast für sämtliche anspruchsbegründenden Tatsachen.

265 § 280 Abs. 1 Satz 2 BGB findet keine Anwendung, § 619a BGB. Der Arbeitgeber trägt daher die Darlegungs- und Beweislast auch für den die Haftung begründenden Verschuldensgrad des Arbeitnehmers.[568] § 619a BGB gilt nach seinem eindeutigen Wortlaut für alle Fälle der Haftung

564 BGH v. 10.01.1995, BGHZ 16, 111 = AP BGB § 611 Haftung des Arbeitnehmers Nr. 1.
565 BAG v. AP VVG § 67 Nr. 2; BAG v. 24.11.1987, AP BGB § 611 Haftung des Arbeitnehmers Nr. 92 = NZA 1988, 584.
566 So z.B. § 5 Abs. 3 des MTV für die gewerblichen Arbeitnehmer des privaten Omnibusgewerbes NRW v. 07.04.1986.
567 BAG v.24.11.1987, AP BGB § 611 Haftung des Arbeitnehmers Nr. 92 = NZA 1988, 584.
568 So schon zu § 282 BGB a.F. BAG v. 17.09.1998, AP BGB § 611 Mankohaftung Nr. 2 = NZA 1999, 141.

des Arbeitnehmers aus § 280 BGB;[569] es besteht kein Raum für eine teleologische Reduzierung der Norm auf die Fälle, in denen es um eine Haftung aus betrieblich veranlasster Tätigkeit i.S.d. Rechtsprechung des BAG zur Haftungserleichterung des Arbeitnehmers geht.[570] Die Nichtanwendbarkeit des § 282 BGB a.F. war zwar Teil des Gesamtkonzepts des BAG zur Arbeitnehmerhaftung[571] und § 619a BGB soll nach dem Willen des Gesetzgebers die derzeitige Rechtsprechung des BAG aufrechterhalten.[572] Die in den Materialien zitierte Entscheidung des BAG[573] befasst sich aber mit einem Fall der Mankohaftung aus pVV, während nach der Schuldrechtsreform die Haftungsnorm des § 280 Abs. 1 BGB, auf die sich § 619a BGB bezieht, weit darüber hinausgeht.

Allerdings dürfen keine zu hohen Anforderungen gestellt werden, wenn das schädigende Ereignis näher am Arbeitnehmer als am Arbeitgeber gelegen hat. Der Arbeitnehmer hat sich im Sinne einer gestuften Darlegungslast substantiiert zu äußern. Vom Arbeitgeber vorgetragene Indizien, die auf ein haftungsbegründendes Verschulden des Arbeitnehmers hinweisen, sind sorgfältig zu würdigen. 266

Auch die Tatsache, dass der Arbeitnehmer die alleinige Kontrolle über bestimmte Bereiche hatte, ist ein solches Indiz.[574] So trägt z.B. ein Arbeitnehmer, der über ein Konto seines Arbeitgebers verfügen kann, die Verantwortung für die korrekte Abwicklung des Zahlungsverkehrs in der gleichen Weise wie ein Kassenverwalter für den Bestand der ihm anvertrauten Kasse. Hebt er Beträge zu seinen eigenen Gunsten ab, so schuldet er hierfür Rechenschaft. Das bedeutet, dass er im Streitfall darlegen muss, welche Gründe sein Verhalten rechtfertigen.[575] 267

Unterlässt es der Arbeitnehmer, sich zu den konkreten Umständen des Schadensfalles zu erklären, können daraus entsprechende Schlüsse gezogen werden. Bleibt streitig, ob bestimmte Indiztatsachen vorliegen oder nicht, geht dies zu Lasten des Arbeitgebers. Gleiches gilt für eventuelle Unklarheiten nach Abschluss der Würdigung aller Indizien.[576]

e) Ersatzfähiger Schaden

Das Maß des Schadensersatzes richtet sich nach § 249. Die Schadensersatzpflicht setzt voraus, dass der Schaden durch das zum Schadensersatz verpflichtende Ereignis verursacht worden ist. 268

Zur Feststellung des **Ursachenzusammenhangs** muss die pflichtwidrige Handlung hinweggedacht werden; entfällt dann der Schaden, ist die Handlung nicht kausal (äquivalente Kausalität).[577] 269

Weiterhin muss die schädigende Handlung adäquat-kausal für den Schaden sein; das Ereignis muss geeignet sein, die Wahrscheinlichkeit des Eintritts eines derartigen Schadens erheblich zu erhöhen.[578] 270

Die ihre vertraglichen Pflichten verletzende Partei muss allerdings nicht für alle in einem adäquaten Kausalzusammenhang stehenden Schäden aufkommen, sondern ihre Schadenersatzpflicht wird durch den Schutzzweck der verletzten Vertragsnorm begrenzt.[579] 271

Zu diesem Grundsatz gibt es eine reichhaltige Kasuistik:

- **Kosten für Stellenanzeigen** (»Verfrühungsschaden«) 272
  Der Arbeitgeber kann von einem vertragsbrüchigen Arbeitnehmer keinen Ersatz der durch Stellenanzeigen veranlassten Kosten verlangen, wenn diese Kosten auch bei einer fristgemäßen

569 Eindeutig auch BT-Drucks 14/7052, S. 204: »Die Beweislastumkehr des § 280 Abs. 1 Satz 2 BGB-BE gilt mithin im Arbeitsrecht nicht«.
570 A.A. *Gotthardt*, Arbeitsrecht nach der Schuldrechtsreform, Rn 135.
571 Vgl. BAG v. 17.09.1998, AP BGB § 611 Mankohaftung Nr. 2 = NZA 1999, 141.
572 BT-Drucks 14/7052, S. 204.
573 BAG v. 17.09.1998, AP BGB § 611 Mankohaftung Nr. 2 = NZA 1999, 141 = NJW 1999, 1049.
574 BAG v. 17.09.1998, AP BGB § 611 Mankohaftung Nr. 2 = NZA 1999, 141.
575 BAG v. 19.04.1974, AP BGB § 611 Haftung des Arbeitnehmers Nr. 75 = BB 1974, 1122.
576 BAG v. 17.09.1998, AP BGB § 611 Mankohaftung Nr. 2 = NZA 1999, 141.
577 BGH v. 24.10.1985, BGHZ 96, 172; BGH v. 04.07.1994, NJW 1995, 127.
578 BGH v. 04.07.1994, NJW 1995, 127.
579 BGH v. 19.11.1971, BGHZ 57, 256.

ordentlichen Kündigung des Arbeitnehmers zum arbeitsvertraglich nächsten Kündigungstermin entstanden wären. Die dem Arbeitnehmer arbeitsvertraglich eingeräumte Möglichkeit einer Kündigung berechtigt diesen, sich auf ein hypothetisches rechtmäßiges Alternativverhalten zu berufen mit der Folge, dass der Arbeitgeber nur dann Ersatz für die Kosten von Stellenanzeigen verlangen kann, wenn diese Kosten bei ordnungsgemäßer Einhaltung der arbeitsvertraglichen Kündigungsfrist vermeidbar gewesen wären.[580] Der Arbeitgeber kann sich nicht darauf berufen, er hätte den Arbeitnehmer möglicherweise umstimmen können, wenn dieser die Arbeit wenigstens angetreten hätte. Eine solche Möglichkeit entspricht nicht dem Schutzzweck der arbeitsvertraglichen Kündigungsfrist. Die früher vom BAG[581] vertretene Auffassung, wenn man den Einwand des rechtmäßigen Alternativverhaltens beachten wollte, bliebe der Vertragsbruch weitgehend sanktionslos, im Interesse der Vertragstreue müsse das Prinzip der zivilrechtlichen Prävention den Vorrang haben, ist inzwischen vom BAG aufgegeben worden.[582]

Soweit die Kosten für ein Zeitungsinserat auch bei Beendigung des Arbeitsverhältnisses zum erstmöglichen Kündigungstermin entstanden wären, kann durch die bei Vertragsbruch zu einem früheren Zeitpunkt aufgegebene Anzeige ein Verfrühungsschaden nur in der Mehrbelastung durch Zinsen für Fremdmittel liegen. Dies schließt nicht aus, dass im Falle des Vertragsbruchs u.U. anhand des gegebenen Zeitpunkts (z.B. Quartalsbeginn) für die Suche einer Ersatzkraft mehrere Zeitungsanzeigen erforderlich sind und damit höhere Kosten als bei einer vertragsgemäßen Beendigung des Arbeitsverhältnisses entstehen. Diese Mehrkosten sind dann ebenfalls als »Verfrühungsschaden« ersatzfähig.[583]

Es bedarf in solchen Fällen keines Nachweises, dass der Arbeitnehmer von der vertraglich eingeräumten Kündigungsmöglichkeit fristgemäß Gebrauch gemacht hätte.[584]

Der vertragsbrüchige Arbeitnehmer hat jedoch andere durch den Vertragsbruch entstandene Schäden, die bei vertragsgemäßer Beendigung des Arbeitsverhältnisses nicht entstanden wären (z.B. Gewinnminderung durch Produktionsausfall, Zuschläge für Mehrarbeit), zu ersetzen.

273 ■ **Investitionen für Arbeitsplatz**

Muss der Arbeitnehmer vor dem vertraglich zugesagten Arbeitsantritt erkennen, dass der Arbeitgeber im Vertrauen auf diesen Arbeitsantritt erhebliche Aufwendungen macht, so gehört es zu den durch den Vertragsabschluss begründeten Nebenpflichten, dass der Arbeitnehmer den Arbeitgeber unverzüglich unterrichtet, wenn begründete Zweifel daran aufkommen, ob er die Arbeit antreten kann oder will. Unterlässt der Arbeitnehmer diese Unterrichtung schuldhaft, so ist er dem Arbeitgeber für den Schaden ersatzpflichtig, der nicht eingetreten wäre, wenn er dieser Unterrichtungspflicht nachgekommen wäre. Hierbei handelt es sich nicht um Schäden, die auf dem Nichtantritt der Arbeit beruhen, sondern um Schäden, die durch die fehlende Unterrichtung entstanden sind.[585]

Ersatzpflichtig sind allerdings nur die Aufwendungen, die der Arbeitgeber zu einem Zeitpunkt tätigt, zu dem er noch auf den Dienstantritt des Arbeitnehmers vertraut hat, obgleich der Arbeitnehmer bereits beschlossen hatte bzw. ernsthaft erwog, die Arbeit nicht anzutreten.

In einer derartigen Fallkonstellation ist der Einwand des rechtmäßigen Alternativverhaltens ausgeschlossen. Dessen Voraussetzung ist nämlich immer, dass das Risiko, auch rechtmäßig von dem Schadensereignis betroffen zu werden, für den Geschädigten bereits unabhängig von dem pflichtwidrigen Verhalten des Schädigers bestanden haben muss. Wenn aber das pflichtwidrige Verhalten erst die Grundlage für die Möglichkeit der Schadenszufügung durch das spätere rechtmäßige Verhalten geschaffen hat, jenes also deren Ursache ist, handelt es sich in Wahrheit nur um ein unbeachtliches unechtes Alternativverhalten. Das ist dann der Fall, wenn

580 BAG v. 23.03.1984, AP BGB § 276 Vertragsbruch Nr. 8 = NZA 1984, 122.
581 BAG v. 18.12.1969, AP BGB § 276 Vertragsbruch Nr. 3.
582 BAG v. 26.03.1981, AP BGB § 276 Vertragsbruch Nr. 7.
583 BAG v. 23.03.1984, AP BGB § 276 Vertragsbruch Nr. 8 = NZA 1984, 122.
584 BAG v. 23.03.1984, AP BGB § 276 Vertragsbruch Nr. 8 = NZA 1984, 122.
585 BAG v. 14.09.1984, AP BGB § 276 Vertragsbruch Nr. 10 = NZA 1985, 25.

die unterlassene Aufklärung erst dazu geführt hat, dass der Arbeitgeber die fehlgeschlagenen Aufwendungen tätigte, sie mithin das Risiko einer späteren Frustration durch eine rechtmäßige Kündigung erst geschaffen hat.[586]

274 ■ **Detektivkosten**

Der Arbeitnehmer hat dem Arbeitgeber die durch das Tätigwerden eines Detektivs entstandenen notwendigen Kosten zu ersetzen, wenn der Arbeitgeber anlässlich eines konkreten Tatverdachts gegen den Arbeitnehmer einem Detektiv die Überwachung des Arbeitnehmers überträgt und der Arbeitnehmer einer vorsätzlichen vertragswidrigen Handlung überführt wird. Typische Fälle sind die Verletzung der arbeitsvertraglichen Hauptpflicht durch »Krankfeiern« o.ä., strafbare Handlungen zum Nachteil des Arbeitgebers (Diebstahl, Unterschlagung, Untreue, Bestechlichkeit) oder Konkurrenztätigkeit im bestehenden Arbeitsverhältnis.

Bei solchen Detektivkosten handelt es sich um keine Vorsorgekosten, die unabhängig von konkreten schadensstiftenden Ereignissen als ständige Betriebsausgabe vom Arbeitgeber zu tragen sind. Nach § 249 BGB erstreckt sich die Schadensersatzpflicht auf alle Aufwendungen des Geschädigten, soweit sie nach den Umständen des Falles als notwendig anzusehen sind. Dazu gehört auch die Abwehr drohender Nachteile, wenn sich insofern konkrete Verdachtsmomente ergeben. Die Grenze der Ersatzpflicht richtet sich nach dem, was ein vernünftiger, wirtschaftlich denkender Mensch nach den Umständen des Falles zur Beseitigung der Störung bzw. zur Schadensverhütung nicht nur als zweckmäßig, sondern als erforderlich ergriffen haben würde.

Zu beachten ist jedoch, dass nur solche Kosten ersatzfähig sind, die nach objektivierender Sicht erforderlich waren. Entscheidend ist, in welchem zeitlichen Umfange die Observierung des Arbeitnehmers erforderlich war, wie hoch die übliche Vergütung eines Detektivs ist und wie lange wie viele Detektive eingesetzt werden mussten. Insofern bedarf es der Feststellung gemäß § 286 ZPO, ggf. in Grenzen nach § 287 ZPO.[587]

275 ■ **Entgeltfortzahlungskosten**

Hat ein Arbeitnehmer auf Befragen bei der Einstellung erklärt, er sei gesund, wird ihm dann aber auf einen zuvor gestellten Antrag nach Beginn des Arbeitsverhältnisses eine Kur bewilligt, so kann der Arbeitgeber die während der Kur zu gewährende Lohnfortzahlung nicht als entstandenen Schaden geltend machen. Die reine Erfüllung einer vom Gesetz bestimmten Verpflichtung kann keinen Schaden bedeuten. Von einem Schaden könnte nur gesprochen werden, wenn die Arbeiten, für die der Arbeitnehmer eingestellt worden war, durch eine zusätzliche und höher zu bezahlende Ersatzkraft verrichtet werden müssen oder wenn der Arbeitgeber eine Vertragsstrafe zahlen muss, weil wegen der Kur Arbeiten nicht rechtzeitig vollendet werden können.[588]

276 ■ **Schadensfreiheitsrabatt**

Hat ein Arbeitnehmer als Kraftfahrer durch Trunkenheit am Steuer einen Verkehrsunfall verursacht, so muss er u.a. auch den Vermögensschaden ersetzen, der seinem Arbeitgeber durch die Erhöhung der Haftpflichtversicherungsprämien (Rückstufung des Schadensfreiheitsrabattes für die Kfz-Haftpflichtversicherung) entsteht. Angesichts der Bedeutung von Versicherungsverhältnissen und der dadurch entstehenden Kosten ist der berechtigte Fahrer verpflichtet, die versicherungsvertraglichen Belange des Halters (Arbeitgebers) zu wahren. Führt er schuldhaft einen Unfall herbei, so ist er gegenüber dem Halter auch insoweit zum Schadenersatz verpflichtet, als der Halter nach den Versicherungsbedingungen wegen des Schadensfalles in der folgenden Zeit höhere Versicherungsbeiträge zahlen muss; auch Mehraufwendungen, die der Arbeitgeber aufgrund eines schuldhaften Verhaltens des Arbeitnehmers hat, stellen einen Schaden dar. Die Erhöhung notwendiger Betriebsausgaben ist ein typischer Fall des Vermögensschadens. Auch

586 *Hoffmanns*, Anm. zu BAG v. 14.09.1984, AP BGB § 276 Vertragsbruch Nr. 10.
587 BAG v. 17.09.1998, AP BGB § 611 Haftung des Arbeitnehmers Nr. 133 = NZA 1998, 1334.
588 BAG v. 27.03.1991, AP LohnFG § 1 Nr. 92 = NZA 1991, 895.

die Tatsache, dass diese Ausgaben auf einer gesetzlichen Verpflichtung beruhen, ist nicht ungewöhnlich und rechtfertigt keine Ausnahmen. Weder das Pflichtversicherungsgesetz noch arbeitsvertragliche Rücksichtspflichten sollen den Arbeitgeber daran hindern, seine Beitragsbelastung möglichst gering zu halten. Wenn dafür eine Möglichkeit besteht, die durch eine schuldhafte Vertragspflichtverletzung eines Arbeitnehmers vereitelt wird, so ist der entsprechende Nachteil als Schaden auszugleichen.[589]

277 ■ **Aufwendungen zur Vermeidung weiterer Schäden**
Begeht ein Arbeitnehmer einen Betrugsversuch gegenüber einem Geschäftspartner seines Arbeitgebers (z.B. Berechnung nicht gelieferter Ware auf einem Lieferschein), so muss er seinem Arbeitgeber den dadurch entstehenden Schaden ersetzen; dazu können auch die Aufwendungen des Arbeitgebers gehören, die erforderlich sind, um den Abbruch der Geschäftsbeziehungen mit dem Geschäftspartner zu verhindern. Vertragspflichtverletzungen eines Arbeitnehmers, die die Geschäftsbeziehungen des Arbeitgebers beeinträchtigen und zu deren Abbruch führen würden, können Aufwendungen zur Vermeidung des Abbruchs notwendig machen. Dann liegt ein so genannter Aufwendungsschaden vor, den der Arbeitnehmer ersetzen muss. Zur Darlegung eines solchen Geschehensablaufs genügt nicht die Behauptung, die Geschäftsbeziehungen und deren Vertrauensgrundlage seien so gefährdet gewesen, dass eine freiwillige unentgeltliche Sonderlieferung erforderlich geworden sei. Insbesondere bei umfangreichen Geschäftsbeziehungen bedeutender Unternehmen muss näher dargelegt werden, weshalb schon der Betrugsversuch eines einzelnen Arbeitnehmers die Vertrauensgrundlage zerstören konnte und weshalb eine Sonderleistung geeignet war, eine so tiefgehende Störung zu beheben.[590]

f) Mankohaftung

278 Unter einem Manko versteht man im Arbeitsrecht üblicherweise einen Schaden, den ein Arbeitgeber dadurch erleidet, dass ein seinem Arbeitnehmer anvertrauter **Warenbestand eine Fehlmenge** aufweist oder sich in einer von seinem Arbeitnehmer geführten **Kasse ein Fehlbetrag** ergibt.[591]

Als Haftungsgrundlage kommen in Mankofällen § 280 Abs. 1, §§ 823 ff. BGB, §§ 275, 280 Abs. 1, 283 BGB (Unmöglichkeit der Herausgabe des Kassen- oder Warenbestandes) sowie eine arbeitsvertragliche Mankoabrede in Betracht.

aa) Mankoabrede

279 In einer arbeitsvertraglichen Mankoabrede wird regelmäßig vereinbart, dass der Empfang der Mankovergütung den Arbeitnehmer zum vollen Ersatz eventuell festgestellter Inventurfehlbeträge verpflichtet. Damit soll eine Haftung unabhängig von einer festgestellten Vertragspflichtverletzung und unabhängig von einem Verschulden des Arbeitnehmers begründet werden. Der Arbeitnehmer soll zumindest für nicht aufklärbare Inventurfehlbestände haften und damit eine Art Garantie übernehmen.

280 Derartige Mankovereinbarungen sind unwirksam, soweit sie über die allgemeinen Grundsätze der Arbeitnehmerhaftung hinausgehen. Die aus einer entsprechenden Anwendung von § 254 BGB folgenden Regeln über die Haftung im Arbeitsverhältnis sind einseitig zwingendes Arbeitnehmerschutzrecht.[592]

281 Die Begründung einer Erfolgshaftung durch Mankoabrede ist zulässig, wenn der Arbeitnehmer hiernach **nur bis zur Höhe einer vereinbarten Mankovergütung** haften soll und daher im Ergebnis allein die Chance einer zusätzlichen Vergütung für die erfolgreiche Verwaltung eines Waren- oder Kassenbestandes erhält. Eine Verschärfung der auf Gesetz beruhenden beschränkten

589 BAG v. 23.06.1981, AP BGB § 611 Haftung des Arbeitnehmers Nr. 81 = NJW 1982, 846.
590 BAG v. 07.05.1976, AP BGB § 611 Haftung des Arbeitnehmers Nr. 79 = BB 1976, 1128.
591 MünchArbR/*Blomeyer,* § 57 Rn 72; ErfK/*Preis,* § 611 BGB Rn 1056.
592 BAG v. 17.09.1998, AP BGB § 611 Mankohaftung Nr. 2 = NZA 1999, 141.

Arbeitnehmerhaftung tritt dann nicht ein. Die Mankoabrede kann auch nicht voll beherrschbare Umstände und Risiken wie die Beaufsichtigung von Mitarbeitern und Hilfskräften einschließen. Denn der Arbeitnehmer wird keiner gesetzlich nicht vorgesehenen Haftung ausgesetzt, sondern verliert allenfalls die »Erfolgsprämie« der Mankovergütung. Dagegen kommt die Begründung einer Erfolgshaftung durch Vertrag nicht in Betracht, soweit sie über das Mankogeld hinausgeht. Dabei können die Vertragsparteien auf einen längeren Zeitraum von z.B. einem Jahr abstellen.

Gegen eine Haftung aufgrund der Mankoabrede bis zur Höhe des für den bestimmten Zeitraum geleisteten oder noch zu leistenden Mankogeldes bestehen auch dann keine Bedenken, wenn der Schaden in dem betreffenden Zeitraum das Mankogeld übersteigt. Die Mankoabrede wird regelmäßig in diesem Sinne auszulegen sein; denn es ist kaum anzunehmen, dass die Vertragsparteien für geringe Schäden eine volle Haftung, für hohe Schäden dagegen keine Haftung begründen wollen.[593] 282

bb) Unmöglichkeit der Herausgabe

Der Arbeitnehmer schuldet die Leistung der versprochenen Dienste, nicht den Erfolg der Leistung. 283
Das Risiko der Schlechtleistung trägt grundsätzlich der Arbeitgeber. Auf Schadensersatz wegen der Unmöglichkeit der Herausgabe (§§ 280, 283, 275 BGB) haftet der Arbeitnehmer daher nur in den Ausnahmefällen, in denen er nach den Grundsätzen der Verwahrung oder des Auftrages zu behandeln ist. Dann gehört die Herausgabe des Erlangten zu den Leistungspflichten (§§ 667 und 695 BGB). Dieser Fall ist nur dann anzunehmen, wenn der Arbeitgeber eine Tatsachenlage geschaffen hat, nach der er nicht mehr Besitzer der Sache ist. In der Regel ist der Arbeitnehmer nach der ausdrücklichen gesetzlichen Wertung nicht Besitzer der ihm zur Erfüllung seiner Arbeitsleistung überlassenen Sachen, sondern nur **Besitzdiener** (§ 855 BGB). Unmittelbarer Besitz des Arbeitnehmers setzt zumindest den alleinigen Zugang zu der Sache und deren selbständige Verwaltung voraus. Dazu wird gehören, dass der Arbeitnehmer wirtschaftliche Überlegungen anzustellen und Entscheidungen über die Verwendung der Sache zu treffen hat. Allein unter diesen Voraussetzungen hat der Arbeitnehmer einen eigenständigen Spielraum, der es rechtfertigt, ihm die Verantwortung für die Herausgabe der verwalteten Sache aufzuerlegen. In diesem Sinne wirtschaftlich tätig kann der Arbeitnehmer werden, wenn seine Tätigkeit von kaufmännischen Aufgaben geprägt ist; z.B. weil ihm eigene Vertriebsbemühungen obliegen oder er Preise – über deren bloße Berechnung hinaus – auch selbständig kalkulieren muss.[594]

Liegt ein solcher Fall der **selbständigen Dispositionsbefugnis** vor, so ist der Arbeitnehmer bei 284
der Abrechnung zur Herausgabe der erhaltenen Gegenstände oder ihres wirtschaftlichen Surrogates (§ 667 BGB) verpflichtet. Ist er hierzu nicht in der Lage, ist ihm die Leistung also unmöglich (§ 275 BGB), so hat er darzulegen, wie es zur Entstehung des Mankos gekommen ist, soweit er hiervon Kenntnis hat.

Die **Beweislast für das Verschulden** trägt allerdings m. E. nach der Neuregelung des Schuld- 285
rechts gem. § 619a BGB auch in diesem Fall der Arbeitgeber. Insofern hat sich die Rechtslage gegenüber der bisherigen Rechtsprechung des BAG[595] zugunsten des Arbeitnehmers geändert. Zwar weist die amtliche Begründung[596] darauf hin, dass § 619a BGB die Rechtsprechung des BAG in NJW 1999, 1049[597] – § 282 BGB a.F. sei bei der pVV nicht anwendbar – als arbeitsrechtliche Sonderregelung übernehmen wolle und überhaupt an den arbeitsrechtlichen Grundsätzen über die Haftung des Arbeitnehmers nichts geändert werden solle. Der Gesetzgeber hat ausweislich der amtlichen Begründung offensichtlich übersehen, dass das BAG in der zitierten Entscheidung zwei Anspruchsgrundlagen – neben pVV eben § 280 BGB (Schadensersatz wegen Unmöglichkeit) geprüft

593 BAG v. 02.12.1999, AP BGB § 611 Mankohaftung Nr. 3 = NZA 2000, 715.
594 BAG v. 17.09.1998, AP BGB § 611 Mankohaftung Nr. 2 = NZA 1999, 141.
595 Vgl. BAG v. 29.01.1985, AP BGB § 611 Haftung des Arbeitnehmers Nr. 87.
596 BT-Drucks 14/7052, 204.
597 BAG v. 17.09.1998, AP BGB § 611 Mankohaftung Nr. 2 = NZA 1999, 141.

und sich nur im Zusammenhang mit der pVV zur Anwendbarkeit des § 282 BGB a.F. geäußert hat. Gleichwohl sind der Wortlaut des § 619a BGB und die Systematik eindeutig: In § 619a BGB ist allgemein von »der Verletzung einer Pflicht aus dem Arbeitsverhältnis« die Rede; eine Beschränkung dieser Vorschrift auf die Fälle der bisherigen pVV ist nicht erfolgt. Der Begriff der Pflichtverletzung in § 280 Abs. 1 BGB, auf den sich § 619a BGB bezieht, umfasst als einheitlicher Grundtatbestand des neuen Rechts der Leistungsstörungen auch die Unmöglichkeit. Es kommt für die Annahme einer Pflichtverletzung i.S.d. § 280 Abs. 1 BGB nur darauf an, ob der Schuldner hinter dem Pflichtprogramm des Schuldverhältnisses objektiv zurückgeblieben ist.[598] § 619a BGB erfasst daher auch die Fälle der Haftung wegen der Unmöglichkeit der Herausgabe. Es bleibt allerdings bei der vom BAG entwickelten Abstufung der Darlegungslast.[599]

286 Berücksichtigt man, dass aus der Unselbständigkeit der Arbeitsleistung des Arbeitnehmers unmittelbar folgt, dass der Arbeitnehmer in Bezug auf Waren und Gegenstände, die ihm anvertraut worden sind, lediglich Besitzdiener ist[600] und sich Besitz und Besitzdienerschaft wechselseitig ausschließen, so ist damit innerhalb des Arbeitsverhältnisses praktisch kein Raum mehr für eine allgemeine Mankohaftung des Arbeitnehmers unter dem Gesichtspunkt der Unmöglichkeit der Herausgabe. Das BAG hat diese z.B. ausgeschlossen im Falle eines Kassierers in einer Spielbank,[601] einer »verantwortlichen Ladenverwalterin«,[602] eines Geldtransportfahrers, dem eine Geldbombe abhanden gekommen war[603] und eines Fernsehtechnikers im Außendienst.[604] Künftig wird daher bei der anwaltlichen Beratung das Augenmerk auf die Ausgestaltung und die Grenzen von besonderen Mankoabreden (s.o.) gelegt werden müssen.

cc) Sonstige Pflichtverletzung

287 Liegt keine (wirksame) Mankoabrede vor und haftet der Arbeitnehmer nicht – ausnahmsweise – nach den soeben dargestellten Grundsätzen wegen der Unmöglichkeit der Herausgabe, kommt auch bei Mankofällen ein **Schadensersatzanspruch aus § 280 BGB** in Betracht. Voraussetzung ist, dass aufgrund der Pflichtverletzung des Arbeitnehmers ein Schaden des Arbeitgebers eingetreten sein und der Arbeitnehmer in einem Umfang schuldhaft gehandelt haben, der ganz oder teilweise seine Haftung begründet. Hierfür gelten die allgemeinen Grundsätze des innerbetrieblichen Schadensausgleichs.

Es ist hierbei Sache des Arbeitgebers, dem Arbeitnehmer eine schuldhafte Pflichtverletzung nachzuweisen, § 619a BGB. Das gilt gerade, wenn der Arbeitnehmer vom Arbeitgeber für einen Fehlbestand verantwortlich gemacht wird.

288 Will der Arbeitgeber geltend machen, der Arbeitnehmer habe den Schaden vorsätzlich herbeigeführt, so dass jede Haftungsmilderung ausscheidet, so hat der Arbeitgeber einen Sachverhalt vorzutragen, aus dem sich unzweifelhaft ergibt, dass der Arbeitnehmer die Sache entweder vernichtet oder sich zugeeignet hat. Trägt der Arbeitgeber nur vor, der Arbeitnehmer könne die Sache nicht herausgeben, lässt das allein nicht auf eine vorsätzliche Schädigung schließen.[605]

289 Kann der Arbeitgeber (wie meist) nicht schlüssig behaupten und beweisen, dass der Arbeitnehmer vorsätzlich die Nichtherausgabe verursacht hat, wird das Arbeitsgericht prüfen, ob nach dem Vortrag des Arbeitgebers ein Grad der Fahrlässigkeit der Handlungsweise des Arbeitnehmers festzustellen ist, der seine (anteilige) Haftung begründet. Dabei hängt der Grad des fahrlässigen Verschuldens davon ab, ob und in welcher Weise die Waren bzw. das Geld abhanden gekommen sind. Sollte ein

598 BT-Drucks 14/6040, 92 und 133 f., 135.
599 BT-Drucks 14/7052, 204.
600 MüKo-BGB/*Müller-Glöge*, § 611 Rn 428 f.
601 BAG v. 17.09.1998, AP BGB § 611 Mankohaftung Nr. 2 = NZA 1999, 141.
602 BAG v. 02.12.1999, AP BGB § 611 Mankohaftung Nr. 3 = NZA 2000, 715.
603 BAG v. 22.05.1997, AP BGB § 611 Mankohaftung Nr. 1 = NZA 1997, 1279.
604 BAG v. 29.01.1985, AP BGB § 611 Haftung des Arbeitnehmers Nr. 87.
605 BAG v. 22.05.1997, AP BGB § 611 Mankohaftung Nr. 1 = NZA 1997, 1279.

Diebstahl durch unbekannte Dritte in Betracht kommen, wird zu prüfen sein, ob der Arbeitnehmer die ihm obliegende Sorgfaltspflicht verletzt und damit den Diebstahl ermöglicht oder erleichtert hat. Ggf. kommt ein Mitverschulden des Arbeitgebers in Betracht, wenn er nicht die notwendigen Vorkehrungen zur Sicherung der Waren bzw. des Geldes traf.[606]

g) Vertragsstrafe

Vertragsstrafenabreden sind nach dem Prinzip der Vertragsfreiheit (§ 311 Abs. 1 BGB) grundsätzlich zulässig.[607] Schranken für die Vereinbarung von Vertragsstrafen ergeben sich zunächst aus höherrangigem Recht. So sind gem. § 5 Abs. 2 Nr. 2 BBiG Strafabreden zur Sicherung des Berufsausbildungsverhältnisses unzulässig.[608] In Tarifverträgen und Betriebsvereinbarungen können Vertragsstrafen zu Lasten des Arbeitnehmers geregelt, aber auch grundsätzlich untersagt werden. Mitbestimmungsrechte des Betriebsrats bestehen hinsichtlich der Vereinbarung oder Geltendmachung von Vertragsstrafen nicht.[609] 290

In einem **Formularvertrag** (§§ 305 ff. BGB) unterliegen Vertragsstrafenklauseln grundsätzlich dem **Verbot ohne Wertungsmöglichkeit in § 309 Nr. 6 BGB**; denn § 310 Abs. 4 Satz 2 BGB sieht eine Anwendbarkeit der AGB-Vorschriften auch für Arbeitsverträge vor, wobei die im Arbeitsrecht geltenden Besonderheiten angemessen zu berücksichtigen sind. Streitig ist, ob damit formularmäßige Vertragsstrafen in Arbeitsverträgen generell unzulässig sind. Arbeitsrechtliche Besonderheiten, die entgegen § 309 Nr. 6 BGB (Klauselverbot ohne Wertungsmöglichkeit!) Vertragsstrafenklauseln erforderlich machen könnten, sind m.E. nicht erkennbar; der Arbeitgeber wird durch das gesetzliche Schadensersatzrecht hinreichend geschützt.[610] In der betrieblichen Praxis hat die Vertragsstrafe häufig nicht die Funktion, dem Verwender die Beweisschwierigkeiten hinsichtlich der Schadenshöhe abzunehmen, sondern den Arbeitnehmer für seinen Vertragsbruch zu »bestrafen«, auch wenn ein Schaden nicht entstanden ist. Als »Besonderheit des Arbeitsrechts« können auch nicht Beweisschwierigkeiten des Arbeitgebers geltend gemacht werden. Die typischerweise auftretenden Schäden (Kosten für Mehrarbeit oder eine teurere Ersatzkraft, entgangener Gewinn durch Produktionsausfall oder Schadensersatzansprüche eines Kunden des Arbeitgebers) sind problemlos zu berechnen und nachzuweisen. Das BAG hat allerdings die Zulässigkeit entsprechender Vertragsstrafenabreden im Arbeitsrecht auch nach der neuen Rechtslage nicht generell verneint. Als Besonderheit des Arbeitsrechts hat es den Umstand angesehen, dass ein Arbeitnehmer zur Erbringung der Arbeitsleistung gem. § 888 Abs. 3 ZPO nicht durch Zwangsgeld oder Zwangshaft angehalten werden kann.[611] 291

§ 310 Abs. 3 BGB unterstellt auch Verbraucherverträge, die nur zur einmaligen Verwendung bestimmt sind, u.a. der Vorschrift des § 309 BGB, wenn der Verbraucher aufgrund der Vorformulierung auf ihren Inhalt keinen Einfluss nehmen konnte. Eine Besonderheit des Arbeitslebens ist es, dass Arbeitnehmer regelmäßig keinen Einfluss auf den Inhalt des Arbeitsvertrags nehmen können.[612] 292

Individuell ausgehandelte Vertragsstrafenklauseln unterliegen einer **Inhaltskontrolle** nach § 242 BGB. Vertragsstrafen sind klar und bestimmt zu formulieren.[613] Der Sachverhalt, der die Zahlungspflicht auslösen soll, muss vorhersehbar sein. Wird die Vertragsstrafe für den Fall des Vertragsbruches vereinbart, wird nur der Fall erfasst, dass der Arbeitnehmer vorsätzlich und rechtswidrig die Arbeit nicht aufnimmt oder das Arbeitsverhältnis vor Ablauf der vereinbarten Vertragszeit oder Kündigungsfrist ohne wichtigen Grund beendet. Soll auch die vom Arbeitnehmer schuldhaft veranlasste vorzeitige Beendigung des Arbeitsverhältnisses durch Kündigung des Arbeitgebers umfasst 293

606 BAG v. 22.05.1997, AP BGB § 611 Mankohaftung Nr. 1 = NZA 1997, 1279.
607 BAG v. 23.05.1984, NZA 1984, 165.
608 Vgl. BAG v. 23.06.1982, DB 1983, 291.
609 BAG v. 17.10.1989, NZA 1990, 193.
610 *Däubler*, NZA 2001, 1329 (1336); a.A. *Gotthardt*, Arbeitsrecht nach der Schuldrechtsreform, Rn 250.
611 BAG v. 04.03.2004 – 8 AZR 196/03.
612 Vgl. BAG v. 16.03.1994, AP BGB § 611 Ausbildungsbeihilfe Nr. 18 = NZA 1994, 937.
613 Vgl. LAG Berlin v. 22.05.1997, NZA-RR 1998, 52.

werden, muss das ausdrücklich vereinbart werden.[614] Unwirksam ist eine Klausel, die pauschal eine Vertragsstrafe für »Vertragsverletzungen« vorsieht.[615] Unwirksam sind auch Regelungen, die das Kündigungsrecht des Arbeitnehmers erschweren. Aus § 622 Abs. 6 BGB ergibt sich über das Verbot unterschiedlicher Kündigungsfristen hinaus allgemein das Verbot von ungleichen Kündigungsbedingungen und Erschwernissen. Abreden, die den Arbeitnehmer für den Fall seiner vertragsgerechten und wirksamen Kündigung zu einer »Abfindung« an den Arbeitgeber verpflichten, sind daher nichtig. Gleiches gilt, wenn der Arbeitnehmer bei Arbeitsaufnahme eine Kaution gestellt hat, die bei eigener Kündigung verfallen soll.[616]

2. Haftung gegenüber Arbeitskollegen

294 Verletzt ein Arbeitnehmer bei einer betrieblichen Tätigkeit Rechtsgüter eines Arbeitskollegen, ist zu unterscheiden, ob er einen Personen- oder einen Sachschaden verursacht.

a) Haftung für Personenschäden

295 Die Haftung für Personenschäden richtet sich nach § 105 SGB VII. Gem. § 105 Abs. 1 Satz 1 SGB VII sind Arbeitnehmer, die durch eine betriebliche Tätigkeit einen Arbeitsunfall verursachen, in der gesetzlichen Unfallversicherung versicherten Kollegen desselben Betriebes sowie deren Angehörige und Hinterbliebene zum Ersatz des Personenschadens nach anderen gesetzlichen Vorschriften nur verpflichtet, wenn sie den Arbeitsunfall vorsätzlich oder auf einem Weg zur oder von der Arbeit (§ 8 Abs. 2 Nr. 1 bis 4 SGB VII) herbeigeführt haben.

296 Voraussetzung für die Haftungsprivilegierung ist, dass der Unfall **durch eine betriebliche Tätigkeit** verursacht wurde. Betrieblich ist eine Tätigkeit, die dem Arbeitnehmer, der einen Schaden verursacht, entweder ausdrücklich von dem Betrieb und für den Betrieb übertragen ist oder die er im Interesse des Betriebes ausführt, die in nahem Zusammenhang mit dem Betrieb und seinem betrieblichen Wirkungskreis steht und in diesem Sinne betriebsbezogen ist.[617] Entscheidend ist nicht, ob die zu dem schädigenden Ereignis führende Arbeitstätigkeit zum eigentlichen Aufgabengebiet des Beschäftigten gehört, wenn sie nur überhaupt mit dem Betriebszweck in Zusammenhang steht;[618] erst dann, wenn das schädigende Ereignis mit dem Betrieb in keinem oder nur noch in losem Zusammenhang steht, fällt sie in das allgemeine Lebensrisiko des Arbeitnehmers.[619] So ist z.B. die Haftung eines Arbeitnehmers ausgeschlossen, wenn er bei der Fahrt mit dem Fahrrad auf dem Werksgelände zur Kantine die Körperverletzung eines anderen Arbeitnehmers verursacht.[620] Noch nicht abschließend geklärt ist die Frage, ob der Unfallverursacher und der Geschädigte im Unfallzeitpunkt demselben Betrieb angehören müssen.[621]

b) Haftung für Sachschäden

297 Für Sachschäden haftet der Arbeitnehmer gegenüber einem Kollegen so, wie er außerhalb des Arbeitsverhältnisses stehenden Dritten gegenüber einstandspflichtig ist.[622]

614 BAG v. 18.09.1991, DB 1992, 383.
615 BAG v. 05.02.1986, NZA 1986, 782.
616 Küttner/*Reinecke*, Vertragsstrafe Rn 10 f.
617 BAG v. 06.11.1974, AP RVO § 636 Nr. 8.
618 BAG v. 14.03.1974, AP RVO § 637 Nr. 8.
619 ErfK/*Preis*, § 105 SGB VII Rn 3 m.w.N.
620 OLG Hamm v. 20.12.1993, AP RVO § 636 Nr. 20.
621 Bejahend ErfK/*Preis*, § 105 SGB VII Rn 5; zur RVO hat das BAG (v. 24.09.1992, AP RVO § 637 Nr. 22 = NZA 1993, 451) entschieden, unfallversicherungsrechtlich sei der Betriebsbegriff mit dem allgemeinen arbeitsrechtlichen Begriff des Unternehmens identisch.
622 ErfK/*Preis*, § 611 BGB Rn 1050.

3. Haftung gegenüber Dritten

Der Arbeitnehmer haftet Dritten gegenüber regelmäßig nicht aus Vertrag, sondern aus § 823 Abs. 1 BGB bzw. § 823 Abs. 2 BGB in Verbindung mit einem Schutzgesetz. 298

Im Außenverhältnis zu dem geschädigten Dritten kommen dem Arbeitnehmer keine Haftungserleichterungen zugute.[623] Diese **unbeschränkte Außenhaftung** bejaht der BGH selbst dann, wenn der Arbeitnehmer arbeitgeberfremde Betriebsmittel schuldhaft beschädigt hat.[624] Ist jedoch die Haftung im Verhältnis Arbeitgeber und geschädigter Dritter – z.B. durch Vertrag – beschränkt, wirkt dies auch zugunsten des Arbeitnehmers mit der Folge, dass der geschädigte Dritte den Arbeitnehmer nicht in Anspruch nehmen kann, soweit die Haftungsbeschränkung reicht.[625] 299

Dem Arbeitnehmer steht aber im **Innenverhältnis** gegenüber dem Arbeitgeber ein **Freistellungsanspruch** zu, der den Arbeitgeber verpflichtet, den Arbeitnehmer insoweit von der Schadensersatzforderung freizustellen, wie der Schaden zwischen den Arbeitsvertragsparteien aufgeteilt würde, wenn der Geschädigte nicht ein Dritter, sondern der Arbeitgeber selbst wäre.[626] Dieser Freistellungsanspruch, den der Arbeitnehmer abtreten oder der Dritte pfänden kann,[627] wandelt sich in einen Zahlungsanspruch um, wenn und soweit der Arbeitnehmer dem Dritten gegenüber bereits mehr geleistet hat, als er im Verhältnis zum Arbeitgeber zu zahlen verpflichtet ist. Seine Begründung findet der Zahlungsanspruch entweder in der Fürsorgepflicht des Arbeitgebers[628] oder in der aus § 670 i.V.m. § 257 BGB resultierenden Pflicht des Arbeitgebers, den Arbeitnehmer von Belastungen freizustellen, die aus einer Inanspruchnahme Dritter resultieren, wenn der Arbeitnehmer im Innenverhältnis diese Belastungen nicht zu tragen braucht.[629] 300

Die unbeschränkte Außenhaftung gegenüber dem Dritten bei beschränkter Freistellungsmöglichkeit im Innenverhältnis ist für den Arbeitnehmer deshalb nachteilig, weil er damit letztlich das Insolvenzrisiko des Arbeitgebers trägt. 301

IV. Haftung des Arbeitgebers

Der Arbeitgeber haftet gegenüber seinen Arbeitnehmern nach den allgemeinen zivilrechtlichen Grundsätzen; daneben existieren besondere arbeitsrechtliche Haftungstatbestände (z.B. § 611a Abs. 2, § 618, § 628 Abs. 2 BGB). Erhebliche Bedeutung hat auch die Gefährdungshaftung des Arbeitgebers. 302

1. Haftung für verschuldete Pflichtverletzung

a) Unmöglichkeit und Verzug

Ein Schadensersatzanspruch gegen den Arbeitgeber aus Unmöglichkeit (§§ 275, 280 Abs. 3, 283 BGB) kommt in einer Vielzahl von Fallkonstellationen in Betracht. 303

- Bei Nichterfüllung des **allgemeinen Weiterbeschäftigungsanspruchs** hat das BAG einen Schadensersatzanspruch bejaht in einem Fall, in dem der Arbeitgeber erstinstanzlich rechtskräftig zur vorläufigen Weiterbeschäftigung verurteilt worden war, obwohl die Kündigung vom LAG nachfolgend als wirksam erachtet wurde.[630] Durch die Verweigerung der Beschäftigung trotz eines tatsächlichen Arbeitsangebots des Arbeitnehmers gerät der Arbeitgeber gemäß § 286 Abs. 2 BGB 304

623 BGH v. 21.12.1993, AP BGB § 611 Haftung des Arbeitnehmers Nr. 104.
624 BGH v. 19.09.1989, AP BGB § 611 Haftung des Arbeitnehmers Nr. 99.
625 BGH v. 21.12.1993, AP BGB § 611 Haftung des Arbeitnehmers Nr. 104.
626 BAG v. 23.06.1988, AP BGB § 611 Haftung des Arbeitnehmers Nr. 94 = NZA 1989, 181.
627 BGH v. 24.11.1975, BGHZ 66, 1, 4.
628 BAG v. 23.06.1988, AP BGB § 611 Haftung des Arbeitnehmers Nr. 94 = NZA 1989, 181.
629 ErfK/*Preis*, § 611 BGB Rn 1054.
630 BAG v. 12.09.1985, AP BetrVG 1972 § 102 Weiterbeschäftigung Nr. 7 = NZA 1986, 424.

in Schuldnerverzug. Da bei Dauerschuldverhältnissen wie dem Arbeitsverhältnis die geschuldete Mitwirkungspflicht bei der Beschäftigung nur ausnahmsweise nachgeholt werden kann, kann im Nachhinein der Arbeitnehmer nicht mehr entsprechend der Verpflichtung aus dem Beschäftigungsurteil in der Zeit bis zum rechtskräftigen Abschluss des Kündigungsrechtsstreits beschäftigt werden. Während des Verzuges ist dem Arbeitgeber also die geschuldete Leistung unmöglich geworden mit der Rechtsfolge, dass er zum Schadensersatz wegen Nichterfüllung verpflichtet ist, und zwar ohne Rücksicht darauf, ob er die Unmöglichkeit zu vertreten hat (§§ 275, 280, 283, 287 Satz 2 BGB). Der Schaden besteht in dem entgangenen Verdienst abzüglich des erhaltenen Arbeitslosengeldes.[631]

305 ■ Hat der Arbeitnehmer seinen **Urlaubsanspruch** rechtzeitig und in der richtigen Weise geltend gemacht, gewährt der Arbeitgeber jedoch den Urlaub nicht, obwohl ihm die Gewährung möglich war und ihm ein Leistungsverweigerungsrecht nicht zur Seite stand, so gerät der Arbeitgeber in Schuldnerverzug, § 286 Abs. 1 BGB. Da der Urlaubsanspruch nach der Rechtsprechung des BAG[632] mit Ablauf des Urlaubsjahres bzw. des Übertragungszeitraums erlischt, tritt während des Verzugs durch Erlöschen des Urlaubsanspruchs Unmöglichkeit der Urlaubsgewährung ein; der Arbeitgeber haftet nach § 287 Satz 2 BGB mit der Folge, dass er Schadensersatz gem. §§ 275, 280, 283 BGB wegen zu vertretender Unmöglichkeit schuldet. Der Schadensersatz ist im bestehenden Arbeitsverhältnis nach § 249 Satz 1 BGB (Naturalrestitution) in der Weise zu leisten, dass der Arbeitnehmer bei fortdauerndem Vergütungsanspruch von der Arbeit freizustellen ist.[633] Nach Beendigung des Arbeitsverhältnisses ist der Arbeitnehmer gem. § 251 Abs. 1 BGB in Geld zu entschädigen; der Schaden entspricht dem Umfang des Urlaubsabgeltungsanspruchs.[634]

306 ■ Erfüllt der Arbeitgeber einen Anspruch des Arbeitnehmers auf **Wiedereinstellung** nicht rechtzeitig, hat dieser nach der Rechtsprechung des BAG keinen Erfüllungsanspruch für die Vergangenheit, sondern nur Schadensersatzansprüche nach §§ 286, 280 Abs. 2, 249, 251 Abs. 1 BGB, die auf Entschädigung in Geld gerichtet sind.[635] Der Arbeitgeber kann sich wegen § 280 Abs. 1 Satz 2 BGB u.U. haftungsbefreiend auf einen unverschuldeten Rechtsirrtum berufen. Fraglich ist, ob durch die Aufhebung des § 306 a.F. eine Verurteilung zum Abschluss eines Arbeitsvertrags für die Vergangenheit möglich geworden ist.[636]

307 ■ Einen gem. §§ 286, 280 BGB ersatzfähigen Verzugsschaden kann die schuldhaft **verspätete Erfüllung der Vergütungspflicht** begründen.[637] Bei vereinbarter Bruttovergütung kann der Arbeitnehmer die Verzugszinsen nach § 288 Abs. 1 Satz 1 BGB auf den Bruttobetrag verlangen.[638] Die Vergütungspflicht kann auch eine Naturalvergütung (z.B. Dienstwagen auch zur privaten Nutzung) umfassen.[639]

308 ■ Der Arbeitgeber kann weiterhin zum Schadensersatz wegen steuerlicher Nachteile (**Steuerprogressionsschaden**) aufgrund verspäteter Gehaltszahlung verpflichtet sein. Zu dem Verzugsschaden gem. §§ 280, 286 BGB kann auch ein durch die verspätete Zahlung entstandener Steuerschaden gehören. Nach dem im Steuerrecht geltenden »Zuflussprinzip« (§ 11 Abs. 1 Satz 1, § 38 Abs. 2 Satz 2, § 38a Abs. 1 EStG) sind Arbeitsvergütungen grundsätzlich im Steuerjahr des Zuflusses zu versteuern. Dies gilt auch dann, wenn die Arbeitsvergütung für ein dem Steuerjahr vorangegangenes Beschäftigungsjahr an den Arbeitnehmer nachgezahlt wird. Kommt es danach

631 BAG v. 12.09.1985, AP BetrVG 1972 § 102 Weiterbeschäftigung Nr. 7 = NZA 1986, 424.
632 BAG v. 13.05.1982, AP BUrlG § 7 Übertragung Nr. 4.
633 BAG v. 07.11.1985, AP BUrlG § 3 Rechtsmissbrauch Nr. 16 = NZA 1986, 392.
634 BAG v. 26.06.1986, AP SchwbG § 44 Nr. 5 = NZA 1987, 98.
635 BAG v. 14.10.1997, AP TVG § 1 Tarifverträge: Metallindustrie Nr. 154; BAG v. 14.10.1997, AP TVG § 1 Tarifverträge: Metallindustrie Nr. 155; BAG v. 28.06.2000, AP KSchG 1969 § 1 Wiedereinstellung Nr. 6 = NZA 2000, 1097.
636 Ablehnend *Gotthardt,* Arbeitsrecht nach der Schuldrechtsreform, Rn 145.
637 BAG v. 23.06.1994, AP BGB § 249 Nr. 34 = NJW 1995, 348.
638 BAG (GS) v. 07.03.2001, GS 1/00.
639 BAG v. 23.06.1994, AP BGB § 249 Nr. 34 = NJW 1995, 348.

zu Nachzahlungen aus den Vorjahren, so kann die einmalige Zahlung zusammen mit der Zahlung der laufenden Arbeitsvergütung im Steuerjahr zu einer »progressionsbedingten« erhöhten Steuerbelastung führen. Auch dieser steuerliche Nachteil kann als Verzugsschaden bei Vorliegen der Voraussetzungen nach §§ 286, 280 BGB geltend gemacht werden. Hiergegen lässt sich nicht einwenden, dieser Steuerschaden könne dem Arbeitgeber nicht im Sinne der §§ 280, 286 BGB normativ zugerechnet werden. Zwar beruht der finanzielle Nachteil des Arbeitnehmers auf einer Anwendung zwingender Steuervorschriften. Zu dem möglichen Steuerschaden ist es aber nur deshalb gekommen, weil die Beklagte als die Arbeitgeberin nicht fristgerecht geleistet hat. Indem das Gesetz dem Arbeitgeber die Erfüllung der steuerrechtlichen Pflichten des Arbeitnehmers treuhänderisch auferlegt, bezweckt es gerade auch den Schutz der steuerlichen Interessen des Arbeitnehmers. Die regelmäßige Zahlung der Bruttovergütung soll ein gleichmäßiges und berechenbares Einkommen des Arbeitnehmers sichern. Die genannten steuerrechtlichen Nachteile sind daher von der Ersatzpflicht mit erfasst.

Für das Vorliegen eines Schadens kommt es auf die Höhe der Jahreslohnsteuer (vgl. § 38a EStG) an. Der Arbeitnehmer erleidet dann einen Steuerschaden, wenn er für mehrere Jahre zusammen mehr Steuern entrichten musste, als er hätte Steuern zahlen müssen, wenn der Arbeitgeber die Gehälter fristgerecht gezahlt hätte. Dabei ist auch zu berücksichtigen, ob der Arbeitnehmer auf Grund der ausbleibenden Gehaltszahlungen eine geringere Steuerbelastung hatte. Dies hat der Arbeitnehmer, der einen Steuerprogressionsschaden geltend macht, im Einzelnen vorzutragen.[640]

- Der Arbeitgeber kann mit der Leistung der Arbeitsvergütung auch dadurch in Verzug geraten, dass er infolge einer **Kündigung** des Arbeitsverhältnisses nicht mehr leistet, obwohl er bei Anwendung der erforderlichen Sorgfalt hätte erkennen können, dass die Kündigung unwirksam ist. Ist dagegen die Rechtslage nicht eindeutig und beruht der Ausspruch der Kündigung auf einem vertretbaren Rechtsstandpunkt, handelt der kündigende Arbeitgeber so lange nicht fahrlässig, wie er auf die Wirksamkeit seiner Kündigung vertrauen darf. Dieses Vertrauen kann im Laufe eines Kündigungsrechtsstreits seine Berechtigung verlieren, z.B. nach Durchführung einer Beweisaufnahme, die zum Ergebnis führt, dass keine Kündigungsgründe vorliegen. Hält der Arbeitgeber in einem solchen Fall die Entgeltzahlungen weiterhin zurück, gerät er in Schuldnerverzug. 309

Nach § 286 Abs. 4 BGB trägt der Schuldner die Darlegungs- und Beweislast für Entschuldigungsgründe, die den Eintritt des Verzuges hindern. Der kündigende Arbeitgeber, der keine Arbeitsvergütung mehr zahlt, hat zum Ausschluss eines Schuldnerverzuges darzulegen und zu beweisen, dass aus seiner Sicht Kündigungsgründe vorliegen, die einen sorgfältig abwägenden Arbeitgeber zur Kündigung veranlassen konnten, so dass er auf die Wirksamkeit der Kündigung vertrauen durfte (z.B. wenn der Arbeitgeber schuldhaft das Arbeitsverhältnis unwirksam kündigt).[641] 310

b) Sonstige Pflichtverletzung

Hauptanwendungsfall ist die Verletzung der dem Arbeitgeber zum Schutze seiner Arbeitnehmer obliegenden vertraglichen Nebenpflichten. Wie weit diese Pflichten gehen, ist im Einzelfall nach § 241 Abs. 2 oder § 242 BGB zu bestimmen. 311

- Der Arbeitgeber ist z.B. verpflichtet, die berechtigterweise auf das Betriebsgelände **mitgebrachten Sachen** des Arbeitnehmers durch zumutbare Maßnahmen vor Beschädigungen durch Dritte zu schützen. Er genügt dieser Verpflichtung, wenn er die Maßnahmen trifft, die ihm unter Berücksichtigung der besonderen betrieblichen und örtlichen Verhältnisse zugemutet werden können.[642] Darüber hinausgehende Maßnahmen im Sinne einer Garantie zu verlangen, würde eine Überspannung der Rücksichtnahmepflicht bedeuten. 312

640 BAG v. 19.10.2000, AP BGB § 611 Haftung des Arbeitgebers Nr. 11 = NZA 2001, 598.
641 BAG v. 23.09.1999 – 8 AZR 791/98 (n.v.).
642 Vgl. BAG v. 01.07.1965, AP BGB § 611 Fürsorgepflicht Nr. 75.

313 ■ Stellt der Arbeitgeber einen **Firmenparkplatz** zur Verfügung, so hat er für dessen Verkehrssicherheit zu sorgen. Er hat die durch die Benutzung des Parkplatzes drohenden Gefahren für die abgestellten Fahrzeuge auf ein zumutbares Mindestmaß zurückzuführen. Besondere Umstände begründen eine gesteigerte Rücksichtnahmepflicht. Sie können in einer das Übliche übersteigenden Gefährdung durch Umgebung oder Nachbarschaft liegen, insbesondere wenn Schädigungen voraussehbar und durch zumutbare Maßnahmen zu vermeiden sind.

314 ■ Den Arbeitgeber können **Informations- und Aufklärungspflichten** treffen. Die arbeitsvertraglichen Nebenpflichten des Arbeitgebers beschränken sich nicht darauf, den Arbeitnehmern keine falschen Auskünfte zu erteilen.[643] Der jeder Partei zuzubilligende Eigennutz findet seine Grenze an dem schutzwürdigen Lebensbereich des Vertragspartners. Die Interessen des Arbeitgebers und des Arbeitnehmers sind gegeneinander abzuwägen. Die erkennbaren Informationsbedürfnisse des Arbeitnehmers einerseits und die Beratungsmöglichkeiten des Arbeitgebers andererseits sind zu beachten. Gesteigerte Hinweispflichten können den Arbeitgeber vor allem dann treffen, wenn ein Aufhebungsvertrag auf seine Initiative hin und in seinem Interesse zustande kommt. In der Regel muss sich zwar der Arbeitnehmer vor Abschluss eines Aufhebungsvertrages selbst über die Folgen der Beendigung des Arbeitsverhältnisses Klarheit verschaffen. Durch das Angebot eines Aufhebungsvertrages kann der Arbeitgeber aber den Eindruck erwecken, er werde bei der vorzeitigen Beendigung des Arbeitsverhältnisses auch die Interessen des Arbeitnehmers wahren und ihn nicht ohne ausreichende Aufklärung erheblichen, atypischen Risiken aussetzen.[644]

315 ■ Die Rücksichtnahmepflicht des Arbeitgebers beinhaltet nicht nur, Schutzmaßnahmen für die eingebrachten Sachen je nach den Gegebenheiten zu treffen, sondern auch, **Schädigungen zu unterlassen**. Die Beschädigung des Arbeitnehmereigentums durch den Arbeitgeber stellt deshalb nicht nur eine unerlaubte Handlung, sondern auch eine Vertragspflichtverletzung dar, wenn die Sache berechtigterweise in den Betrieb eingebracht wird und deshalb vom Schutzbereich des Arbeitsvertrages umfasst ist.[645]

316 ■ Aus § 311 Abs. 2 i.V.m. § 241 Abs. 2 BGB ergibt sich ein vorvertragliches Schuldverhältnis, das für den Arbeitgeber insbesondere **Aufklärungspflichten** (z.B. über Umstände, die zu einer vorzeitigen Beendigung des Arbeitsverhältnisses führen können[646]) zum Inhalt haben kann. Von § 311 Abs. 2 BGB wird auch der grundlose Abbruch von Vertragsverhandlungen erfasst.[647]

317 Der Arbeitgeber hat das **Verschulden von Erfüllungsgehilfen** in gleichem Umfang wie eigenes Verschulden zu vertreten (§ 278 BGB). Erfüllungsgehilfen sind die Personen, deren sich der Arbeitgeber zur Erfüllung seiner Fürsorgepflicht bedient. Das können z.B. extra hierfür eingesetzte Parkwächter, Pförtner oder Sicherheitsfachkräfte sein. Jedenfalls muss die Tätigkeit des Erfüllungsgehilfen im Bereich des vom Arbeitgeber geschuldeten Gesamtverhaltens liegen. Maßgebend ist der konkrete Pflichtenkreis, wie er durch Art und Umfang des jeweiligen Vertragsverhältnisses festgelegt ist. Eine Zurechnung nach § 278 BGB wird demgemäß von der Rechtsprechung bejaht, wenn die Schädigung des Arbeitskollegen durch die Hilfsperson im Zusammenhang mit der ihr übertragenen Vorgesetztenstellung erfolgt.[648]

318 **Werkunternehmer**, die auf dem Betriebsgelände Arbeiten ausführen und nur aufgrund besonderer Umstände mit dem Eigentum des Arbeitnehmers in Berührung kommen, sind regelmäßig keine Erfüllungsgehilfen des Arbeitgebers.[649]

643 Vgl. zur Haftung wegen falscher Auskünfte BAG v. 21.11.2000, AP BetrAVG § 1 Auskunft Nr. 1.
644 BAG v. 10.03.1988, AP BGB § 611 Fürsorgepflicht Nr. 99 = NZA 1988, 837 (Hinw. auf Sperrzeit bei Abschluss eines Aufhebungsvertrags); BAG v. 17.10.2000, AP BGB § 611 Fürsorgepflicht Nr. 116 = NZA 2001, 206 (Nachteile bei Berechnung einer Betriebsrente durch Aufhebungsvertrag).
645 BAG v. 25.05.2000, AP BGB § 611 Parkplatz Nr. 8 = NZA 2000, 1052.
646 Vgl. BAG v. 02.12.1976, AP BGB § 276 Verschulden bei Vertragsabschluss Nr. 10 = DB 1977, 451.
647 BT-Drucks 14/6040, 163; vgl. BAG v. 07.09.1995, AuR 1996, 30.
648 Vgl. BAG v. 17.12.1968, AP ZPO § 519 Nr. 21.
649 BAG v. 25.05.2000, AP BGB § 611 Parkplatz Nr. 8 = NZA 2000, 1052.

Für die **Verteilung der Beweislast** gelten die allgemeinen schuldrechtlichen Grundsätze: Der geschädigte Arbeitnehmer muss die Pflichtverletzung, den Schaden und die Kausalität beweisen, der Arbeitgeber muss sich gem. § 280 Abs. 1 Satz 2 BGB entlasten. Ein Mitverschulden muss sich der Arbeitnehmer nach § 254 BGB anrechnen lassen, so z.B. wenn er seine Obliegenheit verletzt, bei Überlastung von sich aus auf Entlastung und die Gewährung von Urlaub zu drängen.[650] 319

c) Umfang der Haftung

Auch für Inhalt und Umfang der Haftung gelten die allgemeinen schuldrechtlichen Vorschriften (§§ 249 ff. BGB). **Naturalrestitution** hat der Arbeitgeber z.B. bei schuldhafter Nichtgewährung und hierdurch bewirkten Verfall des Erholungsurlaubs in Form von Ersatzurlaub zu leisten. Naturalrestitution durch Beschäftigung auf einem anderen gleichwertigen Arbeitsplatz kommt in Betracht, wenn der Arbeitgeber einen besetzten Arbeitsplatz durch eine Umstrukturierung in Wegfall geraten lässt und damit die Erfüllung seiner Beschäftigungspflicht schuldhaft unmöglich macht.[651] 320

Diese Überlegungen können auch greifen, wenn ein Arbeitgeber im öffentlichen Dienst eine **Beförderungsstelle** verfahrensfehlerhaft endgültig besetzt, da dann nach Auffassung des BAG[652] die Durchsetzung eines Beförderungsanspruchs oder des Anspruchs auf verfahrensfehlerfreie Besetzung der Beförderungsstelle (Art. 33 Abs. 2 GG) unmöglich wird; steht allerdings – wie meist – eine freie gleichwertige Beförderungsstelle nicht zur Verfügung, kann der Konkurrent nur Schadensersatz in Geld (§ 251 BGB) verlangen.[653] 321

Bei **Personenschäden** ist die **Haftungsprivilegierung** des Arbeitgebers nach § 104 SGB VII zu beachten. Danach tritt eine Haftung des Arbeitgebers nur dann ein, wenn der Arbeitgeber den Versicherungsfall vorsätzlich herbeigeführt hat. Stattdessen hat der Arbeitnehmer einen Anspruch gegen die zuständige Berufsgenossenschaft. Das bedeutet, dass der Arbeitgeber auch für grobfahrlässige Verletzungen seiner Arbeitsschutzpflichten nicht haftet und der Arbeitnehmer keinen Anspruch auf Schmerzensgeld hat. Voraussetzung für die Haftungserleichterung des Arbeitgebers ist, dass der Arbeitnehmer einen Arbeitsunfall i.S.d. § 8 Abs. 1 oder eine Berufskrankheit i.S.d. § 9 SGB VII erlitten hat. Nicht privilegiert jedoch sind Wegeunfälle nach § 8 Abs. 2 Nr. 1–4 SGB VII sowie Schockschäden, die Angehörige des Verletzten aufgrund des Unfalls des Versicherten erleiden.[654] 322

Das Haftungsprivileg des § 104 SGB VII entfällt, wenn der Unternehmer den Versicherungsfall mindestens **bedingt vorsätzlich** verursacht hat. Bedingt vorsätzlich handelt, wer den möglicherweise eintretenden Erfolg für den Fall seines Eintritts billigt, lediglich bewusst fahrlässig hingegen, wer den möglicherweise eintretenden Erfolg zwar sieht, aber hofft, er werde ausbleiben, oder wem es gleichgültig ist, ob er eintritt.[655] Der Vorsatz muss sich nur auf die Haftungsbegründung beziehen; nicht erforderlich ist, dass der Unternehmer die konkrete Verletzungsfolge (den konkreten Schadensumfang) bewusst und gewollt herbeigeführt hat.[656] Den Unternehmer selbst, also eine natürliche Person, muss der Vorwurf vorsätzlichen Verhaltens treffen. Eine juristische Person haftet dem Versicherten gegenüber für vorsätzlich durch ein Organmitglied herbeigeführte Arbeitsunfälle nicht.[657] 323

Ein aus der **Verletzung vorvertraglicher Pflichten** (§ 311 Abs. 2 BGB) entstandener Schaden ist ebenfalls nach § 280 Abs. 1 BGB zu ersetzen. Eine Begrenzung auf das negative Interesse ist nicht vorgesehen. Bereits bei der culpa in contrahendo war nach der neueren Rechtsprechung des 324

650 BAG v. 27.02.1970, AP BGB § 618 Nr. 16.
651 BAG v. 13.06.1990, EzA BGB § 611 Beschäftigungspflicht Nr. 44.
652 BAG v. 02.12.1997, AP GG Art. 33 Abs. 2 Nr. 41 = NZA 1998, 882; vgl. aber die Modifikation der vom BAG seiner Auffassung zugrunde gelegten beamtenrechtlichen Rechtsprechung in BVerwG v. 13.09.2001, DVBl 2002, 203.
653 Vgl. BGH v. 06.04.1995, NJW 1995, 2344.
654 ErfK/*Preis,* § 104 SGB VII Rn 25 m.w.N.
655 BAG v. 08.12.1970, AP RVO § 636 Nr. 4.
656 ErfK/*Preis,* § 104 SGB VII Rn 20.
657 ErfK/*Preis,* § 104 SGB VII Rn 20 m.w.N.

BGH eine Haftung auf das Erfüllungsinteresse nicht ausgeschlossen.[658] Ein Arbeitgeber kann daher im Wege der Naturalrestitution (§ 249 BGB) verpflichtet sein, einen an sich wirksam befristeten Arbeitsvertrag auf unbestimmte Zeit fortzusetzen, wenn er bei einem Arbeitnehmer die Erwartung geweckt und bestätigt hat, er werde bei Eignung und Bewährung unbefristet weiterbeschäftigt und wenn der Arbeitgeber sich mit einer Ablehnung in einen Widerspruch zu seinem früheren Verhalten und dem von ihm geschaffenen Vertrauenstatbestand setzt.[659] Der Arbeitgeber hat deshalb mit dem Arbeitnehmer einen unbefristeten Arbeitsvertrag zu schließen, weil der nach § 249 BGB auszugleichende Schaden in dem unterbliebenen Abschluss eines Arbeitsverhältnisses liegt.[660] Ebenso haftet der Arbeitgeber auf das Erfüllungsinteresse, wenn er den Abschluss eines Arbeitsvertrags als sicher hinstellt und ihn dann grundlos verweigert.[661]

325 Eine Verletzung vorvertraglicher Pflichten kann sich auch noch nach Abschluss eines Arbeitsvertrages auswirken. Das gilt dann, wenn das Arbeitsverhältnis aus Gründen vorzeitig endet, die der Arbeitgeber dem Arbeitnehmer vor Abschluss des Vertrages unter Verletzung seiner Aufklärungspflicht verschwiegen hat.[662]

2. Gefährdungshaftung des Arbeitgebers

326 Von der Gefährdungshaftung werden diejenigen Schäden erfasst, die der Arbeitnehmer im Zusammenhang mit seiner Arbeit ohne schuldhafte Einwirkung seines Arbeitgebers an eigenen Vermögenswerten erleidet. Die Ersatzpflicht folgt aus der entsprechenden Anwendung von § 670 BGB. Voraussetzung ist, dass der Schaden nicht dem Lebensbereich des Arbeitnehmers, sondern dem Betätigungsbereich des Arbeitgebers zuzurechnen ist und der Arbeitnehmer ihn nicht selbst tragen muss, weil er dafür eine besondere Vergütung erhält.[663]

327 Dem **Lebensbereich des Arbeitnehmers** sind solche Schäden zuzurechnen, bei denen sich lediglich das allgemeine Lebensrisiko des Arbeitnehmers realisiert hat. Sachschäden des Arbeitnehmers, mit denen nach Art und Natur des Betriebs oder der Arbeit zu rechnen ist, insbesondere Schäden, die notwendig oder regelmäßig entstehen, sind »arbeitsadäquat« und im Arbeitsverhältnis keine Aufwendungen i.S.d. § 670 BGB.[664] Hierzu gehört die übliche Abnutzung der Kleidung des Arbeitnehmers[665] und das allgemeine Diebstahlrisiko während einer Dienstreise. Handelt es sich dagegen um Sachschäden, die bei Ausübung einer gefährlichen Arbeit entstehen und »durchaus außergewöhnlich« sind, mit denen also der Arbeitnehmer nach der Art des Betriebs oder der Arbeit nicht ohne weiteres zu rechnen hat, so liegt eine Aufwendung nach § 670 BGB vor, da die Einsatzpflicht nicht »arbeitsadäquat« ist.

328 Das Risiko eines **Verkehrsunfallschadens** sowie der sonstigen Beschädigung durch Dritte wird dem Arbeitgeber stets auferlegt, wenn er den Arbeitnehmer vertraglich zur Benutzung seines Privatwagens verpflichtet oder aber seine Benutzung verlangt oder gebilligt hat.[666] Die Ersatzpflicht umfasst dann auch regelmäßig den Nutzungsausfallschaden.[667]

Vom Arbeitgeber zu tragen sind auch die Schäden (z.B. notwendige Verteidigerkosten), die einem Berufskraftfahrer auf einer Dienstfahrt durch einen unverschuldeten Verkehrsunfall entstehen.[668]

658 BGH v. 24.06.1998, NJW 1998, 2900.
659 BAG v. 16.03.1989, AP BeschFG 1985 § 1 Nr. 8 = NZA 1989, 719.
660 BAG v. 26.04.1995, AP AFG § 91 Nr. 4 = NZA 1996, 87.
661 Vgl. MüKo-BGB/*Oetker,* § 249 Rn 311; *Gotthardt,* Arbeitsrecht nach der Schuldrechtsreform, Rn 134.
662 BAG v. 02.12.1976, AP BGB § 276 Verschulden bei Vertragsabschluss Nr. 10 = BB 1977, 246.
663 BAG v. 16.03.1995, AP BGB § 611 Gefährdungshaftung des Arbeitgebers Nr. 12 = NZA 1995, 836.
664 BAG v. 20.04.1989, AP BGB § 611 Gefährdungshaftung des Arbeitgebers Nr. 9 = NZA 1990, 27.
665 BAG v. 08.05.1980, AP BGB § 611 Gefährdungshaftung des Arbeitgebers Nr. 6.
666 BAG v. 17.07.1997, AP BGB § 611 Gefährdungshaftung des Arbeitgebers Nr. 14 = NZA 1997, 1346.
667 BAG v. 07.09.1995, NZA 1996, 32.
668 BAG v. 16.03.1995, AP BGB § 611 Gefährdungshaftung des Arbeitgebers Nr. 12 = NZA 1995, 836.

Das **Strafbarkeitsrisiko** im Zusammenhang mit Verkehrsverstößen und -unfällen hat hingegen der Arbeitnehmer selbst zu tragen. Denn nur der Arbeitnehmer hat es in der Hand, Geldstrafen und Bußgelder wegen nicht verkehrsgerechten Verhaltens zu verhindern.[669] Anders ist zu entscheiden, wenn der Arbeitgeber durch knappe Zeitvorgaben Geschwindigkeitsüberschreitungen oder Ordnungswidrigkeiten veranlasst oder wenn ein Arbeitnehmer aufgrund seines Arbeitsvertrags verpflichtet ist, ein Kraftfahrzeug durch Gebiete außerhalb der Bundesrepublik Deutschland zu führen, in denen unzumutbare Maßnahmen der Strafverfolgung zu befürchten sind.[670] 329

Begrenzt wird das Haftungsrisiko des Arbeitgebers dadurch, dass in entsprechender Anwendung des § 254 BGB ein **Verschulden des Arbeitnehmers** zu berücksichtigen ist. Dabei sind die Grundsätze der beschränkten Arbeitnehmerhaftung zu beachten.[671] Dies bedeutet, dass der Arbeitgeber bei geringer Schuld (leichter Fahrlässigkeit) des Arbeitnehmers grundsätzlich vollen Ersatz leisten muss, bei normaler Schuld des Arbeitnehmers der Schaden anteilig unter Berücksichtigung der Gesamtumstände des Einzelfalles nach Billigkeitsgrundsätzen und Zumutbarkeitsgesichtspunkten verteilt wird und bei grob fahrlässiger Schadensmitverursachung der Ersatzanspruch des Arbeitnehmers ganz entfällt.[672] Den Arbeitnehmer trifft hingegen keine analog § 254 BGB zu berücksichtigende Obliegenheit, sich gegen Risiken, die ihm kraft betrieblicher Veranlassung drohen, auf eigene Kosten zu versichern.[673] 330

Der Arbeitnehmer trägt die **Darlegungs- und Beweislast** für die Umstände, die eine grob fahrlässige Schadensverursachung ausschließen und damit die Haftung des Arbeitgebers begründen.[674] 331

Arbeitsvertragliche Haftungsvereinbarungen (Freizeichnung von der verschuldensunabhängigen Einstandspflicht, sei es durch eine Haftungsbegrenzungsklausel: »Haftung nur bei Verschulden«, sei es durch eine allgemeine Haftungsausschlussklausel: »keine Haftung bei Sachschäden«) sind aus den Gründen, die einer Abbedingung der Grundsätze des innerbetrieblichen Schadensausgleichs zuungunsten des Arbeitnehmers entgegenstehen, unzulässig.[675] 332

D. Die Abmahnung

I. Allgemeine Grundlagen

Die Abmahnung, als Voraussetzung für die Wirksamkeit von Kündigungen, hat sich zu einem eigenständigen und zugleich umstrittenen Instrument des Kündigungsrechts entwickelt. Schwierigkeiten ergeben sich insbesondere deshalb, weil der Gesetzgeber für das Arbeitsrecht keine gesetzlichen Regelungen zum Abmahnungsrecht geschaffen hat. Das Abmahnungsrecht ist daher wesentlich von der Rechtsprechung der Arbeitsgerichte, insbesondere des BAG geprägt. Das **Fehlen gesetzlicher Vorgaben** ist bedauerlich, da Abmahnungen häufig Gegenstand von arbeitsgerichtlichen Streitigkeiten sind. 333

Für die betriebliche Praxis kann nicht eindringlich genug darauf hingewiesen werden, bei der Abfassung einer Abmahnung höchste Sorgfalt walten zu lassen. Nur zu häufig zeigt sich in 334

669 BAG v. 16.03.1995, AP BGB § 611 Gefährdungshaftung des Arbeitgebers Nr. 12 = NZA 1995, 836.
670 BAG v. 11.08.1988, AP BGB § 611 Gefährdungshaftung des Arbeitgebers Nr. 7 = NZA 1989, 54.
671 BAG v. 17.07.1997, AP BGB § 611 Gefährdungshaftung des Arbeitgebers Nr. 14 = NZA 1997, 1346.
672 BAG v. 20.04.1989, AP BGB § 611 Gefährdungshaftung des Arbeitgebers Nr. 9 = NZA 1990, 27.
673 BAG v. 16.03.1995, AP BGB § 611 Gefährdungshaftung des Arbeitgebers Nr. 12 = NZA 1995, 836.
674 BAG v. 11.08.1988, AP BGB § 611 Gefährdungshaftung des Arbeitgebers Nr. 7 = NZA 1989, 54; instruktiv auch der Fall des BAG v. 14.11.1991, AP BGB § 611 Gefährdungshaftung des Arbeitgebers Nr. 10 = NZA 1992, 691, in dem die Klage eines Journalisten gegen seinen Auftraggeber abgewiesen wurde, mit der dieser Freistellung von den Kosten eines Zivilverfahrens verlangte, das ein von seinem Bericht Betroffener gegen ihn angestrengt hatte. Die grobe Fahrlässigkeit sah das BAG in der Aufstellung einer ehrenrührigen Behauptung ohne entsprechende Absicherung und unter Verletzung der Pflicht zur sorgfältigen Recherche.
675 ErfK/*Preis*, § 611 BGB Rn 1140.

Kündigungsschutzprozessen die Unwirksamkeit oder das Fehlen einer einschlägigen Abmahnung als Stolperstein für die Wirksamkeit einer Kündigung.

335 Der praktisch weitaus häufigere Fall ist die Abmahnung des Arbeitnehmers durch den Arbeitgeber. Die **Abmahnung des Arbeitgebers durch den Arbeitnehmer** ist vergleichsweise selten und kommt in der Regel nur vor, wenn der Arbeitgeber mit Lohnzahlungen in Verzug gerät. Vor Ausspruch einer außerordentlichen Kündigung des Arbeitnehmers wegen Zahlungsverzugs oder Zahlungsrückständen muss der Arbeitnehmer den Arbeitgeber, auch um Schadensersatzansprüche oder Nachteile beim anschließenden Bezug von Arbeitslosengeld zu vermeiden, wirksam abmahnen.

1. Begriff und Funktion der Abmahnung

336 Die Abmahnung ist die Aufforderung an den Arbeitnehmer, ein vertragswidriges Verhalten unverzüglich zu beenden, verbunden mit der **Warnung**, dass im Wiederholungsfall der Bestand des Arbeitsverhältnisses gefährdet ist.[676] Von einer Abmahnung kann nur gesprochen werden, wenn der Arbeitgeber den Arbeitnehmer **deutlich und ernsthaft** ermahnt und ihn zugleich auffordert, ein genau bezeichnetes Fehlverhalten zu ändern oder aufzugeben. Nur dann weiß der Arbeitnehmer, dass der Arbeitgeber ein bestimmtes Verhalten als nicht vertragsgemäß ansieht und dies künftig nicht mehr hinnehmen will.[677] Die Abmahnung dient demnach der Dokumentation eines beanstandeten Verhaltens mit der Ankündigung von Konsequenzen im Wiederholungsfall und erfüllt im Wesentlichen drei Funktionen:

a) Dokumentationsfunktion

337 Die Abmahnung dient dem Arbeitgeber dazu, den Arbeitnehmer auf eine Pflichtverletzung aufmerksam zu machen und hält den beanstandeten Vorfall fest. Die Abmahnung hat damit eine Dokumentationsfunktion.[678] Indem der Arbeitgeber das vertragswidrige Verhalten schriftlich abmahnt, kann er in einem späteren Kündigungsschutzprozess das vertragswidrige Verhalten des Arbeitnehmers leichter darlegen. Es wird jedoch oft übersehen, dass der Ausspruch einer Abmahnung den Arbeitgeber nicht davon entbindet, die Pflichtverletzung konkret darzulegen und zu beweisen.[679] Der Abmahnung kommt **keine Beweisfunktion** zu. Sie erbringt auch keinen selbständigen Beweis für die gerügte Pflichtverletzung.[680] Allenfalls hat die Abmahnung eine gewisse Beweissicherungsfunktion für einen späteren Kündigungsschutzprozess.[681]

b) Beanstandungsfunktion

338 Die Abmahnung soll dem Arbeitnehmer Gelegenheit geben, das abgemahnte Verhalten zu beenden und eine bei wiederholt pflichtwidrigem Verhalten drohende Kündigung abzuwenden. Durch die Abmahnung soll der Arbeitnehmer an seine arbeitsvertraglichen Pflichten erinnert und gleichzeitig ermahnt werden, diesen Pflichten in Zukunft ordnungsgemäß nachzukommen. Indem der Arbeitgeber das vertragswidrige Verhalten abmahnt, verhindert er zugleich eine aufgrund stillschweigender Duldung mögliche konkludente Abänderung der arbeitsvertraglichen Bedingungen und schützt sich so gegen Rechtsverlust, z.B. durch Verwirkung.[682]

339 Aus der Beanstandungsfunktion folgt als formale Anforderung für das Vorliegen einer wirksamen Abmahnung, dass das beanstandete Verhalten möglichst so genau beschrieben wird, dass der Arbeitnehmer erkennt, welche Pflichtverletzung ihm vorgehalten wird und wie er sein Verhalten

676 *Gerhards*, BB 1996, 794.
677 BAG, Urt. v. 17.02.1994, NZA 1994, 656; *Schaub*, NZA 1997, 1185.
678 BAG, Urt. v. 26.01.1995, AP Nr. 34 zu § 1 KSchG 1969 Verhaltensbedingte Kündigung.
679 BAG, Urt. v. 13.03.1987, EzA § 611 BGB Abmahnung Nr. 5.
680 BAG, Urt. v. 13.03.1987, EzA § 611 BGB Abmahnung Nr. 5.
681 *Kammerer*, Personalakte und Abmahnung, S. 125.
682 *Gerhards*, BB 1996, 794; *Schaller*, DStR 1997, 203, 204; *Kammerer*, Personalakte und Abmahnung, S. 124.

in Zukunft einrichten muss, um den bezeichneten vertragswidrigen Zustand zu beenden. In der Praxis führt die fehlende **Konkretisierung der beanstandeten Pflichtverletzung** oftmals zur Unwirksamkeit einer auf eine solche Abmahnung gestützten Kündigung.

c) Warnfunktion

Die Abmahnung dient außerdem dazu, bestimmte **individualrechtliche Konsequenzen** für den Fall einer erneuten Pflichtverletzung anzudrohen. Dem Arbeitnehmer soll deutlich vor Augen geführt werden, dass der Arbeitgeber nicht länger bereit ist, ein bestimmtes Verhalten hinzunehmen. Die Warnfunktion ist unverzichtbares Merkmal der Abmahnung. Fehlt dieser Hinweis, liegt keine Abmahnung vor, die zur Grundlage einer Kündigung gemacht werden kann.[683] 340

Die Warnfunktion grenzt die Abmahnung als Voraussetzung für vertragliche Sanktionen von einfachen missbilligenden Äußerungen und Beanstandungen des Arbeitgebers ab, mit denen er nur an vertragliche Pflichten erinnern will. 341

d) Sonstige Funktionen

Der Abmahnung werden daneben noch weitere Funktionen zugesprochen, die jedoch weder Voraussetzung für den Ausspruch einer wirksamen Abmahnung sind, noch eine ausgesprochene Abmahnung rechtfertigen können. So wird der Abmahnung zum Teil eine über das Arbeitsverhältnis hinausgehende, andere Arbeitnehmer zugleich »abschreckende« **Präventivfunktion** beigemessen. Danach soll der Arbeitgeber berechtigt sein, mit der Bekanntgabe einer dem Arbeitnehmer erteilten Abmahnung, auch gegenüber anderen Mitarbeitern deutlich zu machen, dass er die Nichtbeachtung seiner Anweisungen und die damit verbundenen Vertragsverstöße nicht billigt.[684] Diese Ansicht ist abzulehnen. Mit der Abmahnung macht der Arbeitgeber von seinem vertraglichen Rügerecht Gebrauch. Der Arbeitgeber beanstandet folglich eine im Individualrechtsverhältnis begründete Pflichtverletzung. Daher betrifft die Abmahnung nur das individualrechtliche Verhältnis zwischen Arbeitgeber und Arbeitnehmer.[685] Verstöße einzelner Arbeitnehmer oder Arbeitnehmergruppen gegen arbeitsvertragliche Pflichten kann der Arbeitgeber zum Anlass nehmen, die anderen Mitarbeiter auf die Einhaltung dieser Pflichten hinzuweisen. Das Verhältnismäßigkeitsprinzip und das Persönlichkeitsrecht verbieten es, die Abmahnung öffentlich bekannt zu geben, um andere Arbeitnehmer an die Einhaltung arbeitsvertraglicher Pflichten zu erinnern.[686] 342

Hiervon zu unterscheiden ist der Fall, dass der Arbeitgeber bei gleicher Ausgangslage einen Arbeitnehmer abmahnt und einem anderen Arbeitnehmer eine solche Abmahnung nicht erteilt. Zur Unwirksamkeit der Abmahnung führt die unterschiedliche Behandlung nur, wenn auch sonst, zum Beispiel aufgrund eines früheren Verhaltens, kein billigenswerter Grund für eine unterschiedliche Behandlung vorhanden ist.[687] Wenn bei einer aus zwei Personen bestehenden Eigengruppe die Arbeitsleistung nicht getrennt erbracht werden kann, ist vor Ausspruch einer verhaltensbedingten Kündigung nicht nur das Gruppenmitglied abzumahnen, das eine Vertragsverletzung begangen hat. Auch gegenüber dem anderen Gruppenmitglied ist eine Abmahnung auszusprechen.[688] 343

2. Rechtsgrundlage

Die Abmahnung eines vertragswidrigen Verhaltens hat ihre Grundlage im **vertraglichen Rügerecht** des Arbeitgebers, das sich aus § 611 BGB ergibt.[689] Als Gläubiger der Arbeitsleistung weist der 344

683 BAG, Urt. v. 10.11.1988, AP Nr. 3 zu § 1 KSchG 1969 Abmahnung.
684 BAG, Urt. v. 13.11.1991, AP Nr. 7 zu § 611 BGB Abmahnung; ähnlich *Schaller*, DStR 1997, 203, 204.
685 BAG, Urt. v. 30.05.1996, AP Nr. 2 zu § 611 BGB Nebentätigkeit.
686 *Kammerer*, Personalakte und Abmahnung, S. 126.
687 BAG, Urt. v. 05.03.1990, RzK I 5 i Nr. 60.
688 LAG Sachsen-Anhalt, Urt. v. 08.03.2000, NZA-RR 2000, 528.
689 BAG, Urt. v. 30.05.1996, AP Nr. 2 zu § 611 BGB Nebentätigkeit.

Arbeitgeber den Arbeitnehmer auf dessen vertragliche Pflichten hin und macht ihn auf die Verletzung dieser Pflichten aufmerksam.

345 Das BAG leitet das Erfordernis der Abmahnung im Leistungsbereich aus dem sich aus § 326 Abs. 1 BGB a.F.[690] ergebenden allgemeinen Rechtsgedanken ab, dass der Gläubiger dem Schuldner noch einmal die Folgen seines säumigen Verhaltens vor Augen führen soll, bevor er eine so einschneidende Maßnahme wie die Kündigung ergreift.[691] Die Literatur[692] stellt hingegen auf den **Verhältnismäßigkeitsgrundsatz** ab, da die Kündigung grundsätzlich nur als Ultima Ratio in Betracht komme. In neueren Entscheidungen leitet auch das BAG das Erfordernis einer vorherigen vergeblichen Abmahnung bei Störungen im Vertrauensbereich nunmehr aus dem Grundsatz der Verhältnismäßigkeit[693] bzw. aus dem Ultima-Ratio-Prinzip ab.[694]

346 Für die Kündigung von Dauerrechtsverhältnissen aus wichtigem Grund bestimmt § 314 Abs. 2 BGB, dass eine Kündigung erst nach erfolglosem Ablauf einer zur Abhilfe bestimmten Frist oder nach erfolgloser Abmahnung zulässig ist. Nach § 314 Abs. 2 BGB ist eine Fristsetzung oder Abmahnung entsprechend § 323 Abs. 2 BGB u.a. dann entbehrlich, wenn der Schuldner die Leistung ernsthaft und endgültig verweigert. § 314 BGB schafft damit eine gesetzliche Grundlage für die Abmahnung im Bereich der außerordentlichen Kündigung von Dauerschuldverhältnissen, mithin auch für das Arbeitsverhältnis. Zudem wird deutlich, dass das Erfordernis einer Abmahnung vor Ausspruch einer Kündigung ein allgemeiner zivilrechtlicher Grundsatz ist.[695]

3. Rechtsnatur

347 Die Abmahnung ist nach Ansicht des BAG weder ein Gestaltungsrecht noch eine Willenserklärung im rechtlichen Sinne.[696] Vielmehr handelt es sich bei der Abmahnung um eine **geschäftsähnliche Handlung.**[697] Dennoch finden, wie bei allen anderen geschäftsähnlichen Handlungen auch, die allgemeinen Vorschriften des BGB für Rechtsgeschäfte und Willenserklärungen entsprechende Anwendung, sofern der Zweck der jeweiligen Vorschrift die entsprechende Anwendung rechtfertigt, so die Vorschriften über Abgabe und Zugang von Willenserklärungen.[698]

4. Andere Rechtsinstitute

a) Die Betriebsbuße

348 Die Betriebsbuße ist eine **kollektivrechtliche Maßnahme**, mit der der Arbeitgeber einen Verstoß des Arbeitnehmers gegen die betriebliche Ordnung sanktioniert.[699] Voraussetzung ist, dass im Betrieb oder in der Dienststelle eine durch Tarifvertrag oder Betriebs- oder Dienstvereinbarung geschaffene Bußordnung mit entsprechendem **Strafkatalog** besteht. Die Betriebsbuße hat ihre Rechtsgrundlage in § 87 Abs. 1 Nr. 1 BetrVG bzw. § 75 Abs. 3 Nr. 15 BPersVG und unterliegt damit dem Mitbestimmungsrecht des Betriebs- bzw. des Personalrats. Wurde die Bußordnung unter Verstoß gegen Mitbestimmungsrechte aufgestellt, so ist eine vom Arbeitgeber hierauf gestützte und gegenüber dem

690 Auch nach der Schuldrechtsreform findet sich dieser Grundsatz weiterhin an verschiedenen Stellen des BGB, z.B. § 281 Abs. 3, Abs. 1 BGB. § 323 Abs. 3, Abs. 1 BGB bestimmt vor allem für Dauerschuldverhältnisse ausdrücklich das Erfordernis einer vorherigen Abmahnung.
691 BAG, Urt. v. 09.08.1984, AP Nr. 12 zu § 1 KSchG 1969 Verhaltensbedingte Kündigung.
692 *Walker*, NZA 1995, 601; *Pauly*, NZA 1995, 449; *Schaub*, NZA 1997, 1185, 1186.
693 BAG, Urt. v. 21.02.2001, NZA 2001, 951, 954; BAG, Urt. v. 10.11.1988, AP Nr. 3 zu § 1 KSchG 1969 Abmahnung.
694 BAG, Urt. v. 13.06.1996, AP Nr. 33 zu § 1 KSchG 1969.
695 *Gotthardt*, Arbeitsrecht nach der Schuldrechtsreform, Rn 204.
696 BAG, Urt. v. 15.01.1986, AP Nr. 96 zu § 611 BGB Fürsorgepflicht.
697 BAG, Urt. v. 21.05.1992, EzA § 1 KSchG Verhaltensbedingte Kündigung Nr. 42.
698 BAG, Urt. v. 09.08.1984, AP Nr. 12 zu § 1 KSchG 1969 Verhaltensbedingte Kündigung.
699 BAG, Urt. v. 30.01.1979, AP Nr. 2 zu § 87 BetrVG 1972 Betriebsbuße; BAG, Urt. v. 17.01.1991, AP Nr. 25 zu § 1 KSchG 1969 Verhaltensbedingte Kündigung.

Arbeitnehmer ausgesprochene Betriebsbuße unwirksam. Die von Arbeitgeber und Betriebs- bzw. Personalrat aufgestellte Bußordnung muss, um wirksam zu sein, bestimmte Regeln enthalten. Es müssen die Tatbestände, die geahndet werden sollen, genau bezeichnet werden. Des Weiteren muss die Art der Buße (Verwarnung, Verweis, Geldbuße), die Höhe und die Verwendung der Geldbußen sowie das Verfahren für die Verhängung einer Betriebsbuße im Einzelfall festgelegt werden. Die Betriebsbuße ahndet das beanstandete Verhalten, während die Abmahnung als vertragliche Rüge den Arbeitnehmer zu vertragsgetreuem Verhalten anhalten will. Die Betriebsbuße hat damit im Gegensatz zur Abmahnung **Sanktionscharakter** und dient damit der Erhaltung der Ordnung im Betrieb.[700]

Betriebsbußen als betriebliche Ordnungsstrafe kommen nur bei **gemeinschaftswidrigem Verhalten** 349
in Betracht, zum Beispiel bei einem Verstoß gegen betriebliche Parkplatzregelungen.[701] Stellt ein Verstoß des Arbeitnehmers gegen die betriebliche Ordnung zugleich eine Vertragspflichtverletzung dar, zum Beispiel der Verstoß gegen ein betriebliches Alkohol- oder Rauchverbot, so steht es dem Arbeitgeber frei, welche Pflichtverletzung er beanstandet.[702]

Im Gegensatz zur Abmahnung als Vorstufe einer Kündigung ist die Betriebsbuße kein vorrangig 350
zu nutzendes milderes Mittel, da andernfalls Sinn und Zweck der Abmahnung mit der geforderten Warnfunktion deutlich relativiert wären.[703] Die Reaktion des Arbeitgebers kann sowohl Abmahnung als auch Betriebsbuße sein. Die Abmahnung wird durch die gleichzeitig verhängte Betriebsbuße nicht verbraucht, so dass bei erneutem Verstoß des Arbeitnehmers die Kündigung möglich ist.[704] Trotz des Sanktionscharakters einer Maßnahme scheidet eine Betriebsbuße von vornherein aus, wenn der Arbeitgeber keinen Verstoß gegen die betriebliche Ordnung, sondern zum Beispiel eine individuelle Minderleistung des Arbeitnehmers rügt.[705]

Für die Abgrenzung zwischen Abmahnung und Betriebsbuße ist nicht die Bezeichnung durch den 351
Arbeitgeber entscheidend. Es kommt vielmehr auf den Inhalt der Erklärung an und wie der Inhalt der Erklärung auszulegen ist. Eine Abmahnung kann daher tatsächlich eine Betriebsbuße,[706] eine Verwarnung oder einen Verweis darstellen.[707] Für die betriebliche Praxis empfiehlt es sich dennoch, die beabsichtigte Maßnahme nach ihrem Zweck auch zu kennzeichnen und die Begriffe Abmahnung und Betriebsbuße ausdrücklich zu verwenden.

Eine formal unwirksame Betriebsbuße kann nicht gem. § 140 BGB in eine arbeitsvertraglich zuläs- 352
sige Abmahnung umgedeutet werden.[708] Beide Rechtsinstitute haben unterschiedliche Funktionen, beide sind kein Rechtsgeschäft i.S. des § 140 BGB. Zudem fehlt der Betriebsbuße in der Regel die Kündigungsdrohung, so dass sie die für die Abmahnung erforderliche Warnfunktion nicht erfüllen kann.

Die Schwierigkeit der Abgrenzung zwischen Abmahnung und Betriebsbuße veranschaulicht ein 353
Beschluss des BAG vom 17.10.1989.[709] Ausweislich des mitgeteilten Sachverhalts reagierte der betroffene Arbeitgeber auf die Verletzung arbeitsvertraglicher Pflichten seiner Mitarbeiter regelmäßig mit Schreiben, die als »Ermahnung« oder »Rüge« bezeichnet wurden. Diese Schreiben wurden zur Personalakte des Mitarbeiters genommen und verblieben dort zwischen drei und fünf Jahren, sofern nicht vor Ablauf dieser Frist eine erneute Ermahnung oder Rüge erfolgt. Alle Schreiben sind jeweils

700 BAG, Urt. v. 05.12.1975, AP Nr. 1 zu § 87 BetrVG 1972 Betriebsbuße; BAG, Beschl. v. 17.10.1989, NZA 1990, 193; *Heinze*, NZA 1990, 169.

701 BAG, Beschl. v. 17.10.1989, NZA 1990, 193.

702 BAG, Beschl. v. 17.10.1989, NZA 1990, 193.

703 BAG, Beschl. v. 17.01.1991, AP Nr. 25 zu § 1 KSchG Verhaltensbedingte Kündigung.

704 *Schaller*, DStR 1997, 203.

705 BAG, Urt. v. 22.10.1985, EzA § 87 BetrVG 1972 Betriebliche Lohngestaltung Nr. 10.

706 BAG, Beschl. v. 17.10.1989, NZA 1990, 193.

707 BAG, Beschl. v. 17.10.1989, NZA 1990, 193; *Heinze*, NZA 1990, 169, 170.

708 *Kammerer*, Personalakte und Abmahnung, S. 122.

709 BAG, Beschl. v. 17.10.1989, NZA 1990, 193.

mit dem Hinweis verbunden, dass im Wiederholungsfalle mit weiter gehenden arbeitsrechtlichen Maßnahmen zu rechnen sei. In einem »PS« zu diesen Schreiben heißt es weiter, »dieses Schreiben gibt die Meinung der Geschäftsleitung wieder, es stellt keine Ordnungsmaßnahme im Sinne einer Betriebsbußenordnung dar, zu der die Mitwirkung der Personalvertretung erforderlich wäre«. Das in der Entscheidung zu beurteilende Schreiben hatte folgenden Wortlaut:

»Wir haben leider Veranlassung, Sie darauf anzusprechen, dass Sie Ihre arbeitsvertraglichen Pflichten nur mangelhaft erfüllt haben. Wie uns der ... mitteilte, erschienen Sie zu Ihrem Einsatz ... mit einer Verspätung .... Aus diesem Grunde musste ein ... aktiviert werden und kam zum Einsatz. Ihr Verhalten sehen wir als Nichtbeachtung der in den Dienstvorschriften ... niedergelegten Bestimmungen an. Nachdem wir Sie am ... wegen eines Einsatzversäumnisses abmahnen mussten, erteilen wir Ihnen hiermit eine Rüge mit dem Hinweis, dass Sie im Wiederholungsfalle mit weiter gehenden arbeitsrechtlichen Maßnahmen zu rechnen haben.«

In den Ausschreibungsrichtlinien des Arbeitgebers für freie Stellen im Rahmen der innerbetrieblichen Stellenbesetzung mittels Konkretisierung einer Tarifnorm zum Förderungsaufstieg ist festgelegt, dass als nicht geeignet im Sinne der tariflichen Norm über den Beförderungsaufstieg ein Bewerber dann gilt, wenn er innerhalb der letzten zwölf Monate durch eine Rüge wegen Verstoßes gegen die innere Ordnung abgemahnt worden ist bzw. Anlass zu wesentlichen schriftlichen Beanstandungen wegen Verstoßes gegen die äußere Ordnung gegeben hat. Vor Ausspruch des Schreibens hatte der Arbeitgeber den Betriebsrat nicht angehört. Das BAG sah in der beförderungshemmenden Missbilligung durch den Arbeitgeber die Verhängung einer Betriebsbuße, die der Mitbestimmung des Betriebsrats nach § 87 Abs. 1 Nr. 1 BetrVG unterlag. Der Arbeitgeber sei über das hinausgegangen, was an individualrechtlichen Mitteln zur Verfügung stehe, um auf ein Verhalten des Arbeitnehmers zu reagieren, das er als Pflichtverletzung ansehe. Nach der vom Arbeitgeber praktizierten Richtlinie waren die innerhalb des letzten Jahres durch Rüge abgemahnten Arbeitnehmer von einer Berücksichtigung beim Förderungsaufstieg ausgenommen, und zwar unabhängig davon, ob das gerügte oder beanstandete Verhalten als solches etwas über die im konkreten Fall geforderte Eignung eines Bewerbers aussagt oder nicht. Schließe, so das BAG, eine beförderungshemmende Missbilligung den betroffenen Arbeitnehmer automatisch auch in den Fällen für ein Jahr von der Förderung aus, in denen er trotz des gerügten Verhaltens als geeigneter Bewerber in Betracht zu ziehen wäre, so stellt dies eine zusätzliche Sanktion für das gerügte Verhalten dar, die über eine bloße Abmahnung hinausgeht. Deshalb blieb aus Sicht des BAG auch ohne Bedeutung, dass der Arbeitgeber die beförderungshemmenden Missbilligungen selbst ausdrücklich nur als Abmahnungen bewertete.

b) Ermahnung, Mahnung, Missbilligung

354 Ermahnung, Mahnung, Missbilligung und ähnliche Beanstandungen mit Erinnerungs- und Ermahnungsfunktion unterscheiden sich von der Abmahnung durch das Fehlen der Warnfunktion[710] und sind daher nicht geeignet, eine Kündigung vorzubereiten.[711] Über diese Rechtsinstitute wird die Einhaltung der vertraglichen Pflichten angemahnt, es werden jedoch keine kündigungsrechtlichen Konsequenzen angedroht. Es handelt sich daher um eine **einfache »Vertragsrüge«**. Ihre Rechtsgrundlage finden Vertragsrügen in der Gläubigerstellung des Arbeitgebers. Die Ermahnung ist vor allem bei leichteren Vertragsverstößen angebracht, bei denen der Verhältnismäßigkeitsgrundsatz eine Abmahnung unter Androhung kündigungsrechtlicher Konsequenzen verbietet.[712]

355 Die Terminologie solcher Beanstandungen ist nicht einheitlich. Häufig werden Bezeichnungen wie Rüge, Verwarnung, Verweis, Ermahnung, Erinnerung, Mahnung oder Missbilligung gewählt. Um Missverständnisse zu vermeiden, sollte eine Beanstandung ohne Warnfunktion nicht als Abmahnung bezeichnet werden.

710 BAG, Urt. v. 09.03.1995, BB 1996, 434; *Kranz*, DB 1998, 1464.
711 *Kranz*, DB 1998, 1464; *Kleinebrink*, Abmahnung, Rn 73.
712 BAG, Urt. v. 13.11.1991, AP Nr. 7 zu § 611 BGB Abmahnung.

Im Gegensatz zur Abmahnung besteht **kein Anspruch auf Rücknahme und Entfernung** einer Ermahnung aus der Personalakte.[713] Teilweise wird in der Literatur[714] unter Bezugnahme auf eine Entscheidung des BAG vom 27.11.1985[715] allerdings die Ansicht vertreten, dass auch die Ermahnung einer gerichtlichen Prüfung zugänglich sei und der Arbeitnehmer berechtigt sei, auf Entfernung aus der Personalakte zu klagen. Diese Ansicht ist jedoch durch die herangezogene Entscheidung des BAG nicht gedeckt, da das BAG sich ausschließlich mit der Frage auseinander gesetzt hat, wann der Arbeitnehmer die Entfernung einer Abmahnung aus der Personalakte beanspruchen kann. Für eine weiter gehende Interpretation geben die Urteilsgründe keinen Anlass. Ein Rechtsschutzbedürfnis für die Rücknahme einer sachlich unzutreffenden Ermahnung kann sich nur dann ergeben, wenn die Erklärung als Abmahnung auszulegen ist, weil ihr eine kündigungsrechtliche Bedeutung zukommt und sie daher tatsächlich als Abmahnung auszulegen ist.[716] 356

Ein Problem kann dann entstehen, wenn der Arbeitgeber neben der Beanstandung des vertragswidrigen Verhaltens für den Fall der Wiederholung eine Abmahnung in Aussicht stellt. Eine solche Ermahnung mit angedrohter Konsequenz ebnet den Weg für die Abmahnung. Für diese Fallgestaltung, in der der Arbeitgeber über die ermahnungstypische Beanstandungsfunktion hinaus als zusätzliches das Vertragsverhältnis belastendes Moment den Ausspruch einer Abmahnung ankündigt und damit der Ermahnung eine Warnfunktion hinzufügt, kann der Arbeitnehmer gegen den Arbeitgeber einen Entfernungsanspruch dann haben, wenn das beanstandete Verhalten tatsächlich nicht vorlag.[717] 357

II. Erfordernis der Abmahnung

Teilweise finden sich in Tarifverträgen, in Betriebsvereinbarungen und Arbeitsverträgen Regelungen, die bei bestimmten Pflichtverstößen eine Abmahnung vor Ausspruch einer Kündigung vorsehen. In diesen Fällen muss der Arbeitgeber dies beachten, will er in einem späteren Prozess nicht riskieren, dass die ausgesprochene Kündigung unwirksam ist. 358

Ist die Abmahnung nicht bereits aufgrund ausdrücklicher Regelung vor Ausspruch einer Kündigung generell erforderlich, ist im Einzellfall stets zu prüfen, ob es zur Wirksamkeit einer Kündigung einer Abmahnung bedarf.

1. Fehlender Kündigungsschutz

Abgesehen von Einzelfällen,[718] in denen der Arbeitgeber durch die stillschweigende Hinnahme eines bestimmten pflichtwidrigen Verhaltens des Arbeitnehmers einen Vertrauenstatbestand geschaffen hat und daher nach Treu und Glauben den Arbeitnehmer vor Ausspruch einer ordentlichen Kündigung abmahnen muss, ist eine Abmahnung vor Ausspruch einer fristgerechten Beendigungskündigung nicht erforderlich, wenn das Kündigungsschutzgesetz auf das Arbeitsverhältnis keine Anwendung findet.[719] Der Arbeitgeber ist in Kleinbetrieben i.S.v. § 23 Abs. 1 Satz 2 KSchG und während der Wartefrist des § 1 Abs. 1 KSchG nicht verpflichtet, zuvor eine Abmahnung auszusprechen. Bis zur Grenze der Sittenwidrigkeit besteht nämlich in diesen Fällen außer der Einhaltung der Kündigungsfrist kein Bestandsschutz, so dass auch nach dem Grundsatz der Verhältnismäßigkeit eine Abmahnung nicht erforderlich ist.[720] 359

713 *Schaller*, DStR, 1997, 203; Tschöpe/*Nägele*, Teil 3 D Rn 179; ArbG Freiburg, Urt. v. 27.01.1987, DB, 1987, 748; LAG Düssledorf, Urt. v. 27.02.1991, LAGE § 611 BGB Abmahnung Nr. 29; *Kranz*, DB 1998, 1464, 1465.

714 *Schaub*, Arbeitsrechts-Handbuch, § 61 I 5d; KR/*Hillebrecht*, § 626 BGB Rn 98.

715 BAG, Urt. v. 27.11.1985, AP Nr. 93 zu § 611 BGB Fürsorgepflicht.

716 ArbG Freiburg, Urt. v. 27.01.1987, DB 1987, 748.

717 Vgl. hierzu ausführlich *Kranz*, DB 1998, 1464, 1466.

718 BAG, Urt. v. 29.07.1976, EzA § 1 KSchG Nr. 34.

719 MünchArbR/*Berkowsky*, § 133 Rn 26; *Kleinebrink*, Abmahnung, Rn 138; *Bergwitz*, BB 1998, 2310.

720 BAG, Urt. 21.02.2001, NZA 2001, 951, 954; *Schaub*, NJW 1990, 872, 875.

360 Die zum Teil vertretene Gegenansicht[721] ist abzulehnen, da sie die außerhalb des Kündigungsschutzgesetzes bestehende Kündigungsfreiheit des Arbeitgebers unzulässig beschränkt und den Arbeitgeber verpflichten würde, ein an sich ausreichendes Fehlverhalten zunächst zum Gegenstand einer Abmahnung zu machen, so dass der Arbeitgeber nicht unmittelbar kündigen könnte.

2. Abmahnung als Kündigungsvoraussetzung

a) Kündigung von Dauerschuldverhältnissen

361 Der Gesetzgeber hat in § 314 BGB eine allgemeine Regelung über die fristlose Kündigung von Dauerschuldverhältnissen aus wichtigem Grund eingeführt. Die speziellere, für Dienst- und Arbeitsverhältnisse anzuwendende Regelung bleibt jedoch weiterhin § 626 Abs. 1 BGB. Auch wenn in § 626 BGB für das Recht zur außerordentlichen Kündigung eines Dienstverhältnisses eine § 314 Abs. 2 BGB entsprechende Regelung fehlt, kann daraus nicht gefolgert werden, dass die außerordentliche Kündigung eines Dienstverhältnisses nunmehr stets ohne Abmahnung zulässig sei.[722] Im Gegenteil legt § 314 Abs. 2 BGB vielmehr fest, dass die Kündigung erst nach erfolgter Abmahnung zulässig ist, wenn der wichtige Grund für die fristlose Kündigung eines Dauerschuldverhältnisses in der Verletzung einer Pflicht aus dem Vertrag besteht. Zu den Dauerschuldverhältnissen gehört auch das Arbeitsverhältnis.

362 Es stellt sich auf Grund der Neuregelung die Frage, ob einer außerordentlichen Kündigung nunmehr stets eine Abmahnung vorausgehen muss. Wird dies bejaht, hätte dies eine erhebliche Einschränkung des außerordentlichen Kündigungsrechts des Arbeitgebers zur Folge. Nach § 314 Abs. 2 BGB ist eine Abmahnung entsprechend § 323 Abs. 2 BGB u.a. dann entbehrlich, wenn sie wegen endgültiger Leistungsverweigerung überflüssig erscheint oder wenn die Störung des Vertragsverhältnisses so stark ist, dass das Interesse an der sofortigen Beendigung das Interesse an der Fortsetzung bis zur ordentlichen Kündigung überwiegt.[723] Hierunter wird man alle Sachverhalte fassen können, in denen auch bereits nach bisheriger Rechtsprechung[724] aufgrund der Schwere der Pflichtverletzung eine Abmahnung für entbehrlich gehalten wurde.[725] Eine Einschränkung des Rechts zur außerordentlichen Kündigung ist für das Arbeitsrecht aus der Vorschrift des § 314 Abs. 2 BGB daher nicht abzuleiten.

363 § 314 Abs. 2 BGB zeigt auch, dass das Erfordernis einer Abmahnung vor Ausspruch einer Kündigung kein Spezifikum des Arbeitsrechts ist, sondern ein allgemeiner zivilrechtlicher Grundsatz. Daraus ist auch abzuleiten, dass das Abmahnungserfordernis des § 314 Abs. 2 BGB nicht nur für außerordentliche, sondern auch für ordentliche Kündigungen gilt, wenn die Kündigung eines Grundes bedarf.[726]

aa) Verhaltensbedingte Kündigung

364 Nach der Rechtsprechung des BAG können die soziale Rechtfertigung und damit die Wirksamkeit einer arbeitgeberseitigen Kündigung von einer vorherigen Abmahnung des Arbeitnehmers durch den Arbeitgeber abhängig sein. Das BAG differenzierte bislang im Wesentlichen zwischen verhaltensbedingter und personenbedingter Kündigung und innerhalb der verhaltensbedingten Kündigung zwischen Störungen im Leistungs- und im Vertrauens- bzw. Betriebsbereich.[727]

365 Im Grundsatz galt, dass vor Ausspruch einer verhaltensbedingten Kündigung bei Störungen im Leistungsbereich, also bei einer Verletzung der Arbeitspflicht, z.B. durch Schlechtleistung, Vertrags-

721 *Gerhards*, BB 1996, 794, 796.
722 *Gotthardt*, Arbeitsrecht nach der Schuldrechtsreform, Rn 204.
723 *Lindemann*, AuR 2002, 81, 85.
724 BAG, Urt. v. 10.02.1999, NZA 1999, 708.
725 *Gotthardt*, Arbeitsrecht nach der Schuldrechtsreform, Rn 207; *Lindemann*, AuR 2002, 81, 85.
726 *Gotthardt*, Arbeitsrecht nach der Schuldrechtsreform, Rn 204.
727 Vgl. etwa BAG, Urt. v. 09.03.1995, BB 1996, 434; BAG, Urt. v. 26.01.1995, AP Nr. 34 zu § 1 KSchG 1969 Verhaltensbedingte Kündigung.

bruch oder Arbeitsverweigerung, stets eine Abmahnung erforderlich war.[728] Während bei Störungen im Vertrauens- oder Betriebsbereich, z.B. durch die Verletzung der Treuepflicht oder andere die Vertrauensgrundlage zerstörende Handlungen, z.B. grobe Beleidigung sowie den Betriebsfrieden störende Handlungen, etwa ausländerfeindliche Äußerungen, eine Kündigung zu ihrer Wirksamkeit keiner vorherigen Abmahnung bedurfte.[729]

Mit der Entscheidung vom 04.06.1997[730] hat das BAG seine bisherige nach Störungsbereichen differenzierende Rechtsprechung aufgeben. Zur Ermittlung der Erforderlichkeit einer Abmahnung muss nicht mehr nach der Art der Kündigung und dem Bereich der Störung unterschieden werden. Vielmehr kommt es einheitlich für alle Kündigungsfälle darauf an, ob die Störung des Arbeitsverhältnisses auf ein **steuerbares Verhalten** zurückzuführen ist und die **Wiederherstellung des Vertrauens** zu erwarten ist.

Keinesfalls darf diese Rechtsprechung aber so verstanden werden, dass eine Kündigung im Vertrauensbereich nunmehr regelmäßig eine Abmahnung voraussetzt. Das BAG[731] hat in der Folge seine Rechtsprechung zwar bestätigt, aber gleichzeitig betont, dass auch bei Störungen im Vertrauensbereich eine Abmahnung dann nicht erforderlich ist, wenn es um **schwere Pflichtverletzungen** geht, deren Rechtswidrigkeit dem Arbeitnehmer ohne weiteres erkennbar ist und bei denen eine Hinnahme des Verhaltens durch den Arbeitgeber offensichtlich ausgeschlossen ist. Namentlich bei Störungen im Vertrauensbereich durch Eigentumsdelikte und sonstige strafbare oder unerlaubte Handlungen zum Nachteil des Arbeitgebers oder der Arbeitskollegen ist je nach den Umständen des Einzelfalls auch weiterhin eine Abmahnung entbehrlich. 366

bb) Personenbedingte Gründe

Bei einer personenbedingten Kündigung ist eine Abmahnung in der Regel nicht erforderlich, wenn sie sich auf ein nicht vorwerfbares Fehlverhalten bezieht, so dass auch eine **Fehlerkorrektur** nicht möglich ist.[732] Nur wenn bei fehlender Eignung Defizite durch eigene Bemühungen des Arbeitnehmers behebbar sind, ist auch vor Ausspruch einer personenbedingten Kündigung eine Abmahnung erforderlich.[733] Dies kann etwa der Fall sein bei mangelnder Führungskompetenz[734] oder bei Eignungsmängeln im subjektiv künstlerischen Bereich.[735] Nicht behebbare Eignungsdefizite können insbesondere im Bereich von Tendenzbetrieben auftreten, etwa wenn kirchliche Mitarbeiter aus der Kirche austreten.[736] 367

cc) Sonstige Fälle

Vor Ausspruch einer **betriebsbedingten Kündigung** ist eine Abmahnung generell nicht erforderlich, da die betriebsbedingte Kündigung allein im Einflussbereich des Arbeitgebers liegt.[737] 368

Vor Ausspruch einer **Änderungskündigung** ist eine Abmahnung dann denkbar, wenn der Arbeitgeber beabsichtigt, den Arbeitnehmer wegen fehlender Eigenschaften herabzugruppieren,[738] und wenn der Arbeitnehmer Gelegenheit hatte, die fehlenden Eigenschaften zu erwerben. 369

728 BAG, Urt. v. 26.01.1995, AP Nr. 34 zu § 1 KSchG 1969 Verhaltensbedingte Kündigung; BAG Urt. v. 13.06.1996, AP Nr. 33 zu § 1 KSchG 1969.
729 BAG, Urt. v. 30.11.1978, AP Nr. 1 zu § 64 SeemG; BAG, Urt. v. 26.08.1993, AP Nr. 112 zu § 626 BGB.
730 BAG, Urt. v. 04.06.1997, NZA 1997, 1281.
731 BAG, Urt. v. 10.02.1999, NZA 1999, 708.
732 *Schaub*, NZA 1997, 1185, 1186.
733 BAG, Urt. v. 15.08.1984, AP Nr. 8 zu § 1 KSchG 1969; BAG, Urt. v. 13.06.1996, AP Nr. 33 zu § 1 KSchG 1969.
734 BAG, Urt. v. 29.07.1976, EzA § 1 KSchG Nr. 34.
735 BAG, Urt. v. 15.08.1984, AP Nr. 8 zu § 1 KSchG 1969.
736 BAG, Urt. v. 12.12.1984, EzA § 1 KSchG Tendenzbetrieb Nr. 17.
737 KR/*Etzel*, § 1 KSchG Rn 228; abweichend *Schaub*, NZA 1997, 1185, 1186.
738 LAG Köln, Urt. v. 16.05.1997, FA 1998, 12.

370 Vor Ausspruch einer **außerordentlichen Beendigungskündigung** bestehen keine Unterschiede hinsichtlich der Erforderlichkeit einer Abmahnung zu den Grundsätzen, die bei einer ordentlichen Kündigung gelten. An dieser Rechtslage hat auch die Einführung von § 314 Abs. 2 BGB nichts geändert. Insoweit ist vor Ausspruch einer außerordentlichen Kündigung stets zu prüfen, ob trotz schweren Pflichtverstoßes nach dem Grundsatz der Verhältnismäßigkeit der Arbeitnehmer nicht zuvor hätte abgemahnt werden müssen.

371 Bei **Leitungsorganen von Kapitalgesellschaften** ist nach der Rechtsprechung des Bundesgerichtshofes auch vor Ausspruch einer außerordentlichen Kündigung eine Abmahnung nicht geboten. Dies wird damit begründet, dass das Institut der Abmahnung im Arbeitsrecht im Hinblick auf die soziale Schutzbedürftigkeit abhängig Beschäftigter entwickelt worden sei. Dieser Schutzgesichtspunkt könne bei Leitungsorganen von Kapitalgesellschaften nicht ausschlaggebend sein. Sie kennen regelmäßig die ihnen obliegenden Pflichten und seien sich über die Tragweite etwaiger Pflichtverletzungen auch ohne besondere Hinweise und Ermahnungen im Klaren.[739] Ob diese Rechtsprechung in Ansehung der Neuregelung in § 314 Abs. 2 BGB ohne weiteres aufrechterhalten werden kann, ist zumindest fraglich. Denn § 314 Abs. 2 BGB bestimmt das grundsätzliche Erfordernis einer Abmahnung vor Ausspruch einer außerordentlichen Kündigung.[740] Zwar kann eine Abmahnung bei besonders schweren Pflichtverletzungen nach § 323 Abs. 2 BGB entbehrlich sein, dies setzt jedoch eine Interessenabwägung im Einzelfall voraus.

b) Fehlverhalten im Wiederholungsfall

372 Die Warnfunktion der Abmahnung als Voraussetzung für eine Kündigung ist nur dann gegeben, wenn der Kündigungssachverhalt ein wiederholtes **gleichartiges Fehlverhalten** darstellt. Die abgemahnten Leistungsmängel oder Verhaltensweisen können erst dann zur Rechtfertigung einer Kündigung herangezogen werden, wenn nach erklärter Abmahnung ein Leistungs- oder Verhaltensmangel der gerügten Art auftritt.[741] Nicht erforderlich ist eine völlige Identität zwischen den gerügten Pflichtverstößen. Gleichartige Pflichtverletzungen liegen vor, wenn diese unter einem einheitlichen Gesichtspunkt zusammengefasst werden können und zu vergleichbaren Störungen des Arbeitsverhältnisses führen.[742] Gleichartige Pflichtverletzungen liegen z.B. auch dann vor, wenn der Arbeitnehmer eine Arbeitsunfähigkeitsbescheinigung verspätet vorlegt, wenn er zu spät zur Arbeit erscheint und wenn er sich nicht sofort bei seinem Vorgesetzten meldet, nachdem er zu spät zur Arbeit erschienen ist.[743]

372a Eine Abmahnung vor einer Kündigung kann auch durch betrieblichen Aushang oder durch Arbeitsanweisung erteilt werden, wenn damit zum Ausdruck kommt, dass ein bestimmtes Verhalten ohne weiteres kündigungsrelevant ist, sog. vorweggenommene Abmahnung.[744] Eine solche vorweggenommene Abmahnung kann eine Abmahnung nach Tatbegehung ausnahmsweise ersetzen, nämlich dann, wenn sich das (nachfolgende) Tun des Arbeitnehmers letztlich unter Berücksichtigung des vorweggenommenen Fingerzeigs als beharrliche Pflichtverletzung herausstellt.[745]

373 Der Kündigungsberechtigte kann sowohl bei einer außerordentlichen als auch bei einer ordentlichen Kündigung auf ein auf bestimmte Gründe gestütztes und konkret bestehendes Kündigungsrecht verzichten. Der Verzicht kann ausdrücklich oder konkludent erfolgen. Vor Ablauf der Ausschlussfrist des § 626 Abs. 2 BGB ist ein Verzicht nur anzunehmen, wenn der Kündigungsberechtigte eindeutig

739 BGH, Urt. v. 10.09.2001, ZIP 2000, 667; BGH, Urt. v. 14.02.2000, NZA 2000, 543; BGH, Urt. v. 13.07.1998, WM 1998, 1779, 1780.

740 *Gotthardt*, Arbeitsrecht nach der Schuldrechtsreform, Rn 204.

741 BAG, Urt. v. 27.02.1985, RzK I 1 Nr. 5.

742 BAG, Urt. v. 10.11.1988, EzA § 611 BGB Abmahnung Nr. 18; LAG Frankfurt, Urt. v. 09.07.1999, PersR 2000, 217; LAG Frankfurt, Urt. v. 07.07.1996, LAGE § 626 BGB Nr. 115; LAG Berlin, Urt. v. 05.12.1995, LAGE § 1 KSchG Verhaltensbedingte Kündigung Nr. 52.

743 LAG Saarland, Urt. v. 23.04.2003 – 2 Sa 134/02 (n.v.), n.rkr.

744 LAG Köln, Urt. v. 08.08.1999, NZA-RR, 2000, 24.

745 LAG Hamm, Urt. v. 21.10.1997, NZA-RR 1999, 76; LAG Hamm, Urt. v. 12.09.1996, LAGE § 626 BGB Nr 105.

seine Bereitschaft zu erkennen gibt, das Arbeitsverhältnis fortzusetzen. Das Kündigungsrecht erlischt durch Verzicht insgesamt, wenn der Kündigungsberechtigte wegen des ihm bekannten Kündigungssachverhalts eine Abmahnung ausspricht und sich die für die Kündigung maßgebenden Umstände nicht später geändert haben.[746] Ein solcher Verzicht kann aber nur angenommen werden, wenn die Vertragsrüge deutlich und unzweifelhaft zu erkennen gibt, dass der Arbeitgeber den vertraglichen Pflichtverstoß als ausreichend sanktioniert und die Sache als »erledigt« ansieht.[747]

Umgekehrt erfüllt eine frühere Kündigung die Funktion einer Abmahnung jedenfalls dann, wenn der Kündigungssachverhalt feststeht und die Kündigung aus anderen Gründen, z.B. wegen fehlender Abmahnung, für sozialwidrig erachtet worden ist.[748] Dem Arbeitgeber ist es im Fall der Unwirksamkeit der Kündigung nicht verwehrt, auf den Kündigungsgrund eine Abmahnung zu stützen. 374

Trotz vorangehender einschlägiger Abmahnung kann nach dem Grundsatz der Verhältnismäßigkeit ausnahmsweise vor Ausspruch einer verhaltensbedingten Kündigung wegen Arbeitsverweigerung eine erneute Abmahnung im Sinne einer »letzten Warnung« geboten sein, wenn das Arbeitsverhältnis langjährig (18 Jahre) störungsfrei verlaufen ist und die Weigerungshaltung des Arbeitnehmers allein auf arbeitsbedingten Problemen in der Zusammenarbeit mit einem Kollegen beruht.[749] 375

III. Formale Voraussetzungen der Abmahnung

1. Form

Abmahnungen sind grundsätzlich nicht formbedürftig, es sei denn, Tarifvertrag, Betriebsvereinbarung oder Arbeitsvertrag schreiben Schriftform vor, und können daher mündlich oder schriftlich ausgesprochen werden.[750] Unschädlich ist daher die Gestaltung der Abmahnung als Aushang: Abmahnungen müssen nicht persönlich adressiert sein; sie können in Arbeitsverträgen, Rundschreiben oder gerade auch in Betriebsaushängen enthalten sein (»Abmahnung an den, den es angeht«).[751] Aus Beweisgründen muss der Arbeitgeber aber sicherstellen, dass die Arbeitnehmer von der vorweggenommenen Abmahnung auch tatsächlich Kenntnis erlangt haben. Es empfiehlt sich, sich von jedem Arbeitnehmer den Erhalt oder die Kenntnisnahme, z.B. der Arbeitsanweisung oder des betrieblichen Aushangs, quittieren zulassen. 376

Zur **Beweissicherung**[752] sollte der Arbeitgeber jedoch immer eine schriftliche Abmahnung aussprechen. Zum einen kann er damit überhaupt darlegen und ggf. beweisen, dass eine Abmahnung vor Ausspruch einer Kündigung ausgesprochen wurde und dass die sonstigen Voraussetzungen der Abmahnung vorliegen. Zum anderen dokumentiert der Arbeitgeber die Tatsachen, die dem beanstandeten Verhalten zugrunde lagen. Wird in der Abmahnung ein Fehlverhalten beanstandet, das durch Zeugen mitgeteilt wurde oder stehen andere Beweismittel zur Verfügung, dann sollten die Zeugen im Abmahnungsschreiben bereits benannt werden, und der Arbeitgeber sollte die Zeugen anhalten, ihre Aussage schriftlich niederzulegen. Da Abmahnungen oft erst eine längere Zeit nach ihrem Ausspruch Relevanz in Kündigungsschutzprozessen erlangen und Zeugen sich dann nicht mehr genau an Ereignisse erinnern, kann das Protokoll in einem späteren Prozess als Gedankenstütze dienen, um Erinnerungslücken zu schließen. Dies gilt umgekehrt im gleichen Maße natürlich auch für den Arbeitnehmer, auch wenn im Abmahnungs- und Kündigungsschutzprozess zunächst der Arbeitgeber darlegungs- und beweispflichtig ist. 377

746 BAG, Urt. v. 06.03.2003, NZA 2003, 1388; BAG, Urt. v. 10.11.1988, AP Nr. 3 zu § 1 KSchG 1969 Abmahnung.
747 BAG, Urt. v. 06.03.2003, NZA 2003, 1388.
748 BAG, Urt. v. 31.08.1989, NZA 1990, 433; LAG Frankfurt, Urt. v. 11.06.1993, NZA 1994, 886.
749 LAG Hamm, Urt. v. 25.09.1997, LAGE § 1 KSchG Verhaltensbedingte Kündigung Nr. 59.
750 *V. Hoyningen-Huene/Linck*, § 1 KSchG Rn 288a; KR/*Hillebrecht*, § 626 BGB Rn 98d.
751 LAG Köln, Urt. v. 06.08.1999, NZA-RR 2000, 24.
752 Siehe Rn 337.

2. Inhalt

378 Häufig führt bereits die fehlerhafte Abfassung der Abmahnung zu ihrer Unwirksamkeit. Korrespondierend zu ihren Funktionen muss die Abmahnung bestimmten inhaltlichen Anforderungen genügen. In einer Abmahnung müssen drei Punkte stets deutlich angesprochen werden.[753] Die Abmahnung muss eine detaillierte Darstellung des gerügten vertragswidrigen Verhaltens enthalten. Neben der Aufforderung an den Arbeitnehmer, sich künftig vertragsgerecht zu verhalten, empfiehlt sich die Darstellung des erwarteten, vertragsgerechten Verhaltens. Außerdem muss die Abmahnung den deutlichen Hinweis enthalten, dass im Wiederholungsfalle mit einer Kündigung des Arbeitsverhältnisses zu rechnen ist.

a) Bezeichnung als Abmahnung

379 Die Abmahnung muss zwar nicht ausdrücklich als solche bezeichnet werden.[754] Empfehlenswert ist dies dennoch, da der Arbeitgeber auf diese Weise einer falschen Deutung seiner Erklärung zuvorkommt.[755] Allerdings ist auch eine als Abmahnung bezeichnete Erklärung dann nicht als Abmahnung zu werten, wenn sie die Warnfunktion nicht erfüllt.

b) Darstellung des Pflichtenverstoßes

380 Besonders fehleranfällig erweist sich in der Praxis immer wieder die Darstellung des gerügten Pflichtenverstoßes. Der Arbeitgeber muss das Fehlverhalten des Arbeitnehmers in der Abmahnung genau bezeichnen.[756] Die Konkretisierungspflicht erfordert es, dass genau bezeichnet wird, welche näher beschriebenen Leistungsmängel oder Pflichtverletzungen gerügt werden. Dazu gehört die **detaillierte Schilderung** des tatsächlichen Sachverhalts, der den Pflichtverstoß kennzeichnet, insbesondere nach Ort und beteiligten Personen[757] sowie nach Datum und Uhrzeit.[758] Bei der Beanstandung der Arbeitsleistung als mangel- oder fehlerhaft sind inhaltliche Angaben zur Bezugsgröße der verlangten fehlerfreien Arbeitsleistung zu machen.[759] Bei mehreren gerügten Pflichtverletzungen sind die einzelnen Sachverhalte genau abzugrenzen.[760]

381 Der gesamte in einer Abmahnung erhobene Vorwurf muss tatsächlich zutreffend sein. Es reicht daher nicht aus, wenn die Pflichtverletzung des Arbeitnehmers nur fehlerfrei beschrieben wird. Auch die **Folgen der Pflichtverletzung**, z.B. ein Schaden, müssen beweisbar sein, wenn sie in der Abmahnung behauptet werden.[761]

382 Zur Unwirksamkeit der Abmahnung führt es stets, wenn der Pflichtverstoß lediglich **schlagwortartig** bezeichnet wird.[762] Pauschale Angaben und allgemeine Wertungen wie: »Häufige Verspätungen in der letzten Zeit«, »Unzureichende Arbeitsleistung«, »Ihre Leistungen entsprechen nicht unseren Anforderungen«, »wegen der Ihnen bekannten Vorkommnisse«, »wiederholte Nichtbefolgung von Arbeitsanweisungen«, »zum wiederholten Male Ware falsch ausgeliefert«, »Vertrauensverlust«, »fehlende Bereitschaft zur Zusammenarbeit«, »Störung des Betriebsfriedens«, »Minderleistung«,

753 Vgl. *Hoß*, MDR 1999, 333, 335.
754 BAG, Urt. v. 10.11.1993, EzA § 611 BGB Abmahnung Nr. 29.
755 Siehe zur Abgrenzung § 6 Rn 348 ff.
756 BAG, Urt. v. 09.08.1984, AP Nr. 12 zu § 1 KSchG 1969 Verhaltensbedingte Kündigung; BAG, Urt. v. 25.06.1992, NZA 1993, 81; MünchArbR/*Berkowsky*, § 133 Rn 15.
757 LAG Baden-Württemberg, Urt. v. 17.10.1990, LAGE § 611 BGB Abmahnung Nr. 25; Küttner/*Eisenmann*, Abmahnung Rn 25.
758 BAG, Urt. v. 28.04.1994, RzK I 8 k Nr. 6; ArbG Wetzlar, Urt. v. 17.08.1993, EzA § 611 BGB Abmahnung Nr. 27; ArbG Karlruhe, Urt. v. 07.03.1987, BB 1987, 2168.
759 LAG Baden-Württemberg, Urt. v. 17.10.1990, LAGE § 611 BGB Abmahnung Nr. 25; vgl. auch BAG, Urt. v. 09.08.1984, AP Nr. 12 zu § 1 KSchG 1969 Verhaltensbedingte Kündigung.
760 BAG, Urt. v. 28.04.1994, RzK I 8 k Nr. 6.
761 ArbG Hamburg, Urt. v. 14.08.1995, NZA-RR 1996, 206.
762 BAG, Urt. v. 15.08.1984, AP Nr. 8 zu § 1 KSchG 1969; LAG Baden-Württemberg, Urt. v. 17.10.1990, LAGE § 611 BGB Abmahnung Nr. 25.

»untragbares Verhalten« begründen stets einen Entfernungsanspruch des Arbeitnehmers und führen dazu, dass einer Abmahnung im nachfolgenden Kündigungsstreit keine Bedeutung beigemessen werden kann.[763]

Besondere Vorsicht ist bei der **Beanstandung mehrerer Pflichtverletzungen** des Arbeitnehmers in einer Abmahnung geboten. Stellt sich später heraus, dass nur einer der erhobenen Vorwürfe unzutreffend oder nicht beweisbar ist, führt dies zur Unwirksamkeit der Abmahnung insgesamt.[764] Eine teilunwirksame Abmahnung ist nicht nur insgesamt aus der Personalakte zu entfernen, sie ist auch als Vorstufe einer verhaltensbedingten Kündigung ungeeignet.[765] Auch wenn der Arbeitgeber grundsätzlich berechtigt ist, eine erneute Abmahnung ohne den unzutreffenden oder nicht nachgewiesenen Pflichtenverstoß auszusprechen,[766] so ist es hierfür zu spät, wenn sich der Fehler erst im Kündigungsschutzprozess herausstellt. Eine Sammelabmahnung birgt auch die Gefahr, dass die Vorwürfe verwaschen sind und ihnen nicht mehr deutlich entnehmbar ist, ob die Drohung mit einer Kündigung sich auf jeden einzelnen Pflichtenverstoß bezieht oder der Arbeitnehmer annehmen darf, nur bei einer erneuten Ansammlung des gesamten gerügten Verhaltens drohten Konsequenzen.[767] 383

Daher sollte in einer Abmahnung jeweils nur eine Pflichtwidrigkeit des Arbeitnehmers beanstandet werden. Auch dann, wenn der Arbeitnehmer im zeitlichen Zusammenhang verschiedene Vertragsverstöße begangen hat, sollte jeder Verstoß in einer eigenen Abmahnung behandelt werden. Nur ausnahmsweise kann es sich in Bagatellfällen anbieten, mehrere Pflichtverletzungen in einer Abmahnung zusammenzufassen. 384

Beispiel

Der Arbeitnehmer kommt zwei Minuten zu spät zur Arbeit. Dieses Fehlverhalten wiederholt sich in den nächsten vier Wochen 10mal. Eine Verspätung allein rechtfertigt kaum eine Abmahnung. Erst die Vielzahl der geringfügigen Verspätungen macht eine Abmahnung verhältnismäßig. Auf die erste Verspätung sollte der Arbeitgeber mit einer Ermahnung reagieren und nochmals eine klare Arbeitszeitanweisung aussprechen. Kommt es zu Wiederholungen, können mehrere Verspätungen zusammengefasst werden. Um Risiken auszuschließen, z.B. dass sich Verspätungen nicht nachweisen lassen, können im Wiederholungsfall auch für jede Verspätung gesondert Abmahnungen ausgesprochen werden.

Die Abfassung der Abmahnung sollte sich darüber hinaus auf die Darstellung des pflichtwidrigen Verhaltens beschränken und keine **unnötigen Wertungen** oder zusätzlichen Sachverhaltsschilderungen enthalten. Mit der Wertung »Betrug« in einer Abmahnung ist z.B. die Tatsachenbehauptung verbunden, der Arbeitnehmer habe den Arbeitgeber mit dem beanstandeten Verhalten in seinem Vermögen geschädigt. Kann der Arbeitgeber eine solche Vermögensschädigung nicht darlegen, läuft er Gefahr, dass die Abmahnung bereits aus diesem Grund unwirksam ist.[768] Hintergrundinformationen können aus der Sicht des Arbeitnehmers eigenständige Vorwürfe enthalten, die u.U. vom Arbeitgeber nicht konkretisiert werden können und damit die gesamte Abmahnung unwirksam machen.[769] Ebenso kann sich eine Abmahnung als fehlerhaft erweisen, wenn der Arbeitgeber in der Abmahnung genannte Folgen einer Pflichtverletzung wie etwa »ungeheure Beeinträchtigung der kollegialen Zusammenarbeit« im Prozess nicht gesondert schlüssig dargelegt und/oder beweisen kann, dass der Arbeitnehmer durch die Vorhaltung solcher angeblicher Folgewirkungen ebenso 385

763 LAG Baden-Württemberg, Urt. v. 17.10.1990, LAGE § 611 BGB Abmahnung Nr. 25; ArbG Wetzlar, Urt. v. 17.08.1993, EzA § 611 BGB Abmahnung Nr. 27; *Becker-Schaffner*, BB 1995, 2526; *Hoß*, MDR 1999, 333, 335.

764 Vgl. nur BAG, Urt. v. 13.03.1991, NZA 1991, 768; LAG Düsseldorf, Urt. v. 18.11.1986, ArbuR 1988, 55.

765 *Hoß*, MDR 1999, 333, 336.

766 BAG, Urt. v. 13.03.1991, NZA 1991, 768; LAG Köln, Urt. v. 12.03.1986, LAGE § 611 BGB Abmahnung Nr. 7; LAG Hamm, Urt. v. 21.12.1990, LAGE § 611 BGB Abmahnung Nr. 23.

767 *Hoß*, MDR 1999, 333, 336.

768 LAG Rheinland-Pfalz, Urt. v. 13.04.1989, LAGE § 611 BGB Abmahnung Nr. 18.

769 *Kleinebrink*, Abmahnung, Rn 326.

unzulässig beeinträchtigt wird wie bei einer unzutreffenden von mehreren behaupteten Pflichtverletzungen.[770] Es ist unzulässig, eine entfernte Abmahnung in einer neu ausgesprochenen Abmahnung zu erwähnen bzw. auf eine entfernte Abmahnung inhaltlich Bezug zu nehmen.[771]

386 Vorsicht ist bei häufig anzutreffenden Verweisen auf andere Schreiben oder Gespräche geboten. Solche **Bezugnahmen** sind zwar grundsätzlich zulässig. Der Abmahnung fehlt aber die erforderliche Eindeutigkeit, wenn in einer schriftlichen Abmahnung undifferenziert auf ein anderes Schreiben verwiesen wird, in dem neben den beanstandeten Vertragsverletzungen weitere Vorgänge aufgeführt sind, auf die sich die Abmahnung nicht bezieht und auch nicht beziehen soll.[772]

387 Ein **Rückgriff auf mündliche Erörterungen und Gespräche** in der Abmahnung führt möglicherweise dazu, dass die Abmahnung aus sich heraus nicht verständlich ist.[773] Außerdem erfüllt die Abmahnung ihre Dokumentationsfunktion nicht, da Gesprächsinhalte rekonstruiert werden müssen, ohne auf Einzelheiten in der Abmahnung zurückgreifen zu können, was erhebliche Darlegungs- und Beweisschwierigkeiten bringen kann.[774] Auch eine Bezugnahme in einer Abmahnung auf andere Abmahnungen kann zur Unwirksamkeit führen. Ist eine Abmahnung unwirksam, besteht nach Ansicht des BAG die Möglichkeit, dass auch die darauf verweisenden Abmahnungen inhaltlich unzutreffend sind.[775]

388 Ferner muss der Arbeitgeber die begangene Pflichtverletzung ausdrücklich beanstanden und den Arbeitnehmer eindringlich auffordern, sich künftig vertragsgerecht zu verhalten.[776] Da die Abmahnung dem Arbeitnehmer Gelegenheit geben soll, zu einem vertragsgerechten Verhalten zurückzukehren, muss sie das vertragsgerechte Verhalten bezeichnen, das der Arbeitnehmer zukünftig zeigen soll, sofern sich das vertragsgemäße Verhalten nicht bereits aus dem konkreten Vorwurf ergibt, z.B. bei Verspätungen.[777] Werden dem Arbeitnehmer Leistungsmängel vorgeworfen, so ist daher die vertragsgemäß zu erbringende Leistung zu bezeichnen, z.B. der erwartete Umsatz.

389 Bei der Abfassung der Abmahnung ist zudem darauf zu achten, dass die Abmahnung nach Form und Inhalt das **Persönlichkeitsrecht des Arbeitnehmers** nicht verletzt, selbst wenn der Pflichtverstoß des Arbeitnehmers abmahnungswürdig sein mag, da die Abmahnung andernfalls unverhältnismäßig und unwirksam sein kann.[778] In einem solchen Fall wiegt das Persönlichkeitsrecht und das Recht auf freie Berufswahl des Arbeitnehmers mehr als die Meinungsfreiheit des Arbeitgebers und dessen Recht auf freie unternehmerische Betätigung. Beschränkt sich die Abmahnung auf die Darstellung des Pflichtenverstoßes, dessen sachliche Beanstandung und die Ankündigung von arbeitsrechtlichen Sanktionen im Wiederholungsfall, ist sie nicht unverhältnismäßig.[779]

c) Darstellung der Folgen (Warnfunktion)

390 Die Abmahnung genügt der Warnfunktion nur, wenn sie neben der detaillierten Darstellung der Pflichtverletzung auch den Hinweis auf die Folgen weiterer Pflichtverletzungen enthält.[780] Ausreichend ist, wenn der Arbeitgeber dem Arbeitnehmer unmissverständlich deutlich macht, dass im

770 LAG Düsseldorf, Urt. v. 23.02.1996, NZA-RR 1997, 81.
771 ArbG Frankfurt, Urt. v. 23.05.2000 – 4 Ca 8178/99 (n.v.).
772 LAG Hamm, Urt. v. 01.02.1983, EzA § 611 BGB Fürsorgepflicht Nr. 33.
773 ArbG Chemnitz, Urt. v. 08.06.1994, BB 1994, 1789.
774 *Kleinebrink*, Abmahnung, Rn 334.
775 BAG, Urt. v. 03.02.1993 – 5 AZR 200/92 (n.v.).
776 Vgl. BAG, Urt. v. 10.11.1988, AP Nr. 3 zu § 1 KSchG 1969 Abmahnung; LAG Hamm, Urt. v. 30.05.1996, NZA 1997, 1056; KR/*Hillebrecht*, § 626 BGB Rn 98.
777 *Hoß*, MDR 1999, 333, 335.
778 LAG Köln, Urt. v. 12.05.1995, NZA-RR 1996, 204; zur Unwirksamkeit einer Abmahnung wegen überschießender inhaltlicher Bestandteile: LAG Sachen-Anhalt, Urt. v. 06.09.2000 – 5 Sa 906/99 (n.v.).
779 LAG Schleswig-Holstein, Urt. v. 16.07.2002, LAGReport, 2002, 387.
780 BAG, Urt. v. 09.08.1984, AP Nr. 12 zu § 1 KSchG 1969 Verhaltensbedingte Kündigung; *Schaub*, NZA 1997, 1185.

Wiederholungsfall der Bestand des Arbeitsverhältnisses gefährdet ist.[781] Ein Hinweis auf bestimmte kündigungsrechtliche Maßnahmen, z.B. ordentliche Kündigung, fristlose Kündigung oder Änderungskündigung, ist weder erforderlich[782] noch ratsam.

Beispiel[783]
Der Arbeitgeber droht dem Arbeitnehmer in der Abmahnung ausdrücklich eine fristgerechte Kündigung für den Wiederholungsfall an. Nach einer erneuten Pflichtverletzung stellt er fest, dass der Arbeitnehmer tarifvertraglich ordentlich nicht mehr kündbar ist. Spricht der Arbeitgeber dann eine außerordentliche fristlose Kündigung aus, kann er sich unter Umständen auf die Abmahnung nicht berufen, da die Warnfunktion dieser Abmahnung, in der lediglich eine fristgerechte Kündigung angedroht wird, hinter der vom Arbeitgeber gezogenen arbeitsrechtlichen Konsequenz, der fristlosen Kündigung, zurückbleibt.

Droht der Arbeitgeber lediglich eine »Kündigung« des Arbeitsverhältnisses an oder formuliert er 391 »bis hin zu einer außerordentlichen Kündigung«, so ist dies unbedenklich, ebenso wie der Hinweis auf die »Gefährdung des Bestands des Arbeitsverhältnisses«. Droht der Arbeitgeber lediglich mit »Konsequenzen arbeitsrechtlicher Art«, besteht die Gefahr, dass die Abmahnung aufgrund einer unbestimmten Warnfunktion als Vorstufe einer Kündigung nicht geeignet ist, obwohl das BAG[784] dies als ausreichend angesehen hat. Mit einer Kündigung muss der Arbeitnehmer bei einer solchen Formulierung nach einer weiteren Pflichtverletzung nicht unbedingt rechnen, da z.B. auch eine Versetzung eine arbeitsrechtliche Konsequenz darstellt.[785] Die Formulierung in einem betrieblichen Aushang »die Geschäftsleitung behält sich vor, bei solchen Zuwiderhandlungen entsprechende personelle Maßnahmen bis hin zur Kündigung zu ergreifen« macht unmissverständlich deutlich, dass mit einer Kündigung als einer möglichen Folge gerechnet werden muss und erfüllt daher die Warnfunktion.[786] Insbesondere in der betrieblichen Umgangssprache hat der Arbeitgeber die Drohung mit der Kündigung auch auszusprechen. Weicht er auf eigenes Risiko auf Umschreibungen aus (»Sie sind sich im Klaren über die Folgen«), hat er diese so zu wählen, dass die Kündigungsdrohung bei seinem konkreten Gesprächspartner auch mit Sicherheit ankommt.[787] Durch einen vergangenheitsbezogenen Warnhinweis wird der Warnfunktion nicht genügt.[788]

Bei Pflichtverletzungen von geringerem Gewicht, bei langjährig bestehenden Arbeitsverhältnissen 392 oder Nebenpflichtverletzungen, bei denen in der Regel ein einmaliger Pflichtenverstoß nicht ausreicht, um im Wiederholungsfall eine Kündigung darauf zu stützen, sollte sich die Androhung der Kündigung steigern. *Hoß*[789] schlägt hierzu folgende Stufen vor: Bei der ersten Abmahnung sollte mit »arbeitsrechtlichen Konsequenzen bis hin zur Kündigung« gedroht werden. Die zweite einschlägige Abmahnung sollte »die Kündigung des Arbeitsverhältnisses« androhen. Bei der dritten einschlägigen Abmahnung sollte angedroht werden, dass im Wiederholungsfall »unausweichlich die sofortige Kündigung« erfolgen wird.

In der Praxis wird dem Anwalt immer wieder die Frage gestellt, wie oft der Arbeitnehmer 393 abgemahnt werden muss, bevor eine Kündigung ausgesprochen werden kann. Vielfach existiert die

781 BAG, Urt. v. 18.11.1986, EzA § 611 BGB Abmahnung Nr. 4; BAG, Urt. v. 26.01.1995, AP Nr. 34 zu § 1 KSchG 1969 Verhaltensbedingte Kündigung; KR/*Hillebrecht*, § 626 BGB Rn 98 a.

782 BAG, Urt. v. 18.01.1980, EzA § 1 KSchG Verhaltensbedingte Kündigung Nr. 7; BAG, Urt. v. 24.03.1988, RzK I 5 i Nr. 35; *Schaub*, NZA 1997, 1185.

783 *Keinebrink*, Abmahnung, Rn 339.

784 Vgl. BAG, Urt. v. 15.07.1992, EzA § 611 BGB Abmahnung Nr. 26; BAG, Urt. v. 18.05.1994, EzA § 611 BGB Abmahnung Nr. 31.

785 *Kleinebrink*, Abmahnung, Rn 340.

786 LAG Köln, Urt. v. 06.08.1999, NZA-RR 2000, 24.

787 LAG Köln, Urt. v. 12.09.2002, ArbuR 2003, 195.

788 LAG Frankfurt, Urt. v. 12.03.2003 – 2/1 Sa 841/02, (n.v.).

789 *Hoß*, MDR 1999, 333, 335.

falsche Vorstellung, dass erst nach drei Abmahnungen eine Kündigung wirksam ist, bzw. aus Arbeitnehmersicht, dass nach drei Abmahnungen stets eine Kündigung folgt. Wieviele Abmahnungen vor Ausspruch einer verhaltensbedingten Kündigung tatsächlich ausgesprochenen werden müssen, ist im Rahmen der Interessenabwägung unter anderem nach der Schwere der Pflichtenverstöße, der Betriebszugehörigkeit, der Häufigkeit früherer gleichartiger Pflichtenverstöße und danach, ob etwaige Rechtfertigungs- oder Entschuldigungsgründe vorliegen, zu beurteilen.

Es besteht keine Regel, dass nach drei Abmahnungen eine Kündigung folgen muss. Allerdings sollte der Arbeitgeber nach mehreren einschlägigen Abmahnungen **Konsequenzen** ziehen, um keinen Zweifel an der Ernsthaftigkeit seines Handelns aufkommen zu lassen und nicht an Glaubwürdigkeit, auch gegenüber den übrigen Arbeitnehmern, zu verlieren. Zahlreiche Abmahnungen wegen gleichartiger Pflichtverletzungen, denen keine weiteren Konsequenzen folgen, können die Warnfunktion der Abmahnungen abschwächen.[790] Der Arbeitgeber muss dann die letzte Abmahnung vor Ausspruch einer Kündigung besonders eindringlich gestalten, um dem Arbeitnehmer klar zu machen, dass weitere derartige Pflichtverletzungen nunmehr zum Ausspruch einer Kündigung führen werden.[791] Bei mehreren Pflichtverstößen sollten sich daher Wortwahl und Tonfall verschärfen, um dem Arbeitnehmer die drohenden Konsequenzen klar vor Augen zu führen. Eine »letztmalige« Abmahnung muss auch eine solche bleiben.

3. Erklärung der Abmahnung

a) Anhörung des Arbeitnehmers

394 Der Arbeitgeber ist nach dem Gesetz vor Ausspruch der Abmahnung nicht verpflichtet, den Arbeitnehmer anzuhören.[792] Für den Bereich des öffentlichen Dienstes konstituieren allerdings einige Tarifverträge die Verpflichtung des Arbeitgebers, den Arbeitnehmer vor Ausspruch der Abmahnung bzw. Aufnahme der Abmahnung in die Personalakte anzuhören. Wichtigste tarifrechtliche Bestimmung ist § 13 Abs. 2 BAT/BAT-0.[793] § 13 Abs. 2 BAT ist nicht auf Beschwerden oder Behauptungen tatsächlicher Art, die außerhalb des internen Bereichs des Arbeitgebers, insbesondere von Außenstehenden kommen, beschränkt.[794] Vielmehr gewährt § 13 Abs. 2 BAT ein **umfassendes Anhörungsrecht** zu allen Beschwerden und Behauptungen, die dem Arbeitnehmer nachteilig sind.[795]

395 Hat der Arbeitgeber die Abmahnung unter Verstoß gegen § 13 Abs. 2 BAT zur Personalakte genommen, dann begründet diese Pflichtverletzung einen schuldrechtlichen Entfernungsanspruch neben dem Recht des Arbeitnehmers auf Gegenäußerung nach § 13 Abs. 2 Satz 2 BAT und der Möglichkeit, die missbilligende Äußerung des Arbeitgebers gerichtlich überprüfen zu lassen, ob sie nach Form und Inhalt geeignet ist, ihn in seiner Rechtsstellung zu beeinträchtigen.[796]

396 Obwohl die Abmahnung formell rechtswidrig und auf Antrag des Arbeitnehmers aus der Personalakte zu entfernen ist, behält sie ihre materiell-rechtliche Wirkung und der Arbeitgeber kann sich

790 BAG, Urt. v. 15.11.2001, AP Nr. 1 zu § 1 KSchG 1969 Abmahnung.

791 BAG, Urt. v. 15.11.2001, AP Nr. 1 zu § 1 KSchG 1969 Abmahnung.

792 BAG, Urt. 21.05.1992, AP Nr. 28 zu § 1 KSchG 1969 Verhaltensbedingte Kündigung; a.A. ArbG Frankfurt/Oder, Urt. v. 07.04.1999, NZA-RR 1999, 467.

793 Vgl. auch § 13a Abs. 2 MTB II, MTL II, MT Arb-O und die entsprechenden Vorschriften in den zahlreichen an den BAT angelehnten Bestimmungen in den Tarifverträgen der Kirchen und Körperschaften.

794 BAG, Urt. v. 16.11.1989 – 6 AZR 64/88 (n.v.); *Clemens/Scheuring/Steingen/Wiese*, § 13 BAT Erl. 6.

795 ArbG Dessau, Urt. v. 05.06.2002, AuA 2002, 572: Dem tarifvertraglichen Anhörungserfordernis des § 13 Abs. 2 BAT-O vor Ausspruch zweier Abmahnungen mit atypischem Umfang und zu einem komplexen Lebenssachverhalt wird nicht Genüge getan, wenn der Arbeitgeber den Arbeitnehmer ohne Bekanntgabe des Gesprächsgrundes zu einem Gespräch einbestellt und anlässlich dieses Gespräches die bereits vorformulierten Abmahnungen ohne weitere Erörterungen übergeben werden. Die Fürsorgepflicht des Arbeitgebers gebietet es, den Sachverhalt detailliert mit dem betroffenen Arbeitnehmer durchzugehen und vor Formulierung der Abmahnungsschreiben das Gespräch mit dem Arbeitnehmer zu suchen.

796 BAG, Urt. v. 13.10.1988, AP Nr. 4 zu § 611 BGB Abmahnung; BAG, Urt. v. 16.11.1989, AP Nr. 2 zu § 13 BAT; LAG Hamm, Urt. v. 10.05.2000, NZA-RR 2001, 238.

in einem späteren Kündigungsschutzprozess auf die Abmahnung berufen, wenn die Abmahnung sachlich berechtigt war.[797] Der Arbeitnehmer kann nämlich trotz formeller Unwirksamkeit nicht mehr davon ausgehen, dass der Arbeitgeber ein nachfolgendes einschlägiges Fehlverhalten ohne Folgen hinnehmen wird.

Auch wenn das Anhörungsrecht nicht nur bloße Förmelei ist, sondern eine Auseinandersetzung des Arbeitgebers mit der Gegendarstellung des Betroffenen bezweckt, die im Idealfall zu einer Korrektur oder sogar zu einem Absehen von der beabsichtigten Rüge führen kann, so darf nicht verkannt werden, dass es sich im Wesentlichen um ein das Personalaktenrecht des öffentlichen Dienstes betreffendes Recht handelt, das dem Arbeitnehmer nur einen Anspruch auf Berichtigung der Personalakte einräumt. Stellt sich die Abmahnung als inhaltlich zutreffend heraus, dann hat die ansonsten formell ordnungsgemäße Abmahnung ihre Funktion erfüllt. Eine kündigungsschutzrechtliche Wirkung der Verletzung des tarifvertraglichen Anhörungsrechts würde den Anwendungsbereich des § 13 BAT unzulässig ausdehnen. 397

b) Abmahnungsberechtigter Personenkreis

Abmahnungsberechtigt sind grundsätzlich alle Personen, die auch kündigungsberechtigt sind. Rechtsprechung[798] und der überwiegende Teil der Literatur[799] haben anerkannt, dass eine Abmahnung darüber hinaus von allen **Vorgesetzten** ausgesprochen werden kann, die nach ihrer Aufgabenstellung befugt sind, verbindliche Anweisungen hinsichtlich Arbeitsort und -zeit sowie der Art und Weise der Arbeitsleistung zu erteilen. Abmahnungsberechtigt können daher auch Fachvorgesetzte sein, sofern diesen ein Weisungsrecht zusteht, etwa Meister,[800] Abteilungsleiter oder Chefärzte.[801] 398

Dem wird vereinzelt[802] entgegengehalten, dass die Abmahnung, da sie Vorstufe zur Kündigung sei, auf **kündigungsberechtigte** Personen beschränkt werden müsse. Es werde in die Rechte des Arbeitnehmers eingegriffen, was nur durch Kündigungsberechtigte erfolgen dürfe. Diese Ansicht verkennt jedoch, dass die Abmahnung im Gegensatz zur Kündigung keine unmittelbare Rechtsfolge herbeiführt. Die Abmahnung ist Ausübung des Gläubigerrechts des Arbeitgebers. Dieses Gläubigerrecht kann der Arbeitgeber mit dem Direktionsrecht auf andere Mitarbeiter übertragen. Mit der Übertragung geht auch die Befugnis zur Wahrnehmung des Gläubigerrechts durch Ausspruch einer Abmahnung über.[803] 399

Die Erweiterung des Abmahnungsrechts auf weisungsberechtigte Mitarbeiter birgt für den Arbeitgeber aber auch Risiken. Mahnt ein solcher Mitarbeiter den Arbeitnehmer ab, z.B. die mündliche Abmahnung des Poliers auf der Baustelle gegenüber dem wiederholt Alkohol trinkenden Hilfsarbeiter, wird dadurch das Kündigungsrecht verbraucht.[804] Darüber hinaus sind solche Abmahnungen häufig nur schwer nachzuweisen. Unternehmen sind daher gut beraten, intern zu regeln, wer wann und wie Abmahnungen aussprechen darf.

797 BAG, Urt. v. 16.11.1989, AP Nr. 2 zu § 13 BAT.

798 BAG, Urt. v. 18.01.1980, EzA § 1 KSchG Verhaltensbedingte Kündigung Nr. 7; LAG Köln, Urt. v. 12.03.1986, LAGE § 611 BGB Abmahnung Nr. 3; LAG Düsseldorf, Urt. v. 18.11.1986, LAGE § 611 Abmahnung Nr. 7; LAG Hamm, Urt. v. 21.12.1990, LAGE § 611 Abmahnung Nr. 23.

799 MüKo-BGB/*Schwerdtner*, § 622 Anh. Rn 126; *Kleinebrink*, Abmahnung, Rn 350; a.A. *Pauly*, NZA 1995, 449, 452.

800 LAG Düsseldorf, Urt. v. 08.01.1980, BB 1980, 526; LAG Hamm, Urt. v. 13.04.1983, DB 1983, 1930.

801 BAG, Urt. v. 18.01.1980, EzA § 1 KSchG Verhaltensbedingte Kündigung Nr. 7.

802 *Pauly*, NZA 1995, 449, 452.

803 Vgl. auch *Kleinebrink*, Abmahnung, Rn 352 m.w.N.

804 BAG, Urt. v. 10.11.1988, AP Nr. 3 zu § 1 KSchG 1969 Abmahnung; BAG, Urt. v. 09.03.1995, BB 1996, 434.

c) Erklärung, Zugang und Möglichkeit der Kenntnisnahme der Abmahnung

400 Obwohl die Abmahnung keine Willenserklärung ist, finden die Vorschriften über Willenserklärungen auf die Abmahnung als **geschäftsähnliche Handlung** zum Teil entsprechende Anwendung, insbesondere die Bestimmungen über die Abgabe und den Zugang von Willenserklärungen, §§ 130 ff. BGB.[805] Ein Abmahnung wird genauso wie eine Kündigung nur wirksam, wenn sie dem Empfänger zugeht[806] und dieser Kenntnis vom Inhalt des Abmahnungsschreibens erlangt.[807] Der Arbeitgeber trägt die Beweislast für den Zugang der Abmahnung.

401 Neben dem Zugang der Abmahnung ist für ihre Wirksamkeit erforderlich, dass der Empfänger der Abmahnung von ihrem Inhalt Kenntnis erlangt.[808] Dies erlangt namentlich in den Fällen Relevanz, in denen der Arbeitnehmer der deutschen Sprache nicht mächtig ist und daher den Inhalt des Abmahnungsschreibens nicht versteht. In der Praxis sollten daher gegenüber ausländischen Arbeitnehmern, bei denen Zweifel über die Lese- und Sprachkenntnisse bestehen, die Abmahnung über einen Dolmetscher übersetzt werden und der in deutscher Sprache abgefassten Abmahnung beigefügt werden, bzw. der Inhalt der Abmahnung sollte dem ausländischen Arbeitnehmer in Anwesenheit eines Zeugen erläutert werden.[809]

d) Frist zum Ausspruch einer Abmahnung, Verwirkung

402 Nach ständiger Rechtsprechung des BAG existiert **keine Regelausschlussfrist** innerhalb der eine Abmahnung ausgesprochen werden muss.[810] Die Übertragung anderer gesetzlicher Erklärungsfristen, z.B. § 626 Abs. 2 BGB im Falle der außerordentlichen Kündigung oder §§ 121, 124 BGB für die Anfechtung, scheidet aus.[811] Die Abmahnung ist die Ausübung des vertraglichen Rügerechts und damit kein Gestaltungsrecht. Auch vertragliche oder tarifvertragliche Ausschlussfristen, die die Geltendmachung von Ansprüchen aus dem Arbeitsverhältnis an die Einhaltung bestimmter Fristen binden, sind nicht anzuwenden, da das Recht des Arbeitgebers, dem Arbeitnehmer eine Abmahnung zu erteilen, kein Anspruch ist, sondern die Ausübung des Gläubigerrechts.[812]

403 Der Arbeitgeber ist daher berechtigt, einen Mitarbeiter auch wegen eines mehrere Monate zurückliegenden Vergehens abzumahnen. Verwirkt ist das Recht zur Abmahnung erst, wenn der Arbeitgeber sich über längere Zeit nicht zum Vertragsverstoß geäußert hat. Neben diesem Zeitmoment muss für eine Verwirkung des Rechts ein sog. Umstandsmoment hinzutreten. Der Arbeitnehmer muss aus dem Verhalten des Arbeitgebers schließen können, dass der Arbeitgeber sein Abmahnungsrecht nicht mehr geltend macht, etwa wenn der Arbeitnehmer zwischenzeitlich wegen seiner sonstigen Leistungen gelobt oder belohnt wird.[813] Dennoch sollte der Arbeitgeber mit dem Ausspruch der Abmahnung nicht zu lange abwarten, denn durch den Zeitablauf relativiert er die Warnfunktion der Abmahnung.

805 Ausführlich zur Abgabe, Zugang und Kenntnisnahme der Abmahnungserklärung: *Kleinebrink*, Abmahnung, Rn 364 ff.
806 BAG, Urt. v. 09.08.1984, AP Nr. 12 zu § 1 KSchG 1969 Verhaltensbedingte Kündigung; *Hoß*, MDR 1999, 333, 334.
807 BAG, Urt. v. 09.08.1984, AP Nr. 12 zu § 1 KSchG 1969 Verhaltensbedingte Kündigung; *Hoß*, MDR 1999, 333, 334.
808 BAG, Urt. v. 09.08.1984, AP Nr. 12 zu § 1 KSchG 1969 Verhaltensbedingte Kündigung.
809 BAG, Urt. v. 09.08.1984, AP Nr. 12 zu § 1 KSchG 1969 Verhaltensbedingte Kündigung; siehe auch *Gola/Hümmerich*, BlStSozArb 1976, 273.
810 BAG, Urt. v. 15.01.1986, AP Nr. 96 zu § 611 BGB Fürsorgepflicht; BAG, Urt. v. 07.09.1988, AP Nr. 2 zu § 611 BGB Abmahnung.
811 BAG, Urt. v. 15.01.1986, AP Nr. 96 zu § 611 BGB Fürsorgepflicht.
812 BAG, Urt. v. 14.12.1994, EzA § 4 TVG Ausschlussfristen Nr. 109.
813 BAG, Urt. v. 15.01.1986, AP Nr. 96 zu § 611 BGB Fürsorgepflicht; BAG, Urt. v. 14.12.1994, EzA § 4 TVG Ausschlussfristen Nr. 109; *Hoß*, MDR 1999, 333, 337; *Kleinebrink*, Abmahnung, Rn 276.

IV. Materielle Voraussetzungen der Abmahnung

1. Pflichtverletzung, Verschulden

Eine Abmahnung muss auf Tatsachen gestützt werden, aus denen sich ein **objektiver Pflichtenverstoß** des Arbeitnehmers ergibt.[814] Unerheblich ist daher, ob der Arbeitnehmer sein Verhalten für gerechtfertigt halten durfte, da es auch nicht darauf ankommt, ob dem Arbeitnehmer das beanstandete Verhalten auch vorwerfbar ist. Die Pflichtverletzung muss grundsätzlich nicht schuldhaft begangen worden sein.[815] 404

Daher ist auch eine objektive Pflichtverletzung, die der Arbeitnehmer aufgrund eines nicht steuerbaren Verhaltens begangen hat, geeignet, Grundlage einer Abmahnung zu sein.[816] Auch wenn die Rüge- und Warnfunktion der Abmahnung in diesem Fall nicht greift, führt dies nicht zur Unwirksamkeit der Abmahnung. Allerdings kann auf eine solche Abmahnung eine Kündigung nicht gestützt werden.[817] Wird auf Grund und wegen des Inhalts einer Beschwerde dem Beschwerdeführer gegenüber vom Arbeitgeber eine Abmahnung ausgesprochen, so ist diese wegen Verstoßes gegen das Benachteiligungsverbot aus § 84 Abs. 3 BetrVG unwirksam, auch wenn sich die Beschwerde als unbegründet herausstellt.[818] Eine Abmahnung kann ausnahmsweise gerechtfertigt sein, wenn der Inhalt und die Begleitumstände der Beschwerde die Grenzen des Beschwerderechts überschreiten. Dies kann der Fall sein, wenn z.B. schwere haltlose Anschuldigungen gegen den Arbeitgeber bzw. gegen Vorgesetzte und Arbeitskollegen des Beschwerdeführers erhoben werden. 405

Ein besonderes Spannungsverhältnis entsteht, wenn die Arbeitsvertragsparteien sich zur Rechtfertigung ihres Verhaltens auf **Grundrechte** berufen können. Eindrucksvoll belegt dies eine Entscheidung des Bundesverfassungsgerichts vom 16.10.1998 zu abmahnungsrelevanten Äußerungen eines Angestellten im öffentlichen Dienst.[819] Ein städtischer Angestellter veröffentlichte in der lokalen Presse einen Artikel, der den Bürgermeister und Ratsmitglieder in zum Teil scharfen Worten (»Pamphlet«, »dieser Bürgermeister«, »Todesurteil«) kritisierte. Der Arbeitgeber mahnte den Arbeitnehmer wegen Verletzung seiner Mäßigungspflicht nach § 8 Abs. 1 BAT ab. Das Arbeitsgericht wies die Klage auf Entfernung der Abmahnung aus der Personalakte zurück. Die gegen das arbeitsgerichtliche Urteil gerichtete Verfassungsbeschwerde hatte zwar mangels grundsätzlicher verfassungsrechtlicher Bedeutung (§ 93a Abs. 2 lit. a BVerfGG) und fehlender Notwendigkeit zur Durchsetzung von Verfassungsrechten (§ 93a Abs. 2 lit. b BVerfGG) keinen Erfolg. Das Bundesverfassungsgericht sah durch das Urteil des Arbeitsgerichts jedoch eine Grundrechtsverletzung beim Arbeitnehmer, da die Äußerungen des Angestellten vom Grundrecht der freien Meinungsäußerung aus Art. 5 Abs. 1 Satz 1 GG erfasst waren. 406

2. Verhältnismäßigkeit

Weitgehend Einigkeit besteht in Rechtsprechung[820] und Literatur[821] darüber, dass nicht nur die Kündigung selbst, sondern auch die Abmahnung den Grundsatz der Verhältnismäßigkeit wahren muss und das beanstandete Verhalten daher **eine gewisse Intensität** haben muss. Das bedeutet 407

814 BAG, Urt. v. 12.01.1988, AP Nr. 9 zu Art. 9 GG Arbeitskampf; *Schaub*, NZA 1997, 1185.

815 BAG, Urt. v. 07.09.1988, AP Nr. 2 zu § 611 BGB Abmahnung; BAG, Urt. v. 10.11.1993, AP Nr. 4 zu § 78 BetrVG 1972; *Schaub*, NZA 1997, 1185, 1186.

816 BAG, Urt. v. 21.04.1993, EzA § 543 ZPO Nr. 8.

817 BAG, Urt. v. 21.04,1993, EzA § 543 ZPO Nr. 8.

818 LAG Hamm, Urt. v. 11.02.2004 – 18 Sa 1847/03, (n.v.).

819 BVerfG, Beschl. v. 16.10.1998, NZA 1999, 77.

820 BAG, Urt. v. 13.11.1991, AP Nr. 7 zu § 611 BGB Abmahnung; BAG, Urt. v. 31.08.1994, EzA § 611 BGB Abmahnung Nr. 33; BAG, Urt. v. 30.05.1996, AP Nr. 2 zu § 611 BGB Nebentätigkeit; LAG Hamm, Urt. v. 17.04.1985, BB 1985, 1396; abl. LAG Schleswig-Holstein, Beschl. v. 31.07.1986, LAGE § 611 BGB Abmahnung Nr. 6.

821 *V. Hoyningen-Huene/Linck*, § 1 KSchG Rn 290; *Becker-Schaffner*, BB 1995, 2526, 2527; *Hoß*, MDR 1999, 333; *Walker*, NZA 1995, 601, 605.

nicht, dass nur ein Verhalten abgemahnt werden kann, das im Wiederholungsfall zum Ausspruch der Kündigung berechtigt.[822] Ebenso ist nicht erforderlich, dass durch die Pflichtverletzung eine konkrete Störung des Arbeitsverhältnisses eingetreten ist. Nach dem Grundsatz der Verhältnismäßigkeit ist eine Abmahnung aber dann unzulässig, wenn sie dem abgemahnten Arbeitnehmer unverhältnismäßig große Nachteile zufügt und andere weniger schwerwiegende Maßnahmen möglich gewesen wären, die den Interessen des Arbeitgebers ebenso Rechnung getragen hätten und ihm zumutbar gewesen wären,[823] oder der Arbeitgeber Bagatellfälle rügt und daher ein krasses Missverhältnis zwischen dem Verhalten des Arbeitnehmers und der ergriffenen Maßnahme entsteht.[824]

408 Kommt ein Arbeitnehmer einmal verspätet aus der Pause oder morgens zur Arbeit, unterläuft einer Schreibkraft mal ein Schreibfehler, notiert sich ein Arbeitnehmer während der Arbeitszeit rasch eine private Nachricht oder unterhält sich ein Arbeitnehmer während der Arbeitszeit kurz mit einem anderen Mitarbeiter über private Dinge, dann ist regelmäßig eine Ermahnung oder eine schriftliche Beanstandung ausreichend, damit dem Arbeitnehmer vor Augen geführt wird, dass dieses Verhalten nicht geduldet wird.[825] Die Pflichtverletzung muss aber nicht den Grad eines Kündigungsgrundes im Wiederholungsfall erreichen,[826] so dass auch sehr geringe Pflichtverstöße abmahnungswürdig werden können, etwa wenn sie mehrfach vom Arbeitnehmer begangen werden und auch nach einer Beanstandung oder Ermahnung nicht ausbleiben. Sozialadäquate Verhaltensweisen, z.B. die kurze Unterhaltung mit dem Kollegen, sollen jedoch regelmäßig einer Abmahnung auch dann nicht zugänglich sein, wenn sie mehrmals begangen werden.[827]

409 Die Verhältnismäßigkeit einer Abmahnung wurde von der Rechtsprechung in folgenden Fällen bejaht: Bei der Teilnahme an einer politischen Demonstration während der Arbeitszeit,[828] im Falle des Nichterscheinens bei einer Schulungsveranstaltung auch bei Bestehen einer Pflichtenkollision,[829] bei der Weigerung, sich amtsärztlich untersuchen zu lassen,[830] bei einem Verstoß gegen die Abmeldepflicht bei einem Mitglied des Betriebsrates,[831] bei mehreren Fehlbuchungen einer Kassiererin,[832] bei einem Korrektor, der beim Lesen wissenschaftlicher Texte Druckfehler übersieht,[833] im Falle des Hinderns eines Vorgesetzten am Verlassen des Dienstzimmers,[834] Androhen eines »Krankfeierns« bei Nichtgewährung eines Urlaubs,[835] bei politischer Betätigung während der Arbeitszeit,[836] bei einem Verstoß gegen die Geheimhaltungspflicht[837] und bei der Äußerung gegenüber Kollegen »Ihr könnt mich alle mal«.[838] Unverhältnismäßig kann eine Abmahnung sein wegen der Verweigerung von Überstundenleistung durch den Arbeitnehmer an einem Samstag, der auf den letzten Arbeitstag vor einem seit ca. einem Jahr vom Arbeitgeber genehmigten Urlaub folgt, wenn dieser, obwohl ihm die Notwendigkeit von Mehrarbeit bereits langfristig bekannt ist, erst kurzfristig disponiert, welche

822 BAG, Urt. v. 13.11.1991, AP Nr. 7 zu § 611 BGB Abmahnung; BAG, Urt. v. 30.05.1996, AP Nr. 2 zu § 611 BGB Nebentätigkeit.

823 BAG, Urt. v. 13.11.1991, AP Nr. 7 zu § 611 BGB Abmahnung; BAG, Urt. v. 31.08.1994, EzA § 611 BGB Abmahnung Nr. 33.

824 LAG Berlin, Urt. v. 22.10.1984, DB 1985, 339; LAG Bremen, Urt. v. 28.06.1989, DB 1990, 742; *Becker-Schaffner*, BB 1995, 2526, 2527.

825 *Kleinebrink*, Abmahnung, Rn 261.

826 BAG, Urt. v. 13.11.1991, NZA 1992, 690.

827 *V. Hoyningen-Huene/Linck*, § 1 KSchG Rn 290a.

828 LAG Schleswig-Holstein, Urt. v. 18.01.1995, LAGE § 611 BGB Abmahnung Nr. 39.

829 LAG Baden-Württemberg, Urt. v. 24.11.1993 – 12 Sa S1193 (n.v.).

830 BAG, Urt. v. 25.06.1992, NZA 1993, 81.

831 BAG, Urt. v. 15.07.1992, EzA § 611 BGB Abmahnung Nr. 26.

832 BAG, Urt. v. 07.09.1988, AP Nr. 2 zu § 611 BGB Abmahnung.

833 LAG Hamm, Urt. v. 19.07.1995 – 2 Sa 2096/94 (n.v.).

834 LAG Hannover, Urt. v. 20.05.1988, ArbuR 1989, 25.

835 ArbG Wetzlar, Urt. v. 09.05.1988, BB 1988, 1608.

836 LAG Hamm, Urt. v. 17.04.1985, LAGE § 611 BGB Abmahnung Nr. 1.

837 LAG Düsseldorf, Urt. v. 15.10.1981, DB 1982, 1730.

838 LAG Schleswig-Holstein, Urt. v. 16.07.2002, LAGReport 2002, 387.

Arbeitnehmer zur Ableistung von Überstunden eingeteilt werden.[839] Auch nach 30-jähriger Beanstandungsfreier Zusammenarbeit kann eine Abmahnung bei leistungsbedingten durchschnittlichen Pflichtverletzungen unverhältnismäßig sein.[840]

V. Bewährungszeit und Geltungsdauer einer Abmahnung

Der Sinn der Abmahnung besteht darin, den Arbeitnehmer auf sein vertragswidriges Verhalten hinzuweisen und ihn zu vertragstreuem Verhalten anzuhalten. Daher muss der Arbeitgeber dem Arbeitnehmer in der Regel auch die Gelegenheit geben, sein **Fehlverhalten zu ändern** und sich künftig vertragsgetreu zu verhalten. Dies setzt die Einhaltung einer gewissen »Bewährungszeit« voraus. Erforderlich ist dies vor allem in Fällen, in denen der Arbeitgeber Leistungsmängel zum Anlass der Kündigung genommen hat, der Arbeitnehmer aber nicht in der Lage ist, sein Verhalten sofort zu ändern. Rügt der Arbeitgeber eine zu geringe Arbeitsleistung, dann muss er dem Arbeitnehmer auch ausreichend Zeit zur Leistungssteigerung lassen, ehe er wegen dieser Pflichtverletzung kündigt.[841] Beruht die abgemahnte Pflichtverletzung auf Verstößen, die der Arbeitnehmer sofort abstellen kann, und begeht der Arbeitnehmer, nachdem er von der Abmahnung Kenntnis genommen hat, eine gleichartige Pflichtverletzung, dann ist der Arbeitgeber grundsätzlich berechtigt, ohne weiteres eine Kündigung auszusprechen. 410

Beispiel

Der Arbeitnehmer fehlt am Montag unentschuldigt, auch am Dienstag erscheint er nicht zur Arbeit. Der Arbeitgeber hat den Arbeitnehmer noch am Montag abgemahnt und das Schreiben abends in den Briefkasten des Arbeitnehmers geworfen. Nimmt der Arbeitnehmer am Dienstagmorgen von der Abmahnung Kenntnis und erscheint dennoch am Mittwoch nicht zur Arbeit, dann sollte der Arbeitgeber eine Kündigung in Betracht ziehen. Eine weitere Bewährungszeit muss der Arbeitgeber nicht einhalten.

Nutzt der Arbeitnehmer die »Bewährungszeit« oder kommt es nicht zu weiteren Pflichtverletzungen stellt sich die Frage, ob es dem Arbeitgeber nach Ablauf einer bestimmten Frist versagt ist, sich auf die Abmahnung zu berufen. Eine ursprünglich berechtigte Abmahnung kann durch Zeitablauf gegenstandslos werden kann, wenn sich der Arbeitnehmer längere Zeit danach einwandfrei geführt hat.[842] Eine bestimmte Frist existiert nicht. Vielmehr lässt sich dies nur aufgrund aller Umstände des Einzelfalles beurteilen.[843] Maßgeblich hierfür sind die Art der Verfehlung des Arbeitnehmers und des Verhaltens des Arbeitgebers im Anschluss an die Abmahnung. Insbesondere kann es nach einer längeren Zeit einwandfreier Führung des Arbeitnehmers dem Arbeitgeber verwehrt sein, sich auf früher abgemahnte Pflichtverstöße des Arbeitnehmers zu berufen.[844] 411

VI. Abmahnung und Betriebsverfassungsrecht

Vor Ausspruch der Abmahnung ist der Betriebsrat nicht anzuhören, denn der Ausspruch der Abmahnung unterliegt keinem betriebsverfassungsrechtlichen Mitbestimmungstatbestand.[845] Der Arbeitgeber hat jedoch darauf zu achten, dass er bei der Anhörung vor Ausspruch einer Kündigung 412

839 LAG Frankfurt, Urt. v. 14.05.2003, AuA 2003, Nr. 9, 44.

840 ArbG Freiburg, 10.10.2001, AiB 2003, 48; ähnlich ArbG Frankfurt, 11.04.2001, NZA-RR 2002, 77 bei 20-jähriger beanstandungsfreier Beschäftigung.

841 LAG Hamm, Urt. v. 15.03.1983, DB 1983, 1930.

842 BAG, Urt. v. 18.11.1986, AP Nr. 17 zu § 1 KSchG 1969 Verhaltensbedingte Kündigung; BAG, Urt. v. 21.05.1987, DB 1987, 2367.

843 BAG, Urt. v. 18.11.1986, AP Nr. 17 zu § 1 KSchG 1969 Verhaltensbedingte Kündigung; BAG, Urt. v. 21.05.1987, DB 1987, 2367.

844 LAG Frankfurt, Urt. v. 16.06.1999 – 2 Sa 1231/98 (n.v.): bei geringfügigem Vertragsverstoß nach 2 1/2 Jahren beanstandungslosen Verhaltens.

845 Vgl. ausführlich *Kleinebrink*, Abmahnung, Rn 287.

dem Betriebsrat mitteilt, dass und wann der Arbeitnehmer abgemahnt wurde, wenn er sich zur Wirksamkeit der Kündigung auf die Abmahnung berufen will.[846] Da der Betriebsrat vollständig zu unterrichten ist und ihm auch entlastende Umstände mitgeteilt werden müssen, sollte auch eine Gegendarstellung, die der Arbeitnehmer zur Abmahnung gefertigt und zur Personalakte gereicht hat, im Anhörungsverfahren vorgelegt werden.[847] Unterrichtet der Arbeitgeber den Betriebsrat nicht über die Abmahnung, so kann dies dazu führen, dass er sich im Kündigungsschutzprozess zur Wirksamkeit der Kündigung nicht mehr auf die Abmahnung berufen kann.[848]

Diese Grundsätze gelten weitgehend auch für die Beteiligung von Personal- und Mitarbeitervertretungen, z.B. im öffentlichen Dienst oder im kirchlichen Bereich. Eine Ausnahme findet sich in § 74 Satz 1 LPVG NRW. Nach dieser Vorschrift ist vor Abmahnungen dem Personalrat Gelegenheit zur Stellungnahme zu geben.

413 Eine Abmahnung von Betriebsratsmitgliedern ist grundsätzlich uneingeschränkt zulässig, wenn der Arbeitgeber die Verletzung arbeitsvertraglicher Pflichten rügt.[849] Will der Arbeitgeber allein die Verletzung von Amtspflichten beanstanden, kann er sich hierzu nicht einer Abmahnung bedienen, sondern muss das Ausschlussverfahren nach § 23 Abs. 1 BetrVG betreiben.[850] Erforderlich ist, dass zumindest auch eine Verletzung individualrechtlicher Pflichten vorliegt.[851]

414 Allerdings zeigen sich in der Praxis oft Schwierigkeiten bei der **Abgrenzung von Verstößen gegen arbeitsvertragliche Pflichten und Amtspflichten**. Meist geht es um Fälle, in denen Betriebsratsmitglieder unberechtigt von der Arbeit fernbleiben, sich nicht ordnungsgemäß abmelden oder bei gewerkschaftlicher Werbung durch Betriebsratsmitglieder. Das BAG[852] bejaht regelmäßig die Zulässigkeit einer Abmahnung wegen eines arbeitsvertraglichen Pflichtenverstoßes, z.B. wenn ein Betriebsratsmitglied an einem Kündigungsschutzverfahren teilnimmt, in dem Glauben, es handele sich dabei um eine erforderliche Betriebsratstätigkeit.[853] Allerdings soll, so das BAG,[854] eine Abmahnung nur dann gerechtfertigt sein, wenn damit zu rechnen ist, dass das Betriebsratsmitglied künftig noch einmal seinen Beurteilungsspielraum überschreitet und somit eine Wiederholungsgefahr besteht.

VII. Reaktionsmöglichkeiten des Arbeitnehmers

415 Die Abmahnung bedeutet für den Arbeitnehmer eine existenzielle Bedrohung, da der Arbeitgeber durch den Ausspruch der Abmahnung zum Ausdruck bringt, dass er den Bestand des Arbeitsverhältnisses als gefährdet ansieht. Für den Arbeitnehmer wird deutlich, dass der Arbeitgeber eine Beendigung des Arbeitsverhältnisses bereits erwogen hat.

416 Eine Abmahnung muss der Arbeitnehmer nicht hinnehmen. Ist eine Abmahnung ausgesprochen worden, sind Arbeitgeber in der Regel aber nur selten bereit, die Abmahnung auch wieder aus der Personalakte zu entfernen. Dennoch ist in der anwaltlichen Beratung im Einzelfall zu prüfen, wie auf die Beanstandung angemessen reagiert werden kann.[855] Es kann sich empfehlen, dass der Anwalt zunächst nicht selbst nach außen auftritt, sondern verdeckt im Hintergrund die weiteren Schritte des Arbeitnehmers dirigiert. Aus taktischen Gründen mag auch bedacht werden, gegen eine Abmahnung zunächst nicht vorzugehen, insbesondere wenn sie unter formalen Mängeln leidet.

846 BAG, Urt. v. 18.12.1980, EzA § 102 BetrVG 1972 Nr. 44.
847 BAG, Urt. v. 31.08.1989, EzA § 102 BetrVG 1972 Nr. 75; siehe Rn 420.
848 BAG, Urt. v. 08.09.1988, EzA § 102 BetrVG 1972 Nr. 73; *Becker-Schaffner*, BB 1995, 2526, 2528.
849 BAG, Urt. v. 15.07.1992, EzA § 611 BGB Abmahnung Nr. 26.
850 BAG, Urt. v. 31.08.1994, EzA § 611 BGB Abmahnung Nr. 33.
851 LAG Köln, 26.11.2001, LAGReport, 2002, 173 (Personalratsmitglied).
852 Vgl. etwa die Sachverhalte bei: BAG, Urt. v. 15.07.1992, EzA § 611 BGB Abmahnung Nr. 26; BAG, Urt. v. 11.06.1997, FA 1997, 23.
853 BAG, Urt. v. 31.08.1994, EzA § 611 BGB Abmahnung Nr. 33.
854 BAG, Urt. v. 31.08.1994, EzA § 611 BGB Abmahnung Nr. 33.
855 Vgl. dazu *Korinth*, ArbRB 2003, 94 zu gerichtlichen und außergerichtlichen Reaktionsmöglichkeiten.

Erweist sich die Abmahnung im späteren Kündigungsschutzprozess als unwirksam, kann sich dies auch auf die Wirksamkeit der Kündigung auswirken. Dadurch kann sich die strategische Position des Arbeitnehmers, insbesondere beim Abfindungspoker deutlich verbessern.

Manchmal erweist sich die Abmahnung als eine Kurzschlussreaktion des Arbeitgebers, der sich über ein einmaliges oder geringes Verhalten des Arbeitnehmers geärgert hat, ohne dass der Bestand des Arbeitsverhältnisses tatsächlich in Frage steht. Ein bislang intaktes Arbeitsverhältnis wird zwar durch die Abmahnung getrübt und das Vertrauen des Arbeitnehmers in den Bestand des Arbeitsverhältnisses erschüttert. Nimmt der Arbeitnehmer diese Situation zum Anlass, mit allen Mitteln gegen die erteilte Abmahnung vorzugehen, führt dies nicht selten dazu, dass ein eigentlich intaktes Arbeitsverhältnis endgültig zerrüttet wird, mit der Folge, dass am Ende die Auflösung des Arbeitsverhältnisses steht. 417

1. Außergerichtliche Rechtsschutzmöglichkeiten des Arbeitnehmers

a) Fertigung einer Gegendarstellung

Gem. § 83 Abs. 1 Satz 1 BetrVG kann der Arbeitnehmer **Einsicht in die Personalakte**[856] verlangen. 418 Die Einsichtnahme in die Personalakte bietet insbesondere die Möglichkeit festzustellen, mit welchem Inhalt Beanstandungen und Abmahnungen in die Personalakte gelangt sind. Zur Einsichtnahme kann der Arbeitnehmer ein Mitglied des Betriebsrats hinzuziehen, § 83 Abs. 1 Satz 2 BetrVG.

Hat sich der Arbeitnehmer über den Inhalt der Personalakte Klarheit verschafft, steht ihm gem. 419 § 83 Abs. 2 BetrVG das Recht zu, zum Inhalt der Personalakte Erklärungen abzugeben. Er kann Erklärungen über seine Person und im Hinblick auf sein Arbeitsverhältnis abgeben. Der Arbeitnehmer kann darüber hinaus die Personalakte ergänzen und zu Punkten Stellung nehmen, zu denen die Personalakte schweigt.[857] Der Arbeitnehmer kann mithin zu der ihm erteilten und zu den Personalakten genommenen Abmahnung eine Gegendarstellung fertigen und dem Arbeitgeber übergeben. Der Arbeitgeber ist verpflichtet, die Gegendarstellung zu den Personalakten zu nehmen, auch wenn er mit dem Inhalt der Gegendarstellung nicht einverstanden ist. Der Arbeitgeber kann sich nicht weigern, die Gegendarstellung zur Personalakte zu nehmen.[858] Dabei handelt es sich um einen Individualanspruch des Arbeitnehmers, der auch in einem betriebsratslosen Betrieb besteht.

Die **Fertigung einer Gegendarstellung** hat zunächst den Vorteil, dem Arbeitgeber zu zeigen, 420 dass der Arbeitnehmer mit der erteilten Abmahnung nicht einverstanden ist. Des Weiteren kann der Arbeitnehmer mit der Gegendarstellung zur Beweissicherung zeitnah dokumentieren, wie der behauptete Pflichtenverstoß aus seiner Sicht zu werten ist. Ein weiterer Vorteil besteht darin, dass der Mitarbeiter durch die Gegendarstellung eine weitere Hürde für die Betriebsratsanhörung nach § 102 BetrVG schafft.[859] Übersieht der Arbeitgeber im Rahmen der Anhörung nach § 102 BetrVG die Gegendarstellung und teilt dies dem Betriebsrat nicht mit, so kann eine ausgesprochene Kündigung bereits deshalb unwirksam sein, weil der Betriebsrat nicht umfassend und ordnungsgemäß informiert wurde. Zwar ist die Vorlage einer Gegendarstellung durch den Arbeitgeber im Rahmen des Anhörungsverfahrens nach § 102 BetrVG nach der neueren Rechtsprechung des BAG nicht mehr erforderlich,[860] da dem Betriebsrat nur Tatsachen mitgeteilt werden müssen und die Gegendarstellung in der Regel eine Behauptung des Arbeitnehmers ist. Dennoch sollte bereits aus Vorsichtsgründen der Arbeitgeber dem Betriebsrat neben der Abmahnung auch die Gegendarstellung in Kopie vorlegen,

856 Grundlegend zum Personalaktenrecht im Arbeitsverhältnis: *Gola/Hümmerich*, BB 1974, 1167, 1170.

857 *Gola/Hümmerich*, BB 1974, 1167, 1170.

858 *Fitting u.a.*, § 83 BetrVG Rn 14.

859 *Hoß*, MDR 1999, 333, 340.

860 BAG, Urt. v. 06.02.1997, NZA 1997, 656.

da nicht auszuschließen ist, dass der Arbeitnehmer andere und zusätzliche relevante Tatsachen in seiner Gegendarstellung geschildert hat.

b) Beschwerderecht des Arbeitnehmers

421 Das Betriebsverfassungsrecht räumt dem Arbeitnehmer ein Beschwerderecht ein. Gem. § 84 Abs. 1 BetrVG hat der Arbeitnehmer das Recht, sich bei der zuständigen Stelle des Betriebes, meist bei dem unmittelbaren Vorgesetzten oder der Personalabteilung, zu beschweren, wenn er sich vom Arbeitgeber benachteiligt, ungerecht behandelt oder in sonstiger Weise beeinträchtigt fühlt. Das Beschwerderecht besteht auch, wenn sich der Arbeitnehmer durch eine Abmahnung beeinträchtigt fühlt.[861] Der Arbeitgeber muss die Berechtigung der Beschwerde prüfen und ihr ggf. abhelfen. Ein solches Vorgehen kann dann sinnvoll sein, wenn in großen Unternehmen die Zuständigkeiten delegiert sind und die Personalabteilung von den näheren Umständen, die zur Abmahnung geführt haben, keine Kenntnis hat. Oftmals kann die Intervention bei höherer Stelle zu einer Klärung der Situation führen.

422 Neben diesem Individualanspruch, den das Betriebsverfassungsgesetz dem Arbeitnehmer auch in betriebsratslosen Betrieben gewährt, kann sich der Arbeitnehmer mit seiner Beschwerde gegen die Abmahnung auch an den Betriebsrat wenden. Der Betriebsrat hat die Beschwerde des Arbeitnehmers gem. § 85 Abs. 1 BetrVG entgegenzunehmen und zu prüfen, ob er sie für berechtigt hält. Hält der Betriebsrat die Abmahnung für unwirksam und die Beschwerde für berechtigt, muss er sich an den Arbeitgeber wenden und darauf hinwirken, dass dieser der Beschwerde abhilft. Während dem Betriebsrat bei Meinungsverschiedenheiten mit dem Arbeitgeber das Recht zusteht, gem. § 85 Abs. 2 Satz 1 BetrVG die Einigungsstelle anzurufen, besteht diese Möglichkeit bei einer Beschwerde, die sich gegen eine Abmahnung des Arbeitgebers richtet, nicht.[862] Nach § 85 Abs. 2 Satz 3 BetrVG ist die Einigungsstelle nicht zuständig, da der Arbeitnehmer mit seiner Beschwerde, die in der Regel darauf gerichtet ist, die Abmahnung aus der Personalakte zu entfernen, einen Rechtsanspruch geltend macht. Beschwert sich der Arbeitnehmer jedoch nicht unmittelbar über die erteilte Abmahnung, sondern etwa über generelle Missstände, die mit der erteilten Abmahnung im Zusammenhang stehen, ist der Weg in die Einigungsstelle für den Betriebsrat eröffnet.

2. Prozessuale Rechtsschutzmöglichkeiten des Arbeitnehmers

423 Als prozessuale Rechtsschutzmöglichkeit zugunsten des Arbeitnehmers kommt vor allem die **Klage auf Entfernung der Abmahnung** aus der Personalakte des Arbeitnehmers in Betracht. Während des bestehenden Arbeitsverhältnisses kann der Arbeitnehmer gegen eine schriftliche Abmahnung stets gerichtlich vorgehen. Der Anspruch auf Entfernung einer aktenkundigen Abmahnung ist ein Anspruch auf Vernichtung der Urkunde im weiteren Sinn, also auf Beseitigung der von der schriftlichen Verkörperung der Abmahnung ausgehenden Störung.[863]

424 Neben dem Anspruch auf Entfernung der Abmahnung aus der Personalakte kann der Arbeitnehmer auch zusätzlich die Rücknahme der Abmahnung oder deren Widerruf verlangen. Das **Rücknahme- bzw. Widerrufsverlangen** ist zum Entfernungsverlangen weiter gehender, denn es zielt auf Beseitigung des der Abmahnung zugrunde liegenden ungerechtfertigten Vorwurfs durch dahin gehende entsprechende Erklärungen des Arbeitgebers, zu deren Abgabe er im Fall des Obsiegens des Arbeitnehmers verurteilt werden kann, ab. Das Widerrufsverlangen ist aber an besondere Voraussetzungen gebunden. Ein Widerrufsanspruch dient dem Schutz des Betroffenen vor einer anhaltenden Beeinträchtigung seiner Rechte. Er setzt neben dem Vorliegen entsprechender Rechtsverletzungen voraus, dass diese Rechtsbeeinträchtigungen andauern und durch den begehrten Widerruf auch beseitigt

861 *Kleinebrink*, Abmahnung, Rn 540.
862 LAG Mainz, Urt. v. 17.01.1985, NZA 1985, 190.
863 *Kammerer*, BB 1980, 1590.

werden können.[864] Beantragt der Arbeitnehmer, den Arbeitgeber zu verurteilen, die Abmahnung zu widerrufen, ist die Klage nur dann begründet, wenn eine unrichtige Tatsachenbehauptung nicht nur dem Arbeitnehmer, sondern auch Dritten bekannt gemacht wurde.[865] Auch nach Entfernung der Abmahnung aus der Personalakte ist der Arbeitnehmer nicht gehindert, einen Anspruch auf Widerruf der in der Abmahnung abgegebenen Erklärung gerichtlich geltend zu machen.[866] Wird neben dem Antrag auf Entfernung auch die Rücknahme der Abmahnung verlangt, ist ein solcher Antrag in der Regel so auszulegen, dass der Arbeitnehmer nur die Entfernung aus der Personalakte erreichen will und nicht auch einen förmlichen Widerruf.[867] Der neben dem Antrag, eine Missbilligung aus der Personalakte zu entfernen, gestellte Antrag, diese auch zurückzunehmen, hat gegenüber dem Entfernungsantrag regelmäßig allenfalls dann eigenständige Bedeutung, wenn die Missbilligung nur aus formellen Gründen zu beseitigen ist.[868]

Die **Darlegungs- und Beweislast** trägt im Abmahnungsprozess der Arbeitgeber.[869] Macht der Arbeitnehmer Rechtfertigungsgründe geltend, muss er substantiiert die Tatsachen vortragen, aus denen sich die Rechtfertigung des gerügten Verhaltens ergeben soll. Der Arbeitgeber muss dann beweisen, dass dieser Rechtfertigungsgrund nicht bestanden hat.[870] 425

Gerichtliche Vergleiche in Abmahnungsstreitigkeiten sehen oftmals vor, dass die Abmahnung einige Zeit in der Personalakte verbleibt, sie dann aber entfernt werden muss. Diese Regelung ist für den Arbeitgeber nur scheinbar ein Erfolg. Mit dem Vergleich, der allein die Verweildauer der Abmahnung regelt, erkennt der Arbeitnehmer die Begründetheit der Abmahnung nicht an, so dass er in einem späteren Kündigungsschutzstreit das der Abmahnung zugrunde liegende Fehlverhalten weiter bestreiten kann.[871] In einem späteren Kündigungsschutzstreit muss der Arbeitgeber die gerügte Pflichtverletzung weiterhin darlegen und beweisen, denn über die Rechtmäßigkeit der Abmahnung trifft der Vergleich keine Regelung. Der Arbeitgeber sollte daher stets in einen Vergleich ausdrücklich das Anerkenntnis der Berechtigung der Abmahnung des Arbeitnehmers aufnehmen lassen. 426

Nach Beendigung des Arbeitsverhältnisses kann der Arbeitnehmer nur noch ausnahmsweise einen Anspruch auf Entfernung der Abmahnung aus der Personalakte vor Gericht durchsetzen. Dies ist namentlich der Fall, wenn objektive Anhaltspunkte dafür vorliegen, dass ihm auch noch nach Beendigung des Arbeitsverhältnisses ein Schaden entstehen kann, insbesondere wenn der Arbeitgeber nachweisbar Dritten gegenüber Auskünfte über die Abmahnung erteilt oder die Abmahnung innerbetrieblich bekannt macht.[872] 427

864 BAG, Urt. v. 15.04.1999, EzA § 611 BGB Abmahnung Nr. 41.
865 *Kleinebrink*, Abmahnung, Rn 623.
866 BAG, Urt. v. 15.04.1999, EzA § 611 BGB Abmahnung Nr. 41.
867 BAG, Urt. v. 07.09.1988, AP Nr. 2 zu § 611 BGB Abmahnung.
868 LAG Sachsen-Anhalt, 19.12.2001 – 3 Sa 479/01 (n.v.).
869 BAG, Urt. v. 26.01.1994 – 7 AZR 640/92 (n.v.).
870 LAG Bremen, Urt. v. 06.03.1993, NZA 1992, 694.
871 LAG Hamm, Urt. v. 05.02.1990, LAGE § 611 BGB Abmahnung Nr. 20.
872 BAG, Urt. v. 14.09.1994, EzA § 611 BGB Abmahnung Nr. 32.

§ 7 Arbeitsrechtliche Nebengesetze

Inhalt

A. Arbeitszeitgesetz

I. Einleitung

Nach § 1 Nr. 1 ArbZG ist es **Zweck des Gesetzes**, die Sicherheit und den Gesundheitsschutz der Arbeitnehmer bei der Arbeitszeitgestaltung zu gewährleisten und die Rahmenbedingungen für flexible Arbeitszeiten zu verbessern. Die Regelung darüber hinausgehender sozialer und kultureller Belange der Arbeitnehmer bei der Arbeitszeitgestaltung stehen nicht im Vordergrund des ArbZG. Diese Regelungsaufgabe wird den Tarifvertragsparteien und den Betriebspartnern überlassen.[1] 1

Gegenüber der früheren Arbeitszeitordnung (AZO) werden 2

- der Gesundheitsschutz der Arbeitnehmer wirksamer und praktikabler gestaltet,
- die Gestaltungsmöglichkeiten der Tarifvertragsparteien und Betriebspartner bei Arbeitszeitfragen erweitert,
- die Rahmenbedingungen für flexible und individuelle Arbeitszeitmodelle verbessert und
- die Sonn- und Feiertage als Tage der Arbeitsruhe entsprechend dem verfassungsrechtlichen Gebot (Art. 139 WRV i.V.m. Art. 140 GG) geschützt.[2]

Die Zweckbestimmung des § 1 ist bei der vielfach erforderlichen Auslegung der Vorschriften des ArbZG heranzuziehen, insbesondere bei der Auslegung der unbestimmten Rechtsbegriffe des 3

1 *Zmarzlik,* DB 1994, 1082.
2 *Anzinger,* BB 1994, 1492.

Gesetzes (z.B. § 13 Abs. 1 Nr. 2c Gründe des Gemeinwohls; § 15 Abs. 2 öffentliches Interesse). Die Zweckbestimmung enthält die vom Gesetzgeber ausdrücklich normierte ratio legis, die sonst anhand der allgemein anerkannten Auslegungsregeln ermittelt werden müsste.[3]

II. Das Arbeitszeitgesetz als öffentliches Recht

4 Die Vorschriften des ArbZG sind **öffentlich-rechtlicher Natur**. Weder kann aus dem ArbZG eine privatrechtliche Verpflichtung des Arbeitnehmers hergeleitet werden, z.B. bis zur Höchstarbeitszeitgrenze zu arbeiten, noch begründet das ArbZG verwaltungs-, buß- oder strafrechtliche Verantwortlichkeiten des Arbeitnehmers. Andererseits kann der **Arbeitnehmer nicht** auf die Einhaltung der Vorschriften des ArbZG **verzichten**, sodass Vereinbarungen, wonach der Arbeitnehmer mehr als zehn Stunden oder länger als sechs Stunden ohne Ruhepausen zu arbeiten hat, nach § 134 BGB nichtig sind, ohne dass damit die Rechtsgültigkeit der übrigen Vertragsbestimmungen berührt wird.

5 Dagegen ist der **Arbeitgeber** – nicht der von der Verletzung gesetzlicher Pflichten des ArbZG betroffene Arbeitnehmer – **bußgeld- und strafrechtlich verantwortlich**, wenn er die mit Bußgeld oder Strafe bedrohten Tatbestände verwirklicht, § 22 ArbZG. Doch nicht nur der Arbeitgeber oder sein gesetzlicher Vertreter (z.B. Prokurist), sondern auch Personen, die vom Inhaber beauftragt sind, den Betrieb ganz oder teilweise zu leiten, oder ausdrücklich beauftragt sind, in eigener Verantwortung Aufgaben wahrzunehmen, die dem Inhaber des Betriebes obliegen, können nach § 9 Abs. 2 OwiG i.V.m. § 22 ArbZG ordnungsrechtlich zur Verantwortung gezogen werden.[4]

6 Die Vorschriften des ArbZG konkretisieren darüber hinaus die Pflichten des Arbeitgebers aus der ihm aus dem Arbeitsverhältnis obliegenden **Fürsorgepflicht**, sodass der Arbeitnehmer auch die Einhaltung der arbeitszeitrechtlichen Schutzbestimmungen über eine Leistungsklage einklagen kann. Neben dem Erfüllungsanspruch hat der Arbeitnehmer ein Leistungsverweigerungsrecht nach § 273 BGB, wenn von ihm über die Grenzen des ArbZG hinaus Arbeit verlangt wird. Schließlich kann der Arbeitnehmer bei Nichteinhaltung der Vorschriften des ArbZG die Aufsichtsbehörde einschalten, wenn er zuvor vergeblich beim Arbeitgeber um Abhilfe nachgesucht hat, § 17 Abs. 2 ArbSchG. Kündigt der Arbeitgeber wegen dieser Anzeige das Arbeitsverhältnis, ist die Kündigung nach § 612a BGB unwirksam.[5]

III. Geltungsbereich

7 Unter das **ArbZG fallen alle Arbeitnehmer**[6] **außer** (§ 18 ArbZG):
- leitende Angestellte i.S. des § 5 Abs. 3 BetrVG
- Chefärzte
- Leiter von öffentlichen Dienststellen und deren Vertreter
- Arbeitnehmer im öffentlichen Dienst mit selbständiger Entscheidungsbefugnis
- Arbeitnehmer in häuslicher Gemeinschaft
- Arbeitnehmer im liturgischen Bereich der Kirchen
- Personen unter 18 Jahre (hierfür gilt das Jugendarbeitsschutzgesetz) etc.

3 *Zmarzlik/Anzinger*, § 1 Rn 13.

4 Vgl. weiter *Zmarzlik/Anzinger*, § 22 Rn 4 ff.

5 *Zmarzlik/Anzinger*, § 1 Rn 34; *Schliemann/Meyer*, S. 348 Rn 976.

6 Das ArbZG geht vom herkömmlichen Arbeitnehmerbegriff i.S.d. § 5 Abs. 1 BetrVG aus. Arbeitnehmer ist, wer auf privatrechtlicher vertraglicher Grundlage im Dienste eines anderen zur Leistung von Arbeit verpflichtet ist (*Schliemann*, § 2 ArbZG Rn 66).

IV. Begriffsbestimmungen

1. Arbeitszeit

Nach § 2 Abs. 1 ArbZG ist Arbeitszeit die Zeit **vom Beginn bis zum Ende der Arbeit ohne Pausen**, und zwar ohne die Ruhepausen und die Ruhezeit. Zweifelhaft kann sein, was als »Arbeit« i.S. dieser Vorschrift zu verstehen ist. So hatte das BAG zu entscheiden, ob Wasch- und Umkleidezeiten von Müllwerkern als Arbeitszeit anzusehen sind. Das BAG hat dies mit der Begründung abgelehnt, der Kläger habe vertraglich Tätigkeiten als Müllwerker versprochen, sodass der Arbeitgeber nur für diese Tätigkeiten Lohn zahlen müsse; nicht dazu gehörten das vorherige und anschließende Umkleiden und Waschen.[7] 8

Arbeitszeiten bei mehreren Arbeitgebern sind zusammenzurechnen, so dass für die Beachtung des § 2 Abs. 1 Hs. 2 ArbZG die mehreren Arbeitgeber verantwortlich sind. Im Bergbau unter Tage – hierzu gehört jeder Bergbau unter Tage auch außerhalb des Steinkohlebergbaus – zählen die Ruhepausen zur Arbeitszeit. 9

Unter Arbeitszeit aus arbeitsschutzrechtlicher Sicht ist die Zeit zu verstehen, während der der Arbeitnehmer auf Weisung des Arbeitgebers zur Arbeitsleistung an einem vom Arbeitgeber bestimmten Ort zur Verfügung steht.[8] **Die Zeit zwischen Beginn und Ende der Arbeit ist Arbeitszeit ohne Rücksicht darauf, ob der Arbeitgeber den Arbeitnehmer auch tatsächlich beschäftigt** oder ob z.B. der Arbeitnehmer auf Material wartet. Es kommt auch nicht darauf an, ob der Arbeitnehmer die Arbeit nach dem Arbeitsvertrag schuldet, oder ob er auf Weisung des Arbeitgebers andere als im Arbeitsvertrag vereinbarte Tätigkeiten verrichtet.[9] Unterbrechungen gelten nur dann nicht als Arbeitszeit, wenn sie Ruhepausen i.S.d. § 4 ArbZG sind. 10

Als Arbeitszeit ist auch zu werten, wenn der Arbeitnehmer mit Kunden u.a. z.B. bei einer Messe am Abend zum Essen gehen muss bzw. dieses vom Arbeitgeber erwartet wird. Damit können Probleme mit der Einhaltung der Arbeitszeitbestimmungen entstehen. Eine andere Frage ist, ob und in welchem Umfang diese Stunden vom Arbeitgeber bezahlt werden müssen. Hierfür gilt § 612 BGB. Das ArbZG regelt nicht die Vergütung. 11

2. Wegezeit, Reisezeit

Die **Wegezeit von der Wohnung zur Arbeitsstelle ist keine Arbeitszeit,** wohl aber die betriebsbedingten Wegezeiten vom Betrieb zu den außerhalb des Betriebs gelegenen Arbeitsstellen.[10] Beim unmittelbaren Weg des Arbeitnehmers von der Wohnung zur außerhalb des Betriebs gelegenen Arbeitsstelle wird die Zeit auf die Arbeitszeit angerechnet, die über die Wegezeit von der Wohnung zum Betrieb hinausgeht.[11] 12

Bei **Reisezeiten ist zu differenzieren:** 13
Unter Reisezeiten fallen alle unabhängig von Beginn und Ende der regelmäßigen (betrieblichen) Arbeitszeit des Arbeitnehmers **auf Anordnung des Arbeitgebers unternommenen Wege bzw. Reisen** außerhalb der Gemeindegrenzen des Betriebsortes.

Erfüllt der Arbeitnehmer **durch die Dienstreise selbst seine vertraglichen Verpflichtungen**, z.B. als Taxifahrer, Lastwagenfahrer, Reiseleiter oder Außendienstmitarbeiter im selbst gesteuerten PKW, sind Dienstreisezeiten arbeitsschutzrechtlich als Arbeitszeit zu werten und zwar **ohne Rücksicht darauf, ob er diese Arbeiten in oder außerhalb der betriebsüblichen Arbeitszeit erbringt**. 14

7 BAG, Urt. v. 11.10.2000, DB 2001, 543 ff.
8 *Roggendorf,* S. 40 Rn 23.
9 *Schliemann/Meyer*, S. 20 Rn 48
10 BAG, Urt. v. 18.03.1963, AP Nr. 3 zu § 611 BGB Wegezeit.
11 *Zmarzlik/Anzinger,* § 2 Rn 9.

Gleiches gilt für den Fall, dass der Arbeitnehmer während der Dienstreise die Hauptleistung seiner Verpflichtung erfüllt, z.B. in Form des Aktenstudiums. Wird der Arbeitnehmer während der Reise durch Arbeitsleistungen geringer in Anspruch genommen als durch Vollarbeit, wird allgemein eine Verlängerung der Arbeitszeit über die Zehn-Stunden-Grenze hinaus – wie bei der Arbeitsbereitschaft – für möglich gehalten, falls seine tarifliche Zulassung nach § 7 Abs. 1 Nr. 1a ArbZG vorliegt.

15 Fährt mithin der Arbeitnehmer **während der Arbeitszeit von einem Ort zum anderen**, um seine Arbeitspflichten zu erfüllen, und benutzt er dabei öffentliche Verkehrsmittel, wird die aufgewandte Zeit ebenfalls als **Arbeitszeit** zu werten sein, weil der Arbeitnehmer in dieser Zeit seine geschuldete Arbeitsleistung erbringt. Für einen Beifahrer, der neben dem Fahrer mit auf den Verkehr oder auf die Strecke achten muss, ist die Fahrtzeit ebenfalls Arbeitszeit.

16 Andere Dienstreisezeiten **außerhalb der betriebsüblichen Arbeitszeit** sind dagegen **arbeitsschutzrechtlich** nicht als Arbeitszeit zu werten. Fährt z.B. der Arbeitnehmer mit öffentlichen Verkehrsmitteln **außerhalb der Arbeitszeit** zu einer Tagung oder einem Seminar, handelt es sich nicht um Arbeitszeit.[12]

17 Ob es sich bei betriebsbedingten Reisezeiten außerhalb der betriebsüblichen Arbeitszeit um Arbeitszeit oder arbeitsfreie Zeit handelt, ist mit Hilfe der **Beanspruchungstheorie**[13] zu beantworten. Reisezeit ist danach dann Arbeitszeit, wenn der Arbeitnehmer während der Zeit in einem Umfang beansprucht wird, der eine Einordnung als Arbeitszeit erfordert.

18 Es handelt sich deshalb **im Regelfall** wegen der mit der Fahrt verbundenen besonderen Belastungen **um Arbeitszeit, wenn der Arbeitnehmer aus dienstlichen Gründen mit seinem Pkw**[14] **zur Tagung fährt oder z.B. im Zug Aktenstudium betreiben muss**. Bei der Fahrt mit dem PKW ist entscheidend, ob der Arbeitnehmer mit dem eigenen Fahrzeug fahren muss oder nicht. Bietet der Arbeitgeber dem Arbeitnehmer an, mit dem Zug zu fahren und entscheidet sich der Arbeitnehmer dennoch für die Fahrt mit dem PKW, weil er dadurch zeitlich ungebundener ist oder er gerne PKW fährt, liegt keine Arbeitszeit vor. Die Gründe für die Fahrt mit dem PKW liegen in diesem Fall im privaten Bereich.[15] Die gleiche Entscheidung wird zu treffen sein, wenn der Arbeitgeber dem Arbeitnehmer die Entscheidung überlässt, ob er mit dem eigenen PKW fahren will oder nicht. Entscheidet er sich für den PKW, wird auch hier nur dann von Arbeitszeit gesprochen werden können, wenn er mit öffentlichen Verkehrsmitteln unter zumutbaren Bedingungen den Bestimmungsort nicht erreichen kann.

19 Wenn ein Arbeitnehmer zu einer betrieblichen Schulungsveranstaltung am Sonntag anreist, handelt es sich also nur im Ausnahmefall um Arbeitszeit, sodass der Arbeitgeber die gesetzlichen Grenzen der Sonntagsarbeit nicht einzuhalten braucht.

20 Von der Bewertung der Reisezeit als Arbeitszeit ist die Frage zu unterscheiden, ob **Reisezeiten zu vergüten** sind. Reisezeiten, die ein Arbeitnehmer über die regelmäßige Arbeitszeit hinaus im Interesse des Arbeitgebers aufwendet, hat der Arbeitgeber nur dann als Arbeitszeit zu vergüten, wenn das vereinbart oder eine Vergütung »den Umständen nach« zu erwarten ist (§ 612 Abs. 1 BGB). Ist eine Regelung nicht getroffen worden, sind die Umstände des Einzelfalles maßgeblich. Einen Rechtssatz, dass solche Reisezeiten stets oder regelmäßig zu vergüten sind, gibt es nicht.[16] Es muss mithin zwischen der Frage, ob Reisezeit im Sinne des Arbeitszeitgesetzes Arbeitszeit ist, und der Frage, ob Reisezeit zu vergüten ist, differenziert werden. Allerdings kann bei gehobener und

12 Zum Gesamtproblem *Bopp*, KuR Bd. 9 S. 39 ff.
13 *Baeck/Deutsch*, § 2 ArbZG Rn 69.
14 *Baeck/Deutsch*, § 2 ArbZG Rn 72; a.A. *Neumann/Biebl*, § 2 ArbZG Rn 15.
15 *Baeck/Deutsch*, § 2 ArbZG Rn 72.
16 BAG, Urt. v. 03.09.1997, EzA § 612 BGB Nr. 20.

entsprechend vergüteter Haupttätigkeit eine Reisezeit bis zu zwei Stunden über die geschuldete Arbeitszeit hinaus durch das reguläre Gehalt als abgegolten angesehen werden.[17]

3. Arbeitsbereitschaft

Arbeitsbereitschaft ist die **Zeit wacher Achtsamkeit im Zustand der Entspannung.**[18] Sie gehört zur **Arbeitszeit**, in der der Arbeitnehmer nicht seine volle angespannte Tätigkeit entfalten braucht, sondern an seiner Arbeitsstelle anwesend ist und jederzeit bereit sein muss, in den Arbeitsprozess einzugreifen. In Abgrenzung zur Vollarbeit muss in den Zeiten der Arbeitsbereitschaft der Grad der Beanspruchung erheblich geringer sein als bei der Vollarbeit. Gerade wegen der geringeren Beanspruchung regelt § 7 Abs. 1 Nr. 2 a) ArbZG, dass durch Tarifvertrag, auf Grund eines Tarifvertrages durch Betriebsvereinbarung oder bei üblicherweise Fehlen eines Tarifvertrages durch die Aufsichtsbehörde die Arbeitszeit werktäglich über zehn Stunden ohne Ausgleich verlängert werden darf, **wenn in die Arbeitszeit regelmäßig und in erheblichem Umfang Arbeitsbereitschaft fällt und durch besondere Regelungen sichergestellt ist, dass die Gesundheit der Arbeitnehmer nicht gefährdet wird.** Zudem muss der Arbeitnehmer schriftlich einwilligen, § 7 Abs. 7 ArbZG.[19] **Mit Ausgleich** kann die Arbeitszeit, wenn im erheblichen Umfang Arbeitsbereitschaft anfällt, problemlos durch Tarifvertrag etc. über zehn Stunden hinaus verlängert werden, § 7 Abs. 1 a) ArbZG. 21

Arbeitsbereitschaft in erheblichem Umfang fällt an, wenn die während der Arbeitszeit anfallenden Zeiten der Arbeitsbereitschaft durchschnittlich 25 bis 30 %[20] betragen. Diese Zeit muss nicht zusammenhängend sein; alle Zeiten der Arbeitsbereitschaft von Beginn bis zum Ende der Arbeitszeit sind zusammenzurechnen. Eine obere Grenze für die Verlängerung der täglichen Arbeitszeit bei Arbeitsbereitschaft ist nicht vorgesehen. Der höchstzulässige Rahmen liegt bei 24 Stunden, weil nach Beendigung der **täglichen Arbeitszeit** eine Ruhezeit zu gewähren ist. 22

Als **Beispiele für Arbeitsbereitschaft** seien genannt: 23

- Tankwarte, solange keine Kunden kommen,
- Rettungssanitäter zwischen den Einsätzen, wenn die Wartezeit mindestens zehn Minuten beträgt,[21]
- der Verkäufer und der Telefonist, der lediglich auf Käufer bzw. Anrufe wartet,
- der Pförtner an einem geschlossenen Tor, der jeweils nur auf ein Klingelzeichen hin in Tätigkeit zu treten braucht.

Vollarbeit leistet dagegen der Verkäufer, der bedient oder Auf- und Einräumarbeiten durchführt, die Telefonistin, solange sie vermittelt oder technische Arbeiten durchführt, der Pförtner, der unmittelbar und ständig den durch ein offenes Tor fließenden Verkehr überwachen muss, und der Feuerwehrmann, der die Funkkanäle abhört, der Wächter beim Rundgang. 24

Da nur bei rechtlich zutreffender Arbeitsbereitschaft eine Arbeitszeitverlängerung nach § 7 Abs. 1 Nr. 1 a) bzw. 2 a) ArbZG zulässig ist, sollte notfalls ein Arbeitsmediziner zwecks Prüfung eingesetzt werden. 25

Als Arbeitsbereitschaft können nur Zeitspannen angesehen werden, in denen es tatsächlich zu einer Entspannung beim Arbeitnehmer kommen kann. **Außer Betracht bleiben daher »Splitterzeiten«**[22] von wenigen Minuten, die keine ins Gewicht fallende Entspannung ermöglichen und deshalb 26

17 BAG, Urt. v. 03.09.1997, EzA § 612 BGB Nr. 20.

18 BAG, Urt. v. 14.04.1966, AP Nr. 2 zu § 13 AZO; inzwischen ist bestritten, ob zur Arbeitsbereitschaft auch die »wache Achtsamkeit« gehört – vgl. *Neumann/Biebl,* § 7 ArbZG Rn 11.

19 Vgl. hierzu näher die Regelungen zum Bereitschaftsdienst, der der Arbeitsbereitschaft gleichgesetzt ist.

20 *Roggendorff,* § 7 ArbZG Rn 36; andere sprechen von 30 % (so ErfK/*Wank,* § 7 ArbZG Rn 5) oder sogar von 50 % (so *Buschmann/Ulber,* § 7 ArbZG Rn 8).

21 BAG, Urt. v. 24.09.1992, NZA 1993, 517.

22 *Roggendorff,* S. 44 Rn 39.

gegenüber der Vollarbeit keine geringere Beanspruchung des Arbeitnehmers darstellen. So werden Verschnaufpausen von zwei bis drei Minuten nicht als Arbeitsbereitschaft anzusehen sein.

27 **Arbeitsbereitschaft ist vergütungspflichtig**; eine Pauschalvergütung sowie eine geringere Vergütung als die Vollarbeit ist zulässig.[23]

4. Bereitschaftsdienst

28 Bereitschaftsdienst liegt vor, wenn der Arbeitnehmer sich an **einer vom Arbeitgeber bestimmten Stelle innerhalb oder außerhalb des Betriebes aufzuhalten hat, um, sobald es notwendig ist, seine Arbeit aufzunehmen, ohne sich im Zustand wacher Achtsamkeit zu befinden**. Charakteristisch für den Bereitschaftsdienst ist eine Aufenthaltsbeschränkung verbunden mit der Verpflichtung, bei Bedarf sofort tätig zu werden. Im Gegensatz zur Arbeitsbereitschaft ist der Arbeitnehmer bei dem Bereitschaftsdienst bis auf die Wahl des Aufenthaltsortes in der Verwendung seiner Zeit vollkommen frei. Er kann z.B. schlafen, er muss nur bei Abruf unverzüglich arbeitsbereit und arbeitsfähig sein. Demgegenüber kann der Arbeitnehmer bei der Rufbereitschaft seinen Aufenthaltsort frei bestimmen. Es handelt es sich jedoch um Bereitschaftsdienst und nicht um Rufbereitschaft, wenn der Arbeitgeber den Arbeitnehmer dadurch in der freien Wahl des Aufenthaltsortes beschränkt, dass er die Zeit zwischen Abruf und Aufnahme genau vorgibt oder eine Höchstreaktionszeit festlegt.[24]

29 Bis zum 31.12.2003 fielen nach dem ArbZG **Bereitschaftsdienst und Rufbereitschaft grundsätzlich unter Ruhezeit**. Wurde der Arbeitnehmer allerdings während des Bereitschaftsdienstes oder der Rufbereitschaft zur Arbeitsleistung herangezogen, zählte diese Inanspruchnahme als Arbeitszeit, für die der gesetzliche Höchstarbeitszeitrahmen gilt.[25] Nach der Änderung des ArbZG zum 01.01.2004 gilt diese Rechtslage nur noch für die Rufbereitschaft.

30 Nachdem der EuGH[26] – ausgehend von der **Richtlinie 93/104 EG vom 23.11.1993** – entschieden hatte, dass auch für das deutsche Arbeitszeitrecht Bereitschaftsdienst als Arbeitszeit zu werten ist und das BAG[27] dieses ebenfalls geurteilt hatte, wurde zum 01.01.2004 das ArbZG hinsichtlich des Bereitschaftsdienstes dahin gehend geändert, dass der Bereitschaftsdienst Arbeitszeit ist und der Arbeitsbereitschaft gleichgestellt wird und deshalb bei einem **erheblichen Anfall** von Bereitschaftsdienst über zehn Stunden (§ 3 ArbZG) hinaus gearbeitet werden kann. Ob der Bereitschaftsdienst erheblich ist, hängt – wie bei der Arbeitsbereitschaft – von seinem Anteil an der (gesamten) verlängerten Arbeitszeit ab; er muss bei etwa 25 bis 30 % liegen.

31 Die bisher geltende Einheitsregelung für die Arbeitsbereitschaft (§ 7 Abs. 1 Nr. 1a ArbZG a.F.) wurde mithin zum 01.01.2004 um den Bereitschaftsdienst ergänzt und durch ein **Stufenmodell**[28] ersetzt. Dieses knüpft ihre Zulässigkeit in Abhängigkeit von ihrer Dauer an die Einhaltung bestimmter Voraussetzungen:

31a 1. Stufe:
Die erste Stufe betrifft den Fall, dass die **werktägliche Arbeitszeit über acht Stunden** hinaus verlängert wird. Dies kann nach § 7 Abs. 2a ArbZG **ohne Ausgleich** erfolgen, wenn in die Arbeitszeit regelmäßig und in erheblichem Umfang Arbeitsbereitschaft oder Bereitschaftsdienst fällt. Eine solche Regelung kann nur auf Grund eines Tarifvertrages, auf Grund einer Betriebs- oder Dienstvereinbarung unter Bezugnahme auf den einschlägigen Tarifvertrag oder bei fehlendem Betriebs- der Personalrat einzelvertraglich unter Hinweis auf den einschlägigen Tarifvertrag und bei fehlendem Tarifvertrag mit Zustimmung durch die Aufsichtsbehörde geregelt werden.

23 *Neumann/Biebl*, § 7 ArbZG Rn 17.
24 BAG, Urt. v. 19.12.1991, NZA 1992, 560.
25 BAG, Urt. v. 10.01.1991, NZA 1991, 516.
26 Urt. v. 09.09.2003 – Rs. C-151/02, EzA § 7 ArbZG Nr. 5.
27 BAG, Urt. v. 18.02.2003, EzA § 7 ArbZG Nr. 4.
28 *Reim*, DB 2004, 186 ff.

Als weitere Voraussetzung für eine Verlängerung der Arbeitszeit über acht Stunden hinaus ohne Ausgleich ist in § 7 Abs. 2a ArbZG vorgesehen, dass durch besondere Regelungen sicherzustellen ist, dass die Gesundheit der Arbeitnehmer nicht gefährdet wird. Da Arbeitszeitverlängerungen ohne Ausgleich stets ein Gesundheitsrisiko für die betroffenen Arbeitnehmer darstellen, sind in dem Fall von Arbeitszeitverlängerungen besondere Regelungen zum Gesundheitsschutz der Arbeitnehmer zu treffen. In Betracht kommen längere Ruhezeiten oder spezielle arbeitsmedizinische Betreuungen für betroffene Arbeitnehmer oder Vereinbarungen über die Kostenübernahme durch den Arbeitgeber für gesundheitsfördernde Maßnahme wie etwa für Fitnesskurse oder Massagen.[29] Es ist Aufgabe der Tarifvertragsparteien oder der Betriebsparteien Arbeitgeber und Betriebsrat, solche Regelungen zu treffen.

Schließlich muss der Arbeitnehmer in eine solche Regelung – vor deren Einführung – ausdrücklich schriftlich (freiwillig) einwilligen, § 7 Abs. 7 ArbZG. Er kann diese Einwilligung mit einer Ankündigungsfrist von sechs Monaten schriftlich widerrufen. Wegen der langen Widerrufsfrist wird sich der Arbeitnehmer genau zu überlegen haben, ob er den Bereitschaftsdienst ohne Ausgleich leisten will. Andererseits erhält der Arbeitgeber durch die lange Widerrufsfrist Planungssicherheit. Der Arbeitgeber darf den Arbeitnehmer nicht benachteiligen, weil er nicht in die Verlängerung der Arbeitszeit ohne Ausgleich eingewilligt hat oder eine Einwilligung widerrufen hat. Nach § 16 Abs. 2 ArbZG n.F. muss der Arbeitgeber ein Verzeichnis der Arbeitnehmer führen, die in eine Verlängerung der Arbeitszeit gem. § 7 Abs. 7 ArbZG eingewilligt haben.

2. Stufe 31b

Die Regelungen der zweiten Stufe betreffen Arbeitszeitverlängerungen **über zehn Stunden** nach § 7 Abs. 1 Nr. 1a ArbZG n.F. Auch hier ist ein Tarifvertrag etc. notwendig. Die Zeiten des Bereitschaftsdienstes sind jedoch wie die übrigen Arbeitszeiten mit dem Ziel einer durchschnittlichen **Wochenarbeitszeit von 48 Stunden auszugleichen**. Bei einer tariflichen Regelung kann ein Ausgleichszeitraum von einem Jahr vorgesehen sein, bei Genehmigung durch die Aufsichtsbehörde beträgt der Ausgleichszeitraum lediglich 1/2 Jahr oder 24 Wochen.

3. Stufe 31c

Bei der dritten Stufe geht es um die Arbeitszeitverlängerungen **über zwölf Stunden**. In diesem Fall muss auf jeden Fall die **Ruhezeit von mindestens elf Stunden** gewährt werden.

Soweit die Arbeitszeit durch Tarifverträge geregelt ist, ist den Tarifvertragsparteien **eine Übergangsfrist bis zum 31.12.2005** eingeräumt worden, innerhalb deren sie die Tarifverträge den neuen rechtlichen Bestimmungen anzupassen haben. Damit bleibt es, soweit auf das Arbeitsverhältnis ein Tarifvertrag zur Anwendung kommt, bis zum 31.12.2005 bei den bisherigen Regelungen. Dies gilt allerdings nicht in den Fällen, in denen z.B. staatliche Krankenhäuser an die EG-Richtlinie gebunden wären;[30] auf diese Konsequenzen hat bereits das BAG[31] hingewiesen. 31d

Als **Beispiel für Bereitschaftsdienst** sei genannt: 31e

- Ärzte und Krankenpflegepersonal leisten typischerweise nachts Bereitschaftsdienst, wenn sie im Krankenhaus in eigens dafür vorgesehenen Räumen in der Verwendung der Zeit vollkommen frei sind und nur im Bedarfsfall, z.B. bei Notaufnahmen oder Notoperationen, zur Arbeitsleistung herangezogen werden.

Das BAG hat bereits früher erkannt, dass mit der Entscheidung des EuGH zum Bereitschaftsdienst **keine Entscheidung** darüber getroffen wurde, **wie Bereitschaftsdienste vergütet werden müssen**.[32] Denn die Richtlinie 93/104 EG betrifft nur den öffentlich-rechtlichen Arbeitsschutz; zur Frage der Vergütung enthält sie keine Bestimmung.[33] Der Bereitschaftsdienst stellt jedoch eine Leistung 31f

29 *Reim*, DB 2004, 188.
30 Zutreffend *Reim*, DB 2004, 190.
31 BAG, Urt. v. 18.02.2003, DB 2003, 1387.
32 BAG, Urt. v. 22.11.2000, DB 2001, 820 ff.
33 BAG, Urt. v. 05.06.2003, DB 2004, 138.

des Arbeitnehmers dar, die wegen der insgesamt geringeren Inanspruchnahme des Arbeitnehmers niedriger als sog. Vollarbeit vergütet werden darf.[34] Es ist zulässig, die gesamte Zeit des Bereitschaftsdienstes pauschal abzugelten, ohne Rücksicht darauf, ob und in welchem Umfang Arbeit während des Bereitschaftsdienstes anfällt. So hat das BAG[35] eine Pauschalabgeltung mit 68 % der Normalvergütung als zulässig erachtet. Nach dem BAT wird der Bereitschaftsdienst mit 15 % der üblichen Arbeitsvergütung abgegolten.

31g Der Betriebsrat hat nach § 87 Abs. 1 Nr. 2 BetrVG über die Lage der Arbeitszeit mitzubestimmen, nicht aber über deren wöchentlichen Umfang. Hieraus folgt, dass eine betriebliche Einigungsstelle keine Regelung über den Umfang der wöchentlichen Höchstarbeitszeit und die Anordnung von Bereitschaftsdienst als Arbeitszeit treffen kann. Entgegenstehende Sprüche von Einigungsstellen sind unwirksam.[36]

5. Rufbereitschaft

32 Die Rufbereitschaft unterscheidet sich von dem Bereitschaftsdienst dadurch, dass der Arbeitnehmer in der **Wahl seines Aufenthaltsortes frei** ist, wenn er seine jederzeitige Erreichbarkeit durch den Arbeitgeber gewährleisten kann. Der Arbeitnehmer darf sich allerdings nicht in einer Entfernung vom Arbeitsort aufhalten, die dem Zweck der Rufbereitschaft zuwiderläuft. Vielmehr muss der Arbeitnehmer bei Abruf seine Arbeit alsbald aufnehmen können.[37]

33 Die **Rufbereitschaft ist vergütungspflichtig; eine Pauschalvergütung ist zulässig,** wobei sie geringer vergütet werden kann als der Bereitschaftsdienst – z.B. nach dem BAT 12,5 % der üblichen Arbeitsvergütung.

Beispiel
Der Arbeitgeber verpflichtet seine Arbeitnehmer, außerhalb der regelmäßigen Arbeitszeit einen Funksignalempfänger mitzuführen, um auf ein entsprechendes Signal zu antworten und Weisungen für einen Arbeitseinsatz entgegenzunehmen. Problematisch ist der Fall, dass der Arbeitnehmer verpflichtet wird, innerhalb bestimmter Zeit seine Arbeit aufzunehmen und sich obendrein mit seinem Funksignalempfänger an einem Ort aufzuhalten, an dem er auch erreichbar ist. Hier kann die Grenze zum Bereitschaftsdienst mit dem höheren Anspruch auf Vergütung erreicht sein.

6. Nachtarbeit

34 Nach § 2 Abs. 3 ArbZG ist **Nachtzeit im Sinne dieses Gesetzes die Zeit von 23 bis 6 Uhr.** Nachtarbeit ist jede Arbeit, die mehr als zwei Stunden der Nachtzeit erfasst. Die Nachtarbeit muss also zwischen 1 und 4 Uhr liegen. Voraussetzung für die Erfüllung des Begriffs des Nachtarbeitnehmers ist entweder eine normale Nachtschicht z.B. in Wechselschicht oder die Leistungen von Nachtarbeit an 48 Tagen im Kalenderjahr (§ 2 Abs. 5 ArbZG).

35 Die Nachtarbeitnehmereigenschaft kann auch bei verschiedenen Arbeitgebern in getrennten Arbeitsverhältnisses erfüllt werden. Nachtarbeitnehmer ist deshalb auch, wer in einem Arbeitsverhältnis von Tagarbeit z.B. für vier Stunden, aber Nachtarbeit bei einem anderen Arbeitgeber für weitere vier Stunden leistet. Er ist dann auch in dem Tagarbeitsverhältnis Nachtarbeitnehmer und kann die Vergünstigungen des § 6 ArbZG mit der Beschränkung der Höchtsarbeitszeit in Anspruch nehmen.[38]

34 BAG, Urt. v. 28.01.2004, – 5 AZR 530/02 (n.v.).
35 BAG, Urt. v. 28.01.2004 – 5 AZR 530/02 (n.v.).
36 BAG, Beschl. v. 22.07.2003 – 1 ABR 28/02.
37 BAG, Urt. v. 19.12.1991, EzA § 611 BGB Arbeitsbereitschaft Nr. 1.
38 *Neumann/Biebl*, § 2 ArbZG Rn 32.

V. Gesetzliche Höchstarbeitszeit und Ausgleichszeitraum

Die **werktägliche Arbeitszeit** der Arbeitnehmer darf **acht Stunden nicht überschreiten** (§ 3 ArbZG). Die Lage des Werktages ist **nicht mit der des Kalendertages identisch**. Er wird nicht wie der Kalendertag ab 0 Uhr, sondern vom Beginn der üblichen Arbeitszeit des einzelnen Arbeitnehmers ab gezählt und endet 24 Stunden später. Dieses folgt aus der Ruhezeitregelung des § 5 ArbZG. 36

Bei Schichtarbeit umfasst der individuelle Werktag die Zeit vom Beginn der Schicht an einem Kalendertag bis zum Beginn der Schicht am nächsten Kalendertag. Wechselt der Beginn der Arbeitszeit regelmäßig, dann wechselt damit auch Beginn und Ende der individuellen Werktage des einzelnen Arbeitnehmers. 37

Die **Lage der Arbeitszeit an Werktagen wird im ArbZG nicht geregelt.** Es entscheiden die tariflichen, betrieblichen oder einzelvertraglichen Vereinbarungen, ob der Arbeitnehmer innerhalb des 24-stündigen individuellen Arbeitnehmerwerktages morgens und abends jeweils z.B. vier Stunden arbeitet. Es müssen nur die Regelungen über Ruhepausen und Ruhezeit beachtet werden. 38

Der Arbeitszeitrahmen von acht Stunden kann nur überschritten werden, wenn von **§ 3 Satz 2 ArbZG** Gebrauch gemacht wird oder **eine Abweichung nach § 7 ArbZG** oder eine **Ausnahme nach §§ 14 oder 15 ArbZG** zugelassen ist. Der 8-Stunden-Tag ist aber nicht als gesetzliche Regelzeit festgelegt. Die **wöchentliche Höchstarbeitszeit** beträgt damit **48 Stunden.** Das ArbZG erlaubt 48 Wochenstunden x 48 Wochen (52–4 Wochen Urlaub/BUrlG) = 2304 Stunden im Jahr. 39

Kraft Gesetzes kann die gesetzlich zulässige Arbeitszeit von acht Stunden von jedem Betrieb – **gleich aus welchen Gründen – bis zu zehn Stunden** verlängert werden. Voraussetzung ist nur **der Ausgleich der verlängerten Arbeitszeit auf einen 8-Stunden-Durchschnitt** im vom ArbZG bestimmten Ausgleichszeitraum. Dieses bedeutet, dass einer Verlängerung der Arbeitszeit über acht Stunden eine entsprechende Verkürzung gegenüberstehen muss, was auch z.B. in einer Woche erfolgen kann (5 x 9; 1 Werktag arbeitsfrei). Nach § 3 Satz 2 ArbZG stehen dem Betrieb zwei Ausgleichszeiträume zur Verfügung: einer von **sechs Kalendermonaten** oder einer von **24 Wochen,** ohne dass der Arbeitgeber an das Kalenderjahr gebunden ist. Auch braucht keine Festlegung auf den einen oder anderen Zeitraum erfolgen, an den man gebunden wäre.[39] Bestritten ist, ob »Kalendermonat« die Zeit vom 1. bis zum Letzten eines Monats ist; richtigerweise wird von Zeitmonaten auszugehen sein.[40] Der Arbeitgeber kann einen kürzeren Ausgleichszeitraum wählen, nicht aber einen längeren (Ausnahme: Tarifvertrag, § 7 Abs. 1 Nr. 1b ArbZG, Betriebsvereinbarung, wenn Arbeitgeber nicht tarifgebunden ist, aber in der Branche entsprechender Tarifvertrag besteht, und durch Genehmigung der Aufsichtsbehörde). Für die Wahl des Ausgleichszeitraums ist es ohne Bedeutung, ob die Tage mit längerer oder kürzerer Arbeitszeit am Anfang, am Ende oder in der Mitte des Ausgleichszeitraums liegen, was nicht unumstritten ist.[41] Im einen Fall wird nach-, im anderen Fall vorgearbeitet. 40

Bei der **Wahl** und der **Änderung des Ausgleichszeitraums** hat der Betriebsrat ein **Mitbestimmungsrecht** nach § 87 Abs. 1 Nr. 2 BetrVG.

Der Ausgleich einer über acht Stunden verlängerten Arbeitszeit muss nach § 3 Satz 2 ArbZG so erfolgen, dass **im Durchschnitt acht Stunden werktäglich** (nicht arbeitstäglich) innerhalb des für den Betrieb gewählten **Ausgleichszeitraums** nicht überschritten werden. Gesetzliche Wochenfeiertage, **Urlaubstage, Krankheitstage** (anders: Rosenmontag, Heiligabend, Silvester, Sonderurlaub,[42] unentschuldigtes Fehlen) sowie Tage sonstiger Arbeitsbefreiung kommen allerdings als **Ausgleichstage nicht in Betracht.** Sie sind bei der Ausgleichsregelung des § 3 Satz 2 ArbZG als 41

39 *Neumann/Biebl,* § 3 ArbZG Rn 8 m.w.N.

40 *Neumann/Biebl,* § 3 ArbZG Rn 8 m.w.N.

41 So aber *Erasmy,* NZA 1994, 1105, 1106; auch *Zmarzlik/Anzinger,* § 3 Rn 23; a.A. *Roggendorff,* S. 54 unter Hinw. auf die Regierungsbegründung; *Neumann/Biebl,* § 3 ArbZG Rn 8 m.w.N.

42 *Junker,* ZfA 1998, 112.

Tage mit einer Regelarbeitszeit von acht Stunden zu berücksichtigen. Der Ausgleichszeitraum wird dadurch nicht verlängert. Bei der Berechnung und Verteilung der Arbeitszeit im Rahmen des § 3 Satz 2 ArbZG ist Sonntagsarbeit mit zu berücksichtigen.

42 Die **Arbeitszeit für die nächsten sechs Monate** braucht zum Zeitpunkt der ersten Verlängerung nach § 3 Satz 2 ArbZG **nicht bereits im Voraus festzustehen**. Strittig ist, ob der Ausgleich für Mehrarbeit im Nachhinein erfolgt.[43] Die Ausgleichsverpflichtung nach § 3 Satz 2 ArbZG besteht für jede einzelne Arbeitszeitverlängerung über acht Stunden hinaus, d.h. für jeden Werktag mit Mehrarbeit läuft ein neuer sechsmonatiger bzw. 24-wöchiger Ausgleichszeitraum (sog. rollierender Ausgleichszeitraum). Der Ausgleich für die Mehrarbeit am Dienstag der ersten Kalenderwoche hat also bis einschließlich Montag der 25. Kalenderwoche und für die Mehrarbeit am Freitag der ersten Kalenderwoche bis einschließlich Donnerstag der 25. Kalenderwoche zu erfolgen. Überschneiden sich mehrere Ausgleichszeiträume, muss für jeden einzelnen von ihnen die Ausgleichsverpflichtung des Satzes 2 eingehalten werden.

43 Das ArbZG enthält **keine Regelungen über Mehrarbeit**, **Freizeitausgleich und Vergütung**.

44 Über zehn Stunden hinaus darf nur in den Fällen des § 7 sowie der §§ 14, 15 (Aufsichtsbehörde entscheidet!) und § 19 ArbZG gearbeitet werden.

45 Die Zulässigkeit einer **Arbeitszeit mit Arbeitsbereitschaft** bzw. Bereitschaftsdienst über zehn Stunden hinaus setzt einen **Tarifvertrag oder** auf Grund eines Tarifvertrages eine **Betriebs- oder Dienstvereinbarung** gem. § 7 Abs. 1 Nr. 1a und 2 a) ArbZG **oder** eine **Ausnahmebewilligung** nach § 7 Abs. 5 voraus. **Arbeitszeit über zehn Stunden hinaus, ohne dass Arbeitsbereitschaft oder Bereitschaftsdienst vorliegt,** ist nur in wenigen **gesetzlich vorgesehen Fällen** (vgl. § 14, § 15 Abs. 1 Nr. 1 und Nr. 2 sowie Abs. 2 und Abs. 3 ArbZG) vorgesehen.

46 Das ArbZG ermöglicht somit im Unterschied zur früheren AZO alle bisher bekannten Arbeitszeitformen und lässt genügend Raum für die Entwicklung neuer Arbeitszeitmodelle, nicht zuletzt dadurch, dass auf Grund Tarifvertrages nach § 7 Abs. 1 Nr. 1b ArbZG über § 3 Satz 2 ArbZG hinaus weitere Ausgleichszeiträume zugelassen sind. Eine Schranke ergibt sich bei konkreten Gesundheitsgefahren aus § 1 Nr. 1 ArbZG. Damit kann den besonderen Bedürfnissen der Betriebe und Verwaltungen Rechnung getragen werden.

47 Als **Arbeitszeitmodelle** sind exemplarisch zu nennen:

- Gleitzeit mit und ohne Kernzeit
- Arbeitszeitkonten
- Jahresarbeitszeit
- Vertrauensarbeitszeit
- Altersteilzeit u.a.

48 **Eine Verlängerung der täglichen Arbeitszeit über zehn Stunden** hinaus ist durch Tarifvertrag zulässig – oder evtl. durch Genehmigung der Aufsichtsbehörde –, wenn in die Arbeitszeit regelmäßig und in erheblichem Umfang Arbeitsbereitschaft bzw. Bereitschaftsdienst fällt (§ 7 Abs. 1 Nr. 1 a) und 2 a) ArbZG; die Aufsichtsbehörde kann weitere Verlängerungen zulassen, § 15 ArbZG. Schließlich kann von der Höchstarbeitszeit in Notfällen und in außergewöhnlichen Fällen abgewichen werden, § 14 ArbZG.

49 Die Verschiebung der arbeitsschutzrechtlichen Grenzen **durch Tarifvertrag** gilt für alle Arbeitgeber, die tarifgebunden sind; es handelt sich mithin bei der tariflichen Arbeitszeitverlängerung um eine **Betriebsnorm i.S.d. § 3 Abs. 2 TVG,** sodass nur der Arbeitgeber tarifgebunden sein muss. Ob der Arbeitnehmer auch entsprechend arbeiten muss, entscheidet sich nach dem Arbeitsvertrag oder nach den auch für ihn kraft Tarifbindung geltenden Tarifbestimmungen.[44]

43 So *Roggendorff,* S. 54; a.A. *Erasmy,* NZA 1994, 1105, 1106.
44 *Junker,* S. 15.

Speziell für **Kraftfahrer** gibt es Sonderregelungen. § 6 der Fahrpersonalverordnung (FPersV) unterwirft die Fahrer für Lenkzeiten, Lenkzeitunterbrechungen und Ruhezeiten für Fahrzeuge von mehr als 2,8t und für Beförderung von mehr als neun Personen der **EG-VO Nr. 3280/85**. Ausnahmen sind in § 7 FPersV festgelegt. Damit gilt für Kraftfahrer auch hinsichtlich der Ruhezeiten und der Kabinenzeiten nur noch EG-Recht. Das bedeutet, dass die Zeit in einer Schlafkabine nur dann als Ruhezeit gilt, wenn das Fahrzeug stillsteht.[45] 50

VI. Ruhepausen, Ruhezeit

1. Ruhepausen

Ruhepausen sind **im Voraus** – also mindestens bei Beginn der Arbeit – **festliegende Unterbrechungen der Arbeitszeit**, in denen der Arbeitnehmer weder Arbeit zu leisten noch sich dafür bereitzuhalten braucht, sondern **freie Verfügung** darüber hat, wie er diese Ruhezeit verbringen kann. Entscheidendes Kriterium ist für die Pause die Freistellung des Arbeitnehmers von jeder Dienstverpflichtung und auch von der Verpflichtung, sich zum Dienst bereitzuhalten. Die Vereinbarung von Bereitschaftsdienst widerspricht nicht der Ruhepause.[46] Die Pause muss im Voraus feststehen. Zu welchem Zeitpunkt die **Dauer** der Arbeitsunterbrechung festliegen muss, ob spätestens zu Beginn der täglichen Arbeitszeit oder erst bei Beginn der jeweiligen Pause, ist umstritten. Unverzichtbar ist aber, dass jedenfalls bei ihrem Beginn auch der Dauer der Pause bekannt sein muss.[47] 51

Der Charakter der Ruhepause erfordert es nicht, dass der Arbeitnehmer berechtigt sein muss, während der Ruhepause den Betrieb verlassen zu können. So kann sein Aufenthalt während der Ruhepause beispielsweise durch Betriebsvereinbarung für ein eventuelles Eingreifen bei Notfällen auf den Betrieb beschränkt werden. 52

Von der **Ruhepause zu unterscheiden** sind die **Verschnaufpausen** (Erholungszeiten = Arbeitszeit) und die **Betriebspausen** (Wartezeiten); beide Pausen gehören zur Arbeitszeit. 53

Ruhepausen müssen **mindestens – ununterbrochen – 15 Minuten** betragen (§ 4 Satz 2 ArbZG). Bei einer Arbeitszeit von mehr als sechs Stunden ist die Arbeitszeit durch eine Ruhepause von mindestens 30 Minuten oder zwei Pausen von je 15 Minuten zu unterbrechen. Bei einer Arbeitszeit von mehr als neun Stunden beträgt die Ruhepause insgesamt mindestens 45 Minuten. Die Lage der Pause muss angemessen sein. Bis zu einer Arbeitszeit von sechs Stunden brauchen Pausen nicht gewährt zu werden. Da es sich bei Pausen um Unterbrechungen der Arbeit handelt, dürfen sie nicht am Anfang und am Ende der Arbeitszeit liegen. 54

Die Pausen müssen **hinsichtlich Lage und Dauer im Voraus feststehen**. Denn der Arbeitnehmer soll sich auf die Pause einrichten können. Es muss deshalb zu Beginn der täglichen Arbeitszeit **jedenfalls ein bestimmter Rahmen feststehen**, innerhalb dessen der Arbeitnehmer – ggf. in Absprache mit anderen Arbeitnehmern – seine Ruhepause in Anspruch nehmen kann.[48] Es reicht daher z.B. bei der Gleitzeit aus, wenn die Spanne festgelegt wird, innerhalb derer der Arbeitnehmer die Ruhepause zu nehmen hat, beispielsweise für die Mittagspause die Zeit von 11.30 Uhr bis 14.00 Uhr.[49] Allerdings ist es auch zulässig festzulegen, nach welcher Arbeitszeit eine Pause einzulegen ist. 55

Nicht gewährte Ruhepausen dürfen im Gegensatz zu Urlaub oder einer anderen bezahlten Freizeit nicht durch Geld abgegolten werden; auch eine Abgeltung durch Ersatzfreizeit ist nicht zulässig. 56

45 Vgl. näher *Neumann/Biebl,* § 3 ArbZG Rn 11 ff.

46 *Zmarzlik/Anzinger,* § 4 Rn 5; *Neumann/Biebl,* § 4 ArbZG Rn 2 m.w.N.

47 BAG, Urt. v. 29.10.2002, EzA § 4 EFZG Nr. 1.

48 BAG, Urt. v. 27.02.1992, DB 1992, 2247.

49 *Junker,* ZfA 1998, 115.

Nicht ordnungsgemäß festgelegte und/oder auf Verlangen des Arbeitgebers nicht eingehaltene Ruhepausen gelten als Arbeitszeit und sind als solche zu bezahlen.[50]

57 Der Arbeitgeber **erfüllt seine Verpflichtung,** Ruhepausen zu gewähren, nur dann, wenn er eine Pausenregelung schafft, **die es dem Arbeitnehmer ermöglicht**, die **Ruhepausen zu nehmen**, nicht jedoch, wenn dies aus tatsächlichen oder rechtlichen Gründen unmöglich ist. Es liegt deshalb keine Ruhepause vor, wenn der Arbeitnehmer während der Pause Geräte beobachten muss.

2. Ruhezeit

58 Die **Ruhezeit beträgt elf Stunden**, § 5 Abs. 1 ArbZG. Nicht als Arbeitszeit, sondern als Ruhezeit zählt Rufbereitschaft;[51] denn Ruhezeit ist die Zeit zwischen zwei Schichten, die nicht Arbeitszeit sind.[52] Die Ruhezeit muss nach Beendigung der täglichen Arbeitszeit gewährt werden. Mit der täglichen Arbeitszeit ist nicht die Arbeitszeit eines Kalendertages gemeint, sondern die Arbeitszeit eines Arbeitstages des betreffenden Arbeitnehmers.

59 Die Ruhezeitregelung bewirkt keine Schichtzeitbegrenzung auf 13 Stunden, da die Ruhezeit nicht kalendertäglich oder innerhalb eines 24-Stunden-Zeitraums, sondern nach Beendigung der täglichen Arbeitszeit zu gewähren ist. Die höchstzulässige tägliche Arbeitszeit kann daher auf den gesamten Arbeitstag des Arbeitnehmers verteilt werden, wenn er im Anschluss daran eine Mindestruhezeit von elf Stunden hat.

60 **Dem Arbeitnehmer ist die Ruhezeit von elf Stunden ununterbrochen zu gewähren**. Sie darf nicht in Zeitabschnitte unterteilt werden. Jede Arbeitsleistung für den Arbeitgeber, selbst eine kurzzeitige, unterbricht die Ruhezeit mit der Folge, dass nach der Unterbrechung eine neue ununterbrochene Ruhezeit von mindestens elf Stunden beginnen muss. Bei Notfällen kann eine Abweichung gem. § 14 ArbZG zulässig sein, wobei es gerade der spezifische Arbeitsanfall i.S.d. § 14 ArbZG sein muss, der zur Folge hat, dass die Ruhezeit nicht völlig eingehalten werden kann.[53] Die Arbeitsleistungen während der Unterbrechung der Ruhezeit sind auf die Arbeitszeit des noch andauernden bzw. des neuen Arbeitstages anzurechnen.

61 Nach § 5 Abs. 2 ArbZG ist in bestimmten Fällen eine **Verkürzung der Ruhezeit bis auf zehn Stunden möglich, wenn eine andere Ruhezeit auf zwölf Stunden verlängert wird.** Weitere Verkürzungen der Ruhezeit sind in § 5 Abs. 3 und 4, § 7 Abs. 1 Nr. 3 und Abs. 2 Nr. 1 bis 4, § 14, § 15 Abs. 1 Nr. 3 und 4 sowie § 15 Abs. 2 ArbZG zugelassen.

62 § 5 Abs. 3 ArbZG enthält Sonderregelungen für Rufbereitschaften in Krankenhäusern. Wird z.B. im Anschluss an die Arbeitszeit Rufbereitschaft geleistet und verbleibt auch bei Inanspruchnahme in der Rufbereitschaft noch eine Ruhezeit von 5 1/2 Stunden, sind die weiteren 5 1/2 Stunden Ruhezeit anderweitig zu gewähren. Beträgt die Ruhezeit weniger als 5 1/2 Stunden, ist der vorgesehene Arbeitsbeginn so zu verschieben, dass nach Beendigung der Inanspruchnahme eine mindestens elfstündige ununterbrochene Ruhezeit nach § 5 Abs. 1 ArbZG eingehalten wird.

VII. Nachtarbeit

63 § 6 ArbZG regelt **umfassend die Nachtarbeit.** Wichtig ist dabei zunächst § 6 Abs. 1 ArbZG, wonach die Arbeitszeit der Nacht- und Schichtarbeiter »nach den gesicherten arbeitswissenschaftlichen Erkenntnissen über die menschengerechte Gestaltung der Arbeit festzulegen« ist. Von solchen gesicherten arbeitswissenschaftlichen Erkenntnissen kann jedoch nicht ausgegangen werden,[54] sodass

50 BAG, Urt. v. 23.09.1992, AP Nr. 6 zu § 3 AZO Kr.
51 A.A. *Zmarzlik/Anzinger,* § 5 Rn 10.
52 BAG, Urt. v. 13.02.1992, AP Nr. 13 zu § 12 AZO.
53 *Schliemann*, § 14 ArbZG Rn 8.
54 BAG, Urt. v. 11.02.1998, AP Nr. 54 zu § 611 BGB Direktionsrecht.

ein subjektives Recht des Arbeitnehmers kaum durchgesetzt werden kann[55] und auch Schadensersatzansprüche kaum denkbar sind.[56]

Im Bulletin für europäische Schichtarbeitsfragen Nr. 3, 1991 sind allerdings die Erkenntnisse der Schichtarbeitsforschung – verkürzt – wie folgt zusammengefasst:[57] 64

- Es sollte keine dauerhafte Nachtarbeit geben.
- In der Regel sollten nicht mehr als zwei bis vier Nachtschichten in Folge geleistet werden.
- Zu kurze Pausen arbeitsfreier Zeit zwischen zwei Schichten sollten vermieden werden.
- Kontinuierliche Schichtsysteme, die auch Wochenenden einschließen, sollten einige freie Wochenenden vorsehen.
- Arbeitsperioden von acht oder mehr Arbeitstagen in Folge sollten vermieden werden.
- Die Länge der Schicht sollte von der körperlichen und geistigen Belastung durch die Arbeit abhängig sein.
- Die Nachtschicht sollte kürzer sein als die Frühschicht und die Spätschicht.
- Bei kontinuierlichen Schichtsystemen ist ein Vorwärtswechsel (z.B. Frühschicht, dann Spätschicht, dann Nachtschicht) vorzuziehen.
- Die Frühschicht sollte nicht zu früh beginnen.
- Beim Schichtwechsel sollten die Schichtarbeiter möglichst flexible Zeiten haben (Festlegung einer Übergabezeitspanne).
- Die Schichtfolge sollte möglichst regelmäßig sein.
- Eine gewisse Flexibilität in Bezug auf die Wünsche einzelner Schichtarbeiter ist wünschenswert.
- Kurzfristige Abweichungen von der grundlegenden Schichtfolge aus technischen Gründen sollten möglichst gering bleiben.
- Schichtarbeiter sollten so früh wie möglich über ihre Schichtfolgen und über Änderungen im normalen Plan informiert werden.

1. Nachtarbeitnehmerbegriff

§ 2 Abs. 5 ArbZG **definiert den Nachtarbeitnehmer** als den Arbeitnehmer, der 65

- auf Grund seiner Arbeitszeitgestaltung normalerweise Nachtarbeit in Wechselschicht zu leisten hat oder
- Nachtarbeit an mindestens 48 Tagen im Kalenderjahr leistet.

Da der Arbeitnehmer **normalerweise** Nachtarbeit in Wechselschicht arbeiten muss, fällt derjenige 66
Mitarbeiter, der nur als Ersatzmann im Schichtdienst einspringt oder in gewissen Zeitabschnitten in geringfügigem Maße in den Schichtplan aufgenommen wird, nicht unter den Nachtarbeitnehmerbegriff.[58] Der Arbeitnehmer wird »normalerweise« Nachtarbeit in Wechselschicht leisten, wenn er in ein **Drei-Schicht-System** fest eingebunden ist, am Schichtwechsel teilnimmt und im nicht unerheblichen Umfang zur Nachtarbeit herangezogen wird.

2. Arbeitszeit

Bei der Arbeitszeit der Nachtarbeitnehmer ist zu unterscheiden zwischen den Nachtarbeitnehmern 67
i.S.v. § 2 Abs. 5 Nr. 1 und denen nach § 2 Abs. 5 Nr. 2 ArbZG.

Bei allen Nachtarbeitnehmern darf die werktägliche Arbeitszeit acht Stunden nicht übersteigen. 68
Die Arbeitszeit kann **bis zu zehn Stunden verlängert** werden, wenn **innerhalb von einem Monat** im Durchschnitt acht Stunden werktäglich nicht überschritten werden.

55 *Neumann/Biebl*, § 6 ArbZG Rn 8.
56 *Schliemann*, § 6 ArbZG Rn 22.
57 Vgl. näher *Roggendorff*, S. 76.
58 *Erasmy*, NZA 1994, 1105, 1108.

69 Bei Nachtarbeitnehmern i.S.v. § 2 Abs. 5 Nr. 2 ArbZG gilt als Ausgleichszeitraum § 3 Satz 2 ArbZG, wenn sie für einen längeren Zeitraum nicht mehr zur Nachtarbeit herangezogen wurden. Sobald der Nachtarbeitnehmer wieder zur Nachtarbeit heranzogen wird, gilt der kürzere Zeitraum des § 6 Abs. 2 ArbZG. Ein längerer Zeitraum ohne Nachtarbeit dürfte dann vorliegen, wenn dieser Zeitraum deutlich länger ist als der Zeitraum, in dem Nachtarbeit geleistet wurde.

70 Der verkürzte Zeitraum ist einzuhalten in Bezug auf die gesamte werktägliche Arbeitszeit der Nachtarbeitnehmer, also nicht nur hinsichtlich der nächtlichen Arbeitszeit, sondern auch hinsichtlich der Arbeitszeit zu anderen Tageszeiten, z.B. in der Früh- und Spätschicht. Die Verlängerung des Ausgleichszeitraums kann nur durch Tarifvertrag oder Betriebsvereinbarung nach § 7 Abs. 1 Nr. 4b ArbZG erfolgen.

3. Arbeitsmedizinische Untersuchungen, § 6 Abs. 3 ArbZG

71 Der Nachtarbeitnehmer hat **Anspruch auf arbeitsmedizinische** (nicht hausärztliche) **Untersuchungen** – und zwar zu Beginn der Beschäftigung und Wiederholung alle drei Jahre, ab Vollendung des 50. Lebensjahres jedes Jahr –, ohne dass er verpflichtet wird, sich auch untersuchen zu lassen. Da die Untersuchung nur ein Recht des Nachtarbeitnehmers ist, muss sie von ihm verlangt werden. Sie muss nicht in der Dienstzeit stattfinden. Wenn die Untersuchung vor Beginn der Beschäftigung verlangt wird, besteht bis zur Bekanntgabe des Ergebnisses ein Hindernis, die Nachtarbeit anzutreten.[59]

72 Diese arbeitsmedizinische Untersuchung soll die Frage klären, ob der betreffende Arbeitnehmer für die Beschäftigung mit Nachtarbeit geeignet ist oder ob die (weitere) Verrichtung von Nachtarbeit ihn in seiner Gesundheit gefährdet. Der Arbeitgeber muss nur die Kosten einer **arbeitsmedizinischen Untersuchung** tragen.

4. Umsetzungsanspruch, § 6 Abs. 4 ArbZG

73 Nach dieser Bestimmung hat der Nachtarbeitnehmer in bestimmten, enumerativ aufgezählten Fällen einen **Umsetzungsanspruch von einem Nacht- auf einen für ihn geeigneten Tagesarbeitsplatz,** sofern dem nicht dringende betriebliche Gründe entgegenstehen. Der Arbeitnehmer muss die Voraussetzungen für den Umsetzungstatbestand, auf den er sich beruft, darlegen und beweisen. Der Arbeitnehmer kann auf diesen Anspruch nicht im Voraus – z.B. bei der Einstellung – verzichten.

Als Voraussetzungen für eine Umsetzung seien genannt:

a) Verlangen des Arbeitnehmers

74 Der Umsetzungsanspruch entsteht erst **mit Verlangen des Arbeitnehmers und entsprechender Begründung**. Er kann – natürlich – sein Verlangen einstweilen zurückstellen, wenn ein geeigneter Tagesarbeitsplatz noch nicht vorhanden ist.

b) Umsetzung bei Gesundheitsgefährdung, § 6 Abs. 4 a) ArbZG

75 Für § 6 Abs. 4 a) muss eine konkrete Gefährdung vorliegen, **d.h. wenn mit hinreichender Wahrscheinlichkeit eine Beeinträchtigung der Gesundheit bei weiterer Verrichtung von Nachtarbeit eintreten wird**. Es ist eine arbeitsmedizinische Feststellung erforderlich. Neben dem Umsetzungsanspruch kann der Nachtarbeitnehmer im Falle der Arbeitsunfähigkeit Anspruch auf Entgeltfortzahlung haben.

59 *Neumann/Biebl*, § 6 ArbZG Rn 14.

c) Umsetzungsanspruch für Arbeitnehmer mit Familienpflichten, § 6 Abs. 4 b) und c) ArbZG

Der Arbeitnehmer muss mit einem Kind unter zwölf Jahren in einem Haushalt zusammenleben und das Kind darf nicht von einer anderen im Haushalt lebenden Person betreut werden können. Ob dieses der Fall ist, entscheiden die konkreten Verhältnisse. Da Pflege und Erziehung das natürliche Recht der Eltern und die in erster Linie ihnen obliegende Pflicht sind (Art. 6 Abs. 2 GG), kann der Arbeitnehmer nicht auf Personen verwiesen werden, denen er sein Kind nicht anvertrauen will. 76

Oder ein schwerpflegebedürftiger Angehöriger (Pflegestufe I reicht aus) ist zu versorgen, wenn er sich nicht allein behelfen kann. Der Begriff der Angehörigen in § 6 Abs. 4 c) ArbZG ist weiter als der der Familie. 77

d) Geeigneter Tagesarbeitsplatz

Geeignet ist ein Tagesarbeitsplatz dann, wenn die **neue Tätigkeit der beruflichen Qualifikation des Arbeitnehmers entspricht** und die Vergütung, abgesehen von evtl. zuvor gezahlten Nacht- und Schichtarbeitszuschlägen, gleich bleibt. 78

e) Dringende betriebliche Erfordernisse

Als betriebliche Erfordernisse, die der Umsetzung entgegenstehen, kommen vor allem **innerbetriebliche Umstände** (z.B. es steht kein geeigneter Tagesarbeitsplatz oder kein geeigneter Ersatz für einen besonders qualifizierten Nachtarbeitnehmer zur Verfügung), aber auch **außerbetriebliche Gründe** in Betracht (z.B. Auftragsmangel zwingt zur Produktionsdrosselung und damit zum Wegfall eines geeigneten Tagesarbeitsplatzes). **Der Arbeitgeber braucht also einen geeigneten Tagesarbeitsplatz nicht erst zu schaffen.** 79

Die Beweislast für das Vorliegen eines dringenden betrieblichen Grundes trägt der Arbeitgeber. Die Prüfung der Beschäftigungsmöglichkeit beschränkt sich auf den Betrieb; sie erstreckt sich nicht auf das Unternehmen. 80

Hat der Arbeitgeber keinen geeigneten Tagesarbeitsplatz, hat der Arbeitnehmer kein Leistungsverweigerungs- bzw. Zurückbehaltungsrecht; er ist weiterhin zur Nachtarbeit verpflichtet. 81

Stehen dringende betriebliche Gründe dem Umsetzungsanspruch des Arbeitnehmers entgegen, muss der Arbeitgeber den **Betriebsrat anhören**, der seinerseits Vorschläge unterbreiten kann, ohne dass der Betriebsrat ein echtes Mitbestimmungsrecht hat. Durch die Umsetzung des Arbeitnehmers auf einen Tagesarbeitsplatz entstehen auch keine weiter gehenden Rechte des Betriebsrats. Zum einen liegt kein Kollektivfall i.S.d. § 87 Abs. 1 Nr. 2 BetrVG vor. Es geht vielmehr um die Verwirklichung eines individualrechtlichen Anspruchs. Auch liegt eine Versetzung dann nicht vor, wenn sich lediglich die Lage der Arbeitszeit ändert.[60] 82

Ist nur ein freier Tagesarbeitsplatz vorhanden, verlangen aber mehrere Nachtarbeitnehmer die Umsetzung, dürfte der Arbeitgeber verpflichtet sein, nach sozialen Gesichtspunkten auszuwählen. 83

5. Ausgleich für Nachtarbeit, § 6 Abs. 5 ArbZG

Der Arbeitnehmer hat – soweit eine tarifliche Ausgleichsregelung nicht besteht – **Anspruch auf angemessenen Ausgleich für die mit der Nachtarbeit verbundenen Beeinträchtigungen**. Der Arbeitgeber hat dabei ein Wahlrecht, ob er einen Freizeitausgleich gewähren oder einen Zuschlag zahlen will. Streitig ist, ob der Arbeitgeber lediglich in Anwendung des § 315 Abs. 3 BGB unter Billigkeitsgesichtspunkten einen angemessenen Ausgleich zu gewähren hat oder ob es sich bei 84

60 BAG, Urt. v. 23.11.1993, BB 1994, 935.

diesem Anspruch um die unmittelbare Anwendung des Rechts aus § 6 Abs. 5 ArbZG handelt.[61] Ein Zuschlag von 50 % ist nicht so gering, dass er einer Nichtregelung gleichkommt.[62]

84a Der Betriebsrat hat zwar mitzubestimmen, ob Freizeitausgleich zu gewähren oder ein Zuschlag zu zahlen ist; bei der Frage der Angemessenheit hat er aber kein Mitbestimmungsrecht.[63] Es handelt sich hierbei um eine Rechtsfrage, die der Mitbestimmung nicht unterliegt, § 87 Abs. 1 Einleitungssatz BetrVG.

6. Gleichbehandlung bei der betrieblichen Weiterbildung und aufstiegsfördernde Maßnahmen, § 6 Abs. 6 ArbZG

85 Es handelt sich hierbei um eine Konkretisierung des arbeitsrechtlichen Gleichbehandlungsgrundsatzes.

Nachtarbeitnehmer sollen in gleichem Maße in berufliche Weiterbildungsmaßnahmen eingeschlossen werden können wie Arbeitnehmer, die in Tagesarbeit beschäftigt werden.

VIII. Schichtarbeit

86 **Schichtarbeit liegt vor**, wenn sich die Arbeitsleistungen mehrerer Arbeitnehmer an einem Arbeitsplatz derart ablösen, dass der Arbeitsplatz nicht nur während der Arbeitszeit eines Arbeitnehmers, sondern **nacheinander von mehreren Arbeitnehmern für eine die Arbeitszeit des einzelnen Arbeitnehmers übersteigende Zeitspanne besetzt ist**.[64] Keine Schichtarbeit ist die Gleitzeit, weil es an der für die Schichtarbeit typischen gegenseitigen Ablösung fehlt.

Wegen der Arbeitszeitregelung bei Schichtarbeit kann auf die Ausführungen zur Nachtarbeit verwiesen werden.

IX. Sonn- und Feiertagsbeschäftigung

87 An **Sonn- und Feiertagen** dürfen Arbeitnehmer grundsätzlich **nicht in der Zeit von 0 bis 24 Uhr beschäftigt werden,** § 9 Abs. 1 ArbZG. In **mehrschichtigen** Betrieben mit regelmäßig Tag- und Nachtschicht kann der Beginn oder das Ende der betrieblichen Sonn- und Feiertagsruhe **um bis zu sechs Stunden vor- oder zurückverlegt** werden, § 9 Abs. 2 ArbZG, für Kraftfahrer und Beifahrer um bis zu zwei Stunden vorverlegt werden, § 9 Abs. 3 ArbZG. **In allen Fällen ist aber eine beschäftigungsfreie Zeit von 24 Stunden einzuhalten**. Damit ist eine objektive Betriebsruhe angeordnet, zur Bedingung gemacht (Ausnahme: gesetzlich vorgesehene Fälle wie z.B. § 10 Abs. 2 ArbZG).

88 In § 10 Abs. 1 ArbZG sind **16 Bereiche aufgezählt**, in denen Arbeitnehmer auch an **Sonn- und Feiertagen** beschäftigt werden können. Bei der Entscheidung der Frage, ob im Einzelfall ein Ausnahmetatbestand i.S.d. § 10 Abs. 1 ArbZG vorliegt, hat der Arbeitgeber stets zu prüfen, **ob die Arbeiten nicht an Werktagen vorgenommen werden können.** Der Arbeitgeber braucht in diesen Fällen keine behördliche Genehmigung. In Zweifelsfällen kann er jedoch die Aufsichtsbehörde zur Klärung einschalten, § 13 Abs. 3 Nr. 1 ArbZG.

89 Nach § 13 ArbZG können durch Rechtsverordnung und Verwaltungsakt weitere Ausnahmen von dem Beschäftigungsverbot an Sonn- und Feiertagen gemacht werden.

90 Für Arbeitnehmer, die zulässigerweise am Sonn- und Feiertag beschäftigt werden, sieht § 11 ArbZG eine Reihe von Ausgleichsregelungen vor:

61 Vgl. zum Meinungsstand *Neumann/Biebl,* § 7 ArbZG Rn 26.
62 BAG, Urt. v. 12.11.2001, EZA § 11 ArbZG Nr. 1.
63 BAG Urt. v. 26.08.1997, EzA § 87 BetrVG 1972 Gesundheitsschutz Nr. 1 = AP Nr. 74 zu § 87 BetrVG 1972 Arbeitszeit.
64 *Zmarzlik/Anzinger,* § 6 Rn 13.

- Mindestens **15 Sonntage im Jahr müssen beschäftigungsfrei** bleiben, § 11 Abs. 1 ArbZG, wobei auf den einzelnen Arbeitnehmer und nicht auf den Betrieb abzustellen ist.
- Durch die am Sonn- und Feiertag abgeleistete **Arbeitszeit darf weder die Höchstarbeitszeit noch der Ausgleichszeitraum des § 3 ArbZG überschritten werden**, § 11 Abs. 2 ArbZG.
- Für die Beschäftigung am Sonntag ist ein **Ersatzruhetag** zu gewähren, wofür ein **Zeitraum von zwei Wochen** zur Verfügung steht, § 11 Abs. 3 Satz 1 ArbZG. Für die Beschäftigung am Feiertag ist ebenfalls ein solcher Ersatzruhetag zu gewähren, wobei allerdings der Ausgleichszeitraum acht Wochen beträgt, § 11 Abs. 3 Satz 2 ArbZG.

Der Ersatzruhetag kann auch auf einen Werktag (z.B. Samstag) fallen, der ohnehin frei ist.[65] Denn § 3 ArbZG geht von einer Sechs-Tage-Woche aus. Bestritten ist,[66] ob der Ersatzruhetag auch im Voraus gewährt werden kann. 91

Sowohl die Sonn- und Feiertagsruhe als auch der Ersatzruhetag sind **in unmittelbarem Zusammenhang mit einer täglichen Ruhezeit von elf Stunden zu gewähren**, soweit dem technische oder arbeitsorganisatorische Gründe (z.B. Schichtwechsel) nicht entgegenstehen (§ 11 Abs. 4 ArbZG). Damit soll eine grundsätzliche Sonn- und Feiertagsruhe von 35 Stunden sichergestellt werden. Die Arbeitszeit am Samstag muss deshalb am Samstag um 13 Uhr enden; ist dieses aus technischen oder arbeitsorganisatorischen Gründen nicht möglich, ist der Arbeitsbeginn am darauf folgenden Werktag so zu verschieben, dass die Ruhezeit insgesamt 35 Stunden beträgt. Wenn es aus arbeitsorganisatorischen Gründe nicht möglich ist, die Ruhezeit von insgesamt 35 Stunden zu gewähren, kann auch ein geringerer Zeitraum als Ruhezeit gewährt werden. 92

Durch die entsprechende Anwendung von § 3 ArbZG gem. § 11 Abs. 2 ArbZG können im Einzelfall in einer Woche bis zu 70 Arbeitsstunden zulässig sein. Denn der erforderliche Ersatzruhetag nach § 11 Abs. 3 ArbZG muss nur innerhalb von zwei Wochen gewährt werden. 93

Durch Tarifvertrag oder auf Grund eines Tarifvertrags durch Betriebsvereinbarung können Abweichungen von den Ausgleichsregelungen des § 11 ArbZG und in bestimmten Branchen auch von der Zahl der jährlich zu gewährenden Sonntage zugelassen werden, § 12 ArbZG. 94

X. Ausnahmen in besonderen Fällen

Von **§§ 3–5, 6 Abs. 2, §§ 7, 9 bis 11 ArbZG** kann in **Notfällen** und **anderen außergewöhnlichen Fällen abgewichen werden, § 14 Abs. 1 ArbZG** (z.B. drohender Verderb von Rohstoffen oder Lebensmitteln, Arbeitsergebnisse drohen zu misslingen). Die Ausnahmeregelungen des § 14 Abs. 1 ArbZG sind relativ weitgehend. Im Hinblick auf den Schutzzweck des Arbeitsschutzgesetzes (§ 1 ArbZG) sind an das Vorliegen der Umstände, die eine solche ausnahmsweise Beschäftigung der Arbeitnehmer über die Grenzen des Arbeitszeitgesetzes hinaus erlauben, **strenge Anforderungen** zu stellen.[67] **Notfälle** im Sinne dieser Bestimmungen sind unvorhergesehene widrige, unverhältnismäßig schadenstiftende Ereignisse, die außerhalb des Machtbereichs des Betroffenen liegen und von diesem nicht abgewendet und auch nicht vorweg verhindert oder in Rechnung gestellt werden können. Hierzu zählen Naturereignisse oder andere unabwendbare Zufälle, wie z.B. der plötzliche Totalausfall von Maschinen, aber auch Unfälle oder Todesfälle. 95

Fehlerhafte Entscheidungen des Arbeitgebers und Organisationsmängel in dessen Verantwortungsbereich sind keine Notfälle und schließen eine Anwendung des § 14 Abs. 1 ArbZG aus. Keine außergewöhnlichen Fälle sind Ereignisse, die zur Eigenart des Betriebes gehören oder mit denen jeder Betrieb zu rechnen hat. 96

65 BAG, Urt. v. 12.12.2001, EzA § 11 ArbZG Nr. 1. *Erasmy,* NZA 1994, 97 (103).
66 BAG, Urt. v. 12.12.2001, EZA § 11 ArbZG Nr. 1; *Erasmy,* NZA 1994, 97 (103); *Zmarzlik/Anzinger,* § 11 Rn 32; a.A. *Roggendorff,* S. 127 Rn 13.
67 *Schliemann,* § 14 ArbZG Rn 2.

97 Nach **§ 14 Abs. 2 Nr. 1 ArbZG** darf darüber hinaus von **§§ 3–5, 6 Abs. 2, §§ 7, 11 Abs. 1–3, 12 ArbZG** (mithin nicht vom Sonntagsarbeitsverbot der §§ 9, 10 ArbZG) abgewichen werden, wenn eine verhältnismäßig geringe Zahl von Arbeitnehmern vorübergehend mit Arbeiten beschäftigt wird, deren Nichterledigung das Ergebnis der Arbeiten gefährden oder einen unverhältnismäßigen Schaden zur Folge haben würde. Nach dieser Bestimmung darf nur eine **bereits begonnene** Arbeit zu Ende geführt werden; § 14 Abs. 2 Nr. 1 ArbZG erlaubt grundsätzlich nicht, eine neue Arbeit zu beginnen. Bei der Beurteilung des unverhältnismäßigen Schadens ist eine wirtschaftliche Betrachtungsweise anzustellen. Es ist auch möglich, dass der Schaden in einem dritten Betrieb (z.B. in dem eines Kunden) eintreten würde, wenn die Arbeiten wegen Einhaltung der gesetzlichen Arbeitszeitbestimmungen sonst eingestellt werden müssten. Schließlich dürfen andere Vorkehrungen dem Arbeitgeber nicht zugemutet werden können. In der Regel ist es für den Arbeitgeber nicht zumutbar, zusätzlichen Aufwand zu betreiben, der betriebswirtschaftlich später nicht mehr nutzbar ist, oder aber zusätzliches Personal einzustellen oder zu entsenden, dessen Arbeitskraft der Arbeitgeber ansonsten nicht oder nicht hinreichend nutzen kann.[68]

98 **§ 14 Abs. 2 Nr. 2 ArbZG** erlaubt ebenfalls die Abweichung von zwingenden Arbeitszeitbestimmungen (**§§ 3–5, 6 Abs. 2, §§ 7, 11 Abs. 1–3, 12 ArbZG**), z.B. bei **unaufschiebbaren Vor- und Abschlussarbeiten**.

98a Der Arbeitgeber ist nach Änderung des ArbZG zum 01.01.2004 in den Fällen des § 14 ArbZG nicht von der Ausgleichspflicht des § 3 ArbZG befreit; nach § 14 Abs. 3 ArbZG n.F. darf nämlich die Arbeitszeit von 48 Stunden im Durchschnitt von sechs Kalendermonaten oder 24 Wochen nicht überschritten werden, wenn von den Befugnissen nach den Abs. 1 und 2 Gebrauch gemacht wird.

XI. Ausnahmen durch Bewilligung

99 Schließlich kann die Aufsichtsbehörde in zahlreichen Fällen (z.B. § 7 Abs. 5, § 12, § 15 ArbZG) Abweichungen vom ArbZG bewilligen. Außerdem kann die Aufsichtsbehörde eine z.B. von § 3 ArbZG abweichende längere tägliche Arbeitszeit für kontinuierliche Schichtbetriebe zur Erreichung zusätzlicher Schichten und für Bau- und Montagestellen sowie unter bestimmten Bedingungen für Saison- und Kampagnebetriebe für die Saison und die Kampagne bewilligen. Allerdings muss nach § 15 Abs. 4 ArbZG n.F. wie in § 14 Abs. 3 ArbZG n.F. § 3 Satz 2 ArbZG beachtet werden.

100 Auf Grund der Generalklausel des § 15 Abs. 2 ArbZG kann die Aufsichtsbehörde Ausnahmen von allen gesetzlichen Bestimmungen zulassen, soweit die Ausnahmen im öffentlichen Interesse dringend nötig werden. Genannt seien hier Notfälle und Katastrophen im Ausland, die sofortige Hilfe erfordern.[69] Das öffentliche Interesse muss darüber hinaus ein gewisses Gewicht haben. Erforderlich, aber auch ausreichend ist, dass die Maßnahmen einem erheblichen Teil der Bevölkerung dienen.[70] Hierzu kann auch die drohende Existenzgefährdung eines Betriebes ein öffentliches Interesse an einer Ausnahme begründen.[71]

XII. Überwachung der gesetzlichen Arbeitszeitregelungen

101 Nach § 17 ArbZG haben die **Aufsichtsbehörden (Gewerbeaufsichtsämter, Ämter für Arbeitsschutz) die Einhaltung des ArbZG zu überwachen**. Die Beamten haben ein Zutrittsrecht zu den Betrieben, § 17 Abs. 5 ArbZG. Sie können vom Arbeitgeber die notwendigen Auskünfte verlangen; sie haben den Arbeitgeber bei der Anwendung des ArbZG zu beraten.

102 Der Arbeitgeber hat einen Abdruck des ArbZG in der jeweils geltenden Fassung sowie die darauf beruhenden Tarifverträge und Betriebsvereinbarungen auszulegen bzw. auszuhängen.

68 *Schliemann*, § 14 ArbZG Rn 25.
69 *Baeck/Deutsch*, § 15 ArbZG Rn 32.
70 *Baeck/Deutsch*, § 15 ArbZG Rn 15.
71 BayVGH, Urt. v. 18.08.1980, GewA 1981, 22, 24.

Damit die Aufsichtsbehörde die Einhaltung der Arbeitszeitbestimmungen feststellen kann, muss der Arbeitgeber nach **§ 16 Abs. 2 ArbZG** die Arbeitszeiten, die **über acht Stunden** hinaus geleistet werden, sowie jede Arbeitszeit an Sonn- und Feiertagen,[72] wenn dadurch die werktägliche Arbeitszeit von acht Stunden überschritten wird,[73] **aufzeichnen und die Aufzeichnungen mindestens zwei Jahre aufbewahren**. Dies gilt für alle Arbeitnehmer, die unter das ArbZG fallen, mithin auch für die im Außendienst tätigen. Bei dem Arbeitszeitnachweis muss auf jeden einzelnen Arbeitnehmer abgestellt werden, wobei die Aufzeichnung der täglichen Gesamtarbeitszeit ausreicht.[74] Eine bestimmte Form der Arbeitszeitnachweise wird nicht verlangt. Da die Erfüllung der Aufzeichnungspflicht die Kontrolle der Einhaltung der Grenzen des ArbZG ermöglichen soll, gehört hierzu auch die Prüfung, inwieweit eine über die werktägliche Arbeitszeit hinausgehende tägliche Arbeitszeit entsprechend den gesetzlichen Bestimmungen ausgeglichen worden ist oder noch auszugleichen ist. Dies erfordert dementsprechend auch, Aufzeichnungen über einen entsprechenden Arbeitszeitausgleich zu führen. Demnach müssen vollständige Arbeitszeitnachweise geführt werden, soweit die Arbeitszeit der Arbeitnehmer die achtstündige Arbeitszeit des § 3 Satz 1 ArbZG am Werktag und/oder an Sonn- und Feiertagen überschreitet.[75] 103

Der Arbeitgeber kann diese **Aufzeichnungspflicht auf seine Mitarbeiter übertragen**, muss aber die Einhaltung dieser Pflicht überprüfen. Dies bedeutet, dass Vertrauensarbeitszeit, bei der die Arbeitnehmer unter Beachtung der Bestimmungen des ArbZG kommen und gehen können, wann sie wollen, in Hinblick auf die Aufzeichnungspflicht konsequent nicht durchgeführt werden kann. Der Arbeitgeber hat auch hier darauf zu achten, dass bei einer Arbeitszeit von mehr als acht Stunden die Mehrarbeit aufgezeichnet wird. 104

Nach § 16 Abs. 2 ArbZG hat der Arbeitgeber auch ein Verzeichnis der Arbeitnehmer zu führen, die in eine Verlängerung der Arbeitszeit gem. § 7 Abs. 7 ArbZG eingewilligt haben. 104a

Die Beamten der Aufsichtsbehörde können in schwerwiegenden Fällen die notwendigen Maßnahmen wie Verfügungen, Gebote, Verbote, Beschränkungen und andere Anordnungen treffen. 105

Der Arbeitgeber und die Aufsichtsbehörde haben gem. § 89 Abs. 2 BetrVG die Pflicht, den Betriebsrat bei der Besichtigung hinzuzuziehen.

Verletzt der Arbeitgeber seine Pflicht nach § 16 Abs. 2 ArbZG, verhält er sich ordnungswidrig. Auf § 22 ArbZG wird verwiesen.

B. Arbeitnehmerüberlassungsgesetz

I. Einleitung

Die Arbeitnehmerüberlassung ist im Arbeitnehmerüberlassungsgesetz (AÜG) geregelt. Der Schutzzweck dieses Gesetzes besteht darin, unseriöse Verleihunternehmen auszuschließen sowie einen sozial- und arbeitsrechtlichen Mindestschutz der Arbeitnehmer sicherzustellen. Das AÜG hat jedoch nicht jede Überlassung von Arbeitnehmern an Dritte der Erlaubnispflicht unterworfen; erlaubnispflichtig ist nach § 1 Abs. 1 Satz 1 AÜG lediglich die gewerbsmäßige Überlassung von Arbeitnehmern zum Zweck der Arbeitsleistung bei Dritten. 106

72 H.M., vgl. *Neumann/Biebl*, § 16 ArbZG Rn 5 m.w.N.

73 *Schliemann*, § 16 ArbZG Rn 6.

74 *Schliemann*, § 16 ArbZG Rn 6; a.A. *Neumann/Biebl*, § 16 ArbZG Rn 5, der es ausreichen lässt, dass die Gesamtarbeitszeit aller Arbeitnehmer aufgezeichnet wird. Diese Auffassung wird jedoch dem Schutzgedanken des § 16 Abs. 2 ArbZG nicht gerecht.

75 *Schliemann/Meyer*, S. 315 Rn 881.

Das AÜG ist durch das Erste Gesetz für moderne Dienstleistungen am Arbeitsmarkt vom 23.12.2002[76] grundlegend geändert worden. Für Arbeitsverhältnisse, die nach dem 01.01.2004 begründet worden sind, gelten die neuen Bestimmungen.[77]

106a Der grundsätzliche Unterschied zwischen der bisherigen Regelung und der neuen besteht darin, dass bislang – bis auf § 10 Abs. 5 AÜG – allein die Bedingungen im Verleiherbetrieb maßgeblich waren (sog. **Verleiherbetriebsbezogenheit**). Deshalb gab es nach dem alten Recht Bestimmungen über die Befristung des Arbeitsverhältnisses, es galt das Synchronisationsverbot und die Unwirksamkeit einer Kündigung bei wiederholter Wiedereinstellung. Nach der Neuregelung sind die Arbeitsbedingungen im Entleiherbetrieb entscheidend (sog. **Entleiherbetriebsbezogenheit**), so dass die Bestimmungen über die Unwirksamkeit von Befristungen etc. ersatzlos entfallen konnten.

II. Abgrenzungen

107 Die Arbeitnehmerüberlassung im Sinne des AÜG ist durch eine vertragliche Beziehung zwischen dem Verleiher und dem Entleiher und dem Fehlen einer arbeitsvertraglicher Beziehung zwischen dem Entleiher und dem Leiharbeitnehmer gekennzeichnet.[78]

108 Arbeitnehmerüberlassung liegt vor, **wenn ein Arbeitgeber (Verleiher) einem Dritten (Entleiher) in der Regel vorübergehend** einen bei ihm **angestellten Arbeitnehmer (Leiharbeitnehmer) zur Verfügung stellt**, den dieser nach seinen Vorstellungen und Zielen in seinem Betrieb **wie einen eigenen Arbeitnehmer einsetzt**; der Arbeitnehmer muss in den Betrieb des Dritten voll[79] eingegliedert sein und dessen Weisungen hinsichtlich der Arbeitsausführung unterliegen. Der Leiharbeitnehmer muss innerhalb der Betriebsorganisation des Dritten für diesen und nicht weiterhin allein für seinen Arbeitgeber tätig sein.[80]

109 Es liegt deshalb keine Arbeitnehmerüberlassung vor, wenn mehrere Arbeitgeber im Rahmen einer unternehmerischen Zusammenarbeit mit dem Einsatz ihrer Arbeitnehmer jeweils ihre eigenen Betriebszwecke verfolgen.[81] Auch liegt eine Arbeitnehmerüberlassung nicht vor, wenn ein Arbeitnehmer einer Muttergesellschaft bei einer Tochtergesellschaft eingesetzt wird, wenn die Tochtergesellschaft nicht über eine eigene Betriebsorganisation verfügt oder mit der Muttergesellschaft einen Gemeinschaftsbetrieb führt.[82]

1. Vereinbarung zwischen Verleiher und Entleiher

110 Arbeitnehmerüberlassung setzt das Vorliegen einer – wenn auch konkludenten[83] – **Vereinbarung zwischen dem Arbeitgeber und dem Dritten** voraus, nach der der Arbeitnehmer für den Dritten tätig werden soll. Mit der Verpflichtung des Verleihers gegenüber dem Entleiher, ihm zur Förderung seiner Betriebszwecke Arbeitnehmer zur Verfügung zu stellen, endet die vertragliche Pflicht des Verleihers. Der Entleiher verpflichtet sich gegenüber dem Verleiher, diesem als Gegenleistung ein Entgelt zu zahlen.[84]

76 BGBl I, 4607.
77 Hinsichtlich der Rechtslage für Leiharbeitsverträge nach altem Recht (i.d.R. vor dem 01.01.2004 abgeschlossen) wird auf die 2. Aufl., S. 762 ff. verwiesen.
78 BAG, Urt. v. 19.01.2000, EzS 15/62.
79 BAG, Urt. v. 28.06.2000, BB 2000, 98 ff.
80 Tschöpe/*Hiekel*, S. 2555.
81 BAG, Urt. v. 25.10.2000, EzA § 10 AÜG Nr. 10.
82 BAG, Urt. v. 03.01.1997, EzA § 1 AÜG Nr. 9.
83 BAG, Urt. v. 19.01.2000, EzS 15/62.
84 BAG, Urt. v. 03.12.1997, EzA § 1 AÜG Nr. 9.

Es besteht kein Vertrag zwischen dem Leiharbeitnehmer und dem Entleiher. Zwischen ihnen besteht ein gesetzliches Schutzpflichtenverhältnis.[85]

2. Arbeitnehmerüberlassung

Es muss sich zudem **um Arbeitnehmer** und nicht bloß um »freie Mitarbeiter« handeln, **die bei einem Arbeitgeber beschäftigt** sind. Arbeitnehmer ist deshalb nicht, wer seine Arbeitsleistung auf Grund einer mitgliedschaftlichen Verpflichtung zu erbringen hat. Auch sind Beamte und Soldaten, die in Katastrophenfällen eingesetzt werden, nicht im Rahmen einer Arbeitnehmerüberlassung tätig. 111

Die Personalgestellung eines Bundeslandes an das Bundesamt für die Anerkennung ausländischer Flüchtlinge auf der Grundlage der Spezialregelung des § 5 Abs. 5 AsylVfG ist nicht an den Vorschriften des AÜG zu messen.[86] 112

Die Überlassung von »freien Mitarbeitern« ist Arbeitnehmerüberlassung, wenn die »freien Mitarbeiter« ihrem Dienstherrn Weisungen hinsichtlich Art, Ort, Zeit und Dauer der Dienstleistung unterworfen sind und damit letztlich Arbeitnehmer sind.

Schließlich ist nicht Arbeitnehmer, wer selbständiger Werkunternehmer (z.B. Subunternehmer) des Gestellers ist (siehe unten). Kopfschlachter und Ausbeiner sind aber in der Regel Arbeitnehmer und keine Werkunternehmer. 113

3. Fremdeinsatz außerhalb des AÜG

Überlässt ein Arbeitgeber als Verleiher einem Dritten Arbeitnehmer gewerbsmäßig zur Arbeitsleistung, handelt es sich gem. § 1 Abs. 1 Satz 1 AÜG um eine erlaubnispflichtige Arbeitnehmerüberlassung. Bevor auf das Merkmal der Gewerbsmäßigkeit eingegangen wird, sollen zunächst andere Rechtsformen des Einsatzes in Fremdbetrieben außerhalb des AÜG betrachtet werden. 114

a) Echtes Leiharbeitsverhältnis

Leiharbeitnehmer i.S. des § 1 Abs. 1 AÜG sind **nicht solche Arbeitnehmer, die nur gelegentlich** (im Rahmen eines sog. echten Leiharbeitsverhältnisses) an andere Unternehmen zur Arbeitsleistung überlassen werden. Der primäre Unterschied zwischen dem bei einem Verleihunternehmen angestellten Leiharbeitnehmer und einem gelegentlich an andere Unternehmen ausgeliehenen Arbeitnehmer besteht in Folgendem:[87] Der Leiharbeitnehmer erklärt bereits mit dem Abschluss des Leiharbeitsvertrages stillschweigend sein Einverständnis, dass der Verleiher ihn fortlaufend an Dritte zur Arbeitsleistung überlässt. Die in § 613 Satz 2 BGB enthaltene Auslegungsregel, wonach »der Anspruch auf die Dienste im Zweifel nicht übertragbar ist«, greift daher auf Grund der gegenteiligen vertraglichen Abmachungen im Bereich der gewerbsmäßigen Arbeitnehmerüberlassung nicht ein. Der nicht gewerbsmäßig handelnde Arbeitgeber (= Überlassender) benötigt dagegen – mangels einer entsprechenden arbeitsvertraglichen Vereinbarung – jeweils die vorherige Zustimmung des betreffenden Arbeitnehmers, sofern er diesen vorübergehend einem Dritten zur Arbeitsleistung überlassen will. 115

85 Tschöpe/*Hiekel*, S. 2576.
86 BAG, Urt. v. 05.03.1997, BB 1997, 2224.
87 Wie hier und auch nachfolgend: *Becker/Wulfgramm*, S. 158; auch *Sandmann/Marschall*, AÜG; Tschöpe/*Hiekel*, S. 2576.

b) Arbeitnehmerüberlassungsvertrag – Werkvertrag

116 Problematisch ist häufig die Abgrenzung zwischen einem **Arbeitnehmerüberlassungsvertrag und einem Werkvertrag**.

117 Zunächst ist dabei die Rechtsbeziehung zwischen dem Mitarbeiter und dem vom Dritten beauftragten Werkunternehmer (Gesteller) zu untersuchen. Es liegt zwar nahe, die Arbeitnehmereigenschaft allein aus den tatsächlichen Umständen der Leistungserbringung beim Dritten, also der Befolgung von Weisungen des Dritten herzuleiten. **Primärer Anknüpfungspunkt** muss jedoch immer **der Vertrag zwischen dem Gesteller (Verleiher) und dem Mitarbeiter (dem Leiharbeitnehmer) bleiben**, weil dieser Vertrag die Pflicht zur Tätigkeit bei dem Dritten (Entleiher) und zur Befolgung von Weisungen begründet. Es muss mithin zwischen dem Überlassenden und dem zu Überlassenden ein Arbeitsverhältnis bestehen; ein Subunternehmerverhältnis reicht nicht aus. Kann der wirkliche Geschäftsinhalt des Vertrages zwischen dem Gesteller und seinem Mitarbeiter erst anhand seiner Durchführung bestimmt werden, ist die tatsächliche Art der Leistungserbringung beim Dritten ergänzend heranzuziehen. Denn Selbständige können nicht als Leiharbeitnehmer an Entleiher überlassen werden.[88] Das Arbeitsverhältnis unterscheidet sich von dem Rechtsverhältnis eines freien Mitarbeiters (Dienstvertrag) oder eines selbständigen Werkunternehmers durch den Grad der persönlichen Abhängigkeit. Danach ist Arbeitnehmer, wer seine vertraglich geschuldete Leistung im Rahmen einer von einem Dritten bestimmten Arbeitsorganisation zu erbringen hat und dort hinsichtlich Ort, Zeit und Ausführung seiner Tätigkeit einem umfassenden Weisungsrecht seines Vertragspartners (Arbeitgebers) unterliegt.[89]

118 **Erst dann** ist zu prüfen, ob der Vertrag zwischen dem **Dritten (Entleiher) und dem Gesteller (Verleiher) ein Arbeitnehmerüberlassungsvertrag** oder ein Werkvertrag ist.

aa) Theoretische Abgrenzung

119 Der **Arbeitnehmerüberlassungsvertrag hat lediglich die Überlassung eines arbeitsbereiten Arbeitnehmers zur Arbeitsleistung** in den Betrieb des Entleihers zum Gegenstand. Beim Werkvertrag schuldet der Unternehmer die Herstellung eines bestimmten Arbeitsergebnisses, d.h. die Herbeiführung eines irgendwie gearteten Erfolges (z.B. Herstellung oder Veränderung einer Sache). Durch die Entsendung von Arbeitnehmern in den Betrieb des Bestellers erfüllt er seine Verpflichtungen aus dem mit dem Besteller geschlossenen Vertrag. Als Hauptleistung schuldet der Unternehmer die termingerechte Herstellung des vereinbarten Werks. Dessen Fehlerlosigkeit ist Inhalt der Leistungspflicht.

120 Voraussetzung eines Werkvertrages ist jedoch, dass der Gesteller den bei ihm beschäftigten Arbeitnehmer auch nach seinen eigenen Weisungen einsetzen kann. Es liegt deshalb **»Arbeitnehmer«überlassung vor**, wenn der Werk- oder Dienstleistungsunternehmer – also der Gesteller – **nicht über die betrieblichen oder personellen Voraussetzungen verfügt**, um die Tätigkeit der von ihm zur Erfüllung vertraglicher Pflichten im Betrieb eines Dritten eingesetzten Arbeitnehmer vor Ort **zu organisieren und ihnen Weisungen zu erteilen**.[90] Denn dann setzt der Unternehmer seine Arbeitnehmer nicht nach seinen eigenen Weisungen ein.

bb) Praktische Abgrenzung

121 Nach der Rechtsprechung des BAG[91] richtet sich die Abgrenzung der verschiedenen Erscheinungsformen des drittbezogenen Personaleinsatzes nach folgenden Kriterien:

122 Bei der Arbeitnehmerüberlassung werden dem Entleiher die Arbeitskräfte zur Verfügung gestellt. Der **Entleiher setzt sie nach seinen Vorstellungen und Zielen in seinem Betrieb wie seine eigenen**

88 BAG, Urt. v. 09.11.1994, BB 1995, 1293 ff. = DB 1995, 1566 f.
89 BAG, Urt. v. 09.11.1994, BB 1995, 1293 ff. = DB 1995, 1566 f.
90 BAG, Urt. v. 09.11.1994, EzA § 10 AÜG Nr. 8.
91 BAG, Urt. v. 28.11.1989, EzA § 14 AÜG Nr. 2.

Arbeitnehmer zur Förderung seines Betriebszwecks ein.[92] Die Arbeitskräfte sind voll in den Betrieb des Entleihers eingegliedert und führen ihre Arbeit allein nach dessen Weisungen aus. Die Vertragspflicht des Verleihers gegenüber dem Entleiher endet, wenn er den Arbeitnehmer ausgewählt und dem Entleiher zur Arbeitsleistung zur Verfügung stellt hat. Er haftet nur für Verschulden bei der Auswahl der verliehenen Arbeitnehmer. Entscheidendes Kriterium für die Arbeitnehmerüberlassung liegt in der dem Entleiher übertragenen Personalhoheit über die überlassenen Personen. Hierunter ist die arbeitsrechtliche Weisungsbefugnis zu verstehen.[93]

Bei der Tätigkeit eines Unternehmers auf Grund eines **Werk- oder Dienstvertrages** wird der **Unternehmer für einen** anderen tätig. Er organisiert die zur Erreichung eines wirtschaftlichen Erfolges notwendigen Handlungen nach eigenen betrieblichen Voraussetzungen und bleibt für die Erfüllung der im Vertrag vorgesehenen Dienste oder für die Herstellung des geschuldeten Werkes gegenüber dem Drittunternehmen verantwortlich. Die zur Ausführung des Dienst- oder Werkvertrages eingesetzten Arbeitnehmer unterliegen weiterhin der Weisung des Unternehmers und sind dessen Erfüllungsgehilfen. Solche Dienst- oder Werkverträge werden vom AÜG nicht erfasst. Während bei einer Arbeitnehmerüberlassung der Entleiher die Personalhoheit über die überlassenen Personen besitzt, ist die projektbezogene werkvertragliche Anweisung des Bestellers i.S.d. § 645 Abs. 1 Satz 1 BGB sachbezogen und ergebnisorientiert. Sie ist gegenständlich auf die zu erbringende Werksleistung begrenzt. Das arbeitsvertragliche Weisungsrecht ist demgegenüber personenbezogen, ablauf- und verfahrensorientiert. Es beinhaltet Anleitungen zur Vorgehensweise und weiterhin die Motivation des Mitarbeiters, die nicht Inhalt des werkvertraglichen Anweisungsrechts sind.[94] Bei einer auch noch so detaillierten Arbeitsanweisung vom Dienst- oder Werkunternehmer wird diese Personalhoheit nicht auf den Besteller übertragen; diese dienst- und werkvertragliche Anweisung regelt vielmehr allein die vertraglichen Rechte und Pflichten im Einzelnen. 123

Das BAG[95] wendet bei der Beurteilung von Einsätzen von Fremdfirmenarbeitnehmern ein dreistufiges Prüfungsverfahren an: 124

- Auf der **ersten Stufe** werden die ausdrücklichen Vereinbarungen der Vertragsparteien untersucht. Maßgebend ist der Geschäftsinhalt und nicht die von den Parteien gewünschte Rechtsfolge oder eine von ihnen gewählte Bezeichnung.
- Auf der **zweiten Stufe** wird die tatsächliche Vertragsdurchführung überprüft. Widerspricht sie den vertraglichen Vereinbarungen, entscheidet sie über die rechtliche Einordnung, weil sie den wirklichen Parteiwillen widerspiegelt, sofern die auf beiden Seiten zum Vertragsschluss Berechtigten sie kennen und zumindest billigen.
- Auf der **dritten Stufe** nimmt die Rechtsprechung eine Gesamtbetrachtung aller für die rechtliche Einordnung der Vertragsbeziehungen wesentlichen Umstände vor und wägt sie ab.

cc) Konkrete Abgrenzungskriterien (Indizien)

Folgende Kriterien sprechen für einen Werkvertrag: 125

- Unternehmerische Eigenverantwortlichkeit und darauf folgende Dispositionsmöglichkeit des Werkunternehmers gegenüber dem Besteller;
- Vereinbarung und Erstellung eines qualitativ individualisierbaren und dem Werkunternehmer zurechenbaren Werkergebnisses;
- ausschließliches Weisungsrecht des Werkunternehmers gegenüber seinem Erfüllungsgehilfen;
- fehlende Eingliederung der Erfüllungsgehilfen des Werkunternehmers in den Bestellerbetrieb;
- Tragung des Unternehmerrisikos (insbesondere der Gewährleistung) durch den Werkunternehmer;
- herstellungsbezogene bzw. erfolgsorientierte Vergütung.

92 BAG, Urt. v. 03.12.1997, EzA § 1 AÜG Nr. 9.
93 BAG, Urt. v. 01.12.1992, EzA § 99 BetrVG 1972 Nr. 110.
94 BAG, Urt. v. 01.12.1992, EzA § 99 BetrVG 1972 Nr. 110
95 BAG, Urt. v. 06.08.2003, EzA § 1 AÜG Nr. 13; BAG, Urt. v. 27.01.1993, EzA § 10 AÜG Fiktion Nr. 75.

126 Als **Umgehungstatbestände** (und damit Arbeitnehmerüberlassung) kommen folgende Merkmale in Betracht:
- Vorliegen einer persönlichen Abhängigkeit des Werkunternehmergehilfen vom Besteller;
- wirtschaftliche Substituierbarkeit von Werk- und Arbeitnehmerüberlassungsverträgen – insbesondere bei Identität der werkvertraglichen Leistungsverpflichtung mit dem Betriebszweck des Bestellerbetriebes;
- weitgehender Haftungsausschluss.

127 Als Kriterien für die **persönliche Abhängigkeit** kommen in Betracht:
- Bestimmung der Arbeitszeit durch den Besteller;
- Unterwerfung des Werkunternehmergehilfen unter die Betriebsordnung des Bestellers;
- Eingliederung der Arbeitnehmer in die Betriebsorganisation der Drittfirma;
- fehlende Projektbezogenheit des Arbeitseinsatzes;
- Benutzung von hochwertigen Maschinen und Geräten des Bestellers;
- kooperatives Zusammenwirken zwischen den Arbeitnehmern des Bestellers und den Werkunternehmergehilfen;
- Vergütung nach Zeiteinheiten und nicht die Abrechnung für das Gesamtwerk oder einzelne Teilabschnitte.

128 Entscheidendes Unterscheidungskriterium ist, ob die **Drittfirma (Entleiher) gegenüber dem eingesetzten Arbeitnehmer ein Weisungsrecht** insbesondere hinsichtlich **Art, Ort und Zeit der Arbeitsleistung** hat oder ob sich das Anweisungsrecht der Drittfirma (gegenüber dem Gesteller und die bei ihm beschäftigten Arbeitnehmer) auf die Herstellung des jeweils geschuldeten Werkes bezieht und damit gegenständlich begrenzt ist. Arbeitsvertragliche Weisungen liegen mithin vor, wenn sich die Weisungen nicht auf die Beschaffenheit des herzustellenden wirtschaftlichen Erfolges beschränken (sog. werksbezogene Anweisungen), sondern sich auf die zur Erreichung des wirtschaftlichen Erfolges notwendigen Handlungen erstrecken.

129

Arbeitnehmerüberlassung[96] **(§§ 1 ff. AÜG)**	**Werkvertrag (§§ 631 ff. i.V.m. § 278 BGB)**
Arbeitnehmer werden einem Dritten zur Arbeitsleistung zur Verfügung gestellt.	Der Unternehmer verpflichtet sich gegenüber dem Besteller zur Herstellung eines Werkes.
Der Entleiher kann die Arbeitskräfte nach seinen eigenen betrieblichen Erfordernissen einsetzen.	Der Unternehmer bleibt für die Herstellung des Werkes verantwortlich.
Der Entleiher erhält die Weisungsbefugnis gegenüber den Arbeitnehmern.	Der Unternehmer bestimmt Art und Einteilung der Arbeit selbst.
Der Entleiher gliedert die überlassenen Arbeitnehmer in seinen Betrieb ein und verfolgt – wie mit seinen eigenen Arbeitnehmern – seine betrieblichen Zwecke. Die Leiharbeitnehmer sind organisatorisch mit den Stamm-Arbeitnehmern vermischt (z.B. Leiharbeitnehmer stechen an der betrieblichen Stechuhr). Der Entleiher gibt die Arbeitsabläufe vor.	Der Unternehmer organisiert nach seinen eigenen betrieblichen Erfordernissen. Der Erfüllungsgehilfe ist nicht in den Betrieb des Bestellers eingegliedert.

96 Übersicht ist entnommen: *Kaufmann*, Arbeitnehmerüberlassung, RWS-Skript 294, S. 11.

Arbeitnehmerüberlassung (§§ 1 ff. AÜG)	Werkvertrag (§§ 631 ff. i.V.m. § 278 BGB)
Der Entleiher kann bestimmte Qualifikationen des Leiharbeitnehmers verlangen und bestimmte Arbeitnehmer zurückweisen.	Der Besteller hat grundsätzlich kein Mitspracherecht bezüglich der Person des Erfüllungsgehilfen und der Unternehmer bestimmt, wie viele Arbeitskräfte er beim Besteller einsetzt.
Die Vergütung erfolgt nach Zeiteinheiten.	Die Vergütung ist der Preis für das Ergebnis. Sie erfolgt erfolgsorientiert.
Durch arbeitsvertragliche Weisungen bestimmt der Entleiher den Gegenstand der vom Arbeitnehmer zu erbringenden Leistungen.	Der Besteller erteilt werkvertragliche Anweisungen, die sich allein auf das Werk als solches beziehen.
Es wird kein konkreter Arbeitserfolg, sondern die Arbeitsleistung als solche vereinbart.	Beim Werkvertrag kommt es auf die Herbeiführung des vereinbarten Erfolgs an.
Der Verleiher hat Anspruch auf die vereinbarte Vergütung unabhängig davon, ob das Werk, an dem die Arbeitnehmer arbeiten, vor Fertigstellung zufällig untergeht.	Bis zur Abnahme des Werkes trägt der Unternehmer die Vergütungsgefahr bei zufälligem Untergang des Werkes (§ 644 Abs. 1 Satz 1 BGB).
Der Verleiher hat nur die Pflicht, eine geeignete Arbeitskraft zur Verfügung zu stellen.	Der Unternehmer trägt die Gewährleistungspflichten. Er schuldet die vertragsgerechte, mangelfreie und rechtzeitige Herstellung des Werkes (§ 633 Abs. 1 BGB).
Ein Verleiher ist nicht in die Handwerksrolle eingetragen, auch wenn seine Arbeitnehmer für handwerkliche Tätigkeiten zur Verfügung gestellt werden.	Der Unternehmer, der mit seinen Mitarbeitern handwerkliche Aufgaben erfüllt, ist in die Handwerksrolle eingetragen.

c) Abgrenzung des Dienstvertrages von der Arbeitnehmerüberlassung

Im **Gegensatz zum Werkvertrag ist beim Dienstvertrag kein bestimmter Erfolg**, sondern **nur eine Tätigkeit geschuldet**, die entweder selbständig – dann Dienstvertrag – oder unselbständig – dann Arbeitsvertrag – erfolgen kann. Beim Dienstvertrag werden die Leistungen meist nur gattungsmäßig umschrieben (z.B. Maurer-, Elektriker- oder Schlosserarbeiten). Anders als beim Werkvertrag ist beim Dienstvertrag die Vergütung nicht vom Erfolg abhängig. Auch Verleihfirmen können mit ihren Kunden Dienstverträge (z.B. zur Bewachung) abschließen; die dafür eingesetzten Arbeitnehmer haben dann den Status eines Erfüllungsgehilfen (§ 278 BGB) des mit der Drittfirma abgeschlossenen Dienstvertrages. Auch hier muss von der »Verleihfirma« sichergestellt werden, dass die betreffenden Arbeitnehmer lediglich den Weisungen der »Verleihfirma« unterliegen und ausschließlich zwecks Erfüllung der im Dienstvertrag umschriebenen Dienstleistungsverpflichtungen eingesetzt werden. Ein Fall der Arbeitnehmerüberlassung liegt vor, wenn der »Erfüllungsgehilfe« in den Betrieb des »Dienstberechtigten« eingegliedert ist. **Räumt die »Verleihfirma« dem Kunden ein Weisungsrecht gegenüber dem überlassenen Arbeitnehmer ein,** handelt es sich um gewerbsmäßige **Arbeitsüberlassung** mit der Folge, dass die Verleihfirma die Erlaubnis der Bundesagentur für Arbeit besitzen muss. Der **Dienstverpflichtete und seine Erfüllungsgehilfen müssen z.B. ihre Arbeitszeit selbst** bestimmen können. Erst dann kann es sich um einen Dienstvertrag handeln. 130

Die Darlegungs- und Beweislast für das Vorliegen eines selbständigen Dienstvertrages trägt der entsendende Arbeitgeber.

131 So hat das BAG erkannt,[97] dass der ständige Einsatz von Wachleuten eines gewerblichen Bewachungsunternehmens zur Bewachung von Bundeswehreinrichtungen auch dann keine Arbeitnehmerüberlassung ist, wenn die Ausführung der zu leistenden Wachdienste einschließlich der Verhaltenspflichten des Wachpersonals in dem zu Grunde liegenden Bewachungsvertrag im Einzelnen genau festgelegt ist und das Bewachungsunternehmen nur solche Wachleute einsetzen darf, für die eine entsprechende Genehmigung der zuständigen militärischen Dienststelle vorliegt.

4. Gewerbsmäßige Arbeitnehmerüberlassung

132 Das AÜG regelt nur die gewerbsmäßige Arbeitnehmerüberlassung. **Gewerbsmäßig** i.S.d. § 1 AÜG handelt der Unternehmer, der Arbeitnehmerüberlassung **nicht nur gelegentlich, sondern auf Dauer** betreiben und damit wirtschaftliche Vorteile erzielen will. Es ist nicht erforderlich, dass der Unternehmer die Arbeitnehmerüberlassung überwiegend – etwa im Vergleich zu den insgesamt in seinem Unternehmen beschäftigten Arbeitnehmern – betreibt. Die Gewerbsmäßigkeit setzt sich mithin aus folgenden Elementen zusammen:

a) Selbständige Tätigkeit

133 Eine **selbständige Tätigkeit** i.S.d. § 1 AÜG setzt voraus, dass die **Verleihertätigkeit für eigene Rechnung und auf eigene unternehmerische Verantwortung** erfolgt. Der Umstand, dass Werkunternehmer (z.B. in der Form des Subunternehmerverhältnisses) gem. § 645 Abs. 1 BGB an projektbezogene Weisungen des Werkbestellers gebunden sind, steht der Annahme einer selbständigen Gewerbstätigkeit nicht entgegen.

b) Dauer

134 An das zur Gewerbsmäßigkeit gehörende Tatbestandsmerkmal der Dauer der Gewerbetätigkeit sind keine zu hohen Anforderungen zu stellen. Jede Art der Arbeitnehmerüberlassung, die **wiederholt**[98] – wenn auch u.U. mit größeren Unterbrechungen – vorgenommen werden soll, findet nicht nur gelegentlich statt und ist damit auf eine gewisse Dauer angelegt. Entscheidend ist nicht die Dauer an sich, sondern ob die Tätigkeit »auf Dauer« gerichtet ist. Nicht dauerhaft ist die Überlassung von Arbeitnehmern zur Deckung eines kurzfristigen Spitzenbedarfs eines anderen Unternehmens. Auch wenn davon viele Arbeitnehmer betroffen sind, ist allein dadurch das Merkmal der Dauer noch nicht erfüllt. Dadurch sollen Bagatellfälle ausgeklammert werden.[99]

c) Gewinnerzielungsabsicht

135 Das bedeutsamste Kriterium der Gewerbsmäßigkeit ist die **Gewinnerzielungsabsicht**, wobei es nicht darauf ankommt, ob tatsächlich ein Gewinn erzielt wird. Es reicht aus, wenn lediglich ein **mittelbarer Gewinn** oder ein wirtschaftlicher Vorteil erstrebt wird. So reicht es aus, wenn z.B. Arbeitnehmer, die sonst nicht eingesetzt werden können, an ein anderes Unternehmen zu einem die Selbstkosten übersteigenden Entgelt verliehen werden. Liegt der Grund für die nur gegen Erstattung der Kosten in dieser Höhe übernommene Arbeitnehmerüberlassung darin, bestimmte Geschäftsbedingungen zu fördern oder dem Betrieb für die Zukunft Aufträge zu verschaffen (z.B. Werbemaßnahmen), liegt gleichwohl gewerbliche Arbeitnehmerüberlassung vor.

136 Allerdings dürfte keine Gewinnerzielungsabsicht vorliegen, wenn Arbeitnehmer lediglich zum Ausgleich oder gar nur zur Minderung seiner eigenen Personalkosten überlassen werden, weil der

97 BAG, Urt. v. 31.03.1993, EzA § 10 AÜG Nr. 5.
98 BAG, Urt. v. 16.03.2000, EzAÜG § 1 AÜG Gewerbsmäßige Arbeitnehmerüberlassung Nr. 34.
99 BAG, Urt. v. 16.03.2000, EzAÜG § 1 AÜG Gewerbsmäßige Arbeitnehmerüberlassung Nr. 34.

Arbeitgeber sonst keine Einsatzmöglichkeit für sie hat.[100] Auch sind Gestellungsverträge zwischen dem öffentlichen Arbeitgeber und dem zukünftigen privaten Betriebsinhaber im Rahmen von Privatisierungsmaßnahmen im Regelfall nicht gewerbsmäßig.[101]

d) Gelegentliche Überlassung

Keine Gewerbsmäßigkeit liegt vor bei einer **gelegentlichen Überlassung** von Arbeitskräften an andere Unternehmen (sog. echtes Leiharbeitsverhältnis). Dieser Tatbestand zeichnet sich dadurch aus, dass der Arbeitnehmer in dem Betrieb seines Arbeitgebers regelmäßig seine Arbeitsleistung erbringt und nur in Ausnahmesituationen einem anderen Unternehmen gegen Vergütung zur Arbeitsleistung überlassen wird. Hier ist im Rahmen der Arbeitsüberlassung die Erwerbstätigkeit des Unternehmens nicht auf Dauer angelegt. Allerdings ist zu beachten, dass bei dieser gelegentlichen Arbeitnehmerüberlassung widerlegbar vermutet werden kann, dass eine Arbeitsvermittlung vorliegt, § 1 Abs. 2 AÜG. So kann z.B. die Vermutung unerlaubter Arbeitnehmerüberlassung widerlegt werden, wenn nach der gesamten Gestaltung und Durchführung der vertraglichen Beziehungen mittels wertender Gesamtbetrachtung davon auszugehen ist, dass der Schwerpunkt des Arbeitsverhältnisses auch nach dem Ablauf der Überlassungsdauer im Verhältnis zum überlassenden Arbeitgeber liegt.[102] 137

Auch bei der Überlassung von Maschinen oder von Flugzeugen mit Bedienungspersonal[103] handelt es sich grundsätzlich nicht um einen erlaubnispflichtigen Tatbestand der gewerbsmäßigen Arbeitnehmerüberlassung, wenn die Gestellung des Bedienungspersonals nur als vertragliche Nebenleistung anzusehen ist, was insbesondere bei der Überlassung von wertvollen Spezialmaschinen zutrifft. Die Ausrüstung mit einfachen Werkzeugen (z.B. Werkzeugkiste des Monteurs) ändert dagegen noch nichts an der Gewerbsmäßigkeit der Arbeitnehmerüberlassung, es sei denn, die betreffenden Arbeitnehmer würden zwecks Erfüllung werkvertraglicher Verpflichtungen eingesetzt. 138

Der Einsatz von Arbeitnehmern im Rahmen eines Subunternehmerverhältnisses fällt ebenfalls nicht unter die Erlaubnispflicht des Gesetzes. Denn hier bleibt der Arbeitnehmer dem uneingeschränkten Weisungsrecht des Subunternehmers unterstellt und ist dessen Erfüllungsgehilfe (§ 278 BGB). 139

5. Arbeitsvermittlung

Während früher die private Arbeitsvermittlung verboten war, ist sie seit dem BeschFG 1994 zugelassen worden; sie bedarf nach § 29 SGB III allerdings der Erlaubnis durch die Bundesagentur für Arbeit. Das Nebeneinander von privater Arbeitsvermittlung und Arbeitnehmerüberlassung ist nicht gesetzlich geregelt. Doch bei **der Arbeitsvermittlung geht es um eine Tätigkeit, die darauf gerichtet ist, Arbeit Suchende mit Arbeitgebern zur Begründung eines Arbeitsverhältnisses zusammenzuführen** (§ 35 Abs. 1 SGB III), sodass ein Arbeitsverhältnis zwischen dem Arbeit Suchenden und dem Arbeitgeber begründet werden soll. § 1 Abs. 1 AÜG knüpft an bestimmte Umstände die Vermutung, dass der Überlassende Arbeitsvermittlung betreibt. 140

III. Rechtsquellen

Die wesentlichen Vorschriften zur gewerbsmäßigen Arbeitnehmerüberlassung enthält das AÜG.[104] Darüber hinaus sind die Regelungen der EG zu beachten. So hat der EuGH entschieden, dass die gesetzlichen Einschränkungen (§§ 1, 1b AÜG) im Baugewerbe bei grenzüberschreitenden Dienstleistungen gegen Art. 43 und 49 EG verstoßen,[105] da sie wegen der Notwendigkeit tariflicher 141

100 Zum Problemkreis Tschöpe/*Hiekel*, S. 2556 f.
101 BAG, Urt. v. 21.03.1990, EzA § 1 AÜG Nr. 2.
102 BAG, Urt. v. 01.04.1994, EzA § 1 AÜG Nr. 3.
103 BAG, Urt. v. 22.02.1994 – 7 AZR 77/93 (n.v.).
104 Wegen weiterer Bestimmungen vergleiche KassArbR/*Düwell*, Gruppe 16, Erläuterungen Rn 91 ff.
105 EuGH, Urt. v. 25.10.2001, EzA § 1 AÜG Nr. 11.

Regelungen den freien Dienstleistungsverkehr innerhalb der Mitgliedstaaten der EG behindern. Deshalb ist § 1b AÜG durch das Gesetz vom 23.12.2002 ergänzt worden.[106]

IV. Regelungsgegenstand und Regelungsinhalt des AÜG

142 Das AÜG stellt Kriterien auf, nach denen die gewerbliche Arbeitnehmerüberlassung gesetzlich erlaubt ist.

1. Erlaubnisvorbehalt

143 Die Zulässigkeit der gewerblichen Arbeitnehmerüberlassung hängt grundsätzlich von der **Erteilung einer speziellen gewerberechtlichen Erlaubnis** (§ 1 Abs. 1 Satz 1, § 2 AÜG) ab, die von den Regionaldirektionen der Bundesagentur für Arbeit erteilt wird. Dieses Verbot mit Erlaubnisvorbehalt dient dem individuellen arbeits- und sozialversicherungsrechtlichen Schutz der Leiharbeitnehmer. Dabei ist es unerheblich, ob die Arbeitnehmer ausschließlich als Leiharbeitnehmer eingestellt wurden oder nicht.

Die grenzüberschreitende Arbeitnehmerüberlassung ist in § 3 Abs. 2 bis 5 AÜG geregelt.

144 Die Gründe, unter denen eine Erlaubnis versagt werden muss, sind in § 3 AÜG aufgelistet.

145 **Nicht erlaubnisfähig** ist gem. § 1b AÜG die gewerbsmäßige Arbeitnehmerüberlassung in Betrieben des Baugewerbes für Arbeiten, die üblicherweise von Arbeitern verrichtet werden. Die gewerbsmäßige Arbeitnehmerüberlassung ist allerdings zwischen den Betrieben des Baugewerbes gestattet, wenn der verleihende Betrieb des Baugewerbes mindestens drei Jahre von denselben Rahmen- und Sozialkassentarifverträgen oder von deren Allgemeinverbindlichkeit erfasst wird. Auch ist Arbeitnehmerüberlassung zwischen Betrieben des Baugewerbes und anderen Betrieben zulässig, wenn die diese Betriebe erfassenden, für allgemeinverbindlich erklärten Tarifverträge dies bestimmen, § 1b Satz 2 AÜG.

146 **Ausnahmen von dem Erlaubnisvorbehalt** finden sich in § 1 Abs. 1 Satz 2 AÜG bei der Abordnung zu einer Arbeitsgemeinschaft und § 1 Abs. 3 Nr. 1 AÜG bei der Überlassung von Arbeitnehmern innerhalb des gleichen Wirtschaftszweiges zur Vermeidung von Kurzarbeit und Entlassungen. Erleichtert wird die Arbeitnehmerüberlassung ebenfalls bei der konzerninternen Arbeitnehmerüberlassung, § 1 Abs. 3 Nr. 2 AÜG, der Arbeitnehmerüberlassung in das Ausland, § 1 Abs. 3 Nr. 3 AÜG, sowie der Kollegenhilfe nach § 1a AÜG.

147 **Gesonderte Regelungen** finden sich in § 1 Abs. 1 Satz 2 GesamthafenbetriebsG, dem PersonenbeförderungsG für das Vermieten von Kraftfahrzeugen durch Mietwagenunternehmen, im GüterkraftverkehrsG für den Gütertransport und auch in § 34a GewO für das Überlassen von Bewachungspersonal, es sei denn, die Wachleute des Bewachungsunternehmens sind den Weisungen des Inhabers des bewachten Betriebes unterworfen und werden gemeinsam mit den Wachleuten des Betriebes eingesetzt. Auch die Personalgestellung eines Bundeslandes an das Bundesamt für die Anerkennung ausländischer Flüchtlinge auf der Grundlage des § 5 Abs. 5 AsylVfG ist keine Arbeitnehmerüberlassung i.S.d. AÜG.

2. Vertrag zwischen Verleiher und Entleiher

148 Der **Vertrag zwischen Verleiher und Entleiher bedarf nach § 12 AÜG der Schriftform.** In dieser Urkunde hat der Verleiher zu erklären, ob er die Erlaubnis nach § 1 AÜG besitzt. Außerdem ist in der Urkunde zu erklären, welche besonderen Merkmale die für den Leiharbeitnehmer vorgesehene Tätigkeit hat und welche berufliche Qualifikation erforderlich ist. Schließlich ist in der Urkunde

106 Die Änderung des § 1b AÜG durch Einfügung eines Satzes 3 gilt uneingeschränkt ab 01.01.2003.

anzugeben, welche im Betrieb des Entleihers für einen vergleichbaren Arbeitnehmer des Entleihers wesentlichen Arbeitsbedingungen einschließlich des Arbeitsentgelts gelten, soweit nicht die Ausnahmen des § 3 Abs. 1 Nr. 3 und § 9 Nr. 2 AÜG vorliegen. Der Verleiher hat den Entleiher unverzüglich über den Zeitpunkt des Wegfalls der Erlaubnis zu unterrichten, § 12 Abs. 2 AÜG.

3. Der Arbeitsvertrag zwischen Verleiher und Leiharbeitnehmer

Der Arbeitsvertrag zwischen dem Verleiher und dem Leiharbeitnehmer ist besonderen gesetzlichen 149
Beschränkungen unterworfen.

a) Abschluss des Leiharbeitsvertrages

Der Arbeitsvertrag des Leiharbeitnehmers weist die Besonderheit auf, dass sich der Leiharbeitneh- 150
mer verpflichtet, **seine Arbeitsleistung nicht bei seinem Vertragsarbeitgeber, sondern bei Dritten zu erbringen**. Der Leiharbeitsvertrag kann mündlich abgeschlossen werden. Dieser Vertrag ist aber **unwirksam,** wenn die notwendige **Erlaubnis nicht vorliegt,** § 9 Nr. 1 AÜG, wobei der Verleiher den Leiharbeitnehmer über den Wegfall der Erlaubnis zu unterrichten hat.

b) Urkunde über den Inhalt des Arbeitsverhältnisses; Aushändigung des Merkblatts der Aufsichtsbehörde

Nach § 11 Abs. 1 AÜG ist der Verleiher verpflichtet, den wesentlichen Inhalt des Arbeitsverhält- 151
nisses in eine von ihm zu unterzeichnende Urkunde aufzunehmen und dem Leiharbeitnehmer diese Urkunde vor Beginn der Beschäftigung auszuhändigen, wobei sich der Nachweis der wesentlichen Vertragsbedingungen des Leiharbeitsverhältnisses nach den Bestimmungen des Nachweisgesetzes richtet. Außerdem hat der Verleiher nach § 11 Abs. 2 AÜG dem Leiharbeitnehmer bei Vertragsschluss ein Merkblatt der Aufsichtsbehörde ggf. in der Muttersprache über den wesentlichen Inhalt des AÜG auszuhändigen. Bei einer Verletzung dieser Pflichten kann sich der Verleiher schadensersatzpflichtig machen und eine Ordnungswidrigkeit begehen.

c) Grundregel des Gleichbehandlungsgrundsatzes – Das equal-pay-Prinzip

Mit Ausnahme des § 612 Abs. 3 BGB, wonach grundsätzlich für gleiche oder für gleichwertige 152
Arbeit nicht wegen des Geschlechts des Arbeitnehmers eine geringere Vergütung vereinbart werden darf als einem Arbeitnehmer des anderen Geschlechts, gibt es im Arbeitsrecht nicht den Grundsatz: gleicher Lohn für gleiche Arbeit. Denn der Grundsatz »Gleicher Lohn für gleiche Arbeit« ist in der deutschen Rechtsordnung keine allgemein gültige Anspruchsgrundlage, sondern bedarf der Umsetzung in Anspruchsgrundlagen wie § 612 Abs. 3 BGB.[107]

Für den Bereich der **Arbeitnehmerüberlassung** ist seit 01.01.2004 der **Grundsatz des gleichen** 153
Lohnes für gleiche Arbeit geregelt. Denn nach §§ 3 Abs. 1 Nr. 3, 9 Nr. 2 und 10 Abs. 4 AÜG n.F. hat der Leiharbeitnehmer für die Dauer der Überlassung an den Entleiher grundsätzlich Anspruch auf die im Betrieb dieses Entleihers für einen vergleichbaren Arbeitnehmer des Entleihers geltenden wesentlichen Arbeitsbedingungen einschließlich des Arbeitsentgelts. Bei dieser Rechtslage ist es nur konsequent, dass **alle Vereinbarungen unwirksam** sind, die diesem **Gleichbehandlungsgrundsatz zuwiderlaufen**, es sei denn es liegt einer der Ausnahmetatbestände vor, § 9 Nr. 2 AÜG. Außerdem hat der Leiharbeitnehmer gegen den Entleiher Anspruch auf Auskunft über die wesentlichen Arbeitsbedingungen in seinem Betrieb, § 13 AÜG. Verstößt der Verleiher gegen den Grundsatz des equal pay und ist deshalb die Vereinbarung zwischen dem Verleiher und dem Leiharbeitnehmer nach § 9 Nr. 2 AÜG n.F. unwirksam, hat der Arbeitnehmer gegen den Verleiher **kraft Gesetzes** Anspruch auf die Vergütung vergleichbarer Arbeitnehmer im Entleiherbetrieb, § 10 Abs. 4 AÜG n.F.

107 BAG, Urt. v. 21.06.2000, DB 2000, 1920.

154 Der Verleiher hat sich deshalb beim Entleiher zu erkundigen, welche Leistungen dem Leiharbeitnehmer vergleichbare Arbeitnehmer im Entleiherbetrieb erhalten; diese Bedingungen sind in den schriftlichen Vertrag zwischen Verleiher und Entleiher aufzunehmen, § 12 Abs. 1 AÜG n.F.

aa) Voraussetzung des equal pay

155 **Vergleichbar** mit dem Leiharbeitnehmer sind solche **Arbeitnehmer** des Entleihers, die dieselbe oder zumindest **ähnliche Tätigkeiten** wie der Leiharbeitnehmer ausführen. Erforderlich ist allerdings, dass für Leiharbeitnehmer und Stammarbeitnehmer des Entleihers ähnliche Bedingungen hinsichtlich Arbeitsort sowie Lage und Dauer der Arbeitszeit vereinbart sind. Gibt es im Betrieb des Entleihers keine Teilzeitkräfte, ist der teilzeitbeschäftigte Leiharbeitnehmer insoweit mit dem Stammarbeitnehmer zu vergleichen, als der Leiharbeitnehmer z.B. nur anteiliges Arbeitsentgelt eines vollzeitbeschäftigten Stammarbeitnehmers verlangen kann.[108] Arbeitet der Leiharbeitnehmer nachts und gibt es sonst keine nachts arbeitenden Stammarbeitnehmer, wird ein Vergleich mit Tagesarbeitnehmer erfolgen müssen, wobei der Verleiher bei einem Nachtleiharbeitnehmer § 6 Abs. 5 ArbZG zu beachten hat.[109]

156 Merkmale wie Betriebszugehörigkeit, Berufserfahrung, Qualifikation und Kompetenz der jeweiligen Arbeitnehmer spielen für die Vergleichbarkeit der Arbeitnehmer keine Rolle, können sich aber auf die Gleichbehandlung auswirken. Die Tätigkeiten sind ähnlich, wenn sie auf der gleichen Hierarchieebene liegen

> *Beispiel:*
> Werden bei der Eingruppierung in eine Lohngruppe auch Dienstjahre berücksichtigt, kann eine Vergütung nach unterschiedlichen Lohngruppen gerechtfertigt sein.[110]

157 Gibt es **keine vergleichbaren Arbeitnehmer** wird man auf die üblichen Arbeitsbedingungen der Stammbelegschaft vergleichbarer Betriebe abstellen müssen. Dabei kann ggf. auf einschlägige Tarifverträge abgestellt werden.[111]

158 Bei **mehreren vergleichbaren Arbeitnehmern**, für die unterschiedlich individuell ausgehandelte Arbeitsbedingungen gelten, kann der Verleiher sich **am Minimum**, nicht am Maximum **orientieren**.

bb) Folgen des equal pay

159 Im Vordergrund des **Gleichbehandlungsgrundsatzes** steht das Prinzip des gleichen Lohnes für gleiche Arbeit. Hierzu zählen neben der Grundvergütung (Zeit- und/oder Akkordlohn, Provisionen) auch die Bezahlung von Mehrarbeit, Nachtarbeit, Feiertagsarbeit, sowie Ansprüche auf Lohnfortzahlung und Sozialleistungen wie Weihnachts- und Urlaubsgeld. Werden Jahressonderzahlungen dem befristet beschäftigten Stammpersonal anteilig gewährt, hat der nur befristet eingesetzte Leiharbeitnehmer ebenfalls Anspruch hierauf. Gibt es bei längerer Betriebszugehörigkeit im Entleiherbetrieb eine betriebliche Altersversorgung, hat der Verleiher eine wertgleiche Altersversorgung zu verschaffen.[112] Gibt es beim Entleiher neben der Grundvergütung andere Entgeltbestandteile wie z.B. einen Firmenwagen, wird man die Sachbezüge dann in einen Geldwert umrechnen können, wenn der Leiharbeitnehmer nur befristet einsetzt wird. Wird er unbefristet überlassen, wird ihm ein Dienstwagen zur Verfügung zu stellen sein, wenn vergleichbare Arbeitnehmer im Stammbetrieb ebenfalls einen Dienstwagen fahren. Tarifverträge gelten für die Leiharbeitnehmer nicht normativ, sondern nur schuldrechtlich.

108 *Boemke/Lembke,* Nachtrag § 9 AÜG Rn 28.
109 A.A. *Lembke,* BB 2002, 100, der in einem solchen Fall die Vergleichbarkeit verneint.
110 *Boemke/Lembke,* Nachtrag § 9 AÜG Rn 27.
111 *Lembke*, BB 2002, 100.
112 *Rieble/Klebeck,* NZA 2003, 23, 25; *Schüren,* § 9 AÜG Rn 200.

Zu den **gleichen Arbeitsbedingungen** gehören auch Verschwiegenheitspflicht, nachvertragliches Wettbewerbsverbot, Dauer des Urlaubs und der Arbeitszeit sowie die Nutzung sozialer Einrichtungen. 160

cc) Ausnahmen vom equal pay

Das Gleichbehandlungsgebot gilt nur beim **Einsatz des Leiharbeitnehmers im Entleiherbetrieb. Außerhalb dieser Zeit** ist aus Sachgründen eine **niedrigere Entlohnung möglich.** So liegt ein Sachgrund für eine geringere Entlohnung vor, wenn der Leiharbeitnehmer vom Verleiher nicht anderweitig eingesetzt werden kann und deshalb nur Ansprüche aus § 615 BGB in Betracht kommen.[113] Dieses hat der Gesetzgeber bereits in § 11 Abs. 1 Nr. 2 AÜG n.F. berücksichtigt, in dem er bestimmt, dass im Arbeitsvertrag zusätzlich zu den im Nachweisgesetz geregelten Verpflichtungen die Art und die Höhe der Leistungen für solche Zeiten aufzunehmen ist, in denen der Leiharbeitnehmer nicht verliehen wird. 161

Der Verleiher muss in seinem Arbeitsvertrag mit dem Leiharbeitnehmer die Vergütung regeln, die er an seinen Leiharbeitnehmer außerhalb des Einsatzes beim Entleiher zahlt. Es gilt sonst § 612 Abs. 2 BGB. 162

Der Verleiher gewährt dem zuvor **arbeitslosen Leiharbeitnehmer** für die Überlassung an einen Entleiher für die Dauer von insgesamt höchstens sechs Wochen mindestens ein Nettoarbeitsentgelt in Höhe des Betrages, den der Leiharbeitnehmer **zuletzt als Arbeitslosengeld** erhalten hat. Dies gilt nicht, wenn mit demselben Verleiher bereits ein Leiharbeitsverhältnis bestanden hat. 163

Für alle Leiharbeitnehmer kann ein **Tarifvertrag** zu Gunsten oder zu Ungunsten des Leiharbeitnehmers **Ausnahmen** von dem Grundsatz **zulassen**, dass der Leiharbeitnehmer die Arbeitsbedingungen einschließlich des Arbeitsentgelts vergleichbarer Arbeitnehmer des Entleiherbetriebes erhalten muss (sog. Tariföffnungsklausel). Im räumlichen und fachlichen Geltungsbereich eines solchen Tarifvertrages können nicht tarifgebundene Arbeitgeber und Arbeitnehmer die Anwendung der tariflichen Regelungen vereinbaren. 164

d) Befristetes Arbeitsverhältnis

Nach der Änderung des AÜG ist entgegen dem früheren § 3 Abs. 1 Nr. 6 und § 1 Abs. 1 AÜG eine **Begrenzung der Überlassungsdauer nicht mehr vorgesehen**. Dieses bedeutet, dass der Leiharbeitnehmer auch auf Dauer dem Entleiher überlassen werden darf. 165

Während früher wiederholte Befristungen nur ganz eingeschränkt zulässig waren (vgl. § 3 Abs. 1 Nr. 3, § 9 Nr. 2 AÜG a.F.), gilt für die Befristung des Arbeitsvertrages zwischen dem Leiharbeitnehmer und dem Verleiher nunmehr **ausschließlich das TzBfG** einschließlich der dortigen Möglichkeiten, den Arbeitsvertrag auch ohne sachlichen Grund zu befristen (vgl. § 14 Abs. 2, 2a und 3 TzBfG). Ist ein sachlicher Grund notwendig, ist für die Beurteilung des sachlichen Grundes auf die Verhältnisse des Verleihers und nicht des Entleihers abzustellen. Beruht jedoch der vorübergehende Bedarf des Verleihers an der Arbeitskraft des Leiharbeitnehmers allein darauf, dass nur eine zeitlich befristete Beschäftigungsmöglichkeit bei einem Entleiher besteht, ist die Befristung des Leiharbeitsverhältnisses nach § 14 Abs. 1 Nr. 1 TzBfG sachlich begründet.[114] 166

113 *Lembke*, BB 2002, 102.

114 *Boemke/Lembke*, Nachtrag § 9 AÜG Rn 100.

e) Unwirksamkeit nachvertraglicher Tätigkeits- und Einstellungsverbote

167 Nachvertragliche Tätigkeits- und Einstellungsverbote zu Lasten des Leiharbeitnehmers bzw. des Entleihers sind nach § 9 Nr. 3 und 4 AÜG rechtsunwirksam. Von dieser Bestimmung werden nicht Abwerbe- oder Einstellungsverbote erfasst, die sich auf Zeiträume beziehen, in denen das Arbeitsverhältnis noch besteht. Hier würde der Entleiher die Abwerbung nur unter Aufforderung des Arbeitnehmers zum Vertragsbruch (z.B. durch Nichteinhalten der Kündigungsfristen) durchführen können. Dagegen schützende Vertragsabsprachen sind zulässig.[115]

f) Überlassungshöchstdauer

168 Eine Überlassungshöchstdauer ist nach neuem Recht nicht mehr vorgesehen. Der Verleiher kann also einen Arbeitnehmer auf Dauer einem Entleiher überlassen.

g) Leistungsverweigerungsrecht bei Arbeitskampf

169 Dem Leiharbeitnehmer steht bei einem Arbeitskampf bei dem Entleiher, der durch einen Arbeitskampf unmittelbar betroffen ist, ein Leistungsverweigerungsrecht nach § 11 Abs. 5 Satz 1 AÜG zu. Der Verleiher trägt in diesem Fall des Lohnrisiko.

h) Kündigungsfristen, Annahmeverzug

170 Für die Kündigungsfristen im Leiharbeitsverhältnis gilt § 622 BGB mit Ausnahme des § 622 Abs. 5 Nr. 1 BGB.

Das Recht des Leiharbeitnehmers auf Vergütung bei Annahmeverzug des Verleihers kann nicht vertraglich ausgeschlossen werden, § 11 Abs. 4 Satz 2 AÜG.

i) Auflagen der Regionaldirektionen

171 Die Regionaldirektionen der Bundesagentur für Arbeit können durch Auflagen den Leiharbeitnehmerschutz nach § 2 Abs. 2 AÜG konkretisieren. Genannt sei hier die Auflage, bei einer Anpassung der Arbeitszeit an den Arbeitsanfall eine bestimmte wöchentliche etc. Arbeitszeit festzulegen.

4. Rechtsbeziehungen zwischen Leiharbeitnehmern und Entleiher

172 Arbeitsrechtliche Beziehungen bestehen nur zwischen dem Leiharbeitnehmer und dem Verleiher, nicht jedoch zwischen dem Leiharbeitnehmer und dem Entleiher.

173 Doch auf Grund der durch den Arbeitnehmerüberlassungsvertrag erfolgenden Aufspaltung der Arbeitgeberfunktionen entsteht ein sog. gespaltenes Arbeitsverhältnis, das sich einerseits durch das Bestehen arbeitsvertraglicher Beziehungen zum Verleiher, andererseits durch eine sektorale Aufspaltung der Arbeitgeberfunktionen zwischen Verleiher und Entleiher auszeichnet. Im Rahmen des **gespaltenen Arbeitsverhältnisses** räumt der **Verleiher dem Entleiher** insbesondere ein **Weisungsrecht** – also einen eigenen Leistungsanspruch[116] – hinsichtlich der Ausführung der Arbeitsleistung ein, dessen Inhalt und Umfang im Arbeitnehmerüberlassungsvertrag näher bestimmt werden kann. Das Korrelat zu dem Weisungsrecht ist das Bestehen einer eigenständigen Fürsorgepflicht des Entleihers. So hat der Entleiher alle Schutzpflichten – z.B. auch die des öffentlichrechtlichen Arbeitsschutzrechts – gegenüber dem Leiharbeitnehmer zu beachten, die mit der Einordnung des Leiharbeitnehmers in den betrieblichen Geschehensablauf sowie mit seiner Arbeitsleistung verbunden sind. Nur soweit, als die Fürsorgepflicht von der Existenz arbeitsvertraglicher Bindungen abhängt, obliegt die Erfüllung nicht dem Entleiher. Der Entleiher hat bei Arbeitsunfällen das Haftungsprivileg der §§ 104, 105 SGB VII auch gegenüber Leiharbeitnehmern.

115 *Ulber,* § 9 AÜG Rn 75.
116 Tschöpe/*Hiekel,* S. 2576 m.w.N.

Schädigt der Leiharbeitnehmer den Entleiher, haftet er diesem gegenüber aus dem Gesichtspunkt der positiven Vertragsverletzung (§ 280 BGB), wobei die von der Rechtsprechung entwickelten Grundsätze zur Haftungseinschränkung zu beachten sind. Dem Leiharbeitnehmer obliegt gegenüber dem Entleiher auch eine Treuepflicht. So ist er zur Verschwiegenheit verpflichtet.[117] 174

Der Entleiher hat gegenüber dem Verleiher die Hauptpflicht, die Arbeitsleistung des Leiharbeitnehmers abzunehmen; dagegen hat der Entleiher gegenüber dem Leiharbeitnehmer keine unmittelbaren Lohnzahlungspflichten. 175

5. Rechtsfolgen illegaler Arbeitnehmerüberlassung

Ist der Verleiher nicht im Besitz der erforderlichen Erlaubnis, ordnet § 9 Nr. 1 AÜG die **Unwirksamkeit** des zwischen dem Verleiher und dem Leiharbeitnehmer abgeschlossenen Arbeitsvertrages sowie des Überlassungsvertrages zwischen Verleiher und Entleiher an. 176

Um dem Leiharbeitnehmer den notwendigen arbeits- und sozialversicherungsrechtlichen Schutz zu erhalten, **fingiert bei fehlender Erlaubnis § 10 Abs. 1 i.V.m. § 9 Nr. 1 AÜG ein Arbeitsverhältnis** zum Entleiher, das einem vertraglich begründeten Arbeitsverhältnis gleichgestellt ist. Das bedeutet, dass der Leiharbeitnehmer auch an einem beim Entleiher durch Betriebsvereinbarung begründeten betrieblichen Versorgungswerk teilnimmt.[118] Die Wirkung der Fiktion bleibt bestehen, auch wenn der Verleiher später eine Verleiherlaubnis erhält. Diese Fiktion tritt auch ein, wenn Verleiher, Entleiher und Leiharbeitnehmer davon ausgehen, eine Verleiherlaubnis sei nicht notwendig. Dagegen wird ein Arbeitsverhältnis zwischen Entleiher und Leiharbeitnehmer nicht fingiert, wenn der Leiharbeitsvertrag aus anderen Gründen (z.B. Willensmängel) unwirksam ist. Tarifliche Verfallfristen für den nach § 10 AÜG fingierten Lohnanspruch des illegal verliehenen Leiharbeitnehmers beginnen erst zu laufen, wenn der illegale Entleiher seine Schuldnerstellung eingeräumt hat.[119] 177

Fehlt die Erlaubnis bereits bei Abschluss des Arbeitsvertrages, kommt das Arbeitsverhältnis zwischen dem Leiharbeitnehmer und dem Entleiher mit Aufnahme der Tätigkeit des Arbeitnehmers beim Entleiher zu Stande und nicht bereits mit Abschluss des Arbeitsvertrages. Streitig ist, ob der fingierte Arbeitsvertrag mit der tatsächlichen Arbeitsaufnahme oder mit dem im Überlassungsvertrag genannten Datum beginnt.[120] Bei späterem Wegfall der Erlaubnis (z.B. mit Ablauf der Jahresfrist des § 2 Abs. 4 AÜG) wird das Arbeitsverhältnis fingiert mit Eintritt der Unwirksamkeit. Im Fall der Ablehnung der Verlängerung der Erlaubnis ist § 2 Abs. 4 Satz 4 AÜG zu beachten. 178

Hat der Verleiher für die Zeit des nach § 9 Abs. 1 AÜG unwirksamen Arbeitsvertrages bereits Arbeitslohn an den Leiharbeitnehmer gezahlt, so verbietet es der Schutzzweck der Fiktion des § 10 AÜG, einen Leiharbeitnehmer bei Nichtigkeit des Vertrages mit dem Verleiher Bereicherungsansprüchen des Verleihers auf Rückerstattung des bereits gezahlten Lohnes auszusetzen. Andererseits kann der Leiharbeitnehmer nicht doppelt Lohn verlangen. 179

Die **Dauer** des fingierten Arbeitsverhältnisses bestimmt sich nach § 10 Abs. 1 Satz 4 AÜG nach den für den Betrieb des Entleihers geltenden Vorschriften und sonstigen Regelungen, wobei bei einer vorgesehenen Befristung der Tätigkeit des Leiharbeitnehmers bei dem Entleiher das fingierte Arbeitsverhältnis als befristet gilt, wenn ein die Befristung des Arbeitsverhältnisses sachlicher rechtfertigender Grund vorliegt. Wegen des Sachgrunds der Befristung ist auf § 14 TzBfG abzustellen, wobei auch §§ 14 Abs. 2, 2a und 3 TzBfG gelten. Entleiher und Leiharbeitnehmer können allerdings einen völlig neuen Arbeitsvertrag abschließen; § 10 AÜG ist mithin dispositiv. 180

Das Recht des illegal verliehenen Leiharbeitnehmers, sich auf das fingierte Arbeitsverhältnis nach § 10 Abs. 1 AÜG zu berufen, unterliegt dem Vorbehalt von Treu und Glauben; das Recht, sich auf 181

117 Tschöpe/*Hiekel*, S. 2577.
118 BAG, Urt. v. 18.02.2003, EzA § 10 AÜG Nr. 11.
119 BAG, Urt. v. 27.07.1983, NJW 1984, 997.
120 Zum Meinungsstand *Ulber*, § 10 AÜG Rn 21.

den Fortbestand des fingierten Arbeitsverhältnis zu berufen, kann verwirkt sein. Allein der Abschluss eines Vergleichs in einem Rechtsstreit zwischen dem illegalen Verleiher und dem Leiharbeitnehmer führt jedoch noch nicht zur Verwirkung.[121]

182 Der Verleiher macht sich gegenüber dem Leiharbeitnehmer obendrein schadensersatzpflichtig, wenn der Leiharbeitnehmer den Grund der Unwirksamkeit nicht kannte, § 10 Abs. 2 AÜG. Er kann den Ersatz des Schadens verlangen, den er dadurch erleidet, dass er auf die Gültigkeit des Vertrages vertraute.

6. Vermutung der Arbeitsvermittlung

183 **§ 1 Abs. 2 AÜG stellt für zwei Bereiche die Vermutung des Vorliegens von Arbeitsvermittlung** auf, und zwar

- für den Bereich der gewerbsmäßigen Arbeitnehmerüberlassung und
- für den Bereich der nichtgewerbsmäßigen Arbeitnehmerüberlassung.

184 Dieses ist der Fall, wenn Arbeitnehmer einem Dritten zur Arbeitsleistung überlassen werden und der Überlassende **nicht die üblichen Arbeitgeberpflichten oder das Arbeitgeberrisiko** (vgl. **§ 3 Abs. 1 Nr. 1 bis 3 AÜG**) übernimmt.

185 Arbeitsvermittlung ist eine Tätigkeit, die darauf gerichtet ist, Arbeitssuchende zur Begründung eines Arbeitsverhältnisses zusammenzuführen. Bei der gewerbsmäßigen Arbeitnehmerüberlassung kann diese Vermutung nicht widerlegt werden, anders bei der nichtgewerbsmäßigen Arbeitnehmerüberlassung.[122]

186 Widerlegt ist bei der nichtgewerbsmäßigen Arbeitnehmerüberlassung die Vermutung, wenn nach der gesamten Gestaltung und Durchführung der vertraglichen Beziehungen mittels einer wertenden Gesamtbetrachtung davon auszugehen ist, dass der Schwerpunkt des Arbeitsverhältnisses auch noch nach Ablauf der gesetzlichen Arbeitnehmerüberlassung im Verhältnis zum überlassenden Arbeitgeber liegt. (Bei einer gewerbsmäßigen Arbeitnehmerüberlassung läge in diesem Fall mangels entsprechender Erlaubnis illegale Arbeitnehmerüberlassung vor).

Rn 187 einstweilen frei

188 Verstößt der Verleiher gegen die ihm nach § 1 Abs. 2 i.V.m. § 3 Abs. 1 Nr. 1 bis 3 AÜG obliegenden Verpflichtungen, kommt nach einer Mindermeinung in entsprechender Anwendung des § 10 Abs. 1 AÜG, aus dem Begriff der Arbeitsvermittlung oder bereits aus § 1 Abs. 2 AÜG,[123] ein Arbeitsverhältnis zwischen »Entleiher« und Arbeitnehmer zu Stande. Auch wird die Meinung vertreten, dem Leiharbeitnehmer stehe ein Wahlrecht zu.[124] Nach Auffassung des BAG[125] hat die **unerlaubte Arbeitsvermittlung nicht die Folge**, dass zwischen dem **Entleiher** und dem **Leiharbeitnehmer** ein **Arbeitsverhältnis** begründet wird. Das BAG hebt darauf ab, dass der frühere § 13 AÜG, der dies vorsah, ersatzlos gestrichen wurde. Der Verleiher und der Entleiher haben sich deshalb nur nach § 16 AÜG ordnungswidrig verhalten.

189 Damit wird nach Auffassung des BAG bei nichtgewerbsmäßiger Arbeitnehmerüberlassung ein Arbeitsverhältnis zwischen dem Leiharbeitnehmer und dem Entleiher nicht fingiert.

121 LAG Köln, Urt. v. 18.11.1986, DB 1987, 2419.
122 *Ulber,* § 1 AÜG Rn 205 f.; a.A. *Sandmann/Marschall,* § 1 AÜG Rn 63.
123 *Sandmann/Marschall,* § 1 AÜG Rn 64.
124 *Ulber,* § 13 AÜG Rn 9.
125 BAG, Urt. v. 28.06.2000, EzA § 1 AÜG Nr. 10.

7. Das Verhältnis zwischen § 1 Abs. 1 Satz 1 und Abs. 2 AÜG

Bei Vorliegen der Überlassungserlaubnis ist das gewerbsmäßige Leiharbeitsverhältnis wirksam. 190

Fehlt die Verleiherlaubnis, ist das Leiharbeitsverhältnis bei gewerbsmäßiger Arbeitnehmerüberlassung unwirksam. Die Fiktion eines Arbeitsverhältnisses erfolgt dann über § 10 Abs. 1 AÜG. 191

Bei nichtgewerbsmäßiger Arbeitnehmerüberlassung kann die Begründung eines Arbeitsverhältnisses zwischen Leiharbeitnehmer und Entleiher nicht über § 1 Abs. 2 AÜG erfolgen. 192

V. Ordnungswidrigkeit, Straftaten

Gegen denjenigen, der als **Verleiher** vorsätzlich oder fahrlässig ohne Verleiherlaubnis Arbeitnehmer 193
verleiht, kann nach § 16 Abs. 1 Nr. 1, Abs. 2 AÜG eine Geldbuße bis zu 25.000 € festgesetzt werden. Doch auch der **Entleiher** handelt ordnungswidrig und kann in gleicher Weise mit einem Ordnungsgeld belegt werden, wenn er vorsätzlich oder fahrlässig einen ihm von einem Verleiher ohne Erlaubnis überlassenen Arbeitnehmer tätig werden lässt. Bei einer Beschäftigung von Ausländern durch einen Entleiher ohne eine nach § 284 Abs. 1 Satz 1 SGB III erforderliche Arbeitserlaubnis beträgt das Ordnungsgeld sogar bis zu 250.000 €. Im Gegensatz zur früheren Rechtslage ist die Arbeitsvermittlung nicht mehr erlaubnispflichtig und bei Verstoß gegen das Erlaubnisgebot nicht mit Ordnungsgeld bedroht. Bei Verstoß gegen §§ 15, 15a, 16 Abs. 1 Nr. 1, 1b oder 2 AÜG und einer Verurteilung zu einer Freiheitsstrafe von mehr als drei Monaten oder einer Geldstrafe von mehr als 90 Tagessätzen sollen Bewerber von der Teilnahme an einem Wettbewerb um einen Bauauftrag der in § 98 Nr. 1 bis 3 und 5 des Gesetzes gegen Wettbewerbsbeschränkungen genannten Auftraggeber bis zu drei Jahren ausgeschlossen werden.[126]

VI. Betriebsrat und Leiharbeitnehmer

Die Leiharbeitnehmer sind **prinzipiell dem Verleiherbetrieb zugeordnet** (§ 14 Abs. 1 AÜG). Da 194
jedoch der Leiharbeitnehmer temporär in die Betriebsorganisation des Entleiherbetriebes eingegliedert ist, gehört er **partiell betriebsverfassungsrechtlich dem Entleiherbetrieb** an. Sie sind gem. § 7 Satz 2 BetrVG im **Entleiherbetrieb** bei einer Beschäftigungsdauer von länger als drei Monate zum Betriebsrat wahlberechtigt. Sie sind dort aber nach § 14 Abs. 2 Satz 1 AÜG nicht wählbar; sie dürfen aber die Sprechstunden des Betriebsrats des Entleiherbetriebes aufsuchen und an den Betriebsversammlungen teilnehmen, § 14 Abs. 2 AÜG.

Der Leiharbeitnehmer kann die in §§ 81, 82 Abs. 1, 84 bis 86 BetrVG geregelten Unterrichtungs-, 195
Anhörungs-, Einblicks- und Beschwerderechte im Entleiherbetrieb geltend machen (vgl. § 14 AÜG).

Der Betriebsrat des **Entleiherbetriebes ist bei der Einstellung von Leiharbeitnehmern zu** 196
beteiligen (§ 99 BetrVG, § 14 Abs. 3 AÜG). Der Entleiherbetriebsrat kann seine Zustimmung nur bei Vorliegen der Voraussetzungen des § 99 Abs. 2 BetrVG verweigern. Er ist also nicht berechtigt, die Zustimmung wegen der allgemeinen Ablehnung der Leiharbeit und der Leiharbeitnehmer zu versagen, etwa weil der Betriebsrat die Leiharbeit als menschenunwürdigen Menschenhandel wertet. Die Zustimmung kann hingegen verweigert werden, wenn die Benachteiligung sich nicht aus dem Wesen der Arbeitnehmerüberlassung ergibt. In vielen Fällen, insbesondere wenn der Leiharbeitnehmer mit Stammarbeitnehmern arbeitsteilig zusammenwirken muss, werden nämlich die Stammarbeitnehmer durch die Notwendigkeit, mit einem nur kurzfristig im Betrieb tätigen und nicht zur eigentlichen Betriebsgemeinschaft gehörenden Arbeitnehmer zusammenarbeiten zu müssen, benachteiligt sein. Auch kann der Betriebsrat geltend machen, dass der Leiharbeitnehmer als »betroffener« Arbeitnehmer durch die Übernahme im Entleiherbetrieb benachteiligt wird, wenn er z.B. für Arbeiten eingesetzt werden soll, die wegen ihrer Unbequemlichkeit oder Schwere von Stammarbeitnehmern nicht durchgeführt werden.

126 § 21 SchwarzArbG 2004.

197 Der Betriebsrat des **Entleiherbetriebes ist auch für die Versetzung von Leiharbeitnehmern** zuständig, nicht aber für die Eingruppierung dieses Personenkreises, weil die Entlohnung dem Verleiher- und nicht dem Entleiherbetrieb obliegt.

198 In **sozialen Angelegenheiten** kommt für den **Verleiherbetrieb** hinsichtlich der Leiharbeitnehmer eine Reihe von Mitbestimmungsrechten **nicht in Betracht**. Es handelt sich hierbei um die Mitbestimmungsrechte, die an die faktische Eingliederung in die Betriebsorganisation anschließen. Zu nennen ist hier § 87 Abs. 1 Nr. 1 BetrVG und § 87 Abs. 1 Nr. 6 BetrVG. Was die Lage der Arbeitszeit und die Überstunden betrifft (§ 87 Abs. 1 Nr. 2[127] u. 3 BetrVG) hängt es zwar von den jeweiligen Vereinbarungen zwischen Entleiher und Verleiher ab, für welche Angelegenheiten eine ausschließliche Zuständigkeit des Verleiherbetriebsrats oder eine parallele Zuständigkeit des Entleiherbetriebes besteht. Da jedoch in der Regel der Entleiher das Weisungsrecht bezüglich Beginn und Ende der Arbeitszeit für die überlassenen Leiharbeitnehmer hat, kann das Mitbestimmungsrecht für die Leiharbeitnehmer nur durch den Betriebsrat des Entleiherbetriebes wahrgenommen werden.

199 Trifft allerdings der **Verleiher die mitbestimmungspflichtige Entscheidung**, hat der dortige Betriebsrat mitzubestimmen. Die Entsendung von Leiharbeitnehmern in Betriebe, deren betriebsübliche Arbeitszeit die vom Leiharbeitnehmer geschuldete Arbeitszeit übersteigt, ist nach § 87 Abs. 1 Nr. 3 BetrVG mitbestimmungspflichtig, sofern die Entsendung für eine entsprechend verlängerte Arbeitszeit erfolgt; in diesem Fall steht das Mitbestimmungsrecht dem beim Verleiher gebildeten Betriebsrat zu.[128] Das BAG begründet seine Auffassung damit, dass für Leiharbeitnehmer auch im Betrieb des Verleihers eine betriebsübliche Arbeitszeit besteht. Für diese sei das mit diesen Arbeitnehmern vereinbarte Stundenkontingent maßgebend, auch wenn die Arbeitsleistung in einem fremden Betrieb erbracht werde. Die vorübergehende Verlängerung dieser Arbeitszeit auf Grund der Entsendeentscheidung des Verleihers könne nach § 87 Abs. 1 Nr. 3 BetrVG im Verleiherbetrieb mitbestimmungspflichtig sein.

Der **Verleiherbetriebsrat** ist zuständig für **Urlaubsfragen** (§ 87 Abs. 1 Nr. 5 BetrVG), für die Aufstellung von **Entlohnungsgrundsätzen** sowie die Festsetzung leistungsbezogener Entgelte (§ 87 Abs. 1 Nr. 10 u. 11 BetrVG).

§ 14 AÜG gilt auch bei einem nach § 10 AÜG fingierten Arbeitsverhältnis.

VII. Übersicht

200
- **Fehlt bei gewerbsmäßiger Arbeitnehmerüberlassung Erlaubnis:**
  - Vertrag Leiharbeitnehmer – Verleiher ist unwirksam, § 9 Nr. 1 AÜG
  - § 10 Abs. 1 AÜG: ein Arbeitsverhältnis zwischen Leiharbeitnehmer und Entleiher wird fingiert
- **Liegt die Vergütung des Leiharbeitnehmers unter der eines vergleichbaren Arbeitnehmers im Entleiherbetrieb, ohne dass ein Ausnahmefall vorliegt**
  - Vertrag bleibt wirksam
  - nur Vergütungsabrede unwirksam; an ihre Stelle tritt die zulässige Vergütung, § 10 Abs. 4 AÜG
- **Unwirksame Einstellungsverbote und Abschlussverbote**
  - unwirksam nach § 9 Nr. 3 u. 4 AÜG
- **Bei vermuteter Arbeitsvermittlung nach BAG kein Arbeitsverhältnis zwischen Leiharbeitnehmer und Entleiher**
- **Durch Gesetz vom 23.12.2002 sind ab 01.01.2004 (es sei denn: TV) geregelt worden:**
  - Zeitlich unbegrenzte Überlassungsmöglichkeit an Entleiher
  - Befristung Vertrag Leiharbeiter – Verleiher ausschließlich nach TzBfG

127 BAG, Urt. v. 15.12.1992, NZA 1993, 513.
128 BAG, Urt. v. 19.06.2001, EzA § 87 BetrVG 1972 Arbeitszeit Nr. 63.

- Jedenfalls nach sechs Wochen für Leiharbeitnehmer gleiches Entgelt vergleichbarer Arbeitnehmer des Entleiherbetriebes – es sei denn: TV für Verleihunternehmer.

VIII. Durchführungsanweisungen (DA) zum Arbeitnehmerüberlassungsgesetz (AÜG) des Präsidenten der Bundesanstalt für Arbeit

Dienstblatt-Runderlass 72/86 vom 5. Mai 1986 201
i.d.F. des Dienstblatt-Runderlasses 13/95 vom 31. Januar 1995

– Abgrenzung zwischen Arbeitnehmerüberlassung und Entsendung von Arbeitnehmern im Rahmen von Werk- und selbständigen Dienstverträgen sowie anderen Formen drittbezogenen Personaleinsatzes –

1.1 **Arbeitnehmerüberlassung**

Die Tätigkeit von Arbeitnehmern in Drittbetrieben kann auf einer Vielzahl von Vertragstypen beruhen. Für die Durchführung des AÜG ist die gewerbsmäßige Arbeitnehmerüberlassung (ANÜ) von Bedeutung. Sie liegt vor, wenn ein Arbeitgeber (Verleiher) gewerbsmäßig Arbeitnehmer (Leiharbeitnehmer) Dritten (Entleihern) zur (fremdbestimmten) Arbeitsleistung überlässt.

1.10 **Gewerbsmäßigkeit**

Für das AÜG gilt der allgemeine gewerberechtliche Begriff der Gewerbsmäßigkeit. Er setzt Gewinnerzielungsabsicht und Wiederholungsabsicht voraus.

Die für die Annahme der Gewerbsmäßigkeit erforderliche Gewinnerzielungsabsicht bezieht sich auf das Gesamtunternehmen. Es ist unerheblich, ob ANÜ Hauptzweck des Unternehmens ist oder nicht. Die Gewinnerzielungsabsicht liegt auch dann vor, wenn nur Verluste verringert werden sollen.

Bei wiederholter ANÜ durch einen Gewerbebetrieb ist daher grundsätzlich Gewerbsmäßigkeit anzunehmen. Gewerbsmäßigkeit ist auch gegeben, wenn es sich bei der ANÜ um eine im Geschäftsinteresse liegende Kundenserviceleistung handelt. Nur wenn außergewöhnliche Umstände – z.B. Unentgeltlichkeit der ANÜ, Hilfe in Katastrophenfällen – vorliegen, kann bei ANÜ durch einen Gewerbebetrieb Gewerbsmäßigkeit verneint werden.

1.11 **Arbeitnehmerbegriff**

Der Arbeitnehmerbegriff des AÜG entspricht dem des Arbeitsrechts. Für die Frage, ob jemand Dienstleistungen als Arbeitnehmer erbringt oder als Selbständiger bzw. freier Mitarbeiter, kommt es in erster Linie auf den Grad der persönlichen Abhängigkeit an. Insbesondere folgende Umstände sind zu berücksichtigen:

Umfang der Weisungsgebundenheit, Unterordnung unter andere im Dienste des Geschäftsherrn stehende Personen, Bindung an feste Arbeitszeiten, Ort der Erledigung der Tätigkeit, Form der Vergütung (Einzelhonorar oder Monatsentgelt).

Mitglieder von Orden oder Schwesternschaften stehen in keinem Arbeitsverhältnis. Dies trifft in der Regel auch bei Gesellschaftern, Genossen einer Genossenschaft und Vereinsmitgliedern im Verhältnis zu ihrer Organisation zu.

In bestimmten Fällen – insbesondere bei »Diensten höherer Art« (§ 622 BGB) – kann die Weisungsgebundenheit, soweit sie die Ausführung der Arbeit betrifft, weitgehend eingeschränkt sein (z.B. hochwertige Architekten- oder Ingenieurleistungen). In diesen Fällen erhält das Merkmal der Eingliederung in einen übergeordneten Organismus für die Abgrenzung zwischen abhängig geleisteter Arbeit und selbständig verrichteten Diensten größeres Gewicht (vgl. im Übrigen DA 1.5)

1.12 **Arbeitsleistung und andere Zwecke**

Für das Vorliegen von ANÜ ist Voraussetzung, dass der überlassene Arbeitnehmer dem Entleiher zur Arbeitsleistung überlassen wird (das ist z.B. nicht der Fall, wenn Auszubildende

Dritten zu Ausbildungszwecken überlassen werden). Deshalb kommt es entscheidend darauf an, ANÜ von dem Tätigwerden von Erfüllungsgehilfen im Rahmen von Werk-, Dienst-, Dienstverschaffungs- und Geschäftsbesorgungsverträgen abzugrenzen.

1.2 **Wertende Gesamtbetrachtung**

Bei der Unterscheidung zwischen ANÜ und anderen Formen drittbezogenen Personaleinsatzes darf nicht schematisch vorgegangen werden. Das Vorliegen eines oder mehrerer Kriterien muss noch nicht für oder gegen einen bestimmten Vertragstyp sprechen; dies gilt insbesondere, wenn für ein solches Kriterium eine objektiv berechtigte Notwendigkeit bestand. Im Hinblick auf die Vielfalt der denkbaren Vertragsgestaltungen gibt erst eine (qualitative) Gewichtung der maßgeblichen Abgrenzungskriterien (vgl. DA 1.3 ff.) im Rahmen einer wertenden Gesamtbetrachtung zuverlässigen Aufschluss über die Zuordnung drittbezogenen Personaleinsatzes zu einer bestimmten Vertragsform.

1.3 **Vertragsgemäße/tatsächliche Durchführung**

Grundsätzlich ist der Geschäftsinhalt der zwischen den Beteiligten vereinbarten Verträge entscheidend. Der Geschäftsinhalt kann sich sowohl aus den schriftlichen Vereinbarungen der Beteiligten als auch aus der praktischen Durchführung der Verträge ergeben. Widersprechen sich allerdings schriftliche Vereinbarung und tatsächliche Durchführung des Vertrages, so kommt es auf die tatsächliche Durchführung an. Diese ist für die Ermittlung des Vertragstypes maßgebend (vgl. BAG vom 15.06.1983 DBlR 2876a SonstR/Art. 1 § 10 AÜG = NJW 1984, 2913).

1.4 **Abgrenzung ANÜ/Werkvertrag – Allgemeines –**

Aufgrund der Werkvertragsvorschriften des BGB (§§ 631 ff.) und der ständigen Rechtsprechung des BAG,[129] der sich auch andere Bundesgerichte angeschlossen haben,[130] liegen gefestigte Maßstäbe für die Abgrenzung zwischen Werkverträgen und Verträgen auf ANÜ nach Art. 1 § 1 AÜG vor.

Hiernach sprechen gegen das Vorliegen von ANÜ insbesondere folgende Kriterien:

– Vereinbarung und Erstellung eines qualitativ individualisierbaren und dem Werkunternehmer zurechenbaren Werkergebnisses (vgl. DA 1.41.1 ff.);
– unternehmerische Dispositionsfreiheit des Werkunternehmers gegenüber dem Besteller (vgl. DA 1.42.1. ff.);
– Weisungsrecht des Werkunternehmers gegenüber seinen im Betrieb des Bestellers tätigen Arbeitnehmern, wenn das Werk dort zu erstellen ist (vgl. DA 1.42.1 ff.);
– Tragen des Unternehmerrisikos, insbesondere der Gewährleistung, durch den Werkunternehmer (vgl. DA 1.43.1 ff.);
– erfolgsorientierte Abrechnung der Werkleistung (vgl. DA 1.44).

1.41.1 **Werkergebnis**

Voraussetzung für einen Werkvertrag ist u.a., dass das zu erstellende Werk von vornherein ausreichend genau beschrieben ist, um so die erforderliche qualitative Individualisierung vornehmen und das Werkergebnis dem Werkunternehmer zuordnen zu können. Diese Voraussetzung gilt auch dann als erfüllt, wenn das Werkergebnis als Ziel zwar klar definiert ist, sich die einzelnen Realisierungsschritte aber erst während der Durchführung ergeben (z.B. Erstellung eines Personalabrechnungssystems durch Software, Reparaturarbeiten an einer Anlage). Unbestimmte vertragliche Ziele (z.B. Mitarbeit im Betrieb) indizieren den

129 Vgl. insbesondere BAG, Urt. v. 08.11.1978 m.w.N., DBlR 2384a SonstR/Art. 1 § 1 AÜG = AP Nr. 2 zu § 1 AÜG; BAG, Urt. v. 15.06.1983 m.w.N., DBlR 2876a SonstR/Art. 1 § 10 AÜG = NJW 1984, 2912.

130 Vgl. BGH, Urt. v. 08.11.1979, DBlR 2642a SonstR/Art. 1 § 9 AÜG = NJW 1980, 452; BVerwG, Urt. v. 13.11.1979, DBlR 2406a SonstR/§ 24 AuslG = NJW 1980, 2035; BSG, Urt. v. 27.11.1990, DBlR 2443a AFG/§ 141 b.

Verdacht, dass gar nicht beabsichtigt ist, ein näher beschriebenes Werk zum Gegenstand des Vertrages zu machen.

Ein typisches Element des Werkvertrages ist der projekt- und erfolgsbezogene Einsatz der im Betrieb des Werkbestellers tätig werdenden Arbeitnehmer des Werkunternehmers. Allein der Umstand, dass Arbeitnehmer des Bestellerbetriebes der Tätigkeit des Werkunternehmers vergleichbare Arbeiten auf dem eigenen Werksgelände durchführen (z.B. Softwareerstellung durch Arbeitnehmer des Bestellers und gleichzeitige, aber auf ein anderes Projekt bezogene Softwareerstellung durch Arbeitnehmer des Werkunternehmers), steht dem nicht entgegen. Die mangelnde Abgrenzbarkeit des Arbeitsergebnisses bezogen auf die von den Arbeitnehmern des Bestellerbetriebes verrichtete Arbeit deutet darauf hin, dass tatsächlich ANÜ betrieben wird.

1.41.2 **Werkvertragsfähige Leistungen**

Gegen einen Werkvertrag können – trotz der heutzutage im modernen Arbeitsleben fortschreitenden Arbeitsteilung – folgende Vertragsinhalte sprechen:

- Wenn gleichzeitig oder über einen bestimmten Zeitraum eine Summe von Klein- und Kleinst-»Projekten« vergeben wird (Aufteilung des Gewerks bis zur »Atomisierung«, z.B. Schweißnähte, Verputzarbeit geringen Umfangs im Leistungslohn);
- wenn lediglich die Leistung (nicht erfolgsbezogener) einfacherer Arbeiten benötigt wird (z.B. Schreibarbeiten, Botendienste, einfache Zeichenarbeiten, Maschinenbedienung, Dateneingabe – vgl. aber hierzu Ziff. 1.5 zum Dienstvertrag).

Anhaltspunkte dafür, ob überhaupt eine werkvertragsfähige Leistung vorliegt, können auch den schriftlichen Vereinbarungen der Vertragsparteien entnommen werden. Das Werk muss in aller Regel im Angebot präzise beschrieben sein. Allgemeine Formulierungen ohne Präzisierung des Auftragsgegenstandes wie »Montage ...« oder »Schweißen ...« genügen nicht. Die Beschreibung der auszuführenden Arbeiten soll so eindeutig sein, dass im Konfliktfalle (Abrechnung, Haftung wegen mangelnder Ausführung) bestimmbar ist, wer die Arbeiten ausgeführt hat. Eine genaue Beschreibung der einzelnen Realisierungsschritte ist jedoch nicht notwendig (siehe auch Ziff. 1.41.1), wenn der Leistungserfolg im Vertrag hinreichend bestimmt ist.

1.41.3 **»Werkvertragsfähige« Unternehmer**

Für die Zuordnung der zwischen den Vertragsparteien vereinbarten Geschäftsinhalte zu einem bestimmten Vertragstyp kann im Einzelfall auch die Prüfung der Frage hilfreich sein, ob ein Unternehmer nach seiner materiellen Ausstattung (Kapital, Maschinen, Fahrzeuge, Werkzeuge, Materialien, eine dem Unternehmen entsprechende büromäßige Organisation, Versicherungsschutz usw.) sowie der eigenen fachlichen Kompetenz und die seiner Erfüllungsgehilfen überhaupt in der Lage ist, einen anderen Geschäftszweck als den der ANÜ zu betreiben. Ist z.B. die auftragnehmende Vertragspartei in ihrer unternehmerischen Eigenverantwortung und Dispositionsfreiheit dadurch stark eingeschränkt, dass nur der Besteller über die für die Erfüllung des Vertrages wesentlichen Betriebsmittel verfügt, so spricht dieser Umstand eher für einen ANÜ-Vertrag. Das Gleiche gilt, wenn der Werkunternehmer kein hinreichend qualifiziertes Personal beschäftigt, welches die geschuldete Leistung selbständig planen und organisieren und schließlich auch selbständig und eigenverantwortlich durchführen und überwachen kann.

1.41.4 **Arbeitsmittel**

Der Einsatz eigener Arbeitsmittel und Materialien durch Werkunternehmer bzw. ihre Erfüllungsgehilfen spricht regelmäßig gegen ANÜ. Auch bei Nutzung von Fremdmaterial oder beigestellten Betriebsstoffen (z.B. Schmiermitteln) braucht nicht ANÜ vorzuliegen.

1.41.5 **Ordnungsvorschriften**

Die Beachtung oder Nichtbeachtung öffentlich-rechtlicher Ordnungsvorschriften (z.B. HandwO, GewO, 2. DEVO) ist kein zuverlässiges Abgrenzungskriterium. Allerdings kann die Verletzung einschlägiger Vorschriften auf mangelnde fachliche Qualifikation hindeuten. Ferner kann z.B. das Fehlen eines handwerklichen Befähigungsnachweises (Meisterprüfung) zusätzlich die Auffassung stützen, dass kein Werkvertrag vorliegt.

1.42.1 Unternehmerische Dispositionsfreiheit

Bei Werkverträgen organisiert der Unternehmer die zur Erreichung eines wirtschaftlichen Erfolges notwendigen Handlungen selbst, wobei er sich eines Erfüllungsgehilfen bedienen kann. Dabei bleibt der Unternehmer für die Erfüllung der im Vertrag vorgesehenen Dienste oder für die Herstellung des geschuldeten Werks verantwortlich. Daher kann ein Werkvertrag nur bejaht werden, wenn der Unternehmer Art, Ablauf und Einteilung der Arbeiten selbst bestimmt und der Dritte kein Weisungsrecht gegenüber den Arbeitnehmern des Herstellers hat.[131]

Vertragstypische Rechte/Pflichten des Werkunternehmers sind insbesondere:

– Entscheidung über Auswahl der eingesetzten Arbeitnehmer (Zahl, Qualifikation und Person),
– Ausbildung und Erarbeitung,
– Bestimmung der Arbeitszeit und Anordnung von Überstunden,
– Gewährung von Urlaub und Freizeit,
– Durchführung der Anwesenheitskontrolle,
– Überwachung der Ordnungsmäßigkeit der Arbeitsabläufe,

Werden derartige Funktionen vom angeblichen Werkbesteller wahrgenommen, so spricht dies für ANÜ (siehe aber DA 1.42.2 und 1.42.3).

1.42.2 Eingliederung

Die organisatorische Eingliederung in die Arbeitsabläufe oder in den Produktionsprozess des Bestellerbetriebes spricht grundsätzlich für ANÜ. Der Bestellerbetrieb kann aber z.B. besonderen Sicherheitsvorschriften hinsichtlich der auf seinem Gelände beschäftigten Arbeitnehmer unterliegen oder aus Kapazitätsgründen nur für den Ansatz einer beschränkten Zahl von Werkvertragsarbeitnehmern aufnahmefähig sein. Auch müssen betriebliche Gegegebenheiten der Bestellerseite im Rahmen der Eingliederungsprüfung berücksichtigt werden, so können z.B. werkvertragliche Instandhaltungsarbeiten, Anlageumbauten oder -erweiterungen auf betriebliche Produktionsabläufe abzustimmen sein, um Produktionsausfälle zu mindern. Immer aber muss ein abgrenzbares Werkergebnis vorliegen (s. DA 1.41.1).

Eingliederung ist nicht schon dann gegeben, wenn im Rahmen eines Vertrages Entwicklungs- oder Planungsarbeiten von den Vertragsparteien gemeinsam im Betrieb eines der Vertragspartner durchgeführt werden; immer aber muss eine abgrenzbare und einem Vertragspartner zurechenbare Leistung vorliegen.

1.42.3 Weisungsbefugnis

Der Werkunternehmer hat sicherzustellen, dass er selbst oder seine Repräsentaten (z.B. Meister, Obermonteure, Projektleiter, Vorarbeiter) Weisungs- und Aufsichtsbefugnisse tatsächlich ausüben. Beim Einsatz von Erfüllungsgehilfen muss gewährleistet sein, dass diese im Betriebsgelände des Werkbestellers tätigen Arbeitnehmer ihre Arbeitsleistung in weitgehender Selbständigkeit, d.h. ohne Unterstellung unter das Weisungsrecht des Werkbestellers oder dessen Repräsentanten erbringen. Dies schließt nicht aus, dass der Besteller betriebsspezifische Hinweise/Anweisungen (z.B. Anweisung zur Schadensvermeidung) gibt.

Außerdem kann der Werkbesteller gegenüber dem Werkunternehmer ein vertraglich ausbedungenes (An-)Weisungsrecht haben (vgl. § 645 BGB). Es kann auch gegenüber dem entsandten Erfüllungsgehilfen (Repräsentanten) des Werkunternehmers bestehen. Ein sehr weitgehendes Anweisungsrecht des Werkbestellers kann im Einzelfall dafür sprechen, dass der Erfüllungsgehilfe im Ergebnis dem Weisungsrecht des Werkbestellers unterliegt. Das (An-)Weisungsrecht des Werkbestellers unterscheidet sich aber grundlegend vom

131 Vgl. BAG, Urt. v. 10.02.1977, EzAÜG 1 Nr. 32 = AP Nr. 9 zu § 103 BetrVG; vgl. aber auch DA 1.42.3.

(Arbeitgeber-)Weisungsrecht des Werkunternehmers; es beinhaltet lediglich projektbezogene Ausführungsanweisungen und ist damit gegenständlich beschränkt auf die Herstellung des jeweils geschuldeten Werkes; es darf sich nicht auf die einzelne Arbeitsverrichtung, sondern nur auf das Arbeitsergebnis (auch Sachfortschrittskontrolle) beziehen.

1.43.1 **Unternehmerrisiko**

Der Werkunternehmer trägt im Vergleich zum Verleiher ein erhöhtes Unternehmerrisiko. Der Werkunternehmer trägt die Vergütungsgefahr (§ 644 in Verbindung mit §§ 640 und 646 BGB) und die Gewährleistungspflicht (§ 633 Abs. 1 BGB). Dabei muss er sich das Verschulden seiner Erfüllungsgehilfen anrechnen lassen (§ 278 BGB). Ein »echter« Werkunternehmer wird gegen diese Risiken entsprechend abgesichert sein (Versicherungen, Rückstellungen). Werkvertragstypisch ist auch die Vereinbarung einer Konventionalstrafe. Der Verleiher muss demgegenüber nur für die fristgerechte Gestellung von Arbeitnehmern und Auswahlverschulden einstehen.

1.43.2 **Vergütungsgefahr**

Besteht im Falle des zufälligen Untergangs des geschuldeten (Teil-)Werks vor Abnahme durch den Werkbesteller trotz erbrachter Arbeitsleistungen der im Bestellerbetrieb tätig gewesenen Arbeitnehmer kein Anspruch auf Vergütung für die aufgewandte Arbeitszeit sowie für die sonstigen Kosten (z.B. für den Einsatz von Maschinen oder Werkzeug), spricht dies in aller Regel für einen Werkvertrag.

1.43.3 **Gewährleistungspflicht**

Kennzeichnend für den Werkvertrag ist der Umstand, dass der Werkunternehmer dem Besteller die vertragsgemäße, mangelfreie und rechtzeitige (fristgerechte) Herstellung des Werkes (§ 633 Abs. 1 BGB) schuldet; der Besteller braucht ein fehlerbehaftetes Werk nicht abzunehmen.

Für das Bestehen einer Gewährleistungspflicht sprechen insbesondere folgende Rechte des Bestellers:
- Einrede des nichterfüllten Vertrages (§ 320 BGB)
- Beseitigung des Mangels (Nachbesserung gem. § 633 Abs. 2, 3 BGB)
- Rückgängigmachung des Vertrages (Wandelung) oder die Herabsetzung der Vergütung (Minderung) gem. § 634 BGB
- Schadensersatz wegen Nichterfüllung (§ 635 BGB)
- Rücktritt vom Vertrag (§ 636 BGB).

Diese Rechte müssen nicht ausdrücklich vereinbart sein, da sie sich aus dem Gesetz ergeben. Sie dürfen allerdings nicht vertraglich abbedungen sein oder bei der tatsächlichen Abwicklung nicht in Anspruch genommen werden.

1.43.4 **Abdingbarkeit**

Das Abbedingen der Gewährleistungspflicht spricht dann nicht für ANÜ, wenn es durch »Allgemeine Geschäftsbedingungen« oder z.B. die »Verdingungsordnung für Bauleistungen – VOB« oder ähnliche Regelungswerke (»Leistungs- und Honorarordnung der Ingenieure – LHO«, »Honorarordnung für Architekten und Ingenieure – HOAI«) erfolgt.

1.43.5 **Umgehungsformen**

Auf das Vorliegen von ANÜ deutet dagegen hin, wenn in den Verträgen zwar Regelungen über die Gewährleistungspflicht und die Vergütungsgefahr vorgesehen und – zur Tarnung – auch Leistungen gewährt, aber dann wieder rückvergütet werden. Gleiches gilt, wenn bei einer summenmäßigen Haftungsbeschränkung und bei einem Ausschluss des Rücktrittrechts die Gewährleistung in keinem Verhältnis mehr zu den tatsächlichen Gefahren steht.

1.44 **Erfolgsorientierte Abrechnung**

Auch die Bemessungsgrundlage für das Entgelt kann aufschlussreich sein. Bei einem Werkvertrag wird die Vergütungsregelung regelmäßig entweder in einer Pauschalsumme für das Gesamtwerk oder einzelne Teilabschnitte (Pauschalpreis) oder in einem Einheitspreis nach den vereinbarten Berechnungsmaßstäben (Material- und Zeitaufwand, Aufmaß, Regiekosten) bestehen. Dies schließt die Abrechnung nach Stundensätzen in bestimmten Fällen nicht aus, insbesondere wenn objektiv feststellbare Tatsachen vorliegen, die einer Kalkulierbarkeit entgegenstehen oder wenn im Rahmen bestimmter Regelungswerke (z.B. HOAI) die Abrechnung nach Stundensätzen zugelassen wird.

Auch wenn die Abrechnung nicht auf Stundenbasis, sondern nach Kubikmetern, Kilogramm oder Tonnen vorgenommen wird, kann gewerbsmäßige ANÜ vorliegen.[132] Das Gleiche gilt, wenn vom (Teil-)Werkergebnis (z.B. Baufortschritt) unabhängige Abschlagszahlungen oder solche ohne Schlussrechnung vorgenommen werden.

1.5 Abgrenzung ANÜ/selbständiger Dienstvertrag

Anders als bei Werkvertragsverhältnissen wird bei Dienstverträgen kein bestimmter Erfolg, sondern eine bestimmte Tätigkeit geschuldet. Ein Dienstvertrag liegt nur dann vor, wenn der dienstleistende Unternehmer die geschuldeten Dienste entweder in Person oder mittels seiner Erfüllungsgehilfen unter eigener Verantwortung und nach eigenem Plan ausführt (Organisation der Dienstleistung, zeitliche Disposition, Zahl der Erfüllungsgehilfen, Eignung der Erfüllungsgehilfen usw.). Das bedeutet insbesondere, dass die Erfüllungsgehilfen in Bezug auf die Ausführung der zu erbringenden Dienstleistung im Wesentlichen frei von Weisungen seitens des Arbeitgeberrepräsentanten des Drittbetriebes sind und ihre Arbeitszeit selbst bestimmen können.[133]

Ein drittbezogener Personaleinsatz auf dienstvertraglicher Basis ist daher nur in den aufgezeigten engen Grenzen möglich, etwa bei Dienstleistungen, die gegenständlich umschrieben werden können und deren Ausführung keine Integration in die Betriebsorganisation des Drittbetriebes bedingen. Dies wird z.B. im Rahmen eines Bewachungsvertrages der Fall sein.

1.6 Abgrenzung ANÜ/Dienstverschaffungsvertrag

Da ANÜ eine Form der Dienstverschaffung, nämlich die Verschaffung von Arbeitsleistungen ist, kann ein von ANÜ abzugrenzender Dienstverschaffungsvertrag nur dann in Betracht kommen, wenn ein Vertragspartner die Verpflichtung übernimmt, dem anderen Vertragspartner nicht die Arbeitsleistung sondern die selbständige Dienstleistung eines Dritten zu verschaffen.

Voraussetzung dafür ist, dass der überlassene Dritte in wirtschaftlicher und sozialer Selbständigkeit und Unabhängigkeit die Dienste (z.B. als Wirtschaftsprüfer) leistet. Arbeitsvertragliche Beziehungen bzw. aufgrund der tatsächlichen Verhältnisse gegebene persönliche Abhängigkeit zu einem der Vertragspartner schließen einen derartigen Dienstverschaffungsvertrag aus. Es liegt dann entweder ANÜ oder Arbeitsvermittlung vor.

1.7 Abgrenzung ANÜ/Geschäftsbesorgungsvertrag

Vom Werkvertrag zu unterscheiden ist der Geschäftsbesorgungsvertrag (§ 675 BGB), der auf eine selbständige Tätigkeit wirtschaftlicher Art gerichtet ist.

Ein Geschäftsbesorgungsvertrag liegt z.B. vor, wenn eine Werbefirma den Auftrag erhält, eine Werbeaktion mit eigenen personellen und sachlichen Mitteln durchzuführen.

1.8 Personalgestellung als Nebenleistung

Wird als Nebenleistung eines Kauf- oder Mietvertrages über Anlagen, Geräte, Systeme oder Programme Bedienungs-, Wartungs-, Montage- oder Einweisungspersonal überlassen (z.B. Computer und Programme mit Einweisungspersonal, Spezialbaumaschine mit Fahrer, Flugzeug mit Pilot), wird in aller Regel nicht von ANÜ auszugehen sein, wenn der wirtschaftliche Wert der Anlagen, Geräte, Systeme oder Programme erheblich höher ist als

132 LSG SH, Urt. v. 29.03.1978 – L 1 Ar 63/77 und v. 19.04.1978 – L 1 Ar 20/76.
133 BSG, Urt. v. 23.06.1982, DBlR Nr. 2790a AFG/§ 13 = Soz.Recht 4100 § 13 Nr. 6.

die Arbeitsleistung. Bei der Vermietung einer Schreibmaschine mit Personal muss dagegen ANÜ angenommen werden.

1.9 **Personalgestellung als Folgeleistung**

Entsendet ein Unternehmen, das technische Produktionsanlagen, Einrichtungen oder Systeme herstellt oder entrichtet, eigenes Stammpersonal zu einem Betreiber derartiger Anlagen, Einrichtungen oder Systeme, um typische Revisions-, Instandhaltungs-, Inbetriebnahme-, Änderungs-, Erweiterungsarbeiten oder Ingenieurleistungen daran durchzuführen, so ist in der Regel nicht von Arbeitnehmerüberlassung auszugehen, wenn das entsendende Unternehmen das Unternehmerrisiko trägt und seine unternehmerische Dispositionsfreiheit gewährleistet ist.

1.91 **... im EDV Bereich**

Entsendet ein Unternehmen, das Software-Programme herstellt, eigenes Stammpersonal

– zu einem Anwender, um ein derartiges Programm auf dessen Anlagen ablauffähig zu machen oder zu entwickeln, oder
– zu einem anderen Hersteller (sog. Entwickler), um aus vom entsendenden Unternehmen erstellten Teilprogrammen ein Gesamtprogramm auf dessen Anlagen zu entwickeln oder zu erproben,

so ist in der Regel nicht von Arbeitnehmerüberlassung auszugehen, wenn das entsendende Unternehmen das Unternehmerrisiko trägt und seine unternehmerische Dispositionsfreiheit gewährleistet ist. Die kontinuierliche Anwendung eines Programms durch Fremdkräfte ist in der Regel Arbeitnehmerüberlassung.

1.92 **... bei Zulieferung**

Entsendet ein Unternehmen, das Material, Teile oder Komponenten für Fertigungsprozesse des Bestelles liefert, eigenes Personal zu dem Besteller zum Einbau der Liefergegenstände, so ist in der Regel nicht von Arbeitnehmerüberlassung auszugehen, wenn der Einbau einen geschuldeten Teil der vertraglich festgelegten Gesamtleistung darstellt.
Dies gilt nicht, wenn der wirtschaftliche Wert der einzubauenden Teile nicht erheblich höher als der Wert der Arbeitsleistung ist.

C. Arbeitnehmer-Entsendegesetz

I. Einleitung

Das »Gesetz über zwingende Arbeitsbedingungen bei grenzüberschreitenden Dienstleistungen« vom 26.02.1996 i.d.F. vom 26.02.2003 soll im Bereich des Baugewerbes die Einhaltung bestimmter Mindestarbeitsbedingungen sicherstellen, wenn ein Arbeitgeber mit Sitz im Ausland seine ausländischen Arbeitnehmer vorübergehend in Deutschland einsetzt. Ziel des Gesetzes ist es, bei grenzüberschreitenden Dienstleistungen lohnbedingte Wettbewerbsvorteile ausländischer Konkurrenten in den lohnintensiven Bereichen von Bau- und Montageleistungen durch eine Angleichung wesentlicher materieller Arbeitsbedingungen zu nivellieren, einem Sozialdumping vorzubeugen und den nationalen Unternehmen für den Zeitraum der Geltung des Gesetzes Gelegenheit zu geben, sich auf den steigenden Wettbewerbsdruck im Europäischen Binnenmarkt einzustellen.[134] Das deutsche Tarifrecht soll sich kraft Gesetzes gegenüber dem auf die Arbeitsverhältnisse der entsandten Arbeitnehmer anzuwendenden Recht des Heimatstaates u.a. aus sozialpolitischen Gründen durchsetzen. Gespaltene Arbeitsmärkte und die sozialen Spannungen sollen vermieden werden, die sich aus unterschiedlichen Arbeitsbedingungen bei gleicher Arbeitsverpflichtung ergeben können.[135] Dies wird dadurch erreicht, dass bestimmte, von deutschen Arbeitgebern zwingend einzuhaltende Arbeitsbedingungen, 202

134 *Ulber*, § 1 AEntG Rn 2.
135 BAG, Urt. v. 25.06.2002, AP Nr. 15 zu § 1 AEntG.

insbesondere die Löhne, auf ausländische Arbeitgeber und ihre in Deutschland beschäftigten Arbeitnehmer erstreckt und durch Gesetz zwingend im Sinne des internationalen Privatrechts erklärt werden. Damit gelten bestimmte wettbewerbsrelevante Arbeitsbedingungen unabhängig von den im Übrigen auf das Arbeitsverhältnis anzuwendenden Rechtsvorschriften auch für Arbeitgeber mit Sitz im Ausland sowie für ihre in Deutschland beschäftigten Arbeitnehmer.[136]

II. Anwendungsbereich

203 Voraussetzung für die Anwendbarkeit des AEntG ist, dass der Arbeitgeber seinen **Sitz im Ausland** hat, das **Arbeitsverhältnis ausländischem Recht** unterliegt und der Arbeitnehmer im räumlichen Geltungsbereich eines für allgemein verbindlich erklärten Tarifvertrages im **Inland** beschäftigt wird, § 1 Abs. 1 AEntG. Unterliegt das Arbeitsverhältnis ohnehin deutschem Recht, kommen die Bestimmungen des AEntG nur im Rahmen des § 1 Abs. 1 Satz 3 AEntG zur Anwendung.

III. Der Arbeitgeber i.S.d. AEntG

204 Der Arbeitgeber muss seinen **Sitz im Ausland** haben, wobei es gleichgültig ist, ob es sich um ausländische oder inländische Arbeitgeber handelt. Die Bestimmungen des AEntG sind nicht auf die Arbeitgeber mit Sitz in einem Mitgliedsland der Europäischen Gemeinschaften begrenzt, sondern gelten auch für Arbeitgeber mit Sitz im übrigen Ausland.[137] Das AEntG ist auch anzuwenden, soweit Arbeitnehmer von Betrieben oder Unternehmen multinationaler Konzerne oder Unternehmensgruppen ins Inland entsandt werden.

205 Das Rechtsverhältnis des ausländischen Unternehmens zum inländischen Auftraggeber ist für die Frage, ob das Arbeitsverhältnis den Bestimmungen des AEntG unterliegt unbeachtlich. **Werk- und Dienstverträge**, die Bauleistungen betreffen, fallen ebenso wie **Arbeitnehmerüberlassungsverträge**, § 1 Abs. 2a AEntG, unter das AEntG.[138] Ausländische Verleiher haben zudem die Bestimmungen des AÜG einzuhalten, soweit die Bedingungen der Überlassung betroffen sind, § 7 Abs. 1 Nr. 4 AEntG.

206 Der Arbeitgeber kann die zwingenden Bestimmungen des AEntG nicht dadurch umgehen, dass er **Subunternehmer** einsetzt. Das gilt für den ausländischen Auftragnehmer selbst, der gegenüber dem inländischen Auftraggeber zwar den werkvertraglichen Erfolg schuldet, die einzelnen Bauleistungen oder -abschnitte jedoch an Subunternehmer vergibt. Aber auch die beauftragten ausländischen Subunternehmer unterliegen ihrerseits den Bestimmungen des AEntG, § 5 Abs. 2 AEntG.

207 Der ausländische Arbeitgeber muss **Arbeitnehmer in Inland** grenzüberschreitend beschäftigen, wobei der Geltungsbereich des AEntG auf die Zeit der tatsächlichen Beschäftigung des Arbeitnehmers im Inland beschränkt ist. Entsendungen von Arbeitnehmern aus dem Inland ins Ausland werden nicht vom AEntG erfasst.

207a Nach § 1 Abs. 1 Satz 3 AEntG gilt dieses Gesetz **auch für inländische Arbeitsverhältnisse und damit auch für inländische Arbeitgeber**.

IV. Der Arbeitnehmer i.S.d. AEntG

208 Nach dem AEntG müssen Arbeitgeber mit Sitz im Ausland (aber auch inländische Arbeitgeber) **Arbeitnehmer im Inland** beschäftigen. Auszugehen ist hierbei von dem von der Rechtsprechung entwickelten Arbeitnehmerbegriff. Danach ist derjenige Arbeitnehmer, der auf Grund eines privatrechtlichen Vertrages oder eines gleichgestellten Rechtsverhältnisses im Dienste eines anderen zur

136 *Koberski/Sahl/Hold*, Einl. Rn 7.
137 *Hanau*, NJW 1996, 1369.
138 *Ulber*, § 1 AEntG Rn 10.

Arbeit verpflichtet ist.[139] Die Arbeitnehmereigenschaft wird nach dem Recht des Staates bestimmt, in dem die Tätigkeit ausgeübt wird.[140]

Damit fallen unter das AEntG nicht Unternehmer, die ohne weiteres Personal im Inland tätig sind (sog. Selbständige). Nur wenn festgestellt werden kann, dass es sich um Scheinselbständige handelt, unterfallen sie dem AEntG. Auch findet das AEntG keine Anwendung auf Gesellschafter einer Handwerksgesellschaft wie z.B. Ausländer, die in einer Gesellschaft maßgebliche Funktionen wie vertretungsbefugte Gesellschaft einer OHG wahrnehmen.[141] 209

V. Sachlicher Geltungsbereich

Der Betrieb (nicht das Unternehmen) des ausländischen Arbeitgebers muss überwiegend **Bauleistungen** i.S.d. § 211 Abs. 1 SGB III i.V.m. §§ 1 und 2 Baubetriebs-VO vom 28.10.1980[142] i.d.F. vom 23.11.1999[143] erbringen. Danach erbringt ein Betrieb dann bauliche Leistungen, wenn er Bauarbeiten ausführt, die der Herstellung, Instandsetzung, Instandhaltung, Änderung oder Beseitigung von Bauwerken dienen.[144] Eine Präzisierung des Begriffs der baulichen Leistungen findet sich in der Baubetriebsverordnung, in der beispielhaft die Arbeiten aufgelistet sind. 210

Reine Werkstatt- oder Reparaturarbeiten oder sonstige Arbeiten, die nicht auf Baustellen oder an Bauwerken erbracht werden, fallen nicht unter den Anwendungsbereich der Norm. 211

Unter den Geltungsbereich des AEntG fallen auch **Montagebetriebe** der Eisen-, Metall- und Elektroindustrie, wenn sie **Montageleistungen** überwiegend auf Baustellen außerhalb des Betriebssitzes erbringen, § 1 Abs. 1 Satz 4 AEntG, und Betriebe im Bereich der sog. Seeschifffahrtsassistenz, also der Hafenschlepperei, § 1 Abs. 2 AEntG. 212

Hinsichtlich der Frage, ob der Betrieb überwiegend solche Bauleistungen erbringt, kann darauf abgestellt werden, wie viele Arbeitsplätze dem Baubereich zuzuordnen sind[145] bzw. ob die Arbeitszeit der eingesetzten Arbeitnehmer überwiegend der Erbringung von Bauleistungen dient.[146] Dabei sind den eigentlichen Bauleistungen auch die Nebenarbeiten zuzurechnen, die zu einer sachgerechten Ausführung der baulichen Leistung notwendig sind.[147] Für Mischbetriebe, d.h. für Betriebe, die sowohl Bau- als auch sonstige Leistungen erbringen, ist die Anwendbarkeit des AEntG davon abhängig, ob der Betrieb »überwiegend« Bauleistungen erbringt, was der Fall ist, wenn mindestens 50 % der Gesamtarbeitszeit auf baugewerbliche Leistungen entfallen.[148] 213

Bei der Zuordnung sind nur die im Inland durchgeführten Arbeiten zu berücksichtigen. Die ansonsten vom ausländischen Unternehmen verfolgten Betriebs- und Unternehmenszwecke sind unmaßgeblich;[149] nur die in Deutschland eingesetzten Arbeitnehmer sind als ein Betrieb oder als eine selbständige Betriebsabteilung zu betrachten. Soweit Unternehmen mit Sitz im Ausland mehrere Betriebe mit unterschiedlichen Betriebszwecken errichtet haben, gehören nur solche Arbeitnehmer in ihrer Gesamtheit einem Betrieb oder einer selbständigen Betriebsabteilung i. S. d. § 1 Abs. 1 Satz 1 AEntG an, die dem Baugewerbe zuzuordnen sind. 214

139 *Koberski/Sahl/Hold*, § 1 AEntG Rn 17 m.w.N.
140 *Koberski/Sahl/Hold*, § 1 AEntG Rn 27.
141 Auch die Personen nach § 5 Abs. 2 BetrVG.
142 BGBl I, 2033.
143 BGBl I, 2230.
144 Der Auffassung von Tschöpe/*Kappelhoff*, S. 2599, hierunter würde nicht die Änderung oder Beseitigung von Bauvorhaben fallen, kann wegen der unzweideutigen Definition in § 211 SGB III nicht gefolgt werden.
145 BAG, Urt. v. 18.04.1973, AP Nr. 13 zu § 1 TVG Tarifverträge: Bau.
146 BAG, Urt. v. 13.03.1991, AP Nr. 193 zu § 1 TVG Tarifverträge: Bau.
147 BAG, Urt. v. 25.02.1987, AP Nr. 81 zu § 1 TVG Tarifverträge: Bau; *Koberski/Sahl/Hold,* § 1 AEntG Rn 41.
148 BAG, Urteil v. 11.12.1996 – 10 AZR 376/96 (n.v.).
149 *Ulber*, § 1 AEntG Rn 16.

VI. Allgemeinverbindliche Tarifverträge

215 Das AEntG will erreichen, dass die von einem Unternehmen im Ausland im Inland eingesetzten Arbeitnehmer das **gleiche Mindestarbeitsentgelt,** den **gleichen Urlaubsanspruch** und das **gleiche Urlaubsentgelt** erhalten wie die von Unternehmen im Inland eingesetzten Arbeitnehmer, um so Lohndumping zu verhindern. Da den vom Unternehmen im Inland eingesetzten Arbeitnehmern nur dann ohne Rücksicht auf ihre Verbandsmitgliedschaft ein Mindestarbeitsentgelt zu zahlen ist, wenn sie unter den Geltungsbereich eines für **allgemeinverbindlich** erklärten Tarifvertrages fallen, schreibt § 1 Abs. 1 AEntG vor, dass das AEntG nur dann anzuwenden ist, wenn der von einem Unternehmen im Ausland im Inland eingesetzte Arbeitnehmer unter den fachlichen und räumlichen Geltungsbereich eines für allgemeinverbindlich erklärten **Tarifvertrages des Bauhaupt-** wie auch des **Baunebengewerbes** i.S.d. §§ 1 und 2 BaubetriebsVO fällt, wobei hierzu auch Arbeitnehmer zählen, die **Montageleistungen auf Baustellen** erbringen. § 1 Abs. 1 AEntG gilt auch für allgemeinverbindlich erklärte Tarifverträge für Tätigkeiten auf **Hafenschleppern** (Seeschifffahrtsassistenz, § 1 Abs. 2 AEntG). Die Beschränkung dieser Erstreckungsklausel auf Rechtsnormen eines für allgemeinverbindlich erklärten Tarifvertrages soll sicherstellen, dass ein ausländischer Arbeitgeber nur solchen Rechtsvorschriften unterworfen wird, die auch von inländischen Arbeitgebern verbindlich einzuhalten sind. Damit wird letztlich auch eine nach europäischem Recht unzulässige Diskriminierung ausländischer Arbeitgeber vermieden.[150] Nach § 1 Abs. 1 Satz 3 AEntG gelten diese Regelungen auch für inländische Arbeitgeber ohne Rücksicht darauf, ob sie nach § 3 Abs. 1 TVG oder auf Grund der Allgemeinverbindlichkeitserklärung des § 5 TVG von dem Tarifvertrag erfasst werden.

216 Der inländische allgemeinverbindliche Tarifvertrag muss nicht eine buchstabengetreue Identität der tariflichen Normen für deutsche und ausländische Arbeitgeber vorsehen. Das zeigt schon die Regelung in § 1 Abs. 3 AEntG, nach der »in den betreffenden Tarifverträgen ... sichergestellt« sein muss, dass bestimmte Doppelbelastungen nicht eintreten. Es sind damit tarifliche Regelungen möglich, die an die Besonderheiten des Auslandsbezugs anknüpfen. Die Tarifvertragsparteien dürfen lediglich keine Überschreitung der für das deutsche Baugewerbe geltenden Arbeitsbedingungen vereinbaren.[151]

217 Der zuständige Bundesminister kann Tarifverträge i.S.d. § 1 Abs. 1 AEntG durch **Rechtsverordnung** auf nicht tarifgebundene Arbeitnehmer erstrecken, wobei diese Rechtsetzungsbefugnis beschränkt ist auf Tarifverträge im Baubereich zur Regelung von Mindestentgelten, Urlaubsdauer, Urlaubsentgelt, Urlaubsgeld und Urlaubskassenbeiträge. Die Rechtsverordnung ersetzt insoweit die Allgemeinverbindlichkeitserklärung. Voraussetzung ist allerdings, dass ein Antrag auf Allgemeinverbindlichkeitserklärung gestellt wurde, § 1 Abs. 3a AEntG. Die durch Rechtsverordnung für zwingend anwendbar erklärten Tarifverträge gelten **auch für inländische Arbeitgeber**.

218 Der **ausländische Arbeitgeber**, der Arbeitnehmer **ins Inland** entsendet, ist nach § 1 Abs. 1 AEntG nur verpflichtet, die in den Tarifverträgen geregelten **Mindestentgeltsätze** einschließlich der Überstundensätze sowie die **Urlaubsdauer**, das **Urlaubsentgelt** und das zusätzliche **Urlaubsgeld** zu gewähren. Darüber hinaus kann der Arbeitnehmer die Einhaltung der allgemeinverbindlich tariflich geregelten Höchstarbeits- und Mindestruhezeiten, der tariflichen Regelungen über Arbeitnehmerüberlassung, Sicherheit- und Gesundheitsschutz sowie der Schutzmaßnahmen im Zusammenhang mit Arbeitsbedingungen für Schwangere, Kinder und Jugendliche sowie Gleichbehandlung von Männern und Frauen verlangen, § 7 AEntG, ohne dass die Nichteinhaltung dieser Regelungen mit einem Bußgeld bedroht ist. Diese ergänzenden Regelungen können nicht durch Rechtsverordnung bestimmt werden.

150 *Schwab*, NZA 2004, 4.
151 BAG, Urt. v. 25.06.2002, AP Nr. 15 zu § 1 AEntG.

Der maßgebliche Tarifvertrag muss auf den **Arbeitsort** abstellen (§ 1 Abs. 1 Satz 1 AEntG); eine Diskriminierung ausländischer Arbeitgeber wird jedoch bereits dadurch verhindert, dass nach § 1 Abs. 1 Satz 3 AEntG auch die inländischen Arbeitgeber unter das AEntG fallen. 219

VII. Rechtsfolgen

Ist ein 220

- Tarifvertrag für das Baugewerbe zu Stande gekommen,
- der für allgemeinverbindlich erklärt ist oder dessen Anwendung durch Rechtsverordnung bestimmt ist,
- enthält die Regelung bestimmte Mindestarbeitsbedingungen und
- stellt er hinsichtlich seines räumlichen Geltungsbereichs auf den Arbeitsort ab,
- werden in Betrieben dieses Arbeitgebers ferner überwiegend Bauleistungen i.S.d. § 211 Abs. 1 SGB III erbracht,

so haben die Normen dieses Tarifvertrages auf Arbeitsverhältnisse zwischen dem **Arbeitgeber mit Sitz im Ausland** und dessen Arbeitnehmern, die im **räumlichen Geltungsbereich** dieses (deutschen) **Tarifvertrages** beschäftigt werden, **zwingende Wirkung.**[152]

Außerdem gelten diese Tarifnormen für die inländischen Arbeitgeber des Baugewerbes.

Bei der Einrichtung von Urlaubskassen bzw. anderen gemeinsamen Einrichtungen der Tarifvertragsparteien muss der ausländische Arbeitgeber in diese Sozialkassen einzahlen. Dies gilt nicht, wenn und soweit der Arbeitgeber gleichzeitig im Staat seines Sitzes zu Beiträgen zu einer vergleichbaren Einrichtung herangezogen wird. Damit sollen Doppelbelastungen vermieden werden. Ferner muss die tarifliche Regelung eine Anrechnung der durch den ausländischen Arbeitgeber bereits gewährten Urlaubsleistungen vorsehen, § 1 Abs. 3 AEntG. Hiervon kann in Sonderfällen abgewichen werden, § 1 Abs. 5 AEntG. 221

Nach § 1a AEntG haftet der Unternehmer (Generalunternehmer), der einen anderen Unternehmer (Subunternehmer) mit der Erbringung von Bauleistungen beauftragt, für die Verpflichtung dieses Unternehmers, eines Nachunternehmers oder eines von dem Unternehmer oder einem Nachunternehmer beauftragten Verleihers auf Zahlung des Mindestentgelts sowie der Beiträge zur gemeinsamen Einrichtung der Tarifvertragsparteien wie ein **selbstschuldnerischer Bürge**, wobei sich die Durchgriffshaftung auf das Nettoentgelt erstreckt. Nach § 1a AEntG haften alle (General)Unternehmer und nicht nur Baubetriebe, die jedenfalls Bauleistungen in Auftrag geben. Eine Ausdehnung auf Privatpersonen sieht das Gesetz nicht vor.[153] Zweck dieser verschuldensunabhängigen Haftungsregelung ist es, die Auftragsvergabe an Nachunternehmen aus sog. Billiglohnländern zu erschweren, um damit den deutschen Arbeitsmarkt im Bausektor zu beleben und die wirtschaftliche Existenz von Mittel- und Kleinbetrieben in Deutschland zu schützen und die Arbeitslosigkeit in Deutschland zu bekämpfen; Schutzgedanke des § 1a AEntG ist es dagegen nicht, den ausländischen Arbeitnehmern aus sozialen Gründen einen höheren Lohn bei einer Tätigkeit auf Baustellen in Deutschland zu sichern.[154] Eine Entscheidung des EuGH, ob § 1a AEntG gegen Art. 49 EG verstößt, steht noch aus. 222

VIII. Anmelde- und Aufzeichnungspflichten

Nach § 3 AEntG ist der **Arbeitgeber mit Sitz im Ausland** verpflichtet, vor der Beschäftigung von Arbeitnehmern im Inland bei der zuständigen Behörde der Zollverwaltung die **Beschäftigung anzumelden** und hierbei die für die Prüfung wesentlichen Angaben zu machen. Verleiher im Ausland unterliegen dabei einer erweiterten Anmeldepflicht, § 3 Abs. 2 AEntG. Auch Arbeitgeber aus EU-Mitgliedstaaten haben dieser Meldepflicht nachzukommen. Der Arbeitgeber hat dieser Anmeldung 223

152 Übersicht wie hier Tschöpe/*Kappelhoff*, S. 2601.
153 *Schwab*, NZA 2004, 1, 3.
154 BAG, Vorlagebeschl. v. 06.11.2002, EzA § 1a AEntG Nr. 1.

eine Versicherung beizufügen, dass er die nach § 1 AEntG vorgeschriebenen Arbeitsbedingungen einhält. Eine eidesstattliche Versicherung kann nicht verlangt werden. Der Verleiher hat auch einen Zustellungsbevollmächtigten zu nennen.

224 Darüber hinaus hat der Arbeitgeber mit Sitz im Ausland die Pflicht zur **Aufzeichnung** von Beginn und Ende der täglichen Arbeitszeit der Arbeitnehmer, § 2 Abs. 2a AEntG; diese Aufzeichnung hat er mindestens zwei Jahre aufzubewahren. Ferner hat der ausländische Arbeitgeber Arbeitsverträge, Lohnunterlagen und Unterlagen über die Arbeitszeit für die gesamte Dauer der Beschäftigung im Geltungsbereich dieses Gesetzes, mindestens für die Dauer der gesamten Bauleistung, insgesamt jedoch nicht länger als zwei Jahre in deutscher Sprache, auf Verlangen der Prüfbehörde auch auf der Baustelle, **bereitzuhalten.**

IX. Kontrollen und Sanktionen

225 Die Überwachung der nach § 1 AEntG einzuhaltenden Arbeitsbedingungen obliegt den **Hauptzollämtern**. Sie haben ein Prüfungs- und Einblicksrecht in Bezug auf die Unterlagen und die Aufzeichnungen des Arbeitgebers, § 2 Abs. 2 AEntG. Kommt der **ausländische Arbeitgeber** seinen Verpflichtungen nach §§ 1, 2 AEntG nicht nach, können **Geldbußen** verhängt werden, § 5 Abs. 3 AEntG, die bis zu 500.000 € betragen; eine Verletzung der Duldungs- und Mitwirkungspflichten bei Prüfungen der Kontrollbehörden kann mit Geldbußen bis zu 25.000 € geahndet werden. Doch ordnungswidrig handelt auch ein **deutscher Unternehmer**, der in erheblichem Umfang Bauleistungen ausführen lässt und hierfür einen Subunternehmer einsetzt, von dem er weiß bzw. leichtfertig nicht weiß, dass dieser die Bestimmungen des AEntG nicht einhält bzw. seinerseits zulässt, dass ein von ihm eingesetzter Subunternehmer das Gesetz nicht einhält, § 5 Abs. 2 AEntG. Nach *Schlachter*[155] **sind Bauleistungen »in erheblichem Umfang«** bei einem Auftragsvolumen von mehr als 10.000 € bezogen auf einen Auftraggeber und einen Auftragnehmer anzunehmen. Eine Pflichtverletzung kann bereits dann gegeben sein, wenn der Hauptunternehmer die Überprüfung seines Nachunternehmers unterlässt. Die gilt erst recht, wenn Umstände erkennbar sind, die für einen Verstoß des Nachunternehmers sprechen.[156]

226 Doch auch den **inländischen Arbeitgeber** treffen die Bußgeldvorschriften des AEntG, wenn er nicht die allgemeinverbindlichen tariflichen Arbeitsbedingungen gewährt oder seine Verpflichtungen gegenüber der Urlaubskasse nicht erfüllt, § 5 Abs. 1 Nr. 1 und 2 i.V.m. Abs. 3 AEntG.

227 Nach § 6 AEntG kann ein ausländischer wie inländischer Unternehmer, der mit einer Geldbuße von mindestens 2.500 € belegt wurde, für eine angemessene Zeit und damit zeitlich befristet bis zur nachgewiesenen Wiederherstellung der Zuverlässigkeit von der **Vergabe öffentlicher Liefer-, Bau- oder Dienstleistungsaufträge ausgeschlossen** werden. Dies gilt bei schwer wiegenden Verfehlungen auch schon vor der Durchführung eines Bußgeldverfahrens, wenn im Einzelfall angesichts der Beweislage kein vernünftiger Zweifel an einer schwer wiegenden Verfehlung besteht. Das Gesetz regelt nicht, welche Zeitspanne als angemessen anzusehen ist. Die Angemessenheit kann nur nach den Umständen des Einzelfalles, insbesondere nach der Schwere der Verfehlung bzw. des Verstoßes gegen das Gesetz beurteilt werden. Es wird die Meinung vertreten, dass in analoger Anwendung von § 1 des Schwarzarbeitbekämpfungsgesetzes 2004 ein Ausschluss bis zu einer Dauer von drei Jahren als angemessene Zeit in Betracht kommt.[157]

228 Ein nach § 5 AEntG wegen einer entsprechenden Ordnungswidrigkeit rechtskräftig verurteilter Arbeitgeber wird in das Gewerbezentralregister eingetragen, § 5 Abs. 6 AEntG, um so der Vergabestelle

155 ErfK/*Hanau*, § 5 AEntG Rn 8.
156 Tschöpe/*Kappelhoff*, S. 2604 f.
157 So zum Gesetz zur Bekämpfung von Schwarzarbeit (BGBl I 1995, 165, wo ein Ausschluss von zwei Jahren vorgesehen war; *Koberski/Sahl/Hold*, S. 124; *Ulber*, § 6 AEntG Rn 2.

die Prüfung zu ermöglichen, ob der Arbeitgeber gegen die Bestimmungen des AEntG verstoßen hat und evtl. von der Vergabe öffentlicher Liefer-, Bau- oder Dienstleistungsaufträge auszuschließen ist.

X. Gerichtsstand

Da sich die Ansprüche des entsandten Arbeitnehmers auf Zahlung des Mindestentgelts als einklagbare Leistungsansprüche unmittelbar gegen den Arbeitgeber mit Sitz im Ausland richten, ist die gerichtliche Geltendmachung von solchen Ansprüchen nach den allgemeinen internationalen Regelungen ausgeschlossen oder erschwert. § 8 AEntG bestimmt deshalb, dass diese Arbeitnehmer eine auf den Zeitraum der Entsendung bezogene **Klage auf Gewährung der Arbeitsbedingungen** nach dem AEntG auch vor einem **deutschen Arbeitsgericht** erheben können. Die Möglichkeit zu klagen ist nicht beschränkt auf das Mindestentgelt, sondern erstreckt auch auf die übrigen Arbeitsbedingungen nach § 7 AEntG. Da der ausländische Arbeitgeber im Inland keinen Sitz haben wird, kann in Anlehnung an den Gerichtsstand des Erfüllungsortes vor dem Arbeitsgericht geklagt werden, das örtlich für die Baustelle zuständig ist, auf der der Arbeitnehmer seine Arbeitsleistung erbracht hat.[158] 229

Die Klagemöglichkeit vor einem deutschen Arbeitsgericht besteht auch gegenüber dem Generalunternehmer auf Zahlung des Mindestentgelts nach § 1a AEntG. 230

XI. Regelungen für andere Wirtschaftsbereiche

§ 7 AEntG bestimmt, dass bestimmte gesetzliche Vorschriften wie Vorschriften über Höchstarbeitszeiten und Mindestruhezeiten, über bezahlten Mindestjahresurlaub, über Mindestentgeltsätze einschließlich der Überstundensätze und z.B. über den Gesundheitsschutz für alle ausländischen Arbeitgeber gelten, die einen Arbeitnehmer im Inland beschäftigen. Diese Bestimmung beschränkt sich nicht auf die Baubranche, sondern **gilt in allen Wirtschaftszweigen**. 231

Da es in Deutschland kein Mindestentgelt gibt, ist als Mindestvergütung die Vergütung anzusehen, die die Rechtsprechung aus § 138 BGB ableitet.[159]

Auch Bestimmungen eines für allgemeinverbindlich erklärten Tarifvertrages über Höchstarbeitszeiten und Mindestruhezeiten u.a. finden auf den Arbeitsvertrag zwischen dem ausländischen Arbeitgeber und dem in Inland beschäftigten Arbeitnehmer ohne Rücksicht auf die Branche Anwendung, § 7 Abs. 2 AEntG. 232

Hält der ausländische Arbeitgeber außerhalb der Baubranche die gesetzlichen Vorschriften i.S.d. § 1 Abs. 1 AEntG nicht ein, kann ein Bußgeld gegen ihn nicht verhängt werden. Hier wird der Arbeitnehmer verwiesen auf sein Klagerecht nach § 8 AEntG. 233

D. Datenschutz im Arbeitsrecht

I. Rechtsgrundlagen

Dem Datenschutz kommt eine immer größere Bedeutung zu. Auch im Arbeitsrecht wird dies durch Schlagworte wie: Erstellung von Persönlichkeitsprofilen, Umgang mit Bewerberdaten, Leistungs- und Verhaltenskontrolle durch Softwareprogramme, Videoüberwachung deutlich. 234

158 Tschöpe/*Kappelhoff*, S. 2605.
159 Tschöpe/*Kappelhoff*, S. 2605.

Datenschutzrechtliche Regelungen finden sich sowohl auf europäischer Ebene als auch auf nationaler Ebene.

1. Europarecht

235 Am 24.10.1995 beschloss der Rat die Richtlinie 95/46/EG zum Schutz natürlicher Personen bei der Verarbeitung personenbezogener Daten und zum freien Datenverkehr (sog. europäische Datenschutzrichtlinie).[160] Diese Richtlinie enthält im Wesentlichen keine dem deutschen Datenschutzrecht unbekannten Regelungsprinzipien. Zur Umsetzung der Richtlinie verabschiedete der Gesetzgeber erst im Mai 2001 die Novelle zum Bundesdatenschutzgesetz.[161]

236 Seit dem In-Kraft-Treten der **»Charta der Grundrechte der Europäischen Union«** existiert eine weitere europarechtliche Regelung datenschutzrechtlicher Natur.[162] In dieser Charta – so lautet es in den Schlussfolgerungen des Vorsitzes – werden die bürgerlichen, politischen, wirtschaftlichen, sozialen und gesellschaftlichen Rechte, die bisher in verschiedenen internationalen, europäischen oder nationalen Texten niedergelegt waren, in einem Text zusammengefasst. Die Charta enthält in Art. 8 auch eine Regelung über den Datenschutz, die folgende vier Grundsätze vorsieht:

1. Jede Person hat das Recht auf Schutz der sie betreffenden personenbezogenen Daten.
2. Diese Daten dürfen nur nach Treu und Glauben, nur für festgelegte Zwecke und mit Einwilligung der betroffenen Person oder auf der Grundlage einer gesetzlichen Regelung verarbeitet werden.
3. Jede Person hat das Recht, Auskunft über die sie betreffenden erhobenen Daten zu erhalten und die Berichtigung der Daten zu erwirken.
4. Die Einhaltung dieser Vorschriften wird von einer unabhängigen Stelle überwacht.

2. Nationales Recht

237 Es existiert – trotz mehrfacher entsprechender Ankündigung seitens der Bundesregierung[163] – **kein nationales Arbeitnehmerdatenschutzrecht**. Zwar gab es bereits Überlegungen des Bundesministeriums für Arbeit und Sozialordnung zu einem »Arbeitnehmerdatenschutzgesetz«, welches datenschutzrechtliche Regelungen bei Begründung, Durchführung, Beendigung und Abwicklung von Arbeitsverhältnissen enthalten soll; ein Entwurf wurde bislang jedoch nicht vorgelegt.[164] Der Datenschutz richtet sich somit auch im Arbeitsrecht nach den allgemeinen Vorschriften.

238 Seit dem **Volkszählungsurteil des Bundesverfassungsgerichts** ist anerkannt, dass das Recht des einzelnen Individuums über die Erhebung und ggf. Verwendung seiner personenbezogenen Daten als Ausfluss des Rechts auf informationelle Selbstbestimmung Bestandteil seines Persönlichkeitsrechts ist.[165] Das Bundesverfassungsgericht hat in dieser Entscheidung den auch heute noch das gesamte nationale wie internationale Datenschutzrecht durchziehenden Grundsatz des Verbots mit Erlaubnisvorbehalt aufgestellt. Hierzu hat es unter anderem ausgeführt: »Wer nicht mit hinreichender Sicherheit

160 Voller Titel: Richtlinie 95/46/EG des Europäischen Parlaments und des Rates vom 24.10.1995 zum Schutz natürlicher Personen bei der Verarbeitung personenbezogener Daten und zum freien Datenverkehr, ABl EG Nr. L 281 v. 23.11.1995, S. 31 ff.

161 Grund hierfür war unter anderem, dass gewichtige Stimmen nicht nur eine Anpassung an das EU-Recht, sondern eine grundlegende Modernisierung des Datenschutzrechts forderten, vgl. *Gola/Jaspers*, Das neue BDSG im Überblick, Erläuterungen und Schaubilder für die Datenschutzpraxis (Hrsg.: Gesellschaft für Datensicherung e.V.), S. 4.

162 Charta der Grundrechte der Europäischen Union v. 07.12.2000, ABl EG Nr. C 364 v. 18.12.2000, S. 1 ff. Die Charta selbst sowie weitere Informationen sind auf den Internet-Seiten des Rates der Europäischen Union hinterlegt, http://ue.eu.int/df/default.asp?lang=de (abgerufen am 14.04.2004). Vgl. umfassend zu dieser Grundrechtscharta bspw. *Tetzlaff*, FoR 2001, 25 ff.

163 Die Verabschiedung eines entsprechenden Gesetzes wurde im Zusammenhang mit den Arbeiten zur Reform der Betriebsverfassung lediglich in Aussicht gestellt – vgl. *Gola,* NJW 2003, 2420 ff., 2423 m.w.N. –, aber bis zum heutigen Tage nicht in die Tat umgesetzt; die weitere Entwicklung bleibt insoweit abzuwarten.

164 Vgl. *Hümmerich*, AnwaltFormulare Arbeitsrecht, § 1 Rn 763 m.w.N.

165 BVerfG, Urt. v. 15.12.1983, BVerfGE 65, 1 ff., sog. »Bergpredigt des Datenschutzes«.

überschauen kann, welche ihn betreffenden Informationen in bestimmten Bereichen seiner sozialen Umwelt bekannt sind, und wer das Wissen möglicher Kommunikationspartner nicht einigermaßen abzuschätzen vermag, kann in seiner Freiheit wesentlich gehemmt werden, aus eigener Selbstbestimmung zu planen oder zu entscheiden. Mit dem Recht auf informationelle Selbstbestimmung wären eine Gesellschaftsordnung und eine diese ermöglichende Rechtsordnung nicht vereinbar, in der Bürger nicht mehr wissen können, wer, was, wann, bei welcher Gelegenheit über sie weiß (...)«.

Diesen Vorgaben der verfassungsgerichtlichen Rechtsprechung ist sowohl auf Bundes- als auch auf Landesebene durch entsprechende Gesetze Rechnung getragen worden. Datenschutzrechtliche Regelungen des einfachen Rechts finden sich im **Bundesdatenschutzgesetz (BDSG)**[166] und in den **entsprechenden Landesgesetzen.**[167] Die bundesgesetzliche Regelung ist in großem Umfang durch die bereits erwähnten EU-Datenschutzrichtlinien beeinflusst. Durch die jüngste Novelle zum Bundesdatenschutzgesetz hat der Gesetzgeber das nationale Datenschutzrecht an die europäischen Vorgaben angepasst und die Bestimmungen der europäischen Datenschutzrichtlinie 95/46/EG aus dem Jahre 1995[168] mit Wirkung zum 23.05.2001 umgesetzt.[169] 239

II. Zweck, Anwendungsbereich, Begriffe und Grundsätze

1. Zweck

Zweck des Bundesdatenschutzgesetzes ist es, den Einzelnen davor zu schützen, dass er durch den Umgang mit seinen personenbezogenen Daten in seinem Persönlichkeitsrecht beeinträchtigt wird, § 1 Abs. 1 BDSG. 240

2. Anwendungsbereich

Das Bundesdatenschutzgesetz ist auf Arbeitgeber anwendbar, sofern sie die Daten unter Einsatz von Datenverarbeitungsanlagen verarbeiteten, nutzen oder dafür erheben. Der Begriff der Datenverarbeitungsanlage ist gleichbedeutend mit dem Begriff Computer.[170] Setzt ein Arbeitgeber zum Zwecke der Personalarbeit Computer ein, unterliegt er folglich den Regelungen des BDSG. Werden keine Computer eingesetzt, ist das BDSG nur anwendbar, sofern die Daten in oder aus nichtautomatisierten Dateien verarbeitet, genutzt oder erhoben werden. Der Begriff der nichtautomatisierten Datei ist in § 3 Abs. 2 BDSG legaldefiniert. Eine nichtautomatisierte Datei ist jede nicht automatisierte Sammlung personenbezogener Daten, die gleichartig aufgebaut und nach bestimmten Merkmalen zugänglich ist und ausgewertet werden kann. Hierunter fallen beispielsweise strukturiert aufgebaute Dateikästen, die gelegentlich noch zur Personalverteilung eingesetzt werden. Akten und Aktensammlungen sowie ihre Deckblätter, die nicht nach bestimmten Kriterien strukturierbar sind, fallen hingegen nicht unter den Anwendungsbereich des BDSG.[171] Das Bundesdatenschutzgesetz ist auch bei der Datenverarbeitung durch den Betriebsrat anwendbar.[172] 241

In räumlicher Hinsicht ist die Geltung des Bundesdatenschutzgesetzes nach dem Territorialitätsprinzip grundsätzlich auf im Inland gelegene Betriebsstätten beschränkt, strahlt aber insoweit auf 242

166 I. d. F. der Bekanntmachung vom 14.01.2003, BGBl I 2003, 66 ff.
167 Vgl. dazu bspw. *Bergmann/Möhrle/Herb*, Datenschutzrecht, Band 2, Teil V, Länderdatenschutzgesetze/Kirchen.
168 Richtlinie 95/46/EG des Europäischen Parlaments und des Rates vom 24.10.1995 zum Schutz natürlicher Personen bei der Verarbeitung personenbezogener Daten und zum freien Datenverkehr, Abl EG Nr. L 281, S. 31 ff.
169 Gesetz zur Änderung des BDSG und anderer Gesetze.
170 *Bergmann/Möhrle/Herb*, § 1 BDSG Rn 14.
171 Vgl. dazu *Christians*, RDV 2000, 25.
172 Vgl. BAG, Urt. v. 11.11.1997, AP Nr. 1 zu § 36 BDSG.

ausländische Betriebsstätten aus, als es in §§ 4b, 4c BDSG Regelungen zur Übermittlung personenbezogener Daten ins Ausland enthält.[173]

3. Begriffe

243 Das Bundesdatenschutzgesetz enthält zahlreiche **Legaldefinitionen**, deren Kenntnis für das weitere Verständnis der Regelungen des Gesetzes unabdingbar ist.

244 Personenbezogene Daten sind nach der Legaldefinition des § 3 Abs. 1 BDSG Einzelangaben über persönliche oder sachliche Verhältnisse einer bestimmten oder bestimmbaren natürlichen Person (Betroffener).

245 Eine automatisierte Verarbeitung ist gem. § 3 Abs. 2 BDSG die Erhebung, Verarbeitung oder Nutzung personenbezogener Daten unter Einsatz von Datenverarbeitungsanlagen. Eine nichtautomatisierte Datei ist jede nichtautomatisierte Sammlung personenbezogener Daten, die gleichartig aufgebaut und nach bestimmten Merkmalen zugänglich ist und ausgewertet werden kann.

Erheben von Daten ist nach § 3 Abs. 3 BDSG das Beschaffen von Daten über den Betroffenen.

246 Eine Verarbeitung von Daten liegt gem. § 3 Abs. 4 Satz 1 BDSG bei einem Speichern, Verändern, Übermitteln, Sperren und Löschen personenbezogener Daten vor. Im Einzelnen definiert das Gesetz – ungeachtet der dabei angewendeten Verfahren – einige Datenverarbeitungsvorgänge in § 3 Abs. 4 Satz 2 wie folgt: Speichern: Das Erfassen, Aufnehmen oder Aufbewahren personenbezogener Daten auf einem Datenträger zum Zwecke ihrer weiteren Verarbeitung oder Nutzung (Nr. 1); Verändern: Das inhaltliche Umgestalten gespeicherter personenbezogener Daten (Nr. 2); Übermitteln ist das Bekanntgeben gespeicherter oder durch Datenverarbeitung gewonnener personenbezogener Daten an einen Dritten in der Weise, dass die Daten durch die speichernde Stelle an den Dritten weitergegeben werden (Nr. 3a) oder der Dritte von der speichernden Stelle zur Einsicht oder zum Abruf bereitgehaltene Daten einsieht oder abruft (Nr. 3b); Sperren: Kennzeichnen gespeicherter personenbezogener Daten, um ihre weitere Verarbeitung oder Nutzung einzuschränken (Nr. 4); Löschen: Die Unkenntlichmachung gespeicherter personenbezogener Daten (Nr. 5).

247 Nutzen von Daten ist gem. § 3 Abs. 5 BDSG jede Verwendung personenbezogener Daten, soweit es sich nicht um Verarbeitung handelt.

248 Eine Anonymisierung von Daten liegt nach der Regelung des § 3 Abs. 6 BDSG vor, wenn personenbezogene Daten derart verändert werden, dass die Einzelangaben über persönliche und sachliche Verhältnisse nicht mehr oder nur mit einem unverhältnismäßig großen Aufwand an Zeit, Kosten und Arbeitskraft einer bestimmten oder bestimmbaren natürlichen Person zugeordnet werden können.

249 Pseudonymisieren ist nach § 3 Abs. 6a BDSG das Ersetzen des Namens und anderer Identifikationsmerkmale durch ein Kennzeichen zu dem Zweck, die Bestimmung des Betroffenen auszuschließen oder wesentlich zu erschweren.

Verantwortliche Stelle ist gem. § 3 Abs. 7 BDSG jede Person oder Stelle, die personenbezogene Daten für sich selbst erhebt, verarbeitet oder nutzt oder dies durch andere im Auftrag vornehmen lässt.

250 Empfänger im Sinne des Bundesdatenschutzgesetzes ist gem. § 3 Abs. 8 BDSG jede Person oder Stelle, die Daten erhält; Dritte ist jede Person oder Stelle außerhalb der verantwortlichen Stelle, nicht aber der Betroffene sowie diejenigen Personen und Stellen, die im Inland oder im Geltungsbereich der Rechtsvorschriften zum Schutz personenbezogener Daten der Mitgliedstaaten der Europäischen Union personenbezogene Daten im Auftrag erheben, verarbeiten oder nutzen.

§ 3 Abs. 9 BDSG enthält die vollständig neu eingefügte Begriffsbestimmung der besonderen Arten personenbezogener Daten. Dies sind Angaben über rassische und ethnische Herkunft, politische

173 So auch *Tinnefeld*, DuD 2002, 231 ff., 232.

Meinungen, religiöse oder philosophische Überzeugungen, Gewerkschaftszugehörigkeit, Gesundheit oder Sexualleben.

Mobile personenbezogene Speicher- und Verarbeitungsmedien schließlich sind nach der Legaldefinition des § 3 Abs. 10 BDSG Datenträger, die an den Betroffenen ausgegeben werden (Nr. 1), auf denen personenbezogene Daten über die Speicherung hinaus durch die ausgebende Stelle oder eine andere Stelle automatisiert verarbeitet werden können (Nr. 2) und bei denen der Betroffene diese Verarbeitung nur durch den Gebrauch des Mediums beeinflussen kann (Nr. 3). 251

4. Grundsätze

§ 3a BDSG beinhaltet die **Grundsätze der Datenvermeidung und Datensparsamkeit**, die auch bei der Benutzung von Datenverarbeitungssystemen im Arbeitsrecht zu beachten sind. Gem. § 3a Satz 1 BDSG haben sich Gestaltung und Auswahl von Datenverarbeitungssystemen an dem Ziel auszurichten, keine oder so wenig personenbezogene Daten wie möglich zu erheben, zu verarbeiten oder zu nutzen. Insbesondere ist gem. § 3a Satz 2 BDSG von den Möglichkeiten der Anonymisierung (vgl. dazu § 3 Abs. 6 BDSG) und Pseudonymisierung (vgl. dazu § 3 Abs. 6a BDSG) Gebrauch zu machen, soweit dies möglich ist und der Aufwand in einem angemessenen Verhältnis zu dem angestrebten Schutzzweck steht. Hierdurch sollen ausweislich der Gesetzesbegründung bereits durch die Gestaltung der Systemstrukturen die Erhebung, Verarbeitung oder Nutzung personenbezogener Daten so weit wie möglich vermieden werden und dadurch Gefahren für das informationelle Selbstbestimmungsrecht des Betroffenen von vornherein minimiert werden; das Mitführen der vollen Identität Betroffener während der eigentlichen Datenverarbeitungsvorgänge soll in einem möglichst weitgehenden Umfang vermieden werden. 252

III. Zulässigkeit der Datenerhebung, -verarbeitung und -nutzung

Die Zulässigkeit der Datenerhebung, -verarbeitung und -nutzung richtet sich nach den Vorschriften der §§ 4–4c BDSG. 253

Nach dem in § 4 Abs. 1 BDSG enthaltenen Grundsatz des **sog. datenschutzrechtlichen Erlaubnisvorbehalts** ist die Erhebung, Verarbeitung und Nutzung personenbezogener Daten **nur** zulässig, soweit das BDSG oder eine andere Vorschrift dies erlaubt oder anordnet oder der Betroffene eingewilligt hat. Mangels Einwilligung ist erforderlich, aber auch ausreichend, eine Erlaubnisnorm, die die Verarbeitung oder Nutzung von Arbeitnehmerdaten eindeutig, d.h. unter Nennung zumindest der Arten der Daten und des Zwecks der Datenverarbeitung, für zulässig erklärt.[174] Ob die Erlaubnisnorm hinter dem Schutzniveau des Bundesdatenschutzgesetzes zurückbleibt, soll hingegen unerheblich sein.[175] 254

Personenbezogene Daten sind grundsätzlich beim Betroffenen selbst zu erheben, § 4 Abs. 2 Satz 1 BDSG. Ohne seine Mitwirkung dürfen sie nur erhoben werden, wenn eine Rechtsvorschrift dies vorsieht oder zwingend voraussetzt (§ 4 Abs. 2 Satz 2 Nr. 1 BDSG) oder die zu erfüllende Verwaltungsaufgabe ihrer Art nach oder der Geschäftszweck eine Erhebung bei anderen Personen oder Stellen erforderlich macht (§ 4 Abs. 2 Satz 2 Nr. 2b BDSG) oder die Erhebung beim Betroffenen einen unverhältnismäßigen Aufwand erfordern würde (§ 4 Abs. 2 Satz 2 Nr. 2b BDSG) und keine Anhaltspunkte dafür bestehen, dass überwiegende schutzwürdige Interessen des Betroffenen beeinträchtigt werden. 255

174 Vgl. ErfK/*Wank*, § 4 BDSG Rn 3 mit einem instruktiven Bsp. zur Frage der Datenerhebung im Rahmen der Sozialauswahl bei betriebsbedingter Kündigung.

175 Vgl. ErfK/*Wank*, § 4 BDSG Rn 3; dies soll nach einem Urt. des BAG aus dem Jahre 1986 auch für abweichende Regelungen in Tarifverträgen, Dienst- und Betriebsvereinbarungen gelten, vgl. BAG, Urt. v. 22.10.1986, AP Nr. 15 zu § 87 BetrVG Überwachung.

1. Erlaubnistatbestände

256 Die Voraussetzungen, unter denen die Datenerhebung, -verarbeitung und -nutzung für eigene Zwecke im Bereich der Datenverarbeitung nicht öffentlicher Stellen auch ohne Einwilligung des Betroffenen zulässig ist, sind in § 28 BDSG geregelt. Das Erheben, Speichern, Verändern oder Übermitteln personenbezogener Daten oder ihre Nutzung als Mittel für die Erfüllung eigener Geschäftszwecke ist gem. § 28 Abs. 1 BDSG **zulässig, wenn es der Zweckbestimmung eines Vertragsverhältnisses oder vertragsähnlichen Vertrauensverhältnisses** mit dem Betroffenen dient (Nr. 1), soweit es zur Wahrung berechtigter Interessen der verantwortlichen Stelle erforderlich ist und kein Grund zu der Annahme besteht, dass das schutzwürdige Interesse des Betroffenen an dem Ausschluss der Verarbeitung oder Nutzung überwiegt (Nr. 2) oder wenn die Daten allgemein zugänglich sind oder die verantwortliche Stelle sie veröffentlichen dürfte, es sei denn, dass das schutzwürdige Interesse des Betroffenen an dem Ausschluss der Verarbeitung oder Nutzung gegenüber dem berechtigten Interesse der verantwortlichen Stelle offensichtlich überwiegt (Nr. 3). Bei der Erhebung personenbezogener Daten sind die Zwecke, für die die Daten verarbeitet oder genutzt werden sollen, konkret festzulegen, § 28 Abs. 1 Satz 2 BDSG.

256a Vom Vertragszweck ist das Speichern der Daten des Arbeitnehmers gedeckt, wenn dies für das reibungslose Abwickeln und Durchführen des Arbeitsverhältnisses erforderlich ist. Das BAG verlangt insoweit, dass die Datenerhebung zur Erfüllung gesetzlicher, kollektivvertraglicher oder einzelarbeitsvertraglicher Pflichten oder zur Wahrnehmung von Pflichten aus dem Vertragsverhältnis geeignet und erforderlich ist.[176] Es genügt jedoch die generelle Möglichkeit, dass die Daten im Verlauf des Arbeitsverhältnisses erforderlich werden könnten.[177] Unbedenklich ist es daher, Daten des Arbeitnehmers über Geschlecht, Familienstand, Schule, Ausbildung in Lehr- und anderen Berufen, Alter und ähnliche Angaben zu speichern, da derartige Daten für die Personaleinsatzplanung, Personalauswahl und die Sozialauswahl bei Kündigungen erforderlich sind.[178] Ebenfalls zulässig ist es, Daten über krankheitsbedingte Fehlzeiten zu verarbeiten. Dies gilt nicht nur für Zwecke der Lohn- und Gehaltsabrechnung. Die Verarbeitung derartiger Daten ist vielmehr auch insoweit zulässig, als Aussagen über krankheitsbedingte Fehlzeiten, Atteste, entschuldigte und unentschuldigte Fehlzeiten, erarbeitet werden sollen.[179] Nicht gespeichert werden dürfen Daten, die auf unzulässige Weise – bspw. durch Nichtbeachtung der Grenzen des Fragerechts im Rahmen der Einstellung,[180] erhoben wurden.[181] Die Aufbewahrung von Daten in Bewerbungsunterlagen eines Bewerbers, der nicht eingestellt wurde – gleich ob in Papierform oder in elektronischer Form – ist nur dann zulässig, wenn der Bewerber hierzu seine Einwilligung erteilt hat oder sich aus anderen Umständen ein berechtigtes Interesse des Arbeitgebers ergibt, bspw. weil sich derselbe Arbeitnehmer in Kürze auf eine andere Stelle bewerben wird. Für eine Online-Bewerbung gilt nichts anderes. Statt der Rückgabe der Unterlagen sind die Daten des Bewerbers endgültig zu löschen und der Bewerber hierüber zu informieren.

257 Ein Sonderproblem stellt die **Übermittlung personenbezogener Daten innerhalb des Konzerns** dar. Arbeitgeber ist die natürliche oder rechtliche Person, die Vertragspartner ist. Eine Datenübermittlung an andere Konzerngesellschaften ist deshalb regelmäßig unzulässig.[182] *Hümmerich* geht im Grundsatz zutreffend davon aus, dass Personaldaten grundsätzlich nur zur Information des eigenen Arbeitgebers und nicht zur Information sonstiger Dritter bestimmt sind. Dies wird man allerdings

176 Vgl. BAG, Urt. v. 22.10.1986, DB 1987, 1048.
177 Vgl. BAG, Urt. v. 22.10.1986, DB 1987, 1048.
178 Vgl. BAG, Urt. v. 22.10.1986, DB 1987, 1048.
179 BAG, Urt. v. 11.03.1986, DB 1986, 1469.
180 So z.B. bei der unzulässigen Frage nach einer Schwangerschaft, bei der der Arbeitnehmer nicht nur ein »Recht zur Lüge« hat, sondern die erhobenen Daten zugleich einem Verwertungsverbot unterliegen, vgl. BAG, Urt. v. 11.03.1986, DB 1986, 1496
181 Tschöpe/*Schmalenberg*, Teil 2 A Rn 751.
182 Vgl. *Hümmerich,* AnwaltFormulare Arbeitsrecht, § 1 Rn 769; so auch *Fitting u.a.*, § 83 BetrVG Rn 24 m.w.N.

für den Fall einschränken müssen, dass der Arbeitsvertrag des betroffenen Arbeitnehmers eine Konzernversetzungsklausel enthält. Eine Konzernversetzungsklausel hat nämlich zur Folge, dass der Arbeitgeber den Arbeitnehmer im Konzern einsetzen und versetzen darf. Er hat zudem im Falle einer betriebsbedingten Kündigung anderweitige freie Stellen im Konzern anzubieten. Im Falle eines derartigen Konzernversetzungsvorbehaltes besteht deshalb regelmäßig ein berechtigtes Informationsinteresse anderer Konzernunternehmen an den Daten des Angestellten. Vorsorglich empfiehlt es sich, entsprechende Regelungen in den Arbeitsvertrag aufzunehmen oder eine Betriebsvereinbarung über die Zulässigkeit und die Modalitäten einer konzerninternen Datenübermittlung abzuschließen.[183]

Die **Übermittlung oder Nutzung von Daten »für einen anderen Zweck«**, also einen Zweck außerhalb der Zweckbestimmungen des Vertragsverhältnisses oder des vorvertraglichen Vertrauensverhältnisses, ist nur unter den engen Voraussetzungen des § 28 Abs. 2 und 3 BDSG zulässig, etwa zur Abwehr von Gefahren für die staatliche und öffentliche Sicherheit wie zur Verfolgung von Straftaten.[184] 258

Gibt der Arbeitgeber die Erhebung, Verarbeitung oder Nutzung personenbezogener Daten in Auftrag – sog. Auftragsdatenverarbeitung –, so sieht § 11 Abs. 1 BDSG vor, dass der Auftraggeber für die Einhaltung der Vorschriften des Bundesdatenschutzgesetzes und anderer Vorschriften über den Datenschutz verantwortlich ist. Der Begriff des Auftrags ist hierbei nicht ausschließlich i.S.v. § 662 BGB zu verstehen, sondern umfasst sind zahlreiche Varianten von der Beauftragung eines externen Versorgungsunternehmens mit dem Vernichten von Akten bis zur Übernahme der Datenverarbeitung durch ein externes Service-Rechenzentrum oder ein als solches tätiges Konzernunternehmen.[185] Der Auftragnehmer ist gem. § 11 Abs. 2 BDSG unter besonderer Berücksichtigung der Eignung der von ihm getroffenen technischen und organisatorischen Maßnahmen sorgfältig auszuwählen. Der Auftrag ist ihm schriftlich zu erteilen, wobei die Datenerhebung, -verarbeitung oder -nutzung, die technischen und organisatorische Maßnahmen und etwaige Unterauftragsverhältnisse festzulegen sind. Der Auftraggeber hat sich schließlich von der Einhaltung der beim Auftragnehmer getroffenen technischen und organisatorischen Maßnahmen zu überzeugen. § 11 Abs. 3 BDSG bestimmt, dass der Auftragnehmer die Daten nur im Rahmen der Weisungen des Auftraggebers erheben, verarbeiten oder nutzen darf. Ist er der Auffassung, dass eine Weisung des Auftraggebers gegen das Bundesdatenschutzgesetz oder andere Vorschriften über den Datenschutz verstößt, hat er den Auftraggeber unverzüglich darauf hinzuweisen. Im Verhältnis zum Arbeitnehmer ist der Auftraggeber als Arbeitgeber für die Einhaltung des Bundesdatenschutzgesetzes und anderer datenschutzrechtlicher Vorschriften allein verantwortlich, d.h. alle datenschutzrechtlichen Ansprüche sind ihm gegenüber geltend zu machen.[186] 259

2. Einwilligung des Betroffenen

Sofern kein gesonderter Erlaubnistatbestand der Datenerhebung, -verarbeitung oder -nutzung vorliegt, bedarf es der Einwilligung, also der vorherigen Zustimmung (§ 183 BGB), des von dem Vorgang Betroffenen, vgl. § 4 Abs. 1 BDSG. Die Einwilligung ist gem. § 4a Abs. 1 Satz 1 BDSG nur wirksam, wenn sie auf der freien Entscheidung des Betroffenen beruht, d.h. sie muss gemäß dem Wortlaut der Richtlinie frei von Zwang sein und der Betroffene muss fähig und in der Lage sein, die Tragweite seiner Entscheidung zu überblicken.[187] 260

In arbeitsrechtlicher Hinsicht ist aufgrund des typischerweise gegebenen strukturellen Ungleichgewichts fraglich, wann eine Einwilligung als **freiwillig**, d.h. frei von Zwang, zu qualifizieren ist. 261

183 Zur Zulässigkeit einer Konzernbetriebsvereinbarung über den konzernübergreifenden Austausch von Mitarbeiterdaten BAG, Urt. v. 20.12.1995, AP Nr. 1 zu § 58 BetrVG.

184 Vgl. *Christians*, RDV 2000, 78 ff.

185 Vgl. ErfK/*Wank*, § 11 BDSG Rn 2 m.w.N.

186 Vgl. ErfK/*Wank*, § 11 BDSG Rn 1; *Fitting u.a.*, § 83 BetrVG Rn 40.

187 Vgl. ErfK/*Wank*, § 4a BDSG Rn 1.

Einigkeit besteht insoweit, als dass die Freiwilligkeit der Einwilligung zu verneinen ist, wenn die Einholung der Einwilligung gegen zwingende Schutznormen bzw. Prinzipien verstößt. Ein Arbeitgeber kann nicht über die Einwilligung des Arbeitnehmers Informationen verarbeiten, die ihm nach den für das Arbeitsrecht geltenden Grundsätzen, z.B. den Grundsätze über das Fragerecht des Arbeitgebers, unzugänglich sind. Wird die Datenerhebung bzw. Verarbeitung nicht schon durch zwingende arbeitsrechtliche Schutznormen oder Prinzipien untersagt, kommt es auf die Umstände des Einzelfalles an. Im Grundsatz wird man von Folgendem ausgeheben können: Je weiter die Datenverarbeitung sich von dem Zweck des Vertragsverhältnisses entfernt, desto schärfer ist die Inhaltskontrolle an die Einwilligung.

262 Ist die Einwilligung in **allgemeinen Vertragsbedingungen** enthalten, so ist deren Wirksamkeit nach dem Wegfall der ehemals in § 23 AGBG enthaltenen arbeitsrechtlichen Bereichsausnahme durch die Schuldrechtsreform an den Regelungen der §§ 305 ff. BGB, insbesondere der §§ 305c, 307 BGB zu messen.[188] Auch hier wird man davon ausgehen können, dass eine unangemessene Benachteiligung i.S.d. § 307 BGB umso eher anzunehmen ist, als sich die Datenerhebung, -verarbeitung, oder -nutzung von dem Zweck des Arbeitsverhältnisses entfernt.

263 Der Arbeitnehmer ist gem. § 4a Abs. 1 Satz 2 BDSG vor Erteilung der Einwilligung auf den vorgesehenen Zweck der Erhebung, Verarbeitung oder Nutzung sowie, soweit nach den Umständen des Einzelfalles erforderlich oder auf Verlangen, auf die Folgen der Verweigerung der Einwilligung hinzuweisen.

264 Die Einwilligung bedarf der Schriftform, soweit nicht wegen besonderer Umstände eine andere Form angemessen ist. Ein Verstoß gegen die Schriftformklausel hat in entsprechender Anwendung der §§ 125, 126 BGB die Unwirksamkeit der Einwilligung und damit die Unzulässigkeit der Datenverarbeitung zur Folge.[189] Wird sie zusammen mit anderen Erklärungen, etwa zusammen mit einem Arbeitsvertrag abgegeben, ist sie besonders hervorzuheben. Es empfiehlt sich daher, die Einwilligungserklärung bei allen Verträgen drucktechnisch durch Fettdruck oder sonstige Hervorhebung kenntlich zu machen. Geschieht dieses nicht, ist die Einwilligung gem. § 4a BDSG unwirksam.

265 Ist ein Einverständnis des Arbeitnehmers einmal erteilt, kann bei unveränderter Sachlage davon ausgegangen werden, dass die Einwilligung fortdauernde Wirkung hat.[190] Dessen ungeachtet kann die Einwilligung jederzeit widerrufen werden.[191] Ein Interesse an einem Widerruf kann sich beispielsweise im Zusammenhang mit dem Ausscheiden eines Arbeitnehmers aus dem Arbeitsverhältnis ergeben. Der Arbeitgeber sollte deshalb Vorkehrungen treffen, um die einmal erhobenen, verarbeiteten und genutzten personenbezogenen Daten auch wieder »isolieren« zu können.

3. Übermittlung personenbezogener Daten ins Ausland

266 Ein weiterer Erlaubnistatbestand ist in der neuen Vorschrift des § 4b BDSG enthalten. Er betrifft die Übermittlung personenbezogener Daten ins Ausland sowie an über- oder zwischenstaatliche Stellen.

267 Für die **Übermittlung personenbezogener Daten an Stellen in anderen Mitgliedstaaten der Europäischen Union** bzw. in anderen Vertragsstaaten des Abkommens über den Europäischen Wirtschaftsraum oder der Organe und Einrichtungen der Europäischen Gemeinschaften erklärt § 4b Abs. 1 BDSG die Regelungen der §§ 15 Abs. 1, 16 Abs. 1 und §§ 28–30 BDSG für entsprechend anwendbar, soweit die Übermittlung im Rahmen von Tätigkeiten erfolgt, die ganz oder teilweise in den Anwendungsbereich des Rechts der Europäischen Gemeinschaft fallen. Im Hinblick darauf,

188 Vgl. ErfK/*Wank*, § 4a BDSG Rn 2.
189 Vgl. ErfK/*Wank*, § 4a BDSG Rn 3.
190 Vgl. ErfK/*Wank*, § 4a BDSG Rn 4.
191 Vgl. ErfK/*Wank*, § 4a BDSG Rn 4.

dass sämtliche Mitgliedstaaten zur Übernahme des gesamten »l'aquis communautaire«, des gemeinschaftsrechtlichen Besitzstandes, und damit auch zur Umsetzung der dem Bundesdatenschutzgesetz zugrunde liegenden Richtlinien verpflichtet sind, dürfte insoweit ein zumindest vergleichbares Schutzniveau vorliegen.

Geht es um die **Übermittlung personenbezogener Daten an Stellen außerhalb der Europäischen Union**, sieht § 4b Abs. 2 Satz 2 BDSG die Einschränkung vor, dass die Übermittlung unterbleibt, soweit der Betroffene ein schutzwürdiges Interesse an dem Ausschluss der Übermittlung hat, insbesondere wenn bei den genannten Stellen ein angemessenes Datenschutzniveau nicht gewährleistet ist.[192] Letzteres wird nach näherer Maßgabe des § 4b Abs. 3 Satz BDSG unter Berücksichtigung aller Umstände beurteilt, die bei einer Datenübermittlung oder einer Kategorie von Datenübermittlungen von Bedeutung sind; insbesondere können bei der Abwägung die Art der Daten, die Zweckbestimmung, die Dauer der geplanten Verarbeitung, das Herkunfts- und das Endbestimmungsland, die für den Empfänger geltenden Rechtsnormen sowie die für ihn geltenden Standesregeln und Sicherheitsmaßnahmen herangezogen werden. Die Kommission hat am 27.07.2000 entschieden, dass in der Schweiz und in Ungarn ein vergleichbares angemessenes Datenschutzniveau besteht. 268

In den USA können sich Unternehmen einer freiwilligen Selbstkontrolle, der so genannten »safe-habour« Regelung unterwerfen. Liegt eine derartige Unterwerfung der Unternehmen vor, besteht nach der Entscheidung der Kommission vom 27.07.2000 ein angemessenes Datenschutzniveau. 269

Da in anderen Staaten außerhalb der Europäischen Union bzw. in anderen Vertragsstaaten des Abkommens über den Europäischen Wirtschaftsraum ein vergleichbares Schutzniveau nicht per se angenommen werden kann, hat die Kommission **Standardvertragsklauseln** verabschiedet, um einen Datentransfer auch in solche Länder zu erleichtern. Dies sind die »Entscheidung 2001/497/EG der Kommission vom 15.06.2001 hinsichtlich Standardvertragsklauseln für die Übermittlung personenbezogener Daten in Drittländer nach der Richtlinie 95/46/EG«[193] sowie die am 27.12.2001 verabschiedete »Entscheidung der Kommission hinsichtlich Standardvertragsklauseln für die Übermittlung personenbezogener Daten an Auftragsverarbeiter nach der Richtlinie 95/46/EG«.[194] Nach diesen Klauseln muss ein Unternehmen aus der EU, das Daten exportiert, seinen Nachunternehmer anweisen, die Datenschutzvorschriften der EU in vollem Umfang einzuhalten. Ferner muss das Unternehmen sicherstellen, dass im Bestimmungsland angemessene technische Vorkehrungen und Sicherheitsmaßnahmen getroffen werden. Die Verwendung dieser Klauseln ist nicht obligatorisch. Werden sie jedoch verwandt, müssen die Datenschutzbehörden der Mitgliedstaaten anerkennen, dass für die entsprechenden Datenübermittlungen ein angemessenes Schutzniveau besteht. Somit erweitern sie die Möglichkeiten der Übermittlung personenbezogener Daten ins Ausland. 270

IV. Pflichten des Arbeitgebers

1. Meldepflicht und Vorabkontrolle

Im Falle der automatisierten Verarbeitung von Daten obliegt dem Arbeitgeber gem. § 4d Abs. 1 BDSG die Pflicht, das jeweilige Verfahren der automatisierten Verarbeitung vor seiner Inbetriebnahme dem Bundesbeauftragten für den Datenschutz nach Maßgabe des § 4e BDSG zu melden, **sog. Meldepflicht**. Diese Pflicht entfällt gem. § 4d Abs. 2 BDSG, wenn die verantwortliche Stelle einen Beauftragten für den Datenschutz bestellt hat (vgl. dazu Rn 273 ff.). Die Meldepflicht entfällt ferner, 271

192 Damit – so lautet es in der Gesetzesbegründung – wird die zuvor in § 17 Abs. 2 a.F. BDSG enthaltene ordre-public-Klausel, die die Zulässigkeit grenzüberschreitender Datenübermittlungen von der Beachtung eines datenschutzrechtlichen Mindeststandards abhängig machte, überflüssig.

193 Fundstelle im Internet: http://europa.eu.int/comm/internal_market/privacy/modelcontracts_de.htm (abgerufen am 14.04.2004).

194 Fundstelle im Internet: http://europa.eu.int/comm/internal_market/privacy/modelcontracts_de.htm (abgerufen am 14.04.2004).

wenn die verantwortliche Stelle personenbezogene Daten für eigene Zwecke erhebt, verarbeitet oder nutzt, hierbei höchstens vier Arbeitnehmer mit der Erhebung, Verarbeitung oder Nutzung von personenbezogenen Daten beschäftigt und entweder eine Einwilligung der Betroffenen vorliegt oder die Erhebung, Verarbeitung oder Nutzung der Zweckbestimmung eines Vertragsverhältnisses oder vertragsähnlichen Vertrauensverhältnisses dient, § 4d Abs. 3 BDSG. Anwendungsbeispiele für diesen Ausahmetatbestand sind ausweislich der Gesetzesmaterialien Datenverarbeitungen, wie sie typischerweise bei einer Reihe von selbständigen Berufstätigen, etwa Architekten, Ärzten, Apothekern, Handwerkern, Sanitätshäusern, Optikern, Fitnessstudios und kleinen Gewerbetreibenden und für die Verarbeitung des Merkmals »Religionszugehörigkeit« durch den Arbeitgeber zwecks Abführung der Kirchensteuer in Betracht kommen. Nach § 4d Abs. 4 BDSG gelten die Absätze 2 und 3 nicht, wenn es sich um automatisierte Verarbeitungen handelt, in denen geschäftsmäßig personenbezogene Daten von der jeweiligen Stelle zum Zweck der Übermittlung (Nr. 1) oder zum Zwecke der anonymisierten Übermittlung (Nr. 2) gespeichert werden.

272 Soweit automatisierte Verarbeitungen besondere Risiken für die Rechte und Freiheiten der Betroffenen aufweisen, unterliegen sie – so die in § 4d Abs. 5 Satz 1 BDSG enthaltene Legaldefinition der Vorabkontrolle – »der Prüfung vor Beginn der Verarbeitung«. Eine solche Vorabkontrolle ist nach der Maßgabe des Gesetzes insbesondere durchzuführen, wenn besondere Arten personenbezogener Daten (Angaben über die rassische und ethnische Herkunft, politische Meinungen, religiöse oder philosophische Überzeugungen, Gewerkschaftszugehörigkeit, Gesundheit oder Sexualleben, vgl. die Legaldefinition des § 3 Abs. 9 BDSG) verarbeitet werden (§ 4d Abs. 5 Satz 2 Nr. 1 BDSG) oder die Verarbeitung personenbezogener Daten dazu bestimmt ist, die Persönlichkeit des Betroffenen zu bewerten einschließlich seiner Fähigkeiten, seiner Leistung oder seines Verhaltens (§ 4d Abs. 5 Satz 2 Nr. 2 BDSG), es sei denn – dies gilt für beide Tatbestände – dass eine gesetzliche Verpflichtung oder eine Einwilligung des Betroffenen vorliegt oder die Erhebung, Verarbeitung oder Nutzung der Zweckbestimmung eines Vertragsverhältnisses oder vertragsähnlichen Vertrauensverhältnisses mit dem Betroffenen dient. Durchgeführt wird die Vorabkontrolle durch den Beauftragen für Datenschutz, vgl. § 4d Abs. 6 BDSG i.V.m. § 4g Abs. 2 Satz 1 BDSG. Der nähere Inhalt der Meldepflicht ergibt sich aus dem Katalog des § 4e BDSG.

2. Datenschutzbeauftragter

273 **§ 4f Abs. 1 Satz 1 BDSG** bestimmt, dass öffentliche und nicht öffentliche Stellen, die personenbezogene Daten automatisiert erheben, verarbeiten oder nutzen, einen Beauftragten für den Datenschutz schriftlich zu bestellen haben. Nicht öffentliche Stellen haben dies nach Maßgabe des § 4f Abs. 1 Satz 2 BDSG spätestens einen Monat nach Aufnahme ihrer Tätigkeit zu veranlassen, sofern mindestens fünf Mitarbeiter mit der Erhebung, Verarbeitung oder Nutzung personenbezogener Daten beschäftigt werden. Das Gleiche gilt, wenn personenbezogene Daten auf andere Weise erhoben, verarbeitet oder genutzt werden und damit in der Regel mindestens 20 Personen beschäftigt sind, § 4f Abs. 1 Satz 3 BDSG.

274 Zum Beauftragten für den Datenschutz darf nur bestellt werden, wer die zur Erfüllung seiner Aufgaben erforderliche Zuverlässigkeit besitzt, § 4f Abs. 2 BDSG. Mit dieser Aufgabe kann bei Vorliegen dieser Voraussetzungen auch eine Person außerhalb der verantwortlichen Stelle und damit ein externer Mitarbeiter betraut werden. Drohen Interessenkonflikte, bspw. weil der Datenschutzbeauftragte für mehrere verantwortliche Stellen gleichzeitig tätig wird, in der Mitarbeitervertretung aktiv ist oder neben seiner Tätigkeit als Datenschutzbeauftragter andere berufliche Aufgaben wahrnimmt, kann seine Zuverlässigkeit in Frage gestellt sein.[195]

In hierarchischer Hinsicht ist der Datenschutzbeauftragte gem. § 4f Abs. 3 BDSG unmittelbar dem Leiter der öffentlichen oder nicht öffentlichen Stelle zu unterstellen. Er ist in Ausübung

195 Vgl. BAG, Urt. v. 22.03.1994, NZA 1994, 1049.

seiner Fachkunde auf dem Gebiet des Datenschutzes weisungsfrei und darf wegen der Erfüllung seiner Aufgaben nicht benachteiligt werden. Nach § 4f Abs. 4 BDSG ist der Beauftragte für den Datenschutz zur Verschwiegenheit verpflichtet über die Identität des Betroffenen sowie über Umstände, die Rückschlüsse auf den Betroffenen zulassen, soweit er nicht davon durch den Betroffenen befreit wird.

§ 4f Abs. 5 BDSG normiert das Gebot, dass die öffentlichen und nicht öffentlichen Stellen den Datenschutzbeauftragten bei der Erfüllung seiner Aufgaben zu unterstützen und ihm insbesondere, soweit dies zur Erfüllung seiner Aufgaben erforderlich ist, Hilfspersonal sowie Räume, Einrichtungen, Geräte und Mittel zur Verfügung zu stellen haben. 275

Zu den Aufgaben des Datenschutzbeauftragten gehört es, auf die Einhaltung des Bundesdatenschutzgesetzes und anderer Vorschriften über den Datenschutz hinzuwirken. Zu diesem Zweck kann er sich in Zweifelsfällen – er muss die Sach- und Rechtslage zunächst selbst ermitteln und als zweifelhaft bewerten – an die für die Datenschutzkontrolle bei der verantwortlichen Stelle zuständige Behörde wenden, § 4g Abs. 1 Satz 1 und 2 BDSG. Er hat insbesondere die ordnungsgemäße Anwendung der Datenverarbeitungsprogramme, mit deren Hilfe personenbezogene Daten verarbeitet werden sollen, zu überwachen. Deshalb ist er über Vorhaben der automatisierten Verarbeitung personenbezogener Daten rechtzeitig zu unterrichten (§ 4g Abs. 1 Satz 3 Nr. 1 BDSG). Er hat die bei der Verarbeitung personenbezogener Daten tätigen Personen durch geeignete Maßnahmen mit den Vorschriften des BDSG sowie anderen Vorschriften über den Datenschutz und mit den jeweiligen besonderen Erfordernissen des Datenschutzes vertraut zu machen (§ 4d Abs. 5 Satz 2 Nr. 2 BDSG). Um dieser Aufgabe gerecht werden zu können, legt das Gesetz der verantwortlichen Stelle gem. § 4g Abs. 2 Satz 1 BDSG die Pflicht auf, dem Datenschutzbeauftragten eine Übersicht über die in § 4e Satz 1 BDSG genannten Angaben sowie über zugriffsberechtigte Personen zur Verfügung zu stellen. 276

3. Datengeheimnis

Das Datengeheimnis ist in § 5 Satz 1 BDSG definiert; hiernach ist es den bei der Datenverarbeitung beschäftigten Personen untersagt, personenbezogene Daten unbefugt zu erheben, zu verarbeiten oder zu nutzen. Des Weiteren sind die Personen bei der Aufnahme ihrer Tätigkeit auf das Datengeheimnis zu verpflichten, soweit sie nicht bei öffentlichen Stellen beschäftigt sind; das Datengeheimnis gilt auch nach Beendigung der Tätigkeit fort, § 5 Satz 2 und 3 BDSG. Die für die Mitarbeiter des Betriebsrats geltenden Geheimhaltungspflichten der §§ 79, 82 Abs. 2, 83 Abs. 1 Satz 3, 99 Abs. 1 Satz 3, 102 Abs. 2 Satz 5 BetrVG sowie das generelle Gebot des Stillschweigens in § 10 BPersVG verdrängen § 5 BDSG nicht, solange dieser Norm hierneben noch ein eigener Regelungsgehalt zukommt.[196] 277

4. Automatisierte Einzelentscheidung

Nach § 6a Abs. 1 BDSG dürfen Entscheidungen, die für den Betroffenen eine rechtliche Folge nach sich ziehen oder ihn erheblich beeinträchtigen, nicht ausschließlich auf eine automatisierte Verarbeitung personenbezogener Daten gestützt werden, die der Bewertung einzelner Persönlichkeitsmerkmale dienen. Hierdurch soll verhindert werden, dass Entscheidungen allein aufgrund von Persönlichkeitsprofilen getroffen werden (bspw. durch Scoringverfahren).[197] Dieses Verbot gilt nicht, wenn die Entscheidung im Rahmen des Abschlusses oder der Erfüllung eines Vertragsverhältnisses oder eines sonstigen Rechtsverhältnisses ergeht und dem Begehren des Betroffenen stattgegeben wurde (§ 6a Abs. 2 Nr. 1 BDSG) oder die Wahrung der berechtigten Interessen des Betroffenen durch geeignete Maßnahmen gewährleistet und dem Betroffenen von der verantwortlichen Stelle die Tatsache des Vorliegens einer Entscheidung i.S.d. Absatzes 1 mitgeteilt wird (§ 6a Abs. 2 Nr. 2 278

196 Vgl. ErfK/*Wank*, § 5 BDSG Rn 2.
197 Vgl. ErfK/*Wank*, § 6a BDSG Rn 1.

BDSG). Was eine geeignete Maßnahme ist, muss vom Sinn und Zweck der Vorschrift hergeleitet werden, dem Berechtigten die Möglichkeit zu eröffnen, die Bewertungsmaßstäbe zu erfahren und ggf. seinen Standpunkt geltend machen zu können.[198] Als geeignete Maßnahme gilt daher insbesondere die Möglichkeit des Betroffenen, seinen Standpunkt im Rahmen einer Gegendarstellung geltend zu machen; die verantwortliche Stelle ist sodann verpflichtet, ihre Entscheidung erneut zu überprüfen. Diese Grundsätze sind bei Versetzungen und der Neubesetzung von Stellen mit internen Bewerbern zu beachten.

5. Videoüberwachung

279 Eine »Beobachtung öffentlich zugänglicher Räume mit optisch-elektronischen Einrichtungen« (in Betracht kommen hier neben Ladenlokalen auch Kaufhäuser, Tankstellen, Gaststätten und Bankfilialen) ist nach der neuen Regelung des § 6b Abs. 1 BDSG nur noch in bestimmten Fällen und unter bestimmten Voraussetzungen möglich. In der Begründung zur Beschlussempfehlung des BT-Innenausschusses heißt es hierzu: »Die besondere Eingriffsqualität, die von der Beobachtung öffentlich zugänglicher Räume ausgehen kann, macht erforderlich, zugunsten der von einer solchen Maßnahme betroffenen Personen den Kreis der eine Videoüberwachung rechtfertigenden Sachverhalte zu beschränken, eine enge Zweckbindung für die im Wege der Videoüberwachung gewonnenen personenbezogenen Daten vorzusehen und die Transparenz für die Betroffenen zu erhöhen.«

280 Eine Videoüberwachung ist nach der gesetzlichen Neuregelung des § 6b Abs. 1 BDSG zulässig, soweit sie zur Aufgabenerfüllung öffentlicher Stellen, zur Wahrnehmung des Hausrechts oder zur Wahrnehmung berechtigter Interessen für konkret festgelegte Zwecke erforderlich ist und keine Anhaltspunkte bestehen, dass schutzwürdige Interessen der Betroffenen überwiegen. Die Wahrnehmung berechtigter Interessen kann beispielsweise in der Abwehr von Diebstählen liegen. Die Konkretheit des Zwecks muss entsprechend der Regelung des § 28 Abs. 1 Satz 2 BDSG bestimmt werden, um die Erforderlichkeit der Maßnahme zu überprüfen. Kommen noch andere Mittel, wie beispielsweise das Auslösen akustischer Signale beim Verlassen des Ladenlokals ohne Bezahlung in Betracht, muss die Videoüberwachung unterbleiben. Die berechtigten Interessen des Arbeitgebers müssen zudem objektiv tangiert sein. Die bloße Befürchtung des Arbeitgebers, es könne zu Diebstählen kommen, genügt nicht. § 6b Abs. 2 BDSG verlangt, dass der Umstand der Beobachtung und die verantwortliche Stelle durch geeignete Maßnahmen erkennbar zu machen sind.

281 Hinsichtlich der Verarbeitung oder Nutzung der im Rahmen der Videoüberwachung erhobenen Daten ist zu beachten, dass diese gem. § 6b Abs. 3 BDSG nur zulässig ist, wenn sie zum Erreichen des verfolgten Zwecks erforderlich ist und keine Anhaltspunkte bestehen, dass schutzwürdige Interessen der Betroffenen überwiegen. Für einen anderen Zweck dürfen diese Daten nur verarbeitet oder genutzt werden, soweit dies zur Abwehr von Gefahren für die staatliche und öffentliche Sicherheit sowie zur Verfolgung von Straftaten erforderlich ist.

Es besteht eine Informationspflicht gegenüber dem von dem Datenerhebungsvorgang Betroffenen, sofern die durch Videoüberwachung erhobenen Daten einer bestimmten Personen zugeordnet werden, § 6b Abs. 4 BDSG.

282 Schließlich ist zu beachten, dass die im Rahmen der Videoüberwachung erhobenen Daten nach Maßgabe des § 6b Abs. 5 BDSG unverzüglich zu löschen sind, wenn sie zur Erreichung des Zwecks nicht mehr erforderlich sind oder schutzwürdige Interessen der Betroffenen einer weiteren Speicherung entgegenstehen.

283 Geht es hingegen um andere Arbeitsräume, die nicht zu den öffentlichen zählen – bspw. Lagerhallen, Produktionsstätten, Büroräume, Pausenräume etc. –, sind die Regelungen des Bundesdatenschutzgesetzes nicht anwendbar. Insoweit gelten die allgemeinen, von der arbeitsgerichtlichen Recht-

198 Vgl. ErfK/*Wank*, § 6a BDSG Rn 2.

sprechung entwickelten Grundsätze.[199] Nach der hiernach vorzunehmenden Interessenabwägung zwischen dem Interesse des Arbeitnehmers an der Wahrung seines allgemeinen Persönlichkeitsrechts und dem Interesse des Arbeitgebers an Kontrolle und Überwachung bestimmter Örtlichkeiten oder Vorgänge ist in jedem Einzelfall genau zu prüfen, welche Interessen überwiegen. In aller Regel wird man hier ein objektiv nachweisbares Interesse des Arbeitgebers verlangen müssen, bevor er Überwachungsmaßnahmen ergreifen darf. Nach einem Urteil des BAG v. 27.03.2003 ist eine heimliche Videoüberwachung eines Arbeitnehmers zulässig, wenn der konkrete Verdacht einer strafbaren Handlung oder einer anderen schweren Verfehlung zu Lasten des Arbeitgebers besteht, weniger einschneidende Mittel zur Aufklärung des Verdachts ausgeschöpft sind, die verdeckte Videoüberwachung praktisch das einzig verbleibende Mittel darstellt und insgesamt nicht unverhältnismäßig ist.[200] Allerdings wurde die hier streitbefangene Überwachungsmaßnahme von der Neuregelung des § 6b BDSG noch nicht erfasst, so dass die weitere Entwicklung abzuwarten bleibt.
Die rechtswidrige Erlangung von Beweismitteln kann je nach den Umständen des Einzelfalles zu einem Beweisverwertungsverbot führen. Dies ist nach dem vorbezeichneten Urteil des BAG jedoch dann nicht der Fall, wenn die soeben dargelegten Voraussetzungen erfüllt sind.[201] Sowohl das Arbeitsgerichtsgesetz als auch die Zivilprozessordnung enthalten kein ausdrückliches Verbot der Verwertung von Beweismitteln, die rechtswidrig erlangt werden. Entscheidend ist nach herrschender Meinung, ob der Schutzzweck der verletzten Norm eine derartige prozessuale Sanktion gebietet.[202]

6. Technische und organisatorische Maßnahmen

§ 9 Satz 1 BDSG verpflichtet öffentliche und nicht öffentliche Stellen, die selbst oder im Auftrag personenbezogene Daten erheben, verarbeiten oder nutzen, die technischen oder organisatorischen Maßnahmen zu treffen, die erforderlich sind, um die Ausführung der Vorschriften des Bundesdatenschutzgesetzes zu gewährleisten. Erforderlich sind nach der nach § 9 Satz 2 BDSG vorzunehmenden Interessenabwägung allerdings nur Maßnahmen, deren Aufwand in einem angemessenen Verhältnis zu dem angestrebten Schutzzweck steht. 284

7. Benachrichtigung des Betroffenen

Werden erstmals personenbezogene Daten für eigene Zwecke ohne Kenntnis des Betroffenen gespeichert, ist der Betroffene, der nicht im öffentlichen Dienst tätig ist, nach Maßgabe des § 33 Abs. 1 BDSG von der Speicherung, der Art der Daten, der Zweckbestimmung der Erhebung, Verarbeitung oder Nutzung und der Identität der verantwortlichen Stelle zu unterrichten. § 93 Abs. 2 BDSG enthält jedoch einen umfangreichen Ausnahmekatalog. Hiernach ist zum Beispiel eine Benachrichtigung nicht erforderlich, wenn der Betroffene auf andere Weise Kenntnis von der Speicherung oder der Übermittlung erlangt hat (Nr. 1), die Daten nur deshalb gespeichert sind, weil sie aufgrund gesetzlicher, satzungsmäßiger oder vertraglicher Aufbewahrungsvorschriften nicht gelöscht werden dürfen oder ausschließlich der Datensicherung oder der Datenschutzkontrolle dienen und eine Benachrichtigung einen unverhältnismäßigen Aufwand erfordern würde (Nr. 2) oder die Speicherung oder Übermittlung durch Gesetz ausdrücklich vorgesehen ist (Nr. 4). 285

199 LAG Baden-Württemberg, Urt. v. 06.05.1999, BB 1999, 1439 (Verwertungsverbot für rechtswidrig erlangte Beweismittel); LAG Köln, Urt. v. 26.02.1999, ARST 1999, 235, (außerordentliche Kündigung – kein Beweisverwertungsverbot für Videoaufnahmen); LAG Köln, Urt. v. 30.08.1996, DB 1997, 476; LAG Frankfurt am Main, Urt. v. 28.09.1989, DB 1990, 1280.
200 BAG, Urt. v. 27.03.2003 – 2 AZR 51/02.
201 BAG, Urt. v. 27.03.2003 – 2 AZR 51/02.
202 Vgl. *Germelmann/Matthes/Prütting*, § 58 ArbGG Rn 36 m.w.N.

8. Sanktionierung

286 Fügt eine verantwortliche Stelle dem Betroffenen durch eine nach dem Bundesdatenschutzgesetz oder nach anderen Vorschriften über den Datenschutz unzulässige oder unrichtige Erhebung, Verarbeitung oder Nutzung seiner personenbezogenen Daten einen Schaden zu, ist sie oder ihr Träger dem Betroffenen gem. § 7 BDSG zum Schadensersatz verpflichtet. Hierbei handelt es sich um einen eigenständigen verschuldensabhängigen Haftungstatbestand, welcher neben den allgemeinen zivilrechtlichen Vorschriften (§§ 280 Abs. 1, 311 Abs. 2, 823 Abs. 1 und 2 BGB) in Betracht kommt.[203] Das Datenschutzrecht enthält folglich eine eigenständige Anspruchsgrundlage, die sowohl im öffentlichen als auch im nicht-öffentlichen Bereich gilt; sie umfasst sowohl Ansprüche aus automatisierter als auch aus nicht-automatisierter Datenverarbeitung. Nach § 7 Abs. 1 Satz 2 BDSG entfällt die Ersatzpflicht, soweit die verantwortliche Stelle die nach den Umständen des Falles gebotene Sorgfalt beachtet hat, d.h. der Arbeitgeber muss nach dieser Regelung über die Beweislastumkehr darlegen und beweisen, dass er nicht schuldhaft gehandelt hat, wohingegen der Arbeitnehmer nur den objektiven Tatbestand darzulegen und zu beweisen hat.[204] Umstritten ist, ob der Arbeitgeber auch nach der Neuregelung die Darlegungs- uns Beweislast bezüglich der Kausalität zwischen dem vom Arbeitgeber zu vertretenden Umstand und dem Schaden trägt.[205]

V. Rechte des Arbeitnehmers

1. Auskunftsanspruch

287 Die Bestimmung des § 34 Abs. 1 Satz 1 BDSG gewährt dem Betroffenen einen umfassenden Auskunftsanspruch bezüglich der zu seiner Person gespeicherten Daten, auch soweit es um die Herkunft dieser Daten (Nr. 1), den Empfänger oder die Kategorien von Empfängern, an die Daten weitergegeben werden (Nr. 2) und den Zweck der Speicherung (Nr. 3) geht. Allerdings soll der Betroffene gem. § 34 Abs. 1 Satz 2 BDSG die Art der personenbezogenen Daten, über die Auskunft erteilt werden soll, näher bezeichnen. Die Auskunft ist schriftlich zu erteilen und hat unentgeltlich und unverzüglich[206] zu erfolgen, vgl. § 34 Abs. 3, Abs. 5 BDSG.

§ 4f Abs. 5 Satz 2 BDSG sieht vor, dass sich die von dem datenschutzrechtlich relevanten Vorgang Betroffenen jederzeit an den Beauftragten für Datenschutz wenden können.

2. Anspruch auf Berichtigung, Löschung und Sperrung von Daten, Widerspruchsrecht

288 Die Berichtigung, Löschung und Sperrung von Daten ist für den Bereich der Datenverarbeitung nicht öffentlicher Stellen und öffentlich-rechtlicher Wettbewerbsunternehmen in § 35 BDSG geregelt. Personenbezogene Daten sind gem. § 35 Abs. 1 BDSG zu berichtigen, wenn sie unrichtig sind.

Sie können grundsätzlich – zu den Ausnahmen vgl. § 35 Abs. 3 Nr. 1 und 2 BDSG – jederzeit gelöscht werden, § 35 Abs. 2 Satz 1 BDSG. Sie sind gem. § 35 Abs. 2 Satz 2 BDSG zu löschen, wenn ihre Speicherung unzulässig ist (Nr. 1), es sich um Daten über die rassische oder ethnische Herkunft, politische Meinungen, religiöse oder philosophische Überzeugungen oder die Gewerkschaftszugehörigkeit, über Gesundheit oder das Sexualleben, strafbare Handlungen oder Ordnungswidrigkeiten handelt und ihre Richtigkeit von der verantwortlichen Stelle nicht bewiesen werden kann (Nr. 2), sie für eigene Zwecke verarbeitet werden, sobald ihre Kenntnis für die Erfüllung des

203 Vgl. ErfK/*Wank*, § 7 BDSG Rn 1.
204 Vgl. ErfK/*Wank*, § 7 BDSG Rn 1.
205 So ErfK/*Wank*, § 7 BDSG Rn 1 m.w.N.
206 Nach *Gola/Schomerus* (§ 34 BDSG Rn 16) im Normalfall innerhalb von zwei Wochen, nach *Dörr/Schmidt* (§ 34 BDSG Rn 16) innerhalb von drei Wochen.

Zweckes der Speicherung nicht mehr erforderlich ist (Nr. 3) oder sie geschäftsmäßig zum Zwecke der Übermittlung verarbeitet werden und eine Prüfung jeweils am Ende des vierten Kalenderjahres beginnend mit ihrer erstmaligen Speicherung ergibt, dass eine längerwährende Speicherung nicht erforderlich ist.

§ 35 Abs. 3 BDSG schreibt vor, dass an die Stelle einer Löschung eine Sperrung tritt, soweit im Falle des § 35 Abs. 2 Nr. 3 BDSG einer Löschung gesetzliche, satzungsmäßige oder vertragliche Aufbewahrungsfristen entgegenstehen (Nr. 1), Grund zu der Annahme besteht, dass durch eine Löschung schutzwürdige Interessen des Betroffenen beeinträchtigt würden (Nr. 2) oder eine Löschung wegen der besonderen Art der Speicherung nicht oder nur mit unverhältnismäßig hohem Aufwand möglich ist (Nr. 3). Ferner sind personenbezogene Daten nach § 35 Abs. 4 BDSG zu sperren, soweit ihre Richtigkeit vom Betroffenen bestritten wird und sich weder die Richtigkeit noch die Unrichtigkeit feststellen lässt. 289

Nach § 6 BDSG können die Rechte des Betroffen auf Berichtigung, Löschung oder Sperrung nicht durch Rechtsgeschäft ausgeschlossen oder beschränkt werden.

VI. Rechte des Betriebsrats

1. Informations- und Beratungsrechte

Der Arbeitgeber hat dem Betriebsrat gem. § 90 Abs. 1 BetrVG über die Planung von technischen Anlagen rechtzeitig unter Vorlage der erforderlichen Unterlagen zu unterrichten. Zu den technischen Anlagen i.S.d. § 90 BetrVG gehören auch EDV-Anlagen. Der Arbeitgeber hat dem Betriebsrat bei der Einführung eines neuen EDV-Systems die Problemanalyse, die Systembeschreibung einschließlich der zu verarbeitenden Daten, Zwecksetzung, Beschreibung der vorhandenen Dateien und Programme, Datenflussplan, Zugriffsberechtigung, Maßnahmen der Datensicherung sowie alle Auswirkungen auf die Arbeitnehmer mitzuteilen.[207] Die vorgenannte Unterrichtungspflicht über sämtliche Formen und Auswirkungen eines EDV-Systems trifft den Arbeitgeber auch bei einer Auslagerung der Datenverarbeitung.[208] Der Arbeitgeber hat mit dem Betriebsrat die vorgesehenen Maßnahmen, also die Einführung eines neuen EDV-Systems und ihre Auswirkungen auf die Arbeitnehmer, insbesondere auf die Art ihrer Arbeit sowie die sich daraus ergebenden Anforderungen an die Arbeitnehmer so rechtzeitig zu beraten, dass Vorschläge und Bedenken des Betriebsrats bei der Planung berücksichtigt werden können, § 90 Abs. 2 Satz 1 BetrVG. Arbeitgeber und Betriebsrat sollen dabei die gesicherten arbeitswissenschaftlichen Erkenntnisse über die menschengerechte Gestaltung der Arbeit berücksichtigen, § 90 Abs. 2 Satz 2 BetrVG. 290

2. Mitbestimmungsrecht des Betriebsrats bei Einführung und Anwendung von technischen Einrichtungen (§ 87 Abs. 1 Nr. 6 BetrVG)

Datenschutzrelevante Regelungen können ferner dem Mitbestimmungsrecht des § 87 Abs. 1 Nr. 6 BetrVG unterliegen. Hiernach hat der Betriebsrat in Fragen der Einführung und Anwendung von technischen Einrichtungen, die dazu bestimmt sind, das Verhalten oder die Leistung der Arbeitnehmer zu überwachen, mitzubestimmen. Werden leistungs- oder verhaltensbezogene Arbeitnehmerdaten verarbeitet, ist dieses gem. § 87 Abs. 1 Nr. 6 BetrVG nur mit Zustimmung des Betriebsrates möglich. Mitbestimmungspflichtig ist namentlich die Telefondatenerfassung[209] sowie die Verarbeitung von Daten aus Arbeitsberichten des Arbeitnehmers.[210] Kommt eine Einigung über eine technische Einrichtung, die dazu bestimmt ist, das Verhalten oder die Leistung der Arbeitnehmer zu 291

207 BAG, Urt. v. 04.06.1987, AP Nr. 30 zu § 80 BetrVG 1972.
208 BAG, Urt. v. 17.03.1987, AP Nr. 29 zu § 80 BetrVG 1972.
209 BAG, Urt. v. 27.05.1986, DB 1986, 2080.
210 BAG, Urt. v. 23.04.1985, DB 1985, 1897.

überwachen, zwischen Betriebsrat und Arbeitgeber nicht zustande, entscheidet die Einigungsstelle, § 87 Abs. 2 BetrVG.

E. Schwerbehindertenrecht

I. Entwicklung des Schwerbehindertenrechts

292 Das Schwerbehindertenrecht ist aus der sozialen Fürsorge für Schwerbeschädigte in der Zeit des ersten Weltkriegs entstanden. Darin liegen auch die Wurzeln der Integrationsämter, früher Hauptfürsorgestellen genannt. Der Weg zu einer Eingliederung aller schwerbehinderten Menschen gleich welcher Behinderungsursachen ist in der Bundesrepublik 1974 mit dem Gesetz zur Sicherung der Eingliederung Schwerbehinderter in Arbeit, Beruf und Gesellschaft (SchwbG) beschritten worden.

293 1986 ist das SchwbG zur Beseitigung einstellungshemmender Erschwernisse geändert worden, indem u.a. Arbeitsverhältnisse in den ersten sechs Monaten von dem besonderen Kündigungsschutz ausgenommen worden sind. Mit Gesetz vom 29.09.2000 ist die nächste große Änderung mit Wirkung zum 01.10.2000 erfolgt. Das Änderungsgesetz erhielt die plakative Bezeichnung »Gesetz zur Bekämpfung der Arbeitslosigkeit Schwerbehinderter (SchwbBAG)«. Ihm lag eine scherenartige Entwicklung zugrunde. Die Zahl der arbeitslosen schwerbehinderten Menschen war von 1981 bis 1998 von 94.000 auf 180.500 und bis Oktober 1999 auf 189.766 gestiegen.[211] Im gleichen Zeitraum war die Ist-Quote der Schwerbehindertenbeschäftigung von 5,9 % auf 3,8 % gesunken.[212]

294 Zum 30.06.2001 ist das SchwbG aufgehoben worden. An seine Stelle ist am 01.07.2001 das Gesetz zur Rehabilitation und Teilhabe behinderter Menschen (SGB IX)[213] getreten. Mit diesem Gesetz soll die von der Praxis heftig beklagte Zersplitterung des Rehabilitationsrechts durch die Zusammenfassung des Rehabilitations- und des Schwerbehindertenrechts beseitigt werden.

295 Mit der Kodifikation sind schon deshalb nur wenige materielle Änderungen des Schwerbehindertenrechts verbunden, weil das SchwbBAG die Funktion eines Vorschaltgesetzes hatte. Daher waren die wichtigsten Änderungen im Schwerbehindertenrecht schon durch das SchwbBAG vorweggenommen worden.[214] Neu ist vor allem das Diskriminierungsverbot in § 81 Abs. 2 SGB IX, das zur Umsetzung des Benachteiligungsverbotes des Grundgesetzes und der Europäischen Richtlinie 2000/78/EG eingeführt worden ist. Im Übrigen hat sich die Neuregelung im Wesentlichen auf eine Neufassung der Begriffe beschränkt. So wird der oder die Schwerbehinderte im Gesetz nunmehr geschlechtsneutral als **schwerbehinderter Mensch** bezeichnet. Auch geht das Gesetz jetzt von einem neuen sozialen Behindertenbegriff aus. Damit trägt es der »Internationalen Klassifikation der Funktionsfähigkeit, Behinderung und Gesundheit« (ICF) Rechnung, die im Rahmen der Weltgesundheitsorganisation (WHO) entwickelt worden ist.[215] Danach ist die Selbstbestimmung und gleichberechtigte Teilhabe des Behinderten am Leben in der Gesellschaft Regelungsziel (§§ 1, 2 SGB IX). Dabei ist den besonderen Bedürfnissen behinderter und von Behinderung bedrohter Frauen und Kinder Rechnung zu tragen ist (§ 1 Satz 2 SGB IX).[216] Das SGB IX ist bereits mehrfach

211 *Düwell,* Mehr Rechte für die Schwerbehinderten und ihre Vertretungen durch das SchwbBAG, BB 2000, 2570; *Haack,* Bericht des Beauftragten der Bundesregierung für die Belange der Behinderten an das Bundeskabinett zur Vorlage in der Kabinettsitzung am 27.03.2002, veröffentlicht in: www.behindertenbeauftragter.de/standpunkte4.stm; Bericht der Bundesregierung nach § 160 SGB IX v. 26.06.2003, BR-Drucks 472/03, S. 17.

212 Arbeitsmarkt in Zahlen, Beschäftigung Schwerbehinderter 1998, Statistik aus dem Anzeigeverfahren gemäß § 13 Abs. 2 SchwbG, hrsg. von der Bundesanstalt für Arbeit, Referat IIIa5 o.J.

213 BGBl I 2001, 1046.

214 *Düwell,* BB 2000, 2570.

215 LPK SGB IX/*Haines,* § 2 Rn 16.

216 Vgl. *Düwell,* Neu geregelt: Die Stellung der Schwerbehinderten im Arbeitsrecht, BB 2001, 1527; *Welti,* Das neue SGB IX, NJW 2001, 2210; *Langguth,* Das neue Behindertenrecht, DStR 2001, 1351.

geändert worden. Zuerst ist das durch das Gesetz zur Änderung von Fristen und Bezeichnungen im Neunten Buch Sozialgesetzbuch und zur Änderung anderer Gesetze vom 03.04.2003[217] geschehen. Mit diesem Gesetz ist die endgültige Entscheidung über die Höhe der Beschäftigungsquote auf den 01.01.2004 verschoben worden. Für die arbeitsrechtliche Praxis an Qualität und Quantität bedeutsamere Änderungen hat das Gesetz zur Förderung der Ausbildung und Beschäftigung schwerbehinderter Menschen vom 23.04.2004[218] bewirkt. Es ist in den für die Praxis relevanten Bestimmungen zum 01.05.2004 in Kraft getreten.[219]

Das SGB IX gliedert sich in zwei Teile. Im ersten Teil des Gesetzes finden sich Vorschriften zur Rehabilitation und Teilhabe Behinderter und von Behinderung bedrohter Menschen. Der zweite Teil (amtlicher Klammerzusatz: »Besondere Regelungen zur Teilhabe schwerbehinderter Menschen (Schwerbehindertenrecht)«) enthält das Schwerbehindertenrecht, wie es im Wesentlichen im zum 30.06.2001 abgelösten SchwbG geregelt war. 296

II. Geschützte Personen

1. Schwerbehinderte Menschen

Als schwerbehinderte Menschen werden Personen mit einem Grad der Behinderung von mindestens 50 geschützt, sofern sie ihren Wohnsitz, ihren gewöhnlichen Aufenthalt oder ihren Arbeitsplatz im Sinne von § 73 SGB IX rechtmäßig in der Bundesrepublik Deutschland haben (§ 2 Abs. 2 SGB IX). 297

Die deutsche Staatsangehörigkeit ist nicht erforderlich. Für den rechtmäßigen Aufenthalt genügt die Duldung eines Ausländers.[220]

In Deutschland leben zur Zeit etwa 6,6 Mio. schwerbehinderte Menschen, das sind 8 Prozent der Bevölkerung. Ca. 4 1/2 Prozent von ihnen sind von Geburt an behindert. Die meisten werden es im Laufe ihres Lebens durch Unfall, Krankheit oder im Alter.[221] 298

a) Der neue Behindertenbegriff

Behindert ist derjenige, dessen **körperliche** Funktion, **geistige** Fähigkeit oder **seelische** Gesundheit mit hoher Wahrscheinlichkeit länger als sechs Monate von dem für das Lebensalter typischen Zustand abweicht und daher seine Teilhabe am Leben in der Gesellschaft beeinträchtigt ist (§ 2 Abs. 1 SGB IX). Die Vorschrift grenzt den Personenkreis ab, für den die in § 1 SGB IX umschriebenen Ziele und damit die Regelungen des Neunten Buches insgesamt von Bedeutung sind. 299

Der zweistufige Behinderungsbegriff erfasst die **Abweichung vom alterstypischen Zustand** eines Menschen in Bezug auf körperliche Funktion, geistige Fähigkeit oder seelische Gesundheit. Damit sind die drei Bereiche der körperlichen, geistigen und seelischen Behinderung inhaltlich umschrieben. Unter dem »für das jeweilige Lebensalter (un)typischen Zustand« ist der Verlust oder die Beeinträchtigung von normalerweise vorhandenen körperlichen Funktionen, geistigen Fähigkeiten oder von seelischer Gesundheit zu verstehen. 300

Die voraussichtliche **Dauer der Beeinträchtigung** von sechs Monaten entspricht altem Recht. Sie schließt zwar vorübergehende Störungen aus. Sie ermöglicht jedoch, Rehabilitationsleistungen so früh zu erbringen, wie sie im Einzelfall geboten sind, um Störungen nicht nur vorübergehenden Charakters entgegenzuwirken. Ist eine entsprechende Beeinträchtigung zu erwarten, ist von einer 301

217 BGBl I 2003, 462.
218 BGBl I 2004, 606.
219 Vgl. *Düwell*, Das Gesetz zur Förderung der Ausbildung und Beschäftigung schwerbehinderter Menschen vom 23.04.2004, FA 2004, 8.
220 BSG, Urt. v. 01.09.1999, zfs 1999, 338.
221 *Haack*, Bericht des Beauftragten der Bundesregierung für die Belange der Behinderten, in: www.behindertenbeauftragter.de/standpunkte4.stm.

drohenden Behinderung auszugehen, auch wenn sie durch geeignete Maßnahmen noch vermieden werden kann.

302 Die zweite Komponente des in § 2 Abs. 1 Satz 1 SGB verwandten Behindertenbegriffs bilden die auf Abweichungen vom alterstypischen Zustand beruhenden **Beeinträchtigungen der Teilhabe** am Leben in der Gesellschaft. Das entspricht der »Internationalen Klassifikation der Funktionsfähigkeit, Behinderung und Gesundheit« (ICF). Diese orientiert sich nicht mehr an wirklichen oder vermeintlichen Defiziten, sondern rückt das Ziel der Teilhabe an den verschiedenen Lebensbereichen in den Mittelpunkt.[222]

b) Grad der Behinderung

303 Die Auswirkung der Funktionsbeeinträchtigung wird nach dem **Grad der Behinderung** (GdB) bemessen. Der GdB besagt nichts über die konkrete Leistungsfähigkeit des Behinderten. Er unterscheidet sich daher von der früher gebräuchlichen Messung nach der Minderung der Erwerbsfähigkeit (MdE). Zwar steht nach der älteren Rechtsprechung die Beeinträchtigung im allgemeinen Erwerbsleben im Vordergrund.[223] Der Gesamt-GdB ist jedoch das Ergebnis einer Gesamtwürdigung der Auswirkungen der verschiedenen Funktionsbeeinträchtigungen in allen Lebensbereichen, ihrer wechselseitigen Beziehungen sowie ihrer Überschneidungen.[224] Die Auswirkungen auf die Teilhabe am Leben in der Gesellschaft sind nach dem Ausmaß des Abweichens von dem für das Lebensalter typischen Zustand der körperlichen Funktion, geistigen Fähigkeit oder seelischen Gesundheit **unabhängig von ihren Ursachen** zu bemessen.

303a Das zuständige Bundesministerium gibt fortlaufend **»Anhaltspunkte für die ärztliche Gutachtertätigkeit im sozialen Entschädigungsrecht und nach dem Schwerbehindertengesetz« (AHP)** heraus. Diese enthalten ein geschlossenes Beurteilungsgefüge. Es soll deutschlandweit eine Festsetzung nach einheitlichen Maßstäben ermöglichen. Der Inhalt der AHP wird als antizipiertes Sachverständigengutachten angesehen, das nicht durch ein Einzelfallgutachten widerlegt werden kann.[225] Im Interesse einer gleichmäßigen Behandlung aller Betroffenen sollen sie nur einer Evidenzkontrolle durch die Gerichte zugänglich sein, in der sie lediglich an den gesetzlichen Vorgaben gemessen werden, denen von der Rechtsprechung des BSG trotz fehlender gesetzlicher Ermächtigung rechtsnormähnliche Qualität zuerkannt wird.[226] In Fällen, in denen Zweifel an der Aktualität der AHP bestehen, etwa weil eine ernst zu nehmende Stimme eine abweichende Auffassung vertritt, haben die Gerichte diesen nachzugehen und sie auszuräumen oder zu bestätigen. In diesem Fall ist dann auch der Ärztliche Sachverständigenbeirat beim BMGS verpflichtet, im jeweiligen Verfahren die seiner Beurteilung zu Grunde liegenden Erwägungen und wissenschaftlichen Erkenntnisse vollständig offen zu legen. Nur so wird sich feststellen lassen, ob dem in der einschlägigen AHP-Regel liegenden »antizipierten Sachverständigengutachten« – weiterhin – zu folgen ist.[227]

303b Nach Nr. 19 Abs. 3 AHP ist bei der vorzunehmenden Gesamtwürdigung von derjenigen Funktionsbeeinträchtigung auszugehen, die das größte Ausmaß hat. Dieses Ausmaß wird in einem Einzel-GdB ausgedrückt. Sodann sind alle weiteren Funktionsbeeinträchtigungen in ihren Auswirkungen zu betrachten, und es ist zu prüfen, ob das Hinzutreten dieser weiteren Funktionsbeeinträchtigungen das Ausmaß der Behinderung vergrößert und ob der Gesamtgrad der Behinderung deshalb höher

222 LPK SGB IX/*Haines*, § 2 Rn 10; das BSG sieht darin keine Abkehr von der bisherigen Praxis der GdB-Feststellung: BSG, Urt. v. 07.11.2001, VersorgVerw 2002, 26.
223 Vgl. BSG, Urt. v. 15.03.1979, BSGE 48, 82, 83 = SozR 3870 § 3 Nr. 4.
224 Vgl. BSG, Urt. v. 16.03.1994, SozR 3–3870 § 4 Nr. 9 und BSG, Urt. v. 13.12.2000, SozR 3–3870 § 4 Nr. 28.
225 LSG Mainz, Beschl. v. 01.12.2003 – L 4 SB 74/03 (n.v.) PR-SozR 30/2004 m. Anm. *Stähler*.
226 BSG, Urt. v. 23.06.1993, BSGE 72, 285 = SozR 3–3870 § 4 Nr. 6; BSG, Urt. v. 09.04.1997, SozR 3–3870 § 4 Nr. 19; BSG, Urt. v. 18.09.2003 – B 9 SB 3/02 R, B 9 SB 6/02 R, SGb 2004, 378 = zfs 2003, 337; zur Verfassungskonformität vgl. BVerfG, Urt. v. 06.03.1995, SozR 3–3870 § 3 Nr. 6.
227 BSG Urt. v. 18.09.2003, SGb 2004, 378 = zfs 2003, 337.

anzusetzen ist, als er anzusetzen wäre, wenn nur die schwerste Behinderung Grundlage für die Feststellung wäre.[228]

Der Gesamt-GdB wird, nach Zehnergraden abgestuft, von 20 bis 100 festgestellt (§ 69 Abs. 1 Satz 4 SGB IX). Für das Vorliegen einer Schwerbehinderung muss wenigstens ein GdB von **50** vorliegen. 304

Beispiele, die im Regelfall zur Anerkennung einer Schwerbehinderung (GdB mindestens 50) führen:[229] 305

Abstoßend wirkende Entstellung des Gesichts; schwere Gesichtsneuralgien; schwere Verlaufsformen Echter Migräne (Anfallspausen nur wenige Tage); Hirnschäden mit mittelschwerer Leistungsbeeinträchtigung; Parkinson-Syndrom mit deutlicher Störung der Bewegungsabläufe und des Gleichgewichts; große epileptische Anfälle mit Pausen von Monaten; leichte Formen autistischer Syndrome; Alkoholabhängigkeit mit Kontrollverlust und erheblicher Einschränkung der Willensfreiheit; Drogenabhängigkeit mit psychischer Veränderung und sozialen Einordnungsschwierigkeiten; langdauernde Psychosen im floriden Stadium mit Einbuße beruflicher und sozialer Anpassungsmöglichkeiten; unvollständige Brustmark-, Lendenmark- oder Kaudaschädigung mit Teillähmung beider Beine und Störungen der Blasen und/oder Mastdarmfunktion; akute Multiple Sklerose; Gesichtsfeldeinschränkungen beider Augen auf 10 Grad; Taubheit; Ohrgeräusche (Tinnitus) mit schweren psychischen Störungen und sozialen Anpassungsschwierigkeiten; völliger Verlust der Nase; Verlust des Kehlkopfes; Herzklappenfehler oder koronare Herzkrankheit mit Leistungsbeeinträchtigung bereits bei alltäglicher leichter Belastung (z.B. spazieren gehen 3–4 km/h); Verlust des Penis; Diabetes mellitus (durch Diät und alleinige Insulinbehandlung schwer einstellbar); Leukämie bis drei Jahre nach Behandlungsende; HIV-Infektion mit klinischer Symptomatik und stärkerer Leistungsbeeinträchtigung; Neurodermitis mit klinischer oder vergleichbar intensiver ambulanter Behandlungsnotwendigkeit mehrmals im Jahr; Kleinwuchs (bis 130 cm nach Abschluss des Wachstums), nicht dagegen Großwuchs; Wirbelsäulenschäden mit besonders schweren funktionellen Auswirkungen; Endoprothesen an beiden Kniegelenken; Verlust einer Hand oder aller fünf Finger; beidseitige Bewegungseinschränkung mittleren Grades der Hüftgelenke. 306

c) Feststellungsverfahren

Die Behinderung und der Grad der Behinderung werden in einem besonderen Verwaltungsverfahren festgestellt. Sachlich zuständig sind nach § 69 Abs. 1 Satz 1 SGB IX die aufgrund des Bundesversorgungsgesetzes von den Ländern errichteten Versorgungsämter. Nach dem neu eingefügten Satz 7 können die Länder auch anderen Behörden diese Aufgabe zuweisen. Örtlich zuständig ist nach § 3 VfG-KOV das Versorgungsamt, in dessen Bezirk der Antragsteller sich aufhält oder wohnt. Die Feststellung wird nur **auf Antrag** des schwerbehinderten Menschen getroffen (§ 69 Abs. 5 SGB IX). Der Arbeitgeber kann den Antrag nicht stellen.[230] Er hat auch keine sonstigen Beteiligungsrechte. Das Amt ermittelt von Amts wegen auf der Grundlage vorliegender medizinischer Feststellungen (§§ 20, 21 SGB X). Festgestellt wird die Tatsache, dass eine (unbenannte, dauerhafte) Behinderung als denknotwendige Voraussetzung für die Feststellung ihres Grades besteht.[231] 307

Eine gesonderte Feststellung wird regelmäßig nicht getroffen, wenn bereits eine Feststellung über das Vorliegen der Behinderung und des Grades der auf ihr beruhenden Minderung der Erwerbsfähigkeit 308

228 vgl. BSG 13.12.2000, SozR 3–3870 Nr. 28.

229 Die Beispiele sind entnommen aus der GdB/MdE-Tabelle, enthalten in »Anhaltspunkte für die ärztliche Gutachtertätigkeit im sozialen Entschädigungsrecht und nach dem SchwbG«, 1996; zum 01.05.2004 hat das inzwischen zuständige Bundesministerium für Gesundheit und Soziale Sicherung die Anhaltspunkte unter Berücksichtigung der Beschlüsse des Ärztlichen Sachverständigenbeirates der Sektion Versorgungsmedizin neu gefasst. Sie führen jetzt die Bezeichnung »Anhaltspunkte für die ärztliche Gutachtertätigkeit im sozialen Entschädigungsrecht und nach dem Schwerbehindertenrecht (Teil 2 SGB IX)«.

230 Vgl. BSG, Urt. v. 22.10.1986, AP Nr. 1 zu § 3 SchwbG; BVerwG, Urt. v. 21.10.1987, NZA 1988, 431.

231 LSG Bayern, Urt. v. 01.07.2000 – L 18 B 139/00 SB (n.v.).

(MdE) in einem Rentenbescheid, einer entsprechenden Verwaltungs- oder Gerichtsentscheidung oder einer vorläufigen Bescheinigung hierfür zuständiger Dienststellen vorliegt (§ 69 Abs. 2 SGB IX).

308a Im Feststellungsverfahren ist der Antragsteller dispositionsbefugt. Er kann bestimmte Funktionsbeeinträchtigungen oder Krankheiten von der Feststellung der Schwerbehinderung ausnehmen. Dem Versorgungsamt sind dann entsprechende Feststellungen verwehrt.[232]

308b Ist der Antragsteller **erwerbstätig**, so haben nach neuem Recht die Versorgungsämter das Verfahren zu beschleunigen. Dazu sind in § 69 Satz 1 SGB IX nach der vom Bundestag beschlossenen Empfehlung des 13. Ausschusses[233] der Feststellungsbehörde knappe Fristen gesetzt: »die in § 14 Abs. 2 Satz 2 und 4 sowie § 14 Abs. 5 Satz 2 und 5 sowie § 60 Abs. 1 des Ersten Buches gelten entsprechend.« Das bedeutet: Soweit kein Gutachten erforderlich ist, beträgt die Frist für die Feststellung der Schwerbehinderung höchstens **drei Wochen**. Nach § 14 Abs. 5 Satz 5 SGB IX sind für einen Gutachterauftrag bis zu zwei Wochen einzuräumen. Ist das Gutachten im Amt eingetroffen, so ist nach § 14 Abs. 2 Satz 4 SGB IX innerhalb von zwei Wochen zu entscheiden. Also ist **spätestens innerhalb von sieben Wochen** zu entscheiden.

309 Gegen ablehnende Entscheidungen, die nach § 36 SGB X mit Rechtsbehelfsbelehrungen zu versehen sind, ist innerhalb eines Monats nach Zustellung (§ 37 SGB X) **Widerspruch** beim Versorgungsamt einzulegen. §§ 78, 83 ff. SGG schreiben das Widerspruchsverfahren zwingend vor. Gegen den ablehnenden Widerspruchsbescheid ist innerhalb eines Monats nach dessen Zustellung **Klage** zu erheben, § 87 Abs. 2 SGG. Nach § 51 Abs. 1 Nr. 7 SGG sind die Gerichte der Sozialgerichtsbarkeit zuständig. Gemäß § 85 Abs. 3 Satz 2 SGG hat die Widerspruchsbehörde über das örtlich für die Klage zuständige Sozialgericht und die Klagefrist zu belehren. Da die Feststellung des GdB durch die Behörden der Versorgungsverwaltung zu erfolgen hat, ist die richtige Klageart eine mit der Anfechtung des Verwaltungsaktes einhergehende Verpflichtungsklage. Dabei handelt es sich um einen Sonderfall der Leistungsklage.[234]

d) Nachweis der Schwerbehinderung

310 Die Feststellung der Schwerbehinderteneigenschaft ist **deklaratorischer** Natur. Rechte und Pflichten, die sich aus der Schwerbehinderung ergeben, bestehen auch ohne eine Feststellung durch das Versorgungsamt. Wegen des mit der Novelle vom 23.04.2004 eingefügten § 90 Abs. 2a SGB IX gilt das beim Kündigungsschutz nicht mehr uneingeschränkt.[235]

311 Der Arbeitnehmer, der sich auf seine Schwerbehinderung beruft, ist für deren Vorliegen darlegungs- und beweisbelastet. Mit dem auf Antrag des schwerbehinderten Menschen nach § 69 Abs. 5 SGB IX von den Versorgungsämtern auszustellenden Ausweises lassen sich die Eigenschaft als schwerbehinderter Mensch, der GdB und die weiteren gesundheitlichen Merkmale für die Inanspruchnahme von Nachteilsausgleichen gegenüber **Dritten** (Arbeitgebern, Finanzverwaltung, Verkehrsunternehmen, Behörden, Sozialversicherungsträgern) verbindlich **nachweisen**. Die Möglichkeit der Ausstellung eines Ausweises über die Eigenschaft als behinderter Mensch nach § 69 Abs. 5 SGB IX erleichtert dem Arbeitnehmer insbesondere im Kündigungsschutzprozess den Nachweis, ohne die im Feststellungsbescheid aufgeführten Funktionsbeeinträchtigungen offenbaren zu müssen. Das Gesetz verwehrt es dem Arbeitnehmer jedoch nicht, die Eigenschaft als schwerbehinderter Mensch auch auf sonstigem Wege nachzuweisen.

312 Die Gültigkeitsdauer des Ausweises ist regelmäßig auf längstens fünf Jahre zu befristen, kann aber ausnahmsweise in den Fällen, in denen keine wesentliche Änderung zu erwarten ist, auch unbefristet

232 BSG, Urt. v. 26.02.1986, BSGE 60, 11 = SozR 3970 § 3 Nr. 21.
233 BT-Drucks 15/2357.
234 BSG, Urt. v. 12.04.2000, SozR 3–3870 § 3 Nr 9.
235 Vgl. Rn 295.

ausgestellt werden (§ 69 Abs. 5 Satz 3 SGB IX, § 6 Abs. 2 Satz 1 und 2 Schwerbehindertenausweisverordnung – SchwbAwV).

2. Gleichgestellte behinderte Menschen

Als gleichgestellte behinderte Menschen werden Personen mit einem Grad der Behinderung (**GdB**) von **mindestens 30**, aber **weniger als 50** geschützt, sofern sie ihren Wohnsitz, ihren gewöhnlichen Aufenthalt oder ihren Arbeitsplatz rechtmäßig in der Bundesrepublik Deutschland haben **und** sie infolge ihrer Behinderung ohne die Gleichstellung einen **geeigneten Arbeitsplatz nicht erlangen oder nicht behalten können** (§ 2 Abs. 3 SGB IX). 313

a) Personenbezogene Voraussetzungen

Erforderlich für die Gleichstellung ist ein Grad der Behinderung von **mindestens 30**. An die Feststellung des GdB ist die Agentur für Arbeit **gebunden.** 314

Beispiele, die im Regelfall die persönlichen Voraussetzungen einer Gleichstellung (GdB mindestens 30) erfüllen:[236] 315

Hirnschäden mit geringer Leistungsbeeinträchtigung; mittelgradige Verlaufsformen Echter Migräne (häufigere, jeweils mehrere Tage anhaltende Anfälle); Parkinson-Syndrom mit geringer Störung der Bewegungsabläufe ohne Störung des Gleichgewichts; Epileptische Anfälle nach drei Jahren Anfallsfreiheit bei weiterer Notwendigkeit antikonvulsiver Behandlung; Affektive Psychose mit einer bis zwei Phasen im Jahr von mehrwöchiger Dauer; unvollständige leichte Halsmarkschädigung mit beiderseits geringen motorischen und sensiblen Ausfällen ohne Störungen der Blasen- und Mastdarmfunktion; Gesichtsfeldeinschränkungen beider Augen auf 30 Grad; Ohrgeräusche (Tinnitus) mit wesentlicher Einschränkung der Erlebnis- und Gestaltungsfähigkeit (z.B. ausgeprägte depressive Störungen); Funktionelle und organische Stimmstörungen (z.B. Stimmbandlähmung), nur Flüsterstimme; Herzklappenfehler oder koronare Herzkrankheit mit Leistungsbeeinträchtigungen bei mittelschwerer Belastung (z.B. forsches Gehen 5–6 km/h); Verlust einer weiblichen Brust; Diabetes mellitus (durch Diät und alleinige Insulinbehandlung gut einstellbar); HIV-Infektion mit klinischer Symptomatik und geringer Leistungsbeeinträchtigung; Neurodermitis mit generalisierten Hauterscheinungen (insbesondere Gesichtsbefall); Kleinwuchs (über 130 bis 140 cm nach Abschluss des Wachstums), nicht dagegen Großwuchs; Wirbelsäulenschäden mit schweren funktionellen Störungen in einem Wirbelsäulenabschnitt; Endoprothesen an einem Kniegelenk; Verlust eines Daumens mit Mittelhandknochen; Verlust von Daumen und zwei Fingern (ohne kleinen Finger); einseitige Bewegungseinschränkung der Hüftgelenke mittleren Grades.

Auch ohne eine vorherige Feststellung des GdB kann der Antrag auf Gleichstellung sinnvoll sein. Zwar fordert das Arbeitsamt zur Nachholung des Feststellungsverfahrens beim Versorgungsamt auf.[237] Da aber das Datum des Eingangs für die Rückwirkung der Gleichstellungsentscheidung maßgeblich ist, konnte sich jedenfalls nach dem bis 30.04.2004 geltenden Recht der Arbeitnehmer bei paralleler Beantragung der Feststellung des GdB beim Versorgungsamt und der Gleichstellung beim Arbeitsamt noch den Kündigungsschutz für eine kurzfristig bevorstehende Kündigung sichern. Ob das auch nach In-Kraft-Treten der Novelle vom 23.04.2004[238] gilt, ist zweifelhaft. Deshalb gehört es zur Aufgabe eines anwaltlichen Beraters auf die rechtzeitige Antragstellung hinzuwirken, sobald sich die Möglichkeit einer Arbeitgeberkündigung abzeichnet. 317

236 Vgl. GdB Tabelle in AHP, herausgegeben vom Bundesministerium für Gesundheit und Soziale Sicherung, Mai 2004.
237 Vgl. GK-SchwbG/*Schimanski*, § 2 Rn 76.
238 Siehe Rn 295.

b) Arbeitsplatzbezogene Voraussetzungen

318 Mit der Gleichstellung sollen behinderungsbedingte Nachteile ausgeglichen werden, die darin bestehen, dass der behinderte Mensch wegen seiner Behinderung einen geeigneten Arbeitsplatz im Sinne von § 73 SGB IX gar nicht erst erlangen (Vermittlungserschwernis) oder ihn nicht behalten (Sicherungserschwernis) kann. Nach § 73 Abs. 3 SGB IX gelten Stellen, auf denen Arbeitnehmer weniger als 18 Stunden wöchentlich beschäftigt werden, nicht als Arbeitsplätze. Daher kann eine Gleichstellung nur beanspruchen, wer mindestens 18 Stunden wöchentlich beschäftigt wird.

319 Ein **Vermittlungserschwernis** wegen der Behinderung besteht auch für behinderte Menschen, die bereits einen Arbeitsplatz haben, wenn dieser nicht behinderungsgerecht ist. Arbeitslosigkeit ist nicht erforderlich.[239]

320 Ein **Sicherungserschwernis** kann nur auf einem geeigneten Arbeitsplatz bestehen. Der Arbeitsplatz muss gefährdet sein, weil der Behinderte in der Konkurrenz mit den nichtbehinderten Belegschaftsmitgliedern seinen Arbeitsplatz zu verlieren droht. Beispiele: innerbetriebliche Rationalisierungsmaßnahmen, wenn der Behinderte die ihm danach voraussichtlich zufallenden Arbeiten behinderungsbedingt nicht wird ausführen können; außerbetrieblich veranlasste Kündigungen gegenüber minderleistungsfähigen Arbeitnehmern; Änderungen im Arbeitsablauf, die ein erhöhtes Arbeitstempo erfordern, das der Behinderte nicht mehr durchhält.[240]

320a Die BA gibt selbst als Anhaltspunkte für eine Gleichstellung an:[241]

- wiederholte/häufige behinderungsbedingte Fehlzeiten,
- behinderungsbedingt verminderte Arbeitsleistung auch bei behinderungsgerecht ausgestattetem Arbeitsplatz,
- dauernde verminderte Belastbarkeit,
- Abmahnungen oder Abfindungsangebote im Zusammenhang mit behinderungsbedingt verminderter Leistungsfähigkeit,
- auf Dauer notwendige Hilfeleistungen anderer Mitarbeiter,
- eingeschränkte berufliche oder regionale Mobilität aufgrund der Behinderung.

Die geltend zu machenden Wettbewerbsnachteile sind nur beachtlich, soweit sie auf die Behinderung als wesentliche Ursache zurückzuführen sind. Entscheidungen des Arbeitgebers wie Produktionsänderungen, Teilstilllegungen, Betriebseinstellungen, Auftragsmangel und Rationalisierungsmaßnahmen, von denen Nichtbehinderte gleichermaßen betroffen sind, können eine Gleichstellung ebenso wenig begründen, wie fortgeschrittenes Alter, mangelnde Qualifikation oder eine allgemein ungünstige Arbeitsmarktsituation.

320b Das Problem ist, ab wann kann ein berechtigtes Sicherungsinteresse des Arbeitnehmers anerkannt werden? Würde ein Sicherungserschwernis erst bei einer konkreten Gefährdung des Arbeitsplatzes anerkannt, weil eine Arbeitgeberkündigung in naher Zukunft bevorstünde, so brauchte der Arbeitgeber nur zu versichern, er beabsichtige derzeit nicht, dem Arbeitnehmer zu kündigen. Dann wäre die Gleichstellung vereitelt. Jede kurzzeitige Änderung der betrieblichen Verhältnisse könnte jedoch eine solche Versicherung des Arbeitgebers hinfällig machen. Zu weitgehend wäre es, wenn die Gleichstellung von jedem Behinderten mit GdB 30 oder 40 als eine Art Absicherung gegen künftige Entlassungen genutzt werden könnte.[242] Das BVerwG hat einen Mittelweg gefunden. Es hat sich von der aus dem Polizeirecht entlehnten Konstruktion der »konkreten und abstrakten Gefahr« getrennt. Es hat dem Wortlaut folgend die Behinderung als maßgebenden Ausgangspunkt gewählt »... wenn sie (die Personen) infolge ihrer Behinderung ohne diese Hilfe einen geeigneten Arbeitsplatz nicht erlangen oder nicht behalten können.« Gerade in der Behinderung selbst, also in ihrer Art und Schwere, muss die Schwierigkeit der Erhaltung und Vermittlung eines dauerhaften Arbeitsplatzes

239 Vgl. GK-SchwbG/*Schimanski*, § 2 Rn 23 m.weit. Bsp., Rn 25–28, 30–31.
240 GK-SchwbG/*Schimanski*, § 2 Rn 44.
241 www.Arbeitsagentur.de.
242 BVerwG, Urt. v. 17.05.1973, BVerwGE 42, 189 = DÖV 1973, 754.

liegen. Deshalb sei auch bei der Gleichstellung im Falle der zweiten Alternative (»behalten«), selbst wenn der Gleichzustellende einen sicheren Arbeitsplatz zu haben scheine, vorausschauend in Betracht zu ziehen, ob er ihn bei seiner Behinderung ohne eine Gleichstellung auch auf die Dauer werde behalten können. Die Gleichstellung ist also eine Art Rehabilitationsmaßnahme, die dem behinderten Menschen in einer ungünstigen Konkurrenzsituation an seinem Arbeitsplatz helfen soll. Je schlechter die Verhältnisse sind, desto eher und notwendiger muss danach die Hilfe durch Gleichstellung einsetzen. Das Problem liegt in der »Schwammigkeit« dieser Rechtsprechung. Aber sie enthält den praktischen Hinweis: Wesentliche Rolle komme der vorangegangenen Entwicklung des Gleichzustellenden im Arbeitsprozess zu. Sei er schon seit längerem auf behördliche Hilfe im Arbeitsleben angewiesen, so sei es zweckmäßig, auch weiterhin zu helfen, um die bisherigen Rehabilitationserfolge nicht wieder zunichte zu machen. Ebenso sei von Bedeutung, inwieweit der Behinderte als Arbeitskraft jederzeit ersetzbar und austauschbar sei oder ob er andererseits vielseitig verwendbar sei und daher innerhalb eines Betriebes notfalls auch versetzt werden könne oder ob der Arbeitsplatz aus konjunkturbedingten oder anderen Gründen zur Kündigung anfällig sei.

Das LSG Rheinland-Pfalz eine Gleichstellung in dem Fall für geboten gehalten, dass auch künftig regelmäßig behinderungsbedingte Fehlzeiten anfallen (5,1 % der Arbeitszeit) und der Arbeitgeber über nur wenige Arbeitsplätze verfügt, auf die der Arbeitnehmer einsetzbar ist.[243] Gebe ein Arbeitgeber wegen vergangener krankheitsbedingter Arbeitsunfähigkeitszeiten eines Arbeitnehmers dem Betriebsrat zu erkennen, dass er eine zukünftige Beschäftigung nicht für wünschenswert halte, sei das bereits ausreichend, um ein anerkennenswertes Interesse des Behinderten an der Hilfe zum Erhalt seines Arbeitsplatzes zu begründen.[244] 320c

Unerheblich ist, ob ein Antragsteller dem Betriebs- oder Personalrat des Arbeitgebers angehört. Zwar sind dann die Kündigungsmöglichkeiten des Arbeitgebers wegen des besonderen Kündigungsschutzes für Amtsträger nach § 15 KSchG erschwert. Nach der Rechtsprechung der Sozialgerichte darf dieser Gesichtspunkt jedoch nicht zum Nachteil der Antragstellers berücksichtigt werden, weil Betriebsratsmitglieder nach § 78 Satz 2 BetrVG wegen ihrer Betriebsratstätigkeit nicht benachteiligt werden dürfen. Dieses Benachteiligungsverbot richte sich nicht nur an Arbeitnehmer, sondern an jedermann, also auch an das Gericht, das über die Gleichstellung mit einer Schwerbehinderten zu entscheiden hat.[245] 320d

c) Verfahren

Die Gleichstellung eines Arbeitnehmers mit einem schwerbehinderten Menschen erfolgt durch die Agentur für Arbeit (§ 68 Abs. 2 Satz 1 SGB IX). Zuständig ist die örtliche Agentur für Arbeit, in deren Bezirk der Behinderte seinen Wohnsitz, Aufenthalt oder Arbeitsplatz hat. Dieses wird nur **auf Antrag** des Arbeitnehmers tätig (§ 2 Abs. 3, § 69 Abs. 1 SGB IX). Der Antrag ist **formfrei**.[246] Das **Verwaltungsverfahren** ist, ohne an bestimmte Formen gebunden zu sein, einfach, zweckmäßig und zügig durchzuführen (§ 9 SGB X). In der Regel nimmt der zuständige Sachbearbeiter bereits das Datum der telefonischen Anfrage auf, sofern das von ihm darauf versandte Antragsformular vom Antragsteller alsbald ausgefüllt zurückgesandt wird. Dabei ist zu bedenken, ob der Mitteilung des Antrags an den Arbeitgeber widersprochen werden soll; denn dann geht die Praxis der Arbeitsverwaltung von der Verletzung der Mitwirkungspflicht aus und lehnt den Antrag schon deshalb ab. 321

Der Arbeitgeber kann den Antrag nicht stellen.[247] Er ist jedoch am Verfahren zu **beteiligen** (§ 12 Abs. 2 Satz 2 SGB X).[248] Denn er wird von der Gleichstellung als **Dritter betroffen**. Er wird 322

243 LSG Rheinland-Pfalz 19.09.2000, Behindertenrecht 2001, 29
244 LSG Rheinland-Pfalz 19.09.2000, Behindertenrecht 2001, 29
245 LSG Rheinland-Pfalz 19.09.2000, Behindertenrecht 2001, 29
246 LPK SGB IX/*Dau*, § 68 Rn 6.
247 Vgl. BSG, Urt. v. 22.10.1986, AP Nr. 1 zu § 3 SchwbG; BVerwG, Urt. v. 21.10.1987, NZA 1988, 431.
248 LPK SGB IX/*Dau*, § 68 Rn 7; vgl. zur Beteiligung des Arbeitgebers: Dienstblatt der Bundesanstalt für Arbeit RdErl. 1978, Nr. 15.

begünstigt, sofern der gleichgestellte Arbeitnehmer auf die Pflichtquote (§ 71 SGB IX) anzurechnen ist und der von ihm besetzte Arbeitsplatz bei nichterfüllter Pflichtquote die Ausgleichsabgabe (§ 77 SGB IX) mindert. Er wird zugleich durch den qualifizierten Kündigungsschutz (§§ 85 ff. SGB IX) und durch den Anspruch des gleichgestellten Arbeitnehmers auf Freistellung von Mehrarbeit (§ 124 SGB IX) belastet. Ihm kommt dennoch nach der Rechtsprechung **keine Widerspruchsbefugnis** zu; denn auch bei rechtswidriger Gleichstellung wird nicht gegen eine Norm verstoßen, die den Arbeitgeber schützt.[249]

d) Wirkung der Gleichstellung

323 Der Gleichstellungsbescheid wirkt auf den Tag des Antragseingangs zurück (§ 68 Abs. 2 Satz 2 SGB IX). Die Gleichstellung erfolgt regelmäßig auf **unbestimmte Zeit**, sie kann aber auch **befristet** werden. Eine Befristung dürfte allerdings nur ausnahmsweise vorzunehmen sein, bis ein geeigneter, nicht gefährdeter Dauerarbeitsplatz (tariflicher oder vertraglicher Ausschluss der ordentlichen Kündigung) gesichert ist.

324 Die Gleichstellungsentscheidung macht behinderte Menschen rechtlich nicht zu schwerbehinderten Menschen. Sie begründet als konstitutiver Verwaltungsakt[250] für sie, bezogen auf den Teil 2 des SGB IX, nahezu denselben Schutz wie für schwerbehinderte Menschen. Ausgenommen sind nach § 68 Abs. 3 SGB IX der Anspruch auf Zusatzurlaub (§ 125 SGB IX) und der Anspruch auf unentgeltliche Beförderung im Nahverkehr (§§ 125, 145 ff. SGB IX).

324b Steht die Kündigung unmittelbar bevor oder ist sie schon ausgesprochen, so ist das kein Grund, die Gleichstellungsentscheidung zu versagen. Zwar wird eine Gleichstellung erst mit ihrer Bekanntgabe wirksam. Da aber § 2 Abs. 2 SGB IX die Rückwirkung auf den Tag des Eingangs des Antrags bei der Agentur für Arbeit anordnet, bleibt eine vorher ausgesprochene Kündigung von der Wirkung der Gleichstellung nicht unberührt. Eine nach Antragseingang erklärte Arbeitgeberkündigung ist wegen der nach § 85 SGB IX erforderlichen Zustimmung bis zur Bekanntgabe der Gleichstellungsentscheidung schwebend unwirksam.[251] Erfolgt die Gleichstellung, ist die Kündigung unwirksam, ansonsten wird sie endgültig wirksam. Die Gesetzesänderung vom 23.04.2004 hat für das Gleichstellungsverfahren (§ 68 Abs. 2 SGB IX) insoweit keine Änderung gebracht. Sie lässt in § 90 Abs. 2a SGB IX nur den Beginn des Schutzes für Antragsteller im Verfahren auf Feststellung einer Schwerbehinderung (§ 69 Abs. 1 SGB IX) zeitlich später beginnen.[252]

324c Die Praxis mancher Agenturen für Arbeit, eine Gleichstellungsentscheidung wegen des »schwebenden Kündigungsverfahrens« und aus »Neutralitätsgründen« zu versagen, ist abwegig und offensichtlich rechtswidrig.

e) Rechtsbehelfe

325 Gegen ablehnende Entscheidungen ist innerhalb eines Monats nach Zustellung (§ 37 SGB X) **Widerspruch** einzulegen. Gegen den ablehnenden Widerspruchsbescheid (§ 118 Abs. 2 SGB IX) ist innerhalb eines Monats nach Zustellung **Klage beim Sozialgericht** zu erheben (§ 2 Abs. 3, § 69 Abs. 1 SGB IX, § 51 Abs. 4 SGG). Der **Arbeitgeber** kann **nicht** in gleicher Weise gegen diese Entscheidung vorgehen, auch wenn er insbesondere durch den besonderen Kündigungsschutz seines gleichgestellten Arbeitnehmers **belastet** wird.[253]

249 BSG, Urt. v. 19.12.2001, NZA 2002, 664.
250 Vgl. BSG, Urt. v. 22.10.1986, AP Nr. 1 zu § 3 SchwbG.
251 KR/*Etzel*, vor §§ 85–92 SGB IX Rn 23, 24. Dem schließe ich mich an. Meine in den Vorauflagen vertretene abweichende Auffassung gebe ich auf. A.A. HWK/*Zirnbauer*, §§ 85–92 SGB IX Rn 19.
252 Siehe Rn 339b ff.
253 BSG, Urt. v. 19.12.2001, NZA 2002, 664.

3. Behinderte und von Behinderung bedrohte Personen

§ 2 Abs. 1 Satz 1 SGB IX definiert Behinderte als Menschen, bei denen Behinderungen vorliegen, ohne dass sie schwerbehindert oder gleichgestellt sind. § 2 Abs. 1 Satz 2 SGB IX enthält eine Bestimmung des Kreises der Personen, die als »von Behinderung bedroht« anzusehen sind. Die nach ärztlicher Einschätzung zu erwartende Beeinträchtigung setzt die Abweichung vom alterstypischen Zustand eines Menschen in Bezug auf körperliche Funktion, geistige Fähigkeit oder seelische Gesundheit und darauf beruhende Nachteile bei der Teilhabe am Leben in der Gesellschaft voraus. 326

Da Leistungen zur Teilhabe am Leben in der Gemeinschaft nach Teil 1 Kapitel 7 des SGB IX und sonstige Hilfen nur bei eingetretener Behinderung erbracht werden, findet keine Gleichstellung der von Behinderten oder von Behinderung Bedrohten mit Behinderten oder Schwerbehinderten statt. Ob bei Vorliegen einer (drohenden oder bereits eingetretenen) Behinderung die Leistungsvoraussetzungen für Reha-Maßnahmen erfüllt sind, bestimmt sich nach dem für den jeweiligen Rehabilitationsträger geltenden Leistungsgesetz (entsprechend § 7 SGB IX). Arbeitsrechtlich ist diese Personengruppe nur von marginaler Bedeutung. Nach § 84 Abs. 2 SGB IX a.F. war bei langandauernden Erkrankungen zur Vermeidung von Kündigungen der Betriebsrat und die Gemeinsame Servicestelle (§ 22 SGB IX) einzuschalten. Seit dem 01.05.2004 ist mit der Neufassung durch das Gesetz vom 23.04.2004 auch der Geltungsbereich ausgeweitet: § 84 Abs. 2 SGB IX erfasst jetzt **alle** Beschäftigten – gleich ob behindert oder nicht behindert –, sobald sie länger als sechs Wochen arbeitsunfähig sind. Damit hat die Gruppe der Behinderten und von Behinderung Bedrohten ihren besonderen arbeitsrechtlichen Schutz verloren. 327

4. Erlöschen und Entziehung des Schutzes

a) Schwerbehinderte Menschen

Der Schutz der schwerbehinderten Menschen setzt den Fortbestand der Voraussetzungen nach § 2 Abs. 2 SGB IX voraus (§ 116 Abs. 1 SGB IX).[254] Der Schutz kann auch bis zur Dauer von sechs Monaten entzogen werden (§ 117 SGB IX).[255] 328

Hat der schwerbehinderte Mensch seinen **Wohnsitz**, gewöhnlichen Aufenthalt oder Arbeitsplatz nicht mehr rechtmäßig in der Bundesrepublik Deutschland, erlischt der Schutz ohne Nachwirkung[256] (§ 116 Abs. 1 1. Hs. SGB IX).[257] 329

Verringert sich der **Grad der Behinderung** (GdB) auf weniger als 50, wird eine Auslauffrist bis zum Ablauf des dritten Kalendermonats nach Unanfechtbarkeit des abändernden Feststellungsbescheides gewährt (§ 116 Abs. 1 2. Hs. SGB IX).[258] Der rechtswidrige Anerkennungsbescheid kann zurückgenommen (§ 45 SGB X), der ursprünglich rechtmäßige widerrufen werden (§ 47 SGB X) oder es kann eine Neufeststellung wegen Änderung der Verhältnisse (§ 48 SGB X) erfolgen. Erforderlich ist eine Verringerung des Gesamt-GdB um mehr als fünf. Zuständig sind die Versorgungsämter, bei denen auch ein etwaiger Widerspruch einzulegen ist. Durch Widerspruch und Anfechtungsklage verlängert sich die Auslauffrist. Denn sie beginnt erst mit der Unanfechtbarkeit. 330

Gibt ein schwerbehinderter Mensch einen zumutbaren **Arbeitsplatz** ohne berechtigten Grund auf oder weist er ein entsprechendes Vermittlungsangebot zurück oder weigert er sich ohne berechtigten Grund, an einer berufsfördernden Maßnahme zur Rehabilitation teilzunehmen, oder vereitelt er sonst durch sein **schuldhaftes** Verhalten seine Eingliederung in Arbeit und Beruf, kann ihm nicht der Schwerbehindertenschutz genommen werden. Es können ihm nur die besonderen Hilfen für schwerbehinderte Menschen zeitweilig bis zu sechs Monaten entzogen werden (§ 117 Abs. 1 Satz 1 331

254 Entspricht § 38 SchwbG.
255 Entspricht § 39 SchwbG.
256 Vgl. GK-SchwbG/*Schimanski*, § 38 Rn 13; LPK SGB IX/*Dau*, § 116 Rn 5.
257 LPK SGB IX/*Dau*, § 116 Rn 7.
258 Entspricht § 38 Abs. 1 Hs. 2 SchwbG.

SGB IX).[259] Zuständig sind die Integrationsämter, die im Benehmen mit den Landesarbeitsämtern nach Anhörung des schwerbehinderten Menschen entscheiden (§ 102 Abs. 1 Nr. 4 SGB IX).

b) Gleichgestellte behinderte Menschen

332 Der Schutz der gleichgestellten behinderten Menschen erlischt mit Ablauf einer Befristung oder nach Widerruf oder Rücknahme der Gleichstellung (§ 116 Abs. 2 SGB IX).[260] Auch kann er zeitweilig bis zu sechs Monaten entzogen werden (§ 117 Abs. 1 Satz 2 SGB IX).[261]

333 Verringert sich der **Grad der Behinderung** (GdB) auf weniger als 30, erlischt die Gleichstellung nicht automatisch. Ebenso wie der Gleichstellungsbescheid konstitutive Wirkung hat, bedarf es für die Beendigung des Schutzes einer Feststellung des Arbeitsamtes. Die Feststellung kann mit sofortiger Wirkung durch **Rücknahme** der Gleichstellung oder mit dreimonatiger Schonfrist durch **Widerruf** erfolgen.

III. Schutz vor Ausgrenzung von schwerbehinderten Beschäftigten

1. Der verwaltungsrechtliche Kündigungsschutz

a) Erlaubnisvorbehalt für Arbeitgeberkündigung

334 Die Kündigung einer/eines schwerbehinderten Arbeitnehmerin/Arbeitnehmers durch den Arbeitgeber kann nur erfolgen, wenn das Integrationsamt (früher: Hauptfürsorgestelle) der Kündigung zuvor zugestimmt hat (§ 85 SGB IX). Eine ohne vorherige Zustimmung ausgesprochene Kündigung ist unwirksam. Dieses Verfahren dient dazu, alle Möglichkeiten auszuschöpfen, den Arbeitsplatz zu erhalten. Hierbei unterstützen besondere Fachdienste die Integrationsämter, die Ursachen der Gefährdung des Arbeitsplatzes zu beseitigen und Lösungsvorschläge zu entwickeln.

b) Antrag des Arbeitgebers

335 Das Verfahren im Kündigungsschutz wird auf Antrag des Arbeitgebers eingeleitet. Ziel ist es, den Sachverhalt objektiv zu ermitteln und unter Abwägung der berechtigten Interessen des Arbeitgebers und des schwerbehinderten Menschen zu entscheiden.

336 Der Antrag ist **schriftlich** zu stellen. Er muss vom Arbeitgeber oder seinem Bevollmächtigten eigenhändig durch Namensunterschrift unterzeichnet sein (§ 126 Abs. 1 BGB). Ausreichend ist die telegrafische Antragstellung,[262] nicht aber die telefonische. Zwar »hat« der Arbeitgeber die Zustimmung in **doppelter** Ausfertigung zu beantragen. Den Antrag in einfacher Ausfertigung einzureichen genügt aber, weil die Vorschrift nur der Verwaltungsvereinfachung dient.[263]

337 Ein zulässiger Antrag auf Zustimmung zur außerordentlichen Kündigung kann nur innerhalb von **zwei Wochen** seit Kenntnis des Arbeitgebers von den maßgebenden Tatsachen beim Integrationsamt gestellt werden (§ 91 Abs. 2 SGB IX).

c) Zuständiges Integrationsamt

338 Der private Arbeitgeber hat den Antrag bei dem für den Sitz seines Beschäftigungsbetriebes zuständigen Integrationsamt zu stellen. Stellt ein Arbeitgeber den Antrag bei einer örtlichen oder sachlich nicht zuständigen Behörde, so hat diese nach § 16 Abs. 2 Satz 1 SGB I den Antrag unverzüglich an das örtlich und sachlich zuständige Integrationsamt weiterzuleiten. Die Entscheidungsfristen, nach denen das Integrationsamt innerhalb eines Monats nach Eingang des Zustimmungsantrags bei einer

259 LPK SGB IX/*Dau*, § 117 Rn 4 ff.
260 LPK SGB IX/*Dau*, § 116 Rn 9 ff.
261 LPK SGB IX/*Dau*, § 117 Rn 7 ff.
262 Vgl. GK-SchwbG/*Großmann*, § 17 Rn 34.
263 Vgl. GK-SchwbG/*Großmann*, § 17 Rn 37.

ordentlichen (§ 88 Abs. 1 SGB IX) und bei einer außerordentlichen Kündigung innerhalb von zwei Wochen (§ 91 Abs. 3 SGB IX) entscheiden soll, laufen erst mit dem Eingang bei dem zuständigen Integrationsamt.

d) Prüfung der Voraussetzungen des Sonderschutzes

Ist das Integrationsamt zuständig, prüft es zunächst, ob die Schwerbehinderteneigenschaft oder Gleichstellung des Arbeitnehmers vorliegt. Standen Entscheidungen des Versorgungsamts oder des Arbeitsamts noch aus, hatte es nach altem Recht das Verfahren **auszusetzen**.[264] Das Bundessozialgericht ließ allerdings auch eine Entscheidung unter Vorbehalt zu.[265] Ob diese Grundsätze auch für das ab 01.05.2004 geänderte Recht gelten, bedarf noch der gerichtlichen Klärung. 339

Durch die Einfügung des § 90 Abs. 2a SGB IX ist der Kündigungsschutz im laufenden Gesetzgebungsverfahren auf Initiative des Bundesrats eingeschränkt worden. Der Bundesrat hatte eine missbräuchliche Praxis durch späte Antragstellung ausgemacht.[266] Die Bundesarbeitsgemeinschaft der Integrationsämter und Hauptfürsorgestellen (BHI) hatte sich dem angeschlossen:[267] »In diesem Bereich wird durch entsprechende Beratung von Anwälten ein zunehmender Missbrauch betrieben, wenn Arbeitnehmer vorsorglich ein in der Regel aussichtsloses Anerkennungsverfahren einleiten, das nur den Zweck hat, die Regelungen über den Sonderkündigungsschutz für die Zeit dieses Verfahrens nutzen zu können. Beispielhaft sei auf die Praxis einiger Anwälte hingewiesen, die für ihre Mandanten per Fax zeitgleich Anträge auf Anerkennung der Schwerbehinderteneigenschaft/des Grades der Behinderung – zumeist ohne jegliche gesundheitliche Begründung – an das Versorgungsamt und auf Gleichstellung an das Arbeitsamt richten.« Gewünscht wurde eine Regelung, nach der es der vorherigen Zustimmung des Integrationsamts erst dann bedürfe, wenn der behinderte Mensch bereits vor Zugang der Kündigung vom Versorgungsamt die »Anerkennung als schwerbehinderter Mensch« erhalten habe. Das war dem Gesetzgeber zu weitgehend. Herausgekommen ist ein Kompromiss: Die Zustimmung ist nicht erforderlich, »wenn zum Zeitpunkt der Kündigung die Eigenschaft als schwerbehinderter Mensch nicht nachgewiesen ist oder das Versorgungsamt nach Ablauf der Frist des § 69 Abs. 1 Satz 1 eine Feststellung wegen fehlender Mitwirkung nicht treffen konnte.« Sicher ist: Streitigkeiten über die Auslegung dieser komplizierten Regelung werden die Arbeits- und Verwaltungsgerichtsbarkeit längere Zeit beschäftigen. 339a

Nach der 1. Alt. des § 90 Abs. 2a SGB IX muss der Arbeitgeber die Zustimmung beantragen, wenn zum Zeitpunkt der Kündigung die Eigenschaft als schwerbehinderter Mensch »nachgewiesen« ist. Zwar wird nach § 69 Abs. 5 SGB IX unter Nachweis der Schwerbehindertenausweis verstanden. Der behördliche Kündigungsschutz soll aber erklärtermaßen nicht erst mit der Ausstellung des Ausweises beginnen. Das Wort Nachweis sollte hier nicht wörtlich genommen werden. Die Gesetzesverfasser erläutern nämlich in ihrer Entwurfsbegründung, der Nachweis über die Eigenschaft als schwerbehinderter Mensch könne »durch einen Feststellungsbescheid nach § 69 Abs. 1 erbracht« werden und »diesem Bescheid stehen Feststellungen nach § 69 Abs. 2 gleich«.[268] Unerheblich ist, dass in den nach § 69 Abs. 2 SGB IX gleichgestellten Rentenbescheiden kein GdB sondern nur die Minderung der Erwerbsfähigkeit festgesetzt ist.[269] 339b

Fehlen die notwendigen Voraussetzungen des Sonderkündigungsschutzes, z.B. weil der Arbeitnehmer zum Personenkreis der vom Schutz ausgenommenen Personen nach § 90 Abs. 1 Nr. 2 oder 3 SGB IX gehört, kann das Integrationsamt ein sog. **Negativattest** erteilen. Dieses Attest hat dieselbe **Wirkung** wie eine **Zustimmungserklärung**.[270] Das bestandskräftige Negativattest beseitigt die 340

264 Vgl. BAG, Urt. v. 30.06.1983, AP Nr. 11 zu § 12 SchwbG.
265 Vgl. BSG, Urt. v. 15.12.1988, NZA 1989, 554; a.A. GK-SchwbG/*Großmann*, § 18 Rn 38.
266 BR-Drucks 746/2/03.
267 Stellungnahme der BHI v. 30.10.2003 zum Gesetzesentwurf v. 21.10.2003, BT-Drucks 15/1783.
268 BT 13. Ausschuss, Drucks 0423 zu Art. 1 Nr. 21a; BT-Drucks 15/2357, S. 24.
269 *Cramer,* NZA 2004, 698, 704.
270 BAG, Urt. v. 27.05.1983, AP Nr. 12 zu § 12 SchwbG.

Kündigungssperre auch dann, wenn sich später herausstellt, dass der Arbeitnehmer zum Zeitpunkt des Zugangs der Kündigungserklärung schwerbehindert war.[271]

341 Die behördliche Feststellung der Schwerbehinderteneigenschaft und ihres Grades ist nach der Rechtsprechung des Bundesarbeitsgerichts entbehrlich bei Offenkundigkeit, wie z.B. Blindheit, Kleinwuchs oder Verlust von Gliedmaßen.[272] Offenkundig muss dabei nicht nur das Vorliegen einer oder mehrerer Behinderungen sein, sondern auch, dass der Grad der Behinderung auf wenigstens 50 im Feststellungsverfahren nach der GdB-Tabelle in den ärztlichen Anhaltspunkten festgesetzt würde. Diese Rechtsprechung ist durch das Gesetz vom 23.04.2004 ausdrücklich bestätigt worden.[273] In der Begründung des Gesetzesentwurfs wird nämlich als Voraussetzung für die Ausnahme von der Anwendung der §§ 85 ff SGB IX angegeben, es dürfe im Fall des fehlenden Nachweises eine Schwerbehinderung auch »nicht offenkundig« sein.

341a Im Schrifttum ist der Eintritt des Sonderschutzes des schwerbehinderten Menschen mit dem objektiven Beginn der Schwerbehinderung verknüpft worden.[274] Das hat das BAG als zu weitgehend abgelehnt. Es fordert aus Praktikabilitätsaspekten und aus Gründen der Rechtssicherheit,[275] dass der Schwerbehinderte zumindest einen Anerkennungsantrag beim Versorgungsamt gestellt hat.[276] Nur ausnahmsweise könne der Sonderkündigungsschutz bereits vor Antragstellung des Schwerbehinderten beim Versorgungsamt eingreifen. Eine Ausnahme hat es akzeptiert, falls der schwerbehinderte Arbeitnehmer den Arbeitgeber vor dem Ausspruch der Kündigung über seine körperlichen Beeinträchtigungen informiert und über die beabsichtigte Antragstellung in Kenntnis gesetzt habe. Nach der Einfügung des § 92 Abs. 2a SGB IX lässt sich das nicht halten. Nach dem klaren Wortlaut soll der Kündigungsschutz mit Ausnahme des Falles der offensichtlichen Schwerbehinderung nicht auf einen Zeitpunkt vor Antragstellung ausgedehnt werden.

341b Ausweislich der in § 92 Abs. 2a SGB IX enthaltenen 2. Alt. soll den redlichen Antragstellern für die Dauer des Feststellungsverfahrens beim Versorgungsamt der Schutz nicht entzogen werden. Es soll nur der Missbrauchsfall ausgeschlossen werden, »in dem ein in der Regel aussichtsloses Anerkennungsverfahren betrieben wird«,[277] um die Verhandlungsposition des Arbeitnehmers im Abfindungspoker zu erhöhen. Nach dem Bericht des Auschussvorsitzenden war es übereinstimmende Auffassung des 13. BT-Ausschusses, für die Antragsteller den Schutz zu erhalten, in deren Feststellungsverfahren das Versorgungsamt bis zum Zeitpunkt des Zugangs der Kündigung »ohne ein Verschulden des Antragstellers noch keine Feststellung treffen konnte«.[278]

341c Welche Mitwirkungspflichten den Antragsteller treffen, ist in § 60 Abs. 1 bis 3 SGB I geregelt. Der Arbeitgeber, der sich auf die Ausnahmevorschrift des § 92 Abs. 2a SGB IX vom Kündigungsverbot des § 85 SGB IX beruft, muss daher in dem vom Arbeitnehmer nach § 4 KSchG anhängig gemachten arbeitsgerichtlichen Urteilsverfahren darlegen, dass bei Zugang der Kündigung das beim Versorgungsamt laufende Feststellungsverfahren deshalb noch nicht beendet war, weil der Arbeitnehmer seine Mitwirkungspflicht schuldhaft verletzt hatte.[279] Das ist dem Arbeitgeber, der nicht am Feststellungsverfahren beteiligt ist, ohne Auskunft des Versorgungsamtes nicht möglich. Eine Auskunftspflicht des Versorgungsamtes besteht nicht.[280] Allerdings kommt hier dem Arbeitgeber

271 A.A. KR/*Etzel*, 6. Aufl., §§ 15–20 SchwbG Rn 57; jetzt aufgegeben, s. 7. Aufl., vor §§ 85–92 SGB IX Rn 57.
272 BAG, Urt. v. 28.06.1995, AP Nr. 6 zu § 59 BAT.
273 BT-Drucks 15/2357, S. 24.
274 KR/*Etzel*, vor §§ 85–92 SGB IX Rn 23.
275 Dazu *v. Maydell*, SAE 1979, 36, 37
276 BAG, Urt. v. 07.03.2002, AP Nr. 11 zu § 15 SchwbG 1986 in Bestätigung der ständigen Senatsrechtsprechung, zuletzt: BAG Urt. v. 16.08.1991, AP Nr. 2 zu § 15 SchwbG 1986 = EzA § 15 SchwbG 1986 Nr 5.
277 BT-Drucks 15/2357, S. 24.
278 BT-Drucks 15/2357, S. 24.
279 So im Grundsatz zutreffend *Cramer*, NZA 2004, 698, 704.
280 *Cramer*, NZA 2004, 698, 704.

der neue Beschleunigungsgrundsatz des § 69 Abs. 1 SGB IX[281] zugute. Der Arbeitnehmer muss, um den Sonderkündigungsschutz geltend machen zu können, darlegen und beweisen:

Der Antrag ist so rechtzeitig vor dem Zugang der Kündigung beim Versorgungsamt eingegangen, dass

- ohne Gutachten innerhalb von drei Wochen
- mit Gutachten innerhalb von sieben Wochen

vor Zugang der Kündigung die Feststellung des Vorliegens der Schwerbehinderung hätte getroffen werden können.

Damit funktioniert der alte »Trick« nicht mehr, nach dem der Betriebsrat bei Eingang des Schreibens zur Kündigungsanhörung nach § 102 BetrVG den Arbeitnehmer von der Kündigungsabsicht informiert und dieser auf Anraten seines Anwalts noch in der Nacht vor Zugang der Kündigung »vorsorglich« den Antrag auf Feststellung der Schwerbehinderung in den Nachtbriefkasten des Versorgungsamtes einwirft, um seine Verhandlungsposition zu verbessern. Nach neuem Recht muss der Arbeitnehmer so frühzeitig den Antrag stellen, dass regelmäßig beim Kündigungszugang schon geklärt ist, ob der Sonderschutz besteht.

Die in der BHI zusammengeschlossenen Integrationsämter vertreten die Auffassung, § 92 Abs. 2a 341d
SGB IX gelte auch für das Gleichstellungsverfahren. Für die Arbeitsverhältnisse gleichgestellter behinderter Menschen, deren Gleichstellung nach Zugang der Kündigung mit Rückwirkung zum Tag des Eingangs des Antrags nach § 68 Abs. 2 Satz 2 SGB IX erfolgt sei, gelte das Kündigungsverbot des § 85 SGB IX nicht, denn zum Zeitpunkt der Kündigung sei die Gleichstellung noch nicht nachgewiesen. Diese Auffassung wird damit begründet, § 90 Abs. 2a Hs. 1 nehme nicht nur diejenigen vom besonderen Kündigungsschutz aus, deren Eigenschaft als *schwerbehinderter* Mensch sondern auch die, deren Gleichstellung zum Zeitpunkt der Kündigung nicht nachgewiesen sei. Für gleichgestellte behinderte Menschen dürfe nach § 68 Abs. 3 nichts anderes als für schwerbehinderte Menschen gelten. Dem ist nicht zuzustimmen. Für noch nicht abgeschlossene Antragsverfahren nimmt das Gesetz ausdrücklich nur auf den Ablauf des Verfahrens vor dem Versorgungsamt ... nach ... § 69 Abs. 1 Satz 2 SGB IX« Bezug. Das nach § 68 Abs. 2 Satz 1 SGB IX bei der Arbeitsagentur (Arbeitsamt) laufende Gleichstellungsverfahren wird nicht erwähnt. Das Schweigen des Gesetzes ist beredt. Es zeigt, dass der Gesetzgeber differenzieren will. Das entspricht auch dem Gang des Gesetzgebungsverfahrens. Von einer Einschränkung des Schutzes für die Dauer des Gleichstellungsverfahrens war nicht die Rede. Dazu bestand auch wenig Anlass. Feststellungs- und Gleichstellungsverfahren unterscheiden sich vor allem im Hinblick auf die Stellung des Arbeitgebers. Der Arbeitgeber wird im Gleichstellungsverfahren nach Antragseingang unterrichtet[282] und weiß daher beim Ausspruch der Kündigung, ob ein Antrag gestellt ist. Er kann, anders als beim Versorgungsamt, gegenüber der Arbeitsagentur auch auf die Dauer sowie auf Ergebnis des Verfahrens Einfluss nehmen, indem er schnell und substantiiert über den Arbeitsplatz des Antragstellers informiert.

e) Verwaltungsermessen in den Fällen der ordentlichen Kündigung

Sind die Voraussetzungen des Sonderkündigungsschutzes gegeben, kann das Integrationsamt die 342
Zustimmung zur ordentlichen Kündigung erteilen oder ablehnen. Dabei hat es gebunden oder nach Ermessen zu entscheiden:

Das Integrationsamt entscheidet nach § 89 Abs. 1 Satz 1 und 3 SGB IX gebunden. Es hat die 343
Zustimmung zu erteilen bei Kündigungen in Betrieben oder Dienststellen, wenn

- diese nicht nur vorübergehend eingestellt oder **aufgelöst** werden,
- zwischen dem Tag der Kündigung und dem Tag, bis zu dem Vergütung gezahlt wird, mindestens drei Monate liegen

281 Siehe Rn 308b.
282 Siehe Rn 322.

- und keine anderweitige Weiterbeschäftigung beim Arbeitgeber möglich ist.

344 Die Ermessensausübung des Integrationsamts ist nach § 89 Abs. 1 Satz 2 und 3 SGB IX auch gesetzlich gebunden (»soll erteilen«) bei Kündigungen in Betrieben oder Dienststellen, wenn

- diese nicht nur vorübergehend wesentlich **eingeschränkt** werden,
- zwischen dem Tag der Kündigung und dem Tag, bis zu dem Vergütung gezahlt wird, mindestens drei Monate liegen,
- der Arbeitgeber die nach § 71 SGB IX erforderliche **Pflichtplatzzahl**[283] nach Durchführung des Personalabbaus auch ohne den zu entlassenden Arbeitnehmer mit anrechenbaren schwerbehinderten Menschen erfüllt
- und keine anderweitige Weiterbeschäftigung beim Arbeitgeber möglich ist.

Die Zustimmung soll dann **regelmäßig** erteilt werden, es sei denn im Einzelfall liegt ein besonderer Grund vor, der die Versagung ausnahmsweise rechtfertigen kann.[284] Ist eine dieser Voraussetzungen nicht erfüllt, entfällt die Ermessensbindung. Der Begriff der wesentlichen Einschränkung von Betrieben und Dienststellen wird unter Rückgriff auf die Rechtsprechung des BAG zu § 111 BetrVG, § 17 KSchG ausgelegt.[285]

345 Ebenfalls nach »Soll-Ermessen« (»soll erteilen«) erteilt das Integrationsamt regelmäßig die Zustimmung, wenn dem schwerbehinderten Menschen ein anderer angemessener und **zumutbarer Arbeitsplatz gesichert** ist (§ 89 Abs. 2 SGB IX).

346 Ferner entscheidet das Integrationsamt nach gebundenem Ermessen (»soll erteilen«) bei Kündigungen im Rahmen eines über das Vermögen des Arbeitgebers eröffneten **Insolvenzverfahrens** (§ 89 Abs. 3 SGB IX), wenn

- der Arbeitnehmer in einem Interessenausgleich mit Namensliste nach § 125 InsO bezeichnet ist,
- die Schwerbehindertenvertretung am Interessenausgleich beteiligt war,
- der Anteil der entlassenen schwerbehinderten Menschen nicht größer ist als der Anteil der übrigen Arbeitnehmer
- und der Arbeitgeber nach den Entlassungen die nach § 71 SGB IX erforderliche Pflichtplatzzahl mit den verbleibenden schwerbehinderten Arbeitnehmern noch immer oder möglicherweise erstmals erfüllt.

In den übrigen Kündigungssachverhalten liegt keine Ermessensbindung vor. Die Entscheidung des Integrationsamts kann dann nur auf Ermessensfehler geprüft werden.

f) Verwaltungsermessen bei der außerordentlichen Kündigung

347 Das Ermessen des Integrationsamts bei der Beantragung der Zustimmung zur außerordentlichen Kündigung ist gebunden. Im Regelfall soll die Zustimmung erteilt werden, wenn der Kündigungsgrund **nicht im Zusammenhang mit der Behinderung** steht (§ 91 Abs. 4 SGB IX). Ein Zusammenhang besteht insbesondere, wenn eine der festgestellten Behinderung zugrunde liegende Funktionsbeeinträchtigung bei dem kündigungsrelevanten Verhalten des schwerbehinderten Menschen eine wesentliche Rolle gespielt hat. Die Wirksamkeit der außerhalb dieses Zusammenhangs liegenden Kündigungsgründe hat das Integrationsamt grundsätzlich nicht zu prüfen. Etwas anderes gilt ausnahmsweise, wenn die Unwirksamkeit der Kündigung offensichtlich ist.

283 Siehe dazu Rn 428 ff.

284 BVerwG, Urt. v. 06.03.1995, RzK IV 8a Nr. 38; Einzelheiten LPK SGB IX/*Düwell*, § 89 Rn 19 ff; so auch KR/*Etzel*, §§ 85–90 SGB IX Rn 91.

285 Einzelheiten bei LPK SGB IX/*Düwell*, § 89 Rn 25, 26.

g) Sachverhaltsermittlung des Integrationsamtes

Das Integrationsamt entscheidet über Anträge auf Zustimmung der Arbeitgeber bei ordentlichen und außerordentlichen Kündigungen, nachdem es den Sachverhalt ermittelt hat. Das Integrationsamt hat nach den §§ 20, 21 SGB X den **Sachverhalt von Amts wegen zu erforschen**. Dabei hat es im Rahmen der vom Arbeitgeber gestellten Anträge und der von ihm mitgeteilten Kündigungsgründe all das zu ermitteln, was für eine Entscheidung über den Zustimmungsantrag oder eine gütliche Einigung erforderlich ist. 348

Nach § 87 Abs. 2 SGB IX hat das Integrationsamt zu diesem Zweck **Stellungnahmen** der Arbeitnehmervertretung, der Schwerbehindertenvertretung und des betroffenen schwerbehinderten Menschen einzuholen. Besteht im Betrieb keine eigenständige Schwerbehindertenvertretung (SBV), so ist die gemeinsam für mehrere Betriebe nach § 94 Abs. 1 Satz 4 SGB IX gewählte Schwerbehindertenvertretung zur Stellungnahme aufzufordern. Besteht auch keine gemeinsame SBV, ist nach § 97 Abs. 6 SGB IX die Gesamtschwerbehindertenvertretung (GSBV) zuständig. Unterbleibt die Anhörung der SBV, ist das ein **Verfahrensfehler**, der den Zustimmungsbescheid des Integrationsamtes anfechtbar macht. Ist die SBV nicht angehört, so ist dem Arbeitnehmer zum Widerspruch raten. 349

Zu der zwingenden Sachverhaltsermittlung von Amts wegen gehörte bis Ende April 2004 nach § 87 Abs. 2 SGB IX die Einholung der Stellungnahme des Arbeitsamtes. Damit sollte abgeklärt werden, welche Chancen der Neuvermittlung auf dem örtlichen Arbeitsmarkt bestehen. Die Einschätzung des Arbeitsamtes war nach der alten Rechtslage mit in die Abwägung einzubeziehen. Waren für den Sitz des Beschäftigungsbetriebes und den Wohnort des schwerbehinderten Arbeitnehmers verschiedene Arbeitsämter zuständig, so musste von beiden eine Stellungnahme eingeholt werden.[286] Eine Entscheidung des Integrationsamtes ohne vorherige Einholung der Stellungnahme des Arbeitsamtes war fehlerhaft,[287] konnte jedoch noch bis zum Abschluss des Widerspruchsverfahrens geheilt werden.[288] 350

Mit der Neufassung des *§ 87 Abs. 2 SGB IX* durch das Gesetz vom 23.04.2004 ist die Pflicht zur Einholung einer Stellungnahme der Arbeitsagentur über die Vermittlungsaussichten des betroffenen Behinderten auf dem Arbeitsmarkt entfallen. Wegen der häufig formularblattmäßig erteilten Auskunft war diese Stellungnahme war schon seit langem als überflüssig und als Zeitverschwendung angesehen worden. 351

Die Mitwirkungspflichten des Arbeitgebers ergeben sich aus § 69 Abs. 1 Satz 2 SGB IX i.V.m. § 60 SGB I. Danach hat er als Antragsteller von sich aus alle notwendigen tatsächlichen Angaben zu machen, Beweismittel zu bezeichnen und auf Verlangen der Behörde der Erteilung von Auskünften durch Dritte zuzustimmen, Urkunden beizubringen oder ihrer Vorlage zuzustimmen. Kommt er seiner Mitwirkungspflicht nicht nach, kann das Integrationsamt den Antrag wegen Verletzung der Mitwirkungspflicht ablehnen. 351a

h) Entscheidung über Antrag auf Zustimmung zur ordentlichen Kündigung

Die Entscheidung über die Zustimmung zur ordentlichen Kündigung bedarf der förmlichen **Zustellung** an den Arbeitgeber und an den schwerbehinderten Menschen bzw. Gleichgestellten. Das Arbeitsamt erhält eine Abschrift (§ 88 Abs. 2 SGB IX). 352

Die Entscheidung über die Zustimmung zur ordentlichen Kündigung ist innerhalb von **einem Monat** vom Tag des Antragseingangs an zu treffen (§ 88 Abs. 1 SGB IX). Wird die Frist überschritten, kann nach drei Monaten Untätigkeitsklage erhoben werden (§ 75 VwGO). 353

Eine Beschleunigung ist mit der zum 01.05.2004 eingeführten neuen Verfahrensvorschrift *§ 88 Abs. 5 SGB IX* zu erwarten. Denn trifft das Integrationsamt die Entscheidung über den Zustim- 353a

286 BVerwG, Urt. v. 13.08.1996 – Buchholz, 436, 61 § 17 SchwbG Nr. 5.
287 BVerwG, Urt. v. 10.09.1992, NZA 1993, 76.
288 BVerwG, Urt. v. 11.11.1999, BVerwGE 110, 67.

mungsantrag nicht innerhalb eines Monats vom Tage des Eingangs des Antrages, wird in folgenden Fällen eine **Zustimmung fingiert**:

- bei Kündigungen wegen der Einstellung eines Betriebes oder der Auflösung einer Dienststelle (§ 89 Abs. 1 Satz 1 SGB IX),
- bei Kündigungen nach Insolvenzeröffnung (§ 89 Abs. 3 SGB IX).

353b Gegen die ursprünglich beabsichtigte pauschale Verweisung in § 88 Abs. 5 SGB IX auf § 89 Abs. 1 SGB IX war von der BIH wegen der zeitaufwändigen Prüfung der in Satz 3 geregelten Frage, ob ein anderweitiger Einsatz auf einem freien Arbeitsplatz möglich ist, Bedenken vorgebracht worden. Im Gesetz ist die Einschränkung der Verweisung auf Satz 1 des § 89 Abs. 1 SGB IX vorgenommen worden. Dennoch ist damit die Prüfung der anderweitigen Beschäftigungsmöglichkeit nicht entfallen. Dagegen spricht schon der Wortlaut des Satzes 3. Danach gilt der Satz 1 § 89 Abs. 1 SGB nicht, wenn eine Weiterbeschäftigung auf einem anderen Arbeitsplatz desselben Betriebes oder derselben Dienststelle oder auf einem freien Arbeitsplatz in einem anderen Betrieb oder einer anderen Dienststelle desselben Arbeitgebers mit Einverständnis des schwerbehinderten Menschen möglich und für den Arbeitgeber zumutbar ist. Insoweit war der Vorstoß der Integrationsämter trotz der Änderung des Entwurfs letztlich erfolglos. Die Änderung des Entwurfs ging in der Sache auch nicht auf den Vorschlag der BIH, sondern darauf zurück, dass die Zustimmungsfiktion entgegen der ursprünglichen Absicht nicht mehr auf die in Satz 2 geregelte Zustimmung zu Kündigungen bei Betriebseinschränkungen erstreckt werden sollte.[289] Dennoch gehen die Integrationsämter davon aus, im Fall eines auf Betriebsstilllegung gestützten Zustimmungsantrags seien ausschließlich die in § 89 Abs. 1 Satz 1 genannten Tatbestandsvoraussetzungen zu prüfen.

353c Rechtsfolge der Fiktion nach § 88 Abs. 5 Satz 2 SGB IX ist – wie es bereits seit langem bei der außerordentlichen Kündigung nach § 91 Abs. 3 Satz 2 SGB IX gilt –, dass alle Bestimmungen anwendbar sind, die maßgebend wären, wenn das Integrationsamt eine entsprechende Zustimmung ausdrücklich erteilt hätte. Daher kann der Arbeitgeber in entsprechender Anwendung von § 88 Abs. 3 SGB IX die Kündigung nur innerhalb eines Monats erklären. Mit Ablauf der Frist erlischt die Zustimmung. Eine verspätete Kündigung verstößt gegen § 85 SGB IX und ist nach § 134 BGB nichtig. Ferner ist zu beachten, dass mit der Zustimmungsfiktion nach der zweiten Satzhälfte in § 89 Abs. 1 Satz 1 SGB IX auch die aufschiebende Bedingung verbunden ist, dass bis zu drei Monate nach Zugang der Kündigung das Entgelt weitergezahlt wird.[290]

353d Die fingierte Zustimmung ist ebenso mit dem Widerspruch anfechtbar wie ein Zustimmungsbescheid. § 88 Abs. 5 Satz 3 SGB IX stellt durch die Verweisung auf Abs. 4 klar, dass Widerspruch und Anfechtungsklage des schwerbehinderten Arbeitnehmers auch in den Fällen der Zustimmungsfiktion keine aufschiebende Wirkung haben.

i) Entscheidung über Antrag auf Zustimmung zur außerordentlichen Kündigung

354 Das Integrationsamt hat innerhalb von **zwei Wochen** zu entscheiden. Geschieht das nicht, so wird die **Zustimmung fingiert** (§ 91 Abs. 3 SGB IX).

355 Während die **Zustellung** des Zustimmungsbescheids bei der ordentlichen Kündigung Wirksamkeitsvoraussetzung ist, genügt für den Ausspruch der außerordentlichen Kündigung nach § 91 Abs. 5 SGB IX die **Erteilung** der Zustimmungserklärung durch das Integrationsamt. Die Rechtsprechung sieht in der mündlichen oder telefonischen Mitteilung der getroffenen Zustimmungsentscheidung eine ausreichende Bekanntgabe, die zum Ausspruch der außerordentlichen Kündigung berechtigt.[291]

289 *Cramer*, NZA 2004, 698, 704.
290 LPK SGB IX/*Düwell*, § 89 Rn 37.
291 BAG, Urt. v. 12.08.1999, AP Nr. 7 zu § 21 SchwbG 1986.

j) Rechtsbehelfe gegen die Entscheidungen des Integrationsamtes

Die Zustimmungsentscheidung des Integrationsamts ist ein **Verwaltungsakt**. Die Parteien des Verfahrens – Arbeitgeber wie auch schwerbehinderte Arbeitnehmerin oder Arbeitnehmer – können dagegen Widerspruch einlegen. 356

Ist die Zustimmung durch das Integrationsamt erteilt worden, so haben der dagegen gerichtete Widerspruch des Arbeitnehmers und nach Zurückweisung seines Widerspruchs die dagegen gerichtete Anfechtungsklage **keine aufschiebende Wirkung** (§ 88 Abs. 4 SGB IX). Etwas anderes gilt dann, wenn der Widerspruchsausschuss oder das Verwaltungsgericht die aufschiebende Wirkung eines Rechtsbehelfs oder Rechtsmittels nach §§ 80, 80 Abs. 5 VwGO anordnet. Für die Anordnung der aufschiebenden Wirkung des Rechtsbehelfs gegen die Zustimmung des Integrationsamtes besteht ein Rechtsschutzbedürfnis; denn sie ist geeignet, die subjektive Rechtsstellung des schwerbehinderten Menschen im Kündigungsrechtsstreit zu verbessern. Auch ungeachtet eines »Durchschlagens« der aufschiebenden Wirkung als Sperre für den Ausspruch der Kündigung, kann sich ein Arbeitnehmer, der die aufschiebendende Wirkung hat wiederherstellen lassen, im arbeitsgerichtlichen Verfahren auch auf eine voraussichtliche Rechtswidrigkeit der Zustimmung des Integrationsamtes berufen.[292] Das bedeutet nicht nur eine Stärkung seiner materiellen, sondern auch der prozessualen Position. Denn es steht im pflichtgemäßen Ermessen des Gerichts, ob es den vom Schwerbehinderten anhängig gemachten Kündigungsschutzprozess gemäß § 148 ZPO aussetzt, solange über dessen Anfechtung der Zustimmung des Integrationsamtes noch nicht rechtskräftig entschieden ist, oder dem arbeitsgerichtlichen Beschleunigungsgrundsatz Vorrang gibt und die Klage abweist.[293] Ist die aufschiebende Wirkung hergestellt, muss das Arbeitsgericht bei der nach § 148 ZPO zu treffenden Entscheidung das berücksichtigen. Der Anwalt des schwerbehinderten Arbeitnehmers, der vor dem VG die aufschiebende Wirkung seines Widerspruchs gegen die Zustimmung des Integrationsamtes erstreitet, kann somit mit einer Aussetzung des Kündigungsschutzprozesses nach § 148 ZPO die ansonsten regelmäßig drohende Klageabweisung verhindern.[294] Hat das VG die Anordnung der aufschiebenden Wirkung hergestellt, so darf der Arbeitgeber die Kündigung noch nicht aussprechen.[295] Das wird allerdings nur in seltenen Fällen in Betracht kommen. Regelmäßig kann der Arbeitgeber, sobald im verwaltungsrechtlichen oder -gerichtlichen Instanzenzug eine Stelle die Zustimmung zur Kündigung erteilt oder das Integrationsamt zur Erteilung verpflichtet ist, die Kündigung des Arbeitsverhältnisses erklären, ohne gegen § 85 SGB IX zu verstoßen. Hat der Arbeitgeber bereits die Kündigung mit Zustimmung des Integrationsamts ausgesprochen, so entfällt damit noch nicht das Rechtsschutzbedürfnis des Arbeitnehmers auf Anordnung der aufschiebenden Wirkung seines Widerspruchs.[296] 357

Bevor der Ausschuss zusammentritt, klärt die Geschäftsstelle des bei dem Integrationsamt bestehenden Widerspruchsausschusses ab, ob noch eine gütliche Einigung möglich und inwieweit der Sachverhalt noch weiter aufzuklären ist. Dazu erhalten die Hauptbeteiligten des Verfahrens – der schwerbehinderte Arbeitnehmer und der Arbeitgeber – Gelegenheit, ihre Position darzulegen. Nach Bedarf können auch die Schwerbehindertenvertretung und der Betriebsrat gehört werden. Wenn es im Vorfeld zu keiner gütlichen Einigung gekommen ist, wird der Widerspruch dem Widerspruchsausschuss zur Entscheidung vorgelegt. Dabei kann der Ausschuss je nach Sachverhalt eine mündliche Verhandlung durchführen, zu der der Arbeitgeber und der schwerbehinderte Arbeitnehmer sowie Zeugen geladen werden. 358

292 Sächsisches OVG, Beschl. v. 25.08.2003, NJ 2003, 614.

293 BAG, Urt. v. 26.09.1991, AP-Nr. 28 zu § 1 KSchG 1969 Krankheit; LAG Köln, Urt. v. 13.04.1999, NZA-RR 2000, 128 = Behindertenrecht 2001, 147; LAG Kiel, Urt. v. 06.04.2004, LAGReport 2004, 216.

294 *v. Roetteken*, juris PraxisReport Arbeitsrecht 5/2004.

295 Kittner/Däubler/Zwanziger/*Zwanziger*, § 15 SchwbG Rn 34; a.A. KR/*Etzel*, § 21 SchwbG Rn 25.

296 OVG Bremen, Urt. v. 07.08.2001, NordÖR 2002, 35.

359 Gegen die Entscheidung des Widerspruchsausschusses kann der Arbeitnehmer oder der Arbeitgeber – je nachdem, wer unterlegen ist – Klage beim Verwaltungsgericht erheben.

k) Dem Arbeitgeber nicht bekannte Schwerbehinderung oder Gleichstellung

360 Ist die Eigenschaft der Schwerbehinderung nicht offenkundig, so setzt die Rechtsprechung des Bundesarbeitsgerichts für das Zustimmungserfordernis voraus, dass zum Zeitpunkt des Kündigungszugangs entweder ein Feststellungsbescheid schon vorgelegen hatte oder zumindest der Antrag des Arbeitnehmers auf Feststellung der Schwerbehinderung beim Versorgungsamt eingegangen war.[297] Ist bei Kündigungszugang ein Antrag noch nicht beschieden, so hängt das Bestehen des Schutzes dann noch davon ab, ob dem Antrag später mit Rückwirkung zu einem Zeitpunkt bis zum Zugang der Kündigungserklärung entsprochen wird und kein Fall der Ausnahmeregelung des § 90 Abs. 2a SGB IX vorliegt.[298] Entsprechendes gilt für den bei Zugang der Kündigung bereits beim Arbeitsamt eingegangenen, aber noch nicht entschiedenen Antrag auf Gleichstellung.

361 Ist die Schwerbehinderung weder bekannt noch offenkundig, so ist der Arbeitgeber nicht in der Lage zu erkennen, ob der besondere Kündigungsschutz eingreift. Seit Aufnahme des besonderen Kündigungsschutzes in das Schwerbehindertenrecht besteht hier eine Regelungslücke, die auch das SGB IX nicht geschlossen hat.

362 Das Bundesarbeitsgericht füllt die Lücke durch die Annahme einer Obliegenheit: es bedürfe der **Geltendmachung des Kündigungsschutzes** durch den schwerbehinderten Menschen. Nur dann könne sich der Arbeitgeber veranlasst sehen, das Zustimmungsverfahren einzuleiten, wenn sich ein schwerbehinderter Mensch nach Zugang der Kündigungserklärung innerhalb einer bestimmten Frist gegenüber dem Arbeitgeber auf seine noch nicht nachgewiesene und nicht offenkundige Schwerbehinderung berufe.[299] Entsprechendes muss für die Gleichstellung gelten.

363 Davon abweichend wird vertreten, der Sonderkündigungsschutz greife ein, sobald objektiv eine Schwerbehinderung vorliege. Für das Bestehen des Kündigungsschutzes soll es nach dem klaren Wortlaut des § 85 SGB IX allein auf das Vorliegen einer Schwerbehinderung ankommen.[300] Für die, die bis zum Zugang der Kündigung noch keinen Feststellungsantrag beim Versorgungsamt gestellt haben, bedürfe es keiner Ausnahme.[301] Der Zweite Senat des Bundesarbeitsgerichts ist der Kritik nicht gefolgt. Er hat an seiner ständigen Rechtsprechung festgehalten. Danach bedarf es einer Zustimmung zur Kündigung des Arbeitsverhältnisses durch den Arbeitgeber grundsätzlich nur, wenn zum Zeitpunkt des Zugangs der Kündigung die Schwerbehinderung festgestellt oder die **Feststellung beim Versorgungsamt jedenfalls schon beantragt** worden war. Spricht allerdings der Arbeitgeber in Kenntnis einer körperlichen Beeinträchtigung des Arbeitnehmers und seiner beabsichtigten Antragstellung die Kündigung aus, so muss er sich je nach den Umständen so behandeln lassen, als sei vom Arbeitnehmer die Feststellung der Schwerbehinderung bereits beantragt worden.[302] Darin liegt eine vorsichtige Ausweitung des Schutzes, die allerdings durch die Einfügung des § 90 Abs. 2a SGB IX der Gesetzgeber mit Wirkung zum 01.05.2004 wieder beseitigt hat.[303]

364 Fraglich ist die Dauer der angemessenen Geltendmachungsfrist. Nahe liegt die Übernahme der Zwei-Wochen-Frist des § 9 Abs. 1 Satz 1 MuSchG.[304] Dem hat sich das Bundesarbeitsgericht nicht

297 BAG, Urt. v. 05.07.1990, AP Nr. 1 zu § 15 SchwbG 1986; Urt. v. 28.06.1995, AP Nr. 6 zu § 59 BAT, Urt. v. 07.03.2002, AP Nr. 11 zu § 15 SchwbG 1986.
298 Siehe dazu Rn 339a ff.
299 BAG, Urt. v. 23.02.1978, AP Nr. 4 zu § 12 SchwbG; Urt. v. 28.06.1995, AP Nr. 6 zu § 59 BAT.
300 GK-SchwbG/*Steinbrück*, 2. Aufl., § 15 Rn 70 m.w.N.
301 So LAG Niedersachsen, Urt. v. 15.06.2000, DB 2001, 874 (auf die Revision mit Urt. v. 07.03.2002, AP Nr. 11 zu § 15 SchwbG 1986 aufgehoben); dem LAG zustimmend: Kittner/Däubler/Zwanziger/*Zwanziger*, § 15 SchwbG Rn 23.
302 BAG, Urt. v. 07.03.2002, AP Nr. 11 zu § 15 SchwbG 1986.
303 Siehe Rn 339a ff.
304 KR/*Etzel*, §§ 15–20 SchwbG Rn 24.

angeschlossen. Es hat sich in ständiger Rechtsprechung in Analogie zur verwaltungsrechtlichen Widerspruchsfrist für die Monatsfrist entschieden.[305] Angesichts der mit dem Arbeitsmarktreformgesetz zum 01.01.2004 erfolgten Ausweitung der dreiwöchigen Klagefrist nach § 4 Satz 1 KSchG auf die gerichtliche Geltendmachung aller Unwirksamkeitgründe[306] muss diese Rechtsprechung noch einmal überprüft werden. Es kann nicht sein, dass der schwerbehinderte Arbeitnehmer nur drei Wochen Zeit zur Klageerhebung hat, sich aber einen Monat Zeit lassen kann, bis er seinem Arbeitgeber die diesem bislang unbekannte Schwerbehinderung mitteilt. War dem Arbeitgeber zum Zeitpunkt der Kündigung die Schwerbehinderung unbekannt, so hatte er keine Veranlassung, die erforderliche Zustimmung des Integrationsamtes einzuholen. Die Kündigung ist dennoch objektiv unwirksam. Da dieser Unwirksamkeitsgrund auf die mangelnde Kenntnis des Arbeitgebers von Schwerbehinderung zurückzuführen ist, muss dem Arbeitgeber dieser Unwirksamkeitsgrund zumindest innerhalb der Klagefrist entgegen gehalten werden. Jedenfalls darf die Frist zur Mitteilung der Schwerbehinderung nicht länger sein als die Frist zur gerichtlichen Geltendmachung des Unwirksamkeitsgrundes.

Hat der Arbeitnehmer die Frist versäumt und ist ihm damit der besondere Kündigungsschutz abgeschnitten, so kann er nach der Rechtsprechung des BAG die Schwerbehinderteneigenschaft oder Gleichstellung noch bei der **Prüfung der sozialen Rechtfertigung** geltend machen.[307] 365

Die Rechtsprechung des Bundesarbeitsgerichts bewirkt keine erhebliche Minderung des Sonderschutzes. SBV und Betriebsrat haben die Möglichkeit, einem objektiv schwerbehinderten Menschen rechtzeitig[308] vor Zugang einer Kündigung den besonderen Schutz des Verwaltungsverfahrens zu verschaffen. Sie sind berechtigt, ihre Belegschaftsangehörigen bei der Beantragung der Feststellung einer Schwerbehinderung oder Gleichstellung zu unterstützen. Dazu kann insbesondere die SBV bei der Beschaffung und bei dem Ausfüllen des Antragsformulars ihre Unterstützung anbieten. Nach § 95 Abs. 1 Satz 3 SGB IX gehört das zu ihrer gesetzlichen Aufgabenstellung. 366

l) Statistische Angaben zur Zustimmungspraxis der Integrationsämter

Von insgesamt 27.057 Kündigungsanträgen im Jahr 2000 haben die Integrationsämter in 76 Prozent der Fälle den Anträgen auf Zustimmung zur Kündigung zugestimmt. In 24 Prozent konnte der Arbeitsplatz durch Rücknahme des Antrags erhalten werden.[309] 367

2. Arbeitsrechtlicher Sonderschutz

a) Erklärungsfrist für die ordentliche Kündigung

Erteilt das Integrationsamt die Zustimmung zur ordentlichen Kündigung, kann der Arbeitgeber nur **innerhalb eines Monats** die Kündigung gegenüber dem schwerbehinderten Menschen erklären (§ 88 Abs. 3 SGB IX). Der Fristlauf beginnt erst mit der förmlichen Zustellung[310] der Entscheidung. Eine zuvor ausgesprochene Kündigung ist auch dann unwirksam, wenn der Arbeitnehmer bereits Kenntnis von der Zustimmungsentscheidung aufgrund telefonischer Rückfrage beim Integrationsamt hat. 368

305 BAG, Urt. v. 23.02.1978, AP Nr. 4 zu § 12 SchwbG.
306 *Düwell,* Agenda 2010 – Neues Recht bei Kündigung und Abfindung, S. 116 ff.
307 BAG, Urt. v. 23.02.1978, AP Nr. 3 zu § 12 SchwbG.
308 Siehe Rn 339a ff.
309 http://www.integrationsaemter.de/.
310 Vgl. BAG, Urt. v. 16.10.1991, AP Nr. 1 zu § 18 SchwbG 1986.

b) Ordentliche Kündigungsfrist

369 Sie beträgt **mindestens vier Wochen** (§ 86 SGB IX). Längere arbeitsvertragliche oder tarifliche Kündigungsfristen bleiben unberührt.

c) Erklärungsfrist für die außerordentliche Kündigung

370 Für die Wirksamkeit einer außerordentlichen Kündigung gilt, dass sie abweichend von der zweiwöchigen Erklärungsfrist nach § 626 Abs. 2 Satz 1 BGB auch noch nach Erteilung der Zustimmung durch das Integrationsamt ausgesprochen werden kann (§ 91 Abs. 5 SGB IX). Während bisher eine **unverzügliche Erklärung** gefordert worden ist, hat sich jetzt die **Rechtsprechung geändert**. Die zu Gunsten des Arbeitgebers gemachte Ausnahme von § 626 Abs. 2 BGB soll nicht durch das Aufstellen von Erschwernissen verkürzt werden: der Arbeitgeber soll die volle Zwei-Wochen-Frist ausschöpfen können.[311] Zu beachten ist, dass die schriftliche Erklärung innerhalb der Frist auch noch dem zu Kündigenden zugegangen sein muss.

d) Schwebende Unwirksamkeit

371 Solange noch ein Rechtsbehelf oder Rechtsmittel gegen die Zustimmungserklärung anhängig ist, ist die Kündigungserklärung schwebend wirksam. Wird die Zustimmungserklärung durch den Widerspruchsausschuss oder ein Verwaltungsgericht aufgehoben, so wird die Kündigung damit nach § 134 BGB nichtig.

371a Die Doppelspurigkeit von verwaltungsgerichtlichem Anfechtungsverfahren und arbeitsgerichtlichem Kündigungsschutzverfahren bereitet dem Arbeitgeber ein hohes Risiko und bewirkt sowohl für Arbeitgeber als auch Arbeitnehmer eine unzumutbar lange Verfahrensdauer. Sie ist nicht mit mit dem Anspruch auf Entscheidung in angemessener Frist vereinbar, den die Rechtsprechung des EGMR aus Art. 6 Abs. 1 EMRK ableitet.[312] Das vom BAG geforderte Verfahren, den Kündigungsschutzprozess regelmäßig nicht wegen des noch laufenden Widerspruchs- oder Verwaltungsgerichtsverfahrens nach § 148 ZPO auszusetzen, sondern bei Fehlen anderer Unwirksamkeitsgründe abzuweisen,[313] schafft keine Abhilfe. Dadurch ist keine echte Beschleunigung erzielbar; denn gewinnt der Arbeitnehmer in der letzten Verwaltungsgerichtsinstanz, so muss er nach mehreren Jahren Prozessdauer im Wege des Wiederaufnahmeverfahrens nach § 578, 580 ZPO erneut gegen die Kündigung beim Arbeitsgericht vorgehen.

e) Unabdingbarkeit

372 Der besondere Kündigungsschutz nach § 85 SGB IX ist als öffentlich-rechtlicher Kündigungsschutz **unabdingbar**. Er kann weder durch Tarifverträge, Betriebsvereinbarungen noch durch arbeitsvertragliche Einzelvereinbarungen ausgeschlossen oder eingeschränkt werden.[314]

373 Die Arbeitsvertragsparteien können wirksame Aufhebungsverträge oder Prozessvergleiche abschließen. Denn im Unterschied zum unzulässigen Vorausverzicht ist ein nach Zugang der Kündigung erklärter Verzicht auf Erhebung einer Klage zulässig.

374 In einer einseitig vom Arbeitnehmer unterschriebenen so genannten Ausgleichsquittung ist schon wegen Verletzung der Schriftform kein wirksamer Verzicht zu sehen. In der von beiden Seiten unterschriebenen Klausel, aus Anlass der Beendigung des Arbeitsverhältnisses seien keine Anspru-

311 BAG, Urt. v. 15.11.2001, NZA 2002, 970.
312 *Düwell,* ArbGV Einleitung Rn 118.
313 BAG, Urt. v. 26.09.1991, EzA § 1 KSchG Personenbedingte Kündigung Nr. 10; dem folgend LAG Schleswig-Hostein, Urt. 06.04.2004 – 5 Sa 400/03.
314 BAG, Urt. v. 30.04.1987, BB 1987, 1670.

che mehr gegeben, sieht die Rechtsprechung keinen Verzicht auf den allgemeinen Kündigungsschutz.[315] Das muss erst recht für den Verzicht auf den besonderen Kündigungsschutz gelten.

3. Anhörung der SBV vor der Arbeitgeberentscheidung zur Kündigung

a) Anhörung der SBV vor Ausspruch der Kündigung

Die Schwerbehindertenvertretung ist vom Arbeitgeber in allen Angelegenheiten, die einen einzelnen schwerbehinderten Menschen berühren, rechtzeitig und umfassend zu unterrichten und vor einer Entscheidung zu hören; die getroffene Entscheidung ist ihr unverzüglich mitzuteilen (§ 95 Abs. 2 SGB IX). Das bedeutet, dass der Arbeitgeber die Schwerbehindertenvertretung vor jeder ordentlichen oder außerordentlichen Kündigung eines schwerbehinderten Arbeitnehmers unter Mitteilung der Kündigungsgründe anzuhören hat. 375

Die **Anhörung** kann vom Arbeitgeber vor, während oder nach Durchführung des Zustimmungsverfahrens nach § 85 SGB IX vorgenommen werden. Sie muss vor Ausspruch der Kündigung abgeschlossen sein.[316] Der **Schwerbehindertenvertretung** (SBV) ist in Anlehnung an § 102 Abs. 2 BetrVG eine Äußerungsfrist von einer Woche (bei ordentlicher Kündigung) bzw. drei Tagen (bei außerordentlicher Kündigung) einzuräumen. Die von Amts wegen vorgesehene Mitwirkung der SBV am Zustimmungsverfahren des Integrationsamts (§ 87 Abs. 2 SGB IX) macht die Anhörung nach § 95 Abs. 2 SGB IX nicht entbehrlich.[317] 376

Eine Zustimmung der SBV ist nicht erforderlich. Der Arbeitgeber hat nach der Unterrichtung über Kündigungsabsicht und Kündigungsgründe die Stellungnahme der SBV entgegenzunehmen und im Rahmen seiner Verpflichtung zur engen Zusammenarbeit (§ 99 Abs. 1 SGB IX) ernsthaft zu prüfen. Das Ergebnis seiner Überprüfung hat er nach § 95 Abs. 2 Satz 1 Hs. 2 SGB IX als »getroffene Entscheidung« der SBV unverzüglich mitzuteilen. Eine bestimmte Form für die Mitteilung ist nicht vorgeschrieben. Die Verletzung der Mitteilungspflicht ist auch nicht bußgeldbewehrt. Dennoch empfiehlt sich, den Empfang der Mitteilung bestätigen zu lassen. Denn die Mitteilung der Entscheidung setzt den Lauf der **Aussetzungsfrist** nach § 95 Abs. 2 Satz 2 SGB IX in Gang. 377

Die Nichtanhörung der SBV durch den Arbeitgeber ist nach der h.M. bürgerlich-rechtlich **sanktionslos**. Das wird mit dem Fehlen einer § 102 Abs. 1 Satz 3 BetrVG entsprechenden Unwirksamkeitsregelung begründet.[318] Diese Auffassung hat durch den Verlauf des Gesetzgebungsverfahrens zur SGB-Novelle vom 23.04.2004 Bestätigung gefunden. Der Änderungsantrag der CDU/CSU-Fraktion, in § 95 Abs. 2 SGB IX die vorherige Beteiligung der SBV als Wirksamkeitsvoraussetzung aufzunehmen, ist von der Koalitionsmehrheit im 13. Ausschuss abgelehnt worden.[319] Diese Ablehnung ist nur verständlich, wenn berücksichtigt wird, dass die Gewerkschaften gegen eine Stärkung der Schwerbehindertenvertretungen interveniert haben, weil sie dadurch eine Schwächung der Betriebsräte befürchten. Daher kann die Verletzung der Anhörungspflicht aus § 95 Abs. 2 Satz 1 SGB IX nur als **Ordnungswidrigkeit** nach § 156 Abs. 1 Nr. 9 SGB IX geahndet werden. Der SBV bleibt es jedoch unbenommen, ihr Beteiligungsrecht im arbeitsgerichtlichen Beschlussverfahren durchzusetzen. 378

Vor Durchführung der Kündigungsentscheidung muss die SBV unterrichtet, ihr Gelegenheit zur Stellungnahme gegeben und danach ihr das Ergebnis mitgeteilt werden. Hat der Arbeitgeber die Entscheidung über die Kündigung getroffen und noch nicht durch Zustellung des Kündigungsschreibens vollzogen, so kann die nicht angehörte SBV im arbeitsgerichtlichen Beschlussverfahren 379

315 BAG, Urt. v. 03.05.1979, AP Nr. 6 zu § 4 KSchG 1969 = EzA § 14 KSchG Nr. 15.

316 *Adlhoch*, Behindertenrecht 1983, 25.

317 LPK SGB IX/*Düwell*, § 87 Rn 23; KR/*Friedrich*, § 13 KSchG Rn 222 a.

318 BAG, Urt. v. 28.07.1983, AP Nr. 1 zu § 22 SchwbG; LAG Rheinland-Pfalz, Urt. v. 18.08.1993, NZA 1993, 1133; zust. *Cramer*, SchwbG, § 25 Rn 7; *Dörner*, SchwbG, § 25 Rn 29; a.A. GK-SchwbG/*Schimanski*, § 25 Rn 87.

319 Bericht des Abgeordneten *Hüppe*, BT-Drucks 15/2357.

einstweiligen Rechtsschutz in Anspruch nehmen, um die Durchführung der Kündigung zu stoppen. Denn sie hat, solange der Arbeitgeber die Entscheidung noch nicht endgültig durchgeführt hat, zur Sicherung ihrer ordnungsgemäßen Beteiligung nach § 95 Abs. 2 Satz 2 SGB IX ein Aussetzungsrecht.[320] Die unterlassene Betriebsbeteiligung ist dann innerhalb von sieben Tagen (nicht eine Woche!) nachzuholen.

b) Anhörung vor Stellung des Zustimmungsantrags

380 Bisher weitgehend unbeachtet ist, dass der Arbeitgeber bereits vor seiner Entscheidung, ob er einen Zustimmungsantrag bei dem Integrationsamt stellt, die SBV nach § 95 Abs. 2 SGB IX anhören muss. Verstößt er dagegen, kann die SBV nach § 95 Abs. 2 Satz 2 SGB IX von ihm die Aussetzung der Entscheidung verlangen. Die SBV kann auch dem Arbeitnehmer raten, diesen Verfahrensfehler im Verwaltungsverfahren vor dem Integrationsamt oder im Klageverfahren geltend zu machen.

4. Kündigungsprävention

a) Einschaltung von SBV, Betriebsrat und Integrationsamt

381 Bereits im Vorfeld von Kündigungen hat der Arbeitgeber nach § 84 SGB IX die SBV und den Betriebsrat zu unterrichten. Sobald **personen-, verhaltens- oder betriebsbedingte Schwierigkeiten** zu erkennen sind, die zur Gefährdung des Arbeitsverhältnisses eines schwerbehinderten Menschen führen können, sind diese Interessenvertretungen nach § 84 Abs. 1 SGB IX einzuschalten. Dabei sind mit ihnen alle Möglichkeiten zu erörtern, mit denen die Schwierigkeiten beseitigt werden können und das Arbeitsverhältnis möglichst dauerhaft fortgesetzt werden kann. Dabei hat der Arbeitgeber im Zusammenwirken mit der SBV alle zur Verfügung stehenden Beratungshilfen und finanziellen Leistungen der Integrationsämter oder der Bundesagentur für Arbeit auszuschöpfen.

382 Unterlässt der Arbeitgeber diese Prävention, so wird der von der SBV informierte Arbeitnehmer ihm das in einem **Kündigungsschutzprozess** vorhalten. Eine mit Zustimmung des Integrationsamtes ausgesprochene Kündigung kann sich dann als sozial ungerechtfertigt erweisen, wenn der schwerbehinderte Beschäftigte darlegt, dass bei frühzeitiger Einschaltung der Interessenvertretungen und Durchführungsstellen Möglichkeiten bestanden hätten, die Kündigung zu vermeiden. Der Arbeitgeber muss dann das Gegenteil darlegen und beweisen.[321] Im Übrigen wird das Integrationsamt in diesem Fall berechtigt sein, die Zustimmung zur Kündigung zu verweigern, weil der Arbeitgeber noch nicht alle zumutbaren Möglichkeiten ausgeschöpft hat.

b) Prävention bei Langzeitkranken

383 Der Arbeitgeber hat nach § 84 Abs. 2 SGB IX mit Zustimmung der betroffenen Person die SBV bereits dann einzuschalten, wenn ein schwerbehinderter oder gleichgestellter Arbeitnehmer länger als sechs Wochen ununterbrochen oder wiederholt innerhalb eines Jahres arbeitsunfähig krank ist. Die Sechs-Wochen-Frist ist zum 01.05.2004 durch das Gesetz vom 23.04.2004 eingeführt worden. Vordem galt eine Dreimonatsfrist.

383a Die Neufassung hat nicht nur einen früheren Beginn der Präventionspflicht des Arbeitgebers begründet. Sie hat auch die Prävention auf **alle kranken Beschäftigten** ausgedehnt. Danach gilt: Sind Beschäftigte länger als sechs Wochen oder wiederholt arbeitsunfähig, hat der Arbeitgeber zunächst den Betroffenen auf das Ziel der Prävention hinzuweisen und die Zustimmung zum Wiedereingliederungsverfahren einzuholen. Wird die Zustimmung erteilt, so sind mit dem Betriebs- oder Personalrat unter Beteiligung des Betroffenen und erforderlichenfalls unter Hinzuziehung des Werks- oder Betriebsarztes die Möglichkeiten zu klären, wie die Arbeitsunfähigkeit möglichst überwunden werden

320 ArbG München, Urt. v. 05.06.1989, Behindertenrecht Sonderheft 1990, 43; *Cramer*, SchwbG, § 25 Rn 7a; *Dörner*, SchwbG, § 25 Rn 31.

321 LPK SGB IX/*Düwell*, § 84 Rn 5.

und mit welchen Leistungen oder Hilfen erneuter Arbeitsunfähigkeit vorgebeugt und der Arbeitsplatz erhalten werden kann. Nur sofern die Beschäftigten schwerbehindert oder gleichgestellt sind, ist zusätzlich noch die Schwerbehindertenvertretung hinzuzuziehen. Kommen Leistungen zur Teilhabe oder begleitende Hilfen im Arbeitsleben in Betracht, werden die gemeinsamen Servicestellen und das Integrationsamt hinzugezogen. Diese wirken darauf hin, dass die erforderlichen Leistungen oder Hilfen unverzüglich beantragt und innerhalb von zwei Wochen (Frist nach § 14 Abs. 2) erbracht werden. Während der Dauer der Gewährung der Leistungen oder Hilfen soll der Arbeitsplatz erhalten bleiben.

Für die Präventionspflicht ist der neue Begriff **»betriebliches Eingliederungsmanagement«** eingeführt worden. SBV und Betriebs- oder Personalrat sollen berechtigt sein, vom Arbeitgeber die frühzeitige Abklärung der Beschäftigungsmöglichkeiten und bei schwerbehinderten Arbeitnehmern auch die entsprechenden Maßnahmen zur Herstellung behindertengerechter Arbeitsbedingungen nach § 81 Abs. 4 SGB IX zu verlangen. Die Einzelheiten sollen die Betriebsparteien regeln. Dazu bietet der Gesetzgeber ausdrücklich in § 83 Abs. 2a Nr. 5 SGB IX das Instrument der Integrationsvereinbarung an: »Durchführung der betrieblichen Prävention (betriebliches Eingliederungsmanagement)«. 383b

Arbeitgeber, die ein betriebliches Eingliederungsmanagement einführen, können durch Prämien oder einen Bonus von den Rehabilitationsträgern und von den Integrationsämtern nach § 84 Abs. 4 SGB IX gefördert werden. Bisher gibt es noch keine Förderungsrichtlinien. 384

5. Arbeitsgerichtliche Feststellungsklage gegen die Kündigung

Neben den Rechtsbehelfen im verwaltungsrechtlichen Kündigungsschutz nach § 85 SGB IX kann der schwerbehinderte Arbeitnehmer den Rechtsweg zum Arbeitsgericht einschlagen. Gegen eine vom Arbeitgeber mit Zustimmung des Integrationsamts ausgesprochene Kündigung kann er **innerhalb von drei Wochen Klage vor dem Arbeitsgericht** erheben mit der Begründung, dass die Kündigung im Sinne des Kündigungsschutzgesetzes sozial ungerechtfertigt ist. Bis Ende 2003 konnte der Arbeitnehmer auch noch nach Ablauf dieser Frist, soweit keine Kündigung im Insolvenzverfahren erfolgt war, die Nichtigkeit der Kündigung wegen Verletzung der Bestimmungen des SGB IX geltend machen. Lag eine Kündigung des Verwalters im Insolvenzverfahren vor, so musste dieser Unwirksamkeitsgrund auch innerhalb der Drei-Wochen-Frist geltend gemacht werden.[322] 385

Durch das Arbeitsmarktreformgesetz ist die Rechtslage ab 01.01.2004 umgestaltet. Nach der Neufassung des § 4 Satz 1 KSchG muss der Arbeitnehmer alle Unwirksamkeitsgründe innerhalb der Drei-Wochen-Frist geltend machen.[323] Das bedeutet: Grundsätzlich muss auch die Nichtigkeit der Kündigung wegen fehlender oder unwirksamer Zustimmung des Integrationsamtes innerhalb der Klagefrist geltend gemacht werden. Allerdings ist die Einhaltung der Frist nicht zwingend, solange die Bekanntgabe der Zustimmung (Kündigungserlaubnis) an den Arbeitnehmer fehlt. Nach der Rechtsprechung des BAG läuft nach § 4 Satz 4 KSchG die Frist erst mit Bekanntgabe der Erlaubnis an den Arbeitnehmer.[324] 385a

6. Ungeschützte Beschäftigung

a) Ausnahmen vom Kündigungsschutz

Hat das Arbeits- oder Ausbildungsverhältnis zum Zeitpunkt des Zugangs der Kündigungserklärung ohne Unterbrechung **noch nicht länger als sechs Monate** bestanden, entfällt nach § 90 Abs. 1 Nr. 1 SGB IX der besondere Kündigungsschutz. Weder bedarf es der Zustimmung des Integrationsamtes 386

322 Siehe *Düwell*, Kölner Schrift zur Insolvenzordnung, 2. Aufl., S. 1469 f. unter Hinweis auf § 113 Abs. 2 InsO.
323 Einzelheiten siehe *Düwell*, Agenda 2010, S. 117 ff.
324 BAG, Urt. v. 03.07.2003, AP Nr. 7 zu § 18 BErzGG.

noch der Einhaltung einer Mindestkündigungsfrist nach § 86 SGB IX. Das Auferlegen dieser gesetzlichen Wartezeit ist rechtspoltisch zweifelhaft, weil der Erprobungszweck bereits durch die Ausnahme nach Abs. 3 dem Arbeitgeber innerhalb der Erprobung eine zustimmungsfreie Kündigung ermöglicht. Dieser legislative Fehler führt aber nicht zur Verfassungswidrigkeit.[325] Damit beginnt der besondere Kündigungsschutz synchron mit dem allgemeinen Kündigungsschutz nach § 1 Abs. 1 KSchG. Allerdings hat nicht jeder schwerbehinderte Arbeitnehmer, der die Wartezeit erfüllt hat, auch Schutz vor einer sozial ungerechtfertigten ordentlichen Kündigung. Während der besondere Kündigungsschutz auch im Kleinstunternehmen gilt, setzt seit dem 01.01.2004 der allgemeine Kündigungsschutz nach § 23 Abs. 1 Satz 3 KSchG voraus, dass der Arbeitgeber regelmäßig mehr als zehn Arbeitnehmer beschäftigt.

b) Anzeigepflicht bei Kündigung innerhalb der Wartefrist

387 Solange die Wartefrist läuft, tritt nach § 90 Abs. 3 SGB IX in den Fällen des Abs. 1 Nr. 1 an die Stelle der Zustimmungs- die Anzeigepflicht. Der Arbeitgeber hat wegen des Verweises auf Abs. 1 Nr. 1 nur die Tatsache der Kündigung, nicht aber anderer Arten der Beendigung von Arbeitsverhältnissen schwerbehinderter Menschen dem Integrationsamt anzuzeigen.[326] Die Frist dafür beträgt vier Tage. Das soll dem Integrationsamt die Wahrnehmung seiner Aufgaben nach § 102 Abs. 1, 2 SGB IX erleichtern. Die Beschränkung der Anzeigepflicht auf Kündigungen ist allerdings rechtspolitisch verfehlt; denn der mit der Anzeigepflicht verfolgte Zweck, den schwerbehinderten Menschen bei der Beendigung des Arbeitsverhältnisses zu unterstützen[327] setzt die rechtzeitige Kenntnis aller vom Arbeitgeber in Erwägung gezogenen Beendigungstatbestände voraus. Nur bei rechtzeitiger Kenntnis könnte das Integrationsamt den Arbeitgeber zur Fortsetzung des Arbeitsverhältnisses bewegen. Dazu könnte es gegebenenfalls Beratungsleistungen im Rahmen der begleitenden Hilfe erbringen oder Leistungen nach § 102 Abs. 3 Nr. 2 SGB IX dem Arbeitgeber zusagen.

388 Strittig ist der Beginn der Anzeigepflicht. Das Gesetz spricht von »Beendigung«. Begrifflich deutet das auf den Endtermin nach Ablauf der Kündigungsfrist. Wegen des Zwecks der Anzeigepflicht, eine begleitende Hilfe noch zu ermöglichen, wird der Beginn der Frist aber auf den Tag der Kündigung zu beziehen sein.[328]

389 Die mangelnde Einhaltung der Anzeigepflicht ist ohne Einfluss auf den Kündigungsschutz. Auch bei unterbliebener Anzeige ist für eine Kündigung durch den Arbeitgeber die Zustimmung nicht erforderlich.[329] Der Gesetzgeber hat für die Verletzung weder in § 156 SGB IX einen Bußgeldtatbestand vorgesehen, noch eine andere Sanktion angedroht. Das Bundesarbeitsgericht hat als mögliche Sanktion einen Ersatzanspruch für den Verzugsschaden erörtert,[330] sofern wegen der unterlassenen Anzeige amtliche Leistungen verzögert worden sind. Das ist jedoch mehr von theoretischer als von praktischer Bedeutung. Allenfalls bestünde dann eine praktische Relevanz, wenn festgestellt werden könnte, dass bei pflichtgemäßer Erstattung der Anzeige eine Kündigung hätte vermieden oder der Arbeitgeber zumindest zur Weiterbeschäftigung hätte bewegt werden können. Dann käme im Wege der Wiederherstellungspflicht ein Wiedereinstellungsanspruch in Betracht.[331]

325 Zutreffend: GK-SchwbG/*Steinbrück*, § 20 Rn 25.
326 GK-SchwbG/*Steinbrück*, § 20 Rn 65; *Griebeling*, SGB IX, § 90 Rn 8.
327 *Cramer*, SchwbG, § 20 Rn 7.
328 *Dörner*, SchwbG, § 20 Anm. VI 2; a.A. GK-SchwbG/*Steinbrück*, § 20 Rn 66.
329 BAG, Urt. v. 21.03.1980, AP Nr. 1 zu § 17 SchwbG; a.A. ArbG München, Urt. v. 30.10.1975, BB 1976, 139.
330 BAG, Urt. v. 21.03.1980, AP Nr. 1 zu § 17 SchwbG.
331 Kittner/Däubler/Zwanziger/*Zwanziger*, § 20 SchwbG Rn 9.

c) Anzeigepflicht bei Probearbeitsverträgen

Bei der Vereinbarung einer vertraglichen Probezeit besteht nach § 90 Abs. 3 SGB IX Anzeigepflicht. Dabei schreibt das Gesetz weder eine Mindest- noch eine Höchstprobezeit für schwerbehinderte Arbeitnehmer vor.[332] Fristbeginn ist der Tag des vereinbarten Antritts des Arbeitsverhältnisses. 390

Das Unterlassen der Anzeige führt nicht zur Unwirksamkeit der Probezeitvereinbarung.[333] Die Vorschrift ist nicht bußgeldbewehrt. Sie ist eine bloße Ordnungsvorschrift. Ihre Einhaltung ist nach § 95 Abs. 1 Nr. 1 SBG IX von der SBV zu überwachen. Bei Verstoß kann die SBV den Arbeitgeber abmahnen und im Wiederholungsfall auf Nachholung der nach § 95 Abs. 2 SGB IX vorgeschriebenen Anhörung im arbeitsgerichtlichen Beschlussverfahren in Anspruch nehmen. 391

7. Befristungsschutz

Seit dem 01.01.2001 gelten für alle Arbeitsverhältnisse §§ 14 bis 21 TzBfG. Danach ist insbesondere die Vereinbarung eines befristeten Arbeitsverhältnisses (§ 14 Abs. 1 Nr. 5 TzBfG) zulässig. Zur Wirksamkeit der Befristung bedarf es in allen Fällen nach § 14 Abs. 4 TzBfG der **Schriftform**. 392

Zum Schutz schwerbehinderter Menschen gelten nur wenige Sonderbestimmungen. So hat der Arbeitgeber nach § 90 Abs. 3 SGB IX die **befristete Einstellung auf Probe** dem Integrationsamt innerhalb von vier Tagen anzuzeigen. Will der Arbeitgeber das Probearbeitsverhältnis nach Auslaufen der kalendermäßig befristeten Zeit (§ 15 Abs. 1 TzBfG) nicht verlängern, so hat er ebenfalls nach § 90 Abs. 3 SGB IX das Integrationsamt davon zu unterrichten. Es besteht aber nicht die Verpflichtung, eine Zustimmung einzuholen. Nur in den in § 92 SGB IX geregelten Fällen des **erweiterten Bestandsschutzes** ist für das Auslaufen des befristeten Arbeitsverhältnisses bei teilweiser Erwerbsminderung, Erwerbsminderung auf Zeit oder Berufs- oder Erwerbsunfähigkeit auf Zeit die Zustimmung des Integrationsamtes erforderlich. 393

Allerdings ist jede Befristung oder auflösende Bedingung dann als unwirksam anzusehen, wenn sie der **Umgehung des Sonderkündigungsschutzes** dient. Das gilt insbesondere für die Vereinbarung, dass das Arbeitsverhältnis endet, wenn der Arbeitnehmer einen Antrag auf Feststellung der Schwerbehinderung stellt oder eine Schwerbehinderung eintritt.[334] 394

8. Schutz vor Aufhebungsverträgen

Der Abschluss eines Aufhebungsvertrages mit schwerbehinderten Beschäftigten und ihnen Gleichgestellten ist zulässig. Eine Zustimmung zu einem Aufhebungsvertrag ist zwar nicht erforderlich. Das Integrationsamt kann aber im Benehmen mit dem Landesarbeitsamt die besonderen Hilfen bis zu einer Dauer von sechs Monaten **entziehen**, wenn der schwerbehinderte Mensch oder gleichgestellte behinderte Mensch seinen zumutbaren Arbeitsplatz ohne berechtigten Grund aufgibt (§ 117 Abs. 1 SGB IX). Daher empfiehlt sich eine vorherige Klärung. 395

Mit Ausnahme des in § 92 SGB IX geregelten erweiterten Bestandsschutzes ist für die wirksame Aufhebung eines Arbeitsverhältnisses die Zustimmung des Integrationsamtes nicht erforderlich. 396

Seit dem 01.05.2000 ist nach § 623 BGB die **Schriftform** zu beachten. Nur wenn beide Vertragsparteien die Aufhebungsvereinbarung auf derselben Urkunde unterschrieben haben, wird der Schriftform des § 623 BGB genügt. Damit ist das Problem der einseitig vom Arbeitnehmer zu unterschreibenden so genannten **Ausgleichsquittung** erledigt. 397

Reut den Arbeitnehmer seine Zustimmung zur Aufhebungsvereinbarung, kommt die **Anfechtung** der Erklärung nach **§ 123 BGB** in Betracht. Anfechtungsgründe können sein: widerrechtliche Drohung 398

332 BAG, Urt. v. 07.08.1980, AP Nr. 15 zu § 620 BGB Probearbeitsverhältnis.
333 LAG Düsseldorf, Urt. v. 09.06.1978, EzA § 17 SchwbG Nr. 1.
334 Kittner/Däubler/Zwanziger/*Zwanziger*, § 15 SchwbG Rn 9.

mit einer fristlosen Kündigung, weil ein verständiger Arbeitgeber diese außerordentliche Kündigung nicht ernsthaft in Erwägung gezogen hätte,[335] oder arglistige Täuschung, falls der Arbeitgeber dem Arbeitnehmer die angeblich sicher zu erwartende Zustimmung des Integrationsamtes zu seiner Kündigung vorgespiegelt hat.[336]

9. Erweiterter Bestandsschutz

399 In § 92 SGB IX ist der Bestandsschutz erweitert. Danach bedarf die Beendigung des Arbeitsverhältnisses eines schwerbehinderten Menschen auch dann der vorherigen Zustimmung des Integrationsamtes, wenn sie **ohne Kündigung** durch den Arbeitgeber erfolgt. Damit soll verhindert werden, dass im Falle des Eintritts einer teilweisen Erwerbsminderung, einer Erwerbsminderung auf Zeit oder bei Eintritt der Berufsunfähigkeit oder der Erwerbsunfähigkeit das Arbeitsverhältnis auf Veranlassung des Arbeitgebers beendet wird.

400 § 92 SGB IX schützt insbesondere vor Auflösungsklauseln, wie sie üblicherweise in Tarifverträgen an die teilweise **Erwerbsminderung** oder die volle Erwerbsminderung auf Zeit nach § 43 Abs. 1, § 43 Abs. 2, § 100 Abs. 2 Satz 1 SGB VI in der seit 01.01.2000 geltenden Neufassung geknüpft werden. Bei In-Kraft-Treten des SchwbG 1974 wollte der Gesetzgeber damit im Wesentlichen die entsprechenden Klauseln in § 59 des Bundes-Angestelltentarifvertrags, in § 56 des Manteltarifvertrags für die Arbeiter des Bundes und in § 62 Manteltarifvertrag für die Arbeiter der Länder treffen. Nachdem das Bundesarbeitsgericht in Auslegung dieser Tarifvertragsklauseln erkannt hat, dass das Arbeitsverhältnis eines dauerhaft berufsunfähigen Arbeitnehmers nur ende, soweit es an zumutbaren Weiterbeschäftigungsmöglichkeiten fehlt,[337] ist der Anwendungsbereich des besonderen Bestandsschutzes geschrumpft. Er beschränkt sich somit auf Fälle der **Erwerbsunfähigkeit** auf Zeit und der **Berufsunfähigkeit** auf Zeit **ohne Weiterbeschäftigungsmöglichkeit** im Betrieb.

401 Der Arbeitgeber hat den Antrag auf vorherige Zustimmung zur Beendigung des Arbeitsverhältnisses bei dem zuständigen Integrationsamt zu stellen, sobald der Rentenbescheid dem Arbeitnehmer zugeht. Eine Frist für die Stellung des Antrags durch den Arbeitgeber ist gesetzlich nicht vorgesehen. Durch die Verweisung auf § 88 Abs. 1 SGB IX gilt nur die vom Integrationsamt für die Entscheidung einzuhaltende Monatsfrist.

402 Unterlässt der Arbeitgeber aus Unkenntnis die Antragstellung, so kommt es nicht zur wirksamen Beendigung des Arbeitsverhältnisses. Sobald der Arbeitgeber Kenntnis von der Rentenbewilligung erhält, kann er das Zustimmungsverfahren einleiten, um eine rechtswirksame Beendigung des Arbeitsverhältnisses zu erreichen.

403 Erhält der Arbeitnehmer eine Erwerbsminderungsrente, so hat das Integrationsamt zu prüfen, ob eine anderweitige Beschäftigung des Arbeitnehmers in Betracht kommt. Dabei ist insbesondere der Anspruch des schwerbehinderten Menschen auf Schaffung eines Teilzeitarbeitsplatzes nach § 81 Abs. 5 Satz 2 SGB IX zu berücksichtigen. Nur wenn auch diese geänderte Beschäftigung nicht möglich oder dem Arbeitgeber unzumutbar ist, hat das Integrationsamt die Zustimmung zu erteilen.

404 Ist dem schwerbehinderten Menschen eine befristete Berufsunfähigkeitsrente bewilligt, so wird regelmäßig kein tarifvertraglicher Beendigungstatbestand eintreten, sondern nur das Ruhen des Arbeitsverhältnisses angeordnet (vgl. § 59 BAT). Dafür bedarf es keiner Zustimmung. Sehen die maßgeblichen Bestimmungen auch für den Fall der zeitweisen Berufsunfähigkeit die Beendigung des Arbeitsverhältnisses vor, wirkt das Integrationsamt darauf hin, bis zur Wiederherstellung der Berufsfähigkeit das Ruhen der Hauptpflichten aus dem Arbeitsverhältnis zu vereinbaren. Kommt es zu keiner gütlichen Einigung, ist zu prüfen, ob eine Weiterbeschäftigung zu geänderten Arbeitsbedingungen in Betracht kommt.

335 BAG, Urt. v. 30.01.1986, NZA 1988, 91.
336 *Dörner*, SchwbG, § 15 Rn 66
337 BAG, Urt. v. 28.06.1995, AP Nr. 6 zu § 59 BAT.

405 Bei einer Erwerbsunfähigkeitsrente auf Zeit ist eine Weiterbeschäftigungsmöglichkeit wegen des festgestellten rentenrechtlichen Tatbestandes regelmäßig auszuschließen. Die Zustimmung des Integrationsamts ist damit vorgezeichnet, sofern nicht dem Arbeitgeber zugemutet werden kann, den Arbeitsplatz bis zur Wiederherstellung der Erwerbsfähigkeit offen zu halten.[338]

10. Anfechtung des Arbeitsvertrags

a) Anfechtungsrecht

406 Der Arbeitgeber bedarf **keiner Zustimmung des Integrationsamtes**, wenn er sein Angebot zum Abschluss eines Arbeitsvertrages wegen Irrtums (§ 119 BGB) oder wegen arglistiger Täuschung oder widerrechtlicher Drohung (§ 123 BGB) anficht. Das Recht zur Anfechtung wird auch nicht durch das Recht zur außerordentlichen Kündigung verdrängt, solange der Anfechtungsgrund bei Abgabe der Anfechtungserklärung seine Bedeutung für das Arbeitsverhältnis noch nicht verloren hat.[339]

b) Irrtumsanfechtung

407 Eine Behinderung, die die Fähigkeit zur Erbringung der vertraglich geschuldeten Tätigkeit erheblich beeinträchtigt, gilt als **verkehrswesentliche Eigenschaft** im Sinne von § 119 Abs. 2 BGB.[340] Hätte der Arbeitgeber die Beeinträchtigung der Leistungsfähigkeit bereits bei der Einstellung wegen der Offenkundigkeit der Behinderung erkennen müssen, so liegt kein Anfechtungsgrund vor. Es fehlt dann an der erforderlichen Fehlvorstellung.[341] Ist ein Arbeitnehmer schwerbehindert, ohne dass die der Behinderung zugrunde liegenden Funktionsbeeinträchtigungen sich auf die Erbringung der Arbeitsleistung nachteilig auswirken, wird die Fehlvorstellung des Arbeitgebers über das Nichtvorliegen einer Schwerbehinderung nicht geschützt. Der **Status** schwerbehinderter Mensch ist keine verkehrswesentliche Eigenschaft.[342]

408 Eine Anfechtung im Sinne von § 119 BGB muss **ohne schuldhaftes Zögern** (§ 121 BGB) erklärt werden. Das BAG hat zur Bestimmung der Dauer dieser Frist einmal die Zwei-Wochen-Frist des § 626 Abs. 2 BGB herangezogen.[343] Das ist zu lang.[344] Es ist daher nicht zu empfehlen, die vermeintliche Zwei-Wochen-Frist auszuschöpfen.

c) Täuschungsanfechtung

409 Eine wegen arglistiger Täuschung erklärte Anfechtung (§ 123 Abs. 1 BGB) kann nur dann die Nichtigkeit des Arbeitsvertrages (§ 142 BGB) bewirken, wenn der Arbeitnehmer zur Offenbarung verpflichtet war oder auf eine zulässige Frage eine wahrheitswidrige Antwort gegeben hat. Für die Erfüllung des Merkmals **arglistig** reicht es aus, wenn der Täuschende bezweckt hat, den anderen zur Abgabe der maßgeblichen Willenserklärung zu veranlassen. Die Täuschung muss dann auch tatsächlich **kausal** geworden sein. Daran fehlt es z.B., wenn die Entscheidung, den Arbeitnehmer einzustellen, bereits vor Abgabe der wahrheitswidrigen Angabe im Fragebogen gefallen ist. Ebenso fehlt es an der Kausalität, wenn die vom Arbeitnehmer geleugnete Schwerbehinderung offenkundig war.[345] In dem vom Bundesarbeitsgericht entschiedenen Fall ist wegen der Funktionseinschränkung der Gliedmaßen und des Rumpfes bei angeborenem Minderwuchs von einer **Offenkundigkeit der Schwerbehinderung** ausgegangen worden.

338 *Dörner*, SchwbG, § 22 Rn 22.
339 BAG, Urt. v. 28.03.1974, AP Nr. 3 zu § 119 BGB.
340 BAG, Urt. v. 28.03.1974, AP Nr. 3 zu § 119 BGB.
341 BAG, Urt. v. 28.03.1974, AP Nr. 3 zu § 119 BGB.
342 Zutreffend: *Dörner*, SchwbG, § 15 Rn 77; GK-SchwbG/*Steinbrück*, § 15 Rn 149.
343 BAG, Urt. v. 14.12.1979, AP Nr. 4 zu § 119 BGB.
344 *Dörner*, SchwbG, § 15 Rn 79.
345 BAG, Urt. v. 18.10.2000, AP Nr. 59 zu § 123 BGB.

410 Nach Auffassung des Zweiten Senats des Bundesarbeitsgerichts soll ein uneingeschränktes Fragerecht des Arbeitgebers auch dann bestehen, wenn die Behinderung, auf der die Feststellung der Schwerbehinderung beruht, **tätigkeitsneutral** ist, d.h. sich nicht auf den vorgesehenen Arbeitsplatz nachteilig auswirkt.[346] Diese Rechtsprechung muss inzwischen als europarechlich überholt angesehen werden.[347] Denn nach der »Antidiskriminierungsrichtlinie« vom 27.11.2000 (Richtlinie des Rates der Europäischen Union zur Festlegung eines allgemeinen Rahmens für die Verwirklichung der Gleichbehandlung in Beschäftigung und Beruf, Richtlinie 2000/78/EG des Rates) verlangt Europa einen effektiven Schutz behinderter Bewerber vor Ausgrenzung.

d) Rechtsfolgen wirksamer Anfechtung

411 Nach § 142 Abs. 1 BGB bewirkt der Zugang einer begründeten Anfechtungserklärung, dass das Rechtsgeschäft als von Anfang an nichtig anzusehen ist. Für bereits in Vollzug gesetzte Arbeitsverhältnisse wird die Ausnahme gemacht: Ansprüche und Rechte aus dem Arbeitsverhältnis sollen **nur für die Zukunft** entfallen, nicht aber bereits ausgetauschte Leistungen rückabgewickelt werden.[348] Nach der Rechtsprechung des Zweiten Senats des Bundesarbeitsgerichts soll jedoch kein Grund bestehen, von der Regelfolge rückwirkender Anfechtung abzuweichen, wenn der Arbeitgeber im Anschluss an eine Arbeitsunfähigkeit des Arbeitnehmers den Arbeitsvertrag wegen arglistiger Täuschung anficht.[349] Danach kann der Arbeitgeber die Entgeltfortzahlung im Krankheitsfall zu Recht verweigern.

IV. Die Pflicht des Arbeitgebers, an der Eingliederung schwerbehinderter Menschen mitzuwirken

1. Die öffentlich-rechtliche Beschäftigungspflicht

412 § 71 SGB IX legt den Arbeitgebern eine Pflicht zur Beschäftigung schwerbehinderter Menschen auf. Die Pflicht besteht im öffentlichen Interesse. Die Arbeitgeber sollen an der Gemeinschaftsaufgabe mitwirken, schwerbehinderte Menschen in Arbeit, Beruf und Gesellschaft einzugliedern. Eine Pflicht, arbeitssuchende schwerbehinderte Menschen einzustellen, ist damit nur verbunden, soweit im Unternehmen des einzelnen Arbeitgebers nicht genügend Arbeitnehmer während der Beschäftigung schwerbehindert werden oder sich vom Arbeitsamt einem schwerbehinderten Menschen gleichstellen lassen.

a) Beschäftigungsquote

413 Arbeitgeber haben auf mindestens **5 % der Arbeitsplätze** schwerbehinderte Menschen zu beschäftigen (§ 71 Abs. 1 SGB IX).

413a Zum Schutz von Kleinunternehmern vor Überforderung beginnt die Beschäftigungspflicht erst mit der Mindestzahl von jahresdurchschnittlich monatlich **20 Arbeitsplätzen**. Ein Arbeitgeber, der die Mindestzahl nicht erreicht, ist von der Beschäftigungspflicht ausgenommen.

414 Die verschiedenen Gruppen der schwerstbehinderten Menschen und über 50-jährigen schwerbehinderten Menschen sind im Rahmen der Erfüllung der Beschäftigungspflicht »angemessen« (§ 72 Abs. 1 SGB IX) sowie schwerbehinderte Frauen »besonders« (§ 71 Abs. 1 Satz 2 SGB IX) zu berücksichtigen. Allerdings fehlt für den Verstoß jede Sanktionsandrohung.

414a Da die allgemein gesunkene Bereitschaft von Unternehmen, Jugendliche auszubilden, besonders zu Lasten behinderter Jugendlicher geht, war im Entwurf des Gesetzes vom 23.04.2004 vorgesehen, jeder Arbeitgeber mit jahresdurchschnittlich wenigstens 100 Arbeitsplätzen solle mindestens

346 Vgl. BAG, Urt. v. 01.08.1985 und 05.10.1995, AP Nr. 30 und 40 zu § 123 BGB.
347 Siehe im Einzelnen LPK SGB IX/*Düwell*, § 85 Rn 15 ff.; so auch *Alpers*, Rn 535.
348 BAG, Urt. v. 16.09.1982, AP Nr. 24 zu § 123 BGB.
349 BAG, Urt. v. 03.12.1998, AP Nr. 49 zu § 123 BGB.

fünf Prozent seiner Stellen zur beruflichen Ausbildung mit behinderten und schwerbehinderten Menschen besetzen. Die vorgesehene Fünfprozentquote entsprach in etwa dem Anteil behinderter Jugendlicher, die wegen Art oder Schwere ihrer Behinderung besondere Hilfen zur Teilhabe am Arbeitsleben benötigen. Diese Norm ist wegen des Widerstandes des Bundesrats nicht zustande gekommen. Stattdessen ist in § 72 Abs. 2 SGB IX auf Empfehlung des Vermittlungsausschusses eine neue Beratungsverpflichtung aufgenommen worden: Arbeitgeber, Betriebs- oder Personalrat und Schwerbehindertenvertretung haben über die Möglichkeit der Ausbildung von behinderten jungen Menschen im Betrieb zu beraten. Sanktionen sind nicht vorgesehen.

b) Entwicklung der Schwerbehindertenbeschäftigung

Bis zum 31.12.2000 galt die höhere Beschäftigungsquote von 6 %. Das Soll ist niemals erreicht worden. 415

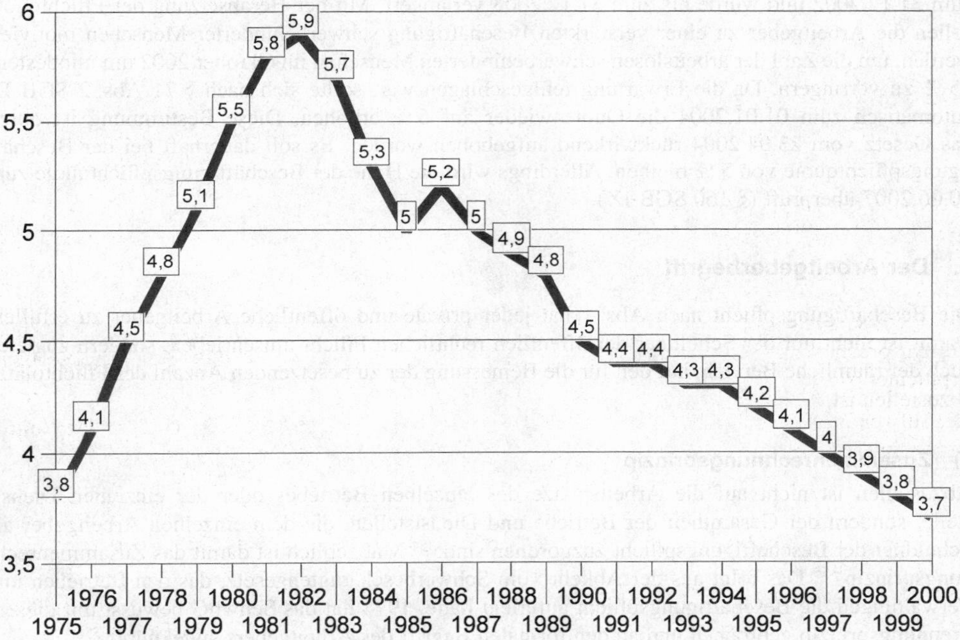

Die Daten wurden von der BA aus dem Anzeigeverfahren gem. § 13 Abs. 2 SchwbG ermittelt.

Da die BA der Schwerbehindertenbeschäftigung nur eine marginale Bedeutung zumisst, hat sie inzwischen die früher übliche Veröffentlichung der Statistik in ihren Jahresberichten eingestellt. Nach den verfügbaren Daten ist die reale Beschäftigungsquote 2001 wieder auf 3,8 % angestiegen.[350] Bemerkenswert ist dabei, dass unter den besonders schwierigen Arbeitsbedingungen des Bergbaus die höchste Beschäftigungsquote mit 12 % erreicht wird, während Wirtschaftszweige wie Gastgewerbe und Datenverarbeitung nur 2 % erreichen.[351]

350 Integrationsamt LVR, Entwicklungsbericht: Daten und Fakten zum Schwerbehindertenrecht 2002 bis 2002, Köln 2003, S. 17.

351 Integrationsamt LVR Entwicklungsbericht: Daten und Fakten zum Schwerbehindertenrecht 2002 bis 2002, Köln 2003, S. 17.

c) Die befristete Herabsetzung der Quote

416 Das Gesetz zur Bekämpfung der Arbeitslosigkeit Schwerbehinderter (SchwbBAG) vom 29.09.2000[352] hatte sich das ehrgeizige Ziel gesetzt: Abbau der Anzahl arbeitsloser schwerbehinderter Menschen innerhalb von zwei Jahren um 25 %. Die Bemühungen um den Abbau der in der Statistik erfassten Zahl der arbeitslosen schwerbehinderten Menschen war insbesondere infolge von Frühverrentungsprogrammen erfolgreich. Das geht aus den von der Bundesanstalt für Arbeit veröffentlichten Zahlen hervor. Im Vergleich zu Oktober 1999 ging im Oktober 2002 die Arbeitslosigkeit schwerbehinderter Menschen um 45 305[353] (fast 24 %) zurück. Allerdings geht seit Novembers 2002 die Kurve der spezifischen Arbeitslosigkeit schwerbehinderter Menschen wieder steil nach oben und hat fast wieder die Ausgangsposition von Oktober 1999 mit 190.000 Arbeitslosen erreicht.

416a Die Absenkung der Soll-Quote von 6 % auf 5 % galt ursprünglich nur befristet vom 01.01.2001 bis zum 31.12.2002 und wurde bis zum 31.12.2003 verlängert. Mit der Herabsetzung der Pflichtquote sollen die Arbeitgeber zu einer verstärkten Beschäftigung schwerbehinderter Menschen motiviert werden, um die Zahl der arbeitslosen schwerbehinderten Menschen im Oktober 2002 um mindestens 25 % zu verringern. Da die Erwartung fehlgeschlagen war, sollte sich nach § 71 Abs. 2 SGB IX automatisch zum 01.01.2004 die Quote wieder auf 6 % erhöhen. Diese Bestimmung ist durch das Gesetz vom 23.04.2004 rückwirkend aufgehoben worden. Es soll dauerhaft bei der Beschäftigungspflichtquote von 5 % bleiben. Allerdings wird die Höhe der Beschäftigungspflichtquote zum 30.06.2007 überprüft (§ 160 SGB IX).

2. Der Arbeitgeberbegriff

417 Die Beschäftigungspflicht nach Abs. 1 hat jeder private und öffentliche Arbeitgeber zu erfüllen. Damit ist nicht nur der Schuldner der öffentlich-rechtlichen Pflicht umschrieben, sondern zugleich auch der räumliche Bereich, auf den für die Bemessung der zu besetzenden Anzahl der Pflichtplätze abzustellen ist.

a) Zusammenrechnungsprinzip

418 Abzustellen ist nicht auf die Arbeitsplätze des einzelnen Betriebes oder der einzelnen Dienststelle, sondern der Gesamtheit der Betriebe und Dienststellen, die dem einzelnen Arbeitgeber als Schuldner der Beschäftigungspflicht zuzuordnen sind.[354] Maßgeblich ist damit das Zusammenrechnungsprinzip.[355] Das folgt aus der Abkehr vom Schwerbeschädigtengesetz, das den Betrieben und Verwaltungen die Beschäftigungspflicht auferlegt hatte. 1974 hat das SchwbG bewusst mit diesem Trennungsprinzip gebrochen und an den formalen Begriff des Arbeitgebers angeknüpft.[356]

418a Betreibt ein Unternehmer mehrere Betriebe, Nebenbetriebe oder Betriebsteile (§ 4 BetrVG), ist er für alle abhängig Beschäftigten der Arbeitgeber i.S.v. § 71 SGB IX.

> *Beispiel*
> Ein Friseur betreibt eine Filialkette. Er richtet acht Filialen mit einem Stellenplan für jeweils drei Mitarbeiter ein. Er ist beschäftigungspflichtig; denn er hat mit 24 Arbeitsplätzen die Schwelle des § 71 Abs. 1 SGB IX überschritten.[357]

Betreiben mehrere Unternehmen einen gemeinsamen Betrieb, ist jedes der an der Betriebsführung beteiligten Unternehmen Arbeitgeber für »seine« dort beschäftigten Arbeitnehmer.

352 BGBl I, 1394.
353 Bericht des Ausschusses für Gesundheit und Soziale Sicherung, 15.01.2003, Drucks 15/317.
354 *Siegler*, DB 1979, 1083, 1084.
355 BSG, Urt. v. 19.01.1999, SozR 3-3870 § 13 Nr. 3; BVerwG, Urt. v. 06.07.1989, Behindertenrecht 1990, 18.
356 Vgl. BT-Drucks. 7/656, S. 27.
357 Vgl. OVG Münster, Urt. v. 31.10.2002, NWVBl 2004, 67.

Diese Auslegung ist verfassungskonform und verstößt auch nicht gegen das europäische Gemeinschaftsrecht.[358] Durch die Zusammenfassung soll erreicht werden, dass auch die Arbeitsplätze der Betriebe und Dienststellen zur Begründung der Beschäftigungspflicht miterfasst werden, in denen weniger als 20 Arbeitsplätze bestehen. Gibt ein Arbeitgeber getrennt für jeden Betrieb eine Einzelanzeige ab, ist die BA nicht befugt, die Einzelmeldungen zu einer Gesamtanzeige zusammenzuziehen.[359] 418b

b) Der Arbeitgeber als Träger eines Unternehmens der Privatwirtschaft

Wer Arbeitgeber in der Privatwirtschaft ist, ergibt sich aus dem Arbeitsvertrag. Arbeitgeber des privaten Rechts können alle natürlichen Personen, die Personengesellschaft des BGB und die juristischen Personen des Handelsrechts sowie die Stiftungen des privaten Rechts sein. Bei rechtsfähigen Vereinen ist jeweils zu prüfen, ob sie oder die ihrerseits als Verein organisierten Untergliederungen Arbeitgeber sind.[360] Als Arbeitgeber kommen auch Personengemeinschaften in Betracht z.B. der nichtrechtsfähige Verein (§ 54 BGB), die nichtrechtsfähige Stiftung,[361] die BGB-Gesellschaft (§ 705 BGB), OHG (§ 105 HGB), KG (§ 161 HGB), die Erbengemeinschaft (§ 2032 BGB) oder die Wohnungseigentümergemeinschaft (§ 10 WEG).[362] Ausländische Unternehmen, die eine Tätigkeit in der Bundesrepublik Deutschland entfalten, gelten ebenfalls als Arbeitgeber.[363] 419

c) Der Arbeitgeber der öffentlichen Hand

Für den Bereich des öffentlichen Dienstes ist der Arbeitgeberbegriff modifziert. § 71 Abs. 3 SGB IX schränkt die Wirkung des Grundsatzes der Zusammenfassung aller Dienststellen eines öffentlichen Arbeitgebers ein. Besonders deutlich wird das in Abs. 3 Nr. 1, wonach jede oberste Bundesbehörde mit ihren nachgeordneten Dienststellen als ein öffentlicher Arbeitgeber gilt. Ansonsten wären alle Dienststellen aller Bundesbehörden bei der Berechnung der Beschäftigungspflicht nach Abs. 1 zusammenzurechnen. 420

3. Der Begriff des Arbeitsplatzes

Zur Bestimmung der Mindestzahl von 20 Arbeitsplätzen, die erst die Beschäftigungspflicht begründet (§ 71 Abs. 1 SGB IX) und zur Berechnung der Anzahl der vom Arbeitgeber mit schwerbehinderten Menschen zu besetzenden Pflichtarbeitsplätze wird nicht auf die Anzahl der vom Arbeitgeber regelmäßig Beschäftigten (Kopfzahl) sondern auf die Zahl der Arbeitsplätze abgestellt. Die Bemessung nach dem SGB IX unterscheidet sich hier grundlegend von den Bemessungsvorschriften in § 1 BetrVG oder § 23 KSchG. 421

Arbeitsplätze i.S.d. SGB IX sind alle Stellen, auf denen Arbeitnehmer, Beamte, Richter sowie Auszubildende und andere zu ihrer beruflichen Bildung Eingestellte beschäftigt werden, § 73 Abs. 1 SGB IX.[364] Ausgenommen sind in § 73 Abs. 2 SGB IX Stellen für bestimmte Personengruppen, die überwiegend nicht als Arbeitnehmer gelten. 422

358 LSG NRW, Urt. v. 21.03.1996 – L 9 Ar 200/94 (n.v.).
359 BVerwG, Beschl. v. 19.01.1999, Behintertenrecht 1999, 112.
360 Vgl. zur Arbeitgebereigenschaft eines Unterbezirks einer Gewerkschaft LSG Baden-Württemberg, Urt. v. 15.12.1998, SGb 1999, 563.
361 Vgl. RG, Urt. v. 08.11.1922 – RGZ 105, 305.
362 Vgl. BAG, Urt. v. 09.09.1982, AP Nr. 1 zu § 611 BGB Hausmeister: Arbeitgeber des Hausmeisters ist derjenige, der die Dienstleistungen vom Arbeitnehmer kraft des Arbeitsvertrages fordern kann.
363 Vgl. BAG, Urt. v. 20.05.1958, AP Nr. 17 zu Art. 44 Truppenvertrag.
364 Entspricht dem aufgehobenen § 7 Abs. 1 SchwbG.

a) Ruhende Arbeitsverhältnisse

423 Stellen, die mit Arbeitnehmern besetzt sind, deren Arbeitsverhältnisse wegen Wehr- oder Zivildienst oder wegen Elternzeit, Rentenbezug, Blockfreistellung während der Altersteilzeit oder wegen unbezahlten Urlaubs ruhen, gelten nicht als Arbeitsplätze, solange ein Vertreter eingestellt ist (§ 73 Abs. 2 Nr. 7 SGB IX). Ebenso sind zwischenbesetzte Stellen, deren Inhaber sich in Elternzeit befinden oder zur Kinderbetreuung freigestellt sind, nicht mitzuzählen (§ 21 Abs. 7 BErzGG). Ziel ist es, eine Doppelzählung von Vertretenen und Vertretern auszuschließen. Die teilweise Doppelregelung in § 21 Abs. 7 BErzGG ist nur damit zu erklären, dass für das SGB IX das BMGS und für das BErzGG das BMFJS zuständig ist.

b) Nichtzählende Stellen

423a Ausgenommen von der Zählung sind Stellen, die nur bis zur Dauer von acht Wochen besetzt sind oder auf denen Arbeitnehmer weniger als 18 Stunden wöchentlich beschäftigt werden (§ 73 Abs. 3 SGB IX). Während für Saisonarbeitsplätze das einleuchtet, ist die Ausnahme für Arbeitsplätze, auf denen Geringfügigbeschäftigte eingesetzt werden, rational nicht nachvollziehbar. Diese Ausnahme begünstigt im Wettbewerb diejenigen Arbeitgeber, die ihre Vollzeitarbeitsplätze aufteilen, um die steuer- und sozialrechtlichen Vorteile von Minijobs wahrnehmen zu können. Stellen, auf denen Auszubildende beschäftigt werden, gelten zwar als Arbeitsplätze i.S.v. § 73 SGB IX, sind aber nach der Spezialnorm des § 74 Abs. 1 Satz 1 SGB IX bei der Berechung der Pflichtplätze nicht mitzuzählen. Denn: Wer ausbilden will, soll nicht dadurch abgeschreckt werden, dass sich dann seine Pflichtplatzzahl erhöht.

c) Heimarbeitnehmer

424 Schwerbehinderte Menschen, die in Heimarbeit beschäftigt werden, werden nicht für die Ermittlung der Mindestanzahl der Arbeitsplätze im Sinne von § 71 Abs. 1 SGB IX oder die Anzahl der Pflichtarbeitsplätze gezählt. Denn Heimarbeitsplätze sind keine Arbeitsplätze eines Arbeitgebers im Sinne von § 73 Abs. 1 SGB IX. Nach § 2 HAG arbeiten Heimarbeiter im Auftrag von Gewerbetreibenden in »selbstgewählter Betriebsstätte«.

d) Arbeitnehmerüberlassung

425 Der Arbeitsplatz eines **Leiharbeitnehmers** wird dem **Verleiher** und nicht dem Entleiher zugerechnet; denn nur der Verleiher verfügt über den Arbeitsplatz.[365] Nur er entscheidet, ob und in welchem Umfang der Leiharbeitnehmer im Betrieb des Entleihers tätig wird. Dass der Leiharbeitnehmer im Rahmen seiner Tätigkeit möglicherweise Aufgaben wahrnimmt, die einem im Betrieb des Entleihers bereits eingerichteten Arbeitsplatz zugeordnet sind, ist für das Schwerbehindertenrecht ohne Bedeutung.

e) Kurzarbeit

426 Stellen von Arbeitnehmern, deren Arbeitszeit im Rahmen von **Kurzarbeit** auf »Null« festgesetzt worden ist, werden von der Rechtsprechung der Verwaltungsgerichte nicht gezählt.[366] Das ist bedenklich. Da § 73 Abs. 1 SGB IX nicht von einem funktionalen Arbeitsplatzbegriff ausgeht, ist die zeitweise tatsächliche Beschäftigung ohne Bedeutung.[367]

365 BVerwG, Urt. v. 13.12.2001, ZFSH/SGB 2002, 343.
366 Thüringer OVG, Urt. v. 06.07.1995, AuA 1996, 187; Brandenburgisches OVG, Urt. v. 27.05.1998 – 4 A 133/97 (n.v.).
367 LPK SGB IX/*Düwell*, § 73 Rn 4.

f) Maßgeblicher Zeitpunkt

Für die Zählung der Arbeitsplätze war bis 2002 auf die beim Arbeitgeber im jeweiligen Monat bestehenden Verhältnisse abzustellen. Das folgte aus der Pflicht, die Daten zur Berechnung des Umfangs der Beschäftigungspflicht »aufgegliedert nach Monaten« anzuzeigen (§ 80 Abs. 2 Satz 1 SGB IX). Dementsprechend waren alle Arbeitsplätze zu berücksichtigen, die mindestens an einem Tag im jeweiligen Monat besetzt waren. Eine stichtagsbezogene Ermittlung war ausgeschlossen.[368] Es konnte somit ein Arbeitgeber in einem Monat, in dem er 20 Arbeitsplätze besetzt hatte, beschäftigungspflichtig sein und im darauf folgenden Monat nicht mehr, weil ein Arbeitnehmer ausgeschieden war. Seit 2003 gilt das nicht mehr. Mit dem Gesetz zur Änderung von Fristen und Bezeichnungen im Neunten Buch Sozialgesetzbuch und zur Änderung anderer Gesetze vom 03.04.2003[369] ist auf die **jahresdurchschnittliche Betrachtung** umgestellt worden. Ziele der Umstellung waren: erstens die Harmonisierung mit der Berechnungsweise der Ausgleichsabgabe in § 77 Abs. 1 Satz 3 SGB IX und zweitens den Beginn der Beschäftigungspflicht vom Monatsbezug zu lösen. Die Pflichtplatzzahl errechnet sich jetzt nach dem Durchschnitt der im jeweiligen Jahr nach §§ 73, 74 SGB IX zu berücksichtigenden Arbeitsplätze. Die Berechnung erfolgt so, dass die für jeden Monat einzeln festgestellte Zahl der Arbeitsplätze durch die Anzahl der Monate geteilt wird, in denen der Arbeitgeber einer Betriebstätigkeit nachgegangen ist.[370] 427

> *Beispiel*
> Ein Arbeitgeber hat die Betriebstätigkeit im März 2004 mit folgender Anzahl von Arbeitsplätzen aufgenommen:
>
> März bis August jeweils 19 und September bis Dezember jeweils 23. Das waren in zehn Monaten zusammen 114 + 92 = 206 Monatsarbeitsplätze. Das ergibt bei einer im Kalenderjahr nur für zehn Monate ausgeübter Betriebstätigkeit: Jahresdurchschnitt 20,06 Arbeitsplätze im Monat. Damit bestand ab Betriebsaufnahme im März 2004 eine Beschäftigungspflicht. Das Beispiel verdeutlicht, dass nach dieser Berechnungsmethode nur im Nachhinein eine genaue Bestimmung der Beschäftigungspflicht möglich ist.

4. Berechnung der Anzahl der Pflichtarbeitsplätze

Nachdem die Gesamtsumme aller nach §§ 73, 74 SGB IX zu berücksichtigenden und nach § 71 Abs. 1 Satz 1 SGB IX jahresdurchschnittlich zu berechnenden[371] Arbeitsplätze eines Arbeitgebers festgestellt ist, bemisst sich die Mindestzahl der mit schwerbehinderten Menschen zu besetzenden Arbeitsplätze bei Anwendung der derzeitigen Quote von **5 %** nach folgender Formel: Anzahl der zu berücksichtigenden Arbeitsplätze (§ 73 SGB IX) x 5 : 100. 428

Sich ergebende Bruchteile von 0,5 und mehr sind aufzurunden bzw. bei Arbeitgebern mit jahresdurchschnittlich weniger als 60 Arbeitsplätzen (§ 74 Abs. 2 SGB IX)[372] abzurunden (§ 74 Abs. 2 SGB IX). 429

> *Beispiel* 430
> Ein Arbeitgeber verfügt über 111 zu berücksichtigende Arbeitsplätze. Die Berechnung lautet: 111x 5/100 = 5,55; das sind aufgerundet: 6,0 Pflichtplätze.

368 LPK SGB IX/*Düwell*, § 73 Rn 5.
369 BGBl I, 462.
370 *Knittel*, SGB IX, 5. Erg., § 71 Rn 7 f.
371 Siehe Rn 427.
372 Neu gefasst durch Gesetz v. 23.04.2004.

431 Die Pflichtplatzzahl ist davon unabhängig, ob der Arbeitgeber nachweislich nicht in der Lage ist, geeignete arbeitslose schwerbehinderte Menschen auch nach Durchführung geeigneter Maßnahmen (§ 81 Abs. 3 SGB IX) einzustellen.[373]

5. Berechnung der Erfüllung der Beschäftigungspflicht

a) Anrechnungsbestimmungen

432 Ob ein Arbeitgeber seine Beschäftigungspflicht erfüllt, ergibt die nach § 75 SGB IX vorzunehmende Anrechnung der beschäftigten Behinderten auf die Zahl der Pflichtarbeitsplätze. Auch hier gilt nicht das Kopfprinzip. Nicht jeder beschäftigte schwerbehinderte Mensch wird gleichermaßen auf die ermittelten Pflichtplätze angerechnet. Mancher überhaupt nicht, mancher einfach und andere mehrfach.

433 Die Rechtsprechung setzt für die Anrechnung der vom Arbeitgeber beschäftigten schwerbehinderten Menschen voraus, dass sie nach § 69 Abs. 1 SGB IX behördlich anerkannt sind oder dass deren Gleichstellung nach § 68 Abs. 2 SGB IX – auch rückwirkend – erfolgt ist.[374] Es wird als nicht genügend angesehen, wenn die gesetzlichen Voraussetzungen für die behördliche Anerkennung als schwerbehinderter Mensch oder die Gleichstellung vorliegen. Eine Ausnahme wird für die Personen gemacht, die offenkundig schwerbehindert sind, z.B. Kleinwüchsige oder Beinamputierte.[375] Die Anrechnungsfähigkeit endet mit der Beendigung des Schutzes (§ 116 Abs. 3 SGB IX).[376]

b) Einfachanrechnung

434 Grundsätzlich wird ein schwerbehinderter Mensch, der auf einem Arbeitsplatz i.S.d. § 73 Abs. 1 SGB IX beschäftigt wird, auf **einen** Pflichtplatz angerechnet (§ 75 Abs. 1 SGB IX). Ebenfalls auf einen Pflichtplatz angerechnet werden: schwerbehinderte Menschen, die an einer beruflichen Anpassung oder Weiterbildung in einem Betrieb oder in einer Dienststelle teilnehmen (§ 75 Abs. 1, § 33 Abs. 3 Nr. 3 SGB IX) oder in eine Werkstatt i.S.v. § 136 SGB IX aufgenommene Behinderte, die zur Förderung des Übergangs auf den allgemeinen Arbeitsmarkt im Betrieb beschäftigt werden.[377] Unerheblich ist, dass die von diesen Personen besetzten Stellen nicht als Arbeitsplätze i.S.v. § 73 Abs. 1 SGB IX zählen. Angerechnet wird der teilzeitbeschäftigte schwerbehinderte Mensch mit mindestens 18 Wochenarbeitsstunden (§ 75 Abs. 2 Satz 1 SGB IX). Seit dem 01.05.2004 ist die Anrechnung auch auf die Stellen von schwerbehinderten Beschäftigten erweitert worden, deren wöchentliche Arbeitszeit infolge von Altersteilzeit auf weniger als 18 Wochenstunden herabgesetzt worden ist (§ 75 Abs. 2a SGB IX). Teilzeitbeschäftigte Schwerbehinderte mit weniger als 18 Wochenstunden Beschäftigung werden von der Arbeitsagentur zur Anrechnung zugelassen, wenn die Teilzeitbeschäftigung wegen Art und Schwere der Behinderung notwendig ist. Angerechnet wird auch der nichtbehinderte Inhaber eines Bergmannsversorgungsscheins (§ 75 Abs. 4 SGB IX) sowie der schwerbehinderte Arbeitgeber[378] (§ 75 Abs. 3 SGB IX).

435 Nach § 127 Abs. 1 und Abs. 4 SGB IX werden auch schwerbehinderte **Heimarbeiter** zugunsten ihrer Auftraggeber auf die Anzahl der zu besetzenden Pflichtarbeitsplätze angerechnet. Damit wird ein Anreiz für Auftraggeber geschaffen, die mehr als 19 Arbeitnehmer beschäftigen, Heimarbeitsaufträge zu vergeben. Sie können die Kopfzahl derer, die in Heimarbeit beschäftigt werden oder diesen

373 OVG Saarlouis, Urt. v. 12.04.1991 – 1 R 215/89 (n.v.).

374 BVerwG, Urt. v. 21.10.1987, NZA 1988, 431.

375 VGH Baden-Württemberg, Urt. v. 11.05.1984, ZfSH/SGB 1985, 230.

376 Entspricht § 38 Abs. 3 SchwbG.

377 Einzelheiten siehe *Cramer*, NZA 2004, 698, 701.

378 Organmitglieder juristischer Personen sind ausgenommen, vgl. BVerwG, Urt. v. 24.02.1994 und 25.07.1997, AP Nrn. 1 und 2 zu § 7 SchwbG 1986. Das gilt auch, wenn der Geschäftsführer einer GmbH kein Gesellschafter und weisungsabhängig ist, OVG NRW, Urt. v. 12.12.1997 – 24 A 4419/95 (n.v.); a.A. LSG BW, Urt. v. 20.12.1995 – L 3 Ar 2276/93 (n.v.).

gleichgestellt sind, auf die Zahl der Pflichtplätze in ihren Betrieben anrechnen. Voraussetzung ist, dass die anzurechnenden schwerbehinderten Menschen in der Hauptsache für den anrechnenden Auftraggeber arbeiten.

c) Mehrfachanrechnung

Mindestens auf **zwei** Pflichtplätze angerechnet wird ein schwerbehinderter Mensch, der zur Ausbildung beschäftigt wird (§ 76 Abs. 2 Satz 1 SGB IX).[379] Die Arbeitsagentur (A.A.) kann die Anrechnung eines auszubildenden schwerstbehinderten Menschen i.S.d. § 72 Abs. 1 SGB IX[380] auf **drei** Pflichtplätze zulassen (§ 76 Abs. 2 Satz 2 SGB IX).[381] Mit Gesetz vom 23. April 2004 ist die Mehrfachanrechnung nach der Ausbildung in § 76 Abs. 2 Satz 3 SGB IX erweitert worden. Bei Übernahme in ein Arbeits- oder Beschäftigungsverhältnis durch den ausbildenden oder einen anderen Arbeitgeber im Anschluss an eine abgeschlossene Ausbildung wird der schwerbehinderte Mensch im ersten Jahr der Beschäftigung auf (mindestens) zwei Pflichtarbeitsplätze angerechnet. 436

Die Arbeitsagentur kann die Anrechnung eines schwerbehinderten Menschen, insbesondere eines schwerstbehinderten i.S.d. § 72 Abs. 1 SGB IX, auf höchstens **drei** Pflichtplätze zulassen, wenn dessen Teilnahme am Arbeitsleben auf besondere Schwierigkeiten stößt (§ 76 Abs. 1 SGB IX) oder er zur Ausbildung beschäftigt wird und die Vermittlung in eine berufliche Ausbildungsstelle wegen Art oder Schwere der Behinderung auf besondere Schwierigkeiten stößt (§ 76 Abs. 2 Satz 2 SGB IX). Die Möglichkeit der Zulassung der Mehrfachanrechnung ist mit dem Gesetz vom 23.04.2004 auch für schwerbehinderte Beschäftigte eingeführt worden, die aus einer Werksatt für behinderte Menschen übernommen werden (§ 76 Abs. 1 Satz 2 SGB IX). Damit soll der Übergang zum allgemeinen Arbeitsmarkt unterstützt werden.[382] 437

Das Verfahren der Mehrfachanrechnung ist nur unvollkommen geregelt. Es muss deshalb auf die allgemeinen Bestimmungen des SGB X zurückgegriffen werden. Das Arbeitsamt entscheidet über die Zulassung der Mehrfachanrechnung nach freiem Ermessen. Es besteht nur ein Anspruch auf ermessensfehlerfreie Entscheidung. Antragsberechtigt ist der Arbeitgeber, weil er unmittelbar von einer positiven Entscheidung betroffen ist. Weiter ist den schwerbehinderten Menschen ein eigenes Antragsrecht zuzubilligen, weil ihre Interessen von einer positiven oder negativen Entscheidung berührt sind.[383] Deshalb besteht bei der Nichtzulassung der Mehrfachanrechnung durch die Arbeitsverwaltung ein Widerspruchsrecht des schwerbehinderten Menschen.[384] 438

6. Ausgleichsabgabe

Erfüllt der Arbeitgeber die Beschäftigungspflicht nicht, hat er eine Ausgleichsabgabe zu entrichten (§ 77 Abs. 1 SGB IX). 439

a) Funktion der Abgabe

Die Ausgleichsabgabe ist eine nichtsteuerliche Sonderabgabe.[385] Sie hat eine Doppelfunktion. Die Arbeitgeber sollen zur Beschäftigung von schwerbehinderten Menschen auf den Pflichtarbeitsplätzen angehalten werden (Antriebsfunktion). Aus Gründen der Wettbewerbsgleichheit soll ein Ausgleich der unterschiedlichen Belastungen zwischen den Arbeitgebern stattfinden, die unter wirtschaftlichen Anstrengungen ihre Beschäftigungspflicht erfüllen und denjenigen, die dies nicht tun (Ausgleichsfunktion). Die Pflicht des Arbeitgebers zur Entrichtung der Ausgleichsabgabe besteht auch dann, 440

379 Entspricht dem aufgehobenen § 10 Abs. 2 Satz 1 SchwbG.
380 Entspricht § 6 Abs. 1 SchwbG.
381 Entspricht § 10 Abs. 2 Satz 2 SchwbG.
382 Einzelheiten *Cramer*, NZA 2004, 698, 702.
383 LPK SGB IX/*Düwell*, § 76 Rn 5.
384 *Dörner*, SchwbG, § 10 Rn 8.
385 BVerfG, Urt. v. 26.05.1981, BVerfGE 57, 139, 165.

wenn sich kein schwerbehinderter Mensch beworben hat oder keine geeigneten Tätigkeiten für schwerbehinderte Menschen vorhanden sind.

b) Vorrang der Beschäftigungspflicht

441 Die Zahlung der Ausgleichsabgabe hebt nach dem klaren Wortlaut von § 77 Abs. 1 Satz 2 SGB IX die Pflicht zur Beschäftigung schwerbehinderter Menschen nicht auf. Die Beschäftigungspflicht hat danach Vorrang und erlischt nicht durch die Entrichtung der Ausgleichsabgabe. So kann bei vorsätzlicher oder fahrlässiger Verletzung der Besetzung von Pflichtarbeitsplätzen durch den Arbeitgeber und seinen verantwortlichen Arbeitgeberbeauftragten (§ 98 SGB IX) wegen der Ordnungswidrigkeit nach § 156 Abs. 1 Nr. 1 ein Bußgeld bis zu 2.500 € verhängt werden (§ 156 Abs. 2 SGB IX).[386] Es besteht daher entgegen einem weit verbreiteten Irrglauben **keine Möglichkeit des Freikaufs**.

c) Höhe der Abgabe

442 Die Ausgleichsabgabe beträgt für jeden unbesetzten Pflichtplatz im Jahr 2001 **mindestens** 200 DM, und ab dem 01.01.2002 mindestens **105 €** (§ 77 Abs. 2 SGB IX).[387]

443 Die Ausgleichsabgabe wird seit dem 01.01.2001 auf der Grundlage einer jahresdurchschnittlichen **Beschäftigungsquote** ermittelt. Sie wird aus dem Mittelwert der monatlichen Beschäftigungsdaten gebildet (§ 77 Abs. 1 Satz 3 SGB IX). Dadurch werden Arbeitgeber entlastet, die die Beschäftigungsquote in einigen Monaten nicht erfüllen, in anderen aber übererfüllen.

d) Staffelung

444 Die Höhe der Ausgleichsabgabe ist nach § 77 Abs. 2 Satz 1 SGB IX nach der Höhe der tatsächlichen Erfüllungsquote gestaffelt. Je niedriger die Erfüllungsquote, desto höher die Abgabe:

Jahresdurchschnittliche Beschäftigungsquote	**Ausgleichsabgabe**
3 % bis < 5 %	**105 €**
2 % bis < 3 %	**180 €**
0 % bis < 2 %	**260 €**

Erleichterungen sind für Kleinunternehmer nach § 77 Abs. 2 Satz 2 SGB IX vorgesehen:

Jahresdurchschnittliche Arbeitsplatzzahl	**Jahresdurchschnittlich beschäftigte schwerbehinderte Menschen**	**Ausgleichsabgabe**
Bis 39	< 1	**105 €**
Bis 59	< 2	**105 €**
Bis 59	< 1	**180 €**

386 LPK SGB IX/*Düwell*, § 77 Rn 4.

387 Die Höhe der Ausgleichsabgabe für jeden unbesetzten Pflichtplatz betrug monatlich 1953: **50** DM, seit 1974: **100** DM, seit 1986: **150** DM und seit 30.10.1990: **200** DM.

e) Selbstveranlagung des Arbeitgebers

Der Arbeitgeber hat die Ausgleichsabgabe **selbst** zu **berechnen** und an das zuständige Integrationsamt bis zum 31.03. für das vorangegangene Kalenderjahr **abzuführen** (§ 77 Abs. 4 SGB IX). 445

Hat der Arbeitgeber mehrere Betriebe oder mehrere Dienststellen, so hat er im ersten Berechnungsschritt die Zahl der Arbeitsplätze nach § 73 SGB IX ohne die nicht mitzählenden Ausbildungsstellen nach § 74 SGB IX für jeden Betrieb und jede Dienststelle einzeln zu ermitteln, damit die jeweils zuständige Arbeitnehmervertretung die Angaben überprüfen kann. Danach ist die bereinigte Zahl der für jeden Betrieb oder jede Dienststelle zu berücksichtigenden Arbeitsplätze zu addieren und in einem zweiten Berechnungsschritt die Anzahl der Pflichtplätze für alle Betriebe und Dienststellen zu ermitteln. In einem dritten Rechenschritt ist dann die bei der Feststellung der Zahl der Arbeitsplätze zunächst gesondert für jeden Betrieb und jede Dienststelle, dann für die Gesamtheit aller Betriebe und Dienststellen die Zahl der einfach und mehrfach anrechenbaren Personen festzustellen. 446

f) Kontrolle der Selbstveranlagung

Die zur Kontrolle erforderlichen Daten muss der Arbeitgeber nach § 77 Abs. 4 Satz 1 SGB IX bis zum 31.03. des Folgejahres auf dem dafür vorgesehenen Vordruck der Arbeitsverwaltung (§ 80 Abs. 6 SGB IX) feststellen und an das für seinen Sitz zuständige Arbeitsamt (§ 80 Abs. 2 Satz 2 SGB IX) und an das für seinen Sitz zuständige Integrationsamt (§ 77 Abs. 4 Satz 1 SGB IX) sowie an die für den jeweiligen Betrieb oder zugehörige Dienststelle zuständigen Schwerbehindertenvertretungen und Betriebs- oder Personalräte oder die sonstigen für den öffentlichen Dienst zuständigen Personalvertretungen übermitteln (§ 80 Abs. 2 Satz 3 SGB IX). 447

Das vorgeschriebene Formular ist bei jedem Arbeitsamt erhältlich. Mit dem Computerprogramm REHADAT-ELAN kann die Anzeige elektronisch erstattet werden. Die Software kann kostenlos unter www.rehadat.de/elan heruntergeladen werden. Die amtlichen Vordrucke werden auch als Dateien unter www.arbeitsamt.de zur Verfügung gestellt. 448

g) Anrechnung von Aufträgen an anerkannte Werkstätten für behinderte Menschen

Nach § 140 SGB IX ist der Arbeitgeber berechtigt, 50 v.H. des auf die Arbeitsleistung entfallenden und bezahlten Rechnungsbetrages von Aufträgen an anerkannte Werkstätten für behinderte Menschen auf die Ausgleichsabgabe anzurechnen.[388] So kann der Arbeitgeber seine Zahlungspflicht mindern und dennoch zur Beschäftigung schwerbehinderter Menschen beitragen. 449

7. Pflicht zur Prüfung der Besetzung freier Arbeitsplätze

Nach § 81 Abs. 1 Satz 1 SGB IX hat der Arbeitgeber vor jeder Besetzung eines freien Arbeitsplatzes zu prüfen, ob er mit schwerbehinderten Menschen besetzt werden kann. Darin liegt eine verbindliche Vorgabe für das Verfahren, das er auf dem Weg zur Erreichung des Ziels der öffentlich-rechtlichen Mindestbeschäftigung anzuwenden hat. Zum andern wird auch eine bürgerlich-rechtliche Verpflichtung gegenüber den schwerbehinderten Bewerbern begründet. Diese hat zum Inhalt, sich jeder Benachteiligung wegen der Behinderung zu enthalten und über die Gründe der Ablehnung der Bewerbung Auskunft zu erteilen. 450

a) Einschränkung der Entscheidungsfreiheit des Arbeitgebers

Die bereits mit der Abschaffung der zwangsweisen Begründung eines Arbeitsverhältnisses durch das SchwbG 1974 eingeführte Prüfungspflicht kann **keinen Einstellungsanspruch** begründen. Das ist in § 81 Abs. 2 Satz 2 Nr. 2 Hs. 2 klargestellt und in § 101 Abs. 1 SGB IX bestätigt. Dort wird die »freie Entschließung der Arbeitgeber« hervorgehoben. Das darf aber nicht mit dem Recht zur Willkür verwechselt werden. Gefordert ist der »gute Willen« des Arbeitgebers, an der Eingliederung 451

388 Einzelheiten siehe LPK SGB IX/*Düwell*, § 140 Rn 6 ff.

mitzuwirken. Die zugunsten der schwerbehinderten Menschen begründete Prüfungspflicht beinhaltet eine Einschränkung des Auswahlermessens. Eine vergleichbare Einschränkung besteht nach Art. 33 GG für den öffentlichen Dienst. Da die Prüfungspflicht dem Ziel der Erreichung der öffentlich-rechtlichen Mindestbeschäftigungsquote dient, haben schwerbehinderte Stellenbewerber bei gleicher Eignung und Befähigung Vorrang.

b) Rechtsfolgen der Verletzung

452 Erfüllt der Arbeitgeber infolge der Nichtbeachtung seiner Prüfungspflicht nicht die Mindestbeschäftigungsquote, so erfüllt das den objektiven Tatbestand der **Ordnungswidrigkeit** nach § 156 Abs. 1 Nr. 1 SGB IX. Allerdings verweist der inzwischen im Ruhestand befindliche, früher für das Schwerbehindertenrecht im BMA zuständige Referatsleiter darauf hin, dass die für die Ordnungswidrigkeitsverfahren zuständige BA »praktisch keinen Gebrauch« von Ihrer Befugnis macht.[389] Allerdings hat der Gesetzgeber zum 01.05.2004 den Rahmen für die festzusetzende Geldbuße drastisch von 2500 € auf 10000 € erhöht.

453 In dem bürgerlich-rechtlichen Rechtsverhältnis gegenüber dem einzelnen schwerbehinderten Menschen ist nach § 81 Abs. 2 Nr. 2 SGB IX der Schadensersatzanspruch auf Einstellung ausgeschlossen. In Betracht kommt nur ein Anspruch auf angemessene **Entschädigung in Geld**.

c) Geltungsbereich der Prüfungspflicht

454 Die Prüfungspflicht gilt für alle Arbeitgeber ohne jede Ausnahme, also auch für die Nichtbeschäftigungspflichtigen oder diejenigen, die ihre Pflichtquote schon erfüllt haben.[390] Ist der Arbeitgeber nicht beschäftigungspflichtig oder hat er schon die Beschäftigungsquote erfüllt, so kann die Verletzung der Prüfungspflicht nicht als Ordnungswidrigkeit nach § 156 Abs. 1 SGB IX geahndet werden. Es fehlt in dem Katalog des Abs. 1 ein entsprechender Ordnungswidrigkeitstatbestand. Dennoch muss die Verletzung der Prüfungspflicht nicht folgenlos bleiben. Ohne vorherige Prüfung der Besetzung der freien Stelle mit einem arbeitslosen schwerbehinderten Menschen verstößt der Arbeitgeber gegen ein Gesetz im Sinne von § 99 Abs. 2 Nr. 1 BetrVG. Der Betriebsrat kann deshalb die Zustimmung zur Einstellung des vom Arbeitgeber ausgewählten nichtschwerbehinderten Bewerbers unter Berufung auf § 99 Abs. 2 Nr. 1 BetrVG verweigern.[391]

d) Vorgeschriebene Verfahrensschritte

455 Vor jeder **Einstellung** hat der Arbeitgeber zu prüfen, ob der freie Arbeitsplatz mit schwerbehinderten Menschen, insbesondere mit beim Arbeitsamt gemeldeten, besetzt werden kann (§ 81 Abs. 1 SGB IX). Das gilt auch für andere Arten der Besetzung einer freien Stelle, z.B. **Versetzung**.

456 Seiner Prüfungspflicht hat der Arbeitgeber in einem bürokratisch geregelten Verfahren nachzukommen (§ 81 Abs. 1 Satz 2 bis 10 SGB IX):

- frühzeitige Meldung der frei werdenden Stelle beim Arbeitsamt
- Unterrichtung der Schwerbehindertenvertretung über Vermittlungsvorschläge des Arbeitsamts und eingegangene Bewerbungen
- Teilnahmerecht der Schwerbehindertenvertretung an Vorstellungsgesprächen (§ 95 Abs. 2 Satz 3 SGB IX).

457 Für den Fall, dass der Arbeitgeber die Beschäftigungsquote nicht erfüllt hat, wird das Verfahren für den Arbeitgeber bewusst erschwert. Als weitere Verfahrensschritte kommen hinzu:

- Anhörung des betroffenen schwerbehinderten Menschen zur beabsichtigten Ablehnung der Bewerbung
- Unterrichtung über getroffene Entscheidung an alle Beteiligte.

389 *Cramer*, NZA 2004, 698, 700.

390 H.M. *Cramer*, SchwbG, § 14 Rn 3.

391 Vgl. BAG, Beschl. v. 14.11.1989, BAGE 63, 226; Beschl. v. 10.11.1992, AP Nr. 100 zu §§ 99 BetrVG 1972.

Bei Bewerbungen schwerbehinderter Menschen entfällt die Beteiligung der Schwerbehindertenvertretung nur, wenn der schwerbehinderte Mensch das ausdrücklich wünscht (§ 81 Abs. 1 Satz 10 SGB IX). 458

8. Einschränkung der unternehmerischen Organisationsfreiheit

Soweit Arbeitgeber ihre Beschäftigungspflicht nicht erfüllen, haben sie nach § 81 Abs. 3 SGB IX durch geeignete betriebliche Maßnahmen die Voraussetzungen für die Erfüllung der Beschäftigungspflicht zu schaffen. Insoweit wird in die unternehmerische Organisationsfreiheit eingegriffen. Es soll verhindert werden, dass die Beschäftigungspflicht durch das Aufstellen von nicht erfüllbaren Anforderungen unterlaufen wird. Daher ist ein Arbeitgeber gehalten, die Arbeitsorganisation seines Betriebes so zu regeln, dass die vorhandenen **Beschäftigungsmöglichkeiten** für die Einstellung schwerbehinderter Menschen ausgeschöpft werden. Dazu gehört insbesondere auch, Arbeitsplätze entsprechend der Eignung und Befähigung der beim Arbeitsamt als arbeitssuchend gemeldeten schwerbehinderten Menschen zu gestalten. Beispiel: Sind auf dem Arbeitsmarkt keine schwerbehinderten Ingenieure, sondern nur Techniker verfügbar, so ist zu prüfen, ob ein schwerbehinderter Techniker nach einer Umverteilung der Arbeitsaufgaben und Änderung des Zuschnitts anderer Arbeitplätze eingesetzt werden kann. 459

Soweit geeignete behinderungsgerechte Arbeitsplätze bereits vorhanden sind, sollen sie nicht, z.B. durch Outsourcing, in einem Umfang abgebaut werden, dass die Mindestquote unterschritten wird. 460

Der Eingriff in die unternehmerische Gestaltungsfreiheit steht allerdings unter dem **Vorbehalt der Zumutbarkeit**, der Verhältnismäßigkeit der Aufwendungen und der Übereinstimmung mit Arbeitsschutzvorschriften (§ 81 Abs. 3 Satz 2 SGB IX). 461

Betriebsrat und SBV haben nach § 93 Satz 2 SGB IX die Einhaltung dieser Arbeitgeberverpflichtung zu überwachen. Nach dem Gesetzeswortlaut ist das eine hervorgehobene Aufgabe: »Sie achten insbesondere darauf«! Die betriebliche Wirklichkeit sieht allerdings häufig anders aus. 462

V. Rechte und Pflichten im Arbeitsverhältnis

1. Anspruch auf Beschäftigung

Der Arbeitgeber hat die Beschäftigung eines schwerbehinderten Menschen und eines gleichgestellten Behinderten so zu gestalten, dass sie ihre Fähigkeiten und Kenntnisse möglichst voll verwerten und weiterentwickeln können (§ 81 Abs. 4 Nr. 1 SGB IX). Dieser gesetzliche Beschäftigungsanspruch ist einklagbar.[392] 463

Der schwerbehinderte Mensch hat weder einen Anspruch auf einen bestimmten Arbeitsplatz noch darauf, dass ihm ein betrieblich überflüssiger Arbeitsplatz eingerichtet wird.[393] Er kann auch nicht verlangen, »durchgeschleppt« oder nach seinen Neigungen und Wünschen beschäftigt zu werden.[394] Der Arbeitgeber erfüllt seine Verpflichtung, wenn er einen Arbeitsplatz zuweist, der weder unter- noch überfordert.[395] 464

Der Anspruch wird ergänzt durch die Pflicht nach § 81 Abs. 4 Nr. 5 SGB IX, den bereits vom schwerbehinderten Menschen besetzten Arbeitsplatz behinderungsgerecht auszustatten sowie nach 465

392 Vgl. BAG, Urt. v. 28.05.1975, AP Nr. 6 zu § 12 SchwBeschG sowie BAG, Urt. v. 10.07.1991, AP Nr. 1 zu § 14 SchwbG 1986.

393 Vgl. BAG, Urt. v. 28.04.1998, AP Nr. 2 zu § 14 SchwbG 1986.

394 Vgl. BAG, Urt. v. 10.07.1991, AP Nr. 1 zu § 14 SchwbG 1986.

395 Vgl. Küttner/*Kania*, Schwerbehinderte Rn 32.

Abs. 4 Nr. 4 einen anderen freien Arbeitsplatz zuzuweisen und diesen erforderlichenfalls behinderungsgerecht einzurichten oder umzugestalten.[396] Der Arbeitgeber kann dazu auch zur Abgabe eines Angebots auf entsprechende Vertragsänderung verpflichtet sein.[397]

465a Der schwerbehindertenrechtliche Beschäftigungsanspruch entsteht unmittelbar bei Vorliegen der gesetzlichen Voraussetzungen. Nach § 81 Abs. 4 Satz 3 SGB IX steht er allerdings unter einem Vorbehalt. Seine Erfüllung muss für den Arbeitgeber zumutbar und insbesondere nicht mit unverhältnismäßig hohen Aufwendungen verbunden sein. Es bedarf also keiner besonderen, der Beschäftigung vorangehenden »Zuweisung« des Arbeitsplatzes durch den Arbeitgeber.[398]

465b Wenn die Zuweisung eines anderen Arbeitsbereichs in einem anderen Betrieb des Unternehmens als Versetzung i.S.v. § 95 Abs. 3 Satz 1 BetrVG anzusehen ist, kann der Arbeitgeber den schwerbehindertenrechtlichen Beschäftigungsanspruch nicht erfüllen, ohne die Mitbestimmungsrechte der Betriebsverfassung zu beachten. Anders als es für die sozialen Mitbestimmungsrechte nach § 87 Abs. 1 BetrVG geregelt ist, enthält § 99 Abs. 1 BetrVG keinen die Mitbestimmung ausschließenden Gesetzesvorrang. Zwar wird der schwerbehindertenrechtliche Beschäftigungsanspruch nach § 81 Abs. 4 Satz 3 SGB IX ausgeschlossen u.a. soweit Arbeitsschutzvorschriften oder beamtenrechtliche Regelungen entgegenstehen. Damit wollte der Gesetzgeber aber keine Aussage zum Verhältnis zwischen dem schwerbehindertenrechtlichen Beschäftigungsanspruch und dem betriebsverfassungsrechtlichen Mitbestimmungsrecht treffen. Ein Umkehrschluss dahin gehend, nur in den dort geregelten Fällen gingen andere Rechtsnormen dem Anspruch vor, ist unzulässig. Dem Arbeitgeber ist danach auch dann die Erfüllung eines schwerbehindertenrechtlichen Beschäftigungsanspruchs verwehrt, solange eine nach dem Betriebsverfassungsgesetz erforderliche Zustimmung fehlt.[399] Die Durchführung eines Zustimmungsersetzungsverfahrens ist einem Arbeitgeber nicht von vornherein unzumutbar. Aus der gemeinsamen Verantwortung für die Teilhabe schwerbehinderter Menschen am Arbeitsleben folgt, dass der Arbeitgeber eine ordnungsgemäße und fristgerechte Stellungnahme des Betriebsrats sorgfältig überprüfen muss. Erkennt er, dass die geltend gemachten Zustimmungsverweigerungsgründe tatsächlich nicht vorliegen, hat er alles zu tun, um das Teilhabehindernis zu beseitigen.[400]

466 Ist der Arbeitnehmer infolge Krankheit oder Verschlimmerung der Behinderung nicht mehr in der Lage, den Anforderungen des zugewiesenen Arbeitsplatzes zu genügen, so besteht zwar kein Lohnanspruch unter dem Gesichtspunkt des Annahmeverzuges (§ 615 BGB) oder aus Fürsorgepflicht.[401] Dem schwerbehinderten Menschen kann aber ein schuldrechtlicher Schadensersatzanspruch wegen Verletzung der Pflicht aus § 81 Abs. 3 Nr. 1 SGB IX zustehen.[402] Das ist insbesondere dann der Fall, wenn der Arbeitgeber es schuldhaft unterlassen hat, ihm einen vorhandenen[403] geeigneten Arbeitsplatz zuzuweisen.

467 Die ältere Rechtsprechung hat einen Anspruch des schwerbehinderten Menschen auf **Freikündigung** eines leidensgerechten Arbeitsplatzes angenommen, soweit dies für den zu entlassenden nichtbehinderten Arbeitnehmer keine soziale Härte darstelle.[404] Ob der Arbeitgeber gehalten ist, einen solchen

396 LAG Hamm, Urt. v. 17.05.2001 – 8 (6) Sa 30/01 (n.v.).
397 Vgl. BAG, Urt. v. 28.04.1998, AP Nr. 2 zu § 14 SchwbG 1986.
398 BAG, Urt. v. 03.12.2002, BB 2003, 1014.
399 BAG, Urt. v. 03.12.2002, BB 2003, 1014.
400 BAG, Urt. v. 03.12.2002, BB 2003, 1014.
401 Vgl. BAG, Urt. v. 10.07.1991, AP Nr. 1 zu § 14 SchwbG 1986; v. 23.01.2001, BAGE 97, 23; a.A. LAG Sachsen-Anhalt, Urt. v. 22.11.2000, LAGE § 14 SchwbG 1986 Nr. 3.
402 Vgl. BAG, Urt. v. 10.07.1991, AP Nr. 1 zu § 14 SchwbG 1986.
403 Vgl. BAG, Urt. v. 10.07.1991, AP Nr. 1 zu § 14 SchwbG 1986.
404 BAG, Urt. v. 04.05.1962, AP Nr. 1 zu § 12 SchwBeschG; a.A. BVerwG, Urt. v. 28.02.1968, AP Nr. 29 zu § 14 SchwBeschG.

Arbeitsplatz freizukündigen, hat das BAG in seiner neueren Rechtsprechung offen gelassen. In dem entschiedenen Fall war ein freier geeigneter Arbeitsplatz vorhanden.[405]

2. Anspruch auf beruflichen Aufstieg

§ 81 Abs. 4 Nr. 1 SGB IX enthält keinen allgemeinen **Beförderungsanspruch**. Allerdings hat das Bundesarbeitsgericht aus der erweiterten Beschäftigungspflicht des Arbeitgebers geschlossen, im Einzelfall sei der Arbeitgeber verpflichtet, einem schwerbehinderten Menschen den beruflichen Aufstieg zu ermöglichen. Bei gleicher Qualifikation mehrerer Bewerber könne es geboten sein, den schwerbehinderten Menschen vorzuziehen. Voraussetzung sei, dass er bei Anwendung der Kriterien von Eignung und Leistung als gleichwertig gelte und seiner Verwendung auf der Beförderungsstelle keine betrieblichen Gründe entgegenstünden.[406] 468

3. Förderung der beruflichen Bildung

Nach § 81 Abs. 4 Nr. 2 und 3 SGB IX hat der Arbeitgeber die berufliche Bildung schwerbehinderter Menschen zu fördern. Der Bestand der Arbeitsverhältnisse schwerbehinderter Menschen soll durch **Qualifizierung** gesichert und ihnen die Möglichkeit des beruflichen Aufstiegs eröffnet werden. Dazu hat der Arbeitgeber sie bevorzugt an innerbetrieblichen Maßnahmen teilnehmen zu lassen. Hier hat der Gesetzgeber ausdrücklich einen **Vorrang** bei gleicher Eignung und Befähigung in das Gesetz aufgenommen. Beispiel: Haben sich für fünf Teilnehmerplätze sechs annähernd gleich geeignete Belegschaftsangehörige beworben, so sind die zwei schwerbehinderten Bewerber in jedem Fall für die Teilnahme an der Veranstaltung von ihrer beruflichen Tätigkeit ohne Minderung des Entgelts freizustellen. 469

Für die Finanzierung der betrieblichen Bildungsmaßnahmen kann sich der Arbeitgeber von dem Integrationsamt und dem Landesarbeitsamt beraten und unterstützen lassen (§ 81 Abs. 4 Satz 2 SGB IX).[407] 470

Bei außerbetrieblichen Bildungsmaßnahmen ist der Arbeitgeber verpflichtet, die Teilnahme für die schwerbehinderten Interessenten zu erleichtern. Dazu gehört insbesondere die Rücksichtnahme bei der Gestaltung der Arbeitszeit. 471

4. Behinderungsgerechte Einrichtung der Arbeitsstätten

Der Arbeitgeber hat nach § 81 Abs. 4 Nr. 4 SGB IX die Arbeitsstätten einschließlich sämtlicher Betriebsanlagen behindertengerecht einzurichten und zu unterhalten. Das betrifft insbesondere Anlagen wie Toiletten, Aufzüge, Zugänge zur Kantine, zum Betriebsratsbüro, zum Büro der Schwerbehindertenvertretung. Diese Bestimmung bewirkt auch, dass der Arbeitgeber nicht die Bewerbung eines Rollstuhlfahrers mit der Begründung ablehnen kann, seine Arbeitsstätte sei nicht auf diese Art der Behinderung eingerichtet.[408] Ein Ablehnungsgrund kann nur dann bejaht werden, wenn er trotz Beantragung vom Arbeits- und Integrationsamt keine Unterstützung erhält (§ 81 Abs. 4 Satz 2 SGB IX) und ihm die erforderlichen baulichen Veränderungen deshalb im Einzelfall unzumutbar sind (§ 81 Abs. 4 Satz 3 SGB IX). 472

405 BAG, Urt. v. 10.07.1991, AP Nr. 1 zu § 14 SchwbG 1986.
406 BAG, Urt. v. 19.09.1979, BAGE 32, 105.
407 Siehe § 15 Abs. 2, § 26 Schwerbehinderten-Ausgleichsabgabeverordnung (SchwbAV) v. 28.03.1988 (BGBl I 1988, 484), zuletzt geändert durch Gesetz v. 13.09.2001 (BGBl I 2001, 2376).
408 So zutreffend *Dörner*, SchwbG, § 14 Rn 39.

5. Anspruch auf behinderungsgerechte Gestaltung der Arbeitsorganisation

473 Um eine behinderungsgerechte Beschäftigung zu ermöglichen, ist nach § 81 Abs. 4 Nr. 4 SGB IX der Arbeitgeber auch zur entsprechenden **Umgestaltung** von Arbeitsplätzen, des Arbeitsumfelds, der Arbeitsorganisation und der Arbeitszeit verpflichtet. Zugunsten der behinderungsgerechten Beschäftigung schwerbehinderter Menschen muss der Arbeitgeber insoweit Abstriche an der von ihm als wirtschaftlich angesehenen Betriebsführung machen. Beispiel: Ein Krankenhausarzt wird infolge eines Arbeitsunfalls schwerbehindert. Wegen der Art seiner Behinderung kann er nicht mehr zu den regelmäßigen Nachtdiensten eingeteilt werden. Seine Arbeitszeit ist entsprechend auf Tagdienste zu verteilen. Eine zumutbare Mehrbelastung durch Mehrarbeitsvergütung der Kollegen oder Inanspruchnahme von Aushilfen ist in Kauf zu nehmen.

474 Diese Verpflichtung gilt für alle Arbeitgeber, unabhängig ob sie die Beschäftigungsquote erfüllen. Mit der Einräumung des **individuellen Gestaltungsanspruchs** durch das SchwbBAG ist die frühere Begrenzung auf Arbeitgeber, die noch nicht die Quote erfüllt haben, entfallen.[409] Der Gestaltungsanspruch steht jetzt nur noch unter dem Vorbehalt der Unzumutbarkeit nach § 81 Abs. 4 Satz 3 SGB IX und unter der Voraussetzung, dass der schwerbehinderte Beschäftigte zu den in § 73 Abs. 1 SGB aufgeführten Personengruppen gehört.

6. Anspruch auf behinderungsgerechte Ausstattung des Arbeitsplatzes mit technischen Arbeitshilfen

475 Nach § 81 Abs. 4 Nr. 5 SGB IX hat der Arbeitgeber den mit einem schwerbehinderten Menschen besetzten Arbeitsplatz mit den erforderlichen technischen Arbeitshilfen auszustatten. Beispiele: Gehhilfen für Geh- und Stehbehinderte, Hebehilfen für Rückgratgeschädigte, Lesehilfen für Sehbehinderte, angepasster Personalcomputer für stark sehbehinderte oder blinde Mitarbeiter.

476 Dieser Anspruch steht unter dem Zumutbarkeitsvorbehalt des § 81 Abs. 4 Satz 3 SGB IX und unter der Bedingung, dass der schwerbehinderte Mensch auf einem Arbeitsplatz im Sinne von § 73 Abs. 1 SGB IX beschäftigt wird.

477 Erfüllt der Arbeitgeber schuldhaft seine Verpflichtung nicht, ist er dem Arbeitnehmer zum Schadensersatz verpflichtet. Der Schaden wird häufig in einem Verdienstausfall liegen, den der Arbeitnehmer hat, weil er ohne technische Ausstattung nicht zur Arbeit in der Lage ist. Solange der Arbeitgeber sich in entschuldbarer Weise über die Erforderlichkeit der technischen Ausstattung oder deren praktischer Gebrauchsfähigkeit irrt, entsteht kein Anspruch.[410] Es liegt daher im Eigeninteresse des Arbeitnehmers, noch vor Ablauf der Arbeitsunfähigkeit sich mit dem ärztlich begründeten Verlangen nach technischen Arbeitshilfen zu melden. Soweit die Verpflichtung zur Prävention nach § 84 SGB IX besteht, schuldet im Übrigen der Arbeitgeber auch eigenständige Bemühungen zur Klärung, wie die Beschäftigung fortgesetzt werden kann. Soweit angenommen wird, ein Arbeitgeber gerate bereits in Annahmeverzug, wenn er den Arbeitsplatz nicht behinderungsgerecht ausstatte, werden die Voraussetzungen des Annahmeverzugs nach §§ 615, 293 ff. BGB verkannt. Die nach § 296 Satz 1 BGB vom Gläubiger vorzunehmende Handlung besteht darin, die vom Arbeitnehmer geschuldete Leistung hinreichend zu bestimmen und durch Zuweisung eines bestimmten Arbeitsplatzes zu ermöglichen. Bei der Forderung nach technischen Hilfen verlangt der Arbeitnehmer mehr als diese Mitwirkungshandlung. Er verlangt eine Änderung der konkret zugewiesenen Arbeit.[411]

409 BAG, Urt. v. 23.01.2001, NZA 2001, 1020.
410 BAG, Urt. v. 23.01.2001, NZA 2001, 1020.
411 BAG, Urt. v. 23.01.2001, BAGE 97, 23, 27, 28.

7. Anspruch auf Teilzeitbeschäftigung

478 Nach § 81 Abs. 5 Satz 3 SGB IX haben schwerbehinderte Menschen einen Anspruch auf Teilzeitbeschäftigung. Voraussetzung ist, dass die gewünschte kürzere Arbeitszeit wegen Art und/oder Schwere der Behinderung **notwendig** ist. Anders als in § 8 Abs. 1 TzBfG ist für die Inanspruchnahme der besonderen Regelung zu Gunsten schwerbehinderter Menschen weder Form, Frist oder Verfahren vorgeschrieben. Der schwerbehinderte Mensch kann daher bei Verschlimmerung seiner Behinderung den Anspruch **mit sofortiger Wirkung** geltend machen.

Voraussetzung ist, dass die kürzere Arbeitszeit wegen Art oder Schwere der Behinderung erforderlich ist (§ 81 Abs. 5 Satz 3 SGB IX). Das kann durch ein ärztliches Attest nachgewiesen werden.

479 Zusätzlich ist der Arbeitgeber in § 81 Abs. 5 Satz 1 SGB IX an seiner seit langem bestehenden Verpflichtung festgehalten worden, die Einrichtung von Teilzeitarbeitsplätzen zu fördern. Das hat Bedeutung für die schwerbehinderten Menschen, die nicht wegen ihrer Behinderung, sondern aus anderen Gründen, z.B. der Kinderbetreuung wegen, nach Maßgabe tariflicher Vorschriften ihre Arbeitszeit reduzieren wollen. Die Ansicht, der Arbeitgeber könne die Verringerung ablehnen, wenn er ansonsten Änderungen in der Arbeitsorganisation vornehmen müsste, die einen Eingriff in andere Arbeitsverhältnisse erforderten,[412] wird vom BAG abgelehnt.

479a § 81 Abs. 5 Satz 3 begründet i.V.m. § 81 Abs. 4 Nr. 1 SGB IX für den schwerbehinderten Menschen einen individualrechtlichen Anspruch auf tatsächliche Beschäftigung mit der verringerten Arbeitszeit, die wegen Art und Schwere der Behinderung notwendig ist. Dieser schwerbehindertenrechtliche Beschäftigungsanspruch entsteht unmittelbar bei Vorliegen der gesetzlichen Voraussetzungen.[413] Es bedarf keiner vorhergehenden Vertragsänderung.[414] Der Wortlaut des § 81 Abs. 5 Satz 3 SGB IX bietet keinen Anhalt für die Annahme, der Arbeitgeber müsse zuvor einem Verlangen des Arbeitnehmers auf Arbeitszeitverringerung zustimmen. Der schwerbehinderte Mensch kann vielmehr – ohne an Formen und Fristen gebunden zu sein – jederzeit verlangen, nur noch in einem seiner Behinderung Rechnung tragenden zeitlichen Umfang eingesetzt zu werden. Ihm soll ermöglicht werden, ohne Gefährdung seiner Gesundheit weiterhin aktiv am beruflichen Leben teilzuhaben. Ihm wird deshalb ermöglicht, durch den Zugang seines Verlangens beim Arbeitgeber eine behinderungsgerechte Verringerung der vertraglich geschuldeten Arbeitszeit zu bewirken. Wird entsprechend die Arbeitszeit verkürzt, besteht nach § 81 Abs. 4 Nr. 1 SGB IX ein dem verbliebenen Leistungsvermögen entsprechender Anspruch auf tatsächliche Beschäftigung.

479b Mit einer tarifvertraglichen Regelung, nach der die Hauptpflichten aus dem Arbeitsverhältnis ruhen, kann nicht die schwerbehindertenrechtliche Pflicht des Arbeitgebers zur behinderungsbedingten Teilzeitarbeit aufgehoben werden. Das ist nach der Rechtsprechung des BAG[415] dann der Fall, wenn der schwerbehinderte Arbeitnehmer nach ärztlicher Feststellung noch in der Lage ist, trotz einer vom Rentenversicherungsträger festgestellten Erwerbsminderung mit verringerter Arbeitszeit tätig zu werden und dem Arbeitgeber diese Beschäftigung auch zumutbar ist. Dabei ist stets kritisch zu prüfen, ob die Verringerung der Arbeitszeit tatsächlich wegen der Behinderung erfolgt oder auf andere Gründe, z.B. geringe Hinzuverdienstgrenzen, zurückzuführen ist.

479c Für den schwerbehindertenrechtlichen Verringerungsanspruch gilt nach § 81 Abs. 5 Satz 3 Hs. 2 SGB IX der Zumutbarkeitsvorbehalt des § 81 Abs. 4 Satz 3 SGB IX entsprechend. Als unzumutbar wird die Verringerung der Arbeitszeit dann angesehen, wenn der Arbeitgeber zu Änderungen

412 LAG Schleswig-Holstein, Urt. v. 23.10.2001, LAGReport 2002, 29.

413 Vgl. BAG, Urt. v. 10.07.1991, BAGE 68, 141, 189 m.w.N.; Urt. v. 19.09.1979, BAGE 32, 105, 108; Urt. v. 03.10.2002, AP Nr. 2 zu § 81 SGB IX.

414 So jetzt BAG, Urt. v. 14.10.2003, AP Nr. 3 zu § 81 SGB IX, unter Berufung auf *Weyand/Schubert*, Das neue Schwerbehindertenrecht, 2. Aufl., Rn 185 f.; offen gelassen von BAG, Urt. v. 03.10.2002, AP Nr. 2 zu § 81 SGB IX. A.A. ArbG Frankfurt a.M., Urt. v. 27.03.2002, NZA-RR 2002, 573; *Dörner*, SchwbG, § 14 Rn 47, 50; LPK SGB IX/*Düwell*, § 81 Rn 35.

415 BAG, Urt. v. 14.10.2003, AP Nr. 3 zu § 81 SGB IX.

in der Arbeitsorganisation gezwungen wäre oder wenn aufgrund besonderer Qualifikationen und Kenntnisse des schwerbehinderten Beschäftigten der Einsatz einer Ersatzperson besondere Probleme bereiten würde.[416] Diese Sicht ist zu eng. Sie berücksichtigt nicht, dass § 81 Abs. 4 Nr. 4 SGB IX einem Arbeitgeber entsprechende organisatorische Maßnahmen grundsätzlich zumutet.

480 Aus dem Anspruch auf Teilzeitbeschäftigung ergibt sich **kein Vorrecht** bei der Begründung eines Altersteilzeitarbeitsverhältnisses.[417] Denn der Anspruch des schwerbehinderten Menschen auf Verringerung seiner Arbeitszeit ist nicht auf Herabsetzung der Arbeitszeit unter Inanspruchnahme der Vorteile der Altersteilzeit gerichtet.[418]

481 Wenn schwerbehinderte Arbeitnehmer wegen der vorgezogenen »Altersrente für schwerbehinderte Menschen« nach § 236a SGB VI eine »ungeminderte« Altersrente in Anspruch nehmen können und ihnen durch eine darauf abstellende Zweckbefristung die Möglichkeit verwehrt ist, bis zum 65. Lebensjahr Altersteilzeit in Anspruch nehmen können, liegt darin keine rechtswidrige Benachteiligung.[419] § 81 Abs. 2 SGB IX verbietet zwar die Benachteiligung schwerbehinderter Menschen bei Abschluss einer Vereinbarung. Dazu gehört auch die Begründung und Ausgestaltung eines Altersteilzeitarbeitsverhältnisses. Das Verbot bindet auch die Tarif- und Betriebsparteien. Da neben schwerbehinderten Menschen auch Frauen betroffen waren, die ebenfalls zum damaligen Zeitpunkt auch eine vorzeitige Altersrente nach § 237a SGB VI beanspruchen können, führte die Regelung zu einer mittelbaren Benachteiligung wegen der Behinderung. Darin lag jedoch keine unzulässige Benachteiligung. Denn die unterschiedliche Behandlung war aus arbeitsmarktpolitischen Gründen gerechtfertigt und die schwerbehinderten Menschen waren durch die gesetzlich vorgesehene und aus öffentlichen Mitteln finanzierte Altersrente sozial hinreichend abgesichert.

8. Anrechnungsschutz für Arbeitsentgelt

482 Renten und vergleichbare Leistungen, die von schwerbehinderten Menschen oder Gleichgestellten wegen ihrer Behinderung bezogen werden, dürfen bei der Bemessung des Arbeitsentgelts im bestehenden Arbeitsverhältnis nicht berücksichtigt werden (§ 123 Abs. 1 Satz 1 SGB IX).

483 Es besteht insoweit ein unabdingbares[420] **Anrechnungsverbot** (§ 123 Abs. 1 Satz 2 SGB IX). Schwerbehinderten Menschen sollen die zum Ausgleich ihrer Behinderung gewährten Sozialleistungen voll erhalten bleiben.

484 Zum Arbeitsentgelt im Sinne von § 123 SGB IX gehören alle einmaligen oder laufenden **geldwerten Leistungen aus dem Arbeitsverhältnis**. Dazu gehören auch **Naturalleistungen** und **Sachbezüge** wie Gewährung freier Wohnung oder Deputate. Einbezogen in das Anrechnungsverbot sind auch **Sonderzuwendungen** aus besonderen Anlässen wie Urlaubsgeld, Weihnachtsgeld oder Jubiläumszuwendung. Das Anrechnungsverbot bezieht sich auch auf vom Arbeitgeber zu leistende Entgeltfortzahlung, insbesondere bei Krankheit (§ 3 EFZG), bei Annahmeverzug (§ 615 BGB) und bei Urlaub (§§ 1, 11 BUrlG).

485 Nicht vom Anrechnungsverbot erfasst werden: Übergangsgelder oder Betriebsrenten, die nach Beendigung des Arbeitsverhältnisses gezahlt werden.[421]

486 § 123 Abs. 2 SGB IX schränkt den Anrechnungsschutz für Arbeitsentgelt und Dienstbezüge ein. Er nimmt das Anrechnungsverbot für Zeiträume aus, in denen die Beschäftigung **nicht ausgeübt**

416 LAG Schleswig-Holstein, Urt. v. 23.10.2001, LAGReport 2002, 29; ebenso *Weyand/Schubert*, Das neue Schwerbehindertenrecht, Rn 99.
417 BAG, Urt. v. 26.06.2001, NZA 2002, 44.
418 LPK SGB IX/*Düwell*, § 81 Rn 36.
419 BAG; Urt. v. 18.11.2003, AP Nr. 4 zu § 81 SGB IX m. krit. Anm. *Roettker*, juris PR-ArbR 30/2004 Nr. 2; Urt. v. 27.04.2004 – 9 AZR 18/03 (noch n.v.).
420 BAG, Urt. v. 21.08.1984, AP Nr. 13 zu § 42 SchwbG.
421 BAG, Urt. v. 21.08.1984, AP Nr. 13 zu § 42 SchwbG.

wird. Das sind im Arbeitsverhältnis Zeiten, in denen der schwerbehinderte Mensch die vertraglich geschuldete Arbeitsleistung nicht erbringt. Werden im **ruhenden Arbeitsverhältnis** Zuwendungen aus bestimmten Anlässen, wie z.B. Weihnachtsgeld oder Urlaubsgeld, gewährt, so dürfen schwerbehinderte Menschen allerdings nicht unter Verletzung des Gleichheitssatzes aus Art. 3 Abs. 1 GG ausgeschlossen werden. Das Bundesarbeitsgericht hat den Ausschluss von schwerbehinderten Berufsunfähigkeits- und Erwerbsunfähigkeitsrentnern für zulässig erachtet.[422]

Grundsätzlich darf wegen einer geminderten Leistungsfähigkeit keine **geringere** Vergütung vereinbart werden, als sie vergleichbare nichtbehinderte Arbeitnehmer erhalten (so genannte Minderleistungsklausel). Denn zunächst hat der Arbeitgeber alles zu tun, um dem Behinderten die Erbringung von Normalleistungen zu ermöglichen (§ 81 Abs. 3, 4 SGB IX). Nur falls keine Abhilfe möglich oder unzumutbar ist – wie z.B. bei Akkordarbeit – hat der behinderte Mensch ausnahmsweise eine geringere Entlohnung hinzunehmen.[423] 487

9. Freistellung von Mehrarbeit

§ 124 SGB IX geht zurück auf § 4 der Freizeitanordnung vom 22.10.1943.[424] Danach waren Schwerbeschädigte und sonstige Körperbehinderte auf ihr Verlangen von Mehrarbeit freizustellen. Unter Mehrarbeit war nach § 4 Abs. 1 der Freizeitanordnung die Arbeit zu verstehen, die 48 Stunden in der Woche überstieg. Die Vorschrift soll allen schwerbehinderten Beschäftigten einschließlich der Beamten, Richter und Soldaten das Recht einräumen, sich von jeder Überschreitung der regelmäßigen Arbeitszeit freistellen zu lassen. Nach § 68 Abs. 1 SGB IX gilt diese Regelung gleichermaßen für schwerbehinderte und diesen gleichgestellte behinderte Menschen. 487a

Unter Mehrarbeit i.S.v. § 46 SchwbG hat vor In-Kraft-Treten des Arbeitszeitgesetzes das Bundesarbeitsgericht entsprechend § 3 der Arbeitszeitordnung die Arbeitszeit verstanden, die die werktägliche Dauer von acht Stunden überschreitet.[425] Nach Aufhebung der Arbeitszeitordnung hat der Gesetzgeber versäumt, für eine begriffliche Klarheit zu sorgen. Es ist diskutiert worden, ob unter Mehrarbeit im Sinne des Schwerbehindertenrechts die Arbeit zu verstehen sei, die über die vertraglich geschuldete regelmäßige Arbeitszeit des Schwerbehinderten hinausgeht, gleich ob sie täglich oder wöchentlich zu berechnen ist.[426] Eine übermäßige Beanspruchung des schwerbehinderten Menschen soll verhindert werden. Deshalb soll nach Meinung des Schrifttums das Leistungsverweigerungsrecht einsetzen, wenn die individuelle Arbeitszeitverpflichtung überschritten wird.[427] Zu berücksichtigen ist allerdings, dass in den heutigen vertraglich vereinbarten, tarifvertraglichen und betrieblichen Arbeitszeitregelungen ein hohes Maß an Flexibilisierung enthalten ist. Das würde bedeuten, dass eine Arbeitsverdichtung auf täglich zehn Stunden zulässig wäre. Diese schwerbehinderte Menschen schwer beeinträchtigenden Folgewirkungen können nur mit dem Rückgriff auf den Acht-Stunden-Werktag vermieden werden. Das BAG hat deshalb entschieden:[428] »Jede über acht Stunden werktäglich hinausgehende Arbeitszeit ist Mehrarbeit i.S.d. § 124 SGB IX. Tariflich abweichende Arbeitszeiten sind unerheblich. Das gilt auch dann, wenn sie kürzer als die gesetzliche Arbeitszeit sind. Die vor allem tariflich eingeführten Arbeitszeitverkürzungen gewährleisten nämlich nicht den Schutz des schwerbehinderten Menschen vor einer Überbeanspruchung und sind auch nicht geeignet, ihm vergleichbare Teilhabe am Leben in der Gesellschaft wie einem Nichtbehinderten zu verschaffen. Durch die Flexibilisierungsregelungen wird nämlich vielfach eine Verlängerung der täglichen Arbeitszeit über acht Stunden hinaus ermöglicht.« 487b

422 BAG, Urt. v. 18.08.1999 – 10 AZR 613/98 (n.v.).

423 GK-SchwbG/*Großmann*, § 45 Rn 37, 38; a.A. Küttner/*Kania*, Schwerbehinderte Rn 35.

424 Reichsarbeitsblatt 1943 III, 329.

425 BAG, Urt. v. 08.11.1989, BAGE 63, 221.

426 *Düwell*, Praxishandbuch des Arbeitsrechts, Teil VIII Kap. 5.1.1; *Dörner*, SchwbG, § 46 III 2d; GK-SchwbG/*Großmann*, § 46 Rn 25

427 So *Dörner*, SchwbG, § 46 III 2 b.

428 BAG, Urt. v. 03.12.2002, AP Nr. 1 zu § 124 SGB IX = Behindertenrecht 2003, 40 = BAGReport 2003, 235–239

487c Ein Ablehnungsrecht für Nachtarbeit, oder Arbeit an Sonn- und Feiertagen besteht für schwerbehinderte Menschen im Unterschied zu Jugendlichen (vgl. §§ 14, 17, 18 JArbSchG) und werdenden oder stillenden Müttern (§ 8 MuSchG) nicht. Allerdings haben schwerbehinderte Arbeitnehmer nach § 81 Abs 4 Nr. 4 SGB IX einen einklagbaren Anspruch auf behinderungsgerechte Gestaltung der Arbeitszeit, soweit dessen Erfüllung für den Arbeitgeber nicht unzumutbar oder mit unverhältnismäßigen Aufwendungen verbunden ist. Hieraus kann sich die Pflicht des Arbeitgebers ergeben, einen schwerbehinderten Arbeitnehmer nicht zur Nachtarbeit einzuteilen und dessen Arbeitszeit auf die Fünf-Tage-Woche zu beschränken.[429]

487d Da Arbeitsbereitschaft Anwesenheit im Betrieb im Zustand wacher Achtsamkeit mit ständiger Bereitschaft zur vollen Arbeitsleistung beinhaltet, gilt sie als volle Arbeitszeit. Wird durch Arbeitsbereitschaft die individuelle Arbeitszeit des Schwerbehinderten überschritten, so kann er sie verweigern. Keine Arbeitszeit ist demgegenüber der außerhalb des Betriebs durchzuführende Bereitschaftsdienst. Seine Ableistung kann daher keine Mehrarbeit beinhalten, die zur Leistungsverweigerung berechtigt.[430]

487e Der schwerbehinderte Mensch kann verlangen, von der Überschreitung seiner individuellen Arbeitszeit freigestellt zu werden. Dazu muss er bei der Heranziehung des Arbeitgebers zur Mehrarbeit ohne schuldhaftes Zögern erklären. Er kann nicht einfach wegbleiben oder den Arbeitsplatz bei Ende der regelmäßigen arbeitstäglichen Arbeitszeit verlassen. Einer besonderen Freistellungserklärung des Arbeitgebers bedarf es anders als im Urlaubsrecht nicht.[431] Nach der gesetzlichen Regelung tritt die Rechtsfolge der Freistellung bei Erfüllung der auf die Behinderung bezogenen Anspruchsvoraussetzungen allein mit dem Verlangen des schwerbehinderten Menschen ein.[432] Das Schrifttum geht davon aus, § 124 SGB IX räume dem schwerbehinderten Arbeitnehmer ein Leistungsverweigerungsrecht ein.[433] Ein Leistungsverweigerungsrecht berechtigt den Schuldner einer Leistung allerdings nur, die geschuldete Leistung zu verweigern (§ 273 Abs. 1 BGB). Mit dem Zugang des Freistellungsverlangens beim Arbeitgeber tritt hier aber die gesetzliche Freistellung ein. Nach § 124 SGB IX schuldet der Arbeitnehmer die geforderte Mehrarbeit nicht mehr. Dem Arbeitgeber ist daher nach Zugang des Freistellungsverlangens untersagt, die Erbringung der Mehrarbeit zu fordern. Das ist eine andere Rechtsfolge als sie bei einer Leistungsverweigerung nach § 273 Abs. 1 BGB eintritt.

10. Zusatzurlaub

488 Schwerbehinderte Menschen haben nach § 125 Satz 1 SGB IX Anspruch auf einen bezahlten einwöchigen **Zusatzurlaub.** Gleichgestellte behinderte Menschen sind nach § 2 Abs. 3 SGB IX von diesem Anspruch ausgeschlossen.[434]

11. Das Verbot der Benachteiligung wegen Behinderung

489 Ein schwerbehinderter Mensch darf nach § 81 Abs. 2 Satz 1 SGB IX bei der Begründung eines Arbeits- oder sonstigen Beschäftigungsverhältnisses, beim beruflichen Aufstieg, bei einer Weisung oder bei einer Kündigung nicht wegen seiner Behinderung benachteiligt werden. Eine unterschiedliche Behandlung ist nach Satz 2 nur zulässig, wenn eine bestimmte körperliche Funktion, geistige Fähigkeit oder seelische Gesundheit wesentliche und entscheidende berufliche Anforderung ist.

429 BAG, Urt. v. 03.12.2002, AP Nr. 1 zu § 124 SGB IX = Behindertenrecht 2003, 40 = BAGReport 2003, 235–239.
430 ArbG Koblenz, Urt. v. 14.02.1991, EzBAT SR 2a BAT Bereitschaftsdienst Nr. 1.
431 LPK SGB IX/*Düwell*, § 125 Rn 7; *Dörner*, SchwbG, § 46 IV.
432 Ebenso zu § 16 Abs. 1 BErzGG: BAG, Urt. v. 22.06.1988, BAGE 59, 62.
433 *Cramer*, SchwbG, § 46 Rn 1; so *Dörner*, SchwbG, § 46 IV.
434 Weitere Einzelheiten siehe *Schinz*, Rn 345 ff.

a) Darlegungs- und Beweislast

Kann der schwerbehinderte Mensch Tatsachen glaubhaft machen, die eine Benachteiligung vermuten lassen, trägt der Arbeitgeber nach Satz 3 die Beweislast dafür, dass nicht auf die Behinderung bezogene, sachliche Gründe eine unterschiedliche Behandlung rechtfertigen oder eine bestimmte körperliche Funktion, geistige Fähigkeit oder seelische Gesundheit wesentliche und entscheidende berufliche Anforderung für die vorgesehene Tätigkeit ist. Damit ist eine erhebliche Erleichterung der **Darlegungs- und Beweislast** verbunden. Denn der schwerbehinderte Mensch muss nur glaubhaft machen, dass gerade wegen der Behinderung eine Benachteiligung erfolgt ist. Es genügt daher, wenn er Tatsachen vorträgt, die es als wahrscheinlich erscheinen lassen, die Behinderung sei Grund für die Schlechterbehandlung. Der Arbeitgeber hat dann zu widerlegen, dass die unterschiedliche Behandlung nicht behinderungsbedingt ist. Dazu muss er die sachlichen Gründe, die eine unterschiedliche Behandlung rechtfertigen, darlegen und beweisen. Die bisher ergangene obergerichtliche Rechtsprechung geht davon aus, der schwerbehinderte Mensch habe zunächst darzulegen und zu beweisen, dass objektiv eine Benachteiligung überhaupt gegeben sei. Nur soweit es um den Benachteiligungsgrund gehe, greife die Beweiserleichterung ein. Das sei auch mit der Richtlinie EGRL 78/2000 vereinbar.[435] 490

Eine Benachteiligung wegen der Behinderung scheidet aus, wenn die Person, welche in Vertretung des Arbeitgebers die Einstellungsverhandlungen geführt hat, von der Behinderung keine Kenntnis erlangt hatte. Das ist z.B. dann der Fall, wenn eine Bürokraft auf dem von ihr für jeden Bewerber anzulegenden Übersichtsblatt die im Bewerbungsschreiben angegebene Behinderung nicht aufgeführt hat und daher dem Einstellungsbefugten die Tatsache der Schwerbehinderung unbekannt blieb.[436] 490a

Dem Arbeitgeber ist es im Rahmen einer Entschädigungsklage grundsätzlich verwehrt, sich nachträglich auf sachliche Gründe für eine unterschiedliche Behandlung schwerbehinderter Menschen zu berufen, die er dem betroffenen Bewerber bei seiner Unterrichtung nach § 81 Abs. 1 Satz 9 SGB IX nicht mitgeteilt hat.[437] 490b

b) Rechtsfolgen der Benachteiligung bei der Einstellung

Wird der schwerbehinderte Mensch im Einstellungsverfahren benachteiligt, so hat er einen Anspruch auf **angemessene Entschädigung in Geld**. Der Anspruch setzt nicht den Nachweis eines Verschuldens des Arbeitgebers voraus. Er setzt auch nicht voraus, dass der schwerbehinderte Bewerber ohne die Benachteiligung tatsächlich eingestellt worden wäre. 491

Nach § 81 Abs. 2 Satz 2 Nr. 3 Satz 1 SGB IX wird der Entschädigungsanspruch des schwerbehinderten Menschen auf höchstens drei Monatsverdienste begrenzt, wenn er auch bei benachteiligungsfreier Auswahl nicht eingestellt worden wäre. Die angemessene Entschädigung in Geld ist dann eine Kompensation für die dem schwerbehinderten Bewerber entgegengebrachte Missachtung. 492

Eine diesen Entschädigungsanspruch auslösende Benachteiligung wird nach der Rechtsprechung vermutet, wenn der Arbeitgeber die ihm obliegende Prüfungspflicht bei der Besetzung offener Stellen (§ 81 Abs. 1 SGB IX) in wesentlichen Teilen verletzt. Ein wesentlicher Teil des Verfahrens nach § 81 Abs. 1 SGB IX ist insbesondere die in Satz 9 normierte Pflicht des Arbeitgebers, alle Beteiligten – auch den Bewerber – über die von ihm getroffene Entscheidung unter Darlegung der Gründe unverzüglich zu unterrichten. Diese setzt allerdings voraus, dass der Arbeitgeber seine Beschäftigungsquote nicht erfüllt hat[438] und Betriebsrat oder Schwerbehindertenvertretung mit der beabsichtigten Personalauswahl nicht einverstanden sind. 492a

435 LAG Bremen, Urt. v. 09.09.2003 – 1 Sa 77/03; Revision eingelegt unter Az 9 AZR 635/03.

436 LAG Nürnberg, Beschl. v. 01.04.2004 – 7 SHa 4/04.

437 ArbG Frankfurt a.M., Urt. v. 19.02.2003 – 17 Ca 8469/02; m. Anm. *Düwell* juris PR-ArbR 1/2004; Berufung eingelegt beim Hessischen LAG unter Az 3 Sa 818/03.

438 Vgl. Rn 413 ff.

492b Die Instanzgerichte halten im Fall des § 81 Abs. 2 Satz 2 Nr. 3 Satz 1 SGB IX im Regelfall eine Entschädigung in der Hälfte des Höchstbetrages von drei Monatverdiensten (= 1,5 Monatsverdienste) für angemessen. Nur soweit ein besonders schwerer Fall vorliege, soll der Rahmen ausgeschöpft werden.[439]

493 Wäre der schwerbehinderte Bewerber bei **benachteiligungsfreier Auswahl** eingestellt worden, so umfasst die angemessene Entschädigung sowohl die Kompensation des immateriellen wie auch des materiellen Schadens. Die Höhe der Entschädigung richtet sich dann im Einzelfall nach den Beweggründen für die benachteiligende Handlung, der Art und Schwere der Beeinträchtigung insbesondere unter Berücksichtigung des durch die Nichteinstellung entstehenden wirtschaftlichen Zukunftsschadens. Ihre Höhe ist in § 81 Abs. 2 Satz 2 Nr. 2 SGB IX gesetzlich nicht »gedeckelt«. Das bedeutet: im Extremfall ist der Richter zur Festsetzung einer Entschädigung berechtigt, die den gesamten künftigen Erwerbs- und Rentenschaden mitumfasst.

493a In einem rechtskräftigen Urteil ist ein öffentlicher Arbeitgeber zu einer Entschädigung in Höhe von drei Monatsverdiensten verurteilt worden, weil er den schwerbehinderten Bewerber, der nach Auffassung des Arbeitsgerichts der Bestqualifizierte war, nicht eingestellt hat.[440] Die Benachteiligung sah das Arbeitsgericht als glaubhaft an, weil der öffentliche Arbeitgeber entgegen § 82 Satz 2 SGB IX den geeigneten schwerbehinderten Bewerber nicht zu einem Vorstellungsgespräch eingeladen hatte. Die Höhe der Entschädigung ist damit begründet worden, der Kläger habe sich aus einem bestehenden Arbeitsverhältnis beworben. Deshalb sei sein Schaden nicht so groß. In diesem Fall müsse der nach § 81 Abs. 2 Satz 2 Nr. 3 SGB IX für Geringerqualifizierte bestehende Höchstsatz nicht überschritten werden.

493b Die Entschädigungsvorschriften in § 81 Abs. 2 Satz 2 Nr. 2 und Nr. 3 SGB IX sind nicht nur für die Benachteiligung bei der Begründung eines Arbeitsverhältnisses, sondern auch für die Benachteiligung bei der Begründung eines arbeitnehmerähnlichen Dienstvertragsverhältnisses oder eines öffentlich-rechtlichen Dienstverhältnisses, insbesondere auch bei der Berufung in ein Beamtenverhältnis, anwendbar.

493c Nach § 39 SGB IX müssen die Entschädigungsansprüche nicht von den schwerbehinderten Menschen selbst eingeklagt werden. Hier ist zum erstenmal im Arbeitsrecht ein Klagerecht für Behindertenverbände geschaffen worden. Diese brauchen zur Klageerhebung allerdings das Einverständnis des schwerbehinderten Menschen.

c) Rechtsfolgen der Benachteiligung beim beruflichen Aufstieg

494 Nach § 81 Abs. 2 Satz 2 Nr. 2 SGB IX ist auch die Benachteiligung beim beruflichen Aufstieg in Geld zu entschädigen. Anders als im Einstellungsverfahren ist für die Übertragung einer höherwertigen Tätigkeit (Beförderung) die Durchsetzung des Erfüllungsanspruchs nicht ausgeschlossen.[441] Nach der ständigen Rechtsprechung des Bundesarbeitsgerichts kann nämlich im Einzelfall eine Verpflichtung des Arbeitgebers bestehen, einen schwerbehinderten Stellenbewerber gegenüber sonstigen Bewerbern zu bevorzugen.[442] Besteht kein Anspruch auf »Beförderung« durch Vertragsänderung, so hat der Arbeitgeber nach § 81 Abs. 2 Nr. 5 SGB IX eine angemessene Entschädigung in Geld zu leisten. Dabei sind die Bestimmungen über die Verletzung des Benachteiligungsverbots bei der Einstellung entsprechend anzuwenden.

439 ArbG Frankfurt a.M., Urt. v.19.02.2003 – 17 Ca 8469/02; m. Anm. *Düwell* juris PR-ArbR 1/2004; Berufung eingelegt beim Hessischen LAG unter Az 3 Sa 818/03.

440 ArbG Berlin, Urt. v. 10.03.2004 – 91 Ca 17871/03, Info 7/8 aus 2007 der Arbeitsgemeinschaft der SBV NRW S. 5.

441 *Düwell*, BB 2001, 1527, 1529; *Hansen*, NZA 2001, 985, 987.

442 BAG, Urt. v. 28.04.1998, AP Nr. 2 zu § 14 SchwbG 1986; Urt. v. 19.09.1979, BAGE 32, 105; Urt. v. 12.11.1980, BAGE 34, 250.

d) Geltendmachung

Der Anspruch auf Entschädigung wegen Benachteiligung muss innerhalb von **zwei Monaten** nach Zugang der Ablehnung der Bewerbung **schriftlich** geltend gemacht werden (§ 81 Abs. 2 Satz 2 Nr. 4 SGB IX). Zu der vergleichbaren Vorschrift des § 611a Abs. 4 BGB hat das Bundesarbeitsgericht angenommen, dass bei Nichteinhaltung der Anspruch auf Entschädigung verfällt.[443] Auch hier spricht die Formulierung für eine Ausschlussfrist. Frist und Schriftform (§ 126 BGB) müssen zur Vermeidung des Verfalls eingehalten werden. 495

Ein Verweis auf § 61b ArbGG fehlt. Nach den dort für die Klage auf Entschädigung nach § 611a Abs. 2 BGB geregelten Verfahrensbesonderheiten muss eine Klage auf Entschädigung innerhalb von drei Monaten gerichtlich geltend gemacht werden. Haben mehrere Bewerber wegen Benachteiligung Klage erhoben, so ist auf Antrag des Arbeitgebers das Arbeitsgericht, bei dem die erste Klage erhoben worden ist, auch für die übrigen Klagen ausschließlich zuständig. Mangels Verweisung können diese Vorschriften trotz vergleichbarer Konkurrenzsituation von Bewerbern nicht angewandt werden.[444] 496

F. Mutterschutzrecht

I. Rechtliche Grundlagen

Maßgebende rechtliche Grundlage des auch das Verfassungsgebot des Art. 6 Abs. 4 GG verwirklichenden[445] Mutterschutzes ist das **Gesetz zum Schutze der erwerbstätigen Mutter (MuSchG)** vom 18.04.1968[446] in der Fassung der Bekanntmachung vom 20.06.2002.[447] Dieses regelt in den §§ 3 ff. MuSchG eine Reihe so genannter mutterschutzrechtlicher **Beschäftigungsverbote**,[448] deren Sinn und Zweck dahin geht, die werdende Mutter und Mutter vor jedem Gesundheitsrisiko zu bewahren, das mit einer Fortsetzung ihrer vertraglich geschuldeten Tätigkeit verbunden ist.[449] Ein weiteres, mit den Beschäftigungsverboten in engem Zusammenhang stehendes Anliegen des Mutterschutzes bzw. Mutterschutzgesetzes ist die **Sicherung der wirtschaftlichen Existenz** der Schwangeren und Mutter. Insoweit regeln die §§ 11, 13 und 14 MuSchG differenziert nach der Art des Beschäftigungsverbots Ansprüche auf Mutterschutzlohn (§ 11 MuSchG), Mutterschaftsgeld (§ 13 MuSchG) und Zuschuss zum Mutterschaftsgeld (§ 14 MuSchG). **Kündigungsrechtliche Sonderbestimmungen**, insbesondere das in § 9 MuSchG enthaltene Kündigungsverbot, vervollständigen den Schutz der Schwangeren und Mutter dadurch, dass sie – vor allem auch während der Zeit von Beschäftigungsverboten – einen Verlust des Arbeitsplatzes grundsätzlich nicht zu befürchten hat. 497

II. Beschäftigungsverbote

Die Regelungen der §§ 3 ff. MuSchG enthalten verschiedene Beschäftigungsverbote. Diese werden unterschieden nach **individuellen und generellen Verboten**.[450] Unter einem individuellen Beschäftigungsverbot ist ein auf den persönlichen Gesundheitszustand der Frau bezogenes Verbot zu verstehen, das auf Grund ärztlichen Zeugnisses angeordnet wird.[451] Generelle Beschäftigungsverbote gelten unabhängig vom individuellen Gesundheitszustand einer Frau. Dazu gehören die 498

443 BAG, Urt. v. 19.02.1998 – 8 AZR 112/96 (n.v.).
444 *Düwell*, BB 2001, 1527, 1529; dem zustimmend *Hansen*, NZA 2001, 985, 987.
445 BAG v. 05.07.1995, NZA 1996, 137 ff. (139).
446 BGBl I 1968, 315.
447 BGBl I 2002, 2318.
448 BAG v. 11.11.1998, NZA 1999, 763 ff. (766).
449 BAG v. 11.11.1998, NZA 1999, 763 ff. (766).
450 Siehe *Zmarzlik/Zipperer/Viethen*, vor § 3 Rn 2; *dies.* auch zum Folgenden.
451 Siehe §§ 3 Abs. 1, 6 Abs. 2 MuSchG.

Verbote der Beschäftigung während der Schutzfristen vor und nach der Entbindung,[452] der Beschäftigung mit schweren und gesundheitsgefährdenden Arbeiten,[453] der Beschäftigung mit Akkord- und Fließarbeit,[454] der Beschäftigung mit Mehr-, Nacht- und Sonntagsarbeit[455] sowie der Beschäftigung während der Stillzeiten.[456]

499 Ihrer **rechtlichen Wirkung** nach untersagen die Beschäftigungsverbote aus den jeweils unterschiedlichen Gründen die konkrete, von der Schwangeren bzw. Mutter ausgeübten Tätigkeit.[457] Das Arbeitsverhältnis als solches bleibt bestehen. Die Arbeitnehmerin hat gegen den Arbeitgeber einen Anspruch auf Einhaltung der Beschäftigungsverbote.[458] Gegenüber der Weisung zu einer Tätigkeit, die von einem Beschäftigungsverbot erfasst wird, steht der Arbeitnehmerin ein Leistungsverweigerungsrecht (§ 273 BGB) zu. Im Falle von Beschäftigungsverboten, die an bestimmte Tätigkeiten anknüpfen oder während einer bestimmten Dauer oder Lage der Arbeitszeit verboten sind, steht dem Arbeitgeber zur Vermeidung der Zahlung von Mutterschutzlohn nach § 11 MuSchG das Recht zu, der Arbeitnehmerin eine zumutbare andere und nicht einem Beschäftigungsverbot unterfallende Arbeit zuzuweisen.[459]

1. Beschäftigungsverbote für werdende Mütter (§ 3 MuSchG)

500 Die Regelung des § 3 MuSchG enthält zwei unterschiedliche Beschäftigungsverbote. In Abs. 1 der Vorschrift ist ein individuelles Verbot normiert. § 3 Abs. 2 MuSchG regelt als generelles Verbot die so genannte Schutzfrist vor der Entbindung.

a) Individuelles Beschäftigungsverbot (§ 3 Abs. 1 MuSchG)

501 Gemäß § 3 Abs. 1 MuSchG dürfen werdende Mütter nicht beschäftigt werden, soweit nach ärztlichem Zeugnis Leben oder Gesundheit von Mutter oder Kind bei Fortdauer der Beschäftigung gefährdet sind. Hierbei handelt es sich um ein **individuelles Beschäftigungsverbot**:[460] Maßgebend für dessen Eingreifen sind allein der individuelle Gesundheitszustand der beschäftigten Arbeitnehmerin und die konkrete Arbeitstätigkeit der Schwangeren.[461] Es genügt, dass die Fortsetzung der Arbeit auf diesem Arbeitsplatz die Gesundheit der Mutter oder des Kindes gefährdet.[462] Irrelevant ist deshalb – anders als bei § 4 MuSchG[463] – im Rahmen von § 3 Abs. 1 MuSchG, ob von dem Arbeitsplatz als solchem Gefahren für die Schwangere ausgehen und für jede andere Schwangere auch bestünden.[464]

502 Das Beschäftigungsverbot des § 3 Abs. 1 MuSchG greift erst ein, sprich erlangt rechtliche Wirksamkeit erst dadurch, dass es von einem Arzt ausgesprochen wird. **Das ärztliche Zeugnis ist für das Beschäftigungsverbot konstitutiv**.[465] Der Arzt kann das Verbot wirksam mündlich[466] wie auch schriftlich aussprechen, Letzteres ist die Regel.[467] Einem schriftlich erteilten Zeugnis i.S.v. § 3

452 §§ 3 Abs. 2, 6 Abs. 1 MuSchG.
453 §§ 4 Abs. 1 und Abs. 2, 6 Abs. 3 MuSchG.
454 §§ 4 Abs. 3, 6 Abs. 3 MuSchG.
455 Siehe § 8 MuSchG.
456 § 7 MuSchG.
457 ErfK/*Schlachter*, § 3 MuSchG Rn 2.
458 Siehe *Zmarzlik/Zipperer/Viethen*, vor § 3 MuSchG Rn 4.
459 Siehe dazu noch unter Rn 527 ff.
460 BAG v. 11.11.1998, NZA 1999, 763 ff. (765).
461 BAG v. 09.10.2002, NZA 2004, 257 ff. (259); BAG v. 13.02.2002 – 5 AZR 753/00 (n.v.).
462 BAG v. 11.11.1998, NZA 1999, 763 ff. (765).
463 Siehe noch folgend unter Rn 511 ff.
464 BAG v. 09.10.2002, NZA 2004, 257 ff. (259); BAG, v. 13.02.2002 – 5 AZR 753/00 (n.v.); BAG v. 11.11.1998, NZA 1999, 763 ff. (765); BAG v. 01.10.1997, NZA 1998, 194 ff. (195); BAG v. 12.03.1997, NZA 1997, 882 ff. (883).
465 BAG v. 09.10.2002, NZA 2004, 257 ff. (259); BAG v. 13.02.2002 – 5 AZR 753/00 (n.v.); BAG v. 11.11.1998, NZA 1999, 763 ff. (765).
466 BAG v. 11.11.1998, NZA 1999, 763 ff. (765).
467 BAG, v. 01.10.1997, NZA 1998, 194 ff. (195).

Abs. 1 MuSchG kommt, wenn der Arzt die Anforderungen an die Erteilung einer solchen Bescheinigung beachtet hat,[468] ein **hoher Beweiswert** zu.[469] Die Schwangere genügt ihrer Darlegungs- und Beweislast für das Vorliegen der Voraussetzungen des § 3 Abs. 1 MuSchG zunächst durch Vorlage des Zeugnisses. Der Arbeitgeber kann den Beweiswert des ärztlichen Zeugnisses durch Darlegung und Beweis solcher Umstände erschüttern, die zu ernsthaften Zweifeln Anlass geben, dass die Voraussetzungen für ein Beschäftigungsverbot nach § 3 Abs. 1 MuSchG vorliegen.[470] Solche Umstände sind etwa dann gegeben, wenn die schwangere Arbeitnehmerin dem Arzt ihre Tätigkeit unzutreffend beschrieben hat oder aus der Bescheinigung nicht deutlich wird, von welchen Arbeitsbedingungen der Arzt ausgegangen ist.[471] Zur Vorbereitung der Erschütterung des Beweiswerts kann der Arbeitgeber von dem behandelnden Arzt Auskünfte verlangen, soweit diese nicht der ärztlichen Schweigepflicht unterliegen, z.B. darüber, von welchen tatsächlichen Arbeitsbedingungen der Arzt ausgegangen ist. Des Weiteren kann der Arbeitgeber von der Arbeitnehmerin eine weitere ärztliche Untersuchung fordern, wenn er ihr die dafür maßgebenden Gründe mitteilt.[472] Gelingt die Erschütterung des Beweiswerts der ärztlichen Bescheinigung, so ist die Schwangere gehalten, weitere Angaben zu machen, etwa durch Offenlegung der ärztlichen Diagnose oder Entbindung des Arztes von der Schweigepflicht.[473]

Nach dem Wortlaut von § 3 Abs. 1 MuSchG setzt die Anordnung eines Beschäftigungsverbots vor- 503
aus, dass bei Fortdauer der Beschäftigung Leben oder Gesundheit von Mutter oder Kind »gefährdet ist«. Das Gesetz macht mithin deutlich, dass eine bloße Gefährdung des Gesundheitszustandes von werdender Mutter und/oder Kind genügt.[474] Hierfür reichen auch drohende psychische Belastungen im Falle einer Weiterbeschäftigung aus.[475] Im Hinblick auf Sinn und Zweck der mutterschutzrechtlichen Beschäftigungsverbote, die (werdende) Mutter vor jedem Gesundheitsrisiko zu bewahren, das mit einer Fortsetzung ihrer vertraglich geschuldeten Tätigkeit verbunden ist,[476] kann ein Beschäftigungsverbot auf Grund ärztlichen Zeugnisses auch schon dann ausgesprochen werden, wenn eine Gefährdung nur möglich ist, weil wegen einer fehlenden Überprüfung des Arbeitsplatzes eine Gesundheitsgefährdung nicht ausgeschlossen werden kann.[477]

Das ärztlich angeordnete Beschäftigungsverbot kann für **jede Beschäftigung** ausgesprochen werden 504
oder auch auf das Verbot der **Ausübung bestimmter Tätigkeiten** beschränkt sein.[478] Der Arbeitgeber darf dann der Arbeitnehmerin eine andere zumutbare Tätigkeit zuweisen.[479] Insoweit hat er seine Entscheidung gemäß § 315 Abs. 1 BGB analog nach billigem Ermessen zu treffen, wobei zu beachten ist, dass die in Betracht kommenden Ersatztätigkeiten auch **außerhalb des durch das Direktionsrecht** abgesteckten Bereichs liegen können.[480]

Die wirksame Anordnung eines Beschäftigungsverbots nach § 3 Abs. 1 MuSchG hat zur Folge, 505
dass die Pflicht zur Arbeitsleistung **suspendiert** wird.[481] Der Arbeitgeber darf die Arbeitnehmerin

468 Siehe dazu BAG v. 31.07.1996, NZA 1997, 29 ff. (29 f.).
469 BAG v. 09.10.2002, NZA 2004, 257 ff. (260) (n.v.); BAG v. 13.10.2002 – 5 AZR 753/00 (n.v.); BAG v. 11.11.1998, NZA 1999, 763 ff. (765); BAG v. 01.10.1997, NZA 1998, 194 ff. (196); BAG v. 31.07.1997, NZA 1997, 29 ff. (30).
470 BAG v. 09.10.2002, NZA 2004, 257 ff. (260); BAG v. 13.02.2002 – 5 AZR 753/00 (n.v.).
471 BAG v. 09.10.2002,NZA 2004, 257 ff. (260); BAG v. 13.02.2002 – 5 AZR 753/00 (n.v.).
472 BAG v. 09.10.2002, NZA 2004, 257 ff. (260); BAG v. 13.02.2002 – 5 AZR 753/00 (n.v.).
473 BAG v. 13.02.2002 – 5 AZR 753/00 (n.v.); BAG v. 09.10.2002, NZA 2004, 257 ff. (260).
474 BAG v. 09.10.2002, NZA 2004, 257 ff. (259); BAG v. 13.02.2002 – 5 AZR 753/00 (n.v.).
475 BAG v. 09.10.2002, NZA 2004, 257 ff. (259); BAG v. 13.02.2002 – 5 AZR 753/00 (n.v.); BAG v. 21.03.2001, NZA 2001, 1017 ff.
476 BAG v. 11.11.1998, NZA 1999, 763 ff. (766).
477 BAG v. 11.11.1998, NZA 1999, 763 ff. (765 f.): vorläufiges Beschäftigungsverbot bis zur Klärung der Voraussetzungen des § 4 Abs. 1 MuSchG.
478 BAG v. 01.10.1997, NZA 1998, 194 ff. (195); BAG v. 12.03.1997, NZA 1997, 882 ff. (883).
479 BAG v. 22.04.1998, NZA 1998, 936 ff. (937); BAG v. 01.10.1997, NZA 1998, 194 ff. (195); BAG v. 12.03.1997, NZA 1997, 882 ff. (883).
480 BAG v. 22.04.1998, NZA 1998, 936 ff. (937 f.).
481 BAG v. 11.11.1998, NZA 1999, 763 ff. (765); BAG v. 09.10.2002, NZA 2004, 257 ff. (259); BAG v. 13.02.2002 – 5 AZR 753/00 (n.v.).

nicht mehr entgegen dem für ihn zwingenden Verbot einsetzen. Tut er das dennoch, so steht dieser ein Leistungsverweigerungsrecht aus § 273 BGB zu.[482] Schließlich hat das Beschäftigungsverbot Bedeutung für die Vergütungspflicht des Arbeitgebers, die nach Maßgabe des § 11 MuSchG fortbesteht.[483]

Die Voraussetzungen für ein Beschäftigungsverbot nach § 3 Abs. 1 und § 4 MuSchG können **nebeneinander** erfüllt sein. Ist ein Beschäftigungsverbot i.S.v. § 4 MuSchG gegeben, dann liegt auch immer eine Gefährdung nach § 3 Abs. 1 MuSchG vor.[484]

b) Schutzfrist vor der Entbindung (§ 3 Abs. 2 MuSchG)

506 Gemäß § 3 Abs. 2 MuSchG dürfen werdende Mütter in den letzten sechs Wochen vor der Entbindung nicht beschäftigt werden, es sei denn, dass sie sich zur Arbeitsleistung ausdrücklich bereit erklären. Die Erklärung kann jederzeit widerrufen werden.

507 Hierbei handelt es sich um ein **generelles Beschäftigungsverbot**,[485] das mit dem Erreichen des maßgebenden Zeitpunkts unabhängig von dem individuellen Gesundheitszustand der Schwangeren eingreift. Das Verbot ist für den Arbeitgeber zwingend, kann von diesem aber nur beachtet werden, wenn ihm bekannt ist, dass die Arbeitnehmerin sechs Wochen vor dem mutmaßlichen Tag der Entbindung steht. Diesen Termin soll die Arbeitnehmerin dem Arbeitgeber nach § 5 Abs. 1 MuSchG mitteilen.[486]

508 Für die **werdende Mutter** ist das generelle Verbot des § 3 Abs. 2 MuSchG **nicht zwingend**. Sie kann sich ausdrücklich zur Arbeitsleistung bereit erklären. Allerdings trifft den Arbeitgeber grundsätzlich keine Verpflichtung, das Angebot zur Weiterarbeit anzunehmen, es sei denn, er hat die Arbeitnehmerin zuvor aufgefordert.[487] Der Arbeitgeber hat die werdende Mutter darüber zu informieren, dass mit der Weiterarbeit der Anspruch auf Mutterschaftsgeld nach § 200 Abs. 4 RVO ruht, soweit und solange beitragspflichtiges Entgelt bezogen wird, und der Anspruch auf Zuschuss zum Mutterschaftsgeld nach § 14 MuSchG[488] wegfällt.[489]

509 Das Beschäftigungsverbot nach § 3 Abs. 2 MuSchG gilt ebenso wenig wie das nach § 6 Abs. 1 MuSchG für die Zeit nach der Entbindung[490] als **Zeit einer tatsächlichen Arbeitsleistung**.[491] Das erlangt etwa dann Bedeutung, wenn zum Beispiel ein Tarifvertrag die Gewährung einer jährlichen Sonderzahlung davon abhängig macht, dass eine Mindestzeit im Kalenderjahr tatsächlich gearbeitet wurde und diese wegen der Mutterschutzfrist nicht erreicht wird.[492] Unzulässig ist allerdings eine tarifliche Urlaubsgeldregelung, die auf Grund ihrer Ausgestaltung einen dahin gehenden Druck auf schwangere Arbeitnehmerinnen ausübt, dass diese, um den Verlust des Urlaubsgeldes zu vermeiden, die Schutzfrist des § 3 Abs. 2 MuSchG nicht in Anspruch nehmen. Eine solche Regelung ist mit Art. 6 Abs. 4 GG unvereinbar.[493] Zu beachten ist, dass jetzt nach § 17 MuSchG[494] für den Anspruch auf bezahlten Erholungsurlaub und dessen Dauer die Ausfallzeiten wegen mutterschutzrechtlicher Beschäftigungsverbote als Beschäftigungszeiten gelten.

482 BAG v. 21.03.2001, NZA 2001, 1017 ff. (1018).
483 Siehe BAG v. 11.11.1998, NZA 1999, 763 ff. (765). Zu § 11 MuSchG siehe noch folgend unter Rn 527 ff.
484 BAG v. 11.11.1998, NZA 1999, 763 ff. (765). Zu § 4 MuSchG siehe noch folgend unter Rn 511 ff.
485 Siehe zum Begriff oben Rn 498.
486 Siehe *Zmarzlik/Zipperer/Viethen*, § 3 MuSchG Rn 32.
487 *Zmarzlik/Zipperer/Viethen*, § 3 MuSchG Rn 38.
488 Siehe dazu noch unter Rn 537 ff.
489 ErfK/*Schlachter*, § 3 MuSchG Rn 15.
490 Siehe dazu noch Rn 515 ff.
491 BAG v. 12.07.1995, NZA 1995, 1165 f. (1166).
492 BAG v. 12.07.1995, NZA 1995, 1165 f. (1166).
493 BAG v. 20.08.2002, NZA 2003, 333 ff. (334 f.).
494 Eingeführt durch Art. 1 Nr. 7 Zweites Gesetz zur Änderung des MuSchG v. 16.06.2002, BGBl I 2002, 1812.

Andererseits ist eine **gegenleistungsbezogene Sonderzahlung** (zum Beispiel 13. Monatsgehalt) auch für die Zeit des § 3 Abs. 2 MuSchG (wie auch § 6 Abs. 1 MuSchG) fortzuzahlen, wenn das Entgelt – wie beim Mutterschutz – auch ohne tatsächliche Arbeitsleistung gewährt werden soll.[495] Nach Ansicht des Bundesarbeitsgerichts folgt aus § 14 MuSchG, dass sich die Zeit des § 3 Abs. 2 MuSchG (wie auch von § 6 Abs. 1 MuSchG) auf eine Sonderzahlung mit Gegenleistungscharakter nicht anspruchsmindernd auswirken soll.[496] Das Bundesarbeitsgericht geht davon aus, dass eine Arbeitsunfähigkeit für die Dauer der Schutzfristen (§ 3 Abs. 2 und § 6 Abs. 1 MuSchG) außer Betracht bleibt. Nach Auffassung des Bundesarbeitsgerichts fehlt es, wenn die Arbeitnehmerin während der Schutzfrist erkrankt, am Erfordernis der alleinigen Kausalität der Arbeitsunfähigkeit für den Arbeitsausfall.[497] Die Frau wird demzufolge durch Mutterschaftsgeld und Zuschuss zum Mutterschaftsgeld und nicht durch Entgeltfortzahlung und Krankengeld gesichert.[498] 510

2. Weitere Beschäftigungsverbote für werdende Mütter (§ 4 MuSchG)

Bei den an bestimmte gefährliche bzw. vermutlich gefährliche Tätigkeiten und nach leistungsbezogenen Entgeltsystemen bestimmten Arbeiten anknüpfenden Beschäftigungsverboten des § 4 MuSchG handelt es sich um **generelle Verbote**, Schwangere mit den im Gesetz benannten Tätigkeiten zu beschäftigen.[499] Auf den individuellen Gesundheitszustand der werdenden Mutter kommt es für das Eingreifen des Verbots nicht an.[500] 511

Die Verbote des § 4 MuSchG gelten **unmittelbar kraft Gesetzes**, wenn einer der geregelten Verbotstatbestände vorliegt.[501] In erster Linie hat der Arbeitgeber zu prüfen, ob ein Verbotstatbestand gegeben ist. Daneben kann im Einzelfall auch die Aufsichtsbehörde nach § 4 Abs. 5 MuSchG eine verbindliche Feststellung treffen.[502] 512

Bei der Regelung des § 4 Abs. 1 MuSchG handelt es sich um eine **Generalklausel**, die in § 4 Abs. 2 MuSchG durch die Aufzählung einzelner verbotener Tätigkeiten beispielhaft ergänzt wird.[503] Weitere Konkretisierungen und eine Erweiterung verbotener Tätigkeiten enthalten die auf der Grundlage von § 4 Abs. 4 MuSchG erlassenen Rechtsverordnungen, zum Beispiel Bestimmungen der Gefahrstoffverordnung vom 26.01.1993.[504] 513

§ 4 Abs. 3 Satz 1 MuSchG verbietet die Beschäftigung der werdenden Mutter mit **Akkordarbeit und sonstigen Arbeiten**, bei denen durch ein gesteigertes Arbeitstempo ein höheres Entgelt erzielt werden kann (Nr. 1), und Fließarbeit mit vorgeschriebenem Arbeitstempo (Nr. 2). Das Verbot besteht allerdings nur grundsätzlich. Die zuständige Aufsichtsbehörde kann nach Maßgabe von § 4 Abs. 3 Satz 2, 3 MuSchG individuell oder generell betriebsbezogen Ausnahmen bewilligen. Auf eine entsprechende Bewilligung hat der Arbeitgeber keinen Rechtsanspruch, die Behörde hat nach pflichtgemäßem Ermessen zu entscheiden.[505] 514

495 Siehe BAG v. 25.11.1998, NZA 1999, 766 f. (767).
496 Siehe BAG v. 25.11.1998, NZA 1999, 766 f. (767). Das Gericht lässt hier offen, ob eine vertragliche Kürzung für diese Zeiten zulässig ist.
497 BAG v. 12.03.1997, NZA 1997, 763 ff. (763 f.); ebenso im Verhältnis zum Beschäftigungsverbot nach § 3 Abs. 1 MuSchG etwa BAG v. 09.10.2002, NZA 2004, 257 ff. (259 f.), BAG v. 13.02.2002 – 5 AZR 753/00 (n.v.); kritisch zur Begründung des BAG MünchArbR/*Boecken*, § 83 Rn 87 ff.
498 BAG v. 12.03.1997, NZA 1997, 763 ff. (763 f.); siehe auch Rn 538.
499 BAG v. 11.11.1998, NZA 1999, 763 ff. (764).
500 BAG v. 11.11.1998, NZA 1999, 763 ff. (764).
501 BAG v. 11.11.1998, NZA 1999, 763 ff. (764).
502 BAG v. 11.11.1998, NZA 1999, 763 ff. (764).
503 BAG v. 11.11.1998, NZA 1999, 763 ff. (764).
504 BAG v. 11.11.1998, NZA 1999, 763 ff. (764).
505 *Zmarzlik/Zipperer/Viethen*, § 4 MuSchG Rn 60.

3. Beschäftigungsverbote nach der Entbindung (§ 6 MuSchG)

515 § 6 Abs. 1 Satz 1 MuSchG regelt wie § 3 Abs. 2 MuSchG ein **generelles Beschäftigungsverbot** in Gestalt einer **so genannten Schutzfrist**, wonach Mütter bis zum Ablauf von acht Wochen nach der Entbindung nicht beschäftigt werden dürfen. Die Beschäftigung der Mutter während dieser Schutzfrist ist zwingend verboten, auf diesen Schutz kann auch die Mutter nicht verzichten. Hiervon macht allein § 6 Abs. 1 Satz 3 MuSchG eine Ausnahme, wonach eine Mutter beim Tode ihres Kindes auf ihr ausdrückliches Verlangen schon vor Ablauf der Schutzfrist frühestens ab der dritten Woche nach der Entbindung wieder beschäftigt werden kann, wenn nach ärztlichem Zeugnis nichts dagegen spricht. Die Erklärung ist allerdings jederzeit widerrufbar (§ 6 Abs. 1 Satz 4 MuSchG). Bei einer Fehlgeburt handelt es sich nicht um eine Entbindung i.S.v. § 6 Abs. 1 Satz 1 MuSchG.

516 Im Falle von **Früh- und Mehrlingsgeburten** verlängert sich die Frist gemäß § 6 Abs. 1 Satz 1 MuSchG auf zwölf Wochen, bei Frühgeburten und sonstigen vorzeitigen Entbindungen zusätzlich um den Zeitraum, der nach § 3 Abs. 2 MuSchG nicht in Anspruch genommen werden konnte. Mit der Verlängerung der Schutzfrist soll in erster Linie der erhöhten Pflegebedürftigkeit der Kinder Rechnung getragen werden.[506] Eine Frühgeburt, für die es keine gesetzliche Definition gibt, ist immer bei einem Geburtsgewicht von weniger als 2500 Gramm gegeben, auf die Dauer der Schwangerschaft kommt es nicht an.[507]

517 Während der Schutzfrist sind die Hauptpflichten aus dem Arbeitsverhältnis **suspendiert**. Die Mutter erhält Mutterschaftsgeld nach § 13 MuSchG, § 200 RVO und unter Umständen den Zuschuss zum Mutterschaftsgeld gemäß § 14 MuSchG.[508]

518 Ein **individuelles Beschäftigungsverbot** bei verminderter Leistungsfähigkeit enthält § 6 Abs. 2 MuSchG: Danach dürfen Frauen, die in den ersten Monaten nach der Entbindung nach ärztlichem Zeugnis nicht voll leistungsfähig sind, nicht zu einer ihre Leistungsfähigkeit übersteigenden Arbeit herangezogen werden. Erforderlich ist, dass die verminderte Leistungsfähigkeit mit der Mutterschaft im Zusammenhang steht.[509] Das Beschäftigungsverbot kann rechtlich nur Wirksamkeit entfalten, wenn ein **ärztliches Zeugnis** vorgelegt wird.[510] Aus diesem sollen sich der Grad der geminderten Leistungsfähigkeit, die Art der zulässigen Arbeiten und die Dauer der Minderleistungsfähigkeit ergeben.[511] Eine Höchstdauer des Beschäftigungsverbots regelt das Gesetz nicht.

519 § 6 Abs. 3 Satz 1 MuSchG ordnet die Geltung der generellen Beschäftigungsverbote des § 4 Abs. 1, Abs. 2 MuSchG[512] sowie des Verbots der Akkord- und Fließarbeit auch für stillende Mütter an. Eine zeitliche Höchstgrenze für das Verbot enthält das Gesetz nicht, diese wird jedoch allgemein bei einem Jahr nach der Entbindung gesehen.[513]

4. Stillzeit (§ 7 MuSchG)

520 Nach § 7 Abs. 1 Satz 1 MuSchG ist **stillenden Müttern** auf ihr Verlangen die zum Stillen erforderliche Zeit, mindestens aber zweimal täglich eine halbe Stunde oder einmal täglich eine Stunde frei zu geben. Der Anspruch setzt voraus, dass eine Mutter ihr eigenes Kind während der Arbeitszeit tatsächlich stillt.[514] Zeitlich wird davon ausgegangen, dass der Anspruch auf Stillzeit nur bis zur

506 BAG v. 12.03.1997, NZA 1997, 764 ff. (765).
507 BAG v. 12.03.1997, NZA 1997, 764 ff. (764 f.).
508 Siehe dazu noch unter Rn 525 ff.
509 *Zmarzlik/Zipperer/Viethen*, § 6 MuSchG Rn 44.
510 Siehe auch § 3 Abs. 1 MuSchG, dazu schon oben unter Rn 501 ff.
511 *Zmarzlik/Zipperer/Viethen*, § 6 MuSchG Rn 45.
512 Mit Ausnahme der Ziffern 2 und 7 im Hinblick darauf, dass hier auf den Ablauf eines bestimmten Schwangerschaftsmonats abgestellt wird.
513 *Zmarzlik/Zipperer/Viethen*, § 7 MuSchG Rn 8 i.V.m. § 6 MuSchG Rn 50.
514 ErfK/*Schlachter*, § 7 MuSchG Rn 2.

Vollendung des 12. Lebensmonats des Kindes besteht.[515] Der Arbeitgeber hat die zum Stillen erforderliche Zeit zu gewähren, deren Umfang sich nach den Einzelfallumständen richtet. Bei einer zusammenhängenden Arbeitszeit von mehr als acht Stunden[516] sieht das Gesetz eine Erhöhung der Mindeststillzeit vor (§ 7 Abs. 1 Satz 2 MuSchG).

Die Mutter darf durch die Stillzeit **keinen Verdienstausfall** erleiden (§ 7 Abs. 2 Satz 1 MuSchG). 521
Eine Vor- oder Nacharbeit der Stillzeiten wie auch eine Anrechnung auf Ruhepausen kommen nicht in Betracht (§ 7 Abs. 2 Satz 2 MuSchG).

In Einzelfällen kann gemäß § 7 Abs. 3 MuSchG die Aufsichtsbehörde nähere Bestimmungen 522
über Zahl, Lage und Dauer der Stillzeiten treffen. Praktisch relevant werden kann das bei einem entsprechenden Wunsch der Mutter oder des Arbeitgebers.

Für in Heimarbeit beschäftigte stillende Mütter sieht § 7 Abs. 4 MuSchG eine Sonderregelung vor, die in bestimmtem Umfang Entgeltschutz gewährleistet.

5. Mehrarbeit, Nacht- und Sonntagsarbeit (§ 8 MuSchG)

§ 8 MuSchG enthält **generelle Beschäftigungsverbote** für bestimmte Arbeitszeiten und deren 523
Lage: Gemäß Abs. 1 dürfen werdende und stillende Mütter nicht mit Mehrarbeit, nicht in der Nacht zwischen 20 und 6 Uhr und nicht an Sonn- und Feiertagen beschäftigt werden. Die Verbote bezwecken den Schutz werdender und stillender Mütter vor einer Überbeanspruchung durch die Dauer und Lage der Arbeitszeit.[517] Für werdende Mütter gelten die Verbote vom Beginn bis zum Ende der Schwangerschaft, für stillende Mütter während der Stillzeit. Es handelt sich um **zwingende Beschäftigungsverbote**. Auch die (werdende) Mutter kann auf deren Einhaltung nicht verzichten. Der Arbeitgeber muss die Verbote von sich aus beachten, sobald er von der Schwangerschaft oder dem Stillen Kenntnis erlangt. Die Arbeitnehmerin hat einen Anspruch auf Freistellung von der verbotenen Arbeit und ein Leistungsverweigerungsrecht.

Der **Begriff der Mehrarbeit** i.S.v. § 8 Abs. 1 MuSchG wird in § 8 Abs. 2 MuSchG gesetzlich 524
definiert. § 8 Abs. 3 MuSchG enthält für bestimmte Tätigkeitsbereiche **Ausnahmen von dem Nachtarbeitsverbot** des § 8 Abs. 1 MuSchG für werdende Mütter in den ersten vier Monaten und für stillende Mütter. Eine **Ausnahme vom Beschäftigungsverbot an Sonn- und Feiertagen** regelt § 8 Abs. 4 MuSchG für werdende und stillende Mütter wiederum bezogen auf genau bezeichnete Tätigkeitsbereiche. Eine Sonderregelung für in Heimarbeit beschäftigte Personen findet sich in § 8 Abs. 5 MuSchG. Nach § 8 Abs. 6 MuSchG kann die Aufsichtsbehörde in begründeten Einzelfällen Ausnahmen von den Regelungen des § 8 MuSchG zulassen.[518]

III. Entgeltschutz

Das Eingreifen eines mutterschutzrechtlichen Beschäftigungsverbots führt dazu, dass die Arbeit- 525
nehmerin von ihrer Verpflichtung zur Arbeitsleistung freigestellt wird. Ohne besondere Regelungen hätte das nach allgemeinen Grundsätzen zur Folge, dass die Schwangere bzw. Mutter während der Zeit des Beschäftigungsverbots kein Einkommen hat.

Um einen Verdienstausfall zu vermeiden und zugleich der (werdenden) Mutter keinen Anreiz zu 526
geben, entgegen dem Bestehen eines Beschäftigungsverbots aus wirtschaftlichen Gründen die Arbeit fortzusetzen,[519] **enthalten die §§ 11 ff. MuSchG entgeltschutzrechtliche Regelungen**, auf Grund derer die Schwangere bzw. Mutter während der Zeit von Beschäftigungsverboten wirtschaftlich

515 ErfK/*Schlachter*, § 7 MuSchG Rn 2; LAG Niedersachsen v. 29.10.1997, NZA 1988, 312 f. (312).
516 Zum Begriff siehe § 7 Abs. 1 Satz 3 MuSchG.
517 *Zmarzlik/Zipperer/Viethen*, § 8 MuSchG Rn 6.
518 Siehe dazu näher *Zmarzlik/Zipperer/Viethen*, § 8 MuSchG Rn 51 f.
519 BAG v. 05.07.1995, NZA 1996, 137 ff. (138).

abgesichert ist.[520] Insoweit ist zu unterscheiden zwischen dem Anspruch auf Mutterschutzlohn in § 11 MuSchG, dem Anspruch auf Mutterschaftsgeld nach § 13 MuSchG sowie dem Anspruch auf Zuschuss zum Mutterschaftsgeld nach § 14 MuSchG.

1. Anspruch auf Mutterschutzlohn (§ 11 MuSchG)

527 Gemäß **§ 11 Abs. 1 Satz 1 MuSchG** hat der Arbeitgeber Schwangeren oder Müttern das Entgelt weiter zu gewähren, wenn sie wegen eines Beschäftigungsverbots nach § 3 Abs. 1, §§ 4, 6 Abs. 2 oder Abs. 3 MuSchG oder wegen des Mehr-, Nacht- oder Sonntagsarbeitsverbots nach § 8 Abs. 1, Abs. 3 oder Abs. 5 MuSchG teilweise oder völlig mit der Arbeit aussetzen. Der Zweck dieser Regelung geht dahin, der Schwangeren bzw. Mutter den bisherigen Lebensstandard zu erhalten und sie von einem Verstoß gegen ein Beschäftigungsverbot aus wirtschaftlichen Gründen abzuhalten.[521]

528 Der Anspruch auf den Mutterschutzlohn nach § 11 Abs. 1 Satz 1 MuSchG besteht nur dann, wenn das mutterschutzrechtliche Beschäftigungsverbot **die alleinige und nicht wegzudenkende Ursache** dafür ist, dass die Schwangere bzw. Mutter teilweise oder völlig mit der Arbeit aussetzt.[522] Es muss mithin eine **Kausalität** in dem Sinne gegeben sein, dass das Beschäftigungsverbot die nicht wegzudenkende Ursache für die Nichtleistung der Arbeit ist.[523] Ein Anspruch auf Mutterschutzlohn kommt deshalb nicht in Betracht, wenn andere Gründe als ein Beschäftigungsverbot allein oder zusätzlich dazu führen, dass die Arbeitnehmerin keine Arbeit leistet und deshalb keinen Lohn erhält.[524] Das gilt nach der Rechtsprechung des Bundesarbeitsgerichts auch für den Fall, dass die Schwangere bzw. Mutter während der Zeit eines Beschäftigungsverbots krankheitsbedingt arbeitsunfähig ist: Hier liegt ein Verdienstausfall (allein) aus mutterschutzrechtlichen Gründen nicht vor, und zwar auch über die Zeit der Entgeltfortzahlung von sechs Wochen hinaus.[525] Insbesondere bezogen auf das Beschäftigungsverbot nach § 3 Abs. 1 MuschG[526] geht das BAG in ständiger Rechtsprechung davon aus, dass sich dieses und eine zugleich vorliegende krankheitsbedingte Arbeitsunfähigkeit mit der Folge eines Anspruchs aus § 3 Abs. 1 EFZG gegenseitig ausschließen.[527] Insoweit spricht das BAG davon, dass die Absicherung bei Krankheit über Entgeltfortzahlung des Arbeitgebers und Krankengeld das vorrangige Prinzip darstelle.[528] Liegt allerdings die Ursache für eine zur Arbeitsunfähigkeit führenden Krankheit ausschließlich in der Schwangerschaft, so sind das Beschäftigungsverbot nach § 3 Abs. 1 MuSchG und der daran anknüpfende Mutterschutzlohn nach § 11 MuSchG gegenüber der Entgeltfortzahlung vorrangig.[529] Beruhen die Beschwerden allein auf der Schwangerschaft, so kommt es darauf an, ob es sich um einen krankhaften Zustand handelt, der zur Arbeitsunfähigkeit der Schwangeren führt; haben die Schwangerschaftsbeschwerden keinen Krankheitswert, so kommt das Beschäftigungsverbot nach § 3 Abs. 1 MuSchG in Betracht.[530] Sofern das Beschäftigungsverbot

520 Siehe nur BAG v. 25.02.2004, DB 2004, 1212 ff. (1213).
521 BAG v. 20.09.2000, DB 2001, 708 ff. (709); BAG v. 05.07.1995, NZA 1996, 137 ff. (138).
522 BAG v. 09.10.2002, NZA 2004, 257 ff. (259 f.); BAG v. 13.02.2002 – 5 AZR 753/00 (n.v.); BAG v. 13.02.2002 – 5 AZR 588/00, NZA 2002, 738 ff. (740); BAG v. 11.11.1998, NZA 1999, 763 ff. (765); BAG v. 22.04.1998, NZA 1998, 936 ff. (937); BAG v. 01.10.1997, NZA 1998, 194 ff. (195); BAG v. 12.03.1997, NZA 1997, 882 ff. (883); BAG v. 05.07.1995, NZA 1996, 137 ff. (137).
523 BAG v. 12.03.1997, NZA 1997, 882 ff. (883).
524 BAG v. 20.09.2000, DB 2001, 708 ff. (709); BAG v. 05.07.1995, NZA 1996, 137 ff. (138).
525 BAG v. 01.10.1997, NZA 1998, 194 ff. (195); BAG v. 12.03.1997, NZA 1997, 882 ff. (883); BAG v. 05.07.1995, NZA 1996, 137 ff. (138), hier jeweils bezogen auf die Frage, ob die Arbeitnehmerin auf Grund eines Beschäftigungsverbots nach § 3 Abs. 1 MuSchG oder wegen krankheitsbedingter Arbeitsunfähigkeit an der Erbringung der Arbeitsleistung gehindert ist.
526 Zu den Grundsätzen der Verteilung der Darlegungs- und Beweislast hinsichtlich des Vorliegens dieser Voraussetzungen siehe oben Rn 502.
527 BAG v. 09.10.2002, NZA 2004, 257 ff. (259); BAG v. 13.02.2003 – 5 AZR 753/00 (n.v.); BAG v. 13.02.2002 – 5 AZR 588/00, NZA 2002, 738 ff. (740); BAG v. 01.10.1997, NZA 1998, 194 ff. (195); BAG v. 12.03.1997, NZA 1997, 882 ff. (883); BAG v. 05.07.1995, NZA 1996, 137 ff. (138).
528 BAG v. 09.10.2002, NZA 2004, 257 ff. (259); BAG v. 13.02.2002 – 5 AZR 573/00 (n.v.).
529 BAG v. 13.02.2002 – 5 AZR 588/00, NZA 2002, 738 ff. (740).
530 BAG v. 05.07.1995, NZA 1996, 137 ff. (138).

nach § 3 Abs. 1 MuSchG die alleinige Ursache für den Arbeitsausfall ist, besteht der Anspruch auf Mutterschutzlohn ab dem Zeitpunkt, in welchem der Arzt das Beschäftigungsverbot ausspricht.[531]

Ein Anspruch aus § 11 Abs. 1 Satz 1 MuSchG kommt auch dann nicht in Betracht, wenn die Arbeitnehmerin **eine vom Arbeitgeber berechtigterweise zugewiesene zumutbare Erwerbstätigkeit ablehnt**.[532] Hier fehlt es gleichfalls an der für den Anspruch aus § 11 Abs. 1 Satz 1 MuSchG erforderlichen Kausalität zwischen Beschäftigungsverbot und Arbeitsausfall. Denn die Verweigerung zumutbarer Tätigkeit durch die Arbeitnehmerin, nicht das Beschäftigungsverbot, ist die Ursache für die Nichterbringung der Arbeitsleistung.[533] Bei der Zuweisung einer Ersatztätigkeit, die auch **außerhalb des Direktionsrechts** liegen kann, hat der Arbeitgeber nach billigem Ermessen zu entscheiden.[534] Zum Zwecke einer gerichtlichen Überprüfbarkeit der Zuweisung muss diese konkret erfolgen, d.h. die Art der Tätigkeit, deren Umfang und die Arbeitszeit sind genau zu bezeichnen.[535] 529

Die **Höhe des Mutterschutzlohns** ist nach den in § 11 Abs. 1 und Abs. 2 MuSchG niedergelegten Berechnungsgrundsätzen zu bestimmen. Der Arbeitgeber hat entsprechend der in § 11 Abs. 1 geregelten so genannten **Referenzmethode**[536] mindestens den Durchschnittsverdienst der letzten dreizehn Wochen oder der letzten drei Monate vor Beginn des Monats, in dem die Schwangerschaft eingetreten ist, zu zahlen. Eine Korrektur dieser Berechnungsmethode im Sinne des so genannten Entgeltausfallprinzips erfolgt in § 11 Abs. 2 Satz 1 MuSchG dadurch, dass bei **Verdiensterhöhungen** nicht nur vorübergehender Natur, die während oder nach Ablauf des Berechnungszeitraums eintreten, von dem erhöhten Verdienst auszugehen ist.[537] Die Auswirkung einer dauerhaften Verdienstkürzung außerhalb des Berechnungszeitraums auf den Mutterschutzlohn war in § 11 Abs. 2 MuSchG bislang nicht ausdrücklich geregelt. Nach der Rechtsprechung des Bundesarbeitsgerichts sind solche Verdienständerungen bei der Berechnung des Mutterschutzlohns zu berücksichtigen.[538] Nunmehr bestimmt § 11 Abs. 2 Satz 3 MuSchG, dass dauerhafte Verdienstkürzungen, die während oder nach Ablauf des Berechnungszeitraums eintreten und nicht auf einem mutterschutzrechtlichen Beschäftigungsverbot beruhen, zu berücksichtigen sind.[539] 530

Von der in § 11 Abs. 3 MuSchG enthaltenen Ermächtigung der Bundesregierung, durch Rechtsverordnung mit Zustimmung des Bundesrats Vorschriften über die Berechnung des Durchschnittsverdienstes i.S.v. § 11 Abs. 1, Abs. 2 MuSchG zu erlassen, hat diese bislang keinen Gebrauch gemacht.[540] 531

2. Anspruch auf Mutterschaftsgeld (§ 13 MuSchG)

Gemäß § 13 Abs. 1 MuSchG erhalten Frauen, die Mitglied einer gesetzlichen Krankenkasse sind, für die Zeit der Schutzfristen des § 3 Abs. 2 und des § 6 Abs. 1 MuSchG sowie für den Entbindungstag **Mutterschaftsgeld** nach den Vorschriften der Reichsversicherungsordnung oder des Gesetzes über die Krankenversicherung der Landwirte. Auch das Mutterschaftsgeld zielt – letztlich aber nur zusammen mit dem Zuschuss zum Mutterschaftsgeld nach § 14 MuSchG[541] – darauf ab, zu verhindern, 532

531 BAG v. 01.10.1997, NZA 1998, 194 ff. (196).
532 BAG v. 15.11.2000, BB 2001, 527 ff. (527); BAG v. 22.04.1998, NZA 1998, 936 ff. (937).
533 Siehe BAG v. 15.11.2000, BB 2001, 527 ff. (528) und BAG v. 22.04.1998, NZA 1998, 936 ff. (937), hier auch näher zu der Frage einer zumutbaren Ersatztätigkeit.
534 BAG v. 15.11.2000, BB 2001, 527 ff. (528).
535 BAG v. 15.11.2000, BB 2001, 527 ff. (528).
536 BAG v. 20.09.2000, DB 2001, 708 ff. (709).
537 Siehe nähere Einzelheiten bei *Buchner/Becker*, § 11 Rn 63 ff.
538 BAG v. 20.09.2000, DB 2001, 708 ff. (709) unter Hinweis darauf, dass § 11 MuSchG nur den Verdienstausfall infolge eines mutterschutzrechtlichen Beschäftigungsverbots, nicht aber einen Verdienstausfall aus anderen Gründen ausgleichen soll.
539 Eingeführt durch Art. 1 Nr. 3 Zweites Gesetz zur Änderung des MuSchG v. 16.06.2002, BGBl I 2002, 1812.
540 Siehe *Buchner/Becker*, § 11 Rn 130.
541 Siehe dazu noch folgend Rn 537 ff.

dass eine Arbeitnehmerin aus wirtschaftlichen Gründen während der Schutzfristen erwerbstätig ist. Die (werdende) Mutter soll innerhalb der Schutzfristen Mittel in Höhe ihres Nettoverdienstes erhalten.[542]

533 Die **Voraussetzungen und Ausgestaltung des Anspruchs auf Mutterschaftsgeld** ergeben sich über § 13 Abs. 1 MuSchG, der insoweit nur deklaratorische Bedeutung hat, aus § 200 RVO. Gemäß § 200 Abs. 1 RVO erhalten weibliche Mitglieder, die bei Arbeitsunfähigkeit Anspruch auf Krankengeld haben[543] oder denen wegen der Schutzfristen nach § 3 Abs. 2 und § 6 Abs. 1 MuSchG kein Arbeitsentgelt gezahlt wird, Mutterschaftsgeld. Der Anspruch setzt nicht voraus, dass gerade bei Eintritt der Schutzfrist ein Vergütungsanspruch besteht, der wegen des Beschäftigungsverbots entfällt.[544] Es kommt auf den Bestand eines Arbeitsverhältnisses, nicht auf einen Vergütungsanspruch bei Beginn der Schutzfrist an.[545] Als Mutterschaftsgeld wird gemäß § 200 Abs. 2 Satz 1, 2 RVO das um die gesetzlichen Abzüge verminderte durchschnittliche kalendertägliche Arbeitsentgelt der letzten drei abgerechneten Kalendermonate vor Beginn der Schutzfrist nach § 3 Abs. 2 MuSchG gezahlt, höchstens aber 13 € für den Kalendertag. Gemäß § 200 Abs. 3 Satz 1 RVD wird das Mutterschaftsgeld für die letzten sechs Wochen vor der Entbindung, den Entbindungstag und für die ersten acht Wochen[546] nach der Entbindung gezahlt. Bei Frühgeburten[547] und sonstigen vorzeitigen Entbindungen verlängert sich die Bezugsdauer um den Zeitraum, der nach § 3 Abs. 2 MuSchG nicht in Anspruch genommen werden konnte.

534 Für die Zahlung des Mutterschaftsgeldes vor der Entbindung ist das **Zeugnis eines Arztes oder einer Hebamme** maßgebend, in dem der mutmaßliche Tag der Entbindung angegeben ist (§ 200 Abs. 3 Satz 3 RVO). Irrt sich der Arzt oder die Hebamme über den Zeitpunkt der Entbindung, so verlängert sich gemäß § 200 Abs. 3 Satz 5 RVO die Bezugsdauer vor der Geburt entsprechend. Daraus folgt, dass für die Berechnung der vorgeburtlichen Schutzfrist der Zeitpunkt der tatsächlichen Entbindung maßgebend ist und es bei einem Auseinanderfallen von tatsächlichem und ärztlich bescheinigtem mutmaßlichem Geburtstermin nur zu einer Verlängerung, nicht zu einer Verkürzung der Anspruchsdauer kommen kann.[548]

535 Soweit und solange ein Mitglied **beitragspflichtiges Arbeitsentgelt** erhält, ruht nach § 200 Abs. 4 RVO der Anspruch auf Mutterschaftsgeld. Der Anspruch auf Krankengeld ruht gemäß § 49 Abs. 1 Nr. 3a) SGB V, solange Versicherte Mutterschaftsgeld beziehen. Mutterschaftsgeld, das nicht auf § 13 Abs. 2 MuSchG beruht, wird nach Maßgabe des § 7 BErzGG auf Erziehungsgeld angerechnet.

536 Für **Frauen, die nicht Mitglied einer gesetzlichen Krankenkasse sind**, enthält § 13 Abs. 2 MuSchG eine eigenständige Anspruchsgrundlage auf Mutterschaftsgeld.[549] Diese Regelung hat vor allem für die Beschäftigten Bedeutung, deren Arbeitsentgelt oberhalb der Jahresarbeitsentgeltgrenze liegt und die deshalb nach § 6 Abs. 1 Nr. 1 SGB V in der gesetzlichen Krankenversicherung versicherungsfrei sind. Für die Zeit der Schutzfristen des § 3 Abs. 2 und § 6 Abs. 1 MuSchG sowie für den Entbindungstag wird Mutterschaftsgeld zu **Lasten des Bundes** in entsprechender Anwendung der Vorschriften der Reichsversicherungsordnung gezahlt, wobei die Leistung auf höchstens 210 € begrenzt ist (§ 13 Abs. 2 Satz 1 MuSchG). Mit dem Verweis auf § 200 RVO sind

542 BAG v. 25.02.2004, DB 2004, 1212 f. (1213); BAG v. 29.01.2003, AP Nr. 20 zu § 14 MuSchG 1968; BAG v. 12.03.1997, NZA 1997, 763 ff. (763), zum Zweck von § 200 RVO und § 14 MuSchG.

543 Siehe dazu, dass nach der Rechtsprechung des BAG während einer Schutzfrist ein Anspruch auf Entgeltfortzahlung mangels Kausalität nicht in Betracht kommt, BAG v. 12.03.1997, NZA 1997, 763 f. (763 f.) und oben Rn 506 ff.

544 BAG v. 25.02.2004, DB 2004, 1212 f. (1213).

545 BAG v. 25.02.2004, DB 2004, 1212 f. (1213).

546 Bei Mehrlings- und Frühgeburten für die ersten zwölf Wochen.

547 Zum Begriff siehe BAG v. 12.03.1997, NZA 1997, 763 f. (764 f.).

548 BAG v. 12.03.1997, NZA 1997, 763 f. (763).

549 ErfK/*Schlachter*, § 13 MuSchG Rn 4.

für die Berechnung und die Bezugsdauer des Mutterschaftsgeldes die Regelungen des § 200 Abs. 2, Abs. 3 RVO maßgebend.

3. Anspruch auf Zuschuss zum Mutterschaftsgeld (§ 14 MuSchG)

Mit Beschluss vom 18.11.2003 hat das Bundesverfassungsgericht festgestellt, dass § 14 Abs. 1 Satz 1 MuSchG mit Art. 12 Abs. 1 GG insoweit unvereinbar ist, als diese Regelung in ihrer gegenwärtigen Ausgestaltung im Widerspruch zu Art. 3 Abs. 2 GG einer Diskriminierung von Frauen im Arbeitsleben Vorschub leistet.[550] Die Unvereinbarkeit mit Art. 12 Abs. 1 GG führt jedoch nicht zur Nichtigkeit der Regelung, weil der Gesetzgeber mehrere Möglichkeiten hat, den Verfassungsverstoß zu beseitigen.[551] Deshalb hat das Bundesverfassungsgericht dem Gesetzgeber aufgegeben, bis zum 31.12.2005 eine verfassungskonforme Regelung zu treffen. Bis zu diesem Zeitpunkt bleibt es bei dem geltenden Recht.[552] 537

Gemäß § 14 Abs. 1 Satz 1 MuSchG erhalten Frauen, die Anspruch auf Mutterschaftsgeld nach § 200 RVO[553] haben, für die Zeit der Schutzfristen des § 3 Abs. 2 und § 6 Abs. 1 MuSchG sowie für den Entbindungstag **von ihrem Arbeitgeber einen Zuschuss** in Höhe des Unterschiedsbetrages zwischen 13 € und dem um die gesetzlichen Abzüge verminderten durchschnittlichen kalendertäglichen Arbeitsentgelt.[554] Der Zweck von § 14 MuSchG zusammen mit § 200 RVO besteht darin, dass (werdende) Mütter innerhalb der Schutzfristen Mittel in der Höhe erhalten sollen, wie sie zuvor netto verdient haben.[555] Bei dem Zuschuss zum Mutterschaftsgeld handelt es sich um **Entgelt** i.S.d. Art. 141 EGV und der Richtlinie 75/117 EWG.[556] Es stellt eine Leistung des Arbeitgebers dar und beruht auf dem Arbeitsverhältnis.[557] Das BAG spricht von einem »lohnähnlichen Ersatzanspruch« oder auch »arbeitsrechtlichen Entgeltfortzahlungsanspruch«.[558] Gesetzlicher Abzug i.S.v. § 14 Abs. 1 Satz 1 MuSchG ist neben den Beiträgen zur Sozialversicherung auch der Beitrag zum berufsständischen Versorgungswerk.[559]

Der Zuschuss zum Mutterschaftsgeld ist für **denselben Zeitraum** zu zahlen, für den die Arbeitnehmerin Anspruch auf Mutterschaftsgeld hat.[560] Deshalb findet für den Fall einer vorzeitigen Entbindung § 5 Abs. 2 Satz 2 MuSchG auf § 14 Abs. 1 Satz 1 MuSchG keine Anwendung.[561] 538

Der Anspruch auf den Zuschuss zum Mutterschaftsgeld nach § 14 Abs. 1 Satz 1 MuSchG besteht nur dann, wenn die Beschäftigungsverbote des § 3 Abs. 2 oder § 6 Abs. 1 MuSchG **allein ursächlich** für die Nichterbringung der Arbeitsleistung sind.[562] Ein Anspruch kommt deshalb nicht in Betracht, wenn die Frau auch ohne die Beschäftigungsverbote ein Entgelt nicht verdient hätte. Der Anspruch auf Zuschuss zum Mutterschaftsgeld besteht jedoch auch dann, wenn das Arbeitsverhältnis zu Beginn der Schutzfrist z.B. wegen Sonderurlaub unter Wegfall der Hauptleistungspflichten geruht hat.[563]

550 BVerfG v. 18.11.2003, NJW 2004, 146 ff. (148 f.).
551 BVerfG v. 18.11.2003, NJW 2004, 146 ff. (151).
552 BVerfG v. 19.11.2003, NJW 2004, 146 ff. (151).
553 Oder § 29 KVLG oder § 13 Abs. 2 MuSchG.
554 Zur früher angenommenen Verfassungsmäßigkeit dieser Regelung siehe BVerfG v. 23.04.1974, NJW 1974, 1461 f.
555 BAG v. 29.01.2003, AP Nr. 20 zu § 14 MuSchG 1968; BAG v. 25.02.2004, DB 2004, 1212 f. (1213); BAG v. 12.03.1997, NZA 1997, 764 f. (765); BAG v. 01.06.1988, NZA 1988, 691 ff. (692); BAG v. 07.10.1987, NJW 1988, 1108 f. (1109).
556 Siehe BAG v. 31.07.1996, NJW 1997, 1460 f. (1460).
557 BAG v. 31.07.1996, NJW 1997, 1460 f. (1460).
558 BAG v. 11.10.2000, DB 2001, 486 ff. (486); siehe auch BAG v. 25.02.2004, DB 2004, 1212 f. (1213); BAG v. 29.01.2003, AP Nr. 20 zu § 14 MuSchG 1968.
559 BAG v. 01.06.1988, NZA 1988, 691 ff.
560 BAG v. 12.03.1997, NZA 1997, 763 ff. (763); BAG v. 07.10.1987, NJW 1988, 1108 f. (1109).
561 BAG v. 12.03.1997, NZA 1997, 763 ff. (763); BAG v. 07.10.1987, NJW 1988, 1108 f. (1109).
562 *Zmarzlik/Zipperer/Viethen*, § 14 MuSchG Rn 28 ff. m. Nachw. aus der Rspr.
563 BAG v. 25.02.2004, DB 2004, 1212 f.

539 Die Berechnung des Zuschusses zum Mutterschaftsgeld ist im Einzelnen in § 14 Abs. 1 Satz 2 bis 5 MuSchG geregelt und folgt grundsätzlich der so genannten **Referenzmethode**.[564] Abweichend hiervon sind nach § 14 Abs. 1 Satz 3 MuSchG **nicht nur vorübergehende Erhöhungen des Arbeitsentgelts**, die während der Schutzfristen des § 3 Abs. 2 und Abs. 1 MuSchG wirksam werden, ab diesem Zeitpunkt in die Berechnung einzubeziehen.[565] Der Begriff »durchschnittliches kalendertägliches Arbeitsentgelt« in § 14 Abs. 1 Satz 1 MuSchG entspricht dem »Durchschnittsverdienst« i.S.d. § 11 Abs. 1 Satz 1 MuSchG und erfasst sämtliche regelmäßigen und festen geldwerten Bezüge, und zwar auch Sachbezüge.[566] Deshalb hat der Zuschuss nach § 14 Abs. 1 Satz 1 MuSchG grundsätzlich in Form einer Weitergewährung auch von Sachbezügen – etwa des Besitzes eines auch zur privaten Nutzung überlassenen Firmenfahrzeugs – zu erfolgen, wenn diese in den letzten drei Monaten vor Beginn der Schutzfrist Teil des Arbeitsentgelts waren.[567] Gemäß dem neugefassten § 14 Abs. 1 Satz 5 MuSchG sind dauerhafte Verdienstkürzungen, die während oder nach Ablauf des Berechnungszeitraums eintreten und nicht auf einem mutterschutzrechtlichen Beschäftigungsverbot beruhen, zu berücksichtigen.

540 Ist das Arbeitsverhältnis während der Schwangerschaft oder während der Schutzfrist des § 6 Abs. 1 MuSchG seitens des Arbeitgebers **zulässig aufgelöst worden**,[568] so wird der Zuschuss zu Lasten des Bundes von der für die Zahlung des Mutterschaftsgeldes zuständigen Stelle (Krankenkasse oder Bundesversicherungsamt) bezahlt (§ 14 Abs. 2 MuSchG). Dasselbe gilt nach § 14 Abs. 3 MuSchG, wenn der Arbeitgeber wegen eines Insolvenzereignisses i.S.d. § 183 Abs. 1 Satz 1 SGB III den Zuschuss nach § 14 Abs. 1 MuSchG nicht zahlen kann. Ein Anspruch auf Zuschuss besteht nach § 14 Abs. 4 MuSchG für die Zeit nicht, in der Frauen eine Elternzeit nach §§ 15 ff. BErzGG in Anspruch nehmen.[569] Diese Regelung ist für den Eintritt erneuter Schwangerschaften während einer Elternzeit relevant. Soweit die in Elternzeit befindliche Arbeitnehmerin zulässige Teilzeitarbeit leistet (§ 15 Abs. 4 BErzGG), behält sie den Anspruch auf Zuschuss zum Mutterschaftsgeld. § 14 Abs. 4 MuSchG dient allein der Klarstellung, denn auch ohne eine solche Regelung bestünde kein Anspruch, weil der Arbeitgeber während der Elternzeit nicht zur Zahlung von Arbeitsentgelt verpflichtet ist.[570]

Die Aufwendungen des Arbeitgebers für den Zuschuss zum Mutterschaftsgeld sind in das **Lohnausgleichsverfahren** nach Maßgabe der §§ 10 ff. LFZG[571] einbezogen (§ 10 Abs. 1 Satz 1 Nr. 2 LFZG).[572]

IV. Kündigungsrechtliche Regelungen

541 Das Mutterschutzgesetz enthält **zwei kündigungsrechtliche Regelungen**. In § 9 MuSchG ist ein Kündigungsverbot niedergelegt, das in der Regel auch während der Beschäftigungsverbote greift. § 10 MuSchG regelt ein besonderes Kündigungsrecht der (werdenden) Mutter.

564 Zu Einzelheiten siehe *Buchner/Becker*, § 14 MuSchG Rn 70 ff.

565 Diese Regelung beruht auf der Rechtsprechung des BAG, siehe BAG v. 31.07.1996, NJW 1997, 1460 f.

566 BAG v. 11.10.2000, DB 2001, 486 ff. (487).

567 BAG v. 11.10.2000, DB 2001, 486 ff. (488).

568 Das ist vor allem der Fall des § 9 Abs. 3 MuSchG, zu weiteren Möglichkeiten siehe *Zmarzlik/Zipperer/Viethen*, § 13 MuSchG Rn 35.

569 Oder in Anspruch genommen hätten, wenn deren Arbeitsverhältnis nicht während ihrer Schwangerschaft oder während der Schutzfrist des § 6 Abs. 1 MuSchG vom Arbeitgeber zulässig aufgelöst worden wäre.

570 BAG v. 29.01.2003, AP Nr. 20 zu § 14 MuSchG 1968.

571 Vom 27.07.1969, BGBl I 1969, 946.

572 Zur unzureichenden Ausgestaltung des Ausgleichsverfahrens und der damit verbundenen Verfassungswidrigkeit von § 14 Abs. 1 Satz 1 MuSchG siehe BVerfG v. 18.11.2003, NJW 2004, 146 ff. (148 ff.).

1. Kündigungsschutz (§ 9 MuSchG)

a) Kündigungsverbot (§ 9 Abs. 1 MuSchG)

Der Zweck des in § 9 Abs. 1 MuSchG geregelten **Kündigungsverbots** geht dahin, der (werdenden) Mutter während der Mutterschutzzeiten den Arbeitsplatz und die wirtschaftliche Existenzgrundlage zu erhalten sowie die Gesundheit von Mutter und Kind von Belastungen durch einen sonst möglichen Kündigungsschutzprozess freizuhalten.[573] **Jede Kündigung** ist unabhängig von ihrer Art verboten, vorbehaltlich einer Zulässigerklärung nach § 9 Abs. 3 MuSchG. **Nicht erfasst werden andere Tatbestände der Beendigung eines Arbeitsverhältnisses.**[574] 542

Das Kündigungsverbot greift nur, wenn die Arbeitnehmerin **im Zeitpunkt des Zugangs der Kündigung** schwanger ist bzw. seit der Entbindung noch nicht vier Monate abgelaufen sind. Der Arbeitgeber muss im Zeitpunkt der Kündigungserklärung **Kenntnis von der Schwangerschaft** oder der Entbindung gehabt haben. Ausreichend ist es, wenn dem Arbeitgeber **innerhalb von zwei Wochen nach dem Zugang der Kündigung** die Schwangerschaft bzw. die Entbindung mitgeteilt wird. Die Mitteilung muss deutlich machen, dass die Schwangerschaft schon bei Zugang der Kündigung bestand oder jedenfalls die Vermutung einer solchen Schwangerschaft zum Inhalt haben.[575] Für den Lauf der Zweiwochenfrist spielt die Kenntnis oder Unkenntnis der Arbeitnehmerin von der Schwangerschaft keine Rolle.[576] Die **Überschreitung der Zweiwochenfrist ist unschädlich**, wenn diese auf einem von der Frau nicht zu vertretenden Grund beruht und die Mitteilung unverzüglich nachgeholt wird. Ein zu vertretender Grund ist dann gegeben, wenn bei der Schwangeren ein Verschulden gegen sich selbst vorliegt, d.h., die Fristüberschreitung auf einem gröblichen Verstoß gegen das von einem ordentlichen und verständigen Menschen im eigenen Interesse zu erwartende Verhalten zurückzuführen ist.[577] An einem solchen Verschulden gegen sich selbst fehlt es nicht nur bei Unkenntnis von der Schwangerschaft, sondern auch dann, wenn die Schwangere durch sonstige Umstände an einer rechtzeitigen Mitteilung der Schwangerschaft an den Arbeitgeber gehindert ist.[578] Das ist etwa dann der Fall, wenn die Schwangere wegen urlaubsbedingter Abwesenheit an einer rechtzeitigen Mitteilung gehindert war.[579] Kein Verschulden gegen sich selbst soll nach der Rechtsprechung des BAG auch dann gegeben sein, wenn sich die Schwangere für die Mitteilung auf den Postweg verlässt und nicht nachfragt, ob der Brief den Arbeitgeber erreicht hat.[580] An einem zu vertretenden Grund fehlt es auch, wenn die Fristüberschreitung daraus resultiert, dass die Schwangere nach Kenntnis ihrer Umstände einen Überlegungszeitraum in Anspruch nimmt, etwa um qualifizierten juristischen Rat einzuholen.[581] Ein unverzügliches Nachholen der Mitteilung ist hier noch gegeben, wenn ein Zeitraum von einer Woche nach Kenntnis eingehalten wird.[582] 543

Eine verbotswidrig erklärte Kündigung ist **nach § 134 BGB nichtig**. Der besondere Kündigungsschutz greift vom Beginn der Schwangerschaft bis zum Ablauf des vierten Monats nach der Entbindung. Der Zeitpunkt des Schwangerschaftsbeginns wird dadurch errechnet, dass von dem durch Arzt oder Hebamme festgestellten voraussichtlichen Tag der Entbindung (bescheinigt nach § 5 Abs. 2 MuSchG) **pauschal um 280 Tage zurückgerechnet wird.**[583] Die Schwangere genügt ihrer Darlegungslast für das Bestehen einer Schwangerschaft im Kündigungszeitpunkt zunächst durch Vorlage der ärztlichen Bescheinigung über den mutmaßlichen Tag der Entbindung, wenn der 544

573 Siehe BAG v. 31.03.1993, NZA 1993, 646 ff. (649).
574 Siehe BAG v. 23.10.1991, NZA 1992, 925 ff. (927 f.).
575 Siehe BAG v. 15.11.1990, NZA 1991, 669 ff. (670 f.).
576 Siehe BAG v. 13.06.1996, NZA 1996, 1154 ff. (1155).
577 BAG v. 26.09.2002, AP Nr. 31 zu § 9 MuSchG 1968; BAG v. 16.05.2002, NZA 2003, 217 ff. (218 f.).
578 BAG v. 26.09.2002, AP Nr. 31 zu § 9 MuSchG 1968; BAG v. 16.05.2002, NZA 2003, 217 ff. (218 f.).
579 BAG v. 13.06.1996, NZA 1996, 1154 ff. (1155).
580 BAG v. 16.05.2002, NZA 2003, 217 ff. (219).
581 BAG v. 26.09.2002, AP Nr. 31 zu § 9 MuSchG 1968.
582 BAG v. 26.09.2002, AP Nr. 31 zu § 9 MuSchG 1968.
583 Siehe BAG v. 07.05.1998, AP Nr. 24 zu § 9 MuSchG 1968.

Zugang der Kündigung innerhalb von 280 Tagen vor diesem Termin liegt. Der Arbeitgeber kann jedoch den Beweiswert der Bescheinigung erschüttern und Umstände darlegen und beweisen, auf Grund derer es der wissenschaftlich gesicherten Erkenntnis widersprechen würde, von einem Beginn der Schwangerschaft der Arbeitnehmerin vor Kündigungszugang auszugehen. Die Arbeitnehmerin wiederum muss dann weiteren Beweis führen und ist gegebenenfalls gehalten, ihre Ärzte von der Schweigepflicht zu entbinden.[584]

b) Eigenkündigung der Schwangeren (§ 9 Abs. 2 MuSchG)

545 Gemäß § 9 Abs. 2 MuSchG hat der Arbeitgeber für den Fall, dass eine schwangere Frau selbst kündigt, unverzüglich **die Aufsichtsbehörde zu benachrichtigen**. Die Verletzung dieser Pflicht führt nicht zur Unwirksamkeit der Eigenkündigung der schwangeren Frau.[585] Der Arbeitgeber ist auch nicht verpflichtet, die Schwangere vor Ausspruch der Eigenkündigung über deren Rechtsfolgen zu informieren.[586] Der Zweck der Regelung besteht darin, der Aufsichtsbehörde eine Kontrolle der Kündigung sowie die Beratung der schwangeren Arbeitnehmerin über die ihr nach der Beendigung des Arbeitsverhältnisses noch zustehenden Rechte zu ermöglichen.[587]

c) Zulässigkeit der Kündigung

546 Nach § 9 Abs. 3 MuSchG kann die **für den Arbeitsschutz zuständige oberste Landesbehörde** oder die von ihr bestimmte Stelle in besonderen Fällen, die nicht mit dem Zustand einer Frau während der Schwangerschaft oder ihrer Lage bis zum Ablauf von vier Monaten nach der Entbindung im Zusammenhang stehen, **ausnahmsweise die Kündigung für zulässig erklären**. Eine Ausnahme kommt hiernach nur in Betracht, wenn die Fortsetzung des Arbeitsverhältnisses für den Arbeitgeber unzumutbar wäre.[588] Damit ist mehr gefordert als ein wichtiger Grund i.S.d. § 626 Abs. 1 BGB.[589]

547 Die Zulässigerklärung der Behörde, bei der es sich um eine **Ermessensentscheidung** handelt,[590] beseitigt das grundsätzlich bestehende Kündigungsverbot. **Das bedeutet indes nicht, dass die Kündigung arbeitsrechtlich wirksam ist.**[591] Wird die Kündigung für zulässig erklärt, dann bedarf sie nach § 9 Abs. 3 Satz 2 MuSchG der Schriftform und muss den zulässigen Kündigungsgrund angeben. Die Zulässigerklärung ist ein privatrechtsgestaltender Verwaltungsakt mit Doppelwirkung.[592] Anders als in § 88 Abs. 4 SGB IX ist in § 9 MuSchG nichts darüber gesagt, ob Widerspruch und Anfechtungsklage der Arbeitnehmerin gegen eine Zustimmungserklärung der Behörde aufschiebende Wirkung haben. Deshalb ist nach allgemeinen Grundsätzen davon auszugehen, dass den genannten Rechtsbehelfen **aufschiebende Wirkung** zukommt.[593] Widerspruch und Anfechtungsklage haben allerdings nicht die Unwirksamkeit der Kündigung zur Folge, sondern führen zu einer »schwebenden Wirksamkeit« der Kündigung: Diese kann ihre Rechtswirkung erst entfalten, wenn der Bescheid über die Zulässigerklärung bestandskräftig geworden ist.[594] Die Kündigungsverbote nach § 9 Abs. 3 MuSchG und § 18 BErzGG bestehen nebeneinander. Der Arbeitgeber bedarf deshalb bei Vorliegen von Mutterschaft und Elternzeit nebeneinander für eine Kündigung der Erlaubnis nach beiden Vorschriften.[595] Zu beachten ist § 4 Satz 4 KSchG, danach beginnt die Drei-Wochen-Frist für die Erhebung der Kündigungsschutzklage erst mit Bekanntgabe der Zulässigerklärung durch

584 Siehe BAG v. 07.05.1998, AP Nr. 24 zu § 9 MuSchG 1968.
585 Siehe BAG v. 06.02.1992, NZA 1992, 790 ff. (790).
586 Siehe BAG v. 06.02.1992, NZA 1992, 790 ff. (792).
587 *Buchner/Becker*, § 9 MuSchG Rn 238 ff.
588 Siehe ErfK/*Schlachter*, § 9 MuSchG Rn 16 m.w.N. aus der Rspr.
589 Siehe ErfK/*Schlachter*, § 9 MuSchG Rn 16.
590 Siehe BAG v. 31.03.1993, NZA 1993, 646 ff. (649).
591 ErfK/*Schlachter*, § 9 MuSchG Rn 18.
592 BAG v. 17.06.2003, DB 2004, 441 ff. (441).
593 BAG v. 17.06.2003, DB 2004, 441 ff. (441).
594 BAG v. 17.06.2003, DB 2004, 441 ff. (442).
595 BAG v. 31.03.1993, NZA 1993, 646 ff. (648 f.).

die Behörde an die Arbeitnehmerin zu laufen. Das gilt auch dann, wenn der Arbeitgeber eine Zulässigerklärung gar nicht beantragt hat. Die Regelung des § 5 Abs. 1 Satz 2 KSchG ist wegen § 4 Satz 4 KSchG überflüssig.[596]

d) Heimarbeiterinnen

Für Heimarbeiterinnen und gleichgestellte Personen trifft § 9 Abs. 4 MuSchG eine besondere Regelung dahin gehend, dass diese während der Schwangerschaft und bis zum Ablauf von vier Monaten nach der Entbindung nicht gegen ihren Willen bei der Ausgabe von Heimarbeit ausgeschlossen werden dürfen. 548

2. Kündigungsrecht

Eine Frau kann gem. **§ 10 Abs. 1 MuSchG** während der Schwangerschaft und der Schutzfrist nach § 6 Abs. 1 MuSchG das Arbeitsverhältnis ohne Einhaltung einer Frist bis zum Ende der Schutzfrist nach der Entbindung kündigen. Für diese Kündigung bedarf es weder der Einhaltung einer Frist noch eines Kündigungsgrundes. 549

§ 10 Abs. 2 Satz 1 MuSchG erhält der Arbeitnehmerin, die nach § 10 Abs. 1 MuSchG gekündigt hat, bestimmte Rechte, sofern sie innerhalb eines Jahres nach der Entbindung in ihrem bisherigen Betrieb wieder eingestellt wird. Gemeint sind Rechte aus dem Arbeitsverhältnis, die von der Dauer der Betriebs- oder Berufszugehörigkeit oder von der Dauer der Beschäftigungs- oder Dienstzeit abhängen. Die Regelung erlangt Bedeutung zum Beispiel für die Länge von Kündigungsfristen oder die Unverfallbarkeit einer betrieblichen Altersversorgung. Umstritten ist, ob die Unterbrechungszeit selbst berücksichtigt werden darf.[597] 550

G. Schutz der Kinder und Jugendlichen im Arbeitsrecht

I. Einleitung

Das **Gesetz zum Schutze der arbeitenden Jugend** (Jugendarbeitsschutzgesetz) vom 12.04.1976[598] hat die Aufgabe, Kinder und Jugendliche vor Überforderung, Überbeanspruchung und den Gefahren am Arbeitsplatz entsprechend ihrem Entwicklungsstand zu schützen, für ihre ärztliche Betreuung bei der Arbeit zu sorgen und ihnen ausreichende Freizeit zur Erholung und Entfaltung ihrer Persönlichkeit sicherzustellen. Die Gesundheit und Entwicklung der Kinder und Jugendlichen soll nicht durch zu frühe, zu lange, zu schwere, zu gefährliche oder ungeeignete Arbeit gefährdet werden. Sie sollen die Chance haben, sich möglichst ungehindert zu entwickeln.[599] 551

Das Jugendarbeitsschutzgesetz gehört zum Bereich des so genannten **sozialen Arbeitsschutzes.**[600] Es ist nach allgemeiner Ansicht in erster Linie öffentliches Recht, bei den Vorschriften handelt es sich um staatliche Vorschriften, deren Einhaltung durch staatliche Behörden überwacht und mit Mitteln der staatlichen Verwaltung – Verwaltungsakt, Bußgeld, Strafverfahren und anderes – durchgesetzt wird.[601] Die sich aus dem Jugendarbeitsschutzgesetz für den Arbeitgeber ergebenden Pflichten sind zugleich Vertragspflichten des Arbeitgebers gegenüber dem von ihm beschäftigten Kind oder Jugendlichen, soweit der Inhalt der entsprechenden Vorschriften geeignet ist, Gegenstand einer arbeitsvertraglichen Vereinbarung zu sein. Die Schutzbestimmungen des 552

596 Zutreffend *Bauer/Krieger*, Kündigungsrecht Reformen 2004, Rn 117.
597 Siehe ErfK/*Schlachter*, § 10 MuSchG Rn 5.
598 BGBl I 1976, 965.
599 MünchArbR/*Zmarzlik*, § 230 Rn 5; *Lorenz*, JArbSchG, S. 51.
600 Siehe *Lorenz*, JArbSchG, S. 51.
601 KassArbR/*Taubert*, 3.2 Rn 1; MünchArbR/*Zmarzlik*, § 230 Rn 5.

Jugendarbeitsschutzgesetzes werden durch eine Vielzahl weiterer Rechtsvorschriften ergänzt, so etwa durch Normen aus den Bereichen der Gewerbeordnung, des Ladenschlussgesetzes wie auch durch Regelungen des technischen Arbeitsschutzes und durch die berufsgenossenschaftlichen Unfallverhütungsvorschriften.[602]

553 Für den arbeitsrechtlichen Schutz der Kinder und Jugendlichen ist neben dem Jugendarbeitsschutzgesetz **EG-rechtlich** die **Richtlinie 94/33/EG** des Rates der Europäischen Union über den Jugendarbeitsschutz vom 22.06.1994[603] von Bedeutung. Im Zuge der Umsetzung dieser Richtlinie ist die **Kinderarbeitsschutzverordnung vom 23.06.1998**[604] erlassen worden, in welcher unter anderem die für Kinder und vollzeitschulpflichtige Jugendliche über 13 Jahre zulässigen Beschäftigungen in einer Positiv- und Negativ-Liste festgelegt werden.[605]

II. Geltungsbereich des Jugendarbeitsschutzgesetzes

554 Seinem **persönlichen Anwendungsbereich** nach gilt das Jugendarbeitsschutzgesetz für alle Kinder und Jugendlichen, die als Auszubildende, Arbeitnehmer oder Heimarbeiter, als Personen mit sonstigen Dienstleistungen, die der Arbeitsleistung von Arbeitnehmern oder Heimarbeitern ähnlich sind oder in einem der Berufsausbildung ähnlichen Ausbildungsverhältnis beschäftigt werden.[606] Das Gesetz findet keine Anwendung auf jugendliche Beamte. Für diese gelten die §§ 80a BBG, 55a BRRG. Für Jugendliche im Strafvollzug gilt das Jugendarbeitsschutzgesetz nach Maßgabe des § 62 JArbSchG, für die Beschäftigung von Kindern und Jugendlichen in der Seeschifffahrt gelten die Sonderregelungen der §§ 94 ff. SeemG.

555 Nach § 2 Abs. 1 JArbSchG ist **Kind** im Sinne dieses Gesetzes, wer noch nicht das 15. Lebensjahr vollendet hat. **Jugendlicher** ist eine Person, die zwar das 15., jedoch noch nicht das 18. Lebensjahr vollendet hat.[607] Die für Kinder geltenden Vorschriften finden auf vollzeitschulpflichtige Jugendliche Anwendung.[608]

Arbeitgeber ist, wer ein Kind oder einen Jugendlichen i.S.v. § 1 JArbSchG beschäftigt.[609] Mit der Anknüpfung an eine Beschäftigung von Kindern und Jugendlichen wird der Begriff des Arbeitgebers zum Zwecke der Gewährleistung eines umfassenden Schutzes über seinen arbeitsrechtlichen Inhalt hinaus erweitert.[610] Arbeitgeber ist danach jeder, für den ein Kind oder ein Jugendlicher weisungsabhängig tätig wird, unabhängig davon, auf welcher vertraglichen Grundlage dies geschieht.[611] Es kommt allein auf die tatsächliche Inanspruchnahme einer Person durch eine andere ohne Rücksicht auf die Rechtsform an.[612]

556 Aus der Zugrundelegung des vorbezeichneten Beschäftigungsbegriffs in § 1 JArbSchG folgt zugleich ein **weiter sachlicher Anwendungsbereich** des Jugendarbeitsschutzgesetzes. Keine Geltung kommt dem Gesetz für Tätigkeiten zu, die nicht weisungsgebunden erbracht werden. Zu nennen sind hier etwa selbständige Tätigkeiten, die Erledigung eigener Angelegenheiten wie auch Freizeitbetätigungen (z.B. Sport, Religionsausübung).[613] Beschäftigung in der Berufsausbildung nach § 1 Nr. 1 JArbSchG meint die betriebliche Ausbildung in einem anerkannten Ausbildungsberuf in

602 Siehe näher KassArbR/*Taubert*, 3.2 Rn 2.
603 ABl EG Nr. L 216 v. 20.08.1994, S. 12.
604 BGBl I 1998, 1508.
605 Siehe § 2 Abs. 1 und Abs. 2 der Kinderarbeitsschutzverordnung.
606 § 1 Abs. 1 JArbSchG.
607 § 2 Abs. 2 JArbSchG.
608 § 2 Abs. 3 JArbSchG.
609 § 3 JArbSchG.
610 Siehe auch MünchArbR/*Zmarzlik*, § 230 Rn 10; *Molitor/Vollmer/Germelmann*, JArbSchG, § 3 Rn 3.
611 Siehe auch ErfK/*Schlachter*, § 3 JArbSchG Rn 2 f.
612 OLG Münster v. 17.02.1986, NJW 1987, 1443 f. (1443).
613 Siehe MünchArbR/*Zmarzlik*, § 230 Rn 12.

Betrieben der Wirtschaft, in vergleichbaren Einrichtungen außerhalb der Wirtschaft, insbesondere des öffentlichen Dienstes, der Angehörigen freier Berufe und den Haushalten sowie in sonstigen Berufsbildungseinrichtungen außerhalb der schulischen Berufsbildung.[614] Das Gesetz findet keine Anwendung auf eine Beschäftigung im Rahmen schulischer Ausbildung an berufsbildenden Schulen. Über § 1 Abs. 1 Nr. 4 JArbSchG wird der Anwendungsbereich des Jugendarbeitsschutzgesetzes auf die Beschäftigung von Personen unter 18 Jahren in einem der Berufsausbildung ähnlichen Ausbildungsverhältnis ausgedehnt.[615] Erfasst werden hiervon beispielsweise Praktikanten und Volontäre i.S.d. § 19 BBiG.[616] Eine Beschäftigung als Arbeitnehmer i.S.d. § 1 Abs. 1 Nr. 2 JArbSchG übt derjenige aus, der auf Grund eines privatrechtlichen Vertrages weisungsabhängig zur Erbringung von Dienstleistungen verpflichtet ist. Der in § 1 Abs. 1 Nr. 2 JArbSchG des Weiteren genannte Begriff des Heimarbeiters ist in § 2 Abs. 1 HAG legaldefiniert.

Nach **§ 1 Abs. 1 Nr. 3 JArbSchG** gilt das Jugendarbeitsschutzgesetz auch für die Beschäftigung von Personen unter 18 Jahren mit sonstigen Dienstleistungen, die der Arbeitsleistung von Arbeitnehmern oder Heimarbeitern ähnlich sind. Mit dieser **»Generalklausel«** sollen Formen einer abhängigen Tätigkeit von Kindern und Jugendlichen außerhalb von Arbeits- und Heimarbeitsverhältnissen erfasst werden, um dadurch einen umfassenden Schutz dieser Personen zu gewährleisten.[617] 557

Der **sachliche Geltungsbereich** des Jugendarbeitsschutzgesetzes wird **nach Maßgabe des § 1 Abs. 2 JArbSchG begrenzt**. Danach gilt das Gesetz zum einen nicht für geringfügige Hilfeleistungen, soweit sie gelegentlich aus Gefälligkeit, auf Grund familienrechtlicher Vorschriften, in Einrichtungen der Jugendhilfe oder in Einrichtungen zur Eingliederung Behinderter erbracht werden.[618] Geringfügig ist die Hilfeleistung, wenn sie das Kind oder den Jugendlichen unter Berücksichtigung seines Entwicklungsstandes zeitlich oder kräftemäßig wenig beansprucht.[619] Zum anderen findet das Jugendarbeitsschutzgesetz keine Anwendung auf die Beschäftigung durch die Personensorgeberechtigten im Familienhaushalt.[620] Der Grund hierfür liegt darin, dass der Personensorgeberechtigte familienrechtlich die Verantwortung für den Schutz des Kindes oder Jugendlichen trägt.[621] Der Ausnahmetatbestand kommt nur zum Tragen, wenn tatsächlich eine häusliche Gemeinschaft zwischen den Personensorgeberechtigten und dem Kind bzw. Jugendlichen besteht. 558

In **räumlicher Hinsicht** gilt für den Anwendungsbereich des Jugendarbeitsschutzgesetzes das Territorialitätsprinzip. Jede Beschäftigung eines Kindes oder Jugendlichen auf dem Gebiet der Bundesrepublik Deutschland unterfällt dem Geltungsbereich des Gesetzes, und zwar unabhängig von Staatsangehörigkeit und Wohnsitz der jeweiligen Parteien des Beschäftigungsverhältnisses.[622] Das Jugendarbeitsschutzgesetz findet deshalb auch auf Grenzgänger unter 18 Jahren sowie auf die Beschäftigung von Kindern und Jugendlichen in Zweigstellen ausländischer privater oder öffentlicher Arbeitgeber Anwendung.[623] Liegt der Beschäftigungsort einer geschützten Person im Ausland, kommt eine Anwendung des Jugendarbeitsschutzgesetzes nur im Falle vorübergehender Entsendung ins Ausland sowie einer vertraglich vereinbarten Geltung in Betracht.[624] 559

614 MünchArbR/*Zmarzlik*, § 230 Rn 13.
615 Zum Begriff der ähnlichen Ausbildung siehe MünchArbR/*Zmarzlik*, § 230 Rn 14.
616 Siehe *Lorenz*, JArbSchG, S. 57.
617 Siehe *Lorenz*, JArbSchG, S. 60.
618 § 1 Abs. 2 Nr. 1 JArbSchG.
619 Siehe *Zmarzlik/Anzinger*, JArbSchG, § 1 Rn 29 ff.
620 § 1 Abs. 2 Nr. 2 JArbSchG.
621 Siehe MünchArbR/*Zmarzlik*, § 230 Rn 21.
622 MünchArbR/*Zmarzlik*, § 230 Rn 22.
623 *Zmarzlik/Anzinger*, JArbSchG, § 1 Rn 3.
624 Siehe KassArbR/*Taubert*, 3.2 Rn 73.

III. Beschäftigung von Kindern

1. Grundsätzliches Verbot der Beschäftigung von Kindern

560 Vorbehaltlich der noch näher darzustellenden Ausnahmetatbestände[625] ist nach **§ 5 Abs. 1 JArbSchG** die **Beschäftigung von Kindern** grundsätzlich verboten. Über § 2 Abs. 3 JArbSchG gilt dieses Verbot auch für **vollzeitschulpflichtige Jugendliche**. Das Verbot der Beschäftigung von Kindern zielt darauf ab, diese aus Gründen der Gesundheit, der ungestörten seelischen und körperlichen Entwicklung und der Ermöglichung schulischer Bildung von Erwerbstätigkeit fern zu halten.[626] Das Verbot gilt nicht für die Ausübung einer selbständigen Erwerbstätigkeit durch ein Kind.[627]

Das Beschäftigungsverbot ist mit **Art. 12 GG** vereinbar. Es dient mit seiner Zwecksetzung des Schutzes der Gesundheit junger Menschen einem überragend wichtigen Gemeinschaftsgut.[628]

561 Trotz des Fehlens einer mit § 21 JArbSchG vergleichbaren Regelung können Kinder in außergewöhnlichen Notfällen unter dem Gesichtspunkt des übergesetzlichen Notstandes zu Notstandsarbeiten herangezogen werden. Diese müssen allerdings zur Abwendung einer konkret drohenden Gefährdung für Menschen oder Sachen zwingend erforderlich sein.[629]

2. Ausnahmen von dem Verbot der Kinderarbeit

562 Das Verbot der Kinderarbeit wird durch **gesetzliche und behördliche Ausnahmen** eingeschränkt.

a) Gesetzliche Ausnahmetatbestände

563 Die Regelung des **§ 5 Abs. 2 JArbSchG** enthält Ausnahmen von dem Verbot des § 5 Abs. 1 JArbSchG, die für alle Kinder gelten. Hierbei handelt es sich um Tätigkeiten, die nicht in Erwerbsabsicht ausgeübt werden. Aus § 5 Abs. 2 Satz 2 JArbSchG i.V.m. § 7 Satz 1 Nr. 2 JArbSchG folgt, dass die Kinder auch bei diesen erlaubten Tätigkeiten nur mit leichten und für sie geeigneten Tätigkeiten und zeitlich eingeschränkt nur bis zu sieben Stunden täglich und 35 Stunden wöchentlich beschäftigt werden dürfen.

564 Das Kinderarbeitsverbot gilt zunächst nicht für die Beschäftigung von Kindern **zum Zwecke der Beschäftigungs- und Arbeitstherapie**.[630] Hiervon werden vor allem Rehabilitationsmaßnahmen bei körperlich, geistig oder psychisch erkrankten Kindern erfasst.[631] Des Weiteren gilt das Verbot nicht für die Beschäftigung von Kindern im Rahmen des **Betriebspraktikums** während der Vollzeitschulpflicht.[632] Hierbei handelt es sich um schulische Veranstaltungen in Betrieben, um die Schüler in die Arbeitswelt einzuführen und eine Berufsfindung zu ermöglichen.[633] Beschäftigungen von Kindern in Erfüllung einer richterlichen Weisung sind ebenfalls zulässig.[634] Hiermit sind vor allem **Arbeitsanweisungen des Jugendrichters** nach §§ 10 Abs. 1 Nr. 4, 23 Abs. 1 JGG angesprochen.[635]

565 Weitere Ausnahmetatbestände enthält **§ 5 Abs. 3 JArbSchG** für die Beschäftigung von Kindern über 13 Jahre, sofern diese mit Einwilligung des Personensorgeberechtigten erfolgt und es sich um

625 Siehe folgend Rn 562 ff., 573 ff.
626 Siehe MünchArbR/*Zmarzlik*, § 231 Rn 1.
627 MünchArbR/*Zmarzlik*, § 231 Rn 1.
628 *Zmarzlik/Anzinger*, JArbSchG, § 5 Rn 8.
629 KassArbR/*Taubert*, 3.2 Rn 77.
630 § 5 Abs. 2 Nr. 1 JArbSchG.
631 Siehe näher *Zmarzlik/Anzinger*, JArbSchG, § 5 Rn 12; *Lorenz*, JArbSchG, S. 82.
632 § 5 Abs. 2 Nr. 2 JArbSchG.
633 Siehe näher KassArbR/*Taubert*, 3.2 Rn 85 f.
634 § 5 Abs. 2 Nr. 3 JArbSchG.
635 Siehe *Zmarzlik/Anzinger*, JArbSchG, § 5 Rn 16 f.

leichte und für Kinder geeignete Tätigkeiten handelt. Wann eine Beschäftigung leicht ist, wird in § 5 Abs. 3 Satz 2 JArbSchG näher geregelt: Sie darf auf Grund ihrer Beschaffenheit und der besonderen Bedingungen, unter denen sie ausgeführt wird, nicht die Sicherheit, Gesundheit und Entwicklung der Kinder (Nr. 1), ihren Schulbesuch, ihre Beteiligung an Maßnahmen zur Berufswahlvorbereitung oder Berufsausbildung, die von der zuständigen Stelle anerkannt sind (Nr. 2) und ihre Fähigkeit, dem Unterricht zu folgen (Nr. 3) nachteilig beeinflussen.[636] In zeitlicher Hinsicht ist eine Beschäftigung i.S.v. § 5 Abs. 3 Satz 1 JArbSchG insoweit beschränkt, als sie nicht mehr als zwei Stunden täglich, in landwirtschaftlichen Familienbetrieben nicht mehr als drei Stunden täglich, nicht zwischen 18 und 8 Uhr, nicht vor dem Schulunterricht und nicht während des Schulunterrichts ausgeübt werden darf.[637] § 2 Abs. 1 der Kinderarbeitsschutzverordnung konkretisiert abschließend leichte und geeignete Beschäftigungen i.S.v. § 5 Abs. 3 Satz 1 JArbSchG.

Für vollzeitschulpflichtige Jugendliche gilt das Verbot des § 5 Abs. 1 JArbSchG nicht für die Beschäftigung während der Schulferien, soweit diese nicht vier Wochen im Kalenderjahr übersteigt.[638] Hiermit soll den Jugendlichen eine Verdienstmöglichkeit während der Schulferien eröffnet werden.[639] 566

b) Behördliche Ausnahmetatbestände

Die Regelung des § 6 JArbSchG ermöglicht für bestimmte Veranstaltungen Ausnahmen von dem Verbot der Kinderarbeit, sofern diese auf Antrag von der **zuständigen Aufsichtsbehörde** bewilligt werden. Damit soll gewährleistet werden, dass die nicht immer unverzichtbare Mitwirkung von Kindern an den im Gesetz genannten Veranstaltungen nur unter Kontrolle der Aufsichtsbehörde erfolgt. 567

Nach **§ 6 Abs. 1 Satz 1 JArbSchG** kann die Aufsichtsbehörde **auf Antrag** Ausnahmen vom Kinderarbeitsverbot für das gestaltende Mitwirken und für die Teilnahme an erforderlichen Proben bei Theatervorstellungen (Nr. 1) und Musikaufführungen und anderen Aufführungen, bei Werbeveranstaltungen sowie bei Aufnahmen im Rundfunk, auf Ton- oder Bildträger sowie bei Film- und Fotoaufnahmen (Nr. 2) bewilligen. Eine Ausnahmebewilligung kommt nicht in Betracht für die Mitwirkung in Kabaretts-, Tanzlokalen und ähnlichen Betrieben sowie auf Vergnügungsparks, Kirmessen, Jahrmärkten und bei ähnlichen Veranstaltungen, Schaustellungen oder Darbietungen.[640] Bei Theatervorstellungen, worunter öffentliche Aufführungen von Schauspielen, Tragödien, Komödien und anderen Dramen, Opern, Operetten, Musicals und Sing- und Sprechspielen zu verstehen sind,[641] kann die Ausnahmegenehmigung nur bewilligt werden für Kinder über sechs Jahre bis zu vier Stunden täglich in der Zeit von 10 bis 23 Uhr.[642] Unter Musikaufführungen werden nicht theatermäßige Instrumental- und Gesangsdarbietungen aller Art gefasst. Andere Aufführungen können nicht theatermäßige Ballette, lebende Bilder, Zirkusaufführungen, Brauchtums- und Folkloreveranstaltungen und Ähnliches sein.[643] Auch hier hängt die Bewilligungsfähigkeit vom Alter des beschäftigten Kindes ab: Kinder über drei bis sechs Jahre dürfen bis zu zwei Stunden täglich in der Zeit von 8 Uhr bis 17 Uhr und Kinder über sechs Jahre bis zu drei Stunden täglich in der Zeit von 8 Uhr bis 22 Uhr beschäftigt werden. Das Gleiche gilt auch für Werbeveranstaltungen, in denen Produkte oder Ideen zur kommerziellen Verwertung vorgestellt werden und die Aufnahmen im Rundfunk, Hörfunk und Fernsehen umfassen.[644] 568

636 Siehe hierzu näher KassArbR/*Taubert*, 3.2 Rn 92 ff.
637 § 3 Abs. 3 Satz 3 JArbSchG.
638 § 5 Abs. 4 Satz 1 JArbSchG.
639 *Zmarzlik/Anzinger*, JArbSchG, § 5 Rn 54.
640 § 6 Abs. 1 Satz 2 JArbSchG.
641 Siehe MünchArbR/*Zmarzlik*, § 231 Rn 28.
642 § 6 Abs. 1 Nr. 1 JArbSchG.
643 MünchArbR/*Zmarzlik*, § 231 Rn 29.
644 KassArbR/*Taubert*, 3.2 Rn 152 f.

569 Die Aufsichtsbehörde kann Ausnahmen für bewilligungsfähige Veranstaltungen nach § 6 Abs. 1 Satz 1 JArbSchG nur auf entsprechenden Antrag hin zulassen. Eine besondere Form ist nicht vorgeschrieben. **Antragsberechtigt ist der Arbeitgeber**, der für die Einhaltung der Arbeitsschutzvorschriften verantwortlich ist. Sachlich zuständig sind die Gewerbeaufsichtsämter und Arbeitsschutzämter.[645] Nach § 6 Abs. 2 Satz 1 Hs. 1 JArbSchG müssen die Aufsichtsbehörden vor einer Entscheidung über die Bewilligung das Jugendamt hören. Das Jugendamt hat nur ein Anhörungsrecht, nicht ein Mitentscheidungsrecht.[646]

570 Die Regelung des **§ 6 Abs. 2 JArbSchG** normiert **weitere so genannte formelle Voraussetzungen** für den Erlass einer Bewilligung. Die Personensorgeberechtigten müssen in die Beschäftigung schriftlich eingewilligt haben.[647] Der Aufsichtsbehörde muss eine innerhalb der letzten drei Monate ausgestellte ärztliche Bescheinigung vorgelegt werden, nach der gesundheitliche Bedenken nicht bestehen.[648] Die Bescheinigung kann von jedem Arzt ausgestellt werden und muss sich auf die konkrete Beschäftigung beziehen. Nach § 6 Abs. 2 Nr. 3 JArbSchG darf die Aufsichtsbehörde die Beschäftigung nur bewilligen, wenn die erforderlichen Vorkehrungen und Maßnahmen zum Schutze des Kindes gegen Gefahren für Leben und Gesundheit sowie zur Vermeidung einer Beeinträchtigung der körperlichen oder seelisch geistigen Entwicklung getroffen sind. Auch die Betreuung und die Beaufsichtigung des Kindes bei der Beschäftigung müssen sichergestellt sein.[649] Eine Beschäftigung ist des Weiteren nur bewilligungsfähig, wenn nach Beendigung der Beschäftigung eine ununterbrochene Freizeit von mindestens 14 Stunden eingehalten wird.[650] Die Beschäftigung darf schließlich nach § 6 Abs. 2 Nr. 6 JArbSchG das Fortkommen des Kindes in der Schule nicht beeinträchtigen.[651]

571 Sofern alle Voraussetzungen vorliegen, kann die Aufsichtsbehörde die beantragte Beschäftigung bewilligen. Die Entscheidung ist dem Arbeitgeber schriftlich bekannt zu geben.[652] Nach § 6 Abs. 3 JArbSchG hat die Aufsichtsbehörde im Falle der Bewilligung **bestimmte inhaltliche Vorgaben für die Beschäftigung** zu machen: Sie muss festlegen, wie lange, zu welcher Zeit und an welchem Tag das Kind beschäftigt werden darf,[653] die Dauer und die Lage der Ruhepausen[654] sowie die Höchstdauer des täglichen Aufenthalts an der Beschäftigungsstelle.[655] Nach § 54 JArbSchG sind Ausnahmebewilligungen zu befristen, sie können auch unter einer Bedingung erlassen werden oder mit einer Auflage oder einem Vorbehalt der nachträglichen Aufnahme, Änderung oder Ergänzung einer Auflage verbunden werden. Ausnahmebewilligungen können jederzeit widerrufen werden.[656]

572 Der Antragsteller hat hinsichtlich der Erteilung der Ausnahmebewilligung lediglich einen **Anspruch auf fehlerfreie Ermessensausübung**. Ihrer Rechtsnatur nach handelt es sich bei der Ausnahmebewilligung um einen Verwaltungsakt. Bei Streitigkeiten ist der Verwaltungsrechtsweg eröffnet.[657]

3. Beschäftigung nicht vollzeitschulpflichtiger Kinder

573 Die Regelung des **§ 7 JArbSchG** enthält einen weiteren gesetzlichen Ausnahmetatbestand bezogen auf Kinder, die nicht mehr der Vollzeitschulpflicht unterliegen. Diese dürfen im Rahmen eines Berufsausbildungsverhältnisses beschäftigt werden,[658] außerhalb eines solchen nur mit leichten und für

645 Siehe KassArbR/*Taubert*, 3.2. Rn 156.
646 Siehe MünchArbR/*Zmarzlik*, § 231 Rn 31.
647 § 6 Abs. 2 Nr. 1 JArbSchG.
648 § 6 Abs. 2 Nr. 2 JArbSchG.
649 § 6 Abs. 2 Nr. 4 JArbSchG.
650 § 2 Abs. 2 Nr. 5 JArbSchG.
651 Siehe zum Ganzen näher *Zmarzlik/Anzinger*, JArbSchG, § 6 Rn 39 ff., 43.
652 § 6 Abs. 4 Satz 1 JArbSchG.
653 § 6 Abs. 3 Nr. 1 JArbSchG.
654 § 6 Abs. 3 Nr. 2 JArbSchG.
655 § 6 Abs. 3 Nr. 3 JArbSchG.
656 § 54 Abs. 1 Nr. 3 JArbSchG.
657 MünchArbR/*Zmarzlik*, § 231 Rn 34.
658 § 7 Satz 1 Nr. 1 JArbSchG.

sie geeigneten Tätigkeiten bis zu sieben Stunden täglich und 35 Stunden wöchentlich.[659] Die für die Beschäftigung Jugendlicher geltenden Vorschriften der §§ 8 bis 46 JArbSchG finden entsprechende Anwendung.

IV. Beschäftigung von Jugendlichen

574 Die arbeitsschutzrechtlichen Anforderungen an die Beschäftigung von **Jugendlichen** – das sind nach § 2 Abs. 2 JArbSchG Minderjährige, die das 15., aber noch nicht das 18. Lebensjahr vollendet haben – sind im Dritten Abschnitt des Jugendarbeitsschutzgesetzes in den §§ 8 ff. geregelt. Im Einzelnen finden sich hier Vorschriften zu Beschäftigungsverboten und -beschränkungen,[660] zu allgemeinen Pflichten des Arbeitgebers zum Schutze Jugendlicher,[661] zur gesundheitlichen Betreuung Jugendlicher[662] sowie zur Arbeitszeit von Jugendlichen.[663]

1. Beschäftigungsverbote und -beschränkungen

575 Zum Schutze der Entwicklung Jugendlicher und zur Abwehr von Gefahren enthält das JArbSchG verschiedene **Beschäftigungsverbote und -beschränkungen**. Über gesetzliche Inbezugnahmen kommt diesen Schutzregelungen Bedeutung auch für die ausnahmsweise zulässige Beschäftigung von Kindern zu.[664]

a) Gefährliche Arbeiten (§ 22 JArbSchG)

576 § 22 JArbSchG regelt den so genannten **Gefahrenschutz**. Sieben Bereiche gefährlicher Arbeiten, mit denen Jugendliche grundsätzlich nicht beschäftigt werden dürfen, werden in § 22 Abs. 1 JArbSchG aufgezählt. Bei diesen Beschäftigungsverboten handelt es sich um gesetzliche Verbote i.S.d. § 134 BGB.[665]

577 Nach § 22 Abs. 1 Nr. 1 JArbSchG dürfen Jugendliche nicht mit Arbeiten beschäftigt werden, die ihre **physische oder psychische Leistungsfähigkeit** übersteigen. Verboten ist hiernach beispielsweise das Heben, Tragen und Bewegen schwerer Lasten, Arbeiten ständig im Stehen, Arbeiten mit erzwungener Körperhaltung, Arbeiten, die das Sehvermögen besonders anstrengen oder Arbeiten mit hoher gleichmäßiger Dauerbelastung.[666]

578 Des Weiteren ist die Beschäftigung mit Arbeiten, bei denen Jugendliche **sittlichen Gefahren** ausgesetzt sind, verboten.[667] Solche Gefahren liegen vor, wenn die allgemeinen moralischen Wertmaßstäbe Jugendlicher durch die Umstände bei der Arbeit nach objektiver Betrachtung negativ beeinflusst werden können.[668] Verboten ist daher etwa die Beschäftigung eines Jugendlichen als Bardame oder bei der Herstellung oder dem Vertrieb pornographischer Filme.[669]

579 Nach § 22 Abs. 1 Nr. 3 JArbSchG dürfen Jugendliche nicht mit Arbeiten beschäftigt werden, die mit **Unfallgefahren** verbunden sind, von denen anzunehmen ist, dass Jugendliche sie wegen mangelnden Sicherheitsbewusstseins oder mangelnder Erfahrung nicht erkennen oder nicht abwenden können. Von dem Beschäftigungsverbot werden in erster Linie Arbeiten in gefährlichen Arbeitssituationen

659 § 7 Satz 1 Nr. 2 JArbSchG.
660 Dazu unter Rn 575 ff.
661 Siehe unter Rn 588 ff.
662 Dazu unter Rn 594 ff.
663 Siehe unter Rn 599 ff.
664 Siehe § 5 Abs. 2 Satz 2, Abs. 3 Satz 4, § 7 Satz 2 JArbSchG.
665 Siehe MünchArbR/*Zmarzlik*, § 232 Rn 117.
666 Siehe KassArbR/*Taubert*, 3.2 Rn 196.
667 § 22 Abs. 1 Nr. 2 JArbSchG.
668 *Schlachter*, JArbSchG, S. 312.
669 MünchArbR/*Zmarzlik*, § 232 Rn 120.

erfasst, wie beispielsweise Beschäftigung auf Gerüsten, bei Abbrucharbeiten, Fällen von Bäumen und Ausschachtungen, Tätigkeiten in Gruben, Montage von Hochbauten, Verlegung von Stromleitungen oder Tätigkeiten im Rangierbereich.[670]

580 Jugendliche dürfen auch nicht mit Arbeiten beschäftigt werden, bei denen ihre Gesundheit durch **außergewöhnliche Hitze oder Kälte oder starke Nässe** gefährdet ist.[671] Von einer Gesundheitsgefährdung ist auszugehen, wenn bei der Beschäftigung ein Zustand herbeigeführt wird, bei dem nach den konkreten Umständen der Eintritt einer Gesundheitsschädigung nahe liegt.[672] Hitze, Kälte und Nässe müssen die normalerweise herrschenden oder jahreszeitlich bedingten Verhältnisse erheblich übersteigen.[673] Zu diesen Arbeiten gehören etwa Tätigkeiten in Hüttenwerken, Stahlwerken, Gießereien, Schmieden, Kühlräumen oder Schlachthöfen.[674] Das Verbot greift nicht ein, wenn die gesundheitsgefährdenden Auswirkungen durch Schutzeinrichtungen oder Körperschutzmittel ausgeschaltet werden.[675] Trägt der Arbeitgeber für entsprechende Schutzmaßnahmen keine Sorge, so kann der Auszubildende bei Vorliegen der maßgebenden Voraussetzungen Schadensersatzansprüche geltend machen.[676]

581 Gemäß § 22 Abs. 1 Nr. 5 bis 7 JArbSchG dürfen Jugendliche nicht mit Arbeiten beschäftigt werden, bei denen sie **schädlichen Einwirkungen** ausgesetzt sind, sei es durch Lärm, Erschütterungen oder Strahlen,[677] durch Gefahrstoffe i.S.d. Chemikaliengesetzes[678] oder durch biologische Arbeitsstoffe i.S. der Richtlinie 90/679/EWG des Rates vom 26.11.1990 zum Schutze der Arbeitnehmer gegen Gefährdung durch biologische Arbeitsstoffe.[679]

582 § 22 Abs. 2 Satz 1 JArbSchG schränkt die Beschäftigungsverbote des § 22 Abs. 1 Nr. 3 bis 7 JArbSchG ein: Diese gelten nicht für die Beschäftigung von Jugendlichen, soweit dies zur Erreichung ihres Ausbildungsziels erforderlich ist, ihr Schutz durch die Aufsicht eines Fachkundigen gewährleistet ist und der Luftgrenzwert bei gefährlichen Stoffen[680] unterschritten wird.

b) Akkordarbeit und tempoabhängige Arbeiten (§ 23 JArbSchG)

583 § 23 JArbSchG verbietet die Beschäftigung von Jugendlichen mit **Akkordarbeit und tempoabhängigen Arbeiten**. Mit diesem Verbot soll verhindert werden, dass Jugendliche durch den Anreiz auf höheres Entgelt ihr Arbeitstempo übersteigern bzw. sich durch ein zu schnelles, ihrem Entwicklungsstand nicht angemessenes Arbeitstempo überbeanspruchen.[681] Das Verbot gilt nicht für arbeits- oder beschäftigungstherapeutische Maßnahmen.[682]

584 Im Einzelnen sind folgende Beschäftigungen untersagt: Akkordarbeiten und sonstige Arbeiten, bei denen durch ein gesteigertes Arbeitstempo ein höheres Entgelt erzielt werden kann,[683] Gruppenarbeit mit erwachsenen Arbeitnehmern, die mit Akkordarbeit beschäftigt werden[684] und Arbeiten, bei denen das Arbeitstempo nicht nur gelegentlich vorgeschrieben, vorgegeben oder auf andere Weise erzwungen wird.[685] Das Verbot des § 23 Abs. 1 Nr. 2 JArbSchG wird in § 23 Abs. 2 JArbSchG

670 *Molitor/Vollmer/Germelmann*, JArbSchG, § 22 Rn 26 f.
671 § 22 Abs. 1 Nr. 4 JArbSchG.
672 LAG Baden-Württemberg v. 07.12.1994 – 2 Sa 14/93.
673 LAG Baden-Württemberg v. 07.12.1994 – 2 Sa 14/93.
674 MünchArbR/*Zmarzlik*, § 232 Rn 122.
675 Siehe *Molitor/Vollmer/Germelmann*, JArbSchG, S. 314.
676 LAG Baden-Württemberg v. 07.12.1994 – 2 Sa 14/93.
677 § 22 Abs. 1 Nr. 5 JArbSchG.
678 § 22 Abs. 1 Nr. 6 JArbSchG.
679 § 22 Abs. 1 Nr. 7 JArbSchG.
680 § 22 Abs. 1 Nr. 6 JArbSchG.
681 Siehe KassArbR/*Taubert*, 3.2 Rn 215 f.
682 KassArbR/*Taubert*, 3.2 Rn 215.
683 § 23 Abs. 1 Nr. 1 JArbSchG, siehe näher *Zmarzlik/Anzinger*, JArbSchG, § 23 Rn 4.
684 § 23 Abs. 1 Nr. 2 JArbSchG.
685 Siehe § 23 Abs. 1 Nr. 3 JArbSchG, dazu näher *Zmarzlik/Anzinger*, JArbSchG, § 23 Rn 12 ff.

dahin eingeschränkt, dass es nicht für die Beschäftigung Jugendlicher gilt, soweit dies zur Erreichung ihres Ausbildungsziels erforderlich ist, oder wenn sie eine Berufsausbildung für diese Beschäftigung abgeschlossen haben und ihr Schutz durch die Aufsicht eines Fachkundigen gewährleistet ist.[686]

c) Arbeiten unter Tage (§ 24 JArbSchG)

Nach § 24 Abs. 1 JArbSchG dürfen Jugendliche nicht mit **Arbeiten unter Tage** beschäftigt werden. Hiervon macht § 24 Abs. 2 JArbSchG für die Beschäftigung Jugendlicher über 16 Jahre eine Ausnahme, soweit dies zur Erreichung ihres Ausbildungsziels erforderlich ist (Nr. 1), wenn sie eine Berufsausbildung für die Beschäftigung unter Tage abgeschlossen haben (Nr. 2) oder wenn sie an einer von der Bergbehörde genehmigten Ausbildungsmaßnahme für Bergjungarbeiter teilnehmen oder teilgenommen haben (Nr. 3) und ihr Schutz durch die Aufsicht eines Fachkundigen gewährleistet ist.[687] 585

d) Verbot der Beschäftigung durch bestimmte Personen (§ 25 JArbSchG)

Mit dem **personenbezogenen Beschäftigungsverbot des § 25 Abs. 1 JArbSchG** sollen Jugendliche vor Personen, die bestimmte Straftaten begangen haben, geschützt werden, um einen möglichen negativen Einfluss zu verhindern.[688] § 25 Abs. 1 JArbSchG nennt in den Ziffern 1 bis 5 einen Katalog von Straftaten, die entweder ein erhebliches Verbrechen darstellen oder bei denen es sich um Straftaten handelt, die einen Bezug haben zu dem zwischen Arbeitgeber und Auszubildenden bzw. Jugendlichen bestehenden engen persönlichen Verhältnis (Sexualstraftaten und Verstöße gegen das Betäubungsmittelstrafrecht). § 25 Abs. 2 JArbSchG erweitert das Beschäftigungsverbot auf Arbeitgeber, die wiederholt gegen Bußgeldvorschriften des Jugendarbeitsschutzgesetzes verstoßen haben. Mit diesem Verbot wird auch der Zweck verfolgt, Arbeitgeber von Verstößen gegen die Bestimmungen des Jugendarbeitsschutzgesetzes abzuhalten.[689] Die Eintragung eines Beschäftigungsverbots wegen Verstoßes gegen das Betäubungsmittelgesetz in das Bundeszentralregister unterliegt keinen verfassungsrechtlichen Bedenken.[690] 586

Die Verbote des § 25 Abs. 1, Abs. 2 JArbSchG finden keine Anwendung auf die Beschäftigung eines Jugendlichen durch die Personensorgeberechtigten.

e) Weitere Beschäftigungsverbote

Die **§§ 26 und 27 JArbSchG** enthalten rechtliche Grundlagen für den Erlass weiterer Beschäftigungsverbote und -beschränkungen durch **Rechtsverordnungen** und **Verwaltungsakt.** 587

2. Allgemeine Pflichten des Arbeitgebers zum Schutz von Jugendlichen

In den Regelungen der §§ 28 bis 31 JArbSchG sind in **Konkretisierung der allgemeinen Fürsorgepflicht des Arbeitgebers** so genannte sonstige Pflichten normiert. Diese beziehen sich auf die äußeren Bedingungen, unter denen Jugendliche ihre Arbeitsleistung erbringen sowie auf das Verhalten des Arbeitgebers. Damit wird dem Umstand Rechnung getragen, dass sich Beeinträchtigungen für Leben, Gesundheit und Entwicklung von Jugendlichen nicht nur aus der Art der Beschäftigung selbst, sondern auch aus den damit zwangsläufig verbundenen Rahmenbedingungen ergeben können.[691] 588

So verpflichtet § 28 Abs. 1 JArbSchG den Arbeitgeber zur **menschengerechten Gestaltung** der Arbeit. Dieser hat bei der Einrichtung und Unterhaltung der Arbeitsstätte einschließlich der Maschinen, 589

686 Siehe näher *Zmarzlik/Anzinger*, JArbSchG, § 23 Rn 18.
687 Näher dazu *Zmarzlik/Anzinger*, JArbSchG, § 24 Rn 1.
688 Siehe *Zmarzlik/Anzinger*, JArbSchG, § 25 Rn 2.
689 Siehe näher zu dieser Vorschrift *Lorenz*, JArbSchG, S. 206 ff.
690 OLG Hamm v. 09.06.1992 – 1 VAs 21/92, MDR 1992, 992 f. (992 f.).
691 Vgl. KassArbR/*Taubert*, 3.2 Rn 257.

Werkzeuge und Geräte und bei der Regelung der Beschäftigung die Vorkehrungen und Maßnahmen zu treffen, die zum Schutze der Jugendlichen gegen Gefahren für Leben und Gesundheit sowie zur Vermeidung einer Beeinträchtigung der körperlichen oder seelisch-geistigen Entwicklung der Jugendlichen erforderlich sind. Dabei muss er das mangelnde Sicherheitsbewusstsein, die mangelnde Erfahrung und den Entwicklungsstand des Jugendlichen berücksichtigen und die allgemein anerkannten sicherheitstechnischen und arbeitsmedizinischen Regeln sowie die sonstigen gesicherten arbeitswissenschaftlichen Erkenntnisse beachten.

590 Nach § 28a JArbSchG hat der Arbeitgeber vor Beginn der Beschäftigung Jugendlicher und bei wesentlicher Änderung der Arbeitsbedingungen die mit der Beschäftigung verbundenen Gefährdungen Jugendlicher zu beurteilen. Zweck der Vorschrift ist es, den Arbeitgeber zu einer **genauen Prüfung der Gefährdungen**, die bei der Beschäftigung Jugendlicher auftreten können, zu verpflichten, damit die in § 29 JArbSchG vorgeschriebene Unterweisung zielgerichtet verfolgt werden kann.[692] § 28a JArbSchG stellt insoweit eine Konkretisierung von § 5 Abs. 1 JArbSchG dar.

591 § 29 JArbSchG verpflichtet den Arbeitgeber zur **Unterweisung der Jugendlichen über Gefahren**. Er hat diese vor Beginn der Beschäftigung und bei wesentlicher Änderung der Arbeitsbedingungen über die Unfall- und Gesundheitsgefahren, denen sie bei der Beschäftigung ausgesetzt sind, sowie über die Einrichtungen und Maßnahmen zur Abwendung dieser Gefahren zu unterweisen. Des Weiteren hat er Jugendliche vor der erstmaligen Beschäftigung an Maschinen oder gefährlichen Arbeitsstellen oder mit Arbeiten, bei denen sie mit gesundheitsgefährdenden Stoffen in Berührung kommen, über die besonderen Gefahren dieser Arbeiten sowie über das bei ihrer Verrichtung erforderliche Verhalten zu unterrichten. Gemäß § 29 Abs. 2 JArbSchG sind die Unterweisungen in angemessenen Zeitabständen, mindestens aber halbjährlich, zu wiederholen. Außerdem hat der Arbeitgeber nach § 29 Abs. 3 JArbSchG die Betriebsärzte und die Fachkräfte für Arbeitssicherheit an der Planung, Durchführung und Überwachung der für die Sicherheit und den Gesundheitsschutz bei der Beschäftigung Jugendlicher geltenden Vorschriften zu beteiligen.

592 Weitere Pflichten des Arbeitgebers werden in § 30 JArbSchG für den Fall aufgestellt, dass er einen Jugendlichen in die **häusliche Gemeinschaft** aufgenommen hat. Insoweit hat der Arbeitgeber eine geeignete Unterkunft zur Verfügung zu stellen und dem Jugendlichen bei Erkrankung die erforderliche Pflege und ärztliche Behandlung zukommen zu lassen, soweit diese nicht von einem Sozialversicherungsträger geleistet wird.[693]

593 Schließlich normiert § 31 Abs. 1 JArbSchG für den Arbeitgeber das **Verbot der körperlichen Züchtigung** von Jugendlichen. Darüber hinaus muss er diese nach § 31 Abs. 2 JArbSchG vor körperlicher Züchtigung und Misshandlung und vor sittlicher Gefährdung durch andere bei ihm Beschäftigte und durch Mitglieder seines Haushalts an der Arbeitsstätte und in seinem Haus schützen. § 31 Abs. 2 Satz 2 JArbSchG enthält das Verbot, an Jugendliche unter 16 Jahren alkoholischen Getränke und Tabakwaren, an Jugendliche über 16 Jahre Branntwein zu geben.

3. Gesundheitliche Betreuung Jugendlicher

594 In den Vorschriften der §§ 32 bis 45 JArbSchG sind zwingende Regelungen über die **gesundheitliche Betreuung** von Jugendlichen niedergelegt. Damit sollen Gesundheitsschäden im Zusammenhang mit der Ausübung einer Beschäftigung vermieden werden.[694] Die Regelungsinhalte sind von dem Gedanken eines **präventiven Gesundheitsschutzes** getragen.[695]

595 Nach § 32 Abs. 1 JArbSchG darf ein Arbeitgeber einen Jugendlichen nur beschäftigen, wenn dieser innerhalb der letzten 14 Monate vor Aufnahme der Beschäftigung von einem Arzt untersucht

692 Siehe *Zmarzlik/Anzinger*, JArbSchG, § 28a Rn 2.
693 Siehe dazu näher *Zmarzlik/Anzinger*, JArbSchG, § 30 Rn 1.
694 Siehe hierzu MünchArbR/*Zmarzlik*, § 233 Rn 1.
695 Siehe KassArbR/*Taubert*, 3.2 Rn 283.

worden ist und dem Arbeitgeber darüber eine ärztliche Bescheinigung vorliegt (**Erstuntersuchung**). Die Vorschrift enthält ein bußgeldbewehrtes Beschäftigungsverbot.[696] Wird ein Ausbildungs- oder Arbeitsvertrag ohne Vorliegen einer entsprechenden ärztlichen Bescheinigung abgeschlossen, so ist der Vertrag bis zur Vorlage der Bescheinigung schwebend unwirksam.[697] Das Erfordernis der Erstuntersuchung gilt nicht für eine nur geringfügige oder eine nicht länger als zwei Monate dauernde Beschäftigung mit leichten Arbeiten, von denen gesundheitliche Nachteile für den Jugendlichen nicht zu befürchten sind.[698]

Ein Jahr nach Aufnahme der ersten Beschäftigung hat sich der Arbeitgeber eine ärztliche Bescheinigung darüber vorlegen zu lassen, dass der Jugendliche nachuntersucht worden ist (**erste Nachuntersuchung**).[699] Wird diese Bescheinigung bis zum Ablauf von 14 Monaten nach Aufnahme der ersten Beschäftigung nicht vorgelegt, so darf der Jugendliche bis zur Vorlage der Bescheinigung nicht weiter beschäftigt werden.[700] Dieses gesetzliche Beschäftigungsverbot tritt unabhängig davon ein, aus welchen Gründen die Bescheinigung nicht vorgelegt wird.[701] 596

Nach Ablauf jedes weiteren Jahres nach der ersten Nachuntersuchung kann sich der Jugendliche erneut nachuntersuchen lassen (**weitere Nachuntersuchung**).[702] Auf diese Möglichkeit soll der Arbeitgeber den Jugendlichen rechtzeitig hinweisen und darauf hinwirken, dass der Jugendliche ihm die Bescheinigung über die weitere Nachuntersuchung vorlegt.[703] Stellt der Arzt bei der ersten Nachuntersuchung oder bei einer der weiteren Untersuchungen fest, dass der Jugendliche gesundheitliche oder entwicklungsmäßige Besonderheiten aufweist, soll er eine außerordentliche Nachuntersuchung anordnen.[704] Kann der Arzt bei einer der Untersuchungen nach dem Jugendarbeitsschutzgesetz den Gesundheits- und Entwicklungszustand des Jugendlichen nur beurteilen, wenn das Ergebnis einer Ergänzungsuntersuchung durch einen anderen Arzt oder Zahnarzt vorliegt, so hat er die Ergänzungsuntersuchung zu veranlassen und ihre Notwendigkeit schriftlich zu begründen.[705] Stellt die Aufsichtsbehörde fest, dass die dem Jugendlichen übertragenen Arbeiten Gefahren für seine Gesundheit befürchten lassen, so hat sie eine Untersuchung durch einen von ihr ermächtigten Arzt zu veranlassen.[706] Im Falle eines Wechsels darf ein neuer Arbeitgeber den Jugendlichen erst beschäftigen, wenn ihm die Bescheinigung über die Erstuntersuchung und, falls seit der Aufnahme der Beschäftigung ein Jahr vergangen ist, die Bescheinigung über die erste Nachuntersuchung vorliegen.[707] 597

Inhalt und Durchführung der ärztlichen Untersuchungen sind in § 37 JArbSchG näher geregelt. § 39 JArbSchG erlegt dem Arzt Mitteilungspflichten gegenüber den Personensorgeberechtigten und eine Bescheinigungspflicht gegenüber dem Arbeitgeber auf. § 40 Abs. 1 JArbSchG knüpft an eine Bescheinigung mit Gefährdungsvermerk ein entsprechendes Beschäftigungsverbot. Die Kosten der Untersuchungen trägt nach § 44 JArbSchG das Land. 598

696 § 58 Abs. 1 Nr. 22 JArbSchG.
697 Siehe BAG v. 22.02.1972, EzA § 15 BBiG Nr. 1.
698 § 32 Abs. 2 JArbSchG.
699 § 33 Abs. 1 Satz 1 JArbSchG.
700 § 33 Abs. 3 JArbSchG.
701 Siehe *Zmarzlik/Anzinger*, JArbSchG, §§ 33 Rn 10.
702 § 34 Satz 1 JArbSchG.
703 § 34 Satz 2 JArbSchG.
704 § 35 JArbSchG.
705 § 38 JArbSchG.
706 § 42 JArbSchG.
707 § 36 JArbSchG.

4. Arbeitszeit Jugendlicher

599 Einen wichtigen Regelungskomplex des Jugendarbeitsschutzgesetzes stellen schließlich die in den **§§ 8 ff. JArbSchG** enthaltenen Bestimmungen über **Arbeitszeit** und **Freizeit** bei der Beschäftigung von Jugendlichen dar.

a) Tägliche Arbeitszeit

600 Der **Begriff der täglichen Arbeitszeit** ist in § 4 Abs. 1 JArbSchG bestimmt als die Zeit vom Beginn bis zum Ende der täglichen Beschäftigung ohne die Ruhepausen. Arbeitszeit ist demzufolge die gesamte vom Arbeitgeber angeordnete Zeit der Anwesenheit des Jugendlichen für die Zwecke des Betriebs oder der Ausbildung.[708] Unter Schichtzeit ist nach § 4 Abs. 2 JArbSchG die tägliche Arbeitszeit unter Hinzurechnung der Ruhepausen zu verstehen. Im Bergbau unter Tage gilt die Schichtzeit als Arbeitszeit[709] mit der Folge, dass auch die Ruhepausen auf die Arbeitszeit angerechnet werden.

601 Nach § 11 Abs. 1 JArbSchG müssen Jugendlichen **im Voraus feststehende Ruhepausen** von angemessener Dauer gewährt werden. Unter Ruhepausen sind vorhersehbare Unterbrechungen der Arbeit zur freien Verfügung des Jugendlichen, insbesondere zum Zwecke des Essens, der Erholung und der Entspannung zu verstehen.[710] Während der Ruhepausen darf der Arbeitgeber nicht über den Jugendlichen verfügen, ihn insbesondere nicht beschäftigen.[711] Der Arbeitgeber darf auch nicht zulassen, dass der Jugendliche seine Arbeit freiwillig fortsetzt.[712] Als Ruhepause gilt nach § 11 Abs. 1 Satz 2 JArbSchG nur eine Arbeitsunterbrechung von mindestens 15 Minuten. Die Ruhepausen müssen nach § 11 Abs. 1 Satz 1 JArbSchG mindestens 30 Minuten bei einer Arbeitszeit von 4 1/2 bis zu sechs Stunden betragen oder 60 Minuten bei einer Arbeitszeit von mehr als sechs Stunden. Die Ruhepausen müssen in angemessener zeitlicher Lage gewährt werden, frühestens eine Stunde nach Beginn und spätestens eine Stunde vor dem Ende der Arbeitszeit.[713] Länger als 4 1/2 Stunden hintereinander dürfen Jugendliche nicht ohne Ruhepause beschäftigt werden.[714] Den Aufenthalt von Jugendlichen während der Ruhepausen in den Arbeitsräumen darf der Arbeitgeber grundsätzlich nicht gestatten. Zulässig ist dies nur, wenn die Arbeit in den Arbeitsräumen während der Ruhepausen völlig eingestellt ist und auch sonst die notwendige Erholung nicht beeinträchtigt wird.[715]

602 Nach § 8 Abs. 1 JArbSchG ist die **Dauer der täglichen Höchstarbeitszeit** für Jugendliche auf acht Stunden beschränkt. Eine Überschreitung der täglichen Höchstarbeitszeitgrenze von acht Stunden bis zu maximal 8 1/2 Stunden ist nach § 8 Abs. 2 Satz 2 JArbSchG zugelassen, wenn in Verbindung mit Feiertagen an Werktagen nicht gearbeitet wird, damit die Beschäftigten eine längere zusammenhängende Freizeit durch arbeitsfreie Brückentage haben. Dann darf die ausgefallene Arbeitszeit des zusätzlichen freien Tages auf die Werktage von fünf zusammenhängenden, die Ausfalltage einschließenden Wochen verteilt werden. Das geht allerdings nur dergestalt, dass die Wochenarbeitszeit im Durchschnitt dieser fünf Wochen 40 Stunden nicht überschreitet. Nach § 8 Abs. 2a JArbSchG können Jugendliche, wenn an einzelnen Werktagen die Arbeitszeit auf weniger als acht Stunden verkürzt ist, an den übrigen Werktagen derselben Woche 8 1/2 Stunden beschäftigt werden. Die Tariföffnungsklausel in § 21a JArbSchG gestattet eine weitere Abweichung von dem Grundsatz des Acht-Stunden-Tages. Danach kann in Tarifverträgen oder in Betriebsvereinbarungen, die auf entsprechenden Tarifverträgen beruhen, die Arbeitszeit bis zu neun Stunden täglich

708 *Zmarzlik/Anzinger*, JArbSchG, § 4 Rn 8 f.
709 § 4 Abs. 3 JArbSchG.
710 Siehe MünchArbR/*Zmarzlik*, § 232 Rn 59.
711 BAG v. 21.08.1990, DB 1991, 394 ff. (394).
712 MünchArbR/*Zmarzlik*, § 232 Rn 59.
713 § 11 Abs. 2 Satz 1 JArbSchG.
714 § 11 Abs. 2 Satz 2 JArbSchG.
715 § 11 Abs. 3 JArbSchG.

ausgedehnt werden, sofern eine durchschnittliche Wochenarbeitszeit von 40 Stunden in einem Ausgleichszeitraum von zwei Monaten eingehalten wird.

b) Tägliche Freizeit und Nachtruhe

§ 13 JArbSchG gewährt den Jugendlichen nach Beendigung der täglichen Arbeitszeit eine **ununterbrochene Freizeit** von mindestens zwölf Stunden. Damit soll sichergestellt werden, dass einerseits die Gesundheit des Jugendlichen durch ausreichende Ruhe und Erholung gewährleistet wird und andererseits, dass sie Zeit für ihre persönliche Entfaltung erhalten.[716] Die tägliche Freizeit von zwölf Stunden muss zusammenhängend gewährt werden, sie darf nicht in Abschnitte aufgeteilt sein, gleich welcher Dauer.[717] Während der Freizeit gilt ein **absolutes Beschäftigungsverbot**, der Jugendliche darf zu dieser Zeit zu keiner, auch keiner freiwilligen Beschäftigung oder Arbeitsbereitschaft herangezogen werden.[718] Eine Verkürzung der täglichen Freizeit ist nur in Notfällen nach § 21 Abs. 1 JArbSchG zulässig. 603

Jugendliche dürfen nach § 14 Abs. 1 JArbSchG nur in der Zeit von 6 bis 20 Uhr beschäftigt werden. Mit diesem **Nachtarbeitsverbot** soll den Jugendlichen ausreichende Zeit für die Nachtruhe gewährt werden. Nach Maßgabe des § 14 Abs. 2 JArbSchG kann in bestimmten Bereichen von dem Nachtarbeitsverbot abgewichen werden: Im Gaststätten- und Schaustellergewerbe bis 22 Uhr, in mehrschichtigen Betrieben bis 23 Uhr, in der Landwirtschaft ab 5 Uhr oder bis 21 Uhr und in Bäckereien und Konditoreien ab 5 Uhr.[719] Nach § 14 Abs. 3 JArbSchG dürfen Jugendliche über 17 Jahren auch ab 4 Uhr beschäftigt werden. An dem einem Berufsschultag unmittelbar vorangehenden Tag dürfen Jugendliche auch nach § 14 Abs. 2 Nr. 1 bis 3 JArbSchG nicht nach 20 Uhr beschäftigt werden, wenn der Berufsschulunterricht vor 9 Uhr beginnt.[720] Nach vorheriger Anzeige an die Aufsichtsbehörde dürfen in Betrieben, in denen die übliche Arbeitszeit aus verkehrstechnischen Gründen nach 20 Uhr endet, Jugendliche bis 21 Uhr beschäftigt werden, soweit dadurch unnötige Wartezeiten vermieden werden können.[721] Gemäß § 14 Abs. 5 Satz 2 JArbSchG dürfen Jugendliche über 16 Jahre in mehrschichtigen Betrieben ab 5.30 Uhr oder bis 23.30 Uhr beschäftigt werden, wenn sich dadurch unnötige Wartezeiten vermeiden lassen.[722] Weitere Ausnahmen kann die Aufsichtsbehörde für Hitzebetriebe und für Veranstaltungen durch Verwaltungsakt bewilligen.[723] Über § 14 JArbSchG hinausgehende weitere Ausnahmen sind durch Rechtsverordnung möglich.[724] 604

c) Wöchentliche Arbeitszeit

Nach § 8 Abs. 1 JArbSchG ist die **Höchstdauer der wöchentlichen Arbeitszeit** auf 40 Stunden begrenzt. Im Zusammenhang mit der Bestimmung der wöchentlichen Arbeitszeit sind § 4 Abs. 4 JArbSchG, wonach für die Berechnung der wöchentlichen Arbeitszeit die Zeit von Montag bis Sonntag zu Grunde zu legen ist, sowie die Regelungen des § 15 JArbSchG mit der Beschränkung der Beschäftigung von Jugendlichen auf nur fünf Tage in der Woche und die §§ 16, 17 und 18 JArbSchG betreffend die Samstags-, Sonntags- und Feiertagsruhe mit den daraus folgenden Beschränkungen der Beschäftigungsmöglichkeit zu beachten. Abweichungen sind in der Landwirtschaft[725] und in Notfällen nach § 21 JArbSchG zulässig. Darüber hinaus können Tarifverträge und auf deren Grundlage auch Betriebsvereinbarungen Sonderregelungen treffen.[726] Des Weiteren können in einer 605

716 Siehe *Zmarzlik/Anzinger*, JArbSchG, § 13 Rn 2.
717 MünchArbR/*Zmarzlik*, § 232 Rn 74.
718 KassArbR/*Taubert*, 3.2 Rn 347.
719 Siehe ausführlich zu diesen Ausnahmen *Zmarzlik/Anzinger*, JArbSchG, § 14 Rn 7.
720 § 14 Abs. 4 JArbSchG.
721 § 14 Abs. 5 Satz 1 JArbSchG.
722 Siehe dazu KassArbR/*Taubert*, 3.2 Rn 355.
723 § 14 Abs. 6 und Abs. 7 JArbSchG.
724 § 21b Nr. 2 JArbSchG.
725 § 8 Abs. 3 JArbSchG.
726 § 21a Nr. 1 JArbSchG.

Rechtsverordnung Abweichungen von den gesetzlichen Vorschriften zur wöchentlichen Arbeitszeit bestimmt werden.[727]

606 § 15 Satz 1 JArbSchG bestimmt, dass Jugendliche nur an **fünf Tagen in der Woche** beschäftigt werden dürfen, wobei die beiden Ruhetage nach Möglichkeit aufeinander folgen sollen.[728] Ziel der Vorschrift ist es, eine zeitliche Überbeanspruchung der Jugendlichen zu verhindern und ihnen zugleich über die tägliche Freizeit des § 13 JArbSchG hinaus eine längere zusammenhängende Freizeit zu ermöglichen. Der Grundsatz der Fünf-Tage-Woche gilt unabhängig davon, wie lang die tägliche Arbeitszeit des Jugendlichen ist. Auch wenn es sich nur um eine Teilzeitbeschäftigung handelt, darf der Jugendliche gleichwohl nur an fünf Tagen in der Woche beschäftigt werden.[729]

607 Um die Einhaltung der 5-Tage-Woche zu gewährleisten, dürfen Jugendliche grundsätzlich weder an **Samstagen** (§ 16 Abs. 1 JArbSchG) noch an **Sonntagen** (§ 17 Abs. 1 JArbSchG) beschäftigt werden. Nach § 18 Abs. 1 JArbSchG gilt ein Beschäftigungsverbot auch für **gesetzliche Feiertage**. In Übereinstimmung mit § 15 JArbSchG verfolgen die Regelungen der §§ 16, 17 JArbSchG das Ziel, dem Jugendlichen ein arbeitsfreies Wochenende zu ermöglichen, um sich von den Belastungen der Beschäftigung erholen und gleichzeitig das Wochenende für Freizeitgestaltung und Persönlichkeitsentfaltung nutzen zu können.[730] Die in den §§ 16 Abs. 1, 17 Abs. 1 und 18 Abs. 1 JArbSchG enthaltenen Beschäftigungsverbote sind zwingend. Sie stehen nicht zur Disposition der Einzelvertragsparteien. §§ 16 und 17 Abs. 2 JArbSchG enthalten katalogartig aufgezählte Ausnahmetatbestände, bei deren Vorliegen eine Beschäftigung an Samstagen und Sonntagen zulässig ist. So ist beispielsweise eine Beschäftigung Jugendlicher an Samstagen und Sonntagen in Krankenanstalten sowie in Alten-, Pflege- und Kinderheimen, in der Landwirtschaft und Tierhaltung, im Familienhaushalt, im Schaustellergewerbe, bei Musikaufführungen, Theatervorstellungen und anderen Aufführungen, beim Sport und im ärztlichen Notdienst möglich.[731] § 18 Abs. 2 JArbSchG verweist für die Zulässigkeit einer Beschäftigung an gesetzlichen Feiertagen auf § 17 Abs. 2 JArbSchG.[732] In den §§ 16 Abs. 3, 17 Abs. 3 und 18 Abs. 3 JArbSchG finden sich jeweils Regelungen, wie die Beschäftigung an einem Samstag, Sonntag oder Feiertag an anderen Tagen auszugleichen ist.

d) Urlaub

608 Nach § 19 Abs. 1 haben Jugendliche für jedes Kalenderjahr Anspruch auf **bezahlten Erholungsurlaub**. Seinem Inhalt nach handelt es sich, nicht anders als bei § 1 BUrlG, um einen Anspruch auf Freistellung von der Arbeitspflicht bzw. Pflicht zur Teilnahme an der Berufsausbildung unter Fortzahlung der Vergütung. Bezüglich der **Urlaubsdauer** enthält § 19 Abs. 2 eine von § 3 Abs. 1 BUrlG abweichende Regelung. Danach beträgt der Urlaub jährlich mindestens 30 Werktage, wenn der Jugendliche zu Beginn des Kalenderjahres noch nicht 16 Jahre ist, mindestens 27 Werktage, wenn der Jugendliche zu Beginn des Kalenderjahres noch nicht 17 Jahre alt ist, mindestens 25 Werktage, wenn der Jugendliche zu Beginn des Kalenderjahres noch nicht 18 Jahre alt ist. Für die Berechnung der Dauer des Urlaubsanspruchs ist das Lebensalter des Jugendlichen am 01.01. eines jeden Jahres maßgebend. Über § 19 Abs. 4 JArbSchG werden auf den Urlaubsanspruch von Jugendlichen § 3 Abs. 2, §§ 4 bis 12 und § 13 Abs. 3 BUrlG für anwendbar erklärt. Angesichts eines fehlenden Verweises auf § 13 Abs. 1, Abs. 2 BUrlG kann von den gesetzlichen Regelungen auch nicht durch Tarifvertrag zum Nachteil der Jugendlichen abgewichen werden.

727 § 21b Nr. 1 JArbSchG.
728 § 15 Satz 2 JArbSchG.
729 Siehe *Lorenz*, JArbSchG, S. 147.
730 Siehe *Lorenz*, JArbSchG, S. 150 und 158.
731 Siehe näher zu den einzelnen Ausnahmen KassArb/*Taubert*, 3.2 Rn 383 ff.
732 Wobei der 25.12., der 01.01., der erste Osterfeiertag und der 01.05. ausgenommen sind.

e) Berufsschule, Prüfungen und außerbetriebliche Ausbildungsmaßnahmen

609 Im Rahmen des dualen Systems der Berufsausbildung bedarf es einer zeitlichen Abstimmung zwischen der Beschäftigung des Jugendlichen einerseits und seiner Teilnahme am Berufsschulunterricht und an Prüfungen sowie außerbetrieblichen Ausbildungsmaßnahmen andererseits. Diese Abstimmung erfolgt durch die §§ 9 und 10 JArbSchG.

610 Nach § 9 Abs. 1 Satz 1 JArbSchG hat der Arbeitgeber den Jugendlichen für die **Teilnahme** am **Berufsschulunterricht freizustellen**. Die Freistellungspflicht besteht für die Unterrichtszeit, die Schulpausen, die Wegezeiten von und zu der Berufsschule, für sonstige verbindliche Schulveranstaltungen sowie das Nachsitzen. Freizustellen hat der Arbeitgeber den Jugendlichen nach überwiegender Meinung auch für die Tätigkeit in der Schülermitverwaltung, für die Zeit zum Waschen und Umkleiden sowie die Einnahme von Mahlzeiten einschließlich einer Ruhepause zwischen dem Unterrichtsende und der Aufnahme der Arbeit im Betrieb bzw. vor Unterrichtsbeginn.[733] Darüber hinaus regelt § 9 Abs. 1 Satz 2 JArbSchG in Abhängigkeit von Lage und Dauer des Berufsschulunterrichts Beschäftigungsverbote. § 9 Abs. 2 JArbSchG sieht eine Anrechnung des Berufsschulunterrichts auf die Arbeitszeit vor. Die Anrechnungsregelungen des § 9 Abs. 2 JArbSchG sind auf volljährige Auszubildende nicht anzuwenden.[734] Mit der Regelung des § 9 Abs. 2 Nr. 1 JArbSchG knüpft das Gesetz an den Begriff der Höchstarbeitszeit i.S.v. § 8 Abs. 1 JArbSchG an. Deshalb erfolgt eine Anrechnung nur auf die gesetzliche Höchstarbeitszeit von 40 Stunden wöchentlich, hingegen nicht auf eine kürzere tarifliche Arbeits- bzw. Ausbildungszeit.[735] Aus § 9 Abs. 2 Nr. 3 JArbSchG folgt, dass Wegezeiten auf die Arbeitszeit nicht anzurechnen sind.[736] Eine Entgeltschutzbestimmung enthält § 9 Abs. 3 JArbSchG: Danach darf durch den Besuch der Berufsschule ein Entgeltausfall nicht eintreten. Hiernach hat der Arbeitgeber auch die Wegezeiten zu bezahlen.[737]

611 § 10 Abs. 1 JArbSchG normiert einen **bezahlten Freistellungsanspruch** des Jugendlichen für die Teilnahme an **Prüfungen und außerbetrieblichen Ausbildungsmaßnahmen**. Nach § 10 Abs. 2 JArbSchG erfolgt eine Anrechnung der hierfür aufgewendeten Zeiten auf die Arbeitszeit. Prüfungen sind solche nach dem Berufsbildungsgesetz, mithin Zwischenprüfungen, Abschlussprüfungen und Wiederholungsprüfungen.[738] Außerbetriebliche Ausbildungsmaßnahmen sind Maßnahmen zur Förderung der Berufsausbildung nach dem Berufsbildungsgesetz außerhalb des Betriebs, in welchem der Jugendliche ausgebildet wird.[739]

f) Untergesetzliche Regelungen zur Arbeitszeit

612 Nach § 21a Abs. 1, Abs. 3 JArbSchG können in einem Tarifvertrag, auf Grund eines Tarifvertrages in einer Betriebsvereinbarung oder auch in einer kirchenrechtlichen Regelung abweichende Bestimmungen in Bezug auf die Arbeitszeitvorgaben des Jugendarbeitsschutzgesetzes getroffen werden. Darüber hinaus lässt es § 21a Abs. 2 JArbSchG zu, dass im Geltungsbereich eines Tarifvertrages nach § 21a Abs. 1 JArbSchG die abweichende tarifvertragliche Regelung im Betrieb eines nicht tarifgebundenen Arbeitgebers durch Betriebsvereinbarung oder, wenn ein Betriebsrat nicht besteht, durch schriftliche Vereinbarung zwischen dem Arbeitgeber und dem Jugendlichen übernommen werden kann.

613 § 21b JArbSchG ermächtigt den Bundesminister für Arbeit und Sozialordnung, von den Arbeitszeitvorschriften des Jugendarbeitsschutzgesetzes Ausnahmen zuzulassen, soweit eine Beeinträchtigung

733 Siehe näher MünchArbR/*Zmarzlik*, § 232 Rn 24.
734 BAG v. 13.02.2003, NZA 2003, 984 ff. (985); BAG v. 26.03.2001, NZA 2001, 892 f. (893).
735 BAG v. 27.05.1992, NZA 1993, 453 ff. (453 ff.).
736 LAG Köln v. 18.09.1998, AuR 1999, 76 f.
737 LAG Köln v. 18.09.1998, AuR 1999, 76 f.
738 §§ 34, 42 BBiG, siehe dazu MünchArbR/*Zmarzlik*, § 232 Rn 51.
739 § 22 Abs. 2 BBiG, hierzu *Zmarzlik/Anzinger*, JArbSchG, § 10 Rn 10 ff.

der Gesundheit oder der körperlichen oder seelisch-geistigen Entwicklung der Jugendlichen nicht zu fürchten ist.

V. Aufsicht zur Einhaltung des Jugendarbeitsschutzes

614 Die Aufsicht über die Ausführung des Jugendarbeitsschutzgesetzes obliegt der **nach Landesrecht zuständigen Behörde**.[740] Die örtliche Zuständigkeit richtet sich nach den weitgehend inhaltsgleichen Verwaltungsverfahrensgesetzen der Länder danach, in welchem Bezirk der Jugendliche beschäftigt wird.[741] Zweck der Aufsicht ist es, die Einhaltung der Jugendarbeitsschutzvorschriften vor allem durch Beratung, Anregung und Ermahnung zu überwachen. Dabei müssen die Behörden insbesondere dafür sorgen, dass die Vorschriften ihrem Zweck entsprechend angewandt werden.[742] Zur Wahrung ihrer Aufgaben sind die Behörden nach § 51 Abs. 2 JArbSchG berechtigt, die Arbeitsstätten während der üblichen Betriebs- und Arbeitszeiten zu **betreten und zu besichtigen**. Außerhalb dieser Zeiten oder wenn sich die Arbeitsstätte in einer Wohnung befindet dürfen diese Orte nur zur Verhütung von dringenden Gefahren für die öffentliche Sicherheit und Ordnung betreten werden.

VI. Ordnungswidrigkeiten und Straftatbestände

615 In den Regelungen der §§ 58, 59 JArbSchG sind jeweils enumerativ Tatbestände genannt, deren Begehung als Ordnungswidrigkeit oder u.U. auch als Straftat geahndet wird. Ordnungswidrig handelt beispielsweise, wer als Arbeitgeber vorsätzlich oder fahrlässig entgegen § 5 Abs. 1 JArbSchG ein Kind beschäftigt, ohne sich auf eine der Ausnahmen des § 5 Abs. 2 JArbSchG oder des § 6 JArbSchG berufen zu können.[743] Der Arbeitgeber ist aber nicht in jedem Fall verpflichtet, sich Gewissheit über das Alter eines Arbeitssuchenden zu verschaffen. Eine solche Pflicht besteht nur, wenn sich aus dem äußeren Erscheinungsbild des Arbeitssuchenden oder aus anderen Umständen Anhaltspunkte dafür ergeben, dass der Arbeitssuchende unter den Anwendungsbereich des Jugendarbeitsschutzgesetzes fallen könnte.[744]

H. Recht der Elternzeit

I. Rechtliche Grundlagen

616 Der arbeitsrechtlich unter verschiedenen Gesichtspunkten bedeutsame Erziehungsurlaub – seit dem 01.01.2001 wird von Elternzeit gesprochen – ist in **§§ 15 ff. des Gesetzes zum Erziehungsgeld und zur Elternzeit (BErzGG)** in der Fassung der Bekanntmachung vom 01.12.2000[745] geregelt. EG-rechtliche Vorgaben ergeben sich aus der **Richtlinie 96/34/EG über den Elternurlaub**.[746] Durch das Dritte Gesetz zur Änderung des Bundeserziehungsgeldgesetzes vom 12.10.2000[747] sind neben Änderungen beim Erziehungsgeld auch die hier interessierenden Regelungen über die Elternzeit zum Teil neu ausgestaltet worden. Im Wesentlichen handelt es sich um die Einführung eines gemeinsamen Elternurlaubs und eines so genannten flexiblen dritten Jahres, die Ausdehnung des Umfangs zulässiger Teilzeitarbeit sowie die Regelung eines Anspruchs auf Verringerung der

740 § 51 Abs. 1 JArbSchG.

741 KassArbR/*Taubert*, 3.2 Rn 464.

742 Siehe MünchArbR/*Zmarzlik*, § 234 Rn 13.

743 Siehe § 58 Abs. 1 Nr. 1 JArbSchG.

744 Siehe hierzu MünchArbR/*Zmarzlik*, § 234 Rn 23.

745 BGBl I 2000, 1645.

746 Siehe die Richtlinie des Rates v. 03.06.1996 zu der von UNICE, CEEP und EGB geschlossenen Rahmenvereinbarung über Elternurlaub, 96/34/EG, ABl EG Nr. L 145 v. 19.06.1996, S. 4.

747 BGBl I 2000, 1426.

Arbeitszeit.[748] Der ursprüngliche Begriff des »Erziehungsurlaubs« ist mit dem Gesetz zur Änderung des Begriffs »Erziehungsurlaub« vom 30.11.2000[749] durch den Terminus der Elternzeit ersetzt worden. Die zum 01.01.2001 in Kraft getretene Neufassung unter anderem des Rechts der Elternzeit in den §§ 15 ff. BErzGG gilt nur **für Geburten nach dem 31.12.2000**. Soweit ein Kind vor dem 01.01.2001 geboren ist, sind nach § 24 Abs. 1 BErzGG die Vorschriften dieses Gesetzes in der bis zum 31.12.2000 geltenden Fassung weiter anzuwenden.

Die Vorschriften über die Elternzeit regeln im Einzelnen den Anspruch auf Elternzeit (§ 15 BErzGG), die Inanspruchnahme der Elternzeit (§ 16 BErzGG), die Auswirkungen einer Elternzeit auf den Urlaub (§ 17 BErzGG), kündigungsrechtliche Sonderbestimmungen (§§ 18, 19 BErzGG), sowie die Zulässigkeit der Befristung von Arbeitsverträgen im Zusammenhang mit der Vertretung eines Arbeitnehmers, der in eine Elternzeit geht (§ 21 BErzGG). 617

II. Anspruch auf Elternzeit

Der **Anspruch auf Elternzeit** ist in § 15 BErzGG geregelt. Seiner Rechtsnatur nach handelt es sich um einen arbeitsrechtlichen Anspruch mit dem Inhalt, Arbeitnehmer zum Zwecke der Kindesbetreuung von der Arbeit freizustellen.[750] Insoweit stellt der Anspruch auf Elternzeit eine **notwendige arbeitsrechtliche Ergänzung** des sozialrechtlichen Anspruchs auf Erziehungsgeld dar, das unter anderem nur dann geleistet wird, wenn der Arbeitnehmer keine oder keine volle Erwerbstätigkeit ausübt (§ 1 Abs. 1 Satz 1 Nr. 4 BErzGG).[751] Allerdings kommt der Elternzeit wegen ihrer über die Dauer der Gewährung von Erziehungsgeld hinausgehenden Anspruchsdauer eine eigenständige Bedeutung für die mit dem Bundeserziehungsgeldgesetz verfolgten Ziele zu. Wie das Erziehungsgeld soll es die Elternzeit den im Arbeitsverhältnis stehenden Eltern ermöglichen oder erleichtern, sich der Betreuung und Erziehung des Kindes in der für die ganze spätere Entwicklung entscheidenden ersten Lebensphase zu widmen.[752] 618

1. Voraussetzungen des Anspruchs auf Elternzeit

Hinsichtlich der in § 15 Abs. 1 BErzGG niedergelegten **Voraussetzungen** für den Anspruch auf Elternzeit ist zu unterscheiden zwischen persönlichen, kindbezogenen und weiteren Voraussetzungen.[753] **Persönlich** erfordert der Anspruch auf Elternzeit die Eigenschaft als – wie es jetzt in § 15 Abs. 1 BErzGG heißt – »Arbeitnehmerin und Arbeitnehmer«. Damit wird hier, wenn auch nicht durchgehend in den Vorschriften über die Elternzeit, hervorgehoben, dass der Anspruch auf Elternzeit weiblichen und männlichen Arbeitnehmern zusteht.[754] Unabhängig davon macht das Gesetz deutlich, dass Elternzeit nur für solche Personen in Betracht kommen kann, die in einem Arbeitsverhältnis stehen. Darüber hinaus setzt der Anspruch auf Elternzeit voraus, dass auf Grund eines Arbeitsverhältnisses eine Verpflichtung zur Leistung von Arbeit besteht.[755] 619

Arbeitnehmerinnen und Arbeitnehmer sind weiter nur anspruchsberechtigt, **wenn sie zu einem Kind in einem bestimmten Verhältnis stehen**, wie aus § 15 Abs. 1 Satz 1 Nr. 1 BErzGG folgt. Es muss sich um ein Kind handeln, für das ihnen die Personensorge zusteht, oder ein Kind des Ehegatten, oder 620

748 Zur Neuregelung der Elternzeit siehe die Beiträge von *Peters-Lange/Rolfs*, NZA 2000, 682 ff.; *Sowka*, NZA 2000, 1185 ff.; *Lindemann/Simon*, NJW 2001, 258 ff.

749 BGBl I 2000, 1638.

750 BSG v. 17.06.1999, NZS 2000, 87 ff. (87).

751 Siehe BSG v. 17.06.1999, NZS 2000, 87 ff. (87).

752 Siehe BSG v. 17.06.1999, NZS 2000, 87 ff. (87). Zum Zweck der Elternzeit bzw. des früher so genannten Erziehungsurlaubs siehe auch BAG v. 11.03.1999, NZA 1999, 1047 ff. (1048); BAG v. 28.04.1998, NZA 1998, 1352 ff. (1354).

753 Siehe auch *Buchner/Becker*, § 15 BErzGG Rn 1 ff.

754 Vgl. auch die Begründung zum Entwurf eines Dritten Gesetzes zur Änderung des Bundeserziehungsgeldgesetzes, BT-Drucks 14/3553, 22.

755 Siehe BAG v. 16.07.1997, BAGE 86, 162 ff. (165).

ein Kind, das sie mit dem Ziel der Annahme als Kind in ihre Obhut aufgenommen haben, oder ein Kind, für das sie auch ohne Personensorgerecht in den Fällen des § 1 Abs. 1 Satz 3 oder Abs. 3 Nr. 3 BErzGG oder im besonderen Härtefall des § 1 Abs. 5 BErzGG Erziehungsgeld beziehen können.[756]

Schließlich müssen die Arbeitnehmerinnen und Arbeitnehmer mit einem Kind im vorbezeichneten Sinne in einem Haushalt leben (**gemeinsame Wirtschafts- und Lebensgemeinschaft**) sowie dieses Kind selbst betreuen und erziehen.

621 Liegen die in § 15 Abs. 1 BErzGG bestimmten grundlegenden Voraussetzungen[757] vor, so hat die Arbeitnehmerin bzw. der Arbeitnehmer grundsätzlich einen Anspruch auf Übergang in Elternzeit. Diese kann, sofern auch eine den Anforderungen des § 16 BErzGG genügende Erklärung[758] vorliegt, zum vorgesehenen Zeitpunkt angetreten werden, ohne dass es noch eines besonderen Einverständnisses seitens des Arbeitgebers bedürfte.[759] In diesem Zeitpunkt beginnt die Elternzeit auch dann, wenn der Arbeitnehmer krankheitsbedingt arbeitsunfähig ist.[760] Einen Anspruch auf Entgeltfortzahlung hat der in Elternzeit befindliche Arbeitnehmer nicht, denn auch ohne Erkrankung hätte der Arbeitnehmer wegen der Elternzeit keinen Anspruch auf Vergütung gehabt.[761] Eine mit § 9 BUrlG vergleichbare Regelung enthält das Bundeserziehungsgeldgesetz nicht und eine analoge Anwendung dieser Vorschrift kommt nicht in Betracht.[762] Hinsichtlich der Fragen, ob und wie lange ein Arbeitnehmer in Elternzeit geht, hat ein eventuell vorhandener Betriebsrat mangels Regelungsspielraums des Arbeitgebers kein Mitbestimmungsrecht.[763]

2. Wirkung der Elternzeit auf das Arbeitsverhältnis

622 Die Wirkung der Elternzeit auf das Arbeitsverhältnis besteht darin, dass der Arbeitnehmer von der Verpflichtung zur Arbeitsleistung unter Wegfall der Vergütungszahlung freigestellt wird, mithin **die Hauptleistungspflichten der Arbeitsvertragsparteien suspendiert**, zum Ruhen gebracht werden.[764] Das ändert nichts daran, dass die Arbeitnehmereigenschaft als solche erhalten und die bezogen auf das ruhende Arbeitsverhältnis vereinbarten Arbeitsbedingungen vorbehaltlich anderer Absprachen unberührt bleiben.[765] Während der Elternzeit bestehen auch vielfältige Nebenpflichten der Arbeitsvertragsparteien, z.B. für den Arbeitgeber zur Erteilung einer Zustimmung nach Maßgabe des § 15 Abs. 4 BerzGG.[766] Wird der Bestand des Arbeitsverhältnisses eines in Elternzeit befindlichen Arbeitnehmers in Frage gestellt, etwa nach einem Betriebsübergang durch den Erwerber, dann hat der Arbeitnehmer auch während der Elternzeit ein rechtliches Interesse an einer gerichtlichen Feststellung darüber, ob das Arbeitsverhältnis fortbesteht.[767] Der Anspruch auf Elternzeit ist nicht nur im Rahmen des Arbeitsverhältnisses, das zur Zeit der Geburt des Kindes besteht, gegeben, sondern als Teil- bzw. Restanspruch auch noch in einem nachfolgenden Arbeitsverhältnis, wenn bei Beendigung eines früheren Arbeitsverhältnisses die gesetzlich höchstzulässige Dauer der Elternzeit nicht ausgeschöpft worden ist.[768]

756 Zum Kreis der anspruchsbegründenden Kinder siehe näher *Zmarzlik/Zipperer/Viethen*, § 15 BErzGG Rn 15 m.w.N.
757 Weitere ergeben sich z.T. aus den folgenden Absätzen des § 15 BErzGG sowie aus § 16 BErzGG.
758 Siehe dazu noch unter Rn 640 ff.
759 BAG v. 17.02.1994, NZA 1994, 655 ff. (657).
760 BAG v. 22.06.1988, NZA 1989, 13 ff. (14).
761 BAG v. 22.06.1988, NZA 1989, 13 ff. (13).
762 BAG v. 22.06.1988, NZA 1989, 13 ff. (13).
763 Zutreffend BAG v. 28.04.1998, NZA 1998, 1352 ff. (1353).
764 BAG v. 28.06.1995, NZA 1996, 151 ff. (152); BAG v. 16.07.1997, BAGE 86, 162 ff. (163); BAG v. 19.01.1999, NZA 1999, 1223 ff. (1224); BAG v. 02.12.1999, NZA 2000, 369 ff. (370); BAG v. 24.12.1999, NZA 1999, 830 ff. (831).
765 BAG v. 19.01.1999, NZA 1999, 1223 ff. (1224).
766 Siehe BAG v. 02.12.1999, NZA 2000, 369 ff. (370).
767 BAG v. 02.12.1999, NZA 2000, 369 f. (369 f.).
768 BAG v. 11.03.1999, NZA 1999, 1047 ff. (1048).

Das Ruhen des Arbeitsverhältnisses eines in Elternzeit befindlichen Arbeitnehmers stellt einen **sachlichen Grund** dar, diesen von einer als zusätzliche Vergütung für erbrachte Arbeitsleistungen und Belohnung für erbrachte bzw. zukünftige Betriebstreue gezahlten Weihnachtsgratifikation auszunehmen. Insoweit besteht kein Anspruch nach Maßgabe des arbeitsrechtlichen Gleichbehandlungsgrundsatzes.[769] Andererseits haben auch in Elternzeit befindliche Arbeitnehmer Anspruch auf Urlaubsgeld, wenn dafür einzige Voraussetzung die Stellung des Anspruchsberechtigten als Arbeitnehmer ist.[770] Dieser Anspruch wird auch nicht dadurch ausgeschlossen, dass der Arbeitnehmer während des ganzen Urlaubsjahres Elternzeit nimmt.[771] Anderes gilt dann, wenn das Urlaubsgeld als so genannte arbeitsleistungsbezogene Sonderzahlung ausgestaltet ist.[772] Das Urlaubsgeld kann durch Tarifvertrag anteilig für Zeiten der Elternzeit gemindert werden, hierin liegt kein Verstoß gegen Art. 141 EG.[773] Andererseits verfolgt eine tarifliche Urlaubsgeldregelung, die auf die Vollbeschäftigung des Arbeitnehmers zu einem bestimmten Zeitpunkt abstellt, nicht das Ziel, das Urlaubsgeld für vollbeschäftigte Arbeitnehmer zu kürzen, die in diesem Zeitpunkt wegen Elternzeit ihre Arbeitszeit vorübergehend verkürzt haben.[774] Übt ein Arbeitnehmer während der Elternzeit eine Teilzeitbeschäftigung aus, so verstößt ein Ausschluss der Teilzeitbeschäftigten von einem tarifvertraglichen Urlaubsgeld gegen das Diskriminierungsverbot.[775] Darüber hinaus steht ihnen im öffentlichen Dienst kein geringerer Zuwendungsanspruch zu, als wenn sie während der Elternzeit nicht gearbeitet hätten.[776] Inwieweit Prämien für eine Direktversicherung im Rahmen der betrieblichen Altersversorgung von dem Arbeitgeber während der Elternzeit weiter gezahlt werden müssen, hängt von den getroffenen Vereinbarungen ab.[777] Bei der Berücksichtigung von Beschäftigungsjahren für die Höhe einer Sozialplanabfindung dürfen Elternzeiten wegen Art. 6 GG nicht ausgenommen werden.[778] 623

3. Dauer des Anspruchs auf Elternzeit und gemeinsame Elternzeit

Gemäß § 15 Abs. 2 Satz 1 BErzGG besteht der Anspruch auf Elternzeit grundsätzlich bis zur **Vollendung des dritten Lebensjahres eines Kindes**. Im Vergleich zum bisherigen Recht neu eingeführt worden ist die Möglichkeit, einen Anteil der Elternzeit von bis zu zwölf Monaten mit Zustimmung des Arbeitgebers auf die **Zeit zwischen dem dritten und achten Geburtstag des Kindes** zu übertragen (§ 15 Abs. 2 Satz 1 2. Hs. BErzGG), etwa um bei der Einschulung des Kindes eine intensivere Betreuung sicherstellen zu können.[779] Bezüglich der Zustimmung des Arbeitgebers wird im Gesetz nicht näher bestimmt, unter welchen Voraussetzungen diese zu erteilen oder zu versagen ist. Gleichwohl kann der Arbeitgeber nicht nach freiem Belieben handeln, sondern hat seine Entscheidung analog § 315 Abs. 1 BGB nach billigem Ermessen zu treffen.[780] Wird die Zustimmung erteilt, so ist im Falle eines Arbeitsplatzwechsels ein neuer Arbeitgeber nicht daran gebunden, so dass die Übertragung eines Teils der Elternzeit zu dessen Verlust führen kann.[781] Anderes gilt nur bei einem Betriebsübergang.[782] Soweit der Arbeitnehmer hinsichtlich Zeitpunkt und Dauer des übertragenen Anteils der Elternzeit Angaben macht, besteht – wie aus § 16 Abs. 1 Satz 1 BErzGG hervorgeht – keine Bindung. Allerdings kann er diesen Anteil auch nur nach Maßgabe des § 16 624

769 BAG v. 12.01.2000, NZA 2000, 944 ff. (945).
770 BAG v. 19.01.1999, NZA 1999, 1223 f. (1224).
771 BAG v. 11.04.2000, BB 2001, 152 ff. (153); BAG v. 18.03.1997, BAGE 85, 306 ff. (311).
772 BAG v. 11.04.2000, BB 2001, 152 ff. (153).
773 BAG v. 15.04.2003, NZA 2004, 47 ff. (49).
774 BAG v. 19.03.2002, DB 2002, 2495 f. (2496).
775 So BAG v. 23.04.1996, NZA 1997, 160 ff. (161); seit dem 01.01.2001 § 4 TzBfG.
776 BAG v. 12.02.2003, NZA-RR 2003, 482 ff. (483 f.).
777 LAG Nürnberg v. 27.08.2002, NZA-RR 2003, 318 ff. (319).
778 BAG v. 12.11.2002, DB 2003, 1635 f.
779 Siehe die Begründung zum Entwurf eines Dritten Gesetzes zur Änderung des Bundeserziehungsgeldgesetzes, BT-Drucks 14/3553, 21.
780 Vgl. *Lindemann/Simon*, NJW 2001, 258 ff. (259).
781 Siehe BT-Drucks 14/3553, 21.
782 So auch *Peters-Lange/Rolfs*, NZA 2000, 682 ff. (685).

BErzGG in Anspruch nehmen. Die Übertragung eines Anteils von bis zu zwölf Monaten muss bis zur Vollendung des dritten Lebensjahres des Kindes erklärt werden, ansonsten kann nicht von einer »Übertragung« i.S.v. § 15 Abs. 2 Satz 1 BErzGG gesprochen werden.[783] Wird ein Teil der Elternzeit übertragen, so greift in den Zeiten, während der der Arbeitnehmer erwerbstätig ist, der besondere Kündigungsschutz des § 18 BErzGG nicht ein.[784]

625 Für den Fall der Annahme eines Kindes wie auch der Aufnahme eines Kindes in Adoptionspflege regelt § 15 Abs. 2 Satz 2 BErzGG besonders, dass die Elternzeit von insgesamt bis zu drei Jahren frühestens ab dem Zeitpunkt der in Obhutnahme und längstens bis zur Vollendung des achten Lebensjahres des Kindes genommen werden kann. Gemäß § 15 Abs. 2 Satz 3 BErzGG gilt die Möglichkeit der Übertragbarkeit eines Anteils von bis zu zwölf Monaten sinngemäß auch für die Adoptionsfamilie.[785]

626 In Abweichung von dem bis Ende 2000 geltenden Recht[786] kann die Elternzeit nicht mehr nur von einem Elternteil allein bzw. abwechselnd, sondern auch von beiden Elternteilen gemeinsam (**gemeinsame Elternzeit**) ganz oder zeitweise genommen werden.[787] Insoweit muss **jeder der Elternteile** in seiner Person die für eine Elternzeit maßgebenden Voraussetzungen erfüllen.[788] Auch im Falle einer gemeinsamen Elternzeit ist – wie § 15 Abs. 3 Satz 1 BErzGG ausdrücklich bestimmt – die Elternzeit auf bis zu drei Jahre für jedes Kind begrenzt. Daraus wird einerseits deutlich, dass bei einer parallelen Inanspruchnahme der Elternzeit jeder Elternteil nach Maßgabe des § 15 Abs. 2 Satz 1 BErzGG (bis zur Vollendung des dritten Lebensjahres vorbehaltlich der Möglichkeit einer Übertragung) längstens volle drei Jahre in Elternzeit gehen kann.[789] Nicht etwa verkürzt sich bei gemeinsamer Elternzeit die Elternzeit für jeden Elternteil auf längstens 1,5 Jahre.[790] Zum anderen wird mit der ausdrücklichen Begrenzung der Elternzeit auf bis zu drei Jahre für jedes Kind klargestellt, dass die Möglichkeit einer gemeinsamen Elternzeit nicht zu einer über drei Jahre hinausgehenden Elternzeit für ein Kind führen kann, etwa dadurch, dass die gemeinsame Elternzeit ab der Geburt des Kindes zwei Jahre umfasst, der eine Elternteil die Elternzeit bis zur Vollendung des dritten Lebensjahres fortsetzt, der andere Elternteil hingegen bezogen auf zwölf Monate von der Übertragungsmöglichkeit des § 15 Abs. 2 Satz 1 BErzGG Gebrauch macht.[791]

627 Für den **Vater** kann die Elternzeit bereits **mit der Geburt des Kindes** beginnen, für die **Mutter** hingegen nicht, weil diese nach der Entbindung gemäß § 6 Abs. 1 MuSchG einem Beschäftigungsverbot unterliegt und damit die wesentliche Wirkung der Elternzeit auf Seiten des Arbeitnehmers – Freistellung von der Arbeitspflicht – nicht mehr herbeigeführt werden kann.[792] Vor diesem Hintergrund erklärt sich § 15 Abs. 3 Satz 2 BErzGG, wonach die Zeit der Mutterschutzfrist gemäß § 6 Abs. 1 MuSchG grundsätzlich auf die längstens dreijährige Elternzeit angerechnet wird. Das bedeutet, dass die Elternzeit nicht drei Jahre nach Ablauf der Mutterschutzfrist beträgt.[793] Eine Anrechnung kommt nach § 15 Abs. 3 Satz 2 BErzGG dann nicht in Betracht, wenn diese wegen eines besonderen Härtefalles unbillig ist, wobei insoweit auf § 1 Abs. 5 BErzGG verwiesen wird. Ein besonderer Härtefall ist danach etwa bei einer schweren Erkrankung oder bei Tod der Mutter nach der Geburt

783 Offen gelassen von *Sowka*, NZA 2000, 1185 ff. (1186).
784 Siehe *Peters-Lange/Rolfs*, NZA 2000, 682 ff. (685) und noch folgend unter Rn 657 ff.
785 Siehe auch BT-Drucks 14/3553, 21.
786 Siehe § 15 Abs. 2 Satz 1 Nr. 3 BErzGG a.F.
787 Siehe dazu BT-Drucks 14/3553, 12, 21.
788 BT-Drucks 14/3553, 21.
789 So auch *Sowka*, NZA 2000, 1185 ff. (1187); *Lindemann/Simon*, NJW 2001, 258 ff. (259).
790 So aber *Lange-Peters/Rolfs*, NZA 2000, 682 ff. (685).
791 Zutreffend wird denn auch in der Begründung zum Entwurf eines Dritten Gesetzes zur Änderung des BErzGG von einer »mögliche(n) dreijährige(n) Gesamtdauer des Erziehungsurlaubs« (heute Elternzeit) gesprochen, siehe BT-Drucks 14/3553, 21.
792 Zutreffend *Sowka*, NZA 2000, 1185 ff. (1186).
793 Siehe BT-Drucks 14/3553, 21.

gegeben.[794] Die Elternzeit kann, muss jedoch nicht im Anschluss an die Geburt oder den Ablauf der Mutterschutzfristen genommen werden.[795] Für die Elternzeit von Adoptiveltern und Adoptivpflegeeltern gilt nach § 15 Abs. 3 Satz 2 BErzGG die Regelung des § 15 Abs. 3 Satz 1 BErzGG entsprechend.

4. Unabdingbarkeit des Anspruchs auf Elternzeit

Nach **§ 15 Abs. 2 Satz 4 BErzGG** kann der Anspruch auf Elternzeit nicht durch Vertrag ausgeschlossen oder beschränkt werden.[796] Von dieser **Unabdingbarkeitsregelung** werden alle Abreden erfasst, die sich auf entstandene oder künftig entstehende Elternzeitansprüche beziehen.[797] Das können einzelvertragliche und tarifvertragliche Abreden wie auch Betriebsvereinbarungen sein.[798] Allerdings ist nicht jede Vereinbarung, die der Inanspruchnahme von Elternzeit objektiv entgegensteht, verboten und damit nach § 134 BGB nichtig.[799] Das gilt etwa für die Vereinbarung über einen Sonderurlaub, der zur Suspendierung der Hauptleistungspflichten führt, mit der Folge, dass bei einer Entbindung während des Sonderurlaubs eine Elternzeit mangels Freistellungsmöglichkeit nicht mehr in Betracht kommen kann.[800] Auf der Grundlage von § 242 BGB hat die Arbeitnehmerin jedoch einen Anspruch auf ermessensfehlerfreie Entscheidung des Arbeitgebers über eine vorzeitige Beendigung des Sonderurlaubs.[801] 628

5. Erwerbstätigkeit während der Elternzeit

a) Zulässigkeit einer Erwerbstätigkeit

Nach § 15 Abs. 4 Satz 1 BErzGG ist **während der Elternzeit eine Erwerbstätigkeit zulässig**, sofern die vereinbarte wöchentliche Arbeitszeit für jeden Elternteil, der eine Elternzeit nimmt, nicht **dreißig Stunden** übersteigt. Die Regelung steht im Zusammenhang mit § 1 Satz 1 Nr. 4 und § 2 Abs. 1 BErzGG, wonach eine erziehungsgeldschädliche volle Erwerbstätigkeit nicht ausgeübt wird, wenn die wöchentliche Arbeitszeit dreißig Stunden nicht übersteigt. 629

Mit Anhebung der Erwerbstätigkeitsgrenze von neunzehn auf dreißig Stunden wird den Eltern die Möglichkeit eingeräumt, während der Elternzeit **nahezu eine Vollzeitbeschäftigung** ausüben zu können.[802] Bei gemeinsam in Anspruch genommener Elternzeit beträgt die neue Obergrenze zulässiger Erwerbstätigkeit zusammen sechzig Stunden, wobei jeder Elternteil dreißig Stunden nicht überschreiten darf.[803] Das Gesetz stellt in § 15 Abs. 4 Satz 1 BErzGG auf die »vereinbarte«, nicht auf die tatsächliche wöchentliche Arbeitszeit ab.[804] Das kann jedoch nicht heißen, dass die tatsächliche wöchentliche Arbeitszeit ohne Konsequenzen für den Anspruch auf Elternzeit dreißig Stunden überschreiten dürfte. Ein solches Verständnis des § 15 Abs. 4 Satz 1 BErzGG stünde nicht im Einklang mit dem Zweck der Elternzeit.[805] 630

Will der in Elternzeit befindliche Arbeitnehmer eine Teilzeitarbeit bei einem anderen Arbeitgeber oder als Selbständiger ausüben, so bedarf er der **Zustimmung des Arbeitgebers** (§ 15 Abs. 4 Satz 2 631

794 Siehe BT-Drucks 14/3553, 21.
795 Richtig *Sowka*, NZA 2000, 1185 ff. (1186).
796 Bis Ende 2000 § 15 Abs. 3 BErzGG a.F.
797 BAG v. 16.07.1997, BAGE 86, 162 ff. (166).
798 *Buchner/Becker*, § 15 BErzGG Rn 26.
799 BAG v. 16.07.1997, BAGE 86, 162 ff. (166).
800 BAG v. 16.07.1997, BAGE 86, 162 ff. (165 f.).
801 BAG v. 16.07.1997, BAGE 86, 162 ff. (168 f.).
802 *Lindemann/Simon*, NJW 2001, 258 ff. (260); kritisch *Sowka*, NZA 2000, 1185 ff. (1188).
803 BT-Drucks 14/3553, 21.
804 Anders § 15 Abs. 4 Satz 1 BErzGG a.F., wonach während des Erziehungsurlaubs eine Erwerbstätigkeit zugelassen war, wenn die wöchentliche Arbeitszeit neunzehn Stunden nicht überstieg.
805 Siehe dazu schon oben Rn 618.

BErzGG). Diese kann der Arbeitgeber nur innerhalb von vier Wochen aus dringenden betrieblichen Gründen schriftlich ablehnen (§ 15 Abs. 4 Satz 3 BErzGG). Bei dieser Zustimmungsregelung handelt es sich um ein **befristetes Verbot mit Erlaubnisvorbehalt**.[806] Gefordert wird grundsätzlich das Einverständnis des Arbeitgebers, dass der Arbeitnehmer neben dem ruhenden Arbeitsverhältnis ein weiteres mit einem anderen Arbeitgeber eingehen kann.[807] Die Zustimmungsverweigerung des Arbeitgebers steht allerdings unter »**Frist-, Form- und Begründungszwang**«:[808] Sie ist innerhalb einer Frist von vier Wochen, bei der es sich um eine gesetzliche Ausschlussfrist handelt,[809] zu erklären, bedarf der Schriftform (§ 126 BGB) und muss von dringenden betrieblichen Gründen getragen sein. Zu der vergleichbaren Regelung des § 15 Abs. 4 Satz 3 BErzGG a.F., die von »entgegenstehenden betrieblichen Interessen« sprach, hat das BAG ausgesprochen, dass die Möglichkeit des Arbeitgebers, selbst eine Arbeitszeitreduzierung anbieten zu können, ein solches Interesse darstellt.[810] Ob darin nunmehr auch ein dringender betrieblicher Grund i.S.d. § 15 Abs. 4 Satz 3 BErzGG zu sehen ist, dürfte zumindest zweifelhaft sein.[811] Entsprechende Gründe sind jedenfalls dann gegeben, wenn mit der Tätigkeit bei einem anderen Arbeitgeber die Gefahr einer Konkurrenz und/oder der Verrat von Betriebs- bzw. Geschäftsgeheimnissen verbunden ist.[812] Mit dem Ablauf der Frist entfällt das Zustimmungserfordernis.[813] Das gilt sowohl dann, wenn der Arbeitgeber schweigt, als auch in dem Fall einer nicht formgerechten Ablehnung.[814]

b) Verringerung der Arbeitszeit und ihre Ausgestaltung

632 Hinsichtlich der **Verringerung der Arbeitszeit und ihrer Ausgestaltung** bei dem Arbeitgeber, dem gegenüber der Arbeitnehmer den Anspruch auf Elternzeit geltend macht, sieht das Gesetz in den Regelungen des § 15 Abs. 5 bis Abs. 7 BErzGG ein **gestuftes Verfahren** vor.

633 Primär geht das Gesetz von einem **Konsens** zwischen Arbeitgeber und Arbeitnehmer über eine Teilzeitbeschäftigung des in Elternzeit befindlichen Arbeitnehmers aus, wie § 15 Abs. 5 Satz 1 i.V.m. Abs. 6 BErzGG deutlich macht. Danach sollen sich Arbeitnehmer und Arbeitgeber über den Antrag auf eine Verringerung der Arbeitszeit und ihrer Ausgestaltung innerhalb von vier Wochen einigen. Hat der Arbeitnehmer bereits vor der Elternzeit eine Teilzeitarbeit ausgeübt, so kann er diese im Rahmen von § 15 Abs. 4 Satz 1 BErzGG auch während der Elternzeit fortsetzen (§ 15 Abs. 5 Satz 2 BErzGG). Darüber hinaus wird in § 15 Abs. 5 Satz 2 BErzGG klargestellt, dass der Arbeitnehmer nach der Elternzeit zu der Arbeitszeit zurückkehren kann, die er vor dem Beginn der Elternzeit hatte (z.B. zu einer Vollzeittätigkeit).[815] Zu beachten ist, dass insoweit nicht allein von einem Recht des Arbeitnehmers gesprochen werden kann. Vorbehaltlich abweichender Vereinbarungen endet mit dem Ablauf der Elternzeit das Ruhen der Hauptleistungspflichten, so dass der Arbeitnehmer seiner arbeitsvertraglichen Dienstleistungspflicht im ursprünglichen Umfang wieder nachzukommen hat.[816]

634 Für den Fall, dass eine Einigung nicht möglich ist, ist in § 15 Abs. 6, Abs. 7 BErzGG ein besonderer, **elternzeitbezogener Anspruch auf Teilzeitarbeit eingeführt worden**. Während § 15 Abs. 6 BErzGG allgemein den Anspruch auf Verringerung der Arbeitszeit festlegt, bestimmt § 15 Abs. 7 BErzGG im Einzelnen die Voraussetzungen, unter denen ein solcher Anspruch in Betracht kommt.

806 BAG v. 26.06.1997, NZA 1997, 1156 ff. (1157).
807 BAG v. 26.06.1997, NZA 1997, 1156 ff. (1157).
808 BAG v. 26.06.1997, NZA 1997, 1156 ff. (1157).
809 BAG v. 26.06.1997, NZA 1997, 1156 ff. (1157).
810 BAG v. 26.06.1997, NZA 1997, 1156 ff. (1157 f.).
811 Bejahend *Peters-Lange/Rolfs*, NZA 2000, 682 ff. (685).
812 *Zmarzlik/Zipperer/Viethen*, § 15 BErzGG Rn 45.
813 BAG v. 26.06.1997, NZA 1997, 1156 ff. (1157 f.).
814 BAG v. 26.06.1997, NZA 1997, 1156 ff. (1158).
815 Siehe BT-Drucks 14/3553, 21 f.
816 Zutreffend *Sowka*, NZA 2000, 1185 ff. (1190); *Lindemann/Simon*, NJW 2001, 258 ff. (263).

Gemäß § 15 Abs. 6 BErzGG kann der elternzeitberechtigte Arbeitnehmer gegenüber dem Arbeitgeber unter den Voraussetzungen des § 15 Abs. 7 BErzGG während der Gesamtdauer der Elternzeit **zweimal eine Verringerung seiner Arbeitszeit beanspruchen**. Dieser Anspruch besteht für Vollzeit- wie auch für Teilzeitarbeitnehmer.[817] Wenn das Gesetz von einer zweimaligen Verringerung »seiner Arbeitszeit« spricht, so ist der Bezugspunkt für die Verringerung der Umfang der Arbeitszeit bis zum Übergang in die Elternzeit. Das bedeutet, dass hieran zu messen ist, ob eine Verringerung der Arbeitszeit vorliegt. Deshalb kann z.B. der Arbeitnehmer, der vor der Elternzeit eine Vollzeittätigkeit ausgeübt hat, seine Arbeitszeit zunächst auf fünfzehn Stunden und im Anschluss daran auf dreißig Stunden reduzieren, jedes Mal liegt eine Verringerung i.S.v. § 15 Abs. 6 BErzGG vor.[818] Aus dem Gesetz ist nicht zu entnehmen, dass der Arbeitnehmer, der zweimal eine Verringerung seiner Arbeitszeit beanspruchen will, dies bereits von vornherein nach Dauer und Umfang gegenüber dem Arbeitgeber festlegen müsste. Allerdings ist davon auszugehen, dass der Arbeitnehmer an eine einmal getroffene Entscheidung über die Verringerung seiner Arbeitszeit gebunden ist.[819] Die Änderung einer verringerten Arbeitszeit ist nur in dem Sinne einseitig durch den Arbeitnehmer möglich, dass er ein zweites Mal eine Verringerung seiner Arbeitszeit beansprucht. Den Umfang der Teilzeittätigkeit bestimmt der Arbeitnehmer.[820] 635

Die **Voraussetzungen des Anspruchs auf Verringerung der Arbeitszeit** sind abschließend in § 15 Abs. 7 BErzGG bestimmt. Danach besteht der Anspruch nur gegenüber Arbeitgebern, die in der Regel mehr als fünfzehn Arbeitnehmer beschäftigen (Nr. 1), des Weiteren muss das Arbeitsverhältnis in demselben Betrieb oder Unternehmen ohne Unterbrechung länger als sechs Monate bestehen (Nr. 2), die vertraglich vereinbarte regelmäßige Arbeitszeit soll für mindestens drei Monate auf einen Umfang zwischen fünfzehn und dreißig Wochenstunden verringert werden (Nr. 3), dem Anspruch stehen keine dringenden betrieblichen Gründe entgegen (Nr. 4) und der Anspruch wurde dem Arbeitgeber acht Wochen vorher schriftlich mitgeteilt. **Maßgebender Zeitpunkt** für die Frage des Vorliegens der vorgenannten Voraussetzungen ist der Zeitpunkt der Geltendmachung des Anspruchs.[821] Will der Arbeitgeber die beanspruchte Verringerung der Arbeitszeit ablehnen, muss er dies nach § 15 Abs. 7 Satz 2 BErzGG innerhalb von vier Wochen mit schriftlicher Begründung tun, wobei – wie § 15 Abs. 7 Satz 1 Nr. 4 BErzGG deutlich macht – nur entgegenstehende dringende betriebliche Gründe die Versagung des Anspruchs tragen können. Nach der Begründung zum Entwurf eines Dritten Gesetzes zur Änderung des Bundeserziehungsgeldgesetzes soll der Begriff der entgegenstehenden betrieblichen Gründe dem in § 7 Abs. 2 Satz 1 BUrlG verwendeten Begriff entsprechen.[822] Unabhängig davon, ob dem angesichts der unterschiedlichen Interessenlagen wirklich gefolgt werden kann,[823] ist davon auszugehen, dass der Arbeitgeber grundsätzlich jedenfalls solche Gründe nicht entgegensetzen kann, die auch dann eintreten würden, wenn der Arbeitnehmer in vollem Umfang in die Elternzeit übergehen würde.[824] Die Unteilbarkeit des Arbeitsplatzes wäre z.B. ein dringender betrieblicher Grund.[825] 636

Im Hinblick darauf, dass das Gesetz dem Arbeitnehmer in § 15 Abs. 6, Abs. 7 BErzGG allein einen Anspruch auf »Verringerung seiner Arbeitszeit« einräumt, besteht **kein Anspruch auf Teilzeitbeschäftigung auf einem anderen Arbeitsplatz**.[826] Aus dem Charakter lediglich eines Anspruchs auf 637

817 Siehe *Sowka*, NZA 2000, 1185 ff. (1189).
818 Richtig *Peters-Lange/Rolfs*, NZA 2000, 682 ff. (686).
819 Siehe *Peters-Lange/Rolfs*, NZA 2000, 682 ff. (686).
820 Siehe *Peters-Lange/Rolfs*, NZA 2000, 682 ff. (686).
821 Siehe *Lindemann/Simon*, NJW 2001, 258 ff. (261).
822 Siehe BT-Drucks 14/3553, 22.
823 Zu Recht kritisch *Sowka*, NZA 2000, 1185 ff. (1189).
824 *Peters-Lange/Rolfs*, NZA 2000, 682 ff. (686).
825 *Lindemann/Simon*, NJW 2001, 258 ff. (262); *Peters-Lange/Rolfs*, NZA 2000, 682 ff. (686).
826 Richtig *Lindemann/Simon*, NJW 2001, 258 ff. (262).

Arbeitszeitreduzierung folgt weiterhin, dass durch die Geltendmachung dieses Anspruchs während der Elternzeit kein neues (Teilzeit-)Arbeitsverhältnis begründet wird.[827]

638 Im Zusammenhang mit der Verringerung der Arbeitszeit auf der Grundlage von § 15 Abs. 6 und Abs. 7 BErzGG besteht **kein Mitbestimmungsrecht des Betriebsrats nach § 99 BetrVG**, und zwar unabhängig davon, ob die Verringerung arbeitnehmerseits sofort mit Beginn der Elternzeit oder erst später geltend gemacht wird. Zwar hat das BAG zu dem bis Ende 2000 geltenden Recht des Erziehungsurlaubs die Auffassung vertreten, dass jedenfalls eine Teilzeitbeschäftigung auf Grund nachträglicher Vereinbarung während des Erziehungsurlaubs als Einstellung i.S.d. § 99 BetrVG anzusehen ist und damit der Mitbestimmung des Betriebsrats nach Maßgabe dieser Regelung unterliegt.[828] Angesichts dessen, dass die Mitbestimmung des Betriebsrats notwendig einen Regelungsspielraum des Arbeitgebers voraussetzt,[829] kann ein Mitbestimmungsrecht nach der nunmehr erfolgten Einräumung eines Anspruchs des Arbeitnehmers auf Teilzeitbeschäftigung nicht mehr in Betracht kommen.[830]

Die Ausübung einer Teilzeitbeschäftigung als solcher rechtfertigt nicht den Ausschluss vom Bezug des Urlaubsgeldes.[831] Darin würde ein Verstoß gegen § 4 Abs. 1 TzBfG liegen.[832]

639 Das Verhältnis des Anspruchs auf Teilzeitbeschäftigung während der Elternzeit nach § 15 Abs. 6, Abs. 7 BErzGG zu dem gleichfalls zum 01.01.2001 in Kraft getretenen allgemeinen Anspruch auf Verringerung der Arbeitszeit nach § 8 TzBfG ist dahin gehend zu bestimmen, dass jener Anspruch als **lex specialis** anzusehen ist. Nach dem Ende der Elternzeit steht es dem Arbeitnehmer frei, den allgemeinen Anspruch auf Teilzeitbeschäftigung nach Maßgabe der in § 8 TzBfG niedergelegten Voraussetzungen geltend zu machen.

Zum Sonderkündigungsschutz nach § 18 BErzGG im Falle einer Teilzeitbeschäftigung siehe noch folgend unter Rn 661 f.

III. Inanspruchnahme der Elternzeit

640 Die Vorschrift des § 16 BErzGG enthält unter dem Titel »Inanspruchnahme der Elternzeit« verschiedene Regelungen zur **Entstehung des Anspruchs auf Elternzeit und zur Ausgestaltung und Durchführung der Elternzeit**. Im Wesentlichen geht es um die Anforderungen an die Geltendmachung der Elternzeit und deren Verteilung auf verschiedene Zeitabschnitte sowie die vorzeitige Beendigung oder Verlängerung der Elternzeit.

1. Geltendmachung der Elternzeit

641 Gemäß § 16 Abs. 1 Satz 1 BErzGG müssen Arbeitnehmerinnen und Arbeitnehmer die Elternzeit, wenn sie unmittelbar nach der Geburt des Kindes oder nach der Mutterschutzfrist des § 6 Abs. 1 MuSchG beginnen soll, **spätestens sechs Wochen**, ansonsten **spätestens acht Wochen** vor Beginn schriftlich vom Arbeitgeber verlangen und zugleich erklären, für welche Zeiten innerhalb von zwei

827 So auch BAG v. 23.04.1996, NZA 1997, 160 ff. (162) zur Teilzeitvereinbarung nach Maßgabe des § 15 Abs. 4 Satz 1 BErzGG a.F.; offen gelassen allerdings von BAG v. 12.01.2000, NZA 2000, 1060 ff. (1061); BAG v. 28.04.1998, NZA 1998, 1352 ff. (1354); BAG v. 23.04.1996, NZA 1997, 160 ff. (162); BAG v. 28.06.1995, NZA 1996, 151 ff. (153); BAG v. 24.12.1999, NZA 1999, 830 ff. (831).

828 BAG v. 28.04.1998, NZA 1998, 1352 ff.

829 So auch BAG v. 28.04.1998, NZA 1998, 1352 ff. (1354).

830 So auch *Lindemann/Simon*, NJW 2001, 258 ff. (262).

831 BAG v. 23.04.1996, NZA 1997, 160 ff. (161).

832 Siehe BAG v. 23.04.1996, NZA 1997, 160 ff. (161), hier zu dem früheren § 2 BeschfG. Zur Frage des Anspruchs von während der Elternzeit teilzeitbeschäftigten Arbeitnehmern auf die Zuwendung nach dem Zuwendungstarifvertrag im öffentlichen Dienst siehe BAG v. 12.01.2000, NZA 2000, 1060 ff.; BAG v. 24.12.1999, NZA 1999, 830 ff.; BAG v. 28.06.1995, NZA 1996, 151 ff.

Jahren sie Elternzeit nehmen werden. Die wirksame Inanspruchnahme der Elternzeit setzt danach das rechtzeitige Verlangen der Elternzeit vom Arbeitgeber und gleichzeitig die Mitteilung an den Arbeitgeber, für welchen Zeitraum bzw. welche Zeiträume innerhalb von zwei Jahren Elternzeit genommen werden soll, voraus,[833] wobei nunmehr sowohl das Verlangen wie auch die Erklärung der **Schriftform** bedürfen.[834]

Der Sinn dieser Anforderungen an die Geltendmachung der Elternzeit besteht wesentlich darin, in gewissem Umfang die **Dispositionsfreiheit** des Arbeitgebers sicherzustellen.[835] In diesem Zusammenhang ist auch die Verlängerung der Anmeldefristen für die Elternzeit von bisher allgemein vier Wochen auf sechs bzw. acht Wochen zu sehen.[836] Eine erste Ausnahme hierzu enthält § 16 Abs. 1 Satz 2 BErzGG, danach ist bei dringenden Gründen ausnahmsweise auch eine angemessene kürzere Frist möglich. Hierunter soll nach der Begründung zum Entwurf eines Dritten Gesetzes zur Änderung des Bundeserziehungsgeldgesetzes etwa die Übernahme einer Adoptionspflege fallen, soweit diese im Einzelfall nicht ausreichend vorgeplant werden kann.[837] Eine zweite Ausnahme ist – wie auch schon im bisherigen Recht – in § 16 Abs. 2 BErzGG geregelt. Diese Bestimmung lässt eine verspätete Geltendmachung der Elternzeit für den Fall zu, dass Arbeitnehmerinnen und Arbeitnehmer aus einem von ihnen nicht zu vertretenen Grunde eine sich unmittelbar an die Mutterschutzfrist des § 6 Abs. 1 MuSchG anschließende Elternzeit nicht rechtzeitig verlangen können. Die Geltendmachung kann dann innerhalb einer Woche nach Wegfall des Grundes nachgeholt werden. § 16 Abs. 2 BErzGG ist insofern enger als § 16 Abs. 1 Satz 2 BErzGG, als sich jene Ausnahme nur auf den Fall einer sich unmittelbar an die Mutterschutzfrist des § 6 Abs. 1 MuSchG anschließenden Elternzeit bezieht. Andererseits ist § 16 Abs. 2 weiter als § 16 Abs. 1 Satz 2 BErzGG, denn die verspätete Geltendmachung kann auf jeden Grund gestützt werden, sofern dieser arbeitnehmerseits nicht zu vertreten ist im Sinne eines Verschuldens gegen sich selbst.[838] Hält der Arbeitnehmer die für ihn im Einzelfall maßgebende Frist zur Geltendmachung der Elternzeit nicht ein, so führt das **nicht zum Erlöschen des Anspruchs auf Elternzeit**. Vielmehr **verschiebt sich der Zeitpunkt** der möglichen Inanspruchnahme mit der Folge einer wegen der Begrenzung nach § 15 Abs. 2 Satz 1 BErzGG[839] eintretenden Verkürzung der Elternzeit.[840] 642

Mit der von § 16 Abs. 1 Satz 1 BErzGG geforderten Erklärung des Arbeitnehmers, für welche Zeiten innerhalb von zwei Jahren er Elternzeiten nehmen will, verlangt das Gesetz in diesem Umfang eine **verbindliche Festlegung**.[841] Diese Bindungswirkung bedeutet, dass die Elternzeit wie beantragt durchzuführen ist.[842] Den **Restanspruch** auf Elternzeit kann der Arbeitnehmer unter Beachtung der nach §§ 15, 16 BErzGG maßgebenden Voraussetzungen zu einem späteren Zeitpunkt geltend machen.[843] Hat sich der Arbeitnehmer zunächst von vornherein für die insgesamt mögliche Elternzeit festgelegt, so kann er bezogen auf den über zwei Jahre hinausgehenden Zeitraum auch später noch andere Dispositionen treffen.[844] Verlangt der Arbeitnehmer eine Elternzeit ohne Erklärung über den Zeitraum bzw. die Zeiträume, so liegt eine wirksame Geltendmachung von Elternzeit nicht vor. Der Arbeitnehmer kann die Elternzeit dann nicht antreten.[845] 643

833 Siehe auch BAG v. 17.02.1994, NZA 1994, 656 ff. (658).
834 Siehe auch *Sowka*, NZA 2000, 1185 ff. (1187).
835 BAG v. 17.02.1994, NZA 1994, 656 ff. (658).
836 Siehe BT-Drucks 14/3553, 22, wonach durch die alte Vier-Wochen-Frist insbesondere mittelständische und hochspezialisierte Betriebe in Schwierigkeiten gebracht wurden, wenn sie wegen der Elternzeit innerhalb kurzer Zeit einen wichtigen Mitarbeiter verloren; kritisch zu der kurzen Frist von vier Wochen etwa auch *Betz*, NZA 2000, 248 ff. (248).
837 Siehe BT-Drucks 14/3553, 22.
838 Anders *Zmarzlik/Zipperer/Viethen*, § 16 BErzGG Rn 9, die das Vertretenmüssen nach § 276 BGB beurteilen wollen, was jedoch wegen des Fehlens einer verletzbaren Pflicht gegenüber dem Arbeitgeber ausgeschlossen ist.
839 Siehe dazu oben Rn 624.
840 Siehe BAG v. 17.02.1994, NZA 1994, 656 ff. (658).
841 Siehe BT-Drucks 14/3553, 22.
842 *Sowka*, NZA 2000, 1185 ff. (1188).
843 Siehe *Sowka*, NZA 2000, 1185 ff. (1188).
844 So auch *Sowka*, NZA 2000, 1185 ff. (1188).
845 BAG v. 17.02.1994, NZA 1994, 656 ff. (658).

644 In § 16 Abs. 1 Satz 4 BErzGG ist bestimmt, dass die von den Elternteilen allein oder gemeinsam genommene Elternzeit insgesamt auf **bis zu vier Zeitabschnitte** verteilt werden darf. Mit dem Begriff der Zeitabschnitte sind nur die Zeiträume gemeint, während derer Elternzeit genommen wird.[846] Im Übrigen bringt die Regelung deutlich zum Ausdruck, dass – sollten beide Elternteile Elternzeit nehmen – die Elternzeit für beide zusammen nur auf bis zu vier Zeitabschnitte aufgeteilt werden darf.[847]

645 § 16 Abs. 1 BErzGG enthält weitere Regelungen. Nach § 16 Abs. 1 Satz 3 BErzGG soll der Arbeitgeber die Elternzeit bescheinigen. In § 16 Abs. 1 Satz 5 bis 7 BErzGG sind die Aufgaben der Erziehungsgeldstelle für den Fall näher ausgestaltet, dass der Arbeitgeber einen Antrag auf Stellungnahme zum Vorliegen der Voraussetzungen einer Elternzeit stellt.[848] Neu ist insoweit § 16 Abs. 1 Satz 8 BErzGG mit der Ermächtigung der Bundesregierung zum Erlass allgemeiner Verwaltungsvorschriften mit Zustimmung des Bundesrates, um die Stellungnahmen der Erziehungsgeldstellen zur Elternzeit zu erleichtern.

2. Vorzeitige Beendigung oder Verlängerung der Elternzeit

646 Die mit der Geltendmachung einer Elternzeit eintretende Bindung des Arbeitnehmers an deren Durchführung entsprechend seinen Erklärungen[849] wird nach Maßgabe der in § 16 Abs. 3, 4 BErzGG enthaltenen Regelungen, die unter bestimmten Voraussetzungen eine **vorzeitige Beendigung oder eine Verlängerung** der Elternzeit zulassen, durchbrochen. Mit der darin liegenden Beschränkung einer jederzeitigen Disponibilität der Elternzeitdauer für den Arbeitnehmer soll den berechtigten Interessen des Arbeitgebers an einer ausreichenden Planungssicherheit Rechnung getragen werden.[850]

647 Im Ausgangspunkt bestimmt § 16 Abs. 3 Satz 1 BErzGG, dass die Elternzeit vorzeitig beendet oder im Rahmen des § 15 Abs. 2 BErzGG verlängert werden kann, **wenn der Arbeitgeber zustimmt**. Insoweit werden an die Zustimmung bzw. Ablehnung des Arbeitgebers im Gesetz keine besonderen Anforderungen gestellt, dieser hat seine Entscheidung analog § 315 Abs. 1 BGB nach billigem Ermessen zu treffen. Der Arbeitgeber kann seine Willenserklärung, mit der er der Rückkehr einer Arbeitnehmerin an ihren Arbeitsplatz vor dem Ende der Elternzeit zugestimmt hat, nicht mit der Begründung eines Irrtums über das Bestehen einer Schwangerschaft anfechten.[851] Besondere Anforderungen gelten nach § 16 Abs. 3 Satz 2 BErzGG für den Fall einer vorzeitigen Beendigung wegen der Geburt eines weiteren Kindes oder wegen eines besonderen Härtefalles i.S.v. § 1 Abs. 5 BErzGG:[852] Hier kann der Arbeitgeber die frühzeitige Beendigung der Elternzeit nur innerhalb von vier Wochen aus **dringenden betrieblichen Gründen** schriftlich ablehnen. Für den Begriff der »dringenden betrieblichen Gründe« wird in der Begründung zum Entwurf eines Dritten Gesetzes zur Änderung des Bundeserziehungsgeldgesetzes auf § 15 Abs. 7 Satz 1 Nr. 4 BErzGG verwiesen. Es ist zweifelhaft, ob die dringenden betrieblichen Gründe, die eine Ablehnung des Anspruchs auf Teilzeitbeschäftigung rechtfertigen, auch die Ablehnung einer vorzeitigen Beendigung der Elternzeit tragen können. Jedenfalls ist auch im Rahmen von § 16 Abs. 3 Satz 2 BErzGG eine **Einzelfallabwägung** zwischen den jeweiligen Interessen von Arbeitgeber und Arbeitnehmer vorzunehmen. Ausdrücklich ausgeschlossen ist nach § 16 Abs. 3 Satz 3 BErzGG, dass eine Arbeitnehmerin die Elternzeit wegen der Mutterschutzfristen des § 3 Abs. 2 und § 6 Abs. 1 MuSchG vorzeitig beendet. Damit soll verhindert werden, dass die Elternzeit gerade im Hinblick auf die bezahlte Freistellung während der Mutterschutzfristen vor und nach der Geburt vorzeitig beendet wird.[853] Insoweit dürfte

846 Siehe *Sowka*, NZA 2000, 1185 ff. (1187).
847 So auch *Sowka*, NZA 2000, 1185 ff. (1187).
848 Siehe hierzu *Zmarzlik/Zipperer/Viethen*, § 16 BErzGG Rn 8.
849 Siehe dazu oben Rn 643.
850 Vgl. BT-Drucks 14/3553, 23.
851 EuGH v. 27.02.2003, NZA 2003, 373 ff.
852 Genannt sind hier als besondere Härtefälle beispielhaft schwere Krankheit, Behinderung oder Tod eines Elternteils oder erheblich gefährdete wirtschaftliche Existenz.
853 Siehe BT-Drucks 14/3553, 23.

es in der Praxis große Schwierigkeiten bereiten, das Vorliegen dieses Missbrauchstatbestandes von dem nach § 16 Abs. 3 Satz 2 BErzGG im Falle der Geburt eines weiteren Kindes grundsätzlich bestehenden Recht zur vorzeitigen Beendigung abzugrenzen.[854] Der Missbrauchstatbestand findet nach § 16 Abs. 3 Satz 3 Hs. 2 BErzGG keine Anwendung, wenn die in Elternzeit befindliche Arbeitnehmerin eine zulässige Teilzeitarbeit ausübt. Diese Regelung entspricht § 14 Abs. 4 Satz 2 MuSchG.

In § 16 Abs. 4 BErzGG ist eine Durchbrechung der Bindungswirkung für den Fall geregelt, dass **das Kind während der Elternzeit stirbt**. Diese endet dann spätestens drei Wochen nach dem Tod des Kindes. 648

Nach § 16 Abs. 5 BErzGG ist der in Elternzeit befindliche Arbeitnehmer gehalten, eine Änderung in der Anspruchsberechtigung dem Arbeitgeber unverzüglich (§ 121 BGB) mitzuteilen. Auch hierdurch soll dem Interesse des Arbeitgebers an Planungssicherheit Rechnung getragen werden.

IV. Auswirkungen der Elternzeit auf den Urlaub

Die Inanspruchnahme einer Elternzeit hat bestimmte **Auswirkungen auf den Erholungsurlaub** des Arbeitnehmers, die in § 17 BErzGG geregelt sind. Nach § 17 Abs. 1 und Abs. 4 BErzGG hat der Arbeitgeber die Möglichkeit einer Kürzung bzw. nachträglichen Kürzung des Erholungsurlaubs. § 17 Abs. 2 BErzGG regelt die Übertragung von Resturlaub auf einen Zeitpunkt nach der Elternzeit. Schließlich sieht § 17 Abs. 3 BErzGG einen Abgeltungsanspruch vor. Die wesentlichen Zwecke des § 17 BErzGG bestehen darin, eine Belastung des Arbeitgebers durch Urlaubsansprüche trotz Elternzeit zu verhindern sowie dem in Elternzeit befindlichen Arbeitnehmer Ansprüche auf Resturlaub über die Elternzeit hinaus zu erhalten.[855] 649

1. Kürzung von Erholungsurlaub

Gemäß § 17 Abs. 1 Satz 1 BErzGG kann der Arbeitgeber den Erholungsurlaub, der dem Arbeitnehmer für das Urlaubsjahr aus dem Arbeitsverhältnis zusteht, **für jeden vollen Kalendermonat, für den der Arbeitnehmer Elternzeit nimmt, um ein Zwölftel kürzen**. Von der Kürzung erfasst wird der gesamte Erholungsurlaub, unabhängig davon, ob er auf Gesetz, Tarifvertrag oder einer sonstigen Rechtsgrundlage beruht.[856] Die Kürzung steht im Ermessen des Arbeitgebers. Sie erfolgt deshalb nicht kraft Gesetzes, sondern es ist eine entsprechende **Erklärung des Arbeitgebers erforderlich**. Diese Erklärung kann der Arbeitgeber auch noch in seiner Erwiderung auf die Klage, mit der ein Arbeitnehmer Ansprüche auf Erholungsurlaub geltend macht, abgeben.[857] Bei der Ermessensausübung hat der Arbeitgeber den arbeitsrechtlichen Gleichbehandlungsgrundsatz zu beachten.[858] Eine Kürzung um ein Zwölftel kommt nur für solche Kalendermonate in Betracht, die voll mit einer Elternzeit belegt sind. Andere Zeiten dürfen nicht urlaubsmindernd berücksichtigt werden.[859] 650

Eine Kürzung ist ausgeschlossen, wenn der Arbeitnehmer während der Elternzeit bei seinem Arbeitgeber Teilzeitarbeit leistet (§ 17 Abs. 1 Satz 2 BErzGG). Der Wortlaut dieser Regelung macht deutlich, dass dies nicht für den Fall der Teilzeitbeschäftigung bei einem anderen Arbeitgeber gilt. 651

Zu beachten ist schließlich die **nachträgliche Kürzungsmöglichkeit** gemäß § 17 Abs. 4 BErzGG für den Fall, dass ein Arbeitnehmer vor dem Beginn der Elternzeit mehr Urlaub erhalten hat, als ihm 652

854 Zutreffend *Sowka*, NZA 2000, 1185 ff. (1188).
855 Siehe *Zmarzlik/Zipperer/Viethen*, § 17 BErzGG Rn 2 f.
856 *Zmarzlik/Zipperer/Viethen*, § 17 BErzGG Rn 12.
857 Siehe BAG v. 23.04.1996, BAGE 83, 29 ff. (32).
858 *Zmarzlik/Zipperer/Viethen*, § 17 BErzGG Rn 5.
859 *Zmarzlik/Zipperer/Viethen*, § 17 BErzGG Rn 14.

nach § 17 Abs. 1 BErzGG zusteht. Der Arbeitgeber kann dann den Urlaub, auf den der Arbeitnehmer nach dem Ende der Elternzeit Anspruch hat, um die zu viel gewährten Urlaubstage kürzen.

2. Übertragung von Erholungsurlaub

653 § 17 Abs. 2 BErzGG enthält als **lex specialis zu § 7 Abs. 3 BUrlG**[860] einen besonderen Tatbestand der **Übertragung von Erholungsurlaub**. Damit wird sichergestellt, dass die Inanspruchnahme von Elternzeit nicht zum Verfall des Erholungsurlaubs führt.[861] Allerdings ist die Übertragung nur befristet möglich: Der Arbeitgeber hat den Resturlaub nach der Elternzeit im laufenden oder im nächsten Urlaubsjahr zu gewähren. Nach dem Ablauf dieser gesetzlich vorgegebenen Frist verfällt der Resturlaub auf jeden Fall. Das gilt insbesondere auch dann, wenn er nach dem Ablauf der Elternzeit etwa wegen krankheitsbedingter Arbeitsunfähigkeit oder eines Beschäftigungsverbots nach dem Mutterschutzgesetz nicht genommen werden konnte.[862]

3. Abgeltung des Erholungsurlaubs

654 Gemäß § 17 Abs. 3 BErzGG hat der Arbeitgeber **noch nicht gewährten Urlaub abzugelten**, wenn das Arbeitsverhältnis während der Elternzeit endet oder der Arbeitnehmer im Anschluss an die Elternzeit das Arbeitsverhältnis nicht fortsetzt. Eine Beendigung des Arbeitsverhältnisses während der Elternzeit kann z.B. auf Grund einer Kündigung des Arbeitnehmers oder einer Befristung eintreten.[863] Im Hinblick darauf, dass der Abgeltungsanspruch den Urlaubsanspruch in natura substituiert, unterliegt auch der Abgeltungsanspruch einer möglichen Kürzung nach § 17 Abs. 1 BErzGG.[864]

655 Der Abgeltungsanspruch wird von **Ausschlussfristen**, etwa auf Grund eines Tarifvertrages, erfasst und muss deshalb innerhalb der maßgebenden Frist geltend gemacht werden.[865] Verfallen kann allerdings nur ein tariflicher oder sonst vertraglich vereinbarter Urlaubsabgeltungsanspruch, nicht jedoch der Abgeltungsanspruch im Umfang des gesetzlichen Mindesturlaubs.[866] Dieser Abgeltungsanspruch als Ersatz für den unantastbaren Urlaubsanspruch nach §§ 1, 3 Abs. 1 BUrlG steht wegen seiner Unabdingbarkeit nach § 13 Abs. 1 Satz 1 BUrlG nicht zur Disposition der Tarifvertragsparteien.[867]

V. Kündigungsrechtliche Sonderbestimmungen

656 Im Zusammenhang mit der Elternzeit enthält das Bundeserziehungsgeldgesetz **zwei kündigungsrechtliche Sonderbestimmungen**. Zum einen regelt § 18 BErzGG einen besonderen Kündigungsschutz. Zum anderen ist in § 19 BErzGG ein besonderes Kündigungsrecht normiert.

1. Kündigungsschutz nach § 18 BErzGG

a) Kündigungsverbot mit Erlaubnisvorbehalt (§ 18 Abs. 1 BErzGG)

657 § 18 Abs. 1 BErzGG enthält ein so genanntes **Kündigungsverbot mit Erlaubnisvorbehalt**. Gemäß § 18 Abs. 1 Satz 1 BErzGG darf der Arbeitgeber das Arbeitsverhältnis ab dem Zeitpunkt, von dem an Elternzeit verlangt worden ist, frühestens jedoch acht Wochen vor Beginn der Elternzeit, und während der Elternzeit nicht kündigen. Nach § 18 Abs. 1 Satz 2 bis 3 BErzGG kann in besonderen

860 BAG v. 23.04.1996, BAGE 83, 29 ff. (31); BAG v. 24.10.1989, NZA 1990, 499 ff. (500).
861 BAG v. 23.04.1996, BAGE 83, 29 ff. (31); BAG v. 24.10.1989, NZA 1990, 499 ff. (500).
862 BAG v. 23.04.1996, BAGE 83, 29 ff. (31).
863 Siehe *Zmarzlik/Zipperer/Viethen*, § 17 BErzGG Rn 23, hier auch zu weiteren Beendigungsmöglichkeiten.
864 Siehe auch *Zmarzlik/Zipperer/Viethen*, § 17 BErzGG Rn 24.
865 BAG v. 23.04.1996, BAGE 83, 29 ff. (32).
866 BAG v. 23.04.1996, BAGE 83, 29 ff. (32).
867 BAG v. 23.04.1996, BAGE 83, 29 ff. (32).

Fällen ausnahmsweise eine Kündigung für zulässig erklärt werden, wobei die Zulässigkeitserklärung durch die für den Arbeitsschutz zuständige oberste Landesbehörde oder die von ihr bestimmte Stelle erfolgt.

Die Regelung des § 18 Abs. 1 Satz 1 BErzGG stellt ein **Verbotsgesetz i.S.d. § 134 BGB** dar, ein Verstoß gegen das Kündigungsverbot führt zur Nichtigkeit der Kündigung.[868] Der Zweck des Kündigungsverbots besteht darin, den Arbeitnehmer vor Kündigungen des Arbeitgebers zu schützen, die dieser nach einem Elternzeitverlangen des Arbeitnehmers ausspricht, um nicht mit einem langfristig ruhenden Arbeitsverhältnis belastet zu sein.[869] Die Schutzbedürftigkeit des Arbeitnehmers wird bereits durch das bloße Verlangen von Elternzeit und die damit verbundene Kenntnis des Arbeitgebers ausgelöst.[870] 658

Das Kündigungsverbot gilt für **jede Art der Kündigung**, ordentliche und außerordentliche Kündigungen. Ohne Bedeutung ist auch der Grund der Kündigung.[871] Für das Eingreifen des Verbots kommt es nicht allein auf das Verlangen von Elternzeit durch den Arbeitnehmer an. Vielmehr setzt § 18 Abs. 1 Satz 1 BErzGG das Bestehen eines Anspruchs auf Elternzeit i.S.v. § 15 BErzGG voraus.[872] Erfolgt das Verlangen innerhalb der Frist von acht Wochen vor dem Beginn der Elternzeit, so greift der Kündigungsschutz nach § 18 Abs. 1 Satz 1 BErzGG sofort. Ansonsten kommt der Kündigungsschutz erst ab Beginn der Frist zum Tragen, wobei für die Fristberechnung an den Beginn der Elternzeit[873] anzuknüpfen ist.[874] Wird ein Anteil der Elternzeit nach Maßgabe des § 15 Abs. 2 Satz 1 BErzGG übertragen, so besteht für die Arbeitsphasen zwischen den Zeiträumen der Elternzeit kein besonderer Kündigungsschutz.[875] 659

Ausnahmsweise ist eine Kündigung nach § 18 Abs. 1 Satz 2, 3 BErzGG mit **Genehmigung der Arbeitsschutzbehörde** zulässig. Insoweit ist zu beachten, dass im Falle einer zeitlichen Kongruenz von Kündigungsschutz nach § 18 Abs. 1 Satz 1 BErzGG und § 9 Abs. 1 MuSchG der Ausnahmebescheid nach § 18 Abs. 1 Satz 2, 3 BErzGG nicht die nach § 9 Abs. 3 MuSchG gleichfalls erforderliche Genehmigung ersetzen kann. Vielmehr bedarf es im Hinblick darauf, dass es sich um **zwei voneinander unabhängige Kündigungsverbote** mit jeweiligen Erlaubnisvorbehalten handelt, auch zweier Erlaubnisse nach den jeweils maßgebenden Regelungen, und zwar sogar dann, wenn ein und dieselbe Stelle zuständig ist.[876] Der Arbeitnehmer kann das Fehlen der nach § 18 Abs. 1 Satz 2 BErzGG erforderlichen Zulässigkeitserklärung bis zur Grenze der Verwirkung jederzeit geltend machen, wenn ihm die Entscheidung der zuständigen Behörde nicht bekannt gegeben worden ist (§ 4 Satz 4 KSchG).[877] 660

b) Entsprechende Anwendung des Kündigungsverbots auf Arbeitnehmer in Teilzeitarbeit (§ 18 Abs. 2 BErzGG)

Gemäß § 18 Abs. 2 Satz 1 Nr. 1 BErzGG gilt das Kündigungsverbot entsprechend für einen Arbeitnehmer, **der während der Elternzeit bei seinem Arbeitgeber Teilzeitarbeit leistet**.[878] Hervorzuheben ist, dass das Gesetz von Teilzeitarbeit »bei seinem Arbeitgeber« spricht, womit der Arbeitgeber gemeint ist, dem gegenüber der Anspruch auf Elternzeit geltend gemacht worden ist. 661

868 BAG v. 11.03.1999, NZA 1999, 1047 ff. (1047); BAG v. 17.02.1994, NZA 1994, 656 ff. (657); BAG v. 31.03.1993, NZA 1993, 646 ff. (648).

869 BAG v. 17.02.1994, NZA 1994, 656 ff. (658).

870 BAG v. 17.02.1994, NZA 1994, 656 ff. (658).

871 BAG v. 17.02.1994, NZA 1994, 656 ff. (657).

872 BAG v. 17.02.1994, NZA 1994, 656 ff. (657).

873 Siehe § 16 Abs. 1 Satz 1 BErzGG.

874 BAG v. 17.02.1994, NZA 1994, 656 ff. (657).

875 *Peters-Lange/Rolfs*, NZA 2000, 682 ff. (685).

876 BAG v. 31.03.1993, NZA 1993, 646 ff. (648 f.).

877 Siehe auch BAG v. 03.07.2003, NZA 2003, 1335 ff. (1336 f.).

878 Zur Zulässigkeit von Erwerbstätigkeit während der Elternzeit siehe oben Rn 629 ff.

Ein besonderer Kündigungsschutz kommt also nicht in Betracht, wenn die Teilzeitarbeit bei einem anderen Arbeitgeber ausgeübt wird.[879]

662 Nach § 18 Abs. 2 Satz 1 Nr. 2 BErzGG gilt der besondere Kündigungsschutz des Weiteren entsprechend für einen Arbeitnehmer, der, ohne Elternzeit in Anspruch zu nehmen, bei seinem Arbeitgeber Teilzeitarbeit leistet und Anspruch auf Erziehungsgeld hat oder nur deshalb nicht hat, weil sein Einkommen oberhalb der maßgebenden Einkommensgrenzen liegt.[880] Der Kündigungsschutz nach Ziffer 2 kommt nicht in Betracht, solange ein Anspruch auf Elternzeit nach § 15 BErzGG nicht besteht (§ 18 Abs. 2 Satz 2 BErzGG). § 18 Abs. 2 Satz 1 Nr. 2 BErzGG führt mit der Anknüpfung des Kündigungsschutzes an den Anspruch auf Erziehungsgeld unter Nichtbeachtung der Einkommensgrenzen und unabhängig von der Inanspruchnahme von Elternzeit dazu, dass **nahezu alle Teilzeitarbeitnehmer im Falle der Geburt eines Kindes Sonderkündigungsschutz erhalten.**[881] Die Regelung gilt auch für Arbeitsverhältnisse, die erst nach der Geburt des Kindes begründet worden sind, wenn bei Vertragsschluss ein zuvor bestehendes anderes Arbeitsverhältnis bereits beendet war.[882]

2. Besonderes Kündigungsrecht nach § 19 BErzGG

663 Nach § 19 BErzGG kann der Arbeitnehmer das Arbeitsverhältnis zum Ende der Elternzeit nur unter Einhaltung einer Kündigungsfrist von drei Monaten kündigen. Hierbei handelt es sich um ein **Sonderkündigungsrecht des Arbeitnehmers**, das während der Elternzeit neben dem allgemeinen Kündigungsrecht besteht.[883] Seinem Sinn und Zweck nach soll § 19 BErzGG dem Arbeitnehmer zum Ende der Elternzeit ein Sonderkündigungsrecht unter Abkürzung einer eventuell sonst einzuhaltenden längeren Kündigungsfrist einräumen und zugleich dem Arbeitgeber eine vorausschauende Personalplanung ermöglichen.[884]

VI. Befristung von Arbeitsverträgen

664 § 21 BErzGG regelt insbesondere die **Zulässigkeit und Beendigung von befristeten Arbeitsverträgen**, die im Zusammenhang mit einer Elternzeit und vergleichbaren Zeiten zum Zweck der Einstellung eines Vertreters geschlossen werden. Ziel der Regelung ist es, für den Arbeitgeber die Einstellung von Ersatzkräften zu erleichtern.[885] Dies ist vor allem durch die Einbeziehung notwendiger Einarbeitungszeiten in die Befristungsdauer, die Gewährung eines Sonderkündigungsrechts und den Ausschluss des Kündigungsschutzgesetzes geschehen.[886] Zugleich sollte vor dem Hintergrund, dass mit Ausnahme von einigen sondergesetzlichen Bestimmungen die allgemeine Zulässigkeit der Befristung von Arbeitsverträgen durch die Rechtsprechung des Bundesarbeitsgerichts zum Erfordernis insbesondere eines sachlichen Grundes geprägt worden ist, im Bundeserziehungsgeldgesetz eine klare gesetzliche Grundlage geschaffen werden.[887] Inzwischen ist zum 01.01.2001 das Teilzeit- und Befristungsgesetz vom 21.12.2000[888] in Kraft getreten, das unter Aufnahme der Rechtsprechung des Bundesarbeitsgerichts Zulässigkeit und Ende der Befristung von Arbeitsverträgen in den §§ 14,

879 Was nach Maßgabe des § 15 Abs. 4 Satz 2, 3 BErzGG zulässig ist, siehe oben Rn 631.
880 Siehe §§ 5 Abs. 2, 6 BErzGG.
881 Kritisch dazu *Sowka*, NZA 2000, 1185 ff. (1190 f.).
882 BAG v. 27.03.2003, NZA 2004, 155 ff. (156).
883 BAG v. 11.03.1999, NZA 1999, 1047 ff. (1048).
884 BAG v. 11.03.1999, NZA 1999, 1047 ff. (1048).
885 BAG v. 09.11.1994, AP Nr. 1 zu § 21 BErzGG.
886 BAG v. 09.11.1994, AP Nr. 1 zu § 21 BErzGG.
887 BAG v. 09.11.1994, AP Nr. 1 zu § 21 BErzGG.
888 BGBl I 2000, 1966.

15 TzBfG regelt. Die Bestimmung des § 21 BErzGG ist insoweit bezogen auf die in § 21 Abs. 1 BErzGG genannten Sachgründe für eine Befristung als **lex specialis** anzusehen.

1. Zulässigkeit der Befristung von Arbeitsverträgen

Die **Zulässigkeit der Befristung von Arbeitsverträgen** ergibt sich aus den Regelungen des § 21 Abs. 1 bis Abs. 3 BErzGG. In § 21 Abs. 1 BErzGG werden abschließend die Sachgründe genannt, die eine Befristung nach diesem Gesetz rechtfertigen können. Dies ist dann der Fall, wenn ein Arbeitnehmer zur Vertretung eines anderen Arbeitnehmers für die Dauer eines Beschäftigungsverbots nach dem Mutterschutzgesetz, einer Elternzeit, einer auf Tarifvertrag, Betriebsvereinbarung oder einzelvertraglichen Vereinbarung beruhenden Arbeitsfreistellung zur Betreuung eines Kindes oder für diese Zeiten zusammen oder für Teile davon eingestellt wird. Das Gesetz nennt also über die Elternzeit hinaus mit der **Betreuung und Erziehung eines Kindes zusammenhängende Sachgründe**, die die Befristung des Arbeitsverhältnisses einer Ersatzkraft tragen können. Mit dem Begriff der Arbeitsfreistellung ist das Fortbestehen des Arbeitsverhältnisses unter Freistellung des Arbeitnehmers von der Pflicht zur Arbeitsleistung gemeint.[889] Soweit der Sachgrund der Elternzeit in Frage steht, ist die Befristung nur zulässig, wenn im Zeitpunkt des Vertragsschlusses mit der Ersatzkraft die Elternzeit nach Maßgabe des § 16 Abs. 1 BErzGG verlangt worden ist.[890] Das Vorliegen der in § 21 Abs. 1 BErzGG genannten Sachgründe hat der Arbeitgeber darzulegen und zu beweisen.[891] 665

In **zeitlicher Hinsicht** ist die Befristung grundsätzlich »für die Dauer« der in § 21 Abs. 1 BErzGG genannten Sachgründe zulässig. Nach § 21 Abs. 2 BErzGG kann diese Dauer durch notwendige Zeiten einer Einarbeitung verlängert werden. Eine Höchstfrist ist insoweit von Gesetzes wegen nicht bestimmt. Die durch notwendige Einarbeitungszeiten zulässige Verlängerung richtet sich mithin allein nach den jeweiligen Einzelfallumständen. In jedem Fall muss nach § 21 Abs. 3 BErzGG die Dauer der Befristung des Arbeitsvertrages kalendermäßig bestimmt oder bestimmbar oder den in § 21 Abs. 1, 2 BErzGG genannten Zwecken zu entnehmen sein. Kalendermäßige Bestimmtheit oder Bestimmbarkeit liegen dann vor, wenn sich bei Abschluss des Arbeitsvertrages der Zeitpunkt der Beendigung des Arbeitsverhältnisses allein nach dem Kalender errechnen lässt.[892] Für die Zulässigkeit der so genannten Zweckbefristung kommt es darauf an, dass das Vertragsende für den Arbeitnehmer bei Vertragsschluss voraussehbar ist oder ihm jedenfalls rechtzeitig angezeigt wird.[893] 666

Die wirksame Befristung des Arbeitsvertrages einer Ersatzkraft aus den in § 21 Abs. 1 BErzGG genannten Sachgründen hat zur Folge, dass das Arbeitsverhältnis durch Zeitablauf endet. Soweit nicht besonders vereinbart, ist – vorbehaltlich der Regelungen des § 21 Abs. 4 bis Abs. 6 BErzGG – eine ordentliche Kündigung ausgeschlossen. Zulässig bleibt auf jeden Fall die außerordentliche Kündigung. 667

2. Kündigung des befristeten Arbeitsvertrages

Unter bestimmten Voraussetzungen kann der Arbeitgeber den befristeten Arbeitsvertrag mit der Ersatzkraft nach Maßgabe der – soweit vertraglich nicht ausgeschlossenen (§ 21 Abs. 6 BErzGG) – Regelung des § 21 Abs. 4 BErzGG unter Einhaltung einer Frist von mindestens drei Wochen, frühestens zum Ende der Elternzeit **kündigen**. Das ist dann der Fall, wenn die Elternzeit ohne Zustimmung des Arbeitgebers vorzeitig endet und der Arbeitnehmer die vorzeitige Beendigung seiner Elternzeit mitgeteilt hat (§ 21 Abs. 4 Satz 1 BErzGG). Nach § 21 Abs. 4 Satz 2 BErzGG ist 668

889 *Zmarzlik/Zipperer/Viethen*, § 21 BErzGG Rn 13.
890 BAG v. 09.11.1994, AP Nr. 1 zu § 21 BErzGG.
891 *Zmarzlik/Zipperer/Viethen*, § 21 BErzGG Rn 14.
892 BAG v. 09.11.1994, AP Nr. 1 zu § 21 BErzGG.
893 Siehe *Zmarzlik/Zipperer/Viethen*, § 21 BErzGG Rn 17.

die ordentliche Kündigungsmöglichkeit entsprechend gegeben, wenn der Arbeitgeber die vorzeitige Beendigung der Elternzeit in den Fällen des § 16 Abs. 3 Satz 2 BErzGG nicht ablehnen darf.

669 Der Sinn dieser Regelungen besteht darin, in solchen Fällen, in denen der Arbeitgeber ein vorzeitiges Ende der Elternzeit nicht verhindern kann, **eine doppelte Beschäftigungs- und Vergütungspflicht zu vermeiden**. Von der Kündigungsmöglichkeit nach § 21 Abs. 4 Satz 1 BErzGG werden die Fälle einer vorzeitigen Beendigung der Elternzeit wegen des Todes des Kindes (§ 16 Abs. 4 BErzGG) wie auch wegen der Kündigung des Arbeitsverhältnisses durch den in Elternzeit befindlichen Arbeitnehmer erfasst.[894] § 21 Abs. 4 Satz 2 BErzGG erweitert die Möglichkeit zur ordentlichen Kündigung auf die Konstellationen, dass dem Arbeitgeber keine dringenden betrieblichen Gründe zur Ablehnung einer vorzeitigen Beendigung wegen der Geburt eines weiteren Kindes oder wegen eines besonderen Härtefalles (§ 1 Abs. 5 BErzGG) zur Seite stehen. Erforderlich ist insoweit, dass der Arbeitnehmer unter Berufung auf § 16 Abs. 3 Satz 2 BErzGG die vorzeitige Beendigung der Elternzeit beim Arbeitgeber beantragt hatte.[895]

670 Die Kündigung nach § 21 Abs. 4 BErzGG unterliegt **nicht den Anforderungen des Kündigungsschutzgesetzes**. Dessen Anwendbarkeit ist nach § 21 Abs. 5 BErzGG ausgeschlossen. Demgegenüber ist ein eventuell vorhandener **Sonderkündigungsschutz** – etwa für Schwangere oder schwerbehinderte Menschen – zu beachten. Der Arbeitgeber hat allein eine Frist von drei Wochen frühestens zum Ende der Elternzeit einzuhalten. Damit ist er nicht an sonstige gesetzliche, tarifvertragliche oder einzelvertragliche Kündigungsfristen gebunden.

3. Schwellenwertregelung

671 Durch § 21 Abs. 7 BErzGG soll die **Doppelzählung von Arbeitnehmern**, die sich in Elternzeit befinden oder zur Betreuung eines Kindes freigestellt sind, und deren Vertretern bei arbeitsrechtlichen Regelungen in Gesetzen oder Verordnungen, die auf die Zahl der beschäftigten Arbeitnehmer abstellen, vermieden werden. Zu diesem Zweck bestimmt § 21 Abs. 7 Satz 1 BErzGG, dass die in Elternzeit befindlichen oder zur Kindesbetreuung freigestellten Arbeitnehmer nicht mitzuzählen sind, solange für sie nach § 21 Abs. 1 BErzGG ein Vertreter eingestellt ist. Das gilt gemäß § 21 Abs. 7 Satz 2 BErzGG dann nicht, wenn nach der einschlägigen Regelung der Vertreter nicht mitzuzählen ist.[896] Diese Regelungen gelten nach § 21 Abs. 7 Satz 3 BErzGG entsprechend, wenn im Rahmen arbeitsrechtlicher Gesetze oder Verordnungen auf die Zahl der Arbeitsplätze abgestellt wird.

VII. Sozialer Schutz während der Elternzeit

1. Gesetzliche Krankenversicherung

672 Mit Übergang in die Elternzeit besteht mangels entgeltlicher Beschäftigung **keine Versicherungspflicht nach § 5 Abs. 1 Nr. 1 SGB V mehr**. Allerdings bleibt nach **§ 192 Abs. 1 Nr. 2 SGB V** die Mitgliedschaft versicherungspflichtiger Personen in der gesetzlichen Krankenversicherung erhalten, solange Elternzeit in Anspruch genommen wird. Aus **§ 19 Abs. 1 SGB V** folgt, dass der Anspruch auf Leistungen während der Mitgliedschaft fortbesteht. Nach § 49 Abs. 1 Nr. 2 SGB V ruht der Anspruch auf Krankengeld, solange Elternzeit nach dem Bundeserziehungsgeldgesetz in Anspruch genommen wird.

673 Übt der Arbeitnehmer während der Elternzeit eine oberhalb der Geringfügigkeitsgrenze liegende **Teilzeittätigkeit** aus, so besteht **nach § 5 Abs. 1 Nr. 1 SGB V** Versicherungspflicht. In diesem

894 BT-Drucks 14/3553, 23.
895 BT-Drucks 14/3553, 23.
896 Z.B. bei §§ 17, 23 KSchG oder auch § 99 Abs. 1 BUrlG, siehe *Buchner/Becker*, § 21 BErzGG Rn 27.

Fall besteht auch ein Anspruch auf Krankengeld (§ 49 Abs. 1 Nr. 2 2. Hs. SGB V). Das aus der Teilzeittätigkeit erzielte Arbeitsentgelt unterliegt der Beitragspflicht nach § 226 Abs. 1 SGB V.

2. Gesetzliche Pflegeversicherung

Während der Elternzeit besteht die Mitgliedschaft bei der Pflegekasse über § 49 Abs. 2 SGB XI i.V.m. § 192 Abs. 1 Nr. 2 SGB V fort. 674

3. Gesetzliche Rentenversicherung

Eine Versicherungspflicht auf Grund entgeltlicher Beschäftigung besteht während der Elternzeit nicht. Allerdings sind Personen in der Zeit, für die ihnen **Kindererziehungszeiten** anzurechnen sind (§ 56 SGB VI), nach § 3 Satz 1 Nr. 1 SGB VI versicherungspflichtig. Gemäß § 56 Abs. 1 Satz 1 SGB VI sind Kindererziehungszeiten Zeiten der Erziehung eines Kindes in dessen ersten drei Lebensjahren. Versicherungspflicht besteht bei Ausübung einer Teilzeittätigkeit oberhalb der Geringfügigkeitsgrenze. 675

4. Arbeitslosenversicherung

Die Wahrnehmung einer Elternzeit schließt den Bezug von Arbeitslosengeld und Arbeitslosenhilfe nicht aus. Insbesondere für das **Erfordernis der Verfügbarkeit** (§ 119 Abs. 1 Nr. 2 SGB III) ist es nach **§ 119 Abs. 4 Satz 1 Nr. 2 SGB III** ausreichend, wenn der Arbeitslose bereit oder in der Lage ist, unter den üblichen Bedingungen des für ihn in Betracht kommenden Arbeitsmarktes nur versicherungspflichtige, mindestens 15 Stunden wöchentlich umfassende Beschäftigungen mit bestimmter Dauer, Lage und Verteilung der Arbeitszeit aufzunehmen und auszuüben, wenn dies wegen der Betreuung und Erziehung eines aufsichtsbedürftigen Kindes erforderlich ist. Zeiten der Betreuung und Erziehung eines Kindes des Arbeitslosen bis zur Vollendung des dritten Lebensjahres werden nach § 124 Abs. 3 Nr. 2 SGB III nicht in die Rahmenfrist nach § 124 Abs. 1 SGB III eingerechnet. Im Zusammenhang mit der Höhe des Arbeitslosengeldes erlangen Zeiten der Betreuung oder Erziehung eines Kindes Bedeutung bei der Ermittlung des Bemessungszeitraums (§ 131 Abs. 2 Nr. 1 SGB III). 676

5. Gesetzliche Unfallversicherung

Während der Elternzeit, die ohne Ausübung einer Teilzeittätigkeit wahrgenommen wird, fehlt es an einer versicherten Tätigkeit i.S.v. § 2 Abs. 1 Nr. 1 SGB VII. Damit besteht kein Versicherungsschutz in der gesetzlichen Unfallversicherung. 677

§ 8 Betriebsinhaberwechsel

Inhalt

1 Der Ausschluss des Kündigungsrechts wegen eines Betriebsübergangs und der Übergang des Arbeitsverhältnisses auf den Betriebserwerber nach § 613a Abs. 4 und Abs. 1 Satz 1 BGB eröffnet in manchem Fall einen Ansatzpunkt, den Arbeitnehmer-Mandanten, sei es wirtschaftlich über eine Abfindung oder im Hinblick auf die Erhaltung des Arbeitsplatzes, erfolgreich zu vertreten, in dem der auf den zumeist kündigenden Veräußerer fokussierte Blick zunächst eine sozial gerechtfertigte Kündigung erwarten lässt. Das Kündigungsverbot in § 613a Abs. 4 BGB bedeutet auf der anderen Seite nicht, dass jede Kündigung im äußeren Zusammenhang mit einem Betriebsübergang rechtswidrig sein muss.[1] Organisiert der kündigende Veräußerer im Hinblick auf den angestrebten Verkauf oder bereits nach einem Konzept des zukünftigen Erwerbers seinen Betrieb neu, oder nimmt der Erwerber eine Umstrukturierung vor, können Kündigungen gleichwohl sozial gerechtfertigt sein und mit dem Kündigungsverbot des § 613a Abs. 4 BGB in Einklang stehen. Auch § 613a BGB belässt noch Gestaltungsmöglichkeiten. Nicht jeder Verkauf eines LKW stellt einen Betriebsübergang mit der Folge des Übergangs des Arbeitsverhältnisses des Fahrers dar, nicht jeder Wechsel eines Auftragnehmers den Übergang eines Betriebsteils. Ein Schwerpunkt der beratenden Tätigkeit ist die Systematik der Ablösung kollektivrechtlicher Rechte durch beim Betriebserwerber geltende Tarifverträge oder Betriebsvereinbarungen.

2 Die Regelungen des § 613a BGB sind in Umsetzung der EG-Richtlinie zur Angleichung der Rechtsvorschriften der Mitgliedstaaten über die Wahrung von Ansprüchen der Arbeitnehmer beim Übergang von Unternehmen, Betrieben oder Betriebsteilen vom 14.02.1977[2] durch das Arbeitsrechtliche EG-Anpassungsgesetz vom 13.08.1980[3] in ihrem kollektivrechtlichen Teil (Abs. 2 Sätze 2–4) und um das Kündigungsverbot (Abs. 4), ergänzt worden. Die EG-Richtlinie 77/187/EWG ist durch die Richtlinie 98/50/EG des Rates vom 29.06.1998[4] (Betriebsübergangsrichtlinie) neu gefasst worden. Die Rechtsprechung des EuGH hat diejenige des BAG aufgrund dieses europarechtlichen Bezuges gerade in jüngerer Zeit erheblich geprägt.[5] In Umsetzung – einige sprechen auch von Übererfüllung[6] – von Art. 7 Abs. 6 der Richtlinie 2001/23/EG des Rates vom 12.03.2001[7] ist § 613a BGB um die Absätze 5 (Unterrichtungspflicht) und 6 (Widerspruchsrecht) ergänzt worden.[8] Die nachfolgende Darstellung orientiert sich an den durch die neuere Rechtsprechung des EuGH und des BAG erörterten Problemfeldern mit Schwerpunkt im Dienstleistungsbereich.

A. Grundsätze

3 In der Rechtsprechung des BAG ist es häufig anzutreffen, dass den Entscheidungen zu einem Themenkomplex ein immer gleicher, einleitender Obersatz vorangestellt wird, der die ständige Rechtsprechung wiedergibt. Für die Problematik des Betriebsübergangs ist der zusammenfassende Obersatz nachfolgend wiedergegeben. Aus dieser vom BAG regelmäßig verwandten Einleitung sind durchaus einige **Auslegungskriterien**, wie sie in der neueren Rechtsprechung Bedeutung erlangt haben, abzulesen:

»Ein Betriebsübergang setzt nach nunmehr ständiger Rechtsprechung die Wahrung der **Identität der betreffenden wirtschaftlichen Einheit** voraus. Der Begriff Einheit bezieht sich auf eine organisierte Gesamtheit von Personen und Sachen zur auf Dauer angelegten Ausübung einer wirtschaftlichen Tätigkeit mit eigener Zielsetzung. Bei der Prüfung, ob eine Einheit übergegangen

1 Zur Reichweite des Kündigungsverbots zuletzt *Lipinski*, NZA 2002, 75.
2 77/187/EWG, ABl EG Nr. L 61, 26, veröffentlicht auch in RdA 1977, 162.
3 BGBl I 1980, 1308.
4 Abgedruckt in NZA 1998, 1211; vgl. hierzu auch *Oetker*, NZA 1998, 1193 und *Krause*, NZA 1998, 1201.
5 EuGH, Urt. v. 14.04.1994, NZA 1994, 545 (Christel Schmidt); Urt. v. 19.09.1995, NZA 1995, 1031 (Rygaard/Molle); Urt. v. 11.03.1997, NZA 1997, 433 (Ayse Süzen).
6 *Willemsen/Lembke*, NJW 2002, 1159.
7 ABl EG Nr. L 82 v. 22.03.2001, 16.
8 Art. 4 des Gesetzes zur Änderung des Seemannsgesetzes und anderer Gesetze v. 23.03.2002, BGBl I, 1163.

ist, müssen sämtliche den betreffenden Vorgang kennzeichnenden Tatsachen berücksichtigt werden. Dazu gehören als Teilaspekte der Gesamtwürdigung die Art des betreffenden Unternehmens oder Betriebs, der etwaige Übergang der **materiellen Betriebsmittel** wie Gebäude und bewegliche Güter, der Wert der **immateriellen Aktiva** im Zeitpunkt des Übergangs, die etwaige Übernahme der **Hauptbelegschaft**, der etwaige Übergang der **Kundschaft** sowie der **Grad der Ähnlichkeit** zwischen den vor und nach dem Übergang verrichteten Tätigkeiten und die **Dauer einer eventuellen Unterbrechung** dieser Tätigkeit. Eine Einheit darf nicht als bloße Tätigkeit verstanden werden. Die Identität der Einheit ergibt sich auch aus anderen Merkmalen wie ihrem Personal, ihren Führungskräften, ihrer Arbeitsorganisation, ihren Betriebsmethoden und den ihr zur Verfügung stehenden Betriebsmitteln«.[9]

Nachfolgend soll zunächst auf einige allgemeine Grundsätze hingewiesen werden.

I. Rechtsgeschäft

Der Tatbestand des § 613a Abs. 1 Satz 1 BGB fordert einen rechtsgeschäftlichen Übergang. *Annuß*[10] weist zu Recht darauf hin, dass das Tatbestandsmerkmal der Übertragung durch Rechtsgeschäft – abgesehen von einigen Unsicherheiten bei der Gesamtrechtsnachfolge[11] – als geklärt gelten kann. Der Begriff des Rechtsgeschäfts ist weit auszulegen. Das Rechtsgeschäft muss sich auf den **Übergang der tatsächlichen Nutzungs- und Verfügungsgewalt** über die materiellen und immateriellen Betriebsmittel beziehen. Nicht ausreichend ist die **Sicherungsübereignung**, da sie an der Nutzungsberechtigung nichts ändert.[12] Die Art des Rechtsgeschäfts ist gleichgültig, insbesondere ist ohne Bedeutung, ob Eigentums- oder lediglich **Nutzungsrechte** übertragen werden. Ein unmittelbares Rechtsgeschäft zwischen dem bisherigen und dem neuen Betriebsinhaber ist nicht erforderlich. Auch ist eine **Vielzahl von Rechtsgeschäften** ausreichend, die insgesamt auf die Übertragung eines funktionsfähigen Betriebes gerichtet sind.[13] Weithin wurde das Tatbestandsmerkmal des Rechtsgeschäfts als Abgrenzung zu den Fällen der Gesamtrechtsnachfolge verstanden.[14] Für die Fälle der Umwandlung von Unternehmen nach dem Umwandlungsgesetz erklärt § 324 UmwG die Anwendbarkeit von § 613a Abs. 1 und 4–6 BGB im Wege der Rechtsgrundverweisung.[15] Außerhalb des Umwandlungsgesetzes findet § 613a BGB jedoch auf die Gesamtrechtsnachfolge auch weiterhin keine Anwendung.[16] 4

Nach der früheren Rechtsprechung des BAG sind Rechtsgeschäfte mit den Arbeitnehmern unberücksichtigt geblieben, weil die Weiterbeschäftigung der Arbeitnehmer nicht auf der Tatbestandsseite des § 613a BGB, sondern nur auf der Rechtsfolgenseite Bedeutung erlangte. Ein rechtsgeschäftlicher Übergang ist daher bei der Neuvergabe eines Auftrags an einen Konkurrenten in jedem Falle verneint worden.[17] Von der Änderung der Rechtsprechung zur willentlichen Übernahme der 5

9 Im Anschluss an EuGH, Urt. v. 11.03.1997, NZA 1997, 433 (Ayse Süzen); BAG, Urt. v. 22.01.1998, NZA 1998, 638; Urt. v. 18.03.1999, NZA 1999, 704.

10 NZA 1998, 70 (71).

11 Vgl. hierzu *Spirolke*, Der Betriebsübergang nach § 613a BGB im neuen Umwandlungsgesetz, S. 7–35.

12 BAG, Urt. v. 20.03.2003, BB 2003, 1793.

13 BAG, Urt. v. 08.11.1988, NZA 1989, 679 (Betriebsnachfolge vor Insolvenz; Urt. v. 06.02.1985, DB 1985, 2411 (Rechtsunwirksamkeit des Rechtsgeschäfts); Urt. v. 17.01.1980, BAGE 32, 326 (§ 613a BGB in der Insolvenz); Urt. v. 25.02.1981, BAGE 35, 104 (Nachfolgepächter); Urt. v. 22.05.1985, AP Nr. 43 zu § 613a BGB (Bündel von Rechtsgeschäften); EuGH, Urt. v. 24.01.2002, NZA 2002, 265 (Aufgabenwahrnehmung durch Subunternehmer).

14 Vgl. die Rechtsprechung in der vorhergehenden Fußnote und für die Literatur: *Bauer*, Unternehmensveräußerung und Arbeitsrecht, S. 26 (29); *Gaul*, ZIP 1989, 757 (758); *Heinze*, DB 1980, 205 (206); *Quander*, Betriebsinhaberwechsel bei Gesamtrechtsnachfolge, S. 15; *Seiter*, Betriebsinhaberwechsel, S. 146; *Wiese*, RdA 1979, 432.

15 *Spirolke*, Der Betriebsübergang nach § 613a BGB im neuen Umwandlungsgesetz, S. 39.

16 *Spirolke*, Der Betriebsübergang nach § 613a BGB im neuen Umwandlungsgesetz, S. 35–41; *Bauer/Lingemann*, NZA 1994, 1057 (1062); a.A. *K. Schmidt*, AcP 191 (1991), 495 (513); *Boecken*, ZIP 1994, 1087 (1090 f.).

17 BAG, Urt. v. 29.09.1988, AP Nr. 76 zu § 613a BGB; Urt. v. 18.10.1990, AP Nr. 88 zu § 613a BGB.

Hauptbelegschaft[18] konnte auch die Bewertung der neuen Vertragsabschlüsse mit den Arbeitnehmern nicht unberührt bleiben. Wenn die Identität eines Betriebs oder eines Betriebsteils maßgeblich durch sein Personal und nicht durch materielle und immaterielle Betriebsmittel gewahrt wird, kann ein Unternehmer eine vorhandene Arbeitsorganisation durch »Übernahme« der Arbeitnehmer weiter nutzen, ohne im Regelfall in Verhandlungen mit dem bisherigen Auftragnehmer treten zu müssen. Von einem rechtsgeschäftlichen Betriebsübergang ist daher auch auszugehen, wenn ein Neuauftragnehmer eine im Wesentlichen unveränderte Arbeitsaufgabe auf vertraglicher Grundlage übernimmt und die Arbeitnehmer zu diesem Zwecke einvernehmlich weiterbeschäftigt. Die Möglichkeit der Betriebsfortführung wird dann durch ein Bündel von Rechtsgeschäften erworben. Nicht verlangt werden kann, dass dem Erwerber die Befugnis zur Fortführung des Betriebes übertragen wurde.[19]

6 Endet eine zweigliedrige **BGB-Gesellschaft durch Ausscheiden eines Gesellschafters** und führt einer der Gesellschafter den Betrieb allein weiter, sind die Grundsätze des § 613a BGB anwendbar, mit der Folge, dass der Gesellschafter, der den Betrieb nicht fortführt nicht mehr Arbeitgeber ist und die Arbeitsverhältnisse unverändert nur noch zum alleinigen Betriebsinhaber fortbestehen.[20] Mit einer Vereinbarung über die **gemeinsame Betriebsführung** wird regelmäßig nicht die Befugnis, das Direktionsrecht auszuüben, auf eine Betriebsführungsgesellschaft übertragen, sondern nur das weiterhin bei den einzelnen Unternehmen liegende Direktionsrecht in seiner faktischen Ausübung koordiniert. Auf die Betriebsführungsgesellschaft wird nichts, was die Identität der wirtschaftlichen Einheit ausmacht, übertragen. Das schließt einen Betriebsübergang aus.[21]

II. Tatsächliche Fortführung

7 Noch mit Urteil vom 27.04.1995[22] hat das BAG ausgesprochen, dass es nicht darauf ankommt, ob der Betriebsnachfolger die Absicht hat, den Betrieb selbst zu betreiben und von der Fortsetzungsmöglichkeit Gebrauch macht.[23] Unbeachtlich war nach dieser Rechtsprechung, ob ein Verpächter selbst je Betriebsinhaber gewesen ist oder entsprechende Betriebe geführt hat, wenn der Betrieb nach Beendigung des Pachtvertrages an ihn zurückfällt. Ausreichen sollte, dass der Verpächter durch den Rückfall der Pachtsache die Organisations- und Leitungsmacht über einen Betrieb erhalte, mit anderen Worten die bloße Fortsetzungsmöglichkeit.[24]

8 Mit Urteil vom 12.11.1998[25] hat das BAG diese Rechtsprechung aufgegeben, ohne dass es bereits in den Entscheidungsgründen ausdrücklich auf einen Rechtsprechungswechsel hingewiesen hätte. Zwar hat das BAG festgestellt, dass es einer besonderen Übertragung der Leitungsmacht neben der Einstellung der wirtschaftlichen Betätigung des bisherigen Inhabers in dem Betrieb nicht bedarf. Ein Wechsel der Inhaberschaft trete jedoch dann nicht ein, wenn der neue Inhaber den Betrieb gar nicht führt.[26] Die ausdrückliche Abkehr von seiner bisherigen Rechtsprechung hat das BAG dann in der Entscheidung vom 18.03.1999[27] vollzogen. Der Leitsatz lautet: »Die **Rückgabe eines verpachteten Betriebes** an den Verpächter nach Ablauf des Pachtverhältnisses kann nur dann einen Betriebsübergang darstellen, wenn der **Verpächter den Betrieb tatsächlich selbst weiterführt**. Die bloße Möglichkeit, den Betrieb selbst unverändert fortführen zu können, erlaubt nicht die Annahme eines Betriebsübergangs (Anpassung der Senatsrechtsprechung an die Rechtsprechung

18 Vgl. hierzu Rn 48 ff.
19 BAG, Urt. v. 11.12.1997, NZA 1998, 534.
20 LAG Köln, Urt. v. 14.05.2001, ArbuR 2001, 315.
21 BAG, Urt. v. 24.02.2000, RzK I 5 e Nr. 129.
22 AP Nr. 128 zu § 613a BGB.
23 Ebenso BAG, Urt. v. 23.07.1991, AP Nr. 11 zu § 1 BetrAVG Betriebsveräußerung; Urt. v. 12.11.1991, AP Nr. 12 zu § 1 BetrAVG Betriebsveräußerung.
24 BAG, Urt. v. 27.04.1995, AP Nr. 128 zu § 613a BGB.
25 NZA 1999, 310; Urt. v. 14.12.2000, RzK I 5e Nr. 153.
26 BAG, Urt. v. 12.11.1998, NZA 1999, 310.
27 NZA 1999, 704; vgl. auch Urt. v. 18.03.1999, NJW 1999, 2459.

des EuGH).[28]« Die **bloße Möglichkeit** zu einer unveränderten Fortsetzung des Betriebs genügt mithin für die Annahme eines Betriebsübergangs nicht mehr. Wird der Betrieb nicht auf Dauer stillgelegt, bleibt der Pächter mithin Inhaber des Betriebs, auch wenn er die betriebliche Tätigkeit einstellt. Einem Pächter kann bei Auslaufen des Pachtverhältnisses daher nur dringend geraten werden, gegenüber allen Arbeitnehmern Kündigungen auszusprechen, weil er sich auf den Übergang der Arbeitsverhältnisse entweder auf einen neuen Pächter oder jedenfalls auf den Verpächter und damit ein Freiwerden von der Vergütungspflicht, anders noch als nach dem Urteil des BAG vom 27.04.1995,[29] nicht mehr verlassen kann.[30]

III. Fortführung auf Dauer

Nach der Rechtsprechung des EuGH[31] muss es sich um eine **auf Dauer angelegte wirtschaftliche Einheit** handeln. Der EuGH[32] hatte das Merkmal »auf Dauer« in einem Fall verneint, in dem der »Übernehmer« einen Bauauftrag übernommen hatte, um diesen fertig zu stellen. Zweck der Übernahme war nur die Fertigstellung dieses einen Bauauftrags, nicht etwa die generelle Ausführung von Bauarbeiten. Zu unterscheiden ist diese in der Aufgabe selbst liegende zeitliche Befristung von einer schuldrechtlichen Befristung bei der Übertragung der Aufgabe »auf Probe« oder für eine bestimmte Zeitdauer. Maßgebend ist nach Auffassung des BAG allein, ob es sich bei den übernommenen Aufgaben ihrer Natur nach um Daueraufgaben handelt.[33] 9

IV. Zuordnungsprobleme beim Teilbetriebsübergang

Betriebsteile sind Teileinheiten (Teilorganisationen) des Betriebes. Bei den übertragenen sächlichen und/oder immateriellen Betriebsmitteln muss es sich um eine **organisatorische Untergliederung des Gesamtbetriebs** handeln, mit der innerhalb des betrieblichen Gesamtzwecks ein **Teilzweck** verfolgt wird, auch wenn es sich hierbei nur um eine untergeordnete Hilfsfunktion handelt. Im Teilbetrieb müssen nicht andersartige Zwecke als im übrigen Betrieb verfolgt werden.[34] § 613a BGB setzt für einen Teilbetriebsübergang voraus, dass die übernommenen Betriebsmittel bereits beim früheren Betriebsinhaber die Qualität eines Betriebsteils hatten. Es reicht nicht aus, wenn der Erwerber mit einzelnen, bislang nicht teilbetrieblich organisierten Betriebsmitteln erst einen Betrieb oder Betriebsteil gründet.[35] Auch beim Erwerb eines Betriebsteils ist es erforderlich, dass die wirtschaftliche Einheit ihre Identität bewahrt.[36] 10

Kann der Übergang eines Betriebes oder Betriebsteiles bei Vorliegen der genannten Voraussetzungen festgestellt werden, stellt sich für die Rechtsfolge des § 613a Abs. 1 Satz 1 BGB die Frage, welche Arbeitsverhältnisse an den übergegangenen Betrieben beziehungsweise Betriebsteilen »hängen«.[37] Dies wird nur beim Übergang von Betriebsteilen problematisch sein. Bei der Aufspaltung 11

28 EuGH, Urt. v. 10.12.1998, NZA 1999, 189 (Ziemann); EuGH, Urt. v. 10.12.1998, NZA 1999, 253 (Santer).

29 AP Nr. 128 zu § 613a BGB, nach dem dortigen Sachverhalt hatte der Pächter keine Kündigungen ausgesprochen und war deshalb auf Fortzahlung der Vergütung in Anspruch genommen worden. Der Pächter hatte seinerseits den Übergang des Arbeitsverhältnisses auf den Verpächter eingewandt.

30 Vgl. LAG Hamm, Urt. v. 20.07.2000, NZA-RR 2001, 535 zum Rückfall bisher fremdvergebener Wartungs- und Instandsetzungsarbeiten.

31 EuGH, Urt. v. 17.03.1997, NZA 1997, 433 (Ayse Süzen).

32 EuGH, Urt. v. 19.09.1995, NZA 1995, 1031 (Rygaard/Molle).

33 BAG, Urt. v. 11.12.1997, NZA 1998, 534 für einen sich ständig wiederholenden Reinigungsbedarf; vgl. auch *Müller-Glöge*, NZA 1999, 449 (451 f.); *Gaul*, BB 1999, 526 (527).

34 BAG, Urt. v. 14.12.2000 – 8 AZR 220/00 (n.v.).

35 BAG, Urt. v. 17.04.2003, AP Nr. 253 zu § 613a BGB Warenannahme; BAG, Urt. v. 23.09.1999 – 8 AZR 650/98 (n.v.; Verwaltung); BAG, Urt. v. 05.12.2002, AP Nr. 126 zu § 1 KSchG 1969 Betriebsbedingte Kündigung (Bereich »Reinigung« in einem Schulzentrum); BAG, Urt. v. 09.02.1994, AP Nr. 105 zu § 613a BGB; Urt. v. 24.04.1997, NZA 1998, 253.

36 BAG, Urt. v. 14.12.2000 – 8 AZR 220/00 (n.v.).

37 *Loritz*, RdA 1987, 65 (79); vgl. auch *Kreitner*, NZA 1990, 429.

eines Betriebes in mehrere Betriebsteile kann es dazu kommen, dass eine klare und eindeutige **Zuordnung einzelner Arbeitsverhältnisse** zu den entstehenden Betriebsteilen aufgrund des Inhalts der Arbeitsleistung nicht möglich ist. Das betrifft insbesondere Funktionen, die für den gesamten Betrieb wahrgenommen wurden und nach der Aufspaltung von jedem Betriebsteil gesondert auszufüllen sind, wie beispielsweise Buchhaltung,[38] EDV und sonstige einheitliche Verwaltungsarbeiten. Angesprochen sind aber auch Arbeitnehmer, die eine so genannte Springerfunktion ausüben, die also je nach Bedarf in wechselnden Betriebsabteilungen eingesetzt werden. Weiter sind hier Personalleiter, technische oder kaufmännische Direktoren oder Hausmeister, Pförtner oder Nachtwächter zu nennen, deren Tätigkeiten sich ebenfalls auf den gesamten Betrieb erstrecken.[39]

12 Die Rechtsprechung des BAG hat sich vornehmlich in zwei Entscheidungen mit der Zuordnungsproblematik beschäftigt.[40] § 613a BGB setze voraus, dass jedes Arbeitsverhältnis nur einem Betrieb oder Betriebsteil zugeordnet werden könne. In der Praxis seien jedoch organisatorische Verknüpfungen zwischen mehreren Betrieben oder Betriebsteilen möglich, die eine Zuordnung schwierig machten. Es werde regelmäßig nach der **Funktion des Arbeitsplatzes**, insbesondere danach zu entscheiden sein, für welchen Betrieb oder Betriebsteil der Arbeitnehmer vor der Betriebsveräußerung **überwiegend** tätig gewesen sei.

12a Das BAG hat jedoch diese allgemein gehaltenen Grundsätze in beiden Entscheidungen[41] nicht zur Entscheidungsgrundlage gemacht, sondern vielmehr weiter ausgeführt, die Problematik sei nicht weiter zu vertiefen, weil sich alle Beteiligten im Ergebnis darüber einig waren, dass der Arbeitnehmer im Zusammenhang mit der Betriebsveräußerung vom Veräußerer zum Erwerber übergewechselt ist. In Grenz- und Zweifelsfällen sei es nicht sinnvoll, die Belegschaft nach objektiven Merkmalen gegen den Willen der Beteiligten aufzuteilen. Der Schutzzweck des § 613a BGB gebiete nur, dass eine eindeutige Zuordnung erreicht werde, die der Funktion der Betriebsveräußerung genüge und den betroffenen Arbeitnehmern ihre Arbeitsplätze und ihre sozialen Besitzstände erhalte. Deshalb müsse bei Arbeitsplätzen, die mehreren Betrieben oder Betriebsteilen zugeordnet sind, zunächst der **Wille der Beteiligten** beachtet werden.

13 Diese Rechtsprechung hat Zustimmung,[42] aber auch Ablehnung[43] gefunden. Das Abstellen auf den Parteiwillen sei angesichts des zu entscheidenden Sachverhalts, in dem es um die gesetzliche Einstandspflicht des Pensions-Sicherungs-Vereins gehe, bedenklich. Es sei gerade entscheidend gewesen, ob das Arbeitsverhältnis kraft Gesetzes auf die neue Arbeitgeberin übergegangen und damit auch nicht für eine logische Sekunde zwischen dem Arbeitnehmer und der alten Arbeitgeberin zur Zeit bestanden hat, zu der über deren Vermögen bereits das Konkursverfahren eröffnet war, mit der Folge eines Anspruchs des Arbeitnehmers gegen den Pensions-Sicherungs-Verein. Die Parteien könnten es nicht in der Hand haben, zu entscheiden, ob die gesetzliche Einstandspflicht eintritt oder nicht.[44] Einzelne Tatbestandsvoraussetzungen könnten nicht zur Disposition der Parteien gestellt werden.[45]

14 *Kreitner*[46] nennt zur Ermittlung des **Schwerpunkts der Tätigkeit** eine Reihe von **Kriterien**, wie z.B. überwiegender Arbeitsort, überwiegender zeitlicher Arbeitsaufwand, Bedeutung einzelner Tätigkeiten für das Gesamtunternehmen, Zahl der jeweils unterstellten Arbeitnehmer und der jeweils erzielte Umsatz. Erforderlich sei jedoch eine deutliche Schwerpunktbildung, der objektive Tätigkeitsschwerpunkt müsse eindeutig abgrenzbar sein. Könne eine eindeutige, objektive Zuordnung

38 Vgl. zum Fall eines Leiters des Finanz- und Rechnungswesens BAG, Urt. v. 13.11.1997, NZA 1998, 249.
39 *Willemsen*, RdA 1993, 133 (137); *Boecken*, ZIP 1994, 1087 (1091); *Däubler*, RdA 1995, 136 (142); *Loritz*, RdA 1987, 65 (79); *Düwell*, NZA 1996, 393 (396); *Wlotzke*, DB 1995, 40 (43); KR/*Pfeiffer*, § 613a BGB Rn 22.
40 BAG, Urt. v. 20.07.1982, EzA § 613a BGB Nr. 33; Urt. v. 25.06.1985, EzA § 613a BGB Nr. 48.
41 BAG, Urt. v. 20.07.1982, EzA § 613a BGB Nr. 33; Urt. v. 25.06.1985, EzA § 613a BGB Nr. 48.
42 *Heinze*, ZfA 1983, 409 (590); *Bauer*, DB 1983, 1097; MüKo-BGB/*Schaub*, § 613a Rn 11.
43 *Loritz*, SAE 1986, 138 (144); *ders.*, RdA 1987, 65 (79 f.); *Kreitner*, NZA 1990, 429.
44 *Loritz*, SAE 1986, 138 (144).
45 *Kreitner*, NZA 1990, 429 (430).
46 NZA 1990, 429 (430).

dagegen nicht getroffen werden, sei § 613a BGB nicht anwendbar. Solle ein Dritter (Erwerber) anstelle des bisherigen Arbeitgebers Vertragspartei werden, sei entweder eine dreiseitige Vereinbarung oder eine den Übergang anordnende Rechtsnorm erforderlich. Eine positive Überleitung des Arbeitsverhältnisses sei jedoch aufgrund der fehlenden Möglichkeit der Zuordnung nicht gegeben. Ein Übergang kraft Gesetzes könne daher nicht stattfinden.

Eingehend mit der Problematik beschäftigt hat sich *Lieb*.[47] *Lieb* unterscheidet zwischen Arbeitsplätzen und Arbeitsverhältnissen. **Der Veräußerung eines Betriebsteils sei gedanklich dessen organisatorische Verselbständigung vorzuschalten**. Dafür seien diejenigen Arbeitsplätze dem übergehenden Betriebsteil zuzuordnen, die für seine ordnungsgemäße Aufgabenerfüllung notwendig seien. Dies sei eine dem bisherigen Arbeitgeber allein zustehende Organisationsaufgabe. Die Art und Zahl der zum übergehenden Betriebsteil gehörenden Arbeitsplätze sei durch einen Vergleich zwischen dem Gesamtumfang der vom Veräußerer in allen Bereichen und Hierarchiestufen in einer durchschnittlichen Referenzperiode erbrachten Leistungen und denjenigen, die davon auf den zum Übergang bestimmten Betriebsteil entfielen, zu ermitteln. Dies gelte auch, wenn die Leistungserbringung auf bestimmten Arbeitsplätzen zwar bisher schon auf den zum Übergang bestimmten Betriebsteil ausgerichtet war, die Zuordnung aber angesichts des Fehlens einer formalen organisatorischen Verfestigung und arbeitsvertraglichen Konkretisierung nur tatsächlicher Natur war und demzufolge einen anderweitigen Arbeitseinsatz nicht ausschloss. Die sich anschließende personelle Zuordnung der Arbeitnehmer zu den so ermittelten Arbeitsplätzen sei ebenfalls Sache des Veräußerers. Diese versetzungsähnlichen Maßnahmen bedürften im Innenverhältnis zwischen Arbeitgeber und Arbeitnehmer einer ausreichenden Rechtsgrundlage, also eines Versetzungsvorbehalts im Arbeitsvertrag oder einer Änderungskündigung. Der (bisherige) Arbeitgeber habe bei der Zuordnungsentscheidung eine soziale Auswahl gem. § 1 Abs. 3 KSchG vorzunehmen. 15

Liebs Ansatz[48] überzeugt insofern nicht, als er die tatsächliche Schwerpunktbildung für die Zuordnung noch nicht ausreichen lassen will, soweit sie angesichts des Fehlens einer formalen organisatorischen Verfestigung und arbeitsvertraglicher Konkretisierung nur tatsächlicher Natur war und demzufolge einen anderweitigen Arbeitseinsatz nicht ausschloss.[49] Die Anforderungen an eine arbeitsvertragliche Konkretisierung auf eine bestimmte Tätigkeit sind recht hoch gesetzt. Allein eine mehrjährige Tätigkeit auf einem bestimmten Arbeitsplatz reicht nicht aus, vielmehr müssen noch besondere Umstände hinzutreten.[50] Dies beruht darauf, dass der Arbeitnehmer grundsätzlich für eine bestimmte Tätigkeit, nicht für einen bestimmten Arbeitsplatz eingestellt wird. Ob sich die arbeitsvertraglich geschuldete Tätigkeit auf eine bestimmte Tätigkeit an einem bestimmten Arbeitsplatz konkretisiert hat, ist entscheidend für die Abgrenzung zwischen den Möglichkeiten, eine Versetzung kraft Direktionsrechtes oder im Wege einer Änderungskündigung vorzunehmen. Dies ist aber für die Frage der Zuordnung der Arbeitsverhältnisse im Rahmen des § 613a Abs. 1 Satz 1 BGB irrelevant. Die Betriebsaufspaltung ist gem. § 111 Satz 2 Nr. 3 BetrVG zweifelsfrei eine Betriebsänderung, von der alle Arbeitnehmer des früheren Betriebes betroffen sind.[51] Ob in der Betriebsänderung aufgrund der Spaltung des Betriebes (Ortswechsel, andere Organisation), eine Versetzung zu sehen ist,[52] ist aber unabhängig von den individualrechtlichen Voraussetzungen zu bestimmen. Auch für diejenigen Arbeitnehmer, deren Arbeitsverhältnisse zweifelsfrei zuzuordnen sind, bedeutet die Betriebsaufspaltung ggf. eine Versetzung. Da dieselbe Arbeitsaufgabe wie vor der Spaltung wahrgenommen werden soll, richtet sich die Frage, ob eine Versetzung vorliegt, jedenfalls 16

47 ZfA 1994, 229.

48 ZfA 1994, 229.

49 *Lieb*, ZfA 1994, 229 (241).

50 BAG, Urt. v. 07.09.1972, AP Nr. 2 zu § 767 ZPO; Urt. v. 15.10.1960, AP Nr. 73 zu § 3 TOA; Urt. v. 11.06.1958, AP Nr. 2 zu § 611 BGB Direktionsrecht; *Schaub*, Arbeitsrechts-Handbuch, § 45, S. 309.

51 Vgl. BAG, Beschl. v. 16.06.1987, AP Nr. 19 zu § 111 BetrVG 1972, das bereits zur alten Rechtslage angenommen hat, alle Arbeitnehmer des früher einheitlichen Betriebes seien betroffen und lediglich bei der Aufstellung des Sozialplans sei zu prüfen, inwieweit Nachteile entstanden seien.

52 Däubler/Kittner/Klebe/*Kittner*, § 99 BetrVG Rn 95; a.A. LAG Berlin, Beschl. v. 22.11.1991, NZA 1992, 854.

nicht danach, ob eine arbeitsvertragliche Konkretisierung auf den bestimmten Arbeitseinsatz erfolgt ist. Dies betrifft lediglich die individualrechtliche Realisierung einer Versetzung. Ob die Ausübung einer Tätigkeit auf einem bestimmten Arbeitsplatz bereits einen individualvertraglich erheblichen Schwellenwert überschritten hat, ist demnach für den Übergang des Arbeitsverhältnisses unter keinem Gesichtspunkt maßgebend. Weder die Frage nach der Erforderlichkeit einer Versetzung, noch die Frage nach deren individualvertraglichen Voraussetzungen taugt als Abgrenzungsmerkmal, wessen Arbeitsverhältnis zweifelsfrei einem Betriebsteil zuzuordnen ist. Die tatsächliche und auf gewisse, nicht unerhebliche Dauer – in Abgrenzung zu einem sog. Springer – angelegte Tätigkeit des Arbeitnehmers im Zeitpunkt des Betriebsübergangs reicht mithin für die Zuordnung zu einem Betriebsteil aus. Nichts anderes ist mit einer Schwerpunktbildung gemeint.

17 Auch im Übrigen ist *Lieb* nicht zu folgen. *Liebs* Ansatz bietet auf den ersten Blick eine überzeugende Lösung bei der Aufteilung der in **Stabsabteilungen** angesiedelten Arbeitsplätze auf die einzelnen Betriebsteile. Eine rechnerische Lösung trägt immer die Vermutung der Gerechtigkeit in sich. Der Ansatz trägt aber nur in den Fällen, in denen mehrere Arbeitsplätze mit derselben Funktion bestehen, nicht hingegen in den oben genannten Einzelfällen, in denen eine Funktion beispielsweise eines Hausmeisters, Springers, kaufmännischen Direktors etc. nur einmal besetzt ist. Auf diese Fälle erstreckt sich aber auch die Erörterung *Liebs* erkennbar nicht.

18 Die von *Lieb* vorgeschlagene (gedankliche) Organisationsänderung ist in § 613a Abs. 1 Satz 1 BGB als zwingendes Recht nicht hinein zu interpretieren. *Lieb* selbst spricht von einer Rechtsfortbildung.[53] Unbestritten ist, dass der Veräußerer in seinem Betrieb eine Organisationsänderung, ggf. als Betriebsänderung unter Beteiligung des Betriebsrats, durchführen kann – dies auch im Hinblick auf eine geplante Betriebs(teil)übertragung. Dabei kann der übertragende Rechtsträger auch Verwaltungsfunktionen dezentralisieren. Diese Vorgehensweise erfordert ein aktives Tätigwerden des Veräußerers unter Beteiligung des Betriebsrates. Es geht aber um die Frage einer gesetzlichen Rechtsfolge, den Übergang der Arbeitsverhältnisse kraft Gesetzes gem. § 613a Abs. 1 Satz 1 BGB. Diesem Umstand allein durch die gedankliche, im Gegensatz zu einer tatsächlich durchgeführten Organisationsänderung Rechnung zu tragen, genügt nicht. § 613a Abs. 1 Satz 1 BGB ordnet den Übergang der dem übergehenden Betriebsteil zugeordneten Arbeitsverhältnisse an. Nur die Arbeitsverhältnisse, die tatsächlich an dem Betriebsteil »hängen« sollen übergehen. Die (vorgeschaltete) aktive Zuordnung von Arbeitsverhältnissen selbst durch die Vornahme von Versetzungen ist von § 613a Abs. 1 Satz 1 BGB nicht erfasst.

19 Die Bestimmung der **Zuordnung zu einem Betriebsteil** anhand **objektiver Merkmale** ist unverzichtbar. Auf den Willen der Parteien kann nicht mit der Rechtsfolge der Anwendbarkeit des § 613a BGB abgestellt werden. Zur Vornahme der Zuordnung ist insoweit mit dem BAG auf den Schwerpunkt der Tätigkeit abzustellen.[54] Hierbei sind die Umstände des Einzelfalles heranzuziehen, eine Hilfestellung geben die von *Kreitner*[55] genannten Kriterien. Auch die von *Loritz*[56] gefundene Anknüpfung an das **Substrat des Arbeitsverhältnisses** kann in Einzelfällen zu einer sachgerechten Lösung führen. Die Schwerpunktbildung muss jedoch nicht deutlich beziehungsweise eindeutig abgrenzbar im Sinne *Kreitners*[57] sein. Es genügt vielmehr ein feststellbares Übergewicht.

20 Mit seiner Entscheidung vom 07.02.1985[58] hat der **EuGH** festgestellt, die Richtlinie 77/187/EWG erfasse solche Arbeitsverhältnisse nicht, die zwar nicht zu dem übertragenen Teil des Unternehmens gehören, aber bestimmte Tätigkeiten mit Betriebsmitteln des übertragenen Teils des Unternehmens verrichten oder die als Beschäftigte einer Verwaltungsabteilung des Unternehmens, die selbst nicht

53 *Lieb*, ZfA 1994, 229 (236).
54 *Annuß*, NZA 1998, 70, (76 ff.); *ders.*, DB 1998, 1582 (1586).
55 NZA 1990, 429 (430).
56 RdA 1987, 65 (80).
57 NZA 1990, 429 (430).
58 ZIP 1985, 828 f.; vgl. dazu *v. Alvensleben*, Die Rechte der Arbeitnehmer bei Betriebsübergang im Europäischen Gemeinschaftsrecht, S. 230 ff.

übertragen wurde, Tätigkeiten für den übertragenen Teil des Unternehmens verrichten. Aus der Entscheidung ist jedoch nicht ersichtlich, wo der Schwerpunkt der Tätigkeit des Arbeitnehmers lag. Wenn der Schwerpunkt bei dem übertragenden Unternehmen lag und verblieb, kann § 613a BGB zutreffend nicht eingreifen. Dies erscheint auch vom Schutzzweck der Vorschrift her nicht geboten, wird doch eine betriebsbedingte Kündigung des Veräußerers nicht erfolgen, falls durch den Betriebsteilübergang nur ein unwesentlicher Arbeitsanteil des Arbeitnehmers in Fortfall kommt. Im Übrigen bleibt eine einzelstaatliche weiter gehende Auslegung des § 613a BGB möglich, da das Gemeinschaftsrecht nur einen Mindeststandard gewährleisten soll.[59]

Daran anknüpfend folgt die neuere Rechtsprechung der Grundregel, dass der Übergang eines Arbeitsverhältnisses voraussetzt, dass der Arbeitnehmer dem übertragenen Betriebsteil angehört. **Nicht ausreichend** für diese Zugehörigkeit ist es, wenn er, ohne dem Betriebsteil anzugehören, als Beschäftigter einer Verwaltungsabteilung des Unternehmens **Tätigkeiten für den übertragenen Teil des Unternehmens verrichtet**.[60] Genauso wenig reicht es aus, dass die gleiche Funktion beim Erwerber mit dessen eigenem Personal wahrgenommen wird.[61]

Nicht erforderlich ist, dass bei der Übernahme eines Teilbetriebs i.S.v. § 613a BGB der **verbliebene Betrieb fortgesetzt** werden könnte. Der Übergang des Betriebs folgt aus der Wahrung der Identität des Betriebs beim Erwerber, nicht aus dem Untergang der Identität des früheren Gesamtbetriebes, wenn ein Betriebsteil desselben übergeht. Ist es infolge der Übernahme einer solchen Teileinheit nicht mehr möglich, den verbleibenden Betrieb sinnvoll zu führen, hat das nicht zur Folge, dass der Erwerber der Teileinheit in die Rechte und Pflichten aus den Arbeitsverhältnissen aller Arbeitnehmer des früheren Betriebes eintritt.[62] 21

Wer aber im Einvernehmen mit dem Veräußerer die Möglichkeit erwirbt, einen Betrieb insgesamt fortzuführen, erwirbt nach einer Entscheidung des LAG Köln grundsätzlich auch den gesamten Betrieb und nicht nur die Betriebsteile, die er fortführen will. Die **Beschränkung des Erwerbs auf einzelne Teile** eines Betriebes setzt einen gerade darauf gerichteten Willen der Beteiligten voraus – insbesondere einen entsprechend beschränkten Veräußerungswillen. Fehlt es an letzterem, ist ein nur auf Betriebsteile beschränkter Erwerbswille, der gegenüber dem Veräußerer nicht zum Ausdruck gekommen ist, unbeachtlich. Die Arbeitsverhältnisse von Arbeitnehmern, die in zentralen Unternehmensbereichen tätig waren, gehen auf einen Betriebsteilerwerber dann über, wenn ihre Tätigkeit ausschließlich oder überwiegend den übergehenden Betriebsteilen zugute kam. Das ist anzunehmen, wenn für den zentral tätigen Arbeitnehmer die Beschäftigungsmöglichkeit im verbleibenden zentralen Unternehmensbereich des Veräußerers infolge des Betriebsteilübergangs entfällt.[63] Bei der Veräußerung eines Betriebsteils auf einen Erwerber gehen nur die Arbeitsverhältnisse derjenigen Arbeitnehmer auf den Erwerber über, die dem übertragenen Betriebsteil angehört haben. Hierfür genügt ausdrücklich nicht, dass der Arbeitnehmer, ohne dem übertragenen Betriebsteil anzugehören, als Beschäftigter einer nicht übertragenen Abteilung **Tätigkeiten für den übertragenen Betriebsteil verrichtet** hat.[64] Entscheidend ist die **Frage der teilbetrieblichen Organisation** beispielsweise eines Produktionsbereichs und einer Verwaltung. Von der Notwendigkeit der Durchführung einer Aufgabe zur Erreichung des Gesamtbetriebszwecks kann nicht auf die Art der tatsächlichen Organisation eines Betriebes geschlossen werden. So ist die Verwaltung immer notwendige Voraussetzung oder Folge eines (Produktions-)Betriebes, dennoch ist eine teilbetriebliche Organisation dieses Bereiches denkbar und möglich mit der weiteren Folge, dass allein der Teilbetrieb der Produktion übernommen und in einen vorhandenen Betrieb mit vorhandener Verwaltung eingegliedert wird.[65] Es kommt 22

59 *v. Alvensleben*, Die Rechte der Arbeitnehmer bei Betriebsübergang im Europäischen Gemeinschaftsrecht, S. 264 ff.

60 BAG, Urt. v. 11.09.1997, BAGE 86, 271; BAG, Urt. v. 13.11.1997, BAGE 87, 120; BAG, Urt. v. 21.01.1999 – 8 AZR 298/98 (n.v.); EuGH, Urt. v. 12.11.1992, AP Nr. 5 zu EWG-Richtlinie Nr. 77/187.

61 BAG, Urt. v. 18.04.2002, NZA 2002, 1207.

62 BAG, Urt. v. 13.11.1997, NZA 1998, 249.

63 LAG Köln, Urt. v. 02.03.2001, ArbuR 2001, 279.

64 BAG, Urt. v. 08.08.2002, NZA 2003, 315; LAG Düsseldorf, Urt. v. 14.12.2000, EWiR 2001, 369.

65 BAG, Urt. v. 23.09.1999 – 8 AZR 650/98 (n.v.); BAG, Urt. v. 14.12.2000 – 8 AZR 220/00 (n.v.).

dann darauf an, ob durch Übernahme von Betriebsmitteln und/oder Personal der Übergang auch des Betriebsteils Verwaltung stattgefunden hat[66] und der Arbeitnehmer, der sich auf den Übergang seines Arbeitsverhältnisses beruft, diesem Betriebsteil zuzuordnen ist.[67]

V. Wiedereinstellungsanspruch und Fortsetzungsverlangen

23 Der Arbeitnehmer kann sich auf den Übergang kraft Gesetzes nicht in jedem Fall verlassen und im Vertrauen auf den gesetzlichen Vollzug untätig bleiben. Ein **nach Zugang der Kündigung eingetretener Betriebsübergang** kann die einmal gegebene Wirksamkeit einer Kündigung nicht mehr beseitigen. Kommt es jedoch zwischen dem Ausspruch der Kündigung und dem Ablauf der Kündigungsfrist zu einem Betriebsübergang, begründet dieser Betriebsübergang einen Anspruch des gekündigten Arbeitnehmers gegen den Betriebserwerber auf Fortsetzung des Arbeitsverhältnisses zu unveränderten Bedingungen unter Wahrung des Besitzstandes, wenn der Arbeitgeber keine weiteren Dispositionen getroffen hat, die regelmäßig ein schutzwürdiges Interesse daran begründen, es bei der Beendigung des Arbeitsverhältnisses zu belassen.[68]

24 Mit Urteil vom 13.11.1997[69] hat das BAG den Zeitraum, wann eine **Übernahme** den **Fortsetzungsanspruch begründet**, auch auf die Zeit nach Ablauf der Kündigungsfrist erstreckt. Der Zweck dieses Bestandsschutzes rechtfertigt jedoch keine Phasen vermeidbarer Ungewissheit über das Zustandekommen eines Arbeitsverhältnisses zwischen Arbeitnehmer und Betriebserwerber. Nicht zuletzt im Interesse seiner eigenen Beschäftigungs- und Vergütungsansprüche ist deshalb vom Arbeitnehmer zu verlangen, dass er **unverzüglich nach Kenntniserlangung** von den den Betriebsübergang ausmachenden tatsächlichen Umständen sein **Fortsetzungsverlangen** gegenüber dem Betriebserwerber stellt. Erfährt der Arbeitnehmer von der willentlichen Übernahme der Hauptbelegschaft, ist es ihm zumutbar, ohne schuldhaftes Zögern seinen Antrag auf Abschluss eines Fortsetzungsarbeitsvertrages zu unveränderten Arbeitsbedingungen unter Anrechnung der früheren Beschäftigungsdauer an den Betriebserwerber zu richten. Das Fortsetzungsverlangen darf nicht von Bedingungen abhängig gemacht werden, deren Eintritt vom Betriebserwerber nicht beeinflusst werden können.[70] Der Anwalt muss also in einem Fall des Betriebsübergangs nach Kündigung in einem an den Erwerber gerichteten außergerichtlichen Schreiben für seinen Mandanten die Fortsetzung des Arbeitsverhältnisses unverzüglich fordern.

25 Macht ein Arbeitnehmer, dessen Arbeitsverhältnis gem. § 613a Abs. 1 BGB auf den Betriebserwerber übergegangen ist, seine **tatsächliche Beschäftigung** geltend, so ist eine hierauf gerichtete Klage gegen den Betriebserwerber zu richten. Dies gilt auch dann, wenn die ursprüngliche Klage vor dem Betriebsübergang rechtshängig gemacht worden war.[71] Wie jeder andere Anspruch kann auch das Recht, den Übergang seines Arbeitsverhältnisses auf den Betriebserwerber geltend zu machen, durch den Arbeitnehmer gem. § 242 BGB **verwirkt** werden. Dem steht nicht entgegen, dass der Arbeitnehmer mit einer Feststellungsklage gegen den Betriebsveräußerer die Unwirksamkeit der von diesem ausgesprochenen Kündigung mit einem Verstoß gegen das Kündigungsverbot des § 613a Abs. 4 BGB begründet hat.[72] Einem Arbeitnehmer, der länger als sechs Monate seit Kenntniserlangung von den einen Betriebsübergang ausmachenden Umständen mit der Inanspruchnahme des Betriebsübernehmers abwartet, kann von diesem entgegengehalten werden, er habe dieses Recht verwirkt. Soweit die Rechtsprechung in diesem Zusammenhang auf die Kenntnis der den Betriebsübergang

66 BAG, Urt. v. 08.08.2002, NZA 2003, 315.
67 BAG, Urt. v. 18.04.2002, NZA 2002, 1207.
68 BAG, Urt. v. 27.02.1997, NZA 1997, 757; *Kleinebrink*, FA 1999, 138.
69 NZA 1998, 251.
70 BAG, Urt. v. 12.11.1998, NZA 1999, 311.
71 LAG Düsseldorf, Urt. v. 12.03.2001, DB 2001, 1732.
72 LAG Hamm, Urt. v. 22.08.2000, BuW 2001, 41.

ausmachenden Umstände abstellt, wird dies in aller Regel nie eine vollständige und umfassende Kenntnis sein.[73]

VI. Unterrichtungspflicht

Gem. dem mit Wirkung zum 01.04.2002 neu eingefügten § 613a Abs. 5 BGB hat der bisherige oder der neue Inhaber die von dem Übergang betroffenen Arbeitnehmer vor dem Übergang in Textform über den Zeitpunkt oder den geplanten Zeitpunkt des Übergangs, den Grund für den Übergang, die rechtlichen, wirtschaftlichen und sozialen Folgen des Übergangs für die Arbeitnehmer und die hinsichtlich der Arbeitnehmer in Aussicht genommenen Maßnahmen zu unterrichten. 26

1. Zielsetzung der Unterrichtungspflicht

Die in § 613a Abs. 5 BGB geschaffene Unterrichtungspflicht dient ausweislich der Gesetzesbegründung[74] der Umsetzung der Richtlinie 2001/23/EG,[75] geht in ihrem Adressatenkreis jedoch darüber hinaus. Die Unterrichtungspflicht und das in Absatz 6 geschaffene Widerspruchsrecht stehen in einem engen Zusammenhang. Die Gesetzesbegründung verweist zu Recht auf die Rechtsprechung des BAG,[76] nach der es bereits nach geltendem Recht dem Arbeitgeber obliege, die Arbeitnehmer von einem bevorstehenden Betriebsübergang zu unterrichten, damit diese auf einer fundierten Grundlage über die Ausübung ihres Widerspruchsrechts entscheiden können.[77] 27

Die Richtlinie hat in Art. 7 Abs. 6 die Unterrichtungspflicht auf Arbeitnehmer beschränkt, in deren Betrieb oder Unternehmen unabhängig von ihrem Willen keine Arbeitnehmervertretung besteht. Eine Umsetzung wäre daher auch unter Beschränkung auf nicht nach § 1 BetrVG betriebsratsfähige Betriebe möglich gewesen.[78] Die Unterrichtungspflicht sollte nach dem Willen des Gesetzgebers jedoch **unabhängig von der Betriebsgröße** und auch dann bestehen, **wenn tatsächlich die Arbeitnehmervertretung über den Übergang zu informieren** ist. Ein Betriebsinhaberwechsel könne für den einzelnen Arbeitnehmer mit wesentlichen Änderungen der Arbeitsbedingungen und der beruflichen Entwicklungsmöglichkeiten verbunden sein, die ihn ggf. veranlassen, dem Übergang des Arbeitsverhältnisses auf einen anderen Arbeitgeber zu widersprechen. Es sei deshalb geboten, dass alle Arbeitnehmer über den Übergang und die für sie eintretenden Folgen unmittelbar durch die beteiligten Arbeitgeber unterrichtet werden. Dabei sei zu berücksichtigen, dass der Betriebsrat nur unter engen Voraussetzungen über einen Betriebsübergang zu informieren ist. Nach geltendem Recht ist der Betriebsrat über einen Betriebsübergang nur in Unternehmen mit mehr als 20 Arbeitnehmern und nur dann zu unterrichten, wenn der Betriebsübergang zugleich eine Betriebsänderung i.S.d. § 111 BetrVG ist, die wesentliche Nachteile für die Belegschaft zur Folge haben kann.[79] 28

2. Rechtsqualität und Schuldner der Unterrichtungspflicht

Vor der Kodifizierung der Unterrichtungspflicht wurde sie von der Rechtsprechung lediglich als Obliegenheit des alten und neuen Arbeitgebers angesehen,[80] mit der Folge, dass der Arbeitnehmer keinen Auskunftsanspruch gegen Veräußerer und Erwerber hatte, andererseits aber auch längere Zeit nach dem Übergang von seinem Widerspruchsrecht Gebrauch machen konnte, ohne sein Recht aufgrund bloßer Mutmaßungen ausüben zu müssen. Auch nach § 613a Abs. 6 BGB beginnt die 29

73 LAG Berlin, Urt. v. 20.07.2000 – 10 Sa 258/00 (n.v.).
74 BT-Drucks 14/7760, S. 12.
75 ABl EG Nr. L 82, 16.
76 BAG, Urt. v. 22.04.1993, NZA 1994, 357 und NZA 1994, 360.
77 BT-Drucks 14/7760, S. 19.
78 So die Forderung des Arbeitsrechtsausschusses des DAV, NZA 2002, Heft 2, S. VIII f.
79 BT-Drucks 14/7760, S. 19.
80 BAG, Urt. v. 22.04.1993, NZA 1994, 360.

Monatsfrist für das Widerspruchsrecht erst mit dem Zugang der Unterrichtung. Diese ist jedoch als eigenständige Verpflichtung von bisherigem Arbeitgeber und neuem Inhaber in Abs. 5 geregelt. Die **eigenständige Unterrichtungspflicht** kann der Arbeitnehmer mittels eines **Auskunftsanspruchs** auch eigenständig durchsetzen, wie sich insbesondere aus Art. 9 der Richtlinie 2001/23/EG ergibt, nach dem die Mitgliedsstaaten gehalten sind, innerstaatliche Regelungen zu treffen, um allen Arbeitnehmern und Vertretern der Arbeitnehmer, die ihrer Ansicht nach durch die Nichtbeachtung der sich aus dieser Richtlinie ergebenen Verpflichtungen benachteiligt sind, die Möglichkeit zu geben, ihre Forderungen durch Gerichtsverfahren einzuklagen.[81] Durch die Zubilligung eines Auskunftsanspruchs wird der Arbeitnehmer nicht auf den Grundsatz »dulde und liquidiere«[82] zurückgeworfen, sondern kann sich aktiv vom Arbeitgeber die notwendigen Informationen für die Prüfung der Ausübung seines Widerspruchsrechts verschaffen. Denn der unterbleibende Fristenlauf wird den Interessen des Arbeitnehmers nicht hinreichend gerecht, da längere Zeit nach dem Übergang eine Rückkehr zum alten Betriebsinhaber auf immer größere tatsächliche Schwierigkeiten stoßen wird.

30 § 613a Abs. 5 BGB verpflichtet den bisherigen Arbeitgeber »oder« den neuen Inhaber. Die Verpflichtung kann also von beiden gleichermaßen erfüllt werden. Nach der Gesetzesbegründung sollen sich beide untereinander verständigen, in welcher Weise sie ihre Informationspflicht erfüllen.[83] Der Auskunftsanspruch der Arbeitnehmer würde entwertet, wenn der eine auf den anderen verweisen könnte, zumal der Arbeitnehmer keine Kenntnis von den Vereinbarungen zwischen Veräußerer und Erwerber hat. Bisheriger Arbeitgeber und neuer Inhaber sind daher **Gesamtschuldner** i.S.d. §§ 421 ff. BGB.[84]

3. Inhalt der Unterrichtung

31 Die inhaltlichen Anforderungen an die Unterrichtung in § 613a Abs. 5 BGB sind wortgleich mit Art. 7 Abs. 6 der Richtlinie 2001/23/EG. Die Arbeitnehmer sind zunächst über den **Zeitpunkt oder den geplanten Zeitpunkt des Übergangs und den Grund** zu unterrichten. Mit der Alternative des »geplanten« Zeitpunkts trägt das Gesetz dem Problem Rechnung, dass sich der Zeitpunkt jederzeit verschieben kann, insbesondere weil der Zeitpunkt von der aufgrund der Vereinbarungen möglichen Übernahme der tatsächlichen Leitungsmacht im Betrieb durch den Erwerber abhängt.[85] Bei der **Verschiebung** um einen erheblichen Zeitraum ist die Unterrichtung zu wiederholen.[86] Mit dem Grund des Übergangs ist der **Rechtsgrund**, also das Rechtsgeschäft oder die Kette von Rechtsgeschäften gemeint, die die Tatbestandsvoraussetzungen für den Betriebsübergang erfüllen. Nicht erfasst sind hingegen die wirtschaftlichen Überlegungen und Hintergründe, die die beteiligten Unternehmen zu Kauf, Pacht, Verschmelzung oder ähnlichem veranlasst haben.[87]

32 Die Arbeitnehmer sind weiterhin über die **rechtlichen, wirtschaftlichen und sozialen Folgen** des Betriebsübergang und über die hinsichtlich der Arbeitnehmer **in Aussicht genommenen Maßnahmen** zu informieren. Mit den rechtlichen, wirtschaftlichen und sozialen Folgen des Betriebsübergangs sind vor allem die Folgen der Anwendung der Absätze 1–4 des § 613a BGB angesprochen. Das betrifft die Fragen der Weitergeltung oder Änderung der bisherigen Rechte und Pflichten aus dem Arbeitsverhältnis, der Haftung des bisherigen Arbeitgebers und des neuen Inhabers gegenüber dem Arbeitnehmer sowie des Kündigungsschutzes.[88] Für die Arbeitnehmer besonders wichtig und

81 *Nehls,* NZA 2003, 822 (824); *Willemsen/Lembke*, NJW 2002, 1159 (1161); *Widlak*, FA 2001, 363; a.A. *Bauer/v. Steinau-Steinrück*, ZIP 2002, 457 (458).
82 Zur Schadensersatzpflicht siehe Rn 35.
83 BT-Drucks 14/7760, S. 19.
84 *Willemsen/Lembke*, NJW 2002, 1159 (1162); a.A. *Worzalla*, NZA 2002, 353 (354).
85 BAG, Urt. v. 26.03.1996, NZA 1997, 94; BAG, Urt. v. 25.05.2000, NZA 2000, 1115.
86 *Worzalla*, NZA 2002, 353 (354).
87 *Worzalla*, NZA 2002, 353 (354); *Willemsen/Lembke*, NJW 2002, 1159 (1162); *Gaul/Otto*, DB 2002, 634 (635).
88 BT-Drucks 14/7760, S. 19.

besonders schwer zu beurteilen sind die Fragen, die sich aus der Ablösung oder der kollektivrechtlichen oder individualrechtlichen Fortgeltung von Tarifverträgen und Betriebsvereinbarungen ergeben, weiterhin Fragen zum Schicksal der Anwartschaften auf betriebliche Altersversorgung. In der Literatur wird eine Anlehnung an die gleich lautenden Pflichtangaben in Umwandlungsverträgen gem. §§ 5 Abs. 1 Nr. 9, 126 Abs. 1 Nr. 11 UmwG befürwortet. Danach dürfte eine Wiederholung des Gesetzeswortlauts unzureichend sein.[89] Die Informationspflicht wird sich aber auf die **Rechtslage der Arbeitnehmerschaft insgesamt** beziehen können. Eine individuelle, verbindliche Rechtsberatung des Einzelnen unter Berücksichtigung seiner Arbeitsvertrags- und persönlichen Situation muss sie nicht enthalten.[90] Zu den hinsichtlich der Arbeitnehmer in Aussicht genommenen Maßnahmen gehören nach der Gesetzesbegründung Weiterbildungsmaßnahmen im Zusammenhang mit geplanten Produktionsumstellungen oder Umstrukturierungen und andere Maßnahmen, die die berufliche Entwicklung der Arbeitnehmer betreffen.[91] Ist der Arbeitgeber noch in Verhandlungen mit dem Betriebsrat über einen **Interessenausgleich und Sozialplan** muss ein Hinweis auf die Verhandlungen genügen. Hier erweist sich die Unterrichtungspflicht vor Betriebsübergang – möglichst mindestens einen Monat – gegenüber allen Arbeitnehmern und die Verhandlungspflicht gegenüber dem Betriebsrat als problematisch, da die Einzelheiten einer mit einem Betriebsübergang einhergehenden Betriebsänderung erst nach Abschluss oder Scheitern eines Interessenausgleichs und die für die Arbeitnehmer geplanten Maßnahmen erst nach Abschluss des Sozialplans feststehen.

Schließlich sind die Arbeitnehmer auch von den **Folgen eines Widerspruchs** gegen den Übergang beim bisherigen Arbeitgeber, insbesondere über die Frage, ob der Ausspruch von (Beendigungs-) Kündigungen beabsichtigt ist, zu unterrichten. Der Wortlaut von Abs. 5 Nr. 4 ist insoweit nicht eindeutig, ob er sich nur auf Maßnahmen beim Erwerber oder auch auf solche beim Veräußerer bezieht. Sinn und Zweck der Unterrichtungspflicht, den Arbeitnehmern die Tatsachengrundlage für die Entscheidung über die Ausübung ihres Widerspruchsrechts an die Hand zu geben, erfordern aber die Aufklärung über das Schicksal des Arbeitsverhältnisses nicht nur beim Erwerber, sondern auch für den Fall des Verbleibens beim Veräußerer. Dies gilt insbesondere im Fall eines Betriebsteilübergangs für die Frage der Verwendungsmöglichkeit in anderen Betriebsabteilungen. 33

4. Zeitpunkt und Form der Unterrichtung

Die Unterrichtung hat nach § 613a Abs. 5 BGB **vor dem Übergang** zu erfolgen. Die Verpflichtung besteht allerdings so lange fort, bis sie erfüllt wird.[92] Das Gesetz fordert die Unterrichtung in **Textform nach § 126b BGB**. Eine mündliche Unterrichtung in der Betriebsversammlung, wie bislang häufig gewählt, reicht nicht aus. Die Erklärung muss nach § 126b BGB so abgegeben werden, dass sie in Schriftzeichen lesbar, die Person des Erklärenden angegeben und der Abschluss der Erklärung erkennbar gemacht ist (z.B. durch Namensnennung des Erklärenden oder dessen eingescannte Unterschrift). Die Textform kommt dann in Betracht, wenn der Zweck der Schriftform in erster Linie darin besteht, den Empfänger der Erklärung über bestimmte Sachverhalte zu informieren, die ggf. eine rechtliche Reaktion erfordern. In diesem Fall kommt es darauf an, dass die Information dem Empfänger nicht nur flüchtig zugeht, sondern er die Möglichkeit der dauerhaften Verfügbarkeit hat. Bei der Unterrichtung des Arbeitnehmers über den Betriebsübergang steht die **Informations- und Dokumentationsfunktion**, nicht aber die Beweis- oder Warnfunktion im Vordergrund. Der Arbeitnehmer hat bei der Unterrichtung in Textform die Möglichkeit, die für ihn neuen und nicht sofort überschaubaren Informationen nachzulesen, sich weiter gehend zu erkundigen und ggf. beraten zu lassen und auf dieser Grundlage zu entscheiden, ob er dem 34

89 *Gaul/Otto*, DB 2002, 634 (635); *Worzalla*, NZA 2002, 353 (355), *Willemsen/Lembke*, NJW 2002, 1159 (1163); für das Umwandlungsrecht OLG Düsseldorf, Urt. v. 15.05.1998, DB 1998, 1399.

90 *Gaul/Otto*, DB 2002, 634 (635).

91 BT-Drucks 14/7760, S. 19.

92 *Willemsen/Lembke*, NJW 2002, 1159 (1164).

Übergang des Arbeitsverhältnisses widersprechen will.[93] Die Unterrichtung kann danach auch durch Rundschreiben, Mitteilung im Intranet oder Aushang am schwarzen Brett erfolgen. Allerdings ist dann der Beweis des Zugangs für den Arbeitgeber problematisch. Der Zugangsnachweis ist auch bei E-Mails noch nicht gelöst.

5. Rechtsfolgen unterlassener oder mangelhafter Unterrichtung

35 Ist die Unterrichtung überhaupt nicht, unvollständig oder fehlerhaft erfolgt, ist die erste Rechtsfolge, dass die Monatsfrist für die Ausübung des Widerspruchs nach § 613a Abs. 6 BGB nicht in Gang gesetzt wird.[94] Allerdings enthält eine fehlerhafte Unterrichtung **keine rechtsverbindliche Zusage**, aus der die Arbeitnehmer unmittelbar Ansprüche geltend machen können.[95] Eine andere Frage ist jedoch, welche Rechte der Arbeitnehmer sich aus einer mangelhaften Unterrichtung auf der Sekundärebene ergeben. In Betracht kommen **Schadensersatzansprüche** gegen den alten Arbeitgeber aus § 280 Abs. 1 BGB (früher pVV) und gegen den neuen Betriebsinhaber aus §§ 280 Abs. 1, 311 Abs. 2 Nr. 3, 241 Abs. 2 BGB (früher c.i.c.), etwa wenn die beteiligten Arbeitgeber den Arbeitnehmer darüber unterrichten, dass die Arbeitsbedingungen unverändert bleiben, während eine Gratifikation aufgrund einer im Erwerberbetrieb geltenden ablösenden Betriebsvereinbarung entfällt.[96] Problematisch ist jedoch der Schaden. Der Arbeitnehmer müsste vortragen können, bei zutreffender Information widersprochen zu haben, wäre dann aber u.U. beim Veräußerer betriebsbedingt gekündigt worden. Auch dann hätte er die Gratifikation nicht bekommen. Im Übrigen kann der Arbeitnehmer aufgrund der Falschinformation sein Widerspruchsrecht noch ausüben, den gesetzlichen Übergang des Arbeitsverhältnisses also verhindern, so dass der Schaden nicht entsteht.[97] Im umgekehrten Fall der Ausübung des Widerspruchsrechts aufgrund mangelhafter Unterrichtung kommt die Rückgängigmachung der Rechtsfolgen des Widerspruchs als Naturalrestitution im Rahmen des § 280 Abs. 1 BGB in Betracht.[98]

VII. Widerspruchsrecht

1. Grundlage des Widerspruchsrechts

36 Als Korrelat zu dem Übergang der Arbeitsverhältnisse gem. § 613a Abs. 1 Satz 1 BGB kraft Gesetzes hatte die Rechtsprechung des BAG ein Widerspruchsrecht der Arbeitnehmer geschaffen.[99] Die Arbeitnehmer können dem Übergang ihres Arbeitsverhältnisses widersprechen mit der Folge, dass ihr Arbeitsverhältnis nicht auf den Betriebserwerber übergeht, sondern mit dem Betriebsveräußerer fortbesteht. Grundlage dieses Widerspruchsrechts sind **verfassungsrechtliche Wertungen** wie das Grundrecht auf freie Arbeitsplatzwahl nach Art. 12 GG sowie die Unvereinbarkeit eines »Verkaufs« des Arbeitsverhältnisses im Hinblick auf die persönliche Natur der Arbeitsleistung mit der Unverletzlichkeit der Menschenwürde aus Art. 1 Abs. 1 GG. Zwischenzeitlich hatte auch der EuGH die

93 BT-Drucks 14/7760, S. 19.

94 *Gaul/Otto*, DB 2002, 634 (638).

95 *Worzalla*, NZA 2002, 353 (355).

96 *Willemsen/Lembke*, NJW 2002, 1159 (1164).

97 Vgl. *Gaul/Otto*, DB 2002, 634 (639).

98 Befürwortend *Willemsen/Lembke*, NJW 2002, 1159 (1164); abl. und für einen Schadensersatz in Geld *Gaul/Otto*, DB 2002, 634 (639).

99 BAG, Urt. v. 02.10.1974, AP Nr. 1 zu § 613a BGB; BAG, Urt. v. 21.07.1977, 17.11.1977, 06.02.1980, 30.10.1986, 20.04.1989, 21.05.1992, AP Nr. 8, 10, 21, 55, 81 und 96 zu § 613a BGB; zustimmend in der Literatur *Seiter*, Anm. zu BAG AP Nr. 1 zu § 613a BGB; *ders.*, Betriebsinhaberwechsel, S. 66; MüKO-BGB/*Schaub*, § 613a Rn 41; vgl. auch *Schlachter*, NZA 1995, 705; *Lunk*, NZA 1995, 711.

Vereinbarkeit des Widerspruchsrechtes der Arbeitnehmer mit Art. 3 Abs. 1 der Richtlinie 77/187/EWG[100] festgestellt.[101]

Der Gesetzgeber hat das Widerspruchsrecht mit dem Gesetz zur Änderung des Seemannsgesetzes und anderer Gesetze vom 23.03.2002[102] mit Wirkung zum 01.04.2002 in § 613a Abs. 6 BGB kodifiziert. Danach kann der Arbeitnehmer dem Übergang des Arbeitsverhältnisses innerhalb eines Monat nach Zugang der Unterrichtung nach § 613a Abs. 5 BGB schriftlich widersprechen. 37

2. Widerspruchsgründe

Die Ausübung des Widerspruchsrechts bedarf **keines sachlichen Grundes**. Ob der Arbeitnehmer sich einem gesetzlichen Schuldnerwechsel unterwerfen will, liegt allein in seiner Beurteilung. Die in der Rechtsprechung für das Widerspruchsrecht angeführten Gründe würden entwertet, wenn der Widerspruch auf sachliche und damit auf objektivierbare Gründe hin überprüft werden würde. Auch § 613a Abs. 6 BGB knüpft das Widerspruchsrecht an keine Gründe. 38

3. Folgen des Widerspruchs

Allerdings ist der widersprechende Arbeitnehmer nicht ohne weiteres vor faktischen und rechtlichen Nachteilen geschützt, die mit dem Widerspruch verbunden sein können. **Nachteilige Folgen** ergeben sich regelmäßig insbesondere daraus, dass der bisherige Arbeitgeber nach dem Betriebsübergang keine oder nur noch eine eingeschränkte Beschäftigungsmöglichkeit für den widersprechenden Arbeitnehmer hat. Derartige Nachteile muss der Arbeitnehmer grundsätzlich in Kauf nehmen.[103] In Betracht kommen zwei negative Auswirkungen. Mit dem Widerspruch droht dem Arbeitnehmer die **ordentliche betriebsbedingte Kündigung** des Arbeitsverhältnisses durch den alten Arbeitgeber mit den durch die Rechtsprechung entwickelten **Besonderheiten bei der Sozialauswahl**. Aber auch der Arbeitnehmer, der dem Übergang seines Arbeitsverhältnisses in dem Glauben widerspricht, sein bisheriger Arbeitgeber habe a) keine Beschäftigungsmöglichkeit mehr und müsse b) aber die ordentliche Kündigungsfrist von ggf. erheblicher Dauer einhalten, so dass er c) gleichsam gezwungen sei, ihn unter Fortzahlung der Vergütung freizustellen, sei gewarnt. Nach der Rechtsprechung des BAG[104] dürfte die Rechnung zwar in den Punkten a) und b) aufgehen, nicht aber in der entscheidenden Frage der Vergütungsfortzahlung für den Zeitraum nach dem Betriebsübergang bis zum Auslaufen der Kündigungsfrist. 38a

Der Widerspruch **wirkt** nach der Rechtsprechung und h.L. **auf den Zeitpunkt des Betriebsübergangs zurück**. Das Arbeitsverhältnis des Widersprechenden bleibt also die Zeit zwischen dem Betriebsübergang und der Ausübung des Widerspruchsrechts dem Veräußerer zugeordnet.[105] In 38b

100 ABl EG Nr. L 61, 26.

101 EuGH, Urt. v. 16.12.1992, AP Nr. 97 zu § 613a BGB (Katsikas). Zunächst gab die Entscheidung des EuGH, Urt. v. 05.05.1988, Rs. 144, 145/87 (Berg/Busschers), Slg. 1988, 2559 = NZA 1990, 885 Anlass, die Vereinbarkeit des Widerspruchsrechts mit der Richtlinie 77/187/EWG in Frage zu stellen. Der Gerichtshof hatte festgestellt, dass der Veräußerer allein aufgrund des Betriebsübergangs von seinen Pflichten befreit ist, selbst wenn die im Unternehmen beschäftigten Arbeitnehmer dem nicht zustimmen oder Einwände dagegen erheben. Hieraus hat insbesondere *Bauer*, NZA 1990, 881 gefolgert, die Rspr. des BAG zum Widerspruchsrecht sei »Makulatur« geworden. *Bauer* entgegneten *Däubler*, NZA 1991, 134; *Heither*, NZA 1991, 136 und *Oetker*, NZA 1991, 137. Auf mehrere Vorlagebeschlüsse der Arbeitsgerichte Bamberg, Beschl. v. 07.05.1991, DB 1991, 1382, Hamburg, Beschl. v. 04.04.1991, EuZW 1992, 32 und des BAG, Urt. v. 21.05.1992, AP Nr. 96 zu § 613a BGB, hat der EuGH in der genannten Entscheidung jedoch die Vereinbarkeit des Widerspruchsrechts mit der Richtlinie mit der Begründung klargestellt, die Verpflichtung zum Arbeitgeberwechsel verstieße gegen Grundrechte.

102 BGBl I, 1163.

103 BAG, Urt. v. 15.02.1984, AP Nr. 37 zu § 613a BGB; Urt. v. 07.04.1993 AP Nr. 22 zu § 1 KSchG 1969 Soziale Auswahl.

104 Urt. v. 19.03.1998, NZA 1998, 750.

105 BAG, Urt. v. 30.10.1986, NZA 1987, 524; BAG, Urt. v. 22.04.1993, NZA 1994, 360; *Franzen*, RdA 2002, 258 (270); *Willemsen/Lembke*, NJW 2002, 1164; a.A. mit eingehender Begründung nunmehr *Rieble*, NZA 2004, 1.

Folge der Rückwirkung wird für die Zeit, für der Arbeitnehmer tatsächlich beim Erwerber tätig war, von einem **fehlerhaften Arbeitsverhältnis** ausgegangen.[106]

a) Weiterbeschäftigung auf »freiem« Arbeitsplatz

38c Nach einer jüngeren Entscheidung des BAG[107] ist der Veräußerer bei einem Teilbetriebsübergang gehalten, **neue und damit freie Arbeitsplätze für potenziell widersprechende Arbeitnehmer frei zu halten**, also nicht extern zu besetzen. Solche Arbeitsplätze ordnet der 2. Senat auch dann den freien Arbeitsplätzen i.S.d. § 1 Abs. 2 KSchG zu, wenn die Neueinstellung im Zeitpunkt eines konkreten Widerspruchs eines übergehenden Arbeitnehmers bereits erfolgt ist. Im Fall eines bevorstehenden Teilbetriebsübergangs wisse der Arbeitgeber, dass das Beschäftigungsbedürfnis für die vom Übergang betroffenen Arbeitnehmer entfallen werde, falls sie von ihrem Widerspruchsrecht Gebrauch machen. Er befinde sich daher in keiner anderen Lage als der Arbeitgeber, der den Wegfall der bisherigen Beschäftigungsmöglichkeit auf Grund einer Reorganisation vorhersieht. Der Arbeitgeber könne sich deshalb im Fall des absehbaren Wegfalls der Beschäftigungsmöglichkeit in Folge bevorstehenden Betriebsübergangs der Möglichkeit anderweitiger, zumutbarer Weiterbeschäftigung im bisherigen Betrieb nicht ohne **Verletzung des in § 162 BGB niedergelegten Grundgedankens** verschließen. Deshalb müsse er dem Arbeitnehmer die Weiterbeschäftigung auf dem zumutbaren freien Arbeitsplatz anbieten, wenn er mit dem Widerspruch des Arbeitnehmers rechnen muss. Da das Widerspruchsrecht als Ausdruck des Umstandes, dass dem Gläubiger ein Schuldnerwechsel nicht gegen seinen Willen aufgedrängt werden kann, an keine besonderen Gründe gebunden ist, müsse der Arbeitgeber grundsätzlich jedenfalls ab dem Zeitpunkt mit dem Widerspruch rechnen, in dem er den Arbeitnehmer von dem bevorstehenden Betriebsübergang unterrichtet, der Arbeitnehmer also Kenntnis von dem Betriebsübergang hat. Ob auch in davor liegenden oder deutlich späteren Zeiträumen mit einem Widerspruch gerechnet werden müsse, hat das BAG offen gelassen. Es erwägt allerdings eine **Anlehnung an die Monatsfrist des § 613a Abs. 6 BGB**. Unzureichend gewichtet der 2. Senat die **unterschiedlichen Einflüsse bei einer (reinen) Betriebseinschränkung einerseits und einem Teilbetriebsübergang andererseits**. Bei im Vorhinein geplanten betriebsbedingten Entlassungen weiß der Arbeitgeber am Besten, welche Arbeitnehmer zur Entlassung zu welchem Zeitpunkt anstehen und möglicherweise auf welchen gerade frei werdenden oder neu geschaffenen Arbeitsplätzen eingesetzt werden können. Beim Betriebsteilübergang ist aber Regelungsziel der Schutzvorschrift des § 613a Abs. 1 Satz 1 BGB und damit der Normalfall, dass keiner seinen Arbeitsplatz verliert. Warum der Arbeitgeber daher mit Bekanntgabe des Betriebsübergangs mit widersprechenden Arbeitnehmern rechnen muss und daher in reiner Vorsorge Arbeitsplätze unbesetzt vorhalten muss, ohne zu wissen, ob er aus der Gruppe der übergehenden Arbeitnehmer einen geeigneten Arbeitnehmer *aufgrund dessen Entscheidung* zurückbehalten wird, ist wenig überzeugend.[108] Nahe liegend wäre es, lediglich dann von einer Vereitelung der Weiterbeschäftigungsmöglichkeit i.S.v. § 1 Abs. 2 KSchG, § 162 BGB zu sprechen, wenn der Arbeitgeber für die Erwartung eines Widerspruchs konkrete Anhaltspunkte hatte, entweder aufgrund vorangegangener Äußerungen des Arbeitnehmers oder aufgrund einer typisierten Situation wie den Übergang in einen Kleinbetrieb oder Insolvenzgefährdung des Übernehmers.

b) Sozialauswahl

39 Die **Gründe**, warum der Arbeitnehmer von seinem Widerspruchsrecht Gebrauch gemacht hat, sind zwar für die Beurteilung der Rechtswirksamkeit des Widerspruchs selbst unbeachtlich, erlangen aber für eine etwaige **Sozialauswahl** Bedeutung, wenn der Arbeitnehmer gegenüber einer betriebsbedingten Kündigung des Veräußerers nach Widerspruch argumentiert, andere Arbeitnehmer, deren Arbeitsverhältnisse nicht übergegangen sind, seien sozial weniger schutzbedürftig i.S.d. § 1 Abs. 3 KSchG. Zunächst formulierte das BAG, dass sich ein Arbeitnehmer im Falle des Widerspruchs gegen

106 *Franzen*, RdA 2002, 258 (270); *Gaul*, ZfA 1990, 87 (102).

107 BAG, Urt. v. 15.08.2002, NZA 2003, 430.

108 Kritisch auch *Lunk/Möller*, NZA 2004, 9 (10); *Pomberg*, DB 2003, 2177 (2178).

den Übergang seines Arbeitsverhältnisses auf einen Betriebs(teil)übernehmer auf eine fehlerhafte Sozialauswahl nur berufen könne, wenn für den Widerspruch ein sachlicher Grund vorlag.[109] Solche **sachlichen Gründe** können der Verlust des Kündigungsschutzes durch Übernahme in einen Kleinbetrieb, Überschuldung des Betriebserwerbers, vom Erwerber vorgegebene Reorganisationsmaßnahmen u.Ä. sein.[110] In einer späteren Entscheidung[111] stellte der 8. Senat klar, dass sich der Arbeitnehmer auf eine mangelhafte Sozialauswahl nach § 1 Abs. 3 KSchG auch dann berufen könne, wenn der Verlust seines Arbeitsplatzes darauf beruht, dass er dem Übergang seines Arbeitsverhältnisses auf einen Teilbetriebserwerber widersprochen hat. Bei der Prüfung der sozialen Gesichtspunkte seien die Gründe für den Widerspruch zu berücksichtigen. Je geringer die Unterschiede in der sozialen Schutzbedürftigkeit im Übrigen sind, desto gewichtiger müssen die Gründe des widersprechenden Arbeitnehmers sein. Nur wenn dieser einen baldigen Arbeitsplatzverlust oder eine baldige wesentliche Verschlechterung seiner Arbeitsbedingungen zu befürchten habe, könne er einen Arbeitskollegen, der nicht ganz erheblich weniger schutzbedürftig ist, verdrängen. Der Arbeitgeber wird also auch bei der Kündigung eines widersprechenden Arbeitnehmers von der ordnungsgemäßen Durchführung einer Sozialauswahl nach § 1 Abs. 3 KSchG nicht etwa frei. Die Prüfung der sozialen Schutzwürdigkeit aller vergleichbaren Arbeitnehmer hat die Tatsache zu berücksichtigen, dass der Arbeitnehmer seine bisherige Arbeitsmöglichkeit aus freien Stücken aufgegeben hat. Der soziale Besitzstand des gekündigten Arbeitnehmers kann nicht unabhängig von den Gründen beurteilt werden, aus denen er die Fortsetzung des Arbeitsverhältnisses mit einem anderen Arbeitgeber ablehnt.[112]

c) Annahmeverzug des Veräußerers

Widerspricht der Arbeitnehmer dem Betriebsübergang und kann der Betriebsveräußerer den Arbeitnehmer in der Folge nicht mehr beschäftigen, gerät der Veräußerer in **Annahmeverzug**. Die Voraussetzungen des § 615 Satz 1 BGB für den Anspruch auf Verzugslohn sind daher gegeben. Allerdings muss sich der Arbeitnehmer dasjenige anrechnen lassen, was er zu erwerben im selben Zeitraum böswillig unterlässt, § 615 Satz 2 Alt. 3 BGB.[113] Der Arbeitnehmer handelt böswillig, wenn ihm ein Vorwurf daraus gemacht werden kann, dass er während des Annahmeverzuges trotz Kenntnis aller objektiven Umstände, wie Arbeitsmöglichkeit, Zumutbarkeit der Arbeit, nachteilige Folgen für den Arbeitgeber, vorsätzlich untätig bleibt oder die Aufnahme der Arbeit bewusst verhindert.[114] Ein **böswilliges Unterlassen des Erwerbs beim neuen Betriebsinhaber** ist nicht schon deswegen ausgeschlossen, weil der Arbeitnehmer das Widerspruchsrecht wirksam ausgeübt hat.[115] In der Entscheidung hat das BAG ein böswilliges Unterlassen anderweitigen Erwerbs beim Betriebserwerber trotz Ausübung eines rechtswirksamen Widerspruchs angenommen, da die dortige Klägerin keinen berechtigten Anlass gehabt habe, anzunehmen, dass ihre Arbeitsbedingungen nachteilig geändert werden sollten. Eine Weiterarbeit beim Betriebsübernehmer sei auch nur bis zum Ablauf der 40

109 BAG, Urt. v. 07.04.1993, AP Nr. 22 zu § 1 KSchG 1969 Soziale Auswahl.

110 Vgl. zu den sachlichen Gründen auch *Kreitner*, Kündigungsrechtliche Probleme beim Betriebsinhaberwechsel, S. 162 ff.; LAG Rheinland-Pfalz, Urt. v. 26.06.1998, LAGE § 613a BGB Nr. 74.

111 BAG, Urt. v. 18.03.1999, NZA 1999, 870.

112 Bestätigung der Rspr. durch BAG, Urt. v. 24.02.2000, NZA 2000, 764; BAG, Urt. v. 05.12.2002, AP Nr. 126 zu § 1 KSchG Betriebsbedingte Kündigung; zur Kritik und einem Überblick über die vertretenen Literaturmeinungen *Lunk/Möller*, NZA 2004, 9 (12 ff.).

113 Vgl. zur Frage des böswilligen Unterlassens *Spirolke*, NZA 2001, 707.

114 BAG, Urt. v. 18.06.1965, AP Nr. 2 zu § 615 BGB Böswilligkeit.

115 BAG, Urt. v. 19.03.1998, NZA 1998, 750; vgl. zur entgegengesetzten Wertung, wenn ein Arbeitnehmer eine ihm unter Überschreitung des Direktionsrechts zugewiesene Tätigkeit ablehnt BAG, Urt. v. 03.12.1980, AP Nr. 4 zu § 615 BGB Böswilligkeit: »Der Arbeitnehmer kann nicht auf der einen Seite berechtigt sein, eine unter Überschreitung der Grenzen des Direktionsrechts zugewiesene Tätigkeit abzulehnen, gleichzeitig aber auf der anderen Seite gehalten sein, die gleiche Tätigkeit zu verrichten, um dem Vorwurf zu entgehen, er habe böswillig die anderweitige Verwendung seiner Arbeitskraft unterlassen. Der Senat hat daher auch – wenn auch im anderen Zusammenhang – ausgesprochen, dass ein der Sicherung vertraglicher Rechte dienendes Verhalten des Arbeitnehmers nicht gleichzeitig böswillig i.S.d. § 615 Satz 2 BGB sein könne (BAGE 25, 344 [347/348] = AP Nr. 3 zu § 615 BGB Böswilligkeit [zu 2 der Gründe]). Das muss auch da gelten, wo der Arbeitnehmer es berechtigt ablehnt, eine vom Arbeitgeber zugewiesene Tätigkeit zu verrichten.«

Kündigungsfrist möglich gewesen. Es müssten konkrete Umstände vorliegen, z.B. in der Person des Arbeitgebers, der Art der Arbeit oder der sonstigen Arbeitsbedingungen, die die Unzumutbarkeit der anderen Arbeit ergeben.[116] Vorsichtiger war dagegen der 5. Senat.[117] Nach dem Sachverhalt hatte die Klägerin einem **Betriebsteilübergang widersprochen**. Die Klägerin, die zuletzt als Reinigungskraft in dem übergegangenen Betriebsteil beschäftigt war, hatte ihre Weiterarbeit in der Küche oder auf einer Station (Pflegeheim) angeboten. Die Beklagte hatte nur pauschal auf »fehlende Beschäftigungsmöglichkeit« hingewiesen und die Klägerin auf die Beschäftigungsmöglichkeit bei der Erwerberin verwiesen. Der 5. Senat urteilte, dass die Klägerin bei ihrer Forderung nach Entgeltfortzahlung **nicht widersprüchlich** handelte, als sie an der Beschäftigung bei der Beklagten festhielt. Ihre Weigerung sei in der konkreten Situation vertretbar gewesen, weil andernfalls vollendete Tatsachen zu ihren Lasten geschaffen worden wären. Die Ausübung des Widerspruchsrechts ohne sachlichen Grund kann schließlich zum **Verlust eines Sozialplananspruchs**[118] oder zur **Minderung eines Nachteilsausgleichsanspruchs**[119] führen.

4. Form und Frist

41 Der Widerspruch kann **gegenüber dem bisherigen Arbeitgeber oder dem neuen Inhaber** erklärt werden. Für den **Zeitpunkt** der Erklärung des Widerspruchs hatte das BAG die nachfolgenden Grundsätze aufgestellt: Der Arbeitnehmer konnte bis zum Zeitpunkt des Betriebsübergangs widersprechen. Er muss sich nicht ab Kenntnis von dem bevorstehenden Betriebsübergang innerhalb eines bestimmten Zeitraums erklären, wenn er dazu nicht aufgefordert wird. Nach dem Betriebsübergang konnte nur noch unverzüglich widersprochen werden. Solange der Arbeitnehmer jedoch von dem Betriebsübergang nichts wusste, blieb das Widerspruchsrecht erhalten. Ab Kenntniserlangung bedurfte es nach der Rechtsprechung der unverzüglichen Ausübung des Widerspruchsrechts. In Anlehnung an §§ 4, 7 KSchG wurde dem Arbeitnehmer eine Widerspruchsfrist von 3 Wochen eingeräumt.[120] Das BAG hatte die Frage ausdrücklich offen gelassen, ob der Arbeitgeber dem Arbeitnehmer eine vor dem Betriebsübergang ablaufende Frist mit der Folge setzen kann, dass der Arbeitnehmer nur noch innerhalb dieser Frist widersprechen kann.[121] Die **Frist** für die Erklärung des Widerspruchs ist nunmehr im Gesetz auf **einen Monat** festgelegt. Für den Beginn der Frist wird nicht mehr auf den Zeitpunkt des Übergangs abgestellt, sondern auf den **Zeitpunkt des Zugangs der vollständigen und ordnungsgemäßen Unterrichtung** nach § 613a Abs. 5 BGB.[122] Eine absolute **Höchstgrenze für die Ausübung des Widerspruchs trotz unvollständiger Unterrichtung** besteht nicht, die Grundsätze einer möglichen Verwirkung sind jedoch anwendbar.[123] Um endloser Rechtsunsicherheit vorzubeugen, wird diskutiert, entweder durch den Veräußerer vorsorgliche Kündigungen auszusprechen, oder die Arbeitnehmer einen ausdrücklichen Verzicht auf ihr Widerspruchsrecht erklären zu lassen. Es kann auch daran gedacht werden, mit dem Erwerber »neue« Arbeitsverträge unter Besitzstandswahrung zu schließen. Der Weg über die vorsorgliche Kündigung ist nicht gangbar. Vorsorgliche Kündigungen werden ausgesprochen, wenn die von einer Seite gewollte Beendigung des Arbeitsverhältnisses aufgrund eines vorangegangenen Tatbestandes, etwa einer Befristung oder einer anderen Kündigung, streitig ist. Beim Betriebsübergang bestehen dagegen die Arbeitsverhältnisse unstreitig fort, die Kündigung des Veräußerers geht indessen ins

116 BAG, Urt. v. 19.03.1998, NZA 1998, 750; vgl. auch *Plander*, NZA 2002, 69.
117 BAG, Urt. v. 04.12.2002, AP Nr. 17 zu § 3 EntgeltFG.
118 BAG, Urt. v. 05.02.1997, AP Nr. 112 zu § 112 BetrVG 1972; vgl. auch *Neef/Schrader*, NZA 1998, 804.
119 BAG, Urt. v. 10.12.1996, AP Nr. 32 zu § 113 BetrVG 1972.
120 BAG, Urt. v. 17.11.1977, AP Nr. 10 zu § 613a BGB; Urt. v. 15.02.1984, AP Nr. 37 zu § 613a BGB; Urt. v. 22.04.1993, AP Nr. 102 zu § 613a BGB; Urt. v. 22.04.1993, AP Nr. 103 zu § 613a BGB.
121 BAG, Urt. v. 19.03.1998, NZA 1998, 750.
122 Im Einzelnen Rn 26 ff.
123 Vgl. *Olbertz/Ungnad*, BB 2004, 213; *Pröpper*, DB 2003, 2011; *Willemsen/Lembke*, NJW 2002, 1159 (1160); eine entspr. Anwendung von § 5 Abs. 3 Satz 2 KSchG mit einer Frist von sechs Monaten nach Ablauf der versäumten Frist befürwortet *Worzalla*, NZA 2002, 353 (357).

Leere, da er nicht mehr Partei des Arbeitsvertrages ist. Der Kündigung kann auch keine schwebende Unwirksamkeit zuerkannt werden, die mit der Rückwirkung des Widerspruchs in eine wirksame Kündigung umschlägt mit der Folge, dass der Arbeitnehmer sich gegen die Kündigung aufgrund des Verstreichens der Drei-Wochen-Frist nicht mehr zur Wehr setzen kann, insbesondere, weil eine Klage gegen die Kündigung eines Betriebsveräußerers mit der Begründung, vor der Kündigung sei bereits ein Betriebsübergang erfolgt, unschlüssig ist,[124] im Ergebnis der Arbeitnehmer gegen eine solche Kündigung also überhaupt keinen Rechtsschutz erlangen könnte. Die Wirksamkeit der im Zeitpunkt des Zugangs unwirksamen Kündigung kann nicht durch eine Rückwirkung des Widerspruchs hergestellt werden.[125]

Der Widerspruch muss **schriftlich** erklärt werden. Durch die erforderliche eigenhändige Unterzeichnung der Erklärung soll dem Arbeitnehmer die Bedeutung des Widerspruchs bewusst gemacht und er – wie beim Schriftformerfordernis der Kündigung oder des Auflösungsvertrages nach § 623 BGB – vor einer voreiligen Erklärung geschützt werden (**Warnfunktion**). Die Schriftform erleichtert darüber hinaus die Beweisführung darüber, ob der Arbeitnehmer tatsächlich widersprochen hat (**Beweisfunktion**).[126] 42

B. Betriebsübergang im Dienstleistungsbereich

Die gängige Unterscheidung zwischen **Produktions- und Dienstleistungsbetrieben**,[127] wobei das Substrat des Betriebes bei Produktionsbetrieben in erster Linie in materiellen Betriebsmitteln, wie Gebäuden, Maschinen und Werkzeugen gesehen wird, in der Dienstleistungsbranche vorwiegend in immateriellen Betriebsmitteln, wie Kundenstamm, Geschäftsbeziehungen zu Dritten, »Know-how« und »Goodwill«, besteht zwar fort.[128] In den letzten Jahren beschäftigten sich die veröffentlichten Entscheidungen des EuGH und des BAG jedoch nahezu ausschließlich mit Betrieben der **Dienstleistungsbranche**. Die Bedeutung des Dienstleistungsbereichs in der Rechtsprechung mag damit zusammenhängen, dass die Randbereiche des § 613a BGB, insbesondere das Nebeneinander von materiellen und immateriellen Betriebsmitteln einerseits und Belegschaftsübernahmen andererseits signifikant häufig in Dienstleistungsbetrieben angesprochen werden. Die neuere Rechtsprechung des BAG fordert eine Gesamtbetrachtung aller identitätsstiftenden Merkmale, insbesondere im Hinblick auf die organisatorische Zusammenfassung der Ressourcen.[129] Als solche identitätsstiftenden Merkmale sind nach der Rechtsprechung zwingend zu prüfen: 43

(1) Art des betreffenden Betriebes oder Unternehmens,

(2) Übergang der materiellen Betriebsmittel,

(3) Wert der immateriellen Aktiva im Zeitpunkt des Übergangs,

(4) Übernahme der Belegschaft durch den Erwerber,

(5) Übergang der Kundschaft,

(6) Grad der Ähnlichkeit zwischen den vor und nach dem Übergang verrichteten Tätigkeiten und

(7) Dauer einer eventuellen Unterbrechung der Tätigkeit.

124 BAG, Urt. v. 18.04.2002, NZA 2002, 1207.

125 Vgl. *Nehls*, NZA 2003, 822 (826 f.), der auch Zweifel an der Zulässigkeit eines Verzichts hegt, da auch der Verzicht eine Disposition über das Widerspruchsrecht beinhaltet und einen Tatsachenvergleich über die Vollständigkeit der Unterrichtung mit anschließendem Verzicht auf das Widerspruchsrecht erwägt.

126 BT-Drucks 14/7760, S. 20.

127 BAG, Urt. v. 18.10.1990, AP Nr. 88 zu § 613a BGB.

128 *Annuß*, NZA 1998, 70 (71).

129 BAG, Urt. v. 11.09.1997, NZA 1998, 31; EuGH, Urt. v. 11.03.1997, NZA 1997, 433; *Müller-Glöge*, NZA 1999, 449 (450).

Die Rechtsprechung zum Tatbestand des Betriebsübergangs wird indessen zunehmend durch den EuGH geprägt.

I. Ausgangspunkt: Der Betrieb oder Betriebsteil

44 Ein Merkmal des Tatbestandes des § 613a BGB und der Richtlinie 77/187/EWG ist der Übergang eines Betriebes oder Betriebsteils. Nach überkommener Auffassung ist auf den **allgemeinen Betriebsbegriff** zurückzugreifen, wonach unter Betrieb die organisatorische Einheit zu verstehen ist, innerhalb derer ein Unternehmer allein oder in Gemeinschaft mit seinen Mitarbeitern mit Hilfe von sächlichen und immateriellen Mitteln bestimmte arbeitstechnische Zwecke verfolgt.[130] Das Merkmal der Gemeinschaft mit seinen Mitarbeitern ordnete das BAG anfänglich allein der Rechtsfolgenseite des § 613a BGB zu, da der Übergang der Arbeitsverhältnisse nicht gleichzeitig Tatbestandsvoraussetzung und Rechtsfolge sein könne.[131] **Betriebsteile** sind Teileinheiten, bei denen es sich um eine organisatorische Untergliederung des Gesamtbetriebs handelt, mit denen innerhalb des betrieblichen Gesamtzwecks ein Teilzweck verfolgt wird. Es muss sich um eine selbständige, abtrennbare Einheit handeln, die Gegenstand einer Veräußerung sein kann.[132] Für die Ausübung des **Reinigungsgewerbes** werden typischerweise, von Putzeimern und Verbrauchsmitteln einmal abgesehen, wenig bis keine einen Wert verkörpernden materiellen Betriebsmittel benötigt. Auch die klassischen immateriellen Betriebsmittel, wie das »Know-how« sind kaum entscheidend. Kann in solchen betriebsmittelarmen Branchen auf die Arbeitskraft oder die ausgeübte Tätigkeit an sich abgestellt werden?

II. Vom Betriebsteil zur wirtschaftlichen Einheit bei der Auftragsnachfolge

1. Wahrung der wirtschaftlichen Einheit und Funktionsnachfolge

45 Mit Urteil vom 14.04.1994 fällte der EuGH[133] eine Entscheidung, die im Schrifttum heftigste Reaktionen auslöste.[134] Eine Sparkasse beschäftigte in ihrer Filiale in Wacken als Reinigungskraft Frau Christel Schmidt. Im Februar 1992 kündigte die Sparkasse das Arbeitsverhältnis mit der Begründung, sie wolle die Reinigung dieser Filiale **einer Fremdfirma übertragen**, die bereits die meisten anderen Gebäude der Sparkasse reinigte. Die Fremdfirma schlug der Klägerin vor, sie zu einem höheren als dem bisher von ihr bezogenen monatlichen Arbeitsentgelt zu übernehmen. Die Klägerin war jedoch nicht bereit, unter diesen Bedingungen für die Fremdfirma zu arbeiten, da die erhebliche Vergrößerung der zu reinigenden Fläche nach ihrer Meinung in Wirklichkeit zu einer Verschlechterung ihres Stundenlohns geführt hätte. Der EuGH hatte über die Vorlagefrage zu entscheiden, ob die Reinigungsaufgaben eines Betriebes einem Betriebsteil im Sinne der Richtlinie 77/187/EWG gleichgestellt werden können, auch wenn die Aufgaben vor der vertraglichen Übertragung auf eine Fremdfirma von einer einzigen Arbeitnehmerin erledigt wurden. Der EuGH hat die Frage bejaht. Entscheidendes Kriterium sei die **Wahrung der wirtschaftlichen Einheit**. Die Wahrung der Identität ergebe sich u.a. daraus, dass dieselbe oder eine gleichartige Geschäftstätigkeit vom neuen Inhaber tatsächlich weitergeführt oder wiederaufgenommen wird. So stelle die Gleichartigkeit der vor und nach der Übertragung ausgeführten Reinigungsaufgaben, die im Übrigen durch

130 *Hueck/Nipperdey*, Lehrbuch des Arbeitsrechts, Band 1, S. 93; BAG, Urt. v. 22.05.1985, EzA § 613a BGB Nr. 46.

131 BAG, Urt. v. 25.02.1981, AP Nr. 24 zu § 613a BGB; Urt. v. 16.10.1987, AP Nr. 69 zu § 613a BGB; Urt. v. 09.02.1994, AP Nr. 104 zu § 613a BGB.

132 BAG, Beschl. v. 07.11.1975, EzA § 118 BetrVG 1972 Nr. 7; Urt. v. 29.09.1988, AP Nr. 76 zu § 613a BGB; Urt. v. 24.04.1997, NZA 1998, 253.

133 AP Nr. 106 zu § 613a BGB (Christel Schmidt).

134 Die Entscheidung wurde als Sensationsentscheidung gehandelt und scharf kritisiert u.a. von *Röder/Baeck*, NZA 1994, 542; *Blomeyer*, Anm. zu EuGH vom 14.04.1994, EzA § 613a BGB Nr. 134; *Buchner*, DB 1994, 1417; *Bauer*, BB 1994, 1433; *Henssler*, NZA 1994, 913 (916); *Loritz*, Anm. zu AP Nr. 106 zu § 613a BGB; differenzierend: *Joost*, FS Wlotzke, S. 683.

das der betreffenden Arbeitnehmerin unterbreitete Angebot der Weiterbeschäftigung zum Ausdruck komme, ein typisches Merkmal eines Vorgangs dar, der in den Anwendungsbereich der Richtlinie falle.[135] Von der Literatur wurde die Entscheidung dahin gedeutet, dass nach Auffassung des EuGH für die Erfüllung des Merkmals des Betriebes oder Betriebsteils eine Nachfolge in die Tätigkeit, mit anderen Worten die reine **Funktionsnachfolge** ausreichend sei.[136]

Mit Urteil vom 11.03.1997 griff der EuGH,[137] auf Vorlage des Arbeitsgerichts Bonn, selbst korrigierend ein. Er stellte klar, dass die Richtlinie 77/187/EWG nicht für den Fall gilt, dass ein Auftraggeber, der die Reinigung von Räumlichkeiten einem Unternehmer übertragen hat, den Vertrag mit diesem kündigt und zur Durchführung ähnlicher Arbeiten einen neuen Vertrag mit einem anderen Unternehmer schließt, sofern dieser Vorgang weder mit einer Übertragung relevanter materieller oder immaterieller Betriebsmittel von dem einen auf den anderen Unternehmer, noch mit der Übernahme eines nach Zahl und Sachkunde wesentlichen Teils des von dem einen Unternehmer zur Durchführung des Vertrages eingesetzten Personals durch den anderen Unternehmer verbunden ist. Mit dem Begriff des Übergangs im Sinne der Richtlinie werde nämlich ein Fall erfasst, in dem eine wirtschaftliche Einheit, d.h. eine **organisierte Gesamtheit von Personen und Sachen zur Ausübung einer wirtschaftlichen Tätigkeit mit eigener Zielsetzung**, ihre Identität über den betreffenden Vorgang hinaus bewahrt. Unter diesen Voraussetzungen stelle der bloße **Verlust eines Auftrags an einen Mitbewerber** keinen solchen Übergang dar. Darüber hinaus sei es denkbar, dass eine wirtschaftliche Einheit in bestimmten Branchen, in denen es im Wesentlichen auf die menschliche Arbeitskraft ankomme, ohne relevante Betriebsmittel tätig sein und eine Gesamtheit von Arbeitnehmern darstellen könne, die durch eine gemeinsame Tätigkeit dauerhaft verbunden sind, wobei bei einem solchen Fall für die Annahme eines Übergangs im Sinne der Richtlinie jedoch erforderlich sei, dass diese Gesamtheit durch die Übernahme eines **wesentlichen Teils ihres Personals** durch den neuen Arbeitgeber fortbesteht.[138] Die neuere Definition wurde auch vom Europäischen Gesetzgeber aufgegriffen, der in der **Richtlinie 98/50/EG**[139] formuliert: »Vorbehaltlich Buchstabe a und der nachstehenden Bestimmungen dieses Artikels gilt als Übergang im Sinne dieser Richtlinie der Übergang einer ihre Identität bewahrenden wirtschaftlichen Einheit im Sinne einer organisierten Zusammenfassung von Ressourcen zur Verfolgung einer wirtschaftlichen Haupt- oder Nebentätigkeit.« 46

2. Betriebsübergang durch Übernahme von Personal

Mit Urteil vom 24.01.2002[140] hatte der EuGH erneut über die Anwendbarkeit der Richtlinie in einem Fall der Neuvergabe eines Reinigungsauftrages zu entscheiden. Der neue Auftragnehmer war durch einen belgischen Branchentarifvertrag verpflichtet, 75 % des Personals des vorherigen Auftragnehmers zu übernehmen. Hinzu kam, dass es sich bei den Reinigungsfirmen lediglich um **Subunternehmer der Auftragnehmer** handelte, sie also selbst keine vertraglichen Beziehungen zum Auftraggeber unterhielten. Die **Verpflichtung zur Übernahme durch Tarifvertrag** hat der EuGH als unerheblich bezeichnet, im Übrigen hat er seine Rechtsprechung zur Gesamtheit von Arbeitnehmern als wirtschaftliche Einheit bestätigt, wenn ein nach Zahl und Sachkunde wesentlicher Teil des Personals übernommen wird. 47

Zwei Punkte dieser Rechtsprechung des EuGH sollen hier herausgehoben werden. Der EuGH hat klargestellt, dass eine reine Funktionsnachfolge für die Annahme eines Betriebsübergangs nicht aus- 48

135 EuGH, Urt. v. 14.04.1994, AP Nr. 106 zu § 613a BGB (Christel Schmidt).
136 *Loritz*, Anm. zu AP Nr. 106 zu § 613a BGB; *Bauer*, DB 1994, 1433 (1435).
137 AP Nr. 14 zu EWG-Richtlinie Nr. 77/187 = NZA 1997, 433 (Ayse Süzen).
138 EuGH, Urt. v. 11.03.1997, NZA 1997, 433 (Ayse Süzen); vgl. dazu *Heinze*, DB 1997, 677; *Buchner*, NZA 1997, 408; *Trittin*, AiB 1997, 479; *ders.*, DB 1997, 1333; *Baeck*, NJW 1997, 2492; *Willemsen/Annuß*, DB 1997, 1875; *Thüsing*, SAE 1997, 276; *Annuß*, NZA 1998, 70.
139 Richtlinie 98/50/EG v. 29.06.1998, ABl. Nr. L 201, S. 88.
140 EuGH, Urt. v. 24.01.2002, NZA 2002, 265 = BB 2002, 464 m. Anm. *Thüsing*.

reicht.[141] Der Übergang von Arbeitsverhältnissen kann aber nicht mehr allein der Rechtsfolgenseite zugeordnet werden. Neben dem Übergang von materiellen und/oder immateriellen Betriebsmitteln erlangt vielmehr die Übernahme eines wesentlichen Teils des Personals gleichwertige Bedeutung auf der Tatbestandsseite. Das BAG ist dieser Rechtsprechung des EuGH in Abkehr von dem früher vertretenen Konfusionsargument[142] gefolgt und hat die nachfolgenden Entscheidungen zum Anlass genommen, seine Rechtsprechung zur Übernahme der Belegschaft als Anknüpfungspunkt für eine Betriebsübernahme fortzuentwickeln.

49 Dem Urteil des BAG vom 13.11.1997[143] lag folgender Sachverhalt zugrunde. Die Klägerin war als Reinigungskraft des Unternehmers N in einem Krankenhaus eingesetzt. Das Krankenhaus hat den Reinigungsauftrag an das Unternehmen P neu vergeben. Die Klägerin hatte daraufhin am 14.06.1993 eine ordentliche Kündigung zum 30.09.1993 erhalten. Zum 01.10.1999 stellte das Unternehmen P 75 der vormals bei der Firma N beschäftigten 87 Arbeitnehmer ein, darunter auch die Klägerin. Die Klägerin hielt die Kündigung vom 14.06.1993 aufgrund eines Verstoßes gegen das Kündigungsverbot aus § 613a Abs. 4 BGB für unwirksam und für sozial ungerechtfertigt.Das BAG hat die Kündigung für rechtswirksam erachtet. Dabei hat sich das BAG ausdrücklich der Rechtsprechung des EuGH angeschlossen. In Branchen, in denen es im Wesentlichen auf die menschliche Arbeitskraft ankomme, stelle die Übernahme einer organisierten Gesamtheit von Arbeitnehmern einen Betriebs- bzw. Betriebsteilübergang dar, wenn der neue Auftragnehmer **aufgrund eigenen Willensentschlusses** diese durch ihre gemeinsame Tätigkeit verbundenen Arbeitnehmer übernommen habe, weil sie in der Lage sind, den Neuauftrag wie bisher auszuführen.[144] Das BAG geht vom Vorliegen dieser Voraussetzung bei **Übernahme von 75 der 87 ehemals beschäftigten Arbeitnehmer** aus. Gleichwohl hat das BAG die Klage abgewiesen, weil die willentliche Übernahme der Hauptbelegschaft und damit der Betriebsübergang erst nach Ausspruch der streitbefangenen Kündigung erfolgt sei. Der nach Zugang der Kündigung eingetretene Betriebsübergang konnte die einmal gegebene Wirksamkeit der Kündigung nicht mehr beseitigen. Der Betriebsübergang zwischen dem Ausspruch der Kündigung und dem Kündigungstermin begründet jedoch einen Fortsetzungsanspruch[145] gegen den Betriebserwerber. Die gekündigten Arbeitnehmer haben einen Anspruch auf Abschluss eines Arbeitsvertrages zu unveränderten Arbeitsbedingungen und unter Wahrung ihres Besitzstandes.[146]

50 In der Entscheidung des BAG vom 11.12.1997[147] ging es um einen Fall, in dem der Nachfolgeauftragnehmer **60 der bislang in dem betreffenden Objekt von seinem Vorgänger beschäftigten 70 Arbeitnehmer** (85 %), einschließlich der Vorarbeiterin, nach Übernahme des Reinigungsauftrags eingestellt hatte. Die Klägerin erhielt weder eine Kündigung von ihrem bisherigen Arbeitgeber, noch ein Vertragsangebot der neuen Firma. Die alte Firma setzte die Klägerin ab dem Tag der Beendigung des Reinigungsauftrags nicht mehr ein und zahlte ihr keine Vergütung. Die Klägerin hat gegen den neuen Auftragsinhaber den Übergang ihres Arbeitsverhältnisses geltend gemacht, und hilfsweise für den Fall, dass kein Betriebsübergang vorliege, gegen ihren bisherigen Arbeitgeber auf Weiterbeschäftigung geklagt.

Die Klage gegen den bisherigen Arbeitgeber war bereits als bedingte Klageerhebung unzulässig. Im Übrigen hat das BAG einen Betriebsübergang bejaht. Dabei macht der Senat zunächst Ausführungen zum **Begriff des Betriebsteils**. Die Auftragswahrnehmung durch ein Fremdunternehmen könne teilbetrieblich oder als Betrieb organisiert sein. Bestimmte Dienstleistungen wie die der Gebäudereinigungs- und Bewachungsunternehmen könnten nur objektbezogen erbracht werden.

141 So nochmals ausdrücklich BAG, Urt. v. 11.12.1997, NZA 1999, 486; Urt. v. 22.01.1998, NZA 1998, 536.
142 BAG, Urt. v. 25.02.1981, AP Nr. 24 zu § 613a BGB; Urt. v. 16.10.1987, AP Nr. 69 zu § 613a BGB; Urt. v. 09.02.1994, AP Nr. 104 zu § 613a BGB; vgl. *Annuß*, NZA 1998, 70 (71).
143 NZA 1998, 251.
144 So auch schon BAG, Urt. v. 22.05.1997, NZA 1997, 1050; bestätigt durch BAG, Urt. v. 11.12.1997, NZA 1999, 486; Urt. v. 11.12.1997, NZA 1998, 534.
145 Vgl. zum Fortsetzungsanspruch bereits BAG, Urt. v. 27.02.1997, NZA 1997, 757.
146 BAG, Urt. v. 13.11.1997, NZA 1998, 251; bestätigt durch Urt. v. 11.12.1997, NZA 1999, 486; vgl. Rn 23 ff.
147 NZA 1998, 534.

Werde dazu eine organisierte Gesamtheit von Personen und Sachen eingesetzt, die getrennt von weiteren organisierten Einheiten des Auftragnehmers gesehen werden könne, und sei die Arbeitsaufgabe, die der Dienstleistung zugrunde liegt, ihrer Natur nach auf eine dauerhafte Erfüllung angelegt, seien die Voraussetzungen des Betriebsbegriffs erfüllt.[148] Die Identität der wirtschaftlichen Einheit bei der Übernahme von Personal liegt in der Arbeitsorganisation, der sich daraus ergebenden Aufgabenzuweisung und dem in der **Organisationsstruktur** verkörperten Erfahrungswissen. Die Identität wird gewahrt, wenn der neue Auftragnehmer die **Arbeitnehmer an ihren alten Arbeitsplätzen mit unveränderten Aufgaben weiter beschäftigt**. Der neue Auftragnehmer hat dann eine **bestehende Arbeitsorganisation** übernommen und keine neue aufgebaut. Unmaßgeblich ist, ob die vertragliche Übertragung der Arbeitsaufgabe befristet erfolgt. Für das Merkmal »auf Dauer« ist nicht auf die vertraglichen Gegebenheiten, sondern auf die »Natur« der Aufgabe abzustellen (gereinigt werden muss immer).[149]

Welcher nach Zahl und Sachkunde zu bestimmende Teil der Belegschaft übernommen werden muss, um von der Übernahme einer bestehenden Arbeitsorganisation ausgehen zu können, hängt von der Struktur eines Betriebes oder Betriebsteils ab. Haben die Arbeitnehmer einen geringen Qualifikationsgrad, muss eine hohe Anzahl von ihnen beschäftigt werden, um auf einen Fortbestand der vom Konkurrenten geschaffenen Arbeitsorganisation schließen zu können. Ist ein Betrieb stärker durch das Spezialwissen und die Qualifikation der Arbeitnehmer geprägt, kann neben anderen Kriterien ausreichen, dass wegen ihrer Sachkunde wesentliche Teile der Belegschaft übernommen werden.[150] 51

Während das BAG in der Entscheidung vom 11.12.1997[151] die Übernahme von 85 % der Belegschaft bei einfachen Tätigkeiten als ausreichend erachtete, ließ es im Urteil vom 10.12.1998[152] einen Anteil von 75 % nicht mehr genügen. Daraus kann jedoch noch nicht, den Blick allein auf die Prozentzahlen verengend, gefolgert werden, bei Tätigkeiten, die keine hohen Anforderungen an die Arbeitnehmer stellen, sei die Übernahme von 75 % zu gering, die Übernahme von 85 % aber ausreichend, während lediglich zwischen diesen beiden Werten von 75 % und 85 % noch Rechtsunsicherheit bestünde. Allein von dem Prozentsatz der übernommenen Arbeitnehmer kann offenbar noch nicht auf den Fortbestand der Arbeitsorganisation geschlossen werden. Im Urteil vom 11.12.1997 führt das BAG aus, die von dem bisherigen Auftragnehmer eingesetzten 70 Arbeitnehmer seien von einer Vorarbeiterin angeleitet worden, und sie seien einzeln oder in Kleingruppen bestimmten Reinigungsrevieren zugewiesen gewesen. Damit habe der bisherige Auftragnehmer eine objektbezogene Arbeitsorganisation geschaffen, die von anderen unterscheidbar war. Die neue Auftragnehmerin habe nicht substantiiert bestritten, dass sie die Einteilung der Arbeitnehmer und Arbeitnehmergruppen für Reinigungsreviere zunächst im Wesentlichen unverändert beibehielt. Dagegen hat das BAG in der Entscheidung vom 10.12.1998 festgestellt, der Kläger habe es ausdrücklich unterlassen, die ihm zumindest im Zeitraum vom 01. bis 11.01.1996 (solange war der Kläger in der Probezeit bei dem Auftragsnachfolger beschäftigt) bekannt gewordenen Arbeitsvorgaben des neuen Auftragnehmers im Prozess vorzutragen. Damit sei der Kläger seiner ihm obliegenden Darlegungslast nicht nachgekommen. Es sei daher davon auszugehen, dass der neue Auftragnehmer eine **neue Ablauf- und Arbeitsorganisation** eingeführt habe. Mithin reicht es in einem Prozess nicht aus, den Anteil der übernommenen Mitarbeiter vorzutragen. Vielmehr muss der klagende Arbeitnehmer zusätzlich vortragen, worin die Eigentümlichkeit der Arbeitsorganisation des bisherigen Arbeitgebers bestand und dass der neue Auftragnehmer sich mit der Übernahme der Belegschaft genau diese Arbeitsorganisation zu Nutzen macht und fortführt. 52

148 BAG, Urt. v. 11.12.1997, NZA 1998, 534.
149 BAG, Urt. v. 11.12.1997, NZA 1998, 534.
150 BAG, Urt. v. 11.12.1997, NZA 1998, 534.
151 NZA 1998, 534.
152 NZA 1999, 420.

53 Lässt das Vorbringen des Arbeitnehmers dem ersten Anschein nach auf einen Betriebsübergang durch Übernahme der Hauptbelegschaft schließen, muss der Betriebserwerber qualifiziert widersprechen. Dafür genügt der Vortrag nicht, er habe mit einer weitaus geringeren Mitarbeiterzahl begonnen, als der letzte Auftragnehmer zuletzt gehabt habe, und es seien neben Mitarbeitern des letzten Auftragnehmers auch zahlreiche neue Mitarbeiter eingestellt worden, so dass die Mitarbeiterstruktur ein »vollkommen neues Gesicht« erhalten habe.[153]

3. Betriebsübergang durch Übernahme von Betriebsmitteln des Auftraggebers

54 Auch das Bewachungsgewerbe zeichnet sich in erster Linie durch die menschliche Arbeitskraft aus. In der Entscheidung vom 22.01.1998 hatte sich das BAG[154] mit der Frage auseinander zu setzen, ob es sich bei der **Übernahme von Sicherungseinrichtungen**, die vom Auftraggeber eingebaut wurden, um die Übernahme materieller Betriebsmittel handelt. Das BAG hat die Frage verneint.

55 Der Auftraggeber, eine Bundesforschungsanstalt, war mit einer Sicherheitszaunanlage mit Zusatzeinrichtungen, Wach- und Pförtnerhaus, einer Kontrollzwecken dienenden EDV-Anlage und einer entsprechend eingerichteten Telefonanlage ausgestattet. Diese Einrichtungen wurden tagsüber von den bei der Bundesforschungsanstalt angestellten Bewachungskräften, abends, an Wochenenden und feiertags von den Beschäftigten des Auftragnehmers genutzt. Von den 11 Arbeitnehmern hat der neue Auftragnehmer einen fest und einen zur Aushilfe eingestellt.

Das BAG stellt zunächst noch einmal fest, dass der bloße **Verlust eines Auftrags an einen Mitbewerber** für sich genommen keinen Übergang i.S.d. Richtlinie 77/187/EWG darstellt. Das zuvor beauftragte Dienstleistungsunternehmen verliert zwar einen Kunden, besteht aber weiter, ohne dass einer seiner Betriebe oder Betriebsteile auf den neuen Auftragnehmer übertragen worden wäre. Ist zur Erfüllung des jeweiligen Auftrags die Nutzung von durch den Auftraggeber gestellten Arbeitsmitteln und Einrichtungen geboten, hat eine wertende Beurteilung zu erfolgen, ob diese dem **Betrieb des Auftragnehmers als eigene Betriebsmittel zugeordnet** werden können. Unerheblich ist, ob die Betriebsmittel im Eigentum des Betriebsinhabers stehen. Sie müssen diesem jedoch zur **eigenwirtschaftlichen Nutzung** zur Verfügung gestellt werden, beispielsweise im Wege der Pacht, des Nießbrauchs oder als untypischer Vertrag. Erbringt der Auftragnehmer dagegen nur eine Dienstleistung an fremden Geräten oder Maschinen innerhalb fremder Räume, ohne dass ihm die Befugnis eingeräumt ist, über Art und Weise der Nutzung der Betriebsmittel in eigenwirtschaftlichem Interesse zu entscheiden, können ihm diese Betriebsmittel nicht als eigene zugerechnet werden. Maßgebliches Unterscheidungskriterium ist die Art der vom Auftragnehmer angebotenen Leistung. Handelt es sich um eine Tätigkeit, für die regelmäßig Maschinen, Werkzeuge, sonstige Geräte oder Räume innerhalb eigener Verfügungsmacht und aufgrund eigener Kalkulation eingesetzt werden müssen, sind auch nur zur Nutzung überlassene Arbeitsmittel dem Betrieb oder dem Betriebsteil des Auftragnehmers zuzurechnen. Ob diese Betriebsmittel für die Identität des Betriebes wesentlich sind, ist Gegenstand einer gesonderten Bewertung. Wird dagegen vom Auftragnehmer eine Leistung angeboten, die er an den jeweiligen Einrichtungen des Auftraggebers zu erbringen bereit ist, ohne dass er typischerweise über Art und Umfang ihres Einsatzes bestimmten könnte, gehören diese Einrichtungen nicht zu den Betriebsmitteln des Auftragnehmers. Bewachungsleistungen werden üblicherweise nur unter Einsatz einfacher Arbeitsmittel, wie Handys, Stechuhren, Taschenlampen, Uniformen, eventuell auch Waffen und Hunden angeboten. Komplizierte und teuere Sicherheitssysteme werden hingegen vom Auftraggeber vorgegeben und unterhalten. Sie gehören daher nicht zu den Betriebsmitteln des Auftragnehmers.[155]

153 LAG Hamm, Urt. v. 22.08.2000, BuW 2001, 41.
154 NZA 1998, 638.
155 BAG, Urt. v. 22.01.1998, NZA 1998, 638.

In der Entscheidung vom 11.12.1997[156] ging es wie in dem Fall des Bewachungsgewerbes vom 22.01.1998[157] um die Frage der **Zuordnung von Betriebsmitteln**, die im Eigentum des Auftraggebers stehen. Beide Catering-Unternehmen hatten die Einrichtung und die Arbeitsmittel der Betriebskantine der Auftraggeberin genutzt. Unter den gleichen abstrakten Grundsätzen wie in dem Bewachungsfall[158] hat das BAG auch hier eine eigenwirtschaftliche Nutzung und damit eine Zuordnung zu den jeweiligen Auftragnehmern verneint. Die Nutzung sei allein zur Erfüllung der im Verhältnis zur Auftraggeberin begründeten Dienstleistungspflicht erfolgt. Der Auftragnehmer schulde die Arbeit an und mit den Mitteln der Auftraggeberin. Die Versorgung der Mitarbeiter der Auftraggeberin sei Betriebszweck der von der Auftraggeberin unterhaltenen Kantine, während das Catering-Unternehmen das Betreiben einer fremden Kantine zum Betriebszweck habe. Dies werde auch daran deutlich, dass die Auftraggeberin zur Unterhaltung und Reinigung der Räumlichkeiten verpflichtet sei. Sie habe die Wartungskosten in vollem Umfang zu tragen.[159] 56

Die vom BAG vorgenommene Grenzziehung zur eigenwirtschaftlichen Nutzung von Betriebsmitteln des Verpächters einer Kantine bzw. eines Betriebsrestaurants durch den Pächter wie den Vorpächter unter Bejahung eines Betriebsübergangs ergibt sich aus der Entscheidung vom 25.05.2000.[160] In dieser Entscheidung hat das BAG darauf abgestellt, dass der Auftragsnachfolger seine betriebliche Tätigkeit in Form des Betreibens eines Betriebsrestaurants in den Räumen des Auftraggebers und unter Verwendung von weiteren Betriebsmitteln (Installationen, Gerätschaften und Einrichtungsgegenständen), die ihr wie dem ersten Auftragnehmer von dem Auftraggeber zur Verfügung gestellt wurden, ausgeführt hat. Diese Nutzung erfolgte jedoch nicht nur in Erfüllung einer Dienstleistungspflicht gegenüber dem Auftraggeber. Vielmehr sei der Auftragnehmer eigenwirtschaftlich tätig, so dass die vorher dem Vorpächter überlassene Betriebsmittel nunmehr dem neuen Auftragnehmer als eigene zugerechnet werden könnten. Die Unterscheidung zu dem vorgenannten Catering-Fall hat das BAG darin gesehen, dass die Auftragnehmerin selbst Vertragspartner der Gäste der Kantine wurde, sie muss die ihr entstehenden Kosten sowie den Ertrag durch den Verkauf von Speisen, Getränken und anderen Artikeln selbst erwirtschaften. Sie erhalte nicht etwa von Seiten der DT AG eine Pauschalvergütung für eine gegenüber dieser zu erbringende Dienstleistung. Die Auftragnehmerin hat die Chance und das Risiko, dass ihre Einnahmen aus dem Kantinenbetrieb, je danach, wie der Zuspruch der von Seiten der Mitarbeiter ist, höher oder niedriger sind. Die Auftragnehmerin trage auch die Kosten der Reinigung der Betriebsräume. Auch habe sie im Rahmen der vertraglichen Vereinbarung die Kosten der Unterhaltung und des Ersatzes der genannten Einrichtungsgegenstände zu tragen. 57

Diese Differenzierung wird **in der jüngsten Entscheidung des EuGH[161] nicht berücksichtigt**. Nach dem **Leitsatz des EuGH** liegt ein Betriebsübergang auch in einer Situation vor, in der ein Auftraggeber, der einen ersten Unternehmer vertraglich mit der gesamten Verpflegung in einem Krankenhaus beauftragt hatte, diesen Vertrag beendet und über dieselbe Leistung einen neuen Vertrag mit einem zweiten Unternehmer abschließt, **wenn der zweite Unternehmer zuvor von dem ersten Unternehmer benutzte und beiden nacheinander vom Auftraggeber zur Verfügung gestellte wesentliche materielle Betriebsmittel benutzt**, und dies auch dann, wenn der zweite Unternehmer zum Ausdruck gebracht hat, dass er die Arbeitnehmer des ersten Unternehmers nicht übernehmen will. Zu den Aufgaben des jeweiligen Auftragnehmers gehörten die Erstellung der Speisepläne, der Einkauf, die Lagerhaltung, die Produktion, die Portionierung und der Transport der portionierten Mahlzeiten auf die verschiedenen Stationen des Krankenhauses (nicht jedoch die Verteilung an die Patienten), die Ausgabe im Personalspeisesaal sowie die Reinigung des Schmutzgeschirrs und der benützten Räume. Der zweite Auftragnehmer (*Sodexho*) übernahm vom 58

156 BAG, Urt. v. 11.12.1997, NZA 1998, 532.
157 BAG, Urt. v. 22.01.1998, NZA 1998, 638.
158 Vgl. Rn 54.
159 BAG, Urt. v. 11.12.1997, NZA 1998, 532.
160 BAG, Urt. v. 25.05.2000 – 8 AZR 337/99, RzK I 5 e Nr 138.
161 EuGH, Urt. v. 20.11.2003, NZA 2003, 1385.

ersten Auftragnehmer (*Sanrest*) keinerlei Kalkulationen, Menüpläne, Diätpläne, Rezepturen oder Erfahrungsberichte. Auch Arbeitnehmer wurden nicht freiwillig übernommen.

59 Nach der Abgrenzung des BAG müssten folgende Erwägungen angestellt werden. Erfolgt die Versorgung der Patienten mit Speisen und Getränken als Dienstleistung gegenüber dem Krankenhausträger und wird von diesem pauschal vergütet – es ist davon auszugehen, dass nicht die Patienten Vertragspartner von *Sodexho* geworden sind – deutet dies darauf hin, dass die Dienstleistung gegenüber dem Krankenhausträger an seinem Inventar und in dessen Räumlichkeiten erbracht wird und *Sodexho* keine eigenwirtschaftliche Nutzungsmöglichkeit im Sinne des BAG an diesen hatte. Allerdings könnte hinsichtlich der Versorgung des Personals eine andere Beurteilung angezeigt sein. Hierzu enthält der Sachverhalt ungenügende Angaben, weil daraus nicht ersichtlich ist, ob das Personal im Sinne einer Betriebskantine Vertragspartner von *Sodexho* wird und inwieweit *Sodexho* die Essensauswahl, die Preisgestaltung, das Angebot von Getränken und sonstigen Artikeln frei gestalten kann, ohne dafür eine Vergütung durch den Krankenhausträger zu erhalten. Weiterhin ist in Randnummer 11 der Entscheidung erwähnt, dass der Vorgänger aus der Krankenhausküche heraus weitere externe Kunden betreut hat, unter anderem auch den neben dem Krankenhaus befindlichen Kindergarten. In Randnummer 16 heißt es, dass *Sodhexo* sechs bis zehn Menüs für den Kindergarten übernommen hat. Auch die Nutzung des Inventars für die Bedienung weiterer Kunden würde auf eine eigenwirtschaftliche Nutzung des Inventars hindeuten. Weiterhin war der Auftragnehmer für Reinigung und Unterhalt, also Ersatz von beschädigtem Inventar zuständig, was auf eine eigenverantwortliche Verwendung hindeutet. Nach ergänzender Sachaufklärung hätte ggf. eine Gewichtung erfolgen müssen, um zu beurteilen, ob das überlassene Inventar letztlich eigenwirtschaftlich eingesetzt wird oder die Dienstleistung lediglich gegenüber dem Krankenhausträger an seinem Inventar ausgeübt wird. Bereits in der Entscheidung vom 25.05.2000[162] hatte das BAG dagegen darauf hingewiesen, dass es sich bei dem Koch einer Betriebskantine – anders als bei einem Spezialitätenrestaurant – nicht um einen Know-how-Träger handelt.[163] Das gelte auch für das sonstige Küchen- und Bedienpersonal.

59a Die **Begründung des EuGH** für die Annahme eines Betriebsübergangs ist wesentlich kürzer und setzt sich mit den vom BAG in ähnlichen Fällen geprüften Abgrenzungsfragen nicht auseinander.[164] Die Verpflegung könne nicht als eine Tätigkeit angesehen werden, bei der es im Wesentlichen auf die menschliche Arbeitskraft ankomme, da dafür Inventar in beträchtlichem Umfang erforderlich ist. Wie die Kommission geltend mache, wurden im Ausgangsverfahren die für die betreffende Tätigkeit unverzichtbaren Betriebsmittel – nämlich die Räumlichkeiten, Wasser, Energie und das Groß- und Kleininventar (insbesondere das zur Zubereitung der Speisen erforderliche unbewegliche Inventar und die Spülmaschinen) – von *Sodexho* übernommen. Außerdem sei die Situation im Ausgangsverfahren durch die ausdrückliche und unabdingbare Verpflichtung zur Zubereitung der Speisen in der Küche des Krankenhauses und folglich zur Übernahme dieser Betriebsmittel geprägt. Der Übergang der Räumlichkeiten und des vom Spital zur Verfügung gestellten Inventars, der für die Zubereitung und die Verteilung der Speisen an die Patienten und das Spitalspersonal unerlässlich erscheine, reiche unter diesen Umständen für die Erfüllung der Merkmale des Übergangs der wirtschaftlichen Einheit aus. Es sei außerdem klar ersichtlich, dass der neue Auftragnehmer zwangsläufig im Wesentlichen die Kunden seines Vorgängers übernommen habe, da diese gebunden seien.

162 BAG, Urt. v. 25.05.2000 – 8 AZR 337/99, RzK I 5 e Nr. 138 (Leitsatz).

163 A.A. *Bauer*, NZA 2004, 14 (16).

164 Ablehnend mit anderer Schwerpunktsetzung auf die Bedeutung der Übernahme von Personal im Dienstleistungsbereich *Bauer*, NZA 2004, 14 (16 f.).

4. Einschränkung der Tätigkeit nach Neuvergabe eines Auftrags

Unter dem 14.05.1998 hatte das BAG[165] erneut über die Neuvergabe eines Bewachungsauftrags zu entscheiden: Bis zur Neuvergabe wurde die Bewachung von den Firmen S und W mit 36 bzw. 54 Wachleuten durchgeführt. Von den 36 bei der Firma S beschäftigten Wachleuten hat der neue Auftragnehmer 22 (ca. 61 %) übernommen. Mit der Neuvergabe ging eine Einschränkung und Änderung der Bewachung einher. Nach der Neuausschreibung wurden statt der insgesamt 90 nur noch 52 Wachleute eingesetzt. 60

Die **Einschränkung der Tätigkeit** auf ca. 58 % stelle eine erhebliche Änderung der wirtschaftlichen Tätigkeit dar. Es liege – unabhängig von einer etwa erforderlichen Neuorganisation – schon aufgrund der stark reduzierten Arbeitsmenge nicht mehr im Wesentlichen dieselbe oder eine ähnliche Arbeitsaufgabe vor. Gleichwohl sei es denkbar, dass gerade die Teilaufgabe der Bewachung, die die Tätigkeit der Firma S ausmachte, auf den neuen Auftragnehmer übergegangen ist. Handelt es sich um einfache Tätigkeiten, genügt die Einstellung von 22 der früher beschäftigten 36 Arbeitnehmer (ca. 61 %) nicht, um die Wahrung der betreffenden Einheit annehmen zu können. Etwas anderes kann dann gelten, wenn es sich um eine verhältnismäßig qualifizierte und spezialisierte Tätigkeit handelt, und die 22 übernommenen Arbeitnehmer das »Gerüst« der Belegschaft darstellten und das wesentliche »Know-how« repräsentierten. Der Rechtsstreit ist zur weiteren Sachaufklärung an das LAG zurückverwiesen worden.[166]

III. Identität der wirtschaftlichen Einheit nach Wechsel der Betriebsmethoden

In dem am 11.09.1997[167] entschiedenen Rechtsstreit hatte sich das BAG mit den Merkmalen der **Identität der wirtschaftlichen Einheit** einer Gaststätte auseinander zu setzen. Die Klägerin war als Serviererin beschäftigt, also mit einer Tätigkeit, die sie in jedem Restaurantbetrieb wahrnehmen konnte. Sowohl der alte, als auch der neue Betriebsinhaber haben auch ein Speiserestaurant in den selben Räumlichkeiten betrieben. Die Besonderheit lag darin, dass das Restaurant vor dem Inhaberwechsel seit 80 Jahren als gutbürgerliches deutsches Speiserestaurant geführt worden war. Der neue Inhaber übernahm eine funktionsfähige Kühleinrichtung und drei Elektrogeräte und betrieb ein Restaurant mit arabischen Spezialitäten. Ausweislich der Speisekarte wurde »Essen wie aus Tausend und einer Nacht mit den besten Gerichten der arabischen Küche in einer exotischen Atmosphäre« serviert. Jeden Samstag gab es ausgefallene Menüs bei Bauchtanz. 61

Das BAG hat die Wahrung der Identität der wirtschaftlichen Einheit »Gaststätte« verneint. Der Unterschied im Angebot zwischen Gaststätten könne kaum größer sein. Es habe ein **Wechsel der Betriebsmethoden und der Arbeitsorganisation** stattgefunden. Das Restaurant ziehe nunmehr Gäste mit anderem Geschmack und anderen Interessen an. Der neue Betriebsinhaber habe sich daher den **Kundenstamm** nicht erhalten. Der Übernahme des Personals eines Restaurants misst das BAG auf der Tatbestandsseite erhebliche Bedeutung zu. Das Personal wirke auf die äußere Darstellung des Restaurants und seine Anziehungskraft auf Gäste entscheidend ein. Dabei sei der Koch ein besonderer Know-how-Träger. Übernommene Einrichtungsgegenstände wichen daher in der Bedeutung zurück. Eine Einheit oder Teileinheit sei dagegen nicht als bloße Betätigungsmöglichkeit zu verstehen. Die Wahrung der Identität der Einheit liege bei Fehlen der sonstigen Voraussetzungen nicht schon deshalb vor, weil einzelne Arbeitnehmer ihre aus dem alten Arbeitsverhältnis geschuldete Arbeitsleistung auch beim neuen Betriebsinhaber erbringen könnten.[168]

165 NZA 1999, 483.
166 BAG, Urt. v. 14.05.1998, NZA 1999, 483.
167 NZA 1998, 31.
168 BAG, Urt. v. 11.09.1997, NZA 1998, 31.

IV. Öffentliche Verwaltung – Übernahme betrieblicher Organisation

62 Mit Urteil vom 26.06.1997[169] hatte sich das BAG mit der **Übertragung einer öffentlichen Verwaltung** zu befassen. Es hat festgestellt, dass bei der Übertragung einer öffentlichen Verwaltung der vorhandenen Organisation große Bedeutung zukommt. Eine Wahrung der Identität der Verwaltung liege bei Fortführung der Aufgaben innerhalb einer gänzlich andersartigen Arbeitsorganisation der übernehmenden Verwaltung nicht vor.[170] Den Gedanken der Übernahme der vorhandenen betrieblichen Organisation hat das BAG später auch für die Privatwirtschaft übernommen.[171]

63 Art. 1 Abs. 1 der Richtlinie 77/187/EWG des Rates vom 14.02.1977 zur Angleichung der Rechtsvorschriften der Mitgliedstaaten über die Wahrung von Ansprüchen der Arbeitnehmer beim Übergang von Unternehmen, Betrieben oder Betriebsteilen ist dahin auszulegen, dass die Richtlinie auf einen Fall Anwendung finden kann, in dem eine Stelle, die öffentliche Telekommunikationsdienste betreibt und von einer in die staatliche Verwaltung eingegliederten Einrichtung verwaltet wird, aufgrund von Entscheidungen staatlicher Stellen entgeltlich in Form einer Verwaltungskonzession auf eine privatrechtliche Gesellschaft übergeht, die von einer anderen öffentlichen Einrichtung gegründet worden ist, die alle Aktien dieser Gesellschaft hält. Die durch einen Übergang betroffenen Personen müssen jedoch ursprünglich als Arbeitnehmer nach nationalem Arbeitsrecht geschützt gewesen sein. Art. 3 Abs. 1 Unterabs. 1 der Richtlinie ist dahin auszulegen, dass der Erwerber bei der Berechnung von finanziellen Ansprüchen, die bei ihm an das Dienstalter der Arbeitnehmer geknüpft sind, wie von Abfindungen bei Vertragsende oder Lohnerhöhungen, alle von dem übergangenen Personal sowohl in seinem Dienst als auch im Dienst des Veräußerers geleisteten Jahre insoweit zu berücksichtigen hat, als diese Verpflichtung sich aus dem Arbeitsverhältnis zwischen diesem Personal und dem Veräußerer ergab, und gemäß den im Rahmen dieses Verhältnisses vereinbarten Modalitäten. Die Richtlinie verwehrt dem Erwerber jedoch nicht, die Bedingungen dieses Arbeitsverhältnisses insoweit zu ändern, als das nationale Recht eine solche Änderung unabhängig vom Fall des Unternehmensübergangs zulässt.[172]

V. Arbeitnehmerüberlassungsbetrieb – Beziehung zu Leiharbeitnehmern und Kunden

64 Für einen Betrieb der Arbeitnehmerüberlassung sind die Beziehungen zu den Leiharbeitnehmern und zu den Kunden das wesentliche Substrat. Dagegen bilden der Name des Unternehmens, das Firmenlogo, die Geschäftsräume und die Telefonnummer zwar Bestandteile des Betriebs, sie machen aber noch nicht den Betrieb aus.[173]

C. Rechtsfolgen

65 Nach § 613a Abs. 1 Satz 1 BGB tritt der Betriebserwerber in die Rechte und Pflichten aus den im Zeitpunkt des Übergangs bestehenden Arbeitsverhältnissen kraft Gesetzes, u.U. gepaart mit einem unverzüglichen Fortsetzungsverlangen,[174] ein.

169 NZA 1997, 1228.
170 BAG, Urt. v. 26.06.1997, NZA 1997, 1228.
171 BAG, Urt. v. 14.05.1998, NZA 1999, 483.
172 EuGH, Urt. v. 14.09.2000, NZA 2000, 1279; vgl. auch EuGH, Urt. v. 25.01.2001, NZA 2001, 249 zum Betriebsübergang durch Vergabeentscheidung der öffentlichen Hand.
173 LAG Köln, Urt. v. 15.01.1997, NZA 1998, 484.
174 Vgl. Rn 23 ff.

I. Übergang der Rechte und Pflichten aus dem Arbeitsverhältnis

1. Rechte und Pflichten zwischen aktiven Arbeitnehmern und dem Betriebsveräußerer

Der Schutzbereich des § 613a Abs. 1 Satz 1 BGB umfasst ausdrücklich Arbeitsverhältnisse, einschließlich der Auszubildenden und leitenden Angestellten.[175] Die Rechtsverhältnisse von **freien Mitarbeitern, Handelsvertretern und Heimarbeitern** sind mithin nicht in den Schutzbereich des § 613a BGB einbezogen.[176] Die Vertragsbeziehungen zum Veräußerer bleiben bei diesen Rechtsverhältnissen vom Betriebsinhaberwechsel unberührt. Der Betriebserwerber tritt nicht in das Anstellungsverhältnis eines **Fremdgeschäftsführers einer GmbH** ein.[177] Ausgeschlossen von einem Übergang sind auch die **Ruhestandsverhältnisse** und die Rechtsbeziehungen zu ehemaligen Arbeitnehmern, die mit unverfallbaren Versorgungsanwartschaften ausgeschieden sind.[178] Auch eine analoge Anwendung scheidet aus, weil § 613a BGB nicht dazu dient, den Rentnern mit der Veräußerung des Betriebes einen neuen Schuldner zu verschaffen. Die Vorschrift verfolgt vielmehr das Ziel, die Arbeitsplätze der aktiven Arbeitnehmer zu erhalten. Dieses Ziel betrifft Ruheständler nicht. Ihnen kann es nur darum gehen, sich einen Schuldner zu erhalten, der zahlungsfähig ist. Dass dies im Allgemeinen oder gar notwendig der Betriebserwerber sei, stehe nicht fest.[179] Auch der gesetzliche Insolvenzschutz richtet sich allein nach der wirtschaftlichen Lage des Betriebsveräußerers, und zwar auch dann, wenn dieser keine Arbeitnehmer (mehr) beschäftigt, also nicht mehr Arbeitgeber ist.[180] Dagegen hat der Erwerber für die aktiven Arbeitnehmer auch die Ruhegeldanwartschaften zu übernehmen, die auf der beim Betriebsveräußerer zurückgelegten Betriebszugehörigkeit beruhen. Überhaupt wird die **Betriebszugehörigkeit** nach Übergang fortgeschrieben, ist also für sämtliche Fragen, wie beispielsweise des Kündigungsschutzes,[181] der Kündigungsfristen, der ordentlichen Unkündbarkeit und ähnlichem zu berücksichtigen. Wird allerdings beim Betriebserwerber eine Versorgungszusage erst begründet, braucht diese die frühere Beschäftigungszeit bei der Berechnung der Versorgung nicht zu berücksichtigen. § 613a Abs. 1 BGB bestimmt für den Fall der Betriebsveräußerung, dass der Erwerber in die Rechte und Pflichten aus den Arbeitsverhältnissen eintreten muss, die zur Zeit des Betriebsinhaberwechsels bestehen. Das Gesetz schützt den bereits erworbenen Besitzstand der übernommenen Belegschaft. Die Betriebszugehörigkeit begründet aber für sich allein noch keine Rechte. Sie ist nur ein Tatbestandsmerkmal, von dem die Entstehung oder der Inhalt eines Rechts oder einer Anwartschaft abhängen können. Deshalb ist der Erwerber eines Betriebes nicht gehindert, bei der **Gewährung von Sozialleistungen** danach zu unterscheiden, ob die betreffenden Arbeitnehmer ihre Betriebstreue ihm selbst oder noch dem früheren Betriebsinhaber erbracht haben.[182] 66

Der Betriebserwerber wird nicht Schuldner der **Provisionsansprüche** von Arbeitnehmern, die zur Zeit des Betriebsübergangs bereits ausgeschieden waren. Das gilt auch dann, wenn das provisionspflichtige Geschäft erst von dem Betriebserwerber ausgeführt wird.[183] **Handelsrechtliche Vollmachten** werden nicht gem. § 613a BGB auf den Erwerber übergeleitet.[184] Hat ein Konzernun- 67

175 KR/*Pfeiffer*, § 613a BGB Rn 12.

176 Vgl. BAG, Urt. v. 03.07.1980, AP Nr. 23 zu § 613a BGB; Urt. v. 24.03.1998, NZA 1998, 1001 zu Heimarbeitsverhältnissen.

177 BAG, Urt. v. 13.02.2003, NZA 2003, 552; OLG Celle, Urt. v. 15.06.1977, DB 1977, 1840; KR/*Pfeiffer*, § 613a BGB Rn 16.

178 BAG, Urt. v. 24.03.1977, AP Nr. 6 zu § 613a BGB; Urt. v. 14.07.1981, AP Nr. 27 zu § 613a BGB.

179 BAG, Urt. v. 11.11.1986, AP Nr. 61 zu § 613a BGB.

180 BAG, Urt. v. 11.11.1986, AP Nr. 61 zu § 613a BGB; zur Betriebsveräußerung in der Insolvenz vgl. § 18.

181 BAG, Urt. v. 27.06.2002, NZA 2003, 145, auch für den Fall, wenn zum Zeitpunkt des Betriebsübergangs das Arbeitsverhältnis kurzfristig unterbrochen war, die Arbeitsverhältnisse aber in einem engen sachlichen Zusammenhang stehen.

182 BAG, Urt. v. 25.08.1976, AP Nr. 41 zu § 242 BGB Gleichbehandlung; Urt. v. 30.08.1979, AP Nr. 16 zu § 613a BGB.

183 BAG, Urt. v. 11.11.1986, AP Nr. 60 zu § 613a BGB.

184 Tschöpe/*Beseler*, Teil 2 G Rn 95.

ternehmen in einem **Aktienoptionsplan** eigenständig Verpflichtungen gegenüber Arbeitnehmern übernommen, die im Betrieb eines anderen zum Konzern gehörenden Unternehmens beschäftigt sind, so gehen diese Verpflichtungen nicht auf den Betriebserwerber über, da sie nicht Gegenstand des Arbeitsverhältnisses mit dem Betriebsveräußerer waren.[185] Ist bei einem Betriebsübergang zwischen Konzernunternehmen vereinbart, dass die übergegangenen Mitarbeiter noch das **Intranet des Veräußerers** nutzen dürfen, können diese noch nach Betriebsübergang zum Adressatenkreis einer **Gesamtzusage über eine Sonderzuwendung für das abgelaufene Geschäftsjahr** gehören, die über das Intranet abgegeben wird. Es kommt auf die Ausgestaltung des Kreises der Begünstigten in der Zusage an.[186]

2. Betriebliche Übung und Gleichbehandlung

68 Gebunden ist der Betriebserwerber auch an eine **betriebliche Übung beim Veräußerer**,[187] da Ansprüche aufgrund einer betrieblichen Übung den Arbeitsvertrag ergänzen.[188] Weitergehend wird vertreten, dass es ausreicht, wenn die betriebliche Übung beim Veräußerer in Gang gesetzt und erst beim Betriebserwerber vollendet wurde.[189] Die Betriebsübernahme ist bei Eingliederung in einen Betrieb beim Erwerber ein **sachlicher Grund für eine Ungleichbehandlung** der übernommenen Mitarbeiter und der bereits beim Erwerber in dem aufnehmenden Betrieb Beschäftigten.[190] Dementsprechend kann der Arbeitgeber die besseren Leistungen an die Gruppe der übernommenen oder bereits vorhandenen Arbeitnehmer nicht unter Berufung auf den Gleichbehandlungsgrundsatz durch entsprechende Änderungskündigungen beseitigen.[191]

3. Verschlechterung von Arbeitsbedingungen

a) Neueinstellung zu verschlechterten Arbeitsbedingungen

69 § 613a BGB ist zwingendes Recht, das einer Parteivereinbarung nicht zugänglich ist. Selbstverständlich ist es dem Arbeitnehmer unbenommen, sein Arbeitsverhältnis zum Betriebsveräußerer durch Aufhebungsvertrag oder Eigenkündigung zu beenden. Wenn allerdings die Arbeitnehmer durch Wiedereinstellungszusagen dazu gebracht werden, ihr Arbeitsverhältnis zum Veräußerer zu beenden, damit mit einem Teil der Belegschaft ein neues Arbeitsverhältnis zum Erwerber frei von den Beschränkungen des § 613a BGB begründet werden kann, liegt hierin eine Umgehung der zwingenden Vorschrift des § 613a BGB. Die damit zusammenhängenden Rechtsgeschäfte (Aufhebungsvertrag oder Kündigung, Neueinstellung zu verschlechterten Bedingungen) sind wegen Verstoßes gegen ein gesetzliches Verbot unwirksam (sog. **Lemgoer Modell**).[192]

b) Verschlechternde Änderungsverträge

70 Die einjährige Veränderungssperre des § 613a Abs. 1 Satz 2 BGB bezieht sich lediglich auf die aus Tarifverträgen und Betriebsvereinbarungen in die Arbeitsverhältnisse transformierten Rechte. Es stellt sich daher die Frage, inwieweit **Änderungsverträge** bezogen auf die nach § 613a Abs. 1 Satz 1 BGB übergehenden Arbeitsbedingungen zulässig sind.[193] Das Gesetz selbst enthält hier keine Sperre.

185 BAG, Urt. v. 12.02.2003, NZA 2003, 847.
186 BAG, Urt. v. 22.01.2003, AP Nr. 247 zu § 611 BGB Gratifikation.
187 Tschöpe/*Beseler*, Teil 2 G Rn 106.
188 BAG, Teilurt. v. 05.02.1971, AP Nr. 10 zu § 242 BGB Betriebliche Übung; Urt. v. 14.08.1986, AP Nr. 1 zu § 13 TV Ang. Bundespost.
189 KR/*Pfeiffer*, § 613a BGB Rn 137.
190 Vgl. BAG, Urt. v. 28.04.1982, AP Nr. 3 zu § 2 KSchG 1969.
191 Tschöpe/*Beseler*, Teil 2 G Rn 112.
192 BAG, Urt. v. 28.04.1987, AP Nr. 5 zu § 1 BetrAVG Betriebsveräußerung; vgl. auch LAG Düsseldorf, Urt. v. 28.04.1997, DB 1997, 1878 zur Einbeziehung einer Beschäftigungsgesellschaft.
193 Eingehend *C. Meyer*, NZA 2002, 246.

Aus dem zugunsten der Arbeitnehmer zwingenden Schutzzweck des § 613a Abs. 1 Satz 1 BGB folgt aber nach der Rechtsprechung des BAG, dass die **Regelungsbefugnis des Betriebsveräußerers und der betroffenen Arbeitnehmer beschränkt** ist. Es macht, gemessen an dem Schutzzweck der Norm, keinen Unterschied, ob die bisher geltenden Arbeitsbedingungen aufgrund einer Abrede zwischen Veräußerer und Erwerber des Betriebs negativ verändert werden oder ob der Veräußerer mit seinen Arbeitnehmern Regelungen trifft, die dem Erwerber einen von den sog. Altlasten freien Betriebserwerb erlauben sollen. § 613a BGB will auf jeden Fall, ungeachtet der im Einzelfall gewählten Regelungsmodalität, verhindern, dass die Betriebsveräußerung zum Anlass eines Sozialabbaus der Belegschaft des Veräußererbetriebs genommen wird. Auch durch **Vereinbarungen zwischen dem Betriebserwerber und den Arbeitnehmern** können nicht unkontrolliert Verschlechterungen vereinbart werden. Da § 613a Abs. 1 Satz 1 BGB »die Rechte und Pflichten aus den im Zeitpunkt des Übergangs bestehenden Arbeitsverhältnissen« schützt, und nicht nur ein Kündigungsverbot wegen des Betriebsübergangs vorsieht (§ 613a Abs. 4 BGB), ist es mit dem Schutzzweck des § 613a Abs. 1 Satz 1 BGB nicht vereinbar, den Arbeitnehmern allein aus Gründen des Betriebsübergangs etwa einen Verzicht auf ihre betriebliche Altersversorgung zuzumuten. Insoweit wird zwar die **Vertragsfreiheit eingeschränkt**, jedoch sind solche Einschränkungen durch zwingendes Recht im Arbeitsrecht nicht ungewöhnlich, weil nur so der erforderliche Schutz der Arbeitnehmer erreicht werden kann. Im Zusammenhang mit einem Betriebsübergang sind die Arbeitnehmer in besonderem Maße auf diesen Schutz angewiesen. Sie werden vor die Alternative gestellt, den Arbeitsplatz zu verlieren oder schlechtere Arbeitsbedingungen hinzunehmen. Erlassverträge der vorliegenden Art kommen deshalb typischerweise unter Druck zustande. Sie können nicht ohne weitere Prüfung auf ihre Berechtigung hingenommen werden. Das Bundesarbeitsgericht hat lediglich anerkannt, dass die Arbeitnehmer unter engen Voraussetzungen mit dem Betriebserwerber Arbeitsverträge mit ungünstigeren Bedingungen abschließen können, sofern die Einschränkungen durch sachliche Gründe gerechtfertigt sind. Das BAG unterwirft solche verschlechternden Vertragsabschlüsse einer **Billigkeitskontrolle**. Als sachlicher Grund kommt in Betracht, dass der Verzicht für die dauerhafte Erhaltung der Arbeitsplätze erforderlich ist.[194]

§ 613a BGB gebietet nicht, beim Rechtsvorgänger verbrachte **Dienstzeiten** hinsichtlich der **nur beim neuen Arbeitgeber selbst geltenden Tarifbestimmungen** zur Höhe des Urlaubsgeldzuschlages anzurechnen. Das Gesetz gebietet lediglich Leistungsbedingungen zu wahren, die im alten Arbeitsverhältnis beim Betriebsveräußerer galten. Die Dauer der Betriebszugehörigkeit ist kein Besitzstand, der sich hinsichtlich erst vom Betriebsnachfolger geschaffener Leistungsbedingungen anspruchserhöhend auswirkt. Das Gesetz will lediglich einen erreichten sozialen Besitzstand erhalten und die Betriebstreue des Arbeitnehmers auch gegenüber dem alten Arbeitgeber honorieren. Soweit hieraus gegenüber dem alten Arbeitgeber keine Ansprüche, Anwartschaften und Erwerbsaussichten folgten, ist dies auch gegenüber einem Rechtsnachfolger i.S.d. § 613a BGB nicht der Fall.[195] 71

II. Haftungsregelungen

Nach § 613a Abs. 2 Satz 1 BGB haftet der **bisherige Arbeitgeber neben dem Betriebsübernehmer** für Verpflichtungen, die vor dem Zeitpunkt des Übergangs entstanden sind und vor Ablauf von einem Jahr nach diesem Zeitpunkt fällig werden, als **Gesamtschuldner**. Satz 2 der Vorschrift enthält eine pro-rata-temporis-Regelung, der alte Arbeitgeber haftet für Ansprüche, die sich beispielsweise aus Sonderzuwendungen ergeben, die nur einmal jährlich gezahlt werden, nur in dem Umfang, der dem im Zeitpunkt des Übergangs abgelaufenen Teil ihres Bemessungszeitraums entspricht. In § 613a Abs. 2 BGB liegt mithin die Anordnung eines gesetzlichen Schuldbeitritts des an sich 72

194 BAG, Urt. v. 12.05.1992, NZA 1992, 1080; BAG, Urt. v. 18.08.1976, AP Nr. 4 zu § 613a BGB; BAG, Urt. v. 26.01.1977, AP Nr. 5 zu § 613a BGB; BAG, Urt. v. 17.01.1980, AP Nr. 18 zu § 613a BGB; BAG, Urt. v. 29.10.1985, AP Nr. 4 zu § 1 BetrAVG Betriebsveräußerung; a.A. *Moll*, NJW 1993, 2016 (2022 f.); *Willemsen*, RdA 1987, 327.

195 LAG Düsseldorf, Urt. v. 09.11.2000, ZTR 2001, 235.

nach § 613a Abs. 1 BGB ausgeschiedenen alten Arbeitgebers zur arbeitsrechtlichen Haftung des Betriebsübernehmers.[196]

73 Nach § 613a Abs. 3 BGB, geändert durch Art. 2 UmwBerG, gilt § 613a Abs. 2 BGB dann nicht, wenn eine juristische Person oder eine Personenhandelsgesellschaft durch Umwandlung erlischt. Für die klassische Betriebsaufspaltung in Anlage- und Betriebsgesellschaft enthält § 134 UmwG für Umwandlungsfälle eine spezielle Haftungsvorschrift zum Schutze der Arbeitnehmer.[197] Die **Aufspaltung in eine Anlage- und eine Betriebsgesellschaft** zeichnet sich dadurch aus, dass auf die Anlagegesellschaft, deren Tätigkeit sich auf Verwaltungsaufgaben beschränkt, die für die Führung des Betriebes notwendigen Vermögensteile übertragen werden, die von dieser der Betriebsgesellschaft, die den Betrieb führt, zur Nutzung überlassen werden. Im Ergebnis entsteht mithin eine vermögende Anlagegesellschaft, der eine »arme« Betriebsgesellschaft gegenübersteht. Dabei reicht es aus, wenn auf die Anlagegesellschaft die »wesentlichen« Vermögensteile übertragen werden. Wenn bei der Betriebsgesellschaft ein geringes Restvermögen verbleibt, hindert dies das Eingreifen der Vorschrift mithin nicht.

74 Eine Umgehung der angeordneten gesamtschuldnerischen Haftung wird so erschwert,[198] eine Einzelfallbewertung ermöglicht. Dem Gedanken der Rechtssicherheit Rechnung tragend mag sich hier ein ähnlicher Prozentsatz herausbilden wie bei der Vermögensübernahme nach § 419 BGB a.F.[199] Die Arbeitsverhältnisse werden im Einklang mit § 613a Abs. 1 BGB auf die Betriebsgesellschaft übertragen, so dass sich die Arbeitnehmer für den Fall des Konkurses der Betriebsgesellschaft der Gefahr ausgesetzt sehen, Sozialplan- und Nachteilsausgleichsansprüche nicht realisieren zu können.[200] Für diesen Fall ordnet § 134 Abs. 1 Satz 1 UmwG daher eine **gesamtschuldnerische Haftung der Anlage- und der Betriebsgesellschaft** für Sozialplan- und Nachteilsausgleichsansprüche an, die binnen fünf Jahren nach dem Wirksamwerden der Spaltung begründet werden. Die Ansprüche müssen innerhalb weiterer fünf Jahre fällig und gerichtlich geltend gemacht oder schriftlich anerkannt sein, § 134 Abs. 3 i.V.m. § 133 Abs. 3–5 UmwG, so dass eine vollständige Enthaftung erst nach zehn Jahren eintritt.[201] Weitere Voraussetzung ist, dass an den an der Spaltung beteiligten Rechtsträgern im Wesentlichen dieselben Personen beteiligt sind. § 134 Abs. 2 UmwG erstreckt die gesamtschuldnerische Haftung auf vor dem Wirksamwerden der Spaltung begründete Ansprüche aus einer betrieblichen Altersversorgung.

75 Der Wortlaut des § 134 Abs. 1 UmwG setzt das Fortbestehen des übertragenden Rechtsträgers voraus. Für die Spaltungsform der Aufspaltung, bei der das Vermögen auf mehrere übernehmende Rechtsträger bei Erlöschen des übertragenden Rechtsträgers aufgeteilt wird, beansprucht die Vorschrift daher ihrem Wortlaut nach keine Geltung.[202] Ob dieses Ergebnis mit der ratio der Norm in Einklang zu bringen ist, erscheint zweifelhaft. Das Gesetz knüpft an die – wesentliche – Personenidentität der Gesellschafter der beteiligten Rechtsträger an. Es ist nun ein leichtes, eine zusätzliche Gesellschaft zu gründen, die den Part des übertragenden Rechtsträgers übernimmt, so dass aus einer Abspaltung oder Ausgliederung eine Aufspaltung wird. Die Missbrauchs- und Umgehungsmöglichkeit liegt auf der Hand. Auf der anderen Seite besteht die Schutzbedürftigkeit der Arbeitnehmer in gleicher Art und Weise.

76 Nach seinem Wortlaut bezieht sich § 134 Abs. 1 Satz 1 UmwG nur auf die gesamtschuldnerische Haftung für die Sozialplan- und Nachteilsausgleichsansprüche, die aufgrund einer Betriebsänderung

196 *Heinze*, DB 1980, 205 (207).

197 Zum Verhältnis zwischen den Haftungsvorschriften des UmwG und § 613a Abs. 2 BGB in Umwandlungsfällen vgl. *Spirolke*, Der Betriebsübergang nach § 613a BGB im neuen Umwandlungsgesetz, S. 112–117.

198 Vgl. auch *Däubler*, RdA 1995, 136 (144); *Boecken*, Unternehmensumwandlungen und Arbeitsrecht, Rn 248.

199 Auch wenn sich die Rechtsprechung nicht auf bestimmte Prozentzahlen festgelegt hat, wird die Grenze bei kleinerem Vermögen bei etwa 15 % zu ziehen sein, bei größerem bei etwa 10 %, Palandt/*Heinrichs*, 57. Aufl., § 419 BGB a.F. Rn 6 m.w.N. aus der Rechtsprechung.

200 Vgl. BT-Drucks 12/6699, S. 122.

201 Vgl. *Bauer/Lingemann*, NZA 1994, 1057 (1062); *Schaub*, FS Wlotzke, S. 103 (114).

202 *Boecken*, Unternehmensumwandlungen und Arbeitsrecht, Rn 247.

entstehen. Nach der Gesetzesbegründung soll damit der **Schmälerung der bisherigen Haftungsmasse** durch die Vermögensübertragung auf die Anlagegesellschaft begegnet werden.[203] Die Auswirkungen der Verringerung der Haftungsmasse setzen aber nicht erst bei der Durchsetzung der Ansprüche ein. Vielmehr richtet sich bereits die Höhe der durch den Sozialplan zu begründenden Ansprüche nach der Kapitaldecke der Gesellschaft. Um dem Gesetzeszweck gerecht zu werden, die negativen Auswirkungen der Verlagerung der Vermögenswerte auf die Arbeitnehmer jedenfalls für einen Zeitraum von fünf Jahren zu neutralisieren, muss bereits bei der Berechnung des Sozialplanvolumens das Vermögen der Anlagegesellschaft einbezogen werden.[204]

Wird ein Betrieb im Rahmen eines **Insolvenzverfahrens** veräußert, ist § 613a BGB insoweit nicht anwendbar, wie diese Vorschrift die Haftung des Betriebserwerbers für bereits entstandene Ansprüche vorsieht. Insoweit haben die Verteilungsgrundsätze des Insolvenzverfahrens Vorrang. Für die **betriebliche Altersversorgung** bedeutet dies Folgendes: Der Betriebserwerber tritt in die Versorgungsanwartschaften der übernommenen Belegschaft ein, er schuldet jedoch im Versorgungsfall nicht die volle Betriebsrente. War die übernommene Versorgungsanwartschaft schon bei Eröffnung der Insolvenz unverfallbar, haftet der Träger der Insolvenzsicherung für den bereits erdienten Teil zeitanteilig.[205] Diese unter der Geltung der Konkursordnung entwickelten Rechtsgrundsätze hat das BAG auch nach In-Kraft-Treten der Insolvenzordnung weitergeführt.[206] Danach ist die Haftung des Betriebserwerbers nicht beschränkt, wenn er den Betrieb vor Eröffnung des Insolvenzverfahrens übernommen hat.[207] Die Haftungsbeschränkung bei Übernahme nach Insolvenzeröffnung erfasst auch die **Abfindungsansprüche aus einem Sozialplan**, den der Insolvenzverwalter abgeschlossen hatte, auch wenn aufgrund des Fortbestehens der Identität des Betriebes der Betriebsrat im Amt bleibt und der Sozialplan mit der Wirkung einer Betriebsvereinbarung kollektivrechtlich fortwirkt.[208] 76a

III. Übergang von Rechten aus Tarifvertrag und Betriebsvereinbarung

§ 613a Abs. 1 Satz 1 BGB bezieht sich allein auf die individualvertraglich festgelegten Rechte und Pflichten der Arbeitnehmer. Der Inhalt von Arbeitsverhältnissen wird darüber hinaus von in Tarifverträgen und Betriebsvereinbarungen enthaltenen Rechten und Pflichten maßgeblich mitbestimmt. Sind die Rechte und Pflichten des Arbeitsverhältnisses durch **Rechtsnormen eines Tarifvertrages oder durch eine Betriebsvereinbarung** geregelt, so werden sie nach § 613a Abs. 1 Satz 2 BGB **Inhalt des Arbeitsverhältnisses** zwischen dem Betriebsübernehmer und dem Arbeitnehmer und dürfen **nicht vor Ablauf eines Jahres** nach dem Übergang zum Nachteil des Arbeitnehmers geändert werden. Da aber auch eine **kollektivrechtliche Weitergeltung** der entsprechenden Normen beispielsweise aus einem Tarifvertrag denkbar ist, wenn der Arbeitnehmer der Gewerkschaft und der Betriebserwerber demselben Arbeitgeberverband wie der Betriebsveräußerer angehört, stellt sich die Frage nach dem Verhältnis zwischen kollektivrechtlicher und individualvertraglicher Fortgeltung der das Arbeitsverhältnis regelnden Bestimmungen. Gleiches ist bei einer Betriebsvereinbarung denkbar, wenn zwar der Inhaber des Betriebes wechselt, im Übrigen aber die Identität des Betriebes unangetastet und der Betriebsrat im Amt bleibt.[209] 77

Die Rechtsprechung des BAG[210] betrachtet § 613a Abs. 1 Satz 2–4 BGB lediglich als **Auffangtatbestand**. Zwar bestimme § 613a Abs. 1 Satz 2 BGB, dass Rechte und Pflichten, die durch eine 78

203 BT-Drucks 12/6699, S. 122.

204 *Bachner*, NJW 1995, 2881 (2885); *Däubler*, RdA 1995, 136 (144); *Herbst*, AiB 1995, 5 (13); *Boecken*, Unternehmensumwandlungen und Arbeitsrecht, Rn 250.

205 BAG, Urt. v. 17.01.1980, DB 1980, 308.

206 BAG, Urt. v. 20.06.2002, NZA 2003, 318.

207 BAG, Urt. v. 20.06.2002, NZA 2003, 318.

208 BAG, Urt. v. 15.01.2002, NZA 2002, 1034.

209 BAG, Beschl. v. 17.02.1981, AP Nr. 9 zu § 111 BetrVG 1972; Beschl. v. 17.03.1987, AP Nr. 18 zu § 111 BetrVG 1972; Beschl. v. 28.09.1988, AP Nr. 55 zu § 99 BetrVG 1972; vgl. § 12 Rn 16.

210 BAG, Urt. v. 27.07.1994, NZA 1995, 223 (225); Urt. v. 05.02.1991, AP Nr. 89 zu § 613a BGB; vgl. auch *Jung*, RdA 1981, 360 (362); *Kempen*, BB 1991, 2006; a.A.*Wank*, NZA 1987, 505 (507).

Betriebsvereinbarung geregelt sind, Inhalt des Arbeitsverhältnisses zwischen dem neuen Betriebsinhaber und Arbeitnehmer werden und grundsätzlich nicht vor Ablauf eines Jahres zum Nachteil des Arbeitnehmers geändert werden dürfen. Daraus lasse sich aber nicht ableiten, dass die Betriebsvereinbarungen nach einem Betriebsinhaberwechsel nicht normativ fortwirken, sondern lediglich Inhalt der Arbeitsverträge werden und nur einen gewissen Schutz gegenüber individualrechtlichen Abänderungen zum Nachteil des Arbeitnehmers genießen. Vielmehr könnten die Betriebsvereinbarungen auch bei einem Betriebsinhaberwechsel normativ weiter gelten. Mit der Identität des Betriebes bliebe die entscheidende Grundlage für die Fortgeltung der Betriebsvereinbarungen aufrechterhalten. § 613a Abs. 1 Sätze 2–4 BGB sei ein Auffangtatbestand, der Lücken im Betriebsverfassungs- und Tarifrecht schließen solle. § 613a BGB diene nicht dazu, die Rechtsstellung des Betriebsrats und der Arbeitnehmer einzuschränken. Diese Vorschrift sollte eine zusätzliche Sicherung bieten, nicht aber die ohnehin bestehenden betriebsverfassungsrechtlichen Bindungen lockern.[211]

1. Fortgeltung tarifvertraglicher Rechte

a) Transformation tarifvertraglicher Rechte

79 Tritt der übernehmende Rechtsträger nicht demselben Arbeitgeberverband bei, dem auch der übertragende Rechtsträger angehörte und besteht keine Allgemeinverbindlichkeit, werden die im Verbandstarifvertrag geregelten Rechte und Pflichten grundsätzlich »Inhalt des Arbeitsverhältnisses« gem. § 613a Abs. 1 Satz 2 BGB in dem Bestand zum Zeitpunkt des Betriebsübergangs. Spätere Änderungen des Tarifvertrages nehmen an der Transformation nicht teil.[212] Bestandteil des Bestandsschutzes ist die Veränderungssperre für ein Jahr. Während dieses Jahres sind die transformierten Regelungen also der freien Disposition der (neuen) Parteien des Arbeitsvertrages entzogen. Umstritten ist die **Rechtsnatur** der ursprünglichen Tarifvertragsregelungen. Nach einer Auffassung kommt ihnen nach der Transformation gem. § 613a Abs. 1 Satz 2 BGB »nur« noch ein individualrechtlicher Charakter zu.[213] Nach anderer Auffassung soll § 613a Abs. 1 Satz 2 BGB zu einer partiellen normativen Fortgeltung des Tarifvertrages führen, beschränkt auf diejenigen Arbeitsverhältnisse, die bereits vor Betriebsübergang im übergegangenen Betrieb bestanden.[214] Umstritten ist weiterhin, welche Normen des Tarifvertrages von § 613a Abs. 1 Satz 2 BGB erfasst werden. Die h.M. geht auf der Grundlage der individualrechtlichen Konstruktion davon aus, dass **lediglich Inhalts- und Beendigungsnormen** erfasst werden, nicht aber Betriebs- und Betriebsverfassungsnormen.[215] Andere wollen jedenfalls dann nicht nach dem Regelungsgegenstand unterscheiden, wenn die Betriebs- oder Betriebsverfassungsnormen Auswirkungen auf das Arbeitsverhältnis zeitigen.[216]

b) Ablösung durch anderen Tarifvertrag beim Erwerber

80 In den Sätzen 3 und 4 des § 613a Abs. 1 BGB hat der Gesetzgeber von der Transformation der Tarifvertrags- und Betriebsvereinbarungsrechte – im Bewusstsein, dass notwendige Anpassungen für die Überlebensfähigkeit der übernommenen Betriebe bzw. Betriebsteile unerlässlich sind – erhebliche **Ausnahmetatbestände** geschaffen. Gem. § 613a Abs. 1 Satz 3 BGB gilt Satz 2 nicht, wenn die Rechte und Pflichten bei dem neuen Inhaber durch Rechtsnormen eines anderen Tarifvertrages geregelt werden. Dabei ist es unerheblich, zu welchem Zeitpunkt der **ablösende Tarifvertrag** erstmals Geltung beansprucht, ob er beim Betriebserwerber bereits beim Betriebsübergang gilt oder erst später anwendbar ist, beispielsweise aufgrund späteren Beitritts des Arbeitgebers zum

211 BAG, Urt. v. 27.07.1994, NZA 1995, 223.
212 BAG, Urt. v. 13.09.1994, NZA 1995, 740 (741).
213 *Wank*, NZA 1987, 505; *Kania*, DB 1995, 625 f.; *Kempen*, BB 1991, 2006 (2009).
214 *Zöllner*, DB 1995, 1401 (1402).
215 *Wank*, NZA 1987, 505 (506); *Gaul*, NZA 1995, 717 (721) jeweils m.w.N.
216 *Kempen*, BB 1991, 2006 (2009); *Däubler*, Tarifvertragsrecht, Rn 1543; dieser Auffassung zuneigend *Zöllner*, DB 1995, 1401 Fn. 3 unter Hinweis auf die EG-Richtlinie 77/187/EWG, die nicht nach dem Gegenstand unterscheide.

Arbeitgeberverband.[217] Voraussetzung für die Ablösung ist, dass der neue Tarifvertrag **denselben Regelungsgegenstand** betrifft, wie der beim Veräußerer anwendbare Tarifvertrag. Unerheblich ist dagegen das »wie« der Regelung, da keine Abwägung nach dem Günstigkeitsprinzip zu erfolgen hat.[218] Ausreichend ist auch, wenn dem beim Betriebserwerber anwendbaren Tarifvertrag zu entnehmen ist, dass er die vertraglich fortgeltenden Tarifregelungen insgesamt ablösen sollte.[219]

aa) Erfordernis der kongruenten Tarifbindung

Voraussetzung für die ablösende Wirkung eines anderen Tarifvertrages ist nach h.M.[220] im Grundsatz die beiderseitige Tarifbindung des Arbeitnehmers und des (neuen) Arbeitgebers. Ist nur der Arbeitgeber an den neuen Tarifvertrag gebunden, während der Arbeitnehmer einer Gewerkschaft angehört, die nicht Vertragspartei des neuen Tarifvertrages ist, spricht man von **inkongruenter Tarifbindung**. Eine Ablösung ist nach dieser Auffassung dann nur aufgrund einer Vereinbarung nach § 613a Abs. 1 Satz 4 BGB möglich. Andere wollen die arbeitgeberseitige Tarifbindung ausreichen lassen. Satz 3 regele nur die Rechtsfolge, dass Fortgeltung und einjährige zwingende Wirkung der bisherigen Tarifregelung entfallen. Dafür genüge die Tarifbindung des neuen Arbeitgebers. Die Voraussetzungen der Geltung der neuen Regelung für die hinsichtlich der alten Tarifregelung Tarifgebundenen seien hiervon scharf zu unterscheiden. Allein diese setze beiderseitige Tarifgebundenheit voraus. Im Übrigen würden andernfalls die Arbeitnehmer davon abgehalten, der tarifvertragsschließenden Gewerkschaft des neuen Tarifvertrages beizutreten, sofern dieser Tarifvertrag verschlechternde Regelungen enthalte. Der Arbeitgeber könne sich aber auf die Ablösung der nach Satz 2 fortgeltenden Tarifbedingungen durch den neuen Tarifvertrag nur berufen, wenn er diesen auch tatsächlich zur Anwendung bringe und sich rechtsverbindlich zu dessen Anwendung gegenüber den hinsichtlich des neuen Tarifvertrages nicht tarifgebundenen Arbeitnehmern verpflichte, indem er ihnen die Bezugnahme auf den Tarifvertrag anbiete.[221] 81

Der 4. Senat des BAG hat die Frage im Sinne des **Erfordernisses einer beiderseitigen Tarifgebundenheit** entschieden.[222] Das ergebe sich aus Wortlaut und Systematik. Zu Sinn und Zweck der Regelung führt das BAG aus: »§ 613a Abs. 1 Satz 2 BGB stellt nur einen Auffangtatbestand für die Fälle dar, in denen die bis zum Betriebsübergang anzuwendenden Tarifnormen nach dem Betriebsübergang nicht gleichermaßen weiterhin, oder die des neuen Tarifvertrags bereits nach allgemeinen Regeln (§ 3 Abs. 1, Abs. 2, § 4 Abs. 1, § 5 Abs. 4 TVG) unmittelbar und zwingend für das mit dem neuen Betriebsinhaber weiterbestehende Arbeitsverhältnis gelten. Entsprechendes bestimmt § 613a Abs. 1 Satz 2 BGB für Betriebsvereinbarungsnormen. § 613a Abs. 1 Satz 3 BGB ordnet demgegenüber an, dass § 613 Abs. 1 Satz 2 BGB »nicht gilt«, wenn diese Rechte und Pflichten bei dem neuen Betriebsinhaber durch einen anderen Tarifvertrag (oder durch eine andere Betriebsvereinbarung) geregelt sind. Damit beschränkt sich die Rechtsfolgeanordnung des § 613a Abs. 1 Satz 3 BGB darauf, den Auffangtatbestand des § 613a Abs. 1 Satz 2 BGB nicht eintreten zu lassen. Insoweit geht es um eine besondere Regelung zur Lösung einer **möglichen Kollision** zwischen den vor und nach Betriebsübergang maßgebenden Tarifverträgen bzw. deren Tarifnormen. Würden die zwingend und unmittelbar geltenden Normen nach § 613a Abs. 1 Satz 2 BGB zum Inhalt des übergegangenen Arbeitsverhältnisses, so wirkten sie kraft Arbeitsvertrags weiter und könnten aber gleichwohl nicht vor Ablauf eines Jahres geändert werden. Das führte unweigerlich zur Kollision mit den Rechtsnormen der anderen Tarifverträge, wenn nunmehr diese für das übergegangene Arbeitsverhältnis zwingend und unmittelbar gelten würden. Das Gesetz räumt für diesen Fall dem **Ordnungsinteresse** 82

217 BAG, Urt. v. 19.03.1986, AP Nr. 49 zu § 613a BGB.

218 BAG, Urt. v. 20.04.1994, DB 1994, 2629.

219 BAG, Urt. v. 22.01.2003, AP Nr. 242 zu § 613a BGB.

220 *Wank*, NZA 1987, 505 (509); *Kania*, DB 1995, 625 (626); *Gussen*, Die Fortgeltung von Betriebsvereinbarungen und Tarifverträgen beim Betriebsübergang, S. 79 ff.; Erman/*Hanau*, § 613a BGB Rn 95; *Gaul*, Der Betriebsübergang, S. 323.

221 *Zöllner*, DB 1995, 1401 (1403 f.); vgl. auch *Röder*, DB 1981, 1980 (1982); offen gelassen noch von BAG, Urt. v. 19.03.1986, AP Nr. 49 zu § 613a BGB.

222 BAG, Urt. v. 21.02.2001, DB 2001, 1837; BAG, Urt. v. 30.08.2000, NZA 2001, 510.

des neuen Betriebsinhabers Vorrang gegenüber dem möglichen Interesse des Arbeitnehmers an der Beibehaltung der bisherigen Tarifbedingungen dadurch ein, dass es die Kollisionslage nicht auftreten lassen will, wenn die anderen Tarifverträge (und Betriebsvereinbarungen) im nunmehr mit dem neuen Betriebsinhaber bestehenden Arbeitsverhältnis zwingend und unmittelbar gelten. Nur für diese Kollisionslage respektiert das Gesetz hier das Ordnungsprinzip der betrieblichen Tarifeinheit als Lösung für die im einzelnen Arbeitsverhältnis sonst auftretende Normenkonkurrenz zwischen den ins Arbeitsverhältnis übergegangenen änderungsgeschützten früheren Kollektivnormen einerseits und den neuen Kollektivnormen andererseits. ... Der Schutz durch kollektivvertragliche Regelungen soll erhalten werden. Dieses Ziel wird nur erreicht, wenn sowohl in Satz 2 als auch in Satz 3 des § 613a Abs. 1 BGB eine beiderseitige kongruente Tarifbindung verlangt wird. Nur dann ist gewährleistet, dass in jedem Fall entweder Normen des bisherigen oder der neue Tarifvertrag die Rechte und Pflichten des Arbeitsverhältnisses regeln. Deshalb ist § 613a Abs. 1 Satz 3 BGB wegen seiner fehlenden Anordnung, was gelten soll, nur dahin zu verstehen, dass der neue Tarifvertrag ohnehin wegen beiderseitiger Tarifgebundenheit auf das Arbeitsverhältnis Anwendung findet und deshalb keine gesonderte Rechtsfolge vorgesehen werden musste. Ließe man für § 613a Abs. 1 Satz 3 BGB die Tarifgebundenheit des Arbeitgebers auch für Inhalts-, Abschluss- und Beendigungsnormen genügen, so fielen Arbeitnehmer aus dem tariflichen Schutz beider Tarifverträge heraus. Die Weiterwirkung der Normen des alten Tarifvertrages wäre durch Satz 3 gesperrt, mangels Tarifgebundenheit des Arbeitnehmers wäre der neue Tarifvertrag nicht anwendbar. Der Arbeitgeber müsste die Anwendung des neuen Tarifvertrages anbieten, etwa durch Bezugnahme, und der Arbeitnehmer müsste dieses Angebot annehmen, um der neuen Tarifregelung Geltung zu verleihen. § 612 Abs. 2 BGB, den ein Teil des Schrifttums heranziehen will, um das dann vorhandene Regelungsdefizit zu beseitigen, falls der Arbeitnehmer nicht einwilligt, vermag diese Situation nicht befriedigend zu lösen. § 612 Abs. 2 BGB setzt voraus, dass keine arbeitsvertragliche Vereinbarung über die Höhe der Vergütung vorliegt. Tarifverträge enthalten aber nicht nur Vergütungsregelungen. Eine analoge Anwendung des § 612 Abs. 2 BGB für alle tariflichen Bedingungen kommt einer vom Gesetzgeber nicht gewollten generellen Erstreckung der Tarifwirkungen auf Nicht- oder Anderstarifgebundene gleich. Einen gesetzlichen Anspruch der Tarifungebundenen auf die tariflichen Leistungen des tarifgebundenen Arbeitgebers gibt es im deutschen Tarifvertragsrecht gerade nicht.[223] Die kongruente Tarifbindung des neuen Arbeitgebers und des übernommenen Arbeitnehmers wird durch die Gründung der Dienstleistungsgewerkschaft ver.di zukünftig in mehr Ausgründungen und Übernahmefällen vorliegen, da jedenfalls im Dienstleistungsbereich die Arbeitnehmer nicht mehr Mitglieder einer anderen Gewerkschaft sein werden, auch wenn der ablösende Tarifvertrag mit einem anderen Arbeitgeberverband geschlossen wurde, dem der neue Betriebsinhaber angehört.[224]

bb) Bezugnahmeklauseln im Arbeitsvertrag

(1) Dynamische Bezugnahmeklauseln und Tarifwechselklauseln

83 Die Problematik überschneidet sich mit derjenigen der (doppelten) Außenseiter. Besteht für einen Betrieb grundsätzlich Tarifbindung, ist der Arbeitgeber in der Regel bemüht, für alle Arbeitnehmer, Gewerkschaftsangehörige wie Außenseiter, dieselben Arbeitsbedingungen zu schaffen. Dies geschieht häufig über Bezugnahmeklauseln in den einzelnen Arbeitsverträgen, die die einschlägigen Tarifverträge zum Bestandteil der Individualarbeitsverträge werden lassen. Zu unterscheiden ist zwischen so genannten dynamischen und statischen Verweisungen. Die **dynamischen Bezugnahmeklauseln** verweisen auf das jeweilige im Betrieb anwendbare Tarifrecht. Die Bezugnahmeklauseln gelten als Individualrecht gem. § 613a Abs. 1 Satz 1 BGB nach dem Übergang des Arbeitsverhältnisses auf den Betriebserwerber gleichermaßen zwischen dem Arbeitnehmer und dem neuen Arbeitgeber. Umstritten ist indessen die Wirkung der dynamischen Bezugnahmeklauseln. Verweisen die Klauseln auf das jeweilige im Betrieb anwendbare Tarifrecht, werden nach

223 BAG, Urt. v. 21.02.2001, DB 2001, 1837; BAG, Urt. v. 30.08.2000, NZA 2001, 510.
224 Vgl. zum Tarifwechsel und ver.di *Melms*, NZA 2002, 296.

verbreiteter Ansicht in der Literatur ohne weiteres die neuen Tarifverträge in die Arbeitsverträge einbezogen.[225] Die Wirkung entspricht der Regelung des § 613a Abs. 1 Satz 3 BGB, auch wenn die neuen Tarifvertragsregelungen wiederum nicht normativ, sondern lediglich individualrechtlich kraft Bezugnahme gelten.[226] Teilweise wird in der Literatur[227] danach differenziert, ob der beim Erwerber geltende »neue« Tarifvertrag mit der gleichen Gewerkschaft abgeschlossen wurde, wie der beim Veräußerer geltende Tarifvertrag. Nur dann sei eine Ablösung über die Bezugnahmeklausel möglich, weil andernfalls die Außenseiter schlechter gestellt würden, als die tarifgebundenen Arbeitnehmer, die von einem Beitritt zu der den Erwerbertarifvertrag schließenden Gewerkschaft absehen und damit eine Ablösung des individualrechtlich fortgeltenden Tarifvertrages gem. § 613a Abs. 1 Satz 3 BGB verhindern können. Letztlich ist im Lichte der neueren Rechtsprechung zwischen der kleinen dynamischen Bezugnahmeklausel und der großen dynamischen Bezugnahmeklausel, die auf die jeweils anwendbaren Tarifverträge verweist, zu unterscheiden.[228] Die große dynamische Bezugnahmeklausel, auch **Tarifwechselklausel** genannt, lautet im Regelfall, dass für das Arbeitsverhältnis »die Bedingungen des jeweils gültigen Tarifvertrages gelten«. Mit dieser Tarifwechselklausel wird zunächst auf die Tarifverträge Bezug genommen, an die der Arbeitgeber bei Abschluss des Arbeitsvertrages gebunden ist. Eine solche Tarifwechselklausel bewirkt auch, dass an Stelle der Bedingungen dieser Tarifverträge die Normen anderer Tarifverträge anzuwenden sind, an die der Arbeitgeber im Falle des **Wechsels der Tarifgebundenheit** gebunden ist. Die Vereinbarung soll zugleich eine Gleichstellungsabrede darstellen mit der Wirkung, dass im Fall des **ersatzlosen Wegfalls der Tarifbindung** die Bedingungen des (zuletzt) in Bezug genommenen Tarifvertrages statisch mit dem Stand weitergelten, den sie bei Wegfall der Tarifbindung hatten.[229]

Das BAG legt **kleine dynamische Bezugnahmeklauseln**, soweit sie auf einen **bestimmten Tarifvertrag** bzw. den Tarifvertrag einer bestimmten Branche **»in ihrer jeweiligen Fassung«** bezogen sind, als **Gleichstellungsabrede** aus mit der Folge, dass der Arbeitnehmer unabhängig von seiner Tarifgebundenheit an der Tarifentwicklung des in Bezug genommenen Tarifvertrags teilnimmt, wie wenn er tarifgebunden wäre. Die Gleichstellungsabrede ersetzt nur die durch die Mitgliedschaft in der zuständigen Gewerkschaft begründete Tarifgebundenheit. Deshalb nimmt der Arbeitnehmer mit einer Gleichstellungsabrede **nur solange an der Tarifentwicklung teil wie ein tarifgebundener Arbeitnehmer**. Gilt ein nach einem Ausscheiden des Arbeitgebers aus dem Arbeitgeberverband abgeschlossener Tarifvertrag nicht für die tarifgebundenen Arbeitnehmer, findet er auch kraft der dynamischen Bezugnahmeklausel im Sinne einer Gleichstellungsabrede auf den tarifungebundenen Arbeitnehmer keine Anwendung.[230] Dieser Auslegung als Gleichstellungsabrede steht auch nach der **Schuldrechtsreform die Unklarheitenregel** des § 305c Abs. 2 i.V.m. § 310 Abs. 4 Satz 2 BGB auch dann nicht entgegen, wenn dem Arbeitnehmer die Tarifgebundenheit des Arbeitgebers unbekannt war.[231] Der Bezugnahmeklausel kommt indessen dann nicht die Bedeutung einer Gleichstellungsabrede zu, wenn der **Arbeitgeber nicht tarifgebunden** ist[232] oder wenn auf einen **anderen Tarifvertrag** verwiesen wird, als denjenigen, an den der Arbeitgeber gebunden ist.[233] 83a

225 *Wank*, NZA 1987, 505 (509); *Kempen*, BB 1991, 2006 (2010); *B. Gaul*, NZA 1995, 717 (722); *Zöllner*, DB 1995, 1401 (1405); MüKo-BGB/*Schaub*, § 613a Rn 145 befürwortet eine analoge Anwendung des § 613a Abs. 1 Satz 3 BGB.

226 *Heinze*, FS Henckel, S. 401 (407).

227 *Kania*, DB 1995, 625 (628).

228 Noch im Urteil des BAG v. 04.09.1996, NZA 1997, 271 hat das BAG eine kleine dynamische Bezugnahmeklausel in eine große dynamische Bezugnahmeklausel umgedeutet, jedenfalls dann, wenn beide Tarifverträge von derselben Gewerkschaft abgeschlossen werden; vgl. dann aber die Entscheidung BAG, Urt. v. 30.08.2000, NZA 2001, 510 (siehe dazu Rn 84 ff.); vgl. auch *C. Meyer*, NZA 2003, 1126.

229 BAG, Urt. v. 16.10.2002, NZA 2003, 390.

230 BAG, Beschl. v. 26.09.2001, NZA 2002, 634.

231 BAG, Urt. v. 19.03.2003, NZA 2003, 1207; dazu auch *Thüsing*, NZA 2003, 1184.

232 BAG, Urt. v. 25.09.2002, NZA 2003, 807.

233 BAG, Urt. v. 25.10.2000, NZA 2002, 100.

(2) Statische Bezugnahmeklauseln und Gleichstellungsabreden

84 Schwieriger ist die Rechtslage bei **statischen Verweisungen** auf einen bestimmten Tarifvertrag bzw. die Tarifverträge einer bestimmten Branche, wie sie vornehmlich aus Klarstellungsgründen in der Praxis regelmäßig anzutreffen sind. Hier wird diskutiert, ob diese statischen Verweisungsklauseln auslegungsfähig und -bedürftig sind. Enthalten alle Arbeitsverträge innerhalb eines Betriebes dieselbe Verweisungsklausel auf die für den Betrieb einschlägigen Tarifverträge, so steht im Vordergrund der Wille der Vertragsparteien, eine einheitliche Handhabung für den gesamten Betrieb herbeizuführen. Innerhalb des Betriebes sollen keine unterschiedlichen Regelungswerke über denselben Regelungsgegenstand zur Anwendung kommen. Die namentliche Inbezugnahme des einschlägigen Tarifvertragswerks, oft nur nach der Branche und dem örtlichen Geltungsbereich, beispielsweise Tarifverträge des Einzelhandels Nordrhein-Westfalen, bezeichnet, könnte dann lediglich der Klarstellung dienen, welche Tarifverträge zur Zeit auf den Betrieb Anwendung finden, ohne dass der Bezeichnung eine darüber hinaus gehende Regelungswirkung zukommt. Die ergänzende Vertragsauslegung könnte in diesen Fällen eine dynamische Verweisung auf den einheitlich im Betrieb anzuwendenden Tarifvertrag ergeben. Dieser sollte, unabhängig von der Tarifbindung, für alle Arbeitnehmer des Betriebes gelten.[234]

85 Das BAG hat auch dieser anpassungsfreundlichen Auslegung eine Absage erteilt.[235] Eine Bezugnahmeklausel im Arbeitsvertrag, mit der die Anwendbarkeit oder »Geltung« eines bestimmten, dort benannten Tarifvertrags oder Tarifwerks vereinbart worden ist, kann über ihren Wortlaut hinaus nur dann als Bezugnahme auf den jeweils für den Betrieb fachlich/betrieblich geltenden Tarifvertrag (sog. große dynamische Verweisungsklausel) ausgelegt werden, wenn sich dies aus besonderen Umständen ergibt; der bloße Umstand, dass es sich um eine **Gleichstellungsabrede** handelt, genügt hierfür nicht. Regelmäßig erschöpft sich der Gehalt einer auf einen bestimmten Tarifvertrag oder ein bestimmtes Tarifvertragswerk verweisenden Gleichstellungsvereinbarung darin, dass das Arbeitsverhältnis den genannten Tarifverträgen in der jeweils gültigen Fassung einschließlich etwaiger Ergänzungen unterstellt wird, soweit und solange der Arbeitgeber daran gebunden ist. Dagegen ist mit einer Gleichstellungsabrede als solcher **nicht zwingend die Rechtsfolge eines Tarifwechsels** verbunden, wenn der Arbeitgeber durch Änderung des Betriebszwecks, sei es mit oder ohne rechtsgeschäftlichen Übergang eines Betriebes oder Betriebsteiles, die zwingende und unmittelbare Geltung des bisherigen Tarifvertrages beendet, der kraft Arbeitsvertrages auf die Arbeitsverhältnisse mit den nicht oder anders gewerkschaftlich organisierten Arbeitnehmern anzuwenden ist, und einem nunmehr für ihn fachlich zuständigen Verband beitritt, der seinerseits einen »einschlägigen« Tarifvertrag abgeschlossen hat. Denn der neue Tarifvertrag gilt in diesen Fällen auch für gewerkschaftlich organisierte Arbeitnehmer nicht, wenn keine kongruente Tarifgebundenheit besteht. Die von Teilen des Schrifttums unter dem Gesichtspunkt der **sog. großen dynamischen Verweisungsklausel** postulierten Rechtsfolgen ergeben sich aus der arbeitsvertraglichen Bezugnahme auf einen bestimmten namentlich genannten Tarifvertrag oder ein bestimmtes Tarifvertragswerk nur bei Vorliegen weiterer Umstände, die belegen, dass darin auch die Vereinbarung enthalten ist, es sollten für den Betrieb oder Betriebsteil, in welchem der Arbeitnehmer beschäftigt ist, jeweils die fachlich/betrieblich einschlägigen Tarifverträge in ihrer jeweils geltenden Fassung anzuwenden sein. Solche weiteren Umstände müssen schon deshalb vorliegen, weil die Arbeitsvertragsparteien eben diese Rechtsfolge auch **ausdrücklich im Arbeitsvertrag vereinbaren** können, z.B. dass das Arbeitsverhältnis den für den Betrieb jeweils anzuwendenden »einschlägigen« Tarifverträgen unterstellt wird. Nach den Anforderungen des Nachweisgesetzes (§ 2 Nr. 10 NachwG), soweit dieses Anwendung findet, ist klarstellend hinzuzusetzen, um welche Tarifverträge es sich dabei derzeit handelt.[236]

86 Kein Tarifwechsel durch Verweisung kann angenommen werden, wenn sich im Arbeitsvertrag eine Verweisung auf einen **speziellen Tarifvertrag** findet, der im Übrigen im Betrieb kraft Tarifbindung

234 *Heinze*, FS Henckel, S. 401 (407 f.); *Wank*, NZA 1987, 505 (509); *Boecken*, Unternehmensumwandlungen und Arbeitsrecht, Rn 148, der im Anschluss an MüKo-BGB/*Schaub*, § 613a Rn 145, § 613a Abs. 1 Satz 3 BGB analog anwendet.
235 BAG, Urt. v. 30.08.2000, NZA 2001, 510.
236 BAG, Urt. v. 30.08.2000, NZA 2001, 510.

keine Anwendung findet oder wenn die einzelnen Arbeitsverträge unterschiedliche oder branchenfremde[237] Tarifverträge in Bezug nehmen. In diesen Fällen besteht kein Anhaltspunkt dafür, die Vertragsparteien hätten eine Gleichstellung aller dem Betrieb angehörigen Arbeitnehmer gewollt. Vielmehr spricht die Inbezugnahme eines »fremden« Tarifvertrages für die Auslegung, gerade dessen spezifische Regelungen sollten Inhalt des Arbeitsverhältnisses sein. Mithin bleibt es in diesen Fällen nach Übergang des Arbeitsverhältnisses bei der individualrechtlichen Geltung der ausdrücklich in Bezug genommenen Tarifvertragsregelungen.[238]

c) Ablösung durch andere Betriebsvereinbarung beim Erwerber

Eine **Ablösung** der nach § 613a Abs. 1 Satz 2 BGB **transformierten tarifvertraglichen Rechte** und Pflichten ist aber nicht nur durch einen anderen Tarifvertrag, sondern auch **durch eine Betriebsvereinbarung** möglich.[239] Die EG-Richtlinie 77/187/ EWG unterscheidet in Art. 3 Abs. 2 ebenfalls nicht zwischen Tarifvertrag und Betriebsvereinbarung, sondern spricht lediglich von Kollektivvereinbarungen. Der Ablösung durch Betriebsvereinbarung steht die Regelung des Tarifvorbehalts in § 77 Abs. 3 BetrVG, wonach Arbeitsentgelt und sonstige Arbeitsbedingungen, die durch Tarifvertrag geregelt sind oder üblicherweise geregelt werden, nicht entgegen, insoweit ist § 613a Abs. 1 Satz 3 BGB als lex specialis anzusehen. Dies gilt allerdings nur im Verhältnis Tarifvertrag beim Veräußerer und Betriebsvereinbarung beim Erwerber. Eine Ablösung beim Veräußerer geltender tarifvertraglicher Rechte und Pflichten durch Betriebsvereinbarung beim Erwerber ist also nur dann möglich, wenn bei letzterem keine Tarifbindung besteht und auch üblicherweise kein Tarifvertrag Anwendung findet. Andernfalls ist die dann bestehende Konkurrenz zwischen Betriebsvereinbarung und Tarifvertrag beim Erwerber in § 77 Abs. 3 Satz 1 BetrVG eindeutig zugunsten des Tarifvertrags entschieden, der Abschluss einer Betriebsvereinbarung ist nicht möglich.[240] Nach einer Mindermeinung im Schrifttum soll § 77 Abs. 3 Satz 1 BetrVG schon dann nicht eingreifen, wenn es an der Tarifgebundenheit des Arbeitgebers fehlt.[241] Hinzuweisen ist auch darauf, dass nach der vom BAG vertretenen Vorrangtheorie der Tarifvorbehalt des § 77 Abs. 3 Satz 1 BetrVG dann nicht eingreift, wenn Regelungsmaterien der zwingenden Mitbestimmung des § 87 Abs. 1 BetrVG betroffen sind.[242] Voraussetzung ist jedoch, dass die Betriebsvereinbarung den räumlichen Geltungsbereich des übernommenen Betriebes erfasst. Ist Betriebspartei ein Einzelbetriebsrat, so kann in den **Geltungsbereich der Betriebsvereinbarung** kein Betrieb oder Betriebsteil einbezogen werden, für den er nicht gebildet ist.[243] Diese Form der Ablösung kommt also nur bei einer Eingliederung eines übernommenen Betriebes oder Betriebsteil in einen bestehenden Betrieb in Betracht. 87

237 BAG, Urt. v. 25.10.2000, DB 2001, 1891.

238 *Boecken*, Unternehmensumwandlungen und Arbeitsrecht, Rn 149.

239 *C. Meyer*, NZA 2001, 751; *Kania*, DB 1995, 625 (626) sieht diese Auslegung bereits als vom Wortlaut gedeckt an; *Hanau/Vossen*, FS Hilger/Stumpf, S. 271 (281) und *Boecken*, Unternehmensumwandlungen und Arbeitsrecht, Rn 193 gehen zwar davon aus, dass der Wortlaut eine andere Kollektivvereinbarung der gleichen Art verlangt, begründen ihre Auffassung jedoch mit Sinn und Zweck der Regelung, die dem Betriebserwerber die Vereinheitlichung der Arbeitsbedingungen im Sinne der bei ihm geltenden Verhältnisse ermöglichen soll; KR/*Pfeiffer*, § 613a BGB Rn 172; ablehnend Staudinger/*Richardi/Annuß*, § 613a BGB Rn 185; das BAG hat diese Frage im Urt. v. 01.08.2001, DB 2002, 48 (49) offen gelassen.

240 *Kania*, DB 1995, 625 (626); *Boecken*, Unternehmensumwandlungen und Arbeitsrecht, Rn 193; *Kempen*, BB 1991, 2006 (2010); *Zöllner*, DB 1995, 1401 (1405 f.); a.A. *B. Gaul*, NZA 1995, 717 (722) mit Hinweis auf die negative Koalitionsfreiheit der Außenseiter. *Gaul* unterscheidet jedoch nicht hinreichend zwischen eigenständiger Regelung in einer Betriebsvereinbarung und der Erstreckung eines ablösenden Tarifvertrages auf Außenseiter durch Betriebsvereinbarung. Bei einer Ablösung durch Betriebsvereinbarung, wenn der Betrieb beim Erwerber keiner Tarifbindung unterliegt und keine Tarifüblichkeit i.S.v. § 77 Abs. 3 Satz 1 BetrVG besteht, ist die Koalitionsfreiheit nicht tangiert.

241 GK-BetrVG/*Kreutz*, § 77 Rn 83 m.w.N.

242 BAG, Beschl. v. 24.02.1987, AP Nr. 21 zu § 77 BetrVG 1972; Beschl. v. 24.11.1987, AP Nr. 6 zu § 87 BetrVG 1972 Auszahlung.

243 BAG, Urt. v. 01.08.2001, DB 2002, 48 (50).

d) Zusammenfassung

88 Eine Ablösung der gem. § 613a Abs. 1 Satz 2 BGB transformierten Tarifvertragsregelungen ist also nach der Rechtsprechung des BAG nur dann möglich, wenn für den Betriebserwerber und den Arbeitnehmer Tarifbindung an einen neuen Tarifvertrag besteht, der neue Tarifvertrag gilt dann kollektivrechtlich. Besteht im vorgenannten Fall für die bereits beim Veräußerer tarifungebundenen Arbeitnehmer eine Gleichstellungsabrede, bewirkt diese auch nach dem Betriebsübergang die Gleichstellung mit den tarifgebundenen Arbeitnehmern beim Erwerber. Weitere Möglichkeiten der Ablösung des beim Veräußerer geltenden Tarifrechts sind, wenn

- der Arbeitgeber einer abweichenden Tarifbindung unterliegt und im Arbeitsvertrag eine Bezugnahmeklausel auf das jeweilige Tarifrecht besteht (Tarifwechselklausel); das neue Tarifrecht gilt dann individualrechtlich,
- keine Tarifbindung und keine Tarifüblichkeit beim Erwerber besteht oder allein Regelungsgegenstände des § 87 Abs. 1 BetrVG betroffen sind und beim Erwerber die Rechte und Pflichten aus dem »alten« Tarifvertrag in einer Betriebsvereinbarung geregelt werden, deren Geltungsbereich sich auf den eingegliederten übernommenen Betrieb oder Betriebsteil erstreckt; diese Regelungen gelten dann kollektivrechtlich gem. § 77 Abs. 4 Satz 1 BetrVG,
- der Tarifvertrag nicht mehr gilt oder bei fehlender beiderseitiger Tarifgebundenheit im Geltungsbereich eines anderen Tarifvertrages, dessen Anwendung zwischen dem neuen Inhaber und dem Arbeitnehmer vereinbart wird (§ 613a Abs. 1 Satz 4 BGB).

e) Besonderheiten beim Firmentarifvertrag

89 Einige Besonderheiten gelten beim **Firmentarifvertrag**. Der Firmentarifvertrag unterscheidet sich vom Verbandstarifvertrag dadurch, dass auf Arbeitgeberseite keine Koalition, sondern der einzelne Arbeitgeber selbst steht (§§ 2 Abs. 1, 3 Abs. 1 TVG). Mithin wird die unmittelbare und zwingende Wirkung der Tarifvertragsnormen gem. § 4 Abs. 1 TVG auf Arbeitgeberseite nicht durch eine Koalition, den Arbeitgeberverband vermittelt, vielmehr ist Anknüpfungspunkt die Arbeitgeberstellung selbst. Schon vor In-Kraft-Treten des § 613a Abs. 1 Satz 2–4 BGB wurde für Firmentarifverträge die kollektivrechtliche Fortgeltung bejaht.[244] Der Erwerber des Betriebes trete allein durch den Betriebsübergang in die Parteistellung als Vertragspartner des Firmentarifvertrages ein. Die Einfügung der Sätze 2–4 in § 613a Abs. 1 BGB habe an der Zugehörigkeit der Firmentarifverträge zum Betrieb nichts geändert.[245] Dagegen wendet *Wank*[246] ein, der Gesetzgeber habe sich mit der Einführung der Sätze 2–4 in § 613a Abs. 1 BGB für eine individualrechtliche Lösung entschieden und die Fortgeltung der Rechte und Pflichten zugleich bestimmten Beschränkungen unterworfen. Dies bewirke beim Verbandstarifvertrag, dass eine kollektivrechtliche Fortgeltung nur bei Verbandsmitgliedschaft in Betracht käme, beim Firmentarifvertrag müsse der Erwerber rechtsgeschäftlich in die Stellung des Veräußerers eintreten. Gegen die normative Fortgeltung der Rechte und Pflichten aus einem Firmentarifvertrag spricht, dass bei der Übernahme im Wege der Einzelrechtsnachfolge alle Güter und grundsätzlich auch alle Vertragsbeziehungen – unbeschadet der Rechte der Vertragspartner als Dritten – durch gesonderte Rechtsgeschäfte übernommen werden müssen. Dafür spricht, dass der Erwerber gem. § 613a Abs. 1 Satz 1 BGB kraft Gesetzes in die Arbeitgeberstellung eintritt, § 3 Abs. 1 TVG aber allein an das Bestehen dieser Arbeitgeberstellung anknüpft.[247]

89a Das BAG hat die Streitfrage im Sinne der **individualrechtlichen Transformation** nach § 613a Abs. 1 Satz 2 BGB entschieden.[248] Nach § 613a Abs. 1 Satz 1 BGB tritt der Betriebserwerber lediglich in die Rechte und Pflichten aus den bestehenden Arbeitsverhältnissen ein; nur insoweit wird er Rechtsnachfolger des Veräußerers. Dieser Übergang der Arbeitgeberstellung in Bezug auf

244 *Wiedemann/Stumpf*, § 3 TVG Rn 73.
245 *Jung*, RdA 1981, 360 (362 f.); *Picot*, Unternehmenskauf und Restrukturierung, Teil C. Rn 37.
246 NZA 1987, 505 (507); im Ergebnis ebenso die kollektivrechtliche Fortgeltung ablehnend *Hanau/Vossen*, FS Hilger/Stumpf, S. 271 (296); *Zöllner*, DB 1995, 1401 Fn 7; *Kania*, DB 1995, 625 Fn 11.
247 Vgl. *Heinze*, DB 1980, 205 (210) m.w.N.
248 BAG, Urt. v. 20.06.2001, ZIP 2002, 583.

die Arbeitsverhältnisse kann die Tarifgebundenheit an einen Firmentarifvertrag des Veräußerers nicht begründen. Denn die Tarifgebundenheit des Arbeitgebers (§ 3 Abs. 1 TVG) an den Firmentarifvertrag basiert auf seiner Stellung als Tarifvertragspartei, nicht aber auf der als Partei des Arbeitsvertrages. Gem. § 2 Abs. 1 TVG kann der einzelne Arbeitgeber Tarifvertragspartei sein. Tarifvertragspartei wird er aber erst durch den Abschluss eines Tarifvertrages. Es gibt keine Grundlage dafür, dass von dem Übergang der Arbeitgeberstellung hinsichtlich der Arbeitsverhältnisse gem. § 613a Abs. 1 Satz 1 BGB auch die Stellung als Tarifvertragspartei eines Firmentarifvertrags erfasst wird. Vielmehr gilt die Auffangregelung in § 613a Abs. 1 Satz 2 bis Satz 4 BGB für die Tarifverträge ohne Unterscheidung zwischen Verbands- und Firmentarifverträgen. Enthält der transformierte Firmentarifvertrag eine **dynamische Blankettverweisung auf einen Flächentarifvertrag**, werden die Regelungen dieses Flächentarifvertrages gleichwohl nur mit dem Regelungsgehalt Bestandteil des Arbeitsverhältnisses, mit dem der Flächentarifvertrag im Zeitpunkt des Betriebsübergangs besteht.[249] Daran ändert nichts, dass der Firmentarifvertrag einschließlich der darin in Bezug genommenen Verbandstarifverträge auch **kraft arbeitsvertraglicher Vereinbarung** anzuwenden ist. Eine solche Vereinbarung ist eine **Gleichstellungsabrede** und begründet deswegen keine Rechtsposition, die über die bei Tarifgebundenheit hinaus geht.[250] Die kollektivrechtliche Weitergeltung eines Firmentarifvertrages ist jedoch gegeben, wenn der Übernehmer im Wege der Gesamtrechtsnachfolge auch in den abgeschlossenen Firmentarifvertrag einrückt. Das hat das BAG für den Fall der Verschmelzung nach § 20 Abs. 1 Nr. 1 UmwG entschieden. In diesem Fall ist für die Anwendung des § 324 UmwG und des § 613a Abs. 1 Satz 2 BGB als Auffangregelung kein Raum.[251]

2. Fortgeltung der in Betriebsvereinbarungen begründeten Rechte

Rechte und Pflichten der Arbeitnehmer können nicht nur in Tarifverträgen, sondern auch in Betriebsvereinbarungen geregelt sein. Auch die Rechte und Pflichten aus Betriebsvereinbarungen wirken gem. § 77 Abs. 4 BetrVG unmittelbar und zwingend wie Rechtsnormen von außen auf die Arbeitsverhältnisse ein. Nach h.M. handelt es sich in Annäherung an den Tarifvertrag um einen privatrechtlichen Vertrag als zweiseitig-kollektiven Normenvertrag zwischen Arbeitgeber und Betriebsrat.[252] 90

a) Kollektivrechtliche Fortgeltung

Zunächst stellt sich – wie bei den Tarifverträgen – die Frage nach der **kollektiven Fortgeltung** der Betriebsvereinbarungen, ohne dass es einer Transformation nach § 613a Abs. 1 Satz 2 BGB in Individualrecht bedürfte. 91

aa) Kollektivrechtliche Fortgeltung von Einzelbetriebsvereinbarungen

Nach der Rechtsprechung des BAG[253] kommt § 613a Abs. 1 Satz 2 BGB lediglich Auffangcharakter zu.[254] Demgegenüber wird in der Literatur teilweise die Theorie der individualrechtlichen Fortgeltung vertreten.[255] Der Gesetzeswortlaut des § 613a Abs. 1 Satz 2 BGB unterscheide nicht, 91a

249 BAG, Urt. v. 20.06.2001, ZIP 2002, 583.
250 BAG, Urt. v. 29.08.2001, NZA 2002, 513.
251 BAG, Urt. v. 24.06.1998, BAGE 89, 193.
252 Siehe § 12 Rn 409 f. Zum Verhältnis zwischen Betriebsvereinbarung und Tarifvertrag vgl. § 12 Rn 233 f. m. Nachw. zu der vom BAG vertretenen Vorrangtheorie und der in der Literatur vertretenen Zwei-Schranken-Theorie.
253 BAG, Urt. v. 05.02.1991, AP Nr. 89 zu § 613a BGB; BAG, Urt. v. 27.07.1994, NZA 1995, 222 (225).
254 So auch die h.M. in der Literatur: *Richardi*, § 77 BetrVG Rn 146; *Fitting u.a.*, § 77 BetrVG Rn 168; *Stege/Weinspach*, § 77 BetrVG Rn 34; *Boecken*, Unternehmensumwandlungen und Arbeitsrecht, Rn 157; *B. Gaul*, NZA 1995, 717 (724); *Bachner*, NJW 1995, 2881 (2882); *Haas*, Die Auswirkungen des Betriebsübergangs insbesondere bei der Fusion von Kapitalgesellschaften auf Betriebsvereinbarungen, S. 45; *Lutter/Joost*, Kölner Umwandlungsrechtstage, S. 297 (312).
255 *Wank*, NZA 1987, 505 (507 f.); *Falkenberg*, BB 1987, 328 (329); *Galperin/Löwisch*, § 77 BetrVG Rn 65; *Wiesner*, BB 1986, 1636.

ob der Betriebsrat oder die Betriebsidentität fortbestehe. § 613a Abs. 1 Satz 2 BGB gelte vielmehr auch dann, wenn der Erwerber den alten Betrieb fortführe oder als selbständigen Betrieb in seinem Unternehmen belasse. Dies ergebe sich aus der Entstehungsgeschichte, weil sich der Gesetzgeber, vor die Wahl zwischen kollektivrechtlicher und individualrechtlicher Lösung gestellt, ausdrücklich für die individualrechtliche Fortgeltung entschieden habe. Etwas anderes gelte nur, wenn der Betriebserwerber rechtsgeschäftlich in die Parteistellung des früheren Inhabers eintritt. Dieses Nachrücken könne durch Vertragsübernahme oder durch den Abschluss gleich lautender Betriebsvereinbarungen geschehen.[256] Mit der h.M. ist demgegenüber davon auszugehen, dass im Rahmen des rechtsgeschäftlichen Betriebsübergangs kraft Einzelrechtsnachfolge Betriebsvereinbarungen dann kollektivrechtlich fortgelten, wenn der Betrieb beim Betriebsinhaberwechsel seine Identität wahrt.[257] Die **Betriebsidentität bleibt erhalten**, wenn die Aufbauorganisation weitgehend unverändert bleibt, die arbeitstechnischen Zwecke im Wesentlichen erhalten werden und auch das Personal- und Sozialwesen seine bisherigen Funktionen behält, allein die Vergrößerung oder Verkleinerung eines Betriebes lässt die betrieblichen Strukturen unberührt.[258] Bleibt die Betriebsidentität bestehen, bleibt der Betriebsrat im Amt.[259] Wird dagegen schon der Betriebsübergang so vollzogen, dass der Betrieb seine Selbständigkeit verliert und untergeht, weil er in einen bestehenden Betrieb beim Erwerber eingegliedert wird[260] oder mit einem anderen Betrieb des Erwerbers zu einem neuen Betrieb verschmolzen wird, so greifen die Sätze 2–4 des § 613a Abs. 1 BGB ein.[261]

bb) Kollektivrechtliche Fortgeltung von Gesamtbetriebsvereinbarungen

91b Vergleichbares gilt für **Gesamtbetriebsvereinbarungen**, die in den Betrieben des abgebenden Unternehmens gelten. Sie behalten ihren Status als Rechtsnormen auch dann, wenn **nur einer oder mehrere Betriebe übergehen**. Dies gilt jedenfalls dann, wenn das andere Unternehmen bis dahin keinen Betrieb führte und die übertragenen Betriebe ihre **Identität** bewahrt haben. Wird **nur ein Betrieb** übernommen, bleiben die Gesamtbetriebsvereinbarungen als Einzelbetriebsvereinbarungen bestehen. Werden alle oder mehrere Betriebe übernommen, bleiben dort die Gesamtbetriebsvereinbarungen als solche bestehen. Wird ein übernommener **Betriebsteil vom Erwerber als selbständiger Betrieb** geführt, gelten in ihm die im ursprünglichen Betrieb bestehenden Gesamtbetriebsvereinbarungen ebenfalls normativ weiter.[262] Werden sämtliche Betriebe eines Unternehmens von einem anderen Unternehmen im Wege der Einzel- oder Gesamtrechtsnachfolge übernommen, das bis dahin keinen eigenen Betrieb besaß, ist nicht auszuschließen, dass dann nicht nur jeder einzelne Betriebsrat, sondern auch der **bestehende Gesamtbetriebsrat im Amt** bleibt. Überträgt dagegen ein Unternehmen seine sämtlichen Betriebe auf zwei andere, rechtlich selbständige Unternehmen, endet das Amt des in dem übertragenden Unternehmen gebildeten Gesamtbetriebsrats.[263] Die Fortgeltung der bestehenden Gesamtbetriebsvereinbarungen hängt indessen nicht von der Amtskontinuität des Gesamtbetriebsrats ab. Auch wenn eine Gesamtbetriebsvereinbarung für sämtliche oder doch mehrere Betriebe eines Unternehmens abgeschlossen wird, betrifft und regelt sie keine Angelegenheit auf der Rechtsebene des Unternehmens als solchen. Ihr Bezugsobjekt und Regelungssubstrat sind vielmehr die einzelnen Betriebe. Es geht um betriebliche Angelegenheiten, unabhängig davon, wie viele Betriebe die Regelung betrifft. Eine Gesamtbetriebsvereinbarung gilt daher nicht im Unternehmen, sondern in den Betrieben des Unternehmens. Für ihr wirksames Zustandekommen, d.h. für die

256 *Wank*, NZA 1987, 505 (507 f.).
257 BAG, Urt. v. 05.02.1991, NZA 1991, 639; Urt. v. 27.07.1994, NZA 1995, 222; GK-BetrVG/*Kreutz*, § 77 Rn 330; *Fitting u.a.*, § 77 BetrVG Rn 143; Däubler/Kittner/Klebe/*Berg*, § 77 BetrVG Rn 57; *Mues*, DB 2003, 1273.
258 *Kreßel*, BB 1995, 925 (929); GK-BetrVG/*Kreutz*, § 77 Rn 322.
259 BAG, Beschl. v. 28.09.1988, AP Nr. 55 zu § 99 BetrVG 1972; *Fitting u.a.*, § 21 BetrVG Rn 34.
260 BAG, Urt. v. 27.06.1985, AP Nr. 14 zu § 77 BetrVG 1972.
261 GK-BetrVG/*Kreutz*, § 77 Rn 330.
262 BAG, Beschl. v. 18.09.2002, NZA 2003, 670 m. zahlr. w. N. zu den unterschiedlichen Auffassungen in der Literatur.
263 BAG, Beschl. v. 05.06.2002, NZA 2003, 336.

Zuständigkeit des Gesamtbetriebsrats ist zwar das Erfordernis nach überbetrieblicher oder unternehmensweiter Regelung Voraussetzung. Dazu muss die zu regelnde Angelegenheit nicht nur einen einzigen, sondern mehrere oder alle Betriebe des Unternehmens betreffen. Das bedeutet aber nicht, dass auf diese Weise eine Art »Betriebsverbund« als entsprechendes überbetriebliches Bezugsobjekt und Regelungssubstrat entstände. Dem Gesamtbetriebsrat entspricht kein Gesamtbetrieb. Eine Gesamtbetriebsvereinbarung gestaltet die kollektive Ordnung des von ihr betroffenen Betriebs nicht anders als eine Einzelbetriebsvereinbarung. Dass sie zugleich in anderen Betrieben des Unternehmens gilt, ändert daran nichts.[264] Werden mehrere, aber nicht alle Betriebe eines Unternehmens übernommen und gilt die Gesamtbetriebsvereinbarung daher als solche fort, ohne dass der Gesamtbetriebsrat im Amt bleibt, scheidet eine Änderung auf kollektivrechtlicher Ebene aus. Allerdings kann der neue Arbeitgeber eine **Beendigung der Gesamtbetriebsvereinbarung** durch gleichzeitige Kündigung gegenüber allen Einzelbetriebsräten herbeiführen. Wollen die Einzelbetriebsräte ihrerseits kündigen, können sie allerdings dies selbst gemeinsam nicht, da es in ihrer Hand liegt, einen Gesamtbetriebsrat zu gründen. Ob die kollektivrechtliche Weitergeltung einer Gesamtbetriebsvereinbarung auch dann in Betracht kommt, wenn das übernehmende Unternehmen im Erwerbszeitpunkt bereits einen oder mehrere eigene Betriebe mit Betriebsrat führt und ggf. ein Gesamtbetriebsrat schon gebildet ist, hat das BAG ausdrücklich offen gelassen.[265]

b) Transformation in Individualrecht

Findet eine kollektive Fortgeltung nach den vorstehenden Ausführungen nicht statt, kommt es zu einer **individualrechtlichen Fortgeltung** nach § 613a Abs. 1 Satz 2–4 BGB. Von der Transformationswirkung des § 613a Abs. 1 Satz 2 BGB werden alle Bestimmungen der Betriebsvereinbarungen erfasst, die **Inhalt und Beendigung des Arbeitsverhältnisses** regeln, nicht aber die Betriebsverfassungsnormen, die der Betriebsordnung zuzurechnen sind oder schuldrechtliche Vereinbarungen zwischen Arbeitgeber und Betriebsrat.[266] Hinsichtlich der transformierten Regelungen gilt die einjährige Veränderungssperre, es sei denn, es handelt sich lediglich um eine gem. § 77 Abs. 6 BetrVG **nachwirkende Betriebsvereinbarung.**[267] Auch individualrechtlich fortgeltende Rechte und Pflichten aus Betriebsvereinbarungen können innerhalb der Jahresfrist gem. § 613a Abs. 1 Satz 2 und 3 BGB durch eine andere Kollektivvereinbarung abgelöst werden. Insoweit kann auf die Ausführungen zur Ablösung der Rechte und Pflichten aus Tarifverträgen verwiesen werden. Wird eine Betriebsvereinbarung im Zuge eines Betriebsübergangs zum individualrechtlichen Inhalt des Arbeitsverhältnisses, ist sie vor der **Ablösung durch eine – spätere – Betriebsvereinbarung** nicht in weiterem Umfang geschützt, als wenn sie kollektivrechtlich weitergelten würde. Im Verhältnis zu der neuen Betriebsvereinbarung gilt damit nicht das Günstigkeits-, sondern das Ablösungsprinzip.[268] 92

Auch bei der Verdrängung einer im veräußerten Betrieb geltenden Betriebsvereinbarung über **Leistungen der Betrieblichen Altersversorgung** durch eine beim Erwerber geltende Betriebsvereinbarung ist der bis zum Betriebsübergang erdiente Versorgungsbesitzstand aufrechtzuerhalten. Dies bedeutet nicht, dass der bis zum Betriebsübergang erdiente Besitzstand vom Betriebsübernehmer stets zusätzlich zu der bei ihm erdienten Altersversorgung geschuldet wäre. Die gebotene Besitzstandswahrung führt grundsätzlich nur insoweit zu einem erhöhten Versorgungsanspruch, wie die Ansprüche aus der Neuregelung im Versorgungsfall hinter dem zurückbleiben, was bis zum Betriebsübergang erdient war.[269] 92a

264 Krit. und teilweise abl. *Hohenstatt/Müller-Bonanni*, NZA 2003, 766.
265 BAG, Beschl. v. 18.09.2002, NZA 2003, 670.
266 *Wank*, NZA 1987, 505 (506) m.w.N. auch zur gegenteiligen Ansicht, die unter Berufung auf die EG-Richtlinie 77/187/EWG die Transformationswirkung auch auf Betriebsnormen und betriebsverfassungsrechtliche Normen erstrecken will.
267 *Wank*, NZA 1987, 505 (508) m.w.N.
268 BAG, Urt. v. 14.08.2001, NZA 2002, 276.
269 BAG, Urt. v. 24.07.2001, BB 2001, 1637.

IV. Kündigung von Arbeitsverhältnissen

93 Betriebsinhaberwechsel bringen häufig eine Gefährdung der Arbeitsplätze mit sich. § 613a Abs. 4 BGB enthält daher ein **eigenständiges Kündigungsverbot**[270] i.S.d. § 13 Abs. 3 KSchG.[271] Anlass für die Einfügung des § 613a Abs. 4 BGB war die EG-Richtlinie 77/187/EWG des Rates vom 14.02.1977 zur Angleichung der Rechtsvorschriften der Arbeitnehmer beim Übergang von Unternehmen, Betrieben oder Betriebsteilen. Nach Art. 4 Abs. 1 der Richtlinie stellt »der Übergang eines Unternehmens, Betriebs oder Betriebsteils . . . als solcher für den Veräußerer oder den Erwerber keinen Grund zur Kündigung dar. Diese Bestimmung steht etwaigen Kündigungen aus wirtschaftlichen, technischen oder organisatorischen Gründen, die Änderungen im Bereich der Beschäftigung mit sich bringen, nicht entgegen.« Dementsprechend soll § 613a Abs. 4 BGB nach der Gesetzesbegründung klarstellen, dass eine Kündigung wegen des Betriebsübergangs nicht zulässig ist, was sich bereits aus dem allgemeinen Schutzzweck der Vorschrift des § 613a BGB ergebe.[272]

94 Nach § 613a Abs. 4 Satz 1 BGB ist eine **Kündigung** des bisherigen Arbeitgebers oder des neuen Inhabers **wegen des Übergangs** eines Betriebes oder Betriebsteils unwirksam. »Wegen« des Betriebsübergangs bedeutet nicht, dass der Betriebsübergang der alleinige Beweggrund für die Kündigung sein muss. Vielmehr reicht es aus, dass der Betriebsübergang für die Kündigung **wesentlich mitbestimmend** ist.[273] Für die Frage der Unwirksamkeit der Kündigung ist ausschließlich auf die Verhältnisse im Zeitpunkt des Zugangs der Kündigungserklärung abzustellen. Damit kann ein bevorstehender Betriebsübergang nur dann zur Unwirksamkeit der Kündigung führen, wenn die den Betriebsübergang ausmachenden Tatsachen im Zeitpunkt des Zugangs der Kündigung bereits feststehen oder zumindest greifbare Formen angenommen haben.[274] Solange nicht auszuschließen ist, dass es noch zu einem Betriebs(teil)übergang kommen wird, ist eine um **mehrere Monate vorzeitige Kündigung** wegen beabsichtigter **Betriebsstilllegung**[275] oder Schließung einer Dienststelle jedoch nicht dringend, sondern **unverhältnismäßig**, weil sie die Rechtsposition des betroffenen Arbeitnehmers verschlechtert, indem sie ihn auf einen Wiedereinstellungsanspruch verweist, auf den § 1 Abs. 3 Satz 1 Hs. 1 KSchG keine Anwendung findet.[276] Eine unternehmerische Entscheidung zur endgültigen Betriebsstilllegung i.S. eines betriebsbedingten Kündigungsgrundes gem. § 1 KSchG liegt (noch) nicht vor, wenn der Inhaber mehrerer gastronomischer Einrichtungen eines Kur-Betriebes sämtliche Einrichtungen schließt, die geplante Veranstaltung absagt, Materialien und Warenvorräte veräußert sowie das Personal entlässt, jedoch zugleich erklärt, er wolle sich um »die Vermarktung einzelner Betriebsteile« bemühen. Kommt es in der Folge zur Fortführung einer einzelnen gastronomischen Einrichtung durch einen Erwerber, so werden hiervon die Arbeitsverhältnisse solcher Arbeitnehmer nicht erfasst, welche – wie der Hausmeister oder der Konditormeister der zentralen Backstube – den Zentralfunktionen des Betriebes zugeordnet waren.[277]

95 Regelungszweck des § 613a Abs. 4 BGB ist es, den Parteien des Betriebsübernahmevertrages die Möglichkeit der Umgehung der Rechtsfolgen des § 613a Abs. 1 Satz 1 BGB, des Übergangs der Arbeitsverhältnisse, zu verbauen.[278] Das Verständnis des § 613a Abs. 4 BGB als eigenständiges

270 Vgl. zur Reichweite der Kündigungskontrolle zuletzt *Lipinski*, NZA 2002, 75.

271 BAG, Urt. v. 31.01.1985, NJW 1986, 87; seit In-Kraft-Treten des Gesetzes zu Reformen am Arbeitsmarkt am 01.01.2004 ist auch auf diese Kündigungen die Drei-Wochen-Frist des § 4 KSchG anwendbar.

272 BT-Drucks 8/3317, S. 11 unter Hinw. auf BAG, Urt. v. 02.10.1974, AP Nr. 1 zu § 613a BGB.

273 BAG, Urt. v. 26.05.1983, AP Nr. 34 zu § 613a BGB; Urt. v. 12.11.1998, NZA 1999, 311; *Bauer*, DB 1983, 713; Palandt/*Putzo*, § 613a BGB Rn 27; *Schlachter*, NZA 1995, 705 (706).

274 BAG, Urt. v. 13.11.1997, NZA 1998, 251; Urt. v. 12.11.1998, NZA 1999, 311; zum Fortsetzungsanspruch bei Eintritt eines Betriebsübergangs nach Kündigungszugang vgl. Rn 23 ff.

275 Zur Abgrenzung von Betriebsstilllegung zu Betriebsübergang vgl. BAG, Urt. v. 16.05.2002, NZA 2003, 93; BAG, Urt. v. 16.05.2002, AP Nr. 9 zu § 113 InsO.

276 LAG Berlin, Urt. v. 04.05.2001, ZTR 2001, 375.

277 LAG Hamm, Urt. v. 05.04.2001 – 8 Sa 1594/00 (n.v.).

278 BAG, Urt. v. 28.04.1987, AP Nr. 5 zu § 1 BetrAVG Betriebsveräußerung; *Willemsen*, ZIP 1983, 411 (413).

Kündigungsverbot bedingt, dass sich auch Arbeitnehmer, die **nicht unter das Kündigungsschutzgesetz fallen**, weil sie noch nicht sechs Monate im Arbeitsverhältnis stehen oder einem Kleinbetrieb angehören, auf das Kündigungsverbot wegen Betriebsübergang berufen können. § 613a BGB erfasst nicht nur Arbeitgeberkündigungen, sondern als **Umgehungsgeschäfte** auch Eigenkündigungen und Aufhebungsverträge, die durch den Betriebsübergang veranlasst sind.[279]

Gleichzeitig hat aber auch der – europäische wie nationale – Gesetzgeber gesehen, dass Unternehmensumstrukturierungen gerade notwendig sind, um Unternehmen an die wirtschaftlichen Rahmenbedingungen anpassen und im Markt überlebensfähig halten zu können.[280] Mit diesen Anpassungen gehen häufig erwünschte Synergieeffekte – beispielsweise können verschiedene Verwaltungseinheiten verschmolzener Unternehmen zentralisiert werden – einher, die einen Eingriff in die Personalstruktur aus betriebswirtschaftlich sinnvollen Erwägungen erfordern. Auch wird sich in vielen Fällen feststellen lassen, dass sich über die Zeit ein »Wasserkopf« an Personal entwickelt hat und eine rentable Weiterführung des Unternehmens durch den Übernehmer nur über eine Verschlankung ermöglicht werden kann. Es kann also gerade im Zusammenhang mit Unternehmensumstrukturierungen zahlreiche Gründe geben, die eine Verringerung des Personalbestands erfordern, um das Unternehmen wettbewerbsfähig zu halten und nicht zuletzt die verbleibenden Arbeitsplätze zu sichern. Mit einer Umgehung der Rechtsfolgen des § 613a Abs. 1 Satz 1 BGB hat dies nichts gemein. 96

Diesem Bedürfnis Rechnung tragend stellt § 613a Abs. 4 Satz 2 BGB in Übereinstimmung mit Art. 4 der Richtlinie 77/187/EWG ausdrücklich fest, dass das Recht zur Kündigung des Arbeitsverhältnisses aus anderen Gründen unberührt bleibt. Mit den **»anderen Gründen«** sind sowohl verhaltens- und personen-, als auch betriebsbedingte Gründe i.S.d. § 1 Abs. 2 KSchG erfasst. Negativ abgegrenzt sind dies alle Gründe, die nicht im Wesentlichen durch den Betriebsübergang als solchen motiviert sind.[281] 97

Mit Urteil vom 20.03.2003[282] hat das BAG erstmals eine betriebsbedingte **Kündigung des Veräußerers auf der Grundlage eines Konzepts des Erwerbers** anerkannt. Im Grundsatz hat das auch schon der 2. Senat in seiner Entscheidung vom 26.05.1983 getan, jedoch mit der wesentlichen Einschränkung, dass das Erwerberkonzept auch beim Betriebsveräußerer ohne den Betriebsübergang hätte durchgeführt werden können.[283] Gerade in den wirtschaftlich kritischen Phasen eines Unternehmens ist ein Betriebs(teil)übergang nur deswegen interessant, weil der Übernehmer durch die Nutzung erst bei ihm realisierbarer Synergieeffekte die Kostenstruktur in der notwendigen Art und Weise anpassen kann. Die Verengung der Veräußererkündigung auf das Erwerberkonzept würde damit gerade in den zeitkritischen Fällen eine schnelle Anpassung verhindern und letztlich nur zu einer künstlichen Verlängerung des Arbeitsverhältnisses führen, das erst der Erwerber nach Vollzug des Betriebsübergangs unter Einhaltung der Kündigungsfrist kündigen könnte. Nicht zufällig ist daher der Ausgangsfall des BAG ein Betriebsübergang in der Insolvenz, auch wenn die tragenden Gedanken der Entscheidung nicht auf den Insolvenzfall beschränkt werden können. Nach den Leitsätzen des BAG ist zwingende Voraussetzung, dass die Durchführung des Konzepts oder eines Sanierungsplans beim Erwerber bereits greifbare Formen angenommen hat. Mithin muss auch der Betriebsübergang selbst solche greifbaren Formen angenommen haben, ohne dass das BAG wie einige Stimmen in der Literatur[284] bereits rechtliche Formen wie den Abschluss eines Vorvertrages fordert. Für die Wirksamkeit einer betriebsbedingten Kündigung des Veräußerers nach dem Sanierungskonzept des Erwerbers kommt es – jedenfalls in der Insolvenz – nicht darauf an, ob das Konzept auch bei dem Veräußerer hätte durchgeführt werden können. Der 2. Senat hatte in der Entscheidung 98

279 BAG, Urt. v. 28.04.1987, AP Nr. 5 zu § 1 BetrAVG Betriebsveräußerung.

280 Vgl. hierzu eingehend *Hümmerich*, Von der Verantwortung der Arbeitsrechtssprechung für die Volkswirtschaft, NZA 1996, 1289.

281 *Popp*, DB 1986, 2284; Palandt/*Putzo*, § 613a BGB Rn 30.

282 BAG, Urt. v. 20.03.2003, NZA 2003, 1027.

283 Vgl. dazu auch *C. Meyer*, NZA 2003, 244.

284 KR/*Pfeiffer*, § 613a BGB Rn 189; *Willemsen*, ZIP 1983, 411 (416).

von 1983 noch ausgeführt, das Kündigungsrecht des Veräußerers dürfe nicht um Gründe erweitert werden, die allein in der Sphäre des Erwerbers liegen und die Kündigung von diesem erst mit dem Betriebsübergang auf Grund einer weiter gehenden, betriebsübergreifenden unternehmerischen Planung verwirklicht werden könnte. Hierzu hat der 8. Senat ausgeführt, das Wesen der Sanierungsfälle liege häufig gerade darin, dass der Betrieb aus sich heraus nicht mehr sanierungsfähig sei. Zur Stilllegung des Betriebes bestehe oft nur die Alternative der Umstrukturierung durch die finanziellen und/oder organisatorischen Möglichkeiten des Erwerbers. In einer solchen Situation verstößt eine vollzogene Kündigung auf Grund eines Sanierungskonzepts des Erwerbers nicht gegen den Schutzgedanken des § 613a Abs. 1 Satz 1, Abs. 4 BGB, der den Erwerber bei der Betriebsübernahme an einer freien Auslese der Belegschaft hindern will. Es wird schwer sein, die Überlegungen des Senats auf Insolvenz- oder jedenfalls Sanierungsfälle zu beschränken. Der Grundgedanke, dass § 613a Abs. 1 Satz 1, Abs. 4 BGB keine künstliche Verlängerung des Arbeitsverhältnisses bei einer vorhersehbar fehlenden Beschäftigungsmöglichkeit des Arbeitnehmers beim Erwerber bezweckt, greift bei jedem Betriebsübergang.

99 Die sich aus der Anerkennung der Veräußererkündigung auf Erwerberkonzept ergebenden **Folgeprobleme** sind allerdings weitestgehend ungeklärt. Ist die **Weiterbeschäftigungspflicht** nach § 1 Abs. 2 KSchG und die **Sozialauswahl** nach § 1 Abs. 3 KSchG auf das Unternehmen bzw. den Betrieb des Veräußerers zu beschränken oder auf Unternehmen und ggf. aufnehmenden Betrieb des Erwerbers zu erstrecken?[285] Muss ein nicht vom Betriebsteilübergang betroffener Arbeitnehmer des Veräußerers um seinen Arbeitsplatz aufgrund einer Sozialauswahl fürchten, obwohl das Erwerberkonzept beim Veräußerer nicht hätte realisiert werden können, hat er doch mit dem Erwerber weder vor noch nach dem Betriebsteilübergang etwas zu schaffen.[286] Es dürfte lediglich der **Betriebsrat** beim Veräußerer nach § 102 BetrVG anzuhören sein, auch wenn nicht zu verkennen ist, dass bei Erstreckung der Sozialauswahl auf die Verhältnisse des Erwerbers gerade dessen Betriebsrat diese Verhältnisse besser kennen wird im Hinblick auf den Widerspruchsgrund des § 102 Abs. 3 Nr. 1 BetrVG. Auch der **Interessenausgleich- und Sozialplan** dürfte mit dem beim Veräußerer bestehenden Betriebsrat zu verhandeln sein, schwieriger ist aber die Frage zu beantworten, auf wessen finanzielles Leistungsvermögen bei der Frage nach dem angemessenen Sozialplanvolumen abzustellen ist.[287]

285 Für Abstellen auf die Verhältnisse beim Erwerber *Willemsen* in: *Willemsen/Hohenstatt/Schweibert/Seibt*, Umstrukturierung und Übertragung von Unternehmen, Kap. H 116; für Abstellen auf Veräußerer als kündigendem Arbeitgeber *Henckel*, ZGR 1984, 225 (234 f.); *Picot/Schnitker*, Arbeitsrecht bei Unternehmenskauf und Restrukturierung, Teil I Rn 398; *Lipinski*, NZA 2002, 75 (79); *Sieger/Hasselbach*, DB 1999, 430 (434 f.); *Vossen*, BB 1984, 1557 (1560).

286 Vgl. *Bütefisch*, Die Sozialauswahl, S. 98.

287 Für Abstellen auf die Leistungsfähigkeit des Veräußerers und Beachtung der Sozialplanschranken von § 123 InsO bei Insolvenz des Veräußerers *Annuß/Stamer*, NZA 2003, 1247 (1248).

§ 9 Umwandlung und Umstrukturierung

Inhalt

A. Einleitung

1 Unternehmensumwandlungen nach Maßgabe des Umwandlungsgesetzes – dazu gehören die so genannten **übertragenden Umwandlungen**[1] der Verschmelzung, Spaltung und Vermögensübertragung sowie der einen Übertragungsvorgang nicht beinhaltende **Formwechsel**[2] – stellen in der Regel nicht rein gesellschaftsrechtlich bedeutsame Ereignisse dar. Vielmehr haben sie – was vor allem für die übertragenden Umwandlungsvorgänge gilt – je nach Art der Umwandlung unterschiedlich umfangreiche Auswirkungen arbeitsrechtlicher Natur. Denn die von dem Umwandlungsrecht als einem spezifischen Organisationsrecht Gebrauch machenden Unternehmen – Rechtsträger i.S.d. Umwandlungsgesetzes – sind in der Regel dadurch gekennzeichnet, dass sie eine mehr oder weniger große Zahl von Arbeitnehmern beschäftigen und einen Betrieb oder mehrere Betriebe mit einem auf der Grundlage des Betriebsverfassungsgesetzes gewählten und nach Maßgabe dieses Gesetzes seine Aufgaben wahrnehmenden Betriebsrat haben. Darüber hinaus sind die Unternehmen häufig an Betriebsvereinbarungen und Tarifverträge gebunden und sie unterfallen bei Vorliegen der entsprechenden Voraussetzungen der Unternehmensmitbestimmung nach Maßgabe eines der in der Bundesrepublik Deutschland geltenden Mitbestimmungsgesetze. Hiernach lässt sich die arbeitsrechtliche Bedeutung von Umwandlungsvorgängen in individualarbeitsrechtlicher[3] und kollektivarbeitsrechtlicher Hinsicht[4] unterscheiden.

2 **Individualarbeitsrechtlich** sind unter dem Gesichtspunkt arbeitsrechtlicher Auswirkungen von Umwandlungsvorgängen vier Bereiche anzusprechen:
- der Übergang von Arbeitsverhältnissen,
- der Inhaltsschutz übergehender Arbeitsverhältnisse,
- der Schutz der Arbeitnehmer als Gläubiger umwandelnder Unternehmen sowie
- der Bestandsschutz von Arbeitsverhältnissen.

3 Bezogen auf den Bereich des **Übergangs von Arbeitsverhältnissen**[5] geht es wesentlich um die Fragen nach der rechtlichen Grundlage für den Übergang der Arbeitsverhältnisse, der Beteiligung betroffener Arbeitnehmer am Übergang ihrer Arbeitsverhältnisse sowie der Rechtsschutzmöglichkeiten der Arbeitnehmer bei einem zwischen Arbeitgeber und Betriebsrat im Zuge einer Umwandlung einvernehmlich bestimmten Zuordnung von Arbeitsverhältnissen zu einem Betrieb oder Betriebsteil.

4 Mit dem Bereich des **Inhaltsschutzes übergehender Arbeitsverhältnisse**[6] ist die Frage der Fortgeltung von Rechten und Pflichten aus umwandlungsbetroffenen Arbeitsverhältnissen angesprochen. Dabei geht es nicht nur um die Fortgeltung der einzelvertraglich begründeten Rechte und Pflichten, sondern auch solcher, die auf kollektivvertraglicher Grundlage beruhen. Angesichts ihrer normativen Einwirkung auf die erfassten Einzelarbeitsverhältnisse und der damit verbundenen individualrechtlichen Relevanz können die durch Tarifverträge oder Betriebsvereinbarungen gesetzten

1 Das sind die Umwandlungsvorgänge, mit denen begrifflich eine Vermögensübertragung verbunden ist, siehe zum Begriff auch *Ganzke*, WM 1993, 1117 ff. (1120).
2 Siehe die in § 1 Abs. 1 UmwG abschließend aufgezählten Arten der Umwandlung.
3 Siehe Rn 8 ff.
4 Siehe Rn 77 ff.
5 Siehe dazu Rn 8 ff.
6 Dazu Rn 27 ff.

Arbeitsbedingungen nicht sinnvoll aus dem Fragenkreis des Inhaltsschutzes von Arbeitsverhältnissen herausgelöst werden.

5 Bei dem Bereich des Schutzes der **Arbeitnehmer als Gläubiger umwandelnder Unternehmen**[7] geht es im Kern um die Frage, welche haftungsrechtlichen Regelungen bestehen, um Arbeitnehmer als Inhaber zum Beispiel von Lohnforderungen, unverfallbaren Anwartschaften auf betriebliche Altersversorgung oder auch Schadensersatzansprüchen vor einer Gefährdung ihrer Gläubigerposition auf Grund eines Umwandlungsvorgangs zu bewahren.

6 Schließlich wird mit dem Bereich des **Bestandsschutzes** von Arbeitsverhältnissen die Frage des Schutzes von Arbeitnehmern gegen Kündigungen, die im Zusammenhang mit einer Unternehmensumwandlung vor oder nach dem Zeitpunkt des Wirksamwerdens der Umwandlung vorgenommen werden, angesprochen.

7 In **kollektivarbeitsrechtlicher Hinsicht** kommt Umwandlungsvorgängen betriebsverfassungs-, tarifvertrags- und mitbestimmungsrechtliche Bedeutung zu, wobei die Folgen von Umwandlungen für Tarifverträge und Betriebsvereinbarungen im Zusammenhang mit dem individualarbeitsrechtlichen Thema des Inhaltsschutzes behandelt werden.[8] Zu den betriebsverfassungsrechtlichen Fragen von Unternehmensumwandlungen gehören wesentlich die nach einer Verpflichtung umwandelnder Unternehmen zur Unterrichtung des zuständigen Betriebsrats, einem Übergangsmandat des Betriebsrats, dem Vorliegen eines gemeinsam geführten Betriebs sowie der Fortgeltung von Rechten und Beteiligungsrechten des Betriebsrats. Bezogen auf das Recht der Unternehmensmitbestimmung geht es vor allem zum einen um die Auswirkungen von Umwandlungsvorgängen auf im Zeitpunkt der Umwandlung bestehende Formen der Unternehmensmitbestimmung und zum anderen um die Fortgeltung der Amtsdauer von Aufsichtsratsmitgliedern im Falle eines Formwechsels.

B. Individualarbeitsrechtliche Fragen bei Unternehmensumwandlungen

I. Übergang von Arbeitsverhältnissen

8 Die so genannten übertragenden Umwandlungsvorgänge der Verschmelzung, Spaltung und Vermögensübertragung bewirken ihrer gesetzlichen Ausgestaltung nach eine auf rechtsgeschäftlicher Grundlage beruhende Vermögensübertragung auf bestehende oder neu gegründete Rechtsträger im Wege der – je nach Art der Umwandlung – vollständigen oder teilweisen Gesamtrechtsnachfolge.[9] Bezogen auf die bei einem umwandelnden Rechtsträger bestehenden Arbeitsverhältnisse ist zum einen von besonderem Interesse, ob die umwandlungsgesetzliche Universalsukzession die rechtliche Grundlage für die Übertragung auch der Arbeitsverhältnisse darstellt **(umwandlungsrechtlicher Übergang)** oder ob insoweit nach Maßgabe des § 613a Abs. 1 Satz 1 BGB ein **arbeitsrechtlicher Übergang** stattfindet. Des Weiteren stellt sich die Frage, inwieweit die Übertragung von Arbeitsverhältnissen unabhängig von dem Willen der betroffenen Arbeitnehmer erfolgen kann. Schließlich ist auf die Regelung des § 323 Abs. 2 UmwG einzugehen, wonach unter bestimmten Voraussetzungen der Rechtsschutz von Arbeitnehmern, deren Arbeitsverhältnisse im Zuge einer Umwandlung übertragen werden, beschränkt wird.

1. Rechtliche Grundlage für die Übertragung von Arbeitsverhältnissen

9 Soweit ein Umwandlungsvorgang die Übertragung eines Betriebs oder Betriebsteils gemäß den §§ 20 Abs. 1 Nr. 1, 131 Abs. 1 Nr. 1 Satz 1 UmwG beinhaltet, erfolgt der Übergang der zugehörigen Arbeitsverhältnisse arbeitsrechtlich auf der Grundlage von **§ 613a Abs. 1 Satz 1 BGB** und

7 Dazu unter Rn 45 ff.
8 Siehe dazu Rn 27 ff.
9 Siehe näher *Boecken*, Unternehmensumwandlungen und Arbeitsrecht, Rn 7 ff.

nicht umwandlungsrechtlich im Wege der (partiellen) Gesamtrechtsnachfolge.[10] Das für die Anwendbarkeit des § 613a Abs. 1 Satz 1 BGB erforderliche Rechtsgeschäft ist bei der Verschmelzung der Verschmelzungsvertrag,[11] bei der Spaltung der Spaltungs- und Übernahmevertrag[12] bzw. bei der Spaltung zur Neugründung der an dessen Stelle tretende Spaltungsplan[13] sowie bei der Vermögensübertragung der Übertragungsvertrag.[14] Schlägt die Umwandlung fehl, bleibt § 613a BGB gleichwohl unberührt.[15]

10 Der an sich auch mögliche Übergang der Arbeitsverhältnisse im Wege gesellschaftsrechtlicher Universalsukzession wird durch die Regelung des **§ 324 UmwG** verhindert.[16] Danach bleibt »§ 613a Abs. 1, 4 bis 6 des Bürgerlichen Gesetzbuches durch die Wirkungen der Eintragung einer Verschmelzung, Spaltung oder Vermögensübertragung unberührt.« Mit dieser Rechtsgrundverweisung[17] wird das Verhältnis zwischen arbeitsrechtlicher und umwandlungsrechtlicher Übertragung der Arbeitsverhältnisse dahin gehend bestimmt, dass im Rahmen einer übertragenden Umwandlung dem Tatbestand des § 613a Abs. 1 Satz 1 BGB in seinem Anwendungsbereich der Vorrang gegenüber einem Übergang der Arbeitsverhältnisse im Wege gesellschaftsrechtlicher Universalsukzession eingeräumt wird.[18] Seiner dogmatischen Funktion nach schließt § 324 UmwG bezogen auf die Übertragung von Arbeitsverhältnissen mit der Anordnung des »Unberührtbleibens« unter anderem der Regelung des § 613a Abs. 1 BGB von den Wirkungen der Eintragung einer übertragenden Umwandlung eine Qualifizierung der umwandlungsgesetzlichen Übertragungstatbestände (§§ 20 Abs. 1 Nr. 1, 131 Abs. 1 Nr. 1 Satz 1 UmwG) als leges speciales im Verhältnis zu § 613a Abs. 1 Satz 1 BGB aus. Vielmehr ist diese Norm lex specialis gegenüber den Tatbeständen gesellschaftsrechtlicher Universalsukzession.[19] Insoweit sind Tatbestand und Zeitpunkt eines Betriebsübergangs unabhängig von Tatbestand und Zeitpunkt der Umwandlung zu prüfen. Der Betriebsübergang kann auch schon vor dem Zeitpunkt des Wirksamwerdens der Umwandlung erfolgen.[20] Das gilt allerdings nur im Anwendungsbereich des § 613a BGB. Hiervon werden Arbeitsverhältnisse erfasst, nicht aber der Anstellungsvertrag eines GmbH-Geschäftsführers.[21] Die Ansprüche und Verbindlichkeiten aus dem Dienstvertrag mit einem Organ des übertragenden Rechtsträgers gehen umwandlungsrechtlich über,[22] wobei die Organstellung mit der Umwandlung erlischt.[23] § 613a BGB ist des Weiteren nicht auf Ruhestandsverhältnisse bereits ausgeschiedener Arbeitnehmer anwendbar.[24] Schließlich gilt

10 *Willemsen*, in: *Willemsen/Hohenstatt/Schweibert/Seibt*, B Rn 90 f.; *Bachner/Köstler/Mathießen/Trittin*, S. 121, 11.; *Schröer*, Arbeitgeberhaftung bei der Spaltung von Rechtsträgern, S. 56 ff.; unzutreffend BAG v. 06.08.2002, NZA 2003, 449 f. (450) und schon BAG v. 25.05.2000, RdA 2000, 236 ff. (239) m. Anm. *Boecken*, wonach von der mit der Verschmelzung verbundenen Gesamtrechtsnachfolge auch die bestehenden Arbeitsverhältnisse erfasst werden sollen; ausführlich zur Anwendbarkeit von § 613a Abs. 1 Satz 1 BGB *Boecken*, Unternehmensumwandlungen und Arbeitsrecht, Rn 54 ff.

11 Siehe §§ 4 ff. UmwG.

12 Siehe § 126 UmwG.

13 § 136 UmwG.

14 Siehe dazu, dass auf die Vermögensvollübertragung und die Vermögensteilübertragung die Verschmelzungs- und Spaltungsregelungen weitgehend Anwendung finden, *Boecken*, Unternehmensumwandlungen und Arbeitsrecht, Rn 17.

15 BAG v. 13.02.2003, NZA 2003, 552 f. (554).

16 *Willemsen*, in: *Willemsen/Hohenstatt/Schweibert/Seibt*, B Rn 90 f.; *Boecken*, Unternehmensumwandlungen und Arbeitsrecht, Rn 63 ff.; anders BAG v. 06.08.2002, NZA 2003, 449 f. (450) und schon BAG v. 25.05.2000, RdA 2000, 236 ff. (239) m. Anm. *Boecken*.

17 *Willemsen*, in: *Willemsen/Hohenstatt/Schweibert/Seibt*, B Rn 91; ErfK/*Preis*, § 324 UmwG Rn 3.

18 *Willemsen*, in: *Willemsen/Hohenstatt/Schweibert/Seibt*, B Rn 90 f.; *Schröer*, Arbeitgeberhaftung bei der Spaltung von Rechtsträgern, S. 69; *Boecken*, Unternehmensumwandlungen und Arbeitsrecht, Rn 64 f.

19 *Willemsen*, in: *Willemsen/Hohenstatt/Schweibert/Seibt*, B Rn 91; *Schröer*, Arbeitgeberhaftung bei der Spaltung von Rechtsträgern, S. 69.

20 BAG v. 25.05.2000, NZA 2000, 1115 ff. (1117); BAG v. 25.05.2000 – 8 AZR 406/99.

21 BAG v. 13.02.2003, NZA 2003, 552 ff. (554 f.).

22 BAG v. 13.02.2003, NZA 2003, 552 ff. (553 ff.).

23 BAG v. 13.02.2003, NZA 2003, 552 ff. (553 ff.).

24 BAG v. 22.10.2002, AP Nr. 2 zu § 2 RuhegeldG Hamburg.

§ 613a BGB auch nicht für Betriebsübergänge im Wege der Gesamtrechtsnachfolge kraft Gesetzes oder eines sonstigen Hoheitsaktes.[25]

Der Übergang von Arbeitsverhältnissen im Rahmen von betriebs- bzw. betriebsteilübertragenden Umwandlungsvorgängen auf der Grundlage von § 613a Abs. 1 Satz 1 BGB hat zum einen zur Folge, dass die Anwendbarkeit der auf einen Übergang nach § 613a Abs. 1 Satz 1 BGB bezogenen **Schutzregelungen** des § 613a BGB unmittelbar eröffnet ist.[26] Zum anderen ist mit der Anwendbarkeit des § 613a Abs. 1 Satz 1 BGB sichergestellt, dass – was vor allem für die Umwandlungsart der Spaltung von Bedeutung ist – der Verbund zwischen übergehendem Betrieb bzw. Betriebsteil und den vor der Umwandlung zugehörigen Arbeitsverhältnissen zwingend erhalten bleibt und nicht durch die nach § 126 Abs. 1 Nr. 9 UmwG grundsätzlich bestehende spaltungsrechtliche Zuordnungsfreiheit gelöst werden kann.[27] Kommt es gleichwohl im Zuge einer Spaltung zu einer fehlerhaften Zuordnung eines Arbeitsverhältnisses,[28] so kann diese im Hinblick auf den zwingenden Charakter des § 613a Abs. 1 BGB keine Wirkung entfalten.[29] Das Unternehmen, auf den der Betrieb bzw. der Betriebsteil im Wege der partiellen Gesamtrechtsnachfolge übergeht, tritt kraft Gesetzes auch in das fehlerhaft zugeordnete Arbeitsverhältnis ein. Wird ein Arbeitnehmer auch nach dem Übergang seines Arbeitsverhältnisses infolge der fehlerhaften Zuordnung noch weiter bei dem übertragenden Unternehmen tätig, so hat er insoweit einen Anspruch auf Lohnzahlung nach den Grundsätzen des fehlerhaften Arbeitsverhältnisses. Gegen das übernehmende Unternehmen besteht unter Umständen ein Anspruch auf Vergütung nach § 615 Satz 1 BGB. Auf die Wirksamkeit des Umwandlungsvorgangs selbst hat eine entgegen § 613a Abs. 1 Satz 1 BGB erfolgte Zuordnung von Arbeitsverhältnissen wegen §§ 20 Abs. 2, 131 Abs. 2 UmwG keinen Einfluss. 11

In bestimmten Fällen kann ein arbeitsrechtlicher Übergang nach § 613a Abs. 1 Satz 1 BGB mangels Vorliegens der Voraussetzungen dieses Übertragungstatbestandes nicht in Betracht kommen. Hier erfolgt die Übertragung der Arbeitsverhältnisse **umwandlungsrechtlich** im Wege der **(partiellen) Gesamtrechtsnachfolge**. Die Möglichkeit einer umwandlungsrechtlichen Übertragung von Arbeitsverhältnissen erlangt vor allem im Zusammenhang mit dem Umwandlungsvorgang der **Spaltung** Bedeutung. Das ist im Wesentlichen dann der Fall, wenn 12

- Arbeitsverhältnisse übertragen werden, ohne dass mindestens ein Betrieb oder ein Betriebsteil i.S.d. § 613a Abs. 1 Satz 1 BGB übergehen soll,
- mit dem Übergang eines Betriebs oder Betriebsteils zusätzlich solche Arbeitsverhältnisse übertragen werden, die einem zurückbleibenden Betrieb bzw. Betriebsteil zugehören,
- Arbeitsverhältnisse übertragen werden, die bei der spaltungsbedingten Aufteilung eines Betriebs im Hinblick auf ihren übergreifenden, alle Betriebsteile betreffenden Tätigkeitsbereich nicht einem der übergehenden Betriebsteile zugeordnet werden können[30] oder schließlich
- Arbeitsverhältnisse übertragen werden, die bei der spaltungsbedingten Übertragung mehrerer Betriebe auf einen übernehmenden Rechtsträger wegen ihres übergreifenden Tätigkeitsbereichs nicht einem der übergehenden Betriebe zugeordnet werden können.[31]

25 BAG v. 22.10.2002, AP Nr. 2 zu § 2 RuhegeldG Hamburg und BAG v. 08.05.2001, NZA 2001, 1200 ff. (1202), jeweils für den Fall landesgesetzlich geregelter Ausgliederungen von Gebietskörperschaften auf einen Träger des öffentlichen Rechts. In diesen Fällen findet auch das Umwandlungsgesetz keine Anwendung, siehe BAG, a.a.O.

26 *Boecken*, Unternehmensumwandlungen und Arbeitsrecht, Rn 67.

27 *Willemsen*, in: *Willemsen/Hohenstatt/Schweibert/Seibt*, B Rn 88 ff.; *Bachner/Köstler/Mathießen/Trittin*, S. 121 f.; *Boecken*, Unternehmensumwandlungen und Arbeitsrecht, Rn 67; *ders.*, ZIP 1994, 1087 ff. (1091).

28 Z.B. dadurch, dass trotz der Übertragung eines Betriebsteils ein zugehöriges Arbeitsverhältnis bei dem übertragenden Rechtsträger verbleiben soll.

29 Siehe *Willemsen*, in: *Willemsen/Hohenstatt/Schweibert/Seibt*, B Rn 91; *Boecken*, Unternehmensumwandlungen und Arbeitsrecht, Rn 68.

30 Die Möglichkeit der Zuordnung eines jeden Arbeitsverhältnisses zu einem bestimmten Betriebsteil ist ungeschriebenes Tatbestandsmerkmal von § 613a Abs. 1 Satz 1 BGB, siehe näher *Kreitner*, NZA 1990, 429 ff. (429).

31 Die vorstehend genannten Fallgruppen finden sich im Wesentlichen auch bei *Däubler*, RdA 1995, 136 ff. (142); siehe auch *Willemsen*, RdA 1993, 133 ff. (137).

13 Erfolgt der Übergang eines Arbeitsverhältnisses umwandlungsrechtlich, so hat das wesentlich zur Folge, dass die in § 613a BGB enthaltenen Schutzregelungen jedenfalls nicht unmittelbare Anwendung finden können. Allerdings sind diese entsprechend heranzuziehen.[32] Darüber hinaus besteht hinsichtlich der Zuordnung der Arbeitsverhältnisse Dispositions- und Übertragungsfreiheit.

14 Wird im Zuge einer Unternehmensspaltung ein Arbeitsverhältnis aus Versehen nicht zugeordnet, so verbleibt dieses im Falle der **Abspaltung**[33] bei dem übertragenden Unternehmen.[34] Bei einer **Aufspaltung**[35] geht ein nicht zugeordnetes Arbeitsverhältnis nach dem Rechtsgedanken des § 131 Abs. 3 UmwG nicht mit dem Erlöschen des übertragenden Rechtsträgers unter.[36] Für die Zuordnung dieses Arbeitsverhältnisses zu einem der übernehmenden Unternehmen ist primär auf einen im Spaltungsrechtsgeschäft unter Umständen zum Ausdruck gelangenden Willen der an der Spaltung beteiligten Unternehmen abzustellen. Führt das nicht weiter, so sind für die Zuordnung nach dem Vorbild des § 131 Abs. 3 UmwG objektive Kriterien heranzuziehen,[37] erst zuletzt ist maßgebend auf den Willen des betroffenen Arbeitnehmers abzustellen.[38]

2. Beteiligung der Arbeitnehmer am Übergang ihrer Arbeitsverhältnisse

15 Im Zusammenhang mit dem umwandlungsbedingten Übergang von Arbeitsverhältnissen ist von besonderem Interesse, ob und wie die betroffenen Arbeitnehmer an der Übertragung ihrer Arbeitsverhältnisse zu beteiligen sind. Insoweit ist zwischen dem arbeitsrechtlichen[39] und dem umwandlungsrechtlichen[40] Übergang der Arbeitsverhältnisse zu unterscheiden.

a) Arbeitsrechtlicher Übergang der Arbeitsverhältnisse

16 Soweit der an einer Umwandlung beteiligte aufnehmende oder neu gegründete Rechtsträger gemäß § 613a Abs. 1 Satz 1 BGB kraft Gesetzes in die im Zeitpunkt des Übergangs bestehenden Arbeitsverhältnisse eintritt,[41] stand den betroffenen Arbeitnehmern unter Zugrundelegung der Rechtsprechung des BAG zur Anerkennung eines Widerspruchsrechts im Rahmen von § 613a Abs. 1 Satz 1 BGB[42] bereits bislang ein **Recht zum Widerspruch** gegen den Übergang ihres Arbeitsverhältnisses zu.[43] Nunmehr ist das Widerspruchsrecht der Arbeitnehmer, das auch bei Betriebsübergängen im Rahmen einer Umwandlung gegeben ist,[44] ausdrücklich in § 613a Abs. 6 BGB geregelt worden.[45] Gemäß § 613a Abs. 6 Satz 1 BGB kann der Arbeitnehmer dem Übergang des

32 Siehe *Boecken*, Unternehmensumwandlungen und Arbeitsrecht, Rn 150 ff., 156 ff. 173 ff., 183 ff., 197 ff., 203 ff., 210, 233 und 270 f.
33 § 123 Abs. 2 UmwG.
34 Siehe *Schröer*, Arbeitgeberhaftung bei der Spaltung von Rechtsträgern, S. 117; Lutter/*Hommelhoff*, UmwG, § 133 Rn 36; *Boecken*, Unternehmensumwandlungen und Arbeitsrecht, Rn 373.
35 § 123 Abs. 1 UmwG.
36 Siehe näher *Schröer*, Arbeitgeberhaftung bei der Spaltung von Rechtsträgern, S. 118.
37 So etwa, welches Unternehmen den Tätigkeitsbereich, auf den das Arbeitsverhältnis bis zur Umwandlung bezogen war, übernommen hat.
38 Siehe zum Ganzen näher *Boecken*, Unternehmensumwandlungen und Arbeitsrecht, Rn 74 ff.; krit. *Schröer*, Arbeitgeberhaftung bei der Spaltung von Rechtsträgern, S. 120, der den übernehmenden Rechtsträgern ein nachträgliches Entscheidungsrecht über die Zuordnung vergessener Arbeitsverhältnisse einräumen will.
39 § 613a Abs. 1 Satz 1 BGB.
40 §§ 20 Abs. 1 Nr. 1, 131 Abs. 1 Nr. 1 UmwG.
41 Siehe oben Rn 1 ff.
42 Siehe grundlegend BAG v. 02.10.1974, AP Nr. 1 zu § 613a BGB; aus jüngerer Zeit BAG v. 25.05.2000, RdA 2001, 236 ff. (239) m. Anm. *Boecken*.
43 Siehe BAG v. 25.05.2000, RdA 2001, 236 ff. (239); *Willemsen*, in: *Willemsen/Hohenstatt/Schweibert/Seibt*, B Rn 93; *Bachner/Köstler/Mathießen/Trittin*, S. 127 ff.; *Brinkmann*, Die Spaltung von Rechtsträgern nach dem neuen Umwandlungsrecht, S. 102 ff.; *Joost*, in: *Lutter* (Hrsg.), Verschmelzung, Spaltung, Formwechsel, S. 297 ff. (322 f.); *Däubler*, RdA 1995, 136 ff. (140); *Boecken*, Unternehmensumwandlungen und Arbeitsrecht, Rn 79 ff.
44 BAG v. 25.05.2000, NZA 2000, 1115 ff. (1117 f.); BAG v. 25.05.2000 – 8 AZR 406/99.
45 Durch Art. 4 des Gesetzes zur Änderung des Seemannsgesetzes und anderer Gesetze, BGBl I 2002, 1163. Siehe dazu *Worzalla*, NZA 2002, 353 ff. (356 ff.).

Arbeitsverhältnisses innerhalb eines Monats nach Zugang der Unterrichtung nach § 613a Abs. 5 BGB schriftlich widersprechen. Der Widerspruch kann gegenüber dem bisherigen Arbeitgeber oder dem neuen Inhaber erklärt werden (§ 613a Abs. 6 Satz 2 BGB). Im Falle der Erklärung eines Widerspruchs geht das Arbeitsverhältnis nicht über.[46]

Das Widerspruchsrecht steht den Arbeitnehmern nicht nur in den Fällen zu, in denen der umwandelnde Rechtsträger bestehen bleibt, sprich bei den Umwandlungsvorgängen der Spaltung in Gestalt der Abspaltung und Ausgliederung sowie der diesen Spaltungsformen entsprechenden Vermögensteilübertragungen. Vielmehr ist das Widerspruchsrecht auch dann gegeben, wenn die Umwandlung zum Erlöschen des übertragenden Rechtsträgers führt, also bei der Verschmelzung, Vermögensvollübertragung, Spaltung in Gestalt der Aufspaltung sowie der dieser entsprechenden Vermögensteilübertragung.[47] 17

Die Ausübung des Widerspruchsrechts als Gestaltungsrecht bewirkt, dass das Arbeitsverhältnis nicht auf den neuen oder übernehmenden Rechtsträger übergeht.[48] Führt die Umwandlung zum Erlöschen des übertragenden Rechtsträgers, so erlischt das Arbeitsverhältnis des widersprechenden Arbeitnehmers gleichzeitig mit dem durch die Eintragung der Umwandlung erfolgenden Untergang des Rechtsträgers.[49] Das gilt auch für den Umwandlungsvorgang der Aufspaltung.[50] Besteht das Unternehmen nach der Umwandlung fort,[51] so bleibt das Arbeitsverhältnis des widersprechenden Arbeitnehmers mit dem übertragenden Rechtsträger erhalten.[52] Dieser hat jedoch unter den Voraussetzungen des § 1 Abs. 2 KSchG[53] ein Recht zur betriebsbedingten Kündigung.[54] Im Rahmen einer möglicherweise durchzuführenden Sozialauswahl nach § 1 Abs. 3 KSchG kann sich der widersprechende Arbeitnehmer nach der Rechtsprechung des BAG zwar auf deren Mangelhaftigkeit berufen, jedoch sind bei der Prüfung der sozialen Gesichtspunkte die Gründe für den Widerspruch zu berücksichtigen: Je geringer die Unterschiede in der sozialen Schutzbedürftigkeit sind, desto gewichtiger müssen die Gründe des widersprechenden Arbeitnehmers sein.[55] 18

46 BAG v. 13.02.2003, DB 2003, 1740 ff. (1741 f.).

47 Siehe *Däubler*, RdA 1995, 136 ff. (140); *Mertens*, Umwandlung und Universalsukzession, S. 169; *Joost*, in: *Lutter* (Hrsg.), Verschmelzung, Spaltung, Formwechsel, S. 297 ff. (323); *Brinkmann*, Die Spaltung von Rechtsträgern nach dem neuen Umwandlungsrecht, S. 102 ff. (hier zur Aufspaltung); *Boecken*, Unternehmensumwandlungen und Arbeitsrecht, Rn 81 ff.; a.A. *Willemsen*, in: *Willemsen/Hohenstatt/Schweibert/Seibt*, G Rn 178 ff.; *Bauer/Lingemann*, NZA 1994, 1057 ff. (1061); *Wlotzke*, DB 1995, 40 ff. (43).

48 BAG v. 25.05.2000, RdA 2001, 236 ff. (239).

49 *Boecken*, Unternehmensumwandlungen und Arbeitsrecht, Rn 84; a.A. *Willemsen*, in: *Willemsen/Hohenstatt/Schweibert/Seibt*, G Rn 178 ff.

50 Siehe *Brinkmann*, Die Spaltung von Rechtsträgern nach dem neuen Umwandlungsrecht, S. 109 ff.; *Boecken*, Unternehmensumwandlungen und Arbeitsrecht, Rn 85; a.A. *Willemsen*, in: *Willemsen/Hohenstatt/Schweibert/Seibt*, G Rn 178 ff.; *K. Mertens*, AG 1994, 66 ff. (73).

51 Also in den Fällen der Rechtsträgerspaltung durch Abspaltung und Ausgliederung sowie der diesen Umwandlungsvorgängen entsprechenden Vermögensteilübertragungen.

52 Siehe BAG v. 25.05.2000, RdA 2001, 236 ff. (239).

53 Sofern dieses sachlich und persönlich anwendbar ist.

54 Siehe zu einem solchen Fall BAG v. 25.05.2000, RdA 2001, 236 ff.; *Willemsen*, in: *Willemsen/Hohenstatt/Schweibert/Seibt*, G Rn 182; *Boecken*, Unternehmensumwandlungen und Arbeitsrecht, Rn 86. Zu weiteren arbeitsrechtlichen Folgen der Ausübung des Widerspruchsrechts: Kündbarkeit trotz Sonderkündigungsschutz, Verlust des Anspruchs auf Annahmeverzugslohn, Verlust eines Sozialplananspruchs und Verhängung einer Sperrzeit beim Arbeitslosengeld, siehe *Willemsen*, in: *Willemsen/Hohenstatt/Schweibert/Seibt*, G Rn 181 ff.

55 Siehe BAG v. 18.03.1999, NZA 1999, 870 ff. (871 f.); kritisch zum Erfordernis eines sachlichen Grundes insoweit *Boecken*, Unternehmensumwandlungen und Arbeitsrecht, Rn 89.

b) Umwandlungsrechtlicher Übergang der Arbeitsverhältnisse

19 Soweit die Arbeitsverhältnisse im Zuge einer Unternehmensumwandlung umwandlungsrechtlich übertragen werden,[56] sind für die Frage der Beteiligung der Arbeitnehmer am Übergang ihrer Arbeitsverhältnisse die umwandlungsgesetzlichen Bestimmungen maßgebend. Insoweit ist davon auszugehen, dass die übertragenden Umwandlungsvorgänge generell unter dem Vorbehalt der Beachtung allgemeiner Übertragbarkeitsregelungen stehen, was für den Bereich der Spaltung ausdrücklich in § 132 Satz 1 UmwG niedergelegt ist.[57] Hiernach ist im Falle eines umwandlungsrechtlichen Übergangs von Arbeitsverhältnissen als allgemeine Übertragbarkeitsregelung die Bestimmung des § 613 Satz 2 BGB zu beachten mit der Folge, dass ein Übergang nur mit **Zustimmung der betroffenen Arbeitnehmer** möglich ist.[58] Anders als bei dem rechtsgestaltenden Widerspruchsrecht ist die Zustimmung des Arbeitnehmers Wirksamkeitsvoraussetzung für den Übergang des Arbeitsverhältnisses.[59] Wird diese nicht erklärt, so besteht das Arbeitsverhältnis mit dem übertragenden Rechtsträger fort, sofern dieser infolge der Umwandlung nicht untergeht. Das Arbeitsverhältnis kann bei Vorliegen der maßgebenden Voraussetzungen aus betriebsbedingten Gründen gekündigt werden.[60] Erlischt der Rechtsträger mit Eintragung der Umwandlung, so führt die fehlende Zustimmung des Arbeitnehmers auch zum Erlöschen des Arbeitsverhältnisses, ohne dass es einer Kündigung bedarf.[61]

20 Die Zustimmung des Arbeitnehmers kann als Einwilligung oder Genehmigung erklärt werden.[62] Bis zum Zeitpunkt der Umwandlung besteht die Möglichkeit des **Widerrufs der Einwilligung**.[63] Eine Genehmigung ist ausgeschlossen, wenn der übertragende Rechtsträger mit der Umwandlung erlischt.[64] Erlischt der übertragende Rechtsträger nicht, so hat der Arbeitnehmer in Anlehnung an die Regelungen der §§ 108 Abs. 2, 177 Abs. 2 BGB nach Aufforderung durch einen der umwandlungsbeteiligten Rechtsträger innerhalb von zwei Wochen die Genehmigung zu erklären, anderenfalls gilt sein Schweigen als Verweigerung.[65]

21 Die Zustimmung kann sowohl dem übertragenden wie auch dem übernehmenden Rechtsträger gegenüber erteilt und verweigert werden.[66] Handelt es sich um eine Umwandlung zur Neugründung, so kommt eine Einwilligungserklärung diesem gegenüber nicht in Betracht.

3. Sonderregelung des § 323 Abs. 2 UmwG: Beschränkung des Rechtsschutzes im Zusammenhang mit dem Übergang von Arbeitsverhältnissen

22 Gemäß § 323 Abs. 2 UmwG kann für den Fall, dass bei einer Verschmelzung, Spaltung oder Vermögensübertragung ein Interessenausgleich zustande kommt, in dem diejenigen Arbeitnehmer namentlich bezeichnet werden, die nach der Umwandlung einem bestimmten Betrieb oder Betriebs-

56 Siehe oben Rn 9 ff.
57 Ausführlich dazu *Boecken*, Unternehmensumwandlungen und Arbeitsrecht, Rn 100 ff.
58 Siehe *Willemsen*, in: *Willemsen/Hohenstatt/Schweibert/Seibt*, B Rn 93; *Däubler*, RdA 1995, 136 ff. (142); näher *Boecken*, Unternehmensumwandlungen und Arbeitsrecht, Rn 101 ff.; im Ergebnis ebenso *Brinkmann*, Die Spaltung von Rechtsträgern nach dem neuen Umwandlungsrecht, 124 ff.
59 *Boecken*, Unternehmensumwandlungen und Arbeitsrecht, Rn 115.
60 Zum Widerspruchsrecht siehe schon oben Rn 16 ff.
61 Siehe *Boecken*, Unternehmensumwandlungen und Arbeitsrecht, Rn 116; *Brinkmann*, Die Spaltung von Rechtsträgern nach dem neuen Umwandlungsrecht, S. 128; a.A. *Däubler*, RdA 1995, 136 ff. (142); *Willemsen*, in: *Willemsen/Hohenstatt/Schweibert/Seibt*, G Rn 178 ff.
62 *Willemsen*, in: *Willemsen/Hohenstatt/Schweibert/Seibt*, B Rn 93; *Boecken*, Unternehmensumwandlungen und Arbeitsrecht, Rn 119 f.
63 Siehe § 183 Satz 1 BGB.
64 Siehe *Boecken*, Unternehmensumwandlungen und Arbeitsrecht, Rn 120.
65 *Boecken*, Unternehmensumwandlungen und Arbeitsrecht, Rn 120.
66 Siehe § 182 Abs. 1 BGB.

teil zugeordnet werden, die Zuordnung der Arbeitnehmer nur auf grobe Fehlerhaftigkeit überprüft werden. Zweck der Regelung ist die Verringerung arbeitsrechtlicher Streitigkeiten.[67]

§ 323 Abs. 2 UmwG gilt nur für solche übertragenden Umwandlungsvorgänge, bei denen ein Interessenausgleich zustande kommen kann, das heißt also für Umwandlungen, die mit einer **Betriebsänderung i.S.v. § 111 BetrVG** verbunden sind.[68] Verschmelzungen, Spaltungen oder Vermögensübertragungen beinhalten jedenfalls dann eine Betriebsänderung, wenn sie den Zusammenschluss eines Betriebs mit anderen Betrieben oder die Spaltung von Betrieben zur Folge haben.[69] 23

Darüber hinaus hat § 323 Abs. 2 UmwG nur für solche Arbeitnehmer Relevanz, deren Arbeitsverhältnisse im Rahmen einer Umwandlung überhaupt **grundsätzlich zuordnungsfähig** sind. Das trifft allein auf umwandlungsrechtlich übergehende Arbeitsverhältnisse[70] zu, nicht aber auf solche, deren Übergang arbeitsrechtlich nach § 613a Abs. 1 Satz 1 BGB erfolgt.[71] Insoweit besteht nämlich wegen der zwingenden Wirkung des § 613a Abs. 1 Satz 1 BGB i.S. einer Bewahrung des Verbundes zwischen übergehendem Betrieb bzw. Betriebsteil und den zugehörigen Arbeitsverhältnissen überhaupt keine Zuordnungsfreiheit des übertragenden Rechtsträgers.[72] 24

In dem so umgrenzten Anwendungsbereich des § 323 Abs. 2 UmwG kann eine Zuordnung der Arbeitnehmer durch das Arbeitsgericht nur auf **grobe Fehlerhaftigkeit** überprüft werden. Geeignete Bewertungsmaßstäbe hierfür sind etwa die Qualifikation des Arbeitnehmers wie auch der vertraglich konkretisierte bisherige Tätigkeitsbereich. Von einer groben Fehlerhaftigkeit kann allerdings nur ausgegangen werden, wenn diese Kriterien bei der Zuordnung völlig außer Acht gelassen werden.[73] 25

Der Arbeitnehmer trägt die Beweislast für das Vorliegen einer grob fehlerhaften Zuordnung.[74] 26

II. Inhaltsschutz übergehender Arbeitsverhältnisse

Mit dem Bereich des Inhaltsschutzes übergehender Arbeitsverhältnisse ist die Frage nach der Erhaltung des inhaltlichen Status quo umwandlungsbedingt übergehender Arbeitsverhältnisse angesprochen. Die Rechte und Pflichten der Arbeitsvertragsparteien können einzelvertraglich, durch Betriebsvereinbarungen wie auch tarifvertraglich durch Verbands- oder Firmentarifvertrag ausgestaltet sein. 27

1. Fortgeltung einzelvertraglich vereinbarter Rechte und Pflichten

Erfolgt der Übergang der Arbeitsverhältnisse auf der Grundlage von § 613a Abs. 1 Satz 1 BGB, so gehen die einzelvertraglich vereinbarten Rechte und Pflichten mit dem Inhalt, den sie vor der Umwandlung hatten, auf den betriebs(teil)übernehmenden Rechtsträger über.[75] § 613a Abs. 1 Satz 1 BGB ist zwingend, so dass der Eintritt des übernehmenden Rechtsträgers in die einzelvertraglich 28

67 Siehe *Neye*, ZIP 1994, 917 ff. (919).

68 *Willemsen*, in: *Willemsen/Hohenstatt/Schweibert/Seibt*, G Rn 162; *Boecken*, Unternehmensumwandlungen und Arbeitsrecht, Rn 124.

69 Siehe § 111 Satz 3 Nr. 3 BetrVG.

70 Siehe oben Rn 9 ff.

71 Siehe *Boecken*, Unternehmensumwandlungen und Arbeitsrecht, Rn 125; weiter *Willemsen*, in: *Willemsen/Hohenstatt/Schweibert/Seibt*, G Rn 161 f. und ErfK/*Preis*, 2. Aufl. 2001, § 323 UmwG Rn 10, wonach eine Zuordnung auch im Rahmen von § 613a Abs. 1 Satz 1 BGB möglich sein soll, soweit dessen Vorgaben beachtet werden.

72 Siehe dazu, dass § 323 Abs. 2 UmwG im Verhältnis zu § 613a Abs. 1 Satz 1 BGB nicht als lex specialis einzuordnen ist, *Boecken*, Unternehmensumwandlungen und Arbeitsrecht, Rn 126 ff.

73 Siehe *Boecken*, Unternehmensumwandlungen und Arbeitsrecht, Rn 131. Nach *Preis* ist die Zuordnung grob fehlerhaft, wenn sie sich unter keinem rechtlichen Gesichtspunkt sachlich begründen lässt, ErfK/*Preis*, 2. Aufl. 2001, § 323 UmwG Rn 11.

74 Siehe Lutter/*Joost*, UmwG, § 323 Rn 39.

75 Siehe nur *Wank*, NZA 1987, 505 ff. (505); ErfK/*Preis*, § 613a Rn 79.

begründeten Rechte und Pflichten nicht durch Vereinbarung mit dem übertragenden Rechtsträger ausgeschlossen werden kann.[76]

29 Zu dem übergehenden Inhalt des Arbeitsverhältnisses gehören neben den Ansprüchen auf Erbringung der Dienstleistung und Vergütung etwa auch Ansprüche (bzw. Verpflichtungen) im Zusammenhang mit einer einzelvertraglich vereinbarten Zusage einer betrieblichen Altersversorgung.[77] Darüber hinaus tritt der Erwerber auch in solche Verpflichtungen ein, die auf einer Gesamtzusage beruhen,[78] oder aus einer vor dem Betriebsübergang bestehenden betrieblichen Übung erwachsen sind.[79] Der Erwerber ist über § 613a Abs. 1 Satz 1 BGB auch an einzelvertraglich in Bezug genommene Bestimmungen eines Tarifvertrages gebunden.[80] Besteht bei dem übernehmenden Rechtsträger ein Tarifvertrag, so erlangt dieser über § 613a Abs. 1 Satz 1 BGB i.V.m. der Verweisungsabrede Geltung auch für nicht tarifgebundene Arbeitnehmer, sofern es sich bei der Inbezugnahmeregelung um eine so genannte dynamische Verweisung handelt.[81] Anderes gilt im Falle einer so genannten statischen Verweisung, durch die der Inhalt eines ganz bestimmten Tarifvertrages einzelvertraglich in Bezug genommen wird. Hier kann jedoch über eine analoge Anwendung von § 613a Abs. 1 Satz 3 BGB eine Geltung des Tarifrechts des Erwerbers in Betracht kommen, sofern die mit dem übertragenden Rechtsträger getroffene Verweisungsabrede maßgebend von dem Zweck getragen wurde, betriebs- bzw. unternehmenseinheitliche Arbeitsbedingungen zwischen tarifgebundenen Arbeitnehmern und Außenseitern zu schaffen. Diese Möglichkeit entfällt allerdings dann, wenn mit der statischen Verweisungsabrede ein betriebs- bzw. unternehmensfremder Tarifvertrag in Bezug genommen wurde.

30 Soweit der Übergang der Arbeitsverhältnisse umwandlungsrechtlich erfolgt, tritt der übernehmende Rechtsträger im Wege der (partiellen) Gesamtrechtsnachfolge[82] in die einzelvertraglichen Rechte und Pflichten ein. Beinhaltet der Arbeitsvertrag eine dynamische Verweisung auf tarifvertragliche Regelungen, so wird damit nach dem Übergang das für den Erwerber maßgebende Tarifrecht in Bezug genommen.[83] Im Falle einer statischen Verweisung gilt § 613a Abs. 1 BGB in zweifacher Hinsicht entsprechend: zum einen insoweit, als es um die Anwendung dieser Regelung auf nicht tarifgebundene Arbeitnehmer geht, zum anderen auch im Hinblick darauf, dass hier nicht ein Übergang nach § 613a Abs. 1 Satz 1 BGB, sondern ein umwandlungsrechtlicher Übergang der Arbeitsverhältnisse in Frage steht.[84]

2. Fortgeltung von in Betriebsvereinbarungen geregelten Rechten und Pflichten

31 Bei der Frage nach der Fortgeltung von Rechten und Pflichten, die in einer zwischen einem übertragenden Rechtsträger und dem Betriebsrat geschlossenen Betriebsvereinbarung geregelt sind, auch nach dem Zeitpunkt des Wirksamwerdens der Umwandlung ist zwischen einer kollektivrechtlichen und einer individualrechtlichen Fortgeltung zu unterscheiden. Im Falle der kollektivrechtlichen Fortgeltung bleibt die Betriebsvereinbarung als von außen auf die übergehenden Arbeitsverhältnisse normativ einwirkender Vertrag erhalten. Bei der individualrechtlichen Fortgeltung werden die in der Betriebsvereinbarung geregelten Rechte und Pflichten mit der Umwandlung schuldrechtlicher Inhalt des einzelnen Arbeitsverhältnisses.

76 Siehe BAG v. 12.05.1992, NZA 1992, 1080 f. (1081).
77 BAG v. 12.05.1992, NZA 1992, 1080 f. (1080); BAG v. 16.02.1993, NZA 1993, 643 ff. (643).
78 Siehe auch Rieder/*Färber*, Betriebsübergang (§ 613a BGB), S. 133 ff. (138).
79 Siehe *Bauer*, Unternehmensveräußerung und Arbeitsrecht, S. 74; *Commandeur*, Betriebs-, Firmen- und Vermögensübernahme, S. 85.
80 Siehe *Boecken*, Unternehmensumwandlungen und Arbeitsrecht, Rn 146 m.w.N.
81 Siehe *Boecken*, Unternehmensumwandlungen und Arbeitsrecht, Rn 147 m.w.N.
82 Siehe §§ 20 Abs. 1 Nr. 1, 131 Abs. 1 Nr. 1 Satz 1 und 176 ff. UmwG.
83 *Boecken*, Unternehmensumwandlungen und Arbeitsrecht, Rn 151.
84 Siehe näher zur Begründung *Boecken*, Unternehmensumwandlungen und Arbeitsrecht, Rn 152 f.

a) Kollektivrechtliche Fortgeltung

Bleibt bei der Übertragung eines Betriebs im Zuge einer Unternehmensumwandlung die Identität des Betriebs gewahrt,[85] so gelten die zwischen dem übertragenden Rechtsträger und dem Betriebsrat abgeschlossenen Betriebsvereinbarungen **kollektivrechtlich** fort. Das bedeutet, dass die Betriebsvereinbarungen auch nach dem Übergang des Betriebs normativ auf die übergegangenen Arbeitsverhältnisse einwirken.[86] Der kollektivrechtlichen Fortgeltung von Betriebsvereinbarungen im Falle der Wahrung der Betriebsidentität steht § 613a Abs. 1 Satz 2 BGB nicht entgegen. Diese Regelung wird lediglich als Auffangtatbestand eingeordnet, der nur dann zum Tragen kommt, wenn eine kollektivrechtliche Regelung ausgeschlossen ist.[87] 32

Die bei Wahrung der Betriebsidentität anzunehmende kollektivrechtliche Fortgeltung kann für alle Umwandlungsarten relevant werden.[88] Bezogen auf Gesamtbetriebsvereinbarungen geht das BAG hinsichtlich übertragener Betriebe im Falle ihrer selbständigen Fortführung von einer kollektivrechtlichen Fortgeltung aus.[89] Das Amt des Gesamtbetriebsrats endet allerdings, wenn im Zuge der Umwandlung nicht alle Betriebe auf den Erwerber übertragen werden oder sich die betrieblichen Strukturen durch die Integration neuer Betriebe ändern.[90] Für Konzernbetriebsvereinbarungen ist von einer kollektivrechtlichen Fortgeltung dann auszugehen, wenn der einen Betrieb übernehmende Rechtsträger selbst im Konzernverbund steht.[91] 33

Die kollektivrechtliche Fortgeltung führt dazu, dass Betriebsvereinbarungen auch nach der Umwandlung ihre **unmittelbare und zwingende Wirkung** i.S.d. § 77 Abs. 4 Satz 1 BetrVG behalten. Vertragspartei ist nunmehr neben dem Betriebsrat der im Wege der (partiellen) Gesamtrechtsnachfolge in die Position des übertragenden Rechtsträgers eingerückte übernehmende Rechtsträger. Nach dem Zeitpunkt der Umwandlung in den übergegangenen Betrieb neu eingestellte Arbeitnehmer unterfallen der normativen Wirkung der Betriebsvereinbarungen.[92] Die Frage des Verhältnisses zu einem bei dem übernehmenden Rechtsträger bestehenden Tarifvertrag ist nach Maßgabe des § 77 Abs. 3 BetrVG unter Beachtung des § 4 Abs. 3 TVG zu beantworten. Eine übernommene Betriebsvereinbarung kann auf der Grundlage des Ordnungsprinzips durch eine neue Betriebsvereinbarung auch zum Nachteil der Arbeitnehmer abgeändert werden.[93] Das hat praktische Relevanz vor allem für die Möglichkeit der Abschmelzung von betrieblichen Versorgungsordnungen, wobei hier allerdings die vom BAG aufgestellten Schranken zu beachten sind.[94] 34

85 Zum Begriff der Betriebsidentität s. ausführlich *Hohenstatt*, in: *Willemsen/Hohenstatt/Schweibert/Seibt*, D Rn 68 ff.; *Junker*, RdA 1993, 203 ff. (204).

86 BAG v. 06.08.2002, NZA 2003, 449 ff. (450); siehe auch schon BAG v. 05.02.1991, NZA 1991, 639 ff. (641) und BAG v. 27.07.1994, NZA 1995, 222 ff. (224 f.); *Hohenstatt*, in: *Willemsen/Hohenstatt/Schweibert/Seibt*, E Rn 4 ff.; *Boecken*, Unternehmensumwandlungen und Arbeitsrecht, Rn 156. Siehe auch die h.M. zur kollektivrechtlichen Fortgeltung im Falle eines Betriebsübergangs außerhalb der Gesamtrechtsnachfolge.

87 BAG v. 29.08.2001, DB 2002, 431 ff. (432); BAG v. 24.06.1998, SAE 2000, 159 ff. (161) m. Anm. *Boecken*; BAG v. 05.02.1991, NZA 1991, 639 ff. (641); BAG v. 27.07.1994, NZA 1995, 222 ff. (224 f.); a.A. die Vertreter der sog. Theorie von der individualrechtlichen Fortgeltung, so z.B. *Wank*, NZA 1987, 505 ff. (507 f.); *Junker* RdA 1993, 203 ff. (203 ff.); *D. Gaul*, ZTR 1989, 432 ff. (436).

88 Siehe zum verschiedenen Fallkonstellationen näher *Boecken*, Unternehmensumwandlungen und Arbeitsrecht, Rn 158.

89 BAG v. 18.09.2002, NZA 2003, 670 ff. (673 ff.)

90 BAG v. 05.06.2002, NZA 2003, 336 f. (337).

91 *Hohenstatt*, in: *Willemsen/Hohenstatt/Schweibert/Seibt*, E Rn 54 ff.; *Boecken*, Unternehmensumwandlungen und Arbeitsrecht, Rn 160.

92 Siehe BAG v. 24.06.1998, SAE 2000, 159 ff. (162), hier zum Firmentarifvertrag und dessen kollektivrechtlicher Weitergeltung; *Boecken*, Unternehmensumwandlungen und Arbeitsrecht, Rn 163.

93 Siehe BAG v. 17.03.1987, NZA 1987, 855 ff. (856); MünchArbR/*Matthes*, § 328 Rn 65.

94 Siehe hierzu BAG v. 17.03.1987, NZA 1987, 855 ff. (856 ff.) und MünchArbR/*Förster/Rühmann*, § 106 Rn 30 ff.

b) Individualrechtliche Fortgeltung

35 Scheidet eine kollektivrechtliche Fortgeltung von Betriebsvereinbarungen mangels Wahrung der Betriebsidentität aus, so sind bei einem arbeitsrechtlichen Übergang der Arbeitsverhältnisse für die Frage der Fortgeltung von in Betriebsvereinbarungen geregelten Rechten und Pflichten die in § 613a Abs. 1 Sätze 2 bis 4 BGB niedergelegten Regelungen maßgebend. Durch § 613a Abs. 1 Satz 2 BGB wird eine Besitzstandswahrung hinsichtlich der in Betriebsvereinbarungen geregelten Rechte und Pflichten dadurch bewirkt, dass diese Bestandteil des Arbeitsvertrages, also Inhaltsnormen desselben werden.[95] Mit der Inkorporierung in den »Inhalt des Arbeitsverhältnisses«[96] ist die Wirkung dieser Rechte und Pflichten auf das jeweils übergegangene Einzelarbeitsverhältnis beschränkt. Künftige Arbeitsverhältnisse werden nicht erfasst.[97] Mit der **Transformation** auf die einzelvertragliche Ebene bleiben den einzelnen Arbeitnehmern lediglich die im Zeitpunkt des Betriebs(teil)übergangs bestehenden kollektivvertraglichen Rechte und Pflichten erhalten. § 613a Abs. 1 Satz 2 BGB stellt auf den Zeitpunkt des Betriebsübergangs ab,[98] die Regelung begründet lediglich einen statischen Bestandsschutz.[99]

36 Die auf die arbeitsvertragliche Ebene transformierten kollektivrechtlichen Regelungen können innerhalb eines Jahres nach dem Zeitpunkt des Betriebs(teil)übergangs nicht durch einzelvertragliche Vereinbarungen zum Nachteil der Arbeitnehmer geändert werden (§ 613a Abs. 1 Satz 2 BGB), wobei die in **§ 613a Abs. 1 Satz 4 BGB** enthaltenen Ausnahmen zu beachten sind.[100] Die Regelung des **§ 613a Abs. 1 Satz 3 BGB** schließt eine Transformation der in einer Betriebsvereinbarung geregelten Rechte und Pflichten auf die Ebene des Einzelvertrages aus, wenn diese Rechte und Pflichten bei dem übernehmenden Rechtsträger durch einen bei diesem geltenden Kollektivvertrag – Betriebsvereinbarung oder Tarifvertrag[101] – geregelt werden.[102] Zur Verdrängung des § 613a Abs. 1 Satz 2 BGB kommt es auch dann, wenn der Kollektivvertrag bei dem Erwerber erst nach dem Zeitpunkt der Umwandlung und damit des Betriebsübergangs abgeschlossen wird.[103] Voraussetzung des Ausschlusses der Transformationswirkung durch § 613a Abs. 1 Satz 3 BGB ist es allerdings in jedem Fall, dass der bei dem übernehmenden Rechtsträger geltende Kollektivvertrag die an sich gemäß Satz 2 transformierbaren Arbeitsbedingungen inhaltlich regelt.[104]

37 Soweit Arbeitsverhältnisse außerhalb des Anwendungsbereichs von § 613a Abs. 1 Satz 1 BGB umwandlungsrechtlich auf den übernehmenden Rechtsträger übergehen, sind die Schutzregelungen des § 613a Abs. 1 Sätze 2 bis 4 mangels vergleichbarer umwandlungsgesetzlicher Bestimmungen entsprechend anzuwenden.[105]

95 Siehe BAG v. 24.06.1998, SAE 2000, 159 ff. (161) m. Anm. *Boecken*.
96 Siehe § 613a Abs. 1 Satz 2 BGB.
97 BAG v. 24.06.1998, SAE 2000, 159 ff. (161) m. Anm. *Boecken*.
98 BAG v. 13.09.1994, NZA 1995, 740 ff. (741).
99 BAG v. 20.06.2001, ZIP 2002, 583 ff.
100 Hierzu näher *Hohenstatt*, in: *Willemsen/Hohenstatt/Schweibert/Seibt*, E Rn 26 ff.
101 In diesem Fall jeweilige Tarifgebundenheit vorausgesetzt.
102 Ausführlich dazu *Hohenstatt*, in: *Willemsen/Hohenstatt/Schweibert/Seibt*, E Rn 34 ff.; *Boecken*, Unternehmensumwandlungen und Arbeitsrecht, Rn 171.
103 BAG v. 29.08.2001, DB 2002, 431 ff. (433); siehe schon BAG v. 16.05.1995, NZA 1995, 1166 ff. (1167).
104 Siehe Erman/*Hanau*, § 613a BGB Rn 94.
105 Zur Begründung siehe ausführlich *Boecken*, Unternehmensumwandlungen und Arbeitsrecht, Rn 173 ff. Vgl. zum Fall einer Verschmelzung vor dem In-Kraft-Treten des Umwandlungsgesetzes BAG v. 05.10.1993, DB 1994, 1683 ff. (1684). Siehe andererseits BAG v. 13.07.1994, NZA 1995, 479 ff., hier wird bezogen auf eine im Einigungsvertrag angeordnete Gesamtrechtsnachfolge bereits die Analogiefähigkeit des § 613a Abs. 1 Satz 3 BGB verneint.

3. Fortgeltung von in Verbandstarifverträgen geregelten Rechten und Pflichten

a) Kollektivrechtliche Fortgeltung

Eine **kollektivrechtliche Fortgeltung** von in einem Verbandstarifvertrag geregelten Rechten und Pflichten kann nur in Betracht kommen, wenn der bei dem übertragenden Rechtsträger maßgebende Tarifvertrag seinem räumlichen und fachlichen Geltungsbereich nach auch für den übernehmenden Rechtsträger gilt und dieser Mitglied desselben Arbeitgeberverbandes wie der übertragende Rechtsträger ist.[106] Die Regelung des § 613a Abs. 1 Satz 2 BGB steht wegen ihres bloßen Auffangcharakters[107] nicht entgegen. Soweit der übernehmende Rechtsträger nicht Mitglied des Arbeitgeberverbandes ist, mit dem der übertragende Rechtsträger den Tarifvertrag abgeschlossen hat, ist eine kollektivrechtliche Fortgeltung ausgeschlossen. Eine umwandlungsrechtliche Übertragung der Verbandsmitgliedschaft des übertragenden Rechtsträgers scheitert daran, dass die Mitgliedschaft als höchstpersönliches Recht (§§ 38, 40 BGB) grundsätzlich nicht übertragbar ist.[108] Darüber hinaus lässt sich eine kollektivrechtliche Fortgeltung auch nicht über § 3 Abs. 3 TVG[109] oder eine analoge Anwendung von § 4 Abs. 5 TVG begründen.[110] 38

b) Individualrechtliche Fortgeltung

Gehen im Rahmen einer Unternehmensumwandlung die Arbeitsverhältnisse arbeitsrechtlich gemäß § 613a Abs. 1 Satz 1 BGB über, so ist die **unmittelbare Anwendbarkeit** der Sätze 2 bis 4 von § 613a Abs. 1 BGB eröffnet. Damit werden nach § 613a Abs. 1 Satz 2 BGB die verbandstarifvertraglich geregelten Rechte und Pflichten vorbehaltlich der in den Sätzen 3 und 4 dieser Norm niedergelegten Einschränkung auf die arbeitsvertragliche Ebene transformiert.[111] Die in dem Verbandstarifvertrag bestimmten Rechte und Pflichten werden mit dem Inhalt transformiert, den sie im Zeitpunkt des umwandlungsbedingten Betriebsübergangs haben. Spätere Änderungen des Tarifvertrages nehmen an der Transformationswirkung nicht teil.[112] Das gilt auch, wenn der transformierte Tarifvertrag eine dynamische Bezugnahme auf andere Tarifverträge enthält.[113] Inhalt der übergegangenen Arbeitsverhältnisse werden die Inhalts- und Beendigungsnormen i.S.v. § 1 Abs. 1 TVG, grundsätzlich nicht aber die in dieser Regelung ebenfalls genannten Rechtsnormen über den Abschluss von Arbeitsverhältnissen.[114] 39

Eine Änderung der auf die arbeitsvertragliche Ebene transformierten Verbandstarifvertragsnormen zum Nachteil der Arbeitnehmer kommt grundsätzlich nicht vor Ablauf eines Jahres nach dem Zeitpunkt des Übergangs in Betracht, wobei insoweit die in § 613a Abs. 1 Satz 4 BGB enthaltenen Einschränkungen zu beachten sind.[115] Werden die Rechte und Pflichten bei dem übernehmenden Rechtsträger durch Rechtsnormen eines anderen Tarifvertrages oder durch eine Betriebsvereinbarung geregelt, so ist nach § 613a Abs. 1 Satz 3 BGB eine Transformation ausgeschlossen. Diese Regelung gilt auch dann, wenn der andere Kollektivvertrag erst nach dem Zeitpunkt des Betriebsübergangs 40

106 Darüber hinaus kommt es in dem Sonderfall zu einer kollektivrechtlichen Fortgeltung, dass ein Verbandstarifvertrag gemäß § 5 TVG für allgemeinverbindlich erklärt worden ist und der übernehmende Rechtsträger in den räumlichen und fachlichen Geltungsbereich dieses Tarifvertrages fällt, s. etwa *B. Gaul*, NZA 1995, 717 ff. (719).

107 BAG v. 24.06.1998, SAE 2000, 159 ff. (161) m. Anm. *Boecken*; BAG v. 27.07.1994, NZA 1995, 222 ff. (225); *Hanau/Vossen*, in: FS Hilger/Stumpf, S. 271 ff. (272 ff.).

108 BAG v. 24.06.1998, SAE 2000, 159 ff. (161) m. Anm. *Boecken*; BAG v. 13.07.1994, NZA 1995, 479 ff. (480); LAG Baden-Württemberg v. 24.10.2000, AP Nr. 18 zu § 3 TVG Verbandszugehörigkeit; *Däubler*, RdA 1995, 136 ff. (140).

109 Siehe BAG v. 13.07.1994, NZA 1995, 479 ff. (480).

110 Siehe näher *Boecken*, Unternehmensumwandlungen und Arbeitsrecht, Rn 185 f.

111 BAG v. 13.09.1994, NZA 1995, 740 ff. (741).

112 BAG v. 29.08.2001, DB 2002, 431 ff. (432), BAG v. 20.06.2001, ZIP 2002, 583 ff.; BAG v. 13.09.1994, NZA 1995, 740 ff. (741 f.).

113 BAG v. 20.06.2001, ZIP 2002, 583 ff.

114 Siehe *Boecken*, Unternehmensumwandlungen und Arbeitsrecht, Rn 190 m.w.N.

115 Hierzu näher *Hohenstatt*, in: *Willemsen/Hohenstatt/Schweibert/Seibt*, E Rn 104 ff.

zur Geltung gelangt.[116] Die Wirkung des § 613a Abs. 1 Satz 3 BGB wird auch durch eine bei dem übernehmenden Rechtsträger bestehende Betriebsvereinbarung begründet.[117] Der Ausschluss der Transformationswirkung durch einen bei dem übernehmenden Rechtsträger geltenden Kollektivvertrag setzt eine Kongruenz der geregelten Materien bezogen auf den grundsätzlich nach § 613a Abs. 1 Satz 2 BGB transformierbaren und den beim Erwerber bestehenden Kollektivvertrag voraus.[118]

41 Für den Fall eines umwandlungsrechtlichen Übergangs der Arbeitsverhältnisse finden die Regelungen des § 613a Abs. 1 Sätze 2 bis 4 BGB entsprechende Anwendung.[119]

4. Fortgeltung von in Firmentarifverträgen geregelten Rechten und Pflichten

a) Kollektivrechtliche Fortgeltung

42 Die Stellung des an einer Unternehmensumwandlung beteiligten übertragenden Rechtsträgers als Vertragspartner eines Firmentarifvertrages geht im Wege der (partiellen) Gesamtrechtsnachfolge[120] auf den übernehmenden Rechtsträger über,[121] § 613a Abs. 1 Satz 1 BGB kann eine Tarifgebundenheit des Erwerbers an einen Firmentarifvertrag nicht begründen.[122] Dieser wird damit Partei eines Firmentarifvertrages, was im Verhältnis zu übernommenen tarifgebundenen Arbeitnehmern eine **kollektivrechtliche Fortgeltung** der in dem Firmentarifvertrag geregelten Rechte und Pflichten bedeutet.[123] § 613a Abs. 1 Satz 2 BGB steht wegen seines Charakters als Auffangregelung nicht entgegen.[124] Darüber hinaus scheitert ein Übergang der Position als Vertragspartei eines Firmentarifvertrages im Wege der (partiellen) Gesamtrechtsnachfolge auch nicht an der in Art. 9 Abs. 3 Satz 1 GG niedergelegten negativen Koalitionsfreiheit des übernehmenden Rechtsträgers.[125]

43 Bei der Verschmelzung kommt es immer zu einer Übertragung der Stellung als Vertragspartei eines Firmentarifvertrages auf den übernehmenden Rechtsträger. Seinem personellen Anwendungsbereich nach erfasst der Firmentarifvertrag nach der Umwandlung nur die übergegangenen Arbeitsverhältnisse.[126] Im Falle einer Aufspaltung geht die Vertragsposition auf den übernehmenden Rechtsträger über, dem sie im Spaltungs- und Übernahmevertrag bzw. Spaltungsplan zugewiesen wird.[127] Bei Abspaltung und Ausgliederung kommt es nur dann zu einem Eintritt des übernehmenden Rechtsträgers in die Stellung als Vertragspartei eines Firmentarifvertrages, wenn dieser im Spaltungsrechtsgeschäft zugeordnet worden ist. In allen vorgenannten Spaltungsvarianten kommt es nicht zu einer **Vervielfachung** von Firmentarifverträgen der Gestalt, dass bei der Aufspaltung jeder übernehmende und bei der Abspaltung bzw. Ausgliederung sowohl der übertragende wie auch der übernehmende oder

116 BAG v. 29.08.2001, DB 2002, 431 ff. (433); BAG v. 16.05.1995, NZA 1995, 1166 ff. (1167).

117 *Boecken*, Unternehmensumwandlungen und Arbeitsrecht, Rn 193 m.w.N.

118 Siehe BAG v. 20.04.1994, NZA 1994, 1140 ff. (1142); näher *Hohenstatt*, in: *Willemsen/Hohenstatt/Schweibert/Seibt*, E Rn 32 ff.

119 Siehe dazu *Boecken*, Unternehmensumwandlungen und Arbeitsrecht, Rn 197 ff.

120 §§ 20 Abs. 1 Nr. 1, 131 Abs. 1 Satz 1 Nr. 1 UmwG.

121 BAG v. 29.08.2001, DB 2002, 431 ff. (432 f.); BAG v. 24.06.1998, SAE 2000, 159 ff. (161) m. Anm. *Boecken*.

122 BAG v. 20.06.2001, ZIP 2002, 583 ff.

123 BAG, 24.06.1998, SAE 2000, 159 ff. (161) m. Anm. *Boecken*. Siehe auch *Boecken*, Unternehmensumwandlungen und Arbeitsrecht, Rn 203.

124 BAG v. 29.08.2001, DB 2002, 431 ff. (432); BAG v. 20.06.2001, ZIP 2002, 583 ff; BAG v. 24.06.1998, SAE 2000, 159 ff. (161) m. Anm. *Boecken*.

125 Zur Begründung siehe näher *Boecken*, Unternehmensumwandlungen und Arbeitsrecht, 1996, Rn 204; a.A. *Kreßel*, BB 1995, 925 ff. (930); *Gussen/Dauck*, Die Weitergeltung von Betriebsvereinbarungen und Tarifverträgen bei Betriebsübergang und Umwandlung, Rn 371; vgl. auch *Trappehl/Lambrich*, DB 1999, 291 f. (291).

126 Siehe *Hohenstatt*, in: *Willemsen/Hohenstatt/Schweibert/Seibt*, E Rn 86 ff.; *Däubler*, RdA 1995, 136 ff. (140).

127 § 126 Abs. 1 Nr. 9 UmwG.

die übernehmenden Rechtsträger nunmehr jeweils Vertragspartei jeweils eigenständiger, wenn auch inhaltlich übereinstimmender Firmentarifverträge sind.[128]

b) Individualrechtliche Fortgeltung

Ist eine kollektivrechtliche Fortgeltung der in einem Firmentarifvertrag geregelten Rechte und Pflichten ausgeschlossen, so kommt es nach § 613a Abs. 1 Sätze 2 bis 4 BGB zu einer Transformation derselben auf die arbeitsvertragliche Ebene. Es erfolgt eine statische Transformation bezogen auf den Zeitpunkt des Betriebsübergangs,[129] was auch dann der Fall ist, wenn der Firmentarifvertrag eine dynamische Bezugnahme auf jeweils geltende Verbandstarifverträge enthält.[130] Auf umwandlungsrechtlich übergehende Arbeitsverhältnisse findet § 613a Abs. 1 Sätze 2 bis 4 entsprechende Anwendung.[131] 44

III. Schutz der Arbeitnehmer als Gläubiger

Arbeitnehmer sind Inhaber etwa von Lohnforderungen, Ansprüchen auf jährliche Sonderzuwendungen, unverfallbaren Anwartschaften auf Altersversorgung oder auch Schadensersatzansprüchen gegen ihre Arbeitgeber. In dieser **Gläubigerposition** bedürfen sie im Zusammenhang mit Unternehmensumwandlungen insofern eines Schutzes, als diese Umstrukturierungsvorgänge nachteilige Veränderungen im Hinblick auf die Realisierbarkeit ihrer im Zeitpunkt der Umwandlung bestehenden Forderungen mit sich bringen können.[132] Vor diesem Hintergrund werden im Folgenden die (vor allem) umwandlungsgesetzlichen Regelungen angesprochen, die auf einen Schutz der Arbeitnehmer in ihrer Stellung als Gläubiger ausgerichtet sind. Insoweit geht es nicht nur um den Schutz von Arbeitnehmern, deren Arbeitsverhältnisse übergehen, sondern auch solcher Arbeitnehmer, deren Arbeitsverhältnisse bei einem nach der Umwandlung fortbestehenden übertragenden Rechtsträger verbleiben oder bei einem übernehmenden Rechtsträger schon bestehen. 45

1. Gläubigerschutz bei Verschmelzung

Im Zusammenhang mit der Verschmelzung sind zwei umwandlungsgesetzliche Gläubigerschutzregelungen von Bedeutung, und zwar § 22 UmwG und § 45 UmwG. 46

a) Gläubigerschutz gemäß § 22 UmwG

§ 22 UmwG gewährleistet unter bestimmten Voraussetzungen einen Gläubigerschutz durch **Sicherheitsleistung**, und zwar sowohl für die Gläubiger eines übertragenden wie auch eines übernehmenden Rechtsträgers.[133] Nach § 22 Abs. 1 UmwG kann das Recht auf Sicherheitsleistung nur beansprucht werden, wenn im Zeitpunkt der Umwandlung ein sicherungsfähiger Anspruch besteht,[134] der Gläubiger in diesem Zeitpunkt Befriedigung nicht verlangen kann, weil der Anspruch noch nicht 47

128 Siehe *Boecken*, Anm. zu BAG v. 24.06.1998, SAE 2000, 159 ff. (162 ff., 165); a.A. etwa *Däubler*, RdA 1995, 136 ff. (142); *B. Gaul*, NZA 1995, 717 ff. (723).

129 BAG v. 29.08.2001, DB 2002, 431 ff. (432 f.); BAG v. 20.08.2001, ZIP 2002, 583 ff.

130 BAG v. 20.06.2001, ZIP 2002, 583 ff.

131 Zur Begründung siehe *Boecken*, Unternehmensumwandlungen und Arbeitsrecht, Rn 197 ff.

132 Ausführlich zum Gefährdungspotential von Spaltungen für Arbeitnehmerforderungen *Schröer*, Arbeitgeberhaftung bei der Spaltung von Rechtsträgern, S. 39 ff.

133 Siehe die Begründung zu Art. 1 § 22 des Regierungsentwurfs zum Umwandlungsgesetz, BR-Drucks 75/94, 92; ausführlich zu § 22 UmwG: *Schröer*, Arbeitgeberhaftung bei der Spaltung von Rechtsträgern, S. 233 ff.

134 *Schröer*, Arbeitgeberhaftung bei der Spaltung von Rechtsträgern, S. 235 ff.; *Boecken*, Unternehmensumwandlungen und Arbeitsrecht, Rn 215.

fällig ist,[135] der Anspruch innerhalb der in § 22 Abs. 1 Satz 1 UmwG genannten materiellen Ausschlussfrist schriftlich angemeldet[136] und die Gefährdung der Erfüllung glaubhaft gemacht wird.[137]

48 Schließlich darf das Recht auf Sicherheitsleistung nicht nach **§ 22 Abs. 2 UmwG** ausgeschlossen sein. Danach steht dieses Recht solchen Gläubigern nicht zu, die im Falle der Insolvenz des Rechtsträgers ein Recht auf vorzugsweise Befriedigung aus einer Deckungsmasse haben, die nach gesetzlicher Vorschrift zu ihrem Schutz errichtet und staatlich überwacht ist. Bezogen auf den hier in Frage stehenden Schutz der Arbeitnehmer als Gläubiger kommt § 22 Abs. 2 UmwG praktische Bedeutung im Hinblick auf unverfallbare **Anwartschaften auf betriebliche Altersversorgung**, die auf einer unmittelbaren Versorgungszusage beruhen, zu.[138] Angesichts dessen, dass die Erfüllung unverfallbarer Versorgungsanwartschaften im Falle der Insolvenz des Arbeitgebers durch den betriebsrentengesetzlichen Insolvenzschutz nach Maßgabe der §§ 7 ff. BetrAVG über den Pensionssicherungsverein[139] gewährleistet wird, scheidet insoweit ein Recht auf Sicherheitsleistung wegen des Vorhandenseins einer ausreichenden anderweitigen Absicherung aus.[140] Der Anspruch auf Sicherheitsleistung ist allerdings nur in dem Umfang ausgeschlossen, wie der Pensionssicherungsverein in arbeitgeberseits bestehende Versorgungsverpflichtungen eintritt. Soweit Versorgungsansprüche nicht in den Insolvenzschutz einbezogen sind, fehlt es an einer anderweitigen Sicherung i.S.d. § 22 Abs. 2 UmwG.[141] Relevanz hat das vor allem für die nach Maßgabe des § 16 BetrAVG vorzunehmende Anpassung von Betriebsrenten. Im Hinblick darauf, dass der Pensionssicherungsverein nicht für die Anpassung von Betriebsrentenleistungen nach § 16 BetrAVG einzustehen hat,[142] ist bezogen auf diesen mit der unverfallbaren Versorgungsanwartschaft verbundenen Anspruch auf Dynamisierung eine anderweitige Absicherung i.S.d. § 22 Abs. 2 UmwG nicht gegeben.[143] Insoweit kommt deshalb ein Anspruch auf Sicherheitsleistung in Betracht.[144]

b) Gläubigerschutz nach § 45 UmwG

49 Haftungsrechtlich von Bedeutung ist des Weiteren die Bestimmung des **§ 45 UmwG**. Hier wird für den Fall der Verschmelzung einer Personenhandelsgesellschaft auf einen Rechtsträger, dessen Anteilsinhaber für die Verbindlichkeiten dieses Rechtsträgers nicht unbeschränkt haften, eine zeitlich begrenzte Haftung ehemals persönlich haftender Gesellschafter für Verbindlichkeiten der Personengesellschaft angeordnet, wenn diese vor Ablauf von fünf Jahren nach der Verschmelzung fällig werden und daraus Ansprüche gegen den Gesellschafter gerichtlich geltend gemacht sind.[145] Arbeitnehmer einer verschmolzenen Personenhandelsgesellschaft können mithin wegen Lohnforderungen

135 Siehe dazu *Schröer*, Arbeitgeberhaftung bei der Spaltung von Rechtsträgern, S. 240 ff.

136 Ausführlich dazu *Schröer*, Arbeitgeberhaftung bei der Spaltung von Rechtsträgern, S. 242 ff.

137 Auch dazu näher *Schröer*, Arbeitgeberhaftung bei der Spaltung von Rechtsträgern, S. 244 ff.

138 Siehe dazu, dass es sich hierbei um grundsätzlich sicherungsfähige Ansprüche handelt, *Schröer*, Arbeitgeberhaftung bei der Spaltung von Rechtsträgern, S. 236 ff.

139 § 14 BetrAVG.

140 Siehe *Willemsen*, in: *Willemsen*, *Hohenstatt/Schweibert/Seibt*, G Rn 220; *ders.*, NZA 1996, 791 ff. (801); *Schröer*, Arbeitgeberhaftung bei der Spaltung von Rechtsträgern, 247 ff. mit ausführlicher Begründung für eine lediglich analoge Anwendung; *Masing*, Betriebliche Altersversorgung in der Unternehmensspaltung, S. 174 ff.; *Boecken*, Unternehmensumwandlungen und Arbeitsrecht, Rn 219. So auch BAG v. 30.07.1996, zu § 374 AktG a.F., AP Nr. 1 zu § 374 AktG m. Anm. *Boecken*.

141 *Schröer*, Arbeitgeberhaftung bei der Spaltung von Rechtsträgern, S. 255; *Boecken*, Unternehmensumwandlungen und Arbeitsrecht, Rn 220. Siehe auch BAG v. 30.07.1996, AP Nr. 1 zu § 374 AktG a.F. m. Anm. *Boecken*.

142 Siehe BAG v. 22.03.1983, DB 1983, 1982 f. (1982) und BAG v. 22.11.1994, DB 1994, 687 f. (687). Anderes gilt dann, wenn der Arbeitgeber eine Dynamisierungszusage gibt: In diesem Fall tritt der Pensionssicherungsverein in die Dynamisierungsverpflichtung ein, siehe *Schröer*, Arbeitgeberhaftung bei der Spaltung von Rechtsträgern, S. 255.

143 Siehe *Schröer*, Arbeitgeberhaftung bei der Spaltung von Rechtsträgern, S. 255; *Boecken*, Unternehmensumwandlungen und Arbeitsrecht, Rn 220.

144 *Schröer*, Arbeitgeberhaftung bei der Spaltung von Rechtsträgern, S. 225; *Hill*, BetrAV 1995, 114 ff. (117); *Boecken*, Unternehmensumwandlungen und Arbeitsrecht, S. 220; a.A. *Willemsen*, in: *Willemsen/Hohenstatt/Schweibert/Seibt*, G Rn 220.

145 Zum Zweck des § 45 UmwG näher *Schröer*, Arbeitgeberhaftung bei der Spaltung von Rechtsträgern, S. 269 ff.

und anderer Ansprüche für den begrenzten Zeitraum von fünf Jahren grundsätzlich auf den nachhaftenden, ehemals persönlich haftenden Gesellschafter zurückgreifen. Im Hinblick darauf, dass sich der Anspruch gegen nachhaftende Gesellschafter, nicht aber gegen die Gesellschaft als früherer Arbeitgeber richtet, kommt eine Konkurrenz zu § 613a Abs. 2 BGB nicht in Betracht.[146]

2. Gläubigerschutz bei Spaltung

Bezogen auf die Umwandlungsart der Spaltung enthält das Umwandlungsgesetz ein gegenüber der Verschmelzung eigenständiges und umfassenderes Gläubigerschutzkonzept.[147] Zum einen wird der Schutz der Gläubiger in den Regelungen der §§ 133, 134 UmwG über das Instrument der **Gesamtschuld** sichergestellt.[148] Darüber hinaus kennt auch das Spaltungsrecht den Schutz durch **Sicherheitsleistung**[149] und verweist auch auf die in § 45 UmwG geregelte **Nachhaftung** ehemals persönlich haftender Gesellschafter.[150] 50

a) Gläubigerschutz durch gesamtschuldnerische Haftung nach § 133 UmwG

Gemäß § 133 Abs. 1 Satz 1 UmwG haften die an der Spaltung beteiligten Rechtsträger für die Verbindlichkeiten des übertragenden Rechtsträgers, die vor dem Wirksamwerden der Spaltung begründet worden sind, als Gesamtschuldner. Damit ist in den Fällen einer den übertragenden Rechtsträger bestehen lassenden Abspaltung oder Ausgliederung auch dieser als spaltungsbeteiligter Rechtsträger in den **gesamtschuldnerischen Haftungsverbund** einbezogen.[151] 51

Das wirft im Anwendungsbereich von § 613a Abs. 1 Satz 1 BGB die Frage nach dem **Verhältnis zwischen § 133 UmwG und § 613a Abs. 2 BGB**, der eine weniger streng ausgestaltete Forthaftung des übertragenden Rechtsträgers anordnet, auf. Diese Frage ist dahin zu beantworten, dass bei einem arbeitsrechtlichen Übergang der Arbeitsverhältnisse hinsichtlich der Forthaftung eines bestehen bleibenden übertragenden Rechtsträgers von einem Vorrang des unmittelbar anwendbaren § 613a Abs. 2 BGB gegenüber § 133 UmwG auszugehen ist.[152] Werden die Arbeitsverhältnisse umwandlungsrechtlich übertragen, so ist § 613a Abs. 2 BGB entsprechend unter Verdrängung des § 133 UmwG anzuwenden.[153] 52

Angesichts der Verdrängung des § 133 UmwG durch § 613a Abs. 2 BGB haftet ein bestehen bleibender übertragender Rechtsträger allein nach Maßgabe dieser Bestimmung. Danach hat der bisherige Arbeitgeber neben dem übernehmenden Rechtsträger gesamtschuldnerisch für solche Verpflichtungen i.S.d. § 613a Abs. 1 BGB einzustehen, die vor dem Zeitpunkt des Übergangs entstanden sind und innerhalb eines Jahres nach diesem Zeitpunkt fällig werden. Die **Forthaftung nach § 613a Abs. 2 BGB** ist allein auf Verpflichtungen aus den im Zeitpunkt des Übergangs bestehenden Arbeitsverhältnissen bezogen. Für sonstige Verpflichtungen, z.B. aus Ruhestandsverhältnissen, haftet der übertragende Rechtsträger nach § 133 UmwG.[154] Eine Forthaftung gem. § 613a Abs. 2 BGB kommt des Weiteren für solche Verbindlichkeiten nicht in Betracht, die erst nach Ablauf der Jahresfrist fällig werden oder überhaupt erst nach dem Zeitpunkt des Betriebsübergangs entstehen. Darüber hinaus 53

146 Zutreffend *Willemsen*, in: *Willemsen/Hohenstatt/Schweibert/Seibt*, G Rn 221.
147 Hierzu eingehend *Schröer*, Arbeitgeberhaftung bei der Spaltung von Rechtsträgern, insb. S. 125 ff.
148 Wobei § 134 UmwG einen spezifischen Arbeitnehmerschutz beinhaltet.
149 Siehe §§ 125, 133 Abs. 1 Satz 2 i.V.m. 22 UmwG.
150 Über § 125 UmwG.
151 Siehe *Ganske*, WM 1993, 1117 ff. (1125, Fn 154); *Hommelhoff*, in: *Lutter* (Hrsg.), Verschmelzung, Spaltung, Formwechsel, S. 117 ff. (118, 120).
152 Ausführlich zur Begründung *Boecken*, Unternehmensumwandlungen und Arbeitsrecht, S. 228 ff.; ebenso *Däubler*, RdA 1995, 136 ff. (142); *Schröer*, Arbeitgeberhaftung bei der Spaltung von Rechtsträgern, S. 77 ff.; a.A. *Willemsen*, in: *Willemsen/Hohenstatt/Schweibert/Seibt*, G Rn 217 ff.
153 Siehe *Boecken*, Unternehmensumwandlungen und Arbeitsrecht, S. 233; a.A. *Schröer*, Arbeitgeberhaftung bei der Spaltung von Rechtsträgern, S. 94 ff.
154 Siehe *Boecken*, Unternehmensumwandlungen und Arbeitsrecht, Rn 234.

begrenzt § 613a Abs. 2 Satz 2 BGB die Forthaftung bei Verpflichtungen, die erst nach dem Zeitpunkt des Betriebsübergangs fällig werden, auf eine zeitanteilige Haftung. Die gesamtschuldnerische Haftung nach § 613a Abs. 2 Satz 1 BGB besteht – anders als nach § 133 Abs. 1 Satz 1 UmwG – nur im Verhältnis zu dem betriebs(teil)übernehmenden Rechtsträger.[155]

54 Die **Haftung nicht übertragender Rechtsträger** richtet sich allein nach § 133 UmwG. Diese Regelung schafft einen gesamtschuldnerischen Haftungsverbund für die vor dem Wirksamwerden der Spaltung begründeten Verbindlichkeiten des übertragenden Rechtsträgers in den Fällen der Aufspaltung zwischen allen an der Spaltung beteiligten Rechtsträgern und in den Fällen der Abspaltung und Ausgliederung auf mehrere übernehmende Rechtsträger zwischen diesen.[156] Vor dem Wirksamwerden der Spaltung begründete Verbindlichkeiten sind solche, die bis zu diesem Zeitpunkt entstanden sind.[157] Die gesamtschuldnerische Haftung nach § 133 Abs. 1 Satz 1 UmwG ist gegenständlich nicht beschränkt, d.h. jeder verpflichtete Rechtsträger haftet mit seinem gesamten Vermögen.[158] Bereits verstrichene Verjährungszeiträume kommen auch den gesamtschuldnerisch haftenden Rechtsträgern zu Gute. Nach der Rechtsprechung des BAG zu § 613a BGB liegt im Falle eines Betriebsübergangs ein Ausscheiden des bisherigen Arbeitgebers aus dem Arbeitsverhältnis vor, das den Lauf einer einzel- oder kollektivvertraglichen Ausschlussfrist mit dem Zeitpunkt des Betriebsübergangs auslöst.[159] Das hat auch für betriebs(teil)übertragende Umwandlungen zu gelten, weshalb Arbeitnehmer ihre fälligen Ansprüche entsprechend den in einer Ausschlussfrist gestellten Anforderungen geltend zu machen haben.

55 Nach § 133 Abs. 3 UmwG haften diejenigen Rechtsträger, denen die Verbindlichkeit i.S.d. § 133 Abs. 1 Satz 1 UmwG im Spaltungs- und Übernahmevertrag bzw. Spaltungsplan nicht zugewiesen worden ist, für im Zeitpunkt des Wirksamwerdens der Spaltung begründete Verbindlichkeiten nur unter der Voraussetzung, dass diese vor Ablauf von fünf Jahren nach der Spaltung fällig und daraus Ansprüche gegen sie gerichtlich geltend gemacht sind.[160] Hinsichtlich des Innenausgleichs zwischen den spaltungsbeteiligten Rechtsträgern ist auf der Grundlage von § 426 Abs. 1 Satz 1 BGB davon auszugehen, dass der die Verbindlichkeit übernehmende Rechtsträger letztlich alleine haften soll.[161]

b) Gläubigerschutz durch gesamtschuldnerische Haftung nach § 134 UmwG

56 § 134 UmwG ist eine spezifisch auf den Schutz bestimmter Arbeitnehmeransprüche zugeschnittene, eine gesamtschuldnerische Haftung der spaltungsbeteiligten Rechtsträger anordnende Gläubigerschutzregelung.[162] Dieser Bestimmung kommt allein für so genannte Fälle der **Betriebsaufspaltung** Bedeutung zu.[163] Das Eingreifen der gesamtschuldnerischen Haftung nach § 134 Abs. 1 UmwG setzt eine Spaltungskonstellation voraus, in welcher der spaltende Rechtsträger als Betriebsgesellschaft bestehen bleibt, die Bestimmung findet also bei der Aufspaltung keine Anwendung. Über die

155 Siehe *Boecken*, Unternehmensumwandlungen und Arbeitsrecht, Rn 237.
156 Siehe § 133 Abs. 1 Satz 1 UmwG.
157 Hierzu ausführlich *Schröer*, Arbeitgeberhaftung bei der Spaltung von Rechtsträgern, S. 127 ff., insb. auch zu bedingten Ansprüchen, angelegten, aber noch nicht begründeten Verbindlichkeiten sowie zur Begründung bei Versorgungsanwartschaften.
158 Siehe *Boecken*, Unternehmensumwandlungen und Arbeitsrecht, Rn 241.
159 Siehe BAG v. 10.08.1994, NZA 1995, 742 f.
160 Ausführlich zu dieser Nachhaftungsbegrenzung *Schröer*, Arbeitgeberhaftung bei der Spaltung von Rechtsträgern, S. 158 ff.
161 Siehe auch *Hommelhoff*, in: *Lutter* (Hrsg.), Verschmelzung, Spaltung, Formwechsel, S. 117 ff. (130); siehe *Boecken*, Unternehmensumwandlungen und Arbeitsrecht, Rn 245; näher *Schröer*, Arbeitgeberhaftung bei der Spaltung von Rechtsträgern, S. 185 ff.
162 Ausführlich dazu *Schröer*, Arbeitgeberhaftung bei der Spaltung von Rechtsträgern, S. 191 ff.; siehe auch *Boecken*, Unternehmensumwandlungen und Arbeitsrecht, Rn 246 ff.
163 Zum Begriff i.S.v..§ 134 Abs. 1 UmwG siehe *Schröer*, Arbeitgeberhaftung bei der Spaltung von Rechtsträgern, S. 191 ff.; allgemein zum Begriff der Betriebsaufspaltung *Donath*, Die Betriebsaufspaltung, S. 6 ff. und *v. Steinau-Steinrück*, Haftungsrechtlicher Arbeitnehmerschutz bei der Betriebsaufspaltung, S. 12 ff.

Regelung des § 134 Abs. 1 Satz 2 UmwG wird § 134 Abs. 1 Satz 1 UmwG auf den Fall ausgedehnt, dass der übertragende Rechtsträger nach der Spaltung als Anlagegesellschaft fungiert und der übernehmende Rechtsträger als Betriebsgesellschaft.

Der Anwendung des § 134 Abs. 1 Satz 1 UmwG steht nicht entgegen, dass die Betriebsgesellschaft nicht alle Vermögensteile auf die Anlagegesellschaft überträgt, diese sich nicht allein auf die Verwaltung der übertragenden Vermögensteile beschränkt oder schließlich die an den spaltungsbeteiligten Rechtsträgern beteiligten Personen nicht völlig identisch sind. Das folgt aus dem insoweit jeweils aufgestellten »im Wesentlichen«-Erfordernis.[164] Ihrem Gegenstand nach bezieht sich die Haftung gemäß § 134 Abs. 1 Satz 1 UmwG auf binnen fünf Jahren nach dem Wirksamwerden der Spaltung auf Grund der §§ 111 bis 113 BetrVG begründete Forderungen. Erfasst werden mithin Ansprüche aus Sozialplänen und auf Nachteilsausgleich,[165] die – im Unterschied zur Haftung nach § 133 UmwG – erst nach der Spaltung entstehen.[166] Der Schutz des § 134 UmwG besteht auch bei einer nicht spaltungsbedingten Betriebsänderung i.S.d. § 111 BetrVG. Er bezieht auch solche Arbeitnehmer ein, die im Zeitpunkt der Spaltung noch nicht bei der Betriebsgesellschaft beschäftigt waren.[167] Mit der gesamtschuldnerischen Haftung der Anlagegesellschaft ist ein Berechnungsdurchgriff verbunden, d.h., für die Bemessung von Sozialplanansprüchen ist auch auf das Vermögen der Anlagegesellschaft abzustellen.[168] Die Anlagegesellschaft haftet längstens zehn Jahre gesamtschuldnerisch für Sozialplan- und Nachteilsausgleichsansprüche.[169] 57

§ 134 Abs. 2 UmwG dehnt die gesamtschuldnerische Haftung nach § 134 Abs. 1 UmwG auf vor dem Wirksamwerden der Spaltung begründete Versorgungsverpflichtungen auf Grund des Gesetzes zur Verbesserung der betrieblichen Altersversorgung aus. Dem kommt im Hinblick auf § 133 Abs. 1 Satz 1 UmwG nur insofern Bedeutung zu, als in den von § 134 Abs. 1 UmwG erfassten Spaltungskonstellationen eine zehnjährige gesamtschuldnerische Haftung besteht.[170] 58

Im Verhältnis zwischen § 134 UmwG und § 613a Abs. 2 BGB ist von einem Vorrang jener Haftungsregelung auszugehen, soweit es überhaupt zu einer Konkurrenz kommen kann.[171] 59

c) Gläubigerschutz durch Sicherheitsleistung

Das System des Haftungsschutzes durch Gesamtschuldanordnung wird ergänzt durch ein den Gläubigern spaltungsbeteiligter Rechtsträger gemäß §§ 125 i.V.m. 22 UmwG zustehendes Recht 60

164 Näher zu den Voraussetzungen einer sachlichen und personellen Verflechtung *Schröer*, Arbeitgeberhaftung bei der Spaltung von Rechtsträgern, S. 197 ff.

165 §§ 112, 113 BetrVG.

166 Für vor der Spaltung gegen den übertragenden Rechtsträger entstandene entsprechende Ansprüche haftet die Anlagegesellschaft allein nach Maßgabe des § 133 UmwG; ausführlich zu den von § 134 UmwG erfassten Ansprüchen *Schröer*, Arbeitgeberhaftung bei der Spaltung von Rechtsträgern, S. 215 ff.

167 Zutreffend *Hommelhoff*, in: *Lutter* (Hrsg.), Verschmelzung, Spaltung, Formwechsel, S. 117 ff. (126 f.); *Schröer*, Arbeitgeberhaftung bei der Spaltung von Rechtsträgern, S. 222; *Boecken*, Unternehmensumwandlungen und Arbeitsrecht, Rn 250, a.A. *Schmitt/Hörtnagl/Stratz/Dehmer*, UmwG/UmwStG, § 134 UmwG Rn 4; Kallmeyer/*Willemsen*, UmwG, § 134 Rn 17; *Mengel*, Umwandlung im Arbeitsrecht, S. 241 f.

168 Siehe *Däubler*, RdA 1995, 136 ff. (144); *Herbst*, AiB 1995, 5 ff. (13); *Bachner*, NJW 1995, 2881 ff. (2885); *Schröer*, Arbeitgeberhaftung bei der Spaltung von Rechtsträgern, S. 219 f.; *Boecken*, Unternehmensumwandlungen und Arbeitsrecht, Rn 250; a.A. Kallmeyer/*Willemsen*, UmwG, § 134 Rn 19.

169 Siehe §§ 134 Abs. 3 i.V.m. 133 Abs. 3 bis 5 UmwG; näher zur Nachhaftungsbegrenzung *Schröer*, Arbeitgeberhaftung bei der Spaltung von Rechtsträgern, S. 224 ff.

170 Siehe *Hommelhoff*, in: *Lutter* (Hrsg.), Verschmelzung, Spaltung, Formwechsel, S. 117 ff.; *Boecken*, Unternehmensumwandlungen und Arbeitsrecht, Rn 251.

171 Siehe näher *Boecken*, Unternehmensumwandlungen und Arbeitsrecht, Rn 252 ff.; ebenso *Schröer*, Arbeitgeberhaftung bei der Spaltung von Rechtsträgern, S. 227 ff.

auf **Sicherheitsleistung.**[172] Dazu ist gemäß § 133 Abs. 1 Satz 2 Hs. 2 UmwG jedoch nur der an der Spaltung beteiligte Rechtsträger verpflichtet, gegen den sich der Anspruch richtet.[173]

d) Gläubigerschutz nach § 45 UmwG

61 Über § 125 Satz 1 UmwG gilt die in § 45 UmwG angeordnete **Nachhaftung** persönlich haftender Gesellschafter auch für das Spaltungsrecht.[174]

3. Gläubigerschutz bei Formwechsel

62 Bei einem Formwechsel bleibt zwar mangels Vermögensübertragung die Haftungsmasse als solche erhalten. Gleichwohl ist eine **Gefährdung von Gläubigern** des formwechselnden Rechtsträgers nicht ausgeschlossen. So kann durch den Formwechsel die Pflicht zur Einhaltung von Kapitalschutzvorschriften entfallen oder nach einem Formwechsel von einer Personenhandelsgesellschaft in eine Kapitalgesellschaft die persönliche Haftung der Gesellschafter nicht mehr gegeben sein. Gläubigerschutz wird hier zum einen dadurch gewährleistet, dass über § 204 UmwG die Regelung des § 22 UmwG entsprechende Anwendung findet.[175] Darüber hinaus ist als Gläubigerschutzregelung § 224 UmwG von Bedeutung, der für den Fall des Formwechsels von einer Personenhandelsgesellschaft in eine Kapitalgesellschaft oder eine eingetragene Genossenschaft in Abs. 1 klarstellt, dass der Formwechsel nicht Ansprüche der Gesellschaftsgläubiger gegen einen Gesellschafter aus Verbindlichkeiten der formwechselnden Gesellschaft berührt, für die dieser im Zeitpunkt des Formwechsels nach § 128 HGB persönlich haftet, und in den folgenden Absätzen 2 bis 4 eine mit der verschmelzungsrechtlichen Bestimmung des § 45 UmwG inhaltlich übereinstimmende Haftungsbegrenzungsregelung enthält. Die Gläubigerschutzregelung des § 224 UmwG ist in anderen Fällen des Wegfalls persönlicher Haftung infolge Formwechsels – der persönlich haftende Gesellschafter einer formwechselnden KGaA erlangt bei dem Formwechsel in eine KG die Stellung eines Kommanditisten, eine KGaA wechselt in die Rechtsform einer GmbH, AG oder eingetragenen Genossenschaft – gemäß den Vorschriften der §§ 237, 249 und 257 UmwG entsprechend anzuwenden.

IV. Bestandsschutz umwandlungsbetroffener Arbeitsverhältnisse

63 Mit dem Bereich des Bestandsschutzes von Arbeitsverhältnissen ist die Frage nach dem normativ ausgestalteten **Schutz der Arbeitnehmer gegen (vor allem) Kündigungen** ihrer Arbeitsverhältnisse, die im Zusammenhang mit einer Unternehmensumwandlung vor oder nach dem Zeitpunkt des Wirksamwerdens der Umwandlung erklärt werden, angesprochen. Insoweit sind drei gesetzliche Regelungen von besonderer Bedeutung: Neben dem in § 613a Abs. 4 BGB niedergelegten Kündigungsverbot handelt es sich um die umwandlungsgesetzlichen Bestimmungen des § 323 Abs. 1 UmwG über die Wahrung der kündigungsrechtlichen Stellung bestimmter Arbeitnehmer sowie § 322 UmwG betreffend den gemeinsam geführten Betrieb i.S.d. Kündigungsschutzrechts.

1. Verbot umwandlungsbedingter Kündigungen

64 Gehen im Rahmen einer Unternehmensumwandlung die Arbeitsverhältnisse auf der Grundlage von § 613a Abs. 1 Satz 1 BGB über,[176] so findet – wie in § 324 UmwG ausdrücklich klargestellt wird – **§ 613a Abs. 4 BGB** unmittelbar Anwendung.[177] Hierbei handelt es sich um ein vom

172 Näher dazu *Schröer*, Arbeitgeberhaftung bei der Spaltung von Rechtsträgern, S. 233 ff.
173 Siehe *Schröer*, Arbeitgeberhaftung bei der Spaltung von Rechtsträgern, S. 234.
174 Ausführlich dazu *Schröer*, Arbeitgeberhaftung bei der Spaltung von Rechtsträgern, S. 268 ff.
175 Näher dazu *Schröer*, Arbeitgeberhaftung bei der Spaltung von Rechtsträgern, S. 233 ff.
176 Siehe dazu oben Rn 9 ff.
177 Siehe auch *Joost*, in: *Lutter* (Hrsg), Verschmelzung, Spaltung, Formwechsel, S. 297 ff. (326); ErfK/*Preis*, § 613a BGB Rn 178; *Schalle*, Der Bestandsschutz der Arbeitsverhältnisse bei Unternehmensumwandlungen, S. 251 f.; *Boecken*, Unternehmensumwandlungen und Arbeitsrecht, Rn 264.

Kündigungsschutzgesetz unabhängiges selbständiges Kündigungsverbot.[178] Auf § 613a Abs. 4 BGB können sich deshalb auch Arbeitnehmer berufen, für die das Kündigungsschutzgesetz nicht gilt, darüber hinaus bedarf es nicht der Einhaltung der in § 4 KSchG niedergelegten Dreiwochenfrist.[179]

Das Verbot richtet sich sowohl an den übertragenden wie auch den übernehmenden Rechtsträger. Erfasst werden nicht nur Kündigungen des Arbeitgebers wegen des Betriebsübergangs, sondern auch der Arbeitnehmer sowie Aufhebungsverträge, sofern diese Rechtsgeschäfte mit dem Ziel einer Umgehung des Kündigungsverbots vorgenommen werden.[180] 65

Eine Kündigung verstößt nur dann gegen § 613a Abs. 4 Satz 1 BGB, wenn sie »wegen des Übergangs eines Betriebs oder eines Betriebsteils« erfolgt. Das setzt voraus, dass das **Motiv der Kündigung** wesentlich durch den Betriebsinhaberwechsel bestimmt wird.[181] Gibt es einen anderen Grund für die Kündigung, so ist diese, auch wenn sie im zeitlichen Zusammenhang mit einem Betriebsübergang ausgesprochen wird, bei Vorliegen der kündigungsrechtlich maßgebenden Voraussetzungen zulässig, wie § 613a Abs. 4 Satz 2 BGB deutlich macht. Zu den »anderen Gründen« i.S. dieser Regelung gehören neben personen- und verhaltensbedingten Gründen insbesondere auch dringende betriebliche Erfordernisse nach § 1 Abs. 2 KSchG.[182] Gerade diesem Kündigungsgrund kommt bei Unternehmensumwandlungen große praktische Bedeutung zu.[183] 66

Im Falle eines umwandlungsrechtlichen Übergangs der Arbeitsverhältnisse findet § 613a Abs. 4 BGB entsprechende Anwendung.[184] 67

2. Vorübergehende Sicherung der kündigungsrechtlichen Stellung des Arbeitnehmers (§ 323 Abs. 1 UmwG)

Für die Frage des Bestandsschutzes von Arbeitsverhältnissen im Zusammenhang mit Umwandlungsvorgängen ist weiter **§ 323 Abs. 1 UmwG** von besonderer Bedeutung. Danach verschlechtert sich die kündigungsrechtliche Stellung eines Arbeitnehmers, der vor dem Wirksamwerden einer Spaltung oder Teilübertragung zu dem übertragenden Rechtsträger in einem Arbeitsverhältnis steht, auf Grund der Spaltung oder Teilübertragung für die Dauer von zwei Jahren ab dem Zeitpunkt ihres Wirksamwerdens nicht. 68

Die Regelung ermöglicht allein den befristeten Fortbestand der kündigungsrechtlichen Stellung eines von einer Spaltung oder Teilübertragung betroffenen Arbeitnehmers. Unter dem **Begriff der »kündigungsrechtlichen Stellung«** eines Arbeitnehmers[185] sind alle gesetzlichen und untergesetzlichen Bestimmungen zu verstehen, welche die Rechtsposition eines Arbeitnehmers im Zusammenhang mit einer Kündigung zu seinem Vorteil gestalten. Hierzu gehören zunächst kündigungsschutzgesetzliche Positionen wie z.B. die nach § 23 KSchG zu bestimmende Anwendbarkeit des Kündigungsschutzgesetzes.[186] Zu der vorbehaltlich des Vorliegens der weiteren Voraussetzungen bestehen bleibenden kündigungsrechtlichen Stellung zählt auch die nach § 1 Abs. 2 KSchG zu bestimmende Weiterbeschäftigungsmöglichkeit sowie die im Falle einer betriebsbedingten Kündigung nach § 1 Abs. 3 69

178 Siehe dazu grundlegend BAG v. 31.01.1985, NZA 1985, 593 ff. (594).
179 Siehe *Boecken*, Unternehmensumwandlungen und Arbeitsrecht, Rn 266.
180 Siehe BAG v. 28.04.1987, NZA 1988, 198 ff. (199); ErfK/*Preis*, § 613a Rn 140.
181 BAG v. 28.04.1988, NZA 1989, 265 ff. (267).
182 Siehe auch BAG v. 28.04.1988, NZA 1989, 265 ff. (267).
183 Siehe dazu und zur Abgrenzung zwischen § 613a Abs. 4 Sätze 1 und 2 BGB *Willemsen*, in: *Willemsen/Hohenstatt/Schweibert/Seibt*, H Rn 107 ff. sowie ErfK/*Preis*, § 613a BGB Rn 142 ff.
184 Siehe nur *Schalle*, Der Bestandsschutz der Arbeitsverhältnisse bei Unternehmensumwandlungen, S. 253 f.; *Boecken*, Unternehmensumwandlungen und Arbeitsrecht, Rn 270 f.
185 Ausführlich dazu *Schalle*, Der Bestandsschutz der Arbeitsverhältnisse bei Unternehmensumwandlungen, S. 255 ff.
186 Siehe die Begründung zu Art. 1 § 323 des Regierungsentwurfs zum Umwandlungsgesetz, BR-Drucks 75/94, 175; *Hohenstatt*, in: *Willemsen/Hohenstatt/Schweibert/Seibt*, H Rn 151.

KSchG vorzunehmende soziale Auswahl.[187] Nicht erfasst werden die §§ 17 ff. KSchG betreffend die Anzeigepflicht bei Massenentlassungen.[188] Unter den Begriff der kündigungsrechtlichen Stellung fallen auch Sonderkündigungsschutzregelungen, so z.B. § 15 KSchG[189] oder auch der Kündigungsschutz schwer behinderter Menschen.[190] Dazu gehören auch untergesetzliche Regelungen etwa in einem Tarifvertrag oder einer Betriebsvereinbarung, die die ordentliche Kündigung eines Arbeitnehmers ausschließen oder vom Gesetz abweichende Kündigungsfristen oder Kündigungstermine festlegen.[191] Von § 323 Abs. 1 UmwG nicht erfasst werden kollektivrechtlich begründete Beteiligungsrechte des Betriebsrats im Zusammenhang mit Kündigungen von Arbeitnehmern wie etwa das im Falle einer Änderungskündigung zur Durchführung einer Versetzung unter den Voraussetzungen des § 99 BetrVG bestehende Mitbestimmungsrecht, die Anhörung gemäß § 102 Abs. 1 BetrVG oder eine zwischen Arbeitgeber und Betriebsrat i.S.v. § 102 Abs. 6 BetrVG getroffene Vereinbarung oder schließlich die Erzwingbarkeit eines Sozialplans in den in § 112a BetrVG genannten Fällen.[192] § 323 Abs. 1 UmwG ist auf die vorübergehende Wahrung individualrechtlicher Positionen gerichtet, wie auch durch § 325 Abs. 2 Satz 1 UmwG bestätigt wird.[193]

70 Die zweijährige Fortschreibung des kündigungsrechtlichen Status quo setzt weiter voraus, dass der Arbeitnehmer vor dem Wirksamwerden der Spaltung oder Teilübertragung zu dem übertragenden Rechtsträger in einem Arbeitsverhältnis steht. Keine Anwendung findet § 323 Abs. 1 UmwG deshalb auf Arbeitnehmer, die erst nach diesem Zeitpunkt bei dem übertragenden oder einem anderen umwandlungsbeteiligten Rechtsträger neu eingestellt werden.[194] Dasselbe gilt für Arbeitnehmer, die bereits vor der Spaltung oder Vermögensteilübertragung bei einem übernehmenden Rechtsträger beschäftigt waren.[195]

71 Der Bestandsschutz des § 323 Abs. 1 UmwG greift nur ein, wenn die Verschlechterung der kündigungsrechtlichen Stellung auf Grund der Spaltung oder Teilübertragung erfolgt, einer dieser Umwandlungsvorgänge muss also für die Verschlechterung **kausal** geworden sein. § 323 Abs. 1 UmwG findet deshalb keine Anwendung, wenn eine kündigungsrechtliche Stellung aus anderen Gründen als der Spaltung oder Teilübertragung wegfällt.[196] Das gilt etwa dann, wenn der mit dem übertragenden Rechtsträger einzelvertragliche Ausschluss einer ordentlichen Kündigung nach dem umwandlungsbedingten Übergang des Arbeitsverhältnisses durch eine rechtmäßige Änderungskündigung des übernehmenden Rechtsträgers beseitigt wird. Ist eine ordentliche Kündigung verbandstarifvertraglich ausgeschlossen, so ist § 323 Abs. 1 UmwG gegenüber § 613a Abs. 1 Satz 2 BGB vorrangig und perpetuiert die vor der Umwandlung tarifvertraglich bestimmte kündigungsrechtliche Stellung während der Geltung des Tarifvertrages für längstens zwei Jahre.[197] Der Schutz des

187 Wie hier *Kallmeyer*, ZIP 1994, 1746 ff. (1757); *Däubler*, RdA 1995, 136 ff. (143); *Trümner*, AiB 1995, 309 ff. (313 f.); *Herbst*, AiB 1995, 5 ff. (12); *Boecken*, Unternehmensumwandlungen und Arbeitsrecht, Rn 275; a.A. *Hohenstatt*, in: *Willemsen/Hohenstatt/Schweibert/Seibt*, H Rn 154; ErfK/*Ascheid*, 2. Aufl. 2001, § 323 UmwG Rn 4; *Schalle*, Der Bestandsschutz der Arbeitsverhältnisse bei Unternehmensumwandlungen, S. 259 f.

188 Siehe zur Begründung überzeugend *Hohenstatt*, in: *Willemsen/Hohenstatt/Schweibert/Seibt*, H Rn 152; *Schalle*, Der Bestandsschutz der Arbeitsverhältnisse bei Unternehmensumwandlungen, S. 276 ff. Insoweit wird die in *Boecken*, Unternehmensumwandlungen und Arbeitsrecht, Rn 275 vertretene gegenteilige Ansicht aufgegeben.

189 Siehe auch *Hohenstatt*, in: *Willemsen/Hohenstatt/Schweibert/Seibt*, H Rn 153.

190 Siehe *Boecken*, Unternehmensumwandlungen und Arbeitsrecht, Rn 275.

191 *Wlotzke*, DB 1995, 40 ff. (44); ErfK/*Ascheid*, 2. Aufl. 2001, § 323 UmwG Rn 4; *Schalle*, Der Bestandsschutz der Arbeitsverhältnisse bei Unternehmensumwandlungen, S. 263 ff; *Boecken*, Unternehmensumwandlungen und Arbeitsrecht, Rn 276; a.A. *Hohenstatt*, in: *Willemsen/Hohenstatt/Schweibert/Seibt*, H Rn 156 unter Hinweis auf einen Vorrang von § 613a Abs. 1 Satz 2 BGB; dagegen ErfK/*Ascheid*, 2. Aufl. 2001, § 323 UmwG Rn 8.

192 Ebenso *Hohenstatt*, in: *Willemsen/Hohenstatt/Schweibert/Seibt*, H Rn 157; *Boecken*, Unternehmensumwandlungen und Arbeitsrecht, Rn 277; a.A. *Schalle*, Der Bestandsschutz der Arbeitsverhältnisse bei Unternehmensumwandlungen, S. 263 ff. zu §§ 99, 102, 103 BetrVG.

193 Zur Begründung siehe näher *Boecken*, Unternehmensumwandlungen und Arbeitsrecht, S. 277 f.

194 Siehe *Boecken*, Unternehmensumwandlungen und Arbeitsrecht, Rn 280.

195 *Boecken*, Unternehmensumwandlungen und Arbeitsrecht, Rn 280.

196 Siehe *Bauer/Lingemann*, NZA 1994, 1057 ff. (1061); *Boecken*, Unternehmensumwandlungen und Arbeitsrecht, Rn 281 f.

197 So auch *Wlotzke*, DB 1995, 40 ff. (44); *Boecken*, Unternehmensumwandlungen und Arbeitsrecht, Rn 283.

§ 323 Abs. 1 UmwG kann allerdings nur solange in Betracht kommen, wie die in Frage stehende kündigungsrechtliche Stellung auch ohne Spaltung oder Teilübertragung fortbestanden hätte.[198]

3. Kündigungsschutzrechtlicher Betriebsbegriff (§ 322 UmwG)

Schließlich stellt § 322 UmwG eine für den Bestandsschutz von Arbeitsverhältnissen im Zusammenhang mit Unternehmensumwandlungen bedeutsame Regelung dar. Danach gilt für den Fall, dass an einer Spaltung oder Vermögensteilübertragung beteiligte Rechtsträger nach dem Wirksamwerden der genannten Umwandlungsvorgänge einen Betrieb gemeinsam führen, dieser als Betrieb i.S.d. Kündigungsschutzrechts. 72

a) Gemeinsame Führung eines Betriebs

§ 322 UmwG greift nur ein, wenn die an der Spaltung oder Vermögensteilübertragung beteiligten Rechtsträger nach dem Wirksamwerden dieser Umwandlungsvorgänge **einen Betrieb gemeinsam** führen.[199] Wann das der Fall ist, ist auf der Grundlage der insoweit für den Bereich des Kündigungsschutzrechts maßgebenden **Rechtsprechung des BAG** zu bestimmen.[200] Danach ist als Betrieb die organisatorische Einheit anzusehen, innerhalb derer ein Unternehmer allein oder zusammen mit seinen Mitarbeitern mit Hilfe sächlicher und immaterieller Mittel bestimmte arbeitstechnische Zwecke fortgesetzt verfolgt.[201] In der Regel ist von einer einheitlichen Organisation und damit von einem einheitlichen Betrieb auszugehen, wenn die in einer Betriebsstätte vorhandenen materiellen oder immateriellen Betriebsmittel für den oder die verfolgten arbeitstechnischen Zwecke zusammengefasst geordnet und gezielt eingesetzt werden und der Einsatz der menschlichen Arbeitskraft von einem einheitlichen Leitungsapparat gesteuert wird.[202] Bei der Beteiligung mehrerer rechtlich selbständiger Unternehmen kann nach der ständigen Rechtsprechung des BAG von einem einheitlichen Leitungsapparat nur gesprochen werden, wenn sich die Unternehmen über die tatsächliche Zusammenarbeit hinaus zur gemeinsamen Führung eines Betriebs rechtlich verbunden haben.[203] Eine entsprechende rechtliche Vereinbarung kann sich ausdrücklich aus vertraglichen Abmachungen ergeben, sie kann aber auch konkludent aus den tatsächlichen Umständen hergeleitet werden.[204] Der Rückschluss auf das Vorliegen einer stillschweigend getroffenen Vereinbarung über die gemeinsame Führung eines Betriebs ist nach Auffassung des BAG zulässig, wenn die Arbeitgeberfunktionen im Bereich sozialer und personeller Angelegenheiten[205] von derselben institutionellen Leitung ausgeübt werden.[206] 73

Dem Arbeitnehmer obliegt die **Darlegungs- und Beweislast** dafür, dass die an einer Spaltung bzw. Vermögensteilübertragung beteiligten Rechtsträger nach dem Wirksamwerden dieser Umwandlungsvorgänge einen Betrieb gemeinsam führen.[207] In der Regel reicht es aus, wenn der Arbeitnehmer die äußeren Umstände, die für eine rechtliche Vereinbarung zwischen den umwandlungsbeteiligten Rechtsträgern über die gemeinsame Führung eines Betriebs sprechen, schlüssig darlegt.[208] Anders 74

198 *Boecken*, Unternehmensumwandlungen und Arbeitsrecht, Rn 284.

199 Zu den verschiedenen Gründen, die rechtlich selbständige Unternehmen zur gemeinsamen Führung eines Betriebs veranlassen können, s. nur *Zöllner*, in: FS Semmler, S. 995 ff. (995 f.); *Däubler*, in: FS Zeuner, S. 19 ff. (19 f.).

200 Diese wird in der Begründung zu Art. 1 § 322 Abs. 2 des Regierungsentwurfs zum Umwandlungsgesetz z.T. ausdrücklich in Bezug genommen.

201 BAG v. 18.01.1990, DB 1991, 500 f. (501); BAG v. 13.06.1985, DB 1986, 1287 ff. (1288); BAG v. 05.03.1987, BAGE 55, 117 ff. (127 f.).

202 BAG v. 18.01.1990, DB 1991, 500 f. (501); BAG v. 13.06.1985, DB 1986, 1287 ff. (1288).

203 BAG v. 18.01.1990, DB 1991, 500 f. (501); BAG v. 13.06.1985, DB 1986, 1287 ff. (1288).

204 BAG v. 18.01.1990, DB 1991, 500 f. (501); BAG v. 13.06.1985, DB 1986, 1287 ff. (1288).

205 §§ 87 ff., 92 ff. BetrVG.

206 BAG v. 18.01.1990, DB 1991, 500 f. (501).

207 So auch *Bauer/Lingemann*, NZA 1994, 1057 ff. (1060) und ErfK/*Eisemann*, 2. Aufl. 2001, § 322 UmwG Rn 5 zu § 322 Abs. 2 UmwG a.F.; allgemein BAG v. 18.01.1990, DB 1991, 500 f. (501).

208 BAG v. 18.01.1990, DB 1991, 500 f. (501); BAG v. 13.06.1985, AP Nr. 10 zu § 1 KSchG 1969; ErfK/*Eisemann*, 2. Aufl. 2001, § 322 UmwG Rn 5.

als bei § 1 Abs. 2 Nr. 2 BetrVG[209] enthält § 322 UmwG keine Vermutungsregel zugunsten des Arbeitnehmers.[210]

b) Kündigungsschutzrechtliche Konsequenzen der Führung eines gemeinsamen Betriebs

75 Liegt ein gemeinsam geführter Betrieb vor, so ist unbeschadet einer im Zuge der Spaltung oder Teilübertragung erfolgten rechtlichen Aufteilung des Betriebs und der zugehörigen Arbeitsverhältnisse auf verschiedene Rechtsträger bei der **Anwendung des Kündigungsschutzgesetzes** von der Existenz eines einheitlichen Betriebs auszugehen. Bezogen auf § 23 Abs. 1 Satz 2 KSchG führt das dazu, dass für die Frage, ob die maßgebende Arbeitnehmerzahl erreicht wird, auf die Gesamtheit der in dem gemeinsam geführten Betrieb beschäftigten Arbeitnehmer abzustellen ist.[211] Des Weiteren ist die zur Vermeidung der Sozialwidrigkeit einer Kündigung vorzunehmende Prüfung des Bestehens einer Weiterbeschäftigungsmöglichkeit des zu kündigenden Arbeitnehmers[212] auf den gemeinsamen Betrieb insgesamt zu beziehen.[213] Allerdings wird über § 322 UmwG keine unternehmensübergreifende Anwendung von § 1 Abs. 2 Satz 2 Nr. 1 lit. b) KSchG begründet.[214] Bei der Durchführung einer sozialen Auswahl nach § 1 Abs. 3, Abs. 4 KSchG sind alle Arbeitnehmer des gemeinsam geführten Betriebs zu berücksichtigen.[215] Bezogen auf § 15 Abs. 5 Satz 1 KSchG ist für den Fall der Stilllegung einer Betriebsabteilung das Vorliegen einer Übernahmemöglichkeit betroffener Funktionsträger im Hinblick auf den gemeinsam geführten Betrieb insgesamt zu prüfen.[216] Dasselbe gilt für die Frage, ob die Voraussetzungen des § 17 Abs. 1 KSchG vorliegen.[217]

76 Im Verhältnis zu § 322 Abs. 1 UmwG ist § 322 UmwG lex specialis.[218] § 613a Abs. 4 Satz 1 BGB wird durch § 322 UmwG nicht berührt. Die Regelung des § 322 UmwG ist zwingend.[219]

C. Kollektivarbeitsrechtliche Fragen bei Unternehmensumwandlungen

77 Kollektivarbeitsrechtlich können Unternehmensumwandlungen tarifvertrags-, betriebsverfassungs- und mitbestimmungsrechtliche Auswirkungen haben. Soweit es um die Folgen von Umwandlungsvorgängen für Rechte und Pflichten der Arbeitsvertragsparteien, die in kollektivrechtlichen Vereinbarungen – Betriebsvereinbarungen und Tarifverträge – niedergelegt sind, geht, ist darauf bereits im Zusammenhang mit dem individualarbeitsrechtlichen Fragenkreis des Inhaltsschutzes übergehender Arbeitsverhältnisse eingegangen worden.[220] Im Folgenden bleibt deshalb noch auf umwandlungsrechtlich bedeutsame **betriebsverfassungs- und unternehmensmitbestimmungsrechtliche Regelungen** einzugehen.

209 Vermutung eines gemeinsamen Betriebs im Falle der Unternehmensspaltung, zuvor § 322 Abs. 1 UmwG a.F.; hierzu *Boecken*, Unternehmensumwandlungen und Arbeitsrecht, S. 383 ff.

210 Für eine analoge Anwendung des früheren § 322 Abs. 1 UmwG auf den bisherigen § 322 Abs. 2 UmwG, jetzt § 322 UmwG, ErfK/*Eisemann*, 2. Aufl. 2001, § 322 UmwG Rn 5; Lutter/*Joost*, UmwG, § 322 Rn 22; dagegen *Wlotzke*, DB 1995, 40 ff. (44); *Boecken*, Unternehmensumwandlungen und Arbeitsrecht, Rn 290.

211 Siehe *Joost*, in: *Lutter* (Hrsg.), Verschmelzung, Spaltung, Formwechsel, S. 297 ff. (327); ErfK/*Eisemann*, 2. Aufl. 2001, § 322 UmwG Rn 6.

212 § 1 Abs. 2 Satz 2 Nr. 1 lit. b) KSchG.

213 Siehe *Däubler*, RdA 1995, 136 ff. (143); ErfK/*Eisemann*, 2. Aufl. 2001, § 322 UmwG Rn 6; *Boecken*, Unternehmensumwandlungen und Arbeitsrecht, Rn 294 ff.

214 *Boecken*, Unternehmensumwandlungen und Arbeitsrecht, Rn 296.

215 Siehe *Wlotzke*, DB 1995, 40 ff. (S. 44); *Däubler*, RdA 1995, 136 ff. (143); ErfK/*Eisemann*, 2. Aufl. 2001, § 322 UmwG Rn 6.

216 Siehe *Boecken*, Unternehmensumwandlungen und Arbeitsrecht, Rn 298.

217 *Boecken*, Unternehmensumwandlungen und Arbeitsrecht, Rn 299.

218 *Boecken*, Unternehmensumwandlungen und Arbeitsrecht, Rn 300.

219 Siehe *Boecken*, Unternehmensumwandlungen und Arbeitsrecht, Rn 304.

220 Siehe oben Rn 31 bis 44.

I. Betriebsverfassungsrechtliche Regelungen

1. Umwandlungsgesetzliche Pflicht zur Unterrichtung des zuständigen Betriebsrats

Die an einer Umwandlung beteiligten Rechtsträger haben nach für alle Umwandlungsarten inhaltlich übereinstimmenden Vorschriften das der Umwandlung zugrunde liegende **Rechtsgeschäft bzw. dessen Entwurf**[221] spätestens einen Monat vor dem Tag vor der Versammlung der Anteilsinhaber jedes beteiligten Rechtsträgers, die über die Zustimmung zu dem Umwandlungsrechtsgeschäft beschließen soll, dem zuständigen Betriebsrat dieses Rechtsträgers zuzuleiten.[222] Insoweit ist alles das zuzuleiten, was Gegenstand der Anmeldung zur Eintragung der Umwandlung ist, so dass auch den ursprünglichen Umwandlungsvertrag ergänzende weitere Urkunden zuzuleiten sind.[223] Der Betriebsrat kann zwar auf die Einhaltung der Monatsfrist, innerhalb derer ihn der Umwandlungsvertrag zur Zustimmung zuzuleiten ist, verzichten, nicht jedoch auf die Zuleitung des Umwandlungsvertrages an sich.[224] 78

Im Zusammenhang mit der Zuleitungspflicht erlangen die umwandlungsgesetzlichen Regelungen wesentliche Bedeutung, die den **Mindestinhalt des Umwandlungsrechtsgeschäfts** und damit den Gegenstand der Unterrichtung festlegen.[225] Das sind § 5 Abs. 1 UmwG für die Verschmelzung, §§ 126 Abs. 1, 135 Abs. 1 Satz 1, 136 Satz 2 UmwG bezogen auf die Spaltung sowie § 194 Abs. 1 UmwG für die Umwandlungsart des Formwechsels.[226] Jede der vorgenannten Bestimmungen ordnet u.a. die Aufnahme arbeitsrechtlicher Angaben über die Folgen der Umwandlung für die Arbeitnehmer und ihre Vertretungen sowie die insoweit vorgesehenen Maßnahmen an, siehe §§ 5 Abs. 1 Nr. 9, 126 Abs. 1 Nr. 11 und 194 Abs. 1 Nr. 7 UmwG. Diese Verpflichtung zur Aufnahme arbeitsrechtlicher Angaben dient zum einen dem Interesse des Betriebsrats an einer rechtzeitigen Information über den geplanten Umwandlungsvorgang.[227] Darüber hinaus bezweckt sie auch den Schutz der einzelnen umwandlungsbetroffenen Arbeitnehmer, die wegen der vielfältigen individualarbeitsrechtlichen Auswirkungen von Umwandlungsvorgängen[228] ein eigenes Informationsbedürfnis haben.[229] Schließlich liegt die Verpflichtung zur Aufnahme arbeitsrechtlicher Angaben auch im Interesse der Anteilseigner umwandlungsbeteiligter Rechtsträger, für deren Zustimmung zur Umwandlung die arbeitsrechtlichen Auswirkungen derselben wie auch die hiermit verbundenen Kosten, etwa zur Finanzierung von Ausgleichsmaßnahmen, nicht ganz ohne Einfluss sind.[230]

Nach den einschlägigen Vorschriften[231] ist bei den arbeitsrechtlichen Angaben zwischen den **Folgen einer Umwandlung** und den insoweit **vorgesehenen Maßnahmen** zu unterscheiden.[232] Zu den Folgen einer Umwandlung gehören sowohl die **rechtlichen** wie auch die **tatsächlichen Auswirkungen** 79

221 Das sind der Verschmelzungsvertrag, Spaltungs- und Übernahmevertrag bzw. -plan, Vermögensübertragungsvertrag bzw. -plan sowie bei einem Formwechsel der Umwandlungsbeschluss.

222 Siehe für die Verschmelzung § 5 Abs. 3 UmwG, für die Spaltung §§ 126 Abs. 3, 135 Abs. 1 Satz 1, 136 Satz 1 UmwG und für den Formwechsel § 194 Abs. 2 UmwG. Bezogen auf die verschiedenen Möglichkeiten der Vermögensübertragung finden die verschmelzungs- und spaltungsrechtlichen Bestimmungen über die Zuleitungspflicht gemäß den Regelungen der §§ 176 Abs. 1, 177 Abs. 1, 178 Abs. 1, 179 Abs. 1, 180 Abs. 1, 184 Abs. 1, 186 Satz 1, 188 Abs. 1 und 189 Abs. 1 UmwG entsprechende Anwendung.

223 OLG Sachsen-Anhalt v. 17.03.2003, GmbHR 2003, 1433; anders LG Essen v. 15.03.2002, ZIP 2002, 893 ff.

224 OLG Sachsen-Anhalt v. 17.03.2003, GmbHR 2003, 1433; siehe auch LG Stuttgart v. 11.04.2000, GmbHR 2000, 622.

225 *Joost*, ZIP 1995, 976 ff. (976) spricht von einer »zweistufigen Konzeption«.

226 Bezogen auf Vermögensübertragungen gilt das in Fn 222 Gesagte.

227 Siehe Kallmeyer/*Willemsen*, UmwG, § 5 Rn 74; *Joost*, ZIP 1995, 976 ff. (978).

228 Dazu Rn 27 ff., 103 ff.

229 Wie hier *Grunewald/Winter*, in: *Lutter* (Hrsg.), Verschmelzung, Spaltung, Formwechsel, S. 19 ff. (22).

230 Siehe *Grunewald/Winter*, in: *Lutter* (Hrsg.), Verschmelzung, Spaltung, Formwechsel, S. 19 ff. (22 f.); *Boecken*, Unternehmensumwandlungen und Arbeitsrecht, Rn 317.

231 Siehe §§ 5 Abs. 1 Nr. 9, 126 Abs. 1 Nr. 11 und 194 Abs. 1 Nr. 7 UmwG.

232 Siehe hierzu ausführlich Kallmeyer/*Willemsen*, UmwG, § 5 Rn 49 ff., *Boecken*, Unternehmensumwandlungen und Arbeitsrecht, Rn 318 ff.

einer Umstrukturierung.[233] Arbeitsrechtliche Angaben sind deshalb nicht nur über die im Zuge der Umwandlung unmittelbar eintretenden Änderungen der rechtlichen Situation wie z.B. den Übergang von Arbeitsverhältnissen, die (Un)Anwendbarkeit des Kündigungsschutzgesetzes, den Wegfall der Betriebsratsfähigkeit eines Betriebs oder von Beteiligungsrechten des Betriebsrats wie auch einer bislang bestehenden Tarifbindung zu machen,[234] sondern auch über geplante tatsächliche Vorhaben wie etwa Rationalisierungsmaßnahmen oder die räumliche Verlagerung von Betrieben.[235] Unter dem Begriff der ebenfalls angabepflichtigen »insoweit vorgesehenen Maßnahmen« sind die seitens der umwandlungsbeteiligten Rechtsträger geplanten Maßnahmen der Folgenbewältigung zu verstehen, sprich solche, mit denen auf die rechtlichen und tatsächlichen Auswirkungen einer Umwandlung reagiert werden soll.[236] Dazu zählen etwa Angaben über geplante Ausgleichsleistungen für den Verlust von Arbeitsplätzen oder für erhöhte Aufwendungen im Zusammenhang mit der räumlichen Verlagerung eines Betriebs wie auch über eine vorgesehene Vereinbarung betreffend die Aufrechterhaltung von Beteiligungsrechten des Betriebsrats.[237]

80 Die arbeitsrechtlichen Angaben müssen zwischen den Auswirkungen der Umwandlung auf die umwandlungsbetroffenen Arbeitnehmer einerseits und deren Repräsentationsorgane (Vertretungen) andererseits unterscheiden.[238] Zu den **arbeitnehmerbezogenen arbeitsrechtlichen Angaben**[239] gehören u.a. Informationen betreffend den Übergang der Arbeitsverhältnisse, über die Auswirkungen der Umwandlung auf den kollektivrechtlich bestimmten Inhalt der Arbeitsverhältnisses und die Gläubigerposition der Arbeitnehmer,[240] wie auch notwendig werdende betriebsbedingte Kündigungen. Die arbeitsrechtlichen **Angaben hinsichtlich der Vertretungen der Arbeitnehmer** haben die Auswirkungen der Umwandlung auf betriebsverfassungsrechtliche Organe wie auch die Vertretungen nach dem Sprecherausschussgesetz und dem Recht der Unternehmensmitbestimmung darzustellen.[241] So ist z.B. mitzuteilen, ob ein Betriebsrat nach der Umwandlung bestehen bleibt, ob und welcher Betriebsrat ein Übergangsmandat wahrzunehmen hat, inwieweit Beteiligungsrechte von bestehen bleibenden Vertretungen wegfallen oder auch nach der Umwandlung ein Betrieb von den beteiligten Rechtsträgern gemeinsam fortgeführt werden soll.

81 Der gesetzlich auferlegten Angabepflicht wird nur durch eine bereichsbezogen detaillierte Beschreibung der Folgen und der diesbezüglichen Maßnahmen Genüge geleistet.[242] pauschale Aussagen reichen nicht aus.[243] Andererseits ist nicht gefordert, dass eine bis in alle Einzelheiten gehende rechtliche Beurteilung der zu erwartenden Folgen vorgenommen werden muss[244] oder alle denkbaren tatsächlichen Folgen, unabhängig davon, mit welcher Wahrscheinlichkeit vernünftigerweise von ihrem Eintritt auszugehen ist, aufgezeigt werden müssten.

82 Welcher Betriebsrat der **zuständige Adressat** für die Unterrichtung[245] ist, ist nach Maßgabe des Betriebsverfassungsgesetzes zu beantworten.[246] Soweit in einem umwandlungsbeteiligten Unter-

233 So auch *Joost*, ZIP 1995, 976 ff. (979); *Bachner*, NJW 1995, 2881 ff. (2886); einschränkend Kallmeyer/*Willemsen*, UmwG, § 5 Rn 50 ff.: Beschränkung auf »Primärfolgen kraft rechtlichen Zusammenhangs« (Rn 53).

234 Siehe *Boecken*, Unternehmensumwandlungen und Arbeitsrecht, Rn 319; Kallmeyer/*Willemsen*, UmwG, § 5 Rn 53.

235 Vgl. auch *Joost*, ZIP 1995, 976 ff. (979) und *Wlotzke*, DB 1995, 40 ff. (45); *Boecken*, Unternehmensumwandlungen und Arbeitsrecht, Rn 319.

236 So auch *Däubler*, RdA 1995, 136 ff. (138); Kallmeyer/*Willemsen*, UmwG, § 5 Rn 53.

237 I.S.v. § 325 Abs. 2 UmwG, siehe dazu Rn 95 ff.

238 Eine »Checkliste« der regelmäßig zu machenden arbeitsrechtlichen Angaben findet sich bei Kallmeyer/*Willemsen*, UmwG, § 5 Rn 60 a.

239 Dazu näher *Boecken*, Unternehmensumwandlungen und Arbeitsrecht, Rn 322 ff.

240 Siehe *Boecken*, Unternehmensumwandlungen und Arbeitsrecht, Rn 324; a.A. Kallmeyer/*Willemsen*, UmwG, § 5 Rn 54.

241 Siehe näher *Boecken*, Unternehmensumwandlungen und Arbeitsrecht, Rn 327 ff.

242 *Boecken*, Unternehmensumwandlungen und Arbeitsrecht, Rn 330.

243 So aber *Kreßel*, BB 1995, 925 ff. (926).

244 Zutreffend *Joost*, ZIP 1995, 976 ff. (984); Kallmeyer/*Willemsen*, UmwG, § 5 Rn 54; *Boecken*, Unternehmensumwandlungen und Arbeitsrecht, Rn 331.

245 Nach §§ 5 Abs. 3, 126 Abs. 3 und 194 Abs. 2 UmwG.

246 Siehe Kallmeyer/*Willemsen*, UmwG, § 5 Rn 75; *Boecken*, Unternehmensumwandlungen und Arbeitsrecht, Rn 332 ff.

nehmen ein Gesamtbetriebsrat errichtet ist, ist dieser wegen der regelmäßigen Unternehmensbezogenheit von Umwandlungen grundsätzlich der zuständige Betriebsrat i.S. der umwandlungsgesetzlichen Zuleitungsregelungen.[247] Ein Konzernbetriebsrat kann hingegen nicht zuständiger Betriebsrat sein.[248] Auch nicht zuständige Vertretungen können unterrichtet werden, zur Vermeidung von eventuellen Zuständigkeitsstreitigkeiten empfiehlt sich das sogar.[249] Hat ein umwandlungsbeteiligter Rechtsträger keinen Betriebsrat, so entfällt zwar insoweit die Pflicht zur Unterrichtung, jedoch bleibt die Verpflichtung zur Aufnahme arbeitsrechtlicher Angaben in das Umwandlungsrechtsgeschäft bzw. dessen Entwurf bestehen.[250]

2. Übergangsmandat des Betriebsrats bei umwandlungsbedingter Spaltung oder Zusammenlegung von Betrieben und Betriebsteilen (§ 21a BetrVG)

Im Zuge der Novellierung des Betriebsverfassungsgesetzes zum 28.07.2001[251] ist in § 21a BetrVG 83
ein **Übergangsmandat** des Betriebsrats für die Fälle der Spaltung von Betrieben und der Zusammenlegung von Betrieben oder Betriebsteilen nunmehr als allgemein gültiger Rechtsgrundsatz im Betriebsverfassungsgesetz verankert worden.[252] Zugleich ist damit die umwandlungsgesetzliche Regelung eines Übergangsmandats in § 321 UmwG gegenstandslos geworden.[253] Denn von § 21a BetrVG werden auch solche Fallkonstellationen erfasst, die im Zusammenhang mit einer Umwandlung nach dem Umwandlungsgesetz ein Übergangsmandat des Betriebsrats begründen.[254] Zwar müssen Unternehmensumwandlungen nicht notwendig auf der betrieblichen Ebene zur Trennung zwischen Rechtsträger- und betrieblicher Ebene führen,[255] das heißt, mit einem Verlust der bis zum Zeitpunkt der Umwandlung bestehenden Betriebsidentität, sprich einer Veränderung der Organisation des Betriebs i.S. einer Spaltung desselben oder einer Zusammenlegung von Betrieben oder Betriebsteilen verbunden sein. Daran fehlt es etwa dann, wenn bei einer Verschmelzung oder Spaltung ein Betrieb unter Wahrung seiner bisherigen Organisation übertragen und von dem übernehmenden Rechtsträger selbständig fortgeführt wird.[256] Hier bleibt wegen des Fortbestehens der Betriebsidentität die Rechtsstellung des Betriebsrats auch im Betriebsübergang unberührt.[257] Andererseits hat z.B. die Aufspaltung eines Unternehmens die Spaltung eines Betriebs zur Folge, wenn dieser auf verschiedene übernehmende Rechtsträger aufgeteilt und die jeweiligen Betriebsteile nunmehr als selbständige Betriebe fortgeführt werden. Dasselbe kann bei Abspaltungs- und Ausgliederungsvorgängen der Fall sein.[258] Ebenso kann bei Verschmelzungen eine Änderung der bisherigen Betriebsorganisation dadurch herbeigeführt werden, dass verschiedene Betriebe zu einem neuen einheitlichen Betrieb oder verschiedene Betriebsteile zu einem neuen Betrieb zusammengefasst

247 Siehe Kallmeyer/*Willemsen*, UmwG, § 5 Rn 75; *Boecken*, Unternehmensumwandlungen und Arbeitsrecht, Rn 333.

248 Zutreffend Kallmeyer/*Willemsen*, UmwG, § 5 Rn 75; zur Begründung siehe *Boecken*, Unternehmensumwandlungen und Arbeitsrecht, Rn 334.

249 Siehe auch Kallmeyer/*Willemsen*, UmwG, § 5 Rn 75.

250 Siehe Kallmeyer/*Willemsen*, UmwG, § 5 Rn 78; *Boecken*, Unternehmensumwandlungen und Arbeitsrecht, Rn 336; a.A. *Joost*, ZIP 1995, 976 ff. (985); *Heckschen*, DB 1998, 1385 ff. (1388).

251 Durch das Gesetz zur Reform des BetrVG v. 23.07.2001, BGBl I 2001, 1852 ff.

252 Bislang war ein Übergangsmandat des Betriebsrats nur spezialgesetzlich geregelt, siehe § 13 Abs. 1 Satz 2 des Gesetzes über die Spaltung der von der Treuhandanstalt verwalteten Unternehmen, § 6b Abs. 9 Satz 2 des Gesetzes zur Regelung offener Vermögensfragen, § 20 des Deutsche Bahn Gründungsgesetzes, § 321 UmwG. Der 7. Senat des BAG hat sich allerdings bereits im Beschl. v. 31.05.2000 (SAE 2001, 97 ff. m. Anm. *Boecken*) berufen gefühlt, im Wege richterlicher Rechtsfortbildung ein allgemeines betriebsverfassungsrechtliches Übergangsmandat anzuerkennen.

253 Aufgehoben durch Art. 3 Nr. 1 des Gesetzes zur Reform des BetrVG v. 23.07.2001, BGBl I 2001, 1852 ff. (1863); ausführlich zu § 321 UmwG a.F. *Hohenstatt*, in: *Willemsen/Hohenstatt/Schweibert/Seibt*, D Rn 55 ff.; *M. Jung*, Das Übergangsmandat des Betriebsrats, S. 22 ff.; *Boecken*, Unternehmensumwandlungen und Arbeitsrecht, Rn 355 ff.

254 Siehe § 21a Abs. 3 BetrVG.

255 Siehe nur *Joost*, in: *Lutter* (Hrsg.), Verschmelzung, Spaltung, Formwechsel, S. 297 ff. (300).

256 Siehe *Berscheid*, in: FS Stahlhacke, S. 15 ff. (44).

257 BAG v. 05.06.2002, NZA 2003, 336 f. (336 f.).

258 Siehe *Boecken*, Unternehmensumwandlungen und Arbeitsrecht, Rn 357.

werden. In allen diesen und weiteren Fällen einer umwandlungsbedingten Betriebsspaltung oder -zusammenlegung bzw. Zusammenfassung von Betriebsteilen kommt nunmehr ein Übergangsmandat gemäß § 21a Abs. 1, Abs. 2 BetrVG in Betracht.[259]

84 Gemäß § 21a Abs. 1 Satz 1 BetrVG bleibt im Falle einer Betriebsspaltung dessen Betriebsrat im Amt und führt die Geschäfte für die ihm bislang zugeordneten Betriebsteile weiter, soweit diese die Voraussetzungen des § 1 Abs. 1 Satz 1 BetrVG erfüllen und nicht in einen Betrieb eingegliedert werden, in dem ein Betriebsrat besteht. Unter dem **Begriff der Betriebsspaltung** ist dessen Teilung in tatsächlicher Hinsicht der Gestalt zu verstehen, dass eine Änderung der vor der Umwandlung einheitlichen Betriebsorganisation in nunmehr verschiedene Organisationseinheiten erfolgt.[260] Damit ein Übergangsmandat entstehen kann, müssen die aus einer Betriebsspaltung hervorgehenden Betriebsteile **betriebsratsfähig** sein i.S.v. § 1 Abs. 1 Satz 1 BetrVG. Das setzt die Beschäftigung von in der Regel mindestens fünf ständigen wahlberechtigten Arbeitnehmern, von denen drei wählbar sind, voraus.[261] Des Weiteren ist erforderlich, dass die Betriebsteile nicht in einen Betrieb eingegliedert werden, in dem ein Betriebsrat besteht. Hier ist ein wirksamer Schutz der von einer Betriebsspaltung betroffenen Arbeitnehmer durch den Betriebsrat des aufnehmenden Betriebs gewährleistet.[262]

85 Neben der Betriebsspaltung wirken nach § 21a Abs. 2 BetrVG der **Zusammenschluss** von Betrieben oder Betriebsteilen übergangsmandatsbegründend.[263] Zu einer Zusammenführung von Betriebsteilen kann es im Zuge einer Umwandlung etwa dadurch kommen, dass ein übertragender Rechtsträger mit zwei Betrieben von diesen jeweils einen Teil auf einen übernehmenden Rechtsträger abspaltet, und die übertragenden Betriebsteile nach der Umwandlung einen einheitlichen Betrieb bilden. Eine Zusammenfassung von Betrieben liegt z.B. vor, wenn bei einer Verschmelzung die zuvor jeweils organisatorisch selbständigen Betriebe der beteiligten Rechtsträger zu einem selbständigen neuen Betrieb verbunden werden.

86 Im Falle der Betriebsspaltung ist **Träger des Übergangsmandats** nach § 21a Abs. 1 Satz 1 BetrVG der von der Belegschaft des gespaltenen Betriebs gewählte Betriebsrat. Dieser bleibt sowohl als mit den betriebsverfassungsgesetzlichen Beteiligungsrechten ausgestattetes Vertretungsorgan wie auch in seiner persönlichen Zusammensetzung bestehen.[264] Letzteres bedeutet, dass dem Betriebsrat in seiner Funktion als Übergangsbetriebsrat weiterhin auch solche Betriebsratsmitglieder angehören, deren Arbeitsverhältnisse mit einem aus der Betriebsspaltung hervorgegangenen Betriebsteil auf einen anderen Rechtsträger übergegangen sind.[265] Bei den in § 21a Abs. 2 BetrVG genannten Fallkonstellationen ist der Betriebsrat Träger des Übergangsmandats, dem nach der Zahl der wahlberechtigten Arbeitnehmer der größte Betrieb oder Betriebsteil zugeordnet war. Verfügten die zusammengefassten Betriebe bzw. Betriebsteile vor dem Zusammenschluss über eine gleich hohe Zahl wahlberechtigter Arbeitnehmer,[266] so erscheint es sinnvoll, den Träger des Übergangsmandats durch die beteiligten Betriebsräte bestimmen zu lassen.

87 Hinsichtlich der **Kompetenzen** des das Übergangsmandat ausübenden Betriebsrats sind die Regelungen des § 21a Abs. 1 Sätze 1 und 2 BetrVG[267] von maßgebender Bedeutung. Danach führt der

259 Anders bislang § 321 UmwG a.F., der auf Betriebs(teil)zusammenschlüsse auf Grund einer Verschmelzung oder Vermögensvollübertragung keine Anwendung fand, siehe *Boecken*, Unternehmensumwandlungen und Arbeitsrecht, Rn 371 f.; a.A. *Hohenstatt*, in: *Willemsen/Hohenstatt/Schweibert*, 1. Aufl. 1999, D Rn 55.

260 Ausführlich zum Begriff der Betriebsspaltung bezogen auf § 321 UmwG Lutter/*Joost*, UmwG, § 321 Rn 14 ff.

261 Zu Wahlberechtigung und Wählbarkeit s. §§ 7, 8 BetrVG.

262 Nach § 13 Abs. 2 Nr. 1 BetrVG kann allerdings eine außerordentliche Betriebsratswahl durchzuführen sein.

263 Siehe näher dazu Lutter/*Joost*, UmwG, § 321 Rn 24 ff.

264 *Boecken*, Unternehmensumwandlungen und Arbeitsrecht, Rn 373.

265 Siehe auch *Hohenstatt*, in: *Willemsen/Hohenstatt/Schweibert/Seibt*, D Rn 74 ff.; Lutter/*Joost*, UmwG, § 321 Rn 38. § 24 Abs. 1 Nr. 3 u. Nr. 4 BetrVG betreffend das Erlöschen der Mitgliedschaft im Betriebsrat findet insoweit keine Anwendung, s. *Boecken*, Unternehmensumwandlungen und Arbeitsrecht, Rn 373 zu § 321 UmwG a.F.

266 Ein praktisch wohl seltener Fall.

267 Die über § 21a Abs. 2 Satz 2 BetrVG bei Zusammenschlüssen von Betrieben oder Betriebsteilen entsprechend gelten.

Betriebsrat die Geschäfte für die ihm bislang zugeordneten Betriebsteile weiter.[268] Darüber hinaus hat er insbesondere unverzüglich Wahlvorstände zu bestellen.[269] Insoweit handelt es sich um eine Sonderregelung zu § 17 Abs. 1, Abs. 2 BetrVG. § 16 BetrVG ist anzuwenden.[270] Aus § 21a Abs. 1 Satz 2 BetrVG i.V.m. Satz 1 dieser Regelung geht hervor, dass die unverzügliche Bestellung von Wahlvorständen zwar die wichtigste Aufgabe ist. Es wird jedoch auch deutlich, dass das Übergangsmandat ein Vollmandat ist, d.h., bezogen auf die jeweiligen Betriebsteile und Betriebe ermächtigt es zur Ausübung aller betriebsverfassungsgesetzlich vorgesehenen Beteiligungsrechte.[271] Setzen Beteiligungsrechte des Betriebsrats das Erreichen bestimmter Schwellenwerte voraus,[272] so müssen diese in dem jeweiligen Betrieb, für den das Übergangsmandat besteht, erfüllt sein.

Nach § 21a Abs. 1 Satz 3 BetrVG **endet** das Übergangsmandat, sobald in den Betriebsteilen (Betrieben) ein neuer Betriebsrat gewählt und das Wahlergebnis bekannt gegeben ist, spätestens jedoch sechs Monate nach dem Wirksamwerden der Betriebsspaltung bzw. des Zusammenschlusses von Betrieben oder Betriebsteilen.[273] Mit dem Ablauf der Sechsmonatsfrist entfällt das Übergangsmandat unabhängig davon, ob bis zu diesem Zeitpunkt ein neuer Betriebsrat gewählt worden ist.[274] Nach § 21a Abs. 1 Satz 4 BetrVG kann das Übergangsmandat durch Tarifvertrag oder Betriebsvereinbarung um weitere sechs Monate verlängert werden. 88

3. Vermutung eines gemeinsam geführten Betriebs (§ 1 Abs. 2 Nr. 2 BetrVG)

Hat die Spaltung eines Unternehmens zur Folge, dass von einem Betrieb ein oder mehrere Betriebsteile einem an der Spaltung beteiligten anderen Unternehmen zugeordnet werden, ohne dass sich dabei die Organisation des betroffenen Betriebs wesentlich ändert, so wird nach **§ 1 Abs. 2 Nr. 2 BetrVG** ein gemeinsamer Betrieb mehrerer Unternehmen vermutet. Diese, durch Art. 1 Nr. 2 lit. c) des Gesetzes zur Reform des Betriebsverfassungsgesetzes vom 23.07.2000[275] eingeführte Regelung, von der auch die Spaltung nach dem Umwandlungsgesetz erfasst wird,[276] entspricht weitgehend der Bestimmung des § 322 Abs. 1 UmwG a.F.,[277] die dadurch gegenstandslos geworden ist.[278] Ein Unterschied besteht vor allem darin, dass § 322 Abs. 1 UmwG a.F. die Vermutung eines gemeinsamen Betriebs i.S.d. BetrVG auch auf den Umwandlungsvorgang der Teilübertragung bezog.[279] Darüber hinaus stellte § 322 Abs. 1 UmwG a.F. darauf ab, dass sich die Organisation des gespaltenen Betriebs nicht ändert, während es für die Vermutung des § 1 Abs. 2 Nr. 2 BetrVG ausreicht, wenn es an einer wesentlichen Organisationsänderung des von der Unternehmensspaltung betroffenen Betriebs fehlt. 89

§ 1 Abs. 2 BetrVG knüpft – wie auch schon § 322 Abs. 1 UmwG a.F. – an die ständige Rechtsprechung des BAG an, dass mehrere rechtlich selbständige Unternehmen einen **gemeinsamen Betrieb** im betriebsverfassungsrechtlichen Sinne haben können.[280] Das setzt sowohl die Verfolgung eines arbeitstechnischen Zwecks innerhalb einer organisatorischen Einheit unter einem einheitlichen Leitungsapparat, durch den der Kern der Arbeitgeberfunktionen im sozialen und personellen Bereich von derselben institutionellen Leitung ausgeübt wird, wie auch eine rechtliche Vereinbarung über 90

268 § 21a Abs. 1 Satz 1 BetrVG.
269 § 21a Abs. 1 Satz 2 BetrVG.
270 Siehe *Boecken*, Unternehmensumwandlungen und Arbeitsrecht, Rn 377 m.w.N.
271 Siehe nur *Hohenstatt*, in: *Willemsen/Hohenstatt/Schweibert/Seibt*, D Rn 92; Lutter/*Joost*, UmwG, § 321 Rn 30; *Boecken*, Unternehmensumwandlungen und Arbeitsrecht, Rn 378.
272 Z.B. § 99 BetrVG.
273 Siehe § 21a Abs. 2 Satz 2 BetrVG.
274 Siehe Lutter/*Joost*, UmwG, § 321 Rn 37.
275 BGBl I 2001, 1852 ff. (1852).
276 Siehe die Begründung zum Entwurf eines Gesetzes zur Reform des BetrVG, BT-Drucks 14/5741, 33.
277 Dazu näher Lutter/*Joost*, UmwG, § 322 Rn 5 ff.; *Boecken*, Unternehmensumwandlungen und Arbeitsrecht, Rn 383 ff.
278 Aufgehoben durch Art. 3 Nr. 2 lit. a) des Gesetzes zur Reform des BetrVG v. 23.07.2001, BGBl I 2001, 1852 ff. (1863).
279 Durch die Bezugnahme auf § 321 Abs. 1 Satz 1 UmwG.
280 Siehe nur BAG v. 23.11.1988, NZA 1989, 433 ff. (433 f.); BAG v. 14.09.1988, BAGE 59, 319 ff. (323 f.); BAG v. 24.01.1996, BAGE 82, 112 ff. (116 f.).

die gemeinsame Führung des Betriebs voraus.[281] Diese Übereinkunft muss nicht im Wege einer ausdrücklichen vertraglichen Vereinbarung getroffen werden, sondern es genügt nach der Rechtsprechung des BAG, dass eine solche Vereinbarung stillschweigend geschlossen worden ist und sich in ihrer Existenz aus den tatsächlichen Umständen herleiten lässt.[282] Dem einzelnen Arbeitnehmer bzw. dem Betriebsrat obliegt die Darlegungs- und Beweislast für das Vorliegen eines von mehreren Unternehmen gemeinsam geführten Betriebs.[283] Insoweit soll die widerlegbare[284] Vermutung helfen, diesen Nachweis zu erleichtern.[285]

91 Erforderlich für das Eingreifen der Vermutung nach § 1 Abs. 2 Nr. 2 BetrVG ist zunächst die **Spaltung eines Unternehmens**. Erfasst werden damit (auch)[286] die Umwandlungsvorgänge der Aufspaltung,[287] Abspaltung[288] und Ausgliederung.[289]

92 Des Weiteren muss es im Zuge der Unternehmensspaltung zu einer **Betriebsteilung** dergestalt kommen, dass durch die Zuordnung eines oder mehrerer Betriebsteile zu verschiedenen Unternehmen die Betriebsorganisation nicht wesentlich verändert wird. Vorausgesetzt wird also die Teilung eines Betriebs im Sinne lediglich einer rechtlichen Aufteilung, sprich ohne einhergehende Änderung der Betriebsstrukturen. Für die Frage, wann von einer im Wesentlichen unveränderten Betriebsorganisation auszugehen ist, ist an die Rechtsprechung des BAG zur Führung eines gemeinsamen Betriebs anzuknüpfen. Hiernach liegt ein organisatorisch im Wesentlichen nicht veränderter Betrieb dann vor, wenn nach dem Zeitpunkt der spaltungsbedingten Aufteilung des Betriebs auf verschiedene Rechtsträger neben der Beibehaltung des bisherigen arbeitstechnischen Zwecks sowie des hierfür bislang schon bestimmten sachlichen, immateriellen und personellen Substrats vor allem auch die Arbeitgeberfunktionen in sozialen und personellen Angelegenheiten weiterhin einheitlich durch einen hierfür vorgesehenen Leitungsapparat ausgeübt werden.[290]

93 Sind die vorgenannten Voraussetzungen gegeben, so greift die **Vermutung** ein, dass der rechtlich aufgeteilte Betrieb von den an der Spaltung beteiligten Rechtsträgern gemeinsam geführt wird. Widerleglich vermutet wird das Vorliegen einer rechtlichen Vereinbarung über die gemeinsame Führung.[291] Für die Darlegungs- und Beweislast der Arbeitnehmer bzw. des Betriebsrats hat das zur Folge, dass zwar das Vorliegen einer im Wesentlichen unveränderten Organisation des Betriebs nachzuweisen ist. Gelingt das, so wird eine rechtliche Führungsvereinbarung vermutet und es ist nunmehr Sache der spaltungsbeteiligten Rechtsträger, nachzuweisen, dass trotz der im Wesentlichen unveränderten Organisation ein gemeinsam geführter Betrieb nicht vorliegt.[292] Die mit § 1 Abs. 2 Nr. 2 BetrVG verbundene Beweiserleichterung bringt im Hinblick darauf keine einschneidenden Änderungen mit sich, als das BAG bisher schon aus dem Vorliegen einer einheitlichen Leitung in sozialen und personellen Angelegenheiten das Bestehen einer konkludent geschlossenen Führungsvereinbarung ableitet und es hinsichtlich der den Arbeitnehmer treffenden Darlegungs- und Beweislast für ausreichend erachtet, wenn dieser die äußeren Umstände schlüssig darlegt, die für die

281 Siehe nur BAG v. 07.08.1986, BAGE 52, 325 ff. (329 f.); BAG v. 14.09.1988, BAGE 59, 319 ff. (324 f.); BAG v. 12.11.1998, DB 1999, 965 ff. (965).

282 Siehe BAG v. 14.09.1988, BAGE 59, 319 ff. (324 f.).

283 Siehe BAG v. 18.01.1990, DB 1991, 500 f. (501).

284 Siehe die Begründung zum Entwurf eines Gesetzes zur Reform des BetrVG, BT-Drucks 14/5741, 33.

285 Begründung zum Entwurf eines Gesetzes zur Reform des BetrVG, BT-Drucks 14/5741, 33.

286 Neben Unternehmensspaltungen im Wege der Einzelrechtsnachfolge, siehe Begründung zum Entwurf eines Gesetzes zur Reform des BetrVG, BT-Drucks 14/5741, 33.

287 § 123 Abs. 1 UmwG.

288 § 123 Abs. 2 UmwG.

289 § 123 Abs. 3 UmwG.

290 Siehe BAG v. 14.09.1988, BAGE 59, 319 ff. (324 f.); BAG v. 07.08.1986, BAGE 52, 325 ff. (329 f.); BAG v. 24.01.1996, BAGE 82, 112 ff. (116 f.).

291 Siehe Lutter/*Joost*, UmwG, § 322 Rn 14; vgl. auch die Begründung zum Entwurf eines Gesetzes zur Reform des BetrVG, BT-Drucks 14/5741, 33.

292 Siehe Lutter/*Joost*, UmwG, § 322 Rn 16; *Hohenstatt*, in: *Willemsen/Hohenstatt/Schweibert/Seibt*, D Rn 35; *Boecken*, Unternehmensumwandlungen und Arbeitsrecht, Rn 391.

Annahme sprechen, dass sich mehrere Unternehmen rechtlich über die Führung eines gemeinsamen Betriebs geeinigt haben und dem entsprechend arbeitstechnische Zwecke unter einem einheitlichen Leitungsapparat fortgesetzt verfolgen.[293]

Das Vorliegen eines gemeinsam geführten Betriebs hat betriebsverfassungsgesetzlich in verschiedener Hinsicht **Konsequenzen**.[294] Bezogen auf § 1 Abs. 1 Satz 1 BetrVG sind trotz der rechtlichen Aufteilung des Betriebs alle Arbeitnehmer des gemeinsamen Betriebs zu berücksichtigen. Der bisherige Betriebsrat bleibt als gewählter Repräsentant der Belegschaft im Amt, eines Übergangsmandats bedarf es nicht.[295] Nach dem Ablauf der Amtszeit ist ein neuer Betriebsrat für den gemeinsam geführten Betrieb insgesamt zu wählen,[296] für die nach § 9 BetrVG zu bestimmende Zahl der Betriebsratsmitglieder sind alle Arbeitnehmer des gemeinsam geführten Betriebs zu berücksichtigen. Besondere Bedeutung hat der gemeinsame Betrieb auch für solche Beteiligungsrechte des Betriebsrats, deren Bestehen von der Beschäftigung einer bestimmten Mindestzahl von Arbeitnehmern abhängig ist, z.B. §§ 99, 111 BetrVG. Das Erreichen des maßgebenden Schwellenwerts ist bezogen auf die Arbeitnehmerzahl des gemeinsamen Betriebs insgesamt zu beurteilen. Konsequenzen hat die Vermutungswirkung auch im Hinblick auf unternehmensbezogene Repräsentationsorgane der Arbeitnehmer. So ist der Betriebsrat des gemeinsam geführten Betriebs an der zwingend vorgeschriebenen Bildung eines Gesamtbetriebsrats nach § 47 BetrVG zu beteiligen.[297] Für die Frage der Bildung eines Wirtschaftsausschusses ist bei jedem an dem gemeinsam geführten Betrieb beteiligten Rechtsträger der gesamte einheitliche Betrieb mit allen Arbeitnehmern zu berücksichtigen.[298] 94

4. Vereinbarungen über die Fortgeltung von Rechten und Beteiligungsrechten des Betriebsrats (§ 325 Abs. 2 UmwG)

Sofern die Spaltung oder Teilübertragung eines Rechtsträgers die Spaltung eines Betriebs zur Folge hat und für die aus der Spaltung hervorgegangenen Betriebe Rechte oder Beteiligungsrechte des Betriebsrats entfallen, kann gemäß **§ 325 Abs. 2 Satz 1 UmwG** durch Betriebsvereinbarung oder Tarifvertrag die **Fortgeltung** dieser Rechte und Beteiligungsrechte vereinbart werden. Darüber hinaus bestimmt Satz 2 von § 325 Abs. 2 UmwG, dass die §§ 9 und 27 BetrVG unberührt bleiben. Damit wird bezogen auf in bestimmter Weise ausgestaltete Umwandlungsvorgänge die Möglichkeit geschaffen, die Fortgeltung von vor der Umwandlung bestehenden Rechten oder Beteiligungsrechten des für den gespaltenen Betrieb bestehenden Betriebsrats auch für die im Zuge der Umwandlung neu entstandenen Betriebe und deren Betriebsräte zeitlich unbefristet zu gewährleisten,[299] obwohl für das Bestehen der (Beteiligungs-)Rechte maßgebende Voraussetzungen durch die umwandlungsbedingt herbeigeführte Betriebsspaltung weggefallen sind. Bedeutung hat das für betriebsverfassungsgesetzlich vorgesehene Rechtspositionen des Betriebsrats, deren Einräumung von dem Vorhandensein einer bestimmten Zahl von Arbeitnehmern in einem Betrieb abhängig ist.[300] 95

Die Möglichkeit der Fortgeltung von Rechten und Beteiligungsrechten durch Vereinbarung ist zunächst auf solche Fälle beschränkt, in denen die zu ihrem Wegfall führende Betriebsspaltung auf der »**Spaltung oder Teilübertragung eines Rechtsträgers**« beruht. Auf durch außerumwandlungsgesetzliche Vorgänge herbeigeführte Betriebsspaltungen findet § 325 Abs. 2 UmwG keine Anwen- 96

293 Siehe nur BAG v. 18.01.1990, DB 1991, 500 f. (501).
294 Siehe zu § 322 Abs. 1 UmwG a.F. ausführlich *Boecken*, Unternehmensumwandlungen und Arbeitsrecht, Rn 393 ff.
295 BAG v. 18.10.2000, NZA 2001, 321 ff. (323 ff.).
296 Siehe auch Lutter/*Joost*, UmwG, § 322 Rn 17.
297 Siehe Lutter/*Joost*, UmwG, § 322 Rn 18; *Boecken*, Unternehmensumwandlungen und Arbeitsrecht, Rn 398.
298 Siehe nur Lutter/*Joost*, UmwG, § 322 Rn 18.
299 Das Übergangsmandat hat eine andere Zielrichtung: Es soll die Zeit bis zur Errichtung eines Betriebsrats in den neuen Betrieben überbrücken und damit eine Betriebsratslosigkeit verhindern, siehe zum Übergangsmandat oben Rn 83 ff.
300 Siehe nur *Joost*, in: *Lutter* (Hrsg.), Verschmelzung, Spaltung, Formwechsel, S. 297 ff. (312).

dung.[301] Unter dem Begriff der Spaltung eines Betriebs i.S.d. § 325 Abs. 2 UmwG ist dessen Aufteilung auf verschiedene Rechtsträger verbunden mit einer Organisationsänderung zu verstehen.[302]

97 Die Betriebsspaltung muss zur Folge haben, dass für die daraus hervorgegangenen Betriebe **Rechte oder Beteiligungsrechte des Betriebsrats** entfallen.[303] Durch die Teilung eines Betriebs in mehrere selbständige Einheiten können solche Rechtspositionen des Betriebsrats fortfallen, deren Bestehen das Vorhandensein einer bestimmten Zahl von Arbeitnehmern im Betrieb voraussetzt. Hierzu zählen als Beteiligungsrechte vor allem die Regelungen des § 99 BetrVG über die Mitbestimmung bei personellen Einzelmaßnahmen, des § 106 Abs. 1 Satz 1 BetrVG betreffend die Bildung eines Wirtschaftsausschusses, des § 111 Satz 1 BetrVG über das Unterrichtungs- und Beratungsrecht des Betriebsrats bei Betriebsänderungen sowie die damit verbundenen Rechte nach §§ 112, 112a BetrVG. Unter Rechten des Betriebsrats i.S.v. § 325 Abs. 2 UmwG sind solche Rechtspositionen zu verstehen, die von dem Vorhandensein einer bestimmten Arbeitnehmerzahl abhängen und dem Betriebsrat Befugnisse außerhalb des unmittelbaren Bereichs betriebsverfassungsrechtlicher Mitwirkung bzw. Mitbestimmung im Sinne der §§ 74 ff. BetrVG einräumen. Hierzu gehört etwa das in § 38 BetrVG niedergelegte Recht auf Freistellung von Betriebsratsmitgliedern.

98 Ausdrücklich ausgenommen von § 325 Abs. 2 UmwG sind gemäß Satz 2 dieser Bestimmung die Regelungen der §§ 9 und 27 BetrVG betreffend die Zahl der Betriebsratsmitglieder sowie die Bildung eines Betriebsausschusses. Hier bleibt es bei der zwingenden Wirkung der betriebsverfassungsgesetzlichen Regelungen mit der Folge, dass die in den jeweiligen Betrieben tatsächlich vorhandene Zahl der beschäftigten Arbeitnehmer allein maßgebend ist.

99 Über § 325 Abs. 2 UmwG können auch in einer Betriebsvereinbarung niedergelegte Beteiligungsrechte im Wege einer Fortgeltungsvereinbarung gesichert werden.[304]

100 Die Fortgeltung von durch eine Betriebsspaltung entfallenen Rechten oder Beteiligungsrechten kann durch **Betriebsvereinbarung** oder **Tarifvertrag** vereinbart werden. Bezogen auf die Regelung der Fortgeltung durch eine Betriebsvereinbarung ist allein eine freiwillige Betriebsvereinbarung möglich.[305] Damit ist die Erzwingbarkeit über ein Einigungsstellenverfahren ausgeschlossen.[306] Bei einer Vereinbarung durch Tarifvertrag erscheint der Firmentarifvertrag als das für die Praxis geeignete Instrument. Es handelt sich um die Regelung einer betriebsverfassungsrechtlichen Frage i.S.v. § 1 Abs. 1 TVG, die auch durch einen Arbeitskampf herbeigeführt werden kann.[307]

101 **Vertragspartner** einer Fortgeltungsvereinbarung sind im Falle einer Betriebsvereinbarung nach Durchführung der Betriebsspaltung die Betriebsräte der neu entstandenen Betriebe und die jeweiligen Unternehmen. Der Betriebsrat des Ursprungsbetriebs hat – wenn er nicht auch Übergangs-Betriebsrat ist – vor der Umwandlung keine Kompetenz, bezogen auf die zukünftig selbständigen Betriebe Fortgeltungsvereinbarungen abzuschließen.[308] Bei Fortgeltungsvereinbarungen in Firmentarifverträgen ist im Falle eines Abschlusses vor dem Zeitpunkt der Betriebsspaltung zu beachten, dass die vertragsschließende Gewerkschaft auch für die aus der Spaltung hervorgehenden Betriebe zuständig bleibt. Im Übrigen bedarf es im Falle einer Vereinbarung mit dem umwandelnden Rechtsträger des Abschlusses paralleler Firmentarifverträge in dem Umfang, wie von Rechtsträgern aus der Spaltung hervorgehende Betriebe übernommen werden, da nur so sichergestellt werden kann, dass auch jeder der einen betriebsteilaufnehmenden übernehmenden Rechtsträger bei entsprechender

301 Siehe *Boecken*, Unternehmensumwandlungen und Arbeitsrecht, Rn 406.
302 Also anders als bei § 1 Abs. 2 Nr. 2 BetrVG, siehe dazu oben Rn 89 ff.
303 Siehe zu diesem Kausalitätserfordernis *Boecken*, Unternehmensumwandlungen und Arbeitsrecht, Rn 408.
304 Siehe auch *Wlotzke*, DB 1995, 40 ff. (46); *Däubler*, RdA 1995, 136 ff. (145).
305 Siehe Lutter/*Joost*, UmwG, § 325 Rn 46; *Boecken*, Unternehmensumwandlungen und Arbeitsrecht, Rn 415.
306 Lutter/*Joost*, UmwG, § 325 Rn 46.
307 Siehe *Boecken*, Unternehmensumwandlungen und Arbeitsrecht, Rn 416; offen gelassen von Lutter/*Joost*, UmwG, § 325 Rn 44.
308 Siehe *Boecken*, Unternehmensumwandlungen und Arbeitsrecht, Rn 418; a.A. Lutter/*Joost*, UmwG, § 325 Rn 45.

Zuordnung im Spaltungs- und Übernahmevertrag bzw. Spaltungsplan in die Position als Vertragspartei einrückt. Bereits vor dem Zeitpunkt der Umwandlung kann die zuständige Gewerkschaft bei Spaltungen und Teilübertragungen mit den einen Betriebsteil übernehmenden Rechtsträgern Firmentarifverträge über die Fortgeltung von (Beteiligungs-)Rechten abschließen, nach der spaltungs- bzw. teilübertragungsbedingten Betriebsspaltung mit jedem Rechtsträger, der nunmehr einen Betriebsteil als selbständigen Betrieb fortführt.

Der ein Übergangsmandat nach § 21a BetrVG ausübende Betriebsrat kann Betriebsvereinbarungen i.S.v. § 325 Abs. 2 Satz 1 UmwG abschließen, da es sich um ein Vollmandat handelt.[309] Soweit die Vermutung des § 1 Abs. 2 Nr. 2 BetrVG greift, fehlt es für die Anwendung von § 325 Abs. 2 Satz 1 UmwG bereits tatbestandlich an der Voraussetzung einer Betriebsspaltung. 102

II. Unternehmensmitbestimmungsrechtliche Regelungen

Bezogen auf den Bereich der Unternehmensmitbestimmung enthält das Umwandlungsgesetz zwei bedeutsame Vorschriften. Zum einen handelt es sich um die in § 325 Abs. 1 UmwG niedergelegte Regelung zur Mitbestimmungsbeibehaltung. Darüber hinaus findet sich in § 203 UmwG bezogen auf die Umwandlungsart des Formwechsels eine die Amtsdauer von Aufsichtsratsmitgliedern betreffende Bestimmung. 103

1. Beibehaltung der Unternehmensmitbestimmung gem. § 325 Abs. 1 UmwG

Sofern durch Abspaltung oder Ausgliederung i.S.d. § 123 Abs. 2 und Abs. 3 UmwG bei einem übertragenden Rechtsträger die gesetzlichen Voraussetzungen für die Beteiligung der Arbeitnehmer im Aufsichtsrat entfallen, finden gemäß **§ 325 Abs. 1 Satz 1 UmwG** die vor der Spaltung geltenden Vorschriften noch für einen Zeitraum von fünf Jahren nach dem Wirksamwerden der Abspaltung oder Ausgliederung Anwendung. Satz 2 von § 325 Abs. 1 UmwG enthält eine Einschränkung dahin gehend, dass eine Mitbestimmungsbeibehaltung nicht in Betracht kommt, wenn die maßgebenden Mitbestimmungsvorschriften eine Mindestzahl von Arbeitnehmern voraussetzen und die danach berechnete Zahl der Arbeitnehmer des übertragenden Rechtsträgers auf weniger als in der Regel ein Viertel dieser Mindestzahl sinkt. 104

Die auf fünf Jahre befristete **Weitergeltung von Mitbestimmungsregelungen** setzt danach zunächst voraus, dass der Wegfall von Voraussetzungen für die Arbeitnehmerbeteiligung im Aufsichtsrat auf den Umwandlungsvorgängen der Abspaltung oder Ausgliederung i.S.d. § 123 Abs. 2 und Abs. 3 UmwG beruht. Mit dieser Begrenzung auf die vorgenannten Umwandlungsvorgänge ist eine Mitbestimmungsbeibehaltung sowohl für die Spaltungsform der Aufspaltung wie auch die Umwandlungsarten der Verschmelzung, Vermögensübertragung und des Formwechsels ausgeschlossen. 105

Die Anordnung der Mitbestimmungsbeibehaltung gilt nur für den **übertragenden Rechtsträger**. Aus einer Abspaltung oder Ausgliederung hervorgehende Rechtsträger unterliegen damit nur dann einer gesetzlichen Mitbestimmungsregelung, wenn sie die einschlägigen Voraussetzungen erfüllen. 106

Die Abspaltung bzw. Ausgliederung muss zu einem **Wegfall der gesetzlichen Voraussetzungen** für die Beteiligung der Arbeitnehmer im Aufsichtsrat bei dem übertragenden Rechtsträger führen. Das kann dadurch geschehen, dass durch einen der genannten Umwandlungsvorgänge der für das Eingreifen einer Mitbestimmungsregelung maßgebende Unternehmensgegenstand verändert wird[310] oder die für die Geltung eines bestimmten Mitbestimmungsstatuts notwendige Zahl von Arbeitnehmern nicht mehr gegeben ist. § 325 Abs. 1 Satz 1 UmwG knüpft nicht an den Verlust jeglicher Mitbestimmung auf der Grundlage der einschlägigen Mitbestimmungsgesetze an, sondern 107

309 Siehe dazu Rn 83 ff.

310 Das hat Relevanz für die Bereiche des Montan-Mitbestimmungsgesetzes und des Mitbestimmungsergänzungsgesetzes.

verhindert auch den sofortigen Übergang von einer stärkeren zu einer schwächeren Mitbestimmungsform.[311] Für den Fall der Anwendbarkeit von § 1 Abs. 2 Nr. 2 BetrVG fehlt es an einem Wegfall der gesetzlichen Voraussetzungen für die Beteiligung der Arbeitnehmer im Aufsichtsrat des umgewandelten Unternehmens.

108 § 325 Abs. 1 Satz 1 UmwG fordert einen Kausalzusammenhang zwischen dem Umwandlungsvorgang der Abspaltung oder Ausgliederung und dem Wegfall der Voraussetzungen des Mitbestimmungssystems. Die Regelung greift deshalb in solchen Fällen nicht ein, in denen die Mitbestimmungsvoraussetzungen aus anderen Gründen entfallen.[312]

109 Nach § 325 Abs. 1 Satz 2 UmwG kommt eine Mitbestimmungsbeibehaltung nicht in Betracht, wenn die bis zur Umwandlung maßgebenden mitbestimmungsrechtlichen Vorschriften eine Mindestzahl von Arbeitnehmern voraussetzen und die danach berechnete Zahl der Arbeitnehmer des übertragenden Rechtsträgers auf weniger als in der Regel **ein Viertel dieser Mindestzahl** sinkt. Eine Beibehaltung der Mitbestimmung über § 325 Abs. 1 Satz 1 UmwG scheidet deshalb aus, wenn die Voraussetzungen des Satzes 2 von § 325 Abs. 1 UmwG zu einem nach der Umwandlung liegenden Zeitpunkt aus einem anderen Grunde[313] erfüllt wird. Für die Mitbestimmungsbeibehaltung ist es unschädlich, wenn die einschlägige Grenze nur vorübergehend unterschritten wird.

110 Die Aufrechterhaltung des mitbestimmungsrechtlichen Status quo ist auf einen Zeitraum von **fünf Jahren** nach dem Wirksamwerden der Abspaltung oder Ausgliederung begrenzt. Im Verhältnis zu § 1 Abs. 3 Montan-Mitbestimmungsgesetz ist § 325 Abs. 1 Satz 1 UmwG lex specialis.[314] Die Regelung des § 325 Abs. 1 UmwG ist abschließend. Deshalb kann weder durch tarifvertragliche noch durch nichttarifvertragliche Vereinbarungen eine über den Anwendungsbereich von § 325 Abs. 1 UmwG hinausgehende Mitbestimmungssicherung herbeigeführt werden.[315]

2. Fortgeltung der Amtsdauer von Aufsichtsratsmitgliedern im Falle eines Formwechsels (§ 203 UmwG)

111 § 203 Satz 1 UmwG bestimmt, dass bei einem Formwechsel die Mitglieder des Aufsichtsrats für den Rest ihrer Wahlzeit als Mitglieder des Aufsichtsrats des Rechtsträgers neuer Rechtsform im Amt bleiben, sofern bei dem Rechtsträger neuer Rechtsform in gleicher Weise wie bei dem formwechselnden Rechtsträger ein Aufsichtsrat gebildet und zusammengesetzt wird. Gemäß Satz 2 von § 203 UmwG können allerdings die Anteilsinhaber des formwechselnden Rechtsträgers im Umwandlungsbeschluss für ihre Aufsichtsratsmitglieder die Beendigung des Amtes bestimmen.

112 Das »**Prinzip der Amtskontinuität**«[316] ist nach dem Gesetz davon abhängig, dass bei dem Rechtsträger neuer Rechtsform in gleicher Weise wie bei dem formwechselnden Rechtsträger ein Aufsichtsrat gebildet und zusammengesetzt wird. Das ist zum Beispiel dann der Fall, wenn ein Formwechsel von einer Aktiengesellschaft mit in der Regel mehr als 2000 Arbeitnehmern auf eine Gesellschaft mit beschränkter Haftung erfolgt, da auf beide Unternehmen das Mitbestimmungsgesetz Anwendung findet, nach § 6 Abs. 1 Mitbestimmungsgesetz auch für die Gesellschaft mit beschränkter Haftung ein Aufsichtsrat zu bilden ist und dessen Zusammensetzung – Größe und Aufteilung zwischen den Aufsichtsratsmitgliedern der Anteilseigner und Arbeitnehmer – sich für beide Rechtsformen nach § 7 MitbestG bestimmt. Eine Kontinuität der Amtsdauer von Aufsichtsratsmitgliedern ist hingegen etwa dann nicht gegeben, wenn bei dem Rechtsträger neuer Rechtsform kein Aufsichtsrat mehr zu bilden ist. Das ist z.B. der Fall bei einem Formwechsel von einer mitbestimmten Kapitalgesellschaft

311 Siehe Lutter/*Joost*, UmwG, § 325 Rn 20; *Boecken*, Unternehmensumwandlungen und Arbeitsrecht, Rn 430.
312 Siehe Lutter/*Joost*, UmwG, § 325 Rn 21 ff.; *Boecken*, Unternehmensumwandlungen und Arbeitsrecht, Rn 432.
313 Entlassungen, Betriebsstilllegung.
314 Siehe *Heinze*, ZfA 1997, 1 ff. (17); *Boecken*, Unternehmensumwandlungen und Arbeitsrecht, Rn 437; a.A. Lutter/*Joost*, UmwG, § 325 Rn 36.
315 Siehe zur Begründung näher *Boecken*, Unternehmensumwandlungen und Arbeitsrecht, Rn 440 ff.
316 Siehe *K. Mertens*, AG 1994, 66 ff. (73).

in eine mitbestimmungsfreie Personengesellschaft oder von einer vor dem 10.08.1994 in das Handelsregister eingetragenen Aktiengesellschaft mit bis zu 500 Arbeitnehmern, die gemäß § 76 Abs. 1 i.V.m. Abs. 6 Satz 1 BetrVG 1952 weiterhin der drittelparitätischen Mitbestimmung unterliegt, auf eine nach § 77 Abs. 1 BetrVG 1952 mitbestimmungsfreie Gesellschaft mit beschränkter Haftung.

Die in § 203 Satz 1 UmwG niedergelegte Regelung bewirkt allein eine Fortdauer des Amtes der Aufsichtsratsmitglieder des formwechselnden Rechtsträgers. Sie kann nicht den Fortbestand eines vor dem Formwechsel geltenden Mitbestimmungssystems gewährleisten, wenn der Formwechsel zu dessen Wegfall führt.[317] Schließlich steht die Amtskontinuität nach Satz 2 von § 203 UmwG zur Disposition der Anteilseigner. Das gilt allerdings nur bezogen auf deren Aufsichtsratsmitglieder. 113

D. Die arbeitsrechtliche Due Diligence

I. Sinn und Zweck der Due Diligence

Due Diligence ist die dem Unternehmenskauf vorangehende Prüfung des Kaufobjektes. Sie soll die mit dem Kauf verbundenen Risiken offen legen. 114

Die Due Diligence beinhaltet im Regelfall folgende Gliederungspunkte: 115

- Financial audit
- Legal audit
- Marketing audit
- Management audit
- Environmental audit.

Ein Unterpunkt des Gliederungspunktes Legal audit sind die Personalangelegenheiten. Es empfiehlt sich, die Legal Due Diligence im Bereich Personal durch einen erfahrenen Arbeitsrechtler vornehmen zu lassen. Due Diligence Prüfungen werden regelmäßig unter großem Zeitdruck durchgeführt. Erforderlich ist ein waches Auge, um die Risiken der vertraglichen Beziehungen bzw. sonstige im Unternehmen vorhandene arbeitsrechtliche Risiken zu erkennen. Die Due Diligence ist Grundlage für die Aushandlung des Unternehmenskaufvertrages, insbesondere für die Gewährleistungsregelung. 116

Der Käufer fordert vor der Durchführung einer Due Diligence regelmäßig Unterlagen bei dem Verkäufer an. Der Verkäufer überlässt die Unterlagen in Kopie oder stellt die Unterlagen in einem Dataroom zur Verfügung. 117

Nach Durchsicht sämtlicher Unterlagen wird der Due Diligence Report, der häufig mehrere hundert Seiten lang ist, verfasst. Es ist inzwischen üblich, den Entscheidungsträgern des Unternehmens eine Zusammenfassung (Executive Summary) vorweg zu stellen. 118

317 Eine Mitbestimmungsbeibehaltung ist ausschließlich nach Maßgabe des § 325 Abs. 1 UmwG möglich.

II. Checkliste Deutsch/Englisch

119 Nachfolgend wird eine Checkliste sowohl in Deutsch als auch in englischer Sprache vorgestellt, die sich in der Praxis bewährt hat.

Personalangelegenheiten	**Personal Matters**
(1) Liste aller Arbeitnehmer einschließlich leitender Angestellter (ggf. untergliedert nach Betriebsstätten) unter Angabe des Namens, des Alters, des Eintrittsjahres, der Funktion und des Bruttogehaltes im letzten abgeschlossenen Kalenderjahr, Zahl der Beschäftigten nach Angestellten, Arbeitern und Auszubildenden; Kennzeichnung der Schwerbehinderten, ruhenden Arbeitsverhältnisse (Wehrdienst, Erziehungsurlaub); Kennzeichnung der Altersteilzeitbeschäftigten und der Befristungen.	(1) List of all employees including executives (separated into different business units/locations) indicating name, age and entry date, function/position and gross remuneration during the previous fiscal year; number of employees distinguishing between white-collar and blue-collar employees and apprentices; identification of disabled employees, dormand employment relation, old age part-time employees and employees with limited contracts.
(2) Organigramm bzw. Strukturübersicht der Belegschaft;	(2) Organisation chart providing a respective overview of the structure of the Company's workforce;
(3) Dienstverträge der Geschäftsführer/Vorstände sowie der Arbeitnehmer, deren jährliche Vergütung mehr als 75.000 EUR oder deren Kündigungsfrist mehr als 3 Monate beträgt;	(3) Service agreements with the managing directors as well as with all employees whose gross annual remuneration exceeds 75,000 EUR or whose notice period exceeds three months;
(4) Aufstellung der Leistungsträger (»key employees«, z.B. mit speziellem Know-how);	(4) List of key employees, i.e. employees with special know-how;
(5) Vereinbarungen mit Arbeitnehmern, die Rechtsfolgen an die Übernahme der Gesellschaft durch einen neuen Gesellschafter knüpfen;	(5) Agreements with employees providing for legal consequences in the event of a change of control of the Company by a new shareholder;
(6) Standard-Arbeitsvertrag für die Arbeitnehmer der Gesellschaft (Angestellte, Arbeiter);	(6) Standard employment agreement for employees of the Company (white-collar and blue-collar employees);
(7) Darstellung der den Arbeitnehmern oder bestimmten Arbeitnehmern gewährten Sozialleistungen (z.B. zusätzliche Kranken- und Unfall- sowie Lebensversicherungen, Firmenwagen, Betriebskantine etc.);	(7) Description of the social benefits provided to staff members or particular employees (i.e. additional health and accident insurance, live insurance, company car, canteen, etc.);

(8) gewährte Pensionszusagen (Kollektiv- und Individualzusagen) unter Darstellung einschlägiger Pensionspläne/Versorgungsordnungen, deren Durchführungsweg und Sicherstellung (Direktversicherungen, Rückstellungen etc.) sowie Angabe von Pensionären, bereits entstandener unverfallbarer Anwartschaften und Beifügung vorhandener versicherungsmathematischer Gutachten; (siehe dazu auch **ANHANG**)

(8) Pension arrangements (collective as well as individual) describing the applicable pension plans/company pension schemes, the method of realization and any security provided for pensions (direct insurance, reserves in the balance sheet, etc.), and including information with regard to pensioners and irrevocable expectancy rights (vested pension rights) of former employees; in addition, copies of available actuarial reports (also see **ATTACHMENT**);

(9) Vereinbarungen über die Gewährung gewinn- oder umsatzabhängiger oder anderer Vergütungen für Geschäftsführer, leitende Angestellte und andere Arbeitnehmer (z.B. Arbeitnehmererfindungsvergütung, Bonus, Tantieme, Stock Options, Wandelschuldverschreibungen, Genussrechte, Firmenrabatte etc.);

(9) Agreements regarding additional remuneration of managing directors, executives and other employees related to profitability or turnover of the Company or any other matter (i.e. employee inventions, bonus, stock options, convertible bonds, participation rights, employee discount, etc.);

(10) Darstellung der im letzten Jahr erfolgten Gehalts- und Lohnerhöhungen;

(10) Description of wage and salary increases during the previous year;

(11) Angaben über vereinbarte Wettbewerbsverbote gegen Karenzentschädigung mit ausgeschiedenen und aktiven Mitarbeitern;

(11) Specification of non-competition coveniants agreed with active and inactive employees providing compensation for the time period of the prohibition to compete;

(12) Zusammenstellung aller arbeitsrechtlichen Auseinandersetzungen und Rechtsstreitigkeiten (z.B. Kündigungsschutzprozesse) in den vergangenen fünf Jahren;

(12) Compilation of all litigious employment/labour law disputes and other litigation with employees (i.e. unfair dismissal actions) during the past five years;

(13) Auflistung der auf die Arbeitsverhältnisse der Gesellschaft anwendbaren Tarifverträge unter Beifügung von Kopien der aktuellen Textfassungen;

(13) List of all collective bargaining agreements applicable to the employment contracts of the Company and the attachment of copies of the relevant text versions;

(14) Mitgliedschaft in einer Arbeitgebervereinigung, Beifügung der Satzung/des Statuts;

(14) Membership in an employers' association, including copies of the statutes of the organization;

(15) Aufstellung zu den Regelungsinhalten gültiger und derzeit verhandelter Betriebsvereinbarungen;

(15) Overview of the contents of currently valid shop agreements and of those which are presently being negotiated;

(16) Texte der Betriebsvereinbarungen und der Vereinbarungen/Richtlinien des Sprecherausschusses, jeweils einschließlich der Protokollnotizen;

(16) Copies of essential shop agreements and regulations agreed with the speaker's committee, including protocol notes;

(17) Auflistung von Gesamtzusagen und Darstellung betrieblicher Übungen (z.B. Weihnachtsgeld);

(17) List and description of collective grants (Gesamtzusagen) and in-house-practices (betriebliche Übung), e.g. Christmas pay;

(18) Interessenausgleich/Sozialpläne der vergangenen 8 Jahre; auch ältere, falls derzeit noch aktuell;

(19) Informationen über Einigungsstellenverfahren;

(20) geschätzter Organisationsgrad der Belegschaft und vertretene Gewerkschaften;

(21) Liste der Mitglieder von Arbeitnehmervertretungen (Betriebsrat, Gesamt-/Konzernbetriebsrat, Wahlvorstände, Wirtschaftsausschuss, Aufsichtsrat, Sprecherausschuss, Jugendvertretung, Schwerbehindertenvertretung u.ä.);

(22) kurze Darstellung der Arbeitskämpfe (Streiks etc.), an denen in den letzten fünf Jahren Arbeitnehmer der Gesellschaft beteiligt waren;

(23) Darstellung von Verstößen gegen arbeitsrechtliche Bestimmungen;

(24) Freie Mitarbeiter- und Beraterverträge unter Angabe des Namens, des Beginns der Beauftragung sowie des Honorarvolumens, Vorlage des Mustervertrages für freie Mitarbeiter;

(25) letzte und vorletzte Prüfmitteilungen und Beitragsbescheide der Sozialversicherungsträger;

(26) Angaben zu Schwerbehinderten und Gleichgestellten, Mitarbeitern in Mutterschutz und Erziehungsurlaub, entsandten und freigestellten Mitarbeitern;

(27) Liste der tarifvertraglich unkündbaren Mitarbeiter;

(18) Equalization of Interest Agreements (Interessenausgleich) and social plans (Sozialpläne) for the last 8 years, and older if still applicable;

(19) Information on mediation board proceedings;

(20) Estimated number of union members within the workforce and represented trade unions;

(21) List of all members of the employees' representation boards (works council, central works council, works council for the whole group of companies, election committees, economic committee, speakers' committee, representation board of young employees and of disabled persons, etc.);

(22) Short description of labour disputes (strikes, etc.), in which employees of the Company were involved during the last five years;

(23) Description of all violations of employment/labour law provisions;

(24) Consultancy agreements and agreements with freelancers; Name of freelancer, fees and start of contract, sample contract for freelancers.

(25) Most recent test results and contribution notifications from the social insurance authorities;

(26) Information on disabled persons and persons having equal status as disabled persons (30 %-50 % disability), employees in maternity leave and child care leave of absence, secondments, and employees being released from work;

(27) List of employees whose employment contracts can only be terminated by extraordinary termination without notice due to special collective bargaining agreements;

(28) Angaben zu Leiharbeitnehmern, befristet Beschäftigten (z.B. auch Aushilfen und Praktikanten); Auflistung der im Unternehmen in den vergangenen drei Jahren zum Einsatz gekommenen Leiharbeitnehmer nebst Mitteilung des Einsatzbereiches sowie der Einsatzzeiträume. Vorlage der mit Verleihunternehmen abgeschlossenen Rahmenverträge.

(28) Information on leased personnel, employment of limited duration (e.g. occasional workers, worker students);

(29) Darstellung von Vorruhestands- und Altersteilzeitprogrammen;

(29) Description of pre-retirement and old age part time programs;

(30) Übersicht zu begonnenen Umstrukturierungs- und Rationalisierungsmaßnahmen, Betriebsänderungen und jeweiliger Stand der Information des Betriebsrats.

(30) Overview of the restructuring measures started and changes in the organizational structure as well as information on the stage reached in the information and negotiation proceedings with the works council.

ANHANG zu Personalangelegenheiten

Attachment to Personal Matters

Spezielle Untersuchung der Verpflichtungen aus der betrieblichen Altersversorgung

Special Investigation concerning liabilities from company pension

Benötigte Unterlagen:

Documentation requested:

8.1 derzeit gültige Versorgungsordnung für die Belegschaft und alle Vorgänger-Regelungen;

8.1 Currently valid company pension scheme and all preceding regulations;

8.2 derzeit gültige Richtlinien einer Unterstützungskasse (nebst deren Satzung und deren Jahresabschlüssen), einschließlich der Vorgänger-Regelungen;

8.2 Currently valid guiding rules of the »Unterstützungskasse« (including copies of statutes and annual statements of account), including all preceding regulations;

8.3 derzeit gültige Satzung einer Pensionskasse nebst Vorgänger-Regelungen;

8.3 Currently valid statutes of the pension fund (›Pensionskasse‹) including all preceding regulations;

8.4 Auflistung aller abgeschlossenen Direktversicherungsverträge mit Muster der entsprechenden arbeitsvertraglichen Vereinbarung;

8.4 Compilation of all direct insurance contracts together with a model of the respective employment agreement;

8.5 Nachweise über die Zahlung der Direktversicherungsprämien an die Versicherungsgesellschaft(en) und der Pauschalsteuern an das Finanzamt;

8.5 Records of payments made in favour of the insurance companies for the direct insurance premiums and comprehensive taxes paid to the revenue office;

8.6 Kopien von Vereinbarungen mit Versicherungsgesellschaften über eine Beleihung oder Abtretung der Rechte des Versicherungsnehmers aus den Direktversicherungsverträgen;

8.6 Copies of agreements with insurance companies regarding the granting of a loan or the assignment of rights of the policy holder connected with the direct insurance contracts;

8.7 Kopien der Versorgungszusagen für gegenwärtige und ehemalige Geschäftsführer bzw. Vorstandsmitglieder;	8.7 Copies of pension commitments made in favour of current and former managing directors and members of the managing board, respectively;
8.8 Kopien der Verpfändungen von Rückdeckungsversicherungen an begünstigte Mitarbeiter samt Anzeige(n) an die Versicherungsgesellschaft(en);	8.8 Copies of pledging agreements regarding the re-insurance of pension commitments in favour of the beneficiaries including notifications of the insurance companies;
8.9 einzel- oder kollektivvertragliche Vorruhestandsvereinbarungen mit Frührentnern oder Anwartschaftsberechtigten;	8.9 Individually or collectively agreed agreements on early retirement;
8.10 Muster von Rentenberechnungen (Beispiele für endgehaltsabhängige Versorgungszusagen, Bausteinzusagen, Festbetragszusagen etc.);	8.10 Model pension calculation (examples for pension commitments related to the most recent salary or building elements or fixed amounts etc.);
8.11 Muster für die Berechnung einer aufrechtzuerhaltenden Anwartschaft gem. § 2 BetrAVG;	8.11 Model calculation for the irrevocable expectancy (unverfallbare Anwartschaft) according to § 2 Company Pension Act (BetrAVG);
8.12 Übersicht über die Ergebnisse der Anpassungsprüfungen i.S.v. § 16 BetrAVG der letzten 6 Jahre (einschl. der jeweiligen Begründung der Prüfungsergebnisse);	8.12 Overview regarding the results of adjustment reviews in the sense of § 16 BetrAVG for the past 6 years (including the substantiation of the review results);
8.13 die versicherungsmathematischen Gutachten für die letzten 3 Jahre;	8.13 Actuarial reports for the past 3 years;
8.14 die Geschäftsberichte des Unternehmens aus den letzten 3 Jahren;	8.14 Annual business reports for the past 3 years;
8.15 Unterlagen über BetrAV betreffende Arbeitsgerichts- und Einigungsstellenverfahren, die derzeit noch laufen oder in den letzten 3 Jahren abgeschlossen wurden;	8.15 Documentation regarding labour court and/or mediation board (Verfahren der Einigungsstellen) proceedings currently in progress or terminated during the past 3 years;
8.16 Unterlagen zu aktuellen außerprozessualen Streitigkeiten über das betriebliche Altersversorgungswerk;	8.16 Documentation regarding current, out of court disputes related to company pension;
8.17 Kopien der Rückdeckungsversicherungen und letzte Mitteilungen der Versicherungsgesellschaften über deren Aktivwerte;	8.17 Copies of the re-insurance policies and the most recent information on their asset value;
8.18 Kurzdarstellung der maßgeblichen Sterbegeldregelungen;	8.18 Relevant death benefits granted;

8.19 »Auslagerung« von Vermögenswerten in Stiftung/e.V./Trust o.ä. zur Absicherung der Verpflichtungen aus der BetrAV zu US-Bilanz-Zwecken? Falls ja, Kopien der vertraglichen Festsetzungen (u.a. Vereinssatzung, Einbringungs- bzw. Treuhandverträge, Verpfändungen etc.).

8.19 Transfer of assets designated to fund company pension benefits to a Stiftung/e.V./Trust or similar organization for US-balance sheet purposes. If applicable, copies of the relevant contracts and/or agreements (among others: statutes of the organisation, contribution and trust deeds, pledges etc.).

§ 10 Kündigungsschutzrecht

Inhalt

A. Die Kündigung als Rechtsgeschäft

Zum 01.01.2004 sind das Kündigungsschutzgesetz sowie das Teilzeit- und Befristungsgesetz in maßgeblichen Punkten geändert worden.[1] Es handelt sich dabei um einen Teilbereich der Agenda 2010, die nach den Vorstellungen der Regierungskoalition zur Belebung des Arbeitsmarktes beitragen soll. Für ab dem 01.01.2004 zugehende Kündigungen gilt Folgendes: Die **Sozialauswahl** bei betriebsbedingten Kündigungen wird anhand der vier Kriterien Dauer der Betriebszugehörigkeit, Lebensalter, Unterhaltspflichten und Schwerbehinderung durchgeführt. Mit dem neuen **§ 1 Abs. 5 KSchG** kehrt der Gesetzgeber zur Fassung des KSchG 1996 zurück. Bei namentlicher Bezeichnung des Arbeitnehmers in einem Interessenausgleich besteht nach § 1 Abs. 5 KSchG eine gesetzliche Vermutung (§ 292 ZPO) dafür, dass die Kündigung durch dringende betriebliche Erfordernisse i.S.d. § 1 Abs. 2 KSchG bedingt ist. Die Sozialauswahl kann von den Arbeitsgerichten nur auf grobe Fehlerhaftigkeit überprüft werden. Während den Arbeitgeber die Darlegungs- und Beweislast für die Vermutungsgrundlage trifft, obliegt dem Arbeitnehmer der volle Nachweis dafür, dass die Kündigung nicht durch dringende betriebliche Erfordernisse bedingt ist, die seiner Weiterbeschäftigung im Betrieb oder Unternehmen entgegenstehen.[2] Die **Drei-Wochen-Frist** zur Erhebung der Kündigungsschutzklage nach § 4 KSchG gilt für die Geltendmachung sämtlicher Unwirksamkeitsgründe außer dem Schriftformerfordernis (§ 623 BGB). Beispielhaft verweist die Entwurfsbegründung insoweit auf § 102 BetrVG, § 613a Abs. 4 BGB, § 9 MuSchG, § 18 BerzGG, § 85 SGB IX, § 138 BGB und § 242 BGB.[3] Entsprechend dem neu gefassten **Schwellenwert** in § 23 KSchG greift der Kündigungsschutz für nach dem 01.01.2004 geschlossene Arbeitsverhältnisse erst in Betrieben mit in der Regel mehr als zehn – statt zuvor fünf – Arbeitnehmern. Mit **§ 1a KSchG** ist ein gesetzlicher 1

1 BGBl I 2003, 3002; weiterführend *Bader*, NZA 2004, 65; *Besgen*, B+P 2 Beihefter Nr. 1/2004 zu Heft Nr. 2/2004, 1; *Giesen/Besgen*, NJW 2004, 185; *Löwisch*, BB 2004, 154; *Preis*, DB 2004, 70; *Willemsen/Annuß*, NJW 2004, 177.

2 Vertiefend *Bader*, NZA 2004, 65 (75); *Besgen*, B+P 2004, 1 (3); *Willemsen/Annuß*, NJW 2004, 177 (180 f.).

3 BT-Drucks 15/1204, S. 13.

Abfindungsanspruch normiert und im Teilzeit- und Befristungsgesetz ist in § 14 Abs. 2 a TzBfG ein erweiterter Befristungstatbestand für Existenzgründer geschaffen worden.

I. Die Kündigungserklärung

1. Begriffsdefinition

2 Die Kündigung ist eine **einseitige, empfangsbedürftige, rechtsgestaltende Willenserklärung**, durch die das Arbeitsverhältnis zu einem zukünftigen Zeitpunkt beendet werden soll.[4] Die Kündigung bedarf keiner Annahme. Sie ist gegenüber der anderen Vertragspartei oder deren Vertreter zu erklären und wird mit ihrem **Zugang** wirksam (§ 130 BGB).[5] Als Rechtsgeschäft unterliegt die Kündigung den allgemeinen Regeln (Geschäftsfähigkeit, Anfechtbarkeit, Nichtigkeit etc.).[6] Nach **§ 623 BGB** bedarf die Kündigung der **Schriftform**. Die elektronische Form ist ausgeschlossen.

3 Zu unterscheiden ist zwischen der **ordentlichen Kündigung**, mit der das Arbeitsverhältnis fristgerecht aufgelöst werden soll und der **außerordentlichen Kündigung** aus wichtigem Grund gem. § 626 Abs. 1 BGB, die in der Regel[7] auf eine fristlose, sofortige Beendigung des Arbeitsverhältnisses gerichtet ist. Die **Änderungskündigung** zielt auf eine Veränderung der Arbeitsbedingungen. Sie stellt ein zweigliedriges, zusammengesetztes Rechtsgeschäft dar und intendiert wie die Beendigungskündigung die Beendigung des Arbeitsverhältnisses. Jedoch wird bei ihr die Kündigung mit dem Angebot verbunden, das Arbeitsverhältnis zu geänderten Arbeitsbedingungen fortzusetzen. Unter einer **Teilkündigung** versteht man eine Willenserklärung, mit der einzelne Vertragsbedingungen gegen den Willen der anderen Vertragspartei einseitig geändert werden sollen. Von der Kündigung unterscheidet sich die Teilkündigung dadurch, dass die Kündigung das Arbeitsverhältnis in seinem ganzen Bestand erfasst, während die Teilkündigung unter Aufrechterhaltung des Arbeitsverhältnisses im Übrigen nur einzelne Rechte und Pflichten aus dem Arbeitsvertrag beseitigen soll.[8] Die einseitige Änderung einzelner Vertragsbedingungen durch Teilkündigung ist, da sie das vereinbarte Ordnungs- und Äquivalenzgefüge eines Vertrages stört, grundsätzlich unzulässig.[9] Das BAG beschreibt die Teilkündigung wie folgt: »Entscheidendes Merkmal einer Teilkündigung ist die einseitige Änderung von Vertragsbedingungen gegen den Willen der anderen Vertragspartei. Während die Kündigung, auch die Änderungskündigung, das Arbeitsverhältnis in seinem ganzen Bestand erfasst, ist die Teilkündigung dadurch gekennzeichnet, dass sie nur einzelne Rechte oder Pflichten aus dem Arbeitsverhältnis lösen, den Arbeitsvertrag selbst aber aufrechterhalten will. Der Rahmen des zulässigen einseitigen Eingriffs in das wechselseitige Geflecht von Rechten und Pflichten eines Arbeitsvertrages wird weitgehend durch die Vorschriften des Kündigungsschutzgesetzes bestimmt. Danach ist der Bestand des Arbeitsverhältnisses durch § 1 KSchG, der Inhalt des Vereinbarten durch § 2 KSchG geschützt. Die einseitige Änderung einzelner Vertragsbedingungen durch Teilkündigung ist, da sie das vereinbarte Ordnungs- und Äquivalenzgefüge eines Vertrages stört, grundsätzlich unzulässig. Ausnahmsweise ist sie dann zulässig, wenn einem Vertragspartner das Recht hierzu durch Vertrag vorbehalten oder durch Betriebsvereinbarung oder Tarifvertrag eingeräumt ist. Allerdings darf sie nicht zu einer Umgehung von zwingenden Kündigungsvorschriften führen. Statthaft ist die einseitige Änderung von Arbeitsbedingungen grundsätzlich insbesondere dann, wenn ein Gesamtvertragsverhältnis sich aus mehreren Teilverträgen zusammensetzt und diese Teilverträge selbst nach dem

4 KR/*Spilger*, § 622 BGB Rn 122.

5 Berscheid/Kunz/Brand/*Hänsch*, Teil 4 Rn 327.

6 ErfK/*Müller-Glöge*, § 620 BGB Rn 188.

7 Die außerordentliche Kündigung kann auch mit einer sozialen Auslauffrist ausgesprochen werden. Zu beachten sind insoweit die Besonderheiten bei tariflich »Unkündbaren«.

8 BAG, Urt. v. 22.01.1997, NZA 1997, 711.

9 BAG, Urt. v. 14.11.1990, NZA 1991, 377; BAG, Urt. v. 23.08.1989, NZA 1990, 191.

Gesamtbild des Vertrages jeweils für sich als nach dem Vertrag selbständig lösbar angesprochen sind und von vornherein eindeutig als selbständig lösbar aufgefasst werden müssen.«[10]

2. Abgrenzung zu anderen Erklärungen

Das durch das »Gesetz zur Vereinfachung und Beschleunigung des arbeitsrechtlichen Verfahrens«[11] in § 623 BGB eingeführte Schriftformerfordernis hat dazu geführt, dass Abgrenzungsprobleme zu anderen Erklärungen, wie etwa Unmutsäußerungen, entschärft wurden.[12] Die mündliche Erklärung des Arbeitnehmers »wenn sich das hier nicht ändere, dann sei für ihn der 31. der Letzte«[13] stellt ungeachtet ihres materiellrechtlichen Erklärungsgehalts gem. § 125 Satz 1 BGB keine Kündigung mehr dar. 4

Weiterhin gilt der Grundsatz, dass die Kündigung **deutlich** und **zweifelsfrei** erfolgen muss. Obwohl der Kündigende nicht unbedingt den Begriff »Kündigung« oder »kündigen« verwenden muss, hat seine schriftliche Erklärung dennoch eindeutig zum Ausdruck zu bringen, dass der Wille besteht, das Arbeitsverhältnis zu lösen.[14] Solange ein Verhalten mehrere Deutungen erlaubt, kann nicht von einer Kündigungserklärung ausgegangen werden.[15] Bei der Beurteilung der Frage, ob die rechtsgeschäftliche Erklärung einer Partei eine Kündigung des Arbeitsverhältnisses darstellt, ist darauf abzustellen, wie der Erklärungsempfänger nach der allgemeinen Verkehrssitte und unter Berücksichtigung von Treu und Glauben die ihm zugegangene Erklärung auffassen musste (**Sicht des objektiven Dritten**).[16] Ein Schreiben des Arbeitgebers, das ausdrücklich nur eine »Versetzung« ausspricht und in Verbindung damit eine »Rückstufung« in der Lohngruppe erklärt, ohne dass deutlich wird, dass das Arbeitsverhältnis als Ganzes gekündigt werden soll oder der Leser den Eindruck gewinnen kann, es werde ihm ein Angebot gemacht, dessen Annahme von ihm erwartet wird, ist dann auch keine Änderungskündigung, wenn es mit diesem Wort überschrieben ist, ein vom Arbeitnehmer eingeschalteter Rechtsanwalt den Vorbehalt des § 2 KSchG erklärt und Änderungsschutzklage erhebt. Stellt sich die Maßnahme als unzulässige Teilkündigung[17] dar, ist der erhobenen Änderungsschutzklage stattzugeben.[18] 5

Aus der Erklärung selbst oder den sie begleitenden Umständen muss sich ergeben, zu welchem Zeitpunkt das Arbeitsverhältnis beendet werden soll[19] und ob eine ordentliche oder außerordentliche Kündigung gewollt ist.[20] Kann der Kündigungserklärung kein Termin entnommen werden, zu dem das Arbeitsverhältnis beendet werden soll, so ist im Zweifel davon auszugehen, dass der Kündigende das Rechtsverhältnis zum nächstzulässigen Termin kündigen will.[21] 6

Abzugrenzen bleibt die Kündigung von anderen Beendigungstatbeständen, wie dem Abschluss eines **Aufhebungsvertrages**,[22] der **Anfechtung** oder der Berufung auf die **Nichtigkeit** des Arbeitsver- 7

10 BAG, Urt. v. 14.11.1990 – 5 AZR 510/89 (n.v.).

11 BGBl I 2000, 333.

12 Hierzu Küttner/*Eisemann*, Nr. 255 Rn 28.

13 Vgl. LAG Düsseldorf, Urt. v. 25.09.1990, LAGE § 611 BGB Aufhebungsvertrag Nr. 1; LAG Frankfurt a.M., Urt. v. 21.06.1985, BB 1986, 135.

14 Vgl. BAG, Urt. v. 19.01.1956, MDR 1956, 394 = AP Nr. 1 zu § 620 BGB Kündigungserklärung; BAG, Urt. v. 11.06.1959, AP Nr. 1 zu § 130 BGB; LAG Frankfurt, Urt. v. 13.08.1982, ArbuR 1983, 281.

15 LAG Frankfurt a.M., Urt. v. 27.10.1998, NZA-RR 1999, 435.

16 KR/*Friedrich*, § 13 KSchG Rn 76.

17 Zur unzulässigen Teilkündigung vgl. BAG, Urt. v. 14.11.1990 – 5 AZR 464/89 (n.v.).

18 LAG Köln, Urt. v. 23.04.1999, NZA-RR 1999, 522 = MDR 1999, 1276.

19 LAG Hamm, Urt. v. 07.07.1994, AP Nr. 8 zu § 620 BGB Kündigungserklärung.

20 BAG, Urt. v. 13.01.1982, DB 1982, 2577 = NJW 1983, 303.

21 ErfK/*Müller-Glöge*, § 620 BGB Rn 191.

22 Der Aufhebungsvertrag setzt im Gegensatz zur einseitigen Kündigung zwei übereinstimmende Willenserklärungen voraus, die auf die einvernehmliche Beendigung des Arbeitsverhältnisses gerichtet sind. Vgl. ergänzend LAG Berlin, Urt. v. 24.04.1998 – 6 Sa 164/97 (n.v.): »Die Annahme einer erkennbar nicht fristgemäßen Kündigung des Arbeitgebers durch den Arbeitnehmer führt zu einem entsprechenden Aufhebungsvertrag.«

trages.[23] Die Arbeitsvertragsparteien können die Beendigung des Arbeitsverhältnisses vom Eintritt einer **auflösenden Bedingung** abhängig machen, wenn ein sachlicher Grund vorliegt und nicht der gesetzliche Kündigungsschutz des Arbeitnehmers umgangen wird. Der durch die Streichung der Rolle einer Schauspielerin in einer Fernsehserie eintretende Wegfall der Beschäftigungsmöglichkeit aus künstlerischen Gründen ist ein ausreichender sachlicher Grund, die Beendigung des Arbeitsverhältnisses ohne Kündigung vorzusehen.[24]

3. Umdeutung der Kündigungserklärung

8 Die Kündigungserklärung kann gem. **§ 140 BGB** umgedeutet werden.[25] Die Frage nach einer **Umdeutung** stellt sich im Kündigungsschutzprozess dann, wenn der Arbeitgeber eine fristlose Kündigung ausgesprochen und auf die hilfsweise Erklärung einer fristgerechten Kündigung verzichtet hat.[26] Ist die fristlose Kündigung unwirksam, kommt es für ihre Umdeutung darauf an, ob die Umdeutung in eine ordentliche Kündigung nach den gegebenen Umständen dem **mutmaßlichen Willen des Arbeitgebers** entspricht und ob dieser **Wille dem Arbeitnehmer erkennbar** geworden ist.[27] Entsprechend führt der zweite Senat des BAG in seiner Entscheidung vom 15.11.2001 aus: »Eine unwirksame außerordentliche Kündigung kann nach § 140 BGB in eine ordentliche Kündigung umgedeutet werden, wenn dies dem mutmaßlichen Willen des Kündigenden entspricht und dieser Wille dem Kündigungsempfänger im Zeitpunkt des Kündigungszugangs erkennbar ist. Findet auf ein Arbeitsverhältnis das KSchG – noch – keine Anwendung, ist regelmäßig davon auszugehen, dass bei Unwirksamkeit der außerordentlichen Kündigung der Arbeitgeber eine Beendigung zum nächst zulässigen Termin gewollt hat.«[28]

9 Die Gerichte für Arbeitssachen müssen von sich aus prüfen, ob auf Grund der feststehenden Tatsachen eine Umdeutung der außerordentlichen Kündigungserklärung in eine ordentliche Kündigung in Betracht kommt. Es kommt nicht darauf an, dass der Kündigende selbst die Umdeutung geltend macht.[29] Allerdings dürfen die Arbeitsgerichte nicht ohne tatsächliche Anhaltspunkte von Amts wegen eine unwirksame außerordentliche Kündigung in eine ordentliche Kündigung umdeuten, da dies gegen den Verhandlungsgrundsatz verstoßen würde.[30] Im Zweifel ist bei lebensnaher Betrachtung davon auszugehen, dass bei einer unwirksamen außerordentlichen Kündigung jedenfalls eine ordentliche Kündigung zum nächstzulässigen Termin gewollt ist.[31] Gelangt ein Arbeitgeber zu der Auffassung, dass ihm die Fortsetzung des Arbeitsverhältnisses nicht einmal bis zum Ende der Kündigungsfrist zumutbar ist und er deshalb fristlos kündigt, kommt darin in aller Regel erkennbar zum Ausdruck, dass der Arbeitgeber das Arbeitsverhältnis wenigstens zum nächstmöglichen Kündigungszeitpunkt beenden will.[32] Eine verbindliche BAG-Rechtsprechung, die die Umdeutung (Konversion) zum Regelfall erhebt, besteht indes nicht.[33]

23 Hierzu *Worzalla*, in: *Leinemann/Wagner/Worzalla*, 429 Rn 5 ff.; Küttner/*Eisemann*, Nr. 255 Rn 9 ff.
24 BAG, Urt. v. 02.07.2003, AP Nr. 29 zu § 620 BGB Bedingung; LAG Brandenburg, Urt. v. 26.06.2002, AfP 2003, 86 = ZUM 2003, 164.
25 Umfassend hierzu mit zahlreichen Nachweisen aus der Rechtsprechung KR/*Friedrich*, § 13 KSchG Rn 75 ff.
26 LAG Rheinland-Pfalz, Urt. v. 20.05.1999 – 6 (7) Sa 1380/98 (n.v.).
27 BAG, Urt. v. 18.09.1975, EzA § 626 BGB Druckkündigung Nr. 1; BAG, Urt. v. 12.08.1976, EzA § 102 BetrVG 1972 Nr. 5; BAG, Urt. v. 31.05.1979, EzA § 4 KSchG n.F. Nr. 16; BAG, Urt. v. 18.08.1987, EzA § 140 BGB Nr. 12; BAG, Urt. v. 31.03.1993, EzA § 626 BGB Ausschlussfrist Nr. 5.
28 BAG, Urt. v. 15.11.2001, NJW 2002, 2972 = AP Nr. 13 zu § 140 BGB.
29 BAG, Urt. v. 15.11.2001, NJW 2002, 2972 = AP Nr. 13 zu § 140 BGB; LAG Sachsen-Anhalt, Urt. v. 25.01.2000, NZA-RR 2000, 472; LAG Rheinland-Pfalz, Urt. v. 20.05.1999 – 6 (7) Sa 1380/98 (n.v.).
30 BAG, Urt. v. 18.06.1965, AP Nr. 2 zu § 615 BGB Böswilligkeit; BAG, Urt. v. 14.08.1974, EzA § 615 BGB Nr. 26; BAG, Urt. v. 18.09.1975, EzA § 626 BGB Druckkündigung Nr. 1; KR/*Friedrich*, § 13 KSchG Rn 82.
31 KR/*Friedrich*, § 13 KSchG Rn 77; *v. Hoyningen-Huene/Linck*, § 13 KSchG Rn 43; *Stahlhacke/Preis*, Rn 338; *Schaub*, Arbeitsrechts-Handbuch, § 123 Rn 163.
32 KR/*Friedrich*, § 13 KSchG Rn 79.
33 LAG Niedersachsen, Urt. v. 30.11.2001, NZA-RR 2002, 242 = LAGE § 623 BGB Nr. 2.

Eine unwirksame außerordentliche Kündigung kann nur dann in eine wirksame ordentliche Kündigung umgedeutet werden, wenn der Arbeitgeber den **Betriebsrat** bei der **Anhörung** deutlich darauf hingewiesen hat, dass die beabsichtigte außerordentliche Kündigung hilfsweise als ordentliche Kündigung gelten soll. Lediglich dann, wenn der Betriebsrat ausdrücklich und vorbehaltlos der außerordentlichen Kündigung zugestimmt hat und einer ordentlichen Kündigung erkennbar nicht entgegengetreten wäre, reicht die wirksame Anhörung zur außerordentlichen Kündigung auch zur ordentlichen Kündigung aus. Hinsichtlich der Anhörung zur ordentlichen Kündigung muss der Arbeitgeber grundsätzlich die hierfür geltende Äußerungsfrist von einer Woche (§ 102 Abs. 2 Satz 1 BetrVG) einhalten, wenn die unwirksame außerordentliche Kündigung als umgedeutete ordentliche Kündigung wirksam sein soll.[34] Nach allgemeinen Grundsätzen braucht der Arbeitgeber den Ablauf der Äußerungsfrist jedoch dann nicht abzuwarten, wenn das Anhörungsverfahren vorher beendet worden ist. Das ist der Fall, wenn der Betriebsrat eine Erklärung abgegeben hat, aus der sich ergibt, dass er eine weitere Erörterung des Falles nicht wünscht und keine weitere Erklärung mehr abgeben will, es sich also um eine abschließende Stellungnahme des Betriebsrats handelt. Hat der Betriebsrat innerhalb der für die außerordentliche Kündigung geltenden Drei-Tage-Frist des § 102 Abs. 2 Satz 3 BetrVG eine solche abschließende Stellungnahme auch zu einer vorsorglich erwogenen ordentlichen Kündigung abgegeben und der Arbeitgeber nach Ablauf dieser Frist die außerordentliche Kündigung erklärt, so ist die Anhörung auch zu der umgedeuteten ordentlichen Kündigung ordnungsgemäß.[35] Hört der Arbeitgeber den Betriebsrat zu einer »außerordentlichen Kündigung mit sozialer Auslauffrist« an und stimmt der Betriebsrat daraufhin einer »fristgerechten Kündigung« ausdrücklich zu, so scheitert nach Ansicht des LAG Köln eine hilfsweise ausgesprochene oder im Wege der Umdeutung gewonnene ordentliche Kündigung nicht an § 102 Abs. 1 Satz 3 BetrVG.[36] 10

Eine Umdeutung in eine ordentliche Kündigung ist nur dann möglich, wenn eine ordentliche Kündigung des Arbeitsverhältnisses in Betracht kommt. Das ist nicht der Fall, wenn die ordentliche Kündigung durch Gesetz (vgl. etwa § 15 BBiG; § 15 Abs. 1 bis Abs. 3 KSchG i.V.m. § 103 BetrVG, § 9 MuSchG, § 15 Abs. 3 TzBfG), Tarifvertrag (vgl. § 53 Abs. 3 BAT) oder Vertrag[37] ausgeschlossen ist.[38] Eine Umdeutung der außerordentlichen in eine ordentliche Kündigung scheidet auch dann aus, wenn für die ordentliche Kündigung die erforderliche Zustimmung des Integrationsamtes nicht vorliegt. Die Zustimmung zur außerordentlichen Kündigung reicht nicht aus.[39] 11

4. Kündigungsberechtigte Person

Neben den gesetzlichen und satzungsmäßigen **Vertretern des Arbeitgebers** kommen als Kündigungsberechtigte die Personen in Betracht, denen nach **§ 48 HGB Prokura**[40] oder nach **§ 54 HGB Handlungsvollmacht** erteilt worden ist sowie diejenigen **Führungskräfte**, denen der Arbeitgeber die Kündigungsbefugnis nach den Vorschriften über die Stellvertretung (§§ 164 ff. BGB) übertragen hat. Wird die Kündigung von einem Prokuristen des Arbeitgebers ausgesprochen, dessen Prokura im Handelsregister eingetragen und vom Registergericht gem. § 10 Abs. 1 HGB bekannt gemacht worden ist, bedarf es für die Wirksamkeit der Kündigung nicht der Vorlage einer Vollmachtsurkunde durch den Prokuristen nach Maßgabe des § 174 Satz 1 BGB. Vielmehr hat der Arbeitgeber in einem solchen Fall seine Belegschaft i.S.v. § 174 Satz 2 BGB über die von der Prokura umfasste Kündigungsberechtigung in Kenntnis gesetzt. Der Gekündigte muss die Prokuraerteilung gem. § 15 12

34 LAG Nürnberg, Urt. v. 01.12.1982, ARST 1983, 170; KR/*Etzel*, § 102 BetrVG Rn 182 ff. m.w.N.
35 BAG, Urt. v. 20.09.1984, NZA 1985, 286 = EzA § 626 n.F. BGB Nr. 9; BAG, Urt. v. 10.05.1984 – 2 AZN 105/84 (n.v.).
36 LAG Köln, Urt. v. 12.01.2001, AuA 2002, 238.
37 Hierzu KR/*Fischermeier*, § 626 BGB Rn 353.
38 KR/*Friedrich*, § 13 KSchG Rn 96.
39 LAG Schleswig-Holstein, Urt. v. 08.09.1998, LAGE § 21 SchwbG 1986 Nr. 2; LAG Köln, Urt. v. 11.08.1998, NZA-RR 1999, 415.
40 BAG, Urt. v. 09.10.1975, EzA § 626 BGB n.F. Nr. 43.

Abs. 2 HGB gegen sich gelten lassen. Dies gilt auch, wenn der Prokurist entgegen § 51 HGB nicht mit einem die Prokura andeutenden Zusatz zeichnet.[41]

13 Besitzt ein Vorgesetzter nur die Befugnis, einer bestimmten Gruppe von Arbeitnehmern, wie etwa den Arbeitern, zu kündigen, ist er nicht zur Kündigung sonstiger Arbeitnehmer befugt.[42] **Personalleiter** verfügen generell über die Befugnis, Mitarbeitern zu kündigen.[43] Ein Personalleiter ist auf Grund der ihm übertragenen Tätigkeit grundsätzlich auch zur Kündigung eines Abteilungsleiters befugt, der auf derselben Hierarchie-Ebene arbeitet wie er. Eine Zurückweisung der Kündigung gem. § 174 BGB wegen mangelnder Vollmacht kommt insoweit nicht in Betracht.[44] Auch **Leiter von Personalabteilungen** haben generell eine Kündigungsbefugnis.[45] Die Einschränkung der Vollmacht eines Personalleiters im Innenverhältnis, etwa aufgrund einer internen Geschäftsordnung, schadet nicht.[46] Auch bei Ausspruch einer Kündigung im Bereich des öffentlichen Dienstes gilt § 174 BGB.[47] Allerdings gelten in diesem Bereich eine Reihe von Sonderregelungen.[48] Ist in einer größeren Verwaltung die Personalabteilung nur für die Sachbearbeitung und Grundsatzfragen zuständig, während die Federführung in Personalfragen den einzelnen Amtsleitern vorbehalten bleibt, sind gegenüber den Arbeitnehmern ihres Amtes die einzelnen Amtsleiter, nicht aber der Leiter des Personalamtes kündigungsbefugt. Die Amtsleiter können deshalb gem. § 174 Satz 2 BGB bei entsprechender Kenntnis des Arbeitnehmers ohne Vollmachtsvorlage kündigen.[49] Der **Referatsleiter** innerhalb der Personalabteilung einer Behörde gehört nicht ohne weiteres zum Personenkreis, der nach § 174 Satz 2 BGB, wie der Personalabteilungsleiter, als Bevollmächtigter des Arbeitgebers gilt.[50] Spricht für eine Behörde ein Referatsleiter einer Abteilung »Haushalt und Personal«, der als solcher nicht kündigungsberechtigt ist, eine Kündigung deshalb aus, weil der Abteilungsleiter erkrankt und der Referatsleiter für diesen Fall allgemein zum Vertreter bestellt ist, so kann der gekündigte Arbeitnehmer die Kündigung nach § 174 BGB zurückweisen, wenn der Arbeitnehmer den Referatsleiter weder persönlich noch dem Namen nach kennt und wenn weder die Vertretungsregelung noch der Vertretungsfall in der Dienststelle allgemein bekannt sind und sich auch nicht aus einem Geschäftsverteilungsplan, einem Telefonverzeichnis oder sonstigen Umständen erschließen lassen. Das gilt jedenfalls dann, wenn auch das Kündigungsschreiben keinen Hinweis darauf enthält, dass der Referatsleiter zur Zeit die Funktion des Abteilungsleiters wahrnimmt.[51] Je nach den Umständen des Einzelfalles besteht auch eine Kündigungsbefugnis beim **Personalsachbearbeiter**.[52] Der **Leiter einer Niederlassung** eines Unternehmens des Transportgewerbes ist regelmäßig nach der Verkehrsanschauung gegenüber den gewerblichen Arbeitnehmern als kündigungsberechtigt anzusehen.[53] Wird die Kündigung durch einen **besonderen Vereinsvertreter** i.S.d. § 30 BGB erklärt, dem satzungsmäßig eine Kündigungsbefugnis erteilt ist, bedarf es für die Wirksamkeit der Kündigung nicht der Vorlage einer Vollmachtsurkunde.[54]

14 Aus der maßgeblichen Beteiligung eines **Rechtsanwalts** bei den Vertragsverhandlungen über die Eingehung des Arbeitsverhältnisses lässt sich keine Kenntnis des Arbeitnehmers von der Bevollmächtigung des Anwalts herleiten, ihm als Vertreter des Arbeitgebers zu einem späteren Zeitpunkt

41 BAG, Urt. v. 11.07.1991, NZA 1992, 449 = AP Nr. 9 zu § 174 BGB.
42 BAG, Urt. v. 28.10.1971, EzA § 626 BGB n.F. Nr. 8.
43 BAG, Urt. v. 30.05.1972, EzA § 174 BGB Nr. 1.
44 LAG Niedersachsen, Urt. v. 19.09.2003 – 16 Sa 694/03 (n.v.).
45 BAG, Urt. v. 29.10.1992, AP Nr. 10 zu § 174 BGB; BAG, Urt. v. 30.05.1978, AP Nr. 2 zu § 174 BGB.
46 BAG, Urt. v. 29.10.1992, EzA § 174 BGB Nr. 10 = NZA 1993, 307.
47 BAG, Urt. v. 28.02.1997, LAGE § 174 BGB Nr. 9; BAG, Urt. v. 29.06.1989, NZA 1990, 63.
48 Siehe KR/*Fischermeier*, § 626 BGB Rn 352; ErfK/*Müller-Glöge*, § 620 BGB Rn 197.
49 BAG, Urt. v. 07.11.2002, AP Nr. 18 zu § 620 BGB Kündigungserklärung.
50 BAG, Urt. v. 20.08.1997, NZA 1997, 1343; BAG, Urt. v. 29.06.1989, AP Nr. 7 zu § 174 BGB.
51 LAG Berlin, Urt. v. 27.06.1996, LAGE § 174 BGB Nr. 8 = ZTR 1997, 40.
52 BAG, Urt. v. 29.06.1989, NZA 1990, 63; anders noch BAG, Urt. v. 30.05.1978, AP Nr. 2 zu § 174 BGB.
53 LAG Frankfurt a.M., Urt. v. 20.06.2000, DB 2000, 1972 = NZA 2001, 37.
54 BAG, Urt. v. 28.01.1990, AP Nr. 1 zu § 30 BGB.

kündigen zu dürfen.[55] Eine als bekannt vorauszusetzende Bevollmächtigung i.S.d. § 174 Satz 2 BGB liegt nicht vor, wenn der Insolvenzverwalter als Partei kraft Amtes einem soziierten Rechtsanwalt im Einzelfall die Befugnis zum Ausspruch der Kündigung erteilt. Mangels besonderer Kündigungsvollmacht kann die Kündigung nach § 174 Satz 1 BGB zurückgewiesen werden.[56] Weder die Stellung des **kaufmännischen Leiters** der Niederlassung eines Automobilherstellers noch diejenige des **Serviceleiters** eines solchen Unternehmens ist üblicherweise mit der Vollmacht verbunden, Werkstattpersonal zu entlassen.[57] Ein **externer Unternehmensberater**, der zur Erstellung einer Sanierungsanalyse und ggf. eines Sanierungskonzepts im Betrieb tätig wird, ist für die Arbeitnehmer nicht schon aufgrund seiner Stellung und Funktion als jemand erkennbar, der zur Vornahme von Entlassungen bevollmächtigt ist.[58] Der so genannte **»schwache« Insolvenzverwalter** ohne Verfügungsbefugnis nach § 21 Abs. 2 Nr. 2 Alt. 2 InsO ist nicht zu Kündigungen im eigenen Namen befugt. Von ihm ausgesprochene Kündigungen können auch nicht nachträglich gem. den §§ 180, 177 BGB genehmigt werden, wenn er seinen Vertreterwillen gegenüber dem Kündigungsempfänger nicht zum Ausdruck gebracht hat.[59]

Wird die Kündigung ohne Vorlage der Originalvollmacht von Personen ausgesprochen, die nicht der Gruppe der zuvor geschilderten Vertretungsbefugten angehören, kann der Kündigungsempfänger die Kündigung mangels Vorlage einer Originalvollmacht nach **§ 174 BGB unverzüglich zurückweisen**. Bei rechtzeitiger Zurückweisung[60] ist die Kündigung unheilbar unwirksam. Eine Neuvornahme ist erforderlich.[61] Die Bestimmung des § 174 BGB steht in einem inneren Zusammenhang mit dem Verbot vollmachtlosen Handelns bei einseitigen Rechtsgeschäften gem. § 180 Satz 1 BGB. Zweck der Vorschrift ist die Wahrung der Gewissheitsinteressen des Dritten, dem gegenüber der Vertreter ein einseitiges, empfangsbedürftiges Rechtsgeschäft vornimmt.[62] Die Kündigung ist ein einseitiges Rechtsgeschäft, bei dem gem. § 180 Satz 1 BGB eine Vertretung ohne Vertretungsmacht unzulässig ist. Gem. § 180 Satz 2 BGB findet jedoch § 177 BGB (Genehmigung) entsprechende Anwendung, wenn der Erklärungsempfänger die von dem Vertreter behauptete Vertretungsmacht nicht bei der Vornahme des Rechtsgeschäfts, also unverzüglich gem. § 174 Satz 1, § 121 Abs. 1 Satz 1 BGB beanstandet.[63] 15

§ 174 Satz 2 BGB verlangt, dass »der Vollmachtgeber« den anderen von der Bevollmächtigung in Kenntnis setzt. Nicht ausreichend ist, dass der Bevollmächtigte selbst den anderen zuvor von der Bevollmächtigung in Kenntnis gesetzt hat. Ein Aushang über die Bevollmächtigung für Kündigungen am Schwarzen Brett ist nicht ohne weiteres ausreichend für das Inkenntnissetzen i.S.d. § 174 Satz 2 BGB.[64] **Anwälte, die im Auftrag ihres Mandanten Kündigungen aussprechen, sollten deshalb stets darauf achten, dass sie eine Originalvollmacht vorlegen.** Dies gilt beispielsweise auch dann, wenn die Kündigung durch Schriftsatz im Kündigungsrechtsstreit ausgesprochen wird. Eine beglaubigte Kopie oder die Übersendung einer Faxkopie genügt den Formerfordernissen nicht.[65] Der Nichtvorlage der Vollmachtsurkunde steht die Vorlage einer allgemeinen Prozessvollmacht gleich, wenn diese nicht zugleich zur Vornahme einer Kündigung berechtigt.[66] Bevollmächtigt ein Gesamtvertreter im Innenverhältnis den anderen, für sie beide eine Erklärung abzugeben, so bedarf es im 16

55 LAG Nürnberg, Urt. v. 28.05.1980, ARSt 1981 Nr. 1234.
56 LAG Köln, Urt. v. 31.08.2000, ZIP 2001, 433.
57 LAG Frankfurt a.M., Urt. v. 04.09.1997, NZA-RR 1998, 396.
58 LAG Köln, Urt. v. 03.08.1999, ARST 2000, 93.
59 LAG Hamm, Urt. v. 10.12.2003 – 2 Sa 1472/03 (n.v.).
60 Die Zurückweisungserklärung ist ebenfalls eine Gestaltungserklärung, für die § 174 BGB gilt: Kittner/Zwanziger/*Kittner*, § 8 Rn 82.
61 ErfK/*Müller-Glöge*, § 620 BGB Rn 195.
62 MüKo-BGB/*Schramm*, § 173 Rn 1.
63 BAG, Urt. v. 11.12.1997, ArbuR 1998, 202.
64 LAG Köln, Urt. v.03.05.2002, MDR 2003, 95 = NZA-RR 2003, 194.
65 BGH, Urt. v. 04.02.1981, NJW 1981, 1210; OLG Hamm, Urt. v. 26.10.1990, EzA § 174 BGB Nr. 8 = NJW 1991, 1185; LAG Düsseldorf, Urt. v. 22.02.1995, NZA 1995, 994; LAG Düsseldorf, Urt. v. 12.12.1994, MDR 1995, 612.
66 BAG, Urt. v. 31.08.1979, EzA § 174 BGB Nr. 3.

Außenverhältnis einer Vollmachtsurkunde, die gerade diese Bevollmächtigung belegt.[67] Besteht nach dem Handelsregister die Prokura nur gemeinsam mit dem Geschäftsführer der GmbH, so können sich Dritte im Rechtsverkehr nach § 15 HGB auf die Eintragung im Handelsregister berufen. Beanstandet der Arbeitnehmer bei Ausspruch der Kündigung durch den Prokuristen die Kündigungserklärung dahin, er verlange die Erklärung der Kündigung durch den Geschäftsführer, so liegt darin die Zurückweisung der Kündigung i.S.d. § 174 Satz 1 BGB.[68] Die Vorlage einer Vollmachtsurkunde bei Ausspruch der Kündigung ist nicht erforderlich, wenn dem Arbeitnehmer die Bevollmächtigung bereits bekannt gemacht wurde. Das ist anzunehmen bei **Vereinsvorsitzenden** oder auch **besonderen Vertretern eines Vereins** i.S.v. **§ 30 BGB.**[69] Gleichfalls ist eine Zurückweisung nach § 174 BGB ausgeschlossen, wenn der Erklärungsgegner über einen bekannt gemachten Geschäftsverteilungsplan oder ein Rundschreiben an die Mitarbeiter von der Vollmacht in Kenntnis gesetzt wurde.[70] Es genügt auch, wenn der Arbeitgeber dem Arbeitnehmer einen bestimmten Vorgesetzten mit der Maßgabe zugewiesen hat, dass dieser die Kündigung aussprechen darf.[71]

17 Hat das Amtsgericht im Insolvenzeröffnungsverfahren bestimmt, dass »Verfügungen der Schuldnerin über Gegenstände ihres Vermögens« nur noch mit Zustimmung des vorläufigen Insolvenzverwalters wirksam sind, so erfasst der Zustimmungsvorbehalt auch die Kündigung von Arbeitsverhältnissen. Eine ohne Zustimmung erklärte Kündigung ist nach § 24 i.V.m. § 81 Abs. 1 Satz 1 InsO absolut unwirksam. Liegt die Einwilligung des vorläufigen Insolvenzverwalters vor, kann der gekündigte Arbeitnehmer die Kündigung nach §§ 182 Abs. 3, 111 Satz 2 und 3 BGB zurückweisen, wenn ihm die Einwilligung nicht in schriftlicher Form vorgelegt wird. Hat auf dem Kündigungsschreiben ein Dritter als Vertreter des Insolvenzverwalters die Einwilligung zur Kündigung erklärt und weist der gekündigte Arbeitnehmer die Kündigung zurück, »weil eine den Unterzeichnenden ordnungsgemäß legitimierende Vollmachtsurkunde des vorläufigen Insolvenzverwalters nicht beigefügt war«, so bedeutet in der Regel diese an § 174 BGB angelehnte Rüge zugleich diejenige nach §§ 182 Abs. 3, 111 Satz 2 BGB.[72]

18 Die Zurückweisung der Kündigung muss **unverzüglich**, das heißt ohne schuldhaftes Zögern erfolgen (§ 121 Abs. 1 BGB). Dazu wird nicht ein sofortiges Handeln des Kündigungsempfängers verlangt. Dem Arbeitnehmer steht eine gewisse **Überlegenszeit** und auch eine **Zeit zur Einholung rechtskundigen Rats** zur Verfügung.[73] Die Umstände des Einzelfalles sind maßgebend.[74] Das BAG hält die Zurückweisung einer Kündigung innerhalb von **drei Tagen** beziehungsweise von **fünf Tagen** gerechnet ab Zugang der Kündigungserklärung noch für »unverzüglich«, wenn ein Wochenende dazwischen liegt.[75] Eine Zeitspanne zwischen Zugang der Kündigung und Zugang des Rügeschreibens nach § 174 Satz 1 BGB von **wenigen Tagen bis zu einer Woche** (unter Einbeziehung eines Wochenendes) ist laut LAG Frankfurt a.M.[76] nicht zu beanstanden. Erst wenn die Frist zwischen Zugang der Kündigung und Zugang der Zurückweisung diese Zeitspanne überschreitet, ohne dass konkret dargelegte Umstände eine solche Zeitdauer rechtfertigen, ist sie unangemessen und nicht mehr unverzüglich i.S.v. § 121 Abs. 1 Satz 1 BGB. Bestreitet der **anwaltlich vertretene Kläger** in einer Kündigungsschutzklage »dass die Kündigungserklärung von der Person unterzeichnet wurde, die hierzu bevollmächtigt ist«, dann spricht sehr viel dafür, dass der Kläger mit dieser Erklärung lediglich die fehlende Vertretungsmacht nach § 180 BGB bestreitet und die Kündigung nicht wegen fehlender Vollmachtsvorlage nach § 174 BGB zurückweist. Eine »unverzügliche« Zurückweisung

67 BAG, Urt. v. 18.12.1980, EzA § 174 BGB Nr. 4.
68 ArbG Berlin, Urt. v. 04.08.2000, EzA § 174 BGB Nr. 15.
69 BAG, Urt. v. 18.01.1990, EzA § 174 BGB Nr. 7.
70 BAG, Urt. v. 20.08.1997, AP Nr. 11 zu § 620 BGB Kündigungserklärung = NZA 1997, 1343.
71 ErfK/*Müller-Glöge*, § 620 BGB Rn 198.
72 LAG Düsseldorf, Urt. v. 24.08.2001, ZInsO 2001, 1022 = BB 2001, 2479.
73 Küttner/*Eisemann*, Nr. 255 Rn 47.
74 BAG, Urt. v. 30.05.1978, EzA § 174 BGB Nr. 2.
75 BAG, Urt. v. 11.07.1991, EzA § 174 BGB Nr. 9; BAG, Urt. v. 31.08.1979, EzA § 174 BGB Nr. 3.
76 LAG Frankfurt a.M., Urt. v. 12.03.2001, FA 2001, 207.

i.S.v. § 174 BGB muss in der Regel innerhalb einer **Höchstfrist von zwei Wochen** durch Zugang der Zurückweisungserklärung beim Kündigenden vorgenommen werden. So liegt nach einer Entscheidung des LAG Hamm[77] eine unverzügliche Rüge der fehlenden Vollmacht nur dann vor, wenn sie spätestens innerhalb einer Frist von zwei Wochen nach Kenntnis der maßgebenden Tatsachen erfolgt.[78] Eine »Unverzüglichkeit« liegt nach Auffassung des LAG Rheinland-Pfalz[79] nicht vor, wenn der Kündigungsempfänger vier Tage nach Zugang der Kündigung einen Rechtsanwalt aufsucht und die Erklärung über die Zurückweisung der Kündigung wegen fehlender Vollmachtsvorlage erst 13 Tage nach Zugang der Kündigung durch Zustellung der nur in der Klageschrift enthaltenen Zurückweisungserklärung dem Kündigenden zur Kenntnis gelangt. Im Allgemeinen dürfte der Zeitraum von einer Woche noch nicht zu lang sein.[80] Nach Ansicht des LAG Düsseldorf ist eine unverzügliche Zurückweisung i.S.d. § 174 BGB mangels besonderer Umstände nicht mehr gegeben, wenn eine Frist von zehn Tagen überschritten worden ist.[81] Eine unverzügliche Rüge der fehlenden Vollmacht kann in der Regel nicht mehr angenommen werden, wenn sie nicht innerhalb einer Frist von zwei Wochen nach Kenntnis der maßgebenden Tatsachen (§ 626 Abs. 2 BGB analog) erfolgt.[82] Wird eine Kündigung gegenüber einem Arbeitnehmer mangels Vorlage der Vollmacht des Kündigenden erst nach Ablauf der dreiwöchigen Klagefrist des § 4 KSchG gem. § 174 Satz 1 BGB zurückgewiesen, so ist dies jedenfalls nicht mehr unverzüglich i.S.d. § 121 Abs. 1 BGB.[83]

II. Formelle Voraussetzungen der Kündigungserklärung

1. Schriftformerfordernis gem. § 623 BGB

Gem. **§ 623 BGB** bedarf die Beendigung von Arbeitsverhältnissen durch Kündigung oder Auf- 19
lösungsvertrag zu ihrer Wirksamkeit der **Schriftform**.[84] Die elektronische Form (§ 126a BGB) ist ausgeschlossen. Schon vor Einführung des Schriftformerfordernisses nach § 623 BGB konnten Berufsausbildungsverhältnisse (§ 15 Abs. 3 BBiG), die Arbeitsverhältnisse von Frauen in der Mutterschutzfrist (§ 9 Abs. 3 MuSchG) und die Arbeitsverhältnisse von Seeleuten (§ 62 Abs. 1 SeemG) nur schriftlich wirksam gekündigt werden. Auch ergaben sich häufig Schriftformerfordernisse aus Betriebsvereinbarung, Tarifvertrag oder Arbeitsvertrag. Aufgrund des durch das Gesetz zur Vereinfachung und Beschleunigung des arbeitsgerichtlichen Verfahrens[85] eingeführten § 623 BGB gilt seit dem 01.05.2000 ein **allgemeines konstitutives Schriftformerfordernis für Kündigungen von Arbeitsverhältnissen**.[86] Dieses Schriftformerfordernis kann weder durch Arbeitsvertrag noch durch Tarifvertrag oder Betriebsvereinbarung abbedungen werden.[87] Allerdings können Tarifverträge oder Betriebsvereinbarungen strengere Formvorschriften normieren. So schreibt etwa § 54 des Bundesmanteltarifvertrags für Arbeiter gemeindlicher Verwaltungen und Betriebe (BMT-G II) fest, dass Kündigungen durch den Arbeitgeber nach der Probezeit und fristlose Entlassungen der Schriftform unter Angabe des Grundes bedürfen.[88] Die tariflich festgelegte Schriftform (§ 54 BMT-G-O in der

77 LAG Hamm, Urt. v. 06.09.1996, LAGE § 613a BGB Nr. 56.

78 Vgl. BAG, Urt. v. 14.12.1979, AP Nr. 4 zu § 119 BGB.

79 LAG Rheinland-Pfalz, Urt. v. 06.02.2001, LAGReport 2002, 13.

80 LAG Hamm, Urt. v. 06.09.1996, LAGE § 613a BGB Nr. 56; BAG, Urt. v. 31.08.1979, AP Nr. 3 zu § 174 BGB; BAG, Urt. v. 11.07.1991, AP Nr. 9 zu § 174 BGB.

81 LAG Düsseldorf, Urt. v. 22.02.1995, NZA 1995, 994.

82 LAG Hamm, Urt. v. 21.10.1999, ZInsO 2000, 351.

83 BAG, Urt. v. 11.03.1999, NZA 1999, 818; im Anschluss an BAG, Urt. v. 30.05.1978, AP Nr. 2 zu § 174 BGB; vgl. auch LAG Köln, Urt. v. 20.02.1997, LAGE § 174 BGB Nr. 10.

84 Zur Entwicklung der Norm des § 623 BGB vgl. BGBl I 2000, 333 (mit Wirkung v. 01.05.2000); BGBl I 2000, 1966 (mit Wirkung v. 01.01.2001) und BGBl I 2001, 1542 (mit Wirkung v. 01.08.2001).

85 BGBl I 2000, 333.

86 Vgl. *Richardi*, NZA 2001, 57; *Kleinebrink*, FA 2001, 354; *ders.*, FA 2000, 174; *Böhm*, NZA 2000, 561; *Preis/Gotthardt*, NZA 2000, 348.

87 ErfK/*Müller-Glöge*, § 623 BGB Rn 23.

88 Vgl. insoweit BAG, Urt. v. 10.02.1999, AP BMT-G II § 54 Nr. 2 und Nr. 3 sowie § 15 Abs. 3 BBiG.

bis 31.12.2001 geltenden Fassung, wonach Kündigungen durch den Arbeitgeber nach Ablauf der Probezeit der Schriftform unter Angabe des Grundes bedürfen) ist eine durch Gesetz vorgeschriebene Schriftform i.S.d. § 126 Abs. 1 BGB, deren Verletzung die Nichtigkeit wegen Formmangels zur Folge hat. Es hängt vom Einzelfall ab, inwieweit die Gründe ausgeführt werden müssen. Eine eingehende Substantiierung wie im Prozess kann nicht grundsätzlich und allgemein gefordert werden. Die Gründe müssen aber so genau bezeichnet sein, dass der Kündigungsempfänger genügend klar erkennen kann, was gemeint ist. Hierzu sind grundsätzlich die für die Kündigung maßgeblichen Tatsachen anzugeben. Pauschale Schlagworte und Werturteile genügen regelmäßig nicht.[89]

20 Ausweislich der Begründung des Gesetzgebers zielt das Formerfordernis des § 623 BGB auf eine **Entlastung der Gerichte** ab und soll **Rechtssicherheit** schaffen.[90] Damit sind die mit der Einschränkung der grundsätzlich gewährleisteten Formfreiheit verbundenen Gesetzeszwecke angesprochen, nämlich den Erklärenden wegen der schwerwiegenden Rechtsfolgen vor einer übereilten Entscheidung zu schützen (**Warnfunktion**) und klarzustellen, ob und mit welchem Inhalt die Erklärung erfolgt ist (**Beweisfunktion**).[91]

21 Die notarielle Beurkundung oder die Aufnahme in ein nach den Vorschriften der ZPO errichtetes Protokoll über einen Vergleichsabschluss (Prozessvergleich) wahren die Schriftform (§§ 126 Abs. 4, 127 a BGB).[92] Zur Wahrung der Schriftform bestimmt § 126 Abs. 1 BGB, dass die Urkunde von dem Aussteller eigenhändig durch Namensunterschrift oder mittels notariell beglaubigten Handzeichens unterzeichnet werden muss. Es muss somit über die Kündigung eine schriftlich abgefasste und **eigenhändig unterschriebene Urkunde** vorliegen.[93] § 126 Abs. 1 BGB ist nicht genügt, wenn eine eigenhändig unterschriebene Urkunde per Fax oder Telegramm[94] übermittelt wird. Als empfangsbedürftige Willenserklärung muss die Kündigung in der vorgeschriebenen Form nicht nur erstellt, sondern auch zugegangen sein.[95] Wird die gesetzliche Formvorschrift des § 623 BGB nicht beachtet, ergibt sich die Rechtsfolge aus § 125 Satz 1 BGB. Das Rechtsgeschäft ist nichtig. Eine Heilung ist nicht möglich. Die Kündigung muss unter Wahrung der Form neu ausgesprochen werden. **Aufgrund des in § 623 BGB normierten Schriftformerfordernisses sind Kündigungen per Telefon ebenso wie Kündigungen per Telefax, Telegramm oder E-Mail ausnahmslos formunwirksam.**

22 Bei einer **Änderungskündigung** bedarf unabhängig von der gewählten rechtlichen Konstruktion (bedingte oder unbedingte Kündigung) nicht nur die **Kündigungserklärung**, sondern auch das **Änderungsangebot** der Schriftform.[96] Denn in jedem Fall ist die Änderungskündigung geeignet, unabhängig vom weiteren Verhalten des die Kündigung erklärenden Arbeitgebers die Beendigung des Arbeitsverhältnisses herbeizuführen.[97] Bei der Änderungskündigung handelt es sich um einen einheitlichen Tatbestand von Kündigungserklärung und Änderungsangebot, was ein **umfassendes Schriftformerfordernis** begründet.[98] Soll ein Arbeitsverhältnis in ein freies Dienstverhältnis umgewandelt werden, bedarf die vertragliche Vereinbarung zu ihrer Wirksamkeit der Schriftform nach § 623 BGB.[99]

89 BAG, Urt. v. 27.03.2003, AP Nr. 3 zu § 54 BMT-G II.
90 Vgl. BT-Drucks 14/626, S. 11; krit. *Böhm*, NZA 2000, 561.
91 Kittner/Zwanziger/*Appel*, § 89 Rn 3.
92 ErfK/*Müller-Glöge*, § 623 BGB Rn 25.
93 Vgl. BGH, Urt. v. 24.09.1997, NJW 1998, 58.
94 ArbG Franfurt a.M., Urt. v. 09.01.2001, ZInsO 2001, 776.
95 BGH, Urt. v. 04.07.1986, NJW-RR 1987, 395 f.
96 Vgl. *Preis/Gotthardt*, NZA 2000, 348 (351); *Müller-Glöge/v. Senden*, AuA 2000, 199 (200); *Gaul*, DStR 2000, 691.
97 ErfK/*Müller-Glöge*, § 623 BGB Rn 26.
98 Kittner/Zwanziger/*Appel*, § 89 Rn 6.
99 LAG Berlin, Urt. v. 05.03.2003, LAGReport 2003, 266.

Wird eine (weitere) Kündigung während des Kündigungsrechtsstreits durch den Prozessbevollmächtigten in einem Schriftsatz erklärt, erfordert § 623 BGB, dass eine vom Bevollmächtigten[100] unterzeichnete Ausfertigung des Schriftsatzes dem Kündigungsempfänger persönlich oder einem Empfangsbevollmächtigten zugeht.[101] Die Schriftform des § 623 BGB ist bei einer vom Prozessbevollmächtigten des Arbeitgebers ausgesprochenen Schriftsatzkündigung dabei grundsätzlich nur dann gewahrt, wenn die dem Arbeitnehmer zugehende Abschrift vom Prozessbevollmächtigten des Arbeitgebers als Erklärendem unterzeichnet ist. Ausnahmsweise ist die Schriftform des § 623 BGB auch gewahrt, wenn die dem Prozessbevollmächtigten des Arbeitnehmers zugegangene Abschrift beglaubigt ist und der Prozessbevollmächtigte des Arbeitgebers den Beglaubigungsvermerk selbst unterschrieben hat und der Prozessbevollmächtigte des Arbeitnehmers zum Empfang der Kündigung bevollmächtigt ist.[102] Es gilt die Zugangsrechtsprechung des BAG,[103] wonach die Prozessvollmacht, aufgrund derer eine Kündigung mit der allgemeinen Feststellungsklage nach § 256 ZPO angegriffen wird, den Prozessbevollmächtigten zur Entgegennahme aller Kündigungen bevollmächtigt, die den mit dem Feststellungsantrag verbundenen weiteren Streitgegenstand betreffen. Es kommt nicht darauf an, ob und wann die Kündigung auch dem Arbeitnehmer selbst zugegangen ist. 23

2. Bestimmtheitserfordernis

Als einseitiges Rechtsgeschäft ist die **Kündigung** eines Arbeitsverhältnisses **bedingungsfeindlich**. Die Verbindung mit einer unzulässigen (auflösenden) Bedingung führt zur Unwirksamkeit der Kündigung.[104] Erklärt beispielsweise der Arbeitgeber mit der Kündigung, im Fall einer Neubeauftragung des Arbeitgebers werde der Arbeitnehmer weiterbeschäftigt und die Kündigung sei gegenstandslos, handelt es sich in der Regel um eine auflösende Bedingung, die zur Unwirksamkeit der Kündigung führt.[105] Gleichermaßen unzulässig ist eine Kündigung für den Fall, dass der Arbeitnehmer seine Leistung nicht verbessert oder am nächsten Tag seinen Urlaub eigenmächtig antritt.[106] Die Bedingungsfeindlichkeit der Kündigung als Gestaltungsrecht folgt zwingend aus dem Gebot der Rechtssicherheit. Einschränkungen der Bedingungsfeindlichkeit ergeben sich im Bereich der Rechts- und Potestativbedingungen. Da der Eintritt der Bedingung bei der Änderungskündigung vom Kündigungsempfänger abhängt, ist sie als Potestativbedingung rechtlich zulässig. Gleiches gilt für die sog. Verbund- oder Zweitkündigung (außerordentliche Kündigung und vorsorgliche ordentliche Kündigung). Die ordentliche Kündigung wird für den Fall der Unwirksamkeit der außerordentlichen Kündigung ausgesprochen. Es liegt eine zulässige Rechtsbedingung vor.[107] Auch ist eine hilfsweise beziehungsweise vorsorglich ausgesprochene weitere Kündigung, die einer bereits ausgesprochenen Kündigung nachfolgt, zulässig. Zwar ist sie durch die Wirksamkeit der vorausgehenden Kündigung bedingt. Dies ist aber eine Rechtsbedingung. 24

Aus dem für die Kündigung geltenden **Bestimmtheitsgrundsatz** folgt, dass sie nicht von Umständen abhängig gemacht werden darf, durch die der Kündigungsempfänger in Unsicherheit über die Beendigung des Arbeitsverhältnisses oder den Lauf der Kündigungsfrist gesetzt wird.[108] Kündigungserklärungen müssen **klar** und **eindeutig** sein. Das Bestimmtheitserfordernis findet seine Rechfertigung in dem Umstand, dass die Kündigung gravierend in die Rechte der Arbeitsvertragsparteien eingreift und der Eingriff einseitig erfolgt. Der Kündigungsempfänger kann weder den Zeitpunkt, noch den 25

100 Zu beachten ist insoweit § 174 BGB. Der handelnde Anwalt sollte deshalb immer eine auf ihn lautende Originalvollmacht vorlegen, die ihn ausdrücklich zur Kündigung berechtigt.
101 ErfK/*Müller-Glöge*, § 623 BGB Rn 26.
102 LAG Niedersachsen, Urt. v. 30.11.2001, NZA-RR 2002, 242 = LAGE § 623 BGB Nr. 2.
103 BAG, Urt. v. 21.01.1988, NZA 1988, 651.
104 BAG, Urt. v. 15.03.2001, NZA 2001, 1070; BAG, Urt. v. 27.06.1968, AP Nr. 1 zu § 626 BGB Bedingung = EzA § 626 BGB Nr. 9.
105 BAG, Urt. v. 15.03.2001, ArbRB 2001, 39.
106 *Schaub*, Arbeitsrechts-Handbuch, § 123 Rn 41; Berscheid/Kunz/Brand/*Hänsch*, Teil 4 Rn 331.
107 ErfK/*Müller-Glöge*, § 620 BGB Rn 173.
108 Berscheid/Kunz/Brand/*Hänsch*, Teil 4 Rn 331.

Inhalt der Kündigung bestimmen. Eine Kündigungserklärung, die jemanden zugeht, kann diesem nur mit dem Inhalt als zugegangen zugerechnet werden, wie er sie vernünftigerweise verstehen konnte. **Unklarheiten gehen deshalb zu Lasten des Kündigenden.**[109] Einer Kündigungserklärung fehlt die erforderliche Bestimmtheit und Eindeutigkeit, wenn in ihr mehrere Termine für die Beendigung des Arbeitsverhältnisses genannt werden und für den Erklärungsempfänger nicht erkennbar ist, welcher Termin gelten soll.[110]

26 Die **vorsorgliche Kündigung** ist eine unbedingte Kündigung und daher unbedenklich zulässig.[111] Bei der vorsorglichen Kündigung behält sich der Kündigende vor, die Kündigung ggf. zurückzunehmen. Diese Motivation ist jedoch unverbindlich. Für die Rücknahme der vorsorglichen Kündigung gelten die allgemeinen Grundsätze, da es sich um eine unbedingte Kündigung handelt. Der Arbeitnehmer muss auch die vorsorgliche Kündigung nach § 4 KSchG rechtzeitig durch Klage angreifen, da sonst die Wirkungen des § 7 KSchG eintreten.[112]

3. Angaben zum Kündigungsgrund

27 Ungeachtet des in § 623 BGB normierten konstitutiven Schriftformerfordernisses besteht grundsätzlich keine Verpflichtung, die ordentliche oder die außerordentliche Kündigung zu begründen.[113] Im Regelfall müssen die Kündigungsgründe nicht einhergehend mit der Kündigungserklärung mitgeteilt werden.[114] Gesetzliche Ausnahmen von diesem Grundsatz sind in § 9 Abs. 3 MuSchG und § 15 Abs. 3 BBiG normiert. Gemäß den vorbenannten Regelungen muss die Kündigung unter Angabe der Gründe erfolgen. Auch Tarifverträge oder Arbeitsverträge können eine schriftliche Begründung der Kündigung fordern. Beispielhaft sind insoweit §§ 54 BMT-G II, 57 BAT zu nennen, die der Vorschrift des § 15 Abs. 3 BBiG nachgebildet sind.[115] Wird die durch Gesetz oder Tarifvertrag vorgegebene Form nicht eingehalten, ist die Kündigung nichtig.[116]

28 Gem. § 626 Abs. 2 Satz 3 BGB muss der Kündigende dem anderen Teil auf Verlangen den Kündigungsgrund unverzüglich schriftlich mitteilen. Die Verletzung dieser gesetzlichen Verpflichtung führt indes nicht zur Unwirksamkeit der Kündigung. Aus der pflichtwidrigen Nichtangabe des Kündigungsgrundes kann sich aber für den Gekündigten ein Schadensersatzanspruch wegen der Kosten des Prozesses ergeben, den der Gekündigte im Vertrauen darauf anhängig gemacht hat, dass für die Kündigung kein wichtiger Grund vorlag.[117]

29 Beim **Nachschieben nachträglich bekannt gewordener Gründe** für eine außerordentliche Kündigung findet § 626 Abs. 2 BGB keine Anwendung.[118] Nachgeschoben werden können nur solche Kündigungsgründe, die bereits zum Zeitpunkt der Kündigung vorlagen.[119] Die Beurteilung, ob das Nachschieben von Kündigungsgründen zulässig ist, hängt entscheidend davon ab, ob eine Anhörung

109 BAG, Urt. v. 11.06.1959, DB 1959, 892.

110 BAG, Urt. v. 21.10.1981 – 2 AZR 407/79 (n.v.); KR/*Friedrich*, § 13 KSchG Rn 298 a.

111 BAG, Urt. v. 12.10.1954, AP Nr. 5 zu § 3 KSchG 1954; Ascheid/Preis/Schmidt/*Preis*, Grundlagen D. Rn 17.

112 Ascheid/Preis/Schmidt/*Preis*, Grundlagen D. Rn 17.

113 BAG, Urt. v. 21.03.1959, AP Nr. 55 zu § 1 KSchG.

114 Zum Ganzen Tschöpe/*Schulte*, Teil 3 C Rn 22.

115 Vgl. BAG, Urt. v. 10.02.1999, NZA 1999, 602: »Gem. § 54 BMT-G II müssen die Kündigungsgründe im Kündigungsschreiben jedenfalls so genau bezeichnet sein, dass im Prozess nicht ernsthaft streitig werden kann, auf welchen Lebenssachverhalt die Kündigung gestützt war; allein die Bezugnahme auf ein inhaltlich nicht näher umschriebenes Gespräch reicht dafür nicht.«

116 BAG, Urt. v. 25.11.1976, DB 1977, 868; BAG, Urt. v. 22.02.1972, BAGE 24, 133 = AP Nr. 1 zu § 15 BBiG; Kittner/Zwanziger/*Appel*, § 89 Rn 16; *Stahlhacke/Preis/Vossen*, Rn 75.

117 BAG, Urt. v. 17.08.1972, EzA § 626 BGB n.F. Nr. 22; KR/*Fischermeier*, § 626 BGB Rn 37; ErfK/*Müller-Glöge*, § 626 BGB Rn 300; *Stahlhacke/Preis/Vossen*, Rn 440 f.

118 BAG, Urt. v. 04.06.1997, NZA 1997, 1158; BAG, Urt. v. 18.01.1980, AP Nr. 1 zu § 626 BGB Nachschieben von Kündigungsgründen.

119 BAG, Urt. v. 04.06.1997, NZA 1997, 1158; BAG, Urt. v. 11.04.1985, AP Nr. 39 zu § 102 BetrVG.

des Betriebsrats gem. § 102 Abs. 1 BetrVG erforderlich ist oder nicht.[120] Insoweit ist das Nachschieben von Kündigungsgründen unter dem materiellrechtlichen Aspekt einerseits und dem betriebsverfassungsrechtlichen Aspekt andererseits zu betrachten.[121] Ist in einem Kündigungsrechtsstreit entschieden, dass das Arbeitsverhältnis durch eine bestimmte Kündigung nicht aufgelöst worden ist, so kann der Arbeitgeber eine erneute Kündigung nicht auf Kündigungsgründe stützen, die er schon zur Begründung der ersten Kündigung vorgebracht hat und die in dem ersten Kündigungsschutzprozess materiell geprüft worden sind mit dem Ergebnis, dass sie die Kündigung nicht rechtfertigen können. Das **Wiederholungsverbot für Kündigungen bei gleich bleibendem Kündigungsgrund** lässt sich auch aus der Rechtsnatur der Kündigung als Gestaltungserklärung herleiten. Das Gestaltungsrecht ist nach einmaliger Ausübung verbraucht.[122]

III. Der Zugang der Kündigungserklärung

Der Zugang der Kündigung spielt prozessual und bei außergerichtlichen Verhandlungen unter zwei Gesichtspunkten eine entscheidende Rolle. Einmal bei der Frage, ob die **Zweiwochenfrist des § 626 Abs. 2 BGB** eingehalten ist[123] und zum anderen bei der Frage, ob die **Dreiwochenfrist** zur Anrufung des Arbeitsgerichts zur Überprüfung der sozialen Rechtfertigung der Kündigung **gem. § 4 KSchG** beachtet wurde. Darüber hinaus ist der Zeitpunkt, in dem die Kündigung zugeht, entscheidend für den **Beginn der Kündigungsfrist**. 30

1. Zugang unter Anwesenden

Das Gesetz normiert nur den Zugang einer Willenserklärung unter Abwesenden (§ 130 Abs. 1 Satz 1 BGB). Der Zugang unter Anwesenden ist hingegen nicht ausdrücklich geregelt. Die zu § 130 BGB aufgestellten Grundsätze sind aber für das Wirksamwerden einer Willenserklärung unter Anwesenden entsprechend anwendbar.[124] Bei einer in einem Schriftstück verkörperten Kündigungserklärung wird die Kündigung mit **Aushändigung** des Schriftstücks an den Erklärungsempfänger wirksam, ohne dass es darauf ankommt, ob der Empfänger das ihm übergebene Schreiben tatsächlich liest.[125] Beispielsweise kann die Kündigung dem Arbeitnehmer im Betrieb ausgehändigt werden. Mit Blick auf die Bedeutung des Nachweises des Zugangs in einem späteren Rechtsstreit sollten der Übergabe Zeugen beiwohnen. Im Idealfall quittiert der Kündigungsempfänger den Empfang des Kündigungsschreibens auf einer mit Datum versehenen Durchschrift des Kündigungsschreibens. 31

2. Zugang unter Abwesenden

Gem. § 130 Abs. 1 Satz 1 BGB wird eine Willenserklärung, die einem anderen gegenüber abzugeben ist, wenn sie in dessen Abwesenheit abgegeben wird, in dem Zeitpunkt wirksam, in dem sie ihm zugeht. Eine schriftliche Willenserklärung ist nach § 130 Abs. 1 Satz 1 BGB zugegangen, sobald sie in **verkehrsüblicher Weise in die tatsächliche Verfügungsgewalt des Empfängers beziehungsweise eines empfangsberechtigten Dritten gelangt** ist und für den Empfänger unter gewöhnlichen Verhältnissen die Möglichkeit besteht, von dem Inhalt des Schreibens Kenntnis zu nehmen.[126] Wenn für den Empfänger diese Möglichkeit unter gewöhnlichen Verhältnissen besteht, ist es unerheblich, wann er die Erklärung tatsächlich zur Kenntnis genommen hat oder ob er daran durch Krankheit, zeitweilige Abwesenheit oder andere besondere Umstände zunächst gehindert 32

120 Vgl. zum Meinungsstand KR/*Etzel*, § 102 BetrVG Rn 185 ff.

121 Tschöpe/*Schulte*, Teil 3 C Rn 25; Küttner/*Eisemann*, Nr. 255 Rn 71 ff.

122 BAG, Urt. v. 22.05.2003, BB 2003, 1905.

123 Vgl. auch §§ 88 Abs. 3 und 91 Abs. 5 SGB IX.

124 BAG, Urt. v. 09.08.1984, NZA 1985, 124 = DB 1984, 2703.

125 BAG, Urt. v. 16.02.1983, DB 1983, 1663 = NJW 1983, 2958.

126 BAG, Urt. v. 02.03.1989, NZA 1989, 635; BAG, Urt. v. 16.01.1976, AP Nr. 7 zu § 130 BGB; BAG, Urt. v. 13.10.1976, AP Nr. 8 zu § 130 BGB; KR/*Friedrich*, § 4 KSchG Rn 102.

war.[127] Entscheidend ist, wann der Empfänger von der Kündigung Kenntnis nehmen konnte.[128] Auch dann, wenn dem Arbeitgeber bekannt ist, dass der Arbeitnehmer urlaubsbedingt ortsabwesend ist, kann ihm eine Kündigung auch während des Urlaubs durch Einwurf in den Hausbriefkasten am Wohnsitz zugehen. Ein Arbeitnehmer, der auf mehrfache Weise (Anrufbeantworter, Briefe) Kenntnis von einer ausgesprochenen Kündigung erhält, ist gehalten, eine Einschreibsendung bald (unter Berücksichtigung seines Gesundheitszustandes und der Witterungsverhältnisse) abzuholen.[129] Da es auf die **Möglichkeit der Kenntnisnahme unter verkehrsüblichen Voraussetzungen** ankommt, findet eine angemessene Verteilung des Übermittlungsrisikos statt. Derjenige trägt das Übermittlungsrisiko, der die Gefahr am ehesten beherrschen kann und in dessen Sphäre ein zugangsvereitelnder Umstand fällt. Dem Erklärenden fällt danach das Übermittlungsrisiko solange zu, bis er das nach den Umständen Erforderliche getan hat, um dem Empfänger die hinreichend sichere Möglichkeit der Kenntnisnahme zu verschaffen.[130] Konnte der Adressat eine schriftliche Kündigung wegen fehlender Sprachkenntnis oder Analphabetismus nicht verstehen, geht sie ihm erst nach einer angemessenen Zeitspanne zu, die zur Übersetzung benötigt wird.[131] Der Adressat einer persönlich übergebenen schriftlichen Kündigungserklärung kann ihren Zugang nicht dadurch hinauszögern oder verhindern, dass er den Brief ungeöffnet an den Überbringer zurückgibt. Ausreichend für den Zugang i.S.d. § 130 BGB ist vielmehr, dass er ohne weiteres Kenntnis vom Inhalt des Schreibens hätte erlangen können. Dem Arbeitnehmer ist in diesem Fall auch verwehrt, in einem späteren Prozess mit Nichtwissen zu bestreiten, dass der Umschlag tatsächlich ein Kündigungsschreiben enthielt.[132]

33 Die vorgenannten Grundsätze sind insbesondere bei postalischer Übermittlung oder der Übermittlung durch Boten zu beachten. Bei **Einwurf in den Briefkasten** bestimmt sich der Zeitpunkt des Zugangs danach, wann der Briefkasten üblicherweise geleert wird.[133] Es kommt nicht darauf an, wann der Empfänger den Brief tatsächlich zur Kenntnis nimmt und liest, sondern darauf, wann mit der Kenntnisnahme üblicherweise gerechnet werden kann. Maßgeblich ist, wann nach der Verkehrsanschauung mit der **Leerung des Briefkastens** zu rechnen ist. Ist das Kündigungsschreiben in den Hausbriefkasten geworfen worden, ist es dem Empfänger zugegangen, wenn damit zu rechnen ist, dass dieser den Briefkasten leert.[134] Pflegt jemand nur einmal täglich im Briefkasten nachzuschauen, etwa morgens gegen 11.00 Uhr, geht ein nachmittags eingeworfenes Kündigungsschreiben dem Arbeitnehmer erst am darauf folgenden Tage zu.[135] Hält sich der Arbeitnehmer während einer Krankheit oder einer sonstigen Arbeitsfreistellung gewöhnlich zu Hause auf, so ist von ihm nach der Verkehrsanschauung nicht zu erwarten, dass er nach den allgemeinen Postzustellungszeiten seinen Wohnungsbriefkasten nochmals überprüft. Wird ein Kündigungsschreiben erst erhebliche Zeit nach der allgemeinen Postzustellung in seinen Wohnungsbriefkasten geworfen (gegen 16.30 Uhr), so geht ihm die Kündigung erst am nächsten Tag zu.[136] Verfügt ein Wohnhaus mit mehreren Mietparteien über keine Briefkästen und erfolgt die Postzustellung durch Einwurf in den dafür vorgesehenen Briefschlitz an der Haustür, ist ein auf diesem Weg durch einen Boten zugestelltes Kündigungsschreiben in den Machtbereich des Empfängers gelangt und diesem zugegangen. Auf die tatsächliche Kenntnisnahme des Adressaten kommt es nicht an.[137] Wurde das Kündigungsschreiben noch zu einer allgemein üblichen Postzeit (etwa 10.30 Uhr) in den Briefkasten eingeworfen, so

127 BAG, Urt. v. 16.01.1976, AP Nr. 7 zu § 130 BGB.
128 BAG, Urt. v. 11.11.1992, DB 1993, 487.
129 ArbG Frankfurt a.M., Urt. v. 26.05.1999 – 9 Ca 2388/97 (n.v.).
130 BAG, Urt. v. 13.10.1976, EzA § 130 BGB Nr. 7.
131 LAG Hamm, Urt. v. 04.01.1979, EzA § 130 BGB Nr. 9 = NJW 1979, 2488; a.A. LAG Köln, Urt. v. 24.03.1988, NJW 1988, 1870.
132 LAG Sachsen, Urt. v. 11.02.2003 –7 Sa 292/02 (n.v.), Revision eingelegt unter Az. 2 AZR 388/03.
133 LAG Rostock, Urt. v. 20.05.2003 – 5 Sa 452/02 (n.v.).
134 BAG, Urt. v. 02.03.1989, EzA § 130 BGB Nr. 22; BAG, Urt. v. 11.11.1992, EzA § 130 BGB Nr. 24.
135 BAG, Urt. v. 14.11.1984, EzA § 242 BGB Nr. 38; LAG Nürnberg, Urt. v. 21.08.1980, AMBl 1981 C. 1.; LAG Hamm, Urt. v. 08.06.1967, DB 1967, 1272.
136 BAG, Urt. v. 08.12.1983, NZA 1984, 31 = NJW 1984, 1651.
137 LAG Düsseldorf, Urt. v. 19.09.2002, MDR 2001, 145.

gilt es selbst dann noch am selben Tag als zugegangen, wenn die Briefzustellung durch die Post in diesem Gebiet regelmäßig zu einem früheren Zeitpunkt erfolgt.[138]

Für den Zugang der Erklärung trägt derjenige die Beweislast, der sich auf den Zugang beruft. 34
Soweit es auf die Einhaltung einer Frist ankommt, gilt dies auch für den Zeitpunkt des Zugangs. Für den Nachweis der Zustellungen von gewöhnlichen Briefsendungen genügt nicht der Beweis des ersten Anscheins. Dies gilt insbesondere dann, wenn die Anschrift auch noch unvollständig oder teilweise falsch ist.[139] Geht dem Arbeitnehmer eine Arbeitgeberkündigung per **Einschreiben** zu, so ist die Klagefrist des § 4 KSchG auch dann grundsätzlich ab der Aushändigung des Einschreibebriefs zu berechnen, wenn der Postbote den Arbeitnehmer nicht antrifft und dieser das Einschreiben zwar nicht alsbald, aber noch innerhalb der ihm von der Post mitgeteilten Aufbewahrungsfrist beim zuständigen Postamt abholt oder abholen lässt. Der Zugang wird nicht dadurch bewirkt, dass der Postbote den Benachrichtigungsschein in den Briefkasten einwirft.[140] Holt der Arbeitnehmer das **Übergabe-Einschreiben** trotz Benachrichtigung nicht ab, so wird er jedenfalls dann so behandelt, als sei ihm das Kündigungsschreiben mit der Benachrichtigung zugegangen, wenn der kündigende Arbeitgeber seinerseits alles unternimmt, um den Zugang sicherzustellen, also zum Beispiel nach Kenntnis von der unterbliebenen Abholung erneut kündigt.[141] Gleiches gilt, wenn die Übersendung im Wege der **Postzustellung mit Postzustellungsurkunde** bewirkt wird, es sei denn, sie geschieht »durch Vermittlung eines Gerichtsvollziehers« (§ 182 Abs. 1 ZPO).[142] Das von der Deutsche Post AG seit dem 01.09.1997 alternativ zum Übergabe-Einschreiben angebotene **Einwurf-Einschreiben**[143] geht wie ein einfacher Brief zu. Es hat nur einen begrenzten Beweiswert, da ein voller Beweis nur durch eine öffentliche Urkunde erbracht werden kann. Die Deutsche Post AG kann eine solche Urkunde nicht ausstellen. Legt die Partei eine Kopie des Auslieferungsbelegs vor, wird dadurch allein bewiesen, dass das Call-Center der Deutsche Post AG eine entsprechende Erklärung abgegeben hat. Wird der Zusteller ermittelt und als Zeuge benannt, ist fraglich, ob dieser sich an den Vorgang erinnern kann. Nach der bisherigen Rechtsprechung ist nicht damit zu rechnen, dass aus dem Einlieferungsschein ein Beweis des ersten Anscheins folgt.[144] Anders als beim Übergabe-Einschreiben oder beim Einschreiben mit Rückschein kann durch das Einwurf-Einschreiben nicht der Nachweis erbracht werden, dass die Kündigungserklärung an den Empfänger ausgehändigt worden ist.[145] Auch die Kündigungszustellung durch **Einschreiben mit Rückschein** weist erhebliche Unsicherheiten auf. Zwar besteht beim Einschreiben mit Rückschein eine Kontrolle, ob und wann der Einschreibebrief zugeht, jedoch kann der Kündigungsempfänger den Zugang leicht dadurch vereiteln, dass er das Einschreiben nicht abholt. Bei Angabe einer postlagernden oder **Postfachanschrift** geht die Kündigung zu, sobald die Post sie zum Abholen bereit hält oder in das Postfach einlegt und üblicherweise noch mit dem Abholen gerechnet werden kann.[146]

Angesichts der bestehenden Rechtsunsicherheiten und Beweisschwierigkeiten ist von der postali- 35
schen Zustellung der Kündigung im Wege des Übergabe-Einschreibens, Einwurf-Einschreibens oder Einschreibens mit Rückschein abzuraten.[147] Der umsichtige Anwalt wird seinem Mandanten angesichts der vielfältigen Fehlerquellen bei der Sicherstellung des Zugangs der Kündigung stets dazu raten, das Kündigungsschreiben dem Kündigungsempfänger selbst zu übergeben. Die **Übergabe** sollte unter Beweisgesichtspunkten stets **in Anwesenheit von Zeugen** erfolgen. Die **Entgegennahme des Schreibens** sollte vom Kündigungsempfänger **quittiert** werden. Es kommt häufiger vor,

138 LAG Nürnberg, Beschl. v. 05.01.2004 – 9 Ta 162/03 (n.v.).
139 BAG, Urt. v. 14.07.1960, NJW 1961, 2132.
140 BAG, Urt. v. 25.04.1996, NZA 1996, 1227 = NJW 1996, 146; LAG Köln, Urt. v. 21.10.1994, ZTR 1995, 371; LAG Rheinland-Pfalz, Urt. v. 02.04.2002 – 1 Sa 377/01 (n.v.).
141 Kittner/Zwanziger/*Appel*, § 89 Rn 28; BGH, Urt. v. 26.11.1997, AP Nr. 19 zu § 130 BGB.
142 LAG Köln, Urt. v. 21.10.1994, ZTR 1995, 371.
143 Vgl. hierzu aktuell *Friedrich*, FA 2002, 104.
144 Ausführlich *Schaub*, Arbeitsrechts-Handbuch, § 123 Rn 26 f.; Kittner/Zwanziger/*Appel*, § 89 Rn 29.
145 Insoweit kritisch *Bauer/Diller*, NJW 1998, 2795.
146 BAG, Urt. v. 24.10.1985, DB 1986, 2619; Küttner/*Eisemann*, Nr. 255 Rn 52.
147 *Worzalla*, in: *Leinemann/Wagner/Worzalla*, Kap. 2, Rn 17; *Laber*, FA 1998, 170; *Ettwig*, FA 1998, 368.

dass der bei der Entgegennahme eines Kündigungsschreibens emotionalisierte Arbeitnehmer erklärt, er werde den Empfang des Schreibens nicht durch seine Unterschrift bestätigen. Ein Beweisnachteil für den Arbeitgeber ist damit nicht verbunden, wenn er das Schreiben in Anwesenheit von Zeugen übergeben hat. Von diesen (möglichst zwei) Zeugen sollte er sich eine schriftliche Bestätigung der Übergabe des Kündigungsschreibens geben lassen und es nicht versäumen, diesen Zeugen vor Übergabe des Briefes Gelegenheit zu geben, in den Briefumschlag hineinzuschauen und sich selbst zu vergewissern, welchen Inhalt das meist in einem Briefumschlag übergebene Kündigungsschreiben tatsächlich hat. Ist der Arbeitnehmer abwesend, wird geraten, entweder zwei Mitarbeiter zur Wohnung des Erklärungsempfängers zu schicken, diese in den Briefkasten das Kündigungsschreiben einwerfen und hierüber eine Notiz fertigen zu lassen oder die **Zustellung durch den Gerichtsvollzieher** vorzunehmen. Bei einer Zustellung durch den Gerichtsvollzieher gilt der Brief dann, wenn der Kündigungsempfänger nicht anwesend ist und die Zustellung durch Niederlegung gem. § 182 ZPO erfolgt, mit der Niederlegung des Briefes und Einwurf der entsprechenden Mitteilung in den Briefkasten als zugegangen.[148]

36 Es genügt, wenn ein Brief an eine Person ausgehändigt wird, die nach der Verkehrsauffassung als ermächtigt anzusehen ist, den Empfänger bei der Empfangnahme zu vertreten. Es ist nicht erforderlich, dass dem Dritten, der die schriftliche Willenserklärung für den Empfänger entgegennimmt, eine besondere Vollmacht oder Ermächtigung erteilt worden ist.[149] Ohne besondere Vollmacht sind nach der Verkehrsauffassung **Familienangehörige** zum Empfang der Kündigung ermächtigt.[150] Der Zugang erfolgt auch, wenn das Kündigungsschreiben einem **Lebensgefährten** überreicht wurde.[151] Lehnt ein als **Empfangsbote** anzusehender Familienangehöriger des abwesenden Arbeitnehmers die Annahme des Kündigungsschreibens des Arbeitgebers ab, muss der Arbeitnehmer die Kündigung nur dann als zugegangen gegen sich gelten lassen, wenn er auf die Annahmeverweigerung, etwa durch vorherige Absprache mit dem Angehörigen, Einfluss genommen hat.[152] Da es für die Ermächtigung zur Entgegennahme der schriftlichen Willenserklärung auf die in der Bundesrepublik bestehende Verkehrssitte ankommt, ist es unerheblich, welche Stellung in der Familie die Ehefrau allgemein nach den in der Türkei herrschenden Anschauungen einnimmt, ob die Ehefrau des Klägers tatsächlich Empfangsvollmacht hatte oder aus in ihrer Person liegenden Gründen nicht in der Lage war, die mögliche Bedeutung des Schreibens für ihren Ehemann zu erkennen und seine Weiterleitung an ihn zu veranlassen.[153]

37 Der **Prozessbevollmächtigte** ist zur Empfangnahme eines Kündigungsschreibens nur dann ermächtigt, wenn er über eine **entsprechende Vollmacht** verfügt. Ohne entsprechende Vollmacht geht die Kündigungserklärung deshalb erst mit Aushändigung an den Mandanten zu.[154] Auch bei einer erneuten Kündigung im Kündigungsschutzprozess ist zu ermitteln, welchen Inhalt die Vollmacht des Prozessbevollmächtigten hat. Wird während eines Kündigungsschutzprozesses eine zweite schriftliche Kündigung erklärt, ist nach der punktuellen Streitgegenstandstheorie davon auszugehen, dass sich die Prozessvollmachten der Prozessbevollmächtigten grundsätzlich nicht auf die Erklärung und die Entgegennahme der zweiten Kündigung beziehen. Die Prozessvollmacht hat in der Regel einen standardisierten Inhalt. Sie umfasst nur solche Prozesshandlungen, die zur Rechtsverfolgung und Verteidigung notwendig sind. Es bedarf mithin einer besonderen Bevollmächtigung.[155] Ist ein Schreiben von einem empfangsberechtigten Vertreter entgegengenommen, ist der Zugang selbst dann

148 Zöller/*Stöber*, § 182 ZPO Rn 5.
149 BAG, Urt. v. 08.12.1983 – 2 AZR 354/82 (n.v.); BAG, Urt. v. 16.01.1976, AP Nr. 7 zu § 130 BGB; BAG, Urt. v. 13.10.1976, AP Nr. 8 zu § 130 BGB; BAG, Urt. v. 18.02.1977, AP Nr. 10 zu § 130 BGB.
150 LAG Hamm, Urt. v. 28.07.1988, DB 1988, 1759; LAG Hamburg, Urt. v. 06.07.1990, LAGE § 130 BGB Nr. 16.
151 LAG Bremen, Urt. v. 17.02.1988, NZA 1988, 548.
152 BAG, Urt. v. 11.11.1992, NZA 1993, 259; RAG, Urt. v. 04.02.1941, RAG 157/40 = DR 1941, 1796.
153 BAG, Urt. v. 08.12.1983 – 2 AZR 354/82 (n.v.).
154 LAG Baden-Württemberg, Urt. v. 25.09.1967, BB 1967, 1424.
155 *Schaub*, Arbeitsrechts-Handbuch, § 123 Rn 13.

bewirkt, wenn der Vertreter das Schreiben wieder zurücksendet und nicht dem Empfangsberechtigten aushändigt.[156]

38 Auch bei längerer **Abwesenheit** des Kündigungsempfängers, etwa **wegen Urlaubs**, ist nicht darauf abzustellen, wann der Empfänger die Kündigungserklärung tatsächlich zur Kenntnis genommen hat. Unerheblich ist, ob er durch zeitweilige Abwesenheit oder andere besondere Umstände in seinem Bereich darin gehindert worden ist, sie alsbald zur Kenntnis zu nehmen.[157] Dies gilt auch, wenn der kündigende Arbeitgeber die Urlaubsadresse des Arbeitnehmers kennt. Er kann die Kündigung gleichwohl an die Heimatanschrift des Arbeitnehmers schicken. Lediglich bei besonderen Umständen des Einzelfalles kann sich aus § 242 BGB eine abweichende Würdigung ergeben. Eine dann an sich verspätete Klage kann aber nach § 5 KSchG nachträglich zugelassen werden.[158] Ein an die Heimatanschrift des Arbeitnehmers gerichtetes Kündigungsschreiben geht diesem grundsätzlich auch dann zu, wenn dem Arbeitgeber bekannt ist, dass sich der Arbeitnehmer in Untersuchungshaft oder in Auslieferungshaft im Ausland (Frankreich) befindet.[159] Bei einem Umzug ist eine Kündigung an die bisherige Anschrift möglich, solange die neue Anschrift nicht mitgeteilt und kein Nachsendeantrag gestellt ist. Der Empfänger kann sich auf den verspäteten Zugang nicht berufen, wenn er nichts getan hat, dass ihn das Schreiben an der richtigen Anschrift erreicht.[160]

39 **Hindernisse**, die **in der Sphäre des Empfängers** liegen, hat dieser zu verantworten. Das aus dem Fehlen eines Briefkastens erwachsende Zugangsrisiko trifft den Arbeitnehmer. Wird ihm deshalb ein Brief in den Türspalt der Wohnungstür geklemmt, so kann er sich nicht darauf berufen, den Brief erst 20 Stunden später im Hausflur gefunden zu haben.[161] Hat der Bote den Brief mangels Verfügbarkeit eines Hausbriefkastens nach vergeblichem Klingeln auffällig zwischen Glasscheibe und Metallgitter der von der Straße nicht einsehbaren Haustür des Einfamilienhauses des Kündigungsempfängers gesteckt, ist das Kündigungsschreiben zugegangen.[162] Verweigert der Empfänger grundlos die Annahme der Kündigung, gilt sie ohne Wiederholung als zugegangen.[163] Wird ein Brief wegen fehlerhafter Frankierung nicht oder verspätet zugeleitet oder weist der Kündigungsempfänger ihn wegen des Nachportos zurück, trägt der Kündigende das Risiko.[164] Kündigt der Arbeitgeber unmittelbar nach Erteilung der Zustimmung des Integrationsamts dem schwerbehinderten Arbeitnehmer fristlos durch Einschreiben, das nach erfolglosem Zustellversuch bei der Postanstalt niedergelegt, nach Ablauf der siebentägigen Lagerfrist an den Arbeitgeber zurückgesandt und erst dann dem Arbeitnehmer zugestellt wird, dann kann es dem Arbeitnehmer nach Treu und Glauben verwehrt sein, sich darauf zu berufen, die Kündigung sei nicht unverzüglich i.S.d. § 91 Abs. 5 SGB IX (ehemals § 18 Abs. 6 SchwbG) erklärt worden, wenn ihm der Benachrichtigungsschein über die Niederlegung des Einschreibebriefs bei der Postanstalt (durch Einwurf in den Hausbriefkasten) i.S.d. § 130 BGB zugegangen ist. Das ist der Fall, wenn der Arbeitnehmer weiß, dass bei dem Integrationsamt ein Zustimmungsverfahren anhängig ist, dieser den Benachrichtigungsschein tatsächlich erhält oder die Unkenntnis von dessen Zugang zu vertreten hat. Hierbei ist zu berücksichtigen, dass er in dem Zeitraum, in dem er mit einer Kündigung rechnen muss, seine Post sorgfältig durchzusehen hat.[165]

156 BAG, Urt. v. 13.10.1976, EzA § 130 BGB Nr. 7.
157 Vgl. Palandt/*Heinrichs*, § 130 BGB Rn 5.
158 BAG, Urt. v. 16.03.1988, NZA 1988, 875; Berscheid/Kunz/Brand/*Hänsch*, Teil 4 Rn 359.
159 BAG, Urt. v. 02.03.1989, NZA 1989, 635; BAG, Urt. v. 16.03.1988, EzA § 130 BGB Nr. 16.
160 *Schaub*, Arbeitsrechts-Handbuch, § 123 Rn 20 m.w.N.
161 ArbG Köln, Urt. v. 16.03.1981, BB 1981, 1642.
162 LAG Hamm, Urt. v. 25.02.1993, NZA 1994, 32.
163 BAG, Urt. v. 11.11.1992, NZA 1993, 259; BAG, Urt. v. 04.03.1965, DB 1965, 747; Berscheid/Kunz/Brand/*Hänsch*, Teil 4 Rn 361.
164 *Schaub*, Arbeitsrechts-Handbuch, § 123 Rn 18.
165 BAG, Urt. v. 03.04.1986, AP Nr. 9 zu § 18 SchwbG = DB 1986, 2336.

IV. Rücknahme der Kündigung

40 Die Rücknahme der Kündigung durch den Arbeitgeber kann durch verschiedene Gründe motiviert sein. Einerseits kommt eine **Änderung der Sachlage nach Ausspruch der Kündigung** in Betracht, beispielsweise wenn die betriebsbedingten Gründe nachträglich weggefallen sind, weil sich die Unschuld eines verdächtigten Arbeitnehmers herausgestellt hat oder eine Klärung der Rechtslage ergibt, dass die Kündigung aller Voraussicht nach unwirksam ist. Andererseits kann eine Rücknahme der Kündigung auch rein auf taktischem Kalkül beruhen. So kann der Arbeitgeber etwa davon ausgehen, der Arbeitnehmer habe so und so nicht vor, das Arbeitsverhältnis fortzusetzen, weil er bereits eine neue Anstellung in Aussicht oder bereits angenommen habe.[166]

41 Die Kündigung ist ein einseitiges empfangsbedürftiges Rechtsgeschäft. Da mit dem Zugang der Kündigung ihre Gestaltungswirkung unmittelbar herbeigeführt wird, kann der Kündigende die einmal ausgesprochene, zugegangene Kündigung entgegen einer weit verbreiteten Fehlvorstellung nicht mehr einseitig zurücknehmen.[167] Eine **einseitige Rücknahme** der Kündigung **scheidet nach ihrem Zugang** auch dann **aus**, wenn der Gekündigte von ihr tatsächlich noch keine Kenntnis erlangt hatte.[168] Gem. § 130 Abs. 1 Satz 2 BGB wird die Willenserklärung nur dann nicht wirksam, wenn dem Kündigungsempfänger vor Zugang der Kündigung oder gleichzeitig ein Widerruf zugeht.[169]

42 Lässt der Arbeitnehmer die Klagefrist verstreichen, gilt auch die zurückgenommene sozialwidrige oder nach § 626 BGB unwirksame Kündigung nach den §§ 4, 7 KSchG von Anfang an als rechtswirksam. Außerhalb des Geltungsbereichs des Kündigungsschutzgesetzes oder bei Unwirksamkeitsgründen, die nicht aus dem KSchG folgen, wird die zurückgenommene Kündigung wirksam, wenn die Kündigungsschutzklage verwirkt wäre.[170]

43 Die Rücknahme der Kündigung stellt ein Angebot des Arbeitgebers dar, entweder ein neues Arbeitsverhältnis abzuschließen oder das alte als nicht gekündigt zu den bisherigen Bedingungen fortzusetzen.[171] Dieses Angebot kann der Arbeitnehmer ausdrücklich, stillschweigend oder durch schlüssiges Handeln annehmen.[172] Nimmt der Arbeitnehmer das Angebot zur Fortführung des Arbeitsverhältnisses an, kommt ein Vertrag über die Aufhebung der Kündigung zustande, dessen Rechtsfolge die unveränderte Fortsetzung des Arbeitsverhältnisses ist.[173] Eine einverständliche Kündigungsrücknahme in Form eines außergerichtlichen oder gerichtlichen Vergleichs führt erst dann zur Beseitigung des arbeitgeberseitigen Annahmeverzugs, wenn der Arbeitgeber die ihm obliegende Mitwirkungshandlung vornimmt, das heißt, einen funktionsfähigen Arbeitsplatz zur Verfügung stellt und dem Arbeitnehmer Arbeit zuweist beziehungsweise die versäumte Arbeitsaufforderung nachholt.[174]

44 Nimmt der Arbeitgeber die Kündigung zurück, entfällt hierdurch nicht das Rechtsschutzinteresse für die anhängige Kündigungsschutzklage. Die Rücknahme der Kündigung nimmt dem Arbeitnehmer auch nicht das Recht, nach erklärter Rücknahme gem. § 9 KSchG die Auflösung des Arbeitsverhältnisses zu beantragen.[175] In der Erhebung der Kündigungsschutzklage liegt keine antizipierte Zustimmung des Arbeitnehmers zur Rücknahme der Kündigung des Arbeitgebers.[176] In der Stellung des Auflösungsantrages gem. § 9 KSchG nach der erklärten Kündigungsrücknahme durch

166 Zu rechtlichen und taktischen Überlegungen ausführlich *Fischer*, NZA 1999, 459.

167 BAG, Urt. v. 06.02.1992, NZA 1992, 790; BAG, Urt. v. 17.04.1986, NZA 1987, 17 = DB 1986, 2240; BAG, Urt. v. 19.08.1982, AP Nr. 9 zu § 9 KSchG; BAG, Urt. v. 29.01.1981, AP Nr. 6 zu § 9 KSchG 1969.

168 ErfK/*Müller-Glöge*, § 620 BGB Rn 229.

169 BAG, Urt. v. 19.08.1982, AP Nr. 9 zu § 9 KSchG 1969; vgl. auch *Fischer*, NZA 1999, 459.

170 Küttner/*Eisemann*, Nr. 255 Rn 63; *Stahlhacke/Preis/Vossen*, Rn 122.

171 BAG, Urt. v. 19.08.1982, BAGE 40, 56 = AP Nr. 9 zu § 9 KSchG 1969.

172 Ascheid/Preis/Schmidt/*Ascheid*, § 4 KSchG Rn 129; KR/*Friedrich*, § 4 KSchG Rn 53; *Fischer*, NZA 1999, 459 f.

173 BAG, Urt. v. 19.08.1982, AP Nr. 9 zu § 9 KSchG 1969; Tschöpe/*Schulte*, Teil 3 C Rn 129.

174 BAG, Urt. v. 19.01.1999, EzA § 615 BGB Nr. 93; KR/*Spilger*, § 11 KSchG Rn 24; kritisch Küttner/*Eisemann*, Nr. 255 Rn 64.

175 Vgl. auch BAG, Urt. v. 29.01.1981, BAGE 35, 30 = AP Nr. 6 zu § 9 KSchG 1969.

176 BAG, Urt. v. 16.03.2000, NZA 2000, 1332.

den Arbeitnehmer liegt in der Regel die Ablehnung des Arbeitgeberangebots, die Wirkungen der Kündigung einverständlich rückgängig zu machen und das Arbeitsverhältnis fortzusetzen.[177]

V. Die Kündigungsfristen

1. Allgemeines

Durch das Kündigungsfristengesetz (KündFG) vom 07.10.1993[178] gelten für die ordentliche Kündigung **einheitliche Kündigungsfristen für Arbeiter und Angestellte**.[179] Zentral geregelt sind die Kündigungsfristen in **§ 622 BGB**. Seit der Neuregelung in § 622 BGB gilt eine Grundkündigungsfrist von vier Wochen zum Fünfzehnten oder zum Ende eines Kalendermonats. Für arbeitgeberseitige Kündigungen verlängert sich die Kündigungsfrist nach der gestuften Regelung des § 622 Abs. 2 BGB von einem Monat zum Ende eines Kalendermonats ab einer zweijährigen Beschäftigung bis zu sieben Monaten zum Ende des Kalendermonats nach zwanzigjähriger Tätigkeit. Zeiten vor Vollendung des 25. Lebensjahres werden nicht berücksichtigt. Bei der Berechnung der Beschäftigungsdauer nach § 622 Abs. 2 BGB ist ein Berufsausbildungsverhältnis, aus dem der Auszubildende in ein Arbeitsverhältnis übernommen wurde, zu berücksichtigen, soweit die Ausbildung im Unternehmen nach der Vollendung des 25. Lebensjahres des Auszubildenden erfolgte.[180] Darüber hinaus finden sich Sonderregelungen etwa in § 86 SGB IX, § 15 BBiG, § 63 SeemG und § 113 Abs. 1 Satz 2 InsO.[181] Auf Hausangestellte finden die verlängerten Kündigungsfristen nach § 622 Abs. 2 BGB keine Anwendung, da der Haushalt weder Betrieb noch Unternehmen ist.[182] Bei arbeitnehmerähnlichen Personen sind die Kündigungsfristen des § 621 Nr. 3 BGB maßgeblich, wenn sie aufgrund eines Dienstvertrages beschäftigt werden. Im Fall des Geschäftsführers einer GmbH, der am Kapital der Gesellschaft nicht beteiligt ist, findet § 622 Abs. 1 und Abs. 2 BGB entsprechende Anwendung.[183] 45

Die maßgebliche Dauer der Beschäftigung bemisst sich nach dem Zeitpunkt des Zugangs der Kündigung und nicht des Kündigungstermins. Maßgebend ist der rechtliche Bestand des Arbeitsverhältnisses. Tatsächliche Unterbrechungen der Beschäftigung wirken sich auf die Dauer des Arbeitsverhältnisses nicht aus.[184] Beschäftigungszeiten aus früheren Arbeitsverhältnissen mit demselben Arbeitgeber werden grundsätzlich nicht berücksichtigt, es sei denn, zwischen den Beschäftigungsverhältnissen besteht ein enger zeitlicher und sachlicher Zusammenhang.[185] Eine feste Begrenzung für den Zeitraum, bis zu dem Unterbrechungen außer Betracht bleiben können, besteht nicht. Je länger die zeitliche Unterbrechung gedauert hat, desto gewichtiger müssen die für einen sachlichen Zusammenhang sprechenden Umstände sein. Beträgt der zeitliche Abstand zwischen dem früheren und dem neuen Arbeitsverhältnis fast sieben Wochen und damit jenseits der Zeitdauer, die bisher als unschädlich angesehen worden ist, sind nur außergewöhnlich gewichtige Umstände in der Lage, einen sachlichen Zusammenhang zu begründen.[186] Zeiten eines freien Mitarbeiterverhältnisses sind mitzuzählen, wenn sich durch die Übernahme in ein Arbeitsverhältnis die Art der bisherigen Tätigkeit nicht ändert.[187] 46

Nach § 2 Abs. 1 Nr. 9 NachwG zählen die Fristen für die Kündigung des Arbeitsverhältnisses zu den wesentlichen Vertragsbedingungen, die der Arbeitgeber spätestens einen Monat nach dem 47

177 BAG, Urt. v. 19.08.1982, BAGE 40, 56 = AP Nr. 9 zu § 9 KSchG 1969.
178 BGBl I 1993, 1668.
179 Zur Rechtslage bis zum 15.10.1993 vgl. *Diller*, NZA 2000, 293 (294).
180 BAG, Urt. v. 02.12.1999, NZA 2000, 720.
181 Zu § 113 InsO vgl. BAG, Urt. v. 16.06.1999, EzA § 113 InsO Nr. 9. Vgl. auch Küttner/*Eisemann*, Nr. 261 Rn 6 ff.
182 KR/*Spilger*, § 622 BGB Rn 65.
183 Vgl. BGH, Urt. v. 29.01.1981, AP Nr. 14 zu § 622 BGB; Tschöpe/*Schulte*, Teil 3 C Rn 149.
184 ErfK/*Müller-Glöge*, § 622 BGB Rn 19; *Wank*, NZA 1993, 961 (965).
185 BAG, Urt. v. 23.09.1976, AP Nr. 1 zu § 1 KSchG 1969 Wartezeit = NJW 1977, 1311; BAG, Urt. v. 10.05.1989, NZA 1990, 221; BAG, Urt. v. 04.02.1993, AP Nr. 2 zu § 21 SchwbG 1986 = NZA 1994, 214.
186 BAG, Urt. v. 22.05.2003, AP Nr. 18 zu § 1 KSchG 1969 Wartezeit.
187 BAG, Urt. v. 06.12.1978, NJW 1980, 1304.

vereinbarten Beginn des Arbeitsverhältnisses schriftlich niederzulegen, zu unterzeichnen und dem Arbeitnehmer auszuhändigen hat. Die Angabe kann ersetzt werden durch einen Hinweis auf die einschlägigen Tarifverträge, Betriebs- oder Dienstvereinbarungen und ähnlichen Regelungen, die für das Arbeitsverhältnis gelten. Ist die gesetzliche Regelung maßgebend, kann auf sie verwiesen werden (§ 2 Abs. 3 NachwG).

48 Die verlängerten Kündigungsfristen gelten nach § 622 Abs. 2 BGB nur für die Kündigung durch den Arbeitgeber. Für arbeitnehmerseitige Kündigungen gilt hingegen immer die Grundkündigungsfrist des § 622 Abs. 1 BGB, das heißt eine Frist von vier Wochen zum Fünfzehnten oder zum Ende eines Kalendermonats.

49 In der **Probezeit**, **längstens** jedoch **für die Dauer von sechs Monaten**, kann das Arbeitsverhältnis mit der verkürzten Frist des § 622 Abs. 3 BGB, das heißt, mit einer Frist von zwei Wochen gekündigt werden. Wird eine längere Probezeit vereinbart, gilt nach Ablauf von sechs Monaten die allgemeine Grundkündigungsfrist.[188] Die Abkürzung der Kündigungsfrist tritt bei vereinbarter Probezeit von Rechts wegen ein. Es bedarf keiner gesonderten Vereinbarung der abgekürzten Kündigungsfrist. Die **verkürzte Kündigungsfrist in der Probezeit** greift, wenn die Kündigung innerhalb der Probezeit dem Kündigungsempfänger zugeht.[189] So kann einem Angestellten des öffentlichen Dienstes auch noch am letzten Tage seiner Probezeit (§ 5 BAT) mit der Frist von zwei Wochen zum Monatsschluss (§ 53 Abs. 1 BAT) gekündigt werden.[190]

50 Nach § 622 Abs. 4 BGB dürfen durch Tarifvertrag die Grundkündigungsfrist, die verlängerte Frist und die Frist während der Probezeit abgekürzt werden. Für die Abkürzung der Kündigungsfristen besteht keine Untergrenze. Die durch Tarifvertrag verkürzten Fristen gelten auch zwischen nicht tarifgebundenen Arbeitgebern und Arbeitnehmern, wenn ihre Anwendung zwischen ihnen einzelvertraglich vereinbart ist. Tariflich geregelte Kündigungsfristen sind angesichts ihrer weiten Verbreitung für den im Arbeitsrecht tätigen Anwalt von großer Bedeutung. § 622 Abs. 5 BGB regelt, dass im Rahmen von Aushilfsarbeitsverhältnissen und bei Beteiligung von Kleinunternehmen einzelvertraglich eine verkürzte Grundkündigungsfrist vereinbart werden kann.[191] Gem. § 622 Abs. 5 Satz 3 BGB können einzelvertraglich längere als die gesetzlichen Kündigungsfristen vereinbart werden. Kündigungstermine sind abdingbar.[192] Zu beachten ist die Vorschrift des § 624 BGB, die regelt, dass, wenn das Dienstverhältnis für die Lebenszeit einer Person oder für längere Zeit als fünf Jahre eingegangen ist, es von dem Verpflichteten nach dem Ablauf von fünf Jahren mit einer Frist von sechs Monaten gekündigt werden kann. Nach § 622 Abs. 6 BGB dürfen die Kündigungsfristen für den Arbeitnehmer nicht länger sein als die entsprechenden Fristen des Arbeitgebers.

51 Die Kündigungsfrist berechnet sich nach den §§ 187 Abs. 1, 188 Abs. 1 Satz 1 BGB. Die Kündigungsfrist beginnt an dem Tag, der auf den Tag des Zugangs der Kündigung folgt (§ 187 Abs. 1 BGB). Sie endet mit dem Ablauf desjenigen Tages der letzten Woche, welcher durch seine Benennung dem Tage entspricht, an dem die Kündigung zugegangen ist (§ 188 Abs. 2 BGB). Fehlt bei einer nach Monaten bestimmten Frist im letzten Monat der für ihren Ablauf maßgebende Tag, endet die Frist mit dem Ablauf des letzten Tag dieses Monats (§ 188 Abs. 3 BGB). Wird das Arbeitsverhältnis mit einer zu kurzen Frist gekündigt, führt dies nicht zur Unwirksamkeit der Kündigung. Vielmehr wirkt eine verspätete Kündigung zum nächst zulässigen Kündigungstermin.[193] Der Ablauf der Kündigungsfrist muss im Kündigungsschreiben nicht mit dem exakten Datum bezeichnet werden. Die Kündigungserklärung **»zum nächstmöglichen Zeitpunkt«** reicht aus.

188 Küttner/*Eisemann*, Nr. 261 Rn 16.
189 BAG, Urt. v. 25.02.1981, NJW 1981, 2831.
190 BAG, Urt. v. 21.04.1966, NJW 1966, 1478.
191 Zu Einzelheiten vgl. KR/*Spilger*, § 622 BGB Rn 156 ff.
192 KR/*Spilger*, § 622 BGB Rn 177; einschränkend Berscheid/Kunz/Brand/*Berscheid*, Teil 4 Rn 486.
193 BAG, Urt. v. 18.04.1985, EzA § 622 BGB Nr. 21.

2. Verhältnis von Kündigungsfrist und Kündigungstermin

Wie *Diller*[194] ausführt, begegnet folgender Fall dem Arbeitsrechtler in der Praxis immer wieder: Im Arbeitsvertrag ist eine Kündigungsfrist von sechs Wochen oder drei Monaten zum Quartal vorgesehen. Der gekündigte Arbeitnehmer hat aufgrund längeren Bestands des Arbeitsverhältnisses eine gesetzliche Kündigungsfrist gem. § 622 Abs. 2 BGB von zwei, drei, vier oder mehr Monaten, jeweils zum Ende des Kalendermonats. § 622 Abs. 5 BGB untersagt die einzelvertragliche Vereinbarung von Kündigungsfristen, die kürzer als die gesetzlichen Fristen sind. Mit Blick hierauf stellt sich die Frage, welcher Maßstab bei dem erforderlichen Günstigkeitsvergleich anzulegen ist. Bezieht sich der Günstigkeitsvergleich (»kürzere Frist«) nur auf die Kündigungsfrist (sechs Wochen, drei Monate) oder auch auf den Kündigungstermin (Monatsende, Quartalsende)? Und falls letzteres der Fall sein sollte, ist etwa eine Frist von sechs Wochen zum Quartal günstiger als zwei Monate zum Monatsende. 52

Maßgeblich für die Lösung der vorstehenden Fragen ist, ob die Arbeitsvertragsparteien mit der von ihnen vereinbarten Vertragsfassung die **Kündigungsfrist konstitutiv** oder lediglich **deklaratorisch** regeln wollten.[195] Haben die Parteien zu Informationszwecken nur die gesetzliche Regelung wiederholt, ohne eine eigenständige Regelung treffen zu wollen, findet sich eine klare Lösung. An die Stelle des Verweises auf die alte Gesetzeslage tritt die Verweisung auf die nunmehr geltende Gesetzeslage. Sowohl hinsichtlich der Frist als auch hinsichtlich des Termins gilt ausschließlich § 622 BGB in der ab 1993 geltenden Fassung. Die frühere Quartalskündigungsfrist ist obsolet. Maßgeblich sind allein die Monatskündigungsfristen des BGB. Entsprechend führt das BAG in seiner Entscheidung vom 04.07.2001[196] aus, dass, sofern es keine Anhaltspunkte für einen entgegenstehenden Parteiwillen gibt, aus einer 1971 getroffenen Vereinbarung (Kündigungsfrist von drei Monaten zum Quartalsende) in der Regel nicht geschlossen werden kann, dass der vertragliche Kündigungstermin (Quartalsende) auch dann Bestand haben sollte, wenn nach einer Gesetzesänderung der Gesamtvergleich von Kündigungsfrist und Kündigungstermin zu dem Ergebnis führt, dass die gesetzliche Regelung für den Arbeitnehmer stets günstiger ist. 53

Schwieriger gestaltet sich die Entscheidung, wenn die Vertragsparteien eine **konstitutive Quartalskündigungsfrist** vereinbart haben.[197] Konstitutiv sind auf jeden Fall Quartalskündigungsfristen mit Arbeitern sowie in nach Oktober 1993 abgeschlossenen Arbeitsverträgen mit Angestellten. Bei konstitutiven Quartalskündigungsfristen ist ein Günstigkeitsvergleich mit den gesetzlichen Kündigungsfristen nach § 622 BGB vorzunehmen. Im Wege eines **»Gesamt-Vergleichs«** sind Kündigungsfristen und -termine als Paket zu bewerten. Die längeren Fristen können also nicht ohne weiteres im Sinne einer »Rosinentheorie« mit den vertraglich vereinbarten Quartalsterminen kombiniert werden.[198] Etwas anderes gilt ausnahmsweise dann, wenn der Vereinbarung der Quartalstermine aufgrund besonderer Umstände eine eigenständige Bedeutung zukommt. Unter Aspekten der Rechtsklarheit ist es sachgerecht, den Günstigkeitsvergleich zwischen vertraglicher Quartalskündigungsfrist und gesetzlicher Monatskündigungsfrist bezogen auf die Umstände des konkreten Einzelfalles in Abhängigkeit vom Tag des Ausspruchs einer Kündigung zu ermitteln.[199] 54

194 Instruktiv *Diller*, NZA 2000, 293 ff.
195 Ausführlich zum Problemkreis KR/*Spilger*, § 622 BGB Rn 280 ff.
196 BAG, Urt. v. 04.07.2001, AP Nr. 59 zu § 622 BGB = NZA 2002, 380.
197 Vgl. hierzu mit weiteren divergierenden Nachweisen LAG Nürnberg, Urt. v. 13.04.1999, NZA-RR 2000, 80.
198 A.A. KR/*Spilger*, § 622 BGB Rn 178.
199 A.A. *Diller*, der im Wege einer abstrakt-generellen Betrachtung ermitteln will, welche Regelung während der jeweils längeren Zeit des Jahres den besseren Schutz bietet. Vgl. *Diller*, NZA 2000, 293 ff.

3. Tarifvertragliche Regelungen

55 Die Ausgestaltung und Abänderung der Kündigungsfristen des BGB ist in ihren verschiedenen Variationsformen, als Grundkündigungsfrist, als verlängerte Kündigungsfrist und als Kündigungsfrist während der Probezeit **tarifdispositiv**. Das heißt, gemäß der umfassenden **Öffnungsklausel** in **§ 622 Abs. 4 BGB** können sowohl die Kündigungsfristen, die Voraussetzungen für das Eingreifen bestimmter längerer Kündigungsfristen (Betriebszugehörigkeit, Alter) als auch die Kündigungstermine durch die Tarifpartner abweichend (günstiger oder ungünstiger) von der Gesetzeslage geregelt werden. Die tarifliche Abkürzung der Kündigungsfrist kann unter Umständen bis zum Kündigungsfristausschluss führen. Mit der Öffnungsklausel in § 622 Abs. 4 BGB wollte der Gesetzgeber den Tarifparteien die Möglichkeit eröffnen, den Besonderheiten einzelner Wirtschaftsbereiche und Beschäftigungsgruppen ausreichend Rechnung zu tragen.[200] Allerdings sind auch die Tarifpartner gem. § 622 Abs. 6 BGB an das Benachteiligungsverbot zu Lasten der Arbeitnehmer gebunden, weil die Vorschrift im Gegensatz zu § 622 Abs. 5 BGB a.F. keine Beschränkung auf einzelvertragliche Regelungen mehr enthält.[201]

56 Nach der ständigen Rechtsprechung des BAG[202] ist bei Tarifverträgen jeweils durch Auslegung zu ermitteln, inwieweit die Tarifvertragsparteien eine selbständige, das heißt eine in ihrer normativen Wirkung von der außertariflichen Norm unabhängige eigenständige Regelung treffen wollten. Dieser Wille muss im Tarifvertrag einen hinreichend erkennbaren Ausdruck gefunden haben. Das ist regelmäßig anzunehmen, wenn die Tarifvertragsparteien eine im Gesetz nicht oder anders enthaltene Regelung treffen oder eine gesetzliche Regelung übernehmen, die sonst nicht für die betroffenen Arbeitsverhältnisse gelten würde. Für einen rein deklaratorischen Charakter der Übernahme spricht hingegen, wenn einschlägige gesetzliche Vorschriften wörtlich oder inhaltlich unverändert übernommen werden. Liegt bei Anwendung dieser Maßstäbe eine konstitutive Klausel vor, ist diese an Art. 3 Abs. 1 GG zu messen. Zu prüfen ist, ob eine tarifliche Differenzierung zwischen Arbeitern und Angestellten sachlich gerechtfertigt ist.[203] Bei der Beantwortung dieser Frage stellt das BAG vorrangig auf ein erhöhtes Bedürfnis an personalwirtschaftlicher Flexibilität ab.[204]

57 Eine deklaratorische Klausel erschöpft sich in der Übernahme der gesetzlichen Regelung. Insoweit gilt nichts anderes als bei der individualvertraglichen Absprache. Wird das Gesetz aufgehoben oder geändert, gilt auch die Tarifbestimmung nicht mehr beziehungsweise nur noch in geänderter Form.[205] Haben die Tarifpartner bei einer Kündigungsfristenregelung in nicht verfassungskonformer Weise von der in § 622 BGB enthaltenen Tariföffnungsklausel Gebrauch gemacht, ist die dadurch entstandene Lücke durch Anwendung der tarifdispositiven Gesetzesnorm zu schließen. Das heißt, es gelten die gesetzlichen Kündigungsfristen.[206]

4. Umdeutung nicht frist- und nicht termingerechter Kündigungen

58 Fehlt es am rechtzeitigen Zugang oder wird die Kündigung mit einer zu kurzen Frist erklärt, gilt die Kündigung im Zweifel als zum nächsten zulässigen Kündigungstermin erklärt.[207] Kann bei einer Massenentlassung eine Kündigung eines Angestellten wegen später ablaufender Sperrfrist nicht zu

200 BT-Drucks 12/4902, 7 und 9.
201 *Stahlhacke/Preis/Vossen*, Rn 378.
202 BAG, Urt. v. 14.02.1996, NZA 1996, 1166; BAG, Urt. v. 05.10.1995, EzA § 622 BGB n.F. Nr. 52; BAG, Urt. v. 10.05.1994, AP Nr. 3 zu § 1 TVG Tarifverträge: Verkehrsgewerbe; BAG, Urt. v. 16.09.1993, NZA 1994, 221; BAG, Urt. v. 04.03.1993, NZA 1993, 995; BAG, Urt. v. 23.09.1992 – 2 AZR 231/92 (n.v.); BAG, Urt. v. 23.01.1992, NZA 1992, 739.
203 BAG, Urt. v. 21.03.1991, NZA 1991, 797; hierzu auch *Stahlhacke/Preis/Vossen*, Rn 386 ff.
204 BAG, Urt. v. 04.03.1993, NZA 1993, 995; BAG, Urt. v. 16.09.1993, NZA 1994, 221.
205 Berscheid/Kunz/Brand/*Berscheid*, Teil 4 Rn 483.
206 BAG, Urt. v. 10.03.1994, NZA 1994, 799.
207 BAG, Urt. v. 18.04.1985, NZA 1986, 229; BAG, Urt. v. 04.02.1960, BAGE 9, 36 = AP Nr. 5 zu § 1 KSchG Betriebsbedingte Kündigung.

dem im Kündigungsschreiben genannten Kündigungstermin rechtswirksam werden, so wirkt die Kündigung – ebenso wie bei einer ordentlichen Kündigung, bei der die gesetzliche, tariflich oder vertragliche Kündigungsfrist nicht gewahrt ist – erst zum nächstzulässigen Kündigungstermin.[208] Der Arbeitgeber muss daher im eigenen Interesse durch eine rechtzeitige und ggf. vorsorglich erstattete Massenentlassungsanzeige dafür Sorge tragen, dass der gesetzlich oder tariflich vorgeschriebene Kündigungstermin in der Freifrist liegt.[209] Die Einhaltung einer längeren als der vorgeschriebenen Kündigungsfrist ist grundsätzlich unschädlich. Etwas anderes gilt indes dann, wenn durch die verfrühte Kündigung die Anwendung des KSchG umgangen werden soll.[210]

B. Anwendungsbereich des KSchG

I. Allgemeines

Im Gegensatz zum amerikanischen Arbeitsrecht, das vom Grundsatz »hire and fire« geprägt wird,[211] unterliegt der Arbeitgeber in Deutschland bei der Freisetzung von Personal umfangreichen arbeitsrechtlichen Beschränkungen, insbesondere denen des KSchG. Nach § 1 Abs. 2 KSchG ist eine Kündigung sozial ungerechtfertigt, wenn sie nicht durch Gründe, die in der Person oder in dem Verhalten des Arbeitnehmers liegen, oder durch dringende betriebliche Erfordernisse, die einer Weiterbeschäftigung des Arbeitnehmers in diesem Betrieb entgegenstehen, bedingt ist. Der durch § 1 KSchG gewährte **allgemeine Kündigungsschutz** ist – ebenso wie der nach § 626 BGB – **zwingendes Recht**.[212] Ein Ausschluss oder eine Beschränkung des Kündigungsschutzes, wie beispielsweise die Vereinbarung einer längeren Wartezeit, ist nichtig. Ein **vorheriger Verzicht auf den Kündigungsschutz** kann im Voraus **nicht rechtswirksam** vereinbart werden.[213] Jedoch kann der Arbeitnehmer nach dem Zugang einer Kündigung rechtswirksam auf die Erhebung einer Kündigungsschutzklage verzichten.[214] Wegen der weit reichenden Bedeutung eines solchen Verzichts muss seine Ernsthaftigkeit eindeutig erkennbar sein. Es gelten strenge Anforderungen.[215] Die Erklärung, auf die Erhebung einer Kündigungsschutzklage zu verzichten, beinhaltet keinen Verzicht auf Einhaltung der ordentlichen Kündigungsfrist.[216] Nach § 4 KSchG muss der Arbeitnehmer die Rechtsunwirksamkeit der Kündigung innerhalb von drei Wochen durch Klage geltend machen. Nach Ablauf der Frist gilt die Kündigung als von Anfang an rechtswirksam. Der Mangel der Sozialwidrigkeit wird rückwirkend geheilt (§ 7 KSchG). 59

Aufgrund des einseitigen Schutzcharakters des § 1 KSchG können die Arbeitsvertragsparteien für den Arbeitnehmer günstigere Regelungen vereinbaren. Beispielsweise können sie vertraglich auf die Wartefrist nach § 1 Abs. 1 KSchG verzichten, mit der Folge, dass der Kündigungsschutz bereits mit Arbeitsantritt eingreift.[217] Der Kündigungsschutz nach dem Kündigungsschutzgesetz kann durch Parteivereinbarung auch schon für Arbeitsverhältnisse, die noch nicht sechs Monate bestanden haben, eingeführt werden.[218] 60

208 LAG Hamm, Urt. v. 25.07.1986, AR-Blattei ES 1020.2 Nr. 1; LAG Frankfurt a.M., DB 1991, 658.
209 BAG, Urt. v. 21.05.1970, BB 1970, 1302 = NJW 1970, 2045; Berscheid/Kunz/Brand/*Berscheid*, Teil 4 Rn 505.
210 Kittner/Zwanziger/*Appel*, § 90 Rn 33.
211 Hierzu *Tödtmann/Schauer*, NZA 2003, 1187.
212 Ascheid/Preis/Schmidt/*Dörner*, § 1 KSchG Rn 5; ErfK/*Ascheid*, § 1 KSchG Rn 15.
213 BAG, Urt. v. 11.03.1976, AP Nr. 1 zu § 95 BetrVG 1972; BAG, Urt. v. 19.12.1974, AP Nr. 3 zu § 620 BGB Bedingung; ErfK/*Ascheid*, § 1 KSchG Rn 15.
214 Vgl. zur Verzichtsthematik LAG Köln, Urt. v. 22.02.2000, MDR 2000, 1140; LAG Köln, Urt. v. 24.11.1999, MDR 2000, 528; LAG Hamm, Urt. v. 21.09.2000, RzK I 9 i Nr. 77; zu Einzelheiten vgl. ErfK/*Ascheid*, § 1 KSchG Rn 16 f.
215 Hierzu Ascheid/Preis/Schmidt/*Dörner*, § 1 KSchG Rn 13.
216 LAG Rheinland-Pfalz, Urt. v. 26.01.1999, LAGE § 4 KSchG Verzicht Nr. 4.
217 Tschöpe/*Nägele*, Teil 3 D Rn 2.
218 BAG, Urt. v. 08.06.1972, BB 1972, 1370

II. Geschützter Personenkreis

61 Das Kündigungsschutzgesetz gewährt nur Arbeitnehmern Bestandsschutz. Nach gängiger **Definition** ist **Arbeitnehmer**, wer auf Grund eines privatrechtlichen Vertrags im Dienste eines anderen zur Leistung weisungsgebundener, fremdbestimmter Arbeit in persönlicher Abhängigkeit verpflichtet ist.[219] Teilzeitbeschäftigte sind Arbeitnehmer und genießen unabhängig vom Umfang ihrer Arbeitszeit Kündigungsschutz.[220] Der Umstand, dass Teilzeitarbeit in Form einer Nebenbeschäftigung ausgeübt wird, führt nicht zur Unanwendbarkeit des allgemeinen Kündigungsschutzes.[221] Auf **leitende Angestellte** (§ 5 Abs. 3 i.V.m. Abs. 4 BetrVG) finden nach § 14 Abs. 2 Satz 1 KSchG die Vorschriften des § 1 KSchG bis § 13 KSchG mit Ausnahme des § 3 KSchG (Kündigungseinspruch beim Betriebsrat) Anwendung.[222] Leitende Angestellte genießen daher wie alle anderen Angestellten Kündigungsschutz, da sie auch Arbeitnehmer sind. Der Arbeitgeber kann jedoch die Auflösung des Arbeitsverhältnisses mit dem leitenden Angestellten nach § 9 Abs. 1 Satz 2 KSchG ohne besondere Begründung verlangen (§ 14 Abs. 2 Satz 2 KSchG).

62 Obwohl **Auszubildende** Arbeitnehmer sind, genießen sie im Regelfall keinen Kündigungsschutz nach § 1 KSchG. Sie unterstehen vielmehr den Regelungen des BBiG.[223] Gem. **§ 15 BBiG** ist im Berufsausbildungsverhältnis nach Ablauf der Probezeit die ordentliche Kündigung ausgeschlossen, so dass der Kündigungsschutz bei einer ordentlichen Kündigung nicht eingreifen kann. § 15 Abs. 3 BBiG verlangt, dass das Kündigungsschreiben selbst oder ihm beigefügte Anlagen konkret und nachvollziehbar Tatsachen darstellen, auf die der Kündigende seinen Beendigungswillen stützt. An die Kündigungsrelevanz vertragswidriger Verhaltensweisen eines Auszubildenden sind deshalb strengere Anforderungen zu stellen als bei erwachsenen Arbeitnehmern, weil es sich bei den Auszubildenden regelmäßig um ältere Jugendliche und Heranwachsende handelt, deren geistige, charakterliche und körperliche Entwicklung noch nicht abgeschlossen ist und es nach § 6 Abs. 1 Nr. 5 BBiG gerade auch zu den Aufgaben des Ausbilders gehört, den Auszubildenden charakterlich zu fördern.[224] Nach der Rechtsprechung des BAG[225] sind die Vorschriften des KSchG über die fristgebundene Klageerhebung auch auf außerordentliche Kündigungen von Berufsausbildungsverhältnissen anzuwenden, sofern nicht gem. § 111 Abs. 1 Satz 5 ArbGG eine Verhandlung vor einem zur Beilegung von Streitigkeiten aus einem Berufsausbildungsverhältnis gebildeten Ausschuss stattfinden muss.

63 Wer als **arbeitnehmerähnliche Person** lediglich wirtschaftlich abhängig ist, genießt keinen Kündigungsschutz nach dem KSchG.[226] Ausgenommen sind damit etwa Heimarbeiter (vgl. § 29 HAG), Handelsvertreter oder freie Mitarbeiter.[227] Dabei kommt jedoch nicht darauf an, welche Bezeichnung die Parteien zur Bestimmung ihres Rechtsverhältnisses gewählt haben. Maßgeblich ist einzig und allein, ob das Rechtsverhältnis objektiv aufgrund der praktischen Umsetzung als Arbeitsverhältnis zu qualifizieren ist.[228] Beamte, Personen, die ihre Leistung überwiegend aus karitativen oder religiösen Gründen erbringen,[229] sowie Familienangehörige, die nur aufgrund familiärer Beziehungen

219 BAG, Urt. v. 11.10.2000, EzS 130/497; BAG, Urt. v. 20.09.2000, NZA 2001, 551; ausführlich zum Arbeitnehmerbegriff ErfK/*Preis*, § 611 BGB Rn 44 ff.; KR/*Etzel*, § 1 KSchG Rn 33 ff.; *Reinecke*, NZA 1999, 729; *Griebeling*, NZA 1998, 1137.
220 BAG, Urt. v. 13.03.1987, NZA 1987, 629 = MDR 1987, 789; BAG, Urt. v. 09.06.1983, EzA § 23 KSchG n.F. Nr. 4; KR/*Etzel*, § 1 KSchG Rn 74.
221 BAG, Urt. v. 13.03.1987, NZA 1987, 629 = MDR 1987, 789; KR/*Etzel*, § 1 KSchG Rn 74.
222 Ausführlich zum Kündigungsschutz leitender Angestellter *Vogel*, NZA 2002, 313.
223 ErfK/*Ascheid*, § 1 KSchG Rn 56.
224 LAG Köln, Urt. v. 08.01.2003, ArbuR 2003, 235.
225 BAG, Urt. v. 26.01.1999, NZA 1999, 934; BAG, Urt. v. 13.04.1989, BAGE 61, 258 = AP Nr. 21 zu § 4 KSchG.
226 Eingehend ErfK/*Ascheid*, § 1 KSchG Rn 48 ff.
227 Vgl. für freie Mitarbeit BAG, Urt. v. 27.10.1998, NZA 1999, 777.
228 BAG, Urt. v. 13.01.1983, BB 1983, 1855 = NJW 1984, 1985.
229 Siehe § 5 ArbGG, § 5 BetrVG.

in Betrieben mitarbeiten, werden durch das KSchG nicht geschützt. Es fehlt bei ihnen an einem privatrechtlichen Dienstvertrag.[230]

Dem allgemeinen Kündigungsschutz unterfallen aufgrund ihres fehlenden Arbeitnehmerstatus ebenfalls nicht **Gesellschafter** und **Personen, die aufgrund körperschaftlicher Verpflichtung Arbeit leisten** (§ 14 Abs. 1 KSchG). Ein besonderer satzungsmäßiger Vertreter eines rechtsfähigen Vereins gem. § 30 BGB ist nicht Arbeitnehmer.[231] 64

Etwas anderes gilt, wenn zwei Vertragsverhältnisse zwischen dem Organvertreter und der juristischen Person beziehungsweise der Personengesamtheit bestehen, von denen eines als Arbeitsverhältnis zu qualifizieren ist.[232] Für das Arbeitsverhältnis besteht bei einer derartigen Konstellation Kündigungsschutz.[233] Wird etwa ein Dienstverhältnis einer Person, die im Betrieb einer juristischen Person kraft Gesetzes, Satzung oder Gesellschaftsvertrag allein oder als Mitglied des Vertretungsorgans zu ihrer Vertretung befugt war, nach Beendigung der Organstellung als Arbeitsverhältnis fortgesetzt und wandelt es sich auf diese Weise in ein Arbeitsverhältnis, sind nach einer Kündigung dieses Vertrages die Arbeitsgerichte für einen Kündigungsrechtsstreit zuständig.[234] 65

III. Wartezeit

Gem. § 1 Abs. 1 KSchG greift der allgemeine Kündigungsschutz erst nach einer Wartezeit von **sechs Monaten** ein. Die Wartezeit setzt den **rechtlichen Bestand des Arbeitsverhältnisses in demselben Betrieb oder Unternehmen ohne Unterbrechung** voraus. Wer am 01.06. eingestellt wird, genießt ab dem 01.12. den allgemeinen Kündigungsschutz, gleichgültig, ob er während der Wartezeit drei Monate krank oder das Arbeitsverhältnis durch Streik zwei Monate suspendiert war. Abzustellen ist allein auf den **rechtlichen Bestand des Arbeitsverhältnisses**. Den Beginn der Wartezeit markiert der Zeitpunkt, zu dem nach den arbeitsvertraglichen Absprachen der Arbeitnehmer mit der Arbeit beginnen soll.[235] Für die Erfüllung der Wartezeit kommt es auf den Tag des Zugangs der Kündigung und nicht auf den Tag des Ablaufs der Kündigungsfrist an.[236] Ist im Rahmen von §1 Abs. 1 KSchG zwischen den Parteien streitig, ob ein unstreitig begründetes, dann tatsächlich unterbrochenes Arbeitsverhältnis auch rechtlich unterbrochen war, hat grundsätzlich der Arbeitgeber darzulegen und zu beweisen, dass auch eine rechtliche Unterbrechung vorlag.[237] 66

Die sechsmonatige Wartezeit gem. § 1 Abs. 1 KSchG kann grundsätzlich nur im Beschäftigungsbetrieb des Arbeitnehmers zurückgelegt werden. Beschäftigungszeiten in mehreren Betrieben verschiedener Konzernunternehmen werden nicht mitgezählt, weil das KSchG grundsätzlich nicht konzernbezogen ist. Die Betriebszugehörigkeit kann nur auf eine andere Betriebsstätte ausgedehnt werden, wenn diese mit dem Beschäftigungsbetrieb einen einheitlichen Betrieb bildet. Ein derartiger einheitlicher Betrieb liegt vor, wenn im Falle mehrerer räumlich getrennter Betriebe der Kern der Arbeitgeberfunktion im sozialen und personellen Bereich von derselben Leitung ausgeübt wird.[238] 67

Auf die Wartezeit nach § 1 Abs. 1 KSchG sind **Zeiten eines früheren Arbeitsverhältnisses** mit demselben Arbeitgeber anzurechnen, wenn das neue Arbeitsverhältnis in einem engen sachlichen Zusammenhang mit dem früheren Arbeitsverhältnis steht; dabei kommt es insbesondere auf Anlass 68

230 *Schaub*, Arbeitsrechts-Handbuch, § 128, Rn 3.
231 LAG Frankfurt a.M., Urt. v. 15.06.1990, ZTR 1991, 79.
232 Zu diesem Themenkreis *Holthausen/Steinkraus*, NZA-RR 2002, 281 ff.; *Bauer/Gragert*, ZIP 1997, 2177; *Jaeger*, NZA 1998, 961; *Nägele*, BB 2001, 305; *Niebler/Schmiedl*, NZA-RR 2001, 281.
233 *Stahlhacke/Preis/Vossen*, Rn 601 m.w.N.
234 OLG Frankfurt, Urt. v. 11.09.1999, NZA-RR 2000, 385.
235 KR/*Etzel*, § 1 KSchG Rn 109; *Stahlhacke/Preis/Vossen*, Rn 607.
236 ArbG Frankfurt a.M., Urt. v. 21.03.2001 – 6 Ca 6950/00 (n.v.); Kittner/Zwanziger/*Appel*, § 91 Rn 27.
237 BAG, Urt. v. 16.03.1989, NZA 1989, 884.
238 LAG Rheinland-Pfalz, Urt. v. 08.07.1999, MDR 2000, 37.

und Dauer der Unterbrechung sowie auf die Art der Weiterbeschäftigung an.[239] Eine **rechtserhebliche Unterbrechung** liegt vor, wenn der zwischen den Arbeitsverhältnissen liegende Zeitraum länger währt. Die Rechtsprechung gibt insoweit keine festen Grenzen vor. Das BAG hat eine Unterbrechung bei **vier**[240] beziehungsweise bei fast **drei Monaten**[241] bejaht. Andererseits hat es ausgeführt, dass nicht jede zumindest dreiwöchige rechtliche Unterbrechung die Anrechenbarkeit hindert.[242] In einer aktuellen Entscheidung vom 22.05.2003 betont der zweite Senat, eine feste Begrenzung für den Zeitraum, bis zu dem Unterbrechungen außer Betracht bleiben können, bestehe nicht. Je länger die zeitliche Unterbrechung gedauert habe, desto gewichtiger müssten die für einen sachlichen Zusammenhang sprechenden Umstände sein. Betrage der zeitliche Abstand zwischen dem früheren und dem neuen Arbeitsverhältnis fast sieben Wochen und damit jenseits der Zeitdauer, die bisher als unschädlich angesehen worden sei, seien nur außergewöhnlich gewichtige Umstände in der Lage, einen sachlichen Zusammenhang zu begründen.[243] Entsprechend der Auffassung des LAG Rostock ist die Unterbrechung eines Arbeitsverhältnisses von **mehr als sechs Wochen** nicht unerheblich für die Berechnung der Wartezeit des § 1 KSchG und führt zu deren Neubeginn bei Wiederaufnahme der Tätigkeit.[244] Mit Blick auf diese Leitlinien gilt der Grundsatz, dass nur kurzfristige rechtliche Unterbrechungen von einigen Tagen oder wenigen Wochen zu einer Anrechnung der bisherigen Dauer des Arbeitsverhältnisses auf die Wartezeit führen.[245]

69 Ein betriebliches Praktikum, das der beruflichen Fortbildung (§ 46 BBiG) gedient hat, ist auf die Wartezeit nach § 1 Abs. 1 KSchG nur dann anzurechnen, wenn es im Rahmen eines Arbeitsverhältnisses abgeleistet worden ist.[246] Die Zeit der Eingliederung eines Arbeitslosen gem. §§ 229 ff. SGB III ist auf die Wartezeit des § 1 Abs. 1 KSchG nicht anzurechnen.[247] Die Anrechnung einer Vorbeschäftigung auf die Wartezeit kommt auch dann nicht in Betracht, wenn ein Leiharbeitnehmer vom Entleiher weiterbeschäftigt wird.[248]

70 Nimmt der Arbeitnehmer die Tätigkeit vor dem im schriftlichen Arbeitsvertrag vereinbarten Arbeitsbeginn auf, so liegt darin dann keine für die Wartezeit nach § 1 KSchG erhebliche konkludente Änderung des Vertrags, wenn dem Arbeitnehmer nur sein künftiges Arbeitsgebiet gezeigt wird und er keine bestimmte weisungsgebundene Tätigkeit verrichtet.[249] Die Parteien eines Arbeitsvertrages können vereinbaren, dass der gesetzliche Kündigungsschutz nicht erst nach sechs Monaten, sondern schon zu Beginn der Beschäftigung einsetzen soll.[250] Erklärt sich der Arbeitgeber bereit, den Arbeitsvertrag eines Arbeitnehmers, den dieser mit dem Vor-Arbeitgeber abgeschlossen hat, »mit gleichen Rechten und Pflichten« zu übernehmen, liegt hierin eine Anrechnung der Vordienstzeit und damit zugleich eine zugunsten des Arbeitnehmers wirkende Verkürzung der Wartezeit des § 1 Abs. 1 KSchG.[251] Ein vertraglich vereinbarter »Verzicht auf die Probezeit« kann als Vereinbarung ausgelegt werden, dass auf die Wartezeit gem. § 1 Abs. 1 KSchG verzichtet wird.[252] Ist hingegen eine Abkürzung der Wartezeit des § 1 Abs. 1 KSchG zwischen den Parteien nicht vertraglich vereinbart, gilt für

239 BAG, Urt. v. 22.05.2003, AP Nr. 18 zu § 1 KSchG 1969 Wartezeit; BAG, Urt. v. 20.08.1998, NZA 1999, 314; BAG, Urt. v. 18.01.1979, AP Nr. 3 zu § 1 KSchG 1969 Wartezeit = DB 1979, 1754; BAG, Urt. v. 06.12.1976, MDR 1977, 344.
240 BAG, Urt. v. 18.01.1979, AP Nr. 3 zu § 1 KSchG 1969 Wartezeit = DB 1979, 1754.
241 BAG, Urt. v. 11.11.1982, AP Nr. 71 zu § 620 BGB Befristeter Arbeitsvertrag.
242 BAG, Urt. v. 20.08.1998, NZA 1999, 314.
243 BAG, Urt. v. 22.05.2003, AP Nr. 18 zu § 1 KSchG 1969 Wartezeit.
244 LAG Rostock, Urt. v. 25.04.2001 – 2 Sa 508/00 (n.v.).
245 BAG, Urt. v. 10.05.1989, EzA § 1 KSchG Nr. 46; KR/*Etzel*, § 1 KSchG Rn 120.
246 BAG, Urt. v. 18.11.1999, NZA 2000, 529.
247 BAG, Urt. v. 17.05.2001, AP Nr. 14 zu § 1 KSchG 1969 Wartezeit = DB 2001, 2354; LAG Hamm, Urt. v. 22.10.1999, AP Nr. 1 zu § 231 SGB III (Vorinstanz).
248 Kittner/Zwanziger/*Appel*, § 91 Rn 27.
249 LAG Köln, Urt. v. 23.05.1995, ARST 1995, 23.
250 BAG, Urt. v. 29.08.1980 – 7 AZR 420/78 (n.v.).
251 LAG Düsseldorf, Urt. v. 03.07.1998, ARST 1998, 262.
252 LAG Köln, Urt. v. 15.02.2002, MDR 2002, 1323.

eine arbeitgeberseitige ordentliche Kündigung während der sechsmonatigen Wartezeit der Grundsatz der Kündigungsfreiheit. Grenzen des arbeitgeberseitigen Kündigungsrechts ergeben sich lediglich mit Blick auf das Schikane- und Willkürverbot.[253] Wer sich von seinem bisherigen Arbeitsplatz abwerben lässt und mit dem abwerbenden Arbeitgeber nicht vereinbart, dass die Kündigung für eine bestimmte Zeit ausgeschlossen ist, übernimmt das Risiko, dass ihm der neue Arbeitgeber vor Ablauf der in § 1 Abs. 1 KSchG bestimmten Frist von sechs Monaten ordentlich kündigt. Sittenwidrig nach § 138 BGB ist eine während der gesetzlichen Wartezeit erklärte ordentliche Arbeitgeberkündigung nur in besonders krassen Fällen.[254]

Wird in einem unbefristeten Arbeitsverhältnis eine zunächst auf sechs Monate festgelegte Probezeit von den Parteien einvernehmlich auf neun Monate verlängert, so wird hierdurch der nach sechsmonatigem ununterbrochenem Bestehen des Arbeitsverhältnisses eintretende Kündigungsschutz nicht beeinträchtigt.[255] Entgegen einer bisweilen in der Praxis anzutreffenden Fehlvorstellung darf die Wartezeit gem. § 1 Abs. 1 KSchG nicht mit der Probezeit gleichgesetzt werden. 71

Kündigt der Arbeitgeber nur, um den Zeitpunkt des Erreichens der Wartezeit nicht eintreten zu lassen, liegt darin nur dann ein Rechtsmissbrauch, wenn sich aus den weiteren Umständen ein zu missbilligendes Verhalten ergibt.[256] Spricht der Arbeitgeber die Kündigung nur aus, um entgegen dem Grundsatz von Treu und Glauben den Eintritt des allgemeinen Kündigungsschutzes zu vereiteln, ist der Arbeitnehmer ausnahmsweise in entsprechender Anwendung des § 162 BGB so zu behandeln, als wäre die Wartezeit bereits erfüllt.[257] Allein der Umstand, dass der Arbeitgeber unmittelbar vor Ablauf der Wartezeit kündigt, um rechtliche Auseinandersetzungen wegen der Sozialwidrigkeit zu vermeiden, ist kein Rechtsmissbrauch. Der Arbeitgeber macht insoweit nur von dem ihm nach § 1 Abs. 1 KSchG zustehenden Recht Gebrauch.[258] 72

IV. Betriebliche Voraussetzungen

Die Vorschriften des ersten und zweiten Abschnitts des KSchG gelten für Betriebe und Verwaltungen des privaten und des öffentlichen Rechts, vorbehaltlich der Vorschriften des § 24 KSchG für die Seeschifffahrts-, Binnenschifffahrts- und Luftverkehrsbetriebe. Die Vorschriften des ersten Abschnitts gelten mit Ausnahme der §§ 4 bis 7 und des § 13 Abs. 1 Sätze 1 und 2 nicht für Betriebe und Verwaltungen, in denen **in** der Regel fünf oder weniger Arbeitnehmer ausschließlich der zu ihrer Berufsbildung Beschäftigten beschäftigt werden. In Betrieben und Verwaltungen, in denen in der Regel zehn oder weniger Arbeitnehmer ausschließlich der zu ihrer Berufsbildung Beschäftigten beschäftigt werden, gelten die Vorschriften des ersten Abschnitts mit Ausnahme der §§ 4 bis 7 und des § 13 Abs. 1 Satz 1 und 2 nicht für Arbeitnehmer, deren Arbeitsverhältnis nach dem 31.12.2003 begonnen hat; diese Arbeitnehmer sind bei der Feststellung der Zahl der beschäftigten Arbeitnehmer nach Satz 2 bis zur Beschäftigung von in der Regel zehn Arbeitnehmern nicht zu berücksichtigen (sog. **Kleinbetriebsklausel**).[259] Bei der Feststellung der Zahl der beschäftigten Arbeitnehmer nach den Sätzen 2 und 3 sind teilzeitbeschäftigte Arbeitnehmer mit einer regelmäßigen wöchentlichen Arbeitszeit von nicht mehr als 20 Stunden mit 0,5 und nicht mehr als 30 Stunden mit 0,75 zu berücksichtigen. 73

253 BAG, Urt. v. 16.02.1989, AP Nr. 46 zu § 138 BGB; ErfK/*Ascheid*, § 1 KSchG Rn 65; KR/*Etzel*, § 1 KSchG Rn 134 ff.
254 BAG, Urt. 24.10.1996 – 2 AZR 874/95 (n.v.).
255 LAG Frankfurt a.M., Urt. v. 13.03.1986, NZA 1987, 384.
256 BAG, Urt. v. 28.09.1978, AP Nr. 19 zu § 102 BetrVG 1972; BAG, Urt. v. 18.08.1982, AP Nr. 24 zu § 102 BetrVG 1972; BAG, Urt. v. 05.03.1987, RzK I 4 d Wartezeit Nr. 7.
257 BAG, Urt. v. 18.08.1982, AP Nr. 24 zu § 102 BetrVG 1972.
258 BAG, Urt. v. 18.08.1982, AP Nr. 24 zu § 102 BetrVG 1972; ErfK/*Ascheid*, § 1 KSchG Rn 92.
259 Zur historischen Entwicklung des Schwellenwertes vgl. die Darstellung bei Berscheid/Kunz/Brand/*Berscheid*, Teil 4 B Rn 571 ff.; vgl. BAG, Urt. v. 13.06.2002, AP Nr. 29 zu § 23 KSchG 1969 = NZA 2002, 1147 (Anwendbarkeit des KSchG auf eine Konzernholding).

74 Mit der gesetzlichen Neufassung des § 23 Abs. 1 KSchG zum 01.01.2004 wird dem Grundsatz nach der bereits zwischen 1996 und 1998 geltende Rechtszustand wieder hergestellt. Der maßgebliche **Schwellenwert** für die Anwendbarkeit des allgemeinen Kündigungsschutzes wird von bisher fünf **auf zehn Arbeitnehmer erhöht**. Der allgemeine Kündigungsschutz gilt somit erst in Betrieben, in denen mehr als zehn Arbeitnehmer beschäftigt werden. Wie bisher werden Teilzeitbeschäftigte nur anteilig entsprechend ihrer wöchentlichen Arbeitszeit berücksichtigt. Rechnerisch greift der allgemeine Kündigungsschutz zukünftig, wenn mindestens 10,25 Arbeitnehmer (in der Regel mehr als zehn) beschäftigt werden. Aufgrund dieser gesetzlichen Vorgaben kann ein Betrieb mit bislang fünf vollzeitbeschäftigten Arbeitnehmern weitere zehn teilzeitbeschäftigte Arbeitnehmer mit einer wöchentlichen Arbeitszeit von nicht mehr als 20 Stunden einstellen, ohne dass die neu eingestellten Mitarbeiter den allgemeinen Kündigungsschutz genießen.

75 Abweichend von der zwischen 1996 und 1998 geltenden Regelung behalten Arbeitnehmer, die zum Zeitpunkt des In-Kraft-Tretens des Gesetzes bereits Kündigungsschutz genießen, diese Rechtsstellung unbegrenzt. Wer also am 01.01.2004 in einem Betrieb mit mehr als fünf Arbeitnehmern beschäftigt war, behält den Kündigungsschutz, gleichgültig, ob er zu diesem Zeitpunkt die Wartezeit schon erfüllt hatte. Sinkt allerdings die Beschäftigtenzahl des Betriebes auf fünf oder weniger vor dem 01.01.2004 eingestellte Arbeitnehmer, endet auch deren Kündigungsschutz. Denn die neu eingestellten Arbeitnehmer sind bei der Ermittlung der bisherigen Schwelle nach der ausdrücklichen Formulierung von § 23 Abs. 1 Satz 3 Hs. 2 KSchG nicht zu berücksichtigen. Scheidet dementsprechend in einem Betrieb mit bisher sechs Arbeitnehmern auch nur einer dieser Arbeitnehmer aus, verlieren alle bisher beschäftigten Arbeitnehmer den Kündigungsschutz. Dies gilt auch für den Fall, dass der Arbeitsplatz des ausgeschiedenen Arbeitnehmers wieder besetzt wird.[260] Die verbleibenden Arbeitnehmer erlangen ihren allgemeinen Kündigungsschutz erst dann wieder, wenn insgesamt mehr als zehn Arbeitnehmer beschäftigt und damit der neue Schwellenwert überschritten wird.

76 Die erneute Anhebung des Schwellenwertes von bisher fünf auf nunmehr zehn Arbeitnehmer begegnet mit Blick auf die grundlegenden Entscheidungen des BVerfG aus dem Jahr 1998[261] keinen verfassungsrechtlichen Bedenken.[262] Wie das BAG[263] formuliert, findet die Herausnahme der Kleinbetriebe aus dem Geltungsbereich des KSchG im Hinblick auf Art. 3 GG ihre Rechtfertigung in den engen persönlichen Beziehungen des Kleinbetriebsinhabers zu den Arbeitnehmern, in der geringen verwaltungsmäßigen und wirtschaftlichen Belastbarkeit der Kleinbetriebe und in der Gewährleistung größerer arbeitsmarktpolitischer Freizügigkeit des Kleinunternehmers, mit der insbesondere ein Schutz des Mittelstandes bewirkt wird. Diese Gründe gelten in gleicher Weise für Betriebe mit bis zu fünf Arbeitnehmern als auch noch für solche mit bis zu zehn Arbeitnehmern. Es bleibt, wie das BAG in der zitierten Entscheidung ausführt, »nur noch einer numerischen Abwägung überlassen, bei welcher Betriebsgröße (3,5 oder 10 Beschäftigte?) der Kündigungsschutz der Arbeitnehmer oder die Kündigungsfreiheit des Kleinunternehmers bevorzugt werden soll«.[264]

77 Der Ausschluss von Kleinbetrieben aus dem Geltungsbereich des KSchG ist bei **verfassungskonformer Auslegung** mit Art. 12 Abs. 1 und Art. 3 Abs. 1 GG vereinbar.[265] Zu beachten ist, dass der Begriff des Betriebs in § 23 KSchG nicht im betriebsverfassungsrechtlichen Sinne, sondern so verstanden werden muss, dass ihm nur Einheiten unterfallen, für die der Schutzgedanke des § 23 Abs. 1 Satz 2 KSchG zutrifft.[266] Bei der Ermittlung der für die Geltung des allgemeinen Kündigungsschutzes gem. § 23 Abs. 1 KSchG erforderlichen Beschäftigtenzahl sind **alle im Betrieb regelmäßig beschäftigten Arbeitnehmer** ohne Rücksicht auf den zeitlichen Umfang ihrer Tätigkeit

260 *Löwisch*, BB 2004, 154 (161).
261 BVerfG v. 27.01.1998, NZA 1998, 470; BVerfG v. 27.01.1998, NZA 1998, 469.
262 *Bader* NZA 2004, 65 (66); *Löwisch*, BB 2004, 154 (161).
263 BAG, Urt. v. 19.04.1990, NZA 1990, 724 = NJW 1990, 2405; BAG, Urt. v. 12.11.1998, NZA 1999, 590.
264 *Löwisch*, BB 2004, 154 (161).
265 BVerfG, Beschl. v. 27.01.1998, NZA 1998, 470.
266 *Löwisch*, BB 2004, 154 (161).

mitzuzählen.[267] Teilzeitkräfte werden nach § 23 Abs. 1 KSchG entsprechend ihrer wöchentlichen Arbeitszeit anteilmäßig berücksichtigt. Eine im Rahmen eines Arbeitsvertrages beschäftigte Praktikantin, die die für das Berufsziel Erzieherin erforderliche praktische Ausbildung absolviert, ist nach § 23 Abs. 1 Satz 2 KSchG nicht zu berücksichtigen.[268]

Der Betriebsbegriff bedarf in kündigungsschutzrechtlicher Hinsicht verfassungskonformer Auslegung, da das Abstellen auf den traditionellen Betriebsbegriff dazu führen könnte, dass große Unternehmen mit vielen kleineren Betrieben, zum Beispiel diversen Filialen, nicht dem KSchG unterfallen würden.[269] Unterhält ein Arbeitgeber mehrere, zwar jeweils nur mit fünf oder weniger Angestellten besetzte, aber einheitlich und zentral gelenkte Verkaufsstellen, so ist nicht schon die einzelne Verkaufsstelle, sondern erst die Gesamtheit aller Verkaufsstellen zusammen mit der zentralen Verwaltungsstelle ein »Betrieb« im Sinne des KSchG.[270] Durch eine an Sinn und Zweck der Kleinbetriebsklausel ausgerichtete Interpretation des Betriebsbegriffs lässt sich vermeiden, dass hierunter Einheiten subsumiert werden, für die Schutzgedanke des § 23 Abs. 1 Satz 3 KSchG gerade nicht zutrifft.[271] Die Herausnahme sog. Kleinbetriebe aus dem Geltungsbereich des KSchG soll lediglich den Kleinunternehmer, dessen Betrieb über ein geringeres Geschäftsvolumen beziehungsweise eine geringere finanzielle Ausstattung verfügt, vor finanzieller und organisatorischer Überforderung durch das Führen eines Kündigungsschutzprozesses schützen.[272] 78

Auf die Organisationsform einer herrschenden Konzernmuttergesellschaft, die an ihren GmbH-Tochtergesellschaften zu 100 % beteiligt ist und mit diesen Ergebnisabführungsverträge abgeschlossen hat, ist der Schutzgedanke des § 23 Abs. 1 Satz 2 KSchG – Herausnahme von Kleinbetrieben aus dem Kündigungsschutz – bei verfassungskonformer Auslegung des Betriebsbegriffs nicht anwendbar.[273] Ein gemeinschaftlicher Betrieb zwischen einer Konzernholding und einer Tochtergesellschaft liegt nicht bereits dann vor, wenn die Holding aufgrund ihrer konzernrechtlichen Leitungsmacht gegenüber dem Vorstand der Tochter-AG anordnet, die Tochter solle bestimmte Arbeiten (z.B. Schreibarbeiten) für die Holding mit erledigen. Besteht kein Gemeinschaftsbetrieb zwischen Holding und Tochter, genießt ein Arbeitnehmer der Holding nur dann Kündigungsschutz, wenn die Holding ihrerseits dem Kündigungsschutzgesetz unterliegt, insbesondere die erforderliche Anzahl von Arbeitnehmern beschäftigt.[274] 79

Für die Feststellung der für die Anwendbarkeit des ersten Abschnitts des KSchG notwendigen Arbeitnehmerzahl sind von anderen Arbeitgebern (Unternehmen) beschäftigte Arbeitnehmer grundsätzlich nicht zu berücksichtigen. Der Betriebsbegriff steht der Zusammenrechnung der Arbeitnehmer zweier selbständiger Unternehmen entgegen.[275] Es ist verfassungsrechtlich unbedenklich, dass eine darüber hinausgreifende Berechnung der Arbeitnehmerzahl – abgesehen von Missbrauchsfällen – nur dann in Betracht kommt, wenn aufgrund einer Führungsvereinbarung der beteiligten Arbeitgeber (Unternehmen) eine einheitliche institutionelle Leitung hinsichtlich des Kerns der Arbeitgeberfunktionen im sozialen und personellen Bereich besteht.[276] Der Umstand, dass die Vorstände zweier Vereine bezüglich einiger Verwaltungsaufgaben einen entgeltlichen Geschäftsbesorgungsvertrag abgeschlossen haben, erfüllt nicht die Voraussetzungen des einheitlichen Leitungsapparates.[277] Die Voraussetzungen des § 23 Abs. 1 Satz 2 KSchG (Betriebsbegriff i.S.d. KSchG) müssen 80

267 BAG, Urt. v. 09.06.1983, EzA § 23 KSchG n.F. Nr. 4.
268 LAG Köln, Urt. v. 28.09.2000, AP Nr. 23 zu § 23 KSchG 1969.
269 Vgl. hierzu LAG Berlin, Urt. v. 01.12.1999 – 17 Sa 1925/99 (n.v.).
270 BAG, Urt. v. 26.08.1971, DB 1971, 2319; vgl. auch *Schiefer*, NZA-RR 2002, 173.
271 BVerfG, Beschl. v. 27.01.1998, NZA 1998, 470; Kittner/Zwanziger/*Appel*, § 91 Rn 14.
272 BVerfG, Beschl. v. 27.01.1998, NZA 1998, 470; Kittner/Zwanziger/*Appel*, § 91 Rn 14.
273 LAG Düsseldorf, Urt. v. 03.04.2001, NZA-RR 2001, 476.
274 BAG, Urt. v. 29.04.1999, NZA 1999, 932; vgl. auch BAG, Urt. v. 13.06.2002, AP Nr. 29 zu § 23 KSchG 1969 = NZA 2002, 1147.
275 LAG Schleswig-Holstein, Urt. v. 03.08.2000 – 4 Sa 48/00 (n.v.).
276 BAG, Urt. v. 12.11.1998, NZA 1999, 590; BAG, Urt. v. 23.03.1984, AP Nr. 4 zu § 23 KSchG 1969; BAG, Urt. v. 13.06.1985, AP Nr. 6 zu § 23 KSchG 1969.
277 LAG Schleswig-Holstein, Urt. v. 03.08.2000 – 4 Sa 48/00 (n.v.).

im Inland erfüllt werden. Die regelmäßig mehr als zehn (bis zum 31.12.2003: fünf) Arbeitnehmer müssen deshalb in den Betrieben auf dem Gebiet der Bundesrepublik Deutschland beschäftigt sein. Etwas anderes ergibt sich auch nicht aus Rechtsgrundsätzen der Europäischen Union.[278]

81 Für die Zahl der regelmäßig Beschäftigten nach § 23 Abs. 1 KSchG ist die Beschäftigungslage maßgeblich, die allgemein für den Betrieb kennzeichnend ist. Es bedarf zur Feststellung eines **Rückblicks auf die bisherige personelle Stärke des Betriebs und einer Einschätzung seiner zukünftigen Entwicklung.**[279] Für die Feststellung der regelmäßig vorhandenen Arbeitsplätze kann auf einen Vergleichszeitraum von zwölf Monaten abgestellt werden, denn in »in der Regel« beschäftigt sind nur die Personen, die während des größten Teils des Jahres normalerweise in einem Betrieb beschäftigt sind.[280] Ein Konzept des Arbeitgebers für eine in der Zukunft liegende neue personelle Entwicklung kann dann keine Berücksichtigung finden, wenn seine Verbindlichkeit zum Zeitpunkt der Kündigung deshalb noch nicht feststeht, weil ihm etwa exakte Kostenträger noch nicht zugestimmt haben.[281] Auf den höheren Beschäftigungsstand in der Vergangenheit kommt es nicht an, wenn der Betrieb mit verringerter Belegschaft fortgeführt werden soll.[282] Dabei sind die vom Arbeitgeber gleichzeitig oder zeitnah gekündigten Arbeitnehmer der Beschäftigtenzahl stets hinzuzurechnen, weil der allgemeine Kündigungsschutz anderenfalls umgangen werden könnte.[283] Nicht zu berücksichtigen sind dagegen Arbeitnehmer, die selbst gekündigt haben oder durch Aufhebungsvertrag ausscheiden und bei denen im Beurteilungszeitpunkt feststeht, dass sie nicht ersetzt werden.[284] Bei der Ermittlung der Anzahl der beschäftigten Arbeitnehmer gem. § 23 Abs. 1 KSchG kann nur der Elternzeitler oder die für ihn eingestellte Ersatzkraft mitgezählt werden.[285] Daran ändert auch der Umstand nichts, dass die Ersatzkraft nicht in einem befristeten, sondern in einem unbefristeten Arbeitsverhältnis tätig ist.[286] Allgemein kann formuliert werden, dass bei der Ermittlung der sog. Regelarbeitnehmerzahl nur der Arbeitnehmer, der endgültig oder vorübergehend aus dem Betrieb ausscheidet, oder die für ihn eingestellte Ersatzkraft mitgezählt werden.[287]

82 Die Darlegungs- und Beweislast hinsichtlich der Voraussetzungen der Betriebsgröße ist im Kündigungsschutzprozess abgestuft zu handhaben.[288] Zunächst hat der Arbeitnehmer darzulegen, dass die maßgebende Zahl der Beschäftigten erreicht ist. Sodann hat der Arbeitgeber mit Blick auf § 138 ZPO kundzutun und ggf. zu beweisen, dass aufgrund besonderer Umstände die gegenwärtige Zahl der Beschäftigten allein nicht maßgebend ist.[289]

83 Dass Betriebe mit bis zu zehn Arbeitnehmern von der Geltung des allgemeinen Kündigungsschutzes ausgenommen sind, stellt die dort beschäftigten Arbeitnehmer nicht schutzlos. Vielmehr gelten zu ihren Gunsten der Sonderkündigungsschutz in Betriebsverfassung und Personalvertretung, für Schwerbehinderte, für Schwangere und Mütter, für Eltern während der Elternzeit und für Wehrdienst- oder Zivildienstleistende, die gesetzlichen Kündigungsverbote wie § 613a Abs. 4 BGB und § 11 TzBfG, die allgemeinen Benachteiligungsverbote wie Art. 9 Abs. 3 GG, § 611a Abs. 1 Satz 1 BGB und § 612a BGB sowie das Verbot sittenwidriger Kündigung.[290] Darüber hinaus zieht auch § 242 BGB Kündigungen in Kleinbetrieben äußerste Grenzen. Insbesondere muss bei einer notwendigen Auswahlentscheidung im Falle betriebsbedingter Kündigungen ein Mindestmaß an

278 BAG, Urt. v. 09.10.1997, NZA 1998, 141.
279 BAG, Urt. v. 31.01.1991, BB 1991, 1047= NZA 1991, 562 = AP Nr. 11 zu § 23 KSchG 1969.
280 BAG, Urt. v. 29.05.1991, NZA 1992, 182; Berscheid/Kunz/Brand/*Berscheid*, Teil 4 B Rn 593.
281 LAG Schleswig-Holstein, Urt. v. 03.08.2000 – 4 Sa 48/00 (n.v.).
282 LAG Niedersachsen, Urt. v. 28.02.2000, NZA-RR 2000, 474; LAG Rheinland-Pfalz, Urt. v. 16.02.1996, NZA 1997, 315.
283 BAG, Urt. v. 22.01.2004 – 2 AZR 237/03 (n.v.).
284 LAG Niedersachsen, Urt. v. 28.02.2000, NZA-RR 2000, 474.
285 BAG, Urt. v. 31.01.1991, AP Nr. 11 zu § 23 KSchG 1969 = NZA 1991, 562.
286 LAG Schleswig-Holstein, Urt. v. 03.08.2000 – 4 Sa 48/00 (n.v.).
287 Berscheid/Kunz/Brand/*Berscheid*, Teil 4 B Rn 599; *Berscheid*, BuW 1997, 671 (675).
288 Vgl. hierzu Berscheid/Kunz/Brand/*Berscheid*, Teil 4 B, Rn 586.
289 Kittner/Zwanziger/*Appel*, § 91 Rn 25; vgl. auch ErfK/*Ascheid*, § 23 KSchG Rn 20.
290 Dazu ausführlich *Löwisch*, BB 1997, 782.

sozialer Rücksichtnahme eingehalten werden, so dass die Arbeitnehmer vor willkürlichen oder auf sachfremden Motiven beruhenden Kündigungen geschützt sind.[291] Eine auch nur pauschale Kontrolle der Kündigung auf Vorliegen eines verhaltens-, personen- oder betriebsbedingten Grundes ist damit aber nicht verbunden, vielmehr genießt der Arbeitgeber bis zur Grenze sachfremder Motive Kündigungsfreiheit. So vermag der auf konkreten Umständen beruhende Vertrauensverlust gegenüber einem Arbeitnehmer im Kleinbetrieb eine ordentliche Kündigung durch den Arbeitgeber auch dann zu rechtfertigen, wenn die Umstände, auf denen der Vertrauensverlust beruht, objektiv nicht zu verifizieren sind.[292]

C. Kündigungsschutz außerhalb von § 1 Abs. 2 und Abs. 3 KSchG

Eine Analyse des Wortlauts von § 13 KSchG offenbart, dass das KSchG die Existenz unwirksamer 84
Kündigungen außerhalb von § 1 Abs. 2 und Abs. 3 KSchG voraussetzt. So erwähnt es in § 13 Abs. 2 KSchG die sittenwidrige Kündigung und lässt sie an den Auflösungsmöglichkeiten gem. §§ 9, 10 KSchG teilhaben. Aus § 13 Abs. 3 KSchG ergibt sich im Umkehrschluss, dass der Gesetzgeber davon ausgegangen ist, dass es neben den verhaltens-, personen- und betriebsbedingten Kündigungen sowie den Kündigungen gem. § 13 Abs. 2 KSchG (sittenwidrige Kündigungen) weitere Tatbestände geben muss, die zur Unwirksamkeit einer Kündigung führen.

I. Verstoß gegen gesetzliche Kündigungsverbote und Unwirksamkeitstatbestände

Gesetzliche Verbote führen zur Nichtigkeit der Kündigung nach **§ 134 BGB**. Zu den gesetzlichen 85
Kündigungsverboten zählt etwa die Kündigung von Schwangeren nach § 9 MuSchG, die Kündigung von Schwerbehinderten ohne Zustimmung des Integrationsamts, § 85 SGB IX (vormals § 15 SchwbG), die Kündigung ohne Zustimmung des Betriebsrats oder vor rechtskräftiger Ersetzung der Zustimmung des Betriebsrats bei dem durch § 15 KSchG geschützten Personenkreis. In Verbindung mit § 103 BetrVG ist die Kündigung von Angehörigen dieses Personenkreises nach § 15 Abs. 1 Satz 1 KSchG unzulässig und als Gesetzesverstoß nach § 134 BGB nichtig.[293] Besonderen Kündigungsschutz genießen gem. § 15 Abs. 3 KSchG ebenfalls vom Zeitpunkt ihrer Bestellung an die Mitglieder des Wahlvorstands sowie die Wahlbewerber vom Zeitpunkt der Aufstellung des Wahlvorschlags an.[294] Durch das Betriebsverfassungs-Reformgesetz vom 23.07.2001,[295] in Kraft getreten am 28.07.2001, wird darüber hinaus auch den Initiatoren einer Betriebsratswahl ein besonderer Kündigungsschutz nach § 15 Abs. 3 a KSchG gewährt. Zu beachten gilt, dass der Kündigungsschutz ausweislich § 15 Abs. 3 a Satz 1 Hs. 2 KSchG nur für die ersten drei in der Einladung oder Antragstellung aufgeführten Arbeitnehmer gilt. In gleicher Weise wie ein Mitglied des Betriebsrats wird durch den Gesetzgeber der Vertrauensmann der Schwerbehinderten nach § 96 Abs. 3 SGB IX (vormals § 26 Abs. 3 SchwbG) geschützt.

Das Behinderungsverbot des § 20 Abs. 1 BetrVG ist als gesetzliches Verbot i.S.d. § 134 BGB zu 86
verstehen. Daneben ist § 20 Abs. 1 BetrVG auch eine Kündigungsschutzvorschrift. Soweit der Arbeitgeber Kündigungen oder Versetzungen einzelner Arbeitnehmer zu dem Zwecke vornimmt, die aktive oder passive Beteiligung des Gekündigten bei der Wahl zu verhindern, beziehungsweise die Durchführung der Wahl zu verhindern oder zu erschweren, verstoßen diese Kündigungen

291 BAG, Urt. v. 21.02.2001, AP Nr. 12 zu § 242 BGB Kündigung = BB 2001, 1683; BAG, Urt. v. 06.02.2003, AP Nr. 30 zu § 23 KSchG 1969.

292 BAG, Urt. v. 25.04.2001, AP Nr. 14 zu § 242 BGB Kündigung; ausführlich *Löwisch*, BB 1997, 782 (786 ff.); *ders.*, BB 2004, 154 (161).

293 BAG, Urt. v. 14.12.1978, EzA § 15 KSchG n.F. Nr. 19

294 Hierzu *Nägele/Nestel*, BB 2002, 354 ff.

295 BGBl 2001 I, 1852.

gegen ein gesetzliches Verbot und sind nach § 134 BGB nichtig.[296] Die bloße Anwesenheit eines Betriebsratsmitglieds unter den Teilnehmern eines kurzen Warnstreiks ist kein Kündigungsgrund und auch kein Grund für eine Amtsenthebung. Wird als einzigem von vielen Streikteilnehmern nur einem Betriebsratsmitglied gekündigt, verstößt dies gegen das Benachteiligungsverbot des § 78 Satz 2 BetrVG und ist gem. § 134 BGB nichtig.[297]

87 In Nordrhein-Westfalen und im Saarland darf einem Inhaber eines Bergmanns-Versorgungsscheins nach den einschlägigen Gesetzen[298] nur mit Zustimmung der Zentralstelle ordentlich gekündigt werden. Einem Zivildienstleistenden und einem Wehrpflichtigen darf gem. § 2 ArbPlSchG nicht gekündigt werden. Entsprechendes gilt für Helfer im Katastrophenschutz, § 2 Eignungs-ÜbG vom 20.01.1956. Auch die Kündigung von ehrenamtlichen Richtern der Arbeits- und Sozialgerichtsbarkeit wegen der Übernahme oder Ausübung ihres Amtes, um sie wegen ihrer Tätigkeit als ehrenamtliche Richter zu maßregeln, ist unwirksam.[299] Nach Auffassung des ArbG Neuruppin ist eine ordentliche Arbeitgeberkündigung gegenüber einem ehrenamtlichen Richter nach Art. 1 Satz 2 Brandenburgische Verfassung nichtig.[300] Unwirksam ist die Kündigung des Job-Sharing-Arbeitsverhältnisses durch den Arbeitgeber wegen des Ausscheidens des Partners, § 13 Abs. 2 Satz 1 TzBfG (vormals § 5 Abs. 2 Satz 1 BeschFG). Die Vorschrift enthält einen selbständigen Unwirksamkeitsgrund und ist von der Anwendbarkeit des Kündigungsschutzgesetzes unabhängig.[301] Die Kündigung eines Arbeitsverhältnisses wegen der Weigerung des Arbeitehmers, von einem Vollzeit- in ein Teilzeitarbeitsverhältnis oder umgekehrt zu wechseln, ist nach § 11 TzBfG unwirksam. Das Recht zur Kündigung des Arbeitsverhältnisses aus anderen Gründen bleibt unberührt. Die fehlende und auch nicht ersetzte Zustimmung zur Abberufung eines Betriebsarztes führt ebenfalls zur Unwirksamkeit der dem Betriebsarzt gegenüber ausgesprochenen Beendigungskündigung, wenn die Kündigung auf Gründe gestützt wird, die sachlich mit der Tätigkeit als Betriebsarzt in unmittelbarem Zusammenhang stehen.[302] Nichtig können ebenfalls solche Kündigungen sein, die sich auf die Amtsausübung einzelner Personen beziehen, wie der des Beauftragten für den Datenschutz gem. § 4f Abs. 3 Satz 3 BDSG (vormals § 36 Abs. 3 Satz 3 BDSG) oder der des Betriebsbeauftragten für den Umweltschutz, § 58 BImSchG. Kündigungen, die wegen der Amtstätigkeit eines Mitgliedes des Sprecherausschusses erfolgen, sind wegen Verstoßes gegen das Störungs- und Benachteiligungsverbot in § 2 Abs. 3 SprAuG i.V.m. § 134 BGB nichtig.[303]

88 Eine Änderungskündigung, mit der der Arbeitgeber den Abbau tariflich gesicherter Leistungen (Erhöhung der tariflichen Arbeitszeit von 35 Stunden auf 38,5 Stunden bei einer Lohnerhöhung von 3 %) durchzusetzen versucht, ist rechtsunwirksam.[304] Eine von den Parteien des Arbeitsverhältnisses getroffene Regelung, wonach der Arbeitgeber berechtigt ist, den Arbeitnehmer nach Erreichen eines bestimmten Alters »vorzeitig zu pensionieren« und so das aktive Arbeitsverhältnis zu beenden, ist wegen Gesetzesverstoßes (§§ 134, 626, 622 BGB) nichtig.[305]

89 Die nach Zustimmung des Integrationsamts vom Arbeitgeber ausgesprochene ordentliche Kündigung muss dem Arbeitnehmer innerhalb der Monatsfrist gem. § 18 Abs. 3 SchwbG (nunmehr § 88 Abs. 3 SGB IX) zugehen. Ergibt sich der verspätete Zugang der Kündigung – und damit deren Unwirksamkeit, §§ 134 BGB, 18 Abs. 3 SchwbG (§ 88 Abs. 3 SGB IX) – aus den von den Parteien

296 LAG Rheinland-Pfalz, Urt. v. 05.12.1991, AiB 1992, 531.
297 LAG Hamm, Urt. v. 10.04.1996, AiB 1996, 73.
298 § 10 Gesetz über einen Bergmannsversorgungschein im Land NRW vom 20.12.1983, GVBl. 635; § 11 des Gesetzes Nr. 768 über einen Bergmannsversorgungsschein im Saarland vom 11.07.1962, Amtsbl., 605.
299 *Grunsky*, § 26 ArbGG Rn 3 und 7; GK-ArbGG/*Dörner*, § 26 Rn 6.
300 ArbG Neuruppin, Urt. v. 01.06.1994, AuA 1995, 26.
301 KR/*Friedrich*, § 13 KSchG Rn 216 b; *Rosenfelder*, BeschFG 1985, 58; a.A. *Löwisch*, BB 1985, 1204.
302 BAG, Urt. v. 24.03.1988, EzA § 9 ASiG Nr. 1.
303 *Kramer*, DB 1993, 1138, m.w.N. in Fn 16.
304 BAG, Urt. v. 10.02.1999, NZA 1999, 657.
305 LAG Frankfurt a.M., Urt. v. 20.09.1999, NZA-RR 2000, 413.

im Verfahren vorgelegten Urkunden und dem unstreitigen Sachverhalt, so ist in der Regel ein gerichtlicher Hinweis nach § 278 Abs. 3 ZPO entbehrlich.[306]

§ 9 Abs. 1 Satz 1 Hs. 2 MuSchG gilt unabhängig davon, ob die Arbeitnehmerin bei Kündigungszugang Kenntnis von ihrer Schwangerschaft hatte.[307] Mangels Genehmigung der für den Arbeitsschutz zuständigen Behörde ist die Kündigung gem. § 18 BErzGG, § 134 BGB nichtig, wenn die oder der Elternzeitberechtigte in einem zweiten Arbeitsverhältnis den Rest des beim früheren Arbeitgeber noch nicht vollständig genommenen Elternzeit gem. §§ 15, 16 BErzGG geltend gemacht hat.[308] Die Kündigungsverbote nach § 9 Abs. 1 MuSchG und § 18 BErzGG bestehen nebeneinander, so dass der Arbeitgeber bei Vorliegen von Mutterschaft und zusätzlich Erziehungsurlaub für eine Kündigung der Zulässigkeitserklärung der Arbeitsschutzbehörde nach beiden Vorschriften bedarf.[309] 90

Wird dem Arbeitnehmer, der sich gegen eine Abmahnung zur Wehr gesetzt hat, ordentlich gekündigt, kann die Kündigung gegen das Maßregelungsverbot nach § 612a BGB verstoßen. Erfolgt die Kündigung unmittelbar nachdem der Arbeitnehmer sich gegen eine Abmahnung gewehrt hat, spricht der Beweis des ersten Anscheins für eine Maßregelung. Der Arbeitgeber muss dann beweisen, dass die Kündigung aus anderen Gründen erfolgte.[310] Spricht der Arbeitgeber eine Änderungskündigung aus, weil der Arbeitnehmer in zulässiger Art und Weise ihm zustehende Rechte geltend gemacht hat, verstößt dies gegen das Maßregelungsverbot gem. § 612a BGB. Im Kündigungsprozess trägt der Arbeitnehmer die Darlegungs- und Beweislast. Dieser kann sich indessen auf den Anscheinsbeweis berufen, wenn die Änderungskündigung in einem zeitlich engen Zusammenhang mit seinem Anspruchsschreiben erfolgte. Dies gilt umso mehr, wenn die Änderungskündigung ohne Einhaltung der Kündigungsfrist ausgesprochen wurde.[311] 91

Nach § 613a Abs. 4 Satz 1 BGB ist die Kündigung des Arbeitsverhältnisses eines Arbeitnehmers durch den bisherigen Arbeitgeber oder durch den neuen Inhaber wegen des Übergangs eines Betriebs oder eines Betriebsteils unwirksam. Die Vorschrift enthält ein eigenständiges Kündigungsverbot im Sinne der §§ 13 Abs. 3 KSchG 134 BGB und stellt nicht nur die Sozialwidrigkeit der Kündigung klar.[312] Das Recht zur Kündigung des Arbeitsverhältnisses aus anderen Gründen bleibt nach § 613a Abs. 4 Satz 2 BGB unberührt. Eine Kündigung erfolgt wegen des Betriebsübergangs, wenn dieser der tragende Grund, nicht nur der äußere Anlass für die Kündigung ist. § 613a Abs. 4 BGB hat gegenüber § 613a Abs. 1 BGB Komplementärfunktion. Die Norm soll als spezialgesetzliche Regelung des allgemeinen Umgehungsverbots verhindern, dass der in § 613a Abs. 1 BGB angeordnete Bestandsschutz durch eine Kündigung unterlaufen wird. Das Kündigungsverbot ist dann nicht einschlägig, wenn es neben dem Betriebsübergang einen sachlichen Grund gibt, der »aus sich heraus« die Kündigung zu rechtfertigen vermag.[313] Es schützt nicht vor Risiken, die sich jederzeit unabhängig vom Betriebsübergang aktualisieren können[314] und führt insbesondere nicht zur Lähmung der als notwendig erachteten unternehmerischen Maßnahmen.[315] Zwar ergibt sich ein Kündigungsgrund nicht schon daraus, dass ein Interessent den Erwerb des Betriebs von der Kündigung abhängig macht. Doch ist der Betriebsinhaber durch § 613a Abs. 4 Satz 1 BGB nicht gehindert, auch im Zusammenhang mit einer Veräußerung des Betriebs Rationalisierungen 92

306 LAG Köln, Urt. v. 27.02.1997, NZA-RR 1997, 337.
307 BAG, Urt. v. 13.06.1996, BAGE 83, 195.
308 BAG, Urt. v. 11.03.1999, NZA 1999, 104.
309 BAG, Urt. v. 31.03.1993, AP Nr. 20 zu § 9 MuSchG 1968.
310 ArbG Augsburg, Urt. v. 07.10.1997, NZA-RR 1998, 542.
311 ArbG Kiel, Urt. v. 30.04.1997, NZA-RR 1998, 303.
312 BAG, Urt. v. 31.01.1985, AP Nr. 40 zu § 613a BGB; BAG, Urt. v. 05.12.1985, AP Nr. 47 zu § 613a BGB; BGH, Urt. v. 04.07.1985, AP Nr. 50 zu § 613a BGB.
313 BAG, Urt. v. 26.05.1983, AP Nr. 34 zu § 613a BGB; BAG, Urt. v. 27.09.1984, AP Nr. 39 zu § 613a BGB; BAG, Urt. v. 05.12.1985, AP Nr. 47 zu § 613a BGB; BAG, Urt. v. 19.05.1988, AP Nr. 75 zu § 613a BGB.
314 Erman/*Hanau*, § 613a BGB Rn 122; *Willemsen*, ZIP 1983, 411 (413).
315 *Ascheid*, NZA 1991, 873 (878 f.).

zur Verbesserung des Betriebs durchzuführen und zu diesem Zweck betriebsbedingte Kündigungen auszusprechen.[316]

93 Wird einem Arbeitnehmer während des Probearbeitsverhältnisses vor Eintritt des allgemeinen Kündigungsschutzes nach § 1 KSchG fristlos und auch ordentlich gekündigt im Zusammenhang mit der erstmaligen, gewerkschaftlich durchgeführten Betriebsratswahl, so trifft den Arbeitgeber die Beweislast, dass dieser Zusammenhang nicht besteht, wenn alle Umstände dafür sprechen, dass die Kündigung wegen Aktivitäten des Arbeitnehmers für die Betriebsratswahl ausgesprochen wurde. Wenn der Arbeitgeber diesen Beweis nicht führen kann, ist die Kündigung gem. §§ 20 Abs. 1 BetrVG, 134 BGB nichtig. Dies gilt nicht für eine weitere Kündigung, wenn nun kein Zusammenhang mehr mit der Betriebsratswahl anzunehmen ist, sondern andere Kündigungsgründe.[317]

94 Eine in der Praxis überaus bedeutsame Unwirksamkeitsbestimmung enthält § 102 Abs. 1 BetrVG. Wird der Betriebsrat nicht oder nicht ordnungsgemäß angehört, ist die Kündigung nichtig. Wegen der Einzelheiten wird auf die nachfolgende Darstellung verwiesen.

II. Sittenwidrige Kündigung

95 Eine Kündigung kann gem. **§ 138 Abs. 1 BGB** nichtig sein,[318] wenn in ihr ein dem Anstandsgefühl aller billig und gerecht Denkenden gröblich widersprechendes Gesamtverhalten zum Ausdruck gelangt, insbesondere wenn sie auf einem ausgesprochen verwerflichen Motiv beruht.[319] So ist eine Kündigung insbesondere sittenwidrig, wenn sie aus **Rachsucht** oder zur **Vergeltung** erklärt wird.[320] Eine verwerfliche Gesinnung ist dem Kündigenden nur dann anzulasten, wenn er sich derjenigen Tatsachen bewusst ist, die seine Kündigung zu einem sittenwidrigen Vorgehen machen. Dabei gilt § 166 Abs. 1 BGB, wonach auch auf die Kenntnis oder das Kennenmüssen gewisser Umstände durch den Vertreter abzustellen ist, auch im Rahmen des § 138 BGB. Geht es um die Sittenwidrigkeit einer Kündigung, kommt es grundsätzlich nur auf die Kenntnis des kündigungsberechtigten Vertreters an. Dagegen ist eine verwerfliche Gesinnung von Hilfspersonen, die den Kündigenden oder seine Vertreter nur intern beraten, unschädlich.[321]

96 Der schwere Vorwurf der Sittenwidrigkeit einer Kündigung kommt aber nur in Ausnahmefällen in Betracht. Eine Kündigung ist sittenwidrig, wenn die sie tragenden Gründe, die hinter ihr stehenden Motive oder die Umstände, unter denen sie ausgesprochen wird, den allgemeinen Wertvorstellungen grob widersprechen. Dies ist anhand einer Gesamtabwägung aller Umstände zu ermitteln, wobei bei der Abgrenzung von bloß sozialwidrigen oder willkürlichen Kündigungen ein strenger Maßstab anzulegen ist. Eine – unterstellte – Täuschungshandlung, durch die der Arbeitnehmer von der Erhebung einer Kündigungsschutzklage abgehalten wird, führt nicht zur Sittenwidrigkeit der Kündigung. Insoweit kommt die Zulassung einer verspätet erhobenen Kündigungsschutzklage in Betracht. Ein – unterstellter – mit der Kündigung einhergehender Subventionsbetrug, § 264 StGB, führt nicht zur Sittenwidrigkeit der Kündigung selbst. Dies entspricht nicht dem Schutzzweck der Norm, die die Planungssicherheit und Dispositionsfreiheit der öffentlichen Hand schützt.[322]

316 BAG, Urt. v. 18.07.1996, NZA 1997, 148; ausführlich ErfK/*Preis*, § 613a BGB Rn 135 ff.

317 BAG, Urt. v. 20.03.2003, AP Nr. 250 zu § 613a BGB = DB 2003, 1906; LAG Hamm, Urt. v. 17.04.1986, RzK I 8 l Nr. 5.

318 Hierzu *Gragert*, NZA 2000, 961 (965 f.).

319 BAG, Urt. v. 23.11.1961, MDR 1962, 337; vgl. die umfangreiche Darstellung bei KR/*Friedrich*, § 13 KSchG Rn 111 ff.

320 BAG, Urt. v. 28.12.1956, BAGE 3, 197; BAG, Urt. v. 19.07.1973, EzA § 138 BGB Nr. 13; BAG, Urt. v. 02.04.1987, EzA § 612a BGB Nr. 1; BAG, Urt. v. 24.04.1997, AP Nr. 27 zu § 611 BGB Kirchendienst.

321 BGH, Urt. v. 23.10.1963, LM Nr. 8 zu § 166 BGB; BAG, Urt. v. 04.07.1977 – 2 AZR 233/76 (n.v.); KR/*Friedrich*, § 13 KSchG Rn 126.

322 LAG Köln, Urt. v. 09.10.2000 – 8 Sa 84/00 (n.v.).

Die den vorgetragenen Sachverhalt stützenden Tatsachen hat im Streitfall derjenige zu beweisen, der sich auf ihn beruft.[323] Wird eine Kündigung auf Tatsachen gestützt, die an sich geeignet sind, eine ordentliche Kündigung nach § 1 Abs. 2 und Abs. 3 KSchG zu rechtfertigen, scheidet der Vorwurf der Sittenwidrigkeit aus.[324] 97

Will der Arbeitnehmer sich gegen die seiner Auffassung nach sittenwidrige Kündigung wenden, ist er nicht zwingend auf die Einhaltung der Vorschriften des KSchG insbesondere der Klagefrist nach § 4 KSchG angewiesen (§ 13 Abs. 2 Satz 1 KSchG). Die Einhaltung der Klagefrist und die gleichzeitige Rüge der Sozialwidrigkeit der Kündigung kann indes aus prozesstaktischen Gründen angezeigt sein. Insoweit ist auf die Gestaltungsmöglichkeiten des § 13 Abs. 2 Satz 2 KSchG zu verweisen.[325] 98

Auch während der Wartefrist des § 1 KSchG beziehungsweise der Probezeit kann eine Kündigung dann unwirksam sein und ggf. zum Schadensersatz verpflichten, wenn sie gegen ein gesetzliches Verbot verstößt, sittenwidrig ist oder gegen die Grundsätze von Treu und Glauben verstößt. Der Vorwurf der Sittenwidrigkeit ist nur dann berechtigt, wenn die Kündigung auf einem verwerflichen Motiv beruht. Ein Verstoß gegen die guten Sitten ist zu verneinen, wenn der Kündigung sachliche Überlegungen zugrunde liegen.[326] 99

Kündigt der Arbeitgeber einem mit dem HIV-Virus infizierten Arbeitnehmer, der noch nicht den allgemeinen Kündigungsschutz nach § 1 Abs. 1 KSchG genießt, fristgerecht, so ist die Kündigung jedenfalls nicht sittenwidrig nach § 138 Abs. 1 BGB, wenn der Arbeitnehmer nach Kenntnis von der Infektion einen Selbsttötungsversuch unternommen hat, danach längere Zeit (nahezu drei Monate) arbeitsunfähig krank war, dieser Zustand nach einem vor Ausspruch der Kündigung vorgelegten ärztlichen Attest »bis auf weiteres« fortbestehen sollte und diese Umstände für den Kündigungsentschluss jedenfalls mitbestimmend waren.[327] Eine Trotzkündigung des Arbeitgebers nach rechtskräftiger Erledigung eines ersten Kündigungsschutzverfahrens stellt sich als sittenwidrig dar.[328] Es verstößt gegen die guten Sitten und gegen das Grundrecht auf informationelle Selbstbestimmung, wenn eine Kirche das Wissen, das ihr ein kirchlicher Arbeitnehmer mit der Bitte um seelsorgerischen Beistand offenbart hat, gegen den Arbeitnehmer mit dessen fristloser Entlassung verwertet.[329] 100

Eine fristgemäße Kündigung, die vom Arbeitgeber vor Ablauf der ersten sechs Monate des Arbeitsverhältnisses ausgesprochen wird, kann gem. § 134 BGB (Verstoß gegen ein gesetzliches Verbot), § 138 BGB (Sittenwidrigkeit) und unter Umständen gem. § 242 BGB (Verstoß gegen Treu und Glauben) rechtsunwirksam sein. Nach Auffassung des LAG Köln ist indes eine wegen nicht zufrieden stellender Leistungen während der Probezeit ausgesprochene ordentliche Kündigung nicht allein deshalb sittenwidrig, weil dem Arbeitnehmer keine ihm ausreichend erscheinende Einarbeitung geboten worden ist. Sie stellt auch nicht allein deswegen ein treuwidriges oder widersprüchliches Verhalten dar, weil der Arbeitgeber in der Probezeit keine Kritik an den Leistungen des Arbeitnehmers geübt hat.[330] Das Diskriminierungsverbot des Art. 3 Abs. 3 GG ist ein Verbotsgesetz i.S.d. § 134 BGB. Unter das Verbot fällt auch die Benachteiligung des Arbeitnehmers wegen seiner politischen Anschauung, die in der Mitgliedschaft bei einer politischen Partei ihren Ausdruck findet. Gegen das Verbot der Benachteiligung wegen der Zugehörigkeit zu einer politischen Partei 101

323 BAG, Urt. v. 16.02.1989, EzA § 138 BGB Nr. 23; BAG, Urt. v. 19.07.1973, EzA § 138 BGB Nr. 13.; *Stahlhacke/Preis/Vossen*, Rn 177.

324 BAG, Urt. v. 13.09.1976, EzA § 1 KSchG Nr. 1; LAG München, Urt. v. 27.07.1976, A.M..Bl. 1977, C. 29; KR/*Friedrich*, § 13 KSchG Rn 118 und Rn 125.

325 Vgl. Kittner/Zwanziger/*Appel*, § 101 Rn 43.

326 LAG Hamm, Urt. v. 27.09.2000 – 14 Sa 1163/00 (n.v.).

327 BAG, Urt. v. 16.02.1989, NZA 1989, 962.

328 BAG, Urt. v. 26.08.1993, NZA 1994, 70.

329 LAG Hessen, Urt. v. 05.03.1996 – 7 Sa 719/95 (n.v.); a.A. aber die Revisionsentscheidung BAG, Urt. v. 24.04.1997, AP Nr. 27 zu § 611 BGB Kirchendienst = NZA 1998, 145.

330 LAG Köln, Urt. v. 16.08.2002, ArbuR 2003, 196.

verstößt eine Kündigung nur dann, wenn sie gerade wegen und nur wegen dieses Grundes erklärt wird. Nicht sittenwidrig ist eine Kündigung, die darauf gestützt wird, dass der Arbeitnehmer im Landtagswahlkampf sich mit dem Inhalt eines von ihm verteilten Parteiblattes identifiziert hat, in dem der Berufsstand seines Arbeitgebers im Allgemeinen und der Arbeitgeber selbst diskriminiert und in der Meinung der Öffentlichkeit herabgesetzt wird.[331]

102 In seinem Beschluss zur Kleinbetriebsklausel[332] hat das Bundesverfassungsgericht unter anderem ausgeführt, dass der Arbeitnehmer dort, wo die Bestimmungen des KSchG nicht greifen, durch die zivilrechtlichen Generalklauseln vor einer sitten- oder treuwidrigen Ausübung des Kündigungsrechts durch den Arbeitgeber geschützt sei.[333] Im Rahmen der Generalklauseln müsse der objektive Gehalt der Grundrechte beachtet werden, wobei sich die maßgebenden Grundsätze insbesondere aus Art. 12 Abs. 1 GG ergäben. Auch in Kleinbetrieben sei der Arbeitnehmer durch die Generalklauseln vor willkürlichen oder auf sachfremden Motiven beruhenden Kündigungen geschützt. Gleichermaßen sei der Arbeitnehmer vor Diskriminierungen durch Art. 3 Abs. 3 GG geschützt. Diskriminierende Kündigungen, die nur wegen der Abstammung, der Rasse, des Glaubens oder der religiösen und politischen Überzeugung erfolgen, sind unwirksam.[334] Die Mitgliedschaft in oder die Betätigung zugunsten einer politischen Partei kann eine Kündigung nur dann rechtfertigen, wenn hierdurch das Arbeitsverhältnis konkret berührt wird. Eine abstrakte Gefährdung des Betriebsfriedens durch eine solche Betätigung genügt nicht.[335]

103 Resümierend bleibt festzuhalten, dass die meisten Klagen, die auf die Begründung der Sittenwidrigkeit gestützt werden, in der Praxis abgewiesen werden. In aller Regel gelingt es dem Arbeitnehmer nicht, schlüssig darzulegen, dass die Kündigung wegen eines Verstoßes gegen die guten Sitten nach § 138 BGB nichtig ist. Es fehlt in der überwiegenden Zahl der Fälle bereits an einem Tatsachenvortrag des Arbeitnehmers, der – als richtig unterstellt – den Schluss auf die Sittenwidrigkeit der Kündigung zulässt.[336]

III. Verstoß gegen Treu und Glauben bzw. § 612a BGB

104 Die grundsätzlich außerhalb des Anwendungsbereichs des KSchG geltende Kündigungsfreiheit findet ihre Grenze in den Generalklauseln des Zivilrechts, insbesondere den §§ 242[337] und 138 Abs. 1 BGB. Im Falle der Kündigung von Arbeitnehmern und arbeitnehmerähnlichen Personen findet § 612a BGB Anwendung, der den ohnehin geltenden Grundsatz gesetzlich konkretisiert, wonach ein rechtsmissbräuchliches Verhalten des Arbeitgebers sanktioniert wird. Rechtsmissbrauch liegt vor, wenn die Ausübung des Rechts als Vorwand dient, um vertragsfremde oder unlautere Zwecke zu erreichen.[338] Rechtsfolge eines solchen Verstoßes ist wie im Fall der Diskriminierung, das heißt, wenn die Kündigung eine nach Art. 3 Abs. 3 Satz 1 GG oder Art. 3 Abs. 1 GG verbotene Benachteiligung beinhaltet, die Nichtigkeit des Rechtsgeschäftes Kündigung gem. § 134 BGB.[339]

105 Eine Kündigung verstößt dann gegen § 242 BGB und ist nichtig, wenn sie aus Gründen, die von § 1 KSchG nicht erfasst werden, Treu und Glauben verletzt. Treuwidrig sind Kündigungen, mit denen sich der Arbeitgeber in **Widerspruch zu einem früheren Verhalten** setzt und somit ein zu Recht beim Arbeitnehmer gewachsenes Vertrauen gröblich missachtet.[340]

331 BAG, Urt. v. 28.09.1972, AP Nr 2 zu § 134 BGB = EzA § 1 KSchG Nr. 25 = NJW 1973, 77.
332 BVerfG, Beschl. v. 27.01.1998, NZA 1998, 470.
333 Ausführlich zum Thema Grundrechtsverletzungen *Stahlhacke/Preis/Vossen*, Rn 158 ff.
334 *Stahlhacke/Preis/Vossen*, Rn 161.
335 BAG, Urt. v. 11.12.1975, DB 1976, 679.
336 KR/*Friedrich*, § 13 KSchG Rn 128.
337 Zur treuwidrigen Kündigung *Gragert*, NZA 2000, 961 (966 ff.).
338 BAG, Urt. v. 22.05.2003, AP Nr. 18 zu § 1 KSchG 1969 Wartezeit.
339 ArbG Berlin, Urt. v. 07.03.2000, PersR 2001, 45.
340 BAG, Urt. v. 08.06.1972, EzA § 626 BGB n.F. Nr. 12; BAG, Urt. v. 23.09.1976, EzA § 1 KSchG Nr. 35.

Ist im Rahmen der Kündigung unter mehreren Arbeitnehmern eine Auswahl zu treffen, hat auch der Arbeitgeber im Kleinbetrieb, auf den das KSchG keine Anwendung findet, ein durch Art. 12 GG gebotenes Mindestmaß an sozialer Rücksichtnahme zu wahren. Eine Kündigung, die dieser Anforderung nicht entspricht, verstößt gegen Treu und Glauben und ist deshalb unwirksam.[341] 106

Wird ein auf ein Jahr befristetes Arbeitsverhältnis mit Kündigungsmöglichkeit innerhalb der Probezeit nicht gekündigt, so verstößt nach Auffassung des LAG Baden-Württemberg[342] eine nach Ablauf der Probezeit ausgesprochene Kündigung ohne Gründe i.S.d. § 1 KSchG gegen die Grundsätze von Treu und Glauben. Erklärt der Arbeitgeber dem Arbeitnehmer, dass er wegen einer vom Arbeitnehmer ausgesprochenen ordentlichen Kündigung davon absehe, einen bestimmten Sachverhalt selbst zum Anlass einer Kündigung zu nehmen, verstößt eine später gleichwohl erklärte fristlose Kündigung gegen sein früheres Verhalten, nämlich das Verzeihen des Kündigungsgrundes. Die fristlose Kündigung ist dann schon wegen eines Verstoßes gegen Treu und Glauben unwirksam.[343] Eine Kündigung ist ebenfalls treuwidrig, weil verwirkt, wenn der Arbeitgeber trotz Vorliegens eines Kündigungsgrundes von einer Kündigung abgesehen hat, dadurch beim Arbeitnehmer das Vertrauen erweckt hat, die Kündigung werde unterbleiben, und der Arbeitnehmer sich darauf eingerichtet hat.[344] 107

Ein typischer Tatbestand der treuwidrigen Kündigung[345] ist der Ausspruch einer **Kündigung zur Unzeit**.[346] Eine zur Unzeit ausgesprochene Kündigung, die den Arbeitnehmer gerade wegen des Kündigungszeitpunkts besonders belastet, kann treuwidrig und damit rechtsunwirksam sein. Dies setzt jedoch neben der »Unzeit« der Kündigung weitere Umstände voraus, etwa dass der Arbeitgeber absichtlich oder auf Grund einer Missachtung der persönlichen Belange des Arbeitnehmers einen Kündigungszeitpunkt wählt, der den Arbeitnehmer besonders beeinträchtigt.[347] Allein die Tatsache, dass die Kündigung des Arbeitsverhältnisses durch den Arbeitgeber im engen zeitlichen Zusammenhang mit dem Tod eines dem Arbeitnehmer sehr nahe stehenden Menschen erfolgt ist, lässt diese jedenfalls noch nicht als sitten- oder treuwidrig und damit nichtig erscheinen, wenn nicht aufgrund der Dauer des Arbeitsverhältnisses möglicherweise besondere Pflichten zur Rücksichtnahme begründet sind. Die Nichtigkeit kann sich allenfalls aus den Begleitumständen (Art und Weise des Ausspruchs, Wahl des konkreten Zeitpunkts der Kündigung) ergeben. Eine Obliegenheit des Vertragspartners, eine Kündigungsmöglichkeit zu einem bestimmten Termin auszulassen, besteht nicht.[348] Allein durch ihren Zugang am 24. Dezember (»Heiliger Abend«) wird eine Kündigung nicht ungehörig.[349] Kündigt ein Arbeitgeber das Arbeitsverhältnis nur zu dem Zweck, den Eintritt des Arbeitnehmers in den Vorruhestand zu verhindern, so handelt es sich um eine Kündigung zur Unzeit, die unabhängig davon, ob der Arbeitnehmer Kündigungsschutz nach dem Kündigungsschutzgesetz genießt oder nicht, gem. § 242 BGB unwirksam ist.[350] Eine Kündigung, die einem Arbeitnehmer nach einem schweren Arbeitsunfall am gleichen Tage im Krankenhaus unmittelbar vor einer auf dem Unfall beruhenden Operation ausgehändigt wird, ist auch dann als »Kündigung zur Unzeit« gem. § 242 BGB nichtig, wenn Motiv für die Kündigung nicht der Unfall, sondern betriebsbedingte Gründe waren, zu denen zuvor der Betriebsrat angehört wurde.[351] 108

341 BAG, Urt. v. 21.02.2001, NZA 2001, 833.

342 Urt. v. 07.11.1990 – GZ-2 Sa 43/90, zitiert nach KR/*Friedrich*, § 13 KSchG Rn 237.

343 LAG Baden-Württemberg, Urt. v. 12.04.1967, DB 1967, 999; ArbG Bamberg, Urt. v. 28.07.1975, ARSt 1976 Nr. 114; ArbG Wuppertal, Urt. 11.02.1981, ARSt 1981 Nr. 1202.

344 BAG, Urt. v. 25.11.1982, EzA § 9 KSchG n.F. Nr. 15; BAG, Urt. v. 25.02.1988; RzK I 5 c Nr. 26; ArbG Hamburg, Urt. v. 11.05.1992, AiB 1993, 187.

345 Hierzu *Gragert*, NZA 2000, 961 (966 ff.).

346 BAG, Urt. v. 05.04.2001, NZA 2001, 890; BAG, Urt. v. 01.07.1999, AP Nr. 10 zu § 242 Kündigung; BAG, Urt. v. 24.10.1996 – 2 AZR 874/95 (n.v.); BAG, Urt. v. 12.07.1990, AP Nr. 87 zu § 613a BGB = EzA § 613a BGB Nr. 90; KR/*Friedrich*, § 13 KSchG Rn 248 m.w.N.

347 BAG, Urt. v. 05.04.2001, NZA 2001, 890.

348 BAG, Urt. v. 05.04.2001, NZA 2001, 890; LAG Baden-Württemberg, Urt. v. 10.02.2000 – 4 Sa 78/99 (n.v.).

349 BAG, Urt. v. 14.11.1984, NZA 1986, 97.

350 LAG Hamburg, Urt. v. 24.02.1986, NZA 1986, 478.

351 LAG Bremen, Urt. v. 29.10.1985, BB 1986, 393.

109 Eine treuwidrige Kündigung liegt vor, wenn einem Arbeitnehmer vor Erfüllung der Wartefrist des § 1 Abs. 1 KSchG nur wegen seiner **Homosexualität** gekündigt wird.[352] Eine Kündigung kann auch dann treuwidrig sein, wenn der Arbeitnehmer durch die Kündigung einem **Verdacht** ausgesetzt wird, **ohne die Möglichkeit einer Verteidigung** zu haben.[353] Eine Kündigung ist rechtsmissbräuchlich und damit unwirksam, wenn ein Arbeitgeber, nachdem sich der bereits lange Zeit erkrankte Arbeitnehmer in einem Vorprozess aus Anlass einer sozialplanpflichtigen betriebsbedingten Kündigung vergleichsweise bereit erklärt hatte, gegen eine geringere Vergütung weiterbeschäftigt zu werden, knapp einen Monat später aus krankheitsbedingten Gründen kündigt.[354]

110 Kündigt der Arbeitgeber einem Arbeitnehmer, der einen Antrag auf Gewährung von Vorruhestandsgeld gestellt hat, nur deshalb, um den Eintritt des Vorruhestandes zu verhindern, so liegt eine Maßregelung nach § 612a BGB vor. Auf andere Gründe, die eine Kündigung an sich gerechtfertigt hätten, kann der Arbeitgeber sich nicht berufen, wenn er diese Gründe nicht zum Anlass einer Kündigung genommen hätte, sofern der Arbeitnehmer den Antrag auf Vorruhestand nicht gestellt hätte.[355] Kündigt der Arbeitgeber, kurz bevor der Arbeitnehmer die Voraussetzungen des (besonderen) Kündigungsschutzes erlangt, so kann zwar nach dem Rechtsprinzip des § 162 BGB die Einräumung dieses Kündigungsschutzes in Betracht kommen. Dies setzt jedoch voraus, dass das Verhalten des Arbeitgebers, der den Eintritt des (besonderen) Kündigungsschutzes verhindert, gegen Treu und Glauben verstößt.[356]

D. Beteiligung des Betriebsrats

I. Allgemeines

111 In Betrieben, in denen ein Betriebsrat gebildet ist, ist dieser vor jeder Kündigung zu hören. Ist ein Betriebsrat bereits gewählt, hat sich aber noch nicht konstituiert, scheidet eine Betriebsratsbeteiligung aus. Der Arbeitgeber muss mit dem Ausspruch der Kündigung nicht warten, bis sich der Betriebsrat konstituiert hat.[357] **§ 102 BetrVG** räumt dem Betriebsrat ein **Mitwirkungsrecht bei Kündigungen** durch den Arbeitgeber ein. Der Arbeitgeber hat dem Betriebsrat die Gründe für die Kündigung mitzuteilen. Eine ohne Anhörung des Betriebsrats ausgesprochene Kündigung ist unwirksam (§ 102 Abs. 1 Satz 3 BetrVG). Die Wirksamkeitsvoraussetzung des § 102 Abs. 1 BetrVG gilt für alle dem Betrieb angehörigen Arbeitnehmer.[358] Sie hängt grundsätzlich nicht vom Bestehen des individualrechtlichen Kündigungsschutzes ab.[359] Gem. § 102 Abs. 1 Satz 2 BetrVG sind dem Betriebsrat die Gründe für die Kündigung auch dann mitzuteilen, wenn das Arbeitsverhältnis nicht dem allgemeinen Kündigungsschutz unterliegt. Hat allerdings der Arbeitgeber keine auf Tatsachen gestützte und demgemäß durch die Mitteilung dieser Tatsachen konkretisierbaren Kündigungsgründe, so genügt es, wenn er dem Betriebsrat seine subjektiven Wertungen mitteilt, die ihn zur Kündigung veranlassen.[360]

112 Die **Anhörungspflicht** nach § 102 Abs. 1 Satz 1 BetrVG besteht **vor jeder Kündigung**, ordentlichen und außerordentlichen Kündigungen, Beendigungs- und Änderungskündigungen. Nach Sinn und Zweck der Vorschrift, dem Betriebsrat Gelegenheit zu geben, auf den Kündigungsentschluss des Arbeitgebers Einfluss zu nehmen, kann ein Anhörungsverfahren grundsätzlich nur für die Kündigung

352 BAG, Urt. v. 23.06.1994, AP Nr. 9 zu § 242 BGB Kündigung.
353 BAG, Urt. v. 30.11.1960, NJW 1961, 1085.
354 ArbG Neumünster, Urt. v. 26.09.1996, JurBüro 1998, 106.
355 BAG, Urt. v. 02.04.1987, NZA 1988, 18.
356 BAG, Urt. v. 12.12.1996, EzA § 1 KSchG Krankheit Nr. 41.
357 BAG, Urt. v. 23.08.1984, EzA § 102 BetrVG 1972 Nr. 59.
358 Zu Fragen des geschützten Personenkreises vgl. KR/*Etzel*, § 102 BetrVG Rn 10 ff.
359 Kittner/Zwanziger/*Appel*, § 98 Rn 2.
360 BAG, Urt. v. 03.12.1998, AP Nr. 99 zu § 102 BetrVG 1972 = NZA 1999, 477.

Wirksamkeit entfalten, für die es eingeleitet worden ist.[361] Dies gilt insbesondere dann, wenn der Arbeitgeber wegen Bedenken gegen die Wirksamkeit der ersten Kündigung vorsorglich erneut kündigt. Ist die erste Kündigung ordnungsgemäß zugegangen, greift die Pflicht des § 102 Abs. 1 Satz 1 BetrVG ein, den Betriebsrat vor Ausspruch der erneuten, lediglich vorsorglichen Kündigung auch erneut zu hören.[362] Scheitert eine Kündigung, zu der der Betriebsrat ordnungsgemäß angehört worden ist und der er ausdrücklich und vorbehaltlos zugestimmt hat, an dem fehlenden Zugang an den Kündigungsgegner, so ist vor einer erneuten Kündigung eine nochmalige Anhörung des Betriebsrats dann entbehrlich, wenn sie in engem zeitlichen Zusammenhang ausgesprochen und auf denselben Sachverhalt gestützt wird.[363] Hingegen ist der Betriebsrat bei einem neuen Kündigungsvorgang erneut anzuhören.[364] Da sich die Anhörungspflicht nur auf Kündigungen bezieht, ist der Betriebsrat nicht zu beteiligen, wenn das Arbeitsverhältnis aus anderen Gründen endet, etwa durch Aufhebungsvertrag oder durch Zeitablauf beim befristeten Arbeitsverhältnis.[365]

Für den **leitenden Angestellten** gilt § 105 BetrVG, das heißt, der Betriebsrat ist über die Kündigung 113
des leitenden Angestellten nur zu informieren, nicht aber anzuhören.[366] Besteht im Betrieb ein **Sprecherausschuss**, ist dieser gem. **§ 31 Abs. 2 SprAuG** vor jeder Kündigung eines leitenden Angestellten zu hören. Eine ohne Anhörung des Sprecherausschusses ausgesprochene Kündigung ist unwirksam.

Die vorgeschriebene Mitwirkung des Betriebsrats soll den Arbeitgeber veranlassen, eine geplante 114
Kündigung zu überdenken, sich mit den Argumenten des Betriebsrats auseinander zu setzen und ggf. von der Kündigung Abstand zu nehmen.[367] Von daher begründet eine nicht ausreichende Unterrichtung des Betriebsrates über die Kündigungsgründe beziehungsweise eine bewusste Irreführung des Betriebsrats die Unwirksamkeit der Kündigung ebenso wie eine gänzlich unterlassene Anhörung.[368] Allerdings sind an die Mitteilungspflicht des Arbeitgebers im Anhörungsverfahren nicht dieselben Anforderungen zu stellen, wie an die Darlegungslast im Kündigungsschutzprozess.[369] Bei dem Anhörungsverfahren nach § 102 BetrVG handelt es sich nicht um ein vorgezogenes Kündigungsschutzverfahren.[370] Es gilt der **Grundsatz der sog. »subjektiven Determination«**,[371] demzufolge der Betriebsrat immer dann ordnungsgemäß angehört worden ist, wenn der Arbeitgeber ihm die aus seiner Sicht tragenden Umstände unterbreitet hat.[372] Der Arbeitgeber hat die von ihm für maßgeblich erachteten Kündigungsgründe bei der Anhörung so zu umschreiben, dass der Betriebsrat ohne zusätzliche eigene Nachforschungen die Stichhaltigkeit der Kündigungsgründe prüfen und sich über seine Stellungnahme schlüssig werden kann.[373] Dabei gehört zu einer vollständigen und wahrheitsgemäßen Information des Betriebsrats auch die Unterrichtung über dem Arbeitgeber bekannte und von ihm als für eine Stellungnahme des Betriebsrats möglicherweise bedeutsam erkannte Tatsa-

361 BAG, Urt. v. 11.10.1989, AP Nr. 55 zu § 102 BetrVG 1972.
362 BAG, Urt. v. 31.01.1996, AP Nr. 80 zu § 102 BetrVG 1972 = NZA 1996, 649.
363 BAG, Urt. v. 11.10.1989, AP Nr. 55 zu § 102 BetrVG 1972; offen gelassen von BAG, Urt. v. 31.01.1996, AP Nr. 80 zu § 102 BetrVG 1972 = NZA 1996, 649.
364 BAG, Urt. v. 31.01.1996, AP Nr. 80 zu § 102 BetrVG 1972.
365 BAG, Urt. v. 28.10.1986, AP Nr. 32 zu § 118 BetrVG 1972, ErfK/*Hanau/Kania*, § 102 BetrVG Rn 2.
366 Vgl. KR/*Etzel*, § 105 BetrVG Rn 20 ff.
367 KR/*Etzel*, § 102 BetrVG; *Hümmerich*, RdA 2000, 345.
368 BAG, Urt. v. 06.02.1997, EzA § 102 BetrVG Nr. 96 = NZA 1997, 65; BAG, Urt. v. 22.09.1994, AP Nr. 68 zu § 102 BetrVG 1972 = NZA 1995, 363; BAG, Urt. v. 09.03.1995, NZA 1995, 678; LAG Thüringen, Urt. v. 16.10.2000, ZIP 2000, 232.
369 BAG, Urt. v. 31.01.1996 – 2 AZR 181/95 (n.v.).
370 BAG, Urt. v. 22.09.1994, AP Nr. 68 zu § 102 BetrVG 1972 = NZA 1995, 363; BAG, Urt. v. 27.02.1987, EzA § 102 BetrVG Nr. 89; BAG, Urt. v. 18.12.1980, AP Nr. 22 zu § 102 BetrVG; *Hümmerich*, RdA 2000, 345.
371 Aktuell BAG, Urt. v. 07.11.2002, AP Nr. 40 zu § 1 KSchG 1969 Krankheit.
372 BAG, Urt. v. 06.02.1997, EzA § 102 BetrVG Nr. 96; BAG, Urt. v. 22.09.1994, AP Nr. 68 zu § 102 BetrVG 1972.
373 BAG, Urt. v. 22.09.1994, AP Nr. 68 zu § 102 BetrVG 1972 = NZA 1995, 363; BAG, Urt. v. 15.11.1995, AP Nr. 73 zu § 102 BetrVG 1972.

chen, die den Arbeitnehmer entlasten und gegen den Ausspruch einer Kündigung sprechen.[374] Der Arbeitgeber genügt der ihm obliegenden Mitteilungspflicht daher regelmäßig nicht, wenn er den Kündigungssachverhalt nur pauschal, schlag- oder stichwortartig umschreibt oder lediglich ein Werturteil abgibt, ohne die für seine Bewertung maßgeblichen Tatsachen mitzuteilen.[375] Findet aber der Kündigungsschutz noch keine Anwendung, genügt im Rahmen der Betriebsratsanhörung die Mitteilung eines bloßen, durch Tatsachen nicht belegbaren Werturteils. Aufgrund der generellen Kündigungsfreiheit während der ersten sechs Beschäftigungsmonate ist der Arbeitgeber im Rahmen der Mitteilungspflichten gem. § 102 BetrVG nicht verpflichtet, den Wahrheitsgehalt der an ihn von Dritten herangetragenen Beschwerden über den Arbeitnehmer zu überprüfen. Vielmehr genügt er seiner Mitteilungspflicht, wenn er dem Betriebsrat das sich hieraus für ihn ergebende Werturteil über den Arbeitnehmer mitteilt.[376]

115 Eine wirksame Anhörung nach Maßgabe des § 102 Abs. 1 BetrVG setzt voraus, dass der Arbeitgeber dem Betriebsrat die Person des Arbeitnehmers, dem gekündigt werden soll, bezeichnet, die Art der Kündigung (ordentliche oder außerordentliche), ggf. auch den Kündigungstermin angibt und die Gründe für die Kündigung mitteilt.[377] Können die dem Betriebsrat mitgeteilten Umstände eine Kündigung nicht rechtfertigen, kann der Arbeitgeber weitere Tatsachen bzw. Umstände im Kündigungsschutzprozess nicht nachschieben, wenn ihm diese Tatsachen vor Ausspruch der Kündigung bekannt waren. Der Arbeitgeber ist insoweit an die Auswahl der Kündigungsgründe gebunden, die er dem Betriebsrat mitgeteilt hat. Aus diesem Grund liegt es im eigenen Interesse des Arbeitgebers, dem Betriebsrat im Anhörungsverfahren die Kündigungstatsachen so umfassend mitzuteilen, dass sie schlüssig einen oder mehrere Kündigungsgründe ergeben. Eine ausdrückliche Aufforderung an den Betriebsrat, zu der beabsichtigten Kündigung Stellung zu nehmen, ist nicht vorgeschrieben. Sie liegt regelmäßig in der Mitteilung der Kündigungsabsicht. Der Betriebsrat als Gremium muss, bevor die Kündigung erklärt wird, die Möglichkeit der Stellungnahme haben. Ein einzelnes Betriebsratsmitglied, auch der Vorsitzende oder sein Stellvertreter, kann nicht allgemein ermächtigt werden, die Stellungnahme des Betriebsrats zu einer Kündigung abzugeben. Teilt ein einzelnes Betriebsratsmitglied vor Ablauf der Erklärungsfristen des § 102 Abs. 2 BetrVG dem Arbeitgeber eine Stellungnahme zu der vorgesehenen Kündigung zu einer Zeit mit, zu der der Arbeitgeber weiß oder nach den Umständen annehmen muss, dass der Betriebsrat sich noch nicht mit der Angelegenheit befasst hat, dann ist die Anhörung noch nicht vollzogen, eine daraufhin gleichwohl ausgesprochene Kündigung gem. § 102 Abs. 1 BetrVG unwirksam. Eine wirksame Anhörung kann nicht mehr erfolgen, nachdem die Kündigung erklärt ist. Eine gleichwohl (nachträglich) eingeholte Stellungnahme des Betriebsrats kann die Unwirksamkeit der ohne vorherige Anhörung erklärten Kündigung nicht verhindern. Durch die nachträgliche Zustimmung des Betriebsrats zu einer ausgesprochenen Kündigung wird der Mangel der Anhörung nicht geheilt. Die Kündigung bleibt bei fehlender Anhörung unwirksam.[378]

116 Das Verfahren zur Anhörung des Betriebsrats ist abgeschlossen, wenn dieser (ordnungsgemäß vertreten) mündlich die Zustimmung zur Kündigung erklärt hat. Dies gilt auch dann, wenn der Vertreter des Betriebsrats bei Abgabe der mündlichen Zustimmungserklärung eine schriftliche Stellungnahme des Betriebsrats ankündigt, sofern diese die bereits mündlich erteilte Zustimmung nur noch schriftlich fixieren soll.[379] Das Beteiligungsverfahren beim Betriebsrat nach § 102 BetrVG ist auch dann abgeschlossen, wenn der Betriebsrat dem Arbeitgeber eine abschließende Stellungnahme zu dem Kündigungsbegehren zukommen lässt. Auch wenn es sich dabei nicht um eine Zustimmung zur

374 BAG, Urt. v. 06.02.1997, EzA § 102 BetrVG Nr. 96 = NZA 1997, 65; BAG, Urt. v. 22.09.1994, AP Nr. 68 zu § 102 BetrVG 1972 = NZA 1995, 363.

375 BAG, Urt. v. 02.11.1983, AP Nr. 29 zu § 102 BetrVG 1972; BAG, Urt. v. 22.09.1994, AP Nr. 68 zu § 102 BetrVG 1972 = NZA 1995, 363; LAG Schleswig-Holstein, Urt. v. 30.10.2002, NZA-RR 2003, 310.

376 LAG Schleswig-Holstein, Urt. v. 30.10.2002, NZA-RR 2003, 310.

377 Hierzu weiterführend *Etzel*, Betriebsverfassungsrecht, Rn 837 ff.

378 BAG, Urt. v. 28.02.1974, BAGE 26, 27 = DB 1974, 1294 = AP Nr. 2 zu § 102 BetrVG 1972.

379 LAG Niedersachsen, Urt. v. 27.09.2002, NZA-RR 2003, 76.

Kündigung handelt, braucht der Arbeitgeber zur Kündigung die Frist bis zur Zustimmungsfiktion wegen Zeitablaufs (§ 102 Abs. 2 Satz 2 oder 3 BetrVG) nicht abzuwarten. Auf der Basis einer abschließenden Stellungnahme des Betriebsrates kann der Arbeitgeber allerdings dann nicht die Kündigung vor Ablauf der Frist zur Zustimmungsfiktion aussprechen, wenn die betriebsrätliche Stellungnahme für ihn erkennbar unter Verstoß gegen betriebsverfassungsrechtliche Verfahrensvorschriften zu Stande gekommen ist (etwa Ladungsfehler des Vorsitzenden, Beschluss ohne Tagesordnung, Teilnahme eines befangenen Betriebsratsmitglieds an der Beschlussfassung, Beschlussfassung im Umlaufverfahren), denn in diesem Falle hat die Beschlussfassung keine innerbetriebsrätliche Bindungswirkung; sie könnte daher bis zum Ablauf der Frist zur Stellungnahme jederzeit durch eine neue Beschlussfassung ersetzt werden.[380] Grundsätzlich wirken sich jedoch Mängel, die in den Zuständigkeits- und Verantwortungsbereich des Betriebsrats fallen, auf das Anhörungsverfahren nach § 102 Abs. 1 BetrVG selbst dann nicht aus, wenn der Arbeitgeber im Zeitpunkt der Kündigung weiß oder nach den Umständen vermuten kann, dass die Behandlung der Angelegenheit durch den Betriebsrat nicht fehlerfrei erfolgt ist.[381] Hat der Betriebsrat zu der Kündigungsabsicht innerhalb der Frist des § 102 Abs. 2 Satz 1 BetrVG keine Stellung genommen, so führt es nicht zur Unwirksamkeit der Kündigung, wenn der Arbeitgeber bereits am letzten Tag der Äußerungsfrist bei Dienstschluss das Kündigungsschreiben einem Kurierdienst übergeben und gleichzeitig dafür gesorgt hat, dass eine Zustellung erst so spät erfolgt, dass er sie noch verhindern kann, wenn der Betriebsrat wider Erwarten doch zu der Kündigungsabsicht Stellung nimmt.[382]

Wird der Betriebsrat im Rahmen der Anhörung vor einer Kündigung objektiv fehlerhaft vom Arbeitgeber unterrichtet (Zahl der krankheitsbedingten Fehltage), ist die ausgesprochene Kündigung unwirksam.[383] Hat der Arbeitgeber eine Auswahl nach sozialen Gesichtspunkten vorgenommen, ist offensichtlich, dass für die Beteiligung des Betriebsrats die Mitteilung wichtig ist, dass eine einbezogene Arbeitnehmerin allein erziehend ist und ihr Kind schwerbehindert ist.[384] Vor einer beabsichtigten Stilllegung des Betriebes (Stilllegung einer Reha-Klinik durch Insolvenzverwalter) hat der Arbeitgeber dem Betriebsrat im Rahmen der Anhörung nach § 102 BetrVG nur die Absicht der Stilllegung und den in Aussicht genommenen Stilllegungszeitpunkt, nicht aber die wirtschaftlichen Hintergründe und die Motive der von ihm beabsichtigten unternehmerischen Entscheidung mitzuteilen.[385] 117

In der täglichen betrieblichen Praxis wird oftmals übersehen, dass das Anhörungsverfahren bei Änderungskündigungen allein regelmäßig nicht ausreicht, um eine wirksame Mitbestimmung des Betriebsrats durchgeführt zu haben. Bei Änderungskündigungen ist, wenn eine Umgruppierung, eine Versetzung oder eine vergleichbare Maßnahme durchgeführt wird, zusätzlich das förmliche Verfahren nach § 99 BetrVG durchzuführen. **Änderungskündigungen** haben meist einen **betriebsverfassungsrechtlichen Doppelcharakter**.[386] Bei Änderungskündigungen muss der Arbeitgeber den Betriebsrat neben den für die Kündigung maßgebenden Gründen auch über das Änderungsangebot unterrichten, wozu auch die Angabe der Vergütung auf dem neuen Arbeitsplatz gehört. Nur wenn der Betriebsrat die angebotenen neuen Arbeitsbedingungen kennt, kann er die Tragweite der Kündigung für den betroffenen Arbeitnehmer beurteilen und prüfen, ob er der Kündigung nach § 102 Abs. 3 Nr. 3–5 BetrvG widersprechen soll.[387] 118

Grundsätzlich gilt, dass diejenigen Tatsachen, die dem Betriebsrat bei Einleitung des Anhörungsverfahrens bereits bekannt waren, nicht noch einmal zwingend Gegenstand der Anhörung sein müssen. 119

380 LAG Brandenburg, Urt. v. 20.05.2003 – 5 Sa 452/02 (n.v.).
381 BAG, Urt. v. 16.01.2003, NZA 2003, 927 = NJW 2003, 3076.
382 BAG, Urt. v. 08.04.2003, NZA 2003, 961.
383 ArbG Berlin, Beschl. v. 24.11.2000, NZA-RR 2001, 198.
384 LAG Köln, Urt. v. 04.04.2001, AiB Telegramm 2001, 75.
385 LAG Thüringen, Urt. v. 16.10.2000, ZIP 2000, 232.
386 LAG Düsseldorf, Urt. v. 03.07.1974, DB 1974, 1967; KR/*Etzel*, § 102 BetrVG Rn 31; a.A. *Hanau*, BB, 1972, 455.
387 LAG Hamm, Urt. v. 15.07.1997, LAGE § 102 BetrVG 1972 Nr. 60 = DB 1997, 1722.

Wird etwa der Betriebsrat bereits im Vorfeld des Anhörungsverfahrens bei Personalgesprächen oder einer erforderlichen Anhörung des betroffenen Arbeitnehmers beteiligt, ist ihm dieses Wissen generell zuzurechnen. Sicherheitshalber sollte stets der Betriebsratsvorsitzende beteiligt werden (§ 26 Abs. 2 Satz 2 BetrVG). Wird der Betriebsrat, nachdem sein Vorsitzender bereits auf diese Weise mit dem einer späteren Kündigung zugrunde liegenden Sachverhalt vertraut gemacht wurde, noch vor Einleitung des Anhörungsverfahrens neu gewählt, muss sich der neu gewählte Betriebsrat die Kenntnisse seines Amtsvorgängers dann zurechnen lassen, wenn der Betriebsratsvorsitzende, der gem. § 26 Abs. 2 Satz 2 BetrVG Adressat etwaiger Mitteilungen ist, im Amt bestätigt wurde.[388] Nach Auffassung des BAG ist in diesem Fall die Kontinuität des Kenntnisstandes sichergestellt.[389]

II. Anhörungsverfahren

1. Zeitliche Aspekte der Unterrichtung

120 Der Arbeitgeber ist nach dem Grundsatz der vertrauensvollen Zusammenarbeit (§ 2 Abs. 1 BetrVG) dazu verpflichtet, ein Anhörungsverfahren nach § 102 BetrVG grundsätzlich während der **Arbeitszeit des Betriebsratsvorsitzenden oder (bei dessen Verhinderung) des Stellvertreters** einzuleiten. Der Betriebsratsvorsitzende oder (bei dessen Verhinderung) der Stellvertreter sind berechtigt, aber grundsätzlich nicht verpflichtet, eine Mitteilung des Arbeitgebers nach § 102 Abs. 1 BetrVG außerhalb der Arbeitszeit und außerhalb der Betriebsräume entgegenzunehmen. Die widerspruchslose Entgegennahme einer Mitteilung des Arbeitgebers i.S.d. § 102 Abs. 1 BetrVG durch den Betriebsratsvorsitzenden oder (bei dessen Verhinderung) den Stellvertreter setzt auch dann die Wochenfrist des § 102 Abs. 2 Satz 1 BetrVG in Lauf, wenn die Mitteilung außerhalb der Arbeitszeit und außerhalb der Betriebsräume erfolgt.[390]

121 Die **Mitteilung der Gründe** für die Kündigung durch den Arbeitgeber muss regelmäßig **vor dem Ausspruch der Kündigung** erfolgen. Eine schriftliche Kündigung ist i.S.d. § 102 Abs. 1 Satz 3 BetrVG ausgesprochen, wenn das Kündigungsschreiben den Machtbereich des Arbeitgebers verlassen hat, zum Beispiel das Kündigungsschreiben zur Post gegeben worden ist. Deshalb ist die Kündigung unwirksam, wenn in diesem Zeitpunkt weder dem Arbeitgeber die Stellungnahme des Betriebsrats vorliegt noch die Anhörungsfristen des § 102 Abs. 2 BetrVG verstrichen sind.[391] Der vom Arbeitgeber zu wahrende Mindestzeitraum zwischen Unterrichtung des Betriebsrats und geplantem Ausspruch der Kündigung ergibt sich mittelbar aus den Stellungnahmefristen des Betriebsrats nach § 102 Abs. 2 BetrVG.[392] Bedenken gegenüber einer **ordentlichen Kündigung** hat der Betriebsrat dem Arbeitgeber gem. § 102 Abs. 2 Satz 1 BetrVG spätestens **innerhalb einer Woche** schriftlich mitzuteilen. Hat der Betriebsrat gegen eine **außerordentliche Kündigung** Bedenken, so hat er diese unter Angabe der Gründe dem Arbeitgeber unverzüglich, spätestens jedoch **innerhalb von drei Tagen**, schriftlich mitzuteilen (§ 102 Abs. 2 Satz 3 BetrVG). Für die Fristberechnung gelten die §§ 187, 193 BGB. Nach erfolgter abschließender Stellungnahme des Betriebsrats kann der Arbeitgeber auch vor Ablauf der Anhörungsfrist die Kündigung aussprechen. Fraglich ist das Vorliegen einer abschließenden Stellungnahme, wenn der Betriebsrat lediglich mitteilt, er habe die Kündigungsabsicht zur Kenntnis genommen oder äußere sich zur Kündigungsabsicht nicht. In diesen Fällen ist durch Auslegung – auf Grundlage der Gepflogenheiten, wie der Betriebsrat sich in einem solchen Fall normalerweise äußert – zu ermitteln, ob der Betriebsrat lediglich eine Art Empfangsbekenntnis abgeben wollte oder ob er signalisieren wollte, er habe sich mit der Kündigungsabsicht befasst und seine Stellungnahme sei diejenige, keine Stellungnahme hierzu abgeben zu wollen. Im

388 *Tschöpe*, in: *Henssler/Moll*, Kündigung und Kündigungsschutz in der betrieblichen Praxis, S. 193.
389 BAG, Urt. v. 24.05.1989 – 2 AZR 537/88 (n.v.).
390 BAG, Urt. v. 27.08.1982, AP Nr. 25 zu § 102 BetrVG 1972 = NJW 1983, 2835.
391 BAG, Urt. v. 13.11.1975, AP Nr. 7 zu § 102 BetrVG 1972 = NJW 1976, 1766; differenzierend BAG, Urt. v. 08.04.2003, NZA 2003, 961.
392 ErfK/*Hanau/Kania*, § 102 BetrVG Rn 3.

letztgenannten Fall kann der Arbeitgeber die Kündigung aussprechen.[393] Der Betriebsrat soll, soweit dies erforderlich erscheint, vor seiner Stellungnahme den betroffenen Arbeitnehmer hören.

Lässt der Arbeitgeber nach Abschluss des Anhörungsverfahrens geraume Zeit bis zum Ausspruch der Kündigung verstreichen, ist eine erneute Anhörung des Betriebsrats zu dieser Kündigung jedenfalls dann nicht zu verlangen, wenn sich in der Zwischenzeit der Kündigungssachverhalt nicht oder nicht wesentlich verändert hat. Dagegen muss bei einer wesentlichen Änderung, vor allem beim Hinzutreten neuer Kündigungsgründe, der Betriebsrat nochmals Gelegenheit erhalten, die beabsichtigte Kündigung unter den geänderten Gegebenheiten zu überprüfen. Unterbleibt diese Anhörung, ist die Kündigung gem. § 102 Abs. 1 BetrVG rechtsunwirksam.[394] Die **Anhörung** und der **Ausspruch der Kündigung** müssen in einem **zeitlichen Zusammenhang** stehen. Eine Vorratsanhörung entspricht nicht dem Gebot, dass der Betriebsrat vor jeder Kündigung zu hören ist.[395] Weder § 102 BetrVG noch der Rechtsprechung kann ein fester Zeitkorridor entnommen werden, innerhalb dessen der Kündigungsausspruch realisiert werden muss. § 88 Abs. 3 SGB IX gilt nicht entsprechend.[396] Während das BAG[397] den zeitlichen Zusammenhang zwischen Anhörung und Kündigung nach Ablauf von drei Monaten einzelfallbezogen verneinte, hinderte nach Ansicht des LAG Hamm[398] ein Zeitraum von zehn Wochen die Feststellung des zeitlichen Zusammenhangs. Das LAG Frankfurt[399] hat einen Zusammenhang zwischen Anhörung und Kündigung nach Ablauf von sechs Monaten für nicht mehr adäquat gehalten. Bei der außerordentlichen Kündigung ergibt sich der zeitliche Zusammenhang zwischen Anhörungsverfahren und Kündigungsausspruch zwingend aus der Präklusionsgrenze des § 626 Abs. 2 BGB.[400] Die Drei-Tage-Frist für die Anhörung des Betriebsrats wird auf die Zweiwochenfrist nach § 626 Abs. 2 Satz 1 BGB angerechnet.[401] 122

2. Form der Unterrichtung

Die Anhörung des Betriebsrats erfolgt durch **schriftliche oder mündliche Unterrichtung**. Eine zwingende Form ist nicht vorgeschrieben.[402] Gleichwohl ist aus Beweisgründen eine schriftliche Mitteilung zu empfehlen. Die Anhörung gem. § 102 Abs. 1 BetrVG bedarf auch dann nicht der Schriftform beziehungsweise der Übergabe vorhandener schriftlicher Unterlagen, wenn der Kündigungssachverhalt ungewöhnlich komplex ist. Im Kündigungsschutzprozess sind auch solche Tatsachen verwertbar, die der Arbeitgeber dem Betriebsrat im Anhörungsverfahren erst auf Nachfrage mitteilt. Dies gilt jedenfalls dann, wenn der Arbeitgeber vor der Kündigung nochmals die Frist des § 102 Abs. 2 BetrVG beziehungsweise die abschließende Stellungnahme des Betriebsrats abwartet.[403] 123

Gem. § 26 Abs. 2 Satz 2 BetrVG hat die **Mitteilung zu Händen des Betriebsratsvorsitzenden** beziehungsweise bei dessen Verhinderung zu Händen seines Stellvertreters zu erfolgen. Ist ein besonderer Ausschuss (Personalausschuss) gebildet, dem der Betriebsrat die Mitbestimmung bei Kündigungen (§ 102 BetrVG) übertragen hat, ist der Ausschussvorsitzende zur Entgegennahme der Erklärungen des Arbeitgebers im Anhörungsverfahren berechtigt. Der Betriebsrat oder der Ausschuss kann allerdings auch ein anderes Betriebsratsmitglied zur Entgegennahme ermächtigen. Nur 124

393 BAG, Urt. v. 18.08.1982, EzA § 102 BetrVG 1972 Nr. 48; BAG, Urt. v. 12.03.1987, EzA § 102 BetrVG 1972 Nr. 71.
394 BAG, Urt. v. 26.05.1977, AP Nr. 14 zu § 102 BetrVG 1972 = NJW 1978, 603.
395 BAG, Urt. v. 16.09.1993, NZA 1994, 311; BAG, Urt. v. 26.05.1977, AP Nr. 14 zu § 102 BetrVG 1972 = NJW 1978, 603.
396 *Hümmerich*, RdA 2000, 345 (347).
397 BAG, Urt. v. 14.10.1965, AP Nr. 26 zu § 66 BetrVG.
398 LAG Hamm, Urt. v. 26.02.1975, ArbuR 1975, 250.
399 LAG Frankfurt a.M., Urt. v. 18.03.1976, DB 1977, 125.
400 *Hümmerich*, RdA 2000, 345 (347).
401 ErfK/*Hanau/Kania*, § 102 BetrVG Rn 3.
402 BAG, Urt. v. 26.01.1995, EzA § 102 BetrVG 1972 Nr. 87; *Hohmeister*, NZA 1991, 213; KR/*Etzel*, § 102 BetrVG Rn 76.
403 BAG, Urt. v. 06.02.1997, EzA § 102 BetrVG Nr. 96 = NZA 1997, 65.

dann, wenn kein zur Entgegennahme Berechtigter vorhanden ist (etwa wegen Urlaubsabwesenheit und keine Vertretungsregelung besteht), ist jedes Betriebsratsmitglied berechtigt und verpflichtet, Erklärungen des Arbeitgebers für den Betriebsrat entgegenzunehmen.[404] Erfolgt die Übergabe eines Anhörungsschreibens oder eine mündliche Information über Kündigungsabsicht und Kündigungsgründe gegenüber einem sonstigen Mitglied des Betriebsrats, so wird das Anhörungsverfahren nur und erst dann in Gang gesetzt, wenn das Betriebsratsmitglied das Anhörungsschreiben oder die Information an den Betriebsratsvorsitzenden oder den zur Entgegennahme berechtigten Vertreter weitergegeben hat. Da das einzelne Betriebsratsmitglied Erklärungsbote des Arbeitgebers ist, trägt der Arbeitgeber das Risiko der zeitlichen Verzögerung und unvollständigen Übermittlung.[405]

3. Inhalt der Unterrichtung

a) Allgemeines

125 Der Inhalt der Unterrichtung wird vom **Grundsatz der subjektiven Determination** bestimmt. Der Arbeitgeber hat dem Betriebsrat den aus seiner Sicht maßgeblichen Kündigungssachverhalt mitzuteilen.[406] Sinn und Zweck des Anhörungsverfahrens nach § 102 Abs. 1 Satz 1 BetrVG ist es, dem Betriebsrat Gelegenheit zu geben, auf den Kündigungsentschluss des Arbeitgebers Einfluss zu nehmen. Um diesem Sinn und Zweck der Anhörung vor Ausspruch einer Kündigung zu entsprechen, hat der Arbeitgeber dem Betriebsrat seine Kündigungsabsicht rechtzeitig vorher mitzuteilen und ihn dabei so zu informieren, dass er sich über die Person des Arbeitnehmers und über die Kündigungsgründe für seine Stellungnahme ein eigenes Bild machen kann. Dazu hat der Arbeitgeber dem Betriebsrat insbesondere die Personalien des zu kündigenden Arbeitnehmers, die Kündigungsabsicht, die Kündigungsart (z.B. ordentliche oder außerordentliche Kündigung), ggf. auch den Kündigungstermin und die Kündigungsfristen sowie deutlich genug die Kündigungsgründe mitzuteilen. Nur bei Mitteilung dieser Tatsachen kann nach der ständigen Rechtsprechung des BAG von einer wirksamen Anhörung des Betriebsrates gem. § 102 Abs. 1 Satz 1 BetrVG ausgegangen werden.[407] Der Arbeitgeber braucht keine Angaben zur sozialen Auswahl zu machen, wenn sich aus der Anhörung ergibt, dass eine soziale Auswahl wegen Kündigung aller Beschäftigten nicht erfolgen kann.[408]

126 Zu den notwendigen Angaben bei der Anhörung gehören immer die **Personaldaten des zu kündigenden Arbeitnehmers**, jedenfalls in dem Umfang, wie sie für den Betriebsrat zur Identifizierung des Arbeitnehmers erforderlich sind.[409] Die Anschrift des Arbeitnehmers gehört nicht zu den zwingend notwendigen Angaben. Wird sie dem Betriebsrat unrichtig mitgeteilt, weil der Arbeitnehmer seine Adressenänderung dem Arbeitgeber nicht angezeigt hat, führt dies nicht zur Unwirksamkeit der Anhörung.[410] Etwas anderes würde gelten, wenn der Arbeitgeber die Adresse eines wegen Arbeitsunfähigkeit nicht im Betrieb anzutreffenden Arbeitnehmers bewusst falsch mitgeteilt hätte. Die **bewusst unrichtige Unterrichtung des Betriebsrats** führt zur **Fehlerhaftigkeit des Anhörungsverfahrens**.[411] Zwingend muss in der Anhörung die Kündigungsabsicht des Arbeitgebers mitgeteilt werden.[412]

404 BAG, Urt. v. 27.06.1985, AP Nr. 37 zu § 102 BetrVG 1972; BAG, Urt. v. 04.08.1975, AP Nr. 4 zu § 102 BetrVG 1972; LAG Hessen, Urt. v. 23.03.1976, ARST 1977, 100.
405 BAG, Urt. v. 16.10.1991, EzA § 102 BetrVG 1972 Nr. 83.
406 BAG, Urt, v. 24.02.2000, DB 2000, 1420 = NZA 2000, 764; BAG; Urt. v. 06.02.1997, AP Nr. 85 zu § 102 BetrVG 1972 = EzA § 102 BetrVG 1972 Nr. 96; BAG, Urt. v. 15.11.1995, AP Nr. 73 zu § 102 BetrVG 1972 = EzA § 102 BetrVG 1972 Nr. 89.
407 BAG, Urt. v. 16.09.1993, AP Nr. 62 zu § 102 BetrVG 1972 = NZA 1994, 311.
408 LAG Hamburg, Urt. v. 26.03.2003 – 5 Sa 8/03 (n.v.).
409 BAG, Urt. v. 15.11.1995, NZA 1996, 419; *Berkowsky* (Die Beteiligung des Betriebsrats bei Kündigung, § 4 Rn 64) spricht von »kündigungsrelevanten Grunddaten«.
410 LAG Hamm, Urt. v. 17.02.1992, LAGE § 1 KSchG Personenbedingte Kündigung Nr. 10.
411 BAG, Urt. v. 23.09.1992, EzA § 1 KSchG Krankheit Nr. 37.
412 *Stahlhacke/Preis/Vossen*, Rn 260.

Die Mitteilung hat grundsätzlich auch die für den betroffenen Arbeitnehmer geltende **Kündigungsfrist** zu enthalten.[413] Die Mitteilung der Kündigungsfrist kann nur ausnahmsweise unterbleiben, wenn sie dem Betriebsrat bekannt ist.[414] Das BAG verlangt grundsätzlich auch, dass der **Zeitpunkt des Kündigungsausspruchs** angegeben wird.[415] Ausreichend ist, wenn die Mitteilung an den Betriebsrat die Absicht des Arbeitgebers enthält, alsbald nach Abschluss des Anhörungsverfahrens die Kündigung auszusprechen.[416] Die unrichtige Angabe des Kündigungstermins führt alleine nicht zur Unwirksamkeit der Kündigung.[417] Auch die **Art der Kündigung** muss mitgeteilt werden, also ob es sich um eine außerordentliche oder um eine ordentliche Kündigung handelt.[418] Wurde der Betriebsrat zu einer außerordentlichen Kündigung angehört, kann im Prozess eine Umdeutung der wegen des Fehlens eines wichtigen Grundes unwirksamen außerordentlichen Kündigung in eine ordentliche Kündigung nicht wirksam erfolgen. Etwas anderes gilt nur dann, wenn der Betriebsrat, der lediglich zu einer außerordentlichen Kündigung angehört wurde, ausdrücklich erklärt hat, er stimme der fristlosen Kündigung vorbehaltlos zu, und keine Umstände dafür ersichtlich sind, dass der Betriebsrat sich bei Unwirksamkeit der außerordentlichen Kündigung gegen eine ordentliche Kündigung gewendet hätte.[419] Nach dem Grundsatz der subjektiven Determinierung muss die Mitteilung grundsätzlich konkrete Tatsachen beinhalten, die die Grundlage des Kündigungsentschlusses des Arbeitgebers bilden. Lediglich schlagwort- oder stichwortartige Bezeichnungen des Kündigungsgrundes reichen nicht aus.[420] Die Angaben des Arbeitgebers müssen so genau sein, dass es dem Betriebsrat möglich ist, ohne zusätzliche eigene Nachforschungen die Stichhaltigkeit der Kündigungsgründe zu überprüfen und sich über seine Stellungnahme schlüssig zu werden.[421] Nicht erforderlich ist die Vorlage von Beweismaterial oder die Benennung von Zeugen.[422] Da der Inhalt der Mitteilung den Betriebsrat in die Lage versetzen soll, die Stichhaltigkeit der Kündigungsgründe zu prüfen und sich über seine eigene Stellungnahme klar zu werden, ist der Arbeitgeber auch gehalten, wesentliche, gegen die Kündigung sprechende Tatsachen dem Betriebsrat im Anhörungsverfahren mitzuteilen.[423] Der Betriebsrat soll auf die Mitteilung mit Zweckmäßigkeitserwägungen, eigenen betrieblichen Erfahrungen oder der Einbringung sozialer Gesichtspunkte aus der Person des einzelnen Betroffenen reagieren können.[424] Auch in der Probe- und Wartezeit sind dem Betriebsrat grundsätzlich die Gründe für die Kündigung mitzuteilen.[425] Nach Auffassung des LAG Berlin genügt der Arbeitgeber vor Ablauf der Wartefrist nach § 1 Abs. 1 KSchG seiner Pflicht zur Mitteilung der Kündigungsgründe nach § 102 Abs. 1 Satz 2 BetrVG, wenn er dem Betriebsrat vor Ausspruch einer Kündigung lediglich mitteilt, »der Arbeitnehmer genügt nach unserer allgemeinen, subjektiven Einschätzung unseren Anforderungen nicht«.[426] Stützt der Arbeitgeber aber seinen Entschluss von vornherein nur auf sein subjektives Empfinden, braucht er auch nur dieses Empfinden dem Betriebsrat mitzuteilen.[427] 127

Nachgeschobene Kündigungsgründe, die bereits vor Ausspruch der Kündigung entstanden und dem Arbeitgeber bekanntwaren, die er aber dem Betriebsrat nicht mitgeteilt hat, sind im Kündigungsschutzprozess jedenfalls dann nicht zu verwerten, wenn der Betriebsrat der Kündigung 128

413 BAG, Urt. v. 29.03.1990, EzA § 102 BetrVG 1972 Nr. 79; BAG, Urt. v. 16.09.1993, EzA § 102 BetrVG 1972 Nr. 84.
414 BAG, Urt. v. 29.01.1986, EzA § 102 BetrVG 1972 Nr. 64; LAG Hamm, Urt. v. 15.07.1993, ZTR 1994, 85.
415 BAG, Urt. v. 28.02.1974, EzA § 102 BetrVG 1972 Nr. 8.
416 BAG, Urt. v. 29.01.1986, EzA § 102 BetrVG 1972 Nr. 64.
417 BAG, Urt. v. 29.01.1986, EzA § 102 BetrVG 1972 Nr. 64.
418 BAG, Urt. v. 29.08.1991, AP Nr. 58 zu § 102 BetrVG 1972.
419 BAG, Urt. v. 16.03.1978, EzA § 102 BetrVG 1972 Nr. 32; BAG, Urt. v. 20.09.1984, EzA § 626 BGB n.F. Nr. 91.
420 BAG, Urt. v. 11.06.1991, EzA § 102 BetrVG 1972 Nr. 81.
421 BAG, Urt. v. 22.09.1994, EzA § 102 BetrVG 1972 Nr. 86.
422 BAG, Urt. v. 26.01.1995, EzA § 102 BetrVG 1972 Nr. 87; BAG, Urt. v. 06.02.1997, EzA § 102 BetrVG 1972 Nr. 96; hierzu *Hümmerich/Mauer*, DB 1997, 165.
423 BAG, Urt. v. 31.08.1989, EzA § 102 BetrVG 1972 Nr. 75.
424 BAG, Urt. v. 13.07.1978, EzA § 102 BetrVG 1972 Nr. 36; BAG, Urt. v. 11.07.1991, EzA § 102 BetrVG 1972 Nr. 81.
425 BAG, Urt. v. 03.12.1998, NZA 1999, 477.
426 LAG Berlin, Urt. v. 22.01.1998, LAGE § 102 BetrVG 1972 Nr. 68.
427 BAG, Urt. v. 18.05.1994, DB 1994, 1984 = NZA 1995, 24.

nicht bereits aufgrund der ihm mitgeteilten Gründe zugestimmt hat. Dies gilt auch dann, wenn der Betriebsrat der Kündigung aufgrund dieser ihm nachträglich mitgeteilten Gründe zugestimmt hat.[428] Betriebsverfassungsrechtlich können Kündigungsgründe, die bei Ausspruch der Kündigung bereits entstanden waren, dem Arbeitgeber aber erst später bekannt geworden sind, im Kündigungsschutzprozess nachgeschoben werden, wenn der Arbeitgeber zuvor den Betriebsrat hierzu erneut angehört hat.[429] Im Kündigungsschutzprozess sind auch solche Tatsachen verwertbar, die der Arbeitgeber dem Betriebsrat im Anhörungsverfahren erst auf Nachfrage mitteilt. Dies gilt jedenfalls dann, wenn der Arbeitgeber vor der Kündigung nochmals die Frist des § 102 Abs. 2 BetrVG beziehungsweise die abschließende Stellungnahme des Betriebsrats abwartet.[430] Der Arbeitgeber wird des Weiteren nicht gehindert, im Kündigungsschutzprozess Tatsachen nachzuschieben, die ohne wesentliche Veränderung des Kündigungssachverhaltes lediglich der Erläuterung und Konkretisierung der dem Betriebsrat mitgeteilten Kündigungsgründe dienen.[431]

129 Verfügt der Betriebsrat bei Einleitung des Anhörungsverfahrens bereits über den erforderlichen Kenntnisstand, um über die konkret beabsichtigte Kündigung eine Stellungnahme abgeben zu können, bedarf es keiner weiteren Darlegung der Kündigungsgründe durch den Arbeitgeber mehr. Auch im Rahmen eines Anhörungsverfahrens muss sich der Betriebsrat grundsätzlich nur das Wissen eines zur Entgegennahme von Erklärungen gem. § 26 Abs. 2 Satz 2 BetrVG berechtigten oder hierzu ausdrücklich ermächtigten Betriebsratsmitgliedes zurechnen lassen. Unterlässt es der Arbeitgeber, den Betriebsrat über die Gründe der Kündigung zu unterrichten, in der irrigen oder vermeintlichen Annahme, dass dieser bereits über den erforderlichen und aktuellen Kenntnisstand verfügt, liegt keine ordnungsgemäße Anhörung vor.[432] Die Verpflichtung des Arbeitgebers zu einer genauen und umfassenden Darlegung der Kündigungsgründe entfällt, wenn der Arbeitgeber den Betriebsrat bereits vor Beginn des Anhörungsverfahrens aufgrund bestimmter Umstände erschöpfend über die Kündigungsgründe unterrichtet hatte. In einem solchen Fall genügt der Arbeitgeber seiner Verpflichtung zur Mitteilung der Kündigungsgründe, wenn er im Anhörungsverfahren pauschal auf die bereits mitgeteilten Kündigungsgründe verweist.[433]

b) Betriebsbedingte Kündigung

130 Bei betriebsbedingten Kündigungen gilt der Grundsatz, dass die Mitteilungspflicht einen **»dreiaktigen Tatbestand«**[434] umfasst: die Mitteilung über den Wegfall eines konkreten Arbeitsplatzes, die Mitteilung zum Fehlen einer anderweitigen Beschäftigungsmöglichkeit und schließlich eine Darstellung der Sozialauswahl zu einer materiellrechtlich ordnungsgemäßen, sozial gerechtfertigten Kündigung.

131 Im Rahmen der Darstellung des Wegfalls des konkreten Arbeitsplatzes sind die für den Eintritt des Beschäftigungsmangels maßgeblichen außer- oder innerbetrieblichen Ursachen zu erläutern. Pauschale Hinweise auf eine Rationalisierung oder einen Auftragsmangel reichen nicht aus.[435] Gleiches gilt bezüglich der getroffenen Unternehmerentscheidung und ihrer Kausalität für den Wegfall des betroffenen Arbeitsplatzes.[436] Soll ein Betrieb in Etappen stillgelegt werden, muss der Arbeitgeber mitteilen, in welcher zeitlichen Abfolge welche Teile eingeschränkt, welche Arbeitnehmer zunächst weiterbeschäftigt und wann welche Arbeitnehmer entlassen werden sollen.[437] Nach dem Grundsatz der subjektiven Determination im Anhörungsverfahren braucht der Arbeitgeber nur seine

428 BAG, Urt. v. 02.04.1987, AP Nr. 96 zu § 626 BGB; BAG, Urt. v. 18.12.1980, AP Nr. 22 zu § 102 BetrVG 1972.
429 BAG, Urt. v. 11.04.1985, AP Nr. 39 zu § 102 BetrVG 1972; BAG, Urt. v. 18.12.1980, AP Nr. 22 zu § 102 BetrVG 1972.
430 BAG, Urt. v. 06.02.1997, AP Nr. 85 zu § 102 BetrVG 1972 = NZA 1997, 656.
431 BAG, Urt. v. 11.04.1985, AP Nr. 39 zu § 102 BetrVG 1972; BAG, Urt. v. 18.12.1980, AP Nr. 22 zu § 102 BetrVG 1972.
432 BAG, Urt. v. 27.06.1985, AP Nr. 37 zu § 102 BetrVG 1972 = NZA 1986, 426.
433 BAG, Urt. v. 31.05.1993, AP Nr. 31 zu § 2 KSchG 1969 = NZA 1993, 1075.
434 Tschöpe/*Moll/Seitz*, Teil 3 J Rn 42.
435 Tschöpe/*Moll/Seitz*, Teil 3 J Rn 44.
436 Däubler/Kittner/Klebe, § 102 BetrVG Rn 91 m.w.N.
437 LAG Hamm, Urt. v. 17.02.1995, LAGE § 102 BetrVG 1972 Nr. 54.

persönlichen Auswahlgründe mitzuteilen.[438] Auswahlgesichtspunkte, die bei der Abwägung des Arbeitgebers von diesem nicht angestellt wurden, muss er nicht mitteilen. Das Anhörungsverfahren bleibt trotzdem ordnungsgemäß i.S.v. § 102 BetrVG.[439]

Immer mitzuteilen sind dem Betriebsrat die **Sozialdaten** des zu kündigenden Arbeitnehmers und der mit ihm vergleichbaren Arbeitnehmer. Anzugeben sind in jedem Falle die **Dauer der Betriebszugehörigkeit, das Alter, Unterhaltspflichten des Arbeitnehmers und ab dem 01.01.2004 Angaben zu einer bestehenden Schwerbehinderung.**[440] Ebenfalls anzugeben sind Umstände, die einen **besonderen Kündigungsschutz** begründen können, und zwar sowohl hinsichtlich des betroffenen Arbeitnehmers wie auch anderer Arbeitnehmer mit vergleichbarer Tätigkeit, sofern der Arbeitgeber derartige Umstände in seine Auswahlentscheidung einbezogen hat.[441] Die Mitteilungspflicht des Arbeitgebers im Hinblick auf die Sozialdaten des Arbeitnehmers erstreckt sich nur auf solche Daten, die ihm aktuell bekannt sind. Der Arbeitgeber darf sich auf die Mitteilungen des Arbeitnehmers verlassen. Hat der Arbeitnehmer, beispielsweise weil seine berufstätige Ehefrau im öffentlichen Dienst tätig ist und aus diesem Grunde einen erhöhten Ortszuschlag erhält, seine Kinder nicht auf seiner Lohnsteuerkarte eintragen lassen, sondern auf der Lohnsteuerkarte seiner Ehefrau, und sind dem Arbeitgeber die unterhaltsberechtigten Kinder dadurch nicht bekannt, wird die Kündigung nicht nichtig gem. § 102 Abs. 1 Satz 3 BetrVG, wenn der Arbeitgeber unter Bezugnahme auf die Lohnsteuerkarte dem Betriebsrat mitgeteilt hat, der Arbeitnehmer habe keine unterhaltsberechtigten Kinder.[442] 132

c) Personenbedingte Kündigung

Bei personenbedingten Kündigungen hat der Arbeitgeber dem Betriebsrat ebenfalls nach dem Grundsatz der subjektiven Determination alle Umstände mitzuteilen, auf die sich sein Kündigungswille stützt. Bei dem wichtigsten Fall der personenbedingten Kündigung, der krankheitsbedingten Kündigung, gehört zu einer ordnungsgemäßen Anhörung die **Mitteilung der bisherigen Fehlzeiten**, aber auch die als Folge der Fehlzeiten entstandenen und noch zu erwartenden **Betriebsbeeinträchtigungen** und **wirtschaftlichen Belastungen** für das Unternehmen.[443] Der nur globale Hinweis auf wiederholte Fehlzeiten wegen Arbeitsunfähigkeit oder die Gesamtzahl addierter Fehlzeiten reicht nicht aus.[444] Ausreichend ist, wenn der Arbeitgeber dem Betriebsrat EDV-Ausdrucke übergibt, aus denen sich die konkreten Ausfallzeiten des zu kündigenden Arbeitnehmers ablesen lassen. Einer besonderen Auswertung der EDV-Ausdrucke bedarf es nicht.[445] 133

Bei der Prognoseentscheidung über die Gesundheitsentwicklung des Arbeitnehmers kann sich der Arbeitgeber grundsätzlich mit der Indizwirkung von Fehlzeiten in der Vergangenheit begnügen.[446] Angaben zur künftigen Gesundheitsentwicklung sind auch dann entbehrlich, wenn der Arbeitgeber dem Betriebsrat ein vom Arbeitnehmer vorgelegtes ärztliches Attest übergibt, aus dem sich bereits die eingeschränkte Arbeitsfähigkeit des Arbeitnehmers für die Zukunft ergibt.[447] Entbindet der Arbeitnehmer seinen Arzt nicht von der Schweigepflicht, kann der Arbeitgeber auch über die Indizwirkung bisheriger Fehlzeiten hinaus zur Gesundheitsprognose keine weiteren Angaben machen. Die Betriebsablaufstörungen sind durch konkrete Tatsachen zu 134

438 BAG, Urt. v. 16.01.1987, EzA § 1 KSchG Betriebsbedingte Kündigung Nr. 48; BAG, Urt. v. 21.07.1988, DB 1989, 485.
439 Tschöpe/*Moll/Seitz*, Teil 3 J Rn 45; a.A. *Hanau*, Anm. EzA § 102 BetrVG 1972 Nr. 37.
440 BAG, Urt. v. 18.10.1984, EzA § 1 KSchG Betriebsbedingte Kündigung Nr. 34.
441 BAG, Urt. v. 09.11.1977, AP Nr. 31 zu § 102 BetrVG 1972; BAG, Urt. v. 11.04.1985, AP Nr. 62 zu § 102 BetrVG 1972.
442 Siehe LAG Baden-Württemberg, Urt. v. 09.11.1990, LAGE § 102 BetrVG 1972 Nr. 25; a.A. ArbG Stuttgart, Urt. v. 31.10.1991, AiB 1992, 360.
443 BAG, Urt. v. 24.11.1983, AP Nr. 30 zu § 102 BetrVG 1972.
444 BAG, Urt. v. 18.09.1986 – 2 AZR 638/85 (n.v.).
445 LAG Hamm, Urt. v. 25.11.1987, NZA 1988, 483.
446 KR/*Etzel*, § 102 BetrVG Rn 63 mit Hinweis auf BAG, Urt. v. 12.04.1984 – 2 AZR 76/83 und 439/83 (n.v.); *Rummel*, NZA 1984, 77; Tschöpe/*Moll/Seitz*, Teil 3 J Rn 54.
447 LAG Hamm, Urt. v. 25.11.1987, NZA 1988, 483.

belegen.[448] Besteht die Kündigungsabsicht beim Arbeitgeber gleichzeitig aus personenbedingten und verhaltensbedingten Gründen, weil entschuldigt krankheitsbedingte und unzutreffend als unentschuldigt angesehene Fehlzeiten den Arbeitgeber zur Kündigung bestimmt haben, kann die Vermengung beider Sachverhalte ohne klare Trennung zwischen personenbedingter und verhaltensbedingter Kündigung zur Fehlerhaftigkeit des Anhörungsverfahrens führen.[449]

d) Verhaltensbedingte Kündigung

135 Beabsichtigt der Arbeitgeber, einem Mitarbeiter aus verhaltensbedingten Gründen zu kündigen, muss er neben den aus seiner Sicht die Kündigung begründenden Umständen auch solche **Aspekte** darlegen, die im Rahmen der vorzunehmenden **Interessenabwägung** von Bedeutung sind, sofern sie von ihm bedacht wurden.[450] In diesem Zusammenhang kann es auch erforderlich sein, dem Betriebsrat gegen die Kündigung sprechende Umstände mitzuteilen.[451] Soweit einer verhaltensbedingten Kündigung eine Abmahnung vorausgegangen ist, muss dem Betriebsrat im Rahmen einer ordnungsgemäßen Anhörung auch eine **vorangegangene Abmahnung** mitgeteilt werden.[452] Mitzuteilen ist dem Betriebsrat auch eine umfangreiche, zu den Personalakten gelangte **Gegenvorstellung des betroffenen Arbeitnehmers.**[453] *Moll/Seitz*[454] empfehlen bei verhaltensbedingten Kündigungen im Rahmen der Anhörung des Betriebsrats folgende Checkliste:

136
- Mitteilung der verletzten arbeitsvertraglichen Haupt- oder Nebenpflicht;
- Mitteilung des tatsächlichen Eintritts einer Störung mit nachteiligen Auswirkungen im Bereich des Arbeitgebers und des Arbeitsverhältnisses;[455]
- Mitteilung der aufgrund einer Negativprognose festgestellten Wiederholungsgefahr;
- Mitteilung der bei der Abwägung berücksichtigten widerstreitenden Interessen von Arbeitgeber und Arbeitnehmer;
- Angaben über die Beachtung des Ultima-ratio-Prinzips.

137 Im Anhörungsverfahren muss deutlich werden, dass die Kündigung aus verhaltensbedingten Gründen erfolgen soll. Ein Wechsel im Vortrag zwischen betriebsbedingter und verhaltensbedingter Kündigung im Rahmen einer späteren Kündigungsschutzklage ist dem Arbeitgeber verwehrt.[456] Auch umgekehrt ist der Wechsel von einer verhaltens- zu einer personenbedingten Kündigung im späteren Kündigungsschutzprozess ausgeschlossen.[457] Wurde der Betriebsrat zu dem Kündigungsvorwurf angehört, der Arbeitnehmer habe den Arbeitgeber bestohlen, kann der Arbeitgeber die Kündigung im Prozess nun nicht darauf stützen, dieser Vorwurf sei zwar nicht erwiesen, es bestehe aber ein so dringender Verdacht hierfür, dass die erforderliche Vertrauensbasis entfallen sei. Hierbei handelt es sich um einen neuen, anderen Kündigungsgrund, der nicht in den Prozess eingeführt werden kann, weil der Betriebsrat hierzu nicht angehört wurde.[458]

138 Hingegen gilt allgemein, dass neuer Sachverhalt dann in den ursprünglichen Kündigungsschutzprozess eingeführt werden kann und ohne erneute Kündigung gerichtlich verwertbar ist, wenn dem

448 Tschöpe/*Moll/Seitz*, Teil 3 J Rn 55.
449 BAG, Urt. v. 23.09.1992, EzA § 1 KSchG Krankheit Nr. 37.
450 BAG, Urt. v. 02.03.1989, EzA § 626 BGB n.F. Nr. 118.
451 BAG, Urt. v. 02.03.1989, EzA § 626 BGB n.F. Nr. 118.
452 *Stahlhacke/Preis/Vossen*, Rn 278; KR/*Etzel*, § 102 BetrVG Rn 64; Tschöpe/*Moll/Seitz*, Teil 3 J Rn 58.
453 BAG, Urt. v. 31.08.1989, EzA § 102 BetrVG Nr. 75.
454 Tschöpe/*Moll/Seitz*, Teil 3 J Rn 59.
455 BAG, Urt. v. 27.02.1997, EzA § 1 KSchG Verhaltensbedingte Kündigung Nr. 51.
456 BAG, Urt. v. 18.08.1982, EzA § 102 BetrVG 1972 Nr. 47.
457 LAG Hamburg, Urt. v. 22.02.1991, LAGE § 102 BetrVG Nr. 28.
458 BAG, Urt. v. 11.04.1985, EzA § 102 BetrVG 1972 Nr. 62.

Arbeitgeber dieser Umstand bei Ausspruch der Kündigung nicht bekannt war und er den Betriebsrat nachträglich zu den neuen Tatsachen angehört hat.[459]

e) Außerordentliche Kündigung

Auch bei außerordentlichen Kündigungen gilt der Grundsatz der subjektiven Determination im Anhörungsverfahren. Dem Betriebsrat sind grundsätzlich folgende Informationen zu übermitteln: 139

- diejenigen Tatsachen, die den Kündigungsgrund tragen sollen;
- der Zeitpunkt der Kenntniserlangung beim Arbeitgeber von den die Kündigung begründenden Tatsachen;
- die Unzumutbarkeitsgründe, die sich auf die Fortsetzung des Arbeitsverhältnisses beziehen;
- die im Rahmen der Interessenabwägung zu berücksichtigenden widerstreitenden Interessen von Arbeitgeber und Arbeitnehmer;
- etwaige Abmahnungen und Gegendarstellungen.

f) Verdachtskündigung

Bei der Verdachtskündigung muss der Arbeitgeber die ihm bekannten **Verdachtsmomente** und seine **vergeblichen Bemühungen zur Aufklärung des Sachverhalts** sowie die Umstände mitteilen, aus denen sich die **Unzumutbarkeit der Weiterbeschäftigung** aufgrund des Verdachts ergibt.[460] Die Mitteilung an den Betriebsrat hat auch den Inhalt und die Ergebnisse der **Anhörung des Arbeitnehmers** zu enthalten.[461] Es kann sich aus taktischen Gründen empfehlen, eine Tatkündigung und hilfsweise eine Verdachtskündigung auszusprechen. 140

g) Änderungskündigung

Bei Änderungskündigungen bestehen keine Besonderheiten im Anhörungsverfahren. Bei Änderungskündigungen, die in der Form der fristlosen und fristgerechten Kündigung vorkommen, aber auch als verhaltensbedingte, personenbedingte und betriebsbedingte Änderungskündigung denkbar sind, gelten die zu den jeweiligen Kündigungsarten maßgeblichen Grundsätze im Anhörungsverfahren. Hinzu tritt nur, dass die Informationspflicht des Arbeitgebers sich auch auf den Inhalt des Änderungsangebotes erstreckt.[462] Will sich der Arbeitgeber eine Beendigungskündigung vorbehalten und dann eine erneute Anhörung ersparen, muss er zugleich verdeutlichen, dass er im Fall der Ablehnung des Änderungsangebots die Beendigungskündigung beabsichtigt.[463] 141

4. Sphärenzuordnung bei Verfahrensfehlern

Die Rechtsprechung nimmt generell eine **Sphärenzuordnung bei Verfahrensfehlern im Anhörungsverfahren** vor. Fallen Fehler im Anhörungsverfahren in den Zuständigkeits- und Verantwortungsbereich des Arbeitgebers, lösen sie die Nichtigkeitsfolge nach § 102 Abs. 1 Satz 3 BetrVG aus.[464] Dagegen wirken sich auf die Ordnungsmäßigkeit der Anhörung in aller Regel solche Mängel nicht aus, die in den Zuständigkeits- und Verantwortungsbereich des Betriebsrats fallen, auch wenn der Arbeitgeber im Zeitpunkt der Kündigung weiß oder vermuten kann, dass die Behandlung der Angelegenheit durch den Betriebsrat nicht fehlerfrei gewesen ist.[465] Zu den insoweit denkbaren Fehlern zählen die nicht ordnungsgemäße Einladung zu der fraglichen Betriebsratssitzung, die Abstimmung unter Beteiligung von Ersatzmitgliedern trotz eines nicht gegebenen Verhinderungsfalls 142

459 BAG, Urt. v. 11.04.1985, EzA § 102 BetrVG 1972 Nr. 62.
460 KR/*Etzel*, § 102 BetrVG Rn 64 b; Tschöpe/*Moll/Seitz*, Teil 3 J Rn 75.
461 *Griese*, BB 1990, 1901.
462 BAG, Urt. v. 03.03.1989, EzA § 102 BetrVG 1972 Nr. 77.
463 BAG, Urt. v. 30.11.1989, AP Nr. 53 zu § 102 BetrVG 1972.
464 BAG, Urt. v. 04.08.1975, AP Nr. 4 zu § 102 BetrVG 1972.
465 BAG, Urt. v. 02.04.1976, AP Nr. 9 zu § 102 BetrVG 1972; BAG, Urt. v. 04.08.1975, AP Nr. 4 zu § 102 BetrVG 1972.

und die Abgabe einer Stellungnahme ohne vorangegangene Anhörung des Arbeitnehmers.[466] Der Arbeitgeber ist nur zur wirksamen Einleitung des Anhörungsverfahrens, der vollständigen Unterrichtung des Betriebsrats und ggf. der Wahrung der Fristen gem. § 102 Abs. 2 BetrVG verpflichtet. Ist aber etwa der Betriebsrat bei der Beschlussfassung nicht ordnungsgemäß zusammengesetzt, erfolgt die Beschlussfassung im Umlaufverfahren oder wird der Betriebsrat durch einen eigenmächtigen Betriebsratsvorsitzenden überhaupt nicht unterrichtet, fällt dies mit Drittwirkung für den betroffenen Arbeitnehmer in den Verantwortungsbereich des Betriebsrats. Der Arbeitnehmer kann die aus dem Verantwortungsbereich des Betriebsrats stammenden Verfahrensfehler im Kündigungsschutzprozess nicht mit Erfolg rügen.[467] Etwas anderes soll nach einer Entscheidung des BAG vom 28.03.1974 dann gelten, wenn der Betriebsratsvorsitzende im unmittelbaren Anschluss an die Mitteilung der Kündigungsabsicht auf Befragen des Arbeitgebers erklärt, er stimme der beabsichtigten Kündigung zu. In dieser Fallkonstellation wisse der Arbeitgeber, dass der aus mehreren Mitgliedern bestehende Betriebsrat sich noch nicht mit dem Kündigungsfall befasst haben könne. Das Anhörungsverfahren des § 102 Abs. 1 BetrVG sei damit noch nicht abgeschlossen. Die Erklärung des Betriebsratsvorsitzenden sei rechtlich ohne Bedeutung[468]

143 Unter Berücksichtigung des Vorstehenden könnte das vom Arbeitgeber zu verwendende Formblatt zur Unterrichtung des Betriebsrats über eine beabsichtigte, ordentliche Kündigung nebst Empfangsbestätigung in Anlehnung an *Tschöpe*[469] wie folgt aussehen:

An den Betriebsrat
z. Hd. des BR-Vorsitzenden/Betriebsausschuss/Ausschuss für Personalfragen

Anhörung des Betriebsrats vor Kündigungen

Sehr geehrte Damen und Herren,
wir beabsichtigen, dem/der Arbeitnehmer(in)
Name:
Vorname:
geboren am:
Adresse:
Familienstand:
Kinderzahl:
bei uns beschäftigt seit:
zuletzt tätig als:
im Werk/Abteilung:
eine ordentliche fristgerechte Kündigung zum ______ (Datum des Ablaufs der Kündigungsfrist) auszusprechen.

Die Kündigung ist aus folgenden Gründen erforderlich: ______ *(An dieser Stelle sind alle wesentlichen Kündigungsgründe anzuführen.)*

Wir bitten um Stellungnahme (da zur Einhaltung der Kündigungsfrist die Kündigung der/dem Arbeitnehmer(in) spätestens am ______ zugegangen sein muss) bis spätestens zum ______.

Ort, Datum — Unterschrift der Geschäfts-/Personal- oder Betriebsleitung

466 BAG, Urt. v. 18.08.1982, EzA § 102 BetrVG 1972 Nr. 48.
467 ErfK/*Hanau/Kania*, § 102 BetrVG Rn 26.
468 BAG, Urt. v. 28.03.1974, NJW 1974, 1726 = AP Nr. 3 zu § 102 BetrVG 1972; BAG, Urt. v. 28.02.1974, AP Nr. 2 zu § 102 BetrVG 1972.
469 *Tschöpe*, in: *Henssler/Moll*, Kündigung und Kündigungsschutz in der betrieblichen Praxis, S. 192.

Empfangsbestätigung

Hiermit bestätigen wir, die Unterrichtung über die beabsichtigte ordentliche Kündigung des/der Arbeitnehmer(in) erhalten zu haben.

Datum — für den Betriebsrat/Betriebsausschuss/Ausschuss für Personalfragen

III. Reaktionen des Betriebsrats

1. Ausdrückliche oder fingierte Zustimmung des Betriebsrats

Der Betriebsrat kann einer beabsichtigten Kündigung zustimmen; dann ist die Kündigung aus be- 144
triebsverfassungsrechtlichen Gründen unanfechtbar.[470] Die fehlende Zustimmung des Betriebsrats beziehungsweise das Nichtabwarten der gesetzlichen Anhörungsfristen kann durch eine nachträgliche Zustimmung des Betriebsrats (Genehmigung i.S.v. § 184 BGB) nicht geheilt werden. **Die vorherige Anhörung ist auch im Eilfall erforderlich**.[471] Der Verzicht des Betriebsrats auf eine Stellungnahme innerhalb der gesetzlich vorgesehenen Frist gilt als Zustimmung (§ 102 Abs. 2 Satz 2 BetrVG).

Der Arbeitgeber kann die Kündigung auch dann vor Ablauf der dem Betriebsrat eingeräumten 145
Äußerungsfristen des § 102 Abs. 2 BetrVG aussprechen, wenn der Betriebsrat, ohne sachlich zu der Kündigungsabsicht Stellung zu nehmen, lediglich erklärt hat, er werde sich zu der Kündigung **nicht äußern** und darin eine **abschließende Stellungnahme** liegt.[472] Teilt der Betriebsrat diesen Beschluss dem Arbeitgeber mit, liegt hierin regelmäßig eine abschließende Stellungnahme, die zur Beendigung des Anhörungsverfahrens führt.[473]

Verlangt der Betriebsrat vom Arbeitgeber, einem bestimmten Arbeitnehmer zu kündigen, liegt in 146
dem Kündigungsverlangen bereits die Zustimmung zur Kündigung, so dass der Arbeitgeber den Betriebsrat nicht erneut beteiligen muss, wenn er sich zur Kündigung entschließt.[474]

2. Bedenken des Betriebsrats

Innerhalb der Wochen- beziehungsweise Drei-Tage-Frist kann der Betriebsrat Bedenken gegen 147
die beabsichtigte Kündigung schriftlich äußern. Konkrete Rechtswirkungen werden durch die **Äußerung von Bedenken** nicht ausgelöst. Sie haben für den Kündigungsschutzprozess grundsätzlich keine Bedeutung und können gleichermaßen keinen Weiterbeschäftigungsanspruch des Arbeitnehmers gem. § 102 Abs. 5 BetrVG begründen. Durch die Äußerung von Bedenken gibt der Betriebsrat zu erkennen, dass er mit einer geplanten Kündigung nicht einverstanden ist. Der Arbeitgeber kann sich den Bedenken des Betriebsrats anschließen oder nicht. Überzeugen ihn die Bedenken nicht, kann er ohne weiteres die Kündigung aussprechen.

470 KR/*Etzel*, § 102 BetrVG Rn 124.
471 *Schaub*, Arbeitsrechts-Handbuch, § 123 Rn 105.
472 BAG, Urt. v. 12.03.1987, AP Nr. 47 zu § 102 BetrVG 1972 = NZA 1988, 137.
473 LAG Hessen, Urt. v. 18.06.1997, LAGE § 626 BGB Nr. 114; *Kiel/Koch*, Die betriebsbedingte Kündigung, Rn 758.
474 BAG, Urt. v. 15.05.1997, AP Nr. 17 zu § 99 BetrVG 1972 Versetzung.

3. Widerspruch des Betriebsrats

148 Der Betriebsrat kann bei Vorliegen eines der in § 102 Abs. 3 BetrVG genannten Gründe innerhalb der Wochenfrist einer geplanten ordentlichen Kündigung widersprechen. Bei der außerordentlichen Kündigung besteht die Möglichkeit des Widerspruchs nicht. Kündigt der Arbeitgeber, obwohl der Betriebsrat der ordentlichen Kündigung fristgemäß widersprochen hat, ist dem Arbeitnehmer mit der Kündigung eine Abschrift der Stellungnahme des Betriebsrats zuzuleiten.

149 Der Widerspruch des Betriebsrats bewirkt einen **Weiterbeschäftigungsanspruch** des Arbeitnehmers bei erhobener Kündigungsschutzklage über die Kündigungsfrist hinaus (§ 102 Abs. 5 Satz 1 BetrVG). Diesem Weiterbeschäftigungsanspruch kann sich der Arbeitgeber durch Antrag auf Erlass einer einstweiligen Verfügung unter den in § 102 Abs. 5 BetrVG genannten, selten vorliegenden Voraussetzungen entziehen. Zur Darlegung einer unzumutbaren wirtschaftlichen Belastung durch die vorläufige Weiterbeschäftigung des Arbeitnehmers gem. § 102 Abs. 5 Satz 2 Nr. 2 BetrVG muss der Arbeitgeber die Tatsachen, die die vorläufige Weiterbeschäftigung des Arbeitnehmers als wirtschaftlich unzumutbar erscheinen lassen, glaubhaft machen. Allgemeine Angaben des Arbeitgebers, zum Beispiel gesunkene Umsätze, Arbeitsmangel, finanzielle Schwierigkeiten genügen zur Begründung nicht. Es ist vielmehr die Angabe konkreter und detaillierter Daten über die wirtschaftliche und finanzielle Lage des Betriebes und Unternehmens und eine Prognose der künftigen Entwicklung erforderlich.[475]

150 Ein Arbeitnehmer hat keinen Anspruch auf Weiterbeschäftigung nach § 102 Abs. 5 Satz 1 BetrVG, wenn der Betriebsrat der Kündigung nicht ordnungsgemäß widersprochen hat. Zwischen einem nicht ordnungsgemäßen Widerspruch i.S.d. § 102 Abs. 5 Satz 1 BetrVG und einem offensichtlich unbegründeten Widerspruch gem. § 102 Abs. 5 Satz 2 Nr. 3 BetrVG muss streng differenziert werden. Bei den Anforderungen an den Inhalt des Widerspruchs muss einerseits die Gefahr vermieden werden, dass die Regelung des § 102 Abs. 5 BetrVG entsprechend den Parteirollen nicht durch zu strenge Anforderungen an den Inhalt der Begründung des Widerspruchs und ein entsprechendes Vorprüfungsrecht des Arbeitgebers vertauscht werden; andererseits darf der Betriebsrat nicht in die Lage versetzt werden, mit jeder noch so abwegigen Begründung den Arbeitgeber in das einstweilige Verfügungsverfahren gem. § 102 Abs. 5 Satz 2 BetrVG zu zwingen.[476] Ist der Widerspruch nicht nur frist- und ordnungsgemäß eingelegt, sondern liegt auch der behauptete Widerspruchsgrund tatsächlich vor, ist die Kündigung, soweit der Arbeitnehmer dem KSchG unterfällt, nach § 1 Abs. 2 KSchG sozial ungerechtfertigt. In diesem Fall liegt ein absoluter Sozialwidrigkeitsgrund vor.[477]

151 § 102 Abs. 6 BetrVG eröffnet den Betriebspartnern die Möglichkeit, die Wirksamkeit von Kündigungen generell von der Zustimmung des Betriebsrats durch Vereinbarung abhängig zu machen.

152 Der auf § 102 Abs. 5 BetrVG gestützte Weiterbeschäftigungsanspruch kann nur entstehen, wenn neben den anderen Anspruchsvoraussetzungen ein frist- und ordnungsgemäßer Widerspruch des Betriebsrats vorliegt. Der Widerspruch ist dann beachtlich, wenn die Widerspruchsgründe mittels Angabe von Tatsachen konkretisiert werden. Stützt der Betriebsrat den Widerspruch auf die Behauptung einer fehlerhaften sozialen Auswahl, so reicht die formelhafte Anführung der Gesetzesbestimmung des § 102 Abs. 3 Nr. 1 BetrVG nicht aus. Die Darlegung des Betriebsrats muss sich vielmehr am Vortrag des Arbeitgebers orientieren. Hat der Arbeitgeber seine Auswahlüberlegungen dezidiert – etwa anhand eines Punkteschemas – mitgeteilt, so gebietet die Konkretisierungspflicht des § 102 Abs. 3 Satz 1 BetrVG eine konkrete Stellungnahme, warum die Auswahlüberlegungen des Arbeitgebers nicht ausreichend sein sollen.[478]

475 LAG Hamburg, Urt. v. 16.05.2001 – 4 Sa 33/01 (n.v.).
476 LAG Rheinland-Pfalz, Urt. v. 15.10.1998 – 11 Sa 634/98 (n.v.).
477 ErfK/*Hanau/Kania*, § 102 BetrVG Rn 16.
478 LAG Schleswig-Holstein, Urt. v. 22.11.1999, AP Nr. 12 zu § 102 BetrVG 1972 Weiterbeschäftigung.

Macht der Betriebsrat mit seinem Widerspruch nach § 102 Abs. 3 Nr. 1 BetrVG geltend, der Arbeitgeber habe zu Unrecht Arbeitnehmer nicht in die soziale Auswahl einbezogen, müssen diese Arbeitnehmer vom Betriebsrat entweder konkret benannt oder anhand abstrakter Merkmale bestimmbar sein. Dies folgt aus dem Regelungszusammenhang von § 102 Abs. 3 Nr. 1 mit § 102 Abs. 5 Satz 2 Nr. 3 BetrVG. Das Arbeitsgericht kann den Arbeitgeber nur dann im Wege der einstweiligen Verfügung von der Weiterbeschäftigungspflicht wegen eines offensichtlich unwirksamen Widerspruchs nach § 102 Abs. 3 Nr. 1 BetrVG entbinden, wenn sich aus dem Widerspruch des Betriebsrats hinreichend deutlich ergibt, welche Arbeitnehmer im Hinblick auf ihre soziale Schutzwürdigkeit zu vergleichen sein sollen. Den hierfür erforderlichen Sachvortrag kann der Arbeitgeber nur leisten, wenn der oder die nach Auffassung des Betriebsrats weniger schutzwürdigen Arbeitnehmer jedenfalls identifizierbar sind.[479] Für einen ordnungsgemäßen Widerspruch des Betriebsrats gegen eine ordentliche Kündigung nach § 102 Abs. 3 Nr. 3 BetrVG, der Voraussetzung für einen Weiterbeschäftigungsanspruch nach § 102 Abs. 5 Satz 1 BetrVG ist, reicht es nicht aus, wenn der Betriebsrat auf Personalengpässe bei Arbeiten hinweist, die im Betrieb von einem Subunternehmer aufgrund eines Werkvertrags erledigt werden.[480] Auch reicht es zur Begründung eines Weiterbeschäftigungsanspruchs nach § 102 Abs. 5 Satz 1 BetrVG nicht aus, wenn der Betriebsrat nur allgemein auf eine anderweitige Beschäftigungsmöglichkeit im selben Betrieb oder in einem anderen Betrieb des Unternehmens verweist. Dem Betriebsrat ist vielmehr ein Mindestmaß an konkreter Argumentation abzuverlangen. Das heißt, der Arbeitsplatz, auf dem der zu kündigende Arbeitnehmer eingesetzt werden kann, ist in bestimmbarer Weise anzugeben.[481] 153

Ein auf § 102 Abs. 3 Nr. 1 BetrVG gestützter Widerspruch des Betriebsrats bei einer krankheitsbedingten Kündigung, der in der Sache einen Appell an die Fürsorgepflicht des Arbeitgebers gegenüber einem langjährig beschäftigten Arbeitnehmer darstellt, ist kein »ordnungsgemäßer Widerspruch«. Wird ein solches »Widerspruchsschreiben« dem Arbeitnehmer mit der Kündigung nicht zugeleitet, ist § 102 Abs. 4 BetrVG nicht verletzt, so dass es auf die – abzulehnende – Mindermeinung nicht ankommt, wonach die Verletzung des § 102 Abs. 4 BetrVG die Unwirksamkeit der Kündigung zur Konsequenz habe.[482] 154

IV. Darlegungs- und Beweislast

Nach § 102 Abs. 1 BetrVG ist die Anhörung des Betriebsrats Wirksamkeitsvoraussetzung für jede Kündigung durch den Arbeitgeber. Daher trägt der Arbeitgeber die Darlegungs- und Beweislast dafür, dass die Anhörung des Betriebsrats ordnungsgemäß durchgeführt wurde.[483] Der Arbeitnehmer muss die ordnungsgemäße Anhörung jedoch zunächst bestreiten, da keine Überprüfung von Amts wegen erfolgt. Dabei genügt zunächst ein Bestreiten mit Nichtwissen[484] Hat der Arbeitgeber eine ordnungsgemäße Anhörung des Betriebsrats gem. § 102 BetrVG im Detail schlüssig dargelegt, so muss der Arbeitnehmer nach den **Grundsätzen der abgestuften Darlegungslast** deutlich machen, welche der Angaben er aus welchem Grund weiterhin bestreiten will. Soweit es um Tatsachen außerhalb seiner eigenen Wahrnehmung geht, kann der Arbeitnehmer sich dabei gem. § 138 Abs. 4 ZPO auf Nichtwissen berufen; ein pauschales Bestreiten des Arbeitnehmers ohne jede Begründung genügt dagegen nicht.[485] 155

479 BAG, Urt. v. 09.07.2003 – 5 AZR 305/02 (n.v.).
480 BAG, Urt. v. 11.05.2000, AP Nr. 13 zu § 102 BetrVG 1972 Weiterbeschäftigung = NZA 2000, 1055.
481 BAG, Urt. v. 17.06.1999, AP Nr. 11 zu § 102 BetrVG 1972 Weiterbeschäftigung = NZA 1999, 1154.
482 BAG, Urt. v. 19.10.2000, MDR 2001, 517.
483 BAG, Urt. v. 20.05.1988, AP Nr. 9 zu § 1 KSchG 1969 Personenbedingte Kündigung.
484 BAG, Urt. v. 23.06.1983, EzA § 1 KSchG Krankheit Nr. 12; BAG, Urt. v. 14.10.1982, EzA § 613a BGB Nr. 38; BAG, Urt. v. 09.10.1986 – 2 AZR 649/85 (n.v.); Kittner/Zwanziger/*Appel*, § 98 Rn 54; a.A. KR/*Etzel*, § 102 BetrVG Rn 192.
485 BAG, Urt. v. 16.03.2000, NZA 2000, 1332.

V. Kündigung von Betriebsratsmitgliedern

156 Die Hürden für einen Arbeitgeber, sich von einem Betriebsratsmitglied zu trennen, sind im Betriebsverfassungsgesetz hoch gesetzt. Ohne das Arbeitsverhältnis zu berühren, kann sich der Arbeitgeber vom Betriebsrat in seiner Amtsfunktion nur gem. § 23 Abs. 1 BetrVG trennen. Beabsichtigt der Arbeitgeber, das Arbeitsverhältnis zu kündigen, ist dies nur im Rahmen und unter den Voraussetzungen einer außerordentlichen Kündigung möglich, die der Zustimmung der übrigen Betriebsratsmitglieder gem. § 103 Abs. 1 BetrVG bedarf. Verweigert der Betriebsrat seine Zustimmung, kann das Arbeitsgericht auf Antrag des Arbeitgebers die fehlende Zustimmung des Betriebsrats ersetzen, § 103 Abs. 2 BetrVG. Im Falle tariflicher Unkündbarkeit eines Betriebsratsmitglieds bedarf es für dessen außerordentliche Kündigung nach § 15 Abs. 4 oder Abs. 5 KSchG nicht der Zustimmung des Betriebsrats.[486]

157 Die Hürden in § 103 BetrVG sind so hoch gesetzt,[487] weil die Mitglieder des Betriebsrats stets in der Gefahr stehen, aufgrund eines natürlichen Interessengegensatzes zwischen Arbeitgeber und Arbeitnehmer durch unbegründete Kündigungen des Arbeitgebers aus dem Betrieb entfernt zu werden.

E. Der die Kündigung rechtfertigende Grund

158 § 1 Abs. 2 KSchG differenziert ausgehend von der jeweiligen »**Störquelle**« zwischen personen-, verhaltens- oder betriebsbedingten Gründen einer Kündigung des Arbeitsverhältnisses. Im System des KSchG gibt es **keine absoluten Kündigungsgründe**, die eine Kündigung quasi automatisch sozial rechtfertigen können.[488] Dementsprechend können die Voraussetzungen sozial gerechtfertigter Kündigungen nur relativ abstrakt dargestellt werden. Zwar bemüht sich die nachstehende Darstellung, die kündigungsrechtliche Relevanz typischer Fallkonstellationen anhand Entscheidungen der Arbeitsgerichte darzustellen. Bei der Bewertung der Einzelfälle darf der Rechtsanwender aber nicht außer Acht lassen, dass die Frage, ob ein bestimmter Sachverhalt eine Kündigung sozial rechtfertigt, nur im Einzelfall unter Beachtung aller im konkreten Fall vorliegenden Umstände beantwortet werden kann. Stets ist eine einzelfallbezogene Betrachtung geboten, die eine schematische Anwendung der aufgezeigten gerichtlichen Entscheidungen ausschließt.

159 Wird eine ordentliche Kündigung mit einem Kündigungssachverhalt begründet, der mehrere in § 1 Abs. 2 Satz 1 KSchG geregelte Gründe berührt (**Kündigung wegen eines Mischtatbestandes**), dann richtet sich der Prüfungsmaßstab in erster Linie danach, aus welchem der im Gesetz genannten Bereiche die Störung kommt, die sich auf das Arbeitsverhältnis nachteilig auswirkt.[489] Führt eine rechtlich nicht zu beanstandende betriebliche Organisationsänderung dazu, dass ein in seiner Gesundheit beeinträchtigter Arbeitnehmer nur noch in einer Weise beschäftigt werden könnte, die sein Leiden verschlimmert, so rechtfertigt dies grundsätzlich eine ordentliche Kündigung des Arbeitsverhältnisses jedenfalls dann, wenn der Arbeitnehmer nicht auf der gesundheitsbeeinträchtigenden Beschäftigung besteht, sondern diese ablehnt. Eine Sozialauswahl ist in diesem Fall entbehrlich, weil der Arbeitnehmer mit weiterbeschäftigten gesunden Arbeitnehmern nicht vergleichbar ist.[490] »Störquelle« ist vorliegend nicht die gesundheitliche Beeinträchtigung des Arbeitnehmers als solche, denn der Arbeitnehmer hatte trotz seiner gesundheitlichen Beeinträchtigung seine geschuldete Arbeit in der Schweißerei geleistet, ohne dass seine persönliche Eignung in Frage gestellt worden wäre. Entsprechend geht das BAG in seiner Entscheidung vom 06.11.1997 davon aus, letzte und eigentliche

486 BAG, Beschl. v. 18.09.1997, AP Nr. 35 zu § 103 BetrVG 1972.
487 Zu den Hürden instruktiv *Diller*, NZA 1998, 1163 f.
488 *Berkowsky*, NZA-RR 2001, 393 (394).
489 BAG, Urt. v. 21.11.1985, NZA 1986, 713 = AP Nr. 12 zu § 1 KSchG 1969; BAG, Urt. v. 27.03.2003 – 2 AZR 699/01 (n.v.) »Kündigung wegen Tätigkeit für das MfS«.
490 BAG, Urt. v. 06.11.1997, AP Nr. 42 zu § 1 KSchG 1969 = NZA 1998, 143.

Ursache des Kündigungsentschlusses sei die Zusammenlegung der Schweißerei mit der Presserei und daher der Wegfall der Beschäftigungsmöglichkeit für den Arbeitnehmer in der bisherigen, weniger lärmexponierten Ausgestaltung. Die streitige Kündigung sei danach unter dem Aspekt des Vorliegens dringender betrieblicher Erfordernisse i.S.v. § 1 Abs. 2 Satz 1 KSchG zu prüfen.

F. Die personenbedingte Kündigung

I. Allgemeines

Eine Kündigung ist unter anderem sozial ungerechtfertigt, wenn sie nicht durch Gründe, die in der Person des Arbeitnehmers liegen, bedingt ist (§ 1 Abs. 2 KSchG). Das KSchG enthält keine weiter gehende Legaldefinition des personenbedingten Grundes für eine Kündigung. 160

Nach der Systematik des KSchG sind die personenbedingten Gründe von den betriebs- und insbesondere den verhaltensbedingten Kündigungsgründen abzugrenzen. Personenbedingt ist eine Kündigung, wenn sie darauf gestützt wird, dass der Arbeitnehmer seine vertraglich geschuldete **Leistung nicht mehr erbringen kann**, obwohl er will. Hingegen verhaltensbedingt ist eine Kündigung, wenn sie darauf gestützt wird, dass der Arbeitnehmer seine Leistung in der Regel schuldhaft nicht korrekt erbringt, obwohl er das könnte.[491] Die Abgrenzungsproblematik findet Ausdruck in einer Entscheidung des LAG Köln. So führt die fünfte Kammer aus: »Die Tatsache, dass die Ehe von Personen, die zugleich Vertragspartner eines Arbeitsverhältnisses sind, zerrüttet ist, kann regelmäßig eine personenbedingte Kündigung des als Arbeitnehmer tätigen Ehepartners nicht rechtfertigen. Im Fall der Beleidigung und Bedrohung der Ehefrau am Arbeitsplatz durch den als Arbeitnehmer tätigen Ehepartner, ist eine verhaltensbedingte Kündigung grundsätzlich nur gerechtfertigt, wenn dem Arbeitnehmer durch eine Abmahnung zuvor die Möglichkeit gegeben wurde, sein Verhalten zu ändern. Eine Abmahnung ist erst dann entbehrlich, wenn der Betriebsfrieden derart beeinträchtigt ist, dass eine Weiterbeschäftigung schlechthin unzumutbar ist.«[492] 161

Nach anderen Stimmen im Schrifttum[493] liegt ein personenbedingter Grund vor, wenn der Arbeitnehmer im Zeitpunkt des Zugangs der Kündigung und voraussichtlich auch alsbald danach die Fähigkeit und Eignung nicht besitzt, die geschuldete Arbeitsleistung ganz oder teilweise zu erbringen. 162

Kennzeichnend für die personenbedingte Kündigung ist, dass der **Verlust der vorausgesetzten Eignung oder Fähigkeiten zur Erbringung der Arbeitsleistung arbeitnehmerseitig nicht oder nicht mehr steuerbar** ist. Dies ist der innere Grund, weshalb bei personenbedingten Kündigungsgründen das Erfordernis vorheriger Abmahnung generell entfällt.[494] Nicht steuerbare Umstände sind nicht abmahnungsfähig.[495] 163

Wie bei der verhaltensbedingten Kündigung besteht auch im Bereich der personenbedingten Kündigung eine varianten- und nuancenreiche Kasuistik, die durch die Rechtsprechung des BAG und der Instanzgerichte geprägt wird. Personenbedingte Kündigungsgründe können sich unter anderem aus rechtlichen Hindernissen für die Durchführung des Arbeitsvertrages (fehlende Arbeitserlaubnis), aus Eignungsmängeln (fehlende geistige, körperliche oder charakterliche Befähigung zur Durchführung der Arbeitsaufgaben) oder aus belastenden Fehlzeiten des Arbeitnehmers (Krankheit oder Freiheitsstrafe) ergeben.[496] **Hauptanwendungsbereich** der personenbedingten Kündigung in der Praxis ist der Fall einer Kündigung aufgrund einer **Erkrankung des Arbeitnehmers**. 164

491 Berscheid/Kunz/Brand/*Kreft/Griese*, Teil 4 Rn 620.
492 LAG Köln, Urt. v. 28.11.2002, NZA-RR 2003, 416 = LAGE § 1 KSchG Personenbedingte Kündigung Nr. 18.
493 KR/*Etzel*, § 1 KSchG Rn 266 m.w.N.
494 LAG Düsseldorf, Urt. v. 06.03.1986, LAGE § 611 BGB Fürsorgepflicht Nr. 9 = NZA 1986, 431; a.A. ohne Begründung BAG, Urt. v. 30.09.1993, AP Nr. 33 zu § 2 KSchG 1969 = NZA 1994, 615 unter V. der Gründe.
495 *Stahlhacke/Preis/Vossen*, Rn 725.
496 Berscheid/Kunz/Brand/*Kreft/Griese*, Teil 4 Rn 621.

165 *Ascheid*[497] unterscheidet zum besseren Verständnis bei der personenbedingten Kündigung verschiedene Fallkonstellationen. Die arbeitsvertraglich geschuldete Leistung kann vom Arbeitnehmer nicht erbracht werden,

- weil er die geforderte Leistung aus nicht vorwerfbaren Gründen nicht erbringen will (zum Beispiel Verweigerung der Arbeitsleistung infolge eines zu respektierenden Gewissenskonflikts),
- weil er die Leistung aus Gründen nicht erbringen kann, die auf seinen Willen zurückzuführen sind (zum Beispiel unterlassene Fortbildung, die zur Unfähigkeit führt) oder
- weil er sie aus solchen Gründen nicht erbringen kann, die ihre Ursache nicht in einem Willensentschluss des Arbeitnehmers haben (Krankheitsfälle).

II. Dreistufiger Prüfungsmaßstab

166 Die **Prüfung der Sozialwidrigkeit** einer personenbedingten Kündigung erfolgt nach ständiger höchstrichterlicher Rechtsprechung **in drei Stufen**.[498] Dieses Prüfungsschema gilt für sämtliche personenbedingten Kündigungen und wurde vom BAG zur krankheitsbedingten Kündigung entwickelt.[499] Zunächst ist eine **negative Prognose** hinsichtlich des voraussichtlichen Gesundheitszustands erforderlich. Die bisherigen und nach der Prognose zu erwartenden Auswirkungen des Gesundheitszustandes des Arbeitnehmers müssen weiter zu einer **erheblichen Beeinträchtigung der betrieblichen Interessen** führen. Sie können durch Störungen im Betriebsablauf oder wirtschaftliche Belastungen hervorgerufen werden. In der dritten Stufe, bei der **Interessenabwägung**, ist dann zu prüfen, ob die erheblichen betrieblichen Beeinträchtigungen zu einer billigerweise nicht mehr hinzunehmenden Belastung des Arbeitgebers führen.[500]

167 Auf der ersten Stufe prüft das BAG die **fehlende Fähigkeit und Eignung des Arbeitnehmers**, die geschuldete Arbeitsleistung künftig zu erbringen (**negative Prognose**), und stellt fest, ob »an sich« ein personenbedingter Kündigungsgrund besteht. Eine personenbedingte Kündigung setzt unabdingbar die Nicht- oder Schlechterfüllung der Leistung voraus. Wer beanstandungsfrei leistet und eine erfüllungsgemäße Leistung erbringt, dem kann nicht personenbedingt gekündigt werden. Beispielsweise kann Niemand »wegen einer Krankheit (HIV-Infektion)« entlassen werden, wenn er trotz Krankheit die geschuldete Leistung ordnungsgemäß erbringt.[501]

168 Der Kündigungsgrund »an sich« vermag die Kündigung aber nur sozial zu rechtfertigen, wenn gleichzeitig auf der zweiten Stufe eine **erhebliche Beeinträchtigung betrieblicher oder vertraglicher Interessen** festgestellt werden kann. Die Beeinträchtigung der betrieblichen Interessen kann durch Störungen im Betriebsablauf oder wirtschaftliche Belastungen hervorgerufen werden.[502] Pauschale, nicht konkret dargelegte Beeinträchtigungen der betrieblichen Interessen reichen zur Rechtfertigung der Kündigung nicht aus. So kann etwa einem Leiter einer Bankfiliale (vier Arbeitnehmer) nicht allein wegen der zahlreichen Spielbankbesuche und des dortigen Spielens fristlos gekündigt werden, wenn diese Besuche ohne konkrete Auswirkung auf das Arbeitsverhältnis geblieben sind.[503] Eine wegen langanhaltender Krankheit ausgesprochene Kündigung ist sozial nicht gerechtfertigt, wenn eine mittels Direktionsrechts durchgeführte Einsetzungsmöglichkeit in einer anderen Abteilung besteht, bei der Beeinträchtigungen durch die Krankheit nicht vorliegen. Äußert sich der Arbeitgeber zum Sachverhalt des Arbeitnehmers nicht, eine solche Möglichkeit bestehe, geht dies nach § 1 Abs. 2 Satz 4 KSchG zu seinen Lasten.[504]

497 ErfK/*Ascheid*, § 1 KSchG Rn 172; *Ascheid*, Kündigungsschutzrecht, Rn 351.
498 Vgl. auch *Stahlhacke/Preis/Vossen*, Rn 742, die von einem vierstufigen Prüfungsraster ausgehen.
499 Grundlegend BAG, Urt. v. 09.04.1987, AP Nr. 18 zu § 1 KSchG 1969 Krankheit = NZA 1987, 811; BAG, Urt. v. 16.02.1989, AP Nr. 20 zu § 1 KSchG 1969 Krankheit = NZA 1989, 923.
500 BAG, Urt. v. 20.01.2000, AP Nr. 38 zu § 1 KSchG 1969 Krankheit = NZA 2000, 768; BAG, Urt. v. 05.07.1990, AP Nr. 26 zu § 1 KSchG 1969 Krankheit = NZA 1991, 185.
501 ErfK/*Ascheid*, § 1 KSchG Rn 175.
502 *Tschöpe*, BB 2001, 2110.
503 LAG Hamm, Urt. v. 14.01.1998, LAGE § 626 BGB Nr. 119 = NZA 1999, 546 (Leitsatz).
504 LAG Nürnberg, Urt. v. 21.01.2003, NZA-RR 2003, 413 = LAGE § 1 KSchG Krankheit Nr. 34.

In einer dritten Stufe ist zu prüfen, ob die erhebliche Beeinträchtigung betrieblicher Interessen zu einer **billigerweise nicht mehr hinzunehmenden Belastung des Arbeitgebers** führen.[505] Bei der Abwägung der widerstreitenden Interessen der Vertragsparteien sind strenge Maßstäbe anzulegen. Verfehlt ist jedoch eine allgemeine Billigkeitsabwägung. Nach *Stahlhacke/Preis/Vossen*[506] ist eine konkrete, auf das Arbeitsverhältnis bezogene Abwägung erforderlich, die mit folgender Formel umrissen werden kann: Eine personenbedingte Kündigung ist nur gerechtfertigt, wenn unter Berücksichtigung der in der Rechtsordnung verankerten Wertentscheidungen zum Schutz der Person des Arbeitnehmers eine so starke Beeinträchtigung schutzwerter betrieblicher, unternehmerischer oder vertraglicher Interessen des Arbeitgebers vorliegt, dass diese im konkreten Fall die zugunsten des Arbeitnehmers bestehenden Rechtspositionen überwiegen. Welche Aspekte in die Interessenabwägung zwingend einzustellen sind, hat die Rechtsprechung bislang nicht mit der wünschenswerten Klarheit zu ermitteln vermocht.[507] 169

Da im Gegensatz zur verhaltensbedingten Kündigung, die auf eine schuldhafte, vom Arbeitnehmer ausgehende Vertragsverletzung gestützt wird, dem Arbeitnehmer bei der personenbedingten Kündigung im Allgemeinen kein rechtswidriges Verhalten vorgeworfen wird, ist seine soziale Schutzbedürftigkeit im Rahmen der Interessenabwägung besonders zu berücksichtigen. Dies gilt umso mehr, wenn sich aus der Art des Kündigungsgrundes wie Krankheit, Betriebsunfall oder krankheitsbedingter Leistungsschwäche ein erhöhtes Schutzbedürfnis des Arbeitnehmers ergibt. In diesen Fällen sind die sozialen Schutzbelange des Arbeitnehmers sorgfältig gegenüber den betrieblichen oder wirtschaftlichen Interessen des Arbeitgebers abzuwägen.[508] 170

Auch für die personenbedingte Kündigung gilt das **Ultima-Ratio-Prinzip**. Vor Ausspruch einer Kündigung muss der Arbeitgeber die Versetzungsmöglichkeiten, zumutbaren Umschulungs- und Fortbildungsmaßnahmen prüfen oder dem leistungsgeminderten Arbeitnehmer einen seinen Kräften entsprechenden freien Arbeitsplatz anbieten, soweit ein solcher Arbeitsplatz vorhanden ist.[509] 171

III. Krankheit

1. Allgemeines

Die krankheitsbedingte Kündigung stellt in der Praxis die bedeutendste Fallgruppe der personenbedingten Kündigung dar.[510] Krankheit ist jeder regelwidrige und behandlungsbedürftige Gesundheitszustand. Auch Suchtkrankheiten, wenn sich beispielsweise ein Alkoholsüchtiger in einem Stadium befindet, in dem der Trunksucht ein medizinischer Krankheitswert zukommt,[511] oder seelische Erkrankungen,[512] aber auch epileptische Anfälle[513] erfüllen den arbeitsrechtlichen Krankheitsbegriff. 172

Bei der Beurteilung einer personenbedingten Kündigung wegen Krankheit ist von folgenden gesicherten Prämissen auszugehen: **Die Krankheit als solche ist kein Kündigungsgrund.** Sie wird 173

505 *Tschöpe*, BB 2001, 2110.
506 *Stahlhacke/Preis/Vossen*, Rn 730.
507 Kritisch *Hümmerich*, NZA 1996, 1289.
508 BAG, Urt. v. 25.11.1982, AP Nr. 7 zu § 1 KSchG 1969 Krankheit = EzA § 1 KSchG Krankheit Nr. 10; BAG, Urt. v. 10.12.1956, AP Nr. 21 zu § 1 KSchG; BAG, Urt. v. 20.10.1954, AP Nr. 6 zu § 1 KSchG.
509 BAG, Urt. v. 07.02.1991, AP Nr. 1 zu § 1 KSchG 1969 Umschulung = NZA 1991, 806.
510 Vgl. die instruktiven Darstellungen bei *Stahlhacke/Preis/Vossen*, Rn 740 ff. und *Ascheid*, in: *Henssler/Moll*, Kündigung und Kündigungsschutz in der betrieblichen Praxis, S. 65 ff.
511 BAG, Urt. v. 16.09.1999, AP Nr. 159 zu § 626 BGB = NZA 2000, 141; BAG, Urt. v. 13.12.1990, EzA § 1 KSchG Krankheit Nr. 33; BAG, Urt. v. 09.04.1987, AP Nr. 18 zu § 1 KSchG 1969 Krankheit = EzA § 1 KSchG Krankheit Nr. 18.
512 BAG, Urt. v. 18.10.1990, RzK I 10 h Nr. 30; BAG, Urt. v. 06.10.1959, AP Nr. 19 zu § 14 SchwbG.
513 LAG Baden-Württemberg, Urt. v. 16.11.1965, AP Nr. 80 zu § 1 KSchG; BAG, Urt. v. 28.03.1974, AP Nr. 3 zu § 119 BGB.

kündigungsrechtlich erst relevant, wenn sie störende Auswirkungen auf das Arbeitsverhältnis zeitigt.[514] So ist beispielweise eine an einer akuten Hepatitis C erkrankte Arzthelferin nicht in einer Arztpraxis einsetzbar, so dass dem Arbeitgeber in diesem Fall ausnahmsweise die Einhaltung der ordentlichen Kündigungsfrist nicht zumutbar und der Ausspruch einer außerordentlichen Kündigung gerechtfertigt ist.[515] Eine Kündigung wegen häufiger krankheitsbedingter Fehlzeiten kommt regelmäßig nur als ordentliche Kündigung in Betracht. Der Durchschnittsfall einer ordentlichen krankheitsbedingten Kündigung rechtfertigt nach Auffassung des LAG Köln auch dann keine außerordentliche Kündigung, wenn die ordentliche Kündigung bei dem betroffenen Arbeitnehmer tariflich oder vertraglich ausgeschlossen ist und die außerordentliche Kündigung mit einer der Kündigungsfrist entsprechenden sozialen Auslauffrist verbunden ist. Eine außerordentliche krankheitsbedingte Kündigung kommt vielmehr nur in eng zu begrenzenden Ausnahmefällen in Betracht. Dazu muss das nach der Zukunftsprognose zu erwartende Missverhältnis von Leistung und Gegenleistung so krass sein, dass nur noch von einem »sinnentleerten« Arbeitsverhältnis gesprochen werden kann.[516] Das BAG akzeptiert eine außerordentliche Kündigung wegen krankheitsbedingter Fehlzeiten in der Regel nur dann, wenn eine ordentliche Kündigung tariflich oder vertraglich ausgeschlossen ist, wobei grundsätzlich eine der ordentlichen Kündigungsfrist entsprechende Auslauffrist einzuhalten ist.[517] Die Umdeutung einer außerordentlichen fristlosen Kündigung in eine außerordentliche Kündigung mit notwendiger Auslauffrist setzt grundsätzlich eine Beteiligung des Betriebs- bzw. Personalrats nach den für eine ordentliche Kündigung geltenden Bestimmungen voraus.[518] Zur krankheitsbedingten Kündigung führt das BAG[519] wie folgt aus: »Schließlich ist zu beachten, dass der arbeitsrechtliche Begriff der Erkrankung mit dem medizinischen Begriff Krankheit nicht identisch ist. Eine medizinisch vom Arzt festgestellte Krankheit wird arbeitsrechtlich erst bedeutsam, wenn die Erkrankung den Arbeitnehmer hindert, die von ihm vertraglich geschuldete Arbeitsleistung zu erbringen. Dies bedeutet, dass Krankheitsbefunde, durch die der Arbeitnehmer nicht verhindert wird, seine Verpflichtung aus dem Arbeitsvertrag zu erfüllen, arbeitsrechtlich nicht relevant sind. Andererseits heißt dies, dass die Arbeitsfähigkeit nicht losgelöst von dem jeweiligen Arbeitnehmer und der von ihm zu verrichtenden Tätigkeit bestimmt werden kann. Der Bezug zur vertraglich geschuldeten Arbeitsleistung ist wesentlich. Daher kann arbeitsrechtlich das Vorliegen einer Krankheit immer nur im Verhältnis zu den vom Arbeitnehmer vertraglich übernommenen Verpflichtungen beurteilt werden.« Eine wegen langanhaltender Krankheit ausgesprochene Kündigung ist sozial nicht gerechtfertigt, wenn eine mittels Direktionsrechts durchgeführte Einsetzungsmöglichkeit in einer anderen Abteilung besteht, bei der Beeinträchtigungen durch die Krankheit nicht vorliegen. Äußert sich der Arbeitgeber zum Sachverhalt des Arbeitnehmers nicht, eine solche Möglichkeit bestehe, geht dies nach § 1 Abs. 2 Satz 4 KSchG zu seinen Lasten.[520]

174 Grundsätzlich wirksam ist eine krankheitsbedingte Kündigung jedenfalls immer dann, wenn eine **dauernde Unfähigkeit zur Erbringung der vertraglich geschuldeten Arbeitsleistung** eingetreten ist und eine anderweitige Beschäftigungsmöglichkeit für den betroffenen Arbeitnehmer nicht besteht.[521] In seiner Entscheidung vom 29.04.1999 formuliert das BAG insoweit: »Bei krankheitsbedingter dauernder Leistungsunfähigkeit ist in aller Regel ohne weiteres von einer erheblichen Beeinträchtigung der betrieblichen Interessen auszugehen. Die Ungewissheit der Wiederherstellung

514 *Ascheid*, in: *Henssler/Moll*, Kündigung und Kündigungsschutz in der betrieblichen Praxis, S. 65 (66).
515 LSG Rheinland-Pfalz, Urt. v. 28.11.2002, NZA-RR 2003, 440 = NZS 2003, 383.
516 LAG Köln, Urt. v. 04.09.2002, MDR 2003, 399 = NZA-RR 2003, 360; BAG, Urt. v. 18.01.2001, DB 2002, 100; BAG, Urt. v. 09.09.1992, NZA 1993, 598.
517 BAG, Urt. v. 18.10.2000, NZA 2001, 219 = NJW 2001, 1229; im Anschluss an BAG, Urt. v. 09.09.1992, AP Nr. 3 zu § 626 BGB Krankheit = EzA § 626 BGB n.F. Nr. 142.
518 BAG, Urt. v. 18.10.2000, NZA 2001, 219.
519 BAG, Urt. v. 25.06.1981, AP Nr. 52 zu § 616 BGB = DB 1981, 2638.
520 LAG Nürnberg, Urt. v. 21.01.2003, LAGE § 1 KSchG Krankheit Nr. 34 = NZA-RR 2003, 413.
521 BAG, Urt. v. 28.02.1990, AP Nr. 25 zu § 1 KSchG 1969 Krankheit = NZA 1990, 727; BAG, Urt. v. 07.02.1991, AP Nr. 1 zu § 1 KSchG 1969 Umschulung = NZA 1991, 806; LAG Rheinland-Pfalz, Urt. v. 28.11.2001 – 9 Sa 1087/01 (n.v.).

der Arbeitsfähigkeit steht einer krankheitsbedingten dauernden Leistungsunfähigkeit dann gleich, wenn in den nächsten 24 Monaten mit einer anderen Prognose nicht gerechnet werden kann.«[522]

Nur in extremen Ausnahmefällen, wie etwa bei einem vom Arbeitgeber verschuldeten Arbeitsunfall, soll im Fall dauerhafter Arbeitsunfähigkeit die Sozialwidrigkeit einer Kündigung in Betracht kommen.[523]

Das Recht der krankheitsbedingten Kündigung wird in seiner für die Praxis maßgeblichen Ausgestaltung durch eine Vielzahl höchstrichterlicher Entscheidungen des BAG bestimmt. Bei der Bewertung sind die **Fallgruppen der dauernden Arbeitsunfähigkeit, der Langzeiterkrankung, der häufigen Kurzerkrankungen und der krankheitsbedingten Leistungsminderung** in rechtlicher und tatsächlicher Hinsicht zwingend zu unterscheiden.[524] 175

2. Prüfungsraster der krankheitsbedingten Kündigung

Nachfolgend werden fallgruppenübergreifend die Prüfungsgrundsätze zur krankheitsbedingten Kündigung nach der Rechtsprechung des BAG dargestellt. Im Einzelnen ergeben sich bei den verschiedenen Fallgruppen teilweise voneinander abweichende Prüfungserfordernisse, etwa im Rahmen der Begründung einer negativen Prognose bzw. bei der Intensität der vorzunehmenden Interessenabwägung.[525] 176

a) Negative Gesundheitsprognose

Jede krankheitsbedingte Kündigung erfordert eine **negative Prognose**. Das heißt, es muss zum Zeitpunkt des Zugangs der Kündigung davon auszugehen sein, dass nach dem Kündigungstermin aufgrund der Erkrankung noch mit weiteren Störungen bei der Leistungserbringung zu rechnen ist.[526] Einem kranken Arbeitnehmer, bei dem feststeht, dass er zum Zeitpunkt des Kündigungstermins wieder gesund sein und nicht auf absehbare Zeit erneut erkranken wird (keine Wiederholungsgefahr), kann in der Regel nicht wirksam nur deshalb gekündigt werden, weil er in der Vergangenheit erkrankt war.[527] Zweck der personenbedingten (krankheitsbedingten) Kündigung ist nicht die Sanktionierung des Arbeitnehmers, sondern die **Bewahrung des Arbeitgebers vor künftigen unzumutbaren Belastungen**.[528] 177

Der für die Prognose maßgebende Zeitpunkt ist der des Zugangs der Kündigung. Eine nach langen krankheitsbedingten Fehlzeiten erstellte negative Gesundheitsprognose kann durch den Arbeitnehmer nicht mit dem pauschalen Hinweis auf eine bevorstehende Kur und der damit möglichen Besserung des Gesundheitszustandes entkräftet werden.[529] Treten nach Kündigungsausspruch neue Tatsachen – wie etwa ein Arztwechsel, eine vom Arbeitnehmer vorher abgelehnte Operation oder Änderungen der Lebensführung – ein, vermögen diese die vorher erstellte Prognose nicht zu beeinträchtigen. Ihre nachträgliche Korrektur durch einen neuen Sachverhalt ist nicht möglich.[530] Ein wegen Krankheit wirksam gekündigter Arbeitnehmer kann eine Wiedereinstellung jedenfalls dann 178

522 BAG, Urt. v. 29.04.1999, AP Nr. 36 zu § 1 KSchG 1969 Krankheit = NZA 1999, 978; vgl. auch BAG, Urt. v. 28.02.1990, AP Nr. 25 zu § 1 KSchG 1969 Krankheit.

523 *Tschöpe*, BB 2001, 2110.

524 Vgl. *Stahlhacke/Preis/Vossen*, Rn 741.

525 Instruktiv hierzu *Berkowsky*, NZA-RR 2001, 393 ff.

526 BAG, Urt. v. 06.09.1989, AP Nr. 21 zu § 1 KSchG 1969 Krankheit = NZA 1990, 307; BAG, Urt. v. 16.02.1989, AP Nr. 20 zu § 1 KSchG 1969 Krankheit = NZA 1989, 923.

527 *Ascheid*, in: *Henssler/Moll*, Kündigung und Kündigungsschutz in der betrieblichen Praxis, S. 65 (68).

528 BAG, Urt. v. 23.06.1983, AP Nr. 10 zu § 1 KSchG 1969 Krankheit = NJW 1984, 1836; *Berkowsky*, NZA-RR 2001, 393 (396); *Stahlhacke/Preis/Vossen*, Rn 728.

529 ArbG Frankfurt a.M., Urt. v. 02.12.2002 – 1 Ca 6355/02 (n.v.).

530 BAG, Urt. v. 29.04.1999, AP Nr. 36 zu § 1 KSchG 1969 Krankheit = NZA 1999, 978; BAG, Urt. v. 17.06.1999, AP Nr. 37 zu § 1 KSchG 1969 Krankheit = NZA 1999, 1328; ErfK/*Ascheid*, § 1 KSchG Rn 195.

nicht verlangen, wenn die nachträgliche überraschende grundlegende Besserung seines Gesundheitszustands erst nach Ablauf der Kündigungsfrist eingetreten ist.[531]

179 Eine krankheitsbedingte Kündigung ist nicht schon dann sozial ungerechtfertigt, wenn die bei Zugang der Kündigung negative Prognose durch spätere Ereignisse in Frage gestellt wird. Für die Begründung der Voraussetzungen eines Wiedereinstellungsanspruchs nach einer wirksamen krankheitsbedingten Kündigung genügt es nicht, dass der darlegungs- und beweispflichtige Arbeitnehmer Tatsachen vorträgt, die die negative Gesundheitsprognose erschüttern. Vielmehr kommt ein Wiedereinstellungsanspruch allenfalls dann in Betracht, wenn nach dem Vorbringen des Arbeitnehmers von einer positiven Gesundheitsprognose auszugehen ist.[532]

180 Da niemand die Zukunft prophezeien kann, reicht es für die Prognose aus, dass unter Berücksichtigung der zum Zeitpunkt ihrer Erstellung objektiv vorhandenen Tatsachen nach fachlichem Kenntnisstand davon ausgegangen werden kann, für die Zukunft verbleibe es bei der dem Arbeitgeber ungünstigen Sachlage der Nichtleistungserbringung.[533] Die Rechtsprechung formuliert, es müssten objektive Tatsachen vorliegen, die die ernste Besorgnis weiterer Erkrankungen rechtfertigten.[534]

181 Da es auf die objektiven Verhältnisse im Zeitpunkt des Kündigungszugangs ankommt, ist der subjektive Kenntnisstand des Arbeitgebers unerheblich. Daher ist es auch kündigungsschutzrechtlich ohne Bedeutung, ob sich der Arbeitgeber vor Ausspruch der Kündigung nach dem Gesundheitszustand des Arbeitgebers erkundigt hat.[535] Aus Gründen der Rechtssicherheit liegt es gleichwohl im Interesse des Arbeitgebers, sich über den Gesundheitszustand des Arbeitnehmers zu erkundigen, um auf einer möglichst sicheren Grundlage die negative Zukunftsprognose stellen zu können. Erkundigt sich der Arbeitgeber beim erkrankten Arbeitnehmer über den Grund und die voraussichtliche Dauer der Arbeitsunfähigkeit, ist der Arbeitnehmer im späteren Kündigungsschutzprozess an seine Antworten gebunden.[536] Außerdem hat das BAG entschieden, dass den Arbeitgeber eine Erkundigungspflicht trifft, wenn objektive Anhaltspunkte dafür vorliegen, dass der Arbeitnehmer infolge derselben Krankheit wiederholt arbeitsunfähig ist.[537] Der Arbeitgeber ist gehalten, durch Rückfrage beim Arzt oder der Krankenkasse zu klären, ob eine Fortsetzungserkrankung besteht.

182 Zur Stützung der Negativprognose muss der Arbeitgeber konkrete Tatsachen vortragen, die eine auch zukünftige Beeinträchtigung betrieblicher oder vertraglicher Interessen betreffen.[538] Mutmaßungen und pauschale Einschätzungen des Arbeitgebers reichen keinesfalls aus, um eine negative Prognose zu begründen.[539]

183 Bei **krankheitsbedingter dauernder Leistungsunfähigkeit** ist in aller Regel ohne weiteres von einer erheblichen Beeinträchtigung der betrieblichen Interessen auszugehen. Die Ungewissheit der Wiederherstellung der Arbeitsfähigkeit steht einer krankheitsbedingten dauernden Leistungsunfähigkeit dann gleich, wenn in den nächsten 24 Monaten mit einer anderen Prognose nicht gerechnet werden kann.[540]

184 Eine krankheitsbedingte, dauerhafte Leistungsminderung des Arbeitnehmers kann, anders als die anderen typischen Gründe einer krankheitsbedingten Kündigung (häufige Kurzerkrankungen, dauernde Arbeitsunfähigkeit oder Langzeiterkrankung), nur mit großer Zurückhaltung als ein Kündigungsgrund nach § 1 Abs. 2 KSchG in Betracht gezogen werden. Geringe Leistungsminderungen

531 BAG, Urt. v. 27.06.2001, NZA 2001, 1135.

532 BAG, Urt. v. 17.06.1999, AP Nr. 37 zu § 1 KSchG 1969 Krankheit = NZA 1999, 1328; BAG, Urt. v. 29.04.1999, AP Nr. 36 zu § 1 KSchG 1969 Krankheit = NZA 1999, 978.

533 *Ascheid*, in: *Henssler/Moll*, Kündigung und Kündigungsschutz in der betrieblichen Praxis, S. 65 (73).

534 BAG, Urt. v. 10.03.1977, AP Nr. 4 zu § 1 KSchG 1969 Krankheit = NJW 1977, 2132.

535 KR/*Etzel*, § 1 KSchG Rn 327.

536 BAG, Urt. v. 12.03.1968, AP Nr. 1 zu § 1 KSchG Krankheit = NJW 1968, 1693.

537 BAG, Urt. v. 19.03.1986, AP Nr. 67 zu § 1 LohnFG = NJW 1986, 2902.

538 *Stahlhacke/Preis/Vossen*, Rn 728 a.

539 Kittner/Zwanziger/*Appel*, § 93 Rn 5.

540 BAG, Urt. v. 29.04.1999, AP Nr. 36 zu § 1 KSchG 1969 Krankheit = NZA 1999, 978.

scheiden von vornherein als Kündigungsgrund aus; erst eine erhebliche Beeinträchtigung der Leistungsfähigkeit (objektiv messbarer Leistungsabfall in quantitativer oder qualitativer Hinsicht) kann eine unzumutbare wirtschaftliche Belastung des Arbeitgebers werden, weil der gezahlten dann keine adäquate Arbeitsleistung mehr gegenübersteht. Fehlt die Feststellung objektiver Tatsachen für das dauernde Ungleichgewicht von Leistung und Gegenleistung, dann muss im Regelfall mit der auf unstreitige oder nachgewiesene Erkrankungen des Arbeitnehmers gestützten Kündigung abgewartet werden, bis die Prognose ergibt, dass der Arbeitnehmer tatsächlich aus diesen Gründen regelmäßig fehlen wird. Auch der in einem arbeitsmedizinischen Gutachten enthaltene ärztliche Rat, die Tätigkeit aus gesundheitlichen Gründen nicht mehr auszuüben, berechtigt den Arbeitgeber nicht ohne weiteres zu einer **»Kündigung aus Fürsorge«**. Eine vorsorglich und »aus Fürsorge« in Kenntnis ärztlicher Besorgnisse erklärte Kündigung ist insbesondere dann nicht sozial gerechtfertigt, wenn sie ausgesprochen wird, nachdem der Arbeitnehmer inzwischen seit Monaten wieder ohne objektiv messbare Leistungsminderung tatsächlich mit seiner vertraglichen Arbeit (als Abbrucharbeiter) beschäftigt worden ist.[541]

Ist aufgrund eines ärztlichen Krankheitsbefundes eine negative Gesundheitsprognose gerechtfertigt, ist es Sache des Arbeitnehmers, diese Prognose zu erschüttern und substantiiert vorzutragen, inwiefern aufgrund der derzeitigen ärztlichen Behandlungsweise eine alsbaldige Wiederherstellung der Arbeitsfähigkeit für die vertragsgemäß geschuldete Arbeit zu erwarten ist. Der allgemeine Vortrag, bei der derzeitigen Behandlung bestehe eine konkrete Heilungschance, genügt insoweit nicht.[542] 185

Für die zur sozialen **Rechtfertigung einer Kündigung bei häufigen Kurzerkrankungen** anzustellende Gesundheitsprognose können häufige Kurzerkrankungen in der Vergangenheit für einen entsprechenden Krankheitsverlauf in der Zukunft sprechen. Der Arbeitgeber darf sich dann darauf beschränken, diese Fehlzeiten (nach Zahl, Dauer und zeitlicher Abfolge) darzulegen. Der Arbeitnehmer muss im Rahmen seiner prozessualen Mitwirkungspflicht nach § 138 Abs. 2 ZPO dartun, weshalb die Besorgnis weiterer Erkrankungen unberechtigt sein soll. Dieser Mitwirkungspflicht genügt der Arbeitnehmer schon dann, wenn er die Behauptung des Arbeitgebers bestreitet und die Ärzte von der Schweigepflicht entbindet, die ihn behandelt haben, soweit darin die Darstellung liegt, die Ärzte hätten die künftige gesundheitliche Entwicklung ihm gegenüber bereits tatsächlich positiv beurteilt. Trägt er selbst konkrete Umstände wie die Krankheitsursachen vor, so müssen diese geeignet sein, die Indizwirkung der bisherigen Fehlzeiten zu erschüttern; er muss jedoch nicht den Gegenbeweis führen, dass nicht mit weiteren künftigen Erkrankungen zu rechnen sei.[543] 186

Jedoch scheiden für eine der Vergangenheit entsprechende Prognose solche Erkrankungen aus, bei denen keine Wiederholungsgefahr besteht,[544] wie etwa ausgeheilte Leiden,[545] Unfälle (soweit es sich um einmalige Ereignisse handelt)[546] und sonstige offenkundige einmalige, vorübergehende Gesundheitsschäden (Blinddarmoperation).[547] 187

Der **Zeitraum von Fehlzeiten**, aus dem eine **Indizwirkung** hergeleitet werden kann, wird von der BAG-Rechtsprechung nicht einheitlich bestimmt. In seiner Entscheidung vom 19.05.1993[548] geht das BAG bereits aufgrund von **Kurzerkrankungen** über einen Zeitraum von **15 Monaten** von einer negativen Gesundheitsprognose aus.[549] Mit Blick auf die Entscheidungspraxis der Gerichte ist 188

541 LAG Köln, Urt. v. 21.12.1995, NZA-RR 1997, 51 = LAGE § 1 KSchG Krankheit Nr. 24.
542 BAG, Urt. v. 19.05.1993, RzK I 5 g Nr. 53; KR/*Etzel*, § 1 KSchG Rn 370.
543 BAG, Urt. v. 06.09.1989, AP Nr. 21 zu § 1 KSchG 1969 Krankheit = NZA 1990, 307; weiter differenzierend *Berkowsky*, NZA-RR 2001, 393 (396).
544 BAG, Urt. v. 07.11.2002, AP Nr. 40 zu § 1 KSchG 1969 Krankheit.
545 BAG, Urt. v. 12.12.1996, EzA § 1 KSchG Krankheit Nr. 41.
546 BAG, Urt. v. 07.12.1989, EzA § 1 KSchG Krankheit Nr. 30.
547 KR/*Etzel*, § 1 KSchG Rn 328.
548 BAG, Urt. v. 19.05.1993, RzK I 5 g Nr. 54.
549 Kritisch KR/*Etzel*, § 1 KSchG Rn 330.

mindestens ein Beobachtungszeitraum von zwei Jahren erforderlich. Tatsächlich lag, abgesehen von dem vorgenannten Urteil vom 19.05.1993, den vom BAG entschiedenen Fällen meist ein **Beobachtungszeitraum von mindestens vier Jahren** zugrunde.[550] Nach Ansicht des LAG Hamm muss ein Beschäftigungszeitraum von drei Jahren oder mindestens zwei Jahren erfasst werden.[551] Auch das Arbeitsgericht Frankfurt a.M. betont, dass bei länger bestehenden Arbeitsverhältnissen (über zehn Jahre) die Negativprognose nicht auf einen Zeitraum von weniger als zwei Jahre gekürzt werden kann.[552] Nach Ansicht des LAG Schleswig-Holstein rechtfertigen häufige Kurzerkrankungen des Arbeitnehmers in der Vergangenheit regelmäßig die Prognose, auch in Zukunft werde ein entsprechender Krankheitsverlauf eintreten, insbesondere dann, wenn ein 28-jähriger Arbeiter seit 5,5 Jahren in jedem Jahr zu 27,7 % der Arbeitszeit krankheitsbedingt, bei insgesamt rund 50 verschiedenen Fehlzeiten, ausgefallen ist. Kommt der Arbeitnehmer der ihn treffenden Darlegungs- und Beweislast nicht nach, in Zukunft müsse mit einer deutlich geringeren Krankheitsquote gerechnet werden, ist die sog Negativ-Prognose gesichert. Die betrieblichen Interessen sind bei einer starken Inanspruchnahme des Arbeitgebers durch Lohnfortzahlungskosten erheblich belastet und rechtfertigen zumindest dann eine personenbedingte Kündigung, wenn der Arbeitgeber jahrelang Lohnfortzahlungskosten von regelmäßig mehr als sechs Wochen jährlich erbracht hat und wohl auch weiter erbringen wird.[553] Zu beachten ist nach der Rechtsprechung des BAG, dass für eine aus der Vergangenheit abgeleitete negative Gesundheitsprognose solche Krankheiten ausscheiden, bei denen keine Wiederholungsgefahr in der Zukunft besteht.[554]

189 Zu beanstanden ist, dass die Arbeitsrechtsprechung von einem abstrakt-verabsolutierenden Krankheitsbegriff ausgeht, der den Anteil von in der Lebenseinstellung begründeten oder durch Lebensumstände sichtbar werdenden Subjektivismen des Arbeitnehmers leugnet. Es gibt wehleidige und es gibt willensstarke Menschen, es gibt faule und es gibt fleißige Menschen, es gibt verantwortungsbewusste und weniger verantwortlich handelnde Arbeitnehmer. Es bedarf keiner großen Lebenserfahrung, um eine solche Aussage treffen zu können. Der Mangel der BAG-Rechtsprechung besteht darin, dass von der Prämisse ausgegangen wird, es gebe einen »Standardtyp« Mensch, als spielten Lebenseinstellungen oder konkrete Lebensumstände bei der Beantwortung der Frage, worauf sich Fehlzeiten eines Arbeitnehmers gründen, keine Rolle. Statistisch ist jedoch nachgewiesen, dass Selbständige eine weitaus geringere Krankheitshäufigkeit aufweisen als Arbeitnehmer. Jedermann weiß, dass zahlreiche Selbständigen-Tätigkeiten mit hohem Stress verbunden sind und dass von Natur aus ein Selbständiger nicht generell gesünder ist als ein Arbeitnehmer. Die Arbeitsrechtsprechung hingegen erweckt den Eindruck, als handele es sich beim Gesundheitszustand des Menschen um einen ausschließlich naturwissenschaftlich-objektivierbaren Vorgang. Einem Arbeitgeber zu raten, dass in der Realität erst nach Ablauf von vier Jahren die empirischen Voraussetzungen vorliegen, um eine negative Gesundheitsprognose abgeben zu können, stellt die Fähigkeit zur einfühlsamen Informationsvermittlung eines anwaltlichen Beraters auf eine harte Probe und stößt beim Arbeitgeber in der Regel auf Unverständnis. In Anlehnung an das von *Tschöpe*[555] vorgebrachte Zitat eines BAG-Richters kann man mit Blick auf die rigiden Anforderungen resignierend formulieren: »Es gibt eigentlich keine krankheitsbedingte Kündigung.«

550 KR/*Etzel*, § 1 KSchG Rn 330 m. zahlr. N. aus der Rspr.
551 LAG Hamm, Urt. v. 04.12.1996, LAGE § 1 KSchG Krankheit Nr. 26.
552 ArbG Frankfurt a.M., Urt. v. 27.11.2002, AuB 2003, 29 (LS).
553 LAG Schleswig-Holstein, Urt. v. 14.10.2002, ARST 2003, 190 (LS).
554 BAG, Urt. v. 07.11.2002, AP Nr. 40 zu § 1 KSchG 1969 Krankheit.
555 *Tschöpe*, BB 2001, 2110 (2115).

b) Erhebliche Beeinträchtigung der betrieblichen Interessen

190 Fällt die Gesundheitsprognose negativ aus, ist in einer zweiten Stufe zu prüfen, ob eine **erhebliche Beeinträchtigung betrieblicher Interessen** vorliegt. Die Beeinträchtigung der betrieblichen Interessen knüpft dabei an zwei verschiedene Aspekte an, nämlich an etwaige Störungen im Betriebsablauf sowie erhebliche wirtschaftliche Belastungen. Sowohl Betriebsablaufstörungen als auch erhebliche krankheitsbedingte Zusatzkosten können jeweils für sich allein zu einer erheblichen Beeinträchtigung des Arbeitgebers führen und eine krankheitsbedingte Kündigung rechtfertigen.[556]

191 Während bei der Kündigung wegen lang anhaltender Krankheit das Tatbestandsmerkmal der Beeinträchtigung betrieblicher Interessen vorrangig unter dem Aspekt einer möglichen Überbrückungsmaßnahme zu beleuchten ist, stehen in den Fällen häufiger Kurzerkrankungen die Störungen des Produktionsablaufs und Betriebsfriedens sowie die durch die häufigen Erkrankungen entstehenden wirtschaftlichen Belastungen (Lohnfortzahlungskosten) im Mittelpunkt der Prüfung.[557]

192 Eine erhebliche Beeinträchtigung der betrieblichen Interessen erblickt das BAG unter anderen darin, dass der Arbeitgeber auf unabsehbare Zeit gehindert wird, sein Direktionsrecht auszuüben.[558] Bei einer dauernden Arbeitsunfähigkeit muss keine weitere Beeinträchtigung betrieblicher Interessen dargetan werden.[559] Die Existenz betrieblicher Beeinträchtigungen reicht aus, um eine Beeinträchtigung betrieblicher Interessen anzunehmen. Ihr Umfang ist in der dritten Prüfungsstufe im Rahmen der Interessenabwägung unter dem Aspekt der Unzumutbarkeit einer Weiterbeschäftigung zu prüfen.[560]

193 Hält der Arbeitgeber eine Personalreserve vor, entstehen Betriebsablaufstörungen erst, wenn die vorhandene Personalreserve nicht ausreicht. Selbst dann muss nach der Rechtsprechung des BAG noch geprüft werden, ob dem Arbeitgeber weitere Überbrückungsmaßnahmen zumutbar sind.[561] Bei der Beurteilung der Zumutbarkeit der Belastung des Arbeitgebers mit erheblichen Entgeltfortzahlungskosten wird das Vorhalten einer Personalreserve im Rahmen der abschließenden Interessenabwägung zu seinen Gunsten berücksichtigt.[562]

194 Bei der Feststellung, ob Betriebsablaufstörungen vorliegen, prüft das BAG insbesondere auch, ob die Möglichkeit besteht, den kranken Arbeitnehmer an einem anderen Arbeitsplatz weiter zu beschäftigen, um weitere Betriebsablaufstörungen zu verhindern. Zunächst einmal muss der Arbeitgeber über einen freien Arbeitsplatz verfügen.[563] Besitzt der Arbeitnehmer noch nicht die erforderliche Qualifikation, kann der Arbeitgeber nicht generell auf Umschulungsmaßnahmen zugunsten des Arbeitnehmers verwiesen werden, wenn nicht mit Sicherheit die Weiterbeschäftigung des Arbeitnehmers nach der Maßnahme vorhersehbar ist.[564]

195 Erhebliche Belastungen können sich nach der Rechtsprechung aufgrund der dem Arbeitgeber durch die Krankheit entstehenden **Entgeltfortzahlungskosten** ergeben.[565] Indes hat der Arbeitgeber, wie § 3 EFZG zeigt, krankheitsbedingte Ausfälle in einem bestimmten Umfang hinzunehmen. Eine Kündigung aufgrund einer Erkrankung kommt regelmäßig erst dann in Betracht, wenn die sechswöchige Frist des § 3 EFZG abgelaufen ist.[566]

556 BAG, Urt. v. 28.02.1990, AP Nr. 25 zu § 1 KSchG 1969 Krankheit = NZA 1990, 727; BAG, Urt. v. 30.01.1986, NZA 1987, 555.
557 Hierzu *Ascheid*, in: *Henssler/Moll*, Kündigung und Kündigungsschutz in der betrieblichen Praxis, S. 65 (74 ff.).
558 BAG, Urt. v. 21.05.1992, AP Nr. 30 zu § 1 KSchG 1969 Krankheit = NZA 1993, 497.
559 *Stahlhacke/Preis/Vossen*, Rn 742.
560 BAG, Urt. v. 07.11.1985, AP Nr. 17 zu § 1 KSchG 1969 Krankheit = NZA 1986, 359.
561 BAG, Urt. v. 16.02.1989, AP Nr. 20 zu § 1 KSchG 1969 Krankheit = NZA 1989, 923.
562 BAG, Urt. v. 16.02.1989, AP Nr. 20 zu § 1 KSchG 1969 Krankheit = NZA 1989, 923.
563 BAG, Urt. v. 07.02.1991, AP Nr. 1 zu § 1 KSchG 1969 Umschulung = NZA 1991, 806; BAG, Urt. v. 05.07.1990, AP Nr. 26 zu § 1 KSchG 1969 Krankheit = NZA 1991, 185.
564 BAG, Urt. v. 07.02.1991, AP Nr. 1 zu § 1 KSchG 1969 Umschulung = NZA 1991, 806.
565 LAG Düsseldorf, Urt. v. 13.12.2000, LAGE § 1 KSchG Krankheit Nr. 31.
566 *Ascheid*, in: *Henssler/Moll*, Kündigung und Kündigungsschutz in der betrieblichen Praxis, S. 65 (75).

196 Es empfiehlt sich im Rechtsstreit immer, durch den Arbeitgeber die Entgeltfortzahlungskosten ermitteln zu lassen und dem Gericht, in Form eines Ausdrucks aus der Gehaltsdatei, vorzulegen. In solche Aufstellungen können einbezogen werden Kosten für Überstundenzuschläge an andere Mitarbeiter, Kosten für Aushilfskräfte und Produktionsausfallkosten.[567] Rechtssicherheit hat ein Urteil des BAG vom 05.07.1990[568] gebracht, in dem es heißt, dass Entgeltfortzahlungskosten dann erheblich und geeignet sind, einen Kündigungsgrund zu rechtfertigen, wenn sie für mehr als sechs Wochen pro Jahr anfallen, wobei nur auf die Kosten des betroffenen Arbeitsverhältnisses abzustellen ist. In einer weiteren Entscheidung hat das BAG seine Ausführungen präzisiert und erklärt, dass Entgeltfortzahlungskosten im Umfang von sechs Wochen für sich alleine schon eine erhebliche Beeinträchtigung der betrieblichen Interessen darstellen, und zwar auch dann, wenn der Arbeitgeber keine Betriebsablaufstörungen darlege.[569]

197 Wie rigide die Anforderungen des BAG im Bereich der Beeinträchtigung der betrieblichen Interessen sind, zeigt ein Urteil aus dem Jahr 1999: »Allein mit einem Hinweis auf den Umfang der krankheitsbedingten Ausfälle des Arbeitnehmers (zirka 1/3 der Jahresarbeitszeit) und die geringe Größe des Betriebes lässt sich das Vorliegen eines personenbedingten Kündigungsgrundes an sich nicht begründen. Steht ein Arbeitnehmer noch über durchschnittlich zirka 2/3 der Jahresarbeitszeit für die vertraglich geschuldete Arbeitsleistung zur Verfügung, so steht dies einer dauernden Unmöglichkeit nicht gleich, soweit nicht die wirtschaftlichen Belastungen durch ständig anfallende Entgeltfortzahlungskosten das Arbeitsverhältnis als Austauschverhältnis so erheblich stören, dass der Arbeitgeber dies billigerweise nicht mehr hinnehmen muss.«[570]

c) Interessenabwägung

198 In der dritten Prüfungsstufe ist nach der Rechtsprechung schließlich eine **Abwägung der Interessen** vorzunehmen. Unsicherheiten ergeben sich daraus, dass nicht feststeht, welche Kriterien in die Interessenabwägung einzubeziehen sind und wie sie im Verhältnis zueinander zu gewichten sind. Verfehlt ist eine allgemeine Billigkeitsabwägung. Erforderlich ist eine auf das Arbeitsverhältnis bezogene Abwägung, die mit folgender Formel umrissen werden kann: Eine personenbedingte Kündigung ist nur gerechtfertigt, wenn unter Berücksichtigung der in der Rechtsordnung verankerten Wertentscheidungen zum Schutz der Person des Arbeitnehmers eine so starke Beeinträchtigung schutzwerter betrieblicher, unternehmerischer oder vertraglicher Interessen des Arbeitgebers vorliegt, dass diese im konkreten Fall die zugunsten des Arbeitnehmers bestehenden Rechtspositionen überwiegen.[571]

199 Folgende Aspekte können in eine abschließende Interessenabwägung eingestellt werden:[572] Zunächst ist die **Ursache der Erkrankung** zu berücksichtigen.[573] Dabei wirkt sich zugunsten des Arbeitnehmers aus, wenn die Krankheit im Zusammenhang mit der Arbeitsleistung im Betrieb steht, wie etwa bei einem Betriebsunfall. Die auf krankheitsbedingte Leistungsminderung (Wirbelsäulenleiden) gestützte Kündigung gegenüber einem Arbeitnehmer, der häufig schwere Lasten in ungünstiger Arbeitshaltung heben muss (Monteur von Sonnenschutzjalousien), ist sozial nicht gerechtfertigt, solange der Arbeitgeber nicht vorträgt, dass die nach der LasthandhabV und dem ArbSchG vorgeschriebenen Maßnahmen durchgeführt und ausgeschöpft sind.[574] Beruht eine Erkrankung auf der vom Arbeitnehmer bislang ausgeübten Tätigkeit, sind bei der Interessenabwägung im Falle einer Kündigung wegen einer Berufskrankheit besonders strenge Maßstäbe anzulegen.[575] Dies gilt auch,

567 BAG, Urt. v. 13.02.1990 – 2 AZR 342/90 (n.v.).
568 BAG, Urt. v. 05.07.1990, AP Nr. 26 zu § 1 KSchG 1969 Krankheit = NZA 1991, 185.
569 BAG, Urt. v. 29.07.1993, AP Nr. 27 zu § 1 KSchG 1969 Krankheit = NZA 1994, 67.
570 BAG, Urt. v. 17.06.1999, KrV 1999, 364.
571 *Stahlhacke/Preis/Vossen*, Rn 730.
572 Vgl. auch Ascheid/Preis/Schmidt/*Dörner*, § 1 KSchG Rn 173 ff.
573 BAG, Urt. v. 06.09.1989, AP Nr. 22 zu § 1 KSchG 1969 Krankheit = NZA 1990, 305.
574 LAG Hessen, Urt. v. 15.09.2000 – 2 Sa 1833/99 (n.v.).
575 BAG, Urt. v. 20.10.1954, AP Nr. 6 zu § 1 KSchG; LAG Köln, Urt. v. 08.07.1982, ArbuR 1983, 27.

wenn der Arbeitnehmer einen Betriebsunfall erlitten hat und deshalb in seiner Leistungsfähigkeit gemindert ist oder anschließend häufige Erkrankungen aufweist.[576]

In die Abwägung einzustellen ist die **Dauer des ungestörten Verlaufs des Arbeitsverhältnisses.** Je länger ein Arbeitsverhältnis ungestört bestanden hat, desto mehr Rücksichtnahme ist vom Arbeitgeber zu erwarten.[577] Auch bei einer auf häufige Kurzerkrankungen gestützten Kündigung ist im Rahmen der Interessenabwägung unter anderem zu berücksichtigen, ob bzw. wie lange das Arbeitsverhältnis zunächst ungestört verlaufen ist. Ein ungestörter Verlauf des Arbeitsverhältnisses liegt nicht schon dann vor, wenn der Arbeitnehmer im Jahr nicht länger als sechs Wochen arbeitsunfähig krank gewesen ist.[578] 200

Berücksichtigt werden kann das **Alter des Arbeitnehmers**. Bei einem 40-jährigen Arbeitnehmer ist noch für eine erhebliche Zeit mit Belastungen durch Entgeltfortzahlung zu rechnen, was sich zu Lasten des Arbeitnehmers in der Interessenabwägung auswirkt.[579] Ein Arbeitgeber, dem das Alter und die chronische Erkrankung eines Arbeitnehmers an Bronchitis aufgrund eines amtsärztlichen Zeugnisses bei der Einstellung bekannt war, muss bei ihm längere Fehlzeiten hinnehmen als bei anderen Arbeitnehmern, die nicht an chronischen Erkrankungen im Alter leiden.[580] 201

Bei einer krankheitsbedingten Kündigung sind im Rahmen der Interessenabwägung die **Schwerbehinderung** und die **Unterhaltspflichten des Arbeitnehmers** von den Gerichten stets mit zu berücksichtigen.[581] Je mehr Unterhaltspflichten den Arbeitnehmer treffen, um so höheren sozialen Schutz soll er genießen. 202

Die **Situation auf dem Arbeitsmarkt** und die Schwierigkeit, einen neuen Arbeitsplatz zu finden, sollen sich ebenfalls zugunsten des Arbeitnehmers im Rahmen der Interessenabwägung auswirken.[582] Auch die **Zumutbarkeit weiterer Überbrückungsmaßnahmen** und die Höhe der Lohnfortzahlungskosten sind abwägungswertig.[583] Ist die Ausfallquote bei den Arbeitskollegen auch besonders hoch, kann nur eine ganz erheblich höhere, überdurchschnittliche Ausfallquote eine Kündigung rechtfertigen.[584] 203

Enthält eine Betriebs-/Dienstvereinbarung über den Umgang mit alkoholkranken oder alkoholgefährdeten Mitarbeitern Regelungen über die Vorgehensweise bei einem Rückfall, verstößt eine Kündigung gegen das Kündigungsschutzprinzip der Verhältnismäßigkeit, wenn und soweit sich der durch die Vereinbarung verpflichtete Arbeitgeber nicht an die darin aufgestellten Grundsätze hält. Zuvor ausgesprochene Abmahnungen wegen alkoholbedingter Ausfallzeiten ändern daran nichts.[585] 204

d) Lang anhaltende Krankheit

Kündigungen wegen **Langzeiterkrankung** werden vom BAG der Fallgruppe der dauernden Arbeitsunfähigkeit gleichgestellt.[586] Bei Langzeiterkrankungen liegt der Kern des Kündigungsgrundes in den unzumutbaren betrieblichen und wirtschaftlichen Belastungen, die durch die Ungewissheit 205

576 BAG, Urt. v. 09.07.1964, AP Nr. 52 zu § 626 BGB = DB 1964, 1523; LAG Düsseldorf, Urt. v. 04.09.1978, DB 1979, 607; LAG Düsseldorf, Urt. v. 17.10.1972, DB 1973, 2307; LAG Berlin, Urt. v. 09.12.1954, BB 1955, 835.
577 BAG, Urt. v. 15.02.1984, AP Nr. 14 zu § 1 KSchG 1969 Krankheit = NZA 1984, 86.
578 BAG, Urt. v. 06.09.1989, AP Nr. 23 zu § 1 KSchG 1969 Krankheit = NZA 1990, 434.
579 BAG, Urt. v. 06.09.1989, AP Nr. 23 zu § 1 KSchG 1969 Krankheit = NZA 1990, 434.
580 BAG, Urt. v. 10.06.1969, AP Nr. 2 zu § 1 KSchG Krankheit = EzA § 1 KSchG Nr. 13.
581 BAG, Urt. v. 20.01.2000, AP Nr. 38 zu § 1 KSchG 1969 Krankheit = NZA 2000, 768; BAG, Urt. v. 06.09.1989, AP Nr. 27 zu § 622 BGB = NZA 1990, 147.
582 BAG, Urt. v. 22.02.1980, AP Nr. 6 zu § 1 KSchG 1969 Krankheit = NJW 1981, 298.
583 BAG, Urt. v. 06.09.1989, AP Nr. 21 zu § 1 KSchG 1969 Krankheit = NZA 1990, 307.
584 BAG, Urt. v. 16.02.1989, AP Nr. 20 zu § 1 KSchG 1969 Krankheit = NZA 1989, 923.
585 LAG Baden-Württemberg, Urt. v. 12.04.2002 – 18 Sa 5/02 (n.v.).
586 BAG, Urt. v. 29.04.1999, AP Nr. 36 zu § 1 KSchG 1969 Krankheit = NZA 1999, 978; BAG, Urt. v. 21.05.1992, AP Nr. 30 zu § 1 KSchG 1969 = NZA 1993, 497; vgl. auch BAG, Urt. v. 25.11.1982, AP Nr. 7 zu § 1 KSchG 1969 Krankheit = NJW 1983, 2897.

entstehen, ob und wann der Arbeitnehmer überhaupt noch einmal zur Arbeit im Stande sein wird.[587] Entsprechend formuliert das BAG:[588] »Dem – auf gesundheitlichen Gründen beruhenden – dauernden Unvermögen des Arbeitnehmers, die geschuldete Arbeitsleistung zu erbringen, ist die Ungewissheit, wann der Arbeitnehmer wieder hierzu in der Lage sein wird, gleichzustellen, wenn im Zeitpunkt der Kündigung die Wiederherstellung der Arbeitsfähigkeit noch völlig ungewiss ist. Dann ist der Arbeitgeber in einer dem Fall der feststehenden Leistungsunfähigkeit vergleichbaren Lage. Im Schuldrecht steht die dauernde Unmöglichkeit der vorübergehenden gleich, wenn diese die Erreichung des Vertragszweckes in Frage stellt und dem anderen Vertragsteil die Einhaltung des Vertrages bis zum Wegfall des Leistungshindernisses nicht zuzumuten ist. Ob das zutrifft, ist unter Berücksichtigung aller Umstände und der Belange beider Parteien nach Treu und Glauben zu entscheiden. Auch das Arbeitsverhältnis ist ein, wenn auch durch einen besonderen Arbeitnehmerschutz geprägtes, Austauschverhältnis. Deshalb ist bei der Prüfung der möglichen nachteiligen Folgen krankheitsbedingter Fehlzeiten auch die erhebliche Störung des Äquivalenzverhältnisses zu berücksichtigen. Es genügt allerdings nicht bereits ein nur unausgewogenes Verhältnis zwischen Erfüllung der Arbeits- und Lohnfortzahlungspflicht, um unter dem Gesichtspunkt der wirtschaftlichen Belastung mit Lohnfortzahlungskosten eine Kündigung wegen häufiger Erkrankungen sozial zu rechtfertigen. Bei langanhaltender Krankheit, bei der die wirtschaftlichen Auswirkungen in den Hintergrund treten, wird dieses Äquivalenzverhältnis deshalb besonders gestört, wenn eine Leistungsfähigkeit des Arbeitnehmers überhaupt nicht mehr absehbar ist. Deshalb kann der Beeinträchtigung des Verhältnisses von Leistung und Gegenleistung durch eine feststehende Leistungsunfähigkeit die Beeinträchtigung durch eine langandauernde gleichgestellt werden, wenn die Dauer der Leistungsunfähigkeit zumindest völlig ungewiss, oder sogar nicht abzusehen ist, ob die Leistungsfähigkeit überhaupt wieder hergestellt werden kann.«

206 Nach der Rechtsprechung des BAG können die Beweisanforderungen für die Feststellung der nicht absehbaren Dauer der Arbeitsunfähigkeit nicht mit Hilfe des Anscheinsbeweises erleichtert werden, da es keinen Erfahrungssatz gibt, aus der langanhaltenden Dauer der Arbeitsunfähigkeit in der Vergangenheit sei auf eine negative gesundheitliche Konstitution in der Zukunft zu schließen. Unter anderem sind **Art der Krankheit, Konstitution, Therapie und Entwicklungsstand der Medizin bei der Prognose** zu berücksichtigen.[589] Die bisherige Dauer der Langzeiterkrankung für die Negativprognose ist wenig aussagekräftig, da die Wiederherstellung der Arbeitsfähigkeit kurz bevorstehen kann.[590]

207 Jedoch gilt nach einer aktuellen Entscheidung des BAG aus dem Jahr 1999, dass bei krankheitsbedingter dauernder Leistungsunfähigkeit in aller Regel ohne weiteres von einer erheblichen Beeinträchtigung der betrieblichen Interessen auszugehen ist, wobei die Ungewissheit der Wiederherstellung der Arbeitsfähigkeit einer krankheitsbedingten dauernden Leistungsunfähigkeit dann gleichsteht, wenn in den nächsten 24 Monaten mit einer anderen Prognose nicht gerechnet werden kann. Spätere Entwicklungen nach Ausspruch der Kündigung sind zur Bestätigung oder Korrektur der Prognose nicht zu berücksichtigen.[591]

208 Aus § 3 EFZG folgt, dass krankheitsbedingte Ausfälle in einem bestimmten Umfang hinzunehmen sind. Eine Kündigung wegen einer lang anhaltenden Erkrankung kommt daher erst regelmäßig in Betracht, wenn die Sechs-Wochen-Frist abgelaufen ist. Ist dieser Zeitraum verstrichen, hängt die Beantwortung der Frage, welche Fehlzeiten in Zukunft hinzunehmen sind, von den Umständen des Einzelfalles ab. Es gibt keine festen »Abwartezeiten«. Es ist weder vertretbar, nach Ablauf der sechs Wochen jeden weiteren Fehltag als nicht mehr hinnehmbar zu qualifizieren, noch kann pauschal auf

587 *Stahlhacke/Preis/Vossen*, Rn 741.
588 BAG, Urt. v. 21.05.1992, AP Nr. 30 zu § 1 KSchG 1969 = NZA 1993, 497.
589 BAG, Urt. v. 21.05.1992, AP Nr. 30 zu § 1 KSchG 1969 = NZA 1993, 497.
590 *Stahlhacke/Preis/Vossen*, Rn 752.
591 BAG, Urt. v. 29.04.1999, AP Nr. 36 zu § 1 KSchG 1969 Krankheit = NZA 1999.

die Länge der ordentlichen Kündigungsfrist bzw. die Wartefrist des § 1 Abs. 1 KSchG abgestellt werden.[592]

In den Fällen einer lang anhaltenden Erkrankung ist insbesondere der Notwendigkeit, über den Arbeitsplatz zu verfügen und in Erwägung zu ziehenden Überbrückungsmaßnahmen besondere Aufmerksamkeit zu schenken.[593] Zu den vom Arbeitgeber in Erwägung zu ziehenden Überbrückungsmaßnahmen gehört auch die Einstellung einer Aushilfskraft auf unbestimmte Zeit. Der Arbeitgeber hat konkret darzulegen, weshalb ggf. die Einstellung einer Aushilfskraft nicht möglich oder nicht zumutbar sein soll.[594] 209

Bei lang anhaltenden Erkrankungen ist insbesondere zu beachten, dass auf sie in der Regel betrieblich leichter, beispielsweise durch die Einstellung einer Vertretungskraft, reagiert werden kann, als auf häufige Kurzerkrankungen. Entscheidend ist deshalb darauf abzustellen, ob dem Arbeitgeber die Überbrückungsmaßnahme für einen längeren Zeitraum zuzumuten ist.[595] Dies kann problematisch sein, wenn eine qualifizierte Fachkraft nur bereit ist, in einem unbefristeten Arbeitsverhältnis zu arbeiten. 210

Auch die **krankheitsbedingte dauernde Minderung der Leistungsfähigkeit** des Arbeitnehmers kann einen personenbedingten Grund zur sozialen Rechtfertigung einer ordentlichen Kündigung i.S.d. § 1 Abs. 2 Satz 1 KSchG abgeben, wenn sie zu einer erheblichen Beeinträchtigung der betrieblichen Interessen führt.[596] Hingegen stellt die krankheitsbedingte Minderung der Leistungsfähigkeit in der Regel keinen Grund für eine außerordentliche Kündigung dar.[597] 211

In Anlehnung an *Ascheid*[598] und die Rechtsprechung des BAG mag der Praxis das nachfolgende Prüfungsraster als Orientierung bei der Bewertung der sozialen Rechtfertigung einer personenbedingten Kündigung wegen lang anhaltender Krankheit dienen: 212

- Fehlzeiten (mindestens sechs Wochen mit unabsehbarem Ende)
- Negative Prognose (Art und Dauer der Erkrankung rechtfertigen im Zeitpunkt des Zugangs der Kündigung den Schluss auf weitere Fehlzeiten.)
- Erhebliche Belastungen (zum Beispiel Produktionsausfall wegen Spezialtätigkeit des Erkrankten, fehlende Dispositionsmöglichkeit über den Arbeitsplatz, Kundenverärgerung, Unmut unter Kollegen; beachte: wirtschaftliche Belastungen scheiden in der Regel wegen der Begrenzung der Entgeltfortzahlung zur Begründung aus.)
- Vorrang milderer Mittel gegenüber Ausspruch der Kündigung (Umsetzungsmöglichkeiten zur Vermeidung der Erkrankung, Ausübung Direktionsrecht oder Änderungskündigung, Überbrückungsmaßnahmen – etwa durch Ersatzkräfte – sind bei lang andauernder Erkrankung oft möglich.)
- Gewichtung der Vertragsinteressen (unter anderem Ursache der Erkrankung, bisheriger störungsfreier Verlauf des Arbeitsverhältnisses, Höhe der Ausfallquote vergleichbar beschäftigter Arbeitnehmer, Verschulden an Erkrankung, Alter)

592 *Ascheid*, in: *Henssler/Moll*, Kündigung und Kündigungsschutz in der betrieblichen Praxis, S. 65 (75); *Stahlhacke/Preis/Vossen*, Rn 752 a.

593 Hierzu *Ascheid*, in: *Henssler/Moll*, Kündigung und Kündigungsschutz in der betrieblichen Praxis, S. 65 (75).

594 BAG, Urt. v. 21.05.1992, AP Nr. 30 zu § 1 KSchG 1969 = NZA 1993, 497.

595 Kittner/Zwanziger/*Appel*, § 93 Rn 35.

596 BAG, Urt. v. 26.09.1991, AP Nr. 28 zu § 1 KSchG 1969 Krankheit = NZA 1992, 1073; BAG, Urt. v. 05.08.1976, AP Nr. 1 zu § 1 KSchG 1969 Krankheit = DB 1976, 2307.

597 BAG, Urt. v. 12.07.1995, AP Nr. 7 zu § 626 BGB Krankheit = NZA 1995, 1100.

598 *Ascheid*, in: *Henssler/Moll*, Kündigung und Kündigungsschutz in der betrieblichen Praxis, S. 65 (85).

e) Häufige Kurzerkrankungen

213 Die Kündigung wegen häufiger Kurzzeiterkrankungen stellt in der Praxis den bedeutsamsten Unterfall der personenbedingten Kündigung dar. In den Fällen häufiger Kurzerkrankungen gelten mit einigen Abweichungen die gleichen Grundsätze wie bei lang andauernden Erkrankungen.[599] Die ordentliche Kündigung kann berechtigt sein, wenn die bisherige Störung zu einer erheblichen Beeinträchtigung betrieblicher und/oder wirtschaftlicher Interessen des Arbeitgebers geführt hat.[600]

214 Eine Beeinträchtigung betrieblicher Belange liegt unter anderem dann vor, wenn Störungen im Produktionsablauf eintreten, wenn der Betriebsfrieden nachhaltig gestört wird (Kollegen wollen die wiederholte Krankheitsvertretung nur noch widerwillig übernehmen.), wenn Kunden verärgert werden (zugesagte Termine können infolge der Erkrankungen nicht eingehalten werden.). Die vorgenannten betrieblichen Störungen treten der Erfahrung nach vor allem in kleineren Betrieben auf, die aus wirtschaftlichen Gründen keine Personalreserve vorhalten.[601]

215 Betriebliche Beeinträchtigungen sind aber nur dann kündigungserheblich, wenn sie über das durch vorhersehbare Fehlzeiten (Urlaub, Krankheit in üblichem Umfang, Fortbildung, Betriebsratstätigkeit) verursachte Maß signifikant hinausgehen. Unter dieser Schwelle sind sie rechtlich irrelevant, weil sie vom Unternehmen betriebsorganisatorisch zwangsläufig zu berücksichtigen und zu tragen sind.[602]

216 Nach der ständigen Rechtsprechung des BAG stellen auch allein die entstandenen und künftig zu erwartenden Entgeltfortzahlungskosten, die jeweils für einen Zeitraum von mehr als sechs Wochen aufzuwenden sind, eine erhebliche Beeinträchtigung betrieblicher (wirtschaftlicher) Interessen dar. Dies gilt auch, wenn der Arbeitgeber Betriebsablaufstörungen nicht darlegt und eine Personalreserve nicht vorhält.[603]

217 Entgeltfortzahlungskosten, die jährlich für weniger als sechs Wochen angefallen sind, sind kündigungsrechtlich in der Regel nicht relevant.[604] Dies ergibt sich aus der gesetzlichen Wertung von § 3 EFZG, wonach der Arbeitgeber Entgeltfortzahlungskosten in diesem Umfang stets zu übernehmen hat.[605] Entgeltfortzahlungskosten können deshalb erst dann kündigungsrechtlich erheblich werden, wenn die konkret darzulegende betriebliche Belastung in den letzten zwölf Monaten den 6-Wochen-Zeitraum nach § 1 EFZG bereits deutlich überschritten hat und zukünftig mit weiteren, nicht unerheblichen Entgeltfortzahlungskosten gerechnet werden muss.[606]

218 Im Rahmen der anzustellenden (negativen) Prognose können häufige Kurzerkrankungen in der Vergangenheit für ein entsprechendes Erscheinungsbild in der Zukunft sprechen (Indizwirkung).[607] Allerdings können im Rahmen der Prognose solche in der Vergangenheit liegenden Krankheiten nicht berücksichtigt werden, bei denen in Zukunft keine Wiederholungsgefahr besteht (Schicksalsschläge, einmalige (Arbeits-)Unfälle oder unverschuldete Verkehrsunfälle).[608] Im Zeitpunkt der Kündigung müssen objektive Tatsachen vorliegen, die die Besorgnis weiterer Erkrankungen rechtfertigen.

599 BAG, Urt. v. 20.01.2000, AP Nr. 38 zu § 1 KSchG 1969 Krankheit = NZA 2000, 768; BAG, Urt. v. 23.06.1983, AP Nr. 10 zu § 1 KSchG 1969 Krankheit = NJW 1984, 1836; eingehend zum Thema *Stahlhacke/Preis/Vossen*, Rn 743 ff.
600 *Ascheid*, in: *Henssler/Moll*, Kündigung und Kündigungsschutz in der betrieblichen Praxis, S. 65 (76).
601 Vgl. *Ascheid*, in: *Henssler/Moll*, Kündigung und Kündigungsschutz in der betrieblichen Praxis, S. 65 (76 f.).
602 *Berkowsky*, NZA-RR 2001, 393 (397).
603 BAG, Urt. v. 20.01.2000, AP Nr. 38 zu § 1 KSchG 1969 Krankheit = NZA 2000, 768; BAG, Urt. v. 29.07.1993, AP Nr. 27 zu § 1 KSchG 1969 Krankheit = NZA 1994, 67.
604 BAG, Urt. v. 16.02.1989, AP Nr. 20 zu § 1 KSchG 1969 Krankheit= NZA 1989, 923.
605 BAG, Urt. v. 29.07.1993, AP Nr. 27 zu § 1 KSchG 1969 Krankheit = NZA 1994, 67; BAG, Urt. v. 29.08.1991, AP Nr. 22 zu § 622 BGB = NZA 1992, 166; BAG, Urt. v. 05.07.1990, AP Nr. 26 zu § 1 KSchG 1969 Krankheit = NZA 1991, 185.
606 *Berkowsky*, NZA-RR 2001, 393 (397).
607 BAG, Urt. v. 06.09.1989, AP Nr. 21 zu § 1 KSchG 1969 Krankheit = NZA 1990, 307; BAG, Urt. v. 16.02.1989, AP Nr. 20 zu § 1 KSchG 1969 Krankheit = NZA 1989, 923; KR/*Etzel*, § 1 KSchG Rn 328.
608 Vgl. KR/*Etzel*, § 1 KSchG Rn 328 m.w.N.

Der Arbeitgeber kann sich im Prozess zunächst darauf beschränken, die Fehlzeiten in der Vergangenheit darzulegen. Dabei muss er die Fehlzeiten nach Zahl, Dauer und zeitlicher Abfolge genau bezeichnen.[609] Pauschale Angaben, wie etwa »20 Fehltage im Jahr 2001«, genügen nicht. Krankheitsursachen, die der Arbeitgeber zumeist nicht kennt, braucht er nicht mitzuteilen. Zunächst reicht es aus, wenn er behauptet, künftig seien Fehlzeiten entsprechend dem bisherigen Umfang zu erwarten. Die Fehlzeiten in der Vergangenheit entfalten insoweit Indizwirkung.[610] Erst wenn der Arbeitnehmer konkrete Krankheitsursachen bezogen auf die einzelnen Fehlzeiten vorträgt, scheiden diejenigen Fehlzeiten zur Begründung einer negativen Gesundheitsprognose aus, die auf Krankheiten zurückzuführen sind, bei denen keine Wiederholungsgefahr besteht.[611] Zur Erwiderung auf den Vortrag des Arbeitgebers reicht es aus, wenn der Arbeitnehmer die ihn behandelnden Ärzte von der Schweigepflicht entbindet und im Übrigen bestreitet, dass er auch künftig weiterhin häufig erkrankt sein wird.[612] 219

Obwohl keine Erkundigungspflicht des Arbeitgebers hinsichtlich des Gesundheitszustandes seines Arbeitnehmers besteht,[613] kann der Arbeitnehmer gem. § 275 Abs. 1 Nr. 3 b SGB V verpflichtet sein, sich amtsärztlich untersuchen zu lassen. Im öffentlichen Dienst ist der Arbeitnehmer tarifvertraglich verpflichtet, sich amtsärztlich untersuchen zu lassen (§ 7 Abs. 2 BAT). Die den Arbeitnehmer insoweit treffende Nebenpflicht umfasst nach Auffassung des BAG[614] auch die Pflicht, die behandelnden Ärzte von der Schweigepflicht zu entbinden, jedenfalls soweit es um die Feststellung der Berufs- und Erwerbsunfähigkeit geht. Verstöße gegen diese Pflicht können die verhaltensbedingte, ggf. die außerordentliche Kündigung rechtfertigen.[615] 220

Dem erkennenden Gericht ist bei der Frage, ob Fehlzeiten in der Vergangenheit eine negative Gesundheitsprognose zulassen, ein Ermessensspielraum eröffnet. Fehlzeiten in der Vergangenheit, die eine Indizwirkung entfalten sollen, müssen sich über eine Zeitraum von mindestens zwei Jahren erstrecken[616] 221

Die Rechtsprechung lehnt es ab, eine bestimmte Fehlzeitenquote zur Begründung einer negativen Prognose ausreichen zu lassen.[617] Nach Auffassung des LAG Hamm sind bei häufigen Kurzerkrankungen **Fehlzeiten mit einer Krankheitsquote unter 12 bis 14 % der Jahresarbeitszeit** im Allgemeinen **nicht kündigungsrelevant**. In der Vergangenheit aufgetretene Fehlzeiten hätten nur dann eine Indizwirkung hinsichtlich künftiger Erkrankungen, wenn ein Beobachtungszeitraum von drei Jahren[618] oder mindestens zwei Jahren erfasst werde.[619] 222

Das LAG Düsseldorf[620] hat entschieden: »Fehlzeiten zwischen 20,01 % und 45,9 % wegen häufiger Kurzerkrankungen innerhalb von vier aufeinander folgenden Kalenderjahren können eine negative Prognose hinsichtlich der voraussichtlichen Entwicklung des Gesundheitszustandes des gekündigten Arbeitnehmers begründen. Bei einer solchen negativen Indizwirkung hat der Arbeitnehmer darzulegen, weshalb die Besorgnis weiterer Erkrankungen nicht begründet ist. Lohnfortzahlungskosten in 223

609 BAG, Urt. v. 16.08.1990, RzK I 5 g Nr. 41.
610 BAG, Urt. v. 02.11.1989, RzK I 5 g Nr. 32.
611 KR/*Etzel*, § 1 KSchG Rn 329.
612 BAG, Urt. v. 06.09.1989, AP Nr. 21 zu § 1 KSchG 1969 Krankheit = NZA 1990, 307.
613 BAG, Urt. v. 22.02.1980, AP Nr. 6 zu § 1 KSchG 1969 Krankheit = NJW 1981, 298; BAG, Urt. v. 26.05.1977, AP Nr. 14 zu § 102 BetrVG 1972 = EzA § 102 BetrVG 1972 Nr. 30.
614 BAG, Urt. v. 06.11.1997, AP Nr. 142 zu § 626 BGB = NZA 1998, 326.
615 BAG, Urt. v. 06.11.1997, AP Nr. 142 zu § 626 BGB = NZA 1998, 326; LAG Düsseldorf, Urt. v. 31.05.1996, NZA-RR 1997, 88; zum Ganzen *Stahlhacke/Preis/Vossen*, Rn 743.
616 LAG Hamm, Urt. v. 04.12.1996, LAGE § 1 KSchG Krankheit Nr. 26 = EzBAT § 53 BAT Krankheit Nr. 29; KR/*Etzel*, § 1 KSchG Rn 330; abweichend BAG, Urt. v. 19.05.1993, RzK I 5 g Nr. 54 (15 Monate).
617 BAG, Urt. v. 19.08.1976, AP Nr. 2 zu § 1 KSchG 1969 Krankheit = NJW 1977, 351; BAG, Urt. v. 25.11.1982, AP Nr. 7 zu § 1 KSchG 1969 Krankheit = NJW 1983, 2897.
618 *Schaub*, Arbeitsrechts-Handbuch, § 129 Rn 19.
619 LAG Hamm, Urt. v. 04.12.1996, LAGE § 1 KSchG Krankheit Nr. 26 = EzBAT § 53 BAT Krankheit Nr. 29.
620 LAG Düsseldorf, Urt. v. 30.03.1999, EzBAT § 53 BAT Krankheit Nr. 33.

Höhe von 62.130 DM (31.766,56 EUR) innerhalb von vier aufeinander folgenden Kalenderjahren stellen eine erhebliche wirtschaftliche Belastung des Arbeitgebers im Sinne der Rechtsprechung des BAG dar.«

224 *Weber/Hoß*[621] haben unter Sichtung der Rechtsprechung des BAG herausgearbeitet, dass eine **jährliche Abwesenheitsquote von 15 bis 20 % der Arbeitstage kündigungsrelevant** sei. Zur weiteren Orientierung mag dienen, dass nach einer Statistik der Ortskrankenkassen eine jährliche Fehlzeit von 6 bis 7 % als normal gilt. Legt man die sechswöchige Entgeltfortzahlungspflicht bei jährlich 230 Arbeitstagen zugrunde, ergibt sich eine zumutbare Fehlzeitenquote in Höhe von 13 %.[622]

225 In Anlehnung an *Ascheid*[623] und die Rechtsprechung des BAG mag der Praxis das nachfolgende Prüfungsraster als Orientierung bei der Bewertung der sozialen Rechtfertigung einer personenbedingten Kündigung wegen häufiger Kurzerkrankungen dienen:

- Fehlzeiten (Im Regelfall mindestens jeweils über sechs Wochen über einen Zeitraum von mindestens zwei Jahren, wobei die einzelnen Fehlzeiten zu addieren sind.)
- Negative Prognose (Fehlzeiten rechtfertigen den Schluss auf weitere Ausfälle. Nicht rückfallrelevante Erkrankungen bleiben unberücksichtigt. Beurteilungszeitpunkt ist der Zugang der Kündigungserklärung.)
- Erhebliche Belastungen (zum Beispiel Produktionsausfall wegen Spezialtätigkeit des Erkrankten, fehlende Dispositionsmöglichkeit über den Arbeitsplatz, Kundenverärgerung, Unmut unter Kollegen, wirtschaftliche Belastungen, Ausfall oder Entgeltfortzahlungskosten über sechs Wochen in zwei Jahren)
- Vorrang milderer Mittel gegenüber Ausspruch der Kündigung (Umsetzungsmöglichkeiten zur Vermeidung der Erkrankung, Ausübung Direktionsrecht oder Änderungskündigung, Überbrückungsmaßnahmen sind bei sich wiederholenden Kurzerkrankungen in der Regel nicht möglich.)
- Gewichtung der Vertragsinteressen (unter anderem Ursache der Erkrankung, bisheriger störungsfreier Verlauf des Arbeitsverhältnisses, Höhe der Ausfallquote vergleichbar beschäftigter Arbeitnehmer, Verschulden an Erkrankung, Alter)

IV. Sonstige personenbedingte Gründe

1. AIDS-Erkrankung

226 **AIDS** ist eine Krankheit, die wie jede andere Krankheit eine personenbedingte Kündigung wegen langandauernder oder häufiger Kurzerkrankungen rechtfertigen kann.[624] Von AIDS zu unterscheiden ist die **Infektion mit dem HIV-Virus**, die dem Ausbruch der AIDS-Erkrankung vorausgeht und zunächst, oft über viele Jahre hinweg zu keinen gesundheitlichen Beschwerden führt. Die Infektion als solche beeinträchtigt damit in der Regel nicht die Eignung des Arbeitnehmers für die Erfüllung seiner arbeitsvertraglichen Pflichten und stellt keinen Kündigungsgrund dar. Bringt die Tätigkeit des Arbeitnehmers aber die Gefahr mit sich, dass Arbeitskollegen oder Dritte durch den Arbeitnehmer mit dem HIV-Virus infiziert werden, wie etwa im Krankenhausbereich, liegt aufgrund der Gefährdung Dritter ein personenbedingter Kündigungsgrund vor, der eine Kündigung sozial rechtfertigen kann.[625]

227 Verlangt die Belegschaft oder ein Teil davon, dass ein mit HIV-Virus infizierter Arbeitnehmer entlassen wird und kommt der Arbeitgeber diesem Ansinnen nach, ist diese Kündigung nur dann begründet, wenn das Verlangen durch das Verhalten oder durch die Person des betreffenden

621 *Weber/Hoß*, DB 1993, 2429 m. umfangr. Nachw. aus der Rspr.
622 *Schaub*, Arbeitsrechts-Handbuch, § 129 Rn 19.
623 *Ascheid*, in: *Henssler/Moll*, Kündigung und Kündigungsschutz in der betrieblichen Praxis, S. 65 (85).
624 KR/*Etzel*, § 1 KSchG Rn 280; ErfK/*Ascheid*, § 1 KSchG Rn 245.
625 KR/*Etzel*, § 1 KSchG Rn 281.

Arbeitnehmers objektiv gerechtfertigt ist. Dies muss der Arbeitgeber überprüfen. Wenn das nicht der Fall ist, muss er sich schützend vor den Arbeitnehmer stellen (Fürsorgepflicht). Sind die Bemühungen des Arbeitgebers erfolglos geblieben und wird ernsthaft mit Arbeitsniederlegung oder mit Kündigungen gedroht und sind schwere wirtschaftliche Schäden für den Arbeitgeber dann zu erwarten, falls die den betreffenden Arbeitnehmer boykottierenden Arbeitskollegen ihre Androhung wahrmachen würden, kann die Kündigung gegenüber dem betreffenden Arbeitnehmer aus dringenden betrieblichen Gründen erforderlich sein (Druckkündigung). Ruft der Arbeitgeber schuldhaft die Reaktionen der übrigen Arbeitnehmer hervor (Herantreten des Arbeitgebers an die Kollegen des Infizierten, mit der Aufforderung, sich zu entscheiden, ob sie mit dem Infizierten weiterarbeiten wollen oder nicht), kann er sich nicht auf die Grundsätze zur sog. Druckkündigung berufen.[626]

Kündigt der Arbeitgeber einem mit dem HIV-Virus infizierten Arbeitnehmer, der noch nicht den allgemeinen Kündigungsschutz nach § 1 Abs. 1 KSchG genießt, fristgerecht, so ist die Kündigung jedenfalls nicht sittenwidrig nach § 138 Abs. 1 BGB, wenn der Arbeitnehmer nach Kenntnis von der Infektion einen Selbsttötungsversuch unternommen hat, danach längere Zeit (nahezu drei Monate) arbeitsunfähig krank war, dieser Zustand nach einem vor Ausspruch der Kündigung vorgelegten ärztlichen Attest »bis auf weiteres« fortbestehen sollte und diese Umstände für den Kündigungsentschluss jedenfalls mitbestimmend waren. Eine unter solchen Umständen ausgesprochene Kündigung ist ferner nicht nach § 242 BGB treuwidrig und verstößt auch nicht gegen das Diskriminierungsverbot des Art. 3 Abs. 3 GG und das Maßregelungsverbot des § 612a BGB.[627] 228

2. Alkohol- und Drogensucht

Kann gewohnheitsmäßiger, übermäßiger Alkohol- oder Drogengenuss trotz Einsicht nicht aufgegeben oder reduziert werden und besteht eine psychische oder physische Abhängigkeit vom Alkohol (von den Drogen), handelt es sich arbeitsrechtlich um eine Krankheit.[628] Es kommt in diesem Fall nur eine personenbedingte Kündigung in Betracht.[629] Eine verhaltensbedingte Kündigung wegen Pflichtverletzungen des Arbeitnehmers, die auf einer Alkohol- oder Drogenabhängigkeit beruhen, ist in der Regel bereits aufgrund fehlenden Verschuldens unwirksam.[630] So gilt dem LAG Hamm zufolge: »Eine verhaltensbedingte Kündigung wegen unentschuldigten Fehlens setzt regelmäßig schuldhaftes, vorwerfbares Verhalten des Arbeitnehmers voraus. Eine aus verhaltensbedingten Gründen wegen unentschuldigtem Fehlens ausgesprochene Kündigung gegenüber einem Arbeitnehmer, der seit Jahren an chronischer Alkoholsucht leidet, ist regelmäßig sozial ungerechtfertigt, wenn die Fehltage ihre Ursache in der krankhaften Alkoholabhängigkeit haben und der Arbeitnehmer infolge seiner nicht beherrschbaren Alkoholkrankheit sein Verhalten nicht zu kontrollieren vermag. Der Arbeitgeber, der sich im Kündigungsschutzprozess allein auf einen verhaltensbedingten Kündigungsschutzgrund beruft, hat aufgrund der ihm obliegenden Darlegens- und Beweislast zu widerlegen, dass die Alkoholabhängigkeit ursächlich für das Fehlverhalten des Arbeitnehmers gewesen ist. Dies gilt auch dann, wenn ein Arbeitnehmer nach einer Entziehungskur wieder rückfällig geworden ist, da die krankhafte Alkoholabhängigkeit auch nach einer Therapie fortbesteht.«[631] Allerdings können erhebliche Pflichtverletzungen die außerordentliche Kündigung eines Arbeitnehmers rechtfertigen, 229

626 ArbG Berlin, Urt. v. 16.06.1987, NZA 1987, 637.

627 BAG, Urt. v. 16.02.1989, AP Nr. 46 zu § 138 BGB = NZA 1989, 962; vgl. auch LAG Düsseldorf, Urt. v. 10.05.1988, LAGE § 138 BGB Nr. 3 = NZA 1988, 658.

628 BAG, Urt. v. 01.06.1983, AP Nr. 52 zu § 1 LohnFG = NJW 1983, 2659; BAG, Urt. v. 16.09.1999, AP Nr. 159 zu § 626 BGB = NZA 2000, 141; BAG, Urt. v. 26.01.1995, AP Nr. 34 zu § 1 KSchG 1969 Verhaltensbedingte Kündigung = NZA 1995, 517.

629 BAG, Urt. v. 09.04.1987, AP Nr. 18 zu § 1 KSchG 1969 Krankheit = NZA 1987, 811.

630 Zur Trunksucht als Kündigungsgrund *Lepke*, DB 2001, 269; *Bengelsdorf*, NZA-RR 2002, 57; *Berkowsky*, NZA-RR 2001, 393 (402).

631 LAG Hamm, Urt. v. 15.01.1999, LAGE § 1 KSchG Verhaltensbedingte Kündigung Nr. 74 = NZA 1999, 1221.

der an einer Alkohol- oder Spielsucht leidet. Bei einem Fehlverhalten, das über typisch suchtbedingte Ausfallerscheinungen hinausgeht, kommt es nicht darauf an, ob der Arbeitnehmer schuldhaft gehandelt hat; ihm muss vor der Kündigung auch keine Gelegenheit gegeben werden, sich einer Therapie zu unterziehen.[632]

230 Weist ein Arbeitnehmer erhebliche Fehlzeiten auf, weil er alkohol- oder drogenabhängig ist, können diese Fehlzeiten grundsätzlich eine personenbedingte Kündigung rechtfertigen. Entscheidend ist stets die **negative Prognose künftiger Fehlzeiten**, nicht die in der Person des Arbeitnehmers liegende Ursache. Diese bildet lediglich die faktische Grundlage der Fehlzeitenprognose.[633]

231 Bei der auf krankhaftem Alkoholismus beruhenden Kündigung ergeben sich im Rahmen des Prüfungskriteriums der erforderlichen Negativprognose Besonderheiten. Voraussetzung für eine personenbedingte Kündigung ist, dass im Zeitpunkt des Zugangs der Kündigung mit weiteren alkoholbedingten Fehlzeiten des Arbeitnehmers zu rechnen ist.[634] Eine negative Prognose kann bei Alkoholismus nur dann getroffen werden, wenn dem Erkrankten verdeutlicht wurde, dass er sich zur eventuellen Heilung einer Entziehungskur unterziehen muss und er eine solche Maßnahme abgelehnt hat.[635] Ist der Arbeitnehmer im Zeitpunkt der Kündigung nicht therapiebereit, kann davon ausgegangen werden, dass er von dieser Krankheit in absehbarer Zeit nicht geheilt wird. Eine von ihm nach Ausspruch der Kündigung durchgeführte Therapie und ihr Ergebnis können daher nicht zur Korrektur der Prognose herangezogen werden.[636] Wird ein Alkoholkranker nach zunächst erfolgreicher stationärer Entziehungskur rückfällig und kündigt der Arbeitgeber wegen des Rückfalls das Arbeitsverhältnis, so ist die Sozialwidrigkeit der Kündigung nach den Grundsätzen des BAG zur Überprüfung der Sozialwidrigkeit einer krankheitsbedingten Kündigung festzustellen.[637] Ein alkoholkranker Arbeitnehmer, der nach einer Langzeittherapie mehrfach erneut stationär entgiftet werden muss, steht unter der »negativen Prognose«, dass auch in Zukunft mit erheblichen krankheitsbedingten Fehlzeiten wegen übermäßigem Alkoholgenuss gerechnet werden muss.[638]

Die Ursache der Alkoholerkrankung und die Umstände und das Verhalten des alkoholkranken Arbeitnehmers, welches zum Rückfall geführt hat, sind bei der Interessenabwägung zu berücksichtigen. Hat der Arbeitnehmer sich zu einer Entziehungskur bereit erklärt, hat der Arbeitgeber die Beendigung der Kur abzuwarten.[639]

232 Die Umstände, die zur Trunksucht geführt haben, sind im Rahmen der Interessenabwägung angemessen zu berücksichtigen. Auch bei einem Rückfall nach einer Entziehungskur kommt es für die zu treffende Gesundheitsprognose auf die Ursachen der erneuten Erkrankung an. Nach dem Grundsatz der Verhältnismäßigkeit ist der Arbeitgeber auch bei einem unverschuldeten Rückfall verpflichtet, dem Arbeitnehmer die Durchführung einer Entziehungskur zu ermöglichen.[640] So geht das LAG Hamm bei Therapiefähigkeit und Therapiebereitschaft des alkoholerkrankten Arbeitnehmers davon aus, dass ein alkoholbedingter Rückfall nach einer erfolgreichen Entwöhnungskur allein noch nicht die für eine soziale Rechtfertigung einer ordentlichen Kündigung des Arbeitgebers notwendige negative Prognose indiziert, bei dem gekündigten Arbeitnehmer sei auch in Zukunft mit alkoholbedingter Arbeitsunfähigkeit oder Leistungseinschränkungen zu rechnen.[641] Nach der Rechtsprechung hat der Arbeitnehmer seine Trunksucht verschuldet, wenn dem Arbeitnehmer bereits einmal vom

632 LAG Köln, Urt. v. 12.03.2002, NZA-RR 2002, 519 = LAGE § 626 BGB Nr. 140.
633 *Berkowsky*, NZA-RR 2001, 493 (402).
634 Berscheid/Kunz/Brand/*Kreft/Griese*, Teil 4, Rn 672.
635 ErfK/*Ascheid*, § 1 KSchG Rn 247.
636 BAG, Urt. v. 09.04.1987, AP Nr. 18 zu § 1 KSchG 1969 Krankheit = NZA 1987, 811.
637 LAG Hamm, Urt. v. 17.03.1999 – 18 Sa 1750/98 (n.v.).
638 ArbG Frankfurt a.M., Urt. v. 10.02.1999, NZA-RR 1999, 475; ArbG Frankfurt a.M., Urt. v. 01.10.1999, NZA-RR 2000, 192; vgl. aber auch LAG Hamm, Urt. v. 04.09.2001, LAGE § 1 KSchG Krankheit Nr. 33.
639 ErfK/*Ascheid*, § 1 KSchG Rn 247.
640 Vgl. LAG Hamm, Urt. v. 17.03.1999 – 18 Sa 1750/98 (n.v.); KR/*Etzel*, § 1 KSchG Rn 285 f.
641 LAG Hamm, Urt. v. 04.09.2001, LAGE § 1 KSchG Krankheit Nr. 33.

Arbeitgeber eine Therapie angeboten wurde und der Arbeitnehmer dieses Angebot entweder nicht angenommen hat oder rückfällig geworden ist.[642] Enthält eine Betriebs-/Dienstvereinbarung über den Umgang mit alkoholkranken oder alkoholgefährdeten Mitarbeitern Regelungen über die Vorgehensweise bei einem Rückfall, verstößt eine Kündigung gegen das Kündigungsschutzprinzip der Verhältnismäßigkeit, wenn und soweit sich der durch die Vereinbarung verpflichtete Arbeitgeber nicht an die darin aufgestellten Grundsätze hält.[643]

Eine krankheitsbedingte Beeinträchtigung infolge Alkoholismus kommt im Falle sog. Unkündbarkeit (§§ 54, 55 Abs. 1 BAT) je nach den Umständen auch als wichtiger Grund i.S.v. § 54 BAT, § 626 BGB in Betracht. Will sich der Arbeitnehmer bei einem aufgrund objektiver Anhaltspunkte bestehenden Verdacht einer Alkoholisierung im Dienst mit Hilfe eines Alkoholtests entlasten, muss er in der Regel einen entsprechenden Wunsch von sich aus – schon wegen des damit verbundenen Eingriffs in sein Persönlichkeitsrecht – an den Arbeitgeber herantragen.[644] Ein Arbeitnehmer ist regelmäßig nicht verpflichtet, im laufenden Arbeitsverhältnis routinemäßigen Blutuntersuchungen zur Klärung, ob er alkohol- oder drogenabhängig ist, zuzustimmen.[645] 233

3. Alter

Das Alter eines Arbeitnehmers bildet für sich genommen noch keinen personenbedingten Kündigungsgrund.[646] Gleiches gilt für das Erreichen der Altersgrenze, die wie der entstehende Anspruch auf Rente wegen Alters (§ 41 SGB VI) nicht als Grund für eine Kündigung geeignet ist.[647] Bei natürlichem altersbedingten Abbau der Leistungsfähigkeit kann aber eine Kündigung in Betracht kommen, wenn der Arbeitnehmer den vertraglich geschuldeten Leistungspflichten insgesamt nicht mehr gerecht wird. Maßstab ist das Anforderungsprofil des Arbeitsplatzes unter Berücksichtigung der arbeitsvertraglichen Vereinbarung. Es ist auf die Leistungsfähigkeit vergleichbarer gleichaltriger Arbeitnehmer abzustellen. Der Arbeitgeber hat den normalen altersbedingten Abfall der Leistungsfähigkeit hinzunehmen. Nur wenn der Leistungsabfall gegenüber vergleichbaren Arbeitnehmern erheblich stärker in Erscheinung tritt, kommt eine Kündigung aus personenbedingten Gründen in Betracht.[648] 234

4. Arbeitserlaubnis und Beschäftigungsverbot

Fallen Erlaubnisse weg, die zur Berufsausübung erforderlich sind (Arbeits-[649] und Aufenthaltserlaubnis,[650] Betriebsfahrberechtigung, Fahrerlaubnis,[651] Fluglizenz,[652] Lehrbefugnis etc.), kann eine personenbedingte Kündigung gerechtfertigt sein, sofern die Arbeitsleistung rechtlich unmöglich wird und der Arbeitnehmer auf Dauer nicht zur Leistung der vertraglich geschuldeten Dienste in der Lage ist.[653] 235

642 BAG, Urt. v. 11.11.1987, DB 1988, 402.
643 LAG Baden-Württemberg, Urt. v. 12.04.2002 – 18 Sa 5/02 (n.v.).
644 BAG, Urt. v. 16.09.1999, AP Nr. 159 zu § 626 BGB = NZA 2000, 141; BAG, Urt. v. 26.01.1995, AP Nr. 34 zu § 1 KSchG 1969 Verhaltensbedingte Kündigung.
645 BAG, Urt. v. 12.08.1999, AP Nr. 41 zu § 1 KSchG 1969 Verhaltensbedingte Kündigung = NZA 1999, 1209.
646 BAG, Urt. v. 28.09.1961, NJW 1962, 73 = AP Nr. 1 zu § 1 KSchG Personenbedingte Kündigung.
647 Hierzu *Stahlhacke/Preis/Vossen*, Rn 732.
648 Ascheid/Preis/Schmidt/*Dörner*, § 1 KSchG Rn 251.
649 LAG Hamm, Urt. v. 09.02.1999, NZA-RR 1999, 240 = LAGE § 1 KSchG Personenbedingte Kündigung Nr. 16.
650 LAG Hamm, Urt. v. 18.10.1984 – 10 (3) Sa 2379/83 (n.v.).
651 BAG, Urt. v. 25.04.1996, AP Nr. 18 zu § 1 KSchG 1969 Personenbedingte Kündigung = NZA 1996, 1201; BAG, Urt. v. 04.06.1997, AP Nr. 137 zu § 626 BGB = NJW 1998, 554; LAG Köln, Urt. v. 22.06.1995, LAGE § 626 BGB Ausschlussfrist Nr. 7 = NZA-RR 1996, 170.
652 BAG, Urt. v. 07.12.2000, AP Nr. 23 zu § 1 KSchG 1969 Personenbedingte Kündigung = DB 2001, 1567; BAG, Urt. v. 31.01.1996, AP Nr. 17 zu § 1 KSchG 1969 Personenbedingte Kündigung = NZA 1996, 819; LAG Frankfurt, Urt. v. 30.04.1999 – 13 Sa 1416/96 (n.v.).
653 LAG Hamm, Urt. v. 09.02.1999, NZA-RR 1999, 240 = LAGE § 1 KSchG Personenbedingte Kündigung Nr. 16.

236 Ist einem ausländischen Arbeitnehmer die nach § 19 Abs. 1 AFG (§ 284 SGB III) erforderliche **Arbeitserlaubnis** rechtskräftig **versagt** worden, ist eine ordentliche Kündigung regelmäßig sozial gerechtfertigt, weil der Arbeitnehmer dann zur Leistung der vertraglich geschuldeten Dienste dauernd außerstande ist. Ist über die von dem ausländischen Arbeitnehmer beantragte Arbeitserlaubnis noch nicht rechtskräftig entschieden, so ist für die soziale Rechtfertigung einer wegen Fehlens der Erlaubnis ausgesprochenen Kündigung darauf abzustellen, ob für den Arbeitgeber bei objektiver Beurteilung im Zeitpunkt des Zugangs der Kündigung mit der Erteilung der Erlaubnis in absehbarer Zeit nicht zu rechnen war und der Arbeitsplatz für den Arbeitnehmer ohne erhebliche betriebliche Beeinträchtigungen nicht offen gehalten werden konnte.[654]

237 Nach Ansicht des LAG Hamm[655] führt die **Versagung der Wiedererteilung der Arbeitserlaubnis** nicht zur Nichtigkeit des Arbeitsverhältnisses mit einem unbefristet beschäftigten Arbeitnehmer. Eine ordentliche Kündigung sei jedoch aus personenbedingten Gründen sozial gerechtfertigt, weil der Arbeitnehmer auf Dauer nicht zur Leistung der vertraglich geschuldeten Dienste in der Lage sei. Hingegen vertritt das LAG Köln die Auffassung, der bloße Ablauf einer notwendigen Arbeitserlaubnis rechtfertigte als solcher noch keine Kündigung eines seit längerem vollzogenen Arbeitsverhältnisses; die Vereinbarung einer entsprechenden auflösenden Bedingung sei unwirksam.[656] Dem schließt sich das ArbG Hamburg,[657] an, wenn es ausführt: »Das Fehlen einer Aufenthaltserlaubnis gibt keinen Kündigungsgrund ab. Der Arbeitgeber ist weder berechtigt noch verpflichtet, ausländerpolizeiliche Aufgaben wahrzunehmen. Das Fehlen einer Arbeitserlaubnis führt nicht zur Nichtigkeit des Arbeitsvertrages.«

238 Ein Arbeitnehmer, der verschweigt, dass er zur Ausreise aus der Bundesrepublik aufgefordert wurde und dass seine Ausreisepflicht für vollziehbar erklärt wurde und deshalb seine Arbeitserlaubnis entfallen ist, begeht eine Ordnungswidrigkeit im Sinn des § 229 Abs. 1 Nr. 1 AFG (§ 404 Abs. 2 und Abs. 3 SGB III) und verletzt wegen dieser vorsätzlichen und arglistigen Täuschung seine arbeitsvertragliche Treuepflicht erheblich. Ein solches Verhalten stellt einen wichtigen Grund i.S.d. § 626 Abs. 1 BGB dar. Der Arbeitnehmer kann nicht einwenden, eine arglistige Täuschung liege nicht vor, da er darauf vertrauen durfte, infolge Rechtsmitteleinlegung die Duldung und damit die Arbeitserlaubnis zu behalten.[658]

239 Verliert ein Pilot die Erlaubnis zum Führen eines Verkehrsflugzeugs infolge des Nichtbestehens der Überprüfungsflüge, wird ihm damit das Erbringen seiner vertraglich geschuldeten Arbeitsleistung rechtlich unmöglich. Dieser personenbedingte Umstand ist an sich geeignet, eine ordentliche Kündigung gem. § 1 Abs. 2 Satz 1 KSchG sozial zu rechtfertigen, wenn im Zeitpunkt des Zugangs der Kündigung weder mit einer Erneuerung der Erlaubnis in absehbarer Zeit zu rechnen, noch eine Weiterbeschäftigung zu geänderten Arbeitsbedingungen möglich ist. Besteht die Aussicht, dass ein Pilot die Erneuerung seiner Erlaubnis zum Führen eines Verkehrsflugzeugs in absehbarer Zeit erreichen kann, hat ihm die Fluggesellschaft in der Regel dazu die Gelegenheit zu geben, bevor sie das Arbeitsverhältnis kündigt.[659]

240 Spricht der Arbeitgeber einem mit Personenbeförderung beauftragten Kraftfahrer gegenüber eine personenbedingte Änderungskündigung (Versetzung in die Hofkolonne) aus, weil der Technische Überwachungsverein (TÜV) aufgrund einer medizinisch-psychologischen Untersuchung die mangelnde Eignung des Arbeitnehmers festgestellt hatte, kann das TÜV-Gutachten durch einen gerichtlich beauftragten Sachverständigen überprüft werden. Erweist sich dabei, dass das erste Gutachten fehlerhaft und unbrauchbar in dem Sinne war, dass es nicht einmal als Grundlage für ernste, nicht

654 BAG, Urt. v. 07.02.1990, AP Nr. 14 zu § 1 KSchG 1969 Personenbedingte Kündigung = NZA 1991, 341.
655 LAG Hamm, Urt. v. 09.02.1999, NZA-RR 1999, 240 = LAGE § 1 KSchG Personenbedingte Kündigung Nr. 16.
656 LAG Köln, Urt. v. 18.04.1997, LAGE § 1 KSchG Personenbedingte Kündigung Nr. 15 = NZA-RR 1997, 476; LAG Köln, Urt. v. 19.01.1996, LAGE § 626 BGB Nr. 93.
657 ArbG Hamburg, Urt. v. 02.03.1992, BB 1993, 1223.
658 LAG Nürnberg, Urt. v. 21.09.1994, LAGE § 626 BGB Nr. 81 = NZA 1995, 228.
659 BAG, Urt. v. 07.12.2000, AP Nr. 23 zu § 1 KSchG 1969 Personenbedingte Kündigung = DB 2001, 1567.

ausräumbare Zweifel an der Eignung des Klägers herangezogen werden kann, ist die ausgesprochene Änderungskündigung unwirksam. Es kommt nicht darauf an, dass das gerichtlich eingeholte Gutachten positiv die Eignung des Klägers feststellt.[660]

5. Ehe

Eine Eheschließung stellt keinen personenbedingten Kündigungsgrund dar. Auch einzelvertraglich kann ein solches Kündigungsrecht nicht wirksam vereinbart werden (**keine »Zölibatsklausel«**). Unter Umständen kann aber im kirchlichen Bereich eine Eheschließung, die gegen fundamentale Grundsätze der kirchlichen Gemeinschaft verstößt, eine personenbedingte Kündigung rechtfertigen.[661] Für die **Religionsgesellschaften** kann ihre Glaubwürdigkeit davon abhängen, dass ihre Mitglieder, die in ein Arbeitsverhältnis zu ihnen treten, die kirchliche Ordnung – auch in ihrer privaten Lebensführung – respektieren. Aus diesem Grund sind die Religionsgesellschaften berechtigt, ihren Arbeitnehmern die Beachtung des Grundsatzes der ehelichen Treue als einen der tragenden Grundsätze ihrer Sittenlehre aufzuerlegen. Nach **kirchlichem Selbstverständnis** (Art. 140 GG, Art. 137 Abs. 5 WRV) kann **Ehebruch** somit einen **außerordentlichen Kündigungsgrund** darstellen.[662] 241

Eine im Bereich der Evangelischen Kirche beschäftigte Sozialpädagogin in einer Beratungsstelle für Erziehungs-, Ehe- und Lebensfragen wirkt unmittelbar an der Verwirklichung der karitativen Aufgaben der von der Kirche getragenen Einrichtung mit. Da sie unmittelbar in den Verkündungsauftrag der Kirche einbezogen ist, verstößt sie durch ihren Kirchenaustritt in so schwerwiegender Weise gegen ihre Loyalitätsobliegenheit, dass ein wichtiger Grund i.S.v. § 626 Abs. 1 BGB vorliegt.[663] Der kirchliche Arbeitgeber (evangelischer Kirchenkreis) darf eine fristlose Kündigung in Erwägung ziehen, wenn ein von ihm in der Erziehungs- und Eheberatung beschäftigter Diplom-Psychologe sich auf sexuelle Beziehungen mit einer verheirateten Patientin einlässt, die seine Beratung wegen ihrer Eheprobleme vor dem Hintergrund traumatischer Kindheitserlebnisse aufgesucht hat und zwar auch dann, wenn die Initiative allein bei der Patientin lag und er zunächst nachhaltigen Widerstand geleistet hat. In diesem Fall ist ein mit der Drohung fristloser Entlassung herbeigeführter Aufhebungsvertrag nicht wegen widerrechtlicher Drohung anfechtbar.[664] 242

Auseinandersetzungen im Zusammenhang mit dem **Scheitern einer Ehe** können zwar das für die Fortsetzung eines Arbeitsverhältnisses zwischen Ehegatten notwendige Vertrauen zerstören. Je nach den Umständen des Einzelfalles können daraus Gründe im Verhalten des Arbeitnehmers oder in seiner Person erwachsen, die eine Kündigung sozial rechtfertigen. Aber nur wenn sich die ehelichen Auseinandersetzungen nach den tatsächlichen Umständen des Einzelfalles dergestalt auf das Arbeitsverhältnis auswirken, dass der Arbeitgeber Gründe zu der Annahme hat, der Arbeitnehmer werde seine arbeitsvertraglichen Pflichten nicht mit der geschuldeten Sorgfalt und Loyalität erfüllen bzw. es werde im Arbeitsverhältnis zu einer Fortsetzung der ehelichen Streitigkeiten und damit zu einer Störung des Betriebsfriedens kommen, kann eine Kündigung gem. § 1 Abs. 2 KSchG sozial gerechtfertigt sein. Ohne konkrete nachteilige Auswirkungen auf das Arbeitsverhältnis ist die Zerrüttung bzw. das Scheitern der Ehe für die Frage der sozialen Rechtfertigung der Kündigung ohne Aussagekraft.[665] 243

660 LAG Köln, Urt. v. 09.02.2000, NZA 2001, 34.
661 *Berkowsky*, NZA-RR 2001, 449 (457).
662 BAG, Urt. v. 24.04.1997, AP Nr. 27 zu § 611 BGB Kirchendienst = NZA 1998, 145.
663 LAG Rheinland-Pfalz, Urt. v. 09.01.1997, LAGE § 611 BGB Kirchliche Arbeitnehmer Nr. 8 = NZA 1998, 149.
664 LAG Köln, Urt. v. 13.11.1998, NZA-RR 1999, 232.
665 BAG, Urt. v. 09.02.1995 = NJW 1996, 1299; LAG Köln, Urt. v. 28.11.2002, NZA-RR 2003, 416 = LAGE § 1 KSchG Personenbedingte Kündigung Nr. 18.

6. Gewissenskonflikte

244 Im Rahmen billigen Ermessens nach § 315 Abs. 1 BGB hat der Arbeitgeber einen ihm offenbarten Gewissenskonflikt des Arbeitnehmers zu berücksichtigen. Verbietet eine im Rahmen billigen Ermessens erhebliche Gewissensentscheidung dem Arbeitgeber, dem Arbeitnehmer eine an sich geschuldete Arbeit zuzuweisen, so kann ein in der Person des Arbeitnehmers liegender Grund gegeben sein, das Arbeitsverhältnis zu kündigen, wenn eine andere Beschäftigungsmöglichkeit für den Arbeitnehmer nicht besteht. Die Gewissensentscheidung des Arbeitnehmers schränkt die unternehmerische Freiheit, den Inhalt der Produktion zu bestimmen, nicht ein. Der Arbeitnehmer ist vielmehr nach § 297 BGB außerstande, die geschuldete Leistung zu erbringen.[666]

245 Das **Tragen eines islamischen Kopftuchs** allein rechtfertigt regelmäßig noch nicht die ordentliche Kündigung einer Verkäuferin in einem Kaufhaus aus personen- oder verhaltensbedingten Gründen nach § 1 Abs. 2 KSchG.[667] Mit seiner vielzitierten Kopftuchentscheidung hob der zweite Senat des BAG die Entscheidung des LAG Hessen vom 21.06.2001[668] auf, in der das Gericht das Tragen eines Kopftuch aus religiösen Motiven als Kündigungsgrund bei einer Kaufhausangestellten anerkannt hatte. Wie der Senat feststellt, kann zwar eine Arbeitnehmerin auf Grund von fundamentalen, unüberwindbaren Glaubenshindernissen ihre Fähigkeit und Eignung verlieren, die unmittelbar vertraglich geschuldete Arbeitsleistung überhaupt zu erbringen. Anders als etwa eine Lehrerin an einer Grund- oder Hauptschule im Beamtenverhältnis auf Grund der Besonderheiten des öffentlichen Dienstrechts und des Art. 33 Abs. 2 GG ist eine Kaufhausangestellte jedoch nach Auffassung des BAG in der Lage, ihre vertraglich geschuldete Arbeitsleistung als Verkäuferin auch dann noch zu erfüllen, wenn sie bei ihrer Tätigkeit ein – islamisches – Kopftuch trägt. Hierdurch wird weder ein von ihr zu führendes Verkaufsgespräch unmöglich gemacht noch ein von ihr betreuter Verkaufsvorgang so behindert, dass nicht mehr von einer branchenüblichen Tätigkeit einer Verkäuferin einerseits oder ohne weitere detaillierte Darlegungen von einer wirtschaftlich wertlosen Arbeitsleistung oder einer den Arbeitgeber sogar schädigenden Tätigkeit andererseits gesprochen werden kann. Die Annahme eines personenbedingten Grundes ist daher nicht gerechtfertigt. Auch eine Kindergärtnerin, die bei der Arbeit ein Kopftuch trägt, verstößt nicht gegen das Neutralitätsgebot des Staates.[669] Nach Auffassung des BVerwG darf jedoch die Einstellung als Lehrerin an Grund- und Hauptschulen im Beamtenverhältnis auf Probe abgelehnt werden, wenn die Bewerberin nicht bereit ist, im Unterricht auf das Tragen eines »islamischen Kopftuchs« zu verzichten.[670] Das BVerwG begründet seine Entscheidung im Kern wie folgt: »Die verfassungsrechtlich gebotene Rücksichtnahme des Staates auf die Glaubensfreiheit grundschulpflichtiger Kinder und ihrer Eltern rechtfertigt es, Lehrerinnen an öffentlichen Grund- und Hauptschulen, die keine Bekenntnisschulen sind, das religiös motivierte Kopftuchtragen im Unterricht zu untersagen. Das Recht der Lehrerin, sich nach ihrer religiösen Überzeugung zu verhalten, muss während des Schulunterrichts gegenüber der konkurrierenden Glaubensfreiheit der Schüler und ihrer Eltern zurücktreten. Das Grundrecht der positiven und negativen Bekenntnisfreiheit steht zwar unter dem Gebot der Toleranz für Andersdenkende. Auch fordert der Grundsatz praktischer Konkordanz einen möglichst schonenden Ausgleich der widerstreitenden Rechtspositionen. Das Gebot praktischer Konkordanz zwingt aber nicht dazu, das Elternrecht und die Glaubensfreiheit der Eltern und Schüler einer öffentlichen Schule zurückzudrängen, um einer Lehrerin das Kopftuchtragen auch im Schulunterricht zu ermöglichen.«

666 BAG, Urt. v. 24.05.1989, AP Nr. 1 zu § 611 BGB Gewissensfreiheit = NZA 1990, 144.

667 BAG, Urt. v. 10.10.2002, NZA 2003, 483 = NJW 2003, 1685; vgl. auch BVerfG, Beschl. v. 30.07.2003, NZA 2003, 959 (Nichtannahmebeschluss).

668 LAG Hessen, Urt. v. 21.06.2001, NZA-RR 2001, 632.

669 ArbG Dortmund, Urt. v.16.01.2003 – 6 Ca 5736/02 (n.v.).

670 BVerwG, Urt. v. 04.07.2002, BVerwGE 116, 359 = NJW 2002, 3344.

7. Verstoß gegen Kirchenrecht im Geltungsbereich des Autonomiegebots

Im kirchlichen und karitativen Bereich spielen **tendenzbezogene Eignungsmängel** kündigungsrechtlich immer wieder eine gewichtige Rolle.[671] Neben der Eheschließung katholischer Kirchenbediensteter mit geschiedenen Ehepartnern stellt nach der Rechtsprechung des BAG insbesondere der Kirchenaustritt einen personenbedingten Kündigungsgrund dar. Die Kirche ist, als Folge des ihr in **Art. 140 GG i.V. mit Art. 137 WRV** eingeräumten **Selbstbestimmungsrechts** berechtigt, nach eigenem Selbstverständnis ihren Mitarbeitern **Loyalitätspflichten** aufzuerlegen und zu bestimmen, welche **Grundsätze der kirchlichen Glaubens- und Sittenlehre** auch im privaten Bereich einzuhalten sind, wobei eine Grenze lediglich durch das Willkürverbot, die guten Sitten und den ordre public gebildet wird. Nach den Lehren der katholischen Kirche ist eine Ehe grundsätzlich nicht durch Scheidung aufzulösen, eine zivilrechtliche Wiederheirat mithin nicht möglich und eine dennoch erfolgte zivilrechtliche Wiederheirat ein schwerwiegender Verstoß gegen die Glaubensordnung, der zur Kündigung berechtigt.[672] 246

Bei einem Mitarbeiter des kirchlichen Dienstes kann der Ausspruch einer fristlosen Kündigung gerechtfertigt sein, wenn es um schwerwiegende **Verstöße gegen die Grundsätze der katholischen Glaubens- und Sittenlehre** und einschlägige kirchliche Bestimmungen geht. Ein schwerwiegender **Loyalitätsverstoß** liegt nicht nur dann vor, wenn ein pastoral tätiger Mitarbeiter eine nach dem Glaubensverständnis und der Rechtsordnung der katholischen Kirche **ungültige Ehe** eingeht, sondern kann auch dann gegeben sein, wenn er **ohne neuerliche Eheschließung** mit einem geschiedenen Partner **in Lebensgemeinschaft** zusammenlebt.[673] Die **standesamtliche Ehe** einer im katholisch-kirchlichen Dienst stehenden Lehrerin **mit einem geschiedenen katholischen Mann** stellt einen schwerwiegenden und fortdauernden Verstoß gegen den Grundsatz der Unauflöslichkeit der Ehe dar, der geeignet ist, eine ordentliche Kündigung sozial zu rechtfertigen. Denn die Lehrkräfte wirken unmittelbar an der Verwirklichung des Erziehungsziels der Kirche mit und nehmen im Rahmen ihres erzieherischen Auftrags eine wichtige Leitbildfunktion bei der Vermittlung von Verhaltensmaximen innerhalb der Bereiche Familie, Staat, Gesellschaft und Kirche ein. Um die von der Kirche verfolgten Erziehungs- und Bildungsvorstellungen glaubwürdig vermitteln zu können, ist es erforderlich, dass die Lehrkraft nicht nur in Wort und Schrift versucht, den Schülern bestimmte Glaubens- oder Wertvorstellungen nahe zu bringen.[674] Eine Arbeitnehmerin in einem evangelischen Kindergarten, die **in der Öffentlichkeit werbend für eine andere Glaubensgemeinschaft** auftritt und deren von den Glaubenssätzen der evangelischen Kirche erheblich abweichende Lehre verbreitet, bietet regelmäßig keine hinreichende Gewähr mehr dafür, dass sie der arbeitsvertraglich übernommenen Verpflichtung zur Loyalität gegenüber der evangelischen Kirche nachkommt. Ein solches Verhalten kann eine außerordentliche Kündigung rechtfertigen.[675] Es kann einen wichtigen Grund zur fristlosen Kündigung eines Chefarztes in einem katholischen Krankenhaus darstellen, wenn dieser mit seinen **Behandlungsmethoden** (homologe Insemination) gegen tragende Grundsätze des geltenden Kirchenrechts verstößt. Bestehen zwischen dem kirchlichen Krankenhausträger und dem Chefarzt Meinungsverschiedenheiten darüber, welche konkreten Behandlungsmethoden nach den Äußerungen des Lehramts der Kirche zulässig sind und hat der Krankenhausträger dem Chefarzt angekündigt, er werde die umstrittene Frage durch Rücksprache mit den kirchenamtlich zuständigen Stellen klären, so kann auch unter Berücksichtigung des Selbstbestimmungsrechts der Kirche im Einzelfall vor Ausspruch einer Kündigung dann eine Abmahnung erforderlich sein, wenn der Chefarzt eine bestimmte Behandlungsmethode bereits vor der endgültigen Klärung ihrer kirchenrechtlichen Zulässigkeit anwendet.[676] Nicht jede Tätigkeit in einem Arbeitsverhältnis zur Kirche hat 247

671 Hierzu grundlegend *Richardi*, Arbeitsrecht in der Kirche, § 7.

672 ArbG Iserlohn, Urt. v. 05.04.1994, KirchE 32, 133; BAG, Urt. v. 24.04.1997, AP Nr. 27 zu § 611 BGB Kirchendienst = NZA 1998, 145.

673 ArbG Oberhausen, Urt. v. 24.05.1994, KirchE 32, 169.

674 BAG, Urt. v. 25.05.1988, AP Nr. 36 zu Art. 140 GG = KirchE 26, 142.

675 BAG, Urt. v. 21.02.2001, AP Nr. 29 zu § 611 Kirchendienst = NZA 2001, 1136.

676 BAG, Urt. v. 07.10.1993, AP Nr. 114 zu § 626 BGB = NZA 1994, 443.

eine solche **Nähe zu spezifisch kirchlichen Aufgaben**, dass der sie ausübende Arbeitnehmer sich voll mit den Lehren der Kirche identifizieren muss und deshalb die Glaubwürdigkeit der Kirche berührt wird, wenn er sich in seiner privaten Lebensführung nicht an die tragenden Grundsätze der kirchlichen Glaubens- und Sittenlehre hält. Ein in einem **katholischen Krankenhaus** beschäftigter **Arzt** ist verpflichtet, sich öffentlicher Stellungnahmen für den **legalen Schwangerschaftsabbruch** zu enthalten. Durch diese ihm auferlegte Loyalitätspflicht wird der Arzt in seinem Grundrecht auf Freiheit der Meinungsäußerung aus Art. 5 Abs. 1 GG nicht verletzt. Ein Verstoß gegen diese Loyalitätspflicht kann einen Grund zur sozialen Rechtfertigung einer ordentlichen Kündigung abgeben. Ob diese Pflichtverletzung auch gewichtig genug ist, im konkreten Fall die Kündigung sozial zu rechtfertigen, ist im Rahmen der nach § 1 Abs. 2 KSchG gebotenen Interessenabwägung zu prüfen. Diese Prüfungskompetenz der staatlichen Gerichte ist durch das Selbstbestimmungsrecht der Kirchen nicht ausgeschlossen.[677]

248 Hat sich ein Arbeitgeber selbst gebunden, bei bestimmten Verhaltensverstößen vor Ausspruch einer Kündigung zunächst mit dem Arbeitnehmer ein klärendes Gespräch zu führen, so verstößt eine Kündigung, die der Arbeitgeber ausspricht, ohne ein solches Gespräch zu führen, regelmäßig gegen den Verhältnismäßigkeitsgrundsatz und ist deshalb sozialwidrig.[678] Art. 5 Abs. 1 der Grundordnung der Katholischen Kirche für den kirchlichen Dienst im Rahmen kirchlicher Arbeitsverhältnisse vom 22.09.1993, wonach bei Verstößen gegen Loyalitätsobliegenheiten vor Ausspruch einer Kündigung mit der kirchlichen Mitarbeiterin bzw mit dem kirchlichen Mitarbeiter ein Beratungsgespräch bzw ein »klärendes Gespräch« zu führen ist, enthält eine solche bindende Verfahrensnorm.[679]

8. Leistungsmängel

249 Fehlende körperliche, geistige, fachliche oder charakterliche Eignung und deutliche Leistungsmängel können als personenbedingte Kündigungsgründe in Frage kommen.[680] Die mangelnde Eignung eines Arbeitnehmers für einen bestimmten Arbeitsplatz ergibt sich aus dem Vergleich zwischen arbeitsplatzbezogenen Anforderungsprofil und Leistungsprofil des Arbeitnehmers. Allerdings begründet nicht jede noch so kleine Abweichung die mangelnde Eignung. Die Abweichung muss so ausgeprägt sein, dass die Leistung des Arbeitnehmers in signifikantem Umfang ihren arbeitsvertraglich bestimmten Zweck verfehlt.[681] In seiner Entscheidung vom 11.12.2003 führt das BAG zur **Kündigung leistungsschwacher Arbeitnehmer** aus: »Die Kündigung gegenüber einem leistungsschwachen Arbeitnehmer kann nach § 1 Abs. 2 KSchG als verhaltens- oder personenbedingte Kündigung gerechtfertigt sein. Eine verhaltensbedingte Kündigung setzt voraus, dass dem Arbeitnehmer eine Pflichtverletzung vorzuwerfen ist. Ein Arbeitnehmer genügt, mangels anderer Vereinbarungen, seiner Vertragspflicht, wenn er unter angemessener Ausschöpfung seiner persönlichen Leistungsfähigkeit arbeitet. Er verstößt gegen seine Arbeitspflicht nicht allein dadurch, dass er eine vom Arbeitgeber gesetzte Norm oder die Durchschnittsleistung aller Arbeitnehmer unterschreitet. Allerdings kann die längerfristige deutliche Unterschreitung des Durchschnitts ein Anhaltspunkt dafür sein, dass der Arbeitnehmer weniger arbeitet, als er könnte. Legt der Arbeitgeber dies im Prozess dar, muss der Arbeitnehmer erläutern, warum er trotz unterdurchschnittlicher Leistungen seine Leistungsfähigkeit ausschöpft. Eine personenbedingte Kündigung kommt hingegen in Betracht, wenn bei einem über längere Zeit erheblich leistungsschwachen Arbeitnehmer auch für die Zukunft mit einer **schweren Störung des Vertragsgleichgewichts** zu rechnen ist. Voraussetzung ist hier allerdings, dass ein milderes Mittel zur Wiederherstellung des Vertragsgleichgewichts nicht zur Verfügung steht und dem Schutz älterer, langjährig beschäftigter und erkrankter Arbeitnehmer ausreichend Rechnung getragen wird.«[682]

677 BAG, Urt. v. 21.10.1982, NJW 1984, 826 = AP Nr. 14 zu Art. 140 GG; BAG, Urt. v. 15.01.1986, KirchE 24, 7.
678 BAG, Urt. v. 25.04.1996, AP Nr. 18 zu § 1 KSchG Personenbedingte Kündigung.
679 BAG, Urt. v. 16.09.1999, NZA 2000, 208 = DB 2000, 147.
680 Vgl. *Berkowsky*, NZA-RR 2001, 393 (404); *Leuchten/Zimmer*, BB 1999, 1973; *Hunold*, NZA 2000, 802 ff.
681 *Berkowsky*, NZA-RR 2001, 393 (404).
682 BAG, Urt. v. 11.12.2003 – 2 AZR 667/02 (n.v.).

Soll die personenbedingte Kündigung auf mangelnde fachliche Qualifikation oder fehlende persönliche Eignung gestützt werden, muss ihr stets eine Abmahnung vorausgehen.[683] Im Qualifikationsbereich ist die Grenzlinie zwischen personen- und verhaltensbedingter Kündigung wegen Leistungsdefiziten fließend.[684] Selten führen Eignungs- und Leistungsdefizite zu einer personenbedingten Kündigung. Die personenbedingte Kündigung beruht auf einer **nicht ausreichenden Leistungserbringung infolge nicht freier Willensbestimmung.**[685] Es kommt beispielsweise vor, dass ein Mitarbeiter, der bisher eine überwiegend manuelle Tätigkeit ausübte und dessen Aufgabe nach einer Einarbeitungszeit in der Bedienung eines Computers besteht, mit seiner Arbeit nicht mehr zurechtkommt und aufgrund mangelnder Qualifikation, fernab von freier Willensbestimmung, außerstande ist, seinen Arbeitsplatz auszufüllen. In diesen Fällen kommt eine personenbedingte Kündigung in Betracht, wobei allerdings die Abmahnung voraussichtlich keinen Beitrag zu einer erhöhten Qualifikation des Mitarbeiters leisten wird. 250

Begründet der Arbeitgeber eine Kündigung mit nicht zufrieden stellenden Arbeitsergebnissen (nicht genügend gründliche Gebäudereinigungsleistung) und wendet der Arbeitnehmer in nachvollziehbarer Weise ein, dass die von ihm erwarteten Leistungen in der zur Verfügung stehenden Zeit nicht zu erbringen gewesen seien, so muss das weitere kündigungsbegründende Prozessvorbringen des Arbeitgebers im Einzelnen erkennen lassen, ob die Kündigungsgründe aus einem unter den Fähigkeiten des Arbeitnehmers liegenden Leistungsverhalten resultieren oder ob der Arbeitnehmer eine seinen Kräften entsprechende, aber insgesamt nicht akzeptable unterdurchschnittliche Leistung erbracht hat. In diesem Fall einer den persönlichen Fähigkeiten des Arbeitnehmers entsprechenden, aber hinter den Leistungen vergleichbarer Arbeitnehmer zurückbleibenden Arbeitsleistung berechtigt nicht jede Minderleistung zur Kündigung. Vielmehr bedarf es dann detaillierter Darlegungen des Arbeitgebers, von welchem durchschnittlichen Leistungsvermögen auszugehen ist und in welchem Maß die kündigungsbegründenden Leistungen hiervon abweichen.[686] Autoritärer Führungsstil und mangelnde Fähigkeit zur Menschenführung können bei einem sog. unkündbaren Arbeitnehmer eine außerordentliche personenbedingte (Änderungs-)Druckkündigung nach § 55 Abs. 1 BAT rechtfertigen. Eine als Kündigungsgrund angeführte Drucksituation ist alternativ als verhaltens-, personen- oder betriebsbedingter Kündigungsgrund zu prüfen.[687] 251

9. Politische und gewerkschaftliche Betätigung

Die politische Betätigung eines angestellten Lehrers für die DKP kann als personenbedingter Grund für eine ordentliche Kündigung in Betracht kommen, wenn der Angestellte unter Berücksichtigung der ihm obliegenden Funktion und der staatlichen Aufgabenstellung des öffentlichen Arbeitgebers aufgrund konkreter Umstände nicht (mehr) als geeignet für die Lehrtätigkeit angesehen werden kann.[688] 252

Hat ein Lehrer über längere Zeit eine Funktion wahrgenommen, die aufgrund ihrer Exponiertheit oder Aufgabenzuweisung in der gesellschaftlichen Realität der DDR regelmäßig eine Mitwirkung an der Umsetzung der SED-Ideologie bedingte (wiederholt gewählter ehrenamtlicher Parteisekretär), so lässt dies den Schluss auf seine mangelnde persönliche Eignung im Sinne des Einigungsvertrages Anlage I Kap. XIX Sachgebiet A Abschnitt III Nr. 1 Abs. 4 Ziffer 1 zu. Trägt der Lehrer demgegenüber konkrete Tatsachen vor, die geeignet sind, die Annahme einer besonderen Identifikation mit den grundgesetzfeindlichen Zielen der SED zu erschüttern, hat der Arbeitgeber darzulegen, dass die behaupteten Entlastungstatsachen nicht vorliegen oder dass aus weiteren Tatsachen auf die 253

683 BAG, Urt. v. 29.07.1976, AP Nr. 9 zu § 1 KSchG Verhaltensbedingte Kündigung = DB 1976, 2356; BAG, Urt. v. 18.01.1980, AP Nr. 3 zu § 1 KSchG 1969 Verhaltensbedingte Kündigung.

684 Hierzu *Stahlhacke/Preis/Vossen*, Rn 725 a.

685 *Ascheid*, Kündigungsschutzrecht, Rn 361.

686 ArbG Celle, Urt. v. 14.05.2001, NZA-RR 2001, 478.

687 BAG, Urt. v. 31.01.1996, AP Nr. 13 zu § 626 BGB Druckkündigung = NZA 1996, 581.

688 BAG, Urt. v. 28.09.1989, AP Nr. 24 zu § 1 KSchG 1969 Verhaltensbedingte Kündigung = NJW 1990, 1196.

mangelnde persönliche Eignung des Lehrers zu schließen ist. Die Beweislast liegt beim Arbeitgeber.[689] Bei einer auf Kapitel XIX Sachgebiet A Abschnitt III Nr. 1 Abs. 4 Ziffer 1 der Anlage I zum Einigungsvertrag gestützten Kündigung wegen mangelnder persönlicher Eignung findet die vom BAG entwickelte **Funktionstheorie** Anwendung. Es reicht deshalb in der Regel nicht aus, wenn der öffentliche Arbeitgeber die Kündigung allein damit begründet, der gekündigte Arbeitnehmer habe eine exponierte oder zumindest nicht unbedeutende Stellung im Parteiapparat der SED oder in der FDJ innegehabt. Eine gehobene Position im politischen Apparat der DDR kann ein Indiz für die mangelnde persönliche Eignung sein, schafft aber nicht zwangsläufig die erforderliche Gewissheit. Es obliegt dem öffentlichen Arbeitgeber, weitere, konkrete Umstände vorzutragen, die belegen, worin die politische Vorbelastung im Einzelnen besteht und dass diese Vorbelastung in die heute vom Arbeitnehmer zu erfüllende dienstliche Aufgabe hineinwirkt. Es besteht kein Anlass, anstelle der Funktionstheorie eine »Funktionärstheorie« anzuwenden, dergestalt, dass jeder, der in der DDR eine Partei- oder FDJ-Funktion ausgeübt hat, für den öffentlichen Dienst ungeeignet wäre.[690]

254 Die **Falschbeantwortung zulässiger Einstellungsfragen** lässt Rückschlüsse auf die persönliche Vertrauenswürdigkeit und die Eignung des Arbeitnehmers für die im Arbeitsverhältnis geschuldete Tätigkeit zu. Nach den Umständen des Einzelfalls auch mit dem Ergebnis, dass eine Kündigung des Arbeitsverhältnisses nach § 1 Abs. 2 Satz 1 KSchG personenbedingt gerechtfertigt ist. Die beharrliche Falschbeantwortung von Fragen nach einer früheren MfS-Tätigkeit kann gegenüber dem öffentlichen Arbeitgeber das für eine Weiterführung des Arbeitsverhältnisses erforderliche Vertrauensverhältnis zerstören und sogar einen wichtigen Grund zur außerordentlichen Kündigung nach § 626 BGB darstellen.[691]

255 Gewerkschaftliche Funktionen können eine personenbedingte Kündigung nicht rechtfertigen. Einerseits ist nicht ersichtlich, wie sich dieser Umstand innerbetrieblich negativ auswirken könnte und andererseits steht die gewerkschaftliche Funktion eines Arbeitnehmers unter dem Grundrechtsschutz des Art. 9 Abs. 3 GG.[692] Deshalb ist eine Kündigung nur ausnahmsweise denkbar, wenn die Belegschaft des Betriebs den Gewerkschaftsfunktionär ablehnt und eine Zusammenarbeit mit ihm verweigert, so dass eine den Betriebszwecken dienliche Zusammenarbeit überhaupt nicht mehr möglich ist.[693]

10. Sicherheitsbedenken

256 Die **finanzielle Belastung durch ratenweise**, erst auf längere Sicht zu tilgende **Verbindlichkeiten**, die teilweise auf mehrere im Vermögensbereich liegende, rechtskräftig verurteilte Straftaten zurückgehen, kann ein konkreter, greifbarer Umstand sein, der wegen Sicherheitsbedenken aus personenbedingten Gründen die Kündigung einer Schreibkraft im Bundesministerium der Verteidigung sozial rechtfertigt.[694] Jedoch kann die Kündigung gegenüber einem Arbeitnehmer der Bundeswehr wegen Sicherheitsbedenken nicht allein auf die Erklärung einer Dienststelle gestützt werden, dass Sicherheitsbedenken bestünden, sondern es müssen tatsächliche Umstände vorgebracht werden, aus denen sich die Sicherheitsbedenken ergeben, wobei die Gerichte selbst entscheiden müssen, ob wegen des vorgetragenen Sachverhalts und eines sich daraus ergebenden Sicherheitsbedenkens die Kündigung sozial gerechtfertigt ist.[695] In Rüstungsbetrieben oder Energieversorgungsunternehmen stellen Sicherheitsbedenken einen Grund zur personenbedingten Kündigung dar, wenn greifbare Tatsachen vorliegen, die erkennen lassen, der Arbeitnehmer werde berechtigte Sicherheitsinteressen des Unternehmens beeinträchtigen.[696] »Sicherheitsbedenken« können an sich einen »wichtigen Grund«

689 BAG, Urt. v. 13.10.1994, AP Nr. 35 zu Einigungsvertrag Anlage I Kap XIX = NZA 1995, 577.
690 ArbG Berlin, Urt. v. 06.02.1992 – 69A Ca 20845/91 (n.v.).
691 BAG, Urt. v. 18.10.2000, RzK I 5 h Nr. 56; BAG, Urt. v. 16.10.1997 – 8 AZR 702/95 (n.v.).
692 BVerfG, Urt. v. 14.11.1995, AP Nr. 87 zu Art. 9 GG = NZA 1996, 381.
693 *Berkowsky*, NZA-RR 2001, 449 (458).
694 LAG Köln, Urt. v. 09.05.1996, ARST 1997, 21 (LS).
695 BAG, Urt. v. 21.03.1996, RzK I 5 h Nr. 30.
696 BAG, Urt. v. 26.10.1978, AP Nr. 1 zu § 1 KSchG 1969 Sicherheitsbedenken = NJW 1979, 2063.

für eine außerordentliche Kündigung nur abgeben, wenn der Arbeitnehmer noch bei Ausspruch der Kündigung ein so akutes und schwerwiegenden Sicherheitsrisiko darstellt, dass eine sofortige Trennung von ihm und seine sofortige Entfernung aus dem Betrieb oder der Dienststelle erforderlich ist.[697]

11. Strafhaft und Untersuchungshaft

Bei der Kündigung eines Arbeitnehmers wegen Arbeitsverhinderung durch die Verbüßung einer Freiheitsstrafe geht es nicht um einen verhaltens-, sondern um einen personenbedingten Kündigungsgrund.[698] Es hängt **von Art und Ausmaß der betrieblichen Auswirkungen** ab, ob eine haftbedingte Nichterfüllung der Arbeitspflicht durch den Arbeitnehmer eine außerordentliche Kündigung nach § 626 BGB oder eine ordentliche Kündigung nach § 1 KSchG rechtfertigt.[699] In einem Einzelfall hat das BAG entschieden, dass eine sechsmonatige Haft nicht zu einer wirksamen personenbedingten Kündigung führte, da der Arbeitgeber (ein Großunternehmen) die Betriebsablaufstörungen im Verlaufe des Arbeitsrechtsstreits nicht darzulegen vermochte.[700] Die Verbüßung einer längeren Strafhaft ist an sich geeignet, eine außerordentliche Kündigung des Arbeitsverhältnisses zu rechtfertigen, wenn sich die **Arbeitsverhinderung konkret nachteilig auf das Arbeitsverhältnis auswirkt** und für den Arbeitgeber **zumutbare Überbrückungsmöglichkeiten nicht bestehen**.[701] Jedoch rechtfertigt auch die Verurteilung zu einer Strafhaft von drei Jahren und sechs Monaten ohne **umfassende Interessenabwägung** nicht automatisch eine ordentliche Kündigung.[702] Aufgrund seiner Fürsorgepflicht kann der Arbeitgeber gehalten sein, bei der Erlangung des Freigängerstatus mitzuwirken, um Störungen des Arbeitsverhältnisses zu vermeiden. Dies setzt allerdings voraus, dass der Arbeitnehmer den Arbeitgeber über die Umstände der Straftat, des Strafverfahrens und der Haft nicht täuscht bzw. im Unklaren lässt. Die Fürsorgepflicht gebietet eine solche Mitwirkung des Arbeitgebers in der Regel ferner dann nicht, wenn trotz Bewilligung des Freigangs weitere Störungen des Arbeitsverhältnisses zu befürchten sind.[703] 257

12. Transsexualität und sexuelle Disposition

Art. 5 Abs. 1 der Richtlinie 76/207/EWG des Rates vom 09.02.1976 zur Verwirklichung des Grundsatzes der Gleichbehandlung von Männern und Frauen hinsichtlich des Zugangs zur Beschäftigung, zur Berufsbildung und zum beruflichen Aufstieg sowie in Bezug auf die Arbeitsbedingungen steht im Hinblick auf das mit dieser Richtlinie verfolgte Ziel der Entlassung einer transsexuellen Person aus einem mit der Umwandlung ihres Geschlechts zusammenhängenden Grund entgegen.[704] Diese Auslegung der Richtlinie durch den EuGH wirkt unmittelbar auf die Auslegung des § 611a Abs. 1 Satz 1 BGB ein, der die vorgenannte Richtlinie in innerstaatliches Recht transformiert. Die Kündigung wegen der Geschlechtsumwandlung verstößt somit auch gegen das **Benachteiligungsverbot des § 611a BGB** und ist deshalb nichtig. Gleichermaßen beeinflusst diese Auslegung der Richtlinie das Verständnis des unbestimmten Rechtsbegriffs der sozialen Rechtfertigung einer Kündigung nach § 1 Abs. 2 KSchG und führt dazu, dass eine wegen der Geschlechtsumwandlung ausgesprochene Kündigung ungerechtfertigt ist.[705] 258

697 LAG Hessen, Urt. v. 07.02.1985, DB 1985, 1900 (LS).
698 Vgl. *Schönfeld*, NZA 1999, 299.
699 BAG, Urt. v. 15.11.1984, AP Nr. 87 zu § 626 BGB = NZA 1985, 661; BAG, Urt. v. 22.09.1994, AP Nr. 25 zu § 1 KSchG 1969 = NZA 1995, 119.
700 BAG, Urt. v. 20.11.1997, RzK I 6 a Nr. 154.
701 BAG, Urt. v. 15.11.1984, AP Nr. 87 zu § 626 BGB; BAG, Urt. v. 22.09.1994, AP Nr. 25 zu § 1 KSchG 1969 = NZA 1995, 119.
702 LAG Rheinland-Pfalz, Urt. v. 12.04.1999 – 7 Sa 61/99 (n.v.).
703 BAG, Urt. v. 09.03.1995, AP Nr. 123 zu § 626 BGB = NZA 1995, 777.
704 EuGH v. 30.04.1996, NZA 1996, 695 = NJW 1996, 2421.
705 *Berkowsky*, NZA-RR 2001, 449 (459).

259 Es gibt keinen Erfahrungssatz, dass ein Arbeitnehmer, der Sexualpraktiken zugeneigt ist bzw. solche privat praktiziert, die von der gesellschaftlichen Mehrheit abgelehnt werden, Distanzverletzungen bei der Erfüllung seiner arbeitsvertraglichen Pflichten befürchten lässt. Bekennt sich ein Arbeitnehmer, der als Krankenpfleger auf einer geschlossenen psychiatrischen Station arbeitet, in einer Fernsehtalkshow zu sadomasochistischen Sexualpraktiken, rechtfertigt dies allein eine personenbedingte Kündigung wegen mangelnder Eignung nicht. Ein dem Diakonischen Werk der evangelischen Kirche angehörender Arbeitgeber kann sich auf eine Unvereinbarkeit eines Verhaltens des Arbeitnehmers mit dem diakonischen Auftrag jedenfalls dann nicht berufen, wenn er im Vorfeld der Kündigung ernsthaft erwogen hat, den Arbeitnehmer auf einer anderen Station als Krankenpfleger weiterzubeschäftigen.[706]

13. Wehrdienst

260 Gem. § 2 Abs. 1 ArbPlSchG darf der Arbeitgeber das Arbeitsverhältnis von der Zustellung des Einberufungsbescheides bis zur Beendigung des Grundwehrdienstes sowie während einer Wehrübung nicht kündigen. Die Kündigung eines zum Wehrdienst einberufenen Arbeitnehmers ist nach § 2 Abs. 1 ArbPlSchG auch dann unzulässig, wenn sie während einer vereinbarten Probezeit ausgesprochen wird. Das Kündigungsverbot gilt für alle Betriebe und Unternehmer der privaten Wirtschaft und des öffentlichen Dienstes, auch für Kleinbetriebe, und besteht während der gesamten Dauer der Einberufung bzw. Ableistung des Wehrdienstes fort.[707]

261 Ein Arbeitnehmer, auf den wegen seiner fremdstaatlichen Staatsangehörigkeit das ArbPlSchG nicht anzuwenden ist, kann sich hinsichtlich seiner Arbeitspflicht nicht auf ein Leistungsverweigerungsrecht berufen, wenn er in seinem Heimatstaat eine Wehrpflicht von mehr als zwei Monaten abzuleisten hat.[708] In diesem Falle kann eine ordentliche Kündigung aus einem in der Person des Arbeitnehmers liegenden Grund nach § 1 Abs. 2 KSchG sozial gerechtfertigt sein, wenn der wehrdienstbedingte Ausfall zu einer erheblichen Beeinträchtigung der betrieblichen Interessen führt und nicht durch zumutbare personelle oder organisatorische Maßnahmen zu überbrücken ist. Zu den zumutbaren Überbrückungsmaßnahmen kann auch eine Stellenausschreibung für eine Aushilfskraft über den Bereich des Beschäftigungsbetriebes hinaus gehören, und zwar dann, wenn der Arbeitgeber im Unternehmensbereich einen Personalabbau betreibt oder plant.[709]

262 Türkische Arbeitnehmer, die den verkürzten Wehrdienst von zwei Monaten in der Türkei antreten müssen, befinden sich in einer unverschuldeten Kollision zwischen der Arbeits- und der Wehrpflicht. Sie können für die Dauer des Wehrdienstes ein Leistungsverweigerungsrecht gegenüber ihrem Arbeitgeber haben. Die Grenzen dieses Leistungsverweigerungsrechts ergeben sich aus einer objektiven Abwägung der bei einer Kollision von Arbeits- und Wehrpflicht zu berücksichtigenden beiderseitigen schutzwürdigen Interessen. Die den türkischen Arbeitnehmern bei einer Verweigerung des Wehrdienstes drohenden Nachteile sind so einschneidend, dass ihre Arbeitspflicht für die Dauer des Wehrdienstes aufgehoben wird, sofern nicht ihre Arbeitsleistung für den geordneten Betriebsablauf von erheblicher Bedeutung ist und der Arbeitgeber durch den Ausfall von vornherein in eine Zwangslage gebracht wird, die er auch durch zumutbare Überbrückungsmaßnahmen nicht beheben kann. Für die Dauer der Inanspruchnahme des Leistungsverweigerungsrechts entfallen alle Entgelt- und Entgeltfortzahlungsansprüche des türkischen Arbeitnehmers.[710]

263 Bei der Vermutung des § 2 Abs. 2 Satz 3 ArbPlSchG, dass die Kündigung eines zum Wehrdienst einberufenen Arbeitnehmers aus Anlass des Wehrdienstes ausgesprochen worden ist, handelt es

706 ArbG Berlin, Urt. v. 07.07.1999, NZA-RR 2000, 244.
707 ArbG Solingen, Urt. v. 30.10.1986, RzK IV 2 Nr. 2.
708 BAG, Urt. v. 20.05.1988, AP Nr. 9 zu § 1 KSchG 1969 Personenbedingte Kündigung = NZA 1989, 464; BAG, Urt. v. 22.12.1982, AP Nr. 23 zu § 123 BGB = NJW 1983, 2782; vgl. auch LAG Hessen, Urt. v. 07.08.1987, LAGE § 1 KSchG Verhaltensbedingte Kündigung Nr. 13.
709 BAG, Urt. v. 20.05.1988, AP Nr. 9 zu § 1 KSchG 1969 Personenbedingte Kündigung = NZA 1989, 464.
710 BAG, Urt. v. 22.12.1982, AP Nr. 23 zu § 123 BGB = NJW 1983, 2782.

sich um eine widerlegbare Vermutung. Bringt ein Arbeitgeber vor, die Entlassung sei aus einem nicht mit dem bevorstehenden Wehrdienst zusammenhängenden Grunde erfolgt, so muss er einen Anlass dartun, der unabhängig von der Einberufung des Arbeitnehmers bei einem verständig denkenden Arbeitgeber ein Motiv für die Auflösung des Arbeitsverhältnisses bilden kann.[711] Die **gesetzliche Vermutung des § 2 ArbPlSchG**, dass der Arbeitgeber aus Anlass der Einberufung zum Wehrdienst gekündigt hat, gilt auch dann, wenn der ursprüngliche Einberufungsbescheid zunächst zurückgenommen und die Einberufung aufgehoben wird, der Arbeitgeber jedoch alsdann vor der erneuten Einberufung kündigt.[712]

V. Beweislast

Für die Verteilung der Darlegungs- und Beweislast gilt die Grundregel des § 1 Abs. 2 Satz 4 KSchG. 264
Danach hat der Arbeitgeber die Tatsachen zu beweisen, die die Kündigung bedingen. Im Fall der personenbedingten Kündigung bedeutet das, dass der Arbeitgeber für die negative Prognose, die erhebliche Beeinträchtigung betrieblicher Interessen und die fehlende Weiterbeschäftigungsmöglichkeit beweispflichtig ist.[713]

G. Die verhaltensbedingte Kündigung

I. Allgemeines

Eine Kündigung ist sozial ungerechtfertigt, wenn sie nicht durch Gründe im Verhalten des Arbeitneh- 265
mers bedingt ist, § 1 Abs. 2 Satz 1 KSchG. Zur vorangehend dargestellten personenbedingten Kündigung lässt sich die verhaltensbedingte Kündigung nach folgender Faustformel abgrenzen: Während bei der personenbedingten Kündigung der vom Arbeitgeber beanstandete Umstand auf einem vom Arbeitnehmer nicht steuerbaren Verhalten beruht, ist die Störung des Arbeitsverhältnisses bei der verhaltensbedingten Kündigung vom Arbeitnehmer durch ein **willensgesteuertes (Fehl-)Verhalten** herbeigeführt worden.[714]

Wie die verhaltensbedingte Kündigung wird auch die außerordentliche Kündigung des Arbeitsver- 266
hältnisses nach § 626 BGB typischerweise durch verhaltensbedingte Gründe ausgelöst.[715] Die denkbare Bandbreite vertragswidrigen Verhaltens des Arbeitnehmers reicht von einfachsten Störungen im Leistungsbereich bis hin zu schwersten, kriminellen Pflichtverletzungen im Vertrauensbereich. Das Spektrum der Pflichtverletzungen umfasst Sachverhalte, die je nach Schwere entweder nach vorangegangener Abmahnung zur ordentlichen Kündigung berechtigen oder ohne vorhergehende Abmahnung zur außerordentlichen fristlosen Kündigung berechtigen. Aufgrund dessen gelten viele Grundsätze und ebenfalls der grundlegende Prüfungsmaßstab für beide Kündigungsarten in gleicher Weise. Der Unterschied zwischen den beiden Kündigungsarten lässt sich kurzgefasst damit umschreiben, dass bei der außerordentlichen Kündigung das beanstandete (Fehl-)Verhalten so schwer wiegt, dass es dem Kündigenden unzumutbar ist, die Kündigungsfrist abzuwarten.[716] Insofern besteht zwischen den beiden Kündigungsarten ein **Stufenverhältnis**. Gleichwohl sind die einzelnen Prüfungsschritte in der gleichen Reihenfolge vorzunehmen. Wie *Preis*[717] formuliert, besteht zwischen außerordentlicher und ordentlicher verhaltensbedingter Kündigung lediglich ein **graduelles Gefälle**. Durch die Einräumung des Rechts zur verhaltensbedingten Kündigung soll es dem

711 LAG Hessen, Urt. v. 07.03.1969 AP Nr. 1 zu § 2 ArbPlatzSchutzG.
712 LAG Köln, Urt. v. 06.10.1982, EzB ArbPlSchG § 2 Nr. 1.
713 ErfK/*Ascheid*, § 1 KSchG Rn 271.
714 Vgl. ErfK/*Ascheid*, § 1 KSchG Rn 286; *Schiefer*, FA-Spezial, Heft 12/2000.
715 Zum Verhältnis von verhaltensbedingter Kündigung und außerordentlicher Kündigung *Preis*, DB 1990, 689.
716 Hierzu *Berkowsky*, NZA-RR 2001, 1 (2).
717 *Staudinger-Preis*, § 626 BGB Rn 6.

Arbeitgeber ermöglicht werden, auf ein vertragswidriges Verhalten des Arbeitnehmers auch dort angemessen zu reagieren, wo die Schwelle des wichtigen Grundes zur außerordentlichen Kündigung noch nicht erreicht wird.[718] Ein Grund, der zur außerordentlichen Kündigung berechtigt, rechtfertigt grundsätzlich auch den Ausspruch einer ordentlichen Kündigung. Demzufolge können die Entscheidungen des BAG und der Instanzgerichte zur außerordentlichen Kündigung auch zur Bewertung der verhaltensbedingten, fristgerechten Kündigung dienen.[719]

267 Eine klare, trennscharfe Definition, wann eine sozial gerechtfertigte verhaltensbedingte Kündigung vorliegt, bietet das KSchG nicht. Die vom Gesetz verwandte Umschreibung der verhaltensbedingten Kündigung stellt einen stark abstrahierten, unbestimmten Rechtsbegriff dar. In einem ersten Schritt der Annäherung kann man diesen Rechtsbegriff in Anlehnung an *Rost*[720] mit der Formel umschreiben, dass für eine verhaltensbedingte Kündigung Umstände genügen, die bei verständiger Würdigung in Abwägung der Interessen der Vertragsparteien und des Betriebes die Kündigung als billigenswert und angemessen erscheinen lassen. Dabei gilt ein objektiver Maßstab. Zu entscheiden ist aus der **Sicht eines ruhig und verständig urteilenden Arbeitgebers**.[721]

268 Lassen sich definitorische Grenzziehungen nur unzureichend ausmachen, hilft erfahrungsgemäß zur Orientierung nur eine Kasuistik, die das BAG und die Instanzgerichte diesem Bedürfnis Rechnung tragend entwickelt haben. Grob systematisieren kann man die Einzelfälle verhaltensbedingter Kündigung nach *Etzel*[722] durch Unterteilung in vier Fallgruppen:

- die Pflichtwidrigkeiten im Leistungsbereich wie Schlecht- oder Fehlleistungen,
- Verstöße gegen die betriebliche Ordnung (wozu Verstöße gegen ein Rauch- oder Alkoholverbot zählen),
- Störungen im Vertrauensbereich (beispielsweise Vollmachtsmissbrauch oder Annahme von Schmiergeldern) und schließlich
- die Verletzung von arbeitsvertraglichen Nebenpflichten, wie etwa bei Verstößen gegen die Gehorsams-, Treue- und Geheimhaltungspflicht.[723]

269 Obwohl sich inzwischen durch die umfangreiche Rechtsprechung für die Prüfung der verhaltensbedingten Kündigung Leitlinien herausgebildet haben,[724] wird die verhaltensbedingte Kündigung gleichwohl immer noch durch **Einzelfallentscheidungen** geprägt. Wie *Bitter/Kiel*[725] anmerken, kann insoweit eine **Parallele zum anglo-amerikanischen Case-Law** gezogen werden. Bei dem Rückgriff auf die reichhaltige Rechtsprechung muss der Rechtsanwender stets im Blick behalten, dass trotz häufig auftretender typischer Fallgestaltungen in jedem Fall eine Einzelfallprüfung vorzunehmen ist. Sonderformen der verhaltensbedingten Kündigung sind die ordentliche Verdachts- und die ordentliche Druckkündigung.[726]

718 Ascheid/Preis/Schmidt/*Dörner*, § 1 KSchG Rn 265.
719 *Rost*, in: *Henssler/Moll*, Kündigung und Kündigungsschutz in der betrieblichen Praxis, S. 35 (36).
720 *Rost*, in: *Henssler/Moll*, Kündigung und Kündigungsschutz in der betrieblichen Praxis, S. 35.
721 BAG, Urt. v. 13.03.1987, AP Nr. 18 zu § 1 KSchG 1969 Verhaltensbedingte Kündigung = NZA 1987, 518; BAG, Urt. v. 22.07.1982, EzA § 1 KSchG Verhaltensbedingte Kündigung Nr. 10; BAG, Urt. v. 02.11.1961, AP Nr. 3 zu § 1 KSchG Verhaltensbedingte Kündigung.
722 KR/*Etzel*, § 1 KSchG Rn 422.
723 Vgl. auch die zahlreichen Nachweise und Kritik bei Ascheid/Preis/Schmidt/*Dörner*, § 1 KSchG Rn 268.
724 Vgl. die umfangreiche aktuelle Darstellung bei *Berkowsky*, NZA-RR 2001, 1 ff. und 57 ff. sowie *Tschöpe*, BB 2002, 778 ff.
725 *Bitter/Kiel*, RdA 1995, 35.
726 Vgl. Ascheid/Preis/Schmidt/*Dörner*, § 1 KSchG Rn 270.

II. Prüfungsraster der verhaltensbedingten Kündigung

Eine verhaltensbedingte Kündigung ist (nur) dann sozial gerechtfertigt, wenn das konkrete Verhalten des Arbeitnehmers die Kündigung erfordert. Die (verhaltensbedingte) Kündigung ist **keine Sanktion für ein in der Vergangenheit liegendes Fehlverhalten.**[727] Sie soll nur weiteren – zukünftigen – vergleichbaren Störungen vorbeugen. Deshalb ist stets festzustellen, welcher (konkreten) Störung durch die Kündigung vorgebeugt werden soll und ob dieser (prognostizierten) Störung nicht auf andere – weniger einschneidende – Weise vorgebeugt werden kann. Ist dies der Fall, ist eine Kündigung des Arbeitsverhältnisses nicht gerechtfertigt.[728] 270

Entsprechend prüfen *Berkowsky*[729] und *Schiefer*[730] die verhaltensbedingte Kündigung nach folgendem Raster: 271

- Liegt ein dem Arbeitsvertrag widersprechendes Verhalten vor, das arbeitsvertragliche Haupt- oder nicht unwesentliche Nebenpflichten verletzt?
- Hat das Verhalten des Arbeitnehmers zu einer Betriebs- oder Vertrauensstörung geführt? Wird durch das Verhalten des Arbeitnehmers das Arbeitsverhältnis beeinträchtigt oder handelt es sich um eine außerdienstliche – die verhaltensbedingte Kündigung nicht rechtfertigende – Verfehlung, die sich nicht auf das Arbeitsverhältnis auswirkt?
- Kann dem Arbeitnehmer ein Verschuldensvorwurf gemacht werden beziehungsweise kann ggf. auch ein schuldloses Verhalten eine Kündigung rechtfertigen?
- Ist der Arbeitnehmer vor Ausspruch der verhaltensbedingten Kündigung einschlägig abgemahnt worden oder konnte im konkreten Fall ausnahmsweise[731] auf eine Abmahnung verzichtet werden?
- Ergibt eine Prognose, dass auch künftig mit vergleichbarem vertragswidrigen Verhalten samt Störung zu rechnen ist? Eine in gebührendem zeitlichen Abstand vor Ausspruch der Kündigung vorgenommene Abmahnung kann insoweit bei der Begründung einer negativen Zukunftsprognose herangezogen werden.
- Kann die verhaltensbedingte Kündigung durch die Weiterbeschäftigung auf einem freien, vergleichbaren Arbeitsplatz vermieden werden (Utima-Ratio-Prinzip)?
- Überwiegt das Interesse des Arbeitgebers an der Auflösung des Arbeitsverhältnisses unter Einbeziehung aller maßgeblichen gegeneinander abzuwägenden Umstände des konkreten Einzelfalles das Interesse des Arbeitnehmers an der Erhaltung des Arbeitsplatzes?
- Ist, soweit vorhanden, der Betriebsrat ordnungsgemäß nach § 102 BetrVG angehört worden?

Das BAG nimmt bei der verhaltensbedingten Kündigung eine **Zweiteilung des Prüfungsmaßstabs** vor. Es prüft zunächst, ob eine Eignung des Grundes *»an sich«* für eine verhaltensbedingte Kündigung besteht und tritt anschließend in eine Einzelfalluntersuchung ein.[732] Bei einer (verhaltensbedingten) Kündigung, die auf mehrere gleichartige Gründe gestützt wird, ist zu prüfen, ob jeder Sachverhalt für sich allein geeignet ist, die Kündigung zu begründen. Erst wenn die isolierte Betrachtungsweise nicht bereits zur sozialen Rechtfertigung der Kündigung führt, ist im Wege einer einheitlichen Betrachtungsweise zu prüfen, ob die einzelnen Kündigungsgründe in ihrer Gesamtheit Umstände darstellen, die bei verständiger Würdigung in Abwägung der Interessen der Vertragsparteien und des Betriebes die Kündigung als billigenswert und angemessen erscheinen lassen.[733] 272

Mit Blick auf die Praxis lässt sich feststellen, dass die Einzelheiten des oben beschriebenen Prüfungsrasters und die jeweiligen Interdependenzen der einzelnen Prüfungspunkte seit jeher umstritten 273

727 LAG Hamm, Urt. v. 30.05.1996, NZA 1997, 1056.
728 *Berkowsky*, NZA-RR 2001, 1 (2).
729 *Berkowsky*, NZA-RR 2001, 1 (2).
730 *Schiefer*, FA-Spezial, Heft 12/2000.
731 BAG, Urt. v. 10.02.1999, AP Nr. 42 zu § 15 KSchG 1969 = NZA 1999, 708; vgl. auch BAG, Urt. v. 31.03.1993, AP Nr. 32 zu § 626 BGB Ausschlussfrist und BAG, Urt. v. 26.08.1993, AP Nr. 112 zu § 626 BGB.
732 Staudinger/*Preis*, § 626 BGB Rn 56; KR/*Fischermeier*, § 626 BGB Rn 84; *Berkowsky*, NZA-RR 2001, 1 (2).
733 BAG, Urt. v. 09.08.1990, RzK I 5 i Nr. 63.

sind, unterschiedlich gewertet und gewichtet werden sowie je nach den Umständen des konkreten Einzelfalles einmal mehr und einmal weniger Gewicht für die Entscheidung des Falles haben. Die Dinge sind so zu sagen »im Fluss«. Aus diesem Grund wird beklagt, eine systemgerechte Strukturierung der verhaltensbedingten Kündigungsgründe sei bisher weder in der Rechtsprechung noch im Schrifttum gelungen. Das Ergebnis eines Rechtsstreits im Bereich der verhaltensbedingten Kündigung sei wenig vorhersehbar,[734] mit entsprechenden negativen Auswirkungen auf das Risikopotenzial einer langjährigen gerichtlichen Auseinandersetzung.

274 Die Wirksamkeit einer verhaltensbedingten Kündigung hängt, von der Ausnahme der Verdachtskündigung abgesehen, nicht von der vorherigen **Anhörung** des Arbeitnehmers ab.[735] Auch vor einer außerordentlichen Kündigung gem. § 626 BGB bedarf es grundsätzlich keiner Anhörung. Maßgeblich für die Beurteilung der Rechtswirksamkeit der Kündigung ist nur, ob dem Arbeitgeber objektiv die Fortsetzung des Arbeitsverhältnisses bis zum Fristablauf unzumutbar ist.[736] Hat sich ein Arbeitgeber selbst gebunden, bei bestimmten Verhaltensverstößen vor Ausspruch einer Kündigung zunächst mit dem Arbeitnehmer ein klärendes Gespräch zu führen, verstößt eine Kündigung, die der Arbeitgeber ausspricht, ohne ein solches Gespräch zu führen, regelmäßig gegen den Verhältnismäßigkeitsgrundsatz und ist deshalb sozialwidrig.[737]

275 Nach dem Grundsatz der Verhältnismäßigkeit und dem Grundsatz des Vorrangs der Änderungskündigung vor der Beendigungskündigung muss der Arbeitgeber vor jeder Kündigung prüfen, ob eine Umsetzung oder Versetzung des Arbeitnehmers auf einen anderen Arbeitsplatz möglich und zumutbar ist. Eine Um-/Versetzung kommt dann in Betracht, wenn ein freier Arbeitsplatz besteht, auf dem der Arbeitnehmer die verlangte Tätigkeit anforderungsgerecht ausführen kann und objektive Anhaltspunkte dafür bestehen, dass der Arbeitnehmer das beanstandete Verhalten auf dem anderen Arbeitsplatz nicht fortsetzen wird, es sich also nicht um arbeitsplatzunabhängige Pflichtverstöße handelt.[738]

1. Objektiver Kündigungsgrund/Pflichtwidrigkeit

276 Verhaltensbedingte Kündigungsgründe können Vertragspflichtverletzungen (Verstöße gegen Haupt- oder Nebenpflichten) im Hinblick auf dienstliches oder außerdienstliches Verhalten, Umstände aus dem Verhältnis des Arbeitnehmers zu betrieblichen und überbetrieblichen Einrichtungen, Organisationen oder Behörden sein.[739] Das BAG beschränkt jedoch die verhaltensbedingte Kündigung nicht eindeutig auf vertragswidrige Verhaltensweisen.[740] Vielmehr erkennt es Kündigungsgründe dem Grundsatz nach an, wenn konkrete Störungen im Leistungsbereich, im betrieblichen Bereich, im Vertrauensbereich oder im Unternehmensbereich vorliegen.[741] Der betriebliche Bereich wird noch in die Unterbereiche der Störung der Betriebsordnung, des Betriebsfriedens (Bereich der betrieblichen Verbundenheit aller Mitarbeiter) und des Betriebsablaufs aufgegliedert.[742]

734 *Berkowsky*, NZA-RR 2001, 1 (2).
735 BAG, Urt. v. 18.09.1997, AP Nr. 138 zu § 626 BGB = NZA 1998, 95.
736 BAG, Urt. v. 21.02.2001, EzA § 242 BGB Kündigung Nr. 2 = NZA 2001, 951; *Tschöpe*, BB 2002, 778.
737 BAG, Urt. v. 16.09.1999, NZA 2000, 208.
738 BAG, Urt. v. 16.01.1997, ArbuR 1997, 211 = DStR 1997, 1056 (Kurzwiedergabe).
739 *Tschöpe*, BB 2002, 778; BAG, Urt. v. 20.07.1989, AP Nr. 2 zu § 1 KSchG 1969 Sicherheitsbedenken.
740 Kritisch *Stahlhacke/Preis/Vossen*, Rn 680; Ascheid/Preis/Schmidt/*Dörner*, § 1 KSchG Rn 269.
741 BAG, Urt. v. 09.08.1990, RzK I 5 i Nr. 63.
742 *Stahlhacke/Preis/Vossen*, Rn 680; KR/*Fischermeier*, § 626 BGB Rn 166 ff.

a) Pflichtwidrigkeit im Leistungsbereich

277 Im Leistungsbereich erweist es sich in der Praxis regelmäßig als schwierig, die mangelnde Qualität der Arbeitsleistung angesichts der strengen Anforderungen der Rechtsprechung hinreichend darzulegen.[743] Der Arbeitgeber kann sich nicht damit begnügen, Fehler in der Arbeitsleistung des betroffenen Mitarbeiters pauschal anzuprangern. Der gekündigte Arbeitnehmer muss **eine erheblich unter der als Normalwert anzusehenden Leistung** erbracht haben.[744] Eine Kündigung wegen Minderleistung ist nur möglich, wenn zunächst festgestellt wird, welche Leistungen von einem vergleichbaren Arbeitnehmer erwartet werden können und dass die von dem gekündigten Arbeitnehmer erbrachten Leistungen auf Dauer und nicht nur unerheblich unter dem Normalwert liegen. Insoweit kann nur konkreter Tatsachenvortrag des Arbeitgebers, nicht aber eine nur allgemeine Wertung berücksichtigt werden.[745]

278 Eine Pflichtwidrigkeit kann vorliegen, wenn der Arbeitnehmer eine ihm übertragene Aufgabe mangelhaft erledigt[746] oder wenn ein Arbeitnehmer sich weigert, vertretungsweise eine ihm übertragene Aufgabe zu übernehmen.[747] **Schlechtleistungen** rechtfertigen, soweit es sich nicht um einmalige, jedem einmal passierende Vorfälle handelt, nach vorheriger Abmahnung eine ordentliche Kündigung. Auch wenn grundsätzlich von einem individuellen Leistungsmaßstab eines Arbeitnehmers auszugehen ist, so ist er arbeitsvertraglich verpflichtet, die ihm übertragenen Arbeiten unter Anpassung der ihm möglichen Fähigkeiten ordnungsgemäß zu verrichten.[748] Es muss aber stets geklärt werden, ob die zu erledigende **Aufgabe Gegenstand der Arbeitspflicht** war oder vom Arbeitnehmer in Ausübung des arbeitgeberseitigen Direktionsrechts verlangt werden konnte. Eine Pflicht, die im konkreten Vertragsverhältnis nicht geschuldet ist, kann durch den Arbeitnehmer nicht verletzt werden. Der Arbeitgeber kann insoweit keine wirksame verhaltensbedingte Kündigung aussprechen. Beispielsweise begeht ein Wertpapierhändler keine beharrliche Arbeitsverweigerung, sondern übt berechtigt sein Leistungsverweigerungsrecht aus, wenn er einen Arbeitsplatz zugewiesen bekommt, der einem Assistentenarbeitsplatz zuzuordnen ist.[749] Verweigert der Arbeitnehmer angeordnete Überstunden, ist festzustellen, ob der Arbeitnehmer die **Ableistung von Überstunden** überhaupt oder in dem angeordneten Umfang schuldet.[750] Ein Arbeitnehmer schuldet im Allgemeinen nur die Arbeitsleistung während der Regelarbeitszeit. Ob ein Arbeitnehmer darüber hinaus verpflichtet ist, Mehrarbeit durchzuführen, hängt davon ab, aus welchen Gründen diese von ihm gefordert wird. Aus der arbeitsvertraglichen Treuepflicht heraus ist er jedenfalls dann verpflichtet, Mehrarbeit zu leisten, wenn sich der Arbeitgeber in einer Notlage befindet, der anders nicht begegnet werden kann. Dabei kommt es auch darauf an, ob der Arbeitnehmer über Spezialkenntnisse verfügt, die benötigt werden.[751] Lehnt der Arbeitnehmer zulässig angeordnete Überstunden ab, so kann – jedenfalls nach einschlägiger Abmahnung – eine Kündigung des Arbeitsverhältnisses gerechtfertigt sein.[752] Bei der Gewichtung des Kündigungsgrundes ist zu berücksichtigen, dass die Anordnung von Überstunden eine Sonderverpflichtung darstellt, die über den arbeitsvertraglich vorgesehenen Regelumfang der Arbeitsverpflichtung hinausgeht. Wendet sich der Arbeitnehmer – wenn auch im Einzelfall zu Unrecht – dagegen, in der Vergangenheit bereits häufig angefallene Sonderverpflichtungen in Form von Überstunden übernommen zu haben, so wiegt eine solche Arbeitsvertragsverletzung vorbehaltlich

743 Aktuell und umfassend *Berkowsky*, NZA-RR 2001, 1 (7 ff.); BAG, Urt. v. 11.12.2003 – 2 AZR 667/02 (n.v.).

744 BAG, Urt. v. 15.08.1984, AP Nr. 8 zu § 1 KSchG 1969; BAG, Urt. v. 22.07.1982, NJW 1983, 700; LAG Hamm, Urt. v. 13.04.1983, DB 1983, 1930.

745 *Berkowsky*, NZA-RR 2001, 1 (7); LAG Niedersachsen, Urt. v. 13.07.1988, ArbuR 1989, 287.

746 BAG, Urt. v. 18.11.1986, AP Nr. 17 zu § 1 KSchG 1969 Verhaltensbedingte Kündigung.

747 BAG, Urt. v. 21.11.1985, NZA 1986, 713.

748 LAG Hamm, Urt. v. 23.08.2000, NZA-RR 2001, 138.

749 ArbG Frankfurt a.M., Urt. v. 26.02.2002 – 18 Ca 8394/01 (n.v.).

750 Vgl. *Berkowsky*, NZA-RR 2001, 1 (3).

751 LAG Schleswig-Holstein, Urt. v. 26.06.2001, AuA 2001, 517 (Kurzwiedergabe).

752 LAG Köln, Urt. v. 14.08.2001, AuA 2001, 525 (LS).

besonderer Umstände des Einzelfalls im Allgemeinen weniger schwer, als wenn er bereits die Erfüllung der arbeitsvertraglich vorgesehenen Regelarbeitsverpflichtung rechtsgrundlos verweigert.[753]

279 Fragen im Zusammenhang mit den Grenzen des Direktionsrechts stellen sich gleichfalls immer dann, wenn der Arbeitnehmer eine Arbeit verweigert. Die **Arbeitsverweigerung** kommt als Grund für eine ordentliche, aber auch für eine außerordentliche Kündigung in Betracht.[754] Eine Arbeitsverweigerung liegt vor, wenn der Arbeitnehmer sich ausdrücklich oder durch schlüssiges Verhalten weigert, eine arbeitsvertraglich geschuldete Leistung zur vereinbarten Zeit am vereinbarten Ort zu erbringen, obwohl er weiß oder wissen muss, dass er zur Leistung verpflichtet ist. Entscheidend ist stets, ob der Arbeitnehmer die angeordnete Arbeit, deren Erledigung er verweigert hat, rechtlich schuldete, das heißt, zur Leistung verpflichtet ist.[755]

280 Bei einer sog. **beharrlichen Arbeitsverweigerung** kommt grundsätzlich eine außerordentliche, fristlose Kündigung (§ 626 BGB) in Betracht. Es ist dabei unter anderem zu würdigen, ob anzunehmen ist (Prognoseprinzip), der Arbeitnehmer werde in Zukunft seiner Arbeitspflicht nicht nachkommen. Nach dem Ultima-Ratio-Prinzip schließt dies aber im Einzelfall nicht aus, dass nur eine ordentliche Kündigung gerechtfertigt ist.[756] Erledigt ein Schulhausmeister trotz wiederholter konkreter Arbeitsanweisungen aufgrund zahlreicher Hausbegehungen die ihm erteilten Aufträge nicht fristgerecht, liegt darin eine beharrliche Nichterbringung der arbeitsvertraglich geschuldeten Leistung, die eine ordentliche Kündigung rechtfertigt.[757] Macht der Arbeitnehmer berechtigterweise ein Zurückbehaltungsrecht hinsichtlich seiner Arbeitskraft wegen offen stehender Vergütungsansprüche geltend, ist regelmäßig eine deswegen ausgesprochene außerordentliche und/oder ordentliche Kündigung unwirksam.[758] Weder die Zuweisung anderer Aufgaben noch eines anderen als des vor dem Erziehungsurlaubs innegehabten Büros berechtigt einen Arbeitnehmer, der Arbeit fernzubleiben. Bestehen zwischen Arbeitgeber und Arbeitnehmer aus dem Arbeitsvertrag heraus **unterschiedliche Ansichten über den Umfang des Direktionsrechts des Arbeitgebers**, so ist der Arbeitnehmer gleichwohl verpflichtet, auf Anweisung des Arbeitgebers zur Abklärung der künftigen Arbeitspflichten am Arbeitsplatz zu erscheinen, denn diese Anweisungsbefugnis folgt aus dem Arbeitgeberdirektionsrecht. Ist ein Arbeitnehmer bereits zweimal abgemahnt worden, weil er die Arbeit nach dem Erziehungsurlaub nicht antrat bzw. wenige Stunden nach Arbeitsantritt die Arbeit wieder verließ, so ist, wenn der Arbeitnehmer im weiteren Verlauf des Arbeitsverhältnisses die Arbeit nicht wieder antritt, die daraus folgende ordentliche Kündigung wegen beharrlicher Arbeitsverweigerung berechtigt. Der Arbeitgeber gerät nicht in Annahmeverzug, wenn der Arbeitnehmer sich wegen beabsichtigter Änderung von Arbeitsaufgaben und Arbeitsplatz weigert, am Arbeitsplatz zu erscheinen, an dem die Änderung der Arbeitsbedingungen zwischen Arbeitgeber und Arbeitnehmer erörtert werden sollen.[759] Verweist ein Arbeitnehmer seinen Arbeitgeber unter Übergabe einer Visitenkarte eines Rechtsanwalts darauf, dass alle das Arbeitsverhältnis betreffenden Angelegenheiten mit diesem Anwalt abzustimmen und zu klären seien, so liegt in diesem Verhalten nach Auffassung des LAG Sachsen eine **Verweigerung der unmittelbaren Kommunikation**, die einer kündigungsrelevanten Arbeitsverweigerung gleich kommt und damit eine ordentliche Kündigung rechtfertigt.[760] Eine Arbeitnehmerin kann sich gegenüber der bestehenden Arbeitspflicht auf eine Pflichtenkollision wegen der Personensorge für ihr Kind (§ 1627 BGB) und damit ein Leistungsverweigerungsrecht

753 LAG Köln, Urt. v. 27.04.1999, NZA 2000, 39 = LAGE § 626 BGB Nr. 126.
754 BAG, Urt. v. 21.11.1996, AP Nr. 130 zu § 626 BGB; BAG, Urt. v. 21.05.1997, AP Nr. 29 zu § 1 KSchG 1969 Verhaltensbedingte Kündigung; BAG, Urt. v. 16.10.1992, RzK IB 8 b Nr. 4; LAG Schleswig-Holstein, Urt. v. 14.10.2002 – 4 Sa 71/02 (n.v.); LAG Düsseldorf, Urt. v. 23.05.1967, BB 1967, 922; LAG Berlin, Urt. v. 20.08.1977, DB 1977, 2384; KR/*Etzel*, § 1 KSchG Rn 455.
755 Vgl. *Berkowsky*, NZA-RR 2001, 1 (8).
756 BAG, Urt. v. 21.11.1996, AP Nr. 130 zu § 626 BGB = NZA 1997, 487.
757 ArbG Ludwigshafen, Urt. v. 25.01.2000, EzBAT § 53 BAT Verhaltensbedingte Kündigung Nr. 52.
758 BAG, Urt. v. 09.05.1996, AP Nr. 5 zu § 273 BGB = NZA 1996, 1085.
759 LAG Schleswig-Holstein, Urt. v. 26.09.2002, ARST 2003, 189 (LS).
760 LAG Sachsen, Urt. v. 10.07.2002 – 2 Sa 407/01 (n.v.).

(§§ 273, 320 BGB) oder eine Unmöglichkeit bzw. Unzumutbarkeit der Arbeitsleistung nur berufen, wenn unabhängig von der in jedem Fall notwendigen Abwägung der zu berücksichtigenden schutzwürdigen Interessen beider Parteien überhaupt eine unverschuldete Zwangslage vorliegt.[761] Das angekündigte Nichterscheinen einer allein erziehenden Mutter am Arbeitsplatz wegen der Betreuung eines an Neurodermitis erkrankten Kleinkindes nach Ablauf des Erziehungsurlaubs ist nicht mit einer Selbstbeurlaubung vergleichbar und rechtfertigt daher keine fristlose Kündigung.[762]

Von großer praktischer Bedeutung ist die Fallgruppe der Kündigung aufgrund **Selbstbeurlaubung** 281
bzw. **angedrohtem Krankfeiern bei Verweigerung des Urlaubswunschs** des Arbeitnehmers. Bereits die Ankündigung eines Arbeitnehmers, bei Nichtgewährung von Urlaub für einen bestimmten Tag notfalls einen »gelben Schein« (Anm.: Arbeitsunfähigkeitsbescheinigung) zu nehmen, ist an sich geeignet, eine außerordentliche Kündigung des Arbeitnehmers zu rechtfertigen.[763] Erklärt der Arbeitnehmer, er werde krank, wenn der Arbeitgeber ihm den im bisherigen Umfang bewilligten Urlaub nicht verlängere, obwohl er im Zeitpunkt dieser Ankündigung nicht krank war und sich aufgrund bestimmter Beschwerden auch noch nicht krank fühlen konnte, so ist ein solches Verhalten ohne Rücksicht darauf, ob der Arbeitnehmer später tatsächlich erkrankt, an sich geeignet, einen wichtigen Grund zur außerordentlichen Kündigung abzugeben.[764]

Ein Recht des Arbeitnehmers, sich selbst zu beurlauben, ist angesichts des umfassenden Systems 282
gerichtlichen Rechtsschutzes grundsätzlich abzulehnen. Eine **eigenmächtige Selbstbeurlaubung**, erst recht eine solche, die in bewusster Opposition gegen den Willen des Arbeitgebers vorgenommen wird, ist an sich geeignet, eine außerordentliche Kündigung zu rechtfertigen und zwar auch dann, wenn sich das Urlaubsjahr oder der Übertragungszeitraum dem Ende nähert, die Inanspruchnahme einstweiligen Rechtsschutzes aber möglich ist und/oder ein vom Arbeitnehmer gefürchteter Urlaubsverfall zu einem Anspruch auf Ersatzurlaub im Wege des Schadensersatzes führen würde. Lehnt der Arbeitgeber die Gewährung von Erholungsurlaub endgültig ab und tritt der Arbeitnehmer gleichwohl trotz entsprechender Abmahnungen den Urlaub an, so ist in der Regel jedenfalls eine fristgerechte Kündigung sozial gerechtfertigt i.S.v. § 1 Abs. 2 KSchG.[765] Eine vorweggenommene Abmahnung kann eine Abmahnung nach Tatbegehung ausnahmsweise ersetzen, wenn sich das nachfolgende Handeln des Arbeitnehmers letztlich unter Berücksichtigung des vorweggenommenen Fingerzeigs als beharrliche Arbeitsverweigerung herausstellt. Da der Arbeitnehmer in einem solchen Fall erkennbar nicht gewillt ist, von seinem bevorstehenden Fehlverhalten Abstand zu nehmen, ist eine Abmahnung entbehrlich.[766] Einen Verstoß gegen die Hauptleistungspflicht, die Arbeitsleistung vertragsgemäß zu erbringen, stellt es dar, wenn der Arbeitnehmer im Anschluss an einen Urlaub unentschuldigt fehlt (sog. **Urlaubsüberschreitung**).[767] Bei einer **Selbstbeurlaubung von einer Woche oder mehr** liegt in der Regel ein wichtiger Grund vor, der den Arbeitgeber an sich zu einer außerordentlichen, fristlosen Kündigung berechtigen würde, ohne dass eine Abmahnung vorauszugehen hätte.[768] Grundsätzlich kann sich der Arbeitnehmer nicht auf Unkenntnis von einer erteilten Abmahnung berufen, wenn er die Kenntnisnahme durch eigenmächtige Selbstbeurlaubung selber verhindert hat. Eine außerordentliche, fristlose Kündigung wegen eigenmächtigen Urlaubsantritts oder eigenmächtiger Urlaubsüberschreitung bzw. Urlaubsverlängerung des Arbeitnehmers kommt ohne Abmahnung nicht in Betracht, wenn die Sache einem unentschuldigten Fehlen gleichsteht, weil nur **ein Tag** oder nur **wenige Tage** betroffen sind, es sei denn, der Arbeitgeber hat zu Recht von seinem Leistungsverweigerungsrecht aus § 7 Abs. 1 Satz 1 BUrlG Gebrauch gemacht.[769]

761 BAG, Urt. v. 21.05.1992, AP Nr. 29 zu § 1 KSchG 1969 Verhaltensbedingte Kündigung = NZA 1993, 115.
762 LAG Berlin, Urt. v. 01.11.02 – 19 Sa 1561/02 (n.v.).
763 LAG Köln, Urt. v. 12.12.2002, ZTR 2003, 412 (LS) = ArbuR 2003, 196 (LS).
764 BAG, Urt. v. 05.11.1992, NZA 1993, 308 = NJW 1993, 1544.
765 LAG Berlin, Urt. v. 05.12.1994, NZA 1995, 1043; BAG, Urt. v. 20.01.1994, AP Nr. 115 zu § 626 BGB = NZA 1994, 548.
766 LAG Hamm, Urt. v. 21.10.1997, NZA-RR 1999, 76; LAG Hamm, Urt. v. 12.09.1996, LAGE § 626 BGB Nr. 105.
767 BAG, Urt. v. 09.08.1984, NZA 1985, 124.
768 LAG Hamm, Urt. v. 12.09.1996, LAGE § 626 BGB Nr. 105.
769 LAG Hamm, Urt. v. 12.09.1996, LAGE § 626 BGB Nr. 105.

283 Der Arbeitgeber ist als Schuldner des Urlaubsanspruchs verpflichtet, die **Urlaubswünsche** des Arbeitnehmers zu berücksichtigen und den Urlaub für den vom Arbeitnehmer angegebenen Termin festzusetzen, sofern keine dringenden betrieblichen Belange oder Urlaubs- oder Freistellungswünsche anderer Arbeitnehmer, die unter sozialen Gesichtspunkten den Vorrang verdienten, entgegenstehen (§ 7 Abs. 1 Satz 1 BUrlG). Der Arbeitgeber kann sich auf sein Leistungsverweigerungsrecht wegen des Vorrangs von Urlaubswünschen anderer Arbeitnehmer nur dann berufen, wenn im Zeitpunkt der Entscheidung über einen Urlaubsantrag eines Arbeitnehmers ein entsprechender Urlaubsantrag eines anderen, vorrangig zu bedienenden Arbeitnehmers überhaupt vorliegt und sich die Urlaubszeiträume überschneiden.[770] Erteilt der Arbeitgeber den Urlaub ohne Angabe von Gründen nach Beantragung durch den Arbeitnehmer nicht oder lehnt er ihn ohne ausreichenden Grund ab und hat er den Betriebsablauf nicht von vornherein so organisiert, dass die Urlaubswünsche des Arbeitnehmers nach den gesetzlichen oder tariflichen Vorschriften erfüllt werden können, dann muss der Arbeitnehmer zwar grundsätzlich gerichtliche Hilfe zur Durchsetzung seines Urlaubsanspruchs in Anspruch nehmen, jedoch kann in Ausnahmefällen auch einmal ein Selbstbeurlaubungsrecht in Betracht kommen.[771] Bei einer fristlosen Kündigung wegen eigenmächtigen Urlaubsantritts ist bei der Interessenabwägung zugunsten des Arbeitnehmers zu berücksichtigen, wenn der Arbeitgeber zu Unrecht einen Urlaubsantrag des Arbeitnehmers abgelehnt und von vornherein den Betriebsablauf nicht so organisiert hat, dass die Urlaubsansprüche des Arbeitnehmers nach den gesetzlichen Vorschriften erfüllt werden konnten.

284 Ist gerichtliche Hilfe zur Durchsetzung eines Urlaubsanspruchs nicht rechtzeitig zu erlangen (Arbeit auf einer Baustelle in Indonesien), so kann auch bei einem eigenmächtigen Urlaubsantritt des Arbeitnehmers im Einzelfall eine fristlose Kündigung ausnahmsweise dann unwirksam sein, wenn der Arbeitgeber unter anderem aus eigenem finanziellen Interesse erhebliche Urlaubsansprüche des Arbeitnehmers hat auflaufen lassen und ein **Verfall der Urlaubsansprüche droht**.[772] Erwirkt ein Arbeitnehmer (Kraftfahrer einer Spedition) drei Tage vor Antritt seines bereits acht Monate zuvor schriftlich beantragten, allerdings zu keinem Zeitpunkt ausdrücklich gewährten oder abgelehnten Sommerurlaubs beim Arbeitsgericht ohne mündliche Verhandlung eine einstweilige Verfügung auf entsprechende Urlauberteilung, unterlässt er aber mangels entsprechender Kenntnis (und/oder fehlerhafter Auskunft eines Mitarbeiters des Gerichts) die von ihm selbst vorzunehmende Zustellung dieser einstweiligen Verfügung an seinen Arbeitgeber, so berechtigt dies diesen nicht zum Ausspruch einer fristlosen Kündigung wegen eigenmächtigen Urlaubsantritts.[773] Der Arbeitnehmer kann sich zur Rechtfertigung seines Fernbleibens von der Arbeit auf ein Recht zur Zurückbehaltung seiner Arbeitskraft wegen bestehender Vergütungsrückstände nur berufen, wenn er das Zurückbehaltungsrecht gegenüber dem Arbeitgeber geltend gemacht hat, damit dieser von der ihm durch § 273 Abs. 3 BGB eingeräumten Abwendungsbefugnis Gebrauch machen kann.[774]

285 **Häufiges unberechtigtes** und **unentschuldigtes Fehlen** rechtfertigt regelmäßig die verhaltensbedingte Kündigung.[775] Auch das wiederholt unpünktliche Erscheinen am Arbeitsplatz berechtigt den Arbeitgeber nach vorangegangener Abmahnung zur verhaltensbedingten Kündigung.[776] Das unentschuldigte Fehlen des Arbeitnehmers für die Dauer eines ganzen Arbeitstages ohne ausreichende Information des Arbeitgebers ist im Wiederholungsfall nach einschlägiger Abmahnung je nach den Umständen ebenfalls an sich geeignet, eine außerordentliche Kündigung zu begründen.[777] Der

770 LAG Hamm, Urt. v. 12.09.1996, LAGE § 626 BGB Nr. 105.
771 LAG Hamm, Urt. v. 12.09.1996, LAGE § 626 BGB Nr. 105.
772 BAG, Urt. v. 20.01.1994, AP Nr. 115 zu § 626 BGB = NZA 1994, 548.
773 LAG Hamm, Urt. v. 13.06.2000, NZA-RR 2001, 134.
774 LAG Köln, Urt. v. 16.03.2001, NZA-RR 2001, 533.
775 BAG, Urt. v. 23.09.1992, EzA § 1 KSchG Verhaltensbedingte Kündigung Nr. 44.
776 BAG, Urt. v. 17.03.1988, NZA 1989, 261; LAG Hamm, Urt. v. 21.06.2000, BuW 2001, 526; LAG Hamm, Urt. v. 08.10.1997, LAGE § 1 KSchG Verhaltensbedingte Kündigung Nr. 60; a.A. LAG Köln, Urt. v. 25.01.1995, BB 1995, 1194.
777 BAG, Urt. v. 15.03.2001, EzA § 626 n.F. BGB Nr. 185.

Arbeitnehmer, der einen Beendigungsrechtsstreit rechtskräftig gewonnen hat, fehlt erst dann unentschuldigt, wenn er vom Arbeitgeber zur Arbeitsaufnahme aufgefordert worden ist.[778] Fehlt der Arbeitnehmer unentschuldigt, beginnt die Ausschlussfrist des § 626 Abs. 2 BGB für eine hierauf gestützte außerordentliche Kündigung frühestens mit dem Ende der unentschuldigten Fehlzeit.[779] Im Rahmen der bei der verhaltensbedingten Kündigung vorzunehmenden Interessenabwägung ist erheblich, ob es neben der Nichterfüllung der Vertragspflichten (mehrmaliges unentschuldigtes Fehlen) auch noch zu nachteiligen Auswirkungen im Bereich des Arbeitgebers gekommen ist.[780]

Täuscht der Arbeitnehmer das Vorliegen einer krankheitsbedingten Arbeitsunfähigkeit lediglich vor, verstößt er gegen seine Arbeitspflicht und kann grundsätzlich wegen beharrlicher Arbeitsverweigerung fristlos entlassen werden.[781] Stützt der Arbeitgeber bei behaupteter krankheitsbedingter Arbeitsunfähigkeit ohne Arztbesuch die Kündigung auf verhaltensbedingte Gründe, trifft ihn die Darlegungs- und Beweislast für die von ihm angenommene Vertragsverletzung in Form des unberechtigten Krankfeierns. Dem Arbeitgeber obliegt dabei nicht nur der Nachweis dafür, dass der Arbeitnehmer überhaupt gefehlt hat, sondern auch dafür, dass er unentschuldigt gefehlt hat, dass also die vom Arbeitnehmer behauptete Krankheit nicht vorlag. Dies folgt aus dem allgemeinen Grundsatz, dass jede Partei die ihr günstigen Tatsachen beweisen muss.[782] 286

Bei der ordentlichen Kündigung eines Arbeitnehmers wegen Arbeitsverhinderung aufgrund **Inhaftierung** (Untersuchungshaft) hängt es von deren Dauer sowie Art und Ausmaß der betrieblichen Auswirkungen ab, ob die haftbedingte Nichterfüllung der Arbeitspflicht eine ordentliche Kündigung nach § 1 KSchG rechtfertigt.[783] 287

b) Pflichtwidrigkeit im Bereich der betrieblichen Verhaltenspflichten

Die Verletzung arbeitsvertraglicher Haupt- und Nebenpflichten kann den Arbeitgeber im Einzelfall zum Ausspruch einer verhaltensbedingten Kündigung berechtigten. So rechtfertigt der Verstoß gegen die **Mitteilungspflicht** über eine **Arbeitsunfähigkeit** sowie die **Nichtvorlage einer Arbeitsunfähigkeitsbescheinigung** (vgl. § 5 Abs. 1 EfZG) im Falle einer vorherigen Abmahnung eine ordentliche Kündigung.[784] 288

Aufgrund der ihn treffenden Treuepflicht ist ein krank geschriebener Arbeitnehmer verpflichtet, sich so zu verhalten, dass er möglichst bald wieder gesund wird. Er hat alles zu unterlassen, was seine Genesung verzögern könnte.[785] Die Verletzung dieser Pflicht kann nach den Umständen des Einzelfalls eine Kündigung rechtfertigen, ohne dass es des Nachweises einer tatsächlichen Verzögerung des Heilungsprozesses bedarf.[786] Eine Kündigung ist unter diesen Gesichtspunkten unter anderem dann gerechtfertigt, wenn ein Arbeitnehmer während des Krankenstands im Geschäftsbetrieb seines Ehepartners oder Lebensgefährten weitgehend einsteigt, indem er in der Gaststätte hinter der Theke steht oder über die volle Öffnungszeit Bier ausschenkt.[787] Ebenfalls ist eine Kündigung gerechtfertigt, wenn ein Arbeitnehmer während einer ärztlich attestierten Arbeitsunfähigkeit schichtweise einer Nebenbeschäftigung bei einem anderen Arbeitgeber nachgeht.[788] Wird allerdings ein Arbeitnehmer, der nachts schwere LKW mit Hänger zu fahren hat, wegen eines grippalen Infekts »krankgeschrieben«, so spricht die Tatsache, dass er zirka 30 Minuten einen Trecker mit Hänger auf seiner Hauskoppel 289

778 LAG Frankfurt a.M., Urt. v. 07.11.2000 – 9 Sa 675/00 (n.v.).
779 BAG, Urt. v. 22.01.1998, NZA 1998, 708 = AP Nr. 38 zu § 626 BGB Ausschlussfrist.
780 BAG, Urt. v. 27.05.1993 – 2 AZR 631/92 (n.v.).
781 BAG, Urt. v. 26.08.1993, AP Nr. 112 zu § 626 BGB = NZA 1994, 63; LAG Frankfurt a.M., Urt. v. 27.06.1991, LAGE § 626 BGB Nr. 63; KR/*Etzel*, § 1 KSchG Rn 485.
782 LAG Köln, Urt. v. 24.09.1999 – 4 Sa 29/99 (n.v.).
783 BAG, Urt. v. 22.09.1994, AP Nr. 25 zu § 1 KSchG 1969 = NZA 1995, 119.
784 BAG, Urt. v. 31.08.1989, NZA 1990, 433.
785 KR/*Etzel*, § 1 KSchG Rn 481 ff.
786 LAG Hamm, Urt. v. 28.08.1991, LAGE § 1 KSchG Verhaltensbedingte Kündigung Nr. 34.
787 LAG Hamm, Urt. v. 28.05.1998, MDR 1999, 555.
788 BAG, Urt. v. 26.08.1993, AP Nr. 112 zu § 626 BGB.

führt, noch nicht dafür, dass er tatsächlich nicht arbeitsunfähig war. Die Gefährdungslage ist beim Führen eines LKW im öffentlichen Straßenverkehr erheblich höher. Es können daher nicht dieselben Maßstäbe angelegt werden.[789]

290 Der **Verstoß gegen** die arbeitsvertragliche Nebenpflicht, **Unfallverhütungsvorschriften** stets zu beachten, ist grundsätzlich geeignet, eine ordentliche Kündigung zu rechtfertigen. In der Regel wird ihr aber eine Abmahnung vorauszugehen haben. Dies gilt vor allem dann, wenn eine Unterweisung durch Vorgesetzte nicht stattgefunden hat und die Pflichtverletzung nicht besonders schwerwiegend ist.[790]

291 Ein nicht auf Alkoholabhängigkeit beruhender **Alkoholmissbrauch** im Betrieb ist an sich geeignet, eine verhaltensbedingte Kündigung i.S.d. § 1 Abs. 2 KSchG zu rechtfertigen.[791] Auch die Verletzung des Alkoholverbots aus einer Betriebsvereinbarung nach vorheriger Abmahnung ist grundsätzlich geeignet, eine ordentliche Kündigung zu rechtfertigen. Ein Schiffsführer setzt auch dann einen wichtigen Grund für eine außerordentliche Kündigung, wenn er im Bereitschaftsdienst entgegen einer Betriebsvereinbarung, die ein absolutes Alkoholverbot festlegt, Alkohol zu sich nimmt und die Führung des Schiffes einem ebenfalls alkoholisierten Kollegen überlässt. Erschwerend können der Umfang des eingetretenen Schadens und die Gefährdung der öffentlichen Sicherheit sowie die Tatsache, dass in dem abgegebenen Havariebericht der Alkoholgenuss verschwiegen wurde, berücksichtigt werden.[792] Es spielt keine Rolle, ob der Arbeitnehmer alkoholisiert zur Arbeit erscheint oder erst im Betrieb alkoholische Getränke zu sich nimmt. Der Arbeitnehmer hat die Pflicht, seine Arbeitsfähigkeit nicht durch privaten Alkoholgenuss zu beeinträchtigen. Die Weigerung des Arbeitnehmers, den Verdacht einer Verletzung des betrieblichen Alkoholverbots durch Einleitung einer Blutalkoholuntersuchung zu widerlegen, stellt ein erhebliches Indiz für das Vorliegen einer Pflichtverletzung dar. Zumindest ist die Weigerung bei der Beweiswürdigung zu berücksichtigen.[793]

292 Ein Arbeitnehmer ist aber regelmäßig ohne konkreten Anlass nicht verpflichtet, im laufenden Arbeitsverhältnis routinemäßigen Blutuntersuchungen zur Klärung der Frage, ob er alkohol- oder drogenabhängig ist, zuzustimmen.[794] Eine mit Zustimmung des Arbeitnehmers durchgeführte Alkomatmessung kann bei der Feststellung des Alkoholisierungsgrades sowohl zur Be- wie auch Entlastung des Arbeitnehmers beitragen.[795] Nach Ansicht des LAG Nürnberg[796] ist auch im arbeitsgerichtlichen Bestandsstreit für den Nachweis der alkoholbedingten Beeinträchtigung der durch ein Atemalkoholgerät festgestellte Blutalkoholgehalt nicht ausreichend. Es müssten weitere Anhaltspunkte, vor allem Ausfallerscheinungen festgestellt werden. Ließen sich solche Anhaltspunkte hinsichtlich des einer vorgängigen Abmahnung zugrunde liegenden Verhaltens nicht nachweisen, sei die Kündigung wegen Fehlens einer berechtigten vorherigen Abmahnung sozial ungerechtfertigt, selbst wenn hinsichtlich des unmittelbar zur Kündigung führenden Verhaltens der Nachweis gelinge.

293 Unter den besonderen Umständen des untertägigen Steinkohlenbergbaus kann die vorsätzliche Verletzung eines Alkoholverbots den Arbeitgeber zur außerordentlichen Kündigung des Arbeitsverhältnisses ohne vorherige Abmahnung berechtigen.[797] Aufgrund der Arbeitspflicht ist ein Straßenbahnführer verpflichtet, sein Verhalten vor Arbeitsbeginn so einzurichten, dass er den Alkoholgenuss zu einem Zeitpunkt einstellt, dass er zum Zeitpunkt der Fahrt zur Dienststelle in der Lage ist, ohne übermäßigen Restalkohol seinen PKW nach Maßgabe der gesetzlichen Bestimmungen zu führen und

789 LAG Schleswig-Holstein, Urt. v. 29.01.2002, RzK I 6 a Nr. 220.
790 LAG Hamm, Urt. v. 11.09.1997, ArbuR 1998, 168.
791 BAG, Urt. v. 26.01.1995, AP Nr. 34 zu § 1 KSchG 1969 Verhaltensbedingte Kündigung = NZA 1995, 517; *Bengelsdorf*, NZA 2001, 993 ff.
792 LAG Berlin, Urt. v. 18.02.2000, ZTR 2000, 278.
793 LAG Hamm, Urt. v. 11.11.1996, LAGE § 1 KSchG Verhaltensbedingte Kündigung Nr. 56.
794 BAG, Urt. v. 12.08.1999, AP Nr. 41 zu § 1 KSchG 1969 Verhaltensbedingte Kündigung = NZA 1999, 1209.
795 BAG, Urt. v. 26.01.1995, AP Nr. 34 zu § 1 KSchG 1969 Verhaltensbedingte Kündigung = NZA 1995, 517.
796 LAG Nürnberg, Urt. v. 11.07.1994, EzBAT § 53 BAT Verhaltensbedingte Kündigung Nr. 29.
797 LAG Hamm, Urt. v. 23.08.1990, LAGE § 626 BGB Nr. 52.

nach Maßgabe der vertraglichen Vereinbarungen ordnungsgemäß den Dienst anzutreten. Bei einem Verstoß gegen diese Pflicht kann eine Abmahnung vor Ausspruch einer ordentlichen Kündigung entbehrlich sein, weil es sich um eine besonders grobe Pflichtverletzung handelt.[798] Dem Fahrer eines Fahrzeuges des Rettungsdienstes, das von den Vorschriften der StVO befreit ist, kann gekündigt werden, wenn er seinen Dienst unter Verstoß gegen ein einschlägiges Alkoholverbot antritt.[799] Bei Berufskraftfahrern oder Kranfahrern, von denen im Falle der Trunkenheit aufgrund der ihnen übertragenen Aufgaben besondere Gefahren für die übrigen Belegschaftsmitglieder ausgehen, kann auch schon ein einmaliger Verstoß gegen das Alkoholverbot einen verhaltensbedingten Kündigungsgrund darstellen.[800] Tritt ein Omnibusfahrer eine dienstliche Fahrt mit einem Blutalkoholgehalt von 0,7 bis 0,8 Promille an, so verletzt er seine arbeitsvertraglichen Pflichten so schwerwiegend, dass an sich ein wichtiger Grund für eine außerordentliche Kündigung vorliegt. Eine vorherige Abmahnung ist entbehrlich. Bei einer einmaligen Trunkenheitsfahrt ohne erkennbare Wiederholungsgefahr und ohne konkrete Gefährdung Dritter fällt die erforderliche Interessenabwägung bei langjähriger beanstandungsfreier Beschäftigung zugunsten des Busfahrers aus. In diesem Fall erscheint eine Abmahnung angemessen und ausreichend.[801] Eine einmalige außerdienstliche Trunkenheitsfahrt i.S.v. § 316 StGB bedeutet bei einem Beamten, der dienstlich nicht mit dem Führen eines Kraftfahrzeugs betraut ist, keine Verletzung der ihm gem. § 54 Satz 3 BBG obliegenden Dienstpflicht.[802]

Die Nichtoffenbarung einer Trunksucht bei der Einstellung kann einen Anfechtungs- oder verhaltensbedingten Kündigungsgrund darstellen, wenn der Arbeitnehmer aufgrund der Trunksucht nicht in der Lage ist, die vertraglich geschuldete Arbeitsleistung ordnungsgemäß zu erbringen.[803] 294

Mehrere **Lohnpfändungen oder -abtretungen** rechtfertigen für sich allein noch keine ordentliche Kündigung.[804] Verursachen dagegen zahlreiche Lohnpfändungen oder -abtretungen einen hohen Arbeitsaufwand beim Arbeitgeber, so dass hierdurch nach objektiver Beurteilung wesentliche Störungen im Arbeitsablauf, in der Lohnbuchhaltung oder in der Rechtsabteilung eintreten, soll eine verhaltensbedingte ordentliche Kündigung gerechtfertigt sein, ohne dass es einer vorhergehenden Abmahnung bedarf.[805] Nach Auffassung des LAG Berlin ist eine Kündigung immer dann gerechtfertigt, wenn der Arbeitnehmer noch nicht lange im Betrieb tätig ist und innerhalb eines Jahres mehr als zehn Pfändungen vorliegen.[806] 295

Beleidigungen von Arbeitskollegen können eine Kündigung rechtfertigen, wenn sie den Betriebsfrieden stören oder sich die Beleidigung auf die Arbeitsleistung auswirkt.[807] Nach der Rechtsprechung des BAG können grobe Beleidigungen des Arbeitgebers und/oder seiner Vertreter oder Repräsentanten einerseits oder von Arbeitskollegen andererseits, die nach Form und Inhalt eine erhebliche Ehrverletzung für den beziehungsweise die Betroffenen bedeuten, einen erheblichen Verstoß des Arbeitnehmers gegen seine Pflichten aus dem Arbeitsverhältnis darstellen und eine außerordentliche fristlose Kündigung an sich rechtfertigen. Der Arbeitnehmer kann sich nicht erfolgreich auf sein Recht auf freie Meinungsäußerung aus Art. 5 Abs. 1 GG berufen. Entsprechendes gilt für bewusst wahrheitswidrig aufgestellte Tatsachenbehauptungen, etwa wenn sie den Tatbestand der üblen Nachrede erfüllen. Diffamierende und ehrverletzende Äußerungen über Vorgesetzte und Kollegen in vertraulichen Gesprächen unter Arbeitskollegen können unter bestimmten Umständen 296

798 LAG Rheinland-Pfalz, Urt. v. 20.12.1999, EzBAT § 53 BAT Verhaltensbedingte Kündigung Nr. 51.
799 LAG Sachsen, Urt. v. 26.05.2000, NZA-RR 2001, 472.
800 LAG Hamm, Urt. v. 13.09.1974, DB 1974, 2164; LAG Hamm, Urt. v. 22.12.1977, DB 1978, 750; ArbG Berlin, Urt. v. 24.01.1963, BB 1963, 1057.
801 LAG Niedersachsen, Urt. v. 14.06.1994 – 13 Sa 60/94 (n.v.).
802 BVerwG, Urt. v. 30.08.2000, BVerwGE 112, 19 = DVBl 2001, 137.
803 ArbG Kiel, Urt. v. 21.01.1982, BB 1982, 804.
804 Tschöpe/*Nägele*, Teil 3 D Rn 205.
805 BAG, Urt. v. 04.11.1981, NJW 1982, 1062; a.A. LAG Hamm, Urt. v. 21.09.1977, DB 1977, 2237.
806 LAG Berlin, Urt. v. 10.09.1975, NJW 1976, 263.
807 BAG, Urt. v. 13.10.1977, BB 1978, 660; BAG, Urt. v. 26.05.1977, BAGE 29, 195; LAG Düsseldorf, Urt. v. 19.12.1995, NZA-RR 1996, 166; ArbG Frankfurt a.M., Urt. v. 29.01.2002 – 7 Ca 532/01 (n.v.).

eine Kündigung des Arbeitsverhältnisses nicht rechtfertigen. Der Arbeitnehmer darf in solchen Fällen nämlich regelmäßig darauf vertrauen, seine Äußerungen würden nicht nach außen getragen und der Betriebsfrieden nicht gestört bzw. das Vertrauensverhältnis der Arbeitsvertragsparteien nicht zerstört.[808] Auch ist die Nichtberücksichtigung vertraulicher Äußerungen letztlich durch die Gewährleistung des allgemeinen Persönlichkeitsrechts (Art 2. Abs. 1 i.V.m. Art. 1 Abs. 1 GG) geboten, weil eine vertrauliche Kommunikation in der Privatsphäre als Ausdruck der Persönlichkeit besonders geschützt ist. Dies gilt solange der Betroffene diese Vertraulichkeit nicht selbst aufhebt. Hebt der Gesprächspartner gegen den Willen des sich negativ über seinen Arbeitgeber äußernden Arbeitnehmers die Vertraulichkeit auf, geht dies arbeitsrechtlich nicht zu Lasten des Arbeitnehmers. Diesen Schutz der Privatsphäre und auch der Meinungsfreiheit kann jedoch nicht der Arbeitnehmer für sich in Anspruch nehmen, der selbst die Vertraulichkeit aufhebt, so dass die Gelegenheit für Dritte, seine Äußerungen wahrzunehmen, ihm zurechenbar wird.[809] Die für den wichtigen Grund zur (außerordentlichen) Kündigung des Arbeitsverhältnisses durch den Arbeitgeber konstitutive negative Verhaltensprognose ist grundsätzlich gegeben, wenn der Arbeitnehmer im Personalgespräch mit seinem Vorgesetzten diesen in unerträglicher Weise verbal attackiert und beleidigt. Der Ausspruch der (außerordentlichen) Kündigung durch den Arbeitgeber ist grundsätzlich die geeignete und erforderliche Reaktion auf die sich so stellende Negativprognose. Die Kündigung kann sich indessen dann als unverhältnismäßig im engeren Sinn erweisen, wenn der Arbeitnehmer nicht mit dem Ausspruch einer außerordentlichen Kündigung zu rechnen brauchte, weil verbale Attacken und Beleidigungen vergleichbarer sozialer Unerträglichkeiten durch den betroffenen Vorgesetzten in den Vormonaten weder zum Anlass einer Kündigung noch zu einer Abmahnung noch einer Ermahnung gemacht worden sind. Die Widersprüchlichkeit des arbeitgeberseitigen Verhaltens bedingt in diesem Fall die Unverhältnismäßigkeit der Kündigung.[810] Wer vor versammelter Belegschaft auf einer Betriebsfeier außerhalb der Arbeitszeit den Arbeitgeber grob beleidigt, bewegt sich nicht im außerdienstlichen Bereich, sondern untergräbt die Autorität seines Arbeitgebers und verstößt damit erheblich gegen seine arbeitsvertraglichen Pflichten.[811] Ein Fluggastkontrolleur, der vom Arbeitgeber abgemahnt worden ist, weil er dessen Unternehmen gegenüber Praktikanten eine »Scheißfirma« genannt und von »Hungerlohn« gesprochen hat, kann verhaltensbedingt entlassen werden, wenn er kurze Zeit später zahlreiche Fluggäste auf einen Job anspricht und sich dazu von ihnen Visitenkarten geben lässt.[812]

297 Bezeichnet ein Arbeitnehmer des öffentlichen Dienstes in einer außerdienstlich verfassten und unter anderem im Internet verbreiteten Pressemitteilung die Anschläge des 11.09.2001 unter anderem als »längst überfällige Befreiungsaktion«, so **billigt** er damit die **Terroranschläge**. Ein derartiges Verhalten ist als ein **Angriff auf die Menschenwürde der Opfer und ihrer Hinterbliebenen** zu bewerten und nicht mehr vom Grundrecht der freien Meinungsäußerung gedeckt. Der Arbeitgeber ist daher berechtigt, das Arbeitsverhältnis ohne vorherige Abmahnung wegen des hierdurch entstandenen Vertrauensverlustes zu kündigen.[813]

298 Allein die **politische Einstellung eines Arbeitnehmers** oder seine bloße Mitgliedschaft in einer politischen Partei rechtfertigen keine verhaltensbedingte Kündigung.[814] Eine politische Betätigung kann grundsätzlich nur dann den Arbeitgeber ausnahmsweise zur Kündigung des Arbeitsverhältnisses berechtigen, wenn Auswirkungen im Leistungsbereich oder Betriebsablauf konkret feststellbar sind.[815]

808 BAG, Urt. v. 30.11.1972, EzA § 626 BGB n.F. Nr. 23.
809 BAG, Urt. v. 10.10.2002, AP Nr. 180 zu § 626 BGB.
810 ArbG Berlin, Urt. v. 02.12.2002 – 30 Ca 13044/02 (n.v.).
811 BAG, Urt. v. 06.02.1997, ArbuR 1997, 210.
812 LAG Berlin, Urt. v. 14.03.2003, AuA 2003, 50.
813 LAG Schleswig-Holstein, Urt. v. 06.08.2002 – 2 Sa 150/02 (n.v.).
814 KR/*Etzel*, § 1 KSchG Rn 479.
815 BAG, Urt. v. 15.07.1971, BAGE 23, 371; BAG, Urt. v. 09.12.1982, NJW 1984, 1142 (»Anti-Strauß-Plakette«).

Tätlichkeiten gegenüber Arbeitskollegen sind an sich geeignet, einen wichtigen Grund zur außerordentlichen Kündigung des Arbeitsverhältnisses abzugeben.[816] Sie kommen daher erst recht als verhaltensbedingter Kündigungsgrund in Betracht.[817] Das von einem Arbeitnehmer ausgehende **Mobbing** ist an sich geeignet, einen wichtigen Grund für eine fristlose Kündigung abzugeben. Da es sich allerdings auch bei Mobbing um steuerbares Verhalten des Arbeitnehmers handelt, ist eine Abmahnung vor Ausspruch der Kündigung nicht generell entbehrlich. Sie ist jedenfalls dann erforderlich, wenn durch sie die Wiederherstellung des Vertrauens erwartet werden kann.[818] 299

Dem Leiter eines kommunalen Kindergartens kann ohne vorherige Abmahnung wirksam außerordentlich gekündigt werden, wenn anlässlich staatsanwaltschaftlicher Ermittlungen auf dem privaten PC des Arbeitnehmers sechzig **aus dem Internet heruntergeladene Bilddateien mit pornographischen Darstellungen des Missbrauches von Kindern** sichergestellt werden, die den dringenden Verdacht begründen, der Arbeitnehmer habe aufgrund pädophiler Neigungen gehandelt.[819] Eine verhaltensbedingte fristgemäße Kündigung ist gerechtfertigt, wenn ein Arbeitnehmer im Internet unter der Bezeichnung »News der Woche« mehrere Nachrichten verbreitet, die seinen Dienstherrn beleidigen und herabsetzen.[820] Ein Verstoß gegen das vom Arbeitgeber ausgesprochene Verbot privaten E-Mailverkehrs, das dem Virenschutz dienen soll, rechtfertigt grundsätzlich erst nach vorangegangener erfolgloser Abmahnung den Ausspruch einer verhaltensbedingten außerordentlichen oder ordentlichen Kündigung.[821] Nutzt der Arbeitnehmer das Internet entgegen einem ausdrücklichen Verbot des Arbeitgebers für private Zwecke, so stellt dies eine arbeitsvertragliche Pflichtverletzung dar, die eine Kündigung des Arbeitsverhältnisses rechtfertigen kann. Hat der Arbeitgeber hingegen die private Nutzung genehmigt oder über einen längeren Zeitraum hinweg widerspruchslos geduldet, kommt eine Kündigung ausnahmsweise nur dann in Betracht, wenn die Nutzung in einem Ausmaß erfolgt, von dem der Arbeitnehmer nicht mehr annehmen durfte, diese sei noch vom Einverständnis des Arbeitgebers gedeckt. Eine Abmahnung ist nur bei groben Pflichtverletzungen entbehrlich.[822] Ein Arbeitnehmer, der von zu Hause aus E-Mails mit Gewerkschaftswerbung an die Arbeitsplätze von Mitarbeitern während ihrer Arbeitszeit verschickt, verstößt dadurch nicht gegen seine arbeitsvertraglichen Pflichten. Eine deshalb erteilte Abmahnung ist deshalb zurückzunehmen und zu entfernen.[823] 300

Auch **strafbares Verhalten im Betrieb**, beispielsweise die Beschädigung von Maschinen oder der Diebstahl von Werkzeug, rechtfertigt regelmäßig eine verhaltensbedingte ordentliche, in schweren Fällen auch eine außerordentliche Kündigung.[824] 301

Aufgrund der sehr vielfältigen und nuancenreichen Kasuistik des BAG und der Instanzgerichte ist es im Rahmen der vorliegenden Darstellung nicht möglich auch nur annähernd einen umfassenden Überblick über die bereits entschiedenen Einzelsachverhalte zu geben, die als hinreichende verhaltensbedingte Kündigungsgründe von der Rechtsprechung anerkannt werden. Von daher wird insoweit auf die einschlägige Kommentarliteratur verwiesen. 302

816 BAG, Urt. v. 24.10.1996, ZTR 1997, 139; Urt. v. 30.09.1993, RzK I. 5. i. Nr. 85; LAG Hamm, Urt. v. 08.11.2000 – 18 Sa 754/00 (n.v.).
817 LAG Düsseldorf, Urt. v. 26.08.1980, DB 1980, 2345; LAG Frankfurt, Urt. v. 23.07.1987, BB 1988, 980; ArbG Hagen, Urt. v. 26.08.1982, DB 1982, 2302.
818 LAG Sachsen-Anhalt, Urt. v. 27.01.2000 – 9 Sa 473/99 (n.v.).
819 ArbG Braunschweig, Urt. v. 22.01.1999, NZA-RR 1999, 192.
820 LAG Schleswig-Holstein, Urt. v. 04.11.1998, NZA-RR 1999, 132.
821 LAG Hessen, Urt. v. 13.12.2001, DB 2002, 901.
822 ArbG Wesel, Urt. v. 21.03.2001, NZA 2001, 786 = NJW 2001, 2490.
823 LAG Schleswig-Holstein, Urt. v. 01.12.2000, ArbuR 2001, 71 = AiB 2001, 305.
824 BAG, Urt. v. 13.12.1984, NZA 1985, 288.

c) Störungen im Vertrauensbereich

303 Die **Beleidigung** eines Vorgesetzten mit dem Wort »Arschloch« ist ein Umstand, der an sich geeignet ist, einen wichtigen Grund für die außerordentliche Kündigung des Arbeitsverhältnisses zu bilden. Kündigt der Arbeitgeber gleichwohl lediglich ordentlich aus verhaltensbedingten Gründen, ist eine vorherige Abmahnung wegen dieser Äußerung entbehrlich, denn das Verhalten des Arbeitnehmers stellt eine störende und schwerwiegende Beeinträchtigung des Vertrauensbereichs dar. Dass der Arbeitgeber die Interessen des Arbeitnehmers bei der Verhältnismäßigkeitsprüfung angemessen berücksichtigt hat, zeigt bereits der Umstand des Absehens von einer außerordentlichen Kündigung.[825] Bezeichnet eine Arbeitnehmerin ihren Firmenchef als »Kotzbrocken« und unterstellt ihm im Beisein von Mitarbeitern des Unternehmens, er kassiere mehr Geld vom Arbeitsamt, als er ihr auszahle, rechtfertigt dieses Verhalten eine außerordentliche Kündigung. Dies gilt insbesondere angesichts der Verknüpfung der groben Beleidigung mit dem Vorwurf einer strafbaren Handlung.[826]

304 Auch die **Anzeige** des Arbeitnehmers **gegen den Arbeitgeber**,[827] beispielsweise die Einschaltung des Gewerbeaufsichtsamts oder der Staatsanwaltschaft, kann eine ordentliche Kündigung rechtfertigen, wenn der Arbeitnehmer nicht zuvor versucht hat, den Arbeitgeber von seiner Handlungsweise durch entsprechende Hinweise und Vorbehalte abzubringen.[828] Nach Auffassung des LAG Hessen[829] kann einem Arbeitnehmer nicht schon deshalb gekündigt werden, weil er seinen Vorgesetzten angezeigt hat, das Strafverfahren aber später mangels Tatverdacht eingestellt wurde. Nach Auffassung des LAG Hessen rechtfertigt dieser Sachverhalt nur dann eine Kündigung, wenn der Arbeitnehmer in der Anzeige wissentlich oder leichtfertig falsche Angaben gemacht hat. Eine Strafanzeige gegen den Arbeitgeber berechtigt aber jedenfalls dann zur fristlosen Kündigung, wenn sie aus der alleinigen Motivation erstattet wird, den Arbeitgeber zu schädigen.[830] Ist der Arbeitnehmer für die Sicherheit gefährlicher Anlagen verantwortlich, ist er grundsätzlich berechtigt, seine Sicherheitsbedenken bei den zuständigen Stellen in gehöriger Form zu erheben.[831] Sagt ein Arbeitnehmer im Rahmen eines staatsanwaltlichen Ermittlungsverfahrens gegen seinen Arbeitgeber aus und übergibt auf Anforderung der Staatsanwaltschaft Unterlagen, so ist dieses Verhalten grundsätzlich nicht geeignet, eine fristlose Kündigung zu rechtfertigen. Denn es ist mit dem Rechtsstaatsprinzip unvereinbar, wenn derjenige, der die ihm auferlegten staatsbürgerlichen Pflichten erfüllt und nicht wissentlich unwahre oder leichtfertig falsche Angaben macht, dadurch zivilrechtliche Nachteile erleidet.[832] Die fristlose Kündigung eines Arbeitnehmers (Taxifahrers) ist ohne vorherige Abmahnung gerechtfertigt, wenn der Arbeitnehmer über den Taxinotruf die Polizei ruft mit der unzutreffenden Behauptung, er werde von seinem Arbeitgeber, der gerade in das Auto des Arbeitnehmers gestiegen ist, bedroht, nach Eintreffen der Polizei diese Behauptung wiederholt, so dass sein Arbeitgeber vorläufig festgenommen wird und im Anschluss daran über den Taxifunk unter Namensnennung seines Arbeitgebers sich brüstet, er habe »den Chef verhaften« lassen.[833]

305 Eine **Vollmachtsüberschreitung** und gravierende Vermögensgefährdung eines Vertriebsleiters/Produktmanagers ist geeignet, das für die Fortsetzung des Arbeitsverhältnisses notwendige Vertrauen des Arbeitgebers zu zerstören.[834] Vertragsverletzungen eines Angestellten in gehobener Stellung (Vollmachtsüberschreitung, Loyalitätsverletzung) beim Vorarbeitgeber schlagen auf ein Folgearbeitsverhältnis im Konzern durch, wenn die Konzernzugehörigkeit im Folgearbeitsverhältnis volle

825 ArbG Frankfurt a.M., NZA-RR 1999, 85.
826 LAG Rheinland-Pfalz, Urt. v. 19.03.2002 – 10 Sa 763/01 (n.v.).
827 Aktuell und eingehend zum Thema des sog. »Whistleblowing« *Müller*, NZA 2002, 424 ff.
828 BAG, Urt. v. 05.02.1959, AP Nr. 2 zu § 70 HGB; LAG Berlin, Urt. v. 25.11.1960, DB 1961, 576; LAG Baden-Württemberg, Urt. v. 29.06.1964, DB 1964, 551.
829 LAG Hessen, Urt. v. 10.04.2002 – 15 Sa 411/01 (n.v.).
830 LAG Köln, Urt. v. 07.01.2000, RDV 2000, 226.
831 BAG, Urt. v. 14.12.1972, AP Nr. 8 zu § 1 KSchG Verhaltensbedingte Kündigung.
832 BVerfG, Beschl. v. 02.07.2001, NZA 2001, 888 = DB 2001, 162.
833 LAG Bremen, Urt. v. 17.07.2003, ArbuR 2003, 356 (LS).
834 BAG, Urt. v. 11.03.1999, RzK I 10 g Nr. 10; LAG Köln, Urt. v. 28.03.2001, NZA-RR 2001, 85.

Anrechnung findet und dies zur Unkündbarkeit des Arbeitsverhältnisses mit Beginn dieser Tätigkeit führt. Überschreitet ein Arbeitnehmer in gehobener Stellung offensichtlich seine Vollmachten in Wahrnehmung eigener – gegenüber seinem Arbeitgeber nicht schützenswerter Interessen – und bringt er hierdurch seinen Arbeitgeber in Misskredit (Einbindung in polizeiliche Ermittlungen) so sind schwerwiegende Gründe gesetzt, die grundsätzlich geeignet sind, die sofortige Beendigung des Arbeitsverhältnisses durch außerordentliche Kündigung zu rechtfertigen. In derartigen Fällen ist eine Abmahnung ungeeignet, die Vertrauensbasis für das Arbeitsverhältnis wiederherzustellen und daher nicht geboten. Auch die gebotene Interessenabwägung führt in diesen Fällen in der Regel nicht dazu, dass ausnahmsweise von der grundsätzlich möglichen außerordentlichen Kündigung abzusehen wäre.[835] Die außerordentliche Kündigung wegen Loyalitätsverstoßes gegenüber einem Angestellten in einer Führungsposition ist nicht deshalb unwirksam, weil für den Arbeitgeber die Möglichkeit der Freistellung unter Fortzahlung der Bezüge bis zum Ablauf einer ordentlichen Kündigungsfrist besteht.[836]

Verstöße gegen ein Wettbewerbsverbot berechtigen regelmäßig zur fristlosen Kündigung, damit aber auch zur ordentlichen Kündigung.[837] Kein Grund zur Kündigung soll bestehen, wenn der Arbeitnehmer habe annehmen können, sein Verhalten sei nicht vertragswidrig.[838] Da die verbotene Konkurrenztätigkeit elementar in das Vertrauensverhältnis zwischen Arbeitgeber und Arbeitnehmer eingreift, bedarf die fristlose Kündigung zu ihrer Wirksamkeit keiner vorausgegangenen Abmahnung.[839] 306

Der **dringende Verdacht eines Diebstahls bzw. einer Unterschlagung** auch geringwertiger Gegenstände aus dem Eigentum des Arbeitgebers stellt an sich einen wichtigen Grund zur außerordentlichen Kündigung dar. Erst die Würdigung, ob dem Arbeitgeber die Fortsetzung des Arbeitsverhältnisses bis zum Ablauf der ordentlichen Kündigungsfrist bzw. der vertragsgemäßen Beendigung des Arbeitsverhältnisses unter Berücksichtigung aller Umstände des Einzelfalles und unter Abwägung der Interessen beider Vertragsteile unzumutbar ist, kann zur Feststellung der Unwirksamkeit der außerordentlichen Kündigung führen.[840] Für eine fristlose Kündigung wegen Diebstahls reicht der bloße Verdacht nicht aus. Vielmehr müssen Tatsachen vorliegen, die einen verständigen und gerecht abwägenden Arbeitgeber zum Ausspruch der Kündigung veranlassen können. Dies ist nur bei einem dringenden Tatverdacht der Fall. Dieser setzt eine hohe Wahrscheinlichkeit der Verurteilung wegen einer Straftat voraus.[841] Nach Auffassung des ArbG Hamburg[842] ist der Diebstahl einer geringwertigen Sache zum Nachteil des Arbeitgebers zwar nach ständiger Rechtsprechung des BAG an sich geeignet, einen wichtigen Grund für eine außerordentliche Kündigung darzustellen. Jedoch könne der Ausspruch sowohl einer außerordentlichen als auch einer ordentlichen Kündigung im konkreten Einzelfall unverhältnismäßig sein. Dies sei vor allem dann der Fall, wenn es an einem Vertragsverstoß seitens des Arbeitnehmers von erforderlichem Gewicht fehle und der finanzielle Schaden des Arbeitgebers gering sei (Verkaufspreis des Salats von 7,50 DM = 3,83 EUR). Zudem dürfe es zu keiner Störung des Betriebsablaufs kommen. 307

Wendet ein Arbeitnehmer einen nur ihm und seinen Verwandten zustehenden Personenrabatt einem Nachbarn zu, indem er dem Arbeitgeber vorspiegelt, es handele sich um einen Personaleinkauf, schädigt er vorsätzlich das Vermögen des Arbeitgebers. Wenn der Arbeitnehmer diese verdeckte Personalrabattgewährung heimlich, unter bewusster Unterlaufung der Kontrollvorrichtungen des 308

835 LAG Köln, Urt. v. 28.03.2001, NZA-RR 2001, 85.
836 BAG, Urt. v. 11.03.1999, AP Nr. 149 zu § 626 BGB = NZA 1999, 587.
837 BAG, Urt. v. 21.11.1996, EzA § 626 BGB n.F. Nr. 162; BAG, Urt. v. 26.08.1976, AP Nr. 68 zu § 626 BGB; BAG, Urt. v. 24.04.1970, AP Nr. 21 zu § 249 BGB; LAG Frankfurt a.M., Urt. v. 28.04.1998, LAGE § 1 KSchG Verhaltensbedingte Kündigung Nr. 65.
838 BAG, Urt. v. 17.05.1984, DB 1984, 2702.
839 Tschöpe/*Nägele*, Teil 3 D Rn 211.
840 BAG, Urt. v. 12.08.1999, AP Nr. 28 zu § 626 BGB Verdacht strafbarer Handlung = NZA 2000, 421.
841 LAG Rheinland-Pfalz, Urt v. 12.02.2002 – 8 Sa 797/01 (n.v.).
842 ArbG Hamburg, Urt. v. 02.10.2000, NZA-RR 2001, 416.

Arbeitgebers durchführt, ist das Vertrauen in seine Redlichkeit so erheblich erschüttert, dass der Arbeitgeber berechtigt ist, eine verhaltensbedingte Kündigung auszusprechen. Eine Abmahnung des Arbeitnehmers ist vor der Kündigung nicht erforderlich, weil das Fehlverhalten des Arbeitnehmers sich als gravierende Störung im Vertrauensbereich darstellt.[843] Führt der Arbeitnehmer private Telefonate von seinem dienstlichen Telefonapparat ohne die betrieblich vorgesehene Kennzeichnung und getrennte Abrechnung, so stellt dieses treuwidrige Verhalten an sich einen wichtigen Grund i.S.d. § 626 Abs. 1 BGB dar.[844] Das Nichtbetätigen der Arbeitszeiterfassungsanlage bei einem Gaststättenbesuch während der Arbeitszeit kann bei erheblichen Pausenüberziehungen eine ordentliche Kündigung auch bei langjährig beschäftigten Arbeitnehmern begründen, auch wenn diese im Leistungslohn beschäftigt sind und der zu verrechnende Leistungssatz deutlich über hundert Prozent liegt. Einer Abmahnung bedarf es in diesem Falle deshalb nicht, weil das Nichtbetätigen der Erfassungsanlage als Pflichtverstoß gilt, der nicht dem Leistungsbereich, sondern dem Vertrauensbereich zuzuordnen ist.[845]

309 **Straftaten**, die der öffentliche Bedienstete, wenn auch im Privatbereich, begeht, können wegen §§ 6, 8 BAT aus verhaltensbedingten Gründen jedenfalls eine ordentliche Kündigung sozial rechtfertigen.[846] Das außerdienstliche Verhalten eines Arbeitnehmers (Forderung und Einzug einer Vermittlungsprovision für die Einstellung eines Arbeitnehmers), das weder zur konkreten Beeinträchtigung des Arbeitsverhältnisses noch zur konkreten Gefährdung im Vertrauensbereich führt, ist grundsätzlich nicht geeignet, einen Grund für eine verhaltensbedingte Kündigung zu bilden.[847] Straftaten des Arbeitnehmers außerhalb des Arbeitsverhältnisses berechtigen den Arbeitgeber regelmäßig nicht zu einer verhaltensbedingten Kündigung, es sei denn, sie wirken auf das Rechte- und Pflichtengefüge im Arbeitsverhältnis ein. Wird ein Arbeitnehmer wegen einer strafbaren Handlung inhaftiert, handelt es sich meist nicht um eine verhaltensbedingte, sondern um eine personenbedingte Kündigung.[848]

310 Eine Tätlichkeit eines Krankenpflegehelfers gegenüber einem Bewohner eines psychiatrischen Krankenhauses (Ohrfeige) ist ein wichtiger Grund zur fristlosen Kündigung. Bei Verletzungen im Vertrauensbereich ist eine Abmahnung bei besonders schwerwiegenden Verstößen, deren Rechtswidrigkeit dem Arbeitnehmer ohne weiteres erkennbar ist und bei denen offensichtlich ausgeschlossen ist, dass sie der Arbeitgeber hinnimmt, nicht erforderlich. In solchen Fällen kann eine Wiederherstellung des für ein Arbeitsverhältnis notwendigen Vertrauens nicht erwartet werden.[849] Der dringende Verdacht des sexuellen Missbrauchs eines Schülers durch einen Lehrer rechtfertigt eine außerordentliche Kündigung. Die Schule ist nicht gehalten, vor Ausspruch der Kündigung ein Glaubwürdigkeitsgutachten bezüglich der Angaben des Schülers einzuholen. Die Kündigung ist nicht wegen der erwiesenen Schuld des Lehrers gerechtfertigt, sondern wegen des mit dem dringenden Tatverdacht verbundenen Vertrauensverlustes.[850] Erzählt ein Lehrer seinen Schülern unreflektiert rassistische (antisemitische) Witze, ist dieses Verhalten geeignet, das Vertrauen des Arbeitgebers in den Lehrer im Kernbereich zu zerstören und jedenfalls eine ordentliche verhaltensbedingte Kündigung zu rechtfertigen.[851]

311 Bei Lehrern und Erziehern kann eine Verurteilung wegen vorsätzlicher Körperverletzung zu Lasten eines Kindes ein Kündigungsgrund sein, weil hiermit ernsthafte Zweifel an der Zuverlässigkeit oder Eignung für die von ihnen zu verrichtende Tätigkeit begründet werden.[852] Hat ein im öffentlichen Dienst beschäftigter Arbeiter einen versuchten Zigarettenautomatenaufbruch zwar nicht bei seinem

843 LAG Schleswig-Holstein, Urt. v. 28.01.1999, ARST 1999, 105.
844 LAG Köln, Urt. v. 04.11.1999 – 6 Sa 493/99 (n.v.).
845 LAG Rheinland-Pfalz, Urt. v. 24.04.1997 – 7 Sa 919/96 (n.v.).
846 BAG, Urt. v. 20.11.1997, AP Nr. 43 zu § 1 KSchG 1969 = NZA 1998, 323.
847 BAG, Urt. v. 24.09.1987, AP Nr. 19 zu § 1 KSchG 1969 Verhaltensbedingte Kündigung.
848 BAG, Urt. v. 22.09.1994, BB 1995, 1141; BAG, Urt. v. 15.11.1984, NZA 1985, 661.
849 LAG Schleswig-Holstein, Urt. v. 13.07.2000, AuA 2000, 554; vgl. auch LAG Frankfurt, Urt. v. 30.03.2000, NZA-RR 2000, 526 (Kündigung einer Altenpflegerin wegen Anwendung körperlicher Gewalt).
850 LAG Schleswig-Holstein, Urt. v. 18.12.2001 – 1 Sa 380 b/01 (n.v.).
851 BAG, Urt. v. 05.11.1992, ArbuR 1993, 124.
852 LAG Berlin, Urt. v. 15.12.1989, BB 1990, 286.

öffentlichen Arbeitgeber, sondern außerhalb des Bereichs seines öffentlichen Arbeitgebers begangen, aber hierbei ebenfalls vorsätzlich Werkzeug seines öffentlichen Arbeitgebers – nämlich eine Metallsäge, einen Bolzenschneider sowie ein Brecheisen –, dessen Mitnahme ihm seitens seiner Vorgesetzten nur aufgrund seiner Angabe, er benötige das vorstehende Werkzeug ausschließlich für rein private Zwecke, gestattet worden war, eingesetzt, so gibt dieser versuchte Diebstahl in einem schweren Fall gem. § 243 Abs. 1 Nr. 2 StGB seitens dieses Arbeiters in der Regel einen wichtigen Grund i.S.d. §§ 626 Abs. 1 BGB, 53 Abs. 1 BMT-G II für eine arbeitgeberseitige außerordentliche fristlose Beendigungskündigung gegenüber diesem Arbeiter ab.[853] Bei der Bewertung von Straftaten des Mitarbeiters ist aber stets eine einzelfallbezogene Interessenabwägung erforderlich. Auch die Verurteilung zu einer Strafhaft von drei Jahren und sechs Monaten rechtfertigt nicht ohne umfassende Interessenabwägung automatisch eine ordentliche Kündigung.[854]

d) Bereich der privaten Lebensführung/außerdienstliches Verhalten

Der Bereich der privaten Lebensführung, Schulden des Arbeitnehmers, aber auch das Intimleben sind in der BAG-Rechtsprechung heute weitgehend als Gründe einer verhaltensbedingten Kündigung ausgeblendet. In diesem Bereich kann man einen deutlichen Wertewandel und ein verändertes Verständnis der BAG-Rechtsprechung vom Wesen des Arbeitsverhältnisses aus der Zeit zwischen den 50er-Jahren und den 90er-Jahren feststellen. Außerdienstliches Verhalten des Arbeitnehmers kann nur in eng begrenzten Ausnahmefällen eine Kündigung rechtfertigen, zum Beispiel weil sich das private Verhalten auf den betrieblichen Bereich auswirkt und dort zu Störungen führt.[855] 312

Ob die Rechtsprechung heute noch eine verhaltensbedingte Kündigung aufgrund eines Intimverhältnisses zwischen einem Mitarbeiter und einer Mitarbeiterin, die sich auf das Arbeitsverhältnis belastend auswirkt, für gerechtfertigt hielte,[856] ist zumindest ohne konkret vorgetragene Störungen des Betriebsablaufs zweifelhaft. Eher kündigungsrelevant zu bewerten ist ein intimes Verhältnis zwischen einem Vorgesetzten und einer Jugendlichen oder Auszubildenden, wenn der Vorgesetzte trotz erfolgter Abmahnung hieran festhält.[857] 313

Nach einer Entscheidung des LAG Baden-Württemberg aus dem Jahr 1993[858] darf ein homosexueller Bewerber um einen Ausbildungsplatz bei einer katholischen Behinderteneinrichtung nur wegen seiner sexuellen Orientierung nicht abgelehnt werden. Diese Grundsätze sind auf die verhaltensbedingte Kündigung übertragbar. Eine Kündigung ist jedenfalls dann ausgeschlossen, wenn die sexuelle Orientierung nicht zu störenden Auswirkungen im Dienstablauf führt.[859] 314

2. Verschulden

Bei fehlendem Verschulden kommt eine verhaltensbedingte Kündigung grundsätzlich nicht in Betracht.[860] Im Regelfall ist es erforderlich, dass der Arbeitnehmer **schuldhaft** gegen die ihm obliegende Vertragspflicht verstoßen hat.[861] Der Arbeitgeber, der sich auf einen verhaltensbedingten Kündigungsgrund (unentschuldigtes Fehlen; nicht rechtzeitige Unterrichtung über Arbeitsunfähigkeit; Nichtvorlage Arbeitsunfähigkeitsbescheinigung) beruft, muss ein Verschulden des Arbeitnehmers darlegen und beweisen, das heißt, er muss im Falle einer Alkoholabhängigkeit widerlegen, dass die Alkoholabhängigkeit ursächlich für das Fehlverhalten des Arbeitnehmers gewesen ist.[862] Vorsatz 315

853 LAG Hamm, Urt. v. 07.12.2000, ZTR 2001, 236.
854 LAG Rheinland-Pfalz, Urt. v. 12.04.1999, RzK I 5 h Nr. 49.
855 Kittner/Zwanziger/*Appel*, § 94 Rn 20.
856 LAG Düsseldorf, Urt. v. 20.07.1966, DB 1966, 1571.
857 ArbG Essen, Urt. v. 23.07.1969, DB 1969, 1270.
858 LAG Baden-Württemberg, Urt. v. 24.06.1993, NZA 1994, 416.
859 Kittner/Zwanziger/*Mayer*, § 147 Rn 20.
860 KR/*Etzel*, § 1 KSchG Rn 423.
861 BAG, Urt. v. 16.03.1961, AP Nr. 2 zu § 1 KSchG; Ascheid/Preis/Schmidt/*Dörner*, § 1 KSchG Rn 275.
862 LAG Köln, Urt. v. 16.10.1998 – 12 (5) Sa 382/98 (n.v.).

ist nicht erforderlich, auch fahrlässige Pflichtwidrigkeiten reichen aus.[863] Die vorsätzliche Störung einer jüdischen religiösen Zeremonie durch Verwenden des Hitlergrußes rechtfertigt etwa auch dann den Ausspruch einer außerordentlichen Kündigung, wenn die Arbeitnehmerin geltend macht, sie kenne als türkische Analphabetin die Judenverfolgung nicht und sie habe nur einen Scherz machen wollen.[864] Liegt dagegen nur ein **objektiv pflichtwidriges Verhalten** des Arbeitnehmers vor, kann dies nur ausnahmsweise dann eine ordentliche Kündigung sozial rechtfertigen, wenn beispielsweise die Folgen für den Arbeitgeber erheblich waren, wie bei der Verursachung eines beträchtlichen Schadens oder bei einer erheblichen Störung des Betriebsfriedens.[865] Ein **unverschuldeter Rechtsirrtum** des Arbeitnehmers ist bei der Interessenabwägung allerdings zu seinen Gunsten zu berücksichtigen.[866] Ein Arbeitnehmer, der eine Änderungskündigung unter Vorbehalt annimmt, ist zwar bis zur rechtskräftigen Entscheidung über die von ihm erhobene Änderungsschutzklage zur Weiterarbeit verpflichtet. Ihm kann aber nicht gem. § 626 Abs. 1 BGB fristlos gekündigt werden, wenn er im Vertrauen auf den Rat seines Anwalts nicht mehr zur Arbeit erscheint. Es fehlt insoweit an einem Verschulden des Arbeitnehmers.[867]

3. Abmahnung als Vorbereitungshandlung

316 Vor Ausspruch einer sozial gerechtfertigten, verhaltensbedingten Kündigung muss der Arbeitgeber nach der Rechtsprechung den Arbeitnehmer im Regelfall abmahnen.[868] Dies folgt aus dem **Ultima-Ratio-Prinzip**. Aufgrund ihrer schwerwiegenden, existenzbedrohenden Rechtsfolgen für den Arbeitnehmer stellt die Kündigung das schärfste Sanktionsinstrument des Arbeitgebers dar. Vor Ausspruch der Kündigung hat der Arbeitgeber deshalb unter Berücksichtigung des Verhältnismäßigkeitsgrundsatzes ihm alternativ zur Verfügung stehende geeignete, weniger einschneidende Mittel, wie etwa die Abmahnung, vorrangig einzusetzen. Ist Gegenstand der Abmahnung ein Verhalten des Arbeitnehmers, ist ein **Verschulden** des Arbeitnehmers **nicht Voraussetzung für ihre Rechtmäßigkeit**. Auf ein fehlendes Verschulden kann kein Entfernungsanspruch gestützt werden. Ist die in einer Abmahnung enthaltene Schilderung von Tatsachen objektiv richtig, schließt dies grundsätzlich einen Entfernungsanspruch aus; er kommt dann allenfalls ausnahmsweise in Betracht.[869] Abmahnungen sind aus der Personalakte des Arbeitnehmers zu entfernen, wenn sie eine **unangemessene Reaktion des Arbeitgebers** darstellen, die die gebotene Verhältnismäßigkeit zwischen Fehlverhalten und Sanktion außer Acht lässt. Beispielsweise stellt eine Abmahnung wegen Verweigerung von Überstundenleistung durch den Arbeitnehmer an einem Samstag, der auf den letzten Arbeitstag vor einem seit zirka einem Jahr vom Arbeitgeber genehmigten Urlaub folgt, eine Überreaktion des Arbeitgebers dar, wenn dieser, obwohl ihm die Notwendigkeit von Mehrarbeit bereits langfristig bekannt ist, erst kurzfristig disponiert, welche Arbeitnehmer zur Ableistung von Überstunden eingeteilt werden.[870]

317 **Zahlreiche Abmahnungen wegen gleichartiger Pflichtverletzungen**, denen keine weiteren Konsequenzen folgen, können die Warnfunktion der Abmahnung abschwächen. Der Arbeitgeber muss dann seine letzte Abmahnung vor Ausspruch der Kündigung besonders eindringlich gestalten, um dem Arbeitnehmer klar zu machen, dass weitere derartige Pflichtverletzungen nunmehr zum Ausspruch einer Kündigung führen werden.[871] Nach Auffassung des LAG Saarland kommt es für die Beurteilung, ob mehrere Abmahnungen wegen gleichartiger Pflichtverletzungen die Warnfunktion

863 Küttner/*Eisemann*, Nr. 259 Rn 5.
864 LAG Hessen, Urt. v. 15.10.1999, ArbuR 2000, 116 (LS).
865 Ascheid/Preis/Schmidt/*Dörner*, § 1 KSchG Rn 276; KR/*Etzel*, § 1 KSchG Rn 388 unter Hinw. auf BAG, Urt. v. 04.11.1957, AP Nr. 39 zu § 1 KSchG; BAG, Urt. v. 27.07.1961, AP Nr. 24 zu § 611 BGB Ärzte Gehaltsansprüche; BAG, Urt. v. 21.01.1999, AP Nr. 151 zu § 626 BGB = NZA 1999, 863.
866 BAG, Urt. v. 12.04.1973, EzA § 611 BGB Nr. 12; BAG, Urt. v. 14.02.1978, EzA Art. 9 GG Arbeitskampf Nr. 22.
867 LAG Köln, Urt. v. 29.06.2001 – 11 Sa 143/01 (n.v.).
868 BAG, Urt. v. 17.02.1994, AP Nr. 115 zu § 626 BGB; BAG, Urt. v. 21.11.1985, EzA § 1 KSchG Nr. 42.
869 LAG Köln, Urt. v. 08.08.1997, MDR 1998, 1109.
870 LAG Hessen, Urt. v. 14.05.2003 – 2/1 Sa 1441/02 (n.v.).
871 BAG, Urt. v. 15.11.2001, DB 2002, 689.

der Abmahnung abschwächen können, nicht zwingend auf die Anzahl der Abmahnungen und auch nicht in jedem Fall darauf an, ob sich die Abmahnungen über eine bestimmte Anzahl von Jahren erstrecken. Entscheidend ist vielmehr, wie die **Abmahnungen konkret gestaltet** sind und welche **sonstigen Begleitumstände** noch eine Rolle spielen.[872]

Lediglich bei **Störungen im Vertrauensbereich** ging das BAG in der Vergangenheit davon aus, dass eine Abmahnung im Allgemeinen entbehrlich sei. Nur wenn der Arbeitnehmer mit vertretbaren Gründen annehmen konnte, sein Verhalten sei nicht vertragswidrig oder werde vom Arbeitgeber zumindest nicht als ein erhebliches, den Bestand des Arbeitsverhältnisses gefährdendes Fehlverhalten angesehen, war bei Störungen im Vertrauensbereich ausnahmsweise eine Abmahnung erforderlich.[873] Auf der Grundlage der neueren Rechtsprechung des BAG[874] sind diese Grundsätze in dieser Form nicht mehr gültig. Sowohl bei Störungen im allgemeinen Verhaltens- und Leistungsbereich als auch bei Störungen im Vertrauensbereich ist das Abmahnungserfordernis stets zu prüfen. Geht es um ein steuerbares Verhalten des Arbeitnehmers und kann eine Wiederherstellung des Vertrauens erwartet werden, ist eine ordentliche Kündigung vor Ausspruch einer Abmahnung unwirksam.[875] Die Entbehrlichkeit der vorherigen Abmahnung kommt bei einer verhaltensbedingten Kündigung nur dann in Betracht, wenn es um **schwere Pflichtverletzungen** geht, deren **Rechtswidrigkeit** für den Arbeitnehmer **ohne weiteres erkennbar** ist und bei denen eine **Hinnahme** des Verhaltens **durch den Arbeitgeber offensichtlich ausgeschlossen** ist. Dies gilt auch bei Störungen im Vertrauensbereich.[876] Nach Auffassung des LAG München ist eine fristlose Kündigung ohne vorherige Abmahnung wegen Verletzung des allgemeinen Persönlichkeitsrechts und der nachhaltigen Störung des Vertrauensverhältnisses gerechtfertigt, wenn ein Arbeitnehmer ohne Genehmigung der Arbeitgeberin auf einer betrieblichen Tagung heimlich deren Geschäftsführer während eines Vortrages, einschließlich der von ihm dabei gezeigten und unter das Betriebsgeheimnis fallenden Schaubilder fotografiert.[877] Auch im Ausbildungsverhältnis bedarf es bei besonders schwerwiegenden Pflichtverletzungen, deren Rechtswidrigkeit dem Auszubildenden ohne weiteres erkennbar und bei denen eine Hinnahme durch den Ausbildenden offensichtlich ausgeschlossen ist, vor dem Ausspruch der außerordentlichen Kündigung keiner Abmahnung.[878] **Außerhalb** des Anwendungsbereichs **des Kündigungsschutzgesetzes** setzt die Wirksamkeit einer Kündigung aus Gründen in dem Verhalten des Arbeitnehmers in der Regel nicht voraus, dass dem Arbeitnehmer zuvor eine vergebliche Abmahnung erteilt wurde.[879] Vor der fristlosen Kündigung des Dienstverhältnisses eines GmbH-Geschäftsführers ist eine Abmahnung regelmäßig entbehrlich.[880] 318

Für den **Bereich des öffentlichen Dienstes** gilt, dass der Arbeitnehmer nach **§ 13 Abs. 2 Satz 1 BAT** vor dem Ausspruch der Abmahnung anzuhören ist. Nimmt der Arbeitgeber eine Abmahnung ohne **vorherige Anhörung** des Angestellten gem. § 13 Abs. 2 Satz 1 BAT zu den Personalakten, so hat der Angestellte wegen Verletzung einer Nebenpflicht einen **schuldrechtlichen Anspruch auf Entfernung der Abmahnung aus den Personalakten**. Die nachträgliche Anhörung des Angestellten in Form der Übersendung des zu den Akten genommenen Abmahnungsschreibens heilt den Mangel nicht. Der Angestellte kann auch nicht auf sein Recht zur Gegendarstellung (§ 13 Abs. 2 Satz 2 BAT) oder auf sein Recht zur Überprüfung der inhaltlichen Unrichtigkeit der Abmahnung verwiesen 319

872 LAG Saarland, Urt. v. 23.04.2003 – 2 Sa 134/02 (n.v.).
873 BAG, Urt. v. 30.06.1983, EzA § 1 KSchG Tendenzbetrieb Nr. 14.
874 BAG, Urt. v. 04.06.1997, AP Nr. 137 zu § 626 BGB = NZA 1997, 1281; BAG, Urt. v. 11.03.1999 – AZR 51/98 (n.v.); BAG, Urt. v. 26.01.1995, NZA 1995, 517.
875 BAG, Urt. v. 04.06.1997, AP Nr. 137 zu § 626 BGB = NZA 1997, 1281; *Tschöpe*, BB 2002, 778 (779).
876 BAG, Urt. v. 11.03.1999, AP Nr. 149 zu § 626 BGB = NZA 1999, 587; BAG, Urt. v. 10.02.1999, AP Nr. 42 zu § 15 KSchG 1969 = NZA 1999, 708; vgl. auch BAG, Urt. v. 31.03.1993, AP Nr. 32 zu § 626 BGB Ausschlussfrist und BAG, Urt. v. 26.08.1993, AP Nr. 112 zu § 626 BGB.
877 LAG München, Urt. v.17.12.2002 – 6 Sa 197/02 (n.v.).
878 BAG, Urt. v. 01.07.1999, AP Nr. 11 zu § 15 BBiG = NZA 1999, 1270.
879 BAG, Urt. v. 21.02.2001, NZA 2001, 951.
880 BGH, Urt. v. 14.02.2000, BB 2000, 844.

werden.[881] Gleichwohl entfaltet nach der Rechtsprechung des BAG auch eine wegen Nichtanhörung des Arbeitnehmers nach § 13 Abs. 2 Satz 1 BAT formell unwirksame Abmahnung die erforderliche Warnfunktion.[882] Nach Auffassung des LAG Rheinland-Pfalz[883] ist eine Abmahnung wirksam erteilt, sobald der Arbeitgeber diese Maßnahme dem Arbeitnehmer gegenüber ergreife, das heißt, diesem zugehe. Die Anhörung nach § 13 Abs. 2 Satz 1 BAT sei keine Wirksamkeitsvoraussetzung für eine Abmahnung. Die unterlassene Anhörung des Arbeitnehmers stelle aber ein Verwertungsverbot für die in der Abmahnung erhobenen Vorwürfe dar. Außerhalb des öffentlichen Dienstes ist eine Anhörung des Arbeitnehmers vor Ausspruch der Abmahnung entbehrlich. Der abweichenden Auffassung des ArbG Franfurt/Oder[884] haben sich andere Instanzgerichte nicht angeschlossen.[885]

320 Zu Inhalt, Form und sonstigen formellen Erfordernissen der Abmahnung wird vertiefend auf die Ausführungen in diesem Buch und die einschlägige Kommentarliteratur verwiesen. Ein mit »Abmahnung« überschriebenes Schreiben, das weder das konkrete Fehlverhalten benennt, noch diesem Schreiben ein Hinweis auf arbeitsrechtliche Konsequenzen im Falle eines erneuten Fehlverhaltens des Arbeitnehmers entnommen werden kann, stellt keine Abmahnung im arbeitsrechtlichen Sinne dar.[886] Eine Abmahnung im Rechtssinne liegt nicht schon deshalb vor, weil die Maßnahme als solche bezeichnet wird (»Ich mahne Sie hiermit förmlich ab.«). Insbesondere in der betrieblichen Umgangssprache hat der Arbeitgeber die Drohung mit der Kündigung auch auszusprechen. Weicht er auf eigenes Risiko auf Umschreibungen aus (»Sie sind sich im Klaren über die Folgen.«), hat er diese so zu wählen, dass die Kündigungsdrohung bei seinem konkreten Gesprächspartner auch mit Sicherheit ankommt.[887] Entscheidend im Rahmen der verhaltensbedingten Kündigung ist die **Dokumentationsfunktion** in Bezug auf das beanstandete Verhalten und die **Warnfunktion**[888] für den Arbeitnehmer in Form des deutlichen Hinweises auf die Gefährdung des Bestandes des Arbeitsverhältnisses. Die Abmahnung muss das **gerügte Fehlverhalten konkret bestimmen**. Der Arbeitnehmer muss erkennen können, was genau vom Arbeitgeber an seinem Verhalten beanstandet wird. Nur dann kann er das bemängelte Verhalten abstellen. Ein pauschaler Hinweis auf unzureichende Arbeitsleistungen oder unfreundliches Verhalten genügt diesen Anforderungen nicht.[889]

321 Als abmahnungsberechtigt kommen alle Personen in Betracht, die aufgrund ihrer Aufgabenstellung dazu befugt sind, verbindliche Anweisungen bezüglich Ort, Zeit und Art und Weise der Arbeitsleistung zu erteilen.[890]

322 Es gibt keine feste Frist, nach deren Ablauf Abmahnungen ihre kündigungsvorbereitende Warnfunktion verlieren.[891] Jedoch gibt es auch keine feste Frist, innerhalb der die Abmahnung ausreichend ihre Warnfunktion erfüllt hat. Mit der Abmahnung muss dem Arbeitnehmer ausreichend Zeit gegeben werden, sein Leistungsverhalten umzustellen. Eine **Bewährungsfrist** von sieben Wochen, während der der Arbeitnehmer fehlzeitenbedingt nur an sechs Tagen gearbeitet hat, wird als zu kurz angesehen.[892]

881 BAG, Urt. v. 16.11.1989, NZA 1990, 477.
882 BAG, Urt. v. 21.05.1992, AP Nr. 28 zu § 1 KSchG 1969 Verhaltensbedingte Kündigung = NZA 1992, 1028.
883 LAG Rheinland-Pfalz, Urt. v. 24.01.1992, ARST 1993, 75.
884 ArbG Frankfurt/Oder, Urt. v. 07.04.1999, DB 2000, 146.
885 *Tschöpe*, BB 2002, 778 (780).
886 ArbG Frankfurt a.M., Urt. v. 05.11.2002, NL-BzAR 2002, 495 (LS).
887 LAG Köln, Urt. v. 12.12.2002, ArbuR 2003, 195 (LS).
888 BAG, Urt. v. 18.01.1980, EzA § 1 KSchG Verhaltensbedingte Kündigung Nr. 3; BAG, Urt. v. 18.11.1986, EzA § 611 BGB Abmahnung Nr. 4.
889 *Rost*, in: *Henssler/Moll*, Kündigung und Kündigungsschutz in der betrieblichen Praxis, S. 35 (44).
890 BAG, Urt. v. 18.01.1980, EzA § 1 KSchG Verhaltensbedingte Kündigung Nr. 7.
891 BAG, Urt. v. 18.11.1986, EzA § 611 BGB Abmahnung Nr. 4.
892 LAG Hessen, Urt. v. 26.04.1999, SPA 20/1999, 2.

4. Negative Prognose

Der Zweck der verhaltensbedingten Kündigung ist **zukunftsbezogen** ausgerichtet. Mit ihr soll das Risiko weiterer Vertragsverletzungen ausgeschlossen werden.[893] Das BAG hat auch im Bereich der verhaltensbedingten Kündigung das **Prinzip der Negativprognose** anerkannt.[894] Deshalb muss im Zeitpunkt der Kündigung mit einer Fortsetzung der sich negativ auf das Arbeitsverhältnis auswirkenden Vertragsverletzungen durch den Arbeitnehmer zu rechnen sein.[895] 323

Die negative Zukunftsprognose kann sich, wie in der Praxis üblich, darauf gründen, dass sich der Arbeitnehmer eine einschlägige Abmahnung nicht hat zur Warnung dienen lassen. Sie kann sich aber auch aus dem Grad des Verschuldens ergeben. Handelt ein Arbeitnehmer bewusst und gewollt vertragswidrig und nimmt er auch die daraus folgenden negativen betrieblichen Auswirkungen bewusst in Kauf oder legt er es gar darauf an, so liegt hierin schon die Gefahr begründet, dass sich der Arbeitnehmer auch in Zukunft nicht vertragstreu verhalten wird. Die negative Zukunftsprognose kann auch darin gründen, dass eine konkrete Vertragsverletzung die notwendige Vertrauensgrundlage so beschädigt, dass eine sinnvolle Zusammenarbeit zwischen Arbeitnehmer und Arbeitgeber oder der Arbeitnehmer untereinander in der Zukunft nicht möglich erscheint.[896] 324

5. Umfassende Interessenabwägung

Unabhängig davon, wie schwer ein Pflichtenverstoß im Einzelfall wiegt, bleibt angesichts der Tatsache, dass keine absoluten Kündigungsgründe existieren, stets zu prüfen, ob unter Berücksichtigung der Gesamtumstände des Einzelfalles das Interesse des Arbeitgebers an der Beendigung des Arbeitsverhältnisses das des Arbeitnehmers an seiner Fortsetzung überwiegt.[897] 325

Die **umfassende Interessenabwägung** hat **auf der Grundlage eines objektiven Beurteilungsstandpunktes** zu erfolgen. In seiner Entscheidung vom 21.05.1992 formuliert das BAG[898] hierzu: »Für eine verhaltensbedingte Kündigung genügen solche im Verhalten des Arbeitnehmers liegenden Umstände, die bei verständiger Würdigung in Abwägung der Interessen der Vertragsparteien und des Betriebes die Kündigung als billigenswert und angemessen erscheinen lassen. Dabei ist nicht von dem Standpunkt des jeweiligen Arbeitgebers auszugehen. Vielmehr gilt ein objektiver Maßstab. Als verhaltensbedingter Grund ist insbesondere eine rechts(vertrags)widrige Pflichtverletzung aus dem Arbeitsverhältnis geeignet, wobei regelmäßig Verschulden erforderlich ist; die Leistungsstörung muss dem Arbeitnehmer vorwerfbar sein. Insofern genügt ein Umstand, der einen ruhig und verständig urteilenden Arbeitgeber zur Kündigung bestimmen kann.« 326

Bei der verhaltensbedingten Kündigung sind im Rahmen der Interessenabwägung auf Seiten des Arbeitnehmers **Art, Schwere** und **Häufigkeit des Fehlverhaltens, früheres beanstandungsloses Verhalten, Mitverschulden des Arbeitgebers, Dauer der Betriebszugehörigkeit, Lebensalter, Unterhaltspflichten, Arbeitsmarktsituation**, und auf Seiten des Arbeitgebers der durch das Fehlverhalten **angerichtete Schaden,**[899] **verursachte Betriebsablaufstörungen, Arbeits- und Betriebsdisziplin, Vermögensschaden, Wiederholungsgefahr, Ansehensschaden, Schutz der Belegschaft** zu berücksichtigen und zueinander in ein Verhältnis zu setzen.[900] Im Rahmen der Interessenabwägung sind darüber hinaus **der betriebliche oder branchenübliche Umgangston**, **der Bildungsgrad und psychische Zustand eines Arbeitnehmers**, **die Gesprächssituation** (zum Beispiel 327

893 *Stahlhacke/Preis/Vossen*, Rn 690.
894 BAG, Urt. v. 26.01.1995, EzA § 1 KSchG Verhaltensbedingte Kündigung Nr. 46 = NZA 1995, 517; BAG, Urt. v. 10.11.1988, NZA 1989, 633.
895 BAG, Urt. v. 21.01.1999, EzA § 626 BGB n.F. Nr. 178 = DB 1999, 1400.
896 *Berkowsky*, NZA-RR 2001, 1 (4).
897 BAG, Urt. v. 16.08.1991, AP Nr. 27 zu § 1 KSchG 1969 Verhaltensbedingte Kündigung = NZA 1993, 17.
898 BAG, Urt. v. 21.05.1992, AP Nr. 29 zu § 1 KSchG 1969 Verhaltensbedingte Kündigung = NZA 1993, 115.
899 BAG, Urt. v. 16.08.1991, EzA § 1 KSchG Verhaltensbedingte Kündigung Nr. 41; a.A. aber BAG, Urt. v. 07.12.1988, EzA § 1 KSchG Verhaltensbedingte Kündigung Nr. 26.
900 LAG Hamm, Urt. v. 30.05.1996, NZA 1997, 1056.

Anwesenheit von Dritten, Ernsthaftigkeit der beleidigenden Äußerung) und **der Ort und Zeitpunkt des Geschehens** zu berücksichtigen.[901]

328 Im Rahmen der Interessenabwägung ist auch der **Grad des individuellen Verschuldens** zu berücksichtigen. Vorsätzliche Pflichtenverstöße wiegen grundsätzlich schwerer als Pflichtenverstöße aus Nachlässigkeit oder Unaufmerksamkeit.[902] Eine unverschuldete Zwangslage kann eine an sich zur ordentlichen Kündigung berechtigende Pflichtwidrigkeit im Rahmen der Interessenabwägung vor die Interessen des Arbeitgebers auf Beendigung des Arbeitsverhältnisses treten lassen.[903]

6. Darlegungs- und Beweislast

329 Dem **Arbeitgeber** obliegt die Darlegungs- und Beweislast für die verhaltensbedingten Kündigungsgründe (§ 1 Abs. 2 Satz 4 KSchG) und damit auch für die **Rechtswidrigkeit des Vertragsverstoßes** und ein eventuelles **Verschulden des Arbeitnehmers**.[904] Der Arbeitgeber muss jedoch nicht von sich aus jeden erdenklichen Rechtfertigungs- oder Entschuldigungsgrund vorsorglich ausschließen. Vielmehr kann er sich nach dem **Grundsatz der abgestuften Darlegungs- und Beweislast** zunächst darauf beschränken, den objektiven Tatbestand der Pflichtverletzung darzulegen.[905] Will der Arbeitnehmer gegenüber diesem Vortrag einen Rechtfertigungs- oder Entschuldigungsgrund geltend machen, muss er diesen substantiiert vortragen.[906] Beruft sich ein Arbeitnehmer, der der Arbeit ferngeblieben ist und keine Arbeitsunfähigkeitsbescheinigung vorgelegt hat, darauf, er sei arbeitsunfähig gewesen, hat er unter Beachtung der vorstehenden Grundsätze darzulegen, woran er erkrankt war und weshalb er nicht arbeiten konnte.[907] Eine Arbeitnehmerin, die die Rechtswidrigkeit und Schuldhaftigkeit der von ihr begangenen Arbeitspflichtverletzung unter Berufung auf eine Pflichtenkollision wegen der Personensorge für ihr Kind (§ 1627 BGB) und damit ein Leistungsverweigerungsrecht (§§ 273, 320 BGB) oder eine Unmöglichkeit bzw. Unzumutbarkeit der Arbeitsleistung bestreitet, muss in Erwiderung auf den Vortrag des Arbeitgebers substantiiert darlegen, warum in ihrem Fall Rechtfertigungs- bzw. Entschuldigungsgründe greifen. Die Arbeitnehmerin muss aufzeigen, dass sie sich in einer unverschuldeten Zwangslage befand. Dazu gehört der ins Einzelne gehende Vortrag, dass sie rechtzeitig ausreichende Anstrengungen unternommen hat, eine Betreuungsperson zu finden und ggf., weshalb ihrem Ehemann die Betreuung nicht möglich war.[908] Ist der Arbeitnehmer seiner Darlegungspflicht nachgekommen, hat der Arbeitgeber seinerseits die Umstände, die die Rechtfertigungs- bzw. Entschuldigungsgründe ausschließen sollen, substantiiert vorzutragen und unter Beweis zu stellen. Gelingt der Beweis nicht, geht dies zu Lasten des Arbeitgebers.[909]

330 Auch das Vorliegen einer ordnungsgemäßen und berechtigten Abmahnung trifft im Falle des Bestreitens den Arbeitgeber. Hat sich der Arbeitnehmer gegenüber einer ihm ausgesprochenen Abmahnung zunächst nicht zur Wehr gesetzt, hindert ihn dies nicht, die Abmahnung im späteren Kündigungsschutzprozess gerichtlich überprüfen zu lassen und die Entfernung der unberechtigten Abmahnung aus der Personalakte zu beantragen.

901 Ascheid/Preis/Schmidt/*Dörner*, § 1 KSchG Rn 296.
902 Kittner/Zwanziger/*Appel*, § 94 Rn 10.
903 BAG, Urt. v. 21.05.1992, AP Nr. 29 zu § 1 KSchG 1969 Verhaltensbedingte Kündigung = NZA 1993, 115.
904 BAG, Urt. v. 21.05.1992, AP Nr. 29 zu § 1 KSchG 1969 Verhaltensbedingte Kündigung = NZA 1993, 115; BAG, Urt. v. 17.04.1956, AP Nr. 8 zu § 626 BGB.
905 Hierzu Küttner/*Eisemann*, Nr. 259 Rn 15 f.; *Ascheid*, Beweislastfragen im Kündigungsschutzprozess, S. 133; *Reinecke*, NZA 1989, 585; *von Altrock*, DB 1987, 433.
906 BAG, Urt. v. 21.05.1992, AP Nr. 29 zu § 1 KSchG 1969 Verhaltensbedingte Kündigung = NZA 1993, 115; vgl. auch *Tschöpe*, BB 2002, 778.
907 BAG, Urt. v. 06.09.1989, AP Nr. 22 zu § 1 KSchG 1969 Krankheit = NZA 1990, 305.
908 BAG, Urt. v. 21.05.1992, AP Nr. 29 zu § 1 KSchG 1969 Verhaltensbedingte Kündigung = NZA 1993, 115.
909 Küttner/*Eisemann*, Nr. 259 Rn 17.

7. Druckkündigung

Wird der Arbeitgeber unter **Androhung von Nachteilen durch Dritte** wie Betriebsrat, Belegschaft, im Betrieb vertretene Gewerkschaft und vor allem Kunden gezwungen, einem Arbeitnehmer zu kündigen, spricht man von einer Druckkündigung.[910] Als Nachteile für den Arbeitgeber kommen die **Nichterteilung eines Auftrags** durch einen Kunden oder der **Verlust einer Kundenbeziehung** in Frage. Erfolgt der Druck aus dem Kreis der Belegschaft, gilt als Nachteil etwa die **Androhung von Mitarbeitern**, die für den Fortbestand des Betriebes notwendig sind, eine **Eigenkündigung** auszusprechen bzw. die **Kündigung einer Mehrzahl von Mitarbeitern**. Übt der Betriebsrat Druck auf den Arbeitgeber aus, kann ein Nachteil beispielsweise die **Verweigerung der Zustimmung zu einer notwendigen betrieblichen Maßnahme** sein.[911] Klassische Fälle der Druckkündigung sind wegen dauernder Unzuverlässigkeit oder Unhöflichkeit eines Mitarbeiters verärgerte Kunden oder die Belegschaft, die sich von einem »Destruktivus« genervt fühlt und mit diesem nicht länger zusammenarbeiten will. Die Kündigungsgründe sind in diesen Fallkonstellationen personen- oder verhaltensbedingt. Das BAG lässt in engen Grenzen, wenn es an einer objektiven Rechtfertigung der Drohung fehlt, das heißt wenn weder verhaltens- noch personenbedingte Gründe für eine Kündigung vorliegen, auch eine Druckkündigung als betriebsbedingte Kündigung zu.[912] Der Arbeitgeber kann sich zur Rechtfertigung einer Kündigung nicht auf eine Drucksituation berufen, wenn er diese selbst herbeigeführt hat,[913] er z.B. der gesamten Belegschaft mitteilt, ein bestimmter Arbeitnehmer habe sich eine HIV-Infektion zugezogen.[914] 331

Der Arbeitgeber darf sich bei Ausspruch einer Druckkündigung nicht allein auf die Beurteilung der Kündigungsgründe durch Dritte verlassen. Vielmehr muss er eigenverantwortlich selbst prüfen, ob Kündigungsgründe bestehen, insbesondere den betroffenen Arbeitnehmer anhören.[915] So ist es denkbar, dass ein Dritter beim Arbeitgeber unter Androhung von wirtschaftlichen Nachteilen für den Betrieb die Entlassung eines Mitarbeiters fordert, ohne dass objektiv Kündigungsgründe in der Person oder im Verhalten des betroffenen Arbeitnehmers bestehen. In diesem Falle muss der Arbeitgeber sich zunächst **schützend vor seinen Mitarbeiter stellen** und versuchen, durch **umfassende Aufklärung des Sachverhalts** oder organisatorische Maßnahmen dem Kündigungsverlangen des Dritten entgegenzutreten.[916] Nur um Unannehmlichkeiten aus dem Weg zu gehen, wenn ein Teil der Belegschaft die Entlassung eines Arbeitnehmers fordert, darf der Arbeitgeber nicht nachgeben. Hat der Arbeitgeber vergeblich versucht, die Belegschaft von ihrer Drohung abzubringen, ist die Druckkündigung sozial gerechtfertigt, wenn die Belegschaft Streik, Massenkündigung, Boykott etc. angekündigt hat und dadurch dem Arbeitgeber schwere wirtschaftliche Schäden drohen. Die Druckkündigung muss das einzige dem Arbeitgeber verbleibende Mittel sein, um Schäden abzuwenden.[917] Das Instrument der Druckkündigung hat, wie die wenigen entschiedenen Fälle zeigen, nur einen geringen Anwendungsbereich und ist auch nur selten von Erfolg gekrönt.[918] 332

Als Leitlinie und Prüfungsraster für die verhaltensbedingte Druckkündigung kann ein Urteil des LAG Hamm aus dem Jahr 1999 dienen, in dem es wie folgt heißt: »Eine als Kündigungsgrund angeführte Drucksituation ist zunächst nach ihrer Hauptstörquelle zu untersuchen und damit alternativ 333

910 BAG, Urt. v. 10.12.1992, AP Nr. 41 zu Art. 140 GG = NZA 1993, 593; BAG, Urt. v. 18.09.1975, EzA § 626 BGB Druckkündigung Nr. 1; LAG Hamm, Urt. v. 04.05.1999, BuW 1999, 920; LAG Hamm, Urt. v. 15.03.1988, LAGE § 4 KSchG Nr. 13; *Blaese*, DB 1988, 178.

911 Tschöpe/*Nägele*, Teil 3 D Rn 235.

912 BAG, Urt. v. 04.10.1990, AP. Nr. 12 zu § 626 BGB Druckkündigung; BAG, Urt. v. 19.06.1986, AP Nr. 33 zu § 1 KSchG 1969 Betriebsbedingte Kündigung.

913 BAG, Urt. v. 26.01.1962, AP Nr. 8 zu § 626 BGB Druckkündigung.

914 ArbG Berlin, Urt. v. 16.06.1987, NZA 1987, 637.

915 BAG, Urt. v. 18.09.1975, BAGE 27, 263 = AP Nr. 10 zu § 626 BGB Druckkündigung; BAG, Urt. v. 21.02.1957, BB 1957, 330.

916 BAG, Urt. v. 19.06.1986, NZA 1987, 21; BAG, Urt. v. 11.02.1960, BAGE 9, 53.

917 BAG, Urt. v. 19.06.1986, NZA 1987, 21.

918 Vgl. LAG Düsseldorf, Urt. v. 28.06.2000 – 12 Sa 851/99 (n.v.).

als verhaltens-, personen- oder betriebsbedingter Kündigungsgrund zu prüfen. Eine Druckkündigung liegt vor, wenn Dritte (Kunden, Arbeitskollegen, Untergebene) unter Androhung von Nachteilen für den Arbeitgeber von diesem die Entlassung eines bestimmten Arbeitnehmers verlangen. Dabei sind zwei Fallgestaltungen zu unterscheiden: Das Verlangen des Dritten kann gegenüber dem Arbeitgeber durch ein Verhalten des Arbeitnehmers oder einen in dessen Person liegenden Grund objektiv gerechtfertigt sein. Bei Störungen im Bereich der betrieblichen Verbundenheit aller Mitarbeiter ist im Allgemeinen eine vorherige Abmahnung des Arbeitnehmers entbehrlich. Es kann aber im Einzelfall ausnahmsweise eine vorherige Abmahnung erforderlich sein, wenn das Arbeitsverhältnis durch die Vertragsverletzung noch nicht zu stark belastet ist und der Arbeitgeber damit rechnen kann, die Abmahnung werde zu einem vertragsgemäßen Verhalten in Zukunft führen oder wenn der Arbeitnehmer mit vertretbaren Gründen annehmen konnte, sein Verhalten sei nicht vertragswidrig oder werde vom Arbeitgeber zumindest nicht als ein erhebliches, den Bestand des Arbeitsverhältnisses gefährdendes Fehlverhalten angesehen. Andererseits ist eine Abmahnung vor Ausspruch einer ordentlichen, verhaltensbedingten Kündigung stets dann entbehrlich, wenn sie im Hinblick auf die Einsichts- oder Handlungsfähigkeit des Arbeitnehmers keinen Erfolg verspricht. Kennt der Arbeitgeber die Vertragswidrigkeit seines Verhaltens, setzt er aber trotzdem hartnäckig und uneinsichtig seine Pflichtverletzung fort, dann läuft die Warnfunktion leer.«[919]

8. Verdachtskündigung

334 Von einer Verdachtskündigung spricht man, wenn der Arbeitgeber eine fristgerechte Kündigung damit begründet, gerade der **Verdacht eines strafbaren oder vertragswidrigen Verhaltens des Arbeitnehmers** habe das für die Fortsetzung des Arbeitsverhältnisses erforderliche Vertrauen zerstört.[920] Die Verdachtskündigung ist sozial gerechtfertigt, wenn ein **durch Tatsachen belegter und begründeter Verdacht** eines das Arbeitsverhältnis schwer belastenden Fehlverhaltens des Arbeitnehmers vorliegt und der Arbeitgeber die zumutbaren Maßnahmen ergriffen hat, um den Sachverhalt aufzuklären.[921] Auch im Fall eines Geschäftsführers einer GmbH müssen objektive Anhaltspunkte für den Sachverhalt, der einer Verdachtskündigung zugrunde gelegt wird, bestehen, die eine erhebliche Wahrscheinlichkeit einer Pflichtverletzung begründen, damit der Geschäftsführer nicht haltlos Verdächtigungen mit der Folge willkürlicher Beendigung des Anstellungsverhältnisses ausgesetzt wird.[922] Die Rechtfertigung einer Verdachtskündigung ist nicht darin zu erblicken, dass der Arbeitnehmer die Pflichtverletzung wahrscheinlich begangen hat (verhaltensbedingte Kündigung) oder wahrscheinlich unzuverlässig bzw. illoyal ist (personenbedingte Kündigung), sondern in dem Umstand, dass der Verdacht das zur Fortsetzung des Arbeitsverhältnisses erforderliche **Vertrauen des Arbeitgebers in die Zuverlässigkeit des Arbeitnehmers zerstört** oder in anderer Hinsicht eine unerträgliche Belastung für den Arbeitgeber darstellt.

335 Die **Verdachtskündigung** unterscheidet sich von der **Tatkündigung** dadurch, dass bei der Tatkündigung die Täterschaft bewiesen werden kann.[923] Um eine Verdachts- und nicht um eine sog. Tatkündigung handelt es sich, wenn der Arbeitgeber die behauptete Verfehlung des Arbeitnehmers als sicher hinstellt und mit dieser Begründung die Kündigung erklärt. Im Kündigungsschutzprozess kann sich der Arbeitgeber nicht auf die Verdachtskündigung zurückziehen, wenn ihm der Beweis einer Tatkündigung misslungen ist.[924] Die Gerichte können die Kündigung nur dann unter dem Gesichtspunkt der Verdachtskündigung beurteilen, wenn der Arbeitgeber die Kündigung zumindest hilfsweise auf deren Verdacht stützt.[925] Der Arbeitgeber ist aber nicht gehindert, eine Tat- und eine Verdachtskündigung

919 LAG Hamm, Urt. v. 04.05.1999, BuW 1999, 920.
920 BAG, Urt. v. 14.09.1994, NZA 1995, 269; BAG, Urt. v. 13.09.1995, BB 1995, 2655; BAG, Urt. v. 30.04.1987, NZA 1987, 699.
921 BAG, Urt. v. 13.09.1995, BB 1995, 2655; BAG, Urt. v. 14.09.1994, NZA 1995, 269.
922 OLG Celle, Urt. v. 05.03.2003, GmbHR 2003, 773.
923 BAG, Urt. v. 21.11.1996, EzA § 626 BGB n.F. Nr. 162.
924 BAG, Urt. v. 14.09.1994, NZA 1995, 269; BAG, Urt. v. 03.04.1986, NZA 1986, 677.
925 LAG Baden-Württemberg, Urt. v. 31.05.1995 – 12 Sa 188/94 (n.v.).

auszusprechen und sich mit beiden Kündigungsvarianten im Kündigungsschutzprozess zu verteidigen.[926] Die Verdachtskündigung ist kein Unterfall der Tatkündigung, sondern eine eigenständige Kündigungsart, die sowohl hinsichtlich der formalen Voraussetzungen als auch im Rahmen des Anhörungsverfahrens nach § 102 BetrVG gesondert zu behandeln ist. Verdachts- und Tatkündigung stehen als zwei Fälle der verhaltensbedingten Kündigung nebeneinander.

Die §§ 54 Abs. 1 BAT, 626 Abs. 1 BGB lassen eine Verdachtskündigung zu, wenn sich starke Verdachtsmomente auf objektive Tatsachen gründen, die Verdachtsmomente geeignet sind, das für die Fortsetzung des Arbeitsverhältnisses erforderliche Vertrauen zu zerstören, und der Arbeitgeber alle zumutbaren Anstrengungen zur Aufklärung des Sachverhalts unternommen, insbesondere dem Arbeitnehmer Gelegenheit zur Stellungnahme gegeben hat. Voraussetzung einer wirksamen Verdachtskündigung ist die **Erfüllung der Aufklärungspflicht des Arbeitgebers**. Besondere Bedeutung kommt der vorherigen Anhörung des Arbeitnehmers zu. Es ist gerechtfertigt, strenge Anforderungen an sie zu stellen und vom Arbeitgeber zu verlangen, alles zu tun, um den Sachverhalt aufzuklären. Die Kündigung verstößt anderenfalls gegen den Grundsatz der Verhältnismäßigkeit. Der Arbeitnehmer muss die Möglichkeit erhalten, die Verdachtsgründe zu entkräften und Entlastungstatsachen anzuführen. Die Anhörung des Arbeitnehmers hat im Zuge der gebotenen Aufklärung des Sachverhalts zu erfolgen. Ihr Umfang richtet sich nach den Umständen des Einzelfalles. Die an die Anhörung des Arbeitnehmers zu stellenden Anforderungen entsprechen nicht denen für eine ordnungsgemäße Anhörung des Betriebsrats gem. § 102 Abs. 1 BetrVG. Es reicht jedoch nicht, dass der Arbeitnehmer lediglich mit einer völlig unsubstantiierten Wertung konfrontiert wird. Die Anhörung muss sich vielmehr auf einen konkretisierten Sachverhalt beziehen, der jedenfalls soweit konkretisiert ist, dass sich der Arbeitnehmer darauf substantiiert einlassen kann. Der Arbeitgeber darf dem Betroffenen keine wesentlichen Erkenntnisse vorenthalten, die er im Anhörungszeitpunkt bereits besitzt. Verletzt der Arbeitgeber schuldhaft die ihm obliegende Pflicht, den Arbeitnehmer vor Ausspruch einer Verdachtskündigung zu den gegen ihn erhobenen Vorwürfen zu hören, ist die auf den Verdacht gestützte Kündigung unwirksam. War der Arbeitnehmer jedoch von vornherein nicht bereit, sich zu den gegen ihn erhobenen Vorwürfen substantiiert zu äußern und so nach seinen Kräften an der Aufklärung mitzuwirken, kann dem Arbeitgeber keine schuldhafte Verletzung der Anhörungspflicht vorgeworfen werden.[927] 336

Verdachtskündigungen können wegen Verdachts einer Straftat und wegen des Verdachts einer schweren Pflichtverletzung ausgesprochen werden. Als schwere Pflichtverletzungen kommen unsittliche Annäherung eines Arztes an Patienten, Privateinkäufe eines Buchhalters über die Firma, Verdacht der Manipulation der Stempeluhr, Vortäuschen einer Krankheit oder unredlicher Erwerb einer Arbeitsunfähigkeitsbescheinigung in Betracht.[928] 337

Die Verdachtskündigung hat folgende Voraussetzungen: 338

- Der Arbeitgeber muss einen objektiv **auf Tatsachen beruhenden Verdacht** haben, dass der Arbeitnehmer eine **schwere Pflichtverletzung** oder eine **Straftat** begangen hat. Als objektiver Anfangsverdacht kommen nur solche Indizien in Betracht, die objektiv geeignet sind, einen verständigen und gerecht abwägenden Arbeitgeber zum Ausspruch einer Kündigung zu veranlassen.[929]
- Die **Indizien** müssen einen **dringenden Verdacht** ergeben, also mit großer Wahrscheinlichkeit darauf hinweisen, dass der Arbeitnehmer die Pflichtwidrigkeit oder die Straftat begangen hat.
- Dritte Voraussetzung ist das **»erhebliche Fehlverhalten«**. Das heißt, der Verdacht muss sich auf ein schweres, für das Arbeitsverhältnis erhebliches Fehlverhalten erstrecken. Bei dem Verdacht einer strafbaren Handlung muss die strafbare Handlung selbst »an sich« geeignet sein, eine

926 *Busch*, MDR 1995, 217.
927 BAG, Urt. v. 26.09.2002, AP Nr. 37 zu § 626 BGB Verdacht auf strafbare Handlung.
928 Vgl. *Busch*, MDR 1995, 217.
929 BAG, Urt. v. 23.02.1961, NJW 1961, 1133.

Kündigung zu rechtfertigen.[930] Der dringende Verdacht der Begehung einer schwerwiegenden Pflichtwidrigkeit muss auch dringende Verdachtsmomente aus dem Bereich des Verschuldens beinhalten.[931]

- Weitere Voraussetzung der Verdachtskündigung bildet die **Aufklärungspflicht des Arbeitgebers**, die eine Anhörung des Arbeitnehmers vor Ausspruch der Kündigung einschließt. Die Anhörung des betroffenen Arbeitnehmers ist Wirksamkeitsvoraussetzung der Verdachtskündigung.[932] Die an die Anhörung des Arbeitnehmers zu stellenden Anforderungen entsprechen nicht denen für eine ordnungsgemäße Anhörung des Betriebsrats gem. § 102 Abs. 1 BetrVG. Der dem Arbeitnehmer vorgehaltene Verdacht darf sich allerdings nicht in einer bloßen Wertung erschöpfen; er muss vielmehr zumindest soweit konkretisiert sein, dass sich der Arbeitnehmer darauf substantiiert einlassen kann.[933] Der Arbeitgeber muss alles in seiner Macht Stehende tun, um den Sachverhalt aufzuklären, der dem Verdacht einer Straftat oder einer Pflichtwidrigkeit zugrunde liegt.[934] Die **Anhörung des betroffenen Arbeitnehmers** ist unter Umständen mehrfach durchzuführen. Wurde dem Arbeitnehmer ein Sachverhalt vorgehalten, hat er sich in der Weise eingelassen, dass der Verdacht zerstreut wird oder aus der Sicht des Arbeitgebers für eine Kündigung nicht mehr ausreicht, und führen daraufhin durchgeführte weitere Ermittlungen aus Sicht des Arbeitgebers zu einer Widerlegung des Entlastungsvorbringens des Arbeitnehmers, ist der Arbeitnehmer vor Ausspruch einer Verdachtskündigung erneut anzuhören.[935] Bestreitet der Arbeitnehmer, obgleich die bislang bekannten und ihm vorgehaltenen Tatsachen eine konkrete Einlassung ermöglichen würden, lediglich pauschal, lässt dies regelmäßig den Schluss zu, dass der Arbeitnehmer an einer Mitwirkung bei der Aufklärung des Verdachts nicht interessiert ist.[936] Der Arbeitnehmer ist zur Mitwirkung an der Aufklärung des gegen ihn entstandenen Verdachts jedoch verpflichtet. Verstößt er gegen diese Mitwirkungspflicht, kann dieser Umstand zu einer Verstärkung von Verdachtsmomenten führen. Das Vertrauensverhältnis wird auf diese Weise weiter erschüttert, mit der Folge, dass der Vertrauensverlust zur eigenständigen Kündigung berechtigt.[937]

339 Erlangt der Arbeitgeber nach Ausspruch der Verdachtskündigung neue Erkenntnisse, muss man zwischen neuen Erkenntnissen während eines laufenden Kündigungsschutzverfahrens und neuen Erkenntnissen nach Abschluss des Kündigungsschutzprozesses unterscheiden. Neue, im Laufe des Kündigungsschutzverfahrens gewonnene Erkenntnisse sind zu berücksichtigen. Der Arbeitgeber ist berechtigt, durch Nachschieben von Tatsachen den zunächst unzureichenden Verdacht zu erhärten, wie auch der Arbeitnehmer befugt ist, einen zunächst berechtigt erscheinenden Verdacht durch Tatsachenvortrag zu entkräften.[938] Im betriebsratslosen Betrieb ist das Nachschieben von Tatsachen während des Kündigungsschutzverfahrens unproblematisch. Besteht im Betrieb ein Betriebsrat, kann der Arbeitgeber die Kündigungsgründe nur nachschieben, wenn er zuvor den Betriebsrat hierzu erneut nach § 102 BetrVG angehört hat.[939]

340 Der Arbeitnehmer kann entlastende Tatsachen im laufenden Kündigungsschutzprozess nach Auffassung des BAG[940] nachschieben, weil im Falle eines später als unbegründet erkannten Verdachts die Unschuld bereits im Zeitpunkt der Kündigung gegeben und der Verdacht deshalb von Anfang an

930 BAG, Urt. v. 23.02.1961, NJW 1961, 1133.
931 *Schütte*, NZA 1991, Beilage 2, 17.
932 BAG, Urt. v. 13.09.1995, AP Nr. 25 zu § 626 BGB Verdacht strafbarer Handlung = NZA 1996, 81; BAG, Urt. v. 14.09.1994, NZA 1995, 269.
933 BAG, Urt. v. 13.09.1995, AP Nr. 25 zu § 626 BGB Verdacht strafbarer Handlung = NZA 1996, 81.
934 Tschöpe/*Nägele*, Teil 3 D Rn 223.
935 BAG, Urt. v. 13.09.1995, BB 1995, 2655.
936 Tschöpe/*Nägele*, Teil 3 D Rn 224.
937 BAG, Urt. v. 05.05.1994 – 2 AZR 799/93 (n.v.); BAG, Urt. v. 14.09.1994, NZA 1995, 269.
938 BAG, Urt. v. 14.09.1994, NZA 1995, 269.
939 BAG, Urt. v. 11.04.1985, NZA 1986, 674.
940 BAG, Urt. v. 04.06.1964, BAGE 16, 72; LAG Schleswig-Holstein, Urt. v. 03.11.1988, NZA 1989, 798.

unbegründet war. Endet der Kündigungsschutzprozess mit einem für den Arbeitnehmer obsiegenden Urteil, weil der Arbeitgeber formale Wirksamkeitsvoraussetzungen wie die Anhörung nicht erfüllt oder das Arbeitsgericht den Verdacht nicht für dringend erachtet hat, kann der Arbeitgeber erneut kündigen, wenn in einem anschließenden Strafverfahren rechtskräftig die Schuld des Arbeitnehmers nachgewiesen wird. Nach der punktuellen Streitgegenstandstheorie kann der Arbeitgeber die zweite Kündigung als Tatkündigung aussprechen.[941]

Hält das Arbeitsgericht die Verdachtskündigung rechtskräftig für wirksam und gelingt dem Arbeitnehmer später in einem Strafprozess der Nachweis seiner Unschuld, hat er nach der Rechtsprechung des BAG einen **Wiedereinstellungsanspruch**.[942] Kündigt ein Arbeitgeber einer Arbeitnehmerin wegen strafbarer Handlung bzw. wegen Verdachts einer strafbaren Handlung, so führt die Einstellung des gegen die Arbeitnehmerin insoweit eingeleiteten staatsanwaltschaftlichen Ermittlungsverfahrens (§ 170 Abs. 2 Satz 1 StPO) weder zur Unwirksamkeit der Kündigung, noch zu einem Wiedereinstellungsanspruch der Arbeitnehmerin.[943] 341

Werden einem Arbeitgeber erstmals im Jahr 1999 Umstände bekannt, die einen objektiven dringenden Verdacht ergeben, dass einer seiner Arbeitnehmer in einem Fall in 1991 sowie in einem weiteren Fall in 1992 jeweils von einer Firma, die sowohl in 1991 als auch in 1992 Geräte an den Arbeitgeber verkaufte, gerade wegen dieser Geräteverkäufe an den Arbeitgeber jeweils die Zahlung von Schmiergeld forderte sowie das Schmiergeld auch tatsächlich gezahlt bekam, ist die deswegen seitens des Arbeitgebers gegenüber dem Arbeitnehmer innerhalb der zweiwöchigen Ausschlussfrist des § 626 Abs. 2 BGB ausgesprochene fristlose Verdachtskündigung nicht schon allein deswegen als nach § 626 Abs. 1 BGB unbegründet anzusehen, weil beide Schmiergeldzahlungen an den gekündigten Arbeitnehmer zum Zeitpunkt des arbeitgeberseitigen Kündigungsausspruchs bereits etliche Jahre zurücklagen.[944] 342

H. Die betriebsbedingte Kündigung

I. Die betriebsbedingte Kündigung als Unternehmergrundrecht

Die Kündigung eines Arbeitsverhältnisses durch den Arbeitgeber ist sozial ungerechtfertigt, wenn sie nicht durch dringende betriebliche Erfordernisse bedingt ist, die einer Weiterbeschäftigung des Arbeitnehmers in diesem Betrieb entgegenstehen, § 1 Abs. 2 Satz 1 KSchG. Hintergrund dieser Vorschrift bildet die grundrechtlich über Art. 12, 14 GG verbürgte **unternehmerische Handlungsfreiheit**. Betriebsbedingte Kündigungen müssen im Spannungsfeld von der Berufs- und Eigentumsfreiheit des Betriebsinhabers und dem Kündigungsschutz des Arbeitnehmers als Ausprägung des grundgesetzlichen Sozialstaatsprinzips gesehen werden.[945] Die Rechtsordnung löst dieses Spannungsverhältnis in der Weise, dass das Kündigungsschutzrecht nur den Missbrauch des Kündigungsrechts verhindern, nicht jedoch eine unternehmenslenkende Funktion einnehmen soll.[946] Ist die betriebsbedingte Kündigung sozial gerechtfertigt, verliert der Arbeitnehmer nach dem KSchG seinen Arbeitsplatz in der Regel ohne Anspruch auf eine Entschädigung, obwohl er zu der Kündigung 343

941 BAG, Urt. v. 12.12.1984, BB 1985, 1734; *Schütte*, NZA 1991, Beilage 2, 17.

942 BAG, Urt. v. 20.08.1997, BB 1997, 2484; BAG, Urt. v. 04.06.1964, BAGE 16, 72; BAG, Urt. v. 14.12.1956, BAGE 3, 332.

943 BAG, Urt. v. 20.08.1997, AP Nr. 27 zu § 626 BGB Verdacht strafbarer Handlung = NZA 1997, 134.

944 LAG Hamm, Urt. v. 18.09.2000, ZTR 2001, 137 (LS).

945 Siehe *Lakies*, DB 1997, 1078.

946 Siehe hierzu *v. Hoyningen-Huene*, NZA 1994, 1009; *Hümmerich*, NZA 1996, 1289 (1291); *Hümmerich/Spirolke*, NZA 1998, 225 ff.; *Preis B.*, NZA 1997, 625; *Preis U.*, NZA 1997, 1073; *Stahlhacke*, DB 1994, 1361.

keinen Anlass gegeben hat. Ein Anspruch auf Abfindung wird nur unter besonderen Voraussetzungen nach Maßgabe der §§ 1a, 9, 10 oder nach den §§ 111 ff. BetrVG begründet.[947]

II. Die freie Unternehmerentscheidung als zentrale Beurteilungsgrundlage

344 Die sog. »freie« Unternehmerentscheidung bildet neben ihrer betrieblich organisatorischen Umsetzung den maßgeblichen Prüfstein für die soziale Rechtfertigung der betriebsbedingten Kündigung. Die verfassungsrechtliche Grundlage der »freien« Unternehmerentscheidung bilden die Art. 12 Abs. 1, 14 Abs. 1 GG. Sie verbürgen das Recht des Unternehmers sein **Unternehmen** in Grundsatzfragen **autonom zu führen**, sein Unternehmen **aufzugeben** beziehungsweise dessen **Größe und Umfang frei zu bestimmen.**[948] Aus der grundgesetzlichen Absicherung der »freien« Unternehmerentscheidung folgt, dass sie grundsätzlich keiner gerichtlichen (Zweckmäßigkeits-)Kontrolle unterliegt. Die Unternehmerentscheidung ist gleichzusetzen mit der »Bestimmung der der Geschäftsführung zugrunde liegenden Unternehmenspolitik«.[949] Zu den Unternehmerentscheidungen gehören etwa Fragen zum Produktionsstandort, zum Produktionsumfang, zur Vertriebspolitik, welche Werbe-, Finanzierungs-, Einkaufs- und welche Absatzpolitik betrieben wird, welche Arbeits- und Fabrikationsmethoden verwendet und welche Investitionsentscheidungen getroffen werden.

345 Die **betriebsbedingte Kündigung** selbst ist von der **freien Unternehmerentscheidung** i.S.d. § 1 KSchG **strikt zu trennen**. Die Unternehmerentscheidung geht einer betriebsbedingten Kündigung stets voraus.[950] Bindeglied zwischen »freier« Unternehmerentscheidung und Kündigung bildet die betrieblich organisatorische Umsetzung, die eine Überprüfung der Kündigung anhand von objektiven, dem Beweis zugänglichen Kriterien ermöglicht und insoweit den Kern des Schutzes gegen betriebsbedingte Kündigungen bildet.[951] Wäre die Kündigung mit der Unternehmerentscheidung identisch, schlösse dies jegliche gerichtliche Überprüfbarkeit aus.[952] Man eröffnete dem Unternehmer einen Freibrief zur Kündigung seiner Arbeitnehmer.

346 Die freie Unternehmerentscheidung unterliegt gerichtlich einer mehr theoretischen Schranke in Form der sog. **Willkürkontrolle**.[953] Es muss sichergestellt sein, dass der Arbeitgeber sein unternehmerisches Ermessen nicht missbraucht. Dies ist der Fall, wenn die Unternehmerentscheidung offenbar unsachlich, unvernünftig oder willkürlich ist.[954] Für eine beschlossene und tatsächlich durchgeführte Unternehmerentscheidung spricht die Vermutung, dass sie aus sachlichen Gründen erfolgt ist.[955] Der Arbeitnehmer trägt grundsätzlich die Darlegungs- und Beweislast für die Umstände, aus denen sich ein Missbrauch des unternehmerischen Ermessens ergeben soll.[956] Dieser Grundsatz ist in den Fällen der Kündigung zwecks Leistungsverdichtung zu modifizieren. Eine unternehmerische Entscheidung

947 Ascheid/Preis/Schmidt/*Kiel*, § 1 KSchG Rn 443.

948 Aktuell zur freien Unternehmerentscheidung *Holthausen*, Betriebliche Personalpolitik und »unternehmerische Entscheidungsfreiheit«, Diss. Köln, 2002; *Franzen*, NZA 2001, 805; *Frobotta/Korinth*, AuA 2000, 415; *Zepter*, DB 2000, 474; *Feudner*, DB 1999, 2566; *ders.*, DB 2000, 476; *Quecke*, NZA 1999, 1247; *B. Preis*, NZA 1997, 625; *Preis*, NZA 1995, 241; *Henssler*, in: *Henssler/Moll*, Kölner Tage des Arbeitsrechts, Kündigung und Kündigungsschutz in der betrieblichen Praxis, Köln 2000, S. 89.

949 BAG, Urt. v. 20.02.1986, NZA 1986, 823.

950 *V. Hoyningen-Huene*, NZA 1994, 1009; *Preis*, NZA 1995, 241; *Schaub*, Arbeitsrechts-Handbuch, § 131 Rn 3.

951 *Holthausen*, Betriebliche Personalpolitik und »unternehmerische Entscheidungsfreiheit«, Diss. Köln, 2002.

952 BAG, Urt. v. 20.02.1986, AP Nr. 11 zu § 1 KSchG 1969 = NZA 1986, 823.

953 BAG (GS), Beschl. v. 28.11.1956, BAGE 3, 245; BAG, Urt. v. 07.12.1978, BAGE 31, 157; BAG, Urt. v. 27.02.1987, NZA 1987, 700; BAG, Urt. v. 10.11.1994, NZA 1995, 566; BAG, Urt. v. 09.05.1996, EzA-SD 11/1996, 5.

954 Vgl. BAG, Urt. v. 26.06.96, ArbuR 1997, 85 (86); BAG, Urt. v. 09.05.1996, NZA 1996, 1145 (1147) m.w.N.; BAG, Urt. v. 21.06.1995, EzA § 23 KSchG Nr. 14; Ascheid/Preis/Schmidt/*Kiel*, § 1 KSchG Rn 468 ff.; KR/*Etzel*, § 1 KSchG Rn 540; *Kiel/Koch*, Die betriebsbedingte Kündigung, Rn 105 ff.

955 BAG, Urt. v. 30.04.1987, NZA 1987, 776 (777).

956 BAG, Urt. v. 24.10.1979, BAGE 32, 150; BAG, Urt. v. 24.03.1983, BAGE 42, 151; BAG, Urt. v. 27.02.1987, NZA 1987, 700.

wird nicht dadurch unsachlich oder willkürlich, dass der Unternehmer auf einen Umsatzrückgang tastend reagiert und zunächst ein anderes Konzept ausprobiert.[957]

Die bestimmenden richterlichen Grundsätze zur betriebsbedingten Kündigung spiegeln sich in einem Urteil des BAG vom 22.05.2003 wider, in dem der 2. Senat wie folgt ausführt: *»Inner- und außerbetriebliche Umstände begründen ein dringendes betriebliches Erfordernis i.S.d. § 1 Abs. 2 KSchG, wenn sie sich konkret* ***auf die Einsatzmöglichkeit des gekündigten Arbeitnehmers auswirken****. In der Regel entsteht das betriebliche Erfordernis nicht unmittelbar und allein durch bestimmte wirtschaftliche Entwicklungen, wie etwa einen Produktionsrückgang, sondern auf Grund* ***einer durch wirtschaftliche Entwicklungen oder fiskalische Überlegungen veranlassten Entscheidung des Arbeitgebers (unternehmerische Entscheidung)****. Im öffentlichen Dienst kann eine vergleichbare Entscheidung darin liegen, dass in einem Haushaltsplan eine Stelle gestrichen, ein sog. kw-Vermerk angebracht oder aus einem Personalbedarfsplan der Wegfall einer Stelle ersichtlich wird. Zu dem Entscheidungsspielraum des Arbeitgebers gehört auch die* ***Befugnis, die Zahl der Arbeitskräfte zu bestimmen, mit denen eine Arbeitsaufgabe erledigt werden soll****. Der Arbeitgeber kann grundsätzlich sowohl das Arbeitsvolumen (Menge der zu erledigenden Arbeit) als auch das diesem zugeordnete Arbeitskraftvolumen (Arbeitnehmer-Stunden) und damit auch das Verhältnis dieser beiden Größen zueinander festlegen. Es obliegt den Arbeitsgerichten nachzuprüfen, ob eine unternehmerische Entscheidung überhaupt getroffen wurde und ob sie sich betrieblich dahin gehend auswirkt, dass der Beschäftigungsbedarf für den gekündigten Arbeitnehmer entfallen ist. Zwar muss nicht ein bestimmter Arbeitsplatz entfallen sein. Voraussetzung ist aber, dass die Organisationsentscheidung ursächlich für den vom Arbeitgeber behaupteten Wegfall des Beschäftigungsbedürfnisses ist. Das ist nur dann der Fall, wenn die Entscheidung sich auf eine nach sachlichen Merkmalen genauer bestimmte Stelle bezieht. Der allgemeine Beschluss, Personalkosten zu senken, erfüllt diese Anforderungen nicht. Der Sinn, dass der Arbeitgeber zur organisatorischen* ***Durchführbarkeit und Nachhaltigkeit der unternehmerischen Entscheidung*** *vortragen muss, besteht darin, einen Missbrauch des Kündigungsrechts auszuschließen.*[958] *Vermieden werden sollen betriebsbedingte Kündigungen, die zu einer rechtswidrigen Überforderung oder Benachteiligung des im Betrieb verbleibenden Personals führen. Vermieden werden soll außerdem, dass die unternehmerische Entscheidung lediglich als Vorwand benutzt wird, um Arbeitnehmer aus dem Betrieb zu drängen, obwohl Beschäftigungsbedarf und Beschäftigungsmöglichkeit fortbestehen und lediglich die Arbeitsvertragsinhalte und die gesetzlichen Kündigungsschutzbestimmungen als zu belastend angesehen werden. Es ist eine Zweckmäßigkeitsfrage, welchen Schlüssel zur Berechnung des Personalbedarfs der Arbeitgeber zugrunde legt. Die Beantwortung dieser Frage fällt in den Bereich der Entscheidungsfreiheit des Arbeitgebers (keine Anwendung eines willkürlich gegriffenen Personalbedarfsschlüssels, wenn Orientierung an gesetzlichen Maßstäben, wie etwa KTEinrG SN). Die Vortragslast des Arbeitgebers korrespondiert mit der von ihm vorgegebenen betrieblichen Organisation. Organisiert er einen Bereich (z.B. Kindereinrichtungen) als Einheit und hält er für diese Einheit Arbeitskräfte vor, ist es ausreichend, wenn er den Rückgang des Beschäftigungsbedarfs für diese Einheit darlegt. Der Arbeitgeber muss den Beschäftigungsbedarf nicht zur Führung des Kündigungsschutzprozesses auf kleinere Untereinheiten herunterbrechen, als er selbst bei der Organisation und Planung zugrunde legt. Andernfalls würde das Gericht in organisatorische Zweckmäßigkeitsüberlegungen des Arbeitgebers eingreifen.«*[959] 347

III. Dringendes betriebliches Erfordernis

Gem. § 1 Abs. 2 Satz 1 KSchG ist eine Kündigung sozial gerechtfertigt, wenn sie durch dringende betriebliche Erfordernisse, die einer Weiterbeschäftigung des Arbeitnehmers im Betrieb entgegenstehen, bedingt ist. Stammen bei der personen- oder verhaltensbedingten Kündigung die Gründe, die zur Kündigung führen, aus der Sphäre des Arbeitnehmers, eröffnet das Gesetz dem Arbeitgeber mit der 348

957 LAG Nürnberg, Urt. v. 13.04.1999, AuA 2000, 94 = ARST 2000, 45.
958 Vgl. hierzu auch LAG Sachsen, Urt. v. 26.03.2003 – 9 Sa 842/02 (n.v.).
959 BAG, Urt. v. 22.05.2003, AP Nr. 129 zu § 1 KSchG 1969 Betriebsbedingte Kündigung.

betriebsbedingten Kündigung die Möglichkeit, den **Personalbestand** dem tatsächlichen, vom ihm vorgegebenen[960] **Personalbedarf** anzugleichen.[961] Das Bestandsschutzinteresse des Arbeitnehmers tritt bei der betriebsbedingten Kündigung hinter das Anpassungsinteresse des Arbeitgebers zurück, weil die Möglichkeit seiner Beschäftigung auf nicht absehbare Zeit entfallen ist.[962]

349 Dringende betriebliche Gründe für eine Kündigung i.S.d. § 1 Abs. 2 KSchG können vorliegen, wenn sich der Arbeitgeber zu einer **organisatorischen Maßnahme** entschließt, bei deren **Umsetzung** oder **eingeleiteten Umsetzung (Stichwort: greifbare Formen)**[963] das Bedürfnis für die Weiterbeschäftigung eines oder mehrerer Arbeitnehmer überhaupt oder unter Zugrundelegung des Vertragsinhalts für den bisherigen Einsatz entfällt.[964] Bei der Prüfung ist nicht auf einen »bestimmten räumlich fixierten Arbeitsplatz« abzustellen, weil Art und Ort der Tätigkeit eines Arbeitnehmers oft wechseln und es wegen des Gebotes der sozialen Auswahl nach § 1 Abs. 3 KSchG bei anderen vergleichbaren Arbeitsplätzen kündigungsrechtlich unerheblich ist, welcher bestimmte »Arbeitsplatz« weggefallen ist. Es kommt vielmehr darauf an, ob unter Respektierung einer etwa bindenden Unternehmerentscheidung mit einem geringeren oder veränderten Arbeitsanfall auch das **Bedürfnis zur Weiterbeschäftigung** für den gekündigten Arbeitnehmer **entfallen** oder innerhalb einer Gruppe vergleichbarer Arbeitnehmer **gesunken** ist.[965]

350 Der 2. Senat des BAG definiert das Tatbestandsmerkmal des dringenden betrieblichen Erfordernisses wie folgt: »Die »dringenden betrieblichen Erfordernisse« sind dann dringend, wenn es dem Arbeitgeber nicht möglich ist, der bei Ausspruch der Kündigung bestehenden betrieblichen Lage durch andere Maßnahmen technischer, organisatorischer oder wirtschaftlicher Art als durch eine (Beendigungs-)Kündigung zu entsprechen. Da die Kündigung wegen der betrieblichen Lage »unvermeidbar« sein muss, wird durch das Merkmal der Dringlichkeit der betrieblichen Erfordernisse der Grundsatz der Verhältnismäßigkeit (ultima-ratio-Prinzip) für den Bereich der betriebsbedingten Kündigung konkretisiert.«

351 Bei der Prüfung der Sozialwidrigkeit einer betriebsbedingten Kündigung bedarf es im Gegensatz zur verhaltens- oder personenbedingten Kündigung in der Regel **keiner** zusätzlichen **Interessenabwägung**. Der Gesetzgeber hat den Konflikt zwischen den Interessen des Arbeitgebers und dem Bestandsschutzinteresse des Arbeitnehmers abschließend in § 1 KSchG gelöst.[966] Nach der Rechtsprechung des BAG[967] soll eine Abwägung der beiderseitigen Interessen nur noch in seltenen, extremen Härtefällen in Betracht kommen.[968] Im Schrifttum wird diese Ausnahmerechtsprechung mit Recht kritisch bewertet, da immer dann, wenn feststeht, dass dringende betriebliche Erfordernisse vorliegen, für eine Interessenabwägung kein Raum mehr ist, wenn eine zumutbare Weiterbeschäftigungsmöglichkeit ausscheidet und die Sozialauswahl fehlerfrei ist.[969]

352 Existieren unter Beachtung des Ultima-Ratio-Prinzips keine alternativ in Betracht zu ziehenden, weniger einschneidenden Maßnahmen,[970] erkennt das Gesetz die betriebsbedingte Kündigung als Notwendigkeit an und berücksichtigt soziale Gesichtspunkte nur im Rahmen der nach § 1 Abs. 3 KSchG

960 Vgl. *Schaub*, BB 1993, 1090 (1091).

961 Ascheid/Preis/Schmidt/*Kiel*, § 1 KSchG Rn 441; HK/*Weller/Dorndorf*, § 1 KSchG Rn 855; *Stahlhacke/Preis/Vossen*, Rn 629.

962 HK/*Weller/Dorndorf*, § 1 KSchG Rn 855; *Tschöpe*, BB 2000, 2630.

963 BAG, Urt. v. 19.06.1991, AP Nr. 53 zu § 1 KSchG Betriebsbedingte Kündigung = NZA 1991, 891 »greifbare Formen«.

964 BAG, Urt. v. 19.05.1993, AP Nr. 31 zu § 2 KSchG 1969 = NZA 1993, 1075; ErfK/*Ascheid*, § 1 KSchG Rn 379.

965 BAG, Urt. v. 19.05.1993, AP Nr. 31 zu § 2 KSchG 1969 = NZA 1993, 1075; BAG, Urt. v. 30.05.1985, AP Nr. 24 zu § 1 KSchG 1969 Betriebsbedingte Kündigung.

966 *Wank*, RdA 1987, 129 (137); *Meisel*, ZfA 1985, 213 (229); *Reuter*, ORDO 1982, 165 (169).

967 BAG, Urt. v. 30.04.1987, NZA 1987, 776; BAG, Urt. v. 16.01.1987 – 7 AZR 495/85 (n.v.).

968 BAG, Urt. v. 24.10.1979, BAGE 32, 150.

969 KR/*Etzel*, § 1 KSchG Rn 566; *Bitter/Kiel*, RdA 1994, 346; *Preis*, DB 1988, 1387.

970 BAG, Urt. v. 19.05.1993, NZA 1993, 1077; BAG, Urt. v. 18.01.1990, NZA 1990, 734; BAG, Urt. v. 20.02.1986, NZA 1986, 823.

vorzunehmenden Sozialauswahl.[971] Die auf eine **Missbrauchskontrolle** beschränkte Überprüfung organisatorischer Unternehmerentscheidungen[972] macht es nicht entbehrlich, gerichtlich zu prüfen, ob die Organisationsänderung eine Beendigungs- oder Änderungskündigung unvermeidbar macht, oder ob das geänderte unternehmerische Konzept nicht auch durch andere (mildere) Maßnahmen verwirklicht werden kann. § 1 Abs. 2 KSchG enthält einen Katalog zwingend, auch unabhängig vom Widerspruch des Betriebs- beziehungsweise Personalrats vom Arbeitgeber zu beachtender Mittel, deren Nichtberücksichtigung zur Unwirksamkeit der Kündigung führt.

Ein dringendes betriebliches Erfordernis i.S.d. § 1 Abs. 2 KSchG liegt nicht vor, wenn eine **Weiterbeschäftigung des Arbeitnehmers auf einem anderen freien (oder demnächst frei werdenden) Arbeitsplatz** in demselben oder in einem anderen Betrieb des Unternehmens möglich ist.[973] Die »freie« unternehmerische Entscheidung hat in diesem Fall keine Auswirkungen auf die Beschäftigungsmöglichkeit des Arbeitnehmers, mag sie sich auch betrieblich durch den Wegfall des bisherigen Arbeitsplatzes auswirken.[974] Entscheidend ist, ob tatsächlich ein freier Arbeitsplatz vorhanden ist, den der gekündigte Arbeitnehmer ausfüllen kann.[975] Eine Verpflichtung des Arbeitgebers, einen neuen Arbeitsplatz zu schaffen, um eine Kündigung zu vermeiden, besteht nicht.[976] Des Weiteren steht es in der gerichtlich nur begrenzt überprüfbaren Entscheidungsfreiheit des Arbeitgebers, das **Anforderungsprofil** für den zu besetzenden Arbeitsplatz **festzulegen**. Das Fehlen dort niedergelegter Anforderungen kann der Arbeitgeber der ihm angesonnenen Weiterbeschäftigung jedoch nur insoweit entgegenhalten, als die grundlegende Qualifikation für den Arbeitsplatz betroffen ist.[977] 353

Der zentrale Regelungszweck des Merkmals der »dringenden betrieblichen Erfordernisse« liegt darin, betriebsbedingte Kündigungen nur in Fällen einer tatsächlichen **Diskrepanz zwischen Personalbestand und Personalbedarf** zuzulassen. Der Austausch der Arbeitnehmer gegen billigere oder leistungsfähigere Arbeitnehmer kann niemals eine betriebsbedingte Kündigung rechtfertigen.[978] Austauschkündigungen sind nur als verhaltens- oder personenbedingte Kündigungen unter den für sie geltenden strengeren Voraussetzungen zulässig. Die betriebsbedingte Kündigung ist stets dann sozialwidrig, wenn der Arbeitnehmer nachweist, dass der Arbeitgeber tatsächlich gar keine längerfristige Personalreduzierung beabsichtigt, sondern einen Kosteneinspareffekt durch die künftige Einstellung billigerer Arbeitnehmer anstrebt. Will der Arbeitgeber das Lohnniveau senken, ohne den Personalbedarf zu verändern, muss er nachweisen, dass er zu dieser Maßnahme durch außerbetriebliche Gründe gezwungen wird. Ein Grundsatz, der auch die rechtliche Beurteilung von Änderungskündigungen beherrscht.[979] 354

Lehnt der Arbeitnehmer die Weiterbeschäftigung auf dem anderen vergleichbaren Arbeitsplatz ab, kann er sich nach erfolgter Kündigung nicht mehr auf die Möglichkeit dieser anderweitigen Beschäftigung berufen.[980] Als frei gelten zunächst solche Arbeitsplätze, die zum Zeitpunkt des Zugangs der Kündigung unbesetzt sind. Kann der Arbeitgeber bei Ausspruch der Kündigung mit hinreichender Sicherheit vorhersehen, dass ein Arbeitsplatz bis zum Ablauf der Kündigungsfrist zur Verfügung stehen wird, gilt auch ein solcher Arbeitsplatz als freier Arbeitsplatz.[981] Auch Arbeitsplätze, die 355

971 *Preis*, NZA 1997, 1073 (1077); *Pauly*, ZTR 1997, 113 (114); *Bitter/Kiel*, RdA 1994, 333 (346); *Hillebrecht*, ZfA 1991, 87 (92 ff.).

972 BAG, Urt. v. 30.04.87, BAGE 55, 262 = AP Nr. 42 zu § 1 KSchG 1969 Betriebsbedingte Kündigung.

973 BAG, Urt. v. 29.03.1990, NZA 1991, 181; *Stahlhacke/Preis/Vossen*, Rn 635.

974 *Groeger*, NZA 1999, 850 (854).

975 BAG, Urt. v. 07.02.1991, EzA § 1 KSchG Personenbedingte Kündigung Nr. 9; *v. Hoyningen-Huene/Linck*, DB 1993, 1185 ff.; Kittner/Zwanziger/*Becker*, § 92 Rn 14.

976 BAG, Urt. v. 03.03.1977, NJW 1977, 1846.

977 LAG Hamm, Urt. v. 20.02.2003 – 11 (5) Sa 382/02 (n.v.).

978 *Reuter*, ZfA 1981, 165 (187).

979 *Henssler*, in: *Henssler/Moll*, Kündigung und Kündigungsschutz in der betrieblichen Praxis, S. 103.

980 LAG Köln, Urt. v. 08.02.1995, NZA-RR 1996, 89.

981 BAG, Urt. v. 29.03.1990, NZA 1991, 181.

in absehbarer Zeit nach Beendigung des Arbeitsverhältnisses frei werden, gelten als noch zu berücksichtigende freie Arbeitsplätze, wenn die Überbrückung des Zeitraums bis zum Freiwerden solcher Arbeitsplätze dem Arbeitgeber noch zugemutet werden kann.[982] Welcher Zeitraum dem Arbeitgeber im konkreten Einzelfall noch zumutbar ist, ließ das BAG zunächst offen,[983] und stellte später fest, dass jedenfalls der Zeitraum noch als zumutbar gilt, den ein anderer Stellenbewerber zur Einarbeitung benötige, wobei je nach den Umständen eine Probezeitvereinbarung als Anhaltspunkt für die Bemessung der Einarbeitungszeit herangezogen werden könne.[984]

356 Der Arbeitgeber muss nach dem Grundsatz der Verhältnismäßigkeit auch vor jeder ordentlichen Beendigungskündigung von sich aus dem Arbeitnehmer eine beiden Parteien zumutbare Weiterbeschäftigung auf einem freien Arbeitsplatz auch zu geänderten Bedingungen anbieten. Der Arbeitgeber ist jedoch nicht verpflichtet, dem Arbeitnehmer zur Vermeidung einer Beendigungskündigung eine Weiterbeschäftigung auf der Stelle einer nicht vergleichbaren Aushilfskraft ohne Kündigungsschutz anzubieten.[985] Der Arbeitgeber muss bei den Verhandlungen mit dem Arbeitnehmer klarstellen, dass bei Ablehnung des Änderungsangebots eine Kündigung beabsichtigt ist und ihm eine Überlegungsfrist von einer Wochen einräumen. Das Angebot kann der Arbeitnehmer unter einem dem § 2 KSchG entsprechenden Vorbehalt annehmen. Der Arbeitgeber muss dann eine Änderungskündigung aussprechen. Lehnt der Arbeitnehmer das Änderungsangebot vorbehaltlos und endgültig ab, kann der Arbeitgeber eine Beendigungskündigung aussprechen. Unterlässt es der Arbeitgeber, dem Arbeitnehmer vor Ausspruch einer Beendigungskündigung ein mögliches und zumutbares Änderungsangebot zu unterbreiten, ist die Kündigung sozial ungerechtfertigt, wenn der Arbeitnehmer einem vor der Kündigung gemachten entsprechenden Vorschlag zumindest unter Vorbehalt zugestimmt hätte. Dies muss der Arbeitnehmer im Kündigungsprozess vortragen. Hat er nach Ausspruch der Kündigung ein Änderungsangebot des Arbeitgebers abgelehnt, bedarf es der tatrichterlichen Würdigung, ob angenommen werden kann, dass er ein entsprechendes Angebot vor Ausspruch der Kündigung unter Vorbehalt angenommen hätte.[986] Die vollständige Darstellung der Vertragsbedingungen an dem freien Arbeitsplatz ist nicht deshalb entbehrlich, weil der Arbeitnehmer schon auf die pauschale Kennzeichnung des freien Arbeitsplatzes ablehnend reagiert. Die Einräumung einer Überlegungsfrist von einer Woche ist auch dann erforderlich, wenn der Arbeitnehmer in der Erörterung weiterer Beschäftigungsmöglichkeiten die unterbreiteten Angebote ablehnt. Das gilt jedenfalls dann, wenn der ablehnenden Haltung für den Arbeitgeber ersichtlich keine ernsthafte, nach Prüfung gewonnene Entscheidung, sondern eine emotionale Blockadehaltung zugrunde liegt.[987]

357 Nach § 1 Abs. 2 Satz 2 Nr. 1 b und Abs. 2 Satz 3 KSchG ist die Kündigung des Arbeitnehmers sozial ungerechtfertigt, wenn seine Weiterbeschäftigung nach **zumutbaren Umschulungs- oder Fortbildungsmaßnahmen** möglich ist und er sein Einverständnis mit der Qualifizierungsmaßnahme erklärt hat.[988] Sofern nach erfolgreichem Abschluss der Qualifizierungsmaßnahme ein freier Arbeitsplatz zur Verfügung steht, den der Arbeitnehmer übernehmen kann,[989] trifft den Arbeitgeber eine Weiterbeschäftigungspflicht. Da Qualifizierungsmaßnahmen für den Unternehmer mit erheblichen wirtschaftlichen Belastungen verbunden sind, stellt sich die Frage, wo die Grenzen der zumutbaren Umschulungs- oder Fortbildungsmaßnahme zu ziehen sind. Angesichts der Vielzahl der in der Praxis zu berücksichtigenden Gesichtspunkte können abstrakte Aussagen nur in begrenztem Umfang getroffen werden. Geboten ist stets eine die Besonderheiten des Einzelfalles würdigende Betrachtung. Die **Zumutbarkeit der Qualifizierungsmaßnahme** ist auf der Grundlage einer sorgfältigen

982 BAG, Urt. v. 15.12.1994, DB 1995, 979; BAG, Urt. v. 07.03.1996, BB 1996, 1557.
983 BAG, Urt. v. 07.02.1991, DB 1991, 1730.
984 BAG, Urt. v. 15.12.1994, DB 1995, 979; BAG, Urt. v. 07.03.1996, BB 1996, 1557.
985 LAG München, Urt. v. 13.08.2002, LAGE § 1 KSchG Betriebsbedingte Kündigung Nr. 62 a.
986 BAG, Urt. v. 27.09.1984, NZA 1985, 455 = NJW 1985, 1797; BAG, Urt. v. 18.10.1984, AP Nr. 8 zu § 2 KSchG 1969.
987 LAG Hamm, Urt. v. 22.06.1998, LAGE § 1 KSchG Betriebsbedingte Kündigung Nr. 51.
988 Vgl. Ascheid/Preis/Schmidt/*Kiel*, § 1 KSchG Rn 614 ff.; Ascheid/Preis/Schmidt/*Dörner*, § 1 KSchG Rn 104 ff.; HK/*Weller/Dorndorf*, § 1 KSchG Rn 921 ff.
989 Vgl. BAG, Urt. v. 07.02.1991, EzA § 1 KSchG Personenbedingte Kündigung Nr. 9 = AP Nr. 1 zu § 1 KSchG Umschulung.

Abwägung der Interessen von Arbeitgeber und Arbeitnehmer zu beurteilen. Entscheidungserheblich ist insbesondere die Erfolgsaussicht der Maßnahme, die bisherige und die zu erwartende Beschäftigungsdauer des Arbeitnehmers, die Frage, ob der Arbeitgeber schon bei der Einstellung damit zu rechnen hatte, dass das Arbeitsgerät, an dem der Arbeitnehmer tätig war, modernisiert werden musste und folglich eine Fortbildung erforderlich werden würde[990] und die Beschreibung der vom Arbeitnehmer geschuldeten Arbeitsleistung im Arbeitsvertrag. Ist die Arbeitsleistung weit gefasst, ist eine Umschulung eher zumutbar. Von erheblicher Bedeutung sind auch die mit der Qualifizierungsmaßnahme verbundenen Kosten.[991]

Möglich ist eine Weiterbeschäftigung auch, wenn auf Arbeitsplätzen, die der Arbeitnehmer ausfüllen kann, Leiharbeitnehmer beschäftigt werden. Bei legaler Arbeitnehmerüberlassung, die nur vorübergehender Natur ist, steht der Leiharbeitnehmer in keiner arbeitsvertraglichen Bindung zum Entleiher. Die Verdrängung des Leiharbeitnehmers durch den Stammarbeitnehmer ist rechtlich nicht zu beanstanden.[992] 358

Aufgrund des notwendigen Arbeitgeberbezugs erstreckt sich die Weiterbeschäftigungspflicht nicht auf den gesamten Konzern.[993] Die rechtliche Selbständigkeit der Konzernunternehmen steht einer konzernbezogenen Weiterbeschäftigungspflicht in der Regel entgegen.[994] Ausnahmen von diesem Grundsatz können sich aufgrund des konkret geschlossenen Arbeitsvertrages,[995] einer vertraglichen Absprache oder einer Selbstbindung des Arbeitgebers – etwa aufgrund einer formlosen Zusage oder eines vorangegangenen Verhaltens – ergeben, wenn das Beschäftigungsunternehmen zugleich einen bestimmenden Einfluss auf die Versetzung zu einem anderen Konzernunternehmen hat.[996] Im Hinblick auf das Verbot eines Vertrages zu Lasten Dritter setzt ein konzerndimensionaler Kündigungsschutz stets eine entsprechende vertragliche Regelung voraus.[997] Verpflichtet sich ein Arbeitnehmer in einem dem deutschen Recht unterliegenden Vertrag, seine Arbeitsleistung im Rahmen eines ergänzenden Dienstvertrages mit einem ausländischen, konzernzugehörigen Unternehmen zu erbringen, und behält sich der Vertragspartner vor, dem Arbeitnehmer selbst Weisungen und dienstliche Anordnungen zu erteilen und jederzeit ein neues zum Konzern gehörendes Unternehmen für den weiteren Auslandseinsatz des Arbeitnehmers zu bestimmen, so ist der Vertragspartner selbst Arbeitgeber und bei der Kündigung dieses Vertrages hat er deutsches Kündigungsschutzrecht zu beachten. Beruft sich in diesem Fall der Arbeitgeber darauf, für den Arbeitnehmer sei die bisherige Beschäftigungsmöglichkeit bei dem konzernzugehörigen Unternehmen weggefallen, so hat er dies nach allgemeinen Grundsätzen im Bestreitensfall substantiiert darzulegen und ggf. zu beweisen. Auch für fehlende Einsatzmöglichkeiten bei anderen zum Konzern gehörenden Unternehmen, bei denen der Arbeitnehmer vereinbarungsgemäß beschäftigt werden könnte, obliegt dem Arbeitgeber eine gesteigerte Darlegungslast.[998] 359

990 Vgl. BAG, Urt. v. 07.05.1968, AP Nr. 18 zu § 1 KSchG Betriebsbedingte Kündigung.

991 Vgl. Ascheid/Preis/Schmidt/*Kiel*, § 1 KSchG Rn 620; HK/*Weller/Dorndorf*, § 1 KSchG Rn 923; *Birk*, FS Kissel 1994, S. 51 (61); *Bitter/Kiel*, RdA 1994, 342 ff.; *Schaub*, NZA 1987, 217 (218).

992 *Stahlhacke/Preis/Vossen*, Rn 637.

993 HK/*Weller/Dorndorf*, § 1 KSchG Rn 899; *Tschöpe*, BB 2000, 2630 (2632); *Kukat*, BB 2000, 1242 ff.; *Preis*, NZA 1997, 1073 (1075); LAG Hamburg, Urt. v. 20.09.2002 – 6 Sa 95/01 (n.v.).

994 BAG, Urt. v. 14.10.1982, AP Nr. 1 zu § 1 KSchG Konzern; BAG, Urt. v. 22.05.1986, AP Nr. 4 zu § 1 KSchG Konzern; BAG, Urt. v. 27.11.1991, AP Nr. 6 zu § 1 KSchG Konzern; BAG, Urt. v. 10.01.1994, AP Nr. 8 zu § 1 KSchG Konzern; Ascheid/Preis/Schmidt/*Dörner*, § 1 KSchG Rn 102; KR/*Etzel*, § 1 KSchG Rn 556; *Lingemann/Steinau-Steinrück*, DB 1999, 2161 ff.; *Preis*, DB 1988, 1387 (1393).

995 Vgl. *Podehl*, DB 2001, 71 f.

996 Vgl. BAG, Urt. v. 14.10.1982, AP Nr. 1 zu § 1 KSchG Konzern; HK/*Weller/Dorndorf*, § 1 KSchG Rn 900 ff.; *Tschöpe*, BB 2000, 2630 (2632); *Zwanziger*, NJW 1995, 916 (917); *Fiebig*, DB 1993, 584; *v. Hoyningen-Huene/Linck*, DB 1993, 1185 (1186).

997 BAG, Urt. v. 18.10.1976, AP Nr. 3 zu § 1 KSchG Betriebsbedingte Kündigung; BAG, Urt. v. 27.11.1991, AP Nr. 6 zu § 1 KSchG Konzern; *Lingemann/Steinau-Steinrück*, DB 1999, 2161 ff.

998 BAG, Urt. v. 21.01.1999, AP Nr. 9 zu § 1 KSchG 1969 Konzern = NZA 1999, 539.

360 Der Grundsatz der Erforderlichkeit nach § 1 Abs. 2 KSchG kann im konkreten Einzelfall den Einsatz anderer milderer Mittel bedingen. Die **Streckung der vorhandenen Arbeit** stellt aber nur dann ein geeignetes milderes Mittel dar, wenn der verringerte Personalbedarf vorübergehend ist und eine Personalauslastung in absehbarer Zeit wieder erwartet werden kann.[999] Zu beachten ist die gefestigte Rechtsprechung des BAG, wonach dem Arbeitgeber die Vorhaltung einer überflüssigen Personalreserve nicht zugemutet werden kann.[1000] Der **Abbau von Überstunden** genießt grundsätzlich Vorrang vor dem Ausspruch betriebsbedingter Kündigungen, soweit hierdurch nicht die betriebliche Umsetzung der unternehmerischen Entscheidung beeinträchtigt wird.[1001] Die Frage nach der **Einführung von Kurzarbeit** als milderem Mittel stellt sich nur dann, wenn der schlecht beratene Arbeitgeber so ungeschickt ist, im Prozess vorzutragen, der Arbeitsmangel sei vorübergehender Natur. Erklärt der Arbeitgeber nur einigermaßen plausibel, er schätze den Auftrags- bzw. Arbeitsmangel als längerfristig ein, ist dies Ausdruck seiner »freien« unternehmerischen Entscheidung, die weder von den Arbeitsgerichten noch von der Einigungsstelle überprüft werden kann.[1002] Kurzarbeit kommt in diesem Fall als milderes Mittel nicht in Betracht.

IV. Die betrieblichen Gründe

1. Differenzierung nach außer- und innerbetrieblichen Gründen

361 Bei der Unternehmerentscheidung differenziert das BAG danach, ob **inner- oder außerbetriebliche Gründe** die Kündigung rechtfertigen sollen. Diese Differenzierung entspricht im Wesentlichen der Unterscheidung zwischen betriebsbedingten Kündigungen aufgrund bindender Unternehmerentscheidung und betriebsbedingten Kündigungen, die unmittelbar durch die Veränderung außerbetrieblicher Faktoren veranlasst sind.[1003] Nach Ansicht des BAG ist eine Kündigung aus innerbetrieblichen Gründen zu bejahen, wenn sich der Arbeitgeber im Unternehmensbereich aus eigenem Antrieb zu einer organisatorischen Maßnahme entschließt, bei deren Umsetzung das Bedürfnis für die Weiterbeschäftigung eines oder mehrerer Arbeitnehmer entfällt.[1004] Als Beispiele[1005] werden die Fälle einer Umstrukturierung aus Kostengründen,[1006] einer Betriebseinschränkung, einer Betriebsstilllegung beziehungsweise beabsichtigten[1007] Betriebsstilllegung,[1008] einer Rationalisierung, einer Auslagerung von betrieblichen Tätigkeiten auf Fremdfirmen (Outsourcing)[1009] oder einer Verlagerung der

999 *Stahlhacke/Preis/Vossen*, Rn 641.

1000 Vgl. BAG v. 15.12.1994, SAE 1996, 116 mit Anmerkung *Oetker* = AP Nr. 67 zu § 1 KSchG Betriebsbedingte Kündigung; *Stahlhacke/Preis/Vossen*, Rn 635; *Knorr/Bichlmeier/Kremhelmer*, 13 (S. 576), Rn 83; *Stahlhacke*, DB 1994, 1361 (1366); *v. Hoyningen-Huene*, Anmerkung zu BAG v. 10.11.1994, 15.12.1994 und 15.12.1994, EzA § 1 KSchG Betriebsbedingte Kündigung Nr. 77; *Wank*, RdA 1987, 129 (143); *Meisel*, ZfA 1985, 213 (214).

1001 Vgl. Ascheid/Preis/Schmidt/*Kiel*, § 1 KSchG Rn 567; *Kiel/Koch*, Die betriebsbedingte Kündigung, Rn 192; *Hoß*, MDR 2000, 305 (307).

1002 Zutreffend *B. Preis*, NZA 1997, 625 (630); *v. Hoyningen-Huene/Linck*, § 1 KSchG Rn 388 f.; *Löwisch*, FS Wiese 1998, S. 249 (253 u. 256); *Preis*, NZA 1995, 241 (247); *Alp*, Berücksichtigung der unternehmerischen Entscheidungsfreiheit, S. 143 ff. Gleiches gilt natürlich erst recht für den Fall, dass der Arbeitgeber erklärt, er werde die Produktion wegen der Beschäftigungsrisiken auf unabsehbare Zeit zurückfahren.

1003 *Hillebrecht*, ZfA 1991, 87 (93); *ders.*, ZIP 1985, 257 (258).

1004 BAG, Urt. v. 27.06.2002, EzA § 1 KSchG Betriebsbedingte Kündigung Nr. 119; BAG, Urt. v. 18.09.1997, EzA § 1 KSchG Betriebsbedingte Kündigung Nr. 97; BAG, Urt. v. 26.09.1996, AP Nr. 80 zu § 1 KSchG Betriebsbedingte Kündigung = EzA § 1 KSchG Betriebsbedingte Kündigung Nr. 86.

1005 Vgl. KR/*Etzel*, § 1 KSchG Rn 486 ff.; *Stahlhacke/Preis*, Rn 631; *Hümmerich/Spirolke*, NZA 1998, 797; *M. Reuter*, NZA 1989, 241 ff.

1006 Vgl. LAG Düsseldorf, Urt. v. 18.11.1997, LAGE § 1 KSchG Betriebsbedingte Kündigung Nr. 46.

1007 Eingehend zum Fall der beabsichtigten Betriebsstilllegung *Plander*, NZA 1999, 505.

1008 BAG, Urt. v. 10.10.1996, EzA § 1 KSchG Betriebsbedingte Kündigung Nr. 87.

1009 BAG, Urt. v. 26.06.1996, NZA 1997, 202 (203).

Produktion ins Ausland[1010] genannt. Kennzeichnend für innerbetriebliche Gründe oder Ursachen ist, dass sie regelmäßig mit der unternehmerischen Entscheidung zusammenfallen.[1011]

Will der Betriebsinhaber aus innerbetrieblichen Gründen eine Kündigung aussprechen, muss er darlegen, 362

- dass und welche unternehmerische Entscheidung er gefällt hat;
- dass er diese Entscheidung umgesetzt hat;
- dass und in welchem Umfang sich die Umsetzung auf die Beschäftigungsmöglichkeiten ausgewirkt hat oder sich spätestens zum Kündigungstermin auswirken wird;
- dass nur solche Arbeitnehmer in die betriebliche Auswahl einbezogen worden sind, deren Arbeitsplätze auch tatsächlich an die weggefallenen Beschäftigungsmöglichkeiten gebunden waren.[1012]

Bei den innerbetrieblichen Gründen muss die Umsetzung der unternehmerischen Entscheidung **greifbare Formen** angenommen haben, beispielsweise durch organisatorische Veränderungen, die Einführung neuer Fertigungsmethoden oder die Fremdvergabe der Arbeiten im Wege des Outsourcings.[1013] Der endgültige unternehmerische Entschluss besteht noch nicht, wenn sich der Arbeitgeber zum Zeitpunkt des Ausspruchs der Kündigung noch in ernsthaften Verhandlungen über eine Veräußerung des Betriebes befindet und deshalb nur vorsorglich mit der Begründung gekündigt hat, der Betrieb solle zu einem bestimmten Zeitpunkt stillgelegt werden, falls eine Veräußerung scheitere.[1014] **Vorratskündigungen** sind **rechtlich unzulässig und unwirksam**. Die Darlegungs- und Beweislast dafür, dass die geplante Maßnahme bereits greifbare Formen angenommen hat, liegt beim Arbeitgeber.[1015] 363

Außerbetriebliche, von der Betriebsgestaltung und -führung unabhängige Gründe, die ein dringendes betriebliches Erfordernis für die Kündigung begründen, liegen nach der Rechtsprechung vor, wenn sie in einer **unmittelbaren Kausalkette**[1016] zum Wegfall der Beschäftigungsmöglichkeit für einen oder mehrere Arbeitnehmer führen.[1017] Als Beispiele für außerbetriebliche Gründe werden vom BAG unter anderem Auftragsmangel, Absatzschwierigkeiten, Umsatzrückgang, Rohstoffverknappung und der Entzug öffentlich-rechtlicher Genehmigungen angeführt.[1018] Bei der Berufung auf außerbetriebliche Gründe zur Rechtfertigung einer betriebsbedingten Kündigung schafft der Arbeitgeber eine **Selbstbindung**, indem er einen Zusammenhang, etwa zwischen Auftragsmenge und Beschäftigungsbedürfnis herstellt. Dieser Kausalzusammenhang ist durch die Arbeitsgerichte überprüfbar.[1019] Der Kündigung des Arbeitnehmers geht eine Unternehmerentscheidung voraus, die besagt, dass die Anzahl der zur Verfügung gestellten Beschäftigungsmöglichkeiten den objektiv tatsächlich vorhandenen Beschäftigungsmöglichkeiten anzupassen sei. Beschränkt sich der Unternehmer darauf, durch den Vortrag außerbetrieblicher Gründe, sich an Sachzwänge zu binden, muss er im Prozess darlegen, 364

1010 BAG, Urt. v. 18.09.1997, EzA § 1 KSchG Betriebsbedingte Kündigung Nr. 97.

1011 BAG, Urt. v. 20.02.1986, EzA § 1 KSchG Betriebsbedingte Kündigung Nr. 37 = NZA 1986, 823; Ascheid/Preis/Schmidt/*Kiel*, § 1 KSchG Rn 474; *Kiel/Koch*, Die betriebsbedingte Kündigung, Rn 111; *Hoß*, MDR 2000, 305 (306) jeweils m.w.N.

1012 LAG Sachsen, Urt. v. 26.03.2003 – 9 Sa 842/02 (n.v.); *Boudon/Michels*, Skriptum Fachlehrgang Arbeitsrecht der DeutschenAnwaltAkademie, 1999, S. 18 f.

1013 Siehe *Ascheid*, Kündigungsschutzrecht, Rn 264.

1014 BAG, Urt. v. 10.10.1996, AP Nr. 151 zu § 613a BGB = NZA 1997, 251; BAG, Urt. v. 28.04.1988, AP Nr. 74 zu § 613a BGB = NZA 1989, 91; BAG, Urt. v. 27.09.1984, AP Nr. 39 zu § 613a BGB = NJW 1986, 91.

1015 BAG, Urt. v. 23.03.1984, AP Nr. 38 zu § 1 KSchG 1969 Betriebsbedingte Kündigung Nr. 70; BAG, Urt. v. 19.06.1991, EzA § 1 KSchG Betriebsbedingte Kündigung.

1016 Hierzu *Ascheid*, Kündigungsschutzrecht, Rn 278.

1017 Vgl. BAG, Urt. v. 07.12.1978, 17.10.1980, 30.05.1985, 15.06.1989, AP Nr. 6, 10, 24 und 45 zu § 1 KSchG Betriebsbedingte Kündigung; *Hillebrecht*, ZfA 1991, 87 (93).

1018 Vgl. Ascheid/Preis/Schmidt/*Kiel*, § 1 KSchG Rn 475; *Hofmann*, ZfA 1984, 295 (309).

1019 BAG, Urt. v. 15.06.1989, AP Nr. 45 zu § 1 KSchG 1969 = NZA 1990, 65.

365 ■ dass der von ihm genannte außerbetriebliche Grund tatsächlich in dem von ihm behaupteten Umfang vorliegt,

■ dass und wie sich dieser außerbetriebliche Grund unmittelbar und zwingend auf bestimmte Beschäftigungsmöglichkeiten ausgewirkt hat

■ und dass nur denjenigen Arbeitnehmern gekündigt worden ist, die von ihrer aktuellen (arbeitsvertraglichen) Beschäftigungssituation an die weggefallene Beschäftigungsmöglichkeit gebunden waren.[1020]

366 Durch den Vortrag, die ausgesprochene betriebsbedingte Kündigung beruhe auf einem außerbetrieblichen Grund, wie beispielsweise Auftragsrückgang, obliegt es dem Gericht, den unmittelbaren Zusammenhang zwischen Kündigung und außerbetrieblichem Grund zu überprüfen. Dabei genügt es, wenn der Arbeitgeber in nachvollziehbarer Weise darlegt, aus einem bestimmten Auftragsrückgang in Verbindung mit dem Auslaufen einer bestimmten Zahl von Baustellen ergebe sich, dass für drei von zehn Maurern kein Beschäftigungsbedürfnis mehr bestehe.[1021] Unerheblich für die Betriebsbedingtheit der Kündigungen ist, ob auf der Baustelle, auf der die gekündigten Maurer zuletzt beschäftigt wurden, noch Arbeit vorhanden ist. Welchem der Maurer gekündigt wird, ist eine Frage der Sozialauswahl.

367 Die Unterscheidung zwischen inner- und außerbetrieblichen Kündigungsgründen wird in der Literatur mit Recht kritisiert, unter anderem mit der Begründung, eine Differenzierung ergebe sich aus dem Gesetz nicht, sie sei auch nicht sachgerecht, weil die innerbetrieblich autonom gestaltende Unternehmerentscheidung regelmäßig auch das Ergebnis außerbetrieblicher Einflüsse sei.[1022] Der vordergründige Charakter der Differenzierung zwischen inner- und außerbetrieblichen Gründen wird auch unter Beachtung der aktuellen Rechtsprechung zur Leistungsverdichtung deutlich.[1023] Wenn bereits die Entscheidung des Arbeitgebers, den Personalbestand auf Dauer zu reduzieren, als die Gerichte bindende, »freie« Unternehmerentscheidung anerkannt wird,[1024] ist unter prozesstaktischen Erwägungen[1025] kein Grund ersichtlich, warum sich der Arbeitgeber zur Begründung der Kündigung auf für ihn risikoreiche außerbetriebliche Gründe berufen sollte. Die Kündigung aus außerbetrieblichen Gründen gibt es deshalb, arbeitsrechtliches Grundwissen vorausgesetzt, überwiegend nur noch auf dem Papier.[1026]

368 Entscheidend für eine sachgerechte Einschätzung der Differenzierung zwischen inner- und außerbetrieblichen Gründen ist die Erkenntnis, dass diese Abgrenzung materiellrechtlich irrelevant ist.[1027] Der Wegfall von Beschäftigungsmöglichkeiten ist in letzter Konsequenz immer auf eine unternehmerische Entscheidung und nicht auf einen sonst irgendwie gearteten, vom unternehmerischen Willen nicht getragenen Grund zurückzuführen.[1028] Die Differenzierung zwischen inner- und außerbetrieblichen Gründen mag aus didaktischen Gründen sinnvoll sein.[1029] Gleichfalls kann sie in den Fällen, in denen ein schlecht beratener Arbeitgeber behauptet, außerbetriebliche Gründe allein hätten das Bedürfnis für die Weiterbeschäftigung eines Arbeitnehmers entfallen lassen,

1020 *Boudon/Michels*, Skriptum Fachlehrgang Arbeitsrecht der DeutschenAnwaltAkademie 1999, S. 12.
1021 BAG, Urt. v. 30.05.1985, AP Nr. 24 zu § 1 KSchG 1969 Betriebsbedingte Kündigung = NJW 1986, 2849.
1022 *Preis*, NZA 1995, 241; *v. Hoyningen-Huene*, NZA 1994, 1009.
1023 Vgl. *Stahlhacke/Preis/Vossen*, Rn 630; *Hümmerich/Spirolke*, NZA 1998, 797 (798).
1024 BAG, Urt. v. 17.06.1999, DB 1999, 1909 = NZA 1999, 1098.
1025 Vgl. *Hoß*, MDR 2000, 305 (306): »Die Praxis zeigt, dass es für die Mehrzahl der Arbeitgeber nahezu unmöglich ist, darzulegen, wie sich die zur Rechtfertigung der Kündigung herangezogenen außerbetrieblichen Umstände auf den Arbeitsplatz des konkret entlassenen Mitarbeiters ausgewirkt haben.«
1026 *Hümmerich/Spirolke*, NZA 1998, 797 (798 f.); *Rommé/Pauker*, NZA-RR 2000, 281 (291).
1027 *Ascheid*, Kündigungsschutzrecht, Rn 261; *Sowka*, MDR 1995, 1195; *Wank*, RdA 1987, 129 (135) m.w.N.
1028 Vgl. *Ascheid*, Kündigungsschutzrecht, Rn 261; *Kiel/Koch*, Die betriebsbedingte Kündigung, Rn 113; *Fischermeier*, NZA 1997, 1089 (1091); *Schaub*, BB 1993, 1090 (1091).
1029 *Ascheid*, Kündigungsschutzrecht, Rn 261; *ders.*, DB 1987, 1144 (1148); *Reinecke*, ZIAS 2000, 17 (19); *Hillebrecht*, ZfA 1991, 87 (98).

eine Selbstbindung des Arbeitgebers mit entsprechenden Beweislastfolgen begründen.[1030] Eine darüber hinausgehende Bedeutung kann ihr jedoch nicht beigemessen werden. Von daher ist *Zepter*[1031] in seiner Bewertung beizupflichten, dass die Differenzierung zwischen inner- und außerbetrieblichen Umständen vordergründig ist und lediglich die »Richtung« andeutet, aus der die zu einer Unternehmerentscheidung zwingenden Faktoren kommen.[1032]

2. Auftragsmangel, Umsatzrückgang

Auftragsmangel und Umsatzrückgang sind außerbetriebliche Gründe. Da ein Arbeitgeber bei 369
Auftrags- und Umsatzrückgang auf vielerlei Weisen reagieren kann, wie beispielsweise Kurzarbeit, Vorratswirtschaft, Intensivierung der Absatzbemühungen oder Personalabbau,[1033] muss der Arbeitgeber, wenn er sich zur Rechtfertigung einer betriebsbedingten Kündigung auf Auftragsmangel und Umsatzrückgang beruft, konkret darlegen, dass aufgrund der rückläufigen Auftragssituation das Beschäftigungsbedürfnis für den gekündigten Arbeitnehmer entfallen ist.[1034] Der Arbeitsmangel muss bei Ausspruch der Kündigung greifbare Formen angenommen haben, und der Arbeitgeber muss bei einer vernünftigen Betrachtung davon ausgehen können, dass die Arbeitskraft des Arbeitnehmers nach Ablauf der Kündigungsfrist nicht mehr benötigt wird.[1035] In der Regel genügt zur Darlegung der Auftragsmenge nicht die bloße Mitteilung eines Umsatzvolumens. Es ist denkbar, dass trotz geringen Umsatzes ein erheblicher Arbeitsaufwand entsteht, so dass eine Vielzahl von Arbeitsvorgängen zu erledigen wären. Bezieht sich der Arbeitgeber auf einen Auftragsmangel, muss sich aus seinem Vortrag daher auch ergeben, welche Arbeiten in welchem Umfange anfallen und inwieweit ein Rückgang dieser Arbeiten gerade auch den Arbeitsbereich betrifft, in dem der zu kündigende Arbeitnehmer beschäftigt ist.[1036] Verhält sich der Umfang der Tätigkeit einer Gruppe von Arbeitnehmern proportional zum Absatz der gefertigten Erzeugnisse, genügt der Arbeitgeber seiner Darlegungslast, wenn er die Richtigkeit des Berechnungsmodus so darlegt, dass aus der Verringerung der Arbeitsmenge auf die Veränderung der Beschäftigungsmöglichkeit geschlossen werden kann.[1037] Es kommt darauf an, ob mit dem geringeren Arbeitsanfall das Bedürfnis für die Weiterbeschäftigung des gekündigten Arbeitnehmers entfallen oder innerhalb einer Gruppe vergleichbarer Arbeitnehmer gesunken ist.[1038] Bei komplexen, vielfältige Produkte herstellenden Unternehmen sind die Kalkulationsmethoden erfahrungsgemäß so kompliziert, dass der Lehrbuch-Fall des BAG nur selten auftritt. Der Umsatzrückgang kann ein betriebliches Erfordernis darstellen, wenn die betriebliche Organisation dem verminderten Umsatz angepasst wird. In diesem Falle muss aber der Arbeitgeber den Plan und die Durchführung mit den Auswirkungen auf sämtliche Arbeitsplätze im Einzelnen darlegen,[1039] eine Anforderung, die je nach Größe des Unternehmens in einem Arbeitsgerichtsprozess kaum noch mit vertretbarem Aufwand geleistet werden kann. Umsatzrückgang kann die Kündigung begründen, insbesondere wenn sie ihrerseits auf einer konkreten betrieblichen Maßnahme beruht, die die Betriebsstruktur dem verminderten Umsatz anpassen soll und zum Wegfall des Arbeitsplatzes führt.[1040]

1030 Vgl. BAG, Urt. v. 15.06.1989, AP Nr. 45 zu § 1 KSchG Betriebsbedingte Kündigung = BB 1989, 2191; *Stahlhacke*, DB 1994, 1361 (1364); *Schaub*, BB 1993, 1090 (1092); *Reinecke*, ZIAS 2000, 17 (20); *Tschöpe*, BB 2000, 2630 ff.
1031 *Zepter*, DB 2000, 474.
1032 Ähnlich *Rieble*, Anmerkung zu BAG v. 17.06.1999, EzA § 1 KSchG Betriebsbedingte Kündigung Nr. 102.
1033 BAG, Urt. v. 30.05.1985, NZA 1986, 155; *Schaub*, NZA 1987, 217.
1034 BAG, Urt. v. 30.05.1985, NZA 1986, 155.
1035 BAG, Urt. v. 27.02.1987, NZA 1987, 700.
1036 LAG Berlin, Urt. v. 05.12.1997, LAGE § 1 KSchG Betriebsbedingte Kündigung Nr. 49.
1037 BAG, Urt. v. 15.06.1989, NZA 1990, 65.
1038 BAG, Urt. v. 18.09.1997, EzA § 1 KSchG Betriebsbedingte Kündigung Nr. 97.
1039 BAG, Urt. v. 07.12.1978, BAGE 31, 157.
1040 BAG, Urt. v. 15.06.1989, AP Nr. 45 zu § 1 KSchG 1969.

3. Austauschkündigung

370 Der Ausspruch einer Kündigung zum Austausch eines Arbeitnehmers ist unzulässig. Eine Austauschkündigung ist mit dem Zweck der betriebsbedingten Kündigung, den Personalbestand dem verringerten Beschäftigungsbedarf anzupassen, nicht vereinbar.[1041] Es liegt kein dringendes betriebliches Erfordernis vor, das den Arbeitgeber zur Kündigung berechtigen würde, wenn der Arbeitgeber beabsichtigt, anstelle von nebenberuflich tätigen Teilzeitarbeitnehmern Arbeitslose im Rahmen von Vollzeitarbeitsverhältnissen zu beschäftigen.[1042] Gleichermaßen ist von einer unzulässigen Austauschkündigung auszugehen, wenn der Arbeitgeber zur Erfüllung seiner Pflicht aus § 71 SGB IX einen Schwerbehinderten einstellen will und deshalb einem anderen Arbeitnehmer kündigt[1043] oder die Absicht verfolgt, sich durch eine Beschäftigung von Arbeitnehmern nach ausländischem Recht von den Bedingungen des deutschen Arbeits- und Sozialrechts zu lösen.[1044]

4. Betriebs- oder Teilbetriebsstilllegung

371 Die Unternehmerentscheidung, den gesamten Betrieb bzw. einen Teilbetrieb stillzulegen, ist nicht auf ihre Zweckmäßigkeit zu überprüfen. Erforderlich ist der **ernstliche** und **endgültige Entschluss des Unternehmers**, die Betriebs- und Produktionsgemeinschaft zwischen Arbeitgeber und Arbeitnehmern für einen seiner Dauer nach unbestimmten, wirtschaftlich nicht unerheblichen Zeitraum aufzuheben. Eine aus diesem Grund erklärte ordentliche Kündigung ist aber nur dann sozial gerechtfertigt, wenn die auf eine Betriebsstilllegung gerichtete unternehmerische Entscheidung **zum Zeitpunkt des Zugangs der Kündigung** bereits **greifbare Formen** angenommen hat und eine vernünftige betriebswirtschaftliche Betrachtung die Prognose rechtfertigt, dass bis zum Auslaufen der Kündigungsfrist der Arbeitnehmer entbehrt werden kann.[1045] Wird noch zum Kündigungszeitpunkt über eine Weiterveräußerung des Betriebs oder der Gesellschaftsanteile verhandelt, fehlt es an greifbaren Formen der Betriebsstilllegung.[1046] Maßgeblich ist die auf einem ernstlichen Willensentschluss des Arbeitgebers beruhende Aufgabe des Betriebszwecks, die nach außen in der Auflösung der Betriebsorganisation zum Ausdruck kommt.[1047] Erforderlich ist in jedem Fall, dass der Arbeitgeber seine Arbeitgeberstellung aufgibt. Behält der Arbeitgeber 51 % der Gesellschafteranteile an einer GmbH, fehlt es an der Aufgabe der Arbeitgeberstellung. Der Entschluss, die formale Arbeitgeberstellung aufzugeben, ist keine die Kündigung bedingende Unternehmerentscheidung, wenn der Unternehmer gegenüber den Beschäftigten weiterhin selbst für die Durchführung der Arbeiten erforderlichen Weisungen erteilen kann.[1048] Bei alsbaldiger Wiedereröffnung des Betriebes spricht eine tatsächliche Vermutung gegen eine ernsthafte Stilllegungsabsicht.[1049] Der vollen gerichtlichen Nachprüfung unterliegt die Frage, ob durch die innerbetriebliche Umsetzung der Stilllegungsentscheidung das Bedürfnis für die Weiterbeschäftigung eines oder mehrerer Arbeitnehmer entfallen ist.[1050] Eine unternehmerische Entscheidung zur endgültigen Betriebsstilllegung im Sinne eines betriebsbedingten Kündigungsgrundes gem. § 1 KSchG liegt (noch) nicht vor, wenn der Inhaber mehrerer gastronomischer Einrichtungen eines Kur-Betriebes sämtliche Einrichtungen schließt, die geplante Veranstaltung absagt, Materialien und Warenvorräte veräußert sowie das Personal entlässt, jedoch zugleich erklärt, er wolle sich um »die Vermarktung einzelner Betriebsteile« bemühen.

1041 *Stahlhacke/Preis/Vossen*, Rn 652.
1042 BAG, Urt. v. 13.03.1987, AP Nr. 37 zu § 1 KSchG Betriebsbedingte Kündigung = NZA 1987, 629.
1043 Ascheid/Preis/Schmidt/*Kiel*, § 1 KSchG Rn 475.
1044 BAG, Urt. v. 26.09.1996, AP Nr. 80 zu § 1 KSchG Betriebsbedingte Kündigung = NZA 1997, 202; Ascheid/Preis/Schmidt/*Kiel*, § 1 KSchG Rn 475.
1045 BAG, Urt. v. 18.01.2001, ZInsO 2001, 822; BAG, Urt. v. 27.09.1984, NZA 1985, 493; BAG, Urt. v. 16.09.1982, AP Nr. 4 zu § 22 KO; BAG, Urt. v. 13.09.1995, NZA 1996, 307; BAG, Urt. v. 27.02.1987, NZA 1987, 700.
1046 BAG, Urt. v. 10.10.1996, NZA 1997, 251.
1047 BAG, Urt. v. 27.09.1984, NZA 1985, 493.
1048 LAG Schleswig-Holstein, Urt. v. 07.06.2002 – 6 Sa 168/01 (n.v.).
1049 BAG, Urt. v. 27.09.1984, NZA 1985, 493.
1050 BAG, Urt. v. 27.02.1987, NZA 1987, 700; Urt. v. 05.10.1995, DB 1996, 281.

Kommt es in der Folge zur Fortführung einer einzelnen gastronomischen Einrichtung durch einen Erwerber, so werden hiervon die Arbeitsverhältnisse solcher Arbeitnehmer nicht erfasst, die, wie der Hausmeister oder der Konditormeister der zentralen Backstube, den Zentralfunktionen des Betriebes zugeordnet waren.[1051] Die unternehmerische Entscheidung zur Verlagerung von Tätigkeiten eines Arbeitnehmers auf einen anderen muss zum Zeitpunkt des Zugangs der Kündigung spätestens vorliegen und nicht nur »absehbar« sein.[1052] Beruft sich der Arbeitnehmer im Rahmen eines Kündigungsschutzprozesses darauf, der Betrieb sei von dem bisherigen Arbeitgeber nicht stillgelegt, sondern an einen neuen Inhaber übertragen worden, ist es nach § 1 Abs. 2 Satz 4 KSchG Aufgabe des Arbeitgebers, andere für die soziale Rechtfertigung der Kündigung erhebliche Gründe vorzutragen und nachzuweisen. Der Arbeitgeber ist somit darlegungs- und beweispflichtig dafür, dass er ernsthaft zur Betriebsstilllegung und nicht zur Betriebsübergabe entschlossen war.[1053]

Die unternehmerische Entscheidung zur Stilllegung des Betriebes einer GmbH kann auch dann die Kündigung des Arbeitsverhältnisses eines in dem Betrieb beschäftigten Arbeitnehmers sozial rechtfertigen, wenn ihr kein wirksamer Beschluss der Gesellschafter zugrunde liegt.[1054] Eine Betriebsstilllegung bei einer juristischen Person bedarf keines Beschlusses des für die Auflösung der Gesellschaft zuständigen Organs. Kündigungsrechtlich ist nur entscheidend, ob der Handelnde oder die Handelnden die Stilllegungsentscheidung getroffen haben und ob im Zeitpunkt der hierauf gestützten Kündigung des Arbeitsverhältnisses die Prognose gerechtfertigt war, dass es gemäß dieser Entscheidung planmäßig zur Betriebsstilllegung kommen wird. Ein geheimer Vorbehalt des Geschäftsführers, den Inhalt des von ihm mitunterzeichneten Stilllegungsbeschlusses nicht zu wollen, ist nach § 116 BGB unbeachtlich.[1055] 372

Der Entschluss des Arbeitgebers, ab sofort keine neuen Aufträge mehr anzunehmen, allen Arbeitnehmern zum nächstmöglichen Kündigungstermin zu kündigen, zur Abarbeitung der vorhandenen Aufträge eigene Arbeitnehmer nur noch während der jeweiligen Kündigungsfristen einzusetzen und so den Betrieb schnellstmöglich stillzulegen, ist als unternehmerische Entscheidung grundsätzlich geeignet, die entsprechenden Kündigungen sozial zu rechtfertigen. Ein entsprechendes unternehmerisches Stilllegungskonzept lässt für eine soziale Auswahl gem. § 1 Abs. 3 KSchG keinen Raum. Mit der sofortigen und gleichzeitigen Kündigung aller Arbeitsverhältnisse nimmt der Arbeitgeber gerade keine Differenzierung zwischen vergleichbaren Arbeitnehmern vor. Der Schutzzweck des § 1 Abs. 3 KSchG geht dahin, sozial schutzbedürftigeren Arbeitnehmern den Arbeitsplatz längerfristig zu erhalten. Es ist hingegen nicht der Zweck dieser Norm, den Arbeitnehmern bloß längere Kündigungsfristen, als in § 622 BGB bzw. dem einschlägigen Tarifvertrag vorgesehen, einzuräumen. Mit einer Verlängerung der Kündigungsfrist bei sozial schutzwürdigeren Arbeitnehmern entstünde gemessen an den die Arbeitsgerichte bindenden unternehmerischen Vorgaben des Arbeitgebers ein Arbeitskräfteüberhang. § 1 Abs. 3 KSchG verpflichtet den Arbeitgeber jedoch nicht, auch nicht vorübergehend, einen solchen Überhang in Kauf zu nehmen.[1056] 373

Die Kündigung eines Arbeitsverhältnisses durch den Konkursverwalter (Insolvenzverwalter) des zahlungsunfähigen Unternehmens ist bereits dann zulässig, wenn eine Stilllegung des Unternehmens beabsichtigt ist. Der Stilllegungsabsicht steht nicht entgegen, dass ein anderes Unternehmen das Warenzeichen, das Warenlager, Betriebs- und Geschäftsausstattungen sowie Roh-, Hilfs- und Betriebsstoffe des zahlungsunfähigen Unternehmens erworben hat. Hierin liegt kein Betriebsübergang gem. § 613a BGB.[1057] Die von dem Insolvenzverwalter noch vor dem anstehenden Berichtstermin in der Gläubigerversammlung (§ 157 InsO) beabsichtigte und betriebene Betriebsstilllegung kann 374

1051 LAG Hamm, Urt. v. 05.04.2001 – 8 Sa 1594/00 (n.v.).
1052 LAG Berlin, Urt. v. 01.06.2001 – 19 Sa 570/01 (n.v.).
1053 BAG, Urt. v. 31.01.1991 – 2 AZR 346/90 (n.v.).
1054 BAG, Urt. v. 05.04.2001, DB 2001, 1782.
1055 BAG, Urt. v. 08.04.2003, AP Nr. 40 zu § 113 BetrVG 1972 = ZIP 2003, 1260.
1056 BAG, Urt. v. 18.01.2001, NZA 2001, 719.
1057 BAG, Urt. v. 16.05.2002 – 8 AZR 319/01 (n.v.).

nicht als eine den Anforderungen der arbeitsgerichtlichen Rechtsprechung zur Rechtfertigung einer betriebsbedingten Kündigung genügende »endgültige Stilllegungsentscheidung« angesehen werden, wenn nach den vorliegenden Wirtschaftsdaten des Unternehmens auch eine nach dem Insolvenzrecht vertretbare vorläufige Fortführungsentscheidung der Gläubigerversammlung in Betracht zu ziehen ist.[1058]

375 Nach Ansicht des LAG Hamburg führt die Einstellung des Betriebes eines Unternehmens, das mit anderen Unternehmen einen gemeinsamen Betrieb bildet, zum Ausscheiden dieses Unternehmens aus der Vereinbarung über die Führung eines gemeinsamen Betriebes. Eine Versetzung in ein anderes Unternehmen des gemeinsamen Betriebes bedarf einer Rechtsgrundlage im Arbeitsvertrag, auch bei einem Betriebsratsmitglied des gemeinsamen Betriebes.[1059] Die Auflösung eines Gemeinschaftsbetriebes durch Kündigung kann auch konkludent erfolgen, zum Beispiel dadurch, dass eines von zwei an einem Gemeinschaftsbetrieb beteiligten Unternehmen seine Liquidation beschließt, allen seinen Arbeitnehmern kündigt und die Liquidation tatsächlich einleitet. In der Liquidation und der Auflösung der Betriebsgemeinschaft ist ein betriebsbedingter Grund für die Kündigung der Arbeitsverhältnisse des sich in Liquidation befindlichen Betriebes zum geschätzten Zeitpunkt der Einstellung des Betriebes zu sehen, auch wenn die Arbeitnehmer bis zum Ablauf der Kündigungsfrist andere Tätigkeiten für den Gemeinschaftsbetrieb als die, die durch die Liquidation eines Unternehmens des aus zwei Unternehmen bestehenden Gemeinschaftsbetriebes entfallen, verrichten. Die Schaffung eines Gemeinschaftsbetriebes führt nicht dazu, dass im Falle seiner Auflösung durch Liquidation eines Betriebes dem verbleibenden Betrieb, der nicht Arbeitgeber ist, neue Arbeitnehmer aufgezwungen werden können, auch nicht, wenn die gekündigten Arbeitnehmer des liquidierten Betriebes überwiegend Tätigkeiten verrichten, die in dem verbleibenden Betrieb des ehemaligen Gemeinschaftsbetriebes auch weiterhin anfallen.[1060] Eine Aufkündigung eines Gemeinschaftsbetriebes zweier Unternehmen kann auch nach der Kündigung des Arbeitsverhältnisses liegen, ohne zur Unwirksamkeit der Kündigung wegen einer fehlerhaften Sozialauswahl bezogen auf vergleichbare Arbeitnehmer des Gemeinschaftsbetriebes zu führen. Voraussetzung dafür ist, dass die Aufkündigung des Gemeinschaftsbetriebes zum Zeitpunkt des Zugangs der Kündigung bereits »greifbare Formen« im Sinne der Rechtsprechung des BAG zur beabsichtigten Betriebsstilllegung angenommen hat.[1061]

5. Betriebsübergang

376 Im Zusammenhang mit einem (anstehenden) Betriebsübergang werden häufig betriebsbedingte Kündigungen ausgesprochen. Liegt ein Betriebsübergang nach § 613a BGB vor, konzentrieren sich die Rechtsstreite zumeist auf die Frage, ob die Kündigung aufgrund des Betriebsübergangs oder aus dringenden betrieblichen Erfordernissen ausgesprochen wurde. Eine Kündigung aufgrund des Betriebsübergangs ist angesichts des eigenständigen Kündigungsverbots nach § 613a Abs. 4 Satz 1 BGB unwirksam.[1062] Die Norm des § 613a Abs. 4 Satz 1 BGB ist die zentrale Kündigungsschutznorm für Unternehmensumstrukturierungen und klarer Ausdruck der Bestandsschutzfunktion des § 613a BGB.[1063] Das Recht zur Kündigung aus anderen Gründen nach § 613a Abs. 4 Satz 2 BGB bleibt unberührt. Wegen eines Betriebsübergangs wird eine Kündigung ausgesprochen, wenn der **Betriebsübergang** die überwiegende Ursache der Kündigung bildet.[1064] Der Betriebsübergang muss der **Beweggrund für die Kündigung** sein. Dabei ist ausschließlich auf die Verhältnisse im Zeitpunkt

1058 LAG Düsseldorf, Urt. v. 18.06.2002, ZIP 2003, 415.

1059 LAG Hamburg, Urt. v. 19.11.2002 – 2 Sa 67/02 (n.v.).

1060 LAG Bremen, Urt. v. 17.10.2002, AP Nr. 15 zu § 1 BetrVG 1972 Gemeinsamer Betrieb = NZA-RR 2003, 189.

1061 LAG Berlin, Urt. v. 15.11.2002, LAGE § 1 KSchG Gemeinschaftsbetrieb Nr. 1 = ZIP 2003, 546.

1062 Ascheid/Preis/Schmidt/*Kiel*, § 1 KSchG Rn 502 f.; zur Reichweite der Kündigungskontrolle durch § 613a Abs. 4 BGB *Lipinski*, NZA 2002, 75 ff.

1063 Kittner/Zwanziger/*Bachner*, § 115 Rn 75.

1064 Hierzu *Lipinski*, NZA 2002, 75 (77 f.).

des Zugangs der Kündigung abzustellen. Damit kann ein bevorstehender Betriebsübergang nur dann zur Unwirksamkeit der Kündigung gem. § 613a Abs. 4 BGB führen, wenn die den Betriebsübergang ausmachenden Tatsachen im Zeitpunkt des Zugangs der Kündigung bereits feststehen oder zumindest greifbare Formen angenommen haben.[1065]

Eine vom Arbeitgeber mit einer Stilllegungsabsicht begründete Kündigung ist nur dann sozial gerechtfertigt nach § 1 Abs. 2 Satz 1 KSchG, wenn die geplante Maßnahme sich auch rechtlich als Betriebsstilllegung und nicht etwa deshalb als Betriebsveräußerung darstellt, weil die für die Fortführung des Betriebes wesentlichen Gegenstände einem Dritten überlassen werden sollten, der Veräußerer diesen Vorgang aber rechtlich unzutreffend als Betriebsstilllegung bewertet. Die Veräußerung des Betriebes allein ist, wie sich aus der Wertung des § 613a BGB ergibt, keine Betriebsstilllegung, weil die Identität des Betriebs gewahrt bleibt und lediglich ein Betriebsinhaberwechsel stattfindet.[1066] 377

Bei der Anwendung von § 613a Abs. 4 BGB ist stets zu prüfen, ob es neben dem Betriebsübergang einen »sachlichen Grund« gibt, der »aus sich heraus« die Kündigung zu rechtfertigen vermag, so dass der Betriebsübergang nur äußerer Anlass, nicht aber der tragende Grund für die Kündigung gewesen ist.[1067] So ist es denkbar, dass der Erwerber seinerseits ein neues Unternehmerkonzept verfolgt und der Veräußerer nach Absprache mit dem neuen Betriebsinhaber dessen Organisations- und Strukturentscheidungen in die Wege leitet, insbesondere die aus Sicht des Erwerbers erforderlichen Kündigungen ausspricht (sog. Veräußererkündigung aufgrund eines Erwerberkonzepts).[1068] Sinn und Zweck der Regelungen des § 613a Abs. 1 Satz 1, Abs. 4 Satz 1 BGB kann nicht sein, den Erwerber auch bei einer aufgrund betriebswirtschaftlicher Gesichtspunkte voraussehbar fehlenden Beschäftigungsmöglichkeit zu verpflichten, das Arbeitsverhältnis mit einem Arbeitnehmer noch einmal künstlich zu verlängern, bis er selbst die Kündigung aussprechen kann.[1069] Dies hat auch das BAG mit Urteil vom 20.03.2003 ausdrücklich entschieden und festgestellt: »Die Kündigung des Betriebsveräußerers auf Grund eines Erwerberkonzepts verstößt dann nicht gegen § 613a Abs. 4 BGB, wenn ein verbindliches Konzept oder ein Sanierungsplan des Erwerbers vorliegt, dessen Durchführung im Zeitpunkt des Zugangs der Kündigungserklärung bereits greifbare Formen angenommen hat. Der Zulassung einer solchen Kündigung steht der Schutzgedanke des § 613a Abs. 4 BGB nicht entgegen, denn diese Regelung bezweckt keine »künstliche Verlängerung« des Arbeitsverhältnisses bei einer vorhersehbar fehlenden Beschäftigungsmöglichkeit des Arbeitnehmers bei dem Erwerber. Für die Wirksamkeit einer betriebsbedingten Kündigung des Veräußerers nach dem Sanierungskonzept des Erwerbers kommt es, jedenfalls in der Insolvenz, nicht darauf an, ob das Konzept auch bei dem Veräußerer hätte durchgeführt werden können.«[1070] Einem Arbeitnehmer, der dem Übergang seines Arbeitsverhältnisses aufgrund eines Betriebsübergangs widersprochen hat, kann betriebsbedingt gekündigt werden, auch wenn der Betriebsteilübergang noch nicht vollständig vollzogen ist. Es genügt, wenn beim Veräußerer voraussichtlich nach Ablauf der Kündigungsfrist keine Beschäftigungsmöglichkeit mehr bestehen wird.[1071] 378

In der Streichung einer konkreten Stelle in einem Haushaltsplan liegt die von den Arbeitsgerichten nicht nachprüfbare unternehmerische Entscheidung, die bezeichnete Stelle sei für die Dienststelle zukünftig entbehrlich[1072] Ein Arbeitnehmer kann sich auf eine mangelhafte Sozialauswahl nach § 1 Abs. 3 KSchG auch dann berufen, wenn der Verlust seines Arbeitsplatzes darauf beruht, dass er dem 379

1065 BAG, Urt. v. 03.09.1998, NZA 1999, 147; BAG, Urt. v. 13.11.1997, ZIP 1998, 167.
1066 BAG, Urt. v. 09.02.1994, AP Nr. 105 zu § 613a BGB = NZA 1994, 686.
1067 BAG, Urt. v. 26.05.1983, NJW 1984, 627 = AP Nr. 34 zu § 613a BGB.
1068 Kittner/Zwanziger/*Bachner*, § 115 Rn 79.
1069 ErfK/*Preis*, § 613a BGB Rn 151.
1070 BAG, Urt. v. 20.03.2003, AP Nr. 250 zu § 613a BGB = DB 2003, 1906; hierzu *Annuß/Stamer*, NZA 2003, 1247.
1071 LAG Berlin, Urt. v. 15.11.2002 – 6 Sa 1196/02 (n.v.).
1072 BAG, Urt. v. 19.03.1998, AP Nr. 76 zu Einigungsvertrag Anlage I Kap XIX.

Übergang des Arbeitsverhältnisses auf einen Teilbetriebserwerber widersprochen hat. Bei der Prüfung der sozialen Gesichtspunkte sind die Gründe für den Widerspruch zu berücksichtigen.[1073] Betriebsteile gehen nur dann über, wenn dessen sächliche oder immaterielle Betriebsmittel oder der nach der Zahl und Sachkunde wesentliche Teil des dort beschäftigten Personals übertragen worden sind. Der entsprechende Bereich muss beim Veräußerer organisatorisch verselbständigt sein (hier: Betriebsteilübergang verneint, da der Bereich »Reinigung« im Schulzentrum keinen Betriebsteil darstellt. Eine organisatorische Einheit liegt nicht vor. Es ist nicht erkennbar, dass eine Teileinheit »Reinigung« selbständig und unabhängig vom Schulzentrum organisiert war, so dass im Ergebnis nur eine Funktionsnachfolge vorliegt).[1074]

6. Drittmittel

380 Die **Kürzung** oder der **Wegfall von Drittmitteln** stellt zwar einen außerbetrieblichen Umstand, aber für sich allein noch keinen betriebsbedingten Kündigungsgrund dar. Vielmehr muss der Drittmittelempfänger entscheiden, ob ein derart subventioniertes Projekt, zum Beispiel mit eigenen oder anderen Mitteln, fortgeführt, eingeschränkt oder eingestellt werden soll. Führt seine Entscheidung zum Fortfall der geförderten Aufgabenbereiche, so liegt hierin für die dort beschäftigten Arbeitnehmer an sich ein Grund für eine betriebsbedingte Kündigung. Diese unternehmerische Entscheidung des Drittmittelempfängers unterliegt nur einer Missbrauchskontrolle.[1075] Danach sind bei einer auf den Wegfall oder die Kürzung von Drittmitteln gestützten Kündigung eines drittmittelfinanzierten Arbeitsverhältnisses zwei Umstände erheblich und zu unterscheiden: die Kürzung oder der Wegfall der Mittel als außerbetrieblicher Umstand und die dadurch ausgelöste Unternehmerentscheidung, den so geförderten Arbeitsbereich einzuschränken oder nicht mehr fortzuführen.[1076]

381 Die im Rahmen des Kündigungsgesichtspunkts ungewisser Drittmittelförderung notwendige Prognose des Wegfalls von Drittmitteln erfordert in den Fällen, in denen ein Anspruch des Unternehmens auf Drittmittelförderung besteht, den Vortrag von Tatsachen, aus denen sich ergibt, dass der Arbeitgeber im Zeitpunkt des Ausspruchs der Kündigung oder Änderungskündigung unter Zugrundelegung der für die Zuweisung von Förderungsmitteln heranzuziehenden Rechtsgrundlagen mit einiger Sicherheit für die in Frage stehende Förderperiode die in der davorliegenden Förderperiode erhaltenen Zuschüsse nicht mehr beanspruchen kann. Um dieser Anforderung zu genügen, muss der mit Landesmitteln nach dem Thüringer Gesetz über Tageseinrichtungen für Kinder (ThürKitaG, KTEinrG TH) zu fördernde Träger von Kindertagesstätten für die jeweils betroffene Einrichtung nachvollziehbar den für die beantragte Förderungsperiode zu beanspruchenden Förderungsumfang darlegen. Dabei ist zu berücksichtigen, dass für den Betrieb von Krippen-, Kindergarten- und Hortgruppen unterschiedliche Anspruchs- und Berechnungsgrundlagen bestehen, so dass insoweit eine Trennung des Sachvortrags geboten ist. Den so für die einzelnen Betreuungsbereiche berechneten Förderungsumfang muss er den in der davorliegenden Förderperiode bewilligten Zuschüssen gegenüberstellen. Ist danach ein Rückgang der Zuschüsse zu erwarten und nimmt der Träger von Kindertagesstätten dies zum Anlass für den Ausspruch betriebsbedingter Beendigungskündigungen oder Änderungskündigungen, dann muss er in den über deren Sozialrechtfertigung geführten Rechtsstreiten substantiiert und in einer für das Gericht transparenten Weise angeben, durch welche Entscheidungen die Tätigkeit seines Unternehmens an den veränderten Mittelzufluss angepasst wird und welche Auswirkungen die zu dieser Anpassung beabsichtigten Maßnahmen auf den Bedarf an Arbeitskräften haben. Das Tatbestandsmerkmal »Betreuungszeit« der in §§ 23 Abs. 2 ThürKitaG, 1 Abs. 1 Nr. 1 ThürKitaFVO (KTEinrFinV TH) bezeichnet die (Arbeits-) Zeit, die in einer Gruppe

1073 BAG, Urt. v. 18.03.1999, BAGE 91, 129.

1074 BAG, Urt. v. 05.12.2002, AP Nr. 126 zu § 1 KSchG 1969 Betriebsbedingte Kündigung.

1075 BAG, Urt. v. 20.02.1986, AP Nr. 11 zu § 1 KSchG 1969; BAG, Urt. v. 05.09.1986 – 7 AZR 136/85 (n.v.); BAG, Urt. v. 30.10.1987, RzK 5 c Nr. 24.

1076 BAG, Urt. v. 24.08.1989, RzK I 5 c Nr. 32; BAG, Urt. v. 07.11.1996, NZA 1997, 253; BAG, Urt. v. 20.02.1986, AP Nr. 11 zu § 1 KSchG 1969 = NZA 1986, 823.

aufgewendet werden muss. Diese ist unabhängig von anlassbedingten Anwesenheitsschwankungen der zu betreuenden Kinder, wie Krankheit etc. Es spielt keine Rolle, mit welcher wechselnden Kinderzahl die Gruppe im Verlauf des Tages dann tatsächlich besetzt ist. Maßgeblich ist insoweit die Zahl der potentiellen Nutzer, das heißt die Zahl der Kinder, die nach ihrer Anmeldung einer Gruppe zugewiesen wurden und mit deren ständiger Anwesenheit deshalb nach normalen Umständen jederzeit in der für sie von den Erziehungsberechtigten bei der Anmeldung gewünschten und nach den Verhältnissen der Kindertagesstätte möglichen Obhutszeit zu rechnen ist. Unter dem Gesichtspunkt, dass nach § 25 Abs. 2 Satz 2 ThürKitaG nur die notwendigen Kosten für das pädagogische Fachpersonal bezuschusst werden, kann von den grundsätzlich zum sparsamen Umgang mit Fördergeldern verpflichteten Kindertagesstättenbetreibern die Fördermittelzuweisung davon abhängig gemacht werden, dass sie abweichend von der nach dem Wortlaut des § 1 Abs. 1 Nr. 1 ThürKitaFVO vom Verordnungsgeber als Regelfall angesehenen täglichen Kindergartengruppenbetreuungszeit von zehn Stunden bei der jährlichen Bedarfsplanung die Möglichkeit nach unterschiedlichen Betreuungszeiten eingeteilter Gruppenbildung (zum Beispiel Vor- und Nachmittagsgruppen) prüfen und ggf. umsetzen, wenn dadurch eine Zusammenfassung von Arbeitskapazitäten und dadurch wiederum eine Einsparung von Zuschussmitteln möglich ist. Dies setzt allerdings die Wahrung einer dem Zweck des KitaG nicht zuwiderlaufenden Alterszusammensetzung der Gruppenmitglieder und der gesetzlich angemessenen Gruppengrößen voraus. Weiterhin muss sichergestellt sein, dass die jeweiligen Gruppenbetreuungszeiten die bei der Anmeldung geplanten Anwesenheitszeiten der einer Gruppe zugeordneten Kinder abdecken. Nur unter diesen Bedingungen ist die Reduzierung von Gruppenbetreuungszeiten unter dem Gesichtspunkt der Verwirklichung durchlässiger Auslastung der Betreuungskapazitäten möglich. Auch unter dem Gesichtspunkt einer unabhängig von der Frage der Fördermittelzuweisung erfolgenden Kündigung aus dem Grund der Leistungsverdichtung bzw. der Anpassung an einen durch organisatorische Zusammenfassung einzelner Betreuungsgruppen verminderten Arbeitskräftebedarf ist der im Anwendungsbereich des ThürKitaG tätige Kindergartenträger nicht in unbeschränktem Maße in seinen unternehmerischen Entscheidung frei. Auch insoweit ist er an die Vorgaben des ThürKitaG zur Sicherstellung einer adäquaten, die gesetzlichen Zwecke erfüllenden Betreuung im Bereich der Krippe, Kindergarten und Hort gebunden.[1077]

Auch beim Wegfall von Drittmitteln ist die Weiterbeschäftigungsmöglichkeit auf einem anderen, 382
freien Arbeitsplatz zu prüfen.[1078] Sachwidrige Entscheidungen des Drittmittelgebers, die zum Entzug der Mittel führen, bewirken nicht die Missbräuchlichkeit der Kündigung.[1079]

7. Druckkündigung

Von einer sog. Druckkündigung spricht man, wenn von der Belegschaft, vom Betriebsrat, von der 383
Gewerkschaft, vom Entleiher (bei einem Leiharbeitsverhältnis) oder Kunden des Arbeitgebers unter Androhung von Nachteilen (wie etwa Androhung von Kündigungen, Verweigerung der Zusammenarbeit, Abbruch der Geschäftsbeziehungen) die Entlassung eines bestimmten Arbeitnehmers verlangt wird.[1080] Lehnen wichtige Geschäftspartner eine weitere Zusammenarbeit mit einem Verkaufsleiter aus nachvollziehbaren Gründen ab, so kann dies ein dringendes betriebliches Erfordernis zur Kündigung des betreffenden Verkaufsleiters begründen, wenn es dem Arbeitgeber unzumutbar ist, für die gleiche Aufgabe praktisch zwei Arbeitnehmer einzusetzen.[1081]

Verlangt die Belegschaft oder ein Teil davon unter der Androhung der Arbeitsniederlegung vom 384
Arbeitgeber die Entlassung eines Arbeitnehmers und gibt der Arbeitgeber diesem Druck nach, dann ist eine auf einen solchen Sachverhalt gegründete außerordentliche Kündigung rechtsunwirksam,

1077 LAG Thüringen, Urt. v.13.08.2002 – 5 Sa 310/01 (n.v.).
1078 BAG, Urt. v. 21.06.1990, RzK I 5 c Nr. 37.
1079 BAG, Urt. v. 07.11.1996, EzA § 1 KSchG Betriebsbedingte Kündigung Nr. 88.
1080 KR/*Etzel*, § 1 KSchG Rn 473; Ascheid/Preis/Schmidt/*Kiel*, § 1 KSchG Rn 519.
1081 BAG, Urt. v. 26.06.1997, RzK I 5 i Nr. 126.

wenn der Arbeitgeber nichts getan hat, die Belegschaft von ihrer Drohung abzubringen. Bei einer aus diesem Grunde unzulässigen Druckkündigung kann der Arbeitgeber nicht geltend machen, das Verlangen der Belegschaft sei durch einen von dem Arbeitnehmer gesetzten wichtigen Grund gerechtfertigt, wenn die Tatsachen, die den wichtigen Grund ergeben sollen, gem. § 626 Abs. 2 BGB verfristet sind.[1082]

385 Das BAG lässt eine Druckkündigung nur in Ausnahmefällen zu. Voraussetzung ist stets, dass sich der Arbeitgeber zunächst schützend vor den betroffenen Arbeitnehmer gestellt und alle zumutbaren Mittel eingesetzt hat, um die Belegschaft oder diejenigen Personen, von denen der Druck ausgeübt wird, von ihrer Drohung abzubringen. Nur wenn Dritte ungeachtet dieser Bemühungen weiterhin ein dem Arbeitgeber nachteiliges Verhalten ankündigen, so dass dem Arbeitgeber schwere wirtschaftliche Schäden drohen, kann die Kündigung aus betriebsbedingten Gründen sozial gerechtfertigt sein.[1083] Eine als Kündigungsgrund angeführte Drucksituation ist alternativ als verhaltens-, personen- oder betriebsbedingter Kündigungsgrund zu prüfen.[1084] Autoritärer Führungsstil und mangelnde Fähigkeit zur Menschenführung können bei einem sog. unkündbaren Arbeitnehmer eine außerordentliche personenbedingte (Änderungs-)Druckkündigung nach § 55 Abs. 1 BAT rechtfertigen.[1085]

8. Öffentlicher Dienst

386 Nach ständiger Rechtsprechung des BAG ist ein dringendes betriebliches Erfordernis für eine Kündigung in öffentlichen Verwaltungen ohne weiteres gegeben, wenn ein **Haushaltsplan bestimmte**, nach sachlichen Merkmalen bezeichnete **Stellen** für Dienststellen oder Betriebe **streicht**.[1086] Wird in einem Haushaltsplan einer Gemeinde eine bestimmte Personalstelle aufgrund eines Beschlusses des zuständigen Gremiums gestrichen, ist davon auszugehen, dass diese konkrete Stelle entbehrlich ist und deshalb nicht fortbestehen soll. Die Durchführung des Gemeindebeschlusses, nämlich die Kündigung des Arbeitsverhältnisses des Stelleninhabers, ist nur im Rahmen und unter Beachtung der bestehenden gesetzlichen und vertraglichen Bestimmungen möglich. Insoweit ist die Durchführung der Entscheidung von den Gerichten für Arbeitssachen und ihre Wirksamkeit im Einzelfall voll nachzuprüfen. Werden im öffentlichen Dienst bestimmte, nach sachlichen Merkmalen bezeichnete Stellen gestrichen, liegt darin grundsätzlich ein betriebliches Erfordernis i.S.v. § 1 Abs. 2 KSchG.[1087] Das Anbringen eines Vermerks im Stellenplan, dass eine Stelle zukünftig wegfallend ist, ohne genaue Angabe des Zeitpunkts des Wegfalls der Planstelle berechtigt einen Arbeitgeber nicht zu einer betriebsbedingten Kündigung. Die Anbringung eines kw-Vermerkes ist keine Stellenstreichung, die Stelle bleibt vielmehr erhalten. Die Wirkung eines kw-Vermerkes besteht darin, dass in Zukunft über die Stellen, die der Haushaltsplan als zukünftig wegfallend bezeichnet, von dem Zeitpunkt an, mit dem die im Haushaltsplan bezeichnete Voraussetzung für den Wegfall erfüllt ist, nicht mehr verfügt werden darf.[1088]

387 Die Organisationsentscheidung des öffentlichen Arbeitgebers, eine Angestelltenstelle, auf der hoheitliche Aufgaben erledigt werden, in eine Beamtenstelle umzuwandeln und mit einem Beamten zu besetzen, kann ein dringendes betriebliches Erfordernis zur Kündigung des bisherigen Stelleninhabers darstellen, wenn dieser die Voraussetzungen für eine Übernahme in ein Beamtenverhältnis nicht

1082 BAG, Urt. v. 18.09.1975, AP Nr. 10 zu § 626 BGB Druckkündigung = BAGE 27, 263.

1083 BAG, Urt. v. 26.06.1997, RzK I 8 d Nr. 8; BAG, Urt. v. 04.10.1990, AP Nr. 12 zu § 626 BGB Druckkündigung = NZA 1991, 468; Ascheid/Preis/Schmidt/*Kiel*, § 1 KSchG Rn 520.

1084 BAG, Urt. v. 31.01.1996, AP Nr. 13 zu § 626 BGB Druckkündigung = NZA 1996, 581; BAG, Urt. v. 19.06.1986, AP Nr. 33 zu § 1 KSchG 1969 Betriebsbedingte Kündigung.

1085 BAG, Urt. v. 31.01.1996, AP Nr. 13 zu § 626 BGB Druckkündigung = NZA 1996, 581.

1086 BAG, Urt. v. 18.11.1999, FA 2000, 65.

1087 BAG, Urt. v. 03.05.1978, AP Nr. 5 zu § 1 KSchG 1969 Betriebsbedingte Kündigung = NJW 1978, 2525.

1088 LAG Hamburg, Urt. v. 19.11.2002 – 2 Sa 46/02 (n.v.).

erfüllt.[1089] Erfüllt der bisherige Stelleninhaber jedoch das Anforderungsprofil der neu geschaffenen Beamtenstelle, besteht kein dringendes betriebliches Erfordernis zur Kündigung des bisherigen Stelleninhabers. Der öffentliche Arbeitgeber kann sich nach dem in § 162 Abs. 1 und Abs. 2 BGB normierten Rechtsgedanken nicht darauf berufen, dass er die Stelle mit einem möglicherweise aus seiner Sicht geeigneteren, externen Bewerber besetzt hat. Der Besetzung der Stelle mit einem externen Bewerber steht es gleich, wenn der öffentliche Arbeitgeber dem bisherigen Stelleninhaber unwirksam gekündigt, dann eine Ersatzkraft eingestellt hat und diese Ersatzkraft nunmehr anstelle des bisherigen Stelleninhabers auf der neu geschaffenen Beamtenstelle zum Beamten ernennt.[1090]

Eine Stellenplanreduzierung im öffentlichen Dienst aufgrund einer im Haushaltsgesetz festgelegten Zahl von konkret datierten kw-Vermerken, wonach diese Stellen »künftig wegfallen« sollen, bedarf eines auf den Stellenbedarf der jeweiligen Dienststelle zugeschnittenen Konzepts der zuständigen Verwaltung.[1091] Für eine betriebsbedingte Kündigung ist der Beschluss des Stadtrates, den Stellenplan zu ändern (um 13 Stellen zu reduzieren) nicht ausreichend, weil keine Zuordnung zu einem konkreten Stelleninhaber hergestellt werden kann. Das Anbringen eines kw-Vermerks ohne genaue Angabe des Zeitpunktes des Wegfalls der Stelle reicht als dringendes betriebliches Erfordernis für eine Kündigung nach § 1 Abs. 2 KSchG nicht aus.[1092] Zeitlich fixierte **»kw-Vermerke«** in einem Haushaltsgesetz können nur dann mangelnden Bedarf (dringende betriebliche Erfordernisse) für die Kündigung eines Arbeitsverhältnisses begründen, wenn die innerbetriebliche Entscheidung für den Wegfall der konkreten Stelle damit abschließend getroffen wurde. Dies ist nicht der Fall, wenn die Verwaltung erst noch zwischen verschiedenen Möglichkeiten einer Umsetzung der kw-Vermerke mit unterschiedlichen Auswirkungen auf die Dienststellen entscheiden muss.[1093] 388

9. Outsourcing, Fremdvergabe von Arbeiten, Umstellung auf freie Mitarbeit

Outsourcing, also Fremdvergabe von Aufträgen, wodurch Arbeitsplätze eingespart werden, kann als innerbetrieblicher Kündigungsgrund gelten und eine betriebsbedingte Kündigung rechtfertigen, wenn die Fremdvergabe nicht zu einem Betriebsübergang führt.[1094] Entschließt sich der Arbeitgeber, künftig bestimmte Arbeiten nicht mehr von eigenen Arbeitnehmern ausführen zu lassen, so kann darin ein die Kündigung sozial rechtfertigendes betriebliches Erfordernis auch dann liegen, wenn von der unternehmerischen Entscheidung nur ein einziger Arbeitnehmer betroffen ist. In diesem Fall gelten dann aber die oben dargestellten Grundsätze zur Darlegungs- und Beweislast. Beruft sich der Arbeitgeber auf eine Unternehmerentscheidung, ist von den Arbeitsgerichten voll nachzuprüfen, ob eine unternehmerische Entscheidung tatsächlich vorliegt und durch ihre Umsetzung das Beschäftigungsbedürfnis für einzelne Arbeitnehmer entfallen ist. Dagegen ist die unternehmerische Entscheidung selbst nicht auf ihre sachliche Rechtfertigung oder ihre Zweckmäßigkeit zu überprüfen, sondern nur darauf, ob sie offenbar unsachlich, unvernünftig oder willkürlich ist. Reduziert sich jedoch die Organisationsentscheidung zur Personalreduzierung praktisch auf die Kündigung als solche, kommt also die Organisationsentscheidung dem Entschluss zur Kündigung selbst nahe oder deckt sich mit ihm, sind diese beiden Entscheidungen ohne nähere Konkretisierung, nicht voneinander zu unterscheiden. Deshalb sind wegen der Nähe zum bloßen Kündigungsentschluss, dessen Durchsetzung wegen § 1 Abs. 2 KSchG nicht bloß auf Unsachlichkeit oder Willkür zu überprüfen ist, die Anforderungen an den gem. § 1 Abs. 2 Satz 4 KSchG vom Arbeitgeber zu erbringenden Tatsachenvortrag, der die Kündigung bedingen soll, nicht zu niedrig anzusetzen. Vielmehr kann dann, wenn die Organisationsentscheidung des Arbeitgebers und sein Kündigungsentschluss ohne nähere Konkretisierung praktisch deckungsgleich sind, nicht von vornherein vermutet werden, die 389

1089 BAG, Urt. v. 21.09.2000, NZA 2001, 255; BAG, Urt. v. 26.02.1957, AP Nr. 23 zu § 1 KSchG = BAGE 4, 1.
1090 BAG, Urt. v. 21.09.2000, NZA 2001, 255.
1091 BAG, Urt. v. 18.11.1999, NZA 2000, 484.
1092 LAG Sachsen, Urt. v. 14.07.1999, MDR 2000, 711.
1093 BAG, Urt. v. 19.03.1998, NZA 1999, 90.
1094 Tschöpe/*Nägele*, Teil 3 D Rn 264.

Unternehmerentscheidung sei aus sachlichen Gründen erfolgt. In diesen Fällen muss der Arbeitgeber vielmehr darlegen, in welchem Umfang die fraglichen Arbeiten (im vorliegenden Fall die Maler- und Tapezierarbeiten) zukünftig im Vergleich zum bisherigen Zustand entfallen. Der Arbeitgeber muss im Prozess konkrete Angaben dazu machen, wie sich die Organisationsentscheidung auswirkt.[1095]

390 Ob der Unternehmer seinen Vertrieb mit Angestellten oder freien, selbständigen Handelsvertretern organisiert, ist nach der **Weight-Watcher-Entscheidung**[1096] eine freie Unternehmerentscheidung. Entschließt sich der Arbeitgeber, den Vertrieb nicht mehr in eigener Regie durchzuführen, führt dies zum Wegfall des Beschäftigungsbedürfnisses, unabhängig davon, ob die Aufgaben in anderer Rechtsform weiterbestehen. Wenn der Unternehmer mit seiner Organisationsentscheidung neue Strukturen schafft, die unternehmerische Handlungsfreiheit verlagert und auch sein Direktionsrecht im Hinblick auf die Handelsvertreter aufgibt, ist er hierzu angesichts innerbetrieblicher Gründe befugt. Die ausgesprochenen Kündigungen sind in diesem Falle grundsätzlich wirksam.[1097] Auch der Entschluss des Arbeitgebers (einer Musikschule), sämtliche angestellten Musikschullehrer zu entlassen, um die bisherigen betrieblichen Aktivitäten künftig und auf Dauer nur noch in arbeitsrechtlich zulässiger Weise mit freien Mitarbeitern fortzusetzen, ist eine gerichtlich nur eingeschränkt überprüfbare Unternehmerentscheidung, die rechtlich dem Entschluss zur Betriebsstillegung gleichkommt.[1098]

391 Nach Auffassung des ArbG Berlin[1099] stellt die Verlagerung der bisher im Betrieb mit eigenen Arbeitnehmern durchgeführten Reinigungsarbeiten auf eine Fremdfirma (Outsourcing) grundsätzlich eine von den Arbeitsgerichten hinzunehmende unternehmerische Entscheidung dar. Dies gilt auch dann, wenn hiervon ordentlich unkündbare Arbeitnehmer betroffen sind. Ein hierdurch bedingter Wegfall der Arbeitsplätze der unkündbaren Arbeitnehmer führt aber noch nicht automatisch dazu, dass es dem Arbeitgeber unzumutbar ist, an den Arbeitsverhältnissen mit den unkündbaren Arbeitnehmern festzuhalten. Unterhält der Arbeitgeber mehrere Einrichtungen, in denen er Reinigungsarbeiten bisher durch eigene Arbeitnehmer durchführt, ist es ihm zumutbar, diese Arbeiten nicht vollständig fremd zu vergeben, sondern die Fremdvergabe auf die Anzahl der Arbeitsplätze der ordentlich kündbaren Arbeitnehmer zu beschränken, es sei denn, die vollständige Durchführung der unternehmerischen Entscheidung ist zwingend geboten, um eine Schließung des Betriebes zu vermeiden.

392 Die Entscheidung des Testamentsvollstreckers, sämtlichen Haushandwerkern zu kündigen und zukünftig die zu erledigenden Arbeiten an den Mietshäusern an externe Firmen zu vergeben, ist eine unternehmerische Entscheidung, die nur dahin gehend überprüft werden kann, ob sie offensichtlich willkürlich, unvernünftig oder unsachlich ist. Ein Verstoß des Testamentsvollstreckers gegen die Grundsätze der ordnungsgemäßen Verwaltung des Nachlasses i.S.d. § 2216 BGB kann nur zu einer Haftung nach § 2219 BGB gegenüber dem Erben oder Vermächtnisnehmer führen, nicht aber gegenüber dem Arbeitnehmer. Die Erklärung des früheren Testamentsvollstreckers, er werde während der Testamentsvollstreckung sämtliche Arbeiten durch die Haushandwerker durchführen lassen, führt nicht zu einem für den nachfolgenden Testamentsvollstrecker verbindlichen Kündigungsausschluss. Dies gilt insbesondere dann, wenn die Kündigung erst Jahre nach der Zusage erfolgt.[1100]

393 Den Gegenpol zu den vorgenanten Entscheidungen bildet die Crewing-Entscheidung des BAG vom 26.09.1996.[1101] Der Entschluss, die **formale Arbeitgeberstellung aufzugeben**, ist keine die Kündigung bedingende Unternehmerentscheidung, wenn der Unternehmer gegenüber den Beschäftigten im Wesentlichen weiterhin selbst die für die Durchführung der Arbeit erforderlichen Weisungen

1095 BAG, Urt. v. 12.04.2002, EzA § 1 KSchG Betriebsbedingte Kündigung Nr. 117; hierzu *Berscheid*, ArbRB 2002, 323.
1096 BAG, Urt. v. 09.05.1996, NZA 1996, 1145.
1097 Kritisch zur Weight-Watcher-Entscheidung *Preis*, NZA 1997, 1073 (1079).
1098 LAG Köln, Urt. v. 28.06.1996, NZA-RR 1997, 130.
1099 ArbG Berlin, Urt. v. 26.10.2000 – 63 Ca 18609/00 (n.v.).
1100 LAG Berlin, Urt. v. 25.10.2002, LAGE § 1 KSchG Betriebsbedingte Kündigung Nr. 64.
1101 BAG, Urt. v. 26.09.1996, NZA 1997, 202 = DB 1997, 178.

erteilt. In einem solchen Fall entfällt nicht die Beschäftigungsmöglichkeit im Betrieb, vielmehr sollen nur die eigenen Beschäftigten durch ausgeliehene Arbeitnehmer ersetzt werden. Eine Kündigung aus diesem Grund ist als **»Austauschkündigung«** gem. § 1 Abs. 1 und Abs. 2 KSchG sozial ungerechtfertigt und deshalb **unwirksam**. Die Absicht des Arbeitgebers, die Lohnkosten zu senken und sich durch eine Beschäftigung von Arbeitnehmern nach ausländischem Recht von den Bindungen des deutschen Arbeits- und Sozialrechts zu lösen, rechtfertigt jedenfalls keine Beendigungskündigung.[1102] Die Entscheidung des Unternehmers, einen Betriebsteil durch eine noch zu gründende, finanziell, wirtschaftlich und organisatorisch in sein Unternehmen voll eingegliederte Organgesellschaft mit von dieser neu einzustellenden Arbeitnehmern weiter betreiben zu lassen, stellt ebenfalls kein dringendes betriebliches Erfordernis i.S.v. § 1 Abs. 2 KSchG dar, den in diesem Betriebsteil bisher beschäftigten Arbeitnehmern zu kündigen.[1103]

Die außerordentliche betriebsbedingte Kündigung eines Arbeitnehmers, für den die ordentliche 394
Kündigung tariflich ausgeschlossen ist, kommt nur in Ausnahmefällen in Betracht. Wenn sie auf der unternehmerischen Entscheidung beruht, den Betrieb anders zu organisieren, kann es dem Arbeitgeber zumutbar sein, eine verhältnismäßig kurze Zeitspanne, bis der betroffene Arbeitnehmer aufgrund einer Altersteilzeitvereinbarung ohnehin ausscheidet, mit der Umorganisation abzuwarten.[1104]

10. Rationalisierung

Rationalisierungsmaßnahmen sind innerbetriebliche Veränderungen im technischen oder organisato- 395
rischen Bereich, die dem Ziel dienen, die Ertragslage zu verbessern.[1105] Von der Änderung der Fertigungstechnik über die Einführung arbeitssparender Maschinen oder auch die Übernahme der Aufgaben eines Arbeitnehmers durch den Arbeitgeber selbst[1106] können Rationalisierungsmaßnahmen betriebsbedingte Kündigungen rechtfertigen. Der Entschluss zur Durchführung von technischen oder organisatorischen Rationalisierungsmaßnahmen unterliegt lediglich einer gerichtlichen Missbrauchs- und Willkürkontrolle.[1107] Der vollen gerichtlichen Kontrolle unterliegt hingegen die Umsetzung der Unternehmerentscheidung und die durch sie ausgelösten personellen Folgewirkungen. Zu prüfen ist, ob und ggf. in welchem Umfang durch die Rationalisierungsmaßnahme das Bedürfnis zur Weiterbeschäftigung von Arbeitnehmern weggefallen ist. So ist der Arbeitgeber bei einem nur teilweisen Fortfall der Arbeitsaufgaben, die der Arbeitgeber nunmehr in Teilzeit ausüben will, verpflichtet, dem betroffenen Arbeitnehmer die Weiterbeschäftigung in Form eines Teilzeitarbeitsverhältnisses anzubieten.[1108] Zu beachten ist insbesondere auch der besondere Kündigungsschutz durch (tarifliche) Rationalisierungsschutzabkommen.[1109]

11. Rentabilität, Gewinnsteigerung

Der Vortrag wirtschaftlicher Überlegungen allein rechtfertigt keine betriebsbedingte Kündi- 396
gung.[1110] Eine betriebsbedingte Kündigung wird ebenso wenig durch eine veränderte Planung mit dem Ziel der Gewinnsteigerung ausgeschlossen, wie sie schon sozial gerechtfertigt wäre, wenn der Arbeitgeber eine negative Bilanz vorlegt bzw. einen Verlust ausweist. Erst die durch die wirtschaftlichen Überlegungen veranlasste Unternehmerentscheidung stellt ein betriebliches

1102 Vgl. auch LAG Schleswig-Holstein, Urt. v. 13.12.2001 – 4 Sa 203/01 (n.v.).
1103 BAG, Urt. v. 26.09.2002, AP Nr. 124 zu § 1 KSchG 1969 Betriebsbedingte Kündigung = NZA 2003, 549.
1104 LAG Köln, Urt. v. 29.08.2002 – 5 Sa 586/02 (n.v.).
1105 KR/*Etzel*, § 1 KSchG Rn 615.
1106 BAG, Urt. v. 24.10.1979, BAGE 32, 150.
1107 Vgl. KR/*Etzel*, § 1 KSchG Rn 522 und Rn 599; ErfK/*Ascheid*, § 1 KSchG Rn 453.
1108 LAG Köln, Urt. v. 01.02.1995, LAGE § 1 KSchG Betriebsbedingte Kündigung Nr. 29; LAG Düsseldorf Urt. v. 06.05.1977, DB 1977, 1370; KR/*Etzel*, § 1 KSchG Rn 599; Ascheid/Preis/Schmidt/*Kiel*, § 1 KSchG Rn 578.
1109 Hierzu KR/*Etzel*, § 1 KSchG Rn 601.
1110 BAG, Urt. v. 20.03.1986, NZA 1986, 824; BAG, Urt. v. 07.12.1978, BAGE 31, 157; LAG Baden-Württemberg, Urt. v. 24.04.1995, EzA Nr. 18 zu § 2 KSchG.

Erfordernis zur Kündigung dar, soweit sie sich auf die Beschäftigungslage auswirkt.[1111] Als gestaltende Unternehmerentscheidungen aufgrund mangelnder Rentabilität kommen zum Beispiel Rationalisierungen, Fremdvergabe von Dienstleistungen (Outsourcing) oder veränderte Öffnungszeiten in Betracht. Nicht ausreichend ist der Entschluss des Arbeitgebers, infolge der wirtschaftlichen Situation die Lohnkosten zu senken.[1112]

397 Zwar hängt in einer von Shareholder-Value-Gedanken bestimmten Zeit der Aktienkurs jeder Aktiengesellschaft von der Rendite und von anderen Unternehmenskennziffern, insbesondere von der Eigenkapitalverzinsung,[1113] ab. Das BAG vertritt aber den Standpunkt, die fehlende Rentabilität einer unselbständigen Betriebsabteilung begründe kein dringendes betriebliches Erfordernis für eine Kündigung. Vielmehr sei stets auf die wirtschaftlichen Verhältnisse des gesamten Betriebs abzustellen.[1114] Zwar könne die Unrentabilität eines Betriebes ohne weitere Rationalisierungsmaßnahmen ein Grund für eine betriebsbedingte Kündigung sein, wenn durch die Senkung der Personalkosten die Stilllegung des Betriebs oder die weitere Reduzierung der Belegschaft verhindert werden könne und solle.[1115] Es erscheint jedoch lebensfremd, anzunehmen, ein derartiger Vortrag könne in einem arbeitsgerichtlichen Vortrag praktisch erbracht werden. Die beschriebenen Vorgänge sind derart komplex, dass sie je nach Betriebsgröße nicht zusammengefasst werden können und vor allem, wie bei allen ökonomischen Entscheidungen, die zugleich Willensentscheidungen sind, keine zwingende Ableitung aus den Finanzdaten eines Unternehmens auf die eine oder andere Entscheidung, einschließlich der Stilllegung des Betriebs oder Reduzierung der Belegschaft erlauben. Hier entscheidet die unternehmerische Erfahrung über die richtige Entscheidung und den Wegfall von Beschäftigungsmöglichkeiten.

398 Unternehmerische Entscheidungen, deren Umsetzungen Beschäftigungsmöglichkeiten entfallen lassen, sind nicht deshalb als willkürlich einzustufen, weil sie zur **Steigerung des Gewinn- oder Unternehmenswertes** dienen.[1116] Der Unternehmenszweck liegt in der Regel nicht in der Beschäftigung von Arbeitnehmern, sondern in der unternehmerisch, **verfassungsrechtlich geschützten Betätigung zum Zwecke der Gewinnerzielung**.[1117] Das Ziel der Gewinnerzielung bzw. -maximierung kann folglich für sich betrachtet nicht willkürlich sein.

399 Nicht zugestimmt werden kann der Entscheidung des ArbG Gelsenkirchen vom 28.10.1997.[1118] Das Gericht führt aus, wenn ein Betrieb seit Jahren kontinuierlich herausragende Gewinnsteigerungen zu verzeichnen habe, jedoch trotzdem zeitgleich zirka 50 % des ursprünglich vorhanden gewesenen Personalstands abbaue, dies dem Sozialstaatsgebot des Art. 20, 28 GG und der in § 2 SGB III normierten Verantwortung des Arbeitgebers widerspreche. Entsprechende unternehmerische Maßnahmen seien als willkürlich anzunehmen, weshalb damit zusammenhängende betriebsbedingte Kündigungen sozialwidrig gem. § 1 Abs. 2 KSchG sein könnten.

1111 BAG, Urt. 09.05.1996, NZA 1996, 1145 = AP Nr. 79 zu § 1 KSchG 1969 Betriebsbedingte Kündigung; Ascheid/Preis/Schmidt/*Kiel*, § 1 KSchG Rn 531.

1112 BAG, Urt. v. 20.03.1986, NZA 1986, 824 = AP Nr. 14 zu § 2 KSchG 1969; Ascheid/Preis/Schmidt/*Kiel*, § 1 KSchG Rn 531.

1113 Siehe *Kottke*, BB 1996, 1265.

1114 BAG, Urt. v. 12.11.1998, DB 1999, 536; BAG, Urt. v. 20.03.1986, NZA 1986, 824; BAG, Urt. v. 11.10.1989, NZA 1990, 607.

1115 BAG, Urt. v. 20.03.1986, NZA 1986, 824.

1116 Vgl. Ascheid/Preis/Schmidt/*Kiel*, § 1 KSchG Rn 471; *Bitter/Kiel*, RdA 1994, 333 (349); *Feudner*, DB 1999, 742 (744 f.); *Hillebrecht*, ZfA 1991, 87 (110).

1117 Ascheid/Preis/Schmidt/*Kiel*, § 1 KSchG Rn 471.

1118 ArbG Gelsenkirchen, Urt. v. 28.10.1997, NZA 1998, 944.

12. Stellenstreichung, Leistungsverdichtung

Die grundlegende Entscheidung des BAG zur Fallgruppe der Leistungsverdichtung durch Stellenstreichung ist die Entscheidung vom 24.04.1997.[1119] Hierin führt der 2. Senat des BAG aus: »Es gehört zur Organisation und Gestaltung des Betriebes, neben der Anschaffung von Maschinen, Gerätschaften sowie Vorrichtungen und der **Gestaltung der Arbeitsabläufe**, die **Stärke der Belegschaft**, mit der das Betriebsziel erreicht werden soll, festzulegen. Dazu gehört auch die **Entscheidung über die Kapazität an Arbeitskräften** und **an Arbeitszeit** und **wie diese Kapazität**, vorliegend auf die Ladenöffnungszeiten, **verteilt werden soll**. Dabei kann die Unternehmerentscheidung auch darin liegen, **künftig auf Dauer mit weniger Personal zu arbeiten**.[1120] *Soweit dadurch eine* **Leistungsverdichtung** eintritt, wird sie als Konzept gewollt und dadurch notwendig werdende Änderungen sind in Kauf genommen; der rationelle Einsatz des Personals ist Sache der Unternehmerentscheidung.« Das LAG Köln hat sich der Verdichtungsentscheidung des BAG angeschlossen.[1121] Das LAG Düsseldorf[1122] und das ArbG Köln[1123] haben sich mit der Begründung gegen das BAG-Urteil vom 24.04.1997 gewandt, es habe die dogmatische Trennung zwischen der zugrunde liegenden Unternehmerentscheidung einerseits und deren Umsetzung andererseits aufgehoben. 400

Im Anschluss an sein Urteil vom 24.04.1997 führt der 2. Senat in seiner Entscheidung vom 17.06.1999 aus, dass eine betriebsbedingte Kündigung gerechtfertigt ist, wenn eine unternehmerische Entscheidung vorliegt, der zu Folge ein veränderter Arbeitsbedarf im Betrieb anfällt, die Kündigung dringlich ist, also durch andere Maßnahmen nicht ersetzt werden kann und die notwendige Folge betrieblicher Erfordernisse darstellt. Auch die Entscheidung des Arbeitgebers, den **Personalbestand auf Dauer zu reduzieren**, gehört zu den unternehmerischen Maßnahmen, die zum Wegfall von Arbeitsplätzen führen und damit den entsprechenden Beschäftigungsbedarf entfallen lassen können. Die Entscheidung des Arbeitgebers, den Personalbestand auf Dauer zu reduzieren, gehört zu den sog. unternehmerischen Maßnahmen, die zum Wegfall von Arbeitsplätzen führen und damit den entsprechenden Beschäftigungsbedarf entfallen lassen können.[1124] Die damit einhergehende Leistungsverdichtung ist zulässig, denn der **rationelle Einsatz des Personals** zählt zu den unternehmerischen Handlungsfreiheiten.[1125] Eine solche Unternehmerentscheidung ist jedoch hinsichtlich ihrer organisatorischen Durchführbarkeit und hinsichtlich des Begriffs »Dauer« zu verdeutlichen, um dem Gericht im Hinblick auf die gesetzlich dem Arbeitgeber auferlegte Darlegungslast (§ 1 Abs. 2 Satz 4 KSchG) eine Überprüfung zu ermöglichen. Je näher die eigentliche Organisationsentscheidung an den Kündigungsentschluss rückt, umso mehr muss der Arbeitgeber durch Tatsachenvortrag verdeutlichen, dass ein Beschäftigungsbedürfnis für den Arbeitnehmer entfallen ist.[1126] Sind die **Organisationsentscheidung des Arbeitgebers** und sein **Kündigungsentschluss** praktisch **deckungsgleich**, muss der Arbeitgeber darlegen, in welchem Umfang die fraglichen Arbeiten zukünftig im Vergleich zum bisherigen Zustand anfallen, das heißt es geht um die Darlegung einer **näher konkretisierten Prognose der Entwicklung aufgrund außerbetrieblicher Faktoren oder unternehmerischer Vorgaben**, zum Beispiel nur noch eine geringere Zahl von Aufgaben anzunehmen und wie diese Arbeiten von dem verbliebenen Personal **ohne überobligatorische Leistungen** erledigt werden können. Der Arbeitgeber muss im Kündigungsschutzprozess konkrete 401

1119 BAG, Urt. v. 24.04.1997, NZA 1997, 1047 = NJW 1998, 179 = DB 1997, 1776 = EzA § 2 KSchG Nr. 26; BAG, Urt. v.19.05.1993, NZA 1993, 1075 = NJW 1993, 3218; BAG, Urt. v. 22.05.2003, AP Nr. 129 zu § 1 KSchG 1969 Betriebsbedingte Kündigung.

1120 *Hillebrecht*, ZfA 1991, 107, 110; *Tenczer/Stahlhacke*, Anm. zu LAGE § 1 KSchG Soziale Auswahl Nr. 16; *von Hoyningen-Huene*, NZA 1994, 1009, 1011.

1121 LAG Köln, Urt. v. 01.08.1997, NZA-RR 1998, 160 = DB 1997, 2181; LAG Köln, Urt. v. 15.08.1997, LAGE § 1 KSchG Betriebsbedingte Kündigung Nr. 44.

1122 LAG Düsseldorf, Urt. v. 18.11.1997, LAGE § 1 KSchG Betriebsbedingte Kündigung Nr. 46.

1123 ArbG Köln, Urt. v. 23.09.1997, DB 1998, 626.

1124 BAG, Urt. v. 17.06.1999, NZA 1999, 1098 = AP Nr. 101 zu § 1 KSchG 1969 Betriebsbedingte Kündigung.

1125 ArbG Offenbach, Beschl. v. 17.02.2000, ZInsO 2001, 684.

1126 BAG, Urt. v. 17.06.1999, NZA 1999, 1098 = AP Nr. 101 zu § 1 KSchG 1969 Betriebsbedingte Kündigung.

Angaben dazu machen, wie sich die Verringerung der Produktion auf die Arbeitsmenge auswirkt und in welchem Umfang dadurch ein konkreter Arbeitskräfteüberhang entsteht. Der Arbeitgeber muss substantiiert dartun, wie sich die Umsetzung seiner unternehmerischen Entscheidung auf die Beschäftigungsmöglichkeiten auswirkt. Nicht nur die durch äußere Anlässe bedingte, sondern auch die autonome gestaltende Unternehmerentscheidung muss sich in greifbaren betrieblichen und damit objektivierbaren Formen niederschlagen.[1127]

402 Der 2. Senat des BAG hat damit in erfreulicher Klarheit den betriebswirtschaftlichen Kausalzusammenhang »dringender betrieblicher Erfordernisse« nachvollzogen, indem er eine Leistungsverdichtung als bindende Unternehmerentscheidung billigt. Die Entscheidung, im Wege der Leistungsverdichtung und damit durch weniger Arbeitnehmer die Arbeit zu bewältigen und einen höheren Gewinn zu erwirtschaften, ist eine freie Unternehmerentscheidung. Die nachklappende Umverteilung der Arbeit stellt neben dem Ausspruch von Kündigungen die bloße Umsetzung der Unternehmerentscheidung dar.[1128]

403 Andererseits stellt das BAG mit seinen drei Entscheidungen vom 17.06.1999[1129] klar, dass die **freie unternehmerische Rationalisierungsentscheidung** weiterhin **streng** von der **Entscheidung, das Arbeitsverhältnis eines bestimmten Arbeitnehmers aufzulösen, zu trennen** ist. Deshalb hat der Arbeitgeber im Kündigungsschutzprozess in jedem Fall eingehend anhand eines nachvollziehbaren Konzepts darzustellen und ggf. zu beweisen, welche Auswirkungen die unternehmerische Rationalisierungsentscheidung im Einzelnen auf die betriebliche Arbeitsorganisation hat, so dass das Arbeitsgericht uneingeschränkt objektiv prüfen kann, inwiefern die Weiterbeschäftigung des Arbeitnehmers betriebsbedingt entbehrlich geworden ist.[1130] Auch in der Entscheidung des BAG vom 13.06.2002 werden diese Grundsätze bestärkt. So stellt der Senat zur Darlegungs- und Beweislast des Arbeitgebers fest: »Beruft sich der Arbeitgeber auf eine aus Kostengründen erfolgte Reorganisation der Verwaltung seines Betriebes, also auf eine innerbetriebliche Unternehmerentscheidung, ist von den Arbeitsgerichten nachzuprüfen, ob eine derartige unternehmerische Entscheidung tatsächlich vorliegt und durch ihre Umsetzung das Beschäftigungsverhältnis im behaupteten Umfang entfallen ist. Der **nicht auf Schlagworte beschränkte Vortrag des Arbeitgebers** muss erkennen lassen, ob das Bedürfnis an der Tätigkeit des gekündigten Arbeitnehmers wegfällt.«[1131]

404 Bei einer Änderung der Organisationsstruktur, die zum **Wegfall einer Leitungsfunktion** führen soll, hat der Arbeitgeber seine Unternehmerentscheidung sowie deren Durchführung derart zu verdeutlichen, dass dem Gericht die Prüfung möglich ist, dass das Beschäftigungsbedürfnis für den Arbeitnehmer in der Leitungsfunktion entfallen ist. Erschöpft sich der Sachvortrag des Arbeitgebers darin, dass er lediglich den Namen des Klägers in einem Organigramm gestrichen hat, kommt er der ihn treffenden Darlegungs- und Beweislast nicht nach. Die **Streichung des Namens aus dem Organigramm** kann schon deshalb kein dringendes betriebliches Erfordernis sein, weil der Arbeitgeber dies einfach dadurch beheben kann, dass er den Namen des Klägers wieder in das Organigramm einträgt. Der Arbeitgeber muss vortragen, welche Tätigkeit der Arbeitnehmer bisher verrichtet hat und wie der Arbeitgeber diese im Einzelnen auf welche anderen Personen in welcher Art und Weise verteilt hat. Ebenso ist Sachvortrag dazu erforderlich, wie und warum diese Tätigkeiten auf das verbliebene Personal übertragen werden konnten, ohne dass diese überobligatorische

1127 ArbG Marburg, Urt. v. 22.05.2002 – ArbuR 2002, 471.

1128 *Hümmerich/Spirolke*, NZA 1998, 797 (799).

1129 BAG v. 17.06.1999, AP Nr. 101 zu § 1 KSchG Betriebsbedingte Kündigung = EzA § 1 KSchG Betriebsbedingte Kündigung Nr. 102 = DB 1999, 1909 = NZA 1999, 1098; BAG v. 17.06.1999, AP Nr. 102 zu § 1 KSchG Betriebsbedingte Kündigung = EzA § 1 KSchG Betriebsbedingte Kündigung Nr. 101 = DB 1999, 1910 = NZA 1999, 1095 und BAG v. 17.06.1999, AP Nr. 103 zu § 1 KSchG Betriebsbedingte Kündigung = EzA § 1 KSchG Betriebsbedingte Kündigung Nr. 103 = NZA 1999, 1157. Aktuell zu diesen Entscheidungen *Tschöpe*, BB 2000, 2630 (2631); *Schrader*, NZA 2000, 401 (403 ff.).

1130 LAG Köln, Urt. v. 24.08.1999, MDR 2000, 463; BAG, Urt. v. 17.06.1999, AP Nr. 101 zu § 1 KSchG 1969 Betriebsbedingte Kündigung.

1131 BAG, Urt. v. 13.06.2002, NZA 2003, 608.

Leistungen zu erbringen hätten. Nur wenn der Arbeitgeber dies im Einzelnen konkret darlegt, ist es dem Gericht möglich, dringende betriebliche Erfordernisse für die Kündigung nachzuprüfen. Der Arbeitgeber muss also nicht nur im Einzelnen die unternehmerische Entscheidung darlegen, sondern auch schildern, wie sich diese auf die konkrete Arbeitssituation des Klägers ausgewirkt hat.[1132] Hat er die Art und Weise der tatsächlichen Umsetzung der unternehmerischen Entscheidung und ihre betrieblichen Auswirkungen nicht konkret vorgetragen, fehlt es an einem dringenden Bedürfnis i.S.v. § 1 Abs. 2 KSchG.[1133] Läuft die unternehmerische Entscheidung (Neuorganisation der Bürostruktur, die zum Wegfall der Funktionen des Leiters der Planungsabteilung und des Stellvertreters führt) letztlich nur auf den **Abbau einer Hierarchieebene** hinaus verbunden mit einer Neuverteilung der dem betroffenen Arbeitnehmer bisher zugewiesenen Aufgaben, bedarf es der Konkretisierung dieser Entscheidung, damit geprüft werden kann, ob der Arbeitsplatz des betroffenen Arbeitnehmers tatsächlich weggefallen ist und die Entscheidung nicht offensichtlich unsachlich oder willkürlich ist. Der Arbeitgeber muss insbesondere darlegen, in welchem Umfang die bisher vom Arbeitnehmer ausgeübten Tätigkeiten zukünftig im Vergleich zum bisherigen Zustand entfallen. Er muss auf Grund seiner unternehmerischen Vorgaben die zukünftige Entwicklung der Arbeitsmenge anhand einer näher konkretisierten Prognose darstellen und angeben, wie die anfallenden Arbeiten vom verbliebenen Personal ohne überobligationsmäßige Leistungen erledigt werden können.[1134]

Das LAG Düsseldorf führt in seiner Entscheidung vom 29.06.2001 zur Darlegungslast des Arbeitgebers hinsichtlich der organisatorischen Durchführbarkeit seiner Unternehmerentscheidung und hinsichtlich des Begriffs »Dauer« aus, dass es notwendig sei, dass der Arbeitgeber dem Gericht eine Aufstellung vorlege, aus der im Einzelnen die zeitlichen Anteile der den von der Umorganisation betroffenen Arbeitnehmern zugeordneten Arbeiten vor Wirksamwerden dieser Maßnahme und danach zu entnehmen seien.[1135] Weil maßgebender Zeitpunkt für die Beurteilung der sozialen Rechtfertigung einer Kündigung der Kündigungszeitpunkt ist, ist es zwar im Grundsatz unerheblich, ob die Umsetzung des unternehmerischen Konzeptes gelingt oder misslingt. Jedoch lässt sich, wenn die Umsetzung plangemäß verläuft, an der nachfolgend eingetretenen betrieblichen Lage verifizieren, ob das Konzept von einer betriebswirtschaftlich vernünftigen Prognose getragen und realisierbar gewesen ist.[1136] 405

13. Wechsel von Teilzeit in Vollzeit und umgekehrt

Auch die Frage, ob anfallende **Arbeit auf Vollzeit- oder Teilzeitarbeitsplätzen** erledigt werden soll, ist grundsätzlich eine **unternehmerische Entscheidung**.[1137] Gleichwohl ergibt sich in diesem Bereich eine Grenze der unternehmerischen Entscheidungsfreiheit mit Blick auf den seit dem 01.01.2001 geltenden Teilzeitanspruch nach § 8 TzBfG. Dieses Spannungsfeld von Unternehmerentscheidung einerseits und Teilzeitanspruch andererseits kann wie folgt beschrieben werden. Beruft sich der Arbeitgeber gegenüber einem Teilzeitwunsch des Arbeitnehmers auf entgegenstehende betriebliche Gründe i.S.v. § 8 Abs. 4 TzBfG, ist er insoweit darlegungs- und beweispflichtig. Mit dem Begriff der betrieblichen Gründe sollen unzumutbare Anforderungen an die Ablehnung durch den Arbeitgeber ausgeschlossen werden. Es genügen rationale, nachvollziehbare Gründe. Allein die Organisationsentscheidung des Arbeitgebers, Arbeitsaufgaben nicht durch Arbeitnehmer in Teilzeit 406

1132 LAG München, Urt. v. 01.10.1999 – 10 Sa 324/99 (n.v.).

1133 LAG München, Urt. v. 01.10.1999 – 10 Sa 324/99 (n.v.); LAG Thüringen, Urt. v. 20.04.1998, NZA-RR 1999, 189; LAG Berlin, Urt. v. 29.05.1992 – 6 Sa 22/92 (n.v.).

1134 BAG, Urt. v. 10.10.2002, AP Nr. 123 zu § 1 KSchG 1969 Betriebsbedingte Kündigung = DB 2003, 506; BAG, Urt. v. 27.09.2001, DB 2002, 1163.

1135 LAG Düsseldorf, Urt. v. 29.06.2000 – 11 Sa 436/00 (n.v.); vgl. auch LAG Düsseldorf, Urt. v. 11.10.2001, NZA-RR 2002, 352.

1136 LAG Düsseldorf, Urt. v. 07.05.2003, LAGReport 2003, 267; BAG, Urt. v. 12.09.1996, AP Nr. 182 zu § 620 BGB Befristeter Arbeitsvertrag.

1137 BAG, Urt. v. 10.11.1994, NZA 1995, 566; BAG, Urt. v. 19.05.1993, NZA 1993, 1075; BAG, Urt. v. 11.10.1989, NZA 1990, 607.

wahrnehmen zu lassen, reicht zur Darlegung betrieblicher Gründe i.S.v. § 8 Abs. 4 TzBfG nicht aus, da ansonsten der gesetzliche Teilzeitanspruch vollständig entwertet würde. Entsprechend der Rechtsprechung des BAG zur Abgrenzung der freien Unternehmerentscheidung im Kündigungsrecht[1138] muss der Arbeitgeber bei der alleinigen Berufung auf seine Organisationsentscheidung vielmehr zusätzlich eine stimmige, plausible und damit nachvollziehbare Begründung für das seiner Organisationsentscheidung zugrunde liegende Konzept darlegen, wonach er in bestimmten Betriebsbereichen oder sogar im gesamten Betrieb ausschließlich Vollzeitarbeitsplätze einrichtet. Übliche Belastungen, die mit der Einrichtung eines Teilzeitarbeitsplatzes verbunden sind, stellen regelmäßig keinen hinreichenden Grund zur Ablehnung eines Teilzeitbegehrens nach § 8 TzBfG dar.[1139]

407 Der Teilzeitanspruch muss sich in das arbeitgeberseitig vorgegebene Organisationskonzept einfügen.[1140] Der Arbeitnehmer setzt sich mit seinem Teilzeitwunsch nur durch, wenn sich die Verringerung der Arbeitszeit mit dem unternehmerischen Konzept verträgt.[1141] Der Arbeitgeber kann den Teilzeitanspruch nicht mit der einfachen, unsubstantiierten Behauptung abwenden, er wolle bestimmte Arbeiten nur mit Teilzeitbeschäftigten oder mit Vollzeitbeschäftigten durchführen. Auch unter Beachtung des verfassungsrechtlichen Schutzes der »freien« unternehmerischen Entscheidung trifft den Arbeitgeber die Pflicht, ein Konzept vorzulegen, das von plausiblen wirtschaftlichen oder unternehmenspolitischen Gründen getragen ist.[1142] Eine begründungslose Umwandlung von Vollzeit- in Teilzeitarbeitsplätze oder umgekehrt ist willkürlich und unwirksam.[1143]

408 Die Entscheidung eines Arbeitgebers als Betreiber einer Werkstatt für behinderte Menschen, die Stellen von Gruppenleitern, die über eine handwerkliche Ausbildung und pädagogische Zusatzausbildung verfügen müssen, nur mit Vollzeitbeschäftigten zu besetzen, kann dem Teilzeitverlangen eines Gruppenleiters (Verringerung der Arbeitszeit auf 3/5 und Verteilung von Montag bis Mittwoch) entgegenstehen.[1144] Beim Wegfall eines Reinigungsauftrags und einer dadurch ausgelösten betriebsbedingten Kündigung gegenüber teilzeitbeschäftigten Arbeitnehmern besteht für den Arbeitgeber dann keine Verpflichtung zur objektübergreifenden Sozialauswahl, wenn die in anderen Objekten tätigen Arbeitnehmer ein anderes Arbeitszeitvolumen haben und die Einführung sog. »geteilter Dienste« zusätzlich Kosten verursacht. Die Entscheidung des Arbeitgebers, die Arbeitnehmer aus Kostengründen jeweils nur in einem Reinigungsobjekt einzusetzen, ist regelmäßig als betriebsbedingte Organisationsentscheidung hinzunehmen und nicht vom Gericht zu überprüfen.[1145]

409 Der **Anspruch** eines Arbeitnehmers **auf Reduzierung** seiner **Arbeitszeit** gem. **§ 8 Abs. 1 TzBfG** kann grundsätzlich auch im Wege der **einstweiligen Verfügung** durchgesetzt werden. Da es sich bei der begehrten einstweiligen Verfügung jedoch um eine Leistungsverfügung handelt, die nicht nur der Sicherheit dient, sondern zu einer teilweisen oder völligen Befriedung des streitigen Anspruchs führt, sind an Darlegung und Glaubhaftmachung von Verfügungsanspruch und Verfügungsgrund strenge Anforderungen zu stellen. Dem Verfügungsanspruch des Arbeitnehmers nach § 8 Abs. 1 TzBfG kann der Arbeitgeber gem. § 8 Abs. 4 Satz 1 TzBfG betriebliche Gründe entgegensetzen. Betriebliche Gründe in diesem Sinne müssen zwar nicht dringend sein; aus § 8 Abs. 1 Satz 1 TzBfG folgt jedoch, dass die wunschgemäße Verringerung der Arbeitszeit mit wesentlichen Nachteilen verbunden sein muss, um den Arbeitgeber zur Ablehnung der Arbeitszeitverkürzung zu berechtigen.

1138 BAG, Urt. v. 17.06.1999, NZA 1999, 1098.

1139 LAG Köln, Urt. v. 09.04.2003 – 3 Sa 975/02 (n.v.); vgl. auch ArbG Stuttgart, Urt. v. 05.07.2001, NZA 2001, 968, *Rieble/Gutzeit*, NZA 2002, 7 ff.

1140 *Preis/Gotthardt*, DB 2001, 145 (148); *Geyer*, FA 2001, 162 (164); *Hromadka*, NJW 2001, 400 (402); *Kliemt*, NZA 2001, 63 (65); *Lindemann/Simon*, BB 2001, 146 (149).

1141 *Hromadka*, NJW 2001, 400 (402); *Schiefer*, DB 2000, 2118 (2120).

1142 *Preis/Gotthardt*, DB 2001, 145 (148); *Geyer*, FA 2001, 162 (164).

1143 Ascheid/Preis/Schmidt/*Kiel*, § 1 KSchG Rn 533; KR/*Etzel*, § 1 KSchG Rn 578.

1144 LAG Rheinland-Pfalz, Urt. v. 30.01.2003 – 4 Sa 1106/02 (n.v.); vgl auch LAG Niedersachsen, Urt. v. 02.08.2002, NZA-RR 2003, 6.

1145 LAG Köln, Urt. v. 16.01.2003, LAGReport 2003, 206.

Beruft sich der Arbeitgeber auf eine unternehmerische Entscheidung, im fraglichen Bereich nur Vollzeitarbeit zu ermöglichen, hat er insoweit ein schlüssiges Konzept darzulegen. Gegen das behauptete Bedürfnis nach einer Vollzeitkraft spricht, wenn der Arbeitgeber eine jahrelange Abwesenheit des Arbeitnehmers bedingt durch Erziehungsurlaub, ohne Einstellung einer Ersatzkraft überbrücken konnte. Der Verfügungsgrund setzt voraus, dass der Erlass der einstweiligen Verfügung zur Abwehr wesentlicher Nachteile erforderlich erscheint. Dies kann der Fall sein, wenn der Arbeitnehmer ohne die beantragte Arbeitszeitverkürzung nicht in der Lage ist, die Betreuung seiner Kinder zuverlässig zu gewährleisten. Er hat insoweit darzulegen und glaubhaft zu machen, dass er alle ihm zumutbaren Anstrengungen unternommen hat, die Betreuung der Kinder sicherzustellen. Dem Arbeitgeber kann deshalb im Wege der einstweiligen Verfügung aufgegeben werden, den Arbeitnehmer in dem von ihm beantragten Rahmen bis zum Erlass eines Urteils in der Hauptsache zu beschäftigen und seinem Teilzeitbeschäftigungswunsch vorläufig zu entsprechen. Sofern sich allerdings im Hauptsacheverfahren herausstellt, dass dem Arbeitnehmer ein Anspruch auf Arbeitszeitverkürzung gem. § 8 TzBfG nicht zusteht, wird er dafür zu sorgen haben, seine arbeitsvertraglichen Verpflichtungen mit den Notwendigkeiten seines Privatlebens in Einklang zu bringen.[1146]

Sofern der Arbeitgeber zur Verringerung der Arbeitszeit, zur Einführung eines neuen Arbeitszeitsy- 410
stems oder zur Erhöhung der Arbeitszeit entweder eine Teilzeit- zur Vollzeitstelle aufwerten oder er in entgegengesetzter Weise eine Vollzeitstelle in eine respektive mehrere Teilzeitstellen umwandeln möchte, steht ihm dies vom Grundsatz her frei.[1147] Originäre Aufgabe des Unternehmers ist es, die für die Arbeitsmenge erforderliche Zahl der benötigten Arbeitnehmer festzusetzen. Mit Blick auf das bei Begründung der Arbeitsverhältnisse[1148] in Anspruch genommene schützenswerte Vertrauen der Arbeitnehmer ist bei einem Eingriff in bestehende Arbeitsverhältnisse jedoch zu fordern, dass der Arbeitgeber für sein Vorgehen in die eine oder die andere Richtung ein **sachlich nachvollziehbares**, anerkennenswertes **Konzept**, wie etwa eine erforderliche **durchgängige Kundenbetreuung**, die **innere Logik eines Schichtmodells**,[1149] **Reibungsverluste infolge Teilzeitarbeit**[1150] oder einen **erhöhten Arbeitsbedarf in Stoßzeiten**, anführen kann.[1151] Darüber hinaus hat der Arbeitgeber bei einem nur teilweisen Fortfall der Arbeitsaufgaben dem hiervon betroffenen Arbeitnehmer ein Teilzeitarbeitsverhältnis anzubieten.[1152] Gleichermaßen ist es dem Arbeitgeber unter Beachtung des Ultima-ratio-Grundsatzes zuzumuten, bei der Umstellung von Teilzeit- auf Vollzeitarbeitsplätze den betroffenen Teilzeitbeschäftigten vor Ausspruch einer Kündigung eine Ausdehnung ihrer Arbeitszeit anzubieten.[1153]

14. Witterungsgründe

Längerfristige witterungsbedingte Arbeitseinstellungen können eine betriebsbedingte Kündigung 411
rechtfertigen. Der Arbeitgeber darf jedoch nicht eine aus seiner Sicht wegen witterungsunabhängigen Auftragsrückganges notwendige teilweise Personalreduzierung dazu nutzen, unter dem Etikett einer witterungsbedingten Kündigung im Ergebnis die gesamte Belegschaft auszutauschen.[1154] Witterungsgründe können eine betriebsbedingte Kündigung rechtfertigen, wenn der Arbeitgeber diese zum

1146 LAG Rheinland-Pfalz, Urt. v. 12.04.2002, NZA 2002, 856 = LAGE § 8 TzBfG Nr. 6.

1147 Vgl. BAG, Urt. v. 24.04.1997, AP Nr. 42 zu § 2 KSchG = EzA § 2 KSchG Nr. 26 mit Anm. *Hessler*; *ders.*, Kölner Tage des Arbeitsrechts 2000, S. 89 (102); *Kliemt*, NZA 2001, 63 (65); *Groeger*, NZA 1999, 850 (853).

1148 Vgl. ArbG Hamburg, Urt. v. 29.04.1996, NZA-RR 1997, 132 (134).

1149 Vgl. ArbG Hamburg, Urt. v. 29.04.1996, NZA-RR 1997, 132 (134).

1150 Vgl. ArbG Hamburg, Urt. v. 29.04.1996, NZA-RR 1997, 132 (134).

1151 LAG Rheinland Pfalz, Urt. v. 10.05.1988, LAGE § 1 KSchG Betriebsbedingte Kündigung Nr. 16; Ascheid/Preis/Schmidt/*Kiel*, § 1 KSchG Rn 553; KR/*Etzel*, § 1 KSchG Rn 578.

1152 LAG Köln, Urt. v. 01.02.1995, LAGE § 1 KSchG Betriebsbedingte Kündigung Nr. 29; Ascheid/Preis/Schmidt/*Kiel*, § 1 KschG Rn 578; KR/*Etzel*, § 1 KSchG Rn 616.

1153 Vgl. LAG Rheinland Pfalz, Urt. v. 10.05.1988, LAGE § 1 KSchG Betriebsbedingte Kündigung Nr. 16 = NZA 1989, 273; LAG Berlin, Urt. v. 10.09.1996, ARSt 1997, 13 = BB 1997, 583 = NZA 1997, 494.

1154 BAG, Urt. v. 07.03.1996, BB 1996, 1557.

Anlass für eine vorübergehende Betriebsstilllegung oder Betriebseinschränkung nimmt. Voraussetzung ist, dass entweder im Zeitpunkt der Kündigung nicht konkret absehbar ist, wann wieder entsprechende Beschäftigungsmöglichkeiten bestehen oder eine Aufrechterhaltung des Arbeitsverhältnisses dem Arbeitgeber für einen absehbaren Überbrückungszeitraum zuzumuten ist.[1155] Die Möglichkeit saison- bzw. witterungsbedingter Kündigungen hat auch der Gesetzgeber anerkannt.[1156] In bestimmten Branchen, wie dem Baugewerbe, dem saisonalen Hotelgewerbe oder dem Gartenbau, sind derartige Kündigungen üblich.

V. Sozialauswahl

1. Grundzüge

412 Seit dem 01.01.2004 gelten für betriebsbedingte Kündigungen nach dem Kündigungsschutzgesetz neue Regelungen hinsichtlich der sozialen Auswahl. § 1 Abs. 3 Satz 1 KSchG lautet nunmehr: »Ist einem Arbeitnehmer aus dringenden betrieblichen Gründen i.S.d. Abs. 2 gekündigt worden, so ist die Kündigung trotzdem sozial ungerechtfertigt, wenn der Arbeitgeber bei der Auswahl des Arbeitnehmers die **Dauer der Betriebszugehörigkeit, das Lebensalter, die Unterhaltspflichten und die Schwerbehinderung des Arbeitnehmers** nicht oder nicht ausreichend berücksichtigt hat; auf Verlangen des Arbeitnehmers hat der Arbeitgeber dem Arbeitnehmer die Gründe anzugeben, die zu der getroffenen sozialen Auswahl geführt haben.« Mit der Neufassung des § 1 Abs. 3 Satz 1 KSchG kehrt der Gesetzgeber zum Prinzip des Arbeitsrechtlichen Beschäftigungsförderungsgesetzes 1996 zurück. Entsprechend kann bei der praktischen Handhabung des neuen Wortlauts im Wesentlichen an die zur Fassung des § 1 Abs. 3 Satz 1 KSchG unter der Geltung des Arbeitsrechtlichen Beschäftigungsförderungsgesetzes 1996 entwickelten Grundsätze angeknüpft werden, wobei das Kriterium der Schwerbehinderung nunmehr zusätzlich zu berücksichtigen ist.[1157] § 125 InsO wird durch die Änderung des § 1 KSchG nicht berührt, so dass im Anwendungsbereich der Vorschrift weiterhin allein die drei Sozialdaten Lebensalter, Dauer der Betriebszugehörigkeit und Unterhaltspflichten zu berücksichtigen sind.[1158]

413 Eine betriebsbedingte Kündigung soll wegen fehlerhafter Sozialauswahl nur dann sozial ungerechtfertigt sein, wenn einer oder mehrere der ausdrücklich genannten vier Gesichtspunkte nicht oder nicht ausreichend berücksichtigt worden sind.[1159] Entsprechend heißt es in der Gesetzesbegründung:[1160] »Um betriebsbedingte Kündigungen für den Arbeitgeber und den Arbeitnehmer rechtssicherer zu gestalten und berechenbarer zu machen, wird die Sozialauswahl auf die drei Grunddaten Dauer der Betriebszugehörigkeit, Lebensalter und Unterhaltspflichten des Arbeitnehmers begrenzt. Diese Daten kann der Arbeitgeber aus den Personalunterlagen entnehmen oder durch Befragung des Arbeitnehmers in Erfahrung bringen. Jedem der drei Kriterien kommt gleiches Gewicht zu. Der Arbeitgeber muss die drei Grunddaten ausreichend berücksichtigen, d.h., ihm steht bei der Gewichtung zwischen den drei Auswahlkriterien ein Beurteilungsspielraum zu. Die Beschränkung auf die drei Grunddaten schließt die Beachtung unbilliger Härten im Einzelfall nicht aus. Zusätzlich erfassbare Tatsachen müssen jedoch in einem unmittelbaren spezifischen Zusammenhang mit den Grunddaten stehen oder sie müssen sich aus solchen betrieblichen Gegebenheiten herleiten, die evident einsichtig sind. Das betrifft beispielsweise Berufskrankheiten und einen vom Arbeitnehmer nicht verschuldeten Arbeitsunfall, die zugunsten der betreffenden Arbeitnehmer berücksichtigt werden können.«

1155 Ascheid/Preis/Schmidt/*Kiel*, § 1 KSchG Rn 554.
1156 Siehe § 22 KSchG.
1157 *Willemsen/Annuß*, NJW 2004, 177.
1158 *Willemsen/Annuß*, NJW 2004, 177; vgl. LAG Hamm, Urt. v. 05.06.2003, NZA-RR 2004, 133.
1159 *Löwisch*, BB 2004, 154.
1160 BT-Drucks 15/1204, 11 (noch für die drei Grunddaten Alter, Betriebszugehörigkeit und Unterhaltspflichten ohne Schwerbehinderung).

Berücksichtigt man die Gesetzesbegründung wird deutlich, dass die Neufassung einer **interpretierenden, verfassungskonformen Wertung** bedarf. Orientierte man sich am reinen Wortlaut des § 1 Abs. 3 Satz 1 KSchG n.F., blieben zahlreiche Umstände unberücksichtigt, die bisher im Rahmen der Sozialauswahl von erheblicher Bedeutung waren. Dies gilt etwa für den vom Arbeitnehmer erlittenen Arbeitsunfall, für die Eigenschaft als allein erziehender Elternteil oder für die Existenz pflegebedürftiger Angehöriger. Hierdurch würde zwar die Komplexität des Auswahlprozesses im Sinne größerer Rechtssicherheit reduziert. Jedoch bestehen gegen einen derartigen Schematismus mit Blick auf die Gesetzesbegründung und die Rechtsprechung des BVerfG, die die Pflicht des Gesetzgebers bzw. des an seiner Stelle handelnden Richters normiert, auf die soziale Situation der gekündigten Arbeitnehmer Rücksicht zu nehmen,[1161] berechtigte Bedenken.[1162] Die vier Grunddaten müssen in der Weise »offen« interpretiert werden, dass sie die besondere Betroffenheit eines Arbeitnehmers mitberücksichtigen.[1163] Die Eigenschaft als allein Erziehender verleiht daher der Unterhaltspflicht ein besonders großes Gewicht, Berufskrankheit und Arbeitsunfall erhöhen die Bedeutung der Betriebszugehörigkeit, schlechte Vermittlungschancen auf dem Arbeitsmarkt sind im Rahmen der Betriebszugehörigkeit und beim Lebensalter zu berücksichtigen. Nur eine verfassungskonforme Auslegung im vorstehenden Sinne verhindert überdies, dass § 1 Abs. 4 KSchG zu einer ungewollten Einengung des Spielraums der Betriebsparteien führt. Interpretierte man die vier Kriterien eng, wären alle Auswahlrichtlinien in Frage gestellt, die einer verbreiteten Praxis folgend weitere Gesichtspunkte berücksichtigen.[1164] 414

Die Aussage der Entwurfsverfasser, jedem der nunmehr **vier maßgeblichen Kriterien** komme **gleiches Gewicht** zu, deckt sich mit der bisherigen Rechtsprechung des BAG, die eine abstrakte Reihung bzw. Gewichtung der zu berücksichtigenden Auswahlkriterien grundsätzlich ablehnt. So heißt es in der Entscheidung des 2. Senats vom 05.12.2002 wie folgt: »Dem Arbeitgeber kann hinsichtlich der Gewichtung der drei Kriterien Betriebszugehörigkeit, Lebensalter und Unterhaltspflichten **keine abstrakte Vorgabe** gemacht werden. Es ist auch nicht möglich, im Wege der systematischen Auslegung fallübergreifende, schematische Wertungsgesichtspunkte vorzugeben. Auszugehen ist vielmehr davon, dass der Arbeitgeber nach der gesetzlichen Konzeption einen **Wertungsspielraum** haben soll. Es geht nicht darum, ob der Arbeitgeber nach den Vorstellungen des Gerichts die bestmögliche Sozialauswahl vorgenommen hat. Entscheidend ist, ob die Auswahl noch so ausgewogen ist, dass davon gesprochen werden kann, die sozialen Gesichtspunkte seien ausreichend berücksichtigt worden. Der Wertungsspielraum und die Möglichkeit, durch eine »Handsteuerung« in Form einer Einzelfallabwägung zu sachgerechten Lösungen zu kommen, würde durch die Festlegung abstrakter Kriterien in einer mit dem Gesetz nicht zu vereinbarenden Weise eingeschränkt.«[1165] Der Arbeitgeber muss die vier Auswahlkriterien ausreichend berücksichtigen, wobei ihm ein Wertungsspielraum eingeräumt wird. Im Rahmen der zu beachtenden Auswahlkriterien unterliegt der Beurteilungsspielraum in den vom Gesetz gesetzten Grenzen der gerichtlichen Kontrolle, nicht jedoch einer »Gerichts-Beurteilungswertung«, sondern nur einer **»Gerichts-Rechtsbewertung«**.[1166] Wenn sich vergleichbare Arbeitnehmer hinsichtlich der sozialen Schutzbedürftigkeit nicht gravierend unterscheiden, handelt der Arbeitgeber rechtmäßig, wenn er einen der Arbeitnehmer entlässt und dem anderen nicht kündigt. Das Gebot der ausreichenden Berücksichtigung sozialer Gesichtspunkte führt weder zu einer allgemeinen arbeitsmarkt- und sozialpolitischen Prägung der Sozialauswahl, noch lässt es Umstände ausschlaggebend werden, die dem Privatbereich zuzurechnen sind, wie etwa die wirtschaftliche oder familiäre Lage des Arbeitnehmers. Vielmehr werden, nach näherer 415

1161 BVerfG, Urt. v. 24.04.1991, BVerfGE 84, 133 (154) = NJW 1991, 1667.

1162 *Däubler*, NZA 2004, 177 (181).

1163 BVerfG, Beschl. v. 21.02.1995, BVerfGE 92, 140 (157) = NZA 1996, 619.

1164 *Däubler*, NZA 2004, 177 (181).

1165 BAG, Urt. v. 05.12.2002, NZA 2003, 791 = AP Nr. 59 zu § 1 KSchG 1969 Soziale Auswahl; gewichtend in der Reihenfolge Dauer der Betriebszugehörigkeit, Lebensalter und Unterhaltspflichten LAG Düsseldorf, Urt. v. 21.01.2004 – 12 Sa 1188/03 (n.v.).

1166 ErfK/*Ascheid*, § 1 KSchG Rn 507.

Bestimmung durch das KSchG, Art und Gewicht der Sozialfaktoren durch das zugrunde liegende Arbeitsverhältnis definiert.[1167] Die gesetzliche Begrenzung auf vier Auswahlkriterien schließt nicht aus, dass der Arbeitgeber der Auswahl noch andere Kriterien zu Grunde legt. Weitere Kriterien können aber nach dem erklärten Willen des Gesetzgebers nur solche Tatsachen sein, die in einem unmittelbaren Zusammenhang mit den vier gesetzlich vorgegebenen Kriterien stehen. Die Einbeziehung zusätzlicher Aspekte in die Auswahl darf nicht dazu führen, dass die vier gesetzlichen Kriterien umgangen werden. Hat der Arbeitgeber die vier Grundkriterien ausreichend berücksichtigt, bleibt die Kündigung sozial gerechtfertigt, unabhängig davon welche Umstände sonst noch vorliegen. Es besteht keine Verpflichtung des Arbeitgebers, weitere Auswahlaspekte neben den gesetzlich vorgeschriebenen Auswahlkriterien zu berücksichtigen.[1168]

416 Vor Durchführung der Sozialauswahl muss sich der Arbeitgeber zunächst die Sozialdaten von vergleichbaren Arbeitnehmern beschaffen. Kann er diese nicht den Betriebsunterlagen bzw. der Personalakte entnehmen, ist er verpflichtet, die Arbeitnehmer zu befragen. Diese sind zur wahrheitsgemäßen Auskunft verpflichtet. Bei Verschweigen kann sich ein Arbeitnehmer im Kündigungsschutzprozess nicht auf den verschwiegenen Umstand berufen. Soweit eine schuldhaft falsche Auskunft zur rechtswidrigen Kündigung eines sozial schwächeren Arbeitnehmers führt, kann der Arbeitgeber Schadensersatz verlangen.

417 Die soziale Auswahl dient der **personellen Konkretisierung der zur Kündigung führenden dringenden betrieblichen Erfordernisse des § 1 Abs. 2 KSchG**, wenn die Anzahl der Arbeitnehmer die Zahl der vorhandenen Arbeitsplätze übersteigt.[1169] Wie § 1 Abs. 3 Satz 1 KSchG zeigt, darf der Arbeitgeber trotz Vorliegen eines dringenden betrieblichen Erfordernisses, das zum Wegfall von Beschäftigungsmöglichkeiten führt, nicht nach freiem Ermessen einen Arbeitnehmer auswählen und entlassen. Vielmehr hat er die vom Gesetz vorgeschriebene Sozialauswahl durchzuführen. Im Gegensatz zu verhaltens- und personenbedingten Kündigungen steht damit bei einer betriebsbedingten Kündigung nicht von vornherein fest, welchem Arbeitnehmer gekündigt werden soll. Der Arbeitgeber muss den sozial schwächeren Arbeitnehmer schützen und vorrangig dem sozial stärkeren Arbeitnehmer kündigen. Sozial stärker ist der Arbeitnehmer, der am wenigsten auf seinen Arbeitsplatz angewiesen ist.

418 Bei der Sozialauswahl ergeben sich vielfältige Unwägbarkeiten, so dass sie mit Recht als **Stolperstein der betriebsbedingten Kündigung** bezeichnet wird.[1170] Dieser Befund erklärt sich mit Blick darauf, dass sämtliche betriebsbedingten Kündigungen unwirksam sind, wenn der Arbeitgeber auch nur einen Arbeitnehmer nicht entlassen hat, der nach den nunmehr vier zwingenden Kriterien des § 1 Abs. 3 KSchG sozial weniger schutzbedürftig ist als seine betriebsbedingt gekündigten Kollegen. Nach einer Entscheidung des BAG vom 18.10.1984[1171] können sich auf einen Fehler bei der Sozialauswahl alle gekündigten Arbeitnehmer berufen, die sozial schutzbedürftiger sind als der nicht gekündigte, vergleichbare Arbeitnehmer.[1172] Das gilt auch bei Massenentlassungen. Problematisch ist damit vor allem die **mangelnde Vorhersehbarkeit der gerichtlichen Entscheidung**, die unter anderem in folgenden Aspekten ihren Grund findet: Unsicherheiten bei der Abgrenzung des für die Auswahl in Betracht kommenden Arbeitnehmerkreises, Meinungsverschiedenheiten über die Wertigkeit der einzelnen Sozialdaten mangels eines eindeutigen gesetzlichen Bewertungsmaßstabes, Fragen der Herausnahme einzelner Arbeitnehmer aus der Sozialauswahl und die Verteilung der Darlegungs- und Beweislast. Das KSchG und damit auch die Sozialauswahl sind zwingendes Geset-

1167 LAG Düsseldorf, Urt. v. 21.01.2004 – 12 Sa 1188/03 (n.v.).
1168 *Löwisch*, BB 2004, 154; ErfK/*Ascheid*, § 1 KSchG Rn 575.
1169 ErfK/*Ascheid*, § 1 KSchG Rn 463.
1170 *Schiefer*, NZA-RR 2002, 169 ff.; vgl. auch *Stahlhacke/Preis/Vossen*, Rn 659 ff.
1171 BAG, Urt. v. 18.10.1984, AP Nr. 6 zu § 1 KSchG Soziale Auswahl = EzA § 1 KSchG Betriebsbedingte Kündigung Nr. 34 = DB 1985, 1083.
1172 Kittner/Zwanziger/*Becker*, § 92 Rn 43; KR/*Etzel*, § 1 KSchG Rn 632.

zesrecht. Dieses Recht kann zu Lasten des Arbeitnehmers weder ausgeschlossen, noch beschränkt werden.[1173]

Auch für die Prüfung der Sozialauswahl kommt es wie bei der Kündigung auf die **Umstände im Zeitpunkt der Kündigungserklärung** an, wobei in die Beurteilung bzw. Prognose die absehbaren (sozialen und betrieblichen) Umstände einzubeziehen sind, wie sie sich zum Ablauf der Kündigungsfrist darstellen.[1174] Die für die Sozialauswahl erforderliche Vergleichbarkeit der betroffenen Arbeitnehmer kann nicht durch eine Vertragsveränderung herbeigeführt werden. Denn es ist als eine unzulässige Umgehung der zwingenden Grundsätze der Sozialauswahl zu werten, wenn der Arbeitsvertrag im Vorfeld einer Kündigung verändert wird, um den Bereich der Vergleichbarkeit zu verändern.[1175] Nach der Rechtsprechung des BAG ist die Sozialauswahl nach § 1 Abs. 3 KSchG im Rahmen einer **Drei-Schritt-Prüfung** durchzuführen. 419

- Im 1. Schritt ist der **auswahlrelevante Personenkreis** (vergleichbare Arbeitnehmer des betroffenen Betriebs) festzulegen. Es muss die Frage geklärt werden, welche Arbeitnehmer in die Sozialauswahl einzubeziehen sind. Dabei gilt, dass nur vergleichbare Arbeitnehmer in die Sozialauswahl einzubeziehen sind. Vergleichbarkeit liegt vor, wenn die Arbeitnehmer im Hinblick auf ihre vertraglich geschuldete Tätigkeit austauschbar sind.
- Im 2. Schritt erfolgt die **Bestimmung der sozialen Schutzwürdigkeit** nach § 1 Abs. 3 Satz 1 KSchG anhand der sozialen Auswahlkriterien. Es ist zu prüfen, ob alle vier gesetzlich normierten Sozialkriterien berücksichtigt und unter Beachtung des Wertungsspielraums des Arbeitgebers korrekt gewichtet worden sind.
- Schließlich ist zu klären, ob nach § 1 Abs. 3 Satz 2 KSchG betriebliche Notwendigkeiten die Weiterbeschäftigung eines oder mehrerer bestimmter Arbeitnehmer erfordern und somit seiner/ihrer Auswahl nach sozialen Gesichtspunkten (2. Schritt) entgegenstehen.[1176]

Kündigt der Arbeitgeber wegen einer zum nächstmöglichen Zeitpunkt geplanten Betriebsstilllegung allen Arbeitnehmern zu den im Einzelnen geltenden Kündigungsfristen, um mit den jeweils noch Beschäftigten die laufenden Aufträge abzuarbeiten, bedarf es zur Begründung der einzelnen Kündigung keines konkreten Sachvortrags, warum gerade für diesen Arbeitnehmer bis zum Ablauf seiner Kündigungsfrist keine Beschäftigungsmöglichkeit besteht. Bei einer solchen Fallgestaltung ist eine Sozialauswahl nach § 1 Abs. 3 KSchG nicht notwendig.[1177] Werden Arbeitsplätze in einen anderen Betrieb des Unternehmens verlagert, ist eine Sozialauswahl erforderlich.[1178] Die Grundsätze der Sozialauswahl finden auch bei einer etappenweisen Betriebsstilllegung Anwendung,[1179] ebenso bei einer Betriebsveräußerung durch den Insolvenzverwalter.[1180] Widerspricht der Arbeitnehmer dem Übergang seines Arbeitsverhältnisses auf einen Betriebs(teil)übernehmer (§ 613a BGB), kann er sich auf eine fehlerhafte Sozialauswahl nach § 1 Abs. 3 KSchG nur berufen, wenn für den Widerspruch ein sachlicher Grund vorliegt.[1181] 420

1173 BAG, Urt. v. 11.03.1976, BAGE 28, 40 = AP Nr. 1 zu § 95 BetrVG 1972.
1174 *Stahlhacke/Preis/Vossen*, Rn 659a; *Moll/Steinbach*, MDR 1997, 711.
1175 LAG Schleswig-Holstein, Urt. v. 13.12.2001, ZTR 2003, 293 (LS).
1176 Kritisch *Bader*, NZA 2004, 65 (73), der nach der Neuregelung eine Änderung der Prüfungsreihenfolge präferiert.
1177 LAG Berlin, Urt. v. 21.12.2000 – 14 Sa 2251/00 (n.v.).
1178 BAG, Urt. v. 10.11.1994, EzA § 1 KSchG Betriebsbedingte Kündigung Nr. 77; BAG, Urt. v. 30.08.1995, NZA 1996, 496 = EzA § 99 BetrVG 1972 Nr. 130
1179 BAG, Urt. v. 20.01.1994, NZA 1994, 655; BAG, Urt. v. 25.04.1985, DB 1985, 2205; LAG Hamm, Urt. v. 03.04.1987, NZA 1987, 636.
1180 BAG, Urt. v. 26.05.1983, AP Nr. 34 zu § 613a BGB; *Stahlhacke/Preis/Vossen*, Rn 661.
1181 BAG, Urt. v. 07.04.1993, NZA 1993, 795 = AP Nr. 22 zu § 1 KSchG 1969 Soziale Auswahl.

2. Betriebsbezogenheit der Sozialauswahl

421 Im Gegensatz zur unternehmensbezogen zu prüfenden Weiterbeschäftigungsmöglichkeit nach § 1 Abs. 2 KSchG ist die **Sozialauswahl betriebsbezogen**. Daraus folgt, dass eine Beschränkung der Sozialauswahl auf Mitarbeiter einer Betriebsabteilung oder eines Betriebsteils grundsätzlich ausgeschlossen ist.[1182] Es ist eine **»abteilungsübergreifende« Sozialauswahl** vorzunehmen.[1183] Die mit jeder sozialen Auswahl bei einer Massenkündigung im Rahmen der Stilllegung eines Betriebsteils verbundenen Schwierigkeiten können zwar berechtigte betriebliche Interessen i.S.v. § 1 Abs. 3 Satz 2 KSchG sein. Diese Schwierigkeiten erlauben es dem Arbeitgeber aber nicht, völlig von einer Auswahl nach sozialen Gesichtspunkten abzusehen. Er muss vielmehr darlegen und ggf. unter Beweis stellen, der Austausch wie vieler vergleichbarer Arbeitnehmer zwischen den verschiedenen Betriebsteilen möglich ist, ohne dass der ordnungsgemäße Ablauf des Betriebs gestört wird.[1184] Die Schwierigkeiten im Rahmen der Sozialauswahl bei Massenentlassungen können durch Auswahlrichtlinien gem. § 1 Abs. 4 KSchG und nunmehr seit dem 01.01.2004 auch wieder durch die namentliche Benennung der zu kündigenden Arbeitnehmer im Interessenausgleich nach § 1 Abs. 5 KSchG gemildert werden.[1185]

422 Einzubeziehen sind grundsätzlich[1186] nur die Arbeitnehmer des Betriebs, in dem die Weiterbeschäftigungsmöglichkeit entfällt und daher aufgrund eines dringenden betrieblichen Erfordernisses die Kündigung auszusprechen ist. Eine betriebsübergreifende unternehmens- oder gar konzernbezogene Sozialauswahl ist vom Grundsatz her nicht vorzunehmen.[1187] Bei Vermittlung von Arbeitnehmern eines stillgelegten Betriebs auf freie Arbeitsplätze anderer Konzernunternehmen finden die Grundsätze der sozialen Auswahl keine Anwendung.[1188] Der Arbeitgeber ist nicht verpflichtet, in einem anderen Betrieb seines Unternehmens Arbeitsplätze für einen sozial schwachen Arbeitnehmer frei zu kündigen, dessen Beschäftigungsmöglichkeit in einem anderen Betrieb weggefallen ist.[1189]

423 Besonderheiten können sich ergeben, wenn mehrere Arbeitnehmer nach Wegfall des Weiterbeschäftigungsbedürfnisses in ihrem bisherigen Betrieb um die **Weiterbeschäftigung auf einem freien Arbeitsplatz in einem anderen Betrieb des Unternehmens** konkurrieren. Tritt aufgrund der unternehmensbezogenen Weiterbeschäftigungspflicht nach § 1 Abs. 2 Satz 2 Nr. 1 KSchG die Situation ein, dass mehrere Arbeitnehmer verschiedener Betriebe des Unternehmens um einen oder mehrere freie Arbeitsplätze in einem dieser Betriebe konkurrieren, so ist – jeweils für sich betrachtet – keine der Kündigungen i.S.v. § 1 Abs. 2 KSchG durch dringende betriebliche Erfordernisse bedingt. Welche Kündigungen nach § 1 Abs. 2 KSchG sozial gerechtfertigt sind, lässt sich erst nach einer Auswahlentscheidung des Arbeitgebers beurteilen. Diese **Auswahlentscheidung** hat zumindest **nach § 315 BGB** die sozialen Belange der betroffenen Arbeitnehmer mit zu berücksichtigen. Es sprechen sogar gewichtige Argumente dafür, in derartigen Fällen eine Sozialauswahl entsprechend § 1 Abs. 3 KSchG[1190] vorzunehmen, zumindest wenn um freie Arbeitsplätze in einem Betrieb des Unternehmens ausschließlich Arbeitnehmer aus verschiedenen anderen Betrieben des Unternehmens konkurrieren.[1191]

1182 Kittner/Zwanziger/*Becker*, § 92 Rn 32.
1183 BAG, Urt. v. 05.05.1994, NZA 1994, 1023 = DB 1994, 1827.
1184 BAG, Urt. 25.04.1985, NZA 1986, 64 = EzA § 1 KSchG Betriebsbedingte Kündigung Nr. 35.
1185 ErfK/*Ascheid*, § 1 KSchG Rn 462; *Däubler*, NZA 2004, 177 (182 f.).
1186 Zuletzt BAG, Urt. v. 17.02.2000, NZA 2000, 822 = AP Nr. 46 zu § 1 KSchG 1969 Soziale Auswahl; zur konzernbezogenen Sozialauswahl vgl. *Unkat*, BB 2000, 1242.
1187 *Schiefer*, NZA-RR 2002, 169 (170).
1188 BAG, Urt. v. 22.05.1986, NZA 1987, 125 = AP Nr. 4 zu § 1 KSchG 1969 Konzern.
1189 *Stahlhacke/Preis/Vossen*, Rn 661.
1190 Kritisch zur entsprechenden Durchführung einer Sozialauswahl *Schiefer*, NZA-RR 2002, 169 (170).
1191 BAG, Urt. v. 21.09.2000, DB 2001, 1207 = ZIP 2001, 388; vgl. auch BAG, Urt. v. 15.12.1994, BAGE 79, 66.

Unterhalten mehrere Unternehmen einen **Gemeinschaftsbetrieb**, ist die **Sozialauswahl** nach § 1 Abs. 3 KSchG **betriebsübergreifend** durchzuführen.[1192] Entscheidend für die rechtliche Zusammenfassung mehrerer Betriebsstätten ohne gemeinsame räumliche Unterbringung zu einem einheitlichen Betrieb ist, ob der Kern der Arbeitgeberfunktionen im sozialen und personellen Bereich von derselben Leitung ausgeübt wird.[1193] Da sich die soziale Auswahl eines zu kündigenden Arbeitnehmers nach betriebsbezogenen Kriterien richtet, sind die zu einer Arbeitsgemeinschaft abgeordneten Arbeitnehmer in die soziale Auswahl bei betriebsbedingten Kündigungen des Stammbetriebes grundsätzlich nicht mit einzubeziehen.[1194] 424

3. Bestimmung des auswahlrelevanten Personenkreises

Die soziale Auswahl muss ein Arbeitgeber immer dann vornehmen, wenn er betriebsbedingte Kündigungen beabsichtigt und mehrere **Arbeitnehmer**, die **vergleichbar** sind, gekündigt werden können. Vergleichbar sind Arbeitnehmer, die aufgrund ihrer beruflichen, fachlichen und persönlichen Qualifikation und nach dem Inhalt des Arbeitsvertrages gegeneinander austauschbar sind. Die qualitative Austauschbarkeit bestimmt sich dabei in erster Linie nach arbeitsplatzbezogenen Merkmalen, das heißt nach der ausgeübten Tätigkeit.[1195] Dabei ist Austauschbarkeit auch gegeben, wenn der Beschäftigte aufgrund seiner bisherigenn Aufgaben im Betrieb und angesichts seiner beruflichen Qualifikation dazu in der Lage ist, die andersartige, aber gleichwertige Arbeit eines Kollegen zu verrichten.[1196] Die Notwendigkeit einer **kurzen Einarbeitungszeit** steht der Vergleichbarkeit nicht entgegen.[1197] Die tarifliche Eingruppierung und die Vergütung kann für die Beurteilung der Vergleichbarkeit in engen Grenzen herangezogen werden.[1198] Bei ausgesprochenen Hilfstätigkeiten kommt der identischen Eingruppierung ein ausreichender Indizwert zu.[1199] Die arbeitsvertragliche Austauschbarkeit liegt vor, wenn der Arbeitgeber den Arbeitnehmer einseitig, das heißt kraft seines Direktionsrechts, auf einen anderen Arbeitsplatz um- oder versetzen kann.[1200] Dies richtet sich in erster Linie nach der ausgeübten und vertraglich vereinbarten Tätigkeit. Der betroffene Arbeitnehmer muss die Funktion der anderen Arbeitnehmer wahrnehmen können. Hingegen fehlt in Fällen, in denen es für die Um- oder Versetzung einer Vertragsänderung[1201] oder Änderungskündigung bedarf, die Vergleichbarkeit.[1202] 425

Nach der höchstrichterlichen Rechtsprechung unterlegt es grundsätzlich der **freien unternehmerischen Entscheidung des Arbeitgebers**, das **Anforderungsprofil** für einen eingerichteten Arbeitsplatz **festzulegen**.[1203] Er entscheidet darüber, welche Ausbildung er für einen konkreten Arbeitsplatz voraussetzt.[1204] Soweit die Erfüllung bestimmter Voraussetzungen für die sachgerechte Erledigung der Arbeitsaufgaben erforderlich sein soll, kann die unternehmerische Entscheidung nur daraufhin 426

1192 LAG Hamm, Urt. v. 06.07.2000, DZWIR 2001, 107; BAG, Urt. v. 05.05.1994, NZA 1994, 1023 = AP Nr. 23 zu § 1 KSchG 1969 Soziale Auswahl; BAG, Urt. v. 13.06.1985, AP Nr. 10 zu § 1 KSchG 1969.

1193 LAG Köln, Urt. v. 19.06.1998, MDR 1998, 1356; *Schiefer*, NZA-RR 2002, 169 (171).

1194 LAG Berlin, Urt. v. 28.02.1983, LAGE § 1 KSchG Betriebsbedingte Kündigung Nr. 4.

1195 BAG, Urt. v. 07.02.1985, AP Nr. 9 zu § 1 KSchG 1969 Soziale Auswahl; BAG, Urt. v. 25.04.1985, BAGE 48, 314 (323) = AP Nr. 7 zu § 1 KSchG 1969 Soziale Auswahl; BAG, Urt. v. 11.09.1986, BB 1987, 1882, 1884 f.

1196 BAG, Urt. v. 17.09.1998, AP Nr. 36 zu § 1 KSchG 1969 Soziale Auswahl; LAG Düsseldorf, Urt. v. 21.01.2004 – 12 Sa 1188/03 (n.v.).

1197 BAG, Urt. v. 25.04.1985, NZA 1986, 64; KR/*Etzel*, § 1 KSchG Rn 637.

1198 BAG, Urt. v. 05.10.1995, NZA 1996, 524; BAG, Urt. v. 25.04.1985, NZA 1986, 64.

1199 BAG, Urt. v. 07.02.1985, AP Nr. 9 zu § 1 KSchG 1969 Soziale Auswahl.

1200 BAG, Urt. v. 17.02.2000, AP Nr. 46 zu § 1 KSchG 1969 Soziale Auswahl; BAG, Urt. v. 17.09.1998, AP Nr. 36 zu § 1 KSchG 1969 Soziale Auswahl; BAG, Urt. v. 29.03.1990, NZA 1991, 181 = DB 1991, 173; *Stahlhacke/Preis/Vossen*, Rn 664.

1201 LAG Schleswig-Holstein, Urt. v. 13.12.2001, ZTR 2002, 293 (LS).

1202 BAG, Urt. v. 17.02.2000, NZA 2000, 822 = DB 2000, 1339 = AP Nr. 46 zu § 1 KSchG 1969 Soziale Auswahl; BAG, Urt. v. 17.09.1998, AP Nr. 36 zu § 1 KSchG 1969 Soziale Auswahl = EzA § 1 KSchG Soziale Auswahl Nr. 36.

1203 Weiterführend *Mauer/Holthausen*, NZA 2003, 1370.

1204 LAG Köln, Urt. v. 28.01.1994, LAGE § 1 KSchG Betriebsbedingte Kündigung Nr. 25.

überprüft werden, ob sie offenbar unsachlich ist. So ist die Entscheidung des Arbeitgebers, bestimmte Tätigkeiten nur von Arbeitnehmern mit besonderer Qualifikation ausführen zu lassen, grundsätzlich zu respektieren.[1205] Die Befugnis des Arbeitgebers, durch freie Entscheidung das Anforderungsprofil für Arbeitsplätze festzulegen, wird allerdings eingeschränkt durch das Ultima-Ratio-Prinzip, das ihm gebietet, soweit möglich und zumutbar den bisherigen Arbeitsplatzinhaber weiterzubeschäftigen.[1206] Ist dessen Arbeitsplatz aufgrund Umgestaltung der Arbeitsabläufe weggefallen, jedoch auf einem freien Arbeitsplatz im Wesentlichen dieselbe Tätigkeit zu verrichten, ist die Kündigung wegen fehlender Betriebsbedingtheit oder, falls der Arbeitsplatz durch einen sozial weniger schutzbedürftigen Arbeitnehmer besetzt ist, wegen fehlerhafter Sozialauswahl ungerechtfertigt. Der Umsetzbarkeit bzw. Vergleichbarkeit steht eine geringere Höherwertigkeit, die Bezeichnung als Beförderungsstelle oder die Aufwertung der Stelle durch geforderte Formalqualifikationen jedenfalls dann nicht entgegen, wenn der Arbeitnehmer nach seinen Kenntnissen und Fähigkeiten in der Lage ist, die Arbeitsleistung auch auf dem neuen Arbeitsplatz zu erbringen oder nach gewisser Einarbeitungszeit, zumutbarer Umschulung oder Fortbildung die präsumierte Qualifikation zu erlangen. Würde man allein an das vom Arbeitgeber verfasste Anforderungsprofil die Möglichkeit der Weiterbeschäftigung des Arbeitnehmers binden, hätte es der Arbeitgeber in der Hand, einem weniger geschätzten Arbeitnehmer betriebsbedingt mit der Begründung zu kündigen, eine Beschäftigung auf seinem inzwischen aufgewerteten bzw. umstrukturierten Arbeitsplatz könne er nicht verlangen und auch andere Arbeitsmöglichkeiten kämen mangels Erfüllung des Anforderungsprofils nicht in Betracht.[1207]

427 Arbeitnehmer auf verschiedenen Ebenen der Betriebshierarchie kommen als Vergleichspersonen für die soziale Auswahl nicht in Betracht. Grundsätzlich vollzieht sich der notwendige Vergleich nur auf derselben Ebene der Betriebshierarchie (**sog. horizontale Vergleichbarkeit**).[1208] Das BAG[1209] hat entschieden, der Arbeitgeber sei im Rahmen der sozialen Auswahl nach § 1 Abs. 3 Satz 1 KSchG nicht verpflichtet, von sich aus einem sozial schlechter gestellten Arbeitnehmer eine Weiterbeschäftigung zu geänderten (verschlechterten) Bedingungen anzubieten, um für ihn durch Kündigung eines sozial besser gestellten Arbeitnehmers einen Arbeitsplatz freizumachen. Auch kann die nach arbeitsplatzbezogenen Merkmalen fehlende Vergleichbarkeit nicht durch eine entsprechende Bereitschaft des Arbeitnehmers zur Weiterbeschäftigung zu verschlechterten Bedingungen hergestellt werden, da eine solche Erweiterung des auswahlrelevanten Personenkreises zu einer gesetzwidrigen Umfunktionierung der sozialen Auswahl führte.[1210] Die Anerkennung einer **vertikalen Vergleichbarkeit** würde letzten Endes zu einem **unzulässigen Verdrängungswettbewerb** nach unten führen. Die soziale Auswahl würde gesetzesinkonform nicht mehr an die dringenden betrieblichen Erfordernisse anknüpfen, die zum Wegfall des Arbeitsplatzes führen.[1211] Der Arbeitgeber ist nicht verpflichtet, dem Arbeitnehmer zur Vermeidung einer Beendigungskündigung eine Weiterbeschäftigung auf der Stelle einer nicht vergleichbaren Aushilfskraft ohne Kündigungsschutz anzubieten.[1212] Die für die Sozialauswahl erforderliche Vergleichbarkeit der betroffenen Arbeitnehmer kann nicht durch eine **Vertragsveränderung** herbeigeführt werden. Es ist als eine **unzulässige Umgehung der zwingenden Grundsätze der Sozialauswahl** zu werten, wenn der Arbeitsvertrag im Vorfeld einer Kündigung verändert wird, um den Bereich der Vergleichbarkeit zu verändern.[1213]

428 Ob bei der Kündigung teilzeitbeschäftigter Arbeitnehmer **Vollzeitbeschäftigte** und bei der Kündigung Vollzeitbeschäftigter **Teilzeitbeschäftigte** in die Sozialauswahl einzubeziehen sind, richtet sich

1205 BAG, Urt. v.21.02.2001, EzA Nr. 8 zu § 1 KSchG Interessenausgleich.
1206 BAG, Beschl. v. 30.08.1995, AP Nr. 5 zu § 99 BetrVG 1972 Versetzung.
1207 LAG Düsseldorf, Urt. v. 21.01.2004 – 12 Sa 1188/03 (n.v.).
1208 LAG Köln, Urt. v. 13.04.1999, NZA-RR 2000, 128 = MDR 1999, 1392; LAG Düsseldorf, Urt. v. 17.03.1998 – 3 Sa 20/98 (n.v.); *Stahlhacke/Preis/Vossen*, Rn 664; HK/*Dorndorf*, § 1 KSchG Rn 1041.
1209 BAG, Urt. v. 07.02.1985, NZA 1986, 260.
1210 BAG, Urt. v. 29.03.1990, NZA 1991, 181 = AP Nr. 50 zu § 1 KSchG 1969 Betriebsbedingte Kündigung.
1211 HK/*Dorndorf*, § 1 KSchG Rn 1042.
1212 LAG München, Urt. v. 13.08.2002, LAGE § 1 KSchG Betriebsbedingte Kündigung Nr. 62a.
1213 LAG Schleswig-Holstein, Urt. v. 13.12.2001 – 4 Sa 203/01 (n.v.).

nach der betrieblichen Organisation. Liegt eine bindende innerbetriebliche Organisationsentscheidung vor, aufgrund derer für bestimmte Arbeiten Vollzeitkräfte vorgesehen sind, handelt es sich insoweit um eine bindende Unternehmerentscheidung, so dass die Vollzeitkräfte bei der Kündigung eines teilzeitbeschäftigten Arbeitnehmers nicht in die Sozialauswahl einzubeziehen sind. Nur dann, wenn in einem bestimmten Bereich lediglich die Zahl der insgesamt geleisteten Arbeitsstunden abgebaut wird, ohne dass eine Organisationsentscheidung dergestalt vorliegt, mit wie vielen Arbeitnehmern auf der Grundlage welcher Arbeitszeiten gearbeitet werden soll, sind sämtliche in dem Betrieb beschäftigten Arbeitnehmer ohne Rücksicht auf ihr Arbeitszeitvolumen in die Sozialauswahl einzubeziehen, soweit ihre Tätigkeiten inhaltlich vergleichbar sind.[1214] Beim Wegfall eines Reinigungsauftrags und einer dadurch ausgelösten betriebsbedingten Kündigung gegenüber teilzeitbeschäftigten Arbeitnehmern besteht für den Arbeitgeber dann keine Verpflichtung zur objektübergreifenden Sozialauswahl, wenn die in anderen Objekten tätigen Arbeitnehmer ein anderes Arbeitszeitvolumen haben und die Einführung sog. »geteilter Dienste« zusätzlich Kosten verursacht. Die Entscheidung des Arbeitgebers, die Arbeitnehmer aus Kostengründen jeweils nur in einem Reinigungsobjekt einzusetzen, ist regelmäßig als betriebsbedingte Organisationsentscheidung hinzunehmen und nicht vom Gericht zu überprüften.[1215] Die vorstehenden Grunddsätze zur Vergleichbarkeit von teilzeitbeschäftigten und vollzeitbeschäftigten Arbeitnehmern bei der Sozialauswahl, wonach es entscheidend auf die betriebliche Organisation der Arbeitszeitgestaltung ankommt, gelten auch im öffentlichen Dienst. Die Streichung einer Halbtagsstelle im öffentlichen Haushalt sagt danach für sich genommen noch nichts dazu aus, ob nicht lediglich eine Überkapazität im Umfang einer Halbtagsstelle abgebaut werden soll, so dass dem durch eine entsprechende Änderungskündigung gegenüber einer sozial weniger schutzbedürftigen Vollzeitkraft Rechnung getragen werden könnte.[1216]

Für den Kündigungsschutzprozess bedeutet das: Der Arbeitgeber muss zum einen das Vorliegen des dringenden betrieblichen Erfordernisses als Kündigungsgrund für die betriebsbedingte Kündigung darlegen und beweisen. Darüber hinaus muss er zusätzlich das Vorliegen einer Organisationsentscheidung vortragen, aufgrund der aus nicht offensichtlich unsachlichen Gründen Vollzeitkräfte für die Arbeit benötigt werden. Der bloße Vortrag, künftig die anfallenden Arbeiten nur noch mit Vollzeit- oder nur noch mit Teilzeitkräften zu erledigen, reicht nicht aus, um diese Arbeitnehmer aus der Sozialauswahl auszunehmen. Erforderlich sind vielmehr konkrete Darlegungen zu einem nachvollziehbaren Konzept der Arbeitszeitgestaltung.[1217] Da der Arbeitgeber den Betriebsrat nach § 102 Abs. 1 BetrVG vor Ausspruch einer Kündigung umfassend zum Kreis der in die Sozialauswahl einbezogenen Arbeitnehmer und zu den Gründen für eine Herausnahme einzelner Arbeitnehmer zu unterrichten hat, ist das innerbetriebliche Organisationskonzept bereits bei der Betriebsratsanhörung mitzuteilen, wenn eine Auswahlentscheidung zwischen Arbeitnehmern aufgrund der unterschiedlichen Arbeitszeit unterbleibt.[1218] 429

Kann ein Arbeitnehmer nach dem Arbeitsvertrag nur innerhalb eines bestimmten Arbeitsbereichs versetzt werden (Layouterin/Redakteurin eines großen Verlagshauses nur innerhalb der Redaktion der von ihr betreuten Zeitschrift), so ist bei einer wegen Wegfalls dieses Arbeitsbereichs erforderlichen betriebsbedingten Kündigung keine Sozialauswahl unter Einbeziehung der vom Tätigkeitsfeld vergleichbaren Arbeitnehmer anderer Arbeitsbereiche (Redaktionen anderer Zeitschriften des Verlages) vorzunehmen. Den Vertragspartnern bleibt es unbenommen, dem Arbeitgeber durch eine weit gefasste Beschreibung der zu leistenden Arbeit einen flexiblen Personaleinsatz zu gestatten und ihm hierfür im Gegenzug eine ausgedehnte Sozialauswahl aufzuerlegen. Umgekehrt steht einer einschränkenden Regelung der geschuldeten Arbeit – aus Sicht des Arbeitnehmers – der Nachteil einer nur begrenzten Austauschbarkeit im Rahmen des § 1 Abs. 3 KSchG gegenüber. Verengt sich die 430

1214 BAG, Urt. v. 03.12.1998, NZA 1999, 431.
1215 LAG Köln, Urt. v. 16.01.2003, LAGReport 2003, 206.
1216 BAG, Urt. v. 12.08.1999, NZA 2000, 30.
1217 BAG, Urt. v. 12.08.1998, NZA 2000, 30 = DB 1999, 2509; vgl. auch EuGH, Urt. v. 26.09.2000, NZA 2000, 1155; *Schiefer*, NZA-RR 2002, 1169 (170).
1218 *Schiefer*, NZA-RR 2002, 1169 (170); *Bauer/Klein*, BB 1999, 1162 (1164).

Leistungspflicht des Arbeitnehmers auf einen einzigen Arbeitsplatz, kann er ohne soziale Auswahl entlassen werden, wenn diese Position entfällt.[1219]

431 Nicht in die Sozialauswahl einzubeziehen sind solche Arbeitnehmer, deren ordentliche Kündbarkeit gesetzlich ausgeschlossen ist (vgl. etwa § 15 KSchG, § 9 MuSchG, § 18 BerzGG, §§ 85 ff. SGB IX, §§ 2, 10 ArbPlSchG, § 2 EignungsÜG, § 78 Abs. 1 Nr. 1 ZDG; § 15 TzBfG, § 15 Abs. 2 BBiG). Ebenso wenig sind die Arbeitnehmer in die Sozialauswahl einzubeziehen, deren Arbeitsverhältnis aufgrund Tarifvertrages ordentlich unkündbar ist.[1220] Auch der einzelvertragliche Ausschluss der ordentlichen Kündbarkeit führt zum Ausschluss von der Sozialauswahl, solange hierin keine unzulässige, missbräuchliche Umgehung des Kündigungsschutzes zu erblicken ist.[1221]

432 Befristete Beschäftigte sind nur dann in die Sozialauswahl einzubeziehen, wenn sie nach der Vertragsgestaltung vor Ablauf der Befristung ordentlich kündbar sind.[1222] Arbeitnehmer, deren Arbeitsverhältnis ruht (zum Beispiel wegen einer Elternzeit), sind grundsätzlich in die Sozialauswahl einzubeziehen. Das Ruhen des Arbeitsverhältnisses ändert nichts daran, dass es sich um Arbeitnehmer des Betriebs handelt.[1223] Das BAG hat allerdings im Fall eines Arbeitnehmers, der für einen anderen Arbeitgeber (Arbeitsgemeinschaft in der Bauwirtschaft) freigestellt worden war und ein Kündigungsrecht beziehungsweise ein einseitiger Rückruf in den Stammbetrieb nicht möglich und nicht absehbar war, die Einbeziehung in die Sozialauswahl verneint.[1224] Nicht in die Sozialauswahl einbezogen sind Arbeitnehmer mit einer geringeren Betriebszugehörigkeit als sechs Monate.[1225] § 1 Abs. 1 KSchG stellt klar, dass Arbeitnehmer mit einer geringeren Betriebszugehörigkeit keinen Kündigungsschutz genießen. Weder kann sich ein solcher Arbeitnehmer auf die Fehlerhaftigkeit der Sozialauswahl berufen, noch darf der Arbeitgeber einem Arbeitnehmer, der länger als sechs Monate im Betrieb beschäftigt ist, mit der Begründung kündigen, ein Arbeitnehmer ohne Kündigungsschutz sei sozial schutzwürdiger.[1226]

4. Bewertung der Auswahlkriterien

433 Die **Gewichtung** der **Sozialfaktoren** bedarf einer abschließenden **Einzelfallabwägung**. Weder die pauschale Gesamtabwägung noch die reine Schematisierung der Abwägung durch Punktetabellen[1227] können diesem Erfordernis genügen. Jeder Abwägungsgesichtspunkt muss auf seine rechtliche Schutzwürdigkeit und sein Gewicht im konkreten Fall geprüft werden.[1228] So darf der Arbeitgeber entsprechend der **Vater/Sohn-Entscheidung des BAG** bei der individuellen Abschlussprüfung der Auswahl etwa auch das Angebot eines sozial schutzwürdigeren und deshalb nicht zur Kündigung vorgesehenen Arbeitnehmers berücksichtigen, für den Fall einer Weiterbeschäftigung seines zur Kündigung vorgesehenen Sohnes auf seinen Arbeitsplatz zu verzichten, weil im Verhältnis des Vaters zum Sohn letzterer vorrangig zum Unterhalt verpflichtet ist (§ 1606 BGB). Nimmt der Arbeitgeber ein solches Angebot an, begründet die Weiterbeschäftigung des Sohnes in der Regel nicht die Sozialwidrigkeit anderer Kündigungen aus dem Gesichtspunkt einer fehlerhaften Sozialauswahl.[1229]

1219 BAG, Urt. v. 17.02.2000, NZA 2000, 822 = DB 2000, 1339 = AP Nr. 46 zu § 1 KSchG 1969 Soziale Auswahl; BAG, Urt. v. 17.09.1998, AP Nr. 36 zu § 1 KSchG 1996.

1220 KR/*Etzel*, § 1 KSchG Rn 639; *Stahlhacke/Preis/Vossen*, Rn 662; kritisch *Rieble*, NZA 2003, 1243 (1244).

1221 *Stahlhacke/Preis/Vossen*, Rn 662.

1222 *Stahlhacke/Preis/Vossen*, Rn 661.

1223 *Schiefer*, NZA-RR 2002, 169 (170).

1224 BAG, Urt. v. 26.02.1987, EzA § 1 KSchG Nr. 24.

1225 BAG, Urt. v. 25.04.1985, EzA § 1 KSchG Betriebsbedingte Kündigung Nr. 35 = NZA 1986, 64.

1226 *Stahlhacke/Preis/Vossen*, Rn 663.

1227 Hierzu BAG, Urt. v. 05.12.2002, AP Nr. 59 zu § 1 KSchG 1969 Soziale Auswahl = NZA 2003, 791; *Gaul/Lunk*, NZA 2004, 184.

1228 Vgl. BAG, Urt. v. 18.01.1990, NZA 1990, 729 = AP Nr. 19 zu § 1 KSchG 1969 Soziale Auswahl; Kittner/Zwanziger/*Becker*, § 92 Rn 42.

1229 BAG, Urt. v. 07.12.1995, AP Nr. 29 zu § 1 KSchG 1969 Soziale Auswahl = NZA 1996, 473.

Punkteschemata,[1230] die vom BAG grundsätzlich akzeptiert worden sind,[1231] können bei der Frage der Bewertung der Sozialindikatoren hilfreich sein und das Risiko der Sozialauswahl senken, soweit für eine abschließende Einzelfallprüfung Raum verbleibt.[1232] Mit dem In-Kraft-Treten der Änderungen im Kündigungsrecht im Rahmen der Agenda 2010 lautet § 1 Abs. 4 KSchG seit dem 01.01.2004 wie folgt: »Ist in einem Tarifvertrag, in einer Betriebsvereinbarung nach § 95 BetrVG oder in einer entsprechenden Richtlinie nach den Personalvertretungsgesetzen festgelegt, wie die sozialen Kriterien nach Absatz 3 Satz 1 im Verhältnis zueinander zu bewerten sind, so kann die Bewertung nur auf grobe Fehlerhaftigkeit überprüft werden.« Als Konsequenz der in § 1 Abs. 3 Satz 1 KSchG vorgenommenen Begrenzung der Sozialauswahl auf Alter, Betriebszugehörigkeit, Unterhaltspflichten und Schwerbehinderung ist vom 01.01.2004 an die Möglichkeit gestrichen worden, durch eine Vereinbarung nach § 1 Abs. 4 KSchG eine weitere Begrenzung der Sozialauswahl auf bestimmte Kriterien vorzunehmen.[1233] Der Spielraum der Betriebsparteien wird allerdings erweitert, wenn man der Auffassung folgt, dass die vier vorgeschriebenen Auswahlkriterien des § 1 Abs. 3 Satz 1 KSchG ihrerseits einer Binnendifferenzierung im Sinne einer verfassungskonformen Auslegung zugänglich sind. Die eingeschränkte arbeitsgerichtliche Überprüfung auf grobe Fehlerhaftigkeit gilt nur für die Bewertung der Sozialdaten des § 1 Abs. 3 Satz 1 KSchG, nicht für die Bestimmung des auswahlrelevanten Personenkreises[1234] und die Bewertung von Ausnahmen nach § 1 Abs. 3 Satz 2 und auch nicht für die Bewertung (Anwendung) durch den Arbeitgeber.[1235] § 1 Abs. 3 KSchG erlaubt dem Arbeitgeber die Verwendung eines Punkteschemas auch dann, wenn keine förmliche Auswahlrichtlinie gem. § 1 Abs. 4 KSchG vorliegt. Nur entfällt dann das Privileg der eingeschränkten Überprüfung auf grobe Fehlerhaftigkeit. Der Arbeitgeber ist stets gehalten, die Punktetabelle **nur zur Vorauswahl** zu verwenden. In jedem Fall muss im Anschluss an die Vorauswahl aufgrund der Punktetabelle eine **individuelle Abschlussprüfung der Auswahl** stattfinden.[1236] Dabei sind nach der Neufassung des KSchG jedenfalls die Dauer der Betriebszugehörigkeit, das Lebensalter, Unterhaltspflichten und nunmehr auch bestehende Schwerbehinderungen bei der Sozialauswahl zu berücksichtigen. Dem Arbeitgeber kann hinsichtlich der Gewichtung der von Gesetzes wegen zu berücksichtigenden Kriterien keine abstrakte Vorgabe gemacht werden. Es ist auch nicht möglich, im Wege der systematischen Auslegung fallübergreifende, abschließende schematische Wertungsgesichtspunkte vorzugeben. Auszugehen ist davon, dass dem Arbeitgeber nach der gesetzlichen Konzeption ein Wertungsspielraum eröffent sein soll. Es geht nicht darum, ob der Arbeitgeber nach den Vorstellungen des Gerichts die bestmögliche Sozialauswahl vorgenommen hat. Entscheidend ist, ob die Auswahl noch so ausgewogen ist, dass davon gesprochen werden kann, die sozialen Gesichtspunkte seien ausreichend berücksichtigt worden. Der Wertungsspielraum und die Möglichkeit, durch eine **»Handsteuerung«** in Form einer **Einzelfallabwägung** zu sachgerechten Lösungen zu kommen, würde durch die Festlegung abstrakter Kriterien in einer mit dem Gesetz nicht zu vereinbarenden Weise eingeschränkt.[1237] Räumt der Arbeitgeber im Rahmen einer von ihm erstellten Punktetabelle den Unterhaltspflichten einen gewissen Vorrang gegenüber dem Lebensalter ein, ist dies nicht zu beanstanden.[1238] 434

Einige Punkteschemata sind gebräuchlich und werden vom BAG anerkannt.[1239] Neben dem der Entscheidung vom 18.01.1990 zugrunde liegenden KHD-Punktwerte-System ist in der Praxis die »Hammer-Punktetabelle« bekannt.[1240] Häufige Anwendung findet auch die von *Neyses* entwickelte 435

1230 Weiterführend *Gaul/Lunk*, NZA 2004, 184 ff.; *Kleinebrink*, ArbRB 2003, 180 ff.

1231 BAG, Urt. v. 24.03.1983, NJW 1984, 78; BAG, Urt. v. 18.10.1984, NZA 1985, 423; BAG, Urt. v. 18.01.1990, NZA 1990, 729; BAG, Urt. v. 20.10.1983, NJW 1984, 1648 = EzA § 1 KSchG Betriebsbedingte Kündigung Nr. 28.

1232 *Schiefer*, NZA-RR 2002, 169 (178).

1233 *Gaul/Lunk*, NZA 2004, 184; *Richardi*, DB 2004, 486 (487).

1234 *Däubler*, NZA 2004, 177 (182).

1235 *Bader*, NZA 2004, 65 (75) m.w.N.

1236 BAG, Urt. v. 05.12.2002, AP Nr. 59 zu § 1 KSchG 1969 Soziale Auswahl = NZA 2003, 791.

1237 BAG, Urt. v. 05.12.2002, AP Nr. 59 zu § 1 KSchG 1969 Soziale Auswahl = NZA 2003, 791.

1238 LAG Berlin, Urt. v. 16.08.2002, MDR 2002, 144 = NZA-RR 2003, 132.

1239 BAG, Urt. v. 18.01.1990, NZA 1990, 729; zum Thema aktuell *Schiefer*, NZA-RR 2002, 169 (179).

1240 LAG Hamm, Urt. v. 21.08.1997, BB 1998, 165.

Tabelle, die nachstehend der Punktetabelle des BAG gegenübergestellt wird. Nach der Neufassung des KSchG ist bei der Anwendung nachstehend dargestellter Tabellen in der Praxis das **Kriterium der Schwerbehinderung** ausreichend zu berücksichtigen, das heißt ergänzend in die Tabellen **aufzunehmen**.

Soziale Auswahl	**Maximal**	**Neyses 120 Punkte**	**BAG 185 Punkte**	**Betriebliche Entscheidung Punkte**
Lebensalter	Maximal	40 Punkte	55 Punkte	Punkte
bis zu 20 Jahren		0 Punkte	1 Punkt	Punkt(e)
für jedes weitere Lebensjahr		1 Punkt	1 Punkt	Punkte
Betriebszugehörigkeit	Maximal	40 Punkte	75 Punkte	Punkte
bis zu 10 Dienstjahren je Jahr		1 Punkt	1 Punkt	Punkt(e)
ab 11. Dienstjahr je Jahr		1 Punkt	2 Punkte	Punkt(e)
Unterhaltsbelastungen	Maximal	40 Punkte	55 Punkte	Punkte
verheiratet mit einem voll berufstätigen Partner		0 Punkte	0 Punkte	Punkte
allein stehend		5 Punkte	5 Punkte	Punkte
verheiratet mit einem nicht bzw. nicht voll berufstätigen Partner	bis zu	10 Punkte	8 Punkte	Punkte
je weitere unterhaltsberechtigte Person	bis zu	7 Punkte	5 Punkte	Punkte

436 Bei der Prüfung der Sozialauswahl im Rahmen des § 1 Abs. 3 KSchG ist der **Betriebszugehörigkeit** der in Betracht zu ziehenden Arbeitnehmer Priorität einzuräumen vor dem Lebensalter und den Unterhaltspflichten.[1241] Obwohl letztlich keinem der vorgenannten Kernkriterien, die nunmehr um die Schwerbehinderung ergänzt werden, ein absoluter Vorrang beigemessen werden kann,[1242] ist die Dauer der Betriebszugehörigkeit der wichtigste und normativ klar begründbare soziale Gesichtspunkt, dem hohe Bedeutung beizumessen ist.[1243] Mit Dauer der Betriebszugehörigkeit ist, anders als der Wortsinn dies nahe legt, die Unternehmenszugehörigkeit, also der ununterbrochene Bestand des Arbeitsverhältnisses gemeint.[1244] Wie das BAG ausführt, ist die Beschäftigung bei demselben Arbeitgeber entscheidend, auch wenn sie in verschiedenen Betrieben stattfand. Denn auch mit einer nicht allein an den Betrieb anknüpfenden, sondern arbeitgeberbezogenen Bindung sind wirtschaftliche und soziale Wirkungen verbunden. Insoweit sind die Grundsätze heranzuziehen, die auch die Bemessung der Wartezeit nach § 1 Abs 1 KSchG bestimmen.[1245] Mit einzubeziehen sind im

1241 LAG Köln, Urt. v. 20.03.1991, LAGE § 1 KSchG Soziale Auswahl Nr. 6.

1242 BAG, Urt. v. 18.01.1990, AP Nr. 19 zu § 1 KSchG 1969 Soziale Auswahl; BAG, Urt. v. 08.08.1985, AP Nr. 10 zu § 1 KSchG 1969 Soziale Auswahl.

1243 BAG, Urt. v. 18.10.1984, NZA 1985, 423 = AP Nr. 6 zu § 1 KSchG 1969 Soziale Auswahl; BAG, Urt. v. 16.05.1991-2 AZR 93/91 (n.v.); Kittner/Zwanziger/*Becker*, § 92 Rn 38.

1244 *Fischermeier*, NZA 1997, 1089 (1094).

1245 BAG, Urt. v. 06.02.2003 – 2 AZR 623/01, D-spezial 2003, Nr. 35, 6–7 (Kurzwiedergabe).

Falle eines Betriebsübergangs Beschäftigungszeiten bei dem Rechtsvorgänger. Kurzfristige Unterbrechungen sind dabei in der Regel unbeachtlich. Ein Ruhen des Arbeitsverhältnisses, zum Beispiel Elternzeit, Wehrdienst oder besondere gesetzliche Anrechnungsvorschriften, wie zum Beispiel § 10 Abs. 2 MuSchG sind bei der Ermittlung der Dauer der Betriebszugehörigkeit zu berücksichtigen.[1246]

Die Unterhaltsverpflichtungen bestimmen sich nach den familienrechtlichen Vorschriften der §§ 1316 ff., 1569 ff. und 1601 ff. BGB. Unterhaltspflichten sind der Unterhalt unter Ehepartnern und gegenüber Kindern, Eltern, Großeltern und Enkelkindern. Unterhaltspflichten sind nur beachtlich, wenn sie im Zeitpunkt der Kündigung bestehen. Streitig ist, ob im Rahmen der Sozialauswahl auch Unterhaltsverpflichtungen gegenüber einem Ehepartner zu berücksichtigen sind, der aufgrund eigener Berufstätigkeit über ein hinreichendes eigenes Einkommen verfügt.[1247] 437

Das Auswahlkriterium **Lebensalter** steht mit der **Gleichstellungsrahmenrichtlinie** im Einklang. Obwohl ein Kündigungsschutz, der an das Lebensalter eines Arbeitnehmers anknüpft nach Art. 2 Abs. 2 lit. a der Gleichstellungsrahmenrichtlinie an sich eine unmittelbare Diskriminierung bedeutet, gestattet Art. 6 Abs. 1 der Richtlinie dem nationalen Gesetzgeber eine Ungleichbehandlung nach dem Alter. Voraussetzung ist, dass die Ungleichbehandlung objektiv und angemessen ist, im Rahmen des nationalen Rechts durch ein legitimes Ziel (u.a. Ziele aus den Bereichen Beschäftigungspolitik, Arbeitsmarkt und berufliche Bildung) gerechtfertigt ist und die Mittel zur Erreichung des Ziels angemessen und erforderlich sind.[1248] 438

Eine Schwerbehinderung bestimmt sich nach § 2 Abs. 2 SGB IX, nach dem eine Behinderung von wenigstens 50 Prozent vorliegen muss. Zu berücksichtigen ist auch eine gleichgestellte Behinderung gem. § 2 Abs. 3 SGB IX. Unter dem Gesichtspunkt der Rechtssicherheit setzt die Berücksichtigung der Gleichstellung jedoch voraus, dass sie aufgrund einer Feststellung nach § 69 SGB IX tatsächlich erfolgt ist.[1249] Die Einbeziehung eines schwerbehinderten Arbeitnehmers in die soziale Auswahl ist nur möglich, wenn das Integrationsamt der Kündigung gem. § 85 SGB IX zustimmt. 439

§ 1 Abs. 5 KSchG eröffnet den Betriebsparteien in wörtlicher Übernahme der zwischen 1996 und 1998 geltenden Regelung die Möglichkeit, im Rahmen einer Betriebsänderung nach § 111 BetrVG die zu kündigenden Arbeitnehmer in einem Interessenausgleich namentlich zu bezeichnen (**Interessenausgleich mit Namensliste**).[1250] § 1 Abs. 5 KSchG in der ab 01.01.2004 geltenden Fassung lautet: »Sind bei einer Kündigung auf Grund einer Betriebsänderung nach § 111 des Betriebsverfassungsgesetzes die Arbeitnehmer, denen gekündigt werden soll, in einem Interessenausgleich zwischen Arbeitgeber und Betriebsrat namentlich bezeichnet, so wird vermutet, dass die Kündigung durch dringende betriebliche Erfordernisse i.S.d. Absatzes 2 bedingt ist. Die soziale Auswahl der Arbeitnehmer kann nur auf grobe Fehlerhaftigkeit überprüft werden. Die Sätze 1 und 2 gelten nicht, soweit sich die Sachlage nach Zustandekommen des Interessenausgleichs wesentlich geändert hat. Der Interessenausgleich nach Satz 1 ersetzt die Stellungnahme des Betriebsrates nach § 17 Abs. 3 Satz 2.« Die Möglichkeit zur Vereinbarung einer Namensliste besteht nur, wenn eine Betriebsänderung nach § 111 BetrVG geplant ist, über die ein Interessenausgleich zustande kommt. Nicht erfasst werden Unternehmen mit bis zu 20 Beschäftigten und Tendenzbetriebe, die § 118 Abs. 1 BetrVG vom Interessenausgleich ausnimmt. Im öffentlichen Dienst und in kirchlichen Einrichtungen ist eine Namensliste gleichfalls ausgeschlossen, da § 111 BetrVG dort nicht anwendbar ist. Die Namensliste ist auch im Anwendungsbereich des § 111 BetrVG genau wie der Interessenausgleich als solcher nicht erzwingbar.[1251] Liegen die Voraussetzungen des § 111 BetrVG nicht vor, können die Wirkun- 440

1246 *Bader*, NZA 1996, 1125 (1128).
1247 Zum Streitstand und im Ergebnis für eine Berücksichtigung *Stahlhacke/Preis/Vossen*, Rn 667b.
1248 ABl Nr. 303 v. 02.12.2000, 18 ff.
1249 Weiterführend *Löwisch*, BB 2004, 154 (155).
1250 Hierzu *Däubler*, NZA 2004, 177 (182 ff.); *Bader*, NZA 2004, 65 (75); *Löwisch*, BB 2004, 154 (156 f.); *Richardi*, DB 2004, 486 (487 f.); *Willemsen/Annuß*, NJW 2004, 177 (180 f.).
1251 *Däubler*, NZA 2004, 177 (183); *Richardi*, DB 2004, 486 (487 f.).

gen des § 1 Abs. 5 KSchG auch nicht durch einen freiwilligen Interessenausgleich herbeigeführt werden.[1252]

441 § 1 Abs. 5 KSchG betrifft nur betriebsbedingte **Kündigungen**, die **im Rahmen der geplanten Betriebsänderung** nach § 111 BetrVG ausgesprochen werden, was im Streitfalle der Arbeitgeber darlegen und beweisen muss. Darüber hinaus regelt § 1 Abs. 5 KSchG nur die Kündigung solcher Arbeitnehmer, die vom Betriebsrat repräsentiert werden, weshalb sich seine Wirkung insbesondere nicht auf leitende Angestellte i.S.d. § 5 Abs. 3 BetrVG erstreckt. § 1 Abs. 5 KSchG gilt sowohl für Beendigungs- als auch für Änderungskündigungen, wobei die Art der gegenüber den einzelnen Arbeitnehmern jeweils auszusprechenden Kündigung im Interessenausgleich anzugeben ist, sofern sich nicht aus den Umständen ergibt, dass es nur zu Beendigungskündigungen kommen wird. Lässt sich die Kündigungsart dem Interessenausgleich nicht entnehmen, entfaltet er nicht die Wirkung nach § 1 Abs. 5 KSchG. Die Wirkung der Namensliste betrifft nur solche Kündigungen, die im Zeitpunkt der Aufstellung des Interessenausgleichs mit Namensliste noch bevorstehen. Dabei kommt es nicht auf den Zugang, sondern auf den Ausspruch der Kündigungen an.[1253]

442 Bei namentlicher Bezeichnung des Arbeitnehmers in einem Interessenausgleich besteht nach § 1 Abs. 5 KSchG eine **gesetzliche Vermutung** gem. den §§ 292 ZPO, 46 Abs. 2 Satz 1 ArbGG dafür, dass die Kündigung durch dringende betriebliche Erfordernisse i.S.v. § 1 Abs. 2 KSchG bedingt ist. Der Arbeitgeber muss seine Unternehmerentscheidung und ihre Auswirkungen nicht mehr vortragen. Liegen die vom Arbeitgeber darzulegenden und ggf. zu beweisenden Voraussetzungen des § 1 Abs. 5 KSchG (**Vermutungsgrundlage**) vor, das heißt eine Betriebsänderung nach § 111 BetrVG sowie ein Interessenausgleich nebst Namensliste der zu kündigenden Arbeitnehmer, ist es nach § 1 Abs. 5 Satz 1 KSchG Sache des gekündigten Arbeitnehmers, darzulegen und ggf. zu beweisen, dass keine dringenden betrieblichen Erfordernisse für die Kündigung vorliegen. Es ist ein substantiierter Tatsachenvortrag unter Beweis zu stellen, der den gesetzlich vermuteten Umstand nicht nur in Zweifel zieht, sondern ausschließt, andernfalls liegt der Versuch eines unzulässigen Ausforschungsbeweises vor. Die Vermutungswirkung des § 1 Abs. 5 Satz 1 KSchG erstreckt sich auch auf das Nichtvorliegen einer anderweitigen Beschäftigungsmöglichkeit für den Arbeitnehmer im Betrieb.[1254]

443 Umstritten ist, ob sich die Vermutung des § 1 Abs. 5 KSchG auch auf Weiterbeschäftigungsmöglichkeiten in einem anderen Betrieb des Unternehmens und – soweit kündigungsrechtlich relevant – in einem anderen Unternehmen des Konzerns erstreckt.[1255] Angesichts des Wortlauts, der mit dem Begriff der dringenden betrieblichen Erfodernisse nur auf § 1 Abs. 2 Satz 1 KSchG zu verweisen scheint, sowie in Anbetracht des grundsätzlich auf den Betrieb beschränkten Zuständigkeitsbereichs des Betriebsrats, spricht viel für eine betriebsbezogene Interpretation der Norm. Die Verfasser des Regierungsentwurfs favorisieren jedoch die alternative Wertung, was die Materialien belegen, wenn es dort ausdrücklich heißt, dass die Vermutung sich »auch auf das Fehlen anderer Beschäftigungsmöglichkeiten im (…) Unternehmen« erstrecke.[1256]

444 Der Interessenausgleich über die geplante Betriebsänderung muss mit namentlicher Bezeichnung der zu kündigenden Arbeitnehmer nach § 112 Abs. 1 Satz 1 BetrVG schriftlich niedergelegt und vom Unternehmer und dem Betriebsrat unterschrieben sein. Die Rechtswirkungen des § 1 Abs. 5 KSchG (a.F.) treten auch dann ein, wenn der zu kündigende Arbeitnehmer in einer nicht unterschriebenen Namensliste benannt ist, die mit dem Interessenausgleich, der auf die Namensliste als Anlage ausdrücklich Bezug nimmt, mittels Heftmaschine fest verbunden ist.[1257] Wird ein Interessenausgleich

1252 *Willemsen/Annuß*, NJW 2004, 177 (180).
1253 *Willemsen/Annuß*, NJW 2004, 177 (180).
1254 BAG, Urt. v. 07.05.1998, AP Nr. 94 zu § 1 KSchG 1969 Betriebsbedingte Kündigung = NZA 1998, 933.
1255 Zum Meinungsstreit mit zahlreichen Nachweisen *Däubler*, NZA 2004 177 (183); *Willemsen/Annuß*, NJW 2004, 177 (180).
1256 BT-Drucks 15/1204, 11; *Willemsen/Annuß*, NJW 2004, 177 (180).
1257 BAG, Urt. v. 06.12.2001, EzA § 1 KSchG Interessenausgleich Nr. 4 = NZA 2002, 999.

mit Namensliste eingereicht, muss die Namensliste ein äußeres Merkmal aufweisen, das sie als Bestandteil des Interessenausgleichs ausweist.[1258] Es empfiehlt sich eine gesonderte Unterzeichnung der Namensliste durch Arbeitgeber und Betriebsrat. Risiken der Formunwirksamkeit gehen zu Lasten des Arbeitgebers.[1259]

Auch beim Vorliegen eines Interessenausgleichs mit Namensliste gem § 1 Abs. 5 KSchG (i.d.F. des Arbeitsrechtlichen Beschäftigungsförderungsgesetzes vom 29.09.1996) ist nach § 102 BetrVG eine Betriebsratsanhörung erforderlich. Diese Anhörung kann der Arbeitgeber mit den Verhandlungen über den Interessenausgleich verbinden. Die Betriebsratsanhörung unterliegt auch beim Vorliegen eines Interessenausgleichs mit Namensliste keinen erleichterten Anforderungen. Soweit der Kündigungssachverhalt dem Betriebsrat allerdings schon aus den Verhandlungen über den Interessenausgleich bekannt ist, braucht er ihm bei der Anhörung nach § 102 BetrVG nicht erneut mitgeteilt zu werden. Solche Vorkenntnisse des Betriebsrats muss der Arbeitgeber im Prozess hinreichend konkret darlegen und ggf. beweisen.[1260] 445

Auch wenn ein Arbeitnehmer in eine Namensliste gem. § 1 Abs. 5 KSchG aufgenommen worden ist und die Sozialauswahl dementsprechend nur noch auf grobe Fehlerhaftigkeit überprüft wird, kann der Arbeitnehmer im Kündigungsschutzprozess gem. § 1 Abs. 3 Satz 1 Hs. 2 KSchG verlangen, dass der Arbeitgeber die Gründe angibt, die zu der getroffenen sozialen Auswahl geführt haben; dazu gehören ggf. auch betriebliche Interessen, die den Arbeitgeber zur Ausklammerung an sich vergleichbarer Arbeitnehmer aus der sozialen Auswahl gem. § 1 Abs. 3 Satz 2 KSchG veranlassten. Kommt der Arbeitgeber dem Verlangen des Arbeitnehmers nicht nach, ist die streitige Kündigung ohne weiteres als sozialwidrig anzusehen. Auf den Prüfungsmaßstab der groben Fehlerhaftigkeit der sozialen Auswahl kommt es dann nicht an.[1261] Die Bewertung ist grob fehlerhaft, wenn bei der Bestimmung des Kreises vergleichbarer Arbeitnehmer die Austauschbarkeit offensichtlich verkannt worden ist, bei der Anwendung des Ausnahmetatbestandes die betrieblichen Interessen augenfällig überdehnt worden sind oder die Gewichtung der von Gesetzes wegen zu berücksichtigenden Sozialdaten jede Ausgewogenheit vermissen lässt, etwa eines der Auswahlkriterien überhaupt nicht berücksichtigt oder in seiner Gewichtung grob vernachlässigt wurde.[1262] 446

Die dem Interessenausgleich beigefügte Namensliste kann nicht durch ihre bloße Existenz die Kündigung rechtfertigen. Vielmehr muss sich die Namensliste auf soziale Kriterien stützen, die die getroffenen Entscheidungen tragen. Dies kann ein Punkteschema i.S.d. § 1 Abs. 4 KSchG oder eine besondere Betonung einzelner sozialer Gesichtspunkte sein. Die Beschränkung der Überprüfung auf »grobe Fehlerhaftigkeit« bezieht sich ausschließlich auf die Abweichung vom gesetzlichen Modell. Den Betriebsparteien sollen durch § 1 Abs. 5 KSchG Spielräume für betriebsadäquate Lösungen eröffnet werden. Die Anwendung der zwischen den Parteien ausgehandelten Regelung unterliegt demgegenüber der vollen richterlichen Kontrolle. Beruht beispielsweise die Namensliste auf einem die wichtigsten Kriterien aufgreifenden Punkteschema, so ist das Schema selbst nur auf grobe Fehlerhaftigkeit hin überprüfbar. Wurde es im Einzelfall jedoch falsch angewandt, weil man bei der Berechnung der Punktezahl eines Arbeitnehmers die Kinder oder eine frühere Betriebszugehörigkeit vergessen hatte, so unterliegt dies in vollem Umfang der gerichtlichen Kontrolle. Dasselbe gilt, wenn qualitative Kriterien verwandt werden, beispielsweise primär auf die familiäre Situation und die Unterhaltspflichten abgestellt wird. Die Verpflichtung, die Namensliste ihrerseits auf soziale Kriterien zu stützen, ist auch im Rahmen des § 125 InsO anerkannt. Nur auf diese Weise wird vermieden, dass sich Betriebsrat und/oder Arbeitgeber von unsachlichen Erwägungen leiten lassen und gezielt solche Personen auf der Liste platzieren, die für sie einen 447

1258 BAG, Urt. v. 20.05.1999, ZInsO 2000, 351 (LS).

1259 *Kappenhagen*, FA 2004, 37 (38).

1260 BAG, Urt. v. 20.05.1999, AP Nr. 5 zu § 1 KSchG 1969 Namensliste = NZA 1999, 1101.

1261 BAG, Urt. v. 10.02.1999, AP Nr. 40 zu § 1 KSchG 1969 Soziale Auswahl = NZA 1999, 702; BAG, Urt. 21.02.2002, EzA § 1 KSchG Interessenausgleich Nr. 10.

1262 *Bader*, NZA 2004, 65 (75) m.w.N.

»hohen Lästigkeitswert« besitzen. Das Erfordernis der immanenten Schlüssigkeit der Namensliste verhindert so, dass entgegen den Grundsätzen des BVerfG unter Verstoß gegen Art. 12 Abs. 1 GG willkürliche Kündigungen möglich werden.[1263]

5. Herausnahme einzelner Arbeitnehmer aufgrund berechtigter betrieblicher Interessen

448 Nach der neuen Fassung des § 1 Abs. 3 Satz 2 KSchG kann der Arbeitgeber bei der betriebsbedingten Kündigung von der Regel der sozialen Auswahl abweichen und Arbeitnehmer unberücksichtigt lassen, deren Weiterbeschäftigung wegen ihrer Kenntnisse, Fähigkeiten oder Leistungen oder zur Sicherung einer ausgewogenen Personalstruktur des Unternehmens im berechtigtem betrieblichen Interesse liegt. Liegen diese Voraussetzungen vor, kann der Arbeitgeber einem sozial schutzbedürftigen Arbeitnehmer kündigen und einen unverzichtbaren aber sozial weniger schutzbedürftigen Arbeitnehmer weiterbeschäftigen. Durch die geänderte gesetzliche Regelung sollen im Interesse der Erhaltung der Leistungsfähigkeit des Betriebes die betrieblichen Erfordernisse gegenüber den sozialen Gesichtspunkten stärker gewürdigt werden. Der Arbeitgeber darf deshalb nicht willkürlich die soziale Auswahl umgehen, sondern nur, wenn dies im **berechtigten betrieblichen Interesse** liegt. Wie bei der Betriebsratsanhörung reichen für den Vortrag des Arbeitgebers pauschale, floskel-, schlag-, stichwort- oder überschriftsartige Umschreibungen nicht zum Nachweis der besonderen Kenntnisse und Fähigkeiten aus. Die Unterschiede zwischen mehreren Arbeitnehmern sind im Rahmen der sozialen Auswahl nur beachtlich, wenn überdurchschnittliche oder besondere Fähigkeiten oder Kenntnisse nachgewiesen werden und diese im Kündigungszeitpunkt im Betrieb aktuell benötigt werden.[1264] Bei der Bevorzugung von unverzichtbaren Arbeitnehmern bei der Sozialauswahl muss der Arbeitgeber die Interessen sozial schwächerer Arbeitnehmer gegen die betrieblichen Interessen abwägen. Ein berechtigtes betriebliches Interesse ist die Weiterbeschäftigung von Arbeitnehmern, die besondere Bedeutung für das Unternehmen haben. Das können zum Beispiel Arbeitnehmer mit **besonderer Qualifikation** sein. Aber auch eine **deutlich höhere Leistungsfähigkeit** bei gleicher Qualifikation kann ebenso wie **besondere Führungseigenschaften** die Bevorzugung von Arbeitnehmern bei der Sozialauswahl rechtfertigen. Als berechtigtes betriebliches Interesse, das ein Abweichen in der Sozialauswahl rechtfertigt, betont das Gesetz ausdrücklich die **Sicherung einer ausgewogenen Personalstruktur**. Würde die soziale Auswahl dazu führen, dass Entlassungen zur Überalterung der Belegschaft führen, können Altersgruppen innerhalb des zur Sozialauswahl stehenden Personenkreises gebildet werden und aus diesen Gruppen anteilmäßig gleich viele Arbeitnehmer entlassen werden. Ebenso können zur Aufrechterhaltung der bisherigen Leistungsstruktur Gruppen von Arbeitnehmern mit überdurchschnittlichen, durchschnittlichen und unterdurchschnittlichen Leistungen gebildet werden.

449 Die vorstehenden Grundsätze bedeuten, dass der Arbeitgeber nicht beliebig Arbeitnehmer, die er als Leistungsträger ansieht, von der Sozialauswahl ausnehmen kann. So spricht grundsätzlich eine Vermutung dafür, dass die sozialen Gesichtspunkte bei der Auswahl der zu kündigenden Arbeitnehmer nicht ausreichend berücksichtigt worden sind, wenn der Arbeitgeber den überwiegenden Teil der Belegschaft (70 % der Arbeitnehmer) aus betriebstechnischen Gründen generell von der Austauschbarkeit ausnimmt und die Sozialauswahl auf den verbliebenen Teil der Restbelegschaft beschränkt.[1265] Im Rahmen seiner Auswahlentscheidung muss der Arbeitgeber stets darauf achten, dass nach § 1 Abs. 3 KSchG die Berücksichtigung der sozialen Gesichtspunkte die Regel und die Nichteinbeziehung bestimmter Arbeitnehmer in die Sozialauswahl die Ausnahme ist. Dementsprechend kommt die Nichteinbeziehung nur in Betracht, wenn es aus der Sicht eines verständigen

1263 *Däubler*, NZA 2004, 177 (183).

1264 LAG Hamm, Urt. v. 23.03.2000, ZInsO 2000, 571.

1265 BAG, Urt. v. 05.12.2002, AP Nr. 60 zu § 1 KSchG 1969 Soziale Auswahl = NZA 2003, 849.

Arbeitgebers erforderlich ist, die sich aus der Berücksichtigung der in § 1 Abs. 3 Satz 1 KSchG genannten Gesichtspunkte ergebende soziale Rangfolge zu durchbrechen.[1266]

Gestaltungsmöglichkeiten eröffnen sich dem Arbeitgeber insbesondere dadurch, dass die Sozialauswahl zukünftig wieder zur **Sicherung einer ausgewogenen Personalstruktur des Betriebes** durchbrochen werden kann. Zwar geht die Regelung in § 1 Abs. 3 Satz 2 KSchG weniger weit als die Parallelvorschrift des § 125 Abs. 1 Satz 1 Nr. 2 InsO, nach der sogar die Schaffung einer ausgewogenen Personalstruktur die Durchbrechung rechtfertigt. Aber auch das Recht, die bisherige Personalstruktur aufrechtzuerhalten, erlaubt in der Praxis maßgebliche Modifizierungen der sozialen Auswahl. So kann der Arbeitgeber bei der Sozialauswahl die **bisherige Leistungsstärke seiner Belegschaft** aufrechterhalten. Zwar ist ihm untersagt systematisch nur die in ihrer Leistung schwächer beurteilten Arbeitnehmer zu kündigen, jedoch muss er sie auch nicht – wenn dies die Rangfolge der sozialen Schutzbedürftigkeit ergibt – alle behalten. Vielmehr kann er darauf abstellen, dass eine in etwa gleiche Leistungsstruktur erhalten bleibt. Seine leistungsbezogene Entscheidung kann der Arbeitnehmer auf Leistungsbeurteilungen stützen, die sowohl im öffentlichen Dienst wie auch in der privaten Wirtschaft regelmäßig erstellt werden.[1267] Insbesondere ist dem Arbeitgeber auch das Recht zuzubilligen, die **bisherige Altersstruktur der Belegschaft** zu erhalten. Er darf zwar nicht systematisch ältere Mitarbeiter kündigen, da dies eine unzulässige Diskriminierung wegen Alters darstellte. Er braucht aber auch nicht nur jüngeren und damit meist sozial weniger schutzbedürftigen Arbeitnehmern zu kündigen. Vielmehr kann er sich von den älteren Arbeitnehmern in der umgekehrten Reihenfolge ihrer sozialen Schutzbedürftigkeit insoweit lösen, wie dies zur Aufrechterhaltung der bisherigen Altersstruktur erforderlich ist.[1268] Eine zu Gunsten des älteren und länger beschäftigten Arbeitnehmers getroffene Sozialauswahl kann nicht deshalb als fehlerhaft beanstandet werden, weil diesen Arbeitnehmer aufgrund seiner Rentennähe eine Arbeitslosigkeit weniger hart träfe als einen Arbeitskollegen, der, weil jünger, vom Erreichen der Altersgrenze noch weiter entfernt ist.[1269] 450

Da die gerichtliche Überprüfung der Sozialauswahl auf grobe Fehlerhaftigkeit beschränkt wird, wenn Arbeitgeber und Betriebsrat bei einer Betriebsänderung einen Interessenausgleich vereinbart und die zu kündigenden Arbeitnehmer in einer Namensliste benannt haben (§ 1 Abs. 5 KSchG), sollten Auswahlkonzepte zur Sicherung der Personalstruktur aus Gründen der Rechtssicherheit nach Möglichkeit stets mit einer Namensliste kombiniert werden. 451

6. Beweislast

Im Kündigungsschutzprozess gilt der Grundsatz der sog. **abgestuften Darlegungs- und Beweislast.**[1270] Grundsätzlich muss der Arbeitnehmer darlegen und beweisen, dass die Sozialauswahl des Arbeitgebers fehlerhaft ist. Sind dem Arbeitnehmer die für die getroffene soziale Auswahl notwendigen Fakten nicht bekannt, kann er die Auswahl pauschal rügen. Der Arbeitgeber muss dann die soziale Auswahl begründen, andernfalls bestätigt er eine fehlerhafte Auswahl. Gibt der Arbeitgeber die Gründe an, hat der Arbeitnehmer anschließend darzulegen und zu beweisen, dass die Auswahl fehlerhaft ist. Hinsichtlich der Berechtigung des Arbeitgebers, unverzichtbare Arbeitnehmer aus der sozialen Auswahl herauszunehmen, trägt dieser die Darlegungs- und Beweislast. Der Arbeitgeber erfüllt diese Voraussetzung nur dann, wenn er konkrete Tatsachen anführt, die das betriebliche Interesse an der Weiterbeschäftigung begründen und dieses Interesse schwerer wiegt als das soziale Schutzinteresse des gekündigten Arbeitnehmers. 452

1266 *Löwisch*, BB 2004, 154; für die von 1996 bis 1998 gleich lautende gesetzliche Regelung BAG, Urt. v. 12.04.2002, AP Nr. 56 zu § 1 KSchG 1969 Soziale Auswahl.

1267 *Löwisch*, BB 2004, 154 (155).

1268 *Löwisch*, BB 2004, 154 (155); BAG, Urt. v. 23.11.2000, AP Nr. 114 zu § 1 KSchG 1969 Betriebsbedingte Kündigung = BB 2001, 1257.

1269 LAG Düsseldorf, Urt. v. 21.01.2004 – 12 Sa 1188/03 (n.v.).

1270 BAG, Urt. v. 10.02.1999, RzK I 10 h Nr. 49 = ZInsO 1999, 543.

453 Der Arbeitgeber genügt seiner Auskunftspflicht nach § 1 Abs. 3 Satz 1 Hs. 2 KSchG nur dann, wenn er dem Arbeitnehmer neben den Auswahlkriterien als solchen und deren Gewichtung auch die Namen der Arbeitnehmer mitteilt, die nach seiner Ansicht in die soziale Auswahl einzubeziehen sind. Auch wenn der Arbeitgeber nur eine unvollständige Auskunft erteilt, indem er die Namen der von ihm für vergleichbar angesehenen Arbeitnehmer nicht nennt, hat der Arbeitnehmer im Kündigungsschutzprozess seiner Darlegungslast nach § 1 Abs. 3 Satz 3 KSchG allein dadurch genügt, dass er pauschal die soziale Auswahl beanstandet.[1271]

454 Das BAG[1272] vertritt in ständiger Rechtsprechung die Auffassung, dass die prozessuale Darlegungslast im Rahmen der Sozialauswahl in Beziehung zur materiellrechtlichen Auskunftspflicht steht und dementsprechend abgestuft ist. Nach § 1 Abs. 3 Satz 3 KSchG hat der Arbeitnehmer Auswahlfehler und Benennung solcher Arbeitnehmer darzutun, die vor ihm hätten entlassen werden müssen. Das Gesetz billigt ihm zu, durch eine Nichtbenennung weniger schutzbedürftiger Arbeitnehmer diese vor einer Kündigung zu bewahren. Ist er nicht in der Lage, substantiiert zur Sozialauswahl vorzutragen, genügt er zunächst der ihm obliegenden Darlegungslast, wenn er die Richtigkeit der getroffenen Sozialauswahl pauschal beanstandet und den Arbeitgeber aus diesem Grund auffordert, ihm die Gründe mitzuteilen, die diesen zur getroffenen Sozialauswahl veranlasst haben. Die Darlegungslast geht dann zunächst auf den Arbeitgeber über. Ein Auskunftsverlangen ist nicht nur dann anzunehmen, wenn der Arbeitnehmer dies förmlich durch einen Antrag zum Ausdruck bringt. Es genügt vielmehr jeder Vortrag des Arbeitnehmers, der seine Erwartung erkennen lässt, zunächst möge der Arbeitgeber die von ihm für maßgeblich gehaltenen Gründe für die Auswahl nennen.[1273] Kommt der Arbeitgeber dem Auskunftsverlangen nach, hat der Arbeitnehmer seinerseits vorzutragen und ggf. zu beweisen, welche vom Arbeitgeber in die Sozialauswahl einbezogenen Arbeitnehmer weniger schutzwürdig sein sollen, oder welche weiteren, vom Arbeitgeber nicht benannten Arbeitnehmer in die soziale Auswahl einzubeziehen seien. Gibt der Arbeitgeber keine Auskunft, hat der Arbeitnehmer seiner Darlegungslast nach § 1 Abs. 3 Satz 3 KSchG schon allein durch das Bestreiten der Ordnungsmäßigkeit der sozialen Auswahl genügt, von einem weiteren substantiierten Vortrag ist er dann befreit. Der Vortrag des Arbeitnehmers ist dann nach § 1 Abs. 3 Satz 3 KSchG schlüssig. Der Klage ist dementsprechend allein aufgrund der vom Arbeitnehmer pauschal erhobenen Rüge eines Auswahlfehlers stattzugeben.

VI. Wiedereinstellungsanspruch nach betriebsbedingter Kündigung

455 Ein Wiedereinstellungsanspruch kommt bei betriebsbedingten Kündigungen dann in Betracht, wenn sich die **Prognose eines Arbeitgebers**, er könne den Arbeitnehmer nicht weiter beschäftigen, noch **während des Laufs der Kündigungsfrist als falsch erweist**, wenn der **Arbeitgeber** mit Rücksicht auf die Wirksamkeit der Kündigung **noch keine Dispositionen getroffen** hat und ihm die unveränderte **Fortsetzung des Arbeitsverhältnisses zumutbar** ist.[1274] Ein Anspruch des Arbeitnehmers auf Wiedereinstellung nach nachträglichem Wegfall des die Kündigung sozial rechtfertigenden Grundes setzt die Anwendbarkeit des Kündigungsschutzgesetzes voraus.[1275]

456 Die vorstehenden Grundsätze sind zugeschnitten auf die Fälle selbstbindender Unternehmerentscheidungen. Bei gestaltenden Unternehmerentscheidungen gelten diese Grundsätze nur dann, wenn der Arbeitgeber an seiner getroffenen Unternehmerentscheidung nicht festhält und der alte Arbeitsplatz

1271 BAG, Urt. v. 21.07.1988, NZA 1989, 264 = AP Nr. 17 zu § 1 KSchG 1969 Soziale Auswahl; BAG, Urt. v. 24.03.1983, BAGE 42, 151 = AP Nr. 12 zu § 1 KSchG 1969 Betriebsbedingte Kündigung; BAG, Urt. v. 08.08.1985, AP Nr. 10 zu § 1 KSchG 1969 Soziale Auswahl.

1272 BAG, Urt. v. 21.07.1988, NZA 1989, 264 = AP Nr. 17 zu § 1 KSchG 1969 Soziale Auswahl; BAG v. 15.06.1989, EzA § 1 KSchG Soziale Auswahl Nr. 27; BAG, Urt. v. 05.05.1994, EzA § 1 KSchG Soziale Auswahl Nr. 31.

1273 BAG, Urt. v. 21.07.1988, NZA 1989, 264 = AP Nr. 17 zu § 1 KSchG 1969 Soziale Auswahl.

1274 BAG, Urt. v. 27.02.1997, AP Nr. 1 zu § 1 KSchG 1969 Wiedereinstellung = NZA 1997, 757; *Elz*, Der Wiedereinstellungsanspruch des Arbeitnehmers nach Wegfall des Kündigungsgrundes.

1275 LAG Frankfurt a.M., Urt. v. 07.03.2000, ZInsO 2000, 625.

des Arbeitnehmers aus diesem Grund nicht in Wegfall gerät.[1276] Ein Wiedereinstellungsanspruch besteht nicht, wenn nur ein Motiv für die gestaltende Unternehmerentscheidung weggefallen ist, der Arbeitgeber aber trotzdem an seiner unternehmerischen Entscheidung festhält. Die Unternehmerentscheidung des Arbeitgebers ist gerichtlich nur eingeschränkt daraufhin überprüfbar, ob sie offensichtlich unsachlich oder willkürlich ist.[1277] Der Entschluss des Arbeitgebers seinen Betrieb umzustrukturieren, wird nicht dadurch angreifbar, dass ein Motiv für die unternehmerische Entscheidung nachträglich weggefallen ist, wenn er trotzdem an der zuvor getroffenen unternehmerischen Entscheidung festhält. Der Wegfall des Arbeitsplatzes beruht dann nicht auf der bloßen Prognose des Arbeitgebers. Deren Unrichtigkeit ist jedoch Voraussetzung für den Wiedereinstellungsanspruch.[1278] Nach einer zulässigen Kündigung aus witterungsbedingten Gründen besteht grundsätzlich kein Anspruch auf Wiedereinstellung.[1279]

Eine Weiterbeschäftigungsmöglichkeit für den gekündigten Arbeitnehmer außerhalb des Unternehmens des Arbeitgebers kann regelmäßig dann nicht zur Sozialwidrigkeit einer betriebsbedingten Kündigung etwa analog § 1 Abs. 2 Satz 2 Nr. 1 b) KSchG führen, wenn der Arbeitgeber keine hinreichenden rechtlichen beziehungsweise tatsächlichen Möglichkeiten hatte, dem Drittunternehmen gegenüber die Weiterbeschäftigung dieses Arbeitnehmers durchzusetzen. Fortbestehende nachvertragliche (Fürsorge-)Pflichten aus einem Arbeitsverhältnis können ausnahmsweise einen Wiedereinstellungsanspruch begründen. Den Arbeitgeber treffen erhöhte Hinweis- und Aufklärungspflichten, wenn er im betrieblichen Interesse den Abschluss eines Aufhebungsvertrages vorschlägt und dadurch den Eindruck erweckt, er werde bei der vorzeitigen Beendigung des Arbeitsverhältnisses auch die Interessen des Arbeitnehmers wahren und ihn nicht ohne ausreichende Aufklärung erheblichen Risiken für den Bestand seines Arbeitsverhältnisses aussetzen. Der Arbeitgeber, der einen Wechsel des Arbeitnehmers zu einem Tochterunternehmen, das die Beschäftigungspflicht allein erkennbar gar nicht erfüllen kann, veranlasst und dabei den Anschein erweckt, er werde »im Fall der Fälle« für eine Weiterbeschäftigung des Arbeitnehmers sorgen, handelt widersprüchlich, wenn er bei einem Konkurs des Tochterunternehmens trotz bestehender Weiterbeschäftigungsmöglichkeiten für den Arbeitnehmer in seinem Betrieb einem Beschäftigungsverlangen des Arbeitnehmers nicht nachkommt. Je nach den Umständen ist er deshalb auf Grund seiner Erklärungen vor Abschluss des Aufhebungsvertrages nach Treu und Glauben verpflichtet, seinen früheren Arbeitnehmer wiedereinzustellen.[1280] 457

Ein Wiedereinstellungsanspruch besteht nicht, wenn die betriebsbedingte Kündigung sozial gerechtfertigt ist und eine anderweitige Beschäftigungsmöglichkeit erst nach Ablauf der Kündigungsfrist entsteht.[1281] Ein Wiedereinstellungsanspruch nach Ablauf der Kündigungsfrist kann aus Gründen der Rechtssicherheit allenfalls für Ausnahmetatbestände treuwidrigen Verhaltens angenommen werden, zum Beispiel dann wenn eine angebliche Rationalisierungsmaßnahme kurz nach Ausscheiden des Arbeitnehmers wieder korrigiert wird. Gegen eine grundsätzliche Erweiterung des Wiedereinstellungsanspruchs auch auf die Zeit nach Ablauf der Kündigungsfrist spricht zudem, dass es nach der Beendigung des Arbeitsverhältnisses nicht Aufgabe der Gerichte sein kann, im Wege der Rechtsfortbildung die Konkurrenzsituation bei Neueinstellungen zwischen gerade gekündigten Arbeitnehmern und anderen, zum Beispiel länger arbeitslosen, Arbeitnehmern für einen bestimmten Zeitraum (Welchen?) zu lösen.[1282] 458

Die Rechtsprechung des BAG zum Wiedereinstellungsanspruch im Kündigungsfall ist auf Prognosefehler bei wirksam befristeten Arbeitsverhältnissen nicht anwendbar. Bei wirksamer Befristungsabrede ist der gesetzliche Bestandsschutz von Anfang an zeitlich begrenzt. Eine Prognosekorrektur 459

1276 LAG Köln, Urt. v. 09.10.2000 – 8 Sa 84/00 (n.v.).
1277 BAG, Urt. v. 30.04.1987, AP Nr. 48 zu § 1 KSchG 1969 Betriebsbedingte Kündigung.
1278 LAG Köln, Urt. v. 09.10.2000, ARST 2001, 164.
1279 LAG Thüringen, Urt. v. 20.03.2003 – 2 Sa 422/2002 (n.v.).
1280 BAG, Urt. v. 21.02.2002, EzA § 1 KSchG Wiedereinstellungsanspruch Nr. 7.
1281 BAG, Urt. v. 28.06.2000, AP Nr. 6 zu § 1 KSchG 1969 Wiedereinstellung = NZA 2000, 1097; BAG, Urt. v. 06.08.1997, BAGE 86, 194.
1282 *Stahlhacke/Preis/Vossen*, Rn 1028.

kann daher dem Arbeitnehmer zu nicht mehr als dem ursprünglich vereinbarten Rechtsstatus eines zeitbefristeten Arbeitsverhältnisses verhelfen.[1283] Nach Ablauf eines wirksam befristeten Arbeitsvertrags besteht, sofern nicht tarifvertraglich oder einzelvertraglich etwas anderes vereinbart ist, grundsätzlich kein Anspruch des Arbeitnehmers auf Wiedereinstellung.[1284]

460 Dem Wiedereinstellungsanspruch können berechtigte Interessen des Arbeitgebers entgegenstehen. Diese können darin bestehen, dass der Arbeitgeber den in Betracht kommenden Arbeitsplatz bereits wieder besetzt hat. Der Arbeitgeber kann sich jedoch auf die **Neubesetzung des Arbeitsplatzes** nicht berufen, wenn hierdurch der Wiedereinstellungsanspruch treuwidrig vereitelt wird. Bei der Auswahl des wiedereinzustellenden Arbeitnehmers hat der Arbeitgeber gem. § 242 BGB die Umstände des Einzelfalls zu berücksichtigen. Ob ein Arbeitgeber verpflichtet ist, von sich aus einen Arbeitnehmer über eine sich unvorhergesehen ergebende Beschäftigungsmöglichkeit zu unterrichten, hängt ebenfalls gem. § 242 BGB von den Umständen des Einzelfalls ab. Ein Abfindungsvergleich kann dem Wiedereinstellungsanspruch entgegenstehen. Der Arbeitgeber kann ihn auch bei der Auswahl des wiedereinzustellenden Arbeitnehmers berücksichtigen.[1285]

461 Der Wiedereinstellungsanspruch wird im Allgemeinen »Fortsetzungsanspruch« genannt, wenn er gegen einen Betriebserwerber (§ 613a BGB) gerichtet wird. Der Fortsetzungsanspruch existiert in zwei Formen: als nationaler kündigungsrechtlicher Anspruch aufgrund vertraglicher Treuepflichten nach § 242 BGB und als gemeinschaftsrechtlicher Anspruch aufgrund richtlinienkonformer Auslegung des § 613a BGB. Durch einen Betriebsübergang gehen Nebenpflichten des Veräußerers (zum Beispiel Wiedereinstellungspflichten) aus einem im Zeitpunkt des Betriebsüberganges bereits wirksam beendeten Arbeitsverhältnis (e contractu finito) nicht auf den Betriebserwerber über. Die richtlinienkonforme Auslegung des § 613a BGB führt nicht zu einem Fortsetzungs-/Wiedereinstellungsanspruch gegenüber dem Betriebserwerber nach einer Betriebsveräußerung im Insolvenzverfahren.[1286] Der Wiedereinstellungsanspruch in der Insolvenz ist zeitlich begrenzt. Seine Voraussetzungen müssen innerhalb der Höchstfrist des § 113 Abs. 1 Satz 2 InsO entstanden sein und der Arbeitnehmer muss ihn innerhalb von einen Monat (§ 613a Abs. 6 Satz 1 BGB analog) nach Kenntniserlangung von den den Betriebsübergang ausmachenden tatsächlichen Umständen gegenüber dem Betriebserwerber geltend machen. In Fällen, in denen die Betriebstätigkeit nach der ursprünglichen Absicht des Insolvenzverwalters zum Ende der Höchstfrist des § 113 Abs. 1 Satz 2 InsO für die Kündigung der Belegschaft der Insolvenzschuldnerin eingestellt und »nahtlos« von einem Betriebserwerber fortgeführt wird, kann dieser sich nicht darauf berufen, er habe die Leitungsmacht über den Betrieb der Insolvenzschuldnerin erst nach Beendigung des Arbeitsverhältnisses übernommen.[1287]

462 Die **Darlegungs- und Beweislast** für die Voraussetzungen des Wiedereinstellungsanspruchs trägt der Arbeitnehmer. Eine abgestufte Darlegungs- und Beweislast ist angezeigt für Tatsachen, die aus der Sphäre des Arbeitgebers herrühren, zum Beispiel die zwischenzeitliche berechtigte Wiederbesetzung des Arbeitsplatzes.[1288] Auf einen schlüssigen Arbeitnehmervortrag hin muss sich der Arbeitgeber substantiiert erklären.[1289]

1283 LAG Düsseldorf, Urt. v. 15.02.2000, NZA-RR 2000, 456.
1284 BAG, Urt. v. 20.02.2002, AP Nr. 11 zu § 1 KSchG 1969 Wiedereinstellung.
1285 BAG, Urt. v. 28.06.2000, AP Nr. 6 zu § 1 KSchG 1969 Wiedereinstellung = NZA 2000, 1097.
1286 LAG Köln, Urt. v. 20.12.2002, ZIP 2003, 592; vgl. auch BAG, Urt. v. 10.12.1999, NZA 1999, 422.
1287 LAG Hamm, Urt. v. 27.03.2003, ZInsO 2003, 868.
1288 LAG Frankfurt a.M., Urt. v. 17.11.2000 – 2 Sa 2211/99 (n.v.).
1289 Ascheid/Preis/Schmidt/*Kiel*, § 1 KSchG Rn 803; zur Beweislastverteilung auch *Ziemann*, MDR 1999, 716 (722).

VII. Besonderheiten bei Massenentlassung

1. Allgemeines

Die §§ 17 ff. KSchG regeln den besonderen Kündigungsschutz bei Entlassungen einer größeren Zahl von Arbeitnehmern und verfolgen einen **arbeitsmarktpolitischen Zweck**.[1290] Die Arbeitsämter sollen sich rechtzeitig auf zu erwartende Entlassungen größeren Umfangs einstellen und mit dem Betrieb und den Betroffenen Maßnahmen ergreifen, um die Arbeitslosigkeit und ihre Auswirkungen möglichst zu verhindern beziehungsweise zu verringern. Um dieses Ziel zu erreichen, sieht das KSchG das Zusammenwirken aller Beteiligten (des Arbeitgebers, des Betriebsrats und der Agentur für Arbeit) vor.[1291] 463

Der **individuelle Kündigungsschutz** nach den §§ 1 ff. KSchG **bleibt** wie auch der besondere Kündigungsschutz nach dem SGB IX, dem MuSchG und anderen Gesetzen durch die Vorschriften zur Massenentlassung **unberührt**.[1292] Fehler des Arbeitgebers im Massenentlassungsverfahren gem. den §§ 17 ff. KSchG können einen sonstigen, absoluten Unwirksamkeitsgrund i.S.d. § 13 Abs. 3 KSchG darstellen.[1293] 464

Gem. § 23 Abs. 2 KSchG gelten die Vorschriften über anzeigepflichtige Entlassungen für Betriebe und Verwaltungen des öffentlichen Rechts sowie für Betriebe, die von einer öffentlichen Verwaltung geführt werden, soweit sie wirtschaftliche Zwecke verfolgen. Sie gelten nicht für Seeschiffe und ihre Besatzung. Ausgenommen von der Geltung der §§ 17 ff. KSchG sind nach § 22 Abs. 1 KSchG Entlassungen in Saison- und Kampagnebetrieben, soweit diese durch die Eigenart der Betriebe bedingt sind. 465

2. Anzeigepflicht des Arbeitgebers

Der Arbeitgeber ist verpflichtet, der für den Betriebssitz zuständigen Agentur für Arbeit Anzeige zu erstatten, bevor er innerhalb von 30 Kalendertagen entlässt. Dabei gilt für bestimmte Betriebsgrößen entsprechend nachfolgender Tabelle eine bestimmte Mindestzahl der Entlassungen als Voraussetzung für die Anzeigenpflicht nach § 17 Abs. 1 KSchG: 466

in Betrieben mit in der Regel	Zahl der Entlassungen
21 bis 59 Arbeitnehmern	mindestens 6 Arbeitnehmer
60 bis 499 Arbeitnehmern	mindestens 10 % der Arbeitnehmer oder mehr als 25 Arbeitnehmer
500 und mehr Arbeitnehmern	mindestens 30 Arbeitnehmer

Entlassungen, die anzuzeigen sind, werden grundsätzlich erst rechtswirksam, wenn ein Monat nach Eingang der wirksam erstatteten Anzeige bei der Agentur für Arbeit abgelaufen ist (»**Sperrfrist**«). Die Entlassungssperre kann auf Antrag abgekürzt werden. So kann die Agentur für Arbeit rückwirkend bis zum Tage der Antragstellung ihre Zustimmung erteilen (§ 18 Abs. 1 KSchG). Die Entlassungssperre kann aber auch auf bis zu zwei Monate verlängert werden. Dies kann zum Beispiel der Fall sein, wenn die Bemühungen zur Wiedereingliederung der betroffenen Arbeitnehmer nach Lage des gesamten Arbeitsmarktes unter Beachtung des Wirtschaftszweiges, dem der Betrieb angehört, voraussichtlich einen längeren Zeitraum in Anspruch nehmen werden. Soweit die Entlassungen nicht 467

1290 Ascheid/Preis/Schmidt/*Moll*, vor §§ 17 ff. KSchG Rn 8 m.w.N.

1291 Ausführliche Hinweise zu Fragen rund um die Massenentlassung finden sich im Internet unter http://www.arbeitsamt.de/hst/services/merkblatt/pdf/mb05.pdf.

1292 BAG, Urt. v. 06.12.1973, DB 1974, 1119; Ascheid/Preis/Schmidt/*Moll*, vor §§ 17 ff. KSchG Rn 17; *Stahlhacke/Preis/Vossen*, Rn 950.

1293 Küttner/*Kreitner*, Nr. 300 Rn 7; Ascheid/Preis/Schmidt/*Moll*, vor §§ 17 ff. KSchG Rn 17.

innerhalb von 90 Tagen (»Freifrist«) nach Ablauf der Entlassungssperre durchgeführt werden, bedarf es unter den Voraussetzungen des § 17 Abs. 1 KSchG einer erneuten Anzeige (§ 18 Abs. 4 KSchG).

468 Die §§ 17 ff. KSchG stellen nur eine Entlassungssperre dar. Es ist zu unterscheiden zwischen dem Ausspruch der Kündigung und der Entlassung, also der tatsächlichen Beendigung des Arbeitsverhältnisses. **Nur die Entlassung ist anzeigepflichtig**. Insbesondere bei längeren Kündigungsfristen kann deshalb die Anzeige auch nach Ausspruch der Kündigung erfolgen, wenn sie noch rechtzeitig vor der Entlassung bei der Arbeitsverwaltung eingeht. Es ist sogar möglich, dass die Anzeigepflicht erst nach Ausspruch der Kündigung entsteht, wenn nämlich bei stufenweisen Entlassungen die nach § 17 Abs. 1 KSchG anzeigepflichtige Zahl von Entlassungen erst im Laufe der 30 Kalendertage erreicht wird. Eine im Zeitpunkt der Kündigung nicht vorliegende beziehungsweise fehlerhafte Massenentlassungsanzeige muss daher nicht ohne weiteres zur Unwirksamkeit der Kündigung führen. Es fehlt eine dem § 102 Abs. 1 Satz 3 BetrVG entsprechende Vorschrift, die etwa an die Unwirksamkeit der Massenentlassungsanzeige automatisch die Unwirksamkeit der Kündigung knüpfen würde (§ 134 BGB). Im für die Beurteilung der Wirksamkeit einer Kündigung sonst allein maßgeblichen Kündigungszeitpunkt lässt sich, da die Anzeige nachgeholt werden und die Anzeigepflicht erst nach Ausspruch der Kündigung entstehen kann, nicht abschließend beurteilen, ob eine erforderliche Anzeige unterlassen oder eine erfolgte Anzeige fehlerhaft war. Eine nicht rechtzeitig erfolgte oder fehlerhafte Massenentlassungsanzeige nach § 17 KSchG hat deshalb zunächst einmal nur die Folge, dass die Kündigung nicht geeignet ist, das Arbeitsverhältnis zu dem vorgesehenen Entlassungstermin aufzulösen. Eine Entlassung kann erst zu dem Termin erfolgen, zu dem das Landesarbeitsamt die Entlassungssperre beseitigt.[1294]

469 Alle zu berücksichtigenden Entlassungen innerhalb von 30 Kalendertagen (Rahmenfrist) sind zusammenzurechnen.[1295] Es handelt sich bei der Rahmenfrist um einen zusammenhängenden Zeitraum, der sowohl in die Zukunft als auch in die Vergangenheit greifen kann. Der 30-Kalendertage-Zeitraum ist deshalb für jeden Entlassungstermin neu festzulegen. Beginn und Ende dieser Frist bestimmen sich nach den §§ 187 Abs. 2 und 188 Abs. 1 BGB. Verdeutlicht werden diese Grundsätze durch nachfolgende Beispiele:[1296]

- Ein Betrieb mit in der Regel 59 Arbeitnehmern (§ 17 Abs. 1 Nr. 1 KSchG) entlässt drei Arbeitnehmer mit Ablauf des 16.02. Die Frist des 30-Kalendertage-Zeitraums läuft vom 16.02. bis 17.03 (in einem Schaltjahr vom 16.02. bis 16.03.). Diese Entlassungen sind, wenn keine weiteren Entlassungen folgen, nicht anzeigepflichtig, weil innerhalb dieser Frist die im Gesetz vorgeschriebene Mindestzahl (sechs Arbeitnehmer) nicht erreicht wird.
- Entlässt derselbe Betrieb mit Ablauf des 28.02. (kein Schaltjahr) weitere drei Arbeitnehmer, so fallen diese Entlassungen in den 30-Kalendertage-Zeitraum vom 16.02. bis 17.03. (vgl. vorstehendes Beispiel). Sie sind mit den Entlassungen, die mit dem Ablauf des 16.02. erfolgen, zusammenzurechnen. Da jetzt innerhalb des 30-Kalendertage-Zeitraums die im Gesetz vorgeschriebene Mindestzahl (sechs Arbeitnehmer) erreicht wird, sind alle Entlassungen – auch die Entlassungen mit Ablauf des 16.02. – anzeigepflichtig.
- Derselbe Betrieb entlässt mit Ablauf des 18.03. weitere drei Arbeitnehmer. Diese Entlassungen liegen außerhalb des 30-Kalendertage-Zeitraums des Beispiels 1. Sie fallen aber in den 30-Kalendertage-Zeitraum, dessen Frist mit dem Tage der Entlassungen am 28.02. beginnt (Beispiel 2) und bis zum 29.03. läuft. Da innerhalb dieses Zeitraums – die Entlassungen mit Ablauf des 28.02. und des 18.03. sind zusammenzurechnen – ebenfalls die im Gesetz vorgeschriebene Mindestzahl von sechs Arbeitnehmern erreicht wird, unterliegen auch die Entlassungen mit Ablauf des 18.03. der Anzeigepflicht.

1294 BAG, Urt. v. 24.10.1996, NZA 1997, 373 = AP Nr. 8 zu § 17 KSchG 1969.
1295 Vgl. zum Thema Ascheid/Preis/Schmidt/*Moll*, § 17 KSchG Rn 48 ff.
1296 Die Beispiele wurden der Broschüre der Bundesanstalt (jetzt: Bundesagentur) für Arbeit über anzeigepflichtige Entlassungen entnommen.

Ursprünglich nicht anzeigepflichtige Entlassungen können demnach durch spätere Entlassungen anzeigepflichtig werden. Auf den Zeitpunkt des Ausspruchs der Kündigung kommt es dabei nicht an, sondern allein auf die Beendigung des Arbeitsverhältnisses (letzter Arbeitstag).

Liegt bei einer nach §§ 17 ff. KSchG anzeigepflichtigen Massenentlassung im vorgesehenen Entlassungszeitpunkt nicht die erforderliche Zustimmung der Arbeitsverwaltung vor, so darf der Arbeitgeber trotz privatrechtlich wirksamer Kündigung den Arbeitnehmer so lange nicht entlassen, bis die Zustimmung erteilt ist. Ist die Zustimmung weder vor noch nach dem vorgesehenen Entlassungszeitpunkt beantragt worden, steht damit fest, dass das Arbeitsverhältnis durch die entsprechende Kündigung nicht aufgelöst worden ist.[1297] 470

Der Betriebsbegriff entspricht wie in den §§ 1, 23 KSchG dem des BetrVG. Insoweit meint der Begriff des Betriebs die organisatorische Einheit von Arbeitsmitteln, mit deren Hilfe ein Unternehmen allein oder in Gemeinschaft mit seinen Mitarbeitern einen bestimmten arbeitstechnischen Zweck fortgesetzt verfolgt. Maßgeblicher Anknüpfungspunkt für den Betrieb ist dabei, in welcher Weise die Entscheidungen im Bereich der personellen und sozialen Angelegenheiten getroffen werden, das heißt, wie die Entscheidungs- und Leitungsstruktur im Hinblick auf die in Rede stehende Einheit konzipiert ist.[1298] 471

Betriebsteile gelten dann als selbständige Betriebe, wenn sie 472

- räumlich so weit vom Hauptbetrieb entfernt liegen, dass die zu entlassenden Arbeitnehmer nur im örtlichen Bereich des Betriebsteils eingesetzt werden können, nicht dagegen im Bereich des Hauptbetriebs oder
- durch Aufgabenbereich und Organisation eigenständig sind (vgl. §§ 1, 4 BetrVG).[1299]

Arbeitnehmer i.S.d. § 17 KSchG sind alle Arbeitnehmer i.S.d. § 1 KSchG. Mitzuzählen sind daher Arbeiter, (leitende)[1300] Angestellte, Auszubildende, Praktikanten, Volontäre, Umschüler, Teilzeitbeschäftigte und Kurzarbeiter.[1301] Nicht erfasst werden hingegen etwa freie Mitarbeiter, arbeitnehmerähnliche Personen, die Mitglieder des Organs, das zur Vertretung einer juristischen Person berufen ist, Geschäftsführer, Betriebsleiter und ähnliche leitende Personen, soweit diese zur selbständigen Einstellung oder Entlassung von Arbeitnehmern berechtigt sind (vgl. § 17 Abs. 5 KSchG). 473

Bei der Ermittlung der regelmäßigen Beschäftigtenzahl (§ 17 Abs. 1 KSchG) ist auf den Zeitpunkt der Entlassung, das heißt der Beendigung des Arbeitsverhältnisses, abzustellen. Maßgeblich ist jedoch nicht die tatsächliche Beschäftigtenzahl zu diesem Zeitpunkt, sondern die normale Beschäftigtenzahl des Betriebes, das heißt diejenige Personalstärke, die für den Betrieb im Allgemeinen kennzeichnend ist. Zur Feststellung der regelmäßigen Beschäftigtenzahl bedarf es grundsätzlich eines Rückblicks auf die bisherige personelle Stärke des Betriebes und einer Einschätzung der künftigen Entwicklung. Im Falle einer Betriebsstillegung kommt jedoch nur ein Rückblick auf die bisherige Belegschaftsstärke in Frage. Entscheidend ist dann, wann der Arbeitgeber noch eine regelmäßige Betriebstätigkeit entwickelt und wie viele Arbeitnehmer er hierfür eingesetzt hat.[1302] Beschließt der Arbeitgeber, den Betrieb zu einem bestimmten Zeitpunkt stillzulegen, und entlässt er anschließend stufenweise Personal, so stellt der im Zeitpunkt dieser Beschlussfassung und nicht der 474

1297 BAG, Urt. v. 13.04.2000, AP Nr. 13 zu § 17 KSchG 1969 = NZA 2001, 144.

1298 BAG, Beschl. v. 14.05.1997, NZA 1997, 1245 = AP Nr. 6 zu § 8 BetrVG 1972: »Kennzeichnend für das Vorliegen einer in sich geschlossenen einheitlichen arbeitstechnischen Organisation und damit für das Vorliegen eines abgrenzbaren Betriebsteils ist die jeweilige institutionell gesicherte Leitungsmacht. Dafür ist auch bei räumlich weiter Entfernung erforderlich, dass eine den Einsatz der Arbeitnehmer bestimmende Leitung eingerichtet ist, von der das Weisungsrecht des Arbeitgebers ausgeübt wird.«; vgl. auch BAG, Beschl. v. 20.06.1995, AP Nr. 8 zu § 4 BetrVG 1972 m.w.N.; Ascheid/Preis/Schmidt/*Moll*, § 17 KSchG Rn 3; KR/*Weigand*, § 17 KSchG Rn 15.

1299 Ascheid/Preis/Schmidt/*Moll*, § 1 KSchG Rn 5.

1300 Zu beachten ist indes die Ausnahme nach § 17 Abs. 5 KSchG.

1301 KR/*Weigand*, § 17 KSchG Rn 29; Ascheid/Preis/Schmidt/*Moll*, § 17 KSchG Rn 12.

1302 BAG, Urt. v. 31.07.1986, NZA 1987, 587 = AP Nr. 5 zu § 17 KSchG 1969; BAG, Urt. v. 08.06.1989, NZA 1990, 224 = AP Nr. 6 zu § 17 KSchG 1969.

spätere, verringerte Personalbestand die für die Anzeigepflicht nach § 17 Abs. 1 KSchG maßgebende regelmäßige Arbeitnehmerzahl dar. Der im Zeitpunkt des Stilllegungsbeschlusses vorhandene Personalbestand bleibt auch dann für die Anzeigepflicht nach § 17 Abs. 1 KSchG maßgebend, wenn der Arbeitgeber zunächst allen Arbeitnehmern zu dem vorgesehenen Stilllegungstermin kündigt und später er oder an seiner Stelle der Insolvenzverwalter wegen zwischenzeitlich eingetretenen Vermögensverfalls zum selben Termin vorsorglich nochmals kündigt.[1303]

475 Der Arbeitgeber entlässt Arbeitnehmer i.S.v. § 17 Abs. 1 Satz 1 KSchG, wenn er aufgrund der Kündigung das Ausscheiden des Arbeitnehmers aus dem Arbeitsverhältnis tatsächlich herbeiführt.[1304] Der Entlassung kann eine Änderungskündigung ebenso wie eine Beendigungskündigung zugrunde liegen. Folglich ist der Arbeitgeber gehalten, solange über die Reaktion des Arbeitnehmers auf eine Änderungskündigung keine Klarheit besteht, vorsorglich die Änderungskündigung als Entlassung zu berücksichtigen.[1305] Gem. § 17 Abs. 4 KSchG werden fristlose Entlassungen bei der Berechnung der Mindestzahl der Entlassungen nach § 17 Abs. 1 KSchG nicht mitgerechnet.

476 Arbeitnehmerkündigungen und Aufhebungsverträge stellen zwar grundsätzlich keine Entlassungen dar und werden auch nicht Entlassungen gleichgestellt. Eine andere Beurteilung kann sich indes ergeben, wenn sie vom Arbeitgeber veranlasst sind. Die entscheidende Frage ist, wann die Beteiligung oder Mitwirkung des Arbeitgebers bei den angesprochenen Sachverhalten so stark ist, dass von einer Veranlassung i.S.d. § 17 Abs. 1 Satz 2 KSchG gesprochen werden kann.[1306] Eine Veranlassung durch den Arbeitgeber liegt vor, wenn der Arbeitgeber dem Arbeitnehmer ausreichend deutlich zu verstehen gibt, dass er das Arbeitsverhältnis (zum gleichen Zeitpunkt, zu dem die Arbeitnehmerkündigung oder der Aufhebungsvertrag gewünscht werden) beenden werde. Mit anderen Worten muss seitens des Arbeitgebers eine konkrete Kündigungsabsicht vorliegen, die dem Arbeitnehmer bewusst ist, und die Beendigung muss zu dem Zeitpunkt erfolgen, zu dem anderenfalls die Arbeitgeberkündigung erfolgen würde.[1307] Die mit einem Aufhebungsvertrag bezweckte Entlassung ist – bei Vorliegen der Voraussetzungen einer Massenentlassung – gem. den §§ 17, 18 KSchG so lange unwirksam, als nicht eine formgerechte Massenentlassungsanzeige (§ 17 Abs. 3 KSchG) beim Arbeitsamt eingereicht und dessen Zustimmung eingeholt wird.[1308]

3. Beteiligung des Betriebsrats

477 Beabsichtigt der Arbeitgeber, anzeigepflichtige Entlassungen vorzunehmen, so hat er dem Betriebsrat – soweit vorhanden – rechtzeitig die zweckdienlichen Auskünfte zu erteilen und ihn insbesondere schriftlich über die nachfolgenden Punkte zu unterrichten (§ 17 Abs. 2 KSchG):

- die Gründe für die geplanten Entlassungen,
- die Zahl und die Berufsgruppen der zu entlassenden Arbeitnehmer,
- die Zahl und die Berufsgruppen der in der Regel beschäftigten Arbeitnehmer,
- den Zeitraum, in dem die Entlassungen vorgenommen werden sollen,
- die vorgesehenen Kriterien für die Auswahl der zu entlassenden Arbeitnehmer,
- die für die Berechnung etwaiger Abfindungen vorgesehenen Kriterien.

478 Eine Abschrift seiner Mitteilung an den Betriebsrat hat der Arbeitgeber der für den Betriebssitz zuständigen Agentur für Arbeit zu übermitteln, wobei diese Mitteilung nicht die Anzeige der Massenentlassung nach § 17 Abs. 1 KSchG ersetzt. Arbeitgeber und Betriebsrat haben vor allem über die Möglichkeiten zu beraten, wie die Entlassungen vermieden oder eingeschränkt und wie

1303 BAG, Urt. v. 08.06.1989, NZA 1990, 224 = AP Nr. 6 zu § 17 KSchG 1969.
1304 Ascheid/Preis/Schmidt/*Moll*, § 17 KSchG Rn 26.
1305 Ascheid/Preis/Schmidt/*Moll*, § 17 KSchG Rn 26.
1306 Ascheid/Preis/Schmidt/*Moll*, § 17 KSchG Rn 31.
1307 BAG, Urt. v. 13.03.1969, AP Nr. 10 zu § 15 KSchG; BAG, Urt. v. 19.07.1995, NZA 1996, 271 = AP Nr. 96 zu § 112 BetrVG 1972; Ascheid/Preis/Schmidt/*Moll*, § 17 KSchG Rn 33; KR/*Weigand*, § 17 KSchG Rn 43 ff.
1308 BAG, Urt. v. 11.03.1999, AP Nr. 12 zu § 17 KSchG 1969 = NZA 1999, 761.

ihre Folgen gemildert werden können. Die Beratungs- und Anzeigepflicht gilt auch dann, wenn der Arbeitgeber in einem Konzernverbund steht und die Entscheidung über die Entlassungen von dem beherrschenden Unternehmen getroffen wurde (§ 17 Abs. 3 a KSchG).

Nach § 17 Abs. 3 Satz 2 KSchG ist die Anzeige der Entlassungen schriftlich unter Beifügung der Stellungnahme des Betriebsrates zu den Entlassungen zu erstatten. Liegt eine Stellungnahme des Betriebsrats nicht vor, so ist die Anzeige wirksam, wenn der Arbeitgeber glaubhaft macht, dass er den Betriebsrat mindestens zwei Wochen vor Erstattung der Anzeige nach § 17 Abs. 2 Satz 1 KSchG unterrichtet hat, und er den Stand der Beratungen darlegt. 479

4. Form und Inhalt der Anzeige

Gem. § 17 Abs. 3 Satz 4 KSchG muss die schriftliche Anzeige Angaben über den Namen des Arbeitgebers, den Sitz und die Art des Betriebes, Zahl und Berufsgruppe der zu entlassenden Arbeitnehmer, Zahl und Berufsgruppen der in der Regel beschäftigten Arbeitnehmer, die Gründe für die geplanten Entlassungen, den Zeitraum, in dem die Entlassungen vorgenommen werden sollen (Entlassungstage) und die vorgesehenen Kriterien für die Auswahl der zu entlassenden Arbeitnehmer enthalten.[1309] 480

Darüber hinaus sollen in der Anzeige im Einvernehmen mit dem Betriebsrat Angaben über Geschlecht, Alter, Beruf und Staatsangehörigkeit der zu entlassenden Arbeitnehmer gemacht werden. Diese Angaben sollen es den Dienststellen der Agentur für Arbeit ermöglichen, individuelle arbeitsmarktpolitische Maßnahmen nach dem SGB III einzuleiten. Die Agentur für Arbeit empfiehlt eine namentliche Liste der Arbeitnehmer, die entlassen werden sollen und stellt hierfür den **Vordruck »KSchG 3«** zur Verfügung. Zur Vermeidung von Rechtsnachteilen ist es zulässig, die zusätzlichen Angaben mit dem Vorbehalt zu versehen, dass sich der Plan für die Entlassungen noch ändern kann. Die Namensliste ist nicht Voraussetzung für die Wirksamkeit der Anzeige. Sie kann auch nachgereicht werden. 481

Stimmt die Regionaldirektion einer nach § 17 KSchG anzeigepflichtigen Entlassung zu einem bestimmten Zeitpunkt durch bestandskräftigen Verwaltungsakt zu und stellt damit inzident fest, dass eine wirksame Massenentlassungsanzeige vorlag, sind die Arbeitsgerichte durch die Bestandskraft des Verwaltungsakts gehindert, im Kündigungsschutzprozess die Entscheidung der Arbeitsverwaltung nachzuprüfen.[1310] 482

I. Die Änderungskündigung

I. Wesen und Begriffsbestimmung

Nach der Legaldefinition in § 2 Satz 1 KSchG liegt eine Änderungskündigung[1311] vor, wenn der Arbeitgeber das Arbeitsverhältnis kündigt und im Zusammenhang mit der Kündigung dessen Fortsetzung zu geänderten Arbeitsbedingungen anbietet. Kündigt der Arbeitgeber das Arbeitsverhältnis und bietet er dem Arbeitnehmer im Zusammenhang mit der Kündigung die Fortsetzung des Arbeitsverhältnisses zu geänderten Arbeitsbedingungen an, kann der Arbeitnehmer dieses Angebot unter dem Vorbehalt annehmen, dass die Änderung der Arbeitsbedingungen nicht sozial ungerechtfertigt ist. 483

1309 Zweckmäßigerweise sollte die schriftliche Anzeige mit den bei den Agenturen für Arbeit erhältlichen Vordruck »KSchG 2« und »KSchG 2a« erstattet werden.
1310 BAG, Urt. 24.10.1996, NZA 1997, 373 = AP Nr. 8 zu § 17 KSchG 1969.
1311 Zur Änderungskündigung *Fischermeier*, NZA 2000, 737 ff.; *Hromadka*, DB 2002, 1322 ff.

484 Die Änderungskündigung ist ein aus zwei Willenserklärungen **zusammengesetztes Rechtsgeschäft.**[1312] Im Tatsächlichen wie im Rechtlichen handelt es sich bei der Kündigung mit Änderungsangebot um einen einheitlichen Tatbestand.[1313] Zur Kündigungserklärung muss als zweites Element ein bestimmtes bzw. bestimmbares, den Voraussetzungen des § 145 BGB entsprechendes Angebot zur Fortsetzung des Arbeitsverhältnisses zu geänderten Bedingungen hinzutreten. Der erforderliche **Zusammenhang zwischen Kündigung und Änderungsangebot** besteht nur, wenn das Änderungsangebot spätestens mit der Zugang der Kündigungserklärung abgegeben wird. Ein nach diesem Zeitpunkt unterbreitetes Änderungsangebot ist nicht zu berücksichtigen.[1314] Der Arbeitgeber kann das Änderungsangebot bereits vor Ausspruch einer Änderungskündigung abgeben. Der Schutzzweck des § 2 KSchG verlangt allerdings, dass der Arbeitgeber ein eindeutiges und vollständiges Änderungsangebot unterbreitet.[1315]

485 Im Gegensatz zu § 1 KSchG, der den Arbeitnehmer vor einer sozialwidrigen Beendigung des Arbeitsverhältnisses schützt, dient § 2 KSchG dem **Schutz des Vertragsinhaltes.**[1316] Er räumt dem Arbeitnehmer die Möglichkeit ein, die Rechtfertigung einseitiger, vom Direktionsrecht des Arbeitgebers nicht gedeckter inhaltlicher Vertragsänderungen überprüfen zu lassen, ohne den völligen Verlust des Arbeitsplatzes zu riskieren.[1317] Nach § 4 Satz 2 KSchG ist im Fall der Änderungskündigung Klage auf Feststellung zu erheben, dass die Änderungen der Arbeitsbedingungen sozial ungerechtfertigt ist. Da bei einem an § 4 Satz 2 KSchG orientierten Klageantrag lediglich die Sozialwidrigkeit der Änderungskündigung **Streitgegenstand der Klage** ist, erscheint es zweckmäßig zur Überprüfung weiterer Unwirksamkeitsgründe, wie etwa einer nicht ordnungsgemäßen Anhörung des Betriebsrats, den Klageantrag wie folgt zu fassen:

> »Es wird beantragt, festzustellen, dass (1) die Änderung der Arbeitsbedingungen durch die Änderungskündigung mit Schreiben vom   sozial ungerechtfertigt ist und (2) das Arbeitsverhältnis über den (Kündigungstermin) hinaus zu unveränderten Bedingungen fortbesteht.«[1318]

486 § 2 KSchG erfasst nach seinem Wortlaut nur die Kündigung des Arbeitsverhältnisses durch den Arbeitgeber. Aus Gründen der Ultima-Ratio ist der Arbeitgeber vor einer Beendigungskündigung verpflichtet, eine Änderungskündigung unabhängig von der Tatsache auszusprechen, dass der von der betrieblichen Maßnahme betroffene Arbeitnehmer einer freiwilligen Vertragsänderung nicht zugestimmt hat. Hiervon ist der Arbeitgeber nur befreit, sobald der Arbeitnehmer unmissverständlich zu erkennen gibt, unter keinen Umständen zu den geänderten Arbeitsbedingungen arbeiten zu wollen.[1319] Eine Änderungskündigung durch den Arbeitnehmer ist ebenfalls zulässig.[1320] Die Änderungskündigung stellt eine **echte Kündigung** dar, die zur Beendigung des gesamten Arbeitsverhältnisses führen kann.[1321] Für die Änderungskündigung gelten alle formellen und materiellen Rechtsgrundsätze der Kündigung.[1322] Ist eine Kündigung durch Tarifvertrag oder einzelvertraglich

1312 KR/*Rost*, § 2 KSchG Rn 12.
1313 BAG, Urt. v. 07.06.1973, AP Nr. 1 zu § 626 BGB Änderungskündigung; *Küttner*, in: *Henssler/Moll*, Kündigung und Kündigungsschutz in der betrieblichen Praxis, S. 171.
1314 BAG, Urt. v. 17.05.2001, EzA § 620 BGB Kündigung Nr. 3 = NZA 2002, 54.
1315 LAG Sachsen, Urt. v. 22.01.2001 – 10 Sa 505/99 (n.v.).
1316 BAG, Urt. v. 19.05.1993, NZA 1993, 1075 = AP Nr. 31 zu § 2 KSchG 1969; Ascheid/Preis/Schmidt/*Künzl*, § 2 KSchG Rn 3.
1317 Ascheid/Preis/Schmidt/*Künzl*, § 2 KSchG Rn 3.
1318 Vgl. Kittner/Zwanziger/*Appel*, § 95 Rn 45.
1319 LAG Hamm, Urt. v. 04.02.2003, NZA-RR 2003, 357.
1320 *Küttner*, in: *Henssler/Moll*, Kündigung und Kündigungsschutz in der betrieblichen Praxis, S. 171; *Hromadka*, RdA 1992, 261; *Tophoven*, DB 1960, Beil. Nr. 16, 1.
1321 BAG, Urt. v. 30.05.1980, AP Nr. 8 zu § 611 BGB Arzt-Krankenhaus-Vertrag.
1322 *Schaub*, Arbeitsrechts-Handbuch, § 137 Rn 2.

ausgeschlossen, gilt dies regelmäßig auch für die Änderungskündigung.[1323] Einer i.S.d. § 53 Abs. 3 BAT **»unkündbaren« Angestellten** (Musikschullehrerin) kann eine betriebsbedingte Änderungskündigung nicht zu dem Zwecke ausgesprochen werden, die Arbeitszeit und dementsprechend die Vergütung herabzusetzen.[1324]

Die Änderungskündigung muss **deutlich** und **unmissverständlich** den **Willen des Arbeitgebers** erkennen lassen, das **Arbeitsverhältnis zu beenden**.[1325] Das Vertragsangebot muss so konkret sein, wie es § 145 BGB verlangt. Die neuen Arbeitsbedingungen müssen so gefasst sein, dass der Arbeitnehmer auf das Vertragsangebot mit einem »Ja« antworten kann.[1326] Das bloße Angebot einer Vertragsänderung ist noch keine Änderungskündigung, wenn nicht zugleich der Wille des Arbeitgebers deutlich wird, bei einer Ablehnung des Angebots das Arbeitsverhältnis zu beenden.[1327] Ein Schreiben des Arbeitgebers, das ausdrücklich nur eine »Versetzung« ausspricht und in Verbindung damit eine »Rückstufung« in der Lohngruppe erklärt, ohne dass deutlich wird, dass das Arbeitsverhältnis als Ganzes gekündigt werden soll oder der Leser den Eindruck gewinnen kann, es werde ihm ein Angebot gemacht, dessen Annahme von ihm erwartet wird, ist auch dann keine Änderungskündigung, wenn es mit diesem Wort überschrieben ist, ein vom Arbeitgeber eingeschalteter Rechtsanwalt den Vorbehalt des § 2 KSchG erklärt und Änderungsschutzklage erhebt. Stellt sich die Maßnahme als **unzulässige Teilkündigung** dar, ist der erhobenen Änderungsschutzklage stattzugeben.[1328] Eine ausschließlich auf die Beendigung des Arbeitsverhältnisses gerichtete Kündigungserklärung ist jedenfalls dann wegen **Perplexität** rechtsunwirksam, wenn sie zahlreiche Elemente eines Vertragsangebots enthält, dieses jedoch wegen mangelnder Bestimmtheit beziehungsweise Bestimmbarkeit nicht nach § 145 BGB bindend ist. Das Gebot der Rechtssicherheit fordert bei der Ausübung von Gestaltungsrechten die Angabe klarer und in den Rechtswirkungen eindeutiger Erklärungen, deren Rechtsfolgen bei Zugang zweifelsfrei erkennbar sind.[1329] 487

Das **Änderungsangebot** muss **unmissverständlich** und **vollständig** die **neuen Vertragsbedingungen** enthalten. Die vollständige Darstellung der Vertragsbedingungen an dem freien Arbeitsplatz ist nicht deshalb entbehrlich, weil der Arbeitnehmer schon auf die pauschale Kennzeichnung des freien Arbeitsplatzes reagiert. Die Einräumung einer grundsätzlichen Überlegungsfrist von drei Wochen gem. § 2 Satz 2 KSchG ist auch dann erforderlich, wenn der Arbeitnehmer in der Erörterung weiterer Beschäftigungsmöglichkeiten die unterbreiteten Angebote ablehnt. Das gilt jedenfalls dann, wenn der ablehnenden Haltung für den Arbeitgeber ersichtlich keine ernsthafte, nach Prüfung gewonnene Entscheidung, sondern eine emotionale Blockadehaltung zugrunde liegt.[1330] 488

Spricht der Arbeitgeber eine außerordentliche Beendigungskündigung aus und bietet durch weiteres Schreiben vom selben Tag die Fortsetzung des Arbeitsverhältnisses zu geänderten Bedingungen an, **ohne die Änderung konkret anzugeben**, liegt darin keine wirksame Änderungskündigung. Das Änderungsangebot muss zeitlich mit der Kündigung unterbreitet werden und gem. § 145 BGB so konkretisiert sein, dass ein durch bloße Annahme inhaltlich bestimmter und praktisch durchführbarer Vertrag entsteht. Es genügt nicht, dass die Konkretisierung der Änderung auf einen späteren Zeitpunkt verschoben wird. Eine als Änderungskündigung gewollte Kündigung mit dem Ziel der Herabgruppierung, die die beabsichtigte Änderung nicht im Einzelnen bezeichnet, unterliegt in ihrer Wirksamkeit nicht den Maßstäben, die an die Änderungskündigung anzulegen sind, sondern ist als Beendigungskündigung zu beurteilen. Als solche ist sie regelmäßig unwirksam, da der Arbeitgeber 489

1323 BAG, Urt. v. 10.03.1982, AP Nr. 2 zu § 2 KSchG 1969 = NJW 1982, 2839; ErfK/*Ascheid*, § 1 KSchG Rn 1.
1324 LAG Köln, Urt. v. 26.04.2002, ZTR 2002, 486 = LAGReport 2003, 139.
1325 BAG, Urt. v. 27.09.1984, EzA § 2 KSchG Nr. 5; LAG Bayern, Urt. v. 30.12.1969, ABl BayerArbMin 1971, C. 3.; LAG Rheinland-Pfalz, Urt. v. 06.02.1987, LAGE § 2 KSchG Nr. 6.
1326 LAG Berlin v. 13.01.2000, NZA-RR 2000, 302; *Preis*, Arbeitsrecht, § 67, S. 722; *Busemann*, Kündigung und Kündigungsschutz im Arbeitsverhältnis, S. 166, Rn 193a; *Brill*, ArbuR 1986, 236 (237).
1327 LAG Frankfurt, Urt. v. 09.04.1990, RzK I 7 a) Nr. 20; *Adomeit*, DB 1969, 2179.
1328 LAG Köln, Urt. v. 23.04.1999, NZA-RR 1999, 522.
1329 LAG Hamm, Urt. v. 10.02.2000 – 16 Sa 1482/99 (n.v.).
1330 LAG, Hamm, Urt. v. 22.06.1998, LAGE Nr. 51 zu § 1 KSchG Betriebsbedingte Kündigung.

zu erkennen gegeben hat, dass er über die Weiterbeschäftigungsmöglichkeiten, wenn auch zu veränderten Bedingungen, verfügt. Hört der Arbeitgeber den Personalrat zu einer Änderungskündigung an, ohne die geplanten Änderungen konkret zu bezeichnen, ist die Änderungskündigung auch wegen nicht ordnungsgemäßer Beteiligung des Personalrats unwirksam (§ 79 Abs. 3 BPersVG).[1331]

490 Eine Änderungskündigung ist dann unwirksam, wenn das ursprüngliche Änderungsangebot **nachträglich** durch eine **weniger einschneidende Vertragsänderung** ersetzt werden soll, da dann das erste Angebot über das Maß der notwendigen Vertragsänderung hinausging. Der Wunsch nach einem einheitlichen Vergütungsniveau rechtfertigt den Eingriff in bestehende Verträge nicht, wenn neu eingestellten Mitarbeitern ein durchschnittliches Vergütungsniveau geboten wird und die Fluktuation nicht dazu genutzt wird, den Eingriff in die bestehenden Verträge möglichst gering zu halten. Die Änderungskündigung wegen wirtschaftlicher (aktueller) Schwierigkeiten rechtfertigt nicht die zukünftige widerrufliche Ausgestaltung von Sondervergütungen, wenn der Widerruf im laufenden Wirtschaftsjahr nicht erforderlich ist, sondern nur »auf Vorrat« vereinbart werden soll.[1332]

491 Eine Änderungskündigung ist insgesamt unwirksam, wenn ihr **Änderungsangebot mehrere Änderungen** vorsieht, von denen nur eine sozial ungerechtfertigt ist. Eine Änderungskündigung ist unwirksam, wenn die angebotenen **Änderungen vor Ablauf der Kündigungsfrist in Kraft treten** sollen. Eine Änderungskündigung, die mit Sanierungsbedarf begründet wird, ist sozial ungerechtfertigt, wenn ihr Änderungsangebot neben Entgeltkürzungen auch Änderungen vorsieht, deren Sanierungseffekt weder ersichtlich noch vorgetragen ist, wie die Einführung einer bislang nicht vorgesehenen Vertragsstrafe oder die Unterwerfung unter eine jeweilige »Arbeitsordnung«. Eine Änderungskündigung ist sozial ungerechtfertigt, wenn ihr **Änderungsangebot Abmachungen** enthält, **die gegen zwingendes Recht verstoßen**, etwa gegen §§ 4, 4 a EFZG oder § 11 BUrlG. Es dürfte unzulässig sein, Vergütungsbestandteile in einem Umfang von über 30 % des Einkommens unter einen Freiwilligkeitsvorbehalt zu stellen.[1333]

492 Musste sich nach der früheren Rechtsprechung das Änderungsangebot auf eine Weiterbeschäftigung zu geänderten Bedingungen auf unbestimmte Zeit erstrecken,[1334] kann nach neuerer Auffassung des BAG[1335] das Änderungsangebot auch eine nachträgliche Befristung eines zunächst auf unbestimmte Zeit eingegangenen Arbeitsverhältnisses betreffen.[1336] Ist das im Zusammenhang mit der Kündigung ausgesprochene Vertragsangebot nur befristet, muss für die Befristung ein sachlicher Grund bestehen.[1337] Die **Befristung einzelner Vertragsbedingungen** kann den gesetzlichen Änderungskündigungsschutz objektiv umgehen. Sie bedarf deshalb eines die Befristung rechtfertigenden Sachgrundes.[1338] Die **Vereinbarung einer auflösenden Bedingung** für einzelne Vertragsbedingungen bedarf, wenn der Inhalt dem Änderungsschutz nach § 2 KSchG unterliegt, einer sachlichen Begründung, andernfalls ist sie unwirksam.[1339]

1331 LAG Rheinland-Pfalz, Urt. v. 15.03.2002, NZA-RR 2002, 670.
1332 LAG Köln, Urt. v. 21.01.2002, LAGE § 2 KSchG Soziale Auswahl Nr. 40 a.
1333 LAG Köln, Urt. v. 21.06.2002, MDR 2003, 160 = NZA-RR 2003, 247.
1334 BAG, Urt. v. 17.05.1984, EzA § 1 KSchG Betriebsbedingte Kündigung Nr. 32; *Löwisch*, NZA 1988, 634; *Ascheid*, Kündigungsschutzrecht, Rn 467.
1335 BAG, Urt. v. 25.04.1996, EzA § 2 KSchG Nr. 25.
1336 Zustimmend Kittner/Däubler/Zwanziger/*Trittin*, § 2 KSchG Rn 161; *Weber/Ehrich*, BB 1996, 2253; a.A. *Berkowsky*, § 20 Rn 39.
1337 BAG, Urt. v. 13.06.1986, NZA 1987, 241 = AP Nr. 19 zu § 2 KSchG 1969.
1338 BAG, Urt. v. 04.06.2003, AP Nr. 1 zu § 17 TzBfG.
1339 LAG Köln, Urt. v. 10.07.2003 – 5 Sa 392/03 (n.v.).

II. Erscheinungsformen der Änderungskündigung

Die Änderungskündigung kennt zwei Spielarten. Entweder kündigt der Arbeitgeber das Arbeitsverhältnis unbedingt und verbindet die Kündigung mit dem Angebot zum Abschluss eines neuen Arbeitsvertrages. Oder er kündigt unter der Bedingung, dass der Arbeitnehmer das ihm unterbreitete Änderungsangebot nicht annimmt.[1340] Eine solche Bedingung ist deshalb zulässig, weil ihr Eintritt allein vom Willen des Arbeitnehmers abhängt (Potestativbedingung).[1341] 493

Das Änderungsangebot kann bereits vor Ausspruch der Kündigung abgegeben werden. Zu denken ist insbesondere an den Fall, dass der Arbeitgeber zunächst Verhandlungen mit dem Ziel der einvernehmlichen Abänderung der Vertragsbedingungen führt, dabei ein Angebot unterbreitet und erst bei Scheitern der Verhandlungen zum Mittel der Änderungskündigung greift (sog. **Verhandlungslösung**).[1342] In diesem Fall muss der Arbeitgeber bei einem späteren Ausspruch der Kündigung klarstellen, dass das Änderungsangebot fortgilt.[1343] Der Arbeitgeber muss dem Grundsatz der Verhältnismäßigkeit folgend auch vor jeder ordentlichen Beendigungskündigung von sich aus dem Arbeitnehmer eine beiden Parteien zumutbare Weiterbeschäftigung auf einem freien Arbeitsplatz auch zu geänderten Bedingungen anbieten.[1344] Dieser Anforderung entspricht es, wenn eine Kündigung dem Änderungsangebot zeitlich nachfolgt, weil in diesem Falle der Arbeitgeber keine Beendigungskündigung ausspricht bzw. die Änderungskündigung so zu werten ist, als habe hinsichtlich ihres Beendigungselements vorab ein Angebot auf geänderte Arbeitsbedingungen vorgelegen. Rechtlich unbedenklich ist es, wenn das Änderungsangebot und die Kündigung gleichzeitig erfolgen. Diese Gestaltungsvariante stellt den in der Praxis zu beobachtenden Regelfall dar und deckt sich mit dem Wortlaut des § 2 KSchG.[1345] Angesichts der vielfältigen praktischen Probleme, die ein der Kündigung vorangehendes Angebot zur Änderung der Arbeitsbedingungen auslöst, empfiehlt es sich aus Gründen der Rechtssicherheit, das Änderungsangebot und die Kündigung gleichzeitig auszusprechen.[1346] 494

Rechtlich unzulässig ist es, wenn der Arbeitgeber das Änderungsangebot zeitlich nach der Kündigung ausspricht.[1347] Diese Gestaltungsvariante ist abzulehnen, da dem gekündigten Arbeitnehmer bei einem nachgeschobenen Änderungsangebot die ihm zur Verfügung stehende Drei-Wochen-Frist zur Erhebung der Kündigungsschutzklage und für die Abgabe der Vorbehaltserklärung verkürzt würde.[1348] Nach der Auffassung des BAG[1349] liegt keine Änderungskündigung i.S.v. § 2 KSchG vor, wenn der Arbeitgeber eine Kündigung erklärt und erst später ein Änderungsangebot unterbreitet.[1350] Eine **Kündigung ohne gleichzeitiges oder vorangehendes Änderungsangebot** ist als **Beendigungskündigung** zu werten, gegen die sich der Arbeitnehmer fristgerecht (§ 4 KSchG) nach Zugang wehren muss und die schon dann unwirksam ist, wenn der Arbeitnehmer zu geänderten Arbeitsbedingungen weiterarbeiten konnte.[1351] Spricht der Arbeitgeber eine Beendigungskündigung aus und schiebt er später ein Änderungsangebot nach, ist zu prüfen, ob in dem späteren Angebot 495

1340 BAG, Urt. v. 27.09.1984, EzA § 2 KSchG Nr. 5; *Galperin*, DB 1958, 800; *Adomeit*, DB 1969, 2179; *Schaub*, RdA 1970, 231.

1341 ErfK/*Ascheid*, § 2 KSchG Rn 10; KR/*Rost*, § 2 KSchG Rn 15.

1342 BAG, Urt. v. 27.09.1984, NZA 1985, 455 = AP Nr. 8 zu § 2 KSchG 1969; LAG Köln, Urt. v. 28.10.1986, LAGE § 1 KSchG Betriebsbedingte Kündigung Nr. 8.

1343 BAG, Urt. v. 27.09.1984, NZA 1985, 455 = AP Nr. 8 zu § 2 KSchG 1969; BAG, Urt. v. 30.11.1989, NZA 1990, 52 = AP Nr. 53 zu § 102 BetrVG 1972; ErfK/*Ascheid*, § 2 KSchG Rn 10; *Küttner*, in: *Henssler/Moll*, Kündigung und Kündigungsschutz in der betrieblichen Praxis, S. 171 (172).

1344 BAG, Urt. v. 27.09.1984, NZA 1985, 455 = AP Nr 8 zu § 2 KSchG 1969.

1345 *Küttner*, in: *Henssler/Moll*, Kündigung und Kündigungsschutz in der betrieblichen Praxis, S. 171 (173)

1346 Tschöpe/*Schulte*, Teil 3 A, Rn 56.

1347 KR/*Rost*, § 2 KSchG Rn 20 ff.

1348 *Küttner*, in: *Henssler/Moll*, Kündigung und Kündigungsschutz in der betrieblichen Praxis, S. 171 (173).

1349 BAG, Urt. v. 07.12.1975, AP Nr. 90 zu §§ 22, 23 BAT.

1350 ErfK/*Ascheid*, § 2 KSchG Rn 11.

1351 *Stahlhacke/Preis/Vossen*, Rn 769; ErfK/*Ascheid*, § 2 KSchG Rn 11.

nicht die »Rücknahme« der ersten Kündigung und der Ausspruch einer erstmaligen, neuen Änderungskündigung liegt. Ist das der Fall, laufen alle Fristen erst ab diesem späteren Zeitpunkt.[1352]

496 Die Änderungskündigung kommt in der Form der **ordentlichen** und **außerordentlichen Änderungskündigung** sowie in Form einer Massenänderungskündigung vor. In § 2 KSchG ist lediglich die ordentliche Änderungskündigung geregelt. Dies folgt aus dem Hinweis auf § 1 KSchG in § 2 KSchG. Die ordentliche Änderungskündigung muss im Anwendungsbereich des KSchG sozial gerechtfertigt sein. Die ordentliche Änderungskündigung kann wie die Beendigungskündigung aus betriebs-, verhaltens- oder personenbedingten Gründen erklärt werden.[1353] § 2 und § 4 Satz 2 KSchG sind auf die **außerordentliche Änderungskündigung** entsprechend anwendbar.[1354] Nach Zugang einer außerordentlichen Änderungskündigung des Arbeitgebers hat der Arbeitnehmer **unverzüglich** (ohne schuldhaftes Zögern) zu erklären, ob er das Änderungsangebot ablehnt oder es mit oder ohne den in § 2 KSchG bezeichneten Vorbehalt annimmt.[1355] Die außerordentliche Änderungskündigung hat Bedeutung in den Fällen, in denen eine ordentliche Kündigung durch Gesetz, zum Beispiel durch § 15 KSchG,[1356] Tarifvertrag oder Einzelarbeitsvertrag ausgeschlossen ist.[1357] Ein wichtiger Grund für einer außerordentliche Änderungskündigung setzt zunächst auf Seiten des Kündigenden voraus, dass für ihn die Fortsetzung der bisherigen Bedingungen, deren Änderung er erstrebt, jeweils unzumutbar geworden ist, das heißt, dass die vorgesehenen Änderungen für ihn unabweisbar sind. Darüber hinaus müssen die neuen Bedingungen dem Gekündigten zumutbar sein. Beide Voraussetzungen müssen kumulativ vorliegen.[1358] Hat sich ein Arbeitgeber vertraglich gegenüber einem Arbeitnehmer dazu verpflichtet, dessen Arbeitsplatz auf Dauer oder für bestimmte Zeit unverändert aufrechtzuerhalten, so beschränkt er insoweit seine unternehmerische Freiheit. Aus einer solchen vertraglichen Bindung kann er sich nicht unter Berufung auf die Unternehmerfreiheit lösen. Der Grundsatz der unternehmerischen Freiheit schränkt die gerichtliche Überprüfung unternehmerischer Maßnahmen zwar weitgehend ein. Dies gilt jedoch nicht für die Prüfung, ob sich eine unternehmerische Maßnahme mit vertraglich eingegangenen Bindungen vereinbaren lässt. Auch für die außerordentliche Änderungskündigung gilt die **Ausschlussfrist des § 626 Abs. 2 BGB**. Hält der Arbeitgeber aufgrund von ihm selbst herbeigeführter betrieblicher Umstände eine außerordentliche Änderungskündigung für erforderlich, beginnt die Zwei-Wochen-Frist mit dem Zeitpunkt, zu dem für den Arbeitgeber feststeht, dass er den Stelleninhaber nicht mehr auf seinem bisherigen Arbeitsplatz weiterbeschäftigen kann. Versucht der Arbeitgeber in einem solchen Fall zunächst, in Ausübung seines Direktionsrechts dem Stelleninhaber eine andere Tätigkeit zuzuweisen, wirkt sich dies auf den Lauf der für die außerordentliche Änderungskündigung geltenden Zwei-Wochen-Frist nicht aus. Nach Ablauf der Zwei-Wochen-Frist ist die außerordentliche Änderungskündigung ausgeschlossen, wenn die früheren Versuche zur Umsetzung des Arbeitnehmers aus Rechtsgründen gescheitert sind.[1359] Im Fall einer außerordentlichen, auf dringende betriebliche Gründe gestützten Änderungskündigung gegenüber einem Betriebsrat ist die Frage der Unzumutbarkeit der Weiterbeschäftigung zu den früheren Arbeitsbedingungen nicht an der fiktiven Kündigungsfrist zu messen. Die außerordentliche Kündigung ist wirksam, wenn die vorgesehene Änderung der Arbeitsbedingungen für den

1352 LAG Rheinland-Pfalz, Urt. v. 06.02.1987, NZA 1987, 354 = LAGE § 2 KSchG Nr. 6; ErfK/*Ascheid*, § 2 KSchG Rn 12; *Küttner*, in: *Henssler/Moll*, Kündigung und Kündigungsschutz in der betrieblichen Praxis, S. 171 (173).

1353 *Küttner*, in: *Henssler/Moll*, Kündigung und Kündigungsschutz in der betrieblichen Praxis, S. 171 (174).

1354 BAG, Urt. v. 27.03.1987, NZA 1988, 737 = AP Nr. 20 zu § 2 KSchG 1969; BAG, Urt. v. 19.06.1986, AP Nr. 16 zu § 2 KSchG 1969; BAG, Urt. v. 17.05.1984, AP Nr. 3 zu § 55 BAT.

1355 BAG, Urt. v. 27.03.1987, NZA 1988, 737 = AP Nr. 20 zu § 2 KSchG 1969.

1356 BAG, Urt. v. 06.03.1986, NZA 1978, 102 = AP Nr. 19 zu § 15 KSchG 1969.

1357 Ausführlich zum Thema *Küttner*, in: *Henssler/Moll*, Kündigung und Kündigungsschutz in der betrieblichen Praxis, S. 171 (176 ff.).

1358 BAG, Urt. v. 06.03.1986, NZA 1978, 102 = AP Nr. 19 zu § 15 KSchG 1969; LAG Hamburg, Urt. v. 10.11.1999 – 8 Sa 74/99 (n.v.).

1359 LAG Rheinland-Pfalz, Urt. v. 19.09.1997, MDR 1998, 662 = LAGE § 2 KSchG Nr. 31.

Arbeitgeber unabweisbar und wenn sie dem Arbeitnehmer zumutbar ist.[1360] Auch bei einer außerordentlichen Kündigung besteht bis zum Abschluss des Kündigungsschutzverfahrens einzelvertraglich kein Anspruch auf Beschäftigung zu den bisherigen Bedingungen, wenn der Arbeitnehmer die Kündigung unter Vorbehalt angenommen hat.[1361]

Kündigt der Arbeitgeber mehreren Arbeitnehmern gleichzeitig, um eine Änderung der Arbeitsbedingungen im Betrieb zu erreichen (beispielsweise zur Änderung einer Weihnachtsgeldregelung für alle Arbeitnehmer), spricht man von **Massenänderungskündigungen**. Für Massenänderungskündigungen gelten keine Besonderheiten. Massenänderungskündigungen sind nichts anderes als eine Vielzahl von Einzeländerungskündigungen, die den gleichen Voraussetzungen zu genügen haben wie alle anderen Kündigungen. Auch bei Massenänderungskündigungen müssen die Sozialdaten aller Arbeitnehmer sorgfältig gegeneinander abgewogen werden.[1362] 497

III. Reaktionsmöglichkeiten des Arbeitnehmers

Auf den Ausspruch einer Änderungskündigung durch den Arbeitgeber kann der Arbeitnehmer in dreifacher Weise reagieren. Er kann das **Änderungsangebot annehmen**, er kann das Änderungsangebot **ablehnen** oder die **Annahme** des Änderungsangebots **unter Vorbehalt erklären**. Die Reaktionsmöglichkeiten und die sich aus ihnen ergebenden Folgen verdeutlicht die nachfolgend in Anlehnung an *Appel*[1363] abgedruckte Tabelle: 498

Reaktion des Arbeitnehmers	Folgen ohne Klageerhebung	Folgen nach Klageerhebung und Obsiegen des Arbeitnehmers	Folgen nach Klageerhebung und Unterliegen des Arbeitnehmers
Annahme des Änderungsangebots	Arbeitsverhältnis besteht zu geänderten Bedingungen fort.		
Ablehnung des Änderungsangebots	Arbeitsverhältnis endet durch (Änderungs-) Kündigung.	Arbeitsverhältnis besteht zu den ursprünglichen Bedingungen fort.	Arbeitsverhältnis endet mit dem Ablauf der Kündigungsfrist.
Annahme des Änderungsangebots unter Vorbehalt	Arbeitsverhältnis besteht bis zur Entscheidung des Gerichts zu geänderten Bedingungen fort.	Arbeitsverhältnis besteht zu den ursprünglichen Bedingungen fort (Zwischenzeit wird »korrigiert«).	Arbeitsverhältnis besteht fort, aber zu geänderten Bedingungen.

1. Annahme des Änderungsangebots

Will der Arbeitnehmer das Änderungsangebot annehmen, muss er dies seinem Arbeitgeber gegenüber erklären, wobei eine konkludente Annahme genügt. In der widerspruchs- und vorbehaltslosen Weiterarbeit zu geänderten Arbeitsbedingungen kann dann eine Annahme des Änderungsangebots 499

1360 BAG, Beschl. v. 21.06.1995, AP Nr. 36 zu § 15 KSchG 1969 = NZA 1995, 1157; LAG Köln, Urt. v. 15.07.1998 – 2 Sa 1247/97 (n.v.).

1361 LAG Nürnberg, Urt. v. 13.03.2001, NZA-RR 2001, 366.

1362 BAG, Urt. v. 18.10.1984, EzA § 1 KSchG Betriebsbedingte Kündigung Nr. 34.

1363 Kittner/Zwanziger/*Appel*, § 95 Rn 7.

gesehen werden, wenn sich die neuen Arbeitsbedingungen alsbald auf das Arbeitsverhältnis auswirken.[1364] Die sofortige widerspruchslose Weiterarbeit des Arbeitnehmers auf dem ihm mit der fristlosen Kündigung angebotenen neuen Arbeitsplatz allein ist aber jedenfalls in der Regel so lange nicht als vorbehaltlose Annahme des Änderungsangebots und damit als Verzicht auf die Geltendmachung der Unwirksamkeit der außerordentlichen Änderungskündigung zu verstehen, wie der Arbeitnehmer noch rechtzeitig, das heißt ohne schuldhaftes Zögern, einen Vorbehalt entsprechend § 2 KSchG erklären kann.[1365] Eine Anfechtung wegen Irrtums kommt für den Arbeitnehmer gem. § 119 Abs. 1 BGB in Betracht, wenn ihm das Bewusstsein fehlte, dass in seinem stillschweigenden Arbeiten eine Einverständniserklärung gesehen werden konnte. Die Anfechtung muss dann jedoch unverzüglich erklärt werden, nachdem dem Arbeitnehmer klar geworden ist, wie sein Verhalten aufzufassen war und aufgefasst worden ist.[1366] Die Beweislast für die rechtzeitige Annahmeerklärung liegt beim Arbeitnehmer. Zur Vermeidung von Missverständnissen ist es empfehlenswert, dass die (vorbehaltlose) Annahme des Änderungsangebots ausdrücklich innerhalb der Frist des § 2 Satz 2 KSchG erklärt wird.

2. Ablehnung des Änderungsangebots

500 Hat der Arbeitnehmer das Änderungsangebot endgültig abgelehnt oder nicht rechtzeitig den Vorbehalt erklärt, kann er eine allgemeine Kündigungsschutzklage erheben, mit dem Antrag, festzustellen, dass das Arbeitsverhältnis durch die Kündigung mit Schreiben vom (…) nicht aufgelöst wurde. Streitgegenstand ist die Beendigung des Arbeitsverhältnisses. Der Weg der Änderungsschutzklage ist dem Arbeitnehmer verschlossen. Die Prüfung der Sozialwidrigkeit ist anhand des Kontrollmaßstabs des § 1 KSchG durchzuführen.[1367] Verliert der Arbeitnehmer den Prozess, ist das Arbeitsverhältnis beendet. Auf die vom Arbeitgeber angebotene Änderung der Arbeitsbedingungen kann der Arbeitnehmer in diesem Verfahren nicht mehr zurückgreifen.[1368] Lehnt der Arbeitnehmer das Angebot ab, steht ihm die Möglichkeit offen, gem. § 9 KSchG die Auflösung des Arbeitsverhältnisses gegen Abfindung zu beantragen.[1369]

3. Annahme des Änderungsangebots unter Vorbehalt

501 Der Arbeitnehmer kann innerhalb der Kündigungsfrist, längstens innerhalb der Drei-Wochen-Frist des § 4 KSchG, frei wählen, ob er das Angebot ablehnen oder ob er es unter Vorbehalt der sozialen Rechtfertigung annehmen will. Der zwingenden Einräumung einer zusätzlichen **Überlegungsfrist** vor der Kündigung bedarf es nicht.[1370] Diese bislang geltenden Grundsätze **zur Vorbehaltsannahme** hat das BAG mit seiner Entscheidung vom 06.02.2003 wie folgt modifiziert: Die vorbehaltlose Annahme des in einer Änderungskündigung enthaltenen Änderungsangebots ist nicht an die Höchstfrist von drei Wochen nach Zugang der Kündigung (§ 2 Satz 2 KSchG) gebunden. Nimmt der Arbeitnehmer trotz Anwendung aller ihm nach Lage der Umstände zuzumutenden Sorgfalt (vgl. § 5 KSchG) das Änderungsangebot erst **nach Ablauf von drei Wochen** an, würde es ohne die Möglichkeit einer nachträglichen Berücksichtigung der Annahmeerklärung weitgehend im Belieben des Arbeitgebers stehen, ob er das in der verspäteten Annahmeerklärung liegende neue Angebot des Arbeitnehmers, das den von ihm selbst vorgeschlagenen Bedingungen entspricht, annimmt oder es lieber bei der Beendigung des Arbeitsverhältnisses belässt. Außerdem müssten, da eine Ausdehnung der Frist des § 2 Satz 2 KSchG auf Änderungskündigungen in Arbeitsverhältnissen,

1364 BAG, Urt. v. 19.06.1986, AP Nr. 16 zu § 2 KSchG 1969 = NZA 1987, 94.
1365 BAG, Urt. v. 27.03.1987, AP Nr. 20 zu § 2 KSchG 1969 = NZA 1988, 737.
1366 BAG, Urt. v. 18.04.1986, NZA 1987, 94; *Löwisch*, NZA 1988, 635.
1367 ErfK/*Ascheid*, § 2 KSchG Rn 37.
1368 *Küttner*, in: *Henssler/Moll*, Kündigung und Kündigungsschutz in der betrieblichen Praxis, S. 171 (184).
1369 BAG, Urt. v. 29.01.1981, AP Nr. 6 zu § 9 KSchG 1969 = NJW 1982, 1118.
1370 KR/*Rost*, § 2 KSchG Rn 18d.

die nicht dem KSchG unterliegen, und auf Änderungsangebote ohne Kündigung kaum vertretbar scheint, durchaus vergleichbare Fälle ohne erkennbaren sachlichen Grund unterschiedlich behandelt werden. Der Arbeitnehmer ist im eigenen Interesse jedoch gut beraten, seine Entscheidung nicht zu lange hinauszuzögern, damit er nicht Gefahr läuft, dass die Gerichte seine Annahmeerklärung als nach § 147 BGB verspätet ansehen. Jedenfalls kann der Arbeitgeber, der lange vor dem Zeitpunkt kündigt, zu dem er unter Einhaltung der ordentlichen Kündigungsfrist zu dem beabsichtigten Kündigungstermin noch hätte kündigen können, regelmäßig nicht erwarten, dass der Arbeitnehmer die existenzielle Entscheidung, ob er sein Arbeitsverhältnis aufgibt oder zu entscheidend geänderten Arbeitsbedingungen weiterarbeitet, nunmehr in kürzester Frist trifft. Es muss dann, wenn nicht der Arbeitgeber etwa durch eine Fristsetzung nach § 148 BGB auf sein Interesse an einer schnellen Entscheidung des Arbeitnehmers hingewiesen hat, zumindest ausreichen, dass der Arbeitnehmer zu dem Änderungsangebot noch vor dem Tag Stellung nimmt, an dem der Arbeitgeber unter Einhaltung der Kündigungsfrist letztmalig hätte kündigen können. Betont man mit den Landesarbeitsgerichten und den Autoren, die § 2 Satz 2 KSchG auf § 147 Abs. 2 BGB (entsprechend) anwenden wollen, den Gesichtspunkt der Planungssicherheit des Arbeitgebers, so reicht unter regelmäßigen Umständen für die Planung des Arbeitgebers, wie er den Arbeitsplatz neu besetzen kann, jedenfalls die volle, für das jeweilige Arbeitsverhältnis einschlägige Kündigungsfrist. Der Arbeitgeber, der für seine Planungen eine längere Frist benötigte, mag nach § 148 BGB eine Frist setzen.[1371] Äußert sich der Arbeitnehmer nicht oder lehnt er das Angebot ab, kann der Arbeitgeber die Beendigungskündigung aussprechen.[1372] Hat der Arbeitnehmer den Vorbehalt erklärt, kann der Arbeitgeber nur die Änderungskündigung aussprechen, nicht die Beendigungskündigung.

Hat nach einer Änderungskündigung der Arbeitnehmer das Änderungsangebot unter Vorbehalt 502 angenommen und wird durch Urteil festgestellt, dass die Änderung sozialwidrig ist, muss der Arbeitgeber den Arbeitnehmer gem. § 159 BGB so stellen, wie er stünde, wenn er von vornherein zu den bisherigen Bedingungen weitergearbeitet hätte.[1373]

Die **Vorbehaltsannahme** einer Änderungskündigung ist **einseitig nicht rücknehmbar** und be- 503 gründet die Pflicht, bis zum Abschluss eines über ihre Wirksamkeit geführten Rechtsstreits zu den geänderten Bedingungen zu arbeiten.[1374] Hat der Arbeitnehmer eine Änderungskündigung unter dem Vorbehalt des § 2 KSchG angenommen und Änderungsschutzklage erhoben, kann er den **Vorbehalt nicht mehr einseitig zurücknehmen** und eine Kündigungsschutzklage nach § 4 Satz 1 KSchG führen.[1375] Der Arbeitnehmer muss nach einer Vorbehaltsannahme i.S.v. § 2 KSchG zunächst zu den geänderten Bedingungen arbeiten, wenn er Änderungsschutzklage erhebt, über die noch nicht rechtskräftig entschieden ist. Verweigert der Arbeitnehmer nach Ausspruch einer **fristlosen Änderungskündigung** eine direkte Arbeit zu den geänderten Arbeitsbedingungen und erklärt eine **Vorbehaltsannahme** unter der Bedingung der **Einhaltung der Kündigungsfrist**, handelt er im Allgemeinen nicht fahrlässig, wenn dies auf einem von ihm eingeholten anwaltlichen Rat beruht. Der damit vorliegende **unverschuldete Rechtsirrtum** kann der Wirksamkeit einer fristlosen Beendigungskündigung wegen Arbeitsverweigerung entgegenstehen.[1376]

Während gem. § 46 Abs. 2 ArbGG in Verbindung mit §§ 498, 270 Abs. 3 ZPO die Drei-Wochen- 504 Frist für die Klageerhebung nach § 4 KSchG auch dann gewahrt wird, wenn die Klage zwar vor Fristablauf bei dem Gericht eingereicht worden ist, aber die Zustellung an den Prozessgegner erst danach erfolgt (§ 270 Abs 3 ZPO: »demnächst«), gilt dies nicht für die Vorbehaltsfrist des § 2 Satz 2 KSchG. Die Annahme einer Änderungskündigung unter Vorbehalt ist vielmehr gegenüber dem Arbeitgeber innerhalb der Kündigungsfrist, spätestens jedoch innerhalb von drei Wochen

1371 BAG, Urt. v. 06.02.2003, AP Nr. 71 zu § 2 KSchG 1969 = NZA 2003, 659.
1372 BAG, Urt. v. 27.09.1984, AP Nr. 8 zu § 2 KSchG 1969 = EzA § 2 KSchG Nr. 5.
1373 LAG Schleswig-Holstein, Urt. v. 29.04.2002 – 2 Sa 615/01 (n.v.).
1374 LAG Köln, Urt. v. 25.01.2002, AiB 2003, 507.
1375 LAG Köln, Urt. v. 06.12.2001, NZA-RR 2003, 82.
1376 LAG Köln, Urt. v. 29.06.2001, NZA-RR 2002, 356 = MDR 2002, 221.

nach Zugang der Kündigung zu erklären.[1377] Entscheidend ist dementsprechend der **Zugang beim Arbeitgeber**. Für den rechtzeitigen Zugang der Vorbehaltserklärung nach § 2 KSchG gelten die allgemeinen Regeln über den Zugang von Willenserklärungen. Deshalb geht ein Telefax an die Personalabteilung einer Behörde, das am letzten Tag der dreiwöchigen Frist des § 2 Satz 2 KSchG nach 18.00 Uhr eingeht, nicht mehr rechtzeitig zu, weil nach der Verkehrsanschauung nicht damit gerechnet werden kann, dass hier noch gearbeitet und das Telefaxgerät auf eingehende Sendungen überwacht wird.[1378] Versäumt der Arbeitnehmer die Frist für die Erklärung des Vorbehalts, treten die Wirkungen des § 2 KSchG nicht ein.[1379]

505 Nach vorbehaltlicher Annahme des Änderungsangebots ist der Arbeitnehmer nach Ablauf der Kündigungsfrist verpflichtet, bis zur rechtskräftigen Entscheidung zu den geänderten Bedingungen zu arbeiten. Die Verpflichtung, während des laufenden Gerichtsverfahrens zu den geänderten Bedingungen zu arbeiten, ist der zumutbare Preis für den Ausschluss des Risikos, den Arbeitsplatz endgültig zu verlieren.[1380] Etwas anderes gilt nur, wenn die Änderung der Arbeitsbedingungen nicht vollzogen werden kann, weil beispielsweise die Änderung der Arbeitsbedingungen zugleich eine zustimmungspflichtige Maßnahme nach § 99 BetrVG enthält und der Betriebsrat nicht zugestimmt hat.[1381]

IV. Abgrenzung zu anderen rechtlichen Gestaltungsmitteln

1. Einvernehmliche Abänderung der Arbeitsbedingungen

506 Nach § 311 Abs. 1 BGB (§ 305 BGB a.F.) haben Arbeitgeber und Arbeitnehmer jederzeit die Möglichkeit, durch Vertrag die Arbeitsbedingungen einvernehmlich zu ändern.[1382] Der Arbeitgeber ist jedoch nicht verpflichtet, zunächst eine Verhandlungslösung mit dem Arbeitnehmer anzustreben. Vielmehr ist er berechtigt, direkt eine Änderungskündigung auszusprechen. Der Arbeitnehmer ist durch die Klagemöglichkeit nach § 4 KSchG in Verbindung mit § 2 KSchG hinreichend geschützt.[1383] **Einvernehmliche Änderungen des Arbeitsvertrages** können ausdrücklich oder auch konkludent herbeigeführt werden. Das Schriftformerfordernis des § 623 BGB greift nicht. Es besteht die Gefahr, dass der Arbeitgeber unter umfassender Würdigung der Umstände des Einzelfalles durch die widerspruchslose Fortsetzung des Arbeitsverhältnisses seine konkludente Zustimmung erteilt. Allerdings trägt der Arbeitgeber, soweit er sich auf eine konkludente Änderung des Arbeitsvertrages beruft, die Darlegungs- und Beweislast.[1384]

507 Will ein Arbeitgeber die allgemeinen Vertragsbedingungen seiner Außendienstmitarbeiter ändern und übersendet er ihnen deshalb Formulartexte, in denen ohne Ankündigung oder drucktechnische Hervorhebung zeitliche Grenzen für Provisionsansprüche eingeführt werden, so kann er die stillschweigende Fortsetzung der Vertretertätigkeit seiner Mitarbeiter nicht ohne weiteres als Annahme seines Änderungsvertragsangebots verstehen.[1385] Gleiches gilt, wenn ein Arbeitgeber, der durch Rundschreiben seinen Arbeitnehmern eine verschlechternde Versorgungsregelung anträgt. Er darf die widerspruchslose Fortsetzung der Arbeitsverhältnisse allein noch nicht als Annahme seines Änderungsangebots verstehen. Etwas anderes kann jedoch für einzelne Arbeitnehmer dann gelten,

1377 BAG v. 17.06.1998, AP Nr. 49 zu § 2 KSchG 1969 = NZA 1998, 1225; vgl. auch LAG Köln, Urt. v. 10.02.2000, NZA-RR 2000, 303.

1378 LAG Brandenburg, Urt. v. 11.03.1998, MDR 1999, 368.

1379 *Stahlhacke/Preis/Vossen*, Rn 1238.

1380 Thüringisches LAG, Urt. v. 26.01.1996, LAGE § 2 KSchG Nr. 21; vgl. LAG Köln, Urt. v. 29.06.2001, NZA-RR 2002, 356 (Arbeitsverweigerung auf Grund unverschuldeten Rechtsirrtums).

1381 BAG, Urt. v. 30.09.1993, EzA § 99 BetrVG 1972 Nr. 118.

1382 ErfK/*Ascheid*, § 2 KSchG Rn 13.

1383 *Küttner*, in: *Henssler/Moll*, Kündigung und Kündigungsschutz in der betrieblichen Praxis, S. 171 (173).

1384 Kittner/Zwanziger/*Appel*, § 95 Rn 17.

1385 BAG, Urt. v. 30.07.1985, AP Nr. 13 zu § 65 HGB = NZA 1986, 474.

wenn besondere Umstände vorliegen, die nach Treu und Glauben einen ausdrücklichen Widerspruch erwarten lassen.[1386] Wirkt sich aber die vom Arbeitgeber angebotene Vertragsänderung sofort und nicht erst in einem gewissen zeitlichen Abstand auf das Arbeitsverhältnis aus, so soll in der widerspruchslosen Fortsetzung der Tätigkeit eine stillschweigende Annahme des Angebots durch den Arbeitnehmer zu sehen sein.[1387]

2. Direktionsrecht

Einer Änderungskündigung bedarf es mit Blick auf das Ultima-Ratio-Prinzip nicht, wenn sich die einseitig angeordnete Änderung von Arbeitsbedingungen durch den Arbeitgeber innerhalb seines Direktionsrechts bewegt. Grenzen und Umfang des Direktionsrechts sind im Einzelfall schwierig zu bestimmen. Soweit es um arbeitsbegleitendes Verhalten geht, wie Torkontrollen, Rauchverbot oder Tragen einer angemessenen Schutzkleidung,[1388] können die Maßnahmen ohne Änderungskündigung, also durch schlichte Ausübung des Direktionsrechts, umgesetzt werden. Steht im Mittelpunkt die Arbeitspflicht, gestaltet sich die Abgrenzung schwieriger. Vor allem bei der Zuweisung einer anderen Tätigkeit, häufig je nach Inhalt des Arbeitsvertrages und bestehender kollektivrechtlicher Bestimmung einer Versetzung, kann eine Änderungskündigung erforderlich sein.[1389] 508

Auch die lange andauernde Zuweisung einer Tätigkeit kann im Einzelfall dazu führen, dass sich die Arbeitspflicht konkretisiert hat und deshalb ändernde Weisungen nicht mehr vom Direktionsrecht gedeckt sind.[1390] Wann eine Konkretisierung der Arbeitspflicht vorliegt, wird von der Rechtsprechung nicht einheitlich beantwortet. So kann eine Konkretisierung der Arbeitszeit nach Ablauf von zehn Jahren eingetreten sein,[1391] nach mehr als zehn Jahren kann es aber, jedenfalls im öffentlichen Dienst, gleichwohl an einer Konkretisierung fehlen.[1392] Der Rechtsprechung des BAG ist die Tendenz zu entnehmen, dass (jedenfalls für den Bereich des öffentlichen Dienstes) eine Konkretisierung der Arbeitspflicht nur noch in ganz seltenen Ausnahmefällen angenommen werden kann. Selbst nach 26 Jahren einer Tätigkeit als Stationsschwester einer Krankenhausabteilung nimmt das BAG keine Konkretisierung an, wenn der Stationsschwester die Leitung einer anderen Abteilung innerhalb des Krankenhauses übertragen wird.[1393] Im öffentlichen Dienst kann kein Arbeitnehmer darauf vertrauen, dass die Übertragung dauerhaft Vertragsinhalt geworden ist. Dies gilt sowohl hinsichtlich des Arbeitsortes als auch hinsichtlich der Lage der Arbeitszeit.[1394] Außerhalb des öffentlichen Dienstes kommt es bei der Abgrenzung zwischen Direktionsrecht und Änderungskündigung darauf an, ob die vom Arbeitgeber übertragenen Aufgaben gleichwertig sind, von Notfällen abgesehen. Was als gleichwertig anzusehen ist, bestimmt die soziale Anschauung.[1395] 509

In ständiger Rechtsprechung judiziert das BAG,[1396] eine Änderungskündigung könne auch dann sozial gerechtfertigt sein, wenn die geänderten Arbeitsbedingungen auch durch schlichte direktionsrechtliche Weisung zu erreichen sei. Die unter Vorbehalt angenommene Änderungskündigung stelle die gleichen Arbeitsbedingungen her wie eine entsprechende Weisung aufgrund des Direktionsrechts des Arbeitgebers. Die Möglichkeit, eine Änderung der aktuellen Arbeitsbedingungen 510

1386 BAG, Urt. v. 12.02.1985, AP Nr. 12 zu § 1 BetrAVG = DB 1985, 2055.
1387 *Schaub*, Arbeitsrechts-Handbuch, § 32 Rn 27.
1388 LAG Hamm, Urt. v. 22.10.1991, LAGE § 611 BGB Direktionsrecht Nr. 11; LAG Frankfurt a.M., Urt. v. 06.07.1989, LAGE § 611 BGB Direktionsrecht Nr. 5.
1389 *V. Hoyningen-Huene*, NZA 1993, 145; *Hromadka*, DB 1995, 2602; BAG, Urt. v. 30.08.1995, EzA § 611 BGB Direktionsrecht Nr. 14.
1390 BAG, Urt. v. 23.06.1992, EzA § 611 BGB Direktionsrecht Nr. 12; BAG, Urt. v. 24.04.1995, § 611 BGB Direktionsrecht Nr. 18.
1391 BAG, Urt. v. 21.01.1988 – AZR 533/87 (n.v.).
1392 BAG, Urt. v. 11.10.1995, EzA § 242 BGB Betriebliche Übung Nr. 33.
1393 BAG, Urt. v. 24.04.1994, EzA § 611 BGB Direktionsrecht Nr. 18.
1394 BAG, Urt. v. 11.10.1995, EzA § 242 BGB Betriebliche Übung Nr. 33.
1395 *Birk*, AR-Blattei, D Direktionsrecht I. C. I. 2.
1396 BAG, Urt. v. 26.01.1995, AP Nr. 36 zu § 2 KSchG 1969 = NZA 1995, 626.

durch Ausübung des Direktionsrechts zu bewirken, führe deshalb bei Annahme des mit der Änderungskündigung verbundenen Angebots unter Vorbehalt nicht zur Unwirksamkeit der Änderung der Arbeitsbedingungen aus dem Gesichtspunkt der Verhältnismäßigkeit. Unverhältnismäßig wäre allenfalls das Element der Kündigung, nicht dagegen das mit der Kündigung verbundene Änderungsangebot.[1397] Mit zutreffender Begründung weist *Berkowsky*[1398] kritisch darauf hin, dass, wenn der Arbeitgeber die Änderung der Arbeitsbedingungen durch vertragskonforme Gestaltung, etwa über sein Direktionsrecht oder durch die Ausübung eines Änderungs- oder Widerrufsvorbehalts, erreichen kann, eine Änderungskündigung des bestehenden Arbeitsvertrages weder geeignet noch erforderlich ist, um eine Änderung durchzusetzen. Eine entsprechende Änderungskündigung ist von daher per se sozial ungerechtfertigt. Ob der Arbeitnehmer die Änderung »billigerweise hinnehmen« muss, spielt für die soziale Rechtfertigung der Kündigung des bestehenden Arbeitsvertrages keine Rolle, sondern nur dafür, ob auch das Änderungselement sozial gerechtfertigt ist (§ 315 Abs. 1 BGB). Auch das LAG Berlin vertritt die Auffassung, dass eine Änderungskündigung in der Regel dann unwirksam ist, wenn die vom Arbeitgeber beabsichtigte Änderung der Arbeitsbedingungen kraft Ausübung des Direktionsrechtes herbeigeführt werden kann. Eine unwirksame Änderungskündigung könne aber in die Ausübung des Direktionsrechtes umgedeutet werden.[1399]

3. Teilkündigung

511 Die **Teilkündigung** einzelner Vertragsbestandteile, wie etwa der Vergütung, ist im Gegensatz zur Änderungskündigung **unzulässig.**[1400] Sie stellt einen einseitigen Eingriff in den Inhalt des fortbestehenden Arbeitsverhältnisses dar und ist mit dem Prinzip der Vertragsautonomie nicht vereinbar. Das Arbeitsverhältnis kann nur als Ganzes gekündigt werden. Sollen einzelne Arbeitsbedingungen gekündigt werden, bleibt nur der Weg der Änderungskündigung. Durch die Teilkündigung wird das von den Arbeitsvertragsparteien vereinbarte Äquivalenz- und Ordnungsgefüge gestört, weil sie nicht darauf Rücksicht nimmt, dass die Rechte und Pflichten der Parteien in wechselseitigen Beziehungen zueinander stehen. Durch die Teilkündigung könnte sich eine Partei der Vertragsbindung entziehen, ohne gleichzeitig auf ihre Rechte aus der Bindung zu verzichten.[1401]

4. Widerrufsvorbehalt

512 Grundsätzlich sind Vereinbarungen, die dem Arbeitgeber das Recht zur einseitigen Änderung einzelner Arbeitsbedingungen einräumen, zulässig. Nur wenn wesentliche Elemente des Arbeitsvertrages der einseitigen Änderung durch den Arbeitgeber unterliegen mit der Folge, dass das bisherige Gleichgewicht des Vertrages, also des Verhältnisses von Leistung und Gegenleistung grundlegend gestört wird, wird die Grenze des gesetzlichen Schutzes gegen Änderungskündigungen überschritten.[1402] Ist das Recht zur einseitigen Änderung der Vertragsbedingungen vertraglich vereinbart, handelt es sich, unabhängig von der gewählten Bezeichnung, um den Vorbehalt eines Widerrufes.[1403] Seine Ausübung hat nach billigem Ermessen zu erfolgen. Die Vereinbarung eines Widerrufsvorbehaltes, der zur Umgehung des Kündigungsschutzes führt, ist unwirksam.[1404]

1397 Ebenso LAG Chemnitz, Urt. v. 12.05.1993, NJ 1993, 477.
1398 *Berkowsky*, NZA 1999, 293 (299); a.A. *Fischermeier*, NZA 2000, 737 (739).
1399 LAG Berlin, Urt. v. 29.11.1999, NZA-RR 2000, 131.
1400 BAG, Urt. v. 07.10.1982, MDR 1983, 785 = AP Nr. 5 zu § 620 BGB Teilkündigung.
1401 *Becker-Schaffner*, BB 1991, 129 f.; *ders.*, ZTR 1998, 193 ff.
1402 BAG, Urt. v. 24.04.1996, PersR 1997, 179; vgl. hierz auch *Gaul*, ZTR 1998, 245 ff.
1403 BAG, Urt. v. 07.10.1982, AP Nr. 5 zu § 620 BGB Teilkündigung; BAG, Urt. v. 14.11.1990, AP Nr. 25 zu § 611 BGB Arzt-Krankenhaus-Vertrag.
1404 BAG, Urt. v. 07.10.1982, MDR 1983, 785 = AP Nr. 5 zu § 620 BGB Teilkündigung.

V. Prüfungsmaßstab

1. Allgemeines

513 Nach der ständigen Rechtsprechung des zweiten Senats des BAG[1405] ist bei einer (betriebsbedingten) Änderungskündigung das Änderungsangebot des Arbeitgebers daran zu messen, ob **dringende betriebliche Erfordernisse** gem. § 1 Abs. 2 KSchG das Änderungsangebot bedingen **(1. Prüfungsstufe)** und ob der Arbeitgeber sich **bei einem an sich anerkennenswerten Grund** zur Änderungskündigung darauf beschränkt hat, **nur** solche **Änderungen** vorzuschlagen, **die der Arbeitnehmer billigerweise hinnehmen muss (2. Prüfungsstufe)**.[1406] Einmal geschlossene Verträge sind grundsätzlich einzuhalten.[1407] Kurzgefasst lässt sich der Prüfungsmaßstab der Änderungskündigung[1408] wie folgt umschreiben:[1409] Die Änderungskündigung ist immer dann sozial gerechtfertigt, wenn die Änderung der bisherigen Arbeitsbedingungen aus verhaltensbedingten oder personenbedingten Gründen oder dringenden betrieblichen Erfordernissen i.S.d. § 1 KSchG unvermeidbar ist und die neuen Bedingungen für den Arbeitnehmer unter Berücksichtigung des Verhältnismäßigkeitsgrundsatzes annehmbar sind.[1410] Eine Änderungskündigung ist unter anderem durch dringende betriebliche Erfordernisse i.S.v. § 1 Abs. 2 KSchG bedingt, wenn sich der Arbeitgeber zu einer organisatorischen Maßnahme entschließt, bei deren innerbetrieblicher Umsetzung das Bedürfnis für die Weiterbeschäftigung des Arbeitnehmers in diesem Betrieb überhaupt oder unter Zugrundelegung des Vertragsinhalts zu den bisherigen Arbeitsbedingungen entfällt.[1411] Dies gilt auch, wenn der Arbeitgeber die gerichtlich nur auf Willkür hin zu prüfende unternehmerische Organisationsentscheidung getroffen hat, eine **Abteilung stillzulegen**, bestimmte **Arbeiten an ein anderes Unternehmen zur selbständigen Erledigung zu vergeben** und/oder an einem bestimmten **Standort zu konzentrieren**.[1412]

514 Bezüglich der sozialen Rechtfertigung der Änderungskündigung kann dem KSchG kein eindeutiger, spezifischer Prüfungsmaßstab entnommen werden.[1413] § 2 Abs. 1 KSchG enthält lediglich einen schlichten Verweis auf die einschlägigen Bestimmungen des § 1 Abs. 2 Satz 1 bis 3, Abs. 3 Satz 1 und 2 KSchG. Ein eigenständiger Regelungsgehalt kann § 2 KSchG nur insoweit beigemessen werden, als er zum Schutz des Arbeitnehmers eine Ausnahme zu den allgemeinen zivilrechtlichen Vorschriften der §§ 146, 150 Abs. 2 BGB normiert.[1414] Aus der verfahrensrechtlichen Vorschrift des § 4 KSchG kann keine materiellrechtliche Erkenntnis darüber gewonnen werden, wann eine Änderungskündigung sozial gerechtfertigt ist.[1415] Als Folge der fehlenden gesetzlichen Klarstellung ist der im Rahmen der Änderungskündigung anzulegende **Prüfungsmaßstab** im Schrifttum und in der Rechtsprechung seit jeher heftigst **umstritten**.[1416] Bei der Suche nach einem geeigneten, widerspruchsfreien Prüfungsmuster steht vorrangig in Frage, ob an die Änderungskündigung ein

1405 BAG, Urt. v. 18.11.1999, AP Nr. 55 zu § 2 KSchG 1969 = EzA § 1 KSchG Betriebsbedingte Kündigung Nr. 104; BAG, Urt. v. 01.07.1999, AP Nr. 53 zu § 2 KSchG 1969 = EzA § 2 KSchG Nr. 35.

1406 BAG, Urt. v. 23.11.2000, NZA 2001, 492 = DB 2001, 1041; vgl. auch BAG, Urt. v. 27.09.2001 – 2 AZR 246/00 (n.v.).

1407 BAG, Urt. v. 16.05.2002, NZA 2003, 147 = NJW 2003, 1139.

1408 Instruktiv zum Prüfungsmaßstab *Hromadka*, DB 2002, 1322.

1409 KR/*Rost*, § 2 KSchG Rn 98a.

1410 BAG, Urt. v. 03.11.1977, AP Nr. 1 zu § 75 BPersVG; *v. Hoyningen-Huene/Linck*, § 2 KSchG Rn 54, 64; *Löwisch*, § 2 KSchG Rn 25.

1411 BAG, Urt. v. 27.01.2001, EzA § 2 KSchG Nr. 41 = RdA 2002, 372.

1412 BAG, Urt. v. 21.02.2002, DB 2002, 2276 = EzA § 2 KSchG Nr. 45.

1413 A.A. aber LAG Berlin v. 30.06.1997, NZA-RR 1998, 257 (258) = LAGE § 2 KSchG Nr. 27 unter Hinw. auf § 4 Satz 2 KSchG.

1414 A.A. *Schaub*, Änderungskündigung, S. 73, der § 2 Satz 1 KSchG als Legaldefinition des Begriffes der Änderungskündigung des Arbeitgebers wertet.

1415 *Berkowsky*, Die betriebsbedingte Änderungskündigung, S. 27 ff.; vgl. auch *Holthausen*, Betriebliche Personalpolitik und »freie Unternehmerentscheidung«.

1416 KR/*Rost*, § 2 KSchG Rn 78 ff.; Ascheid/Preis/Schmidt/*Künzl*, § 2 KSchG Rn 172 ff.; *Schaub*, Änderungskündigung, S. 73 (86 ff.); *Berkowsky*, NZA 2000, 1129 ff.

anderer, milderer Prüfungsmaßstab als an die ausschließlich auf die Beendigung des Arbeitsverhältnisses gerichtete Kündigung anzulegen ist. Im Kern geht es darum, ob und ggf. wie sich das Änderungsangebot auf die Beurteilung der Sozialwidrigkeit auswirkt. Konsens besteht insoweit, als allgemein anerkannt ist, dass das Vorliegen eines Änderungsangebots die Änderungskündigung nicht schlechthin zu rechtfertigen vermag. Umstritten ist hingegen, ob die Änderungskündigung auch dann sozial gerechtfertigt ist, wenn die zu ihrem Ausspruch führenden Gründe eine Beendigungskündigung nicht rechtfertigen könnten.[1417]

515 Bei der Prüfung der Sozialwidrigkeit der Änderungskündigung stellt das BAG[1418] nicht auf die Beendigung des Arbeitsverhältnisses, sondern auf das Änderungsangebot und seine soziale Rechtfertigung ab. Zwar spricht es nicht explizit aus, dass an die soziale Rechtfertigung einer Änderungskündigung mildere Anforderungen zu stellen sind als an eine Beendigungskündigung.[1419] Indem es aber den Vertragsinhaltsschutz gegenüber dem Bestandsschutz stark in den Vordergrund rückt, lässt es eine entsprechende Tendenz deutlich erkennen.[1420] So formuliert das BAG in seiner Entscheidung vom 19.05.1993:[1421] »Für die Änderungskündigung nach § 2 KSchG müssen hinsichtlich ihrer sozialen Rechtfertigung zunächst die Voraussetzungen nach § 1 Abs. 2 Satz 1 bis 3 KSchG vorliegen. Hierbei ist zunächst die soziale Rechtfertigung der angebotenen Vertragsänderung zu überprüfen. (…) Auch bei einer Ablehnung des Änderungsangebotes durch den Arbeitnehmer ist nicht auf die Beendigung des Arbeitsverhältnisses, sondern auf das Änderungsangebot und seine soziale Rechtfertigung abzustellen.«

516 Sowohl bei Annahme als auch bei Ablehnung der Änderung der Arbeitsbedingungen durch den Arbeitnehmer, steht somit nach Auffassung des BAG das Änderungsangebot des Arbeitgebers in der Regel im Mittelpunkt der Prüfung der Sozialwidrigkeit.[1422] Nach einer Ablehnung des Angebots sind drei Fallgestaltungen denkbar:

- Fehlt es an dringenden betrieblichen, persönlichen oder verhaltensbedingten Gründen für die Änderung der Arbeitsbedingungen, ist die Änderungskündigung unwirksam. Dass der Arbeitnehmer in diesen Fällen das Änderungsangebot nicht angenommen hat, ist unschädlich, die Änderungskündigung ist sozial nicht gerechtfertigt.
- Ergibt die Prüfung, dass die Fortsetzung des Arbeitsverhältnisses zu den bisherigen Bedingungen gemessen an den Kriterien des § 1 Abs. 2 KSchG nicht mehr möglich ist und bildet das vom Arbeitgeber mit der Änderungskündigung erteilte Angebot unstreitig oder nachgewiesen die einzige Möglichkeit der Weiterbeschäftigung, führt die Ablehnung des Arbeitnehmers zur sozialen Rechtfertigung der Änderungskündigung. Wegen des Fehlens eines Vorbehaltes wird in diesem Falle die Klage nach § 4 Satz 1 KSchG abgewiesen.
- Ist eine Fortsetzung des Arbeitsverhältnisses zu den bisherigen Arbeitsbedingungen nicht möglich und beruft sich der Arbeitnehmer auf die Unverhältnismäßigkeit des Änderungsangebots muss das Änderungsangebot in die Prüfung einbezogen werden, unabhängig von Ablehnung oder

1417 Vgl. Ascheid/Preis/Schmidt/*Künzl*, § 2 KSchG Rn 172 ff.; *Schwerdtner*, FS 25 Jahre BAG 1979, S. 555 (562 f.); *Berkowsky*, Die betriebsbedingte Änderungskündigung, S. 51 ff.

1418 BAG, Urt. v. 28.04.1982, AP Nr. 3 zu § 2 KSchG 1969; BAG, Urt. v. 03.11.1977, AP Nr. 1 zu § 75 BPersVG.

1419 Das Vorgenannte gilt nicht bei der Änderungskündigung zur Entgeltherabsetzung. Für diesen Bereich betont das BAG in zwei Entscheidungen aus dem Jahr 1998 – BAG, Urt. v. 20.08.1998, EzA § 2 KSchG Nr. 31 = NZA 1999, 255; BAG, Urt. v. 12.11.1998, NZA 1999, 471 = EzA § 2 KSchG Nr. 33 – ausdrücklich, dass die Anforderungen an die betriebsbedingte Änderungskündigung nicht hinter denen einer Beendigungskündigung zurückstehen dürfen. Zustimmend insoweit *Fischermeier*, NZA 2000, 737 (742 f.).

1420 Hierzu *Schwerdtner*, FS 25 Jahre BAG 1979, S. 555 (565); *Berkowsky*, Die betriebsbedingte Änderungskündigung, S. 61 ff.

1421 BAG, Urt. v. 19.05.1993, AP Nr. 31 zu § 2 KSchG 1969 = NZA 1993, 1075.

1422 BAG, Urt. v. 24.04.1997, EzA § 2 KSchG Nr. 26; BAG, Urt. v. 19.05.1993, AP Nr. 31 zu § 2 KSchG 1969 = NZA 1993, 1075; BAG, Urt. v. 15.03.1991, EzA § 2 KSchG Nr. 16; BAG, Urt. v. 13.10.1982, AP Nr. 1 zu § 60 MTB II; BAG, Urt. v. 28.04.1982, EzA § 2 KSchG Nr. 4; *Hromadka*, NZA 1996, 3; *Kittner*, NZA 1997, 969; *Zirnbauer*, NZA 1995, 1076.

Annahme, da nur auf diesem Wege geklärt werden kann, ob eine Weiterbeschäftigung zu weniger einschneidend geänderten Bedingungen möglich war.[1423] Ein Unterfall dieser Variante liegt regelmäßig vor, wenn es nicht um die Änderung durch Umsetzung auf einen anderen freien Arbeitsplatz geht, sondern um eine Verschlechterung der Arbeitsbedingungen bei einem an sich unverändertem Arbeitsplatz, also beispielsweise bei Lohnsenkungen.

Ausgehend von der Erkenntnis, dass es sich bei der Änderungskündigung um eine echte Beendigungskündigung handelt, ist der Ausspruch einer Änderungskündigung nur dann sozial gerechtfertigt, wenn auch eine Beendigungskündigung des Arbeitsverhältnisses rechtswirksam erklärt werden könnte. Unter Berücksichtigung der Struktur der Änderungskündigung ist es zwingend geboten, im Wege einer **echten Stufenprüfung** stringent zwischen dem Kündigungselement und dem Vertragsangebot zu differenzieren.[1424] Das heißt, auch bei der Änderungskündigung muss zunächst die Kündigung sozial gerechtfertigt und auch sonst wirksam sein, bevor man nachfolgend auf einer zweiten Stufe das Angebot auf seine Zumutbarkeit hin prüft.[1425] Mit dem Festhalten am »normalen« Prüfungsmaßstab wird dem Arbeitgeber nicht mehr abverlangt, als allgemein gültigen schuldrechtlichen Grundsätzen entspricht, nämlich einen geschlossenen Vertrag ohne Änderungen bis zur Grenze der Zumutbarkeit einzuhalten.[1426] Hieran kann auch der Charakter des Arbeitsvertrages als Dauerschuldverhältnis nichts ändern. Die Änderungskündigung ist solange keine Wohltat, wie ein Verlust des Arbeitsplatzes durch eine reine Beendigungskündigung nicht möglich ist.[1427] 517

2. Prüfungsmaßstab bei der personenbedingten Änderungskündigung

Vermag der Arbeitnehmer die von ihm geschuldete Arbeitsleistung aus Gründen, die in seiner Person liegen, nicht mehr zu erbringen, weil er etwa seinen Führerschein eingebüßt hat oder weil er im Hinblick auf eine altersbedingte Minderung seiner Leistungsfähigkeit zu bestimmten Tätigkeiten nicht mehr in der Lage ist, kann der Arbeitgeber eine Änderungskündigung mit dem Ziel aussprechen, die Arbeitsbedingungen zu ändern und den Arbeitnehmer künftig auf einem anderen Arbeitsplatz zu veränderten Bedingungen zu beschäftigen.[1428] Der Prüfungsgegenstand der Änderungskündigung unterscheidet sich von dem der Beendigungskündigung nur dahin gehend, dass die krankheitsbedingten Gründe bei der Änderungskündigung der Weiterbeschäftigung zu den bisherigen Bedingungen entgegenstehen müssen, während sie bei der Beendigungskündigung der Weiterbeschäftigung überhaupt entgegenstehen müssen.[1429] Hat der Arbeitgeber einem mit Personenbeförderung beauftragten Kraftfahrer gegenüber eine personenbedingte Änderungskündigung (Versetzung in die Hofkolonne) ausgesprochen, weil der TÜV aufgrund einer medizinisch-psychologischen Untersuchung die mangelnde Eignung des Arbeitnehmers festgestellt hatte, kann das TÜV-Gutachten durch einen gerichtlich beauftragten Sachverständigen überprüft werden. Erweist sich, dass das erste Gutachten fehlerhaft und unbrauchbar in dem Sinne war, dass es nicht einmal als Grundlage für ernste, nicht ausräumbare Zweifel an der Eignung des Klägers herangezogen werden kann, ist die Änderungs- 518

1423 KR/*Rost*, § 2 KSchG Rn 95.

1424 So *Pauly*, DB 1997, 2378 (2381); *Zirnbauer*, NZA 1995, 1073 (1076).

1425 Hierzu *Schwerdtner*, FS 25 Jahre BAG 1979, S. 555 (566 f.); *Isenhardt*, FS Hanau 1999, S. 221 (234 und 236); *Berkowsky*, Die betriebsbedingte Änderungskündigung, S. 80 f.; *ders.*, BB 1999, 1266 (1267); *ders.*, DB 1999, 1606 (1607 f.); *Boewer*, Brennpunkte des Arbeitsrechts 1996, S. 281 (304 f.); *Berger/Delhey*, DB 1991, 1571 (1573); *Precklein*, Prüfungsmaßstab bei der Änderungskündigung, S. 62 ff.; Kittner/Däubler/Zwanziger/*Kittner*, § 2 KSchG Rn 138 »Bei der Sozialwidrigkeitsprüfung der Änderungskündigung wird nicht mit weniger strengen Maßstäben gemessen.«.

1426 *Schwerdtner*, FS 25 Jahre BAG 1979, S. 555 (569).

1427 *Schwerdtner*, FS 25 Jahre BAG 1979, S. 555 (569); *Boewer*, Brennpunkte des Arbeitsrechts 1996, S. 281 (304); *ders.*; BB 1996, 2618 (2619 f.); *Berkowsky*, NZA 1999, 296 (297).

1428 Kittner/Zwanziger/*Appel*, § 95 Rn 22.

1429 LAG Frankfurt a.M., Urt. v. 10.02.1999 – 2 Sa 185/98 (n.v.).

kündigung unwirksam. Es kommt nicht darauf an, dass das gerichtlich eingeholte Gutachten positiv die Eignung des Klägers feststellt.[1430]

3. Prüfungsmaßstab bei der verhaltensbedingten Änderungskündigung

519 Der Arbeitgeber kann eine Änderungskündigung aus verhaltensbedingten Gründen aussprechen, wenn der Arbeitnehmer an seinem bisherigen Arbeitsplatz aufgrund seines Verhaltens nicht mehr weiterbeschäftigt werden kann. Auch bei Ausspruch einer Änderungskündigung gegenüber dem Arbeitnehmer ist im Falle der Störungen im sog. Leistungsbereich in der Regel zuvor eine vorherige vergebliche Abmahnung des Arbeitgebers erforderlich.[1431] Autoritärer Führungsstil und mangelnde Fähigkeit zur Menschenführung können bei einem sog. unkündbaren Arbeitnehmer eine außerordentliche personenbedingte (Änderungs-) Druckkündigung nach § 55 Abs. 1 BAT rechtfertigen.[1432] Aufgrund ärztlichen Fehlbefundes in einem einzigen Fall besteht ein anerkennenswertes Interesse daran, einen (teilweise) fachlich nicht hinreichend ausgewiesenen Oberarzt in entsprechend verantwortlicher Tätigkeit nicht mehr einzusetzen (Änderungskündigung: Fortsetzung als Assistenzarzt).[1433] Die ordentliche Änderungskündigung eines Fernmeldehandwerkers bei der Deutschen Bundespost wegen seiner DKP-Zugehörigkeit und damit verbundener Aktivitäten ist nur dann durch Gründe, die im Verhalten des Arbeitnehmers liegen, bedingt, wenn eine konkrete Störung des Arbeitsverhältnisses, sei es im Leistungsbereich, im Bereich der betrieblichen Verbundenheit aller Mitarbeiter, im personalen Vertrauensbereich oder im behördlichen Aufgabenbereich, eingetreten ist.[1434]

4. Prüfungsmaßstab bei der betriebsbedingten Änderungskündigung

520 In der Praxis bedeutsamster Anwendungsfall der Änderungskündigung ist der Ausspruch der betriebsbedingten Änderungskündigung. Eine Änderungskündigung wird durch betriebliche Erfordernisse bedingt, wenn eine Weiterbeschäftigung des Arbeitnehmers zu unveränderten Bedingungen aufgrund innerbetrieblicher Umstände (Unternehmerentscheidungen wie Rationalisierungsmaßnahmen, Umstellung oder Einstellung der Produktion) oder außerbetrieblicher Gründe (Auftragsmangel, Umsatzrückgang) nicht mehr möglich ist. Dabei stellt weder die Änderungskündigung selbst noch allein die Absicht, Lohnkosten zu senken, eine von den Gerichten für Arbeitssachen ohne weiteres zu respektierende unternehmerische Entscheidung dar. Erst wenn der Arbeitgeber aufgrund seines Motivs der Lohnkosteneinsparung konkrete Maßnahmen im betrieblichen Bereich beschließt, liegt eine unternehmerische Entscheidung vor. »Dringend« ist die beabsichtigte Änderung der Arbeitsbedingungen nur dann, wenn sie in Anbetracht der betrieblichen Situation unvermeidbar ist. Für den Arbeitgeber darf nicht die Möglichkeit bestehen, durch andere Maßnahmen auf technischem, organisatorischem oder wirtschaftlichem Gebiet der betrieblichen Lage Rechnung zu tragen.[1435] Die Gleichbehandlung mit anderen Arbeitnehmern stellt kein dringendes betriebliches Erfordernis i.S.v. § 1 Abs. 2 Satz 1 KSchG dar, das die Verschlechterung einer arbeitsvertraglichen Vergütungsregelung im Wege der Änderungskündigung bedingen kann. Auch dass sich der Arbeitgeber auf eine die angestrebte Neuregelung vorgebende Gesamtbetriebsvereinbarung berufen kann, erleichtert die Änderungskündigung nicht.[1436] Eine Änderungskündigung, die auf einer tarifwidrigen

1430 LAG Köln, Urt. v. 09.02.2000, NZA 2001, 34.
1431 LAG Hamm, Urt. v. 10.05.1983, ZIP 1983, 985.
1432 BAG, Urt. v. 31.01.1996, AP Nr. 13 zu § 626 BGB Druckkündigung = NZA 1996, 581.
1433 LAG Baden-Württemberg, Urt. v. 18.02.1997 – 14 Sa 97/94 (n.v.), Revision eingelegt unter Az. 2 AZR 448/97.
1434 BAG, Urt. v. 20.07.1989, AP Nr. 2 zu § 1 KSchG 1969 Sicherheitsbedenken.
1435 BAG, Urt. v. 12.12.1996, EzA § 2 KSchG Nr. 32; vgl. auch BAG, Urt. v. 20.03.1986, AP Nr. 14 zu § 2 KSchG 1969; BAG, Urt. v. 20.02.1988, AP Nr. 11 zu § 1 KSchG 1969.
1436 BAG, Urt. v. 20.01.2000, NZA 2000, 592 = AP Nr. 40 zu § 103 BetrVG 1972.

Arbeitszeitgestaltung beruht, ist sozial ungerechtfertigt, §§ 2, 1 Abs. 2 KSchG.[1437] Ein Änderungsangebot zur Lage der Arbeitszeit einer teilzeitbeschäftigten Arbeitnehmerin, das im Verhältnis zu Vollzeitbeschäftigten gegen § 2 BeschFG (nunmehr § 4 TzBfG) verstößt, führt zur Sozialwidrigkeit der entsprechenden Änderungskündigung.[1438]

VI. Fallgruppen

1. Änderung der Arbeitsbedingungen

Ein dringendes betriebliches Erfordernis zur Änderung der Arbeitsbedingungen kann in Betracht kommen, wenn die Parteien eine Nebenabrede zum Arbeitsvertrag vereinbart haben, die an Umstände anknüpft, die erkennbar nicht während der gesamten Dauer des Arbeitsverhältnisses gleichbleiben müssen. Möchte sich der Arbeitgeber wegen veränderter Umstände von einer solchen Nebenabrede lösen, so kann dies eine Änderungskündigung erforderlich machen, wenn die Parteien nicht von vornherein in der Nebenabrede einen Widerrufsvorbehalt vereinbart haben. Änderungskündigungen zur **Anpassung vertraglicher Nebenabreden** (zum Beispiel kostenlose Beförderung zum Betriebssitz, Fahrtkostenzuschuss, Mietzuschuss) an geänderte Umstände unterliegen nicht den gleichen strengen Maßstäben wie Änderungskündigungen zur Entgeltabsenkung.[1439] Entschließt sich der Arbeitgeber, Mehrarbeit verstärkt durch Freizeitausgleich abzugelten, kann dies je nach den Umständen eine Änderungskündigung mit dem Ziel sozial rechtfertigen, von der vereinbarten pauschalierten Mehrarbeitsvergütung zur »Spitzabrechnung« der tatsächlich geleisteten Mehrarbeit überzugehen.[1440] 521

Wurde im Arbeitsvertrag vereinbart, dass der Arbeitseinsatz nur an einem bestimmten Ort erfolgen soll, so bedeutet diese bewusste Beschränkung des Einsatzortes des Arbeitnehmers eine Beschränkung des Direktionsrechts des Arbeitgebers. Die Versetzung an einen anderen **Beschäftigungsort** kann dann nur noch mit dem Einverständnis des Arbeitnehmers oder durch eine Änderungskündigung des Arbeitgebers erfolgen.[1441] 522

Bei der Organisationsentscheidung in einem Werksarztzentrum Krankenschwestern zukünftig nicht mehr allein an einem Standort, sondern sie unter Nutzung ihrer Qualifikation rollierend in der Weise einzusetzen, dass sie dem Bedarf entsprechend an unterschiedlichen Standorten zur Betreuung der Mitgliedsfirmen bzw. deren Arbeitnehmer tätig werden, handelt es sich um ein unternehmerisches Konzept. Es muss dem Bereich der unternehmerischen Disposition zugerechnet werden, das keiner Zweckmäßigkeitskontrolle durch das Arbeitsgericht unterliegt. Eine zur Umsetzung des Konzeptes ausgesprochene Änderungskündigung entspricht dem Verhältnismäßigkeitsgrundsatz und ist sozial gerechtfertigt, wenn sich die betroffene Krankenschwester lediglich auf ihren bisherigen Besitzstand beruft und der unternehmerischen Entscheidung eine ausreichende Plausibilität abspricht.[1442]

2. Änderung der Arbeitszeit

Nach der bisherigen Rechtsprechung des BAG[1443] vor In-Kraft-Treten des TzBfG am 01.01.2001 ist die Entscheidung über die Kapazität an Arbeitskräften und Arbeitszeit sowie die damit zusammenhängende Entscheidung über die Verteilung dieser Kapazität dem Bereich der »freien«, die Gerichte bindenden Unternehmerentscheidung zuzuordnen. Die Entscheidung, mit welcher Anzahl 523

1437 BAG, Urt. v. 18.12.1997, AP Nr. 46 zu § 2 KSchG 1969 = NZA 1998, 304.
1438 BAG, Urt. v. 24.04.1997, AP Nr. 42 zu § 2 KSchG 1969 = NZA 1997, 1047.
1439 BAG, Urt. v. 27.03.2003, AP Nr. 72 zu § 2 KSchG 1969 = DB 2003, 1962.
1440 BAG, Urt. v. 23.11.2000, NZA 2001, 492 = DB 2001, 1041.
1441 LAG Niedersachsen, Urt. v. 20.08.2001 – 5 Sa 241/01 (n.v.).
1442 LAG Düsseldorf, Urt. v. 26.05.1999, DB 2000, 1029.
1443 BAG, Urt. v. 24.04.1997, AP Nr. 42 zu § 2 KSchG = NZA 1997, 1047.

von Arbeitskräften der Unternehmer nach Durchführung des innerbetrieblichen Organisationsaktes die verbleibende Arbeitsmenge durchführen lässt, liegt in seinem Ermessen. Die Rechtsprechung erkennt somit bislang vom Grundsatz her eine innerbetriebliche Organisationsfreiheit des Arbeitgebers hinsichtlich Dauer und Lage der Arbeitszeit an. Dem Arbeitgeber obliegt die Bestimmung des organisatorischen Konzepts beziehungsweise die Gestaltung des Stellenplans.[1444] Die Organisationsentscheidung, ob ein umfangmäßig konkretisierter Dienstleistungsbedarf nur mit Vollzeits- oder teilweise auch mit Halbtagsbeschäftigungen abgedeckt werden soll, gehört zum Bereich der Unternehmenspolitik.[1445]

524 Diese Grundsätze des BAG bedürfen nach In-Kraft-Treten des TzBfG der Ergänzung beziehungsweise der Neubestimmung. Nach § 8 Abs. 1 TzBfG kann ein Arbeitnehmer, dessen Arbeitsverhältnis länger als sechs Monate bestanden hat, verlangen, dass seine vertraglich vereinbarte Arbeitszeit verringert wird. Die Neuregelung führt somit zu einer Einschränkung der unternehmerischen Entscheidungsfreiheit. Nach § 8 Abs. 4 TzBfG hat der Arbeitgeber der Verringerung der Arbeitszeit zuzustimmen und ihre Verteilung entsprechend den Wünschen des Arbeitnehmers festzulegen, soweit betriebliche Gründe nicht entgegenstehen. Ein betrieblicher Grund liegt insbesondere vor, wenn die Verringerung der Arbeitszeit die Organisation, den Arbeitsablauf oder die Sicherheit im Betrieb wesentlich beeinträchtigt oder unverhältnismäßige Kosten verursacht.

525 Angesichts des gesetzlich normierten Teilzeitanspruchs und des mit ihm verfolgten Ziels einer Ausweitung der Teilzeitarbeit durch mehr Flexibilität und größere Zeitsouveränität für die Arbeitnehmer lässt sich zunächst feststellen, dass ein pauschales, unsubstantiiertes Konzept des Unternehmers, das schlicht dahin geht, in seinem Unternehmen keine Teilzeit zuzulassen, dem Teilzeitwunsch des Arbeitnehmers nicht entgegengestellt werden kann. Anderenfalls liefe der gesetzliche Teilzeitanspruch leer. Eine nur pauschal begründete Ablehnung des Teilzeitanspruchs ist nicht ausreichend.[1446] Der bloße Vortrag künftig die anfallenden Arbeiten nur noch mit Vollzeit- oder nur noch mit Teilzeitkräften zu erledigen, reicht nicht aus, um diese Arbeitnehmer aus der Sozialauswahl auszunehmen. Erforderlich sind vielmehr konkrete Darlegungen zu einem nachvollziehbaren, unternehmerischen Konzept der Arbeitszeitgestaltung.[1447]

526 Betriebliche Erfordernisse können vorliegen, wenn der Arbeitgeber aus sachlich nachvollziehbaren Gründen festlegt, dass Dienstleistungen nur mit Vollzeitbeschäftigten oder mit Vollzeit- und Teilzeitbeschäftigten durchgeführt werden.[1448] Gleiches gilt bei Umwandlung von Vollzeit- in Teilzeitbeschäftigungen aus technischen oder organisatorischen Gründen.[1449] Auch die Umwandlung von Halbtags- in Ganztagsbeschäftigungen aus technischen oder organisatorischen Gründen kann aus betrieblichen Erfordernissen folgen.[1450] Betrieblichen Erfordernissen kann die Änderung der Verteilung der Arbeitszeit auf die einzelnen Wochentage entsprechen,[1451] aber auch die Einführung von Samstagsarbeit oder ein geändertes Schichtmodell.[1452] Die Einführung eines Modells zur Arbeitszeitflexibilisierung[1453] kann ebenso zu den betrieblichen Erfordernissen gehören wie der

1444 *Kliemt*, NZA 2001, 63 (65).

1445 BAG v. 19.05.1993, EzA § 1 KSchG Betriebsbedingte Kündigung Nr. 73 = AP Nr. 31 zu § 2 KSchG = NZA 1993, 1075; *Kliemt*, NZA 2001, 63 (65).

1446 ArbG Mannheim v. 20.11.2001, NZA-RR 2002, 78; ArbG Franfurt a.M. v. 07.03.2002 – 18 Ca 6836/01 (n.v.).

1447 Vgl. BAG, Urt. v. 12.08.1999, NZA 2000, 30.

1448 BAG, Urt. v. 19.05.1993, NZA 1993, 1075.

1449 BAG, Urt. v. 19.05.1993, NZA 1993, 1075.

1450 LAG Hamburg, Urt. v. 20.11.1996, LAGE § 2 KSchG Nr. 25; LAG Berlin, Urt. v. 10.09.1996, DB 1997, 1086; LAG Rheinland-Pfalz, Urt. v. 10.05.1988, NZA 1989, 273 f.

1451 BAG, Urt. v. 24.04.1997, NZA 1997, 1047.

1452 BAG, Urt. v. 18.12.1997, DB 1998, 477.

1453 ArbG Siegen, Urt. v. 24.10.1997, AiB 1998, 179.

Abbau vertraglich vereinbarter Überstunden durch Neuverteilung der Arbeit,[1454] schließlich auch die Verteilung der Arbeitszeit während des Kalenderjahres außerhalb der Schulferien.[1455]

3. Befristung

Die nachträgliche Befristung eines zunächst auf unbestimmte Zeit eingegangenen Arbeitsverhält- 527
nisses kann im Wege der Änderungskündigung erfolgen. Die Änderung der Arbeitsbedingungen ist allerdings unter anderem dann unwirksam, wenn die Befristung nicht aus sachlichen Gründen gerechtfertigt ist.[1456]

4. Betriebsübergang

Geht ein Betrieb oder Betriebsteil dadurch auf den Erwerber über, dass dieser die Identität der 528
wirtschaftlichen Einheit durch die Einstellung der organisierten Hauptbelegschaft und durch deren Einsatz auf ihren alten Arbeitsplätzen mit unveränderten Aufgaben vornimmt, haben die gekündigten Arbeitnehmer einen Anspruch auf Fortsetzung des Arbeitsverhältnisses zu unveränderten Arbeitsbedingungen gegen den Betriebserwerber. Dies gilt auch dann, wenn der bisherige Betriebsinhaber keine Beendigungskündigung, sondern eine – wirksame – Änderungskündigung ausgesprochen und der Arbeitnehmer die geänderten Arbeitsbedingungen unter dem Vorbehalt der sozialen Rechtfertigung angenommen hat. Kommt es nach Ausspruch der Änderungskündigung und der Erklärung des Vorbehaltes zu einem Betriebsübergang, hat der Arbeitnehmer ein Wahlrecht, ob er das Arbeitsverhältnis zu geänderten Arbeitsbedingungen bei dem bisherigen Betriebsinhaber fortsetzt oder ob er die Fortsetzung des Arbeitsverhältnisses zu unveränderten Arbeitsbedingungen bei dem neuen Betriebsinhaber verlangt.[1457] Wird der Küchen- und Restaurationsbetrieb eines Krankenhauses von einem Drittunternehmen nach § 613a BGB übernommen, kann eine von dem neuen Arbeitgeber zum Zweck der Lohnminderung ausgesprochene Änderungskündigung dann nach § 613a Abs. 4 BGB unwirksam sein, wenn diese Lohnminderung schon Grundlage der Kalkulation des Betriebsübernehmers bei der Betriebsveräußerung gewesen ist.[1458]

5. Entgelt

Die **Gleichbehandlung mit anderen Arbeitnehmern** stellt **kein dringendes betriebliches Erfor-** 529
dernis i.S.v. § 1 Abs. 2 Satz 1 KSchG dar, das die Verschlechterung einer arbeitsvertraglichen Vergütungsregelung im Wege der Änderungskündigung bedingen kann.[1459] Das Ziel einer Vereinheitlichung des Vergütungsgefüges rechtfertigt aus sich heraus keine Herabsetzung des Arbeitsentgelts. In einem solchen Falle fehlt es an einer unternehmerischen Entscheidung, deren Umsetzung die Entgeltminderung bedingt.[1460] Auch die Gleichbehandlung rechtfertigt in diesem Falle keine Änderungskündigung.[1461] Dass sich der Arbeitgeber auf eine die angestrebte Neuregelung vorgebende (Gesamt-)Betriebsvereinbarung berufen kann, erleichtert die Änderungskündigung nicht.[1462] Die

1454 BAG, Urt. v. 16.01.1997 – 2 AZR 240/96 (n.v.).
1455 BAG, Urt. v. 26.01.1995, AP Nr. 36 zu § 2 KSchG 1969.
1456 BAG, Urt. v. 25.04.1996, AP Nr. 78 zu § 1 KSchG 1969 Betriebsbedingte Kündigung = NZA 1996, 1197; BAG, Urt. v. 08.07.1998, AP Nr. 201 zu § 620 BGB Befristeter Arbeitsvertrag = NZA 1999, 81.
1457 LAG Hamm, Urt. v. 05.03.1999, InVo 1999, 380; im Anschl. an BAG, Urt. v. 27.02.1997, AP Nr. 1 zu § 1 KSchG 1969 Wiedereinstellung; BAG, Urt. v. 13.11.1997, AP Nr. 169 zu § 613a BGB; BAG, Urt. v. 12.11.1998, NZA 1999, 311 = DB 1999, 485.
1458 LAG Köln, Urt. v. 12.10.1995, NZA-RR 1996, 32.
1459 BAG, Urt. v. 20.01.2000, AP Nr. 40 zu § 103 BetrVG 1972 = NZA 2000, 592.
1460 LAG Köln, Urt. v. 09.08.1996 – 11 Sa 483/96 (n.v.).
1461 BAG, Urt. v. 26.05.1983, AP Nr. 34 zu § 613a BGB.
1462 BAG, Urt. v. 20.01.2000, AP Nr. 40 zu § 103 BetrVG 1972 = NZA 2000, 592; BAG, Urt. 01.07.1999, BB 1999, 2562.

Entscheidung, leistungsbezogene Vergütungsformen einzuführen, rechtfertigt keine Änderungskündigungen gegenüber Arbeitnehmern, mit denen arbeitsvertraglich ein Grundgehalt nebst widerruflicher Tantieme vereinbart wurde.[1463] Eine Änderungskündigung verbunden mit dem Angebot der Weiterbeschäftigung zu einem geringeren Gehalt verstößt gegen den Gleichbehandlungsgrundsatz und ist unwirksam, wenn der Arbeitgeber in der Vergangenheit bei gleich gelagerten Fällen stets zu erkennen gegeben hat, dass er eine Weiterbeschäftigung zu unveränderten Bedingungen als zumutbar ansieht. Dem Arbeitnehmer entsteht insoweit ein Vertrauen, das ohne ausreichenden sachlichen Grund nicht enttäuscht werden darf. Der Arbeitgeber muss seine neugefassten Unterscheidungskriterien für eine differenzierte Behandlung der Arbeitnehmer rechtzeitig offen legen, wenn er seine bisherige betriebliche Praxis und damit seine Selbstbindung wieder aufheben will.[1464]

530 Bei der Prüfung, ob ein dringendes betriebliches Erfordernis zu einer Änderung der Arbeitsbedingungen einzelner Arbeitnehmer besteht (§§ 2, 1 Abs. 2 KSchG), ist auf die wirtschaftliche Situation des Gesamtbetriebes und nicht nur die eines unselbständigen Betriebsteils abzustellen.[1465] Die Unrentabilität einer unselbständigen Betriebsabteilung stellt dann ein dringendes betriebliches Erfordernis dar, wenn sie auf das wirtschaftliche Ergebnis des Gesamtbetriebes durchschlägt und ohne Anpassung der Personalkosten Beendigungskündigungen nicht zu vermeiden wären. Eine betriebsbedingte Änderungskündigung, die eine sonst erforderlich werdende Beendigungskündigung, zum Beispiel wegen Stilllegung des Gesamtbetriebes oder einer Betriebsabteilung, vermeidet, ist grundsätzlich möglich. Die Anforderungen an eine solche Änderungskündigung sind nicht geringer anzusetzen als die Anforderungen an eine Beendigungskündigung wegen beabsichtigter (Teil-)Betriebsstilllegung.[1466]

531 Deutlich treten die strengen Prüfungsmaßstäbe, die das BAG an eine Änderungskündigung anlegt, in der Entscheidung vom 20.08.1998[1467] hervor, wenn der 2. Senat formuliert: »Bei der betriebsbedingten **Änderungskündigung zur Entgeltsenkung** ist zu berücksichtigen, dass der Arbeitgeber nachhaltig in das arbeitsvertraglich vereinbarte Verhältnis von Leistung und Gegenleistung eingreift, wenn er die vereinbarte Vergütung reduziert. Grundsätzlich sind einmal geschlossene Verträge einzuhalten und es ist anerkannt, dass Geldmangel den Schuldner nicht entlastet. Die Dringlichkeit eines schwerwiegenden Eingriffs in das Leistungs-/Lohngefüge, wie es die Änderungskündigung zur Durchsetzung einer erheblichen Lohnsenkung darstellt, ist deshalb nur dann begründet, wenn bei einer Aufrechterhaltung der bisherigen Personalkostenstruktur weitere, betrieblich nicht mehr auffangbare Verluste entstehen, die absehbar zu einer Reduzierung der Belegschaft oder sogar zu einer Schließung des Betriebes führen. Regelmäßig setzt eine solche Situation einen umfassenden Sanierungsplan voraus, der alle gegenüber der beabsichtigten Änderungskündigung milderen Mittel ausschöpft. Als solche milderen Mittel können etwa in Betracht kommen die Absenkung von freiwilligen Zulagen, Rationalisierungsmaßnahmen und sonstige Einsparungen, wobei auch die Sanierungsfähigkeit des Betriebes und eigene Sanierungsbeiträge des Arbeitgebers bzw. Dritter (Banken) zu bewerten sind.« Soll eine Jahressonderzahlung wegfallen, bedarf es einer konkreten Darlegung der Konsequenzen für den Fall, dass die damit verbundene Entgeltminderung nicht durchgesetzt werden kann. Auch beim Wegfall der Jahressonderzahlung muss der Arbeitgeber darlegen, dass im Falle der Nicht-Realisierung des Änderungssachverhalts der Betrieb oder die betroffene Abteilung in ihrem Bestand gefährdet ist.[1468] In Widerspruch zu dem vorstehend aufgezeigten strengen Prüfungsmaßstab steht es, wenn das BAG für den Bereich des öffentlichen Dienstes ausführt, eine Änderung des

1463 LAG Rheinland-Pfalz, Urt. v. 09.01.1997, LAGE § 2 KSchG Nr. 24; BAG, Urt. v. 28.04.1982, NJW 1982, 2687.
1464 LAG Köln, Urt. v. 16.08.2002 – 12 Sa 203/02 (n.v.).
1465 BAG, Urt. v. 12.11.1998, AP Nr. 51 zu § 2 KSchG 1969 = NZA 1999, 471; BAG, Urt. v. 11.10.1989, AP Nr. 47 zu § 1 KSchG 1969 Betriebsbedingte Kündigung; BAG, Urt. v. 20.08.1998, AP Nr. 50 zu § 2 KSchG 1969 = NZA 1999, 255.
1466 BAG, Urt. v. 12.11.1998, AP Nr. 51 zu § 2 KSchG 1969 = NZA 1999, 471.
1467 BAG, Urt. v. 20.08.1998, AP Nr. 50 zu § 2 KSchG 1969 = NZA 1999, 255.
1468 LAG Berlin, Urt. v. 30.06.1997, LAGE § 2 KSchG Nr. 27.

Arbeitsentgelts, beispielsweise bei fehlerhafter Eingruppierung, sei schon durch das Gebot sparsamer Haushaltsführung und Kostensenkung gerechtfertigt.[1469]

Ist eine Entgeltkürzung mittels Änderungskündigung durch dringende betriebliche Erfordernisse gerechtfertigt, ist der Arbeitgeber regelmäßig nicht berechtigt, einzelne Arbeitnehmer, auch nicht allein die Arbeitnehmer einer mit Verlust arbeitenden Abteilung, herauszugreifen und ihr Entgelt einschneidend zu kürzen, während das Entgelt der überwiegenden Mehrzahl der Belegschaft unangetastet bleibt. Wird eine Entgeltkürzung nur mit vorübergehenden wirtschaftlichen Verlusten begründet, müssen die Arbeitnehmer jedenfalls billigerweise keine Entgeltsenkung auf Dauer hinnehmen.[1470] 532

6. Rückgruppierung

Spricht der öffentliche Arbeitgeber eine Änderungskündigung aus, um bei geänderter Tätigkeit die **Eingruppierung in eine niedrigere Vergütungsgruppe** zu vollziehen, muss er zu allen Voraussetzungen der nach seiner Auffassung nunmehr zutreffenden Eingruppierung vortragen. Zur Änderung der vertraglich vereinbarten Vergütungsgruppe kann er nur dann berechtigt sein, wenn die neue Tätigkeit der von ihm angestrebten Vergütungsgruppe entspricht. Andernfalls fehlt es an einem betriebsbedingten Kündigungsgrund (§ 1 Abs. 2 KSchG). Seine Darlegungslast ist im Änderungsschutzprozess weiter gehend, als bei der sog. korrigierenden Rückgruppierung, die berechtigt sein kann, wenn auch nur eine der tariflichen Voraussetzungen für die bisherige Eingruppierung fehlt.[1471] Spricht ein Arbeitgeber einem Arbeitnehmer eine Änderungskündigung aus und versetzt er ihn unter Herabgruppierung von Vergütungsgruppe II in Vergütungsgruppe III auf einen anderen Arbeitsplatz, trägt der Arbeitgeber die Darlegungs- und Beweislast dafür, dass die neuen Tätigkeiten nur eine Bezahlung nach der niedrigeren Vergütungsgruppe rechtfertigen. Der Arbeitgeber muss in diesem **»umgekehrten Eingruppierungsrechtsstreit«** einen Tatsachenstoff vortragen, aus dem der rechtliche Schluss auf die Erfüllung der einzelnen Tätigkeitsmerkmale und ggf. Arbeitsvorgänge gezogen werden kann. Bei Heraushebungsmerkmalen ist ein entsprechender Vortrag für alle Stufen durch den Arbeitgeber zu erbringen. Wendet der Arbeitnehmer in einem Änderungsschutzverfahren, mit dem die Versetzung auf einen anderen Arbeitsplatz und eine Herabgruppierung angegriffen wird, substantiiert ein, er habe einen einzelvertraglichen Anspruch auf die vor Wirksamwerden der Änderungskündigung gezahlte höhere Vergütung, muss der Arbeitgeber darlegen und im Bestreitensfalle beweisen, dass die Tatsachen, mit denen der Arbeitnehmer schlüssig das Vorliegen einer Individualabrede begründet hat, nicht gegeben sind. Ein Arbeitnehmer, der in einem einheitlichen Arbeitsverhältnis zu seinem Arbeitgeber steht, muss nicht hinnehmen, dass durch eine Änderungskündigung, mit der die Versetzung auf einen anderen, insgesamt niedriger bewerteten, Teilarbeitsplatz unter Beibehaltung eines Teils der höher bewerteten Aufgaben durchgesetzt werden soll, sein einheitliches Arbeitsverhältnis in zwei getrennte Arbeitsverhältnisse mit zwei unterschiedlichen Arbeitsverträgen mit jeweils unterschiedlicher Vergütungsregelung aufgespalten wird. Eine solche Änderungskündigung ist sozialwidrig.[1472] Spricht der öffentliche Arbeitgeber eine Änderungskündigung aus, um bei geänderter Tätigkeit die Eingruppierung in eine niedrigere Vergütungsgruppe zu vollziehen, muss er zu allen Voraussetzungen der nach seiner Auffassung nunmehr zutreffenden Eingruppierung vortragen (§ 1 Abs. 2 Satz 4 KSchG). Zur Änderung der vertraglich vereinbarten Vergütungsgruppe kann er nur dann berechtigt sein, wenn die neue Tätigkeit der von ihm angestrebten Vergütungsgruppe entspricht. Andernfalls fehlt es an einem betriebsbedingten Kündigungsgrund (§ 1 Abs. 2 KSchG). Seine Darlegungslast ist im Änderungsschutzprozess weiter gehend, als bei der sog. korrigierenden Rückgruppierung, die berechtigt sein kann, wenn auch nur eine der tariflichen Voraussetzungen für die bisherige Eingruppierung fehlt.[1473] 533

1469 BAG, Urt. v. 26.01.1995, AP Nr. 36 zu § 2 KSchG 1969.

1470 BAG, Urt. v. 20.08.1998, AP Nr. 50 zu § 2 KSchG 1969 = NZA 1999, 255; LAG Hamm, Urt. v. 29.11.2000, LAGE § 2 KSchG Nr. 38.

1471 LAG Hamm, Urt. v. 03.05.2001 – 5 Sa 1172/00 (n.v.).

1472 LAG Bremen, Urt. v. 24.01.2002, NZA-RR 2002, 297 = EzBAT § 53 BAT Änderungskündigung Nr. 24.

1473 LAG Hamm, Urt. v. 03.05.2001, EzBAT § 53 BAT Änderungskündigung Nr. 22.

534 Wenn der Arbeitgeber den Arbeitnehmer bei Übertragung einer geringwertigeren Arbeit gleichwohl jahrelang (drei Jahre) weiterhin als sog. AT-Angestellten vergütet, kann er weder unter Berufung auf den Gleichbehandlungsgrundsatz noch auf die Notwendigkeit der Einsparung von Personalkosten mittels Änderungskündigung den Arbeitnehmer in die tätigkeitsgerechte tarifliche Gehaltsgruppe mit rund 500 EUR (= 1.000 DM) geringerer monatlicher Vergütung herabgruppieren. Der Änderungskündigung zum Zwecke der Gleichbehandlung steht zum einen die durch schlüssiges Verhalten bewirkte vertragliche übertarifliche Vergütungsregelung entgegen, zum anderen kann eine Änderungskündigung zum Zwecke der Lohnreduzierung nur begründet sein, wenn durch die Senkung der Personalkosten die Stilllegung des Betriebes oder die Reduzierung der Belegschaft vermieden wird.[1474] Eine Änderungskündigung mit dem Ziel der Herabgruppierung gegenüber einem Mitarbeiter des öffentlichen Dienstes ist auch dann gerechtfertigt, wenn diesem Mitarbeiter mehrere Jahre hinweg die zu hohe Vergütungsgruppe unter dem Gesichtspunkt des Besitzstandes weiterbezahlt worden ist und dieses Verfahren auf Grund eines Prüfberichts der Rechtsaufsichtsbehörde beanstandet worden ist.[1475] Ein Arbeitnehmer, der in einem einheitlichen Arbeitsverhältnis zu seinem Arbeitgeber (öffentlicher Dienst) steht, muss nicht hinnehmen, dass durch eine Änderungskündigung, mit der die Versetzung auf einen anderen – insgesamt niedriger bewerteten – Teilarbeitsplatz unter Beibehaltung eines Teils der – höher bewerteten – Aufgaben durchgesetzt werden soll, sein einheitliches Arbeitsverhältnis in zwei getrennte Arbeitsverhältnisse mit zwei unterschiedlichen Arbeitsverträgen mit jeweils unterschiedlicher Vergütungsregelung aufgespalten wird. Eine solche Änderungskündigung ist sozialwidrig.[1476]

VII. Mitbestimmung des Betriebsrats

535 Da es sich bei der Änderungskündigung um eine echte Kündigung handelt, ist der Betriebsrat gem. § 102 BetrVG zu beteiligen. Das Anhörungsverfahren entspricht dem Verfahren vor Ausspruch einer ordentlichen Beendigungskündigung. Der Arbeitgeber muss dem Betriebsrat im Einzelnen die Gründe für die beabsichtigte Änderung der Arbeitsbedingungen und das Änderungsangebot mitteilen.[1477] Zur ordnungsgemäßen Anhörung des Betriebsrats gehört jedenfalls dann die Angabe der Kündigungsfristen der betroffenen Arbeitnehmer, wenn sich erst daraus die Tragweite der geplanten personellen Maßnahme (Reduzierung des Weihnachtsgeldes), bezogen auf das laufende oder das nachfolgende Kalenderjahr, ermitteln lässt.[1478] Wird der Betriebsrat zunächst zu einer Änderungskündigung angehört, spricht der Arbeitgeber diese dann aber nicht aus, sondern will vielmehr nach Ablehnung des Änderungsangebots durch den Arbeitnehmer eine Beendigungskündigung aussprechen, ist der Betriebsrat hierzu vorher (nochmals) zu hören. Die Anhörung kann (vorsorglich) auch schon im Rahmen des Anhörungsverfahrens zur Änderungskündigung geschehen.[1479]

536 Der Betriebsrat kann der beabsichtigten Änderungskündigung gem. § 102 Abs. 3 BetrVG widersprechen. Liegt ein entsprechender frist- und ordnungsgemäßer Widerspruch vor, kann der Arbeitnehmer bei Ablehnung des Änderungsangebots seine Weiterbeschäftigung zu den bisherigen Arbeitsbedingungen nach § 102 Abs. 5 BetrVG verlangen.[1480] Der Weiterbeschäftigungsanspruch nach § 102 Abs. 5 BetrVG besteht nicht, wenn der Arbeitnehmer die Vorbehaltserklärung abgegeben hat, da er sich sonst in Widerspruch zu seiner eigenen Erklärung setzte. Dieses Ergebnis wird durch den Wortlaut des § 102 Abs. 5 BetrVG gestützt. Die Vorschrift erwähnt nur die Erhebung der

1474 LAG Schleswig-Holstein, Urt. v. 13.07.2000 – 4 Sa 33/00 (n.v.).
1475 LAG Brandenburg, Urt. v. 10.12.2001 – 2 Sa 222/01 (n.v.).
1476 LAG Bremen, Urt. v. 24.01.2002, NZA-RR 2002, 297.
1477 BAG, Urt. v. 10.03.1982, AP Nr. 2 zu § 2 KSchG 1969 = NJW 1982, 2839. Ausführlich zur Betriebsratsanhörung bei der Änderungskündigung KR/*Etzel*, § 102 BetrVG Rn 65; *Hohmeister*, BB 1994, 1777; *Meier*, NZA 1988, Beilage 3, 3 ff.
1478 BAG, Urt. v. 29.03.1990, NZA 1990, 894 = AP Nr. 56 zu § 102 BetrVG 1972.
1479 BAG, Urt. v. 30.11.1989, AP Nr. 53 zu § 102 BetrVG 1972 = NZA 1990, 529; KR/*Etzel*, § 102 BetrVG Rn 65 a.
1480 KR/*Rost*, § 2 KSchG Rn 118; *Küttner*, in: *Hessler/Moll*, Kündigung und Kündigungsschutz in der betrieblichen Praxis, S. 171 (181).

Kündigungsschutzklage nach § 4 Satz 1 KSchG auf Feststellung, dass das Arbeitsverhältnis durch die Kündigung nicht aufgelöst ist, nicht aber die Änderungskündigungsschutzklage nach § 4 Satz 2 KSchG.[1481]

Will der Arbeitgeber mit einer fristgerechten Änderungskündigung eine Versetzung des Arbeitnehmers i.S.v. § 95 Abs. 3 BetrVG bewirken, ist die **Zustimmung des Betriebsrats** nach § 99 BetrVG Wirksamkeitsvoraussetzung nur für die tatsächliche Zuweisung des neuen Arbeitsbereichs nach Ablauf der Kündigungsfrist. Ist die Zustimmung des Betriebsrats nach § 99 BetrVG nicht erteilt oder ersetzt, führt dies nicht zur schwebenden Unwirksamkeit der Änderungskündigung. Der Arbeitgeber kann nur die geänderten Vertragsbedingungen nicht durchsetzen, so lange das Verfahren nach § 99 BetrVG nicht ordnungsgemäß durchgeführt ist. Der Arbeitnehmer ist dann in dem alten Arbeitsbereich weiterzubeschäftigen, der ihm nicht wirksam entzogen worden ist.[1482] Werden die Beteiligungsverfahren nach § 102 BetrVG und § 99 BetrVG zusammen durchgeführt, muss der Arbeitgeber hinlänglich deutlich machen, dass beide Verfahren betrieben werden sollen.[1483] 537

VIII. Außerordentliche Änderungskündigung

Eine außerordentliche Kündigung ist nicht nur zum Zwecke der sofortigen Beendigung des Arbeitsverhältnisses, sondern beim Vorliegen eines wichtigen Grundes auch dann zulässig, wenn hierdurch eine Änderung der Arbeitsbedingungen durchgesetzt werden soll.[1484] Ein wichtiger Grund für eine außerordentliche Änderungskündigung setzt zunächst auf Seiten des Kündigenden voraus, dass für ihn die Fortsetzung derjenigen bisherigen Bedingungen, deren Änderung er erstrebt, jeweils unzumutbar geworden ist, das heißt, dass die vorgesehenen Änderungen für ihn unabweisbar sind. Darüber hinaus müssen die neuen Bedingungen dem Gekündigten zumutbar sein. Letzteres gilt jedoch nur eingeschränkt, wenn eine Weiterbeschäftigung zu den geänderten Arbeitsbedingungen für den Arbeitgeber die einzige Möglichkeit darstellt, den Arbeitnehmer überhaupt weiterzubeschäftigen.[1485] Beide Voraussetzungen müssen kumulativ vorliegen.[1486] Bei einer Änderung der Arbeitsbedingungen in mehreren Punkten gelten diese Anforderungen für jeden einzelnen Änderungsvorschlag. Fehlt für eine der Änderungen der wichtige Grund, hat dies grundsätzlich die Unwirksamkeit der Änderungskündigung insgesamt zur Folge. Das Gericht kann nicht etwa die Änderung der Arbeitsbedingungen teilweise für wirksam erklären.[1487] 538

Bei der außerordentlichen Änderungskündigung gilt der gleiche Prüfungsmaßstab wie bei der ordentlichen Änderungskündigung. Außerordentliche Änderungskündigungen können aus verhaltensbedingten, personenbedingten und betriebsbedingten Gründen ausgesprochen werden. Da die Änderung der Arbeitsbedingungen schon vor Ablauf der Kündigungsfrist selten unabweisbar notwendig sein wird, kommt die außerordentliche Änderungskündigung meist nur in den Fällen der ordentlichen Unkündbarkeit des Arbeitnehmers in Betracht.[1488] Auch bei einer außerordentlichen Kündigung besteht bis zum Abschluss des Kündigungsschutzverfahrens einzelvertraglich kein Anspruch auf Beschäftigung zu den bisherigen Bedingungen, wenn der Arbeitnehmer die Kündigung unter Vorbehalt angenommen hat.[1489] 539

1481 *Küttner*, in: *Henssler/Moll*, Kündigung und Kündigungsschutz in der betrieblichen Praxis, S. 171 (182); KR/*Rost*, § 2 KSchG Rn 118.

1482 BAG, Urt. v. 30.09.1993, AP Nr. 33 zu § 2 KSchG 1969 = NZA 1994, 615.

1483 Kittner/Zwanziger/*Appel*, § 95 Rn 43.

1484 BAG, Urt. v. 07.06.1973, AP Nr. 1 zu § 626 BGB Änderungskündigung = NJW 1973, 1819; BAG, Urt. v. 06.03.1986, AP Nr. 19 zu § 15 KSchG 1969 = NZA 1987, 102; BAG, Urt. v. 21.06.1995, AP Nr. 36 zu § 15 KSchG 1969 = NZA 1995, 1157; KR/*Fischermeier*, § 626 BGB Rn 198.

1485 BAG, Urt. v. 27.09.2001, FA 2001, 380 (Kurzwiedergabe) = AuA 2001, 516 (Kurzwiedergabe).

1486 BAG, Urt. v. 06.03.1986, AP Nr. 19 zu § 15 KSchG 1969 = NZA 1987, 102; BAG, Urt. v. 21.06.1995, AP Nr. 36 zu § 15 KSchG 1969 = NZA 1995, 1157.

1487 KR/*Rost*, § 2 KSchG Rn 31.

1488 KR/*Fischermeier*, § 626 BGB Rn 201; KR/*Rost*, § 2 KSchG Rn 30.

1489 LAG Nürnberg, Urt. v. 13.03.2001, NZA-RR 2001, 366.

540 Bei der außerordentlichen Änderungskündigung erfolgt das unter Vorbehalt annehmbare Änderungsangebot ohne Einhaltung einer Kündigungsfrist. Der Arbeitnehmer wäre schlechthin überfordert, müsste er unmittelbar nach Zugang der Kündigung erklären, ob er das Angebot, ggf. unter Vorbehalt, annimmt oder ablehnt. Die Rechtsprechung räumt ihm deshalb die Möglichkeit ein, sich dem Arbeitgeber gegenüber zu dem Angebot unverzüglich, das heißt ohne schuldhaftes Zögern, zu erklären.[1490] Allgemein wird angenommen, dass die Erklärung einer **Vorbehaltsannahme innerhalb von einem oder zwei, höchstens drei Tagen** zu erfolgen hat.[1491] Andernfalls gilt das Änderungsangebot als abgelehnt.

J. Die außerordentliche Kündigung

541 Die in der Regel fristlose außerordentliche Kündigung aus wichtigem Grund ist in § 626 BGB geregelt. Ein Dienstverhältnis und somit auch ein Arbeitsverhältnis kann von jedem Vertragsteil aus wichtigem Grund ohne Einhaltung einer Kündigungsfrist gekündigt werden, wenn Tatsachen vorliegen, aufgrund derer dem Kündigenden unter Berücksichtigung aller Umstände des Einzelfalles und unter Abwägung der Interessen beider Vertragsteile die Fortsetzung des Dienstverhältnisses bis zum Ablauf der Kündigungsfrist oder bis zu der vereinbarten Beendigung des Dienstverhältnisses nicht mehr zugemutet werden kann (§ 626 Abs. 1 BGB). § 626 Abs. 1 BGB gilt sowohl für **unbefristete** als auch für **befristete Dienst- und Arbeitsverhältnisse**.[1492] In der Praxis gewinnt die außerordentliche Kündigung zunehmend an Bedeutung in den Fällen der personen- und betriebsbedingten Kündigung. Obwohl die außerordentliche Kündigung gem. § 626 BGB in der Regel fristlos, das heißt mit sofortiger Wirkung ab Zugang, ausgesprochen wird, handelt es sich gleichfalls um eine **außerordentliche Kündigung**, wenn der Arbeitgeber sie **mit sozialer Auslauffrist** erklärt.[1493] Der Ausspruch einer außerordentlichen Kündigung mit sozialer Auslauffrist ist dann erforderlich, wenn die ordentliche Kündigung des Arbeitsvertrages durch einzel- oder tarifvertragliche Abrede oder kraft Gesetzes ausgeschlossen ist.[1494] Erklärt der Arbeitgeber eine befristete außerordentliche Kündigung, muss er eindeutig klarstellen, dass er eine außerordentliche Kündigung mit sozialer Auslauffrist erklären will. Ansonsten kann der Gekündigte trotz Vorliegen eines wichtigen Grundes darauf vertrauen, dass ihm ordentlich gekündigt worden ist.[1495] Da § 626 Abs. 1 BGB eine gesetzliche Ausnahme von dem Grundsatz bildet, dass Verträge einzuhalten sind (pacta sunt servanda), ist **bei** der **Anwendung** und **Auslegung der Norm** ein **restriktiver Maßstab geboten**.[1496]

542 Außer zur sofortigen Beendigung des Arbeitsverhältnisses kann die außerordentliche Kündigung auch zum Zweck der Änderung von Arbeitsbedingungen als außerordentliche Änderungskündigung erklärt werden.[1497] Gegenüber einem Betriebsratsmitglied kann der Arbeitgeber erst dann wirksam eine außerordentliche Kündigung aussprechen, wenn der Beschluss über die Ersetzung der vom Betriebsrat verweigerten Zustimmung (§ 103 Abs. 2 BetrVG) rechtskräftig bzw. unanfechtbar ist (§ 15 Abs. 1 KSchG). Eine vor diesem Zeitpunkt erklärte Kündigung ist nicht nur schwebend unwirksam, sondern unheilbar nichtig.[1498] Weitere Sonderregelungen des Rechts zur außerordentlichen

1490 BAG, Urt. v. 19.06.1986, EzA § 2 KSchG Nr. 7; BAG, Urt. v. 27.03.1987, EzA § 2 KSchG Nr. 10; *Zirnbauer*, NZA 1995, 1975.
1491 KR/*Rost*, § 2 KSchG Rn 33.
1492 KR/*Fischermeier*, § 626 BGB Rn 4.
1493 BAG, Urt. v. 18.10.2000, NZA 2001, 219 = EzBAT § 54 BAT Krankheit Nr 10; BAG, Urt. v. 13.04.2000, NZA 2001, 277 = EzA § 626 n.F. BGB Nr. 180; BAG, Urt. v. 18.02.1993, RzK I 6 g Nr. 17.
1494 Berscheid/Kunz/Brand/*Berscheid*, Teil 4, Rn 441 f; *Berkowsky*, NZA-RR 2001, 1 (2).
1495 BAG, Urt. v. 16.07.1959, AP Nr. 31 zu § 626 BGB; *Stahhacke/Preis/Vossen*, Rn 429; MünchArbR/*Wank*, § 120 Rn 5.
1496 Kittner/Zwanziger/*Appel*, § 96 Rn 7.
1497 KR/*Fischermeier*, § 626 BGB Rn 26; MünchArbR/*Wank*, § 120 Rn 8.
1498 BAG, Urt. v. 09.07.1998, AP Nr. 42 zu § 626 BGB Ausschlussfrist.

Kündigung finden sich in den §§ 64 ff. SeemG, §§ 269 Abs. 2, 270 Abs. 1 SGB III, § 15 BBiG, § 89a HGB.[1499]

I. Abgrenzung zur ordentlichen Kündigung und zu sonstigen Beendigungstatbeständen

In der Regel wird die außerordentliche Kündigung vom Arbeitgeber als verhaltensbedingte Kündigung ausgesprochen. Denkbar sind auch außerordentliche Kündigungen aus personen- und betriebsbedingten Gründen. Nach der Rechtsprechung sind betriebs- und personenbedingte Gründe jedoch nur ausnahmsweise geeignet, eine außerordentliche Kündigung zu rechtfertigen.[1500] 543

Die **außerordentliche Kündigung** ist von der **ordentlichen Kündigung** abzugrenzen, zu der sie in einem **Stufenverhältnis** steht. Während bei der außerordentlichen Kündigung ein wichtiger Grund i.S.d. § 626 Abs. 1 BGB vorliegen muss, reicht für den Ausspruch einer ordentlichen Kündigung das Vorliegen eines einfachen Kündigungsgrundes aus.[1501] Ob ein arbeitnehmerseitiger Pflichtenverstoß eine außerordentliche, verhaltensbedingte Kündigung rechtfertigt, bestimmt sich maßgeblich nach der **Schwere der Pflichtverletzung**.[1502] Es gilt der Grundsatz, dass ein Sachverhalt, der nicht geeignet ist, eine ordentliche Kündigung zu rechtfertigen, als Grund für eine außerordentliche Kündigung erst recht nicht in Betracht kommt. Umgekehrt ist jeder außerordentliche Kündigungsgrund gleichzeitig geeignet, eine ordentliche Kündigung zu rechtfertigen. 544

Das vereinbarte sowie das gesetzliche **Rücktrittsrecht** gem. den §§ 323 ff. BGB (vormals §§ 325, 326 BGB) ist nach einhelliger Auffassung durch den allgemeinen zwingenden Kündigungsschutz und durch § 626 BGB als lex specialis für die sofortige Beendigung von Arbeitsverhältnissen ausgeschlossen.[1503] Erklärt der Arbeitgeber einen Rücktritt vom Arbeitsvertrag, liegt hierin eine ungenaue, untechnische Ausdrucksweise. Die Erklärung ist als Kündigung auszulegen oder nach den Umständen des konkreten Einzelfalles in eine außerordentliche Kündigung umzudeuten.[1504] 545

Der **Wegfall der Geschäftsgrundlage** (§ 313 BGB) scheidet als Beendigungsgrund eines Arbeitsverhältnisses aus, wenn nach den gesetzlichen oder vertraglichen Bestimmungen die Möglichkeit zur fristlosen Kündigung des Vertrages besteht.[1505] Etwas anderes gilt dann, wenn sich durch eine Gesetzesänderung die Geschäftsgrundlage des Arbeitsverhältnisses wesentlich ändert, wie beispielsweise für Krankenhausärzte nach einer grundlegenden Gesetzesänderung oder im Hinblick auf Schuldverhältnisse, die vor dem 01.07.1990 in der DDR entstanden waren.[1506] In derartigen Fällen kann ausnahmsweise eine Anpassung oder Beendigung des Arbeitsverhältnisses nach den Grundsätzen des Wegfalls der Geschäftsgrundlage in Frage kommen.[1507] 546

Der Arbeitsvertrag kann auch durch **Anfechtung** gem. den §§ 119, 123 BGB beendet werden.[1508] Die außerordentliche Kündigung nach § 626 Abs. 1 BGB beurteilt sich nach den Ver- 547

1499 Umfassend zu diesem Thema KR/*Fischermeier*, § 626 BGB Rn 6 ff.; Ascheid/Preis/Schmidt/*Dörner*, § 626 BGB Rn 4.

1500 BAG, Urt. v. 12.07.1995, AP Nr. 7 zu § 626 BGB Krankheitsbedingte Kündigung = NZA 1995, 1100; BAG, Urt. v. 18.02.1993, AP Nr. 35 zu § 15 KSchG = NZA 1994, 74; BAG, Urt. v. 09.09.1992, AP Nr. 3 zu § 626 BGB = NZA 1993, 598; BAG, Urt. v. 28.03.1985, AP Nr. 86 zu § 626 BGB = NZA 1985, 559.

1501 MünchArbR/*Wank*, § 120 Rn 14.

1502 Staudinger/*Preis*, § 626 BGB Rn 6.

1503 KR/*Fischermeier*, § 626 BGB Rn 40; MünchArbR/*Wank*, § 120 Rn 9.

1504 KR/*Fischermeier*, § 626 BGB Rn 41; *Stahlhacke/Preis/Vossen*, Rn 56.

1505 BAG, Urt. v. 06.03.1986, AP Nr. 19 zu § 15 KSchG 1969 = NZA 1987, 102; BAG, Urt. v. 05.03.1957, AP Nr. 1 zu § 1 TVG Rückwirkung.

1506 BAG, Urt. v. 25.02.1988, AP Nr. 18 zu § 611 BGB Arzt-Krankenhaus-Vertrag = NZA 1988, 769; BGH, Urt. v. 14.10.1992, DB 1993, 266.

1507 KR/*Fischermeier*, § 626 BGB Rn 42.

1508 BAG, Urt. v. 28.03.1974, AP Nr. 3 zu § 119 BGB = WM 1974, 757; BAG, Urt. v. 22.09.1961, AP Nr. 15 zu § 123 BGB = NJW 1962, 74.

hältnissen im Zeitpunkt ihres Ausspruchs und ist wegen der notwendigen Interessenabwägung zukunftsbezogen. Demgegenüber stellt der Anfechtungsgrund auf die Sachlage bei Abgabe der Willenserklärung ab und ist zur Gewährleistung der Vertragsfreiheit vergangenheitsbezogen. Deshalb finden die Vorschriften über die Anfechtung neben dem Recht zur außerordentlichen Kündigung Anwendung.[1509] Das Recht zur Anfechtung wird durch das Recht zur außerordentlichen Kündigung nicht verdrängt, weil der Anfechtungsgrund im Zeitpunkt der Anfechtungserklärung seine Bedeutung für das Arbeitsverhältnis noch nicht verloren haben darf. Die außerordentliche Kündigung kann neben der Anfechtung wahlweise zulässig sein, wenn der Anfechtungsgrund im Zeitpunkt der Anfechtungserklärung so stark nachwirkt, dass deswegen die Fortsetzung des Arbeitsverhältnisses unzumutbar ist.[1510] Ggf. ist durch Auslegung zu ermitteln, ob der Arbeitgeber eine Anfechtung oder eine außerordentliche Kündigung erklären will. Als verkehrswesentliche Eigenschaft i.S.d. § 119 Abs. 2 BGB kommen auch Krankheiten oder Leiden des Arbeitnehmers in Betracht. Wegen gesundheitlicher Mängel kann die Anfechtung begründet sein, wenn dem Arbeitnehmer wegen eines nicht nur kurzfristigen Leidens (zum Beispiel Epilepsie) die notwendige Fähigkeit fehlt oder erheblich beeinträchtigt ist, die vertraglich übernommene Arbeit auszuführen. Ob das im Einzelfall zutrifft, unterliegt der Beurteilung durch das Gericht der Tatsacheninstanz, die vom Revisionsgericht nur daraufhin nachgeprüft werden kann, ob alle maßgebenden Umstände vollständig und widerspruchsfrei gewürdigt und bei der Feststellung des Tatbestands keine Verfahrensverstöße unterlaufen sind.[1511] Für die Anfechtung nach § 119 BGB gilt nach Auffassung des BAG[1512] im Fall einer wahlweisen Anfechtung auch im Rahmen von § 119 BGB die Frist des § 626 Abs. 2 BGB. Eine Anfechtung des Arbeitsvertrages wegen Irrtums über eine verkehrswesentliche Eigenschaft des Arbeitnehmers (§ 119 Abs. 2 BGB) ist daher nur dann unverzüglich i.S.d. § 121 Abs. 1 BGB erklärt, wenn sie spätestens innerhalb einer Frist von zwei Wochen nach Kenntnis der für die Anfechtung maßgebenden Tatsachen erfolgt.

548 Bei der **Nichtfortsetzungserklärung** gem. § 12 KSchG, durch die der Arbeitnehmer nach einem gewonnenen Kündigungsschutzprozess die Möglichkeit besitzt, das Arbeitsverhältnis zum bisherigen Arbeitgeber binnen einer Woche nach Rechtskraft des Urteils zu beenden, handelt es sich um den Fall eines gesetzlichen, außerordentlichen Kündigungsrechts, das nicht den Regeln des § 626 BGB unterliegt.[1513]

II. Grundsatz der Unabdingbarkeit

549 § 626 BGB garantiert ein **unverzichtbares Gestaltungsrecht** für beide Vertragsparteien, sich bei unzumutbaren Belastungen eines Dienstverhältnisses von diesem zu lösen.[1514] Ein tarif- bzw. einzelvertraglicher Ausschluss oder eine Beschränkung des Rechts zur außerordentlichen Kündigung ist unwirksam.[1515] Eine Beschränkung des § 626 Abs. 1 BGB ist auch nicht in der Weise möglich, dass vertraglich abschließend Gründe festgelegt werden, die alleine zur außerordentlichen Kündigung berechtigen sollen.[1516] Möglich und zulässig ist es aber, einzelne Kündigungsgründe im Rahmen des § 626 Abs. 1 BGB zu konkretisieren. Einer derartigen Konkretisierung kommt zwar rechtlich keine § 626 Abs. 1 BGB ausschließende oder beschränkende Bedeutung zu. Sie kann aber in der Praxis eine vorbeugende Warnfunktion erfüllen.[1517]

1509 BAG, Urt. v. 21.02.1991, AP Nr. 35 zu § 123 BGB = NZA 1991, 719; ErfK/*Müller-Glöge*, § 626 BGB Rn 28.
1510 KR/*Fischermeier*, § 626 BGB Rn 45.
1511 BAG, Urt. v. 28.03.1974, AP Nr. 3 zu § 119 BGB = WM 1974, 757.
1512 BAG, Urt. v. 14.12.1979, AP Nr. 4 zu § 119 BGB = EzA § 119 BGB Nr. 11.
1513 Staudinger/*Preis*, § 626 BGB Rn 17.
1514 BAG, Urt. v. 17.09.1998, AP Nr. 148 zu § 626 BGB = NZA 1999, 258; BAG, Urt. v. 08.08.1963, AP Nr. 2 zu § 626 BGB Kündigungserschwerung = DB 1963, 1543.
1515 KR/*Fischermeier*, § 626 BGB Rn 64 ff.; Ascheid/Preis/Schmidt/*Dörner*, § 626 BGB Rn 7; *Stahlhacke/Preis/Vossen*, Rn 467 ff.
1516 LAG Nürnberg, Urt. v. 26.04.2001, LAGE § 626 BGB Nr. 134 = BB 2001, 1906; MünchArbR/*Wank*, § 120 Rn 24.
1517 Ascheid/Preis/Schmidt/*Dörner*, § 626 BGB Rn 15.

Die Parteien eines Arbeitsvertrages können das Recht zur außerordentlichen Kündigung vertraglich nicht über das gesetzliche Maß hinaus erweitern. Durch eine solche Vereinbarung würden die Vorschriften über die für die ordentliche Kündigung eines solchen Arbeitsverhältnisses geltenden zwingenden gesetzlichen Mindestkündigungsfristen umgangen.[1518] 550

III. Begründungspflicht?

Gem. § 626 Abs. 2 Satz 3 BGB muss der Kündigende dem anderen Teil **auf Verlangen** den **Kündigungsgrund** unverzüglich schriftlich **mitteilen**. Aus dieser gesetzlichen Regelung lässt sich der Schluss ziehen, dass die Pflicht zur Begründung der Kündigung »auf Verlangen« **keine Wirksamkeitsvoraussetzung** der (außerordentlichen) Kündigung ist.[1519] In seiner Entscheidung vom 17.08.1972 formuliert das BAG hierzu: »Das Nachschieben von Kündigungsgründen, die bei Ausspruch einer außerordentlichen Kündigung dem Kündigenden zwar bekannt sind, aber nicht mitgeteilt werden, wird durch § 626 Abs. 2 Satz 3 BGB nicht ausgeschlossen. Dass der Kündigende dem anderen Teil auf Verlangen die Kündigungsgründe mitzuteilen hat, ist grundsätzlich keine Wirksamkeitsvoraussetzung der Kündigung.« 551

Eine Ausnahme gilt indes nach § 15 Abs. 3 BBiG, der für Berufsausbildungsverhältnisse ausdrücklich festschreibt, dass die schriftliche Kündigung unter Angabe der Kündigungsgründe zu erfolgen hat. Die Angabe des Kündigungsgrundes kann auch dann notwendiger Inhalt der Kündigungserklärung sein, wenn dies eine konstitutive Formabrede im Tarifvertrag, einer Betriebsvereinbarung oder im Arbeitsvertrag bestimmt. 552

Die Nichterfüllung der in § 626 Abs. 2 Satz 3 BGB normierten Pflicht, dem Gekündigten auf sein Verlangen die Kündigungsgründe mitzuteilen, kann den Kündigenden schadensersatzpflichtig machen. Der Schaden kann in den Kosten eines Prozesses liegen, wenn der Gekündigte die Gründe erst im Prozess erfährt und daraufhin die Klage zurücknimmt.[1520] Allerdings hat der Arbeitnehmer im Kündigungsschutzprozess seine außergerichtlichen Auslagen nach § 12a ArbGG in jedem Fall selbst zu tragen. Im Ergebnis kann deshalb der Begründungspflicht nach § 626 Abs. 2 Satz 3 BGB keine weit reichende Bedeutung beigemessen werden.[1521] 553

IV. Nachschieben von Kündigungsgründen

Eine außerordentliche Kündigung ist nur dann gerechtfertigt, wenn im Zeitpunkt des Ausspruches der Kündigung hierfür ein wichtiger Grund bestand. Gründe, die dem Kündigenden länger als zwei Wochen vor Ausspruch der Kündigung bekannt waren, sind verfristet. Diese Gründe können nicht mehr berücksichtigt werden, da ansonsten die Ausschlussfrist unterlaufen würde.[1522] Nach dem Ausspruch der Kündigung oder während ihrer Übermittlung entstehende Gründe können grundsätzlich nur zur Rechtfertigung einer neuen Kündigung herangezogen werden.[1523] Ausnahmsweise können nach Ausspruch der Kündigung entstandene Gründe berücksichtigt werden, sofern sie die früheren Vorgänge weiter aufhellen und mit ihnen in einem engen Zusammenhang stehen.[1524] Angesichts der Zwei-Wochen-Frist gem. § 626 Abs. 2 BGB können Kündigungsgründe, die dem Kündigenden bei Ausspruch der Kündigung noch nicht länger als zwei Wochen bekannt waren, ohne materiellrechtliche Einschränkungen nachgeschoben werden, wenn sie bereits vor der Kündigung entstanden wa- 554

1518 BAG, Urt. v. 22.11.1973, AP Nr. 67 zu § 626 BGB = EzA § 626 BGB n.F. Nr. 33; KR/*Fischermeier*, § 626 BGB Rn 68; Ascheid/Preis/Schmidt/*Dörner*, § 626 BGB Rn 17.
1519 *Stahlhacke/Preis/Vossen*, Rn 440.
1520 BAG, Urt. v. 21.03.1959, AP Nr. 55 zu § 1 KSchG = MDR 1959, 789; *Stahlhacke/Preis/Vossen*, Rn 441.
1521 Kittner/Zwanziger/*Appel*, § 96 Rn 4.
1522 MünchArbR/*Wank*, § 120 Rn 119; *Schaub*, Arbeitsrechts-Handbuch, § 125 Rn 24.
1523 *Schaub*, Arbeitsrechts-Handbuch, § 125 Rn 23; *Stahlhacke/Preis/Vossen*, Rn 444.
1524 MünchArbR/*Wank*, § 120 Rn 120.

ren.[1525] Die Ausschlussfrist bezieht sich nach dem eindeutigen Wortlaut des § 626 Abs. 2 Satz 1 BGB allein auf die Ausübung des Kündigungsrechts, nicht auf die zugrunde liegenden Kündigungsgründe. Ist also bereits eine Kündigung ausgesprochen, so schränkt § 626 Abs. 2 Satz 1 BGB unmittelbar ein Nachschieben nachträglich bekannt gewordener und zeitlich vor Ausspruch der Kündigung liegender Gründe nicht ein.[1526]

555 Die Grenzen zulässigen Nachschiebens bekannter Gründe ergeben sich aus den prozessrechtlichen Vorschriften (§§ 296, 530 ZPO), aus dem Grundsatz der Verwirkung[1527] und aus § 102 BetrVG.[1528] Das Nachschieben von Kündigungsgründen setzt voraus, dass der Betriebsrat zumindest nachträglich nach § 102 Abs. 1 BetrVG zu diesen Gründen angehört worden ist.[1529] Auch bei einer Verdachtskündigung ist der Arbeitgeber materiellrechtlich trotz unzureichender Anhörung des Arbeitnehmers jedenfalls dann nicht gehindert, erst nach Ausspruch der Kündigung bekannt gewordene Verdachtsmomente nachzuschieben, wenn er die Kündigung zusätzlich und eigenständig wegen tatsächlicher Pflichtverletzungen des Arbeitnehmers ausgesprochen hat. Darauf, ob diese Pflichtverletzungen bewiesen werden können und die Kündigung für sich genommen hinreichend begründen, kommt es nicht an.[1530]

V. Vorliegen eines »wichtigen Grundes«

556 Entgegen der früheren kasuistischen Regelung hat der Gesetzgeber mit der gesetzlichen Neufassung des § 626 BGB im Jahr 1969[1531] den für eine außerordentliche Kündigung erforderlichen wichtigen Grund in Form einer regulativen Generalklausel getroffen.[1532] Der »wichtige Grund« ist ein **unbestimmter Rechtsbegriff**.[1533] Ansatzpunkt zur näheren Bestimmung des wichtigen Grundes bildet für das BAG und die herrschende Lehre die revisionsgerichtliche Nachprüfbarkeit dieses Rechtsbegriffes. Im Gegensatz zum Tatsachenrichter, der eine Gesamtwürdigung aller Umstände des Einzelfalles mit eigenem Beurteilungsspielraum vornehmen kann, darf die Revisionsinstanz lediglich nachprüfen, ob ein bestimmter Sachverhalt an sich geeignet ist, einen wichtigen Grund zu bilden, und ob bei Berücksichtigung der Umstände des Einzelfalls und im Rahmen der Interessenabwägung alle vernünftigerweise in Betracht kommenden Umstände vollständig und widerspruchsfrei berücksichtigt worden sind.[1534]

557 Das Vorliegen eines wichtigen Grundes gem. § 626 Abs. 1 BGB ist in zwei systematisch zu trennenden Abschnitten zu prüfen.[1535] Zum einen muss ein **Grund** vorliegen, der unabhängig von den Besonderheiten des Einzelfalles **»an sich«** geeignet ist, eine außerordentliche Kündigung zu rechtfertigen.[1536] Insoweit handelt es sich um einen Negativfilter, das heißt bestimmte Kündigungsgründe können eine außerordentliche Kündigung von vornherein nicht rechtfertigen.[1537] Als Gründe, die

1525 BAG, Urt. v. 04.06.1997, AP Nr. 5 zu § 626 BGB Nachschieben von Kündigungsgründen = NZA 1997, 1158; BAG, Urt. v. 18.01.1980, AP Nr. 1 zu § 626 BGB Nachschieben von Kündigungsgründen = NJW 1980, 2486; KR/*Fischermeier*, § 626 BGB Rn 178.

1526 BAG, Urt. v. 04.06.1997, AP Nr. 5 zu § 626 BGB Nachschieben von Kündigungsgründen = NZA 1997, 1158.

1527 BAG, Urt. v. 09.01.1986, AP Nr. 20 zu § 626 BGB Ausschlussfrist = NZA 1986, 467.

1528 KR/*Fischermeier*, § 626 BGB Rn 179.

1529 BAG, Urt. v. 07.11.1996, RzK III 1 b Nr. 26; *Stahlhacke/Preis/Vossen*, Rn 445.

1530 BAG, Urt. v. 13.09.1995, AP Nr. 25 zu § 626 BGB Verdacht strafbarer Handlung = NZA 1996, 81.

1531 Vgl. BGBl 1969 I, 1106.

1532 *Stahlhacke/Preis/Vossen*, Rn 448; Ascheid/Preis/Schmidt/*Dörner*, § 626 BGB Rn 21; KR/*Fischermeier*, § 626 BGB Rn 78 f.

1533 BAG, Urt. v. 08.02.1962, AP Nr. 1 zu § 611 BGB Erfinder = NJW 1962, 1537; KR/*Fischermeier*, § 626 BGB Rn 81 ff.

1534 BAG, Urt. v. 29.01.1997, AP Nr. 131 zu § 626 BGB = NZA 1997, 813; MünchArbR/*Wank*, § 120 Rn 28.

1535 KR/*Fischermeier*, § 626 BGB Rn 84 ff.; Ascheid/Preis/Schmidt/*Dörner*, § 626 BGB Rn 28 ff.

1536 BAG, Urt. v. 29.01.1997, AP Nr. 131 zu § 626 BGB = NZA 1997, 813; BAG, Urt. v. 02.03.1989, AP Nr. 101 zu § 626 BGB = NZA 1989, 755; Ascheid/Preis/Schmidt/*Dörner*, § 626 BGB Rn 29; ErfK/*Müller-Glöge*, § 626 BGB Rn 34 ff.

1537 LAG Rheinland-Pfalz, Beschl. v. 22.12.1997 – 9 TaBV 38/97 (n.v.); Ascheid/Preis/Schmidt/*Dörner*, § 626 BGB Rn 29.

zwar nicht absolut aber typischerweise (an sich) eine außerordentliche Kündigung rechtfertigen können, sind in Anlehnung an *Fischermeier*[1538] zu nennen:

- Anstellungsbetrug,
- dauernde oder anhaltende Arbeitsunfähigkeit,
- beharrliche Arbeitsverweigerung oder Arbeitsvertragsbruch,
- grobe Verletzung der Treuepflicht,
- Verstöße gegen das den Arbeitnehmer treffende Wettbewerbsverbot,[1539]
- Tätlichkeiten oder erhebliche Ehrverletzungen gegenüber dem Arbeitgeber oder Mitarbeitern[1540] und
- Dienstverhinderungen des Arbeitnehmers durch eine längere Freiheitsstrafe.[1541]

Zum besseren Verständnis und zur Vereinheitlichung der Beurteilungsmaßstäbe eines »an sich« geeigneten wichtigen Grundes i.S.v. § 626 BGB kann man im Einklang mit der Rechtsprechung des BAG[1542] entsprechend der jeweils betroffenen Sphäre zwischen Störungen im Leistungsbereich, Störungen im Bereich der betrieblichen Verbundenheit, Störungen im persönlichen Vertrauensbereich und Störungen im Unternehmensbereich differenzieren.[1543] Zu den **Störungen im Leistungsbereich** rechnet das BAG alle Arbeitspflichtverletzungen, einschließlich der Verletzung arbeitsvertraglicher Nebenpflichten, durch den Arbeitnehmer wie etwa Schlechtleistung, beharrliche Verweigerung der Arbeit, Arbeitsvertragsbruch oder die Verletzung der Pflicht des Arbeitgebers, die vereinbarte Vergütung zu zahlen.[1544] Unter dem Begriff der **Störungen der betrieblichen Verbundenheit** fasst das BAG zunächst den Bereich der Arbeits- und Betriebsordnung zusammen. Hinzu treten Aspekte der Zusammenarbeit und des Betriebsfriedens zwischen den Mitarbeitern untereinander und einzelnen Mitarbeitern und ihren Vorgesetzten.[1545] Unter Betriebsordnung versteht das BAG nicht nur die Regelung einer Arbeitsordnung, sondern auch den äußeren Ablauf der Arbeit im Betrieb. Der Betriebsfrieden wird nach Auffassung des BAG von der Summe aller derjenigen Faktoren bestimmt, die unter Einschluss des Betriebsinhabers das Zusammenleben und Zusammenwirken der in einem Betrieb tätigen Betriebsangehörigen ermöglichen, erleichtern oder auch nur erträglich machen.[1546] In den **Bereich des Vertrauens und der gegenseitigen persönlichen Achtung der Vertragspartner** gehören Verletzungen der Treuepflicht durch den Arbeitnehmer oder der Fürsorgepflicht durch den Arbeitgeber (zum Beispiel Unterschlagungen, Betrug, Tätlichkeiten, Drohungen oder grobe Beleidigungen, die sich gegen den Vertragspartner richten).[1547] Unter **Störungen im Unternehmensbereich** versteht man Einwirkungen auf den Betriebsablauf, die durch außerbetriebliche Umstände wie schlechte Witterung, Zerstörung betrieblicher Einrichtungen, Naturkatastrophen, Brand etc. eintreten.[1548] Kündigungen wegen Störungen im Unternehmensbereich haben angesichts der Betriebsrisikolehre kaum praktische Bedeutung. Der Arbeitgeber darf das von ihm zu tragende Betriebsrisiko nicht durch außerordentliche Kündigungen auf den Arbeitnehmer abwälzen.[1549] 558

1538 KR/*Fischermeier*, § 626 BGB Rn 88.
1539 BAG, Urt. v. 25.04.1991, AP Nr. 104 zu § 626 BGB = NZA 1992, 212.
1540 BAG, Urt. v. 31.03.1993, AP Nr. 32 zu § 626 BGB Ausschlussfrist = NZA 1994, 409.
1541 Das BAG hat sich an gesetzlichen Vorschriften der §§ 123, 124 GewO, 72 HGB in ihrem damaligen Wortlaut orientiert und hieraus Hinweise darauf abgeleitet, was als wichtiger Grund »an sich« anzusehen ist. Vgl. BAG, Urt. v. 15.11.1984, AP Nr. 87 zu § 626 BGB = NZA 1985, 661; BAG, Urt. v. 17.03.1988, AP Nr. 99 zu § 626 BGB = NZA 1989, 261.
1542 BAG, Urt. v. 28.09.1972, EzA § 1 KSchG Nr. 25 = NJW 1973, 77; BAG, Urt. v. 03.12.1970, EzA § 626 BGB n.F. Nr. 7 = DB 1971, 581; BAG, Urt. v. 06.02.1969, AP Nr. 58 zu § 626 BGB = EzA § 626 BGB Nr. 11 = DB 1969, 709; vgl. auch *König*, RdA 1969, 13.
1543 KR/*Fischermeier*, § 626 BGB Rn 166; kritisch *Stahlhacke/Preis/Vossen*, Rn 453.
1544 KR/*Fischermeier*, § 626 BGB Rn 167.
1545 BAG, Urt. v. 17.03.1988, AP Nr. 99 zu § 626 BGB = NZA 1989, 261; BAG, Urt. v. 09.12.1982, AP Nr. 73 zu § 626 BGB = EzA § 626 BGB n.F. Nr. 86.
1546 BAG, Urt. v. 09.12.1982, AP Nr. 73 zu § 626 BGB = EzA § 626 BGB n.F. Nr. 86; weiterführend KR/*Fischermeier*, § 626 BGB Rn 168.
1547 KR/*Fischermeier*, § 626 BGB Rn 169.
1548 KR/*Fischermeier*, § 626 BGB Rn 170.
1549 BAG, Urt. v. 28.09.1972, AP Nr. 28 zu § 615 BGB Betriebsrisiko = NJW 1973, 342.

559 Auch vor Beginn des Arbeitsverhältnisses liegende Ereignisse oder Umstände können eine außerordentliche Kündigung rechtfertigen, sofern sie das Arbeitsverhältnis erheblich beeinträchtigen, und dem Kündigenden nicht schon bei Vertragsschluss bekannt waren.[1550] Die persönlichen Umstände des Gekündigten gehören nicht zum Kündigungsgrund, sondern zur Interessenabwägung für die Entscheidung über die Zumutbarkeit oder Unzumutbarkeit der Fortsetzung des Arbeitsverhältnisses. Die Dauer der Betriebszugehörigkeit ist auch dann zu berücksichtigen, wenn die Kündigung auf Vermögensdelikte zu Lasten des Arbeitgebers gestützt wird.[1551]

560 Der »an sich« geeignete Grund muss im Rahmen einer **Interessenabwägung** unter besonderer Berücksichtigung aller Umstände des Einzelfalles, insbesondere auch des Verhältnismäßigkeitsprinzips, die sofortige **Unzumutbarkeit der Fortsetzung des Arbeitsverhältnisses** ergeben.[1552] Die außerordentliche Kündigung ist als Ultima Ratio nur zulässig, wenn andere Mittel als unmöglich, sinnlos oder unzumutbar ausscheiden.[1553] Alle denkbaren Mittel, die eine Fortsetzung des Arbeitsverhältnisses zumindest für eine kurze Zeit ermöglichen, wie etwa eine Versetzung, Umsetzung oder ordentliche Kündigung des Arbeitnehmers, müssen erschöpft sein.[1554] Um nicht in eine konturenlose Billigkeitskontrolle zu verfallen, ist die Interessenabwägung auf arbeitsvertraglich relevante Umstände zu konkretisieren. So ist zwar stets die Dauer der Betriebszugehörigkeit in die Abwägung einzustellen,[1555] nicht aber unbedingt Unterhaltspflichten.[1556] Zu beachten sind stets die Art, die Schwere und die Folgen der dem Gekündigten vorgeworfenen Handlungen,[1557] auch die Entschuldbarkeit eines Rechtsirrtums.[1558] Das Verschulden ist zwar keine notwendige Voraussetzung des Kündigungsgrundes, aber ein wichtiges Bewertungskriterium im Rahmen der Abwägung.[1559] In die Interessenabwägung muss auch der bisherige Verlauf des Arbeitsverhältnisses[1560] und das bisherige gesamte Verhalten des Arbeitnehmers einfließen.[1561] Vertragsbezogene, betriebsbezogene und personenbezogene Interessen sowie verfassungsrechtliche Wertentscheidungen sind stets im Rahmen der Abwägung zu berücksichtigen.[1562] Gleichermaßen ist eine etwaige Wiederholungsgefahr zu berücksichtigen.[1563] Im Rahmen der Zumutbarkeitsprüfung ist stets an die fiktive Kündigungsfrist anzuknüpfen, die gelten würde, wenn man keine fristlose Kündigung aussprechen würde.[1564]

561 Ergänzt wird das **zweistufige Prüfraster** des BAG durch die folgend dargestellten vier Aspekte, die teilweise im Rahmen der Interessenabwägung, teilweise daneben zu berücksichtigen sind:

- Das Fehlverhalten des Arbeitnehmers muss sich konkret auf das Arbeitsverhältnis ausgewirkt haben. Eine konkrete Beeinträchtigung des Arbeitsverhältnisses liegt nicht schon dann vor, wenn der Arbeitsablauf oder der Betriebsfrieden »abstrakt« oder »konkret gefährdet« ist.[1565]

1550 BAG, Urt. v. 05.04.2001, AP Nr. 171 zu § 626 BGB = NZA 2001, 954.
1551 BAG, Urt. v. 02.03.1989, AP Nr. 101 zu § 626 BGB = NZA 1989, 755.
1552 *Stahlhacke/Preis/Vossen*, Rn 456; Ascheid/Preis/Schmidt/*Dörner*, § 626 BGB Rn 30.
1553 MünchArbR/*Wank*, § 120 Rn 33.
1554 BAG, Urt. v. 30.05.1978, AP Nr. 70 zu § 626 BGB = NJW 1979, 332; MünchArbR/*Wank*, § 120 Rn 33.
1555 BAG, Urt. v. 31.03.1993, AP Nr. 32 zu § 626 BGB Ausschlussfrist = NZA 1994, 409; BAG, Urt. v. 13.12.1984, AP Nr. 81 zu § 626 BGB = NZA 1985, 288; LAG Hessen, Urt. v. 05.07.1988, EzA § 1 KSchG Verhaltensbedingte Kündigung Nr. 25 = DB 1988, 2468; LAG Düsseldorf, Urt. v. 15.12.1997, LAGE § 626 BGB Nr. 116.
1556 BAG, Urt. v. 02.03.1989, AP Nr. 101 zu § 626 BGB = NZA 1989, 755.
1557 BAG, Urt. v. 17.03.1988, AP Nr. 99 zu § 626 BGB = NZA 1989, 261.
1558 BAG, Urt. v. 14.02.1978, AP Nr. 58 zu Art 9 GG Arbeitskampf = EzA Art 9 GG Arbeitskampf Nr. 22.
1559 BAG, Urt. v. 25.04.1991, AP Nr. 104 zu § 626 BGB = NZA 1992, 212; LAG Köln, Urt. v. 16.03.1995, LAGE § 140 BGB Nr. 11 = NZA-RR 1996, 5.
1560 LAG Düsseldorf, Urt. v. 15.12.1997, LAGE § 626 BGB Nr. 116.
1561 BAG, Urt. v. 31.03.1993, AP Nr. 32 zu § 626 BGB Ausschlussfrist = NZA 1994, 409.
1562 BAG, Urt. v. 02.03.1989, AP Nr. 101 zu § 626 BGB = NZA 1989, 755; *Preis*, Prinzipien des Kündigungsrechts bei Arbeitsverhältnissen, S. 224 ff.; *Stahlhacke/Preis/Vossen*, Rn 456.
1563 BAG, Urt. v. 24.10.1996, ZTR 1997, 139.
1564 BAG, Urt. v. 18.02.1993, AP Nr. 35 zu § 15 KSchG = NZA 1994, 74; BAG, Urt. v. 13.12.1984, AP Nr. 81 zu § 626 BGB = NZA 1985, 288.
1565 BAG; Urt. v. 17.03.1988, AP Nr. 99 zu § 626 BGB = NZA 1989, 261.

- Grundsätzlich hat jeder verhaltensbedingten Kündigung eine Abmahnung des Arbeitnehmers im gleichen Pflichtenkreis vorauszugehen.
- Erforderlich ist eine negative Prognose.[1566] Dabei ist eine objektive Prognose im Hinblick auf künftige Belastungen vorzunehmen, wobei bisherige Störungen ein gewichtiges Indiz für weitere künftige Belastungen darstellen.[1567]
- Das Ultima-Ratio-Prinzip, also der Grundsatz der Verhältnismäßigkeit, muss stets gewahrt sein.[1568]

Die (außerordentliche) Kündigung ist ein in die Zukunft gerichtetes Instrument zur Verhinderung künftiger Störungen.[1569] Verhaltensbedingte Leistungsstörungen sind regelmäßig nur dann kündigungsrelevant, wenn auch künftige Vertragsverstöße bzw. Belastungen des Arbeitsverhältnisses zu erwarten sind. Vom Kündigenden ist diese Besorgnis darzulegen, wenn sich nicht bereits aus der Schwere oder Nachhaltigkeit bisheriger Störungen eine hinreichende Indizwirkung ergibt.[1570] Die Nichtbeachtung einer Abmahnung rechtfertigt regelmäßig die sichere negative Prognose der Wiederholungsgefahr.[1571] Auch der Wortlaut von § 626 BGB besagt, dass die Fortsetzung des Arbeitsverhältnisses für den Kündigenden unzumutbar sein muss, worin der Prognosecharakter deutlich zum Ausdruck kommt. Die negative Prognose muss eine hohe Wahrscheinlichkeit haben,[1572] wobei entweder vergangenes (Fehl-)Verhalten die bereits erwähnte Wiederholungsgefahr in sich birgt oder das bisherige Verhalten eine Dauerwirkung für die Zukunft hat.[1573] Ereignisse, die das Arbeitsverhältnis nicht mehr belasten, sind kündigungsrechtlich unerheblich, auch wenn sie zunächst schwerwiegend waren.[1574] Ohne eine negative Prognose kann eine außerordentliche Kündigung nicht wirksam sein.[1575] Der Abmahnung kommt deshalb, soweit sie erforderlich ist, maßgebliche Bedeutung zu. Eine negative Prognose lässt sich regelmäßig darauf gründen, dass ein abgemahntes Verhalten vom Arbeitnehmer ungerührt fortgesetzt wird.[1576] 562

Zwar liegt ein wichtiger Grund für eine fristlose Kündigung i.S.v. § 626 Abs. 1 BGB regelmäßig nur bei einem schuldhaften Fehlverhalten des Arbeitnehmers vor. Ausnahmsweise kann aber auch ein Fehlverhalten, das der Arbeitnehmer nicht zu vertreten hat, eine fristlose Kündigung rechtfertigen. Das ist der Fall, wenn das Fehlverhalten die betriebliche Ordnung derart nachhaltig gestört hat, dass dem Arbeitgeber eine Weiterbeschäftigung bis zum Ablauf der ordentlichen Kündigungsfrist unzumutbar ist.[1577] 563

VI. Ausschlussfrist (§ 626 Abs. 2 BGB)

1. Allgemeines

Gem. § 626 Abs. 2 Satz 1 und Satz 2 BGB kann die außerordentliche Kündigung nur innerhalb von zwei Wochen erfolgen. Die Frist beginnt mit dem Zeitpunkt, in dem der Kündigungsberechtigte 564

1566 BAG, Urt. v. 04.10.1990, AP Nr. 12 zu § 626 BGB Druckkündigung = NZA 1991, 468.
1567 BAG, Urt. v. 09.03.1995, AP Nr. 123 zu § 626 BGB = NZA 1995, 777; BAG, Urt. v. 09.01.1986, AP Nr. 20 zu § 626 BGB Ausschlussfrist = NZA 1986, 467.
1568 BAG, Urt. v. 17.02.1994, AP Nr. 116 zu § 626 BGB.
1569 *Ascheid*, Kündigungsschutzrecht, Rn 28 und 128; *Preis*, DB 1990, 632; BAG, Urt. v. 16.08.1991, AP Nr. 27 zu § 1 KSchG 1969 Verhaltensbedingte Kündigung = NZA 1993, 17; a.A. *Rüthers*, NJW 1998, 1433.
1570 BAG, Urt. v. 24.10.1996, RzK I. 5. i. Nr. 120; *Preis*, NZA 1997, 1077.
1571 Erman/*Hanau*, § 626 BGB Rn 43, *Stahlhacke/Preis/Vossen*, Rn 686; *Bengelsdorf*, SAE 1992, 136.
1572 BAG, Urt. v. 09.03.1995, AP Nr. 123 zu § 626 BGB = NZA 1995, 777; BAG, Urt. v. 09.01.1986, AP Nr. 20 zu § 626 BGB Ausschlussfrist = NZA 1986, 467.
1573 Staudinger/*Preis*, § 626 BGB Rn 92.
1574 BAG, Urt. v. 09.01.1986, AP Nr. 20 zu § 626 BGB Ausschlussfrist = NZA 1986, 467.
1575 BAG, Urt. v. 04.10.1990, AP Nr. 12 zu § 626 BGB Druckkündigung = NZA 1991, 468.
1576 BAG, Urt. v. 04.10.1990, AP Nr. 12 zu § 626 BGB Druckkündigung = NZA 1991, 468; *Preis*, NZA 1997, 1073.
1577 LAG Köln, Urt. v. 17.04.2002 – 6 Sa 1334/01 (n.v.).

von den für die Kündigung maßgebenden Tatsachen Kenntnis erlangt. Wird die gesetzliche Ausschlussfrist nach § 626 Abs. 2 BGB versäumt, endet damit auch das Recht zur außerordentlichen Kündigung. Ein möglicherweise erheblicher wichtiger Grund ist, sollte er vorgelegen haben, nicht mehr geeignet, die Fortsetzung des Arbeitsverhältnisses unzumutbar zu machen.[1578]

565 Die Ausschlussfrist des § 626 Abs. 2 Satz 1 und Satz 2 BGB stellt eine **gesetzliche Konkretisierung der Verwirkung des Kündigungsgrundes** dar. Nach dem Ablauf der Zwei-Wochen-Frist wird unwiderleglich vermutet, dass dem Kündigungsberechtigten die Fortsetzung des Arbeitsverhältnisses zumutbar ist.[1579] Gleichwohl bleibt dem Kündigenden die Möglichkeit eröffnet, auf der Grundlage der verfristeten Kündigungsgründe eine ordentliche, fristgerechte Kündigung des Arbeitsverhältnisses auszusprechen.[1580]

566 Der Zwei-Wochen-Frist unterliegt jede außerordentliche (Änderungs-[1581])Kündigung, auch die Kündigung solcher Arbeitnehmer, bei denen die ordentliche Kündigung kraft Gesetzes, Tarifvertrages oder Einzelarbeitsvertrages ausgeschlossen ist oder die den besonderen Kündigungsschutz des § 15 KSchG genießen.[1582] Die Ausschlussfrist gilt auch bei außerordentlichen Kündigungen durch den Arbeitnehmer[1583] und Kündigung des Arbeitgebers während der Elternzeit.[1584]

567 Die Ausschlussfrist des § 626 Abs. 2 BGB, innerhalb der eine außerordentliche Kündigung erfolgen muss, ist nur dann gewahrt, wenn die Kündigungserklärung **innerhalb der Frist** dem Kündigungsgegner nach den allgemeinen Regeln **zugegangen** ist. Es genügt nicht, dass die Kündigungserklärung den Machtbereich des Erklärenden innerhalb der Frist verlassen hat.[1585] Auf den Zeitpunkt der tatsächlichen Kenntniserlangung durch den Kündigungsempfänger kommt es bei rechtzeitigem Zugang nicht an.[1586]

568 Die Zwei-Wochen-Frist des § 626 Abs. 2 BGB dient der Rechtssicherheit. Der Kündigungsberechtigte soll sich schnell entscheiden, ob er kündigen will oder nicht. Der Betroffene soll nicht länger als erforderlich über die Reaktion des Kündigenden im Unklaren bleiben.[1587] Bei der Zwei-Wochen-Frist des § 626 Abs. 2 BGB handelt es sich um eine **materiellrechtliche Ausschlussfrist**. Ihre Überschreitung führt zur Unwirksamkeit der außerordentlichen Kündigung.[1588] Eine Wiedereinsetzung in den vorigen Stand ist ausgeschlossen.[1589]

2. Beginn der Ausschlussfrist

569 Nach ständiger Rechtsprechung des BAG[1590] und BGH[1591] muss der Kündigungsberechtigte zu Beginn der Frist gem. § 626 Abs. 2 BGB eine sichere und umfassende Kenntnis von den für die Kündigung maßgebenden Tatsachen haben. Solche Tatsachen liegen dann vor, wenn alles in Erfahrung gebracht ist, was als notwendige Grundlage für die Entscheidung über den Fortbestand oder die Auflösung des Dienstverhältnisses anzusehen ist. Grob fahrlässige Unkenntnis ist unerheblich.[1592] Ohne

1578 BAG, Urt. v. 22.06.1989, AP Nr. 11 zu § 628 BGB = NZA 1990, 106.
1579 *Schaub*, Arbeitsrechts-Handbuch, § 125 Rn 26.
1580 BAG, Urt. v. 04.03.1980, AP Nr. 4 zu Art 140 GG = DB 1980, 2529.
1581 BAG, Urt. v. 21.06.1995, AP Nr. 36 zu § 15 KSchG 1969 = NZA 1995, 1157.
1582 BAG, Urt. v. 16.10.1986, AP Nr. 95 zu § 626 BGB = DB 1987, 1304; BAG, Urt. v. 09.01.1986, AP Nr. 20 zu § 626 BGB Ausschlussfrist = NZA 1986, 467.
1583 KR/*Fischermeier*, § 626 BGB Rn 311.
1584 BAG, Urt. v. 22.06.1989, AP Nr. 11 zu § 628 BGB = NZA 1990, 106.
1585 BAG, Urt. v 09.03.1978, AP Nr. 12 zu § 626 BGB Ausschlussfrist = NJW 1978, 2168.
1586 LAG Düsseldorf, Urt. v. 13.08.1998, NZA-RR 1999, 640.
1587 Kittner/Zwanziger/*Appel*, § 96 Rn 12.
1588 BAG, Urt. v. 06.07.1972, AP Nr. 3 zu § 626 BGB Ausschlussfrist = DB 1972, 2119.
1589 BAG, Urt. v. 28.10.1971, AP Nr. 1 zu § 626 BGB Ausschlussfrist = NJW 1972, 463; MünchArbR/*Wank*, § 120 Rn 129.
1590 BAG, Urt. v. 28.10.1971, EzA § 626 BGB n.F. Nr. 8 = NJW 1972, 463; BAG, Urt. v. 29.07.1993, AP Nr. 31 zu § 626 BGB Ausschlussfrist = NZA 1994, 171; BAG, Urt. v. 28.04.1994, AP Nr. 117 zu § 626 BGB = NZA 1994, 934.
1591 BGH, Urt. v. 26.02.1996, AP Nr. 34 zu § 626 BGB Ausschlussfrist = NJW 1996, 1403.
1592 MünchArbR/*Wank*, § 120 Rn 131; *Stahlhacke/Preis/Vossen*, Rn 475.

Kenntnis des Kündigungsberechtigten vom Kündigungssachverhalt kann das Kündigungsrecht nicht verwirken.[1593] Für den Beginn der Ausschlussfrist des § 626 Abs. 2 BGB ist nicht auf den Zeitpunkt abzustellen, zu dem der Arbeitgeber die subjektive Einschätzung gewonnen hat, dass Zweifel an der Glaubwürdigkeit des Arbeitnehmers bestehen, sondern auf den Zeitpunkt der Kenntniserlangung der objektiven Tatsachen, die diese Einschätzung rechtfertigen.[1594]

Weder der Verdacht strafbarer Handlungen noch eine begangene Straftat stellen Dauerzustände dar, die es dem Arbeitgeber ermöglichen, bis zur strafrechtlichen Verurteilung des Arbeitnehmers zu irgendeinem beliebigen Zeitpunkt eine fristlose Kündigung auszusprechen. Hält der Arbeitgeber einen bestimmten Kenntnisstand für ausreichend, eine fristlose Kündigung wegen Verdachts einer strafbaren Handlung oder wegen begangener Straftat auszusprechen, muss er nach § 626 Abs. 2 BGB binnen zwei Wochen kündigen, nachdem er diesen Kenntnisstand erlangt hat. Entscheidet sich der Arbeitgeber, nachdem sich aufgrund konkreter Tatsachen bei ihm ein Anfangsverdacht entwickelt hat, selbst weitere Ermittlungen durchzuführen, muss er diese Ermittlungen zügig durchführen und binnen zwei Wochen nach Abschluss der Ermittlungen, die seinen Kündigungsentschluss stützen, kündigen. Es steht dem Kündigenden zwar grundsätzlich frei, anstatt eigene Ermittlungen durchzuführen, den Ausgang des Ermittlungs- bzw. Strafverfahrens abzuwarten. Das bedeutet aber nicht, dass der Arbeitgeber trotz eines hinlänglich begründeten Anfangsverdachts zunächst von eigenen weiteren Ermittlungen absehen und den Verlauf des Ermittlungs- bzw. Strafverfahrens abwarten darf, um dann spontan, ohne dass sich neue Tatsachen ergeben hätten, zu einem willkürlich gewählten Zeitpunkt Monate später selbständige Ermittlungen aufzunehmen und dann zwei Wochen nach Abschluss dieser Ermittlungen zu kündigen.[1595] 570

Für den Beginn der Ausschlussfrist des § 626 BGB ist auf die Kenntnis abzustellen, die dem Kündigenden die Entscheidung darüber ermöglicht, ob ihm die Fortsetzung des Arbeitsverhältnisses zumutbar ist oder nicht. Da diese Entscheidung die Kenntnis aller für und gegen den Gekündigten sprechenden Umstände voraussetzt, ist im Falle einer Arbeitgeberkündigung in der Regel eine **Anhörung des Arbeitnehmers** zur Aufklärung des Kündigungssachverhalts geboten. Zwingend im Sinne einer Wirksamkeitsvoraussetzung ist die Anhörung indes nur bei der unten dargestellten Verdachtskündigung. Solange der Kündigungsberechtigte die zur Aufklärung des Kündigungssachverhalts nach pflichtgemäßem Ermessen notwendig erscheinenden Maßnahmen zügig durchführt und der Kündigungsgegner dies erkennen kann, ist die Ausschlussfrist gehemmt. Dabei ist unerheblich, wenn die Maßnahmen rückblickend zur Feststellung des Sachverhalts nicht beitragen konnten oder überflüssig erscheinen, weil sie keine neuen Erkenntnisse gebracht haben.[1596] Die weitere Aufklärung muss jedoch aus verständigen Gründen veranlasst worden sein und darf nicht willkürlich erfolgen.[1597] Für zusätzliche Ermittlungen besteht kein Anlass, wenn der Sachverhalt bereits geklärt ist und/oder vom Gekündigten sogar zugestanden wurde.[1598] Die erforderlichen Ermittlungen müssen mit der gebotenen Eile innerhalb einer kurz bemessenen Frist erfolgen, wobei für die Anhörung des Verdächtigen in der Regel eine Woche als hinreichender Ermittlungszeitraum angesehen wird.[1599] Für die Einräumung einer Zwei-Wochen-Frist fehlt ein verständiger Grund, 571

1593 BAG, Urt. v. 09.01.1986, AP Nr. 20 zu § 626 BGB Ausschlussfrist = SAE 1986, 228.

1594 LAG Köln, Urt. v. 08.02.1997, NZA-RR 1998, 65.

1595 BAG, Urt. v. 29.07.1993, AP Nr. 31 zu § 626 BGB Ausschlussfrist = NZA 1994, 171; vgl. auch LAG Köln, Urt. v. 13.01.2000, MDR 2000, 775; LAG Hamm, Urt. v. 18.04.1996, ARST 1997, 69 (LS); LAG Hessen, Urt. v. 19.05.1994 – 12 Sa 1120/93 (n.v.).

1596 BAG, Urt. v. 14.11.1984, AP Nr. 89 zu § 626 BGB = NZA 1986, 95; BAG, Urt. v. 10.06.1988, AP Nr. 27 zu § 626 BGB Ausschlussfrist = NZA 1989; BAG, Urt. v. 06.07.1972, AP Nr. 3 zu § 626 BGB Ausschlussfrist = EzA § 626 BGB n.F. Nr. 15.

1597 BAG, Urt. v. 06.07.1972, AP Nr. 3 zu § 626 BGB Ausschlussfrist = EzA § 626 BGB n.F. Nr. 15.

1598 BGH, Urt. v. 24.11.1975, LM Nr. 18 zu § 626 BGB.

1599 BAG, Urt. v. 06.07.1972, AP Nr. 3 zu § 626 BGB Ausschlussfrist = EzA § 626 BGB n.F. Nr. 15; BAG, Urt. v. 12.02.1973, AP Nr. 6 zu § 626 BGB Ausschlussfrist = EzA § 626 BGB n.F. Nr. 22.

wenn der Kündigungsgegner zur Verfügung steht und nicht an einer kurzfristigen Stellungnahme verhindert ist.[1600] Wird die Regelfrist ohne erheblichen Grund überschritten, beginnt die Ausschlussfrist mit dem Ende der Regelfrist.[1601]

572 Ist zum Ausspruch einer Kündigung die vorherige **Zustimmung Dritter** erforderlich, ist dem Anliegen des § 626 Abs. 2 BGB dadurch Genüge zu tun, dass zum einen der zur Erlangung der Zustimmung erforderliche Antrag innerhalb der zweiwöchigen Frist gestellt werden und zum anderen nach erteilter Zustimmung die Kündigung unverzüglich erfolgen muss. Der Erteilung der Zustimmung steht der Wegfall des Zustimmungserfordernisses gleich. Ab Kenntnis der zum Wegfall des Zustimmungserfordernisses führenden Ereignisse ist die Kündigung unverzüglich auszusprechen.[1602]

573 Die Ausschlussfrist des § 626 Abs. 2 BGB gilt auch für die außerordentliche Kündigung gegenüber den Arbeitnehmern, die zum Beispiel als Betriebsratsmitglieder den besonderen Kündigungsschutz des § 15 KSchG genießen. Auch im Regelungsbereich des § 103 BetrVG beginnt die Zwei-Wochen-Frist des BGB § 626 Abs. 2 mit der Kenntnis des Arbeitgebers von den für die Kündigung maßgebenden Tatsachen. Auf den Ablauf der Frist des § 626 Abs. 2 BGB wirkt sich der Zeitraum, der dem Betriebsrat für seine Entscheidung über den Zustimmungsantrag gem. § 103 Abs. 1 BetrVG zur Verfügung steht, nicht aus. Allerdings ist der Betriebsrat verpflichtet, entsprechend § 102 Abs. 2 Satz 3 BetrVG seine Entscheidung dem Arbeitgeber unverzüglich, spätestens innerhalb von drei Tagen, ggf. auch innerhalb einer längeren ihm vom Arbeitgeber eingeräumten Frist, mitzuteilen. Gibt der Betriebsrat innerhalb der Frist keine zustimmende Erklärung ab, ist dies als Verweigerung der Zustimmung zu werten. Demnach muss der Arbeitgeber, wenn er sein Kündigungsrecht nicht verlieren will, innerhalb der Ausschlussfrist des § 626 Abs. 2 BGB nicht nur den **Zustimmungsantrag beim Betriebsrat** stellen, sondern bei ausdrücklicher oder wegen Fristablaufs zu unterstellender Verweigerung der Zustimmung auch das **Verfahren auf Ersetzung der Zustimmung beim Arbeitsgericht einleiten**.[1603] Der Arbeitgeber kann einem Betriebsratsmitglied erst dann wirksam eine außerordentliche Kündigung aussprechen, wenn der Beschluss über die Ersetzung der vom Betriebsrat verweigerten Zustimmung (§ 103 Abs. 2 BetrVG) rechtskräftig bzw. unanfechtbar ist (§ 15 Abs. 1 KSchG). Eine vor diesem Zeitpunkt erklärte Kündigung ist nicht nur schwebend unwirksam, sondern unheilbar nichtig.[1604]

574 Hat der Arbeitgeber einen Zustimmungsantrag nach § 103 Abs. 1 BetrVG gestellt und auf die spontane Zustimmungserklärung des Betriebsratsvorsitzenden hin vor Ablauf von drei Tagen gekündigt, muss er erneut die Zustimmung des Betriebsrats beantragen, wenn er wegen Bedenken gegen die Wirksamkeit der ersten Kündigung eine weitere Kündigung aussprechen will. Ein stattdessen gestellter Zustimmungsersetzungsantrag ist unzulässig. Nur ein zulässiger Zustimmungsersetzungsantrag nach § 103 Abs. 2 BetrVG wahrt die Ausschlussfrist des § 626 Abs. 2 BGB. Ein vor der Zustimmungsverweigerung des Betriebsrats gestellter Zustimmungsersetzungsantrag ist unzulässig und wird auch nicht dadurch zulässig, dass nachträglich die Zustimmung des Betriebsrats zu der beabsichtigten Kündigung beantragt wird.[1605]

575 Wird ein Arbeitnehmer wegen seiner früheren Tätigkeit für das Ministerium für Staatssicherheit fristlos gekündigt, ist die Nichteinhaltung der Ausschlussfrist des § 626 Abs. 2 BGB auf der Grundlage der Verfassung jedenfalls dann nicht zu beanstanden, wenn zwischen Kenntniserlangung vom Kündigungsgrund und Kündigung ein relativ kurzer Zeitraum liegt (drei Wochen). Verfassungsrechtlich bedenklich und mit dem Recht auf freie Wahl des Arbeitsplatzes unvereinbar ist es jedoch,

1600 BAG, Urt. v. 10.06.1988, AP Nr. 27 zu § 626 BGB Ausschlussfrist; LAG Köln, Urt. v. 20.07.1995, LAGE § 626 BGB Ausschlussfrist Nr. 8 = NZA-RR 1996, 317; LAG Hamm, Urt. v. 31.03.1993, AP Nr. 32 zu § 626 BGB Ausschlussfrist.
1601 KR/*Fischermeier*, § 626 BGB Rn 331.
1602 LAG Köln, Urt. v. 21.01.2000, NZA-RR 2001, 303.
1603 BAG, Urt. v. 18.08.1977, AP Nr. 10 zu § 103 BetrVG 1972 = NJW 1978, 661.
1604 BAG, Urt. v. 09.07.1998, AP Nr. 36 zu § 103 BetrVG 1972 = NZA 1998, 1273.
1605 BAG, Urt. v. 24.10.1996, AP Nr. 36 zu § 626 BGB Ausschlussfrist.

wenn der Arbeitgeber unter Umständen einen Sonderkündigungsgrund beliebig lange zurückhalten könnte, um davon bei ihm gut dünkender Gelegenheit Gebrauch zu machen.[1606]

Die Ausschlussfristenregelung des § 626 Abs. 2 BGB gilt auch für den Fall der außerordentlichen betriebsbedingten Änderungskündigung. Die Frist beginnt an dem Tag, an dem sich der Arbeitgeber entschließt, zur Verbesserung der wirtschaftlichen Lage die Vertragsbedingungen des Arbeitnehmers zu verändern.[1607] Der Beginn der Zwei-Wochen-Frist gem. § 626 Abs. 2 BGB wird nicht dadurch gehemmt, dass der Kündigungsberechtigte Rechtsrat bei einem Rechtsanwalt zwecks Beurteilung einholt, ob die bislang ermittelten Indiztatsachen die beabsichtigte Kündigung tragen oder weitere Aufklärungsmaßnahmen unternommen werden sollen.[1608] 576

Bei den für die Kenntnis maßgebenden Tatsachen ist zwischen Kündigungsgründen zu unterscheiden die aus einem in sich **abgeschlossenen Tatbestand** hergeleitet werden und solchen, die auf einen **Dauertatbestand** gestützt werden.[1609] Die außerordentliche Kündigung gegenüber einem tariflich unkündbaren Arbeitnehmer kann aus betriebsbedingten Gründen ausnahmsweise unter Einhaltung der ordentlichen Kündigungsfrist zulässig sein, wenn der Arbeitsplatz des Arbeitnehmers weggefallen ist und der Arbeitgeber den Arbeitnehmer auch unter Einsatz aller zumutbaren Mittel, ggf. durch Umorganisation seines Betriebes, nicht weiterbeschäftigen kann. Für die Anwendung der Ausschlussfrist des § 626 Abs. 2 BGB ist in solchen Fällen kein Raum, da der Wegfall der Beschäftigungsmöglichkeit einen Dauertatbestand darstellt.[1610] Auch bei einer dauernden Unfähigkeit, die vertraglichen Dienste infolge Krankheit erbringen zu können, handelt es sich um einen Dauertatbestand, bei dem es für die Einhaltung der Zwei-Wochen-Frist ausreicht, dass er in den letzten zwei Wochen vor Ausspruch der Kündigung angehalten hat.[1611] Fehlt ein Arbeitnehmer unentschuldigt, beginnt die Ausschlussfrist des § 626 Abs. 2 BGB für eine hierauf gestützte außerordentliche Kündigung frühestens mit dem Ende der unentschuldigten Fehlzeit.[1612] Bei **Pflichtverletzungen**, die man als ein **Gesamtverhalten** bewerten kann, läuft die Ausschlussfrist ab dem letzten Vorfall, der ein **weiteres und letztes Glied in der Kette der Ereignisse** bildet, die zum Anlass einer Kündigung genommen werden.[1613] Kündigt ein Arbeitgeber etwa einem Arbeitnehmer, der drei Wochen lang unentschuldigt gefehlt hat, wegen unzulässiger Selbstbeurlaubung, versäumt er die Frist nicht, wenn er die fristlose Kündigung innerhalb von zwei Wochen nach Rückkehr des Mitarbeiters in den Betrieb ausspricht. Die Frist beginnt frühestens mit dem Ende der unentschuldigten Fehlzeit.[1614] Bei Dauerzuständen, wenn beispielsweise die erforderliche Arbeitsgenehmigung fehlt, beginnt die Frist des § 626 Abs. 2 BGB täglich neu.[1615] 577

Bei **fortgesetzten Vertragsverletzungen** muss man unterscheiden, ob es sich um Dauertatbestände handelt, bei denen der Grad der Unzumutbarkeit des Festhaltens am Arbeitsverhältnis mit zunehmender Dauer der Pflichtwidrigkeit ständig wächst oder ob es sich um einen Kündigungsgrund mit Fortwirkung handelt. Dies ist dann der Fall, wenn ein Arbeitgeber aus verfristeten Vorgängen den Vorwurf herleitet, die Vertrauensgrundlage sei nachhaltig zerstört oder es bestünden nach wie vor, wenn auch nicht durch neue Tatsachen zu belegende Zweifel an der Einsatzbereitschaft des Arbeitnehmers oder es fehle an einer Bereitschaft zur Zusammenarbeit.[1616] Im zweiten Fall ist eine außerordentliche Kündigung wegen Umgehung des § 626 Abs. 2 BGB unwirksam. 578

1606 BVerfG, Beschl. v. 21.04.1994, NJW 1994, 316.
1607 LAG Baden-Württemberg, Urt. v. 02.12.1997 – 7 Sa 13/97 (n.v.).
1608 LAG Hamm, Urt. v. 01.10.1998, LAGE § 626 BGB Ausschlussfrist Nr. 10 = MDR 1999, 683.
1609 Hierzu ausführlich KR/*Fischermeier*, § 626 BGB Rn 323.
1610 BAG, Urt. v. 05.02.1998, AP Nr. 40 zu § 626 BGB Ausschlussfrist = NZA 1998, 771.
1611 BAG, Urt. v. 21.03.1996, AP Nr. 8 zu § 626 Krankheit = NZA 1996, 871.
1612 BAG, Urt. v. 22.01.1998, AP Nr. 38 zu § 626 BGB Ausschlussfrist = NZA 1998, 708.
1613 BAG, Urt. v. 06.07.1972, AP Nr. 3 zu § 626 BGB Ausschlussfrist = EzA § 626 BGB n.F. Nr. 15.
1614 BAG, Urt. v. 22.01.1998, AP Nr. 38 zu § 626 BGB Ausschlussfrist = NZA 1998, 708.
1615 BAG, Urt. v. 13.01.1977, AP Nr. 2 zu § 19 AFG = EzA § 19 AFG Nr. 2.
1616 BAG, Urt. v. 15.03.1984 – 2 AZR 159/83 (n.v.); KR/*Fischermeier*, § 626 BGB Rn 328.

579 Zusammenfassend kann man zum Fristbeginn bei Dauertatbeständen wie folgt formulieren: Bei einem echten Dauergrund oder Dauertatbestand beginnt die Ausschlussfrist mit der Beendigung dieses Zustandes.[1617] Bei nicht abgeschlossenen Dauerzuständen ist die Zwei-Wochen-Frist gewahrt, wenn der Dauerzustand in den letzten zwei Wochen vor Ausspruch der Kündigung angehalten hat.[1618] Bei einem echten Dauergrund treten fortlaufend neue Tatsachen ein, die für die Kündigung maßgeblich sind.[1619]

3. Kenntnis des Kündigungsberechtigten

580 Die Ausschlussfrist beginnt grundsätzlich erst dann, wenn derjenige, der das Recht zur außerordentlichen Kündigung hat, über die sichere und möglichst vollständige Kenntnis der für die Kündigung maßgebenden Tatsachen verfügt.[1620] Bei einer Arbeitgeberkündigung kann es auf die Kenntnis einer anderen Person nur ausnahmsweise ankommen, etwa dann, wenn diese eine ähnlich selbständige Stellung wie ein gesetzlicher oder rechtsgeschäftlicher Stellvertreter des Arbeitgebers hat und nicht nur zur Meldung, sondern vorab auch zur Feststellung der für eine außerordentliche Kündigung maßgebenden Tatsachen verpflichtet ist.[1621]

581 Bei Gesellschaften ist zwischen der Frage zu unterscheiden, wer zur Kündigung berechtigt ist und wessen Kenntnis den Lauf der Frist bewirkt. Sieht beispielweise der Gesellschaftervertrag einer GmbH vor, dass der Geschäftsführer zur Vornahme unüblicher Rechtsgeschäfte der Zustimmung der Gesellschafterversammlung bedarf, ist auch die außerordentliche Kündigung einer mit umfassenden Befugnissen ausgestatteten Mitgesellschafterin und Prokuristin zustimmungsbedürftig.[1622]

582 Wenn der Arbeitnehmer bei einem rechtsfähigen Verein, einer GmbH, einer AG oder einer eingetragenen Genossenschaft beschäftigt ist, müssen dann, wenn die Satzung nichts anderes vorsieht, alle Mitglieder des Vorstands bzw. alle Geschäftsführer gemeinsam handeln (Gesamtvertretungsmacht – vgl. §§ 26 Abs. 2 BGB, 35 Abs. 2 GmbHG, 78 Abs. 2 AktG, 24 Abs. 1 GenG). Die außerordentliche Kündigung kann in diesem Fall nur aufgrund eines von allen gesetzlichen Vertretern gefassten Beschlusses oder durch einen Vertreter aufgrund einer ihm durch die übrigen Mitglieder des Vertretungsorgans erteilten Ermächtigung (vgl. § 78 Abs. 4 AktG) ausgesprochen werden.[1623]

583 Das BAG vertritt die Ansicht, dass, wenn die Mitglieder des Vorstandes eines eingetragenen Vereins nach der Satzung nur insgesamt zur Kündigung der »Angestellten« des Vereins berechtigt sind, die Ausschlussfrist des § 626 Abs. 2 BGB entsprechend der Regelung des § 28 Abs. 2 BGB mit dem Zeitpunkt beginnt, in dem ein Vorstandsmitglied von den für die Kündigung maßgebenden Tatsachen Kenntnis erlangt. Der Lauf der Ausschlussfrist wird entsprechend dieser Meinung in Gang gesetzt, wenn nur einer von mehreren Gesamtvertretern die Kündigungsgründe kennt.[1624]

584 Hingegen ist der 2. Zivilsenat des BGH[1625] der Auffassung, dass für den Fristbeginn der außerordentlichen Kündigung nach § 626 Abs. 2 BGB bei der GmbH grundsätzlich die Kenntnis der Mitglieder der Gesellschafterversammlung in ihrer Eigenschaft als Mitwirkende an der kollektiven Willensbildung maßgeblich ist. Daher soll nicht schon deren außerhalb der Gesellschafterversammlung, sondern erst die nach dem Zusammentritt erlangte Kenntnis der für die Kündigung maßgeblichen

1617 BAG, Urt. v. 25.02.1983, AP Nr. 14 zu § 626 BGB Ausschlussfrist = DB 1983, 1605.

1618 BAG, Urt. v. 21.03.1996, AP Nr. 8 zu § 626 BGB Krankheit = NZA 1996, 871.

1619 BAG, Urt. v. 25.02.1983, AP Nr. 14 zu § 626 BGB Ausschlussfrist = DB 1983, 1605; siehe auch das Beispiel bei Tschöpe/*Kappelhoff*, Teil 3 E Rn 75.

1620 Ausführlich zur ganzen Thematik KR/*Fischermeier*, § 626 BGB Rn 343 ff.

1621 BAG, Urt. v. 28.10.1971, AP Nr. 1 zu § 626 BGB Ausschlussfrist = MDR 1972, 270.

1622 BAG, Urt. v. 11.03.1998, AP Nr. 144 zu § 626 BGB; MünchArbR/*Wank*, § 120 Rn 134.

1623 BAG, Urt. v. 18.12.1980, EzA § 174 BGB Nr. 4; KR/*Fischermeier*, § 626 BGB Rn 346.

1624 BAG, Urt. v. 20.09.1984, AP Nr. 1 zu § 28 BGB = DB 1985, 237, KR/*Fischermeier*, § 626 BGB Rn 349; Küttner/*Eisemann*, Nr. 256 Rn 21.

1625 BGH, Urt. v. 15.06.1998, BGHZ 139, 89 = NZA 1998, 1005.

Tatsachen den Lauf der Ausschlussfrist auslösen.[1626] Wird allerdings die Einberufung der Gesellschafterversammlung einer GmbH von ihren einberufungsberechtigten Mitgliedern nach Kenntniserlangung von dem Kündigungssachverhalt unangemessen verzögert, muss sich die Gesellschaft so behandeln lassen, als wäre die Gesellschafterversammlung mit der billigerweise zumutbaren Beschleunigung einberufen worden.[1627]

Kündigungsberechtigt und damit für den Beginn der Ausschlussfrist maßgebende Kenntnisträger 585
sind neben dem Arbeitgeber der Prokurist,[1628] der Handlungsbevollmächtigte nach § 54 HGB und alle Mitarbeiter, denen der Arbeitgeber das Recht zur Kündigung nach den Regeln der Stellvertretung übertragen hat.[1629] Darüber hinaus muss sich der Arbeitgeber nur die Kenntnis solcher Personen zurechnen lassen, die eine ähnlich selbständige Stellung wie ein gesetzlicher oder rechtsgeschäftlicher Stellvertreter des Arbeitgebers haben. Diese Personen müssen tatsächlich und rechtlich in der Lage sein, einen Sachverhalt, der Ansatzpunkte für eine außerordentliche Kündigung bietet, so umfassend zu klären, dass mit seiner Meldung der Kündigungsberechtigte ohne weitere Erhebungen seine Entscheidung treffen kann.[1630] Der Kündigungsberechtigte darf sich dann nicht auf seine erst später erlangte Kenntnis berufen, wenn diese darauf beruht, dass die Organisation des Betriebs zu einer Verzögerung des Fristbeginns führt, obwohl eine andere Organisation sachgemäß und zumutbar wäre.[1631]

Für die Einhaltung der Kündigungserklärungsfrist gem. § 626 Abs. 2 BGB kann es im Konzern auf 586
die Kenntnis des Konzernpersonalchefs vom Kündigungssachverhalt auch dann ankommen, wenn dieser gegenüber den leitenden Angestellten einer Tochtergesellschaft nicht selbst kündigungsberechtigt ist. Die Kenntnis des Konzernpersonalchefs als Dritten ist dem Kündigungsberechtigten einer Tochtergesellschaft zuzurechnen, wenn intensive konzernrechtliche Verflechtungen zwischen der Konzernobergesellschaft und der Tochtergesellschaft bestehen (teilweise Personalunion der gesetzlichen Vertretungsorgane) und auf der Ebene der Tochtergesellschaft ein Organisationsdefizit entsteht, das die Verzögerung der Kündigungserklärung bewirkt.[1632]

VII. Erfordernis der Abmahnung

Eine vorherige Abmahnung ist dann Voraussetzung für die außerordentliche Kündigung, wenn es 587
sich um ein steuerbares Fehlverhalten des Arbeitnehmers handelt und das bisherige Verhalten keine klare Negativprognose für die weitere Vertragsbeziehung zulässt und deswegen von der Möglichkeit einer künftigen vertragskonformen Erfüllung auszugehen ist. Nicht maßgeblich ist demgegenüber die Unterscheidung zwischen Leistungs- und Vertrauensbereich.[1633] Auch bei Störungen im Vertrauensbereich ist vor der Kündigung eine Abmahnung erforderlich, wenn eine Wiederherstellung des Vertrauens erwartet werden kann.[1634]

1626 Abweichung von der bisherigen Senatsrechtsprechung, zuletzt von BGH, Urt. v. 02.06.1997, DStR 1997, 1338.
1627 BGH, Urt. v. 15.06.1998, BGHZ 139, 89 = NZA 1998, 1005.
1628 BAG, Urt. v. 09.10.1975, AP Nr. 8 zu § 626 BGB Ausschlussfrist = DB 1976, 441.
1629 KR/*Fischermeier*, § 626 BGB Rn 351; Küttner/*Eisemann*, Nr. 256 Rn 23.
1630 BAG, Urt. v. 26.11.1987 – 2 AZR 312/87 (n.v.).
1631 BAG, Urt. v. 05.05.1977, AP Nr. 11 zu § 626 BGB Ausschlussfrist = NJW 1978, 723.
1632 LAG Hamm, Urt. v. 29.01.2001 – 16 Sa 998/00 (n.v.).
1633 LAG Rheinland-Pfalz, Beschl. v. 22.12.1997 – 9 TaBV 38/97 (n.v.); vgl. auch BAG, Urt. v. 04.06.1997, AP Nr. 137 zu § 626 BGB = NJW 1998, 554.
1634 BAG, Urt. v. 26.01.1995, NZA 1995, 517; BAG, Urt. v. 04.06.1997, NZA 1997, 1281.

VIII. Außerordentliche Verdachtskündigung

588 Nach der ständigen Rechtsprechung des BAG[1635] kann nicht nur eine erwiesene Vertragsverletzung, sondern schon der **schwerwiegende Verdacht einer strafbaren oder sonstigen Verfehlung** einen wichtigen Grund zur außerordentlichen Kündigung gegenüber dem verdächtigten Arbeitnehmer darstellen.[1636] Eine Verdachtskündigung liegt dann vor, wenn und soweit der Arbeitgeber eine Kündigung damit begründet, gerade der Verdacht eines (nicht erwiesenen) strafbaren bzw. vertragswidrigen Verhaltens habe das für die Fortsetzung des Arbeitsverhältnisses erforderliche Vertrauen zerstört. Der Verdacht einer strafbaren Handlung stellt gegenüber dem Vorwurf, der Arbeitnehmer habe die Tat begangen, einen eigenständigen Kündigungsgrund dar, der in dem Tatvorwurf nicht enthalten ist. Bei der Tatkündigung ist für den Kündigungsentschluss maßgebend, dass der Arbeitnehmer nach der Überzeugung des Arbeitgebers die strafbare Handlung bzw. Pflichtverletzung tatsächlich begangen hat und dem Arbeitgeber aus diesem Grund die Fortsetzung des Arbeitsverhältnisses unzumutbar ist. § 626 Abs. 1 BGB lässt eine Verdachtskündigung dann zu, wenn starke Verdachtsmomente auf objektiven Tatsachen gründen, wenn die Verdachtsmomente geeignet sind, das für die Fortsetzung des Arbeitsverhältnisses erforderliche Vertrauen zu zerstören und wenn der Arbeitgeber alle zumutbaren Anstrengungen zur Aufklärung des Sachverhalts unternommen, insbesondere dem Arbeitnehmer Gelegenheit zur Stellungnahme gegeben hat.

589 Bei der **Überprüfung** einer **Verdachtskündigung** haben die Gerichte dem Vorbringen des Arbeitnehmers, mit dem er sich von dem ihm gegenüber vorgebrachten Verdacht entlasten will, durch eine **vollständige Aufklärung des Sachverhalts** nachzugehen.[1637] Maßgeblich für die rechtliche Beurteilung der Verdachtskündigung sind die **Umstände im Zeitpunkt der Kündigung**. Be- und Entlastungsmomente nach Ausspruch der Kündigung sind zu berücksichtigen, soweit sie zum Zeitpunkt der Kündigung bereits vorlagen. Maßgeblich ist insoweit der Erkenntnisstand zum Schluss der mündlichen Verhandlung in der Tatsacheninstanz. Unberücksichtigt bleiben nur solche Umstände, die erst nach der Kündigung entstanden sind.[1638]

590 Ist eine vom Arbeitgeber wegen des Verdachts einer strafbaren Handlung des Arbeitnehmers ausgesprochene außerordentliche Kündigung rechtskräftig für unwirksam erklärt worden, weil die den Verdacht begründenden Umstände dem Arbeitgeber beim Zugang der Kündigung länger als zwei Wochen bekannt gewesen und daher nach § 626 Abs. 2 BGB verfristet sind, hindert die Rechtskraft dieses Urteils den Arbeitgeber nicht, später nach dem Abschluss des gegen den Arbeitnehmer eingeleiteten Strafverfahrens erneut eine nunmehr auf die Tatbegehung selbst gestützte außerordentliche Kündigung auszusprechen, auch wenn das Strafverfahren nicht zu einer Verurteilung des Arbeitnehmers geführt hat, sondern gegen Zahlung eines Geldbetrages nach § 153a Abs. 2 StPO eingestellt worden ist. Die zweiwöchige Ausschlussfrist des § 626 Abs. 2 BGB für eine solche auf die Tatbegehung selbst gestützte außerordentliche Kündigung beginnt jedenfalls dann nicht vor dem Abschluss des Strafverfahrens gegen den Arbeitnehmer, wenn der Arbeitgeber vorher zwar Verdachtsumstände kannte, diese Verdachtsumstände aber noch keine vernünftigen Zweifel ausschließende sichere Kenntnis der Tatbegehung selbst begründeten.[1639]

591 Der dringende Verdacht eines Diebstahls bzw. einer Unterschlagung auch geringwertiger Gegenstände aus dem Eigentum des Arbeitgebers stellt an sich einen wichtigen Grund zur außerordentlichen Kündigung dar (Prüfung auf der ersten Stufe des § 626 Abs. 1 BGB). Erst die Würdigung, ob dem Arbeitgeber deshalb außerdem die Fortsetzung des Arbeitsverhältnisses bis zum Ablauf der ordentlichen Kündigungsfrist bzw. der vertragsgemäßen Beendigung des Arbeitsverhältnisses unter Berücksichtigung aller Umstände des Einzelfalles und unter Abwägung der Interessen beider

1635 BAG, Urt. v. 05.04.2001, NZA 2001, 837 = NJW 2001, 3068.
1636 Vgl. auch BAG, Urt. v. 06.07.2000 – 2 AZR 454/99 (n.v.).
1637 BAG, Urt. v. 18.11.1999, AP Nr. 32 zu § 626 BGB Verdacht strafbarer Handlung = NZA 2000, 418.
1638 BAG, Urt. v. 14.09.1994, AP Nr. 24 zu § 626 BGB Verdacht strafbarer Handlung = NZA 1995, 269.
1639 BAG, Urt. v. 12.12.1984, AP Nr. 19 zu § 626 BGB Ausschlussfrist = NZA 1985, 623.

Vertragsteile unzumutbar ist (Prüfung auf der zweiten Stufe des § 626 Abs. 1 BGB), kann zur Feststellung der Nichtberechtigung der außerordentlichen Kündigung führen.[1640] Der Verdacht einer schwerwiegenden strafbaren Handlung ist grundsätzlich auch dann geeignet, dem Arbeitgeber die Fortsetzung des Arbeitsverhältnisses für die Dauer einer längeren Frist unzumutbar zu machen, wenn der Arbeitnehmer bereits von der Arbeitspflicht freigestellt ist. Die **unwiderrufliche Freistellung** des Arbeitnehmers ist allerdings bei der Interessenabwägung zu berücksichtigen.[1641] Kündigt ein Arbeitgeber einer Arbeitnehmerin wegen strafbarer Handlung bzw. wegen Verdachts einer strafbaren Handlung, so führt die **Einstellung des** gegen die Arbeitnehmerin insoweit eingeleiteten **staatsanwaltschaftlichen Ermittlungsverfahrens** (§ 170 Abs. 2 Satz 1 StPO) weder zur Unwirksamkeit der Kündigung, noch zu einem Wiedereinstellungsanspruch der Arbeitnehmerin.[1642]

Weder der Verdacht strafbarer Handlungen noch eine begangene Straftat stellen Dauerzustände dar, 592
die es dem Arbeitgeber ermöglichen, bis zur strafrechtlichen Verurteilung des Arbeitnehmers zu irgendeinem beliebigen Zeitpunkt eine fristlose Kündigung auszusprechen. Hält der Arbeitgeber einen bestimmten Kenntnisstand für ausreichend, eine fristlose Kündigung wegen Verdachts einer strafbaren Handlung oder wegen begangener Straftat auszusprechen, muss er nach § 626 Abs. 2 BGB binnen zwei Wochen kündigen, nachdem er diesen Kenntnisstand erlangt hat. Entscheidet sich der Arbeitgeber, nachdem sich aufgrund konkreter Tatsachen bei ihm ein Anfangsverdacht entwickelt hat, selbst weitere Ermittlungen durchzuführen, muss er diese Ermittlungen zügig durchführen und binnen zwei Wochen nach Abschluss der Ermittlungen, die seinen Kündigungsentschluss stützen, kündigen. Es steht dem Kündigenden zwar grundsätzlich frei, anstatt eigene Ermittlungen durchzuführen, den Ausgang des Ermittlungs- bzw. Strafverfahrens abzuwarten. Das bedeutet aber nicht, dass der Arbeitgeber trotz eines hinlänglich begründeten Anfangsverdachts zunächst von eigenen weiteren Ermittlungen absehen und den Verlauf des Ermittlungs- bzw. Strafverfahrens abwarten darf, um dann spontan, ohne dass sich neue Tatsachen ergeben hätten, zu einem willkürlich gewählten Zeitpunkt Monate später selbständige Ermittlungen aufzunehmen und dann zwei Wochen nach Abschluss dieser Ermittlungen zu kündigen.[1643]

Eine Verdachtskündigung als Reaktion auf die Störung des für die Fortsetzung des Arbeitsverhält- 593
nisses notwendigen Vertrauens ist unverhältnismäßig, wenn der Arbeitgeber nicht alle zumutbaren Anstrengungen zur Aufklärung des Sachverhalts unternommen hat. Insbesondere die vorherige Anhörung des Arbeitnehmers ist grundsätzlich Wirksamkeitsvoraussetzung der Kündigung.[1644] Es ist gerechtfertigt, strenge Anforderungen an sie zu stellen und vom Arbeitgeber zu verlangen, alles zu tun, um den Sachverhalt aufzuklären. Die Kündigung verstößt anderenfalls gegen den Grundsatz der Verhältnismäßigkeit. Der Arbeitnehmer muss die Möglichkeit erhalten, die Verdachtsgründe zu entkräften und Entlastungstatsachen anzuführen. Die Anhörung des Arbeitnehmers hat im Zuge der gebotenen Aufklärung des Sachverhalts zu erfolgen. Ihr Umfang richtet sich nach den Umständen des Einzelfalles. (…) Es reicht nicht, dass der Arbeitnehmer lediglich mit einer völlig unsubstantiierten Wertung konfrontiert wird. Die Anhörung muss sich vielmehr auf einen konkretisierten Sachverhalt beziehen, der jedenfalls soweit konkretisiert ist, dass sich der Arbeitnehmer darauf substantiiert einlassen kann. Der Arbeitgeber darf dem Betroffenen keine wesentlichen Erkenntnisse vorenthalten, die er im Anhörungszeitpunkt bereits besitzt. Verletzt der Arbeitgeber schuldhaft die ihm obliegende Pflicht, den Arbeitnehmer vor Ausspruch einer Verdachtskündigung zu den gegen ihn erhobenen Vorwürfen zu hören, ist die auf den Verdacht gestützte Kündigung unwirksam. War

1640 BAG, Urt. v. 12.08.1999, AP Nr. 28 zu § 626 BGB Verdacht strafbarer Handlung = NZA 2000, 421; Bestätigung der ständigen Rspr. des BAG u.a. im sog. »Bienenstichurteil«, BAG, Urt. v. 17.05.1984, AP Nr. 14 zu § 626 BGB Verdacht strafbarer Handlung = NZA 1985, 91.

1641 BAG, Urt. v. 05.04.2001, NZA 2001, 837 = NJW 2001, 3068.

1642 BAG, Urt. v. 20.08.1997, AP Nr. 27 zu § 626 BGB Verdacht strafbarer Handlung = NZA 1997, 1340.

1643 BAG, Urt. v. 29.07.1993, AP Nr. 31 zu § 626 BGB Ausschlussfrist = NZA 1994, 171.

1644 BAG, Urt. v. 13.09.1995, AP Nr. 25 zu § 626 BGB Verdacht strafbarer Handlung = NZA 1996, 81; BAG, Urt. v. 14.09.1994, AP Nr. 24 zu § 626 BGB Verdacht strafbarer Handlung = NZA 1995, 269; BAG, Urt. v. 11.04.1985, AP Nr. 39 zu § 102 BetrVG 1972 = NZA 1986, 674.

der Arbeitnehmer jedoch von vornherein nicht bereit, sich zu den gegen ihn erhobenen Vorwürfen substantiiert zu äußern und so nach seinen Kräften an der Aufklärung mitzuwirken, kann dem Arbeitgeber keine schuldhafte Verletzung der Anhörungspflicht vorgeworfen werden.[1645] Die an die Anhörung des Arbeitnehmers zu stellenden Anforderungen entsprechen nicht denen für eine ordnungsgemäße Anhörung des Betriebsrats gem. § 102 Abs. 1 BetrVG. Materiellrechtlich ist der Arbeitgeber trotz unzureichender Anhörung des Arbeitnehmers jedenfalls dann nicht gehindert, erst nach Ausspruch der Kündigung bekannt gewordene Verdachtsmomente nachzuschieben, wenn er die Kündigung zusätzlich und eigenständig wegen tatsächlicher Pflichtverletzungen des Arbeitnehmers ausgesprochen hat. Darauf, ob diese Pflichtverletzungen bewiesen werden können und die Kündigung für sich genommen hinreichend begründen, kommt es nicht an.[1646]

594 Die Arbeitsunfähigkeit eines Arbeitnehmers führt nicht ohne weiteres zu einer Hemmung der Ausschlussfrist des § 626 Abs. 2 BGB. Erforderlich und ausreichend für die Anhörung des Arbeitnehmers vor einer Verdachtskündigung ist, dass er sich zu dem erhobenen Vorwurf äußern kann.[1647]

IX. Außerordentliche Druckkündigung

595 Bei der außerordentlichen, arbeitgeberseitigen Druckkündigung unterscheidet man zwei Fallgestaltungen. Ist das **Verlangen des Dritten objektiv gerechtfertigt**, steht es im Ermessen des Arbeitgebers, ob er eine personen-, verhaltens- oder betriebsbedingte Kündigung aussprechen will.[1648] Autoritärer Führungsstil und mangelnde Fähigkeit zur Menschenführung können bei einem sog. unkündbaren Arbeitnehmer eine außerordentliche personenbedingte (Änderungs-)Druckkündigung nach § 55 Abs. 1 BAT rechtfertigen.[1649]

596 Auch wenn die **Drohung durch Dritte objektiv nicht gerechtfertigt** ist, gestattet das BAG grundsätzlich eine außerordentliche betriebsbedingte Druckkündigung, an die allerdings ein strenger Maßstab angelegt werden muss.[1650] Das bloße Verlangen Dritter reicht noch nicht zur Wirksamkeit einer Druckkündigung.[1651] Zunächst hat sich der Arbeitgeber schützend vor den betroffenen Arbeitnehmer zu stellen, um alles Zumutbare zu unternehmen, die Belegschaft oder den einflussreichen Kunden von seiner Drohung abzubringen (Verhältnismäßigkeitsgrundsatz). Erst wenn alles Zumutbare unternommen worden ist und trotzdem weiterhin die Belegschaft oder der Dritte empfindliche Nachteile androhen, wie beispielsweise Streik, Massenkündigung oder Auftragsentzug, kann die außerordentliche Druckkündigung gerechtfertigt sein. Sie muss das einzige in Betracht kommende Mittel sein, um die drohenden Schäden abzuwenden.[1652] Die vorherige Anhörung des Arbeitnehmers ist keine Wirksamkeitsvoraussetzung für eine Druckkündigung.[1653] Ob im Fall fehlender objektiver Rechtfertigung einer Drohung dem betroffenen Arbeitnehmer, dem wirksam außerordentlich gekündigt wird, ein Schadensersatzanspruch zusteht, ist von der Rechtsprechung bislang nicht entschieden worden.[1654]

1645 BAG, Urt. v. 26.09.2002, AP Nr. 37 zu § 626 BGB Verdacht strafbarer Handlung.
1646 BAG, Urt. v. 13.09.1995, AP Nr. 25 zu § 626 BGB Verdacht strafbarer Handlung = NZA 1996, 81.
1647 LAG Köln, Urt. v. 25.01.2001, BB 2001, 1748 (LS).
1648 BAG, Urt. v. 31.01.1996, AP Nr. 13 zu § 626 BGB Druckkündigung; BAG, Urt. v. 04.10.1990, AP Nr. 12 zu § 626 BGB Druckkündigung.
1649 BAG, Urt. v. 31.01.1996, AP Nr. 13 zu § 626 BGB Druckkündigung = NZA 1996, 581.
1650 BAG, Urt. v. 18.09.1975, AP Nr. 10 zu § 626 BGB Druckkündigung = DB 1976, 634.
1651 BAG, Urt. v. 31.01.1996, AP Nr. 13 zu § 626 BGB Druckkündigung = NZA 1996, 581; BAG, Urt. v. 18.09.1975, AP Nr. 10 zu § 626 BGB Druckkündigung = DB 1976, 634.
1652 BAG, Urt. v. 04.10.1990, AP Nr. 12 zu § 626 BGB Druckkündigung = NZA 1991, 468; BAG, Urt. v. 31.01.1996, AP Nr. 13 zu § 626 BGB Druckkündigung = NZA 1996, 581.
1653 BAG, Urt. v. 04.10.1990, AP Nr. 12 zu § 626 BGB Druckkündigung = NZA 1991, 468.
1654 BAG, Urt. v. 04.10.1990, AP Nr. 12 zu § 626 BGB Druckkündigung = NZA 1991, 468.

X. Außerordentliche Kündigung und Unkündbarkeit

1. Allgemeines

Eine Reihe von Tarifverträgen sieht nach einer gewissen Dauer des Arbeitsverhältnisses den Ausschluss der ordentlichen Kündigung vor, so etwa § 53 Abs. 3 BAT bei Arbeitnehmern, die das 40. Lebensjahr vollendet haben und mehr als 15 Jahre in einem Beschäftigungsverhältnis zur Dienststelle stehen oder § 20 Abs. 4 des Manteltarifvertrages der Metallindustrie NRW bei älteren Arbeitnehmern in der Metallindustrie, die das 55., aber noch nicht das 65. Lebensjahr vollendet haben und dem Betrieb oder Unternehmen zehn Jahre angehören. Angesichts leerer öffentlicher Kassen und des ständigen Bedürfnisses der privaten Wirtschaft, die Personalkosten so niedrig wie möglich zu halten, kann es nicht verwundern, dass die außerordentliche Kündigung tarif- oder einzelvertraglich ordentlich unkündbarer Arbeitnehmer zunehmend an Bedeutung gewinnt.[1655] 597

Auch wenn der tarif- oder einzelvertragliche Ausschluss der ordentlichen Arbeitgeberkündigung ein massives Hemmnis für eine flexible, der Marktsituation angepasste betriebliche Personalpolitik darstellen, wird diese tarifliche oder individuelle Verstärkung des gesetzlichen Kündigungsschutzes aus rechtlicher Sicht überwiegend in der Regel als zulässig erachtet.[1656] Die rechtlich zulässige Grenze wird jedoch überschritten, wenn das Recht des Arbeitgebers zum Ausspruch einer außerordentlichen Kündigung ausgeschlossen werden soll. Das Recht zur außerordentlichen Kündigung ist aufgrund der zwingenden Natur des § 626 Abs. 1 BGB weder durch Arbeitsvertrag noch durch Betriebsvereinbarung oder Tarifvertrag abdingbar.[1657] Unkündbarkeitsklauseln können lediglich im Hinblick auf die ordentliche Kündigung Wirksamkeit entfalten, da der Grundsatz, dass Dauerschuldverhältnisse aus wichtigem Grund gekündigt werden können, zu den unverzichtbaren, verfassungsrechtlich abgesicherten und deshalb zwingenden Prinzipien des Privatrechts zählt.[1658] Unzumutbares kann von Rechts wegen auch dem Arbeitgeber nicht zugemutet werden (Beispiel: Heizer auf der E-Lok).[1659] 598

Beim Ausschluss der ordentlichen Kündigung bereitet die Frage, unter welchen Voraussetzungen die außerordentliche Kündigung zulässig ist, erhebliche dogmatische Schwierigkeiten, da sich der beabsichtigte verstärkte Bestandsschutz nicht sinnwidrig in sein Gegenteil verkehren darf.[1660] Gleichermaßen begegnet der Ausschluss der ordentlichen Kündigung unter anderem im Hinblick auf die Sozialauswahl und den zwingenden Charakter des KSchG erheblichen Bedenken.[1661] Um die durch den Ausschluss der ordentlichen Kündigung entstehenden Wertungswidersprüche aufzulösen, nimmt das BAG die nachfolgend beschriebenen Modifikationen und Korrekturen bei der **Orlando-Kündigung** vor, um wieder zu systemkonformen Wertungen zu gelangen. 599

- In Abweichung zu § 626 Abs. 1 Satz 1 BGB ist bei einer außerordentlichen Kündigung tariflich »Unkündbarer« die gesetzliche oder tarifvertragliche Kündigungsfrist einzuhalten, die gelten würde, wenn die **ordentliche Kündigungsfrist** nicht ausgeschlossen wäre (sog. soziale Auslauffrist).[1662] Es stellte einen Wertungswiderspruch dar, den Arbeitnehmer mit besonderem tariflichen 600

1655 Aktuell zur sog. Orlando-Kündigung *Mauer/Schüßler*, BB 2001, 466; *Adam*, NZA 1999, 846 ff.; *Groeger*, NZA 1999, 850 ff.; *Bröhl*, FS Schaub 1998, S. 55 ff.; *Löwisch*, DB 1998, 877 ff.

1656 Wiedemann/*Wiedemann*, § 1 TVG Rn 534 und 538; *Löwisch*, DB 1998, 877 (878); *Preis*, NZA 1997, 1256 (1259); *Frischmann*, ZTR 1996, 344 (346).

1657 BAG, Urt. v. 05.02.1998, AP Nr. 143 zu § 626 BGB = NZA 1998, 771; Ascheid/Preis/Schmidt/*Kiel*, § 1 KSchG Rn 805; *Preis/Hamacher*, FS Arbeitsrecht und Arbeitsgerichtsbarkeit 1999, S. 245; *Löwisch*, DB 1998, 877 (880); *Bröhl*, FS Schaub 1998, S. 55 (66).

1658 *Mauer/Schüßler*, BB 2001, 466; *Thannheiser*, AiB 1998, 601 (602).

1659 KR/*Fischermeier*, § 626 BGB Rn 158.

1660 Vgl. *Adam*, NZA 1999, 846 f.

1661 Hierzu *Mauer/Schüßler*, BB 2001, 466 (468 f.).

1662 BAG, Urt. v. 13.04.2000, EzA § 626 n.F. BGB Nr. 180 = NZA 2001, 277; BAG, Urt. v. 17.09.1998, AP Nr. 148 zu § 626 BGB = NZA 1999, 258; BAG, Urt. v. 05.02.1998, AP Nr. 143 zu § 626 BGB = NZA 1998, 771; BAG, Urt. v. 28.03.1985, AP Nr. 86 zu § 626 BGB = NZA 1985, 559; BAG, Urt. v. 14.11.1984, AP Nr. 83 zu § 626 BGB = NZA 1985, 426.

Kündigungsschutz durch eine fristlose Kündigung schlechter zu stellen als den Arbeitnehmer, gegenüber dem eine ordentliche Kündigung zulässig ist und dem aus demselben Kündigungsgrund nur ordentlich gekündigt werden könnte.[1663]

- Die Ausschlussfrist des § 626 Abs. 2 BGB passt in den Fällen des Ausschlusses der ordentlichen Kündigung nicht. Bei Anwendung dieser Norm müsste der Arbeitgeber nur dem nicht mehr ordentlich kündbaren Arbeitnehmer binnen zwei Wochen kündigen, nachdem er von den Kündigungstatsachen Kenntnis erlangt hat, während er bei allen anderen Arbeitnehmern ohne tariflichen Sonderschutz gestaffelt nach ihren Kündigungsfristen erst mit Wirkung zum Termin der tatsächlichen Betriebsstilllegung wirksam kündigen könnte.[1664] Der beabsichtigte stärkere Schutz vor einer Kündigung würde den betroffenen Arbeitnehmern somit im Ergebnis wieder zum Nachteil gereichen. Die fehlende Eignung der Frist des § 626 Abs. 2 BGB belegen auch die Gedanken des Vertrauensschutzes, der Rechtssicherheit und der Rechtsklarheit, die nach § 626 Abs. 2 BGB eine zeitnahe Kündigung innerhalb von zwei Wochen erforderlich machen. Sie greifen in Fällen der vorliegenden Art nicht. Bei einem endgültigen Fortfall des Arbeitsplatzes besteht kein Zweifel daran, dass die Fortsetzung des Arbeitsverhältnisses unzumutbar ist. Ein schutzwürdiges Vertrauen der Arbeitnehmer, dass ihr Arbeitsverhältnis trotz Wegfalls der Beschäftigungsmöglichkeiten aufrechterhalten wird, ist nicht denkbar. Bei dem dauerhaften Wegfall der Beschäftigungsmöglichkeit für einen »unkündbaren« Arbeitnehmer handelt es sich um einen **Dauerstörtatbestand**, was im Rahmen der Beurteilung der Wahrung der Frist nach § 626 Abs. 2 BGB entscheidend zu berücksichtigen ist.[1665]
- Abweichend von der Regel ist der Arbeitgeber im Fall der außerordentlichen Kündigung »unkündbarer« Arbeitnehmer zu einer **Sozialauswahl** verpflichtet. Nach seiner Systematik bezieht sich § 1 Abs. 3 KSchG zwar nur auf die ordentliche Kündigung. Mit dem Ausschluss der ordentlichen Kündigung wollen die Tarif- bzw. Vertragspartner aber einen zusätzlichen Schutz schaffen. Dieses Ziel verkehrte man in sein Gegenteil, wenn man den Kündigungsschutz durch die Nichtvornahme der Sozialauswahl verringerte. Insoweit ist die Gleichstellung der außerordentlichen mit der ordentlichen Kündigung geboten.[1666] Nur eine Sozialauswahl nach den Grundsätzen des § 1 Abs. 3 KSchG kann verhindern, dass der Ausschluss der ordentlichen Kündigung im Ergebnis zu einer sinnwidrigen Schlechterstellung des Arbeitnehmers führt.[1667]
- Die **Betriebsratsbeteiligung**[1668] hat sich bei einer außerordentlichen Kündigung gegenüber einem ordentlich »unkündbaren« Arbeitnehmer an den schärferen Vorschriften über die Betriebsratsbeteiligung bei der **ordentlichen Kündigung** zu orientieren.[1669] Statt § 102 Abs. 2 Satz 3 BetrVG greifen in entsprechender Anwendung die Regelungen des § 102 Abs. 2 Satz 1 und Satz 2 sowie Abs. 3 bis Abs. 5 BetrVG ein. Hierdurch verlängert sich die Frist[1670] des Betriebsrats zur Stellungnahme. Und bei frist- und ordnungsgemäßem Widerspruch gegen die Kündigung ist der

1663 Insoweit von einer »sozialen Auslauffrist« zu sprechen, ist missverständlich, wenn nicht gar falsch. Der Arbeitgeber ist zur Einhaltung der ordentlichen Kündigungsfrist verpflichtet. Eine fristlose Kündigung wäre unwirksam. Vgl. *Bröhl*, FS Schaub 1998, S. 55 (62).

1664 BAG, Urt. v. 05.02.1998, AP Nr. 143 zu § 626 BGB = NZA 1998, 771; zustimmend *Bröhl*, FS Schaub 1998, S. 55 (61) und *Schleusener*, SAE 1998, 218 (221).

1665 BAG, Urt. v. 17.09.1998, AP Nr. 148 zu § 626 BGB = NZA 1999, 258; BAG, Urt. v. 05.02.1998, AP Nr. 143 zu § 626 BGB = NZA 1998, 771; *Schwerdtner*, FS Kissel 1994, S. 1077 (1088); *Buchner*, Anm. zu BAG, Urt. v. 28.03.1985, EzA § 626 BGB n.F. Nr. 96.

1666 KR/*Etzel*, § 1 KSchG Rn 623; *Mauer/Schüßler*, BB 2001, 466 (468).

1667 Vgl. *Stahlhacke/Preis/Vossen*, Rn 661; *Preis/Hamacher*, FS Arbeitsrecht und Arbeitsgerichtsbarkeit 1999, S. 245 (249); *Bröhl*, FS Schaub 1998, S. 55 (63); *Schleusener*, SAE 1998, 218 (221).

1668 Entsprechendes gilt selbstverständlich für die Personalratsbeteiligung.

1669 BAG, Urt. v. 05.02.1998, AP Nr. 143 zu § 626 BGB = NZA 1998, 771; zustimmend *Preis/Hamacher*, FS Arbeitsrecht und Arbeitsgerichtsbarkeit 1999, S. 245 (250); *Bröhl*, FS Schaub 1998, S. 55 (62 f.); *Schleusener*, SAE 1998, 218 (221); *Kania/Kramer*, RdA 1995, 287 (296).

1670 Statt der Drei-Tage-Frist des § 102 Abs. 2 Satz 3 BetrVG gilt entsprechend die Wochenfrist des § 102 Abs. 2 Satz 1 BetrVG.

Arbeitgeber in der Regel unter den Bedingungen des § 102 Abs. 5 BetrVG zur Weiterbeschäftigung des Arbeitnehmers verpflichtet.

- Ist die ordentliche Kündigung tarifrechtlich ausgeschlossen, so ist im Rahmen der gem. § 626 Abs. 1 BGB durchzuführenden **Interessenabwägung** bei einer vom Arbeitgeber erklärten außerordentlichen Kündigung nicht auf die fiktive Frist für die ordentliche Kündigung, sondern auf die tatsächliche **künftige Vertragsbindung** abzustellen.[1671]
- Im Falle der tariflichen »Unkündbarkeit« von Arbeitnehmern ist im Rahmen des § 626 Abs. 1 BGB – insbesondere hinsichtlich der Weiterbeschäftigungspflicht des Arbeitgebers auf einem anderen Arbeitsplatz im Unternehmen – ein **besonders strenger Prüfungsmaßstab** anzulegen.[1672] So hat der Arbeitgeber mit allen zumutbaren Mitteln, ggf. auch durch eine entsprechende Umorganisation (zur Schaffung eines Arbeitsplatzes) und das Freimachen geeigneter gleichwertiger Arbeitsplätze, eine Weiterbeschäftigung im Betrieb beziehungsweise Unternehmen zu versuchen.[1673] Durch diese Steigerung der Anforderungen auf der Ebene des Ultima-Ratio-Prinzips versucht das BAG den strengen Ausnahmecharakter der außerordentlichen betriebsbedingten Kündigung zu wahren und damit einhergehend Wertungswidersprüchen entgegenzuwirken, die durch den Ausschluss der ordentlichen Kündigung entstehen.[1674]

Ist ein Arbeitnehmer auf Grund einer tariflichen Vorschrift (oder aufgrund seines Arbeitsvertrages) nur noch aus wichtigem Grund kündbar, ist an den wichtigen Grund kein strengerer Prüfungsmaßstab als im Normalfall des § 626 Abs. 1 BGB anzulegen. Das ergibt sich bereits aus dem Wortlaut einer solchen tariflichen Regelung. Wird danach eine Kündigung aus wichtigem Grund für zulässig erklärt, kann hieraus nicht das Erfordernis eines »besonders wichtigen Grundes« hergeleitet werden.[1675] Wenn das BAG insoweit von den gesteigerten Anforderungen bei der Prüfung des wichtigen Grundes i.S.v. § 626 Abs 1 BGB spricht, bezieht es in die Prüfung des wichtigen Grundes die gesteigerte Darlegungs- und Beweislast sowie die gesteigerte Weiterschäftigungspflicht des Arbeitgebers ein. Entsprechend formuliert es in seiner Entscheidung vom 08.04.2003: »Auch einem tariflich ordentlich unkündbaren Arbeitnehmer kann nach § 626 Abs 1 BGB in Ausnahmefällen außerordentlich gekündigt werden. (…) Bei der Abgrenzung, unter welchen Voraussetzungen eine außerordentliche Kündigung mit notwendiger Auslauffrist aus betriebsbedingten Gründen gegenüber einem tariflich ordentlich unkündbaren Arbeitnehmer zulässig ist, ist stets die besondere Ausgestaltung des tariflichen Sonderkündigungsschutzes zu berücksichtigen. (…) Den gesteigerten Anforderungen bei der Prüfung des wichtigen Grundes i.S.v. § 626 Abs 1 BGB entspricht auch eine gesteigerte Darlegungs- und Beweislast des Arbeitgebers. Das Fehlen jeglicher, auch anderweitiger Beschäftigungsmöglichkeiten zählt bei einer außerordentlichen betrieblichen Kündigung schon zum wichtigen Grund i.S.v. § 626 BGB und ist deshalb vom Arbeitgeber darzulegen.«[1676] 601

2. Betriebsbedingte Kündigung

Die betriebsbedingte Orlando-Kündigung bietet in der Praxis den Hauptanwendungsbereich der außerordentlichen Kündigung ordentlich »Unkündbarer«. De facto hat das BAG durch seine Rechtsprechung eine Art außerordentlicher Kündigung kreiert, die sich von der ordentlichen Kündigung nur noch in Nuancen unterscheidet.[1677] Wegweisende Entscheidungen des BAG zur Frage der be- 602

1671 Vgl. BAG, Urt. v. 14.11.1984, AP Nr. 83 zu § 626 BGB = NZA 1985, 426 = EzA § 626 BGB n.F. Nr. 93; kritisch *Schwerdtner*, FS Kissel 1994, S. 1077 (1084).

1672 BAG v. 05.02.1998, NZA 1998, 771 (773).

1673 Vgl. BAG, Urt. v. 17.09.1998, AP Nr. 148 zu § 626 BGB = NZA 1999, 258. Der ganze Umfang der dem Arbeitgeber obliegenden Pflichten lässt sich insbesondere daran ablesen, dass von ihm sogar das zu erwartende Freiwerden eines geeigneten Arbeitsplatzes aufgrund üblicher Fluktuation zu berücksichtigen ist. Zum Ganzen *Groeger*, NZA 1999, 850 (851 und 854).

1674 Siehe *Preis/Hamacher*, FS Arbeitsrecht und Arbeitsgerichtsbarkeit 1999, S. 245 (249). Ähnlich *Wendeling-Schröder*, FS Kehrmann 1997, S. 321 (326).

1675 LAG Düsseldorf, Urt. v. 24.08.2001 – 18 Sa 366/01 (n.v.).

1676 BAG, Urt. v. 08.04.2003, AP Nr. 181 zu § 626 BGB = NZA 2003, 856.

1677 *Mauer/Schüßler*, NZA 2001, 466 (467).

triebsbedingten Kündigung ordentlich unkündbarer Arbeitnehmer sind die Urteile vom 05.02.1998 und 17.09.1998. In diesen Entscheidungen führt das BAG unter anderem wie folgt aus: »Die außerordentliche Kündigung gegenüber einem tariflich unkündbaren Arbeitnehmer kann aus betriebsbedingten Gründen ausnahmsweise unter Einhaltung der ordentlichen Kündigungsfrist zulässig sein, wenn der Arbeitsplatz des Arbeitnehmers weggefallen ist und der Arbeitgeber den Arbeitnehmer auch unter Einsatz aller zumutbaren Mittel, ggf. durch Umorganisation seines Betriebes, nicht weiterbeschäftigen kann. Für die Anwendung der Ausschlussfrist des § 626 Abs. 2 BGB ist in solchen Fällen kein Raum, da der Wegfall der Beschäftigungsmöglichkeit einen Dauertatbestand darstellt. Hinsichtlich der Sozialauswahl und der Betriebs- bzw. Personalratsbeteiligung steht diese außerordentliche Kündigung einer ordentlichen Kündigung gleich. § 1 Abs. 3 KSchG, § 102 Abs. 3 bis 5 BetrVG und § 79 Abs. 1 bis 2 BPersVG sind entsprechend anwendbar.«[1678]

603 »Vor einer außerordentlichen Kündigung gegenüber einem tariflich »unkündbaren« Arbeitnehmer aus betrieblichen Gründen muss der Arbeitgeber auch dann alle zumutbaren, eine Weiterbeschäftigung ermöglichende Mittel ausschöpfen, wenn der Arbeitnehmer einem Übergang seines Arbeitsverhältnisses auf einen Betriebserwerber widersprochen hat. Legt der »unkündbare« Arbeitnehmer dar, wie er sich eine anderweitige Beschäftigung vorstellt, so genügt es nicht, dass der Arbeitgeber das Bestehen entsprechender freier Arbeitsplätze in Abrede stellt; vielmehr muss der Arbeitgeber ggf. unter Vorlegung der Stellenpläne substantiiert darlegen, weshalb das Freimachen eines geeigneten Arbeitsplatzes oder dessen Schaffung durch eine entsprechende Umorganisation nicht möglich oder nicht zumutbar gewesen sein soll. Auch das zu erwartende Freiwerden eines geeigneten Arbeitsplatzes aufgrund üblicher Fluktuation ist zu berücksichtigen.«[1679]

604 Mit den vorgenannten Entscheidungen hat das BAG das umfangreiche Pflichtenprogramm festgelegt, dass den Arbeitgeber im Zusammenhang mit dem Ausspruch einer außerordentlichen Kündigung eines ordentlich »unkündbaren« Arbeitnehmers trifft. Angesichts des aufgezeigten Prüfungsmaßstabs muss der Arbeitgeber im Kündigungsschutzprozess substantiiert darlegen, dass auch im Rahmen der verschärften Weiterbeschäftigungspflicht eine Fortsetzung des Arbeitsverhältnisses unzumutbar ist, will er nicht im Prozess unterliegen. So hat eine Gemeindeverwaltung im Rahmen einer Rationalisierungsmaßnahme (Schließung einer Musikschule) im Hinblick auf die außerordentliche betriebsbedingte Kündigung mit Auslauffrist eines nach §§ 53, 55 BAT unkündbaren Angestellten in ihrem Bereich nicht nur freie Arbeitsplätze anzubieten, sie ist vielmehr verpflichtet, im gesamten Bereich der Gemeindeverwaltung zu prüfen, inwieweit Arbeitsplätze vorhanden sind, die angeboten werden können und die noch zumutbar sind. Sie muss hierbei ggf. einen anderen geeigneten Arbeitsplatz freikündigen.[1680]

3. Verhaltensbedingte Kündigung

605 Der mehrfache Verstoß eines Angestellten im öffentlichen Dienst gegen das Verbot, ohne Zustimmung des Arbeitgebers Belohnungen oder Geschenke in Bezug auf seine dienstliche Tätigkeit anzunehmen (§ 10 BAT), ist an sich geeignet, einen wichtigen Grund zur außerordentlichen Kündigung darzustellen. Einem tariflich ordentlich unkündbaren Arbeitnehmer kann fristlos nur gekündigt werden, wenn dem Arbeitgeber seine Weiterbeschäftigung nicht einmal bis zum Ablauf der »fiktiven Frist« zur ordentlichen Beendigung des Arbeitsverhältnisses zumutbar ist.[1681] Auch bei Anlegung eines besonders strengen Prüfungsmaßstabes ist die Bereitschaft eines Arbeitnehmers, der Betriebsratsmitglied ist, in einem Rechtsstreit gegen seinen Arbeitgeber vorsätzlich falsch auszusagen, an

1678 BAG, Urt. v. 05.02.1998, AP Nr. 143 zu § 626 BGB = NZA 1998, 771
1679 BAG, Urt. v. 17.09.1998, AP Nr. 148 zu § 626 BGB = NZA 1999, 258.
1680 LAG Niedersachsen, Urt. v. 27.04.2001 – 16 Sa 2125/00 (n.v.).
1681 BAG, Urt. v. 15.11.2001, FA 2002, 61–62 (Kurzwiedergabe) = AuA 2002, 39 (Kurzwiedergabe); vgl. auch BAG. Urt. v. 21.06.2001, EzA § 626 BGB Unkündbarkeit Nr. 7 = ZTR 2002, 45.

sich geeignet, eine außerordentliche Kündigung zu rechtfertigen und im Rahmen der Interessenabwägung nach § 626 BGB auch nicht allein wegen seines Betriebsratsamtes anders zu beurteilen als das entsprechende Verhalten eines nicht durch § 15 KSchG geschützten Arbeitnehmers.[1682]

4. Personenbedingte Kündigung

Eine außerordentliche Kündigung wegen krankheitsbedingter Fehlzeiten kommt in der Regel nur dann in Betracht, wenn eine ordentliche Kündigung tariflich oder vertraglich ausgeschlossen ist, wobei grundsätzlich eine der ordentlichen Kündigungsfrist entsprechende Auslauffrist einzuhalten ist. Die Umdeutung einer außerordentlichen fristlosen Kündigung in eine außerordentliche Kündigung mit notwendiger Auslauffrist setzt grundsätzlich eine Beteiligung des Betriebs- bzw. Personalrats nach den für eine ordentliche Kündigung geltenden Bestimmungen voraus.[1683] Eine Krankheit ist nicht grundsätzlich als wichtiger Grund i.S.d. § 626 BGB ungeeignet. An eine Kündigung wegen Erkrankung eines Arbeitnehmers ist zwar schon bei einer ordentlichen Kündigung ein strenger Maßstab anzulegen. Dies schließt aber nicht aus, dass in eng zu begrenzenden Ausnahmefällen die Fortsetzung des Arbeitsverhältnisses mit dem kranken Arbeitnehmer für den Arbeitgeber unzumutbar i.S.d. § 626 Abs. 1 BGB sein kann. Eine außerordentliche Kündigung kommt bei tariflich unkündbaren Arbeitnehmern zum Beispiel dann in Betracht, wenn die weitere betriebliche Beeinträchtigung für die Dauer der tatsächlichen künftigen Vertragsbindung für den Arbeitgeber unzumutbar ist. Der Ausschluss der außerordentlichen Kündigung würde in derartigen Fällen sonst dazu führen, dass etwa bei **dauernder krankheitsbedingter Dienstunfähigkeit** des Arbeitnehmers der Arbeitgeber an den Arbeitnehmer bis zum Erreichen des Pensionsalters Leistungen erbringen müsste, ohne dass von diesem noch eine brauchbare wirtschaftliche Gegenleistung zu erwarten wäre.[1684] Nach ständiger Rechtsprechung des BAG[1685] ist bei der Prüfung, ob der Beklagten die Fortsetzung des Arbeitsverhältnisses unzumutbar ist, nicht auf die Dauer einer fiktiven Kündigungsfrist, sondern auf die tatsächliche künftige Vertragsbindung abzustellen. Die **krankheitsbedingte Minderung der Leistungsfähigkeit** des Arbeitnehmers ist indes in der Regel nicht geeignet, einen wichtigen Grund für eine außerordentliche Kündigung darzustellen. Schon nach dem Ultima-Ratio-Grundsatz muss der Arbeitgeber vor Ausspruch einer solchen Kündigung vor allem bei älteren Arbeitnehmern prüfen, ob der Minderung ihrer Leistungsfähigkeit nicht durch organisatorische Maßnahmen (Änderung des Arbeitsablaufs, Umgestaltung des Arbeitsplatzes, Umverteilung der Aufgaben) begegnet werden kann.[1686] 606

XI. Darlegungs- und Beweislast

Wer eine außerordentliche Kündigung ausgesprochen hat, muss im Prozess alle Tatsachen darlegen und beweisen, die als wichtiger Grund für die sofortige Beendigung des Vertrages geeignet sind.[1687] So muss der Arbeitgeber alle Umstände darlegen und ggf. beweisen, aus denen im Rahmen der Interessenabwägung die Unzumutbarkeit der Weiterbeschäftigung abgeleitet wird.[1688] Dies gilt insbesondere auch für das Fehlen von Rechtfertigungsgründen, die der Gekündigte substantiiert behauptet.[1689] Die Darlegungs- und Beweislast ist nicht so aufzuteilen, dass der Kündigende nur die objektiven Merkmale für einen Kündigungsgrund und die bei der Interessenabwägung für den Gekündigten ungünstigen Umstände und der Gekündigte seinerseits Rechtfertigungsgründe und für 607

1682 BAG, Urt. v. 16.10.1986, AP Nr. 95 zu § 626 BGB = DB 1987, 1304.
1683 BAG, Urt. v. 18.10.2000, EzBAT § 54 BAT Krankheit Nr. 10 = NZA 2001, 219.
1684 BAG, Urt. v. 12.07.1995, AP Nr. 7 zu § 626 BGB Krankheit = NZA 1995, 1100.
1685 BAG, Urt. v. 09.09.1992, AP Nr. 3 zu § 626 BGB Krankheit = NZA 1993, 598.
1686 BAG, Urt. v. 12.07.1995, AP Nr. 7 zu § 626 BGB Krankheit = NZA 1995, 1100.
1687 Eingehend zur Darlegungs- und Beweislast KR/*Fischermeier*, § 626 BGB Rn 380 ff.
1688 BAG, Urt. 19.12.1991, RzK I 6 a Nr. 82; BAG, Urt. v. 17.08.1972, AP Nr. 4 zu § 626 BGB Ausschlussfrist = DB 1972, 2406; *Stahlhacke/Preis/Vossen*, Rn 461.
1689 Küttner/*Eisemann*, Nr. 256 Rn 89.

ihn entlastende Umstände vorzutragen und zu beweisen hätte.[1690] Im Vertragsrecht indiziert ein bestimmter Sachverhalt, der den objektiven Voraussetzungen für eine Vertragsverletzung entspricht, nicht zugleich ein rechtswidriges bzw. schuldhaftes Verhalten. Da auch die Beweislastregel des § 280 Abs. 1 Satz 2 BGB (ehemals § 282 BGB) bei einer Kündigung nicht gilt, muss die Rechtswidrigkeit eines beanstandeten Verhaltens des Gekündigten besonders begründet werden.[1691] Wenn der Arbeitgeber eine Kündigung dementsprechend damit begründet, der Arbeitnehmer sei vertragswidrig nicht zur Arbeit erschienen, und der Arbeitnehmer diesen Vorwurf substantiiert bestreitet, indem er im Einzelnen vorträgt, aus welchen Gründen er arbeitsunfähig gewesen sei, obliegt es nach § 1 Abs. 2 Satz 3 KSchG dem Arbeitgeber, im Kündigungsprozess darzulegen und zu beweisen, dass der Arbeitnehmer in Wirklichkeit doch arbeitsfähig gewesen ist.[1692] Diese dem kündigenden Arbeitgeber obliegende Beweislast geht auch dann nicht auf den gekündigten Arbeitnehmer über, wenn dieser sich auf eine angeblich mit dem Arbeitgeber persönlich vereinbarte Arbeitsbefreiung beruft und er einer Parteivernehmung des Arbeitgebers zu der streitigen Zusage widerspricht. In diesem Falle sind allerdings an das Bestreiten einer rechtswidrigen Vertragsverletzung hinsichtlich des Zeitpunktes, des Ortes und des Anlasses der behaupteten Vereinbarung, die das Verhalten des gekündigten Arbeitnehmers rechtfertigen oder entschuldigen würde, strenge Anforderungen zu stellen.[1693]

608 Der Umfang der dem Arbeitgeber obliegenden Darlegungslast ist allerdings davon abhängig, wie sich der Arbeitnehmer auf einen bestimmten Vortrag einlässt. Der Arbeitgeber braucht etwa bei einer Arbeitsversäumnis, die er zum Anlass einer Kündigung nimmt, im Rechtsstreit über die Kündigung nicht von vornherein alle denkbaren Rechtfertigungsgründe zu widerlegen. Der Arbeitnehmer ist vielmehr gehalten, den Vorwurf, unberechtigt gefehlt zu haben, unter genauer Angabe der Gründe, die ihn an der Arbeitsleistung gehindert haben, zu bestreiten. Macht er geltend, er sei krank gewesen, ist dazu nicht unbedingt der Hinweis auf ein ärztliches Attest erforderlich, das der Arbeitnehmer ohnehin – insbesondere bei kurzfristigen Erkrankungen – nur bei entsprechenden Vereinbarungen oder auf Verlangen des Arbeitgebers vorlegen muss. Der Arbeitnehmer muss aber dann, wenn er nicht auf ein ärztliches Attest verweisen kann, substantiiert darlegen, warum er krank war und weshalb er deswegen nicht zur Arbeit erscheinen konnte.[1694] Hat der Arbeitgeber den Beweiswert des ärztlichen Attestes erschüttert bzw. entkräftet, hat der Arbeitnehmer konkret darzulegen, weshalb er krankheitsbedingt gefehlt hat und trotzdem der Nebenbeschäftigung nachgehen konnte.[1695]

609 Die kündigende Partei ist darlegungs- und beweisbelastet dafür, dass die außerordentliche Kündigung innerhalb der Frist des § 626 Abs. 2 BGB ausgesprochen worden ist.[1696] Jedoch muss der Kündigende erst dann zur Ausschlussfrist Stellung nehmen, wenn es zweifelhaft erscheint, dass die Ausschlussfrist gewahrt ist, oder der Gekündigte geltend macht, die Kündigungsgründe seien verfristet.[1697] Um seiner Darlegungs- und Beweislast nachzukommen genügt es nicht, wenn der Kündigende abstrakt vorträgt, die Kündigungsgründe seien nicht verfristet. Er muss vielmehr genau den Tag der Kenntniserlangung bezeichnen und vortragen, auf welche Weise er Kenntnis erlangt hat. Nur dann ist es dem Gekündigten möglich, die Darstellung zu überprüfen und ggf. qualifiziert zu bestreiten. Zur Bestimmung des Zeitpunktes der Kenntniserlangung reicht es nicht aus, wenn der Kündigende zu einer am 04. eines Monats ausgesprochenen Kündigung vorträgt, die Verfehlungen seien erst »Ende des Vormonats« bemerkt worden.[1698]

1690 BAG, Urt. v. 19.12.1991, RzK I 6 a Nr. 82.
1691 KR/*Fischermeier*, § 626 BGB Rn 381.
1692 BAG, Urt. v. 12.08.1976, AP Nr. 3 zu § 1 KSchG 1969 = NJW 1977, 167.
1693 BAG, Urt. v. 24.11.1983, AP Nr. 76 zu § 626 BGB = DB 1984, 884.
1694 BAG, Urt. v. 23.09.1992, EzA § 1 KSchG Verhaltensbedingte Kündigung Nr. 44; BAG, Urt. 27.05.1993 – 2 AZR 631/92 (n.v.).
1695 BAG, Urt. v. 26.08.1993, AP Nr. 112 zu § 626 BGB = NZA 1994, 63.
1696 BAG, Urt. v. 10.04.1975, AP Nr. 7 zu § 626 BGB Ausschlussfrist.
1697 BAG, Urt. v. 28.03.1985, AP Nr. 86 zu § 626 BGB = NZA 1985, 559.
1698 BAG, Urt. v. 25.09.1972 – 2 AZR 29/72 (n.v.); KR/*Fischermeier*, § 626 BGB Rn 386.

XII. Fallgruppenübersicht

Der Rechtsprechung des BAG und der Instanzgerichte lassen sich mit Blick auf die entschiedenen Einzelfälle typische Fallgruppen entnehmen, in denen eine außerordentliche Kündigung in Betracht kommt. Ohne Anspruch auf Vollständigkeit werden im Folgenden zur Orientierung besonders typische Fälle und Fallgestaltungen aufgezeigt. Zur Vertiefung wird auf die einschlägige Kommentarliteratur und die Ausführungen zur verhaltensbedingten Kündigung in diesem Buch verwiesen. 610

1. Alkohol- und Drogengenuss

Dem Fahrer eines Fahrzeuges des Rettungsdienstes, das von den Vorschriften der StVO befreit ist, kann fristlos gekündigt werden, wenn er seinen Dienst unter Verstoß gegen ein einschlägiges Alkoholverbot antritt.[1699] Auch ein nach gewisser Fahrzeit festgestellter Blut-Alkohol-Wert von »nur« 0,46 Promille kann bei einem Busfahrer, der mit diesem Promille-Wert Personen im öffentlichen Nahverkehr transportiert, die außerordentliche Kündigung ohne vorangegangene Abmahnung rechtfertigen.[1700] Wirkt ein Heimerzieher trotz des im Heim bestehenden generellen Drogenverbots an dem Cannabisverbrauch eines der ihm anvertrauten Heiminsassen mit, so ist dies als wichtiger Grund zur außerordentlichen Kündigung nach § 626 BGB an sich geeignet.[1701] 611

2. Angekündigte, vorgetäuschte Arbeitsunfähigkeit

Erklärt der Arbeitnehmer, er werde krank, wenn der Arbeitgeber ihm den im bisherigen Umfang bewilligten Urlaub nicht verlängere, obwohl er im Zeitpunkt dieser Ankündigung nicht krank war und sich aufgrund bestimmter Beschwerden auch noch nicht krank fühlen konnte, so ist ein solches Verhalten ohne Rücksicht darauf, ob der Arbeitnehmer später tatsächlich erkrankt, an sich geeignet, einen wichtigen Grund zur außerordentlichen Kündigung abzugeben.[1702] 612

Ist ein Arbeitnehmer während einer ärztlich attestierten Arbeitsunfähigkeit schichtweise einer Nebenbeschäftigung bei einem anderen Arbeitgeber nachgegangen, so kann je nach den Umständen auch eine fristlose Kündigung ohne vorherige Abmahnung gerechtfertigt sein. Ist in derartigen Fällen der Beweiswert des ärztlichen Attestes erschüttert bzw. entkräftet, hat der Arbeitnehmer konkret darzulegen, weshalb er krankheitsbedingt gefehlt hat und trotzdem der Nebenbeschäftigung nachgehen konnte.[1703] 613

Nimmt ein nicht bettlägeriger Arbeitnehmer während einer längeren Arbeitsunfähigkeit einmal pro Woche für eine 3/4 Stunde an einem sog. »Kieser-Rückentraining« teil, begründet dies weder ernsthafte Zweifel an der Arbeitsunfähigkeit des Arbeitnehmers noch »gewisse Verdachtsmomente« hinsichtlich des Vortäuschens einer Arbeitsunfähigkeit.[1704] 614

3. Arbeitsverweigerung

Nach ständiger Rechtsprechung des BAG[1705] ist eine nachhaltige rechtswidrige und schuldhafte Arbeitsverweigerung an sich als wichtiger Grund für eine außerordentliche Kündigung geeignet. Aufgrund seines Weisungsrechts kann der Arbeitgeber einem Arbeitnehmer einseitig bestimmte 615

1699 LAG Sachsen, Urt. v. 26.05.2000, LAGE § 626 BGB Nr. 130 a = NZA-RR 2001, 472.
1700 LAG Nürnberg, Urt. v. 17.12.2002, LAGE § 626 BGB Nr. 147 = NZA-RR 2003, 301.
1701 BAG, Urt. v. 18.10.2000, NZA 2001, 383.
1702 BAG, Urt. v. 05.11.1992, AP Nr. 4 zu § 626 BGB Krankheit = NZA 1993, 308.
1703 BAG, Urt. v. 26.08.1993, AP Nr. 112 zu § 626 BGB = NZA 1994, 63.
1704 LAG Berlin, Urt. v. 16.04.2003, ZTR 2003, 468 (LS).
1705 BAG, Urt. v. 05.04.2001, NZA 2001, 893; BAG, Urt. v. 31.01.1985, AP Nr. 6 zu § 8a MuSchG 1968 = NZA 1986, 138; BAG, Urt. v. 21.11.1996, AP Nr. 130 zu § 626 BGB = NZA 1997, 487; BAG, Urt. v. 09.05.1996, AP Nr. 5 zu § 273 BGB = NZA 1996, 1085.

Arbeiten unter Beachtung billigen Ermessens i.S.v. § 315 Abs. 3 BGB zuweisen, soweit das Weisungsrecht nicht durch Gesetz, Tarifvertrag, Betriebsvereinbarung oder Einzelarbeitsvertrag eingeschränkt ist. Weigert sich der Arbeitnehmer, die ihm im Rahmen einer rechtmäßigen Ausübung des Weisungsrechts zugewiesene Tätigkeit auszuführen, kann dies im Falle der sog. beharrlichen Arbeitsverweigerung den Ausspruch einer außerordentlichen Kündigung rechtfertigen. Von einer beharrlichen Arbeitsverweigerung kann nur gesprochen werden, wenn der Arbeitnehmer nachhaltig seine Pflichten verletzt. Der Arbeitnehmer muss die ihm übertragene Arbeit bewusst und nachhaltig nicht leisten wollen, obwohl er nach dem Inhalt des Arbeitsvertrages dazu verpflichtet wäre. Es genügt nicht, dass der Arbeitnehmer eine Weisung seines Vorgesetzten unbeachtet lässt, sondern die beharrliche Arbeitsverweigerung setzt voraus, dass eine intensive Weigerung des Arbeitnehmers vorliegt. Das Moment der Beharrlichkeit kann allerdings auch schon darin zu sehen sein, dass der Arbeitnehmer in einem einmaligen Fall eine Anweisung nicht befolgt. Das muss dann aber zum Beispiel durch eine vorhergehende erfolglose Abmahnung verdeutlicht werden. Irrt sich der Arbeitnehmer über die Berechtigung seiner Arbeitsverweigerung, so ist dies nur dann entschuldbar, wenn der Arbeitnehmer nach sorgfältiger Erkundigung und Prüfung der Rechtslage die Überzeugung gewinnen durfte, zur Arbeit nicht verpflichtet zu sein. Der Arbeitnehmer muss, wenn er sich auf einen unverschuldeten Rechtsirrtum berufen will, nachweisen, dass er sich besonders sorgfältig über die Rechtslage hinsichtlich der Berechtigung des von ihm eingenommenen Rechtsstandpunktes informiert hat und kann nicht einfach damit gehört werden, er habe sich zur Ablehnung der von ihm geforderten Arbeit befugt erachtet. Unverschuldet handelt ein Arbeitnehmer aber nicht schon dann, wenn er sich auf eine unrichtige Auskunft seiner Gewerkschaft verlässt.[1706]

616 Fällt durch Blitzschlag die Warentransportanlage eines Krankenhauses aus, muss eine Reinigungskraft auf Anweisung auch im Containerdienst zur Versorgung mit Medikamenten und Essen arbeiten. Die Weigerung stellt eine Arbeitsverweigerung dar, die zur außerordentlichen Kündigung berechtigen kann.[1707] Die beharrliche Ablehnung eines bestimmten Schichteinsatzes kann die fristlose Kündigung eines Arbeitnehmers rechtfertigen. Dies kommt einer Arbeitsverweigerung gleich, die der Arbeitgeber nicht hinnehmen muss.[1708] Das unentschuldigte Fehlen des Arbeitnehmers für die Dauer eines ganzen Arbeitstages ohne ausreichende Information des Arbeitgebers ist im Wiederholungsfall nach einschlägiger Abmahnung je nach den Umständen an sich geeignet, eine außerordentliche Kündigung zu begründen.[1709]

617 Das angekündigte Nichterscheinen am Arbeitsplatz einer allein erziehenden Mutter wegen der Betreuung eines an Neurodermitis erkrankten Kleinkindes nach Ablauf des Erziehungsurlaubs ist nicht mit einer Selbstbeurlaubung vergleichbar und rechtfertigt daher keine fristlose Kündigung.[1710]

4. Ausländerfeindlichkeit/Rassismus

618 Rassistische und ausländerfeindliche Äußerungen gegenüber Kollegen können unter Umständen eine außerordentliche Kündigung rechtfertigen.[1711] Die Verantwortung eines Angestellten des öffentlichen Dienstes für die Verbreitung ausländerfeindlicher Pamphlete ist an sich geeignet, eine außerordentliche Kündigung des Arbeitsverhältnisses zu begründen.[1712] Äußert sich ein deutscher Auszubildender ohne Anlass gegenüber einem türkischen Kollegen ausländerfeindlich, und äußert er

1706 LAG Berlin, Urt. v. 17.05.1993, LAGE § 626 BGB Nr. 72.
1707 ArbG Marburg, Urt. v. 27.02.1998, FA 1999, 306.
1708 ArbG Frankfurt a.M., Urt. v. 04.04.2002 – 7 Ca 1333/01 (n.v.).
1709 BAG, Urt. v. 15.03.2001, EzA § 626 n.F. BGB Nr. 185.
1710 LAG Berlin, Urt. v. 01.11.2002 – 19 Sa 1561/02 (n.v.).
1711 BAG, Urt. v. 01.07.1999, AP Nr. 11 zu § 15 BBiG = NZA 1999, 1270; LAG Brandenburg, Urt. v. 01.10.1998 – 3 Sa 870/97 (n.v.), vgl. auch *Polzer/Powietzka*, NZA 2000, 970 ff.
1712 BAG, Urt. v. 14.02.1996, AP Nr. 26 zu § 626 BGB Verdacht strafbarer Handlung = NZA 1996, 873.

sich darüber hinaus im Betrieb allgemein menschenverachtend (durch Absingen eines »Auschwitz-Liedes«), so liegt darin ein schwerer Verstoß gegen die betrieblichen Verhaltenspflichten, der einen wichtigen Grund zur außerordentlichen Kündigung des Ausbildungsverhältnisses darstellt.[1713]

5. Beleidigungen, Anzeigen gegen den Arbeitgeber

Beleidigungen durch den Arbeitnehmer, die nach Form und Inhalt (»arrogantes Schwein«, »ein paar in die Fresse hauen«) eine erhebliche Ehrverletzung für den betroffenen Arbeitgeber bedeuten, sind als Verstoß des Arbeitnehmers gegen seine Pflichten aus dem Arbeitsverhältnis an sich zur Rechtfertigung einer außerordentlichen Kündigung geeignet.[1714] Die Bedrohung des Arbeitgebers durch den Arbeitnehmer, »ihm die Schnauze einzuschlagen«, »ihn kaputt zu schlagen«, kann einen an sich wichtigen Grund i.S.v. § 626 Abs. 1 BGB abgeben.[1715] 619

Diffamierende und ehrverletzende Äußerungen über Vorgesetzte und Kollegen in vertraulichen Gesprächen unter Arbeitskollegen können unter bestimmten Umständen eine Kündigung des Arbeitsverhältnisses nicht rechtfertigen. Der Arbeitnehmer darf in solchen Fällen nämlich regelmäßig darauf vertrauen, seine Äußerungen würden nicht nach außen getragen und der Betriebsfrieden nicht gestört bzw. das Vertrauensverhältnis der Arbeitsvertragsparteien nicht zerstört. Auch ist die Nichtberücksichtigung vertraulicher Äußerungen letztlich durch die Gewährleistung des allgemeinen Persönlichkeitsrechts (Art. 2 Abs. 1 i.V.m. Art. 1 Abs. 1 GG) geboten, weil eine vertrauliche Kommunikation in der Privatsphäre als Ausdruck der Persönlichkeit besonders geschützt ist. Dies gilt solange der Betroffene diese Vertraulichkeit nicht selbst aufhebt. Hebt der Gesprächspartner gegen den Willen des sich negativ über seinen Arbeitgeber äußernden Arbeitnehmers die Vertraulichkeit auf, geht dies arbeitsrechtlich nicht zu Lasten des Arbeitnehmers. Diesen Schutz der Privatsphäre und auch der Meinungsfreiheit kann jedoch nicht der Arbeitnehmer für sich in Anspruch nehmen, der selbst die Vertraulichkeit aufhebt, so dass die Gelegenheit für Dritte, seine Äußerungen wahrzunehmen, ihm zurechenbar wird.[1716] 620

Einer Altenpflegerhelferin kann ohne vorherige Abmahnung außerordentlich gekündigt werden, wenn sie in Ausübung ihrer Tätigkeit zwei Heimbewohner angeschrieen und wüst beschimpft hat: »Reiß endlich dein Maul auf, ich will die Zähne einsetzen.« und: »Nimm endlich den Arsch hoch.«[1717] 621

Eine vom Arbeitnehmer gegen den Arbeitgeber erstattete Anzeige (wegen Steuerhinterziehung) kann einen wichtigen Grund zur außerordentlichen Kündigung darstellen. Will der Arbeitnehmer den Arbeitgeber »fertig machen«, so kann eine Mitteilung an das Finanzamt vom Vorliegen einer strafbaren Handlung nicht als Wahrnehmung berechtigter Interessen anerkannt werden.[1718] Die fristlose Kündigung eines Arbeitnehmers (Taxifahrers) ist auch ohne vorherige Abmahnung gerechtfertigt, wenn der Arbeitnehmer über den Taxinotruf die Polizei ruft mit der unzutreffenden Behauptung, er werde von seinem Arbeitgeber, der gerade in das Auto des Arbeitnehmers gestiegen ist, bedroht, nach Eintreffen der Polizei diese Behauptung wiederholt, so dass sein Arbeitgeber vorläufig festgenommen wird und im Anschluss daran über den Taxifunk unter Namensnennung seines Arbeitgebers sich brüstet, er habe »den Chef verhaften« lassen.[1719] 622

Allgemein kann man formulieren, dass in den Fällen einer Anzeige gegen den Arbeitnehmer stets aufgrund der konkreten Umstände des Falles zu prüfen ist, aus welcher Motivation heraus die Anzeige erfolgt ist und ob darin eine verhältnismäßige Reaktion auf das Verhalten des Arbeitgebers 623

1713 LAG Berlin, Urt. v. 30.01.1998 – 16 Sa 128/97 (n.v.).
1714 LAG Thüringen, Urt. v. 13.02.2001 – 5 Sa 27/2000 (n.v.).
1715 LAG Düsseldorf, Urt. v. 16.07.2003 – 12 Sa 690/03 (n.v.).
1716 BAG, Urt. v. 10.10.2002, AP Nr. 180 zu § 626 BGB = DB 2003, 1797.
1717 LAG Schleswig-Holstein, Urt. v. 17.05.2001, PflR 2002, 27.
1718 BAG, Urt. v. 04.07.1991, RzK I 6 a Nr. 74.
1719 LAG Bremen, Urt. v. 17.07.2003, ArbuR 2003, 356 (LS).

liegt.[1720] Bei Anwendung dieses Maßstabs berechtigt eine Strafanzeige gegen den Arbeitgeber jedenfalls dann zur fristlosen Kündigung, wenn sie aus der alleinigen Motivation erstattet wird, den Arbeitgeber zu schädigen.[1721]

6. Datenschutz und Computermissbrauch

624 Verstöße gegen den Datenschutz geben zwar nicht stets einen wichtigen Grund zur außerordentlichen Kündigung ab. In schwerwiegenden Fällen wird aber das für die Fortsetzung des Arbeitsverhältnisses notwendige Vertrauen zerstört und insofern kann eine fristlose Kündigung auch ohne vorherige Abmahnung berechtigt sein. Dies gilt etwa regelmäßig dann, wenn der Arbeitnehmer für ihn gesperrte Daten mit Personenbezug oder über Betriebsgeheimnisse abfragt.[1722] Das schuldhafte, arbeitsvertragswidrige Kopieren von Daten aus dem Bestand des Arbeitgebers auf einen privaten Datenträger steht der rechtswidrigen und schuldhaften Entwendung einer Sache gleich und vermag insoweit im Einzelfall eine außerordentliche Kündigung zu rechtfertigen.[1723]

625 Es stellt keinen wichtigen Grund für die Kündigung des Ausbildungsverhältnisses dar, wenn ein 21jähriger Auszubildender – ohne vorher (wirksam) abgemahnt worden zu sein – auf dem ihm zur Verfügung gestellten Dienstcomputer, der Teil des Netzwerks seines Betriebes ist, trotz vorhergehenden Verbots des Netzwerkadministrators ein indiziertes Computerspiel installiert. Auch der Versuch des Auszubildenden, einen Mitarbeiter des Betriebes dazu zu bewegen, während der Ausbildung erstellte Dateien mit teilweise betriebs- und personenbezogenen Daten an die private E-Mail-Adresse des Auszubildenden zu senden, kann einen wichtigen Grund i.S.d. § 15 Abs. 2 Nr. 1 BBiG nicht darstellen, wenn der Auszubildende diese Dateien als Gedankenansätze zur Fertigung seines Berichtshefts benötigt.[1724]

7. Konkurrenztätigkeit

626 Unerlaubte Konkurrenztätigkeit im selben Handelszweig/Gewerbe wie der Arbeitgeber ist »an sich« geeignet, eine außerordentliche Kündigung gem. § 626 BGB zu rechtfertigen. Dies gilt selbst dann, wenn die Konkurrenztätigkeit vom Arbeitnehmer unentgeltlich ausgeführt wird. Eine verbotene Wettbewerbstätigkeit des Arbeitnehmers liegt jedoch erst dann vor, wenn sie durch den Umfang und die Intensität der Tätigkeit auch grundsätzlich geeignet ist, das Interesse des Arbeitgebers, unbeeinflusst von Konkurrenztätigkeiten des Arbeitnehmers in seinem Marktbereich auftreten zu können, spürbar zu beeinträchtigen. Einmalige oder nur ganz sporadisch ausgeübte reine Freundschaftsdienste im Marktbereich des Arbeitgebers muss der Arbeitgeber in der Regel hinnehmen, wenn diese den arbeits- und wertmäßigen Umfang einer geringfügigen Gefälligkeit nicht übersteigen und unentgeltlich durchgeführt wurden. In solchen Fällen kann mangels spürbarer Beeinträchtigung der Wettbewerbsinteressen des Arbeitgebers nicht von einer verbotswidrigen Wettbewerbstätigkeit ausgegangen werden.[1725]

627 Der gegen eine Führungskraft sprechende dringende Verdacht, sich unbefugt Betriebsgeheimnisse durch Herstellung und Speicherung einer privaten Datenkopie verschafft und dabei zu Zwecken des Wettbewerbs gehandelt zu haben (§ 17 Abs. 2 Nr. 1 UWG), kann wichtiger Grund für eine fristlose Kündigung ohne Abmahnung sein.[1726]

628 Eine Arbeitnehmerin in einem evangelischen Kindergarten, die in der Öffentlichkeit werbend für eine andere Glaubensgemeinschaft auftritt und deren von den Glaubenssätzen der evangelischen

1720 KR/*Fischermeier*, § 626 BGB Rn 408
1721 LAG Köln, Urt. v. 07.01.2000, RDV 2000, 226.
1722 LAG Sachsen, Urt. v. 14.07.1999, LAGE § 626 BGB Nr. 129 = MDR 2000, 710; KR/*Fischermeier*, § 626 BGB Rn 418.
1723 LAG Sachsen, Urt. v. 14.07.1999, LAGE § 626 BGB Nr. 129 = MDR 2000, 710.
1724 ArbG Hildesheim, Urt. v. 30.05.2001, LAGE § 15 BBiG Nr. 13.
1725 LAG Schleswig-Holstein, Urt. v. 03.12.2002, LAGE § 60 HGB Nr. 9.
1726 LAG Köln, Urt. v. 17.08.2001 – 11 (7) Sa 484/00 (n.v.).

Kirche erheblich abweichende Lehre verbreitet, bietet regelmäßig keine hinreichende Gewähr mehr dafür, dass sie der arbeitsvertraglich übernommenen Verpflichtung zur Loyalität gegenüber der evangelischen Kirche nachkommt. Ein solches Verhalten kann eine außerordentliche Kündigung rechtfertigen.[1727]

8. Mobbing

Das sog. Mobbing kann auch ohne Abmahnung und unabhängig davon, ob es in diesem Zusammenhang zu einer Störung des Betriebsfriedens gekommen ist, die außerordentliche Kündigung eines Arbeitsverhältnisses rechtfertigen, wenn dadurch das allgemeine Persönlichkeitsrecht, die Ehre oder die Gesundheit des Mobbingopfers in schwerwiegender Weise verletzt werden. Je intensiver das Mobbing erfolgt, um so schwerwiegender und nachhaltiger wird die Vertrauensgrundlage für die Fortführung des Arbeitsverhältnisses gestört. Muss der Mobbingtäter erkennen, dass das Mobbing zu einer Erkrankung des Opfers geführt hat und setzt dieser ungeachtet dessen das Mobbing fort, dann kann für eine auch nur vorübergehende Weiterbeschäftigung des Täters regelmäßig kein Raum mehr bestehen.[1728] 629

9. Schmiergeld

Wer als Arbeitnehmer bei der Ausführung von vertraglichen Aufgaben sich Vorteile versprechen lässt oder entgegennimmt, die dazu bestimmt oder auch nur geeignet sind, ihn in seinem geschäftlichen Verhalten zugunsten Dritter und zum Nachteil seines Arbeitgebers zu beeinflussen, und damit gegen das sog. Schmiergeldverbot verstößt, handelt den Interessen seines Arbeitgebers zuwider und gibt diesem damit regelmäßig einen Grund zur fristlosen Kündigung. Dabei kommt es grundsätzlich nicht darauf an, ob es zu einer den Arbeitgeber schädigenden Handlung gekommen ist. Es reicht vielmehr aus, dass der gewährte Vorteil allgemein die Gefahr begründet, der Annehmende werde nicht mehr allein die Interessen des Geschäftsherrn wahrnehmen. Bei derart besonders schwerwiegenden Verstößen ist eine Abmahnung grundsätzlich entbehrlich, weil in diesen Fällen regelmäßig davon auszugehen ist, dass das pflichtwidrige Verhalten das für ein Arbeitsverhältnis notwendige Vertrauen auf Dauer zerstört hat.[1729] Die außerordentliche Kündigung eines im öffentlichen Dienst beschäftigten Technikers ist ohne vorherige Abmahnung gerechtfertigt, wenn dieser unter Verstoß gegen § 10 Abs. 1 BAT von einem Energieversorger Werbegeschenke annimmt und sich über mehrere Wochen hinweg weigert, entgegen § 10 Abs. 2 BAT zu dem Vorfall gegenüber seinem Arbeitgeber eine Stellungnahme abzugeben.[1730] 630

10. Sexuelle Belästigung

Bei sexuellen Belästigungen hat der Arbeitgeber die zum Schutz der Mitarbeiter vorgesehenen gesetzlichen Maßnahmen zu ergreifen. Er hat dabei den Grundsatz der Verhältnismäßigkeit zu beachten. Reicht eine Abmahnung nicht aus, um die Fortsetzung sexueller Belästigungen mit der gebotenen Sicherheit zu unterbinden, und kommt eine Umsetzung oder Versetzung des Störers nicht in Betracht, kann der Arbeitgeber mit einer Kündigung auf die sittlichen Verfehlungen reagieren. Eine außerordentliche Kündigung ist allerdings nur angemessen, wenn der Umfang und die Intensität der sexuellen Belästigungen sowie die Abwägung der beiderseitigen Interessen diese Maßnahme rechtfertigen.[1731] 631

1727 BAG, Urt. v. 21.02.2001, AP Nr. 29 zu § 611 BGB Kirchendienst = NZA 2001, 1136.
1728 LAG Thüringen, Urt. v. 15.02.2001, LAGE § 626 BGB Nr. 133 = NZA-RR 2001, 577.
1729 BAG, Urt. v. 21.06.2001, EzA § 626 BGB Unkündbarkeit Nr. 7 = ZTR 2002, 45.
1730 ArbG Paderborn, Urt. v. 27.03.2003 – 1 Ca 91/03 (n.v.).
1731 LAG Hamm, Urt. v. 22.10.1996, LAGE § 4 BSchG Nr. 1 = NZA 1997, 769.

632 Die sexuelle Belästigung einer Arbeitnehmerin an ihrem Arbeitsplatz durch einen Vorgesetzten kann eine außerordentliche Kündigung aus wichtigem Grund nach § 626 Abs. 1 BGB rechtfertigen. Dabei sind der Umfang und die Intensität der sexuellen Belästigung zu berücksichtigen, Eine außerordentliche Kündigung scheidet allerdings aus, wenn die Arbeitnehmerin die sexuellen Handlungen nicht abgelehnt hat.[1732]

633 Der dringende Verdacht des sexuellen Missbrauchs eines Schülers durch einen Lehrer rechtfertigt eine außerordentliche Kündigung. Die Schule ist nicht gehalten, vor Ausspruch der Kündigung ein Glaubwürdigkeitsgutachten bezüglich der Angaben des Schülers einzuholen. Die Kündigung ist nicht wegen der erwiesenen Schuld des Lehrers gerechtfertigt, sondern wegen des mit dem dringenden Tatverdacht verbundenen Vertrauensverlustes.[1733]

11. Steuerhinterziehung

634 Eine Steuerhinterziehung in erheblicher Höhe ist bei einem Angestellten einer Finanzbehörde als wichtiger Grund zur fristlosen Kündigung an sich auch dann geeignet, wenn der Angestellte die Hinterziehung gem. § 371 AO selbst angezeigt hat.[1734]

12. Strafbare Handlungen

635 Strafbare Handlungen im Arbeitsverhältnis, insbesondere Vermögensdelikte (Diebstahl, Unterschlagung, Betrug und Untreue), stellen schwerwiegende Vertragsverletzungen dar und rechtfertigen regelmäßig die fristlose Kündigung ohne Abmahnung.[1735] Das gilt auch bei dem Versuch einer strafbaren Handlung.[1736]

636 Eine Gleitzeitmanipulation kann je nach den Umständen, vor allem wenn der Arbeitnehmer vorsätzlich falsche Zeitangaben auch noch beharrlich leugnet, einen wichtigen Grund für eine außerordentliche Kündigung darstellen.[1737] Der Arbeitnehmer begeht eine schwere Arbeitspflichtverletzung, wenn er als Sachbearbeiter in der Inkassoabteilung eines Versicherungsunternehmens über mehrere Monate die Beitragskonten eigener Versicherungsverträge manipuliert hat durch Verhinderung der Versendung von Zahlungserinnerungen (fünf Mal), der Einleitung eines sog. qualifizierten Mahn- und Kündigungsverfahrens (einmal), der Mahnkennzeichnung bei verschiedenen Verträgen. Dem Arbeitgeber ist in diesem Fall nicht zuzumuten, lediglich eine Abmahnung auszusprechen.[1738]

637 Lediglich der dringende Verdacht eines Diebstahls bzw. einer Unterschlagung auch geringwertiger Gegenstände aus dem Eigentum des Arbeitgebers stellt an sich einen wichtigen Grund zur außerordentlichen Kündigung dar. Erst die Würdigung, ob dem Arbeitgeber deshalb außerdem die Fortsetzung des Arbeitsverhältnisses bis zum Ablauf der ordentlichen Kündigungsfrist bzw. der vertragsgemäßen Beendigung des Arbeitsverhältnisses unter Berücksichtigung aller Umstände des Einzelfalles und unter Abwägung der Interessen beider Vertragsteile unzumutbar ist, kann zur Feststellung der Nichtberechtigung der außerordentlichen Kündigung führen.[1739] Auch die rechtswidrige und schuldhafte Entwendung einer im Eigentum des Arbeitgebers stehenden Sache von geringem Wert durch den Arbeitnehmer (eines Stückes Bienenstich) ist an sich geeignet, einen wichtigen Grund zur außerordentlichen Kündigung abzugeben. Ob ein solches Verhalten ausreicht, eine außerordentliche

1732 BAG, Urt. v. 25.03.2004 – 2 AZR 341/03 (n.v.).
1733 LAG Schleswig-Holstein, Urt. v. 18.12.2001 – 1 Sa 380 b/01 (n.v.).
1734 BAG, Urt. v. 21.06.2001, EzA § 626 n.F. BGB Nr. 189 = ARST 2002, 56.
1735 *Stahlhacke/Preis/Vossen*, Rn 563; KR/*Fischermeier*, § 626 BGB Rn 445.
1736 LAG Köln, Urt. v. 22.01.1996, AP Nr. 127 zu § 626 BGB = NZA-RR 1997, 61.
1737 BAG, Urt. v. 12.08.1999, AP Nr. 51 zu § 123 BGB = NZA 2000, 27.
1738 LAG Hamm, Urt. v. 20.11.2002 – 18 Sa 946/02 (n.v.).
1739 BAG, Urt. v. 12.08.1999, AP Nr. 28 zu § 626 BGB Verdacht strafbarer Handlung = NZA 2000, 421.

Kündigung zu rechtfertigen, hängt von der unter Berücksichtigung der konkreten Umstände des Einzelfalls vorzunehmenden Interessenabwägung ab.[1740]

Eine vom Arbeitnehmer zu seinen Gunsten erstellte fehlerhafte Spesenabrechnung rechtfertigt auch dann den Vorwurf unredlichen Verhaltens bzw. eine außerordentliche Kündigung, wenn der Arbeitnehmer Spesen nicht hätte abrechnen wollen, eine Abrechnung jedoch auf Aufforderung durch seinen Arbeitgeber aus dem Gedächtnis erstellt und den Arbeitgeber nicht auf eine solche Unsicherheit der Richtigkeit der Abrechnung hinweist. Der wichtige Grund entfällt nicht dadurch, dass der Arbeitgeber eine Detektei nur zu dem Zweck beauftragt hätte, um den Arbeitnehmer ein Spesenvergehen vorhalten zu können. Solches kann auch nicht zugunsten des Arbeitnehmers in der Interessenabwägung berücksichtigt werden.[1741] 638

13. Tätigkeit für das Ministerium für Staatssicherheit

Eine bewusste Tätigkeit für das MfS sowie die Weitergabe von Informationen oder Schriftstücken an das MfS kann je nach den Umständen auch ohne vorherige Abmahnung geeignet sein, eine außerordentliche Kündigung eines im öffentlichen Dienst in einem sensiblen Bereich beschäftigten Arbeitnehmers nach § 626 Abs. 1 BGB zu rechtfertigen. Auch bei einem Arbeitnehmer in der Privatwirtschaft kann eine frühere Tätigkeit für das MfS je nach den Umständen und dem Tätigkeitsbereich des Betreffenden kündigungsrechtlich von Belang sein. So kann etwa der Bereich der betrieblichen Verbundenheit und des Betriebsfriedens betroffen sein, wenn sich herausstellt, dass der Arbeitnehmer frühere eigene Arbeitskollegen bespitzelt hatte. Auch kann arbeitsplatzbezogen die frühere Tätigkeit für das MfS des Betreffenden einen solch gravierenden Eignungsmangel darstellen, dass ein wichtiger Grund zur fristlosen Kündigung anzunehmen ist.[1742] 639

Verschweigt ein im öffentlichen Dienst Beschäftigter eine MfS-Tätigkeit vor Vollendung des 21. Lebensjahres, so ist es dem öffentlichen Arbeitgeber jedenfalls bei einem nicht allzu gravierenden Maß der Verstrickung eher zumutbar, auf die Falschbeantwortung mit milderen Mitteln als mit einer fristlosen Kündigung – etwa mit einer Abmahnung oder einer ordentlichen Kündigung – zu reagieren, als wenn es sich um Tätigkeit für das MfS handelt, die unter keinen Umständen mehr als »Jugendsünde« abgetan werden kann. Im Rahmen der Interessenabwägung kann zu Gunsten des Arbeitnehmers berücksichtigt werden, dass die MfS-Tätigkeit sich zeitlich auf die Wehrpflicht des Betreffenden bei der NVA beschränkte und die Berichte inhaltlich nicht über dienstliche Belange hinausgingen. Gerade die Verknüpfung von Dienstpflicht und MfS-Tätigkeit darf bei der Beurteilung der Anwerbung und späteren Tätigkeit für das MfS und der viele Jahre später erfolgten Falschbeantwortung nicht völlig außer Betracht gelassen werden.[1743] 640

14. Tätlichkeiten, Bedrohungen

Strafbare Handlungen im Betrieb, insbesondere Tätlichkeiten, Beleidigungen oder Bedrohungen gegenüber Vorgesetzten[1744] können zur fristlosen Kündigung berechtigen. Bei einem außerdienstlichen Verhalten kommt es entscheidend darauf an, inwieweit hierdurch das Arbeitsverhältnis konkret beeinträchtigt wird.[1745] Tätliche Auseinandersetzungen zwischen Arbeitskameraden während der Arbeitszeit im Betrieb stellen regelmäßig einen wichtigen Grund i.S.v. § 626 BGB dar, weil durch Tätlichkeiten der Betriebsfrieden und der reibungslose Ablauf der Arbeit erfahrungsgemäß schwerwiegend gestört wird. Bedroht und beleidigt der Arbeitnehmer darüber hinaus Arbeitskameraden 641

1740 BAG, Urt. v. 17.05.1984, NJW 1985, 284 = NZA 1985, 91.
1741 LAG Nürnberg, Urt. v. 28.03.2003 – 4 Sa 136/02 (n.v.); a.A. OLG Köln, Urt. v. 04.11.2002, NJW-RR 2003, 398 = LAGE § 626 BGB Nr. 145.
1742 BAG, Urt. v. 25.10.2001 – 2 AZR 559/00 (n.v.).
1743 BAG, Urt. v. 21.06.2001, EzA § 626 n.F. BGB Nr. 190 = NZA 2002, 168 (LS).
1744 LAG Niedersachsen, Urt. v. 27.09.2002, NZA-RR 2003, 76.
1745 LAG Düsseldorf, Urt. v. 15.12.1997, LAGE § 626 BGB Nr. 116.

und Vorgesetzte schwer, überwiegt auch bei einem langjährig beschäftigten schwerbehinderten Arbeitnehmer das Interesse des Arbeitgebers, zur Erhaltung des Betriebsfriedens das Arbeitsverhältnis aufzulösen, das des Arbeitnehmers am Erhalt seines langjährigen Arbeitsverhältnisses.[1746] Droht ein Binnenschiffer im Rahmen einer Auseinandersetzung dem alleinigen weiteren Besatzungsmitglied, dass er eine Pistole habe, kann dies eine fristlose Kündigung rechtfertigen, sofern sich aus den Umständen ergibt, dass die Drohung ernstgemeint ist. Es ist nicht erforderlich, dass er tatsächlich eine Pistole besitzt oder die Pistole vorzeigt.[1747]

642 Nach Auffassung des LAG Köln führt nicht jede Tätlichkeit unter Arbeitskollegen (Kaffee ins Gesicht schütten) automatisch und zwingend zur Rechtfertigung einer außerordentlichen Kündigung. Es hängt vielmehr von den Umständen des Einzelfalls und einer umfassenden Interessenabwägung ab, ob eine außerordentliche Kündigung, eine ordentliche Kündigung oder im Ausnahmefall unter Umständen auch nur eine Abmahnung gerechtfertigt ist. Nehmen der Arbeitgeber und auch der Betriebsrat die Verhaltenseigenarten eines Arbeitnehmers über ein Jahrzehnt lang reaktionslos hin, der von sich selbst sagt, er sei bei seinen Arbeitskollegen dafür bekannt, dass er schon mal lautstark schimpfe und notfalls auch einmal Schläge androhe, so spricht dies tendenziell dafür, dass bei Überschreiten der Schwelle zur Tätlichkeit auch die Einhaltung einer ordentlichen Kündigungsfrist noch zumutbar sein kann.[1748]

643 Ein unprovozierter tätlicher Angriff eines Bahnhofsaufsehers auf einen Fahrgast wie auch der auf objektive Tatsachen gestützte Verdacht eines solchen Angriffs stellt einen wichtigen Grund i.S.d. § 626 Abs. 1 BGB für eine außerordentliche Kündigung dar.[1749]

15. Urlaub

644 Tritt der Arbeitnehmer eigenmächtig einen vom Arbeitgeber nicht genehmigten Urlaub an, verletzt er seine arbeitsvertraglichen Pflichten, und ein solches Verhalten ist an sich geeignet, einen wichtigen Grund zur fristlosen Kündigung darzustellen. Ein Recht des Arbeitnehmers, sich selbst zu beurlauben, ist angesichts des umfassenden Systems gerichtlichen Rechtsschutzes grundsätzlich abzulehnen. Bei einer fristlosen Kündigung wegen eigenmächtigen Urlaubsantritts ist es bei der Interessenabwägung zugunsten des Arbeitnehmers zu berücksichtigen, wenn der Arbeitgeber zu Unrecht einen Urlaubsantrag des Arbeitnehmers abgelehnt und von vornherein den Betriebsablauf nicht so organisiert hat, dass die Urlaubsansprüche des Arbeitnehmers nach den gesetzlichen Vorschriften erfüllt werden konnten. Ist gerichtliche Hilfe zur Durchsetzung eines Urlaubsanspruchs nicht rechtzeitig zu erlangen (Arbeit auf einer Baustelle in Indonesien), so kann auch bei einem eigenmächtigen Urlaubsantritt des Arbeitnehmers im Einzelfall eine fristlose Kündigung ausnahmsweise dann unwirksam sein, wenn der Arbeitgeber unter anderem aus eigenem finanziellen Interesse erhebliche Urlaubsansprüche des Arbeitnehmers hat auflaufen lassen und ein Verfall der Urlaubsansprüche droht.[1750] Eine eigenmächtige Selbstbeurlaubung, erst recht eine, die in bewusster Opposition gegen den Willen des Arbeitgebers vorgenommen wird, ist an sich geeignet, eine außerordentliche Kündigung zu rechtfertigen. So ist die Ankündigung eines Arbeitnehmers, bei Nichtgewährung von Urlaub für einen bestimmten Tag notfalls einen »gelben Schein« zu nehmen, an sich geeignet, eine außerordentliche Kündigung des Arbeitnehmers zu rechtfertigen.[1751] Grundsätzlich kann sich der Arbeitnehmer nicht auf Unkenntnis von einer erteilten Abmahnung berufen, wenn er die Kenntnisnahme durch eigenmächtige Selbstbeurlaubung selber verhindert hat.[1752]

1746 LAG Schleswig-Holstein, Urt. v. 20.02.1997, ARST 1997, 133.
1747 LAG Nürnberg, Urt. v. 15.02.1993 – 7 Sa 588/92 (n.v.).
1748 LAG Köln, Urt. v. 11.11.2002, NZA-RR 2003, 470.
1749 LAG Berlin, Urt. v. 07.11.2002 – 16 Sa 1090/02 (n.v.).
1750 BAG, Urt. v. 20.01.1994, AP Nr. 115 zu § 626 BGB = NZA 1994, 548.
1751 LAG Köln, Urt. v. 12.12.2002, ArbuR 2003, 196 (LS).
1752 LAG Köln, Urt. v. 16.03.2001, NZA-RR 2001, 533 = MDR 2001, 1247.

Einschränkend führt das LAG Rheinland-Pfalz aus: »Nimmt ein Arbeitnehmer eigenmächtig Urlaub, so liegt hierin nicht zwangsläufig ein wichtiger Grund für eine fristlose Kündigung i.S.v. § 626 Abs. 1 BGB. Eine fristlose Kündigung ist nur gerechtfertigt, wenn es dem Arbeitgeber unzumutbar ist, den Arbeitnehmer bis zum Ende der ordentlichen Kündigungsfrist weiterzubeschäftigen. Das ist bei einem eigenmächtigen Urlaubsantritt eines Arbeitnehmers zumindest dann nicht der Fall, wenn sich dieser bisher nichts hat zu Schulden kommen lassen.«[1753] 645

16. Vollmachtsüberschreitung

Überschreitet ein Arbeitnehmer in gehobener Stellung offensichtlich seine Vollmachten in Wahrnehmung eigener, gegenüber seinem Arbeitgeber nicht schützenswerter Interessen, und bringt er hierdurch seinen Arbeitgeber in Misskredit (Einbindung in polizeiliche Ermittlungen), so sind schwerwiegende Gründe gesetzt, die grundsätzlich geeignet sind, die sofortige Beendigung des Arbeitsverhältnisses durch außerordentliche Kündigung zu rechtfertigen. In derartigen Fällen ist eine Abmahnung ungeeignet, die Vertrauensbasis für das Arbeitsverhältnis wiederherzustellen und daher nicht geboten. Auch die gebotene Interessenabwägung führt in diesen Fällen in der Regel nicht dazu, dass ausnahmsweise von der grundsätzlich möglichen außerordentlichen Kündigung abzusehen wäre.[1754] Der Angestellte einer gemeinnützigen Stiftung, der das von dieser unterhaltene Krankenhaus wirtschaftlich zu leiten hat, darf von der ihm eingeräumten uneingeschränkten Vollmacht für Anschaffungen und andere Maßnahmen ohne ausdrückliche Genehmigung keinen Gebrauch machen, wenn die Maßnahmen seinem persönlichen Nutzen dienen. Tut er es doch, so kann das ein Grund zur fristlosen Kündigung sein.[1755] 646

17. Verstoß gegen Weisungen des Arbeitgebers

Ein Arbeitnehmer, der Führungskraft auf zweiter Führungsebene ist und den Arbeitgeber nach außen repräsentiert, kann einen wichtigen Grund für eine außerordentliche Kündigung ohne vorherige Abmahnung setzen, wenn er, und sei es auch im (vermeintlichen) Interesse der Belegschaft, unter Verstoß gegen eine ausdrückliche Weisung gezielt und heimlich die Geschäftspolitik des Arbeitgebers konterkariert, ihm dabei nennenswerten Schaden zufügt und sein Vorgehen auf ausdrückliches Befragen wahrheitswidrig abstreitet.[1756] 647

XIII. Schadensersatz nach § 628 Abs. 2 BGB

Wird die Kündigung nach den §§ 626, 627 BGB durch ein schuldhaftes vertragswidriges Verhalten des anderen Teils veranlasst, ist dieser zum Ersatze des durch die Aufhebung des Dienstverhältnisses entstehenden Schadens (sog. **Auflösungsschaden**) verpflichtet. Die Schadensersatzpflicht kann sowohl den Arbeitgeber als auch den Arbeitnehmer treffen. Ihr Zweck ist es, zu verhindern, dass der wegen eines Vertragsbruches zur fristlosen Kündigung veranlasste Vertragsteil die Ausübung seines Kündigungsrechts mit Vermögenseinbußen bezahlen muss, die auf der vorzeitigen Beendigung des Arbeitsverhältnisses durch die außerordentliche Kündigung beruhen. Der Kündigende soll so gestellt werden, als ob das Vertragsverhältnis ordnungsgemäß fortgeführt oder wenigstens durch eine fristgerechte Kündigung beendet worden wäre.[1757] Nach der Rechtsprechung des BAG und des BGH kommt es nicht darauf an, ob das Arbeitsverhältnis tatsächlich durch eine fristlose Kündigung beendet worden ist. Wurde an ihrer Stelle eine außerordentliche Kündigung mit Auslauffrist, 648

1753 LAG Rheinland-Pfalz, Urt. 10.04.2002 – 4 Sa 1097/01 (n.v.).
1754 LAG Köln, Urt. v. 28.03.2001, NZA-RR 2002, 85.
1755 BAG, Urt. v. 26.11.1964, AP Nr. 53 zu § 626 BGB.
1756 LAG Köln, Urt. v. 03.08.2001 – 11 Sa 1339/00 (n.v.).
1757 BAG, Urt. v. 09.05.1975, AP Nr. 8 zu § 628 BGB = NJW 1975, 1987; Ascheid/Preis/Schmidt/*Rolfs*, § 628 BGB Rn 26.

eine fristgerechte Kündigung, ein Aufhebungsvertrag oder eine Eigenkündigung des anderen Teils gewählt, findet § 628 Abs. 2 BGB entsprechende Anwendung.[1758] Ein Schadenersatzanspruch nach § 628 Abs. 2 BGB wegen Auflösungsverschuldens setzt aber voraus, dass die Zwei-Wochen-Frist des § 626 Abs. 2 Satz 1 BGB eingehalten ist. Dies gilt auch, wenn das Arbeitsverhältnis anders als durch eine außerordentliche Kündigung beendet wird.[1759]

649 Der Arbeitnehmer ist ersatzpflichtig für den Schaden, den der Arbeitgeber durch die verfrühte Vertragsbeendigung erleidet. Jedoch sind nur solche Schadenspositionen ersatzfähig, die innerhalb **der** für den Arbeitnehmer geltenden ordentlichen Kündigungsfrist anfallen.[1760] Begeht ein Arbeitnehmer Vertragsbruch, kann der Arbeitgeber nur dann Ersatz für die Kosten von Stellenanzeigen verlangen, wenn diese Kosten bei ordnungsmäßiger Einhaltung der arbeitsvertraglichen Kündigungsfrist vermeidbar gewesen wären.[1761] Zu den ersatzfähigen Kosten des Arbeitgebers können die ihm durch die notwendige Fortsetzung der vom ausgeschiedenen Arbeitnehmer unterbrochenen Arbeiten entstandenen angemessenen Mehrausgaben,[1762] einschließlich etwa notwendiger Überstunden[1763] zählen. Ersatzfähig ist auch der Differenzlohn, der durch die Einstellung einer neuen, teureren Ersatzkraft verursacht wird[1764] sowie unter Umständen etwaige Reisekosten oder Kosten für die Hotelunterkunft einer auswärtigen Ersatzkraft.[1765] Der Arbeitnehmer hat dem Arbeitgeber die durch das Tätigwerden eines Detektivs entstandenen notwendigen Kosten zu ersetzen, wenn der Arbeitgeber anlässlich eines konkreten Tatverdachts gegen den Arbeitnehmer einem Detektiv die Überwachung des Arbeitnehmers überträgt und der Arbeitnehmer einer vorsätzlichen vertragswidrigen Handlung überführt wird.[1766]

650 Der Ersatzanspruch des Arbeitnehmers umfasst hingegen den Schaden, den er durch die in der Vertragsverletzung des Arbeitgebers begründete Auflösung des Arbeitsverhältnisses erlitten hat. Der Ersatzanspruch umfasst daher nach den §§ 249, 252 BGB das volle Interesse des Arbeitnehmers auf die Vergütung einschließlich aller Nebenleistungen. Der Arbeitnehmer muss sich jedoch anrechnen lassen, was er durch anderweitige Verwendung seiner Arbeitskraft erwirbt oder zu erwerben schuldhaft unterlässt (§ 254 Abs. 2 Satz 1 BGB).[1767] Der Schadensersatzanspruch des Arbeitnehmers wegen Auflösungsverschuldens des Arbeitgebers gem. § 628 Abs. 2 BGB ist zeitlich begrenzt. Nach dem Zweck der Norm beschränkt sich der Anspruch grundsätzlich auf den dem kündigenden Arbeitnehmer bis zum Ablauf der Kündigungsfrist einer fiktiven Kündigung entstehenden Vergütungsausfall, zu dem allerdings eine den Verlust des Bestandsschutzes ausgleichende angemessene Entschädigung entsprechend den §§ 9, 10 KSchG hinzutreten kann.[1768]

651 Der nach BGB § 628 Abs. 2 zu ersetzende sog. Auflösungsschaden umfasst auch die aus der Verletzung der Nebenpflichten – dazu gehört auch das vertragliche Wettbewerbsverbot – entstehenden Vermögenseinbußen.[1769] Der Arbeitnehmer kann keinen Schadensersatz wegen unberechtigter fristloser Kündigung bei Verlusten hinsichtlich der Altersversorgung geltend machen, wenn das Arbeitsverhältnis aufgrund eines Arbeitnehmerantrages gerichtlich gem. den §§ 9, 13 KSchG aufgelöst wurde.[1770]

1758 Ascheid/Preis/Schmidt/*Rolfs*, § 628 BGB Rn 42 m.w.N.
1759 BAG, Urt. v. 22.06.1989, AP Nr. 11 zu § 628 BGB = NZA 1990, 106.
1760 BGH, Urt. v. 03.03.1993, BGHZ 122, 9 = NJW 1993, 1386.
1761 BAG, Urt. v. 26.03.1981, AP Nr. 7 zu § 276 BGB Vertragsbruch = NJW 1981, 2430.
1762 LAG Berlin, Urt. v. 27.09.1973, DB 1974, 538.
1763 LAG Düsseldorf/Köln, Urt. v. 19.10.1967, DB 1968, 90.
1764 LAG Schleswig-Holstein, Urt. v. 13.04.1972, BB 1972, 1229.
1765 Ascheid/Preis/Schmidt/*Rolfs*, § 628 BGB Rn 47.
1766 BAG, Urt. v. 17.09.1998, AP Nr. 133 zu § 611 BGB Haftung des Arbeitnehmers = NZA 1998, 1334.
1767 Kittner/Zwanziger/*Appel*, § 96 Rn 39.
1768 BAG, Urt. v. 26.07.2001, NZA 2002, 325.
1769 OLG Frankfurt a.M., Urt. v. 12.07.1996, OLGReport 1996, 181.
1770 LAG Köln, Urt. v. 27.04.2001 – 4 Sa 298/01 (n.v.).

Hält der Arbeitgeber einer Arbeitnehmerin im Beisein mehrerer Personen vor, sie habe anlässlich eines Betriebsfestes den Tanz »Lambada« wie eine Dirne getanzt, so ist er wegen Beleidigung zur Zahlung von Schmerzensgeld verpflichtet. Die Arbeitnehmerin ist berechtigt, das Arbeitsverhältnis durch fristlose Kündigung gem. § 626 BGB zu beenden. Dies gilt insbesondere dann, wenn sie aufgrund der beleidigenden Äußerung zwei Wochen arbeitsunfähig erkrankt war.[1771] Es stellt einen schwerwiegenden Eingriff in das Persönlichkeitsrecht des Arbeitnehmers dar, wenn ein Arbeitgeber in einer Verbandszeitschrift unter voller Namensnennung auf einen Arbeitnehmer hinweist und für den Fall einer Bewerbung dieses Arbeitnehmers bei diesem Verband angehörenden Arbeitgebern um einen Anruf bittet. Kündigt der Arbeitnehmer aus diesem Grund zu Recht fristlos, so ist der Arbeitgeber wegen der Persönlichkeitsverletzung zur Zahlung eines Schmerzensgeldes (4.000 DM = 2.045,17 EUR) und zum Ersatz des aus der Kündigung entstehenden Schadens verpflichtet.[1772] 652

Anstelle der außerordentlichen Kündigung kann der Arbeitgeber im Falle des Vertragsbruchs auch auf die Erbringung der Arbeitsleistung klagen und gleichzeitig beantragen, den Arbeitnehmer für den Fall, dass dieser seine Arbeit nicht innerhalb einer bestimmten Frist erbringt, zur Zahlung einer vom Arbeitsgericht nach freiem Ermessen festzusetzenden Entschädigung zu verurteilen (§ 61 Abs. 2 ArbGG).[1773] 653

XIV. Kündigung durch den Arbeitnehmer

Für die Wirksamkeit einer vom Arbeitnehmer erklärten fristlosen Kündigung gelten die gleichen Maßstäbe wie bei der fristlosen Kündigung durch den Arbeitgeber. Es bedarf einer Interessenabwägung, die sich auf alle vernünftigerweise in Betracht kommenden Umstände zu erstrecken hat.[1774] Auch der Arbeitnehmer muss die Zwei-Wochen-Frist gem. § 626 BGB einhalten. Bestehen Störungen im Leistungsbereich, ist die vorherige Abmahnung des Arbeitgebers durch den Arbeitnehmer Wirksamkeitsvoraussetzung.[1775] Einer Abmahnung bedarf es nur dann nicht, wenn von vornherein feststeht, dass sie erfolglos bleiben wird.[1776] 654

Die außerordentliche Kündigung des Arbeitnehmers verbunden mit sofortiger Arbeitsniederlegung wegen von ihm erwarteter verspäteter Gehaltszahlung ist unwirksam, wenn sie vor Fälligkeit der Vergütung erfolgt und keine Anhaltspunkte dafür vorliegen, dass der Arbeitgeber zahlungsunfähig ist.[1777] Gegen eine unwirksame fristlose Kündigung des Arbeitsverhältnisses durch den Arbeitnehmer kann sich der Arbeitgeber mit einer Feststellungsklage zur Wehr setzen, wenn er durch die mit der Kündigung verbundenen Folgen betroffen ist.[1778] Der Arbeitgeber muss dabei nicht die Drei-Wochen-Frist des § 4 KSchG beachten, während für den Arbeitnehmer bei außerordentlichen Kündigungen die Frist des § 4 KSchG gilt (§ 13 Abs. 1 Satz 2 KSchG).[1779] 655

Arbeitnehmer machen von ihrem Recht auf außerordentliche Kündigung am häufigsten Gebrauch, wenn der Arbeitgeber das geschuldete Entgelt nicht mehr zahlt. Der Rat des Arbeitsrechtsanwalts geht in diesen Fällen zunächst dahin, dass der Arbeitnehmer den Arbeitgeber bei Gehaltsrückständen abmahnt.[1780] In welchem Umfang ein Gehaltsrückstand bestehen muss, um einen Kündigungsgrund 656

1771 ArbG Bocholt, Urt. v. 05.04.1990, BB 1990, 1562.
1772 LAG Hamburg, Urt. v. 03.04.1991, NZA 1992, 509.
1773 Ascheid/Preis/Schmidt/*Rolfs*, § 628 BGB Rn 34; aktuell zur Entschädigung nach § 61 Abs. 2 ArbGG *Opolony*, FA 2001, 66.
1774 BAG, Urt. v. 25.07.1963, AP Nr. 1 zu § 448 ZPO = NJW 1963, 2340; LAG Berlin, Urt. v. 22.03.1989, NZA 1989, 968.
1775 BAG, Urt. v. 08.06.1995, RzK I 6 i Nr. 9; BAG, Urt. v. 09.09.1992, RzK I 10 e Nr. 13; BAG, Urt. v. 19.06.1967, EzA § 124 GewO Nr. 1 = NJW 1967, 2030.
1776 BAG, Urt. v. 19.06.1967, EzA § 124 GewO Nr. 1 = NJW 1967, 2030.
1777 LAG Hamm, Urt. v. 14.02.2001, NZA-RR 2001, 524.
1778 BAG, Urt. v. 09.09.1992, RzK I 10 e Nr. 13.
1779 BAG, Urt. v. 09.09.1992, RzK I 10 e Nr. 13; Ascheid/Preis/Schmidt/*Biebl*, § 13 KSchG Rn 9.
1780 Staudinger/*Preis*, § 626 BGB Rn 245; Tschöpe/*Kappelhoff*, Teil 3 G Rn 67.

»an sich« zu begründen, ist umstritten. Nach Auffassung von *Schwerdtner*[1781] sollen auch geringe Rückstände den Arbeitnehmer nach vorangegangener Abmahnung zur außerordentlichen Kündigung berechtigen. Nach Ansicht des LAG Köln[1782] ist die außerordentliche Kündigung hingegen nur bei einem Rückstand für erhebliche Zeit oder bei einem erheblichen Betrag gerechtfertigt. In der Praxis geht man nach einer Faustformel davon aus, dass zirka 1 1/2 Monate Gehaltsrückstand notwendig sind, um nach vorangegangener Abmahnung eine außerordentliche Kündigung wirksam aussprechen zu können.

657 Einzelereignisse, mögen sie den Arbeitnehmer auch noch so sehr persönlich berühren, wie beispielsweise der Widerruf einer Prokura oder die Verweigerung einer vertraglich zugesagten Prokuraerteilung, rechtfertigen nur ausnahmsweise, wenn nach den gesamten Umständen eine unzumutbare Diskriminierung vorliegt, eine außerordentliche Kündigung.[1783] Eine außerordentliche Kündigung des Arbeitnehmers soll auch wirksam sein, wenn sich ihm eine ganz außergewöhnliche Lebenschance bietet, so dass der Arbeitgeber nach Treu und Glauben unter gewissen Umständen einer vorzeitigen Lösung zustimmen muss. Dies soll beispielsweise dann gelten, wenn ein Arbeitnehmer auf einen ihm kurzfristig angebotenen Studienplatz verzichten müsste, wäre er gezwungen, die Kündigungsfrist einzuhalten.[1784] Die Eheschließung einer Arbeitnehmerin reicht für sich nicht aus, eine außerordentliche Kündigung zu rechtfertigen.[1785]

1781 MüKo-BGB/*Schwerdtner*, § 626 Rn 143.
1782 LAG Köln, Urt. v. 23.09.1993, LAGE § 626 BGB Nr. 73.
1783 BAG, Urt. v. 11.02.1981, AP Nr. 8 zu § 4 KSchG 1969 = DB 1981, 2233; BAG, Urt. v. 17.09.1970, AP Nr. 5 zu § 628 BGB = DB 1971, 391.
1784 ArbG Bremen, Urt. v. 26.01.1961, BB 1961, 291.
1785 LAG Düsseldorf, Urt. v. 05.06.1962, DB 1962, 1216.

§ 11 Einvernehmliche Beendigung von Arbeitsverhältnissen

Inhalt

In der anwaltlichen Praxis nimmt die Mitwirkung an der Gestaltung von Aufhebungs- und Abwicklungsverträgen bei der Beendigung von Arbeitsverhältnissen einen breiten Raum ein. Dementsprechend befasst sich die Darstellung mit den einzelnen Vertragsklauseln bei Aufhebungs- und Abwicklungsverträgen, auch unter Berücksichtigung der über das Arbeitsrecht hinausgehenden steuer- und sozialversicherungsrechtlichen Einflussgrößen. 1

Die Kunst des Rechtsanwalts bei der Gestaltung eines Aufhebungs- oder Abwicklungsvertrages besteht darin, die Interessen trennungswilliger Arbeitgeber und Arbeitnehmer mit den verschiedenen Rechtsquellen und Rahmenbedingungen zu verbinden. Die juristischen Rahmenbedingungen entstammen dem Arbeits-, Arbeitsförderungs-, Sozial- und Steuerrecht. Rechtsprechung und eine umfangreiche Literatur haben dazu geführt, dass Formulierungsnuancen zu höchst unterschiedlichen ökonomischen Auswirkungen für die Beteiligten führen können. Arbeitet der Rechtsanwalt in die Abfindung dem Arbeitnehmer noch aus der Vergangenheit zustehende Gehaltsansprüche ein, ist dieser Teil der Abfindung nicht steuerfrei.[1] Hat der beratende Rechtsanwalt dagegen für die Zeit bis zum Ablauf der ordentlichen Kündigungsfrist das Gehalt in die Abfindung einfließen lassen, ist 2

1 BFH, Urt. v. 10.10.1986, BStBl II 1987, 186; Runderlass des Bundesministers der Finanzen v. 24.05.2004 (IV A 5 – S 2290–20/04) Rn 4.

die Abfindung bis zu den alters- und betriebszugehörigkeitsabhängigen Höchstbetragsgrenzen[2] steuerfrei.[3] Lässt der Rechtsanwalt die Gehälter kapitalisieren und das Arbeitsverhältnis vorzeitig unter Verzicht auf die vertragliche Kündigungsfrist in einem Aufhebungsvertrag enden, ruht der Anspruch auf Arbeitslosengeld bis zu dem Tag, an dem das Arbeitsverhältnis bei Einhaltung der ordentlichen Kündigungsfrist geendet hätte, § 143a Abs. 1 SGB III. Außerdem findet eine teilweise Anrechnung der Entlassungsentschädigung statt und, weil der Arbeitnehmer durch Aufhebungsvertrag das Arbeitsverhältnis gem. § 144 Abs. 1 Satz 1 SGB III[4] gelöst hat, erlässt die Agentur für Arbeit mindestens für zwölf Wochen eine Sperrzeit. Macht sich der Arbeitnehmer nach dem Ausscheiden aus dem Arbeitsverhältnis selbständig, muss ihn die arbeitsförderungsrechtliche Komponente seiner Vertragsgestaltung grundsätzlich nicht interessieren. Kurzum, es ist ein Mix aus arbeitsvertragsrechtlichen, sozialversicherungs-, arbeitslosenversicherungs- und steuerrechtlichen Aspekten, der in Verbindung mit der Verhandlungskunst des Anwalts über Erfolg und Misserfolg eines Aufhebungs- oder Abwicklungsvertrags entscheidet.

A. Vergleich zwischen Aufhebungs- und Abwicklungsvertrag

I. Wege der Arbeitsverhältnisbeendigung

3 Vom **Tod des Arbeitnehmers** und der richterlichen **Auflösungsentscheidung** nach § 9 KSchG abgesehen, hält das Arbeitsrecht seit dem In-Kraft-Treten von § 1a KSchG vier Rechtskonstruktionen zur Beendigung von Arbeitsverhältnissen bereit:

1. Beendigung durch einseitiges Rechtsgeschäft

4 Dauerschuldverhältnisse lassen sich durch Kündigung, also durch **einseitiges Rechtsgeschäft** beenden. Die Methode ist beim Arbeitsverhältnis nicht anders[5] als bei anderen Dauerschuldverhältnissen, also als beim Miet- oder beim Automatenaufstellvertrag.[6] Eine Partei kann durch ordentliche und außerordentliche Kündigung das Vertragsverhältnis beenden.

2. Beendigung durch zweiseitiges Rechtsgeschäft

5 Die Auflösung durch zweiseitiges Rechtsgeschäft geschieht durch Vertrag, mithin durch **Aufhebungsvertrag**. Ein Vertragsverhältnis kann auf dem gleichen Wege, der zu seiner Entstehung geführt hat, auch aufgehoben werden, § 311 Abs. 1 BGB.[7]

3. Kombination aus einseitigem und zweiseitigem Rechtsgeschäft

6 Der Abwicklungsvertrag wählt eine **Kombination** aus **einseitigem** und **zweiseitigem Rechtsgeschäft**. Die Arbeitsverhältnisbeendigung erfolgt durch Kündigung und damit durch ein einseitiges Rechtsgeschäft, die Regelung von Modalitäten anlässlich der Arbeitsverhältnisbeendigung erfolgt

2 Seit dem 01.01.2004 sind gem. § 3 Nr. 9 EStG Entlassungsabfindungen nunmehr in folgender Höhe steuerfrei: allgemein = 7.200 EUR, ab 50. Lebensjahr/15 Dienstjahre = 9.000 EUR und ab 55. Lebensjahr/20 Dienstjahre = 11.000 EUR.

3 BFH, Urt. v. 17.05.1977, BB 1977, 1288; Urt. v. 18.12.1981, BB 1982, 538.

4 Bis zum 01.04.1997: §§ 119, 119a AFG.

5 BAG, Urt. v. 19.01.1956, MDR 1956, 394 = AP Nr. 1 zu § 620 BGB Kündigungserklärung; Schaub/*Linck*, Arbeitsrechts-Handbuch, § 123 Rn 1.

6 S. nur § 314 Abs. 1 BGB.

7 Durch den Aufhebungsvertrag wird das Arbeitsverhältnis einvernehmlich von den Parteien beendet; *Bauer*, Arbeitsrechtliche Aufhebungsverträge, Rn I 20; ErfK/*Müller-Glöge*, § 620 BGB Rn 7; *Hümmerich*, NZA 2001, 1280; Tschöpe/*Schulte*, Anwaltshandbuch Arbeitsrecht Teil 3 B Rn 1.

über das zweiseitige Rechtsgeschäft Abwicklungsvertrag.[8] Dem Abwicklungsvertrag geht also immer eine arbeitgeberseitige Kündigung, meist eine betriebsbedingte oder personenbedingte Kündigung voraus. Im Abwicklungsvertrag bringt der Arbeitnehmer zum Ausdruck, die Kündigung hinzunehmen und regelt mit dem Arbeitgeber einvernehmlich Pflichten und Rechte im Zusammenhang mit der Beendigung des Arbeitsverhältnisses, also beispielsweise eine Abfindung, den Erwerb eines Dienstwagens und den Wortlaut eines Zeugnisses.

4. Einseitiges Rechtsgeschäft in Kombination mit gesetzlichem Schuldverhältnis

Weist der Arbeitgeber bei einer betriebsbedingten Kündigung im Anschreiben darauf hin, dass dem Arbeitnehmer, wenn er keine Klage erhebt, ein Anspruch auf Abfindung zusteht, haben wir es mit einer Kündigung nach § 1a KSchG zu tun. Die Klassifikation dieser Rechtskonstruktion eines Abfindungsanspruchs ist zwischenzeitlich kaum mehr umstritten. Außer *Preis,*[9] *Bauer*[10] und *Thüsing,*[11] die der Meinung sind, bei dem Anspruch des Arbeitnehmers aus § 1a KSchG handele es sich um einen rechtsgeschäftlichen bzw. rechtsgeschäftsähnlichen Anspruch, wird heute herrschend die Ansicht vertreten, beim Arbeitnehmer, dem eine Abfindung gem. § 1a KSchG versprochen werde, entstehe der Anspruch über ein gesetzliches Schuldverhältnis.[12] § 1a KSchG enthält daher eine **Kombination aus einseitigem Rechtsgeschäft und gesetzlichem Schuldverhältnis**. Arbeitgeber und Arbeitnehmer schließen keinen Vertrag über die Abfindung, die Abfindung und ihre Höhe ergeben sich aus § 1a Abs. 2 KSchG. Das Schweigen des Arbeitnehmers auf ein den inhaltlichen Anforderungen des § 1a Abs. 1 KSchG genügendes Schreiben des Arbeitgebers ist keine Willenserklärung in dem Sinne, dass der Arbeitnehmer ein – wie auch immer geartetes – Angebot des Arbeitgebers annimmt. Vielmehr wird durch Zeitablauf das gesetzliche Schuldverhältnis begründet. 7

Der Unterschied zwischen der rechtsgeschäftlichen und der ein gesetzliches Schuldverhältnis propagierenden Sichtweise hat handfeste, praktische Konsequenzen. Auf ein gesetzliches Schuldverhältnis sind die Regeln für Rechtsgeschäfte nicht anwendbar. Der Arbeitnehmer, der darüber getäuscht wurde, dass bei einer Kündigung nach § 1a KSchG die Voraussetzungen einer betriebsbedingten Kündigung erfüllt sind, kann daher keine Anfechtung wegen arglistiger Täuschung nach § 123 BGB mit Erfolg betreiben. 8

II. Definitionen

1. Abgrenzung von Aufhebungs- und Abwicklungsvertrag

Die Darstellung unterscheidet zwischen **Aufhebungs-** und **Abwicklungsvertrag**. In der Rechtsprechung des BAG wurde der Abwicklungsvertrag bislang nicht definiert. Dort, wo er in einzelnen Entscheidungen Erwähnung findet,[13] werden Inhalt und Tragweite dieses Vertragstypus vom BAG als selbstverständlich unterstellt. Die Rechtsprechung des BSG hat sich in zwei Entscheidungen[14] mit dem Abwicklungsvertrag näher befasst und grenzt ihn vom Aufhebungsvertrag dadurch ab, dass beim Abwicklungsvertrag keine Willenserklärungen abgegeben werden, die auf eine Beendigung des Arbeitsverhältnisses abzielen. Während der Aufhebungsvertrag das Arbeitsverhältnis durch übereinstimmende Willenserklärungen beendet, enthält der Abwicklungsvertrag nur Regelungen, 9

8 *Hümmerich,* Aufhebungsvertrag und Abwicklungsvertrag, § 1 Rn 2; *ders.,* Anwaltformulare Arbeitsrecht, § 4 Rn 384.
9 DB 2004, 70.
10 NZA 2004, 77.
11 *Thüsing/Stelljes,* BB 2003, 1673.
12 *Bader,* NZA 2004, 65; *Giesen/Besgen,* NJW 2004, 185; *Hümmerich,* NJW 2004, 2921; Henssler/Willemsen/Kalb/*Quecke,* § 1a KSchG Rn 5; *Willemsen/Annuß,* NJW 2004, 177; KR/*Spilger,* § 1a KSchG Rn 34.
13 BAG, Urt. v. 20.06.2000, DB 2000, 1414; BAG, Urt. v. 24.03.2000, BB 2000, 725 = FA 2000, 198; BAG, Urt. v. 14.03.2000 ZTR 2001, 278 = DB 200, 680; BAG, Urt. v. 18.01.2000 – 9 AZR 929/98 (n.v.).
14 BSG, Urt. v. 09.11.1995, BSGE 77, 48 = NZA-RR 1997, 109; BSG, Urt. v. 18.12.2003, NZA 2004, 661.

die unter der Bedingung einer Beendigung des Arbeitsverhältnisses durch einseitiges Rechtsgeschäft stehen, § 158 Abs. 1 BGB.

10 Gebräuchlich ist zwischenzeitlich die Definition, wonach durch einen Aufhebungsvertrag das Arbeitsverhältnis originär-einvernehmlich von den Parteien beendet wird, ohne dass zuvor vom Arbeitgeber eine Kündigung ausgesprochen wurde.[15] Im Abwicklungsvertrag bringt der Arbeitnehmer zum Ausdruck, die Kündigung hinzunehmen und regelt mit dem Arbeitgeber einvernehmlich Pflichten und Rechte im Zusammenhang mit der Beendigung des Arbeitsverhältnisses.[16] Diese Unterscheidung hat sich nach anfänglicher Kritik[17] durchgesetzt.[18] Nach *Schulte*[19] hat die Praxis inzwischen die Unterscheidung zwischen Aufhebungs- und Abwicklungsvertrag übernommen, sie hat sich inzwischen zur herrschendem Meinung[20] entwickelt.

11 Der wesentliche Unterschied zwischen Aufhebungs- und Abwicklungsvertrag besteht in der das Arbeitsverhältnis beendenden Willenserklärung. Während beim Abwicklungsvertrag das Arbeitsverhältnis nicht durch den Vertrag, sondern durch die vom Arbeitgeber ausgesprochene einseitige, Gestaltungswirkung auslösende Kündigung endet, heben beim Aufhebungsvertrag die übereinstimmenden Willenserklärungen von Arbeitgeber und Arbeitnehmer originär das Vertragsverhältnis auf.

12 Die Definition **schließt aus**, dass ein Vertrag, in dem **nach Eigenkündigung des Arbeitnehmers** eine vertragliche Regelung über Beendigungsmodalitäten getroffen wurde, ein **Abwicklungsvertrag** ist. Der Abwicklungsvertrag setzt eine arbeitgeberseitige Kündigung des Arbeitsverhältnisses voraus. Ob der Kündigung des Arbeitgebers verhaltensbedingte, personenbedingte oder betriebsbedingte oder gar keine Kündigungsgründe im Sinne des Kündigungsschutzgesetzes zugrunde liegen, ist nach der Definition des Abwicklungsvertrags unerheblich. Wesentlich ist, dass die Kündigung arbeitgeberseitig erfolgte.

13 In der Praxis zeigt sich allerdings, dass den Anwendungsfällen des Abwicklungsvertrages überwiegend betriebsbedingte, in seltenen Fällen personenbedingte Kündigungen vorausgehen. Kündigt der Arbeitgeber aus verhaltensbedingten Gründen, kann zwar ebenfalls ein Abwicklungsvertrag geschlossen werden. Verhaltensbedingte Kündigungen, denen ein Abwicklungsvertrag folgt, bieten für den Arbeitnehmer jedoch nicht die gleichen Vorteile wie Abwicklungsverträge, bei denen personen- oder betriebsbedingte Kündigungen den Anlass bildeten. Aus arbeitsförderungs- wie steuerrechtlichen Gründen ist der Abwicklungsvertrag nach verhaltensbedingter Kündigung für den Arbeitnehmer nicht sonderlich attraktiv. Bei einem Abwicklungsvertrag nach verhaltensbedingter Kündigung ist der Sperrzeittatbestand des § 144 Abs. 1 Nr. 1 Hs. 2 SGB III wegen vertragswidrigen Verhaltens für die Agentur für Arbeit die sichere Folge, weil Kündigungsgrund eine Pflichtverletzung des Arbeitnehmers war. Auch ist die im Rahmen eines Abwicklungsvertrages vom Arbeitgeber gezahlte Abfindung keine Abfindung i.S.v. § 3 Nr. 9 EStG, denn es fehlt an der arbeitgeberseitigen Veranlassung. Bei verhaltensbedingten Kündigungen hat aus steuerlicher Sicht grundsätzlich der Arbeitnehmer die Verursachung für die Arbeitsverhältnisbeendigung gesetzt.

14 Daraus folgt, dass die sozial- oder steuerrechtlichen Folgen beim Abschluss von Abwicklungsverträgen nicht einheitlich sind. Da die meisten Abwicklungsverträge auf betriebsbedingte oder personenbedingte Kündigungen aufsetzen, beziehen sich die nachfolgenden Ausführungen grundsätzlich

15 *Bauer*, Arbeitsrechtliche Aufhebungsverträge, Rn I 20; *ders.*, NZA 2002, 169; *Hümmerich*, NZA 2001, 1280; *Bauer/Hümmerich*, NZA 2003, 1076; *Werner*, NZA 2002, 262.

16 Vgl. *Hümmerich*, in: Brennpunkte des Arbeitsrechts, 1995, S. 249; *ders.*, NZA 1994, 200; *ders.*, NJW 1996, 2081; *ders.*, AuR 1994, 256 f.; *ders.*, NZA 1994, 833; *ders.*, NZA 2001, 1280.

17 *Grunewald*, NZA 1994, 441; *Bauer*, NZA 1994, 440.

18 *Bauer*, NZA 2002, 169; *Grunewald*, AuR 1994, 260; *Holly/Friedhofen*, DB 1995, 454; *Holthäuser/Rolfs*, DB 1995, 1074; *Schiefer/Köster*, WiB 1995, 489; *Bauer*, Arbeitsrechtliche Aufhebungsverträge, Rn I 20, I 198; *Hümmerich*, BB 1999, 1868.

19 Tschöpe/*Schulte*, Anwaltshandbuch Arbeitsrecht, Teil 3 B Rn 1.

20 *Bauer*, Arbeitsrechtliche Aufhebungsverträge, Rn I 20; Palandt/*Putzo*, vor § 620 Rn 5a; ErfK/*Müller-Glöge*, § 620 BGB Rn 7; Henssler/Willemsen/Kalb/*Kliemt*, Anh. § 9 KSchG Rn 6; *Welslau*, in: Handbuch der Personalpraxis, Rn 4166a; Tschöpe/*Schulte*, Anwaltshandbuch Arbeitsrecht, Teil 3 B Rn 1.

auf Abwicklungsverträge, denen personen- oder betriebsbedingte Kündigungen vorausgegangen sind. Durch verhaltensbedingte Kündigungen ausgelöste Sonderfolgen in Abwicklungsverträgen werden in der Darstellung entsprechend gekennzeichnet. Nach verhaltensbedingten Kündigungen kommt es nur selten außergerichtlich zu Abwicklungsverträgen. Abwicklungsverträge nach verhaltensbedingten Kündigungen werden meist in der Form des Prozessvergleichs im Verlaufe eines Kündigungsschutzprozesses vor dem Arbeitsgericht geschlossen.

Seit die Kündigung gem. § 623 BGB der Schriftform bedarf, zeigen sich in der Praxis auch keine Abgrenzungsschwierigkeiten mehr zwischen Aufhebungs- und Abwicklungsvertrag. Ist der Gestaltung von Vertragsmodalitäten eine dem Schriftformerfordernis des § 623 BGB entsprechende, arbeitgeberseitige Kündigung vorausgegangen, schließen die Parteien einen Abwicklungsvertrag. Bietet der Arbeitgeber dem Arbeitnehmer den Abschluss eines Aufhebungsvertrages an, ohne zuvor oder danach eine Kündigung erklärt zu haben, stehen die Parteien in Verhandlungen über den Abschluss eines Aufhebungsvertrages. Während solcher Verhandlungen besteht für den Arbeitnehmer kein Anspruch auf Entgeltfortzahlung. In dem Angebot des Arbeitgebers auf Abschluss eines Aufhebungsvertrages ist keine Erklärung enthalten, der Arbeitnehmer müsse während der Verhandlungen seiner Arbeitspflicht nicht nachkommen, sofern der Arbeitgeber eine solche Erklärung nicht ausdrücklich abgegeben hat.[21] 15

Der Abwicklungsvertrag dürfte heute in der Praxis mindestens so häufig vorkommen wie der Aufhebungsvertrag, ohne dass allerdings bislang für den **definitorischen Unterschied** zwischen Aufhebungs- und Abwicklungsvertrag allerorten ein Bewusstsein besteht. Jeder Vergleich im Kündigungsschutzprozess ist ein **Abwicklungsvertrag,** sofern das Arbeitsverhältnis durch die Kündigung beendet bleibt. Auch außerhalb von Kündigungsschutzprozessen, vor allem in der Drei-Wochen-Frist vor Klageerhebung, schließen Naturalparteien mit oder ohne Anwälte häufig Abwicklungsverträge. 16

2. Definitorische Abgrenzung nach *Bauer*

Bauer benutzt den Begriff Aufhebungsvertrag sowohl als Typisierung des durch Rechtsgeschäft beendeten Arbeitsverhältnisses, aber auch als Gattungsbegriff und zwar in dem Sinne, dass damit alle Arten von Verträgen umschrieben werden, in denen es um die Beendigung von Arbeitsverhältnissen geht, selbst dann, wenn der Vertrag die rechtsgeschäftliche Beendigung des Arbeitsverhältnisses nicht herbeiführt.[22] *Bauer* unterscheidet zusätzlich zwischen *echtem* und *unechtem* Abwicklungsvertrag.[23] Echte Abwicklungsverträge seien solche, die zeitlich nach Ausspruch der Kündigung, ohne jegliche Vorfeldabsprache zwischen Arbeitgeber und Arbeitnehmer geschlossen würden. Derartige »echte« Abwicklungsverträge schließe der Arbeitnehmer meist in den drei Wochen nach Zugang der Kündigung (§ 4 KSchG) oder als Prozessvergleich im Laufe eines Kündigungsschutzprozesses. Unechte Abwicklungsverträge nennt *Bauer* solche Verträge, die als Abwicklungsverträge bezeichnet, tatsächlich aber bereits zwischen dem Arbeitgeber und dem Arbeitnehmer oder deren Anwälten vor Ausspruch der Kündigung ausgehandelt worden seien. Den Begriff Abwicklungsvertrag versteht er in diesen Fällen als Tarnbezeichnung, unechten Abwicklungsverträgen gehe stets eine sog. Vorfeldabsprache zwischen Arbeitgeber und Arbeitnehmer voraus. Gegen die von *Bauer* gewählte Differenzierung lässt sich einwenden, dass es in der Rechtspraxis nicht üblich ist, jeden Missbrauchsfall bei Verwendung eines Vertragstypus zugleich sprachlich als eine Sondervertragsform auszuweisen.[24] 17

Gaul[25] hat sich die nicht näher belegte, logisch nicht darstellbare These, eine verhängnisvolle »Ferndiagnose« zu einer unbekannten Zahl von Lebenssachverhalten, erlaubt, es gehöre zum regelmäßigen 18

21 LAG Brandenburg, Urt. v. 24.04.2001 – 2 Sa 326/00 (n.v.).
22 Arbeitsrechtliche Aufhebungsverträge, Rn. I 20.
23 Arbeitsrechtliche Aufhebungsverträge, Rn I 20, I 198; *Bauer/Hümmerich,* NZA 2003, 1076.
24 *Hümmerich,* NJW 2004, 2921.
25 BB 2003, 2457 (2459).

Ablauf einer Kündigung und eines Abwicklungsvertrages, dass dem Arbeitnehmer eine Abwicklungsvereinbarung **in Aussicht** gestellt werde. Damit stellt er die durch nichts belegte These auf, Abwicklungsverträge seien im Regelfall »unechte« Abwicklungsverträge i.S. der Definition von *Bauer*. Ob gewollt oder ungewollt hat er damit den Kritikern des Abwicklungsvertrages, insbesondere dem BSG,[26] eine Argumentation vorgelegt, die arbeitsförderungsrechtlichen Konsequenzen so zu ordnen, dass aus der bloßen Hinnahme einer Kündigung eine aktive Mitwirkung am Abwicklungsvertrag herausgelesen wird.

3. Typisierungen des Abwicklungsvertrags

19 Wie notwendig es ist, sorgfältig zwischen Aufhebungsvertrag und Abwicklungsvertrag zu unterscheiden, zeigt das Urteil des BSG vom 18.12.2003.[27] In dem vom BSG entschiedenen Fall schlossen ein Automobilclub und ein Abteilungsleiter einen sog. Abwicklungsvertrag. Dem Abteilungsleiter wurde zum 31.12.1998 aus betriebsbedingten Gründen ordentlich gekündigt. Gleichzeitig enthielt der »Abwicklungsvertrag« eine Passage, wonach sich die Beteiligten darüber einig waren, dass das bestehende Arbeitsverhältnis aufgrund der betriebsbedingten Kündigung zum 31.12.1998 enden werde.

20 Leider wird vom BSG mit keiner Zeile im Urteil die Frage problematisiert, welche Bedeutung die vertragliche Regelung zur Beendigung im Abwicklungsvertrag hatte. Entweder war der sog. Abwicklungsvertrag wegen einer Vereinbarungspassage über die Beendigung des Arbeitsverhältnisses in Wahrheit ein Aufhebungsvertrag oder die Parteien schlossen im Abwicklungsvertrag gleichzeitig einen sog. Klageverzichtsvertrag,[28] der nicht auf den materiell-rechtlichen Bestand des Arbeitsverhältnisses einwirkt, sondern für den Fall der Erhebung eine Kündigungsschutzklage unzulässig machen würde.[29]

21 Die Antwort auf diese Frage kann sicherlich nur im Wege einer näheren Betrachtung des Wortlauts der getroffenen Abrede ermittelt werden. Das BSG unterstellte als selbstverständlich, dass es sich bei dem zwischen dem Abteilungsleiter und dem Automobilclub geschlossenen Vertrag um einen Abwicklungsvertrag handelte.

22 Erklärungen des Arbeitnehmers, dass er keine Einwendungen gegen die Kündigung habe, bewirken, dass die Erhebung einer Kündigungsschutzklage unzulässig ist.[30] Eine solche Erklärung des Arbeitnehmers ist noch kein Vertrag und führt daher als einseitige Erklärung nicht zu einer einvernehmlichen Beendigung des Arbeitsverhältnisses. Wird die Formulierung, dass gegen die Kündigung keine Einwendungen bestehen, im Rahmen einer Erledigungsklausel protokolliert, wird aus einem Vertrag, der keine anderweitigen Regelungen zur materiell-rechtlichen Beendigung des Arbeitsverhältnisses enthält, nicht sogleich ein Aufhebungsvertrag.

23 Lädt dagegen der Personalchef den Arbeitnehmer zu sich ins Büro und vereinbart mit ihm die Beendigung des Arbeitsverhältnisses im Wege einer Vorfeldabsprache, nutzt es dem Arbeitnehmer seit der Entscheidung des BSG vom 09.11.1995 nichts mehr, wenn er die Kündigung hinnimmt und im Abwicklungsvertrag kein Wort über die Beendigung des Arbeitsverhältnisses verliert und so tut, als habe es die Vorfeldabsprache nicht gegeben.[31] Die Vorfeldabsprache wird vom BSG nach den Grundsätzen von **falsa demonstratio non nocet** behandelt, also als ein zu Unrecht als Abwicklungsvertrag bezeichneter Vertrag, da das in Wahrheit zwischen den Parteien geschlossene Rechtsgeschäft ein Aufhebungsvertrag war.

26 BSG, Urt. v. 18.12.2003, NZA 2004, 661.
27 NZA 2004, 661.
28 BAG, Urt. v. 06.04.1977, AP Nr. 4 zu § 4 KSchG 1969 = DB 1977, 1559; BAG, Urt. v. 03.05.1979, BAGE 32, 6; BAG, Urt. v. 29.06.1978, DB 1978, 1842 = BB 1979, 1264.
29 Baumbach/Lauterbach/*Hartmann*, ZPO, §§ 306, 307 Rn 2.
30 BAG, Urt. v. 06.04.1977, AP Nr. 4 zu § 4 KSchG 1969.
31 BSG, Urt. v. 09.11.1995, NZA-RR 1996, 69.

24 Die genannten Beispiele zeigen, dass eine höchstrichterliche Klärung der Begriffe **Aufhebungsvertrag** und **Abwicklungsvertrag** Not tut. Das BSG hätte im Urteil vom 18.12.2003 nicht von einem »Abwicklungsvertrag« reden dürfen, weil die Parteien ausdrücklich formuliert hatten, sie seien sich **einig**, dass das bestehende Arbeitsverhältnis aufgrund einer fristgerechten betriebsbedingten Kündigung zum 31.12.1998 ende.[32] Wenn sich zwei Parteien einig sind, hat man es mit zwei übereinstimmenden Willenserklärungen und wenn diese Willenserklärungen über Feststellungen hinausgehen, mit einem eine Rechtsbeziehung konstitutiv gestaltenden Rechtsgeschäft zu tun. Dadurch, dass sich im Fall des BSG-Urteils vom 18.12.2003 »die Parteien über die Beendigung des Arbeitsverhältnisses zu einem bestimmten Zeitpunkt einig« waren, schlossen sie einen das Arbeitsverhältnis beendenden Aufhebungsvertrag, der unabhängig von der zusätzlich vom Arbeitgeber ausgesprochenen Kündigung vereinbart wurde. Der »Abwicklungsvertrag« im Urteil vom 18.12.2003 war also in Wahrheit ein Aufhebungsvertrag, auch wenn er rechtssystematisch vom BSG als Abwicklungsvertrag behandelt wurde.

25 Eine weitere Spielart des Abwicklungsvertrages erschließt sich, wenn die Parteien außergerichtlich vereinbaren, dass »gegen die Kündigung keine Einwendungen erhoben werden«.[33] Die gleiche Wirkung kommt der gerichtlich gebräuchlichen Formulierung zu, *das Arbeitsverhältnis werde durch fristgerechte, betriebsbedingte Kündigung vom ... zum ... beendet*. Hierbei handelt es sich um ein Klagerücknahmeversprechen, das seiner Natur nach nichts anderes ist als ein Klageverzichtsvertrag, der eben nur zu einem späteren Zeitpunkt, also nach Erhebung der Klage, erklärt wird.

26 Wurde das Arbeitsverhältnis vom Arbeitgeber gekündigt, richtet sich die Willenserklärung des Arbeitnehmers im Rahmen eines Klageverzichtsvertrages oder eines Klagerücknahmeversprechens nicht unmittelbar auf den Bestand des Arbeitsverhältnisses, sondern vielmehr auf die Geltendmachung von Rechten nach dem Kündigungsschutzgesetz im Prozesswege. Insofern führen Klageverzichtsvertrag und Klagerücknahmeversprechen ohne jede sachlich-rechtliche Prüfung zu einer Klageabweisung,[34] auf den Bestand des Arbeitsverhältnisses selbst wirken sie nicht ein.

27 Anders ist die rechtliche Würdigung, wenn sich die Parteien darüber »einig« sind, wie im Urteil des BSG vom 18.12.2003.[35] Treffen die Parteien nach einer Kündigung zusätzlich eine Einigung über die Beendigung des Arbeitsverhältnisses zu dem durch die Kündigung gemeinten Kündigungszeitpunkt, entsteht zusätzlich ein Rechtsgeschäft über die Beendigung des Arbeitsverhältnisses, das mit materiell-rechtlicher Wirkung den Bestand des Arbeitsverhältnisses beseitigt.

28 Schließlich gibt es eine weitere Variante des Abwicklungsvertrages, den Abwicklungsvertrag durch Anschreiben, der in seiner Struktur Ähnlichkeiten mit der Kündigung gem. § 1a KSchG aufweist. Der Abwicklungsvertrag durch Anschreiben ist, anders als die Kündigung nach § 1a KSchG, nicht durch Gesetz geregelt. In Ermangelung einer gesetzlichen Vorgabe ist es daher denkbar, dass der Arbeitgeber entweder zusammen mit dem Kündigungsschreiben oder in zwei getrennten Schreiben (einem Kündigungsschreiben und einem zusätzlichen Anschreiben), dem Arbeitnehmer Angebote zu den Modalitäten der Beendigung des Arbeitsverhältnisses unterbreitet. Ein solches Anschreiben beinhaltet keine Willenserklärung auf Seiten des Arbeitnehmers, die unmittelbar auf die Beendigung des Arbeitsverhältnisses gerichtet ist.

29 Ein Abwicklungsvertrag über die Angelegenheiten im Zusammenhang mit der Beendigung kommt dadurch zustande, dass nach § 151 Satz 1 BGB entweder eine solche Erklärung nach der Verkehrssitte nicht zu erwarten ist, was beispielsweise dadurch sichergestellt werden kann, dass der Arbeitnehmer keine Kündigungsschutzklage erhebt, oder der Arbeitgeber im Anschreiben zum Ausdruck

32 *Boecken/Hümmerich*, DB 2004, 2046; *Hümmerich*, NJW 2004, 2921, *ders.*, AE 3/ 2004, 147.

33 BAG, Urt. v. 03.05.1979, BAGE 32, 6; BAG, Urt. v. 29.06.1972, DB 1978, 1842; s. auch den Wortlaut der Erklärung der Spülerin im Haustürgeschäfts-Urteil des BAG v. 27.11.2003, NZA 2004, 597; hierzu *Hümmerich*, NZA 2004, 809.

34 Baumbach/Lauterbach/*Hartmann*, vor §§ 306, 307 Rn 2.

35 NZA 2004, 661.

bringt, dass er keine Erklärung über die Annahme des Angebots für erforderlich erachtet. Beide Varianten führen nach § 151 Satz 1 BGB zum Zustandekommen eines Abwicklungsvertrags.[36]

30 Graphisch lässt sich der Überblick über die Arten von Abwicklungsverträgen wie folgt darstellen:

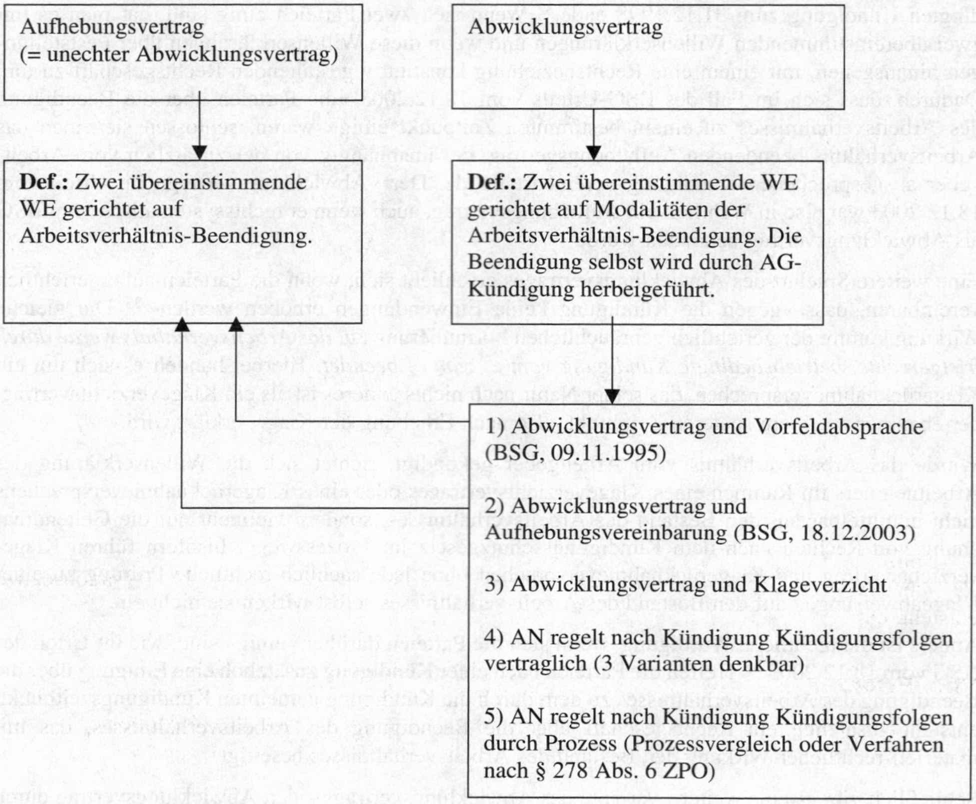

III. Die Vorteile des Abwicklungsvertrages

1. Vorteil: Keine Ruhensanordnung und keine Abfindungsanrechnung gem. § 143a SGB III

31 Beim **Abwicklungsvertrag** wird das Arbeitsverhältnis nicht durch den Vertrag, sondern **durch die Kündigung beendet**. Der Abwicklungsvertrag begleitet das vom Arbeitgeber ausgeübte Gestaltungsrecht durch eine vertragliche Vereinbarung der Modalitäten über die Beendigung des Arbeitsverhältnisses. Der außergerichtliche Abwicklungsvertrag wird meist in den ersten drei Wochen nach Kündigungszugang, der gerichtliche Abwicklungsvertrag als Prozessvergleich im Kündigungsprozess geschlossen. Wurden zwischen Arbeitgeber und Arbeitnehmer keine Vorfeldabsprachen getroffen und ist die arbeitgeberseitige Kündigung nicht offensichtlich rechtswidrig,[37] findet die Ruhensanordnung keine Anwendung. Der über einen Abwicklungsvertrag ausscheidende Arbeitnehmer kann nahtlos mit dem Ende seines Arbeitsverhältnisses, sofern die übrigen Anspruchsvoraussetzungen

36 So auch *Bauer/Krieger*, NZA 2004, 640.
37 BSG, Urt. v. 09.11.1995, NZA-RR 1997, 109.

erfüllt sind, Arbeitslosengeld beziehen. Es liegt im **Wesen des Abwicklungsvertrags**, dass die **Kündigungsfrist eingehalten** wird.

2. Vorteil: Abschluss des Abwicklungsvertrages nicht in jedem Falle ein »Lösen« des Beschäftigungsverhältnisses nach § 144 SGB III

Bei einer Bewertung von Abwicklungsvertrag und Aufhebungsvertrag unter dem Aspekt der Sperr- 32
zeitanordnung wegen »Lösens« des Beschäftigungs- oder Arbeitsverhältnisses sind eine Reihe von Rechtsquellen und Fallkonstellationen heranzuziehen, von denen eine der **Gesetzeswortlaut** bildet.

a) Rechtsquelle 1: Gesetzeswortlaut

§ 144 SGB III entsprach bis zum 31.12.2002 den früheren §§ 119, 119a AFG. Mit dem Ersten Gesetz 33
für moderne Dienstleistungen am Arbeitsmarkt[38] gestaltete der Gesetzgeber den Sperrzeittatbestand in § 144 SGB III differenzierter aus als bisher. Mit dem am 01.01.2004 in Kraft getretenen Dritten Gesetz für moderne Dienstleistungen am Arbeitsmarkt (Hartz III) erhielt § 144 SGB III – neben einer nur im Jahre 2004 gültigen Textversion – die ab 01.01.2005 maßgebliche, **neue Fassung,** die um **zwei Sperrzeittatbestände erweitert** wurde (unzureichende Eigenbemühungen und Meldeversäumnis);

34

§ 144 Ruhen bei Sperrzeit

(1) Hat der Arbeitnehmer sich versicherungswidrig verhalten, ohne dafür einen wichtigen Grund zu haben, ruht der Anspruch für die Dauer einer Sperrzeit. Versicherungswidriges Verhalten liegt vor, wenn

1. der Arbeitslose das Beschäftigungsverhältnis gelöst oder durch ein arbeitsvertragswidriges Verhalten Anlass für die Lösung des Beschäftigungsverhältnisses gegeben und dadurch vorsätzlich oder grob fahrlässig die Arbeitslosigkeit herbeigeführt hat (Sperrzeit bei Arbeitsaufgabe),
2. der bei der Agentur für Arbeit als arbeitssuchend gemeldete Arbeitnehmer (§ 37b) oder der Arbeitslose trotz Belehrung über die Rechtsfolgen eine von der Agentur für Arbeit unter Benennung des Arbeitgebers und der Art der Tätigkeit angebotene Beschäftigung nicht annimmt oder nicht antritt oder die Anbahnung eines solchen Beschäftigungsverhältnisses, insbesondere das Zustandekommen eines Vorstellungsgespräches, durch sein Verhalten verhindert (Sperrzeit wegen Arbeitsablehnung),
3. der Arbeitslose trotz Belehrung über die Rechtsfolgen die von der Agentur für Arbeit geforderten Eigenbemühungen nicht nachweist (Sperrzeit bei unzureichenden Eigenbemühungen),
4. der Arbeitslose sich weigert, trotz Belehrung über die Rechtsfolgen, an einer Maßnahme der Eignungsfeststellung, einer Trainingsmaßnahme oder einer Maßnahme zur beruflichen Ausbildung oder Weiterbildung oder einer Maßnahme zur Teilhabe am Arbeitsleben teilzunehmen (Sperrzeit bei Ablehnung einer beruflichen Eingliederungsmaßnahme),
5. der Arbeitslose die Teilnahme an einer in Nummer 4 genannten Maßnahme abbricht oder durch maßnahmewidriges Verhalten Anlass für den Ausschluss aus einer dieser Maßnahmen gibt (Sperrzeit bei Abbruch einer beruflichen Eingliederungsmaßnahme),
6. der Arbeitslose einer Aufforderung der Agentur für Arbeit, sich zu melden oder zu einem ärztlichen oder psychologischen Untersuchungstermin zu erscheinen (§ 309), trotz Belehrung über die Rechtsfolgen nicht nachkommt (Sperrzeit bei Meldeversäumnis).

Der Arbeitnehmer hat die für die Beurteilung eines wichtigen Grundes maßgebenden Tatsachen darzulegen und nachzuweisen, wenn diese in seiner Sphäre oder in seinem Verantwortungsbereich liegen.

38 BGBl I 2002, 4607.

(2) Die Sperrzeit beginnt mit dem Tag nach dem Ereignis, das die Sperrzeit begründet, oder, wenn dieser Tag in eine Sperrzeit fällt, mit dem Ende dieser Sperrzeit.

(3) Die Dauer der Sperrzeit bei Arbeitsaufgabe beträgt zwölf Wochen. Sie verkürzt sich
1. auf drei Wochen, wenn das Arbeitsverhältnis innerhalb von sechs Wochen nach dem Ereignis, das die Sperrzeit begründet, ohne eine Sperrzeit geendet hätte,
2. auf sechs Wochen, wenn
   a) das Arbeitsverhältnis innerhalb von zwölf Wochen nach dem Ereignis, das die Sperrzeit begründet, ohne eine Sperrzeit geendet hätte oder
   b) eine Sperrzeit von zwölf Wochen für den Arbeitslosen nach den für den Eintritt der Sperrzeit maßgebenden Tatsachen eine besondere Härte bedeuten würde.

(4) Die Dauer der Sperrzeit wegen Arbeitsablehnung, bei Ablehnung einer beruflichen Eingliederungsmaßnahme oder bei Abbruch einer beruflichen Eingliederungsmaßnahme beträgt
1. drei Wochen
   a) im Falle des Abbruchs einer beruflichen Eingliederungsmaßnahme, wenn die Maßnahme innerhalb von sechs Wochen nach dem Ereignis, das die Sperrzeit begründet, ohne eine Sperrzeit geendet hätte,
   b) im Falle der Ablehnung einer Arbeit oder einer beruflichen Eingliederungsmaßnahme, wenn die Beschäftigung oder Maßnahme bis zu sechs Wochen befristet war oder
   c) im Falle der erstmaligen Ablehnung einer Arbeit oder beruflichen Eingliederungsmaßnahme oder des erstmaligen Abbruchs einer beruflichen Eingliederungsmaßnahme nach Entstehung des Anspruchs,
2. sechs Wochen
   a) im Falle des Abbruchs einer beruflichen Eingliederungsmaßnahme, wenn die Maßnahme innerhalb von zwölf Wochen nach dem Ereignis, das die Sperrzeit begründet, ohne eine Sperrzeit geendet hätte,
   b) im Falle der Ablehnung einer Arbeit oder einer beruflichen Eingliederungsmaßnahme, wenn die Beschäftigung oder Maßnahme bis zu zwölf Wochen befristet war oder
   c) im Falle der zweiten Ablehnung einer Arbeit oder beruflichen Eingliederungsmaßnahme oder des zweiten Abbruchs einer beruflichen Eingliederungsmaßnahme nach Entstehung des Anspruchs,
3. zwölf Wochen in den übrigen Fällen.

(5) Die Dauer einer Sperrzeit bei unzureichenden Eigenbemühungen beträgt zwei Wochen.

(6) Die Dauer einer Sperrzeit bei Meldeversäumnis beträgt eine Woche.

35 Die Kernaussage in § 144 Abs. 1 Nr. 1 SGB III lautet, dass eine Sperrzeit eintritt, wenn der Arbeitslose das Beschäftigungsverhältnis gelöst oder durch ein arbeitsvertragswidriges Verhalten Anlass für die Lösung des Beschäftigungsverhältnisses gegeben hat, ohne dass ein wichtiger Grund besteht. Geändert wurde in § 144 SGB III mit dem Ersten Gesetz für moderne Dienstleistungen am Arbeitsmarkt die Beseitigung des früheren »Alles« oder »Nichts«-Prinzips, indem die Sperrzeiten nunmehr von drei über sechs bis hin zu zwölf Wochen reichen.[39] Über die differenzierter ausgestaltete Sperrzeitregelung wurde die Verhältnismäßigkeitsrechtsprechung des BSG[40] umgesetzt. Mit der Neufassung von § 144 SGB III im Dritten Gesetz über moderne Dienstleistungen am Arbeitsmarkt verfolgt der Gesetzgeber laut Gesetzesbegründung[41] folgende Absichten:

39 *Hümmerich/Holthausen/Welslau*, NZA 2003, 7 (12).
40 BSG, Urt. v. 09.02.1995, NZA-RR 1996, 69.
41 BT-Drucks 15/1515, 87.

»Mit der Regelung werden die Vorschriften zur Risikobegrenzung der Arbeitslosenversicherung mit einer strukturell einheitlichen Rechtsfolge – der Sperrzeit – zusammengefasst. Die Folgen versicherungswidrigen Verhaltens sind derzeit in unterschiedlichen Regelungen mit verschiedenen Rechtsfolgen enthalten, teilweise fehlt eine solche Rechtsfolge. Neben die bisherige Sperrzeit bei Arbeitsaufgabe, Arbeitsablehnung, Ablehnung bzw. Abbruch einer beruflichen Eingliederungsmaßnahme treten deshalb – neu – die Sperrzeit bei unzureichenden Eigenbemühungen und die Sperrzeit bei Versäumung eines Meldetermins. Die Sperrzeit bei Arbeitsablehnung schließt künftig auch Sachverhalte ein, denen ein bei der Agentur für Arbeit arbeitsuchend gemeldeter Arbeitnehmer (§ 37b) ein Arbeitsangebot der Agentur für Arbeit für einen Zeitpunkt nach Eintritt der Arbeitslosigkeit ablehnt. Mit der Neuregelung wird der Grundsatz »Fördern und Fordern« konsequent weiterentwickelt. Die einheitliche Sperrzeitregelung führt zudem zu einer deutlichen Vereinfachung in der Handhabung und zu einer größeren Transparenz für Anwender und Leistungsberechtigte.«

Bei der Gestaltung von Aufhebungs- und Abwicklungsverträgen hat unter arbeitslosenversicherungsrechtlichen Gesichtspunkten diese Vorschrift besondere Bedeutung. Gibt der Arbeitnehmer Anlass zur Kündigung durch ein schuldhaftes, vertragswidriges Verhalten, liegt also eine verhaltensbedingte Kündigung vor, greift regelmäßig der Sperrzeittatbestand des § 144 Abs. 1 Nr. 1 SGB III. Gleiches gilt, wenn der Arbeitnehmer eine Eigenkündigung vornimmt. Auch in diesem Falle hat der Arbeitnehmer das Arbeitsverhältnis gelöst. Schließt der Arbeitgeber mit dem Arbeitnehmer einen Aufhebungsvertrag, liegt ebenfalls ein »Lösen« des Arbeitsverhältnisses vor und § 144 Abs. 1 Nr. 1 SGB III greift. 36

Erste aus dem Gesetzeswortlaut zu ziehende Schlussfolgerung ist, dass **jeder Abschluss eines Aufhebungsvertrages** wegen der rechtsgeschäftlichen Beendigungserklärung durch den Arbeitnehmer ein Lösen des Arbeits- bzw. Beschäftigungsverhältnisses bedeutet. Für den Abwicklungsvertrag gilt dieser Grundsatz, insbesondere bei rechtsgeschäftlicher Betrachtung, nicht.[42] Im Anwendungskreis des Abwicklungsvertrags findet das rechtsgeschäftliche »Lösen« des Arbeitsverhältnisses durch die arbeitgeberseitige Kündigung statt. Aufhebungsverträge veranlassen die Bundesagentur nur dann nicht zu einer Anordnung einer Sperrzeit, wenn dem Arbeitslosen ein »wichtiger Grund« zur Seite steht. 37

b) Rechtsquelle 2: Durchführungsanweisung der BA zu § 144 SGB III

Wann die Agentur für Arbeit bislang von einem Lösen des Beschäftigungsverhältnisses ohne wichtigen Grund ausgeht und wann die Voraussetzungen für eine Sperrzeitanordnung nach § 144 Abs. 1 Nr. 1 SGB III angenommen werden, hat die Bundesagentur für Arbeit in der Durchführungsanweisung (DA)[43] niedergelegt. 38

Die einschlägigen Anweisungen (144.3 bis 144.81a) lauten wie folgt: 39

42 *Boecken/Hümmerich*, DB 2004, 2046; *Hümmerich*, AE 3/2004, 147; *ders*, NJW 2004, 2921; *Rolfs*, in: 50 Jahre BAG, 2004, 445 (448).

43 Stand 1/2004. Quelle: Bundesagentur für Arbeit.

2. Sperrzeit wegen Arbeitsaufgabe

2.0 Allgemeines

Art des Vertragsverhältnisses (144.3)

(1) Sperrzeitrelevant sind neben der Lösung von Arbeitsverhältnissen auch Lösungen von

1. Berufsausbildungsverhältnissen (vgl. aber DA 8.3 Abs. 1 Nr. 4,
2. beitragsfreien öffentlich-rechtlichen Dienstverhältnissen,
3. Beschäftigungen während der Probezeit,
4. kurzzeitigen Beschäftigungen, wenn dadurch Arbeitslosigkeit herbeigeführt worden ist (§ 118 Abs. 2 Satz 2).

Willenserklärung des Arbeit nehmers (144.4)
nichtige Beendigung (144.5)

(2) Beendigungen des Arbeitsverhältnisses durch Kündigung oder Aufhebungsvertrag bedürfen der Schriftform. Ist die Beendigung mangels Schriftform nichtig, kann eine Sperrzeit gleichwohl wegen des Einvernehmens über die Beendigung des Beschäftigungsverhältnisses eintreten. Verträge (nur) über die Beendigung des Beschäftigungsverhältnisses bedürfen nicht der Schriftform des § 623 BGB.

2.0.1 Rechtmäßigkeit/Rechtswidrigkeit einer Kündigung

soziale Rechtfertigung (144.6)

(1) Die Rechtmäßigkeit einer arbeitgeberseitigen Kündigung umfasst nicht nur die Frage, ob die individuell maßgebende Kündigungsfrist oder ein etwaiger Ausschluss der Kündigung durch den Arbeitgeber beachtet worden ist, sondern – in bestimmten Grenzen – auch die Prüfung der sozialen Rechtfertigung nach § 1 KSchG.

Sozialauswahl (144.7)

(2) Sozial gerechtfertigt ist eine ordentliche betriebsbedingte Kündigung nur, wenn dringende betriebliche Erfordernisse einer Weiterbeschäftigung in dem Betrieb entgegenstehen und soziale Gesichtspunkte bei der Auswahl des zu kündigenden Arbeitnehmers ausreichend berücksichtigt wurden. Bei der Sozialauswahl hat der Arbeitgeber den Kreis der miteinander »vergleichbaren« oder gegenseitig »austauschbaren« Arbeitnehmer nach arbeitsplatzbezogenen Merkmalen zu ermitteln (betriebliche Tätigkeit, Qualifikation, Ausbildung). Dabei sind die Arbeitnehmer nicht miteinzubeziehen, deren Weiterbeschäftigung durch betriebstechnische, wirtschaftliche oder sonstige berechtigte betriebliche Bedürfnisse bedingt ist oder die nach gesetzlichen oder (tarif-)vertraglichen Vorschriften nicht ordentlich kündbar sind. Die Auswahl eines Arbeitnehmers aus dem ermittelten Personenkreis nach seiner sozialen Schutzwürdigkeit erfolgt individuell ausschließlich nach sozialen Gesichtspunkten (Betriebszugehörigkeit, Lebensalter, Unterhaltsverpflichtungen, *Schwerbehinderung*).

(3) Die Bestimmung der sozialen Gesichtspunkte bei der Sozialauswahl und deren Bewertung im Verhältnis zueinander sind nur auf grobe Fehlerhaftigkeit zu überprüfen, wenn sie in einem Tarifvertrag, in einer Betriebsvereinbarung nach § 95 BetrVerfG oder in einer entsprechenden Richtlinie nach den Personalvertretungsgesetzen festgelegt sind (§ 1 Abs. 4 KSchG). *Dies gilt auch, wenn bei einer Kündigung auf Grund einer*

Betriebsänderung nach § 111 BetrVerfG die Arbeitnehmer, denen gekündigt werden soll, in einem Interessenausgleich zwischen Arbeitgeber und Betriebsrat namentlich bezeichnet sind. In diesem Falle wird gesetzlich vermutet (Ausnahme: Änderung der Sachlage nach Zustandekommen des Interessenausgleichs), dass die Kündigung durch dringende betriebliche Erfordernisse i.S. des § 1 KSchG bedingt ist (§ 1 Abs. 5 KSchG). Der Interessenausgleich ersetzt die Stellungnahme des Betriebsrates gem. § 17 Abs. 3 S. 2 KSchG.

Prüfung der Sozialauswahl (144.8)

(4) Die soziale Rechtfertigung einer (ausgesprochenen oder hypothetischen) Kündigung ist im Einzelfall pauschaliert mit Vordruck zu prüfen (Mustervorlage s. Anlage 3). Änderungen sind nur mit Zustimmung der *Zentrale* zulässig. Individuelle Prüfungen sind bei begründeten Zweifeln an der sozialen Rechtfertigung einer Kündigung vorzusehen. Die Bewertung sozialer Gesichtspunkte ist nach Maßgabe des § 1 Abs. 4 KSchG nur auf grobe Fehlerhaftigkeit zu überprüfen. Eine Einzelfallprüfung ist nicht erforderlich, wenn die *Agentur für Arbeit* eine Sammelentscheidung getroffen hat (z.B. bezogen auf eine Personalabbaumaßnahme) und die konsequente Beachtung der Auswahlkriterien durch den Betrieb gesichert erscheint.

Offensichtliche Rechtswidrigkeit (144.9)

(5) Eine Kündigung ist offensichtlich rechtswidrig, wenn der Arbeitnehmer ohne weiteres erkennen musste, dass sie gegen arbeitsvertragliche, tarifvertragliche oder gesetzliche Bestimmungen verstößt. Ob die Kündigung sozial gerechtfertigt oder ungerechtfertigt ist, ist für den Arbeitnehmer nicht offensichtlich.

Eine offensichtlich rechtswidrige Kündigung liegt insbesondere vor, wenn

1. die maßgebende Kündigungsfrist nicht eingehalten ist,
2. der Arbeitslose nach tarif- oder einzelvertraglichen Bestimmungen nur noch aus wichtigem Grund (§ 626 BGB) kündbar war, oder
3. der Arbeitslose besonderen Kündigungsschutz genießt und die Kündigung deshalb nichtig ist, z.B. nach
   a) § 9 MSchG (Kündigung einer Frau während der Schwangerschaft oder bis zum Ablauf von vier Monaten nach der Entbindung),
   b) § 18 BErzGG (Kündigung bei Erziehungsurlaub ohne Zustimmung der für den Arbeitsschutz zuständigen obersten Landesbehörde),
   c) § 85 SGB IX (Kündigung eines schwerbehinderten Menschen ohne Zustimmung des Integrationsamtes),
   d) § 15 KSchG (Kündigung des Mitglieds eines Betriebsrates, einer Jugendvertretung u.a.).

2.1 Beendigung des Arbeits-/Beschäftigungsverhältnisses durch den Arbeitnehmer

(1) Bei der Ablehnung einer Änderungskündigung handelt es sich nicht um eine Eigenkündigung des Arbeitnehmers. **Änderungskündigung (144.10)**

(2) Das Beschäftigungsverhältnis endet, wenn sich der Arbeitnehmer der Verfügungsgewalt des Arbeitgebers entzieht und seine Dienstbereitschaft endet. **einseitige Beendigung des Beschäftigungsverhältnisses (144.11)**

Beispiele:
- Arbeitnehmer erscheint nicht mehr zur Arbeit und meldet sich arbeitslos.
- Arbeitnehmer äußert sich gegenüber Arbeitgeber, dass er keine Lust mehr zu arbeiten hat und verlässt den Arbeitsplatz.

In beiden Fällen erfolgt keine schriftliche Kündigung.

2.2 Beendigung durch den Arbeitgeber

(1) Bei einer Beendigung des Arbeits-/Beschäftigungsverhältnisses durch den Arbeitgeber kann eine Sperrzeit nur eintreten, wenn der Arbeitnehmer an der Beendigung beteiligt war oder durch arbeitsvertragswidriges Verhalten Anlass für die Beendigung gegeben hat.

(2) Die reine Hinnahme einer – auch rechtswidrigen – Kündigung kann nicht zum Eintritt einer Sperrzeit führen. Es ist jedoch nach DA 2.2.1 und 2.2.2 zu prüfen, ob ein Auflösungssachverhalt vorliegt. **Hinnahme der Kündigung (144.12)**

2.2.1 Rechtmäßige Kündigung

Bei der Beendigung des Arbeits-/ Beschäftigungsverhältnisses durch rechtmäßige Kündigung des Arbeitgebers liegt in der Regel auch bei Zahlung einer Abfindung oder Gewährung einer ähnlichen Leistung kein Auflösungssachverhalt und somit auch kein Sperrzeittatbestand vor. *Ebenfalls liegt kein Sperrzeittatbestand vor, wenn die nicht offensichtlich rechtswidrige (vgl. DA 2.2.2) arbeitgeberseitige Kündigung auf betriebsbedingte Gründe gestützt wird und eine Abfindung gem. § 1a KSchG gezahlt wird (vgl. auch DA 11.1 Abs. 1).* **Rechtmäßige Kündigung (144.13)**

Ausnahmen ergeben sich bei folgenden Beteiligungssachverhalten: **Beteiligung des Arbeitnehmers (144.14)**

a) Initiierte Kündigung:
Zum sperrzeitbedrohten Auflösungssachverhalt gehört die vom Arbeitslosen initiierte Kündigung. **Initiierte Kündigung (144.15)**

Beispiel 1:
Der Arbeitnehmer bittet den Arbeitgeber, ihm rechtmäßig zu kündigen.

Beispiel 2:
Der Arbeitnehmer bittet aufgrund eines abstrakten Aufhebungsangebotes des Arbeitgebers, das finanzielle Vergünstigungen für den Fall des Ausscheidens auch bei betriebsbedingter Arbeitgeber-Kündigung vorsieht, eine rechtmäßige Kündigung auszusprechen.

b) Freiwilligkeit:

Freiwilligkeit (144.16)

Eine Beteiligung des Arbeitnehmers und somit ein Sperrzeittatbestand liegt auch vor, wenn aufgrund einer (Betriebs-)Vereinbarung oder nach der im Betrieb geübten Praxis der Entlassung auf freiwilliger Basis kein Arbeitnehmer gegen seinen Willen ausscheiden muss.

c) Vertragswidriges Verhalten:

Vertragswidriges Verhalten (144.17)

Ein Sperrzeittatbestand liegt außerdem vor, wenn die Beendigung wegen arbeitsvertragswidrigen Verhaltens erfolgt ist.

Inhalt des Arbeitsvertrages sind die allgemeinen gesetzlichen oder tariflichen Bestimmungen sowie die individuell getroffenen Vereinbarungen zur Gestaltung des jeweiligen Arbeitsverhältnisses. Arbeitsvertragswidriges Verhalten ist jede schuldhafte Verletzung der sich aus dem Arbeitsvertrag ergebenden Pflichten im Leistungsbereich, gegen die betriebliche Ordnung (betriebliche und außerbetriebliche Verhaltenspflichten), im persönlichen Vertrauensbereich oder gegen arbeitsvertragliche Nebenpflichten.

Arglistige Täuschung (144.18)

Eine arglistige Täuschung zur Begründung eines Arbeitsverhältnisses, z.B. die Vorlage falscher Zeugnisse, ist kein vertragswidriges Verhalten.

2.2.2 Rechtswidrige Kündigung

Rechtswidrige Kündigung (144.19)

(1) Auch bei einer rechtswidrigen Kündigung tritt keine Sperrzeit ein, wenn die Kündigung lediglich hingenommen wird.

Finanzielle Vergünstigung (144.20)

(2) Bei einer rechtswidrigen Kündigung mit finanziellen Vergünstigungen kann eine Beteiligung des Arbeitnehmers an der Beendigung vorliegen, wenn der Arbeitnehmer die Rechtswidrigkeit erkannt hat oder die Rechtswidrigkeit für ihn offensichtlich war. Die Beteiligung kann durch vorausgegangene Absprache oder nachträgliche Einigung (z.B. Abwicklungsvertrag) erfolgt sein. Dies ist anhand schriftlicher/mündlicher Vereinbarungen sowie des vorausgehenden/nachgehenden Verhaltens des Arbeitnehmers zu beurteilen. Dabei ist der wirkliche Geschäftswille der Vertragspartner maßgebend (vgl. BSG DBIR 4279 AFG/§ 119); ein etwa entgegengesetzter Wortlaut der Erklärungen steht einer einvernehmlichen Beendigung des Beschäftigungsverhältnisses nicht entgegen (§ 133 BGB).

(3) Ein Auflösungssachverhalt liegt nicht vor, wenn dem Arbeitslosen durch eine kompetente Stelle (z.B. Betriebs-/Personalrat, Rechtsanwalt) entweder die Rechtmäßigkeit der Kündigung versichert worden ist oder die Rechtswidrigkeit der Kündigung auch nach dieser Auskunft ungewiss geblieben ist; in dieser Situation ist ihm ein arbeitsgerichtliches Vorgehen gegen die Kündigung nicht zuzumuten. **Kenntnis der Rechtswidrigkeit (144.21) Auskunft einer kompetenten Stelle (144.22)**

Beispiel 1:
Der Arbeitslose hat nach langjähriger Beschäftigung einen Abfindungsbetrag in Höhe von 3 Monatsgehältern (15.000 EUR) entgegengenommen. Eine ausdrückliche vorausgegangene Absprache oder eine ausdrückliche nachträgliche Einigung kann nicht festgestellt werden. *Die Agentur für Arbeit* hat festgestellt, dass die Kündigung rechtswidrig ist, weil sie wegen grober Fehlerhaftigkeit der Auswahl des Arbeitnehmers sozial ungerechtfertigt war.
Eine Sperrzeit tritt nicht ein, da die Kündigung lediglich hingenommen wurde; es liegt keine Beteiligung und somit kein Auflösungssachverhalt vor.

Beispiel 2:
Der Arbeitslose (50 Jahre; verheiratet, 3 Kinder) hat nach langjähriger Beschäftigung einen Abfindungsbetrag in Höhe von 12 Monatsgehältern (35.000 EUR) entgegengenommen. Eine ausdrückliche vorausgegangene Absprache kann festgestellt werden. Der Arbeitslose trägt vor, dass er aufgrund entsprechender Auskünfte des Betriebsrates von einer rechtmäßigen Kündigung ausgegangen sei. Der Betriebsrat bestätigt das Vorbringen des Arbeitslosen. Die Beratung fand anlässlich einer persönlichen Vorsprache des Arbeitslosen statt. Die Kündigung erweist sich als rechtswidrig, weil die auf einer tarifvertraglichen Übergangsregelung beruhende längere Kündigungsfrist nicht eingehalten war.
Ein Auflösungssachverhalt liegt nicht vor, weil der Arbeitslose nach der Vorsprache beim Betriebsrat begründet von der Rechtmäßigkeit der Kündigung ausgehen durfte. Er ist gerade nicht untätig geblieben, sondern ist der Frage nachgegangen, ob die Kündigung rechtmäßig war.

(4) Folgende Beteiligungssachverhalte sind zu beachten: **Beteiligung (144.23)**

a) Der Arbeitnehmer beteiligt sich an der Beendigung, indem er eine schriftliche oder mündliche Vereinbarung über eine noch auszusprechende Arbeitgeberkündigung schließt. Bei der Beurteilung, ob eine Beteiligung des Arbeitnehmers vorliegt, kommt es auf den Wortlaut und die Form der Vereinbarung nicht an, entscheidend ist der Erklärungswille der Arbeitsvertragsparteien. **Vorausgegangene Absprache (144.24)**

Eine vorausgegangene Absprache liegt auch vor, wenn die Vereinbarung erst nach der Beendigung – z.B. in einem Abwicklungsvertrag – festgehalten wird. **Nachträgliche Einigung mit vorheriger Absprache (144.25)**

Insbesondere ein Arbeitgeber, der Interesse an der Wahrung des Betriebsfriedens hat und Kündigungsschutzklagen möglichst vorbeugen will oder nach dessen Unternehmensphilosophie gerade langjährig beschäftigte Mitarbeiter nicht gegen ihren Willen, sondern nur freiwillig ausscheiden sollen, wird die Kündigung nicht ohne vorherige Beteiligung des Arbeitnehmers und Zusage finanzieller Vergünstigungen für den Bestand der Kündigung aussprechen. Nach dem tatsächlichen Geschehensablauf wird in einem Abwicklungsvertrag o. Ä. die vor der Kündigung geschlossene Vereinbarung – u.U. hinsichtlich der genauen Abfindungssumme präzisiert – lediglich schriftlich niedergelegt. Das gilt auch, wenn Leistungen für den Fall des Ausscheidens einer bestimmten Arbeitnehmergruppe, z.B. aller Arbeitnehmer eines Jahrganges, in einer Betriebsvereinbarung festgeschrieben sind.

b) Nach einer rechtswidrigen Arbeitgeberkündigung kann der Arbeitslose durch eine nachträgliche Vereinbarung (z.B. einen »Abwicklungsvertrag«) das Beschäftigungsverhältnis gelöst haben. Solche Verträge können insbesondere die Zahlung einer Abfindung für den Verzicht auf die Geltendmachung der Rechtswidrigkeit der Kündigung zum Inhalt haben.

Nachträgliche Einigung (144.26)

Eine nachträgliche Einigung durch arbeitsgerichtlichen Vergleich löst in aller Regel keine Sperrzeit aus, da der Arbeitslose nach aller Erfahrung nicht mehr die Möglichkeit hat, eine Fortsetzung des Beschäftigungsverhältnisses und damit eine Beendigung seiner Arbeitslosigkeit durchzusetzen. Wurde der Weg über eine rechtswidrige Arbeitgeberkündigung mit anschließender Klage vor dem Arbeitsgericht einvernehmlich mit dem Ziel beschritten, durch einen arbeitsgerichtlichen Vergleich den Eintritt einer Sperrzeit zu verhindern, handelt es sich um eine vorausgegangene Absprache.

Arbeitsgerichtlicher Vergleich (144.27)

2.3 Beendigung durch Aufhebungsvertrag

(1) Ein ausdrücklicher Aufhebungsvertrag beendet stets das Arbeitsverhältnis und damit auch das Beschäftigungsverhältnis i.S. des § 144 Abs. 1 Nr. 1 unmittelbar. Daneben kann er weitere Vereinbarungen enthalten, die mit der Beendigung des Arbeits-/Beschäftigungsverhältnisses in Zusammenhang stehen, z.B. zur Inanspruchnahme oder Abgeltung von Resturlaubsansprüchen, zur Rückgabe von Arbeitgebereigentum oder zur Gewährung einer Abfindung u.a.; diese sind jedoch für die Sperrzeitfrage unerheblich.

Aufhebungsvertrag (144.28)

(2) Ob das Arbeits-/Beschäftigungsverhältnis auch durch rechtmäßige Kündigung beendet werden konnte, ist für die Entscheidung über das Vorliegen eines Auflösungssachverhaltes bei abgeschlossenen Verträgen unerheblich; entscheidend ist allein, dass der Aufhebungsvertrag gegen den Willen des Arbeitslosen nicht zustande kommen konnte; darin liegt die freiwillige Arbeitsaufgabe i.S. der Sperrzeitvorschrift. Ein Auflösungssachverhalt liegt auch vor, wenn das Arbeitsverhältnis mit rechtmäßiger Kündigung durch den Arbeitgeber hätte beendet werden können und der Aufhebungsvertrag nicht von der Zusage/Gewährung einer Abfindung begleitet wird.

Auflösungssachverhalt bei Aufhebungsverträgen (144.29)

8. Wichtiger Grund

8.1 Grundsätze

(1) Wichtig sind alle objektiven Gründe, die es für den Arbeitslosen unter Berücksichtigung aller Umstände des Einzelfalles und unter Abwägung seiner Interessen mit denen der Gesamtheit der Beitragszahler unzumutbar erscheinen lassen, einen Sperrzeitsachverhalt zu vermeiden; der Arbeitslose braucht sie weder zu kennen noch anzuführen.

Interessenabwägung – wichtiger Grund (144.46)

(2) Ein wichtiger Grund ist von Amts wegen zu prüfen. Ist dies nicht möglich, weil die Gründe in der Sphäre oder im Verantwortungsbereich des Arbeitslosen liegen (z.B. behauptete Glaubens- und Gewissensgründe oder religiös-weltanschauliche Bindungen; vom Arbeitslosen verschuldete Nichterweislichkeiten), trifft den Arbeitslosen die Nachweispflicht.

Beweislastumkehr (144.47)

(3) Ein wichtiger Grund liegt nicht vor, wenn der Arbeitslose irrigerweise Umstände als gegeben angesehen hat, die als wichtiger Grund zu werten wären, oder tatsächlich richtig erkannte Umstände fehlerhaft als wichtigen Grund bewertet hat. Ggf. ist jedoch das Vorliegen einer besonderen Härte zu prüfen, vgl. DA 10.1.

Irrtum des Arbeitslosen – wichtiger Grund (144.48)

(4) Ein an sich vorliegender wichtiger Grund kann nur anerkannt werden, wenn zeitliche Übereinstimmung mit dem Ereignis besteht, das als Sperrzeitsachverhalt zu werten ist.

Anerkennung des wichtigen Grundes (144.49)

(5) Ein wichtiger Grund kann nur anerkannt werden, wenn der Arbeitslose erfolglos einen zumutbaren Versuch unternommen hat, den ihm bekannten Grund zu beseitigen oder feststeht, dass ein unterlassener zumutbarer Versuch zur Beseitigung des Grundes erfolglos geblieben wäre.

Beseitigung des Grundes (144.50)

Beispiel 1:
Bei Aufgabe einer Vollzeitbeschäftigung mit Teilzeitverfügbarkeit wegen anerkennenswerter Bindung kann ein wichtiger Grund nicht anerkannt werden, wenn die bisherige Beschäftigung in Teilzeitform weitergeführt werden konnte. Eine Sperrzeit tritt dagegen nicht ein, wenn ein Versuch zur Erlangung einer Teilzeitbeschäftigung unterblieben ist, aber erfolglos gewesen wäre.

Beispiel 2:
Der Arbeitslose hat wegen schlechten Betriebsklimas gekündigt. Später stellt sich objektiv fehlendes Leistungsvermögen heraus. Vom Arbeitslosen kann ein Versuch zur Umsetzung auf einen leistungsgerechten Arbeitsplatz nicht verlangt werden, weil er den wichtigen Grund nicht kannte.

(6) Der Umfang und die Dauer erfolgloser Bemühungen um einen Anschlussarbeitsplatz sind bei der Prüfung des wichtigen Grundes zu berücksichtigen.

(7) Die Zumutbarkeitsregeln sind grundsätzlich auch auf Arbeitsverhältnisse anzuwenden, die gem. §§ 260 ff. (ABM), 272 ff. SGB III (Strukturanpassungsmaßnahmen) gefördert werden. Lehnt der Arbeitslose ein Arbeitsangebot mit der Begründung ab, es würde nicht das volle Arbeitsentgelt einer vergleichbaren ungeförderten Beschäftigung gezahlt, ist die Zumutbarkeit nach der jeweiligen Fallkonstellation zu beurteilen:

Ablehnung von ABM u.ä. Arbeitsangeboten (§§ 272, 426) (144.51)

1. Erfasst ein Tarifvertrag ausdrücklich auch diese geförderten Arbeitsverhältnisse, sind die Arbeitsentgelte nach § 121 Abs. 3 (DA 8.2 Nr. 2) zu beachten.
2. Schließt ein Tarifvertrag die geförderten Arbeitsverhältnisse ausdrücklich aus, kann auch ein geringeres als das Arbeitsentgelt einer vergleichbaren Beschäftigung für ungeförderte Tätigkeiten vor dem Hintergrund des gesetzlichen Rahmens als üblich angesehen werden.

3. In den übrigen Fällen sind die Umstände des Einzelfalles, d.h. die Anwendung eines Tarifvertrages durch den Maßnahmeträger, maßgebend. Wird keine tarifvertragliche Regelung angewandt, muss sich der Arbeitslose auf das übliche Entgelt verweisen lassen.

(8) Meldet sich der Arbeitslose nach Beendigung seiner Beschäftigung in Altersteilzeit arbeitslos, anstatt planmäßig Altersrente zu beziehen, liegt nur ein wichtiger Grund für die Beendigung des Beschäftigungsverhältnisses vor, nicht jedoch für das Herbeiführen der Arbeitslosigkeit. **Altersteilzeit (144.52)**

8.2 Wichtige Gründe, die in der Beschäftigung liegen

Ein wichtiger Grund liegt vor, wenn die Beschäftigung unzumutbar ist, weil **Unzumutbare Beschäftigung (144.53)**

1. die vom Arbeitnehmer erwartete oder verlangte Arbeit gegen gesetzliche Bestimmungen, z.B. Arbeitsschutzvorschriften, oder sonstige bindende Bestimmungen über Arbeitsbedingungen (z.B. den anzuwendenden Tarifvertrag), oder die guten Sitten verstoßen würde; in Fällen ohne beidseitige Tarifbindung liegt bei Arbeitsaufgabe ein wichtiger Grund nicht allein deshalb vor, weil dem Arbeitnehmer nicht das tarifliche Entgelt gezahlt worden ist, wenn das Beschäftigungsverhältnis in Kenntnis untertariflicher Bezahlung begründet worden ist, **Gesetzwidrige/ tarifwidrige/ sittenwidrige Beschäftigung (144.54)**
2. für die Arbeit nicht das tarifliche oder, soweit eine tarifliche Regelung nicht besteht, das bei vergleichbarer Beschäftigung übliche Arbeitsentgelt gezahlt wird, **Untertarifliche Bezahlung (144.55)**
3. der Arbeitnehmer berechtigt war, das Arbeitsverhältnis fristgerecht oder aus wichtigem Grund außerordentlich zu beenden, **Kündigungsrecht des AN (144.56)**
4. die Beschäftigung im Aussiedlungsgebiet wegen Spätaussiedlung aufgegeben wurde, **Spätaussiedler (144.57)**
5. Prostituierte ihr Beschäftigungsverhältnis beenden, um eine solche Tätigkeit nicht mehr auszuüben. **Prostituierte (144.58)**

8.3 Wichtige Gründe, die in der Person liegen

(1) Ein wichtiger Grund liegt in der Regel vor, wenn

1. psychischer Druck oder Mobbing am Arbeitsplatz konkret festgestellt worden ist bzw. sexuelle Belästigung aktenkundig gemacht wird (Verfahren s. DA 11.1), **Psychischer Druck, Mobbing, sexuelle Belästigung (144.59)**
2. die Arbeit dem Arbeitslosen nach seinem körperlichen oder geistigen Leistungsvermögen nicht zugemutet werden kann, **Fehlendes Leistungsvermögen (144.60)**

3. eine doppelte Haushaltsführung erforderlich wird und infolgedessen die weitere Versorgung der Angehörigen des Arbeitslosen wirtschaftlich nicht hinreichend gesichert oder in anderer Hinsicht besonders gefährdet ist; bei Arbeitsstellen im Ausland sind Pendelmöglichkeiten besonders zu berücksichtigen, **Auswärtige Arbeit (144.61)**

4. eine Ausbildungsstelle oder berufsvorbereitende Maßnahme durch den Auszubildenden wegen fehlender Eignung oder nach den Vorstellungen des Auszubildenden fehlender bestimmter Ausbildungsinhalte aufgegeben oder abgelehnt wird, **Bildung (144.62)**

5. eine Arbeit zu Zwecken beruflicher Bildung, die neben seiner Beschäftigung nicht möglich ist, aufgegeben wird, **Arbeitsaufgabe wegen Bildung (144.63)**

6. die Teilnahme an einer beruflichen Eingliederungsmaßnahme wegen unzumutbar hoher Eigenbeteiligung an den Maßnahmekosten (über 15,00 EUR mtl.) abgelehnt wird; mittelbar entstehende Aufwendungen bleiben unberücksichtigt (z.B. Kinderbetreuungskosten), **Eigenbeteiligung (144.64)**

7. die durch das Grundgesetz geschützte persönliche Sphäre des Arbeitslosen verletzt wird, z.B. durch einen aufgezwungenen unauflösbaren Gewissenskonflikt oder bei einem Scheitern von Einstellungsverhandlungen wegen des berechtigten Rückzuges des Arbeitslosen auf seine Persönlichkeitssphäre (z.B. Grundrecht der Religionsfreiheit, Einzelfälle vgl. z.B. DBIR 2574a, 3135, 3267a, 3333 AFG/§ 119). **Persönlichkeitssphäre (144.65)** **Gewissenskonflikte (144.66)**

(2) Das Alter eines Arbeitslosen, die Zusage einer Entlassungsentschädigung, das Vorliegen der Voraussetzungen des § 428 SGB oder die Erhaltung des Arbeitsplatzes eines jüngeren Arbeitnehmers sind allein kein wichtiger Grund i.S. des § 144 SGB. Ein wichtiger Grund für die Arbeitsaufgabe eines älteren Arbeitnehmers (im Zusammenhang mit Freisetzungen nach Art. 56 § 2 Montanunionvertrag ab 52 Jahren) ist jedoch dann anzunehmen, wenn ein größerer Betrieb in krisenhafter Situation zu einem kurzfristigen, drastischen Personalabbau (20 v.H. des Personals innerhalb von rd. 3 Monaten mit kürzestmöglicher Kündigungsfrist) gezwungen ist und die deshalb drohende Arbeitslosigkeit durch den örtlichen Arbeitsmarkt kurzfristig nicht aufgefangen werden kann (vgl. BSG DBIR 3208, 2438a, 3578 AFG/§ 119). **Wichtiger Grund – bei älteren Arbeitnehmern (144.67)**

(3) Eine drohende Änderungskündigung mit dem Ziel, die Beschäftigung an einem anderen Ort fortzusetzen, begründet für sich allein nicht das Vorliegen eines wichtigen Grundes. **Änderung des Beschäftigungsortes (144.68)**

Ein wichtiger Grund liegt hingegen vor, wenn mit der Änderungskündigung – abgesehen von der Änderung des Beschäftigungsortes – für den Arbeitnehmer ungünstigere Arbeitsbedingungen verbunden sind oder dem Arbeitnehmer aus besonderen Gründen die Beschäftigung am neuen Ort nicht zuzumuten ist (z.B. wegen nicht unerheblicher wirtschaftlicher Einbußen oder wegen einer Gefährdung der ehelichen Lebens- oder der Erziehungsgemeinschaft bzw. des Kindeswohls, auch bei nur vorübergehender getrennter Haushaltsführung).

(4) Ein wichtiger Grund kann auch vorliegen, wenn ein Arbeitnehmer sein Beschäftigungsverhältnis löst,

Begründung/ Wiederherstellung der Ehe- oder Erziehungsgemeinschaft/eingetragenen Lebenspartnerschaft (144.69)

1. weil er zur Begründung oder – bei dauernd getrennt lebenden Ehegatten/Partnern in eingetragener Lebenspartnerschaft – zur Wiederherstellung der ehelichen Gemeinschaft/ Lebenspartnerschaft zu seinem Ehegatten/Partner in eingetragener Lebenspartnerschaft ziehen will (dasselbe gilt, wenn die Eheschließung/Eintragung der Lebenspartnerschaft zum Zeitpunkt der Kündigung bzw. des Aufhebungsvertrages bis zur Beendigung des Arbeitsverhältnisses oder unmittelbar danach konkret ins Auge gefasst war), oder
2. um mit seinem Partner und dem gemeinsamen Kind die Erziehungsgemeinschaft (wieder)herzustellen und dies zu dem konkreten Zeitpunkt im Interesse des Kindes nahe liegt, oder

Aufgabe der getrennten Haushaltsführung (144.70)

3. um eine nicht auf Dauer angelegte getrennte Haushaltsführung aufzugeben, deren Fortsetzung dem Arbeitnehmer nach § 121 Abs. 5 SGB III nicht zumutbar ist (DA 4 Abs. 1 und Abs. 2 zu § 121 gelten entsprechend), oder

Nichteheliche Lebensgemeinschaft (144.71)

4. um eine nichteheliche Lebensgemeinschaft fortzusetzen; bei der Beurteilung des Bestehens einer nichtehelichen Lebensgemeinschaft ist ein strenger Maßstab anzulegen (vgl. auch DA 2 zu § 193), *und*

der Arbeitnehmer zumutbare Anstrengungen unternommen hat, den Versicherungsfall zu vermeiden oder so weit wie möglich hinauszuschieben.

Beispiel:
Ein wichtiger Grund liegt nicht vor, wenn der Arbeitnehmer fristgerecht zum 31. März (Kündigung zum Quartalsende) kündigen kann, wegen der Eheschließung am 18. Mai und des Zuzugs zum Ehegatten aber eine einvernehmliche Lösung des Arbeitsverhältnisses zum 17. Mai möglich gewesen wäre.

Zumutbare Anstrengungen (144.72)

Zu den zumutbaren Anstrengungen zählt auch, dass der Arbeitnehmer *der Agentur für Arbeit* frühzeitig einen Vermittlungsauftrag erteilt hat oder frühzeitige Eigenbemühungen nachweisen kann.

8.3.1 Wichtiger Grund bei einvernehmlicher Beendigung

Aufhebungsvertrag statt Kündigung (144.73)

(1) Hat der Arbeitslose das Beschäftigungsverhältnis einseitig oder einvernehmlich beendet, weil gerade ihm *andernfalls* eine arbeitgeberseitige Kündigung drohte, liegt allein darin kein wichtiger Grund für die Arbeitsaufgabe. Der Arbeitnehmer war grundsätzlich gehalten, eine Kündigung des Arbeitgebers abzuwarten. Nur unter besonderen Umständen durfte der Arbeitslose einer arbeitgeberseitigen Kündigung aus wichtigem Grund zuvorkommen. Dies ist anzunehmen, wenn

Drohende Kündigung (144.74)

1. eine Kündigung durch den Arbeitgeber mit Bestimmtheit in Aussicht gestellt worden ist, ohne dass der Arbeitslose hierzu durch ein arbeitsvertragswidriges Verhalten Anlass gegeben hat,

2. diese Kündigung zu demselben Zeitpunkt, zu dem das Beschäftigungsverhältnis geendet hat, wirksam geworden wäre,

Derselbe Zeitpunkt (144.75)

3. diese Kündigung arbeitsrechtlich zulässig gewesen wäre, z.B. auch als fristgebundene Kündigung aus wichtigem Grund oder aufgrund einer tariflichen Öffnungsklausel bei unkündbaren Arbeitnehmern; die arbeitsrechtliche Zulässigkeit schließt die soziale Rechtfertigung (§ 1 KSchG) und den Zeitpunkt der Beendigung des Beschäftigungsverhältnisses ein,

Arbeitsrechtliche Zulässigkeit (144.76)

und

4. dem Arbeitslosen nicht zuzumuten war, die arbeitgeberseitige Kündigung abzuwarten; das ist der Fall, wenn er

Nachteile einer Kündigung (144.77)

a) objektive Nachteile aus einer arbeitgeberseitigen Kündigung für sein berufliches Fortkommen vermieden hat; darauf kann sich jedenfalls der Arbeitslose, der das 58. Lebensjahr vollendet und eine Vorruhestandsregelung in Anspruch genommen oder eine nach Höhe und Zuschnitt vergleichbare Abfindung erhalten bzw. zu beanspruchen hat, nur in besonders begründeten Einzelfällen berufen; oder

Berufliches Fortkommen (144.78)

b) sonstige gleich gewichtige Gründe darlegt, aus denen er objektiv Nachteile aus einer arbeitgeberseitigen Kündigung befürchten musste.

Andere gravierende Nachteile (144.79)

Der Arbeitslose hat die vermiedenen Nachteile nach den Nummern 4a) und 4b) zur Überzeugung der Agentur für Arbeit darzulegen; ist ihm dies nicht möglich, können diese Nachteile nicht zur Anerkennung eines wichtigen Grundes führen.

Beispiel 1:

Der Arbeitslose hat das Beschäftigungsverhältnis durch Aufhebungsvertrag vom 12. Dezember zum 31. Dezember gelöst. Die arbeitgeberseitig maßgebende Kündigungsfrist beträgt sechs Wochen zum Vierteljahresschluss.

Ein wichtiger Grund liegt schon deshalb nicht vor, weil eine mit Bestimmtheit in Aussicht gestellte arbeitgeberseitige Kündigung erst zum 31. März möglich gewesen wäre.

Beispiel 2:

Der Arbeitslose hat Eigentum des Arbeitgebers entwendet. Eine vom Arbeitgeber angekündigte fristgemäße Beendigung des Arbeitsverhältnisses kann der Arbeitslose durch Abschluss eines Aufhebungsvertrages zum gleichen Zeitpunkt vermeiden.

Ein wichtiger Grund liegt nicht vor, weil der Arbeitslose durch ein arbeitsvertragswidriges Verhalten Anlass zu der drohenden Kündigung gegeben hat.

Beispiel 3:

Der Arbeitgeber erklärt, er sei wegen der ungünstigen wirtschaftlichen Lage des Unternehmens gezwungen, das Arbeitsverhältnis mit dem an sich tarifvertraglich nicht mehr kündbaren Arbeitnehmer zu lösen. Er sei dazu bei Zahlung einer Abfindung berechtigt, weil er den Betrieb stilllegen wolle. Daraufhin löst der Arbeitnehmer das Beschäftigungsverhältnis durch Aufhebungsvertrag unter Einhaltung der ordentlichen Kündigungsfrist auf.

Ein wichtiger Grund für die Arbeitsaufgabe liegt vor, wenn nach der verständigen Bewertung des Arbeitslosen arbeitsrechtliche Gründe einer Kündigung des Arbeitgebers nicht im Wege gestanden hätten. Davon kann allerdings nicht ausgegangen werden, wenn Informationen verfügbar waren, aus denen der Arbeitslose Gegenteiliges ohne besondere Schwierigkeiten entnehmen konnte (z.B. Aushänge des Betriebsrates, Informationen aus einer Betriebsversammlung).

Beispiel 4:
Das Arbeits-/Beschäftigungsverhältnis ist zwar einvernehmlich, aber nicht durch Aufhebungsvertrag, sondern durch arbeitgeberseitige Kündigung beendet worden. Der Arbeitgeber bescheinigt das Vorliegen der Voraussetzungen nach DA 8.3.1 Abs. 1 Satz 4. Ein wichtiger Grund kann sich nur aus DA 8.3.1 Abs. 2 ergeben. DA 8.3.1 Abs. 1 ist nicht zu prüfen, weil kein Aufhebungsvertrag geschlossen wurde.

Beispiel 5:
Mit allen Arbeitnehmern ab 58 Jahren ist das Arbeits-/Beschäftigungsverhältnis beendet worden. In dem zu entscheidenden Einzelfall ist ein Aufhebungsvertrag geschlossen worden. Der Arbeitgeber bescheinigt das Vorliegen der Voraussetzungen nach DA 8.3.1 Abs. 1 Satz 4.
War dem Arbeitslosen nicht zuzumuten, die arbeitgeberseitige Kündigung abzuwarten, liegt ein wichtiger Grund dennoch nur vor, wenn die drohende Kündigung arbeitsrechtlich zulässig gewesen wäre; der Prüfung der sozialen Rechtfertigung dieser hypothetischen Kündigung wird bei der Sachverhaltsaufklärung besondere Bedeutung zukommen. Dies ist nach DA 2.0.1 Abs. 4 zu prüfen.

Beispiel 6:
Das Arbeits-/Beschäftigungsverhältnis ist durch Aufhebungsvertrag mit dem 59jährigen Arbeitslosen beendet worden. Der Arbeitgeber bescheinigt die Voraussetzungen der DA 8.3.1 Abs. 1 Satz 4. Der Arbeitslose erhält bis zu dem Tag, an dem er die Voraussetzungen zum Bezuge einer Rente wegen Alters erfüllt, einen monatlichen Aufstockungsbetrag zum Alg.
Ein wichtiger Grund ist nur anzuerkennen, wenn der Arbeitslose *zur Überzeugung der A.A. darlegt*, aus welchen Gründen er Nachteile aus einer arbeitgeberseitigen *betriebsbedingten* Kündigung befürchten musste. Insbesondere im Hinblick auf sein Lebensalter und seine beruflichen Perspektiven kann er sich im Regelfall nicht auf Nachteile für sein berufliches Fortkommen berufen. Ein besonders begründeter Einzelfall kann aber z.B. angenommen werden, wenn der Arbeitslose darlegt, dass er im Hinblick auf seine finanziellen Verpflichtungen, etwa gegenüber unterhaltsberechtigten Kindern, trotz der zugestandenen Abfindung auf eine neue Beschäftigung angewiesen ist.

Schwerbehinderte Menschen (144.80)

(2) Hat ein schwerbehinderter Mensch das Beschäftigungsverhältnis durch Aufhebungsvertrag beendet, kann ein wichtiger Grund im Einzelfall angenommen werden, wenn

1. der Aufhebungsvertrag ohne Einschaltung des Integrationsamtes geschlossen wurde und eine Zustimmung zur Kündigung nach § 89 SGB IX zu erwarten war, sofern durch den Aufhebungsvertrag das Beschäftigungsverhältnis zum Zeitpunkt der voraussichtlichen Wirksamkeit einer arbeitgeberseitigen Kündigung mit Zustimmung des Integrationsamtes beendet wurde (§§ 86, 88 Abs. 1 SGB IX) *oder*
2. der Aufhebungsvertrag auf Anraten des Integrationsamtes geschlossen wurde (§ 87 Abs. 3 SGB IX), soweit nach der verständigen Bewertung des Arbeitslosen das Bestehen auf Weiterbeschäftigung letztlich doch eine Zustimmung des Integrationsamtes zur Kündigung oder erheblichen psychischen Druck im weiteren Verlauf des Beschäftigungsverhältnisses zur Folge gehabt hätte.

Erziehungsurlaub (144.81)

(3) Diese Regelung ist auf rechtswidrige Kündigungen nach § 18 BErzGG sinngemäß anzuwenden.

Liegt der Beendigung des Beschäftigungsverhältnisses ein arbeitsvertragswidriges Verhalten zugrunde, kann ein wichtiger Grund nicht auf die o. a. Sachverhalte gestützt werden.

(4) Arbeitnehmer, die einen Aufhebungsvertrag geschlossen haben, um im Rahmen einer Sozialplanmaßnahme aus einem (unbefristeten) Beschäftigungsverhältnis in ein (befristetes) Beschäftigungsverhältnis bei einer betriebsorganisatorisch eigenständigen Einheit (BEE) zu wechseln, haben hierfür grundsätzlich einen wichtigen Grund, wenn durch die Folgebeschäftigung die Arbeitslosigkeit, die bei einer an Stelle des Aufhebungsvertrages andernfalls ausgesprochenen Kündigung zu einem späteren Zeitpunkt eingetreten wäre, hinausgeschoben wird und sie sich in der BEE, beruflich qualifizieren. **Transfergesellschaft (144.81a)**

Ein weiteres Argument für den Abwicklungsvertrag und gegen den Aufhebungsvertrag stellt die gegenwärtige Regelung in Ziffer 144.73 Abs. 1 der Durchführungsanweisung dar, die insoweit mit Ziffer 144.12 im Einklang steht. Die reine Hinnahme einer Kündigung kann nicht zum Eintritt einer Sperrzeit führen. Durch den Abschluss des Abwicklungsvertrags wird die Kündigung hingenommen. Ein ausdrücklicher Aufhebungsvertrag beendet stets das Arbeitsverhältnis.[44]

40 Unter 144.13 Satz 2 der DA zu § 144 SGB III hat die BA jetzt neu geregelt, in den Fällen des § 1a KSchG sei, außer bei offensichtlich rechtswidrigen Kündigungen, keine Sperrzeit anzuordnen.[45]

41 Welche Schlussfolgerungen sind bei einem Leistungsvergleich zwischen Aufhebungs- und Abwicklungsvertrag auf Basis der Durchführungsanweisungen zu ziehen?

- Aufhebungs-/Auflösungsvertrag führen zur Sperrzeit, 144.28, 144.29.
- Bei Beteiligung an **rechtswidriger** Arbeitgeberkündigung mit finanzieller Vergünstigung kann Auflösungssachverhalt vorliegen, 144.20.
- Kein Auflösungssachverhalt, wenn Beschäftigungsverhältnis durch rechtmäßige Kündigung und Zahlung einer Abfindung gelöst wurde, 144.13.
- Kein Auflösungssachverhalt, bei bloßer Hinnahme der Kündigungserklärung des Arbeitgebers 144.12.
- Beteiligung des Arbeitnehmers durch »Lösen« wegen einer mit finanziellen Vergünstigungen verbundenen rechtswidrigen Kündigung möglich, 144.20.
- Auflösungssachverhalt gegeben, wenn Vorfeldabsprache vor Arbeitgeberkündigung getroffen, 144.24, 144.25.
- Außergerichtliche Abwicklungsverträge können bei Zahlung einer Abfindung wegen rechtswidriger Arbeitgeberkündigung einen Auflösungssachverhalt bilden, 144.20.
- Gerichtliche Abwicklungsverträge lösen in aller Regel keine Sperrzeit aus, 144.24, 144.27.
- Nachträgliche Vereinbarungen ohne eine der Kündigung vorausgegangene Absprache können ausdrücklich oder stillschweigend geschlossen werden und bilden dann keinen Auflösungssachverhalt, wenn der Arbeitslose die Rechtswidrigkeit der Kündigung nicht erkannt hat oder nicht erkennen konnte, beispielsweise weil eine kompetente Stelle die Rechtmäßigkeit der Kündigung versichert hat oder die Rechtswidrigkeit offen blieb, 144.21, 144,22.

Eine abschließende Definition, wer als kompetente Stelle im Sinne der Dienstanweisung anzusehen ist, hat die Bundesagentur für Arbeit nicht vorgenommen. Dem in der Dienstanweisung gebildeten Beispielsfall kann man entnehmen, dass der Betriebsrat, Gewerkschaftsbüros und Rechtsanwälte als kompetente Stelle anzusehen sind.[46] Ein Richter der Zivilgerichtsbarkeit ist keine »kompetente

44 Durchführungsanweisung 144.28.
45 Nr. 2.2.2 DA zu § 144 SGB III, 144.13; siehe auch *Bauer/Krieger*, NZA 2004, 640.
46 Ebenso *Kunz*, in: *Berscheid/Kunz/Brand*, Praxis ArbR, Teil 4 Rn 62.

Stelle« im Sinne der Durchführungsanweisung. Für die gleich gelagerte Problematik bei der nachträglichen Zulassung von Kündigungsschutzklagen gem. § 5 KSchG, wenn sich der Arbeitnehmer nach Zugang einer Kündigung, im entschiedenen Fall bei einer Richterin am LG, die zugleich Nachbarin war, Rat einholt, da er nicht weiß, wie er auf die Kündigung reagieren muss, hat das LAG Düsseldorf entschieden, eine Richterin am Landgericht sei nicht als zuverlässige Stelle für die Erteilung von Auskünften in arbeitsrechtlichen Angelegenheiten anzusehen.[47] Gleiches muss für einen Zivilrichter gelten, der einem Arbeitslosen gegenüber Erklärungen zur Rechtmäßigkeit oder Rechtswidrigkeit einer Kündigung abgibt.

c) Rechtsquelle 3: Das BSG-Urteil vom 09.11.1995[48]

Das BSG hat mit seinem Urteil vom 09.11.1995 die **Grundsätze von falsa demonstratio non nocet** auf den Abwicklungsvertrag übertragen. Dieses Urteil ist in die Durchführungsanweisungen der BA seit 1996 eingearbeitet.[49] Im vom BSG am 09.11.1995 entschiedenen Fall hatten Arbeitgeber und Arbeitnehmer einen Abwicklungsvertrag geschlossen, tatsächlich aber vor Ausspruch der Kündigung eine Absprache über den später zu schließenden »Abwicklungsvertrag« getroffen (sog. **Vorfeldabsprache**). Für das BSG war der von den Parteien geschlossene Vertrag bei inhaltlicher Betrachtung, obwohl er als Abwicklungsvertrag bezeichnet wurde, ein **Aufhebungsvertrag**, weil der in der vorherigen Absprache zum Ausdruck gekommene Parteiwille maßgeblich gewesen war. Die Vorfeldabsprache war im Hinblick darauf getroffen worden, dass der Arbeitgeber sich bereit erklärt hatte, dem Mitarbeiter bei Hinnahme der Kündigung sofort ein betriebliches Ruhegeld und außerdem bis zur Vollendung des 60. Lebensjahres weitere finanzielle Vergünstigungen zu gewähren. Schließlich bestand der Verdacht, dass die Kündigungsschreiben zurückdatiert waren, so dass der Senat schließlich die Sache an das zuständige Landessozialgericht zurückverwies.[50] Dort nahm laut einer bei der Geschäftsstelle eingeholten Auskunft der Kläger die Klage zurück, so dass die tatsächlichen Hintergründe der Entscheidung des BSG nie aufgeklärt wurden. 42

Im Grundsatz gilt nach dieser Entscheidung, dass bei Abschluss eines Abwicklungsvertrags kein »Lösen« i.S.v. § 144 Abs. 1 Nr. 1 SGB III vorliegt. Nur dann, wenn ein Arbeitnehmer eine offensichtlich rechtswidrige Kündigung im Hinblick auf finanzielle Vergünstigungen hinnimmt, soll es keine Rolle spielen, ob ein Aufhebungs- oder ein Abwicklungsvertrag geschlossen wurde.[51] 43

Als solche offensichtlich rechtwidrigen Kündigungen führt die Durchführungsanweisung folgende Sachverhalte an: Die maßgebliche Kündigungsfrist wurde nicht eingehalten,[52] der Arbeitslose war nach tarif- oder einzelvertraglichen Bestimmungen nur noch aus wichtigem Grund kündbar, der Arbeitslose genoss besonderen Kündigungsschutz, die Kündigung war also nichtig nach §§ 9 MuSchG, 18 BErzGG, 85 ff. SGB IX, 15 KSchG, Kündigung von Mitgliedern des Betriebsrats, einer Jugendvertretung oder Wahlvorständen. 44

Auch nach der Einführung von § 623 BGB greifen die Grundsätze des BSG-Urteils vom 09.11.1995[53] zumindest teilweise. Wurde neben der Kündigung ein der Form des § 126 BGB entsprechender schriftlicher Abwicklungsvertrag geschlossen, der sich bei objektiver Betrachtung aufgrund von Vorfeldabsprachen zwischen Arbeitgeber und Arbeitnehmer als Aufhebungsvertrag darstellt, ist dieser entsprechend den Auslegungsmaßstäben der §§ 133, 157 BGB als Aufhebungsvertrag zu werten, der zur Lösung des Beschäftigungsverhältnisses geführt hat und infolgedessen die Bundesagentur zur Anordnung der Sperrzeit nach § 144 SGB III berechtigt. Ist der Vertrag von 45

47 LAG Düsseldorf, Beschl. v. 25.07.2002, NZA-RR 2003, 101.
48 BSG, Urt. v. 09.11.1995, BSGE 77, 48 = NZA-RR 1997, 109.
49 Durchführungsanweisung der Bundesagentur für Arbeit, 144.20.
50 *Hümmerich*, NZA 1997, 410.
51 Durchführungsanweisung 144.20.
52 Dieser Sachverhalt führt jetzt über § 143a SGB III zum Ruhen des Arbeitslosengeldanspruchs und teilweiser Abfindungsanrechnung auf Arbeitslosengeld.
53 BSG, Urt. v. 09.11.1995, BSGE 77, 48 = NZA-RR 1997, 109.

beiden Parteien unterschrieben, ist der Schriftform gem. §§ 623, 126 Abs. 2 Satz 1 BGB Genüge getan. In diesen Fällen liegt sowohl bei formaler als auch bei materiellrechtlicher Betrachtung ein formwirksamer Aufhebungsvertrag vor. Trotz formbedürftiger Erklärungen sind Umstände außerhalb der Urkunde bei der Auslegung mit zu berücksichtigen.[54] Die Lösung des Beschäftigungsverhältnisses erfolgt in gegenseitigem Einvernehmen. Die nur zum Schein ausgesprochene Kündigung des Arbeitgebers ist gem. § 117 Abs. 1 BGB nichtig.[55]

46 Soweit nach Einführung von § 623 BGB eine Umdeutung des von den Parteien so bezeichneten Abwicklungsvertrages in einen Aufhebungsvertrag aufgrund nicht eingehaltener Schriftform nicht mehr möglich ist, bedarf die Rechtsprechung des BSG zur Abgrenzung von Aufhebungs- und Abwicklungsvertrag der Ergänzung. Eine Lösung des Beschäftigungsverhältnisses durch den Arbeitnehmer liegt auch dann vor, wenn er sich im Vorfeld der arbeitgeberseitigen Kündigung gegen Zahlung einer Abfindung einen formfreien Klageverzicht hat abkaufen lassen. In diesem Falle handelt es sich bei Kündigung und Abwicklungsvertrag um ein Scheingeschäft gem. § 117 Abs. 1 BGB.

47 Die aktuelle Rechtslage steht nicht immer im Einklang mit der instanzgerichtlichen Rechtsprechung der Sozialgerichte. Mit Urteil vom 17.12.2001 hat das Landessozialgericht NRW[56] entschieden, dass es ein wichtiger Grund für die Lösung des Arbeitsverhältnisses i.S.v. § 144 Abs. 1 Nr. 1 SGB III sei, wenn der Arbeitnehmer mit dem Abschluss des Aufhebungsvertrages die von vielen als Makel angesehene Kündigung vermieden und damit seine Chance auf einen neuen Arbeitsplatz verbessert habe. In dem vor dem Landessozialgericht NRW entschiedenen Fall war der Arbeitsplatz einer Mitarbeiterin betriebsbedingt weggefallen. Die Mitarbeiterin kam einer Kündigung zuvor und schloss mit ihrem Arbeitgeber einen Aufhebungsvertrag, der die Zahlung einer Abfindung vorsah. Motiv für den Abschluss des Aufhebungsvertrages war für die Mitarbeiterin einerseits die Abfindung, die bei einer Kündigung durch den Arbeitgeber nicht oder in geringerer Höhe geflossen wäre. Weiteres Motiv bildete für die Mitarbeiterin, dass mit Abschluss eines Aufhebungsvertrages aus ihrer Sicht die Chancen auf eine neue Stelle verbessert wurden. Das Landessozialgericht NRW vertritt die Auffassung, dass die Motive der Klägerin, einen Aufhebungsvertrag zu schließen und nicht eine betriebsbedingte Kündigung hinzunehmen, als wichtiger Grund für die Lösung des Beschäftigungsverhältnisses anzusehen waren

48 Das BSG[57] teilt die Auffassung des LSG NRW nicht. Ein wichtiger Grund zur Lösung des Arbeitsverhältnisses durch Lösung des Aufhebungsvertrags beurteile sich nicht danach, ob der Arbeitnehmer die angedrohte betriebsbedingte Kündigung für rechtmäßig halten dürfte, sondern danach, ob die angedrohte betriebsbedingte Kündigung objektiv rechtmäßig war.

d) Rechtsquelle 4: Die neueren BSG-Urteile zum wichtigen Grund

49 Als wichtige Gründe, die die Anwendung von § 144 SGB III ausschließen und dem Arbeitnehmer ausnahmsweise gestatten, das Arbeitsverhältnis zu lösen, sind – neben den in der Durchführungsanweisung genannten Sachverhalten[58] – folgende Umstände anerkannt: Nichtzahlung des tariflichen oder ortsüblichen Arbeitsentgelts, Nichteinhaltung von Arbeitsschutzvorschriften, Verstoß der Arbeit gegen ein Gesetz oder die guten Sitten.[59] Auch ein Wohnortwechsel kann einen wichtigen Grund darstellen, wenn zum Beispiel der Umzug zum Lebenspartner der Versorgung der Familie dient.[60] Angesichts der restriktiven Praxis der Agenturen für Arbeit bei der Gewährung von Arbeitslosengeld kann man sich aber kaum in seiner Lebensplanung darauf verlassen, dass ein dem Betroffenen noch

54 Palandt/*Heinrichs*, § 133 Rn 19.
55 *Hümmerich*, NZA 2001, 1280 (1284).
56 LSG NRW, Urt. v. 17.12.2001 – L 1 AL 21/01 (n.v.).
57 BSG, Urt. v. 25.04.2002 – B 11 100/01 R (n.v.).
58 DA Ziffer 144.46 bis 144.81a.
59 Siehe *Hümmerich*, NZA 1994, 202.
60 BSG, Urt. v. 12.11.1981, BSGE 52, 276.

so wichtig erscheinender Grund, das Arbeitsverhältnis zu lösen, eine in ihrer Wichtigkeit gleichartige Bewertung durch die Mitarbeiter der örtlichen Agenturen für Arbeit erfährt.

Auch die neueren Urteile des BSG behielten diese Differenzierung zwischen Aufhebungs- und Abwicklungsvertrag bis Dezember 2003 bei. Das BSG befasste sich in seinen neueren Entscheidungen mit der Frage, wann sich der Arbeitnehmer bei Abschluss eines Aufhebungsvertrags auf einen »wichtigen Grund« berufen könne und somit für eine Sperrzeitanordnung durch die Agentur für Arbeit kein Raum sei. 50

aa) Angedrohte Kündigung generell kein wichtiger Grund

In einem am 25.04.2002[61] ergangenen Urteil äußerte sich der 11. Senat des BSG zu den Sperrzeitvoraussetzungen bei einem durch Aufhebungsvertrag beendeten Arbeitsverhältnis. Der Senat wiederholte seinen Grundsatz, dass es keinen wichtigen Grund zur Nichtanordnung einer Sperrzeit darstelle, wenn der Arbeitnehmer dem Ausspruch einer drohenden Kündigung des Arbeitsverhältnisses zuvorkommen wolle.[62] Es bestätigt damit ein früheres Urteil des BSG,[63] wonach es grundsätzlich dem Arbeitnehmer im Interesse der Versichertengemeinschaften zuzumuten sei, die Kündigung abzuwarten und, sofern nicht besondere Umstände vorliegen. Solche besonderen Umstände könnten gegeben sein, wenn dem Arbeitnehmer eine nach Arbeitsrecht rechtmäßige Kündigung aus einem von seinem Verhalten unabhängigen Grund zu dem Zeitpunkt drohe, zu dem er das Arbeitsverhältnis löse, und er durch eine einvernehmliche Lösung des Arbeitsverhältnisses Nachteile vermeiden könne, die sich durch eine Kündigung des Arbeitgebers für sein berufliches Fortkommen ergeben. Allein in der angebotenen Zahlung einer Abfindung oder ähnlichen Leistung liege noch kein wichtiger Grund.[64] 51

bb) Angedrohte Kündigung ausnahmsweise ein wichtiger Grund

Besondere Umstände, die eine Ausnahme zuließen, spielten ebenfalls in einem am 25.04.2004 vom BSG entschiedenen Fall[65] eine Rolle. Der Senat befasste sich mit der Frage, ob es einen wichtigen Grund für die Lösung des Beschäftigungsverhältnisses durch Abschluss eines Aufhebungsvertrages darstelle, wenn der Arbeitgeber eine fristgemäße, sozial gerechtfertigte Kündigung angedroht und der Arbeitnehmer durch sein Verhalten keinen Anlass für die Kündigung gegeben habe. Hier bestand die Besonderheit, dass die Arbeitnehmerin als eine der zu kündigenden Mitarbeiterinnen in einer Namensliste (Anlage zu einem Interessenausgleich) aufgeführt war. Außerdem galt zum damaligen Zeitpunkt § 1 Abs. 5 KSchG i.d.F. des Arbeitsrechtlichen Beschäftigungsförderungsgesetzes vom 25.09.1996.[66] Diese Vorschrift galt vom 01.10.1996 bis zum 31.12.1998 und wurde mit Wirkung zum 01.01.1999 aufgehoben,[67] ist aber mit dem Gesetz zu Reformen am Arbeitsmarkt[68] ab 01.01.2004 wieder unverändert in Kraft getreten. 52

Bei der Mitarbeiterin galt auch die jetzt wieder maßgebliche Regel des § 1 Abs. 5 Satz 1 KSchG, wonach bei einer Betriebsänderung nach § 111 BetrVG vermutet wird, dass die Kündigung durch dringende betriebliche Erfordernisse i.S. des § 1 Abs. 2 KSchG bedingt ist. Da die soziale Auswahl in diesen Fällen nach § 1 Abs. 5 Satz 2 KSchG alte und neue Fassung gerichtlich nur auf grobe Fahrlässigkeit geprüft werden kann, hat der Arbeitnehmer regelmäßig keine Möglichkeit, eine betriebsbedingte Kündigung erfolgreich gerichtlich anzugreifen. 53

Streitet in diesem Sinne bei Abschluss eines Aufhebungsvertrags die Vermutung dafür, dass eine angedrohte betriebsbedingte Kündigung sozial gerechtfertigt wäre, besteht nach Auffassung 54

61 BSG, zfs 2002, 243 = AuR 2002, 239.
62 A.A. LSG Nordrhein-Westfalen, Urt. v. 17.12.2001 – L 1 AL 21/01 (n.v.).
63 BSG, DBIR Nr. 2959 zu § 119 AFG.
64 BSG, SozR 3–1500, § 144 Nr. 12 S. 25 f.
65 BSG NZA-RR 2003, 105.
66 BGBl I, 1476.
67 BGBl I, 3843.
68 BGBl 2003, 3002.

des BSG ausnahmsweise ein wichtiger Grund zur Lösung des Arbeitsverhältnisses. In diesem Falle soll es nach Meinung des BSG gleichgültig sein, ob der Arbeitnehmer die betriebsbedingte Kündigung hinnimmt wie beim Abwicklungsvertrag oder, ohne die Kündigung abzuwarten, einen Aufhebungsvertrag schließt.

cc) Angedrohte Kündigung kein wichtiger Grund

55 Am 17.10.2002 entschied das BSG über einige Aufhebungsverträge, in mehreren Entscheidungen vom gleichen Tag. Ein Teil der Urteile befasst sich mit der früheren, nahezu unverändert gebliebenen Rechtslage aus der Vorläufervorschrift des § 144 Abs. 1 Nr. 1 SGB III, also mit § 119 AFG.[69] Die meisten Entscheidungen handeln unmittelbar vom § 144 Abs. 1 Nr. 1 SGB III und verdeutlichen, dass das BSG an seiner bisherigen Rechtsprechung zu § 199 AFG uneingeschränkt festhalten will.[70] Durch die bereits jetzt bekannte Neufassung des § 144 SGB III zum 01.01.2005 ergeben sich bei der Sperrzeit durch Arbeitsaufgabe keine Änderungen.

56 In der Leitentscheidung vom 17.10.2002[71] ging es um eine Arbeitnehmerin, auf deren Arbeitsverhältnis sich die in einem Interessenausgleich einer Volks- und Raiffeisenbank vereinbarte Betriebsänderung auswirkt. 21 Mitarbeiter aus allen Abteilungen der Bank, darunter auch die Arbeitslose, waren von einer Personalreduzierung betroffen. Der Sozialplan sah Abfindungen für entlassene Mitarbeiter vor. Die Arbeitslose schloss mit der Bank einen Aufhebungsvertrag zur Vermeidung eines arbeitsgerichtlichen Rechtsstreits. Der Vereinbarung entsprechend wurde die Mitarbeiterin schon drei Monate vor Beendigung des Arbeitsverhältnisses freigestellt. Das Arbeitsamt lehnte die Gewährung von Arbeitslosengeld für den Zeitraum nach dem Ende des Arbeitsverhältnisses über die Dauer von fast drei Monaten wegen Eintritts einer Sperrzeit ab und verfügte gleichzeitig die Minderung der Anspruchsdauer um 42 Tage.

57 In den Vorinstanzen stritten die Parteien darüber, ob die Arbeitnehmerin ihrer Kündigung habe zuvorkommen dürfen. Die sich seinerzeit noch Arbeitsamt nennende Agentur war der Meinung, nur dann, wenn die Kündigung uneingeschränkt arbeitsrechtlich zulässig gewesen sei, sei die Kündigung nicht abzuwarten. Weil der Arbeitslosen dadurch objektive Nachteile für ihr berufliches Fortkommen entstanden wäre, hätte sie einen wichtigen Grund zum Abschluss eines Aufhebungsvertrags gehabt. Die Arbeitslose dagegen vertrat die Meinung, es sei nicht darauf angekommen, ob die Kündigung nach dem Kündigungsschutzgesetz zulässig gewesen wäre. Es habe genügt, dass sie die angedrohte Kündigung aus ihrer Sicht für rechtmäßig habe halten dürfen.

58 Der 7. Senat stellte klar, dass bei vertraglicher Lösung des Beschäftigungsverhältnisses (Aufhebungsvertrag) und drohender betriebsbedingter Arbeitgeberkündigung noch kein wichtiger Grund vorliege, wenn durch Vereinbarung die Lösung des Arbeitsverhältnisses zu dem Zeitpunkt erfolge, zu dem auch eine rechtmäßige Kündigung gedroht habe und gleichzeitig eine Vereinbarung über das Ende des Beschäftigungsverhältnisses durch bezahlte Freistellung bis zum Ende des Arbeitsverhältnisses getroffen werde.

59 Hervorzuheben ist jener folgenschwere Satz im Urteil des BSG: Dass der Arbeitnehmer sich nicht gegen eine ausgesprochene Kündigung wehren müsse, rechtfertige indes nicht, dass er dem Ausspruch der Kündigung durch Lösung des Arbeitsverhältnisses zuvorkomme. Es sei dem Arbeitnehmer im Interesse der Versichertengemeinschaft grundsätzlich zuzumuten, auch den Ausspruch einer für unberechtigt gehaltenen Kündigung abzuwarten, sofern nicht besondere Umstände vorliegen.[72]

69 BSG, AiB 2003, 56.
70 BSG, Urt. v. 17.10.2002 – B 7 AL 92/01 R; B 7 AL 136/01 R; B 7 AL 134/01 R (alle n.v.).
71 BSG, Urt. v. 17.10.2002 – B 7 AL 91/01 R (n.v.).
72 BSG SozSich 1984, 388.

e) Rechtsquelle 5: Das BSG-Urteil v. 18.12.2003

Gegenstand dieser Entscheidung des BSG[73] bildete ein Vertrag, den der Arbeitnehmer geschlossen hatte, obwohl die vorausgegangene, betriebsbedingte Kündigung – was im Ergebnis unaufgeklärt blieb – gegen ein Kündigungsverbot des für ihn geltenden Manteltarifvertrags verstieß. Der Manteltarifvertrag enthielt ursprünglich ein Verbot der ordentlichen Kündigung von Arbeitnehmern ab dem 55. Lebensjahr mit einer Beschäftigungszeit von mehr als 15 Jahren ohne Zustimmung des Betriebsrats. Zusätzlich wurde im »Abwicklungsvertrag« formuliert, dass das Arbeitsverhältnis durch fristgerechte, betriebsbedingte Kündigung des Arbeitgebers ein Ende gefunden habe. Nach der Feststellung des LSG hatten die Arbeitsvertragsparteien übereinstimmend den Willen gehabt, das Arbeitsverhältnis unabhängig von der Kündigung in jedem Fall zu beenden. Der 11. Senat entwickelte für diese Fallkonstellation unter Zurückweisung an das LSG eine Rechtsprechung, deren Rechtsgedanke sich wie folgt zusammenfassen lässt: 60

Zunächst einmal behauptet der Senat, zwischen den Begriffen Arbeitsverhältnis und Beschäftigungsverhältnis i.S. des § 144 SGB III bestehe ein erheblicher Unterschied. Deshalb bilde der vom Bestand eines Arbeitsverhältnisses grundsätzlich unabhängige leistungsrechtliche Begriff des Beschäftigungsverhältnisses den für den Lösungsbegriff maßgeblichen Anknüpfungspunkt. Es sei nicht allein die Rechtmäßigkeit der zur Beendigung des Arbeitsverhältnisses führenden Willenserklärungen, sondern eine Beurteilung des tatsächlichen Geschehnisablaufs für die Beantwortung der Frage von Bedeutung, ob der Arbeitnehmer das Beschäftigungsverhältnis gelöst habe. Der tatsächliche Geschehensablauf bildet mit den rechtsgeschäftlichen Erklärungen – bezogen auf die Beendigung des Arbeitsverhältnisses – eine Einheit. 61

In seiner Entscheidung bestätigt der Senat zunächst seine bisherige Rechtsprechung und die Rechtsprechung der übrigen Senate, wonach das Arbeitslosenversicherungsrecht dem Arbeitnehmer nicht die Obliegenheit auferlege, sich zur Vermeidung einer Sperrzeit gegen eine rechtswidrige Kündigung zu wehren. Die Sperrzeit wegen Arbeitsaufgabe knüpfe lediglich an ein aktives Verhalten des Arbeitnehmers an. Als bislang in der BSG-Rechtsprechung »offen geblieben« bezeichnet der Senat hingegen die Frage, ob und unter welchen Voraussetzungen eine Lösung des Beschäftigungsverhältnisses vorliege, wenn der Arbeitnehmer nach Ausspruch der Arbeitgeberkündigung mit diesem Vereinbarungen treffe, die sich auf die Folgen der Kündigung des Arbeitsverhältnisses bezögen. Durch das Urteil des Senats vom 09.11.1995[74] sei noch keine Klärung dieser Frage erfolgt. Folgenschwer wirkt der hiernach in ungelenkter Diktion entwickelte Rechtssatz, ob Vereinbarungen zwischen Arbeitgeber und Arbeitnehmer, die nach Ausspruch einer Arbeitgeberkündigung getroffen werden und die die Kündigung absichern sollen, als Lösung des Beschäftigungsverhältnisses zu behandeln sind, sei zu bejahen. Es könne bei einer Bewertung des tatsächlichen Geschehensablaufs unter Einbeziehung der zu Grunde liegenden Interessen der Beteiligten nicht zweifelhaft sein, dass der Arbeitnehmer auch durch den Abschluss eines so genannten Abwicklungsvertrags, in dem er ausdrücklich oder konkludent auf die Geltendmachung eines Kündigungsrechts (gemeint sind wohl die Rechte nach dem KSchG) verzichte, einen wesentlichen Beitrag zur Herbeiführung seiner Beschäftigungslosigkeit leiste. Dabei könne es nicht entscheidend darauf ankommen, ob eine Vereinbarung über die Hinnahme der Arbeitgeberkündigung vor oder nach dem Ausspruch getroffen werde. 62

Unter Verweis auf *Gaul*[75] behauptet der Senat, vor dem Ausspruch der Kündigung mit anschließendem Abwicklungsvertrag werde doch dem Arbeitnehmer eine entsprechende Vereinbarung stets in Aussicht gestellt. Deshalb hält er es für die Beurteilung des Gewichts des Mitwirkungsbeitrags des Arbeitnehmers nicht für ausschlaggebend, ob eine Abstimmung über die Vorgehensweise unmittelbar zwischen Arbeitgeber und Arbeitnehmer oder durch Einschaltung von Dritten (vermutlich 63

73 BSG NZA 2002, 661; hierzu *Bauer/Krieger*, NZA 2004, 640; *Boecken/Hümmerich*, DB 2004, 2046; *Heuchener/Insam*, BB 2004, 1677; *Hümmerich*, NJW 2004, 2921; *ders.*, AE 3/2004, 147.

74 BSGE 77, 48 = NZA-RR 1997, 109.

75 BB 2003, 2457 (2459).

gemeint: Anwälte oder Gewerkschaftssekretäre) erfolge, ob eine entsprechende Erwartungshaltung durch die bisherige Übung beim Arbeitgeber geweckt werde oder ob eine Vereinbarung ohne vorherige Absprache erstmals im Zeitraum nach Ausspruch der Kündigung geschlossen werde. Die Zurückweisung nahm der Senat vor, weil das LSG seiner Ansicht nach keine ausreichenden Feststellungen zum wichtigen Grund getroffen hatte.

64 Das Urteil des 11. Senats, sollte es sich nicht als bloße Ausreißentscheidung entpuppen, zielt auf eine radikale Abkehr von seiner bisherigen Rechtsprechung ab und auf eine Entwertung des Abwicklungsvertrages als einer »Handlungsform, die lediglich hinsichtlich ihrer sozialversicherungsrechtlichen Konsequenzen Vorteile bringe«. Dem Urteil haften eine Reihe von Brüchen und Widersprüchen zur eigenen Rechtsprechung und zur Rechtsprechung des 7. Senats des BSG an. Bei der Anwendbarkeit von § 144 Abs. 1 Nr. 1 SGB III soll es keine Rolle mehr spielen, ob eine Vorfeldabsprache getroffen wurde oder nicht. Es komme darauf an, ob die Parteien einen Beendigungswillen – unabhängig von der ausgesprochenen Kündigung – hätten. Bei logischer Betrachtung müsste man hieraus schließen, dass die Hinnahme einer Kündigung künftig sperrzeitauslösend wirkt, denn auch die bloße Hinnahme bedeutet faktische Akzeptanz der Kündigung und damit einen Beendigungswillen durch Duldung. Warum die Manifestation der Hinnahme einer Arbeitgeberkündigung anders zu behandeln sein soll als die – keine Sperrzeit auslösende – Hinnahme selbst, lässt sich nicht begründen.[76] Diese Konsequenz verneint der Senat allerdings, wenn er sich im Einklang sieht mit der sonstigen Rechtsprechung des BSG, wonach das Arbeitslosenversicherungsrecht dem Arbeitnehmer nicht die Obliegenheit auferlege, sich zur Vermeidung einer Sperrzeit gegen eine rechtswidrige Kündigung zu wehren.

65 Der Senat entscheidet nicht klar, ob der durch Duldung (oder vielleicht doch nur durch aktives rechtsgeschäftliches Verhalten) zum Ausdruck gekommene Beendigungswille vor oder nach der Kündigung erkennbar geworden sein muss. Für beide Sichtweisen trifft der Senat jeweils einander ausschließende Aussagen. Zudem meint er, kein Lösen des Beschäftigungsverhältnisses liege vor, wenn in einer nach Ablauf der Frist für die Erhebung der Kündigungsschutzklage (§ 4 KSchG) und ohne vorherige Absprachen oder Ankündigungen getroffenen Vereinbarungen lediglich Einzelheiten zur Beendigung des Arbeitsverhältnisses geregelt würden. Die Ausführungen des Senats finden im Gesetzestext keine Stütze.

66 Die neue Kernthese des 11. Senats kann man wie folgt umschreiben: Immer dann, wenn zwischen dem Arbeitnehmer – zugleich Empfänger einer Kündigung – und dem Arbeitgeber Einigkeit darüber besteht, das Arbeitsverhältnis zu beenden, liege ein tatsächliches »Lösen« des Beschäftigungsverhältnisses und nicht mehr nur eine bloße Hinnahme der Kündigung vor. Deshalb bedeute der Abwicklungsvertrag ein tatsächliches Lösen, wenn die Parteien Modalitäten der Beendigung einschließlich Abfindung ausgehandelt hätten. So erklärt sich, dass Abwicklungsverträge, nach Ablauf der Drei-Wochen-Frist des § 4 KSchG geschlossen, nach Ansicht des BSG keine Sperrzeit wegen Arbeitsaufgabe auslösen, denn wenn keine Kündigungsschutzklage erhoben wurde, hat der Arbeitnehmer kein Druckmittel mehr, um sich über die Hinnahme der Kündigung zu einigen.

67 Ebenso verhält es sich mit Abwicklungsverträgen als Prozessvergleiche vor dem Arbeitsgericht. Hier hat der Arbeitnehmer zu erkennen gegeben, dass er die Kündigung nicht hinnimmt und nur auf einen richterlichen Vorschlag einen Abwicklungsvertrag schließt. Konsequenterweise heißt es im Urteil des Senats deshalb, eine besondere Betrachtung könne für Vereinbarungen geboten sein, die ohne vorherige Absprache (Vorfeldabsprache) in einem arbeitsgerichtlichen Verfahren geschlossen würden, also für Abwicklungsverträge als Prozessvergleiche, »weil den Arbeitnehmer keine Obliegenheit des Arbeitslosenversicherungsrechts zur Erhebung einer Kündigungsschutzklage treffe«. Dieser Satz, so richtig er ist, müsste allerdings auch auf den Gedanken überprüft werden, warum nicht innerhalb der Drei-Wochen-Frist außergerichtlich mit den gleichen rechtlichen Folgen – unbeeinflusst durch das Risiko einer Sperrzeitanordnung – ein Abwicklungsvertrag möglich sein soll.

76 *Boecken/Hümmerich*, DB 2004, 2046.

Der Senat zwingt die Arbeitnehmer anderenfalls in zahlreiche Prozesse, die durch außergerichtliche Abwicklungsverträge bislang vermieden wurden. Dem Anliegen der Bundesregierung, die Arbeitsgerichte zu entlasten, läuft dieser Effekt erkennbar zuwider.

Auch eine weitere Ausnahme formuliert der Senat mit Blick auf das Tatbestandsmerkmal »wichtiger Grund« in § 144 Abs. 1 SGB III: Wenn sich der Arbeitnehmer bei einer Mitwirkung an der Beendigung des Beschäftigungsverhältnisses durch Abschluss eines Aufhebungsvertrages wegen einer drohenden Arbeitgeberkündigung auf einen wichtigen Grund berufen könne,[77] sofern ihm eine objektiv rechtmäßige betriebsbedingte Arbeitgeberkündigung drohe und das Abwarten der Arbeitgeberkündigung nicht zumutbar sei,[78] müsse dies dem Arbeitnehmer auch im Hinblick auf einen Abwicklungsvertrag möglich sein. Wenn es um die Frage gehe, ob eine echte oder unechte Rückwirkung eines Tarifvertrages ein früher bestehendes Kündigungsverbot ohne Zustimmung des Betriebsrats beseitigt habe oder nicht, handele es sich um eine so komplizierte Fragestellung, dass es unter Abwägung der Interessen der Versichertengemeinschaft und des Arbeitslosen unangemessen erscheine, das Risiko der zu treffenden Beurteilung der objektiven Rechtmäßigkeit der Kündigung allein dem Arbeitnehmer aufzubürden. Zwar äußert sich der Senat nur zu einer spezifischen Fallkonstellation, er zeigt damit aber zugleich auf, dass der Arbeitnehmer immer dann, wenn er in einem Abwicklungsvertrag eine ihm berechtigterweise rechtmäßig erscheinende Kündigung hinnehme, ein wichtiger Grund i.S.d. § 144 Abs. 1 SGB III zur Seite stehe, so dass eine Sperrzeit nicht angeordnet werden dürfe. Diesen Aspekt betonen auch *Bauer/Krieger*.[79] 68

Der Angriff auf den außergerichtlichen Abwicklungsvertrag erhöht nicht die Zahl der Sperrzeitanordnungen, sondern zwingt die Parteien zu alternativen Maßnahmen, zu als Anschreiben des Arbeitgebers ausgestalteten Abwicklungsverträgen, die entweder nach Ablauf der Drei-Wochen-Frist angenommen werden oder durch den Verzicht des Antragenden auf die Annahme des Antrags, auf ein § 1a Abs. 1 KSchG nachgeschneidertes Abwicklungsvertragsmodell der Zukunft. Auch zahllose, überflüssige Arbeitsgerichtsprozesse werden die Folge sein. *Bauer/Krieger*[80] werfen zu Recht die Frage auf, ob das BSG-Urteil vom 18.12.2003 »das Ende außergerichtlicher Beteiligung von Kündigungsstreitigkeiten« bedeute. 69

Das Urteil vom 18.12.2003 erscheint wegen seiner Doublebind-Argumentation noch in weiten Teilen interpretierbar. Denkbar ist, dass der Senat eine Sonderkonstellation des außergerichtlichen Abwicklungsvertrags einzufangen versuchte, bei der unglücklicherweise ein ursprüngliches tarifvertragliches Kündigungsverbot, die Ankündigung einer Einigungsbereitschaft durch den Arbeitgeber vor Kündigungsausspruch und die nachträgliche Vereinbarung einer Arbeitsverhältnisbeendigung zusammentrafen. 70

Als Folge des Urteils des BSG vom 18.12.2003 muss man klar erkennen, dass der Senat trotz der überzeugenden Begründungen von *Rolfs*[81] und der in der Vergangenheit auch vom BSG[82] und überwiegend im Schrifttum[83] vertretenen Auffassung, wonach allein die auf die rechtliche Beendigung des Beschäftigungsverhältnisses gerichtete Willenserklärung den Lösungstatbestand des § 144 SGB III erfüllt, nunmehr eine Absage erteilt hat. Spätestens dann, wenn der Arbeitnehmer mit dem Arbeitgeber im Rahmen einer Kündigung nach § 1a Abs. 2 KSchG während des Laufs der 3-Wochen-Frist Regelungen über die Rückgabe des Dienstwagens oder einer Abfindung trifft, muss er damit rechnen, dass seine Aufgabe des Beschäftigungsverhältnisses als »Lösen« im Sinne von § 144 Abs. 1 Nr. 1 SBG III gewertet wird. Der nach einer betriebs- oder personenbedingten 71

77 Zu den Fällen des wichtigen Grundes in der neueren BSG-Rspr. s. *Bauer/Hümmerich*, NZA 2003, 1076.
78 So der Fall BSG, Urt. v. 25.04.2001, NZA-RR 2003, 105.
79 NZA 2004, 640 (641).
80 NZA 2004, 640.
81 In: 50 Jahre BAG, 2004, 445.
82 BSG, Urt. v. 09.11.1995, BSGE 11,48 (51).
83 Ascheid/Preis/Schmidt/*Steinmeyer*, SozR Rn 386; Hauck/Noftz/*Valgolio*, SGB III, § 144 Rn 20; Niesel/*Brand*, SGB III, § 144 Rn 15, 28; KR/*Wolff*, § 144 SGB III Rn 11.

Kündigung ohne vorherige Absprache außergerichtlich geschlossene Abwicklungsvertrag verschont den Arbeitnehmer nicht mehr **per se** vor der Anordnung einer Sperrzeit wegen Arbeitsaufgabe, wenn die Entscheidung des BSG vom 18.12.2004 auf Dauer Bestand haben sollte.

72 Warum ein Richterprivileg beim Abwicklungsvertrag begründet sein soll, verrät der Elfte Senat nicht.[84] Hier fehlt nicht nur für die aus freier intellektueller Schöpfung gewählte Differenzierung jegliche dogmatische Verwurzelung in § 144 SGB III. Weitaus schlimmer wiegt, dass das BSG die Bemühungen der Bundesregierung, die Arbeitsgerichte zu entlasten, mit seiner Rechtsprechung konterkariert hat. Wenn der Abwicklungsvertrag als außergerichtlicher Vergleich strengeren Maßstäben unterworfen wird als der Abwicklungsvertrag in der Form des Prozessvergleichs, muss der Anwalt Arbeitnehmern vermehrt raten, Kündigungsschutzklage zu erheben. Nach der Rechtsprechung des BGH[85] hat er aus haftungsrechtlichen Gründen den sicheren Weg zu wählen. Wenn der gleiche Regelungskatalog des Abwicklungsvertrages, vor einem Arbeitsgericht geschlossen, mit höherer Wahrscheinlichkeit dazu führt, dass die Agentur für Arbeit von § 144 SBG III nicht Gebrauch macht, darf der Anwalt nicht den Weg des außergerichtlichen Abwicklungsvertrages wählen, will er sich nicht einem Anspruch auf Haftung für die Anordnung einer Sperrzeit aussetzen. Der Elfte Senat hat mit seinem Urteil daher dem allgemeinen staatlichen wie volkswirtschaftlichen Interesse, die Justiz so wenig wie möglich in Anspruch zu nehmen, keinen Dienst erwiesen. *Bauer/Krieger*[86] werfen zu Recht die Frage auf, ob das BSG-Urteil vom 18.12.2003 »das Ende der außergerichtlichen Beilegung von Kündigungsstreitigkeiten« bedeute.

73 Wägt man zwischen den vielen Nuancen in den Vor- und Nachteilen von Aufhebungs- und Abwicklungsvertrag als Gestaltungsmittel der Beendigung von Arbeitsverhältnissen ab, so lässt sich der sichere Schluss ziehen, dass der **Aufhebungsvertrag**, mit Ausnahme jener, einen wichtigen Grund bildenden Fallkonstellation, dass der Arbeitnehmer auf einer Namensliste nach § 1 Abs. 5 KSchG aufgeführt ist, **grundsätzlich zur Anordnung einer Sperrzeit** nach § 144 SGB III führt, der Abwicklungsvertrag dagegen nur **bei einzelnen Fallkonstellationen eine Sperrzeit** nach sich zieht. Insofern ist der Abwicklungsvertrag – beispielsweise als **Antrag des Arbeitgebers unter Verzicht auf eine Annahmeerklärung** gem. § 151 Satz 1 BGB oder als **gerichtlicher Abwicklungsvertrag** – dem Aufhebungsvertrag immer überlegen und insoweit für den Arbeitnehmer meist günstiger, wobei der Arbeitnehmer die Beendigungsmodalitäten grundsätzlich nur durch Erhebung einer Kündigungsschutzklage selbst beeinflussen kann,

3. Vorteil: Deckungsschutz durch die Rechtsschutzversicherung

74 Der Abwicklungsvertrag bietet eine Reihe weiterer Vorteile wie die für den Arbeitnehmer und seinen Anwalt nicht unbedeutende Gewissheit, dass die Rechtsschutzversicherung außergerichtlichen Deckungsschutz für die Verhandlungen mit dem Arbeitgeber erteilt.[87] Tritt der Arbeitnehmer an seinen Anwalt mit der Information heran, der Arbeitgeber wolle ihm kündigen, und wendet sich der Anwalt zwecks Aufnahme von Verhandlungen über einen Aufhebungsvertrag an den Arbeitgeber, teilt die hierüber unterrichtete Rechtsschutzversicherung regelmäßig mit, bei Verhandlungen über die Aufhebung eines Arbeitsverhältnisses liege in Ermangelung eines Rechtspflichtenverstoßes kein Versicherungsfall im Sinne der ARB vor.[88]

84 *Hümmerich*, AE 3/2004, 147; *Boecken/Hümmerich*, DB 2004, 2046.

85 BGH, Urt. v. 05.11.1987, NJW 1988, 486; BGH, Urt. v. 17.12.1987, NJW 1988, 1079; BGH, Urt. v. 18. 6 . 1968, VersR 1968, 969; BGH, Urt. v. 25.06.1974, NJW 1974, 1865; BGH, Urt. v. 22.10.1987, NJW 1988, 563.

86 NZA 2004, 640.

87 Siehe nur *Hümmerich*, NJW 1996, 2081; *ders.*, NZA 2001, 1280 sowie § 19 Rn 213 ff.

88 AG Aachen, Urt. v. 18.11.1997, zfs 1998, 192; AG Köln, Urt. v. 05.01.1990, zfs 1990, 164; AG Hamburg, Urt. v. 30.04.1990, zfs 1991, 52; AG Hannover, Urt. v.03.08.1990, zfs 1990, 376; AG Frankfurt a.M., Urt. v. 03.11.1994, zfs 1995, 273; AG Rheine, Urt. v. 25.11.1997, r+s 1998, 335; AG Hannover, Urt. v. 12.01.1998, r+s 1998, 336; OLG Nürnberg, Urt. v. 21.02.1991, zfs 1991, 200; OLG Hamm, Urt. v. 01.03.1992, JurBüro 1992, 413.

Es entwickelt sich zwar eine Auffassung in Rechtsprechung und Schrifttum, dass bereits die Androhung einer Kündigung ein selbständiger Rechtspflichtenverstoß (§ 14 Abs. 3 ARB, § 4 lit. c) ARB 94) sei, jedenfalls immer dann, wenn an der Ernsthaftigkeit der Drohung kein Zweifel bestehe, so beispielsweise, wenn der Arbeitgeber die angedrohte Kündigung als Druckmittel zum Abschluss eines Aufhebungsvertrages einsetze.[89] Diese Auffassung hat sich aber bei den Rechtsschutzversicherern noch nicht durchgesetzt. Die Rechtsschutzversicherungen teilen meist mit, wegen einer fehlenden Kündigung liege noch kein Versicherungsfall vor. Erst die Kündigung des Arbeitsverhältnisses durch den Arbeitgeber stellt nach unbestrittener Auffassung einen Versicherungsfall dar.[90] 75

4. Vorteil: Identischer Klauselreichtum

Beim Abwicklungsvertrag können weitgehend die gleichen Vertragsklauseln Verwendung finden wie beim Aufhebungsvertrag. Noch hat sich keine verbindliche Praxis eingebürgert, wie der Arbeitnehmer zum Ausdruck bringen kann, dass er die gestaltende Wirkung der arbeitgeberseitigen Kündigungserklärung hinnimmt. Hier bietet sich einmal eine **Präambel-Lösung** an[91] oder eine **Verzichtserklärung** auf die Erhebung einer Kündigungsschutzklage,[92] die allerdings seit dem Urteil des BSG v. 18.12.2003[93] als materiell-rechtliche Einigung über die Arbeitsverhältnisbeendigung gewertet werden kann, mit allen sich hieraus ergebenden, für den Arbeitnehmer nachteiligen Folgen. Denkbar ist die Erklärung des Arbeitnehmers in der Erledigungserklärung, »gegen die Kündigungen werden keine Einwendungen erhoben«.[94] Diese Erklärung stellt einen wirksamen Verzicht auf Erhebung einer Kündigungsschutzklage dar.[95] Wird sie allerdings als Einigung über die Beendigung eines Arbeitsverhältnisses gewertet, wird aus einem Abwicklungsvertrag ein Aufhebungsvertrag.[96] 76

Erklärt der gekündigte Arbeitnehmer nach Zugang der Kündigung: »Ich nehme die Kündigung an« und verzichtet auf ein Klagerecht, liegt darin ein Verzichtsvertrag, sofern die Erklärung vom Arbeitgeber, ggf. nach § 151 BGB, angenommen wird.[97] Die aus freien Stücken abgegebene und nicht etwa vom Arbeitgeber vorformulierte Erklärung des Arbeitnehmers, eine vom Arbeitgeber ausgesprochene Kündigung zu »akzeptieren«, kann als Erklärung auszulegen sein, eine eventuelle Unwirksamkeit der Kündigung nicht geltend zu machen. Eine solche Erklärung des Arbeitnehmers kann als Vergleich oder Klageverzichtsvertrag angesehen werden, wenn eine Kündigung ausdrücklich als fristlose, nicht wohl aber als Kündigung akzeptiert wurde, verbunden mit der Aufforderung an den Arbeitgeber, das Arbeitsverhältnis »zur Vermeidung einer arbeitsgerichtlichen Klage abzuwickeln«.[98] Dieser Verzicht erstreckt sich auf alle Unwirksamkeitsgründe einschließlich solcher, die bei Abgabe der Erklärung noch nicht bekannt waren, wie beispielsweise einer Schwangerschaft. Liegt eine zunächst noch nicht bekannte Schwangerschaft vor, kommt grundsätzlich eine Irrtumsanfechtung nicht in Betracht.[99] 77

89 LG Göttingen, Urt. v. 10.02.1983, AnwBl 1983, 335; AG München, Urt. v. 16.09.1985 – 10 C 11462/85 (n.v.); LG München I, Urt. v. 12.03.1986 – 31 S 20835/85 (n.v.); AG Tettnang, Urt. v. 17.11.1995, AnwBl 1997, 292; LG Hannover, Urt. v. 03.12.1996 – 1 S 73/96 (n.v.); LG Hannover r+s 1997, 202; OLG Nürnberg, Urt. v. 21.02.1991, zfs 1991, 200; AG Hamburg, Urt. v. 30.04.1990, zfs 1991, 52; AG Buxtehude, Urt. v. 10.11.1997, zfs 1998, 351 = r+s 1998, 246; AG Köln, Urt. v. 05.07.2001, AnwBl 2002, 184; *Küttner*, NZA 1996, 459; *Hümmerich*, AnwBl 1995, 321.

90 AG Hamburg, Urt. v. 22.08.1995, r+s 1996, 107; AG Frankfurt, Urt. v. 03.01.1994, r+s 1995, 304; AG Köln, Urt. v. 01.06.1994, r+s 1995, 68; ebenso – zugleich mit Kritik an den Rechtschutzversicherern: *Bauer*, Arbeitsrechtliche Aufhebungsverträge, Rn XI 40.

91 *Hümmerich*, AnwaltFormulare Arbeitsrecht, Muster 2270 § 4 Rn 1119; Muster 2276, § 4 Rn 1123.

92 *Hümmerich*, AnwaltFormulare Arbeitsrecht, Muster 2274 § 4 Rn 1121.

93 BSG, Urt. v. 09.11.1995, BSGE 77, 48 = NZA-RR 1997, 109.

94 *Hümmerich*, AnwaltFormulare Arbeitsrecht, Muster 2273 § 4 Rn 1120 (§ 8); Muster 2274, § 4 Rn 1121 (§ 4).

95 BAG, Urt. v. 06.04.1977, AP Nr. 4 zu § 4 KSchG 1969 = BB 1977, 1400.

96 So vom BAG, Urt. v. 27.11.2003, NZA 2004, 597 (Haustürgeschäftsurteil); hierzu kritisch *Hümmerich*, NZA 2004, 809 (815 f.).

97 LAG Rheinland-Pfalz, 22.07.1997, LAGE § 4 KSchG Verzicht Nr. 3.

98 LAG Köln, Urt. v. 07.11.1997, LAGE § 4 KSchG Verzicht Nr. 2.

99 LAG Köln, Urt. v. 07.11.1997, LAGE § 4 KSchG Verzicht Nr. 2.

78 Die Präambel-Lösung bietet Gelegenheit, Finanzamt und Arbeitsamt die Hintergründe der Kündigung zu schildern und damit weitere Ermittlungen überflüssig zu machen. Wurde die Kündigung ursprünglich aus verhaltensbedingten Gründen ausgesprochen, hat sich aber beispielsweise im Kündigungsschutzprozess erwiesen, dass die verhaltensbedingten Gründe nicht bestehen oder vom Arbeitgeber nicht bewiesen werden können, kann der Arbeitgeber in einer Präambel des Abwicklungsvertrags oder zu Protokoll des Gerichts erklären, dass sich die ursprünglichen Gründe als nicht stichhaltig erwiesen hätten. Dem Arbeitnehmer sei es, weil er im Betrieb derart ins Gerede gekommen sei oder derart in Konflikte hineingezogen wurde, die ihm auf Dauer anhaften werden, nicht mehr zuzumuten, an seinen Arbeitsplatz zurückzukehren. Eine solche Erklärung müsste dazu führen, dass aus der Sicht des Arbeitsamtes ein wichtiger Grund i.S.v. § 144 SGB III besteht, und gleichzeitig dem Finanzamt deutlich machen, dass die Kündigung arbeitgeberseitig veranlasst und die Abfindung damit im Regelfall bis zum Betrag von 7.200 EUR steuerfrei ist.[100]

5. Vorteil: Keine Anfechtbarkeit wegen arglistiger Täuschung oder Drohung

79 Der Vorteil des Abwicklungsvertrags besteht u.a. darin, dass er zu dauerhaftem Rechtsfrieden zwischen den Parteien führt. Der Abwicklungsvertrag wird über eine Anfechtung der Willenserklärung des Arbeitnehmers zwar beseitigt, die rechtsgestaltende Wirkung der Arbeitgeberkündigung bleibt jedoch trotz der Anfechtung erhalten. Beim Abwicklungsvertrag tritt die Beendigung des Arbeitsverhältnisses nicht durch eine Willenserklärung des Arbeitnehmers, sondern durch die gestaltende Kündigungserklärung des Arbeitgebers ein.

80 Ein Nachteil des Aufhebungsvertrags im unmittelbaren Leistungsvergleich mit dem Abwicklungsvertrag besteht darin, dass der Aufhebungsvertrag gemäß einer wenig kalkulierbaren Rechtsprechung des BAG zur Widerrechtlichkeit von Drohungen angefochten werden kann. Den damit entstehenden Vorteil des Abwicklungsvertrags[101] räumt auch *Bauer*[102] ein. Wenig kalkulierbar darf man die Rechtsprechung des BAG zur **Anfechtung eines Aufhebungsvertrags** deshalb nennen, weil sie die Perspektive eines **homunculus** wählt, eines verständig denkenden Arbeitgebers, den es als einheitlichen Menschentyp nicht gibt und in dessen Rolle die Rechtsprechung schlüpft, um eine als objektiviert ausgewiesene Sichtweise nach eigenem Gutdünken – und damit individuell – auszufüllen. Anders gewendet: Für den Arbeitgeber stellt sich die Frage, ob und unter welchen Voraussetzungen er für den Fall der Nichtunterzeichnung eines Aufhebungsvertrags durch den Arbeitnehmer den Ausspruch einer Beendigungskündigung in Aussicht stellen darf.[103] Nach der BAG-Rechtsprechung ist die Androhung einer ordentlichen oder fristlosen Kündigung widerrechtlich i.S.v. § 123 Abs. 1 BGB, wenn ein »verständiger Arbeitgeber« eine solche Kündigung »ernsthaft nicht in Erwägung gezogen« haben würde.

a) Widerrechtlichkeit der Drohung

81 Nicht widerrechtlich handelt ein Arbeitgeber, wenn er einem Heimleiter eine Kündigung in Aussicht stellt, weil dieser sich zu Lasten der psychisch Erkrankten einen Telefonanschluss, Telefaxanschluss und ein Telefaxgerät in seine Wohnung hatte legen lassen.[104] Nicht widerrechtlich ist die Drohung mit einer Kündigung in Kombination mit einem Aufhebungsvertragsangebot, wenn der Arbeitnehmer dem Arbeitgeber gefälschte Arbeitsunfähigkeitsbescheinigungen vorgelegt hat.[105] Andererseits war die Androhung einer Kündigung bei einer Krankenschwester, die in drei Jahren an circa 600 Tagen gefehlt hatte und während einer längeren Arbeitsunfähigkeitsperiode in ihrer tschechischen Heimat den Führerschein gemacht hatte, nach Auffassung des BAG[106] widerrechtlich. Die Entschei-

100 § 3 Nr. 9 EStG n.F.
101 *Hümmerich*, NJW 1996, 2081.
102 Arbeitsrechtliche Aufhebungsverträge, Rn I 198.
103 *Weber/Ehrich*, NZA 1997, 414.
104 BAG, Urt. v. 31.01.1996, NZA 1996, 756.
105 BAG, Urt. v. 14.02.1996, NZA 1996, 811.
106 BAG, Urt. v. 21.03.1996, NZA 1996, 1030 = BB 1996, 1892 (LS).

dung ist zu Recht kritisiert worden.[107] Was ein »verständiger Arbeitgeber« denkt, scheint in der Vorstellungswelt von Richtern nicht ausgemacht. Während nach Auffassung des BAG ein verständiger Arbeitgeber nicht ernsthaft in Erwägung gezogen hätte, einer Arbeitnehmerin zu kündigen, die bei 600 Fehltagen in drei Jahren während einer Phase der Krankschreibung Fahrstunden genommen und eine Fahrprüfung absolviert hat, entschied das ArbG Stade,[108] dass eine Auszubildende, die krankgeschrieben ist und dennoch eine größere Anzahl Fahrstunden absolviert, damit einen Grund zur fristlosen Kündigung ihres Ausbildungsverhältnisses gebe. Die Gegenüberstellung beider Urteile zeigt, wie sehr alle Aussagen zum »verständigen Arbeitgeber« von den Wertvorstellungen der jeweiligen Richter geprägt ist. Eine Sichtweise, die dem BAG aus Arbeitgebersicht undenkbar erschien, ist die Sichtweise eines erstinstanzlichen Arbeitsgerichts. Das Urteil des BAG vom 21.03.1996 zeigt einmal mehr, wie problematisch die Anfechtungsrechtsprechung des BAG insgesamt ist. *Bauer*[109] hat sich seit jeher distanziert gegenüber der Anfechtungsrechtsprechung des BAG geäußert. Zwar hat das BAG erklärt,[110] der Anfechtungsprozess nach § 123 BGB dürfte nicht wie ein fiktiver Kündigungsschutzprozess behandelt werden. Tatsächlich aber entsteht, wenn der Arbeitgeber im Gespräch über die Beendigung des Arbeitsverhältnisses eine Kündigung als Alternative zum Aufhebungsvertrag aufzeigt, stets eine Drohung i.S.v. § 123 BGB. Die Widerrechtlichkeit bemisst sich an einer fiktiven Subsumtion des Sachverhalts unter die Tatbestandsvoraussetzungen einer wirksamen Kündigung, sei es nach § 1 Abs. 2 KSchG, sei es nach § 626 BGB. Auch wenn man über die **Kunstfigur des verständigen Arbeitgebers** die Rechtsprüfung auf einer eher summarischen Ebene führt, wirft diese Rechtsprechung eine Reihe kritischer Fragen auf.[111]

b) Mangelnde Rechtssicherheit bei Aufhebungsverträgen

Rechtssicherheit wird durch die Anfechtungsrechtsprechung des BAG bei Abschluss eines Aufhe- 82
bungsvertrags **nicht gewährt**, denn meist ist es der Arbeitgeber, der an den Arbeitnehmer mit dem Vorschlag herantritt, einen Aufhebungsvertrag zu schließen. Die Alternative bei Nichtunterzeichnung des Vertrags, ob benannt oder unbenannt, steht in diesem Augenblick zwangsläufig im Raum und diese Alternative kann nur heißen: Kündigung! In der BAG-Rechtsprechung kommt erkennbar zu kurz, dass der Aufhebungsvertrag ein Verhandlungsergebnis mit Vergleichsinhalt ist, das meist ein Produkt wechselseitigen Forderns und Nachgebens ist.

Mit Gestaltungsmitteln lässt sich eine der Kernschwachstellen des arbeitsrechtlichen Aufhebungs- 83
vertrags, die durch die Rechtsprechung des BAG ausgestaltete Anfechtungsbefugnis des Arbeitnehmers nach § 123 BGB, nicht beseitigen. Eine Formulierung, mit der beide Seiten auf ein etwaiges Anfechtungsrecht verzichten, ist unwirksam, weil die Anfechtung nach § 123 BGB auch den Anfechtungsverzicht erfasst.[112] Die BAG-Rechtsprechung zur Anfechtung nach § 123 BGB erstreckt sich auch auf die Eigenkündigung eines Arbeitnehmers, die dieser aufgrund der Ankündigung, andernfalls werde der Arbeitgeber kündigen, ausgesprochen hat.[113]

Beim Abwicklungsvertrag hat die Rechtsprechung des BAG gem. § 123 BGB bei Drohung mit 84
einer Kündigung während der Vertragsverhandlungen keinen Anwendungsbezug. Zum einen würde eine Anfechtung der Willenserklärung des Arbeitnehmers beim Abwicklungsvertrag nur dessen Nichtigkeit, nicht hingegen die Wirksamkeit der Arbeitgeberkündigung berühren. Zum andern lässt sich die BAG-Rechtsprechung deshalb nicht anwenden, weil der Arbeitgeber ja nicht vor Abschluss

107 *Weber/Ehrich*, NZA 1997, 415 f.
108 ArbG Stade, Urt. v. 16.10.1970 – 1 Ca 531/70, EZB BBiG § 15 Abs. 2 Nr. 1 Nr. 25.
109 *Bauer*, Arbeitsrechtliche Aufhebungsverträge, Rn I 182; *ders.*, NZA 1992, 1015.
110 Urt. v. 30.01.1986, NZA 1988, 91.
111 *Bauer*, Arbeitsrechtliche Aufhebungsverträge, Rn I 183; *Weber/Ehrich*, NZA 1997, 416.
112 *Bauer*, Arbeitsrechtliche Aufhebungsverträge, Rn I 192; *Weber/Ehrich/Burmester*, Handbuch der arbeitsrechtlichen Aufhebungsverträge, Teil 1 Rn 684.
113 BAG, Urt. v. 29.03.1995, BB 1996, 434.

des Abwicklungsvertrags mit einer Kündigung droht, sondern tatsächlich kündigt. Bei der Fallkonstellation des Abwicklungsvertrags ist die zu Rechtsunsicherheit führende BAG-Rechtsprechung nicht anwendbar.

6. Vorteil: Kein Formerfordernis beim Abwicklungsvertrag

85 Ein ganz wesentlicher Unterschied zwischen Aufhebungs- und Abwicklungsvertrag ist durch das Arbeitsgerichtsbeschleunigungsgesetz vom 01.05.2000[114] eingetreten. Gem. § 623 BGB bedürfen **Auflösungsverträge** der **Schriftform.** Der Abwicklungsvertrag ist kein Auflösungsvertrag i.S.v. § 623 BGB, denn durch den Abwicklungsvertrag wird das Arbeitsverhältnis nicht »gelöst«. Der Gesetzgeber hat bewusst den Begriff »Auflösungsverträge« gewählt und damit zum Ausdruck gebracht, dass die Lösung des Arbeitsverhältnisses durch die Willenserklärungen selbst bewirkt werden soll.[115]

86 Abgesehen davon, dass der Gesetzgeber mit dem Begriff »Auflösungsvertrag« sprachlich den gleichen Tatbestand formuliert hat wie in § 144 SGB III, macht eine abweichende Sicht keinen Sinn. § 623 BGB regelt den Schriftformzwang für den Beendigungstatbestand, nämlich für die Kündigung und für den Auflösungsvertrag. Da beim Abwicklungsvertrag das Arbeitsverhältnis nicht durch den Vertrag beendet wird, ist es nur konsequent, wenn der Abwicklungsvertrag weiterhin formfrei geschlossen werden kann.

87 Die mangelnde Formbedürftigkeit des Abwicklungsvertrages ist nicht nur ein theoretischer, sondern ein von hoher praktischer Relevanz gekennzeichneter Vorteil beim Abschluss von Beendigungsverträgen. Häufig werden Aufhebungs- wie Abwicklungsverträge über Fax in verschiedenen Versionen zwischen den Anwälten bzw. den Parteien hin- und hergesendet. Wenn es schnell gehen muss, ist es bei Ortsverschiedenheit oft nicht durchsetzbar, eine den Formerfordernissen des § 623 BGB genügende, nämlich eine die eigenhändige Unterschrift beider Parteien tragende Urkunde, rechtzeitig herzustellen. Der Aufhebungsvertrag wird nur mit Originalunterschriften wirksam geschlossen. Beim Abwicklungsvertrag reicht der Austausch von Fax- und E-Mail-Korrespondenz aus. Deshalb erfüllt ein Beschluss nach § 278 Abs. 6 ZPO die Voraussetzungen eines Abwicklungsvertrages, nicht hingegen gemäß § 623, 126 BGB den Formzwang, wie er beim Aufhebungsvertrag geschuldet ist.

7. Vorteil: Abwicklungsvertrag als sog. »Monte-Carlo-Modell«

88 Das sog. »Monte-Carlo-Modell« bezeichnet Fallgestaltungen, in denen die Aufhebung des Arbeitsverhältnisses unter die auflösende Bedingung gestellt wird, eine vereinbarte Abfindung zu einem bestimmten Zeitpunkt zu zahlen.[116] Es wird eingewandt, dass der Aufhebungsvertrag bei dieser Gestaltungsvariante dem Abwicklungsvertrag überlegen sei. Dabei wird indes übersehen, dass auch der Abwicklungsvertrag Vertragsgestaltungen zulässt, die prägende Elemente des »Monte-Carlo-Modells« enthalten.

89 Beispielweise ist es denkbar, dass sich die Parteien nach Ausspruch einer arbeitgeberseitigen Kündigung außergerichtlich einigen und vereinbaren, dass der Abwicklungsvertrag gegenstandslos oder vor Ablauf der Drei-Wochen-Frist des § 4 KSchG wieder aufgehoben wird, wenn die vereinbarte Abfindung nicht zu einem vor Ablauf der Frist des § 4 KSchG liegenden Zeitpunkt gezahlt wird (Variante 1: **Schnellabfindung**). Alternativ kann geregelt werden, dass der Arbeitgeber die

114 BGBl I 2000, 333.

115 *Appel/Kaiser*, AuR 2000, 281; Ascheid/Preis/Schmidt/*Preis*, § 623 BGB Rn 9; *Bauer*, NZA 2002, 169 (170); *Däubler*, AiB 2000, 188 (191); ErfK/*Müller-Glöge*, § 623 BGB Rn 14; *Hümmerich*, NZA 2001, 1280 (1281); Henssler/Willemsen/Kalb/*Bittner*, § 623 BGB Rn 22; *Preis/Gotthardt*, NZA 2000, 348 (354); *Rolfs*, NJW 2000, 1227 (1228); 281; a.A. *Schaub*, NZA 2000, 344; *Richardi*, NZA 2001, 57 (61); *Berscheid*, ZInsO 2000, 208 (209); unklar: *Gaul*, DStR 2000, 691 (692).

116 *Hümmerich*, NZA 2001, 1280 (1282 f.).

Kündigungserklärung für den Fall zurücknimmt, dass er die Abfindung nicht zum Fälligkeitszeitpunkt zahlt, und der Arbeitnehmer im Abwicklungsvertrag eine antizipierte Einwilligung in die Rücknahme der Kündigung erklärt (Variante 2: **Abfindung und Kündigungsrücknahme durch Prozessvergleich**). Schließlich kommt auch der Fall in Betracht, dass sich die Parteien nach erhobener Kündigungsschutzklage vor Gericht auf den Abschluss eines Abwicklungsvertrages durch Vereinbarung eines zeitweiligen Ruhens des Kündigungsschutzprozesses verständigen (Variante 3: **Abfindung und prozessuale Ruhensvereinbarung**).

In allen drei Fallgestaltungen zeigt sich der Abwicklungsvertrag als vielseitiges Gestaltungsinstru- 90
ment, das auch die Strukturelemente des »Monte-Carlo-Modells« abzubilden vermag. Gerade bei rezessiven Tendenzen in der Wirtschaft entfaltet der Abwicklungsvertrag in der Form des »Monte-Carlo-Modells« seine Vorzüge. Exemplarisch werden diese nachfolgend anhand der dritten Fallgruppe (Abfindung und prozessuale Ruhensvereinbarung) verdeutlicht. Charakterisiert wird diese vor Gericht üblicherweise in einem anhängigen Kündigungsrechtsstreit praktizierte Variante des Abwicklungsvertrages durch folgende drei Elemente:

1. Eine Zahlung der vertraglich vereinbarten Abfindung soll bereits kurze Zeit nach Vertragsschluss erfolgen.
2. Eine einvernehmliche Aufhebung des Abwicklungsvertrages bei nicht fristgerechter Zahlung (auflösende Bedingung i.S.d. § 158 Abs. 2 BGB) wird vereinbart.
3. Das mit Abschluss der Vereinbarung durch die Parteien ruhend gestellte Kündigungsschutzverfahren wird wieder aufgenommen oder die Klage wird nach erfolgter Zahlung der Abfindung zurückgenommen.

In der Praxis finden sich dementsprechend nachstehende oder ähnliche Formulierungen: 91

Der Arbeitnehmer erhält für den Verlust des Arbeitsplatzes gem. § 3 Nr. 9 EStG eine Abfindung 92
in Höhe von   EUR brutto (in Worten   Euro), die innerhalb der Steuerfreigrenzen ohne Abzüge ausgezahlt wird. Die Abfindung ist am   fällig.

Wird die Abfindung fristgerecht bis zum   gezahlt, nimmt der Kläger nach Zahlungseingang seine vor dem Arbeitsgericht   erhobene Kündigungsschutzklage, Az.:   , zurück. Der Beklagte erteilt vorab für diesen Fall seine Zustimmung.

Sofern die Abfindung nicht spätestens bis zum   bei dem Arbeitnehmer eingegangen ist, 93
ist der Abwicklungsvertrag vom heutigen Tag hinfällig und das ruhend gestellte Kündigungsschutzverfahren wird wieder aufgenommen.[117]

Hinter dem vorstehenden Vertragsmodell steht die Überlegung, dass der Abschluss eines Abwick- 94
lungsvertrages zur vergleichsweisen Erledigung des Kündigungsschutzprozesses aus Arbeitnehmersicht in den Fällen drohender Insolvenz oder bei Liquiditätsschwierigkeiten des Arbeitgebers mit Risiken behaftet ist. Nimmt der Arbeitnehmer seine Kündigungsschutzklage im Rahmen des Abwicklungsvertrages ohne Absicherung zurück, läuft er Gefahr, dass einerseits die Zahlung der Abfindung ausbleibt und er andererseits wegen § 4 KSchG nicht mehr die mangelnde soziale Rechtfertigung der Kündigung feststellen lassen kann.

Berücksichtigt man, dass Abfindungen nicht insolvenzgeschützt sind[118] und dass der Arbeitnehmer 95
unter Umständen Ansprüche auf Insolvenzgeld nach den §§ 183 ff. SGB III verliert, werden die

117 *Hümmerich*, AnwaltFormulare Arbeitsrecht, Muster 2273 § 4 Rn 1120.

118 Abfindungen sind Insolvenzforderungen gem. den §§ 38, 108 Abs. 2 InsO und zählen zu den sonstigen Masseverbindlichkeiten nach § 55 Abs. 1 Nr. 2 InsO. Vgl. hierzu *Steindorf/Regh*, Arbeitsrecht in der Insolvenz, § 6 Rn 10; Kittner/Zwanziger/*Appel*, § 103 Rn 28; Nerlich/Römermann/*Andres*, InsO, § 55 Rn 97.

Vorzüge des »Monte-Carlo-Modells« deutlich. Scheitert die Abwicklung des Arbeitsverhältnisses entsprechend der vertraglich vorgesehenen Vereinbarung, greift die auflösende Bedingung und der Status quo vor Abschluss des Abwicklungsvertrages wird wiederhergestellt. Durch das »Monte-Carlo-Modell« werden aber nicht nur einseitig die Rechte des Arbeitnehmers gesichert. Auch der Arbeitgeber gewinnt durch diese Variante Vorteile. Er bleibt bei angespannter Finanzlage handlungsfähig und kann über einen zügigen Personalabbau dauerhaft seine Personalkosten senken, was in vielen Fällen den Weg zu einer Sanierung des Unternehmens ebnet.

IV. Nachteile des Abwicklungsvertrags

96 Gegen den Abwicklungsvertrag spricht eigentlich nur, dass der mit Kündigungen generell verbundene Aufwand, wie die Beteiligung des Betriebsrats oder bei Schwerbehinderten die Einholung der Zustimmung des Integrationsamts, anfällt, der beim Aufhebungsvertrag entfällt.[119] Im Bereich des Personalvertretungsrechts besteht teilweise bereits ein Anhörungsrecht auch bei Aufhebungsverträgen.[120] Der Aufwand der Anhörung ist ein gesetzlich vorgeschriebener Aufwand. Im Übrigen muss eins schwerbehinderter Mensch heute, wenn er ohne Einschaltung des Integrationsamts einen Aufhebungsvertrag schließt, mit einer Sperrzeit gem. § 144 SGB III rechnen.

97 Die Argumente gegen den Abwicklungsvertrag reduzieren sich bei Betrieben mit Betriebsrat darauf, dass der **Betriebsrat** vor Ausspruch der Kündigung anzuhören ist, wenngleich *Bauer* hierzu die Auffassung vertritt, dass durch die bloße Akzeptanz eines durch eine ausgesprochene Kündigung genannten Beendigungsdatums ein Arbeitsverhältnis wirksam beendet werden könne. Dies entspreche der seit Jahrzehnten von den Gerichten für Arbeitssachen geübten Praxis beim Abschluss gerichtlicher Aufhebungsverträge. Hier handele es sich nämlich in erster Linie um Abwicklungsverträge, weil dem Kündigungsschutzprozess logischerweise die Kündigung vorausgehe. Es sei noch niemand auf den Gedanken gekommen, der Arbeitnehmer könne sich später darauf berufen, der Vergleich sei unwirksam, weil der Betriebsrat hinsichtlich der dem Vergleich vorausgegangenen Kündigung nicht (ordnungsgemäß) angehört worden sei.[121] Häufig genug geschah es, dass ein Abmahnungsprozess in einem gerichtlichen Vergleich mit einer Kündigung des Arbeitsverhältnisses endete, ohne dass der Betriebsrat zu der Kündigung nach § 102 BetrVG zuvor angehört wurde.

98 Vor Ausspruch der Kündigung kann der Arbeitgeber nicht wissen, ob es zum Abschluss eines Abwicklungsvertrags kommt. Hört er den Betriebsrat nicht an, riskiert er die Nichtigkeit der Kündigung, die seit dem 01.01.2004 nur noch geltend gemacht werden kann, wenn innerhalb der Frist des § 4 KSchG Klage erhoben wurde (§ 13 Abs. 3 KSchG). Wird dagegen im Abwicklungsvertrag die Kündigung hingenommen, dürfte das Fehlen einer Anhörung des Betriebsrats nicht auf die Wirksamkeit des Abwicklungsvertrags durchschlagen.[122] Die spätere Berufung des Arbeitnehmers auf die Nichtigkeit der Kündigung verstößt gegen §§ 162, 242 BGB, weil das zweiseitige Rechtsgeschäft nach § 158 Abs. 1 BGB unter die Bedingung gestellt wurde, dass das vorangegangene, einseitige Rechtsgeschäft als wirksam behandelt wird.[123] Gibt der Arbeitnehmer im Abwicklungsvertrag die Erklärung ab, dass keine Einwendungen gegen die Kündigung erhoben werden, entsteht ein wirksamer Schutz vor einem Wiederaufleben des Arbeitsverhältnisses.[124] Jedenfalls für den Bereich des Betriebsverfassungsrechts hat das LAG Hamm[125] entschieden, dass es keinen groben Verstoß des Arbeitgebers gegen die Verpflichtung zur Anhörung des Betriebsrats nach § 102 BetrVG darstellt, wenn der Arbeitgeber ohne Anhörung des Betriebsrats dem Arbeitnehmer betriebsbedingt kündigt und sodann in Verhandlungen über den Abschluss eines Abwicklungsvertrages eintritt. Die ohne

119 *Germelmann*, NZA 1997, 236, 244.
120 Siehe § 72a LPVG NW.
121 *Bauer*, Arbeitsrechtliche Aufhebungsverträge, Rn II 249.
122 *Hümmerich*, NZA 1994, 834; *ders.*, AuR 1994, 259.
123 *Hümmerich*, AuR 1994, 259.
124 Siehe BAG, Urt. v. 06.04.1977, AP Nr. 4 zu § 4 KSchG 1969 = BB 1977, 1400.
125 Beschl. v. 19.07.2002, NZA-RR 2002, 642.

Anhörung des Betriebsrats ausgesprochene Kündigung ist zwar nach § 102 Abs. 1 Satz 3 BetrVG nichtig. Wenn die Kündigung vom Arbeitnehmer akzeptiert wird und er einen Abwicklungsvertrag schließt, stellt der Umstand, dass der Arbeitgeber von einer Anhörung des Betriebsrats vor Übergabe des Kündigungsschreibens an den betroffenen Arbeitnehmer abgesehen hat, keinen groben Verstoß i.S.v. § 23 Abs. 3 BetrVG dar. Die Auffassung von *Bauer* wird durch diese Entscheidung des LAG Hamm in ihrer Umsetzbarkeit erleichtert.

V. Schlussfolgerungen

Einen Aufhebungsvertrag schließt man heute vernünftigerweise nur noch, wenn der Arbeitnehmer beim Ausscheiden bereits über ein Folgearbeitsverhältnis verfügt, wenn sich der Arbeitnehmer von vornherein selbständig machen will oder wenn man als Vorstand oder GmbH-Geschäftsführer aus einem befristeten Dienstvertrag ausscheidet. In allen anderen Fällen hat der Aufhebungsvertrag an praktischer Relevanz verloren. 99

Die Vorteile des Abwicklungsvertrages im Verhältnis zum Aufhebungsvertrag lassen sich wie folgt zusammenfassen:

- Gleiche Gestaltungsvielfalt wie beim Aufhebungsvertrag 100
- Ruhensanordnung gem. § 143a SGB III durch BA ausgeschlossen
- Deckungsschutz durch die Rechtsschutzversicherung beim vorgerichtlichen Aushandeln des Abwicklungsvertrags
- Kein Formerfordernis nach § 623 BGB
- Rechtssicherheit durch Wirkungslosigkeit der Anfechtung nach § 123 BGB bei widerrechtlicher Drohung des Arbeitgebers mit Kündigung
- Abschluss des Abwicklungsvertrages nicht in jedem Falle ein »Lösen« des Beschäftigungsverhältnisses i.S.v. § 144 SGB III
- Vergleich durch Verfahren nach § 278 Abs. 6 ZPO sperrzeitunschädlich
- Prozessvergleich kein »Lösen« gem. § 144 Abs. 1 SGB III

Als das Urteil des BSG vom 18.12.2004[126] noch nicht ergangen war, solange also noch die rechtsgeschäftliche Sicht beim »Lösen« des Arbeitsverhältnisses maßgeblich war,[127] konnte man die These aufstellen, ein unbestreitbarer Vorteil des Abwicklungsvertrages, dem eine betriebsbedingte oder personenbedingte Kündigung vorausgehe, bestehe darin, dass § 144 Abs. 1 Nr. 1 SGB III nicht anwendbar sei, dem Arbeitnehmer bei Abschluss des Abwicklungsvertrages daher – im Gegensatz zum Aufhebungsvertrag – keine Sperrzeit durch die Agenturen für Arbeit drohe. In dieser Deutlichkeit kann man den Vorteil des Abwicklungsvertrages seit dem Urteil des BSG vom 18.12.2004 nicht mehr herausstellen. Allerdings steht fest, dass der **Aufhebungsvertrag**, von den wenigen Fällen eines wichtigen Grundes[128] oder von dem Ausnahmefall, dass sich der Arbeitnehmer auf einer Namensliste eines Interessenausgleichs befindet,[129] abgesehen, **grundsätzlich** eine **Sperrzeitanordnung** nach sich zieht, während der **Abwicklungsvertrag** weiterhin **in einer Reihe von Konstellationen keine Sperrzeitanordnung zur Folge** hat. Diese Konstellationen sind:

126 NZA 2004, 661.
127 *Rolfs*, in: 50 Jahre BAG, 2004, 445.
128 BSG, Urt. v. 12.11.1981, BSGE 52, 276; BSG, Urt. v. 13.03.1997, NZA-RR 1997, 495.
129 BSG, Urt. v. 25.04.2002, NZA-RR 2003, 105.

- Arbeitnehmer dufte Kündigung für rechtmäßig halten,
- Abwicklungsvertrag als Prozessvergleich,
- außergerichtlicher Abwicklungsvertrag später als drei Wochen nach Kündigungszugang geschlossen,
- Abwicklungsvertrag als Angebot des Arbeitgebers (ähnlich § 1a KSchG) mit Verzicht der Angebotsannahme gem. § 151 Satz 1 BGB.

101 Zwar kann der Arbeitnehmer zunächst einmal keinen Einfluss darauf nehmen, auf welche Weise der Arbeitgeber das Arbeitsverhältnis beenden möchte, so dass die Wahl zwischen Aufhebungs- und Abwicklungsvertrag grundsätzlich nicht zur Disposition des Arbeitnehmers steht. Es macht deshalb zunächst primär für den Arbeitgeber Sinn, sich die Vorzüge des Abwicklungsvertrages bewusst zu machen. Entscheidet sich der Arbeitgeber für eine Kündigung anstelle von Vorgesprächen über den Abschluss eines Aufhebungsvertrages, ist er weder gehindert, zu einem späteren Zeitpunkt einen Abwicklungsvertrag zu schließen, noch riskiert er die Anwendbarkeit der Rechtsprechung des BSG gem. Urteil vom 09.11.1995.[130]

102 Ist der Arbeitnehmer eher am Abschluss eines Abwicklungsvertrages als an der Vereinbarung eines Aufhebungsvertrages interessiert, beispielsweise aus sozialrechtlichen Gründen, kann er, vom Arbeitgeber vor die Alternative Aufhebungsvertrag oder Kündigung gestellt, ohne Not den Abschluss eines Aufhebungsvertrages verweigern. Stellt der Arbeitgeber den Arbeitnehmer vor die Alternative, einen Aufhebungsvertrag zu schließen oder eine betriebsbedingte Kündigung auszusprechen, hat der anwaltliche Berater die Möglichkeit, dem Arbeitnehmer die Vor- und Nachteile der jeweiligen Fallkonstellationen zu erläutern und kann ihn vielleicht auch zu einem gelasseneren Umgang mit einer erwarteten, betriebsbedingten Kündigung veranlassen. Kurzum, es macht auf Arbeitgeber- wie Arbeitnehmerseite Sinn, sich darüber Gedanken zu machen, auf welchem Wege die Beendigung des Arbeitsverhältnisses eintreten soll. Es erscheint hilfreich, jene Ängste, die aus der Zeit der Entstehung des Rechtsinstituts Abwicklungsvertrag herrühren[131] abzulegen und mit dem Abwicklungsvertrag nicht immer gleich die Gefahr der Umgehung sozialrechtlicher Vorschriften zu assoziieren.[132]

B. Arbeitsvertragliches Umfeld

103 Verschiedene Rechtsgebiete wirken auf die Inhalte von Aufhebungs- und Abwicklungsverträgen ein. Das Arbeitsrecht bestimmt die rechtsgeschäftliche Komponente, aus dem Bereich des Arbeitslosenförderungsrechts ergeben sich Vorschriften, die zum Zweck eines nahtlosen Übergangs zwischen Arbeitsverhältnis und zum Bezug von Arbeitslosengeld berechtigender Arbeitslosigkeit zu beachten sind. Auch wirken Vorschriften des Rentenversicherungsrechts, beispielsweise beim vorzeitigen Bezug von Altersruhegeld, auf die sich an die Beendigung eines Arbeitsverhältnisses anschließende Zeit von Arbeitslosigkeit und/oder Rentenbezug ein. Hier bietet beispielsweise § 187a SGB VI die Möglichkeit Aufstockungsbeträge im Aufhebungs- oder Abwicklungsvertrag vorzusehen, die dem Arbeitnehmer ermöglichen, trotz der Inanspruchnahme vorzeitigen Altersruhegelds eine Altersrente zu beanspruchen, als habe er bis zum 65. Lebensjahr in einem Arbeitsverhältnis gestanden. Schließlich bildet das Segment Steuerrecht manchen Anknüpfungspunkt, der bei der Gestaltung der Abfindung oder des Aufhebungsvertrages zu beachten ist, etwa deshalb, damit die Zahlungen des Arbeitgebers an den Arbeitnehmer aus Anlass der Beendigung des Arbeitsverhältnisses steuerfrei sind oder zumindest steuerlich privilegiert behandelt werden.

130 NZA-RR 1997, 109.

131 *Schwerdtner*, in: Brennpunkte des Arbeitsrechts 1995, S. 249; *Grunewald*, NZA 1994, 441; *Gagel/Vogt*, Beendigung von Arbeitsverhältnissen, Rn 282; *Bepler*, AuR 1999, 219.

132 ErfK/*Müller-Glöge*, § 620 BGB Rn 7.

Neben den vier auf die Gestaltung von Aufhebungs- und Abwicklungsverträgen einwirkenden Rechtsgebieten (Arbeitsrecht/Arbeitslosenförderungsrecht/Rentenversicherungsrecht/Steuerrecht) muss bei der Gestaltung von Aufhebungs- und Abwicklungsverträgen darüber nachgedacht werden, welchen Inhalt die verwendeten Vertragsklauseln haben können, haben dürfen oder haben müssen. Bei dieser Fragestellung ist erneut eine Systematisierung unter zwei Gesichtspunkten möglich. Zum einen hat sich das BAG seit seinem Bestehen stets mit dem individual-arbeitsrechtlichen Inhalt von Vertragsklauseln befasst, eine durchaus nicht immer systematische Rechtsprechung im Zusammenhang mit der Beendigung von Arbeitsverhältnissen. Zum anderen gelten seit dem 01.01.2003 für alle Arbeits-, Aufhebungs- und Abwicklungsverträge die Vorschriften über Verbraucherverträge,[133] wenngleich das BAG in einem der beiden Haustürgeschäftsurteile[134] eine Inhaltskontrolle von Aufhebungsvertragsklauseln nach § 307 BGB grundsätzlich ablehnte.[135] **104**

I. Anhörung und Entlassungsanzeige bei Aufhebungs- und Abwicklungsvertrag

Soweit nicht besondere Vorschriften im Personalvertretungsrecht bestehen,[136] sind **Betriebs-, Personalrat oder Sprecherausschuss nicht vor Abschluss eines Aufhebungsvertrages anzuhören.**[137] Dieser Grundsatz gilt auch dann, wenn ein Aufhebungsvertrag mit einem Betriebsratsmitglied geschlossen werden soll. Einer Zustimmung des Betriebsrats nach § 103 BetrVG bedarf ein solcher Aufhebungsvertrag nicht.[138] Anders dagegen ist die Rechtslage vor Abschluss eines Abwicklungsvertrages. Grundsätzlich hat der Arbeitgeber den Betriebsrat, wie auch den Sprecherausschuss gem. § 31 Abs. 2 SprAuG und den Personalrat vor Ausspruch einer Kündigung anzuhören. Einem **Abwicklungsvertrag geht deshalb generell die Anhörung durch den Betriebs-, Personalrat oder Sprecherausschuss voraus.** *Bauer* hält die Anhörung für verzichtbar.[139] Das LAG Hamm[140] sieht in dem wiederholten Unterlassen einer Anhörung des Betriebsrats nach § 102 BetrVG, wenn nach Ausspruch von Kündigungen Abwicklungsverträge in einem Betrieb geschlossen werden, keinen groben Verstoß i.S.v. § 23 Abs. 3 Satz 1 BetrVG. **105**

Massenaufhebungsverträge stellen anzeigepflichtige Entlassungen i.S.d. § 17 KSchG dar.[141] Die Frage, ob Massenaufhebungsverträge anzeigepflichtig waren, war vor Erlass des Gesetzes zur Anpassung arbeitsrechtlicher Bestimmungen an das EG-Recht vom 20.07.1995 umstritten.[142] Haben Massenaufhebungsverträge die Funktion anstelle betriebsbedingter Kündigungen in größerem Umfange Entlassungen herbeizuführen soll jedenfalls dann, wenn im Rahmen von Aufhebungsverträgen Abfindungen gezahlt werden, eine Anzeigepflicht nach § 17 Abs. 1 Satz 2 KSchG bestehen. **106**

II. Form von Abwicklungs- und Aufhebungsvertrag

Das Datum 01.05.2000 hat in der Frage der Form von Abwicklungs- und Aufhebungsverträgen eine Neuerung gebracht. Gem. § 623 BGB bedürfen Auflösungsverträge wie Kündigungen nunmehr der Schriftform. Auflösungsvertrag i.S.d. § 623 BGB ist der Aufhebungsvertrag. Unter Auflösungsvertrag versteht man eine Vereinbarung, über die ein Vertragsverhältnis beendet wird. Im Bereich **107**

133 Für Altverträge gilt die Schuldrechtsreform im Arbeitsrecht erst seit dem 01.01.2003, siehe Art. 229 § 5 EGBGB.

134 BAG, Urt. v. 27.11.2003, NZA 2004, 597.

135 Kritisch *Hümmerich,* NZA 2004, 809 (816).

136 Siehe § 72a Abs. 2 LPVG NW.

137 *Löwisch*, BB 1990, 1412.

138 Tschöpe/*Schulte*, Anwaltshandbuch Arbeitsrecht, Teil 3 B Rn 2.

139 *Bauer*, Arbeitsrechtliche Aufhebungsverträge, Rn II 249.

140 Beschl. v. 19.07.2002, NZA-RR 2002, 642.

141 BAG, Urt. v. 11.03.1999, NZA 1999, 761 f.; KR/*Weigandt*, § 17 KSchG Rn 43, 43 a.

142 Siehe KR/*Weigandt*, § 17 KSchG Rn 43b; siehe ferner Massenentlassungrichtlinie 92/56/EWG v. 24.06.1992 zur Änderung der Richtlinie 75/129/EWG.

des Arbeitsrechts findet sich der Begriff Auflösungsvertrag neben § 623 BGB wortgleich in § 144 SGB III und in § 58 BAT. In diesen Fällen ist jeweils nur der Aufhebungsvertrag gemeint, über den einvernehmlich, durch zwei übereinstimmende Willenserklärungen, der Arbeitsvertrag beendet (»aufgelöst«) wird.

108 Beim Abwicklungsvertrag findet die Beendigung des Arbeitsverhältnisses nicht auf vertraglicher Grundlage statt, sondern erfolgt über die einseitige, gestaltende Willenserklärung des Arbeitgebers (Kündigung). Die herrschende Meinung hat deshalb zweifelsfrei herausgearbeitet, dass das Schriftformerfordernis des § 623 BGB nur beim Aufhebungsvertrag, nicht beim Abwicklungsvertrag besteht.[143] Schließen die Parteien zur Erledigung eines Kündigungsrechtsstreit eine außergerichtliche Vereinbarung, schließen sie einen Abwicklungsvertrag, auch wenn sie diese Vereinbarung »Aufhebungsvereinbarung« nennen. Insoweit ist die Entscheidung des LAG Hamm[144] interessant, die folgerichtig besagt, dass eine solche Vereinbarung nicht der Schriftform des § 623 BGB bedarf. Wenn der Prozessbevollmächtigte des Arbeitgebers dem Prozessbevollmächtigten des Arbeitnehmers im Anschluss an eine telefonische Unterredung den ausgehandelten Text, der fälschlich oder zumindest ungenau bezeichneten »Aufhebungsvereinbarung« mit einem Anschreiben übersendet, wonach er die anliegende Regelung bestätigt, so liegt in der Bitte, das bereits einseitig unterzeichnete Exemplar der Vereinbarung binnen einer bestimmten Frist unterschrieben zurückzusenden, abweichend von der Vermutung des § 154 Abs. 2 BGB keine für das Zustandekommen der Vereinbarung maßgebliche, konstitutive Schriftformabrede i.S.d. § 127 BGB.[145] Für einen Abwicklungsvertrag, der bekanntlich keiner Schriftform bedarf, reicht ein von keiner Seite unterzeichnetes Schriftstück, Abwicklungsverträge eignen sich deshalb sowohl für den Fax-Verkehr als auch für den E-Mail-Verkehr. Aufhebungsverträge sind als Telefax-Schreiben nichtig.[146]

109 Beim Aufhebungsvertrag sind die Voraussetzungen des gesetzlichen Schriftformerfordernisses nach § 126 BGB zu beachten. Die Unterschrift der Vertragspartner oder ihrer Bevollmächtigten muss danach grundsätzlich auf der selben Urkunde erfolgen, § 126 Abs. 2 Satz 1 BGB. Wenn über den Vertrag mehrere gleich lautende Urkunden aufgenommen werden, genügt es, dass jede Partei über ein Exemplar verfügt, das die Unterschrift der anderen Partei trägt, § 126 Abs. 2 Satz 2 BGB.

110 Vorsicht ist bei Anlagen zu einem Aufhebungsvertrag geboten. Die bloße Bezugnahme auf nicht dem Aufhebungsvertrag beigeheftete oder sonst mit ihm fest verbundene Anlagen macht den gesamten Aufhebungsvertrag formunwirksam.[147] Das Erfordernis der Einheitlichkeit der Urkunde schließt allerdings nicht aus, Anlagen zum Aufhebungsvertrag zu nehmen. Auch Anlagen können Teil der Erklärung sein. Soweit die Namensunterschrift einer aus mehreren Bestandteilen bestehenden Urkunde räumlich abschließt, fordert § 126 BGB nicht einmal die körperliche Verbindung der einzelnen Blätter der Urkunde, während sich deren Einheit aus fortlaufender Nummerierung der einzelnen Bestimmungen, einheitlicher graphischer Gestaltung, inhaltlichem Zusammenhang des Textes oder vergleichbarem Merkmal zweifelsfrei ergibt.[148] Für die Wahrung der Einheitlichkeit der Urkunde ist maßgeblich, ob und dass sich die Einheit der Urkunde zweifelsfrei feststellen lässt. Die Schriftform ist nicht nur für den Teil des Aufhebungsvertrages erforderlich, der die Beendigung des Arbeitsverhältnisses regelt, sondern muss alle Bestandteile der Vereinbarung erfassen, die in einer Vertragsurkunde nach dem Willen der Parteien enthalten sein sollten.[149]

143 *Appel/Kaiser*, AuR 2000, 281; Ascheid/Preis/Schmidt/*Preis*, § 623 BGB Rn 9; *Bauer*, NZA 2002, 169 (170); *Däubler*, AiB 2000, 188 (191); ErfK/*Müller-Glöge*, § 623 BGB Rn 14; *Hümmerich*, NZA 2001, 1280 (1281); Henssler/Willemsen/Kalb/*Bittner*, § 623 BGB Rn 22; *Preis/Gotthardt*, NZA 2000, 348 (354); *Rolfs*, NJW 2000, 1227 (1228); 281; a.A. *Schaub*, NZA 2000, 344; *Richardi*, NZA 2001, 57

144 LAG Hamm, Urt. v. 25.10.2001 – 8 Sa 956/01 (n.v.).

145 Ähnlich BAG, Urt. v. 16.01.1997, AP Nr. 14 zu § 779 BGB.

146 LAG Düsseldorf, Urt. v. 27.05.2003, LAGE § 623 BGB 2002 Nr. 1, ArbG Hannover, Urt. v. 17.01.2001, NZA-RR 2002, 245.

147 *Rolfs*, NJW 2000, 1227.

148 Vgl. BAG, Urt. v. 07.05.1998, NZA 1998, 1110; *Preis/Gotthardt*, NZA 2000, 348.

149 LAG Köln, Urt. v. 09.03.2001, AE 2001, 107.

Telefaxunterschriften genügen dem gesetzlichen Schriftformerfordernis nach § 126 BGB nicht, ebenso wenig E-Mail-Briefe. Auch die Vereinbarung einer Faxklausel im Aufhebungsvertrag beseitigt das gesetzliche Schriftformerfordernis nicht. Die Missachtung der Schriftform bei Aufhebungsverträgen führt nach § 125 BGB zur Nichtigkeit. Ein mittels Telefax zustande gekommener Aufhebungsvertrag der Arbeitsvertragsparteien ist nach § 125 Satz 1 BGB nichtig.[150] 111

Vor dem 01.05.2000 bedurften Aufhebungsverträge keiner Form, soweit nicht Schriftform für die Beendigung von Anstellungsverträgen durch Betriebsvereinbarung oder Tarifvertrag vorgesehen war. Soweit der Arbeitsvertrag die Klausel enthält, Nebenabreden und Vertragsänderungen bedürfen der Schriftform, erstreckte sich die Bedeutung dieser Klausel nicht auf den Abschluss von Aufhebungsverträgen.[151] Durch die Klausel »Nebenabreden und Vertragsänderungen bedürfen der Schriftform« erwächst damit keine Verpflichtung, Abwicklungsverträge dem Schriftformerfordernis zu unterwerfen. Der Abwicklungsvertrag ist keine Nebenabrede oder Vertragsänderung und wird daher von einem gewillkürten Schriftformerfordernis tatbestandlich nicht erfasst. Mit Urteil vom 16.05.2000[152] hat das BAG seine bisherige Rechtsprechung bestätigt, wonach die Formulierung in einem Arbeitsvertrag, »Änderungen oder Ergänzungen dieses Vertrages bedürfen der Schriftform. Mündliche Nebenabreden bestehen nicht,« regelmäßig keine schriftliche Form für die Beendigung von Arbeitsverhältnissen begründet. Auch diese Entscheidung ist nunmehr nur noch für den Abschluss von Abwicklungsverträgen von Bedeutung. 112

Tarifvertragliche Schriftformklauseln sind wie ein gesetzliches Schriftformerfordernis nach § 126 BGB zu behandeln.[153] Soweit eine tarifvertragliche Formvorschrift zur Anwendung kommt, weil in einem Einzelvertrag auf einen bestimmten Tarifvertrag Bezug genommen wird, handelt es sich nicht um eine gesetzliche, sondern nur um eine vertraglich vereinbarte Formvorschrift, für die nicht § 126 BGB, sondern die erleichterte Form des § 127 BGB einschlägig ist, so dass auch Telefaxunterschriften ausreichend sind.[154] Der Anwendungsbereich der erleichterten Form des § 127 BGB ist heute auf Abwicklungsverträge beschränkt. Ob eine vorgeschriebene Schriftform konstitutive Bedeutung haben soll oder ob sie nur Beweiszwecken dient, bestimmt sich nach dem Parteiwillen.[155] Im Zweifel ist von einer konstitutiven Bedeutung der Schriftformklausel auszugehen.[156] 113

Haben sich die Parteien mündlich über die wesentlichen Punkte eines Abwicklungsvertrags geeinigt und soll der vollständige Vertrag schriftlich vom Arbeitgeber und Arbeitnehmer zur Unterschrift zugesandt werden, kommt der Vertrag gemäß den Vermutungen in § 154 BGB im Zweifel erst mit der Unterzeichnung der Vertragsurkunde wirksam zustande. Die mündliche Abrede allein dient zur Vertragsbegründung nur, wenn im Rahmen der Vertragsverhandlungen erkennbar Einigkeit darüber erzielt wurde, dass der Vertrag trotz der bewussten Einigungslücken schon wirksam sein sollte und die Schriftform nur Beweiszwecken dienen sollte, oder wenn die Parteien bereits mit der Durchführung des Vertrags begonnen haben.[157] 114

Die Differenzierung zwischen Aufhebungs- und Abwicklungsvertrag hat künftig auch weit reichende Bedeutung, wenn ein Mitarbeiter aus einem Arbeitsverhältnis in eine Organstellung wechselt. Seit 115

150 ArbG Hannover, Urt. v. 17.01.2001, NZA-RR 2002, 245.

151 *Kunz*, in: *Berscheid/Kunz/Brand*, Praxis ArbR, Teil 4 Rn 23; LAG Sachsen-Anhalt, Urt. v. 04.08.1994, NZA 1995, 791; BAG, Urt. v. 16.05.2000, NZA 2000, 939 = BB 2000, 1786; a.A. LAG Hamm, Urt. v. 08.03.1994, NZA 1995, 993.

152 BAG, Urt. v. 16.05.2000, BB 2000, 1786.

153 BAG, Urt. v. 06.09.1972, AP Nr. 2 zu § 4 BAT.

154 *Kunz*, in: *Berscheid/Kunz/Brand*, Praxis ArbR, Teil 4 Rn 24.

155 *Weber/Erich/Burmester*, Handbuch der arbeitsrechtlichen Aufhebungsverträge, Teil 1 Rn 11.

156 BAG, Urt. v. 22.09.1979, DB 1980, 542.

157 ArbG Frankfurt, Urt. v. 09.07.1998, ARST 1998, 195.

der Entscheidung des BAG vom 25.04.2002[158] gilt die frühere Rechtsprechung[159] nicht mehr,[160] wonach das Arbeitsverhältnis des GmbH-Geschäftsführers oder Vorstand, wenn nichts anderes vereinbart war, mit dem Wechsel in die Organstellung ruhte. Nach der Rechtsprechungswende ist bei nicht klaren und eindeutigen vertraglichen Vereinbarungen bis zum In-Kraft-Treten des § 623 BGB von der Vermutung auszugehen, dass mit Abschluss eines Geschäftsführer-Dienstvertrages das ursprüngliche Arbeitsverhältnis des Arbeitnehmers konkludent aufgehoben wurde. Seit In-Kraft-Treten des § 623 BGB ist für eine konkludente Aufhebung von Arbeitsverhältnissen nach einem Wechsel des Arbeitnehmers in eine Organstellung nicht mehr möglich. Wurde keine Kündigung des Arbeitsverhältnisses ausgesprochen, die ihrerseits der Schriftform bedarf und wurde kein dem Schriftformerfordernis unterliegender Aufhebungsvertrag geschlossen, kann der abberufene und/oder gekündigte Organvertreter seine Rechte aus dem ruhend gebliebenen Arbeitsverhältnis geltend machen.[161]

116 Zwar kann das Arbeitsverhältnis vor einem Organwechsel auch durch Abwicklungsvertrag bei vorangegangener (betriebsbedingter) Kündigung beendet werden. Da man einem Mitarbeiter, den man soeben befördert hat, nicht gleichzeitig gerne eine Kündigung ins Haus schickt, kommt der Abwicklungsvertrag bei dieser Fallgestaltung nicht zur Anwendung. Zweifelhaft ist allerdings die Auffassung, dass in jedem Anstellungsvertrag eines Organs einer juristischen Person, der üblicherweise schriftlich geschlossen wird, gleichzeitig bereits die einvernehmliche Aufhebung des Arbeitsverhältnisses liegt.[162] Hiergegen wird mit Recht eingewendet, dass die Formvorschrift gerade dazu diene, Zweifelfragen über den Bestand des Arbeitsverhältnisses auszuschließen und damit mehr Rechtssicherheit und Schutz vor Übereilung zu bieten.[163] Außerdem fehlt es für die Annahme eines im Abschluss des Dienstvertrages liegenden Aufhebungsvertrages zumeist an einer ordnungsgemäßen Vertretung des Arbeitgebers. Beim Abschluss des Dienstvertrages wird die Gesellschaft gegenüber dem Geschäftsführer durch die Gesellschafterversammlung oder einen fakultativen Aufsichtsrat vertreten. Zum Abschluss von Arbeitsverträgen sind diese Organe ebenso wenig befugt wie zum Abschluss von Aufhebungsverträgen.[164]

117 Für Kündigungen gelten die gleichen Formvorschriften wie für Auflösungsverträge. Auch eine vorsorgliche Kündigung bedarf der Schriftform. Eine Teilkündigung, die auf die Ablösung einzelner Vertragsbestimmungen und nicht auf die Beendigung des Arbeitsverhältnisses in seiner Gesamtheit gerichtet ist, unterfällt nicht dem Schriftformerfordernis nach § 623 BGB.[165] Eine Nichtverlängerungsmitteilung des Arbeitgebers bei Ablauf eines befristeten Arbeitsverhältnisses ist keine Kündigung und bedarf daher nicht der Schriftform.[166] Die als Nichtverlängerungsmitteilung verkündete Wissenserklärung des Arbeitgebers ist nicht selbst auf die Beendigung des Arbeitsverhältnis gerichtet, sondern soll den Arbeitnehmer über die durch Befristung eintretende Auflösung des Arbeitsverhältnisses informieren.[167] Die Nichtfortsetzungserklärung des Arbeitnehmers nach § 12 Satz 1 KSchG ist eine Kündigung i.S.v. § 623 BGB.[168] Schließt der Arbeitnehmer nach einem gewonnenen Kündigungsschutzprozess in der Frist des § 12 KSchG durch eine Nichtfortsetzungserklärung und

158 BAG, Urt. v. 25.04.2002, NJW 2003, 918 = AP Nr. 11 zu § 543 ZPO 1977.

159 BAG, Urt. v. 12.03.1987, DB 1987, 2659; BAG, Urt. v. 09.05.1986, DB 1986, 1474.

160 Diese Rechtsprechung bröckelte bereits mit den Entscheidungen des BAG v. 07.10.1993, NZA 1994, 212 und mit dem Urt. des BAG v. 08.06.2000, DB 2000, 1918.

161 Siehe auch *Niebler/Schmiedl*, NZA-RR 2001, 281.

162 Staudinger/*Oetker*, § 623 Rn 33, 39; *Baeck/Hopfner*, DB 2000, 1914; *Krause*, ZIP 2000, 2284; ErfK/*Müller-Glöge*, § 623 BGB Rn 12; *Kamanobrou*, DB 2002, 146.

163 *Fischer*, NJW 2003, 2417; *Dollmann*, BB 2003, 1838; Henssler/Willemsen/Kalb/*Kliemt*, Anh. § 9 KSchG Rn 9.

164 *Hahn*, GmbHR 2004, 279.

165 *Däubler*, AiB 2000, 188; *Richardi/Annuß*, NJW 2000, 1231; *Appel/Kaiser*, AuR 2000, 281; *Preis/Gotthardt*, NZA 2000, 348.

166 ErfK/*Müller-Glöge*, § 623 BGB Rn 8.

167 BAG, Urt. v. 03.11.1999, AP Nr. 54 zu § 611 BGB Bühnenengagementvertrag.

168 *Müller-Glöge/von Senden*, AuA 2000, 199; Staudinger/*Oetker*, § 623 Rn 28; *Preis/Gotthardt*, NZA 2000, 348.

einen anschließenden Vertrag auf die wirtschaftlichen Modalitäten der Beendigung des Arbeitsverhältnisses eine Vereinbarung mit dem Arbeitgeber, so bedarf die Nichtfortsetzungserklärung der Schriftform, der nachfolgende Vertrag ist formfrei. Bei dem nachfolgenden Vertrag handelt es sich allerdings nicht um einen Abwicklungsvertrag, da eine Nichtfortsetzungserklärung einer Eigenkündigung des Arbeitnehmers gleichzusetzen ist. Dem Abwicklungsvertrag geht eine arbeitgeberseitige Kündigung voraus.

Eine **Besonderheit** besteht beim Abschluss von Abwicklungs- und Aufhebungsverträgen von Arbeitnehmern, die **bei kirchlichen Einrichtungen im Bereich des Erzbistums Köln oder in anderen Bistümern** beschäftigt sind. Nach § 14 des Gesetzes über die Verwaltung des katholischen Kirchenvermögens verpflichtet eine Willenserklärung des Kirchenvorstandes die Kirchengemeinde nur, wenn sie vom Vorsitzenden des Kirchenvorstands oder seinem Stellvertreter und zwei Mitgliedern schriftlich unter Bedrückung des Amtssiegels abgegeben wird. 118

III. Zustandekommen von Aufhebungs- und Abwicklungsverträgen

Wie jeder Vertrag kommen Aufhebungs- und Abwicklungsverträge durch Angebot und Annahme zustande, wobei beim Aufhebungsvertrag seit dem 01.05.2000 die Formvorschrift des § 623 BGB zu beachten ist. Schlüssige Aufhebungsverträge konnten bis zum 01.05.2000 auch durch schlüssiges Verhalten geschlossen werden, wenn zwei in ihrem Erklärungswert eindeutige Willenserklärungen vorlagen.[169] Diese Rechtsprechung ist in ihrem Anwendungsbereich jetzt nur noch auf den Abwicklungsvertrag beschränkt. Selbst individualvertragliche Schriftformklauseln können mit Abschluss eines mündlichen Abwicklungsvertrages von den Parteien konkludent formlos aufgehoben werden,[170] so dass schlüssig nicht nur ein Abwicklungsvertrag geschlossen, sondern auch eine im Arbeitsvertrag vereinbarte Schriftformklausel konkludent aufgehoben werden kann. 119

Hat der Arbeitgeber dem Mitarbeiter ein Aufhebungsangebot zugesandt, gelten die §§ 145 ff. BGB. Dem Mitarbeiter ist eine angemessene Überlegungsfrist nach § 147 Abs. 2 BGB zuzubilligen. Diese nach den Umständen des Einzelfalles zu bestimmende Überlegungsfrist kann mit zwei bis vier Wochen beziffert werden.[171] Nimmt der Arbeitnehmer das Angebot eines Abwicklungsvertrages nach Ablauf von vier Wochen an, handelt es sich um eine verspätete Annahme i.S.v. § 150 Abs. 1 BGB, die als neues Angebot zu werten ist. 120

Das LAG Berlin[172] hebt bei der Frage der »regelmäßigen Umstände« i.S.v. § 147 Abs. 2 BGB auf die Umstände des Einzelfalles ab, beispielsweise auf die Dauer der vorangegangenen Verhandlungen, sowie darauf, ob der Arbeitnehmer bei Eingang des Angebots in Urlaub war u.Ä. In dem vom LAG Berlin entschiedenen Fall wurden die Verhandlungen über einen Zeitraum von acht Monaten geführt. Lässt das Verhalten des Arbeitgebers keine Eilbedürftigkeit erkennen, und belaufen sich die »Etappen«, die der Arbeitgeber benötigt, um jeweils entweder zu Vorschlägen des Arbeitnehmers Stellung zu nehmen oder eigene Vorschläge abzugeben, auf einen Zeitraum von mehreren Wochen, ggf. von Monaten, bestimmt sich die Annahmefrist des § 147 Abs. 2 BGB unter Berücksichtigung dieser Umstände. Fehlt eine Fristsetzung nach § 148 BGB und befand sich der Arbeitnehmer zum Zeitpunkt des Zugangs des Angebots in Urlaub, stellt die Annahme eines Aufhebungsvertragsangebots am 07.08. noch eine unter Einräumung einer angemessenen Überlegungsfrist rechtzeitige Annahme i.S.v. § 147 Abs. 2 BGB dar, wenn der Arbeitnehmer erst im Laufe des Juli aus seinem Urlaub zurückgekommen ist, sein Anwalt, mit dem er noch sprechen wollte, zunächst in Urlaub war und somit nur ca. drei Wochen tatsächliche Überlegungsfrist zur Verfügung standen. 121

Ein eigenmächtiger Urlaubsantritt stellt grundsätzlich keine Willenserklärung im Sinne eines Auflösungsangebots oder im Sinne der Annahme des Angebots auf Abschluss eines Abwicklungsvertrages 122

169 LAG Sachsen, Urt. v. 09.03.1995, BB 1995, 1691.
170 So für den Aufhebungsvertrag vor In-Kraft-Treten des § 623 BGB: BAG, Urt. v. 04.06.1963, AP Nr. 1 zu § 127 BGB.
171 *Kunz*, in: *Berscheid/Kunz/Brand*, Praxis ArbR, Teil 4 Rn 31.
172 LAG Berlin, Urt. v. 25.07.1996, NZA-RR 1999, 355.

dar.[173] Das Angebot auf Abschluss eines Aufhebungsvertrags durch den Arbeitgeber macht ein tatsächliches Arbeitsangebot des Arbeitnehmers, der das Angebot auf Abschluss eines Aufhebungsvertrags nicht angenommen hat, nicht entbehrlich.[174]

123 Minderjährigen ist es, ausgenommen bei Berufsausbildungsverträgen, gestattet, sofern sie über eine Ermächtigung nach § 113 Abs. 1 Satz 1 BGB verfügen, ein Arbeitsverhältnis einzugehen und damit auch einen Aufhebungs- oder Abwicklungsvertrag zu schließen.[175]

IV. Bedingte Aufhebungsverträge

124 Bedingte Aufhebungsverträge sind generell nicht wirksam, wenn und soweit sie dem Arbeitnehmer durch die Bedingung den Schutz zwingender Kündigungsvorschriften nehmen.[176] Unwirksam ist ein Aufhebungsvertrag, der regelt, dass das Arbeitsverhältnis endet, wenn der Mitarbeiter nach dem Ende seines Urlaubs die Arbeit an einem vereinbarten Tag nicht wieder aufnimmt.[177] Ebenso unwirksam ist eine Vereinbarung, wonach das Arbeitsverhältnis zum Urlaubsende aufgelöst wird, dem Arbeitnehmer aber gleichzeitig die Wiedereinstellung zu seinen bisherigen Arbeitsbedingungen unter der Voraussetzung zugesagt wird, dass er einen entsprechenden Antrag an einem bestimmten, nach dem Urlaubsende liegenden Tag stellt.[178] Unwirksam ist auch der Abschluss eines Aufhebungsvertrages mit einem alkoholgefährdeten Mitarbeiter, wonach das Arbeitsverhältnis an einem bestimmten Tag endet, wenn bis zu diesem Tag der Arbeitnehmer wieder Alkohol zu sich genommen hat.[179]

125 Keinen wegen Umgehung des Kündigungsschutzes unwirksamen, bedingten Abwicklungsvertrag mit einem alkoholabhängigen Arbeitnehmer schließt nach Auffassung von *Graefe*[180] der Arbeitgeber, wenn er das Arbeitsverhältnis unbedingt beendet, aber eine bedingte Einstellungszusage zu einem zunächst auf zwei Jahre befristeten Arbeitsverhältnis gibt. *Graefe* regt an, beim suchtkranken Arbeitnehmer folgenden gerichtlichen Vergleich protokollieren zu lassen.

126
1. Die Parteien sind sich darüber einig, dass das zwischen ihnen bestehende Arbeitsverhältnis durch ordentliche Kündigung mit Ablauf des ______ seine Beendigung gefunden hat, weil der Kläger aus personenbedingten Gründen nicht mehr in der Lage war, die arbeitsvertraglich geschuldete Leistung zu erbringen.
2. Der Kläger unterzieht sich einer stationären Therapie mit einer Dauer von ______ Monaten.
3. Der Beklagte verpflichtet sich, den Kläger unter Anrechnung der bisherigen Beschäftigungszeiten zu den zuletzt geltenden Vertragsbedingungen mit Wirkung zum ______ neu einzustellen, wenn der Kläger den erfolgreichen Abschluss der Suchttherapie durch ärztliches Attest nachweist.
4. Die Einstellung erfolgt zunächst befristet auf zwei Jahre. Wenn der Kläger in diesem Zeitraum alkoholunauffällig bleibt, also weder alkoholbedingt seinem Arbeitsplatz fernbleibt, alkoholisiert die Arbeit antritt oder deswegen nach Hause geschickt werden muss, noch Alkohol während der Arbeit zu sich nimmt, verpflichtet sich der Beklagte, das Arbeitsverhältnis nach Ablauf der Frist unbefristet fortzusetzen.

173 *Frölich*, NZA 1997, 1273.

174 LAG Brandenburg, Urt. v. 24.04.2001 – 2 Sa 326/00 (n.v.).

175 LAG Hamm, Urt. v. 08.09.1970, DB 1971, 779; a.A. LAG Bremen, Urt. v. 15.10.1971, DB 1971, 2318 (für den Fall einer schwangeren Minderjährigen).

176 BAG, Urt. v. 20.12.1984, AP Nr. 9 zu § 620 BGB Bedingung; Urt. v. 04.12.1991, DB 1992, 948; Urt. v. 11.10.1995, DB 1996, 891.

177 BAG, Urt. v. 19.12.1974, NJW 1975, 1531.

178 BAG, Urt. v. 25.06.1987, NZA 1988, 391.

179 LAG München, Urt. v. 20.10.1987, NZA 1988, 586.

180 BB 2001, 1251 (1253).

5. Innerhalb des Befristungszeitraums kann das Arbeitsverhältnis mit der gesetzlichen (tariflichen) Kündigungsfrist gekündigt werden. Das Recht zur außerordentlichen Kündigung bleibt unberührt.
6. Der Kläger erteilt sein Einverständnis mit der Entnahme einer Blutprobe durch seinen Arzt für den Fall, dass konkrete Anhaltspunkte vorliegen, die auf den Genuss von Alkohol schließen lassen.

Als sachgrundlose Befristung ist die Befristung in Ziffer 4. des Vergleichsvorschlags unwirksam, § 14 Abs. 2 Satz 2 TzBfG. Die Befristung wäre wirksam, würde man sie gem. § 14 Abs. 1 Satz 2 Nr. 5 gelten lassen. Der Charme einer solchen Argumentation bestünde darin, dass die Linie der Argumentation des BAG im Urteil vom 07.03.2002[181] gewahrt wäre. 127

Mit einem Auszubildenden lässt sich ein Ausbildungsverhältnis nicht wirksam beenden unter der Bedingung, dass das Zeugnis des Auszubildenden im nächsten Berufsschulhalbjahr in bestimmten, im Vertrag näher aufgeführten Fächern die Note »mangelhaft« aufweist.[182] Keine Gestaltungsbedenken bestehen dagegen bei »Heimkehrklauseln«. Enthält der Aufhebungsvertrag die Regelung, dass der Mitarbeiter für den Fall einer endgültigen Rückkehr in seine Heimat nach Beendigung des Arbeitsverhältnisses eine Abfindung erhält, werden die §§ 9, 10 KSchG nach Auffassung des BAG nicht umgangen.[183] 128

Bauer[184] weist auf zwei widersprüchliche Entscheidungen des LAG Baden-Württemberg zu auflösend bedingten Aufhebungsverträgen hin. Als Prozessvergleich soll ein aufschiebend bedingter Aufhebungsvertrag wirksam,[185] als außergerichtlicher Aufhebungsvertrag soll er unwirksam sein.[186] Im gerichtlichen Vergleich hatte sich eine Arbeitnehmerin verpflichtet, dass das Arbeitsverhältnis zu einem bestimmten Datum ende, wenn sie im Zeitraum eines Jahres mehr als 10 % der in diesen Zeitraum fallenden Arbeitstage krankheitsbedingt fehle. 129

Ein Aufhebungsvertrag, der auf das vorzeitige Ausscheiden des Arbeitnehmers aus einem Dauerarbeitsverhältnis gerichtet ist, unterliegt regelmäßig nicht der arbeitsgerichtlichen Befristungskontrolle. Der Abschluss eines solchen Aufhebungsvertrages ist nach dem Grundsatz der Vertragsfreiheit zulässig. Gesetzliche Vorgaben bestehen dafür derzeit nicht. Weder muss der Arbeitgeber einen Grund für sein Angebot auf vorzeitige Beendigung der arbeitsvertraglichen Beziehungen benennen noch ist die Wirksamkeit der daraufhin getroffenen Vereinbarung von dem Vorliegen eines Sachgrundes im Sinne des Befristungsrechts abhängig. Es ist vielmehr Ausdruck der freien Entscheidung des Arbeitnehmers, ob er an seinem Dauerarbeitsverhältnis festhalten will oder dem Aufhebungsangebot des Arbeitgebers zustimmt.[187] Etwas anderes gilt nur dann, wenn auf die freie Willensbildung oder -betätigung des Arbeitnehmers in rechtlich zu missbilligender Weise Einfluss genommen worden ist (vgl. §§ 119, 123 BGB) oder grundgesetzliche Schutzpflichten (Art. 1 Abs. 3 GG) Anlass geben, im Rahmen der zivilrechtlichen Generalklauseln einer solchen Vereinbarung die gerichtliche Durchsetzung zu versagen.[188] 130

In einer schwer nachzuvollziehenden Entscheidung vertrat das BAG[189] die Auffassung, ein Aufhebungsvertrag, dessen Regelungsgehalt nicht auf die Beendigung, sondern auf eine befristete 131

181 BB 2002, 2070 = FA 2002, 317
182 BAG, Urt. v. 05.12.1985, NZA 1987, 20.
183 BAG, Urt. v. 07.05.1987, NZA 1988, 15.
184 *Bauer*, Arbeitsrechtliche Aufhebungsverträge, Rn I 88.
185 LAG Baden-Württemberg, Urt. v. 15.12.1981, DB 1982, DB 1982, 1989.
186 LAG Baden-Württemberg, Urt. v. 15.10.1990, BB 1991, 209.
187 BAG, Urt. v. 30.09.1993, AP Nr. 37 zu § 123 BGB = BAGE 74, 281.
188 Hierzu ErfK/*Dieterich*, Art. 2 GG Rn 30 ff. m.w.N.
189 BAG Urt. v. 12.01.2000, AP Nr. 16 zu § 620 BGB Aufhebungsvertrag; siehe demgegenüber die bisherige Rspr.: BAG, Urt. v. 04.12.1991, EzA § 620 BGB Nr. 113; BAG, Urt. v. 30.09.1993, AP Nr. 37 zu § 123 BGB.

mehrjährige Fortsetzung eines Dauerarbeitsverhältnisses gerichtet sei, bedürfe zu seiner Wirksamkeit eines sachlichen Grundes. Ein solcher Vertrag unterliege wie die nachträgliche Befristung eines unbefristeten Arbeitsvertrages der arbeitsgerichtlichen Befristungskontrolle, um eine funktionswidrige Verwendung des Rechtsinstituts des befristeten Arbeitsvertrages in der Form des Aufhebungsvertrages auszuschließen. Zuzugeben ist dem BAG, dass der seiner Entscheidung zugrunde liegende Sachverhalt nicht frei von Merkwürdigkeiten war. Aus betriebsbedingten Gründen sollte einem Hausmeister der TU Dresden gekündigt werden. Man einigte sich auf den Abschluss eines Aufhebungsvertrages, wonach das Arbeitsverhältnis noch ca. dreieinhalb Jahre fortgesetzt werden sollte. Weitere Einzelheiten enthielt der Aufhebungsvertrag nicht. Gewiss fragt man sich, worin die **dringenden** betrieblichen Erfordernisse liegen, wenn das Arbeitsverhältnis noch dreieinhalb Jahre fortgesetzt werden kann?

132 Auf der anderen Seite bedeutet die Forderung nach einem **Sachgrund für den Zeitraum zwischen Abschluss des Aufhebungsvertrages und Arbeitsvertragsende** ein Kuriosum. Die Befristungsrechtsprechung ist entwicklungsgeschichtlich auf das Bedürfnis zurückzuführen, die Umgehung des Kündigungsschutzes zu vermeiden, die durch den Abschluss befristeter Arbeitsverträge bewirkt werden kann. Die Forderung nach einer Sachgrundbefristung kam daher auf und wird bis auf den heutigen Tag über § 14 TzBfG aufgestellt, allerdings nur in den Fällen, in denen zu Beginn des Arbeitsverhältnisses das Ende des Arbeitsverhältnisses bereits feststeht. Schließt ein Arbeitnehmer einen Aufhebungsvertrag, besteht kein Bedürfnis, einer Umgehung des Kündigungsschutzes entgegenzuwirken. Das Wesen des Aufhebungsvertrages besteht ja gerade darin, dass durch übereinstimmende Willenserklärung dem Vertragspartner ein Beendigungstatbestand gesetzt wird, der von vorneherein außerhalb des Kündigungsschutzes angesiedelt ist bzw. zwangsläufig zum Verlust des Kündigungsschutzes führt. Für die Forderung nach einem Sachgrund besteht zudem nur bei befristeten Arbeitsverhältnissen ein Bedarf. Schließt der Arbeitnehmer einen Aufhebungsvertrag, wird ein unbefristetes Arbeitsverhältnis beendet, d.h. schon vom dogmatischen Ansatz her ist es unzulässig, die Anforderungen der Sachgrundbefristung auf das mit einem Aufhebungsvertrag vereinbarte Vertragsende zu projizieren. Es mag sein, dass die Undurchsichtigkeit der Hintergründe, die in dem vom BAG entschiedenen Fall zum Abschluss des Aufhebungsvertrages geführt haben, dem Senat bei seinem Rückgriff auf die Befristungsrechtsprechung Pate gestanden haben. Gegenwärtig muss der Gestalter von Aufhebungsverträgen darauf achten, dass kein allzu langer Zeitraum zwischen Vertragsschluss und Ende des Arbeitsverhältnisses liegt, spätestens wenn die Kündigungsfrist überschritten ist, steht die Wirksamkeit des Aufhebungsvertrags unter dem Diktat eines vom BAG geforderten Sachgrunds.

V. Nichtige Aufhebungsverträge

1. Anfechtung nach § 123 BGB

133 Die Berufung des Arbeitgebers auf den Aufhebungsvertrag stellt keine unzulässige Rechtsausübung dar, wenn die Vereinbarung unter Zeitdruck zustande gekommen ist. Das BAG hat mit Urteil vom 30.09.1993[190] die Überrumpelungsentscheidung des LAG Hamburg[191] nur im Ergebnis, nicht in der Begründung bestätigt und in einer weiteren Entscheidung die Grundsätze seiner Anfechtungsrechtsprechung wiederholt.[192] Die Anfechtung kann auf die beiden Alternativen in § 123 Abs. 1 Satz 1 nach Maßgabe der nachfolgenden Grundsätze gestützt werden.

190 BB 1994, 785.
191 Urt. v. 03.07.1991, LAGE § 611 BGB Aufhebungsvertrag Nr. 6.
192 BAG. Urt. v. 14.02.1996, NZA 1996, 811; LAG Mecklenburg-Vorpommern, Urt. v. 06.07.1995, NZA 1996, 535.

a) Wegen arglistiger Täuschung, § 123 Abs. 1 Satz 1 Alt. 1 BGB

Häufig spielt in Aufhebungsverhandlungen die Frage des Arbeitgebers eine Rolle, ob der Arbeitnehmer einen Anschlussarbeitsplatz bereits gefunden hat. Beantwortet der Arbeitnehmer die ausdrückliche Frage des Arbeitgebers nach dem Bestehen eines Anschlussarbeitsplatzes wahrheitswidrig, kommt ein Anfechtungsrecht des Arbeitgebers in Betracht. Der Arbeitnehmer ist nicht von sich aus verpflichtet, die Tatsache einer Anschlussbeschäftigung zu offenbaren. Insoweit besteht mithin keine Offenbarungspflicht, sondern ein bloßes Fragerecht des Arbeitgebers.[193] Der Arbeitnehmer hat kein Recht zur Lüge.[194] Im Fall einer wahrheitswidrigen Antwort des Arbeitnehmers soll nach Auffassung von *Bauer*[195] der Arbeitgeber die Anfechtung nach § 123 BGB in Verbindung mit einer außerordentlichen Kündigung erklären können, wobei der Arbeitgeber bei dieser Sachlage weder das Arbeitsverhältnis fortsetzen, noch eine Abfindung zahlen müsse. Bei Zweifeln des Arbeitgebers daran, ob der Arbeitnehmer wahrheitsgemäß die Frage nach dem Bestehen eines Anschlussarbeitsverhältnisses beantwortet, empfiehlt sich eine Regelung im Aufhebungsvertrag, wonach sich der Arbeitnehmer bei wahrheitswidriger Beantwortung über das Bestehen eines Anschlussarbeitsverhältnisses zum Zeitpunkt des Vertragsschlusses zur Rückzahlung der Abfindung verpflichtet.[196] Ggf. lässt sich der Arbeitgeber diesen Anspruch für einen gewissen Zeitraum durch eine Bürgschaft sichern. 134

Auch der Arbeitnehmer kann den Aufhebungsvertrag anfechten, wenn er vom Arbeitgeber zum Abschluss der Aufhebungsvereinbarung durch arglistige Täuschung veranlasst wurde.[197] Hat der Arbeitgeber den Arbeitnehmer bewusst falsch über den Wegfall des Arbeitsplatzes wegen angeblicher Vergabe der Tätigkeit des Arbeitnehmers an ein Fremdunternehmen informiert und hat der Arbeitnehmer daraufhin einen Aufhebungsvertrag geschlossen, ist der Arbeitnehmer zur Anfechtung des Aufhebungsvertrages wegen arglistiger Täuschung berechtigt. Eine Anfechtung nach § 123 BGB ist auch dann wirksam, wenn die Aufhebungsvereinbarung eine Unsicherheit oder Streitpunkte behandelt, die vergleichsweise erledigt werden sollten.[198] Ein etwaiger Irrtum des Arbeitnehmers über die aus dem Abschluss des Aufhebungsvertrag sich ergebenden Nachteile wie beispielsweise Eintritt einer Sperrfrist bei Bezug von Arbeitslosengeld ist als bloßer Motiv- bzw. Rechtsfolgeirrtum unbeachtlich.[199] Der Arbeitnehmer kann einen Aufhebungsvertrag auch nicht deshalb wegen arglistiger Täuschung anfechten, wenn der Arbeitgeber es unterlassen hat, ihn über die beabsichtigte Durchführung einer sozialplanpflichtigen Betriebsänderung aufzuklären.[200] 135

Unterschreibt jemand einen Aufhebungsvertrag, ohne ihn vorher gelesen zu haben, kann er sich nicht darauf berufen, er sei arglistig getäuscht worden.[201] 136

193 *Bauer*, Arbeitsrechtliche Aufhebungsverträge, Rn I 200; *Liebscher*, BB 1993, 2236; vgl. differenzierend LAG Hamm, Urt. v. 19.05.1994, BB 1994, 2072: »Bei Vergleichserörterungen im Kündigungsschutzprozess ist der Arbeitnehmer nicht verpflichtet, von sich aus die Tatsache einer Anschlussbeschäftigung zu offenbaren. Die dahin gehende Frage des Gerichts oder des Arbeitgebers muss er jedoch wahrheitsgemäß beantworten. Dem Arbeitgeber ist jedoch auch bei wahrheitswidriger Beantwortung dieser Frage dann kein Schaden entstanden, wenn die Höhe der vereinbarten Abfindung nach den in der arbeitsgerichtlichen Praxis üblichen Regeln bestimmt worden ist« a.A. ArbG Rheine, Urt. v. 25.06.1993, BB 1993, 1810 (Vorinstanz).

194 *Kunz*, in: *Berscheid/Kunz/Brand*, Praxis ArbR, Teil 4 Rn 273.

195 *Bauer*, Arbeitsrechtliche Aufhebungsverträge, Rn I 201; *Liebscher*, BB 1993, 2236.

196 Vgl. *Hümmerich*, AnwaltFormulare Arbeitsrecht, Muster 2235 § 4 Rn 1101 (§ 16).

197 Siehe *Ehrich*, DB 1992, 2239.

198 LAG Köln, Urt. v. 07.01.1994, BB 1994, 1716.

199 BAG, Urt. v. 10.03.1988, NZA 1988, 837; BAG, Urt. v. 24.02.1996, NZA 1996, 811.

200 BAG, Urt. v. 13.11.1996, DB 1997, 936.

201 ArbG Frankfurt, Urt. v. 15.08.2001 – 7 Ca 6629/00 (n.v.).

b) Wegen widerrechtlicher Drohung, § 123 Abs. 1 Satz 1 Alt. 2 BGB

137 Erwähnt der Arbeitgeber während der Verhandlungen über den Aufhebungsvertrag, dass er, falls es nicht zum Abschluss des Aufhebungsvertrages kommt, das Arbeitsverhältnis kündigen werde, ist zu prüfen, ob in der Erklärung des Arbeitgebers eine widerrechtliche Drohung gem. § 123 Abs. 1 Satz 1 Alt. 2 BGB gelegen hat. Nach der BAG Rechtsprechung ist die Androhung einer ordentlichen wie einer außerordentlichen Kündigung stets widerrechtlich i.S.v. § 123 Abs. 1 BGB, wenn ein »verständiger Arbeitgeber« eine solche Kündigung nicht »ernsthaft in Erwägung gezogen« hätte.[202] Die Berufung des Arbeitgebers auf den Aufhebungsvertrag stellt allerdings keine unzulässige Rechtsausübung dar, auch wenn die Vereinbarung unter Zeitdruck zustande gekommen ist. Das BAG hat mit Urteil vom 30.09.1993[203] die Überrumpelungsentscheidung des LAG Hamburg[204] im Ergebnis, nicht jedoch in der Begründung bestätigt und in einer weiteren Entscheidung die Grundsätze seiner Anfechtungsrechtsprechung wiederholt.[205] Das BAG hat mit Urteil vom 30.09.1993 zu den Wirkungen einer Überrumpelung in der Entscheidung des LAG Hamburg[206] nicht Stellung genommen.[207] Von seinem Standpunkt aus musste das BAG zum Aspekt der Überrumpelung nicht Stellung nehmen, weil es aus seiner Sicht nur darauf ankam, ob ein verständiger Arbeitgeber die Kündigung in Erwägung gezogen haben würde oder nicht. Da im konkreten Fall aus Sicht des BAG ein verständiger Arbeitgeber eine Kündigung nicht erwogen haben würde, war die Anfechtung wegen widerrechtlicher Drohung erfolgreich und das BAG musste auf die Frage, ob der Arbeitnehmer sich wegen einer fehlenden Bedenkzeit überrumpelt fühlen durfte, nicht näher eingehen.

138 Das LAG Mecklenburg-Vorpommern[208] hat sich ausführlich mit der Frage befasst, ob dem Arbeitnehmer eine Bedenkzeit oder ein Rücktritts- oder Widerrufsrecht eingeräumt werden muss und insbesondere ob ihm das Thema des beabsichtigten Gesprächs, wenn er zum Personalchef gebeten wird, vorher mitzuteilen ist. Die Kammer kam zu dem Ergebnis, dass es im Rahmen der verfassungsrechtlich geschützten Privatautonomie jeder Partei selbst obliege, ihre eigenen Interessen wahrzunehmen. Der Arbeitgeber sei nicht von vornherein gehalten, ein gegen die Beendigung des Arbeitsverhältnisses gerichtetes Interesse des Arbeitnehmers besonders zu fördern. Die Vertragsfreiheit schließe grundsätzlich die Möglichkeit ein, voreilig und ohne hinreichende rationale Überlegungen Willenserklärungen abzugeben. Der Arbeitnehmer besitze kein allgemeines Reuerecht.

139 Das LAG Hamm hat eine unter Überrumpelungsaspekten weit reichende Entscheidung gefällt. Der Arbeitnehmer könne in der Regel nicht verlangen, dass zu anstehenden Personalgesprächen die Anwesenheit seines Anwalts zugelassen werde.[209] Personalgespräche seien höchstpersönlich wahrzunehmen. Die Teilnahme an Personalgesprächen gehöre zum selbstverständlichen Pflichtenkreis des Arbeitnehmers, der die eigentliche Kernpflicht, nämlich die Leistung entgeltlicher Arbeit, umgebe. Da die vertragliche Dienstleistung des Arbeitnehmers gem. § 613 BGB höchstpersönlich wahrzunehmen sei, seien auch die von dem Arbeitgeber angeordneten Personalgespräche grundsätzlich höchstpersönlich wahrzunehmen. Der streng personenbezogene Charakter des Arbeitsverhältnisses verbiete es, dass der Arbeitnehmer gegen den Widerstand des Arbeitgebers betriebsfremde Personen zur Wahrnehmung seiner Pflichten aus dem Arbeitsverhältnis hinzuziehe. Der Arbeitgeber könne erwarten, dass sich der Arbeitnehmer einem Personalgespräch persönlich stelle und hierbei mitwirke. Dies gelte nicht nur für solche Gespräche, in denen es allein um die technische Abwicklung

202 BAG, Urt. v. 30.03.1960 AP Nr. 8 zu § 123 BGB; Urt. v. 20.11.1969, AP Nr. 16 zu § 123 BGB; Urt. v. 24.01.1985, AP Nr. 8 zu § 1 TSVG Tarifverträge Einzelhandel; Urt. v. 30.09.1993, NZA 1994, 209; Urt. v. 09.03.1995, NZA 1996; 875; Urt. v. 14.02.1996, 811; Urt. v. 21.03.1996, DB 1996, 1879.

203 BAG, Urt. v. 30.09.1993, NZA 1994, 209.

204 Urt. v. 03.07.1991, LAGE § 611 BGB Aufhebungsvertrag Nr. 6.

205 BAG, Urt. v. 14.02.1996, NZA 1996, 811.

206 LAG Hamburg, Urt. v. 03.07.1991, NZA 1992, 309.

207 Anders die Bewertung bei *Kunz*, in: *Berscheid/Kunz/Brand*, Praxis ArbR, Teil 4 Rn 253.

208 Urt. v. 06.07.1995, NZA 1996, 535.

209 LAG Hamm, Urt. v. 23.05.100 – 14 Sa 497/01, SPA 1/2002, 4.

bestimmter Vorgänge gehe, sondern auch für solche Gespräche, bei denen grundsätzliche Fragen des Arbeitsverhältnisses besprochen werden sollen.

aa) Anfechtungsgrund »Androhung einer Kündigung«

Der in der Praxis am häufigsten anzutreffende Anfechtungsgrund gem. § 123 BGB besteht in der »Androhung einer Kündigung« durch den Arbeitgeber. Die Androhung einer Kündigung ist ein Anfechtungsgrund, wenn ein verständiger Arbeitgeber eine solche Kündigung nicht in Erwägung gezogen haben würde.[210] Eine Kassiererin, die bei einem vom Arbeitgeber veranlassten Testkauf versteckte Waren übersieht und sich deshalb auf Drängen des Arbeitgebers mit der Beendigung des Arbeitsverhältnisses ohne Einhaltung einer Kündigungsfrist einverstanden erklärt, kann ihr Einverständnis wegen rechtswidriger Androhung einer Kündigung anfechten.[211] Das bloße Ausnutzen einer seelischen Zwangslage stellt noch keine Drohung dar.[212] Die Drohung muss nicht wörtlich ausgesprochen werden, sie kann auch durch schlüssiges Verhalten signalisiert werden.[213] 140

Widerrechtlichkeit der Drohung besteht, wenn eine objektiv mögliche, sachgerechte Beurteilung eines verständigen Arbeitgebers ergibt, dass keine Kündigung in Betracht zu ziehen gewesen wäre.[214] Den Arbeitnehmer trifft die Darlegungs- und Beweislast, auch hinsichtlich der Umstände, die die angedrohte Kündigung als widerrechtlich erscheinen lassen.[215] 141

Findet auf das Arbeitsverhältnis das Kündigungsschutzgesetz keine Anwendung, scheidet eine Anfechtung wegen widerrechtlicher Drohung einer Kündigung aus.[216] Die Drohung eines Arbeitgebers mit einer außerordentlichen Kündigung bzw. einer Strafanzeige ist nicht widerrechtlich gem. § 123 Abs. 1 BGB, wenn er nach zweimonatiger, ärztlich bescheinigter Arbeitsunfähigkeit den Mitarbeiter in seinem eigenen Lokal als Kellner bei der Arbeit antrifft und sodann einen Aufhebungsvertrag mit ihm schließt.[217] 142

Auch steht einem Arbeitnehmer kein Recht auf Anfechtung eines Aufhebungsvertrages wegen widerrechtlicher Drohung zu, wenn der Arbeitgeber nach Lage der Dinge den Ausspruch einer Verdachtskündigung habe erwägen dürfen, weil er davon ausgehen konnte, der Arbeitnehmer habe vorsätzlich und in der Absicht, sich zwei Zeitungen rechtswidrig zuzueignen, gehandelt.[218] 143

Das Landesarbeitsgericht muss die Aussage einer vom Arbeitsgericht nach § 448 ZPO vernommenen Partei grundsätzlich in seiner Beweiswürdigung nach § 286 Abs. 1 ZPO einbeziehen, auch wenn es selbst keinen Anlass für eine solche Parteivernehmung gesehen hätte, wenn es um die Aufklärung eines »Vier-Augen-Gesprächs« geht. Von der Würdigung der Aussage einer Partei in einem arbeitsgerichtlichen Urteil darf das Landesarbeitsgericht in der Regel nicht abweichen, ohne die Partei erneut vernommen zu haben. Geht es um die Aufklärung eines »Vier-Augen-Gesprächs«, in dem der Arbeitgeber eine Kündigung angedroht haben soll, weshalb der Arbeitnehmer schließlich einen Aufhebungsvertrag schloss, kann dem Gebot der prozessualen Waffengleichheit im Rahmen der Ermessensentscheidung des § 448 ZPO durch die Anordnung der Parteivernehmung entsprochen werden. Daher spricht nach Auffassung des BAG[219] alles dafür, die Partei über ein »Vier-Augen-Gespräch« nach § 141 ZPO anzuhören. 144

210 BAG, Urt. v. 12.08.1999, NZA 2000, 27; BAG, Urt. v. 21.03.1996, NZA 1996, 1030.
211 ArbG Neumünster, Urt. v. 14.03.1996 – 1 Ca 2091/95 (n.v.).
212 BAG, Urt. v. 09.03.1995, NZA 1996, 875; BAG, Urt. v. 07.06.1988, NJW 1988, 2599.
213 BAG, Urt. v. 09.03.1996, NZA 1996, 875; BAG, Urt. v. 30.09.1993, NJW 1994, 1021.
214 BAG, Urt. v. 16.01.1992, NZA 1992, 1023; BAG, Urt. v. 30.01.1986, NZA 1987, 91.
215 BAG, Urt. v. 12.08.1999, NZA 2000, 279.
216 LAG Hamm, Urt. v. 21.10.1993, BB 1994, 787.
217 LAG Hessen, Urt. v. 02.06.1997, DB 1998, 82.
218 LAG Baden-Württemberg, Urt. v. 22.08.2001 – 12 Sa 43/01 (n.v.).
219 Urt. v. 06.12.2001, NZA 2002, 731 = DB 2002, 1328.

bb) Anfechtungsgrund »Androhung einer Strafanzeige«

145 Wenn schwerwiegende Verdachtsmomente gegen den Arbeitnehmer vorliegen und das Auflösungsbegehren des Arbeitgebers mit der Straftat in einem inneren Zusammenhang steht, sind die gleichen Grundsätze wie bei der Androhung einer Kündigung anzuwenden.[220] In der Ankündigung einer Strafanzeige liegt dann keine rechtswidrige Drohung, wenn der Verdacht einer Straftat gegeben ist und der Arbeitgeber keine unwahren oder verfälschenden Angaben gegenüber den Strafverfolgungsbehörden in Aussicht stellt.[221] Dient die Drohung des Arbeitgebers mit einer Strafanzeige wegen schädigender Handlungen des Arbeitnehmers dazu, den Arbeitnehmer zur Wiedergutmachung des Schadens zu veranlassen, handelt der Arbeitgeber in der Regel nicht widerrechtlich, wenn er den geforderten Schadensersatz aufgrund der Angaben des Arbeitnehmers für berechtigt halten durfte.[222]

cc) Anfechtungsgrund »Androhung der Anfechtung des Arbeitsvertrags«

146 Wenn der Arbeitnehmer den Arbeitgeber bei Abschluss des Arbeitsvertrages über seinen beruflichen Werdegang arglistig getäuscht hat, darf der Arbeitgeber bei der Verhandlung über den Abschluss eines Aufhebungsvertrages damit drohen, von seinem Anfechtungsrecht für den Fall Gebrauch zu machen, dass der Arbeitnehmer nicht in einen Aufhebungsvertrag einwilligt.[223]

dd) Anfechtungsgrund »In-Aussicht-Stellen eines guten Zeugnisses zzgl. Abfindung«

147 Die im Rahmen von Verhandlungen über einen Aufhebungsvertrag gefallene Äußerung des Bevollmächtigten des Arbeitgebers, der Arbeitnehmer erhalte eine Abfindung und ein gutes Zeugnis nur, wenn er einen Aufhebungsvertrag unterschreibe, stellt keine zur Anfechtung des Aufhebungsvertrages geeignete rechtswidrige Drohung i.S.v. § 123 BGB dar.[224]

ee) Beweislast bei widerrechtlicher Drohung

148 Die gerichtlichen Anforderungen, die an den Vortrag des Arbeitnehmers, der Arbeitgeber habe ihm gedroht, gestellt werden, sind nicht allzu hoch. Der Arbeitnehmer muss noch nicht einmal vortragen, dass ihm vom Arbeitgeber gedroht worden sei. Es reicht, wenn er vorträgt, die Drohung habe sich aus dem Gesamtzusammenhang des Gesprächs für ihn aufgedrängt.[225]

ff) Verschiedenes

149 Hat der Arbeitnehmer einen Aufhebungsvertrag wegen widerrechtlicher Drohung nach § 123 BGB wirksam angefochten, so kann das Recht des Arbeitnehmers, die Nichtigkeit des Aufhebungsvertrages klageweise geltend zu machen, nach der Rechtsprechung des BAG[226] nur unter ganz außergewöhnlichen Umständen verwirken. Bei der Prüfung des erforderlichen Zeitmoments ist zu berücksichtigen, dass der Gesetzgeber dem Bedrohten schon für die Anfechtung in § 124 BGB eine Überlegungsfrist von einem Jahr einräumt. Der Drohende muss sich deshalb nach Treu und Glauben regelmäßig damit abfinden, dass der Bedrohte die Nichtigkeit des Rechtsgeschäfts auch noch einige Monate nach der Anfechtung und Klageandrohung klageweise geltend macht.

150 Eine Formulierung, mit der beide Seiten auf ein etwaiges Anfechtungsrecht verzichten, ist unwirksam, weil die Anfechtung nach § 123 BGB auch den Anfechtungsverzicht erfasst.[227] Die BAG-Rechtsprechung zur Anfechtung nach § 123 BGB erstreckt sich auch auf die Eigenkündigung eines

220 BAG, Urt. v. 30.01.1986, NZA 1987, 91; *Ehrich*, DB 1992, 2239.
221 LAG Köln, Urt. v. 04.05.1998 – 11 Sa 15/98 (n.v.).
222 BAG, Urt. v. 22.10.1998, NZA 1999, 417.
223 LAG Köln, Urt. v. 13.11.1995, LAGE § 123 BGB Nr. 23.
224 LAG Brandenburg, Urt. v. 16.10.1997, DB 1998, 2376.
225 LAG Berlin, Urt. v. 19.03.1995 – 4 Sa 109/94 (n.v.).
226 Urt. v. 06.11.1997, NZA 1998, 374; LAG Köln, Urt. v. 06.06.1997 – 11 Sa 1328/96 (n.v.).
227 *Bauer*, Arbeitsvertragliche Aufhebungsverträge, Rn I 192; *Weber/Ehrich/Burmester*, Handbuch der arbeitsrechtlichen Aufhebungsverträge, Teil 1 Rn 684.

Arbeitnehmers, die dieser aufgrund der Ankündigung, anderenfalls werde der Arbeitgeber kündigen, ausgesprochen hat.[228]

Wenn der Arbeitnehmer bei Abschluss des Aufhebungsvertrags durch einen Rechtsanwalt oder einen Gewerkschaftssekretär vertreten war und er vor Abschluss des Aufhebungsvertrags eine angemessene Bedenkzeit hatte, scheidet eine Anfechtung wegen widerrechtlicher Drohung aus.[229] 151

2. Sittenwidrigkeit nach § 138 BGB

Ein Aufhebungsvertrag ist **nicht** bereits nach § 138 Abs. 1 BGB deshalb **sittenwidrig**, weil der Arbeitgeber dem Arbeitnehmer weder eine **Bedenkzeit** noch ein **Rücktritts- oder Widerrufsrecht** eingeräumt und ihm auch das Thema des beabsichtigten Gesprächs vorher nicht mitgeteilt hat.[230] Um zu den Feststellungen einer Sittenwidrigkeit zu gelangen, müssen besondere Umstände hinzutreten, die das Geschäft nach seinem Gesamtcharakter nach § 138 BGB sittenwidrig machen.[231] Sittenwidrigkeit wird ferner dann angenommen, wenn ein besonders **grobes Missverhältnis zwischen Leistung und Gegenleistung** besteht, das auf eine verwerfliche Gesinnung des Begünstigten schließen lässt.[232] Bei arbeitsrechtlichen Aufhebungsverträgen reicht für die Annahme der Nichtigkeit nicht aus, dass der Aufhebungsvertrag keine Abfindung enthält.[233] Ein Aufhebungsvertrag dagegen, der die Abfindung einer Versorgungsanwartschaft durch einen Kapitalbetrag vorsieht, kann gegen die guten Sitten verstoßen, wenn zwischen dem Nachgeben des Arbeitnehmers und dem Nachgeben des Arbeitgebers ein grobes Missverhältnis besteht.[234] 152

Die Instanzrechtsprechung verneint regelmäßig ein Rücktritts- bzw. Widerrufsrecht aus dem Grund, dass der Arbeitgeber dem Arbeitnehmer keine Bedenkzeit eingeräumt und ihm das Thema des Verhandlungsgespräches auch nicht vorher mitgeteilt hat. Ein Handwerksmeister, der seinen Malergesellen und seine einzelkaufmännische Angestellte der Konkurrenztätigkeit bezichtigte, bestellte die beiden in sein Büro. Die beiden Mitarbeiter saßen einem fünfköpfigen Arbeitgeberaufgebot gegenüber. Am Ende dieses Gesprächs unterschrieb der Malergeselle eine vorbereitete Eigenkündigung und die kaufmännische Angestellte einen Aufhebungsvertrag mit einer Abfindung von 3.067,75 EUR. Beide fochten ihre Willenserklärung wenige Tage später an. Ihre Klagen wurden vom LAG Köln[235] abgewiesen. Wer, wie die kaufmännische Angestellte, sieben Tage nach Abschluss des ursprünglich u.U. anfechtbaren Aufhebungsvertrages den über die vereinbarte Abfindung ausgestellten und erhaltenen Scheck einlöse, bestätige damit den Aufhebungsvertrag (§ 144 BGB) und könne ihn schon deshalb weitere vier Tage später nicht mehr anfechten. Im Übrigen, so das LAG Köln,[236] existiere bei Verhandlungen über einen Aufhebungsvertrag und entsprechend über eine Eigenkündigung des Mitarbeiters kein strukturelles Ungleichgewicht, da den Arbeitgebervorstellungen ein einfaches »Nein« entgegengesetzt werden könne. Daran ändere auch die Zahl der Verhandlungsbeteiligten nichts. 153

Gehen Arbeitgeber und Arbeitnehmer von einem vom Arbeitnehmer vorsätzlich verursachten Schaden in Höhe von 138.048,80 EUR aus und einigen sich die Parteien auf Vorschlag des Arbeitnehmers auf eine Ausgleichszahlung in Höhe von 61.355,02 EUR, zeigt sich allerdings später, dass der Schaden tatsächlich nur 51.129,18 EUR beträgt, verstößt der Aufhebungsvertrag nicht gegen die guten Sitten.[237] Legen Arbeitgeber und Arbeitnehmer dagegen bei Abschluss eines 154

228 BAG, Urt. v. 29.03.1995, NZA 1996, 875.
229 *Bauer*, Arbeitsrechtliche Aufhebungsverträge, Rn I 186; *Weber/Ehrich/Burmester*, Handbuch der arbeitsrechtlichen Aufhebungsverträge, Teil 1 Fn 675; ähnlich OLG Düsseldorf, Urt. v. 26.04.2001 – 24 U 172/00 (n.v.), für einen Aufhebungsvertrag mit einem freiberuflichen Berater.
230 BAG, Urt. v. 30.09.1993, NZA 1994, 209 = AP Nr. 37 zu § 123 BGB.
231 BAG, Urt. v. 30.09.1993, NZA 1994, 209 = AP Nr. 37 zu § 123 BGB.
232 BAG, Urt. v. 30.07.1985, AP Nr. 39 zu § 138 BGB.
233 *Weber/Ehrich/Burmester*, Handbuch der arbeitsrechtlichen Aufhebungsverträge, Teil 1 Rn 706.
234 BAG, Urt. v. 30.07.1985, NZA 1986, 519.
235 Urt. v. 06.07.1997 – 11 Sa 1310/96 u. 11 Sa 1328/96, ARST 1998, 161.
236 Urt. v. 06.07.1997 – 11 Sa 1310/96 u. 11 Sa 1328/96, ARST 1998, 161.
237 BAG, Urt. v. 30.09.1993, AP Nr. 37 zu § 138 BGB.

vom Arbeitgeber aus betriebsbedingten Gründen initiierten Auflösungsvertrags versehentlich ein der arbeitsvertraglichen Kündigungsfrist nicht entsprechendes Enddatum zu Grunde, so verstößt der Arbeitgeber gegen Treu und Glauben, wenn er den Arbeitnehmer an diesem Enddatum festhalten will.[238] Ein **Prozessvergleich**, in dem einerseits die Beendigung des Arbeitsverhältnisses gegen Zahlung einer Abfindung und andererseits ein Schadensersatzanspruch des Arbeitgebers wegen einer Pflichtverletzung des Klägers geregelt wird, kann teilweise hinsichtlich der bezüglich des Schadensersatzanspruchs getroffenen Regelung angefochten werden, wenn nach dem hypothetischen Parteiwillen davon ausgegangen werden kann, dass der nicht angefochtene Teil des Vergleichs auch ohne die angefochtene Regelung vorgenommen sein würde.[239]

155 Handelt der zur Geschäftsführung befugte Gesellschafter einer bürgerlich-rechtlichen Gesellschaft beim Abschluss eines arbeitsrechtlichen Aufhebungsvertrages mit der Vertragspartnerin in kollusivem Zusammenwirken zu Lasten der Gesellschaft und konnte die Vertragspartnerin dies erkennen, so kann sie sich auf die Wirksamkeit des Vertrages nicht berufen.[240] Auch für den Arbeitnehmer schafft der Aufhebungsvertrag damit nicht immer Rechtssicherheit.

156 Ein **rückdatierter Aufhebungsvertrag** ist nach § 138 Abs. 1 BGB nichtig.[241] Anderer Auffassung sind mit vordergründiger Argumentation das LAG Baden-Württemberg[242] und *Bauer*,[243] wonach der Hauptzweck eines rückdatierten Aufhebungsvertrages nicht in der Täuschung der Bundesagentur für Arbeit liege. Der Verstoß gegen die guten Sitten, der Verstoß gegen § 134 BGB in Verbindung mit dem Betrug nach § 263 StGB zu Lasten der Bundesagentur für Arbeit müsse sich allein aus einem Teilzweck des Rechtsgeschäfts ergeben. Auf eine Hierarchiebildung zwischen einzelnen Motiven kommt es aber nicht an. Zudem geschieht die Rückdatierung von Aufhebungsverträgen häufig, um Gehälter und sonstige finanzielle Ansprüche in der Weise zu kapitalisieren, dass sie einkommenssteuerfrei bzw. steuerlich privilegiert ausgezahlt werden können. Auch die Schädigung des Fiskus gilt als ein Verstoß gegen die guten Sitten.

157 Die Problematik der Rückdatierung hat an Bedeutung durch die Belehrungspflicht des Arbeitgebers nach § 2 Abs. 2 Nr. 3 SGB III verloren. Wegen der Pflicht des Arbeitnehmers, sich nach § 37b SGB III unverzüglich arbeitslos zu melden und wegen der Kürzung des Arbeitslosengelds gem. § 140 SGB III bei verspäteter Arbeitslosmeldung folgt auf eine rückdatierte Aufhebungsvereinbarung oder Kündigung mit Abwicklungsvertrag für den Arbeitnehmer stets ein Schadensersatzanspruch nach § 280 Abs. 1 BGB.[244] Folge einer rückdatierten Aufhebungsvereinbarung oder Kündigung wäre, dass der Arbeitgeber nicht nachweisen könnte, den Arbeitnehmer rechtzeitig auf die Folgen verspäteter Arbeitslosmeldung hingewiesen zu haben.

3. Nichtigkeit gem. § 134 BGB

158 Ein weit reichendes Urteil in Anknüpfung an seine bisherige Rechtsprechung[245] zur Nichtigkeit von Aufhebungsverträgen beim **Betriebsübergang** hat das BAG gefällt. So führt es in seinem Urteil vom 10.12.1998[246] aus: »Die Arbeitsvertragsparteien können ihr Rechtsverhältnis im Zusammenhang mit einem Betriebsübergang auch ohne Vorliegen eines sachlichen Grundes wirksam durch einen Aufhebungsvertrag auflösen, wenn die Vereinbarung auf das endgültige Ausscheiden des Arbeitnehmers aus dem Betrieb gerichtet ist. Hingegen ist ein Aufhebungsvertrag wegen objektiver

238 LAG Berlin, Urt. v. 28.04.2000.
239 LAG Niedersachsen, Urt. v. 08.06.1999, NZA-RR 2000, 63.
240 BAG, Urt. v. 29.01.1997, NZA 1997, 485.
241 ArbG Wetzlar, Urt. v. 24.08.1993 – 1 Ca 209/93, EzA-SD 5/1994, 14.
242 Urt. v. 22.05.1991, LAGE § 611 BGB Aufhebungsvertrag Nr. 4.
243 *Bauer*, Arbeitsrechtliche Aufhebungsverträge, Rn I 210.
244 Das ArbG Verden (Urt. v. 27.11.2003 – 3 Ca 1567/03, n.v.) hält bei unterlassener Information des Arbeitgebers über die unverzügliche Meldung bei der Agentur für Arbeit keinen Schadensersatzanspruch für gegeben.
245 BAG, Urt. v. 28.04.1987, NZA 1988, 198, DB 1988, 400.
246 DB 1999, 537.

Gesetzesumgehung nichtig, wenn er lediglich die Beseitigung der Kontinuität des Arbeitsverhältnisses bei gleichzeitigem Erhalt des Arbeitsplatzes bezweckt. Diesem Zweck dient der Abschluss eines Aufhebungsvertrages, wenn zugleich ein neues Arbeitsverhältnis zum Betriebsübernehmer vereinbart oder zumindest verbindlich in Aussicht gestellt wird.« In der vorgenannten Entscheidung betont das BAG des Weiteren, dass derjenige, der im Zusammenhang mit einem Betriebsübergang aus dem Arbeitsverhältnis aufgrund eines Aufhebungsvertrages ausscheide, keinen Fortsetzungsanspruch habe, solange die Wirksamkeit des Aufhebungsvertrages nicht wegen Anfechtung, Wegfall der Geschäftsgrundlage oder aus einem anderen Grund beseitigt worden sei. Auch unter dem Gesichtspunkt der Wirksamkeit rückwirkend vereinbarter Aufhebungsverträge ist das Urteil des 8. Senats[247] von Belang. Die Parteien eines Arbeitsvertrages können jedenfalls dann, wenn das Arbeitsverhältnis außer Vollzug gesetzt worden ist, wirksam rückwirkend einen Aufhebungsvertrag schließen.

Wird in einem Aufhebungsvertrag vereinbart, dass künftige Rentenansprüche mit Ansprüchen auf eine Abfindung nach §§ 9, 10 KSchG verrechnet werden, so ist eine solche Vereinbarung nach §§ 3 BetrAVG, 134 BGB nichtig.[248] Der Arbeitnehmer kann im Versorgungsfall seine Betriebsrente ungekürzt verlangen. 159

4. Aus sonstigen Gründen

Beabsichtigt der Arbeitgeber den Ausspruch einer verhaltensbedingten Kündigung und vereinbaren die Vertragsparteien statt dessen die einvernehmliche Aufhebung des Arbeitsverhältnisses gegen Zahlung einer Abfindung mit der Maßgabe, dass zwei verschiedene Exemplare des Aufhebungsvertrags gefertigt werden, und sieht der eine Vertragstext eine Beendigung auf Veranlassung des Arbeitgebers aus betriebsbedingten Gründen vor und ist in dem anderen Vertragstext ausdrücklich auf die »eingehend erörterten Kündigungsgründe« Bezug genommen, handelt es sich bei dem Vertragswerk um einen einheitlichen Abwicklungsvertrag, der die stillschweigende Abrede enthält, dem Arbeitnehmer einen unberechtigten Bezug von Arbeitslosengeld zu ermöglichen.[249] 160

In der Anfechtung zweier unterschiedlicher Aufhebungsverträge mit einem Mitarbeiter zum gleichen Zeitpunkt liegt ein Indiz einer Täuschungsabrede. Aus dem dokumentierten Festhalten des Arbeitgebers an den verhaltensbedingten Kündigungsgründen folgt, dass diese Kündigungsgründe nicht gegenstandslos geworden und dass die Vertragsbeendigung auch nicht ohne Rücksicht auf diese Kündigungsgründe vereinbart worden ist. Die in der einen Vertragsausfertigung formulierten »betriebsbedingten Gründe« sind daher vorgeschoben. Aus der Nichtigkeit der Täuschungsabrede folgt nach § 139 BGB im Zweifel die Gesamtnichtigkeit des Vertrages.[250] Das LAG Hamm[251] hat außerdem entschieden, dass es dem Arbeitnehmer unabhängig von der Vertragstreue und Bereitschaft des Arbeitgebers, gegenüber dem Arbeitsamt die versprochenen unrichtigen Erklärungen abzugeben, nicht verwehrt sei, die Gesamtnichtigkeit der Vereinbarung geltend zu machen, ohne dass es insoweit auf seine Motive ankomme. Auch der Umstand, dass mit der Erfüllung der Abwicklungsvereinbarung bereits begonnen worden sei und der Arbeitnehmer über drei von sechs vereinbarten Monaten bezahlte Freistellung erhalten habe, begründe keinen Einwand des Rechtsmissbrauchs. 161

Eine **rückwirkende Auflösung** eines bestehenden Arbeitsverhältnisses ist, wenn das Arbeitsverhältnis nicht außer Vollzug gesetzt wurde, grundsätzlich nicht möglich.[252] Etwas anderes gilt in den Fällen, in denen bereits in der Vergangenheit eine Kündigung ausgesprochen wurde und sich die 162

247 Urt. v. 10.12.1998, DB 1999, 537.

248 BAG, Urt. v. 24.03.1998, NZA 1998, 1280. Zur Hinweispflicht des Arbeitgebers bei drohenden Versorgungsschäden BAG, Urt. v. 17.10.2000, DB 2001, 286.

249 LAG Hamm, Urt. v. 27.11.1997, BB 1998, 541 = SPA 9/1998, S. 4.

250 LAG Hamm, Urt. v. 27.11.1997, BB 1998, 541 = SPA 9/1998, S. 4.

251 Urt. v. 27.11.1997, BB 1998, 541 = SPA 9/1998, S. 4.

252 BAG, Urt. v. 13.03.1961, AP Nr. 6 zu § 15 SchwBeschG.

Parteien nunmehr **im Wege des Abwicklungsvertrages** darauf einigen, dass das Arbeitsverhältnis tatsächlich zum Zeitpunkt des Ablaufs der Kündigungsfrist bzw. bei der außerordentlichen Kündigung zum Zeitpunkt des Zugangs der Kündigungserklärung geendet hat.[253]

163 Eine von *Däubler*[254] und *Zwanziger*[255] entwickelte und nachhaltig von *Dieterich*[256] vertretene Theorie vom strukturellen Ungleichgewicht zwischen Arbeitgeber und Arbeitnehmer beim Abschluss von Aufhebungsverträgen hat keine Zustimmung beim 2. Senat des BAG gefunden.[257]

164 Den **Arbeitgeber** trifft **grundsätzlich keine Aufklärungspflicht** über die Folgen der Beendigung des Arbeitsverhältnisses.[258] Eine Anfechtung wegen arglistiger Täuschung unter Berufung auf eine unterlassene Aufklärung des Arbeitnehmers über die Folgen des Aufhebungsvertrages scheidet damit aus. Das BAG steht darüber hinaus auf dem Standpunkt, dass selbst im Falle einer ausnahmsweise bestehenden Aufklärungspflicht[259] allenfalls Schadensersatzansprüche erwachsen, jedoch keinesfalls eine Anfechtung des Aufhebungsvertrags in Betracht kommt.[260]

165 Wegen des grundsätzlichen Unterschieds zwischen Kündigung und Aufhebungsvertrag lehnt das BAG eine analoge Anwendung der Drei-Wochen-Frist des § 4 KSchG ab.[261] Das Recht des Arbeitnehmers, nach wirksamer Anfechtung gem. § 123 BGB die Nichtigkeit des Aufhebungsvertrags klageweise geltend zu machen, ist angesichts des eigenen Verstoßes des Arbeitgebers gegen Treu und Glauben nur unter außergewöhnlichen Umständen verwirkt.

166 Bei Vorliegen der Voraussetzungen einer **Massenentlassung** ist ein Aufhebungsvertrag gem. §§ 17, 18 KSchG so lange unwirksam, wie nicht eine formgerechte Massenentlassungsanzeige bei der Agentur für Arbeit eingereicht und dessen Zustimmung eingeholt wird.[262]

VI. Kündigung nach Abschluss eines Aufhebungs- oder Abwicklungsvertrags

167 Schließen die Parteien einen Aufhebungs- oder Abwicklungsvertrag und erlangt der Arbeitgeber nach Vertragsschluss Informationen über Pflichtverletzungen seines Arbeitnehmers, die nicht im Vergleichswege beim Abschluss des Aufhebungs- oder Abwicklungsvertrags Berücksichtigung fanden, ist der Arbeitgeber grundsätzlich nicht gehindert, eine ordentliche verhaltensbedingte oder eine außerordentliche fristlose Kündigung auszusprechen. Ein aktuelles Beispiel für eine **fristlose Verdachtskündigung nach Abschluss eines Aufhebungsvertrages und Freistellung** bildet eine Entscheidung des BAG vom 05.04.2001.[263] Aufgrund einer zuvor abgemahnten Pflichtverletzung hatten die Parteien Ende August 1998 einen Aufhebungsvertrag zum 31.03.1999 unter unwiderruflicher, bezahlter Freistellung des Mitarbeiters sowie bei Zahlung einer Abfindung von 54.196,93 EUR abgeschlossen. Am 23.09.1998 kündigte die Arbeitgeberin das Arbeitsverhältnis fristlos mit der Begründung, der Mitarbeiter stehe im Verdacht, am 28.04.1998 mehr als 25.564,59 EUR zum Nachteil einer Kundin unterschlagen zu haben. Der zweite Senat des BAG entschied, ein solch schwerwiegender Verdacht sei geeignet, das unerlässliche Vertrauen des Arbeitgebers in die Ehrlichkeit des Mitarbeiters zu zerstören und damit die Fortsetzung des Arbeitsverhältnisses bis zum Ablauf der Kündigungsfrist unzumutbar zu machen. Die unwiderrufliche Freistellung des Mitarbeiters bis zur Beendigung des Arbeitsverhältnisses stehe der außerordentlichen Verdachtskündigung

253 Siehe MünchArbR/*Wank*, § 112 Rn 17.
254 Das Arbeitsrecht II, 8.9.3.2.
255 DB 1994, 982.
256 RdA 1995, 129; *ders.*, DB 1995, 1813.
257 BAG, Urt. v. 14.02.1996, NZA 1996, 811; ebenso *Bauer/Diller*, DB 1995, 1810; *Bengelsdorf*, BB 1995, 978; *ders.*, ZfA 1995, 229; *Weber/Ehrich/Burmester*, Handbuch der arbeitsvertraglichen Aufhebungsverträge, Teil 1 Rn 706.
258 BAG, Urt. v. 03.07.1990, NZA 1990, 971; Henssler/Willemsen/Kalb/*Kliemt*, Anh. § 9 KSchG Rn 17.
259 Näheres unter Rn 176.
260 BAG, Urt. v. 14.02.1996, NZA 1996, 811.
261 BAG, Urt. v. 06.11.1997, NZA, 1998, 374.
262 BAG, Urt. v. 11.03.1999, DB 1999, 1274.
263 BAG, Urt. v. 05.04.2001, NZA 2001, 837.

nicht entgegen. Insbesondere sei es dem Arbeitgeber nicht zuzumuten, an den Mitarbeiter bis zur vereinbarten Beendigung des Arbeitsverhältnisses weitere Gehalts- und Abfindungszahlungen in erheblicher Höhe zu erbringen, obwohl das Vertrauensverhältnis wegen des Verdachts einer Straftat endgültig zerstört sei.

Aus dem Sachverhalt der Entscheidung des BAG vom 05.04.2001 kann folgende Erkenntnis gewonnen werden. Die Geschäftsgrundlage für einen betriebsbedingten Aufhebungsvertrag fällt zwar nicht ohne weiteres weg, wenn nach dessen Abschluss zum gleichen Auflösungszeitpunkt auch noch eine verhaltensbedingte ordentliche Kündigung ausgesprochen wird. Der Aufhebungsvertrag steht jedoch in der Regel unter der aufschiebenden Bedingung, dass das Arbeitsverhältnis bis zum vereinbarten Auflösungszeitpunkt fortgesetzt wird. Löst eine außerordentliche Kündigung das Arbeitsverhältnis vor dem vorgesehenen Auflösungszeitpunkt auf, wird der Aufhebungsvertrag einschließlich einer darin vereinbarten Abfindung gegenstandslos.[264] Schließen die Parteien eines Arbeitsverhältnisses einen Aufhebungsvertrag, nachdem das Arbeitsverhältnis noch für eine Auslauffrist fortbestehen soll, und wird diese Auslauffrist sodann durch eine wirksame außerordentliche Kündigung verkürzt, so beseitigt dies den Anspruch des Arbeitnehmers auf die im Aufhebungsvertrag vereinbarte Abfindung nicht, wenn es in dem Aufhebungsvertrag heißt: »Die Abfindung wird im Beendigungszeitpunkt fällig, der Abfindungsanspruch besteht jedoch mit Unterzeichnung dieser Vereinbarung.«[265] 168

Das LAG Bremen hat sich mit der Frage beschäftigt, ob eine Kündigung eines Arbeitsverhältnisses auch dann noch möglich sei, wenn die Parteien einen Abwicklungsvertrag geschlossen haben.[266] Auch wenn der Leitsatz 1 dieser Entscheidung unglücklich formuliert wurde, weil hier von einer Kündigung des Abwicklungsvertrages die Rede ist, so ist die Entscheidung insofern zutreffend, als zumindest eine außerordentliche Kündigung möglich ist, wenn Umstände nach Abschluss des Abwicklungsvertrages bekannt werden, die eine außerordentliche Kündigung rechtfertigen. Da die Beendigung des Arbeitsverhältnisses in diesen Fällen durch die ordentliche Kündigung eintritt, sind nur wenige Fälle denkbar, in denen durch eine weitere ordentliche Kündigung einer im Abwicklungsvertrag vereinbarten Abfindungszahlung die Grundlage entzogen werden kann. Denkbar ist allein die Fallgestaltung, dass die ordentliche Kündigung, die dem Abwicklungsvertrag zugrunde liegt, nicht mit der geltenden Kündigungsfrist, sondern mit einer verlängerten Kündigungsfrist ausgesprochen wurde. Nur bei dieser Fallkonstellation ist denkbar, dass eine ordentliche Kündigung zu einer Beendigung vor dem Zeitpunkt führt, der im Rahmen der Modalitäten im Abwicklungsvertrag zugrunde gelegt wurde. 169

VII. Voraussetzungen eines Wiedereinstellungsanspruchs

Rechtssicherheit durch Aufhebungs- und Abwicklungsverträge tritt nicht ein, wenn der Arbeitnehmer einen Wiedereinstellungsanspruch hat. Entwickelt wurde der Wiedereinstellungsanspruch vom BAG im Zusammenhang mit der Verdachtskündigung. Erachtete das Arbeitsgericht eine Verdachtskündigung rechtskräftig als wirksam, gelang es jedoch dem Arbeitnehmer in einem nachfolgenden Strafprozess, seine Unschuld nachzuweisen, billigte ihm die Rechtsprechung einen Wiedereinstellungsanspruch zu.[267] 170

Die Rechtssicherheit aus Aufhebungs- und Abwicklungsverträgen wird nach der BAG-Rechtsprechung wegen eines Wiedereinstellungsanspruchs des Arbeitnehmers dann beseitigt, wenn bei einer betriebsbedingten Kündigung noch vor Ablauf der Kündigungsfrist eine abweichende Veränderung der tatsächlichen Verhältnisse eintritt. Das BAG sieht in dem Wiedereinstellungsanspruch ein notwendiges Korrektiv dafür, dass allein aus Gründen der Rechtssicherheit, Verlässlichkeit und Klarheit 171

264 BAG, Urt. v. 29.01.1997, NZA 1997, 813.
265 ArbG Siegburg, Urt. v. 18.11.1999, AE 2000, 17.
266 LAG Bremen, Urt. v. 17.09.2001, NZA-RR 2002, 186.
267 BAG, Urt. v. 20.08.1997, BB 1997, 2484; BAG, Urt. v. 04.06.1964, 1054; BAG, Urt. v. 14.12.1956, BB 1957, 221.

bei der Prüfung des Kündigungsgrundes auf den Zeitpunkt des Ausspruchs der Kündigung abzustellen ist und eine Kündigung aufgrund einer Prognoseentscheidung zugelassen wird. § 242 BGB sei eine ausreichende Anspruchsgrundlage für den Wiedereinstellungsanspruch. So hat das BAG einen Wiedereinstellungsanspruch in dem Fall angenommen, dass einem Arbeitnehmer zunächst sozial gerechtfertigt vom Konkursverwalter betriebsbedingt gekündigt worden war, sich jedoch vor Ablauf der Kündigungsfrist ein Betriebserwerber fand, der den Betrieb fortführte.[268] Einen Wiedereinstellungsanspruch hat das BAG[269] außerdem angenommen, wenn ein Arbeitgeber sich entschieden hatte, eine Betriebsabteilung stillzulegen und den dort beschäftigten Arbeitnehmern zu kündigen. Obwohl mit sämtlichen Arbeitnehmern noch während der Kündigungsfrist im Rahmen eines gerichtlichen Abwicklungsvertrages Vergleiche geschlossen wurden, waren diese Vergleiche wegen Wegfalls der Geschäftsgrundlage an die geänderte betriebliche Situation anzupassen, da sich der Betriebsinhaber kurze Zeit später entschlossen hatte, die Betriebsabteilung mit einer geringen Anzahl von Arbeitnehmern fortzuführen.

172 Es besteht einhellige Auffassung, dass der Wiedereinstellungsanspruch wegen Änderung der Verhältnisse vor Ablauf der Kündigungsfrist **unabhängig** davon besteht, ob das **Arbeitsverhältnis** vom Arbeitgeber ordentlich **gekündigt** worden ist oder ob ein **Aufhebungs- oder ein Abwicklungsvertrag** geschlossen wurde.[270] Bei einer betriebsbedingten Kündigung muss der Wiedereinstellungsanspruch allerdings unverzüglich, spätestens innerhalb von drei Wochen nach Kenntniserlangung von den anspruchsbegründenden Tatsachen geltend gemacht werden.[271] Lediglich für den Fall der Eigenkündigung durch den Arbeitnehmer ist nicht geklärt, ob ein Wiedereinstellungsanspruch wegen geänderter Verhältnisse aus § 242 BGB hergeleitet werden kann.[272]

173 Der betriebsbedingt gekündigte Arbeitnehmer kann nach der BAG-Rechtsprechung bekanntlich einen Wiedereinstellungsanspruch haben, wenn sich zwischen dem Ausspruch der Kündigung und dem Ablauf der Kündigungsfrist unvorhergesehen eine Weiterbeschäftigungsmöglichkeit ergibt. Diesem Anspruch können berechtigte Interessen des Arbeitgebers allerdings entgegenstehen. Solche berechtigten Interessen des Arbeitgebers können auch darin liegen, dass der Arbeitgeber den in Betracht kommenden Arbeitsplatz schon wieder mit einem anderen Arbeitnehmer besetzt und dabei berücksichtigt hat, dass der betroffene Arbeitnehmer aufgrund eines Prozessvergleichs eine hohe Abfindung erhalten hat. Der Prozessvergleich kann nur dann unberücksichtigt bleiben, wenn er im Wege der Anpassung nach den Regeln über den Wegfall der Geschäftsgrundlage beseitigt ist (jetzt: § 313 BGB).[273]

174 Aufhebungsvertrag und Abwicklungsvertrag bieten in gleicher Weise keine Rechtssicherheit, soweit wegen geänderter Verhältnisse dem Arbeitnehmer während der Kündigungsfrist ein Wiedereinstellungsanspruch erwächst. *Nägele*[274] schlägt zur Wahrung der Rechtssicherheit für den Arbeitgeber daher die Aufnahme folgender Klausel vor:

> »Der Arbeitnehmer verzichtet auf einen ihm eventuell zustehenden Wiedereinstellungsanspruch.«

268 BAG, Urt. v. 27.02.1997, NZA 1997, 757 = BB 1997, 1953 = FA 1997, 45.

269 Urt. v. 04.12.1997, BB, 1998, 1108.

270 Siehe BAG, Urt. v. 27.02.1997, BB 1997, 1953; *Manske*, Wiedereinstellungsanspruch in der Rechtsprechung des BAG, FA 1998, 143; *Nägele*, Die Renaissance des Wiedereinstellungsanspruchs, BB 1998, 1686; *Boewer*, Der Wiedereinstellungsanspruch, NZA 1999, 1122 (1177).

271 ArbG Frankfurt, Urt. v. 20.07.1999, NZA-RR 1999, 580.

272 Siehe zum Wiedereinstellungsanspruch ferner BAG, Urt. v. 06.08.1997, BB 1998, 538; BAG, Urt. v. 23.11.1997, BB 1998, 319.

273 BAG, Urt. v. 28.06.2000 – 7 AZR 904/98 (n.v.).

274 *Nägele*, BB 1998, 1686.

Durch einen in Bezug auf eine konkrete Arbeitgeberkündigung rechtswirksam abgegebenen Klageverzicht verliert der Arbeitnehmer auch einen – möglicherweise bestehenden – Wiedereinstellungsanspruch.[275]

VIII. Aufklärungspflichten des Arbeitgebers

Der Umfang von Hinweis- und Aufklärungspflichten des Arbeitgebers beim Abschluss von Abwicklungs- und Aufhebungsverträgen beurteilt sich zunächst danach, von welcher Vertragspartei die **Initiative zur Vereinbarung des Rechtsgeschäfts** ausgegangen ist.[276] Bittet der Arbeitnehmer um die Aufhebung eines Arbeitsverhältnisses, trifft den Arbeitgeber grundsätzlich keine Aufklärungspflicht.[277] Der Mitarbeiter, der selbst um einen Aufhebungsvertrag gebeten hat, muss sich über die Konsequenzen seines Handelns und der Klauseln eines Aufhebungs- und Abwicklungsvertrages selbst informieren.[278] 175

Anders ist die Rechtslage, wenn der in der Praxis häufigere Fall eintritt, dass der Arbeitgeber auf den Arbeitnehmer zugeht und den Abschluss eines Abwicklungs- und Aufhebungsvertrages anregt. Liegt die **Beendigungsinitiative beim Arbeitgeber**, beurteilen Rechtsprechung und Schrifttum die Aufklärungspflichten des Arbeitgebers wie folgt: Der Arbeitgeber hat nach Auffassung einiger Instanzgerichte alles dafür zu tun, **eventuelle Schäden abzuwenden**, die dem Arbeitnehmer durch Abschluss eines Aufhebungsvertrages entstehen könnten.[279] Der 3. Senat des BAG vertritt dagegen die Auffassung, dass ohne Vorliegen besonderer Umstände keine Aufklärungspflicht für den Arbeitgeber im Verhältnis zum ausscheidenden Arbeitnehmer bestehe.[280] Nur ausnahmsweise gebiete die Fürsorgepflicht des Arbeitgebers, den Arbeitnehmer auf die für ihn nachteiligen Folgen des Aufhebungsvertrages hinzuweisen.[281] Ein solcher Ausnahmefall liegt nach Meinung des 8. Senats des BAG vor, wenn die Abwägung der beiderseitigen Interessen unter Billigkeitsgesichtspunkten und unter Berücksichtigung aller Umstände des Einzelfalles ergibt, dass der Arbeitnehmer durch sachgerechte, vom Arbeitgeber redlicherweise zu erwartende Aufklärung vor der Auflösung des Arbeitsverhältnisses geschützt werden müsse, weil der Arbeitnehmer sich anderenfalls aus Unkenntnis selbst schädigen würde.[282] 176

Der Mangel dieser Rechtsprechung zeigt sich zunächst einmal darin, dass die **Abwägungskriterien** des 8. Senats des BAG **keine ausreichende Trennschärfe** beinhalten. Der Grundsatz des 3. Senats ist auch nicht wesentlich klarer: Ohne Vorliegen besonderer Umstände besteht keine Aufklärungspflicht. Welche Umstände »besonders« im Sinne dieser Rechtsprechung sind und eine Abkehr vom Regel-/Ausnahmeverhältnis rechtfertigen, sagt uns die Rechtsprechung nicht. Hinzu tritt, dass die Entscheidungen vom 13.11.1984 und 10.03.1988[283] ebenso wenig eine praktikable Handlungsvorgabe enthalten wie das geringfügig neuere Urteil vom 03.07.1990.[284] 177

275 ArbG Düsseldorf, Urt. v. 04.10.1999, DB 2000, 2022.
276 So aktuell BAG, Urt. v. 11.12.2001 – 3 AZR 339/00 (n.v.); BAG, Urt. v. 17.10.2000, DB 2001, 286 = NZA 2001, 206.
277 BAG, Urt. v. 10.03.1988, AP Nr. 99 zu § 611 BGB Fürsorgepflicht.
278 BAG, Urt. v. 03.07.1990, AP Nr. 24 zu § 1 BetrAVG = NZA 1990, 971.
279 ArbG Hamburg, Urt. v. 10.12.1990, BB 1991, 625; ArbG Freiburg, Urt. v. 20.06.1991, DB 1991, 2690; ArbG Wetzlar, Urt. v. 29.08.1995, NZA-RR 1996, 84; ArbG Wetzlar, Urt. v. 07.08.1990, DB 1991, 976; BAG, Urt. v. 17.10.2000, DB 2001, 286.
280 BAG, Urt. v. 03.07.1990, AP Nr. 25 zu § 1 BetrAVG.
281 BAG, Urt. v. 13.06.1996, AuR 1996, 404.
282 BAG, Urt. v. 10.03.1988, AP Nr. 99 zu § 611 BGB Fürsorgepflicht = NZA 1988, 837; Urt. v. 13.11.1984, AP Nr. 5 zu § 1 BetrAVG Zusatzversorgungskassen = NZA 1985, 712.
283 BAG, Urt. v. 10.03.1988, AP Nr. 99 zu § 611 BGB Fürsorgepflicht; Urt. v. 13.11.1984, AP Nr. 5 zu § 1 BetrAVG Zusatzversorgungskassen.
284 AP Nr. 24 zu § 1 BetrAVG.

178 In seiner Entscheidung vom 11.12.2001[285] hat das BAG den Grundsatz bekräftigt, dass beim Abschluss von Aufhebungsverträgen jeder Vertragspartner selbst für die Wahrnehmung seiner Interessen zu sorgen habe. Hinweis- und Aufklärungspflichten beruhten auf den besonderen Umständen des Einzelfalles und seien das Ergebnis einer umfassenden Interessenabwägung. In diese Interessenabwägung sei regelmäßig einzustellen, ob der Arbeitgeber den Eindruck erweckt habe, der Arbeitnehmer werde von ihm vor unbedachten versorgungsrechtlichen Nachteilen bewahrt, ob der Arbeitnehmer auf Eigeninitiative ausscheide oder ob sich ein außergewöhnliches Informationsbedürfnis dadurch ergeben würde, dass die drohenden Versorgungseinbußen ungewöhnlich hoch sein würden.

179 Im Schrifttum werden Hinweis- und Aufklärungspflichten des Arbeitgebers beim Abschluss von Abwicklungs- und Aufhebungsverträgen nur in sehr engen Grenzen angenommen.[286] Unabhängig von der Frage, ob der Arbeitnehmer oder der Arbeitgeber die Initiative zur Beendigung des Arbeitsverhältnisses ergriffen hat, besteht immer eine **Unterrichtungspflicht** des Arbeitgebers, wenn die **Kündigungsfrist** im Aufhebungsvertrag **reduziert** wird. In diesem Fall muss der Arbeitgeber den Arbeitnehmer darauf hinweisen, dass mit einer Sperrzeit zu rechnen sei,[287] über deren Dauer die Agentur für Arbeit entscheide.[288]

180 Seit der durch das Erste Gesetz für moderne Dienstleistungen am Arbeitsmarkt eingeführten unverzüglichen Meldepflicht des Arbeitnehmers nach Erhalt einer Kündigung und nach Abschluss eines Aufhebungsvertrags gem. § 37b SGB III ist ab 01.07.2003 eine neue, zwingende Hinweispflicht des Arbeitgebers über § 2 Abs. 2 Nr. 3 SGB III entstanden. Danach soll der Arbeitgeber den Arbeitnehmer vor der Beendigung des Arbeitsverhältnisses frühzeitig über die Notwendigkeit eigener Aktivitäten bei der Suche nach einer anderen Beschäftigung »sowie über die Verpflichtung unverzüglicher Meldung bei der Agentur für Arbeit informieren«. Unterlässt der Arbeitgeber einen entsprechenden Hinweis, trifft ihn eine Schadensersatzpflicht, deren Höhe sich nach der Minderung des Arbeitslosengelds des Arbeitnehmers bemisst, die dem Arbeitnehmer gem. § 140 SGB III auferlegt werden kann, je nach Höhe seines Bemessungsentgelts und in dem Umfang, in dem er nicht unverzüglich seine drohende Arbeitslosigkeit gemeldet hat.[289]

181 Während hinsichtlich der sozialrechtlichen Auswirkungen die Rechtsprechung eine generelle Aufklärungspflicht des Arbeitgebers annimmt,[290] differenziert das LAG Berlin[291] wie auch das ArbG Frankfurt[292] wegen sonstiger Auswirkungen des Aufhebungsvertrages danach, ob der Arbeitgeber aufgrund seiner überlegenen Sachkunde ohne weiteres zu vom Arbeitnehmer begehrten Auskünften in der Lage und der Arbeitnehmer zur sachgerechten Entscheidung erkennbar nur nach entsprechender Aufklärung durch den Arbeitgeber imstande sei. Das LAG Berlin vertritt die Ansicht, dem geltenden Recht ließe sich nicht entnehmen, dass der Arbeitgeber umfassend die Aufgabe eines Sachverwalters der wirtschaftlichen Interessen des Arbeitnehmers zu übernehmen hätte. Dadurch würde der Arbeitgeber überfordert. Dies gelte insbesondere im Lohnsteuerrecht. Insoweit stünden dem Arbeitnehmer zur sachkundigen und kompetenten Beratung die entsprechenden Leistungsträger bzw. beruflich ausgebildete Sachkundige zur Verfügung, an die sich der Arbeitnehmer in Zweifelsfragen zu wenden habe. Auch das ArbG Frankfurt verlangt im Regelfall, dass sich der Mitarbeiter über die steuerliche Gestaltung des Aufhebungsvertrages entweder rechtzeitig vor Vertragsunterzeichnung

285 BAG, Urt. v. 11.12.2001 – 3 AZR 339/00 (n.v.).

286 *Bauer,* Arbeitsrechtliche Aufhebungsverträge, Rn I 153; *Hoß/Ehrich,* DB 1997, 625; *Nägele,* BB 1992, 1274; *Weber/Ehrich/Burmester*, Handbuch der arbeitsrechtlichen Aufhebungsverträge, Teil 1, Rn 62 ff.; *Wisskirchen/Worzalla*, DB 1994, 577.

287 BAG, Urt. v. 14.02.1996, NZA 1996, 811; BAG, Urt. v. 10.03.1988, AP Nr. 99 zu § 611 BGB Fürsorgepflicht.

288 BAG, Urt. v. 10.03.1988, AP Nr. 99 zu § 611 BGB Fürsorgepflicht.

289 A.A.: ArbG Verden, Urt. v. 27.11.2003 – 3 Ca 1567/03 (n.v.).

290 BAG, Urt. v. 17.10.2000, NZA 2001, 203; BAG, Urt. v. 17.10.2000, NZA 2001, 206.

291 Urt. v. 18.01.1999, ARST 1999, 107.

292 Urt. v. 21.11.1995 – 4 Ca 3589/95 (n.v.).

selbst informiert oder zumindest, wenn er Zweifel über die möglichen steuerrechtlichen Folgen hat, in den Verhandlungen den Arbeitgeber ausdrücklich anspricht.[293]

Über den **Verlust von Versorgungsanwartschaften** muss der Arbeitgeber grundsätzlich nicht von sich aus vor Abschluss des Aufhebungsvertrages unterrichten. Eine Aufklärungspflicht besteht ausnahmsweise nur dann, wenn der Arbeitnehmer aufgrund besonderer Umstände darauf vertrauen durfte, der Arbeitgeber werde bei der vorzeitigen Beendigung des Arbeitsverhältnisses die Rechte des Arbeitnehmers wahren und ihn in redlicher Weise vor unbedachten, nachteiligen Folgen des vorzeitigen Ausscheidens, insbesondere bei der Versorgung, bewahren.[294] Ein solcher Vertrauenstatbestand kann beispielsweise daraus folgen, dass der Arbeitgeber die Initiative für den Abschluss des Aufhebungsvertrages ergriffen hat und angesichts dieser Initiative die Fallkonstellation zu einem atypischen Versorgungsfall führt.[295] 182

Vom Fehlen einer Aufklärungspflicht ist das BAG selbst in dem Fall ausgegangen, dass einer Arbeitnehmerin durch Abschluss eines Aufhebungsvertrages zum 30.09. eine Anwartschaft auf eine Altersversorgung verloren ging, die ab dem 20.10., also nur drei Wochen später, unverfallbar geworden wäre.[296] In diesem Fall hatte das BAG seine Entscheidung damit begründet, dass der Mitarbeiterin die Versorgungsordnung ausgehändigt worden war, aus der die Stichtags- und Fristenregelung für die Mitarbeiterin eindeutig zu erkennen gewesen sei. Es liege in der Eigenart von Stichtags- und Fristenregelungen, dass auch nur kurze Über- und Unterschreitungen zu Rechtsnachteilen führten. 183

Anders beurteilte das BAG dagegen Versorgungsnachteile, deren Kenntnis sich für den Mitarbeiter nicht ohne weiteres aus den ihm vorliegenden Unterlagen erschlossen hätten.[297] Trete in einem solchen Falle der Arbeitnehmer an den Arbeitgeber mit der Bitte um Auskunft über die Versorgungsregelung heran, müsse der Arbeitgeber die Auskunft erteilen, soweit er hierzu zuverlässig in der Lage sei. Anderenfalls müsse der Arbeitgeber den Arbeitnehmer an eine zuverlässige oder kompetente Stelle verweisen.[298] 184

Dabei ist das BAG allerdings nicht konsequent. Mit Urteil vom 17.10.2000[299] entschied es, der Arbeitgeber sei zwar nicht verpflichtet, einer Mitarbeiterin die genaue Höhe der drohenden Versorgungsnachteile vor Abschluss eines Aufhebungsvertrages mitzuteilen und ihr die versorgungsrechtlichen Einzelheiten wie die Abgrenzung von Versorgungs- und Versicherungsrente zu erläutern. Er sei auch insoweit berechtigt, die Mitarbeiterin an die Zusatzversorgungskasse zu verweisen. Er habe aber die Mitarbeiterin wenigstens darauf hinzuweisen, dass bei der Zusatzversorgung mit sehr hohen Einbußen zu rechnen sei und dieses Risiko auf der angebotenen, vorzeitigen Beendigung des Arbeitsverhältnisses beruhe. Dadurch, dass die Parteien einen Aufhebungsvertrag am 15.01.1996 zum 29.02.1996 schlossen, erhielt die Mitarbeiterin statt einer Versorgungsrente in Höhe von 472,54 EUR, die ihr zugestanden hätte, wenn das Arbeitsverhältnis bis zum 31.08.1996 fortgeführt worden wäre, lediglich eine monatliche Versicherungsrente in Höhe von 80,43 EUR. 185

Die eine Zurückverweisung an das LAG Köln beinhaltende Entscheidung des BAG ist um so unverständlicher als die Zusatzversorgungskasse die Arbeitnehmerin **ausdrücklich** in einer Rentenprobeberechnung **darauf hingewiesen** hatte, dass sie bei einer Beendigung ihres Arbeitsverhältnisses vor Eintritt des Versicherungsfalles nicht die dynamisierte Versorgungsrente von 472,54 EUR, sondern nur monatlich 80,43 EUR erhalten werde. Der Fall wurde zwar zur weiteren Sachaufklärung an das Landesarbeitsgericht Köln zurückverwiesen, er zeigt aber, dass der 3. Senat seiner eigenen 186

293 Siehe *Weber/Ehrich/Burmester*, Handbuch der arbeitsrechtlichen Aufhebungsverträge, Teil 1 Rn 66.
294 BAG, Urt. v. 03.07.1990, AP Nr. 24 zu § 1 BetrAVG; Urt. v. 23.05.1989, AP Nr. 28 zu § 1 BetrAVG Zusatzversorgungskassen; Urt. v. 18.09.1984, AP Nr. 6 zu § 1 BetrAVG Zusatzversorgungskassen.
295 BAG, Urt. v. 13.11.1984, AP Nr. 5 zu § 1 BetrAVG Zusatzversorgungskassen; Urt. v. 18.09.1984, AP Nr. 6 zu § 1 BetrAVG Zusatzversorgungskassen.
296 BAG, Urt. v. 03.07.1990, AP Nr. 24 zu § 1 BetrAVG.
297 BAG, Urt. v. 13.11.1984, AP Nr. 5 zu § 1 BetrAVG Zusatzversorgungskassen.
298 BAG, Urt. v. 13.11.1984, AP Nr. 5 zu § 1 BetrAVG Zusatzversorgungskassen.
299 BAG, Urt. v. 17.10.2000, DB 2001, 286 = NZA 2001, 206.

Rechtsprechung nicht treu geblieben ist. Worin lagen die »besonderen Umstände«, wenn doch der Arbeitgeber den Arbeitnehmer nach der BAG-Rechtsprechung[300] an die zuständige Versorgungskasse verweisen darf und in dem vom 3. Senat am 17.10.2000 entschiedenen Fall auch ausdrücklich vor Abschluss des Aufhebungsvertrages verwiesen hat? Man kann in diesem Urteil auch eine Wende des 3. Senats in der bisherigen Aufklärungsrechtsprechung sehen, denn der Senat hat bezogen auf den konkreten Fall erklärt, dass der allgemeine Hinweis auf mögliche Versorgungsnachteile und die bloße Verweisung an die Zusatzversorgungskasse nicht ausreichend gewesen seien. Der Arbeitgeber des öffentlichen Dienstes habe vor Vertragsschluss die Arbeitnehmerin darauf hinweisen müssen, dass sich ihre Zusatzversorgung bei Abschluss des Aufhebungsvertrages beträchtlich verringern könne. Auch über die Ursachen dieses Risikos habe der Arbeitgeber den Arbeitnehmer in groben Umrissen zu unterrichten.

187 Die Rechtsprechung ist widersprüchlich. Mal reicht die Verweisung durch den Arbeitgeber an einen Dritten, der die Versorgung erbringt, nicht aus,[301] mal genügt ein bloßer Verweis des Arbeitgebers an die für die Versorgung zuständige Stelle. Geht ein Arbeitnehmer deutlich erkennbar davon aus, er habe eine unverfallbare Versorgungsanwartschaft erworben, die von einem selbständigen Verein zu erbringen ist, so muss der Arbeitgeber den Arbeitnehmer nach Ansicht des LAG Rheinland-Pfalz[302] wegen der damit zusammenhängenden Fragen dorthin verweisen.

188 Sieht ein **Tarifvertrag** vor, dass sich die Abfindung für jeden Rentenbezugsmonat um einen bestimmten Betrag vermindert, wenn der Arbeitnehmer innerhalb von 15 Monaten seit Beendigung des Arbeitsverhältnisses Erwerbsunfähigkeitsrente bezieht, so ist der Arbeitgeber nach Ansicht des BAG dennoch nicht verpflichtet, den Arbeitnehmer bei Abschluss des Aufhebungsvertrages auf den für ihn günstigsten Zeitpunkt zur Stellung eines Antrags auf Erwerbsunfähigkeitsrente hinzuweisen, um die Rückzahlung der Abfindung zu vermeiden.[303]

189 Gilt bei Arbeitnehmern **besonderer Kündigungsschutz** wie bei Betriebsratsmitgliedern, Schwangeren, Arbeitnehmern in der Elternzeit oder Schwerbehinderten, hat der Arbeitgeber vor Abschluss eines Aufhebungsvertrages keine Pflicht, auf den Sonderkündigungsschutz hinzuweisen. Von den dieser Gruppe angehörigen Arbeitnehmern könne erwartet werden, dass sie sich über ihren Sonderkündigungsschutz selbst informieren.[304] Auch ein spezifisches Anfechtungsrecht werdender Mütter oder Schwerbehinderter nach § 119 Abs. 1 und 2 BGB wegen der mutterschutzrechtlichen und arbeitslosenrechtlichen Folgen des Abschlusses eines Aufhebungsvertrages lehnt das BAG ab.[305] Übersieht ein Mitarbeiter das Bestehen eines besonderen Kündigungsschutzes, stellt dies lediglich einen unbeachtlichen Rechtsfolgenirrtum dar.

190 Erteilt der Arbeitgeber, der eine Hinweis- und Aufklärungspflicht hat, **eine falsche** oder **nur unvollständige** oder **irreführende Auskunft**, ist er zum Schadensersatz verpflichtet.[306] Der **Schadensersatzanspruch** ergibt sich aus positiver Forderungsverletzung gem. § 280 BGB (vormals §§ 280, 286, 249 BGB analog).[307] Der Anspruch ist auf Geldersatz gerichtet, also bei einem Vermögensschaden aus der betrieblichen Altersversorgung auf monatliche Rente (oder wirtschaftlich gleichwertiger Nachversicherung), die der Arbeitnehmer erhalten hätte, wenn das schadensstiftende Ereignis nicht eingetreten wäre. Eine Naturalrestitution durch Beseitigung des Aufhebungsvertrages gem. § 249 BGB und Fortsetzung des Arbeitsverhältnisses kann der Arbeitnehmer dagegen nicht

300 BAG, Urt. v. 13.11.1984, AP Nr. 5 zu § 1 BetrAVG Zusatzversorgungskassen.
301 BAG, Urt. v. 17.10.2000, DB 2001, 286 = NZA 2001, 206.
302 LAG Rheinland-Pfalz, Urt. v. 14.01.1992 – 10 Sa 531/91 (n.v.).
303 BAG, Urt. v. 28.10.1999 – 6 AZR 288/98 (n.v.).
304 MünchArbR/*Wank*, § 112 Rn 12; *Weber/Ehrich/Burmester*, Handbuch der arbeitsrechtlichen Aufhebungsverträge, Teil 1, Rn 70.
305 Urt. v. 16.02.1983, AP Nr. 22 zu§ 123 BGB; Urt. v. 06.02.1992, NZA 1992, 790.
306 BAG, Urt. v. 13.01.1984, AP Nr. 5 zu § 1 BetrAVG Zusatzversorgungskassen; Urt. v. 03.07.1990, AP Nr. 24 zu § 1 BetrAVG; BAG, Urt. v. 21.11.2000 – 3 AZR 13/00 (n.v.).
307 BAG, Urt. v. 03.07.1990, AP Nr. 24 zu § 1 BetrAVG.

verlangen.[308] Denn regelmäßig fehlt es an einer Kausalität zwischen Fürsorgepflichtverletzung und Schaden.[309]

Kein Schadensersatz wegen Verletzung von Aufklärungspflichten besteht, wenn Arbeitgeber und Arbeitnehmer als Abfindung die Differenz zwischen Arbeitslosengeld und zuletzt bezogenem Nettoarbeitsentgelt im Aufhebungsvertrag vereinbart haben und durch eine spätere Gesetzesänderung, die zu einer Minderung des Arbeitslosengelds führt, der Abfindungsbetrag nicht mehr ausreicht, um die Differenz zwischen Arbeitslosengeld und früherem Nettoentgelt zu schließen.[310] 191

Bei einer hauswirtschaftlichen Mitarbeiterin, der der Arbeitgeber außerordentlich gekündigt hat und die im Rahmen eines Kündigungsschutzprozesses durch arbeitsgerichtliches Urteil mit Zahlung einer Abfindung in Höhe von 7.700 EUR ausgeschieden ist, besteht kein Schadensersatzanspruch nach § 628 Abs. 2 BGB, wenn der Rückkaufwert der Lebensversicherung 3.998,47 EUR beträgt. Die Argumentation, ohne das vertragswidrige Verhalten der Arbeitgeberin wäre die Anwartschaft unverfallbar geworden und deshalb stehe der zu Unrecht gekündigten Arbeitnehmerin Schadensersatz zu, überzeugte das BAG[311] nicht. Ein Schadensersatzanspruch kommt weder nach § 628 Abs. 2 BGB, noch nach den Regeln der positiven Vertragsverletzung in Betracht. Als Schadensposition ist der Verlust der Anwartschaft auf die betriebliche Altersversorgung bei der Festsetzung der Abfindung zu berücksichtigen. Er ist daneben nicht nach § 628 Abs. 2 BGB erstattungsfähig. 192

Die **Aufklärungspflicht des Arbeitgebers ist abdingbar**. Deshalb enthalten einige Aufhebungs- und Abwicklungsvertragsmuster[312] eine Klausel, in der der Mitarbeiter auf Hinweise des Arbeitgebers im Zusammenhang mit möglichen Konsequenzen, die sich aus dem Abschluss des Aufhebungsvertrages und aus dem Zusammenhang mit der Beendigung des Arbeitsverhältnisses ergeben können, verzichtet. Derartige Verzichtsvereinbarungen sind zulässig und wirksam.[313] Hilfreich ist auch, wenn der Arbeitgeber im Aufhebungsvertrag eine Klausel anbringt, mit der auf nachteilige Folgen vereinbarter Regelungen hingewiesen wird, etwa in dem Sinne, dass der Mitarbeiter auf ein mögliches Ruhen des Anspruchs auf Arbeitslosengeld und die Möglichkeit des Eintritts einer Sperrfrist sowie über den möglichen Verlust einer Versorgungsanwartschaft hingewiesen wurde.[314] 193

Wenn es – trotz des häufigen Zeitdrucks bei Abschluss von Aufhebungs- und Abwicklungsverträgen – die Zeitschiene gestattet, wird empfohlen, den Mitarbeiter auf diejenigen Stellen hinzuweisen, die ihm verbindliche und verlässliche Auskünfte über die sozialversicherungsrechtlichen, steuerrechtlichen und arbeitsförderungsrechtlichen Folgen von Vereinbarungen im Abwicklungs- und Aufhebungsvertrag geben können.[315] 194

Von Ausnahmefällen abgesehen[316] trifft den Arbeitgeber keine Aufklärungspflicht, wenn der Arbeitnehmer eine Eigenkündigung vornimmt. Selbst dann, wenn der Arbeitnehmer nicht über die Folgen einer Eigenkündigung im Einzelnen informiert ist, ist ihm jedoch in der Regel bekannt, dass hiermit im Vergleich zur arbeitgeberseitigen Kündigung negative Konsequenzen verbunden sind, so dass er erst recht Veranlassung hat, sich selbst Klarheit zu verschaffen.[317] 195

308 BAG, Urt. v. 14.02.1996 – 2 AZR 235/95 (n.v.); BAG, Urt. v. 10.03.1988, AP Nr. 99 zu § 611 BGB Fürsorgepflicht.
309 *Ehrich*, DB 1992, 2239 (2242); a.A. *Bengelsdorf*, Aufhebungsvertrag und Abfindungsvereinbarungen, S. 30; zweifelnd: ArbG Freiburg, Urt. v. 22.06.1991, DB 1991, 2690; ArbG Wetzlar, Urt. v. 07.08.1990, DB 1991, 976.
310 LAG Düsseldorf, Urt. v. 15.03.1995, DB 1995, 1240.
311 BAG, Urt. v. 12.06.2003 – 8 AZR 341/02 (n.v.).
312 *Hümmerich*, AnwaltFormulare Arbeitsrecht, Muster 2233 § 4 Rn 1100 (§ 16); Muster 2277 § 4 Rn 1124 (§ 4); Muster 2280 § 4 Rn 1127 (§ 8).
313 *Bauer*, Arbeitsrechtliche Aufhebungsverträge, Rn I 159; *Bengelsdorf*, Aufhebungsvertrag und Abfindungsvereinbarungen, S. 30; *Nägele*, DB 1992, 1274 (1278).
314 *Hümmerich*, AnwaltFormulare Arbeitsrecht, Muster 2230 § 4 Rn 1098 (§ 5).
315 *Hümmerich*, AnwaltFormulare Arbeitsrecht, Muster 2280 § 4 Rn 1127 (§ 8).
316 LAG Hamm, Urt. 01.03.1985, BB 1985, 1920.
317 LAG Düsseldorf, Urt. V. 10.07.2001, EzA-SD 17/2001, 7.

IX. Rücktritts- und Widerrufsrecht

196 Soweit nicht einzelne Tarifverträge ein Widerrufsrecht vorsehen oder soweit nicht eine Bedenkzeit in Aufhebungsverträgen vereinbart ist, hat der Arbeitnehmer kein Widerrufsrecht.[318] Mit dem In-Kraft-Treten der Schuldrechtsreform wurde dem Arbeitnehmer von Teilen der Literatur ein Widerrufsrecht bei Aufhebungs- und Abwicklungsverträgen zuerkannt.[319] Das BAG entschied in den beiden Haustürgeschäftsurteilen, Aufhebungsverträge würden im Betrieb nicht in einer für das abzuschließende Rechtsgeschäft atypischen Umgebung getroffen. Das Personalbüro des Arbeitgebers sei vielmehr ein Ort, an dem man üblicherweise arbeitsrechtliche Aufhebungsverträge schließe. Der bei § 312 BGB maßgebliche Überrumpelungseffekt fehle.

197 Die Entscheidung wurde kritisiert.[320] Das BAG, dem das vorinstanzliche Urteil des LAG Brandenburg[321] zur Entscheidung vorlag, schöpfte seine Argumentation vor allem aus zwei Aspekten. Zum einen habe eine Entgeltlichkeit der Leistung gefehlt, weil die Arbeitnehmerinnen keine Regelung entgeltlicher Art im Aufhebungsvertrag getroffen hätten (es wurde keine Abfindung vom Arbeitgeber gezahlt). Zum anderen werde der Aufhebungsvertrag nicht in einer für das Rechtsgeschäft atypischen Umgebung geschlossen. Von einer überraschenden Situation aufgrund des Verhandlungsortes, wie sie dem Widerrufsrecht bei Haustürgeschäften als »besonderer Vertriebsform« zugrunde liege, könne deshalb keine Rede sein. Das Urteil des BAG vom 27.11.2003 erweckt den Eindruck, der Senat habe sich auf die Ansicht festgelegt, der Aufhebungsvertrag sei kein Haustürgeschäft.

198 Einzelne Tarifverträge wie der Manteltarifvertrag für den Einzelhandel in Nordrhein-Westfalen, Bayern und Baden-Württemberg[322] sehen vor, dass der Mitarbeiter den **Abschluss des Aufhebungsvertrages innerhalb einer bestimmten Frist**, bei den Einzelhandelstarifverträgen innerhalb von drei Tagen, widerrufen kann. Der Arbeitgeber ist nicht verpflichtet, den Arbeitnehmer auf den Lauf der Widerrufsfrist hinzuweisen.[323] Es liegt grundsätzlich im Eigeninteresse des Arbeitnehmers, sich über den Inhalt tariflicher Bestimmungen zu informieren. Zu beachten ist, dass im Manteltarifvertrag für den Einzelhandel NW die Widerrufsfrist von drei Tagen durch schriftliche Vereinbarung im Aufhebungsvertrag abbedungen werden kann.

199 Auch der Manteltarifvertrag des Groß- und Außenhandels NW sieht einen Widerruf bei Aufhebungsverträgen vor. Der Widerruf bedarf gem. § 7 Abs. 1 Satz 2 MTV Groß- und Außenhandel der Schriftform. An den Nachweis eines Inhaltsirrtums werden hohe Anforderungen gestellt. Der Arbeitnehmer muss beweisen, dass er nicht wusste, dass er einen Aufhebungsvertrag unterzeichnete. Meint ein Arbeitnehmer, er habe mit seiner Unterschriftsleistung unter einen Aufhebungsvertrag eine Vereinbarung über die Suspendierung laufender Wiedereingliederungsmaßnahmen getroffen, muss er beweisen, dass der von ihm angeführte Irrtum tatsächlich vorlag.[324]

200 Eine Rechtsfortbildung ist nach Auffassung des BAG nicht mit dem Argument geboten, der Arbeitnehmer sei beim Abschluss von Aufhebungsverträgen in einer **Verhandlungsposition struktureller Unterlegenheit** im Sinne des Beschlusses des BVerfG vom 19.10.1993. Es fehle nämlich beim Abschluss von Aufhebungsverträgen an der strukturell ungleichen Verhandlungsstärke als Voraussetzung der vom BVerfG geforderten Inhaltskontrolle. Dem Arbeitnehmer, der dem Ansinnen des Arbeitgebers auf Abschluss eines Aufhebungsvertrages nur ein schlichtes »Nein« entgegenzusetzen brauche, könne nicht die zur Durchsetzung seiner berechtigten Interessen erforderliche Verhandlungsmacht abgesprochen werden. Der Arbeitnehmer habe die Möglichkeit, sowohl das »Ob« als

318 BAG, Urt. v. 27.11.2003, NZA 2004, 597; BAG, Urt. v. 27.11.2003 – 2 AZR 177/03 (n.v.).
319 *Boemke*, BB 2002, 96; *Däubler*, NZA 2001, 1329; *Hümmerich*, AnwBl 2002, 671; *Hümmerich/Holthausen*, NZA 2002, 173; *Schleusener*, NZA 2002, 949; *Singer*, RdA 2003, 194.
320 *Hümmerich*, NZA 2004, 809.
321 NZA 2003, 503.
322 MTV Einzelhandel NW v. 23.07.1993, § 10 Abs. 9; § 23 MTV Einzelhandel BW; § 18 IX MTV Einzelhandel Bayern.
323 LAG Köln, Urt. v. 10.04.1990, BB 1990, 2047.
324 LAG Düsseldorf, Urt. v. 22.06.2001, NZA-RR 2002, 12.

auch das »Wie« und »Wann« der Vertragsbeendigung von seinem Konsens mit dem Arbeitgeber abhängig zu machen.[325]

X. Verrechnung von Entschädigungszahlungen mit Rückforderungen des Arbeitsamtes bei älteren Arbeitnehmern

Im Aufhebungs- und Abwicklungsvertrag können die Parteien wirksam vereinbaren, dass Entschädigungszahlungen des Arbeitgebers aufgrund der Beendigung des Arbeitsverhältnisses mit einem älteren Arbeitnehmer (gegenwärtig ab Vollendung des 57. Lebensjahres) ganz oder teilweise zurückzuzahlen sind, falls der Arbeitgeber nach § 147a SGB III in Anspruch genommen wird.[326] Diese Feststellung lässt sich treffen, obwohl die hierzu ergangene Ausgangsentscheidung den früheren § 128 AFG und nicht unmittelbar die Abfindung, sondern eine sog. Überbrückungszahlung betraf. Ein Mitarbeiter, der das 56. Lebensjahr vollendet hatte, hob mit seinem Arbeitgeber einvernehmlich das Arbeitsverhältnis zum 31.12.1993 auf. Er erhielt eine Abfindung in Höhe von annähernd 58.800 EUR. Außerdem wurde ihm eine Betriebsrente und eine als Überbrückungszahlung bezeichnete Leistung für die Zeit nach Vollendung des 63. Lebensjahres sowie ein Zuschuss zur Krankenversicherung versprochen. Die Parteien vereinbarten ferner, dass der Anspruch auf den Zuschuss zur Krankenversicherung entfallen solle, sofern der Mitarbeiter Arbeitslosengeld oder ähnliche Entgeltersatzleistungen des Arbeitsamtes beantragen würde. Ferner wurde der Mitarbeiter verpflichtet, der Firma, sollte diese durch die Agentur für Arbeit zu Erstattungsleistungen herangezogen werden, diese Erstattungsleistungen zu ersetzen. Nachdem die Agentur für Arbeit verlangt hatte, die Firma solle knapp 43.500 EUR erstatten, erklärte die Firma die Aufrechnung mit dem Anspruch auf Überbrückungsgeld. Weitere Überbrückungszahlungen wurden im Juli 1997 eingestellt. 201

Das BAG entschied, dass die zwischen den Parteien vereinbarte Rückzahlungsverpflichtung nicht nach § 32 SGB I nichtig sei.[327] Nach dem Wortlaut von § 32 SGB I ist die Rechtsfolge der Nichtigkeit nur für Regelungen bestimmt, mit denen unmittelbar in die aufgrund der Sozialgesetze begründete Rechtsposition des Arbeitnehmers eingegriffen wird. Vorausgesetzt ist damit, dass die Vereinbarung, ihre Rechtswirksamkeit unterstellt, bestehende oder künftige sozialrechtliche Rechtsansprüche des Arbeitnehmers zu seinen Lasten beeinflusst oder seine Pflichten, die er im Hinblick auf den Sozialanspruch zu erfüllen hat, nachteilig verändert. **Nichtig sei deshalb eine Klausel in einem Aufhebungsvertrag, in der sich der Arbeitnehmer verpflichte, keinen Antrag auf Arbeitslosengeld zu stellen.** Die sozialrechtlich begründete Rechtsstellung des Arbeitnehmers werde demgegenüber nicht beeinträchtigt, wenn es ihm überlassen sei, Leistungen der Arbeitsverwaltung in Anspruch zu nehmen. Schadensersatzansprüche des Arbeitnehmers schieden aus, weil der Arbeitnehmer vom Arbeitgeber ausdrücklich auf die sozialrechtlichen Folgen der Beendigung des Arbeitsverhältnisses hingewiesen worden war. 202

C. Steuerrechtliches Umfeld

Die steuerliche Beratung gehört nicht zu den Aufgaben des Arbeitsrechtsanwalts. Deshalb sollte der Anwalt den Mandanten stets bitten, die steuerlichen Details einen Steuerberater erarbeiten und prüfen zu lassen. Der Arbeitsrechtsanwalt muss jedoch die Grundzüge des einschlägigen Abfindungssteuerrechts kennen, um eine optimierte Gestaltung im Vertrag und entsprechende Verhandlungen führen zu können. Kommt das Finanzamt nach Prüfung eines Aufhebungsvertrages zu dem Ergebnis, dass dem ausscheidenden Vorstandsmitglied bei einem Dienstwagenverkauf wegen des gegenüber dem Kaufpreis höheren Fahrzeugwertes ein geldwerter Vorteil gewährt 203

325 BAG, Urt. v. 14.12.1996, NZA 1996, 811 (812).
326 § 147a SGB III tritt ab 01.02.2006 außer Kraft, § 434 l Abs. 4 SGB III.
327 BAG, Urt. v. 25.01.2000, FA 2000, 251 = SPA 2000/20, 2 f.

worden ist, haftet der Anwalt im Verhältnis zur Arbeitgeberin/Gesellschaft nicht wegen einer nach einer Steuerprüfung fälligen Steuernachzahlung. Ein Rechtsanwalt ist im Zusammenhang mit dem Abschluss eines Aufhebungsvertrages ohne besondere Beauftragung durch den Mandanten nicht verpflichtet, im Hinblick auf einen eventuellen Freibetrag nach § 3 Nr. 9 EStG steuerberatend tätig zu werden.[328]

I. Steuerfreie Abfindungen gem. § 3 Nr. 9 EStG

204 Nach § 3 Nr. 9 EStG sind Abfindungen wegen einer vom Arbeitgeber veranlassten oder gerichtlich ausgesprochenen Auflösung des Dienstverhältnisses seit dem 01.01.2004 bis zum Betrag von 7.200 EUR steuerfrei. Dieser Betrag erhöht sich für Arbeitnehmer, die das 50. Lebensjahr vollendet haben und bei denen das Dienstverhältnis mindestens 15 Jahre bestanden hat, auf 9.000 EUR, bei Arbeitnehmern, die das 55. Lebensjahr vollendet haben und die seit mindestens 20 Jahren in einem Dienstverhältnis standen, auf 11.000 EUR.

205 Der Überblick über die Entwicklung der letzten Jahre zeigt, dass der steuerliche Freibetrag des Arbeitnehmers permanent gesunken ist:

206 **Entwicklung des Steuerfreibetrags gem. § 3 Nr. 9 EStG:**

	bis 31.03.1999	ab 01.04.1999	ab 01.01.2002	ab 01.01.2004
Grundfreibetrag	24.000 DM	16.000 DM	8.181 EUR	7.200 EUR
50. Lebensjahr und 15 Beschäftigungs-jahre	30.000 DM	20.000 DM	10.226 EUR	9.000 EUR
55. Lebensjahr und 20 Beschäftigungs-jahre	36.000 DM	24.000 DM	12.271 EUR	11.000 EUR

207 Der **Abfindungsbegriff** in § 3 Nr. 9 EStG ist durch vier Merkmale gekennzeichnet:
- Die Steuerfreiheit kommt Arbeitnehmern im steuerrechtlichen Sinne zugute,
- ein Dienstverhältnis muss zur Auflösung gelangen,
- die Auflösung muss vom Arbeitgeber veranlasst oder gerichtlich ausgesprochen sein und
- die Abfindung muss wegen der Auflösung gezahlt werden.

208 Wer **Arbeitnehmer i.S.d. Steuerrechts** ist, wird durch **§ 1 Abs. 1 LStDV** definiert: Arbeitnehmer im arbeitsrechtlichen Sinne gehören hierzu, aber auch Vorstandsmitglieder einer AG und Geschäftsführer von Kapitalgesellschaften. Nicht Arbeitnehmer in diesem Sinne sind Gesellschafter einer Personengesellschaft und Handelsvertreter. Bei der Abfindungszahlung an einen Handelsvertreter handelt es sich um steuerpflichtige Sondervergütungen gem. § 15 Abs. 1 Nr. 2 EStG (hier besteht außerdem Steuerermäßigung nach §§ 34, 24 Abs. 1c EStG). Übergangsgelder nach § 62 Abs. 1 BAT fallen nicht unter den Abfindungsbegriff des § 3 Nr. 9 EStG. Sie sind gleichwohl steuerfrei nach § 3 Nr. 10 EStG.

209 **Auflösung eines Dienstverhältnisses** bedeutet nicht Freistellung.[329] Die rechtliche Beendigung eines Arbeitsverhältnisses wird nicht dadurch tangiert, dass die Parteien im Anschluss an die Been-

328 LG Gießen, Urt. v. 07.07.1999, FA 1999, 327.
329 BFH, Urt. v. 27.04.1994, BStBl II 1994, 653.

digung ein sog. freies Mitarbeiterverhältnis vereinbart haben. Gewarnt sei vor Scheinarbeitsverhältnissen.[330] Die Steuerfreiheit einer Abfindung nach § 3 Nr. 9 EStG wird nicht dadurch beeinträchtigt, dass der Arbeitnehmer aufgrund eines nach Beendigung des Arbeitsverhältnisses abgeschlossenen neuen Dienstvertrages bei demselben Arbeitgeber zu anderen Bedingungen weiterbeschäftigt wird.[331] Ein Vorstandsmitglied einer Aktiengesellschaft, das nach dem Ende seines Anstellungsverhältnisses als Berater der AG beschäftigt wird, hat das Dienstverhältnis aufgelöst, auch wenn der Beratervertrag eine nicht selbständige Tätigkeit in der Form eines Dienstvertrags ist.[332]

Werden Abfindungen im Zusammenhang mit einem Betriebsübergang nach § 613a BGB gezahlt und wird das Arbeitsverhältnis mit einem neuen Betriebsinhaber fortgesetzt, liegt keine Beendigung des Dienstverhältnisses vor.[333] 210

Werden Abfindungen aus Anlass der **Versetzung des Arbeitnehmers** im Konzern gezahlt, entscheidet sich die Frage, ob es sich auch um Abfindungen im steuerrechtlichen Sinne handelt, danach, ob von einem einheitlichen Dienstverhältnis ausgegangen werden kann. Hatte der Mitarbeiter ein Rückkehrrecht, wurden bisherige Dienstzeiten angerechnet. Die Pensionsordnung gilt fort. Zahlungen aus Anlass einer Versetzung haben nicht die Funktion einer Abfindung im steuerrechtlichen Sinne.[334] 211

Abfindungen, die bei **Änderungskündigungen** gezahlt werden, sind nur steuerlich privilegiert, wenn der Arbeitnehmer das Änderungsangebot nicht angenommen hat.[335] Bei rückwirkenden Vereinbarungen gilt, dass der rückwirkend gewollte Vertrag steuerlich erst ab dem Zeitpunkt seines Abschlusses und seiner tatsächlichen Durchführung wirkt.[336] 212

Abfindungen wegen der Umsetzung von Arbeitnehmern innerhalb eines Konzerns sind dann nicht steuerfrei, wenn die Vertragsparteien nach den Umständen des einzelnen Falles die Umsetzung als Fortsetzung eines einheitlichen Dienstverhältnisses ausgestaltet haben.[337] Der Wechsel des Arbeitgebers im Rahmen eines Betriebsübergangs oder eines Teilbetriebsübergangs führt nicht zur Auflösung des bestehenden Dienstverhältnisses. Eine aus diesem Anlass erhaltene Abfindung ist nicht steuerfrei nach § 3 Nr. 9 EStG. Allerdings kann der ermäßigte Steuersatz gem. §§ 24 Nr. 1a, 34 Abs. 1 EStG zur Anwendung kommen.[338] 213

Zu beachten ist, dass die Auflösung des Dienstverhältnisses stets vom Arbeitgeber veranlasst sein muss. Der Begriff **»Veranlassung«** geht über die arbeitgeberseitige Kündigung hinaus. Es kommt darauf an, ob der Arbeitgeber die entscheidende Ursache für die Auflösung gesetzt hat.[339] 214

Keine Veranlassung des Arbeitgebers besteht bei **Auflösung** (Aufhebungsvertrag oder Eigenkündigung) **gegen Abfindung auf Wunsch des Arbeitnehmers**, Zahlung einer Abfindung bei Auslaufen eines befristeten Dienstverhältnisses und Kündigung des Arbeitgebers aus verhaltensbedingten Gründen. In diesen Fällen hat der Arbeitnehmer bzw. der Dienstnehmer die Auflösung veranlasst. Gestaltungsfragen sind aufgeworfen, wenn beispielsweise ein Aufhebungsvertrag mit einem befristet tätigen Vorstandsmitglied oder einem GmbH-Geschäftsführer entworfen werden soll und versucht wird, der Abfindung Steuerfreiheit und steuerliche Optimierung angedeihen zu lassen. 215

Eine **arbeitgeberseitige Veranlassung** liegt immer vor, wenn der Arbeitgeber dem Arbeitnehmer kündigt, wenn Insolvenz oder Liquidation des Unternehmens drohen oder wenn eine Betriebsverlegung oder Stilllegung ansteht. Probleme ergeben sich bei **verhaltens- oder personenbedingter** 216

330 *Hümmerich/Spirolke*, NZA 1998, 226.
331 BFH, Urt. v. 10.10.1986, DB 1987, 515.
332 FG Münster, Urt. v. 16.05.1997, EFG 1997, 1298.
333 BFH, Urt. v. 10.10.2001, NZA-RR 2002, 371; BFH, Urt. v. 16.07.1997, NZA-RR 1998, 174.
334 BFH, Urt. v. 21.06.1990, BStBl II, 1990, 1021.
335 BFH, Urt. v. 10.10.1986, BStBl II, 1987, 186; LStR 2001, Abschn. 9, Abs. 2 Satz 3.
336 BFH, Urt. v. 06.09.1995, BFH/NV 1996, 204.
337 BFH, Urt. v. 21.06.1990, BFHE 161, 372 = BStBl II 1990, 1021; FG Hamburg, Urt. v. 27.05.1993, EFG 1994, 86.
338 BFH, Urt. v. 16.07.1997, NZA 1997, 1336 (für die bis zum 31.12.1998 gültige Fassung des § 34 EStG).
339 BFH, Urt. v. 17.05.1977, BB 1977, 1288.

Kündigung, weil dann die Veranlassung nicht in der Sphäre des Arbeitgebers, sondern im Verhalten oder in der Person des Arbeitnehmers zu suchen ist.[340] Zahlt der Arbeitgeber eine Abfindung nach Ausspruch einer Kündigung, geht die Finanzverwaltung regelmäßig davon aus, dass die Beendigung letztlich doch auf den Arbeitgeber zurückzuführen ist.[341] Aus diesem Grunde empfiehlt es sich bei der Gestaltung von Aufhebungsverträgen oft, eine Präambel voranzustellen und in ihr zu formulieren, welche Sachgründe zur Beendigung geführt haben. Eine solche Präambel bindet zwar die Finanzverwaltung nicht, macht aber regelmäßig die Gründe der Trennung nachvollziehbar und erspart Nachfragen. Wenn die Arbeitnehmer nach einem bestimmten Stichtag, wie dem Tag des Abschlusses eines Interessenausgleichs, selbst kündigen und ihnen im Sozialplan eine Abfindung zugestanden wird, liegt ausnahmsweise eine arbeitgeberseitige Veranlassung für die Auflösung des Arbeitsverhältnisses vor. Die arbeitgeberseitige Veranlassung besteht in der Betriebseinschränkung oder Betriebsverlagerung.[342]

217 Durch ein **Auflösungsurteil** nach §§ 9, 10 KSchG erhält der Arbeitnehmer eine Abfindung im steuerlichen Sinne, da der Kündigungsrechtsstreit auf eine vom Arbeitgeber ausgesprochene Kündigung, mithin auf arbeitgeberseitige Veranlassung zurückzuführen ist.[343]

218 Schließlich muss die Abfindung mit der Auflösung des Arbeitsverhältnisses in einem **kausalen Zusammenhang** stehen. Nicht nur aus Anlass, sondern wegen der Auflösung des Dienstverhältnisses muss sie vom Arbeitgeber gezahlt werden. Sie muss eine Gegenleistungsfunktion für den Verlust des Arbeitsplatzes haben.[344] Soll die in einem Aufhebungsvertrag vereinbarte Abfindung für den Verlust des Arbeitsplatzes mit der bis zur Vollendung des 60. Lebensjahres entstehenden betrieblichen Invalidenrente verrechnet werden, so ist die in der Verrechnungsabrede enthaltene aufschiebend bedingte Tilgungsbestimmung wegen Verstoßes gegen § 3 Abs. 1 BetrAVG unwirksam (betriebsrentenrechtliches Abfindungsverbot). Dem Arbeitgeber kann jedoch nach § 812 Abs. 1 Satz 2 BGB ein Bereicherungsanspruch auf Rückzahlung der Abfindung zustehen. § 817 Satz 2 BGB schließt diesen Anspruch nicht aus.[345]

219 Vorsicht ist bei folgenden Fallkonstellationen geboten.

- Wird das Gehalt bis zum festgelegten Auflösungstermin,
- wird eine Gratifikation,
- werden Abgeltungsbeträge für den bis zum Auflösungszeitpunkt noch nicht genommenen Urlaub,
- werden anteilige Tantiemeansprüche oder
- wird der Verzicht auf die Rückzahlung von Spesenvorschüssen

in die Höhe der Abfindungszahlung eingerechnet, handelt es sich **nicht um eine Abfindung** i.S.v. § 3 Nr. 9 EStG.

220 In diesem Falle ist der volle Steuersatz maßgeblich.[346] Wird eine **unverfallbare Anwartschaft** gem. § 3 BetrAVG als Barabfindung geleistet, liegt nach neuerer Weisungslage eine Abfindung i.S.v. § 3 Nr. 9 EStG vor. Wird die Unverfallbarkeit einer betrieblichen Altersversorgung erst in der Auflösungsvereinbarung vertraglich vereinbart, entfiel nach früherer Weisungslage die steuerliche Privilegierung gem. §§ 34, 24 EStG.[347] Gleiches galt, wenn im Aufhebungs- oder Abwicklungsvertrag auf die ratierliche Kürzung der betrieblichen Altersversorgung verzichtet wurde[348] oder keine versicherungsmathematischen Abschläge bei vorzeitigem Bezug einer Betriebsrente vorgenommen

340 *Hümmerich/Spirolke*, NZA 1998, 227.
341 *Bauer*, NZA 1991, 618; *ders.*, Arbeitsrechtliche Aufhebungsverträge, Rn VII 7 f.
342 *Hümmerich/Spirolke*, BB 1995, 42; *dies.*, NZA 1998, 227.
343 *Offerhaus*, DStZ 1981, 445, 447; *Bauer*, Arbeitsrechtliche Aufhebungsverträge, Rn VII 13.
344 BFH, Urt. v. 13.10.1978, BB 1979, 304.
345 BAG, Urt. v. 17.10.2000, BB 2001, 2117.
346 *Hümmerich/Spirolke*, NZA 1998, 228; BFH, Urt. v. 13.10.1978, BB 1979, 304; BFH, Urt. v. 10.10.1986, BStBl II 1987, 186.
347 Siehe die Hinweise in NZA 1997, 704; FinMin Baden-Württemberg, Erlass vom 13.11.1996, S. 2290/13.
348 *Hümmerich*, AnwaltFormulare Arbeitsrecht, Muster 2260 § 4 Rn 1116 (§ 8).

werden. Wird dagegen eine unverfallbare Anwartschaft abgefunden, war die Zahlung immer auch gleichzeitig Entschädigung für den aufgrund der Beendigung des Arbeitsverhältnisses nicht mehr zu begründenden Anspruch.[349]

Die Rechtslage ist gegenwärtig widersprüchlich. Mit Urteil vom 14.08.2001 hat der Bundesfinanzhof[350] entschieden, dass Zusatzleistungen aus Gründen sozialer Fürsorge eine ursprünglich steuerfreie Entlassungsentschädigung gefährden können. Im Urteilsfall war zur Entlassungsentschädigung in Höhe von 99.085 DM eine Zusatzversorgung durch den Arbeitgeber bis zur Vollendung des 63. Lebensjahres garantiert worden, die unter Einbeziehung des Arbeitslosengeldes einen bestimmten Prozentsatz des letzten Bruttogehaltes sichern sollte. Die Zuschüsse seien von ihrer Höhe her insgesamt keine ergänzenden Zusatzleistungen mehr, stellten die BFH-Richter fest. Damit wurde die Steuerermäßigung der Entlassungsentschädigung aufgehoben. 221

Keine Abfindung sind solche Zahlungen, die aus Anlass einer sog. Vertragsübernahme durch dreiseitigen Vertrag zwischen Arbeitnehmer, bisherigem und künftigem Arbeitgeber vom alten Arbeitgeber zugesagt werden.[351] Die Einbeziehung von ausstehenden Gehaltsbestandteilen in den steuerfreien Teil einer Abfindung ist rechtswidrig. Allein die Zahlung einer erhöhten Abfindung führt nicht dazu, von einem stillschweigenden Verzichtsvertrag hinsichtlich der ausstehenden Gehaltsbestandteile auszugehen.[352] 222

Ungeklärt ist die steuerliche Behandlung von Abfindungen, wenn ein Arbeitnehmer dem Übergang seines Arbeitsverhältnisses auf den Betriebserwerber widersprochen hat, deshalb bei dem Betriebsveräußerer verblieben ist und dann unter Zahlung einer Abfindung das Dienstverhältnis aufgelöst hat. *Pröpper*[353] vertritt unter Hinweis auf eine Entscheidung des BFH vom 16.07.1997[354] die Auffassung, dass, auch wenn der Arbeitnehmer durch seinen Widerspruch die Kündigung arbeitsrechtlich erst verursacht hat, die Auflösung des Dienstverhältnisses durch den Arbeitgeber i.S.v. § 3 Nr. 9 EStG veranlasst sei. Damit sei nach dem Wortlaut von § 3 Nr. 9 EStG die Steuerfreiheit der Abfindung auch im Falle einer Entschädigungsleistung nach Widerspruch des Arbeitnehmers gegen den Betriebsübergang gegeben. 223

Auch Abfindungen nach § 5 Abs. 7 des Tarifvertrags Altersteilzeit (für Mitarbeiter des öffentlichen Dienstes) sind nach einem Rundschreiben der Steuerabteilung des Bundesministeriums der Finanzen[355] Abfindungen i.S.v. § 3 Nr. 9 EStG. 224

Die Abfindungszahlung muss im Hinblick auf den Freibetrag gem. § 3 Nr. 9 EStG nicht zwingend in einem Betrag geleistet werden, sondern kann auf **mehrere Raten,** auch über **mehrere Veranlagungszeiträume** verteilt werden. **Steuerfrei** sind die **ersten Raten bis zum Höchstbetrag des § 3 Nr. 9 EStG**.[356] 225

Auch wer kurz vor Vollendung des 65. Lebensjahrs von seinem Arbeitgeber gekündigt wurde, kann die steuerlichen Vorteile einer mit der Kündigung verbundenen Abfindung in Anspruch nehmen.[357] Es besteht in einem solchen Falle kein Grund, die §§ 3 Nr. 9 EStG oder 24, 34 EStG nicht anzuwenden. 226

349 Siehe *Hümmerich*, AnwaltFormulare Arbeitsrecht, *Weber/Ehrich/Burmester*, Handbuch der arbeitsrechtlichen Aufhebungsverträge, Teil 5, Rn 77 ff. m.w.N.
350 BFH, Urt. v. 14.08.2001 – XI R 22/00 (n.v.).
351 Zur Konstruktion der Vertragsübernahme: BAG, Urt. v. 24.10.1972, DB 1973, 924.
352 ArbG Frankfurt, Urt. v. 27.10.1999, FA 2000, 55.
353 Steuerfreie Abfindungen gem. § 3 Nr. 9 EStG auch bei Kündigung nach Widerspruch gegen Betriebsübergang?, BB 2000, 1817.
354 XI R 85/96, BB 1997, 2144.
355 Rundschreiben vom 04.10.1999 – IV C 5 – S 2340 – 126/99 II.
356 BFH, Urt. v. 11.01.1980, DB 1980, 667.
357 FG München, Urt. v. 21.04.1994, EFG 1995, 265.

227 Das Steuerentlastungsgesetz[358] hat noch eine Übergangsregelung gebracht, die für in der Vergangenheit liegende Sachverhalte von Bedeutung ist: Wurde ein Vertrag über eine Abfindung vor dem 31.12.1998 geschlossen (Aufhebungs- und Abwicklungsvertrag) und wurde die Abfindung bis zum 31.03.1999 an den Arbeitnehmer gezahlt, verbleibt es hinsichtlich der Freibeträge bei der Altregelung in § 3 Nr. 9 EStG.

228 Keine Steuerfreiheit besteht bei im Anstellungsvertrag zugesagten Abfindungen, wenn der Arbeitsvertrag wirksam befristet geschlossen wurde. Die Beendigung ergibt sich in diesen Fällen nicht aufgrund einer arbeitgeberseitigen Veranlassung, sie folgt aus der Befristungsabrede.[359]

229 Zunehmend werden Arbeitnehmer über einen Transferinteressenausgleich einer Beschäftigungs- und Qualifizierungsgesellschaft zugeführt. Transfersozialpläne gem. §§ 112 Abs. 5 Nr. 2a BetrVG, 254 f. SGB III (Zuschüsse zu Sozialplanmaßnahmen), die wegen der Förderungsleistungen des Arbeitsamtes[360] und verstärkt seit den Hartz-Reformen nach § 37c SGB III (Personal-Service-Agenturen) genutzt werden, enthalten verschiedentlich Abfindungsregelungen für die Arbeitnehmer, die in eine betriebsorganisatorisch abgegrenzte Einheit, im Regelfall in eine Beschäftigungsgesellschaft, überführt werden. In der Diskussion steht die Frage, ob Abfindungen von Arbeitnehmern, die in eine Beschäftigungs- und Qualifizierungsgesellschaft eintreten, Entlassungsentschädigungen i.S.v. § 3 Nr. 9 EStG sind. *Pröpper*[361] vertritt die Auffassung, durch den Wechsel in die Beschäftigungs- und Qualifizierungsgesellschaft werde das ursprüngliche Arbeitsverhältnis beendet. *Pitterle*[362] weist auf die Rechtsauffassung der OFD Stuttgart hin, wonach bei der Zwischenschaltung einer Beschäftigungs- und Qualifizierungsgesellschaft bei der Entlassung von Arbeitnehmern die alten Arbeitsverhältnisse lediglich abgewickelt würden und die Arbeitnehmer mit der Beschäftigungsgesellschaft kein neues Arbeitsverhältnis begründen würden. Das alte Arbeitsverhältnis bestehe vielmehr fort, die Beschäftigungs- und Qualifizierungsgesellschaft habe hierbei lediglich die Funktion einer Zahlstelle. Trotz des formalen Arbeitgeberwechsels, der zur Folge habe, dass die Beschäftigungsgesellschaft die lohnsteuerlichen Pflichten wahrzunehmen habe, sei daher steuerlich von einem fortgeführten Dienstverhältnis auszugehen, so dass die Abfindung keine Entlassungsentschädigung i.S.v. § 3 Nr. 9 EStG darstelle. Das Arbeitsverhältnis werde tatsächlich nicht beendet.

II. Steuerermäßigte Abfindungen, §§ 34, 24 EStG

230 § 34 Abs. 1 EStG ist durch Art. 1 des Gesetzes zur Fortsetzung der Unternehmenssteuerreform[363] neu gefasst worden. Für eine Entschädigung (Abfindung) gem. §§ 34 Abs. 1, 24 Nr. 1a, 2a und b EStG gelten bestimmte Voraussetzungen.

- Es muss sich um eine Entschädigung für entgehende Einnahmen i.S.v. § 24 Nr. 1a EStG oder für die Aufgabe der Nichtausübung einer Tätigkeit nach § 24 Nr. 1b EStG handeln und
- es müssen außerordentliche Einkünfte vorliegen.

231 Zu einer steuerermäßigten Abfindung gem. §§ 34, 24 EStG gelangt man deshalb, wenn vier Voraussetzungen erfüllt sind.

- Entschädigung
- als Ersatz für entgangene oder entgehende Einnahmen
- für die Aufgabe oder Nichtausübung einer Tätigkeit,
- unmittelbar dazu bestimmt, Verlust entgangener oder entgehender Einnahmen zumindest teilweise auszugleichen,

358 BT-Drucks 14/23, 4.
359 *Offerhaus*, DB 1994, 167.
360 Zur neuen Rechtslage siehe *Gaul/Bonanni/Otto*, DB 2003, 2386; zur betriebsorganisatorisch eigenständigen Einheit siehe *Rieble/Klumpp*, NZA 2003, 1169.
361 SPA 21/2001, 6.
362 DB 2002, 762.
363 BGBl I 1997, 2590; inzwischen gilt eine weitere Neufassung: BGBl I 1999, 402.

- auf einer neuen Rechts- oder Billigkeitsgrundlage beruhende Ersatzleistung,
- Zusammenballung von Einkünften in einem Veranlagungszeitraum.

1. Die tatbestandlichen Voraussetzungen gem. § 24 EStG

a) Entschädigung als Ersatz für Einnahmen oder Aufgabe einer Tätigkeit

Wer selbst und ohne jeden Zwang etwas preisgibt, dem »entgeht« nichts; wer aus eigenem Antrieb ein Ereignis herbeigeführt hat, erleidet dadurch keinen Schaden. Wenn er indessen unter einem nicht unerheblichen **rechtlichen, wirtschaftlichen oder tatsächlichen Druck** gehandelt hat, dann ist die Ausgleichszahlung als Ersatzleistung anzusehen für »entgangene oder entgehende«, weil an sich erstrebte Einnahmen.[364] Erhält der Arbeitnehmer im Zusammenhang mit einer Änderungskündigung eine Abfindung, weil er beispielsweise zukünftig auf einem geringer dotierten Arbeitsplatz tätig sein soll, so kommt eine Steuerbefreiung mangels Beendigung des Arbeitsverhältnisses nicht in Betracht,[365] wohl aber eine steuerbegünstigte Entschädigung als Ersatz für entgehende Einnahmen.[366] 232

Die Rechtsprechung des BFH fordert allerdings nicht immer, dass die Aufgabe der Tätigkeit auf tatsächlichem, rechtlichem oder wirtschaftlichem Druck des Arbeitgebers zu beruhen hat. In einem Ausnahmefall hielt sie ein arbeitsvertragliches Optionsrecht (hier für eine Stewardess, mit Vollendung des 32. Lebensjahres gegen Zahlung einer Abfindung aus dem Arbeitsverhältnis auszuscheiden) für eine ausreichende Regelung einer Entschädigung für die Aufgabe oder Nichtausübung der Tätigkeit i.S.v. § 24 Nr. 1b EStG.[367] 233

Diese Entscheidung ist insofern systemfremd, als die Entschädigung hier (neben dem fehlenden sachlichen, rechtlichen oder wirtschaftlichen Druck des Arbeitgebers) auch nicht auf einer neuen Rechts- oder Billigkeitsgrundlage beruhte, die für steuerbegünstigte Entschädigungen ansonsten vom BFH gefordert wird.[368] Generell gilt, dass die Steuerbegünstigung für Beträge ausgeschlossen ist, auf die der Arbeitnehmer bereits einen Anspruch erworben hat. Insoweit deckt sich diese Voraussetzung mit der Bedingung der Steuerfreiheit in § 3 Nr. 9 EStG, wonach die Abfindung eine Gegenleistungsfunktion für den Verlust des Arbeitsplatzes haben muss. Beträge, die nur einen aus dem Dienstverhältnis bestehenden Anspruch abgelten, werden ausgeschlossen.[369] 234

Vorsicht geboten ist deshalb bei der Gestaltung mit vertraglich für den Fall des Ausscheidens vereinbarten Abfindungszahlungen. Das Finanzgericht München[370] vertritt die Auffassung, dass in unbefristeten Anstellungsverträgen vereinbarte Abfindungen für den Fall einer arbeitgeberseitig veranlassten Kündigung weder zur Steuerfreiheit nach § 3 Nr. 9 EStG noch zur steuerlichen Privilegierung gem. §§ 34 Abs. 2 Nr. 2, 24 Nr. 1b EStG führten. Die Gegenmeinung[371] ist der Ansicht, es sei unschädlich, wenn eine Abfindung auf einer bereits im ursprünglichen Anstellungs- oder Arbeitsvertrag enthaltenen Regelung beruhe und damit von vornherein festgelegt sei. Der sichere Weg ist vorgezeichnet, wenn die Abfindung im Sinne eines **Optionsrechts** gemäß dem Stewardessenfall im Arbeitsvertrag ausgestaltet und späterhin in einem Aufhebungsvertrag niedergelegt wird. In diesem Fall schaffen die Parteien eine neue Rechts- oder Billigkeitsgrundlage. 235

Dies gilt auch, wenn bei einem befristeten Vertrag (beispielsweise mit einem Vorstand) das rechtliche Ende des Anstellungsverhältnisses vorverlegt wird. Wenn in diesen Fällen Vergütungsansprüche 236

364 BFH, Urt. 13.02.1987, BFHE 149, 182 = BStBl II 1998, 386.
365 BFH, Urt. v. 10.10.1986, DB 1987, 515.
366 *Offerhaus*, DB 1991, 2457.
367 BFH, Urt. v. 08.08.1986, BStBl II 1987, 106; ebenso BFH, Urt. v. 13.02.1987, BStBl II 1987, 386.
368 BFH, Urt. v. 20.10.1978, BStBl II 1979, 179; Urt. v. 21.06.1990, BStBl II 1990, 1020; Urt. v. 27.02.2991, BStBl II 1991, 703.
369 Vgl. FG München, Urt. v. 16.09.1999, EFG 2000, 67.
370 Urt. v. 16.09.1999, EFG 2000, 67.
371 BFH, Urt. v. 13.02.1987, DB 1987, 1070; für einen GmbH-Geschäftsführer: FG Münster, Urt. v. 13.08.1997, GmbHR 1997, 1113; ebenso *Bauer,* Arbeitsrechtliche Aufhebungsverträge, Rn VII 38 f.; *Offerhaus*, DB 2000, 396.

kapitalisiert und als Abfindung gezahlt werden, fällt der Steuervorteil gem. §§ 3 Nr. 9, 34, 24 EStG nicht weg, es handelt sich auch nicht um einen unzulässigen Umgehungstatbestand gem. § 42 AO.[372]

237 Wird ein Arbeitnehmer im Hinblick auf eine in seinem Arbeitsvertrag bestehende, konzernweite Versetzungs- und Rückrufklausel ins Ausland versetzt und erhält er zum Ausgleich der finanziellen Nachteile, die mit der Versetzung verbunden waren, eine »Sonderzuwendung«, hängt die Möglichkeit der ermäßigten Besteuerung nach Auffassung des BFH davon ab, ob das neue Dienstverhältnis als Fortsetzung des bisherigen Dienstverhältnisses zu beurteilen ist.[373] Eine rein formale Betrachtung, die sich ausschließlich an der zivilrechtlichen Personenidentität orientiert, wird nach Auffassung des Finanzgerichts der Zielsetzung der §§ 24 Nr. 1a, 34 Abs. 1 und Abs. 2 EStG nicht gerecht. Die einzelnen Konzernunternehmen seien unter der einheitlichen Leitung des herrschenden Unternehmens zusammengefasst, § 18 AktG. Trotz der rechtlichen Selbständigkeit der Arbeitgeber könnten das alte und das neue Arbeitsverhältnis in einer Weise verbunden sein, die gegen eine Auflösung spreche. Die Entscheidung müsse deshalb immer das Gesamtbild des Arbeitsverhältnisses im Einzelfall berücksichtigen. Wenn das alte und das neue Dienstverhältnis derart miteinander verknüpft seien, dass das bestehende Dienstverhältnis zwar mit dem neuen Arbeitgeber, aber im Übrigen in Bezug auf den Arbeitsbereich, die Entlohnung und Wahrung des sozialen Besitzstands im Wesentlichen unverändert fortgesetzt werde, habe der Arbeitnehmer den Arbeitsplatz nicht verloren. In einem solchen Falle sei das Arbeitsverhältnis nicht im steuerrechtlichen Sinne beendet worden, insbesondere dann nicht, wenn das Arbeitsverhältnis im Heimatland ruhe und der Arbeitnehmer die Möglichkeit der jederzeitigen Rückkehr auf seinen früheren Arbeitsplatz habe. In einen solchen Falle unterliege die Abfindung nicht dem ermäßigten Steuersatz.

238 Keine Entschädigung i.S.v. § 24 Nr. 1a und Nr. 1b EStG nimmt die Rechtsprechung an, wenn das Arbeitsverhältnis nach einem Betriebsübergang oder Betriebsteilübergang fortgesetzt wird. Bei einem Betriebsübergang nach § 613a BGB kann die tarifbegünstigte Besteuerung der Abfindung entfallen, wenn der Arbeitnehmer das Arbeitsverhältnis zwar mit dem neuen Arbeitgeber fortsetzt, vom alten Arbeitgeber aber noch eine Abfindung erhält. In diesem Fall ist die Abfindung nur tarifbegünstigt, wenn das zugrunde liegende Arbeitsverhältnis auch tatsächlich beendet wird.[374] Entsprechendes gilt auch bei Fortsetzung des Arbeitsverhältnisses bei Betriebsteilübergängen. Der BFH entschied, dass ein Betriebsteilübergang von der einen Gesellschaft auf die andere Gesellschaft nicht zur endgültigen Beendigung des bestehenden Dienstverhältnisses führe, selbst wenn das bestehende Dienstverhältnis mit dem neuen Arbeitgeber mit teilweise geänderten Konditionen fortgesetzt werde. Enthalte der Arbeitsvertrag mit dem neuen Arbeitgeber die Klausel, dass die Vorzeiten im Arbeitsverhältnis mit dem vormaligen Arbeitgeber angerechnet würden, liege keine Beendigung des Vertragsverhältnisses im steuerrechtlichen Sinne vor, § 24 Nr. 1a und Nr. 1b EStG sei nicht anwendbar.[375]

239 Auch die Reduzierung einer vertraglich eingeräumten Pensionszusage ist keine Entschädigung und damit nicht steuerbegünstigt, wenn das Arbeitsverhältnis im Übrigen unverändert fortgesetzt wird. In diesem Falle fehle es an der Beendigung des bisherigen Einkommenserzielungstatbestandes.[376] Auch die bloße Einschränkung der Arbeitsleistung des Arbeitnehmers führt nicht zu einer Tätigkeitsaufgabe und zu entgehenden Einnahmen i.S.v. § 24 EStG. Der BFH hat für eine Abfindungszahlung einer Versicherung an ihren Bezirksdirektor für die Substanzverluste durch die Gebietsverkleinerung keine Steuerermäßigung nach § 24 Nr. 1a EStG zugelassen. Die Versicherung wollte ursprünglich den mit der Gebietsabtretung verbundenen erheblichen Substanzverlust in 10-Jahresraten abgelten. Der Arbeitnehmer setzte im Rahmen eines schriftlichen Abfindungsvertrages eine Einmalzahlung über 730.000,00 DM im Streitjahr durch. Der Anstellungsvertrag mit der Versicherung galt mit dem

372 BFH, Urt. v. 10.10.1986, BFHE 148, 257.
373 FG Köln, Urt. v. 08.02.2001, EFG 2001, 570; zitiert nach *Müller*, Besteuerung von Abfindungen, ArbRB 2002, 25.
374 BFH, Urt. v. 10.10.2001, NZA-RR 2002, 371.
375 BFH, Urt. v. 12.04.2000, BFH/NV 2000, 1195; BFH, Urt. v. 22.06.2001, BFH/NV 2001, 1551.
376 FG Köln, Urt. v. 22.03.2001, EFG 2001, 1448.

verkleinerten Gebiet weiter. Gut zwei Jahre nach Abschluss der Abfindungsvereinbarung verstarb der Mitarbeiter. Ein Teilrückzahlungsgrund war für diesen Fall ausdrücklich im Abfindungsvertrag ausgeschlossen. Der BFH stellte fest, dass eine Entschädigung i.S.v. § 24 Nr. 1a EStG nicht vorliege.[377] Der BFH verwies die Sache allerdings an das Finanzgericht zurück. Das Finanzgericht sollte feststellen, ob und ggf. in welchem Umfang die Abfindung für die Nichtausübung der Tätigkeit in dem bisherigen Bezirk des Mitarbeiters bezahlt werden sollte.

b) Kausalität zwischen Abfindung und Verlust entgangener oder entgehender Einnahmen

In der Literatur ist man der Meinung, dass es nicht darauf ankomme, wann die den Anspruch begründende Vereinbarung abgeschlossen wurde. Der Dienstnehmer erhalte im Austausch Lohn gegen Arbeit. Der Abfindungsanspruch beruhe auf einer anderen Rechtsgrundlage, die den Anforderungen des § 24 Nr. 1 EStG gerecht werde. Die Beendigung sei vom Dienstgeber vereinbart, dadurch entgingen dem Arbeitnehmer Einnahmen für die Arbeitsleistung und hierfür leiste die Abfindung einen Ersatz. Dass sich die Parteien vorab und nicht erst bei Beendigung des Dienstverhältnisses auf das »ob« und die Höhe der Zahlung geeinigt haben, könne dem Entschädigungscharakter und der Kausalität nicht entgegenstehen.[378] 240

Die Steuervergünstigung nach §§ 34, 24 Nr. 1b EStG kommt auch bei **Karenzentschädigungen** in Betracht.[379] Stets muss es sich bei den Entschädigungen gleichzeitig um außerordentliche Einkünfte des Arbeitnehmers handeln. Diese Voraussetzung ist erfüllt, wenn die Entschädigung für entgangene oder entgehende Einnahmen, die sich bei normalen Ablauf auf mehrere Jahre verteilt hätten, vollständig in einem Betrag gezahlt wird[380] oder wenn die Entschädigung nur Einnahmen eines Jahres ersetzt, sofern sie im Jahr der Zahlung mit weiteren Einkünften zusammenfallen und der Steuerpflichtige im Jahr der entgangenen Einnahmen keine weiteren nennenswerten Einnahmen hatte.[381] Gleiches gilt für Entschädigungen i.S.v. § 24 Nr. 1b EStG.[382] 241

Die Entschädigung muss nicht in einem Betrag gezahlt werden, es ist aber notwendig, dass sie in einem Veranlagungszeitraum geleistet wird. Für den Progressionsnachteil ist es unerheblich, ob die Zahlung im selben Veranlagungszeitraum auf mehrere Raten verteilt wird.[383] Nur in zwei Ausnahmefällen hat der BFH darüber hinaus zugelassen, dass eine Entschädigungszahlung auf zwei Veranlagungszeiträume mit dem ermäßigten Steuersatz besteuert werden kann, und zwar wenn von vornherein eine Zahlung in einer Summe vorgesehen war, aber wegen der ungewöhnlichen Höhe und der besonderen Verhältnisse des Arbeitgebers dieser Betrag auf zwei Jahre verteilt werden musste[384] und wenn der Entschädigungsempfänger bar aller Existenzmittel dringend auf den Bezug einer Vorauszahlung angewiesen war.[385] Inzwischen ist eine weitere Ausnahme hinzugetreten: Leistet ein Arbeitgeber seinem (früheren) Arbeitnehmer wegen Auflösung des Arbeitsverhältnisses eine einmalige Abfindung und zur Überbrückung der Arbeitslosigkeit monatliche Ausgleichszahlungen, so sind diese Leistungen insgesamt auch dann im Jahr ihrer Zahlung tarifvergünstigt zu besteuern, wenn die Ausgleichszahlungen in einem späteren Veranlagungszeitraum fortgeführt werden.[386] 242

Ein häufiger Gestaltungsfehler bei Abfindungsregelungen ist die mangelnde Berücksichtigung von **Sachleistungen**. Kann der Angestellte einen Dienstwagen oder eine verbilligte Wohnung über den Veranlagungszeitraum hinaus, in dem die Abfindung gezahlt wird, nutzen, stellt dies einen 243

377 BFH, Urt. v. 23.01.2001, BStBl II 2001, 541.
378 *Offerhaus*, DStZ 1997, 108, 109; *Bauer*, Arbeitsrechtliche Aufhebungsverträge, Rn VII 48.
379 BFH, Urt. v. 12.06.1996, BStBl II 1996, 516.
380 BFH, Urt. v. 18.09.1998, BFH/NV 1992, 102.
381 BFH, Urt. v. 12.03.1975, BStBl II 1975, 485.
382 BFH, Urt. v. 16.03.1993 – XI R 10/92 (n.v.).
383 *Offerhaus*, DB 1991, 2456.
384 BFH, Urt. v. 21.04.1993, BFH/NV 1994, 224.
385 BFH, Urt. v. 06.04.2000, BFH/NV 2001, 431; BFH, Urt. v. 02.09.1992, BStBl II 1993, 831.
386 BFH, Urt. v. 24.01.2002, NZA-RR 2003, 94.

geldwerten Vorteil dar, der die Zusammenballung der einheitlichen Abfindung und damit die Steuerbegünstigung insgesamt aufhebt.[387]

244 Aus dem gleichen Grunde wird davon abgeraten, **Aufstockungsbeträge**, beispielsweise im Zusammenhang mit Sozialplanabfindungen, vorzusehen, die in späteren Jahren nach dem Ausscheiden aus dem Arbeitsverhältnis gezahlt werden. Die Anweisungslage bei verschiedenen Finanzämtern[388] sieht vor, dass eine auf einem ungewissen Ereignis in der Zukunft beruhende Aufstockung als eine Verteilung auf mehrere, in verschiedenen Veranlagungszeiträumen liegende Auszahlungspunkte zu beurteilen ist, so dass auch der ursprünglich gezahlte Anteil der Abfindung seinen Charakter als steuerbegünstigte Entschädigung verliert.

245 Ungewöhnlich großzügig entschied der BFH,[389] dass eine Entlassungsentschädigung, die ein Arbeitnehmer wegen der Auflösung seines Arbeitsverhältnisses erhält, auch dann steuerbegünstigt ist, wenn der Arbeitgeber für eine gewisse Übergangszeit aus sozialer Fürsorge ergänzende Entschädigungszusatzleistungen gewährt. Im Urteilsfall hatte der Arbeitnehmer mit seinem Arbeitgeber eine Abfindungssumme von 500.000 DM vereinbart. Diese wurde ausbezahlt. Der Arbeitgeber verpflichtete sich zusätzlich, die Kosten einer so genannten Outplacement-Beratung bis zu max. 50.000 DM zu übernehmen. Wichtig: Die gesamte Entschädigungszahlung wäre nicht steuerbegünstigt gewesen, wenn sich der Arbeitnehmer den zusätzlichen Beratungsbetrag wahlweise hätte auszahlen lassen.

246 Wenn die Abfindung zusammen mit dem im Jahr der Zahlung geflossenen Gehalt betragsmäßig ein Jahresgehalt ergibt oder unterschreitet und der Steuerpflichtige keine weiteren Einnahmen bezieht, die er bei Fortsetzung des Arbeitsverhältnisses nicht bezogen hätte, kann man nach Auffassung des BFH nicht mehr von einer Zusammenballung von Einkünften sprechen.[390]

247 Hieraus ergibt sich für die Praxis die Konsequenz, dass unter Umständen bereits eine geringfügige Erhöhung der Abfindung in der Weise, dass die Einkünfte bei Fortbestand des Arbeitsverhältnisses überschritten werden, aufgrund des dann eingreifenden § 34 EStG zu einer deutlich höheren Nettoabfindung führen kann.[391]

248 Unschädlich ist eine Gestaltung von Aufhebungsverträgen, die eine **Aufteilung** nach einer **steuerfreien Abfindung** nach § 3 Nr. 9 EStG und einen **steuerermäßigten Anteil** nach §§ 34, 24 Nr. 1 EStG vorsieht und ferner regelt, dass beide Teile in verschiedenen Veranlagungszeiträumen zur Auszahlung gebracht werden.[392]

249 Hat der Arbeitgeber keine oder zu geringe Steuern einbehalten, was beispielsweise bei einer Lohnsteuer-Außenprüfung nach § 42f EStG beim Arbeitgeber festgestellt werden würde, hat das Finanzamt den Arbeitgeber durch **Haftungsbescheid** in Anspruch zu nehmen. Die Haftung des Arbeitgebers, gesamtschuldnerisch mit dem Arbeitnehmer, ergibt sich aus § 42d EStG. Das Finanzamt kann die Steuerschuld nach pflichtgemäßem Ermessen allerdings gegenüber jedem Gesamtschuldner geltend machen. Ermessensfehlerhaft handelt das Finanzamt, wenn die Steuer beim Arbeitgeber nacherhoben wird obwohl sie beim Arbeitnehmer ebenso schnell und einfach nacherhoben werden kann.[393] Ermessensfehlerhaft kann ein gegen den Arbeitgeber gerichteter Haftungsbescheid sein, weil der Arbeitgeber den Steuerabzug wegen entschuldbaren Rechtsirrtums unterlassen hat.[394] Eine Inanspruchnahme des Arbeitgebers durch Lohnsteuer-Haftungsbescheid

387 BFH, Urt. v. 21.03.1996, BStBl II 1996, 416.
388 Vgl. OFD Hannover, Verfügung v. 24.10.1996 – S 2290 2 StO 212/S 2290.
389 BFH, Urt. v. 14.08.2001 – XI R 22/00 (n.v.).
390 BFH, Urt. v. 06.09.1995, BFH/NV 1996, 204; zuletzt bestätigt in BFH, Urt. v. 04.03.1998, DStR 1998, 929.
391 *Wisskirchen*, NZA 1999, 405; *Hümmerich/Spirolke*, NJW 1999, 1663.
392 BFH, Urt. v. 09.09.1990, DB 1992, 2602; siehe ferner *Hümmerich/Spirolke*, NZA 1998, 231.
393 BFH; Urt. v. 12.01.1968, BStBl II 1968, 324; Urt. v. 30.11.1966, BStBl II 1967, 331.
394 BFH, Urt. v. 18.09.1981, BStBl II 1981, 801.

oder Nachforderungsbescheid kann schließlich aus verfahrensrechtlichen Gründen ermessensfehlerhaft sein.[395]

c) Zusammenballung von Einkünften in Sinne der BFH-Rechtsprechung

Die **Tarifbegünstigung nach §§ 24, 34 EStG** beruht auf dem Gedanken der Steuergerechtigkeit, weil durch die Entschädigung in einem Veranlagungszeitraum Einnahmen zufließen, die sich bei normalem Verlauf über mehrere Jahre verteilt hätten mit der Folge, dass sie einer geringeren Steuerprogression unterfallen wären.[396] Durch die Steuerbegünstigung soll der Progressionsnachteil abgefangen werden. 250

Bislang haben die Finanzämter die Auffassung vertreten, dass bei der **Einmalabfindung** infolge der Beendigung des Arbeitsverhältnisses grundsätzlich nicht davon ausgegangen werden kann, dass sie lediglich die Einnahmen eines Kalenderjahres entschädigt, und zwar auch dann nicht, wenn sie der Höhe nach in etwa den Betrag eines früheren Jahresgehalts nicht übersteigt.[397] Mit Urteil vom 04.03.1998[398] hat der BFH ausdrücklich entschieden, dass die Auffassung der Finanzverwaltung unzutreffend ist, die Finanzverwaltung hat dieser Rechtsprechung zwischenzeitlich Rechnung getragen.[399] 251

In dem **Urteil vom 04.03.1998** stellte der **BFH** fest, dass das Merkmal der Zusammenballung von Einkünften nicht erfüllt ist, wenn die anlässlich der Beendigung eines Arbeitsverhältnisses gezahlte Entschädigung die bis zum Ende des Veranlagungszeitraums entgehenden Einnahmen nicht übersteigt und der Steuerpflichtige keine weiteren Einnahmen erzielt, die er bei Fortsetzung des Arbeitsverhältnisses nicht gehabt hätte. Der Senat stellt diese Ansicht in den Zusammenhang seiner bisherigen Rechtsprechung ein.[400] Bereits aus der Begründung zum Einkommensteuergesetz 1934 gehe hervor, dass mit der Ermäßigung des Steuersatzes progressionsbedingte Härten gemildert werden sollen. Bei dieser Betrachtungsweise komme es nicht darauf an, ob die Entschädigung entgehende Einnahmen mehrerer Jahre abdecken solle. Entscheidend sei allein, ob es unter Einschluss der Entschädigung infolge der Beendigung des Arbeitsverhältnisses in dem jeweiligen Veranlagungszeitraum insgesamt zu einer über die normalen Verhältnisse hinausgehenden Zusammenballung von Einkünften komme. 252

Nur dann könne eine progressionsbedingte Härte auftreten. Die Frage, ob die Entschädigung nach dem Willen der Parteien für den Einnahmeverlust mehrerer Jahre gewährt werden solle, sei ohne Bedeutung. Bezugspunkt sei nicht die Zusammenballung der Entschädigung als solche, sondern allein die entschädigungsbedingte Zusammenballung der Gesamtbezüge des Veranlagungszeitraums. Diese Auffassung widerspreche auch nicht der ständigen Rechtsprechung des BFH,[401] nach der es auf einen tatsächlich eintretenden Progressionsnachteil nicht ankomme. Auch in Fällen, in denen es infolge der Höhe der Einkünfte zu keiner entschädigungsbedingten steuerlichen Progressionsbelastung kommen kann, müsse eine Zusammenballung von Einkünften gegeben sein. Zutreffend sei, dass es im Einzelfall auch bei relativ geringfügiger Überschreitung der bei ungestörter Fortsetzung des Arbeitsverhältnisses erzielbaren Beträge zu einer erheblichen Steuerbelastung kommen könne. Auch wird sich eine günstigere Belastung ergeben, je näher das Beendigungsdatum am Ende des Veranlagungszeitraums und damit des Kalenderjahres liegt. Diese Konsequenzen ergäben sich aber aus der vom Gesetz vorgegebenen Einkünfteermittlung für den einzelnen Veranlagungszeitraum. 253

395 BFH, Urt. v. 15.05.1992, BStBl II 1993, 829.
396 *Hümmerich/Spirolke*, NJW 1999, 1663 ff.
397 BMF, Schreiben v. 18.11.1997 – IV B – S 2290–2/97; OFD Karlsruhe, Schreiben v. 19.01.1996 – S 2290 A – St 221.
398 BFHE 185, 429 = NZA-RR 1998, 418 = DB 1998, 1266.
399 BMF, Schreiben v. 18.12.1998 – IV A 5 S 2290–18/98 sowie BMF-Schreiben v. 24.05.2004, IV A 5 – S 2290–20/04 Rn 11.
400 BFH/NV 1996, 204; BFHE 183, 535 = NJW 1997, 3464.
401 Urt. v. 17.12.1983, BFHE 137, 345 = BStBl II 1983, 221; Urt. v. 21.03.1996, BFHE 180, 152 = BStBl II 1996, 416.

254 Diese eindeutige BFH-Rechtsprechung entspricht seit einiger Zeit der Auffassung der Finanzverwaltung,[402] was im Sinne einer einheitlichen Handhabung der Steuerbegünstigungstatbestände zu begrüßen ist. Noch im BMF-Schreiben von 1997[403] hieß es, die Frage der Zusammenballung von Einkünften könne nicht anhand der objektiven Zahlen beantwortet werden, entscheidend seien vielmehr die Gründe, die die Vertragsparteien zur Aufhebung des Dienstverhältnisses veranlasst und die in der Auflösungsvereinbarung sowie bei den Modalitäten der Abfindung ihren Niederschlag gefunden hätten. Hiervon ist das BMF nunmehr abgerückt. Auch das BMF nimmt nunmehr an, dass eine Zusammenballung nur dann vorliegt, wenn die im Arbeitsverhältnis bis zur Beendigung verdienten Bezüge, die Entschädigungsleistung einschließlich der Abfindung bis zum Freibetrag des § 3 Nr. 9 EStG sowie weitere Einnahmen aus nichtselbständiger Arbeit, beispielsweise einem nachfolgenden Arbeitsverhältnis oder aus dem Progressionsvorbehalt unterliegender Lohnersatzleistungen gem. § 32b EStG (beispielsweise Arbeitslosengeld), insgesamt das Einkommen des Vorjahres übersteigen. Im Schreiben des BMF vom 24.05.2004[404] sind mehrere Beispiele und Fallkonstellationen dargestellt, aus denen abzulesen ist, wann die Finanzverwaltung die Voraussetzungen einer Zusammenballung von Einkünften anzunehmen hat:

2.2 Zusammenballung im Sinne des § 34 EStG, wenn durch die Entschädigung nur ein Betrag bis zur Höhe der bis zum Jahresende weggefallenen Einnahmen abgegolten wird

Für Entschädigungen, die ab dem Veranlagungszeitraum 1999 zufließen, ist die Zusammenballung im Sinne des § 34 EStG nach der BFH-Entscheidung vom 04.03.1999 (BStBl II S. 787) zu beurteilen. Übersteigt die anlässlich der Beendigung eines Dienstverhältnisses gezahlte Entschädigung die bis zum Ende des (Zufluss-)Veranlagungszeitraums eingehenden Einnahmen nicht und bezieht der Steuerpflichtige keine weiteren Einnahmen, die er bei Fortsetzung des Dienstverhältnisses nicht bezogen hätte, so ist das Merkmal der Zusammenballung von Einkünften nicht erfüllt.

a) Ermittlung der zu berücksichtigenden Einkünfte (mit Beispielen)

Für die Beurteilung der Zusammenballung ist es ohne Bedeutung, ob die Entschädigung für den Einnahmeverlust mehrerer Jahre gewährt werden soll. Entscheidend ist vielmehr, ob es unter Einschluss der Entschädigung infolge der Beendigung des Dienstverhältnisses in dem jeweiligen Veranlagungszeitraum insgesamt zu einer über die normalen Verhältnisse hinausgehenden Zusammenballung von Einkünften kommt (BFH vom 04.03.1998 – BStBl II S. 787). Dagegen kommt es auf eine konkrete Progressionserhöhung nicht an (BFH vom 17.12.1982 – BStBl 1993 II S. 221, vom 21.03.1996 – BStBl II S. 416 und vom 04.03.1998 – a.a.O.). Auch die Zusammenballung mit anderen laufenden Einkünften des Steuerpflichtigen ist keine weitere Voraussetzung für die Anwendung des § 34 Abs. 1 EStG (BFH vom 13.11.1953 – BStBl 1954 III S. 13); dies gilt insbesondere in Fällen, in denen die Entschädigung die bis zum Jahresende entgehenden Einnahmen nur geringfügig übersteigt (Rz. 10). Andererseits kommt § 34 Abs. 1 EStG unter dem Gesichtspunkt der Zusammenballung auch dann in Betracht, wenn im Jahr des Zuflusses der Entschädigung weitere Einkünfte erzielt werden, die der Steuerpflichtige nicht bezogen hätte, wenn das Dienstverhältnis ungestört fortgesetzt worden wäre und er dadurch mehr erhält, als er bei normalem Verlauf der Dinge erhalten hätte (BFH vom 04.03.1998 – a.a.O.). Bei Berechnung der Einkünfte, die der Steuerpflichtige bei Fortbestand des Vertragsverhältnisses im Veranlagungszeitraum bezogen hätte, ist auf die Einkünfte des Vorjahres abzustellen (BFH vom 04.03.1998 – a.a.O.). Die erforderliche Vergleichsberechnung ist grundsätzlich anhand der jeweiligen Einkünfte des Steuerpflichtigen laut Steuerbescheid/Steuererklärung vorzunehmen

402 Seit dem BMF-Schreiben v. 18.12.1998, IV A 5 – S 2290 – 18/98; ebenfalls BMF-Schreiben v. 24.05.2004, IV A 5 – S 2290–20/04 Rn 11, BStBl I 2004, 505.

403 IV B 1 – S 2290 – 72/97, BStBl I 1997, 973.

404 BMF-Schreiben v. 24.05.2004, IV A 5 – S 2290–20/04 Rn 10–12, BStBl I 2004, 505.

(Beispiele 1 und 2). Dabei ist der Arbeitnehmer-Pauschbetrag vorrangig von den laufenden Einkünften im Sinne des § 19 EStG abzuziehen (BFH vom 29.10.1998 – BStBl 1999 II S. 588.). Bei Einkünften im Sinne des § 19 EStG ist es nicht zu beanstanden, wenn die erforderliche Vergleichsrechnung stattdessen anhand der betreffenden Einnahmen aus nichtselbständiger Arbeit durchgeführt wird. Unbeschadet der Regelung in Rz. 9 (Zusammenballung von Einkünften in einem Veranlagungszeitraum) sind bei einer solchen Vergleichsrechnung nach Maßgabe der Einnahmen auch Abfindungen im Sinne des § 3 Nr. 9 EStG, pauschalbesteuerte Arbeitgeberleistungen und dem Progressionsvorbehalt unterliegende Lohnersatzleistungen einzubeziehen (Beispiel 3).

Beispiel 1:
Auflösung des Dienstverhältnisses im Jahre 02. Die Entschädigung im Jahre 02 beträgt 15.000 EUR (steuerpflichtiger Teil der Gesamtabfindung)

Vergleich

– Jahr 01		
Einkünfte im Sinne des § 19 EStG (50.000,00 EUR ./. 920 EUR)		49.080 EUR
Einkünfte aus den übrigen Einkunftsarten		0 EUR
Summe		**49.080 EUR**
– Jahr 02		
Einnahmen im Sinne des § 19 EStG aus bisherigem Dienstverhältnis	25.000 EUR	
Einnahmen im Sinne des § 19 EStG aus neuem Dienstverhältnis	25.000 EUR	
abzgl. AN-Pauschbetrag	920 EUR	49.080 EUR
Entschädigung		15.000 EUR
Summe		**64.080 EUR**

Die Entschädigung (15.000 EUR) übersteigt nicht den Betrag der entgehenden Einnahmen (25.000 EUR). Der Steuerpflichtige hat aber aus dem alten und neuen Dienstverhältnis so hohe Einkünfte, dass es unter Einbeziehung der Entschädigung zu einer die bisherigen Einkünfte übersteigenden Zusammenballung von Einkünften und somit zur Anwendung des § 34 EStG kommt.
Ebenso käme es zur Anwendung des § 34 EStG, wenn infolge von zusätzlichen Einkünften aus freiberuflicher Tätigkeit oder aus einer vorgezogenen Betriebsrente die bisherigen Einkünfte überschritten würden.

Beispiel 2:
Auflösung des Dienstverhältnisses im Jahre 02. Die Gesamtabfindungszahlung im Jahre 02 beträgt 27.200 EUR (davon 7.200 EUR steuerfrei nach § 3 Nr. 9 EStG)

Vergleich

– Jahr 01		
Einkünfte im Sinne des § 19 EStG (50.000 EUR ./. 920 EUR)		49.080 EUR
Einkünfte aus den übrigen Einkunftsarten		0 EUR
Summe		**49.080 EUR**
– Jahr 02		
Einnahmen im Sinne des § 19 EStG aus bisherigem Dienstverhältnis	20.000 EUR	
abzgl. AN-Pauschbetrag	920 EUR	19.080 EUR
Entschädigung		20.000 EUR

Einnahmen im Sinne des § 20 EStG	600 EUR	
abzüglich Werbungskosten und Sparerfreibetrag	600 EUR	0 EUR
Summe		**39.080 EUR**

Die Entschädigung (= steuerpflichtiger Teil der Gesamtabfindung; 20.000 EUR) übersteigt nicht den Betrag der entgehenden Einnahmen (30.000 EUR). Der auf der Basis der Einkünfte vorgenommene Vergleich der aus dem bisherigen Dienstverhältnis im Jahre 02 bezogenen Einkünfte einschließlich der steuerpflichtigen Entschädigung (19.080 EUR + 20.000 EUR = 39.080 EUR) übersteigt nicht die bisherigen Einkünfte des Jahres 01 (49.080 EUR).

Auch bei einem Vergleich nach Maßgabe der Einnahmen aus nichtselbständiger Arbeit übersteigen die im Jahr 02 bezogenen Einnahmen einschließlich der Gesamtabfindung (20.000 EUR + 27.200 EUR = 47.200 EUR) nicht die Einnahmen des Jahres 01 (50.000 EUR). Eine Zusammenballung der Einkünfte liegt daher nicht vor. Für die steuerpflichtige Entschädigung kommt eine ermäßigte Besteuerung nach § 34 Abs. 1 und 2 EStG deshalb nicht in Betracht.

Beispiel 3:
Auflösung des Dienstverhältnisses im Jahre 02. Die Gesamtabfindung im Jahre 02 beträgt 25.000 EUR (davon steuerfrei im Sinne des § 3 Nr. 9 EStG 11.000 EUR).

Vergleich auf Basis der Einnahmen

– Jahr 01	
Einnahmen im Sinne des § 19 EStG	50.000 EUR
– Jahr 02	
Einnahmen im Sinne des § 19 EStG aus bisherigem Dienstverhältnis	20.000 EUR
Entschädigung	14.000 EUR
steuerfreie Abfindung nach § 3 Nr. 9 EStG	11.000 EUR
pauschal besteuerte Zukunftssicherungsleistungen ab dem Ausscheiden	994 EUR
tatsächlich bezogenes Arbeitslosengeld	4.800 EUR
Summe	**50.794 EUR**

Die Entschädigung (= steuerpflichtiger Teil der Gesamtabfindung; 14.000 EUR) übersteigt nicht den Betrag der entgehenden Einnahmen (30.000 EUR).

Der Vergleich nach Maßgabe der Einnahmen aus nichtselbständiger Arbeit ergibt, dass die Einnahmen im Jahr 02 einschließlich der gesamten Abfindung, den pauschal besteuerten Zukunftssicherungsleistungen ab dem Ausscheiden und dem tatsächlich bezogenen Arbeitslosengeld (50.794 EUR) die Einnahmen des Jahres 01 (50.000 EUR) übersteigen.

Die Überlegung, dass eine Abfindung in den nächsten Veranlagungszeitraum verschoben werden sollte, da im gegenwärtigen Jahr Einkünfte nicht oder nur in geringerem Umfang erwartet werden und so die »Fünftelregelung« optimal genutzt werden könne, ist wiederholt unrichtig, da es aufgrund der häufig (beispielsweise wegen Arbeitslosigkeit) geringen weiteren Einkünfte im Jahr der Abfindungszahlung an einer Zusammenballung fehlt, mit der Folge, dass es zu keiner Steuerbegünstigung nach §§ 34, 24 EstG kommt. Intelligent ist eine solche Verschiebung des Auszahlungszeitpunkts der Abfindung demgegenüber dann, wenn der Arbeitnehmer in dem Jahr der Abfindungszahlung nur ganz geringe oder gar keine Einnahmen mit Ausnahme der Abfindungszahlung hat und der persönliche Steuersatz damit gegenüber den Vorjahren um ein Vielfaches niedriger ausfällt, was dann weiterhin zur Folge haben kann, dass der über den Betrag des § 3 Nr. 9 EStG hinaus gehende Abfindungsbetrag mit einer niedrigeren Steuer belegt wird als sie bei Anwendung der Privilegierung nach § 34 EStG zu zahlen wäre.

Insgesamt gilt eine neue Erlasslage des BMF bei Leistungen im Zusammenhang mit der Aufhebung des Arbeitsverhältnisses, die sich erst in Folgejahren auswirken, wie beispielsweise Verzicht des Arbeitgebers auf die ratierliche Kürzung der betrieblichen Altersversorgung nach § 2 BetrAVG, Auszahlung einer vorgezogenen betrieblichen Altersversorgung, vertragliche Zusicherung einer Unverfallbarkeit eines nach § 1 BetrAVG oder einer Versorgungsordnung nach verfallbaren Anspruchs.[405] Insbesondere die Finanzämter in Nordrhein-Westfalen hatten hierin in der Vergangenheit einen Bestandteil der Abfindung gesehen, der die Gesamtentschädigung faktisch auf mehrere Jahre verteilte, mit der fatalen Folge, dass auf diesem Weg die Steuerbegünstigung für die gesamte Abfindung beseitigt wurde.[406] Bei Zweifelfragen im Zusammenhang mit der ertragssteuerlichen Behandlung von Entlassungsentschädigungen wird ein Blick in das Schreiben des Bundesministers der Finanzen empfohlen.[407] 255

Sämtliche Zweifelsfragen werden dadurch nicht beseitigt. Wird in einem Aufhebungsvertrag vereinbart, dass zum Ende des Kalenderjahres das Arbeitsverhältnis endet und zu diesem Zeitpunkt auch die Barabfindung zu zahlen ist, wird dem Arbeitnehmer jedoch gestattet, darüber hinaus den Firmen-Pkw noch für eine bestimmte Anzahl von Monaten im Folgejahr (nächster Veranlagungszeitraum) zu nutzen, wird eine Zusammenballung der Einkünfte für den Arbeitnehmer von mehreren Finanzgerichten gleichwohl – allerdings nicht einheitlich – angenommen.[408] Folgt man konsequent dem Urteil des BFH vom 04.03.1998,[409] stellt die Sachleistung der Weiternutzung eines Pkws eine Entschädigungsleistung in einem anderen Veranlagungszeitraum dar, so dass es an einer Zusammenballung von Einkünften für einen Veranlagungszeitraum fehlen wird. 256

Zweifel und Ungewissheit, ob in einem weiteren Veranlagungszeitraum vom Arbeitgeber erbrachte Leistungen den Zusammenballungseffekt unterlaufen, lassen sich nicht völlig beseitigen, weil noch manche Sachverhaltskonstellation nicht gerichtsanhängig war. Die Zahlung von Übergangsgeld neben einer Abfindung kann steuerschädlich sein, wie eine Entscheidung des FG Düsseldorf[410] belegt. Der Arbeitnehmer schied in dem vom FG Düsseldorf entschiedenen Fall zum 31.08.1992 aus. Er sollte bis zum 31.12.1992 eine Vergütung in Höhe von 50 % seiner bisherigen Bezüge erhalten, wurde sofort freigestellt, sollte dem Arbeitgeber jedoch weiterhin für Informationsgespräche zur Verfügung stehen. Der Arbeitgeber verpflichtete sich, dem Arbeitnehmer im Jahre 1993 eine Abfindung in Höhe von 500.000 DM zu zahlen. Das Finanzgericht sah die Übergangsgeldzahlungen als Teil der Gesamtentschädigung an. Das Übergangsgeld sei nicht mehr im Gegenseitigkeitsverhältnis erbracht worden. Es sei für die Zeit nach dem vereinbarten Ausscheidungstermin gezahlt worden. Die Zahlungen sollten auch nur bis zu einer etwaigen Übernahme einer anderen Tätigkeit erfolgen. Die Zahlungsdauer sei nicht an der von dem Arbeitnehmer zu leistenden Arbeit, sondern an der Dauer des Verdienstausfalls orientiert gewesen. Der Arbeitnehmer sei schließlich freigestellt gewesen. Dass er noch für Informationsgespräche zur Verfügung stehen sollte, sei keine Gegenleistung für die Fortzahlung der Bezüge, sondern eine nachträglich zu erfüllende Nebenpflicht aus dem Arbeitsverhältnis gewesen. Diese Verpflichtung zur Mitwirkung an Informationsgesprächen hätte auch bestanden, wenn der Arbeitnehmer unmittelbar nach dem Ende des Arbeitsverhältnisses eine neue Tätigkeit gefunden hätte. Lediglich das Übergangsgeld wäre dann entfallen. Aus diesem Grunde setzte sich die Entschädigung daher aus dem Übergangsgeld einerseits und der Barabfindung andererseits zusammen, die jeweils in unterschiedlichem Veranlagungszeitraum gezahlt worden seien. Daher sei eine Steuerermäßigung nicht in Betracht gekommen. 257

405 Rundschreiben des BMF v. 24.05.2004 (IV A 5 – S 2290–20/04), BStBl I 2004, 505, Rn 5–8, insbes. Rn 6.
406 Der Spiegel 45/1997, S. 125.
407 Zweifelsfragen im Zusammenhang mit der ertragssteuerlichen Behandlung von Entlassungsentschädigungen, BMF-Schreiben v. 24.05.2004 (IV A 5 – S 2290–20/04), BStBl I 2004, 505.
408 FG Niedersachsen, Urt. v. 21.05.2001, EFG 2001, 1131; FG Düsseldorf, Urt. v. 23.04.2001, EFG 2001, 894; FG Baden-Württemberg, Urt. v. 20.06.2000, EFG 2000, 1126.
409 NZA-RR 1998, 418 = DB 1998, 1266.
410 Urt. v. 29.11.2000, EFG 2001, 443.

258 Abweichend entschied der BFH im Urteil vom 24.01.2002,[411] dass Überbrückungsleistungen, die ein Arbeitgeber seinem früheren Arbeitnehmer wegen Auflösung des Arbeitsverhältnisses neben einer einmaligen Abfindung zur Überbrückung der Arbeitslosigkeit als monatliche Ausgleichszahlungen gewährt, auch dann im Jahr ihrer Zahlung tarifvergünstigt zu besteuern seien, wenn die Ausgleichszahlungen in einem späteren Veranlagungszeitraum fortgeführt würden. In dieser Entscheidung wird die Zusammenballung von Einkünften in dem Jahr, in dem die Abfindung gezahlt wurde, nicht verneint, auch wenn in einem oder mehreren späteren Veranlagungszeiträumen weitere monatliche Überbrückungsgelder gezahlt werden. Diese Entscheidung steht im Widerspruch zu der vorerwähnten Entscheidung des Finanzgerichts Düsseldorf.

259 Als Beraterhinweis lässt sich daher nur formulieren, man sollte möglichst alle Entschädigungen, Abfindungen, Sachleistungen nur für einen Veranlagungszeitraum vorsehen. Treten beim Arbeitgeber Liquiditätsfragen in den Vordergrund, sollte der Berater des Arbeitnehmers anderweitige Finanzierungsmöglichkeiten für den Arbeitgeber, beispielsweise Erhöhung seines Kontokorrent-Kredits, ins Spiel bringen.

2. Berechnungsweg der Steuerermäßigung, § 34 EStG

260 An den Grundsätzen der §§ 34, 24 EStG hat sich in den letzten Jahren nichts geändert. Geändert hat sich der Steuersatz. Der Steuersatz für Entschädigungen gem. § 24 EStG beträgt gem. § 34 EStG nicht mehr 50 % des Steuersatzes des Steuerpflichtigen, sondern errechnet sich nach den Regeln des jetzigen Gesetzeswortlauts. Der Gesetzeswortlaut ist kompliziert. An die Stelle des Halbsteuersatzes ist eine so genannte **Fünftelungsregelung** getreten. Die Fünftelungsregelung des § 34 EStG bedeutet aber entgegen einer weit verbreiteten Auffassung nicht, dass sich die auf die Abfindung entfallende Steuer auf fünf Kalenderjahre verteilt. Vielmehr wird die gesamte Steuer in dem Jahr fällig, in dem die Abfindung zufließt. Allerdings wird die Steuer so berechnet, als sei die Abfindung verteilt auf fünf Jahre zugeflossen. Die Berechnungsschritte kann man wie folgt zusammenfassen:

261
- Anhand der allgemeinen Steuertabellen wird die Steuer auf das gesamte zu versteuernde Einkommen des Kalenderjahres, mit Ausnahme der Abfindung, ermittelt;
- im zweiten Schritt wird die normale Steuer auf das gesamte zu versteuernde Einkommen ermittelt, diesmal unter Hinzurechnung eines Fünftels der Abfindung;
- im dritten Schritt wird die Differenz aus den Steuerbeträgen gemäß den ersten beiden Schritten ermittelt, somit der auf das Fünftel der Abfindung entfallende Steuerbetrag;
- der im dritten Schritt errechnete Betrag wird mit fünf multipliziert und bildet die auf die Abfindung entfallende Einkommensteuer;
- die gesamte Steuerbelastung ermittelt sich aus der normalen Steuer auf das üblicherweise im Jahr zu versteuernde Einkommen zzgl. des im vorletzten Rechenschritt ermittelten, auf die Abfindung entfallenden Betrags.

Folgendes, konkretes Berechnungsbeispiel[412] verdeutlicht die Rechenschritte:

262 Beispiel: Besteuerung nach der »Fünftel-Regelung«
Ein Arbeitnehmer, LSt.-Klasse III/0, enthält anlässlich seines Ausscheidens aus dem Arbeitsverhältnis im Jahr 2003 eine Abfindung. Der steuerpflichtige Teil soll 15.000 Euro betragen. Die Einkommensteuer berechnet sich sodann wie folgt (Beträge in Euro):

411 BFH, Urt. v. 24.01.2002, DB 2002, 877.

412 Beispiel aus *Welslau/Haupt/Lepsien*, Sozial- und steuerrechtliche Folgen der Beendigung von Arbeitsverhältnissen, 2003, Rn 350; weitere Beispiele bei *Bauer*, Arbeitsrechtliche Aufhebungsverträge, Rn VII 81.

263

Zu versteuerndes Einkommen	50.000,00	
./. steuerpflichtigem Teil der Abfindung	15.000,00	
	35.000,00	
ESt. nach Splittingtabelle 2003		5.064,00
zzgl. 1/5 des steuerpflichtigen Teils der Abfindung	3.000,00	
	38.000,00	
ESt. nach Splittingtabelle 2003		5.892,00
Differenz		828,00
Multipliziert mit Faktor 5		4.140,00
zzgl. ESt. Auf zu verst. Einkommen o. Abfindung		5.064,00
ESt.-Schuld		**9.204,00**
Vergleichsrechnungen:		
ESt.-Schuld bei Versteuerung o. »Fünftel-Regelung«:		9.514,00
Steuervergünstigung aufgrund »Fünftel-Regelung«:		**310,00**
Steuerpflichtiger Teil nach »altem« und nach »neuem« Recht:		
Zu versteuerndes Einkommen	50.000,00	
./. steuerpflichtigem Teil der Abfindung	15.000,00	
	35.000,00	
ESt. nach Splittingtabelle 2003		**5.064,00**
Steuerberechnung Abfindung:		
Zu versteuerndes Einkommen	50.000,00	
ESt. nach Splittingtabelle 2003		9.514,00
Durchschnittlicher Steuersatz:	19,028 %	
Ermäßigter Steuersatz	9,541 %	
Steuer für die Abfindung:		
9,541 % x 15.000		**1.427,10**
ESt. insgesamt:		**6.491,10**
Steuervorteil Alt- ggü. Neuregelung		**2.712,90**

264 Der steuerliche Effekt der Fünftelregelung nimmt mit steigendem Einkommen ab. Ab einem zu versteuernden Jahreseinkommen von 55.008 EUR bei Alleinstehenden und 110.016 bei Verheirateten erweist sich eine ermäßigte Besteuerung nach der Fünftelregelung der §§ 34, 24 EStG nicht mehr als vorteilhafter im Vergleich zu einer nach Tarif besteuerten Abfindung.[413] Nur soweit Verluste geltend gemacht werden können, lässt sich die Steuerlast erfolgreich senken. Je niedriger sich der Arbeitnehmer in der Progression befindet, desto günstiger wirkt sich die Neuregelung für ihn aus. Bei solchen Arbeitnehmern dagegen, insbesondere Führungskräften, Vorständen, GmbH-Geschäftsführern, die mit ihrem Gehalt bereits die höchste Progressionsstufe erreicht haben, führt § 34 EStG dazu, dass die Entschädigungsleistung des Arbeitgebers gem. § 24 EStG vollständig der Steuer unterworfen ist. Interessant ist dagegen die Neuregelung für Arbeitnehmer, die von einer Frühpensionierungsregelung Gebrauch machen, 32 Monate lang Arbeitslosengeld beziehen und demnach in den auf das Jahr der Zusammenballung folgenden Jahren entweder nicht zu versteuerndes Arbeitslosengeld oder

413 *Bauer,* Arbeitsrechtliche Aufhebungsverträge, Rn VII 82 a.

nicht zu versteuerndes Altersruhegeld beziehen. In diesen Fällen dürfte die gesetzliche Neuregelung sogar günstiger sein als die bisherige Regelung, die den halben Steuersatz vorsah.

265 In der Literatur zur Vermögensberatung[414] wird empfohlen, in einem Jahr, in dem eine beträchtliche Abfindung bezogen wird, ein steuerorientiertes Kapitalanlageprodukt wie die Beteiligung an einem geschlossenen Immobilienfonds zu erwerben, um sich die Fünftelungsregelung optimiert zu Nutze zu machen. Die Vorteile können erheblich sein, sie können aber auch recht bald eine große Reue beim Steuerpflichtigen auslösen, dann nämlich, wenn der Fonds nicht die in ihn gesetzten Erwartungen erfüllt. Aufgabe des Arbeitsrechtlers kann es nicht sein, seinen Mandanten im Zuge von Abfindungsverhandlungen entsprechend zu beraten, nicht weil die Steueroptimierungsüberlegungen der Vermögensberater generell unseriös wären, sondern weil es nicht zu den Aufgaben eines Arbeitsrechtsanwalts gehört, Vermögensberatung zu betreiben. Vermögensberatung in diesem Sinne ist nicht Teil der Rechtsberatung. Hier gilt das Gleiche wie bei der eigentlichen Steuerberatung, die nicht in den Pflichtenkreis des Rechtsanwalts fällt.[415] Darauf aufmerksam zu machen, dass man derartige Überlegungen zusammen mit einem Fachmann anstellen kann, schadet allerdings nicht.

266 In einer interessanten Entscheidung hat das LAG Hamm eine Reihe von Fragen geklärt, die sich um die Fünftelungsregelung in § 34 EStG n.F. ranken.[416] Ein Arbeitnehmer hatte geltend gemacht, der Arbeitgeber habe den die steuerfreie Abfindung nach § 3 Nr. 9 EStG übersteigenden, nach § 34 EStG zu behandelnden Steuerbetrag im Lohnsteuerabzugsverfahren dem ermäßigten Steuersatz zu unterwerfen.

267 Zunächst stellte das LAG Hamm fest, dass die Arbeitsgerichte und nicht die Finanzgerichte für derartige Anträge nach § 2 Abs. 1 Nr. 3a ArbGG zuständig seien.[417] Weiterhin zeigte das LAG Hamm auf, dass der Arbeitgeber gegenüber dem Arbeitnehmer nicht verpflichtet sei, bei einer Abfindung die gesetzlich mögliche Lohnsteuerermäßigung nach § 34 EStG zu realisieren. Im Grunde gehe es um das spezielle Lohnsteuerverfahren nach § 39b EStG. Diese Vorschrift habe den Arbeitgeber als Normadressaten. § 39b Abs. 3 Satz 9 EStG regele den Lohnsteuerabzug bei einem sonstigen Bezug i.S.d. § 34 Abs. 1 Nr. 2 und Nr. 4 EStG. Zu einem derartigen »sonstigen Bezug« sei auch die den Steuerfreibetrag übersteigende Abfindung zu rechnen. Die Anwendung des so genannten Fünftelungsprinzips bei der Ermittlung des ermäßigten Steuersatzes für die Abfindung setze allerdings voraus, dass er die Jahreslohnsteuer nach dem maßgebenden Jahresarbeitslohn ermitteln könne, § 39b Abs. 3 Satz 5 EStG. Der Arbeitgeber könne wegen des Ausscheidenszeitpunkts des Arbeitnehmers mitten in einem Veranlagungszeitraum und der völligen Ungewissheit, ob der Arbeitnehmer auch noch über andere Einkünfte verfüge, die nicht auf der Lohnsteuerkarte eingetragen seien, keine Ermittlung des voraussichtlichen Jahresarbeitslohns vornehmen. Bei dieser Sachlage sei der Arbeitgeber nicht verpflichtet, sich dem Risiko einer steuerlichen Haftung gegenüber dem Finanzamt auszusetzen, wenn er das Fünftelungsverfahren anwende, ohne dass die tatsächlichen Grundlagen nachweisbar vorlägen. Der Arbeitnehmer habe es selbst in der Hand, beim zuständigen Betriebsstättenfinanzamt nach § 42e EStG eine Anrufungsauskunft einzuholen und damit sicherzustellen, dass eine mögliche Steuerersparnis nicht erst im Wege des Jahreslohnsteuerausgleichs oder der Einkommensteuerermittlung realisiert werde.

268 In einer weiteren Entscheidung hat das LAG Hamm klargestellt, dass aus der »rechnerischen Verteilung auf fünf Jahre« in § 34 Abs. 1 EStG nicht folgt, der Arbeitgeber habe die Abfindung über einen Zeitraum von fünf Jahren zu verteilen. Die Verteilung auf fünf Jahre erfolge lediglich rechnerisch zum Zwecke der Progressionsabschwächung.[418] Die Abfindung wird als außerordentliche Einkünfte nur im Jahr des Zuflusses versteuert.

414 Siehe *Lamberty/Türschman*, Vermögen & Steuern 9/2000, 16; *Lamberty*, Handelsblatt v. 23.08.2000, S. 52.

415 Mit der Folge, dass der Rechtsanwalt auch nicht haftet, siehe LG Gießen, Urt. v. 07.07.1999, FA 1999, 327.

416 LAG Hamm, Urt. v. 06.12.2000 – 14 Sa 1615/00 (n.v.).

417 Ebenso LAG Sachsen-Anhalt, Beschl. v. 01.09.1995, BB 1996, 275.

418 LAG Hamm, Urt. v. 21.11.2002, NZA-RR 2002, 38.

Wer in den letzten Jahren wegen vorzeitiger Aufhebung seines Anstellungsvertrages eine Entschädigungszahlung ordnungsgemäß als »ermäßigt besteuerte Entschädigung« in seiner Steuerklärung angegeben hat, ohne dass das Finanzamt weitere Nachforschungen anstellte, ob dies auch zutrifft, braucht nach einer Entscheidung des Finanzgerichts Köln nicht mehr mit einer Änderung seines Steuerbescheides zu rechnen, vorausgesetzt der Steuerbescheid ist bestandskräftig geworden. Nach Treu und Glauben ist es auch den Finanzbehörden verwehrt, nach Ablauf der Einspruchsfrist von einem Monat den Steuerbescheid wegen anderer steuerrechtlicher Beurteilung wieder zum Nachteil des Steuerpflichtigen zu ändern, wenn das Finanzamt pflichtwidrig weitere Umstände des Sachverhalts nicht erforscht hat.[419] 269

Die Übergangsregelung vom Halbsteuersatz zur Fünftelungsregelung im Steuerentlastungsgesetz 1999/2000/2001 für 1998 vereinbarte und im Jahre 1999 ausgezahlte Abfindungen hält der BFH für verfassungswidrig (Verstoß gegen das Rechtsstaatsprinzip wegen Rückwirkung) und hat diese Frage dem BVerfG zur Entscheidung vorgelegt.[420] 270

III. Aufteilung bei internationalen Anstellungsverhältnissen

Abfindungen, die einem in der Bundesrepublik Deutschland ansässigen Seemann aus Anlass einer Kündigung seines Arbeitsverhältnisses gezahlt werden, bilden auch dann in der Bundesrepublik in voller Höhe steuerpflichtige Einkünfte, wenn der Seemann im Rahmen des Arbeitsverhältnisses zuvor auf Schiffen unter liberianischer Flagge tätig war.[421] Das zum Doppelbesteuerungsabkommen Liberia ergangene Urteil des BFH wendet die Finanzverwaltung nicht einheitlich an. So soll die Entscheidung des BFH vom 10.07.1996 in Bezug auf das Doppelbesteuerungsabkommen Schweiz vom 11.08.1971 nicht angewendet werden.[422] Bei einem internationalen Anstellungsverhältnis, bei dem das Doppelbesteuerungsabkommen Schweiz anzuwenden ist, soll die Abfindung nach Auffassung des BMF zeitanteilig entsprechend der Besteuerungszuordnung der Vergütungen aufgeteilt werden. Bei der steuerlichen Beurteilungen von Arbeitnehmerabfindungen nach dem DBA-Schweiz komme es darauf an, welchen Charakter eine Abfindung habe. Sei einer Abfindung Versorgungscharakter beizumessen, z.B. wenn laufende Pensionszahlungen kapitalisiert in einem Betrag ausgezahlt würden, stehe das Besteuerungsrecht entsprechend Art. 18 des Abkommens dem Wohnsitzstaat zu. Dagegen habe der frühere Tätigkeitsstaat das Besteuerungsrecht, sofern es sich bei der Abfindung um Lohn- oder Gehaltsnachzahlungen oder Tantiemen aus dem früheren Arbeitsverhältnis handele oder die Abfindung allgemein für das vorzeitige Ausscheiden aus dem Dienst gewährt werde. Für den Fall, dass der Arbeitnehmer in der Zeit vor dem Ausscheiden aus dem Dienst auch teils in dem Staat, in dem er ansässig ist, tätig gewesen sei, sei die Abfindung zeitanteilig entsprechend der Besteuerungszuordnung der Vergütungen aufzuteilen.[423] 271

IV. Lohnsteueranrufungsauskunft

Um sich vor Überraschungen bei der Auslegung eines Wortlauts oder generell vor unterschiedlichen steuerrechtlichen Interpretationen der Gestaltung von Aufhebungsverträgen zu schützen, empfiehlt es sich, vor Abschluss eines Aufhebungsvertrages eine Lohnsteueranrufungsauskunft einzuholen.[424] Auf diese Weise erfährt man, wie das zuständige Finanzamt die Abfindung behandeln möchte. Die Anrufungsauskunft kann vom Arbeitgeber und Arbeitnehmer einzeln, aber auch gemeinsam gestellt werden. Eine **Bindungswirkung** durch die Auskunft tritt grundsätzlich 272

419 FG Köln – 14 K 5161/00, Revision beim BFH zugelassen.
420 BFH, Beschl. v. 06.11.2002 – XI R 42/01 (n.v.), Az. beim BVerfG: 2 BvL 1/03.
421 BFH, Urt. v. 10.07.1996, NZA 1997, 1336, betreffend das DBA Liberia.
422 Schreiben des BMF vom 20.05.1997, BStBl I 1997, 560 = NZA 1997, 1336.
423 BMF, Schreiben vom 20.05.1997, NZA 1997, 1336; siehe auch *Mauer,* Personaleinsatz im Ausland, Rn 969 ff.
424 *Hümmerich*, AnwaltFormulare Arbeitsrecht, Muster 2284 § 4 Rn 1128.

nur demjenigen gegenüber ein, der die Auskunft eingeholt hat,[425] also regelmäßig gegenüber dem Arbeitgeber. Häufig müssen aufgrund von Fristen oder unternehmensinternen Zwängen Aufhebungs- und Abwicklungsverträge schnell geschlossen werden. Mit einer Antwort des Finanzamtes auf eine Lohnsteueranrufungsauskunft kann nicht innerhalb weniger Tage, sondern meist erst nach mehreren Wochen gerechnet werden. Das Instrument der Lohnsteueranrufungsauskunft versagt deshalb in vielen Verhandlungssituationen als Unterstützungsinstrument, um zu einer rechtssicheren, offiziellen steuerrechtlichen Bewertung von Abfindungsregelungen zu gelangen.

273 Die Bindungswirkung der Auskunft relativiert sich, wenn sie vom Arbeitgeber eingeholt wurde und das Betriebstättenfinanzamt und das Wohnsitzfinanzamt des Arbeitnehmers nicht identisch sind. Dadurch wird der Wert der Lohnsteueranrufungsauskunft zusätzlich gemindert. Nach Auffassung des BFH[426] bindet nämlich die Auskunft nicht das für den Arbeitnehmer zuständige Wohnsitzfinanzamt im Rahmen der Einkommenssteuerveranlagung.

V. Steuerliche Abzugsfähigkeit der Kostennote eines Rechtsanwalts

274 Lässt sich der Arbeitnehmer im Zusammenhang mit einer Beendigung seines Dienstverhältnisses anwaltlich beraten oder vertreten, können die dabei anfallenden gesetzlichen oder vereinbarten Anwaltsgebühren und Gerichtskosten als Werbungskosten gem. § 9 EStG geltend gemacht werden.[427] Soweit *Bauer*[428] unter Hinweis auf eine Entscheidung des BFH vom 30.01.1986[429] bei über den Steuerfreibetrag hinausgehenden Abfindungen ein teilweises Abzugsverbot vertritt, räumt er ein, dass in der Praxis zu beobachten ist, dass viele Finanzämter das Urteil des BFH vom 30.01.1986 nicht anwenden.

VI. Vereinbarung über die Erstattung von Krankenversicherungsbeiträgen

275 Wenn ein Arbeitgeber in einer Vorruhestandsvereinbarung die Erstattung der vom Vorruheständler zu leistenden Krankenversicherungsbeiträge zusagt, liegt in einem solchen Versprechen noch keine Netto(lohn)vereinbarung. Der Arbeitgeber ist daher nicht verpflichtet, die auf diesen Teil der Vorruhestandsbezüge entfallende Lohnsteuer zu tragen.[430]

D. Arbeitslosenversicherungsrechtliches Umfeld

I. Kurzer Abriss der Entwicklung

276 Das **Arbeitsförderungsgesetz** wurde zum 01.01.1998 aufgehoben und als **SGB III** in das Sozialgesetzbuch aufgenommen. Gleichzeitig wurde das **AFG** reformiert und im Rahmen des am 01.04.1997 in Kraft getretenen Arbeitsförderungsrechtsgesetzes (**AFRG**)[431] in geänderter Form zum 01.04.1997 in Kraft gesetzt. Ein Kernstück unter zahlreichen Neuregelungen der zum 01.04.1997 in Kraft getretenen Regelungen bildete die gesetzgeberisch tatsächlich nicht umgesetzte Anrechnung von Abfindungen auf das Arbeitslosengeld.[432]

277 Die §§ 117, 117a und 128 AFG wurden gestrichen, durch § 113a AFG ersetzt, an dessen Stelle wiederum der inhaltsgleiche § 140 SGB III in der ab 01.01.1998 geltenden Fassung trat. Das SGB

425 BFH, Urt. v. 13.11.1959, BStBl III 1960, 108.
426 BFH, Urt. v. 09.10.1992, DB 1993, 73.
427 *Hümmerich*, FA 2000, 2.
428 *Bauer*, Arbeitsrechtliche Aufhebungsverträge, Rn VII 104.
429 BStBl II 1986, 401.
430 LAG Hamm, Urt. v. 01.03.2000, NZA-RR 2001, 46.
431 AFRG v. 24.03.1997, BGBl I 1997, 594.
432 *Hümmerich*, NZA 1997, 409; *Bauer/Röder*, BB 1997, 834.

III wurde durch das erste Änderungsgesetz zum SGB III vom 19.12.1997 novelliert und galt nur für kurze Zeit.[433] Für Arbeitnehmer, die am 01.04.1997 länger als 360 Tage versicherungspflichtig beschäftigt waren, galt noch eine Übergangsregelung. Bei ihnen sollten die bisherigen AFG-Anrechnungsvorschriften noch bis zum 06.04.1999 angewendet werden.[434] Für die Masse der Arbeitsverhältnisse änderte sich die Rechtslage aufgrund von § 242x Abs. 3 AFG 1997 zum 06.04.1999 nicht.

Arbeitsförderungsrechtliche Vorschriften sind manchmal nur von vorübergehender Dauer. § 140 SGB III, die generelle Abfindungsanrechnungsvorschrift, die ab 07.04.1999 für alle Arbeitsverhältnisse gelten sollte, wurde wenige Tage vor ihrem vollständigen In-Kraft-Treten aufgehoben. Der frühere § 117 AFG (ohne § 117a AFG) wurde als § 143a (Ruhen des Anspruchs bei Entlassungsentschädigungen) ins SGB III aufgenommen und die Fraktionen von SPD und BÜNDNIS 90/DIE GRÜNEN kündigten mit dem Gesetzesentwurf an, dass es sich um eine vorläufige Regelung handele, die nach einer Beratung ohne Zeitdruck durch eine andere Regelung wieder ersetzt werden solle.[435] Diesen Plan griff man in der Folgezeit nicht wieder auf. 278

Wesentliche Änderungen des Arbeitslosenförderungsrechts erfolgten durch das Erste und das Zweite Gesetz für moderne Dienstleistungen am Arbeitsmarkt. Mit diesen beiden Gesetzen wurden die Beschlüsse der Hartz-Kommission, jedenfalls teilweise,[436] umgesetzt. Im Bereich des SGB III wurde zunächst die ab 01.07.2003 begründete Verpflichtung jedes Arbeitnehmers eingeführt, sich unverzüglich nach Kenntnis des Beendigungszeitpunkts seines Arbeitsverhältnisses persönlich bei der Agentur für Arbeit arbeitssuchend zu melden, § 37b SGB III. Diese Verpflichtung wurde über Bemessungsentgeltkürzungen bei nicht unverzüglicher Meldung in § 140 SGB III sanktioniert. Mit § 2 Abs. 2 Nr. 3 SGB III wurde eine Vorschrift geschaffen, wonach Arbeitgeber Arbeitnehmer vor der Beendigung des Arbeitsverhältnisses frühzeitig über die Notwendigkeit eigener Aktivitäten bei der Suche nach einer anderen Beschäftigung sowie über die Verpflichtung unverzüglicher Meldung bei der Agentur für Arbeit zu informieren haben, sie aber auch freizustellen haben und ihnen die Teilnahme an erforderlichen Qualifizierungsmaßnahmen ermöglichen müssen. 279

Mit dem Ersten Gesetz für moderne Dienstleistungen am Arbeitsmarkt wurden die Sperrzeittatbestände in § 144 SGB III differenzierter ausgestaltet, mit dem Dritten Gesetz wurden sie überarbeitet und erweitert. Ferner veränderte das Erste Gesetz für moderne Dienstleistungen am Arbeitsmarkt den Zumutbarkeitsbegriff in § 121 Abs. 4 SGB III; durch das Gesetzespaket Hartz III und IV entschied man sich nach hartem Ringen im Vermittlungsausschuss zu einer Verschärfung in der seit vielen Jahren diskutierten Frage, welche Arbeit einem Arbeitslosen zumutbar ist. Bei der Sperrzeit wurde die Beweislast zu Lasten des Arbeitslosen verändert, bei der Zumutbarkeit einer angebotenen Beschäftigung nach § 121 SGB III nicht.[437] Die Änderung in § 121 Abs. 4 SGB III beschränkte sich in Hartz I noch auf eine Verpflichtung des Arbeitnehmers, künftig in höherem Maße umzugsbereit zu sein. Die noch von der Bundesregierung im Beschluss vom 21.08.2002 verkündete Umkehr der Beweislast des Arbeitslosen fand sich in § 121 Abs. 4 SGB III nicht wieder. Mit der Neuregelung im Vermittlungsausschuss am 15.12.2003 wurde für Langzeitarbeitslose der Grundsatz aufgestellt, dass jede legale Arbeit zumutbar sei. 280

Mit § 421j SGB III kam der Gesetzgeber der Forderung der Hartz-Kommission nach, eine Lohnversicherung und die Förderung älterer Arbeitnehmer über ein Bridge-System zu verfolgen. Der zeitliche Anwendungsbereich von § 147a SGB III wurde mit dem Gesetz zu Reformen am Arbeitsmarkt erweitert. Über Hartz III erhielt die Bundesanstalt für Arbeit einen neuen Namen: Bundesagentur 281

433 BGBl I 1997, 2970.
434 § 242x Abs. 3 AFG 1997, § 427 Abs. 6 SGB III.
435 BT-Drucks 14/394, 1.
436 *Hümmerich/Holthausen/Welslau*, NZA 2003, 7.
437 *Hümmerich/Holthausen/Welslau*, NZA 2003, 7 (12).

für Arbeit. § 144 SGB III enthält ab 01.01.2005 eine um zwei Sperrzeittatbestände erweiterte Fassung.[438] Die Erstattungspflicht des Arbeitgebers bei Ausscheiden älterer Arbeitnehmer setzt aufgrund des Gesetzes zu Reformen am Arbeitsmarkt in der ab 01.01.2004 geltenden Fassung des § 147a SGB III ab Vollendung des 57. Lebensjahres (bisher 58. Lebensjahres) des Arbeitslosen ein und dauert längstens 32 Monate (bisher 24 Monate), sie entfällt jedoch vollständig, wenn das Arbeitsverhältnis am 31.01.2006 oder später endet (§ 434l Abs. 4 SGB III).

II. Verstecktes Arbeitsentgelt

282 **Abfindungen** sind **generell nicht beitragspflichtig**, solange sie nicht verstecktes Arbeitsentgelt darstellen.[439] Kündigt der Arbeitgeber einem seit langem beschäftigten, älteren Arbeitnehmer fristlos und einigen sich die Parteien anschließend in einem außergerichtlichen oder gerichtlichen Vergleich auf eine Abfindung von 11.000 EUR, die den Bruttobezügen bis zum Ende der ordentlichen Kündigungsfrist entspricht, und lassen die Parteien das Arbeitsverhältnis zum Tag des Ausspruchs der außerordentlichen Kündigung enden, wird keine Beitragspflicht wegen der Abfindung begründet. Einigen sich die Parteien dagegen wirtschaftlich mit dem gleichen Inhalt, nämlich über den Betrag von 11.000 EUR, lassen das Arbeitsverhältnis aber erst zum Ende der ordentlichen Kündigungsfrist enden und nehmen eine Erledigungsklausel in den Vergleich mit auf, so dass ab dem Tag des Ausspruchs der Kündigung bis zum Ende der Kündigungsfrist keine Gehälter mehr vom Arbeitgeber zu zahlen sind, liegt ein verstecktes Arbeitsentgelt vor und über den Betrag von 11.000 EUR hinaus wird eine Beitragspflicht an die Arbeitslosenversicherung begründet.[440]

283 Von verstecktem (mancherorts spricht man von »verdecktem«) Arbeitsentgelt ist auch die Rede, wenn eine rückdatierte Kündigung ausgesprochen wird und die Parteien im Aufhebungs- oder Abwicklungsvertrag eine Abfindung vereinbaren, die sich in Wahrheit aus Arbeitsentgelt zusammensetzt, das für die Zeit zwischen dem Vertragsschluss und dem Ende der Kündigungsfrist zu zahlen wäre. Mit einer solchen, durchaus verbreiteten Manipulation beseitigen die Parteien die Sozialabgabenfreiheit der Abfindung.[441]

III. Anspruch auf Arbeitslosengeld

284 Eine Anwartschaft auf Arbeitslosengeld wird durch eine beitragspflichtige Beschäftigung erworben, die mindestens zwölf Monate dauern muss.[442] Diese zwölf Monate müssen nicht in einem Block zusammenhängen, sondern können innerhalb eines Rahmens von drei Jahren (ab 01.01.2006 von zwei Jahren) liegen.[443] Die Anwartschaft kann damit auch aus mehreren Beschäftigungszeiten zusammengestückelt werden, solange die Rahmenfrist eingehalten wird.[444] Mit dem Nachweis der Mindestanwartschaft von zwölf Monaten in der Rahmenfrist von drei bzw. zwei Jahren erwächst ein Anspruch auf Arbeitslosengeld von sechs Monaten gem. § 127 Abs. 2 SGB III.

438 Siehe Rn 34.
439 BSG, Urt. v. 21.03.1990, NZA 1990, 751; BAG, Urt. v. 09.11.1988, NZA 1989, 470.
440 BSG, Urt. v. 21.02.1990, NZA 1990, 751; Urt. v. 25.10.1990, EzA § 9 KSchG n.F. Nr. 38.
441 BSG, Urt. v. 18.01.1999, BB 1999, 1928.
442 § 123 SGB III.
443 § 124 SGB III.
444 *Rüttweger*, NZS 1997, 516.

Die Dauer des Bezugs von Arbeitslosengeld richtet sich gem. § 127 SGB III n.F. nach folgender Tabelle: 285

Nach Versicherungspflichtverhältnissen mit	und nach Vollendung des	... Monate
Einer Dauer von insgesamt mindestens ... Monaten	... Lebensjahres	
12		6
16		8
20		10
24		12
30	55.	15
36	55.	18

§ 127 SGB III n.F. trat durch das Gesetz zu Reformen am Arbeitsmarkt in Kraft. **Für eine Übergangszeit von zwei Jahren** gilt aus Gründen des Bestandsschutzes gem. § 434j SGB III noch die bisherige Regelung, also § 127 SGB III a.F., mit folgendem Inhalt:

Nach Versicherungspflichtverhältnissen mit einer Dauer von insgesamt mindestens ... Monaten	und nach Vollendung des ... Lebensjahres	... Monate
12		6
16		8
20		10
24		12
28	45.	14
32	45.	16
36	45.	18
40	47.	20
44	47.	22
48	52.	24
52	52.	26
56	57.	28
60	57.	30
64	57.	32

Im Übrigen gelten die bekannten Grundsätze für die Gewährung von Arbeitslosengeld: Der Arbeitnehmer muss sich bei der Agentur für Arbeit seines Wohnortes arbeitslos melden und Arbeitslosengeld beantragen.[445] Die Anspruchsvoraussetzungen sind durch die vom Arbeitgeber auszufüllende **Arbeitsbescheinigung**[446] nachzuweisen. Die beschäftigungs- und altersmäßigen Voraussetzungen

445 § 122 SGB III.

446 Früher § 133 AFG, jetzt § 312 SGB III.

müssen bei Beginn des Anspruchs auf Arbeitslosengeld erfüllt sein.[447] Arbeitslosengeld wird erst vom Tag der Arbeitslosmeldung an gewährt.[448] Es wird bei nicht unverzüglicher Arbeitslosmeldung gekürzt (§§ 37b, 140 SGB III).

286 Das Arbeitslosengeld beträgt grundsätzlich 60 % des letzten durchschnittlichen Nettowochenarbeitsentgelts, für Arbeitslose, die selbst oder deren Ehegatte mindestens ein steuerlich zu berücksichtigendes Kind haben, 67 %.[449] Der Bemessungszeitraum, der zur Ermittlung der 60 % bzw. 67 % als pauschaliertes Nettoentgelt zugrunde zu legen ist, umfasst nach § 130 Abs. 1 SGB III in der seit Hartz III geltenden Fassung den Entgeltabrechnungszeitraum des letzten Jahres beim Ausscheiden des Arbeitslosen aus dem letzten Versicherungsverhältnis vor der Entstehung des Anspruchs. Der Bemessungsrahmen wird in Ausnahmefällen auf zwei Jahre erweitert (§ 130 Abs. 3 SGB III). Bemessungsentgelt ist das durchschnittlich auf den Tag entfallende beitragspflichtige Arbeitsentgelt.[450] Einmalige Arbeitsentgelte, die der Arbeitslose wegen der Beendigung des Arbeitsverhältnisses erhält oder die im Hinblick auf die Arbeitslosigkeit vereinbart worden sind, bleiben außer Betracht.[451] Während der Arbeitsunfähigkeit wird Arbeitslosengeld für die Dauer von bis zu sechs Wochen weitergezahlt.[452]

287 **Vorstandsmitglieder** von Aktiengesellschaften sind nicht rentenversicherungspflichtig nach §§ 1 Satz 3, 229 Abs. 1 SGB VI.[453] Bei Vorstandsmitgliedern besteht auch Versicherungsfreiheit in der Arbeitslosenversicherung.[454] Bei abhängigen **GmbH-Geschäftsführern**, deren Tätigkeit als sozialversicherungspflichtiges Beschäftigungsverhältnis angesehen wird,[455] besteht dagegen Sozialversicherungspflicht. Der GmbH-Geschäftsführer, dessen Arbeitsverhältnis durch Aufhebungsvertrag oder Kündigung endet, hat deshalb Anspruch auf Arbeitslosengeld, wenn er Fremdgeschäftsführer oder Gesellschafter-Geschäftsführer ohne beherrschenden Einfluss war. Sein Arbeitslosengeldanspruch hängt nicht von der tatsächlichen Entrichtung von Beiträgen ab, sondern von der Ausübung einer die Beitragspflicht begründenden Beschäftigung.[456] Auch die widerspruchslose Entgegennahme der Beiträge durch die Krankenkasse lässt keinen Anspruch auf Versicherungsleistung aus der Arbeitslosenversicherung entstehen.[457]

IV. Ruhen des Anspruchs auf Arbeitslosengeld

288 Seit der Neuregelung kennt das Gesetz noch folgende Tatbestände des **Ruhens eines Anspruchs auf Arbeitslosengeld**: Soweit der Arbeitnehmer **Arbeitsentgelt** erhält oder zu beanspruchen hat (§ 143 SGB III), bei Bezug einer **Entlassungsentschädigung unter Verkürzung der Kündigungsfrist** (§ 143a SGB III), bei Anordnung einer **Sperrzeit wegen Arbeitsaufgabe** u.a. (§ 144 SGB III), bei **Säumniszeit** (§ 145 SGB III) und **während eines Arbeitskampfes** (§ 146 SGB III) ruht der Anspruch auf Arbeitslosengeld.

289 § 143 SGB III erfasst außerdem den Fall der **Urlaubsabgeltung**, die ein Arbeitnehmer erhalten oder von seinem Arbeitgeber zu beanspruchen hat. In diesem Fall beginnt ein Ruhenszeitraum mit dem Ende des Arbeitsverhältnisses, in dem der Urlaubsanspruch entstanden war.

290 § 144 SGB III entspricht noch heute in seinen Grundzügen den früheren §§ 119, 119a AFG. Nach § 144 Abs. 3 SGB III tritt eine **Sperrzeit** ein, wenn sich der Arbeitslose versicherungswidrig verhält.

447 BSG, Urt. v. 14.02.1989, SozSich 1989, 314.
448 § 117 Abs. 1 SGB III.
449 § 129 SGB III.
450 § 131 Abs. 1 SGB III.
451 § 131 Abs. 2 Nr. 1 SGB III.
452 § 126 Abs. 1 Satz 1 SGB III.
453 Siehe BSG, Urt. v. 04.09.1979, DB 1980, 166.
454 § 27 Abs. 1 Nr. 5 SGB III.
455 BSG, Urt. v. 24.06.1982, BB 1984, 1049; Urt. v. 08.08.1990, NZA 1991, 324.
456 § 25 SGB III.
457 BSG, Urt. v. 29.10.1986, DB 1987, 406.

Hauptanwendungsfälle sind, dass der Arbeitslose das Beschäftigungsverhältnis gelöst oder durch ein arbeitsvertragswidriges Verhalten Anlass für die Lösung des Beschäftigungsverhältnisses gegeben hat und dadurch vorsätzlich oder grob fahrlässig die Arbeitslosigkeit herbeigeführt hat, ohne für sein Verhalten einen wichtigen Grund zu haben.[458] § 144 SGB III muss im Zusammenhang mit § 128 Abs. 1 Nr. 4 SGB III gesehen werden. Die Sperrzeit von zwölf Wochen bei Arbeitsaufgabe in § 144 Abs. 3 SGB III ist eine Mindestfrist, wenn nicht die Tatbestände von § 144 Abs. 3 lit. a oder b SGB III vorliegen. Bei Arbeitnehmern, die einen über ein Jahr hinausgehenden Anspruch auf den Bezug von Arbeitslosengeld haben, beträgt gem. § 128 Abs. 1 Nr. 4 SGB III die Kürzung der Anspruchsdauer in Wahrheit ein Viertel. Nach der übergangsweise über den 31.12.2003 hinaus noch für zwei Jahre bestehenden Regelung des § 127 Abs. 2 SGB III (a.F.) i.V.m. § 434j Abs. 1 SGB III reduziert sich für einen älteren Arbeitnehmer, der für die Dauer von 32 Monaten das Recht auf Arbeitslosengeldbezug hat, der über eine Sperrzeit verkürzte Bezugszeitraum auf 24 Monate, mithin um acht Monate. Bei einem älteren Arbeitnehmer, der gem. § 127 Abs. 2 SGB III n.F. ab dem 01.01.2006 maximal für die Dauer von 18 Monaten Arbeitslosengeld beanspruchen kann, folgt aus einer Sperrzeitanordnung nach § 144 Abs. 1 SGB die Verkürzung der Anspruchsdauer um maximal viereinhalb Monate. Nach der gesetzlichen Neuregelung über das Gesetz zu Reformen am Arbeitsmarkt, die keine Änderung in § 128 Abs. 1 Nr. 4 SGB III vorgenommen hat (auch Hartz III und IV enthalten insoweit keine Änderungen), verursacht die Sperrzeit eines älteren Arbeitnehmers nach § 144 Abs. 3 SGB III »nur« noch eine maximale Verkürzung der Anspruchsdauer statt des Regelfalles von zwölf Wochen in § 144 SGB III auf viereinhalb Monate gem. § 128 Abs. 1 Nr. 4 SGB III.

Bei der Gestaltung von Aufhebungs- und Abwicklungsverträgen hat unter arbeitslosenversicherungs- 291
rechtlichen Gesichtspunkten § 144 Abs. 1 Nr. 1 SGB III besondere Bedeutung. Gibt der Arbeitnehmer Anlass zur Kündigung durch ein schuldhaftes, vertragswidriges Verhalten, liegt also eine **verhaltensbedingte Kündigung** vor, greift regelmäßig der **Sperrzeittatbestand des § 144 Abs. 1 Nr. 1 SGB III** ein. Gleiches gilt, wenn der Arbeitnehmer eine **Eigenkündigung** vornimmt. Auch in diesem Falle hat der Arbeitnehmer das Arbeitsverhältnis gelöst. Schließt der Arbeitgeber mit dem Arbeitnehmer einen Aufhebungsvertrag, liegt grundsätzlich ein »Lösen« des Arbeitsverhältnisses vor und § 144 Abs. 1 Nr. 1 SGB III greift.

Die komplexe Rechtslage zu § 144 Abs. 1 Nr. 1 SGB III wurde bereits im Rahmen des Leis- 292
tungsvergleichs zwischen Aufhebungs- und Abwicklungsvertrag dargestellt,[459] so dass sich eine Wiederholung der hierbei zu berücksichtigenden Rechtsquellen erübrigt. Vereinfacht lässt sich die gegenwärtige Rechtslage wie folgt zusammenfassen: Von geringen Ausnahmen abgesehen, hat der **Aufhebungsvertrag** die **Sperrzeitanordnung** zur Folge, während der **Abwicklungsvertrag** Fallgestaltungen, insbesondere den **Prozessvergleich** und das keine Angebotsannahme erfordernde **Anschreiben des Arbeitgebers,** kennt, die nach der BSG-Rechtsprechung und nach der Durchführungsanweisung der Bundesagentur für Arbeit zu § 144 SGB III nicht als **Lösungssachverhalt** behandelt werden.[460] Auch ist von Bedeutung, ob dem Arbeitslosen ein wichtiger Grund zur Seite steht. Die rechtmäßige betriebsbedingte Kündigung gilt nach Auffassung des BSG[461] immer als wichtiger Grund i.S.v. § 144 Abs. 1 SGB III. Geht einem Abwicklungsvertrag eine rechtmäßige betriebsbedingte Kündigung voraus, löst der Abschluss des außergerichtlichen Abwicklungsvertrages keine Sperrzeit aus.

Als **wichtige Gründe**, die dem Arbeitnehmer ausnahmsweise gestatten, das Arbeitsverhältnis zu lö- 293
sen, sind anerkannt: Nichtzahlung des tariflichen oder ortsüblichen Arbeitsentgelts, Nichteinhaltung von Arbeitsschutzvorschriften, Verstoß der Arbeit gegen ein Gesetz oder die guten Sitten.[462] Das

458 Siehe Rn 34 (Neufassung des § 144 SGB III).
459 Siehe dazu Rn 35 ff.
460 Siehe dazu Rn 100.
461 BSG, Urt. v. 18.12.2003, NZA 2004, 661.
462 Siehe *Hümmerich*, NZA 1994, 202.

BSG nimmt in einer Einzelentscheidung einen wichtigen Grund beim Ausscheiden eines älteren, von Personalabbau betroffenen Arbeitnehmers durch Aufhebungsvertrag auch dann an, wenn bei einem größeren Betrieb in einer krisenhaften Situation der Zwang zu einem drastischen und kurzfristig durchzuführenden Personalabbau besteht, um den Betrieb zu erhalten, und die drohende Arbeitslosigkeit der freizusetzenden Arbeitnehmer durch den örtlichen Arbeitsmarkt nicht ohne weiteres aufgefangen werden kann.[463] Hierbei verlangt das BSG Anhaltspunkte dafür, dass der Arbeitnehmer durch sein vorzeitiges Ausscheiden aus dem Betrieb einem anderen Mitarbeiter die Entlassung erspart hat. Dabei soll die Annahme eines wichtigen Grundes auf besonders gelagerte Einzelfälle beschränkt werden.

294 Die Drohung des Arbeitgebers mit einer rechtmäßigen ordentlichen Kündigung kann für den Betroffenen nach Meinung des BayLSG[464] ein wichtiger Grund zum Abschluss eines Aufhebungsvertrages sein, wenn dabei die für den Arbeitgeber geltende Kündigungsfrist beachtet wird. Es erweise sich deshalb gerade in Fällen, in denen ein Arbeitnehmer einem Aufhebungsvertrag zustimme, weil er sich einer rechtmäßigen Kündigung ausgesetzt sehe, gegen die er sich wehren könne, als unzumutbar, die drohende Kündigung des Arbeitgebers abzuwarten. Das verfassungsrechtliche Übermaßverbot verbiete deshalb die Verhängung einer Sperrzeit.

295 Auch das Motiv, eine höhere Abfindung durch Aufhebungsvertrag statt Kündigung zu erhalten und den Makel einer Kündigung zu vermeiden, kann nach Meinung des LSG NRW ein wichtiger Grund sein.[465] Das **BSG** teilt diese Auffassung **nicht**. Ein wichtiger Grund zur Lösung des Arbeitsverhältnisses durch Aufhebungsvertrag beurteilt sich nicht danach, ob der Arbeitnehmer die angedrohte betriebsbedingte Kündigung für rechtmäßig halten durfte, sondern danach, ob die angedrohte betriebsbedingte Kündigung objektiv rechtmäßig war.[466]

296 Ein **Wohnortwechsel** kann einen wichtigen Grund darstellen, wenn zum Beispiel der Umzug zum Lebenspartner der Versorgung der Familie dient.[467] Hierbei hat das BSG in seiner früheren Rechtsprechung bislang allein den Zuzug zum Ehegatten als wichtigen Grund anerkannt, wenn der Arbeitslose von der gemeinsamen Wohnung aus den Arbeitsplatz nicht zumutbar erreichen konnte.[468] Nunmehr hat das BSG in neueren Entscheidungen[469] betont, dass der Umstand, dass die **nichteheliche Partnerschaft** nicht unter dem Schutz des Art. 6 Abs. 1 GG stehe und für die Partner keine gesetzlich normierte Pflicht zum Zusammenleben bestehe, für sich genommen nicht zur Verneinung des wichtigen Grundes ausreiche. Die bisherige Rechtsprechung berücksichtigte nicht hinreichend, dass § 144 SGB III keinen wichtigen Grund mit Verfassungsrang und keine bestimmte Verhaltenspflicht als Grundlage fordert. Im Hinblick auf sich wandelnde Gesellschaftsstrukturen im Bereich der Familie müsse die bisherige Rechtsprechung überprüft und modifiziert werden. Deshalb gab der erkennende Senat bekannt, er werde künftig davon ausgehen, dass die persönlichen Interessen des Arbeitslosen nicht grundsätzlich hinter die Interessen der Versichertengemeinschaft zurückzutreten hätten, wenn die Arbeitsplatzaufgabe zu dem Zweck erfolge, durch Umzug vom arbeitsplatznahen Wohnort zum Ort der gemeinsamen Wohnung ein engeres Zusammenleben mit dem Partner zu ermöglichen, mit dem eine eheähnliche, dauerhaft verfestigte, ernsthafte und intensive Beziehung bestehe.

297 Angesichts der **restriktiven Praxis der Agenturen für Arbeit bei der Gewährung von Arbeitslosengeld** kann man sich in seiner Lebensplanung nicht darauf verlassen, dass ein dem Betroffenen noch so wichtig erscheinender Grund, das Arbeitsverhältnis zu lösen, eine gleichartige Bewertung durch den jeweils zuständigen Mitarbeiter der Agentur für Arbeit erfährt. Das LSG Rheinland-Pfalz

463 BSG, Urt. v. 13.03.1997, NZA-RR 1997, 495.
464 BayLSG, Urt. v. 09.01.2003, NZA-RR 2003, 496.
465 LSG NRW, Urt. v. 17.12.2001 – L 1 AL 21/01 (n.v.).
466 BSG, Urt. v. 25.04.2002 – B 11 AL 100/01 R (n.v.).
467 BSG, Urt. v. 12.11.1981, BSGE 52, 276.
468 BSG, Urt. v. 20.04.1977, BSGE 43, 269.
469 BSG, Urt. v. 17.10.2002 – B 7 AL 96/00 R (n.v.); BSG, Urt. v. 29.04.1998, EzA § 144 SGB III Nr. 1.

hat einen wichtigen Grund für den Fall verneint, dass dem Arbeitnehmer bei fehlendem Abschluss des Aufhebungsvertrages arbeitgeberseitig gekündigt worden wäre.[470] Im Interesse der Versichertengemeinschaft sei es dem Arbeitnehmer in der Regel zuzumuten, die arbeitgeberseitige Kündigung abzuwarten und dagegen ggf. rechtliche Schritte zu unternehmen. Ein wichtiger Grund liege auch nicht darin, dass der Arbeitgeber allein bei Abschluss des Aufhebungsvertrages bereit gewesen sei, eine Wiedereinstellungszusage zu geben.

Allerdings setzt sich in der sozialrechtlichen Rechtsprechung die zu beobachtende Bereitschaft **298** durch, dem wichtigen Grund in § 144 Abs. 1 SGB III künftig größere Aufmerksamkeit zu widmen. So hat das BSG[471] entschieden, dass ein wichtiger Grund für die Lösung des Beschäftigungsverhältnisses auch darin bestehen könne, dass der Arbeitgeber eine fristgemäße, sozial gerechtfertigte Kündigung angedroht habe und der Arbeitnehmer nicht durch sein Verhalten Anlass für die Kündigung gegeben habe. Das Thüringer Landessozialgericht[472] hält einen wichtigen Grund für die Lösung des Beschäftigungsverhältnisses durch Aufhebungsvertrag für gegeben, wenn dem Arbeitnehmer eine nach Arbeitsrecht rechtmäßige Kündigung aus einem von seinem Verhalten unabhängigen Grunde zu dem Zeitpunkt drohe, zu dem er selbst das Arbeitsverhältnis löse. In einer Entscheidung vom gleichen Tage hat das BSG allerdings auch klargestellt, dass die Fälle der bloßen Hinnahme einer Kündigung nicht zur Anordnung einer Sperrzeit berechtigen. Ein Bedürfnis, den Begriff der Lösung des Beschäftigungsverhältnisses im Wege der Rechtsfortbildung »offener« zu fassen, bestehe nicht.[473] Ausdrücklich wird im obiter dictum darauf verwiesen, dass dies eine Klarstellung zum hier verschiedentlich unter dem Aspekt von falsa demonstratio non nocet besprochenen Urteil vom 09.11.1995[474] bedeute. Um so erstaunter war man, als das BSG die »Abwicklungsvertragsentscheidung« vom 18.12.2003[475] fällte, über die sich der Begriff des Lösens – weg von der rechtsgeschäftlichen Betrachtung[476] – zu einem in den Bereich des Tatsächlichen verlegten »offeneren« Lösungsbegriff.

Die Rechtslage hat dadurch eine weitere Verschärfung zu Lasten des Arbeitslosen erfahren, dass **299** ihm mit dem Ersten Gesetz für moderne Dienstleistungen am Arbeitsmarkt in § 144 Abs. 1 Satz 3 SGB III die Beweislast für den wichtigen Grund hinsichtlich solcher Umstände auferlegt, die sich in seiner Sphäre befinden *(»Der Arbeitslose hat die für die Beurteilung eines wichtigen Grundes maßgebenden Tatsachen darzulegen und nachzuweisen, wenn diese in seiner Sphäre oder seinem Verantwortungsbereich liegen.«)*. Es erscheint daher denkbar, dass die zeitweilige Tendenz in der Rechtsprechung der Sozialgerichte, sich offener und arbeitnehmerfreundlicher mit den Gründen des Arbeitslosen für eine Trennung von seinem Arbeitgeber zu befassen, in Zukunft deutlich abnimmt.

Ein **Irrtum über das Vorliegen der Sperrzeitvoraussetzungen** begründete in der Vergangenheit **300** eine besondere Härte i.S.d. § 144 Abs. 3 SGB III a.F., wenn er unverschuldet war.[477] In einer Folgeentscheidung konkretisierte das BSG seine Auffassung in der Weise, dass die Annahme einer besonderen Härte voraussetze, dass der Irrtum durch die konkrete Auskunft einer hiermit betrauten Stelle, in der Regel einer Dienststelle der Bundesagentur für Arbeit, hervorgerufen oder gestützt wurde.[478] Eine vergleichbare Anknüpfungsvorschrift enthält § 144 SGB III in der durch Hartz III ab 01.01.2005 veränderten Fassung nicht mehr.

470 LSG Rheinland-Pfalz, Urt. v. 26.10.1998 – L 1 Ar 3/98 (n.v.); BSG, Urt. v. 25.04.2002 – B 11 AL 100/01 R (n.v.); a.A. LSG NRW, Urt. v. 17.12.2001 – L 1 AL 21/01 (n.v.).
471 BSG, Urt. v. 25.04.2002, NZA 2002, 1026.
472 Thüringer LSG, Urt. v. 30.08.2001 – L 3 AL 531/99 (n.v.).
473 BSG, Urt. v. 25.04.2002, NZA-RR 2003, 162; Ascheid/Preis/Schmidt/*Steinmeyer*, SozR Rn 450.
474 NZA-RR 1997, 109 = BSGE 77, 48.
475 BSG, Urt. v. 18.12.2003, NZA 2004, 661.
476 Hierfür *Boecken/Hümmerich*, DB 2004, 2046; *Hümmerich,* AE 3/2004, 147; *Rolfs*, in: 50 Jahre BAG, 446.
477 BSG, Urt. v. 23.03.1997, NZS 1997, 593.
478 BSG, Urt. v. 05.06.1997, NZS 1998, 136.

V. Abfindungsanrechnung auf Arbeitslosengeld

301 Nach dem ersten SGB III-Änderungsgesetz fand gem. § 140 Abs. 2 SGB III, vorbehaltlich der bereits erwähnten Übergangsregelung nach § 242x AFG, stets eine Anrechnung von Abfindungen auf Arbeitslosengeld statt. Nachdem § 140 SGB III aufgehoben wurde, gibt es keine Regelanrechnung von Abfindungen auf Arbeitslosengeld mehr. Statt dessen findet eine **Anrechnung nur noch unter den Voraussetzungen des § 143a SGB III statt**.

302 Nach § 143a Abs. 1 Satz 1 SGB III gilt die **Grundregel**, dass der Anspruch auf Arbeitslosengeld von dem Ende des Arbeitsverhältnisses an bis zu dem Tage ruht, an dem das Arbeitsverhältnis bei Einhaltung der ordentlichen Kündigungsfrist geendet hätte. Einen **unverzeihlichen Gestaltungsfehler** stellt es dar, wenn in einem Aufhebungsvertrag **auf die Einhaltung der ordentlichen Kündigungsfrist verzichtet wird, obwohl damit zu rechnen war,** dass der Mitarbeiter oder die Mitarbeiterin späterhin nach Beendigung des Arbeitsverhältnisses **arbeitslos** sein würde.

303 Wird die Kündigungsfrist eingehalten, bleibt für eine Anrechnung der Abfindung auf das Arbeitslosengeld kein Raum. Hintergrund der Regelung ist die Vermutung, dass eine Abfindung immer auch Arbeitsentgelt enthält, wenn das Arbeitsverhältnis vorzeitig beendet wird.[479] Bei Einhaltung der Kündigungsfrist hätte der Arbeitnehmer für die Dauer dieser Frist Anspruch auf Arbeitsentgelt. Bei Erhalt einer Abfindung beinhaltet diese aber auch einen Anteil, der den Anspruch auf Arbeitsentgelt abdeckt. Es ist jedoch ausgeschlossen, dass ein Arbeitsloser für einen Zeitraum, für den er Arbeitsentgelt beanspruchen kann, gleichzeitig Arbeitslosengeld als Ersatz für das Arbeitsentgelt erhält.

304 Ist die ordentliche Kündigung ausgeschlossen, gilt bei zeitlich unbegrenztem Ausschluss ein Ruhen für die Dauer von 18 Monaten (§ 143a Abs. 1 Satz 3 Nr. 1 SGB III), bei zeitlich begrenztem Ausschluss oder bei Vorliegen der Voraussetzungen für eine fristgebundene Kündigung aus wichtigem Grund die Kündigungsfrist, die ohne den Ausschluss der ordentlichen Kündigung maßgebend gewesen wäre (§ 143a Abs. 1 Satz 3 Nr. 2 SGB III). Außerdem gilt die Regel des § 143a Abs. 2 Satz 1 SGB III, wonach der **Anspruch auf Arbeitslosengeld längstens für die Dauer eines Jahres** ruht.

305 § 143a SGB III regelt im Grunde zwei Sachverhalte, die leicht miteinander vermischt werden. Zum einen regelt er den Ruhenszeitraum, zum andern stellt er **Regeln** auf, **nach denen** eine **Entlassungsentschädigung bei Nichteinhaltung der Kündigungsfrist auf das Arbeitslosengeld angerechnet** wird. Der beim Arbeitslosengeld zu berücksichtigende Teil der Abfindung errechnet sich nach folgender Tabelle:

Betriebs- oder Unternehmens-zugehörigkeit	Lebensalter bei Beendigung des Arbeitsverhältnisses					
	u. 40 J.	ab 40 J.	ab 45 J.	ab 50 J.	ab 55 J.	ab 60 J.
weniger als 5 Jahre	60 %	55 %	50 %	45 %	40 %	35 %
5 und mehr Jahre	55 %	50 %	45 %	40 %	35 %	30 %
10 und mehr Jahre	50 %	45 %	40 %	35 %	30 %	25 %
15 und mehr Jahre	45 %	40 %	35 %	30 %	25 %	25 %

479 *Rockstroh/Polduwe*, Neuregelung der Berücksichtigung von Abfindungen beim Arbeitslosengeld, DB 1999, 529.

Betriebs- oder Unternehmens-zugehörigkeit	Lebensalter bei Beendigung des Arbeitsverhältnisses					
	u. 40 J.	ab 40 J.	ab 45 J.	ab 50 J.	ab 55 J.	ab 60 J.
20 und mehr Jahre	40 %	35 %	30 %	25 %	25 %	25 %
25 und mehr Jahre	35 %	30 %	25 %	25 %	25 %	25 %
30 und mehr Jahre	–	25 %	25 %	25 %	25 %	25 %
35 und mehr Jahre	–	–	25 %	25 %	25 %	25 %

Die Anwendung der vorstehenden Tabelle soll anhand eines Beispiels erläutert werden: Ein Arbeitsverhältnis mit einer 56 Jahre alten Mitarbeiterin wird zum 31.12. beendet, obwohl es aufgrund der vertraglich vereinbarten Kündigungsfrist erst zum 30.06. des Folgejahres hätte beendet werden können. Das monatliche Bruttogehalt der betroffenen Mitarbeiterin beträgt 3.000 EUR, die im Aufhebungsvertrag vereinbarte Abfindung 40.000 EUR. Das Arbeitsverhältnis bestand bis zum Ausscheidungszeitpunkt 15 Jahre.

Nach der aus § 143a Abs. 2 SGB III entwickelten Tabelle sind für die Errechnung des Ruhenszeitraums 25 % der Abfindung zu berücksichtigen, konkret also ein Betrag von 10.000 EUR (40.000 EUR x 25 %). Bei einem Einkommen von 3.000 EUR monatlich beläuft sich das kalendertägliche Einkommen auf 100 EUR. Um die hier berücksichtigungsfähigen 10.000 EUR aus der Abfindung im Arbeitsverhältnis zu verdienen, müsste die Mitarbeiterin insgesamt 100 Tage arbeiten. In unserem Beispielsfall ruht somit der Anspruch auf Arbeitslosengeld für einen Zeitraum von 100 Kalendertagen. 306

Die heutige, zunächst ab 01.04.1999 gültige, durch das Dritte Gesetz für moderne Dienstleistungen am Arbeitsmarkt erneut modifizierte Fassung des § 143a SGB III war zunächst das Ergebnis einer Vereinbarung zwischen Arbeitgeberverbänden, Gewerkschaften und der Bundesregierung in einer Arbeitsgruppe der Bündnisgespräche, die das Bundeskabinett in seiner Sitzung am 10.02.1999 billigte.[480] Die Teilnehmer der Bündnisgespräche machten seinerzeit klar, dass die ab 01.04.1999 gültige Regelung nur eine Übergangsregelung sein sollte. Damals nahm man an, die Bündnisgespräche würden fortgesetzt mit dem Ziel, dem Gesetzgeber eine Neuregelung vorzuschlagen.[481] 307

VI. Anrechnung von Nebenverdienst

Arbeitslosen, die in Zeiten, in denen sie Arbeitslosengeld oder -hilfe erhalten, Nettoeinkommen erzielen, wird nach Abzug eines Freibetrages die bewilligte Leistung entsprechend gekürzt. Seit dem 01.08.1999 beträgt dieser **Mindestfreibetrag 165 EUR**. Wenn es jedoch für den Arbeitnehmer günstiger war, berücksichtigte das Arbeitsamt (jetzt: Agentur für Arbeit) stattdessen 20 % des monatlichen Arbeitslosengeldes (vgl. § 141 SGB III a.F.). Seit dem 01.01.2004 ist die 20 %-Regelung in § 141 Abs. 1 Satz 1 SGB III ersatzlos gestrichen worden, so dass die Hinzuverdienstgrenze auf 165 EUR begrenzt wurde. Ausnahmen gestattet der Gesetzgeber bei selbständiger Tätigkeit (§ 141 Abs. 1 Satz 2 SGB III) und nach einer neu eingefügten Vorschrift im Falle der finanziellen Unterstützung durch den Arbeitgeber bei Maßnahmen der Weiterbildung (§ 141 Abs. 4 SGB III). 308

480 Information des Bundesministers für Arbeit, http:/www.bma.de, v. 11.02.1999.
481 BT-Drucks 14/394, 1.

VII. Anspruchsübergang auf die Bundesagentur für Arbeit

309 Während der Verhandlung von Aufhebungsverträgen wird eine bei der Gestaltung wichtige Frage häufig übersehen, dass nämlich mit der eingestellten Zahlung des Arbeitsentgelts durch den Arbeitgeber und mit dem Bezug von Arbeitslosengeld durch den Arbeitnehmer ein **Anspruchsübergang** nach § 115 Abs. 1 SGB X auf die Bundesagentur für Arbeit stattfindet.[482] Das BAG[483] hält rückwirkende Aufhebungsvereinbarungen zwar grundsätzlich für wirksam, entstandene Entgeltansprüche erlöschen aber nicht mehr durch sie, weil sie bereits auf die Bundesagentur für Arbeit übergegangen sind. Damit muss der Arbeitgeber der Bundesagentur für Arbeit in Höhe des gezahlten Arbeitslosengelds für die Zeit zwischen dem vereinbarten Beendigungstermin und dem Abschluss des Aufhebungsvertrages Gehalt nachzahlen.

310 Etwas anderes soll dagegen gelten, wenn der vereinbarte Beendigungstermin in eine Zeit gelegt wird, für die das Bestehen des Arbeitsverhältnisses streitig ist. Auch das Sozialrecht darf die Parteien nicht daran hindern, einen Streit in einer ihnen geeignet erscheinenden Weise zu beenden.[484] Namentlich bei fristlosen Kündigungen, die die sofortige Einstellung der Entgeltzahlungen durch den Arbeitgeber zur Folge haben, stellt sich dieses Gestaltungsproblem. Eine Anrechnung auf das Arbeitslosengeld kann über eine Abfindung erfolgen (Stichwort: **Verstecktes Arbeitsentgelt**).

311 Durch die Überleitungsanzeige gehen die Ansprüche des Arbeitnehmers auf Entgelt und Abfindung gem. § 115 SGB X auf die Bundesagentur für Arbeit über. Die Überleitungsanzeige bewirkt einen gesetzlichen Forderungsübergang nach § 412 BGB. Mit der Überleitungsanzeige zeigt die Agentur für Arbeit dem Arbeitgeber den Anspruchsübergang meist unmittelbar im Anschluss an die Arbeitslosmeldung des Arbeitnehmers an. Die Klärung der Frage, ob übergegangene Ansprüche zu berücksichtigen sind, nimmt meist einige Zeit in Anspruch. Oft sind es praktische Umsetzungsprobleme, die den Parteien Schwierigkeiten machen. Wurde ein Arbeitsverhältnis fristlos gekündigt, wurde im Prozessvergleich die Kündigung in eine ordentliche Kündigung umgewandelt, hat die Agentur für Arbeit aufgrund der Angaben des Arbeitnehmers eine Sperrzeit angeordnet, geht die Überleitungsanzeige regelmäßig ins Leere. Gleichwohl muss der Arbeitgeber erst eine entsprechende Erklärung des Arbeitsamtes abwarten, bevor er Zahlung leistet, um vor Doppelzahlungen geschützt zu sein. Zwischen der Erfassung von Sachverhalten und der EDV-technischen bzw. administrativen Abwicklung vergeht häufig ein beträchtlicher Zeitraum. Es empfiehlt sich deshalb, in Aufhebungs- und Abwicklungsverträgen eine Formulierung aufzunehmen, wonach sich die Leistungen (Abfindung bzw. Gehalt) des Arbeitgebers um die auf die Bundesagentur für Arbeit übergegangenen Ansprüche reduzieren. Eine solche Regelung kann man auch mit einer Passage über die Fälligkeit verbinden:

> Der Abfindungsanspruch entsteht mit der Unterzeichnung dieser Vereinbarung. Von diesem Zeitpunkt an ist er vererbbar. Die Zahlung der Abfindung ist fällig mit Zugang des zu erwartenden Bescheids der Bundesagentur für Arbeit über etwaige Zahlungsverpflichtungen der Firma gegenüber der Bundesagentur gem. § 115 SGB X. Die Netto-Abfindung abzüglich etwaiger Ansprüche der Bundesagentur für Arbeit wird auf das Gehaltskonto des Mitarbeiters überwiesen.

Wird eine solche Formulierung im Aufhebungs- oder Abwicklungsvertrag vergessen, kann der Fall eintreten, dass der Arbeitnehmer aus einem Prozessvergleich wegen der Abfindung vollstreckt, obwohl dem Arbeitgeber ein Leistungsverweigerungsrecht gem. § 115 SGB X zusteht.

312 Ein Rückzahlungsanspruch des Arbeitgebers, der sich auf eine Überzahlung gründet, die im Zusammenhang mit einem nach § 115 SGB X übergeleiteten Anspruch der Agentur für Arbeit steht, entfällt nicht durch eine Ausgleichs- oder Erledigungsklausel.[485] Macht die Bundesagentur für Arbeit

482 Siehe BAG, Urt. v. 09.10.1996, DB 1997, 680.
483 BAG, Urt. v. 23.09.1981, ZIP 1981, 1364; BAG, Urt. v. 17.04.1986, AP Nr. 40 zu § 615 BGB.
484 BAG, Urt. v. 29.08.1968, BB 1968, 1130; BSG, Urt. v. 14.02.1978, BSGE 46, 20.
485 BAG, Urt. v. 09.10.1996, NZA 1997, 376.

geltend, ein Teil der zwischen Arbeitnehmer und Arbeitgeber vereinbarten Abfindung für den Verlust des Arbeitsplatzes sei wegen der Gewährung von Arbeitslosengeld auf sie übergegangen, ist für die gegen den Arbeitnehmer gerichtete Klage auf Zustimmung zur Auszahlung des vom Arbeitgeber hinterlegten Betrags das Arbeitsgericht und nicht das Sozialgericht zuständig.[486] Zahlt der frühere Arbeitgeber eines Arbeitslosen eine Abfindung trotz Forderungsübergangs auf die Bundesagentur für Arbeit wirksam an einen Gläubiger des Arbeitslosen, hat der Arbeitslose der Bundesagentur für Arbeit den durch die Schuldtilgung erlangten Anteil in Höhe des Arbeitslosengelds zu erstatten. Hat der frühere Arbeitgeber die Abfindung in Kenntnis des Forderungsübergangs auf die Bundesagentur für Arbeit an den Gläubiger des Arbeitslosen gezahlt, kann die Bundesagentur für Arbeit die Zahlung an den Gläubiger genehmigen und den Erstattungsanspruch gegen den Arbeitslosen geltend machen, ohne zuvor gegen den Arbeitgeber vorzugehen.[487]

Bei Gleichwohlgewährung, also der Zahlung von Arbeitslosengeld durch die Agentur für Arbeit, während der Arbeitnehmer Kündigungsschutzklage vor dem Arbeitsgericht erhoben hat, treten bei der Rückabwicklung eine Reihe von Detailproblemen auf. Obsiegt der Arbeitnehmer vor dem Arbeitsgericht, hatte er also einen Entgeltanspruch während des Arbeitslosengeldbezugs gegen den Arbeitgeber, wird im Rahmen der Rückabwicklung nach der Rechtsprechung des BSG lediglich die durch den »Verbrauch« eingetretene Verringerung des Gesamtanspruchs auf Arbeitslosengeld korrigiert.[488] *Schmidt*[489] beklagt, dass die weiteren Nachteile, die dem Arbeitnehmer in der Arbeitslosenversicherung erwachsen können, selbst dann bestehen bleiben, wenn die Bundesagentur für Arbeit die erbrachten Leistungen im Rahmen der Rückgewährung vollständig erstattet erhält. *Schmidt*[490] regt an, der Arbeitnehmer solle mit der Kündigungsschutzklage bereits mögliche Schäden, die ihm arbeitslosenversicherungsrechtlich trotz einer Rückabwicklung drohen, geltend machen. 313

VIII. Erstattung von Arbeitslosengeld durch den Arbeitgeber

Erneut Geltung beansprucht seit 01.04.1999 wieder jener einst heftig umstrittene § 128 AFG a.F.,[491] um den sich eine umfangreiche Rechtsprechung[492] und ein reiches Schrifttum[493] ranken und der die Erstattungspflicht des Arbeitgebers bei der Kündigung älterer Arbeitnehmer, wenn auch mit zahlreichen Ausnahmen, statuiert. Für zum 01.02.2006 oder später endende Arbeitsverhältnisse tritt **§ 147a SGB III** allerdings **ersatzlos außer Kraft**.[494] 314

Gem. § 147a SGB III war bis zum In-Kraft-Treten des Gesetzes zu Reformen am Arbeitsmarkt der Arbeitgeber, bei dem der ältere Arbeitslose innerhalb der letzten vier Jahre mindestens 24 Monate beitragspflichtig beschäftigt war, im Grundsatz verpflichtet, vierteljährlich das Arbeitslosengeld für die Zeit nach Vollendung des 58. Lebensjahres des Arbeitslosen für längstens zwei Jahre an die Agentur für Arbeit zu erstatten. Mit dem Gesetz zu Reformen am Arbeitsmarkt wurde die Erstattungspflicht des Arbeitgebers bei Entlassung langjährig Beschäftigter in dreierlei Hinsicht verschärft: Das für die Erstattungspflicht maßgebliche Alter des Arbeitnehmers wurde um ein Jahr abgesenkt, tritt seit dem 01.01.2004 also ab dem 57. Lebensjahr des Arbeitslosen ein. Der Erstattungszeitraum wurde von 24 auf 32 Monate erhöht. Schließlich wurde die in § 147a Abs. 1 Nr. 1 SGB III enthaltene, erforderliche Vorbeschäftigungszeit verkürzt und damit der Anwendungsbereich der Vorschrift erweitert. Zur Begründung dieser Gesetzesänderung führte die Bundesregierung[495] aus: 315

486 BAG, Urt. v. 12.06.1997, NZA 1997, 1070.
487 BSG, Urt. v. 24.06.1999, NZS 2000, 201.
488 BSG, Urt. v. 24.07.1986, BSGE 60, 168; BSG, Urt. v. 29.09.1987, SozR 4100, § 117 AFG Nr. 20.
489 NZA 2002, 1384.
490 NZA 2002, 1384.
491 Jetzt als § 147a SGB III.
492 BVerfGE 81, 156; BSG, Urt. v. 28.06.1983, SozR 4100, § 141b Nr. 27; BSGE 59, 84; 60, 50.
493 *Bauer/Diller*, BB 1992, 2283; *dies.*, BB 1994, 1085; *Gagel*, BB 1988, 1957; *Hanau*, DB 1992, 2625; *ders.*, ZIP 1994, 665; *Kreßel*, NZS 1993, 292; *ders.*, NZA 1994, 924; *Stolz*, NZS 1993, 62; *ders.*, BB 1993, 1650.
494 § 434l Abs. 4 SGB III, eingefügt durch das Gesetz über Reformen am Arbeitsmarkt v. 24.12.2003 (BGBl. I, 3002).
495 BT-Drucks 15/1587, 32.

316 *»Die Verschärfung der Erstattungspflicht trägt dem Anliegen Rechnung, Frühverrentungen effektiver als bisher zu vermeiden. Die Erstattungspflicht tritt bereits dann ein, wenn die Entlassung nach Vollendung des 55. Lebensjahres erfolgt; die Grenze lag bisher beim 56. Lebensjahr. In diesen Fällen ist das Arbeitslosengeld bereits nach der Vollendung des 57. Lebensjahres statt bisher nach der Vollendung des 58. Lebensjahres zu erstatten. Ferner kann die Erstattung für die gesamte Bezugsdauer des Arbeitslosengeldes von bis zu 32 Monaten und nicht mehr nur für höchstens 24 Monate erfolgen. Die Vereinheitlichung der Vorbeschäftigungszeit dient ebenfalls der Verschärfung der Regelung. Insgesamt können durch die Neuregelung der Erstattungspflicht Vorzugseffekte in Folge der Verkürzung der Bezugsdauer des Arbeitslosengeldes vermieden werden. Die Verschärfung vermeidet den Anreiz, ältere Arbeitnehmer vor dem Wirksamwerden der Verkürzung zu entlassen, um noch den Vorteil einer längeren Bezugsdauer in Anspruch nehmen zu können.«*

317 Die einschlägige Übergangsregelung (§ 434l Abs. 3 SGB III) belässt es in zwei Fällen bei der Anwendbarkeit des bisherigen Rechts. § 147a SGB III a.F. bleibt anwendbar, wenn der Anspruch auf Arbeitslosengeld bis zum 31.12.2003 entstanden ist. Ruhenszeiträume (z. B. wegen Sperrzeiten, Entlassungsentschädigungen usw.) schaden insoweit nicht. Das bisherige Recht ist auch heranzuziehen, wenn der Arbeitgeber das Arbeitsverhältnis bis zum 26.09.2003 beendet hat. Hier ist die Kündigungserklärung oder der Abschluss des Aufhebungsvertrages maßgebend.

318 Vielfach übersehen wird, dass sich die Erstattungspflicht nicht nur auf Arbeitslosengeld, sondern **auch auf Arbeitslosenhilfe, ab 01.01.2005 also auch auf das Arbeitslosengeld 2 erstreckt**.[496]

319 Vereinbaren die Parteien in einem Aufhebungsvertrag, dass eine freiwillige Überbrückungszahlung zurückzuzahlen ist, wenn der Arbeitgeber das vom Arbeitnehmer bezogene Arbeitslosengeld nach § 147a SGB III zu erstatten hat, verstößt diese Regelung nicht gegen § 32 SGB I.[497] Zwar betrifft die Entscheidung nach ihrem Wortlaut nur Überbrückungszahlungen und nicht die Erstattung von Arbeitslosengeld durch den Arbeitgeber (früher § 128 AFG, jetzt § 147a SGB III), sie lässt sich jedoch auf die Vereinbarung von Rückzahlungsklauseln in Abfindungsregelungen wegen Erstattung von Arbeitslosengeld gem. § 147a SGB III übertragen.

320 Für die anwaltliche Beratung trennungswilliger Arbeitgeber und Arbeitnehmer von Bedeutung sind die **Ausnahmetatbestände** des **§ 147a SGB III**.

1. Beschäftigungszeit

321 § 147a Abs. 1 Nr. 1 SGB III enthielt in der Vergangenheit die Alternativen a) und b), die mit dem Gesetz zu Reformen am Arbeitsmarkt fortgefallen sind. Nunmehr heißt es in einer einzigen Vorschrift (§ 147a Abs. 1 Nr. 1 SGB III), dass eine Erstattungsverpflichtung entfällt, wenn der Arbeitgeber nachweist, dass der Arbeitslose innerhalb der letzten zwölf Jahre vor dem Tag der Arbeitslosigkeit, durch den nach § 124 Abs. 1 die Rahmenfrist bestimmt wird, weniger als zehn Jahre zu ihm in einem Arbeitsverhältnis gestanden hat. Generell tritt keine Erstattungspflicht ein, wenn das Arbeitsverhältnis vor Vollendung des 55. Lebensjahres des Arbeitnehmers beendet wird. Der Zeitraum der Prozessbeschäftigung ist nach der Rechtsprechung[498] nicht in den 10-Jahreszeitraum einzubeziehen.

322 Zweifelsfragen waren aufgetaucht, wie mit Beschäftigungszeiten nach einem **Betriebsübergang** nach § 613a BGB umzugehen ist. Streitig war, ob die beim alten Inhaber verbrachten Beschäftigungszeiten mitzuzählen waren. Das BSG hat zwischenzeitlich im Jahre 1997[499] im Gegensatz

496 Niesel/*Brand*, SGB III, § 147a Rn 15.

497 LAG Niedersachsen, Urt. v. 20.01.1999, NZA-RR 1999, 294.

498 SG Darmstadt, Urt. v. 19.01.1999, ARST 1999, 131 zu § 128 Abs. 12 Nr. 1b AFG.

499 BSG, Urt. v. 18.09.1997 – 11 Rar 55/96 (n.v.); in Übereinstimmung mit dem Runderlass der Bundesagentur für Arbeit 11/93 v. 03.02.1994 – RdNr. 3.11 Abs. 4; ebenso LSG Niedersachsen, Urt. v. 22.03.1984 – L 10 Ar 208/83; SG Frankfurt, Urt. v. 09.05.1986, DB 1986, 1832.

zur überwiegend im Schrifttum vertretenen Ansicht[500] entschieden, dass die bei einem früheren Betriebsinhaber verbrachten Zeiten mitzählen. Trennt sich ein Unternehmen von einem älteren Gesellschafter-Geschäftsführer, der die Geschicke der Gesellschaft nachhaltig beeinflussen konnte, scheidet eine Anwendung von § 147a SGB III aus, weil ein solcher Gesellschafter-Geschäftsführer nicht in einem Beschäftigungsverhältnis i.S.d. § 147a SGB III steht.[501]

2. Kleinunternehmen

Die Kleinunternehmensklausel in § 147a Abs. 1 Satz 2 Nr. 2 SGB III wird man wohl nach Änderung der Kleinstbetriebsregelung in § 23 KSchG im Hinblick auf Teilzeitkräfte an den dort getroffenen Regelungen messen müssen. Die Regelung macht Sinn, weil die Intention des Gesetzgebers schon bei § 128 AFG dahin ging, die vor allem von Großunternehmen geübte Praxis der Frühpensionierung zu sanktionieren. Die gleiche Wirtschaftskraft wie bei Großunternehmen besteht bei Kleinbetrieben nicht. 323

In die Berechnung der für die Unternehmensgröße maßgeblichen Zahl von 20 Arbeitnehmern werden Auszubildende nicht einbezogen. Für Unternehmen mit nicht mehr als 40 Arbeitnehmern mindert sich die Erstattungspflicht um 2/3 und für Unternehmen mit nicht mehr als 60 Arbeitnehmern um 1/3. 324

Bei der Feststellung der Zahl der regelmäßig beschäftigten Arbeitnehmer werden nur diejenigen Arbeitnehmer berücksichtigt, deren **Arbeitsverhältnis von einer gewissen Dauer** ist. Der Gesetzgeber stellt auf einen Zeitraum von mindestens acht Monaten innerhalb des Kalenderjahres ab, das der Erstattungspflicht vorausging. Größere Unternehmen werden nur dann von der Erstattungspflicht im Einzelfall befreit, sofern nicht sonstige Befreiungstatbestände nach § 147a SGB III vorliegen, wenn durch die Erstattung die Existenz des Unternehmens bzw. die verbleibenden Arbeitnehmer nachweislich gefährdet würden. 325

Gehört das Kleinunternehmen zu einem **Konzern**, sind mit Blick auf § 147a Abs. 5 SGB III alle bei einem Arbeitgeber, der mehrere Betriebe betreiben kann, Beschäftigten im Rahmen der Feststellung nach Nr. 2 zusammenzurechnen.[502] 326

3. Eigenkündigung

Es entspricht der Logik des § 147a SGB III, dass der Arbeitgeber immer dann, wenn nicht er die Ursache für die Trennung von einem älteren Arbeitnehmer gesetzt hat, zur Erstattung des Arbeitslosengeldes nicht verpflichtet ist. Da die Eigenkündigung vom Arbeitnehmer selbst gesetzt wird, hat der Gesetzgeber konsequenterweise im Falle der Eigenkündigung des Arbeitnehmers von einer Erstattungspflicht des Arbeitgebers abgesehen. 327

In der Praxis wurde überlegt, ob die Zahlungspflicht des Arbeitgebers auch dann entfällt, wenn das Arbeitsverhältnis aufgrund eines **vom Arbeitgeber veranlassten Aufhebungsvertrages** beendet wird, also der Arbeitnehmer an den Arbeitgeber herangetreten ist und ihn um Aufhebung des Arbeitsverhältnisses gebeten hat. Nach dem Wortlaut des § 147a Abs. 1 Satz 2 Nr. 3 SGB III ist ausdrücklich von »Kündigung« die Rede. Die Beendigung durch Aufhebungsvertrag, von wem auch immer die Initiative ausgegangen sein mag, führt nicht zur Befreiung von der Erstattungspflicht. Kündigt der Arbeitnehmer und schließt anschließend mit dem Arbeitgeber zusätzlich einen Aufhebungsvertrag, ist dagegen die Anwendbarkeit von § 147a Abs. 1 Satz 2 Nr. 3 SGB III nicht ausgeschlossen. Hat der Arbeitgeber allerdings durch die Abgabe einer entsprechenden Willenserklärung einen ursächlichen Beitrag zur Beendigung des Arbeitsverhältnisses geleistet, ist zunächst der Arbeitnehmer an ihn 328

500 Niesel/*Brand*, SGB III, § 147a Rn 8.
501 Niesel/*Brand*, SGB III, § 147a Rn 6.
502 Niesel/*Brand*, SGB III, § 147a Rn 28.

herangetreten mit der Bitte um Beendigung des Arbeitsverhältnisses und kündigt anschließend er das Arbeitsverhältnis, kann er sich nicht auf den Befreiungstatbestand des § 128 Abs. 1 Satz 2 Nr. 3 AFG (jetzt § 147a Abs. 1 Satz 2 Nr. 3 SGB III) berufen.[503]

4. Sozial gerechtfertigte Kündigung

329 Eine wichtige Ausnahmevorschrift enthält **§ 147a Abs. 1 Nr. 4 SGB III**, nämlich den Fall der sozial gerechtfertigten Kündigung. Da die Agentur für Arbeit die vom Arbeitgeber genannten Kündigungsgründe voll inhaltlich nachprüft, wird immer dann, wenn der Arbeitnehmer die Kündigung akzeptiert hat, ein fiktiver Kündigungsschutzprozess bei der Agentur für Arbeit bzw. nach erfolglosem Widerspruchsverfahren bei den Sozialgerichten geführt.[504] Schon bei Verabschiedung des damaligen § 128 AFG war klar, dass das Arbeitsamt (jetzt: Agentur für Arbeit) an eine rechtskräftige Entscheidung des Arbeitsgerichts über die soziale Rechtfertigung der Kündigung gebunden ist, sofern nicht die Kündigung nach § 4 KSchG nur wegen Nichteinhaltung der dreiwöchigen Klagefrist zurückgewiesen wird.[505] Bei über 56 Jahre alten Arbeitnehmern (damalige Altersgrenze) konnte deshalb, wenngleich nicht unumstritten, ein bedingter Abwicklungsvertrag mit folgendem Inhalt geschlossen werden:

330 »Der Abwicklungsvertrag wird erst wirksam nach rechtskräftiger Abweisung der Kündigungsschutzklage durch Sachurteil, wobei sich der Arbeitnehmer verpflichtet, gegen die Kündigungserklärung des Arbeitgebers innerhalb der Drei-Wochen-Frist des § 4 KSchG eine zulässige und schlüssige Kündigungsschutzklage zu erheben. Der Arbeitnehmer wird im Güte- und Kammertermin auftreten bzw. sich vertreten lassen, das Vorbringen des Arbeitgebers aber nicht bestreiten.«[506]

331 Mit einem solchen aufschiebend bedingten Abwicklungsvertrag erreicht der Arbeitnehmer, dass er sich den Folgen der §§ 144 und 143a SGB III entzieht und der Arbeitgeber erreicht die Befreiung von einer etwaigen Erstattung von Arbeitslosengeld und Arbeitslosenhilfe gem. § 147a SGB III.

332 Allerdings lässt sich ein solcher, aufschiebend bedingter Abwicklungsvertrag aus praktischen Erwägungen heute nicht mehr rechtsfehlerfrei schließen. Füllt der Arbeitgeber das Formular nach § 312 SGB III über die Gründe der Beendigung des Arbeitsverhältnisses wahrheitsgemäß und vollständig aus, muss er die Vereinbarung des aufschiebend bedingten Abwicklungsvertrages erwähnen. Gleiches gilt für den Arbeitnehmer, der in seiner Eigenschaft als Arbeitsloser zusammen mit dem Antrag auf Arbeitslosengeld den Abwicklungsvertrag vorlegen müsste. Angesichts der restriktiven Bewilligungspraxis bei den Agenturen für Arbeit ist damit zu rechnen, dass der aufschiebend bedingte Abwicklungsvertrag als Umgehungssachverhalt bzw. als eine gem. § 32 SGB I nichtige Vereinbarung angesehen wird.

333 Verschweigen Arbeitgeber und/oder Arbeitnehmer die Vereinbarung eines aufschiebend bedingten Abwicklungsvertrages und erwähnen nur die betriebsbedingte Kündigung, verstoßen sie gegen ihre Pflicht zur vollständigen Auskunftserteilung nach § 312 Abs. 1 Satz 2 Nr. 2 SGB III. Folge wäre, dass die Bundesagentur für Arbeit die Arbeitslosengeldzahlung wegen nicht ausreichender Mitwirkung bei der Auskunftserteilung nach § 26 Abs. 1 SGB I versagt.

334 Den deutlichen Vorteil des Abwicklungsvertrages gegenüber dem Aufhebungsvertrag bei Beendigung von Arbeitsverhältnissen mit älteren Arbeitnehmern markiert eine Entscheidung des BSG vom 04.09.2001.[507] Das BSG hatte darüber zu befinden, ob ein Arbeitgeber das Arbeitslosengeld an die Agentur für Arbeit zu erstatten hatte, obwohl er das Arbeitsverhältnis eines älteren Arbeitnehmers zunächst aus betriebsbedingten Gründen gekündigt hatte. Nach der Vorläufervorschrift des § 147a

503 BSG, Urt. v. 11.05.1999, NZA-RR 1999, 547.
504 *Hümmerich*, AuR 1994, 257.
505 BT-Drucks 11/3423, 58.
506 Siehe *Hümmerich*, AuR 1994, 257.
507 BSG, Urt. v. 04.09.2001, NZA-RR 2002, 328.

Abs. 1 Nr. 3 SGB III wäre wegen einer sozial gerechtfertigten betriebsbedingten Kündigung die Erstattungspflicht entfallen. Die Parteien des Arbeitsverhältnisses regelten jedoch nach Ausspruch der betriebsbedingten Kündigung die Beendigung des Arbeitsverhältnis in einem Aufhebungsvertrag. Das BSG entschied, dass die Ausnahme von der Eintrittspflicht nicht greift, wenn das Arbeitsverhältnis durch Aufhebungsvertrag und nicht durch ordentliche Kündigung beendet wurde. Die Regelung des § 147a Abs. 1 Nr. 4 SGB III (früher § 218 Abs. 1 Satz 2 Nr. 4 AFG) könne über ihren Wortlaut hinaus nicht auf Fälle einer einvernehmlichen Beendigung des Arbeitsverhältnisses durch Aufhebungsvertrag erstreckt werden. Dies gelte auch dann, wenn eine sozial gerechtfertigte Kündigung bereits ausgesprochen war, diese jedoch nicht ursächlich für die Beendigung des Arbeitsverhältnisses gewesen sei, da die Beendigung erst aufgrund des späteren Aufhebungsvertrages eingetreten sei. Hätten in dem vom BSG entschiedenen Fall die Vertragsparteien es bei betriebsbedingter Kündigung belassen und statt des Aufhebungsvertrages einen Abwicklungsvertrag geschlossen, wäre der Arbeitgeber nicht zur Erstattung des späterhin von seinem Arbeitnehmer bezogenen Arbeitslosengeldes verpflichtet gewesen.

5. Neuregelung des § 147a SGB III und Rentenversicherungsnachhaltigkeitsgesetz

Für den Gestalter von Aufhebungs- und Sozialplanvereinbarungen ergeben sich durch die Verkürzung des Anspruchs auf Arbeitslosengeld für ältere Arbeitnehmer in Verbindung mit der sich sukzessive nach oben verschiebenden Altersgrenze für den Bezug einer vorzeitigen Altersrente wegen Arbeitslosigkeit oder nach Altersteilzeit von 60 auf 63 Jahre neue Herausforderungen. Von der Neuregelung sind die ab dem Jahr 1946 geborenen Arbeitnehmerinnen und Arbeitnehmer betroffen. 335

Aus der Kombination zwischen den beiden grundlegenden Gesetzesänderungen, Reduzierung des Bezugszeitraums für Arbeitslosengeld beim älteren Arbeitnehmer von 32 Monaten auf 18 Monate i.V.m. der schrittweisen Verschiebung des frühestmöglichen Beginns der vorzeitigen Altersrente wegen Arbeitslosigkeit können Aufhebungs-, Abwicklungsverträge oder Sozialplanvereinbarungen nicht mehr vorsehen, dass Arbeitnehmer im Alter von 57 Jahren und vier Monaten bereits aus dem Arbeitsprozess ausscheiden, Arbeitslosengeld beziehen und danach nahtlos das (zunächst vorgezogene) Altersruhegeld beziehen. Bis zum Jahr 2008 kann der gleiche Vorruhestandsprozess, der früher mit dem Alter eines Arbeitnehmers von 57 Jahren und vier Monaten eingeleitet werden konnte, erst ab einem Alter des Arbeitnehmers von 61 Jahren und sechs Monaten einsetzen. 336

Bei der Gestaltung von Interessenausgleich und Sozialplänen kann künftig nicht nur allein mit einer über mehrere Jahre hinweg gültigen Einheitsregelung des sog. Vorruhestands oder der Altersteilzeit für ältere Arbeitnehmer gearbeitet werden. Vielmehr muss, abgestuft auf die Einzelregelungen des Rentenversicherungsnachhaltigkeitsgesetzes, für einzelne Altersgruppen der individuelle Beginn der vorzeitigen Altersrente wegen Arbeitslosigkeit oder nach Altersteilzeit ermittelt werden. 337

6. Weitere Befreiungstatbestände

Weitere Befreiungstatbestände von der Erstattungspflicht bilden die Berechtigung des Arbeitgebers, das **Arbeitsverhältnis aus wichtigem Grund ohne Einhaltung einer Kündigungsfrist oder sozialen Auslauffrist zu kündigen** (Nr. 5), ein deutliches **Absinken der Belegschaft** nach den im Gesetz näher genannten Kriterien (Nr. 6, auch hier gilt jetzt als maßgebliches Lebensalter nicht mehr § 56 sondern § 55, und Nr. 7). Die Erstattungspflicht entfällt ebenfalls, wenn der Arbeitgeber nachweist, dass bereits im Vorjahr die Voraussetzungen nach § 147a Abs. 1 Satz 2 Nr. 2 SGB III vorgelegen haben oder für ihn die **Erstattung eine unzumutbare Härte** bedeuten würde, weil durch die Erstattung der Fortbestand des Unternehmens oder die nach Durchführung des Personalabbaus verbleibenden Arbeitsplätze gefährdet wären, § 147a Abs. 2 Nr. 2 SGB III. Den 338

Nachweis führt der Arbeitgeber durch Vorlage einer **Stellungnahme einer fachkundigen Stelle** (IHK, Handwerkskammer, Wirtschaftsprüfer).

7. Fortfall der Erstattungspflicht wegen Bezug von Sozialleistungen

339 Häufig überlesen wird, dass die Erstattungspflicht des Arbeitgebers nach § 147a SGB III generell dann fortfällt, wenn der Arbeitslose auch die Voraussetzungen für den Bezug anderweitiger Sozialleistungen (§ 147a Abs. 1 Satz 2 SGB III) erfüllt. Der Gesetzgeber nennt als anderweitige Sozialleistungen ausdrücklich nur die Renten wegen Berufsunfähigkeit gem. § 43 SGB VI. Im Übrigen verweist § 147a Abs. 1 Satz 2 SGB III auf die in § 142 Abs. 1 Nr. 2 bis 4 SGB III genannten Leistungen. Eine Erstattungspflicht des Arbeitgebers tritt somit dann nicht ein, wenn der Arbeitslose die Voraussetzungen auch nur einer der nachfolgend genannten Leistungen erfüllt:

- Krankengeld gem. § 44 SGB V;
- Versorgungskrankengeld gem. § 16 BVG im Rahmen von Rehamaßnahmen;
- Rente wegen Erwerbsunfähigkeit gem. § 44 SGB VI;
- Verletztengeld wegen der durch einen Arbeitsunfall herbeigeführten Arbeitsunfähigkeit;
- Altersrente für langjährig Versicherte ab Vollendung des 63. Lebensjahres gem. § 36 SGB VI;
- Altersrente wegen Arbeitslosigkeit ab Vollendung des 60. Lebensjahres gem. § 237 SGB VI (ehemals § 38 SGB VI);
- Altersrente für langjährig unter Tage beschäftigte Bergleute ab Vollendung des 60. Lebensjahres gem. § 40 SGB VI;
- Altersrente für schwerbehinderte, berufsunfähige oder erwerbsunfähige Versicherte ab Vollendung des 60. Lebensjahres gem. § 37 SGB VI;
- Altersrente für Frauen ab Vollendung des 60. Lebensjahres gem. § 237a SGB VI (ehemals § 39 SGB VI);
- Alters- oder Berufsunfähigkeitsrente berufsständischer Versorgungswerke und rentenähnliche Leistungen öffentlicher Kassen;
- Knappschaftsausgleichsleistungen ab Vollendung des 55. Lebensjahres gem. § 239 SGB VI;
- Übergangsversorgung der Versorgungsanstalt des Bundes und der Länder (VBL) aufgrund eines privatrechtlichen Versicherungsverhältnisses;
- ausländische Leistungen, wenn sie rentenähnliche Merkmale aufweisen (über- und zwischenstaatliche Abkommen auf dem Gebiet der Arbeitslosenversicherung sind zu beachten).

8. Erstattung des Arbeitslosengelds nach § 148 SGB III

340 Ist der Arbeitnehmer durch ein **nachvertragliches Wettbewerbsverbot** gebunden, trifft den Arbeitgeber nach § 148 SGB III unabhängig vom Alter des Arbeitslosen eine Pflicht zur Erstattung des Arbeitslosengeldes einschließlich der Beiträge zur gesetzlichen Kranken- und Rentenversicherung. Nach den Änderungen durch das Gesetz zur Neuregelung der sozialversicherungsrechtlichen Behandlung von einmalig gezahltem Arbeitsentgelt (Einmalzahlungs-Neuregelungsgesetz) vom 21.12.2000 trifft den bisherigen Arbeitgeber gem. § 148 Abs. 1 Satz 1 SGB III nunmehr die Pflicht, der Bundesagentur vierteljährlich 30 % des Arbeitslosengeldes zu erstatten. Den Teil des Arbeitslosengeldes, den der Arbeitgeber erstattet, muss sich der Arbeitnehmer wie Arbeitsentgelt auf die Entschädigung für die Wettbewerbsbeschränkung anrechnen lassen. Die Verpflichtung zur anteiligen Erstattung des Arbeitslosengeldes schließt die auf diese Leistung anteilig entfallenden Beiträge zur Kranken-, Pflege- und Rentenversicherung ein.

341 Das **BVerfG**[508] hatte **§ 148 SGB III a.F. für verfassungswidrig erklärt** und den Gesetzgeber aufgefordert, § 148 SGB III durch eine verfassungskonforme Regelung bis zum 01.01.2001 zu ersetzen. Zur Begründung führte es aus, die Regelung, nach der ein Arbeitgeber, der mit seinem

508 BVerfG, Beschl. v. 10.11.1998, NZA 1999, 191 = NJW 1999, 935.

früheren Arbeitnehmer eine Wettbewerbsvereinbarung getroffen hat, der Bundesagentur für Arbeit das diesem gezahlte Arbeitslosengeld einschließlich der Beiträge für die Sozialversicherung in vollem Umfang zu erstatten habe, belaste den Arbeitgeber unverhältnismäßig. Dieser Aufforderung hat der Gesetzgeber mit der oben dargestellten Regelung entsprochen.

E. Rentenversicherungsrechtliches Umfeld

Das rentenversicherungsrechtliche Umfeld ist bei der Gestaltung von Aufhebungs- und Abwicklungsverträgen vor allem bei Arbeitsverhältnissen älterer Arbeitnehmer zu beachten. 342

Wird die Beendigung eines Arbeitsverhältnisses mit einem älteren Arbeitnehmer angestrebt, wird als Bemessungsgrundlage für die Höhe der Abfindung häufig nicht die zurückgelegte Betriebszugehörigkeit gewählt, sondern es werden die **Vermögenseinbußen** des Arbeitnehmers bis zum frühestmöglichen Zeitpunkt der Inanspruchnahme einer Rente aus der gesetzlichen Rentenversicherung betragsmäßig in der Abfindung berücksichtigt. **Regelaltersrente** können Versicherte beziehen, die das 65. Lebensjahr vollendet und die allgemeine Wartezeit von fünf Jahren erfüllt haben, §§ 35, 50 SGB VI. Auch nach mehrfachen Gesetzesänderungen, um die Frühpensionierungen zu Lasten der Sozialversicherungskassen einzudämmen, enthält das SGB VI noch eine Anzahl von Anspruchsgrundlagen, die den Bezug von Altersruhegeld vor Vollendung des 65. Lebensjahres ermöglicht, wenn auch teilweise mit finanziellen Einbußen. 343

Gem. § 36 SGB VI können langjährig Versicherte **Altersrente** in Anspruch nehmen, wenn sie das **62. Lebensjahr vollendet** und eine **Wartezeit von 35 Jahren** erfüllt haben. Die Wartezeit kann sowohl durch echte Beitragszeiten als auch durch Anrechnungs- und Ersatzzeiten erfüllt werden. Eine Kürzung des Altersruhegelds gemäß der Abschlagsregelung (drei Jahre lang monatlich 0,3 %) findet gleichwohl statt. Ob die Wartezeit erfüllt ist, lässt sich einer **Rentenauskunft** der zuständigen Versicherungsanstalt[509] entnehmen. Eine solche Rentenauskunft sollte vor Abschluss einer entsprechenden Aufhebungsvereinbarung eingeholt werden. Die Rentenauskunft gibt nicht nur Aufschlüsse über die derzeitige Rentenhöhe, sondern ebenfalls über die Erfüllung der verschiedenen Wartezeiten sowie über die Höhe der Beitragszahlung, die ggf. zum Ausgleich einer Rentenminderung bei vorzeitiger Inanspruchnahme einer Rente erforderlich ist. Gem. § 41 Abs. 3 SGB VI wird die Altersgrenze von 63 Jahren für Versicherte, die nach dem 31.12.1936 geboren sind, in monatlichen Schritten auf 65 Jahre angehoben. Dabei bleibt die Inanspruchnahme der Altersrente mit 62 Jahren möglich, für jeden Monat der vorzeitigen Inanspruchnahme, der sich aus Anlage 21 zum SGB VI ergibt, muss der Versicherte jedoch einen Abschlag in Höhe von 0,3 % in Kauf nehmen. 344

Bei der Beendigung eines Arbeitsverhältnisses mit einem Mitarbeiter, der mindestens das 55. Lebensjahr vollendet hat, eröffnet § 187a SGB VI die Möglichkeit, im Wege einer vertraglichen Vereinbarung eine zu erwartende Minderung der Rente durch vorzeitige Inanspruchnahme einer Altersrente durch die Zahlung zusätzlicher Beiträge ganz oder teilweise auszugleichen. Über die Höhe des zu leistenden Einmalbetrages erteilt ebenfalls der Rentenversicherungsträger Auskunft. Auch die in größeren Betrieben und Behörden tätigen Versicherungsältesten leisten oft wertvolle Hilfe. Übernimmt der Arbeitgeber eine einmalige freiwillige Beitragszahlung nach § 187a SGB VI, bleibt diese gem. § 140 Abs. 1 Satz 2 SGB III bei der Anrechnung von Entlassungsentschädigungen auf das Arbeitslosengeld unberücksichtigt, sie muss allerdings nach § 3 Nr. 28 EStG vom Arbeitnehmer zur Hälfte versteuert werden, was bei Aufhebungsvertragsverhandlungen vom Arbeitnehmer-Anwalt nicht übersehen werden sollte. 345

509 § 109 SGB VI.

346 Die **Anlage 21 zum SGB VI** hat folgenden Inhalt:

347 Anhebung der Altersgrenze von 63 Jahren

Versicherte Geburtsjahr	Anhebung um	auf Alter		vorzeitige Inanspruchnahme möglich ab Alter
Geburtsmonat	Monate	Jahr	Monat	Jahr
1937				
Januar	1	63	1	63
Februar	2	63	2	63
März	3	63	3	63
April	4	63	4	63
Mai	5	63	5	63
Juni	6	63	6	63
Juli	7	63	7	63
August	8	63	8	63
September	9	63	9	63
Oktober	10	63	10	63
November	11	63	11	63
Dezember	12	64	0	63
1938				
Januar	13	64	1	63
Februar	14	64	2	63
März	15	64	3	63
April	16	64	4	63
Mai	17	64	5	63
Juni	18	64	6	63
Juli	19	64	7	63
August	20	64	8	63
September	21	64	9	63
Oktober	22	64	10	63
November	23	64	11	63
Dezember	24	65	0	63
1939 und später	24	65	0	63

348 **Schwerbehinderte Menschen** können gem. § 37 SGB VI Altersrente in Anspruch nehmen, wenn sie das 63. Lebensjahr vollendet haben, bei Beginn der Altersrente als schwerbehinderte Menschen i.S.d. § 2 Abs. 2 SGB IX (vormals § 1 SchwbG) anerkannt sind und eine Wartezeit von 35 Jahren erfüllt haben. Für sich aus der Übergangsnorm (§ 236a SGB VI i.V.m. der Anlage 22 zum SGB VI) ergebende, bestimmte Jahrgänge gilt vorübergehend noch die frühere Altersgrenze

von 60 Jahren. Arbeitnehmer, die mit einem Grad der Behinderung von 30 gem. § 2 Abs. 3 SGB IX (vormals § 2 SchwbG) durch Bescheid des Versorgungsamts schwerbehinderten Menschen ausdrücklich gleichgestellt worden sind, haben keinen Anspruch auf vorgezogene Altersrente nach dieser Vorschrift, da sie nicht schwerbehindert i.S.d. § 2 Abs. 2 SGB IX sind. Schwerbehinderung setzt einen Grad der Behinderung von mindestens 50 % voraus.

Die Tabelle 20 zum SGB VI hat folgenden Inhalt:

Anhebung der Altersgrenze bei der Altersrente für Frauen

Versicherte Geburtsjahr	Anhebung um	auf Alter		vorzeitige Inanspruchnahme möglich ab Alter
Geburtsmonat	Monate	Jahr	Monat	Jahr
1940				
Januar	1	60	1	60
Februar	2	60	2	60
März	3	60	3	60
April	4	60	4	60
Mai	5	60	5	60
Juni	6	60	6	60
Juli	7	60	7	60
August	8	60	8	60
September	9	60	9	60
Oktober	10	60	10	60
November	11	60	11	60
Dezember	12	61	0	60
1941				
Januar	13	61	1	60
Februar	14	61	2	60
März	15	61	3	60
April	16	61	4	60
Mai	17	61	5	60
Juni	18	61	6	60
Juli	19	61	7	60
August	20	61	8	60
September	21	61	9	60
Oktober	22	61	10	60
November	33	61	11	60
Dezember	24	62	0	60

Versicherte Geburtsjahr	Anhebung um	auf Alter		vorzeitige Inanspruchnahme möglich ab Alter
Geburtsmonat	Monate	Jahr	Monat	Jahr
1942				
Januar	25	62	1	60
Februar	26	62	2	60
März	27	62	3	60
April	28	62	4	60
Mai	29	62	5	60
Juni	30	62	6	60
Juli	31	62	7	60
August	32	62	8	60
September	33	62	9	60
Oktober	34	62	10	60
November	35	62	11	60
Dezember	36	63	0	60
1943				
Januar	37	63	1	60
Februar	38	63	2	60
März	39	63	3	60
April	40	63	4	60
Mai	41	63	5	60
Juni	42	63	6	60
Juli	43	63	7	60
August	44	63	8	60
September	45	63	9	60
Oktober	46	63	10	60
November	47	63	11	60
Dezember	48	64	0	60
1944				
Januar	49	64	1	60
Februar	50	64	2	60
März	51	64	3	60
April	52	64	4	60
Mai	53	64	5	60

Versicherte Geburtsjahr	Anhebung um	auf Alter		vorzeitige Inanspruchnahme möglich ab Alter
Geburtsmonat	Monate	Jahr	Monat	Jahr
Juni	54	64	6	60
Juli	55	64	7	60
August	56	64	8	60
September	57	64	9	60
Oktober	58	64	10	60
November	59	64	11	60
Dezember	60	65	0	60
1945 und später	60	65	0	60

Der bedeutsamste Tatbestand der vorzeitigen Inanspruchnahme von Altersrente in Zusammenhang mit einer Aufhebungsvereinbarung ist die **Altersrente wegen Arbeitslosigkeit nach § 237 SGB VI** (früher nach § 38 SGB VI). Danach besteht u.a. ein Anspruch auf Altersrente nach Vollendung des 60. Lebensjahres, wenn der Arbeitnehmer nach Vollendung eines Lebensalters von 58 Jahren und sechs Monaten zuvor insgesamt 52 Wochen arbeitslos war, er die Wartezeit von 15 Jahren erfüllt hat und er acht Jahre Pflichtbeitragszeiten in den letzten zehn Jahren vor Rentenbeginn aufweist. Bei dieser Rentenart wird die Altersgrenze von 60 Jahren nach § 237 Abs. 3 SGB VI für Versicherte, die nach dem 31.12.1936 geboren sind, angehoben. Die Anhebung wird nach dem dargestellten Muster vorgenommen und ist im Einzelnen in der Anlage 19 zu SGB VI zu entnehmen. Vorzeitige Inanspruchnahme und Ausgleich durch eine Einmalzahlung sind auch hier möglich. 349

Das Muster einer starren Altersgrenze nach Vollendung des 16. Lebensjahres, eine vorzeitige Altersrente wegen Arbeitslosigkeit oder nach Altersteilzeit zu beziehen, hat der Gesetzgeber mit dem rückwirkend ab dem 01.04.2004 in Kraft tretenden Rentenversicherungsnachhaltigkeitsgesetz für die Jahrgänge ab 1946 schrittweise verändert. Konkret kommt diese Veränderung in der Anlage 19 zum SGB VI zum Ausdruck, die dementsprechend an die aktuelle Rechtslage angepasst wurde. 349a

Mit dem Rentenversicherungsnachhaltigkeitsgesetz hat der Gesetzgeber eine Reihe von Veränderungen vorgenommen, so die Modifizierung der Rentenanpassungsformel durch Einführung eines Nachhaltigkeitsfaktors, der das Verhältnis von Leistungsbeziehern und versicherungspflichtig Beschäftigten bei der Rentenanpassung berücksichtigt, aber auch durch die Anhebung der Altersgrenze zum frühestmöglichen Beginn der vorzeitigen Altersrente wegen Arbeitslosigkeit oder nach Altersteilzeit. Dabei hat der Gesetzgeber dem Vertrauensschutz bei Versicherten, die vor dem 01.01.2004 über die Beendigung des Arbeitsverhältnisses disponiert haben oder an diesem Tag arbeitslos waren, Rechnung getragen.

Mit dem Rentenversicherungsnachhaltigkeitsgesetz hat der Gesetzgeber die Anrechnungszeiten bei schulischer Ausbildung auf Fachschulen und berufsvorbereitende Bildungsmaßnahmen begrenzt, was zu einer definitiven Verkürzung der Versicherungszeiten bei Hochschulabsolventen führt. Wegen der Niveausicherungsklausel ist eine Verpflichtung der Bundesregierung geschaffen worden, ab 2008 regelmäßig Maßnahmen zur Beibehaltung eines Sicherungsniveauziels vor Steuern von 46 % auch über das Jahr 2020 hinaus unter Wahrung der Beitragssatzstabilität vorzuschlagen.

Für die Gestalter von Aufhebungs-, Abwicklungsverträgen und Sozialplanregelungen hat die schrittweise Anhebung der vorgezogenen Altersrente auf das 63. Lebensjahr weitreichende Wirkungen.[510]

510 Siehe Rn 335f.

Die Anlage 19 zum SGB VI hat folgenden Inhalt:

Anhebung der Altersgrenze bei Altersrente wegen Arbeitslosigkeit oder nach Altersteilzeitarbeit

Versicherte Geburtsjahr	Anhebung um	auf Alter		vorzeitige Inanspruchnahme möglich ab Alter
Geburtsmonat	Monate	Jahr	Monat	Jahr
1937				
Januar	1	60	1	60
Februar	2	60	2	60
März	3	60	3	60
April	4	60	4	60
Mai	5	60	5	60
Juni	6	60	6	60
Juli	7	60	7	60
August	8	60	8	60
September	9	60	9	60
Oktober	10	60	10	60
November	11	60	11	60
Dezember	12	61	0	60
1938				
Januar	13	61	1	60
Februar	14	61	2	60
März	15	61	3	60
April	16	61	4	60
Mai	17	61	5	60
Juni	18	61	6	60
Juli	19	61	7	60
August	20	61	8	60
September	21	61	9	60
Oktober	22	61	10	60
November	23	61	11	60
Dezember	24	62	0	60
1939				
Januar	25	62	1	60
Februar	26	62	2	60
März	27	62	3	60

Versicherte Geburtsjahr	Anhebung um	auf Alter		vorzeitige Inanspruchnahme möglich ab Alter
Geburtsmonat	Monate	Jahr	Monat	Jahr
April	28	62	4	60
Mai	29	62	5	60
Juni	30	62	6	60
Juli	31	62	7	60
August	32	62	8	60
September	33	62	9	60
Oktober	34	62	10	60
November	35	62	11	60
Dezember	36	63	0	60
1940				
Januar	37	63	1	60
Februar	38	63	2	60
März	39	63	3	60
April	40	63	4	60
Mai	41	63	5	60
Juni	42	63	6	60
Juli	43	63	7	60
August	44	63	8	60
September	45	63	9	60
Oktober	46	63	10	60
November	47	63	11	60
Dezember	48	64	0	60
1941				
Januar	49	64	1	60
Februar	50	64	2	60
März	51	64	3	60
April	52	64	4	60
Mai	53	64	5	60
Juni	54	64	6	60
Juli	55	64	7	60
August	56	64	8	60
September	57	64	9	60

Versicherte Geburtsjahr	Anhebung um	auf Alter		vorzeitige Inanspruchnahme möglich ab Alter
Geburtsmonat	Monate	Jahr	Monat	Jahr
Oktober	58	64	10	60
November	59	64	11	60
Dezember	60	65	0	60
1942 bis 1945	60	65	0	60
1946				
Januar	65	0	60	1
Februar	65	0	60	2
März	65	0	60	3
April	65	0	60	4
Mai	65	0	60	5
Juni	65	0	60	6
Juli	65	0	60	7
August	65	0	60	8
September	65	0	60	9
Oktober	65	0	60	10
November	65	0	60	11
Dezember	65	0	61	0
1947				
Januar	65	0	61	1
Februar	65	0	61	2
März	65	0	61	3
April	65	0	61	4
Mai	65	0	61	5
Juni	65	0	61	6
Juli	65	0	61	7
August	65	0	61	8
September	65	0	61	9
Oktober	65	0	61	10
November	65	0	61	11
Dezember	65	0	62	0

Versicherte Geburtsjahr	Anhebung um	auf Alter		vorzeitige Inanspruchnahme möglich ab Alter
Geburtsmonat	Monate	Jahr	Monat	Jahr
1948				
Januar	65	0	62	1
Februar	65	0	62	2
März	65	0	62	3
April	65	0	62	4
Mai	65	0	62	5
Juni	65	0	62	6
Juli	65	0	62	7
August	65	0	62	8
September	65	0	62	9
Oktober	65	0	62	10
November	65	0	62	11
Dezember	65	0	63	0
1949 bis 1951	65	0	63	0

Bei der Bestimmung des Begriffs der Arbeitslosigkeit vor Rentenbeginn wird auf die entsprechenden Vorschriften des SGB III zurückgegriffen.[511] Der Versicherte darf nicht in einem Arbeitsverhältnis gestanden haben, er muss arbeitsfähig sein und der Arbeitsverwaltung zur Vermittlung zur Verfügung stehen. Zwar ist nicht Voraussetzung, dass der Versicherte auch arbeitslos gemeldet ist. Fehlt es aber an der Arbeitslosmeldung, muss der Versicherte nachweisen, dass er bereit ist, eine neue Arbeit anzutreten.[512] Um sich diesem Risiko von Anfang an nicht auszusetzen, ist eine Arbeitslosmeldung in jedem Falle anzuraten. 350

Die Rente kann nach § 42 SGB VI als **Vollrente** oder **Teilrente** in Höhe eines Drittels, der Hälfte oder Zweidrittel der Vollrente in Anspruch genommen werden. Die Inanspruchnahme einer Teilrente soll nach der Vorstellung des Gesetzgebers dem Versicherten einen gleitenden Übergang in den Ruhestand ermöglichen. Der Versicherte soll seinen Lebensunterhalt teilweise noch durch Erwerbstätigkeit erwirtschaften können. Dabei ist zu berücksichtigen, dass er im Rahmen der parallel ausgeübten Teilzeitbeschäftigung weiterhin der Versicherungspflicht unterliegt und somit weitere Pflichtbeitragszeiten ansammelt, die zu einer Erhöhung der späteren Vollrente führen.[513] 351

Der Versicherte hat jedoch gegenüber seinem Arbeitgeber keinen Rechtsanspruch auf eine entsprechende Teilzeittätigkeit. Er kann gem. § 42 Abs. 3 SGB VI lediglich verlangen, dass der Arbeitgeber mit ihm die Möglichkeit einer entsprechenden Teilzeittätigkeit erörtert. Macht der Versicherte hierzu für seinen Arbeitsbereich Vorschläge, hat der Arbeitgeber zu diesen Vorschlägen Stellung zu nehmen. 352

Vorsicht ist geboten, wenn neben der gesetzlichen Rentenversicherung eine **Zusatzversorgung** bei einer Zusatzversorgungskasse besteht, wie es im öffentlichen Dienst oder in kirchlichen Arbeitsverhältnissen regelmäßig der Fall ist. In den Satzungen der Zusatzversorgungskassen sind eigene 353

511 §§ 122, 124 SGB III.

512 BSG, Urt. v. 31.08.1992, SozR 2200, § 1259 RVO Nr. 22.

513 *Weber/Ehrich/Burmester*, Handbuch der arbeitsrechtlichen Aufhebungsverträge, Teil 1 Rn 329.

Wartezeiten festgelegt. Sollte der Mitarbeiter bei einer Zusatzversorgungskasse versichert sein, kann nur empfohlen werden, hier ebenfalls eine Rentenauskunft einzuholen. Die Zusatzversorgungskassen erteilen Rentenauskünfte regelmäßig auf der Grundlage der Rentenauskunft des gesetzlichen Rentenversicherungsträgers.

F. Aufhebungsverträge bei streitiger Arbeitnehmereigenschaft

354 Ist zwischen den Parteien streitig, ob ein Arbeitsverhältnis vorliegt, wie regelmäßig bei Festanstellungsklagen,[514] und wollen die Parteien den Streit durch Abschluss eines Abfindungsvergleichs außergerichtlich beenden, so sind einige Besonderheiten zu beachten.

355 Der vermeintliche Arbeitgeber möchte, dass nicht im Aufhebungsvertrag zum Ausdruck kommt, dass ein Arbeitsverhältnis bestanden hat. Denn andernfalls muss der Arbeitgeber mit Nachforderungen der Sozialversicherungsträger und der Finanzbehörden rechnen, welchen Inhalt der Aufhebungsvertrag auch immer haben sollte.

356 Das Interesse des freien Mitarbeiters, der sich für einen **Scheinselbständigen**[515] hält, geht dahin, sich durch Abschluss des Vertrages Nachversicherungsansprüche offen zu halten. Schließt das Unternehmen in einem solchen Fall einen Aufhebungsvertrag und wählt es die Beendigungsformel, wie sie in verschiedenen Mustern aufgeführt ist,[516] räumt der Unternehmer inzidenter ein, dass ein Arbeitsverhältnis bestand und eröffnet damit den Finanzbehörden wie den Sozialversicherungsträgern eine erleichterte Chance, Abgaben oder Sozialversicherungsbeiträge durchzusetzen. Will der Arbeitgeber dieses Risiko vermindern, sollten die Parteien sowohl auf die Parteibezeichnung »Arbeitgeber« und »Arbeitnehmer« als auch auf eine nähere rechtliche Einordnung des Vertragsverhältnisses verzichten. Aus diesem Grunde sehen manche Textmuster des Aufhebungsvertrags[517] vor, dass nur von einem »Vertragsverhältnis« die Rede ist und dass im Rubrum der Name des Unternehmens und des »freien Mitarbeiters« erscheinen.

357 Die üblicherweise im Rahmen einer Abfindung gewählte Formulierung, »zum Ausgleich für den Verlust des Arbeitsplatzes«, kann nicht in einem solchen Vertrag verwendet werden, ohne das Risiko der Qualifizierung der Rechtsbeziehung als Arbeitsverhältnis auszulösen. Außerdem ist zu beachten, dass die Regelung des Steuerfreibetrages in § 3 Nr. 9 EStG auf ein freies Mitarbeiterverhältnis nicht anwendbar ist. Zwar hat, worauf *Diller/Schuster*[518] hinweisen, die Finanzverwaltung unabhängig vom Wortlaut des Aufhebungsvertrages in eigener Verantwortung zu prüfen, welcher Art das Rechtsverhältnis ist. Vereinbaren die Parteien eine steuerfreie Abfindung nach § 3 Nr. 9 EStG, entsteht sogleich ein Indiz für die Annahme eines Arbeitsverhältnisses. Denn die Steuerfreibeträge nach § 3 Nr. 9 EStG gelten ausschließlich für Arbeitnehmer.[519]

358 Möglich und empfehlenswert ist dagegen, im Aufhebungsvertrag die **Anwendung** des **Steuersatzes** gem. §§ 24, 34 EStG **vorzusehen**. Diese steuerliche Privilegierung gilt auch, wenn ein freies Mitarbeiterverhältnis oder eine sonstige selbständige Tätigkeit auf Veranlassung des anderen Vertragsteils beendet wird.[520]

514 *Hümmerich*, AnwaltFormulare Arbeitsrecht, Muster 3805 § 7 Rn 213.

515 Zu beachten: § 7 Abs. 4 SGB IV hat seit dem Zweiten Gesetz über moderne Dienstleistungen am Arbeitsmarkt einen Bedeutungswandel erfahren. Durch Art. 2 Nr. 2 lit b des Gesetzes wird bei Personen, die einen Existenzgründungszuschuss nach § 421 Abs. 1 SGB III beantragen, widerlegbar vermutet, dass sie in dieser Tätigkeit als Selbständige tätig sind; siehe auch *Rolfs*, NZA 2003, 65 f.

516 *Hümmerich*, AnwaltFormulare Arbeitsrecht, Muster 2233 § 4 Rn 1100 (§ 1).

517 *Hümmerich*, AnwaltFormulare Arbeitsrecht, Muster 2265 § 4 Rn 1118.

518 *Diller/Schuster*, FA 1998, 139.

519 Siehe *Bauer*, Arbeitsrechtliche Aufhebungsverträge, Rn VII 4.

520 Schmidt/*Seeger*, EStG, § 24 Rn 60.

Versuche, im Aufhebungsvertrag mit einem eventuell Scheinselbständigen durch Absprache einer Formulierung den Rechtszustand des freien Mitarbeiterverhältnisses zu zementieren, sind zum Scheitern verurteilt. Nach der Rechtsprechung kommt es nicht darauf an, wie die Parteien das Vertragsverhältnis bezeichnen, so dass sich Nachforderungen aus dem **Sozialversicherungs- und Steuerbereich** nicht auf diese Weise wirksam abwenden lassen. 359

Der Unternehmer hat ein Interesse daran, im Aufhebungsvertrag eine Regelung zu finden, wonach etwaige Rückforderungen des Finanzamts vom »freien Mitarbeiter« zu erstatten sind bzw. mit einer Abfindung verrechnet werden können. Rechtlich unschädlich ist es, wenn eine solche Vereinbarung in wechselseitigem Bestätigungsschreiben unter Anwälten getroffen wird. Bei einer solchen Regelung ist zu beachten, dass Arbeitnehmer und Arbeitgeber für das Finanzamt bei der Nacherhebung von Steuern Gesamtschuldner sind. Wenn sich die Steuer ebenso schnell und einfach vom Arbeitnehmer wie vom Arbeitgeber nacherheben lässt, ist eine Inanspruchnahme des Unternehmens nach Auffassung des BFH[521] ermessensfehlerhaft. Eine Rückerstattungsregelung ist deshalb in der Höhe der Hälfte eines etwaigen Nachforderungsbetrages entbehrlich, weil der Mitarbeiter als Gesamtschuldner nach § 426 BGB den hälftigen Ausgleich verlangen kann. 360

Diller/Schuster[522] empfehlen, in den Aufhebungsvertrag eine ausdrückliche Bestätigung des Mitarbeiters aufzunehmen, wonach dieser sämtliche erhaltenen Beträge ordnungsgemäß versteuert hat. Zwar schütze diese Vertragsklausel das Unternehmen nicht im Ernstfall vor der Lohnsteuer-Ausfallhaftung, falls die Finanzverwaltung von einem Arbeitsverhältnis ausgehe. Bei vorsätzlich falscher Auskunft des Mitarbeiters ergäben sich dann aber neben zivilrechtlichen Rückgriffsansprüchen aus dem Arbeitsverhältnis[523] die deliktischen Rückgriffsansprüche gem. §§ 823 Abs. 2 BGB, 263 StGB. 361

Einen besonderen Problembereich bei der Aufhebung von in ihrer rechtlichen Qualifizierung strittigen Arbeitsverhältnissen stellt der Umgang mit dem Phänomen **Umsatzsteuer** dar. Der Mitarbeiter hat die Umsatzsteuer als **Betriebsausgabe** geltend gemacht. Fehlt dem Mitarbeiter die Unternehmereigenschaft, war er gem. §§ 15, 2 UStG nicht vorsteuerabzugsberechtigt. In einem neuen Umsatzsteuerbescheid kann das Finanzamt die vom Mitarbeiter bisher zu Unrecht bei allen Rechnungen seiner Lieferanten, Kunden etc. vorgenommenen Vorsteuerabzüge nachfordern, ohne dass der als Arbeitnehmer behandelte frühere freie Mitarbeiter die von ihm selbst an das Finanzamt geleistete Umsatzsteuer zurückfordern kann. Nach der Rechtsprechung des BFH[524] schuldet auch ein Nicht-Unternehmer die Umsatzsteuer, wenn er sie wie ein Unternehmer in einer Rechnung gesondert ausgewiesen hat. 362

Auf ähnlich nachteilige Folgen für das Unternehmen ist hinzuweisen. Die vom Mitarbeiter in Rechnung gestellte Umsatzsteuer kann das Finanzamt nicht mehr als Vorsteuer abziehen, weil gem. § 15 Abs. 1 UStG Voraussetzung des Vorsteuerabzugs ist, dass die Umsatzsteuer von einem Unternehmer in Rechnung gestellt wurde. Das Unternehmen muss also in Höhe des geleisteten, unzulässigen Vorsteuerabzugs eine Nachentrichtung an das Finanzamt vornehmen. 363

Führt ein Arbeitgeber eine **Umlage zu einer tariflichen Zusatzaltersversorgung** für einen Arbeitnehmer verspätet ab, weil er bei einer unklaren Rechtslage irrig von der Wirksamkeit einer Regelung eines einschlägigen Versorgungstarifvertrages ausging, so kann dem Arbeitgeber dies nach einem Urteil des BAG[525] nicht zum Vorwurf gemacht werden. Ein Schadensersatzanspruch des Arbeitnehmers, der Steuern auf die Umlage entrichten muss, die nach dem Tarifvertrag der Arbeitgeber im Wege der Pauschalversteuerung hätte tragen müssen, wird daher vom BAG abgelehnt. Allerdings steht dem Arbeitnehmer in der Höhe, wie der Arbeitgeber die Belastung hätte tragen müssen, ein Bereicherungsanspruch zu. 364

521 BFH, Urt. v. 12.01.1968, BStBl II 1968, 234; Urt. v. 30.11.1966, BStBl II 1967, 331.
522 *Diller/Schuster*, FA 1998, 139.
523 BAG, Urt. v. 14.06.1974, EzA § 72 MTB II Nr. 1; Urt. v. 19.01.1979, EzA § 670 BGB Nr. 13.
524 BFH, Urt. v. 08.12.1988, BStBl II 1989, 250.
525 BAG, Urt. v. 14.12.1999, NZA 2000, 1348 = BB 2000, 2209 = DB 2000, 2534.

365 Für den freien Mitarbeiter ist es, anders als in der Vergangenheit, nicht immer vorteilhaft, wenn **Sozialversicherungsbeiträge nachzuentrichten** sind. Für das Unternehmen kann die Nachentrichtung katastrophale Ausmaße annehmen.[526] Der Arbeitgeber ist Schuldner des Gesamtsozialversicherungsbeitrages für Arbeitgeber- und Arbeitnehmeranteile gem. § 28e Abs. 1 SGB IV. Dem Mitarbeiter gegenüber ist der Arbeitgeber in der Geltendmachung der Arbeitnehmeranteile zur Sozialversicherung beschränkt. Er kann sie nur im Lohnabzugsverfahren nach § 28g SGB IV geltend machen. Nur bei den nächsten drei Lohn- und Gehaltszahlungen darf ein unterbliebener Abzug gem. § 28g Satz 2 SGB IV nachgeholt werden, es sei denn, der Beschäftigte ist seinen Pflichten vorsätzlich oder grob fahrlässig nicht nachgekommen, § 28g Satz 4 SGB IV. War jemand als Scheinselbständiger tätig, stellt sich die Frage, ob die Wahl der Beschäftigungsform grob fahrlässig falsch war. Gemäß der einfachen Vermutungsregel des Gesetzes ist grobe Fahrlässigkeit künftig stets gegeben. Schließen die Parteien einen Aufhebungsvertrag, ohne dass noch eine Vergütung geschuldet wird, ist das Lohnabzugsverfahren nicht mehr durchführbar.

366 Mit Abschluss eines Aufhebungsvertrages zwischen einem Unternehmen und einem Scheinselbständigen entsteht also die Rechtslage, dass der **Sozialversicherungsträger**, sofern die Arbeitnehmereigenschaft rechtswirksam festgestellt ist, regelmäßig **die Arbeitgeber- und Arbeitnehmeranteile zur Sozialversicherung nachfordern** kann, ohne dass gegenüber dem Mitarbeiter noch ein Einbehalt möglich ist. Auch eine Verpflichtung des Mitarbeiters auf Erstattung der an den Sozialversicherungsträger abgeführten Beträge ist ausgeschlossen, da die Rechtsprechung des BAG[527] die Regelung in § 28g Satz 2 SGB IV als Begrenzungstatbestand zum Haftungsumfang des Arbeitnehmers qualifiziert, sofern keine gesonderte Parteivereinbarung besteht oder § 28g Satz 4 SGB IV gilt. Klarheit herrscht in derartigen Fällen immer, wenn sich der Mitarbeiter zur Rückzahlung der vereinbarten Abfindung in derjenigen Höhe verpflichtet, in der der Sozialversicherungsträger eine Nachentrichtung geltend macht bzw. erreichen kann. In der einzigen hierzu bekannten Entscheidung[528] ist eine solche Regelung für wirksam gehalten worden. Diese Regelung verstoße weder unmittelbar gegen § 32 Abs. 1 SGB I noch diene sie einer objektiv funktionswidrigen Umgehung dieser Vorschrift. Es bleibe dem Mitarbeiter unbenommen, sich für die Inanspruchnahme sozialversicherungsrechtlicher Vorteile zu entscheiden. Die finanziellen Nachteile, nämlich die Rückzahlung der Abfindung, benachteiligten ihn nicht unangemessen i.S.v. § 138 BGB.

367 Die Effizienz einer solchen Regelung ist u.a. davon abhängig, dass der Abfindungsbetrag die Höhe des vierjährig nachzuentrichtenden Sozialversicherungsbeitrages im Umfang der Arbeitnehmeranteile erreicht. Als weiteren Nachteil wird man sehen müssen, dass derartige Klauseln natürlich, wenn sie einem Sozialversicherungsträger bekannt werden, einen Ermittlungsanreiz in eine von beiden Parteien nicht gewollte Richtung setzen.

368 Gerade angesichts der vielfältigen steuerrechtlichen und sozialversicherungsrechtlichen Folgefragen bei Abschluss eines Aufhebungsvertrages mit einem Selbständigen ist **größte Aufmerksamkeit bei der Verwendung von Erledigungsklauseln** geboten. Mit einer Erledigungsklausel würde das Unternehmen rechtswirksam auf steuer- und sozialversicherungsrechtliche Rückforderungsansprüche gegenüber dem Mitarbeiter verzichten, weshalb bei der Verwendung von Erledigungsklauseln allenfalls zur Benutzung einseitiger Regelungen geraten werden kann.[529]

526 *Diller/Schuster*, FA 1998, 140.

527 BAG, Urt. v. 14.01.1988, EzA §§ 394, 395 RVO Nr. 2.

528 ArbG Köln, Urt. v. 21.06.1996, NZA-RR 1996, 324.

529 *Hümmerich*, AnwaltFormulare Arbeitsrecht, Muster 2265 § 4 Rn 1118 (§ 4).

G. Aufhebungs- und Abwicklungsverträge mit GmbH-Geschäftsführern und AG-Vorständen

Für die Abberufung von GmbH-Geschäftsführern ist die Gesellschafterversammlung zuständig.[530] Soweit keine andere Regelung in der Satzung enthalten ist, können GmbH-Geschäftsführer, soweit nicht die Mitbestimmungsgesetze anwendbar sind, jederzeit und mit sofortiger Wirkung von ihrem Amt abberufen werden.[531] Die Gesellschafterversammlung einer GmbH ist im Rahmen ihrer Annexkompetenz auch zuständig für den Abschluss, die Änderung und Beendigung des Anstellungsvertrags sowie andere Regelungen, die materiell das zu Grunde liegende Anstellungsverhältnis des Geschäftsführers betreffen, soweit nach Gesetz oder Satzung keine anderweitige Kompetenz bestimmt ist. Fasst die Gesellschafterversammlung den Beschluss, einem Geschäftsführer zu einem bestimmten Termin zu kündigen, so ist der Abschluss eines Aufhebungsvertrags, der zudem ein Widerrufsrecht bzw. eine Fortsetzungsoption sowie eine umfassende Abgeltungsklausel enthält, nicht von der Beschlussfassung gedeckt, so dass der Aufhebungsvertrag unwirksam ist. Unentschieden bleibt, ob bei Fehlen eines entsprechenden Beschlusses eine nachträgliche Genehmigung durch die Gesellschafter möglich ist.[532] 369

Anders ist die Rechtslage bei den Vorstandsmitgliedern einer Aktiengesellschaft. Wenn die Bestellung eines Vorstandsmitglieds widerrufen werden soll, bedarf es eines wichtigen Grundes, für dessen Feststellung das gesamte Plenum des Aufsichtsrats ausschließlich zuständig ist.[533] Im Gegensatz zum Widerruf der Bestellung kann der Aufsichtsrat die Kündigung des Anstellungsvertrages auf einen Personalausschuss delegieren.[534] 370

Dennoch besteht kein wirksamer Schutz des Vorstandsmitglieds vor unbegründetem Bestellungswiderruf und Kündigung des Anstellungsvertrages, denn die Sofortwirkung des Widerrufs kann nicht mit einem Antrag auf einstweilige Verfügung zur vorläufigen Aufhebung der Abberufung überwunden werden, es sei denn, es fehlt überhaupt an jeglichem Aufsichtsratsbeschluss oder der Beschluss ist wegen eines Verstoßes gegen formelle Voraussetzungen, wie bei nicht ordnungsgemäßer Einberufung der Aufsichtsratssitzung, nichtig.[535] 371

Hilfreich im Kampf um die Abfindung für einen Vorstand ist ein Urteil des – österreichischen – OGH.[536] Im gerichtlichen Verfahren über die Rechtswirksamkeit eines Widerrufs einer Vorstandsbestellung können über die im Widerrufsbeschluss des Aufsichtsrats genannten Gründe hinaus keine weitere Gründe nachgeschoben werden. Über weitere Gründe muss ein gesonderter Aufsichtsratsbeschluss vorliegen. Diese Entscheidung ist deshalb hilfreich, weil häufig nach und nach Gründe im Bestandsrechtsstreit vor den Kammern für Handelssachen von Seiten der Gesellschaft vorgetragen werden, wenn sich der eine oder andere ursprüngliche Abberufungs- oder Kündigungsgrund als nicht zutreffend erwiesen hat. Die Entscheidung des OGH kann auch im deutschen Rechtsraum verwendet werden. Rechtsprechung und Schrifttum im Aktienrecht zitieren einander wechselseitig, da in Österreich das gleiche Aktiengesetz gilt wie in Deutschland. 372

Will man einen **Aufhebungsvertrag** für ein Organmitglied schließen, so ist beim **GmbH-Geschäftsführer** zu beachten, dass **Vertragspartner die Gesellschaft** ist. Die Gesellschaft wird entweder durch einen von der Gesellschafterversammlung gesondert bestellten Gesellschafter oder durch einen oder mehrere Geschäftsführer beim Abschluss des Vertrages vertreten. An den **Abberufungsbeschluss** sind keine besonderen Voraussetzungen geknüpft. Der abberufene 373

530 § 46 Nr. 5 GmbHG.
531 § 38 Abs. 1 GmbHG.
532 LAG Hessen, Urt. v. 21.06.2000, NZA-RR 2000, 604.
533 §§ 112, 107 Abs. 3 Satz 2, 84 Abs. 3 Satz 1 AktG.
534 BGH, Urt. v. 23.10.1975, BGHZ 65, 190.
535 OLG Stuttgart, Urt. v. 15.04.1985, AG 1985, 193; KölnKomm-AktG/*Mertens*, § 84 Rn 98.
536 OGH, Urt. v. 25.05.1999, NZG 2000, 95; ebenso: BGH, Urt. v. 29.03.1973, BGHZ 60, 333 (336).

Geschäftsführer kann nicht verlangen, vor einer Beschlussfassung über die Abberufung gehört zu werden.[537]

374 Für den **Widerruf der Bestellung** ist beim Vorstand der AG der Aufsichtsrat zuständig. Die Delegation auf einen Personalausschuss ist, wie bereits erwähnt, wegen der akzessorischen Regelungskompetenz nicht möglich, der Personalausschuss darf durch seine Entscheidungen nicht der Widerrufsentscheidung des Aufsichtsratsplenums vorgreifen.[538] Der Personalausschuss darf deshalb den Anstellungsvertrag nicht kündigen, solange nicht das Plenum über die Beendigung der Organstellung entschieden hat. Da die Kündigung als Gestaltungserklärung bedingungsfeindlich ist, kann sie vom Personalausschuss auch nicht unter der aufschiebenden Bedingung ausgesprochen werden, dass das Plenum die Bestellung widerruft.[539] Der Personalausschuss kann dagegen die Kündigung mit der Maßgabe beschließen, dass der Vorsitzende ermächtigt wird, sie erst und nur dann dem Vorstandsmitglied zu erklären, wenn das Aufsichtsratsplenum den Widerruf der Bestellung beschlossen hat. Sofern das Aufsichtsratsplenum die Kündigungskompetenz nicht auf einen Personalausschuss delegiert hat, ist bei mitbestimmten Gesellschaften stets zu beachten, dass die Kündigung im Verfahren nach § 29 MitbestG erst durchgeführt werden darf, wenn es zuvor im Verfahren nach § 31 MitbestG den Widerruf der Bestellung beschlossen hat.[540] Wenn das Dienstverhältnis einvernehmlich in ein gewöhnliches Anstellungsverhältnis umgewandelt worden ist, obliegt dem Vorstand als dem gesetzlichen Vertretungsorgan der AG das Recht zur Kündigung.[541]

375 Besonderheiten beim Abschluss **eines Aufhebungsvertrages mit einem GmbH-Geschäftsführer** sind nicht zu beachten. Da die Gesellschafterversammlung für die Abberufung zuständig ist, obliegt ihr ebenfalls die Kündigung des Geschäftsführers,[542] sofern in der Satzung keine abweichende Regelung enthalten ist, wie die Zuständigkeit eines fakultativen Aufsichtsrats oder eines Beirats. Der fristlosen Kündigung des Dienstvertrages muss auch – anders als im Arbeitsrecht – keine Abmahnung vorausgehen.[543] Die Gesellschaft wird durch die Gesellschafterversammlung oder durch von ihr beauftragte Geschäftsführer beim Abschluss des Aufhebungsvertrages vertreten. Hier gilt die Rechtslage wie bei Vertragsschluss oder Vertragsänderung.[544] Fasst die Gesellschafterversammlung den Beschluss, einem Geschäftsführer zu einem bestimmten Termin zu kündigen, so ist der Abschluss eines Aufhebungsvertrags, der zudem ein Widerrufsrecht bzw. eine Fortsetzungsoption sowie eine umfassende Abgeltungsklausel enthält, nicht von der Beschlussfassung gedeckt, so dass der Aufhebungsvertrag unwirksam ist.[545] Bei der einvernehmlichen Beendigung des Anstellungsvertrages mit einem Vorstandsmitglied ist, wenn von ihr gleichzeitig das Ausscheiden aus der Organstellung abhängt, immer darauf zu achten, dass der häufig für Anstellungsfragen eingerichtete Personalausschuss die Abberufungsentscheidung des Aufsichtsratsplenums nicht durch eine vorzeitige Vertragsbeendigung beeinflussen darf.[546] Will man die mit der Aufhebung des Anstellungsvertrages zwangsläufig verbundenen Fragen über die finanziellen Konditionen des Ausscheidens nicht gleichzeitig mit der Abberufung im Aufsichtsratsplenum beraten und entscheiden, so bleibt nur folgender Weg: Der Personalausschuss verhandelt, beschließt und vereinbart den Vertrag über die einvernehmliche Beendigung des Anstellungsvertrages mit dem Vorstandsmitglied schon vor der Entscheidung des Aufsichtsratsplenums.

376 Der Vertragsabschluss erfolgt jedoch unter der aufschiebenden Bedingung, dass das Plenum in seiner nachfolgenden Sitzung der einvernehmlichen Beendigung der Organstellung zustimmt.[547]

537 BGH, Urt. v. 08.09.1997, DB 1997, 2266.
538 BGH, Urt. v. 14.11.1983, BGHZ 89, 48 (56); BGH Urt. v. 25.02.1982, BGHZ 83, 144, 150.
539 *Hoffmann-Becking*, FS Stimpel, S. 589, 595.
540 *Flieger*, Personalentscheidungen des Aufsichtsrats, S. 175 f.
541 BGH, Urt. v. 13.02.1984, WM 1984, 532.
542 BGH, Urt. v. 18.11.1968, BB 1969, 107.
543 BGH, Urt. v. 14.02.2000, NZA 2000, 543.
544 BGH, Urt. v. 24.01.1975, WM 1975, 249 ff.
545 LAG Hessen, Urt. v. 21.06.2000, NZA-RR 2000, 604.
546 BGH, Urt. v. 24.11.1980, BGHZ 79, 38.
547 *Hoffmann-Becking*, FS Stimpel, S. 597 ff.

377 Dass bei der Gestaltung eines Aufhebungsvertrages mit einem **Vorstandsmitglied** an die Vereinbarung der **aufschiebenden Bedingung** stets gedacht wird, ist auch aus einem weiteren Grunde zu beachten: Der Abschluss eines Aufhebungsvertrages mit einem Vorstandsmitglied hat regelmäßig die Verkürzung der Amtszeit zum Inhalt. An die Erfüllung von Amtszeiten sind regelmäßig Pensionsansprüche, sei es dem Grunde oder sei es der Höhe nach, geknüpft. Wird nun die Amtszeit verkürzt, kann es geschehen, dass Voraussetzungen für Pensionszusagen dem Grunde nach nicht mehr gegeben sind. Wird nun übersehen, im Aufhebungsvertrag eine aufschiebende Bedingung vorzusehen, kann der Fall eintreten, dass Personalausschuss und/oder Aufsichtsrat den Aufhebungsvertrag nicht genehmigen, der Vertrag aber unbedingt mit dem Aufsichtsratsvorsitzenden geschlossen wurde und zwischenzeitlich nach Abschluss des Aufhebungsvertrages eine Amtsniederlegungserklärung vertragsgemäß vom Vorstandsmitglied unterzeichnet wurde, mit der Folge, dass die Pensionsvoraussetzungen nicht mehr erfüllt werden können. In einem solchen Falle hilft auch nicht eine neben den Voraussetzungen des Pensionsvertrages zusätzlich im Aufhebungsvertrag geschaffene Rechtsgrundlage,[548] denn der Aufhebungsvertrag ist in diesem Falle nicht wirksam zustande gekommen. Der Aufsichtsratsvorsitzende hat als Vertreter ohne Vertretungsmacht gehandelt. Inwieweit in diesem Falle eine Schadensersatzpflicht des Aufsichtsratsvorsitzenden besteht, mag dahinstehen. Zumindest ein Mitverschulden wird sich das Vorstandsmitglied anrechnen lassen müssen, da ihm aufgrund seiner Tätigkeit als Vorstandsmitglied bekannt sein musste, dass der Aufsichtsratsvorsitzende nur als Vertreter des Personalausschusses bzw. des Aufsichtsrats handelt und handeln darf.

378 **Abfindungen** mit GmbH-Geschäftsführern und Vorstandsmitgliedern sind, wenn sie im Zusammenhang mit dem Auslaufen befristeter Verträge gezahlt werden, keine Abfindungen i.S.v. § 3 Nr. 9 EStG. Derartige Abfindungen beruhen nicht auf einer arbeitgeberseitigen Veranlassung, sondern auf der Parteivereinbarung bei Vertragsschluss.[549] Wird dagegen im Aufhebungsvertrag die vorgesehene Vertragslaufzeit verkürzt und werden die Bezüge, die das Vorstandsmitglied oder der GmbH-Geschäftsführer in der Restvertragslaufzeit verdient hätte, im Aufhebungsvertrag zum Gegenstand einer Abfindung gemacht, liegt eine neue Rechtsgrundlage vor und es handelt sich um die bekanntlich zulässige Form der **Kapitalisierung künftiger Einnahmen**.[550] Bei befristeten Verträgen mit Geschäftsführern und Vorständen empfiehlt es sich deshalb, gemäß dem Stewardess-Fall eine Abfindungsvereinbarung bei Vertragsschluss auszuhandeln, wobei die Entschädigung für die Aufgabe oder Nichtausübung einer Tätigkeit nur dann entfällt, wenn die im Dienstvertrag vereinbarte Abfindung mit einem Optionsrecht verbunden wird.[551] Die vertraglich vereinbarte Abfindung darf nicht auf eine bloße Abstandssumme am Ende einer Befristung hinauslaufen, denn in diesem Falle fehlt es wieder für die Abfindungszahlung an einer neuen Rechts- oder Billigkeitsgrundlage. Wird die dienstvertraglich zugesagte Abfindungssumme dagegen mit einer **Option** verbunden, muss ein Gestaltungsrecht ausgeübt werden, und es kann anschließend auf der Grundlage dieses ausgeübten Gestaltungsrechts eine neue Rechtsgrundlage in Form eines Aufhebungsvertrages geschaffen werden.

379 Die Option ihrerseits kann so ausgestaltet werden, dass man beispielsweise wie folgt formuliert:

> »Entstehen Differenzen zwischen Vorstand (Geschäftsführer) und Aufsichtsrat (Gesellschafterversammlung) über die Geschäftspolitik, so hat das Vorstandsmitglied (der Geschäftsführer) das Recht, sein Amt niederzulegen. Es kann in diesem Falle verlangen, dass das Dienstverhältnis einvernehmlich beendet wird. Im Rahmen eines Auflösungsvertrages kann der Dienstberechtigte eine Abfindung nach Maßgabe folgender Regelungen verlangen: ...«

548 *Hümmerich*, AnwaltFormulare Arbeitsrecht, Muster 2257 § 4 Rn 1114 (§ 6).
549 BFH, Urt. v. 16.04.1980, BB 1980, 1195.
550 BFH, Urt. v. 06.02.1987, BFH/NV 1987, 572.
551 A.A.: *Bauer*, Arbeitsrechtliche Aufhebungsverträge, Rn VII Rn 38 f.

Vorstände und GmbH-Geschäftsführer haben bei Geschäften die Sorgfalt eines ordentlichen und gewissenhaften Geschäftsmannes anzuwenden.[552] Der GmbH-Geschäftsführer wird von den Gesellschaftern regelmäßig nach § 46 Satz 5 GmbHG entlastet. Bei der **Entlastung** handelt es sich um eine organschaftliche Erklärung, die den Entlasteten von allen bei der Beschlussfassung erkennbaren Ersatzansprüchen freistellt.[553] Damit unterscheidet sich das GmbH-Recht wesentlich vom Aktienrecht, das die Freistellungswirkung eines Entlastungsbeschlusses nicht kennt.[554] Allerdings geht der in der Entlastung enthaltene Verzicht beim GmbH-Geschäftsführer nur so weit, als die Gesellschafter aus den vorgelegten Unterlagen und Auskünften die Richtigkeit der Angaben erkennen konnten.

380 Die Schwierigkeit bei Aufhebungsverträgen mit Geschäftsführern und Vorständen besteht deshalb in der **Formulierung der Ausgleichsklausel**. Die AG kann auf ihre Ersatzansprüche erst drei Jahre nach der Entstehung der Ansprüche verzichten oder sich über sie vergleichen und dies auch nur dann, wenn die Hauptversammlung zustimmt und nicht eine Minderheit von mindestens 10 v.H. des Grundkapitals zu Protokoll widerspricht.[555] Durch die Entlastung billigt die Hauptversammlung nur die Verwaltung der Gesellschaft durch die Mitglieder des Vorstands und des Aufsichtsrats,[556] ein Verzicht auf Ersatzansprüche ist damit nicht verbunden. Angesichts der Regelung in § 93 AktG kann daher mit einer Ausgleichsklausel im Aufhebungsvertrag kein verbindlicher Verzicht der AG auf mögliche Ersatzansprüche geregelt werden.

381 Eine Möglichkeit, bei einer etwaigen späteren prozessualen Auseinandersetzung wirksam einwenden zu können, die Gesellschaft verhalte sich widersprüchlich, wenn sie nunmehr Ersatzansprüche fordere, bieten **Bestätigungsklauseln**.[557] Hat die Gesellschaft einmal im Aufhebungsvertrag bestätigt, dass das Vorstandsmitglied während seiner aktiven Dienstzeit seiner Sorgfaltspflicht und Verantwortlichkeit treu und gewissenhaft nachgekommen ist, wird sie späterhin schwerlich eine entgegengesetzte Position einnehmen können. Beim GmbH-Geschäftsführer empfiehlt sich, in die Ausgleichsklausel aufzunehmen, dass ein Entlastungsbeschluss nach § 46 Nr. 5 GmbHG gefasst wird.[558]

382 Eine Besonderheit bei der Beendigung von Dienstverträgen mit Organmitgliedern ergibt sich, wenn das Organmitglied vor seiner Bestellung Arbeitnehmer der Gesellschaft war. Haben die Parteien nicht ausdrücklich den Anstellungsvertrag aufgehoben, sollte nach einem Urteil des BAG vom 09.05.1985 das Arbeitsverhältnis eines Arbeitnehmers nach dessen Bestellung zum Organmitglied im Zweifel als ruhendes Arbeitsverhältnis neben dem Dienstverhältnis fortbestehen.[559] Die Fortführung des Arbeitsverhältnisses neben dem Dienstverhältnis wurde insbesondere dann angenommen, wenn sich an den Bedingungen des bisherigen Arbeitsvertrages nichts oder nichts Wesentliches geändert hat, der Verlust des Kündigungsschutzes also nicht durch eine wesentlich höhere Vergütung aufgewogen wurde.[560]

383 Diese Rechtsprechung hat der Senat später relativiert und angedeutet, dass eher eine Vermutung dafür spreche, dass Parteien, die einen neuen Dienstvertrag abschließen, damit im Zweifel den alten Arbeitsvertrag aufheben wollten.[561] In einer weiteren Entscheidung hat der Senat[562] ausgeführt, wenn ein vollständig neuer Vertrag mit eigenständigen Regelungen für einen Geschäftsführer

552 Nahezu gleich lautend: §§ 43 Abs. 1 GmbHG, 93 Abs. 1 Satz 1 AktG.
553 BGH, Urt. v. 30.10.1958, LM Nr. 4 zu § 46 GmbHG.
554 §§ 93 Abs. 4, 120 Abs. 2 Satz 2 AktG.
555 § 93 Abs. 4 Satz 3 AktG.
556 *Bauer*, DB 1992, 1421.
557 *Hümmerich*, AnwaltFormulare Arbeitsrecht, Muster 2254 § 4 Rn 1113 (§ 3 Satz 2).
558 *Hümmerich*, AnwaltFormulare Arbeitsrecht, Muster 2260 § 4 Rn 1116 (§ 19).
559 BAG, Urt. v. 09.05.1985, DB 1986, 1474.
560 BAG, Urt. v. 12.03.1987, DB 1987, 2659.
561 BAG, Urt. v. 07.10.1993, DB 1994, 428; zur genaueren Darstellung der schrittweisen Aufgabe der BAG-Rechtsprechung siehe *Reiserer/Heß-Emmerich*, Der GmbH-Geschäftsführer, S. 74 ff.
562 BAG, Beschl. v. 10.12.1996, DB 1997, 833.

geschlossen werde, ergäben sich keine Anhaltspunkte dafür, dass ein früheres Arbeitsverhältnis nur ruhen solle, wenn jedenfalls als Geschäftsführer eine um etwa 11,36 % höhere Vergütung gezahlt werde. In seinem Urteil vom 08.06.2000[563] gab der 2. Senat für den Fall der Bestellung im Zusammenhang mit der Ausgründung eines Geschäftsbereichs auf eine neue Gesellschaft seine alte Rechtsprechung auf. In der Zwischenzeit hat das BAG mit Urteil vom 25.04.2002[564] entschieden, dass mit Abschluss eines Geschäftsführer-Dienstvertrages das ursprüngliche Arbeitsverhältnis des Arbeitnehmer konkludent aufgehoben wurde, jedenfalls bis zum In-Kraft-Treten des § 623 BGB.

Die Rechtsprechung zur schlüssigen Beendigung von Arbeitsverhältnissen mit Bestellung des früheren Arbeitnehmers als Organmitglied hat eine neue Dimension mit In-Kraft-Treten des § 623 BGB erfahren.[565] Da Aufhebungsverträge in der Vergangenheit grundsätzlich auch formlos wirksam waren, konnte das Fehlen einer ausdrücklichen schriftlichen Vereinbarung über die Aufhebung des Arbeitsvertrages fernab von Formüberlegungen unter Auslegungsgesichtspunkten betrachtet werden. *Baeck/Hopfner*[566] vertreten die Auffassung, dass das frühere Arbeitsverhältnis eines Organmitglieds dann über den Dienstvertrag wirksam aufgehoben worden sei, wenn gemäß der Andeutungslehre der Wille des Erklärenden, mit der organschaftlichen Bestellung aus dem Arbeitsverhältnis auszuscheiden, irgendwie seinen Ausdruck gefunden habe. Ergebe sich der Wille zur Vertragsaufhebung gerade aus dem Abschluss eines neuen Dienstvertrages mit eigenständigen Regelungen, sei der Wille zur Beendigung des Arbeitsverhältnisses andeutungsweise in der Urkunde enthalten. Der Geschäftsführer-Dienstvertrag müsse zur Wahrung der Schriftform nicht die Klausel enthalten, dass das bestehende Arbeitsverhältnis aufgehoben werde bzw. alle bisherigen Vereinbarungen ersetzt werden. 384

Dieser Auffassung ist entgegenzutreten.[567] Mit In-Kraft-Treten des § 623 BGB ist die gesamte frühere Rechtsprechung zu den schlüssig aufgehobenen Arbeitsverträgen künftiger Organmitglieder obsolet. Auflösungsverträge bedürfen nach § 623 BGB der Schriftform, gleichgültig, ob es sich um Auflösungsverträge von Arbeitsverhältnissen oder um Auflösungsverträge von Dienstverträgen handelt. Bei Aufhebungsverträgen mit Organmitgliedern sollte deshalb der Berater darauf achten, ob bereits ein Aufhebungsvertrag über ein früheres Arbeitsverhältnis geschlossen wurde oder nicht und dann ggf. in dem Aufhebungsvertrag mit dem Organmitglied gleichzeitig (ausdrücklich) regeln, dass das ruhende, frühere Arbeitsverhältnis gleichfalls beendet wird. 385

H. Typische Regelungsbereiche in Aufhebungs- und Abwicklungsverträgen

I. Auswirkungen der Schuldrechtreform

Die bei Aufhebungs- und Abwicklungsverträgen gebräuchlichen Klauseln unterliegen, ebenso wie Arbeitsvertragsbedingungen,[568] seit dem In-Kraft-Treten der Schuldrechtsreform[569] einer verschärf- 386

563 BAG, Urt. v. 08.06.2000, DB 2000, 1918.
564 BAG, Urt. v. 25.04.2002 – 2 AZR 352/01, NZA 2003, 272.
565 *Baeck/Hopfner*, DB 2000, 1914.
566 *Baeck/Hopfner*, DB 2000, 1914 (1915).
567 *Bauer*, GmbHR 2000, 767; Henssler/Willemsen/Kalb/*Kliemt*, Anh. § 9 KSchG Rn 9.
568 *Annuß*, BB 2002, 458; *Bauer*, NZA 2002, 171; *Bauer/Kock*, DB 2002, 46; *Boemke*, BB 2002, 97; *Däubler*, NZA 2001, 1334; *Fell*, in: *Kroiß*, Klauselbuch Schuldrecht, S. 185 ff.; *Gotthardt*, ZiP 2002, 278; *ders.*, Arbeitsrecht nach der Schuldrechtsreform; *Hadeler*, FA 2002, 66; *Henssler*, RdA 2002, 135; *Hoß*, ArbRB 2002, 138; *Hromadka*, NJW 2002, 2523; *Hümmerich*, AnwBl 2002, 671, *Hümmerich/Holthausen*, NZA 2002, 175; *Joussen*, NZA 2001, 749; *Koppenfels*, NZA 2002, 598; *Lakies*, NZA-RR 2002, 343; *Leder/Morgenroth*, NZA 2002, 952; *Lindemann*, AuR 2002, 81; *Lingemann*, NZA 2002, 184; *Löwisch*, NZA 2001, 465; *ders.*, FS Wiedemann, S. 311 ff.; *Moderegger*, ArbRB 2002, 210; *Natzel*, NZA 2002, 597; *Preis*, Der Arbeitsvertrag, 2002; *Reinicke*, DB 2002, 586; *Schnittker/Grau*, BB 2002, 2120; *Ziemann*, FA 2002, 312.
569 BGBl I 2001, 3138; siehe auch BGBl I 2002, 43 (Bekanntmachung der Neufassung des BGB).

ten Inhaltskontrolle. Dabei besteht gegenwärtig noch keine höchstrichterliche Rechtsprechung, die verbindlich die Anwendbarkeit des Verbraucherbegriffs bei Vereinbarungen über die einvernehmliche Beendigung von Arbeitsverhältnissen bestimmt. Allerdings ist die Bereichsausnahme in § 23 Abs. 1 AGBG, wonach das Gesetz über die Allgemeinen Geschäftsbedingungen auf dem Gebiet des Arbeitsrechts keine Anwendung findet, fortgefallen. Stattdessen hat der Gesetzgeber in § 310 Abs. 4 BGB Folgendes bestimmt: »Dieser Abschnitt findet keine Anwendung bei Verträgen auf dem Gebiet des Erb-, Familien- und Gesellschaftsrechts sowie auf Tarifverträge, Betriebs- und Dienstvereinbarungen. **Bei der Anwendung auf Arbeitsverträge sind die im Arbeitsrecht geltenden Besonderheiten angemessen zu berücksichtigen**; § 305 Abs. 2 und 3 BGB ist nicht anzuwenden. Tarifverträge, Betriebs- und Dienstvereinbarungen stehen Rechtsvorschriften i.S.v. § 307 Abs. 3 BGB gleich.«

387 Anderer Ansicht ist bislang der 2. Senat des BAG. Die **Klauseln in Aufhebungs**– und **Abwicklungsverträgen** unterzieht das **BAG** zunächst (in der Regel) **keiner Inhaltskontrolle**.[570] Das BAG hat in einem der beiden Haustürgeschäft-Urteile[571] diese Ansicht geäußert. Nach Auffassung des Senats unterliegen **Klauseln in Aufhebungs- und Abwicklungsverträgen** in der Regel **keiner Inhaltskontrolle** nach § 307 Abs. 2 BGB i.V.m. § 310 Abs. 3 BGB. Es **fehle** regelmäßig bereits an **Allgemeinen Geschäftsbedingungen** gem. § 305 Abs. 1 Satz 3 BGB, weil die wesentlichen Bedingungen einer Beendigungsvereinbarung (Beendigung des Arbeitsverhältnisses zu einem bestimmten Termin, Verzicht auf den Ausspruch einer außerordentlichen Kündigung, keine Erhebung einer Kündigungsschutzklage), zumindest aber der Hauptgegenstand der Vereinbarung, die Beendigung des Arbeitsverhältnisses zu einem bestimmten Termin, von den Arbeitsvertragsparteien im Einzelnen ausgehandelt würden. Über diese These lässt sich trefflich streiten. Nahezu alle Aufhebungsverträge setzen sich aus Textbausteinen zusammen,[572] die nicht selten dem Arbeitnehmer als »nicht verhandelbares Angebot« vorgelegt werden. Da derartige Texte von jedem Arbeitgeber standardmäßig verwendet werden, handelt es sich um Allgemeine Geschäftsbedingungen i.S.v. § 310 Abs. 3 Nr. 1 BGB. Im Übrigen hat das BAG nicht berücksichtigt, dass bei (vom Arbeitgeber vorformulierten) Vertragsbedingungen in Aufhebungsverträgen bereits die einmalige Verwendung ausreicht, um die Anwendbarkeit der §§ 305 ff. BGB über § 310 Abs. 3 Nr. 2 BGB auszulösen.

388 Die typischen Regelungsbeispiele in Aufhebungs- und Abwicklungsverträgen werden wegen der Festlegung des BAG im Urteil v. 27.11.2003 vorläufig nicht Gegenstand einer sich neu orientierenden Rechtsprechung bilden, anders als Vertragsklauseln in Arbeitsverträgen. Hier hat das BAG mit Vertragsstrafenabreden den Anfang gemacht.[573] Die erste BAG-Rechtsprechung zum AGB-Recht bei Aufhebungsverträgen lässt sich bei konsequenter Betrachtung nicht halten.

389 Für ab dem 01.01.2002 geschlossene Arbeitsverträge sowie seit dem 01.01.2003[574] für alle Arbeitsverträge gelten damit neue Grundsätze der Inhaltskontrolle. Dogmatischer Dreh- und Angelpunkt bildet die Frage, ob der Gesetzgeber dem Arbeitnehmer mit der Schuldrechtsreform generell den Status eines Verbrauchers gem. § 13 BGB verleihen wollte (absoluter Verbraucherbegriff) oder ob er ihn nur bei einzelnen Rechtsgeschäften wie Kauf von Dienstkleidung oder Abschluss von Versicherungsverträgen am Arbeitsplatz als Verbraucher behandelt wissen wollte (relativer Verbraucherbegriff). Denn auch das mit der Schuldrechtsreform in das BGB eingearbeitete Recht der Allgemeinen Geschäftsbedingungen findet verschärfte Anwendung (§ 310 Abs. 3 Nr. 1 und Nr. 2 BGB), wenn es sich bei dem Verwender um einen Unternehmer und bei der »anderen Vertragspartei« um einen Verbraucher handelt. Die Inhaltskontrolle schließt die Überprüfung von Aufhebungs- und Abwicklungsverträgen ein.

570 BAG, Urt. v. 27.11.2003, NZA 2004, 597 (Orientierungssatz 5); hierzu kritisch *Hümmerich*, NZA 2004, 809 (815 f.).
571 BAG, Urt. v. 27.11.2004, NZA 2004, 597.
572 *Hümmerich*, NZA 2004, 809 (815 f.).
573 BAG, Urt. v. 04.03.2004, NZA 2004, 597.
574 Übergangsregelung gem. Art. 229 § 5 EGBG.

II. Aufhebungsvertrag kein Haustürgeschäft

Der 2. Senat des BAG hat die Frage, nach der Verbrauchereigenschaft des Arbeitnehmers im Urteil vom 27.11.2003 offen gelassen.[575] Der Senat, der darüber zu befinden hatte, ob der Aufhebungsvertrag ein Haustürgeschäft ist, meinte, dass es bei seiner Entscheidung habe dahinstehen können, ob der Arbeitnehmer Verbraucher i.S.v. § 13 BGB sei, da Aufhebungsverträge nicht in einer für das abzuschließende Rechtsgeschäft atypischen Umgebung geschlossen würden. Das Personalbüro des Arbeitgebers sei vielmehr ein Ort, an dem üblicherweise arbeitsrechtliche Aufhebungsverträge geschlossen würden. Der bei § 312 BGB maßgebliche Überrumpelungseffekt fehle. 390

III. Absoluter – relativer Verbraucherbegriff

Als herrschend in der Literatur kann man den »absoluten Verbraucherbegriff« bezeichnen.[576] Die Mindermeinung[577] formuliert den »relativen Verbraucherbegriff« mit den Worten, der Arbeitnehmer sei bei Abschluss von Arbeitsverträgen jeglicher Art kein Verbraucher, während er bei sonstigen schuldrechtlichen Verträgen als Verbraucher handeln könne. 391

Die Vertreter des absoluten Verbraucherbegriffs[578] weisen auf den Wortlaut von § 13 BGB hin, wonach Verbraucher jede natürliche Person sei, die ein Rechtsgeschäft zu einem Zweck abschließe, der weder ihrer gewerblichen noch ihrer selbständigen beruflichen Tätigkeit zugerechnet werden könne. In diesem Sinne werde der Arbeitnehmer von der Definition des Verbrauchers erfasst. Die Folge sei, dass Rechtsgeschäfte, die der Arbeitnehmer im Rahmen der Begründung, Durchführung und Beendigung des Arbeitsverhältnisses eingehe, ihn als Arbeitnehmer und als Verbraucher tangieren. Diese ausschließlich am Gesetzeswortlaut orientierte Subsumtion führt dazu, dass sämtliche Rechtsgeschäfte des Arbeitnehmers, auch der Abschluss eines Arbeits- oder Aufhebungsvertrags, seit der Schuldrechtsreform zugleich dem Verbraucherschutzrecht unterliegen. 392

Der **absolute Verbraucherbegriff** stützt sich auf den Gesetzeswortlaut und auf die Gesetzesmaterialien. Während der Regierungsentwurf des Schuldrechtsmodernisierungsgesetzes noch ausdrücklich vorsah, die Bereichsausnahme gem. § 23 Abs. 1 AGBGB für das Arbeitsrecht beizubehalten,[579] änderte die Bundesregierung auf Anregung des Bundesrates[580] ihre Auffassung und führte unter anderem aus:[581] »Die Bundesregierung ist der Auffassung, dass die Bereichsausnahme hinsichtlich des Arbeitsrechts hinsichtlich des AGB-Gesetzes im Grundsatz aufzuheben ist. Trotz des Schutzes durch zwingende gesetzliche Vorschriften und kollektive Vereinbarungen besteht auch im Arbeitsrecht ein Bedürfnis nach richterlicher Kontrolle der einseitig vom Arbeitgeber festgesetzten Arbeitsbedingungen; dies ist gerade vor dem Hintergrund des existenziellen Angewiesenseins auf einen Arbeitsplatz von besonderer Bedeutung. Das Fall-Material der Rechtsprechung des BAG zu den Arbeitsvertragsmodalitäten zeigt, dass eine »sich selbst überlassene Vertragsfreiheit« nicht in der Lage war, insgesamt einen ausreichenden Schutz der Arbeitnehmer vor unangemessenen Vertragsbedingungen zu gewährleisten. Die aus dieser uneinheitlichen Rechtsprechung entstehende Rechtsunsicherheit sollte durch die Streichung der Bereichsausnahme beseitigt werden. Dadurch wird auch dafür gesorgt, dass das Schutzniveau der Vertragsinhaltskontrolle im Arbeitsrecht nicht hinter demjenigen des Zivilrechts zurückbleibt.« 393

575 BAG, Urt. v. 27.11.2003, NZA 2004, *Hümmerich*, NZA 2004, 809.

576 ErfK/*Preis*, §§ 305–310 BGB Rn 26; ErfK/*Müller-Glöge*, § 620 BGB Rn 1; *Hümmerich/Holthausen*, NZA 2002, 173; *Hümmerich*, AnwBl 2002, 671; *Gotthardt*, ZiP 2002, 277; *Däubler*, NZA 2001, 1329; *Boemke*, BB 2002, 96 f.; *Reinicke*, DB 2002, 583, 587; *Lakies*, NZA-RR 2002, 337; *Birnbaum*, NZA 2003, 944; *Reinz*, DB 2002, 2434; *Löwisch*, FS Wiedemann, S. 311.

577 *Bauer/Kock*, DB 2002, 44; *Berkowsky*, AuA 2002, 11; *Henssler*, RdA 2002, 129; *Lingemann*, NZA 2002, 181.

578 *Boemke*, BB 2002, 96 f.; *Däubler*, NZA 2001, 1329; *Hümmerich/Holthausen*, NZA 2002, 173; *Reinecke*, DB 2002, 583; *Lindemann*, AuR 2002, 81.

579 Vgl. BT-Drucks 14/6040, 12, 160.

580 Vgl. BT-Drucks 14/6857, 17.

581 Vgl. BT-Drucks 14/6857, 54.

394 Die Aussage, das Fall-Material der Rechtsprechung des BAG zeige, dass eine sich selbst überlassene Vertragsfreiheit nicht in der Lage gewesen sei, einen ausreichenden Schutz der Arbeitnehmer vor unangemessenen Vertragsbedingungen zu gewährleisten, zeigt, dass sämtliche Vertragsbedingungen des Arbeitsverhältnisses durch Anwendung der §§ 305 ff. BGB künftig auf den Prüfstand gestellt werden sollen. Der Arbeitnehmer soll damit nicht etwa nur bezogen auf den Kauf von Dienstkleidung, sondern bezogen auf alle Rechtsgeschäfte des Arbeitsverhältnisses und damit einschließlich der Klauseln seines Arbeitsvertrages über den Verbraucherstatus so geschützt werden, dass er nicht mehr »Objekt einer sich selbst überlassenen Vertragsfreiheit« ist. Diese Aussage entstammt der Feder der Bundesregierung und war nach den Materialien ausschlaggebend für den vom Bundesrat geäußerten Wunsch, die Bereichsausnahme entsprechend § 23 Abs. 1 AGBGB fallen zu lassen. Die Formulierung »Vertragsinhaltskontrolle im Arbeitsrecht« erfasst sämtliche Klauseln arbeitsvertraglicher Vereinbarungen. Der Gesetzgeber versah den Arbeitnehmer somit absolut mit einem Verbraucherstatus, in jeder Form seines rechtsgeschäftlichen Handelns als Arbeitnehmer. Der relative Verbraucherbegriff steht damit nicht in Einklang mit dem Wortlaut von § 13 BGB und den Gesetzesmaterialien zur Schuldrechtsreform.

IV. Das BAG-Urteil vom 04.03.2004

395 Mit dem Urteil vom 04.03.2004[582] hat der 8. Senat des BAG das AGB-Recht (konkret: § 307 BGB) erstmalig bei einem Arbeitsvertrag angewendet. Dogmatisch ist der Senat nicht den Weg über § 310 Abs. 3 Nr. 1 und Nr. 2 BGB gegangen, wie es nahe gelegen hätte, wenn man den Arbeitnehmer als Verbraucher i.S.d. § 13 BGB versteht,[583] sondern er nutzte § 305 Abs. 1 BGB als Einfallstor zur Anwendung der §§ 305 ff. BGB. Grundlegend setzte sich der Senat mit dem Bedeutungsinhalt der »im Arbeitsrecht geltenden Besonderheiten« auseinander. Sein Augenmerk galt Vertragsstrafenabreden in Arbeitsverträgen, **Aussagen zu Vertragsklauseln in Aufhebungs- oder Abwicklungsverträgen enthält das Urteil vom 04.03.2004 nicht**.

V. Folgerungen für Aufhebungs- und Abwicklungsverträge

396 Auch wenn in § 310 Abs. 4 Satz 2 BGB nur davon die Rede ist, bei der Anwendung auf **Arbeitsverträge** seien die im Arbeitsrecht geltenden Besonderheiten angemessen zu berücksichtigen, bedeutet dies nicht, dass das AGB-Recht bei Aufhebungs- und Abwicklungsverträgen nicht anwendbar sei, weil es sich bei diesen beiden Vertragstypen gerade nicht um Arbeitsverträge handelt. § 310 Abs. 4 Satz 2 BGB beschränkt den Vorbehalt, Besonderheiten des Arbeitsrechts angemessen zu berücksichtigen, allein auf **Arbeitsverträge, nicht hingegen auf Aufhebungs- und Abwicklungsverträge**. Deshalb werden nach gegenwärtig herrschender Auffassung[584] Aufhebungs- und Abwicklungsverträge nicht von der Besonderheitenregelung in § 310 Abs. 4 Satz 2 BGB erfasst, §§ 13, 310 Abs. 3 BGB führen zur Anwendbarkeit des Verbraucherschutzrechts bei Aufhebungs- und Abwicklungsverträgen. Beim Aushandeln eines Aufhebungsvertrages kann der Arbeitnehmer viel weniger als beim Aushandeln eines Arbeitsvertrages ein strukturelles Ungleichgewicht reklamieren. Bei Aufhebungs- und Abwicklungsverträgen ist daher für eine korrigierende Auslegung über die Besonderheitenregelung des § 310 Abs. 4 BGB kein Raum.

397 Jedes andere Ergebnis würde die Stellung des § 310 Abs. 4 Satz 2 BGB im System des BGB unrichtig interpretieren. § 310 Abs. 4 Satz 2 besagt, dass das Recht der Allgemeinen Geschäftsbedingungen auch auf die Rechtsbeziehungen zwischen Arbeitgeber und Arbeitnehmer anwendbar ist und gewährt bei Anwendung des AGB-Rechts im Arbeitsrecht ein zusätzliches Korrektiv. Bei Aufhebungs- und Abwicklungsverträgen verlangt der Gesetzgeber nicht, dass zusätzlich noch geprüft wird, inwieweit

582 BAG, Urt. v. 04.03.2003, NZA 2004, 728.

583 *Hümmerich*, AnwaltFormulare Arbeitsrecht, § 1 Rn 90.

584 *Bauer*, NZA 2002, 169; *Lingemann*, NZA 2002, 181; *Hümmerich/Holthausen*, NZA 2002, 178; *Hümmerich*, AnwBl 2002, 671; *Birnbaum*, NZA 2003, 944.

die §§ 305 ff. der Korrektur über Besonderheiten des Arbeitsrechts bedürfen. Damit eröffnet sich speziell für Aufhebungs- und Abwicklungsverträge aus AGB-rechtlichen Gründen ein weites Feld künftiger Neubestimmung zulässiger und unzulässiger Klauseln. Die bisherige Rechtslage zu den einzelnen Klauseln wird sich teilweise ändern.

VI. Regelungsinhalte in Aufhebungs- und Abwicklungsverträgen

1. Abfindungen

a) Funktion der Abfindung

Traditionell hat die Abfindung eine Entschädigungsfunktion. Sie ist grundsätzlich ein vermögens- 398
rechtliches Äquivalent für den Verlust des Arbeitsplatzes.[585] Ihrer Entschädigungsfunktion hat der Gesetzgeber im Wortlaut von § 24 Nr. 1 EStG Rechnung getragen. Mit der Abfindung wird der Arbeitnehmer für wirtschaftliche Nachteile entschädigt, die er dadurch erleidet, dass er seine Erwerbsquelle verliert. Aber auch ideelle Aspekte wie der Verlust einer vertrauten Umgebung, der Zwangsabschied von Arbeitskollegen und Unbequemlichkeiten bei einer neuen Arbeitsstelle sollen mit der Abfindung entschädigt werden.[586] *Kreßel*[587] hat darauf aufmerksam gemacht, dass die Rechtsprechung des BAG immer stärker dazu übergeht, der Abfindung bei Arbeitslosigkeit nach dem Ende des Arbeitsverhältnisses eine veränderte Funktion zuzuweisen.[588] Gerade bei Sozialplanabfindungen zeichnet sich ein Argumentationswandel des BAG ab, meist in Verbindung mit Gleichbehandlungsüberlegungen. In neueren Entscheidungen des BAG[589] hat die Abfindung auch eine Aufstockungsfunktion zum Arbeitslosengeld und damit eine Versorgungsfunktion für den Arbeitnehmer. Ob man nun aus der Rechtsprechung zur Vererbbarkeit von Abfindungen herleiten kann, dass der Versorgungscharakter der Abfindung für das BAG an Gewicht gewonnen hat, mag dahingestellt bleiben.[590] Zweifellos richtig ist, dass auf eine Sozialplanabfindung aufgrund einer Betriebsänderung kein Anspruch besteht, wenn der Arbeitnehmer vor dem Zeitpunkt der ins Auge gefassten Auszahlung der Abfindung zusammen mit der Beendigung des Arbeitsverhältnisses verstirbt[591] und keine Vererbbarkeitsklausel vereinbart wurde.

Nach der Rechtsprechung des BAG[592] kommt es für die Frage, ob eine in einem Prozessvergleich 399
zugesagte Abfindung auf die Erben übergeht, auf den erklärten Parteiwillen an. Haben die Parteierklärungen zum Inhalt, dass der Abfindungsanspruch erst entstehen soll, wenn das Arbeitsverhältnis durch den Aufhebungsvertrag, also zu dem darin genannten Zeitpunkt und nicht bereits vorher aus anderen Gründen beendet wird, ist die Abfindung nicht vererbbar. Eine Änderung gegenüber der früheren Rechtsprechung zeichnet sich dadurch ab, dass der 2. Senat ausführt, es könne nicht als Regelfall angenommen werden, der Arbeitnehmer müsse davon ausgehen, ein Abfindungsvergleich werde hinfällig, wenn er den Auflösungstermin nicht erlebe.[593]

Der Bedeutungswandel der Abfindung, zumindest der Sozialplanabfindung, zeigt sich am Deut- 400
lichsten in der Entscheidung des 10. Senats vom 09.11.1994.[594] In dieser Entscheidung über einen Sozialplan, der Arbeitnehmern keine Abfindung gewährte, die wegen der Schließung des Betriebs eine Eigenkündigung ausgesprochen hatten, aber vor dem Tag der Stilllegung ausgeschieden waren,

585 BAG, Urt. v. 25.06.1987, NZA 1988, 466 (zur damaligen Rspr., wonach der Erblasser das Ende seines Arbeitsverhältnisses nicht erleben musste, um die Abfindung zu vererben); *Kreßler*, NZA 1997, 1140.
586 BVerfG, Beschl. v. 12.05.1976, NJW 1976, 2117 = AP Nr. 1 zu § 117 AFG.
587 NZA 1997, 1138 (1140).
588 BAG, Teilurt. v. 22.05.1996, NZA 1997, 386 = DB 1997, 280.
589 BAG, Urt. v. 09.11.1994, NZA 1995, 644; Urt. v.19.06.1996, NZA 1997, 562; Urt. v. 24.01.1996, NZA 1996, 834.
590 *Hümmerich*, NZA 1999, 347.
591 BAG, Urt. v. 25.09.1996, NZA 1997, 163; LAG Köln, Urt. v. 11.12.1990, LAGE § 611 BGB Aufhebungsvertrag Nr. 2.
592 BAG 22.05.2003, EzA § 611 BGB 2002 Aufhebungsvertrag Nr. 1
593 BAG 22.05.2003, EzA § 611 BGB 2002 Aufhebungsvertrag Nr. 1.
594 BAG, Urt. v. 09.11.1994, NZA 1995, 644.

stellte der Senat den Leitsatz auf, dass Sozialplanansprüche ihrem Zweck nach keine Entschädigung für den Verlust des Arbeitsplatzes seien.

401 Bei der **Höhe der Abfindung** hat sich die Faustformel[595] **»ein halbes Bruttomonatsgehalt pro Beschäftigungsjahr«** eingebürgert. Gleichwohl gelten in vielen Fällen, insbesondere bei Führungskräften, andere Regeln. Bei Führungskräften mit befristeten Arbeitsverträgen ist die Kapitalisierung der Restvertragslaufzeit üblich. Bei leitenden Angestellten hat sich »ein Bruttomonatsgehalt pro Beschäftigungsjahr« in Großunternehmen vermehrt als Abfindungsformel etabliert. Die Performance eines Unternehmens ist ebenso entscheidend wie Verschuldenselemente beim Arbeitnehmer im Zusammenhang mit dem Trennungswillen des Arbeitgebers.[596]

402 In einer Untersuchung aus den Jahren 1998 und 1999 über in Deutschland bei den Arbeitsgerichten vorgeschlagene oder in Auflösungsurteilen zugewiesene Abfindungen[597] wurde ermittelt dass die »Faustformel« in 75 % der Fälle angewendet wird, ein apokryptisches Gesetz, von dem niemand weiß, auf welchen Ursprung es sich gründet und wie es sich seit mehr als einem halben Jahrhundert behaupten konnte. Die Faustformel hat zwischenzeitlich mit § 1a Abs. 2 KSchG ihren Eingang in die Gesetzeslage gefunden.

403 Abfindungen formuliert man üblicherweise im Aufhebung- oder Abwicklungsvertrag mit folgendem Wortlaut:

> *»Der Mitarbeiter erhält für den Verlust des Arbeitsplatzes aufgrund arbeitgeberseitiger Veranlassung eine Abfindung gem. §§ 3 Nr. 9, 24, 34 EStG, §§ 9, 10 KSchG in Höhe von EUR (brutto). Die Abfindungszahlung ist am fällig.«*

Der Eintritt der Fälligkeit hängt nach der Rechtsprechung von der inhaltlichen Ausgestaltung des Vergleichs ab. Soweit die Parteien nichts anderes geregelt haben, ist in einem gerichtlichen oder außergerichtlichen Aufhebungsvertrag die Abfindung erst zum vertraglich vereinbarten Beendigungszeitpunkt fällig.[598] Anders ist die Rechtslage bei Abfindungen aus einem gerichtlichen Auflösungsurteil. Hier besteht sofortige Fälligkeit.[599]

404 Eine vertraglich vereinbarte Abfindung wegen des Verlustes des Arbeitsplatzes unterlag nach der Rechtsprechung des BAG der zweijährigen Verjährungsfrist nach § 196 Abs. 1 Nr. 8, 9 BGB a.F.[600] Der durch Urteil oder in einem Prozessvergleich festgelegte Abfindungsanspruch verjährte gem. § 218 Abs. 1 BGB a.F. in 30 Jahren. Die kurze Verjährungsfrist des § 196 BGB a.F. erfasste nach einer aktuellen Entscheidung des BAG vom 30.10.2001[601] nicht eine Sozialplanabfindung. Diese sei kein Arbeitseinkommen oder Ersatz für Arbeitsentgelt i.S.v. § 196 BGB. Die Sozialplanabfindung werde nicht durch die Tätigkeit des Arbeitnehmers während seines Arbeitsverhältnisses

595 Zur bundesweiten Abfindungspraxis *Hümmerich*, NZA 1999, 343.
596 Wegen weiterer Einzelheiten siehe *Hümmerich*, NZA 1999, 342 ff.
597 *Hümmerich*, NZA 1999, 342; in der sog. REGAM-Studie werden die Querverbindungen zwischen Kündigungs-, Klage- und Abfindungspraxis in den Betrieben aufgezeigt, siehe *Pfarr/Bothfeld/Kaiser/Kimmich/Peuker/Ullmann*, BB 2004, 106.
598 BAG, Urt. v. 09.12.1987, NZA 1988, 329; Urt. v. 29.11.1983, AP Nr. 10 zu § 113 BetrVG 1972; Urt. v. 26.08.1997, NZA 1998, 643; Urt. v. 16.05.2000, NZA 2000, 1236; LAG München, Beschl. v. 11.10.2000–2 Ta 326/01 (n.v.); ArbG Passau, Urt. v. 27.05.1997, BB 1997, 2114; LAG Düsseldorf, Urt. v. 23.05.1989, NZA 1989, 850; LAG Köln, Urt. v. 21.09.1983, DB 1984, 568; a.A. LAG Hamm, Urt. v. 16.05.1991, NZA 1991, 940: »sofort fällig«; siehe auch *Emmert/Wisskirchen*, DB 2002, 428; *Klar*, NZA 2003, 543.
599 BAG, Urt. v. 09.12.1987, EzA § 9 KSchG n.F. Nr. 22; LAG Bremen, Urt. v. 31.08.1983, NJW 1984, 447.
600 BAG, Urt. v. 07.05.1986, BB 1986, 2056; *Bauer*, Arbeitsrechtliche Aufhebungsverträge, Rn II 156; a.A. LAG Niedersachsen, Urt. v. 26.01.2001, NZA-RR 2001, 240 (n.rkr., Az. beim BAG: 9 AZR 154/01): »Abfindungen, die als Entschädigung für den Verlust des Arbeitsplatzes gezahlt werden, unterliegen der regelmäßigen Verjährungsfrist von 30 Jahren gem. § 195 BGB. Sie sind kein Äquivalent für die erbrachte Arbeitsleistung des Arbeitnehmers und daher kein Gehalt bzw. Lohn i.S.d. § 196 Abs. 1 Nr. 8 BGB bzw. § 196 Abs. 1 Nr. 9 BGB.«
601 Urt. v. 30.10.2001, NZA 2002, 449 = DB 2002, 903.

verdient. Sie bezwecke vielmehr den zukunftsgerichteten Ausgleich oder die Milderung der Nachteile, die einem Arbeitnehmer durch eine Betriebsänderung entstehen. Durch die am 01.01.2002 in Kraft getretene Änderung des BGB, nach der die regelmäßige Verjährungsfrist nur noch drei Jahre betragen wird, sind derartige Streitfragen abschließend vom Gesetzgeber entschieden.

b) Abfindungen im Steuer- und Sozialversicherungsrecht

Der Zusatz, dass die Abfindung ohne Abzug von **Sozialversicherungsabgaben** gezahlt wird, ist gerechtfertigt, wenn kein verstecktes Arbeitsentgelt, das für die Vergangenheit geschuldet wurde, in der Abfindung enthalten ist. Im Übrigen sind Abfindungen sozialversicherungsfrei.[602] Formulierungen, die hierauf hinweisen, kommt nur deklaratorische Bedeutung zu.[603] Ausstehende Gehaltsbestandteile werden im Zweifel nicht mit einer Abfindung nach betriebsbedingter Kündigung abgegolten. Allein die Zahlung einer erhöhten Abfindung führt nicht dazu, von einem stillschweigenden Verzichtsvertrag hinsichtlich der ausstehenden Gehaltsbestandteile auszugehen.[604] Soweit das Arbeitsgericht Frankfurt die Auffassung vertritt, die Einbindung ausstehender Gehaltsbestandteile in einen Abfindungsanspruch sei rechtswidrig,[605] kann ihm nicht gefolgt werden. Steuerlich sind Gehaltszahlungen, die in der Zukunft verdient worden wären, unbedenklich als Abfindung (Entlassungsentschädigung) anzusehen. Die Abfindungspraxis, gerade bei befristeten Verträgen mit Managern, besteht im Wesentlichen in einer Kapitalisierung der Restvertragslaufzeit. Eine Begründung, warum die »Einarbeitung« von Gehaltsbestandteilen in eine Abfindung unzulässig sein soll, gibt das Arbeitsgericht Frankfurt nicht. Wenn einem Arbeitnehmer in einem Aufhebungs- oder Abwicklungsvertrag die Zahlung einer Abfindung zugesagt wird, handelt es sich mangels einer eindeutigen Regelung im Allgemeinen um einen Bruttobetrag.[606] 405

Nichtig sind Vereinbarungen zwischen Arbeitgeber und Arbeitnehmer über die Verrechnung künftiger Rentenansprüche mit Ansprüchen auf eine Abfindung nach §§ 9, 10 KSchG, auch wenn geregelt ist, dass die Abfindung bis zum vollständigen Aufgebrauch aus Betriebsrentenansprüchen verrechnet werden soll.[607] Das BAG nimmt in derartigen Fällen einen Verstoß gegen § 3 BetrAVG an. Nach § 3 BetrAVG kann der Arbeitnehmer, dessen verfallbare Anwartschaften bei Beendigung des Arbeitsverhältnisses nur unter eingeschränkten Voraussetzungen abgefunden werden, bei unverfallbaren Anwartschaften im Versorgungsfall seine Betriebsrente ungekürzt verlangen. Das Urteil des BAG vom 24.03.1998 muss allerdings unter den geänderten, ab 01.01.1999 gültigen Voraussetzungen der Abfindung geringwertiger Versorgungsanwartschaften gem. § 3 BetrAVG gesehen werden. 406

Wenn die Abfindung höher ausfällt als der Freibetrag nach § 3 Nr. 9 EStG und im Vergleich als »brutto = netto« ausgewiesen wurde, muss nach überwiegender Auffassung[608] gleichwohl die anfallende Lohnsteuer der Arbeitnehmer tragen.[609] Hat der Arbeitgeber die auf den Abfindungsbetrag entfallenden Steuern an das Finanzamt abgeführt, kann der Arbeitnehmer nicht die Auszahlung des vollen, ungekürzten Abfindungsbetrages an sich verlangen.[610] 407

Sagt der Arbeitgeber in einer Vorruhestandsvereinbarung die Erstattung der vom Vorruheständler zu leistenden Krankenversicherungsbeiträge zu, liegt in dieser Zusage keine Netto(lohn)vereinbarung. 408

602 BSG, Urt. v. 28.01.1999 – B 12 KR 6/98 R, (n.v.), zitiert nach *Bauer*, Arbeitsrechtliche Aufhebungsverträge, Rn VIII Rn 3.
603 BSG, Urt. v. 21.09.1990, BB 1990, 1520 = NZA 1990, 751.
604 ArbG Frankfurt, Urt. v. 27.10.1999, FA 2000, 55.
605 ArbG Frankfurt, Urt. v. 27.10.1999, FA 2000, 55.
606 LAG Berlin, Urt. v. 21.02.1994, NZA 1995, 792.
607 BAG, Urt. v. 24.03.1998, NZA 1998, 1280.
608 LAG Niedersachsen, Urt. v. 10.12.1984, BB 1985, 272; LAG Bremen, Urt. v. 22.01.1988, NZA 1988, 433; LAG Frankfurt, Urt. v. 07.12.1988, NZA 1989, 850; LAG Baden-Württemberg, Urt. v. 17.04.1997, BB 1997, 1850.
609 A.A. LAG Hamm, Urt. v. 05.03.1980, DB 1980, 2396.
610 LAG Köln, Urt. v. 18.12.1995, ARST 1996, 163; siehe auch BAG, Urt. v. 11.10.1989, NZA 1990, 309.

Der Arbeitgeber ist daher nicht verpflichtet, die auf diesen Teil der Vorruhestandsbezüge entfallende Lohnsteuer zu tragen.[611]

409 Werden im Aufhebungsvertrag die vom Arbeitgeber zu berücksichtigenden **Steuermerkmale** und ein bestimmter vom Arbeitgeber monatlich zu leistender **Nettobetrag einvernehmlich festgelegt**, verpflichtet eine im Aufhebungsvertrag enthaltene Zusage des Arbeitgebers, er stelle den Arbeitnehmer so, dass dieser während der Arbeitslosigkeit unter Anrechnung eines Teils der Abfindung und der Leistung Dritter im Monatsdurchschnitt 90 % des letzten Nettogehalts erhalte, den Arbeitgeber nicht, dem Arbeitnehmer steuerliche Nachteile auszugleichen, die sich aus der Berücksichtigung des nach § 3 Nr. 9 EStG steuerfreien Arbeitslosengeldes für die Höhe des Steuersatzes nach § 32b I EStG ergeben.[612]

410 Gewährt ein Sozialplan für die Zeit zwischen Ausscheiden und vorgezogener Altersrente Anspruch auf Zahlung einer monatlichen Abfindung in Höhe der Differenz zwischen Arbeitslosengeld und 80 % des letzten Nettoentgelts, so obliegt es regelmäßig dem Arbeitnehmer, durch Wahl der günstigeren Steuerklasse nach § 137 Abs. 3, 4 SGB III den Arbeitslosengeldanspruch auszuschöpfen. Verletzt er diese Obliegenheit schuldhaft, so erhöht sich dadurch sein Abfindungsanspruch um den nicht ausgeschöpften Betrag nicht.[613]

c) Sozialplanabfindungen

411 Soweit es sich bei der Abfindung um **Sozialplanabfindungen** handelt, kann der Arbeitnehmer nicht ohne weiteres im Rahmen seines Aufhebungsvertrages gegen Abfindungszahlung auf Sozialplanleistungen verzichten.[614] Die Herausnahme von aus betriebsbedingten Gründen per Aufhebungsvertrag ausgeschiedenen Arbeitnehmern aus Sozialplanleistungen ist regelmäßig nicht möglich.[615] Der betrieblich veranlasste Aufhebungsvertrag steht unter dem Diktat der Gleichbehandlung der betriebsbedingten Kündigungen.[616] Allerdings können die Betriebspartner in einem Sozialplan vereinbaren, dass Arbeitnehmer, die nach Bekanntwerden eines vom Arbeitgeber zunächst geplanten Personalabbaus einen Aufhebungsvertrag vereinbaren, eine geringere Abfindung erhalten als diejenigen, die eine ordentliche Arbeitgeberkündigung abwarten oder eine Aufhebungsvereinbarung erst nach Abschluss des Sozialplans treffen.[617] Nach der Rechtsprechung ist es auch gestattet, Arbeitnehmer gänzlich aus Sozialplanabfindungen auszunehmen, die ihr Arbeitsverhältnis durch Aufhebungsvertrag gelöst haben, nachdem sie eine neue Beschäftigung gefunden hatten.[618]

412 Stellt ein Sozialplan für die Bemessung der Abfindung wegen Verlustes des Arbeitsplatzes auf die Dauer der Betriebszugehörigkeit ab, so war es herrschende Meinung in der Rechtsprechung,[619] dass als Zeiten der Betriebszugehörigkeit auch solche zählen, in denen der Arbeitnehmer wegen Ruhens seines Arbeitsverhältnisses (z.B. Elternzeit) tatsächliche Arbeitsleistungen nicht erbracht hat. Nach der Rechtsprechung des BAG[620] haben die Betriebspartner bei der Beurteilung der wirtschaftlichen Nachteile einer Betriebsänderung und der Ausgestaltung der darauf gerichteten Ausgleichsmaßnahmen einen weiten Spielraum. Ein Rückgriff auf die Dauer der Betriebszugehörigkeit zur pauschalen Bewertung der mit dem Arbeitsplatzverlust verbundenen Nachteile sei zulässig. Bei dieser Bewertung können die Betriebspartner auch nach Zeiten der Teilzeit- und Vollzeitbeschäftigung

611 LAG Hamm, Urt. v. 01.03.2000, NZA-RR 2001, 46.
612 BAG, Urt. v. 08.09.1998, NZA 1999, 769.
613 LAG Sachsen-Anhalt, Urt. v. 29.09.1998, NZA 1999, 611.
614 *Hümmerich*, AnwaltFormulare Arbeitsrecht, Muster 2230 § 4 Rn 1098 (§ 4).
615 BAG, Urt. v. 20.03.1993, EzA § 112 BetrVG 1972 Nr. 68.
616 BAG, Urt. v. 20.05.1994, EzA § 112 BetrVG 1972 Nr. 75.
617 BAG, Urt. v. 24.01.1993, EzA § 112 BetrVG 1972 Nr. 71; a.A. *Hümmerich/Spirolke*, BB 1995, 42.
618 BAG, Urt. v. 25.01.1993, EzA § 242 BGB Gleichbehandlung Nr. 58; a.A. *Hümmerich/Spirolke*, BB 1995, 42.
619 BAG, Urt. v. 21.10.2003, AP Nr. 163 zu § 112 BetrVG 1972 = ZIP 2004, 578; LAG Hessen, Urt. v. 19.05.1998, ARST 1999, 58.
620 BAG, Urt. v. 14.08.2001, AP Nr. 39 zu § 113 BetrVG 1972 = DB 2002, 950.

differenzieren. Nach teilweise abweichender Ansicht des EuGH dürfen Arbeitgeber die Zeiten der Kinderbetreuung bei der Berechnung einer Sozialplanabfindung unberücksichtigt lassen.[621]

Die Faustformel »ein halbes Bruttomonatsgehalt pro Beschäftigungsjahr« gilt nicht bei Sozialplanabfindungen. Hier haben sich recht unterschiedliche Methoden und Systeme etabliert.[622] Eine Gleichbehandlung bei der Höhe von Abfindungen, auch aus dem Gesichtspunkt mittelbarer Geschlechterdiskriminierung, kann nicht verlangt werden.[623] Der Gesichtspunkt der Gleichbehandlung treibt in der Rechtsprechung allerdings Blüten. Geht es um ein Betriebsratsmitglied, ist vom arbeitsrechtlichen Gleichbehandlungsgrundsatz bei Abfindungen nicht mehr zwingend die Rede. Selbst dann, wenn ein Betriebsratsmitglied im Zuge eines Aufhebungsvertrages unter Verstoß gegen das Begünstigungsverbot des § 78 Satz 2 Hs. 1 BetrVG eine höhere Abfindung wegen Verlustes seines Arbeitsplatzes als andere Arbeitnehmer aufgrund eines Sozialplans oder eines eigenen Aufhebungsvertrages erhält, können die so benachteiligten Arbeitnehmer weder nach § 75 Abs. 1 BetrVG, noch gemäß dem arbeitsrechtlichen Gleichbehandlungsgrundsatz eine entsprechend höhere Abfindung verlangen.[624] Auch wenn in einer vertraulichen Anlage zu einem Sozialplan für ein Betriebsratsmitglied eine zusätzliche Abfindung von zwölf Monatsgehältern vereinbart wird, ist die Vereinbarung nicht als Verstoß gegen das Begünstigungsverbot von Betriebsräten nach § 78 Satz 2 BetrVG unwirksam.[625] Eingeschränkt ist dagegen der Gestaltungsspielraum der Betriebsparteien bei einem Sozialplan, wenn sie für eine Berechnungsformel zur Höhe der Sozialplanabfindung die Zeiten von Erziehungsurlaub (Elternzeit) herausnehmen. Die Betriebspartner sind durch den Schutzbereich des Art. 6 Abs. 1, Abs. 2 GG eingeschränkt und müssen die Elternzeit der Zeit des Beschäftigungsverhältnisses gleichsetzen.[626] 413

Steht dem Arbeitnehmer ein Anspruch auf Nachteilsausgleich zu, weil der Arbeitgeber es nach erfolglosem Verhandeln über einen Interessenausgleich versäumt hat, die Einigungsstelle anzurufen, und hat der Arbeitnehmer nach einem zwischen den Betriebspartnern beschlossenen Sozialplan einen Anspruch auf Sozialplanabfindung, kann die Firma den Anspruch auf Nachteilsausgleich mit dem Sozialplanabfindungsanspruch verrechnen.[627] Der gesetzliche Anspruch auf Nachteilsausgleich dient, wie die Sozialplanabfindung, dem Ausgleich des wirtschaftlichen Nachteils, den Arbeitnehmer in Folge ihrer Entlassung aufgrund einer Betriebsstillegung erleiden. Infolge dieser Zweckidentität darf der Arbeitgeber beide Forderungen miteinander verrechnen. Auch der weiter gehende Zweck des Nachteilsausgleichs, ein betriebsverfassungswidriges Verhalten des Arbeitgebers zu sanktionieren, schließt eine Verrechnung nicht aus. Die Abfindungsvereinbarung kann auch mit einer **Bürgschaftserklärung** oder einer sonstigen Sicherheit zu Gunsten des Arbeitnehmers verbunden werden.[628] 414

Rechtsnachfolger, die einen Betrieb in einem Insolvenzverfahren erworben haben, für den ein nicht zur Ausführung gelangter Sozialplan bestand, sind grundsätzlich zur Zahlung der nach dem Sozialplan vorgesehenen Abfindungen verpflichtet.[629] Die Ansprüche aus einem Abfindungsvergleich zur Beendigung eines Kündigungsschutzprozesses nach Insolvenzeröffnung stellen eine Masseschuld dar.[630] 415

621 EuGH, Urt. v. 08.06.2004 – C – 220/02.
622 Siehe *Tommheiser*, Sozialplanabfindungen, Berechnungsmethoden und ihre Auswirkungen, AiB 2000, 460.
623 EuGH, Urt. v. 14.09.1999, BB 2000, 1354.
624 LAG Düsseldorf, Urt. 13.09.2001, BB 2002, 306 = ARST 2002, 30.
625 ArbG Nürnberg, Beschl. v. 27.01.1997 –1 2 Ca 7897/96 (n.v.).
626 BAG, Urt. v. 12.11.2002 – 1 AZR 58/02 (n.v.).
627 BAG, Urt. v. 20.11.2001, NZA 2002, 451 = ZIP 2002, 94 = DB 2002, 153.
628 *Hümmerich*, AnwaltFormulare Arbeitsrecht, Muster 2233 § 4 Rn 1100.
629 BAG, Urt. v. 30.10.2001, NZA 2002 = MDR 2002, 764.
630 BAG, Urt. v. 12.06.2002, ArbRB 2002, 265 = BB 2002, 2609.

2. Aufhebungsklauseln

416 Die nicht in Abwicklungs-, sondern nur in Aufhebungsverträgen vorkommende Aufhebungsklausel hat meist folgenden Wortlaut:

> *»Das zwischen den Parteien bestehende Arbeitsverhältnis wird auf arbeitgeberseitige Veranlassung (unter Einhaltung der ordentlichen Kündigungsfrist) einvernehmlich zum ... beendet.«*

Bei den Aufhebungsklauseln sind verschiedene Formulierungen gebräuchlich. Damit nicht wegen Nichteinhaltung der ordentlichen Kündigungsfrist eine Sperrzeitanordnung nach § 143a SGB III erfolgt, ist es wichtig, dass für die Agentur für Arbeit aus dem Tag der Unterzeichnung des Aufhebungsvertrages und aus dem in der Aufhebungsklausel als Beendigungsdatum bezeichneten Ende des Arbeitsverhältnisses hervorgeht, welche Frist von den Parteien gewahrt wurde. Anhand des Arbeitsvertrages, anhand von § 622 BGB oder aufgrund eines einschlägigen Tarifvertrages kann die Agentur feststellen, ob die Kündigungsfrist eingehalten wurde. Aus steuerlichen Gründen ist die Formulierung, »auf Veranlassung des Arbeitgebers ...«, gebräuchlich, aber auch notwendig.

417 **Rückdatierungen** führen nach Ansicht des Arbeitsgerichts Wetzlar[631] zur Nichtigkeit. Der Aufhebungsvertrag verliert mit der Rückdatierung seine Wirksamkeit.[632]Allerdings kann ein Arbeitsverhältnis durch Aufhebungsvertrag rückwirkend aufgelöst werden, wenn es bereits außer Vollzug gesetzt wurde.[633] Die Aufhebung kann keine Rechtsbeziehungen der Vergangenheit beseitigen (»ex tunc«). Der Arbeitsvertrag enthält einige Pflichten, die über die Dauer des Arbeitsverhältnisses hinauswirken wie die Verschwiegenheitspflicht des Arbeitnehmers oder die Verpflichtung des Arbeitgebers, eine betriebliche Altersversorgung zu erbringen. Wer mit dem Aufhebungsvertrag nicht nur das Arbeitsverhältnis, sondern auch den Arbeitsvertrag in seiner Gesamtheit beseitigt, hebt damit die Anspruchsgrundlage nachwirkender Pflichten auf.

418 Die Formulierung »zur Vermeidung einer ansonsten unumgänglichen, fristgerechten betriebsbedingten Kündigung« führt nicht zu einem wichtigen Grund i.S.v. § 144 SGB III. Anderer Auffassung ist das LSG NRW. Mit Urteil vom 17.12.2001 entschied das LSG,[634] dass es ein wichtiger Grund für die Lösung des Arbeitsverhältnisses i.S.v. § 144 Abs. 1 Nr. 1 SGB III sei, wenn der Arbeitnehmer mit dem Abschluss des Aufhebungsvertrages die von vielen als Makel angesehene Kündigung vermieden und damit seine Chance auf einen neuen Arbeitsplatz verbessert habe. In dem vor dem LSG NRW entschiedenen Fall war der Arbeitsplatz einer Mitarbeiterin betriebsbedingt weggefallen. Die Mitarbeiterin kam einer Kündigung zuvor und schloss mit Ihrem Arbeitgeber einen Aufhebungsvertrag, der die Zahlung einer Abfindung vorsah. Motiv für den Abschluss des Aufhebungsvertrages war für die Mitarbeiterin einerseits die Abfindung, die bei einer Kündigung durch den Arbeitgeber nicht oder in geringerer Höhe geflossen wäre. Weiteres Motiv bildete für die Mitarbeiterin, dass mit Abschluss eines Aufhebungsvertrages aus ihrer Sicht die Chancen auf eine neue Stelle verbessert wurden. Das LSG NRW vertritt die Auffassung, dass die Motive der Klägerin, einen Aufhebungsvertrag zu schließen und nicht eine betriebsbedingte Kündigung hinzunehmen, als wichtiger Grund für die Lösung des Beschäftigungsverhältnisses anzusehen waren und stellt sich damit gegen den Wortlaut der Durchführungsanweisungen der Bundesagentur für Arbeit zu § 144 SGB III.

419 Das BSG[635] teilt die Auffassung des LSG NRW nicht. Ein wichtiger Grund zur Lösung des Arbeitsverhältnisses durch Abschluss eines Aufhebungsvertrags beurteilt sich nicht danach, ob

631 Urt. v. 24.08.1993, EzA § 611 BGB Aufhebungsvertrag Nr. 14.
632 A.A. LAG Hamm, Urt. v. 17.12.1990, LAGE § 611 BGB Aufhebungsvertrag Nr. 3; LAG Baden-Württemberg, Urt. v. 22.05.1991, LAGE § 611 BGB Aufhebungsvertrag Nr. 4.
633 BAG, Urt. v. 10.12.1998, ARST 1999, 187.
634 LSG NRW, Urt. v. 17.12.2001 – L 1 AL 21/01 (n.v.).
635 BSG, Urt. v. 25.04.2002 – B 11 100/01 R (n.v.).

der Arbeitnehmer die angedrohte betriebsbedingte Kündigung für rechtsmäßig habe halten dürfen, sondern danach, ob die angedrohte betriebsbedingte Kündigung objektiv rechtmäßig war.

Dass der Arbeitnehmer sich nicht gegen eine ausgesprochene Kündigung wehren müsse, rechtfertigt nach Meinung des BSG nicht, dass er dem Ausspruch der Kündigung durch Lösung des Arbeitsverhältnisses zuvorkommen dürfe. Es sei dem Arbeitnehmer im Interesse der Versichertengemeinschaft grundsätzlich zuzumuten, auch den Ausspruch einer für unberechtigt gehaltenen Kündigung abzuwarten, sofern nicht besondere Umstände vorliegen.[636] 420

Der Aufhebungsvertrag kann auch als dreiseitiges Rechtsgeschäft geschlossen werden. Verabreden ein **Arbeitnehmer**, sein **bisheriger Arbeitgeber** sowie ein **potentieller neuer Arbeitgeber** im Zuge eines einheitlichen Rechtsgeschäfts, dass der Arbeitnehmer ab einem bestimmten Tage nur noch mit dem neuen Arbeitgeber im Arbeitsverhältnis stehen und für diesen ausschließlich tätig werden soll, beinhaltet dieses Dreiecksgeschäft im Verhältnis zwischen dem Arbeitnehmer und seinem bisherigen Arbeitgeber einen **Aufhebungsvertrag** i.S.v. § 623 BGB. Wird das Dreiecksgeschäft ausschließlich **mündlich** geschlossen, ist der Aufhebungsvertrag nicht formwahrend und somit nichtig, §§ 623, 125 Satz 1 BGB. In diesem Falle besteht das Arbeitsverhältnis zwischen dem Arbeitnehmer und seinem bisherigen Arbeitgeber fort. Beruft sich der Arbeitnehmer später auf den Fortbestand des Arbeitsverhältnisses zum bisherigen Arbeitgeber, sind an den Einwand der Treuwidrigkeit strenge Anforderungen zu stellen, erst recht dann, wenn der bisherige Arbeitgeber und der neue Arbeitgeber einen **Gemeinschaftsbetrieb** zweier Unternehmen in Sinne des Kündigungsschutzrechts unterhalten. Die formnichtige Aufhebung des Arbeitsverhältnisses zwischen Arbeitnehmer und bisherigem Arbeitgeber kann nicht nach § 140 BGB in eine Suspendierung der beiderseitigen Hauptleistungspflichten umgedeutet werden. Die Formnichtigkeit der Aufhebung des Arbeitsverhältnisses zwischen Arbeitnehmer und bisherigem Arbeitgeber hat, jedenfalls im Gemeinschaftsbetrieb zweier Unternehmen, nicht die Unwirksamkeit der Begründung eines Arbeitsverhältnisses zwischen Arbeitnehmer und neuem Arbeitgeber durch das mündliche Rechtsgeschäft zur Folge. Vielmehr verbleibt es bei der Begründung eines Arbeitsverhältnisses zwischen Arbeitnehmer und neuem Arbeitgeber, so dass der Arbeitnehmer im Ergebnis im **Arbeitsverhältnis mit zwei Arbeitgebern gleichzeitig steht**. Das nur teilweise formnichtige Dreiecksgeschäft ist jedoch nach § 140 BGB einheitlich in die Begründung von **Gläubiger- und Schuldnermehrheit** umzudeuten, so dass beide Arbeitgeber nach § 428 Abs. 1 BGB die Arbeitsleistung von dem Arbeitnehmer nur einmal verlangen können, der Arbeitnehmer von den Arbeitgebern nur einmal Entgelt und Beschäftigung fordern kann. 421

Steht der Arbeitnehmer mit zwei Arbeitgebern in Gläubigermehrheit in Arbeitsverhältnissen, so ist sein **Wahlrecht** aus § 428 Abs. 1 BGB, an wen er seine Arbeitsleistung erbringen möchte, ausgeschlossen, da das **arbeitgeberseitige** Direktionsrecht Vorrang genießt. Die **Freistellungserklärung** eines Arbeitgebers in Gläubigermehrheit schlägt gem. § 429 Abs. 1 BGB auf den anderen Arbeitgeber durch, begründet ggf. einen einheitlichen Annahmeverzug beider Arbeitgeber. Diese außergewöhnliche Fallkonstellation entschied in der dargestellten Weise das ArbG Berlin.[637] 422

3. Auslauffrist

Überschreitet die vereinbarte Auslauffrist die Kündigungsfrist um ein Vielfaches und fehlt es auch an sonstigen, einen Aufhebungsvertrag kennzeichnenden Vereinbarungen, dann ist der Vertrag nach einem Einzelurteil[638] nicht auf eine Beendigung, sondern auf eine befristete Fortsetzung des Arbeitsverhältnisses gerichtet. Ein solcher Vertrag soll damit in Wahrheit kein Aufhebungsvertrag sein, sondern eine nachträgliche Befristung, die der allgemeinen, von der Rechtsprechung entwickelten Befristungskontrolle unterliegt. 423

636 BSG, Urt. v. 12.04.1984, SozSich 1984, 388.
637 ArbG Berlin, Urt. v. 04.08.2002, LAGE § 611 BGB Aufhebungsvertrag Nr. 27.
638 BAG, Urt. v. 12.01.2000, AP Nr. 16 zu § 620 BGB Aufhebungsvertrag.

424 Für die Forderung nach einem Sachgrund besteht nur bei befristeten Arbeitsverhältnissen ein Bedürfnis. Schließt der Arbeitnehmer einen Aufhebungsvertrag, wird ein unbefristetes Arbeitsverhältnis beendet. Schon vom dogmatischen Ansatz her ist es unzulässig, die Anforderungen der Sachgrundbefristung auf das mit einem Aufhebungsvertrag vereinbarte Vertragsende zu projizieren.

Rn 425 einstweilen frei.

4. Betriebsgeheimnisklauseln

426 Auch **nach Beendigung des Arbeitsverhältnisses** ist der Arbeitnehmer verpflichtet, **Stillschweigen über Geschäfts- und Betriebsgeheimnisse** seines bisherigen Arbeitgebers zu wahren.[639] Die nachwirkende Pflicht zur Verschwiegenheit erstreckt sich auf sämtliche Tatsachen, die im Zusammenhang mit dem Geschäftsbetrieb stehen, nur einem eng begrenzten Personenkreis bekannt, nicht offenkundig sind und nach dem Willen des Arbeitgebers aufgrund eines berechtigten wirtschaftlichen Interesses geheim gehalten werden sollen.[640] Dementsprechend kommt Klauseln, in denen der Arbeitnehmer auf die Nachwirkung seiner Verschwiegenheitspflicht hingewiesen wird, grundsätzlich nur deklaratorische Bedeutung zu. Das Urteil des BGH vom 03.05.2001[641] hat die Funktion arbeitsvertraglicher Verschwiegenheitsklauseln für den Arbeitgeber teilweise entwertet.

427 Die nachwirkende Verschwiegenheitsverpflichtung verbietet es keinem Arbeitnehmer – ebenso wenig Führungskräften bis hin zu Vorständen –, der bisherigen Firma nach dem Ausscheiden Kunden zu umwerben.[642] Man kann auch im Aufhebungsvertrag ein **Verbot der Kundenumwerbung** vereinbaren,[643] wobei die Wirksamkeit umstritten sein dürfte. Ein solches Verbot rückt nahe an die Funktion einer Kundenschutzklausel mit dem Gewicht eines Wettbewerbsverbots, das gemäß dem Grundsatz der bezahlten Karenz in § 74 Abs. 2 HGB nicht entschädigungslos wirksam vereinbart werden kann.[644]

428 Effizient sind Betriebsgeheimnisklauseln in Aufhebungs- und Abwicklungsverträgen, wenn sie mit Vertragsstrafeversprechen verknüpft werden, deren Wirksamkeit gem. § 309 Nr. 6 BGB nach dem Urteil des BAG v. 04.03.2004[645] nicht bei Verstößen gegen die Geheimhaltungspflicht in Zweifel stehen.[646]

5. Dienstwagenklauseln

429 Bei der Formulierung von Dienstwagenregelungen sollte, wenn Rückgabe des Dienstwagens geregelt wird, darauf geachtet werden, dass der Ort bezeichnet wird, an dem das Fahrzeug zurückgegeben werden soll. Gerade bei Außendienstmitarbeitern ist es nicht selbstverständlich, dass das Fahrzeug zum Arbeitgeber zurückgebracht wird. Haben die Parteien nichts anderes vereinbart, ist der Wohnsitz des Außendienstmitarbeiters **Erfüllungsort für die Rückgabe** des Dienstwagens.[647]

639 BAG, Urt. v. 15.12.1987, AP Nr. 5 zu § 611 BGB Betriebsgeheimnis.

640 BAG, Urt. v. 15.12.1987, AP Nr. 5 zu § 611 BGB Betriebsgeheimnis; Urt. v. 16.03.1982, AP Nr. 1 zu § 611 BGB Betriebsgeheimnis.

641 BGH, Urt. v. 03.05.2001, WM 2001, 1824.

642 BAG, Urt. v. 15.12.1987, AP Nr. 5 zu § 611 BGB Betriebsgeheimnis.

643 Nach BAG, Urt. v. 15.12.1987, NZA 1988, 502 zweifelhaft; Beispiel siehe *Hümmerich*, AnwaltFormulare Arbeitsrecht, Muster 2254 § 4 Rn 1113 (§ 5).

644 Siehe auch BAG, Urt. v. 15.12.1987, DB 1988, 1020.

645 NZA 2004, 728.

646 *Hümmerich,* AnwaltFormulare Arbeitsrecht, § 1 Rn 2205.

647 BAG, Urt. v. 12.06.1986, NJW-RR 1988, 482; nicht zutreffend die Auffassung bei *Weber/Ehrich/Burmester* (Handbuch der arbeitsrechtlichen Aufhebungsverträge, Teil 1 Rn 598), Erfüllungsort für die Rückgabeverpflichtung hinsichtlich des Dienstwagens nach Beendigung des Arbeitsverhältnisses sei grundsätzlich die Betriebsstätte des Arbeitgebers.

Als Kaufpreis darf kein geringerer Wert als der Schätzwert zum Veräußerungszeitpunkt gewählt werden, weil andernfalls die Umsatzsteuer verkürzt würde und der vom Arbeitnehmer zu versteuernde, geldwerte Vorteil zu Lasten des Fiskus verringert würde. Den Schätzwert lässt man am Günstigsten durch eine Vertragswerkstatt oder durch einen Sachverständigen ermitteln. Der Verkauf des Fahrzeugs an den Arbeitnehmer zu einem niedrigeren als dem Marktpreis stellt einen steuerpflichtigen geldwerten Vorteil dar, der, wenn nichts anderes vereinbart ist, vom Arbeitnehmer getragen werden muss.[648] Vielfach beliebt ist, weil sich der Arbeitnehmer oft auch an seinen Dienstwagen gewöhnt hat, dass ihm das Fahrzeug unentgeltlich übereignet wird. In diesem Falle hat das Rechtsgeschäft (Schenkung oder gemischte Schenkung) steuerrechtlich einen Sachbezug zum Gegenstand, also einen geldwerten Vorteil, durch den Steuern anfallen, die vom Arbeitnehmer zu tragen sind. Sinnvoller ist es in einem solchen Falle, wenn der Arbeitnehmer das Fahrzeug zum »amtlichen« Schätzwert erwirbt und der Arbeitgeber um diesen Betrag zzgl. der anfallenden Steuern die Abfindung erhöht bzw. eine Nettoabfindung zahlt. Auf diese Weise fällt beim Arbeitnehmer kein zusätzlicher geldwerter Vorteil an. Der geldwerte Vorteil ist vom Arbeitgeber zu tragen, wenn es in der Vereinbarung heißt, der Arbeitnehmer erwerbe das Fahrzeug unentgeltlich als Nettosachbezugswert.[649] 430

Da der Arbeitnehmer Verbraucher ist gelten für den Kauf eines Dienstfahrzeuges die Regeln des Verbrauchsgüterkaufs, §§ 474 ff. BGB. Damit kann die Gewährleistung für den Dienstwagen für die Dauer von einem Jahr nicht ausgeschlossen werden, § 475 Abs. 2 BGB. Zeigt sich innerhalb von sechs Monaten seit Gefahrübergang ein Sachmangel, wird vermutet, dass die Sache bereits bei Gefahrübergang mangelhaft war, § 476 BGB. Eine Reihe von interessenwidrig erscheinenden Ergebnissen ist die Folge dieser Rechtslage. Der Arbeitnehmer, der den Dienstwagen erwirbt, kennt das Fahrzeug regelmäßig besser als der veräußernde Unternehmer (= Arbeitgeber). Er hat das Fahrzeug meist seit mehreren Jahren täglich genutzt. Trotzdem ist ein diesem Umstand Rechnung tragender Verzicht des Arbeitnehmers auf Gewährleistungsansprüche gem. § 475 Abs. 1 BGB unwirksam. Man wird überlegen müssen, ob bei dieser Fallkonstellation eine teleologische Reduktion der Vermutungsregel des § 476 BGB angebracht ist, da das Gesetz davon ausgeht, dass der Verbraucher-Erwerber das Fahrzeug allenfalls einmal während einer kurzen Probefahrt selbst gefahren hat und nicht, wie der Arbeitnehmer als Erwerber seines eigenen Dienstfahrzeugs, den Wagen seit Jahren benutzt. Das Schutzbedürfnis besteht nicht in gleicher Weise, wenn man der Benutzer eines gebrauchten PKW war. 431

Wird das Fahrzeug bis zur rechtlichen Beendigung des Arbeitsverhältnisses zur privaten Nutzung überlassen,[650] entstehen auf Seiten des Arbeitnehmers keine Ansprüche auf Nutzungsentschädigung. Hat der Arbeitnehmer das Fahrzeug allerdings an den Arbeitgeber auf dessen Wunsch vorzeitig zurückgegeben und wird in einem arbeitsgerichtlichen Vergleich statt einer fristlosen Kündigung vereinbart, dass das Arbeitsverhältnis unter Beachtung der ordentlichen Kündigungsfrist beendet wird und das Gehalt bis zur Beendigung des Arbeitsverhältnisses nachzuzahlen ist, gehört der vertragliche Anspruch eines Arbeitnehmers auf private Nutzung eines ihm vorenthaltenen Dienstwagens grundsätzlich nicht zu den geschuldeten Zahlungsansprüchen aus einem arbeitsgerichtlichen Vergleich.[651] 432

In einem arbeitsgerichtlichen Vergleich einigten sich die Parteien, dass der beklagte Arbeitgeber das Arbeitsverhältnis mit dem Kläger bis zum Beendigungszeitpunkt »vertragsgemäß abrechnet«. Im Übrigen waren nach dem Wortlaut des Vergleichs »alle gegenseitigen Ansprüche aus dem Arbeitsverhältnis und aus diesem Rechtsstreit erledigt«. Das BAG verneinte einen vertraglichen Zahlungsanspruch für die Vorenthaltung des Dienstwagens, da nach dem Arbeitsvertrag nur die tatsächliche Überlassung, nicht jedoch ein finanzieller Ersatz im Falle der Vorenthaltung geschuldet 433

648 BFH, Urt. v. 26.07.2001 – VI R 122/98, NZA-RR 2002, 258.
649 *Hümmerich*, AnwaltFormulare Arbeitsrecht, Muster 2260 § 4 Rn 1116 (§ 13 S. 2).
650 *Hümmerich*, AnwaltFormulare Arbeitsrecht, Muster 2250 § 4 Rn 1111 (§ 8).
651 EWiR 1/03, m. Anm. *Mauer* zu BAG, Urt. v. 05.09.2002.

gewesen sei. Auch aus dem Prozessvergleich habe sich kein Zahlungsanspruch abgeleitet, da gerade nur die vertraglichen Ansprüche abzurechnen gewesen seien. Damit habe der Arbeitnehmer nur Geldansprüche, nicht aber die nicht mehr nachzuholende Naturalleistung »Überlassung des Dienstwagens« abzurechnen gehabt.

434 Die Rechtsprechung zur Rechtsnatur des Nutzungsanspruchs am Dienstwagen ist nicht einheitlich. Mit Urteil vom 27.05.1999 hatte das BAG den Anspruch wegen Vorenthaltung des privat nutzbaren Dienstwagens als Schadensersatzanspruch eingeordnet.[652] Kurz darauf änderte das BAG seine Auffassung und nahm im Anschluss an *Meier*[653] einen echten Annahmeverzugsanspruch an.[654] Als »dogmatisch unklar« bezeichnete der 8. Senat schließlich seine letzte Qualifizierung des Nutzungsanspruchs des Arbeitnehmers.[655] Die herrschende Meinung in der Literatur versteht den Anspruch auf private Nutzung des Dienstwagens als echten Verzugslohnanspruch.[656]

435 Enthält ein Prozessvergleich die Verpflichtung des Arbeitgebers zur »vertragsgemäßen Abwicklung«, ist die vorenthaltene Dienstwagennutzung nicht von der im Vergleich gewählten Formulierung erfasst, selbst wenn die vorenthaltene Nutzung des Firmenfahrzeugs Gegenstand der schriftsätzlichen Darstellung des Arbeitnehmers im Arbeitsgerichtsprozess bildete.[657]

436 Soweit die Zahlung der Abfindung und eine nachvertragliche Privatnutzung innerhalb eines Kalenderjahres erfolgen, ist die Privatnutzung gem. §§ 24, 34 EStG zu versteuern.[658] Im BMF-Schreiben vom 24.05.2004[659] wird ausdrücklich ausgeführt, dass die weitere unentgeltliche oder teilentgeltliche (zeitlich befristete) Nutzung des Dienstwagens, der nicht in das Eigentum des Arbeitnehmers übergeht, regelmäßig Teil der Entschädigung ist. In diesen Fällen wird dieser Teil des Entschädigungsanspruchs durch die weitere Nutzung in dem jeweiligen Kalenderjahr fällig. In diesen Fällen kann § 34 EStG nicht angewendet werden, wenn die Wirtschaftsgüter auch in einem anderen als dem Veranlagungszeitraum genutzt werden, in dem die übrige Entschädigung zufließt.

437 Bei der Bemessung des Aufstockungsbetrags, um den der Arbeitgeber das Arbeitsentgelt des Arbeitnehmers in Teilzeit gem. § 3 ATZG erhöhen muss, und der ihm unter den Voraussetzungen des § 4 ATZG von der Bundesagentur für Arbeit zurückerstattet wird, ist der Wert der Dienstwagennutzung zu berücksichtigen. Der Arbeitgeber ist verpflichtet das Arbeitsentgelt um mindestens 20 % vom Altersteilzeitbrutto auf mindestens 70 % vom bisherigen Nettoverdienst aufzustocken und zur gesetzlichen Rentenversicherung Beiträge auf der Basis von insgesamt 90 % des bisherigen Bruttoentgelts abzuführen. Diese Prozentsätze können aufgrund tarifvertraglicher oder in einer Betriebsvereinbarung getroffener Regelungen zu höheren Aufstockungsbeträgen führen.[660]

438 Wird dem Arbeitnehmer ein Dienstwagen nur zur dienstlichen Nutzung überlassen, erlangt der Arbeitnehmer grundsätzlich weder eine Besitzstellung an diesem, noch einen Anspruch auf Nutzung des Fahrzeugs bis zur Beendigung des Arbeitsverhältnisses.[661] Der Arbeitgeber kann daher das Fahrzeug jederzeit entschädigungslos herausverlangen.[662] Wurde dem Arbeitnehmer auch das Recht der privaten Nutzung des Dienstwagens eingeräumt, stellt das private Nutzungsrecht einen Teil des Arbeitsentgelts in Form einer Naturalvergütung dar und muss, soweit nicht etwas anderes

652 BAG, Urt. v. 27.05.1999, BAGE 91, 379.
653 NZA 1999, 1083.
654 BAG, Urt. v. 02.12.1999 – 8 AZR 849/98 (n.v.).
655 BAG, Urt. v. 25.01.2001 – 8 AZR 412/00 (n.v.).
656 ErfK/*Preis*, § 611 BGB Rn 782; *Mauer*, Dienstwagenüberlassung an Arbeitnehmer, 41; *Meier*, NZA 1999, 1083; MünchArbR/*Hanau*, § 68 Rn 12; MüKo-BGB/*Schaub*, § 612 Rn 27; a.A. *Nägele*, NZA 1997, 1196; Küttner/*Griese*, Nr. 142 Rn 11.
657 BAG, Urt. v. 05.09.2002, NZA 2003, 973.
658 *Hoß/Ehrich*, DB 1997, 625.
659 IV A 5 – S 2290/20/04, 14.
660 Siehe ErfK/*Rolfs*, § 3 ATG Rn 2.
661 *Nägele*, Der Dienstwagen, S. 16.
662 LAG Berlin, Urt. v. 26.05.1986, DB 1987, 542; ArbG Stuttgart, Urt. v. 12.05.1995 – 26 Ca 2051/94 (n.v.).

geregelt wurde, durchgehend geleistet werden.[663] Im Blockmodell muss deshalb der Arbeitgeber bei vereinbarter Privatnutzung entweder das Fahrzeug durchgehend zur Verfügung stellen oder den Aufstockungsbetrag um den Vorteil der Privatnutzung erhöhen.[664]

Ist das Fahrzeug geleast und darf der Arbeitnehmer das Firmenfahrzeug auch privat nutzen, so ist eine Vertragsvereinbarung unwirksam, wonach der Arbeitnehmer bei Eigenkündigung die Rechte und Pflichten aus dem Leasingvertrag zu übernehmen und den Arbeitgeber von den Verpflichtungen aus dem Leasingvertrag freizustellen hat. Das LAG München[665] gründet diese Auffassung auf § 242 BGB. Es sei mit Treu und Glauben nicht zu vereinbaren, wenn die monatliche Leasingrate im Verhältnis zum monatlichen Einkommen des Arbeitnehmers so hoch sei, dass sie der Arbeitnehmer ohne Gefährdung seiner wirtschaftlichen Existenzgrundlage kaum bewältigen könne. 439

Haben Arbeitgeber und Arbeitnehmer vereinbart, dass der Arbeitnehmer bei einem Leasingfahrzeug, das ihm als Firmenfahrzeug zur Verfügung gestellt wird, den Unterschiedsbetrag zwischen der Normalausstattung und der Sonderausstattung übernimmt, kann er vom Arbeitgeber arbeitsvertraglich nicht wirksam verpflichtet werden, im Falle der vorzeitigen Rückgabe des Fahrzeugs die noch anfallenden Differenzraten zu zahlen.[666] Das Arbeitsverhältnis der Parteien endete aufgrund betriebsbedingter Kündigung des Arbeitgebers wegen Schließung der Niederlassung. Bis dahin hatte der Arbeitnehmer das Dienstfahrzeug zehn Monate genutzt. Der Arbeitgeber hielt vom letzten Gehalt die noch offenen 26 Differenzraten ein, zu Unrecht, wie das BAG feststellte. 440

6. Direktversicherung

Hat der Arbeitgeber für den Arbeitnehmer als unwiderruflich Begünstigten eine Direktversicherung geschlossen, werden die Aufwendungen des Arbeitgebers für die Direktversicherung nach § 40b Abs. 1 EStG mit einem Pauschalsteuersatz von 20 % (zzgl. Solidaritätszuschlag und Kirchensteuer) der Beitragsleistungen bis zu einer maximalen Höhe der Versicherungsbeiträge von 1.752 EUR je Dienstjahr besteuert. Der Steuersatz von 20 % ist regelmäßig günstiger als der persönliche Steuersatz des Arbeitnehmers. Besonders vorteilhaft ist diese Pauschalbesteuerung für Führungskräfte, Geschäftsführer und Vorstände, deren persönliche Steuersätze voll von der Progression erfasst werden. 441

Die Besonderheit des § 40b Abs. 2 Satz 3 EStG besteht daneben in seiner Vervielfältigungsposition.[667] Beim Ausscheiden kann die Vervielfältigungsmethode angewendet werden. Das bedeutet, dass nach § 40b Abs. 2 Satz 3 EStG der Betrag von 1.752 EUR mit der Anzahl der Kalenderjahre, in denen das Dienstverhältnis des Arbeitnehmers zum Arbeitgeber bestanden hat, vervielfältigt werden kann. Der so ermittelte Betrag ist um die pauschalbesteuerten Beiträge und Zuwendungen, die der Arbeitgeber im Kalenderjahr der Beendigung des Dienstverhältnisses und in den sechs vorangegangenen Kalenderjahren erbracht hat, zu reduzieren. 442

Man kann den Effekt noch dadurch steigern, dass eine Tantieme, die nach Feststellung des Jahresabschlusses fällig wird, unter Anwendung der Vervielfältigungsregelung pauschaliert wird. Die Umwandlung von Arbeitslohn bei gleichzeitiger Anwendung der Vervielfältigungsregelung ist nach den Lohnsteuerrichtlinien[668] möglich. Voraussetzung für die steuerliche Anerkennung der Anwendung der Vervielfältigungsregelung ist, dass die Versicherungsbeiträge im Zusammenhang mit der Beendigung des Dienstverhältnisses erbracht werden. Ein solcher Zusammenhang wird nach den Lohnsteuerrichtlinien vermutet, wenn der Direktversicherungsbeitrag innerhalb von drei Monaten vor dem Auflösungszeitpunkt geleistet wird. 443

663 BFH, Urt. v. 29.05.1963, DB 1963, 926; BAG, Urt. v. 16.11.1995, AP Nr. 4 zu § 611 BGB Sachbezüge; LAG Köln, Urt. v. 09.05.1998 – 13 Sa 280/98 (n.v.); ErfK/*Preis*, § 611 BGB Rn 87; *Maier*, NZA 1997, 298.

664 Ebenso *Rittweger/Petri/Schweikert*, Altersteilzeit, § 3 Rn 41; *Nägele*, Der Dienstwagen, S. 16 f.

665 LAG München, Urt. v. 16.05.2001, LAGE § 611 BGB Inhaltskontrolle Nr. 5.

666 BAG, Urt. v. 09.09.2003 – 9 AZR 574/02 (n.v.).

667 *Seifert*, BuW 1999, 653; *Hümmerich*, Aufhebungsvertrag und Abwicklungsvertrag, § 9 Rn 109.

668 R 129 Abs. 11 Satz 2 LStR 2001.

444 Der Nachteil der Vervielfältigungsmethode für den Arbeitnehmer besteht darin, dass der steuerliche Vorteil nur dann eintritt, wenn der Arbeitnehmer Kapital, das er normalerweise über eine Abfindung oder Arbeitslohn (Tantieme) erhalten würde, in einer Direktversicherung bindet. Eine interessante Gestaltungsvariante bietet die Vervielfältigungsmethode, wenn man sie gegen Ende des Arbeitsverhältnisses mit einem älteren Arbeitnehmer anwendet. Die Gründe, aufgrund derer das Arbeitsverhältnis beendet wurde, sind für die Vervielfältigung der Pauschalierungsgrenze bei einer Direktversicherung unerheblich. Die Vorzüge können auch bei einer arbeitnehmerseitig veranlassten Trennung sowie beim Eintritt in den Ruhestand genutzt werden.[669]

7. Erledigungsklausel

445 Eine Anfechtung der Ausgleichsklausel mit der Begründung, Forderungen, die zum Zeitpunkt des Abschlusses des Auflösungsvertrags bestanden hätten, seien übersehen worden, ist in der Regel nicht wirksam, weil es an den Voraussetzungen der §§ 119, 123 BGB fehlt.[670]

446 Erledigungsklauseln (allgemeine Ausgleichsklauseln) können sich auf **Ansprüche aus dem Arbeitsverhältnis**, auf **sämtliche Ansprüche** oder auf **alle finanziellen Ansprüche** zwischen den Parteien beziehen. Je nach Wortwahl ist die Erledigungsklausel auszulegen. Erfasst eine Ausgleichsklausel die Ansprüche aus dem Arbeitsverhältnis, sind damit auch die Ansprüche aus der Beendigung des Arbeitsverhältnisses gemeint.[671] Ein **Darlehen** ist generell keine Leistung aus dem Arbeitsverhältnis. Das Arbeitsverhältnis ist allenfalls Motiv für die Gewährung eines Darlehens, so dass Darlehensansprüche bei dieser Formulierung nicht erfasst werden.[672]

447 Eine **allgemeine Erledigungsklausel** im Aufhebungs- oder Abwicklungsvertrag führte nach früherer Rechtsprechung nicht zur Beseitigung eines im Arbeitsvertrag vereinbarten nachvertraglichen Wettbewerbsverbots.[673] Falls von den Parteien beabsichtigt, musste nach früherer Ansicht des BAG das nachvertragliche Wettbewerbsverbot ausdrücklich (wörtlich) im Auflösungsvertrag aufgehoben werden. Mit Urteil des BAG v. 19.11.2003[674] hat sich die Rechtslage tendenziell geändert. Das BAG entschied, eine Erledigungsklausel in einem Aufhebungsvertrag sei weit auszulegen und könne deshalb auch ein nachvertragliches Wettbewerbsverbot ausschließen. Maßgeblich war für das BAG der konkrete Wortlaut der Erledigungsklausel im Aufhebungsvertrag, der allerdings das Wettbewerbsverbot nicht erwähnte. Die Sache wurde vom BAG an das LAG zurückverwiesen. *Bauer/Diller*[675] werten die Entscheidung kritisch, mahnen zu einem bedachten Umgang mit Erledigungsklauseln und halten es für ausgeschlossen, das Verhältnis von Fortgeltung einer Wettbewerbsabrede und Erledigungsklausel über eine allgemein gültige Auslegungsregel zu beantworten.[676] Zweifelhaft soll nach Auffassung von *Hoß*[677] sein, ob eine Klausel, wonach die Gesellschaft mit sofortiger Wirkung auf das nachvertragliche Wettbewerbsverbot verzichtet, die Pflicht des Unternehmens zur Zahlung der Karenzentschädigung erfasst.

448 Wählen die Parteien die Formulierung, alle **gegenseitigen** oder alle **wechselseitigen** Ansprüche sind mit Abschluss der Aufhebungsvereinbarung erledigt, werden durch beide Formulierungen stets **alle** Ansprüche erfasst, die einer Partei gegen die andere zustehen. Die Gegenseitigkeit bezieht sich nicht nur auf solche Ansprüche, die in einem synallagmatischen Gegenseitigkeitsverhältnis i.S.v. § 320

669 *Kunz*, in: *Berscheid/Kunz/Brand*, Praxis ArbR, Teil 4 Rn 192.
670 *Weber/Ehrich/Burmester*, Handbuch der arbeitsrechtlichen Aufhebungsverträge, Teil 1 Rn 643; siehe ferner *Diller*, Fallstricke bei Erledigungsklauseln in Aufhebungsverträgen, FA 2000, 270.
671 BAG, Urt. v. 30.11.1994, DB 1995, 520.
672 LAG Hamm, Urt. v. 28.04.1995, LAGE § 794 ZPO Ausgleichsklausel Nr. 1; a.A. OLG Düsseldorf, NZA-RR 1998, 1.
673 BAG, Urt. v. 20.10.1981, AP Nr. 39 zu § 74 HGB; LAG Baden-Württemberg, Urt. v. 20.09.1995, NZA-RR 1996, 163; *Hoß*, DB 1997, 1818.
674 BAG, Urt. v. 19.11.2003, BB 2004, 1280.
675 BB 2004, 1274.
676 Ebenso *Hümmerich*, Aufhebungsvertrag und Abwicklungsvertrag, § 9 Rn 117.
677 *Hoß*, DB 1997, 1818 (1820).

BGB zueinander stehen.[678] Nach der Rechtsprechung des LAG Hamm[679] soll eine Ausgleichsklausel, die in einem Aufhebungsvertrag vereinbart worden ist, keine unstreitig bestehenden Lohnansprüche erfassen, die noch nicht abgerechnet worden sind und über die kein Streit besteht. Ein Verzicht, bei dem die Parteien im Rahmen eines Erlassvertrages von dem Bestand der Forderung ausgehen und vereinbaren, dass diese nicht mehr erfüllt werden soll, könne nicht angenommen werden. An die Feststellung des Willens, auf eine Forderung zu verzichten, seien strenge Anforderungen zu stellen. Der Verzicht auf ein Recht sei nicht zu vermuten. Die Ausgleichsklausel besitze vielmehr die Qualität eines deklaratorischen negativen Schuldanerkenntnisses, das der Durchsetzung des Anspruchs nicht entgegenstehe, wenn die Forderung unstreitig bestehe.

Enthält eine Ausgleichsklausel die Formulierung, **alle Ansprüche aus dem beendeten Arbeitsverhältnis**, gleich aus welchem Rechtsgrund, seien erledigt, werden Rückzahlungsansprüche wegen überzahlten Gehalts aus § 812 BGB selbst dann mit erfasst, wenn sich der Rückzahlungsanspruch erst aus den Bedingungen des Aufhebungsvertrages ergibt.[680] Führt nach Abschluss eines Aufhebungsvertrages eine Tariferhöhung dazu, dass der Arbeitnehmer einen Gehaltserhöhungsanspruch bis zum Zeitpunkt der Beendigung des Arbeitsverhältnisses hat, kann sich der Arbeitgeber nicht wirksam auf eine Erledigungsklausel im Aufhebungsvertrag berufen.[681] Auch der **Anspruch auf ein Zeugnis**[682] und auf **Herausgabe der Arbeitspapiere** wird nicht durch eine Erledigungsklausel erfasst. Gleiches gilt nach inzwischen herrschender Auffassung in der Rechtsprechung **bei Ansprüchen aus betrieblicher Altersversorgung**[683] und bei **Ansprüchen aus einem nachvertraglichen Wettbewerbsverbot**.[684] Eine derartige Klausel bewirkt weder den Verzicht auf gesetzliche Urlaubsansprüche,[685] noch das Erlöschen des gekürzten Vollurlaubsanspruchs nach § 5 Abs. 1 lit. c) BUrlG.[686] Auch ein als Schadensersatz geltend gemachter Verschaffungsanspruch wegen unterbliebener Einbeziehung in eine betriebliche Altersversorgung wird nicht durch eine Ausgleichsklausel erfasst.[687] 449

Der Wortlaut in einer Ausgleichsklausel eines gerichtlichen Vergleichs, wonach »mit der Erfüllung der Vereinbarung sämtliche Ansprüche hinüber und herüber aus dem Arbeitsverhältnis und seiner Beendigung abgegolten und ausgeglichen sind,« umfasst auch Ansprüche aus einem vertraglichen Wettbewerbsverbot. Aus weiteren Umständen wie dem Zustandekommen der Vereinbarung oder dem nachvertraglichen Verhalten kann sich ergeben, dass die Parteien ein Wettbewerbsverbot dennoch aufrechterhalten bzw. nicht auf Ansprüche daraus verzichten wollen.[688] 450

Wegen der nur losen Verbindung mit dem Arbeitsverhältnis gehen auch Ansprüche auf Arbeitnehmererfinder-Vergütung grundsätzlich nicht in einer allgemeinen Erledigungsklausel unter.[689] Von einer Erledigungsklausel **werden unverzichtbare Rechte und Ansprüche generell nicht erfasst**. Ein Verzicht auf **tarifliche Rechte** ist nur in einem von den Tarifvertragsparteien gebilligten Vergleich zulässig.[690] Das Verzichtsverbot erstreckt sich auf alle tariflichen Rechte, auch auf einen tariflichen 451

678 *Bauer*, Arbeitsrechtliche Aufhebungsverträge, Rn IV 379.
679 LAG Hamm, Urt. v. 07.12.2000, NZA-RR 2002, 15.
680 BAG, Urt. v. 05.04.1973, EzA § 794 ZPO Nr. 1.
681 LAG Köln, Urt. v. 05.10.1995, LAGE § 611 Aufhebungsvertrag Nr. 19.
682 BAG, Urt. v. 16.09.1974, AP Nr. 9 zu § 630 BGB.
683 BAG, Urt. v. 14.08.1990, NZA 1991, 174; Urt. v. 22.09.1987, AP Nr. 13 zu § 17 BetrAVG; BAG, Urt. v. 09.11.1973, DB 1974, 487.
684 BAG, Urt. v. 20.10.1981, AP Nr. 39 zu § 74 HGB; die Instanzgerichtsbarkeit differenziert demgegenüber sehr stark danach, wie die Erledigungsklausel formuliert war: OLG Köln, Urt. v. 25.03.1997, BB 1997, 1328; LAG Köln, Urt. v. 17.01.1990 – 7 Sa 1052/89 (n.v.); LAG Hamm, Urt. v. 23.09.1992 – 15 Sa 462/92 (n.v.); ArbG Düsseldorf, Urt. v. 12.10.1993 – 1 Ca 5434/93 (n.v.).
685 Gesetzliche Urlaubsansprüche sind gem. § 13 Abs. 1 BUrlG grundsätzlich unverzichtbar.
686 BAG, Urt. v. 09.06.1998, DB 1999, 52.
687 BAG, Urt. v. 17.10.2000, FA 2001, 117.
688 BAG, Urt. v. 31.07.2002, NZA 2003, 101.
689 *Bauer*, Arbeitsrechtliche Aufhebungsverträge, Rn IV 396.
690 § 4 Abs. 4 Satz 1 TVG.

Wiedereinstellungsanspruch.[691] Wenn dagegen zwischen den Parteien Streit oder Ungewissheit über die tatsächlichen Voraussetzungen eines tariflichen Anspruchs bestehen, kann der Streit mit Hilfe einer Erledigungsklausel wirksam beendet werden. In diesem Falle schließen die Parteien einen Tatsachenvergleich, der eine objektive oder subjektive Ungewissheit über die tatsächlichen Voraussetzungen des tariflichen Anspruchs im Wege gegenseitigen Nachgebens ausräumt.[692] Ein Verzicht auf **Rechte aus einer Betriebsvereinbarung** ist gem. § 77 Abs. 4 BetrVG nur mit Zustimmung des Betriebsrats möglich.[693]

452 Mit der Erledigungsklausel kann der Arbeitnehmer erklären, keine Kündigungsschutzklage zu erheben.[694] Dazu bietet sich die Formulierung an:

> *Gegen die Kündigung werden keine Einwendungen erhoben.*

Dieser Wortlaut ist ausreichend, um im Abwicklungsvertrag sicher zu stellen, dass der Arbeitnehmer die Kündigung hinnimmt und keine Klage erheben wird.[695] Allerdings riskiert der Arbeitnehmer angesichts des Urteils des BSG v. 18.12.2003,[696] dass schon diese Formulierung als aktives Mitwirken an der Beendigung oder sogar als Einigung über die Beendigung mit der Sperrzeitfolge aus § 144 Abs. 1 Nr. 1 Hs. 1 SGB III angesehen wird.[697]

453 Das LAG Köln hat in einem Urteil[698] die auf dem Kündigungsschreiben enthaltene und vom Arbeitnehmer unterschriebene Erklärung, »*zur Kenntnis genommen und hiermit einverstanden*,« als wirksamen Klageverzicht wegen des gesetzlichen Kündigungsschutzes gedeutet.

454 Kein wirksamer Verzicht auf Kündigungsschutz liegt dagegen vor, wenn es in einer Ausgleichsquittung heißt:

> Ich erkläre hiermit, dass mir aus Anlass der Beendigung des Arbeitsverhältnisses keine Ansprüche mehr zustehen.[699]

Durch einen in Bezug auf eine konkrete Arbeitgeberkündigung rechtswirksam abgegebenen Klageverzicht begibt sich der Arbeitnehmer auch eines – möglicherweise bestehenden – Wiedereinstellungsanspruchs.[700] Eine allgemeine Erledigungsklausel erfasst nicht einen titulierten Anspruch, der schon bei Abschluss des Prozessvergleichs oder außergerichtlichen Aufhebungsvertrages feststand.[701] Ebenso wenig bezieht eine Erledigungsklausel einen Rückzahlungsanspruch des Arbeitgebers wegen einer nach § 115 SGB X übergeleiteten Forderung der Agentur für Arbeit ein, wenn der Arbeitgeber den Arbeitnehmer überzahlt hat.[702]

455 Enthält eine Ausgleichsklausel ein **konstitutives negatives Schuldanerkenntnis**, so soll der Arbeitgeber dieses Schuldanerkenntnis nach § 812 Abs. 2 BGB wegen ungerechtfertigter Bereicherung zu Unrecht erlangt haben, wenn der Anerkennende nachweisen kann, dass er vom Nichtbestehen der Forderung ausgegangen ist, sie aber tatsächlich doch bestand.[703]

691 BAG, Urt. v. 22.02.1961, DB 1961, 575.
692 BAG, Urt. v. 21.12.1972, AP Nr. 1 zu § 9 LFZG; Urt. v. 23.08.1994, AP Nr. 3 zu § 3 BetrAVG.
693 BAG, Urt, v. 20.04.1994 10 AZR 323/94 (n.v.); Urt. v. 28.04.1993 , DB 1993, 2034.
694 BAG, Urt. v. 29.06.1978, NJW 1979, 287; Urt. v. 03.05.1979, NJW 1979, 2267.
695 BAG, Urt. v. 06.04.1977, AP Nr. 4 zu § 4 KSchG 1969.
696 NZA 2004, 661.
697 Hierzu kritisch *Hümmerich*, AE 3/2004, 147.
698 LAG Köln, Urt. v. 22.02.2000, NZA-RR 2001, 85.
699 BAG, Urt. v. 03.05.1979, AP Nr. 6 zu § 4 KSchG 1969.
700 ArbG Düsseldorf, Urt. v. 04.10.1999, DB 2000, 2022.
701 LAG Frankfurt, Urt. v. 07.06.1985, BB 1986, 136.
702 BAG, Urt. v. 09.10.1996, NZA 1997, 376.
703 BAG, Urt. v. 06.04.1977, NJW 1977, 1983.

Die Vereinbarung einer allgemeinen Erledigungsklausel kann rechtsmissbräuchlich sein, wenn der Arbeitnehmer dem Arbeitgeber durch eine vorsätzliche Vertragsverletzung oder vorsätzliche unerlaubte Handlung Schaden zugefügt hat und der Arbeitgeber bei Vereinbarung der Klausel hiervon keine Kenntnis hatte.[704] 456

Bei der nachfolgenden Formulierung, ergibt die Auslegung, dass es sich um ein negatives Schuldanerkenntnis i.S.v. § 397 Abs. 2 BGB handelt:[705] 457

> Mit Erfüllung dieser Vereinbarung sind alle gegenseitigen Ansprüche – gleichgültig ob bekannt oder unbekannt – des Arbeitnehmers gegen die Firma und umgekehrt aus dem Arbeitsverhältnis und seiner Beendigung erledigt.

Für diese Klausel gilt, dass eine Kondiktion nach § 812 Satz 2 BGB ausscheidet, weil Rechtsgrund des geleisteten Anerkenntnisses der durch gegenseitiges Nachgeben zustande gekommene Abfindungsvergleich ist.[706]

Bei ausländischen Arbeitnehmern ist die ständige Rechtsprechung zu beachten, wonach eine Erledigungsklausel nur dann wirksam Rechte des Arbeitnehmers ausschließen kann, wenn dieser die Klausel verstanden hat.[707] Vereinbart ein ehemaliger Gesellschaftergeschäftsführer, der zugleich als Architekt für eine GmbH tätig war, in einer allgemeinen Erledigungsklausel im Rahmen der Übertragung des Gesellschaftsanteils einen generellen Haftungsverzicht, erfasst eine solche Erledigungsklausel nicht etwaige Ansprüche, die die Gesellschaft wegen überzahlten Architektenhonorars hat,[708] auch für einen Arbeitnehmer, der neben seinen arbeitsvertraglichen Verpflichtungen Ehrenämter oder vergleichbare Funktionen beim Arbeitgeber wahrgenommen hat, ist die Entscheidung des BGH von Bedeutung. Derartige Mitarbeiter sollten darauf achten, dass die Erledigungsklausel auch ihre sonstige Stellung als Kassierer einer Betriebssportgruppe u.Ä. erfasst. 458

8. Freistellung

Grundsätzlich hat der Arbeitgeber während des Bestandes eines Arbeitsverhältnisses nicht das Recht, den Arbeitnehmer freizustellen. Als Ausnahme aus der Zeit vor In-Kraft-Treten der Schuldrechtsreform ist bekannt, dass der Arbeitgeber wirksam einen Mitarbeiter frei stellen konnte, wenn gegen ihn der Verdacht des Verrats von Betriebsgeheimnissen besteht, wenn die Annahme anderweitiger Fälle eines strafbaren bzw. schädigenden Verhaltens gegeben ist oder wenn aus der Stellung des Arbeitnehmers im Betrieb und aus der Art seines Arbeitsbereichs ein überwiegendes schutzwertes Interesse des Arbeitgebers an der Suspendierung folgt.[709] 459

Da der Arbeitgeber während einer einvernehmlichen Freistellung keinen Anspruch auf Arbeitsleistung des Arbeitnehmers hat, ist er nicht mehr Gläubiger der Arbeitsleistung. Mangels Anspruchs auf Arbeitsleistung befindet sich der Arbeitgeber bei einer einvernehmlichen Freistellung nicht im Gläubigerverzug. Der Arbeitnehmer macht keinen Entgeltanspruch nach §§ 611, 615 Satz 1 BGB (»Lohn ohne Arbeit«) in Verbindung mit dem Arbeitsvertrag geltend. Eine unmittelbare Anwendung der Anrechnungsnorm des § 615 Satz 2 BGB scheidet deshalb unter normsystematischen Gesichtspunkten bei einvernehmlicher Freistellung aus.[710] 460

704 BAG, Urt. v. 09.03.1972, BB 1972, 2216.
705 LAG München, Urt. v. 24.03.1997, BB 1998, 269.
706 § 779 BGB.
707 LAG Hamm, Urt. v. 02.01.1976, DB 1976, 923; zum »Sprachrisiko« des ausländischen Arbeitnehmers *Hümmerich*, BlStSozArbR 1976, 273.
708 BGH, Urt. v. 18.09.2000, NJW 2001, 223.
709 BAG, Urt. v. 27.02.1985, NZA 1985, 702.
710 *Bauer*, Arbeitsrechtliche Aufhebungsverträge, Rn IV 72 ff.; *Bauer/Baeck*, NZA 1989, 784.

461 Mit Urteil vom 19.03.2002[711] hat das BAG unter Abkehr von seiner früheren Rechtsprechung[712] zu der Auffassung gefunden, dem Arbeitnehmer sei durch die rechtswirksame Freistellung von Arbeit die Arbeitsleistung vorübergehend rechtlich unmöglich geworden, § 297 BGB. Der Arbeitgeber könne insoweit nicht in Gläubigerverzug geraten. Dies gelte für die Freistellung in gleichem Maße wie für die Urlaubsgewährung. Wenn aber § 615 Satz 1 BGB im Falle einer Freistellung nicht anwendbar sei, komme auch eine Anrechnungspflicht in Höhe eines anderweitig erzielten Verdienstes nach § 615 Satz 2 BGB nicht in Betracht. Im Ergebnis erfolgt somit keine Anrechnung von Zwischenverdienst in der Freistellungsphase, sofern die Parteien nichts anderes vereinbart haben.

462 Gegenwärtig ist die für Vorstände und GmbH-Geschäftsführer maßgebliche Rechtslage abweichend von der geänderten Rechtsprechung des BAG.[713] Der BGH hat mit Urteil vom 09.10.2000[714] entschieden, dass die Freistellung von der Dienstpflicht Annahmeverzug i.S.v. § 615 Satz 1 BGB begründe. Der notwendige Verzug ergebe sich schon daraus, dass die Gesellschaft auf die Dienste des Geschäftsführers verzichtet habe. Konsequenterweise kam der BGH dann auch zu einer Anrechnungspflicht nach § 615 Satz 2 BGB.

463 Im Arbeitsrecht kam eine Anrechnung nach der früheren Rechtsprechung dann nicht in Betracht, wenn der Arbeitnehmer für die Auslauffrist bezahlt von der Arbeit freigestellt und eine umfassende Ausgleichsklausel vereinbart worden war.[715]

464 Wird in einem Aufhebungs- oder Abwicklungsvertrag die Freistellung des Arbeitnehmers geregelt und wird dabei nichts über den noch bestehenden Resturlaub vereinbart, bleibt der **Urlaubsanspruch** erhalten.[716] Urlaubsgewährung findet nur dann statt, wenn der Arbeitgeber dem Arbeitnehmer erkennbar macht, er wolle den Urlaubsanspruch erfüllen. Für die wirksame Anrechnung des Urlaubsanspruchs auf die Zeit der Freistellung ist es nicht erforderlich, dass der Arbeitgeber den Urlaub des Arbeitnehmers innerhalb der längeren Kündigungsfrist zeitlich festlegt. Es genügt vielmehr die unwiderrufliche Freistellung während der Kündigungsfrist unter Anrechnung etwaiger Urlaubsansprüche.[717]

465 Unterlässt es der Arbeitgeber, die Freistellung mit dem Zusatz »unter Anrechnung auf sämtliche noch bestehenden Urlaubsansprüche« zu verbinden, kann der Arbeitnehmer trotz monatelanger Freistellung für seine restlichen Urlaubstage Urlaubsabgeltung verlangen.[718] **De lege ferenda** wäre an den Einwand des Rechtsmissbrauchs zu denken.

466 Erhebt der Arbeitnehmer Kündigungsschutzklage, bedeutet dies nicht, dass er zugleich seine Urlaubsansprüche geltend gemacht hat.[719] Ist der Anspruch nach § 7 Abs. 3 BUrlG nach dem 31.03. des Folgejahres erloschen, entfällt ein Abgeltungsanspruch. Die bloße Erhebung einer Kündigungsschutzklage sichert weder einen Urlaubsabgeltungsanspruch noch führt sie dazu, dass dem Arbeitnehmer Schadensersatzansprüche wegen nicht genommenen Urlaubs erwachsen.

711 BAG, Urt. v. 19.03.2002, BB 2002, 1703 = FA 2002, 321.

712 BAG, Urt. v. 02.08.1971, DB 1971, 2217; BAG, Urt. v. 06.02.1964, AP Nr. 24 zu § 615 BGB; a.A.: Das LAG Köln (Urt. v. 21.08.1991, LAGE § 615 BGB Nr. 30) meint, eine Anrechnung anderweitigen Erwerbs brauche nicht zu erfolgen, wenn in einem Prozessvergleich zwischen Arbeitnehmer und Arbeitgeber eine Freistellung des Arbeitnehmers von der Arbeit erfolgt sei; der Arbeitgeber trage für einen gegenteiligen Willen die Darlegungs- und Beweislast; zustimmend zur neueren Rspr. des BAG: *Nägele*, BB 2003, 45.

713 Weshalb vor einer Rechtsprechungsänderung die Anrufung des Gemeinsamen Senats der Bundesgerichte nahe gelegen hätte.

714 BGH, Urt. v. 09.10.2000, BB 2000, 2434.

715 LAG Hamm, Urt. v. 27.02.1991, DB 1991, 1577; *Bengelsdorf*, Aufhebungsvertrag und Abfindungsvereinbarungen, S. 132; *Weber/Ehrich/Burmester*, Handbuch der arbeitsrechtlichen Aufhebungsverträge, Teil 1 Rn 563; a.A. *Bauer*, Arbeitsrechtliche Aufhebungsverträge, Rn IV 72.

716 St. Rspr., BAG, Urt. v. 09.06.1998, NZA 1999, 80 = DB 1999, 52.

717 LAG Köln, Urt. v. 16.03.2000, LAGE § 7 BUrlG Nr. 37.

718 BAG, Urt. v. 09.06.1988, NZA 1999, 80; a.A.: *Bauer*, Arbeitsrechtliche Aufhebungsverträge, Rn IV 41.

719 BAG, Urt. v. 18.09.2001, ArbRB 2002, 35; BAG, Urt. v. 21.09.1999, AP Nr. 77 zu § 7 BUrlG Abgeltung.

Ordnet der Arbeitgeber Freistellung an und verfügt er gleichzeitig, in beträchtlichem Umfange angefallene Überstunden sollten abgefeiert werden, ist ein arbeitsvertraglich vereinbarter Vergütungsanspruch für geleistete Überstunden gleichwohl erwachsen. Ist zur Zeit der Freistellung bereits ein Anspruch auf Überstundenvergütung entstanden und fällig geworden, kann dieser nicht durch einseitig angeordnete Arbeitsbefreiung erfüllt werden. Dazu bedarf es der Vereinbarung einer Ersetzungsbefugnis. Eine solche Befugnis des Arbeitgebers kann sich aus Tarifvertrag, Arbeitsvertrag oder Parteivereinbarung ergeben. Verlässt der Arbeitnehmer auf die einseitig ausgesprochene Anordnung den Betrieb, darf der Arbeitgeber das Verhalten des Arbeitnehmers nicht als Zustimmung zum Abfeiern der Überstunden verstehen. Schweigen kann regelmäßig nicht als Annahme eines Vertragsangebots verstanden werden, wenn damit ein Verzicht auf einen fälligen Geldanspruch verbunden wäre.[720] **467**

Erfolgt eine Freistellung, ohne dass eine Freistellungsbefugnis des Arbeitgebers im Arbeitsvertrag oder späterhin im Abwicklungs- oder Aufhebungsvertrag begründet wurde, gelingt es nur selten, im Wege des einstweiligen Rechtsschutzes den allgemeinen Beschäftigungsanspruch gemäß dem Beschluss des Großen Senats[721] durchzusetzen.[722] **468**

Stellt der Arbeitgeber einen Arbeitnehmer mangels Beschäftigungsmöglichkeit bis zum Ablauf der Kündigungsfrist frei und hat er dem Arbeitnehmer betriebsbedingt mangels Arbeit gekündigt, ist die Freistellung keine mitbestimmungspflichtige Versetzung.[723] **469**

Vereinbaren Arbeitnehmer und Arbeitgeber im Abwicklungs- oder Aufhebungsvertrag eine Freistellung von der Arbeitsleistung, besteht ein arbeitslosenversicherungsrechtlicher Vorteil des Arbeitnehmers für den Fall, dass ihm eine Sperrzeit gem. § 144 Abs. 1 Nr. 1 Hs. 1 SGB III droht, darin, dass in § 144 SGB III nicht vom Arbeitsverhältnis, sondern vom **Beschäftigungsverhältnis** die Rede ist. Beschäftigungsverhältnis meint (auch) ein tatsächliches Arbeiten des Arbeitnehmers, so dass nach einem Urteil des BSG v. 25.04.2002[724] die tatsächliche Nichtbeschäftigung, die durch die Freistellung entsteht,[725] bewirkt, dass eine etwaige Sperrzeit ab dem Zeitpunkt der vereinbarten Freistellung zu berechnen ist. Damit kann bei entsprechend langer Freistellungszeit und rechtzeitiger Arbeitslosmeldung (§ 37b SGB III) eine Sperrzeitanordnung für den Arbeitnehmer, der während der Sperrzeit sein Gehalt unter gleichzeitiger Freistellung bezieht, wirtschaftlich bedeutungslos werden, wenn der Arbeitslosengeldanspruch nicht noch ein zweites Mal geltend gemacht wird. **470**

9. Insolvenzschutzklauseln zur Pensionssicherung

In Aufhebungsverträgen mit Führungskräften zeigt sich, dass vermehrt ein Bedarf an Vereinbarungen zur Insolvenzsicherung von Pensionsregelungen besteht. Grundsätzlich gelten die Regelungen des BetrAVG zwar nur für Arbeitnehmer. Gem. § 17 Abs. 1 Satz 2 BetrAVG finden sie auch auf Personen Anwendung, die nicht Arbeitnehmer sind, wenn ihnen Leistungen der Alters-, Invaliditäts- oder Hinterbliebenenversorgung aus Anlass ihrer Tätigkeit für ein Unternehmen zugesagt worden sind. Vorstände, Geschäftsführer und sonstige Personen (Berater) gehören zu diesem Personenkreis. **471**

Weil manche Führungskräfte ihre Positionen kaum mehr für die Dauer der heute gültigen Anwartschaftszeit von fünf Jahren (§ 1b BetrAVG) wahrnehmen können, fehlt in diesen Fällen den in einem Aufhebungsvertrag zugesagten Pensionen die Insolvenzfestigkeit. Nicht bindend für den Pensionssicherungsverein können auch Pensionsversprechen, soweit sie die Höchstgrenzen nach § 7 Abs. 3 **472**

720 BAG, Urt. v. 18.09.2001 – 9 AZR 307/00 (n.v.).
721 Beschl. v. 27.02.1985, DB 1985, 2197.
722 *Hümmerich*, DB 1999, 1264.
723 BAG, Beschl. v. 28.03.2000, DB 2000, 728; ebenso Hess. LAG, Urt. v. 02.02.1999, ARST 2000, 75; anders ist der Fall zu beurteilen, dass sich an die Freistellung eine anderweitige Tätigkeit anschließt, siehe hierzu ArbG Kassel, Urt. v. 03.05.1977, DB 1977, 1417.
724 BSGE 89, 243 = NZA-RR 2003, 105; ebenso BSG, Urt. v. 03.06.2004 – B 11 AL 70/03 R (n.v.).
725 *Heuchemer/Insam*, BB 2004, 1562.

Satz 1 BetrAVG überschreiten oder wenn sie dem Pensionssicherungsverein als unangemessen hoch erscheinen, § 7 Abs. 5 BetrAVG. Bei Rechtsmissbrauch zwischen Arbeitgeber und Arbeitnehmer scheidet eine Eintrittspflicht des Pensionssicherungsvereins aus.[726] Die fiktive Anrechnung von Nachdienstzeiten, wenn sie in Aufhebungsverträgen zur Erfüllung einer Anwartschaftszeit führt, bindet zwar den Arbeitgeber,[727] ist allerdings nicht insolvenzgeschützt,

473 Wirksamen Insolvenzschutz erfährt der ausscheidende Vorstand oder Geschäftsführer nur dann, wenn die Gesellschaft für das im Aufhebungsvertrag erklärte Pensionsversprechen eine Rückdeckungsversicherung schließt, vertraglich sicherstellt, dass die Versicherungsprämien mit Abschluss des Aufhebungsvertrages als Einmalbetrag geleistet werden und die Gesellschaft die Rückdeckungsversicherung an den Vorstand, Geschäftsführer oder Arbeitnehmer verpfändet.[728] Wichtig ist, dass diese drei Merkmale in die Insolvenzklausel aufgenommen werden. Abzuraten ist von einer Abtretung statt Verpfändung, weil dann die abgetretene Forderung zur allgemeinen Tabelle anzumelden ist und nur quotal befriedigt wird.

474 Es ist das Urteil des BGH[729] zu beachten, wonach zu Sicherungszwecken im Insolvenzfall Pfandreife eingetreten sein muss. Unwiderrufliche Versorgungszusagen, deren Erstarkung zu einem Versorgungsanspruch noch vom Eintritt künftiger ungewisser Ereignisse abhängt, berechtigen außerhalb des Anwendungsbereichs des Betriebsrentengesetzes nach § 67 KO nur zu einer Hinterlegung. Versorgungsrechte, die auf den Träger der Insolvenzsicherung übergehen, werden in einen Zahlungsanspruch umgewandelt. Um für durch eine Rückdeckungsversicherung und nicht durch Unverfallbarkeit gesicherte Ansprüche den gleichen Sicherungsgrad herzustellen, ist die Pfandreife zu besorgen und die Verpfändung dem Rückversicherer anzuzeigen.

475 Weiterhin besteht die Möglichkeit, eine Pensionsvereinbarung insolvenzgesichert im Aufhebungs- oder Abwicklungsvertrag zu treffen, in dem sich die Gesellschaft verpflichtet, bis zum ersten Monat der Zahlung einer Pension aus einer Direktversicherung oder eines Trägerunternehmens (Unterstützungskasse oder Pensionsfonds) eine unwiderrufliche Bankbürgschaft in Höhe des Barwerts der Pensionsvereinbarung zu stellen. Diese Rechtskonstruktion macht sich den Umstand zu Nutze, dass nach § 7 Abs. 1 BetrAVG die Versorgungsansprüche, die geleistet werden, bis zur Höchstgrenze gem. § 7 Abs. 3 BetrAVG insolvenzgeschützt sind. Es ist nicht erforderlich, dass diese Ansprüche aus einer unverfallbaren Anwartschaft hervorgegangen sind.[730] Ebenso wenig ist erforderlich, dass Versorgungsleistungen aus einer aufrechterhaltenen Anwartschaft gem. § 2 BetrAVG berechnet wurden. Auch Leistungen, die für den Versorgungsempfänger günstiger sind, werden geschützt. Versorgungsansprüche werden selbst dann geschützt, wenn die Versorgungszusage erst beim Eintritt des Versorgungsfalles erteilt wurde, also keine Anwartschaftsphase dem Anspruch vorgelagert war.[731]

476 Es muss nur die erste monatliche Zahlung zum Zeitpunkt der Fälligkeit der Pension oder der Hinterbliebenenversorgung geleistet worden sein, damit anschließend der Pensionssicherungsverein eintrittspflichtig wird.

10. Probezeitverlängerungsklausel

477 Eine nachträgliche Befristung des unbefristet eingegangenen Arbeitsverhältnisses zum Zweck der weiteren Erprobung ist nicht zulässig. Zwar ist nach § 14 Abs. 1 Nr. 5 TzBfG die Befristung zur Erprobung ein sachlicher Grund, angesichts der gesetzlichen Wertung in § 622 Abs. 3 BGB und § 1 KSchG kann der Sachgrund der Befristung zu Erprobungszwecken jedoch nur für die anfängliche Befristung einer Probezeit herangezogen werden. Eine sachgrundlose Befristung, um

726 Siehe BAG, Urt. v. 10.03.1992, DB 1992, 2251; Urt. v. 08.05.1990, DB 1990, 2375.
727 Siehe auch *Bauer*, Arbeitsrechtliche Aufhebungsverträge, Rn IV 277
728 Siehe auch *Bauer*, Arbeitsrechtliche Aufhebungsverträge, Rn IV 277.
729 Urt. v. 10.07.1997, NJW 1998, 312; siehe auch BGHZ 113, 207.
730 *Blomeyer/Otto*, DB 1977, 585 (586).
731 *Höfer*, BetrAVG, § 7 Rn 2726.

die Probezeit zu verlängern, ist nicht empfehlenswert, da eine solche Befristung unzulässig ist, wenn mit demselben Arbeitgeber bereits zuvor ein befristetes oder ein unbefristetes Arbeitsverhältnis bestanden hat, § 14 Abs. 2 Satz 2 TzBfG. Im Zweifel riet der Berater in der Vergangenheit dazu, das Arbeitsverhältnis während der Probezeit zu beenden, wenn in der Zeit der Erprobung der Arbeitnehmer nicht seine Leistungsfähigkeit zweifelsfrei unter Beweis stellen konnte.

Mit dem Urteil vom 07.03.2002[732] zeigt das BAG einen Weg zur Verlängerung der Probezeit auf. Vereinbart der Arbeitgeber mit dem Arbeitnehmer einen vorsorglichen Aufhebungsvertrag zum Ende der Probezeit und verbindet ihn mit einer Wiedereinstellungszusage für den Fall der Bewährung, stellt ein derartiger Aufhebungsvertrag keine Umgehung des allgemeinen Kündigungsschutzes nach § 1 KSchG dar. Zur Begründung weist das BAG darauf hin, der Aufhebungsvertrag werde in diesem Falle zu einem Zeitpunkt geschlossen, zu dem der Mitarbeiter noch über keinen Kündigungsschutz verfüge.[733] 478

Dem Arbeitnehmer gibt das vom BAG entschiedene Modell keine Rechtssicherheit, künftig nach einer weiteren Erprobung beschäftigt zu werden. Der Arbeitnehmer ist weder vor Willkür geschützt, noch kann er aus dem Aufhebungsvertrag ein Recht auf Weiterbeschäftigung herleiten, falls er qualifiziert und gut gearbeitet hat. Auch ist der Arbeitnehmer nicht davor geschützt, dass die Agentur für Arbeit ihm eine Sperrzeit nach § 144 SGB III auferlegt, weil er das Arbeitsverhältnis gelöst hat. Ob die ihm verbleibende und durch den Vertragswortlaut nachweisbare einzige Alternative zur Kündigung während der Probezeit durch den Abschluss des Aufhebungsvertrages die Chance auf Erhaltung des Arbeitsplatzes zu nutzen, als »wichtiger Grund« von der Sozialrechtsprechung angesehen wird, ist noch nicht entschieden, läge allerdings unter Beachtung der Ratio des § 144 SGB III nahe. Kündigt der Arbeitgeber zum Ende der Probezeit, hat der Arbeitnehmer das Arbeitsverhältnis nicht gelöst und ist daher anspruchberechtigt. Nutzt er die Chance zum Erhalt seines Arbeitsplatzes, muss er wegen Abschluss eines Aufhebungsvertrages mit einer Sperrzeit wegen Arbeitsaufgabe rechnen. Hier liegt nahe, den Vertragsschluss als »wichtigen Grund« im Sinne das § 144 SGB III anzuerkennen. Die Entscheidung des BAG ist systemfremd, vergleicht man sie mit dem Urteil des BAG v. 12.01.2000.[734] Der Aufhebungsvertrag zu Erprobungszwecken ist nicht auf die Beendigung, sondern auf die befristete Fortsetzung des Arbeitsverhältnisses gerichtet und vermeidet damit den Befristungszweck »Erprobung«, § 14 Abs. 1 Nr. 5 TzBfG. § 14 Abs. 2 Satz 2 TzBfG wird umgangen. 479

11. Rückzahlungsklauseln

Im Aufhebungs- und Abwicklungsvertrag können die Parteien wirksam vereinbaren, dass Entschädigungszahlungen des Arbeitgebers aufgrund der Beendigung des Arbeitsverhältnisses mit einem älteren Arbeitnehmer ganz oder teilweise zurückzuzahlen sind, falls der Arbeitgeber nach § 147a SGB III in Anspruch genommen wird.[735] Die für diese Feststellung maßgebliche Ausgangsentscheidung betraf den früheren § 128 AFG und nicht unmittelbar die Abfindung, sondern eine sog. Überbrückungszahlung. 480

Das BAG entschied, dass die zwischen den Parteien vereinbarte Rückzahlungsverpflichtung nicht nach § 32 SGB I nichtig sei.[736] Nach dem Wortlaut von § 32 SGB I ist die Rechtsfolge der Nichtigkeit nur für Regelungen bestimmt, mit denen unmittelbar in die aufgrund der Sozialgesetze begründete Rechtsposition des Arbeitnehmers eingegriffen wird. Vorausgesetzt ist damit, dass die Vereinbarung, ihre Rechtswirksamkeit unterstellt, bestehende oder künftige sozialrechtliche Rechtsansprüche des 481

732 BAG, Urt. v. 07.03.2002, DB 2002, 1997 = FA 2002, 317 = BB 2002, 2070.
733 Zustimmend *Lembke*, DB 2002, 2649.
734 AP Nr. 16 zu § 620 BGB Aufhebungsvertrag.
735 BAG, Urt. v. 25.01.2000, FA 2000, 251 = SPA 2000/20, 2 f.
736 BAG, Urt. v. 25.01.2000, FA 2000, 251 = SPA 2000/20, 2 f.

Arbeitnehmers zu seinen Lasten beeinflusst oder seine Pflichten, die er im Hinblick auf den Sozialanspruch zu erfüllen hat, nachteilig verändert. **Nichtig sei deshalb eine Klausel in einem Aufhebungsvertrag, in der sich der Arbeitnehmer verpflichte, keinen Antrag auf Arbeitslosengeld zu stellen.** Die sozialrechtlich begründete Rechtsstellung des Arbeitnehmers werde demgegenüber nicht beeinträchtigt, wenn es ihm überlassen sei, Leistungen der Arbeitsverwaltung in Anspruch zu nehmen. Schadensersatzansprüche des Arbeitnehmers schieden aus, weil der Arbeitnehmer vom Arbeitgeber ausdrücklich auf die sozialrechtlichen Folgen der Beendigung des Arbeitsverhältnisses hingewiesen worden war.

12. Schuldanerkenntnis

482 Die **Rechtsprechung zur Wirksamkeit von Schuldanerkenntnissen** aus Anlass der Beendigung eines Arbeitsverhältnisses durch sofortigen Aufhebungsvertrag ist **einzelfallorientiert**. Es kommt nach der Rechtsprechung im Wesentlichen darauf an, ob bei der Anhörung der verdächtigen Angestellten rechtsstaatliche Erfordernisse eingehalten sind. Insbesondere kommt es darauf an, dass die Mitarbeiter die Möglichkeit haben, eine Person ihres Vertrauens vor ihrer Entscheidung hinzuzuziehen, insbesondere einen Rechtsanwalt.

483 Die in der Rechtsprechung behandelten Sachverhalte zu Schuldanerkenntnissen in Aufhebungsverträgen betreffen im Wesentlichen Mitarbeiter und Mitarbeiterinnen des Einzelhandels, insbesondere Kassierer(innen), die entgegen einer Kassendienstanweisung Einkäufe von Angehörigen abgerechnet und dabei Manipulationen begangen[737] oder Kassierer(innen), die unberechtigt Geld aus der Kasse eines Supermarkts entnommen haben.[738] Wenn die Mitarbeiter(innen) auf frischer Tat ertappt wurden, geht man davon aus, dass es sich bei den festgestellten Taten nicht um Einzelfälle handelte, sondern dass solche strafbaren Handlungen bereits wiederholt von diesen Mitarbeiter(innen) begangen wurden.

484 Wenn die Drohung des Arbeitgebers mit einer Strafanzeige wegen schädigender Handlungen des Arbeitnehmers dazu diente, den Arbeitnehmer zur Wiedergutmachung des Schadens zu veranlassen, handelt der Arbeitgeber in der Regel nicht widerrechtlich, wenn er den geforderten Schadensersatz aufgrund der Angaben des Arbeitnehmers für berechtigt halten durfte.[739]

485 Anders lag der Fall des LAG Thüringen.[740] Eine Auszubildende war über Videoaufnahmen beobachtet worden. Sie hatte zusammen mit drei weiteren Mitarbeiterinnen Waren- bzw. Geldentnahmen zu Lasten eines Selbstbedienungsmarktes getätigt. Aufgrund der Videoaufnahmen, die dies bestätigten, fand anschließend ein Gespräch mit der Auszubildenden statt. Ihr und drei anderen Mitarbeiterinnen wurde der Text eines Schuldanerkenntnisses vorgelegt und sie sollten dort, hochgerechnet auf die Gesamtzeit, in der sie die Manipulationen begangen hatten, Schuldsummen selbst eintragen, die ihrer Meinung nach dem Schaden entsprachen, die sie bei der Firma angerichtet hatten. Die Auszubildende trug einen Betrag von 40.903,35 EUR ein. Das Schuldanerkenntnis der Auszubildenden wurde noch einmal in einer notariellen Urkunde mit Zwangsvollstreckungsunterwerfungsklausel errichtet. Die Anfechtungserklärung der Auszubildenden hatte Erfolg.

486 Das LAG Thüringen stellte den Grundsatz auf, der Arbeitgeber dürfe zur Beschaffung eines Schuldanerkenntnisses einer Kassen- und Warenveruntreuung verdächtigen Angestellten diese nicht in eine Zwangssituation bringen, in der ihre wirtschaftliche Entscheidungsfreiheit ausgeschaltet werde. Bei der Anhörung einer der Kassen- und Warenveruntreuung verdächtigen Angestellten müsse der Arbeitgeber rechtsstaatliche Erfordernisse einhalten. Er dürfe weder die Bewegungsfreiheit der Angestellten beschränken noch ihr das Recht abschneiden, den Rat einer Person ihres Vertrauens

737 BAG, Urt. v. 22.10.1998, NJW 1999, 2059 = NZA 1999, 417.
738 LAG Thüringen, Urt. v. 10.09.1998, NZA-RR 1999, 399.
739 BAG, Urt. v. 22.10.1998, NJW 1999, 2059; Fortführung von BAG, Urt. v. 03.05.1963, AP Nr. 1 zu § 781 BGB.
740 Urt. v. 10.09.1998, NZA-RR 1999, 399.

bzw. eines Rechtsanwalts einzuholen. Wenn für ein Schuldanerkenntnis die Berechnung des von der Angestellten verursachten Schadens nur im Wege einer Hochrechnung erfolgen könne, müsse sichergestellt sein, dass die Hochrechnung frei von Denk- und Rechenfehlern sei und auf hinreichend abgesicherter Grundlage beruhe.[741]

Das OLG Düsseldorf[742] erklärte ein notarielles Schuldanerkenntnis wegen **Sittenwidrigkeit** für nichtig, in dem eine 19-jährige Auszubildende nach einem mehr als drei Stunden dauernden intensiven Verhör durch mehrere Personen und sofort anschließender Fahrt zum Notar einen Vollstreckungstitel über 30.677,51 EUR nebst 9 % Zinsen unterschrieb. Dem lag ein Diebstahl der Auszubildenden zugrunde, wobei die Summe von 30.677,51 EUR den unmittelbaren Diebstahlschaden von 1.786,45 EUR und die mit 25.564,59 EUR bezifferten Detektivkosten noch um mehr als 3.067,75 EUR überstieg. 487

13. Stock Options

Sagt ein ausländisches Unternehmen einem Mitarbeiter seiner deutschen Tochtergesellschaft Aktienoptionen zu, so werden die Ansprüche auf die Optionen nicht Bestandteil des Arbeitsverhältnisses mit der deutschen Tochtergesellschaft. Der Arbeitnehmer muss Ansprüche aus den Stock Options unmittelbar gegenüber der ausländischen Muttergesellschaft geltend machen. Das gilt nach Meinung des LAG Düsseldorf[743] auch dann, wenn anlässlich des Ausscheidens des Mitarbeiters aus der deutschen Tochtergesellschaft mit dieser ein Aufhebungsvertrag geschlossen wird, nach dem die Ansprüche auf die Stock Options auch nach Beendigung des Arbeitsverhältnisses bestehen bleiben. 488

Gleicher Ansicht ist das BAG.[744] Schließt der Arbeitnehmer eine Vereinbarung über die Gewährung von Aktienoptionen nicht mit seinem Arbeitgeber, sondern mit einem anderen Konzernunternehmen ab, so können Ansprüche aus dieser Vereinbarung grundsätzlich nur gegenüber dem vertragsschließenden Konzernunternehmen geltend gemacht werden und werden nicht Bestandteil des Arbeitsverhältnisses mit einer Tochtergesellschaft. Der Vertrag über die Gewährung von Aktienoptionen steht rechtlich selbständig neben dem Arbeitsvertrag des Arbeitnehmers mit der Tochtergesellschaft. Geht bei einer solchen Vertragskonstellation das Arbeitsverhältnis nach § 613a BGB über, ist ein Eintritt des Erwerbers in die Rechte und Pflichten aus der Aktienoptionsvereinbarung ausgeschlossen.[745] 489

Anderer Ansicht ist die 11. Kammer des LAG Hessen.[746] Ist ein Wettbewerbsverbot für Arbeitnehmer im Aktienoptionsplan stets Bestandteil einer amerikanischen Konzerngesellschaft (hier Procter & Gamble, Cincinnati, Ohio) oder zu einer in Deutschland tätigen Tochtergesellschaft, zu der der Arbeitnehmer arbeitsvertragliche Beziehungen unterhält, wird es vom Arbeitsvertragsstatut erfasst. Das materiell anzuwendende Recht bestimmt sich folglich nach Art. 30 EGBGB. Enthält der Aktienoptionsplan die Regelung, dass für den Plan und seine Auslegung das Recht des US-Bundesstaates Ohio gelten solle, beurteilt sich die Zulässigkeit einer solchen Teilrechtswahl nach deutschem internationalem Privatrecht. Art. 30 EGBGB erlaubt im Gegensatz zu Art. 27 EGBGB nicht ausdrücklich die Teilrechtswahl im Bereich von Arbeitsverhältnissen. Hält man die Teilrechtswahl für zulässig, muss geprüft werden, ob durch die Teilrechtswahl dem Arbeitnehmer der Schutz entzogen wird, der ihm durch die zwingenden Bestimmungen des ohne Rechtswahl kraft objektiver Anknüpfung anzuwendenden Rechts gewährt wird. 490

Anders als das LAG Düsseldorf vertritt das Hessische LAG die Auffassung, dass bei Vereinbarungen aus Konzernregelungen US-amerikanischer Unternehmen zu Stock Options die Zuständigkeit der 491

741 LAG Thüringen, Urt. v. 10.09.1998, NZA-RR 1999, 399.
742 OLG Düsseldorf, Urt. v. 26.02.1999, NZA-RR 1999, 397.
743 LAG Düsseldorf, Urt. v. 03.03.1998, NZA 1999, 981; LAG Hessen, Urt. v. 19.11.2001, DB 2002, 794.
744 BAG, Urt. v. 12.02.2003 – 10 AZR 299/02 (n.v.).
745 A.A. *Lipinski/Melms*, BB 2003, 150.
746 LAG Hessen, Urt. v. 14.08.2000 – 11 Sa 7224/98 (n.v.).

deutschen Arbeitsgerichte gegeben ist. Das Urteil der 11. Kammer des LAG Hessen ist sorgfältig und ausführlich begründet. Für den nationalen Rechtsanwender bietet es den Vorteil, dass in Aufhebungs- und Abwicklungsverträgen vor deutschen Arbeitsgerichten, aber auch außergerichtlich, Regelungen über Stock Options US-amerikanischer Muttergesellschaften aufgenommen werden können.

14. Tantiemeregelungen

492 In den **Verträgen mit Führungskräften**, insbesondere mit AG-Vorständen und GmbH-Geschäftsführern, finden sich regelmäßig Tantiemeregelungen. Über die Tantieme wird der Mitarbeiter am Geschäftsgewinn des Unternehmens oder eines Unternehmensteils beteiligt.

493 Der Anspruch auf Tantieme wird fällig, sobald die Bilanz festgestellt ist oder bei ordnungsgemäßem Geschäftsgang hätte festgestellt sein können.[747] Scheidet der Mitarbeiter vor Ablauf des Geschäftsjahrs aus, beschränkt sich sein Tantiemeanspruch auf den seiner Beschäftigungszeit entsprechenden Teilbetrag.[748] Die anteiligen Ansprüche sollten im Auflösungsvertrag geschätzt bzw. einvernehmlich festgelegt werden. Aus steuerlichen Gründen dürfen bereits zum Zeitpunkt der Vereinbarung des Aufhebungs- oder Abwicklungsvertrags erworbene Tantiemeansprüche nicht in die Abfindung eingerechnet werden, will man den Freibetrag oder die privilegierte Steuerentschädigung für den gesamten Abfindungsbetrag nicht gefährden.[749] Regelungen im Arbeits- oder Anstellungsvertrag, dass eine Gewinnbeteiligung bei einem Ausscheiden des Mitarbeiters vor Feststellung der Bilanz entfällt, sind wirksam.[750] In diesen Fällen ist die Vereinbarung eines Tantiemebetrages reine Verhandlungssache.

15. Vererbbarkeitsklausel

494 Die Abfindung muss entstanden und fällig sein. Die Abfindung entsteht[751] zu dem im Vertrag vereinbarten Zeitpunkt oder, wenn der Vertrag keine Fälligkeitsregelung enthält, mit dem letzten Tag des Arbeitsverhältnisses. Stirbt der Arbeitnehmer in der Zeit zwischen Unterzeichnung der Aufhebungsvereinbarung und letztem Arbeitstag, haben die Erben keinen Anspruch auf die Abfindung. Wenn eine Abfindung »für den Verlust des Arbeitsplatzes« gezahlt wird, muss nach Auffassung des 9. Senats das Arbeitsverhältnis zum vorgesehenen Beendigungstermin noch bestanden haben. Erst unter dieser Bedingung tritt die Fälligkeit des Abfindungsanspruchs ein.[752]

495 Vor diesem Hintergrund empfiehlt sich aus Arbeitnehmersicht, eine Vererbbarkeitsklausel mit dem Inhalt aufzunehmen, dass der **Anspruch mit dem Tag der Unterzeichnung** des Aufhebungsvertrages **entstanden** ist, denn die Vereinbarung der Entstehung ist Voraussetzung für die Vererbbarkeit vor Beendigung des Arbeitsverhältnisses. Soweit im Nicht-Erlebens-Fall die Abfindung an die Erben gezahlt werden soll, ist nach überwiegender Auffassung beim BAG eine ausdrückliche Formulierung im Aufhebungsvertrag erforderlich. Eine solche Vererbbarkeitsklausel ist zulässig.[753] Es empfiehlt sich aus Arbeitnehmersicht, eine Vererbbarkeitsklausel[754] zu vereinbaren, die meist lautet, *»die Par-*

747 LAG Baden-Württemberg, Urt. v. 31.03.1969, DB 1969, 1023; LAG Berlin, Urt. v. 07.10.1975, DB 1976, 636.

748 *Weber/Ehrich/Burmester*, Handbuch der arbeitsrechtlichen Aufhebungsverträge, Teil 1 Rn 550.

749 BFH, BB 1979, 304; BFH, BFH/NV 1996, 204; siehe auch *Hümmerich/Spirolke*, NZA 1998, 225 (228).

750 BAG, Urt. v. 25.04.1991, AP Nr. 137 zu § 611 BGB Gratifikation; BAG, Urt. v. 04.09.1985, AP Nr. 123 zu § 611 BGB Gratifikation; *Bauer*, Arbeitsrechtliche Aufhebungsverträge, IV 250; a.A. *Bengelsdorf*, Aufhebungsvertrag und Abfindungsvereinbarung, S. 129.

751 BAG, Urt. v. 09.09.1987, NZA 1988, 329; LAG Düsseldorf, Urt. v. 23.05.1989, NZA 1989, 850; a.A. LAG Hamm, Urt. v. 16.05.1991, NZA 1991, 940: »sofort fällig«.

752 BAG, Urt. v. 26.08.1997, NZA 1998, 643.

753 BAG, Urt. v. 16.10.1969, DB 1970, 259; LAG Rheinland-Pfalz, Urt. v. 13.11.1987, BB 1988, 14; BAG, Urt. v. 25.06.1987, NZA 1988, 466.

754 *Hümmerich*, AnwaltFormulare Arbeitsrecht, Muster 2230 § 4 Rn 1098 (§ 4).

teien vereinbaren, dass der Abfindungsanspruch mit Unterzeichnung dieser Vereinbarung entstanden und vererbbar ist.«[755]

Macht eine **tarifliche Regelung** einen Abfindungsanspruch davon abhängig, dass das Arbeitsverhältnis durch eine Arbeitgeberkündigung beendet wird, so entsteht für einen aus diesen Gründen gekündigten Arbeitnehmer, jedenfalls zu Gunsten der Erben, kein Abfindungsanspruch, wenn der Arbeitnehmer vor Ablauf der Kündigungsfrist verstirbt.[756] Auch bei einer **Sozialplanabfindung** aufgrund einer Betriebsänderung besteht der Anspruch auf die Abfindung nicht, wenn der Arbeitnehmer vor der ins Auge gefassten Beendigung des Arbeitsverhältnisses verstirbt.[757] 496

Der sich aus einer rechtskräftigen Verurteilung ergebende Abfindungsanspruch ist dagegen konsequenterweise vererbbar,[758] nicht jedoch das Antragsrecht des Arbeitnehmers nach §§ 9, 10 KSchG.[759] 497

Die Grundzüge zur Vererbbarkeit von Arbeitnehmerabfindungen hat das BAG in Teilen zu Lasten der Erben eines Arbeitnehmers verschlechtert, der 2. Senat hat sie verbessert. In einem vom BAG entschiedenen Fall[760] war in einem Aufhebungsvertrag vereinbart worden, dass die Mitarbeiterin nach Beendigung des Arbeitsverhältnisses übergangslos die Leistungen des vorgezogenen Altersruhegeld in Anspruch nehmen könne und für den Verlust des Arbeitsplatzes eine Abfindung in Höhe von 23.008,13 EUR brutto = netto erhalte. Die Abfindung werde erst mit Beendigung des Arbeitsverhältnisses und nach Vorlage eines Rentenbescheides ausgezahlt. Am Tag der Wertstellung der überwiesenen Abfindung war die Arbeitnehmerin verstorben. Ihre Tochter machte die Abfindung geltend. 498

Das BAG entschied, dass der Anspruch auf Abfindung dann, wenn in einem Aufhebungsvertrag vereinbart ist, dem Arbeitnehmer bei Inanspruchnahme des vorgezogenen Altersruhegelds zur Milderung der Einkommenseinbuße eine Abfindung zu zahlen, regelmäßig nur entstehe, wenn der Arbeitnehmer das vertraglich vereinbarte Ende des Arbeitsverhältnisses erlebe.[761] 499

Die Entscheidung des BAG wird von *Boecken*[762] heftig kritisiert. Ein schuldrechtlicher Anspruch entstehe grundsätzlich mit dem Abschluss des Rechtsgeschäfts bzw. – anders gewendet – mit dem Setzen des Rechtsgrundes, wobei es für die Entstehung des Anspruchs ohne Bedeutung sei, ob der Gläubiger in diesem Zeitpunkt die Leistung auch verlangen könne, diese also fällig sei. Der Anspruch auf die als Gegenleistung für die Einwilligung in die Beendigung des Arbeitsverhältnisses erbrachte Abfindung entstehe mit dem Abschluss des Aufhebungsvertrages, soweit dieser nicht unter einer aufschiebenden Bedingung geschlossen werde. Die Frage, ob der Anspruch auf die Abfindung bei einem Versterben des Arbeitnehmers vor dem vereinbarten Ausscheidenstermin geltend gemacht werden könne, sei allein davon abhängig, ob die entsprechenden Vertragsbedingungen trotz des vor dem vereinbarten Ausscheidenstermins eingetretenen Beendigungstatbestands noch erfüllt werden können. Solle der Anspruch auf die Abfindung für den Fall, dass das Arbeitsverhältnis vor dem vertraglich festgelegten Zeitpunkt aus anderen Gründen ende, ausgeschlossen werden, bedürfe es in soweit einer besonderen Vereinbarung. Andernfalls sei die Abfindung bei Erfüllung aller Vertragsbedingungen zu leisten. 500

Der von *Boecken* vertretenen Auffassung ist zuzustimmen. Wenn der Anspruch mit dem Abschluss des Rechtsgeschäfts entsteht und seine Fälligkeit mit der Beendigung des Arbeitsverhältnisses eintritt, ist der Abfindungsanspruch nach § 1922 BGB vererbbar. Die These des BAG, wegen 501

755 *Hümmerich*, AnwaltFormulare Arbeitsrecht, Muster 2260 § 4 Rn 1116 (§ 4 S. 3).
756 BAG, Urt. v. 22.05.1996, NZA 1997, 386.
757 BAG, Urt. v. 25.09.1996, NZA 1997, 163; LAG Köln, Urt. v. 11.12.1990, LAGE § 611 BGB Aufhebungsvertrag Nr. 2.
758 BAG, Urt. v. 25.06.1987, DB 1988, 864.
759 *Bauer*, Arbeitsrechtliche Aufhebungsverträge, Rn II 153.
760 BAG, Urt. v. 16.05.2000, NZA 2000, 1236.
761 BAG, Urt. v. 16.05.2000, NZA 2000, 1236.
762 NZA 2002, 421.

der höchstpersönlichen Natur des Arbeitsverhältnisses bedürfe der Fälligkeitszeitpunkt auch des Erlebensfalles des Arbeitnehmers, kann bezweifelt werden. Denn mit der Entschädigungsleistung »Abfindung« hat der Entschädigungsanspruch als Surrogat seinen personenbezogenen Charakter verloren. Von dem Augenblick an, ab dem der Arbeitgeber eine Kompensation für die Beendigung des sich auf höchstpersönlichen Diensten gründenden Arbeitsverhältnisses zugesagt hat, erwirkt der Arbeitnehmer eine beleihbare, ihn als Anspruchsinhaber ausweisende Geldforderung.

502 Eine von den übrigen Senaten abweichende Meinung vertritt der 2. Senat, der ausführt, als Regelfall sei nicht anzunehmen, **dass der Arbeitnehmer davon ausgehen müsse, ein Abfindungsvergleich werde hinfällig, wenn er den Auflösungstermin nicht erlebe.**[763] Der Senat begründet diese Sicht mit der »stets vom Tode bedrohten Existenz des Menschen«, durch die ohnehin »eine gewisse Unsicherheit über die Lebensdauer des Vertragspartners« bestehe. Da es ein Erbrecht gebe, hänge grundsätzlich der Fortbestand der Verträge nicht davon ab, wie lange der Vertragpartner lebe. Im Ergebnis folgt der Senat der Ansicht von *Boecken*.

16. Zeugnisklauseln

503 Die Formulierung des Zeugnisses ist ein Recht und zugleich eine Pflicht des Arbeitgebers.[764] Das Zeugnis soll zwar **wohl wollend**, es muss aber auch **wahr** sein.[765]

504 Bei der Gestaltung des Auflösungsvertrags ergeben sich mit Blick auf das für das Fortkommen des Arbeitnehmers bedeutsame Zeugnis zwei Möglichkeiten: Entweder man nimmt den Wortlaut des meist vom Arbeitnehmer vorformulierten und vom Arbeitgeber in die Endfassung gebrachten Zeugniswortlauts als **Anlage zum Aufhebungs- oder Abwicklungsvertrag** oder man formuliert globale Anforderungen an den Wortlaut des vom Arbeitgeber zu erstellenden Zeugnisses. So sind in gerichtlichen Vergleichen Formulierungen gebräuchlich wie »der Arbeitnehmer erhält vom Arbeitgeber ein wohl wollendes, berufsförderndes Zeugnis« oder »der Arbeitnehmer erhält ein Zeugnis vom Arbeitgeber, das ihn in seinem beruflichen Fortkommen nicht behindert«.

505 Die **»Dankes-Bedauern«-Formel**[766] und die Allgemeine abschließende Leistungsbewertung sollte in keinem Zeugnis fehlen.[767] Aus Arbeitnehmersicht ist eine Vereinbarung von Vorteil, die den kompletten Wortlaut des Zeugnisses oder, wenn dies aus Gründen der Eile nicht anders möglich ist, die Eckdaten[768] als Anlage zum Aufhebungs- oder Abwicklungsvertrag nimmt.[769] Verbindliche Regelung im Aufhebungsvertrag, die besagt, dem Arbeitnehmer werde das Recht eingeräumt, sein eigenes Zeugnis zu schreiben, sind wegen Sittenwidrigkeit nichtig, § 138 BGB. Andere Arbeitgeber haben einen Anspruch auf ein von einem Arbeitgeber verfasstes Zeugnis, auch wenn der Entwurf unverbindlich vom Arbeitnehmer gefertigt werden kann und in der Praxis häufig gefertigt wird. Liegt zwischen Abschluss und rechtlicher Beendigung des Arbeitsverhältnisses ein längerer Zeitraum,

763 BAG, Urt. v. 22.05.2003, EzA § 611 BGB 2002 Aufhebungsvertrag Nr. 2.

764 BAG, Urt. v. 29.07.1971, AP Nr. 6 zu § 630 BGB; Urt. v. 12.08.1976, AP Nr. 11 zu § 630 BGB. Für Arbeitsverhältnisse jetzt nicht mehr in § 630 BGB (dort nur noch für freie Mitarbeiter und Dienstverpflichtete), für alle Arbeitsverhältnisse jetzt in §§ 109, 6 Abs. 2 GewO geregelt.

765 BAG, Urt. v. 08.02.1972, AP Nr. 7 zu § 630 BGB; Urt. v. 05.08.1976, AP Nr. 10 zu § 630 BGB.

766 Auf die nach Auffassung des BAG (Urt. v. 20.02.2001, NZA 2001, 843) kein Anspruch besteht. Ebenso: ArbG Bremen, Urt. v. 11.02.1992, NZA 1992, 800; die vom BAG und vom ArbG Bremen vertretene Ansicht lässt völlig unberücksichtigt, dass die »Dankes-Bedauern-Formel« für jeden Personalchef ein wichtiger Indikator ist, aus dem er die Gründe der Beendigung des Arbeitsverhältnisses und die Wertschätzung, die dem Arbeitnehmer im Unternehmen entgegengebracht wurde, präzise ablesen kann. Deshalb – abweichend von BAG und ArbG Bremen – ist die Ansicht in den nachfolgenden Entscheidungen, die einen Anspruch auf eine angemessene Formel annehmen, zutreffend: LAG Hessen, Urt. v. 17.06.1999, MDR 2000, 404; LAG Berlin, Urt. v. 10.12.1998, BB 1999, 851; LAG Köln, Urt. v. 29.11.1990, LAGE § 630 BGB Nr. 11.

767 *Hümmerich*, AnwaltFormulare Arbeitsrecht, Muster 2235 § 4 Rn 1101 (§ 12).

768 *Hümmerich*, AnwaltFormulare Arbeitsrecht, Muster 2254 § 4 Rn 1113 (§ 9).

769 *Hümmerich*, AnwaltFormulare Arbeitsrecht, Muster 2230 § 4 Rn 1098 (§ 7), Rn 1100 (§ 11).

sollten zunächst die umgehende Erteilung des Zwischenzeugnisses bzw. der Wortlaut und der späterhin maßgebliche Wortlaut des Zeugnisses vereinbart werden.[770]

506 Da der Arbeitgeber Auskünfte an andere Arbeitgeber über den ausgeschiedenen oder ausscheidenden Arbeitnehmer ohne Zustimmung des Betroffenen erteilen kann,[771] empfiehlt es sich, im Auflösungsvertrag zu vereinbaren, dass sich der Arbeitgeber verpflichtet, nur solche Auskünfte zu erteilen, die inhaltsgleich im Zeugnis enthalten sind.[772]

507 Eine allgemeine Ausgleichsklausel erfasst, soweit der Verzicht überhaupt möglich ist, im Zweifel den Zeugnisanspruch nicht.[773] Der Anspruch auf Erteilung eines Zeugnisses kann allerdings wie jeder andere schuldrechtliche Anspruch verwirkt werden.[774]

17. Zusage ordnungsgemäßer Abwicklung durch den Arbeitgeber

508 Gerichtliche Vergleiche enthalten häufig den Satz, »Bis zur Beendigung wird das Arbeitsverhältnis ordnungsgemäß abgewickelt.« Das Versprechen des Arbeitgebers, das Arbeitsverhältnis bis zum vereinbarten oder hingenommenen Beendigungszeitpunkt ordnungsgemäß abzuwickeln, meint, dass die Vergütung bis zum Vertragsende in der geschuldeten Höhe gezahlt wird und auch die sonstigen Rechte aus dem Arbeitsverhältnis vom Arbeitgeber zu erfüllen sind. Einen vollstreckungsfähigen Inhalt hat diese Formulierung nicht. In Einzelfällen wirft sie mehr Fragen auf als Antworten. Die Zusage, das Arbeitsverhältnis ordnungsgemäß abzuwickeln, bedeutet grundsätzlich, dass Ansprüche der Vertragspartner, die zum Zeitpunkt des Vertragsschlusses (noch) existieren, erfüllt werden sollen, ohne dass sie von diesem Zeitpunkt an Gefahren ausgesetzt sein sollen, die den Ansprüchen durch weiteren Zeitablauf drohen könnten.[775]

509 Wird eine zusätzliche Klausel über die ordnungsgemäße Abwicklung des Vertragsverhältnisses mit einer Freistellungsklausel verbunden, sind sämtliche vertraglich geschuldeten Bezüge durch den Arbeitgeber bis zum Vertragsende weiter zu zahlen, ggf. auch anteilig. Strittig ist zwischen den Parteien häufiger, welche Bezüge, Boni-Anteile, Tantiemen (eventuell zeitanteilig) zur »ordnungsgemäßen Abwicklung« gehören. Führt nach Abschluss eines Aufhebungsvertrages eine Tariferhöhung dazu, dass der Arbeitnehmer einen Gehaltserhöhungsanspruch bis zum Zeitpunkt der Beendigung des Arbeitsverhältnisses hat, bedeutet die Formulierung »ordnungsgemäße Abwicklung«, dass der Arbeitnehmer an der Tariferhöhung teilnimmt. Enthält der Aufhebungsvertrag eine Erledigungsklausel, schließt diese ebenfalls nicht aus, dass der Arbeitnehmer für die Restvertragslaufzeit an der tariflichen Gehaltserhöhung teilnimmt.[776]

I. Altersteilzeit

I. Zielsetzungen des Altersteilzeitgesetzes

510 Mit Wirkung zum 01.08.1996 ist das **Gesetz zur Förderung eines gleitenden Übergangs in den Ruhestand** vom 23.07.1996[777] in Kraft getreten. Anlass für die Einführung dieses Gesetzes war die seit dem Beginn der 90er Jahre festzustellende erhebliche Ausweitung der vor allem in Großunternehmen gängigen Praxis der so genannten **Frühverrentung** – Entlassung älterer Arbeitnehmer

770 *Hümmerich*, AnwaltFormulare Arbeitsrecht, Muster 2230 § 4 Rn 1098 (§ 7).
771 BAG, Urt. v. 25.10.1957, AP Nr. 1 zu § 630 BGB.
772 *Hümmerich*, AnwaltFormulare Arbeitsrecht, Muster 2260 § 4 Rn 1116 (§ 12).
773 BAG, Urt. v. 16.09.1974, NJW 1975, 407.
774 BAG, Urt. v. 17.02.1988, DB 1988, 1071.
775 LAG Köln, Urt. v. 08.08.1997, AR-Blattei ES 1280 Nr. 46.
776 LAG Köln v. 05.10.1995, LAGE § 611 Aufhebungsvertrag Nr. 19.
777 BGBl I 1996, 1078.

weit vor dem Erreichen einer rentenversicherungsrechtlich maßgebenden Altersgrenze in einen (zunächst) über Arbeitslosengeld bzw. Arbeitslosenhilfe und (dann) über Altersrentenleistungen finanzierten Ruhestand – zum Zwecke eines erleichterten Personalabbaus wie auch von personellen Umstrukturierungen.[778] Diese Praxis belastete sowohl die Arbeitslosenversicherung wie auch die gesetzliche Rentenversicherung mit erheblichen Kosten.[779] Mit dem Gesetz zur Förderung eines gleitenden Übergangs in den Ruhestand hat der Gesetzgeber einen (weiteren) Versuch in die Wege geleitet, der Praxis der Frühverrentung entgegen zu treten. Wesentlicher Regelungsgegenstand des vorgenannten Gesetzes ist das durch Art. 1 dieses Gesetzes eingeführte Altersteilzeitgesetz (ATG).

511 Durch Art. 95 des Dritten Gesetzes für moderne Dienstleistungen am Arbeitsmarkt vom 23.12.2003[780] ist das Altersteilzeitgesetz zum bislang letzten Mal in verschiedener Hinsicht geändert worden.[781] Hervorzuheben sind die Berechnung der Aufstockung und des zusätzlichen Rentenversicherungsbeitrags (§ 3 Abs. 1 Nr. 1 ATG) verbunden mit einer Neudefinition des Begriffs Regelarbeitsentgelt (§ 6 Abs. 1 ATG), die Einführung einer Insolvenzsicherung (§ 8a ATG) sowie die Vereinfachung des Erstattungsverfahrens (§ 12 Abs. 2 ATG). Die Neuregelungen sind gem. Art. 124 Abs. 2a des Dritten Gesetzes für moderne Dienstleistungen am Arbeitsmarkt zum 01.07.2004 in Kraft getreten.[782] Die ebenfalls zum 01.07.2004 neu eingeführte Übergangsregelung des § 15g ATG legt fest, welche Altersteilzeit-Arbeitsverhältnisse dem seit diesem Zeitpunkt geltenden Recht (nicht) unterfallen.

512 Das **Altersteilzeitgesetz** wird durch zwei miteinander eng verbundene Zielsetzungen bestimmt, die in § 1 ATG zum Ausdruck gelangen. Nach der Regelung des § 1 Abs. 1 ATG soll älteren Arbeitnehmern durch Teilzeitarbeit ein **gleitender Übergang** vom Erwerbsleben in die Altersrente ermöglicht werden. Damit kann das Ausscheiden eines Arbeitnehmers aus dem Erwerbsleben im Wege eines über einen längeren Zeitraum stattfindenden Prozesses erfolgen, während dem der in den Ruhestand wechselnde Arbeitnehmer eine Arbeitsleistung nur noch in einem im Vergleich mit der vor Beginn dieses Prozesses maßgebenden Arbeitszeit reduzierten Umfang erbringt.[783] Gem. § 1 Abs. 2 ATG fördert die Bundesagentur für Arbeit durch Leistungen nach dem Altersteilzeitgesetz die Altersteilzeitarbeit älterer Arbeitnehmer, wenn diese ihre Arbeitszeit nach der Vollendung des 55. Lebensjahres vermindern und im Zusammenhang mit der Reduzierung der Arbeitszeit die Einstellung grundsätzlich eines arbeitslosen Arbeitnehmers ermöglicht wird. In dieser Regelung gelangt deutlich die **arbeitsmarktpolitische Zielsetzung** des Altersteilzeitgesetzes zum Ausdruck.[784]

II. Voraussetzungen gesetzlich geförderter Altersteilzeitarbeit

513 Das Altersteilzeitgesetz regelt seinem Kern nach in § 4 ATG einen Anspruch des Arbeitgebers auf Erstattung bestimmter Leistungen, die er an einen in einem Altersteilzeit-Arbeitsverhältnis stehenden Arbeitnehmer erbracht hat.[785] Die maßgebenden Voraussetzungen für diesen Anspruch sind nicht nur in der Regelung des § 3 ATG normiert, die amtlicherseits mit »Anspruchsvoraussetzungen« überschrieben ist. Die Erfüllung dieser **arbeitgeberbezogenen Voraussetzungen** ist zwar erforderlich, jedoch nicht genügend für die Entstehung eines Anspruchs auf Erstattungsleistungen gegen die

778 Siehe hierzu die Begründung zum Entwurf eines Gesetzes zur Förderung eines gleitenden Übergangs in den Ruhestand, BT-Drucks 13/4336, 14; *Boecken*, NJW 1996, 3386 ff. (3386).

779 Siehe die Begründung zum Gesetz zur Förderung eines gleitenden Übergangs in den Ruhestand, BT-Drucks 13/4336, 14.

780 BGBl I 2003, 2848.

781 Siehe zu den Änderungen im Überblick nur *Hampel*, DB 2004, 706 ff.

782 Die ab diesem Zeitpunkt geltende Neufassung des Altersteilzeitgesetzes wird dem folgenden Überblick zugrunde gelegt. Zu der bis Ende Juni 2004 maßgebenden Rechtslage siehe die Vorauflage.

783 Zum Begriff des gleitenden Übergangs in den Ruhestand siehe die Nachweise bei *Boecken*, Wie sollte der Übergang vom Erwerbsleben in den Ruhestand rechtlich gestaltet werden?, Gutachten B zum 62. Deutschen Juristentag, 1998, B 159 i.V.m. Fn 2.

784 BAG v. 14.10.2003, NZA 2004, 860 ff.

785 BAG v. 10.02.2004, NZA 2004, 872.

Bundesagentur für Arbeit. Das wird daran deutlich, dass diese Leistungen nur erbracht werden, wenn bestimmte Arbeitnehmer in ein Altersteilzeit-Arbeitsverhältnis übergehen. Damit enthält letztlich auch der mit »Begünstigter Personenkreis« bezeichnete § 2 Abs. 1 ATG Voraussetzungen, ohne deren Vorliegen ein arbeitgeberseitiger Anspruch auf Erstattungsleistungen gegen die Bundesagentur für Arbeit nicht entstehen kann. Diese Voraussetzungen werden hier als **arbeitnehmerbezogene Voraussetzungen** bezeichnet.

1. Arbeitnehmerbezogene Voraussetzungen

Ein Anspruch des Arbeitgebers auf Erstattungsleistungen der Bundesagentur für Arbeit kann abgesehen von der Erfüllung der arbeitgeberbezogenen Voraussetzungen nach § 3 Abs. 1 ATG[786] nur in Betracht kommen, wenn der in ein Altersteilzeit-Arbeitsverhältnis wechselnde Arbeitnehmer zu dem in **§ 2 Abs. 1 ATG** näher umschriebenen »begünstigten Personenkreis« gehört. Im Einzelnen muss es sich um einen Arbeitnehmer handeln, der 514

- das 55. Lebensjahr vollendet hat,[787]
- nach dem 14.02.1996 auf Grund einer Vereinbarung mit seinem Arbeitgeber, die sich zumindest auf die Zeit erstrecken muss, bis eine Rente wegen Alters beansprucht werden kann, seine Arbeitszeit auf die Hälfte der bisherigen wöchentlichen Arbeitszeit vermindert hat, und versicherungspflichtig beschäftigt ist im Sinne des Dritten Buches Sozialgesetzbuch[788] und
- innerhalb der letzten fünf Jahre vor Beginn der Altersteilzeitarbeit mindestens 1080 Kalendertage in einer versicherungspflichtigen Beschäftigung nach dem Dritten Buch Sozialgesetzbuch[789] gestanden hat. Zeiten mit Anspruch auf Arbeitslosengeld oder Arbeitslosenhilfe sowie Zeiten, in denen Versicherungspflicht nach § 26 Abs. 2 SGB III bestand, stehen der versicherungspflichtigen Beschäftigung gleich.[790]

2. Arbeitgeberbezogene Voraussetzungen

Der Anspruch des Arbeitgebers auf Erstattungsleistungen nach § 4 Abs. 1 ATG ist nach **§ 3 Abs. 1 ATG** von folgenden Voraussetzungen abhängig: 515

- Der Arbeitgeber muss auf vertraglicher Grundlage so genannte Aufstockungsleistungen und Beitragszahlungen zur gesetzlichen Rentenversicherung erbringen.[791]
- Des Weiteren muss er im Zusammenhang mit dem frei gewordenen Arbeitsplatz eine Einstellung vornehmen.[792]
- Schließlich darf der Arbeitgeber nicht verpflichtet sein, mehr als fünf vom Hundert seiner Arbeitnehmer die Möglichkeit zu einem Wechsel in ein Altersteilzeit-Arbeitsverhältnis einräumen zu müssen.[793]

a) Aufstockungsleistungen und Beitragszahlungen

Gem. der Regelung des § 3 Abs. 1 Nr. 1 ATG hat der Arbeitgeber Aufstockungsleistungen nach Maßgabe des § 3 Abs. 1 Nr. 1 lit. a) ATG und Beitragszahlungen i.S.d. § 3 Abs. 1 Nr. 1 lit. b) ATG an den Arbeitnehmer bzw. für den Arbeitnehmer zu erbringen. Hierzu muss der Arbeitgeber jeweils auf Grund eines Tarifvertrages, einer kirchenrechtlichen Regelung, einer Betriebsvereinbarung oder 516

786 Siehe noch folgend unter Rn 515 ff.
787 § 2 Abs. 1 Nr. 1 ATG.
788 § 2 Abs. 1 Nr. 2 ATG.
789 Oder nach den Vorschriften eines Mitgliedsstaates, in dem die Verordnung (EWG) Nr. 1408/71 des Rates der Europäischen Union Anwendung findet.
790 § 2 Abs. 1 Nr. 3 Satz 2 SGB III.
791 § 3 Abs. 1 Nr. 1 ATG.
792 § 3 Abs. 1 Nr. 2 ATG.
793 § 3 Abs. 1 Nr. 3 ATG.

kraft einer Individualvereinbarung mit dem altersteilzeitarbeitenden Arbeitnehmer verpflichtet sein. Dadurch wird gewährleistet, dass die Erbringung der vorgenannten Leistungen als (eine) Voraussetzung für den Anspruch auf Erstattung nach § 4 Abs. 1 ATG nicht unter einen Freiwilligkeitsvorbehalt des Arbeitgebers und damit in dessen Belieben gestellt werden kann. Damit kommt eine öffentliche Förderung von Altersteilzeitarbeit nur in Betracht, wenn der Arbeitgeber (vertrags)rechtlich zur Erbringung der in § 3 Abs. 1 Nr. 1 ATG genannten Leistungen verpflichtet ist. Der Irrtum über die sozialrechtlichen Folgen einer Altersteilzeit-Vereinbarung zwischen Arbeitgeber und Arbeitnehmer berechtigt diesen nicht zur Anfechtung.[794] Allerdings kommt ein Schadensersatzanspruch des Arbeitnehmers gem. §§ 280 Abs. 1, 241 Abs. 2 BGB wegen Nebenpflichtverletzung in Betracht, wenn der Arbeitgeber bei einem von ihm initiierten Wechsel in ein Altersteilzeit-Arbeitsverhältnis fehlerhafte Angaben über die versorgungsrechtlichen Folgen gemacht hat.[795]

aa) Aufstockungsleistungen

517 Kraft kollektiv- oder individualvertraglicher Verpflichtung hat der Arbeitgeber nach § 3 Abs. 1 Nr. 1 lit. a) ATG das Regelarbeitsentgelt für die Altersteilzeitarbeit um mindestens 20 vom Hundert aufzustocken, wobei die Aufstockung auch weitere Entgeltbestandteile umfassen kann. Gem. § 6 Abs. 1 Satz 1 ATG ist das Regelarbeitsentgelt i.S. des Altersteilzeitgesetzes das auf einen Monat entfallende, vom Arbeitgeber regelmäßig zu zahlende sozialversicherungspflichtige Arbeitsentgelt, soweit es die Beitragsbemessungsgrenze des Dritten Buches Sozialgesetzbuch[796] nicht überschreitet. Nach Satz 2 von § 6 Abs. 1 ATG sind Entgeltbestandteile, die nicht laufend gezahlt werden, nicht berücksichtigungsfähig. Damit bleiben Einmalzahlungen bei der Berechnung der Aufstockungsleistung außer Betracht.[797] Sie können allerdings – wie § 3 Abs. 1 Nr. 1 lit. a) ATG deutlich macht – der Berechnung zugrunde gelegt werden.

518 Der Aufstockungsbetrag ist nach § 3 Nr. 28 EStG und § 1 ArEV steuer- und sozialversicherungsbeitragsfrei. Damit wird gewährleistet, dass der in Altersteilzeit wechselnde Arbeitnehmer auf Grund des Regelarbeitsentgelts und des Aufstockungsbetrags zusammen in der Regel etwa 70 vom Hundert seinem vor dem Wechsel in die Altersteilzeit bezogenen Nettoarbeitsentgelts erhält.[798] In der Praxis sehen die vor allem tarifvertraglichen Altersteilzeit-Vereinbarungen im Regelfall eine über die gesetzlich vorgeschriebene Erhöhung hinaus gehende Aufstockungsleistung vor. Die Aufstockung stellt keine Gegenleistung für die seitens des Arbeitnehmers geschuldete Arbeitsleistung dar. Gleichwohl handelt es sich um Entgelt i.S.d. §§ 611, 612 BGB.[799] Das hat zum Beispiel zur Folge, dass die Aufstockungsleistung im Falle einer vorzeitigen Beendigung eines in Gestalt des Blockmodells durchgeführten Arbeitsverhältnisses bei der Vergleichsberechnung zwecks Feststellung der seitens des ausgeschiedenen Arbeitnehmers noch beanspruchbaren Entgeltdifferenz zu berücksichtigen ist.[800]

519 Bei der Berechnung des Aufstockungsbetrages ist eine Belastung des Arbeitnehmers mit Beiträgen zur Zusatzversorgung des Öffentlichen Dienstes nicht zu berücksichtigen. Vielmehr hat der Arbeitnehmer diesen Beitrag auch während der Altersteilzeit selbst zu tragen.[801] Darüber hinaus muss bei der Berechnung des Aufstockungsbetrages durch den Arbeitgeber nicht berücksichtigt werden, dass dem steuerlichen Einkommen eines in Altersteilzeit befindlichen Arbeitnehmers der steuerfreie

794 BAG v. 10.02.2004, NZA 2004, 606 ff., hier zu der fehlerhaften Annahme, auch mit einer Reduzierung der Arbeitszeit auf Null während der gesamten Dauer des Altersteilszeit-Arbeitsverhältnisses könne die Voraussetzung des § 237 Abs. 1 Nr. 3 lit. b) SGB VI für eine Altersrente nach Altersteilzeit erfüllt werden.

795 BAG v. 10.02.2004, NZA 2004, 606 ff.

796 § 341 Abs. 4 SGB III.

797 Siehe *Hampel*, DB 2004, 706 ff. (706).

798 Das war bis zum 01.07.2004 durch den so genannten Mindestnettobetrag garantiert, der mit der Neufassung von § 3 Abs. 1 Nr. 1 lit. a) ATG weggefallen ist. Siehe zum Mindestnettobetrag die Vorauflage, Rn 469.

799 BAG v. 14.10.2003, NZA 2004, 860 ff.

800 BAG v. 14.10.2003, NZA 2004, 860 ff.

801 BAG v. 09.12.2003, ZTR 2004, 253 f.

Aufstockungsbetrag zur Berechnung des Steuersatzes hinzugerechnet wird, mit der Folge, dass sich der Steuersatz erhöht.[802]

bb) Beitragszahlung zur gesetzlichen Rentenversicherung

Des Weiteren hat der Arbeitgeber nach § 3 Abs. 1 Nr. 1 lit. b) ATG für den in Altersteilzeit befindlichen Arbeitnehmer zusätzlich Beiträge zur gesetzlichen Rentenversicherung mindestens in Höhe des Beitrags zu entrichten, der auf 80 vom Hundert des Regelarbeitsentgelts (§ 6 Abs. 1 ATG) für die Altersteilzeitarbeit entfällt. Darüber hinaus ist der zusätzliche Rentenversicherungsbeitrag begrenzt auf den Unterschiedsbetrag zwischen 90 vom Hundert der monatlichen Beitragsbemessungsgrenze und dem Regelarbeitsentgelt (§ 6 Abs. 1 ATG). Mit der zusätzlichen Beitragszahlung des Arbeitgebers soll verhindert werden, dass der in ein Altersteilzeit-Arbeitsverhältnis wechselnde Arbeitnehmer zu große Einbußen bei dem Aufbau seiner Rentenanwartschaft als Folge der Arbeitszeit- und damit Entgeltreduzierung hinnehmen muss. 520

Der sich aus § 3 Abs. 1 Nr. 1 lit. b) ATG ergebende Unterschiedsbetrag, bezogen auf den zusätzliche Rentenversicherungsbeiträge zu zahlen sind, wird mit dem normalen Beitragssatz der gesetzlichen Rentenversicherung belastet.[803] Der Arbeitgeber hat die auf den Unterschiedsbetrag entfallenden Beiträge allein zu tragen.[804] Die zusätzlichen Beiträge können nach § 3 Abs. 1 Nr. 1 lit. b) ATG höchstens bezogen auf eine Bemessungsgrundlage gezahlt werden, die unter Zusammenrechnung des Arbeitsentgelts für die Altersteilzeitarbeit sowie des Unterschiedsbetrags i.S.v. § 3 Abs. 1 Nr. 1 lit. b) ATG die Beitragsbemessungsgrenze der gesetzlichen Rentenversicherung[805] nicht überschreitet. Dadurch soll sichergestellt werden, dass ein in Altersteilzeit befindlicher Arbeitnehmer keine höheren Rentenanwartschaften begründen kann als Arbeitnehmer außerhalb von Altersteilzeit-Arbeitsverhältnissen. Sofern ein Altersteilzeit-Arbeitsverhältnis für einen Zeitraum von mehr als sechs Jahren vereinbart worden ist, hat der Arbeitgeber die zusätzlichen Beitragszahlungen zur gesetzlichen Rentenversicherung[806] gleichwohl nur für einen Zeitraum von sechs Jahren zu erbringen.[807] Diese Regelung ist vor dem Hintergrund zu sehen, dass die Bundesagentur für Arbeit Erstattungsleistungen nach § 4 Abs. 1 ATG[808] längstens für sechs Jahre erbringt. 521

b) Wiederbesetzung

Der Anspruch des Arbeitgebers auf Erstattungsleistungen nach § 4 Abs. 1 ATG setzt nach § 3 Abs. 1 Nr. 2 ATG weiter die **Einstellung eines Arbeitnehmers oder Auszubildenden** im Zusammenhang mit dem durch den in Altersteilzeit gewechselten Arbeitnehmer frei gemachten bzw. frei gewordenen Arbeitsplatz voraus. Grundsätzlich hat der Arbeitgeber einen bei einer Agentur für Arbeit arbeitslos gemeldeten Arbeitnehmer oder einen Arbeitnehmer nach Abschluss der Ausbildung auf dem frei gemachten oder auf einem in diesem Zusammenhang durch Umsetzung frei gewordenen Arbeitsplatz versicherungspflichtig im Sinne des Dritten Sozialgesetzbuches zu beschäftigen.[809] Eine versicherungspflichtige Beschäftigung ist nach §§ 24 Abs. 1, 27 Abs. 2 SGB III i.V.m. § 8 Abs. 1 Nr. 1 SGB IV nur gegeben, wenn das Arbeitsentgelt aus dieser Beschäftigung regelmäßig im Monat 400 EUR übersteigt. Im Falle der Einstellung eines arbeitslos gemeldeten Arbeitnehmers ist von Gesetzes wegen nicht gefordert, dass dieser für eine bestimmte Dauer arbeitslos gemeldet gewesen sein muss. Insofern reicht jede, auch eine nur kurzfristige Arbeitslosmeldung, wenn nicht eine solche rechtsmissbräuchlich allein zu dem Zweck herbeigeführt wird, die Möglichkeit zur Zuschussgewährung an den einstellenden Arbeitgeber zu eröffnen.[810] Das Erfordernis der Einstellung eines 522

802 BAG v. 25.06.2002, NZA 2003, 859 ff.; BAG v. 01.10.2002 – 9 AZR 298/01.

803 Siehe § 162 Nr. 1 i.V.m. § 163 Abs. 5 SGB VI. Der Beitragssatz beträgt derzeit 19,5 vom Hundert.

804 § 168 Abs. 1 Nr. 6 SGB VI.

805 Siehe § 159 SGB VI i.V.m. der auf der Grundlage von § 160 Nr. 2 SGB VI jeweils ergangenen Rechtsverordnung.

806 Dasselbe gilt für die Aufstockungsleistungen nach § 3 Abs. 1 lit. a) ATG.

807 Siehe § 2 Abs. 3 Satz 2 ATG.

808 Siehe noch folgend unter Rn 526 ff.

809 Siehe § 3 Abs. 1 Nr. 2 lit. a) ATG.

810 Siehe *Diller*, NZA 1996, 847 ff. (849 f.) und *Boecken*, NJW 1996, 3386 ff. (3389).

Arbeitnehmers nach dem Abschluss der Ausbildung ist erfüllt, wenn die übernommene Person eine berufsqualifizierende Ausbildung beliebiger Art – etwa im Sinne des Berufsbildungsgesetzes oder auch ein Studium – abgeschlossen hat. Darüber hinaus ist erforderlich, dass die Einstellung unmittelbar im Anschluss an die Beendigung der Ausbildung erfolgt. Arbeitgeber, die in der Regel **nicht mehr als 50 Arbeitnehmer** beschäftigen, können nach § 3 Abs. 1 Nr. 2 lit. b) ATG die Wiederbesetzungspflicht auch durch die versicherungspflichtige Beschäftigung eines **Auszubildenden** erfüllen. Ob ein Arbeitgeber in der Regel nicht mehr als 50 Arbeitnehmer beschäftigt, bestimmt sich nach der Regelung des § 7 Abs. 1 und Abs. 3 ATG.

523 Der arbeitslos gemeldete Arbeitnehmer oder gerade ausgebildete Arbeitnehmer muss »auf dem frei gemachten oder auf einem in diesem Zusammenhang durch Umsetzung frei gewordenen Arbeitsplatz«[811] beschäftigt werden. Damit wird ein **sachlicher Zusammenhang** zwischen der Einstellung der genannten Personen und der frei gewordenen Arbeitskapazität gefordert, dem auch durch eine so genannte **Umsetzungskette** Rechnung getragen werden kann. Diese ist dem Arbeitsamt gegenüber lückenlos durch die konkrete Benennung der wechselnden und nachfolgenden Arbeitnehmer sowie der betroffenen Arbeitsplätze darzustellen.[812] Der Arbeitsplatz muss auch nach einer auf technischer Entwicklung oder einem strukturellen Wandel beruhenden Veränderung in seiner wesentlichen Funktion erhalten bleiben.[813] Für Arbeitgeber, die in der Regel nicht mehr als 50 Arbeitnehmer beschäftigen, ist der Nachweis eines sachlichen Zusammenhangs zwischen der Einstellung und der frei gewordenen Arbeitskapazität nicht erforderlich. Gem. § 3 Abs. 1 Nr. 2 lit. a), 2. Hs. ATG wird bei diesen **Kleinbetrieben unwiderleglich vermutet**, dass der Arbeitnehmer auf dem frei gemachten oder auf einem im Zusammenhang mit der Einstellung durch Umsetzung frei gewordenen Arbeitsplatz beschäftigt wird.

524 Die Wiederbesetzung des frei gemachten oder durch Umsetzung freigewordenen Arbeitsplatzes muss des Weiteren in einem **zeitlichen Zusammenhang** mit der Begründung des Altersteilzeit-Arbeitsverhältnisses erfolgen. Davon ist auszugehen, wenn die Einstellung innerhalb eines Zeitraums bis zu sechs Monaten vor und drei Monaten nach dem Übergang in die Altersteilzeit erfolgt.[814] Unterbrechungen der Wiederbesetzung – etwa deshalb, weil der angestellte Arbeitnehmer das Arbeitsverhältnis beendet – führen nach § 5 Abs. 2 Satz 2, 1. Alt. ATG nicht zum Wegfall des Anspruchs auf Erstattungsleistungen nach § 4 Abs. 1 ATG, wenn innerhalb von drei Monaten eine erneute Wiederbesetzung erfolgt. Ist das nicht der Fall, so besteht der Erstattungsanspruch nach § 5 Abs. 2 Satz 1 ATG nicht, solange der Arbeitgeber auf dem frei gemachten oder durch Umsetzung frei gewordenen Arbeitsplatz keinen Arbeitnehmer mehr beschäftigt, der bei Beginn der Beschäftigung die Voraussetzungen des § 3 Abs. 1 Nr. 2 ATG erfüllt hat. Nach Ablauf der Dreimonatsfrist hat der Arbeitgeber bei einer Wiederbesetzung erst ab dem Zeitpunkt der Einstellung wieder Anspruch auf die Leistungen nach § 4 Abs. 1 ATG. Bei einer Beendigung des »Wiederbesetzungs-Beschäftigungsverhältnisses« entfällt der Anspruch auf Erstattungsleistungen auch ohne erneute Wiederbesetzung nicht, wenn der Arbeitgeber die Leistungen nach § 4 Abs. 1 ATG bereits für vier Jahre erhalten hat (§ 5 Abs. 2 Satz 2, 2. Alt. ATG). In diesem Fall wird nicht davon ausgegangen, dass die Nichtbesetzung des Arbeitsplatzes noch etwas mit der ursprünglichen Begründung eines Altersteilzeit-Arbeitsverhältnisses zu tun hat. Der arbeitgeberseitige Anspruch auf Erstattungsleistungen bleibt dann bis zur Höchstdauer von sechs Jahren erhalten. Endet die Wiederbesetzung wegen einer Befristung des Arbeitsvertrages, so muss der Arbeitsplatz innerhalb von drei Monaten entweder mit dem bisherigen Arbeitnehmer oder einer anderen, die Erfordernisse des § 3 Abs. 1 Nr. 2 ATG erfüllenden Person wiederbesetzt werden. Eine dauernde Wiederbesetzung

811 Siehe § 3 Abs. 1 Nr. 2 lit. a) ATG.

812 Siehe den Runderlass 55/96 der Bundesagentur für Arbeit zum Altersteilzeitgesetz vom 10.07.1996.

813 Siehe die Durchführungsanweisungen der Bundesagentur für Arbeit, Mai 1998 zu § 3, 3.1.3 (2) und den Runderlass 55/96 zum Altersteilzeitgesetz.

814 Siehe hierzu die Durchführungsanweisung der Bundesagentur für Arbeit zum Altersteilzeitgesetz, Stand Mai 1998, zu § 3, 3.1.3.1 (3), 3.1.3.2. (2), 3.1.3.3 (3).

mit Arbeitnehmern in befristeten Arbeitsverträgen ist – vorbehaltlich der Beachtung des Teilzeit- und Befristungsgesetzes[815] – altersteilzeitrechtlich zulässig.

c) Überforderungsschutz

Als dritte und letzte arbeitgeberbezogene Voraussetzung regelt § 3 Abs. 1 Nr. 3 ATG den so genannten Überforderungsschutz des Arbeitgebers. Danach kommt ein Anspruch auf Erstattungsleistungen nur in Betracht, wenn bei einer über 5 vom Hundert der Arbeitnehmer des Betriebs hinausgehenden Inanspruchnahme von Altersteilzeit die freie Entscheidung des Arbeitgebers sichergestellt ist.[816] Bedeutung hat diese Regelung für die Fälle, dass ein **Tarifvertrag** oder eine **Betriebsvereinbarung** älteren Arbeitnehmern einen Anspruch auf Wechsel in ein Altersteilzeit-Arbeitsverhältnis einräumt. Ihre Zwecksetzung geht dahin, eine Überforderung von kleinen Betrieben und Betrieben mit überdurchschnittlich vielen älteren Arbeitnehmern zu verhindern.[817] Für die Erfüllung der in § 3 Abs. 1 Nr. 3 ATG geregelten Voraussetzung ist auf den Betrieb, nicht auf das Unternehmen abzustellen. In § 7 Abs. 2 ATG hat der Gesetzgeber eine Regelung für die Berechnung der nach § 3 Abs. 1 Nr. 3 ATG maßgebenden Arbeitnehmerzahl aufgenommen. In Kleinbetrieben mit in der Regel weniger als 20 Beschäftigten ist auf Grund der 5 vom Hundert-Grenze ein kollektivrechtlich geregelter Anspruch auf Altersteilzeit generell ausgeschlossen. Soweit ersichtlich, findet in der kollektivvertraglichen Praxis der Überforderungsschutz nach § 3 Abs. 1 Nr. 3 ATG Beachtung: Sofern entsprechende Altersteilzeitvereinbarungen den Arbeitnehmern einen Anspruch auf Altersteilzeitarbeit einräumen, wird zur Wahrung der arbeitgeberseitigen Erstattungsansprüche die in § 3 Abs. 1 Nr. 3 ATG bezeichnete Grenze eingehalten.[818] Die tarifliche Regelung einer Überforderungsklausel stellt keine Betriebsnorm i.S.v. § 3 Abs. 2 TVG dar.[819] Bei der Berechnung der fünf vom Hundert-Grenze sind auch nicht oder anders organisierte Arbeitnehmer einzubeziehen.[820] 525

III. Erstattungsleistungen der Bundesagentur für Arbeit

Liegen die arbeitnehmer- und arbeitgeberbezogenen Voraussetzungen i.S.d. §§ 2 Abs. 1 und 3 Abs. 1 ATG vor, so hat der Arbeitgeber einen **Anspruch auf Erstattungsleistungen** gegen die Bundesagentur für Arbeit nach Maßgabe des § 4 Abs. 1 ATG. § 4 Abs. 2 ATG enthält eine Sonderregelung für Erstattungsansprüche von Arbeitgebern, deren in Altersteilzeitarbeit gewechselte Arbeitnehmer nach bestimmten Vorschriften von der Versicherungspflicht in der gesetzlichen Rentenversicherung befreit sind. Gem. § 16 ATG sind Erstattungsleistungen ab dem 01.01.2010 nur noch zu erbringen, wenn die Voraussetzungen des § 2 ATG erstmals vor diesem Zeitpunkt vorgelegen haben. Damit reicht es aus, wenn vor dem 01.01.2010 die arbeitnehmerbezogenen Voraussetzungen[821] gegeben sind, auf eine Wiederbesetzung des frei gewordenen Arbeitsplatzes bis zu diesem Zeitpunkt kommt es, anders als nach dem bis Ende Juni 2004 geltenden Recht, nicht an. 526

815 V. 21.12.2000, BGBl I 2000, 1966.

816 Darauf kommt es nur dann nicht an, wenn eine Ausgleichskasse der Arbeitgeber oder eine gemeinsame Einrichtung der Tarifvertragsparteien besteht, wobei beide Voraussetzungen in Tarifverträgen verbunden werden können.

817 Siehe die Begründung zum Entwurf eines Gesetzes zur Förderung eines gleitenden Übergangs in den Ruhestand, BT-Drucks 13/4336, 18.

818 Siehe etwa § 3 Abs. 1 des Tarifvertrages zur Förderung der Altersteilzeit für die chemische Industrie vom 29.03.1996 i.d.F. v. 17.07.1997. Zu verschiedenen Kritikpunkten an der Überforderungsregelung siehe *Boecken*, Wie sollte der Übergang vom Erwerbsleben in den Ruhestand rechtlich gestaltet werden?, Gutachten B zum 62. Deutschen Juristentag, 1998, B S. 176 ff.

819 BAG v. 18.09.2001, NZA 2002, 1161 ff.

820 BAG v. 18.09.2001, NZA 2002, 1161 ff.

821 Siehe Rn 514.

1. Umfang der Erstattungsleistungen

527 Nach § 4 Abs. 1 ATG erstattet die Bundesagentur dem Arbeitgeber für längstens sechs Jahre

- den Aufstockungsbetrag nach § 3 Abs. 1 Nr. 1 lit. a) ATG in Höhe von 20 vom Hundert des für die Altersteilzeitarbeit gezahlten Regelarbeitsentgelts[822] und
- den Betrag, der nach § 3 Abs. 1 Nr. 1 lit. b) ATG in Höhe des Beitrags geleistet worden ist, der auf den Betrag entfällt, der sich aus 80 vom Hundert des Regelarbeitsentgelts für die Altersteilzeitarbeit ergibt, jedoch höchstens des auf den Unterschiedsbetrag zwischen 90 vom Hundert der monatlichen Beitragsbemessungsgrenze und dem Regelarbeitsentgelt entfallenden Beitrags.[823]

528 Hat der Arbeitgeber über die gesetzlich vorgeschriebenen Leistungen hinaus auf Grund individual- oder kollektivvertraglicher Vereinbarung zusätzliche Aufstockungsleistungen und Beitragszahlungen zur gesetzlichen Rentenversicherung erbracht, so sind diese nicht erstattungsfähig. Die Erstattungsleistungen werden auch dann gewährt, wenn der in Altersteilzeitarbeit wechselnde Arbeitnehmer nach **§ 6 Abs. 1 Satz 1 Nr. 1 SGB VI** oder **§ 231 Abs. 1 und Abs. 2 SGB VI** von der Versicherungspflicht in der gesetzlichen Rentenversicherung befreit ist und es deshalb mangels möglicher Beitragszahlung an die gesetzliche Rentenversicherung an der Voraussetzung des § 3 Abs. 1 Nr. 1 lit. b) ATG fehlt.[824] Erstattungsfähig sind nach § 4 Abs. 2 Satz 2 ATG vergleichbare Aufwendungen des Arbeitgebers[825] bis zu der Höhe, die die Bundesagentur für Arbeit im Falle von Beitragszahlungen an die gesetzliche Rentenversicherung zu erbringen hätte.

2. Dauer, Erlöschen, Nichtbestehen und Ruhen des Erstattungsanspruchs

529 Gem. § 4 Abs. 1 ATG erbringt die Bundesagentur für Arbeit die Erstattungsleistungen für längstens sechs Jahre. Das gilt auch für die Fälle, in denen ein Altersteilzeit-Arbeitsverhältnis über einen Zeitraum von mehr als sechs Jahren durchgeführt wird.

530 Das Gesetz regelt in **§ 5 Abs. 1 ATG** verschiedene Gründe, aus denen der Erstattungsanspruch bereits vor dem Ablauf von sechs Jahren **erlöschen** kann. Der Anspruch endet

- mit Ablauf des Kalendermonats, in dem der Arbeitnehmer die Altersteilzeitarbeit beendet;[826]
- mit Ablauf des Kalendermonats, in dem der Arbeitnehmer das 65. Lebensjahr vollendet;[827]
- mit Ablauf des Kalendermonats vor dem Kalendermonat, für den der Arbeitnehmer eine Rente wegen Alters **beanspruchen kann**;[828] gemeint sind Renten wegen Alters aus der gesetzlichen Rentenversicherung,[829] wobei der Anspruch auf Erstattungsleistungen allerdings nur erlischt, wenn der Arbeitnehmer die Altersrente abschlagsfrei in Anspruch nehmen kann.[830] Insoweit stellt es keine unzulässige mittelbare Diskriminierung schwerbehinderter Beschäftigter i.S.v. § 81 Abs. 2 Satz 2 Nr. 1 SGB IX dar, wenn ein Tarifvertrag einen Anspruch auf Abschluss nur solcher Altersteilzeit-Arbeitsverträge einräumt, die zum frühest möglichen Zeitpunkt der Inanspruchnahme einer abschlagsfreien Rente enden sollen, für schwerbehinderte Beschäftigte damit also an den nach § 236a SGB VI i.V.m. Anlage 22 maßgebenden Zeitpunkt anzuknüpfen ist[831] Leistungen einer **Versicherungs- oder Versorgungseinrichtung** oder eines **Versicherungsunter-**

822 § 4 Abs. 1 Nr. 1 ATG.
823 § 4 Abs. 1 Nr. 2 ATG.
824 Siehe § 4 Abs. 2 Satz 1 ATG.
825 Etwa Zuschüsse an einen Arbeitnehmer, der in einer berufsständischen Versorgungseinrichtung versicherungs- und beitragspflichtig ist.
826 § 5 Abs. 1 Nr. 1, 1. Alt. ATG.
827 § 5 Abs. 1 Nr. 1, 2. Alt. ATG. Darauf, ob der Arbeitnehmer in diesem Zeitpunkt einen Anspruch auf eine Alterssicherungsleistung hat, kommt es nicht an.
828 § 5 Abs. 1 Nr. 2 ATG.
829 §§ 35 ff. SGB VI.
830 § 5 Abs. 1 Nr. 2 ATG a.E.
831 BAG v. 18.11.2003, NZA 2004, 545 ff.

nehmens, die von in der gesetzlichen Rentenversicherung von der Versicherungspflicht befreiten Arbeitnehmern[832] in Anspruch genommen werden können, sind Altersrentenleistungen aus der gesetzlichen Rentenversicherung gleichgestellt;[833]

- mit Beginn des Kalendermonats, für den der Arbeitnehmer eine Rente wegen Alters, eine Knappschaftsausgleichsleistung, eine ähnliche Leistung öffentlich-rechtlicher Art oder, wenn er von der Versicherungspflicht in der gesetzlichen Rentenversicherung befreit ist, eine vergleichbare Leistung einer Versicherungs- oder Versorgungseinrichtung oder eines Versicherungsunternehmens **bezieht**; hiernach kommt es für das Erlöschen des Erstattungsanspruchs auf die tatsächliche Inanspruchnahme einer Alterssicherungsleistung durch den Arbeitnehmer an, und zwar unabhängig davon, ob diese Leistung vorzeitig oder erst im Zeitpunkt des im Einzelfall maßgebenden Rentenalters bezogen wird.

Gem. § 5 Abs. 2 Satz 1 ATG **besteht** der Anspruch auf Erstattungsleistungen **nicht**, solange der Arbeitgeber auf dem frei gemachten oder durch Umsetzung frei gewordenen Arbeitsplatz keinen Arbeitnehmer mehr beschäftigt, der bei Beginn der Beschäftigung die Voraussetzungen des § 3 Abs. 1 Nr. 2 ATG erfüllt hat. Gelingt dem Arbeitgeber binnen drei Monaten eine Wiederbesetzung, dann werden die Erstattungsleistungen auch für die Zeit der »Nichtbesetzung« gewährt.[834] Erfolgt die Wiederbesetzung erst zu einem späteren Zeitpunkt, so hat der Arbeitgeber zwar ab sofort noch den verbliebenen Restanspruch. Bezogen auf den Zeitraum, während dem der Arbeitsplatz nicht wieder besetzt war, werden jedoch Leistungen nicht erbracht. Diese Konstellation führt mithin zu einer Minderung des Gesamtumfangs der Erstattungsleistungen. 531

Die Regelungen des § 5 Abs. 3, Abs. 4 ATG enthalten verschiedene Tatbestände, bei deren Vorliegen ein **Ruhen des Anspruchs** auf Erstattungsleistungen eintritt. Der Zweck dieser Ruhenstatbestände – die mittelbar auf eine Beschränkung der Erwerbstätigkeit des in Altersteilzeit befindlichen Arbeitnehmers hinwirken – ist letztlich arbeitsmarktpolitischer Natur. 532

Zum einen ruht der Anspruch während der Zeit, in der der Arbeitnehmer neben seiner Altersteilzeitarbeit Beschäftigungen oder selbständige Tätigkeiten ausübt, die die **Geringfügigkeitsgrenze** des § 8 SGB IV überschreiten, oder wenn der Arbeitnehmer auf Grund einer solchen Beschäftigung eine Entgeltersatzleistung erhält.[835] Der Ruhenstatbestand schlägt in einen Erlöschensgrund um, wenn der Anspruch mindestens 150 Kalendertage geruht hat, wobei mehrere Ruhenszeiträume zusammengerechnet werden.[836] Nebenerwerbstätigkeiten des Arbeitnehmers bleiben allerdings unberücksichtigt, wenn sie bereits innerhalb der letzten fünf Jahre vor dem Beginn der Altersteilzeitarbeit ständig ausgeübt wurden.[837] Der Ruhenstatbestand des § 5 Abs. 3 Satz 1 ATG greift unabhängig davon ein, ob der Arbeitgeber von der Nebentätigkeit des Arbeitnehmers gewusst hat. Damit wird hier der arbeitgeberseitige Erstattungsanspruch von einem Verhalten des Arbeitnehmers abhängig gemacht, das der Arbeitgeber nicht beeinflussen kann. Dieser Zusammenhang sollte in Vereinbarungen über Altersteilzeit der Art berücksichtigt werden, dass die Gewährung von Leistungen nach § 3 Abs. 1 Nr. 1 ATG unter die **auflösende Bedingung der Nichtausübung einer nicht geringfügigen Beschäftigung** oder einer selbständigen Tätigkeit gestellt wird. Die Regelung einer solchen Bedingung ist zulässig, wie § 8 Abs. 2 ATG deutlich macht. 533

Zum anderen ruht der Anspruch auf Erstattungsleistungen während der Zeit, in der der Arbeitnehmer über die Altersteilzeitarbeit hinaus **Mehrarbeit leistet**, die den Umfang der Geringfügigkeitsgrenze des § 8 SGB IV überschreitet. Auch hier kann unter den Voraussetzungen der entsprechend anwendbaren Regelung des § 5 Abs. 3 Sätze 2 und 3 ATG[838] der Ruhenstatbestand in einen Erlöschensgrund umschlagen. 534

832 Auf der Grundlage von § 6 Abs. 1 Satz 1 Nr. 1 SGB VI und § 231 SGB VI.
833 Siehe § 5 Abs. 1 Nr. 2 ATG.
834 § 5 Abs. 2 Satz 2 ATG.
835 § 5 Abs. 3 Satz 1 ATG.
836 Siehe § 5 Abs. 3 Sätze 2 und 3 ATG.
837 § 5 Abs. 3 Satz 4 ATG.
838 Siehe § 5 Abs. 4 Satz 2 ATG.

535 Das Ruhen des arbeitgeberseitigen Anspruchs führt dazu, dass dieser während des Ruhenszeitraums nicht geltend gemacht werden kann. Eine Verkürzung der Dauer des Erstattungsanspruchs ist mit dem Ruhen selbst nicht verbunden. Allerdings kann der Anspruch unter den Voraussetzungen des § 5 Abs. 3 Sätze 2 und 3 ATG ganz erlöschen.

3. Durchführung der Erstattung

536 Nach § 12 Abs. 1 Satz 1 ATG entscheidet die Agentur für Arbeit auf schriftlichen Antrag des Arbeitgebers, ob die Voraussetzungen für die Erbringung von Leistungen nach § 4 ATG vorliegen. Wird der Antrag innerhalb von drei Monaten nach Vorliegen der Anspruchsvoraussetzungen gestellt, so wirkt er vom Zeitpunkt des Vorliegens dieser Voraussetzungen an, anderenfalls erst von Beginn des Monats der Antragstellung (§ 12 Abs. 1 Satz 2 ATG). Grundsätzlich zuständig ist nach § 12 Abs. 1 Satz 5 ATG die Agentur für Arbeit, in deren Bezirk der Betrieb liegt, in dem der Arbeitnehmer beschäftigt ist.

Gem. § 12 Abs. 2 Satz 1 ATG wird die Höhe der Leistungen nach § 4 ATG zu Beginn des Erstattungsverfahrens in monatlichen Festbeträgen für die gesamte Förderdauer festgelegt. Eine Anpassung der monatlichen Festbeträge erfolgt nur dann, wenn sich das berücksichtigungsfähige Regelarbeitsentgelt (§ 6 Abs. 1 ATG) um mindestens 10 EUR verringert. Das hat zur Konsequenz, dass Erhöhungen des Regelarbeitsentgelts bei der Erstattungsleistung nach Beginn der Förderung nicht mehr berücksichtigt werden.[839] Von der in § 12 Abs. 2 Satz 1 und 2 ATG zum 01.07.2004 neu eingeführten und vereinfachten Verfahrensweise können nach § 15g Satz 2 ATG auf Antrag auch Arbeitgeber Gebrauch machen, die bereits vor diesem Zeitpunkt Erstattungsleistungen erhalten haben, sofern die maßgebenden Voraussetzungen auch noch ab dem 01.07.2004 gegeben sind. Die Leistungen nach § 4 ATG werden nur auf Antrag erbracht und nachträglich jeweils für den Kalendermonat ausgezahlt, in dem die Anspruchsvoraussetzungen vorgelegen haben (§ 12 Abs. 2 Satz 3 ATG).

537 Wird das Altersteilzeit-Arbeitsverhältnis in Gestalt eines so genannten **Blockmodells**[840] durchgeführt, so ist für den Zeitpunkt der Zahlung von Erstattungsleistungen die Regelung des § 12 Abs. 3 Satz 1 ATG maßgebend: Danach werden dem Arbeitgeber die Leistungen der Bundesagentur für Arbeit erst von dem Zeitpunkt an ausgezahlt, in dem der Arbeitgeber auf dem freigemachten oder durch Umsetzung frei gewordenen Arbeitsplatz einen Arbeitnehmer beschäftigt, der bei Beginn der Beschäftigung die Voraussetzungen des § 3 Abs. 1 Nr. 2 ATG erfüllt hat. Dabei werden die Leistungen für zurückliegende Zeiten zusammen mit den laufenden Leistungen jeweils in monatlichen Teilbeträgen ausgezahlt,[841] die Erstattungsleistungen werden also **monatlich in doppelter Höhe** erbracht.[842] Dabei bestimmt sich die Höhe der Leistungen für zurückliegende Zeiten nach der Höhe der laufenden Leistungen (§ 12 Abs. 3 Satz 4 ATG).

IV. Verteilung der Arbeitszeit: insbesondere zur Altersteilzeit in Gestalt so genannter Blockmodelle

1. Wesentliche Möglichkeiten der Arbeitszeitverteilung

538 Die Verteilung der Hälfte der bisherigen wöchentlichen Arbeitszeit[843] im Rahmen des Altersteilzeit-Arbeitsverhältnisses kann auf unterschiedliche Art und Weise erfolgen. Zum einen kann die Arbeitszeit während des gesamten Zeitraums des Arbeitsverhältnisses gleich bleibend den Umfang

839 Siehe auch *Hampel*, DB 2004, 706 ff. (708).
840 Siehe dazu noch folgend unter Rn 538 ff.
841 Siehe § 12 Abs. 3 Satz 3 ATG.
842 »Verdoppelungsprinzip«, siehe BSG v. 10.02.2004, AuB 2004, 215 ff.
843 § 2 Abs. 1 Nr. 2 ATG.

der Hälfte der bisherigen wöchentlichen Arbeitszeit haben. In diesem Fall liegt eine **zeitlich kontinuierliche Durchführung** des Altersteilzeit-Arbeitsverhältnisses vor, die der in § 1 Abs. 1 ATG formulierten Zielsetzung der Ermöglichung eines gleitenden Übergangs vom Erwerbsleben in den Ruhestand Rechnung trägt. Zum anderen kann die Vereinbarung über die Altersteilzeitarbeit auch unterschiedliche wöchentliche Arbeitszeiten oder eine unterschiedliche Verteilung der wöchentlichen Arbeitszeit vorsehen.[844] Voraussetzung hierfür ist allerdings, dass die wöchentliche Arbeitszeit grundsätzlich im Durchschnitt eines Zeitraums von bis zu drei Jahren die Hälfte der bisherigen wöchentlichen Arbeitszeit nicht überschreitet. Handelt es sich um eine Altersteilzeitregelung in einem Tarifvertrag, auf Grund eines Tarifvertrages in einer Betriebsvereinbarung oder in einer Regelung der Kirchen und der öffentlich-rechtlichen Religionsgesellschaften, dann reicht es weiter gehend aus, wenn die wöchentliche Arbeitszeit im Durchschnitt eines Zeitraums von bis zu sechs Jahren die Hälfte der bisherigen wöchentlichen Arbeitszeit nicht überschreitet.[845]

Vor diesem Hintergrund haben in der Praxis so genannte **Blockmodelle** als zeitliche Verteilungs- 539
form der Altersteilzeitarbeit erhebliche Bedeutung erlangt.[846] Bei diesen Modellen erfolgt die Verteilung der Arbeitszeit in der Regel dergestalt, dass der Gesamtzeitraum des Altersteilzeit-Arbeitsverhältnisses jeweils hälftig aus einer am Anfang liegenden Arbeitsphase, während der der in ein Altersteilzeit-Arbeitsverhältnis gewechselte Arbeitnehmer wie zuvor beschäftigt ist, und einer sich daran anschließenden Freistellungsphase, während der der Arbeitnehmer überhaupt keine Tätigkeit mehr ausübt, besteht. Typische tarifvertragliche Blockmodell-Regelungen sehen vor, dass der Arbeitnehmer die ersten drei Jahre eines über sechs Jahre konzipierten Altersteilzeit-Arbeitsverhältnisses in vollem Umfang beschäftigt wird und im Anschluss daran für die zweiten drei Jahre eine vollständige Freistellung erfolgt.

Für die Durchführung eines Blockmodells wird vorausgesetzt, dass das Arbeitsentgelt für die Alters- 540
teilzeitarbeit sowie der Aufstockungsbetrag nach § 3 Abs. 1 Nr. 1 lit. a) ATG **fortlaufend gezahlt werden** (§ 2 Abs. 2 Satz 1 Nr. 2 ATG). Der Arbeitnehmer erbringt während der Arbeitsphase eine Vorleistung, wodurch er ein Wertguthaben i.S.d. § 7 Abs. 1a SGB IV erzielt, das in der nachfolgenden Freistellungsphase ausgeglichen wird. Auch während der Zeit der Freistellung liegt unter den Voraussetzungen des § 7 Abs. 1a Satz 1 SGB IV eine **Beschäftigung gegen Arbeitsentgelt** vor mit der Folge, dass Versicherungspflicht im Sinne der jeweils einschlägigen Sozialversicherungsgesetze gegeben ist.[847] Ohne die Regelung des § 7 Abs. 1a Satz 1 SGB IV könnte mangels Vorliegens einer Beschäftigung nach § 7 Abs. 1 SGB IV eine Versicherungspflicht in der Sozialversicherung nicht entstehen.

2. Einzelfragen im Zusammenhang mit Blockmodellen

a) Vorteile von Blockmodellen

Die in der Praxis vielfach anzutreffende Altersteilzeit in Gestalt eines Blockmodells weist gegenüber 541
einer kontinuierlichen Altersteilzeitarbeit verschiedene Vorteile auf, die ihre Attraktivität begründen. Aus Arbeitgebersicht ist das zunächst einmal der Umstand, dass Arbeitsplätze von in Altersteilzeit wechselnden Arbeitnehmern **nicht organisatorisch umgestaltet werden müssen**. Denn für die Erfüllung der Anspruchsvoraussetzungen reicht es aus, wenn die Wiederbesetzung erst am Ende der Arbeitsphase des dann als Altersteilzeit-Arbeitnehmer völlig freigestellten Arbeitnehmers erfolgt (§ 3 Abs. 3 ATG).[848] Damit steht zu diesem Zeitpunkt ein ganzer Arbeitsplatz für die Wiederbeset-

844 Siehe § 2 Abs. 2 ATG.

845 Die Möglichkeit einer blockweisen Verteilung der Altersteilzeitarbeit über einen Ausgleichszeitraum bis zu sechs Jahren wird darüber hinaus durch die in § 2 Abs. 2 Sätze 2 bis 5 ATG enthaltenen Regelungen ausgeweitet.

846 Vgl. BSG v. 10.02.2004, AuB 2004, 215 ff.

847 Siehe zum sozialversicherungsrechtlichen Schutz von Altersteilzeit-Arbeitnehmern noch unter Rn 561 ff.

848 Wobei die Erstattungsleistungen auch erst ab dem Zeitpunkt der Wiederbesetzung des Arbeitsplatzes erbracht werden, § 12 Abs. 3 Satz 1 ATG.

zung zur Verfügung. Zugleich wird der Nachweis der Wiederbesetzung i.S.d. § 3 Abs. 1 Nr. 2 ATG erleichtert.

542 Blockmodelle ermöglichen, was aus Arbeitgeber- wie auch aus Arbeitnehmersicht vielfach als Vorteil empfunden wird, ein frühzeitiges völliges Ausscheiden des Arbeitnehmers aus dem Arbeitsverhältnis bzw. Erwerbsleben in den Ruhestand. Zwar stehen Blockmodelle damit in einem diametralen Gegensatz zu der in § 1 Abs. 1 ATG formulierten Zielsetzung, einen gleitenden Übergang vom Erwerbsleben in die Altersrente zu ermöglichen. Nicht zu verkennen ist allerdings, dass vor allem personalpolitische Gründe des Arbeitgebers, allgemeine arbeitsmarktpolitische Gründe wie auch Ruhestandsinteressen der Arbeitnehmer dazu führen, die Altersteilzeit in Gestalt eines Blockmodells als Möglichkeit eines frühzeitigen Ausscheidens aus dem Erwerbsleben zu nutzen.

b) Wiederbesetzung

543 Die nach § 3 Abs. 1 Nr. 2 ATG erforderliche Wiederbesetzung muss bei einem Blockmodell nicht zu Beginn des Altersteilzeit-Arbeitsverhältnisses erfolgen. Insoweit ist es gem. § 3 Abs. 3 ATG ausreichend, wenn die Beschäftigung eines bei der Agentur für Arbeit arbeitslos gemeldeten Arbeitnehmers oder eines Arbeitnehmers nach Abschluss der Ausbildung auf dem frei gemachten oder durch Umsetzung frei gewordenen Arbeitsplatz erst **nach Erbringung der Arbeitsleistung** erfolgt. Das schließt nicht aus, dass der betreffende Arbeitnehmer bereits zuvor mit dem Ziel einer Beschäftigung auf dem wieder zu besetzenden Arbeitsplatz eingestellt worden ist.[849]

544 Gem. § 5 Abs. 2 Satz 2 ATG besteht der Anspruch des Arbeitgebers auf Erstattungsleistungen trotz fehlender Wiederbesetzung weiter, wenn er insgesamt für vier Jahre Leistungen der Bundesagentur für Arbeit erhalten hat. Damit wird nach dem Ablauf von vier Jahren auf eine Wiederbesetzung als Voraussetzung für die Erbringung von Erstattungsleistungen verzichtet. Das macht grundsätzlich Sinn: Der Zusammenhang zwischen dem ursprünglich wegen der Begründung eines Altersteilzeit-Arbeitsverhältnisses frei gewordenen Arbeitsplatz und dem nach vier Jahren wieder zu besetzenden Arbeitsplatz kann bei genauer Betrachtung nur noch als ein sehr loser bezeichnet werden.

545 Im Rahmen von Blockmodellen kann die Regelung des § 5 Abs. 2 Satz 2 ATG bei wortlautgetreuem Verständnis nicht zur Anwendung kommen: Im Hinblick darauf, dass bei einer blockweisen Verteilung der Altersteilzeit-Arbeitszeit Erstattungsleistungen der Bundesagentur für Arbeit nach § 12 Abs. 3 Satz 1 ATG frühestens mit Beginn der Freistellungsphase und dann in doppelter Höhe[850] erbracht werden, kann ein Leistungsbezug des Arbeitgebers über einen Zeitraum von vier Jahren nicht in Betracht kommen. Um eine Schlechterstellung solcher Arbeitgeber zu verhindern, bewertet die Bundesagentur für Arbeit entsprechend der nach § 12 Abs. 3 Satz 3 ATG doppelten Zuschusszahlung die **Zeiträume der Wiederbesetzung** zweifach.[851] Das führt dazu, dass bei Altersteilzeit in Gestalt eines Blockmodells eine Wiederbesetzung von insgesamt **zwei Jahren** ausreichend ist. Der arbeitsmarktpolitischen Zielsetzung i.S.d. § 1 Abs. 2 ATG wird dadurch kaum noch angemessen Rechnung getragen.

c) Ansprüche bei einer vorzeitigen Beendigung des Arbeitsverhältnisses

546 Altersteilzeitvereinbarungen erstrecken sich über einen bestimmten Zeitraum, und zwar bis zu dem Zeitpunkt, ab dem eine Rente wegen Alters beansprucht werden kann.[852] Im Altersteilzeitgesetz sind keine ausdrücklichen Regelungen für den Fall getroffen, dass ein in Gestalt eines Blockmodells durchgeführtes Altersteilzeit-Arbeitsverhältnis durch ein Ausscheiden des Arbeitnehmers **vor dem Zeitpunkt des Übergangs in eine Altersrente beendet wird.**[853] Relevante Beendigungsgründe

849 Siehe auch *Hampel*, DB 2004, 706 ff. (708).
850 Siehe § 12 Abs. 3 Satz 3 ATG.
851 Siehe Durchführungsanweisung (DA) der Bundesagentur für Arbeit, Stand Mai 1998, zu § 5, 5.1. (4).
852 § 2 Abs. 1 Nr. 2 ATG.
853 »Störfall im Blockmodell«, siehe BAG v. 18.11.2003, ZTR 2004, 350 f.; BAG, 14.10.2003, NZA 2004, 860 ff.

sind die Arbeitnehmer- oder Arbeitgeberkündigung, der Aufhebungsvertrag wie auch der Tod des Arbeitnehmers. In allen diesen Fällen stellt sich die Frage, wie bei einer vorzeitigen Beendigung des Arbeitsverhältnisses die arbeitnehmerseits erbrachten Vorleistungen durch den Arbeitgeber auszugleichen sind.

Der Arbeitnehmer hat jedenfalls **Anspruch auf eine Vergütung**, die der bis zum Zeitpunkt des Ausscheidens erbrachten Arbeitsleistung entspricht.[854] Das bedeutet: Der Arbeitgeber hat den Differenzbetrag zwischen dem gezahlten Altersteilzeit-Arbeitsentgelt unter Einschluss der erbrachten Aufstockungsleistungen i.S.d. § 3 Abs. 1 Nr. 1 lit. a) ATG und der nach dem Wert der vollen Arbeitsleistung zu bemessenen Vergütung zu zahlen.[855] Die tarifvertragliche Praxis trägt dem Rechnung: Altersteilzeit-Tarifverträge enthalten in der Regel dahin gehende Bestimmungen, dass der in Vorleistung getretene Arbeitnehmer bei vorzeitiger Beendigung des Arbeitsverhältnisses Anspruch auf die Differenz zwischen der erhaltenen Vergütung und dem Entgelt für den Zeitraum seiner tatsächlichen Beschäftigung, das er ohne Eintritt in die Altersteilzeit erzielt hätte, hat.[856] Auf die Differenz dürfen die arbeitgeberseits zusätzlich gezahlten Beiträge zur gesetzlichen Rentenversicherung (§ 3 Abs. 1 Nr. 1 lit. b) ATG) nicht angerechnet werden.[857] Andererseits ist die Einbeziehung der Aufstockung (§ 3 Abs. 1 Nr. 1 lit. a) ATG) in die Vergleichsberechnung im Hinblick darauf zulässig, dass es sich hierbei trotz des fehlenden Gegenleistungscharakters um Entgelt i.S.d. §§ 611, 612 BGB handelt.[858] Nach § 10 Abs. 5 ATG unterliegt der vom Arbeitnehmer noch beanspruchbare Differenzbetrag der Beitragspflicht zur gesetzlichen Rentenversicherung. Im Falle des Todes steht der Anspruch auf die Differenz den Erben des Arbeitnehmers zu.[859] 547

Fraglich ist, inwieweit Leistungen i.S.d. § 3 Abs. 1 Nr. 1 ATG – die so genannten **Aufstockungsleistungen** des Arbeitgebers – im Rahmen des hier in Frage stehenden Ausgleichs **zusätzlich zu berücksichtigen sind**. Erhält der Arbeitgeber Erstattungsleistungen der Bundesagentur für Arbeit für Zeiten, in denen der Altersteilzeit-Arbeitnehmer vollzeitig bzw. in unverändertem zeitlichen Umfang wie vor dem Wechsel in das Altersteilzeit-Arbeitsverhältnis gearbeitet hat, so erscheint es interessengerecht, dem vorzeitig ausscheidenden Arbeitnehmer diese Leistungen zu belassen. Immerhin hat der Arbeitnehmer auf die Erbringung dieser Leistungen vertraut. Ein solcher Fall kommt bei Erfüllung der Voraussetzungen des § 12 Abs. 3 Satz 2 ATG in Betracht. Danach bleibt der Anspruch des Arbeitgebers auf Leistungen der Bundesagentur für Arbeit für zurückliegende Zeiten bestehen, wenn das Altersteilzeit-Arbeitsverhältnis vorzeitig endet und der Arbeitgeber den Arbeitsplatz für die Zeit der Leistungsbeanspruchung wieder besetzt und soweit ihm entsprechende Aufwendungen für Aufstockungsleistungen nach § 3 Abs. 1 Nr. 1 und § 4 Abs. 2 ATG verblieben sind. 548

Kann der Arbeitgeber den Arbeitsplatz des vorzeitig ausgeschiedenen Arbeitnehmers nicht wieder besetzen, sollte die Frage der Berücksichtigung von Aufstockungsleistungen als Ausgleichsposten für den in Vorleistung getretenen Arbeitnehmer danach entschieden werden, wer die vorzeitige Beendigung des Altersteilzeit-Arbeitsverhältnisses zu verantworten hat. Hat allein der Arbeitgeber die Beendigung des Arbeitsverhältnisses veranlasst, so erscheint es gerechtfertigt, dem Arbeitnehmer auch die der Zeit des Altersteilzeit-Arbeitsverhältnisses entsprechenden Aufstockungsleistungen zukommen zu lassen. Endet das Altersteilzeit-Arbeitsverhältnis hingegen auf Wunsch des Arbeitnehmers, so kann ein Vertrauen des Arbeitnehmers die Gleichwohlgewährung von Aufstockungs- 549

854 Siehe BAG v. 18.11.2003. ZTR 2004, 350 f.; BAG v. 14.10.2003, NZA 2004, 860 ff.
855 BAG v. 14.10.2003, NZA 2004, 860 ff.; BAG v. 18.11.2003, ZTR 2004, 350 f.
856 Zu entsprechenden tarifvertraglichen Regelungen siehe BAG v. 14.10.2003, NZA 2004, 860 ff.; BAG v. 18.11.2003, ZTR 2004, 350 f.
857 BAG v. 18.11.2003, ZTR 2004, 350 f.
858 BAG v. 14.10.2003, NZA 2004, 860 ff.
859 Siehe etwa § 3.4. des Tarifvertrages über Altersteilzeit der Volkswagen-AG vom 14.07.1997.

leistungen nicht rechtfertigen. Hier kann nur ein Anspruch auf eine der erbrachten Arbeitsleistung entsprechende Vergütung bejaht werden.[860]

d) Insolvenz des Arbeitgebers

550 In der zum 01.07.2004 neu aufgenommenen Regelung des § 8a ATG ist nunmehr von Gesetzes wegen eine Insolvenzsicherung angeordnet. Damit will der Gesetzgeber den bei einer Altersteilzeit in Gestalt des Blockmodells in Vorleistung tretenden Arbeitnehmer für den Fall der Insolvenz des Arbeitgebers absichern. Insoweit ist jetzt im Altersteilzeitgesetz ein über die bereits bisher nach § 7d SGB IV bestehende Verpflichtung der Vertragsparteien zum Treffen von Vorkehrungen für den Insolvenzfall hinausgehender eigenständiger Schutz geregelt worden.

551 Nach § 8a Abs. 1 Satz 1 ATG ist der Arbeitgeber im Falle einer Blockmodellvereinbarung verpflichtet, ein danach entstehendes Wertgutachten, das den Betrag des Dreifachen des Regelarbeitsentgelts nach § 6 Abs. 1 ATG einschließlich des darauf entfallenden Arbeitgeberanteils am Gesamtsozialversicherungsbeitrag übersteigt, mit der ersten Gutschrift in geeigneter Weise gegen das Risiko seiner Zahlungsunfähigkeit abzusichern. Gem. § 8a Abs. 1 Satz 2 ATG gelten bilanzielle Rückstellungen sowie zwischen Konzernunternehmen (§ 18 AktG) begründete Einstandspflichten, beispielhaft genannt werden Bürgschaften, Patronatserklärungen und Schuldbeitritte, nicht als geeignete Sicherungsmittel. Als Sicherungsmittel in Betracht kommen deshalb vor allem Bankbürgschaften und Versicherungsmodelle.[861] Bezogen auf die Ermittlung der Höhe des zu sichernden Wertguthabens schließt § 8a Abs. 2 ATG aus, dass die Arbeitgeberleistungen nach § 3 Abs. 1 Nr. 1 und § 4 Abs. 2 ATG wie auch zusätzliche Beitragszahlungen des Arbeitgebers nach § 187a SGB VI zur Vermeidung von Rentenabschlägen angerechnet werden können. Gem. § 8a Abs. 3 Satz 1 ATG hat der Arbeitgeber dem Arbeitnehmer die zur Sicherung des Wertguthabens ergriffenen Maßnahmen mit der ersten Gutschrift und folgend halbjährlich in Textform (§ 126b BGB) nachzuweisen. Insoweit steht es allerdings Arbeitgeber und Betriebsrat frei, eine andere gleichwertige Art und Form des Nachweises zu vereinbaren (§ 8a Abs. 3 Satz 2 ATG). Soweit der Arbeitgeber der Nachweispflicht nicht nachkommt oder sich die nachgewiesenen Maßnahmen als ungeeignet erweisen, kann der Arbeitnehmer den Arbeitgeber schriftlich auffordern, innerhalb eines Monats eine geeignete Insolvenzsicherung des bestehenden Wertguthabens in Textform nachzuweisen (§ 8a Abs. 4 Satz 1 ATG). Kommt der Arbeitgeber auch dieser Aufforderung nicht nach, so hat der Arbeitnehmer einen Anspruch auf Sicherheitsleistung in Höhe des bestehenden Wertguthabens (§ 8a Abs. 4 Satz 1 ATG). Die Möglichkeiten der Sicherheitsleistungen werden für den Arbeitgeber beschränkt auf die Stellung eines tauglichen Bürgens oder die Hinterlegung von Geld oder solchen Wertpapieren, die nach § 234 Abs. 1 und Abs. 3 BGB zur Sicherheitsleistung geeignet sind, wobei §§ 233, 234 Abs. 2, 235 und 239 BGB entsprechende Anwendungen finden (§ 8a Abs. 4 Satz 2 und 3 ATG). Damit hat der Gesetzgeber als »Sanktion« für den Fall einer nicht nachgewiesenen oder ungeeigneten Sicherung des Wertguthabens auf individualarbeitsrechtlicher Ebene einen Anspruch des Arbeitnehmers auf Sicherheitsleistung normiert. Das dürfte bezogen auf das Verhältnis zwischen Arbeitgeber und Arbeitnehmer nicht unproblematisch sein. Angesichts der individualarbeitsrechtlichen Ausgestaltung der Insolvenzsicherung stellt das Vorliegen einer solchen keine Voraussetzung für den Anspruch auf Erstattungsleistungen nach § 4 ATG dar.[862]

552 Die in § 8a Abs. 1 bis 4 ATG getroffenen Insolvenzsicherungsregelungen sind nach § 8 Abs. 5 ATG zwingend. Zum Nachteil des Altersteilzeit-Arbeitnehmers abweichende individual- oder kollektivvertragliche Vereinbarungen sind deshalb unwirksam. Dispensiert von der zwingenden Verpflichtung zur Insolvenzsicherung sind juristische Personen des öffentlichen Rechts, soweit diese nicht insolvenzfähig sind, sowie solche, bei denen eine Gebietskörperschaft kraft Gesetzes die Zahlungsfähigkeit sichert (§ 8a Abs. 6 ATG).

860 In diesem Sinne auch *Kerschbaumer/Tiefenbacher*, AuR 1998, 58 ff. (59).
861 Siehe auch *Hampel*, DB 2004, 706 ff. (707).
862 Zutreffend *Hampel*, DB 2004, 706 ff. (707).

Die Verpflichtung zur Insolvenzsicherung gilt nur für Altersteilzeitarbeitsverhältnisse, die nach dem 30.06.2004 beginnen. Das folgt aus der Übergangsregelung des § 15g Satz 1 ATG, wonach die Vorschriften des Altersteilzeitgesetzes in der bis zum 30.06.2004 geltenden Fassung mit Ausnahme des § 15 ATG weiterhin anzuwenden sind, sofern mit der Altersteilzeitarbeit vor dem 01.07.2004 begonnen wurde. Der Gesetzgeber hat damit klargestellt, dass das zum 01.07.2004 in Kraft getretene neue Recht der Altersteilzeit, wozu auch die in § 8a ATG geregelte Insolvenzsicherung gehört, nur für ab diesem Zeitpunkt laufende Altersteilzeitarbeitsverhältnisse gilt. Unberührt bleibt allerdings die – sanktionslose – Insolvenzschutzregelung des § 7d SGB IV, die seit 1998 gilt[863] und auch die Vertragsparteien von Altersteilzeit-Arbeitsverhältnissen in Gestalt des Blockmodells verpflichtet, Vorkehrungen zu treffen, die der Erfüllung der Wertguthaben einschließlich des auf sie entfallenden Arbeitgeberanteils am Gesamtsozialversicherungsbeitrag bei Zahlungsunfähigkeit des Arbeitgebers dienen. 553

Hat der Altersteilzeit-Arbeitnehmer noch Ansprüche bezogen auf die dem Insolvenzereignis vorausgehende Zeit, die nicht auf der Grundlage von § 8a ATG insolvenzgesichert sind, so handelt es sich insolvenzrechtlich um einfache Insolvenzforderungen nach § 38 InsO. Unter den Voraussetzungen der §§ 183 ff. SGB III kann ein Anspruch auf Insolvenzgeld in Betracht kommen. Ansprüche auf Vergütung bezogen auf einen Zeitraum nach der Eröffnung des Insolvenzverfahrens sind so genannte sonstige Masseverbindlichkeiten i.S.d. § 55 Abs. 1 Nr. 2 InsO. 554

e) Erwerbstätigkeit des Arbeitnehmers während der Freistellungsphase

Übt ein Arbeitnehmer während der Freistellungsphase eine Beschäftigung oder eine selbständige Tätigkeit aus, die die Geringfügigkeitsgrenze des § 8 Abs. 1 Nr. 1 SGB IV überschreitet, so führt dies nach Maßgabe des § 5 Abs. 3 Satz 1 ATG zum **Ruhen des arbeitgeberseitigen Anspruchs auf Erstattungsleistungen** nach § 4 Abs. 1 ATG. Im Hinblick darauf sollte – sofern nicht eine entsprechende kollektivvertragliche Regelung besteht – in dem zwischen Arbeitgeber und Arbeitnehmer abzuschließenden Altersteilzeitvertrag ein Beschäftigungsverbot verbunden mit der auflösenden Bedingung, dass bei Vorliegen der Voraussetzungen des § 5 Abs. 3 Satz 1 ATG die Arbeitgeberleistungen i.S.d. § 3 Abs. 1 Nr. 1 ATG wegfallen, aufgenommen werden.[864] 555

V. Besondere arbeitsrechtliche Regelungen

In **§ 8 ATG** sind verschiedene arbeitsrechtliche Regelungen normiert. Im Einzelnen geht es um den Schutz von Arbeitnehmern vor Kündigungen im Zusammenhang mit Altersteilzeitarbeit, die Zulässigkeit eines vertraglichen Ausschlusses der arbeitgeberseits nach § 3 Abs. 1 Nr. 1 ATG zu erbringenden Leistungen sowie die Zulässigkeit von Vereinbarungen über die Beendigung des Altersteilzeit-Arbeitsverhältnisses ohne Kündigung. 556

1. Kündigungsschutz nach § 8 Abs. 1 ATG

Gem. § 1 Abs. 2 Satz 1 KSchG ist eine Kündigung sozial gerechtfertigt, wenn sie durch Gründe, die in der Person oder dem Verhalten des Arbeitnehmers liegen, oder durch dringende betriebliche Erfordernisse, die einer Weiterbeschäftigung des Arbeitnehmers in diesem Betrieb entgegen stehen, bedingt ist. Insoweit ist von Bedeutung, dass nach § 8 Abs. 1 ATG die Möglichkeit eines Arbeitnehmers zur Inanspruchnahme von Altersteilzeitarbeit **nicht als eine die Kündigung des Arbeitsverhältnisses durch den Arbeitgeber begründende Tatsache i.S.d. § 1 Abs. 2 Satz 1 KSchG gilt**. Sinn und Zweck dieser Regelung bestehen darin, zu verhindern, dass ein älterer Arbeitnehmer mittels einer Änderungskündigung in die Altersteilzeitarbeit gezwungen werden kann.[865] Damit 557

863 Eingefügt durch Gesetz vom 06.04.1998, BGBl I 1998, 688.

864 Siehe auch *Reichling/Wolf*, NZA 1997, 422 ff. (426).

865 Siehe auch *Rittweger*, Altersteilzeitgesetz, § 8 Rn 2.

sind allerdings nicht Änderungskündigungen ausgeschlossen, die an einen anderen Grund als die Möglichkeit zur Inanspruchnahme von Altersteilzeitarbeit anknüpfen.

558 Seit dem 01.01.2000 kann die Möglichkeit zur Inanspruchnahme von Altersteilzeit auch nicht mehr bei der sozialen Auswahl nach § 1 Abs. 3 Satz 1 KSchG berücksichtigt werden.[866]

2. Unzulässigkeit bestimmter auflösender Bedingungen

559 Nach der Regelung des § 8 Abs. 2 ATG kann die Verpflichtung des Arbeitgebers zur Erbringung der Aufstockungsleistungen und Beitragszahlungen zur gesetzlichen Rentenversicherung i.S.v. § 3 Abs. 1 Nr. 1 ATG für bestimmte Fälle nicht durch die **Vereinbarung einer auflösenden Bedingung** ausgeschlossen werden. Das gilt zum einen nach § 8 Abs. 2 Satz 1 ATG dann, wenn der Anspruch des Arbeitgebers auf Erstattungsleistungen nach § 4 Abs. 1 ATG deshalb nicht besteht, weil eine Wiederbesetzung i.S.v. § 3 Abs. 1 Nr. 2 ATG nicht gegeben ist. Damit kann der Arbeitgeber das **Wiederbesetzungsrisiko** nicht auf den Arbeitnehmer verlagern. Das ist unter dem Gesichtspunkt konsequent, dass die Wiederbesetzung allein im Einflussbereich des Arbeitgebers liegt. Zum anderen ist eine auflösende Bedingung hinsichtlich der arbeitgeberseits zu erbringenden Leistungen für den Fall ausgeschlossen, dass der Anspruch auf Erstattungsleistungen gegen die Bundesagentur für Arbeit nicht besteht, weil der Arbeitgeber den **Antrag nach § 12 ATG nicht, nicht richtig, nicht vollständig oder nicht rechtzeitig gestellt** hat oder seiner Mitwirkungspflicht nicht nachgekommen ist, ohne dass dafür eine Verletzung der Mitwirkungspflicht des Arbeitnehmers ursächlich war. Auch hier wird aus der gesetzlichen Regelung selbst deutlich, dass es darum geht, die Verlagerung von allein arbeitgeberseits beeinflussbaren Risiken – ordnungsgemäße Antragstellung und Einhaltung der gebotenen Mitwirkungspflichten durch den Arbeitgeber selbst – auf den Arbeitnehmer zu verhindern.

3. Vereinbarung über die Beendigung des Arbeitsverhältnisses

560 Gem. **§ 8 Abs. 3 ATG** ist eine Vereinbarung zwischen Arbeitnehmer und Arbeitgeber über die Altersteilzeitarbeit, in der die Beendigung des Arbeitsverhältnisses ohne Kündigung zu einem Zeitpunkt vorgesehen ist, in welchem der Arbeitnehmer Anspruch auf eine Rente wegen Alters nach Altersteilzeitarbeit hat, zulässig. Diese Regelung stellt eine **Ausnahmevorschrift zu § 41 Satz 2 SGB VI** dar. Danach gilt eine Vereinbarung, die die Beendigung des Arbeitsverhältnisses eines Arbeitnehmers ohne Kündigung zu einem Zeitpunkt vorsieht, in dem der Arbeitnehmer vor Vollendung des 65. Lebensjahres eine Rente wegen Alters beantragen kann, dem Arbeitnehmer gegenüber als auf die Vollendung des 65. Lebensjahres abgeschlossen, es sei denn, dass die Vereinbarung innerhalb der letzten drei Jahre vor diesem Zeitpunkt abgeschlossen oder von dem Arbeitnehmer bestätigt worden ist. Hiernach wäre es etwa ausgeschlossen, im Rahmen einer Altersteilzeitvereinbarung mit einer auf sechs Jahre angelegten Altersteilzeit sowie einem daran anschließenden Übergang in die Rente wegen Alters nach Altersteilzeitarbeit i.S.v. § 237 SGB VI bereits zu Beginn des Altersteilzeit-Arbeitsverhältnisses wirksam festzulegen, dass dieses nach dem Ablauf von sechs Jahren ohne Kündigung endet. Dieses »Problem« behebt § 8 Abs. 3 ATG, indem er die Altersteilzeit-Vertragsparteien von der Vorschrift des § 41 Satz 2 SGB VI dispensiert.

866 § 8 Abs. 1 Hs. 2 ATG, eingeführt durch Art. 1 Nr. 6 des Gesetzes zur Fortentwicklung der Altersteilzeit vom 20.12.1999, BGBl I 1999, 2494.

VI. Sozialversicherungsrechtlicher Schutz

1. Altersteilzeit-Arbeitsverhältnis als Beschäftigung

Arbeitnehmer, die in einem Altersteilzeit-Arbeitsverhältnis stehen und Arbeit leisten, sind als solche sozialversicherungsrechtlich **Beschäftigte i.S.v. § 7 Abs. 1 SGB IV**.[867] Damit gelten die an das Vorliegen einer entgeltlichen Beschäftigung anknüpfenden Regelungen des Sozialversicherungsrechts für Altersteilzeit-Arbeitnehmer genauso wie für alle anderen Arbeitnehmer. 561

Wird das Altersteilzeit-Arbeitsverhältnis in Gestalt eines Blockmodells durchgeführt, so würde während der **Freistellungsphase** mangels Ausübung einer Tätigkeit nach allgemeinen Regeln des Sozialversicherungsrechts eine Beschäftigung nicht gegeben sein, deren Vorliegen Voraussetzung für das Eingreifen des Sozialversicherungsschutzes ist. Insoweit ist die **Regelung des § 7 Abs. 1a Satz 1 SGB IV** von Bedeutung, wonach während einer Freistellung sozialversicherungsrechtlich gleichwohl eine Beschäftigung gegen Arbeitsentgelt besteht, wenn 562

- für die Zeit der Freistellung von der Arbeitsleistung Arbeitsentgelt fällig ist, das mit einer vor oder nach dieser Zeit erbrachten Arbeitsleistung erzielt wird,
- die Freistellung auf Grund einer schriftlichen Vereinbarung erfolgt und
- die Höhe des für die Zeit der Freistellung und des für die vorausgegangenen zwölf Kalendermonate monatlich fälligen Arbeitsentgelts nicht unangemessen voneinander abweichen und diese Arbeitsentgelte 400 EUR übersteigen.

Diese Voraussetzungen liegen bei Altersteilzeit-Arbeitsverhältnissen in der Regel vor. 563

2. Gesetzliche Krankenversicherung

a) Versicherungsstatus

Altersteilzeit-Arbeitnehmer sind als gegen Arbeitsentgelt beschäftigte Arbeitnehmer grundsätzlich gem. **§ 5 Abs. 1 Nr. 1 SGB V versicherungspflichtig**. Im Hinblick auf die Regelung des § 7 Abs. 1a SGB IV gilt das auch für Zeiten der Freistellung. Überschreitet – was allerdings selten vorkommen dürfte – das regelmäßige Jahresarbeitsentgelt eines Altersteilzeit-Arbeitnehmers die Jahresarbeitsentgeltgrenze nach § 6 Abs. 6 oder Abs. 7 SGB V, so besteht Versicherungsfreiheit nach § 6 Abs. 1 Nr. 1 SGB V. Zu berücksichtigen ist insoweit nur das beitragspflichtige Arbeitsentgelt i.S.v. § 14 SGB IV. Nicht einzubeziehen in die Berechnung des Jahresarbeitsentgelts sind die Aufstockungsleistungen des Arbeitgebers nach § 3 Abs. 1 Nr. 1 lit. a) ATG. Diese sind gem. **§ 3 Nr. 28 EStG steuerfrei** und unterliegen damit nach § 1 ArEV auch nicht der Beitragspflicht zur Sozialversicherung respektive gesetzlichen Krankenversicherung. 564

War ein Altersteilzeit-Arbeitnehmer vor dem Wechsel in das Altersteilzeit-Arbeitsverhältnis nach **§ 6 Abs. 1 Nr. 1 SGB V** wegen des Überschreitens der Jahresarbeitsentgeltgrenze **versicherungsfrei**, so dürfte der Übergang in die Altersteilzeit wegen der damit verbundenen Reduzierung von Arbeitszeit und Arbeitsentgelt im Regelfall zum Wegfall der Versicherungsfreiheit und zur Versicherungspflicht[868] führen. Will ein solcher Arbeitnehmer weiterhin außerhalb der gesetzlichen Krankenversicherung gegen das Risiko Krankheit abgesichert bleiben, so kann er sich nach **§ 8 Abs. 1 Nr. 3 SGB V** durch Antrag von der Versicherungspflicht befreien lassen, wenn seine Arbeitszeit auf die Hälfte der regelmäßigen Wochenarbeitszeit vergleichbarer Vollbeschäftigter des Betriebs herabgesetzt wird und der Beschäftigte seit mindestens fünf Jahren wegen Überschreitens der Jahresarbeitsentgeltgrenze versicherungsfrei ist. War ein Altersteilzeit-Arbeitnehmer vor dem Wechsel in die Altersteilzeit freiwillig in der gesetzlichen Krankenversicherung versichert, so endet 565

867 Zum Begriff der Beschäftigung siehe näher GK-SGB VI/*Boecken*, § 1 Rn 16 ff., hier zum Bereich der gesetzlichen Rentenversicherung.
868 § 5 Abs. 1 Nr. 1 SGB V.

die freiwillige Versicherung mit der Begründung einer Versicherungspflicht nach § 5 Abs. 1 Nr. 1 SGB V.

b) Anspruch auf Entgeltfortzahlung und Krankengeld

566 Im Falle einer **krankheitsbedingten Arbeitsunfähigkeit** hat der Altersteilzeit-Arbeitnehmer gem. § 3 Abs. 1 EFZG bei Vorliegen der maßgebenden Voraussetzungen einen Anspruch auf Entgeltfortzahlung gegen den Arbeitgeber für längstens sechs Wochen. Bei der Berechnung der Höhe des fortzuzahlenden Arbeitsentgelts nach § 4 Abs. 1 EFZG ist auch die Aufstockungsleistung des Arbeitgebers nach § 3 Abs. 1 Nr. 1 lit. a) ATG einzubeziehen. Das folgt nicht nur aus dem so genannten Entgeltausfallprinzip,[869] sondern ergibt sich mittelbar auch daraus, dass § 10 Abs. 2 Satz 1 ATG nur für den Fall des Bezuges von Krankengeld eine Übernahme der Aufstockungsleistung durch die Bundesagentur für Arbeit vorsieht.

567 Nach dem Ablauf des sechswöchigen Entgeltfortzahlungs-Zeitraums hat der Altersteilzeit-Arbeitnehmer bei Fortdauer der krankheitsbedingten Arbeitsunfähigkeit einen **Anspruch auf Krankengeld nach Maßgabe der §§ 44 ff. SGB V**. Insoweit ist bei der Berechnung des Krankengeldes nach § 47 SGB V die Aufstockungsleistung nach § 3 Abs. 1 Nr. 1 lit. a) ATG nicht zu berücksichtigen. Das folgt aus § 47 Abs. 1 Satz 1 SGB V, danach wird das Krankengeld nur aus dem Arbeitsentgelt berechnet, das der Beitragsberechnung unterliegt. Das ist bei den Aufstockungsleistungen wegen der Steuerfreiheit nach § 3 Nr. 28 EStG und der hieran anknüpfenden Beitragsfreiheit nach § 1 ArEV nicht der Fall. Damit erhält der Altersteilzeit-Arbeitnehmer nach § 47 Abs. 1 Satz 1 SGB V Krankengeld lediglich in Höhe von 70 vom Hundert des für die Altersteilzeit gezahlten Arbeitsentgelts. Zusätzlich erbringt die **Bundesagentur für Arbeit nach § 10 Abs. 2 Satz 1 ATG anstelle des Arbeitgebers die Aufstockungsleistungen nach § 3 Abs. 1 Nr. 1 lit. a) ATG**.[870] Das gilt – wie aus dem Wortlaut des § 10 Abs. 2 Satz 1 ATG hervorgeht – allerdings nur, wenn die Bundesagentur für Arbeit bereits Leistungen nach § 4 Abs. 1 ATG erbracht hat, mithin die Voraussetzungen nach § 2 Abs. 1 und § 3 Abs. 1 ATG und damit insbesondere auch eine Wiederbesetzung schon vorgelegen haben. Im Hinblick darauf kann bei einem Altersteilzeit-Arbeitsverhältnis in Gestalt des Blockmodells im Falle einer krankheitsbedingten Arbeitsunfähigkeit des Arbeitnehmers während der Arbeitsphase ein Anspruch auf Leistungen nach § 10 Abs. 2 Satz 1 ATG nicht in Betracht kommen, weil der Arbeitsplatz des Arbeitnehmers erst nach der Arbeitsphase wiederbesetzt wird. Vor diesem Hintergrund finden sich in kollektivvertraglichen Altersteilzeitvereinbarungen für diese Fälle verschiedentlich Regelungen über die Aufstockung des Krankengeldes für während der Arbeitsphase arbeitsunfähig erkrankte Arbeitnehmer.[871] Gem. § 10 Abs. 2 Satz 2 ATG übernimmt die Bundesagentur die Aufstockungsleistungen jedoch soweit und solange nicht, wie diese Leistungen vom Arbeitgeber erbracht werden.

568 Während der Freistellungsphase **ruht nach § 49 Abs. 1 Nr. 6 SGB V der Anspruch auf Krankengeld**. Diese Regelung erklärt sich daraus, dass der Arbeitgeber während dieser Phase unabhängig von einer zur Arbeitsunfähigkeit führenden Erkrankung des Arbeitnehmers deshalb weiter zur Entgeltfortzahlung verpflichtet ist, weil dieser die Vergütung durch Vorleistung erdient hat. Daran anknüpfend ist der Arbeitgeber auch weiter zur Zahlung der Aufstockungsleistungen nach § 3 Abs. 1 Nr. 1 lit. a) ATG verpflichtet, so dass sich die Frage eines Anspruchs nach § 10 Abs. 2 Satz 1 ATG gegen die Bundesagentur für Arbeit nicht stellt.

869 Siehe dazu MünchArbR/*Boecken*, § 84 Rn 7 ff.
870 Wie auch die zusätzlichen Beitragszahlungen zur gesetzlichen Rentenversicherung nach § 3 Abs. 1 Nr. 1 lit. b) ATG.
871 Siehe etwa die Betriebsvereinbarung der Daimler-Benz AG unter Ziff. 9.3.

c) Beitragspflicht

Gem. **§ 249 Abs. 1 SGB V** tragen der Altersteilzeit-Arbeitnehmer und sein Arbeitgeber die Beiträge zur gesetzlichen Krankenversicherung jeweils zur Hälfte. Grundlage für die Beitragsbemessung ist nach § 226 Abs. 1 Satz 1 Nr. 1 SGB V das Arbeitsentgelt aus einer versicherungspflichtigen Beschäftigung. Davon werden die Aufstockungsleistungen nach § 3 Abs. 1 Nr. 1 lit. a) ATG nicht erfasst. Diese sind gem. § 3 Nr. 28 EStG steuerfrei und deshalb nach § 1 ArEV auch nicht beitragspflichtig zur Sozialversicherung. 569

3. Soziale Pflegeversicherung

a) Versicherungsstatus

Die Bestimmung des in der gesetzlichen Pflegeversicherung versicherungspflichtigen Personenkreises knüpft an die Pflichtmitgliedschaft in der gesetzlichen Krankenversicherung an. Gem. **§ 20 Abs. 1 Satz 1 SGB XI** sind in der sozialen Pflegeversicherung die versicherungspflichtigen Mitglieder der gesetzlichen Krankenversicherung versicherungspflichtig. Damit sind Altersteilzeit-Arbeitnehmer als gegen Arbeitsentgelt beschäftigte Arbeitnehmer nach § 5 Abs. 1 Nr. 1 SGB V in der gesetzlichen Krankenversicherung versicherungspflichtige Beschäftigte auch in der gesetzlichen Pflegeversicherung pflichtversichert.[872] 570

Wird ein Arbeitnehmer erst durch den Wechsel in das Altersteilzeit-Arbeitsverhältnis wegen eines damit einhergehenden Unterschreitens der Jahresarbeitsentgeltgrenze[873] versicherungspflichtig in der gesetzlichen Krankenversicherung, so entsteht damit nach **§ 20 Abs. 1 Satz 2 Nr. 1 SGB XI** auch Versicherungspflicht in der gesetzlichen Pflegeversicherung. Lässt sich der Altersteilzeit-Arbeitnehmer nach § 8 Abs. 1 Nr. 3 SGB V von der Versicherungspflicht in der gesetzlichen Krankenversicherung befreien, so entsteht zwar keine Versicherungspflicht in der gesetzlichen Pflegeversicherung. Nach § 23 Abs. 1, Abs. 2 SGB XI ist jedoch ein solcher Arbeitnehmer für den Fall, dass er gegen das Risiko Krankheit bei einem privaten Krankenversicherungsunternehmen abgesichert ist, gesetzlich verpflichtet, bei diesem oder einem anderen Krankenversicherungsunternehmen einen Versicherungsvertrag zur Absicherung des Risikos der Pflegebedürftigkeit abzuschließen und aufrecht zu erhalten. 571

Ein Arbeitnehmer, der vor dem Wechsel in das Altersteilzeit-Arbeitsverhältnis in der gesetzlichen Krankenversicherung **freiwillig versichert** war und nunmehr gem. § 5 Abs. 1 Nr. 1 SGB V versicherungspflichtig wird, bleibt versicherungspflichtig in der gesetzlichen Pflegeversicherung: Die zunächst nach § 20 Abs. 3 SGB XI bestehende Versicherungspflicht setzt sich nach dem Wechsel in die Altersteilzeit als Versicherungspflicht nach § 20 Abs. 1 Satz 2 Nr. 1 SGB XI fort. Hatte sich ein solcher Arbeitnehmer nach § 22 SGB XI von der Versicherungspflicht in der gesetzlichen Pflegeversicherung wegen einer Absicherung des Pflegefallrisikos bei einem privaten Versicherungsunternehmen befreien lassen, so kann der private Pflegeversicherungsvertrag nach § 27 SGB XI mit Wirkung vom Eintritt der Versicherungspflicht an gekündigt werden. 572

b) Leistungen

In der gesetzlichen Pflegeversicherung abgesicherte Altersteilzeit-Arbeitnehmer erhalten Leistungen nach Maßgabe der §§ 28 ff. SGB XI. Insoweit gelten keine Besonderheiten im Vergleich mit sonstigen Arbeitnehmern. 573

872 § 20 Abs. 1 Satz 2 Nr. 1 SGB XI.
873 Siehe § 6 Abs. 1 Nr. 1 SGB V.

c) Beitragszahlung

574 Beiträge zur gesetzlichen Pflegeversicherung werden nach **§ 57 Abs. 1 SGB XI** in Verbindung mit **§ 226 Abs. 1 Satz 1 Nr. 1 SGB V** von dem für die Altersteilzeitarbeit gezahlten Arbeitsentgelt erhoben, und zwar gem. § 55 Abs. 1 SGB XI in Höhe von 1,7 vom Hundert dieses Entgelts bis zur Beitragsbemessungsgrenze. Gem. § 58 Abs. 1 Satz 1 SGB XI tragen Arbeitgeber und Arbeitnehmer die nach dem Arbeitsentgelt zu bemessenen Beiträge je zur Hälfte.

4. Gesetzliche Rentenversicherung

a) Versicherungsstatus

575 Während des Altersteilzeit-Arbeitsverhältnisses unterliegt der Arbeitnehmer, der vor dem Wechsel in die Altersteilzeit in der gesetzlichen Rentenversicherung versicherungspflichtig war, weiter gem. **§ 1 Satz 1 Nr. 1 SGB VI** der Versicherungspflicht in der gesetzlichen Rentenversicherung. Waren Arbeitnehmer vor der Aufnahme des Altersteilzeit-Arbeitsverhältnisses in der gesetzlichen Rentenversicherung versicherungsfrei[874] oder auf Antrag befreit,[875] so ändert sich daran durch den Wechsel in Altersteilzeit nichts. Die Versicherungsfreiheits- und -befreiungstatbestände sind mit Ausnahme der Versicherungsfreiheit wegen einer geringfügigen Beschäftigung, die allerdings für Altersteilzeit-Arbeitnehmer im Rahmen von der Bundesagentur für Arbeit geförderter Altersteilzeitarbeit keine Bedeutung hat,[876] nicht vom Umfang der Arbeitszeit und/oder der Arbeitsvergütung abhängig.

b) Leistungsberechtigung

576 Altersteilzeit-Arbeitnehmer haben nach Maßgabe der einschlägigen Regelungen und Erfüllung der jeweiligen Voraussetzungen wie jeder andere Arbeitnehmer Anspruch auf Rehabilitationsleistungen[877] und Renten.[878] Spezifisch zugeschnitten unter anderem auf Altersteilzeit-Arbeitnehmer ist die in **§ 237 SGB VI geregelte Altersrente wegen Arbeitslosigkeit oder nach Altersteilzeitarbeit**: Danach haben Versicherte bei Erfüllung auch der weiteren Voraussetzungen nach Vollendung des 60. Lebensjahres[879] einen Anspruch auf Altersrente unter anderem nach der Ausübung einer 24 Kalendermonate dauernden Altersteilzeitarbeit. Mit dieser rentenversicherungsrechtlichen Leistung wird der in § 1 Abs. 1 ATG formulierten Zielsetzung Rechnung getragen, wonach durch Altersteilzeitarbeit älteren Arbeitnehmern ein gleitender Übergang vom Erwerbsleben in die Altersrente ermöglicht werden soll. Für den Anspruch auf eine Altersrente nach Altersteilzeit gem. § 237 SGB VI ist zu beachten, dass die Voraussetzung des §§ 237 Abs. 1 Nr. 3 lit. b) SGB VI – Reduzierung der Arbeitszeit auf Grund von Altersteilzeitarbeit i.S.v. § 2 und § 3 Abs. 1 Nr. 1 ATG für mindestens 24 Kalendermonate – nicht durch eine Verminderung der Arbeitsleistung auf Null, das heißt, durch eine völlige Freistellung während der gesamten Dauer der vereinbarten »Altersteilzeit« erfüllt werden kann.[880] § 237 SGB VI setzt eine Gestaltung voraus, die § 2 Abs. 1 Nr. 2 ATG entspricht.[881] Der Arbeitgeber kann sich allerdings schadensersatzpflichtig machen, wenn er im Falle eines seinerseits initiierten Wechsels des Arbeitnehmers in ein Altersteilzeit-Arbeitsverhältnis fehlerhafte Angaben über die rentenversicherungsrechtlichen Folgen gemacht hat.[882] Durch das Rentenversicherungs-

874 Etwa nach § 5 Abs. 1 Nr. 2 SGB VI wegen der Zusage einer beamtenähnlichen Versorgung.
875 Z.B. gem. § 6 Abs. 1 Satz 1 Nr. 1 SGB VI zu Gunsten einer berufsständischen Versorgungseinrichtung.
876 Das folgt aus § 2 Abs. 1 Nr. 2 ATG.
877 §§ 9 ff. SGB VI.
878 §§ 33 ff. SGB VI.
879 Zur Anhebung der Altersgrenze bei dieser Altersrente siehe § 237 Abs. 3 SGB VI.
880 BAG v. 10.02.2004, NZA 2004, 606 ff.
881 BAG v. 10.02.2004, NZA 2004, 606 ff.
882 BAG v. 10.02.2004, NZA 2004, 606 ff.

nachhaltigkeitsgesetz vom 21.07.2004[883] ist die Möglichkeit der vorzeitigen Inanspruchnahme einer Altersrente nach § 237 SGB VI auf die Vollendung des 63. Lebensjahres angehoben worden.[884]

c) Beitragspflicht

Beiträge zur gesetzlichen Rentenversicherung werden nach **§§ 161, 162 Nr. 1 SGB VI** von dem für die Altersteilzeit gezahlten Arbeitsentgelt erhoben. Gem. § 168 Abs. 1 Nr. 1 SGB VI werden die Beiträge von den Versicherten und den Arbeitgebern jeweils zur Hälfte getragen. Anderes gilt für die nach **§ 3 Abs. 1 Nr. 1 lit. b) ATG** zu zahlenden zusätzlichen Rentenversicherungsbeiträge: Diese hat nach § 168 Abs. 1 Nr. 6 SGB VI der Arbeitgeber allein zu tragen. 577

5. Arbeitslosenversicherung

a) Versicherungsstatus

Altersteilzeit-Arbeitnehmer unterliegen der Versicherungspflicht in der Arbeitslosenversicherung nach **§§ 24 Abs. 1, 25 Abs. 1 SGB III**. Im Hinblick darauf, dass Altersteilzeitarbeit per definitionem den Umfang einer nur geringfügigen Beschäftigung überschreiten muss,[885] kann eine Versicherungsfreiheit nach § 27 Abs. 2 Satz 1 SGB III nicht in Betracht kommen. 578

b) Leistungsberechtigung

Wird der Altersteilzeit-Arbeitnehmer nach dem Wechsel in die Altersteilzeitarbeit arbeitslos, so hat er wie jeder andere Arbeitnehmer auch einen **Anspruch auf Arbeitslosengeld nach Maßgabe der §§ 117 ff. SGB III**. Hinsichtlich des für die Berechnung der Höhe des Arbeitslosengeldes zugrunde zu legenden Bemessungsentgelts[886] ist allerdings die **Sonderregelung des § 10 Abs. 1 Satz 1 ATG** zu beachten: Das Bemessungsentgelt, das sich nach den Regelungen des SGB III ergibt, erhöht sich bis zu dem Betrag, der als Bemessungsentgelt zu Grunde zu legen wäre, wenn der Arbeitnehmer seine Arbeitszeit nicht im Rahmen der Altersteilzeit vermindert hätte. Damit wird gewährleistet, dass der in ein Altersteilzeit-Arbeitsverhältnis wechselnde Arbeitnehmer für den Fall der nachfolgenden Arbeitslosigkeit keine Nachteile erleidet. Anderes gilt allerdings dann, wenn der Arbeitnehmer eine Rente wegen Alters in Anspruch nehmen kann: In diesem Fall ist nach § 10 Abs. 1 Satz 2 ATG das Bemessungsentgelt maßgebend, das nach allgemeinen Vorschriften ohne die Erhöhung gem. § 10 Abs. 1 Satz 1 ATG zu Grunde zu legen gewesen wäre. 579

c) Beitragspflicht

Die Beiträge werden in Höhe von 6,5 vom Hundert[887] von dem für die Altersteilzeitarbeit gezahlten Arbeitsentgelt als der nach § 342 SGB III maßgebenden Beitragsbemessungsgrundlage erhoben. Hierzu gehören nicht die nach § 3 Abs. 1 Nr. 1 lit. a) ATG arbeitgeberseits zu zahlenden Aufstockungsleistungen. Gem. § 346 Abs. 1 Satz 1 SGB III werden die Beiträge von den Altersteilzeit-Arbeitnehmern und ihren Arbeitgebern jeweils zur Hälfte getragen. 580

883 BGBl I 2004, 1791.

884 Das gilt nach dem neu angefügten Abs. 5 von § 237 SGB VI nicht für Versicherte, die am 01.01.2004 arbeitslos waren (Nr. 1), deren Arbeitsverhältnis aufgrund einer Kündigung oder Vereinbarung, die vor dem 01.01.2004 erfolgt ist, nach dem 31.12.2003 beendet worden ist (Nr. 2), deren letztes Arbeitsverhältnis vor dem 01.01.2004 beendet worden ist und die am 01.01.2004 beschäftigungslos i.S.d. § 118 Abs. 1 Nr. 1 SGB III (Nr. 3), die vor dem 01.01.2004 Altersteilzeitarbeit i.S.d. §§ 2 und 3 Abs. 1 Nr. 1 ATG vereinbart haben (Nr. 4) oder die Anpassungsgeld für entlassene Arbeitnehmer des Bergbaus bezogen haben (Nr. 5). Gem. § 237 Abs. 5 Satz 1 n. F. SGB VI steht einer vor dem 01.01.2004 abgeschlossenen Vereinbarung über die Beendigung des Arbeitsverhältnisses eine vor diesem Tag vereinbarte Befristung des Arbeitsverhältnisses oder Bewilligung einer befristeten arbeitsmarktpolitischen Maßnahme gleich. Ein bestehender Vertrauensschutz wird insbesondere durch die spätere Aufnahme eines Arbeitsverhältnisses oder den Eintritt in eine neue arbeitsmarktpolitische Maßnahme nicht berührt (§ 237 Abs. 5 Satz 3 n. F. SGB VI).

885 Siehe § 2 Abs. 1 Nr. 2 ATG.

886 Siehe §§ 129, 132 SGB III.

887 Siehe § 341 Abs. 2 SGB III.

§ 12 Betriebsverfassungsrecht

Inhalt

A. Wahlen zum Betriebsrat

1 Das Bestehen von Betriebsräten ist in großen Unternehmen eine Selbstverständlichkeit. Das BetrVG sieht jedoch bereits für **Betriebe mit fünf Arbeitnehmern** einen Betriebsrat vor, wenn auch wesentliche Mitbestimmungsrechte erst in Unternehmen ab einer Größenordnung von 20 Arbeitnehmern relevant werden. Soll in kleinen und mittelständischen Betrieben zum erstenmal ein Betriebsrat gegründet werden, bringt dies i.d.R. vielfältige Probleme mit sich. Die Arbeitnehmer kleinerer Betriebe, die in Rechtsfragen meist keine ausreichenden Kenntnisse aufweisen, um eine Betriebsratswahl ordnungsgemäß durchzuführen, die aber auch die Konfrontation mit dem Arbeitgeber scheuen, suchen oftmals Hilfe bei der Gewerkschaft, die bestrebt sein wird, zu einer Betriebsversammlung einzuladen, auf der ein Wahlvorstand eingesetzt werden kann, § 17 BetrVG. Zu den vom Arbeitgeber nach § 20 Abs. 3 Satz 1 BetrVG zu tragenden Kosten einer Betriebsratswahl gehören auch die erforderlichen außergerichtlichen Kosten einer Gewerkschaft, die ihr durch die Beauftragung eines Rechtsanwalts in einem Beschlussverfahren zur gerichtlichen Bestellung eines Wahlvorstands entstanden sind.[1]

Durch das am 28.07.2001 in Kraft getretene Gesetz zur Reform des BetrVG[2] ist das gesamte Betriebsverfassungsrecht novelliert und insbesondere die Wahl von Betriebsräten erleichtert worden mit dem Ziel, die Verbreitung der betrieblichen Mitbestimmung zu fördern und die Strukturen der Mitbestimmung an die flexibleren Unternehmensstrukturen und Organisationsformen anzupassen.[3] Ein weiterer wichtiger Aspekt ist die Aufgabe der auch in anderen Bereichen des Arbeitsrechts inzwischen überholten Unterscheidung zwischen Arbeitern und Angestellten mit dem damit verbundenen Wegfall des Gruppenprinzips bei der Betriebsratswahl. Die nachfolgenden Ausführungen erfolgen

1 BAG, Beschl. v. 31.05.2000, NZA 2001, 114.
2 Vom 23.07.2001, BGBl I, 1852.
3 Gesetzesbegründung, BT-Drucks 14/5741, 25.

bereits auf der Grundlage des neuen Betriebsverfassungsrechts 2001, das noch viele klärungsbedürftige Fragen bereithält.

I. Wahlvorstand

Die Durchführung der Betriebsratswahl erfolgt durch den Wahlvorstand. § 16 BetrVG enthält eine **abgestufte Rangfolge der Zuständigkeit** für die Bestellung des Wahlvorstands, die einerseits sicherstellen soll, dass die sachlich der Betriebsratswahl am nächsten stehenden Organe zur Bestellung des Wahlvorstands berufen sein sollen, andererseits, dass die Durchführung der Betriebsratswahl nicht schon an der Bestellung des Wahlvorstands scheitert. 2

1. Bestellung durch Betriebsrat oder GBR/KBR in Betrieben mit Betriebsrat

In Betrieben, die bislang schon über einen Betriebsrat verfügen, ist der Betriebsrat für die Bestellung des Wahlvorstands zuständig. Er hat diese spätestens zehn Wochen vor Beendigung seiner Amtszeit vorzunehmen, jedoch ist die Bestellung solange zulässig, wie sie das Arbeitsgericht oder Gesamt- oder Konzernbetriebsrat (§ 16 Abs. 2 und 3 BetrVG) noch nicht vorgenommen haben. Nach Beendigung der Amtszeit kann eine Bestellung des Wahlvorstands jedoch nicht mehr von dem ehemaligen Betriebsrat vorgenommen werden, jetzt ist der Gesamtbetriebsrat, der Konzernbetriebsrat oder die Betriebsversammlung nach § 17 BetrVG zuständig.[4] Der Betriebsrat ist für die Bestellung des Wahlvorstands nicht nur bei der Wahl nach Ablauf der regelmäßigen Amtsperiode von vier Jahren zuständig, sondern auch bei **außerordentlicher Beendigung seiner Amtszeit** nach § 13 Abs. 2 BetrVG. Da es sich hierbei um nicht vorhersehbare Geschehnisse handelt, wandelt sich die Zehn-Wochen-Frist in ein Gebot des **unverzüglichen Tätigwerdens** um. Bei den Tatbeständen des § 13 Abs. 2 BetrVG ist zu unterscheiden, ob der Betriebsrat noch besteht. Bei einer erfolgreichen Anfechtung oder der Feststellung der Nichtigkeit der Wahl handelt es sich um einen betriebsratslosen Betrieb, so dass wiederum die Betriebsversammlung zuständig ist.[5]e 3

Durch das BetrVerf-Reformgesetz ist in § 16 Abs. 3 BetrVG neben der Auffangzuständigkeit des Arbeitsgerichts nach § 16 Abs. 2 BetrVG die weitere **Auffangzuständigkeit des Gesamtbetriebsrats** oder, falls ein solcher nicht besteht, des Konzernbetriebsrats geschaffen worden. Die Möglichkeiten der Bestellung des Wahlvorstands durch das Arbeitsgericht und durch den Gesamtbetriebsrat bei Untätigkeit des Betriebsrats bis 8 Wochen vor dem Ablauf seiner Amtszeit stehen gleichberechtigt nebeneinander. Der Gesetzgeber wollte ausweislich der Gesetzesbegründung nur eine weitere Alternative schaffen.[6] Dadurch wird der Gesamt- bzw. Konzernbetriebsrat künftig verstärkt aufgefordert sein, den Betriebsrat zur Wahrnehmung seiner primären Verpflichtung anzuhalten, weil er sonst selbst von seiner subsidiären Zuständigkeit Gebrauch machen muss. 4

Der Wahlvorstand besteht aus **mindestens drei Mitgliedern**, (von denen einer als Vorsitzender zu bezeichnen ist); er muss aus einer ungeraden Anzahl von Mitgliedern bestehen. Aufgrund der Aufhebung der Unterscheidung zwischen Arbeitern und Angestellten und der darauf beruhenden Bildung von Gruppen, findet die Vertretung der Gruppen im Wahlvorstand im Gesetz keine Erwähnung mehr. Es sollen lediglich Frauen und Männer vertreten sein und jede **im Betrieb vertretene Gewerkschaft kann ein nicht stimmberechtigtes Mitglied** zusätzlich in den Wahlvorstand entsenden, soweit ihr kein stimmberechtigtes Mitglied ohnehin angehört. Es können Ersatzmitglieder bestellt werden. 5

Der Wahlvorstand führt die Wahl durch, sein Amt endet erst mit der Einberufung des gewählten Betriebsrats zu seiner konstituierenden Sitzung nach § 29 Abs. 1 BetrVG.[7] Die Mitgliedschaft im Wahlvorstand ist unentgeltliches Ehrenamt,[8] das **nicht an der eigenen Kandidatur für den** 6

4 *Fitting u.a.*, § 16 BetrVG Rn 12.
5 *Fitting u.a.*, § 16 BetrVG Rn 13 ff.
6 BT-Drucks 14/5741, 38.
7 BAG, Beschl. v. 14.11.1975, AP Nr. 1 zu § 18 BetrVG 1972.
8 BAG, Beschl. v. 26.04.1995, AP Nr. 17 zu § 20 BetrVG 1972.

Betriebsrat hindert.[9] Eine solche Kandidatur eines Mitglieds des Wahlvorstands ist im Hinblick auf Neutralität zwar kaum wünschenswert, besonders in kleineren Betrieben aber oft nicht zu vermeiden, weil sich häufig nicht genug Mitarbeiter finden, die bereit sind, sich in der Betriebsratswahl zu engagieren, um Wahlvorstand und Betriebsratskandidaten personenverschieden zu besetzen. Die Mitglieder des Wahlvorstands haben nach § 20 Abs. 3 BetrVG Anspruch auf Vergütungsfortzahlung in der Zeit, in der sie in ihrem Amt tätig werden. Der Arbeitgeber hat die Kosten für die notwendigen Schulungsmaßnahmen für die Wahlvorstandsmitglieder zu tragen.[10] Sie genießen besonderen Kündigungsschutz nach § 15 Abs. 3 KSchG ab dem Zeitpunkt ihrer Bestellung bis sechs Monate nach Bekanntgabe des Wahlergebnisses und sind in dieser Zeit nur aus wichtigem Grund, bis zur Bekanntgabe des Wahlergebnisses nur mit Zustimmung des Betriebsrats nach § 103 BetrVG oder Ersetzung der Zustimmung durch das Arbeitsgericht, kündbar.

2. Bestellung des Wahlvorstands in Betrieben ohne Betriebsrat

a) Bestellung durch den Gesamt- oder Konzernbetriebsrat

7 In **Betrieben ohne Betriebsrat** wurde der Wahlvorstand nach § 17 Abs. 1 BetrVG a.F. durch die Betriebsversammlung gewählt. Durch das BetrVerf-Reformgesetz wurde in § 17 Abs. 1 BetrVG für diese Fälle eine **originäre Zuständigkeit des Gesamtbetriebsrats** oder, falls ein solcher nicht besteht, des Konzernbetriebsrats eingeführt. Erst wenn weder ein Betriebsrat, noch ein Gesamtbetriebsrat, noch ein Konzernbetriebsrat besteht, oder der Gesamt- oder Konzerbetriebsrat seiner Verpflichtung zur Bestellung eines Wahlvorstands nicht nachkommt, ist die **Betriebsversammlung** zuständig, die dann einen Wahlvorstand wählt. Zu dieser Betriebsversammlung können drei wahlberechtigte Arbeitnehmer oder eine im Betrieb vertretene Gewerkschaft einladen. Auch die einladenden Arbeitnehmer genießen nach § 15 Abs. 3a KSchG vom Zeitpunkt der Einladung an bis zur Bekanntgabe des Wahlergebnisses besonderen Kündigungsschutz gegen eine ordentliche Kündigung, allerdings begrenzt auf die ersten drei in der Einladung aufgeführten Arbeitnehmer. Kommt es trotz der Einladung zu keiner Betriebsratswahl endet der besondere Kündigungsschutz drei Monate nach der Einladung.

b) Wahl des Wahlvorstands durch die Betriebsversammlung

aa) Einladungs- und Zutrittsrecht der Gewerkschaft

8 Oftmals weiß der Arbeitgeber nicht, ob Arbeitnehmer der Gewerkschaft angehören, nach § 17 Abs. 3 BetrVG ist aber nicht jede, sondern nur eine im Betrieb vertretene Gewerkschaft befugt, eine Betriebsversammlung einzuberufen. Eine **Gewerkschaft ist im Betrieb vertreten**, wenn mindestens **ein Arbeitnehmer des Betriebes**, der kein leitender Angestellter ist, der Gewerkschaft angehört.[11] Dieser Arbeitnehmer will häufig nicht »geoutet« werden, da er Repressalien durch den Arbeitgeber fürchtet. Es ist daher anerkannt, dass für die Führung eines entsprechenden Nachweises die namentliche Nennung des betreffenden Arbeitnehmers nicht erforderlich ist. Der Nachweis kann durch **notarielle Erklärung** geführt werden, dass eine Person, deren Personalien dem Notar bekannt sind, einem bestimmten Betrieb (Vorlage des Arbeitsvertrages) und einer bestimmten Gewerkschaft (Vorlage des »Mitgliedsbuches«) angehört.[12] Von der Instanzrechtsprechung ist auch die Anhörung eines Gewerkschaftssekretärs im Beschlussverfahren, ohne dass dieser Namen nennen müsste, als ausreichend erachtet worden.[13] Die Gewerkschaft hat die Wahl, den Arbeitgeber aufzufordern, das Einladungsschreiben am »Schwarzen Brett« auszuhängen oder dies durch einen Beauftragten selbst

9 BAG, Beschl. v. 07.06.1984, AP Nr. 1 zu § 8 BetrVG 1972.
10 BAG, Urt. v. 07.06.1984, AP Nr. 10 zu § 20 BetrVG 1972.
11 BAG, Beschl. v. 25.03.1992, AP Nr. 4 zu § 2 BetrVG 1972.
12 BAG, Beschl. v. 25.03.1992, AP Nr. 4 zu § 2 BetrVG 1972; BVerfG, Beschl. v. 21.03.1994, AP Nr. 4 a zu § 2 BetrVG 1972.
13 LAG Düsseldorf, Beschl. v. 06.04.1978, DB 1979, 110; LAG Nürnberg, Beschl. v. 18.07.1990, ArbuR 1991, 220.

vorzunehmen. Das **gewerkschaftliche Zutrittsrecht** ergibt sich aus § 2 Abs. 2 BetrVG.[14] Bestreitet der Arbeitgeber Einladungs- und Zutrittsrecht der Gewerkschaften, weigert er sich das Einladungsschreiben zur Betriebsversammlung nach § 17 BetrVG im Betrieb auszuhängen oder anderweitig bekannt zu machen, sind die sich daraus ergebenden Streitigkeiten im Beschlussverfahren auszutragen. Dabei sind die Gewerkschaften antragsbefugt, weil und soweit sie in ihrer betriebsverfassungsrechtlichen Stellung unmittelbar betroffen sind. Das ist immer dann der Fall, wenn sie eigene Rechte oder Ansprüche geltend machen.[15] Ein Antrag kann beispielsweise wie folgt formuliert werden:

1. Dem Antragsgegner wird aufgegeben, den Zugang des Gewerkschaftssekretärs der Gewerkschaft XY, Herrn A, zum Betrieb zu gewähren, um 9
   a) an den Aushangstellen im Betrieb eine Einladung zu einer Betriebsversammlung nach § 17 BetrVG zur Wahl eines Wahlvorstands für die Wahl eines Betriebsrats anzubringen und
   b) unmittelbar vor Beginn oder nach Ende der Arbeitszeit und in den betriebsüblichen Pausen entsprechende Einladungen zu einer Betriebsversammlung nach § 17 BetrVG zu verteilen.
2. Für jeden Fall der Zuwiderhandlung gegen die Verpflichtung aus Ziffer 1 wird dem Antragsgegner ein Ordnungsgeld bis zu 250.000 EUR, ersatzweise Ordnungshaft, angedroht.

Im Hinblick auf die in § 17 BetrVG den im Betrieb vertretenen Gewerkschaften eingeräumten **Initiativrechte** fehlt für ein isoliertes Feststellungsbegehren einer Gewerkschaft, dass im Betrieb ein Betriebsrat zu bilden ist, das Rechtsschutzinteresse.[16]

bb) Wahlvorgang in der Betriebsversammlung

In der Betriebsversammlung muss jeder in den Wahlvorstand gewählte Arbeitnehmer die **Mehrheit der Stimmen der teilnehmenden Arbeitnehmer** auf sich vereinigen. Besondere Formvorschriften bestehen nicht, es muss nur deutlich sein, wer gewählt ist. Unerheblich ist, wie viele Arbeitnehmer an der Betriebsversammlung teilnehmen, wenn nur alle Arbeitnehmer die Möglichkeit zur Kenntnisnahme von der Wahl und der Teilnahme hatten. War dies nicht der Fall und konnte durch das dadurch bedingte Fernbleiben von Arbeitnehmern der Wahlausgang beeinflusst werden, ist die Wahl nichtig.[17] Die Betriebsversammlung wählt gleichfalls den **Vorsitzenden des Wahlvorstands**. Teilnahme- und stimmberechtigt sind alle Arbeitnehmer, auch die nicht wahlberechtigten Arbeitnehmer, mit Ausnahme der leitenden Angestellten.[18] Für die Besetzung des Wahlvorstands gelten die Grundsätze der §§ 16 Abs. 1, 17 Abs. 2 BetrVG. 10

3. Bestellung durch das Arbeitsgericht

Kommt die Betriebsversammlung nicht zustande, wird ein Wahlvorstand nicht gewählt oder leitet ein gewählter Wahlvorstand die Betriebsratswahlen nicht unverzüglich ein, hat das Arbeitsgericht einen (neuen) Wahlvorstand einzusetzen, §§ 16 Abs. 2, 17 Abs. 4, 18 Abs. 1 Satz 2 BetrVG. Antragsbefugt sind drei Arbeitnehmer oder die im Betrieb vertretene Gewerkschaft, im Falle der Untätigkeit des Wahlvorstands nach § 18 Abs. 1 Satz 2 BetrVG in der Fassung des BetrVerf-Reformgesetzes auch der Betriebsrat. Der Antrag lautet: 11

14 *Fitting u.a.*, § 17 BetrVG Rn 20.
15 Vgl. BAG, Beschl. v. 26.07.1989, AP Nr. 4 zu § 2a ArbGG 1979.
16 BAG, Beschl. v. 03.02.1976, AP Nr. 8 zu § 118 BetrVG 1972.
17 BAG, Urt. v. 07.05.1986, AP Nr. 18 zu § 15 KSchG 1969, für Anfechtbarkeit ArbG München AiB 1997, 288; für geringere Anforderungen an die Einladung zur Betriebsversammlung *Fitting u.a.*, § 17 BetrVG Rn 19.
18 *Fitting u.a.*, § 17 BetrVG Rn 24.

> Der Wahlvorstand zur Durchführung der Betriebsratswahl, bestehend aus A als Vorsitzender, B und C als Beisitzer, wird seines Amtes enthoben.) Es wird ein Wahlvorstand zur Durchführung der Betriebsratswahl bestellt, bestehend aus X als Vorsitzendem, Y und Z als Beisitzern.

12 Dem Antrag nach § 17 Abs. 3 BetrVG muss eine ordnungsgemäße Einladung zu einer Betriebsversammlung vorausgehen. Verweigert der Arbeitgeber notwendige Mitwirkungshandlungen (Aushang der Einladung), sind zunächst diese gerichtlich durchzusetzen, damit zu einer Betriebsversammlung eingeladen werden kann.[19] Ist ein Betriebsrat für einen **gemeinsamen Betrieb** gewählt worden und ein Wahlanfechtungsverfahren anhängig und fällt eines der Unternehmen des gemeinsamen Betriebes in Insolvenz, so darf ein **Wahlvorstand für eines der Unternehmen** vom Arbeitsgericht nur bestellt werden, wenn mit hinreichender Sicherheit festgestellt werden kann, dass der gemeinsame Betrieb tatsächlich aufgelöst ist.[20]

4. Bestellung des Wahlvorstands im vereinfachten Verfahren

13 Für Kleinbetriebe wurde durch das BetrVerf-Reformgesetz ein vereinfachtes Wahlverfahren eingeführt, auf das nachstehend (Rn 54 ff.) noch eingegangen wird. Wird dieses vereinfachte Verfahren durchgeführt, sind auch die §§ 16 und 17 BetrVG mit den in § 17a BetrVG enthaltenen Modifikationen für die Bestellung des Wahlvorstands anzuwenden. Die in § 16 Abs. 1 BetrVG festgelegte **Zehn-Wochen-Frist wird auf vier Wochen verkürzt**, entsprechend wird die Frist, ab der eine Anrufung des Arbeitsgerichts nach § 16 Abs. 2 BetrVG möglich ist, von acht Wochen auf drei Wochen vor dem Ablauf der Amtszeit verkürzt. Unklar ist, ob § 16 Abs. 3 BetrVG (Bestellung durch Gesamtbetriebsrat oder Konzernbetriebsrat) anwendbar ist, da § 17a Nr. 1 BetrVG ausdrücklich nur von der Fristverkürzung in § 16 Abs. 1 Satz 1 und Abs. 2 Satz 1 spricht, die Beachtung der ebenfalls achtwöchigen Frist in § 16 Abs. 3 BetrVG aber keinen Sinn ergibt. Da § 17a BetrVG von der grundsätzlichen Anwendbarkeit der §§ 16 und 17 BetrVG ausgeht, ist nicht einzusehen, warum die subsidiäre Zuständigkeit des Arbeitsgerichts gewahrt werden, die Alternative in § 16 Abs. 3 BetrVG dagegen keine Anwendung finden soll, führt doch auch der Beschleunigungsgedanke dazu, dass die Bestellung durch den Gesamtbetriebsrat der Durchführung eines gerichtlichen Verfahrens vorzuziehen ist. Auch für den GBR muss die Frist auf drei Wochen vor Ablauf der Amtszeit verkürzt werden.

14 Der Wahlvorstand besteht in diesem Verfahren zwingend aus drei Mitgliedern, eine Vergrößerung ist ausgeschlossen, § 17a Nr. 2 BetrVG. Muss der Wahlvorstand durch die Betriebsversammlung gewählt werden, findet die Wahl in der Wahlversammlung nach § 14a Abs. 1 Satz 1 BetrVG (vgl. Rn 54) statt, § 17a Nr. 3 BetrVG. Zu dieser Wahlversammlung können drei Arbeitnehmer oder eine im Betrieb vertretene Gewerkschaft einladen. Wenn trotz Einladung keine Wahlversammlung stattfindet oder auf der Wahlversammlung kein Wahlvorstand gewählt wird, kann er durch das Arbeitsgericht bestellt werden, § 17 Abs. 4 BetrVG findet entsprechende Anwendung.

II. Betriebsratsfähige Einheiten

15 Ziel des BetrVerf-Reformgesetzes ist die Sicherung der betrieblichen Mitbestimmung, wo sie durch Umstrukturierungen und neue Organisationsformen in der Wirtschaft an Effizienz nach Auffassung des Gesetzgebers verloren hat. Die Tarifvertrags- bzw. Betriebsparteien sollen einvernehmlich festlegen können, auf welcher Ebene Betriebsräte anzusiedeln sind, um schnelle und effiziente Mitbestimmungsstrukturen entsprechend den vielfältigen Betriebs- und Unternehmensstrukturen

19 BAG, Beschl. v. 26.02.1992, AP Nr. 6 zu § 17 BetrVG 1972.
20 LAG Frankfurt, Beschl. v. 19.04.2002 – 9 TaBVGa 71/02 (n.v.).

zu schaffen. Dabei verfolgt der Gesetzgeber eine Kombination aus gesetzlicher und vertraglicher Lösung, auf eine gesetzliche Neudefinition des Betriebsbegriffs wird ausdrücklich verzichtet.[21] Der Betriebsbegriff bleibt aber ein zentraler Anknüpfungspunkt im gesamten Betriebsverfassungsrecht.

1. Betrieb, Unternehmen und Konzern

a) Betriebsbegriff

aa) Arbeitsrechtlicher Betriebsbegriff

Streitanfällig ist die Abgrenzung des Betriebes als derjenigen Einheit, in der im Grundsatz nach § 1 Abs. 1 Satz 1 BetrVG ein Betriebsrat zu wählen ist. Dem arbeitsrechtlichen Betriebsbegriff zufolge ist ein Betrieb **die organisatorische Einheit, innerhalb derer ein Unternehmer allein oder in Gemeinschaft mit seinen Mitarbeitern mit Hilfe von sachlichen oder immateriellen Mitteln arbeitstechnische Zwecke verfolgt**.[22] Diese sehr allgemeine Definition reicht für die erschöpfende Beantwortung aller Zweifelsfragen kaum aus. Dies gilt nicht nur für die erstmalige Wahl eines Betriebsrats, vielmehr auch in Fällen, in denen sich bei Betriebsübergängen mit Eingliederung in bestehende Unternehmenseinheiten die Frage nach dem Schicksal des Betriebsrats des übernommenen Betriebs stellt. Die Rechtsprechung des BAG geht nur dann von einem **Fortbestand des Betriebsrats** bei einem **Betriebsübergang** nach § 613a BGB aus, wenn die betriebliche Identität durch den Betriebsübergang gewahrt bleibt.[23] Dementsprechend wird auch in einem Betriebsübergang keine Betriebsänderung i.S.d. § 111 BetrVG gesehen. Andererseits ist nicht ausgeschlossen, dass mit einem Betriebsübergang auch Betriebsänderungen einhergehen können.[24] Diese Betriebsänderungen können dann aber auch auf die Frage des Fortbestandes des Betriebsrats durchschlagen.[25] Denn aufgrund der Betriebsänderungen ist es möglich, dass die Identität des Betriebes nach dem Betriebsübergang nicht mehr gegeben ist.[26] Wird ein Betriebsteil auf einen anderen Inhaber übertragen und von diesem als selbständiger Betrieb fortgeführt, so endet damit die Zuständigkeit des Betriebsrats des abgebenden Betriebes für den abgetrennten Betriebsteil und die in ihm beschäftigten Arbeitnehmer.[27] Sie bleibt aber in Form eines Restmandats noch für den Abschluss eines Sozialplans bestehen. Denn weder der Betriebsrat des aufnehmenden Betriebes, noch ein etwaiger in dem durch Aufspaltung neu entstandenen Betrieb gewählter Betriebsrat sind zur Verhandlung eines Sozialplans berechtigt. Die Kompetenz dieser Betriebsräte beschränkt sich auf die Angelegenheiten ihres (neuen) Betriebs. Für die Wahrnehmung von Beteiligungsrechten in Bezug auf Maßnahmen des Ursprungsbetriebes fehlt ihnen die Legitimation.[28] Bei einer **Zusammenlegung mehrerer Betriebe** in der Weise, dass der eine Betrieb in den anderen eingegliedert wird, verliert der eingegliederte Betrieb ebenfalls seine Selbständigkeit und kann deshalb keine Basis mehr für einen eigenen Betriebsrat bilden. Besteht in dem aufnehmenden Betrieb kein Betriebsrat oder ist mit der Aufnahme eine Veränderung der Belegschaftsstärke i.S.v. § 13 Abs. 2 Nr. 1 BetrVG verbunden, muss dieser für die vergrößerte Einheit nach allgemeinen Grundsätzen gewählt werden.[29] 16

21 BT-Drucks 14/5741, 26.
22 BAG, Beschl. v. 01.02.1963, AP Nr. 5 zu § 3 BetrVG; BAG, Beschl. v. 22.05.1979, BB 1979,1501; Urt. v. 13.06.1985, DB 1986, 1287; Beschl. v. 25.09.1986, NZA 1987, 708; Beschl. v. 29.01.1987, NZA 1987, 707; Beschl. v. 14.09.1988, NZA 1989, 190; Beschl. v. 29.05.1991; BB 1992, 136.
23 BAG, Beschl. v. 17.02.1981, AP Nr. 9 zu § 111 BetrVG 1972; Beschl. v. 17.03.1987, AP Nr. 18 zu § 111 BetrVG1972; Beschl. v. 28.09.1988, AP Nr. 55 zu § 99 BetrVG 1972.
24 BAG, Beschl. v. 04.12.1979, AP Nr. 6 zu § 111 BetrVG 1972.
25 Vgl. *Hümmerich*, AnwaltFormulare Arbeitsrecht, § 8 Rn 54.
26 BAG, Beschl. v. 23.11.1988, AP Nr. 77 zu § 613a BGB.
27 BAG, Beschl. v. 23.11.1988, AP Nr. 77 zu § 613a BGB.
28 BAG, Beschl. v. 29.03.1977, AP Nr. 11 zu § 102 BetrVG 1972; Beschl. v. 16.06.1987, AP Nr. 19 zu § 111 BetrVG 1972.
29 Vgl. LAG Frankfurt, Beschl. v. 01.09.1988, DB 1989, 184; zur Wahrnehmung eines Übergangsmandats nach § 21a BetrVG vgl. Rn 132 f.

bb) Gemeinsamer Betrieb mehrerer Unternehmen

17 Weitere Abgrenzungsfragen betreffen die **Selbständigkeit von Betriebsteilen und Nebenbetrieben** nach § 4 BetrVG, das Vorliegen zweier selbständiger Betriebe,[30] oder ob mehrere Unternehmen einen **gemeinsamen Betrieb** im Rechtssinne bilden.[31] Dass in einem gemeinsamen Betrieb mehrerer Unternehmen ein Betriebsrat gebildet werden kann, ist nunmehr in § 1 Abs. 1 Satz 2 BetrVG gesetzlich verankert. Für die Annahme eines gemeinsamen Betriebes hat die Rechtsprechung bislang einen **einheitlichen Leitungsapparat** gefordert, der sich auf den Bereich der personellen und sozialen Angelegenheiten bezieht und die für die Erreichung der arbeitstechnischen Zwecke eingesetzten personellen, technischen und immateriellen Mittel lenkt.[32] Ob die Unternehmen tatsächlich eine gemeinsame Betriebsführung vereinbart haben oder von der Konzernspitze hierzu angewiesen wurden, ist nach der Gesetzesbegründung nur schwer nachweisbar.[33] Der Gesetzgeber hat daher in § 1 Abs. 2 BetrVG **zwei widerlegbare Vermutungstatbestände** aufgenommen.

18 Nach § 1 Abs. 2 Nr. 1 BetrVG wird die Annahme eines gemeinsamen Betriebes widerlegbar vermutet, wenn von den Unternehmen die in einer Betriebsstätte vorhandenen sächlichen und immateriellen **Betriebsmittel** für den oder die arbeitstechnischen Zwecke **gemeinsam genutzt** und die **Arbeitnehmer** – unabhängig davon, zu welchem der Unternehmer (Arbeitgeber) sie in einem Arbeitsverhältnis stehen – **gemeinsam eingesetzt** werden. Es bleiben Zweifel, ob damit auf das Erfordernis eines einheitlichen Leitungsapparats und eine entsprechende Führungsvereinbarung verzichtet werden soll. Denn die Führungsvereinbarung konnte auch nach der bisherigen Rechtsprechung konkludent getroffen werden und wurde aus den äußerlichen Anzeichen, die jetzt die Vermutungswirkung begründen sollen, hergeleitet. Wenn aber die Betriebsmittel gemeinsam genutzt und die Arbeitnehmer gemeinsam eingesetzt werden, liegt eine einheitliche Leitungsmacht vor, so dass das Bedürfnis einer gesetzlichen Vermutung in diesem Fall fraglich bleibt.[34] Nach § 1 Abs. 2 Nr. 2 BetrVG wird ein gemeinsamer Betrieb dann vermutet, wenn die **Spaltung eines Unternehmens** zur Folge hat, dass von einem Betrieb ein oder mehrere Betriebsteile einem an der Spaltung beteiligten anderen Unternehmen zugeordnet werden, ohne dass sich dabei die Organisation des betroffenen Betriebs wesentlich ändert. Dieser Tatbestand ist § 322 Abs. 1 UmwG nachgebildet und erstreckt die darin enthaltene Vermutung auf alle Formen der Betriebsspaltung auf mehrere Unternehmen unabhängig von einer Umwandlung i.S.d. Umwandlungsgesetzes. Folgerichtig ist § 322 Abs. 1 UmwG aufgehoben worden.[35]

18a Die **Auflösung eines gemeinsamen Betriebes infolge Insolvenz** eines der beteiligten Unternehmen ist eine Betriebsspaltung i.S.d. § 21a Abs. 1 BetrVG. Für diesen Fall hat der Betriebsrat unverzüglich Wahlvorstände zu bestellen.[36]

cc) Betriebsteile und Kleinstbetriebe

19 Betriebsteile i.S.d. § 4 BetrVG sind räumlich und organisatorisch unterscheidbare Betriebsbereiche, die wegen ihrer **Eingliederung in den Betrieb** allein nicht bestehen können. Sie haben innerhalb des Gesamtbetriebes eine bestimmte Aufgabe zu leisten, die sich zwar von der anderer Abteilungen erkennbar unterscheidet, die jedoch in ihrer Zielsetzung in aller Regel dem arbeitstechnischen Zweck des Gesamtbetriebes dient.[37] Da die Bestimmung einer **effektiven Belegschaftsvertretung** dient, ist die in § 4 Abs. 1 Satz 1 Nr. 1 BetrVG erwähnte räumlich weite Entfernung vom Hauptbetrieb

30 BAG, Beschl. v. 17.01.1978, AP zu Nr. 1 zu § 1 BetrVG 1972.
31 BAG, Beschl. v. 14.09.1988, AP Nr. 9 zu § 1 BetrVG 1972; Beschl. v. 25.09.1986, AP Nr. 7 zu § 1 BetrVG 1972.
32 BAG, Urt. v. 18.01.1990, AP Nr. 9 zu § 23 KSchG.
33 BT-Drucks. 14/5741, 33.
34 *Richardi*, NZA 2001, 346 (349).
35 Art. 3 BetrVerf-Reformgesetz.
36 LAG Frankfurt v. 19.04.2002 – 9 TaBVGa 71/02 (n.v.).
37 BAG, Beschl. v. 29.01.1992, AP Nr. 1 zu § 7 BetrVG 1972; Beschl. v. 28.06.1995, AP Nr. 8 zu § 4 BetrVG 1972; Beschl. v. 18.03.1997, AP Nr. 16 zu § 1 BetrAVG Betriebsveräußerung.

am Erfordernis eines erfolgreichen Zusammenwirkens zwischen Arbeitnehmern und »ihrem« Betriebsrat auszurichten. Arbeitnehmer und Betriebsrat sowie die Betriebsratsmitglieder untereinander müssen sich kurzfristig nicht nur fernmündlich erreichen, sondern auch zu einer Sitzung zusammentreten können, wobei die Verkehrsmöglichkeiten entscheidend sind.[38] Zwei im Kölner Umland gelegene, ca. 24 km voneinander entfernte Betriebsstätten sind trotz schlechter Verbindung mit dem öffentlichen Nahverkehr nicht »räumlich weit« voneinander entfernt, wenn die Fahrtdauer mit dem PKW etwa 17 bis 18 Minuten beträgt und keine Anhaltspunkte dafür vorliegen, dass die Belegschaftsmitglieder im Regelfall auf den öffentlichen Nahverkehr angewiesen sind.[39] Alternativ ist eine Eigenständigkeit in Aufgabenbereich und Organisation ausreichend, § 4 Abs. 1 Satz 1 Nr. 2 BetrVG. Es bedarf dafür zwar keines eigenständigen Leitungsapparats, der in sozialen und personellen Angelegenheiten wichtige Entscheidungen selbst treffen kann, jedoch eine den Einsatz der Arbeitnehmer bestimmende eigene Leitung auf der Ebene des verselbständigten Betriebsteils.[40] Insofern genügt eine **relative Selbständigkeit**.[41] Zwingende Rechtsfolge der gesetzlichen Fiktion der betroffenen Betriebsteile als selbständige Betriebe war bislang, dass in dem selbständigen Betriebsteil ein eigener Betriebsrat gewählt werden musste. Nach § 4 Abs. 1 Satz 2 BetrVG können nunmehr die Arbeitnehmer eines solchen betriebsratslosen selbständigen Betriebsteils anstelle der Wahl eines eigenen Betriebsrats **an der Wahl des Hauptbetriebs teilnehmen**. Eine solche Entscheidung kann durch drei wahlberechtigte Arbeitnehmer, eine im Betrieb vertretene Gewerkschaft oder vom Betriebsrat des Hauptbetriebes initiiert werden. Erforderlich ist ein Mehrheitsbeschluss der im Betriebsteil beschäftigten Arbeitnehmer, der dem Betriebsrat des Hauptbetriebes spätestens 10 Wochen vor Ablauf seiner Amtszeit (dies entspricht dem spätesten Zeitpunkt der Bestellung des Wahlvorstands nach § 16 Abs. 1 BetrVG) mitzuteilen ist und bis zu einem Widerruf, der in demselben Verfahren zu bewirken ist, gilt. Ein besonderes Verfahren für die Abstimmung ist nicht vorgesehen.

Die Abstimmung der Belegschaft des Betriebsteils nach § 4 Abs. 1 Satz 2 BetrVG ist gegenüber einem Tarifvertrag oder einer Betriebsvereinbarung nach § 3 BetrVG, in dem bzw. in der eine abweichende Regelung über die Zuordnung des Betriebsteils getroffen wird, subsidiär.[42] 20

Nach § 4 Satz 2 BetrVG a.F. war in Nebenbetrieben grundsätzlich ein eigener Betriebsrat zu bilden, lediglich wenn die Betriebsratsfähigkeit nach § 1 BetrVG nicht gegeben war, sollten die Beschäftigten nicht ohne Vertretung bleiben, sondern vom Betriebsrat des Hauptbetriebes mitvertreten werden. § 4 Abs. 2 BetrVG n.F. verwendet den Begriff des Nebenbetriebes nicht mehr, sondern spricht allgemein **von Betrieben, die die Voraussetzungen des § 1 Abs. 1 Satz 1 BetrVG nicht erfüllen**, bezieht also alle Kleinstbetriebe in die Regelung mit ein. Alle Arbeitnehmer in Kleinstbetrieben mit weniger als fünf Arbeitnehmern werden also zukünftig in einem Unternehmen mit mindestens einem Betrieb mit fünf Arbeitnehmern von dem bei diesem **(Haupt-)Betrieb gebildeten Betriebsrat mitvertreten**. In größeren Unternehmen mit mehreren betriebsratsfähigen Betrieben bleibt die Frage offen, ob mit »Hauptbetrieb« der Unternehmensteil gemeint ist, in dem auch die für die Belegschaft des Kleinstbetriebes zuständige institutionelle Leitung zur Wahrnehmung der Arbeitgeberfunktionen im Mitbestimmungsbereich organisatorisch angesiedelt ist, oder dem Gesichtspunkt der räumlichen Nähe der Vorrang zu geben und der Kleinstbetrieb dem räumlich nächstgelegenen betriebsratsfähigen Betrieb zuzuordnen ist.[43] 21

Zweifel über die Betriebsstruktur können entweder in einem selbständigen Beschlussverfahren oder als Vorfrage, beispielsweise in einem Wahlanfechtungsverfahren geklärt werden. § 18 Abs. 2 22

38 BAG, Beschl. v. 24.02.1976, AP Nr. 2 zu § 4 BetrVG 1972; vgl. die Rspr.-Hinw. bei *Fitting u.a.*, § 4 BetrVG Rn 20.
39 BAG, Beschl. v. 14.01.2004 – 7 ABR 26/03 (n.v.).
40 BAG, Beschl. v. 20.06.1995, AP Nr. 8 zu § 4 BetrVG 1972.
41 *Fitting u.a.*, § 4 BetrVG Rn 26.
42 BT-Drucks 14/5741, 35.
43 *Richardi*, NZA 2001, 346 (349).

BetrVG sieht ein eigenes Verfahren zur Feststellung, ob eine betriebsratsfähige Organisation vorliegt, vor.[44] Antragsbefugt sind Arbeitgeber, Betriebsrat, Wahlvorstand und im Betrieb vertretene Gewerkschaften. Anträge können wie folgt gestellt werden:

> Es wird festgestellt, dass die Betriebsstätten der Antragsgegnerin in A und B einen Betrieb i.S.d. BetrVG darstellen.
> Es wird festgestellt, dass die Betriebsstätte der Antragsgegnerin zu 1 und der Antragsgegnerin zu 2 in A ein gemeinsamer Betrieb i.S.d. BetrVG ist.

dd) Durch Tarifvertrag oder Betriebsvereinbarung festgelegte Repräsentationsbereiche

23 Dem erklärten Ziel des Gesetzgebers, die Repräsentationsbereiche der Arbeitnehmervertretung den neuen Organisationsformen der Unternehmen flexibel anpassen zu können, dient § 3 BetrVG. In § 3 BetrVG wird vorrangig den Tarifvertragsparteien, subsidiär den Betriebsräten, und nur wenn im Unternehmen keine Betriebsräte bestehen, den Belegschaften unmittelbar die Möglichkeit eingeräumt, die **Repräsentationsbereiche der Betriebsräte abweichend vom Gesetz** zu ordnen.

24 Die verschiedenen Vereinbarungslösungen sind in § 3 Abs. 1 BetrVG aufgelistet. Es bestehen folgende Möglichkeiten:

- **Unternehmens- und Regionalbetriebsräte (Nr. 1)**. § 3 Abs. 1 Nr. 1 Buchst. a) BetrVG ermöglicht es, einen Betriebsrat für das gesamte Unternehmen mit mehreren Betrieben zu bilden. § 3 Abs. 1 Nr. 1 Buchst. b) BetrVG eröffnet eine Zwischenmöglichkeit, mehrere Betriebe eines Unternehmens jeweils zusammenzufassen, beispielsweise mehrere Filialen einer Region, und für diese Unternehmensteile jeweils einen Betriebsrat zu wählen. Voraussetzung ist die Erleichterung der Bildung von Betriebsräten oder eine sachgerechtere Wahrnehmung der Interessen der Arbeitnehmer. Zielrichtung ist, den Betriebsrat an der Stelle anzusiedeln, an der auch der Entscheidungsträger in beteiligungspflichtigen Angelegenheiten auf Arbeitgeberseite zu finden ist.
- **Spartenbetriebsräte (Nr. 2)**. Sind Unternehmen und Konzerne nach produkt- oder projektbezogenen Geschäftsbereichen organisiert und werden in diesen Sparten auch die beteiligungspflichtigen Entscheidungen verantwortlich getroffen, können für diese Sparten betriebs- und unternehmensübergreifende Spartenbetriebsräte und auch Spartengesamtbetriebsräte gebildet werden. Voraussetzung ist, dass die Bildung von Spartenbetriebsräten der sachgerechten Wahrnehmung der Aufgaben des Betriebsrats dient.
- **Andere Arbeitnehmervertretungsstrukturen (Nr. 3)**. Über die in Nr. 1 und 2 genannten Fälle hinaus eröffnet Nr. 3 die Möglichkeit auf sämtliche Sonderformen der Betriebs- und Unternehmensorganisation zu reagieren. Nach der Gesetzesbegründung sollen die Tarifvertragsparteien beispielsweise in der Lage sein, für einen mittelständischen Konzern mit wenigen kleinen Konzernunternehmen statt einer dreistufigen eine zwei- oder einstufige Interessenvertretung vorzusehen oder in einem Gleichordnungskonzern einen Konzernbetriebsrat[45] zu errichten. Es könnten auch Arbeitnehmervertretungsstrukturen entlang der Produktionskette (just in time) oder für andere moderne Erscheinungsformen von Produktion, Dienstleistung und Zusammenarbeit von Unternehmen geschaffen werden.
- **Arbeitsgemeinschaften (Nr. 4)**. Die in Nr. 4 genannten Arbeitsgemeinschaften sind keine Mitbestimmungsorgane, wie aus § 3 Abs. 5 BetrVG hervorgeht, der die Geltung der Vorschriften

44 Die Problematik, ob ein solches Verfahren nur vor einer Wahl durchgeführt werden kann, vgl. BAG, Beschl. v. 29.01.1987, AP Nr. 6 zu § 18 BetrVG 1972; Beschl. v. 25.11.1980, AP Nr. 3 zu § 18 BetrVG 1972, ist durch die Streichung der Worte »vor der Wahl« in § 18 Abs. 2 durch das BetrVerf-Reformgesetz erledigt worden.

45 A.A. *Richardi*, NZA 2001, 346 (350), der unter Verweis auf § 54 Abs. 1 BetrVG i.V.m. § 18 Abs. 1 AktG davon ausgeht, dass die Gestaltungsmöglichkeiten nur für den Unterordnungskonzern bestehen.

des BetrVG über die Rechte und Pflichten von Betriebsräten nur den in Nr. 1 bis 3 genannten betriebsverfassungsrechtlichen Organisationseinheiten zuweist. Bei den Arbeitsgemeinschaften handelt es sich vielmehr um zusätzliche betriebsverfassungsrechtliche Gremien, die nur der internen Zusammenarbeit der einzelnen Betriebsräte des Unternehmens dienen sollen und denen auf Arbeitgeberseite kein Pendant gegenübersteht.

- **Zusätzliche betriebsverfassungsrechtliche Vertretungen der Arbeitnehmer (Nr. 5)**. Wie die Arbeitsgemeinschaften gehören auch die zusätzlichen Vertretungen nicht zu den Mitbestimmungsorganen. Sie sollen anders als die Arbeitsgemeinschaften die Zusammenarbeit nicht zwischen den Betriebsräten, sondern zwischen Betriebsrat und Arbeitnehmern erleichtern. Denkbar ist das etwa bei Unternehmensbetriebsräten nach Nr. 1, in denen ein Betrieb oder Betriebsteil nicht durch ein Mitglied repräsentiert ist.

Für die genannten Vereinbarungen sind **primär die Tarifvertragsparteien** zuständig. Dabei kann die Vereinbarung ebenso durch Verbands- wie durch einen Firmentarifvertrag geschlossen werden.[46] Für die anderen Arbeitnehmervertretungsstrukturen nach Nr. 3 ist die Zuständigkeit der Tarifvertragsparteien abschließend. Die Vertretungen nach Nr. 1, 2, 4 und 5 können dagegen auch durch **Betriebsvereinbarung** gebildet werden, wenn keine tarifliche Regelung besteht und auch kein anderer Tarifvertrag gilt. Die Tarifvertragssperre greift also nur dann nicht, **wenn für das Unternehmen überhaupt keine Tarifvertragsbindung besteht**. Wenn Tarifverträge über Entgelt oder sonstige Arbeitsbedingungen gelten, ist eine Regelung durch Betriebsvereinbarung nach § 3 Abs. 2 BetrVG nicht möglich.[47] 25

Die **Kompetenz der Belegschaft** beschränkt sich auf die Bildung eines **Unternehmensbetriebsrats** nach § 3 Abs. 1 Nr. 1 Buchst. a) BetrVG. Wenn keine tarifliche Regelung und in dem gesamten Unternehmen kein Betriebsrat besteht, kann die Belegschaft auf Initiative von drei wahlberechtigten Arbeitnehmern oder einer im Unternehmen vertretenen Gewerkschaft mit Stimmenmehrheit die Wahl eines Unternehmensbetriebsrats beschließen. Die Abstimmung unterliegt keinen Formerfordernissen, insbesondere muss keine geheime Abstimmung erfolgen.[48] 26

Werden Regelungen i.S.d. § 3 Abs. 1 bis 3 BetrVG getroffen, sind diese vorbehaltlich einer abweichenden Bestimmung in der Vereinbarung selbst **bei der nächsten regelmäßigen Betriebsratswahl anzuwenden**, es sei denn es besteht kein Betriebsrat oder es ist aus anderen Gründen ohnehin eine Neuwahl erforderlich. 27

§ 3 Abs. 5 BetrVG stellt klar, dass betriebsverfassungsrechtliche Organisationseinheiten, die aufgrund eines Tarifvertrages oder einer Betriebsvereinbarung nach Abs. 1 Nr. 1 bis 3 gebildet wurden, als Betriebe i.S.d. Gesetzes gelten und folglich für die Zahl der Betriebsratsmitglieder, die Größe der Ausschüsse, die Zahl der Freistellungen u.ä. ausschlaggebend sind. Auf die gebildeten Vertretungen finden die Vorschriften über die Rechte und Pflichten des Betriebsrats, auf deren Mitglieder die Vorschriften des BetrVG über deren Rechtsstellung Anwendung. 28

b) Unternehmen

Wie beim Betriebsbegriff fehlt auch beim Unternehmensbegriff eine gesetzliche Definition. Das BetrVG setzt den Unternehmensbegriff voraus, indem es an vielen Stellen an den Unternehmensbegriff anknüpft, so bei der zwingenden Errichtung eines Gesamtbetriebsrats, der Beteiligung in wirtschaftlichen Angelegenheiten, bei Betriebsänderungen[49], bei der Schwellenzahl der personellen Mitbestimmungsrechte nach § 99 BetrVG und der Mitbestimmungsrechte bei einer Betriebsänderung nach §§ 111 ff. BetrVG. **Das Unternehmen ist die organisatorische Einheit, mit der** 29

46 Vgl. zum bisherigen Recht GK-BetrVG/*Kraft*, § 3 Rn 26.
47 BT-Drucks 14/5741, 34.
48 BT-Drucks 14/5741, 34.
49 Das BAG, Urt. v. 15.01.1991, AP Nr. 21 zu § 113 BetrVG, geht von einer Identität der Begriffe »Arbeitgeber« und »Unternehmen« in den §§ 111 ff. BetrVG aus.

der Unternehmer seine wirtschaftlichen oder ideellen Zwecke verfolgt.[50] Bei Personen- und Kapitalgesellschaften ist die Gesellschaft identisch mit dem Unternehmen. Die Gesellschaft kann nur ein Unternehmen haben.[51] Dagegen kann eine natürliche Person mehrere Unternehmen haben, wenn keine einheitliche Leitung der gebildeten selbständigen Organisationseinheiten vorhanden ist.

30 Gegenstand der Unternehmensverfassung ist die Regelung der Planungs-, Organisations- und Leitungskompetenz in einem Unternehmen unter Beteiligung der Arbeitnehmer.[52] In der Mitbestimmung von Unternehmen, die im Mitbestimmungsgesetz, für Kapitalgesellschaften mit mehr als 2000 Arbeitnehmern, im Montan-Mitbestimmungsgesetz, Mitbestimmungsergänzungsgesetz und in den §§ 76 ff. BetrVG 1952 geregelt ist, geht es um die Beteiligung der Arbeitnehmer an den wirtschaftlich-unternehmerischen Entscheidungen, während die Mitbestimmung über die Arbeitsbedingungen nach dem BetrVG die unternehmerischen Entscheidungen im Ergebnis unangetastet lässt.[53]

c) Konzern

31 Der Konzern ist an verschiedenen Stellen im Gesetz angesprochen, so in § 8 Abs. 1 Satz 2 BetrVG (Anrechnung von Konzernzugehörigkeitszeiten für die Wählbarkeit), in § 54 BetrVG (Konzernbetriebsrat) und in § 3 Abs. 1 Nr. 2 und 3 BetrVG. Aus der Verweisung in §§ 8 und 54 BetrVG auf § 18 Abs. 1 AktG wird hergeleitet, dass nur der **Unterordnungskonzern** gemeint ist, nicht der Gleichordnungskonzern. Der Unterordnungskonzern zeichnet sich dadurch aus, dass ein **Abhängigkeitsverhältnis zwischen zwei Unternehmen** besteht und ein Unternehmen von dem anderen durch eine einheitliche Leitung des herrschenden Unternehmens tatsächlich **beherrscht** wird.[54] Es wird zwischen einem Vertragskonzern und einem faktischen Konzern unterschieden. Während beim Vertragskonzern ein Beherrschungs- und Gewinnabführungsvertrag (§ 291 AktG) oder ein Eingliederungsvertrag (§ 319 AktG) besteht, fehlt es beim faktischen Konzern an einem Vertrag, während die Leitung gleichwohl einheitlich ausgeübt und beispielsweise durch eine Mehrheitsbeteiligung abgesichert wird. Entscheidend ist, ob das herrschende Unternehmen über Mittel verfügt, im abhängigen Unternehmen seinen Willen durchzusetzen und von diesen Mitteln auch tatsächlich Gebrauch macht.[55] Nach der Gesetzesbegründung zum BetrVerf-Reformgesetz soll § 3 Abs. 1 Nr. 2 und 3 BetrVG auch den **Gleichordnungskonzern** erfassen.[56]

2. Arbeitnehmerbegriff

32 Der Arbeitnehmerbegriff[57] erlangt im BetrVG an unterschiedlichen Stellen Bedeutung. Der Betriebsrat ist die Vertretung der Arbeitnehmer im Betrieb zur Wahrnehmung der kollektiven Rechte. Dementsprechend sind Betriebsräte gem. § 1 Abs. 1 Satz 1 BetrVG in Betrieben mit mindestens i.d.R. fünf wahlberechtigten Arbeitnehmern zu bilden. Eine Legaldefinition des Arbeitnehmerbegriffs findet sich in § 5 BetrVG, wobei § 5 BetrVG in seinem Absatz 1 lediglich auf Arbeiter und Angestellte verweist, was den Rechtsanwender noch nicht weiter bringt. Die Absätze 2 bis 4 enthalten dagegen eine **Negativabgrenzung**; sie schließen Organe von juristischen Personen, Gesellschafter und sonstige Selbständige aus dem Anwendungsbereich aus, gleichfalls leitende Angestellte, die nicht durch den Betriebsrat, sondern durch den Sprecherausschuss vertreten werden.

50 BAG, Beschl. v. 07.08.1986, AP Nr. 5 zu § 1 BetrVG 1972; Urt. v. 05.03.1987, AP Nr. 30 zu § 15 KSchG 1969.
51 BAG, Beschl. v. 23.08.1989, AP Nr. 7 zu § 106 BetrVG 1972; Urt. v. 13.06.1985, AP Nr. 10 zu § 1 KSchG 1969.
52 *Fitting u.a.*, § 1 BetrVG Rn 151; vgl. auch unten Rn 392 f.
53 Vgl. die fehlende Erzwingbarkeit eines Interessenausgleichs nach § 112 BetrVG.
54 BAG, Beschl. v. 16.08.1995, AP Nr. 30 zu § 76 BetrVG 1952; Beschl. v. 22.11.1995, AP Nr. 7 zu § 54 BetrVG 1972.
55 *Fitting u.a.*, § 54 BetrVG Rn 18 ff.
56 BT-Drucks 14/5741, 27; a.A. *Richardi*, NZA 2001, 346 (350).
57 Vgl. ausführlich § 3 Rn 77 ff.

Zunächst ist mithin auf den allgemeinen arbeitsrechtlichen Arbeitnehmerbegriff[58] abzustellen, das BetrVG enthält insoweit keine eigene Begriffsbestimmung.[59] Nach der ständigen Rechtsprechung des BAG ist **Arbeitnehmer, wer auf Grund eines privatrechtlichen Vertrages im Dienste eines anderen zur Leistung fremdbestimmter Arbeit in persönlicher Abhängigkeit verpflichtet ist.**[60] Wenn von einem privatrechtlichen Vertrag gesprochen wird, setzt dies nicht voraus, dass deshalb ein schriftlicher oder auch nur ein ausdrücklicher Vertrag vorliegt. Ausreichend ist ebenso ein stillschweigender Vertragsschluss durch entsprechend tatsächliches Verhalten, beispielsweise die Entgegennahme von Arbeitsleistung durch den Arbeitgeber gegen Vergütung. Zu beachten ist allerdings, dass der Arbeitgeber nach § 2 NachwG nunmehr innerhalb von einem Monat nach Beginn des Arbeitsverhältnisses die wesentlichen Vertragsbedingungen schriftlich niederzulegen, die Niederschrift zu unterzeichnen und sie dem Arbeitnehmer auszuhändigen hat. 33

Wichtig ist die **Abgrenzung zum Selbständigen**, hier ist insbesondere der bei Unternehmern gern gesehene **freie Mitarbeiter**, aber auch in einer besonderen Ausgestaltung der **Franchisenehmer** zu sehen. Insbesondere beim Franchisenehmer liegen Selbständigkeit und Scheinselbständigkeit eng beieinander. Der Franchise-Vertrag ist ein Vertrag zur Begründung eines Dauerschuldverhältnisses, aufgrund dessen der Franchisegeber dem Franchisenehmer gegen Entgelt das Recht gewährt, bestimmte Waren und Dienstleistungen unter Verwendung von Namen, Warenzeichen, Ausstattung oder sonstigen Schutzrechten sowie der technischen und gewerblichen Erfahrungen des Franchisegebers und unter Beachtung seiner Organisation zu vertreiben, wobei dem Franchisegeber gegenüber dem Franchisenehmer Beistand, Rat und Schulungspflichten obliegen sowie eine Kontrolle über den Geschäftsbetrieb eingeräumt wird. Der Franchisenehmer schuldet dagegen regelmäßig einen Prozentsatz seines Erlöses als Vergütung. Kennzeichnend für die Einheitlichkeit des Franchise-Systems ist, dass sich der Franchisenehmer nach Richtlinien und Anweisungen des Franchisegebers zu richten hat. Je detaillierter diese Anweisungen ausgestaltet sind, desto größer ist die Gefahr, dass dem Franchisenehmer letztlich keine eigene unternehmerische Freiheit mehr bleibt, seinen Betrieb und den Einsatz seiner Arbeitskraft zumindest insoweit zu steuern, dass dem unternehmerischen Risiko auch eine gleichgewichtige unternehmerische Chance gegenüber steht. In solchen Systemen kann der Franchisenehmer daher Arbeitnehmer sein.[61] 34

Bei der Abgrenzung des freien Mitarbeiters von dem abhängig beschäftigten Arbeitnehmer greift die Rechtsprechung seit jeher auf die Bestimmung in § 84 Abs. 1 Satz 2 HGB zurück, nachdem derjenige selbständig ist, der im Wesentlichen frei seine Tätigkeit gestalten und seine Arbeitszeit bestimmen kann. Maßgeblich ist mithin der **Grad der persönlichen Abhängigkeit**.[62] Der Grad der persönlichen Abhängigkeit wird dadurch beeinflusst, inwieweit der freie Mitarbeiter/Arbeitnehmer in die fremde Arbeitsorganisation des Auftraggebers/Arbeitgebers eingegliedert ist. Die neuere Rechtsprechung analysiert im Rahmen dieser Prüfung die Dichte der erteilten Weisungen.[63] Insbesondere die Rechtsprechung der Instanzgerichte behilft sich weiterhin mit einer negativen Abgrenzung. Ist dem Mitarbeiter keine Dispositionsmöglichkeit über die Arbeitszeit bzw. den Einsatz der Arbeitskraft, über den Einsatz eigenen Kapitals, über den Aufbau einer eigenen Organisation mit eigenen Mitarbeitern belassen, ist dem Mitarbeiter untersagt, andere als die überlassenen Produkte zu vertreiben, eigene Unternehmens- und Vertriebsideen zu entwickeln, Preise zu gestalten etc. bleibt für eine selbständige Tätigkeit kein Raum.[64] 35

58 Vgl. hierzu *Hümmerich*, NJW 1998, 2625 und § 3 Rn 77 ff.

59 Vgl. *Hümmerich*, AnwaltFormulare Arbeitsrecht, § 8 Rn 33.

60 BAG, Urt. v. 13.01.1983, Urt. v. 09.05.1984, Urt. v. 27.03.1991 und Urt. v. 13.11.1991, AP Nr. 42, 45, 53 und 60 zu § 611 BGB Abhängigkeit.

61 BAG, Beschl. v. 16.07.1997, AP Nr. 37 zu § 5 ArbGG.

62 BAG, Urt. v. 30.10.1991, Urt. v. 24.06.1992 und Urt. v. 26.07.1995, AP Nr. 59, 61 und 79 zu § 611 BGB Abhängigkeit.

63 LAG Düsseldorf, Beschl. v. 04.09.1996, BB 1997, 891.

64 LAG Köln, Urt. v. 30.06.1995, AP Nr. 80 zu § 611 BGB Abhängigkeit; LAG Niedersachsen, Urt. v. 07.09.1990, LAGE § 611 BGB Arbeitnehmerbegriff; LAG Düsseldorf, Urt. v. 28.08.1995 BB 1995, 2275.

36 In einigen Bereichen hat die Rechtsprechung des BAG, im Wesentlichen durch den 5. Senat, einen **typologischen Arbeitnehmerbegriff** entwickelt, so insbesondere im Berufsfeld der Lehrer und Dozenten. Unterschieden wird zwischen Lehrern an allgemein bildenden Schulen, die regelmäßig aufgrund einer höheren Regelungsdichte in ihrer Tätigkeit Arbeitnehmer sind, und Lehrern, die außerhalb schulischer Lehrgänge an Volkshochschulen und Musikschulen unterrichten.[65] Ähnliches gilt im Bereich der Rundfunkmitarbeiter, wo differenziert wird zwischen Tätigkeit mit und ohne programmgestaltenden Einfluss, wobei die Teilung zu beiden Seiten durchlässig ist. Auch programmgestaltende Mitarbeiter können Arbeitnehmer sein, wenn der Sender als Auftraggeber ständige Dienstbereitschaft erwartet und der Mitarbeiter weitgehenden inhaltlichen Weisungen unterliegt.[66]

37 Der Arbeitnehmerbegriff des § 5 Abs. 1 BetrVG schließt die **Auszubildenden** in den Anwendungsbereich mit ein. In einem § 5 Abs. 1 Satz 1 BetrVG durch das BetrVerf-Reformgesetz angefügten Halbsatz wird nunmehr klargestellt, dass der Arbeitnehmereigenschaft nicht entgegensteht, wenn die Arbeitsleistung nicht im räumlichen Bereich des Betriebs, sondern in Form der klassischen **Außendiensttätigkeit** oder in **Telearbeit** erbracht wird. Die Abgrenzung, ob es sich bei dem Außendienstler oder dem Telearbeiter um einen Arbeitnehmer oder etwa um einen freien Handelsvertreter oder sonst Selbständigen handelt, erfolgt unabhängig von dieser Form der Arbeitsleistung nach den allgemeinen Kriterien.[67] Gem. § 5 Abs. 1 Satz 2 BetrVG gelten kraft einer Gesetzesfiktion **Heimarbeiter**, die in der Hauptsache für den Betrieb arbeiten, für den Bereich des Betriebsverfassungsrechts als Arbeitnehmer des Betriebes. Heimarbeiter sind keine Arbeitnehmer im arbeitsrechtlichen Sinne, weil ihrer Tätigkeit kein Arbeitsvertrag, sondern ein Vertrag über Arbeitsleistung zugrunde liegt, in dem werkvertragliche Elemente überwiegen. Die Fiktion ist dagegen nicht im Wege einer Analogie auf alle **arbeitnehmerähnlichen Personen** zu erstrecken.[68]

38 Gem. § 5 Abs. 2 BetrVG sind Vertreter juristischer Personen, Mitglieder von Personengesamtheiten, Beschäftigte aus karitativen oder religiösen Gründen, insbesondere Mönche, Ordensschwestern, nicht aber Krankenschwestern, ferner Beschäftigte aus medizinischen oder erzieherischen Gründen, z.B. Kranke, Körperbehinderte, Alkoholiker, Rauschgiftsüchtige, Strafgefangene, nicht aber berufliche Rehabilitanden i.S.d. § 97 SGB III sowie Familienangehörige des Arbeitgebers, die in häuslicher Gemeinschaft mit dem Arbeitgeber leben, aus dem Kreis der Arbeitnehmer i.S.d. BetrVG ausgenommen.

39 Während die in § 5 Abs. 2 BetrVG genannten Personen überwiegend bereits nach allgemeinen arbeitsrechtlichen Definitionen keine Arbeitnehmer sind, handelt es sich bei den **leitenden Angestellten** der Absätze 3 und 4 durchgehend um Arbeitnehmer im arbeitsrechtlichen Sinn. Dass diese Mitarbeiter gleichwohl aus dem Anwendungsbereich des BetrVG ausgeschlossen sind, hat seinen Grund darin, dass der Betriebsrat die Arbeitnehmerinteressen vertritt, während die leitenden Angestellten vielfach die Unternehmerinteressen wahrnehmen. Insbesondere in größeren Betrieben/Unternehmen kann dies der »Unternehmer« oder dessen gesetzlicher Vertreter (Geschäftsführer) selbst gar nicht leisten. Der leitende Angestellte würde als Wahlberechtigter zum Betriebsrat oder gar als Mitglied des Betriebsrates aber in einen nicht auflösbaren **inneren Interessengegensatz** geraten.[69]

40 Gem. § 5 Abs. 3 Satz 2 BetrVG ist **leitender Angestellter**, wer nach Arbeitsvertrag und Stellung im Unternehmen oder im Betrieb zur selbständigen Einstellung und Entlassung von Arbeitnehmern berechtigt ist oder Generalvollmacht oder Prokura hat oder regelmäßig sonstige Aufgaben wahrnimmt, die für den Bestand und die Entwicklung des Unternehmens oder eines Betriebs von Bedeutung sind und deren Erfüllung besondere Erfahrungen und Kenntnisse voraussetzt, wenn er dabei entweder die

65 BAG, Urt. v. 12.09.1996, NZA 1997, 600 und Urt. v. 12.09.1996, NZA 1997, 194.
66 BAG, Urt. v. 09.06.1993, AP Nr. 66 zu § 611 BGB Abhängigkeit.
67 *Schaub*, NZA 2001, 364.
68 *Konzen*, RdA 2001, 83.
69 BAG, Beschl. v. 29.01.1980, AP Nr. 22 zu § 5 BetrVG 1972; BAG, Beschl. v. 23.01.1986, AP Nr. 32 zu § 5 BetrVG 1972.

Entscheidungen im Wesentlichen frei von Weisungen trifft oder sie maßgeblich beeinflusst. Insbesondere die letzte Alternative lässt den obengenannten Sinn deutlich erkennen. Wer die Geschicke des Unternehmens lenkt oder jedenfalls maßgeblich mitbeeinflusst, kann nicht auf Seiten der Arbeitnehmer deren Rechte gegenüber den Unternehmerinteressen vertreten. Abs. 4 ist in § 5 BetrVG durch das Gesetz zur Änderung des BetrVG, über Sprecherausschüsse der leitenden Angestellten und zur Sicherung der Montanmitbestimmung vom 23.12.1988 eingefügt worden. Er beinhaltet keine weiteren oder ergänzenden Voraussetzungen, sondern soll bei der Feststellung der Eigenschaft als leitender Angestellter i.S.d. § 5 Abs. 3 BetrVG lediglich Hilfestellung geben.[70] Abs. 4 enthält mithin lediglich **Auslegungsregeln**. Der Rechtsanwender darf nicht so vorgehen, dass er allein das Vorliegen der Merkmale des § 5 Abs. 4 BetrVG prüft. Beispielsweise kann es nicht ausreichend sein, dass ein Mitarbeiter bei der letzten Wahl des Betriebsrats als leitender Angestellter behandelt worden ist, wenn dieser Mitarbeiter erkennbar keiner der Nrn. 1 bis 3 des § 5 Abs. 3 BetrVG zuzuordnen ist. Denn die Zuordnung bei der letzten Wahl zum Betriebsrat bzw. Sprecherausschuss kann die Einordnung als leitender Angestellter nicht selbst begründen. Dies käme einem Wahlrecht der Betriebspartner gleich, wen sie als leitenden Angestellten ansehen. Das BetrVG geht jedoch von einem objektiven Begriff des leitenden Angestellten aus, der nicht zur Disposition der Parteien steht.

Die **Klärung des Arbeitnehmerbegriffs** kommt in Betracht im selbständigen Beschlussverfahren, 41
bei Streit über den Status eines Betriebsangehörigen als Arbeitnehmer i.S.v. § 5 Abs. 1 BetrVG, als Nichtarbeitnehmer i.S.v. § 5 Abs. 2 BetrVG oder als (nicht) leitender Angestellter i.S.v. § 5 Abs. 3 BetrVG, auch bei laufendem Zuordnungsverfahren nach § 18a BetrVG. Die früher für die Gruppenzugehörigkeit maßgebliche Unterscheidung, ob ein Arbeitnehmer Arbeiter oder Angestellter i.S.v. § 6 BetrVG ist, ist obsolet. Diese Unterscheidung ist im BetrVG aufgegeben und § 6 BetrVG a.F. aufgehoben worden. Ein Antrag kann etwa wie folgt lauten:[71]

> Es wird festgestellt, dass der Betriebsangehörige … Arbeitnehmer i.S.d. § 5 Abs. 1 BetrVG ist.
> oder:
> Es wird festgestellt, dass die Arbeitnehmerin … keine leitende Angestellte i.S.d. § 5 Abs. 3 BetrVG ist.

Antragsberechtigt sind der Arbeitgeber und der Betriebsrat, aber auch der Arbeitnehmer, um 42
dessen Status es geht.[72] Auch eine im Betrieb vertretene Gewerkschaft ist im Zusammenhang mit einer Betriebsratswahl vor der Wahl antragsbefugt,[73] weiterhin die beiden Wahlvorstände zur Wahl des Betriebsrats und des Sprecherausschusses. Ist der betroffene Arbeitnehmer nicht selbst Antragsteller, so ist er Beteiligter.[74] Das **Rechtsschutzinteresse** für eine entsprechende Feststellungsklage ergibt sich zu jedem Zeitpunkt, in dem der Arbeitnehmer in dem Betrieb beschäftigt ist, aus der Notwendigkeit, die von dem Betriebsrat vertretene Belegschaft abzugrenzen. Es entfällt mit Ausscheiden des Arbeitnehmers aus dem Betrieb.[75]

70 *Fitting u.a.*, § 5 BetrVG Rn 390.
71 *Hümmerich*, AnwaltFormulare Arbeitsrecht, § 8 Rn 33.
72 BAG, Beschl. v. 23.01.1986, AP Nr. 30 zu § 5 BetrVG 1972 (für einen leitenden Angestellten).
73 BAG, Beschl. v. 05.03.1974, AP Nr. 1 zu § 5 BetrVG 1972.
74 BAG, Beschl. v. 25.10.1989, AP Nr. 42 zu § 5 BetrVG 1972.
75 BAG, Beschl. v. 20.07.1994, AP Nr. 26 zu § 256 ZPO 1977.

III. Wahlvorgang

1. Wahlberechtigung

43 Wahlberechtigt sind alle volljährigen Arbeitnehmer des Betriebs. Es muss sich mithin zunächst um Arbeitnehmer nach § 5 BetrVG handeln. Durch das BetrVerf-Reformgesetz sind in § 7 Satz 1 BetrVG die Worte »des Betriebs« eingefügt worden. Die Gesetzesanpassung hat nur klarstellenden Charakter, weil auch nach bisherigem Recht von der Voraussetzung der Betriebszugehörigkeit ausgegangen wurde.[76] Eine Wartezeit besteht für die Ausübung des aktiven Wahlrechts nicht. Bei **gekündigten Arbeitsverhältnissen** ist zu unterscheiden. Nach Ausspruch einer ordentlichen Kündigung besteht das Wahlrecht bis zum Ablauf der Kündigungsfrist fort. Darüber hinaus besteht das Wahlrecht nur dann, wenn der Mitarbeiter **tatsächlich weiterbeschäftigt** wird, sei es aufgrund des Weiterbeschäftigungsanspruchs nach § 102 BetrVG, des allgemeinen Weiterbeschäftigungsanspruchs oder aufgrund einer auflösend bedingten Beschäftigung zur Abwendung des Verzugslohnrisikos.[77] Erfolgt allerdings keine Weiterarbeit nach Ablauf der Kündigungsfrist, besteht die Wahlberechtigung auch dann nicht, wenn der Mitarbeiter **Kündigungsschutzklage** eingelegt hat.[78] Nach Ausspruch einer außerordentlichen Kündigung besteht auch kein Wahlrecht mehr. Auf den Umfang der Arbeitsleistung kommt es nicht an. Auch **Teilzeitbeschäftigte** und **Arbeitnehmer auf Abruf** bei kapazitätsorientierter variabler Arbeitszeit sind wahlberechtigt, gleiches gilt für Arbeitnehmer mit **Arbeitsplatzteilung** nach § 13 TzBfG. **Praktikanten** sind wahlberechtigt, wenn ihnen auf Grund eines privatrechtlichen Vertrages berufliche Kenntnisse, Fertigkeiten und Erfahrungen vermittelt werden sollen, nicht aber, wenn nur ein allgemeiner Einblick in das Arbeitsleben vermittelt werden soll, beispielsweise bei einem Schulpraktikum.[79] **Aushilfskräfte** sind wahlberechtigt, wenn sie am Tag der Wahl in einem Arbeitsverhältnis zum Betriebsinhaber stehen.[80] Auf die tatsächliche Arbeitsleistung im Betrieb am Wahltag kommt es nicht an, so dass auch **krankheits- oder urlaubsbedingt abwesende Mitarbeiter** wahlberechtigt sind. Gleiches gilt, wenn das Arbeitsverhältnis wegen Ableistung des **Wehrdienstes** nach §§ 1, 10 ArbPlSchG[81] oder während der **Elternzeit** nach § 15 BErzGG ruht. Bei der **Altersteilzeit im Blockmodell** hat das BAG die Wählbarkeit des Arbeitnehmers in der Freistellungsphase als Arbeitnehmervertreter im Aufsichtsrat verneint.[82] Hieraus wird von der h.M. gefolgert, dass auch die Wahlberechtigung zum Betriebsrat in der Freistellungsphase der Altersteilzeit nicht mehr besteht.[83] Dieser Schluss ist keinesfalls zwingend. Wahlberechtigung und Wählbarkeit können durchaus auseinander fallen, wie die Regelung der §§ 7 Satz 2 BetrVG, 14 Abs. 2 Satz 1 AÜG zeigt. Maßgeblich ist aber, dass der Arbeitnehmer während der Gesamtdauer seines Arbeitsverhältnisses der Regelungsmacht der Betriebsparteien unterworfen ist. Die Regelungsmacht der Betriebsparteien und damit die Vertretung der Interessen auch des Altersteilzeit-Arbeitnehmers ändern sich beim Wechsel von der Arbeitsphase in die Freistellungsphase nicht. Die fortdauernde Regelungsmacht der Betriebsparteien rechtfertigt daher auch den Fortbestand der Wahlberechtigung, da nur so die **demokratische Legitimation** hergestellt werden kann. Zu nennen sind hier insbesondere die Mitbestimmungsrechte gem. §§ 87 Abs. 1 Nr. 4, 8 bis 10, 88 Nr. 2 und 3 BetrVG, weiterhin ist auch in der Freistellungsphase eine Kündigung des Arbeitnehmers noch denkbar, insbesondere wegen Verletzung von Nebenpflichten (beispielsweise der Verstoß gegen das Verbot von Konkurrenztätigkeit) aus verhaltensbedingten Gründen. In diesen Fällen ist der Betriebsrat nach § 102 BetrVG anzuhören, er kann ggf. der

76 Siehe zur Betriebszugehörigkeit *Natzel*, Die Betriebszugehörigkeit im Arbeitsrecht, S. 247 ff.

77 BAG, Beschl. v. 14.05.1997, AP Nr. 6 zu § 8 BetrVG 1972.

78 LAG Berlin, Beschl. v. 02.05.1994, BB 1994, 1857; *Fitting u.a.*, § 7 BetrVG Rn 34; GK-BetrVG/*Kreutz*, § 7 Rn 29; a.A. Däubler/Kittner/Klebe/*Schneider*, § 7 BetrVG Rn 13.

79 LAG Schleswig-Holstein, Beschl. v. 25.03.2003 – 2 TaBV 39/02 (n.v.).

80 BAG, Beschl. v. 29.01.1992, AP Nr. 1 zu § 7 BetrVG 1972.

81 BAG, Beschl. v. 29.03.1974, AP Nr. 2 zu § 19 BetrVG 1972.

82 BAG, Beschl. v. 25.10.2000, NZA 2001, 461.

83 *Fitting u.a.*, § 7 BetrVG Rn 32; Richardi/*Thüsing*, § 7 BetrVG Rn 50.

Kündigung widersprechen.[84] Seine Entscheidung, dass Altersteilzeiter in der Freistellungsphase nicht bei der Belegschaftsstärke i.S.v. § 9 BetrVG zu berücksichtigen sind,[85] hat das BAG mit der Erwägung begründet, mit Eintritt in die Freistellungsphase ende mangels Rückkehrabsicht die Betriebszugehörigkeit. Auch wenn die Entscheidung keine Aussage zum aktiven Wahlrecht enthält lässt sich hieraus doch eine Tendenz gegen die hier vertretene Wahlberechtigung ablesen.

Der Grundsatz der Bindung der Wahlberechtigung an den Bestand des Arbeitsverhältnisses zum Betriebsinhaber wird durch § 7 Satz 2 BetrVG durchbrochen. Nach § 7 Satz 2 BetrVG sind **Leiharbeitnehmer** wahlberechtigt, wenn sie länger als drei Monate im Betrieb eingesetzt werden. Ist ihr Einsatz von vornherein für einen längeren Zeitraum als drei Monate geplant, besteht die Wahlberechtigung ab dem ersten Tag des Einsatzes, nicht erst nach Ablauf von drei Monaten. Wird ein kürzer geplanter Einsatz über drei Monate hinaus verlängert, besteht ab diesem Zeitpunkt auch die Wahlberechtigung. Das Wahlrecht des Leiharbeitnehmers in seinem Stammbetrieb bleibt von dieser Regelung unberührt, der überlassene Arbeitnehmer hat also das **Wahlrecht in zwei Betrieben**. § 14 Abs. 2 AÜG ist durch Art. 2 des BetrVerf-Reformgesetzes entsprechend geändert worden. Die aktiv wahlberechtigten Leiharbeitnehmer sind bei den sonstigen Vorschriften, bei denen insbesondere im Hinblick auf Schwellenwerte auf die Anzahl der Arbeitnehmer abzustellen ist, nicht mitzuzählen.[86] Sie haben keinen Eingang in die durch das BetrVerf-Reformgesetz ergänzte Regelung des § 5 Abs. 1 BetrVG gefunden. 44

Außendienstmitarbeiter sind nach den §§ 5, 7, 8 BetrVG dem Betrieb des Arbeitgebers zugehörig, von dem aus die Leitung des Außendienstes, insbesondere in personellen und sozialen Fragen, und das Direktionsrecht des Arbeitgebers über die Außendienstmitarbeiter wahrgenommen wird. Bei dezentralisierter Betriebsorganisation ist für die Zuordnung von Außendienstmitarbeitern nicht allein der Betrieb entscheidend, von dem aus die Fachaufsicht ausgeübt wird.[87] 44a

2. Wählbarkeit

Wählbar sind nach § 8 Abs. 1 BetrVG alle Wahlberechtigten, die sechs Monate dem Betrieb angehören oder als in Heimarbeit Beschäftigte in der Hauptsache für den Betrieb gearbeitet haben. Letzteres ergibt sich nach der Neufassung des BetrVG bereits aus § 5 Abs. 1 Satz 2 BetrVG, nach dem die genannten Heimarbeiter bereits als Arbeitnehmer des Betriebes gelten. Nicht wählbar ist, wer infolge strafgerichtlicher Verurteilung die Fähigkeit, Rechte aus öffentlichen Wahlen zu erlangen, nicht besitzt. Die nach § 7 Satz 2 BetrVG wahlberechtigten **Leiharbeitnehmer** sind **nicht gleichzeitig wählbar**, wie sich insbesondere aus § 14 Abs. 2 AÜG ergibt, der nur hinsichtlich der Wahlberechtigung, nicht aber der Wählbarkeit geändert wurde. Das Auseinanderfallen von Wahlberechtigung und Wählbarkeit gilt entsprechend für die echte Arbeitnehmerüberlassung außerhalb der Anwendbarkeit des AÜG. Das BAG hat die gesetzgeberischen Entscheidungen in § 14 AÜG auch bislang auf die echte Leiharbeit angewandt.[88] Auch nach In-Kraft-Treten des § 7 Satz 2 BetrVG besteht kein Anlass, die gewerbsmäßige und die **nichtgewerbsmäßige Arbeitnehmerüberlassung** hinsichtlich der Wahlberechtigung und der Wählbarkeit zum Betriebsrat unterschiedlich zu behandeln.[89] Der **gekündigte Arbeitnehmer nach Ablauf der Kündigungsfrist** ist, obwohl er die aktive Wahlberechtigung nicht besitzt, **wählbar**, da sonst nicht auszuschließen ist, dass der Arbeitgeber 45

84 Im Ergebnis ebenso *Natzel*, NZA 1998, 1262 (1264 f.); *Däubler*, AiB 2001, 681 (689); *Berg/Heilmann/Schneider*, Wahl des Betriebsrats, Rn 62 f.

85 BAG, Beschl. v. 16.04.2003, AP Nr. 7 zu § 9 BetrVG 1972.

86 BAG, Beschl. v. 16.04.2003, AP Nr. 7 zu § 9 BetrVG 1972; *Hanau*, RdA 2001, 68; *Konzen*, RdA 2001, 84; *Löwisch*, BB 2001, 1734 (1737); *Maschmann*, DB 2001, 2446 (2448); a.A. *Thüsing/Lambrich*, NZA Sonderheft 2001, 79; *Däubler*, ArbuR 2001, 285 (286); *Reichold*, NZA 2001, 857 (861).

87 LAG Hamm, Beschl. v. 04.04.2003 – 10 TaBV 124/02, n.rkr., Az. BAG: 7 ABR 36/03.

88 BAG, Beschl. v. 22.03.2000, NZA 2000, 1119.

89 A.A. *Fitting u.a.*, § 8 BetrVG Rn 29.

durch eine Kündigung die Kandidatur eines ihm unliebsamen Bewerbers verhindern kann.[90] Im Gegensatz zur Frage der Wahlberechtigung, die am Tag der Wahl zweifelsfrei feststehen muss, kann die Wirksamkeit der Wahl eines Betriebsratsmitglieds zunächst in der Schwebe bleiben. Wird der gekündigte Arbeitnehmer gewählt, tritt bis zur rechtskräftigen Entscheidung über die Kündigung ein Ersatzmitglied ein. Ist die Kündigung nicht offensichtlich begründet, muss der Arbeitgeber dem Wahlbewerber den **Zutritt zum Betrieb** zur Kontaktaufnahme mit seinen Kollegen gestatten.[91] Nicht wahlberechtigt und wählbar sind **Beamte**, deren Arbeitsergebnisse an privatrechtliche Arbeitgeber überlassen werden, ohne dass sie bei ihrem Dienstherrn beurlaubt werden und mit dem Privaten ein Arbeitsverhältnis eingehen. Die Vorschriften des Postpersonalrechtsgesetzes sind nicht entsprechend anwendbar.[92]

46 Auf die sechsmonatige Betriebszugehörigkeit, die am letzten Tag der Wahl bestehen muss, werden **Zeiten angerechnet**, die der Arbeitnehmer unmittelbar vorher in einem anderen Betrieb des Unternehmens oder des Konzerns verbracht hat, § 8 Abs. 1 Satz 2 BetrVG. Besteht ein Betrieb noch keine sechs Monate, so sind alle Wahlberechtigten wählbar, die bei Einleitung der Betriebsratswahl (Erlass des Wahlausschreibens, § 3 WO) Arbeitnehmer des Betriebs sind, § 8 Abs. 2 BetrVG. Diese Vorschrift findet auch dann Anwendung, wenn in einem Krankenhaus eingesetzte Arbeitnehmer verschiedener Fremdfirmen mit eigenen Arbeitskräften in einem neu gegründeten Unternehmen zusammengeführt werden, dessen Unternehmenszweck in nichtmedizinischen Dienstleistungen aller Art für das Krankenhaus besteht und das eine eigene Organisations- und Leitungsstruktur hat.[93]

3. Vorbereitung und Durchführung der Wahl

a) Zeitpunkt der Betriebsratswahlen

47 Die regelmäßigen Betriebsratswahlen finden alle **vier Jahre** in der Zeit vom 01.03. bis 31.05. statt, § 13 Abs. 1 Satz 1 BetrVG. 2002 war ein Wahljahr. Die nächsten regelmäßigen Betriebsratswahlen finden daher im Jahr 2006 statt. Darüber hinaus enthält § 13 Abs. 2 BetrVG eine abschließende Aufzählung der Gründe für eine Wahl außerhalb dieses Vier-Jahres-Rhythmus. Im Einzelnen handelt es sich um folgende Fälle:

- **Wesentliche Veränderung der Belegschaftsstärke**. Eine wesentliche Veränderung der Belegschaftsstärke liegt vor, wenn mit Ablauf von 24 Monaten die Zahl der regelmäßig beschäftigten Arbeitnehmer um die Hälfte, mindestens aber um 50, gestiegen oder gesunken ist. Das Gesetz legt einen Stichtag fest. Ausgangspunkt ist der letzte Tag der Stimmabgabe. Änderungen vor oder nach dem Stichtag in dem geforderten Umfang sind unerheblich, die Änderung muss am Stichtag selbst vorliegen.
- **Absinken der Mitgliederzahl des Betriebsrats**. Eine Neuwahl wird erforderlich, wenn die Gesamtzahl der Betriebsratsmitglieder nach Eintreten sämtlicher Ersatzmitglieder unter die vorgeschriebene Zahl der Betriebsratsmitglieder gesunken ist. Vergleichsmaßstab ist die ursprüngliche Zahl der Betriebsratsmitglieder.
- **Rücktritt des Betriebsrats**. Eine Neuwahl ist durchzuführen, wenn der Betriebsrat mit der Mehrheit seiner Mitglieder seinen Rücktritt beschlossen hat. Die Gründe sind irrelevant und von den Gerichten nicht zu überprüfen.[94] Zu unterscheiden ist zwischen einem Rücktritt des Betriebsrats und der Amtsniederlegung einzelner oder aller Betriebsratsmitglieder. Legen einzelne Betriebsratsmitglieder ihr Amt nach § 24 Abs. 1 Nr. 2 BetrVG nieder, rücken für sie

90 BAG, Beschl. v. 14.05.1997, AP Nr. 6 zu § 8 BetrVG 1972.
91 LAG Hamm, Beschl. v. 06.05.2002, NZA-RR 2003, 480; LAG Hamm, Beschl. v. 06.02.1980, EzA § 20 BetrVG 1972 Nr. 11; *Fitting u.a.*, § 8 BetrVG Rn 23.
92 BAG, Beschl. v. 25.02.1998, NZA 1998, 838; Beschl. v. 28.03.2001, AP Nr. 5 zu § 7 BetrVG 1972; a.A. *Fitting u.a.*, § 8 BetrVG Rn 28.
93 LAG Köln, Beschl. v. 08.01.2003, ZTR 2003, 417.
94 BAG, Beschl. v. 03.04.1979, AP Nr. 1 zu § 13 BetrVG 1972.

Ersatzmitglieder nach, auch wenn es sich um die Mehrheit handelt. Auch bei einem einköpfigen Betriebsrat oder der Niederlegung des Amtes durch alle Betriebsratsmitglieder und Ersatzmitglieder ist die Unterscheidung von Bedeutung, da bei einem Rücktritt des Betriebsrats dieser die Geschäfte nach § 22 BetrVG weiterführt, bis der neue Betriebsrat im Amt ist, während bei einer Amtsniederlegung nach § 24 BetrVG eine Fortführung des Amtes nicht in Betracht kommt und damit bis zur Neuwahl eine betriebsratslose Zeit entsteht.

- **Anfechtung der Wahl**. Ist eine Betriebsratswahl nach § 19 BetrVG erfolgreich angefochten, ist der Betriebsrat mit Rechtskraft der Entscheidung des Arbeitsgerichts nicht mehr existent. Eine Fortführung der Geschäfte bis zur Neuwahl nach § 22 BetrVG ist nicht möglich, dementsprechend kann der Betriebsrat auch durch Rücktritt vor Rechtskraft der gerichtlichen Entscheidung eine betriebsratslose Zeit nicht verhindern, da die Beendigung auch den zurückgetretenen Betriebsrat, der die Geschäfte fortführt, trifft.[95]
- **Auflösung des Betriebsrats durch gerichtliche Entscheidung**. Genau genommen wäre die Benennung dieses Grundes für eine Neuwahl genauso wenig wie der der erfolgreichen Anfechtung erforderlich. Gemeint ist die gerichtliche Entscheidung nach § 23 Abs. 1 2. Alternative BetrVG wegen grober Pflichtverletzung. Rechtsfolge der Auflösung des Betriebsrats ist genauso wie bei der erfolgreichen Anfechtung der Wahl die Beendigung der Existenz des Betriebsrats. In einem betriebsratslosen Betrieb ist aber ohnehin nach Nr. 6 eine Betriebsratswahl außerhalb der regelmäßigen Wahlen durchzuführen.
- **Betriebsratsloser Betrieb**. Folgerichtig ist Nr. 6 als Generalklausel anzusehen.

Hat aufgrund einer der Fälle des § 13 Abs. 2 BetrVG eine Betriebsratswahl stattgefunden, wählt der Betrieb gleichwohl bei den nächsten regelmäßigen Betriebsratswahlen nach Abs. 1 wieder mit, um den allgemeinen Wahlrhythmus wieder aufzunehmen, es sei denn, dass die Amtszeit des neu gewählten Betriebsrats (gerechnet ab der Bekanntmachung des Wahlergebnisses) noch kein Jahr besteht. In diesem Fall wählt der Betrieb erst im übernächsten Wahljahr wieder mit, so dass die Amtszeit dieses Betriebsrats länger als vier Jahre, aber auch nicht länger als fünf Jahre währt. 48

b) Wahlvorschriften

§ 14 Abs. 1 BetrVG enthält die **Wahlgrundsätze** der geheimen und unmittelbaren Wahl. Weitere Wahlgrundsätze sind, obwohl im Gesetz nicht ausdrücklich geregelt, die Allgemeinheit,[96] Freiheit und Gleichheit der Wahl. Der Wahlvorstand muss die entsprechenden organisatorischen Vorkehrungen für die Einhaltung dieser Grundsätze treffen, so darf die Wahl nicht öffentlich in einer Betriebsversammlung durch Handaufheben stattfinden, der Wahlvorstand muss Stimmzettel drucken lassen, die nicht außerhalb des Wahlraumes ausgegeben werden dürfen, und er muss geeignete, sichtgeschützte Wahlkabinen zur Verfügung stellen. 49

Die Wahl erfolgt nach den Grundsätzen des **Verhältniswahlrechts als Listenwahl**, die Verteilung der Betriebsratssitze wird nach dem d'Hondtschen System vorgenommen. Hierbei werden die Stimmzahlen, die auf die einzelnen Listen entfallen, der Reihe nach durch 1, 2, 3, 4 usw. geteilt und die zu vergebenen Betriebsratssitze entsprechend den sich hierbei ergebenden Höchstzahlen auf die einzelnen Listen verteilt. Aus den einzelnen zu berücksichtigenden Listen sind die Bewerber in der Reihenfolge gewählt, in der sie in der Liste aufgeführt sind. 50

95 BAG, Beschl. v. 29.05.1991, AP Nr. 5 zu § 4 BetrVG 1972.

96 In der Entscheidung des BAG, Urt. v. 07.08.1990, AP Nr. 1 zu § 80 BGB hatte das BAG noch ausgeführt: Der Begriff »allgemeine Wahl« bedeutet gemeinsame Wahl sämtlicher wahlberechtigter Arbeitnehmer und schließt damit eine Gruppenwahl aus. Nach der Aufgabe des Gruppenprinzips ist dieser Einwand überholt.

51 *Beispiel*
Drei Betriebsratssitze, drei Listen. Auf die erste Liste entfallen 50 Stimmen, auf die zweite Liste 30 Stimmen und auf die dritte Liste 10 Stimmen.
Liste 1: 50: 1 = 50, 50: 2 = 25
Liste 2: 30: 1 = 30, 30: 2 = 15
Liste 3: 10: 1 = 10; 10: 2 = 5.

Die drei höchsten Zahlen für die drei Betriebsratssitze lauten 50, 30 und 25, so dass auf die Liste 1 zwei Betriebsratssitze entfallen (Zahlen 50 und 25) und auf die Liste 2 ein Betriebsratssitz (Zahl 30). Auf die dritte Liste entfällt dagegen kein Sitz.

52 Wenn nur **ein Wahlvorschlag** eingereicht wird, oder wenn der Betriebsrat im **vereinfachten Wahlverfahren** nach § 14a BetrVG gewählt wird, erfolgt die Wahl nach den Grundsätzen des **Mehrheitswahlrechts**, § 14 Abs. 2 Satz 2 BetrVG. Gewählt wird, wer die meisten Stimmen auf sich vereinigen kann. Die Wahlvorschläge können von Arbeitnehmern oder den im Betrieb vertretenen Gewerkschaften gemacht werden. Für die Wahlvorschläge der Arbeitnehmer ist ein **Unterschriftenquorum** von 1/20 der wahlberechtigten Arbeitnehmer, mindestens von drei, in Betrieben bis 20 Arbeitnehmern mindestens zwei, erforderlich. In jedem Fall genügt die Unterzeichnung durch 50 Arbeitnehmer, § 14 Abs. 4 BetrVG. Die Gewerkschaftsvorschläge müssen von zwei Beauftragten unterzeichnet sein, § 14 Abs. 5 BetrVG. Der Wahlvorschlag und die nach § 14 Abs. 4 BetrVG erforderlichen **Stützunterschriften** müssen, wenn sie aus mehreren Blättern bestehen, zu einer einheitlichen zusammenhängenden Urkunde verbunden und gegen Trennung gesichert werden.[97] Die gesonderten einzelnen Zustimmungserklärungen von 20 Wahlbewerbern ersetzen nicht die nach § 14 Abs. 4 BetrVG notwendigen Stützunterschriften zur Vorschlagsliste.[98]

53 Das Gruppenprinzip in § 14 Abs. 2 BetrVG a.F. ist durch das BetrVerf-Reformgesetz aufgegeben worden. Gleichfalls erfolgt bei der Wahl eines einköpfigen Betriebsrats die Wahl des Ersatzmitglieds nicht mehr in einem getrennten Wahlgang, sondern nach den allgemeinen Regeln des § 25 Abs. 2 BetrVG.

c) Vereinfachtes Wahlverfahren für Kleinbetriebe

54 In Betrieben mit in der Regel fünf bis 50 wahlberechtigten Arbeitnehmern ist die Betriebsratswahl in einem vereinfachten, zweistufigen Verfahren nach § 14a BetrVG durchzuführen. Das zweistufige Verfahren beruht auf **zwei Wahlversammlungen** im Abstand von einer Woche. Auf der ersten Wahlversammlung wird der Wahlvorstand nach dem ebenfalls vereinfachten Verfahren nach § 17a Nr. 3 BetrVG[99] gewählt. Bis zum Abschluss dieser Wahlversammlung können Wahlvorschläge gemacht werden, die, wenn sie auf der Wahlversammlung selbst gemacht werden, keiner Schriftform bedürfen. Die Unterstützung kann dann durch Handaufheben signalisiert werden. Auf der zweiten Wahlversammlung ist dann der Betriebsrat in geheimer und unmittelbarer Wahl nach dem Mehrheitswahlrecht zu wählen.

55 Ist der Wahlvorstand nicht in der Betriebsversammlung zu wählen, sondern nach § 17a Nr. 1 BetrVG vom Betriebsrat, Gesamt- oder Konzernbetriebsrat oder nach Nr. 4 vom Arbeitsgericht zu bestellen, entfällt die erste Wahlversammlung. Wahlvorschläge können dann bis eine Woche vor der Wahl in schriftlicher Form mit den notwendigen Unterstützungsunterschriften eingereicht werden. Hierbei muss jedoch für die Einreichung von **Wahlvorschlägen eine angemessene Frist** zur Verfügung stehen, für die eine Woche als ausreichend angesehen wird, so dass der Wahlvorstand den Tag der Wahlversammlung zwei Wochen vorher bekannt machen muss.[100] Wahlberechtigten Arbeitnehmern, die an der Teilnahme an der (zweiten) Wahlversammlung gehindert sind, ist die Möglichkeit zur Briefwahl zu geben, § 14a Abs. 4 BetrVG.

97 LAG Hamm, Beschl. v. 24.05.2002 – 10 TaBV 63/02 (n.v.).
98 LAG Frankfurt, Beschl. v. 28.01.2002, NZA-RR 2002, 424.
99 Vgl. Rn 13 f.
100 LAG Frankfurt, Beschl. v. 23.01.2003, ArbuR 2003, 158.

In Betrieben mit 51 bis 100 wahlberechtigten Arbeitnehmern können der Wahlvorstand und der Arbeitgeber die Anwendung des vereinfachten Wahlverfahrens vereinbaren. Stimmt eine Seite dem vereinfachten Verfahren nicht zu, bleibt es beim normalen Wahlverfahren. Die Vereinbarung zwischen Arbeitgeber und Wahlvorstand nach § 14a Abs. 5 BetrVG ist nur dann möglich, wenn der Wahlvorstand durch einen Gesamtbetriebsrat, Konzernbetriebsrat oder durch das Arbeitsgericht bestellt wurde.[101] 56

d) Ablauf der Wahl

Der Wahlvorstand hat nach § 18 Abs. 1 und 3 BetrVG die Wahl unverzüglich einzuleiten, sie durchzuführen und das Wahlergebnis festzustellen. Unverzüglich nach Abschluss der Wahl hat der Wahlvorstand die Stimmen öffentlich auszuzählen, das Ergebnis in einer Niederschrift festzustellen und den Arbeitnehmern bekannt zu geben. Arbeitgeber und den im Betrieb vertretenen Gewerkschaften hat der Wahlvorstand eine Abschrift der Wahlniederschrift zu übersenden. 57

Die näheren Einzelheiten des Wahlverfahrens richten sich nach der **Wahlordnung**,[102] die der Bundesminister für Arbeit und Sozialordnung auf der Grundlage von § 126 BetrVG erlassen hat. In groben Zügen hat der Wahlvorstand danach eine Wählerliste aufzusetzen, in der die Arbeitnehmer verzeichnet sind, die das aktive und/oder passive Wahlrecht haben. Die Wahlordnung und die Wählerliste ist an geeigneter Stelle im Betrieb zur Einsichtnahme auszulegen. Die Wahl wird spätestens sechs Wochen vor dem Wahltag mit dem Erlass des Wahlausschreibens eingeleitet. Das Wahlausschreiben muss die Angaben nach § 3 Abs. 2 WO enthalten. Einsprüche gegen die Wählerliste können nur vor Ablauf von zwei Wochen seit Erlass des Wahlausschreibens schriftlich eingelegt werden, § 4 Abs. 1 WO. Arbeitnehmer und Gewerkschaften können dann von ihrem Recht nach § 14 Abs. 3 bis 5 BetrVG zur Unterbreitung von Wahlvorschlägen Gebrauch machen. Nach Durchführung der Wahl, der öffentlichen Auszählung der Stimmen und der Feststellung des Wahlergebnisses sind die Gewählten zu benachrichtigten. Das Amt des Wahlvorstands endet mit der Einberufung der konstituierenden Sitzung nach § 29 Abs. 1 BetrVG. 58

e) Kosten der Betriebsratswahl

Nach § 20 Abs. 3 Satz 1 BetrVG trägt die Kosten der Wahl der Arbeitgeber. Unter diese Vorschrift fallen alle Kosten, die mit der Einleitung und der Durchführung der Betriebsratswahl sowie der gerichtlichen Überprüfung des Wahlergebnisses verbunden sind. Das betrifft auch Kosten eines arbeitsgerichtlichen Beschlussverfahrens zur Klärung von sonst nicht behebbaren **Meinungsverschiedenheiten, die im Laufe des Wahlverfahrens** entstehen. Die Kostentragungspflicht des Arbeitgebers entfällt nicht deswegen, weil die Kosten nicht dem Wahlvorstand, sondern der **Gewerkschaft durch die Beauftragung eines Rechtsanwalts** entstanden sind.[103] Wollen **Wahlbewerber** im Beschlussverfahren die **Durchführung einer Betriebsratswahl** ohne Zulassung ihrer Liste verbieten lassen, kann die **Festsetzung des Gegenstandswertes** der Wertfestsetzungspraxis in Wahlanfechtungsverfahren folgen.[104] Bei einem im Beschlussverfahren ausgetragenen Streit zwischen Wahlvorstand und Arbeitgeber über die **Anzahl der zu wählenden Betriebsratsmitglieder** hat das LAG Schleswig-Holstein den **Streitwert**, da es nur um einen Teilaspekt einer Betriebsratswahl gehe auf den halben Regelwert von 2.000 EUR festgesetzt und diesen Wert, da der Streit im einstweiligen Verfügungsverfahren ausgetragen wurde, noch einmal gedrittelt.[105] Wie unwägbar die Streitwertrechtsprechung in diesem Bereich ist, zeigt eine Entscheidung des LAG Nürnberg, die den Gegenstandswert ebenfalls eines Antrags auf Abbruch einer Betriebsratswahl im einstweiligen 58a

101 LAG Chemnitz, Beschl. v. 01.04.2003 – 5 TaBV 13/02 – u. rkr. Az BAG: 7 ABR 24/03.

102 Erste Verordnung zur Durchführung des BetrVG (Wahlordnung – WO) vom 11.12.2001, BGBl I, 3494.

103 BAG, Beschl. v. 16.04.2003, AP Nr. 21 zu § 20 BetrVG 1972; BAG, Beschl. v. 31.05.2000, AP Nr. 20 zu § 20 BetrVG 1972.

104 LAG Köln, Beschl. v. 10.10.2002, NZA-RR 2003, 493.

105 LAG Schleswig-Holstein, Beschl. v. 05.09.2002 – 2 Ta 93/02 (n.v.).

Verfügungsverfahren auf 25.000 EUR festgesetzt hat. Das Gericht berücksichtigte, dass es sich um einen großen Betrieb mit über 2000 Wahlberechtigten handelte und bei einem Abbruch der Wahl eine nicht unerhebliche betriebsratslose Zeit entstanden wäre.[106]

IV. Zusammensetzung und Größe des Betriebsrats

59 Die **Zahl der Betriebsratsmitglieder** ergibt sich aus § 9 BetrVG. Die Schwellenzahlen der für die jeweilige Betriebsratsgröße erforderlichen Arbeitnehmer ist durch das BetrVerf-Reformgesetz herabgesetzt worden. In Betrieben mit fünf bis 20 Wahlberechtigten besteht der Betriebsrat nach wie vor aus einer Person, in Betrieben mit 21 bis 50 Wahlberechtigten aus drei Mitgliedern. Danach sieht die veränderte Staffel wie folgt aus:

51 bis 100 Arbeitnehmer 5 Mitglieder

101 bis 200 Arbeitnehmer 7 Mitglieder

201 bis 400 Arbeitnehmer 9 Mitglieder

401 bis 700 Arbeitnehmer 11 Mitglieder

701 bis 1000 Arbeitnehmer 13 Mitglieder

1001 bis 1500 Arbeitnehmer 15 Mitglieder.

Für alle weiteren 500 Arbeitnehmer bis 5000 Arbeitnehmer erhöht sich die Zahl der Betriebsratsmitglieder um zwei. Zwischen 5001 und 9000 Arbeitnehmer werden bei je 1000 zusätzlichen Arbeitnehmern zwei weitere Betriebsratsmitglieder gewählt. Ab 9001 erhöht sich die Zahl für je 3000 weitere Mitarbeiter um zwei Mitglieder. Während bis zur Größenordnung von 50 die Anzahl der Wahlberechtigten maßgeblich ist, werden danach alle Arbeitnehmer, also auch die unter 18-jährigen gezählt. **Leiharbeitnehmer**, die nach § 7 Satz 2 BetrVG wahlberechtigt sind, sind bei der Ermittlung der Anzahl der zu wählenden Betriebsratsmitglieder nach §§ 9, 38 BetrVG nicht zu berücksichtigen, weil der Arbeitnehmerbegriff durch die Einbeziehung der Leiharbeitnehmer in das aktive Wahlrecht nicht geändert worden ist.[107]

60 Insbesondere in größeren Betrieben ist die exakte Benennung der Anzahl der regelmäßig beschäftigten Arbeitnehmer zum Zeitpunkt des Erlasses des Wahlausschreibens kaum möglich. In Grenzfällen hat daher der Wahlvorstand nach **pflichtgemäßem Ermessen** zu entscheiden.[108] Dabei hat der Wahlvorstand die künftige, aufgrund konkreter Entscheidungen des Arbeitgebers zu erwartende **Entwicklung des Beschäftigtenstandes** des Betriebes zu berücksichtigen, jedenfalls dann, wenn diese auf eine genau bestimmte Änderung des Betriebszwecks zurückzuführen ist, die zum Zeitpunkt der Durchführung der Wahl schon konkrete Gestalt angenommen hat.[109] **Aushilfsarbeitnehmer** sind in der Zahl zu berücksichtigen, in der sie der Arbeitgeber regelmäßig über einen Zeitraum von sechs Monaten in einer bestimmten Anzahl beschäftigt. Dabei muss es sich nicht stets um dieselben Arbeitnehmer handeln. **Teilzeitbeschäftigte** zählen nach Köpfen, nicht in Höhe ihres Beschäftigungsumfangs.[110] Arbeitnehmer in der **Elternzeit** sind nur dann nicht mitzuzählen, wenn für sie ein Vertreter eingestellt ist, § 21 Abs. 7 BErzGG. Arbeitnehmer in **Altersteilzeit im Blockmodell** sind während der Freistellungsphase für die maßgebliche Belegschaftsstärke nicht mehr

106 LAG Nürnberg, Beschl. v. 27.03.2002, ARST 2002, 237.

107 BAG, Beschl. v. 16.04.2003, AP Nr. 7 zu § 9 BetrVG 1972; LAG Köln, Beschl. v. 20.02.2003 – 6 TaBV 79/02 (n.v.); LAG Hamm, Beschl. v. 18.06.2003 – 10 TaBV 4/03 (n.v.), n.rkr., Az. BAG: 7 ABR 38/03; LAG Hamm, Beschl. v. 15.11.2002, DB 2003, 342; LAG Düsseldorf v. 23.01.2003, LAGReport 2003, 270; a.A. ArbG Darmstadt, Beschl. v. 22.10.2002, ArbuR 2003, 121; ArbG Eberswalde, Beschl. v. 26.06.2002, NZA-RR 2003, 200.

108 BAG, Beschl. v. 12.10.1976, AP Nr. 1 zu § 8 BetrVG 1972; Beschl. v. 25.11.1992, AP Nr. 8 zu § 1 GesamthafenbetriebsG.

109 BAG, Beschl. v. 19.07.1983, BB 1983, 2118; ArbG Kassel, Beschl. v. 30.07.2002, ArbuR 2003, 124.

110 LAG Hamm, Beschl. v. 11.05.1979, DB 1979, 2380; *Fitting u.a.*, § 9 BetrVG Rn 17.

mitzuzählen, weil sie dem Betrieb nicht mehr angehören.[111] Kraftfahrer, die bei **Frachtführern eines Speditionsbetriebes** angestellt sind, werden bei der Ermittlung der Zahl der im Speditionsbetrieb zu wählenden Betriebsratsmitglieder nach § 9 BetrVG nicht berücksichtigt.[112]

Hat ein Betrieb **nicht die ausreichende Zahl** von wählbaren Arbeitnehmern, so ist gem. § 11 BetrVG die Zahl der Betriebsratsmitglieder der **nächstniedrigeren Betriebsgröße** zugrunde zu legen. Diese Vorschrift wird entsprechend auf die Fälle angewandt, dass zwar rechnerisch genügend wählbare Arbeitnehmer zur Verfügung stehen, aber **nicht bereit sind**, ein Betriebsratsamt zu übernehmen.[113] 61

Die Regelungen der Vertretung der Minderheitsgruppen und der hiervon abweichenden Verteilung der Betriebsratssitze in §§ 10 und 12 BetrVG a.F. sind aufgrund der Aufgabe des Gruppenprinzips aufgehoben worden. 62

Nach § 15 Abs. 1 BetrVG soll sich der Betriebsrat möglichst aus Arbeitnehmern der **einzelnen Organisationsbereiche** und der verschiedenen **Beschäftigungsarten** zusammensetzen. Die Vorschrift beabsichtigt eine möglichst weitgehende Spiegelung der Zusammensetzung der Belegschaft des Betriebes im Betriebsrat, um eine gleichmäßige Berücksichtigung der verschiedenen Interessen zu gewährleisten. Nach § 15 Abs. 2 BetrVG muss das **Geschlecht**, das in der Belegschaft in der Minderheit ist, mindestens entsprechend seinem zahlenmäßigen Verhältnis im Betriebsrat vertreten sein, wenn dieser aus mehr als einer Person besteht. Dem Wortlaut nach kommt dieser Vorschrift zwingende Wirkung zu, während § 15 Abs. 2 BetrVG a.F. noch als Sollvorschrift ausgestaltet war. Mit der Wandlung in eine Muss-Vorschrift kann jedoch keine Zwangskandidatur verbunden sein. Entsprechend ist auch keine Sanktion bei einem Verstoß vorgesehen. Die nicht proporzgerechte Besetzung eines Betriebsratssitzes führt weder zur Verkleinerung des Betriebsrats, noch zur Anfechtbarkeit der Wahl.[114] Nach § 15 Abs. 5 Nr. 1 WO 2001 tritt an die Stelle der auf der Vorschlagsliste mit der niedrigsten Höchstzahl benannten Person, die nicht dem Geschlecht der Minderheit angehört, die in derselben Vorschlagsliste in der Reihenfolge nach ihr benannte, nicht berücksichtigte Person des Geschlechts in der Minderheit, wenn sich unter den auf die Vorschlagslisten entfallenden Höchstzahlen nicht die erforderliche Mindestanzahl von Angehörigen des Minderheitengeschlechts nach § 15 Abs. 2 BetrVG findet. Nach einer Entscheidung des ArbG Bonn sind § 15 Abs. 2 BetrVG und § 15 Abs. 5 Nr. 1 WO nicht verfassungswidrig. § 15 Abs. 5 Nr. 1 WO ist dahin gehend auszulegen, dass der Wahlvorstand in einem ersten Schritt die Person mit der niedrigsten Höchstzahl ermitteln soll, die nicht dem Geschlecht der Minderheit angehört, nicht die Vorschlagsliste mit der niedrigsten Höchstzahl.[115] 63

V. Anfechtung einer Betriebsratswahl

Eine Betriebsratswahl kann nach § 19 BetrVG angefochten werden, wenn gegen wesentliche Vorschriften über das Wahlrecht, die Wählbarkeit oder das Wahlverfahren verstoßen worden ist und eine Berichtigung nicht erfolgt ist, es sei denn, dass durch den Verstoß das Wahlergebnis nicht geändert oder beeinflusst werden konnte. Streitigkeiten können nicht erst nach der Wahl im Anfechtungsverfahren, sondern auch bereits während der Durchführung der Wahl im Beschlussverfahren, auch im Wege einer einstweiligen Verfügung, ausgetragen werden.[116] 64

111 BAG, Beschl. v. 16.04.2003, AP Nr. 7 zu § 9 BetrVG 1972; *Medla*, FA 2002, 2 (3); Richardi/*Thüsing*, § 9 BetrVG Rn 8; a.A. *Natzel*, NZA 1998, 1262 (1264), wenn keine Ersatzeinstellung vorgenommen wurde.

112 LAG Hamm, Beschl. v. 18.06.2003 – 10 TaBV 4/03 (n.v.), n.rkr., Az. BAG: 7 ABR 38/03.

113 *Fitting u.a.*, § 11 BetrVG Rn 8.

114 BT-Drucks 14/5741, 53.

115 ArbG Bonn, Beschl. v. 16.10.2002, ArbuR 2003, 76.

116 Vgl. § 15 Rn 24 m.w.N.

1. Nichtigkeit und Anfechtbarkeit

65 Eine mit Mängeln behaftete Betriebsratswahl kann sowohl nichtig, als auch (lediglich) anfechtbar sein. Feststellungen über die Nichtigkeit einer Betriebsratswahl sind als Vorfrage in jedem Verfahren, also auch im kündigungsschutzrechtlichen Urteilsverfahren, zu treffen. Es bedarf nicht zunächst der Durchführung eines besonderen Beschlussverfahrens zur Feststellung der Nichtigkeit der Betriebsratswahl, wenn auch derartige Streitigkeiten sonst im Beschlussverfahren auszutragen sind. Dem steht nicht entgegen, dass die Entscheidung über die Vorfrage der Nichtigkeit für andere Verfahren nicht in Rechtskraft erwächst, so dass diese Frage erneut aufgeworfen und möglicherweise abweichend entschieden werden kann.[117] Die Nichtigkeit einer Wahl kann von jedermann jederzeit geltend gemacht werden. Gesichtspunkte eines Vertrauensschutzes können gegenüber Mängeln einer Betriebsratswahl, die deren Nichtigkeit zur Folge haben, nicht durchgreifen. Die aus einer nichtigen Betriebsratswahl hervorgegangene Arbeitnehmervertretung ist kein Betriebsrat, die gewählten Arbeitnehmer haben also auch nicht die Rechtsstellung von Betriebsratsmitgliedern, ihnen wird mithin auch nicht der besondere Kündigungsschutz des § 103 BetrVG zuteil.[118]

66 Die **Nichtigkeit einer Betriebsratswahl** kann nur in ganz besonderen Ausnahmefällen angenommen werden. Eine Betriebsratswahl ist nur dann nichtig, wenn bei Durchführung des Wahlverfahrens gegen allgemeine Grundsätze jeder ordnungsgemäßen Wahl, also **gegen wesentliche Vorschriften über das Wahlrecht, die Wählbarkeit und gegen die gesetzlichen Wahlvorschriften** so grob **verstoßen wird**, dass von einem Wahlakt i.S.d. Gesetzes nicht mehr gesprochen werden kann.[119] Dabei genügt es nicht, dass nur der »Anschein einer Wahl« besteht, insbesondere bei der Massierung von Wahlverstößen. Von einem »Anschein einer dem Gesetz entsprechenden Wahl« im Sinne der Rechtsprechung kann nicht mehr gesprochen werden, wenn bei Durchführung der Wahl in großer Anzahl gegen wesentliche Wahlvorschriften verstoßen wird. Das gilt auch dann, wenn der einzelne Verstoß für sich betrachtet unter Umständen nur die Anfechtbarkeit der Wahl begründen könnte. Entscheidend ist in einem solchen Fall, ob insgesamt gesehen die Verstöße gegen die Vorschriften des Wahlverfahrens so offensichtlich und schwer wiegend sind, dass das Wahlverfahren nicht mehr als ein nach dem Gesetz durchgeführter Wahlakt angesehen werden kann. Bei mehreren Verstößen gegen das Wahlverfahren ist daher eine Gesamtwürdigung der einzelnen Verstöße vorzunehmen.[120]

67 Als **Verstöße kommen Fallgestaltungen** in Betracht, in denen entgegen § 2 WO keine Wählerliste aufgestellt und gem. § 3 WO kein Wahlausschreiben erlassen wurde, weiterhin, dass zwischen Erlass des Wahlausschreibens und dem ersten Tag der Stimmabgabe nicht ein Zeitraum von sechs Wochen gelegen hat, § 3 Abs. 1 WO. Schließlich ist als schwerer Verstoß zu werten, wenn nicht der Wahlvorstand, sondern ein gewähltes Betriebsratsmitglied die Stimmen ausgezählt hat, § 18 Abs. 3 BetrVG i.V.m. § 21 WO.[121] Treten die genannten Verstöße nicht zusammen, sondern nur einzeln auf, rechtfertigen sie in der Regel lediglich die Anfechtbarkeit der Wahl.[122] Ein offensichtlicher Verstoß liegt auch dann vor, wenn drei Arbeitnehmer eines Betriebes unter Berufung darauf, es sei eine eigenständige betriebsratsfähige Organisation gegeben, eine Betriebsratswahl einleiten, obwohl ein Betriebsrat vorhanden ist, der auch die Arbeitnehmer des streitigen Betriebs vertritt.[123]

Nicht ausreichend für die Nichtigkeit einer Betriebsratswahl ist, wenn nur bei Einzelnen der gewählten Betriebsratsmitglieder die Wählbarkeitsvoraussetzungen des § 8 BetrVG nicht vorgelegen haben.[124] Ein Wahlvorstand ist nur dann fehlerhaft besetzt, wenn nicht ausgeschlossen werden kann, dass dadurch das Wahlergebnis beeinflusst wird.[125]

117 BAG, Urt. v. 27.04.1976, AP Nr. 4 zu § 19 BetrVG 1972.
118 BAG, Urt. v. 27.04.1976, AP Nr. 4 zu § 19 BetrVG 1972.
119 BAG, Beschl. v. 28.11.1977, AP Nr. 6 zu § 19 BetrVG 1972.
120 BAG, Urt. v. 27.04.1976, AP Nr. 4 zu § 19 BetrVG 1972; LAG Berlin v. 08.04.2003, LAGReport 2003, 242.
121 Vgl. BAG, Urt. v. 27.04.1976, AP Nr. 4 zu § 19 BetrVG 1972.
122 Weitere Beispiele zu Nichtigkeitsgründen bei *Fitting u.a.*, § 19 BetrVG Rn 5.
123 ArbG Kiel, Beschl. v. 20.03.2002, AP Nr. 17 zu § 1 BetrVG 1972.
124 BAG, Beschl. v. 28.11.1977, AP Nr. 6 zu § 19 BetrVG 1972.
125 ArbG Frankfurt, Beschl. v. 13.03.2002, AuA 2002, 282.

68 Ist die Betriebsratswahl nicht nichtig, kann sie nur **innerhalb von zwei Wochen** vom Tage der Bekanntgabe des Wahlergebnisses an gerechnet unter den Voraussetzungen des § 19 BetrVG **angefochten** werden. Maßgebend für den Beginn der Frist ist nicht etwa die Erteilung einer Abschrift der Wahlniederschrift an den Arbeitgeber gem. § 18 Abs. 3 Satz 2 BetrVG, sondern der Aushang des endgültigen Wahlergebnisses nach § 18 WO.[126] Nach Ablauf der Frist ist die Wahl unanfechtbar. Der Betriebsrat bleibt mit allen betriebsverfassungsrechtlichen Befugnissen im Amt, auch wenn das Wahlverfahren an wesentlichen Mängeln gelitten hat.[127] Die Anfechtung ist **innerhalb der Zwei-Wochen-Frist zu begründen**. Ist innerhalb der Frist ein erheblicher Anfechtungsgrund nicht vorgetragen, kann ein solcher nicht mehr nachgeschoben werden.[128] Hat allerdings ein Anfechtungsberechtigter die Wahl frist- und ordnungsgemäß angefochten, so muss das Gericht weiteren Anfechtungsgründen, die im Laufe des Verfahrens sichtbar werden, von Amts wegen nachgehen.[129] Geht der Wahlvorstand von einer **zu großen Zahl zu wählender Betriebsratsmitglieder** aus, beruht das Wahlverfahren auf einem wesentlichen Mangel i.S.d. § 19 Abs. 1 BetrVG. Der Fehler kann vom Arbeitsgericht nicht dahin gehend korrigiert werden, dass die auf den letzten Plätzen noch zum Zuge gekommenen Wahlbewerber gestrichen werden.[130] Bei der Feststellung der Zahl der zu wählenden Betriebsratsmitglieder nach § 9 BetrVG hat der Wahlvorstand auch die künftige, aufgrund konkreter Entscheidungen des Arbeitgebers zu erwartende Entwicklung des Beschäftigungsstandes des Betriebs zu berücksichtigen.[131] Die **unzulässige Durchführung der Betriebsratswahl im vereinfachten Wahlverfahren** stellt einen schwerwiegenden und offensichtlichen Verstoß gegen wesentliche Wahlvorschriften dar.[132] Gegen wesentliche Wahlvorschriften ist verstoßen, wenn eine eingereichte **Liste nicht unverzüglich geprüft** und der Listenvertreter nicht unverzüglich unterrichtet worden ist. Die Ausnutzung der Zwei-Tage-Frist des § 7 Abs. 2 Satz 2 WO 2001 ist nicht in jedem Fall unverzüglich.[133]

69 **Anfechtungsgegner** ist der **Betriebsrat**, nicht der Wahlvorstand.[134] Ist die Betriebsratswahl erfolgreich angefochten worden, **wirkt die Anfechtung nur für die Zukunft**.[135] Betriebsverfassungsrechtliche Handlungen des Betriebsrats einschließlich abgeschlossener Betriebsvereinbarungen bleiben gültig. Der besondere Kündigungsschutz der §§ 15 KSchG, 103 BetrVG entfällt erst mit Rechtskraft des der Anfechtung stattgebenden Beschlusses.[136] Eine **Fortführung der Geschäfte des Betriebsrats** bis zur Neuwahl findet allerdings nicht statt. In eine **laufende Betriebsratswahl** kann nach teilweiser Auffassung auch dann **durch einstweilige Verfügung eingegriffen** werden, wenn bloße Anfechtungsgründe geltend gemacht werden. Bei der Interessenabwägung kann maßgeblich ins Gewicht fallen, dass der Arbeitgeber dem bisherigen Betriebsrat zwecks Vermeidung eines betriebsratslosen Zustands ein Übergangsmandat zugesichert hat.[137] Nach a.A. soll der Abbruch einer Betriebsratswahl im Wege der einstweiligen Verfügung nur dann in Betracht kommen, wenn das Wahlverfahren unter einem Mangel leidet, der zur Nichtigkeit der Wahl führen würde.[138] Für letztere Auffassung spricht die Erwägung, dass der Antragsteller bei Zulassung von einstweiligen

126 *Fitting u.a.*, § 19 BetrVG Rn 34.
127 BAG, Beschl. v. 27.06.1995, AP Nr. 7 zu § 4 BetrVG 1972.
128 BAG, Beschl. v. 24.05.1965, AP Nr. 14 zu § 18 BetrVG.
129 BAG, Beschl. v. 03.06.1969, AP Nr. 17 zu § 18 BetrVG.
130 BAG, Beschl. v. 12.10.1976, AP Nr. 5 zu § 19 BetrVG 1972.
131 BAG, Beschl. v. 29.05.1991, AP Nr. 1 zu § 17 BPersVG und Beschl. v. 25.11.1992, AP Nr. 8 zu § 1 GesamthafenbetriebsG.
132 LAG Chemnitz, Beschl. v. 01.04.2003 – 5 TaBV 13/02, n.rkr., Az. BAG: 7 ABR 24/03.
133 LAG Düsseldorf, Beschl. v. 25.03.2003, NZA-RR 2003, 475.
134 BAG, Beschl. v. 14.01.1983, AP Nr. 9 zu § 19 BetrVG 1972.
135 BAG, Beschl. v. 13.03.1991, AP Nr. 20 zu § 19 BetrVG 1972.
136 *Fitting u.a.*, § 19 BetrVG Rn 50.
137 LAG Düsseldorf, Beschl. v. 17.05.2002, LAGE § 14 n.F. BetrVG 2001 Nr. 2.
138 LAG Frankfurt, Beschl. v. 28.01.2002 – 9 TaBVGa 6/02 (n.v.); LAG Frankfurt, Beschl. v. 29.04.1997, BB 1997, 2220; LAG Baden-Württemberg, Beschl. v. 20.05.1998, AiB 1998, 401; LAG München, Beschl. v. 03.08.1988, NZA 1989, 444; LAG Nürnberg, Beschl. v. 13.03.2002, ArbuR 2002, 238; ArbG Würzburg, Beschl. v. 14.05.2002, ArbuR 2002, 358; ArbG Würzburg, Beschl. v. 16.04.2002, AiB 2003, 36.

Verfügungen bei Vorliegen von Fehlern, die lediglich die Anfechtung ermöglichen, im Wege der einstweiligen Verfügung mehr erreichen könnte als mit der gesetzlich vorgesehenen Wahlanfechtung, da eine erfolgreiche Wahlanfechtung nach § 19 BetrVG keine rückwirkende Kraft hat, sondern nur für die Zukunft wirkt. Würde man daher bereits im Fall der voraussichtlichen Anfechtbarkeit der bevorstehenden Wahl einen Abbruch zulassen, so würde das vom BetrVG ersichtlich vorgesehene Zustandekommen eines Betriebsrats von vornherein verhindert.[139]

2. Antragsberechtigung und Rechtsschutzbedürfnis

70 Anfechtungsberechtigt sind der **Arbeitgeber**, eine im Betrieb vertretene **Gewerkschaft** oder mindestens **drei Wahlberechtigte**, die auch selbst zum Betriebsrat gewählt sein können. In der Frage, ob die drei anfechtenden wahlberechtigten Arbeitnehmer über die gesamte **Verfahrensdauer wahlberechtigt sein, also dem Betrieb angehören müssen**, hat sich die Rechtsprechung des BAG gewandelt. Noch mit Beschluss vom 14.02.1978[140] hat das BAG entschieden, dass die Voraussetzung der Antragsberechtigung (mindestens drei wahlberechtigte Arbeitnehmer) als Verfahrensvoraussetzung und als Erfordernis für eine materiell günstige Entscheidung in jedem Stadium des Verfahrens vorliegen muss. Mit Beschluss vom 04.12.1986[141] hat das BAG diese Rechtsprechung ausdrücklich aufgegeben. Ein von drei oder mehreren Arbeitnehmern eingeleitetes Wahlanfechtungsverfahren werde nicht unzulässig, wenn die Arbeitnehmer während der Dauer des Beschlussverfahrens aus dem Arbeitsverhältnis ausscheiden. Allerdings müssen wenigstens drei Arbeitnehmer das Beschlussverfahren weiterbetreiben. Durch den Verzicht auf das Vorliegen des Merkmals der Wahlberechtigung über die gesamte Verfahrensdauer ist es unschädlich, wenn einer der Arbeitnehmer aufgrund der Beendigung des Arbeitsverhältnisses die Berechtigung zur Wahl des Betriebsrats in diesem Betrieb verliert. Mit Beschluss vom 15.02.1989[142] hat das BAG seine Rechtsprechung teilweise wieder eingeschränkt. Wenn alle Wahlanfechtenden während des Beschlussverfahrens aus ihren Arbeitsverhältnissen endgültig ausscheiden, so führe dies zum Wegfall des Rechtsschutzbedürfnisses und damit zur Unzulässigkeit des Wahlanfechtungsverfahrens. Das Rechtsschutzbedürfnis entfällt weiterhin mit Ablauf der Amtszeit des Betriebsrats, dessen Wahl angefochten wird.[143] Die **Nichtigkeit** einer Betriebsratswahl kann dagegen im Beschlussverfahren auch von einem **einzelnen Arbeitnehmer** geltend gemacht werden.[144]

3. Beteiligungsbefugnis

71 Der **Arbeitgeber** ist nach § 83 Abs. 3 ArbGG in einem von drei oder mehreren Arbeitnehmern oder einer Gewerkschaft geführten Wahlanfechtungsverfahren beteiligungsbefugt, denn im Wahlanfechtungsverfahren wird entschieden, ob das zwischen ihm und dem gewählten Betriebsrat bestehende betriebsverfassungsrechtliche Rechtsverhältnis aufgelöst wird oder nicht.[145] Nach Konstituierung des Betriebsrats ist der Wahlvorstand auch dann nicht Beteiligter in einem die Wahlanfechtung betreffenden Beschlussverfahren, wenn sich die Anfechtung auf Mängel seiner Bestellung oder seines Verfahrens bezieht.[146] Die im Betrieb vertretenen Gewerkschaften sind nicht von Amts wegen an dem Verfahren zu beteiligen.[147]

139 ArbG Würzburg, Beschl. v. 14.05.2002, ArbuR 2002, 358.
140 AP Nr. 7 zu § 19 BetrVG 1972 (1. Senat).
141 AP Nr. 13 zu § 19 BetrVG 1972 (6. Senat).
142 AP Nr. 17 zu § 19 BetrVG 1972 (7. Senat).
143 BAG, Beschl. v. 13.03.1991, AP Nr. 20 zu § 19 BetrVG 1972.
144 LAG Berlin, Beschl. v. 08.04.2003, LAGReport 2003, 242.
145 BAG, Beschl. v. 12.02.1985, AP Nr. 27 zu § 76 BetrVG 1972; Beschl. v. 04.12.1986, AP Nr. 13 zu § 19 BetrVG 1972.
146 BAG, Beschl. v. 14.01.1983, AP Nr. 9 zu § 19 BetrVG 1972.
147 BAG, Beschl. v. 19.09.1985, AP Nr. 12 zu § 19 BetrVG 1972; Beschl. v. 04.12.1986, AP Nr. 13 zu § 19 BetrVG 1972.

B. Geschäftsführung und Kosten des Betriebsrats

I. Organisation der Betriebsratsarbeit

1. Betriebsratsvorsitzender und Stellvertreter

72 Gem. § 26 Abs. 1 BetrVG wählt der Betriebsrat aus seiner Mitte den Vorsitzenden und dessen Stellvertreter. Die Wahl findet in der konstituierenden Sitzung des Betriebsrats statt, die der Wahlvorstand einberuft. Der Vorsitzende des Wahlvorstands leitet die Sitzung, bis der Betriebsrat aus seiner Mitte einen Wahlleiter bestellt hat, § 29 Abs. 1 BetrVG. Solange der Vorsitzende noch nicht gewählt ist, ist der Betriebsrat noch nicht konstituiert und nicht funktionsfähig.[148] Die Wahl bedarf **keiner besonderen Form**, der Betriebsrat kann jedoch beispielsweise die geheime Wahl beschließen. Wenn ein Mitglied eine geheime Abstimmung wünscht, sollte der Betriebsrat diesem Wunsch Folge leisten. Ob hierzu eine Verpflichtung des Betriebsrats besteht, ist umstritten.[149] Gewählt ist, wer die meisten Stimmen auf sich vereinigt. Vorsitzender und Stellvertreter werden in zwei getrennten Wahlgängen gewählt, erforderlich ist die Beschlussfähigkeit des Betriebsrats nach § 33 Abs. 2 BetrVG. Bei Stimmengleichheit (durch Enthaltungen und mehr als zwei Kandidaten möglich) entscheidet nach einer Stichwahl das Los. Die Wahl ist erst beendet, wenn der Vorsitzende und der Stellvertreter das Amt auch annehmen.

73 Die Wahl gilt grundsätzlich für die **gesamte Amtsperiode** des Betriebsrats. Der Betriebsrat kann den Vorsitzenden und den Stellvertreter jedoch durch Mehrheitsbeschluss abberufen, ohne dass hierfür besondere Gründe gegeben sein müssten.[150] Der Vorsitzende und sein Stellvertreter können ihr Amt auch jederzeit niederlegen. Die Wahl ist auf ihre Rechtmäßigkeit hin gerichtlich überprüfbar. Auf die **Anfechtung** der Wahl ist § 19 BetrVG entsprechend anwendbar, die Anfechtung kann also nur innerhalb von zwei Wochen erfolgen und ist binnen derselben Frist zu begründen. **Anfechtungsberechtigt** ist abweichend von § 19 BetrVG **jedes Betriebsratsmitglied und jede im Betrieb vertretene Gewerkschaft**, nicht aber der Arbeitgeber und einzelne Arbeitnehmer, weil ihnen keine Kontrollbefugnis hinsichtlich der internen Willensbildung des Betriebsrats zusteht.[151] In Betracht kommt weiterhin eine Nichtigkeit der Wahl, die aber nur dann anzunehmen ist, wenn so schwerwiegende und offensichtliche Verstöße vorliegen, dass nicht einmal der Anschein einer dem Gesetz entsprechenden Wahl vorliegt, etwa wenn der Vorsitzende sein Amt ausübt, ohne dass überhaupt eine Wahl stattgefunden hat oder der Gewählte dem Betriebsrat nicht angehört. Die Nichtigkeit der Wahl kann von jedermann jederzeit geltend gemacht werden.[152]

74 Der Vorsitzende des Betriebsrats vertritt den Betriebsrat im Rahmen der Beschlüsse und ist zur Entgegennahme von Erklärungen für den Betriebsrat berechtigt, § 26 Abs. 2 BetrVG. Ihm obliegen weiterhin folgende **Aufgaben**:

- Führung der laufenden Geschäfte, wenn der Betriebsrat weniger als neun Mitglieder hat und der Betriebsrat ihm diese Aufgabe übertragen hat, § 27 Abs. 3 BetrVG.
- Einberufung und Leitung der Betriebsratssitzungen, Ladung der Mitglieder des Betriebsrats, des Vertreters der Jugend- und Auszubildendenvertretung und der Schwerbehindertenvertretung unter Mitteilung der Tagesordnung, § 29 Abs. 2 und 3 BetrVG.
- Unterzeichnung der Sitzungsniederschrift über die Betriebsratssitzung, § 34 Abs. 1 Satz 2 BetrVG.
- Leitung der Betriebsversammlung, § 42 Abs. 1 Satz 1 BetrVG.

148 BAG, Beschl. v. 23.08.1984, AP Nr. 36 zu § 102 BetrVG 1972.
149 Für Verpflichtung Däubler/Kittner/Klebe/*Wedde*, § 26 BetrVG Rn 7; Richardi/*Thüsing*, § 26 BetrVG Rn 6; *Fitting u.a.*, § 26 BetrVG Rn 9; a.A. ArbG Bielefeld, AiB 1999, 341; GK-BetrVG/*Wiese*, § 26 Rn 10.
150 BAG, Urt. v. 26.01.1962, AP Nr. 8 zu § 626 BGB Druckkündigung; Richardi/*Thüsing*, § 26 BetrVG Rn 29; *Fitting u.a.*, § 26 BetrVG Rn 20.
151 BAG, Beschl. v. 12.10.1976, 13.11.1991, 15.01.1992, 08.04.1992, AP Nr. 2, 9, 10, 11 zu § 26 BetrVG 1972.
152 BAG, Beschl. v. 13.11.1991, 15.01.1992, AP Nr. 9, 10 zu § 26 BetrVG 1972.

- Mitgliedschaft im Betriebsausschuss kraft Amtes, § 27 Abs. 1 Satz 2 BetrVG.
- Teilnahme an den Sitzungen und Sprechstunden der Jugend- und Auszubildendenvertretung, §§ 65 Abs. 2 Satz 2, 69 Satz 4 BetrVG.

75 Der Betriebsratsvorsitzende vertritt den Betriebsrat nur in der Abgabe der Erklärung, nicht aber bei der Willensbildung. Diese muss im Betriebsrat durch Beschlussfassung erfolgen, in dessen Rahmen der Vorsitzende handelt. Der Vorsitzende ist **nicht Vertreter im Willen, sondern Vertreter in der Erklärung.**[153] Dabei muss der Betriebsrat nicht alle Einzelheiten festlegen, es genügt vielmehr, dass der Betriebsrat seinem Vorsitzenden eine Linie vorgibt, die der Vorsitzende ausfüllen kann. Nimmt daher der Vorsitzende als Beisitzer einer Einigungsstelle teil, kann er eine **Betriebsvereinbarung unterzeichnen**, ohne den Wortlaut vorher nochmals im Betriebsrat zur Abstimmung zu stellen.[154] Bei Abgabe der Erklärung braucht der Vorsitzende den Beschluss des Gremiums nicht vorzulegen, etwa dem Arbeitgeber nachzuweisen. Eine Einsicht kann der Arbeitgeber nur verlangen, wenn aufgrund konkreter Tatsachen Zweifel an der Beschlussfassung des Betriebsrats bestehen.[155] Eine Erklärung des Vorsitzenden ohne Betriebsratsbeschluss ist unwirksam, aber einer **Genehmigung** durch den Betriebsrat zugänglich.[156] In begrenztem Umfang wird ein **Vertrauensschutz des Arbeitgebers** auf die Erklärung des Vorsitzenden anzunehmen sein.[157] Der Betriebsratsvorsitzende vertritt den Betriebsrat auch bei der schriftlichen Mitteilung an den Arbeitgeber über die Verweigerung der Zustimmung des Betriebsrats zu personellen Einzelmaßnahmen nach § 99 BetrVG, die den Betriebsratsvorsitzenden selbst betreffen, auch wenn er von der Beratung und Beschlussfassung selbst ausgeschlossen ist.[158]

76 Der Vorsitzende ist zuständig für die **Entgegennahme von Erklärungen**, die im Zeitpunkt der Abgabe ihm gegenüber zugegangen sind. Für den Zugang ist also die Kenntnisnahme durch den Vorsitzenden oder den Betriebsrat als Gremium erforderlich, andere Betriebsratsmitglieder können lediglich als Bote fungieren. Etwas anderes gilt nur dann, wenn weder der Vorsitzende, noch sein Stellvertreter erreichbar sind und der Betriebsrat für diesen Fall keine Vorkehrung getroffen hat.[159] Erfolgt die Kommunikation zwischen Betriebsrat und Arbeitgeber entgegen der gesetzlichen Regelung regelmäßig nicht über den Vorsitzenden, sondern über ein einfaches Mitglied des Betriebsrats, kann das im Einzelfall den Schluss zulassen, das Betriebsratsmitglied handele in **Duldungsvollmacht** für den Vorsitzenden.[160]

77 Der Stellvertreter ist **Verhinderungsvertreter** für den Vorsitzenden, er nimmt nicht neben dem Vorsitzenden die gleichen Rechte wahr.

2. Ausschüsse, Arbeitsgruppen und Arbeitsgemeinschaften

a) Betriebsausschuss

78 Betriebsräte mit neun und mehr Mitgliedern müssen gem. § 27 Abs. 1 BetrVG einen Betriebsausschuss bestellen, der die **laufenden Geschäfte des Betriebsrats** führt, § 27 Abs. 2 BetrVG. Der Betriebsausschuss besteht aus **geborenen Mitgliedern**, nämlich dem Vorsitzenden und dessen Stellvertretern und mindestens drei weiteren Ausschussmitgliedern, die allesamt dem Betriebsrat

153 BAG, Beschl. v. 17.02.1981, AP Nr. 11 zu § 112 BetrVG 1972.
154 BAG, Urt. v. 24.02.2000, EzA § 1 KSchG Interessenausgleich Nr. 7.
155 Vgl. BAG, Beschl. v. 23.08.1984, AP Nr. 17 zu § 103 BetrVG 1972; Beschl. v. 17.02.1981, AP Nr. 11 zu § 112 BetrVG 1972.
156 BAG, Beschl. v. 10.11.1992, AP Nr. 58 zu § 87 BetrVG 1972 Lohngestaltung; LAG Köln, Urt. v. 05.10.1988, LAGE § 26 BetrVG 1972 Nr. 1.
157 BAG, Beschl. v. 23.08.1984, AP Nr. 17 zu § 103 BetrVG 1972; a.A. *Fitting u.a.*, § 26 BetrVG Rn 26; differenzierend Richardi/*Thüsing*, § 26 BetrVG Rn 46, 49 ff.
158 BAG, Beschl. v. 19.03.2003, NZA 2003, 116.
159 BAG, Urt. v. 27.06.1985, AP Nr. 37 zu § 102 BetrVG 1972.
160 LAG Rostock, Urt. v. 20.05.2003 – 5 Sa 452/02 (n.v.).

angehören müssen. Hat der Betriebsrat zwischen 17 und 23 Mitglieder, sind fünf weitere Ausschussmitglieder zu wählen, bei 25 bis 35 Mitgliedern sieben und bei mehr als 37 Mitgliedern neun. Aufgrund der Absenkung der Schwellenwerte in § 9 BetrVG ist der Betriebsausschuss nunmehr bereits in Betrieben mit mehr als 200 Arbeitnehmern zu bilden.

Die **weiteren Ausschussmitglieder** werden vom Betriebsrat aus seiner Mitte in geheimer Wahl nach den Grundsätzen der **Verhältniswahl** gewählt. Es sind also wie bei der Betriebsratswahl Wahlvorschläge auf Listen abzugeben, die Sitzverteilung erfolgt dann nach dem d'Hondtschen Verfahren der Höchstzahlen. Letzteres ist allerdings im Gegensatz zur Betriebsratswahl nicht vorgeschrieben, aber zweckmäßig. Lediglich wenn nur ein Wahlvorschlag gemacht wird, wird nach der Mehrheitswahl gewählt. Sind die weiteren Ausschussmitglieder nach den Grundsätzen der Verhältniswahl gewählt, bedarf es zu ihrer **Abberufung** einer qualifizierten Mehrheit des Betriebsrats in Höhe von 3/4 seiner Mitglieder. Zudem muss die Abstimmung über die Abberufung geheim erfolgen, § 27 Abs. 1 Satz 5 BetrVG. Bei Abberufung und anschließender Neuwahl des gesamten Gremiums bedarf es dieser qualifizierten Mehrheit nicht.[161] Ist die Wahl nach den Grundsätzen der Mehrheitswahl erfolgt, genügt die einfache Mehrheit der abgegebenen Stimmen des beschlussfähigen Betriebsrats bei offener Abstimmung.[162] 79

Der Betriebsausschuss führt kraft Gesetzes die laufenden Geschäfte des Betriebsrats, tritt insofern an dessen Stelle. Auf die Geschäftsführung des Betriebsausschusses sind die Vorschriften für den Betriebsrat beispielsweise über die Teilnahme an Sitzungen, Beschlussfassung, Sitzungsniederschrift entsprechend anwendbar. Strittig ist, ob auch die **Ausübung der materiellen Mitwirkungs- und Mitbestimmungsrechte** des Betriebsrats unter die laufende Geschäftsführung zu subsumieren ist, wenn es sich um routinemäßige Erledigung von Einzelfällen handelt.[163] Darüber hinaus kann der Betriebsrat dem Betriebsausschuss mit der Mehrheit der Stimmen seiner Mitglieder Aufgaben zur selbständigen Erledigung übertragen, nicht aber den Abschluss von Betriebsvereinbarungen, dieser bleibt allein dem Betriebsrat vorbehalten, § 27 Abs. 2 Satz 2 BetrVG. Die Übertragung bedarf der Schriftform, für den Entzug der Aufgaben sind dieselben Formalien einzuhalten. 80

b) Weitere Ausschüsse

Der Betriebsrat kann weitere Ausschüsse für die Erledigung bestimmter Aufgaben bilden. Anders als nach bisherigem Recht hängt die Bildung weiterer Ausschüsse nicht mehr von dem Bestehen eines Betriebsausschusses und damit der notwendigen Mindestanzahl von neun Betriebsratsmitgliedern ab. Ausschüsse nach § 28 BetrVG können vielmehr bereits dann gegründet werden, wenn der **Betrieb mehr als 100 Arbeitnehmer** hat. Wahl und Abberufung der Ausschussmitglieder folgen denselben Regeln, wie die Wahl und Abberufung der weiteren Mitglieder des Betriebsausschusses, § 28 Abs. 1 Satz 2 BetrVG. Ihre Größe ist gesetzlich nicht vorgeschrieben und vom Betriebsrat nach **Zweckmäßigkeitserwägungen** festzulegen. Es besteht auch kein Minderheitenschutz in der Hinsicht, dass eine Liste, die bei der Betriebsratswahl erfolgreich war, auch bei der Besetzung des Ausschusses Berücksichtigung finden muss.[164] 81

Die Frage, ob ein Betriebsausschuss gebildet ist, ist im Rahmen des § 28 Abs. 1 BetrVG aber noch für die **Reichweite der Kompetenzen** der Ausschüsse maßgeblich. Nach § 28 Abs. 1 Satz 3 BetrVG kann der Betriebsrat Aufgaben zur selbständigen Erledigung mit Ausnahme des Abschlusses von Betriebsvereinbarungen nur dann übertragen, wenn ein Betriebsausschuss gebildet ist, also in Betrieben mit mehr als 200 Arbeitnehmern. In Betrieben zwischen 101 und 200 Arbeitnehmern können den Ausschüssen nur Vorbereitungsaufgaben übertragen werden. Leitbild des Ausschusses 82

161 BAG, Beschl. v. 29.04.1992, NZA 1993, 329.

162 *Fitting u.a.*, § 27 BetrVG Rn 48.

163 Für die Zuständigkeit des Betriebsausschusses: Richardi/*Thüsing*, § 27 BetrVG Rn 53; MünchArbR/*Joost*, § 306 Rn 45; a.A. *Fitting u.a.*, § 27 BetrVG Rn 67; GK-BetrVG/*Wiese*, § 27 Rn 72 f.; Däubler/Kittner/Klebe/*Wedde*, § 27 BetrVG Rn 33.

164 BAG, Beschl. v. 20.10.1993, AP Nr. 5 zu § 28 BetrVG 1972.

sind sog. **Fachausschüsse**, die für fachspezifische Themen zuständig sind und diese für die Beschlussfassung im Betriebsrat entsprechend vorbereiten.

83 Werden **Ausschüsse zwischen Betriebsrat und Arbeitgeber** gebildet, um bestimmte Sachthemen abzuarbeiten, handelt es sich hierbei nicht um Ausschüsse des Betriebsrats. § 28 Abs. 2 BetrVG eröffnet dem Betriebsrat die Möglichkeit, seinen Mitgliedern in diesen gemeinsamen Ausschüssen, die im Übrigen gesetzlich nicht definiert und von keinen weiteren Voraussetzungen abhängig sind,[165] ein selbständiges Entscheidungsrecht zuzubilligen, wiederum unter Ausschluss der Kompetenz, Betriebsvereinbarungen abzuschließen.[166] Allerdings ist auch nach der Neufassung des Gesetzes davon auszugehen, dass das **selbständige Entscheidungsrecht** nur dann übertragen werden kann, **wenn auch ein Betriebsausschuss** gebildet ist. Denn es ergibt keinen Sinn, diese zusätzliche Voraussetzung für die Übertragung von Entscheidungskompetenzen auf Ausschüsse des Betriebsrats zu fordern, bei den Mitgliedern in einem gemeinsamen Ausschuss aber geringere Anforderungen zu stellen.

c) Arbeitsgruppen

84 § 28a BetrVG eröffnet die Möglichkeit, in Betrieben mit **mehr als 100 Arbeitnehmern** Aufgaben des Betriebsrats auf Arbeitsgruppen zu übertragen. Gemeint ist hier nicht etwa eine weitere interne Untergliederung des Betriebsrats, sondern bestehende Arbeitsgruppen im Betrieb. Die Arbeitnehmer werden also selbst unmittelbar wieder in die Verantwortung genommen, einzelne kollektive Aufgaben selbst mit dem Arbeitgeber zu regeln. Es handelt sich also um eine Gruppe betroffener und durch die Arbeitsaufgabe verbundene Arbeitnehmer, die dem Arbeitgeber kollektiv in Mitbestimmungsfragen gegenübertreten.

85 Die Übertragung kommt nach der Gesetzesbegründung insbesondere bei Gruppenarbeit in Betracht, die selbst nach § 87 Abs. 1 Nr. 13 BetrVG mitbestimmungspflichtig ist. Sie ist aber auch bei sonstiger Team- oder Projektarbeit sowie für bestimmte Beschäftigungsarten und sonstige Arbeitsbereiche denkbar.[167] Eine Arbeitsgruppe kann also jede organisatorisch oder sonst abgrenzbare Mehrheit von Arbeitnehmern bilden.[168]

86 Grundlage der **Delegation von Mitbestimmungsrechten auf die Arbeitsgruppe** ist eine zwischen Betriebsrat und Arbeitgeber abzuschließende **Rahmenvereinbarung**. Der Abschluss der Rahmenvereinbarung ist nicht erzwingbar, beide Betriebspartner müssen also über die Delegation Einigkeit erzielen. In der Rahmenvereinbarung ist insbesondere festzulegen, welchen Arbeitsgruppen in welchem Umfang Aufgaben übertragen werden sollen. Voraussetzung ist, dass die Aufgaben in einem **inneren Zusammenhang mit den von der Arbeitsgruppe zu erledigenden Tätigkeiten** stehen. Das ist beispielsweise bei Übertragung von Regelungsbefugnissen im Zusammenhang mit Arbeitszeitfragen, Pausenregelungen, Urlaubsplanung, Arbeitsgestaltung und ähnlichen tätigkeits- oder aufgabenbezogenen Sachverhalten der Fall, nicht aber bei einer Betriebsänderung hinsichtlich der Beteiligungsrechte nach §§ 111 ff. BetrVG.

87 Eine Rahmenvereinbarung könnte folgenden Inhalt haben:

> *Präambel:*
>
> Zur Stärkung der unmittelbaren Beteiligung der Arbeitnehmer in der Arbeitsgruppe Z und zur Verbesserung der sachgerechten Interessenwahrnehmung schließen die Parteien folgende Rahmenvereinbarung nach § 28a BetrVG.

165 BAG, Beschl. v. 20.10.1993, AP Nr. 5 zu § 28 BetrVG 1972.
166 BAG, Beschl. v. 12.07.1984, AP Nr. 32 zu § 102 BetrVG 1972.
167 BT-Drucks 14/5741, 40.
168 *Natzel*, DB 2001, 1362.

Geltungsbereich
Der Arbeitsgruppe Z gehören derzeit folgende Arbeitnehmer an:

Organisation
Die Arbeitsgruppe wählt mit den Stimmen der Mehrheit ihrer Mitglieder einen Sprecher und einen Stellvertreter, die die Arbeitsgruppe im Rahmen ihrer gefassten Beschlüsse vertreten und zur Entgegennahme von Erklärungen befugt sind.

Übertragung von Aufgaben
1. Die Übertragung von Aufgaben an die Arbeitsgruppe bedarf der Mehrheit der Stimmen der Mitglieder des Betriebsrats in einem schriftlich gefassten Beschluss.
2. Durch einen nach Nr. 1 gefassten Beschluss können der Arbeitsgruppe Z folgende Gegenstände zur selbständigen Regelung mit dem Arbeitgeber übertragen werden:
   - Fragen der Ordnung innerhalb der Arbeitsgruppe und des Verhaltens der Arbeitnehmer der Arbeitsgruppe;
   - Beginn und Ende der täglichen Arbeitszeit einschließlich der Pausen sowie Verteilung der Arbeitszeit auf die einzelnen Wochentage;
   - Vereinbarung von Überstunden;
   - Aufstellung des Urlaubsplans sowie die Festsetzung der zeitlichen Lage des Urlaubs einzelner Arbeitnehmer der Arbeitsgruppe, wenn zwischen Arbeitgeber und dem beteiligten Arbeitnehmer kein Einverständnis erzielt wird;
   -

Widerruf übertragener Aufgaben
Die Übertragung von Aufgaben kann ganz oder teilweise unter Berücksichtigung der Regelung des § 75 Abs. 2 Satz 2 BetrVG vom Betriebsrat widerrufen werden. Der Widerruf erfolgt durch Beschluss der Mehrheit der Mitglieder des Betriebsrats und wird sowohl dem Sprecher der Arbeitsgruppe, als auch dem Arbeitgeber unverzüglich mitgeteilt.

Abschluss von Gruppenvereinbarungen
Die Arbeitsgruppe Z kann mit dem Arbeitgeber im Rahmen der ihr übertragenen Aufgaben unter Beachtung der Grundsätze des § 77 BetrVG Gruppenvereinbarungen abschließen. Kommt zwischen Arbeitsgruppe und Arbeitgeber keine Regelung zustande, übt der Betriebsrat das Beteiligungsrecht aus. Hierzu wird vor Anrufung der Einigungsstelle der Versuch einer gütlichen Einigung zwischen Betriebsrat und Arbeitgeber erfolgen.

Schlussbestimmungen
Diese Rahmenbetriebsvereinbarung tritt mit Unterzeichnung in Kraft und kann von beiden Seiten mit einer Frist von 3 Monaten gekündigt werden. Eine Nachwirkung findet nicht statt.

In der Rahmenvereinbarung liegt noch nicht die Übertragung der Aufgaben selbst.[169] Diese erfolgt **88** durch die Mehrheit der Mitglieder des Betriebsrats nach Maßgabe der zuvor abgeschlossenen Rahmenvereinbarung. Es bedarf also gleichsam eines **Umsetzungsaktes** durch den Betriebsrat. Die Übertragung bedarf ihrerseits der Schriftform, § 28a Abs. 1 Satz 3 BetrVG, nicht aber die Rahmenvereinbarung selbst, die auch mündlich geschlossen werden kann. Aufgrund der Tragweite der Rahmenvereinbarung ist jedoch bereits aufgrund der Dokumentationsfunktion auch für die Rahmenvereinbarung die Wahrung der Schriftform dringend zu empfehlen. Die **Rahmenvereinbarung** kann von beiden Parteien **gekündigt** werden. Die **Aufgabenübertragung** kann durch den Betriebsrat durch die Mehrheit seiner Mitglieder schriftlich **widerrufen** werden. Bei seiner Entscheidung wird der Betriebsrat jedoch die Verpflichtung zur Förderung der Selbständigkeit und Eigeninitiative von Arbeitnehmern und Arbeitnehmergruppen gegen seine Widerrufsgründe abzuwägen haben.[170] Übt

169 *Richardi*, NZA 2001, 346 (351).
170 *Natzel*, DB 2001, 1362 (1363).

der Betriebsrat sein Widerrufsrecht aus, fallen die übertragenen Rechte an ihn zurück mit der Folge, dass er die Beteiligungsrechte selbst wahrzunehmen hat und auch von der Arbeitsgruppe abgeschlossene Betriebsvereinbarungen kündigen kann.[171]

89 Die Arbeitsgruppe kann durch die Mehrheit ihrer Mitglieder mit dem Arbeitgeber Vereinbarungen schließen, auf die § 77 BetrVG Anwendung findet, § 28a Abs. 2 Satz 1 und 2 BetrVG. Durch die Bezugnahme auf § 77 BetrVG wird klargestellt, dass diese **Gruppenvereinbarungen den Charakter von Betriebsvereinbarungen** haben, also insbesondere unmittelbare und zwingende Wirkung entfalten. Die Gruppenvereinbarung geht einer zum gleichen Sachverhalt gütigen generellen Betriebsvereinbarung als **speziellere Regelung** vor.[172]

90 Werden sich die Arbeitsgruppe und der Arbeitgeber inhaltlich nicht einig, können sie weder in Übereinstimmung in freiwilligen Angelegenheiten, noch in zwingenden Mitbestimmungsangelegenheiten die **Einigungsstelle** anrufen. Eine streitige Weiterverfolgung der Beteiligungsrechte durch die Eskalationsstufen des BetrVG soll allein dem Betriebsrat vorbehalten bleiben, das Beteiligungsrecht fällt zurück an den Betriebsrat, § 28 Abs. 2 Satz 3 BetrVG. Diese Regelung erscheint sinnvoll, da den einzelnen Arbeitnehmern der Gruppe nicht zuzumuten ist, mit dem Arbeitgeber in die streitige Auseinandersetzung zur Durchsetzung von Interessen zu treten, zumal ihnen als Pendant der **besondere Kündigungsschutz nach § 15 KSchG nicht zukommt**. Denn das Arbeitsgruppenmitglied wird durch die Wahrnehmung der übertragenen Beteiligungsrechte nicht selbst Betriebsratsmitglied. Die Vorschriften über die Rechtsstellung von Betriebsratsmitgliedern sind auf sie nicht übertragbar. Dementsprechend haben die Angehörigen der Arbeitsgruppe auch **keinen Anspruch auf Schulung** i.S.v. § 37 Abs. 6 BetrVG.[173]

d) Arbeitsgemeinschaften

91 Die Arbeitsgemeinschaften haben bereits im Rahmen von Rn 24 Berücksichtigung gefunden. Die Arbeitsgemeinschaften können gem. § 3 Abs. 1 Nr. 4 BetrVG durch Tarifvertrag, subsidiär durch Betriebsvereinbarung zur Unterstützung der unternehmensübergreifenden Zusammenarbeit der Arbeitnehmervertretungen eingerichtet werden. Es handelt sich nicht um selbständige Mitbestimmungsorgane, sondern lediglich um zusätzliche interne Gremien.

3. Betriebsratssitzungen und Sprechstunden

a) Betriebsratssitzungen

92 Nach der konstituierenden Sitzung des Betriebsrats lädt der Vorsitzende zu den künftigen Betriebsratssitzungen ein. Der Vorsitzende hat der Ladung zur Betriebsratssitzung die Tagesordnung beizufügen, § 29 Abs. 2 BetrVG. Der Vorsitzende hat dabei alle Mitglieder des Betriebsrats einzuladen und die sonst Teilnahmeberechtigten, § 29 Abs. 2 Satz 4 BetrVG. **Teilnahmeberechtigt** ist in jedem Fall die Schwerbehindertenvertretung, § 32 BetrVG, und ein Vertreter der Jugend- und Auszubildendenvertretung, § 67 Abs. 1 Satz 1 BetrVG. Wird eine Angelegenheit behandelt, die besonders einen Jugendlichen oder Auszubildenden betrifft, hat zu diesem Tagesordnungspunkt die gesamte Jugend- und Auszubildendenvertretung ein Teilnahmerecht, § 67 Abs. 1 Satz 2 BetrVG. Auf Antrag eines Viertels der Mitglieder des Betriebsrats kann auch ein Beauftragter einer im Betrieb vertretenen Gewerkschaft an der Sitzung teilnehmen, § 31 BetrVG. § 31 BetrVG ist auf Ausschüsse entsprechend anzuwenden.[174] Der **Arbeitgeber** nimmt an Sitzungen, die auf sein Verlangen hin anberaumt sind und zu denen er ausdrücklich eingeladen wurde, teil, § 29 Abs. 4 BetrVG. Ist einer der Teilnehmer verhindert, hat der Vorsitzende für die Ladung eines Ersatzmitglieds Sorge zu tragen, § 29 Abs. 2 Satz 6 BetrVG. Eine **Verhinderung** liegt auch dann vor, wenn ein Betriebsratsmitglied

171 *Engels/Trebinger*, DB 2001, 537.
172 *Natzel*, DB 2001, 1362 (1363); *Neef*, NZA 2001, 363.
173 *Natzel*, DB 2001, 1362.
174 BAG, Beschl. v. 25.06.1987, NZA 1988, 167.

von einem Tagesordnungspunkt selbst betroffen und deshalb befangen ist. Auch für diesen Fall muss ein Ersatzmitglied geladen werden, da ansonsten eine entsprechende Beschlussfassung des Betriebsrats beispielsweise zu einer Kündigung oder Versetzung unwirksam ist, auch wenn das Betriebsratsmitglied selbst nicht mitstimmt.[175]

Der **Zeitpunkt** einer Betriebsratssitzung hängt von dem Bedarf ab. Sinnvoll ist ein regelmäßiger Turnus von beispielsweise zwei Wochen, den der Betriebsrat beschließen kann, andernfalls muss der Betriebsratsvorsitzende nach freiem Ermessen entscheiden. Eine **Verpflichtung zur Einberufung einer Sitzung** besteht für den Vorsitzenden, wenn dies ein Viertel der Mitglieder des Betriebsrats oder der Arbeitgeber beantragt, § 29 Abs. 3 BetrVG. Mit demselben Quorum können Betriebsratsmitglieder oder der Arbeitgeber die **Aufnahme eines Tagesordnungspunktes** verlangen. Folgt der Vorsitzende einem entsprechenden Antrag, der keiner Form bedarf, nicht, handelt er pflichtwidrig. In diesem Falle kann gem. § 23 BetrVG sein Ausschluss aus dem Betriebsrat verlangt werden, wenn die Bewertung des Einzelfalls einen groben Verstoß ergibt. Ein Recht, den Betriebsrat selbst einzuberufen, besteht nicht.[176] Führt eine Regelung einer Fluggesellschaft, dass bei Dienstreisen nur Flüge der eigenen Linie benutzt werden dürfen und zahlende Kunden absoluten Vorrang genießen dazu, dass Mitglieder der Personalvertretung häufig zu spät zu den Gremiensitzungen erscheinen, kommt eine Ausnahmeregelung zugunsten der Personalvertretungsmitglieder allenfalls dann in Betracht, wenn die Personalvertretung das Problem nicht durch eine **zumutbare Anpassung ihrer Terminierungspraxis** beheben kann.[177] 93

Die Sitzungen des Betriebsrats finden in der Regel **während der Arbeitszeit** statt, wobei auf die betrieblichen Notwendigkeiten Rücksicht zu nehmen ist. Der Arbeitgeber ist vom Zeitpunkt der Sitzung zu unterrichten, § 30 BetrVG. **Betriebliche Notwendigkeiten** sind mehr als betriebliche Interessen oder Bedürfnisse. Es muss sich um dringende betriebliche Gründe handeln. Entsteht hierüber Streit, bleibt dem Arbeitgeber nur, eine einstweilige Verfügung beim Arbeitsgericht zu beantragen, bei groben Verstößen gegen herausragende betriebliche Gründe kann § 23 BetrVG eingreifen. Eine eigenmächtige **Kürzung des Arbeitsentgelts** kommt dagegen nicht in Betracht.[178] Die Sitzung findet unter **Ausschluss der Öffentlichkeit** statt. 94

b) Sprechstunden

Zur Verbesserung der Kommunikation zwischen Arbeitnehmern und Betriebsrat kann der Betriebsrat Sprechstunden einrichten, § 39 Abs. 1 Satz 1 BetrVG. Ob der Betriebsrat Sprechstunden einrichten will, entscheidet er nach **freiem Ermessen**. Die Zustimmung des Arbeitgebers ist nicht erforderlich. Eine **Vereinbarung mit dem Arbeitgeber** ist lediglich hinsichtlich des Ortes und des Zeitpunkts für die Sprechstunde erforderlich. Können sich Arbeitgeber und Betriebsrat nicht einigen, entscheidet die Einigungsstelle. Die Sprechstunde findet während der Arbeitszeit statt, wobei § 39 Abs. 3 BetrVG sicherstellt, dass der Arbeitnehmer für die Teilnahme an der Sprechstunde **keine Gehaltskürzung** hinnehmen muss. Der Arbeitnehmer hat sich für das Aufsuchen der Sprechstunde bei seinem Vorgesetzten abzumelden und sein Wiedererscheinen am Arbeitsplatz anzuzeigen.[179] 95

4. Beschlussfassung

Der Betriebsrat trifft seine Entscheidungen als Kollegialorgan durch Beschlüsse, die ihrerseits nur in **ordentlichen Betriebsratssitzungen** gefasst werden können. Zu einer ordentlichen Betriebsratssitzung gehört die ordnungsgemäße Ladung der Teilnehmer unter Mitteilung der vollständigen Tagesordnung i.S.v. § 29 Abs. 2 Satz 3 BetrVG, insbesondere von Tagesordnungspunkten, über die ein Be- 96

175 BAG, Urt. v. 03.08.1999, NZA 2000, 440.
176 *Fitting u.a.*, § 29 BetrVG Rn 32; Richardi/*Thüsing*, § 29 BetrVG Rn 25.
177 LAG Köln, Beschl. v. 17.04.2002, BB 2002, 2680.
178 LAG Hamm, Urt. v. 08.06.1978, EzA § 37 BetrVG 1972 Nr. 58.
179 BAG, Beschl. v. 23.06.1983, AP Nr. 45 zu § 37 BetrVG.

schluss herbeigeführt werden soll.[180] Beschlüsse über Angelegenheiten, die auf der **Tagesordnung** nicht verzeichnet waren, sind nur dann zulässig, wenn alle Betriebsratsmitglieder der Aufnahme des Tagesordnungspunktes zustimmen, also nicht nur die erschienenen, sondern auch die abwesenden Mitglieder, ggf. telefonisch.[181] Der Auffassung des BAG ist zuzustimmen. Die Festlegung der Tagesordnung soll der Vorbereitung der einzelnen Betriebsratsmitglieder und damit dem Schutz vor übereilten Beschlüssen dienen. Den verhinderten Betriebsratsmitgliedern dient sie als Orientierung, welche Themen in ihrer Abwesenheit behandelt werden. Durch Ergänzung der Tagesordnung durch Mehrheitsbeschluss in der Sitzung wird dieser Schutz entwertet und die Gefahr erhöht, sensible und kontroverse Themen erst in der Sitzung auf die Tagesordnung zu nehmen, möglicherweise auch unter Ausnutzung der Verhinderung einzelner Betriebsratsmitglieder. Die Betriebsratsmitglieder müssen in einer Sitzung präsent sein, eine **Beschlussfassung im Umlaufverfahren** ist auch nach vorheriger Zustimmung aller Betroffenen **nicht zulässig**.[182]

97 Der Betriebsrat ist **beschlussfähig**, wenn die Hälfte seiner Mitglieder an der Beschlussfassung teilnimmt, wobei eintretende Ersatzmitglieder mitzuzählen sind, § 33 Abs. 2 BetrVG. Mit der Mitgliederzahl ist diejenige nach §§ 9, 11 BetrVG gemeint, bei einem Absinken der Mitgliederzahl unter die gesetzliche Größe nach Eintreten sämtlicher Ersatzmitglieder ist bis zur Neuwahl, § 13 Abs. 2 Nr. 2 BetrVG, auf diese Zahl abzustellen. Das gilt auch, wenn das Absinken aufgrund der Verhinderung von Betriebsratsmitgliedern nach Einrücken sämtlicher Ersatzmitglieder vorübergehend ist.[183] Durch ausdrückliche **Nichtteilnahme an der Beschlussfassung** kann eine Gruppe von Betriebsratsmitgliedern eine Beschlussfassung verhindern, da nicht Anwesenheit ausreicht, sondern eine Teilnahme an der Beschlussfassung vorliegen muss. Die Möglichkeit der Verhinderung der Beschlussfähigkeit in der Sitzung kann zur Vermeidung eines nicht genehmen Beschlusses genutzt werden, wenn abzusehen ist, dass eine Mehrheit für diese Gruppe nicht erreicht werden kann, sie aber für die Beschlussfähigkeit in der Sitzung benötigt wird. Die Zulässigkeit eines solchen Vorgehens wird teilweise unter Verweis auf § 162 BGB verneint,[184] teilweise gebilligt, mit der Maßgabe, dass eine **grundlose Herbeiführung der Beschlussunfähigkeit** als grobe Pflichtverletzung nach § 23 BetrVG zum Ausschluss aus dem Betriebsrat führen kann.[185]

98 Ein Beschlussantrag ist erfolgreich, wenn er die Mehrheit der Stimmen der anwesenden Betriebsratsmitglieder auf sich vereinigen kann, § 33 Abs. 1 BetrVG. Eine **Stimmenthaltung** ist zulässig. Da jedoch die Mehrheit nicht nur der abstimmenden, sondern der anwesenden Mitglieder erreicht werden muss, und auch die sich enthaltenden Betriebsratsmitglieder anwesend sind, werden die Stimmenthaltungen **im Ergebnis als Ablehnung** (Nein-Stimmen) gewertet. Anders verhält es sich nur, wenn ein Betriebsratsmitglied ausdrücklich erklärt, nicht abstimmen zu wollen, dann kann dieses Mitglied aber auch bei der Frage der Beschlussfähigkeit nicht mitgezählt werden.

99 Schließlich ist über die Sitzung nach § 34 Abs. 1 BetrVG eine **Niederschrift** zu fertigen, in die als notwendiger Bestandteil der Wortlaut der Beschlüsse und die Stimmenmehrheit, mit der sie gefasst sind, festgehalten werden muss. Die Niederschrift muss nicht nur den Wortlaut der angenommenen, sondern auch der abgelehnten Beschlussanträge enthalten. Die Niederschrift ist vom Vorsitzenden und einem weiteren Mitglied, in der Regel dem Protokollführer, zu unterzeichnen. Gleichfalls ist eine **Anwesenheitsliste** anzufertigen und der Niederschrift beizufügen, in die sich jeder Anwesende eigenhändig einträgt. Da die Teilnahme an den Beschlüssen für die Beschlussfähigkeit erforderlich ist, sind einzelne Abwesenheitszeiten der Betriebsratsmitglieder zu vermerken. Die Anfertigung der Niederschrift ist jedoch **keine Wirksamkeitsvoraussetzung**,[186] es sei denn, für den Beschlussinhalt

180 BAG, Beschl. v. 28.04.1988, NZA 1989, 223; Beschl. v. 28.10.1992, NZA 1993, 466.

181 BAG, Beschl. v. 28.10.1992, NZA 1993, 466; a.A. *Fitting u.a.*, § 33 BetrVG Rn 24, nach deren Auffassung die Zustimmung der Mehrheit der erschienenen Betriebsratsmitglieder ausreicht.

182 BAG, Beschl. v. 04.08.1975, DB 1975, 2184.

183 BAG, Beschl. v. 18.08.182, AP Nr. 24 zu § 102 BetrVG 1972; BAG, Urt. v. 19.11.2003 – 7 AZR 11/03 (n.v.).

184 Richardi/*Thüsing*, § 33 BetrVG Rn 7, 17.

185 *Fitting u.a.*, § 33 BetrVG Rn 15.

186 BAG, Beschl. v. 08.02.1977, AP Nr. 10 zu § 80 BetrVG 1972.

selbst ist Schriftform vorgesehen, beispielsweise für die Übertragung von Beteiligungsrechten auf eine Arbeitsgruppe i.S.v. § 28a BetrVG.

Für die Mehrheit der Jugend- und Auszubildendenvertretung und der Schwerbehindertenvertretung nach § 94 SGB IX besteht nach § 35 BetrVG die Möglichkeit, beim Betriebsrat die **Aussetzung eines Beschlusses** zu beantragen, wenn sie ihn als eine erhebliche Beeinträchtigung wichtiger Interessen der durch sie vertretenen Arbeitnehmer ansieht.[187] Die Aussetzungsdauer beträgt eine Woche, innerhalb derer eine Einigung zu versuchen ist. Nach Ablauf einer Woche hat dann der Betriebsrat erneut zu beschließen, wobei gegen eine Bestätigung des ersten Beschlusses oder bei nur geringer Abweichung das Aussetzungsrecht nicht mehr besteht. 100

Auf das **Anhörungsverfahren nach § 102 Abs. 1 BetrVG** wirken sich **Mängel, die in den Zuständigkeits- und Verantwortungsbereich des Betriebsrats fallen,** grundsätzlich selbst dann nicht aus, wenn der Arbeitgeber im Zeitpunkt der Kündigung weiß oder nach den Umständen vermuten kann, dass die Behandlung der Angelegenheit durch den Betriebsrat nicht fehlerfrei erfolgt ist.[188] Etwas anderes kann nur dann gelten, wenn in Wahrheit keine Stellungnahme des Gremiums Betriebsrat, sondern für den Arbeitgeber erkennbar nur eine persönliche Äußerung des Betriebsratsvorsitzenden vorliegt oder der Arbeitgeber den Fehler des Betriebsrats durch unsachgemäßes Verhalten selbst veranlasst hat.[189] 100a

5. Freistellungen

Betriebsratstätigkeit erfordert Zeit. Die Betriebsratstätigkeit ist zwar ein Ehrenamt, für das es keine zusätzliche Bezahlung gibt, andererseits soll der Arbeitnehmer, der sich als Betriebsrat zur Verfügung stellt, aber auch keine Einbuße haben. § 37 Abs. 2 BetrVG bestimmt daher, dass die Mitglieder des Betriebsrats für die Wahrnehmung ihrer Betriebsratstätigkeit ohne Einbuße in ihrem Arbeitsentgelt von der Arbeit zu befreien sind. In größeren Betrieben sind einzelne Betriebsratsmitglieder gänzlich für die Betriebsratstätigkeit freizustellen. Die **Schwellenwerte** in § 38 Abs. 1 BetrVG sind durch das BetrVerf-Reformgesetz herabgesetzt worden. Die Freistellung eines Betriebsratsmitglieds ist bereits in Betrieben mit in der Regel 200 Arbeitnehmern vorzunehmen. Die weiteren Staffelungen ergeben sich aus § 38 Abs. 1 BetrVG. Die **Erforderlichkeit** der Freistellung wird durch das Gesetz **unwiderleglich vermutet**. Die umstrittene Frage der Zulässigkeit von **Teilfreistellungen**[190] ist vom Gesetz nunmehr in § 38 Abs. 1 Satz 3 BetrVG positiv geregelt. Da bei der Zahl der Freistellungen § 38 Abs. 1 BetrVG nicht auf die Anzahl der Betriebsratsmitglieder, sondern auch die Anzahl der regelmäßig beschäftigten Arbeitnehmer abstellt, ist die Zahl der Freistellungen auf während der Amtsperiode des Betriebsrats an sich verändernde Belegschaftszahlen anzupassen. Soweit dies zur ordnungsgemäßen Erfüllung der Betriebsratsarbeit erforderlich ist, sind die Freistellungen über die Mindestanzahl in § 38 Abs. 1 BetrVG **zu erhöhen**. Die Erforderlichkeit, die vom Betriebsrat darzulegen und über die im Streitfall im Beschlussverfahren zu entscheiden ist, ist jedoch nur anzunehmen, wenn derartig umfangreiche Arbeiten über die gesamte Wahlperiode anfallen, dass die Möglichkeit zur vorübergehenden Freistellung nach § 37 Abs. 2 BetrVG nicht ausreicht.[191] Unter denselben Voraussetzungen ist auch eine Freistellung in Betrieben mit weniger als 200 Mitarbeitern denkbar.[192] Durch Tarifvertrag und Betriebsvereinbarung kann jederzeit eine abweichende Regelung getroffen werden, § 38 Abs. 1 Satz 5 BetrVG. 101

187 Vgl. im Einzelnen Rn 191.

188 BAG, Urt. v. 16.01.2003, NZA 2003, 927; a.A. LAG Rostock, Urt. v. 20.05.2003 – 5 Sa 452/02 (n.v.); LAG Frankfurt, Urt. v. 19.03.2003 – 2/1 Sa 1199/02 (n.v.).

189 BAG, Urt. v. 18.08.1982, BAGE 40, 42; BAG, Urt. v. 13.06.1996, NZA 1997, 545.

190 BAG, Beschl. v. 26.06.1996, AP Nr. 17 zu § 38 BetrVG 1972.

191 BAG, Beschl. v. 09.07.1997, NZA 1998, 164; Beschl. v. 12.02.1997, NZA 1997 782; Beschl. v. 26.07.1989, NZA 1990, 621.

192 BAG, Beschl v. 13.11.1991, NZA 1992, 414.

102 Über die **Personen**, die freigestellt werden, hat der Betriebsrat zunächst mit dem Arbeitgeber zu beraten. Alsdann wählt er die freizustellenden Mitglieder nach den Grundsätzen der Verhältniswahl nach Wahlvorschlagslisten und, wenn nur ein Wahlvorschlag gemacht wird, nach der Mehrheitswahl. Bei Aufteilung einer Vollfreistellung in mehrere Teilfreistellungen wird das Verhältniswahlrecht verletzt, wenn die Entscheidung über die Teilfreistellungen nicht der Liste zuerkannt wird, der die Vollfreistellung zufallen würde. Der Betriebsrat hat auch einen Beschluss zur Aufteilung der Freistellungen zu fassen.[193] Die gewählten Betriebsratsmitglieder hat der Betriebsrat dem Arbeitgeber bekannt zu geben, der alsdann die Arbeitsbefreiung vornehmen muss. Ist der Arbeitgeber mit den Personen aus betrieblichen Gründen, etwa Unverzichtbarkeit einzelner Know-how-Träger, die auf dem Arbeitsmarkt nicht zu bekommen sind, nicht einverstanden, muss er binnen zwei Wochen die **Einigungsstelle** anrufen, die bei fehlender Einigung durch Spruch entscheidet und, wenn sie der Auffassung des Arbeitgebers folgt, auch gleich die Freistellung eines anderen Betriebsratsmitglieds beschließt, § 38 Abs. 2 BetrVG. Für die **Abberufung** der freigestellten Mitglieder durch den Betriebsrat gilt § 27 Abs. 5 BetrVG entsprechend, d.h. dass die Form der Abberufung und die hierfür benötigte Mehrheit von der Form der Wahl (Verhältniswahl oder Mehrheitswahl) abhängig ist.

102a Freigestellte Betriebsratsmitglieder sind verpflichtet, sich während der **betriebsüblichen Arbeitszeit** der Erfüllung der dem Betriebsrat obliegenden Aufgaben zu widmen. Für sie gelten die **Urlaubsregelungen**, die anzuwenden wären, wenn sie nicht freigestellt wären.[194]

II. Arbeitsversäumnis und Schulungsveranstaltungen

1. Arbeitsversäumnis

103 Die **Arbeitsbefreiung** nach § 37 Abs. 2 BetrVG wird ergänzt durch die vorstehend erläuterte Regelung der **gänzlichen Freistellung** von Mitgliedern des Betriebsrats in Betrieben mit i.d.R. mindestens 200 Arbeitnehmern, gestaffelt nach den Größenordnungen in § 38 Abs. 1 BetrVG.[195] Die Befreiung von der beruflichen Tätigkeit im erforderlichen Umfang bezieht sich nicht allein auf die **Arbeitszeit**, sondern gleichermaßen auf den **Arbeitsumfang**. Der Arbeitgeber hat also bereits bei der Zuweisung der Arbeitsmenge die Betriebsratstätigkeit zu berücksichtigen.[196] Das Betriebsratsmitglied muss die Zeit, für die es Arbeitsbefreiung begehrt, mit dem Betriebsrat obliegenden Aufgaben verbringen. Derartige Aufgaben können sowohl innerhalb als auch außerhalb des Betriebes wahrgenommen werden, beispielsweise wenn der Betriebsrat einen Rechtsanwalt aufsucht, um sich über ein durchzuführendes Beschlussverfahren beraten zu lassen.[197] Nicht um Betriebsratsangelegenheiten handelt es sich dagegen bei rein **gewerkschaftlichen Aufgaben**, beispielsweise bei der Werbung für eine Gewerkschaft, auch wenn dies von der Zusammenarbeit mit den im Betrieb vertretenen Gewerkschaften i.S.d. § 2 Abs. 1 BetrVG nicht immer leicht zu unterscheiden ist. Es muss in jedem Fall ein **konkreter Betriebsbezug** vorliegen. Nicht zu den Aufgaben des Betriebsrats gehört weiterhin die Teilnahme an Tarifverhandlungen, selbst wenn es sich um einen Firmentarifvertrag handelt.[198] Hat das Betriebsratsmitglied keine Aufgaben des Betriebsrats wahrgenommen, hat es für die versäumte Zeit keinen Anspruch auf Fortzahlung des Arbeitsentgelts. Bei der Beurteilung, ob es sich noch um Betriebsratsaufgaben handelt, wird dem Betriebsratsmitglied ein **Beurteilungsspielraum** eingeräumt.[199] Einige Landesarbeitsgerichte billigen dem Betriebsratsmitglied den Entgeltanspruch auch dann zu, wenn das Betriebsratsmitglied in einem entschuldbaren Irrtum gehandelt hat.[200] Mit

193 LAG Brandenburg, Beschl. v. 04.03.2003 – 2 TaBV 22/02 (n.v.).
194 BAG, Urt. v. 20.08.2002, DB 2003, 1963.
195 Nach der Rspr. des BAG stellt § 38 BetrVG einen Unterfall der Generalklausel des § 37 Abs. 2 BetrVG dar, BAG, Beschl. v. 22.05.1973, AP Nr. 2 zu § 37 BetrVG 1972.
196 BAG, Beschl. v. 27.06.1990, AP Nr. 78 zu § 37 BetrVG 1972.
197 LAG Hamm, Beschl. v. 08.10.1986, DB 1987, 282.
198 *Fitting u.a.*, § 37 BetrVG Rn 31; Richardi/*Thüsing*, § 37 BetrVG Rn 18.
199 BAG, Beschl. v. 31.08.1994, AP Nr. 98 zu § 37 BetrVG 1972.
200 LAG Bremen, Beschl. v. 28.06.1989, DB 1990, 742; LAG Berlin, Beschl. v. 18.06.1992, BB 1993, 291.

dem Wegfall des Entgeltanspruchs hat es aber nicht sein Bewenden, vielmehr ist die Arbeitsversäumnis unentschuldigt, wenn das Betriebsratsmitglied keine Betriebsratsaufgaben wahrgenommen hat. Diese **arbeitsrechtliche Pflichtverletzung** kann grundsätzlich mit einer Abmahnung geahndet werden. Auch hier ist eine Abmahnung jedoch unwirksam, wenn das Betriebsratsmitglied sich in einem entschuldbaren Irrtum befindet,[201] nach der Rechtsprechung des BAG jedenfalls dann, wenn der Irrtum auf der Verkennung schwieriger und ungeklärter Rechtsfragen beruht.[202]

Die **Arbeitsbefreiung** muss weiterhin **erforderlich** sein, wobei davon auszugehen ist, dass das Betriebsratsmitglied nicht auf seine Freizeit verwiesen werden kann. Das BetrVG geht vielmehr davon aus, dass die Betriebsratsarbeit **während der üblichen Arbeitszeit** verrichtet wird. Dies zeigt bereits die Regelung in § 37 Abs. 3 BetrVG, die für den Ausnahmefall, dass die Betriebsratsarbeit aus betrieblichen Gründen nicht innerhalb der Arbeitszeit erledigt werden kann, entsprechenden Freizeitausgleich gewährt. Es handelt sich um eine Konkretisierung des Grundsatzes, dass das Betriebsratsmitglied durch seine Betriebsratsarbeit gegenüber seinen Kollegen keine Nachteile erleiden soll. Maßstab für die Erforderlichkeit ist, ob **ein vernünftiger Dritter bei Abwägung der Interessen des Betriebs, des Betriebsrats und der Belegschaft die Arbeitsversäumnis für sachlich geboten halten würde**.[203] Andere setzen den Schwerpunkt der Betrachtung nicht auf »einen vernünftigen Dritten«, sondern auf das betreffende Betriebsratsmitglied, ohne jedoch einer allein subjektiven Sichtweise das Wort zu reden. Entscheidend ist danach, ob das betreffende Betriebsratsmitglied bei gewissenhafter Überlegung und bei ruhiger, vernünftiger Würdigung aller Umstände die Arbeitsversäumnis für erforderlich halten durfte, um den gestellten Aufgaben gerecht zu werden.[204] Beide Auffassungen stimmen im Ergebnis darin überein, dass ein gewisser Beurteilungsspielraum des Betriebsratsmitglieds besteht.[205] 104

Ist die Arbeitsbefreiung für die Wahrnehmung von Betriebsratsaufgaben erforderlich, tritt sie **kraft Gesetzes** ein. Einer Zustimmung des Arbeitgebers bedarf es nach der Rechtsprechung des BAG nicht,[206] allerdings muss sich das **Betriebsratsmitglied** beim Verlassen des Arbeitsplatzes **abmelden**,[207] sowie bei Rückkehr wieder **zurückmelden**.[208] Gegenstand dieser (mündlichen) Abmeldung hat lediglich der Hinweis zu sein, dass das Betriebsratsmitglied Betriebsratsaufgaben wahrnimmt sowie die Mitteilung von Dauer und Ort der Betriebsratstätigkeit, ohne deren nähere Spezifizierung.[209] Hält der Arbeitgeber das betreffende Betriebsratsmitglied aus betrieblichen Gründen für unabkömmlich, ist das Betriebsratsmitglied verpflichtet, die Betriebsratstätigkeit – soweit möglich – zu verschieben. Ist dies nicht möglich, hat das Betriebsratsmitglied stichwortartig die Gründe dem Arbeitgeber mitzuteilen, es sei denn, es handelt sich um eine betriebsratsvertrauliche oder vertrauliche Angelegenheit von Arbeitnehmern.[210] 105

Der Anspruch auf **Fortzahlung des Arbeitsentgelts** bestimmt sich nach dem Lohnausfallprinzip und hat bei berechtigter Arbeitsbefreiung nach § 37 Abs. 2 BetrVG seine Rechtsgrundlage in § 611 BGB in Verbindung mit dem Arbeitsvertrag.[211] Aus dem Lohnausfallprinzip folgt, dass außerhalb 106

201 *Fitting u.a.*, § 37 BetrVG Rn 34.

202 BAG, Beschl. v. 31.08.1994, AP Nr. 98 zu § 37 BetrVG 1972.

203 BAG, Beschl. v. 06.08.1981, AP Nr. 40 zu § 37 BetrVG 1972; Beschl. v. 08.03.1957 und Beschl. v. 06.07.1962, AP Nr. 4 und 7 zu § 37 BetrVG; Richardi/*Thüsing*, § 37 BetrVG Rn 24.

204 *Fitting u.a.*, § 37 BetrVG Rn 38 m.w.N.

205 BAG, Beschl. v. 03.12.1987, AP Nr. 13 zu § 20 BetrVG 1972; Beschl. v. 16.10.1986, AP Nr. 58 zu § 37 BetrVG 1972; Richardi/*Thüsing*, § 37 BetrVG Rn 25.

206 BAG, Beschl. v. 06.08.1981 und Beschl. v. 15.03.1995, AP Nr. 39 und 105 zu § 37 BetrVG 1972.

207 BAG, Beschl. v. 13.05.1997, AP Nr. 119 zu § 37 BetrVG 1972.

208 LAG Düsseldorf, Beschl. v. 09.08.1985, DB 1985, 2463.

209 BAG, Beschl. v. 15.03.1995, AP Nr. 105 zu § 37 BetrVG 1972, weiter gehend im Sinne einer stichwortartigen Umschreibung der Tätigkeit noch BAG, Beschl. v. 23.06.1983, AP Nr. 45 zu § 37 BetrVG 1972; vgl. dazu auch *Leege*, DB 1995, 1511.

210 BAG, Beschl. v. 13.05.1997, AP Nr. 119 zu § 37 BetrVG 1972.

211 BAG, Beschl. v. 31.07.1986 und Beschl v. 27.06.1990, AP Nr. 55 und 76 zu § 37 BetrVG 1972; vgl. zu den erfassten einzelnen Entgeltbestandteilen *Fitting u.a.*, § 37 BetrVG Rn 63 ff.

der persönlichen Arbeitszeit geleistete Betriebsratstätigkeit keinen Entgeltanspruch nach § 37 Abs. 2 BetrVG begründen kann. Da aber auch Fälle denkbar sind, in denen ein Betriebsratsmitglied aus betriebsbedingten Gründen auf die Lage seiner persönlichen Arbeitszeit keine Rücksicht nehmen kann, andererseits das Betriebsratsmitglied auch in diesem Fall aus der Wahrnehmung seines Amtes keinen Nachteil in Form von Einbuße an Freizeit haben soll, ist in § 37 Abs. 3 BetrVG bestimmt, dass für die außerhalb der persönlichen Arbeitszeit wahrgenommene Betriebsratstätigkeit vom Arbeitgeber **Freizeitausgleich** zu gewähren ist. Ein Betriebsratsmitglied kann nach § 37 Abs. 3 Satz 1 BetrVG zum **Ausgleich für Fahrtzeiten**, die mit der Betriebsratstätigkeit im unmittelbaren Zusammenhang stehen, Arbeitsbefreiung unter Fortzahlung des Arbeitsentgelts nach den im Betrieb des Arbeitgebers geltenden tarifvertraglichen oder betrieblichen Regelung über die Durchführung von Dienstreisen beanspruchen.[212] Sollte der Freizeitausgleich innerhalb eines Monats nicht möglich sein, ist die aufgewendete Zeit wie Mehrarbeit zu vergüten. Nach der gesetzlichen Konzeption wandelt sich der Anspruch auf Arbeitsbefreiung weder mit Ablauf der Monatsfrist des § 37 Abs. 3 Satz 2 Hs. 1 BetrVG noch durch eine bloße Untätigkeit des Arbeitgebers in einen **Vergütungsanspruch** um. Vielmehr entsteht der Vergütungsanspruch nur dann, wenn die Arbeitsbefreiung aus betriebsbedingten Gründen nicht möglich ist.[213] Um dem Regel- / Ausnahmeprinzip zwischen Wahrnehmung von Betriebsratsaufgaben während und außerhalb der persönlichen Arbeitszeit Rechnung zu tragen, muss letztere aus betriebsbedingten Gründen erforderlich sein. **Betriebsbedingte Gründe** sind insbesondere solche, die sich aus der Eigenart des Betriebes oder seines Arbeitsablaufs ergeben. Es muss ein im Betrieb selbst vorhandener Sachzwang dazu führen, dass die Betriebsratstätigkeit nicht während der Arbeitszeit durchgeführt werden kann.[214] Dies gilt beispielsweise bei Schichtarbeit, aber auch für teilzeitbeschäftigte Betriebsratsmitglieder jedenfalls dann, wenn es um die Wahrnehmung von Betriebsratsaufgaben beispielsweise die Teilnahme an Betriebsratssitzungen, zusammen mit anderen, Vollzeitbeschäftigten, geht.[215] Die **unterschiedliche persönliche Arbeitszeit** der Betriebsratsmitglieder ist nunmehr ausdrücklich als betriebsbedingter Grund anerkannt, § 37 Abs. 3 Satz 2 BetrVG. Teilweise wird die Betriebsbedingtheit etwas weiter dahin gehend gefasst, dass es ausreicht, wenn die Gründe in der Sphäre des Betriebs liegen.[216] **Nicht ausreichend** sind betriebsratsbedingte Gründe, beispielsweise wenn eine Betriebsratssitzung nur deshalb außerhalb der persönlichen Arbeitszeit der Betriebsratsmitglieder stattfindet, weil ansonsten die Teilnahme eines in einer Spezialfrage besonders sachverständigen Gewerkschaftsvertreters nicht möglich ist.[217] Gleichfalls nicht ausreichend ist beispielsweise die Unterbrechung des Urlaubs eines Betriebsratsmitglieds, um an einer Betriebsratssitzung teilzunehmen.[218] Besucht das Betriebsratsmitglied eine **Schulung**, die entweder **außerhalb der persönlichen Arbeitszeit** liegt oder länger als diese andauert, einschließlich eventueller Fahrtzeiten, besteht gleichwohl kein Anspruch auf Freizeitausgleich, da die Schulungszeit vom Veranstalter losgelöst von den betrieblichen Gegebenheiten festgelegt wird; gleiches galt auch für teilzeitbeschäftigte Betriebsratsmitglieder.[219] Durch das BetrVerf-Reformgesetz hat der Gesetzgeber in § 37 Abs. 6 Satz 2 BetrVG eingefügt, dass als betriebsbedingter Grund gilt, wenn wegen Besonderheiten der betrieblichen Arbeitszeitgestaltung die Schulung des Betriebsratsmitglieds außerhalb seiner Arbeitszeit erfolgt. Die den Ausgleichsanspruch ablehnende Rechtsprechung wird daher nach der Gesetzesänderung nicht mehr aufrecht zu erhalten sein. Das Betriebsratsmitglied wird aber darlegen müssen, dass die Kenntnisse nicht von einem anderen Anbieter innerhalb seiner Arbeitszeit

212 BAG, Urt. v. 16.04.2003 – 7 AZR 423/01 (n.v.).
213 BAG, Urt. v. 08.03.2000 – 7 AZR 136/99 (n.v.).
214 BAG, Beschl. v. 15.02.1989 und Beschl. v. 26.01.1994, AP Nr. 70 und 93 zu § 37 BetrVG 1972.
215 LAG Köln, Beschl. v. 17.05.1989, NZA 1989, 943; LAG Frankfurt am Main, Beschl. v. 03.03.1988, LAGE § 37 BetrVG 1972 Nr. 26; a. A. ArbG Gießen, Beschl v. 26.02.1986, NZA 1986, 614; *Bengelsdorf*, NZA 1989, 905 (909).
216 *Fitting u.a.*, § 37 BetrVG Rn 80; Richardi/*Thüsing*, § 37 BetrVG Rn 44.
217 *Fitting u.a.*, § 37 BetrVG Rn 88.
218 *Fitting u.a.*, § 37 BetrVG Rn 87; Richardi/*Thüsing*, § 37 BetrVG Rn 46.
219 BAG, Beschl. v. 20.10.1993 und Beschl. v. 05.03.1997, AP Nr. 90 und 123 zu § 37 BetrVG 1972; zu der Frage der mittelbaren Diskriminierung teilzeitbeschäftigter Frauen vgl. *Deinert*, NZA 1997, 183; *Mauer*, NZA 1993, 56 und EuGH, Urt. v. 06.02.1996, AP Nr. 39 zu Art. 119 EWG-Vertrag.

vermittelt werden konnten. Der Ausgleichsanspruch ist jedoch auch nach neuem Recht auf die Arbeitszeit eines vollzeitbeschäftigten Arbeitnehmers beschränkt.

Steht zwischen den Betriebspartnern in Streit, ob nach Art und Umfang des Betriebs eine entsprechende **Arbeitsbefreiung** zur ordnungsgemäßen Durchführung der Betriebsratstätigkeit **erforderlich** ist oder ob betriebsbedingte Gründe für die Durchführung von Betriebsratstätigkeit außerhalb der Arbeitszeit vorliegen, ohne dass daraus vergütungsmäßige Folgerungen gezogen werden, so ist das **Beschlussverfahren** die richtige Verfahrensart.[220] Ansprüche auf **Fortzahlung des Arbeitsentgelts** nach § 37 Abs. 2 BetrVG sind dagegen genauso wie Ansprüche auf Gewährung von **Freizeitausgleich** nach Abs. 3 als individualrechtliche Ansprüche im **Urteilsverfahren** geltend zu machen.[221] In diesem Zusammenhang gilt – wie so oft im Arbeitsrecht – eine abgestufte Darlegungs- und Beweislast. Das Betriebsratsmitglied hat zunächst nur stichwortartig Angaben zu Art und Dauer der Betriebsratstätigkeit zu machen, der Arbeitgeber hat dann unter Angabe konkreter Gründe berechtigte Zweifel an der Erforderlichkeit der Arbeitsbefreiung oder ihrem Umfang geltend zu machen. Erst danach hat das Betriebsratsmitglied substantiiert die Erforderlichkeit der Wahrnehmung von Betriebsratstätigkeit darzulegen.[222] Ist über die Vorfragen der Erforderlichkeit der Betriebsratstätigkeit bereits in einem Beschlussverfahren entschieden worden, hat dieses für das Urteilsverfahren **präjudizielle Wirkung.**[223] 107

2. Schulungsveranstaltungen

Die **Arbeitsbefreiung** für die Teilnahme an Schulungsveranstaltungen ist in den Absätzen 6 und 7 des § 37 BetrVG geregelt, die **Kostentragungspflicht** für die Schulungsmaßnahme richtet sich dagegen wiederum nach § 40 BetrVG.[224] § 37 Abs. 6 BetrVG erfasst die Vermittlung der für die Betriebsratsarbeit **erforderlichen Kenntnisse**, während Abs. 7 darüber hinaus Schulungsveranstaltungen einschließt, die von der zuständigen obersten Arbeitsbehörde des Landes als geeignet anerkannt sind. Erforderlich i.S.d. Abs. 6 ist die Vermittlung von Kenntnissen, wenn diese unter Berücksichtigung der konkreten Verhältnisse im Betrieb und im Betriebsrat notwendig sind, damit der Betriebsrat seine gegenwärtigen oder in naher Zukunft anstehenden Aufgaben sach- und fachgerecht erfüllen kann.[225] Auch diese Definition der ständigen Rechtsprechung des BAG ist jedoch noch interpretationsfähig und -bedürftig. In diesem Zusammenhang sind Sinn und Zweck der Beteiligungsrechte zu berücksichtigen. Zur ordnungsgemäßen Wahrnehmung seiner Beteiligungsrechte bedarf der Betriebsrat auch des hierfür erforderlichen Wissens; auch der Arbeitgeber wird letztlich davon profitieren, auf einen Betriebsrat zu stoßen, der die betrieblichen und wirtschaftlichen Zusammenhänge versteht. Andererseits bestehen trotz der Beteiligungsrechte des Betriebsrats funktionale Unterschiede zwischen den Betriebspartnern. Aufgabe des Betriebsrats ist nicht eine gleichberechtigte Mitleitung des Betriebes oder die Ausübung eines Mitdirektionsrechts gegenüber den Arbeitnehmern, sondern eine sachgerechte Berücksichtigung der berechtigten Interessen der Arbeitnehmer sicherzustellen.[226] Innerhalb dieses Spannungsfeldes ist der erforderliche Schulungsbedarf der Betriebsratsmitglieder zu suchen. Der Betriebsrat kann sich grundsätzlich für einen **privaten Schulungsträger** entscheiden und muss sich nicht auf eine kostengünstigere Gewerkschaftsschulung verweisen lassen.[227] **Stornokosten** sind jedenfalls dann nicht erstattungsfähig, 108

220 BAG, Beschl. v. 13.11.1964 und Beschl. v. 03.06.1969, AP Nr. 9 und 11 zu § 37 BetrVG.
221 BAG, Beschl. v. 15.02.1989, AP Nr. 70 zu § 37 BetrVG 1972.
222 BAG, Beschl. v. 15.03.1995, AP Nr. 105 zu § 37 BetrVG 1972.
223 BAG, Beschl. v. 06.05.1975, AP Nr. 5 zu § 65 BetrVG 1972.
224 Vgl. *Hümmerich*, AnwaltFormulare Arbeitsrecht, § 8 Rn 48.
225 BAG, Beschl. v. 15.02.1995 und Beschl. v. 19.07.1995, AP Nr. 106 und 110 zu § 37 BetrVG 1972; Beschl. v. 29.01.1974 und Beschl. v. 08.10.1974, AP Nr. 5 und 7 zu § 40 BetrVG 1972.
226 Vgl. *Fitting u.a.*, § 37 BetrVG Rn 142.
227 LAG Köln, Beschl. v. 11.04.2002, AiB 2003, 487.

wenn die Schulungskosten selbst nach §§ 40 Abs. 1, 37 Abs. 6 BetrVG nicht ersatzfähig gewesen wären.[228]

109 Zu den erforderlichen Kenntnissen gehört stets die Vermittlung allgemeiner Grundkenntnisse des **Betriebsverfassungsrechts**,[229] gleiches gilt für Grundkenntnisse des **allgemeinen Arbeitsrechts**.[230] Hier sind vier Wochenschulungen anerkannt worden mit den Themen **»Einführung ins Betriebsverfassungsrecht«, »Mitbestimmungsrechte bei Kündigung«, »Mitbestimmungsrechte bei personellen Einzelmaßnahmen« und »Mitbestimmungsrechte nach § 87 BetrVG«**, jedenfalls wenn damit zugleich Grundkenntnisse des Arbeitsrechts vermittelt werden.[231] Im Übrigen ist auf die konkreten Bedürfnisse des einzelnen Betriebsrats in der **konkreten betrieblichen Situation** abzustellen, beispielsweise kann eine Schulung über Funktion und Arbeitsweise einer datenverarbeitenden Anlage erforderlich sein, wenn eine solche im Betrieb eingeführt werden soll und eine Betriebsvereinbarung nach § 87 Abs. 1 Nr. 6 BetrVG zu verhandeln ist. Steht eine solche Einführung jedoch nicht bevor, ist eine Schulung nicht allein deswegen erforderlich, weil ein Beteiligungsrecht nach § 87 Abs. 1 Nr. 6 BetrVG grundsätzlich abstrakt zu den Aufgaben des Betriebsrats gehört.[232] Eine Schulung zum Thema **»Rechte und Pflichten des Betriebsrats im Arbeitskampf«** gehört nicht zur Vermittlung von Grundkenntnissen. Sie kann nur erforderlich sein, wenn konkret vorhersehbar ist, dass der Betrieb direkt oder indirekt von Arbeitskampfmaßnahmen betroffen sein wird.[233] Nach Auffassung des LAG Düsseldorf muss noch kein Arbeitskampf in dem betroffenen Tarifgebiet begonnen haben, das Auslaufen der Friedenspflicht allein genügt jedoch nicht.[234] Die Vermittlung allgemeiner **Grundkenntnisse des Sozial- und Sozialversicherungsrechts** ist ohne konkreten Anlass ebenfalls nicht erforderlich, da die Beratung von Arbeitnehmern in sozialversicherungsrechtlichen Fragen nicht zu den Aufgaben des Betriebsrats gehört.[235] Eine Schulung **»Rhetorik und Verhandlungsführung für Frauen«** wurde für eine stellvertretende Betriebsratsvorsitzende, die über eine Berufsausbildung als Schriftsetzerin verfügt und als Montagearbeiterin am Fließband tätig ist und keinerlei rhetorische Vorkenntnisse besitzt, als erforderlich angesehen.[236] Kenntnisse in **Bilanzanalyse** gehören dagegen nicht zu den Grundkenntnissen, deren Vermittlung ein Betriebsratsmitglied, das nicht Mitglied im Wirtschaftsausschuss ist, verlangen kann.[237]

110 Der **Schulungsanspruch** aus § 37 Abs. 6 BetrVG steht zunächst dem **Betriebsrat als Kollegialorgan** zu. Es soll sichergestellt werden, dass der Betriebsrat als Organ über die erforderlichen Kenntnisse verfügt. Erst indem der Betriebsrat einen Beschluss fasst, dass ein bestimmtes Betriebsratsmitglied auf eine Schulung entsandt werden soll, erwirbt das Betriebsratsmitglied einen **abgeleiteten Individualanspruch**.[238] Es kommt mithin darauf an, ob die erforderlichen Kenntnisse im Betriebsrat vorhanden sind. Dabei ist jedoch zu unterscheiden: grundlegende Erkenntnisse im Betriebsverfassungsrecht und im allgemeinen Arbeitsrecht benötigt jedes Betriebsratsmitglied, da es ohne diese Kenntnisse nicht an der Arbeit des Betriebsrats teilhaben kann. Insbesondere in größeren Betrieben werden innerhalb der Betriebsräte Aufgaben verteilt, Ausschüsse gebildet. Dann genügt es, die mit speziellen Aufgaben betrauten Betriebsratsmitglieder auf entsprechende vertiefende Schulungen zu schicken.[239]

228 LAG Köln, Beschl. v. 18.01.2002, NZA-RR 2003, 141.
229 BAG, Beschl. v. 07.06.1989, AP Nr. 67 zu § 37 BetrVG 1972.
230 BAG, Beschl. v. 16.10.1986, AP Nr. 58 zu § 37 BetrVG 1972.
231 LAG Nürnberg, Beschl. v. 28.05.2002, NZA-RR 2002, 641.
232 Vgl. im Übrigen die Auflistung von Schulungsgegenständen bei *Fitting u.a.*, § 37 BetrVG Rn 149 ff.
233 LAG Hamm, Urt. v. 11.08.2003 – 10 Sa 141/03 (n.v.).
234 LAG Düsseldorf, Urt. v. 12.06.2003 – 11 Sa 281/03 (n.v.).
235 BAG, Beschl. v. 04.06.2003, AP Nr. 136 zu § 37 BetrVG 1972.
236 LAG Sachsen, Beschl. v. 22.11.2002, NZA-RR 2003, 420.
237 LAG Köln, Beschl. v. 18.01.2002, NZA-RR 2003, 141.
238 BAG, Beschl. v. 05.04.1984 und Beschl. v. 16.10.1986, AP Nr. 46 und 58 zu § 37 BetrVG 1972.
239 BAG, Beschl. v. 20.12.1995, AP Nr. 113 zu § 37 BetrVG 1972.

Demgegenüber handelt es sich bei dem Anspruch auf Schulungsteilnahme nach § 37 Abs. 7 BetrVG um einen **Individualanspruch des einzelnen Betriebsratsmitglieds**,[240] die Konkretisierung erfolgt jedoch gleichfalls durch Betriebsratsbeschluss. Gesetzliches Merkmal für die Begründung des Anspruchs auf Arbeitsbefreiung nach Abs. 7 ist allein die staatliche Anerkennung. Der Arbeitgeber kann nicht geltend machen, eine staatlich anerkannte Schulungsveranstaltung sei aber nicht geeignet.[241] Über die Arbeitsbefreiung und die damit verbundene Entgeltfortzahlung trifft den Arbeitgeber bei Schulungen nach Abs. 7 keine darüber hinausgehende Kostentragungspflicht für die Schulungskosten nach § 40 BetrVG. 111

Bei der Entsendung von Betriebsratsmitgliedern auf Schulungen ist das in § 37 Abs. 6 Satz 2 bis 5 BetrVG vorgesehene **Verfahren** einzuhalten, das auch auf Schulungen nach Abs. 7 Anwendung findet, § 37 Abs. 7 Satz 3 BetrVG. Voraussetzung ist ein **Betriebsratsbeschluss**, in dem bei erforderlichen Schulungen nach Abs. 6 die an der Schulung teilnehmenden Betriebsratsmitglieder bestimmt werden sowie die zeitliche Lage der Schulung. Ohne Beschluss des Betriebsrats vor der Schulungsveranstaltung trifft den Arbeitgeber keine Kostentragungspflicht. Weder die Beschlussfassung über die zeitlich abweichend gelagerte Schulung, noch eine nachträgliche Genehmigung der Wahrnehmung einer späteren Schulung sind ausreichend.[242] Bei Veranstaltungen nach Abs. 7 beschränkt sich die Entscheidungskompetenz auf die zeitliche Lage, da es sich um einen Individualanspruch handelt.[243] Bei der Entscheidung hat der Betriebsrat die betrieblichen Notwendigkeiten zu berücksichtigen. Von dem Betriebsratsbeschluss ist der Arbeitgeber rechtzeitig in Kenntnis zu setzen. Rechtzeitig bedeutet, dass dem Arbeitgeber die Möglichkeit verbleibt, zu prüfen, ob die Voraussetzungen für die Gewährung einer bezahlten Freistellung vorliegen, und ferner die **Einigungsstelle** anzurufen, falls er die betrieblichen Notwendigkeiten für nicht ausreichend berücksichtigt hält.[244] Der Betriebsrat sollte hier auch bedenken, dass er die Teilnahme an der Schulungsveranstaltung bis zu einem Spruch der Einigungsstelle zurückzustellen hat, wenn der Arbeitgeber die betrieblichen Notwendigkeiten für nicht berücksichtigt hält und deswegen die Einigungsstelle anruft.[245] Eine frühzeitige Unterrichtung des Arbeitgebers liegt also im eigenen Interesse des Betriebsrats. Die Einigungsstelle ist jedoch nur für die Frage der **Berücksichtigung der betrieblichen Notwendigkeiten** zuständig. Bestreitet der Arbeitgeber dagegen, dass bei der Schulung **erforderliche Betriebsratskenntnisse** vermittelt werden, so ist dieser Streit im **Beschlussverfahren** vor dem Arbeitsgericht zu führen. Das Betriebsratsmitglied ist in diesem Falle frei, die Schulung auch vor Entscheidung des Arbeitsgerichts zu besuchen.[246] Allerdings trägt das Betriebsratsmitglied dann das Entgeltfortzahlungsrisiko sowie das Risiko der Kostenerstattung, so dass in jedem Falle vom Betriebsrat ein entsprechendes Verfahren vor dem Arbeitsgericht eingeleitet werden sollte, zumal sich die Situation andernfalls so darstellen wird, dass der Arbeitgeber das Entgelt nicht weiter zahlt und das Betriebsratsmitglied seinen Entgeltanspruch im Urteilsverfahren[247] mit der Folge der dort anders geregelten Kostenverteilung geltend machen muss. Der **Streitwert** beträgt nach LAG Schleswig-Holstein für eine Wochenschulung den Regelwert von derzeit 4000 Euro, für eine kürzere Schulung proportional 1/5 (= 800 Euro) pro Tag.[248] 112

Soweit in den Schulungskosten **Verzehrkosten** enthalten sind, haben sich die Betriebsratsmitglieder eine sog. **Haushaltsersparnis** anrechnen zu lassen. Eine Bindung an etwa bestehende Reisekostenrichtlinien für betriebliche Dienstreisen ist im Hinblick auf die unterschiedlichen rechtlichen 112a

240 BAG, Beschl. v. 06.11.1973 und Beschl. v. 18.12.1973, AP Nr. 5 und 7 zu § 37 BetrVG 1972.
241 BAG, Beschl. v. 11.08.1993, AP Nr. 92 zu § 37 BetrVG 1972.
242 BAG, Beschl. v. 08.03.2000, NZA 2000, 838.
243 Vgl. BAG, Beschl. v. 28.08.1996, AP Nr. 117 zu § 37 BetrVG 1972.
244 BAG, Beschl. v. 18.03.1977, AP Nr. 27 zu § 37 BetrVG 1972.
245 BAG, Beschl. v. 18.03.1977, AP Nr. 27 zu § 37 BetrVG 1972.
246 *Fitting u.a.*, § 37 BetrVG Rn 251 m.w.N.
247 Hier gelten dieselben Verfahrensregelungen wie bei Geltendmachung der Arbeitsbefreiung und des Entgelts nach § 37 Abs. 2 und 3 BetrVG.
248 LAG Schleswig-Holstein, Beschl. v. 21.08.2002 – 4 Ta112/02 (n.v.).

Voraussetzungen und Maßstäbe abzulehnen.[249] Bei der Höhe der Haushaltsersparnis hatte sich das BAG in früheren Entscheidungen an den **Lohnsteuerrichtlinien** orientiert, die einen Abzug von 20 % vorsahen.[250] Die Lohnsteuerrichtlinien der letzten Jahre sehen jedoch den Abzug einer solchen Haushaltsersparnis nicht mehr vor. Die aktuellen Lohnsteuerrichtlinien (R 31 Abs. 8) sehen weder einen Abzug von Steuerpauschbeträgen vor, wenn der Arbeitgeber **Mahlzeiten** kostenlos abgibt, noch gewähren sie im Falle des Abzugs für gewährte Mahlzeiten einen Abzug als Werbungskosten, wenn der Abzug des Arbeitgebers über den amtlichen Sachbezugswerten liegt. Das LAG Nürnberg hat daher im Wege der Schätzung nach § 287 ZPO die **Sachbezugsverordnung** herangezogen, die jährlich neu gefasst wird. Da in der Sachbezugsverordnung Getränke nicht erfasst sind, hat das LAG pro Tag ein Drittel für Mehrausgaben (Differenz für Getränkeausgaben zwischen zu Hause und auswärts) abgezogen und kam so zu dem Ergebnis, 2/3 der in der Sachbezugsverordnung ausgewiesenen Werte für Mahlzeiten als Haushaltsersparnis anzusetzen.[251] Das LAG Baden-Württemberg hat ebenso einen Abschlag von 30 % von den Werten der Sachbezugsverordnung für Vollverköstigung angenommen.[252] Das LAG Köln möchte darauf abstellen, ob eine **weiter gehende betriebliche Reisekostenregelung** besteht.[253]

III. Sachkosten des Betriebsrats

113 Über die Kosten, die der Betriebsrat dem Arbeitgeber verursacht, kommt es häufiger zu Unstimmigkeiten. Gem. § 40 Abs. 1 BetrVG trägt der Arbeitgeber die durch die Tätigkeit des Betriebsrats entstehenden Kosten, dem Betriebsrat kommt ein entsprechender **Freistellungsanspruch** zu.[254] Nach § 41 BetrVG ist die Erhebung und Leistung von Beiträgen der Arbeitnehmer für Zwecke des Betriebsrats unzulässig. Dementsprechend darf das Troncaufkommen einer Spielbank nicht zur Begleichung von Sachmittelkosten des Betriebsrats verwendet werden.[255] Für die Sitzungen, die Sprechstunden und die laufende Geschäftsführung hat der Arbeitgeber nach Abs. 2 im erforderlichen Umfang **Räume**, **sachliche Mittel**, **Büropersonal** und nach der Gesetzesergänzung durch das BetrVerf-Reformgesetz auch **Informations- und Kommunikationstechnik** zur Verfügung zu stellen. Gleich ob der Betriebsrat einen Standardkommentar, eine arbeitsrechtliche Zeitschrift, Briefpapier oder einen PC benötigt, stets richtet sich die Kostentragungspflicht des Arbeitgebers nach § 40 Abs. 2 BetrVG.[256] Dabei geht es immer um dieselbe Frage, ob es sich um **erforderlichen Aufwand** handelt.

114 Der Betriebsrat hat zunächst Anspruch auf **angemessene Räume**. Ob der Anspruch des Betriebsrats auf einen eigenen oder gar mehrere Büroräume gerichtet ist, oder sich der Betriebsrat damit bescheiden muss, dass ihm der Arbeitgeber einen Raum für bestimmte Zeiten zur Verfügung stellt, richtet sich nach den Möglichkeiten des Betriebes/Unternehmens, insbesondere nach dessen Größe. Nach einer Entscheidung des Arbeitsgerichts Frankfurt am Main[257] ist einem mehrköpfigen Betriebsrat in der Regel mindestens ein Raum am Sitz der Betriebsleitung zur ständigen Benutzung zu überlassen, nach einer Entscheidung des ArbG Wiesbaden[258] kann der Betriebsrat auch in Unternehmen der Systemgastronomie (Fast-Food-Restaurants) einen Raum auf dem Betriebsgelände – notfalls unter Prüfung der Möglichkeit von Umbaumaßnahmen – verlangen. Ein Betriebsrat habe einen Anspruch auf die **Zuweisung einer Bürokraft** mit einer festen wöchentlichen Arbeitszeit, wenn regelmäßig Arbeit in entsprechendem zeitlichen Umfang anfällt. Der Betriebsrat hatte beantragt, dem

249 LAG Nürnberg, Beschl. v. 25.02.2003, LAGReport 2003, 243.
250 BAG, Beschl. v. 29.01.1974, AP Nr. 8 zu § 37 BetrVG 1972.
251 LAG Nürnberg, Beschl. v. 25.02.2003, LAGReport 2003, 243.
252 LAG Baden-Württemberg, Beschl. v. 06.02.2003 – 19 TaBV 3/02 (n.v.).
253 LAG Köln, Beschl. v. 11.04.2002, AiB 2003, 487.
254 Vgl. *Hümmerich*, AnwaltFormulare Arbeitsrecht, § 8 Rn 43.
255 BAG, Beschl. v. 14.08.2002, NZA 2003, 626.
256 Eine Rechtsprechungsübersicht zu den Kosten des Betriebsrats ist bei *Hunold*, NZA-RR 1999, 113 nachzulesen.
257 Beschl. v. 17.02.1999, NZA-RR 1999, 420.
258 ArbG Wiesbaden, Beschl. v. 21.12.1999, NZA-RR 2000, 195.

Arbeitgeber aufzugeben, ihm einen Büro- und Besprechungsraum von mindestens 20 Quadratmeter Größe mit einem Schreibtisch und einem Besprechungstisch und mindestens sieben Stühlen sowie Telefon, Telefax und PC zur Nutzung in der Zentrale in Frankfurt am Main zur Verfügung zu stellen. Arbeitgeber war die DGB-Rechtsschutz GmbH.

Für Streit sorgt auch immer wieder das Begehren des Betriebsrats auf Überlassung eines **PC nebst Zusatzgeräten und Software**, der unter die gesetzliche Regelung der **Informations- und Kommunikationstechnik** fällt.[259] Das LAG Baden-Württemberg[260] hat in einem Betrieb mit ca. 300 Arbeitnehmern die Anschaffung eines PC für notwendig erachtet, weil die bisherigen Arbeitsmittel nicht mehr den heutigen Normausstattungen eines Büros entsprächen. Sie verhinderten, dass Tätigkeiten, die im Formulieren und Schreiben bestehen, in einem Arbeitsgang erledigt werden könnten. Das LAG Baden-Württemberg geht für diesen größeren Betrieb davon aus, dass der mit der Zurverfügungstellung verbundene Aufwand in einem angemessenen Verhältnis zu den Aufgaben des Betriebsrats stehe. Für einen Betrieb mit 460 Arbeitnehmern hat das LAG Düsseldorf[261] im Regelfall den Einsatz eines PC mit entsprechender Ausrüstung für erforderlich gehalten. Das LAG Hamm[262] hat bei einem mehrköpfigen Betriebsrat die Auffassung vertreten, dass die Darlegung der Erforderlichkeit nicht verlangt werden könne. Hingegen hat das LAG Köln[263] ausgeführt, es sei grundsätzlich Sache des Arbeitgebers zu bestimmen, welche von mehreren sachgerechten Mitteln oder Möglichkeiten zur Information er im erforderlichen Umfang zur Verfügung stellt. Das LAG Nürnberg[264] neigt zu der Auffassung, dass im Allgemeinen die Anschaffung eines PC für einen größeren Betriebsrat jedenfalls dann als erforderlich erscheint, wenn auch der Arbeitgeber mit einer modernen Büroausstattung ausgerüstet ist. In einem Betrieb bei nur drei Betriebsratsmitgliedern erscheine es aber als unverhältnismäßig, für die in der Regel nicht sehr umfangreichen Aufgaben des Betriebsrats einen eigenen PC anzuschaffen. In einem Beschluss aus jüngerer Zeit hat sich das BAG nochmals mit der Problematik beschäftigt.[265] Ob ein PC nebst Monitor, Drucker und Software zur Text- und Datenverarbeitung für die laufende Geschäftsführung erforderlich ist, hat der Betriebsrat zu prüfen. Seiner Prüfungspflicht kann er sich nicht mit dem Hinweis auf eine übliche Büroausstattung entziehen. Für die **Beurteilung der Erforderlichkeit** der Benutzung eines PC für seine gesetzlichen Aufgaben steht dem Betriebsrat ein **Beurteilungsspielraum** zu. Dieser ist von den Gerichten für Arbeitssachen zu beachten. Sie können die Entscheidung des Betriebsrats nur darauf kontrollieren, ob sowohl das Interesse des Arbeitgebers an einer Begrenzung seiner Kostenbelastung als auch das Interesse der Belegschaft an einer sachgerechten Wahrnehmung der gesetzlichen Aufgaben des Betriebsrats angemessen berücksichtigt worden ist. Spricht für das gewünschte Arbeitsmittel eines PC nur eine **erhöhte Bequemlichkeit** bei der Erledigung der Betriebsratsarbeit ist der Beurteilungsspielraum des Betriebsrats überschritten und Erforderlichkeit nicht gegeben.[266] Wird dem Betriebsrat für seine Arbeit ein PC mit verschiedenen Programmen zur Verfügung gestellt, so wird in der Regel zu fordern sein, dass er diese Programme auch nutzen kann. Daraus folgt aber nicht generell die **Notwendigkeit einer Schulung**. Vielmehr muss der Betriebsrat darlegen, dass diese Schulung für die Arbeit des Betriebsrats erforderlich ist. Kann sich ein Betriebsratsmitglied die Kenntnisse durch »learning by doing« verschaffen, spricht dies gegen die Erforderlichkeit.[267] Der Betriebsrat kann einen Anspruch gegen den Arbeitgeber haben, die ihm zur Verfügung gestellten PC an das **Internet** anzuschließen.[268] Verlangt der Betriebsrat ein **Telefaxgerät** zur alleinigen Nutzung, hat er vorzutragen, aus welchen Gründen das Gerät erforderlich ist und ob 115

259 *Hümmerich*, AnwaltFormulare Arbeitsrecht, § 8 Rn 46.
260 Beschl. v. 19.09.1995, NZA-RR 1996, 252.
261 Beschl. v. 06.01.1995, LAGE § 40 BetrVG Nr. 45.
262 Beschl. v. 12.02.1997, LAGE § 40 BetrVG Nr. 55.
263 Beschl. v. 21.08.1997, LAGE § 40 BetrVG Nr. 57.
264 Beschl. v. 08.03.1999, NZA-RR 1999, 310.
265 BAG, Beschl. v. vom 12.05.1999, NZA 1999, 1290.
266 LAG Köln, Beschl. v. 29.04.2002, NZA-RR 2003, 372.
267 LAG Schleswig-Holstein, Beschl. v. 03.06.2003, ArbRB 2003, 226.
268 BAG, Beschl. v. 03.09.2003 – 7 ABR 8/03 (n.v.); Muster bei *Hümmerich*, AnwaltFormulare Arbeitsrecht, § 8 Rn 47.

er eine entsprechende Prüfung einschließlich einer Interessenabwägung vorgenommen hat.[269] Die Aufnahme der Informations- und Kommunikationstechnik in den Gesetzestext ändert nichts an der notwendigen Prüfung der Erforderlichkeit, die vom Betriebsrat darzulegen ist.[270] Ein aus sieben Mitgliedern bestehender Betriebsrat kann nach LAG Köln ein Telefaxgerät zur ausschließlichen Nutzung beanspruchen, wenn im Betrieb sechs Geräte vorhanden sind und eine Kommunikation über Fax zum betrieblichen Standard gehört. Aus Gründen der Vertraulichkeit kann der Betriebsrat in der Regel nicht auf die Möglichkeit der Mitbenutzung eines Geräts des Arbeitgebers verwiesen werden.[271]

IV. Rechtsanwaltskosten

116 Auch die Inanspruchnahme von Rechtsanwälten verursacht Kosten, die vom Arbeitgeber zu ersetzen sind. Zu unterscheiden sind hier die Kosten, die sich aus der Vertretung in gerichtlichen Beschlussverfahren ergeben, von den Kosten, die sich aus der Tätigkeit als Sachverständiger ergeben, sowie den Kosten, die der Rechtsanwalt durch seine Tätigkeit in der Einigungsstelle verursacht.

1. Kosten im Beschlussverfahren

117 Die Rechtsanwaltskosten, die sich aus der Vertretung des Betriebsrats vor dem Arbeitsgericht ergeben, sind **Kosten der Geschäftsführung des Betriebsrats** i.S.d. § 40 Abs. 1 BetrVG.[272] Auch die Hinzuziehung eines Rechtsanwalts zur Erstattung einer Ordnungswidrigkeitenanzeige nach § 121 BetrVG[273] oder eines Strafantrags nach § 119 Abs. 2 BetrVG[274] kann die Kostentragungspflicht nach § 40 Abs. 1 BetrVG auslösen. Dabei ist unerheblich, ob es sich um ein Verfahren zwischen Betriebsrat und Arbeitgeber, zwischen Betriebsrat und einem anderen betriebsverfassungsrechtlichen Organ (beispielsweise Gesamtbetriebsrat oder Konzernbetriebsrat), zwischen Betriebsrat und einer im Betrieb vertretenen Gewerkschaft oder zwischen Betriebsrat und einem seiner Mitglieder handelt. Für die Kostentragungspflicht des Arbeitgebers ist es ohne Belang, ob der Betriebsrat im Verfahren obsiegt oder unterliegt. Eine Kostentragungspflicht entfällt jedoch, wenn entweder die Einleitung eines gerichtlichen Verfahrens durch den Betriebsrat zur Klärung der Streitfrage nicht erforderlich ist, beispielsweise wenn die Möglichkeit besteht, ein **Parallelverfahren abzuwarten**,[275] oder wenn die **Rechtsverfolgung von vornherein offensichtlich aussichtslos oder mutwillig** ist.[276] Aussichtslosigkeit ist nicht gegeben, wenn das Beschlussverfahren bislang **ungeklärte Rechtsfragen** zum Gegenstand hat und die **Rechtsauffassung des Betriebsrats vertretbar** ist.[277] Der Betriebsrat hat keinen Anspruch auf Bewilligung von **Prozesskostenhilfe** und Beiordnung eines Rechtsanwalts für ein Beschlussverfahren gegen den **Insolvenzverwalter**, wenn er nicht hinreichend darlegt, dass die Masse zur Begleichung seiner Anwaltskosten gem. § 40 BetrVG voraussichtlich nicht ausreichen wird.[278]

118 Da im Beschlussverfahren gem. § 12 Abs. 5 ArbGG Gerichtskosten nicht erhoben werden, geht es in aller Regel um die Rechtsanwaltskosten. Streitpunkt ist bei den Kosten stets die **Erforderlichkeit**. Die Erforderlichkeit ist gegeben, wenn der Betriebsrat bei pflichtgemäßer Berücksichtigung der

269 LAG Schleswig-Holstein, Beschl. v. 17.07.2001, EzA-SD 18/2001, 12.
270 BAG, Beschl. v. 03.09.2003 – 7 ABR 8/03 (n.v.); LAG Köln, Beschl. v. 27.09.2001 – 10 TaBV 38/01, Schnellbrief Arbeitsrecht 4/2002, S. 6.
271 LAG Niedersachsen, Beschl. v. 27.05.2002, NZA-RR 2003, 250; Muster bei *Hümmerich*, AnwaltFormulare Arbeitsrecht, § 8 Rn 46.
272 Vgl. *Hümmerich*, AnwaltFormulare Arbeitsrecht, § 8 Rn 44 f.
273 LAG Schleswig-Holstein, Beschl. v. 14.11.2000, BB 2001, 1048.
274 LAG Düsseldorf, Beschl. v. 12.08.1993, NZA 1994, 1052.
275 LAG Berlin, Beschl. v. 07.03.1983, AP Nr. 21 zu § 40 BetrVG 1972.
276 BAG, Beschl. v. 03.10.1978 und Beschl. v. 19.04.1989, AP Nr. 14 und 29 zu § 40 BetrVG 1972.
277 BAG, Beschl. v. 19.03.2003, NZA 2003, 870.
278 LAG Sachsen-Anhalt, Beschl. v. 09.01.2002, ZInsO 2002, 1051.

objektiven Gegebenheiten und Würdigung aller Umstände, insbesondere auch der Rechtslage, die Führung eines Prozesses und die Beauftragung eines Rechtsanwalts für erforderlich halten konnte. Die Prüfung hat nicht allein anhand der subjektiven Bedürfnisse des Betriebsrats zu erfolgen, sondern anhand der Interessen der Belegschaft an einer sachgerechten Ausübung des Betriebsratsamtes einerseits und der berechtigten Interessen des Arbeitgebers andererseits. Dabei hat der Betriebsrat auch die Kostenbelange des Arbeitgebers zu berücksichtigen.[279] Eine **Honorarvereinbarung**, die zu einer höheren Vergütung führt, insbesondere auch die Vereinbarung eines Zeithonorars, darf der Betriebsrat regelmäßig nicht für erforderlich halten.[280] Zwingend notwendig ist die Vertretung durch einen Rechtsanwalt in der Rechtsbeschwerdeinstanz vor dem BAG, § 11 Abs. 2 Satz 1 ArbGG. Vor den Landesarbeitsgerichten stellt sich die Frage, ob der Betriebsrat auf eine Vertretung durch die Gewerkschaften verwiesen werden kann, da eine solche gem. § 11 Abs. 2 Satz 2 ArbGG möglich ist; gleichermaßen stellt sich das Problem für die erste Instanz, wobei sich hier der Betriebsrat auch selbst vertreten kann. Grundsätzlich ist davon auszugehen, dass diese durch das ArbGG eröffnete Möglichkeit der Beauftragung eines Rechtsanwalts nicht entgegensteht.[281] Dies leuchtet unmittelbar ein, wenn die Gewerkschaft die Übernahme einer Prozessvertretung ablehnt, zumal sie zur Übernahme einer derartigen Prozessvertretung nicht verpflichtet ist, auch nicht aus § 2 Abs. 1 BetrVG.[282] Generell ist davon auszugehen, dass der **Betriebsrat in der Wahl seines Prozessvertreters grundsätzlich frei** ist. Dieser Grundsatz ist mit der Pflicht des Betriebsrats in Einklang zu bringen, kostenschonend seine Tätigkeit zu versehen. In der ersten Instanz ist zusätzlich zu prüfen, ob überhaupt die Einschaltung eines Rechtsanwalts aufgrund der Schwierigkeit der Sache erforderlich ist. Hier dürfen jedoch die Anforderungen nicht überzogen werden.[283] Dem Betriebsrat wird ein gewisser Beurteilungsspielraum eingeräumt.[284] In der Regel wird immer dann, wenn der Arbeitgeber selbst einen Rechtsanwalt beauftragt, dem Betriebsrat dasselbe Recht zustehen. Aber auch, wenn der Arbeitgeber mit »eigenen« Juristen auftritt, wird das Ergebnis nicht anders sein, da die Betriebsratsmitglieder in aller Regel keine Juristen sein werden. Generell wird den nicht juristisch vorgebildeten Betriebsräten eine Prozessvertretung durch einen Rechtsanwalt selten abzuschlagen sein.

Erforderlich ist jedoch in jedem Falle, dass der Betriebsrat **vor Beauftragung des Rechtsanwalts einen entsprechenden Beschluss fasst.**[285] Dieser Beschluss ist grundsätzlich für jede Instanz gesondert zu fassen.[286] Hierauf sollte der anwaltliche Vertreter den Betriebsrat stets hinweisen und sich eine Kopie des Beschlusses zu den Akten reichen lassen, um hier keinerlei Risiko einzugehen. Dies liegt sowohl im Interesse des Anwalts, als auch des Betriebsrats. 119

Der Betriebsrat ist nicht gehalten, die Kostentragungspflicht des Arbeitgebers vor Einleitung eines Beschlussverfahrens feststellen zu lassen. Wenn der Arbeitgeber die Begleichung der Rechnung des Rechtsanwalts verweigert, bestehen grundsätzlich zwei Möglichkeiten. Der Betriebsrat kann im Beschlussverfahren einen Freistellungsanspruch geltend machen. Er kann beantragen: 120

> »Der Beteiligte zu 2 wird verpflichtet, den Beteiligten zu 1 von seiner Verpflichtung zur Begleichung der Rechtsanwaltskosten in Höhe von EUR gegenüber Rechtsanwalt gem. Rechnung vom für das Verfahren Arbeitsgericht Bonn – Aktenzeichen – freizustellen.«

279 BAG, Beschl. v. 19.03.2003, NZA 2003, 870; BAG, Beschl. v. 20.10.1999, NZA 2000, 556.

280 BAG, Beschl. v. 20.10.1999, NZA 2000, 556.

281 BAG, Beschl. v. 03.10.1978 und Beschl. v. 19.04.1989, AP Nr. 14 und 29 zu § 40 BetrVG 1972.

282 BAG, Beschl. v. 04.12.1979, AP Nr. 18 zu § 40 BetrVG 1972; a.A. LAG Düsseldorf, Beschl. v. 03.05.1976, EzA § 40 BetrVG 1972 Nr. 28 und LAG Schleswig-Holstein, Beschl. v. 24.10.1975, BB 1975, 1636.

283 Vgl. *Fitting u.a.*, § 40 BetrVG Rn 25.

284 BAG, Beschl. v. 03.10.1978, AP Nr. 14 zu § 40 BetrVG 1972.

285 BAG, Beschl. v. 14.02.1996, AP Nr. 5 zu § 76a BetrVG 1972.

286 LAG Schleswig-Holstein, Beschl. v. 19.04.1983, BB 1984, 533; LAG Berlin, Beschl. v. 26.01.1987, AP Nr. 25 zu § 40 BetrVG 1972.

121 Wahlweise kann sich der Rechtsanwalt den **Freistellungsanspruch** vom Betriebsrat abtreten lassen und unmittelbar in eigenem Namen beim Arbeitsgericht in Form eines Leistungsantrags geltend machen.[287] Zu beachten ist, dass sich die **Verfahrensart durch die Abtretung nicht ändert**, es bleibt auch in diesem Fall bei einem Beschlussverfahren.[288]

2. Kosten als Sachverständiger

122 Zu den Geschäftsführungskosten zählen auch die Kosten für die Hinzuziehung eines Sachverständigen.[289] Hier enthält § 80 Abs. 3 BetrVG jedoch eine Sonderregelung gegenüber § 40 Abs. 1 BetrVG.[290] Wichtigster Unterschied ist, dass im Gegensatz zum Tätigwerden für den Betriebsrat im Beschlussverfahren **vor Aufnahme der Tätigkeit eine Vereinbarung zwischen Betriebsrat und Arbeitgeber** vorliegen muss, andernfalls sind die Kosten nicht erstattungsfähig.[291] Zwar wird teilweise vertreten, dass der Betriebsrat auch ohne vorherige Zustimmung des Arbeitgebers auf dessen Kosten einen Sachverständigen hinzuziehen kann, wenn das verweigerte Einverständnis nachträglich gerichtlich ersetzt wird.[292] Auf diese Mindermeinung sollte sich der Rechtsanwalt jedoch in keinem Fall verlassen, zumal er dann immer noch Gefahr läuft, dass das Arbeitsgericht die bereits erbrachte Tätigkeit nicht als erforderlich anerkennt und er schon aus diesem Grunde keine Kostenerstattung erlangt.

123 Als Sachverständige i.S.v. § 80 Abs. 3 BetrVG können selbstverständlich nicht nur Rechtsanwälte, sondern auch beispielsweise Wirtschaftsberater, technische Sachverständige, Sachverständige für versicherungsmathematische Fragen und ähnliche Personen hinzugezogen werden. Zu berücksichtigen ist die abgestufte Rechtsprechung des BAG, nach der sich der Betriebsrat erst dann externen Sachverstands versichern darf, wenn er umfassende Information durch den Arbeitgeber über den zur Entscheidung stehenden Sachverhalt geltend gemacht hat, der Betriebsrat bei Unvollständigkeit oder Unverständlichkeit beim Arbeitgeber nachgefragt und dabei alle zur Verfügung stehenden betriebsinternen Informationsquellen ausgeschöpft und ggf. auch eine angebotene Unterrichtung durch Fachkräfte der betrieblichen EDV-Abteilung wahrgenommen hat und es schließlich nicht möglich war, sich das entsprechende Wissen durch den Besuch von Schulungsmaßnahmen oder Selbststudium anzueignen.[293] Für die Beratung eines Interessenausgleichs kann der Betriebsrat nach einer Entscheidung des Arbeitsgerichts Bonn[294] keinen Wirtschaftssachverständigen beauftragen, da der Betriebsrat im Rahmen des Interessenausgleichs kein Mitbestimmungsrecht, sondern nur ein Beratungsrecht hat.

124 Der Betriebsrat muss mit den **Ressourcen des Arbeitgebers kostenschonend** umgehen.[295] Das heißt jedoch **nicht**, dass der Betriebsrat rechtlichen **Rat beim Gesamtbetriebsrat** oder gar bei einem Betriebsrat eines anderen Konzernunternehmens suchen muss. Die Zuständigkeit zwischen Betriebsrat und Gesamtbetriebsrat ist gesetzlich verteilt, so dass der Betriebsrat aufgrund mangelnder eigener Rechtskenntnisse nicht vom Arbeitgeber gezwungen werden kann, gleichsam den Gesamtbetriebsrat

287 Bedenken äußert Beck'sches Rechtsanwalts-Handbuch/*Bauer*, 1999/2000, C 1 Rn 231, weil im Beschlussverfahren betriebsverfassungsrechtliche Streitigkeiten grds. nur zwischen den Betriebspartnern zu klären seien.

288 So BAG, Beschl. v. 15.01.1992, AP Nr. 41 zu § 40 BetrVG 1972 zur Abtretung eines Kostenerstattungsanspruchs aufgrund einer Schulungsmaßnahme an die Gewerkschaft.

289 Vgl. *Hümmerich*, AnwaltFormulare Arbeitsrecht, § 8 Rn 49.

290 BAG, Beschl. v. 25.04.1978 und Beschl. v. 26.02.1992, AP Nr. 11 und 48 zu § 80 BetrVG 1972.

291 BAG, Beschl. v. 25.04.1978, Beschl. v. 19.04.1989 und Beschl. v. 25.07.1989, AP Nr. 11, 35 und 38 zu § 80 BetrVG 1972.

292 Däubler/Kittner/Klebe/*Buschmann*, § 80 BetrVG Rn 129 unter Berufung auf LAG Frankfurt, Beschl. v. 11.11.1986, BB 1987, 614.

293 BAG, Beschl. v. 17.03.1987 und Beschl. v. 26.02.1992, AP Nr. 29 und 48 zu § 80 BetrVG 1972.

294 ArbG Bonn, Beschl. v. 25.09.1997 – 3 BV Ga 12/97 (n.v.).

295 Vgl. BAG, Beschl. v. 17.03.1987 und Beschl. v. 26.02.1992, AP Nr. 29 und 48 zu § 80 BetrVG 1972.

gem. § 50 Abs. 2 BetrVG mittelbar zu beauftragen. Gleiches gilt für Betriebsräte anderer Konzernunternehmen. Ebenso kann der Betriebsrat **nicht auf die Inanspruchnahme des Gewerkschaftsvertreters verwiesen** werden.[296] Dies liegt zum einen schon daran, dass die Gewerkschaft nicht verpflichtet ist, dem Betriebsrat entsprechende Dienstleistungen zur Verfügung zu stellen.[297] Auch unter Berücksichtigung des Verhältnismäßigkeitsgrundsatzes ist der Betriebsrat nicht verpflichtet, bei der Zuziehung von Sachverständigen auf die billigste Lösung zurückzugreifen.[298]

Nach § 111 Satz 2 BetrVG in der Fassung des BetrVerf-Reformgesetzes kann der Betriebsrat **in Unternehmen mit mehr als 300 Arbeitnehmern bei Betriebsänderungen** zu seiner Unterstützung einen **Berater** hinzuziehen. Der Unterschied zu § 80 Abs. 3 BetrVG, der im Übrigen unberührt bleibt, liegt darin, dass der Betriebsrat hierzu nicht der Zustimmung des Arbeitgebers bedarf. Der in § 111 Satz 2 BetrVG aufgenommene Begriff des Beraters ist gesetzlich nicht definiert. Die Gesetzesbegründung spricht von einem Bedürfnis externen Sachverstandes, weil im Zeitalter der Globalisierung aus Wettbewerbsgründen Unternehmensumstrukturierungen immer schneller erfolgen und der Betriebsrat für die hochkomplizierten Fragestellungen externen Sachverstand benötigt, um Auswirkungen einer geplanten Betriebsänderung rasch zu erfassen und in kurzer Zeit mit Hilfe eines externen Sachverstands fundierte Alternativvorschläge insbesondere für die Beschäftigungssicherung zu erarbeiten.[299] Ob hierunter auch ein Rechtsanwalt zu fassen ist, ist noch nicht geklärt, liegt aber aufgrund der beratenden Tätigkeit von Rechtsanwälten insbesondere im Zusammenhang von Betriebsänderungen nahe. 125

3. Kosten vor der Einigungsstelle

Wird der Rechtsanwalt in einer Einigungsstelle tätig, ist zu unterscheiden, ob er selbst **Mitglied der Einigungsstelle** als dessen Vorsitzender oder – häufiger – als Beisitzer auf Arbeitgeber- oder Betriebsratsseite ist, oder ob er Betriebsrat oder Arbeitgeber vor der Einigungsstelle vertritt. **Vertritt der Rechtsanwalt den Betriebsrat** vor der Einigungsstelle, ohne selbst deren Mitglied zu sein, ist § 40 BetrVG einschlägig, das Honorar des Rechtsanwalts berechnet sich nach dem Rechtsanwaltsvergütungsgesetz (RVG).[300] Ist der Rechtsanwalt dagegen selbst Mitglied der Einigungsstelle, richtet sich sein Honoraranspruch ausschließlich nach § 76a BetrVG.[301] Da die Gebühren nach dem RVG höher sein können, als die Vergütung für einen außerbetrieblichen Beisitzer nach § 76a BetrVG, stellt sich stets die Frage, ob nicht der Betriebsrat zur Kostenschonung des Arbeitgebers verpflichtet ist, den Rechtsanwalt als Beisitzer zu benennen. Dies wird stets dann vom Betriebsrat zu fordern sein, wenn sich allein rechtliche Probleme stellen. Denkbar ist aber auch, dass sich andere Probleme, beispielsweise technischer Art, stellen, so dass sich der Betriebsrat dafür entscheiden kann, einen Beisitzer mit entsprechendem technischen Sachverstand zu berufen und sich dann der Vertretung eines Rechtsanwalts vor der Einigungsstelle zu bedienen.[302] Gleiches wird anzunehmen sein, wenn sich der Arbeitgeber selbst durch einen Rechtsanwalt vor der Einigungsstelle vertreten lässt,[303] in der Rechtsprechung des BAG wird dies jedoch lediglich als Indiz dafür gewertet, dass rechtlich schwierige Fragen zu beantworten sind.[304] 126

296 ArbG Bonn, Beschl. v. 25.09.1997 – 3 BV Ga 12/97 (n.v.).
297 Däubler/Kittner/Klebe/*Buschmann*, § 80 BetrVG Rn 143.
298 LAG Baden-Württemberg, Beschl. v. 22.11.1985, AiB 1986, 261.
299 BT-Drucks 14/5741, 51 f.
300 BAG, Beschl. v. 14.02.1996, AP Nr. 5 zu § 76a BetrVG 1972; Beschl. v. 21.06.1989, AP Nr. 34 zu § 76 BetrVG 1972.
301 Vgl. hierzu § 13 Rn 46 ff.
302 *Fitting u.a.*, § 40 BetrVG Rn 38.
303 *Fitting u.a.*, § 40 BetrVG Rn 37; *Kamphausen*, NZA 1994, 49 (52 f.).
304 BAG, Beschl. v. 21.06.1989, AP Nr. 34 zu § 76 BetrVG 1972; Beschl. v. 14.02.1996, AP Nr. 5 zu § 76a BetrVG 1972.

C. Amtszeit des Betriebsrats und seiner Mitglieder

I. Regelmäßige Amtszeit des Betriebsrats

127 Die regelmäßige Amtszeit des Betriebsrats beträgt **vier Jahre**, § 21 Satz 1 BetrVG. Sie beginnt mit der Bekanntgabe des Wahlergebnisses (§ 18 Abs. 3 BetrVG, § 19 WO) und endet vier Jahre später, spätestens jedoch am 31.05. des Wahljahres der regelmäßigen Betriebsratswahl nach § 13 Abs. 1 BetrVG oder, wenn am 01.03. des Wahljahres der Betriebsrat noch kein Jahr im Amt war, spätestens am 31.05. des nächsten Wahljahres, §§ 13 Abs. 3, 21 Satz 4 BetrVG. Das Wort »spätestens« in § 21 Abs. 4 BetrVG bedeutet, dass die Amtszeit mit Bekanntgabe des Wahlergebnisses endet, weil der Betriebsrat in dieser Fallgestaltung ohnehin bereits länger als vier Jahre im Amt ist.[305] Besteht bereits ein Betriebsrat im Betrieb, **beginnt die Amtszeit des neuen Betriebsrats** nicht mit der Bekanntgabe des Wahlergebnisses, sondern **mit Ende der Amtszeit des alten Betriebsrats**, der also in jedem Fall seine vollen vier Jahre im Amt bleibt, auch wenn der neue Betriebsrat bereits gewählt ist, es sei denn, die vier Jahre sind am 31.05. des Wahljahres noch nicht abgelaufen. Auch wenn bei Ablauf der vierjährigen Amtszeit der neue Betriebsrat noch nicht gewählt ist, endet die Amtszeit des gegenwärtigen Betriebsrats.[306] Die Gegenauffassung von *Richardi* ist mit dem Gesetzeswortlaut nicht vereinbar. Die Voraussetzungen vierjährige Amtszeit oder »spätestens am 31.05.« des Wahljahres sind alternativ zu lesen. Die Begrenzung auf den 31.05. soll lediglich sicherstellen, dass der regelmäßige Wahlzeitraum nach § 13 Abs. 1 BetrVG eingehalten wird, nicht aber die Amtszeit über vier Jahre hinaus verlängern bis ein neuer Betriebsrat im Amt ist. **Für die Zwischenzeit besteht mithin kein Betriebsrat.**

128 Bei der Wahl des Betriebsrats **außerhalb des normalen Wahlturnus** nach § 13 Abs. 2 BetrVG ist zu unterscheiden. In den Fällen des § 13 Abs. 1 Nr. 1 (Ansteigen oder Abfallen der Betriebsgröße) und Nr. 2 (Absinken der Betriebsratsmitglieder unter die vorgeschriebene Zahl) endet die Amtszeit mit Bekanntgabe des Wahlergebnisses des neu gewählten Betriebsrats, dessen Amtszeit damit beginnt, § 21 Satz 5 BetrVG. Im Fall des § 13 Abs. 2 Nr. 3 BetrVG (Rücktritt des Betriebsrats) endet die Amtszeit mit dem Rücktritt, der Betriebsrat nimmt aber gem. § 22 BetrVG die **Geschäfte vorläufig weiter wahr**, bis das Wahlergebnis des neuen Betriebsrats bekannt gegeben ist. Mit Bekanntgabe des Wahlergebnisses beginnt die Amtszeit des neuen Betriebsrats. In den Fällen des § 13 Abs. 2 Nr. 4 bis 5 BetrVG (erfolgreiche Anfechtung und gerichtliche Auflösung) **endet die Amtszeit sofort mit Rechtskraft** der gerichtlichen Entscheidung. Eine Weiterführung der Geschäfte des Betriebsrats analog § 22 BetrVG kommt nicht in Betracht. Der neue Betriebsrat tritt sein Amt mit Bekanntgabe des Wahlergebnisses an.

129 Die Amtszeit endet ferner, wenn die Mitarbeiterzahl unter fünf Arbeitnehmer sinkt und damit der Betrieb die **Betriebsratsfähigkeit nach § 1 BetrVG verliert**.[307] Werden durch Tarifvertrag oder Betriebsvereinbarung andere Repräsentationsbereiche nach § 3 BetrVG begründet und sieht der Tarifvertrag oder die Betriebsvereinbarung einen von dem regelmäßigen Wahlturnus abweichenden Wahlzeitpunkt vor, endet die Amtszeit der bestehenden Betriebsräte mit Bekanntgabe des Wahlergebnisses, § 3 Abs. 4 Satz 2 BetrVG.

II. Übergangs- und Restmandat

1. Übergangsmandat

130 Kommt es zu Umstrukturierungen des Unternehmens,[308] sei es nach dem Umwandlungsgesetz, sei es im Wege der Einzelrechtsnachfolge, können die Veränderungen auch als **Betriebsänderung auf die**

305 BAG, Beschl. v. 28.09.1983, AP Nr. 1 zu § 21 BetrVG 1972.
306 *Fitting u.a.*, § 21 BetrVG Rn 19; a.A. Richardi/*Thüsing*, § 21 BetrVG Rn 13.
307 *Fitting u.a.*, § 21 BetrVG Rn 31.
308 Vgl. § 9 Rn 77 ff.

Betriebsebene durchschlagen. Zu denken ist in erster Linie an die Zusammenlegung und Spaltung von Betrieben i.S.d. § 111 Satz 3 Nr. 3 BetrVG. Immer dann, wenn ein **Betrieb seine Identität verliert**, sei es, dass ein Betriebsteil abgespalten und als selbständiger Betrieb fortgeführt wird, oder, dass mehrere Betriebe zusammengeschlossen werden, fehlt es an der betrieblichen Organisation, die den Betriebsrat gewählt hat, und damit an der Basis für den amtierenden Betriebsrat. Folge ist, dass in der neuen Einheit ein neuer Betriebsrat zu wählen ist. Endet das Amt des bisherigen Betriebsrats mit dem Verlust der betrieblichen Identität, kommt es zwangsläufig zu einem **betriebsratslosen Zeitraum**. Nach der älteren Rechtsprechung war aufgrund des Fehlens einer gesetzlichen Grundlage für die Wahrnehmung des bisherigen Betriebsrats in der neuen betrieblichen Einheit bis zum Amtsantritt eines neu zu wählenden Betriebsrats ein solches Übergangsmandat abgelehnt worden.[309] In einer Reihe von Spezialgesetzen, angefangen mit dem Gesetz über die Spaltung der von der Treuhandanstalt verwalteten Unternehmen, über die Privatisierungsgesetze der Deutschen Bahn, der Deutschen Post und der DSL-Bank, bis zum Umwandlungsgesetz hat der Gesetzgeber in jüngerer Zeit ein Übergangsmandat geregelt. Mit Urteil vom 31.05.2000[310] hat das BAG seine Rechtsprechung geändert und im Wege der richterlichen Rechtsfortbildung ein Übergangsmandat für den Bereich des Betriebsverfassungsrechts angenommen.

Durch das BetrVerf-Reformgesetz hat der Gesetzgeber das Übergangsmandat in § 21a BetrVG gesetzlich verankert.[311] Nach § 21a Abs. 1 Satz 1 BetrVG übt der Betriebsrat bei der **Spaltung eines Betriebes** ein Übergangsmandat in den ihm bislang zugeordneten Betriebsteilen aus, es sei denn, die selbständig weitergeführten Betriebsteile verlieren ihre Betriebsratsfähigkeit nach § 1 Abs. 1 Satz 1 BetrVG, oder sie werden in einen Betrieb eingegliedert, in dem bereits ein Betriebsrat besteht. Im ersten Fall kann kein neuer Betriebsrat gewählt werden, so dass auch kein Anlass für die Überbrückung eines Zeitraums bis zur Neuwahl besteht. Im zweiten Fall greift die Regelung aus Abs. 2 ein, da es sich aus der Sicht des zurückbleibenden Betriebsteils zwar um eine Spaltung, für den ausgegliederten und den aufnehmenden Betriebsteil bzw. Betrieb aber um eine Zusammenlegung von Betrieben handelt. 131

Werden **Betriebe oder Betriebsteile zu einem Betrieb zusammengefasst**, nimmt der Betriebsrat des nach der Zahl der wahlberechtigten Arbeitnehmer größten Betriebs oder Betriebsteils das Übergangsmandat wahr, § 21a Abs. 2 Satz 1 BetrVG. Grund für die erforderlich werdende Neuwahl des Betriebsrats ist nicht etwa § 13 Abs. 2 Nr. 1 BetrVG (Ansteigen oder Absinken der Belegschaftsstärke), sondern der Verlust der betrieblichen Identität. Der alte Betriebsrat hört vorbehaltlich des Übergangsmandats auf zu existieren wie im Fall einer Betriebsstilllegung wegen des Wegfalls des Betriebs. 132

Vom Wortlaut der gesetzlichen Regelung nicht erfasst ist der Fall, dass ein **betriebsratsloser Betrieb** an der Zusammenlegung beteiligt ist. Hier kann sowohl der eingegliederte, als auch der aufnehmende Betrieb betriebsratslos sein, sowohl der kleinere, als auch der größere Betrieb, dessen Betriebsrat eigentlich das Übergangsmandat wahrzunehmen hätte. Wenn bei einer Spaltung eines Betriebes ein Betriebsteil in einen betriebsratslosen Betrieb eingegliedert wird, greift für den Betriebsteil § 21a Abs. 1 Satz 1 BetrVG ein. Umstritten ist, ob der Betriebsrat des abgebenden Betriebes das Übergangsmandat nur für die Arbeitnehmer des ausgegliederten Betriebsteils wahrnimmt, für die er auch bis zur Spaltung zuständig war unter Inkaufnahme einer **Aufsplitterung der Interessenvertretung** im neuen Betrieb[312] oder ob der Betriebsrat für alle Arbeitnehmer auch des aufnehmenden Betriebs, die bisher von keinem Betriebsrat vertreten waren, das Übergangsmandat wahrnimmt. Das Problem liegt darin, dass die Arbeitnehmer des bislang betriebsratslosen Betriebes eine Arbeitnehmervertretung bekommen, obwohl sie nicht nur diese Arbeitnehmervertretung nicht gewählt haben, 133

309 BAG, Beschl. v. 23.11.1988, AP Nr. 77 zu § 613a BGB.
310 BAG, Beschl. v. 31.05.2000, NZA 2000, 1350.
311 Dazu *Feudner*, DB 2003, 882.
312 *Lutter*, § 321 UmwG Rn 22; *Oetker/Busche*, NZA Beil. 1/91, 24; *Feudner*, BB 1996, 1936; gegen die Anwendbarkeit eines Übergangsmandats Richardi/*Thüsing*, § 21a BetrVG Rn 10.

sondern überhaupt keine. Auch wenn Arbeitnehmer nach einer Betriebsratswahl neu in einen Betrieb eintreten oder wenn ein Betriebsteil in einen Betrieb mit einem Betriebsrat eingegliedert wird, fallen Arbeitnehmer jedoch in die Zuständigkeit eines Betriebsrats, den sie nicht gewählt haben, so dass ein **zeitweiser Mangel an demokratischer Legitimation vom Gesetz offenbar toleriert** wird.[313] Auch das Übergangsmandat ist aber begrenzt. Bei der Zusammenlegung zweier Betriebe von denen in dem nach der Anzahl der Wahlberechtigten größeren Betrieb ein Betriebsrat besteht, nimmt dieser Betrieb das Übergangsmandat für den gesamten Betrieb wahr. Der Wortlaut des § 21a Abs. 2 Satz 1 BetrVG fordert nicht, dass auch in dem eingegliederten Betrieb ein Betriebsrat bestanden haben muss. Ist jedoch der größere Betrieb betriebsratslos, der das Übergangsmandat nach § 21a Abs. 2 Satz 1 BetrVG wahrzunehmen hat, fehlt es an einer Anknüpfung für ein Übergangsmandat. In diesem Fall muss die **betriebsverfassungsrechtliche Diskontinuität**, die damit für die bislang von einem Betriebsrat vertretenen Arbeitnehmer verbunden ist, zur Wahrung des aus dem Demokratieprinzip folgenden Repräsentationsgedankens hingenommen werden.[314]

134 Problematisch ist auch nach der gesetzlichen Neuregelung die **Überführung von öffentlich-rechtlichen Einrichtungen**, deren Arbeitnehmer bisher von einem **Personalrat** vertreten waren, in eine privatrechtliche Unternehmensform, in der das BetrVG Anwendung findet. In einzelnen Gesetzen, wie für die Umwandlung der DSL-Bank, war bereits ein Übergangsmandat des Personalrats in dem neuen Betrieb geregelt worden. Ein **allgemeines Übergangsmandat kann hier jedoch nicht greifen**, weil ein Personalrat ohne gesetzliche Grundlage nicht Rechte und Pflichten eines Betriebsrats nach dem BetrVG wahrnehmen kann. In diesem Sinne hat das LAG Köln entschieden. Eine analoge Anwendung der gesetzlichen Spezialregelungen könne auf den Fall einer Privatisierung öffentlicher Unternehmen nicht erfolgen. In einem Fall der privatisierenden Umwandlung kann ein Übergangsmandat auch nicht durch Tarifvertrag geschaffen werden. Dem steht der zwingende Charakter der Organisationsbestimmungen des BetrVG entgegen. § 3 BetrVG ist nicht einschlägig.[315] Dies gilt auch für § 3 BetrVG in der Fassung des BetrVerf-Reformgesetzes. Bemerkenswert ist, dass sich in der Praxis ein Vielzahl von Regelungen in Tarifverträgen und Dienstvereinbarungen zwischen Personalrat und Dienststellenleiter über die Wahrnehmung eines Übergangsmandats finden.[316]

135 Die vordringlichste Aufgabe des das Übergangsmandat wahrnehmenden Betriebsrats ist die unverzügliche **Bestellung von Wahlvorständen**, § 21a Abs. 1 Satz 2 BetrVG. Das Übergangsmandat endet mit der Bekanntgabe des Wahlergebnisses (§§ 18 Abs. 3 BetrVG, 19 WO), spätestens jedoch nach Ablauf von sechs Monaten. Durch Tarifvertrag oder Betriebsvereinbarung kann die Geltungsdauer auf maximal 12 Monate verlängert werden, § 21a Abs. 1 Satz 4 BetrVG.

136 Nach überwiegender Auffassung handelt es sich beim Übergangsmandat im Übrigen um ein **Vollmandat**, d.h. der Betriebsrat kann sämtliche Mitbestimmungsrechte wahrnehmen und durch Betriebsvereinbarungen neues Recht schaffen.[317] Mit letzterem sollte er jedoch mit Rücksicht auf seine Interimsstellung vorsichtig agieren, um den zu wählenden Betriebsrat nicht überflüssig weitgehend zu binden. Nach der restriktiveren Auffassung soll die Mitwirkung auf die mit der Betriebsänderung

313 *Fitting u.a.*, § 21a BetrVG Rn 18; Däubler/Kittner/Klebe/*Buschmann*, § 21a BetrVG Rn 33; *Engels*, DB 1991, 967.

314 *Willemsen/Hohenstatt/Schweibert*, Umstrukturierung und Übertragung von Unternehmen, Abschn. D 68; a.A. *Fitting u.a.*, § 21a BetrVG Rn 19; Richardi/*Thüsing*, § 21a BetrVG Rn 11, der ein Übergangsmandat des Betriebsrats auch des kleineren Betriebsteils annimmt, wenn alle an der Zusammenlegung beteiligten Betriebsteile durch die Spaltung und Zusammenlegung ihre betriebliche Identität verloren haben, weil dann ein betriebsverfassungsrechtlicher Neuanfang gesetzt werden könne; Däubler/Kittner/Klebe/*Buschmann*, § 21a BetrVG Rn 40.

315 LAG Köln, Beschl v. 10.03.2000, NZA-RR 2001, 423; Beschl. v. 11.02.2000, NZA-RR 2001, 87.

316 Im Ergebnis ebenso *Besgen/Langner*, NZA 2003, 1239.

317 *Lutter*, § 321 UmwG Rn 22; *Richardi/Annuß*, DB 2001, 43; *Willemsen/Hohenstatt/Schweibert*, Umstrukturierung und Übertragung von Unternehmen, Abschn. D 61; *Fitting u.a.*, § 21a BetrVG Rn 20; *Boecken*, Unternehmensumwandlungen und Arbeitsrecht, Rn 378.

zusammenhängenden Beteiligungsrechte[318] oder auf personelle Mitbestimmungsrechte begrenzt sein.[319]

§ 21a Abs. 3 BetrVG stellt klar, dass die Regelungen zum Übergangsmandat auch dann gelten, wenn die Spaltung oder Zusammenlegung von Betrieben im Zusammenhang mit einer Betriebsveräußerung oder einer Umwandlung nach dem Umwandlungsgesetz erfolgt. 137

2. Restmandat

Wird ein Betrieb stillgelegt, endet die Amtszeit des Betriebsrats, da die betriebliche Identität als Organisationsbasis seines Tätigwerdens aufhört zu existieren. Gleiches gilt bei Spaltungen und Zusammenlegungen von Betrieben, wenn dadurch die bisherige betriebliche Identität zerstört wird. Gerade in diesen Fällen bedürfen aber die Arbeitnehmer des betriebsverfassungsrechtlichen Schutzes. Die §§ 111 ff. BetrVG drohten sonst leer zu laufen. Denn für die Umsetzung der Betriebsänderung, beispielsweise der Betriebsstilllegung muss zwar der Interessenausgleich versucht, keinesfalls aber der Sozialplan bereits abgeschlossen sein. Um den **Sozialplan noch verhandeln und abschließen zu können**, bedarf der Betriebsrat daher eines **Restmandats**. Dies gilt aber nicht nur bei der Stilllegung von Betrieben, sondern gleichfalls bei der Auflösung des Betriebes durch Spaltung oder Zusammenlegung mit einem anderen Betrieb. Zwar wird in diesen Fällen das Übergangsmandat nach § 21a BetrVG greifen, das **Übergangsmandat** umfasst jedoch nur **aktuelle Beteiligungsrechte der neuen Betriebsgemeinschaft**, nicht aber Beteiligungsrechte, die noch aus der Betriebsänderung resultieren und an den untergegangenen Betrieb anknüpfen.[320] 138

Nach § 21b BetrVG bleibt daher der Betriebsrat eines Betriebes, der durch Stillegung, Spaltung oder Zusammenlegung untergeht, solange im Amt, wie dies zur Wahrnehmung der damit im Zusammenhang stehenden Mitwirkungs- und Mitbestimmungsrechte erforderlich ist. Es handelt sich im Gegensatz zum Übergangsmandat nicht um ein Vollmandat, sondern um ein **Abwicklungsmandat**, das nur insoweit besteht, als die Wahrnehmung der Beteiligungsrechte noch erforderlich ist.[321] Ist die Erforderlichkeit gegeben, besteht das Mandat auch über die reguläre Amtszeit nach § 21 BetrVG hinaus, weil aufgrund des Untergangs des Betriebes ein neuer Betriebsrat nicht gewählt werden kann.[322] Das Restmandat besteht, **solange noch ein mindestens einköpfiger Betriebsrat existiert**, der willens ist, das Restmandat wahrzunehmen. Die das Restmandat ausübenden Betriebsratsmitglieder sind dagegen nicht gehindert, ihr Amt niederzulegen.[323] 138a

ArbG Berlin will ein **Restmandat in analoger Anwendung** des § 21b BetrVG für die Anhörung des Betriebsrats nach § 102 BetrVG annehmen, wenn der einem **Betriebsübergang widersprechende Arbeitnehmer** vom Betriebsveräußerer gekündigt wird und der Betriebsrat aufgrund der Wahrung der Identität des Betriebes beim Betriebserwerber im Amt bleibt, an sich also für die beim Veräußerer aufgrund Widerspruchs zurückbleibenden Arbeitnehmer nicht mehr zuständig wäre.[324] 138b

318 *Feudner*, BB 1996, 1936.
319 *Heinze*, ZfA 1997, 10 (20).
320 BAG, Beschl. v. 29.03.1977, AP Nr. 11 zu § 102 BetrVG 1972; Beschl. v. 16.06.1987, AP Nr. 19 zu § 111 BetrVG 1972.
321 Zur individual-rechtlichen Stellung der Betriebsratsmitglieder bei Wahrnehmung eines Restmandats *Auktor*, NZA 2003, 950.
322 BAG, Beschl. v. 16.06.1987, AP Nr. 20 zu § 111 BetrVG 1972.
323 BAG, Beschl. v. 12.01.2000, NZA 2000, 669.
324 ArbG Berlin, Urt. v. 25.01.2002, NZA-RR 2003, 85 mit umfangr. w. N. zur Literatur.

III. Erlöschen der Mitgliedschaft im Betriebsrat

139 Von der Beendigung der Amtszeit des Betriebsrats als Kollegialorgan ist das **Ausscheiden einzelner Betriebsratsmitglieder** aus dem Betriebsrat zu unterscheiden, wie es in § 24 BetrVG geregelt ist. Dabei endet die Mitgliedschaft im Betriebsrat stets, wenn der Betriebsrat selbst nicht fortbesteht. Darüber hinaus kennt § 24 BetrVG jedoch weitere Ausscheidensgründe in Form der Niederlegung des Betriebsratsamtes (Nr. 2), der Beendigung des Arbeitsverhältnisses (Nr. 3), des Verlustes der Wählbarkeit (Nr. 4), dem Ausschluss aus dem Betriebsrat auf Grund einer gerichtlichen Entscheidung (Nr. 5 Alt. 1) und der gerichtlichen Feststellung der Nichtwählbarkeit nach Ablauf der in § 19 Abs. 2 BetrVG genannten zweiwöchigen Anfechtungsfrist, es sei denn, der Mangel liegt nicht mehr vor (Nr. 6).

140 Die **Amtsniederlegung** ist formlos möglich. Sie erfolgt als einseitige, empfangsbedürftige Willenserklärung gegenüber dem Betriebsrat in Gestalt seines Vorsitzenden, nicht gegenüber dem Arbeitgeber.[325] **Besteht der Betriebsrat nur noch aus einem Mitglied**, so dass die Erklärung der Amtsniederlegung nicht mehr gegenüber dem Betriebsrat oder seinem Vorsitzenden erfolgen kann, genügt es, wenn die Amtsniederlegung **gegenüber dem Arbeitgeber** erklärt wird.[326] Die Erklärung muss eindeutig sein und kann nicht zurückgenommen oder widerrufen werden.[327] Sie kann auch nicht an Bedingungen geknüpft werden.[328]

141 Für die Beendigung aufgrund des Ausscheidens aus dem Betrieb ist auf die **rechtliche Beendigung des Arbeitsverhältnisses** abzustellen, die Mitgliedschaft bleibt also von einem bloßen Ruhen des Arbeitsverhältnisses während des **Wehrdienstes** oder der **Elternzeit** unberührt. Während des Ruhens ist das Betriebsratsmitglied lediglich verhindert, so dass für diese Zeit ein **Ersatzmitglied** eintritt. Für den Zeitraum zwischen dem Ablauf der Kündigungsfrist bis zur rechtskräftigen Entscheidung des Arbeitsgerichts über eine Kündigungsschutzklage gelten die Ausführungen zur Wählbarkeit unter Rn 45 entsprechend. **Die befristete Verlängerung eines auslaufenden Arbeitsvertrages** eines Betriebsratsmitglieds ist durch einen Sachgrund gerechtfertigt, wenn der befristete Vertrag zur Sicherung der personellen Kontinuität der Betriebsratsarbeit geeignet und erforderlich ist.[329]

142 Während § 24 Nr. 4 BetrVG den Verlust der Wählbarkeit nach der Betriebsratswahl meint, lag die Nichtwählbarkeit in den Fällen der Nr. 6 bereist bei der Wahl vor, wird aber erst nach Ablauf Anfechtungsfrist festgestellt. Bei Eintritt in die Freistellungsphase der **Altersteilzeit im Blockmodell** hat das BAG für einen Arbeitnehmervertreter im Aufsichtsrat die Mandatsbeendigung aufgrund des Verlustes der Wählbarkeit angenommen.[330]

143 Mit dem Erlöschen der Mitgliedschaft im Betriebsrat endet auch der besondere Kündigungsschutz, ausgenommen der nachwirkende Kündigungsschutz nach § 15 Abs. 1 Satz 2 KSchG.[331] Um die gesetzliche Anzahl der Betriebsratsmitglieder wieder zu erreichen, rückt ein Ersatzmitglied nach § 25 BetrVG nach.

D. Organe der Betriebsverfassung

I. Betriebsrat

144 Der in den Abschnitten A bis C behandelte Betriebsrat ist die gesetzliche Interessenvertretung der Arbeitnehmer des Betriebes oder einer anderen Repräsentationseinheit nach § 3 BetrVG innerhalb der

325 LAG Schleswig-Holstein, Beschl. v. 19.08.1966, AP Nr. 4 zu § 24 BetrVG.
326 BAG, Beschl. v. 01.12.2000, NZA 2000, 669.
327 BVerwG, Beschl. v. 09.10.1959, AP Nr. 2 zu § 27 PersVG.
328 *Fitting u.a.*, § 24 BetrVG Rn 11.
329 BAG, Urt. v. 23.01.2002, NZA 2002, 986.
330 BAG, Beschl. v. 25.10.2000, AP Nr. 32 zu § 76 BetrVG 1952.
331 BAG, Beschl. v. 05.07.1979, AP Nr. 6 zu § 15 KSchG 1969.

Betriebsverfassung. Der Betriebsrat übt während seiner Amtszeit ein **unabhängiges Mandat** aus, ein **imperatives Mandat** kennt das BetrVG nicht.[332] Als Organ der Betriebsverfassung wird der Betriebsrat im eigenen Namen kraft Amtes tätig, er besitzt jedoch **keine eigene Rechtspersönlichkeit**, ist nicht rechtsfähig und nicht vermögensfähig.[333] Der Betriebsrat ist aber im Beschlussverfahren nach § 10 ArbGG beteiligungsfähig.[334] Eine **Haftung** des Betriebsrats als Organ besteht mangels Rechtsfähigkeit nicht. In Betracht kommt allerdings eine Haftung der einzelnen Betriebsratsmitglieder nach den allgemeinen Regelungen des Bürgerlichen Rechts, beispielsweise aus Vertrag, wenn das Betriebsratsmitglied ohne hierzu vom Arbeitgeber bevollmächtigt zu sein, kostenauslösende Vereinbarungen mit Dritten unterschreibt. Der Wille, für den Betriebsrat als Organ zu handeln, ist unbeachtlich, da der Betriebsrat eben nicht rechts- und vermögensfähig ist. Bei der Haftung aus unerlaubter Handlung nach §§ 823, 826 BGB wird es häufig an der Zurechenbarkeit fehlen, wenn der Betriebsrat seine Mitbestimmungsrechte wahrgenommen hat. Denkbar ist auch eine Schädigung des Arbeitnehmers, wenn der Betriebsrat in vorsätzlich sittenwidriger Weise einen unsachlichen Beschluss bei Ausübung der personellen Mitbestimmungsrechte fasst oder die Entlassung eines Arbeitnehmers bewirkt.[335]

II. Betriebsversammlung

1. Einberufung von Betriebs-, Teil- und Abteilungsversammlungen

Einmal im Quartal hat der Betriebsrat in einer Betriebsversammlung einen **Tätigkeitsbericht** zu 145
geben, § 43 Abs. 1 BetrVG. Vom Gesetz sind also im Grundsatz vier **Vollversammlungen der Belegschaft** vorgesehen. Die Betriebsversammlung ist Organ der Betriebsverfassung, hat aber keine Entscheidungskompetenzen oder rechtliche Einwirkungsmöglichkeiten auf den Betriebsrat und seine Beschlüsse. Die Betriebsversammlung ist gem. § 42 Abs. 1 Satz 2 BetrVG nicht öffentlich, an ihr können nur die Arbeitnehmer des Betriebes teilnehmen, nicht die leitenden Angestellten, es sei denn sie übernehmen Arbeitgeberfunktionen, oder gar externe Personen (mit Ausnahme von Sachverständigen oder Beauftragten der Gewerkschaften oder der Arbeitgeberverbände nach Maßgabe des § 46 BetrVG).

Die Betriebsversammlung findet regelmäßig als Vollversammlung statt. Lediglich wenn wegen 146
der Eigenart des Betriebs eine Vollversammlung zum gleichen Zeitpunkt nicht stattfinden kann, sind **Teilversammlungen** zulässig, § 42 Abs. 1 Satz 3 BetrVG. Ausschlaggebend sind die organisatorisch-technischen Besonderheiten, nicht die wirtschaftlichen Interessen des Arbeitgebers.[336] Anlass kann die Betriebsgröße sein, die Arbeit in Mehrschichtbetrieben, in denen die Produktionsanlagen nicht ohne unverhältnismäßigen Aufwand angehalten werden können, nicht aber die Ladenöffnungszeiten. Die bei **Ladenöffnungszeiten** rein wirtschaftlichen Gesichtspunkte hat der Betriebsrat zu berücksichtigen, indem er verkaufsschwache Zeiträume auswählt, was sowohl die Tageszeit betrifft, als auch die Jahreszeit, so dass eine Betriebsversammlung nicht in das Weihnachtsgeschäft zu legen ist.[337]

Anstelle der Betriebsversammlung können auch **Abteilungsversammlungen** durchgeführt werden, 147
wenn es sich um räumlich oder organisatorisch abgegrenzte Betriebsteile handelt und die Abhaltung von Abteilungsversammlungen für die Erörterung der besonderen Belange der Arbeitnehmer erforderlich ist. Die organisatorische Abgrenzung folgt aus der betrieblichen Organisationsstruktur, beispielsweise die Trennung zwischen Produktion, Verwaltung und Vertrieb oder verschiedenen

332 BAG, Beschl. v. 27.06.1989, AP Nr. 5 zu § 42 BetrVG 1972.
333 BAG, Beschl. v. 24.04.1986, AP Nr. 7 zu § 87 BetrVG 1972.
334 Vgl. § 15 Rn 21.
335 Vgl. im Einzelnen *Fitting u.a.*, § 1 BetrVG Rn 217 ff.
336 BAG, Beschl. v. 09.03.1976, AP Nr. 3 zu § 44 BetrVG 1972.
337 LAG Düsseldorf, Beschl. v. 10.12.1984, NZA 1985, 368.

Produktionslinien. Voraussetzung ist eine **Abgrenzung in der Aufgabenstellung und eine gewisse Eigenständigkeit in der Leitung**. Die Erforderlichkeit von Abteilungsversammlungen ist gegeben, wenn gemeinsame Interessen und Probleme der Arbeitnehmer der einzelnen Betriebsteile bestehen, deren Erörterung auf der Vollversammlung wegen ihres speziellen Charakters nicht sinnvoll möglich ist.[338] Liegen die Voraussetzung für die Abhaltung von Abteilungsversammlungen vor, hat der Betriebsrat zwei Betriebsversammlungen im Jahr als Vollversammlung und zwei weitere als Abteilungsversammlung durchzuführen, § 43 Abs. 1 Satz 2 BetrVG. Betriebsversammlungen, Teil- und Abteilungsversammlungen können für vorübergehend ins Ausland entsandte Arbeitnehmer **nicht im Ausland** abgehalten werden.[339]

148 Über die vier regelmäßigen Versammlungen hinaus kann der Betriebsrat in jedem Kalenderhalbjahr **eine weitere Betriebsversammlung** oder einmal weitere Abteilungsversammlungen durchführen, wenn dies aus besonderen Gründen zweckmäßig erscheint, § 43 Abs. 1 Satz 4 BetrVG. Bei der Entscheidung über die Zweckmäßigkeit hat der Betriebsrat einen **weiten Ermessensspielraum**.[340] Ein besonderer Grund kann bei bevorstehender Betriebsänderung, Betriebsinhaberwechsel oder ähnlichen aktuellen Ereignissen, die unmittelbar einschneidende Bedeutung für die Arbeitnehmer haben, vorliegen oder wenn einzelne Angelegenheiten auf der ordentlichen Betriebsversammlung nicht (mehr) behandelt werden konnten. § 43 Abs. 3 Satz 1 BetrVG räumt dem Betriebsrat darüber hinaus das Recht zur Einberufung **einer weiteren außerordentlichen Betriebsversammlung** ein. Da regelmäßige und zusätzliche Betriebsversammlungen bei normalem Ablauf für die Information und betriebsöffentliche Aussprache ausreichen sollten, ist für die Einberufung einer außerordentlichen Betriebsversammlung ein weiter gehender Grund zu fordern, der die Einberufung als **dringend geboten** erscheinen lässt. Auf Verlangen des Arbeitgebers oder eines Viertels der Arbeitnehmer ist der Betriebsrat gem. § 43 Abs. 3 Satz 1 BetrVG verpflichtet, eine außerordentliche Betriebsversammlung unter Benennung des beantragten Beratungsgegenstandes auf der Tagesordnung einzuberufen. Eine **Verpflichtung des Betriebsrats** besteht nach § 43 Abs. 4 BetrVG ebenfalls bei einem entsprechenden Antrag der Gewerkschaft auf Abhaltung einer ordentlichen Betriebsversammlung, wenn eine Betriebs- oder Abteilungsversammlung, gleich ob eine ordentliche oder außerordentliche, im letzten halben Jahr nicht stattgefunden hat. Für die Einberufung, d.h. Einladung nicht Durchführung, besteht in diesem Fall eine Frist von zwei Wochen nach Eingang des Antrags beim Betriebsrat.

2. Themen der Betriebsversammlung

149 Auf der regelmäßigen vierteljährlichen Betriebsversammlung hat der Betriebsrat zunächst seinen **Tätigkeitsbericht** zu erstatten, § 43 Abs.1 Satz 1 BetrVG. Der Tätigkeitsbericht umfasst die Geschehnisse, Maßnahmen und Beschlüsse im Berichtszeitraum, sowohl des Betriebsrats, als auch des Gesamtbetriebsrats und der Ausschüsse. Ob auch über die Arbeit des Wirtschaftsausschusses referiert werden muss, ist strittig;[341] vielfach werden die Erkenntnisse im Wirtschaftsausschuss jedoch ohnehin in die Arbeit des Betriebsrats einfließen und dann ohnehin von der Berichtspflicht umfasst sein. Der Bericht ist **mündlich** vom Vorsitzendem, seinem Stellvertreter oder einem anderen vom Betriebsrat bestimmten Betriebsratsmitglied zu erstatten. Er kann **Meinungen und Stellungnahmen** enthalten und im Anschluss muss für die Teilnehmer der Betriebsversammlung **Gelegenheit zur Diskussion** bestehen.

150 Der **Arbeitgeber** hat an den Betriebs- und Abteilungsversammlungen ein **Teilnahmerecht**. Er ist dementsprechend unter Mitteilung der Tagesordnung einzuladen und hat ein **Äußerungsrecht**. Einmal im Jahr hat auch der Arbeitgeber die **Pflicht zur Abgabe eines mündlichen Berichts** in einer Vollversammlung. Der Bericht hat sich auf das Personal- und Sozialwesen einschließlich des Stands

338 Richardi/*Annuß*, § 42 BetrVG Rn 64.
339 BAG, Beschl. v. 27.05.1982, DB 1982, 2519.
340 BAG, Beschl. v. 23.10.1991, AP Nr. 5 zu § 43 BetrVG 1972.
341 Zu den Argumenten vgl. bei *Fitting u.a.*, § 43 BetrVG Rn 13.

der Gleichstellung von Frauen und Männern, der Integration von ausländischen Arbeitnehmern, über die wirtschaftliche Lage und Entwicklung des Betriebs und den betrieblichen Umweltschutz zu erstrecken, soweit dadurch nicht Betriebs- oder Geschäftsgeheimnisse gefährdet werden, § 43 Abs. 2 BetrVG. Die Berichtspflicht des Arbeitgebers, der die Betriebsversammlung, auf der er den Bericht innerhalb des Jahres erstatten will, selbst bestimmen kann, besteht auch in Tendenzunternehmen.[342] Der **Bericht über das Personalwesen** umfasst die betriebliche Personalplanung und Berufsbildung, die Struktur der Belegschaft unter Aufgliederung nach Alter, Geschlecht und Nationalität. Die Gleichstellung von Frauen und Männern und die Integration ausländischer Arbeitnehmer hat der Gesetzgeber durch das BetrVerf-Reformgesetz 2001 ausdrücklich aufgenommen. Die **wirtschaftliche Entwicklung** des Betriebs bezieht sich auf den Betrieb, während sich die Berichtspflicht nach § 110 BetrVG auf die wirtschaftliche Entwicklung des Unternehmens bezieht. Ist der Bericht nach § 110 BetrVG in Unternehmen mit mehr als zwanzig, aber weniger als 1001 Mitarbeitern nur mündlich zu erstatten, können beide Berichte verknüpft werden, da ohnehin die wirtschaftliche Lage und insbesondere die zukünftige Entwicklung des Betriebs nur im Zusammenhang mit der Unternehmenskonzeption zu verstehen sein wird. In Betrieben mit mehr als 1000 Mitarbeitern, in denen die Unterrichtung der Arbeitnehmer über die Unternehmensentwicklung nach § 110 Abs. 1 BetrVG schriftlich zu erfolgen hat, kann der schriftliche Unternehmensbericht als Grundlage für die Erläuterung aus der betrieblichen Sicht herangezogen werden. Nach der Gesetzesergänzung durch das BetrVerf-Reformgesetz 2001 erstreckt sich die Berichtspflicht auch auf den **betrieblichen Umweltschutz**. Eine **Legaldefinition** des an verschiedenen Stellen des Gesetzes aufgenommenen betrieblichen Umweltschutzes, der nach den §§ 80 Abs. 1 Nr. 9, 89 BetrVG ausdrücklich zu den Aufgaben des Betriebsrats zählt, findet sich in § 89 Abs. 3 BetrVG. Als betrieblicher Umweltschutz i.S.d. BetrVG sind alle personellen und organisatorischen Maßnahmen sowie alle die betrieblichen Bauten, Räume, technischen Anlagen, Arbeitsverfahren, Arbeitsabläufe und Arbeitsplätze betreffenden Maßnahmen zu verstehen, die dem Umweltschutz dienen.

Zu den **allgemeinen Themen** auf der Betriebsversammlung gehören nach § 45 BetrVG Angele- 151
genheiten tarifpolitischer, sozialpolitischer, umweltpolitischer und wirtschaftlicher Art, weiterhin Fragen der Förderung der Gleichstellung von Frauen und Männern, der Vereinbarkeit von Familie und Erwerbstätigkeit sowie der Integration der im Betrieb beschäftigten ausländischen Arbeitnehmer. Stets muss jedoch die **unmittelbare Betroffenheit des Betriebes oder seiner Arbeitnehmer in dieser Funktion** gegeben sein. Abzugrenzen hiervon sind Angelegenheiten, die die Arbeitnehmer ausschließlich als Staatsbürger betreffen. Betriebsrat und Arbeitgeber sind auch in der Betriebsversammlung an die Friedenspflicht und das Verbot parteipolitischer Betätigung nach § 74 BetrVG gebunden. Die Arbeitnehmer können in der Betriebsversammlung ihre Meinung frei äußern, allerdings nicht in unsachlicher Form oder gar in beleidigender Art und Weise. Sachliche Kritik sowohl am Betriebsrat, als auch am Arbeitgeber oder Führungskräften, ist indessen erlaubt. Der **Betriebsratsvorsitzende leitet die Versammlung** und hat auf die Einhaltung dieser Grundsätze zu achten. Ihm obliegt für die Dauer der Versammlung das **Hausrecht** über den Versammlungsraum.[343] Nimmt der Betriebsratsvorsitzende das Hausrecht gegen Störer nicht wahr oder unterstützt er Störungen durch Behandlung von Themen, die nicht Gegenstand einer Betriebsversammlung sein können, beispielsweise den Aufruf zu Arbeitskampfmaßnahmen, verliert die Versammlung ihren Charakter als Betriebsversammlung und das Hausrecht wächst wieder dem Arbeitgeber zu.[344]

3. Zeitpunkt und Verdienstausfall

Nach § 44 Abs. 1 Satz 1 BetrVG finden die regelmäßigen und zusätzlichen Betriebsversammlungen 152
nach § 43 Abs. 1 BetrVG, unabhängig davon, ob sie als Vollversammlung, Teil- oder Abteilungsversammlung durchgeführt werden, **während der Arbeitszeit** statt. Gleiches gilt für die Betriebsver-

342 BAG, Beschl. v. 08.03.1977, AP Nr. 1 zu § 43 BetrVG 1972.
343 BAG, Beschl. v. 13.09.1977, AP Nr. 1 zu § 42 BetrVG 1972.
344 Einschränkend Richardi/*Annuß*, § 42 BetrVG Rn 26.

sammlungen zur Bestellung eines Wahlvorstands im normalen oder vereinfachten Verfahren nach §§ 17 und 14 a BetrVG und für die auf Antrag des Arbeitgebers einberufenen Betriebsversammlungen. Etwas anderes gilt nur dann, wenn die Eigenart des Betriebs die Anberaumung außerhalb der Arbeitszeit zwingend erfordert. Mit der Arbeitszeit ist die **betriebliche Arbeitszeit** gemeint, so dass bei unterschiedlicher persönlicher Arbeitszeit der Arbeitnehmer die Versammlung so zu legen ist, dass sie in der persönlichen Arbeitszeit möglichst vieler Arbeitnehmer liegt, ohne dass dies für alle Arbeitnehmer gelten kann.[345] Der Betriebsrat hat bei der Festlegung des Zeitpunkts betriebliche Belange zu berücksichtigen und den Arbeitgeber frühzeitig zu informieren, damit dieser die Betriebsabläufe entsprechend disponieren kann.[346] Die **Dauer** richtet sich nach den notwendigen Inhalten, eine Regeldauer besteht nicht.[347] Die vorstehend genannten Betriebsversammlungen finden nur bei zwingender Notwendigkeit außerhalb der Arbeitszeit statt. Gefordert wird eine technisch untragbare Störung eines eingespielten Betriebsablaufs oder eine absolute wirtschaftliche Unzumutbarkeit, nicht aber jede wirtschaftliche Erwägung.[348] Ein hoher Anteil von ausländischen Arbeitnehmern ist nach ArbG Stuttgart ein sachlicher Grund dafür, dass der Betriebsrat zur Betriebsversammlung **Dolmetscher** hinzuzieht. Alle Arbeitnehmer haben einen Arbeitsentgeltanspruch auch während der Dolmetscherzeit.[349]

153 Für die genannten Betriebsversammlungen sind den Arbeitnehmern die **Zeit für die Teilnahme einschließlich der Wegezeiten wie Arbeitszeit** zu vergüten, § 44 Abs. 1 Satz 2 BetrVG. Unerheblich ist, ob der Arbeitnehmer ohne die Teilnahme tatsächlich gearbeitet hätte, die Betriebsversammlung also in seine persönliche Arbeitszeit fiel.[350] Dementsprechend haben auch Arbeitnehmer in der **Elternzeit** einen Anspruch auf Teilnahme und Vergütung.[351] Gleichfalls sind die den Arbeitnehmern zusätzlich entstehenden **Fahrtkosten** zu erstatten. Hat der Betriebsrat pflichtwidrig eine Betriebsversammlung nicht während der Arbeitszeit anberaumt und der Arbeitgeber hierauf hingewiesen, entstehen für die Arbeitnehmer keine Vergütungsansprüche.[352]

154 **Außerhalb der Arbeitszeit sind die außerordentlichen Betriebsversammlungen** anzuberaumen, die auf Antrag eines Viertels der Arbeitnehmer oder auf Veranlassung des Betriebsrats selbst gem. § 43 Abs. 3 BetrVG stattfinden. Eine abweichende Vereinbarung mit dem Arbeitgeber ist möglich. Insbesondere in Mehrschichtbetrieben kann möglicherweise kein Zeitraum außerhalb der Arbeitszeit aller Arbeitnehmer gleichzeitig gefunden werden. In diesem Fall ist entweder das Einverständnis des Arbeitgebers zur Teilnahme der betreffenden Arbeitnehmer erforderlich oder es muss auf Teilversammlungen ausgewichen werden. Findet eine außerordentliche Betriebsversammlung mit Einverständnis des Arbeitgebers innerhalb der Arbeitszeit statt, wird das Arbeitsentgelt nicht vermindert. In diesen Fällen erhalten die Arbeitnehmer also nur dasjenige, was sie während ihrer persönlichen Arbeitszeit verdient hätten. Für die übrige Versammlung besteht kein Vergütungsanspruch.

III. Gesamtbetriebsrat

1. Bildung und Bestehen des Gesamtbetriebsrats

155 Bestehen in einem Unternehmen[353] mehrere Betriebsräte, ist gem. § 47 Abs. 1 BetrVG ein Gesamtbetriebsrat zu errichten. Das Gesetz eröffnet den Betriebsräten keine Wahlmöglichkeit, sondern es gehört zu den **gesetzlichen Pflichten der Einzelbetriebsräte**, den **Gesamtbetriebsrat tatsächlich**

345 BAG, Beschl. v. 27.11.1987, AP Nr. 7 zu § 44 BetrVG 1972.
346 LAG Düsseldorf, Beschl. v. 24.10.1972, DB 1972, 2212.
347 LAG Saarbrücken, Beschl. v. 21.12.1960, AP Nr. 2 zu § 43 BetrVG.
348 BAG, Beschl. v. 26.10.1956, AP Nr. 1 zu § 43 BetrVG; Beschl. v. 09.03.1976, AP Nr. 3 zu § 44 BetrVG 1972.
349 ArbG Stuttgart, Urt. v. 27.02.1986, AiB 1986, 168.
350 BAG, Beschlüsse v. 05.05.1987, AP Nr. 4 und 6 zu § 44 BetrVG 1972.
351 BAG, Beschl. v. 31.05.1989, AP Nr. 9 zu § 44 BetrVG 1972.
352 BAG, Beschl. v. 27.11.1987, AP Nr. 7 zu § 44 BetrVG 1972.
353 Zum Unternehmensbegriff vgl. Rn 29 f.

zu bilden. Als Voraussetzung reicht es nicht aus, wenn das Unternehmen mehrere Betriebe führt, vielmehr müssen in mindestens zwei Betrieben des räumlichen Geltungsbereichs des BetrVG Betriebsräte gebildet sein. Die **Initiative** der konstitutiven Einberufung des Gesamtbetriebsrats liegt gem. § 51 Abs. 2 BetrVG beim **Betriebsrat der Hauptverwaltung des Unternehmens** oder, soweit eine solcher Betriebsrat nicht besteht, beim Betriebsrat des nach der Zahl der wahlberechtigten Arbeitnehmer größten Betriebs. Auf der konstituierenden Sitzung hat die Wahl des Vorsitzenden und seines Stellvertreters zu erfolgen, bis zur Wahl eines Wahlleiters führt der Vorsitzende des einladenden Betriebsrats die Sitzung.

Jeder Betriebsrat mit bis zu drei Mitgliedern entsendet einen Vertreter in den Gesamtbetriebsrat, 156
jeder Betriebsrat mit mehr als drei Mitgliedern entsendet zwei seiner Mitglieder, § 47 Abs. 2 Satz 1 BetrVG. Bei der **Entsendung** sollen die **Geschlechter angemessen berücksichtigt** werden. Nur **vorübergehend nachgerückte Ersatzmitglieder** können nicht als Mitglieder des Gesamtbetriebsrats bestellt werden.[354] Bei Großunternehmen mit vielen Betrieben kann der Gesamtbetriebsrat auf diesem Wege unvertretbar groß werden. Die Absätze 4 bis 6 von § 47 BetrVG enthalten daher Mechanismen zur Begrenzung der Größe des Gesamtbetriebsrats. Nach Abs. 4 kann die Mitgliederzahl durch Tarifvertrag oder Betriebsvereinbarung abweichend geregelt werden. Wenn die Mitgliederzahl 40 überschreitet und keine tarifliche Regelung besteht, hat der Arbeitgeber gegen den Gesamtbetriebsrat einen Anspruch auf Abschluss einer **Betriebsvereinbarung über die Mitgliederzahl**, in der bestimmt wird, dass Betriebsräte mehrerer Betriebe eines Unternehmens, die regional oder durch gleichartige Interessen miteinander verbunden sind, gemeinsam Mitglieder in den Gesamtbetriebsrat entsenden, wobei § 47 Abs. 5 BetrVG nicht fordert, dass die durch Gesamtbetriebsvereinbarung festzulegende Mitgliederzahl 40 nicht übersteigen darf, sondern nur, dass eine Reduzierung der gesetzlich gem. Abs. 2 festgelegten Mitgliederzahl herbeigeführt wird.[355] Können sich die Betriebspartner nicht einigen, entscheidet die **Einigungsstelle**. Ein **bereits verkleinerter Gesamtbetriebsrat** kann nach ArbG München nicht wirksam mit dem Arbeitgeber eine Betriebsvereinbarung nach § 47 Abs. 4 und 5 BetrVG über eine weitere Verkleinerung abschließen. Dies kann nur ein nach § 47 Abs. 2 BetrVG zusammengetretener GBR.[356] Nach § 47 Abs. 3 BetrVG sind Ersatzmitglieder zu bestellen. Die Bestimmung der zu entsendenden Mitglieder ist durch den Wegfall des Gruppenprinzips im gesamten Betriebsverfassungsrecht deutlich entschlackt worden. Der Betriebsrat fasst für die Entsendung jedes Mitglieds in den Gesamtbetriebsrat einen **Beschluss nach § 33 BetrVG**, er kann gleichfalls beschließen, eine Wahl durchzuführen. Die Liste einer in einem Betrieb nur durch wenige Mitglieder vertretenen Gewerkschaft muss keinen Sitz im Betriebsrat oder Gesamtbetriebsrat erhalten. Die Notwendigkeit der Wahl nach den Grundsätzen der **Verhältniswahl besteht nicht**.[357] Der Betriebsrat kann die entsandten Mitglieder jederzeit **abberufen**. Ein Viertel der wahlberechtigten Arbeitnehmer des Unternehmens, der Arbeitgeber, der Gesamtbetriebsrat oder eine im Unternehmen vertretene Gewerkschaft kann beim Arbeitsgericht den **Ausschluss eines Mitglieds** aus dem Gesamtbetriebsrat wegen grober Pflichtverletzung beantragen, § 48 BetrVG.

Der Gesamtbetriebsrat hat **keine feste Amtszeit**, er ist vielmehr eine **Dauereinrichtung**, die un- 157
abhängig von der Amtszeit der Einzelbetriebsräte besteht.[358] Der Gesamtbetriebsrat besteht mithin solange die Voraussetzungen seiner Errichtung nach § 47 Abs. 1 BetrVG vorliegen. Werden Einzelbetriebsräte neu gewählt, müssen entsprechend neue Beschlüsse für die Entsendung der Mitglieder in den Gesamtbetriebsrat gefasst werden. Wenn eine Wahl eines Betriebsrat bei Beendigung der Amtszeit des amtierenden Betriebsrats noch nicht abgeschlossen ist, führt die kurzfristige Betriebsratslosigkeit eines Betriebes nicht zur Auflösung des Gesamtbetriebsrats.[359] Überträgt ein Unterneh-

354 ArbG Frankfurt, Beschl. v. 04.12.2002, AuB 2003, 28.
355 LAG München, Beschl. v. 08.05.2002 – 9 TaBV 77/01 (n.v.).
356 ArbG München, Beschl. v. 08.05.2003, ArbuR 2003, 279.
357 ArbG Kassel, Beschl. v. 28.06.2002, ArbuR 2002, 477.
358 BAG, Beschl. v. 05.12.1975, AP Nr. 1 zu § 47 BetrVG 1972.
359 BAG, Beschl. v. 08.06.1999, NZA 1999, 1168 (1170).

men seine sämtlichen Betriebe auf zwei andere, rechtlich selbständige Unternehmen, endet das Amt des in dem übertragenden Unternehmen gebildeten Gesamtbetriebsrats.[360]

2. Stimmengewichtung

158 Anders als im Betriebsrat verteilen sich die Stimmen im Gesamtbetriebsrat nicht nach Köpfen seiner Mitglieder, sondern jedes Mitglied hat **so viele Stimmen**, wie in dem Betrieb, in dem es gewählt wurde, **wahlberechtigte Arbeitnehmer in der Wählerliste** bei der letzten Betriebsratswahl[361] eingetragen waren, § 47 Abs. 7 Satz 1 BetrVG. Entsendet der Betriebsrat mehrere Mitglieder, stehen ihnen die **Stimmen anteilig** zu. Ist ein Mitglied aufgrund der Größe des Gesamtbetriebsrats für mehrere Betriebe entsandt worden, sind die Stimmen aus den Wählerlisten der Betriebe entsprechend zusammenzurechnen, § 47 Abs. 8 BetrVG.

159 § 47 Abs. 9 BetrVG stellt mittelbar klar, dass auch der **Betriebsrat eines Gemeinschaftsbetriebes** zweier Unternehmen Mitglieder in den Gesamtbetriebsrat entsendet und die wahlberechtigten Arbeitnehmer des Gemeinschaftsbetriebes bei der Stimmengewichtung im Grundsatz vollständig mitzählen, unabhängig davon, welches der jeweilige Vertragsarbeitgeber ist.[362] Nach § 47 Abs. 9 BetrVG können für Mitglieder des Gesamtbetriebsrats, die aus einem gemeinsamen Betrieb mehrerer Unternehmen entsandt worden sind, durch Tarifvertrag oder Betriebsvereinbarung andere Stimmengewichtungen vereinbart werden, als sie sich aus den Absätzen 7 und 8 ergeben. Dies kann sich nach der Gesetzesbegründung anbieten für den Fall, dass im Gesamtbetriebsrat eines der am gemeinsamen Betrieb beteiligten Unternehmen über eine Angelegenheit beschlossen werden soll, die nur dieses Unternehmen betrifft. Verfüge dieses Unternehmen beispielsweise über eine betriebliche Altersversorgung für seine Arbeitnehmer und solle verhindert werden, dass die Vertreter der Arbeitnehmer des gemeinsamen Betriebs im Gesamtbetriebsrat bei Abstimmungen über die betriebliche Altersversorgung ihr volles Stimmengewicht, also auch die Zahl der in keinem Arbeitsverhältnis zu diesem Unternehmen stehenden Arbeitnehmer einbringen können, kann durch Tarifvertrag oder Betriebsvereinbarung vorgesehen werden, dass bei Abstimmungen im Gesamtbetriebsrat in Angelegenheiten der betrieblichen Altersversorgung den Vertretern der Arbeitnehmer des gemeinsamen Betriebs nur die Stimmen der Arbeitnehmer dieses Unternehmens zustehen.[363]

3. Zuständigkeit des Gesamtbetriebsrats

a) Allgemeines

160 Die Zuständigkeit des Gesamtbetriebsrats ist in § 50 BetrVG geregelt. Sie gliedert sich in eine **originäre Zuständigkeit** (§ 50 Abs. 1 BetrVG) und eine **Auftragszuständigkeit** (§ 50 Abs. 2 BetrVG). Der Gesamtbetriebsrat ist den einzelnen Betriebsräten **nicht übergeordnet**, § 50 Abs. 1 Satz 2 BetrVG, er ist ihnen auch nicht untergeordnet, so dass **keine Weisungsgebundenheit der entsandten Mitglieder** besteht. Er ist vielmehr eigenständiges betriebsverfassungsrechtliches Organ. Dementsprechend ist dem Gesamtbetriebsrat ein eigener originärer Zuständigkeitsbereich zugewiesen. Das BetrVG formuliert aber nicht etwa eigene Mitbestimmungstatbestände für den Gesamtbetriebsrat, die Unterscheidung richtet sich vielmehr nach dem Bezugspunkt der arbeitgeberseits geplanten Maßnahme.

161 Die **originäre Zuständigkeit des Gesamtbetriebsrats** ist gegeben, wenn die Angelegenheit das Gesamtunternehmen oder zumindest mehrere Betriebe des Unternehmens betrifft und die Angelegenheit nicht durch die einzelnen Betriebsräte geregelt werden kann. Beide Voraussetzungen

360 BAG, Beschl. v. 05.06.2002, NZA 2003, 336.
361 *Fitting u.a.*, § 47 BetrVG Rn 74.
362 Vgl. hierzu *Fitting u.a.*, § 1 BetrVG Rn 98, § 47 BetrVG Rn 82 einerseits und Berscheid/Kunz/Brand/*Vetter*, Teil 6 A. IV. Rn 279 andererseits.
363 BT-Drucks 14/5741, 42.

müssen kumulativ vorliegen.[364] Die Formulierung in § 50 Abs. 1 Satz 1 BetrVG, dass die Angelegenheit nicht durch die einzelnen Betriebsräte innerhalb ihrer Betriebe geregelt werden kann, belegt, dass das Gesetz von einer **Primärzuständigkeit der einzelnen Betriebsräte** ausgeht. Nur wo diese nicht vernünftig ausgeübt werden kann, ist der Gesamtbetriebsrat zuständig. Dabei darf die Gesetzesformulierung weder als objektive Unmöglichkeit verstanden werden,[365] noch als reine Zweckmäßigkeitserwägung oder in Form eines Koordinierungsinteresses des Arbeitgebers.[366] Der Gesamtbetriebsrat ist nur dann zuständig, wenn **bei vernünftiger Würdigung eine zwingende sachliche Notwendigkeit für eine einheitliche Regelung** der betreffenden Angelegenheit innerhalb des Unternehmens besteht.[367] Der **Arbeitgeber** kann aber auch dadurch auf die Frage der Zuständigkeit **Einfluss** nehmen, dass er erklärt, er sei nur unter der Voraussetzung einer einheitlichen Regelung im Unternehmen bereit, die Maßnahme bei einer **freiwilligen Leistung** überhaupt vorzunehmen.[368] Auch in diesem Fall muss die unternehmensübergreifende Auswirkung jedoch von der Sache her gegeben sein. Die Entscheidung des Arbeitgebers, die flexible Arbeitszeit nur mit dem Gesamtbetriebsrat zu regeln, macht eine einheitliche Regelung nicht notwendig, denn der Arbeitgeber kann nicht mitbestimmungsfrei eine Arbeitszeit einführen, die von der tarifvertraglich geregelten Arbeitszeit abweicht.[369] Der originären Zuständigkeit des Gesamtbetriebsrats nach § 50 Abs. 1 BetrVG kann **nicht durch freiwillige Vereinbarung auf betrieblicher Ebene vorgegriffen** werden mit der Folge, dass ändernde Vereinbarungen nunmehr nur noch auf betrieblicher Ebene möglich wären. In solchen Angelegenheiten kann deshalb die mit dem von Gesetzes wegen zuständigen Gesamtbetriebsrat getroffene Regelung die freiwillige Vereinbarung ablösen, die zuvor ein Betriebsrat abgeschlossen hatte.[370]

Nach dem neu eingefügten § 50 Abs. 1 Satz 1 Hs. 2 BetrVG erstreckt sich die **Zuständigkeit** des Gesamtbetriebsrats in unternehmensweiten Angelegenheiten auch auf **Betriebe des Unternehmens, in denen kein Betriebsrat gewählt wurde.**[371] **162**

Die Abgrenzung der Zuständigkeit ist nicht immer einfach. Im Hinblick auf den Nachteilsausgleichsanspruch nach § 113 Abs. 3 BetrVG ist daher die Frage aufgetreten, ob der Arbeitgeber einen Interessenausgleich hinreichend versucht hat, wenn er hierüber mit dem **falschen Gremium verhandelt** hat. In der Entscheidung vom 24.01.1996 hat das BAG[372] dem klagenden Arbeitnehmer einen Nachteilsausgleich zuerkannt. Das BAG hat ausgeführt, dass ein Nachteilsausgleich nur dann ausgeschlossen ist, wenn der Arbeitgeber alles ihm Zumutbare getan hat, um den richtigen Verhandlungspartner zu finden. Hierzu ist der Arbeitgeber jedenfalls gehalten, **Betriebsrat und Gesamtbetriebsrat aufzufordern, sich zu der Zuständigkeitsfrage zu äußern**. Benennen beide Gremien übereinstimmend den Gesamtbetriebsrat als Verhandlungspartner, ist die Zuständigkeit unproblematisch, weil dann die Benennung jedenfalls als Beauftragung i.S.v. § 50 Abs. 2 BetrVG verstanden werden kann. Benennen sie jedoch den Betriebsrat als Verhandlungspartner kommt eine Zuständigkeit kraft Parteiwillens nicht in Betracht, weil das Gesetz **keine Delegationsmöglichkeit vom Gesamtbetriebsrat auf die Einzelbetriebsräte** kennt. Eine in der Sache getroffene Vereinbarung ist dann gleichwohl unwirksam. Allerdings hat der Arbeitgeber durch sachgerechte Überlegung und Einschaltung beider Organe alles ihm Zumutbare zur Ermittlung des richtigen Verhandlungspartners getan, so dass ein Nachteilsausgleich dann nicht geschuldet ist. In dem vom **163**

364 BAG, Beschl. v. 26.01.1993, AP Nr. 102 zu § 99 BetrVG 1972.
365 BAG, Beschl. v. 23.09.1975, AP Nr. 1 zu § 50 BetrVG 1972; Beschl. v. 11.11.1998, NZA 1999, 947.
366 BAG, Beschl. v. 26.01.1993, AP Nr. 102 zu § 99 BetrVG 1972.
367 BAG, Beschl. v. 30.08.1995, AP Nr. 29 zu § 87 BetrVG 1972 Überwachung.
368 BAG, Beschl. v. 11.11.1998, NZA 1999, 947; BAG, Beschl. v. 30.08.1995, AP Nr. 29 zu § 87 BetrVG 1972 Überwachung.
369 LAG München, Beschl. v. 14.11.2002 – 2 TaBV 23/02 (n.v.).
370 BAG, Beschl. v. 21.01.2003, NZA 2003, 992; BAG v. 11.12.2001, NZA 2002, 688.
371 Anders zum alten Recht noch BAG, Beschl. v. 21.03.1996, NZA 1996, 974.
372 BAG, Urt. v. 24.01.1996, NZA 1996, 1107.

BAG[373] entschiedenen Fall hatte der Arbeitgeber die in der ersten Verhandlung anwesenden Gesamtbetriebsratsvertreter ohne nähere Prüfung hinausgeschickt, nach der Verhandlung die Einigungsstelle angerufen und dort die Verhandlungen für gescheitert erklärt. Dies hat das BAG nicht ausreichen lassen. Der Auffassung, dass in Fällen, in denen die Maßnahme anders als bei Betriebsänderungen nicht unter Zeitdruck stünden, dem Arbeitgeber in jedem Fall zuzumuten ist, eine gerichtliche Klärung herbeizuführen,[374] kann nicht gefolgt werden. Wenn Gesamtbetriebsrat und Betriebsrat übereinstimmend den Betriebsrat als Verhandlungspartner benennen und diese Auffassung rechtlich vertretbar erscheint, d.h. nicht offensichtlich unzutreffend ist, besteht kein Anlass, dem Arbeitgeber zuzumuten, ein Beschlussverfahren durchzuführen.

163a Hat der Betriebsrat den Gesamtbetriebsrat einmal **beauftragt**, für ihn eine bestimmte Angelegenheit nach § 50 Abs. 2 Satz 1 BetrVG zu behandeln, ist der **Gesamtbetriebsrat auch für die Anrufung und Bildung der Einigungsstelle mit dem Arbeitgeber zuständig**. Seine Zuständigkeit wird nicht durch einen vom Betriebsrat nach § 50 Abs. 2 Satz 2 BetrVG erklärten Vorbehalt beschränkt, nach dem sich der Betriebsrat die Entscheidungsbefugnis vorbehalten kann.[375]

b) Einzelne Mitbestimmungsrechte

aa) Soziale Angelegenheiten

164 In sozialen Angelegenheiten des § 87 Abs. 1 BetrVG besteht meist die **Zuständigkeit der Einzelbetriebsräte**. Anknüpfungspunkt ist in der Regel der Betrieb, nicht das Unternehmen.[376] Das **Tragen einer Dienstkleidung** als Fallgestaltung der Betriebsordnung nach § 87 Abs. 1 Nr. 1 BetrVG kann als unternehmensweites einheitliches Auftreten gewollt sein und daher in der Regelungskompetenz des Gesamtbetriebsrats liegen.[377] Die Festlegung des Beginns und Endes der Arbeitszeit nach § 87 Abs. 1 Nr. 2 BetrVG kann nur dann in die Zuständigkeit des Gesamtbetriebsrats fallen, wenn mehrere Betriebe produktionstechnisch so miteinander verzahnt sind, dass nur eine einheitliche Regelung gerechtfertigt erscheint.[378] In diesem Fall kann der **Zusammenhang in der Produktionslinie** ausnahmsweise auch zur Zuständigkeit des Gesamtbetriebsrats bei der Aufstellung des Urlaubsplans nach § 87 Abs. 1 Nr. 5 BetrVG führen.[379] Im Rahmen von auch als abstrakte Kontrolleinrichtung geeigneter EDV-Systeme nach Abs. 6 kann die Zuständigkeit des Gesamtbetriebsrats gegeben sein, wenn das **EDV-System einheitlich für das Unternehmen** eingeführt werden soll.[380] Dafür soll nach LAG Nürnberg ausreichend sein, dass nur so eine unternehmenseinheitliche Regelung subjektiv möglich ist, die der Kostenoptimierung und der unternehmenseinheitlichen Arbeitsplatzgestaltung dienen soll.[381] Häufiger ist die Zuständigkeit des Gesamtbetriebsrats bei der Form, Ausgestaltung und Verwaltung von **Sozialeinrichtungen** nach § 87 Abs. 1 Nr. 8 BetrVG, insbesondere bei Einrichtungen für die betriebliche Altersversorgung, die in aller Regel unternehmensweit gestaltet und nur in seltenen Fällen auf einen Betrieb eines Unternehmens beschränkt werden.[382] Die Zuständigkeit des Gesamtbetriebsrats kann weiterhin in Fragen der **betrieblichen Lohngestaltung** nach § 87 Abs. 1 Nr. 10 BetrVG bestehen, beispielsweise wenn wegen der Gleichartigkeit der Struktur und Aufgaben der einzelnen Betriebe eine Ungleichbehandlung der Arbeitnehmer nicht gerechtfertigt

373 BAG, Urt. v. 24.01.1996, NZA 1996, 1107.

374 Berscheid/Kunz/Brand/*Vetter*, Teil 6 A. VI. Rn 294.

375 LAG Düsseldorf, Beschl. v. 03.07.2002, NZA-RR 2003, 83.

376 BAG, Beschl. v. 23.09.1975, AP Nr. 1 zu § 50 BetrVG 1972; Beschl. v. 18.10.1994, AP Nr. 70 zu § 87 BetrVG 1972 Lohngestaltung.

377 LAG Nürnberg, Beschl. v. 10.09.2002, NZA-RR 2003, 197.

378 BAG, Beschl. v. 23.09.1975, AP Nr. 1 zu § 50 BetrVG 1972.

379 GK-BetrVG/*Kreutz*, § 50 Rn 37; *Fitting u.a.*, § 50 BetrVG Rn 40.

380 BAG, Beschl. v. 14.09.1984, AP Nr. 9 zu § 84 BetrVG 1972 Überwachung; Beschl. v. 11.11.1998, NZA 1999, 947; LAG Köln, Beschl. v. 03.07.1987, DB 1987, 2107.

381 LAG Nürnberg, Beschl. v. 03.05.2002, NZA-RR 2003, 21.

382 BAG, Beschl. v. 21.01.2003, NZA 2003, 992; Beschl. v. 19.03.1981, AP Nr. 14 zu § 80 BetrVG 1972; Beschl. v. 08.12.1981, AP Nr. 1 zu § 1 BetrAVG Ablösung.

erscheint.[383] Dasselbe kann bei der Gestaltung von **unternehmenseinheitlichen Provisionsregelungen** des Vertriebs eines Unternehmens gelten.[384] Das Mitbestimmungsrecht nach § 87 Abs. 1 Nr. 4 BetrVG zur Regelung einer Kontoführungspauschale steht dem örtlichen Betriebsrat zu. Auch die Notwendigkeit von Einsparungen zum Zwecke der Unternehmenssanierung und ein damit verbundener Zeitdruck heben die gesetzliche Zuständigkeitsverteilung nicht auf. Einen eigenständigen Mitbestimmungstatbestand »**Unternehmenssanierung**« gibt es nicht.[385]

bb) Personelle Angelegenheiten

Bei den allgemeinen personellen Angelegenheiten ist die Zuständigkeit des Gesamtbetriebsrats in seltenen Fällen bei einer **Personalplanung auf Unternehmensebene**, einer daraus folgenden **unternehmenseinheitlichen Ausschreibung von Arbeitsplätzen** und einer auf Unternehmensebene **zentral durchgeführten Berufsbildung** gegeben.[386] Bei der Festlegung von Kriterien für die **Auswahl von Beamten zur sog. Insichbeurlaubung** gem. § 4 Abs. 3 PostPersRG handelt es sich um die Aufstellung von Richtlinien über die personelle Auswahl bei Umgruppierungen nach § 95 Abs. 1 Satz 1 BetrVG. Das BAG hat Bedenken geäußert, ob diese Auswahlgrundsätze nur unternehmenseinheitlich festgelegt werden können.[387] 165

Nach ständiger Rechtsprechung ist dagegen für **personelle Einzelmaßnahmen** nach § 99 BetrVG der **Betriebsrat** zuständig. Dies gilt für Eingruppierungen, Umgruppierungen, Einstellungen und **Versetzungen**, auch wenn letztere von einem Betrieb des Unternehmens **in einen anderen Betrieb** erfolgen. Dann muss der Arbeitgeber sowohl den Betriebsrat des abgebenden Betriebes beteiligen, für den sich die Maßnahme als Versetzung darstellt, als auch denjenigen des aufnehmenden Betriebes, für den es sich um eine Einstellung handelt.[388] Beide Betriebsräte können aus unterschiedlichen Gründen der Maßnahme widersprechen, so dass der Arbeitgeber gezwungen sein kann, zwei Zustimmungsersetzungsverfahren durchzuführen. Nur wenn in beiden Verfahren die Zustimmung des jeweiligen Betriebsrats ersetzt wird, kann der Arbeitgeber die Maßnahme umsetzen. Der Zustimmung des Betriebsrats des abgebenden Betriebes bedarf der Arbeitgeber nur dann nicht, wenn der Arbeitnehmer mit der Versetzung einverstanden ist. Zwar kann die individualrechtliche Zulässigkeit einer Maßnahme nicht das Kollektivrecht entfallen lassen, der Betriebsrat kann jedoch nicht das Ausscheiden eines Mitarbeiters aus dem Betrieb verhindern. In jedem Fall bleibt es bei der Unterrichtungspflicht nach § 99 Abs. 1 BetrVG.[389] 166

Auch für die **Anhörung des Betriebsrats** vor Ausspruch einer **Kündigung** nach § 102 BetrVG ist allein der örtliche **Betriebsrat** zuständig. Etwas anderes gilt nur dann, wenn das Arbeitsverhältnis mehreren Betrieben zugeordnet ist.[390] 167

cc) Wirtschaftliche Angelegenheiten

Eine Reihe gesetzlicher Zuständigkeiten finden sich im Zusammenhang mit dem **Wirtschaftsausschuss**, der auf Unternehmensebene angesiedelt ist und dessen Mitglieder der Gesamtbetriebsrat bestellt, § 107 Abs. 2 Satz 2 BetrVG. Der Gesamtbetriebsrat ist weiterhin zuständig für die Entgegennahme der **Erläuterungen des Jahresabschlusses** nach § 108 Abs. 5 BetrVG und die **Beilegung von Meinungsverschiedenheiten** über das Verlangen des Wirtschaftsausschusses nach einer Auskunft i.S.v. § 109 BetrVG. 168

383 BAG, Beschl. v. 06.12.1988, AP Nr. 37 zu § 87 BetrVG 1972 Lohngestaltung; Beschl. v. 18.10.1994, AP Nr. 70 zu § 87 BetrVG 1972 Lohngestaltung.
384 BAG, Beschl. v. 29.03.1977, AP Nr. 1 zu § 87 BetrVG 1972 Provision.
385 BAG, Beschl. v. 15.01.2002, NZA 2002, 988.
386 BAG, Beschl. v. 12.11.1991, AP Nr. 8 zu § 98 BetrVG 1972.
387 BAG, Beschl. v. 10.12.2002, AP Nr. 43 zu § 95 BetrVG.
388 BAG, Beschl. v. 26.01.1993, AP Nr. 102 zu § 99 BetrVG 1972; Beschl. v. 20.09.1990, NZA 1991, 195.
389 BAG, Beschl. v. 20.09.1990, AP Nr. 84 zu § 99 BetrVG 1972.
390 BAG, Beschl. v. 21.03.1996, AP Nr. 81 zu § 102 BetrVG 1972; LAG Köln, Beschl. v. 20.12.1983, DB 1984, 937.

169 Bei mitbestimmungspflichtigen **Betriebsänderungen** ist eine originäre Zuständigkeit des Gesamtbetriebsrats anzunehmen, wenn die Maßnahme sich auf alle oder mehrere Betriebe auswirkt und deshalb eine einheitliche Regelung notwendig ist. Wenn ein **unternehmenseinheitliches Konzept** zugrunde liegt, ist die Beurteilung und Mitgestaltung nach Auffassung des BAG Aufgabe des Gesamtbetriebsrats. Im anzustrebenden Interessenausgleich habe dieser darüber zu befinden, ob und inwieweit das Konzept gebilligt wird, ob ihm etwa eine andere Konzeption besser, sinnvoller oder interessengerechter erschiene. Diese Entscheidung könne nicht von den einzelnen Betriebsräten getroffen werden.[391] Dabei stellt die Rechtsprechung im Zusammenhang mit der Beteiligung der Arbeitnehmervertretung bei Betriebsänderung stets auf das unternehmenseinheitliche Konzept ab, ohne unternehmerisch einheitlich geplante Maßnahmen nach der Betroffenheit der einzelnen Betriebe zu zerlegen. Der Versuch des Interessenausgleichs unterscheidet sich eben von der personellen Mitbestimmung bei den aus den Vereinbarungen im Interessenausgleich folgenden einzelnen personellen Maßnahmen. Nur bei letzteren verbleibt es bei der Zuständigkeit der einzelnen Betriebsräte. Einen eigenständigen Mitbestimmungstatbestand »**Unternehmenssanierung**« für den der Gesamtbetriebsrat zuständig wäre, gibt es nicht.[392] Aus der Zuständigkeit des Gesamtbetriebsrats für die Vereinbarung über den Interessenausgleich folgt nicht automatisch dessen Zuständigkeit auch für den **Abschluss des Sozialplans**. Vielmehr muss auch insoweit ein zwingendes Bedürfnis nach einer betriebsübergreifenden Regelung bestehen. Erfassen die im Interessenausgleich vereinbarten Betriebsänderungen hingegen mehrere oder sogar sämtliche Betriebes des Unternehmers und ist die Durchführung des Interessenausgleichs abhängig von betriebsübergreifend einheitlichen Kompensationsregelungen in dem noch abzuschließenden Sozialplan, so kann diese Aufgabe von den Betriebsräten der einzelnen Betriebe nicht mehr wahrgenommen werden, sie ist dem Gesamtbetriebsrat zugewiesen.[393]

IV. Betriebsräteversammlung

170 Mindestens einmal im Jahr hat der Gesamtbetriebsrat die Vorsitzenden der Betriebsräte und der Stellvertreter sowie die weiteren Mitglieder der Betriebsausschüsse zu einer Betriebsräteversammlung einzuladen, § 53 Abs. 1 BetrVG. Auf dieser Betriebsräteversammlung hat der **Gesamtbetriebsrat einen Tätigkeitsbericht** und der **Unternehmer einen Bericht** über das Personal- und Sozialwesen und die wirtschaftliche Lage und **Entwicklung des Unternehmens** zu erstatten. Der Bericht des Unternehmers hat darüber hinaus auch den Stand der Gleichstellung von Frauen und Männern, die Integration ausländischer Arbeitnehmer und Fragen des Umweltschutzes im Unternehmen zu umfassen, § 53 Abs. 2 Nr. 2 BetrVG. Nach LAG Frankfurt hat der unternehmerisch tätige, eingetragene Verein den Bericht durch ein oder mehrere Vorstandsmitglieder zu erstatten. Etwas anderes kann nur dann gelten, wenn im konkreten Einzelfall dem Vorstand die Erstattung des Berichts durch Vorstandsmitglieder unzumutbar ist.[394]

V. Konzernbetriebsrat

171 In Unterordnungskonzernen[395] kann ein Konzernbetriebsrat gegründet werden, § 54 Abs. 1 BetrVG.[396] Im Gegensatz zum Gesamtbetriebsrat ist die **Gründung des Konzernbetriebsrats fakultativ**. Voraussetzung ist, dass die Gesamtbetriebsräte, die mehr als 50 % der Arbeitnehmer

391 BAG, Beschl. v. 24.01.1996, AP Nr. 16 zu § 50 BetrVG 1972, unter I. 2. der Gründe (Verlegung eines Betriebes und Zusammenlegung mit einem anderen Betrieb); BAG, Beschl. v. 08.06.1999, AP Nr. 47 zu § 111 BetrVG 1972, unter II. 3. b) der Gründe (Stilllegung von Kleinbetrieben); BAG, Urt. v. 20.04.1994, AP Nr. 27 zu § 113 BetrVG 1972, unter III. der Gründe (Personalabbau in mehreren Betrieben); BAG, Beschl. v. 17.02.1981, AP Nr. 11 zu § 112 BetrVG 1972, unter II. 1. a) bb) (Stilllegung sämtlicher Betriebe eines Unternehmens).

392 BAG, Beschl. v. 15.01.2002, NZA 2002, 988.

393 BAG, Beschl. v. 23.10.2002, AP Nr. 26 zu § 50 BetrVG 1972.

394 LAG Frankfurt, Beschl. v. 26.01.1989, NZA 1989, 733.

395 Vgl. Rn 31.

396 Zu Gesamt- und Konzernbetriebsräten in internationalen Konzernunternehmen siehe *Röder/Powietzka*, DB 2004, 542.

der Konzernunternehmen repräsentieren, der Errichtung zustimmen. Das **Quorum** ist durch das BetrVerf-Reformgesetz von 75 % auf mehr als 50 % abgesenkt worden, um die Gründung von Konzernbetriebsräten zu erleichtern. Bei der Berechnung des Quorums sind nicht nur diejenigen Unternehmen zu berücksichtigen, in denen Gesamtbetriebsräte oder Betriebsräte gegründet sind, sondern **alle Unternehmen des Konzerns mit allen Mitarbeitern**. Sind also in einem oder mehreren Unternehmen, die insgesamt 50 % der Mitarbeiter beschäftigen, keine Gesamtbetriebsräte oder Betriebsräte gebildet, scheitert die Bildung eines Konzernbetriebsrats bereits an dem Quorum.[397] Der Konzernbetriebsrat kann nur dann gebildet werden, wenn in dem Konzern mindestens zwei Unternehmen mit je einem Gesamtbetriebsrat bestehen. Hat **ein Unternehmen nur einen Betrieb** und ist deshalb nur ein Betriebsrat gebildet, nimmt dieser die Rechte eines Gesamtbetriebsrats nach den §§ 54 ff. BetrVG wahr, § 54 Abs. 2 BetrVG. Haben dagegen mehrere Betriebsräte eines Unternehmens entgegen der zwingenden Vorschrift des § 47 Abs. 1 BetrVG keinen Gesamtbetriebsrat gebildet, findet § 54 Abs. 2 BetrVG keine Anwendung. Diese Betriebsräte wirken an der Bildung eines Konzernbetriebsrats nicht mit.[398] Umstritten ist die Anwendung des § 54 Abs. 2 BetrVG auf die Fälle, in denen ein **Unternehmen zwar mehrere Betriebe hat, aber nur in einem dieser Betriebe ein Betriebsrat gewählt ist** und aus diesem Grund die Bildung eines Gesamtbetriebsrats ausscheidet. Der Gesetzeswortlaut spricht für die Anwendung, da von einem Konzernunternehmen mit nur einem Betriebsrat, nicht aber von einem Konzernunternehmen mit nur einem Betrieb die Rede ist. Allerdings können dort, wo es für die Stimmengewichtung auf die Anzahl der beschäftigten Arbeitnehmer in dem Konzernunternehmen ankommt (§ 55 Abs. 3 BetrVG), nur die Arbeitnehmer des einen Betriebs, der einen Betriebsrat gewählt hat, gezählt werden. Denn der Betriebsrat ist in dem Unternehmen mit mehreren Betrieben nicht legitimiert, die Arbeitnehmer der anderen Betriebe zu vertreten.[399]

Die **Zuständigkeit des Konzernbetriebsrats** ist in § 58 BetrVG derjenigen des Gesamtbetriebsrats übertragen auf die Konzernebene nachgebildet und ebenso unterteilt in eine **originäre Zuständigkeit** für Angelegenheiten, die mehrere Konzernunternehmen betreffen und durch die einzelnen Gesamtbetriebsräte nicht geregelt werden können und eine **Auftragszuständigkeit**. Im Rahmen seiner originären Zuständigkeit umfasst die Zuständigkeit auch die Unternehmen und Betriebe, in denen ein Gesamtbetriebsrat oder ein Betriebsrat nicht gebildet ist, § 58 Abs. 1 Satz 1 Hs. 2 BetrVG. Bei der **Auslegung einer Konzernbetriebsvereinbarung** spielt die Vollzugspraxis eines einzelnen beherrschten Unternehmens kein Rolle und begründet auch keine Ansprüche aus betrieblicher Übung.[400] 172

§ 59a BetrVG regelt ein Teilnahmerecht der gem. § 97 Abs. 2 SGB IX zu wählenden Konzernschwerbehindertenvertretung an den Sitzungen des Konzernbetriebsrats mit beratender Stimme. 173

VI. Europäischer Betriebsrat

Seit In-Kraft-Treten der EG-Richtlinie 94/45/EG vom 22.09.1994 kennt auch das Kollektivrecht die Ländergrenzen überschreitende Unternehmen.[401] Die Richtlinie wurde mit dem EBRG vom 28.10.1996 in innerdeutsches Recht umgesetzt.[402] In der Zwischenzeit sind auch Großbritannien und Nordirland der Richtlinie beigetreten.[403] Immer mehr Konzerne ergreifen daher von sich aus die Initiative zur **Konstituierung eines europäischen Betriebsrats**. Die anwaltliche Begleitung dieses Prozesses wird die nachfolgenden Problemfelder zu berücksichtigen und überdies nicht aus 174

397 BAG, Beschl. v. 11.08.1993, AP Nr. 6 zu § 54 BetrVG 1972.
398 GK-BetrVG/*Kreutz*, § 54 Rn 58; Richardi/*Annuß*, § 54 BetrVG Rn 32, 56.
399 *Fitting u.a.*, § 54 BetrVG Rn 58; a.A. Richardi/*Annuß*, § 54 BetrVG Rn 55.
400 BAG, Urt. v. 22.01.2002, NZA 2002, 1224.
401 Zur ergänzenden Rahmen-Richtlinie 2002/14/EG vom 11.03.2002 zur Unterrichtung und Anhörung der Arbeitnehmer vgl. *Reichold*, NZA 2003, 289.
402 Vgl. dazu *Schmidt*, NZA 1997, 180.
403 Richtlinie 97/74/EG des Rates vom 15.12.1997.

dem Blick zu verlieren haben, dass jedes Zusammentreffen des besonderen Verhandlungsgremiums, später des europäischen Betriebsrats, mit der zentralen Leitung mit nicht unerheblichen Kosten für Anreise, Übernachtung, Übersetzer und Ähnliches verbunden ist.

1. Anwendbarkeit welchen nationalen Rechts?

175 Bei der erstmaligen Konstituierung eines europäischen Betriebsrats ist zunächst zu entscheiden, nach welchem nationalen **Transformationsgesetz** vorzugehen ist. Die Richtlinie richtet sich allein an die Mitgliedstaaten. Jedenfalls bei Vorliegen ausführender Gesetze kommt eine unmittelbare Anwendbarkeit der Richtlinie nicht in Betracht.[404] Die Frage, das Recht welchen Einzelstaates gilt, kann nicht generell beantwortet werden. Vielmehr ist nach den einzelnen Gegenständen und Verfahrensabläufen bei der Konstituierung eines europäischen Betriebsrats zu differenzieren.

176 ■ Bei der Feststellung der Anzahl der beschäftigten Arbeitnehmer, die für die Frage bedeutsam ist, ob es sich um ein unter die Richtlinie 94/95/EG fallendes gemeinschaftsweit operierendes Unternehmen oder um eine gemeinschaftsweit operierende Unternehmensgruppe handelt, gelten die jeweiligen einzelstaatlichen Rechtsvorschriften, das heißt, es gelten die Rechtsvorschriften des Landes, in denen der einzelne Betrieb bzw. das einzelne Unternehmen seinen Sitz hat, Art. 2 Ziff. 2 der Richtlinie, § 2 Abs. 4 EBRG.

177 ■ Gleiches gilt für die Feststellung, welches Unternehmen bei einer Unternehmensgruppe das herrschende Unternehmen ist, Art. 3 Ziff, 6 der Richtlinie, § 2 Abs. 4 EBRG. Die Bestimmung des herrschenden Unternehmens dient der Festlegung der zentralen Leitung. Die zentrale Leitung wiederum dient der Festlegung des arbeitgeberseitigen Verhandlungspartners des besonderen Verhandlungsgremiums. Liegt das herrschende Unternehmen jedoch nicht in einem EU-Mitgliedstaat, kann hier die zentrale Leitung nicht angesiedelt werden, da gegen diese Konzernmutter Ansprüche außerhalb der EU nicht verfolgt werden könnten. Es muss mithin ein Tochterunternehmen als Vertreter bestimmt werden, andernfalls ist die zentrale Leitung desjenigen Unternehmens maßgeblich, das die höchste Anzahl von Arbeitnehmern aufweist, Art. 3 Ziff. 6 Unterabs. 2, Art. 4 Ziff. 2 der Richtlinie, § 2 Abs. 2 EBRG.

178 ■ Das jeweilige Recht des Mitgliedstaats ist weiterhin maßgeblich für die Wahl oder die Benennung der Mitglieder des besonderen Verhandlungsgremiums, die in ihrem Hoheitsgebiet zu wählen oder zu benennen sind, Art. 5 Ziff. 2 a der Richtlinie. Bei der Bestimmung der Anzahl der zusätzlichen Mitglieder (Art. 5 Ziff. 2 c der Richtlinie) ist das Recht des Mitgliedstaats maßgeblich, in dessen Hoheitsgebiet die zentrale Leitung ihren Sitz hat. So bestimmt beispielsweise § 22 Abs. 2 EBRG, dass aus Mitgliedstaaten, in denen mindestens 25 %der Arbeitnehmer des Unternehmens oder der Unternehmensgruppe beschäftigt sind, ein zusätzlicher Vertreter entsandt wird. Aus den Mitgliedstaaten, in denen mindestens 50 % der Arbeitnehmer beschäftigt sind, werden zwei zusätzliche Vertreter, aus einem Mitgliedstaat, in dem mindestens 75 % der Arbeitnehmer beschäftigt sind, werden drei zusätzliche Vertreter entsandt.

179 ■ Hinsichtlich des notwendigen Inhalts der Vereinbarung sind die Verhandlungspartner (zentrale Leitung und besonderes Verhandlungsgremium) zunächst frei. Die Verhandlungspartner haben die Wahl, ob sie einen europäischen Betriebsrat am Sitz der zentralen Leitung einsetzen oder anstelle eines europäischen Betriebsrats einen oder mehrere Unterrichtungs- und Anhörungsverfahren schaffen wollen. Schaffen die Parteien einen europäischen Betriebsrat, so sind hierin lediglich die in Art. 6 Ziff. 2 der Richtlinie festgelegten Punkte zu berücksichtigen (vgl. auch § 17 EBRG). Kommt es nicht zu einer solchen Vereinbarung der Parteien, sind die subsidiären Rechtsvorschriften des Mitgliedstaates anzuwenden, in dem die zentrale Leitung ihren Sitz hat, Art. 7 Ziff. 1 der Richtlinie. Die Rechtsvorschriften des so gefundenen Mitgliedstaates müssen

404 *Schmidt*, NZA 1997, 180.

dem Anhang der Richtlinie genügen. Hat die zentrale Leitung ihren Sitz in Deutschland, sind hier die §§ 21 ff. EBRG einschlägig.

2. Verfahrensablauf bei der Konstituierung des besonderen Verhandlungsgremiums

Die Initiative kann sowohl von der Arbeitnehmerseite, als auch von der zentralen Leitung ausgehen, § 9 Abs. 1 EBRG. Geht die Initiative von der Arbeitnehmerseite aus, fehlt es häufig an Informationen über die Struktur des Unternehmens oder der Unternehmensgruppe. Der EuGH[405] hat zu Art. 4 Abs. 1 und Art. 11 Abs. 1 der Richtlinie 94/45/EG auf ein Vorabentscheidungsersuchen des BAG[406] zu einem **Auskunftsanspruch der fingierten zentralen Leitung** folgendes entschieden. Im Ausgangsverfahren geht es um die Frage, ob die Kühne & Nagel AG & Co. KG einem Auskunftsanspruch ihres Gesamtbetriebsrats auf Mitteilung der in § 5 Abs. 1 EBRG genannten Daten über die Struktur der Unternehmensgruppe und der Bezeichnungen und Anschriften der Arbeitnehmervertretungen der Unternehmensgruppe in den Mitgliedstaaten entgegenhalten kann, die notwendigen Informationen von ihren Schwesterunternehmen nicht zu erhalten. Liegt die zentrale Leitung des herrschenden Unternehmens einer gemeinschaftsweit operierenden Unternehmensgruppe nicht in einem Mitgliedsaat, und gibt es weder eine nachgeordnete Leitung noch einen benannten Vertreter, gilt als fingierte zentrale Leitung das Unternehmen mit den meisten Arbeitnehmern in einem Mitgliedsaat, § 2 Abs. 2 EBRG. Der EuGH hat einen Auskunftsanspruch der fingierten zentralen Leitung und damit korrespondierend eine Auskunftsverpflichtung der innergemeinschaftlichen Schwesterunternehmen bejaht. Nach Art. 5 Abs. 1 der Richtlinie kommt den Arbeitnehmervertretungen aus mindestens zwei verschiedenen Mitgliedsaaten ein Initiativrecht für die Einleitung von Verhandlungen zur Einrichtung eines Europäischen Betriebsrats durch Einsetzung eines besonderen Verhandlungsgremiums zu. Voraussetzung des Anspruchs ist das Vorliegen eines gemeinschaftsweit operierenden Unternehmens bzw. einer Unternehmensgruppe, was wiederum von bestimmten Zahlenschwellen abhängt. Um diese Voraussetzungen feststellen zu können, ist die zentrale Leitung zur Auskunft verpflichtet. Um sicherzustellen, dass die fingierte zentrale Leitung der Verantwortung gerecht werden und die Pflichten erfüllen kann, die normalerweise die zentrale Leitung treffen, ist Art. 4 Abs. 1 der Richtlinie dahin auszulegen, dass die fingierte Leitung gehalten ist, von den anderen in der Gemeinschaft ansässigen Unternehmen der Gruppe die Auskünfte zu verlangen, die zur Aufnahme der Verhandlungen unerlässlich sind. Mit dieser Verpflichtung korrespondiert ein entsprechender Auskunftsanspruch der fingierten zentralen Leitung. Die Verpflichtungen der Richtlinie gelten für alle in der EU angesiedelten Unternehmen der Gruppe, nicht nur für das herrschende Unternehmen, die zentrale Leitung desselben oder die fingierte zentrale Leitung. Die Einhaltung dieser Verpflichtungen hat jeder Mitgliedsaat unabhängig davon sicherzustellen, ob sich die zentrale Leitung einer gemeinschaftsweit operierenden Unternehmensgruppe in seinem oder im Hoheitsgebiet eines anderen Mitgliedstaats oder außerhalb der Gemeinschaft befindet. Welche Informationen als unerlässlich zur Verfügung zu stellen sind, müssen die nationalen Gerichte im Einzelfall entscheiden. Das EBRG wird an den **horizontalen Auskunftsanspruch zwischen innergemeinschaftlichen Schwesterunternehmen** anzupassen sein, um dessen Durchsetzbarkeit zu gewährleisten.[407] Der Auskunftsanspruch erstreckt sich auf die Angaben, die zur Aufnahme der Verhandlungen zur Einrichtung eines Europäischen Betriebsrats unerlässlich sind. Die Beurteilung dieser Frage im Einzelfall hat der EuGH wieder den nationalen Gerichten überantwortet. Ob der Gesamtbetriebsrat der Kühne & Nagel AG & Co. KG also neben den in § 5 Abs. 1 EBRG genannten Angaben über die Unternehmens- bzw. Konzernstruktur auch Auskunft über die Bezeichnungen und Anschriften der Arbeitnehmervertretungen der Unternehmensgruppe verlangen kann, wird das BAG zu entscheiden haben, wenn es das nationale Recht überhaupt als ausreichend ansieht, den 180

405 EuGH, Urt. v. 13.01.2004, EWiR 2004, 199, Art. 4 RL 94/45/EG 1/04 (*Spirolke*) = ZIP 2004, 179.
406 BAG, Beschl. v. 27.06.2000, NZA 2000, 1330.
407 *Spirolke*, EuGH EWiR Art. 4 RL 94/45/EG 1/04, 200.

EG-Rechtlichen horizontalen Auskunftsanspruch bereits zum gegenwärtigen Zeitpunkt zuzuerkennen. Ein letztlich inhaltsgleiches Vorabentscheidungsersuchen hat das ArbG Bielefeld an den EuGH gerichtet.[408]

180a Nach Auffassung des LAG Düsseldorf[409] ist der Auskunftsanspruch nach § 5 Abs. 1 EBRG dem Grunde nach bereits dann gegeben, **wenn noch nicht sicher oder feststellbar ist, ob ein herrschendes Unternehmen** i.S.d. § 2 Abs. 1 EBRG existiert. Der Auskunftsanspruch des Betriebsrats umfasse auch das Recht, Angaben vom befragten Unternehmen zu verlangen, die die **Vermutungswirkung** des § 6 Abs. 2 EBRG auslösen. Das zur Auskunft verpflichtete Unternehmen müsse dem Betriebsrat zur Präzisierung und Erläuterung der Auskunft **Unterlagen** zur Verfügung stellen. Hierzu hat der EuGH[410] zu Art. 11 Abs. 1 und 2 der Richtlinie 94/45 entschieden, dass ein Unternehmen, das zu einer Unternehmensgruppe gehört, auch dann zur Auskunftserteilung an die Organe der internen Arbeitnehmervertretung verpflichtet ist, wenn noch nicht feststeht, ob es sich bei der Unternehmensleitung, an die sich die Arbeitnehmer wenden, um die Leitung eines innerhalb der Unternehmensgruppe herrschenden Unternehmens handelt. Gehören die Daten über die Struktur oder die Organisation einer Unternehmensgruppe zu den Informationen, die zur Aufnahme von Verhandlungen zur Einrichtung seines Europäischen Betriebsrats unerlässlich sind, so hat ein Unternehmen dieser Unternehmensgruppe diese Daten, soweit es über sie verfügen oder sie sich beschaffen kann, den Organen der internen Arbeitnehmervertretung auf Antrag zur Verfügung zu stellen. Auch die Übermittlung von Unterlagen, die zu demselben Zweck unerlässliche Informationen präzisieren und verdeutlichen, kann verlangt werden, soweit diese Übermittlung erforderlich ist, um den betroffenen Arbeitnehmern oder ihren Vertretern den Zugang zu den Informationen zu ermöglichen, anhand derer sie beurteilen können, ob sie die Aufnahme von Verhandlungen verlangen können.

180b Der **Konzernbetriebsrat** ist nach § 58 Abs. 1 BetrVG zuständig für die zur Bildung eines europäischen Betriebsrats erforderlichen Maßnahmen, wenn dieser auf Konzernebene zu bilden ist. Zur Vorbereitung der Bildung eines Europäischen Betriebsrats ist es regelmäßig erforderlich, mit ausländischen Arbeitnehmervertretungen im Bereich der EG eine Abstimmung des Verhaltens zu versuchen. Für eine derartige Abstimmung ist regelmäßig ein **persönliches Treffen zwischen Mitgliedern deutscher und ausländischer Arbeitnehmervertretungen** erforderlich. Der **Kostenerstattungsanspruch** für eine Reise zu einem derartigen Treffen ergibt sich aus § 40 BetrVG. Er ist nicht nach §§ 16, 30 EBRG ausgeschlossen.[411]

180c Die Zusammensetzung des besonderen Verhandlungsgremiums ergibt sich aus § 10 EBRG. Die Bestellung der Arbeitnehmervertreter für das besondere Verhandlungsgremium richtet sich nach den nationalen Umsetzungsgesetzen, für die deutschen Arbeitnehmervertreter nach § 11 EBRG. Danach werden die Vertreter, soweit in Deutschland nur ein Unternehmen besteht, vom Gesamtbetriebsrat entsandt. Sollte nur ein Betriebsrat bestehen, so bestellt dieser die Mitglieder, in einer Unternehmensgruppe der Konzernbetriebsrat. In jedem Falle ist hier ein formeller, schriftlich niederzulegender Betriebsratsbeschluss zu fassen. Die einzelnen Arbeitnehmervertretungen haben der zentralen Leitung unverzüglich die Namen der Mitglieder des besonderen Verhandlungsgremiums mitzuteilen. Die zentrale Leitung wiederum hat dann die örtlichen Betriebs- und Unternehmensleitungen, die dort bestehenden Arbeitnehmervertretungen sowie die in inländischen Betrieben vertretenen Ge-

408 ArbG Bielefeld, Beschl. v. 24.07.2001 – 2 BV 92/00 (n.v.), Az. beim EuGH: C-349/01 – 1.
409 LAG Düsseldorf, Beschl. v. 25.10.2001, NZA-RR 2002, 196.
410 EuGH v. 29.03.2001, NZA 2001, 506.
411 ArbG Hamburg, Beschl. v. 17.04.1997, ArbuR 1998, 42.

werkschaften über diese Angaben zu unterrichten, § 12 EBRG.[412] Alsdann lädt die zentrale Leitung zur konstituierenden Sitzung des besonderen Verhandlungsgremiums ein.

Um Kosten und Aufwand gering zu halten, sollten die konstituierende Sitzung des besonderen 181
Verhandlungsgremiums sowie die erste Verhandlungsrunde mit der zentralen Leitung auf einen Termin gelegt werden. Dies setzt voraus, dass die Sitzung ausreichend vorbereitet wird, insbesondere die nationalen Arbeitnehmervertretungen aufgefordert werden, gemäß einem von der zentralen Leitung vorab errechneten Mitgliederschlüssel ihre Vertreter zu benennen. Die Tagesordnung der ersten Sitzung kann wie folgt aussehen:

Einladung 182
Sitzung zur Konstituierung eines besonderen Verhandlungsgremiums sowie Verhandlung über die Einsetzung eines europäischen Betriebsrats

Datum:

Ort:

Zeit:

Tagesordnung

1. Begrüßung und Zielsetzung der Sitzung
2. Kurzvorstellung der Sitzungsteilnehmer
3. Präsentation der Unternehmensgruppe
4. Rechtliche Übersicht – der Europäische Betriebsrat
5. Konstituierende Sitzung des besonderen Verhandlungsgremiums (unter Ausschluss der Arbeitgebervertreter)
   a) Wahl eines Vorsitzenden und eines stellvertretenden Vorsitzenden
   b) Abstimmung über die Fortführung/Aufnahme der Verhandlungen, § 15 EBRG
6. Entscheidung zwischen der Vereinbarung eines Verfahrens zur Unterrichtung und Anhörung der Arbeitnehmer oder der Bildung eines Europäischen Betriebsrats
7. Diskussion
8. Weiteres Vorgehen

Teilnehmer:

3. Entwurf einer Vereinbarung

Entscheiden sich die Partner für die Bildung eines Europäischen Betriebsrats, so kann losgelöst 183
von den inhaltlichen Anforderungen des 4. Teils des EBRG (§§ 21 ff. EBRG) eine entsprechende Vereinbarung getroffen werden, die dem Anforderungskatalog des § 18 EBRG genügen sollte. Der Arbeitgeberentwurf als Verhandlungsbasis kann wie folgt aussehen:

412 Sollte die Unterrichtung der Gewerkschaft unterbleiben, berührt dies m.E. die Wirksamkeit der Bildung des besonderen Verhandlungsgremiums nicht. So ist beispielsweise die Wahlniederschrift über eine Betriebsratswahl gem. § 18 Abs. 3 BetrVG auch den im Betrieb vertretenen Gewerkschaften zu übersenden. Ein Verstoß begründet jedoch keinen Anfechtungsgrund, die Gewerkschaft kann allenfalls im Beschlussverfahren die Herausgabe der Wahlniederschrift verlangen, *Fitting u.a.*, § 18 BetrVG Rn 29. Für das Mitteilungsrecht der §§ 9 Abs. 3, 12 EBRG kann nichts anderes gelten.

184 *Vereinbarung über die Zusammenarbeit der X-Gruppe mit dem Europäischen Betriebsrat*

Zwischen der
X-Gruppe, vertreten durch die zentrale Leitung,
und
dem besonderen Verhandlungsgremium der X-Gruppe
wird nachfolgende Vereinbarung i.S.d. Art. 6 der Richtlinie 94/95/EG vom 22.09.1994, § 17 EBRG geschlossen:

Präambel:

Zielsetzung dieser Vereinbarung ist der soziale Dialog zwischen Arbeitgebern und Arbeitnehmern auf europäischer Ebene. Die Bildung eines europäischen Betriebsrats dient dem europaweiten Informations- und Meinungsaustausch auf der Basis einer vertrauensvollen Zusammenarbeit zwischen Arbeitnehmern und Arbeitgebern der in der X-Gruppe vertretenen Unternehmen.

§ 1 Organisation

1. Die Arbeitnehmervertreter der X-Gruppe innerhalb des in Anlage 1 definierten Geltungsbereichs bestellen nach Maßgabe des in Anlage 2 niedergelegten Organisationsstatuts einen europäischen Betriebsrat. Die Anlagen 1 und 2 sind Bestandteil dieser Vereinbarung.
2. Die X-Gruppe und der europäische Betriebsrat kommen einmal im Jahr zu einer gemeinsamen, eintägigen Sitzung zusammen. Sitzungsort ist Bonn. Die Sitzungen sollen im Mai/Juni eines jeden Jahres stattfinden. Die Sitzungen werden von dem Arbeitgebervertreter geleitet.
3. An den Sitzungen kann je ein entsprechend Ziff. II. 3. des Organisationsstatuts (Anlage 2) bestellter Arbeitnehmervertreter der Gastländer A und B teilnehmen.
4. Die Sitzungssprache ist Deutsch. Einladungen und Protokolle werden in die Landessprache der Unternehmen des Geltungsbereichs übersetzt. Für den Sitzungstag werden Simultanübersetzungen sichergestellt. Eine Übersetzung in die Landessprache teilnehmender Gastländer erfolgt nicht.

§ 2 Informationsaustausch

1. Die am Sitzungstag zu erörternden Themen, sofern sie mindestens 2 Betriebe oder 2 Unternehmen in verschiedenen Mitgliedstaaten des Geltungsbereichs betreffen, beziehen sich vor allem auf folgende Bereiche:
   - Information über Unternehmensstrukturen
   - Information über die wirtschaftliche und finanzielle Lage und Entwicklung des Konzerns und seiner Tochtergesellschaften
   - Information über wesentliche Investitionsprojekte im Konzern
   - Information über sonstige wesentliche, die Mitarbeiterinteressen länderübergreifend berührende Themen
2. Die Unterlagen zu den jeweiligen Themen werden dem europäischen Betriebsrat rechtzeitig zur Verfügung gestellt.

§ 3 Geheimhaltung, Vertraulichkeit

1. Eine Informationspflicht nach § 2 dieser Vereinbarung besteht nur, soweit dadurch nicht Betriebs- oder Geschäftsgeheimnisse des Unternehmens oder der Unternehmensgruppe gefährdet werden.
2. Die Mitglieder und Ersatzmitglieder des europäischen Betriebsrats sind verpflichtet, Betriebs- oder Geschäftsgeheimnisse, die ihnen wegen ihrer Zugehörigkeit zum europäischen Betriebsrat bekannt geworden und von der X-Gruppe ausdrücklich als geheimhaltungsbedürftig bezeichnet sind, nicht zu offenbaren und zu verwerten. Dies gilt auch nach dem Ausscheiden aus dem europäischen Betriebsrat.

§ 4 In-Kraft-Treten, Geltungsdauer, Fortentwicklung

1. Die Vereinbarung tritt mit ihrer Unterzeichnung in Kraft.
2. Sie ist beiderseits mit einer Frist von 6 Monaten zum Jahresende kündbar, erstmals zum . Sie gilt bis zum Abschluss einer neuen Vereinbarung fort.
3. Beide Seiten bekunden ihren Willen, bei Bedarf diese Vereinbarung zu verändern und sie dynamisch neuen Anforderungen des sozialen Dialogs in Europa einvernehmlich anzupassen.

X-Gruppe   besonderes Verhandlungsgremium

Anlage 1

1. Der Geltungsbereich der Vereinbarung erstreckt sich auf Unternehmen des X-Konzerns im Mehrheitsbesitz des X-Unternehmens und im Mehrheitsbesitz ihrer Beteiligungsgesellschaften in den Mitgliedstaaten der Europäischen Union, die Mitunterzeichner der Richtlinien 94/45/EG und 97/74/EG sind.
2. Dies sind zum Zeitpunkt des Abschlusses der Vereinbarung folgende Unternehmen:

Anlage 2 – Organisationsstatut

Nach § 1 Abs. 1 der Vereinbarung über die Zusammenarbeit zwischen der X-Gruppe und dem europäischen Betriebsrat werdende folgende Regelungen der Organisation des europäischen Betriebsrats durch die zentrale Leitung anerkannt:

I. Name, Geltungsbereich

1. Der Name des Gremiums lautet: »Europäischer Betriebsrat«.
2. Der Geltungsbereich ist in Anlage 1 definiert.

II. Mitglieder

1. Mitglieder im europäischen Betriebsrat können nur frei gewählte und demokratisch legitimierte betriebliche Arbeitnehmervertreter sein, die in den Unternehmen der X-Gruppe im Geltungsbereich nach den bestehenden gesetzlichen Regelungen ausreichend vertreten sind.
2. Aus jedem Mitgliedstaat, in dem die X-Gruppe innerhalb des Geltungsbereichs einen Betrieb/ein Unternehmen hat, wird ein Arbeitnehmervertreter in den europäischen Betriebsrat entsandt. Aus Mitgliedstaaten des Geltungsbereichs, in denen mindestens 25 Prozent der Arbeitnehmer der X-Gruppe im Geltungsbereich vertreten sind, wird ein zusätzlicher Vertreter entsandt. Bei entsprechender Beschäftigung von 50 Prozent der Arbeitnehmer werden 2 zusätzliche Vertreter, bei Beschäftigung von 75 Prozent der Arbeitnehmer werden 3 zusätzliche Vertreter entsandt. Es können Ersatzmitglieder bestellt werden.
3. Die jeweiligen Mitglieder des europäischen Betriebsrats werden nach den Regelungen der jeweiligen Vorschriften der innerstaatlichen Umsetzungsgesetze zur Richtlinie 94/45/EG vom 22.09.1994 bestellt. Gleiches gilt für ihre Abberufung.
4. Die Mitgliedschaft im europäischen Betriebsrat endet mit dem Erlöschen der Befugnis, nach den jeweiligen inländischen Vorschriften die Arbeitnehmer zu vertreten, durch Amtsniederlegung oder Abberufung durch das entsendende inländische Gremium.
5. Die inländischen Arbeitnehmervertretungen teilen der zentralen Leitung die Namen der Mitglieder des europäischen Betriebsrats, ihre Anschriften sowie die jeweilige Betriebszugehörigkeit unverzüglich mit.

III. Struktur

1. Der europäische Betriebsrat wählt auf seiner konstituierenden Sitzung aus seiner Mitte einen Vorsitzenden und einen stellvertretenden Vorsitzenden.

2. Der Vorsitzende des europäischen Betriebsrats oder im Falle seiner Verhinderung der Stellvertreter, vertritt den europäischen Betriebsrat im Rahmen der von ihm gefassten Beschlüsse. Zur Entgegennahme von Erklärungen, die dem europäischen Betriebsrat gegenüber abzugeben sind, ist der Vorsitzende oder im Falle seiner Verhinderung der Stellvertreter, berechtigt.
3. Der europäische Betriebsrat hat das Recht, am Sitzungstag nach § 1 Abs. 2 der Vereinbarung über die Zusammenarbeit eine eigene Sitzung am Sitzungsort durchzuführen und hierzu einzuladen. Der genaue Zeitpunkt ist mit der zentralen Leistung abzustimmen. Die Sitzungen des europäischen Betriebsrats sind nicht öffentlich. Die Sitzungen leitet der Vorsitzende, im Falle seiner Verhinderung der Stellvertreter.
4. Die Beschlüsse des europäischen Betriebsrats werden mit der Mehrheit der Stimmen der anwesenden Mitglieder gefasst.

IV. Kostenübernahme

1. Die erforderlichen Kosten der Mitglieder des europäischen Betriebsrats für die Teilnahme an den Sitzungen trägt das jeweilige Beschäftigungsunternehmen. Gleiches gilt für laufende Allgemeinkosten, für Schrift- und Telefonverkehr, sowie Büromaterial.
2. Hält der europäische Betriebsrat für die Vorbereitung der Sitzung nach § 1 Abs. 2 der Vereinbarung über die Zusammenarbeit die Hinzuziehung eines Sachverständigen für erforderlich, so hat er einen Antrag auf Kostenübernahme unter Beifügung eines Kostenvoranschlages mit Kostenhöchstgrenze und Begründung der Erforderlichkeit an die zentrale Leitung zu richten. Die Beauftragung erfolgt nur im Einvernehmen mit der zentralen Leitung.

185 Der Betriebsrat wird bemüht sein, den **Themenkatalog der Informationsrechte auszudehnen**, außerhalb des Jahresturnus **Sitzungen bei unvorhergesehenen Maßnahmen** wie Betriebsstilllegungen oder Massenentlassungen zu verankern und die **Anforderungen an die Hinzuziehung eines Sachverständigen** abzusenken. Dies sind nur einige Punkte, auf die der Unternehmer bereits bei Vorlage des ersten Entwurfs aufmerksam gemacht werden sollte. Die Verhandlungstaktik wird letztlich durch die Systematik des EBRG selbst bestimmt. Kommt eine freiwillige Vereinbarung innerhalb von drei Jahren nicht zustande oder erklären beide Seiten die Verhandlungen für gescheitert, ist ein europäischer Betriebsrat kraft Gesetzes nach dem 4. Teil des EBRG zu bilden. Der vierte Teil enthält detaillierte Regelungen über Zusammensetzung, Geschäftsführung, Zuständigkeit und Mitwirkungsrechte. Der Betriebsrat wird also diese Bestimmungen als Mindestregelungen im Auge haben, weil er weiß, dass bei einem Scheitern der Verhandlungen diese Bestimmungen als Auffangregelungen greifen. Der Unternehmer wird umgekehrt keinen Anlass sehen, über diese Anforderungen hinaus zu gehen.[413]

4. Konstituierung des Europäischen Betriebsrats

186 Haben sich die Parteien geeinigt, gilt es, in einem weiteren Zusammentreffen die Verabschiedung, die Konstituierung des europäischen Betriebsrats sowie eine erste Sitzung zwischen zentraler Leitung und europäischem Betriebsrat zu erreichen. Dies ist nicht unproblematisch, da die **Mitglieder** des europäischen Betriebsrats **durch die inländischen Arbeitnehmervertretungen bestellt** werden müssen, dies aber denknotwendig die Verabschiedung der Vereinbarung durch das besondere Verhandlungsgremium voraussetzt. Die Zustimmung der Mitglieder des besonderen Verhandlungsgremiums im Umlaufverfahren einzuholen erscheint zumindest zweifelhaft. Zum BetrVG ist das BAG der Auffassung, dass **Beschlüsse im Umlaufverfahren** unwirksam sind.[414] Zwar ist Ansatzpunkt für

413 Vgl. zu einer an den Regelungen des vierten Teils des EBRG orientierten Vereinbarung *Hümmerich*, AnwaltFormulare Arbeitsrecht, § 5 Rn 63.

414 BAG, Beschl. v. 19.05.1983 – 2 AZR 454/81 (n.v.).

eine Zulässigkeit der Beschlussfassung des besonderen Verhandlungsgremiums im Umlaufverfahren im EBRG, dass in § 28 EBRG, der sich mit der Beschlussfassung durch den europäischen Betriebsrat befasst, von der Mehrheit der Stimmen der anwesenden Mitglieder die Rede ist, während in § 13 EBRG, der sich mit der Beschlussfassung des besonderen Verhandlungsgremiums befasst, lediglich von der Mehrheit der Stimmen seiner Mitglieder gesprochen wird. Andererseits handelt es sich bei dem Abschluss der Vereinbarung um den inhaltlich bedeutendsten Beschluss des besonderen Verhandlungsgremiums, so dass eine Unzulässigkeit des Umlaufverfahrens nahe liegt. Sobald ein Verhandlungsergebnis in der Sache erzielt ist, sollten die Arbeitnehmervertreter der Mitgliedstaaten aufgefordert werden, nach den jeweiligen innerstaatlichen Gesetzen ihre Vertreter für den europäischen Betriebsrat unter der aufschiebenden Bedingung der Unterzeichnung der Vereinbarung am Sitzungstag zu benennen. Alsdann können zwei Einladungen verschickt werden, eine an die Mitglieder des besonderen Verhandlungsgremiums, die andere an die Mitglieder des europäischen Betriebsrats. Über weite Strecken wird man hier ohnehin auf Personenidentität stoßen. Der Sitzungstag ist dann in drei Teile zu gliedern. Im ersten Abschnitt muss das besondere Verhandlungsgremium einen Beschluss über die Annahme der Vereinbarung fassen, dadurch sollen die aufschiebend bedingten Bestellungen der Mitglieder des europäischen Betriebsrats wirksam werden, der dann im zweiten Teil seine konstituierende Sitzung abhalten kann. Im dritten Teil kann dann die erste gemeinsame Sitzung stattfinden. Die Einladungen können wie folgt aussehen:

Einladung 187

Sitzung zur Verabschiedung der Vereinbarung über die Zusammenarbeit zwischen der X-Gruppe und dem europäischen Betriebsrat der X-Gruppe

Datum:

Ort:

Zeit:

Tagesordnung

1. Begrüßung
2. Abschließende Diskussion des Entwurfs der Vereinbarung über die Zusammenarbeit der X-Gruppe und dem europäischen Betriebsrat
3. Sitzung des besonderen Verhandlungsgremiums, Abstimmung über den Entwurf der Vereinbarung (unter Ausschluss der Arbeitgebervertreter)
4. Verabschiedung der Vereinbarung

Einladung

Konstituierende Sitzung des EBR der X-Gruppe/Gemeinsame Sitzung des EBR und der zentralen Leitung gem. § 1 Ziffer 2 der Vereinbarung

Datum:

Ort:

Zeit:

Tagesordnung

I. Teil

Konstituierende Sitzung des EBR

1. Wahl des Vorsitzenden und des stellvertretenden Vorsitzenden
2. Verschiedenes

II. Teil

Gemeinsame Sitzung der EBR und der zentralen Leitung

(Detaillierte Tagesordnung ist zwischen den Parteien abzustimmen).

VII. Jugend- und Auszubildendenvertretung

1. Kollektivrechtliche Regelungen

188 In Betrieben mit mindestens fünf Arbeitnehmern, die **entweder das 18. Lebensjahr noch nicht vollendet haben, oder als Auszubildende das 25. Lebensjahr** noch nicht vollendet haben und in denen ein Betriebsrat gewählt ist, ist eine Jugend- und Auszubildendenvertretung zu wählen, § 60 Abs. 1 BetrVG. Das Erfordernis eines gewählten Betriebsrats ist zwar im Gesetz nicht erwähnt, ergibt sich aber daraus, dass die Jugend- und Auszubildendenvertretung kein Vertretungsorgan ist, das gegenüber dem Arbeitgeber eigenständig Mitbestimmungsrechte wahrnehmen kann, sondern ausschließlich über den Betriebsrat tätig wird.[415] Zur Jugend- und Auszubildendenvertretung **wählbar** sind alle Arbeitnehmer bis 25 Jahre unabhängig davon, ob es sich um Auszubildende handelt, maßgeblich ist der Tag des Beginns der Amtszeit, nicht der Tag der Wahl. Vollendet ein Mitglied der Jugend- und Auszubildendenvertretung nach Beginn der Amtszeit das 25. Lebensjahr, bleibt es gem. § 64 Abs. 3 BetrVG bis zum Ablauf der **zweijährigen Wahlperiode** Mitglied. Mitarbeiter über 18 Jahren und unter 25 Jahren sind also sowohl zum Betriebsrat, als auch zur Jugend- und Auszubildendenvertretung wählbar, eine gleichzeitige Mitgliedschaft in beiden Gremien ist jedoch durch § 61 Abs. 2 Satz 2 BetrVG ausgeschlossen. Eine Untergrenze des Alters für die Wählbarkeit zur Jugend- und Auszubildendenvertretung besteht nicht.

189 Die **allgemeinen Aufgaben** der Jugend- und Auszubildendenvertretung sind in § 70 BetrVG genannt. Sie hat Maßnahmen, die den Jugendlichen und Auszubildenden insbesondere in Fragen der Berufsbildung und der Übernahme in ein Arbeitsverhältnis dienen, beim Betriebsrat zu beantragen. Im Übrigen entspricht die Fassung des § 70 BetrVG den allgemeinen Aufgaben des Betriebsrats nach § 80 BetrVG, wenn sie auch nicht so weitgehend sind, sich stets auf ihr »Klientel« beschränken und sich die vermittelten Ansprüche – das ist der bedeutsamste Unterschied – **nicht gegen den Arbeitgeber richten, sondern gegen den Betriebsrat**. Nicht beim Arbeitgeber werden Maßnahmen beantragt, sondern beim Betriebsrat. Nicht der Arbeitgeber ist zur Information und Vorlage von Unterlagen verpflichtet, sondern der Betriebsrat. Die Jugend- und Auszubildendenvertretung erfüllt seine Aufgaben gegenüber und mittels des Betriebsrats. Ein Antrag beim Betriebsrat setzt eine ordnungsgemäße Beschlussfassung der Jugend- und Auszubildendenvertretung voraus, die in einer nach § 65 Abs. 2 BetrVG vorgesehenen Sitzung erfolgt. An jeder Sitzung kann ein Betriebsratsmitglied teilnehmen. Die Jugend- und Auszubildendenvertretung hat jedoch keinen Anspruch gegenüber dem Betriebsrat, mit seinem Anliegen auch an den Arbeitgeber heranzutreten. Der Betriebsrat muss sich lediglich sachgerecht mit dem Antrag befassen und über die Behandlung des Antrags entscheiden. Nur wenn er das Anliegen als sachdienlich oder berechtigt anerkennt, hat er mit dem Arbeitgeber hierüber mit dem Ziel einer Einigung zu verhandeln. Die Jugend- und Auszubildendenvertretung ist nicht berechtigt, mit dem Arbeitgeber Betriebsvereinbarungen zu schließen.

190 Die Jugend- und Auszubildendenvertretung hat das **Recht, an Betriebsratssitzungen teilzunehmen**, gewöhnlich durch einen Vertreter, wenn Angelegenheiten im Betriebsrat beraten werden, von denen **besonders** Jugendliche und Auszubildende betroffen sind, hat die gesamte Jugend- und Auszubildendenvertretung ein Teilnahmerecht. **Stimmrecht** haben die Mitglieder der Jugend- und Auszubildendenvertretung nur, wenn **überwiegend** Jugendliche und Auszubildende betroffen sind. Während für die besondere Betroffenheit allein eine qualitative Betroffenheit erforderlich ist, richtet sich die überwiegende Betroffenheit nach der quantitativen Betroffenheit der Jugendlichen und Auszubildenden im Verhältnis zu den übrigen betroffenen Arbeitnehmern. Zusätzlich wird auch hier eine qualitative Betroffenheit gefordert,[416] die aber bei einer überwiegenden Betroffenheit von Jugendlichen und Auszubildenden stets zu bejahen sein dürfte. Umstritten ist, ob auch bei einer **personellen Einzelmaßnahme gegenüber einem Jugendlichen oder Auszubildenden** das

415 *Fitting u.a.*, § 60 BetrVG Rn 22; Richardi/*Annuß*, § 60 BetrVG Rn 11; a.A. Däubler/Kittner/Klebe/*Trittin*, § 60 BetrVG Rn 26.

416 Richardi/*Annuß*, § 67 BetrVG Rn 12.

Stimmrecht gegeben ist. Dies wird mit dem Hinweis auf den kollektiven Charakter des Begriffs »überwiegend« teilweise verneint.[417] Allerdings weisen m.E. auch die Mitbestimmungsrechte bei personellen Einzelmaßnahmen eine kollektive Tendenz auf, wie sich am Katalog der Zustimmungsverweigerungsgründe des § 99 Abs. 2 BetrVG zeigt, so dass die besseren Gründe für ein Stimmrecht der Jugend- und Auszubildendenvertretung bei personellen Einzelmaßnahmen, die Jugendliche oder Auszubildende betreffen, sprechen. Für die Ermittlung der Beschlussfähigkeit des Betriebsrats zählen die Stimmen der Jugend- und Auszubildendenvertreter nicht mit, auch wenn sie ein Stimmrecht haben. Dieses findet nur bei der Ermittlung der Mehrheit Beachtung. Sind allerdings die Mitglieder der Jugend- und Auszubildendenvertretung entgegen § 67 Abs. 2 BetrVG nicht beteiligt worden, liegt kein rechtswirksamer Beschluss des Betriebsrats vor.[418] Etwas anderes kann allenfalls dann gelten, wenn aufgrund der Mehrheitsverhältnisse ein Einfluss der Stimmen der Mitglieder der Jugend- und Auszubildendenvertreter ausscheidet.[419]

Die Jugend- und Auszubildendenvertretung hat gem. § 66 BetrVG ein **Vetorecht** gegen die Beschlüsse des Betriebsrats, wenn die Mehrheit den Beschluss als eine erhebliche Beeinträchtigung wichtiger Interessen der Jugendlichen oder Auszubildenden ansieht (vgl. § 35 BetrVG). Auf Antrag der Jugend- und Auszubildendenvertretung ist der Beschluss eine Woche auszusetzen mit dem Ziel, innerhalb dieser Woche eine Verständigung mit dem Betriebsrat herbeizuführen. Nach Ablauf der **Verständigungsfrist** ist über die Angelegenheit erneut zu beschließen. Problematisch ist die Wirkung der Aussetzung in fristgebundenen Beschlussangelegenheiten des Betriebsrats, so bei der Wochenfrist bei personellen Einzelmaßnahmen und ordentlichen Kündigungen und der Drei-Tage-Frist bei außerordentlichen Kündigungen. Eine Unterbrechung oder Hemmung dieser Fristen ist jedoch abzulehnen. Insbesondere bei außerordentlichen Kündigungen könnte eine Unterbrechung den Arbeitgeber selbst in Schwierigkeiten bei der Einhaltung der Zwei-Wochen-Frist des § 626 Abs. 2 BGB bringen, da er kaum von vornherein einen Aussetzungsantrag absehen und berücksichtigen kann. Die Vorschrift wird daher als **interne Ordnungsvorschrift** bei der Willensbildung des Betriebsrats angesehen, deren Nichtbeachtung die Wirksamkeit von Betriebsratsbeschlüssen nicht berührt. Der Betriebsratsvorsitzende wird den Arbeitgeber unverzüglich von dem Aussetzungsantrag zu unterrichten und der Arbeitgeber zu prüfen haben, ob ein Abwarten bis zur erneuten Beschlussfassung des Betriebsrats vertretbar ist. Der Betriebsrat seinerseits ist gehalten, sich umgehend um eine Verständigung mit der Jugend- und Auszubildendenvertretung zu bemühen.[420] Hat der Betriebsrat in einem erneuten Beschluss den Beschluss bestätigt oder nur unwesentlich abgeändert, kann kein erneuter Aussetzungsantrag gestellt werden. 191

Neben der Bildung der **Gesamt-Jugend- und Auszubildendenvertretung** (§ 72 BetrVG) hat der Gesetzgeber nach §§ 73a und 73b BetrVG auch die fakultative **Konzern-Jugend- und Auszubildendenvertretung** vorgesehen. 192

2. Individualrechtlicher Schutz auszubildender Organmitglieder

Da das Ausbildungsverhältnis mit Bestehen der Prüfung oder Ablauf der Ausbildungszeit endet, ohne dass es einer Kündigung bedarf, findet der besondere Kündigungsschutz des § 15 KSchG auf die Ausbildungsverhältnisse keine Anwendung. Um auch den Auszubildenden eine unbefangene Amtsausübung zu ermöglichen, wird gem. § 78a BetrVG **kraft Gesetzes** zwischen dem Auszubildenden und dem Arbeitgeber mit Beendigung des Berufsausbildungsverhältnisses ein **unbefristetes Arbeitsverhältnis** begründet. Der Schutz gilt für die Amtsausübung in der Jugend- und 193

417 *Fitting u.a.*, § 67 BetrVG Rn 21; a.A. Richardi/*Annuß*, § 67 BetrVG Rn 20.
418 A.A. *Hromadka*, DB 1971, 1966.
419 *Fitting u.a.*, § 67 BetrVG Rn 25; Richardi/*Annuß*, § 67 BetrVG Rn 25; ausnahmslos für Unwirksamkeit Däubler/Kittner/Klebe/*Trittin*, § 67 BetrVG Rn 24.
420 *Fitting u.a.*, § 35 BetrVG Rn 31; Däubler/Kittner/Klebe/*Wedde*, § 35 BetrVG Rn 14; weiter gehend Richardi/*Thüsing*, § 35 BetrVG Rn 24, der den BR-Vorsitzenden für berechtigt erachtet, unter Übernahme der Argumente der Jugend- und Auszubildendenvertretung eine erbetene Zustimmung zu verweigern, bis der Betriebsrat erneut beschließen konnte.

Auszubildendenvertretung, im Betriebsrat, der Bordvertretung oder des Seebetriebsrats. Er erstreckt sich allerdings nicht auf die Mitglieder des Wahlvorstands oder die Wahlbewerber,[421] er beginnt mit der Feststellung des Wahlergebnisses durch den Wahlvorstand[422] und **wirkt bis ein Jahr nach Beendigung des Mandats nach,** § 78a Abs. 3 BetrVG, es sei denn, das Mandat wird durch gerichtlichen Ausschluss aus dem Vertretungsorgan, gerichtliche Auflösung oder Feststellung der Nichtwählbarkeit des Auszubildenden beendet.[423] Für **Ersatzmitglieder** gilt der Schutz, sobald sie – unabhängig wie lange und ob in dieser Zeit Vertretungsaufgaben angefallen sind – in das Vertretungsorgan nachgerückt sind. Endet die Zeit des Nachrückens, weil das ordentliche Mitglied sein Mandat wieder selbst wahrnimmt, besteht der einjährige nachwirkende Schutz.[424]

194 Will der Arbeitgeber den Auszubildenden **nicht übernehmen**, muss er ihm dies drei Monate vor Ende des Ausbildungsverhältnisses **schriftlich** anzeigen. Ist der Prüfungstermin noch nicht bekannt, ist das Ende der Ausbildungszeit maßgebend, steht bereits ein früherer Prüfungstermin fest, ist auf diesen abzustellen.[425] Erfolgt die Mitteilung des Arbeitgebers nicht rechtzeitig führt dies noch nicht zur Begründung eines Arbeitsverhältnisses, der Auszubildende kann dann gleichfalls seine Weiterbeschäftigung nach § 78a Abs. 2 BetrVG verlangen, der Arbeitgeber kann sich aber schadensersatzpflichtig machen.[426]

195 Zur Begründung des Arbeitsverhältnisses kraft Gesetzes kommt es, wenn der Auszubildende drei Monate vor Beendigung des Ausbildungsverhältnisses seine **Weiterbeschäftigung schriftlich** vom Arbeitgeber **verlangt**. Ein erfolgreicher Abschluss der Ausbildung ist nicht erforderlich. Die Dreimonatsfrist entspricht dem früheren § 5 Abs. 1 Satz 2 BBiG, der eine vertragliche Verpflichtung des Auszubildenden, mit dem Arbeitgeber ein Arbeitsverhältnis zu begründen, die früher als drei Monate vor Ende des Ausbildungsverhältnisses abgeschlossen wurde, als unwirksam ansah. Da diese Frist zwischenzeitlich auf sechs Monate ausgedehnt wurde, spricht einiges dafür, entgegen der früheren Rechtsprechung[427] das Weiterbeschäftigungsverlangen bis zu sechs Monate vor Ausbildungsende als wirksam anzusehen.[428] Das Weiterbeschäftigungsverlangen des Auszubildenden ist zunächst auf eine ausbildungsadäquate Vollzeittätigkeit zu den beim Arbeitgeber üblichen Bedingungen gerichtet. Sollte der Auszubildende auch an einer **Teilzeittätigkeit** oder einer **geringerwertigen** Stelle interessiert sein, weil er bereits absehen kann, dass eine adäquate Stelle nicht zur Verfügung steht, oder sollte der Arbeitgeber ihm bereits eine solche abweichende Stelle angeboten haben ist es möglich und ratsam, das Angebot unter Vorbehalt anzunehmen bzw. hilfsweise die Weiterbeschäftigung auch auf einer solchen Stelle zu verlangen.[429]

196 Ist der Arbeitgeber der Meinung, die Begründung eines Arbeitsverhältnisses mit dem Auszubildenden sei ihm **unzumutbar**, muss er gem. § 78a Abs. 4 BetrVG beim Arbeitsgericht im Beschlussverfahren den Antrag stellen, festzustellen, dass ein Arbeitsverhältnis nicht begründet wird (vor Beendigung des Ausbildungsverhältnisses) oder ein bereits begründetes Arbeitsverhältnis aufzuheben. Der Antrag ist **spätestens bis zwei Wochen nach Beendigung des Ausbildungsverhältnisses** zu stellen. Wird das Ausbildungsverhältnis nach Anhängigkeit des Feststellungsantrags, aber vor rechtskräftigem Abschluss des Verfahrens beendet, wird das Arbeitsverhältnis gleichwohl begründet und der Antrag wandelt sich in einen Auflösungsantrag nach § 78a Abs. 4 Nr. 2 BetrVG um.[430] Allein mit dem schriftlichen Weiterbeschäftigungsverlangen nach § 78a Abs. 2 BetrVG kann sich der

421 ArbG Kiel, DB 1976, 2022.
422 BAG, Urt. v. 22.09.1983, AP Nr. 11 zu § 78a BetrVG 1972.
423 BAG, Urt. v. 21.08.1979, AP Nr. 6 zu § 78a BetrVG 1972.
424 BAG, Urt. v. 15.01.1980, AP Nr. 8 zu § 78a BetrVG 1972; Urt. v. 13.03.1986, AP Nr. 3 zu § 9 BPersVG.
425 BAG, Urt. v. 31.10.1985, AP Nr. 15 zu § 78a BetrVG 1972.
426 BAG, Urt. v. 31.10.1985, AP Nr. 15 zu § 78a BetrVG 1972.
427 BAG, Urt. v. 15.01.1980, AP Nr. 7 zu § 78a BetrVG 1972.
428 *Fitting u.a.*, § 78a BetrVG Rn 19.
429 BAG, Beschl. v. 16.08.1995, AP Nr. 25 zu § 78a BetrVG 1972; Beschl. v. 06.11.1996, AP Nr. 26 zu § 78a BetrVG 1972.
430 BAG, Beschl. v. 29.11.1989, 24.07.1991 und 11.01.1995, AP Nr. 20, 23 und 24 zu § 78a BetrVG 1972.

Auszubildende daher in der Regel zumindest für eine nicht unerhebliche Zeit ein Arbeitsverhältnis verschaffen.

197 Der Antrag des Arbeitgebers ist begründet, wenn Tatsachen vorliegen, aufgrund derer dem Arbeitgeber die Weiterbeschäftigung nicht zugemutet werden kann. Die **Unzumutbarkeit** kann sich sowohl aus verhaltens- oder personenbedingten Gründen, als auch aus betriebsbedingten Gründen ergeben. Personen- und verhaltensbedingte Gründe, die eine **außerordentliche** Kündigung rechtfertigen würden, begründen die Unzumutbarkeit. Auf die Einhaltung der Zwei-Wochen-Frist kommt es nicht an.[431] Bei der Gesamtwertung ist zu berücksichtigen, dass bei § 626 BGB die Weiterbeschäftigung nur bis zum Auslaufen der ordentlichen Kündigungsfrist unzumutbar sein muss, während es im Rahmen von § 78a BetrVG um die Begründung eines unbefristeten Arbeitsverhältnisses geht. Die Gründe müssen also nicht stets das Gewicht eines fristlosen Kündigungsgrundes erreichen, allerdings soll § 78a BetrVG dem Mandatsträger einen weiter gehenden Schutz vermitteln, als nur den ordentlichen Kündigungsschutz eines »normalen« Arbeitnehmers.[432]

197a Dem Arbeitgeber ist die Begründung eines Arbeitsverhältnisses unzumutbar, wenn er nicht über einen **freien Arbeitsplatz** verfügt.[433] Der Arbeitgeber ist nicht gezwungen, einen Arbeitsplatz über seinen Bedarf zu schaffen oder einen besetzten Arbeitsplatz freizukündigen, selbst wenn der Arbeitnehmer, der den Arbeitsplatz inne hat, noch keinen Kündigungsschutz genießt. Es ist aber stets zu prüfen, ob im Zeitpunkt der Besetzung des Arbeitsplatzes für den Arbeitgeber absehbar war, dass er den Arbeitsplatz für ein Mitglied der Jugend- und Auszubildendenvertretung benötigt und die sofortige Besetzung nicht aus dringenden betrieblichen Gründen erforderlich war.[434] In der Instanzrechtsprechung umstritten ist die Frage, ob bei der Suche nach einem freien Arbeitsplatz auf den Betrieb oder das **Unternehmen** abzustellen ist.[435] Einerseits wird bei Fehlen einer Weiterbeschäftigungsmöglichkeit in dem Betrieb der Zweck der Kontinuität der Mitarbeitervertretung ohnehin nicht erreicht, da das Mandat mit dem Ausscheiden aus dem Betrieb endet. Andererseits ist nicht einzusehen, warum dem Arbeitgeber die Weiterbeschäftigung unzumutbar sein soll, wenn er einen freien Arbeitsplatz hat, sei es auch in einem anderen Betrieb. Der Gedanke der freien Mandatswahrnehmung ohne Befürchtung negativer Folgen verdient in dieser Situation den Vorrang. Wird für mehrere Unternehmen ein gemeinsamer Betriebsrat und ein gemeinsame Jugend- und Auszubildendenvertretung installiert (**gemeinsamer Betrieb**), ist nach ArbG Bayreuth auf den Bereich der Unternehmen abzustellen, durch den die Organe vertreten werden, letztlich also auf den gesamten gemeinsamen Betrieb.[436] Der Arbeitgeber kann nicht damit gehört werden, ein anderer Auszubildender sei in seinen **Leistungen besser**,[437] sondern nur damit, für die zu besetzende Stelle sei eine **besondere Qualifikation** erforderlich, über die der Auszubildende nicht verfüge und die nicht in angemessener **Einarbeitungszeit** erlangt werden kann.[438]

198 Will sich der Arbeitgeber auf die Unzumutbarkeit der Weiterbeschäftigung berufen, muss er seinen Antrag im Beschlussverfahren stellen, bestreitet er hingegen die Voraussetzungen der Abs. 2 und 3

431 BAG, Urt. v. 15.12.1983, AP Nr. 12 zu § 78a BetrVG 1972.

432 BAG, Beschl. v. 06.11.1996, AP Nr. 26 zu § 78a BetrVG 1972; *Fitting u.a.*, § 78a BetrVG Rn 46.

433 BAG, Beschl. v. 16.01.1979, 29.11.1989, 16.08.1995 und 06.11.1996, AP Nr. 5,20,25 und 26 BetrVG 1972.

434 BAG, Beschl. v. 12.11.1997, NZA 1998, 1057 und NZA 1998, 1056.

435 Für Erstreckung auf Unternehmen LAG Niedersachsen, Beschl. v. 26.04.1996, NZA-RR 1997, 14 und LAGE § 78a BetrVG 1972 Nr. 9 sowie v. 10.04.1997, LAGE § 78a BetrVG 1972 Nr. 15; LAG Rheinland-Pfalz, Beschl. v. 05.07.1996, LAGE § 78a BetrVG 1972 Nr. 12; a.A. LAG Köln, Beschl. v. 28.08.1996, LAGE § 78a BetrVG 1972 Nr. 14 und v. 04.09.1996, NZA-RR 1997, 435; für die Beschränkung auf die Ausbildungsdienststelle im öffentlichen Dienst VG Meiningen, Beschl. v. 21.10.2002, ThürVBl 2003, 139.

436 ArbG Bayreuth, Beschl. v. 21.02.2002, ArbuR 2002, 238.

437 LAG Hamm, Beschl. v. 21.10.1992, BB 1993, 294; a.A. BVerwG, Beschl. v. 09.09.1999, NZA 2000, 443, das seine Begründung aber auf den gleichen Zugang zu öffentlichen Ämtern nach Art. 33 Abs. 2 GG stützt, der in privatrechtlichen Betrieben und Unternehmen keine Anwendung findet.

438 *Fitting u.a.*, § 78a BetrVG Rn 51.

des § 78a BetrVG, die Mandatsträgerschaft oder das ordnungsgemäße Weiterbeschäftigungsverlangen, muss der Auszubildende seine Ansprüche im Urteilsverfahren verfolgen.[439]

VIII. Arbeitsgruppen

199 Die in § 28a BetrVG geregelten Arbeitsgruppen sind im Einzelnen unter Rn 84 ff. erläutert.

E. Allgemeine Aufgaben des Betriebsrats

I. Allgemeine Aufgaben nach § 80 Abs. 1 BetrVG

200 In § 80 BetrVG sind vor den speziellen Mitbestimmungsrechten in sozialen, personellen und wirtschaftlichen Angelegenheiten in §§ 87 – 113 BetrVG **allgemeine Aufgaben** »vor die Klammer gezogen«, die sich auf alle Bereiche des betrieblichen Geschehens beziehen.

1. Überwachungspflichten

201 Gem. § 80 Abs. 1 Nr. 1 BetrVG hat der Betriebsrat darüber zu **wachen**, dass die zugunsten der Arbeitnehmer geltenden **Gesetze, Verordnungen, Unfallverhütungsvorschriften, Tarifverträge und Betriebsvereinbarungen durchgeführt werden**. Der Betriebsrat soll also dafür Sorge tragen, dass der Arbeitgeber die zugunsten der Arbeitnehmer geltenden Normen[440] auch auf die Arbeitsverhältnisse anwendet. Ein **Tarifvertrag** kann die gesetzliche Aufgabe des Betriebsrats, die Durchführung seiner Bestimmungen zu überwachen, **nicht aufheben oder einschränken**.[441] Die Überwachungspflicht darf nicht als Einsetzung des Betriebsrats als übergeordnetes **Kontrollorgan** des Arbeitgebers missverstanden werden. Der Betriebsrat hat zu überwachen, ohne die Betriebsleitung an sich zu ziehen. Diese liegt allein beim Arbeitgeber, § 77 Abs. 1 Satz 2 BetrVG. Auch Betriebsvereinbarungen führt nach § 77 Abs. 1 Satz 1 BetrVG allein der Arbeitgeber durch, dem Betriebsrat bleibt nach § 80 Abs. 1 Nr. 1 BetrVG lediglich die Überwachung, ob der Arbeitgeber sie tatsächlich zur Anwendung bringt. Der Betriebsrat ist daher im Rahmen seiner Überwachungsaufgabe darauf beschränkt, die Einhaltung von Vorschriften im konkreten Einzelfall beim Arbeitgeber **anzumahnen**, Versäumnisse aufzuzeigen und auf **Abhilfe** zu drängen.[442] Dieses dem Betriebsrat zur Verfügung stehende Mittel muss er aber auch nutzen, bevor er etwa Behörden verständigt oder in der Presse Missstände anprangert. Die vorrangige Auseinandersetzung mit dem Arbeitgeber gebietet bereits das Gebot der vertrauensvollen Zusammenarbeit nach § 2 Abs. 1 BetrVG. Aus der Überwachungspflicht insbesondere im Hinblick auf die Unfallverhütungsvorschriften ergibt sich ein **freies Zugangsrecht** des Betriebsrats zu den Arbeitsplätzen[443] und das Recht, **Umfragen** im Betrieb durchzuführen, die so zu organisieren sind, dass Betriebsabläufe nicht gestört werden.[444]

202 Aus der Überwachungspflicht folgt kein Recht des Betriebsrats, **Individualansprüche** der Arbeitnehmer im Beschlussverfahren geltend zu machen oder deren Rechte als **Prozessstandschafter** oder als **Prozessvertreter** im Urteilsverfahren geltend zu machen.[445] Sicherlich kann es einem Betriebsratsmitglied nicht verwehrt werden, einen Arbeitnehmer vor dem Arbeitsgericht in 1. Instanz zu vertreten, er handelt dann aber nicht in der Funktion eines Betriebsratsmitglieds, sondern als

439 BAG, Urt. v. 22.09.1983, 13.11.1987 und 29.11.1989, AP Nr. 11, 18 und 20 zu § 78a BetrVG 1972.
440 Vgl. im Einzelnen die Aufstellung bei *Fitting u.a.*, § 80 BetrVG Rn 6 ff.
441 BAG, Beschl. v. 21.10.2003 – 1 ABR 39/02 (n.v.).
442 BAG, Beschl. v. 10.06.1986 und 24.02.1987, AP Nr. 26 und 28 zu § 80 BetrVG 1972.
443 BAG, Beschl. v. 13.06.1989, NZA 1989, 934; ArbG Stuttgart, Beschl. v. 19.02.2002, NZA-RR 2002, 365.
444 BAG, Beschl. v. 08.02.1977, DB 1977, 914.
445 BAG, Beschl. v. 10.06.1986 und 24.02.1987, AP Nr. 26 und 28 zu § 80 BetrVG 1972; Beschl. v. 05.05.1992, NZA 1992, 1044.

»Privatperson«. Die Prozessvertretung gehört nicht zu seinen betriebsverfassungsrechtlichen Aufgaben, er kann daher auch keine Freistellung vom Arbeitgeber verlangen. Der Betriebsrat hat kein Recht, an der Gestaltung der einzelnen **Arbeitsverträge** beteiligt zu werden. Handelt es sich jedoch im Betrieb um Formulararbeitsverträge, kann der Betriebsrat überprüfen, ob die nach § 2 Abs. 1 NachwG geforderten Angaben enthalten sind[446] und der Gleichbehandlungsgrundsatz gewahrt ist. Der Betriebsrat einer Spielbank hat **keinen Anspruch auf Erstattung angeblich zu Unrecht aus dem Tronc entnommener Beträge** durch den Arbeitgeber, solange keine Mitbestimmungsrecht des antragstellenden Betriebsrates verletzt sind.[447]

2. Beantragung von Maßnahmen

Gem. § 80 Abs. 1 Nr. 2 BetrVG kann der Betriebsrat beim Arbeitgeber **Maßnahmen** beantragen, die dem Betrieb und der Belegschaft dienen. Die Vorschrift enthält eine Art **Generalklausel** für ein Antrags- und Initiativrecht des Betriebsrats, losgelöst von der konkreten Regelung eines Beteiligungsrechts.[448] Durch den Bezug auf den Betrieb und die Belegschaft ist die Notwendigkeit der unmittelbaren **Betroffenheit** des Betriebs und seiner Arbeitnehmer in dieser Funktion sichergestellt, ähnlich den allgemeinen Themen auf der Betriebsversammlung.[449] Der Arbeitgeber ist verpflichtet, sich mit den danach zulässigen Anträgen des Betriebsrats sachlich auseinander zu setzen und dem Betriebsrat seine Entscheidung mitzuteilen. Die Befolgung seiner Anträge, auch wenn sie sachlich noch so vernünftig oder beispielsweise wirtschaftlich sogar geboten sind, kann der Betriebsrat nicht erzwingen. Dem Betriebsrat werden durch das Antragsrecht **keine weiteren Mitbestimmungsrechte** eingeräumt, die über die im Gesetz ausdrücklich genannten Fälle hinausgehen. Eine Erzwingbarkeit ist vielmehr nur dort gegeben, wo der Spruch der Einigungsstelle die Entscheidung der Betriebspartner ersetzt. 203

3. Gleichstellung von Frauen und Männern

Frauen und Männer sind rechtlich **gleichberechtigt**. Die Gleichberechtigung wird in einer Vielzahl von Vorschriften geregelt, zu nennen sind hier Art. 3 Abs. 3 GG, Art. 119 EG-Vertrag,[450] der unmittelbar geltendes Recht ist, § 611 Abs. 1 Satz 1 BGB und § 75 Abs. 1 Satz 1 BetrVG. Der Wortlaut von § 80 Abs. 1 Nr. 2 a BetrVG betont daher die Pflicht des Betriebsrats zur Förderung der Durchsetzung der tatsächlichen Gleichstellung von Frauen und Männern. Zur Verbesserung der **tatsächlichen** Gleichstellung kann der Betriebsrat ausgleichende Maßnahmen zugunsten benachteiligter Frauen beantragen, etwa im Hinblick auf Einstellungen, beruflichen Aufstieg, die bevorzugte Berücksichtigung bei Maßnahmen der beruflichen Bildung, bei der Aufstellung von Entlohnungssystemen und der Einrichtung von Teilzeitarbeitsplätzen. Eine formale Gleichbehandlung ist insoweit nicht erforderlich, es muss nur ein Automatismus zum Nachteil der Männer vermieden werden. Die Förderung der tatsächlichen Gleichstellung zielt also auf ein **aktives Handeln**, nicht nur auf die Vermeidung der Differenzierung nach dem Geschlecht. Die Ersetzung des Wortes »Gleichberechtigung« durch das Wort »Gleichstellung« durch das BetrVerf-Reformgesetz 2001 diente nach der Gesetzesbegründung nur der Anpassung an den Sprachgebrauch des Gesetzes zur Gleichstellung von Frauen und Männern in der Bundesverwaltung und in den Gerichten des Bundes.[451] 204

446 BAG, Beschl. v. 19.10.1999, EzA § 80 BetrVG 1972 Nr. 45.
447 BAG, Beschl. v. 09.12.2003 – 1 ABR 44/02, Pressemitteilung Nr. 81/03.
448 BAG, Beschl. v. 27.06.1989, AP Nr. 37 zu § 80 BetrVG 1972.
449 Vgl. hierzu die Ausführungen unter Rn 151.
450 Vgl. hierzu die Rechtsprechung zur mittelbaren Diskriminierung in BAG, Urt. v. 26.05.1993, AP Nr. 42 zu Art. 119 EWG-Vertrag und v. 15.02.1994, AP Nr. 12 zu § 1 BetrAVG Gleichberechtigung.
451 BT-Drucks 14/5741, 46.

4. Vereinbarkeit von Familie und Erwerbstätigkeit

205 Durch das BetrVerf-Reformgesetz 2001 aufgenommen wurde die Aufgabe des Betriebsrats, die **Vereinbarkeit von Familie und Beruf** zu fördern. Nach dem Willen des Gesetzgebers soll es Arbeitnehmern mit Familienpflichten erleichtert werden, eine Berufstätigkeit auszuüben. Der Gesetzgeber hat insbesondere an eine familienfreundliche Gestaltung der Arbeitszeit gedacht.[452]

5. Anregungen von Arbeitnehmern und der Jugend- und Auszubildendenvertretung

206 Gem. § 80 Abs. 1 Nr. 3 BetrVG hat der Betriebsrat **Anregungen** von Arbeitnehmern und der Jugend- und Auszubildendenvertretung entgegenzunehmen und, falls sie berechtigt erscheinen, in Verhandlungen mit dem Arbeitgeber auf eine Erledigung hinzuwirken. Der Betriebsrat muss sich mit der Anregung, das heißt einem Vorschlag oder einer Beschwerde also sachlich befassen und zunächst intern klären, ob er sie für gerechtfertigt erachtet. Hält er sie nicht für berechtigt, teilt er dies dem betreffenden Arbeitnehmer mit. Der Arbeitnehmer hat also keinen **Anspruch** gegen den Betriebsrat, dass der Betriebsrat sich seine Auffassung zu Eigen macht und sich mit dem Arbeitgeber hierüber auseinander setzt. Nur wenn der Betriebsrat nach eigener Beurteilung die Anregung für berechtigt erachtet, tritt er mit dem Arbeitgeber mit dem Ziel einer Einigung in **Verhandlungen**. Das Recht der Arbeitnehmer, Anregungen beim Betriebsrat anzubringen, ergänzt das **Beschwerderecht** nach §§ 84, 85 BetrVG. Während aber §§ 84, 85 BetrVG eine eigene Betroffenheit des Arbeitnehmers verlangen, kann seine Anregung nach § 80 Abs. 1 Nr. 3 BetrVG auch die Behandlung von Arbeitskollegen oder allgemeine Missstände im Betrieb betreffen.

206a Neben das Beschwerde- und Anregungsrecht tritt das **Vorschlagsrecht** der Arbeitnehmer nach § 86a BetrVG. Nach § 86a BetrVG hat jeder Arbeitnehmer das Recht, dem Betriebsrat Themen zur Beratung vorzuschlagen. Wird ein Vorschlag von mindestens 5 % der Arbeitnehmer des Betriebs unterstützt, hat der Betriebsrat diesen innerhalb von zwei Monaten auf die Tagesordnung einer Betriebsratssitzung zu setzen. Durch die Einfügung des Vorschlagsrechts soll nach der Vorstellung des Gesetzgebers das demokratische Engagement der Arbeitnehmer im Betrieb gestärkt werden. Eine Begrenzung des Vorschlagsrechts auf bestimmte Themen ist nicht vorgesehen, allerdings muss der Gegenstand des Themas in die Zuständigkeit des Betriebsrats fallen.[453] In der Entscheidung der weiteren Behandlung des Vorschlags bleibt der Betriebsrat frei, so dass ein gegenüber § 80 Abs. 1 Nr. 3 BetrVG weiter gehendes Recht nicht bestehen dürfte, sondern allenfalls ein größeres Bewusstsein der Arbeitnehmer durch die Formulierung als aktives Vorschlagsrecht gegenüber der aus Arbeitnehmersicht passiven Formulierung der Aufgabe des Betriebsrats zur Entgegennahme von Anregungen erreicht werden kann.

207 Soweit Anregungen der Jugend- und Auszubildendenvertretung angesprochen sind, ist § 80 Abs. 1 Nr. 3 BetrVG als Korrelat zu der Aufgabenzuweisung an die Jugend- und Auszubildendenvertretung in § 70 Abs. 1 BetrVG zu verstehen, die dort angesprochenen Maßnahmen beim Betriebsrat zu beantragen.[454]

6. Eingliederung Schwerbehinderter und schutzbedürftiger Personen

208 § 80 Abs. 1 Nr. 4 BetrVG weist dem Betriebsrat die Aufgabe zu, sich besonders um die **Eingliederung benachteiligter Menschen** in den betrieblichen Ablauf zu bemühen. Eigens angesprochen sind die schwerbehinderten Menschen, wobei der Betriebsrat bereits über § 80 Abs. 1 Nr. 1 BetrVG auf die Einhaltung der Bestimmungen des SGB IX – Rehabilitation und Teilhabe

452 BT-Drucks 14/5741, 46.
453 BT-Drucks 14/5741, 47.
454 Vgl. die Ausführungen unter Rn 189.

behinderter Menschen – zu achten hat. Die Überwachungspflicht bezieht sich insbesondere auf die Behandlung schwerbehinderter Arbeitnehmer bei der Begründung des Arbeitsverhältnisses, dem beruflichen Aufstieg, der Beschäftigung mit Tätigkeiten, bei denen sie ihre Fähigkeiten und Kenntnisse möglichst voll verwerten und weiterentwickeln können, das Recht der Schwerbehinderten auf bevorzugte Berücksichtigung bei innerbetrieblichen Maßnahmen der beruflichen Bildung zur Förderung ihres beruflichen Fortkommens gem. § 81 SGB IX. Dementsprechend ist die Aufgabe des Betriebsrats nochmals in § 93 SGB IX ausdrücklich genannt. Gem. § 83 SGB IX ist eine sog. **Integrationsvereinbarung** mit dem Arbeitgeber zu treffen, die Regelungen im Zusammenhang mit der Eingliederung schwerbehinderter Menschen, insbesondere zur Personalplanung, Arbeitsplatzgestaltung, Gestaltung des Arbeitsumfelds, Arbeitsorganisation, Arbeitszeit sowie Regelungen über die Durchführung im Betrieb enthalten soll. Vorrangig ist die **Schwerbehindertenvertretung** unter Beteiligung des Betriebsrats für die Verhandlung mit dem Arbeitgeber zuständig, wenn es eine Schwerbehindertenvertretung nicht gibt, der Betriebsrat.

Die Regelung des § 80 Abs. 1 Nr. 4 BetrVG erstreckt sich neben den Schwerbehinderten auf **besonders schutzbedürftige Menschen**. Dies können behinderte Menschen mit einem geringeren Grad der Behinderung sein, chronisch Kranke, ehemalige Strafgefangene, Suchtabhängige, Langzeitarbeitslose, die mit dem Wiedereinstieg in das Arbeitsleben besondere Schwierigkeiten haben können. Eine abschließende Aufzählung ist nicht möglich, hier muss der Betriebsrat auf die Anforderungen des gesellschaftlichen Wandels und der Wirtschaftslage reagieren. 209

7. Wahl zur und Zusammenarbeit mit der Jugend- und Auszubildendenvertretung

Die Verpflichtung nach § 80 Abs. 1 Nr. 5 BetrVG, die **Wahl** zur Jugend- und Auszubildendenvertretung vorzubereiten und durchzuführen, ergibt sich bereits aus § 63 Abs. 2 BetrVG, nach dem der Betriebsrat den **Wahlvorstand** zu bestellen und seinen Vorsitzenden zu bestimmen hat. Der Betriebsrat hat aber weiter gehend dem Wahlvorstand jede erforderliche **Hilfestellung** zu leisten. Die Verpflichtung zur Zusammenarbeit korreliert mit der Verzahnung der Arbeit der Jugend- und Auszubildendenvertretung und des Betriebsrats als Interessenvertretung gegenüber dem Arbeitgeber, wie sie sich aus den §§ 65 ff. BetrVG ergibt.[455] 210

8. Förderung der Beschäftigung älterer Arbeitnehmer

Hinsichtlich älterer Arbeitnehmer besteht ein **Benachteiligungsverbot** nach § 75 Abs. 1 Satz 2 BetrVG, auch sie bedürfen aber – ähnlich wie bei der Gleichstellung von Frau und Mann – der besonderen Förderung. Die Förderung der Beschäftigung bezieht sich neben der beruflichen Entwicklung und Anpassung an veränderte, insbesondere technische Verhältnisse auf die **Einstellung** älterer Arbeitnehmer. 211

9. Integration ausländischer Arbeitnehmer und Maßnahmen gegen Fremdenfeindlichkeit und Rassismus

Aufgabe des Betriebsrats ist es nach § 80 Abs. 1 Nr. 7 BetrVG die **Intergration ausländischer Mitarbeiter** in das betriebliche Geschehen und das gegenseitige Verständnis deutscher und ausländischer Kollegen zu fördern. Dazu gehört der Abbau von **Vorurteilen** und die **Hilfestellung** bei der Überwindung sprachlicher Probleme. Bereits nach dem Wortlaut bis 2001 wurde hierunter auch das Entgegenwirken gegen jede Art von Ausländerfeindlichkeit verstanden. Mit dem BetrVerf-Reformgesetz 2001 ist nochmals ausdrücklich die Beantragung von Maßnahmen zur Bekämpfung von **Fremdenfeindlichkeit** und **Rassismus** aufgenommen worden, ein Beleg für die Reaktion des 212

455 Vgl. hierzu die Ausführungen unter Rn 189.

Gesetzgebers auf negative gesellschaftliche Strömungen.[456] Mit dem neu eingefügten Antragsrecht korrespondiert die Aufnahme dieser Thematik in § 88 Nr. 4 BetrVG als Gegenstand freiwilliger Betriebsvereinbarungen.

10. Förderung und Sicherung der Beschäftigung im Betrieb

213 Nach § 80 Abs. 1 Nr. 8 BetrVG hat der Betriebsrat die Aufgabe, die Beschäftigung im Betrieb zu fördern und zu sichern. In Anbetracht häufiger **Umstrukturierungen und Fusionen** von Unternehmen sowie des damit regelmäßig einhergehenden **Personalabbaus** soll die **Beschäftigungssicherung** nach dem Willen des Gesetzgebers ein Schwerpunkt der Betriebsratsarbeit sein. Der Betriebsrat soll sich dafür einsetzen, dass die Arbeitnehmer nicht ihren Arbeitsplatz und damit ihre Lebensgrundlage verlieren.[457] Dabei hat es der Gesetzgeber nicht bei der Zuweisung der allgemeinen Aufgabe belassen, was angesichts der Weite und Allgemeinheit dieses Ziels sicherlich auch wenig nützlich gewesen wäre. Als wichtigstes neu geschaffenes Beteiligungsrecht ist in diesem Zusammenhang das **Vorschlagsrecht zur Beschäftigungssicherung** nach § 92a BetrVG zu nennen.[458] Weiterhin ist auf die Verpflichtung des Arbeitgebers, auf Verlangen des Betriebsrats den **Berufsbildungsbedarf** zu ermitteln, § 96 Abs. 1 Satz 2 BetrVG, und auf die Regelung in § 97 Abs. 2 BetrVG hinzuweisen. Danach hat der Betriebsrat bei der **Einführung von Maßnahmen der betrieblichen Berufsbildung** zwingend mitzubestimmen, wenn der Arbeitgeber Maßnahmen geplant oder durchgeführt hat, die dazu führen, dass sich die Tätigkeit der betroffenen Arbeitnehmer ändert und ihre beruflichen Kenntnisse und Fähigkeiten zur Erfüllung ihrer Aufgaben nicht mehr ausreichen.[459] Schließlich soll auch bei der Verwendung der Sozialplanmittel nach § 112 Abs. 5 Nr. 2 a BetrVG verstärkt auf die förderungsfähigen Maßnahmen zur Vermittlung in Anschlussbeschäftigungen nach dem SGB III eingegangen werden (Stichwort: **Transfersozialplan**).[460] Andererseits ist die Aufgabe des Betriebsrats zur Beschäftigungssicherung von der freien unternehmerischen Entscheidung abzugrenzen, die letztlich in der wirtschaftlichen Verantwortung des Unternehmers fußt. Dem in § 80 Abs. 1 Nr. 8 BetrVG aufgenommenen Mandat kommt insbesondere **kein allgemein- bzw. arbeitsmarktpolitischer Charakter** zu. Der Betriebsrat kann somit nicht etwa unter Berufung auf arbeitsmarktpolitische Gründe seine Zustimmung zur Ableistung von Überstunden verweigern.[461]

11. Förderung von Maßnahmen des Arbeitsschutzes und des betrieblichen Umweltschutzes

214 Gemäß § 80 Abs. 1 Nr. 9 BetrVG hat der Betriebsrat Maßnahmen des **Arbeitsschutzes** zu fördern. Eine detaillierte, überlagernde Aufgabenanweisung enthält § 89 BetrVG. Beide Vorschriften erstrecken sich auch auf den **betrieblichen Umweltschutz**. Nach der **Legaldefinition** des § 89 Abs. 3 BetrVG sind als betrieblicher Umweltschutz alle personellen und organisatorischen Maßnahmen sowie alle die betrieblichen Bauten, Räume, technische Anlagen, Arbeitsverfahren, Arbeitsabläufe und Arbeitsplätze betreffenden Maßnahmen zu verstehen, die dem Umweltschutz dienen. Nach dem Willen des Gesetzgebers soll das Wissen, das an jedem Arbeitsplatz im Betrieb vorhanden ist, durch den Betriebsrat zum Abbau von Umweltbelastungen und zum Ausbau umweltschonender Produktionstechniken und -verfahren zugunsten des Betriebs eingebracht werden können, ohne dem Betriebsrat ein Mitbestimmungsrecht bei Investitionsentscheidungen zu geben. **Betriebliches Wissen** soll für den betrieblichen Umweltschutz **nutzbar** gemacht werden. Gleichzeitig soll die Geltung auf den Betrieb beschränkt werden. Der Gesetzgeber hat damit ausdrücklich **kein allgemeines**

456 BT-Drucks 14/5741, 46.
457 BT-Drucks 14/5741, 46.
458 Vgl. hierzu die Ausführungen unter Rn 306 ff.
459 Vgl. hierzu die Ausführungen unter Rn 333 ff.
460 Vgl. hierzu die Ausführungen unter § 2 Rn 48.
461 BAVC, Betriebsverfassungsgesetz 2001, S. 74 f.

Umweltschutzmandat schaffen wollen, um Betriebsräte nicht in einen Zielkonflikt zwischen den wirtschaftlichen Interessen des Betriebs und damit der Beschäftigungssituation und allgemeinen Umweltschutzinteressen zu bringen.[462] Maßnahmen des betrieblichen Umweltschutzes können nach § 88 Nr. 1 a BetrVG Gegenstand freiwilliger Betriebsvereinbarungen sein. Der Betriebsrat ist nach ArbG Stuttgart berechtigt, zur Überprüfung der Arbeitssicherheit **unangekündigte stichprobenartige Arbeitsplatzbegehungen** vorzunehmen.[463]

II. Unterrichtungs- und Einsichtsrecht in Bruttolohnlisten

1. Unterrichtung

Gem. § 80 Abs. 2 Satz 1 BetrVG hat der Betriebsrat einen **Informationsanspruch** zur Durchführung seiner Aufgaben nach dem BetrVG. 215

a) Umfang

Das Informationsrecht bezieht sich ausdrücklich nicht lediglich auf den Aufgabenkatalog des Abs. 1, sondern auf **alle Aufgaben nach dem BetrVG**. Dass ein Unterrichtungsrecht zusätzlich in einer Vielzahl von Einzelvorschriften geregelt ist, schadet nicht. Gleichzeitig ist das Informationsrecht aber durch die Voraussetzung der Aufgabenrelevanz beschränkt. Nun wird aber der Betriebsrat, der etwa durch einige Kollegen bruchstückhaft von einer möglichen Planung oder Maßnahme des Arbeitgebers erfährt, nicht in der Lage sein, die Aufgabenrelevanz im Einzelnen schlüssig darzulegen. Der Betriebsrat soll durch den Informationsanspruch, der aus **eigener Initiative des Arbeitgebers heraus rechtzeitig und umfassend** zu erfüllen ist, in die Lage versetzt werden, eigenverantwortlich zu prüfen, ob seine Aufgaben betroffen sind und er tätig werden muss. Es genügt daher, wenn für die **Aufgabenrelevanz** der beanspruchten Informationen eine hinreichende **Wahrscheinlichkeit** gegeben ist. Dabei sind die Anforderungen an die Darlegung des Betriebsrats zur Wahrscheinlichkeit umso geringer anzusiedeln, je weniger Informationen der Betriebsrat zu einem Sachverhalt bereits zur Verfügung hat, um die Relevanz abschätzen zu können.[464] Letztlich folgt daraus, dass der Arbeitgeber abgestuft, in Fällen, in denen er keinen Bezug zu Betriebsratsaufgaben sieht, dem Betriebsrat soviel bzw. sowenig Informationen zur Verfügung stellen muss, dass dieser eine »Eingangsbeurteilung« treffen kann. Beansprucht der Betriebsrat eine weiter gehende Information, muss er begründen, aus welchen Sachverhaltselementen er die Wahrscheinlichkeit für eine Aufgabenrelevanz ableitet. 216

Der Arbeitgeber kann sich gegenüber einem Informationsverlangen des Betriebsrats weder auf das **BDSG** berufen, weil der Betriebsrat jedenfalls nicht außerhalb der speichernden Stelle steht,[465] noch darauf, die Informationen enthielten ein **Geschäfts- oder Betriebsgeheimnis**, da die Betriebsratsmitglieder der Geheimhaltungspflicht nach § 79 BetrVG unterliegen.[466] Entsprechende Informationen sind vom Arbeitgeber als geheimhaltungsbedürftig zu kennzeichnen. Umstritten ist, ob eine Informationspflicht entfällt, wenn der betroffene Arbeitnehmer eine Information des Betriebsrats ausdrücklich ablehnt. Allgemein wird man eine **Dispositionsbefugnis des einzelnen Arbeitnehmers** über Rechte des Betriebsrats nach dem BetrVG ablehnen müssen. Fraglich ist dies im Falle der Mitteilung einer Schwangerschaft durch eine Arbeitnehmerin, da die Arbeitnehmerin auch darin frei ist, den Arbeitgeber überhaupt hiervon in Kenntnis zu setzen. Hier sollte der Anspruch auf Privatsphäre der Arbeitnehmerin akzeptiert werden, da diese sich sonst davon abgehalten sehen könnte, überhaupt 217

462 BT-Drucks 14/5741, 25, 26 und 30.
463 ArbG Stuttgart, Beschl. v. 19.02.2002, NZA-RR 2002, 365.
464 BAG, Beschl. v. 08.06.1999, AP Nr. 57 zu § 80 BetrVG 1972; Beschl. v. 31.01.1989 und v. 27.06.1989, AP Nr. 33 und 37 zu § 80 BetrVG 1972.
465 Richardi/*Thüsing*, § 80 BetrVG Rn 57; ErfK/*Hanau/Kania*, § 80 BetrVG Rn 22; *Fitting u.a.*, § 80 BetrVG Rn 58.
466 BAG, Beschl. v. 05.02.1991, AP Nr. 10 zu § 106 BetrVG 1972; Richardi/*Thüsing*, § 80 BetrVG Rn 58.

den Arbeitgeber zur Sicherung ihrer Rechte zu informieren.[467] Der Unterrichtungsanspruch des Betriebsrats besteht auch **während der Dauer von Arbeitskampfmaßnahmen** im Betrieb. Die Arbeitskampffreiheit des Arbeitgebers wird dadurch nicht eingeschränkt.[468]

218 Einzelne **Beispiele** aus der Rechtsprechung:

- Verwendet der Arbeitgeber mit dem Betriebsrat abgestimmte **Formulararbeitsverträge**, hat dieser nur dann einen Anspruch auf Vorlage der ausgefüllten Arbeitsverträge, um die Einhaltung des Nachweisgesetzes zu überwachen, wenn er konkrete Anhaltspunkte für die Erforderlichkeit weiterer Informationen darlegt.[469]
- Der Betriebsrat kann vom Arbeitgeber nach § 80 Abs. 2 BetrVG Auskunft über die Auswertung einer im Betrieb durchgeführten **Umfrage** verlangen, wenn hinreichende Wahrscheinlichkeit besteht, dass die dabei gewonnenen Erkenntnisse Aufgaben des Betriebsrats betreffen.[470]
- Der Betriebsrat hat nach § 80 Abs. 2 BetrVG Anspruch auf Unterrichtung auch hinsichtlich der Beschäftigung **freier Mitarbeiter**. Der Arbeitgeber schuldet insoweit diejenigen Angaben, die der Betriebsrat benötigt, um beurteilen zu können, ob und inwieweit Mitbestimmungsrechte in Betracht kommen. Der Betriebsrat muss sein Auskunftsbegehren nach Art und Umfang konkretisieren. Ist dies wegen der großen Zahl freier Mitarbeiter und der Vielfalt von Beschäftigungsmodalitäten unmöglich, kann er zunächst eine Gesamtübersicht zu einem von ihm bestimmten Stichtag verlangen.[471]
- Ergibt eine **Befragung von Kunden** eines Selbstbedienungswarenhauses, dass Kunden Verhalten und Leistung der Arbeitnehmer in einzelnen Abteilungen als wenig »freundlich«, »hilfsbereit« oder »fachkundig« bewertet haben, so sind Veranstaltungen, die auf das Abstellen dieser Mängel gerichtet sind, keine Maßnahmen der Berufsbildung der Arbeitnehmer i.S.v. § 96 BetrVG. Aus diesem Gesichtspunkt kann daher auch der Betriebsrat nicht die Mitteilung des Ergebnisses der Befragung fordern. Ein Informationsanspruch kann sich jedoch hinsichtlich § 87 Abs. 1 Nr. 6 BetrVG (Überwachung der Arbeitnehmer) oder dem Umgang mit Arbeitnehmerdaten abhängig von der Art und dem Aufbau der Umfrage ergeben.[472]
- Der Betriebsrat kann die **Produktionszettel** für die gesamte Produktpalette verlangen, da er für die Wahrnehmung seines Mitbestimmungs- und Initiativrechts nach § 87 Abs. 1 Nr. 10 und 11 BetrVG die in den Produktionszetteln enthaltenen Informationen für alle im Betrieb des Arbeitgebers hergestellten Produkte benötigt. Etwas anderes könnte allenfalls nur dann gelten, wenn der Produktionsablauf bei allen Produkten identisch wäre.[473]
- Werden im Betrieb des Arbeitgebers **Arbeitnehmer von Fremdfirmen** beschäftigt, so kann der Betriebsrat verlangen, dass ihm die Verträge mit den Fremdfirmen, die Grundlage dieser Beschäftigung sind, zur Einsicht zur Verfügung gestellt werden. Der Betriebsrat kann auch verlangen, dass ihm die Listen zur Verfügung gestellt werden, aus denen sich die Einsatztage und Einsatzzeiten der einzelnen Arbeitnehmer der Fremdfirmen ergeben.[474]
- Der Arbeitgeber ist nach § 80 Abs. 2 Satz 1 BetrVG verpflichtet, den Betriebsrat umfassend über alle **Formen der Verarbeitung personenbezogener Daten** der Arbeitnehmer zu unterrichten. Darauf, ob diese Datenverarbeitung gegen Vorschriften des Bundesdatenschutzgesetzes verstößt oder Mitbestimmungsrechte des Betriebsrats auslöst, kommt es nicht an. Die Unterrichtungspflicht des Arbeitgebers entfällt nicht dadurch, dass die Datenverarbeitung nicht im Betrieb selbst, sondern bei einem anderen Unternehmen einer Unternehmensgruppe erfolgt.[475]

467 Im Ergebnis ebenso Richardi/*Thüsing*, § 80 BetrVG Rn 59; a.A. Däubler/Kittner/Klebe/*Buschmann*, § 80 BetrVG Rn 76, *Fitting u.a.*, § 80 BetrVG Rn 61.

468 BAG, Beschl. v. 10.12.2002, AP Nr. 59 zu § 80 BetrVG 1972.

469 BAG, Beschl. v. 10.10.1999, NZA 2000, 837.

470 BAG, Beschl. v. 08.06.1999, NZA 1999, 1345.

471 BAG, Beschl. v. 15.12.1998, NZA 1999, 722.

472 BAG, Beschl. v. 28.01.1992, NZA 1992, 707.

473 BAG, Beschl. v. 20.09.1990, AiB 1992, 579.

474 BAG, Beschl. v. 31.01.1989, NZA 1989, 932.

475 BAG, Beschl. v. 17.03.1987, NZA 1987, 747.

- Betreffend die **Durchführung eines Tarifvertrags über Zielvereinbarungen** hat das BAG den Arbeitgeber verpflichtet, dem Betriebsrat für jeden einzelnen im Betrieb beschäftigten Arbeitnehmer Auskunft zu erteilen über die vereinbarten Planumsätze jedes Ziels, den Grad der Zielerfüllung und den Umfang der Anrechnung von Ausfalltagen auf die Zielerreichung.[476]
- Bei der **Gewährung von Aktienoptionen der ausländischen Muttergesellschaft** an nicht leitende Angestellte hat der Betriebsrat zur Prüfung der Frage, ob ein Mitbestimmungsrecht besteht, Anspruch darauf, dass ihm die erforderlichen Unterlagen zur Verfügung gestellt werden. Dabei kommt es nicht darauf an, ob die als Gesellschafter der deutschen GmbH fungierende Muttergesellschaft ihre Geschäftsführer über die Verteilungsgrundsätze unterrichten will.[477]

b) Beschäftigtenkreis

Nach dem 2. Hs. in § 80 Abs. 2 Satz 1 BetrVG erstreckt sich die Unterrichtung auf die **Beschäftigung von Personen, die nicht in einem Arbeitsverhältnis zum Arbeitgeber stehen**. Gemeint sind Arbeitnehmer eines anderen Arbeitgebers wie Leiharbeitnehmer oder Arbeitnehmer, die aufgrund von Dienst- oder Werkverträgen mit Dritten im Betrieb tätig werden, oder freie Mitarbeiter, die zwar in einem Rechtsverhältnis zum Arbeitgeber stehen, das aber nicht als Arbeitsverhältnis zu qualifizieren ist. Mit dieser Regelung wollte der Gesetzgeber an die Rechtsprechung des BAG anknüpfen, nach der der Betriebsrat Anspruch auf Einsichtnahme in die Verträge mit Fremdfirmen verlangen kann, die Grundlage der Beschäftigung von Arbeitnehmern dieser Firmen sind.[478] Der Einsatz der genannten Personen muss von einer gewissen **Dauer** sein. Der Gesetzgeber wollte Personen, die nur kurzfristig im Betrieb eingesetzt werden, wie den Elektriker, der eine defekte Stromleitung zu reparieren hat, ausdrücklich nicht erfassen.[479] 219

2. Vorlage von Unterlagen

Dem Betriebsrat sind nach § 80 Abs. 2 Satz 2 Hs. 1 BetrVG auf Verlangen jederzeit die zur Durchführung seiner Aufgaben erforderlichen Unterlagen zur Verfügung zu stellen. Auch hier muss der **Aufgabenbezug** gegeben sein. Unterlagen sind alle Aufzeichnungen, Schriftstücke, aber auch Daten auf einem **Datenträger**.[480] Obwohl der Unterlagenbegriff grundsätzlich auch auf **Personalakten** zutrifft, ergibt sich aus § 83 BetrVG, dass der Betriebsrat keinen Anspruch auf Vorlage der Personalakten hat. Der Arbeitgeber kann aber nicht den Einblick in Unterlagen, die die Durchführung von Betriebsvereinbarungen betreffen, dadurch verwehren, dass er sie zur Personalakte nimmt. So ist allgemein anerkannt, dass im Einzelfall der Arbeitgeber konkrete Informationen auch aus der Personalakte erteilen muss, wenn diese Informationen für die Aufgabenerfüllung des Betriebsrats erforderlich sind.[481] 220

Der Betriebsrat kann nach § 80 Abs. 2 Satz 2 Hs. 1 BetrVG an Arbeitsplätzen mit Lärmbelästigung vom Arbeitgeber nicht die Installierung von Messgeräten verlangen, um auf diese Weise Unterlagen über die tatsächliche Lärmbelästigung der Arbeitnehmer zu erhalten. Der Betriebsrat kann vom Arbeitgeber lediglich die Überlassung **vorhandener** oder **jederzeit erstellbarer** Unterlagen verlangen.[482] Ein **Herstellungs- oder Verschaffungsanspruch** besteht nicht.[483] Soweit sich für den Betriebsrat Aufgaben erst dann stellen, wenn der Arbeitgeber eine Maßnahme ergreift oder plant, die Beteiligungsrechte des Betriebsrats auslösen, kann der Betriebsrat die Vorlage von Unterlagen, die zur Erfüllung seiner Aufgaben erforderlich sind, auch erst dann verlangen, wenn der Arbeitgeber 221

476 BAG, Beschl. v. 21.10.2003 – 1 ABR 39/02 (n.v.).
477 LAG Nürnberg, Beschl. v. 22.01.2002, NZA-RR 2002, 151.
478 BAG, Beschl. v. 31.01.1989, NZA 1989, 932.
479 BT-Drucks. 14/5741, 46.
480 BAG, Beschl. v. 17.03.1983, DB 1983, 1607.
481 BAG, Beschl. v. 20.12.1988, NZA 1989, 393.
482 BAG, Beschl. v. 07.08.1986, NZA 1987, 134.
483 LAG Hamm, Beschl. v. 26.07.2002, NZA-RR 2003, 367.

tätig wird.[484] Revisionsberichte, die solche Maßnahmen des Arbeitgebers lediglich anregen, sind daher nicht schon deswegen dem Betriebsrat zur Verfügung zu stellen.[485] Der künftige Einsatz von Fremdarbeitnehmern kann erst Aufgaben des Betriebsrats auslösen, wenn sich der Arbeitgeber zu einem solchen Einsatz entschließt und dazu konkrete Schritte unternimmt. Solange der Arbeitgeber den künftigen Einsatz von Fremdarbeitnehmern nicht einmal plant und entsprechende Verträge geschlossen hat, kann der Betriebsrat nicht die Vorlage von noch nicht existenten Unterlagen verlangen.[486] Nach § 80 Abs. 2 Satz 2 BetrVG ist der Arbeitgeber nicht verpflichtet, die zur Durchführung der Aufgaben des Betriebsrats erforderlichen Unterlagen von sich aus vorzulegen, sondern schuldet die Vorlage erst auf **Verlangen** des Betriebsrats.[487]

3. Einsicht in Bruttolohnlisten

222 Nach ständiger Rechtsprechung des BAG hat der Betriebsrat gem. § 80 Abs. 2 Satz 2 Hs. 2 BetrVG Anspruch auf Einblick in die vollständigen Listen aller Bruttolöhne und -gehälter. Die Lohnlisten müssen alle Lohnbestandteile enthalten einschließlich **übertariflicher Zulagen** und solcher Zahlungen, die **individuell** unter Berücksichtigung verschiedener Umstände ausgehandelt und gezahlt werden.[488] Das Einblicksrecht des Betriebsrates in die Listen individuell vereinbarter übertariflicher Vergütungsbestandteile und außertariflicher Vergütungen ist nicht davon abhängig, dass der Betriebsrat dafür einen besonderen **Anlass** darlegt.[489] Auch freiwillig gewährte **Prämien** gehören als Gehaltsbestandteile zu den Bruttobezügen, die dem Einblicksrecht des Betriebsrats nach § 80 Abs. 2 Satz 2 BetrVG unterliegen.[490]

223 Das Einsichtsrecht ist nach dem Gesetzeswortlaut dem **Betriebsausschuss** oder einem nach § 28 BetrVG gebildeten Ausschuss zu gewähren. In kleineren Betrieben wird das Recht vom **Betriebsratsvorsitzenden** oder einem anderen nach § 27 Abs. 4 BetrVG zu bestimmenden Mitglied wahrgenommen.[491] Es besteht nur ein Recht auf Einblick, nicht auf (zeitweilige) Überlassung der Listen zur weiteren Verwendung. Einzelne **Notizen** dürfen gemacht, aber nicht komplette Abschriften angefertigt werden.[492] Ein **Anwesenheitsrecht des Arbeitgebers** bzw. anderer Arbeitnehmer bei der Einsichtnahme des Betriebsausschusses (bzw. in Kleinbetrieben einzelner Betriebsratsmitglieder) in die Bruttolohn- und -gehaltslisten kann weder allgemein bejaht noch verneint werden. Dem Arbeitgeber ist vielmehr lediglich untersagt, bei der Einsichtnahme eine Kontrolle auszuüben. Dementsprechend dürfen bei der Einsichtnahme lediglich solche Personen nicht anwesend sein, die den Betriebsrat überwachen bzw. vom Arbeitgeber mit der Überwachung des Betriebsrats beauftragt sind.[493]

III. Sachkundige Arbeitnehmer als Auskunftspersonen

224 Nach § 80 Abs. 2 Satz 3 BetrVG hat der Arbeitgeber dem Betriebsrat sachkundige Arbeitnehmer als Auskunftspersonen zur Verfügung zu stellen, soweit es zur ordnungsgemäßen Erfüllung der Aufgaben des Betriebsrats **erforderlich** ist.[494] Der Arbeitgeber hat hierbei die **Vorschläge des Betriebsrats** zu berücksichtigen, soweit betriebliche Notwendigkeiten nicht entgegenstehen. Unverändert geblieben ist das Recht des Betriebsrats, nach näherer Vereinbarung mit dem Arbeitgeber (betriebsfremde) **Sachverständige** hinzuzuziehen. Das Merkmal der Erforderlichkeit besteht auch in

484 BAG, Beschl. v. 09.07.1991, NZA 1992, 275; BAG, Beschl. v. 27.06.1989, NZA 1989, 929.
485 BAG, Beschl. v. 27.06.1989, NZA 1989, 929
486 BAG, Beschl. v. 09.07.1991, NZA 1992, 275.
487 BAG, Beschl. v. 09.07.1991, NZA 1992, 275.
488 BAG, Beschl. v. 10.02.1987, NZA 1987, 385.
489 BAG, Beschl. v. 30.06.1981, DB 1981, 2386; Beschl. v. 12.02.1980, DB 1980, 1699.
490 BAG, Beschl. v. 17.03.1983, DB 1983, 1607.
491 BAG, Beschl. v. 18.09.1973, DB 1974, 143; Beschl. v. 10.02.1987, NZA 1987, 385.
492 BAG, Beschl. v. 03.12.1981, AP Nr. 17 zu § 80 BetrVG 1972.
493 BAG, Beschl. v. 16.08.1995, NZA 1996, 330.
494 Dazu *Oetker*, NZA 2003, 1233.

diesem Fall, § 80 Abs. 3 BetrVG.[495] Aus dem Grundsatz der **Verhältnismäßigkeit** fordert das BAG, dass ein außerbetrieblicher Sachverständiger auf Kosten des Arbeitgebers nur hinzugezogen werden darf, wenn die betriebsinternen Informationsquellen ausgeschöpft sind.[496] Nach der Gesetzesbegründung zum BetrVG-Reformgesetz werden die von den Betriebsparteien zu regelnden Sachverhalte immer komplizierter. Dafür soll der Betriebsrat die Möglichkeit erhalten, den internen Sachverstand der Arbeitnehmer zu nutzen und bei der Suche nach Problemlösungen einzubeziehen. Dies kann in der Weise geschehen, dass ein Arbeitnehmer im Rahmen einer Einzelfalllösung hinzugezogen wird oder aber auch ein oder mehrere sachkundige Arbeitnehmer zusammen mit Betriebsratsmitgliedern Arbeitskreise bilden können, um zu wichtigen komplexen Themen wie z.B. Qualifizierung, Beschäftigungssicherung oder Gesundheitsschutz im Betrieb eigene fundierte Vorschläge erarbeiten zu können.[497] Notwendig bleibt jedoch m.E. die Abgrenzung zwischen der Informationsaufgabe der sachkundigen Arbeitnehmer und der Wahrnehmung von Betriebsratsaufgaben durch die Betriebsratsmitglieder. Es kann nicht Aufgabe der sachkundigen Arbeitnehmer sein, den Betriebsrat bei dem betriebspolitischen Beratungsprozess zu unterstützen. Der sachkundige Arbeitnehmer hat Informationen nur insoweit weiterzugeben, wie auch der Arbeitgeber auskunftspflichtig wäre. Alles andere liefe auf eine Vergrößerung des Betriebsrats hinaus. Aus diesem Grunde kann auch ein leitender Angestellter ein sachkundiger Arbeitnehmer i.S.d. § 80 Abs. 2 Satz 3 BetrVG sein.[498]

F. Mitbestimmung in sozialen Angelegenheiten

Der umfangreichste Katalog **zwingender Mitbestimmungsrechte** des Betriebsrats findet sich in § 87 Abs. 1 BetrVG. Die Palette reicht von der Betriebsordnung über die Arbeitszeit, technische Einrichtungen bis zur betrieblichen Lohngestaltung und dem betrieblichen Vorschlagswesen. Im Bereich des § 87 BetrVG kann der Arbeitgeber ohne den Betriebsrat nicht handeln. Aufgrund der Breite der behandelten Themen ist innerhalb des kollektiven Bereichs eine **Kompetenzabgrenzung** zwischen Tarifvertragsparteien und Betriebspartnern zu treffen. So enthalten Tarifverträge mehr oder minder ausgeprägte Regelungen zu Arbeitszeiten, diese Materie ist aber gem. Nr. 2 und 3 auch dem Betriebsrat zugewiesen. Weiterhin birgt die Reichweite der Mitbestimmungsrechte Konfliktpotential, das einen Lösungsmechanismus verlangt. 225

I. Mechanismen zur Konfliktlösung

Handelt der Arbeitgeber ohne Zustimmung des Betriebsrats oder einen diese ersetzenden Einigungsstellenspruch, will der Betriebsrat initiativ werden. Die **individualrechtliche Unwirksamkeit** der arbeitgeberseitigen Maßnahme reicht nicht aus, der einzelne Arbeitnehmer kann oder will vielleicht nicht reagieren, weil er die Überstunden möglicherweise im Hinblick auf den finanziellen Anreiz selbst leisten will, er aufgrund der strukturellen Unterlegenheit ein Vorgehen gegen den Arbeitgeber fürchtet oder wegen rechtlicher Unsicherheit eine Verweigerung der Befolgung der Anordnung eine Arbeitsverweigerung darstellen könnte. Es sind hier viele Motive denkbar, zu berücksichtigen ist nicht zuletzt die unterschiedliche Sichtweise der Individualinteressen des Einzelnen und derjenigen der kollektiven Betriebsgemeinschaft. 226

Streitig wird zwischen den Betriebspartnern häufig bereits die Frage des **Bestehens eines Mitbestimmungsrechts** sein. Der Arbeitgeber vertritt beispielsweise den Standpunkt, es habe sich bei der Anordnung von Überstunden um einen Notfall gehandelt oder es liege kein kollektiver Tatbestand vor. Hier bestehen zwei Möglichkeiten: 227

495 Vgl. Rn 122 ff.
496 BAG, Beschl. v. 17.03.1987 und Beschl. v. 26.02.1992, AP Nr. 29 und 48 zu § 80 BetrVG 1972.
497 BT-Drucks 14/5741, 46.
498 Richardi/*Thüsing*, § 80 BetrVG Rn 86; a.A. *Hanau*, RdA 2001, 72; *Oetker*, NZA 2003, 1233; *Reichold*, NZA 2001, 862 unter Verweis auf § 108 Abs. 2 Satz 2 BetrVG, der die leitenden Angestellten ausdrücklich erwähnt.

228 Der Betriebsrat kann nach vergeblichem Versuch, den Arbeitgeber zu Verhandlungen zu bewegen, die **Einigungsstelle anrufen**. Sollte sich der Arbeitgeber der Einigung auf einen Vorsitzenden und die Zahl der Beisitzer verschließen, weil er entweder mit den Personen nicht einverstanden ist oder stereotyp die Ansicht wiederholt, eine mitbestimmungspflichtige Angelegenheit liege nicht vor, kann der Betriebsrat die Einsetzung der Einigungsstelle durch das Arbeitsgericht betreiben, §§ 76 BetrVG, 98 ArbGG. Das Arbeitsgericht prüft in diesem Verfahren allein die Frage, ob die Einigungsstelle offensichtlich unzuständig ist, § 98 Abs. 1 Satz 1 ArbGG. Im Übrigen entscheidet die Einigungsstelle über die Frage ihrer Zuständigkeit selbst,[499] ggf. wird die Zuständigkeit nochmals im Verfahren einer Anfechtung des Einigungsstellenspruchs zur gerichtlichen Entscheidung gestellt.[500]

229 Möglich ist aber auch, vor Einsetzung der Einigungsstelle die **gerichtliche Entscheidung** über die Zuständigkeitsfrage zu suchen.[501] In den Leitsätzen der genannten Entscheidung hat das BAG ausgesprochen, dass die Durchführung des Einigungsstellenverfahrens keine Prozessvoraussetzung für ein arbeitsgerichtliches Beschlussverfahren ist, in dem über das Bestehen eines Mitbestimmungsrechts des Betriebsrats und damit über die Zuständigkeit der Einigungsstelle in einer bestimmten Angelegenheit gestritten wird. Zum Verhältnis zum Verfahren nach § 98 ArbGG hat das BAG ausgeführt, dass dieses Verfahren unabhängig von einem schwebenden Beschlussverfahren über die Zuständigkeit der Einigungsstelle durchgeführt werden muss. Eine Aussetzung des Verfahrens nach § 98 ArbGG sei unzulässig.[502]

230 Beide Vorgehensweisen bergen Vor- und Nachteile in sich. Vorab die gerichtliche Entscheidung zu suchen, bringt rechtliche Klarheit, die Parteien wissen vorab, dass sie sich ganz auf das Suchen einer Regelung der betrieblichen Angelegenheit konzentrieren können, die Frage des Bestehens eines Mitbestimmungsrechts ist geklärt. Auch können viel überflüssige Arbeit (und Kosten) vermieden werden, besteht doch bei der Entscheidung der Zuständigkeitsfrage in der Einigungsstelle gegen die Stimmen des Arbeitgebers immer die Gefahr, dass ein materieller Regelungsspruch bereits wegen fehlender Zuständigkeit im Anfechtungsverfahren aufgehoben wird. Andererseits besteht in der Einigungsstelle die Möglichkeit, die Zuständigkeitsfrage letztlich offen zu lassen, wenn es gelingt, mit der Vermittlungshilfe des Vorsitzenden eine einvernehmliche Einigung in der Sache zu erzielen. Dieser dem Betriebsfrieden dienlichen Einigungsmöglichkeit begibt man sich ggf. durch ein vorgeschaltetes Gerichtsverfahren. Welche Vorgehensweise die »richtige« ist, richtet sich stets am Einzelfall aus. Im Zweifel wird es auf das generelle Verhältnis der Betriebspartner untereinander ankommen. Neigen die Betriebspartner zum Dialog, wird sich der Weg über die Einigungsstelle anbieten, bei verhärteten Fronten wird der Vorteil der Rechtsklarheit vor Anrufung der Einigungsstelle überwiegen.

II. Gesetzes- und Tarifvorrang

231 Ein Mitbestimmungsrecht des Betriebsrats besteht im Rahmen des § 87 Abs. 1 BetrVG nur insoweit, als eine gesetzliche oder tarifliche Regelung nicht besteht. Wenn der Betriebsrat in Angelegenheiten, die an sich unter § 87 BetrVG fallen, ein Mitbestimmungsrecht für sich reklamiert, bleibt für den anwaltlichen Berater immer zu prüfen, ob nicht Gesetzes- oder Tarifrecht dem Begehren entgegensteht. So ist beispielsweise bei der **Vereinbarung einer kapazitätsorientierten, variablen Arbeitszeit** (KAPOVAZ)[503] nicht nur die äußere Begrenzung des Arbeitszeitgesetzes zu beachten, sondern stets zu prüfen, in welchem Korridor der einschlägige Tarifvertrag eine ungleichmäßige Verteilung der Arbeitszeit zulässt. Die meisten Tarifverträge enthalten sowohl einen Rahmen für die

499 BAG, Beschl. v. 22.01.1980, AP Nr. 3 zu § 87 BetrVG 1972 Lohngestaltung.
500 *Fitting u.a.*, § 76 BetrVG Rn 96; siehe zur Anfechtung eines Einigungsstellenbeschlusses Rn 444 ff.
501 BAG, Beschl. v. 24.11.1981, AP Nr. 11 zu § 76 BetrVG 1972.
502 BAG, Beschl. v. 24.11.1981, AP Nr. 11 zu § 76 BetrVG 1972.
503 Vgl. hierzu *Hümmerich*, DB 1996, 1182.

Wochenarbeitszeit, als auch einen Zeitraum, innerhalb dessen die durchschnittliche Wochenarbeitszeit eingehalten sein muss.[504] Dabei ist zu unterscheiden, ob es sich lediglich um einen in der Branche einschlägigen oder kraft Tarifbindung geltenden Tarifvertrag handelt, was mit der Unterscheidung zwischen Tarifvorrang und Tarifvorbehalt angesprochen wird.

1. Gesetzesvorrang

Der Sinn des Gesetzesvorrangs ergibt sich schon daraus, dass eine Mitbestimmung des Betriebsrats nur dort sinnvoll ist, wo es etwas zu regeln gilt. Schreibt zwingendes Gesetzesrecht eine bestimmte Verfahrensweise des Arbeitgebers vor, besteht für eine betriebsinterne Regelung kein Raum. Erfasst sind alle zwingenden Gesetze im materiellen Sinn, so auch Verordnungen und Satzungen öffentlich-rechtlicher Körperschaften.[505] Nachgiebiges Gesetzesrecht verdrängt das Mitbestimmungsrecht nicht. Verwaltungsakte stehen in ihrer Wirkung gesetzlichen Regelungen gleich. Das Mitbestimmungsrecht entfällt aber erst dann, wenn ein Regelungsspielraum, sei es auch für eine genehmigungspflichtige Maßnahme, nicht mehr besteht.[506] 232

2. Tarifvorrang und Tarifvorbehalt

Nicht nur Gesetzesrecht, auch Tarifrecht steht den Mitbestimmungsrechten des § 87 Abs. 1 BetrVG entgegen. Dabei weist der Wortlaut »soweit eine tarifliche Regelung nicht besteht« darauf hin, dass die **Sperrwirkung des § 87 Abs. 1 BetrVG** nur dort eingreift, wo aktuell kraft Tarifbindung ein Tarifvertrag tatsächlich Anwendung findet. Da es sich bei den Tatbeständen des § 87 Abs. 1 BetrVG beinah ausschließlich um betriebliche Fragen handelt, genügt die Tarifbindung des Arbeitgebers nach § 3 Abs. 2 TVG.[507] Im Lichte der Regelung des § 77 Abs. 3 BetrVG, der eine Betriebsvereinbarung dort ausschließt, wo Arbeitsbedingungen durch Tarifvertrag geregelt sind oder üblicherweise geregelt werden, stellt sich jedoch die Frage nach dem Verhältnis beider Normen zueinander. Wird das Mitbestimmungsrecht auch insoweit abgeschnitten, als betriebliche Fragen angesprochen sind, die lediglich üblicherweise in Tarifverträgen geregelt werden, ohne dass eine Tarifregelung im Betrieb besteht (**Zwei-Schranken-Theorie**)?[508] Der Meinungsstreit ist vom Großen Senat des BAG[509] im Sinne der **Vorrangtheorie**, die § 87 BetrVG als die speziellere Vorschrift ansieht, entschieden worden. Tarifüblichkeit hindert mithin die Mitbestimmung des Betriebsrats nicht. Der Tarifvertrag muss **aktuell anwendbar** sein, dies erstreckt sich auch auf die zeitliche Geltungskraft. Ein lediglich kraft Nachwirkung gem. § 4 Abs. 5 TVG geltender Tarifvertrag reicht nicht aus.[510] Dabei kommt es nicht auf den Zeitpunkt des Abschlusses der Betriebsvereinbarung an, sondern darauf, ob und inwieweit sich die **Geltungszeiträume überschneiden**. Der Wirksamkeit einer Betriebsvereinbarung, die erst nach Ende der zwingenden und unmittelbaren Geltung des Tarifvertrags **in Kraft treten** soll, steht nicht entgegen, dass sie bereits vorher abgeschlossen worden ist. Das gilt vor allem, wenn durch die Betriebsvereinbarung eine nahtlos anschließende, vom bisherigen Tarifvertrag abweichende Regelung getroffen werden soll.[511] Auch die Arbeitnehmer müssen, wenn auch nicht originär tarifgebunden, zumindest unter den fachlichen und persönlichen Geltungsbereich des Tarifvertrags fallen. Daher besteht für **AT-Angestellte**, die nicht gleichzeitig leitende Angestellte i.S.d. § 5 BetrVG sind, das Mitbestimmungsrecht uneingeschränkt, da ihre 233

504 Vgl. beispielsweise § 3 Nr. 2 MTV Kraftfahrzeuggewerbe NRW v. 08.11.1996 i.d.F. v. 01.07.1997.
505 BAG, Beschl. v. 25.05.1982, AP Nr. 53 zu § 611 BGB Dienstordnungs-Angestellte.
506 BAG, Beschl. v. 23.04.1985, AP Nr. 12 zu § 87 BetrVG 1972 Überwachung; Beschl. v. 09.07.1991, AP Nr. 19 zu § 87 BetrVG 1972 Ordnung des Betriebes.
507 BAG, Beschl. v. 10.08.1993, AP Nr. 12 zu § 87 BetrVG 1972 Auszahlung.
508 GK-BetrVG/*Wiese*, § 87 Rn 45 ff.; *Löwisch*, ArbuR 1978, 97 (106); *Haug*, BB 1986, 1921, (1923).
509 Beschl. v. 03.12.1991, AP Nr. 51 und 52 zu § 87 BetrVG 1972 Lohngestaltung.
510 BAG, Beschl. v. 24.02.1987, AP Nr. 21 zu § 77 BetrVG 1972; Beschl. v. 14.02.1989, AP Nr. 8 zu § 87 BetrVG 1972 Akkord.
511 BAG, Urt. v. 27.11.2002, AP Nr. 34 zu § 87 BetrVG 1972 Tarifvorrang.

Arbeitsbedingungen nicht durch Tarifvertrag geregelt werden.[512] Greift ein Mitbestimmungsrecht des § 87 BetrVG, ist für die Tarifsperre des § 77 Abs. 3 BetrVG kein Raum. Auch eine **für mehrere Jahre unkündbare Betriebsvereinbarung zu Überstunden** ist vom Mitbestimmungsrecht nach § 87 Abs. 1 Nr. 3 BetrVG gedeckt und verstößt daher nicht gegen den Tarifvorbehalt, wenn die in ihr vorgesehenen Verlängerungen der betriebsüblichen Arbeitszeit als solche jeweils nur vorübergehend sind.[513]

234 Das Mitbestimmungsrecht ist allerdings nur insoweit gesperrt, als der Tarifvertrag auch eine **abschließende Regelung** enthält. Nicht überall, wo ein Manteltarifvertrag Anwendung findet, sind betriebliche Regelungen ausgeschlossen. Anhand der einzelnen tariflichen Regelung bzw. des Regelungskomplexes ist jeweils vorab zu bestimmen, ob ein **Regelungsspielraum** für die Betriebspartner verbleibt. Insbesondere bei Fehlen einer Regelung ist zu entscheiden, ob es sich um ein »beredtes Schweigen« oder um eine Regelungslücke handelt. Ein Beispiel: Ein Tarifvertrag sieht eine bargeldlose Zahlung des Entgelts vor, eine Regelung über die Erstattung von Kontoführungsgebühren ist nicht enthalten. Bedeutet das Fehlen, dass eine Erstattung von Kontoführungsgebühren der Regelung der Betriebspartner entzogen sein soll oder besteht eine durch die Betriebspartner auszufüllende Regelungslücke? Die Fallkonstellation ist von der Rechtsprechung unterschiedlich entschieden.[514]

III. Die einzelnen Mitbestimmungsrechte des § 87 Abs. 1 BetrVG

1. Betriebsordnung (Nr. 1)

235 Nach § 87 Abs. 1 Nr. 1 BetrVG hat der Betriebsrat mitzubestimmen bei Fragen der Ordnung des Betriebes und des Verhaltens der Arbeitnehmer im Betrieb. Gegenstand des Mitbestimmungsrechts ist das **betriebliche Zusammenleben** und Zusammenwirken der Arbeitnehmer. Dazu dienen verbindliche **Verhaltensregeln** sowie unterschiedliche Maßnahmen, die geeignet sind, das Verhalten der Arbeitnehmer zu beeinflussen und zu regeln. Zweck des Mitbestimmungsrechts ist es, den Arbeitnehmern durch den Betriebsrat eine gleichberechtigte **Teilhabe** an der Gestaltung des betrieblichen Zusammenlebens zu gewähren.[515] § 87 Abs. 1 Nr. 1 BetrVG erfasst die Gestaltung der Ordnung des Betriebes zum einen durch die Schaffung verbindlicher Verhaltensregeln, zum anderen auch durch Maßnahmen, die das Verhalten der Arbeitnehmer in Bezug auf die betriebliche Ordnung betreffen und berühren, ohne dass sie verbindliche Normen für das Verhalten der Arbeitnehmer zum Inhalt haben. Ausreichend ist es, wenn die Maßnahme darauf gerichtet ist, die vorgegebene Ordnung des Betriebes zu gewährleisten und aufrechtzuerhalten.[516] Von dem mitbestimmungspflichtigen Ordnungsverhalten zu unterscheiden ist das reine **Arbeitsverhalten** der Arbeitnehmer. Das Arbeitsverhalten betreffen alle Regeln und Weisungen, die bei der Erbringung der Arbeitsleistung selbst zu beachten sind. Das Arbeitsverhalten ist berührt, wenn der Arbeitgeber kraft seiner Organisations- und Leitungsmacht näher bestimmt, welche Arbeiten auszuführen sind und in welcher Weise das geschehen soll. Danach sind mitbestimmungsfrei solche Anordnungen, mit denen die Arbeitspflicht unmittelbar konkretisiert wird.[517] Dabei beurteilt sich die Frage, ob eine Anordnung das mitbestimmungspflichtige Ordnungsverhalten oder das mitbestimmungsfreie Arbeitsverhalten betrifft, nicht nach den subjektiven Vorstellungen, die den Arbeitgeber zu der Maßnahme bewogen haben. Entscheidend ist der **objektive Regelungszweck**, der sich nach dem Inhalt der Maßnahme

512 BAG, Beschl. v. 11.02.1992, AP Nr. 50 zu § 76 BetrVG 1972.

513 BAG, Urt. v. 03.06.2003, AP Nr. 19 zu § 77 BetrVG 1972 Tarifvorbehalt.

514 Gegen Mitbestimmungsrecht BAG, Beschl. v. 31.08.1982, AP Nr. 2 zu § 87 BetrVG 1972 Auszahlung; für Mitbestimmungsrecht BAG, Beschl. v. 05.03.1991, AP Nr. 11 zu § 87 BetrVG 1972 Auszahlung.

515 BAG, Beschl. v. 23.07.1996, AP Nr. 26 zu § 87 BetrVG 1972 Ordnung des Betriebes; Beschl. v. 08.11.1994, BAGE 78, 224.

516 BAG, Beschl. v. 08.08.1989, AP Nr. 15 zu § 87 BetrVG 1972 Ordnung des Betriebes; 24.03.1981, BAGE 35, 150.

517 BAG, Beschl. v. 18.04.2000, NZA 2000, 1176; BAG, Beschl. v. 08.06.1999, AP Nr. 31 zu § 87 BetrVG 1972 Ordnung des Betriebes; kritisch zu dieser Abgrenzung *Fitting u.a.*, § 87 BetrVG Rn 66 f.

und der Art des zu beeinflussenden betrieblichen Geschehens bestimmt. Eine das Ordnungsverhalten betreffende Maßnahme wird nicht dadurch mitbestimmungsfrei, dass sie einen **Randbereich des Arbeitsverhältnisses** betrifft.[518]

Einen Eindruck von der **notwendigen Abgrenzung einerseits zwischen Verhaltensbeeinflussung und bloßer Bestandsaufnahme und andererseits zwischen Ordnungs- und Arbeitsverhalten** gibt die nachfolgend wiedergegebene Entscheidung des BAG.[519] Lässt eine Bank ohne Kenntnis der Arbeitnehmer durch ein anderes Unternehmen **Tests zur Überprüfung der Beratungsqualität** an zufällig ausgewählten Schaltern durchführen, wobei die Arbeitgeberin die Ergebnisse nicht mit einzelnen Arbeitnehmern oder Gruppen von Arbeitnehmern in Verbindung bringen kann, so hat der Betriebsrat weder nach § 87 Abs. 1 Nr. 1 oder Nr. 6 BetrVG noch nach § 94 BetrVG ein Mitbestimmungsrecht.[520] Dabei wird das Mitbestimmungsrecht nicht dadurch ausgeschlossen, dass die Schaltertests von einem **Drittunternehmen** durchgeführt werden.[521] In mitbestimmungspflichtigen Angelegenheiten kann sich der Arbeitgeber Dritten gegenüber nicht in einer Weise binden, die eine Einflussnahme der zuständigen Arbeitnehmervertretung faktisch ausschließen würde. Vielmehr muss der Arbeitgeber durch eine entsprechende Vertragsgestaltung sicherstellen, dass die ordnungsgemäße Wahrnehmung des Mitbestimmungsrechts gewährleistet ist.[522] Ein Mitbestimmungsrecht des Betriebsrats ist aber deswegen in dem vom BAG entschiedenen Fall ausgeschieden, weil die Arbeitgeberin mit den von ihr veranlassten Schaltertests keine Maßnahme getroffen hat, die geeignet war, das Verhalten der Arbeitnehmer im Bezug auf die Ordnung des Betriebs zu beeinflussen und zu koordinieren. Der Arbeitgeberin ging es mit der von ihr in Auftrag gegebenen Studie über die Service- und Beratungsqualität in ihren Filialen um eine **Bestandsaufnahme** aus der Sicht der Kunden. Eine – auch nur mittelbare – Beeinflussung des Verhaltens der bei ihr beschäftigten Mitarbeiter war nicht beabsichtigt, schon deshalb nicht, weil es gerade darum ging, den Ist-Zustand des Beratungsangebots festzustellen. Gewünscht war nicht ein – aufgrund besonderer Anstrengungen des Schalterpersonals – besonders guter Befund, sondern eine »schonungslose Bilanz« des Zustandes, wie Dritte, d.h. Kunden ihn wahrnehmen. Das Verhalten der Mitarbeiter in den Geschäftsstellen sollte durch die Schaltertests gerade nicht beeinflusst, sondern nur festgestellt werden. Ob und ggf. welche Schlussfolgerungen die Arbeitgeberin aus den Ergebnissen der Schaltertests zieht, ist für die Frage, ob bereits die **Erhebung und Auswertung** entsprechender Daten mitbestimmungspflichtig ist, ohne Bedeutung. Unabhängig davon scheitert ein Mitbestimmungsrecht nach § 87 Abs. 1 Nr. 1 BetrVG auch daran, dass durch die Schaltertests die Service- und Beratungsqualität der Arbeitgeberin geprüft werden sollte, also im Vordergrund der Maßnahme die Arbeitsleistung der beratenden Angestellten – somit deren Arbeitsverhalten – stand. Die geschuldete Arbeitsleistung der an den Schaltern tätigen Mitarbeiter besteht darin, die Leistungen anzubieten und erforderlichenfalls die Kunden zu beraten. Von der Arbeitsleistung umfasst ist daher sowohl die **fachliche als auch die kommunikative und verkäuferische Kompetenz** der Mitarbeiter. Zu der geschuldeten Arbeitsleistung der Mitarbeiter in den Geschäftsstellen gehört auch die Präsentation der Leistungen der Arbeitgeberin gegenüber den Kunden. Fragen, wie der Mitarbeiter den Kunden begrüßt und das Gespräch führt und ob er ihn mit Namen anspricht oder nicht, betreffen die Erbringung der geschuldeten Arbeitsleistung »Beratung«. Dies gilt auch für die Frage, ob die Mitarbeiter ein Namensschild tragen oder nicht. Zur Präsentation des Arbeitsprodukts »Beratung« gehört auch, ob den Kunden die Möglichkeit gegeben wird, den Berater persönlich mit Namen anzusprechen. Auch soweit das **Erscheinungsbild** der Mitarbeiter Gegenstand der Schaltertests war, gehört dieses im weitesten Sinne zur Arbeitsleistung, weil der Kunde – und damit auch der Arbeitgeber – gerade von einem Bankmitarbeiter eine äußere Erscheinung erwartet, die Seriosität ausdrückt.[523] Die Anweisung an Sachbearbeiter, 236

518 BAG, Beschl. v. 11.06.2002, NZA 2002, 1299.
519 BAG, Beschl. v. 18.04.2000, NZA 2000, 1176.
520 *Deckers/Deckers*, NZA 2004, 139.
521 Allgemein zu Beteiligungsrechten des Betriebsrats bei Drittbeziehungen des Arbeitgebers *Wiese*, NZA 2003, 1113.
522 BAG, Beschl. v. 17.03.1987, BAGE 54, 278.
523 BAG, Beschl. v. 18.04.2000, NZA 2000, 1176.

in Geschäftsbriefen auch ihre **Vornamen** anzugeben, betrifft ebenfalls das Arbeitsverhalten und ist daher nicht nach § 87 Abs. 1 Nr. 1 BetrVG mitbestimmungspflichtig.[524] Der Einsatz von **Privatdetektiven** zur Überwachung von Arbeitnehmern bei der Erfüllung ihrer Arbeitspflicht unterliegt nicht der Mitbestimmung des Betriebsrats.[525] Die Weisung des Arbeitgebers an seine Arbeitnehmer, beim Einsatz in der **Kundenfirma Fingerabdrücke** über ein biometrisches System in einem sog. Fingerprint-Scanner zu hinterlegen, ist jedoch mitbestimmungspflichtig nach § 87 Abs. 1 Nr. 1 oder Nr. 6 BetrVG.[526]

237 Die nach § 5 Abs. 1 Satz 3 EFZG zulässige Anweisung des Arbeitgebers, Zeiten der Arbeitsunfähigkeit unabhängig von deren Dauer generell durch eine vor Ablauf des dritten Kalendertages nach Beginn der **Arbeitsunfähigkeit** vorzulegende **Bescheinigung** nachzuweisen, betrifft eine Frage der betrieblichen Ordnung i.S.v. § 87 Abs. 1 Nr. 1 BetrVG. Das danach bestehende Mitbestimmungsrecht des Betriebsrats ist nicht durch das EFZG ausgeschlossen. § 5 Abs. 1 Satz 3 EFZG eröffnet dem Arbeitgeber einen Regelungsspielraum hinsichtlich der Frage, ob und wann die Arbeitsunfähigkeit vor dem vierten Tag nachzuweisen ist. Bei dieser Regelung hat der Betriebsrat mitzubestimmen.[527]

238 Die Anordnung einer **Dienstreise** außerhalb der regulären Arbeitszeit bedeutet keine gem. § 87 Abs. 1 Nr. 1 BetrVG mitbestimmungspflichtige Regelung der betrieblichen Ordnung. Der Arbeitnehmer, der ein auswärtiges Dienstgeschäft wahrnimmt, erfüllt damit seine Arbeitspflicht. Mit der entsprechenden Anordnung konkretisiert der Arbeitgeber unmittelbar die zu erbringende Arbeitsleistung. Er legt fest, dass der Arbeitnehmer eine bestimmte Aufgabe außerhalb des normalen Arbeitsortes zu erbringen hat. Mit dieser Ortsbestimmung legt er zugleich fest, dass der Arbeitnehmer zu seiner Arbeit anreisen muss. Schließlich trifft er auch eine zeitliche Bestimmung, indem er Beginn und Ende des auswärtigen Dienstgeschäftes und damit zugleich mittelbar die Reisezeiten festlegt. Alle diese Weisungen beziehen sich unmittelbar auf die Arbeitsleistung. Sie gestalten nicht das betriebliche Zusammenleben.[528] Die **Nutzung von in Dienstkraftfahrzeugen eingebauten Mobiltelefonen** bei vorhandenen Freisprecheinrichtungen betrifft nach ArbG Celle nicht die Ordnung des Betriebs oder das Verhalten der Arbeitnehmer im Betrieb.[529]

239 Die Durchführung von **Mitarbeiterführungsgesprächen** mit Zielvereinbarung ist mitbestimmungspflichtig, § 87 Abs. 1 Nr. 1 BetrVG, wenn es nicht um die bloße Verwirklichung sog. arbeitsnotwendiger Maßnahmen, sondern darum geht, die Mitarbeiterinnen und Mitarbeiter kollektiv und verbindlich in eine die Arbeitspflicht übergreifende **Unternehmensstrategie** einzubeziehen.[530] Die Führung formalisierter **Krankengespräche** zur Aufklärung eines überdurchschnittlichen Krankenstandes mit einer nach abstrakten Kriterien ermittelten Mehrzahl von Arbeitnehmern ist gem. § 87 Abs. 1 Satz 1 BetrVG mitbestimmungspflichtig. Es geht dabei um das Verhalten der Arbeitnehmer in Bezug auf die betriebliche Ordnung und nicht um das Verhalten bei der Arbeitsleistung selbst.[531]

240 Die Anweisung des Arbeitgebers an einen Küchenleiter, während seiner Arbeitszeit keinen **Walkman** zu tragen, betrifft die Ordnung des Betriebes und ist mitbestimmungspflichtig.[532] Die Frage, ob im Betrieb während der Arbeitszeit **Radio** gehört werden darf, betrifft die Ordnung des Betriebs und des Verhaltens der Arbeitnehmer im Betrieb. Der Betriebsrat hat daher nach § 87 Abs. 1 Nr. 1 BetrVG mitzubestimmen, wenn der Arbeitgeber das Radiohören verbieten will. Ein ohne Beteiligung des Betriebsrats ausgesprochenes Verbot ist unwirksam.[533]

524 BAG, Beschl. v. 08.06.1999, NZA 1999, 1288.
525 BAG, Beschl. v. 26.03.1991, NZA 1991, 729.
526 BAG, Beschl. v. 27.01.2004, NZA 2004, 556.
527 BAG, Beschl. v. 25.01.2000, NZA 2000, 665.
528 BAG, Beschl. v. 23.07.1996, NZA 1997, 216.
529 ArbG Celle, Beschl. v. 11.12.2002, LAGE § 87 BetrVG 2001 Nr. 1.
530 LAG Baden-Württemberg, Beschl. v. 12.06.1995 – 16 TaBV 12/94 (n.v.).
531 BAG, Beschl. v. 08.11.1994, NZA 1995, 857.
532 ArbG Berlin, Urt. v. 19.11.1990, EzA § 87 BetrVG 1972 Betriebliche Ordnung Nr. 17.
533 BAG, Beschl. v. 14.01.1986, NZA 1986, 435.

Sanktionen für Verstöße des Arbeitnehmers gegen seine vertraglichen Verpflichtungen, die über die individualrechtlichen Möglichkeiten des Arbeitgebers (Abmahnung, Kündigung, Versetzung) hinausgehen, sind nur als **Betriebsbußen** möglich. Betriebsbußen können nur aufgrund einer zwischen den Betriebspartnern vereinbarten Betriebsbußenordnung und nur für Verstöße gegen die Regeln über das Ordnungsverhalten verhängt werden. Aus dem Mitbestimmungsrecht des Betriebsrats hinsichtlich der Aufstellung einer Betriebsbußenordnung und der Verhängung von Betriebsbußen im Einzelfall folgt – solange eine Betriebsbußenordnung nicht besteht – nicht, dass bei einer vom Arbeitgeber gleichwohl verhängten Betriebsbuße der Betriebsrat mitzubestimmen hat. Die einseitig vom Arbeitgeber verhängte Betriebsbuße ist vielmehr unwirksam.[534] 241

Der Betriebsrat hat mitzubestimmen bei der Ausgestaltung einer **Dienstbekleidung**, soweit ein Regelungsspielraum verbleibt. In dem entschiedenen Fall hatte der Arbeitgeber nicht vorgetragen, zur Ausführung welcher Arbeiten die von ihm gewünschte Dienstbekleidung erforderlich sein sollte. Gerade seine Argumentation, die Dienstbekleidung weise den Arbeitnehmer als Repräsentanten des Unternehmens aus und erlaube damit auch eine Aussage über Image, Stil und Trend des Unternehmens, sprach dafür, dass sich die Anordnung einer bestimmten Dienstbekleidung auf das Ordnungsverhalten der Arbeitnehmer bezog. Es stand ausdrücklich nicht in Frage, welche Aufgaben der Arbeitnehmer nur in einer bestimmten Dienstbekleidung erfüllen kann. Vielmehr wollte der Arbeitgeber erreichen, dass seine Kunden von dem äußeren Erscheinungsbild seiner Mitarbeiter bestimmte – positive – Rückschlüsse auf das Unternehmen ziehen. Aus diesem Grunde wollte die Unternehmensleitung auch ein »exotisches« Auftreten ihrer Mitarbeiter vermeiden. Gerade das ist aber eine Frage der Ordnung, die einen Bezug zum Betrieb und darüber hinaus zum gesamten Unternehmen hat und nicht allein oder auch nur in erster Linie eine Frage des Arbeitsverhaltens ist. Auch eine Schalterangestellte, die stets pünktlich zur Arbeit erscheint, in hervorragender Weise ihre Arbeit ausführt, insbesondere freundlich zu Kunden ist und stets präzise Auskünfte erteilt, sollte keinen auffallenden Schmuck tragen, schon gar nicht einen solchen, dessen Umfang den eines Markstückes übersteigt. Das Gleiche galt für die angestellten Männer, die zu ihren dunkelblauen Hosen nur dunkelblaue oder schwarze Socken tragen sollen, obwohl sie ihre arbeitsvertraglich geschuldete Leistung auch korrekt in weißen Socken erbringen könnten.[535] Im Vergleich zur unter Rn 236 dargestellten Entscheidung, in der ebenfalls das Erscheinungsbild angesprochen und dem Arbeitsverhalten zugeordnet wurde, wird deutlich, wie eng Ordnungs- und Arbeitsverhalten im Einzelfall beieinander liegen. Je nach Lage des Argumentationsschwerpunktes sind hier Überschneidungen und damit entsprechende Abgrenzungsprobleme ohne weiteres denkbar. Auch in der Frage des Tragens von Dienstkleidung besteht ein **Initiativrecht des Betriebsrats**. Ein auf diese Initiative ergangener Einigungsstellenspruch, der die Verpflichtung zum Tragen von Dienstkleidung festlegt, aber auch die **Kostentragungspflicht des Arbeitgebers**, ist nach LAG Nürnberg[536] zumindest dann nicht wegen Kompetenzüberschreitung der Einigungsstelle unwirksam, wenn der Arbeitgeber zuvor gegenüber den Mitarbeitern sein Interesse am Tragen einheitlicher Dienstkleidung zum Ausdruck gebracht hat. Die Kosten betrugen im Anschaffungsjahr ca. 35 EUR, in den Folgejahren ca. 18 EUR je Arbeitnehmer. In einer Betriebsvereinbarung, durch die »zur Verbesserung des äußeren Erscheinungsbildes und Images« des Arbeitgebers eine einheitliche Arbeitskleidung eingeführt wird, können die Betriebspartner dagegen nicht regeln, dass die **Arbeitnehmer einen Teil der Kosten für die Gestellung der Arbeitskleidung zu tragen** haben.[537] Das Mitbestimmungsrecht nach § 87 Abs. 1 Nr. 1 BetrVG begründet nach LAG Köln **nicht die Kompetenz** zur Regelung der Frage, wer in welchem Umfang die **Kosten der Reinigung und Instandhaltung** einer vom Arbeitgeber eingeführten und in seinem Eigentum verbleibenden sog. Image-Kleidung zu tragen hat.[538] Das 242

534 BAG, Beschl. v. 17.10.1989, NZA 1990, 193.
535 BAG, Beschl. v. 08.08.1989, NZA 1990, 320.
536 LAG Nürnberg, Beschl. v. 10.09.2002, NZA-RR 2003, 197.
537 BAG, Urt. v. 01.12.1992, NZA 1993, 711.
538 LAG Köln, Urt. v. 20.03.2002, ArbuR 2002, 358.

Tragen von Namensschildern zur Dienstkleidung in einem Unternehmen des Nahverkehrs betrifft das Ordnungsverhalten und ist damit mitbestimmungspflichtig.[539]

242a Dem Betriebsrat steht bei der **Einführung eines Formulars**, in dem Redakteure einer Wirtschaftszeitung aufgrund einer vertraglichen Nebenabrede den Besitz bestimmter Wertpapiere dem Arbeitgeber anzuzeigen haben, ein Mitbestimmungsrecht nach § 87 Abs. 1 Nr. 1 BetrVG zu. Diese Maßnahme unterliegt nicht dem Tendenzschutz nach § 118 Abs. 1 Satz 1 BetrVG. Bei der **Einführung von Regeln**, die für Redakteure einer Wirtschaftszeitung jedoch den **Besitz von Wertpapieren** oder die Ausübung von Nebentätigkeiten mit dem Ziel **einschränken**, die Unabhängigkeit der Berichterstattung zu gewährleisten, schließt der **Tendenzschutz** eine Mitbestimmung aus.[540]

2. Verteilung der Arbeitszeit (Nr. 2)

243 Der Betriebsrat hat nach § 87 Abs. 1 Nr. 2 BetrVG mitzubestimmen über Beginn und Ende der täglichen Arbeitszeit einschließlich der Pausen sowie über die Verteilung der Arbeitszeit auf die einzelnen Wochentage. Dem Mitbestimmungsrecht des Betriebsrats ist die **Dauer** der wöchentlichen Arbeitszeit entzogen. Über die Dauer der wöchentlichen Arbeitszeit bestimmt der Betriebsrat nur im Rahmen des § 87 Abs. 1 Nr. 3 BetrVG mit, wenn die vorübergehende Verlängerung oder Verkürzung der betriebsüblichen Arbeitszeit betroffen ist. Dagegen betrifft die Festlegung der Dauer der täglichen Arbeitszeit nur die Frage, wie die einzelvertraglich vereinbarte oder tarifliche wöchentliche Arbeitszeit an den einzelnen Wochentagen genutzt werden soll. Die tariflichen Regelungen oder individualrechtlichen Vereinbarungen über die Dauer der wöchentlichen Arbeitszeit hat der Betriebsrat bei der Ausübung seines Mitbestimmungsrechts als Vorgaben zu beachten. Innerhalb dieser Vorgaben bleiben aber zahlreiche Möglichkeiten für Regelungen, wie die wöchentliche Arbeitszeit an den einzelnen Arbeitstagen genutzt werden soll. Die Mitbestimmung des Betriebsrats über die Verteilung der Arbeitszeit auf die einzelnen Wochentage hat zur Folge, dass dem Betriebsrat auch insoweit ein Mitbestimmungsrecht zusteht, als er bei vorgegebenen Arbeitszeiten zu entscheiden hat, wie diese im Rahmen der Schichteinteilung auf die einzelnen Wochentage zu verteilen ist.[541]

243a Mitbestimmt ist die Festlegung des **Beginns und des Endes der täglichen Arbeitszeit**, die nicht starr für alle Mitarbeiter gleich sein muss. Durch Betriebsvereinbarung können gerade flexible Arbeitszeitsysteme geregelt werden, insbesondere die sog. **Gleitzeit**. Gleitzeitvereinbarungen legen gewöhnlich die Kernzeit als zwingende Anwesenheitszeit und Gleitzeiten, während derer die Arbeitnehmer ihre Soll-Arbeitszeit ableisten können, fest. Weiterhin müssen der Ausgleichszeitraum und die maximal übertragbare Zahl von Haben/Soll-Stunden geregelt werden. Schließlich bedarf der Definition, wie Überstunden von vorgeleisteten Gleitzeitstunden zu trennen sind. Der Arbeitgeber ist verpflichtet, die Einhaltung der Gleitzeitregelungen durch die Arbeitnehmer zu kontrollieren und sicherzustellen. Der **Arbeitgeber** ist darüber hinaus verpflichtet, eine Gleitzeitvereinbarung, wonach die Sollzeit am Ende eines Abrechnungszeitraums um höchstens zehn Stunden über- oder unterschritten werden darf und Zeitguthaben von mehr als zehn Stunden verfallen, soweit sie nicht als Mehrarbeit genehmigt sind, in der Weise durchzuführen, dass er solche **verfallenden Gleitzeitguthaben verhindert** oder ihren Anfall mit dem Betriebsrat gem. § 87 Abs. 1 Nr. 3 BetrVG abstimmt.[542] Wird ein täglicher Arbeitszeitrahmen vereinbart, ist der Arbeitgeber verpflichtet, **Arbeiten außerhalb des Arbeitszeitrahmens** zu unterbinden und keine Arbeitsleistungen entgegenzunehmen, die die **Gleitzeithöchstgrenze überschreiten.**[543] Dagegen gestattet eine Gleitzeitvereinbarung mit Festlegung von Kernzeiten und Gleitzeitrahmen und der Verpflichtung der Arbeitnehmer, Abwesenheiten außerhalb der Schalteröffnungszeiten einer Bank mit dem Vorgesetzten abzustimmen,

539 BAG, Beschl. v. 11.06.2002, NZA 2002, 1299.
540 BAG, Beschl. v. 28.05.2002, NZA 2003, 166.
541 BAG, Beschl. v. 28.09.1989, NZA 1989, 184.
542 LAG Frankfurt, Beschl. v. 09.10.1997, NZA-RR 1999, 88; LAG Frankfurt, Beschl. v. 21.12.1995, ArbuR 1997, 124.
543 LAG Baden-Württemberg, Beschl. v. 11.07.2002, DB 2002, 1613, n.rkr., Az. BAG: 1 ABR 30/02.

es dem Arbeitgeber, ohne Verstoß gegen die Betriebsvereinbarung, die **Schalteröffnungszeiten einseitig zu verändern**, wenn diese noch innerhalb des Gleitzeitrahmens liegen.[544] Dem Betriebsrat steht ebenfalls kein Mitbestimmungsrecht zu, wenn der Arbeitgeber für alle Arbeitnehmer einheitlich die wöchentliche Arbeitszeit erhöht, ohne dass sich Beginn und Ende der täglichen Arbeitszeit einschließlich der Pausen sowie Verteilung der Arbeitszeit auf die einzelnen Wochentage – alles geregelt in einer Betriebsvereinbarung über gleitende Arbeitszeit – ändern müssten.[545] Der Arbeitgeber verletzt eine Betriebsvereinbarung, durch die, ohne Ausnahmen zu regeln, die gleitende Arbeitszeit eingeführt worden ist, wenn er im dienstlichen Interessen liegende Schulungs- und Informationsveranstaltungen für Kundenberater außerhalb der Kernzeit, aber innerhalb der Gleitzeit, ohne Zustimmung des Betriebsrats ansetzt. Dies gilt auch, wenn den Arbeitnehmern das Erscheinen zu der Veranstaltung freigestellt wird.[546] Kann ein Arbeitnehmer wegen eines tatsächlichen **Arbeitseinsatzes während der Rufbereitschaft** die Arbeit am Folgetag wegen der gesetzlichen Ruhezeit nach § 5 ArbZG nicht wie vorgesehen aufnehmen, ist der Arbeitgeber verpflichtet, eine mitbestimmte Regelung mit dem Betriebsrat zur **Umverteilung der Arbeitszeit** zu suchen. Andernfalls muss er die ausgefallenen Arbeitsstunden aus Verzugsgesichtspunkten vergüten.[547]

Insbesondere im **Einzelhandel** ist die Frage aufgetreten, ob die mitbestimmte Lage der Arbeits- 244
zeit letztlich verhindern darf, dass der Unternehmer die gesetzlich zulässigen **Öffnungszeiten** voll ausnutzt. Obwohl die faktische Beschränkung der Öffnungszeiten einen Eingriff in die **unternehmerische Entscheidung** darstellt, hat die Rechtsprechung die Reichweite des Mitbestimmungsrechts nicht zugunsten der unternehmerischen Gestaltungsfreiheit beschnitten. Das Mitbestimmungsrecht des Betriebsrates über Beginn und Ende der Arbeitszeit wird in seinem Umfang nicht dadurch beschränkt, dass die Festlegung der Arbeitszeit der im Verkauf beschäftigten Arbeitnehmer Einfluss auf die Ladenöffnungszeiten des Verkaufsstellen betreibenden Unternehmers hat oder haben kann. Die Entscheidung der Frage, wann die Arbeitszeit von im Verkauf beschäftigten Arbeitnehmern beginnen und enden soll, und die Bestimmung der Tage und Tageszeiten, an denen eine Verkaufsstelle geöffnet wird, betreffen unterschiedliche Regelungsgegenstände. Arbeitszeit und Ladenöffnungszeit müssen nicht identisch sein. Sie werden vielfach schon deswegen voneinander abweichen, weil im Regelfall die gesamte Ladenöffnungszeit länger ist als die vertragliche Arbeitszeit der einzelnen im Verkauf beschäftigten Arbeitnehmer. Gleichwohl ist nicht zu verkennen, dass beide Entscheidungen zueinander in einem Abhängigkeitsverhältnis stehen oder stehen können.

Der Gesetzgeber hat jedoch im BetrVG die Beteiligungsrechte des Betriebsrates an den einzelnen 244a
Entscheidungen und Maßnahmen unterschiedlich stark ausgestaltet und damit selbst seiner Grundentscheidung Rechnung getragen, indem er schwächere Beteiligungsrechte dort gewährt hat, wo ihm die Erhaltung der unternehmerischen Entscheidungsfreiheit ganz oder in größerem Umfange geboten erschien, als dies bei der Gewährung von Zustimmungs- oder echten Mitbestimmungsrechten möglich gewesen wäre. Er hat damit den Konflikt zwischen einer aus einer Beteiligung des Betriebsrates an unternehmerischen Entscheidungen notwendig folgenden Beschränkung dieser Entscheidungsfreiheit und seiner Grundkonzeption, in »eigentliche unternehmerische Entscheidungen, insbesondere auf wirtschaftlichem Gebiet« nicht einzugreifen, selbst entschieden. Soweit Mitbestimmungsrechte des Betriebsrates zu einer Beschränkung der unternehmerischen Entscheidungsfreiheit führen, liegt daher nicht ein »Wertungswiderspruch« vor, der eine Beschränkung der Mitbestimmungsrechte des Betriebsrates erforderlich machen könnte. Die Gewährung von Mitbestimmungsrechten auch mit einer solchen Auswirkung stellt vielmehr die gesetzliche Lösung des Wertungswiderspruches zwischen Mitbestimmung und Freiheit der unternehmerischen Entscheidung selbst dar.[548] Um auch im Einzelhandel die Fünf-Tage-Woche zu ermöglichen, wird in der Regel ein freier

544 LAG Rheinland-Pfalz, Beschl. v. 20.03.1997, NZA-RR 1997, 390.
545 LAG Düsseldorf, Beschl. v. 28.04.1995 – 15 TaBV 107/94 (n.v.).
546 BAG, Beschl. v. 18.04.1989, DB 1989, 1978.
547 LAG Hamm, Urt. v. 14.05.2003 – 3 Sa 261/03 (n.v.).
548 BAG, Beschl. v. 31.08.1982, DB 1983, 453; die gegen den Beschl. eingelegte Verfassungsbeschwerde ist nicht zur Entscheidung angenommen worden, BVerfG, Beschl. v. 18.12.1985, DB 1986, 486.

Wochentag gewährt, der meist rolliert. Fällt ein solcher **Rolliertag** auf einen **Wochenfeiertag**, so fällt die Arbeitszeit an diesem Tag nicht wegen des Feiertags, sondern aufgrund des von vornherein feststehenden Rolliertages aus.[549] Der Mitbestimmung des Betriebsrats bei der Ausgestaltung von rollierenden Freizeitsystemen unterliegt auch die Frage, ob Freizeittage, die auf einen Wochenfeiertag fallen würden, auf einen anderen Tag gelegt werden sollen. Hierin liegt keine Verkürzung der regelmäßigen Arbeitszeit.[550]

245 Der Betriebsrat hat nach § 87 Abs. 1 Nr. 2 BetrVG nicht nur darüber mitzubestimmen, ob im Betrieb überhaupt in mehreren **Schichten** gearbeitet werden soll, bzw. wann die einzelnen Schichten beginnen und enden, sondern auch darüber, welche Arbeitnehmer in welcher Schicht arbeiten sollen, und ob und unter welchen Voraussetzungen Arbeitnehmer von der einen Schicht in eine andere Schicht wechseln sollen. Einseitig vom Arbeitgeber getroffene Maßnahmen sind bei Verletzung des Mitbestimmungsrechts des Betriebsrats insoweit unwirksam, als Einzelansprüche der Arbeitnehmer vereitelt oder geschmälert werden. Bei einer einseitigen, nicht von der Zustimmung des Betriebsrats gedeckten Anordnung, ab sofort in Normalschicht zu arbeiten, behält der Arbeitnehmer seinen **Lohnzahlungsanspruch für die ausgefallene Arbeitszeit**, ohne dass i.S.d. § 615 BGB der Arbeitgeber die angebotene Arbeit abgelehnt haben müsste. Es liegt ein Fall der vom Gläubiger der Arbeitsleistung verschuldeten Unmöglichkeit vor.[551] Das Mitbestimmungsrecht des § 87 Abs. 1 Nr. 2 BetrVG umfasst außer der Einführung von Schichtarbeit, der Festlegung der zeitlichen Lage der Schichten und der Abgrenzung des Personenkreises, der Schichtarbeit zu leisten hat, auch die Aufstellung der **Schichtpläne** selbst, also die Zuordnung der in Wechselschicht tätigen Arbeitnehmer zu den einzelnen Schichten und deren nachträgliche Veränderung.[552] Inhalt des Mitbestimmungsrechts ist, dass alle Fragen der Schichtarbeit von Arbeitgeber und Betriebsrat gemeinsam zu regeln sind. Die Betriebspartner können sich aber auch darauf beschränken, **Grundsätze** festzulegen, denen die einzelnen Schichtpläne entsprechen müssen, und die Aufstellung der einzelnen Schichtpläne entsprechend diesen Grundsätzen dem Arbeitgeber überlassen.[553] Das Mitbestimmungsrecht greift auch dann ein, wenn der Arbeitgeber in Abweichung von einem **Jahresschichtplan** eine oder **mehrere Schichten ersatzlos streichen** will.[554] Beim Übergang von der Arbeit in **Normalschicht zu Wechselschichtarbeit** hat der Betriebsrat nach § 87 Abs. 1 Nr. 2 BetrVG mitzubestimmen. Die Umsetzung der Arbeitnehmer von Normalschicht in die vereinbarte Wechselschicht ist keine zustimmungspflichtige **Versetzung**, wenn sich dadurch lediglich die Lage der Arbeitszeit der betroffenen Arbeitnehmer ändert.[555] Die **Mitbestimmung schützt das Interesse der Arbeitnehmer an einer sinnvollen Abgrenzung zwischen Arbeitszeit und der für die Gestaltung des Privatlebens verfügbaren Zeit**. Sie dient dagegen nicht dem Schutz vor einer erhöhten **Arbeitsbelastung**, die darauf beruht, dass andere nach einem Jahresschichtplan für eine bestimmte Wochenschicht eingeplante Arbeitnehmer im Betrieb nicht anwesend sind und deshalb für die Ableistung der Schicht nicht zur Verfügung stehen. Werden diese Arbeitnehmer in der nach dem Jahresschichtplan für sie vorgesehenen Schicht weder geführt, noch durch andere Arbeitnehmer ersetzt, unterliegt dies nicht erneut der Mitbestimmung.[556]

246 Der Betriebsrat hat mitzubestimmen bei der Regelung der Arbeitszeit **teilzeitbeschäftigter** Arbeitnehmer. Sein Mitbestimmungsrecht besteht in demselben Umfang wie bei der Regelung der Arbeitszeit vollzeitbeschäftigter Arbeitnehmer. Der Betriebsrat hat nicht mitzubestimmen über die Dauer

549 BAG, Beschl. v. 25.04.1989 – 1 ABR 82/87 (n.v.).
550 BAG, Beschl. v. 25.07.1989, NZA 1989, 979.
551 BAG, Urt. v. 18.09.2002, DB 2003, 1121; LAG Baden-Württemberg, Urt. v. 24.10.1997, AiB 1995, 291; LAG Frankfurt, Urt. v. 27.11.1986, DB 1987, 1844.
552 LAG Baden-Württemberg, Beschl. v. 24.01.1986, LAGE § 87 BetrVG 1972 Arbeitszeit Nr. 6.
553 BAG, Beschl. v. 28.10.1986, NZA 1987, 248.
554 BAG, Beschl. v. 01.07.2003, AP Nr. 102 zu § 87 BetrVG 1972.
555 BAG, Beschl. v. 19.02.1991, NZA 1991, 601.
556 BAG, Beschl. v. 28.05.2002, DB 2002, 2385.

der von den teilzeitbeschäftigten Arbeitnehmern geschuldeten wöchentlichen Arbeitszeit.[557] Der Betriebsrat hat mitzubestimmen bei der Festlegung der Mindestdauer der täglichen Arbeitszeit, bei der Festlegung der Höchstzahl von Tagen in der Woche, an denen teilzeitbeschäftigte Arbeitnehmer beschäftigt werden sollen, bei der Festlegung der Mindestzahl arbeitsfreier Samstage, bei der Regelung der Frage, ob die tägliche Arbeitszeit in ein oder mehreren Schichten geleistet werden soll und bei der Festlegung der Dauer der Pausen für teilzeitbeschäftigte Arbeitnehmer. Diese Regelungen betreffen die Lage der zuvor – mitbestimmungsfrei – vereinbarten wöchentlichen Arbeitszeit. Der Betriebsrat hat auch darüber mitzubestimmen, ob und in welchem Umfang sich die Arbeitszeit der teilzeitbeschäftigten Arbeitnehmer mit den Ladenöffnungszeiten decken soll oder nicht. Grundrechte des Arbeitnehmers aus Art. 12 Abs. 1 GG werden bei diesem Verständnis des § 87 Abs. 1 Nr. 2 BetrVG nicht verletzt. Das Grundrecht lässt Raum dafür, durch Einschaltung einer Einigungsstelle eine Übereinstimmung zwischen gegenläufigen Interessen der Arbeitgeber und der Arbeitnehmer, die sich ebenfalls auf die Berufsfreiheit nach Art. 12 Abs. 1 GG berufen können, herbeizuführen.[558] Der **individualrechtliche Anspruch auf Teilzeitarbeit** gem. § 8 Abs. 4 Satz 1 TzBfG ist keine das gesetzliche Mitbestimmungsrecht verdrängende Regelung gem. § 87 Abs. 1 Eingangssatz BetrVG. Mitbestimmungsrechte des Betriebsrats bei der Verteilung der Arbeitszeit bleiben hiervon unberührt. Eine **betriebliche Arbeitszeitregelung** ist nach LAG Hamm als solche kein entgegenstehender betrieblicher Grund gem. § 8 Abs. 4 Satz 1 TzBfG. Sie kann aber Ausdruck einer bestimmten Arbeitsablauforganisation sein, deren Störung als Beeinträchtigung betrieblicher Interessen die Ablehnung des vom Arbeitnehmer gewünschten Beginns seiner Arbeitszeit rechtfertigen kann. Trotz einer bestehenden Betriebsvereinbarung über Beginn und Ende der Arbeitszeit sind individuelle, auf die Verhältnisse des Einzelfalls bezogene Vereinbarungen über die Verteilung der Arbeitszeit gem. § 8 Abs. 3 Satz 2 TzBfG zulässig.[559]

Die Freiheit eines **Zeitungsverlegers** zur **Tendenzverwirklichung** wird nicht durch eine Betriebs- **247**
vereinbarung beeinträchtigt, die für Redakteure Beginn und Ende der täglichen Arbeitszeit sowie die Verteilung der Arbeitszeit auf die einzelnen Wochentage regelt, wenn diese Betriebsvereinbarung die für die Aktualität der Berichterstattung relevanten Entscheidungen des Arbeitgebers (Redaktionsschluss, Lage und Dauer von Redaktionskonferenzen, Besetzung der Redaktionen u.a.) als Vorgabe zugrunde legt und sichergestellt ist, dass die Arbeitszeitregelung auch künftigen Tendenzentscheidungen nicht entgegensteht.[560] Der Umstand, dass die **Aktualität** einer Berichterstattung auch von der Lage der Arbeitszeit derjenigen Arbeitnehmer abhängt, die an dieser Berichterstattung mitwirken, führt noch nicht dazu, dass das Mitbestimmungsrecht des Betriebsrates hinsichtlich der Lage der Arbeitszeit dieser Arbeitnehmer entfällt. Erst die konkrete mitbestimmte Regelung über die Lage der Arbeitszeit, die eine aktuelle Berichterstattung ernsthaft gefährdet oder unmöglich macht, ist von diesem Mitbestimmungsrecht des Betriebsrates nicht mehr gedeckt und damit unwirksam.[561]

Hinsichtlich der **Proben an Theatern** gilt Folgendes: Dieses Mitbestimmungsrecht des Betriebsrates **247a**
entfällt nur insoweit, als durch eine Mitbestimmung über die zeitliche Lage der einzelnen Proben zwangsläufig die Gesamtdauer der Proben für eine Aufführung und damit die künstlerische Qualität der Aufführung beeinflusst wird. Das Mitbestimmungsrecht entfällt ferner, wenn künstlerische Gesichtspunkte eine bestimmte zeitliche Lage oder eine bestimmte Mindestdauer der einzelnen Probe erfordern.[562]

557 BAG, Beschl. v. 18.08.1987, DB 1987, 2257.
558 BAG, Beschl. v. 13.10.1987, NZA 1988, 251.
559 LAG Hamm, Urt. v. 15.01.2003, LAGReport 2003, 196, n.rkr., Az. BAG: 9 AZR 323/03.
560 BAG, Beschl. v. 14.01.1992, NZA 1992, 512.
561 BAG, Beschl. v. 11.02.1992, NZA 1992, 705.
562 BAG, Beschl. v. 04.08.1981, DB 1982, 705; LAG Düsseldorf, Beschl. v. 17.03.1982 – 15 TaBV 8/79 (n.v.).

3. Überstunden und Kurzarbeit (Nr. 3)

248 Wenn ein Betriebsrat den Anwalt mit der Problematik der mitbestimmungswidrigen Anordnung von Überstunden befasst, wird der Anwalt schon meist aus der Korrespondenz zwischen den Betriebspartnern sich oftmals wiederholende Argumentationsmuster des Arbeitgebers ablesen können:

- Es liege kein kollektiver Sachverhalt vor, weil nur ein Arbeitnehmer betroffen sei, bzw. kein anderer Arbeitnehmer die Überstunden habe leisten können;
- Die betroffenen Arbeitnehmer hätten in die Ableistung der Überstunden eingewilligt, bzw. der Arbeitgeber habe von der Ableistung der freiwilligen Überstunden erst im Nachhinein erfahren;
- Aufgrund der Kurzfristigkeit der zu leistenden Überstunden sei eine Befassung des Betriebsrats nicht mehr möglich gewesen.

Alle drei Argumentationsvarianten verfangen nur in wenigen Ausnahmefällen, in der Regel rechtfertigen sie das Vorgehen des Arbeitgebers nicht, so verständlich und nachvollziehbar die Handlungsweise des Arbeitgebers im Einzelfall auch sein mag.

248a Ein häufig wiederkehrendes Problem, nicht nur im Zusammenhang mit Eilfällen, ist auch, inwieweit in Betriebsvereinbarungen vorab losgelöst vom konkreten Anlass Überstunden vereinbart werden können. Der Betriebsrat verzichtet mit einer für mehrere Jahre unkündbaren Betriebsvereinbarung zu Überstunden nicht in unzulässiger Weise auf sein Mitbestimmungsrecht, wenn in der **Betriebsvereinbarung** zwar **keine Voraussetzungen für die Anordnung von Überstunden im Einzelfall, aber detaillierte Regelungen zu deren Umfang und Verteilung** vorgesehen sind.[563] Ordnet der Arbeitgeber eine außerplanmäßige Dienstreise an, die **Reisezeiten außerhalb der normalen Arbeitszeit** des Arbeitnehmers erforderlich macht, liegt hierin keine Verlängerung der betriebsüblichen Arbeitszeit, wenn während der Reisezeit keine Arbeitsleistung zu erbringen ist.[564]

a) Kollektiver Tatbestand

249 Die Mitbestimmungsrechte des § 87 Abs. 1 BetrVG sind kollektiver Natur, sieht man einmal von den Nrn. 5 (Festsetzung des Urlaubs einzelner Arbeitnehmer) und 9 (Zuweisung und Kündigung von Wohnräumen) ab. Die Berücksichtigung individueller Wünsche einzelner Arbeitnehmer soll von den Mitbestimmungsrechten nicht erfasst sein. Vielfach wird diese Abgrenzung dahin gehend missverstanden, dass arbeitgeberseits ein kollektiver Bezug bereits dann verneint wird, wenn entweder nur ein Arbeitnehmer betroffen ist oder der Arbeitgeber der Auffassung ist, aufgrund der fachlichen Qualifikation kämen ohnehin nur bestimmte Arbeitnehmer für die Ableistung der Überstunden in Betracht. Die Anzahl der betroffenen Arbeitnehmer ist jedoch für die Entscheidung zwischen Individual- und Kollektivtatbestand nicht ausschlaggebend, sie kann allenfalls Indiz sein.[565] Entscheidend ist allein, ob die Überstunden aus betrieblichen Gründen geleistet werden sollen. Immer dann sind auch Regelungsfragen betroffen. Dies gilt auch dann, wenn der Arbeitgeber meint, kein anderer Arbeitnehmer könne aufgrund seines Fachwissens die Überstunden leisten. Denn auch dann bleibt darüber mitzubestimmen, ob die Überstunden überhaupt erforderlich sind, zu welcher Zeit und in welchem Umfang sie geleistet werden sollen. Nur Vereinbarungen, die den individuellen Bedürfnissen des Arbeitnehmers losgelöst von betrieblichen Gründen Rechnung tragen, sind mitbestimmungsfrei.[566] Vorstellbar wäre hier, dass ein Arbeitnehmer seine Arbeitszeit aufgrund einer Vereinbarung mit dem Arbeitgeber vorzieht, um wegen einer Familienfeier einen halben Tag frei zu bekommen, obwohl ihm Urlaub nicht mehr zusteht. Auch hier ist indes ein kollektiver Bezug schon dann denkbar, wenn der betreffende Arbeitnehmer während seiner

563 BAG, Beschl. v. 03.06.2003, AP Nr. 19 zu § 77 BetrVG 1972 Tarifvorbehalt.
564 BAG, Beschl. v. 23.07.1996, NZA 1997, 216.
565 BAG, Beschl. v. 16.07.1991, AP Nr. 44 zu § 87 BetrVG 1972 Arbeitszeit.
566 BAG, Beschl. v. 27.11.1990, AP Nr. 41 zu § 87 BetrVG 1972 Arbeitszeit; Beschl. v. 22.09.1992, AP Nr. 60 zu § 87 BetrVG Lohngestaltung.

Abwesenheit vertreten werden muss. Der Bereich außerhalb des kollektiven Bezugs ist daher in der Praxis außerordentlich eng begrenzt.

b) Einwilligung und Duldung

Wie stets im Betriebsverfassungsrecht ändert ein individualrechtliches Einverständnis des Arbeitnehmers in die Ableistung der Überstunden nichts an der Zustimmungspflichtigkeit. Das Mitbestimmungsrecht dient nicht nur dem Schutz des betroffenen Arbeitnehmers. Vielmehr sind sowohl die durch die Überstunden hervorgerufenen Belastungen, als auch die damit verbundenen Verdienstchancen gleichmäßig auf die in Betracht kommenden Arbeitnehmer zu verteilen.[567] Der Arbeitgeber kann sich auch nicht darauf berufen, er ordne schließlich keine Überstunden an, die Arbeitnehmer leisteten diese vielmehr ohne sein Wissen im Einzelfall. Eine derartige **Duldung von Überstunden** unterliegt gleichfalls dem **Mitbestimmungsrecht**, weil es letztlich dem Arbeitgeber obliegt, seinen Betrieb so zu organisieren, dass Überstunden von ihm nicht passiv hingenommen werden, sondern die notwendige Arbeitszeit aktiv in Zusammenarbeit mit dem Betriebsrat festgelegt wird.[568] Dahinter mag auch die Überlegung stehen, dass auf die Arbeitnehmer allein durch die zu erledigende Arbeitsmenge die Erwartungshaltung des Arbeitgebers projiziert wird, ohne dass Überstunden ausdrücklich angeordnet werden. Gerade vor einer solchen übermäßigen Belastung der Arbeitnehmer soll aber das Mitbestimmungsrecht schützen. Für den Betriebsrat besteht dann auch die Möglichkeit, dauerhaft übermäßige Arbeitsbelastungen zu erkennen und in die Beratung über die Personalplanung gem. §§ 92 ff. BetrVG ggf. auch initiativ einzubringen. Dabei sollte der Sinn der Betriebsratsarbeit nicht in der Vermeidung von Überstunden entgegen den betrieblichen Belangen liegen, sondern in der kostenneutralen Umverteilung bei dauerhaft hohen (und teuren) Überstundenanteilen. Insbesondere auf das Ineinandergreifen verschiedener Mitwirkungs- und Mitbestimmungsrechte sollte sich die anwaltliche Beratung erstrecken. 250

c) Eil- und Notfälle

Immer wieder schildert der Arbeitgeber nachvollziehbar, dass der Arbeitsprozess noch beendet werden musste, dass kurzfristig eine Verzögerung eingetreten ist, dass Liefertermine eingehalten werden mussten und all dies im konkreten Fall nicht vorhersehbar war. Möglicherweise hatten die Betriebsratsmitglieder schon Feierabend, als die Notwendigkeit der Überstunden erkennbar wurde. Der Arbeitgeber steht dann stets auf dem Standpunkt, er habe die Überstunden ohne Zustimmung des Betriebsrats anordnen dürfen, da diese aus praktischen (zeitlichen) Gründen nicht mehr habe eingeholt werden können und eine Verschiebung der Überstunden deren Zweck vereitelt hätte. 251

All dies ist auf den ersten Blick nachvollziehbar und verständlich, ändert gleichwohl an der Betriebsverfassungswidrigkeit des Verhaltens des Arbeitgebers nichts. Man spricht hier von Eilfällen, für die das Gesetz keinerlei Einschränkungen enthält.[569] Letztlich kann der Arbeitgeber dieser Rechtsprechung nur dadurch Rechnung tragen, dass er mit dem Betriebsrat vorab **Rahmenbetriebsvereinbarungen**[570] abschließt, die katalogartig Fallgestaltungen enthalten, für die der Betriebsrat vorab seine Zustimmung erteilt. In der Regel wird hieran eine sofortige Unterrichtung des Betriebsrats sowie eine Höchstdauer der Inanspruchnahme dieses Sonderrechts geknüpft sein. Eine solche Vorabregelung darf die Befugnis des Arbeitgebers, ohne vorherige Zustimmung des Betriebsrats Überstunden anzuordnen, nur als Teil eines Mitbestimmungsverfahrens vorsehen. Als Teil eines Mitbestimmungsverfahrens lässt sich ein einseitiges Anordnungsrecht dann verstehen, wenn es erkennbar eine mitbestimmte Entscheidung nicht ersetzen, sondern nur mit Rücksicht auf besondere Umstände eine kurzfristige Übergangslösung schaffen soll, die die abschließende Klärung 252

567 BAG, Beschl. v. 23.07.1996, AP Nr. 26 zu § 87 BetrVG 1972 Ordnung des Betriebes.
568 BAG, Beschl. v. 27.11.1990 und Beschl. v. 16.07.1991, AP Nr. 41 und 44 zu § 87 BetrVG 1972 Arbeitszeit.
569 BAG, Beschl. v. 19.02.1991, AP Nr. 42 zu § 87 BetrVG 1972 Arbeitszeit; Beschl. v. 17.11.1998, EzA § 87 BetrVG 1972 Arbeitszeit Nr. 59.
570 BAG, Beschl. v. 12.01.1988, AP Nr. 8 zu § 81 ArbGG 1979; Beschl. v. 08.08.1989, AP Nr. 11 zu § 23 BetrVG 1972.

aber soweit als möglich offen hält.[571] Eine Beschränkung des Mitbestimmungsrechts kommt dagegen nur in Notfällen wie Brand, Überschwemmungen, Explosionsgefahr und ähnlichem in Betracht. In diesen Fällen muss der Arbeitgeber unverzüglich die Zustimmung des Betriebsrats nachholen.[572]

d) Teilzeitbeschäftigte und Leiharbeitnehmer

253 Der Betriebsrat hat bei der vorübergehenden Verlängerung der Arbeitszeit von Teilzeitbeschäftigten auch dann nach § 87 Abs. 1 Nr. 3 BetrVG mitzubestimmen, wenn für diese unterschiedliche Wochenarbeitszeiten gelten.[573] Durch die Ableistung von Überstunden wird die betriebsübliche Arbeitszeit der teilzeitbeschäftigten Arbeitnehmer i.S.v. § 87 Abs. 1 Nr. 3 BetrVG vorübergehend verlängert. Es kann **im Betrieb nicht nur eine betriebsübliche Arbeitszeit** geben, die im Betrieb für die Mehrzahl der Beschäftigten mit einer gewissen Regelmäßigkeit gilt. Unter der betriebsüblichen Arbeitszeit ist nach dem Wortsinne die regelmäßige betriebliche Arbeitszeit zu verstehen. Der Begriff der Betriebsüblichkeit ist nicht so zu verstehen, dass damit die im Betrieb häufigste Arbeitszeit gemeint wäre. Vielmehr ist auf die im Betrieb für bestimmte Arbeitsplätze und Arbeitnehmergruppen geltenden Arbeitszeiten abzustellen. Damit kann es in einem und demselben Betrieb mehrere betriebsübliche Arbeitszeiten geben, so dass auch die vorübergehende Verlängerung der betriebsüblichen Arbeitszeit der teilzeitbeschäftigten Arbeitnehmer grundsätzlich mitbestimmungspflichtig ist. Insbesondere kann der Formulierung in § 87 Abs. 1 Nr. 3 BetrVG, der Betriebsrat habe bei der vorübergehenden Verkürzung oder Verlängerung »der betriebsüblichen Arbeitszeit« mitzubestimmen, nicht entnommen werden, es sei auf eine einzige betriebsübliche Arbeitszeit abzustellen. Eine entsprechende Formulierung findet sich in § 87 Abs. 1 Nr. 2 BetrVG (Mitbestimmung bei Beginn und Ende »der täglichen Arbeitszeit« und bei Verteilung »der Arbeitszeit«), ohne dass jemand auf den Gedanken käme, es gebe nur eine (für alle gleiche) Arbeitszeit, die zu verteilen wäre.[574]

Entsendet ein Zeitarbeitsunternehmen **Leiharbeitnehmer** in Betriebe, deren Wochenarbeitszeit die arbeitsvertraglich vereinbarte Stundenzahl übersteigt, so entscheidet es regelmäßig auch über den zeitlichen Einsatz der Leiharbeitnehmer. An dieser Entscheidung setzt das Mitbestimmungsrecht bei der Anordnung von Überstunden an. Es steht dem Betriebsrat des Verleiherbetriebes zu.[575]

e) Kurzarbeit

254 Eine Betriebsvereinbarung, die für einen bestimmten Zeitraum Kurzarbeit vorsieht, enthält die Regelung, dass **in diesem Zeitraum nicht gearbeitet** wird und die Arbeitnehmer **statt dessen Kurzarbeitergeld** erhalten. Der Begriff »Kurzarbeit« ist ein eindeutiger rechtstechnischer Begriff, der von jedem im Arbeitsleben Stehenden mit dem Bezug von Kurzarbeitergeld in Verbindung gebracht wird. Wenn die betrieblichen Voraussetzungen für die Einführung von Kurzarbeit entfallen, so trägt die Arbeitgeberseite das finanzielle Risiko, wenn das Arbeitsamt kein Kurzarbeitergeld zahlt. Der Arbeitgeber muss in diesem Falle allerdings nicht den vollen Lohn zahlen, solange die Betriebsvereinbarung ungekündigt ist, sondern lediglich Vergütung in Höhe des Kurzarbeitergeldes.[576] Eine formlose **Regelungsabrede** zwischen Betriebsrat und Arbeitgeber über die Einführung von Kurzarbeit wahrt das Mitbestimmungsrecht des Betriebsrats nach § 87 Abs. 1 Nr. 3 BetrVG, führt aber nicht zu einer entsprechenden Änderung der Arbeitsverträge der hiervon betroffenen Arbeitnehmer.[577] Das Mitbestimmungsrecht des § 87 Abs. 1 Nr. 3 BetrVG erstreckt sich nicht auf die Frage, welches Entgelt bei Einführung von Kurzarbeit zu zahlen ist.[578] Das Mitbestimmungsrecht des Betriebsrats nach § 87 Abs. 1 Nr. 3 BetrVG bei der Einführung von Kurzarbeit hat auch zum

571 BAG, Beschl. v. 17.11.1998, EzA § 87 BetrVG 1972 Arbeitszeit Nr. 59.
572 BAG, Beschl. v. 19.02.1991, AP Nr. 42 zu § 87 BetrVG 1972 Arbeitszeit.
573 BAG, Beschl. v. 16.07.1991, NZA 1992, 70.
574 BAG, Beschl. v. 16.07.1991, NZA 1992, 70.
575 BAG, Beschl. v. 19.06.2001 – 1 ABR 43/00 (n.v.).
576 LAG Rheinland-Pfalz, Urt. v. 14.09.1989, AiB 1991, 51; bestätigt durch BAG, Urt. v. 11.07.1990, NZA 1991, 67.
577 BAG, Urt. v. 14.02.1991, NZA 1991, 607.
578 LAG Köln, Beschl. v. 14.06.1989, NZA 1989, 939.

Inhalt, dass der Betriebsrat die Einführung von Kurzarbeit verlangen und ggf. über einen Spruch der Einigungsstelle erzwingen kann (**Initiativrecht**).[579] Es besteht gleichfalls bei der ggf. vorzeitigen Wiederherstellung der betrieblichen Arbeitszeit.[580] Der Betriebsrat hat kein Mitbestimmungsrecht nach § 87 Abs. 1 Nr. 3 BetrVG, wenn der Insolvenzverwalter bei Masseunzulänglichkeit einen Großteil der Arbeitnehmer im Hinblick auf eine beabsichtigte Betriebsstilllegung freistellt. Das Mitbestimmungsrecht betrifft nur die vorübergehende Veränderung der betriebsüblichen Arbeitszeit, nicht eine **auf Dauer angelegte Freistellung**.[581]

4. Auszahlung des Arbeitsentgelts (Nr. 4)

Nach § 87 Abs. 1 Nr. 4 BetrVG bestimmt der Betriebsrat bei Fragen der Zeit, des Ortes und der Art der Auszahlung des Arbeitsentgelts mit. Die Vorschrift betrifft nur **Modalitäten der Auszahlung**, die Höhe der Vergütung wird individualrechtlich oder durch Tarifvertrag bestimmt, für den Betriebsrat verbleibende materielle Regelungen der Lohngestaltung unterfallen Nr. 10. Der Mitbestimmung unterliegt die Frage der **Lohnzahlungsperiode** (monatlich oder wöchentlich, nicht zu verwechseln mit der Bezugsgröße für das Entgelt, Monatslohn oder Stundenlohn) und der **Zahlungszeitpunkt** (nachträglich, im Voraus oder mit Abschlägen). Die Frage der Art der Auszahlung, bar oder durch bargeldlose Überweisung auf ein vom Arbeitnehmer unterhaltenes Konto,[582] dürfte in ihrer Bedeutung nach und nach zurückgehen, weil es bereits heute kaum noch Arbeitnehmer gibt, die kein Bankkonto unterhalten. Mitbestimmungspflichtig ist auch die Frage, ob ein Ausgleich für die **Kontoführungsgebühren** gezahlt und bezahlte Freizeit für die Abhebung des Arbeitsentgelts bei der Bank (sog. Kontostunde) gewährt werden soll.[583] Hierbei geht es nicht um die Frage der Höhe des Arbeitsentgelts, sondern lediglich um die Gewährung von Auslagenersatz, damit der Arbeitnehmer sein Arbeitsentgelt ungeschmälert erhält.[584] Eine Pauschalierung der Aufwendungen ist zulässig.[585] Bietet der Arbeitgeber Auszahlung gegen Schecks an, darf ein Einigungsstellenspruch keine Entschädigung für Kosten und Zeitaufwand vorsehen.[586] Der Arbeitgeber darf nicht mit weiteren Bankgebühren als Kosten der privaten Lebensführung belastet werden. 255

5. Urlaub (Nr. 5)

Nach § 87 Abs. 1 Nr. 5 BetrVG ist die Aufstellung allgemeiner Urlaubsgrundsätze und des Urlaubsplans sowie die Festsetzung der zeitlichen Lage des Urlaubs für einzelne Arbeitnehmer, wenn zwischen dem Arbeitgeber und den beteiligten Arbeitnehmern kein Einverständnis erzielt wird, mitbestimmungspflichtig. Da der Arbeitgeber den Urlaub gewährt, hat der Arbeitgeber ein Ermessen, insbesondere zur Berücksichtigung der Urlaubswünsche anderer Arbeitnehmer und der betrieblichen Belange,[587] bei dessen Ausübung die Teilhabe der Arbeitnehmer sichergestellt werden soll. Unter »Urlaub« i.S.d. § 87 Abs. 1 Nr. 5 BetrVG ist nicht nur der durch das Bundesurlaubsgesetz geregelte **Erholungsurlaub** zu verstehen. Das Mitbestimmungsrecht des Betriebsrates gilt vielmehr auch für jeden anderen Fall der **bezahlten oder unbezahlten Freistellung** von der Arbeit.[588] Beabsichtigt der Arbeitgeber mit den Angehörigen einer Arbeitnehmergruppe (Gastarbeitern) eine Vereinbarung über unbezahlten **Sonderurlaub** zu treffen, dann sind diese beabsichtigten Vereinbarungen jedenfalls 256

579 BAG, Beschl. v. 04.03.1986, NZA 1986, 432.
580 *Fitting u.a.*, § 87 BetrVG Rn 151; a.A. BAG, Beschl. v. 21.11.1978, AP Nr. 2 zu § 87 BetrVG 1972 Arbeitszeit.
581 LAG Hamm, Beschl. v. 20.09.2002, NZA-RR 2003, 422.
582 BAG, Beschl. v. 10.08.1993, AP Nr. 12 zu § 87 BetrVG 1972 Auszahlung.
583 BAG, Beschl. v. 24.11.1987, NZA 1988, 405; BVerfG, Beschl. v. 18.10.1987, AP Nr. 7 zu § 87 BetrVG 1972 Auszahlung.
584 BAG, Beschl. v. 08.03.1977, DB 1977, 1464.
585 BAG, Beschl. v. 05.03.1991, AP Nr. 11 zu § 87 BetrVG 1972 Auszahlung.
586 BAG, Beschl. v. 10.08.1993, AP Nr. 12 zu § 87 BetrVG 1972 Auszahlung.
587 Vgl. § 5 Rn 377 f.
588 LAG Frankfurt, Beschl. v. 19.02.1981 – 4 TaBV 51/80 (n.v.).

dann als allgemeine Urlaubsgrundsätze i.S.d. § 87 Abs. 1 Nr. 5 BetrVG anzusehen und damit mitbestimmungspflichtig, wenn der unbezahlte Sonderurlaub in unmittelbarem Zusammenhang mit dem bezahlten Erholungsurlaub gewährt werden soll.[589] Das Mitbestimmungsrecht erstreckt sich auch auf den Zusatzurlaub für **Schwerbehinderte**,[590] weiterhin auf die Gewährung von **Bildungsurlaub** nach den Weiterbildungsgesetzen der Länder.[591]

257 Die **allgemeinen Urlaubsgrundsätze** enthalten die Richtlinien, nach denen dem einzelnen Arbeitnehmer vom Arbeitgeber im Einzelfall Urlaub zu gewähren ist. Dazu gehören Regelungen über geteilten oder ungeteilten Urlaub, die Verteilung auf das Urlaubsjahr und Kollisionsregelungen, weiterhin Regelungen über Urlaubssperre und die Frage, ob Betriebsferien eingeführt werden sollen. Davon sind sowohl längere **Betriebsferien** erfasst, die auch über mehrere Jahre durch eine Betriebsvereinbarung festgelegt werden können,[592] als auch die Betriebsruhe an einzelnen **Brückentagen**.[593] Der Betriebsrat kann grundsätzlich auch die Durchführung von Betriebsferien verlangen, die länger dauern als der Arbeitgeber zugestehen will, soweit die Dauer des dem Arbeitnehmer zustehenden Urlaubs nicht überschritten wird.[594]

258 Der Begriff des **Urlaubsplanes** wird vom Gesetz (§ 75 Abs. 3 Nr. 3 BPersVG, § 87 Abs. 1 Nr. 5 BetrVG) nicht definiert. In der Literatur wird er umschrieben. Danach ist unter Urlaubsplan zu verstehen das Programm für die zeitliche Reihenfolge, in der den Beschäftigten Erholungsurlaub erteilt wird. Der Urlaubsplan kann sich darauf beschränken, allgemeine Grundsätze für die Erteilung des Urlaubs aufzustellen, er kann aber auch bis in die Einzelheiten hinein die Lage des Urlaubs der einzelnen Beschäftigten festlegen.[595] Ein Urlaubsplan muss die für die Erteilung des Urlaubs maßgeblichen Grundsätze beachten. Dazu gehören auch die besonderen Regelungen eines Tarifvertrages über die Übertragung und den Verfall des Urlaubsanspruchs.[596]

259 Das Mitbestimmungsrecht gem. § 87 Abs. 1 Nr. 5 BetrVG besteht auch dann, wenn der bereits erteilte Urlaub **widerrufen** werden soll und hierüber kein Einvernehmen erzielt wird. Der Urlaubswiderruf ist dann unwirksam, wenn der Betriebsrat nicht beteiligt wird.[597]

260 Die **Freistellung der Arbeitnehmer während der Kündigungsfrist** unterliegt nicht der Mitbestimmung des Betriebsrats nach § 87 Abs. 1 Nr. 5 BetrVG, wenn der Betrieb stillgelegt ist. Werden die Arbeitnehmer des Betriebes wegen Betriebsstillegung für die Dauer der Kündigungsfrist von der Arbeitsleistung freigestellt, können betriebliche Interessen den Urlaubswünschen der Arbeitnehmer nicht mehr zuwiderlaufen und es können auch keine widerstreitenden Urlaubswünsche einzelner Arbeitnehmer auftreten. Bei einer derartigen Sachlage geht es nicht mehr um die Gestaltung eines Regelungsspielraumes durch die Betriebsparteien. Die Freistellung der Arbeitnehmer während der Dauer der Kündigungsfrist hat auch nichts mit der »Aufstellung allgemeiner Urlaubsgrundsätze und des Urlaubsplans« i.S.d. § 87 Abs. 1 Nr. 5 BetrVG zu tun.[598] Dem Betriebsrat steht beim **Abbau von Alturlaub** und bei der Festlegung der einzelnen Modalitäten für den Abbau dieses Alturlaubs auch dann kein erzwingbares Mitbestimmungsrecht nach § 87 Abs. 1 Nr. 5 BetrVG zu, wenn der Arbeitgeber sich freiwillig bereit erklärt hat, diesen Alturlaub noch zu gewähren.[599]

589 BAG, Beschl. v. 18.06.1974, DB 1974, 2263.
590 LAG Frankfurt, Urt. v. 28.04.1987, NZA 1988, 257.
591 BAG, Beschl. v. 28.05.2002, NZA 2003, 171.
592 BAG, Beschl. v. 28.07.1981, DB 1981, 2621.
593 BAG, Urt. v. 31.05.1988, NZA 1988, 889.
594 LAG Niedersachsen, Beschl. v. 26.02.1985 – 6 TaBV 2/84 (n.v.).
595 *Dietz/Richardi*, § 75 BPersVG Rn 254, 255, 256; *Fitting u.a.*, § 87 BetrVG Rn 201.
596 BAG, Urt. v. 21.03.1990, NZA 1990, 811.
597 LAG München, Urt. v. 23.03.1988, LAGE § 611 BGB Abmahnung Nr. 13.
598 LAG Köln, Urt. v. 16.03.2000 – 10 Sa 1279/99 (n.v.).
599 LAG Köln, Beschl. v. 17.10.1985 – 3/4 TaBV 39/85 (n.v.).

6. Technische Überwachungseinrichtungen (Nr. 6)

261 Aus kaum einem Arbeitsbereich ist heute der Computer noch hinwegzudenken. Wie auch bei anderen technischen Überwachungseinrichtungen ist bei jedem Einsatz von EDV zu berücksichtigen, dass es entgegen dem Wortlaut des § 87 Abs. 1 Nr. 6 BetrVG nicht darauf ankommt, dass die technische Einrichtung zur Überwachung bestimmt ist. Unabhängig von jeder finalen Zwecksetzung kommt es vielmehr allein auf die **objektive Eignung** an, selbst wenn der Arbeitgeber beteuert, an eine Arbeitnehmerüberwachung gar nicht zu denken.[600] Ausreichend ist daher, wenn über EDV Daten erfasst oder verarbeitet werden, die zwar für sich allein keine Aussage über Verhalten und Leistung der Arbeitnehmer zulassen, die aber in Verknüpfung mit anderen Daten eine Verhaltens- oder Leistungskontrolle ermöglichen.[601] Umstritten ist, ob aufgrund der Verknüpfungsmöglichkeiten bereits die Erfassung von Statusdaten wie Geburtsdatum, Geschlecht, Kinderzahl durch EDV ausreichend **verhaltens- und leistungsrelevant** ist.[602] Erforderlich ist in jedem Fall, dass die Daten bestimmten Arbeitnehmern zugeordnet werden können,[603] ggf. reicht auch die Zuordnung zu einer kleinen und überschaubaren Arbeitsgruppe aus, wenn deren Arbeitsergebnis beurteilt wird und zu erwarten steht, dass hier ein Gruppenzwang vermittelt wird.[604]

262 Zweck des Mitbestimmungsrechts ist der **Persönlichkeitsschutz**.[605] Die Überwachung lässt sich untergliedern in die Ermittlungs-, Beurteilungs- und Bewertungsphase.[606] Ausreichend ist dabei, dass lediglich eine Phase über die technische Einrichtung realisiert wird. Umstritten ist, ob Nr. 6 auch dann eingreift, wenn die Daten manuell (beispielsweise durch schriftliche Aufzeichnung) erhoben und dann in die EDV eingegeben werden. Gegen die Anwendbarkeit der Nr. 6 wird teilweise eingewandt, nur bei solchen technischen Einrichtungen sei eine Gefährdung der Persönlichkeit durch anonyme Kontrolle zu befürchten, die selbst die leistungsbezogenen Daten erfassten.[607] Nach richtiger Auffassung besteht die Gefahr gerade in der enormen Speicherkapazität und den vielfältigen Verknüpfungsmöglichkeiten der EDV.[608]

263 Die Einrichtung von **Internet-Zugängen** ist mitbestimmungspflichtig, da sie i.d.R. zu umfangreichen Kontrollmöglichkeiten führt, beispielsweise bei der Protokollierung aller aufgerufenen Online-Inhalte mittels eines Proxy-Servers, so dass der Arbeitgeber feststellen kann, wann, wie lange und welche Seiten der Arbeitnehmer im Internet aufgesucht hat.[609] Gleiches gilt für die Schaffung der Möglichkeit, Empfänger- und Absender von **E-mails** zu überprüfen.[610] Unter das Mitbestimmungsrecht fallen auch Fotokopiergeräte mit Benutzerkennung,[611] Fahrtenschreiber, soweit nicht gesetzlich vorgeschrieben,[612] Erfassung von Telefongebühren[613] und ISDN-Nebenstellenanlagen.[614] Nicht nur

600 BAG, Beschl. v. 23.04.1985, AP Nr. 11 zu § 87 BetrVG 1972 Überwachung; Beschl. v. 06.12.1983, AP Nr. 7 zu § 87 BetrVG 1972 Überwachung.

601 BAG, Beschl. v. 11.03.1986, AP Nr. 14 zu § 87 BetrVG 1972 Überwachung.

602 Verneinend BAG, Beschl. v. 22.10.1986, AP Nr. 2 zu § 23 BDSG a.F.; *Richardi*, § 87 BetrVG Rn 495; befürwortend *Fitting u.a.*, § 87 BetrVG Rn 236; *Gola/Hümmerich*, Personaldatenrecht im Arbeitsverhältnis, S. 22.

603 BAG, Beschl. v. 06.12.1983, AP Nr. 7 zu § 87 BetrVG 1972 Überwachung.

604 BAG, Beschl. v. 26.07.1994, AP Nr. 26 zu § 87 BetrVG 1972 Überwachung.

605 Vgl. BAG, Beschl. v. 28.11.1989, AP Nr. 4 zu § 87 BetrVG 1972 Initiativrecht.

606 BAG, Beschl. v. 14.09.1984, AP Nr. 9 zu § 87 BetrVG 1972 Überwachung.

607 *Galperin/Löwisch*, § 87 BetrVG Rn 142a; *Hentschel*, DB 1984, 186; *Weng*, DB 1985, 1341; *Hesse*, NZA Beil. 1/1985, 15.

608 *Fitting u.a.*, § 87 BetrVG Rn 238 ff. m.w.N.

609 *Fitting u.a.*, § 87 BetrVG Rn 245; Richardi/*Richardi*, § 87 BetrVG Rn 487; *Däubler*, Internet und Arbeitsrecht, 2001, Rn 293 ff.

610 *Beckschulze*, DB 2001, 1491 (1500); *Lindemann/Simon*, BB 2001, 1950 (1953 f.).

611 Vgl. OVG Münster, Beschl. v. 11.03.1992, CR 1993, 375.

612 BAG, Beschl. v. 10.07.1979, AP Nr. 3 zu § 87 BetrVG 1972 Überwachung.

613 BAG, Beschl. v. 27.05.1986, AP Nr. 15 zu § 87 BetrVG 1972 Überwachung.

614 Vgl. BVerwG, Beschl. v. 02.02.1990, CR 1991, 740.

bei traditionellen technischen Überwachungseinrichtungen, wie beispielsweise Kameras,[615] Stechuhren,[616] sondern gerade bei technischen Modernisierungen, die vordringlich nicht der Überwachung dienen sollen, sondern die Arbeit erleichtern und sogar im Hinblick auf die Arbeitsabläufe betrieblich notwendig sein können, ist also gedanklich stets das Eingreifen der Mitbestimmung nach § 87 Abs. 1 Nr. 6 BetrVG zu prüfen. Nach nicht unbestrittener[617] Auffassung des BAG[618] dient das Mitbestimmungsrecht der Verteidigung der Persönlichkeitsrechte der Arbeitnehmer, so dass ein **Initiativrecht** zur Einführung technischer Überwachungseinrichtungen nicht erforderlich ist und nicht besteht.

263a Die **heimliche Videoüberwachung** eines Arbeitnehmers stellt einen Eingriff in das Persönlichkeitsrecht dar, der jedoch dann nicht zu einem Beweisverwertungsverbot führt, wenn der konkrete Verdacht strafbaren Handelns oder einer anderen schweren Verfehlung besteht, weniger einschneidende Mittel zur Aufklärung des Verdachts ausgeschöpft sind, die verdeckte Videoüberwachung praktisch das einzig verbleibende Mittel darstellt und insgesamt nicht unverhältnismäßig ist. Liegen die genannten Voraussetzungen vor, ist die Videoüberwachung aber **ohne Zustimmung des Betriebsrats** durchgeführt worden, ergibt sich hieraus jedenfalls dann **kein eigenständiges Beweisverwertungsverbot**, wenn der Betriebsrat der Verwendung des Beweismittels und der darauf gestützten Kündigung zustimmt.[619] Der Spruch der Einigungsstelle, der die Einführung und den Betrieb einer **nicht versteckten Videoüberwachungsanlage** regelt, die zur Verhinderung und Aufklärung von Straftaten der Mitarbeiter installiert werden soll, verstößt nicht grundsätzlich gegen die den Betriebspartnern obliegenden Pflichten die freie Entfaltung der Persönlichkeit der Arbeitnehmer zu schützen und zu fördern (§ 75 Abs. 2 BetrVG i.V.m. Art. 2 GG). Dies gilt auch, wenn die Videoüberwachungsanlage für eine bestimmte festgelegte Zeit **präventiv** betrieben werden darf. Eine solche Überwachung ist zulässig, wenn sie durch überwiegende betriebliche Interessen gerechtfertigt ist und die Regelungen für den Betrieb der Anlage geeignet, erforderlich und unter Berücksichtigung der gewährleisteten Freiheitsrechte angemessen sind. Für die im Rahmen des § 76 Abs. 5 Satz 4 BetrVG zu beachtenden Grenzen des Ermessens der Einigungsstelle ist für die Frage der Geeignetheit des Überwachungsmittels ausreichend, wenn die Möglichkeit der Zweckerreichung beispielsweise das **Verhindern und Aufklären von Straftaten** der Arbeitnehmer, besteht. Die durch den Spruch der Einigungsstelle ersetzte Einigung der Betriebspartner ist auch in ihrer Ausgestaltung **verhältnismäßig**, wenn Leistungs- und Verhaltenskontrollen ausgeschlossen sind, der Betrieb der Anlage auf festgelegte Stundenkontingente beschränkt ist, die Anlage nur durch den Betriebsrat und den Arbeitgeber gemeinsam betrieben werden kann und dem Betriebsrat bei Aufzeichnung, Auswertung, Aufbewahrung und Vernichtung des Datenmaterials hinreichende Kontrollmöglichkeiten eingeräumt sind.[620]

7. Arbeits- und Gesundheitsschutz (Nr. 7)

264 Gem. § 87 Abs. 1 Nr. 7 BetrVG hat der Betriebsrat mitzubestimmen bei Regelungen über die Verhütung von Arbeitsunfällen und Berufskrankheiten sowie über den Gesundheitsschutz im Rahmen der gesetzlichen Vorschriften oder der Unfallverhütungsvorschriften. Dabei setzt ein Mitbestimmungstatbestand voraus, dass eine Arbeitsschutzvorschrift besteht, die durch Regelungen ausgefüllt werden soll, die also nicht bereits aus sich selbst heraus abschließend und unmittelbar Schutzstandards festlegt. »Im Rahmen der gesetzlichen Vorschriften oder der Unfallverhütungsvorschriften« bedeutet in diesem Zusammenhang, dass das Mitbestimmungsrecht des Betriebsrates hinsichtlich solcher Regelungen gegeben ist, die der Arbeitgeber aufgrund bestehender arbeitsschutzrechtlicher

615 BAG, Beschl. v. 14.05.1974, AP Nr. 1 zu § 87 BetrVG 1972 Überwachung.
616 LAG Düsseldorf, Beschl. v. 21.11.1978, DB 1979, 459.
617 Vgl. Däubler/Kittner/Klebe/*Klebe*, § 87 BetrVG Rn 135; *Fitting u.a.*, § 87 BetrVG Rn 251.
618 BAG, Beschl. v. 28.11.1989, AP Nr. 4 zu § 87 BetrVG 1972 Initiativrecht.
619 BAG, Urt. v. 27.03.2003, ARST 2003, 191.
620 LAG Brandenburg, Beschl. v. 13.02.2003 – 3 TaBV 15/01 (n.v.); vgl. zur Einführung einer Videoüberwachung durch Spruch der Einigungsstelle auch LAG Berlin, Beschl. v. 05.03.2003 – 10 TaBV 2089/02 (n.v.).

Vorschriften zu treffen hat.[621] Das Mitbestimmungsrecht des Betriebsrates beschränkt sich damit auf die **Ausfüllung vorgegebener Normen** und zwar solcher Normen, die dem Arbeitgeber einen Entscheidungsspielraum, einen Ermessensspielraum belassen. Nur soweit der Arbeitgeber noch entscheiden kann, auf welche Weise er Anforderungen des öffentlich-rechtlichen Arbeits- und Gesundheitsschutzes genügen will, setzt das Mitbestimmungsrecht des Betriebsrates ein. Für dieses ist daher Voraussetzung das Vorhandensein **ausfüllungsbedürftiger Rahmenvorschriften** des öffentlichrechtlichen Gesundheitsschutzes.[622] Unter derartige ausfüllungsfähige Rahmenvorschriften fallen nicht nur materielle Schutzmaßnahmen, sondern auch Regelungen, die der personellen Organisation des betrieblichen Arbeitsschutzes dienen. Dabei ist als Regelung nicht nur die Aufstellung von Rechtsvorschriften zu verstehen. Vielmehr zählen dazu auch die technischen Maßnahmen im Bereich des Arbeitsschutzes. Lediglich dann, wenn eine öffentlich-rechtliche Vorschrift für einen bestimmten Tatbestand eine einzige Regelung vorgibt, ist ein Mitbestimmungsrecht nicht gegeben. Wenn die Arbeitgeberin einen Ermessensspielraum hat, ist dem Betriebsrat dagegen ein Mitbestimmungsrecht eingeräumt.[623] Der **Antrag** des Betriebsrats auf Feststellung eines Mitbestimmungsrechts nach Nr. 7 muss erkennen lassen, welche **konkreten betrieblichen Regelungen** zur Umsetzung einer Handlungspflicht des Arbeitgebers mitbestimmt werden sollen.[624] Das Mitbestimmungsrecht der Nr. 7 stellt **kein Abwehrrecht gegen Baumaßnahmen des Arbeitgebers** dar, die unter Umständen zu gesundheitlichen Beeinträchtigungen der Arbeitnehmer führen könnten.[625]

Der Betriebsrat hat ein Mitbestimmungsrecht gem. § 87 Abs. 1 Nr. 7 BetrVG bei folgenden Rege- 265
lungsgegenständen des **Arbeitsschutzgesetzes** und der **Bildschirmarbeitsverordnung**:

- Der Gefährdungsbeurteilung gem. § 5 ArbSchG und § 3 Bildschirmarbeitsverordnung.[626]
- Ausgestaltung der Dokumentation gem. § 6 ArbSchG.
- Unterweisung der Arbeitnehmer gem. § 12 ArbSchG.
- Maßnahmen des Gesundheitsschutzes gem. §§ 3 Abs. 1 und 4 ArbSchG sowie §§ 4 und 5 Bildschirmarbeitsverordnung einschließlich einer Pausenregelung und präventiver Maßnahmen des Gesundheitsschutzes.
- Betriebliche Maßnahmen der Organisation des Gesundheitsschutzes gem. § 13 Abs. 2 ArbSchG.
- Arbeitsmedizinische Vorsorgeuntersuchung gem. § 11 ArbSchG und § 6 Bildschirmarbeitsverordnung.[627]
- Der Betriebsrat hat weiterhin mitzubestimmen, wenn entschieden wird, welche der drei Möglichkeiten zur Erfüllung des § 2 Abs. 1 ASiG für den Betrieb zu wählen ist (angestellter **Betriebsarzt**, freiberuflich tätiger Betriebsarzt oder überbetrieblicher Dienst von Betriebsärzten).[628]

8. Sozialeinrichtungen (Nr. 8)

Gem. § 87 Abs. 1 Nr. 8 BetrVG hat der Betriebsrat mitzubestimmen bei der **Ausgestaltung und** 266
Verwaltung von Sozialeinrichtungen, deren Wirkungsbereich auf den Betrieb, das Unternehmen oder den Konzern beschränkt ist. Das Mitbestimmungsrecht der Nr. 8 steht in engem Zusammenhang mit dem Mitbestimmungsrecht bei der Lohngestaltung nach Nr. 10. Mit der Errichtung von Sozialeinrichtungen sind in der Regel geldwerte Zuwendungen an die Arbeitnehmer verbunden, die nach allgemeinen Merkmalen gewährt werden und mithin unter den Begriff des Lohns i.S.d. Nr. 10 fallen,[629] Nr. 10 ist daher der Grundtatbestand, Nr. 8 Sondertatbestand.[630] Zu der Gewährung

621 BAG, Beschl. v. 15.01.2002, NZA 2002, 995.
622 Grundlegend BAG, Beschl. v. 06.12.1983, DB 1984, 775.
623 LAG Hamburg, Beschl. v. 21.09.2000, NZA-RR 2001, 190.
624 BAG, Beschl. v. 15.01.2002, NZA 2002, 995.
625 LAG Nürnberg, Beschl. v. 04.02.2003 – 6 (2) TaBV 39/01 (n.v.).
626 LAG Niedersachsen, Beschl. v. 20.03.2003, LAGE § 5 ArbSchG Nr. 1.
627 LAG Hamburg, Beschl. v. 21.09.2000, NZA-RR 2001, 190.
628 BAG, Beschl. v. 10.04.1979, DB 1979, 1995.
629 Vgl. Rn 273 ff.
630 *Fitting u.a.*, § 87 BetrVG Rn 332.

von Vergünstigungen für die Arbeitnehmer oder deren Angehörige muss aber noch das Vorhandensein einer Sozialeinrichtung hinzutreten.

267 Eine soziale Einrichtung bedarf einer gewissen **Institutionalisierung**, die insbesondere durch ein vom übrigen Betriebsvermögen abgegrenztes zweckgebundenes Sondervermögen bewirkt wird.[631] Deutlich wird die Unterscheidung bei der Gewährung einer betrieblichen Altersversorgung.[632] Wählt der Arbeitgeber die Durchführungsform der unmittelbaren Versorgungszusage, fehlt es an einem zweckgebundenen Sondervermögen, ein Mitbestimmungsrecht nach Nr. 8 kommt nicht in Betracht, es bleibt aber eine Zahlung von Lohn nach allgemeinen Kriterien, so dass das Mitbestimmungsrecht nach Nr. 10 eingreift.[633] Wird die betriebliche Altersversorgung dagegen über eine Pensions- oder Unterstützungskasse erbracht, greift für die Ausgestaltung und Verwaltung dieser Sozialeinrichtung das Mitbestimmungsrecht nach Nr. 8 ein.[634] Die Leistungen müssen – zur Abgrenzung vom Einzelfall – nach allgemeinen Richtlinien und für eine gewisse Dauer gewährt werden.[635] Wie bei allen freiwilligen Leistungen[636] ist es allein Sache des Arbeitgebers, ob und in welcher Höhe er finanzielle Mittel aufbringen will. Gegenstand des Mitbestimmungsrechts ist daher **nicht die Errichtung** der Sozialeinrichtung. Die Einführung einer Sozialeinrichtung kann vom Betriebsrat nicht erzwungen werden.[637] Zur Errichtung gehören die Festlegung des Zwecks sowie des begünstigten Personenkreises.[638] Folgerichtig ist auch die **Schließung der Sozialeinrichtung mitbestimmungsfrei**, der Arbeitgeber kann nicht verpflichtet werden, die Sozialeinrichtung aufrechtzuerhalten und hierfür weitere finanzielle Mittel bereitzustellen.[639]

268 Der Betriebsrat bestimmt über die Form der Sozialeinrichtung mit, dies gilt jedoch nicht für die **Durchführungsform der betrieblichen Altersversorgung**, weil von der Durchführungsform auch der Dotierungsrahmen, insbesondere mit Blick auf die verschiedenen steuerlichen Auswirkungen, betroffen ist.[640] Unter **Ausgestaltung einer Sozialeinrichtung** ist die Festlegung allgemeiner Grundsätze in Bezug auf die Arbeitsweise der Einrichtung zu verstehen. Die Ausgestaltung steht nach ihrer Bedeutung und zeitlichen Reihenfolge zwischen Errichtung und Verwaltung.[641] Gegenstand des Mitbestimmungsrechts ist darüber hinaus – in Überschneidung mit Nr. 10 – die Aufstellung der **Verteilungsgrundsätze**, bezogen auf beispielsweise eine Unterstützungskasse die Aufstellung der Richtlinien, nach denen sich bestimmt, unter welchen Voraussetzungen die Arbeitnehmer und deren Angehörige Anwartschaften in einem System der betrieblichen Altersversorgung erwerben.[642] Weiterhin erstreckt sich das Mitbestimmungsrecht auf die **laufende Verwaltung**.

269 Insbesondere bei **Sozialeinrichtungen mit eigener Rechtspersönlichkeit**, beispielsweise einer Unterstützungskasse, stellte sich die Frage, wie das Mitbestimmungsrecht ausgeübt werden kann. Das Mitbestimmungsrecht besteht nicht gegenüber der Sozialeinrichtung, sondern gegenüber dem Arbeitgeber. Zwei Wege sind hier denkbar. Die zur Ausübung des Mitbestimmungsrechts notwendigen Regelungen werden zwischen Arbeitgeber und Betriebsrat vereinbart. Der Arbeitgeber, der sich den notwendigen Einfluss auf die Verwaltung der Sozialeinrichtung sichern muss, hat dann sicherzustellen, dass die vereinbarten Regelungen auch umgesetzt werden. Handelt es sich um eine

631 BAG, Beschl. v. 12.06.1975, AP Nr. 1 zu § 87 BetrVG 1972 Altersversorgung; Beschl. v. 09.12.1980, AP Nr. 5 zu § 87 BetrVG 1972 Lohngestaltung.
632 Zur betrieblichen Altersversorgung vgl. § 5 Rn 635a ff.
633 Vgl. Rn 279.
634 BAG, Urt. v. 26.04.1988, AP Nr. 16 zu § 87 BetrVG 1972 Altersversorgung.
635 BAG, Urt. v. 09.07.1985, AP Nr. 16 zu § 75 BPersVG.
636 Vgl. Rn 278.
637 BAG, Beschl. v. 13.03.1973, AP Nr. 1 zu § 87 BetrVG 1972 Werkmietwohnungen; Urt. v. 26.04.1988, AP Nr. 16 zu § 87 BetrVG 1972 Altersversorgung.
638 BAG, Urt. v. 26.04.1988, AP Nr. 16 zu § 87 BetrVG 1972 Altersversorgung.
639 BAG, Beschl. v. 13.07.1978, AP Nr. 5 zu § 87 BetrVG 1972 Altersversorgung.
640 BAG, Beschl. v. 12.06.1975, AP Nr. 1 zu § 87 BetrVG 1972 Altersversorgung.
641 BAG, Beschl. v. 13.03.1973, AP Nr. 1 zu § 87 BetrVG 1972 Werkmietwohnungen.
642 BAG, Beschl. v. 16.02.1993, AP Nr. 19 zu § 87 BetrVG 1972 Altersversorgung.

gemeinsame Sozialeinrichtung mehrerer Unternehmen (beispielsweise eine Gruppenunterstützungskasse), erstreckt sich die Mitbestimmung auf das Abstimmungsverhalten des Arbeitgebers innerhalb der entsprechenden Gremien.[643] Jedenfalls greift ergänzend das Mitbestimmungsrecht nach Nr. 10 ein.[644] Die zweite Möglichkeit ist, dass Arbeitgeber und Betriebsrat eine paritätische Besetzung der Entscheidungsgremien der Sozialeinrichtung vereinbaren.[645] Bei Stimmengleichheit fällt das Entscheidungsrecht im Zweifel an Arbeitgeber und Betriebsrat zurück, die notfalls die Einigungsstelle anrufen müssen.[646]

9. Werkswohnungen (Nr. 9)

Die Entscheidung, überhaupt Wohnraum zu schaffen bzw. zur Verfügung zu stellen, ist mitbestimmungsfrei.[647] Bei der Zuweisung und Kündigung von Wohnräumen, die den Arbeitnehmern mit Rücksicht auf das Bestehen eines Arbeitsverhältnisses vermietet werden, hat der Betriebsrat mitzubestimmen. Das Mitbestimmungsrecht betrifft die sog. **Werkmietwohnungen** i.S.v. § 576 BGB. **Nicht** erfasst sind die zumeist funktionsbezogenen **Werkdienstwohnungen**, beispielsweise Hausmeisterwohnungen, die im Rahmen des Arbeitsverhältnisses, also auf arbeitsvertraglicher Grundlage überlassen werden i.S.d. § 576b BGB. Als **Vermieter** einer Werkswohnung kann sowohl der Arbeitgeber des Mieters als auch ein zu ihm in Beziehung stehender Dritter auftreten, insbesondere eine von ihm gegründete oder ihm ganz oder teilweise gehörende Wohnungsgesellschaft oder ein Wohnungseigentümer, dem gegenüber ihm ein Belegungsrecht aufgrund eines Werkförderungsvertrages zusteht. Die Überlassung an eine dritte Mitmieterin schließt die rechtliche Einordnung als Werkwohnung nicht aus. Das Zustimmungserfordernis nach BetrVG § 87 Abs. 1 Nr. 9 gilt nicht nur für ordentliche, sondern auch für außerordentliche fristlose **Kündigungen**. Das Mitbestimmungsrecht ist stets im Einzelfall auszuüben und kann nicht durch ein allgemeines, im Voraus erzieltes Einvernehmen ersetzt werden. Eine ohne vorherige Zustimmung des Betriebsrates ausgesprochene Kündigung ist unwirksam.[648] 270

Gem. § 87 Abs. 1 Nr. 9 BetrVG hat der Betriebsrat auch mitzubestimmen bei der allgemeinen Festlegung der Nutzungsbedingungen. Zu der Festlegung der **Nutzungsbedingungen** gehören auch die Grundsätze der **Mietzinsbildung**.[649] Dieses Mitbestimmungsrecht besteht allerdings nur im **Rahmen der vom Arbeitgeber vorgegebenen finanziellen Dotierung**. Die Entscheidung des Arbeitgebers, überhaupt Wohnungen zur Verfügung zu stellen, ist ebenso mitbestimmungsfrei wie die abstrakte Bestimmung des Kreises der **Nutzungsberechtigten** und die Entscheidung darüber, welche finanziellen Mittel der Arbeitgeber für die betriebliche Wohnungswirtschaft aufwendet. Insoweit gelten dieselben Grundsätze wie für betriebliche Sozialeinrichtungen i.S.d. § 87 Abs. 1 Nr. 8 BetrVG. Materiell geht es also auch hier um eine Frage der **Verteilungsgerechtigkeit** innerhalb des mitbestimmungsfrei vorgegebenen Dotierungsrahmens. Das Mitbestimmungsrecht bei der Festsetzung der Grundsätze des **Mietzinses** bezieht sich vor allem auf die Frage, ob die nach Vorgabe des Dotierungsrahmens auf die Mieter umzulegenden Mittel gleichmäßig verteilt werden oder ob nach sozialen oder sonstigen Gesichtspunkten gestaffelte Mieten einzuführen und nach welchen Kriterien diese zu berechnen sind. Das Mitbestimmungsrecht nach § 87 Abs. 1 Nr. 9 BetrVG ist nicht davon abhängig, dass der Arbeitgeber Eigentümer der Wohnungen ist. Es genügt auch ein Belegrecht an den Wohnungen.[650] Bei diesen »werksgeförderten Werkmietwohnungen« kann das Mitbestimmungsrecht des Betriebsrats im Rahmen des § 87 Abs. 1 Nr. 9 BetrVG allerdings

643 *Fitting u.a.*, § 87 BetrVG Rn 371 ff.; Richardi/*Richardi*, § 87 BetrVG Rn 654 ff.
644 BAG, Urt. v. 09.05.1989, AP Nr. 18 zu § 87 BetrVG 1972 Altersversorgung.
645 BAG, Urt. v. 26.04.1988, AP Nr. 16 zu § 87 BetrVG 1972 Altersversorgung.
646 *Fitting u.a.*, § 87 BetrVG Rn 374; MünchArbR/*Matthes*, § 331 Rn 42.
647 BAG, Beschl. v. 23.03.1993, NZA 1993, 766.
648 LG Aachen, Urt. v. 15.04.1983, ZMR 1984, 280.
649 BAG, Beschl. v. 28.07.1992, AP Nr. 7 zu § 87 BetrVG 1972 Werkmietwohnungen.
650 BAG, Beschl. v. 18.07.1978, AP Nr. 4 zu § 87 BetrVG 1972 Werkmietwohnungen.

nur soweit reichen, wie der Arbeitgeber selbst Rechte bei der Begründung und/oder Durchführung der Mietverträge über die Wohnungen im Eigentum oder in der Verfügungsmacht des Dritten hat.[651]

271 Der Beschluss des Arbeitgebers, bestimmte Wohnungen aus einem bisher einheitlich für Arbeitnehmer, leitende Angestellte und Dritte zur Verfügung stehenden Bestand von Werkswohnungen künftig nur noch an eine **nicht vom Betriebsrat repräsentierte** Personengruppe (z.B. leitende Angestellte) zu vergeben, bedarf nicht der Mitbestimmung des Betriebsrats.[652] Werden Werkmietwohnungen aus einem einheitlichen Bestand ohne feste Zuordnung sowohl an Arbeitnehmer des Betriebs als auch an Personen vergeben, die nicht vom Betriebsrat repräsentiert werden, erstreckt sich das Mitbestimmungsrecht bei der Zuweisung von Werkmietwohnungen nach § 87 Abs. 1 Nr. 9 BetrVG auch auf die Zuweisung von Wohnungen an Dritte. Das Gleiche gilt für Kündigungen von Werkmietwohnungen aus einem einheitlichen Bestand ohne feste Zuordnung. Dagegen besteht ein Mitbestimmungsrecht bei der Festlegung der Nutzungsbedingungen nur, soweit die Wohnungen an Arbeitnehmer des Betriebs einschließlich der dort zu ihrer Berufsbildung Beschäftigten vermietet werden.[653]

272 Das Mitbestimmungsrecht bei der Kündigung der Wohnräume besteht auch dann noch, wenn das **Arbeitsverhältnis rechtswirksam beendet** wurde.[654] Es entfällt ferner nach LAG Bremen[655] nicht wegen einer Entwidmung der Wohnräume. Insofern besteht ein nachwirkendes Mitbestimmungsrecht bei Kündigung der Wohnräume.

10. Betriebliche Lohngestaltung (Nr. 10)

273 Die Regelung in § 87 Abs. 1 Nr. 10 BetrVG weist dem Betriebsrat ein Mitbestimmungsrecht in Fragen der betrieblichen Lohngestaltung, insbesondere der **Aufstellung von Entlohnungsgrundsätzen** und der **Einführung und Anwendung von neuen Entlohnungsmethoden** sowie deren Änderung zu. Die Regelung soll ein umfassendes Mitbestimmungsrecht auf diesem Gebiet sicherstellen. Sie hat daher in den durch § 87 Abs. 1 Eingangssatz BetrVG gezogenen Grenzen den Charakter einer Generalklausel.[656] Das Mitbestimmungsrecht bei der Lohngestaltung soll nach der ständigen Rechtsprechung des BAG den Arbeitnehmer vor einer einseitig an den Interessen des Unternehmers orientierten oder willkürlichen Lohngestaltung schützen. Es soll die Angemessenheit und Durchsichtigkeit des innerbetrieblichen Lohngefüges und die Wahrung der innerbetrieblichen Lohngerechtigkeit sichern.[657] Das Mitbestimmungsrecht umfasst nicht die Dauer der Arbeitszeit. Allein die Vereinbarung einer höheren Wochenarbeitszeit ohne Lohnausgleich ist keine mitbestimmungspflichtige Änderung der Vergütungsordnung.[658]

274 Insbesondere im Bereich der Gehaltszahlungen wähnt sich mancher Arbeitgeber, zumal in kleineren Betrieben, von jeglicher Mitbestimmung frei, jedenfalls soweit die Gehaltshöhe nicht bereits von einem Tarifvertrag vorgegeben wird, weil Arbeitsvertragsparteien entweder nicht tarifgebunden sind oder ein übertarifliches Gehalt gezahlt werden soll. Oftmals hört der Anwalt Bemerkungen wie: »Das Gehalt habe ich mit meinen Arbeitnehmern frei ausgehandelt.« Die Rechtsprechung trägt dieser Vorstellung insoweit Rechnung, als sich das Mitbestimmungsrecht nicht auf die Höhe des finanziellen Aufwandes für Gehaltszahlungen allgemein oder etwa für freiwillige übertarifliche

651 BAG, Beschl. v. 19.10.1999 – 1 ABR 64/98 (n.v.).
652 BAG, Beschl. v. 23.03.1993, NZA 1993, 766.
653 BAG, Beschl. v. 28.07.1992, NZA 1993, 272.
654 BAG, Beschl. v. 28.07.1992, AP Nr. 7 zu § 87 BetrVG 1972 Werkmietwohnungen.
655 LAG Bremen, Beschl. v. 18.02.2003 – 1 TaBV 13/02 (n.v.).
656 BAG, Beschl. v. 12.06.1975, AP Nr. 1 zu § 87 BetrVG 1972 Altersversorgung; Beschl. v. 22.10.1981, AP Nr. 10 zu § 76 BetrVG 1972.
657 BAG, Beschl. v. 31.01.1984, AP Nr. 3 zu § 87 BetrVG 1972 Tarifvorrang.
658 BAG, Beschl. v. 30.10.2001 – 1 ABR 8/01 (n.v.).

Zulagen, den sog. Dotierungsrahmen bezieht.[659] Die **Verletzung des Mitbestimmungsrechts** des Betriebsrats bei der **Änderung einer im Betrieb geltenden Vergütungsordnung** hat zur Folge, dass die Vergütungsordnung mit der vor der Änderung bestehenden Struktur weiter anzuwenden ist. Dies kann bei **Neueinstellungen** dazu führen, dass Ansprüche auf eine höhere Vergütung als die vertraglich vereinbarte entstehen.[660] Das gilt auch für die (einseitige) Änderung einer tariflichen Vergütungsordnung nach Wegfall der Tarifbindung.[661]

Weiterhin setzt das Mitbestimmungsrecht nur ein, wenn es um die **Festlegung allgemeiner (kollektiver, genereller) Regelungen** geht. Bereits in der amtlichen Begründung[662] hieß es, in Übereinstimmung mit dem Regierungsentwurf und der Oppositionsvorlage werde daran festgehalten, dass sich die Mitbestimmung des Betriebsrats grundsätzlich nur auf generelle Tatbestände und nicht auf die Regelung von Einzelfällen beziehe. Die individuelle Lohngestaltung, Regelungen mit Rücksicht auf besondere Umstände des einzelnen Arbeitnehmers, bei denen ein innerer Zusammenhang zu ähnlichen Regelungen für andere Arbeitnehmer nicht besteht, unterliegen also nicht dem Mitbestimmungsrecht.[663] Gleichwohl intendiert der seinen Anwalt aufsuchende Arbeitgeber-Mandant regelmäßig einen sehr viel weiter gehenden mitbestimmungsfreien Raum mit seiner Äußerung vom freien Aushandeln des Gehalts, als ihm die Rechtsprechung zubilligt.

a) Kollektiver Tatbestand

Ob ein das Mitbestimmungsrecht auslösender kollektiver Tatbestand vorliegt, kann nach der Recht- 275
sprechung des BAG nicht allein quantitativ bestimmt werden. Es sind auch durchaus generelle Regelungsfragen vorstellbar, die vorübergehend nur einen Arbeitnehmer betreffen, andererseits können individuelle Sonderregelungen auf Wunsch der betroffenen Arbeitnehmer gehäuft auftreten. Die Zahl der betroffenen oder interessierten Arbeitnehmer ist deshalb nur ein Indiz für das Vorliegen eines kollektiven Tatbestandes. Die **Abgrenzung von der Einzelfallgestaltung** zum kollektiven Tatbestand richtet sich danach, ob es um die Strukturformen des Entgelts einschließlich ihrer näheren Vollzugsformen geht. Die Abgrenzung ist deshalb von Bedeutung, weil es dem Zweck des Mitbestimmungsrechts widerspräche, wenn der Arbeitgeber es dadurch ausschließen könnte, dass er mit einer Vielzahl von Arbeitnehmern jeweils »individuelle« Vereinbarungen über eine bestimmte Vergütung trifft und sich hierbei nicht selbst binden und keine allgemeine Regelung aufstellen will. Mit einer solchen Vorgabe, nur individuell entscheiden zu wollen, könnte sonst jedes Mitbestimmungsrecht ausgeschlossen werden.[664]

Damit lässt das BAG den Hinweis des Arbeitgebers, er habe die Gehälter individuell ausgehan- 276
delt, gerade nicht ausreichen. Der Arbeitgeber wird in aller Regel eine Lohnpolitik im Sinne einer **Harmonisierung des gesamten Lohngefüges** betreiben. Er wird – soweit dies nicht bereits durch Tarifverträge vorgegeben ist – durch die Abstände in den Gehältern bestimmte Lohngruppen schaffen, im Sinne einer **betrieblichen Lohngerechtigkeit**. Hiermit bewegt er sich aber im kollektiven Bereich. So handelt es sich um einen kollektiven Tatbestand, wenn Grund und Höhe der Zahlungen von allgemeinen Merkmalen abhängig gemacht werden; ein solches Merkmal ist die Leistung als solche. Sie setzt einen Vergleich mit einer Normal- oder Minderleistung voraus.[665] Ein

659 BAG, Beschl. v. 10.07.1979, AP Nr. 2 zu § 87 BetrVG 1972 Lohngestaltung; Beschl. v. 22.01.1980, AP Nr. 3 zu § 87 BetrVG 1972 Lohngestaltung; Beschl. v. 22.12.1981, AP Nr. 7 zu § 87 BetrVG 1972 Lohngestaltung; Beschl. v. 13.01.1987, AP Nr. 26 zu § 87 BetrVG 1972 Lohngestaltung; Beschl. v. 24.11.1987, AP Nr. 31 zu § 87 BetrVG 1972 Lohngestaltung; Beschl. v. 10.02.1988, AP Nr. 33 zu § 87 BetrVG 1972 Lohngestaltung.

660 BAG, Urt. v. 11.06.2002, NZA 2003, 570.

661 BAG, Urt. v. 02.03.2004, NZA 2004, 852.

662 BR-Drucks 715/70, 49.

663 BAG, Beschl. v. 31.01.1984 und Beschl. v. 17.12.1985, AP Nr. 3 und 5 zu § 87 BetrVG 1972 Tarifvorrang; Beschl. v. 24.11.1987, AP Nr. 31 zu § 87 BetrVG 1972 Lohngestaltung.

664 BAG, Beschl. v. 24.11.1987, AP Nr. 31 zu § 87 BetrVG 1972 Lohngestaltung; Urt. v. 31.01.1984, AP Nr. 15 zu § 87 BetrVG 1972 Lohngestaltung; Beschl. v. 08.03.1983, AP Nr. 14 zu § 87 BetrVG 1972 Lohngestaltung.

665 BAG, Urt. v. 22.09.1992 und Beschl. v. 14.06.1994, AP Nr. 56 und 69 zu § 87 BetrVG 1972 Lohngestaltung.

kollektiver Tatbestand wurde verneint, wenn für die Lohnbemessung der Wunsch eines einzelnen Arbeitnehmers maßgebend ist, der steuerliche Nachteile vermeiden will.[666] Wenn ein Arbeitnehmer nur gegen eine Vergütung, die über derjenigen vergleichbarer Arbeitskollegen liegt, zum Abschluss des Arbeitsvertrages oder zum Verbleib bewogen werden kann, liegt ebenfalls ein individueller Tatbestand vor.[667] Erachtet es der Arbeitgeber dagegen für erforderlich, durch Sonderzahlungen eine Betriebsbindung aller Arbeitnehmer oder einer Gruppe von Arbeitnehmern herzustellen, handelt es sich um einen kollektiven Tatbestand.[668]

b) Lohnbestandteile und deren Gestaltung

277 Lohn im Rahmen des Mitbestimmungsrechts ist im Sinne von Arbeitsentgelt zu verstehen. Gemeint sind alle Leistungen des Arbeitgebers, die er als Gegenleistung für die vom Arbeitnehmer geleisteten Dienste erbringt. Erfasst sind Geld- oder Sachleistungen, unmittelbar leistungsbezogene oder nur mittelbar leistungsbezogene Entgelte, einmalige oder regelmäßige Leistungen. Lohn ist im weitesten Sinn zu verstehen. Alle **Geldleistungen und geldwerten Leistungen** sind Lohn.[669] Zum Lohn gehören auch die freiwilligen Leistungen. Ausgenommen ist nur der Ersatz von Auslagen.[670] Um Lohngestaltung handelt es sich immer, wenn Entlohnungsgrundsätze aufgestellt werden. Das sind die übergeordneten allgemeinen Vorschriften, nach denen die gesamte Entlohnung für den Betrieb, für bestimmte Betriebsabteilungen oder Gruppen von Arbeitnehmern geordnet wird. Das Mitbestimmungsrecht besteht bei der Frage, ob im Zeitlohn oder im Akkord gearbeitet werden soll, ob Prämienlohn gezahlt werden soll und für welche Leistung,[671] ob und für welche Fälle Provisionen gezahlt werden sollen,[672] weiterhin bei der Frage, ob Zulagen für Erschwernisse gezahlt werden sollen, einschließlich der Methode der Ermittlung des Grads der Erschwernisse.[673] Aus der Formulierung in einer Betriebsvereinbarung, die im Übrigen nach § 87 Abs. 1 Nr. 10 BetrVG das **Gehaltssystem der AT-Angestellten** festgelegt wird, dass die Geschäftsführung das **Gehaltserhöhungsbudget** jährlich festlege und dabei die wirtschaftliche Lage berücksichtige, lässt sich nicht herleiten, dass der Arbeitgeber zu jährlichen Gehaltserhöhungen verpflichtet sein soll. Die Festsetzung der Höhe der Gruppengehälter für die AT-Angestellten gehört nicht zur betrieblichen Lohngestaltung i.S.v. § 87 Abs. 1 Nr. 10 BetrVG, sondern ist dem Arbeitgeber vorbehalten. Zwar kommt insoweit der Abschluss einer freiwilligen Betriebsvereinbarung nach § 88 BetrVG in Betracht, die Übernahme einer derartigen, gesetzlich nicht gebotenen und in der Praxis ungewöhnlichen Verpflichtung unter Aufgabe der unternehmerischen Autonomie muss aber deutlich zum Ausdruck kommen. Unklare Kriterien, die »zu berücksichtigen« sind, sprechen gegen eine Verpflichtung. Ist die Pflicht zur Gehaltsüberprüfung geregelt, bleibt es insoweit bei einer Befassungsverpflichtung.[674] Wenn der Tarifvertrag ein **Wahlrecht des Arbeitgebers** festlegt, die **Bemessung des Urlaubsentgelts** entweder nach dem konkreten Lohnausfall oder nach dem Durchschnittsverdienst der letzten zwölf Monate vorzunehmen, ist die Ausübung dieses Wahlrechts mitbestimmungspflichtig nach § 87 Abs. 1 Nr. 10 BetrVG.[675] Dem Betriebsrat steht aus dem Gesichtspunkt der betrieblichen Lohngestaltung kein

666 BAG, Beschl. v. 27.10.1992, AP Nr. 61 zu § 87 BetrVG 1972 Lohngestaltung.
667 *Fitting u.a.*, § 87 BetrVG Rn 421.
668 BAG, Beschl. v. 14.06.1994, AP Nr. 69 zu § 87 BetrVG 1972 Lohngestaltung.
669 BAG GS, Beschl. v. 16.09.1986, AP Nr. 17 zu § 77 BetrVG 1972; vgl. die Auflistung bei *Fitting u.a.*, § 87 BetrVG Rn 414.
670 BAG, Beschl. v. 10.06.1986, AP Nr. 22 zu § 87 BetrVG 1972 Lohngestaltung.
671 BAG, Beschl. v. 16.12.1986, AP Nr. 8 zu § 87 BetrVG 1972 Prämie.
672 BAG, Beschl. v. 06.12.1988, AP Nr. 37 zu § 87 BetrVG 1972 Lohngestaltung.
673 BAG, Beschl. v. 09.05.1995, AP Nr. 2 zu § 76 BetrVG 1972 Einigungsstelle.
674 BAG, Beschl. v. 21.01.2003, AP Nr. 117 zu § 87 BetrVG 1972 Lohngestaltung; vgl. im Übrigen zur Auslegung von Betriebsvereinbarungen Rn 410.
675 BAG, Urt. v. 03.12.2002, BB 2003, 1232.

Mitbestimmungsrecht bei der besoldungsmäßigen Bewertung derjenigen Arbeitsposten zu, die bei der Arbeitgeberin von **Beamtinnen oder Beamten** besetzt sind.[676]

c) Freiwillige Leistungen des Arbeitgebers einschließlich betrieblicher Altersversorgung

Bei den freiwilligen Leistungen des Arbeitgebers erlangt der Grundsatz Bedeutung, dass sich das Mitbestimmungsrecht des Betriebsrats nicht auf die Lohnhöhe bezieht.[677] Das schließt aber ein Mitbestimmungsrecht des Betriebsrats auch in den Bereichen nicht völlig aus, in denen der Arbeitgeber weder aus Tarifvertrag, noch kraft Gesetzes verpflichtet ist, Leistungen zu erbringen.[678] Vielmehr verbleibt dort, wo der Arbeitgeber ein bestimmtes finanzielles Volumen nach allgemeinen Grundsätzen, seien sie leistungsbezogen oder nicht, den Arbeitnehmern zuwenden will, ein Regelungsspielraum, der sich darauf bezieht, wie die zur Verfügung stehenden finanziellen Mittel verteilt werden sollen. Dabei kann der Arbeitgeber nicht nur den **Dotierungsrahmen**, sondern auch den **Zweck**, den er mit der Leistung verfolgen will und den sich daraus ergebenden **Personenkreis** der Begünstigten **einseitig festlegen**.[679] 278

Auch die Leistungen zur betrieblichen Altersversorgung gehören hierher.[680] In diesem Bereich obliegt dem Arbeitgeber auch die Bestimmung des **Durchführungswegs** (Direktzusage, Versicherung, Pensions- oder Unterstützungskassen).[681] Nicht mitbestimmungspflichtig sind deshalb auch der Wechsel der Durchführungsform und die Auswahl und der Wechsel eines **Versicherungsunternehmens**.[682] Mitzubestimmen hat der Betriebsrat in erster Linie über die Leistungsordnung. Ein Mitbestimmungsrecht besteht auch bei einer Neuverteilung nach mitbestimmungsfreier Kürzung des Dotierungsrahmens durch den Arbeitgeber.[683] 279

d) Anrechnung und Widerruf übertariflicher Zulagen

Einen Sonderfall stellt die Anrechnung von übertariflichen Zulagen auf Tariflohnerhöhungen bzw. der Widerruf übertariflicher Zulagen aus Anlass von Tariflohnerhöhungen dar. Viele Arbeitgeber, die bei Abschluss des Arbeitsvertrages übertarifliche Leistungen erbringen wollen, wollen sich gleichzeitig davor schützen, von ihnen nicht kalkulierbare Tariflohnerhöhungen neben der übertariflichen Zulage weitergeben zu müssen. Zu diesem Zweck behalten sie sich die Anrechnung von Tariflohnerhöhungen auf die Zulage im Arbeitsvertrag vor. Wird die Anrechnung dann vom Arbeitgeber tatsächlich vorgenommen, stellt sich die Frage nach dem Mitbestimmungsrecht nach § 87 Abs. 1 Nr. 10 BetrVG. Entsprechend dem Grundsatz, dass der Betriebsrat keinen Einfluss auf die Höhe des finanziellen Aufwands für freiwillige übertarifliche Zulagen hat, beschränkt sich das Mitbestimmungsrecht nach der Rechtsprechung des BAG auf die **Neuverteilung des gekürzten Zulagenvolumens**.[684] 280

Ebenso wie die **Aufstellung** von Verteilungsgrundsätzen für übertarifliche Zulagen unterliegt auch die **Änderung dieser Verteilungsgrundsätze** grundsätzlich der Mitbestimmung des Betriebsrats, unabhängig davon, ob der Arbeitgeber sich die Anrechnung bzw. den Widerruf vorbehalten hat oder sich die Anrechnung zunächst automatisch vollzieht. Das Mitbestimmungsrecht entfällt allerdings, wenn tatsächliche oder rechtliche Hindernisse entgegenstehen, das heißt für den Betriebsrat kein 281

676 LAG Berlin, Beschl. v. 07.05.2002, ZTR 2002, 605, n.rkr., Az. BAG: 1 ABR 38/02.

677 BAG (GS), Beschl. v. 03.12.1991, AP Nr. 51 zu § 87 BetrVG 1972 Lohngestaltung m.w.N.

678 BAG (GS), Beschl. v. 16.09.1986, AP Nr. 17 zu § 77 BetrVG 1972.

679 BAG, Beschl. v. 08.12.1981, AP Nr. 1 zu § 87 BetrVG 1972 Prämie.

680 Vgl. BAG, Urt. v. 26.04.1988 und Beschl. v. 16.02.1993, AP Nr. 16 und 19 zu § 87 BetrVG 1972 Altersversorgung.

681 Vgl. § 5 Rn 464 ff.

682 BAG, Beschl. v. 16.02.1993, AP Nr. 19 zu § 87 BetrVG 1972 Altersversorgung; LAG Hamm, Beschl. v. 08.05.2002, NZA-RR 2003, 99.

683 Vgl. BAG, Urt. v. 26.04.1988, AP Nr. 16 zu § 87 BetrVG 1972 Altersversorgung; Urt. v. 23.03.1993, AP Nr. 47 zu § 87 BetrVG 1972 Lohngestaltung.

684 BAG, Beschl. v. 13.01.1987 und Beschl. v. 10.02.1988, AP Nr. 26 und 33 zu § 87 BetrVG 1972 Lohngestaltung.

Regelungsspielraum verbleibt.[685] Nicht immer führen die Anrechnung bzw. der Widerruf zu einer Änderung der Verteilungsgrundsätze. Beachtet der Arbeitgeber bei der Anrechnungsentscheidung die bisherigen Verteilungsgrundsätze, scheidet ein Mitbestimmungsrecht des Betriebsrats im Zusammenhang mit der Anrechnung nach § 87 Abs. 1 Nr. 10 BetrVG aus, da nicht die Kürzungsentscheidung, sondern allein die Änderung der Verteilungsgrundsätze der Mitbestimmung unterliegt. Eine Änderung der Verteilungsgrundsätze, die die Verteilungsgerechtigkeit betrifft, besteht bei einer unterschiedlichen Anrechnung der Tariflohnerhöhung auf die übertariflichen Zulagen.[686] Auch eine **prozentual gleichmäßige Anrechnung** sämtlicher Zulagen kann jedoch zu einer Änderung der Verteilungsgrundsätze führen. Eine prozentual gleichmäßige Anrechnung kann dadurch herbeigeführt werden, dass der Arbeitgeber einen bestimmten (gleichen) Prozentsatz der Tariflohnerhöhung auf jede Zulage anrechnet. Eine prozentual gleichmäßige Anrechnung liegt aber auch dann vor, wenn der Arbeitgeber jede übertarifliche Zulage um einen bestimmten (gleichen) Prozentsatz kürzt. Rechnet der Arbeitgeber einen bestimmten Prozentsatz der Tariflohnerhöhung auf jede Zulage an, ändern sich die Verteilungsgrundsätze nur dann nicht, wenn die Zulagen in einem einheitlichen und gleichen Verhältnis zum jeweiligen Tariflohn stehen und die Tariflöhne um den gleichen Prozentsatz erhöht werden.

282 *Beispiel*

Zahlt der Arbeitgeber etwa allen Arbeitnehmern eine übertarifliche Zulage von 10 % und rechnet er bei einer Tariflohnerhöhung um 6 % auf die übertariflichen Zulagen 4 % an, verringern sich diese von 10 % vom Tariflohn um den gleichen Prozentsatz auf 6 % vom bisherigen Tariflohn. Der Verteilungsgrundsatz, das heißt das Verhältnis der Zulagen zueinander, bleibt unverändert.

283 In allen anderen Fällen einer Anrechnung der Tariflohnerhöhung auf die Zulagen um einen bestimmten Prozentsatz ändern sich die Verteilungsgrundsätze. Das gilt insbesondere für den Fall, dass der Arbeitgeber unterschiedliche hohe Zulagen zum jeweiligen Tariflohn zahlt, sei es, dass diese in einem bestimmten Verhältnis zueinander stehen sollen, sei es, dass ein bestimmter Verteilungsgrundsatz überhaupt nicht erkennbar ist. Denn in beiden Fällen ändert sich bei einer gleichmäßigen prozentualen Anrechnung einer Tariflohnerhöhung notwendig das Verhältnis der Höhe der Zulagen zueinander; eine solche Änderung stellt eine Änderung des Verteilungsgrundsatzes dar.

284 *Beispiel*

Das Tarifentgelt für die Arbeitnehmer A, B und C betrug bisher 3000 EUR. Erhielt A eine Zulage von 100 EUR, B von 200 EUR und C von 400 EUR (Verhältnis 1: 2: 4), betragen die Effektiventgelte nach der vollständigen Anrechnung einer Tariflohnerhöhung von 3 % (dies entspricht 90 EUR) zwar nach wie vor bei A 3100 EUR, bei B 3200 EUR und bei C 3400 EUR, die Zulagen haben sich jedoch bei A auf 10 EUR, bei B auf 110 EUR und bei C auf 310 EUR verringert. Damit hat sich auch das nach den bisherigen Regelungen für die Verteilungsgerechtigkeit entscheidende Verhältnis der Zulagen zueinander vom Verhältnis 1: 2: 4 zum Verhältnis 1: 11: 31 geändert.

285 Kürzt der Arbeitgeber anlässlich einer Tariflohnerhöhung alle übertariflichen Zulagen um den gleichen Prozentsatz, ändert sich der Verteilungsgrundsatz im Allgemeinen nicht, so dass eine solche Kürzung grundsätzlich mitbestimmungsfrei ist.

286 Für ein Mitbestimmungsrecht ist weiterhin dann kein Raum, wenn für eine anderweitige Anrechnung bzw. Kürzung der Zulagen kein Regelungsspielraum mehr besteht. Das Mitbestimmungsrecht entfällt daher dann, wenn die Anrechnung zum vollständigen Wegfall aller Zulagen führt, weil dann

685 BAG (GS), Beschl. v. 03.12.1991, AP Nr. 51 zu § 87 BetrVG 1972 Lohngestaltung.

686 BAG, Beschl. v. 24.11.1987, AP Nr. 31 zu § 87 BetrVG 1972 Lohngestaltung; LAG Frankfurt am Main, Beschl. v. 05.09.1989, LAGE § 87 BetrVG 1972 betriebliche Lohngestaltung Nr. 7; LAG Köln, Urt. v. 17.10.1988, LAGE § 4 TVG Tariflohnerhöhung Nr. 6.

kein Zulagenvolumen mehr vorhanden ist, das verteilt werden könnte.[687] Das Mitbestimmungsrecht findet aber auch dort seine Grenzen, wo der Änderung der Verteilungsgrundsätze rechtliche Hindernisse entgegenstehen. Das ist der Fall bei der vollen und gleichmäßigen Anrechnung der Tariflohnerhöhung auf die Zulagen aller Arbeitnehmer. Bei einer **vollständigen Anrechnung der Tariflohnerhöhung auf alle Zulagen** fehlt dem Arbeitgeber jede weitere Gestaltungsmöglichkeit. Denn mehr als die Tariflohnerhöhung kann er nicht anrechnen. Dies aber wäre erforderlich, wenn zugunsten eines Teils der Zulagenempfänger und zu Lasten der übrigen eine Umverteilung stattfinden sollte. Der Arbeitgeber müsste einen Teil der übertariflichen Zulagen über die volle Anrechnung hinaus kürzen, um die Verteilung zu ändern. Dazu ist er aber nicht berechtigt, gleichgültig ob die Kürzung des Zulagenvolumens aufgrund einer Automatik oder eines Anrechnungsvorbehalt erfolgt. Der einzelne Arbeitnehmer hat auf Grund der zugrunde liegenden Vereinbarung einen Anspruch darauf, dass ihm nach einer Tariflohnerhöhung zumindest die um die Tariflohnerhöhung gekürzte Zulage gezahlt wird. Diesen Anspruch kann der Arbeitgeber nur durch eine von den Gerichten für Arbeitssachen überprüfbare ordentliche **Änderungskündigung** beseitigen. Für deren Wirksamkeit reicht in der Regel der Wille zur Umverteilung der Zulagen nicht aus. Besteht damit bei der vollständigen Anrechnung der Tariflohnerhöhung auf alle Zulagen keine rechtliche Möglichkeit einer anderen Verteilung, unterliegt aus diesem Grunde bei vollständiger und gleichmäßige Anrechnung einer Tariflohnerhöhung auf übertarifliche Zulagen die Neuverteilung des um die Tariflohnerhöhung gekürzten Zulagenvolumens nicht der Mitbestimmung des Betriebsrats.[688] Individualrechtlich kann der Arbeitgeber regelmäßig auch **eine nachträglich für bestimmte Monate vereinbarte Tariferhöhung auf die in den Monaten bereits geleisteten übertariflichen Zulagen** durch eine ausdrückliche oder auch konkludente Erklärung **anrechnen** und so die Erfüllung des noch offenen Anspruchs aus der Tariferhöhung durch die bereits geleisteten Zahlungen der Zulage bewirken. Die gem. § 366 Abs. 1 BGB grundsätzlich bei der Leistung vorzunehmende Tilgungsbestimmung kann durch eine – auch stillschweigend mögliche Vereinbarung – der Parteien offen gehalten werden und dem Schuldner vorbehalten bleiben. Hiervon ist bei dem mit einer freiwilligen übertariflichen Zulage verbundenen Anrechnungsvorbehalt jedenfalls insoweit auszugehen, als eine Tariferhöhung sich auf einen bestimmten in der Vergangenheit liegenden Zeitraum bezieht.[689] Das gilt auch dann, wenn die Tariferhöhung für zurückliegende Monate nicht prozentual, sondern durch als **Einmalzahlungen** bezeichnete, für alle Arbeitnehmer **gleich hohe Pauschalbeträge** erfolgt.[690] Will der Arbeitgeber bei **einer Tarifvereinbarung, die eine Tariflohnerhöhung in zwei Stufen vorsieht**, nur die zweite Stufe vollständig auf die Zulagen aller Arbeitnehmer anrechnen, besteht nach LAG Rheinland-Pfalz[691] gleichwohl das Mitbestimmungsrecht, da der Tariflohnerhöhung in zwei Stufen durch eine Tarifvereinbarung ein einheitliches Konzept zugrunde liegt und daher auch für die Anrechnung eine einheitliche Betrachtung der gesamten Tarifvereinbarung geboten ist. Letztlich beinhaltet die volle Anrechnung der zweiten Stufe also doch nur eine Teilanrechnung des Volumens der einheitlichen Tarifvereinbarung.

Eine **Umgehung des Mitbestimmungsrechts** liegt vor, wenn der Arbeitgeber zunächst die Tariflohnerhöhung vollständig und gleichmäßig anrechnet, in zeitlicher Nähe aber bei einzelnen Arbeitnehmern die Zulagen wieder zahlt.[692] Das gilt auch dann, wenn der Arbeitgeber im Zeitpunkt der Anrechnung noch nicht im Einzelnen und abschließend entschieden hat, welchem Arbeitnehmer und in welcher Höhe übertarifliche Zulagen gezahlt werden sollen.[693] Weiterhin kann der Arbeitgeber die 287

687 BAG, Beschl. v. 13.02.1990, AP Nr. 43 und 44 zu § 87 BetrVG 1972 Lohngestaltung; LAG Bremen, Urt. v. 06.05.2003 – 1 Sa 255/02 (n.v.).

688 BAG GS, Beschl. v. 03.12.1991, AP Nr. 51 zu § 87 BetrVG 1972 Lohngestaltung.

689 BAG, Urt. v. 03.06.2003, EzA-SD 2003, Nr. 18, 10; BAG v. 21.01.2003, AP Nr. 118 zu § 87 BetrVG 1972 Lohngestaltung.

690 BAG, Urt. v. 25.06.2002, NZA 2002, 1216; BAG, Urt. v. 16.04.2002, NZA 2003, 224.

691 LAG Rheinland-Pfalz, Urt. v. 07.02.2003 – 3 Sa 1167/02 (n.v.).

692 BAG, Urt. v. 23.03.1993 und Beschl. v. 17.01.1995, AP Nr. 64 und 71 zu § 87 BetrVG 1972 Lohngestaltung.

693 BAG, Beschl. v. 17.01.1995, AP Nr. 71 zu § 87 BetrVG 1972 Lohngestaltung.

ursprünglich beabsichtigte halbe Anrechnung einer Tariflohnerhöhung, die mitbestimmungspflichtig wäre, nicht durch eine mitbestimmungsfreie Vollanrechnung ersetzen, nur weil der Betriebsrat von seinem Mitbestimmungsrecht Gebrauch macht. Damit würde ein unzulässiger Druck auf den Betriebsrat ausgeübt, auf sein Mitbestimmungsrecht zu verzichten. Hat der Betriebsrat dagegen sein Mitbestimmungsrecht überschritten und versucht, den Dotierungsrahmen zu beeinflussen, steht es dem Arbeitgeber frei, auf eine mitbestimmungsfreie Maßnahme auszuweichen.[694]

11. Leistungsbezogene Entgelte (Nr. 11)

288 Nach § 87 Abs. 1 Nr. 11 BetrVG hat der Betriebsrat mitzubestimmen bei der Festsetzung der Akkord- und Prämiensätze sowie bei vergleichbaren leistungsbezogenen Entgelten, einschließlich des Geldfaktors. § 87 Abs. 1 Nr. 11 BetrVG gewährt dem Betriebsrat neben BetrVG § 87 Abs. 1 Nr. 10 eine zusätzliche Mitbestimmungsbefugnis. Hier ist dem Betriebsrat zwar nicht für den konkreten Einzelfall, aber doch abstrakt-generell eingeräumt, über die Entgeltsätze die **Lohnhöhe** mitzubestimmen. Das Mitbestimmungsrecht erstreckt sich auf den **Zeitfaktor und den Geldfaktor**. Zu den **Akkordsätzen** zählen alle Bezugsgrößen, die für die Ermittlung und Berechnung des Akkordlohns von Bedeutung sind. Dazu gehört die Vorgabezeit. Vorgabezeiten sind bedeutsam für die Entlohnung auf der Basis von Zeitakkorden. Bei **Zeitakkord** wird für die Erreichung eines bestimmten Arbeitsergebnisses eine bestimmte Zeitspanne – regelmäßig in Minuten – in Ansatz gebracht und den Arbeitnehmern vorgegeben. Diese Zeit wird ermittelt unter Zugrundelegung der **Normalleistung**. Das ist die Leistung, die ein ausreichend geeigneter, eingearbeiteter und voll geübter Arbeitnehmer ohne Gesundheitsgefährdung dauerhaft erbringen kann. Eine Minute der Vorgabezeit wird mit einem bestimmten Geldbetrag vergütet. Dessen Höhe ist in der Regel ein Bruchteil – zumeist 1/60 – des sog. **Akkordrichtsatzes**. Der Akkordrichtsatz wiederum ist die Summe aus dem (tariflichen) Stundenlohn eines Zeitlöhners und einem prozentualen Aufschlag als Vergütung für jedes erbrachte Arbeitsergebnis unabhängig davon, ob er tatsächlich weiniger oder mehr als die vorgegebene Zeit benötigt hat. Als Wege für die Bestimmung der **Vorgabezeiten** kommen in Betracht die freie Vereinbarung zwischen den Arbeitsvertragsparteien, die Festlegung durch den Arbeitgeber auf Grund tatsächlicher Erfahrungswerte, die methodisch abgesicherte Schätzung und die wissenschaftliche, auf verschiedene Weisen des Messens mögliche Bestimmung der bei der Normalleistung benötigten Zeit. Die **Wahl der jeweiligen Methode** und die ihr zugrunde liegende Entscheidung für den Zeitakkord ist mitbestimmungspflichtig. Haben sich die Betriebsparteien für ein System der **wissenschaftlichen Ermittlung** der Vorgabezeiten entschieden, ist damit das Mitbestimmungsrecht des Betriebsrats bei der Festsetzung der Vorgabezeiten noch nicht ausgeschöpft. Zwar werden dann die bei Normalleistung benötigten Zeiten exakt berechnet. Es bleibt aber eine **Regelungsfrage**, ob aus bestimmten Gründen von der errechneten Zeit abgewichen werden soll. Im Übrigen kommen auch die wissenschaftlichen Zeitermittlungssysteme nicht ohne **wertende Beurteilungen** aus. Das Mitbestimmungsrecht besteht ferner für die Festlegung des Umfangs der in die Vorgabezeit eingehenden **Rüst-, Verteil- und Erholungszeiten**.[695] Die Rechtfertigung, zumindest mittelbar auf die Lohnhöhe Einfluss zu nehmen, ergibt sich aus den besonderen Belastungen der Arbeitnehmer bei Zahlung leistungsbezogener Entgelte. Die Arbeitnehmer müssen sowohl vor einer Benachteiligung, als auch vor einer Überforderung geschützt werden.[696] Mitbestimmungspflichtiger Geldfaktor i.S.v. § 87 Abs. 1 Nr. 11 BetrVG ist – zumindest auch – der Faktor, der in einem Leistungslohnsystem die Lohnhöhe für die Bezugs- oder Ausgangsleistung und damit den Preis für die Arbeit im Leistungslohn überhaupt bestimmt. Beabsichtigt der Arbeitgeber zusätzlich zum Zeitlohn ein leistungsbezogenes Entgelt zu gewähren, zu dem er aus Rechtsgründen nicht verpflichtet ist, so bindet auch ein Spruch der Einigungsstelle über den Geldfaktor dieses Leistungslohnes den Arbeitgeber nur dann und so lange, wie dieser den Leistungslohn gewähren will und auch gewährt.[697]

694 BAG, Beschl. v. 26.05.1998, AP Nr. 98 zu § 87 BetrVG 1972 Lohngestaltung.
695 BAG, Beschl. v. 16.04.2002, DB 2003, 212.
696 BAG, Beschl. v. 29.03.1977, DB 1977, 1415.
697 BAG, Beschl. v. 13.09.1983, DB 1983, 2470.

Akkord- und Prämienlöhne sind nach der Rechtsprechung des Senats dadurch gekennzeichnet, dass ihre Höhe proportional der Leistung des Arbeitnehmers ist und sich deshalb jede Änderung der Arbeitsleistung unmittelbar auf die Höhe des gezahlten Entgelts auswirkt. Dazu bedarf es aber der Ermittlung einer Normalleistung, die zur tatsächlichen Leistung des Arbeitnehmers in Bezug gesetzt wird. **Vergleichbare leistungsbezogene Entgelte** sind deshalb nach der ständigen Rechtsprechung des BAG solche Vergütungen, bei denen die Leistung des Arbeitnehmers gemessen und mit einer Bezugsleistung verglichen wird, und bei denen sich die Höhe der Vergütung unmittelbar nach dem Verhältnis beider Leistungen zueinander bestimmt.[698] Das entspricht dem Zweck des Mitbestimmungsrechts. Die Beteiligung des Betriebsrats in einer Angelegenheit des § 87 Abs. 1 Nr. 11 BetrVG soll gewährleisten, dass die von den Arbeitnehmern erwartete Zusatzleistung sachgerecht bewertet wird und in einem angemessenen Verhältnis zu dem erzielbaren Mehrverdienst steht. Darüber hinaus soll vermieden werden, dass Leistungsanreize geschaffen werden, die zu einer Überforderung der Arbeitnehmer führen. Deshalb erstreckt sich dieses Mitbestimmungsrecht auch auf den Geldfaktor.[699] Danach fehlt es an der Vergleichbarkeit einer leistungsbezogenen Vergütungsform mit Akkord- und Prämienlohn, wenn eine **in der Vergangenheit kurzfristig gezeigte Mehrleistung** später unabhängig von der dann jeweils aktuellen Arbeitsleistung die Höhe des Entgelts bestimmt. In diesen Fällen fehlt eine kontinuierliche Messung der Arbeitsleistung und ein darauf bezogener Leistungsanreiz und Leistungsdruck, über dessen Angemessenheit der Betriebsrat zum Schutz des Arbeitnehmers vor Überlastung mitbestimmen soll. Eine Leistungsprämie, bei der allein die in einem Beurteilungszeitraum von drei Monaten erbrachte Leistung die Höhe der Vergütung in den folgenden zwölf Monaten bestimmt, ist daher kein vergleichbares leistungsbezogenes Entgelt i.S.d. § 87 Abs. 1 Nr. 11 BetrVG.[700] Gleiches gilt, wenn aufgrund eines **geregelten Beurteilungsverfahrens** für eine in der Vergangenheit liegende Leistung eine Leistungszulage gewährt wird, die sich nach der Zahl der erhaltenen Beurteilungspunkte bemisst, aber künftig zum tariflichen Stundenlohn gezahlt wird.[701] Ebenso ist die **reine Abschlussprovision** kein vergleichbares leistungsbezogenes Entgelt i.S.v. § 87 Abs. 1 Nr. 11 BetrVG. Ist ein Provisionssystem derart ausgestaltet, dass mit jedem Abschluss eines bestimmten Geschäftes auch eine bestimmte Zahl von Provisionspunkten verdient wird und dass jeder Provisionspunkt einheitlich mit einem bestimmten Geldbetrag vergütet wird, so unterliegt die Festlegung der Punktzahl für jedes Geschäft der Mitbestimmung des Betriebsrates nach § 87 Abs. 1 Nr. 10 BetrVG. Die Bestimmung des Geldbetrages je Provisionspunkt ist mitbestimmungsfrei.[702] 289

12. Betriebliches Vorschlagswesen (Nr. 12)

Sinn und Zweck des Mitbestimmungsrechtes des Betriebsrates in Bezug auf das betriebliche Vorschlagswesen nach § 87 Abs. 1 Nr. 12 BetrVG ist es, die Behandlung betrieblicher Verbesserungsvorschläge so zu gestalten, dass diese für den Arbeitnehmer durchschaubar wird. Es dient damit der **Entfaltung der Persönlichkeit** des Arbeitnehmers, indem der Arbeitnehmer zum **Mitdenken** und damit zur Teilnahme an der Gestaltung der Arbeit und der Entwicklung des Betriebes motiviert wird. Es dient seinem Schutz, indem es die Berücksichtigung seiner Initiative und seiner Leistung ordnet und durchschaubar macht und damit dazu beiträgt, dass die Arbeitnehmer des Betriebes insoweit gleichmäßig und nach den Grundsätzen von Recht und Billigkeit (§ 75 Abs. 1 BetrVG) behandelt werden. Daraus folgt, dass der Betriebsrat von seinem Mitbestimmungsrecht immer dann Gebrauch machen muss und damit auch **initiativ** werden darf, wenn dafür ein Bedürfnis besteht. Sein Verlangen, Grundsätze für das betriebliche Vorschlagswesen zu vereinbaren, ist daher nicht von 290

698 BAG, Beschl. v. 26.07.1988, AP Nr. 6 zu § 87 BetrVG 1972; Beschl. v. 29.02.2000, AP Nr. 105 zu § 87 BetrVG 1972 Lohngestaltung.

699 BAG, Beschl. v. 13.09.1983, BAGE 43, 278.

700 BAG, Beschl. v. 15.05.2001 – 1 ABR 39/00 (n.v.).

701 BAG, Beschl. v. 22.10.1985, NZA 1986, 296.

702 BAG, Beschl. v. 13.03.1984, NZA 1984, 296.

irgendeiner Vorentscheidung des Arbeitgebers über die Einführung eines betrieblichen Vorschlagswesens abhängig.[703]

291 Zu den Grundsätzen über das betriebliche Vorschlagswesen gehört die Regelung der **Organisation** des betrieblichen Vorschlagswesens und des **Verfahrens** innerhalb dieser Organisation. Die Grundsätze über das betriebliche Vorschlagswesen können danach Bestimmungen enthalten über die Bestellung der Organe, etwa eines Beauftragten für das betriebliche Vorschlagswesen oder eines Prüfungsausschusses. Mitbestimmungspflichtig ist dabei insbesondere auch die Zusammensetzung der Organe und die Festlegung der Aufgaben der einzelnen Organe.[704]

Vom erzwingbaren Mitbestimmungsrecht des Betriebsrates nach BetrVG § 87 Abs. 1 Nr. 12 ist eine Regelung nicht gedeckt, die dem Betriebsrat ein Mitbestimmungsrecht einräumen soll bei der Bestellung des jeweiligen **Beauftragten** für das betriebliche Vorschlagswesen, bei der Entscheidung über die Annahme eines **einzelnen Verbesserungsvorschlages** und bei der Entscheidung über die Höhe der Prämie im Einzelfall, auch wenn diese im Rahmen der vereinbarten Bewertungsgrundsätze getroffen werden soll.[705]

292 Wenn § 87 Abs. 1 Nr. 12 BetrVG dem Betriebsrat ein Mitbestimmungsrecht über die Grundsätze des betrieblichen Vorschlagswesens gewährt, so folgt schon aus dem Wortlaut dieser Bestimmung, dass damit nicht auch die Entscheidung über die **Prämienhöhe** der Mitbestimmung unterworfen sein soll. Grundsätze für ein bestimmtes Verhalten oder Geschehen sind allgemeine Richtlinien, Orientierungspunkte und Bewertungsmaßstäbe, die geeignet sind, das Geschehen so zu ordnen und zu verfestigen, dass es in vorhersehbaren und nachprüfbaren Bahnen verläuft. Ebenso wie in § 87 Abs. 1 Nr. 10 BetrVG die betriebliche Lohngestaltung die Festlegung abstrakt-genereller Grundsätze zur Lohnfindung, die Strukturformen des Arbeitsentgelts und deren nähere Vollziehungsformen betrifft, geht es bei den Grundsätzen für das betriebliche Vorschlagswesen um die abstrakt-generelle Regelung des Einbringens von Verbesserungsvorschlägen und deren Bewertung sowie um die Festlegung der Grundsätze zur Bemessung der Vergütung für einen verwerteten Verbesserungsvorschlag. So ist auch allgemein anerkannt, dass sich das Mitbestimmungsrecht des Betriebsrates nicht auf die Höhe der Prämie bezieht, bzw. dass die finanzielle Grundausstattung des betrieblichen Vorschlagswesens, der »Prämienetat«, mitbestimmungsfrei ist. Ist damit die Höhe der Prämie für betriebliche Verbesserungsvorschläge mitbestimmungsfrei, so umfasst das Mitbestimmungsrecht über die Grundsätze des betrieblichen Vorschlagswesens doch auch generelle Regelungen über die Bestimmung der zu gewährenden Vergütung. So hat der Betriebsrat mitzubestimmen, nach welchen **Grundsätzen und Methoden die Prämie bemessen** werden soll, bei der Frage, wie der **Nutzen** eines Verbesserungsvorschlages zu ermitteln ist, über die Grundsätze für die Höhe und Art der Prämie und über die Verteilung einer Prämie bei **Gruppenvorschlägen** oder hinsichtlich der Prämiengrundsätze und Bewertungsmaßstäbe sowie darüber, wie eine Prämie für einen Verbesserungsvorschlag bestimmt werden soll, dessen Nutzen nicht zu ermitteln ist. Nur so wird dem Zweck des Mitbestimmungsrechts des Betriebsrates, eine gleichmäßige Behandlung der Arbeitnehmer im Betrieb zu gewährleisten, Genüge getan. Durch die Aufstellung allgemeiner Grundsätze über die Bemessung der zu gewährenden Prämie wird über deren individuelle Angemessenheit hinaus sichergestellt, dass diese auch in ihrem Verhältnis zu den für andere Verbesserungsvorschläge gewährten Vergütungen angemessen und gerecht ist. Der kollektive Bezug der in einem Betrieb für Verbesserungsvorschläge gewährten Vergütungen wird bei der Entscheidung über die Prämienhöhe mit berücksichtigt. Nicht mehr vom Mitbestimmungsrecht gedeckt ist auch eine Bestimmung, wonach der Arbeitgeber auch für nicht verwertete Verbesserungsvorschläge eine **Anerkennungsprämie** zu zahlen hat.[706]

293 Der Arbeitgeber hat grundsätzlich frei zu entscheiden, ob der **Verbesserungsvorschlag verwertet** wird. Die Übertragung der Entscheidung über die Realisierung des Verbesserungsvorschlages auf

703 BAG, Beschl. v. 28.04.1981 – 1 ABR 21/78 (n.v.).
704 BAG, Beschl. v. 28.04.1981, DB 1981, 1882.
705 BAG, Beschl. v. 16.03.1982, DB 1982, 1468.
706 BAG, Beschl. v. 28.04.1981, DB 1981, 1882.

eine paritätisch besetzte Bewertungskommission führt dazu, dass es sich um eine freiwillige Betriebsvereinbarung i.S.v. § 88 BetrVG handelt. Ob der Verbesserungsvorschlag des Arbeitnehmers deshalb nicht prämienberechtigt ist, weil die Aufgabe zu seinen **arbeitsvertraglichen Pflichten** gehört, kann von der Bewertungskommission nicht entschieden werden. Insoweit handelt es sich um reine Rechtsanwendung, die in vollem Umfang der gerichtlichen Kontrolle auf die richtige Rechtsanwendung unterliegt.[707]

13. Gruppenarbeit (Nr. 13)

Nach § 80 Abs. 1 Nr. 13 BetrVG hat der Betriebsrat über die **Grundsätze über die Durchführung von Gruppenarbeit** mitzubestimmen.[708] Das Gesetz enthält eine **Legaldefinition**, nach der Gruppenarbeit i.S.d. Nr. 13 vorliegt, wenn im Rahmen des betrieblichen Arbeitsablaufs eine Gruppe von Arbeitnehmern eine ihr übertragene Gesamtaufgabe im Wesentlichen eigenverantwortlich erledigt. Es werden also Arbeitnehmer, die an sich Einzeltätigkeiten erbringen, zu einer Arbeitsgruppe zusammengefasst, die durch Übertragung von vor- oder nachgelagerten Tätigkeiten oder Vorgesetztenkompetenzen eine ganzheitliche Arbeitsaufgabe zu erfüllen hat. Die Gruppe steuert weitgehend die Ausführung der Aufgabe selbständig und kontrolliert – ggf. im Rahmen von Vorgaben – das Ergebnis. Schließlich muss die Arbeitsgruppe in den betrieblichen Arbeitsablauf eingegliedert sein. Arbeitsgruppen, die nur parallel zur Arbeitsorganisation bestehen, wie z.B. Projektgruppen oder Steuerungsgruppen, werden nicht erfasst. Hier bestehen die eine Mitbestimmung rechtfertigenden Gefahren der Selbstausbeutung und Ausgrenzung nicht.[709] Die Definition ist **nicht gleichbedeutend mit derjenigen der Arbeitsgruppe** i.S.v. § 28a BetrVG.[710] Der Begriff der Arbeitsgruppe i.S.v. § 28a BetrVG ist weiter gefasst. Hierunter fallen neben Arbeitsgruppen, die Gruppenarbeit verrichten auch Arbeitsgruppen, die über sonstige Team- oder Projektarbeit, bestimmte Beschäftigungsarten und Arbeitsbereiche verbunden sind. 294

Nach der Gesetzesbegründung räumt die Regelung dem Betriebsrat ein Mitbestimmungsrecht bei der Aufstellung von Grundsätzen über die Durchführung von teilautonomer Gruppenarbeit ein. Bei dieser Form der Gruppenarbeit werden die im Zuge der Arbeitszerlegung zerschlagenen Prozesse ganzheitlich restrukturiert, mit indirekten Tätigkeiten verbunden und die Grenze zwischen Führung und Ausführung relativiert. Die dadurch gewonnene Teilautonomie der Arbeitsgruppe eröffnet ihren Mitgliedern Handlungs- und Entscheidungsspielräume und fordert damit die Fach- und Sozialkompetenz der Gruppenmitglieder heraus, um die geschaffenen Freiräume sachgerecht gestalten zu können. Teilautonome Gruppenarbeit fördert die Selbständigkeit und Eigeninitiative der einzelnen Arbeitnehmer und der Arbeitsgruppe und entspricht damit der Ergänzung des § 75 Abs. 2 Satz 2 BetrVG (Förderung der Selbständigkeit und Eigeninitiative der Arbeitsgruppen). Andererseits ist mit dieser modernen Form der Arbeitsgestaltung die Gefahr verbunden, dass der Gruppendruck zu einer »**Selbstausbeutung**« der Gruppenmitglieder und zu einer **Ausgrenzung leistungsschwächerer Arbeitnehmer** führen kann. Dieser Gefahr soll der Betriebsrat mit Hilfe des Mitbestimmungsrechts vorbeugen können.[711] 295

Durch die Beschränkung des Mitbestimmungsrechts auf die Durchführung von Gruppenarbeit wird klargestellt, dass **Einführung und Beendigung von Gruppenarbeit nicht von diesem Mitbestimmungsrecht erfasst** werden. Der Arbeitgeber soll über die unternehmerischen Fragen, ob, in welchen Bereichen, in welchem Umfang und wie lange er Gruppenarbeit z.B. zur Verbesserung von Arbeitsabläufen oder zur Verwirklichung bestimmter Unternehmensstrukturen wie Abbau von 296

707 ArbG Heilbronn, Urt. v. 15.05.1986, DB 1987, 541.

708 Vgl. hierzu *Annuß*, NZA 2001, 367; *Klein*, NZA 2001, Sonderbeilage zu Heft 24, 15; *Preis/Elert*, NZA 2001, 371; Richardi/*Richardi*, § 87 BetrVG Rn 947 ff.

709 BT-Drucks 14/5741, 47.

710 Vgl. Rn 84 ff.; Richardi/*Richardi*, § 87 BetrVG Rn 952.

711 BT-Drucks 14/5741, 47.

Hierarchien durch Lean Management für erforderlich oder geeignet hält, weiterhin mitbestimmungsfrei entscheiden können. Die §§ 90 und 111 BetrVG bleiben unberührt, so dass eine Änderung der Arbeitsabläufe nach diesen Vorschriften mitbestimmungspflichtig sein kann. Hat der Arbeitgeber sich für die Einführung von Gruppenarbeit entschieden, greift das Mitbestimmungsrecht. Mit dessen Hilfe kann der Betriebsrat die Vereinbarung von Grundsätzen über die Durchführung von Gruppenarbeit verlangen und diese mitgestalten. So kann er beispielsweise Regelungen zu Fragen wie Wahl eines Gruppensprechers, dessen Stellung und Aufgaben, Abhalten von Gruppengesprächen zwecks Meinungsaustauschs und -bildung in der Gruppe, Zusammenarbeit in der Gruppe und mit anderen Gruppen, Berücksichtigung von leistungsschwächeren Arbeitnehmern, Konfliktlösung in der Gruppe durchsetzen.[712]

G. Gestaltung von Arbeitsplätzen und Mitwirkung in allgemeinen personellen Angelegenheiten

297 Auf Unterrichtungs- und Beratungsrechte stoßen Betriebsrat und Arbeitgeber insbesondere, wenn **Arbeitsplätze und Arbeitsumgebung** zu gestalten sind oder **Personalbedarf zu planen** ist. Dabei greifen die verschiedenen Unterrichtungs- und Beratungsrechte sowie die Mitbestimmungsrechte inhaltlich ineinander, um insgesamt einen sachgerechten Ausgleich zwischen Arbeitnehmer- und Arbeitgeberinteressen zum Wohle des Betriebes zu schaffen. Der Mechanismus der Unterrichtungs- und Beratungsrechte soll an einem Beispiel erläutert werden. Der Betriebsrat vermag in folgender Ausgangssituation den anwaltlichen Berater aufsuchen, die Fakten sind ihm dabei in aller Regel lückenhaft und mehr oder minder zufällig im Rahmen der Arbeitsaufgaben der Betriebsratsmitglieder bekannt:

298 Insgesamt 18 Mitarbeiter zweier Referate innerhalb einer Abteilung beschäftigen sich mit den Aufgaben im Zusammenhang mit Anwendungs- und Entwicklungsfragen im Umfeld der EDV. Nehmen wir an, dass diese beiden Referate zur Abteilung »EDV und Kommunikation« zusammengelegt wurden. Innerhalb des zurückliegenden Jahres wurde eine technisch vollständig modernisierte EDV-Welt unternehmensweit aufgebaut mit der Folge, dass neue Arbeitsbereiche entstanden sind. Die Erledigung dieser Aufgaben ist teilweise an Dienstleister delegiert. Der Definitionsprozess in Bezug auf Auslagerung von Aufgaben ist im Gange und soll bis in einem halben Jahr zu Ende geführt sein. Zwischenzeitlich ist es erforderlich, einige vakante Stellen neu zu besetzen bzw. einige Mitarbeiter mit für sie teilweise neuen Aufgaben zu beschäftigen. Der Betriebsrat wird punktuell zu Versetzungen und Neueinstellungen um Zustimmung gebeten.

299 Der Anwalt wird zunächst zu überlegen haben, welche Mitwirkungsrechte des Betriebsrats bestehen. Die Zustimmung zu konkreten personellen Einzelmaßnahmen steht erst am Schluss der Kette. Im zweiten Schritt ist nach der Durchsetzbarkeit zu fragen, insbesondere ob die Nichtbeachtung von Mitwirkungsrechten im Vorfeld die Verweigerung der Zustimmung nach § 99 BetrVG rechtfertigt.

I. Gestaltung von Arbeitsplatz, Arbeitsablauf und Arbeitsumgebung (§§ 90, 91 BetrVG)

300 Ein Unterrichtungs- und Beratungsrecht kommt dem Betriebsrat gem. § 90 BetrVG dann zu, wenn es sich um die **Planung von technischen Anlagen, von Arbeitsverfahren und Arbeitsabläufen oder der Arbeitsplätze** handelt. Soweit es um die Einführung der neuen EDV-Umgebung geht, sind nicht nur Unterrichtungs- und Beratungsrechte, sondern auch Mitbestimmungsrechte des § 87 BetrVG[713] zu wahren. Aber auch das nachfolgende Geschehen kann nicht am Betriebsrat vorbei

712 BT-Drucks 14/5741, 47.
713 Vgl. Rn 261 ff.

gestaltet werden. Unter Planung von Arbeitsverfahren ist die Technologie zur Veränderung des Arbeitsgegenstandes im Sinne der Arbeitsaufgaben zu verstehen (z.B. vorwiegend Muskelarbeit oder vorwiegend nicht körperliche Tätigkeit wie Steuern, Überwachen), unter Arbeitsabläufen die organisatorische, räumliche und zeitliche Gestaltung des Arbeitsprozesses im Zusammenwirken von Menschen und Betriebsmitteln. Mit der Neuorganisation der Abteilung EDV wird eine Veränderung der Arbeitsabläufe in diesem Sinne einhergehen, insbesondere ist das Outsourcing hiervon erfasst.[714] Ein Unterrichtungs- und Beratungsrecht besteht daher bereits gem. § 90 Abs. 1 Nr. 3 BetrVG. Die Planung der Arbeitsplätze bezieht sich über die Gestaltung von Arbeitsverfahren und Arbeitsabläufen hinaus auch auf die Gestaltung der einzelnen Arbeitsplätze, insbesondere die räumliche Anordnung und Gestaltung der Maschinen und Werkzeuge sowie die Anbringung sonstiger Arbeitsmittel und die Arbeitsumgebung des Arbeitsplatzes.[715] Bei der Neuorganisation sind Änderungen der Arbeitsplätze wahrscheinlich. Lässt der Eigentümer des Gebäudes, in dem sich der Betrieb befindet, auf dem zu betrieblichen Zwecken nicht genutzten Dach des Gebäudes eine Mobilfunkantenne aufstellen, löst dies Mitwirkungsrechte des Betriebsrats wegen **baulicher Maßnahmen an betrieblichen Räumen** i.S.d. § 90 Abs. 1 Nr. 1 BetrVG jedoch nicht aus.[716]

§ 90 BetrVG regelt die Beteiligung des Betriebsrats bei der **Planung künftiger Änderungen**. Die Vorschrift bezieht sich zum einen auf die rechtzeitige Unterrichtung über die Planung, zum anderen auf die anschließende Beratung über die vorgesehenen Maßnahmen. Dabei ist zu beachten, dass das Beteiligungsrecht nicht, wie beispielsweise in § 111 BetrVG, über bereits geplante Maßnahmen besteht, sondern der Betriebsrat bereits im **Stadium der Planung** einzubeziehen ist. Der Plan ist das Ergebnis der Planung, demnach ist der Betriebsrat jedenfalls vor der Planerstellung zu unterrichten. Die Betriebsrat ist folglich nicht erst dann zu unterrichten, wenn sich der Arbeitgeber bereits für die Umsetzung eines Plans, hier eines Organisationsmodells, das die Arbeitsabläufe und Arbeitsplätze festlegt, entschieden hat, sondern bereits zu einem Zeitpunkt, wenn die Beratung gem. § 90 Abs. 2 Satz 1 BetrVG mit dem Betriebsrat noch dazu führen kann, dass dessen **Vorschläge und Bedenken** noch berücksichtigt werden können.[717] Der Betriebsrat darf also nicht vor vollendete Tatsachen gestellt werden. Der maßgebende Zeitpunkt ist dann gewahrt, wenn verschiedene **Lösungsmöglichkeiten erarbeitet** werden und der Betriebsrat seine Vorstellungen einfließen lassen kann.[718] Der Qualität nach handelt es sich bei § 90 BetrVG um ein Unterrichtungs- und Beratungsrecht. Das Mitwirkungsrecht des Betriebsrats endet daher an der Einbringung eigener Vorschläge. Die Anregungen des Betriebsrats sind vom Arbeitgeber ernsthaft zu prüfen. Der Betriebsrat hat jedoch kein Mitbestimmungsrecht, der Arbeitgeber kann also im Ergebnis die Organisationsänderung, von der Arbeitsabläufe und die Ausgestaltung der Arbeitsplätze betroffen sind, so durchführen, wie er es für richtig erachtet, ohne dass er die Zustimmung des Betriebsrats einholen müsste. Bei Verstößen des Arbeitgebers gegen Unterrichtungs- und Beratungsrechte des Betriebsrats nach § 90 BetrVG besteht **kein allgemeiner Unterlassungs- und Beseitigungsanspruch** beispielsweise gegen eine Baumaßnahme.[719] 301

II. Personalplanung (§ 92 BetrVG)

Von der Zusammenlegung von Arbeitseinheiten, von Neuorganisation, Veränderungen der Anforderungsprofile und Outsourcing ist weiterhin die Personalplanung betroffen. Personalplanung i.S.d. § 92 Abs. 1 BetrVG ist die tatsächlich im Betrieb durchgeführte Planung des Personalbedarfs usw., ungeachtet des angewandten Systems, das heißt sowohl die organisierte und bewusst als solche 302

714 *Fitting u.a.*, § 90 BetrVG Rn 27.
715 Vgl. OVG Münster, Beschl. v. 10.02.1993, CR 1994, 240; *Fitting u.a.*, § 90 BetrVG Rn 30.
716 LAG Nürnberg, Beschl. v. 04.02.2003 – 6 (2) TaBV 39/01 (n.v.).
717 BAG, Beschl. v. 11.12.1991, AP Nr. 2 zu § 90 BetrVG 1972.
718 *Fitting u.a.*, § 90 BetrVG Rn 34.
719 LAG Nürnberg, Beschl. v. 04.02.2003 – 6 (2) TaBV 39/01 (n.v.).

betriebene Planung, als auch die »intuitive Planung«, bei der unter Umständen nur eine kurzfristige Maßnahmenplanung aufgrund plötzlicher Vorstellungen des Arbeitgebers betrieben wird.[720]

303 Im Einzelnen umfasst die Personalplanung die Planung des **Personalbedarfs**, der **Personalbeschaffung**, der **Personalentwicklung**, des **Personaleinsatzes** sowie des **Personalabbaus**. Es ist nicht nur nach der Zahl der gegenwärtig und zukünftig benötigten Arbeitnehmer zu fragen, sondern eine weitere Aufschlüsselung hinsichtlich der Qualifikation und des Zeitpunktes und der Dauer des zukünftigen Bedarfs vorzunehmen. Es ist zu überlegen, dass entsprechend geeignete Arbeitnehmer, eventuell nach beruflicher Umschulung oder Fortbildung, in einer Anzahl bereitgestellt werden müssen, so dass das Arbeitspensum zumutbare Belastungen nicht übersteigt. Außerdem muss untersucht werden, inwieweit die benötigten Arbeitskräfte innerhalb des Betriebs herangebildet oder von außerhalb gewonnen werden müssen. Ebenfalls erfasst ist, wenn Arbeit nach außen vergeben wird, also durch Selbständige, Leiharbeitnehmer oder Arbeitnehmer von Fremdfirmen erledigt werden soll, da hierdurch Beschäftigungs- und Aufstiegsmöglichkeiten der Arbeitnehmer des Betriebs beeinträchtigt und Neueinstellungen verhindert werden können.[721]

304 Der **Zeitpunkt der Unterrichtung** fällt ebenfalls in das Planungsstadium. Andererseits müssen die Überlegungen des Arbeitgebers das Stadium der Planung bereits erreicht haben, bloßes Erkunden der zur Verfügung stehenden Handlungsspielräume reicht noch nicht aus.[722] Im Gegenschluss reicht es also nicht aus, den Betriebsrat erst gem. § 99 BetrVG zu beteiligen, wenn der Arbeitgeber konkret entschieden hat, welche Mitarbeiter versetzt oder welche externen Bewerber eingestellt werden sollen. Vielmehr ist vorgezogen der Betriebsrat bereits bei der Entwicklung des Personalkonzepts im Sinne einer Unterrichtung und Beratung zu beteiligen. Auch in diesem Stadium hat der Betriebsrat jedoch kein zwingendes Mitbestimmungsrecht. Er kann eine von ihm präferierte Personalplanung nicht gegen den Willen des Arbeitgebers durchsetzen. Er muss auch der vom Arbeitgeber bevorzugten Personalplanung nicht zustimmen. Ihm muss allerdings Gelegenheit gegeben werden, seine Vorstellungen einzubringen. Der Arbeitgeber kann die von ihm geschuldeten Informationen weder unter Hinweis auf den Tendenzcharakter des Unternehmens, noch mit der Begründung verweigern, die Personalplanung beinhalte Geschäftsgeheimnisse.[723]

305 Sowohl die **Frauenförderung** i.S.d. § 80 Abs. 1 Nr. 2a BetrVG, als auch die Förderung der **Vereinbarkeit von Familie und Beruf** nach § 80 Abs. 1 Nr. 2b BetrVG ist **Gegenstand der Personalplanung**, § 92 Abs. 3 BetrVG. Der Arbeitgeber soll verpflichtet werden, bereits von sich aus bei der Personalplanung die Frauenförderung zu berücksichtigen, seine Vorstellungen hierzu, insbesondere die damit verbundenen personellen Maßnahmen und erforderlichen Berufsbildungsmaßnahmen, dem Betriebsrat anhand von Unterlagen zu unterbreiten und mit ihm zu beraten. Dies bewirkt die uneingeschränkte Geltung der Abs. 1 und 2 für die in Abs. 3 in Bezug genommenen Maßnahmen zur Durchsetzung der tatsächlichen Gleichstellung von Frauen und Männern, insbesondere bei der Einstellung, Beschäftigung, Aus-, Fort- und Weiterbildung sowie dem beruflichen Aufstieg, für Maßnahmen zur Förderung der Vereinbarkeit von Familie und Erwerbstätigkeit sowie für die ausdrücklich erwähnte Aufstellung und Durchführung von Maßnahmen zur Förderung der Gleichstellung von Frauen und Männern.[724] Ergänzend ist auf § 7 Abs. 3 TzBfG hinzuweisen, nach dem der Arbeitgeber den Betriebsrat über **Teilzeitarbeit**, insbesondere über vorhandene oder geplante Teilzeitarbeitsplätze und über die Umwandlung von Teilzeitarbeitsplätzen in Vollzeitarbeitsplätze oder umgekehrt zu unterrichten hat, weiterhin auf § 20 TzBfG, nach dem der Arbeitgeber den Betriebsrat über die Anzahl der **befristet beschäftigten Arbeitnehmer** und ihren Anteil an der Gesamtbelegschaft des Betriebs zu informieren hat.

720 LAG Berlin, Beschl. v. 13.06.1988, DB 1988, 1860; Richardi/*Thüsing*, § 92 BetrVG Rn 18.
721 BAG, Beschl. v. 31.01.1989, AP Nr. 33 zu § 80 BetrVG 1972; Beschl. v. 09.07.1991, AP Nr. 94 zu § 99 BetrVG 1972.
722 Vgl. *Fitting u.a.*, § 92 BetrVG Rn 27 f.
723 BAG, Beschl. v. 06.11.1990, AP Nr. 3 zu § 92 BetrVG 1972.
724 BT-Drucks 14/5741, 48.

III. Beschäftigungssicherung (§ 92a BetrVG)

Als bedeutsamen Arbeitsauftrag des Betriebsrats hat der Gesetzgeber durch das BetrVerf-Reformgesetz 2001 in § 80 Abs. 1 Nr. 8 BetrVG die Beschäftigungssicherung aufgenommen.[725] Mit den Regelungen in § 92a BetrVG soll dem Betriebsrat das **notwendige Instrumentarium** an die Hand gegeben werden, um seine Aufgabe wahrnehmen zu können. Soweit das Gesetz nicht nur **Beschäftigungssicherung**, sondern darüber hinaus **Beschäftigungsförderung** anspricht, wenden kritische Stimmen ein, dass hiermit dem Betriebsrat eine Aufgabe zugeteilt wird, die über die Betriebsgemeinschaft hinausgreift und daher systemfremd sei.[726] Problematisch erscheint allerdings, ob angesichts der Reichweite des Vorschlagsrechts auf der Scala der Mitwirkungs- und Mitbestimmungsrechte des Betriebsrats diesem ein wirksames Rechtsinstrumentarium zur Verfügung gestellt wurde. Kritische Stimmen sprechen hier von »Mitbestimmungslyrik«,[727] der Begründungspflicht des Abs. 2 wird lediglich ein »Lästigkeitswert«[728] zuerkannt. Die Zweifel an der Durchschlagskraft mögen gerechtfertigt sein, allerdings war der Gesetzgeber gut beraten, die Grenze zur **Freiheit der unternehmerischen Entscheidung** nicht zu überdehnen. Diese Regelungen sollen dazu beitragen, dass der Meinungsbildungsprozess im Betrieb zu Fragen der Sicherung und Förderung der Beschäftigung in Gang gehalten wird und der Arbeitgeber sich den Vorschlägen des Betriebsrats stellen muss, auch wenn sie den Bereich der Unternehmensführung betreffen.[729] 306

1. Vorschlagsrecht

§ 92a Abs. 1 Satz 1 BetrVG normiert ein umfassendes Vorschlagsrecht des Betriebsrats zur Förderung und Sicherung der Beschäftigung gegenüber dem Arbeitgeber. Die Vorschläge des Betriebsrats sind von ihrem Gegenstand her nicht begrenzt. Dies verdeutlicht die nicht abschließende, sondern nur **beispielhafte Aufzählung** der Maßnahmen, die nach Satz 2 vom Betriebsrat vorgeschlagen werden können. Als Beispiele für beschäftigungsrelevante Betriebsratsinitiativen sind zu nennen: Flexibilisierung der Arbeitszeit, um Kapazitäten besser nutzen zu können, Förderung von Teilzeitarbeit, um Arbeitnehmer mit Familienpflichten in Arbeit halten zu können, Einführung von Altersteilzeit, um jüngere Arbeitnehmer einzustellen oder ihnen den beruflichen Aufstieg zu ermöglichen, Anregungen für die Einführung neuer Formen der Arbeitsorganisation wie z.B. Gruppenarbeit oder für Änderungen der Arbeitsverfahren und Arbeitsabläufe, um die betrieblichen Kosten zu senken und ohne Personalabbau wettbewerbsfähig zu bleiben, Aufzeigen von Alternativen für ein geplantes Outsourcing oder die Vergabe von Arbeiten an Fremdfirmen, Gegenvorschläge zum Produktions- und Investitionsprogramm des Unternehmens, Erweiterung der Produktion, Dienstleistungen oder Geschäftsfelder, Hinwirken auf ein umweltbewussteres Produzieren, um die Nachfrage zu erhöhen.[730] 307

2. Beratungsrecht

§ 92a Abs. 2 BetrVG verpflichtet den Arbeitgeber, sich mit den Vorschlägen des Betriebsrats auseinander zu setzen, sofern sie den Themen der Beschäftigungssicherung oder -förderung zugeordnet werden können. Nach Satz 1 hat der Arbeitgeber die Vorschläge des Betriebsrats mit diesem zu **beraten**. Die damit verbundenen Verpflichtungen ergeben sich aus den **Grundsätzen des § 74 BetrVG über die Zusammenarbeit zwischen den Betriebsparteien.**[731] Gem. § 74 Abs. 1 Satz 2 308

725 Vgl. Rn 213.
726 *Rieble*, ZIP 2001, 133 (140); *Konzen*, RdA 2001, 76 (91); *Reichold*, NZA 2001, 863; a.A. Richardi/*Thüsing*, § 92a BetrVG Rn 3.
727 *Däubler*, ArbuR 2001, 6; *Reichold*, NZA 2001, 863.
728 Richardi/*Thüsing*, § 92a BetrVG Rn 3a; *Annuß*, NZA 2001, 368; *Bauer*, NZA 2001, 378.
729 BT-Drucks 14/5741, 49.
730 BT-Drucks 14/5741, 49.
731 Richardi/*Thüsing*, § 92a BetrVG Rn 8.

BetrVG haben Arbeitgeber und Betriebsrat über strittige Fragen mit dem **ernsten Willen zur Einigung** zu verhandeln und Vorschläge für die Beilegung von Meinungsverschiedenheiten zu machen. Grundlegender Gedanke ist die Verpflichtung, im Betrieb bei strittigen Fragen eine Verständigung herbeizuführen und sich gegenseitig nicht durch negative Kritik oder gar Verweigerung zu lähmen. Vielmehr sind die gemeinsam zu beachtenden Belange durch positive Vorschläge zu fördern. Eine Anhörung in dem Sinn, dass die Äußerung der Gegenseite nur entgegengenommen, nicht jedoch auf sie eingegangen wird, reicht nicht aus. Das ergibt sich schon aus dem Wortsinn der Beratung. Es besteht eine gegenseitige Einlassungs- und Erörterungspflicht. Es besteht daher eine Pflicht zur **Stellungnahme**. Es besteht jedoch **keine Rechtspflicht zum Kompromiss,** d.h. keine Verpflichtung zum gegenseitigen Nachgeben. Wenn ein Betriebspartner an seiner Vorstellung festhält, weil er sich auch nach Erörterung der Argumente der Gegenseite für die allein sachgerechte hält, ist ihm dies nicht verwehrt.[732]

309 **Einigen** sich Arbeitgeber und Betriebsrat auf die Umsetzung bestimmter, ggf. abgewandelter Vorschläge, steht ihnen das Instrumentarium der Betriebsvereinbarung oder der Regelungsabsprache zur Verfügung. Problematisch ist die **Erzwingbarkeit der Einhaltung um Umsetzung von Vereinbarungen** nach § 92a BetrVG, wenn der Arbeitgeber von ihnen abweicht. Da es im Rahmen von § 92a BetrVG um die (freiwillige) Festlegung der unternehmerischen Entscheidung geht, bietet sich eine Parallele zum Interessenausgleich an. Allerdings ist der Rechtscharakter des Interessenausgleichs umstritten. Das BAG hat in einer Entscheidung eher beiläufig einen Anspruch des Betriebsrats auf Unterlassung interessenausgleichswidriger Handlungen verneint.[733] Letztlich beruht dies aber auf der Charakterisierung des Interessenausgleichs als Naturalobligation und der Sonderregelung der Sanktionen bei Abweichen von einem Interessenausgleich ohne zwingenden Grund nach § 113 Abs. 1 BetrVG.[734] In der Instanzrechtsprechung wird die Verbindlichkeit des Interessenausgleichs zwischen Betriebsrat und Arbeitgeber mit der Folge der rechtlichen Durchsetzbarkeit zunehmend bejaht.[735] Schließt der Arbeitgeber eine **Betriebsvereinbarung zur Beschäftigungssicherung**, kann der Betriebsrat auch deren Durchführung und Unterlassung entgegenstehender Maßnahmen fordern. Zu denken wäre allenfalls an eine Analogie zu den zwingenden Gründen für eine Abweichung von einem Interessenausgleich nach § 113 Abs. 1 BetrVG, allerdings werden diese im Rahmen eines außerordentlichen Kündigungsrechts zu prüfen sein.

3. Begründungspflicht

310 Ist der Arbeitgeber der Ansicht, dass die Vorschläge des Betriebsrats für eine Sicherung oder Förderung der Beschäftigung nicht geeignet sind, hat er dies zu begründen. Nach den vorstehenden Ausführungen ergibt sich die Begründungspflicht bereits aus der Beratungspflicht selbst, da eine Stellungnahme des Arbeitgebers bei sachlicher Zurückweisung eines Vorschlags nichts anderes als eine Begründung enthalten kann. Die ausdrückliche Begründungspflicht hebt den **Einlassungszwang** noch einmal hervor.

311 **In Betrieben mit mehr als 100 Arbeitnehmern** hat die Begründung **schriftlich** zu erfolgen (§ 92a Abs. 2 Satz 2 Hs. 2 BetrVG). Für die Schriftlichkeit der Begründung **greift § 126 BGB nicht ein**, da es nicht um die gesetzliche Schriftform für ein Rechtsgeschäft geht. Denn § 92a Abs. 2 Satz 2 BetrVG ordnet nicht etwa die Schriftform für die Ablehnung eines Vorschlags des Betriebsrats zur Beschäftigungssicherung an mit der Rechtsfolge, dass der Vorschlag andernfalls als vereinbart gilt, die Schriftform gilt vielmehr lediglich für die Begründung der Ablehnung. Eine unterlassene Begründung hat jedoch keine unmittelbaren Rechtsfolgen, der Betriebsrat kann

732 *Fitting u.a.*, § 74 BetrVG Rn 9 f.
733 BAG, Beschl. v. 28.08.1991, NZA 1992, 41.
734 Vgl. im Einzelnen *Hümmerich/Spirolke*, BB 1996, 1986 (1989 f.).
735 LAG München, Beschl. v. 30.07.1997 – 9 TaBV 54, 97 (n.v.); ArbG Bonn, Beschl. v. 16.10.2003 – 3 BV 65/02 (n.v.).

lediglich die Erfüllung der Begründungspflicht geltend machen oder – bei einem groben Verstoß – nach § 23 BetrVG vorgehen.

4. Hinzuziehung eines Vertreters des Arbeitsamtes oder des Landesarbeitsamtes

Zu den Beratungen kann der Arbeitgeber oder der Betriebsrat einen Vertreter des Arbeitsamtes oder des Landesarbeitsamtes hinzuziehen, in dessen Bezirk der Betrieb liegt (Abs. 2 Satz 3). Damit kann erreicht werden, dass zu dem Potential an innerbetrieblichem Wissen über Sicherung und Ausbau von Beschäftigung überbetriebliche Kenntnisse und Erfahrungen insbesondere über Fortbildungs- und Umschulungsmaßnahmen sowie deren Unterstützung durch die Arbeitsverwaltung hinzu kommen. Außerdem kann der Vertreter der Arbeitsverwaltung als »neutrale Instanz« bei Meinungsverschiedenheiten der Betriebsparteien hilfreich sein. 312

IV. Ineinandergreifen der Beteiligungsrechte

Die Rechte der **§§ 90, 92, 92a und 99 BetrVG** stehen **in einem inhaltlichen Zusammenhang**. Der Arbeitgeber hat den Betriebsrat zunächst über die Änderung von Arbeitsabläufen und Arbeitsplätzen zu unterrichten und mit ihm zu beraten. Er hat weiterhin gem. § 92 BetrVG den Betriebsrat an der Personalplanung zu beteiligen. Der Betriebsrat kann (abweichende) Vorschläge zur Beschäftigungssicherung unterbreiten. Ist die Beteiligung erfolgt, ist der Betriebsrat über die Personalplanung unterrichtet und ist dann, wenn der Arbeitgeber sich für einen konkreten Bewerber auf einen konkreten Arbeitsplatz entschieden hat, gem. § 99 BetrVG zu beteiligen.[736] 313

In diesem rechtssystematischen Zusammenhang ist auch die weitere Frage zu sehen, ob der Betriebsrat akzeptieren muss, dass einzelne Entscheidungsprozesse erst im Laufe der nächsten Monate geklärt werden und dennoch **Zwischenergebnisse** dazu führen, dass einzelne Stellen neu besetzt werden sollen. Der Betriebsrat ist eben über die Veränderung der Abläufe und Arbeitsplätze sowie über die Personalplanung bereits in einem Stadium zu beteiligen, in dem die Entscheidung des Arbeitgebers für ein bestimmtes Konzept letztlich noch nicht gefallen ist. In diesen Zusammenhang können dann auch Zwischenergebnisse eingeordnet werden, und es kann auf diesem Wege transparent gemacht werden, warum die einzelnen Stellen neu besetzt werden müssen. Diese Fragen der Neubesetzung von Stellen vor Abschluss der Umstrukturierungsmaßnahmen stehen im Zusammenhang mit dem Zustimmungsverweigerungsrecht des Betriebsrats nach § 99 Abs. 2 Nr. 3 BetrVG. Danach kann der Betriebsrat seine Zustimmung verweigern, wenn die durch Tatsachen begründete Besorgnis besteht, dass infolge der personellen Maßnahme im Betrieb beschäftigte Arbeitnehmer gekündigt werden oder sonstige Nachteile erleiden, ohne dass dies aus betrieblichen oder persönlichen Gründen gerechtfertigt ist. Die Besorgnis der Benachteiligung anderer Arbeitnehmer kann der Betriebsrat nur dann prüfen, wenn er Kenntnisse über die Personalplanung hatte. Das bedeutet nicht, dass die Planung i.S.d. §§ 90, 92 BetrVG erst abgeschlossen sein muss, bevor der Arbeitgeber eine Neueinstellung durchsetzen kann. Das Zwischenergebnis, das zu der Neueinstellung führt, ist aber unter Bezugnahme auf den gegenwärtigen Stand der Personalplanung zu begründen. Es ist darzustellen, in welcher Funktion der Bewerber in den Betrieb eingegliedert werden soll und im Hinblick auf § 99 Abs. 2 Nr. 3 BetrVG mitzuteilen, dass eine Benachteiligung der bereits im Betrieb beschäftigten Arbeitnehmer nicht vorliegt, jedenfalls nicht, ohne dass dies aus betrieblichen Gründen gerechtfertigt ist, beispielsweise weil keiner der derzeitigen Mitarbeiter, deren Arbeitsplatz möglicherweise im Verlauf der weiteren Planung entfällt, die benötigte berufliche Qualifikation hat oder durch eine zumutbare Fortbildung erlangen kann. 314

736 Vgl. Rn 344 ff.

V. Ausschreibung (§ 93 BetrVG)

315 Gem. § 93 BetrVG kann der Betriebsrat verlangen, dass Arbeitsplätze, die besetzt werden sollen, allgemein oder für bestimmte Arten von Tätigkeiten vor ihrer Besetzung innerhalb des Betriebes ausgeschrieben werden. Kommt der Arbeitgeber einem derartigen Verlangen nicht nach, kann der Betriebsrat einer Versetzung gem. § 99 Abs. 2 Nr. 5 BetrVG widersprechen. § 93 BetrVG dient der **Aktivierung des betrieblichen Arbeitsmarktes** und der **Transparenz betrieblicher Vorgänge** und damit der Vermeidung von Verstimmungen und Beunruhigungen der Belegschaft. Das Gesetz enthält keine näheren Bestimmungen über Art und Inhalt der Ausschreibung. § 93 BetrVG sieht – anders als etwa §§ 94, 95 BetrVG – auch eine Entscheidung durch die Einigungsstelle nicht vor. Schon deshalb kann **kein erzwingbares Mitbestimmungsrecht des Betriebsrats hinsichtlich Form und Inhalt der Ausschreibung** angenommen werden. Der Betriebsrat hat kein Mitbestimmungsrecht bei der Erstellung von Anforderungsprofilen, Stellenbeschreibungen oder Funktionsbeschreibungen. Es unterliegt allein der Organisationsgewalt des Arbeitgebers festzulegen, welche Funktionen innerhalb des Betriebs der Inhaber einer bestimmten Stelle zu erfüllen hat und welche Anforderungen er an den Inhaber stellen will. Dann ist es aber auch allein Sache des Arbeitgebers, in einer Stellenausschreibung diejenigen Anforderungen zu bestimmen, die ein Bewerber für die ausgeschriebene Stelle erfüllen muss. Das BAG hat dementsprechend ein Mitbestimmungsrecht bei Form und Inhalt von Stellenausschreibungen verneint.[737] Wenn sich der Arbeitsplatz hierfür eignet, hat der Arbeitgeber ihn auch als **Teilzeitarbeitsplatz** auszuschreiben, § 7 Abs. 1 TzBfG.

316 Auch in Fällen der Besetzung einer »**personenbezogenen**« Stelle ist eine innerbetriebliche Ausschreibung notwendig, sofern der Betriebsrat das Verlangen nach § 93 BetrVG gestellt hat. Die Erwägungen des Arbeitgebers zur »Personenbezogenheit« des zu besetzenden Arbeitsplatzes gehören dagegen in die Erörterungen im Rahmen des Zustimmungsverfahrens nach § 99 BetrVG.[738] Der Betriebsrat kann weiterhin die Ausschreibung von Arbeitsplätzen verlangen, die der Arbeitgeber mit **freien Mitarbeitern** besetzen will, wenn es sich bei der vorgesehenen Beschäftigung um eine gem. § 99 BetrVG mitbestimmungspflichtige Einstellung handelt.[739] Auf Verlangen des Betriebsrats ist der Arbeitgeber auch dann zur innerbetrieblichen Ausschreibung eines Arbeitsplatzes verpflichtet, wenn der Arbeitgeber ein **befristetes Arbeitsverhältnis in ein unbefristetes Arbeitsverhältnis umwandeln** will.[740] Der Betriebsrat kann die innerbetriebliche Ausschreibung dagegen **nicht für einzelne konkrete Arbeitsplätze** fordern.[741]

317 Der Arbeitgeber ist auf die innerbetriebliche Ausschreibung nicht begrenzt, er kann die Arbeitsplätze zeitgleich auch **außerbetrieblich**, beispielsweise in einer Tageszeitung ausschreiben, sofern er in der außerbetrieblichen Ausschreibung nicht geringere Anforderungen an den Stellenbewerber stellt.[742] Eine Verpflichtung des Arbeitgebers zur bevorzugten Berücksichtigung innerbetrieblicher Bewerber besteht nicht,[743] es sei denn, dass der Arbeitgeber einen gleichgeeigneten innerbetrieblichen Bewerber für einen unbefristeten Arbeitsplatz unberücksichtigt lässt, der lediglich über einen befristeten Arbeitsplatz verfügt, § 99 Abs. 2 Nr. 3 BetrVG.

737 BAG, Beschl. v. 23.02.1988, AP Nr. 2 zu § 93 BetrVG 1972; Beschl. v. 27.10.1992, NZA 1993, 607; a.A. *Fitting u.a.*, § 93 BetrVG Rn 6.

738 LAG Sachsen, Beschl. v. 13.08.1993, AuA 1994, 26.

739 BAG, Beschl. v. 27.07.1993, NZA 1994, 92.

740 LAG Hamm, Beschl. v. 31.10.2000 – 13 TaBV 47/00 (n.v.).

741 LAG Köln v. 01.04.1993, LAGE § 93 BetrVG 1972 Nr. 2.

742 BAG, Beschl. v. 23.02.1988, AP Nr. 2 zu § 93 BetrVG 1972.

743 BAG, Beschl. v. 18.11.1980, DB 1991, 998.

VI. Personalfragebogen und Beurteilungsgrundsätze (§ 94 BetrVG)

Personalfragebogen und allgemeine Beurteilungsgrundsätze sind wichtige Instrumente der **Personalplanung**, denn durch sie will der Arbeitgeber möglichst viele Daten über die Person der Bewerber um einen Arbeitsplatz erhalten, um seine **Personaleinsatzplanung** erfolgreich durchzuführen. Dabei besteht die Gefahr, dass Fragen gestellt werden, deren Beantwortung tief in die verfassungsrechtlich geschützte **Persönlichkeitssphäre** eingreift. Das Beteiligungsrecht des Betriebsrats nach § 94 BetrVG dient dem Zweck, diese Gefahren zu mindern. Es soll sichergestellt werden, dass die Fragen auf die Gegenstände und den Umfang beschränkt bleiben, für die ein **berechtigtes Auskunftsbedürfnis** des Arbeitgebers besteht.[744] 318

1. Personalfragebögen[745]

Personalfragebögen sind formularmäßig zusammengefasste Zusammenstellungen von durch Arbeitnehmer auszufüllenden oder zu beantwortenden Fragen, die Aufschluss über die **Person, Kenntnisse und Fähigkeiten sowie Leistung und Verhalten des Befragten** geben sollen. Um einen Personalfragebogen handelt es sich aber auch dann, wenn auf andere Art und Weise Bewerber oder Arbeitnehmer standardisierte Fragen zu beantworten haben, insbesondere wenn es sich um eine schriftliche formularmäßige Zusammenfassung von Fragen über die persönliche Eignung handelt. Nicht nur vom Schutzzweck des § 94 BetrVG, sondern auch vom Wortlaut sind Fragen aufgrund eines solchen Fragebogens nach § 94 Abs. 1 BetrVG zustimmungsbedürftig. Dementsprechend ist § 94 Abs. 1 BetrVG auch dann anwendbar, wenn die Fragen an Bewerber oder Arbeitnehmer anhand eines standardisierten Fragenkatalogs, einer »Checkliste«, vom Arbeitgeber mündlich gestellt und die **Antworten vom Fragenden schriftlich festgehalten** werden.[746] Führt der Arbeitgeber zur Verwendung bei »**Jahresgesprächen«**, die Vorgesetzte mit den ihnen unterstellten Mitarbeitern führen sollen, Fragebögen ein, in denen die Frage gestellt wird, ob der Mitarbeiter sich eher unter- als überfordert ansieht oder ob er eine Hilfestellung benötigt, so hat der Betriebsrat ein Mitbestimmungsrecht nach § 94 Abs. 1 BetrVG.[747] Nicht nur bei der erstmaligen Einführung eines Personalfragebogens, sondern auch bei der **Änderung** eines bereits verwendeten Musters für einen solchen besteht ein Mitbestimmungsrecht des Betriebsrates. Der Qualifikation eines Vordrucks als Personalfragebogen steht es nicht entgegen, dass dieser Fragen enthält, die der Arbeitgeber auf Grund gesetzlichen oder tarifvertraglichen Gebots stellen muss. Ein Personalfragebogen ist auch dann zustimmungsbedürftig, wenn er Fragen enthält, deren Beantwortung der Arbeitgeber verlangen muss.[748] 319

Die Zustimmung des Betriebsrats zu einem Personalfragebogen gem. § 94 BetrVG begründet eine **Regelungsabrede**, die analog § 77 Abs. 5 BetrVG kündbar ist. Ein bloßer Widerspruch genügt nicht. Der Betriebsrat hat nicht das Recht, die **Entfernung einzelner Fragen** aus einem Personalfragebogen zu verlangen. Er muss die gesamte Regelungsabsprache kündigen. Da der Betriebsrat **kein Initiativrecht** für die Einführung von Fragebogen hat, hat er auch keinen Anspruch auf die Verwendung von Fragebogen mit einem bestimmten Inhalt. Stimmt der Betriebsrat einzelnen Fragen nicht zu und entscheidet auch die Einigungsstelle gegen den Willen des Arbeitgebers, so kann der Arbeitgeber immer noch entscheiden, ob er überhaupt einen Fragebogen verwenden will.[749] 320

744 BAG, Beschl. v. 21.09.1993, NZA 1994, 375.
745 Zur Zulässigkeit einzelner Fragen vgl. die Zusammenstellung bei *Fitting u.a.*, § 94 BetrVG Rn 17 ff.
746 BAG, Beschl. v. 21.09.1993, NZA 1994, 375.
747 LAG Köln, Beschl. v. 12.04.1997, NZA-RR 1997, 481.
748 LAG Frankfurt, Beschl. v. 17.02.1983 – 4 TaBV 107/82 (n.v.).
749 LAG Frankfurt, Beschl. v. 08.01.1991, LAGE § 94 BetrVG 1972 Nr. 1.

2. Formularverträge

321 Gem. § 94 Abs. 2 Hs. 1 BetrVG gilt das Mitbestimmungsrecht in gleichem Umfang für persönliche Angaben in schriftlichen Arbeitsverträgen, die allgemein für den Betrieb verwendet werden sollen, also für Formulararbeitsverträge, soweit die persönlichen Angaben über die reinen Personalien wie Name, Vorname, Geburtstag und -ort und die Anschrift hinausgehen. Letztlich handelt es sich nur um die Klarstellung, dass es um die **formularmäßige Erhebung der persönlichen Angaben** geht, ohne zu unterscheiden, ob diese nun in einem gesonderten Fragebogen, oder unmittelbar im Arbeitsvertrag erhoben werden.

3. Beurteilungsgrundsätze

322 Allgemeine Beurteilungsgrundsätze i.S.v. § 94 BetrVG sind Regelungen, die die **Bewertung des Verhaltens oder der Leistung eines Arbeitnehmers verobjektivieren und nach einheitlichen Kriterien ausrichten** sollen. Es geht damit um die Regelung der Frage, wie der Arbeitnehmer in seiner Leistung oder seinem Verhalten beurteilt werden soll. Mit solchen allgemeinen Beurteilungsgrundsätzen soll ein einheitliches Vorgehen bei der Beurteilung und ein Bewerten nach einheitlichen Maßstäben ermöglicht und so erreicht werden, dass die Beurteilungsergebnisse miteinander vergleichbar sind.[750] Der Betriebsrat hat kein Mitbestimmungsrecht bei der Erstellung von **Funktionsbeschreibungen**, mit denen für Gruppen von Stelleninhabern mit vergleichbaren Tätigkeiten deren Funktionen festgelegt und nur in ihren Tätigkeitsschwerpunkten beschrieben werden, und mit der den Stelleninhabern eine bestimmte Funktionsbezeichnung zugewiesen wird.[751] Regeln **Führungsrichtlinien**, in welcher Weise Mitarbeiter allgemein ihre Arbeitsaufgaben und Führungskräfte ihre Führungsaufgaben zu erledigen haben, so wird damit lediglich das Arbeitsverhalten der Mitarbeiter geregelt. Die Einführung solcher Führungsrichtlinien unterliegt ebenfalls nicht der Mitbestimmung des Betriebsrates. Wird lediglich geregelt, dass Vorgesetzte nachgeordnete Mitarbeiter unter bestimmten Voraussetzungen auf die Erfüllung ihrer Arbeitsaufgaben zu kontrollieren haben, so handelt es sich bei dieser Regelung nicht um allgemeine Beurteilungsgrundsätze i.S.v. § 94 BetrVG, auch wenn das Ergebnis der Kontrolle Grundlage für die Beurteilung und Förderung des Mitarbeiters sein soll.[752]

VII. Auswahlrichtlinien (§ 95 BetrVG)

323 Unter Auswahlrichtlinien sind **allgemeine Grundsätze zu verstehen darüber, welche Gesichtspunkte der Arbeitgeber bei personellen Maßnahmen (Einstellungen, Versetzungen, Umgruppierungen und Kündigungen) zu berücksichtigen hat.** Die Abgrenzung ist im Einzelnen streitig, insbesondere hinsichtlich der Frage, wie detailliert eine Richtlinie sein darf.[753] Wenn man davon ausgeht, dass eine »Richtlinie« nicht mehr vorliegt, wenn dem Arbeitgeber kein **Entscheidungsspielraum** mehr verbleibt, darf auch eine in diesem Sinne verstandene Richtlinie das Auswahlermessen des Arbeitgebers jedenfalls eingrenzen. Sie darf es nur nicht ganz beseitigen. Dem Arbeitgeber muss ein relevanter Entscheidungsspielraum verbleiben. Der Begriff der Richtlinie wäre dann nicht mehr erfüllt, wenn das Auswahlermessen des Arbeitgebers praktisch auf Null reduziert wäre.[754] Auswahlrichtlinien i.S.v. § 95 BetrVG sind aber nur dann gegeben, wenn sie nicht nur für einen betrieblichen Anlass sondern **für alle zukünftigen Fälle** gelten sollen. Ein aus Anlass von betriebsbedingten Kündigungen aufgestelltes Punkteschema zur sozialen Auswahl ist deshalb keine Auswahlrichtlinie i.S.v. § 95 BetrVG, denn insoweit kommt der Arbeitgeber damit nur seiner

750 BAG, Beschl. v. 23.10.1984, NZA 1985, 224.
751 BAG, Beschl. v. 14.01.1986, NZA 1986, 531.
752 BAG, Beschl. v. 23.10.1984, NZA 1985, 224; a.A. *Fitting u.a.*, § 94 BetrVG Rn 29.
753 *Fitting u.a.*, § 95 BetrVG Rn 7 f.
754 BAG, Beschl. v. 27.10.1992, NZA 1993, 607.

Verpflichtung zur Sozialauswahl nach § 1 Abs. 3 KSchG nach.[755] Bei der von einem Arbeitgeber geübten Praxis, zur Einstellung vorgesehenen Personen durch den werksärztlichen Dienst bei der Eignungsuntersuchung **Blut- und Urinproben** zu entnehmen und dies auf Alkoholmissbrauch und Drogenkonsum zu überprüfen, handelt es sich um einen Teil einer Auswahlrichtlinie i.S.v. § 95 BetrVG.[756] Bei der Festlegung von Kriterien für die Auswahl von **Beamten zur sog. Insichbeurlaubung** gem. § 4 Abs. 3 PostPersRG handelt es sich um die Aufstellung von Richtlinien über die personelle Auswahl bei Umgruppierungen nach § 95 Abs. 1 Satz 1 BetrVG.[757]

Die Einigungsstelle kann bei der Aufstellung von Auswahlrichtlinien für Versetzungen nach § 95 BetrVG eine Bewertung in Form eines **Punktsystems** beschließen. Der Entscheidungsspielraum des Arbeitgebers muss umso größer sein, desto weniger differenziert das Punktsystem ausgestaltet ist. Ein Einigungsstellenspruch, der ohne nähere Differenzierung nach Art der Versetzung und der Arbeitsbereiche generell den Kriterien »erworbene Grundqualifikation« und »Dauer der bisherigen beruflichen Tätigkeit« gegenüber Kriterien wie »aktuelle Leistungsbeurteilung« punktmäßig ein deutliches Übergewicht gibt, ohne dem Arbeitgeber eine ausreichende Möglichkeit zur Berücksichtigung persönlicher oder arbeitsplatzspezifischer Besonderheiten einzuräumen, ist ermessensfehlerhaft.[758] Erfolgt die soziale Auswahl bei einer **betriebsbedingten Kündigung** aufgrund von Auswahlrichtlinien nach § 95 BetrVG, haben die Gerichte für Arbeitssachen die Auswahl nur daraufhin zu überprüfen, ob die **Grundwertung des § 1 Abs. 3 Satz 1 und Satz 2 KSchG** eingehalten ist, also wenigstens die sozialen Gesichtspunkte **Lebensalter, Betriebszugehörigkeit und Unterhaltsverpflichtungen** angemessen berücksichtigt sind, auf die betrieblichen Bedürfnisse nur bei der Frage abgestellt worden ist, ob sie einer Auswahl nach sozialen Gesichtspunkten entgegenstehen und schließlich zur Vermeidung von unbilligen Härten, die die Anwendung jeden Schemas mit sich bringen kann, eine individuelle Überprüfung der Auswahl stattgefunden hat.[759] 324

In Betrieben **bis 500 Arbeitnehmer** sind Auswahlrichtlinien, die der **Arbeitgeber zur Anwendung bringen will**, mitbestimmungspflichtig. Wird eine Einigung nicht erzielt, kann der Arbeitgeber die Einigungsstelle anrufen. In Betrieben mit **mehr als 500 Arbeitnehmern** kommt dem Betriebsrat dagegen ein **Initiativrecht** zu. Er kann die Festlegung der zu beachtenden fachlichen und persönlichen Voraussetzungen und der sozialen Gesichtspunkte[760] für die Auswahlrichtlinien verlangen und bei fehlender Einigung die Einigungsstelle anrufen. 325

VIII. Wahrung der Mitwirkungsrechte

Der Betriebsrat kann seinen **Informationsanspruch** im **Beschlussverfahren** geltend machen. Er kann den Arbeitgeber verpflichten, mit ihm über die angesprochenen Beteiligungsgegenstände zu beraten. Bei bevorstehender einseitiger Vollziehung der Maßnahmen durch den Arbeitgeber, kann der Betriebsrat seine Ansprüche auch im Wege der **einstweiligen Verfügung** verfolgen. Allerdings kommt dem Betriebsrat **kein Unterlassungsanspruch** zu, auch nicht zeitlich begrenzt bis zur vollständigen Unterrichtung und bis zum Abschluss der Beratung. Die §§ 90 und 92 BetrVG gewähren dem Betriebsrat lediglich ein Unterrichtungs- und Beratungsrecht, kein zwingendes Mitbestimmungsrecht wie im Bereich der §§ 99 oder 87 BetrVG. Eine Untersagung der Durchführung der Maßnahme durch einstweilige Verfügung würde daher über den Hauptanspruch hinausgehen, sie hätte insoweit einen überschießenden Anteil.[761] Ein Unterlassungsanspruch besteht jedoch bei 326

755 LAG Niedersachsen, Beschl. v. 18.10.1994, LAGE § 95 BetrVG Nr. 15.

756 LAG Baden-Württemberg, Beschl. v. 13.12.2002, NZA-RR 2003, 417.

757 BAG, Beschl. v. 10.12.2002, AP Nr. 43 zu § 95 BetrVG 1972.

758 BAG, Beschl. v. 27.10.1992, NZA 1993, 607.

759 BAG, Urt. v. 20.10.1983, DB 1984, 563.

760 Zu den Auswahlgesichtspunkten im Einzelnen vgl. die Zusammenstellung bei *Fitting u.a.*, § 95 BetrVG Rn 22 ff.; *Hümmerich/Spirolke*, NZA 1998, 797 (801).

761 *Fitting u.a.*, § 90 BetrVG Rn 48; GK-BetrVG/*Wiese*, § 90 Rn 47; andere Auffassung Däubler/Kittner/Klebe/*Klebe*, § 90 BetrVG Rn 37; vgl. zum Unterlassungsanspruch unten Rn 441.

Vorliegen der strengeren Voraussetzungen des § 23 Abs. 3 BetrVG.[762] Lediglich in dem Sonderfall, in dem die Arbeitnehmer durch Änderungen der Arbeitsplätze, des Arbeitsablaufs oder der Arbeitsumgebung in besonderer, den gesicherten arbeitswissenschaftlichen Erkenntnissen über die menschengerechte Gestaltung der Arbeit offensichtlich widersprechender Weise belastet werden, kommt dem Betriebsrat ein korrigierendes Mitbestimmungsrecht zu, § 91 BetrVG.

H. Beteiligungsrechte bei der Berufsbildung

327 Der Qualifikation der Arbeitnehmer kommt in der Berufswelt eine zentrale Bedeutung zu. Dies gilt nicht nur für den erstmaligen Erwerb eines Arbeitsplatzes nach Abschluss einer Ausbildung oder als ungelernter Arbeitnehmer. Gerade in der heutigen Zeit schnell wechselnder und sich fortentwickelnder Anforderungen an Unternehmen und Mitarbeiter gilt der Grundsatz des lebenslangen Lernens. Ohne ständige Aktualisierung und Erweiterung der berufsbezogenen Kenntnisse ist nicht nur der berufliche Aufstieg, sondern letztlich auch der Erhalt des Arbeitsplatzes gefährdet. Weiterbildung liegt in erster Linie in der Eigenverantwortung der Arbeitnehmer. Auch die Unternehmer haben jedoch ein eigenes Interesse an der Qualifikation ihrer Belegschaft, die nicht ständig durch Neueinstellungen »zugekauft« werden kann. Die Beteiligungsrechte der §§ 96 – 98 BetrVG sollen eine abgestufte Teilhabe an den Regelungen des Unternehmens zur Berufsbildung begründen, von den Beratungsrechten, wenn es um kostenauslösende Begründung der Weiterbildung geht, über Mitbestimmung bei der Durchführung und Auswahl der Teilnehmer bis hin zur Mitbestimmung bei der Einführung von Bildungsmaßnahmen, wenn das Qualifikationsdefizit durch Maßnahmen des Arbeitgebers »verschuldet« wird.

I. Förderung der Berufsbildung

328 Die **betriebliche Berufsbildung** umfasst zumindest alle Maßnahmen der Berufsbildung i.S.v. § 1 Abs. 1 BBiG, also der **Berufsausbildung**, der **Berufsfortbildung** und der **beruflichen Umschulung**. Andererseits sind nach der ständigen Rechtsprechung des BAG die mitbestimmungspflichtigen Berufsbildungsmaßnahmen von der mitbestimmungsfreien Unterrichtung nach § 81 Abs. 1 BetrVG abzugrenzen. Nach der Rechtsprechung des Senats gehören zu den Maßnahmen der betrieblichen Berufsbildung insbesondere solche, die den Arbeitnehmern diejenigen **Kenntnisse und Erfahrungen verschaffen sollen, die zur Ausfüllung ihres Arbeitsplatzes und ihrer beruflichen Tätigkeit dienen**; dazu gehört auch die berufliche Fortbildung. Damit gehören zur betrieblichen Berufsbildung alle Maßnahmen, die über die – mitbestimmungsfreie – Unterrichtung des Arbeitnehmers hinsichtlich seiner Aufgaben und Verantwortung, über die Art seiner Tätigkeit und ihrer Einordnung in den Arbeitsablauf des Betriebes sowie über die Unfall- und Gesundheitsgefahren und die Maßnahmen und Einrichtungen zur Abwendung dieser Gefahren i.S.v. § 81 BetrVG hinausgehen, indem sie dem Arbeitnehmer gezielt Kenntnisse und Erfahrungen vermitteln, die ihn zur Ausübung einer bestimmten Tätigkeit erst befähigen. Die Unterrichtungspflicht des Arbeitgebers nach § 81 BetrVG erschöpft sich dagegen in der Einweisung an einem konkreten Arbeitsplatz. Diese Einweisung setzt voraus, dass der Arbeitnehmer die für die Ausübung »seiner Tätigkeit« an diesem Arbeitsplatz erforderlichen beruflichen Kenntnisse und Erfahrungen schon besitzt. Nur auf der Grundlage dieser Kenntnisse und Erfahrungen kann dem Arbeitnehmer seine Tätigkeit im Betrieb zugewiesen werden, über deren konkrete Ausübung unter Einsatz seiner Kenntnisse und Erfahrungen er dann nach § 81 BetrVG zu unterrichten ist.[763]

762 LAG Frankfurt am Main, Beschl. v. 03.11.1992, BB 1993, 1948; vgl. hierzu Rn 437.
763 BAG, Beschl. v. 23.04.1991, NZA 1991, 817; Beschl. v. 28.01.1992, NZA 1992, 707.

1. Förderungspflichten

329 Arbeitgeber und Betriebsrat haben die Berufsbildung der Arbeitnehmer zu fördern. § 96 Abs. 1 Satz 1 BetrVG stellt die **Verbindung zwischen Berufsbildung und Personalplanung** her. Aus der Personalplanung ergibt sich der Bedarf an Arbeitskräften mit bestimmten Qualifikationen. Eine frühzeitige und stetige Personalplanung lässt daher den Qualifizierungsbedarf erkennen und kann so die Grundlage für die Ermittlung der erforderlichen Bildungsmaßnahmen bilden. Nach § 96 Abs. 2 Satz 1 BetrVG haben die Betriebsparteien darauf zu achten, dass unter Berücksichtigung der betrieblichen Notwendigkeiten den Mitarbeitern die Teilnahme an Berufsbildungsmaßnahmen ermöglicht wird. Ein **Individualanspruch** der Arbeitnehmer, etwa auf bezahlte oder unbezahlte Freistellung oder die Übernahme von Kosten, ergibt sich hieraus **nicht**.[764] Ein Anspruch auf unbezahlte Freistellung kann sich aber aus den Weiterbildungsgesetzen der Länder ergeben. § 96 Abs. 2 Satz 2 BetrVG verpflichtet Arbeitgeber und Betriebsrat insbesondere auf die Belange **älterer Arbeitnehmer, Teilzeitbeschäftigter und von Arbeitnehmern mit Familienpflichten**. Da Bildungsmaßnahmen häufig eine Einbringung von Freizeit erfordern und auf Vollzeitarbeitnehmer abgestellt sind, haben es Teilzeitbeschäftigte und Arbeitnehmer mit Familienpflichten – beide Gruppen bilden eine Schnittmenge erheblicher Größe – besonders schwer, sich weiterzubilden (vgl. auch § 80 Abs. 1 Nr. 2 b BetrVG). In § 10 TzBfG hat der Gesetzgeber den Arbeitgeber nochmals gesondert verpflichtet, dafür Sorge zu tragen, dass auch teilzeitbeschäftigte Arbeitnehmer an Aus- und Weiterbildungsmaßnahmen zur Förderung der beruflichen Entwicklung und Mobilität teilnehmen können, soweit betrieblich möglich. Ältere Arbeitnehmer werden bei der Zukunftsplanung gerne übergangen, bedürfen daher der besonderen Unterstützung bei der Anpassung ihrer Kenntnisse und Fähigkeiten an den Wandel der Arbeitswelt (vgl. auch § 80 Abs. 1 Nr. 6 BetrVG).

2. Pflicht zur Ermittlung des Berufsbildungsbedarfs

330 Bereits vorstehend ist der Zusammenhang zwischen Personalplanung und Berufsbildungsbedarf angesprochen, was aber nicht heißt, dass in der betrieblichen Praxis stets eine **Bedarfsanalyse** auch erfolgt. Bislang hatte der Betriebsrat lediglich ein Beratungsrecht, d.h. der Arbeitgeber war verpflichtet, sich auf Erörterungen zur Berufsbildung einzulassen. Um dem Betriebsrat eine effektivere Wahrnehmung seiner Beteiligungsrechte zur Berufsbildung zu ermöglichen, ist ihm nach § 96 Abs. 1 Satz 2 BetrVG das Recht an die Hand gegeben, vom Arbeitgeber zu verlangen, den Berufsbildungsbedarf zu ermitteln. Der Berufsbildungsbedarf ergibt sich aus der Durchführung einer Ist-Analyse, der Erstellung eines Soll-Konzepts und der Ermittlung des betrieblichen Bildungsinteresses der Arbeitnehmer.[765]

3. Beratungs- und Vorschlagsrecht

331 Auf der Grundlage der Bedarfsanalyse hat der Arbeitgeber mit dem Betriebsrat – unabhängig von dem Erfordernis einer Personalplanung, wie es § 92 BetrVG enthält – Fragen zur Berufsbildung zu beraten. Gegenstand der Beratung sind Fragen der Berufsbildung der Arbeitnehmer des Betriebs, also Ausbildungsart, Ausbildungsdauer und Zahl der Teilnehmer an Berufsbildungsmaßnahmen.[766] Soweit Beratungspflichten des Arbeitgebers bestehen, kann der Betriebsrat Vorschläge machen. Der Betriebsrat hat insoweit ein **Initiativrecht**. Der Arbeitgeber ist zwar nicht zur Befolgung der Anregungen verpflichtet, wohl aber zur Beratung mit dem Ziel, eine Einigung herbeizuführen.[767]

764 *Fitting u.a.*, § 96 BetrVG Rn 27.
765 BT-Drucks 14/5741, 49.
766 Richardi/*Thüsing*, § 96 BetrVG Rn 19.
767 *Fitting u.a.*, § 96 BetrVG Rn 41; vgl. zum Inhalt von Beratungsrechten auch oben Rn 308.

II. Einrichtungen und Maßnahmen der Berufsbildung

1. Beratung über allgemeine Einrichtungen und Maßnahmen

332 § 97 Abs. 1 BetrVG gibt dem Betriebsrat ein konkretisiertes Beratungsrecht, das die **Errichtung und Ausstattung betrieblicher Einrichtungen** zur Berufsbildung, die **Einführung betrieblicher Berufsbildungsmaßnahmen** und die **Teilnahme an außerbetrieblichen Berufsbildungsmaßnahmen** betrifft. Mit betrieblichen Einrichtungen sind beispielsweise Lehrwerkstätten, Schulungsräume und Berufsbildungszentren gemeint. Handelt es sich um eine Sozialeinrichtung, besteht daneben ein Mitbestimmungsrecht nach § 87 Abs. 1 Nr. 8 BetrVG.[768] Um **betriebliche Bildungsmaßnahmen** handelt es sich, wenn der Arbeitgeber Träger bzw. Veranstalter der Maßnahme ist und sie für seine Arbeitnehmer durchführt. Träger bzw. Veranstalter der Maßnahme ist der Arbeitgeber auch, wenn er diese in Zusammenarbeit mit einem Dritten durchführt und hierbei auf Inhalt und Organisation rechtlich oder tatsächlich einen **beherrschenden Einfluss** hat. Für die Arbeitnehmer des Arbeitgebers bestimmt ist eine Berufsbildungsmaßnahme auch, wenn bei einer begrenzten Teilnehmerzahl die Arbeitnehmer des Arbeitgebers den Vorrang haben und andere Personen nur zur Lückenfüllung berücksichtigt werden.[769] Will der Arbeitgeber betriebliche Bildungsmaßnahmen einführen, muss er von sich aus den Betriebsrat zur Beratung auffordern. Außerbetriebliche Bildungsmaßnahmen werden z.B. von der Bundesanstalt für Arbeit, Verbänden, Kammern oder privaten Bildungsträgern durchgeführt. Hier hat der Betriebsrat über die Teilnahme der Arbeitnehmer mitzuberaten, insbesondere Art der Maßnahmen, Auswahl der Arbeitnehmer, Zeitpunkt und Zeitdauer der Teilnahme. Stellt der Arbeitgeber nach Beratung Mitarbeiter für die Teilnahme frei oder trägt er die Kosten für die Teilnahme, hat der Betriebsrat ein volles Mitbestimmungsrecht über die Festlegung der Teilnehmer nach § 98 Abs. 3 BetrVG.

2. Mitbestimmungsrecht bei Änderung des Arbeitsplatzes

333 Ein erklärtes Ziel des BetrVerf-Reformgesetz war es, die Beschäftigungssicherung als Arbeitsinhalt des Betriebsrats zu stärken.[770] Während nach bis zum Jahr 2001 geltendem Recht ein Mitbestimmungsrecht nur bei der Durchführung von betrieblichen Maßnahmen der Berufsbildung bestand (vgl. § 98 BetrVG), sieht der durch das BetrVerf-Reformgesetz eingefügte § 97 Abs. 2 BetrVG unter bestimmten Voraussetzungen ein **Mitbestimmungsrecht auch bei der Einführung von betrieblichen Berufsbildungsmaßnahmen** vor. Nach Abs. 2 Satz 1 kann der Betriebsrat die Einführung von Maßnahmen der betrieblichen Berufsbildung verlangen, wenn folgende Voraussetzungen gegeben sind: Der Arbeitgeber hat technische Anlagen, Arbeitsverfahren und Arbeitsabläufe oder Arbeitsplätze geplant, die zur Folge haben, dass sich die Tätigkeit der betroffenen Arbeitnehmer ändern wird. Die damit verbundenen Änderungen müssen so nachhaltig sein, dass die beruflichen Kenntnisse und Fähigkeiten der betroffenen Arbeitnehmer nicht mehr ausreichen, um ihre Aufgaben noch erfüllen zu können. Die Einweisung von Arbeitnehmern in die Tätigkeit an einer neu angeschafften Maschine, die **bloße Bedienungsanleitung** stellt keine betriebliche Berufsbildung i.S.d. § 97 Abs. 2 BetrVG dar.[771] In den vom Arbeitgeber veranlassten Fällen eines drohenden **Qualifikationsverlustes** soll der Betriebsrat nicht nur berechtigt sein, im Nachhinein bei Kündigungen von Arbeitnehmern durch den Arbeitgeber, die mangels rechtzeitiger Schulung mit der neuen Technik nicht umgehen können, von seinem Widerspruchsrecht nach § 102 Abs. 3 Nr. 4 BetrVG Gebrauch machen zu können. Er soll vielmehr frühzeitig und dadurch präventiv betriebliche Berufsbildungsmaßnahmen zugunsten der betroffenen Arbeitnehmer durchsetzen können, um deren Beschäftigung zu sichern. Da der Betriebsrat nach § 90 BetrVG bereits im Stadium

768 Vgl. Rn 266 ff.
769 BAG, Beschl. v. 04.12.1990, NZA 1991, 388.
770 Vgl. Rn 213.
771 LAG Hamm, Beschl. v. 08.11.2002, LAGReport 2003, 107.

der Planung über die beabsichtigten Maßnahmen zu unterrichten ist, ist er in der Lage, gegenüber dem Arbeitgeber, falls dieser nicht schon im eigenen Interesse mit einer frühzeitigen Schulung der betroffenen Arbeitnehmer einverstanden ist, betriebliche Berufsbildungsmaßnahmen so rechtzeitig durchzusetzen, dass spätestens im Zeitpunkt des Einsatzes z.B. der neuen oder geänderten Techniken das Qualifikationsdefizit der Arbeitnehmer behoben ist. Kommt in diesen Fällen über die Einführung betrieblicher Berufsbildungsmaßnahmen keine Einigung zwischen Arbeitgeber und Betriebsrat zustande, so entscheidet die **Einigungsstelle**, deren Spruch die Einigung der Betriebspartner ersetzt (Abs. 2 Sätze 2 und 3). Mit dieser Stärkung der Rechtsstellung des Betriebsrats im Rahmen der betrieblichen Berufsbildung kann er einen wichtigen Beitrag für den Verbleib der Arbeitnehmer im Arbeitsleben leisten und damit die Beschäftigung sichern. Dies entspricht auch der in § 2 SGB III erwähnten Verantwortung von Arbeitgebern und Arbeitnehmern, die berufliche Leistungsfähigkeit zu fördern und den sich ändernden Anforderungen anzupassen.[772]

Der Betriebsrat hat nur bei der Einführung betrieblicher Bildungsmaßnahmen mitzubestimmen, 334
er kann aber keine außerbetrieblichen Bildungsmaßnahmen über die Einigungsstelle durchsetzen.[773] Die betriebliche Weiterbildung im Rahmen des § 97 Abs. 2 BetrVG soll personenbedingten oder betriebsbedingten Kündigungen,[774] die durch Veränderung der Arbeitsanforderungen bedingt sind, vorbeugen. Der Umfang der Weiterbildung ist somit an den Grundsätzen der **Zumutbarkeit** auszurichten, wie sie von der Rechtsprechung zu § 1 Abs. 1 Satz 3 KSchG, § 102 Abs. 3 Nr. 4 BetrVG entwickelt wurden.[775] Es können keine Maßnahmen der beruflichen Bildung verlangt werden, die in keinem Bezug zur betrieblichen Tätigkeit stehen und Arbeitnehmer lediglich dazu qualifizieren sollen, ihre **Chancen für den allgemeinen Arbeitsmarkt** zu verbessern.

Noch offen ist die Frage, ob das **Unterlassen** der Mitbestimmung auf die **soziale Rechtfertigung ei-** 335
ner Kündigung nach § 1 Abs. 2 Satz 3 KSchG durchschlagen kann.[776] Danach ist die Kündigung sozialwidrig, wenn die Weiterbeschäftigung des Arbeitnehmers nach zumutbaren Umschulungs- oder Fortbildungsmaßnahmen möglich ist. Dem Arbeitsrecht ist es nicht fremd, dass eine arbeitgeberseitige Maßnahme, die unter Missachtung der kollektiven Mitbestimmungsrechte vorgenommen wurde, auch individualrechtlich unwirksam ist. So sind die Arbeitnehmer beispielsweise nicht verpflichtet, Überstunden abzuleisten, die ohne Zustimmung des Betriebsrats nach § 87 Abs. 1 Nr. 3 BetrVG angeordnet wurden.[777] Der maßgebliche Unterschied liegt m.E. darin, dass für die Anordnung von Überstunden die kollektivrechtlichen Voraussetzungen in § 87 Abs. 1 Nr. 3 BetrVG abschließend geregelt sind, während für den Ausspruch einer Kündigung der Betriebsrat nach § 102 BetrVG lediglich anzuhören ist. Selbst bei Betriebsänderungen ist die Wirksamkeit einer ausgesprochenen Kündigung nicht von dem ordnungsgemäßen Versuch eines Interessenausgleichs abhängig. Die Sozialwidrigkeit wird lediglich auf das objektive Vorliegen betriebsbedingter Gründe überprüft, im Übrigen ist der Arbeitnehmer auf einen Nachteilsausgleich nach § 113 BetrVG verwiesen. Es ist nicht ersichtlich, dass der Gesetzgeber in das letztlich nicht mitbestimmte Kündigungsrecht des Arbeitgebers eingreifen wollte. Der Arbeitgeber hat dem Betriebsrat die Kündigungsgründe mitzuteilen, sonst ist die Anhörung nicht ordnungsgemäß erfolgt und die Kündigung unwirksam.[778] Zu den Kündigungsgründen gehört auch die fehlende Weiterbeschäftigungsmöglichkeit nach Umschulung oder Fortbildung. Die Mitbestimmung des Betriebsrats über betriebliche Bildungsmaßnahmen bis zur Anrufung der Einigungsstelle durch den Arbeitgeber kann nicht zur Voraussetzung einer rechtswirksamen Kündigung erhoben werden. Hier bleibt es dabei, dass in materieller Hinsicht

772 BT-Drucks 14/5741, 50.

773 A.A. Richardi/*Thüsing*, § 97 BetrVG Rn 12, der die externen Ausbildungs- und Fortbildungsmaßnahmen im Zusammenhang mit der wirtschaftlichen Zumutbarkeit anspricht.

774 Richardi/*Thüsing*, § 97 BetrVG Rn 9; a.A. *Reichold*, NZA 2001, 864: nur personenbedingt.

775 *Hanau*, RdA 2001, 72.

776 Befürwortet von *Annuß*, NZA 2001, 368; ablehnend Richardi/*Thüsing*, § 97 BetrVG Rn 16.

777 BAG (GS), Beschl. v. 03.12.1991, AP Nr. 51 und 52 zu § 87 BetrVG 1972 Lohngestaltung; Beschl. v. 03.05.1994, AP Nr. 23 zu § 23 BetrVG 1972; *Fitting u.a.*, § 87 BetrVG Rn 604.

778 BAG, Urt. V. 16.09.1993, NZA 1994, 311.

das objektive Fehlen der Weiterbeschäftigungsmöglichkeit zu prüfen ist, in formeller Hinsicht die Anhörung des Betriebsrats nach § 102 BetrVG.

336 Ein weiteres Problem stellt sich im Zusammenhang mit der **Sozialauswahl**. Führen Änderungen i.S.d. § 97 Abs. 2 BetrVG zum einen zu einem Qualifikationsdefizit, zum anderen zum Wegfall von Arbeitsplätzen ist zu entscheiden, wer die Chance zur Qualifikation erhält. Der Arbeitgeber kann nicht verpflichtet sein, mehr Arbeitnehmer zu qualifizieren, als letztlich nach der Änderung gebraucht werden, da er keine Arbeitnehmer zur Verbesserung ihrer Chancen auf dem Arbeitsmarkt im Rahmen des § 97 Abs. 2 BetrVG zu qualifizieren hat. Letzteres hat vielmehr nur im Rahmen eines Sozialplans nach § 112 Abs. 5 Nr. 2 a BetrVG zu erfolgen. Diejenigen Arbeitnehmer, die nicht qualifiziert werden, werden nach der Änderung aus betriebsbedingten Gründen gekündigt. Die Auswahl der nach § 97 Abs. 2 BetrVG zu qualifizierenden Arbeitnehmer greift also der Sozialauswahl nach § 1 Abs. 3 KSchG vor. Dies führt dazu, dass Arbeitgeber und Betriebsrat bereits die Auswahl der zu qualifizierenden Mitarbeiter nach den Sozialkriterien des § 1 Abs. 3 KSchG, also jedenfalls unter Berücksichtigung von Betriebszugehörigkeit, Lebensalter und Unterhaltspflichten und nicht nach Leistungsgesichtspunkten zu treffen haben. Leistungsgesichtspunkte werden nur insoweit zu berücksichtigen sein, als Arbeitnehmer nicht die notwendigen Voraussetzungen in ihrer Person für eine erfolgreiche Qualifizierung mitbringen. Im Kündigungsschutzverfahren kann den Arbeitnehmern, die in dieser Phase nicht geschult wurden, nicht verwehrt werden, sich im Rahmen der Sozialauswahl mit geschulten Mitarbeitern zu vergleichen. Ergibt die Sozialauswahl, dass ein geschulter Mitarbeiter eine geringere soziale Schutzbedürftigkeit aufweist, ist die Kündigung rechtswidrig, der gekündigte Mitarbeiter nachzuschulen und auf dem qualifizierten Arbeitsplatz einzusetzen.[779]

337 Schließlich ist auf das Zusammenspiel mit § 81 Abs. 4 BetrVG zu verweisen, nach dem der Arbeitgeber dieselben Maßnahmen und Folgen, wie sie auch in § 97 Abs. 2 BetrVG umschrieben sind, einschließlich der Qualifizierungsmöglichkeiten **mit den betroffenen Arbeitnehmern zu erörtern hat**. Der einzelne Arbeitnehmer kann jedoch keine Schulungsmaßnahmen erzwingen.

III. Durchführung betrieblicher Bildungsmaßnahmen

1. Mitbestimmung über betriebliche Bildungsmaßnahmen

338 Gem. § 98 Abs. 1 BetrVG hat der Betriebsrat bei der Durchführung von Maßnahmen der betrieblichen Berufsbildung mitzubestimmen. Das Mitbestimmungsrecht besteht nur bei Maßnahmen der betrieblichen Berufsbildung. In diesem Zusammenhang wird der Begriff »betrieblich« nach ständiger Rechtsprechung nicht räumlich, sondern funktional verstanden. Entscheidend ist nicht, an welchem Ort die Maßnahme durchgeführt wird. Eine betriebliche – im Unterschied zur außerbetrieblichen – Maßnahme liegt dann vor, wenn sie vom Arbeitgeber getragen oder veranstaltet und für seine Arbeitnehmer durchgeführt wird. Werden **Auszubildende eines anderen Unternehmens** für dieses im Betrieb auf der Grundlage einer Kooperationsvereinbarung ausgebildet, besteht für den Betriebsrat des die Ausbildung durchführenden Betriebes kein Mitbestimmungsrecht.[780] Träger oder Veranstalter der Maßnahme ist der Arbeitgeber dann, wenn er die Maßnahme allein durchführt oder – bei Zusammenarbeit mit Dritten – auf Inhalt und Durchführung der Maßnahme rechtlich oder tatsächlich einen beherrschenden Einfluss hat. Führt dagegen ein Dritter in Zusammenarbeit mit dem Arbeitgeber eine Berufsbildungsmaßnahme durch, auf die der Arbeitgeber keinen beherrschenden Einfluss hat, liegt keine betriebliche Maßnahme vor. Diese Differenzierung entspricht Sinn und Zweck der §§ 96 bis 98 BetrVG. Das Beteiligungsrecht bei betrieblichen und außerbetrieblichen Maßnahmen ist unterschiedlich, weil ein echtes Mitbestimmungsrecht nur denkbar ist, soweit der Arbeitgeber die Maßnahmen gestalten kann. Bei außerbetrieblichen Maßnahmen, deren Inhalt und

779 In diesem Sinne auch Richardi/*Thüsing*, § 97 BetrVG Rn 13.

780 LAG Niedersachsen, Beschl. v. 21.05.2003 – 15 TaBV 2/03 (n.v.), n.rkr., Az. BAG: 1 ABR 43/03.

Form von Dritten bestimmt werden, müsste ein Mitbestimmungsrecht daran scheitern, dass dessen Adressat – der Arbeitgeber – keine Gestaltungsmacht hat. Um die mit § 98 Abs. 1 BetrVG bezweckte Mitgestaltung des Betriebsrats zu ermöglichen, ist in entsprechender Anwendung dieser Vorschrift ein Mitbestimmungsrecht jedoch dort anzuerkennen, wo der Arbeitgeber – noch eigenverantwortlich handelnd – **Festlegungen für die spätere Durchführung** von Bildungsmaßnahmen trifft. Danach muss das Mitbestimmungsrecht des Betriebsrats an derjenigen Maßnahme ansetzen, mit der sich der Arbeitgeber seiner eigenständigen Regelungsbefugnis begibt, also beim **Kooperationsvertrag** selbst. Mitbestimmungspflichtig entsprechend § 98 Abs. 1 BetrVG ist der Abschluss eines Vertrages über die gemeinsame Durchführung der betrieblichen Berufsbildung durch mehrere Arbeitgeber. Auf diese Weise haben die Betriebsräte die Möglichkeit, bei der Festlegung der Grundsätze der gemeinsamen Berufsbildung dafür zu sorgen, dass dem Zweck der Mitbestimmung nach § 98 Abs. 1 BetrVG Rechnung getragen wird. Dies kann durch vereinbarte Beteiligungsrechte der Betriebsräte geschehen, die der jeweiligen Kooperationsform angepasst sind, beispielsweise durch Vertretung der Betriebsräte in den zur Leitung der Berufsausbildung vorgesehenen Organen oder durch Mitbestimmungsrechte, die ein von den Betriebsräten gemeinsam gebildetes Gremium gegenüber solchen Lenkungsorganen ausüben könnte.

Dieses Mitbestimmungsrecht entsprechend § 98 Abs. 1 BetrVG bliebe allerdings auf die Modalitäten der gemeinsamen betrieblichen Ausbildung beschränkt. Dagegen obliegt allein dem Arbeitgeber die Entscheidung darüber, ob er sich überhaupt an einem derartigen Ausbildungsverbund beteiligen will.[781]

Entscheidet sich der Arbeitgeber, die Ausbildung nur noch **im Rahmen des § 29 Abs. 2 BBiG verkürzt** anzubieten, unterliegt diese Entscheidung nicht dem Mitbestimmungsrecht.[782]

In der **Nichtdurchführung einer Bildungsmaßnahme**, zu der bereits eingeladen war, liegt auch dann keine Umgehung oder Verletzung des Mitbestimmungsrechts des Betriebsrats, wenn sie auf eine nach Einladung entstandene Meinungsverschiedenheit über die Personen von Teilnehmern zurückzuführen ist. In der Entscheidung, ob eine Bildungsmaßnahme überhaupt durchgeführt wird, bleibt der Arbeitgeber frei. Eine Einigungsstelle ist in diesem Falle offensichtlich unzuständig i.S.d. § 98 ArbGG.[783] 339

2. Bestellung einer mit der Durchführung beauftragten Person

Der Betriebsrat hat ein Mitbestimmungsrecht hinsichtlich der Bestellung und Abberufung der mit der Durchführung der betrieblichen Berufsbildung beauftragten Personen nach § 98 Abs. 2 BetrVG. Dieses Mitbestimmungsrecht bezieht sich auf die Ausbilder nach dem BBiG, aber auch auf alle anderen Personen, die mit der Durchführung einer Maßnahme der beruflichen Bildung beauftragt werden, sei es bei der Berufsausbildung außerhalb des BBiG, sei es im Rahmen der Fortbildung oder der Umschulung.[784] 340

Können sich Arbeitgeber und Betriebsrat über Bestellung oder Abberufung eines Ausbilders nicht einigen, kann der Betriebsrat gem. § 98 Abs. 5 BetrVG beim Arbeitsgericht beantragen, **dem Arbeitgeber aufzugeben, die Bestellung zu unterlassen oder die Abberufung durchzuführen**. Erklärt der Betriebsrat gem. § 98 Abs. 2 BetrVG einen Widerspruch gegen die Einstellung einer Person als Ausbilder, so steht dem **Arbeitgeber ungeachtet des Verfahrens nach § 98 Abs. 5 BetrVG ein eigenes Feststellungsinteresse zur Seite, die Rechtswirksamkeit des Widerspruchs des Betriebsrats im arbeitsgerichtlichen Beschlussverfahren überprüfen zu können.**[785] Allerdings ist umstritten, ob der Arbeitgeber vor Bestellung eines Ausbilders eine gerichtliche Klärung 341

781 BAG, Beschl. v. 18.04.2000, NZA 2001, 167.
782 LAG Köln, Beschl. v. 11.04.2003 – 4 TaBV 89/02 (n.v.), n.rkr., Az. BAG: 1 ABR 28/03.
783 LAG Rheinland-Pfalz, Beschl. v. 12.12.1988, NZA 1989, 943.
784 *Fitting u.a.*, § 98 BetrVG Rn 13.
785 LAG Berlin, Beschl. v. 06.01.2000, NZA-RR 2000, 370.

herbeiführen kann, mit der er feststellen lassen will, ob ein Widerspruch des Betriebsrates hiergegen berechtigt ist. Die Befürworter eines solchen Rechts des Arbeitgebers[786] verweisen darauf, dass dieses zwar nicht aus dem Wortlaut des § 98 Abs. 5 Satz 1 BetrVG folge, dass dem Arbeitgeber indes die Möglichkeit zur Klärung der Rechtslage eingeräumt werden müsse. Bestelle er nämlich trotz Widerspruchs des Betriebsrats einen Ausbilder, so sei diese Maßnahme unwirksam. Demgegenüber vertreten *Richardi/Thüsing*[787] zwar die Auffassung, dass die Bestellung des Ausbilders auch dann wirksam erfolgt sei, wenn der Betriebsrat ihr widersprochen habe. Sehe jedoch der Arbeitgeber – etwa wegen des Gebotes der vertrauensvollen Zusammenarbeit – von einer Bestellung ab, so müsse er antragsberechtigt sein, um klären zu lassen, ob ein Widerspruchsgrund bestehe. Die Gegenmeinung[788] vertritt die Auffassung, dass der Arbeitgeber im Rahmen von § 98 Abs. 5 Satz BetrVG kein eigenes Antragsrecht habe; der Widerspruch des Betriebsrates i.S.v. § 98 Abs. 2 BetrVG führe nämlich nicht zur Unwirksamkeit einer gleichwohl erfolgten Bestellung.

3. Mitbestimmungsrecht bei Festlegung des Teilnehmerkreises

342 Der Betriebsrat ist bei der Auswahl der Teilnehmer nach Maßgabe des § 98 Abs. 3 und 4 BetrVG zu beteiligen. An diesen personellen Entscheidungen ist der Betriebsrat nicht nach § 98 Abs. 1 BetrVG zu beteiligen, sondern nur nach § 98 Abs. 3 und 4 BetrVG. Das ergibt sich bei einer systematischen Betrachtung des § 98 BetrVG. Einzelne Vorgänge, die bei der Durchführung von Maßnahmen der betrieblichen Berufsbildung anfallen, haben eine eigenständige Regelung erfahren. Das gilt zum einen für die Auswahl von Arbeitnehmern zur Teilnahme an solchen Maßnahmen, aber auch für die Bestellung einer mit der Durchführung der betrieblichen Berufsbildung beauftragten Person (§ 98 Abs. 2 BetrVG).

342a Die Beteiligungsrechte des Betriebsrats sind unterschiedlich ausgestaltet. Das gilt auch für die Auswahl der teilnehmenden Arbeitnehmer. Nach § 98 Abs. 4 BetrVG muss die Einigungsstelle ohne Einschränkungen entscheiden, wenn im Fall des Abs. 1 (allgemeines Mitbestimmungsrecht bei der Durchführung von Maßnahmen der betrieblichen Berufsbildung) keine Einigung zustande kommt. Im Falle des Abs. 3 wird die Einigungsstelle nur tätig, wenn über die vom Betriebsrat vorgeschlagenen Teilnehmer eine Einigung nicht zustande kommt. Daraus folgt, dass sich ein Mitbestimmungsrecht des Betriebsrats bei der Auswahl der Teilnehmer nur aus § 98 Abs. 3 i.V.m. § 98 Abs. 4 BetrVG ergeben kann. Der Wortlaut des § 98 Abs. 3 und 4 BetrVG spricht nicht für ein Mitbestimmungsrecht in dem Sinne, dass der Betriebsrat der Auswahl eines jeden Arbeitnehmers zustimmen müsste. Wäre das gewollt, hätte die Vorschrift lauten müssen: Der Betriebsrat hat bei der Auswahl der teilnehmenden Arbeitnehmer mitzubestimmen. So lautet die Vorschrift aber nicht. Sie ist differenzierter.

342b Auszugehen ist von dem Fall, dass der Arbeitgeber die Zahl der Teilnehmer an einer Berufsbildungsmaßnahme i.S.v. § 98 Abs. 3 BetrVG bestimmt, **Arbeitgeber und Betriebsrat aber zusammen mehr Arbeitnehmer für die Teilnahme vorschlagen als Ausbildungsplätze zur Verfügung stehen**. In Fällen dieser Art muss eine Auswahl getroffen werden. Lehnt der Arbeitgeber einen oder mehrere vom Betriebsrat vorgeschlagene Teilnehmer ab, muss die Einigungsstelle entscheiden (§ 98 Abs. 4 BetrVG). Die Einigungsstelle hat deshalb auszuwählen. Sie muss Kriterien für die Auswahl aufstellen. Nach diesen Kriterien muss sie alle vorgeschlagenen Teilnehmer beurteilen, unabhängig davon, ob der Arbeitgeber oder der Betriebsrat sie vorgeschlagen hat. Auf diese Weise kommt es indirekt auch zu einer Beurteilung der Arbeitnehmer, die der Arbeitgeber vorgeschlagen hat. Dürfte die Einigungsstelle nur über die Vorschläge des Betriebsrats entscheiden, wäre eine einheitliche Beurteilung nicht möglich. Außerdem könnte der Arbeitgeber das Recht des Betriebsrats, die Auswahl beeinflussen zu können, dadurch unterlaufen, dass er selbst so viele Arbeitnehmer benennt, wie Ausbildungsplätze zur Verfügung stehen.

786 *Fitting u.a.*, § 98 BetrVG Rn 21 ff., Richardi/*Thüsing*, § 98 BetrVG Rn 35.
787 § 98 BetrVG Rn 35.
788 *Ehrich*, RdA 1993, 220.

Dem Betriebsrat werden Beteiligungsrechte bei der Auswahl der Arbeitnehmer deshalb eingeräumt, weil wichtige Arbeitnehmerinteressen berührt sind. Die Teilnahme an Maßnahmen der betrieblichen Berufsbildung kann darüber entscheiden, ob Arbeitnehmer ihren Arbeitsplatz behalten oder an einem beruflichen Aufstieg teilnehmen können. Bei der Verteilung der zur Verfügung stehenden Ausbildungsplätze hat der Betriebsrat auf eine gerechte Verteilung der Ausbildungsplätze hinzuwirken. Arbeitgeber und Betriebsrat müssen deshalb Auswahlkriterien aufstellen und die vorgeschlagenen Arbeitnehmer nach diesen Auswahlkriterien beurteilen. Kommt hierüber keine Einigung zustande, hat die Einigungsstelle zu entscheiden. Sie trifft die Auswahl. **Hat der Betriebsrat jedoch keine Vorschläge gemacht, sieht er Arbeitnehmerinteressen folglich nicht als berührt an.** Tatsächlich käme es in der Einigungsstelle, wenn der Betriebsrat sie anrufen könnte, ohne eigene Vorschläge gemacht zu haben, auch nicht zu einer Auswahlentscheidung. Die Entscheidung könnte lediglich dahin lauten, ob die vom Arbeitgeber vorgeschlagenen Arbeitnehmer teilnehmen dürfen oder nicht. Danach hat der Betriebsrat dann – aber auch nur dann – die Möglichkeit, wegen fehlender Einigung zwischen Arbeitgeber und Betriebsrat über die Teilnehmer an einer Maßnahme der betrieblichen Berufsbildung i.S.v. § 98 Abs. 3 BetrVG die Einigungsstelle anzurufen, wenn er selbst eigene Vorschläge gemacht hat. Der Betriebsrat hat dagegen **nicht über die Eignung eines einzelnen Arbeitnehmers** mitzubestimmen, wenn nur der Arbeitgeber den Arbeitnehmer für die Teilnahme an einer solchen Bildungsmaßnahme vorgeschlagen hat und der Betriebsrat sein Vorschlagsrecht nicht ausgeübt hat.[789] 342c

4. Sonstige Bildungsmaßnahmen

Die Absätze 1 bis 5 des § 98 BetrVG gelten entsprechend, wenn der Arbeitgeber sonstige Bildungsmaßnahmen im Betrieb durchführt, die keine Berufsbildungsmaßnahmen sind. Gemeint sind in erster Linie Maßnahmen der **Allgemeinbildung**, wie die Vermittlung von staatsbürgerlichen und kulturellen Kenntnisse, nicht aber Maßnahmen der Freizeitgestaltung oder Unterhaltung. Auch Informationsveranstaltungen des Arbeitgebers, die der allgemeinen Belehrung dienen, können Bildungsmaßnahmen und damit mitbestimmungspflichtig gem. § 98 Abs. 6 BetrVG sein. Dies gilt auch dann, wenn sie nur einige Stunden dauern und wenn sie evtl. lediglich versuchsweise durchgeführt werden.[790] Nicht als sonstige Bildungsmaßnahmen gilt dagegen die – mitbestimmungsfreie – Unterrichtung des Arbeitnehmers hinsichtlich seiner Aufgaben und Verantwortung, über die Art seiner Tätigkeit und ihrer Einordnung in den Arbeitsablauf des Betriebes sowie über die Unfall- und Gesundheitsgefahren und die Maßnahmen und Einrichtungen zur Abwendung dieser Gefahren i.S.v. § 81 BetrVG.[791] 343

I. Mitbestimmung bei personellen Einzelmaßnahmen

Sobald sich der Arbeitgeber entschieden hat, die Personalplanung durch Vornahme einer personellen Maßnahme, eine Einstellung oder Versetzung, eine damit verbundene Ein- oder Umgruppierung, zu konkretisieren, erstarkt das Mitwirkungsrecht des Betriebsrats in Unternehmen mit i.d.R. mehr als 20 wahlberechtigten Arbeitnehmern zu einem Mitbestimmungsrecht. Bei fehlender Einigung zwischen Arbeitgeber und Betriebsrat entscheidet jedoch nicht die Einigungsstelle, der Betriebsrat ist vielmehr auf bestimmte Zustimmungsverweigerungsrechte beschränkt, deren Bestehen der gerichtlichen Überprüfung unterliegt. Ohne Zustimmung des Betriebsrats oder deren arbeitsgerichtlicher Ersetzung darf der Arbeitgeber die Maßnahme nicht durchführen. 344

789 BAG, Beschl. v. 08.12.1987, NZA 1988, 401.
790 LAG Frankfurt, Beschl. v. 04.12.1979, BetrR 1980, 334.
791 BAG, Beschl. v. 23.04.1991, NZA 1991, 817; Beschl. v. 28.01.1992, NZA 1992, 707.

I. Schwellenwert für das Mitbestimmungsrecht

345 Das Mitbestimmungsrecht greift nur bei in der Regel **mehr als 20 wahlberechtigten Arbeitnehmern**. Bezugspunkt der Feststellung des Schwellenwertes war bis zum In-Kraft-Treten des BetrVerf-Reformgesetzes der Betrieb, heute ist es das **Unternehmen**. Da durch den Schwellenwert insbesondere die geringere wirtschaftliche Leistungsfähigkeit berücksichtigt werden sollte, wurde in der Herausnahme größerer Unternehmen mit Kleinbetrieben zunehmend ein Verstoß gegen den Gleichbehandlungsgrundsatz des Art. 3 Abs. 1 GG gesehen.[792]

345a Nach der Entscheidung des Bundesverfassungsgerichts[793] zu der Kleinbetriebsklausel des § 23 KSchG, die nach Auffassung des BVerfG in Unternehmen mit mehreren Betrieben verfassungskonform dahin gehend auszulegen ist, dass sie auf die Einheiten zu beschränken ist, für deren Schutz die Kleinbetriebsklausel allein bestimmt ist und für die die Benachteiligung der betroffenen Arbeitnehmer sachlich begründet ist, hat das BAG[794] entschieden, dass ein Mitbestimmungsrecht gem. §§ 111 ff. BetrVG in Kleinbetrieben jedenfalls dann besteht, wenn sich die wirtschaftliche Maßnahme betriebsübergreifend auf mehrere Betriebe des Unternehmens erstreckt und in die Zuständigkeit des Gesamtbetriebsrats fällt. Der Gesetzgeber hat daher auch bei dem Beratungsrecht bei Betriebsänderung auf das Unternehmen abgestellt.[795] Nach der Gesetzesbegründung sollte mit der Herausnahme von sog. Kleinbetrieben aus der Mitbestimmung des Betriebsrats bei personellen Einzelmaßnahmen der besonderen Interessenlage der Arbeitgeber in kleineren Betrieben Rechnung getragen werden, wo in der Regel noch von einer engen persönlichen Zusammenarbeit zwischen Arbeitgeber und Arbeitnehmer auszugehen ist. Über Fragen der Einstellung und Versetzung sollte der Arbeitgeber noch unbeeinflusst durch den Betriebsrat entscheiden können.

345b In Anbetracht der Tatsache, dass immer mehr Unternehmen dazu übergehen, zu dezentralisieren und kleine, leistungsstarke Organisationseinheiten zu schaffen, um so besser und schneller auf sich verändernde Marktbedingungen im globalen Wettbewerb reagieren zu können, ist eine neue Unternehmensstruktur entstanden. Sie zeichnet sich dadurch aus, dass Unternehmen über eine größere Anzahl von Arbeitnehmern verfügen, diese aber in einer Vielzahl von kleineren Organisationseinheiten einsetzen. Bei einer derartigen Unternehmensstruktur fehlt es trotz der geringen Arbeitnehmerzahl in den jeweiligen Einheiten in aller Regel an einer räumlich bedingten engen persönlichen Zusammenarbeit zwischen Arbeitgeber und Arbeitnehmern, die weiterhin den Ausschluss der betrieblichen Mitbestimmung bei personellen Einzelmaßnahmen rechtfertigt. Demnach ist heute die Anknüpfung der Arbeitnehmergrenzzahl an das Unternehmen sachgerecht.[796] Maßgebend ist die Zahl der **in inländischen Betrieben des Unternehmens** beschäftigten wahlberechtigten Arbeitnehmer.[797]

II. Die zustimmungspflichtigen Maßnahmen

346 Die zustimmungsbedürftigen personellen Maßnahmen im Einzelnen sind Einstellung, Versetzung, Ein- und Umgruppierung. Insbesondere die Begriffe der Einstellung und Versetzung sind durch die Rechtsprechung differenziert entwickelt worden.[798]

792 Däubler/Kittner/Klebe/*Däubler*, § 111 BetrVG Rn 29a; MünchArbR/*Matthes*, § 360 Rn 7.
793 BVerfG v. 27.01.1998, AP Nr. 17 zu § 23 KSchG 1969.
794 BAG, Urt. v. 08.06.1999, AP Nr. 47 zu § 111 BetrVG 1972.
795 Vgl. § 2 Rn 1 ff.
796 BT-Drucks. 14/5741, 51.
797 ArbG Frankfurt, Beschl. v. 27.05.2002, SuP 2002, 541.
798 Vgl. *Hunold*, NZA 1998, 1025.

1. Einstellung

Eine Einstellung liegt nach der neueren Rechtsprechung in der **tatsächlichen Beschäftigung des Mitarbeiters**.[799] Die rechtliche Qualifizierung des zugrunde liegenden Vertragsverhältnisses (Arbeitnehmer, freier Mitarbeiter, Fremdfirmeneinsatz) ist für den Einstellungsbegriff ohne Bedeutung. Eine mitbestimmungspflichtige Einstellung liegt vielmehr vor, wenn Personen in den Betrieb eingegliedert werden, um zusammen mit den dort schon beschäftigten Mitarbeitern den arbeitstechnischen Zweck des Betriebes durch weisungsgebundene Tätigkeit zu verwirklichen, die vom Arbeitgeber organisiert werden muss.[800] Die Eingliederung von **Zivildienstleistenden** ist eine Einstellung. Das Mitbestimmungsrecht bezieht sich auf den Antrag auf Zuweisung bestimmter Zivildienstleistender an das Bundesamt für den Zivildienst. Unerheblich ist, dass die Zuweisung selbst ein Verwaltungsakt ist.[801] 347

Eine Eingliederung in vorgenanntem Sinne ist auch bei Arbeitnehmern von **Fremdfirmen** möglich, die auf Grund eines Dienst- oder Werkvertrages mit Tätigkeiten im Betrieb beauftragt werden. Dazu ist jedoch erforderlich, dass diese gemeinsam mit den im Betrieb schon beschäftigten Arbeitnehmern eine Tätigkeit zu verrichten haben, die ihrer Art nach weisungsgebunden ist, der Verwirklichung des arbeitstechnischen Zwecks des Betriebes dient und daher vom Arbeitgeber organisiert werden muss. Die Personen müssen so in die betriebliche Arbeitsorganisation integriert werden, dass der Arbeitgeber das für ein Arbeitsverhältnis typische Weisungsrecht inne hat und die Entscheidung über den Einsatz auch nach Zeit und Ort trifft. Er muss diese Arbeitgeberfunktion wenigstens im Sinne einer aufgespaltenen Arbeitgeberstellung teilweise ausüben.[802] Nach der Rechtsprechung des BAG genügt dazu die detaillierte Beschreibung der dem Arbeitnehmer übertragenen Tätigkeit in dem zugrunde liegenden Vertrag ebenso wenig,[803] wie die enge räumliche Zusammenarbeit im Betrieb, die Unentbehrlichkeit einer von der Fremdfirma erbrachten Hilfsfunktion für den Betriebsablauf oder die Einweisung und Koordination des Fremdfirmeneinsatzes durch Mitarbeiter des Betriebsinhabers.[804] In der Beschäftigung von Arbeitnehmern einer Drittfirma liegt keine mitbestimmungspflichtige Einstellung i.S.v. § 99 Abs. 1 BetrVG, wenn die Personalhoheit für die Arbeitnehmer bei der Drittfirma verbleibt. Das ist dann der Fall, wenn es der Drittfirma überlassen bleibt, die zur Erfüllung der übernommenen Verpflichtungen erforderlichen Arbeitnehmer zu beschaffen und dabei Ausfälle durch Krankheit, Urlaub und Sonstiges einzuplanen.[805] 348

Die Fortbeschäftigung eines Arbeitnehmers, dessen Arbeitsverhältnis im Wege des **Betriebsübergangs** nach § 613a BGB auf den Betriebserwerber übergegangen ist, bedeutete auch dann keine Einstellung, wenn der Betriebsübergang in der Übernahme der Gesamtheit von Arbeitnehmern besteht.[806] 348a

Vorsicht ist geboten beim parallelen Einsatz von **freien Mitarbeitern und Festangestellten** für gleiche Aufgaben, so beispielsweise bei der Beschäftigung von Honorarlehrkräften und festangestellten Lehrkräften.[807] Wenn ein Unternehmen der beruflichen Bildung für Unterrichtstätigkeit 349

799 BAG, Beschl. v. 28.04.1992 und Beschl. v. 13.04.1994, AP Nr. 98 zu § 99 BetrVG 1972 und AP Nr. 9 zu § 72 LPVG NW; unter Aufgabe der früheren Rspr., die wahlweise die rechtliche Begründung des Arbeitsverhältnisses oder die tatsächliche Beschäftigung als Einstellung gesehen hatte, vgl. BAG, Beschl. v. 12.07.1988, AP Nr. 54 zu § 99 BetrVG 1972.

800 BAG, Beschl. v. 13.03.2001 – 1 ABR 34/00 (n.v.); BAG, Beschl. v. 22.04.1997, AP Nr. 118 zu § 99 BetrVG 1972.

801 BAG, Beschl. v. 19.06.2001 – 1 ABR 25/00 (n.v.).

802 BAG, Beschl. v. 18.10.1994, BAGE 78, 142; Beschl. v. 30.08.1994, AP Nr. 6 zu § 99 BetrVG 1972 Einstellung.

803 BAG, Beschl. v. 05.03.1991, BAGE 67, 290; Beschl. v. 05.05.1992, BAGE 70, 201; Beschl. v. 01.12.1992, EzA § 99 BetrVG 1972 Nr. 110.

804 BAG, Beschl. v. 09.07.1991, AP Nr. 94 zu § 99 BetrVG 1972.

805 LAG Hamm, Beschl. v. 07.11.2000 – 13 TaBV 52/00 (n.v.), bestätigt durch BAG, Beschl. v. 11.09.2001, EzA § 99 BetrVG 1972 Einstellung Nr. 10.

806 LAG Düsseldorf, Beschl. v. 23.01.2003, AiB 2003, 435, Rechtsbeschwerde vom BAG, Beschl. v. 02.03.2004 – 1 ABR 15/03 (n.v.) wegen fehlendem Feststellungsinteresse des Betriebsrats als unzulässig zurückgewiesen.

807 Vgl. BAG, Beschl. v. 03.07.1990 und Beschl. v. 27.07.1993, AP Nr. 81 zu § 99 BetrVG 1972 und AP Nr. 3 zu § 93 BetrVG 1972.

Honorarkräfte als freie Mitarbeiter beschäftigt, liegt keine mitbestimmungspflichtige Einstellung i.S.v. § 99 Abs. 1 BetrVG vor.[808]

349a Auch die **Verlängerung eines befristeten Arbeitsverhältnisses** oder dessen **Umstellung in ein unbefristetes Arbeitsverhältnis** ist eine Einstellung.[809] Gleiches gilt für die **Beschäftigung über** eine tarifvertraglich vorgesehene oder vertraglich wirksam vereinbarte **Altersgrenze hinaus.**[810] Die bloße Wiederaufnahme des Arbeitsverhältnisses nach dessen **Ruhen** ist grundsätzlich keine Einstellung,[811] die **vorzeitige Beschäftigung einer in der Elternzeit befindlichen Mitarbeiterin** im Rahmen des unschädlichen Umfangs (§ 15 Abs. 4 BErzGG) dagegen schon.[812] Die **Aufstockung der Arbeitszeit** von halbtags auf ganztags ist als Einstellung anzusehen und damit mitbestimmungspflichtig i.S.v. § 99 BetrVG.[813] Beim Einsatz von Arbeitnehmern der Shop-in-Shop-Partnerfilialen zum Zwecke der praktischen Ausbildung in Filialen der Deutschen Post AG steht dem Betriebsrat ein Mitbestimmungsrecht unter dem Gesichtspunkt der Einstellung nach § 99 BetrVG zu.[814] Der **Austausch von Leiharbeitnehmern** stellt keine Einstellung i.S.d. § 99 BetrVG dar, wenn der Verleiher nur eine nach Qualifikation und Anzahl bestimmte Überlassung schuldet.[815] Bei der **Eingliederung von Auszubildenden eines anderen Unternehmens in die eigene Lehrwerkstatt** im Rahmen eines Kooperationsvertrages handelt es sich um eine Einstellung i.S.v. § 99 BetrVG.[816] Der **ehrenamtliche Einsatz von Mitgliedern des Deutschen Roten Kreuzes** auf Krankenwagen im Rahmen des von einem DRK-Kreisverband betriebenen Rettungsdienstes ist eine Einstellung i.S.v. § 99 Abs. 1 BetrVG.[817]

2. Eingruppierung

350 Auch wenn eine Einstellung regelmäßig mit einer Eingruppierung einhergeht, sind beide Vorgänge doch zu trennen.[818] Die Eingruppierung ist die Einreihung des Arbeitnehmers in ein Vergütungssystem, aus der die Vergütung der Arbeitsleistung des Arbeitnehmers folgt. Eine Eingruppierung stellt keine Rechtsgestaltung dar, sondern einen gedanklichen Vorgang. Sie ist ein **Akt der Rechtsanwendung** und die Kundgabe des hierbei gefundenen Ergebnisses, dass nämlich die vom Arbeitnehmer zu verrichtenden Tätigkeiten den Tätigkeitsmerkmalen einer bestimmten Vergütungsgruppe entsprechen und daher der Arbeitnehmer in diese Gruppe einzuordnen ist. An diesem Akt der Rechtsanwendung ist der Betriebsrat nach § 99 Abs. 1 BetrVG zu beteiligen. Bei seinem Mitbestimmungsrecht handelt es sich um ein Mitbeurteilungsrecht im Sinne einer Richtigkeitskontrolle.[819] Das Mitbestimmungsverfahren bei einer Eingruppierung nach § 99 BetrVG ist ein einheitliches Verfahren, das die Eingruppierung in allen ihren Teilen erfasst. Auch wenn die Eingruppierungsentscheidung mehrere Fragestellungen beinhaltet – z.B. die Auswahl zwischen einer Vergütungsordnung mit und einer solchen ohne Aufstieg nach Lebensaltersstufen sowie die Einreihung in die zutreffende Vergütungs- und Fallgruppe –, kann der Arbeitgeber das Mitbestimmungsverfahren nicht auf die einzelnen Teile beschränken. Eine »richtige« Eingruppierung, zu der die Zustimmung nach § 99 BetrVG einzuholen ist, liegt nur dann vor, wenn alle Teilfragen zutreffend beurteilt worden sind; eine »**Teileingruppierung**« kommt einer unrichtigen, unzutreffenden Eingruppierung gleich.[820]

808 LAG Schleswig-Holstein, Beschl. v. 20.09.1999 – 2 TaBV 15/99 (n.v.)
809 BAG, Beschl. v. 07.08.1990, AP Nr. 82 zu § 99 BetrVG 1972.
810 BAG, Beschl. v. 12.07.1988, AP Nr. 54 zu § 99 BetrVG 1972.
811 LAG Mecklenburg-Vorpommern, Beschl. v. 15.02.1996, NZA-RR 1997, 51.
812 BAG, Beschl. v. 28.04.1998, AP Nr. 22 zu § 99 BetrVG 1972 Einstellung.
813 LAG Niedersachsen, Beschl. v. 12.09.2000, NZA-RR 2001, 141.
814 ArbG Köln, Beschl. v. 07.04.2000, AiB Telegramm 2000, 45.
815 LAG Niedersachsen, Beschl. v. 13.10.1999 – 13 TaBV 106/98 (n.v.).
816 LAG Niedersachsen, Beschl. v. 21.05.2003 – 15 TaBV 2/03 (n.v.), n.rkr., Az. BAG: 1 ABR 43/03.
817 BAG, Beschl. v. 12.11.2002, AP Nr. 43 zu § 99 BetrVG 1972 Einstellung.
818 BAG, Beschl. v. 28.03.2000, NZA 2000, 1294.
819 BAG, Beschl. v. 20.12.1988, BAGE 60, 330; Beschl. v. 20.03.1990, BAGE 64, 254; Beschl. v. 02.04.1996, AP Nr. 7 zu § 99 BetrVG 1972 Eingruppierung.
820 BAG, Beschl. v. 27.07.1993, BAGE 74, 10.

Eine Eingruppierung nach § 99 BetrVG umfasst jedenfalls die Entscheidung über die **anzuwendende Vergütungsordnung** sowie über die Einreihung in die zutreffende Vergütungsgruppe.[821] Das Mitbestimmungsrecht bei der Eingruppierung ist nicht auf die Mitbeurteilung arbeitsplatzbezogener Tätigkeitsmerkmale beschränkt. Enthält eine Vergütungsgruppe auch **personenbezogene Voraussetzungen**, hat der Arbeitgeber den Betriebsrat vielmehr auch bei der Entscheidung zu beteiligen, dass die Anforderung an die Person erfüllt oder nicht erfüllt ist. Bestimmt sich die Vergütung der Arbeitnehmer in einem Betrieb nach ihrer Eingruppierung in die Vergütungsgruppen eines Tarifvertrages über Tätigkeitsmerkmale und ergänzend nach einem System von Lebensaltersstufen, erstreckt sich das Mitbestimmungsrecht auf die **Festsetzung der Lebensaltersstufen**, wenn diese an die Differenzierungen der Vergütungsgruppen anknüpfen und gemeinsam mit diesen die Vergütungsgruppenordnung bilden.[822] Dem Mitbeurteilungsrecht des Betriebsrats bei Ein- bzw. Umgruppierungen gem. § 99 Abs. 2 Nr. 1 BetrVG unterliegt auch die Frage, ob überhaupt die Vergütungsordnung des **fachlich zutreffenden Tarifvertrages** zugrunde gelegt wird.[823] Das Mitbestimmungsrecht des Betriebsrats bei Eingruppierungen und Umgruppierungen gem. § 99 BetrVG erstreckt sich bei einer nach Lohn- und **Fallgruppen** aufgebauten tariflichen Vergütung nicht nur auf die Bestimmung der Lohngruppe, sondern auch auf die der richtigen Fallgruppe dieser Lohngruppe, wenn damit unterschiedliche Rechtsfolgewirkungen verbunden sein können. Hiervon ist auszugehen bei Fallgruppen, aus denen ein sog. Bewährungsaufstieg vorgesehen ist.[824] Die Feststellung, welche Art von **Familienzuschlag** zu gewähren ist und/oder die Weitergewährung eines **Ortszuschlags** aufgrund **Besitzstandsgarantie**, ist eine Frage der zutreffenden tariflichen Eingruppierung bzw. Umgruppierung, die ebenfalls mitbestimmungspflichtig ist.[825] Die Pflicht des Arbeitgebers, einen neu einzustellenden Arbeitnehmer einzugruppieren, kann **sich nach dem Austritt aus dem Arbeitgeberverband** aus der tatsächlichen Eingruppierungspraxis ergeben, die zu dem Entstehen einer betrieblichen Übung führt.[826] Im Fall eines **Betriebsübergangs von einem tarifgebundenen auf einen tarifungebundenen Arbeitgeber** ist der neue Arbeitgeber bei Neueinstellungen nicht bereits wegen des Betriebsübergangs an die tariflichen Vergütungsordnung gebunden. Die Anwendbarkeit der tariflichen Vergütungsordnung auf Neueinstellungen bedarf ihn diesem Fall vielmehr eines zusätzlichen Geltungsgrundes.[827] Anders kann es nach Wegfall einer Tarifbindung sein, bis eine Änderung der tariflichen Vergütungsordnung mit dem Betriebsrat nach § 87 Abs. 1 Nr. 10 BetrVG verhandelt ist.[828] 351

Die Richtigkeit der Eingruppierung ist jeweils neu bezogen auf die **Person des Arbeitsplatzinhabers** zu überprüfen. Die mitbestimmte Eingruppierung eines vergleichbaren Arbeitnehmers kann zwar ein Indiz bieten, aber die Eingruppierungsentscheidung nicht entbehrlich machen. Die Durchführung eines **abstrakten Eingruppierungsverfahrens** hätte also keine rechtliche Bindungswirkung für künftige Besetzungen der entsprechenden Arbeitsplätze.[829] Schließt sich unmittelbar an ein befristetes Arbeitsverhältnis ein weiteres Arbeitsverhältnis desselben Arbeitnehmers an, so wird eine erneute Eingruppierung nach § 99 BetrVG nicht erforderlich, wenn sich weder die Tätigkeit des Arbeitnehmers noch das maßgebliche Entgeltgruppenschema ändern.[830] Bei der **Versetzung** besteht die Verpflichtung des Arbeitgebers zu einer erneuten Eingruppierung (ggf. Umgruppierung) dementsprechend nur, wenn sich durch die Versetzung der Inhalt der Arbeitsaufgabe des betroffenen Arbeitnehmers ändert, der Gegenstand der geschuldeten Arbeitsleistung infolge Versetzung 352

821 BAG, Beschl. v. 27.06.2000, NZA 2001, 626.
822 LAG Düsseldorf, Beschl. v. 21.06.1999 – 18 TaBV 26/99 (n.v.).
823 LAG Düsseldorf, Beschl. v. 18.08.1998, NZA-RR 1999, 591.
824 BAG, Beschl. v. 27.07.1993, NZA 1994, 952.
825 LAG Baden-Württemberg, Beschl. v. 11.09.2002 – 13 TaBV 4/02 (n.v.).
826 LAG Baden-Württemberg, Beschl. v. 26.06.2002 – 13 TaBV 44/01 (n.v.).; zur Geltung der Rechtsgrundsätze der betrieblichen Übung im betriebskollektiven Bereich BAG, Beschl. v. 12.12.2000, ZTR 2001, 435.
827 BAG, Beschl. v. 23.09.2003, DB 2004, 550.
828 BAG, Urt. v. 02.03.2004, NZA 2004, 852.
829 BAG, Beschl. v. 27.01.1998 – 1 ABR 38/97 (n.v.).
830 BAG, Beschl. v. 11.11.1997, NZA 1998, 319.

in seinem Gesamtbild ein anderer wird.[831] Hat sich dagegen eine **Gehaltsgruppenordnung durch einen neuen Tarifvertrag grundlegend geändert**, ist der Arbeitgeber verpflichtet, bei allen Arbeitnehmern, die unter diesen Tarifvertrag fallen, zu prüfen, ob die bisherige Eingruppierung noch zutreffend ist oder, ob der Arbeitnehmer in eine andere Entgeltgruppe einzugruppieren ist. Daran ist der Betriebsrat nach § 99 BetrVG zu beteiligen.[832]

353 Die Entscheidung über die Gewährung einer **Zulage** ist als Ein- oder Umgruppierung nach § 99 BetrVG nur dann mitbestimmungspflichtig, wenn die Zulage eine Zwischenstufe zwischen Vergütungsgruppen darstellt. Das ist nicht der Fall, wenn die Zulage nur in »angemessener« Höhe für eine unspezifische Kombination von Tätigkeiten geschuldet wird, deren Wertigkeit in beliebiger Weise die Merkmale einer tariflichen Vergütungsgruppe übersteigt.[833] Das Mitbestimmungsrecht entfällt nicht deshalb, weil der Arbeitgeber bei seiner Prüfung zu dem Ergebnis gelangt, dass die zu bewertende Tätigkeit Anforderungen stellt, die die **Qualifikationsmerkmale der obersten Vergütungsgruppe übersteigen**.[834] Die Vereinbarung **außertariflicher Arbeitsentgelte im Einzelfall** unterliegt jedoch nicht der Mitbestimmung.[835]

3. Umgruppierung

354 Unter einer Umgruppierung i.S.d. § 99 Abs. 1 BetrVG ist die Feststellung des Arbeitgebers zu verstehen, dass die Tätigkeit des Arbeitnehmers nicht – oder nicht mehr – den Tätigkeitsmerkmalen derjenigen Kategorie entspricht, in die er eingruppiert ist. Anlass für diese Feststellung kann eine **Änderung der Tätigkeit** sein, eine Änderung des **Entgeltschemas** oder aber eine veränderte **Einschätzung der Rechtslage** durch den Arbeitgeber. Umgruppierungen unterliegen nach § 99 BetrVG in gleicher Weise der Mitbestimmung des Betriebsrats wie Eingruppierungen.[836]

4. Versetzung

355 Gegenstand der nachfolgenden Erläuterungen ist allein der **kollektivrechtliche Versetzungsbegriff**. Die individualrechtliche Zulässigkeit der Versetzung macht die Beteiligung des Betriebsrats nicht entbehrlich, die Zustimmung des Betriebsrats vermag über individualrechtliche Schranken, beispielsweise aus dem Arbeitsvertrag, nicht hinwegzuhelfen. Nicht zu vergessen ist, dass im Falle einer Änderungskündigung, bei der die Änderung der Tätigkeit zugleich eine Versetzung darstellt, der Betriebsrat sowohl gem. § 102 BetrVG in Bezug auf die Kündigung zu beteiligen ist, als auch seine Zustimmung nach § 99 BetrVG zu der mit der Änderungskündigung beabsichtigten Versetzung vorliegen muss.[837] Die Wirksamkeit einer Änderungskündigung hängt allerdings nicht von der Durchführung des Verfahrens nach § 99 BetrVG ab. Fehlt die Zustimmung des Betriebsrats zur Versetzung nach § 99 BetrVG, so ist nicht die Änderungskündigung unwirksam, der Arbeitgeber kann dann lediglich die Versetzung tatsächlich nicht durchführen.[838]

356 Eine **Legaldefinition** des Versetzungsbegriffs enthält § 95 Abs. 3 BetrVG. Versetzung ist die tatsächliche Zuweisung eines anderen Tätigkeitsbereichs in räumlicher, technischer und organisatorischer Hinsicht. Das Gesamtbild der Tätigkeit muss sich ändern.[839] Wird die gesamte Arbeitsaufgabe eine

831 LAG Frankfurt, Beschl. v. 01.11.1994, ARST 1995, 141.
832 BAG, Beschl. v. 02.11.1993 – 1 ABR 6/93 (n.v.).
833 BAG, Beschl. v. 02.04.1996, NZA 1996, 1105.
834 BAG, Beschl. v. 31.10.1995, NZA 1996, 890; LAG München, Beschl. v. 24.09.2002 – 6 TaBV 83/01 (n.v.)., n.rkr., Az. BAG: 1 ABR 9/03.
835 BAG, Beschl. v. 31.05.1983, AP Nr. 27 zu § 118 BetrVG 1972.
836 BAG, Beschl. v. 02.04.1996, NZA 1996, 1105; zur Rückgruppierung einer Vorzimmersekretärin nach BAT vgl. BAG, Beschl v. 22.01.2003, ZTR 2003, 454 und LAG Köln, Beschl. v. 16.12.2002, ZTR 2003, 289.
837 Vgl. BAG, Urt. v. 30.09.1993, AP Nr. 33 zu § 2 KSchG 1969; Beschl. v. 10.08.1993, NZA 1994, 187.
838 BAG, Urt. v. 08.06.1995, RzK I 7 a Nr 30; vgl. im Einzelnen *Spirolke*, in: *Spirolke/Regh*, Die Änderungskündigung, S. 99 ff.
839 BAG, Beschl. v. 23.11.1993 und Urt. v. 02.04.1996, AP Nr. 33 und 34 zu § 95 BetrVG 1972.

andere, ist die Abgrenzung schnell zu treffen, schwieriger wird es, wenn lediglich Teilaufgaben entzogen, die Tätigkeit mit neuen Aufgaben angereichert wird. Helfen kann hier sowohl eine **quantitative**[840] als auch eine **qualitative** Betrachtung der wechselnden Tätigkeitsanteile. In dem Entzug von Aufgaben kann auch bei einem untergeordneten Anteil an der Gesamttätigkeit der Beginn einer Versetzung zu sehen sein.[841] Die **Freistellung bzw. Suspendierung** eines Arbeitnehmers ist keine Versetzung, es mangelt hier gerade an der Zuweisung eines neuen Arbeitsbereichs.[842] Ausreichend ist bereits eine erhebliche Änderung der **Arbeitsumstände**, auch wenn die zugewiesene Tätigkeit dieselbe bleibt, sich also lediglich die äußeren Umstände ändern, unter denen die Arbeit zu leisten ist.[843] Hierzu zählt beispielsweise die Zuweisung zu einem anderen Betrieb.[844] Der **Ortswechsel** ist in der Regel eine Versetzung, abgestellt wird hier auf den Bereich der geographischen Gemeinde.[845] Auch die Zuweisung der Tätigkeit an einem anderen Ort, die unter einem Monat dauert, ggf. nur mit einer Übernachtung verbunden ist, kann eine Versetzung sein.[846] Dies sollte jedoch nicht dazu verleiten, jede mit der Erfüllung der Arbeitsaufgabe verbundene **Dienstreise ins Ausland**, die mit einer Übernachtung verbunden ist, als Versetzung anzusehen.[847] Ausgenommen vom Versetzungsbegriff ist die **Einsatzwechseltätigkeit** sowie die vorübergehende Zuweisung eines anderen Arbeitsbereichs unter einem Monat, die nicht mit einer erheblichen Änderung der Arbeitsumstände verbunden ist.

Die Umsetzung einer **Altenpflegekraft** für mehr als einen Monat **von einer Station auf eine andere** in einem in mehrere Stationen gegliederten Seniorenheim ist jedenfalls dann eine Versetzung i.S.v. § 95 Abs. 3 BetrVG, wenn die einzelnen Stationen organisatorisch eigenständig sind.[848]Dagegen soll die Umsetzung mehrere Pflegekräfte mit einer Zeitdauer von **jeweils bis zu einem Monat** auch zur Abdeckung eines **längerfristigen, einen Monat überschreitenden Personalbedarfs** keine Versetzung darstellen.[849] Eine mitbestimmungspflichtige Versetzung liegt auch dann vor, wenn eine mehrmonatige **Abordnung** von Arbeitnehmern in andere **Unternehmensfilialen** in einer Großstadt wie Berlin erfolgt, ohne dass sich der Arbeitsinhalt ändert.[850] Die Zuweisung **anderer Arbeitsschichten** ist auch dann keine Versetzung i.S.v. § 99 Abs. 1 BetrVG, wenn damit der Verlust von Zuschlägen verbunden ist.[851] Eine Änderung der Arbeitsbedingungen eines Arbeitnehmers, der bei ansonsten unveränderten äußeren Umständen künftig im **Gruppenakkord statt wie bisher im Einzelakkord** vergütet wird, stellt nicht die personelle Einzelmaßnahme einer Versetzung dar.[852] Der für die Zeit **bis zu einem Monat** vorgesehene **Einsatz eines Arztes eines Klinikums in ein anderes**, in derselben Stadt gelegenes Klinikum des Arbeitgebers stellt nicht in jedem Fall eine mitbestimmungspflichtige Versetzung dar, weil es bei der Beurteilung des Merkmals der wesentlichen Änderung der Arbeitsumstände auf den jeweiligen Einzelfall ankommt.[853] 357

Der **schwerbehindertenrechtliche Beschäftigungsanspruch** nach § 81 Abs. 4 Satz 1 Nr. 1 SGB IX lässt Mitbestimmungsrechte des Betriebsrats nach § 99 BetrVG unberührt. Soweit für die Erfüllung 357a

840 Nach BAG, Urt. v. 02.04.1996, AP Nr. 34 zu § 95 BetrVG 1972 sind jedenfalls 25 % erheblich.
841 LAG Hamm, Urt. v. 11.05.1979, DB 1979, 2042.
842 BAG, Beschl. v. 28.03.2000, NZA 2000, 1355; LAG Hamm, Beschl. v. 20.09.2002, NZA-RR 2003, 422; ArbG Minden, Beschl. v. 10.12.1996, NZA-RR 1997, 437; m. Anm. *Kittner*, AiB 1997, 474.
843 BAG, Beschl. v. 10.04.1984 und Beschl. v. 08.08.1989, AP Nr. 4 und 18 zu § 95 BetrVG 1972.
844 BAG, Beschl. v. 19.02.1991, AP Nr. 26 zu § 95 BetrVG 1972.
845 *Fitting u.a.*, § 99 BetrVG Rn 121.
846 LAG Köln, Beschl. v. 04.05.1994, NZA 1994, 911, Mitflug eines zum Bodenpersonal gehörenden, standortgebundenen Flugzeugabfertigers zum Zielflughafen im Orient, um dort bei der Flugzeugabfertigung auszuhelfen.
847 Versetzung verneinend auch LAG Köln, Beschl. v. 04.05.1998 – 6 TaBV 90/97 (n.v.). bestätigt v. BAG, Beschl. v. 21.09.1999, DB 1999, 2012.
848 BAG, Beschl. v. 29.02.2000, NZA 2000, 1357.
849 LAG Hamm, Beschl. v. 12.07.2002 – 10 TaBV 150/01 (n.v.).
850 LAG Berlin, Beschl. v. 26.05.1997, NZA-RR 1998, 76.
851 LAG Köln, Beschl. v. 14.02.1997, NZA-RR 1997, 391.
852 LAG Rheinland-Pfalz, Beschl. v. 26.09.1996, LAGE § 99 BetrVG 1972 Versetzung Nr. 2.
853 LAG Berlin, Beschl. v. 11.03.2003, ZTR 2003, 364.

des schwerbehindertenrechtlichen Beschäftigungsanspruchs eine Versetzung erforderlich ist, hat der schwerbehinderte Mensch einen Anspruch darauf, dass der Arbeitgeber die Zustimmung nach § 99 BetrVG beim Betriebsrat einholt. Wird dies verweigert und steht nicht fest, dass dem Betriebsrat objektiv Zustimmungsverweigerungsgründe nach § 99 Abs. 2 BetrVG zustehen, hat der schwerbehinderte Mensch einen Anspruch auf Durchführung des gerichtlichen Zustimmungsersetzungsverfahrens. Führt der Arbeitgeber das Zustimmungsersetzungsverfahren schuldhaft unzureichend durch, kann das einen Schadensersatzanspruch begründen.[854]

III. Unterrichtung des Betriebsrats und Einholung der Zustimmung

358 § 99 Abs. 3 Satz 2 BetrVG enthält eine **Zustimmungsfiktion**, wenn der Betriebsrat dem Arbeitgeber die Verweigerung der Zustimmung nicht innerhalb der Wochenfrist des Satz 1 mitteilt. Führt der Arbeitgeber daraufhin die personelle Einzelmaßnahme durch, entzündet sich der Streit zwischen den Betriebspartnern stets an der Frage, ob der Arbeitgeber durch eine ordnungsgemäße und ausreichende Information des Betriebsrats die Wochenfrist wirksam in Lauf gesetzt hatte. Hat der Arbeitgeber die Auskunft bei der erstmaligen Unterrichtung nicht ausreichend gegeben oder die erforderlichen Unterlagen nicht vorgelegt, beginnt die Wochenfrist des § 99 Abs. 3 BetrVG nicht.[855]

359 Es sind die genauen Personalien, die vorgesehene Eingruppierung, Zeitpunkt der Maßnahme und alle persönlichen Tatsachen über den Bewerber bzw. Arbeitnehmer mitzuteilen, die den Betriebsrat nach Abs. 2 zur Verweigerung der Zustimmung berechtigen könnten, also alle Umstände über die fachliche und persönliche Eignung für den vorgesehenen Arbeitsplatz sowie über die betrieblichen Auswirkungen.[856] Der Arbeitgeber muss aber nur Informationen vermitteln, die **ihm selbst zur Verfügung stehen**.[857] Die Mitteilungspflicht beschränkt sich nicht auf den vom Arbeitgeber vorgesehenen Bewerber, vielmehr sind die **Daten aller Bewerber** mitzuteilen.[858] Erforderlich ist, dass sich der Bewerber auf den konkreten, nicht auf einen anderen Arbeitsplatz im Betrieb beworben hat, selbst wenn er für den zu besetzenden Arbeitsplatz qualifiziert ist.[859] Die Auswahl unter den Bewerbern obliegt aber allein dem Arbeitgeber.[860]

360 Ist die Unterrichtung durch den Arbeitgeber nach diesen Grundsätzen fehlerhaft erfolgt, so wird die Wochenfrist erst mit dem Tag des Zugangs der vollständigen Information in Gang gesetzt. Da der Arbeitgeber naturgemäß von der Vollständigkeit seiner Information ausgeht, ist der Betriebsrat nach dem Gebot der vertrauensvollen Zusammenarbeit des § 2 Abs. 1 BetrVG gehalten, den **Arbeitgeber innerhalb der Wochenfrist schriftlich auf den weiteren Informationsbedarf hinzuweisen**,[861] andernfalls verliert er sein Beteiligungsrecht.

IV. Einzelne Zustimmungsverweigerungsgründe

361 Die Zustimmung zu einer personellen Maßnahme i.S.d. § 99 Abs. 1 BetrVG kann nur aus einem der in § 99 Abs. 2 BetrVG genannten Gründe verweigert werden. Die Aufzählung ist abschließend.

854 BAG, Urt. v. 03.12.2002, DB 2003, 1230.
855 BAG, Beschl. v. 10.08.1993, NZA 1994, 187.
856 BAG, Beschl. v. 18.10.1988 und Beschl. v. 10.11.1992, AP Nr. 57 und 100 zu § 99 BetrVG 1972.
857 *Fitting u.a.*, § 99 BetrVG Rn 150.
858 BAG, Beschl. v. 18.07.1978, AP Nr. 7 zu § 99 BetrVG 1972; Beschl. v. 19.05.1981, AP Nr. 18 zu § 118 BetrVG 1972; a.A. für vom Arbeitgeber nicht in Betracht gezogene Bewerber LAG Köln, Beschl. v. 29.04.1988, DB 1988, 1859.
859 BAG, Beschl. v. 10.11.1992, AP Nr. 100 zu § 99 BetrVG 1972. Für Zündstoff sorgt regelmäßig der Umgang mit Blindbewerbungen durch die Personalabteilung. Lösungen können im Wege von Betriebsvereinbarungen entwickelt werden.
860 BAG, Beschl. v. 18.07.1978, AP Nr. 7 zu § 99 BetrVG 1972.
861 BAG, Beschl. v. 14.03.1989, AP Nr. 64 zu § 99 BetrVG 1972; Beschl. v. 10.08.1993, NZA 1994, 187.

1. Verstoß gegen Gesetz, Tarifvertrag etc. (Nr. 1)

Der Verweigerungsgrund der Nr. 1 liegt nur dann vor, wenn die personelle Maßnahme als solche gegen Rechtsvorschriften verstößt. Unzureichend ist, dass nur einzelne Vertragsbestimmungen gesetzwidrig sind. Eine Handhabe des Betriebsrats zur **Inhaltskontrolle der Arbeitsverträge** vermittelt § 99 Abs. 2 Nr. 1 BetrVG nicht.[862] So berechtigt eine vertraglich vorgesehene **Befristung** des Arbeitsverhältnisses ohne rechtfertigenden Grund nicht zur Zustimmungsverweigerung.[863] Ohnehin ist in diesem Fall nicht die Einstellung gesetzwidrig, sondern unter Umständen die spätere Beendigung des Arbeitsverhältnisses.[864] In Betracht kommen Verstöße gegen **Beschäftigungsverbote** von Frauen nach dem MuSchG, Verbot der **Arbeitnehmerüberlassung** im Baugewerbe nach § 1b AÜG, Beschäftigung von Nicht-EG-Bürgern ohne **Arbeitserlaubnis**,[865] Beschäftigung unter Verstoß gegen den **Gleichbehandlungsgrundsatz** aus §§ 75 Abs. 1 BetrVG, 611 a BGB. Ein Gesetzesverstoß soll nach der Rechtsprechung des BAG bei einer Einstellung ohne Prüfung der Möglichkeit **Schwerbehinderte** einzustellen gem. § 14 Abs. 1 Satz 1 SchwbG a.F., jetzt § 81 Abs. 1 SGB IX, vorliegen.[866] Dem Wortlaut nach stellt auch der **Verstoß gegen das Beteiligungsrecht des § 99 BetrVG** selbst einen Gesetzesverstoß dar. Nach der Rechtsprechung handelt es sich hierbei jedoch um einen im Rahmen der Nr. 1 unerheblichen Verstoß gegen das Verfahren bei der Beteiligung des Betriebsrats, nicht um ein Verbot der Einstellung als solcher.[867] 362

Der Arbeitgeber darf die Einstellung eines Bewerbers nicht davon abhängig machen, dass dieser nicht **Gewerkschaftsmitglied** ist. Ein solches Auswahlkriterium verstößt gegen das nach Art 9 Abs. 3 GG geschützte Recht des Arbeitnehmers, Mitglied einer Gewerkschaft zu sein. Der Verstoß berechtigt den Betriebsrat, die Zustimmung zur Einstellung zu verweigern. 363

Der Betriebsrat kann die Zustimmung zu einer Einstellung nicht allein deshalb verweigern, weil **untertarifliche Bezahlung** vorgesehen ist. Zur Vermeidung der damit möglicherweise verbundenen Gesetzesverletzung ist es nicht erforderlich, dass die Einstellung unterbleibt. Der Arbeitnehmer kann mögliche Tarifansprüche nach der Einstellung gegenüber dem Arbeitgeber durchsetzen.[868] Bei der Einstellung eines **Leiharbeitnehmers** kann der Betriebsrat die Zustimmung wegen Verstoßes gegen ein Gesetz verweigern, wenn die Verleihfirma nicht die für die Überlassung von Arbeitnehmern erforderliche Erlaubnis besitzt. Wegen der fehlenden Erlaubnis sind sowohl die Verträge zwischen Verleihern und Entleihern sowie zwischen Verleihern und Leiharbeitnehmern unwirksam. Mit der beabsichtigten Einstellung von Leiharbeitnehmern auf der Grundlage unwirksamer Verträge werden zugleich die Interessen der einzustellenden Leiharbeitnehmer und die Interessen der Belegschaft des Entleiherbetriebes betroffen.[869] § 99 Abs. 2 Nr. 1 BetrVG ist jedoch nicht auf Fälle beschränkt, in denen der Einstellung ein ausdrückliches Beschäftigungsverbot entgegensteht. Vielmehr greift die Vorschrift auch dann ein, wenn der Arbeitgeber sich über einen **in einer Betriebsvereinbarung vereinbarten Wiedereinstellungsanspruch durch die Beschäftigung von Leiharbeitnehmern hinwegsetzt**. Denn § 99 BetrVG dient der Sicherung von Pflichten, die der Arbeitgeber gegenüber dem Betriebsrat im Interesse der Widereinstellung der Arbeitnehmer übernommen hat, die aufgrund einer Betriebsänderung aus dem Betrieb ausscheiden mussten, also ohne Schuld ihren Arbeitsplatz verloren haben.[870] Die Zustimmung der Beschäftigung eines Leiharbeitnehmers kann vom Betriebs- 363a

862 BAG, Beschl. v. 28.06.1994, AP Nr. 4 zu § 99 BetrVG 1972 Einstellung; Beschl. v. 09.07.1996, AP Nr. 9 zu § 99 BetrVG 1972 Einstellung.

863 BAG, Beschl. v. 28.06.1994, AP Nr. 4 zu § 99 BetrVG 1972 Einstellung.

864 BAG, Beschl. v. 16.07.1985, AP Nr. 21 zu § 99 BetrVG 1972.

865 BAG, Beschl. v. 22.01.1991, AP Nr. 86 zu § 99 BetrVG 1972.

866 BAG, Beschl. v. 14.11.1989 und Beschl. v. 10.11.1992, AP Nr. 77 und 100 zu § 99 BetrVG 1972; a.A. LAG München, Beschl. v. 21.09.1988, BB 1989, 424; *Fitting u.a.*, § 99 BetrVG Rn 171.

867 BAG, Beschl. v. 28.01.1986 und Beschl. v. 18.10.1988, AP Nr. 34 und 57 zu § 99 BetrVG 1972.

868 BAG, Beschl. v. 28.03.2000, NZA 2000, 1294.

869 ArbG Offenbach, Beschl. v. 25.05.1994, ArbuR 1994, 425.

870 ArbG Heilbronn, Beschl. v. 02.04.2003, ArbuR 2003, 279.

rat nicht mit der Begründung verweigert werden, die Einstellung solle auf einem **wiederholt mit Leiharbeitnehmern besetzten Dauerarbeitsplatz** erfolgen.[871]

2. Verstoß gegen eine Auswahlrichtlinie (Nr. 2)

364 Nach § 99 Abs. 2 Nr. 2 BetrVG kann der Betriebsrat die Zustimmung verweigern, wenn die personelle Maßnahme gegen eine Auswahlrichtlinie nach § 95 BetrVG[872] verstößt. Im Zustimmungsersetzungsverfahren ist lediglich das Vorliegen eines Verstoßes zu prüfen, bezogen auf die Richtlinie selbst lediglich, ob diese zwingendes Recht verletzt, nicht aber, ob etwa die Einigungsstelle ihre Ermessensgrenzen überschritten hat, wenn der Arbeitgeber es versäumt hat, gem. § 76 Abs. 5 Satz 4 BetrVG den Spruch anzufechten.[873]

3. Benachteiligung bereits im Betrieb beschäftigter Arbeitnehmer (Nr. 3)

365 Nach § 99 Abs. 2 Nr. 3 BetrVG kann die Zustimmung verweigert werden, wenn die durch Tatsachen begründete Besorgnis besteht, dass infolge der personellen Maßnahme im Betrieb beschäftigte Arbeitnehmer gekündigt werden oder sonstige Nachteile erleiden, ohne dass dies aus betrieblichen oder persönlichen Gründen gerechtfertigt ist. Ein solcher Grund kann im Falle einer Versetzung vorliegen, wenn durch die Versetzungsmaßnahme **einem anderen Arbeitnehmer gekündigt** werden muss. Ist nach den Grundsätzen der **Sozialauswahl** gerade dem Arbeitnehmer zu kündigen, dessen Arbeitsplatz der zu versetzende Arbeitnehmer einnehmen soll, ist die Benachteiligung aus betrieblichen Gründen gerechtfertigt.[874] Fraglich ist, ob der Betriebsrat die Zustimmung zur Einstellung eines Mitarbeiters mit der Begründung verweigern kann, dadurch werde ein Arbeitnehmer benachteiligt, der gegenwärtig einen Kündigungsschutzprozess gegen den Arbeitgeber führt (**Ersatzeinstellung während Kündigungsschutzprozess**).[875] Richtigerweise ist der Betriebsrat im Falle von Kündigungen lediglich nach § 102 BetrVG anzuhören und nicht befugt, im Wege der Verweigerung der Zustimmung zu einer Ersatzeinstellung weiteren Einfluss auf die Kündigungsentscheidung des Arbeitgebers zu nehmen.[876] Wenn in Nr. 3 von der Kündigung gesprochen wird, sind damit nicht nur Beendigungskündigungen, sondern gleichermaßen auch **Änderungskündigungen** erfasst.[877] Als sonstige Nachteile im Sinne der Vorschrift sind tatsächliche, nicht unerhebliche Erschwerungen der Arbeit zu sehen, so beispielsweise die **Verdopplung des Verantwortungsbereichs** für einen Schichtleiter durch Versetzung des zweiten Schichtleiters in eine andere Abteilung.[878]

366 Immer wieder stellt sich die Frage nach der **Beeinträchtigung von Beförderungschancen anderer Arbeitnehmer**. Es gibt keinen allgemeinen Anspruch des Arbeitnehmers auf Beförderung, so dass die tatsächliche Beeinträchtigung einer entsprechend allgemeinen Beförderungschance auch keine Benachteiligung sein kann. Anderes gilt, wenn der Benachteiligte einen Rechtsanspruch oder jedenfalls eine rechtserhebliche Anwartschaft auf die Beförderung hat.[879] Die Annahme des Betriebsrats, ein anderer Arbeitnehmer sei geeigneter, reicht nicht aus. Insbesondere hat der Betriebsrat keinen Anspruch auf Einstellung oder Versetzung eines bestimmten Arbeitnehmers, **die Auswahl unter den Bewerbern ist allein Sache des Arbeitgebers.**[880]

871 BAG, Beschl. v. 12.11.2002, NZA 2003, 513.
872 Vgl. Rn 323 ff.
873 Richardi/*Thüsing*, § 99 BetrVG Rn 207; vgl. Rn 449.
874 BAG, Beschl. v. 15.09.1987, AP Nr. 45 zu § 99 BetrVG 1972.
875 Zustimmungsverweigerungsrecht bejahend *Schmidt*, ArbuR 1986, 97.
876 Vgl. ArbG Wiesbaden, Beschl. v. 05.09.1986, NZA 1986, 170.
877 BAG, Beschl. v. 30.08.1995, AP Nr. 5 zu § 99 BetrVG 1972 Versetzung.
878 BAG, Beschl. v. 15.09.1987, AP Nr. 46 zu § 99 BetrVG 1972.
879 BAG, Beschl. v. 18.09.2002, NZA 2003, 622; BAG, Beschl. v. 06.10.1978 und Beschl. v. 13.06.1989, AP Nr. 10 und 66 zu § 99 BetrVG 1972.
880 BAG, Beschl. v. 19.05.1981, AP Nr. 18 zu § 118 BetrVG 1972.

Als Nachteil bei unbefristeter Einstellung gilt auch die **Nichtberücksichtigung eines gleich geeigneten befristet Beschäftigten**, § 99 Abs. 2 Nr. 3 Hs. 2 BetrVG.[881] Obwohl bei wirksamer Befristung eines Arbeitsvertrages ein Anspruch auf Umwandlung in ein unbefristetes Arbeitsverhältnis nicht besteht, wird die Beeinträchtigung der bloßen Chance des befristet Beschäftigten als rechtserheblicher Nachteil i.S.v. § 99 Abs. 2 Nr. 3 BetrVG eingestuft. Auch nach § 18 TzBfG hat der Arbeitgeber lediglich über unbefristete Stellen zu informieren, ein individueller Anspruch der Arbeitnehmer auf unbefristete Beschäftigung ergibt sich daraus nicht. Dem Betriebsrat wird ausdrücklich zur Aufgabe gemacht, im Rahmen der Personalpolitik des Arbeitgebers darauf zu achten und hinzuwirken, dass im Betrieb befristet beschäftigte Arbeitnehmer eine Chance erhalten, in ein Dauerarbeitsverhältnis zu wechseln. Damit wird gleichzeitig ein Beitrag zur Beschäftigungssicherung dieser Personengruppe geleistet.[882] Bei der Entscheidung, ob der befristet beschäftigte Arbeitnehmer gleich geeignet ist, hat der Arbeitgeber, der die Anforderungen an den Arbeitsplatz bestimmt, einen **Ermessensspielraum**.[883] Teilweise wird eine **teleologische Reduktion** der Vorschrift für befristete Arbeitsverhältnisse während den ersten sechs Monaten gefordert, weil der befristet Beschäftigte in diesem Zeitraum noch keinen Kündigungsschutz genieße und einem Arbeitnehmer kein Anspruch auf Dauerbeschäftigung gegeben werden könne, der ohne jede Begründung gekündigt werden könne.[884] Die Beschränkung auf befristete Beschäftigungsverhältnisse, die dem Kündigungsschutz unterliegen, ist jedoch nicht zwingend, weil der Zustimmungsverweigerungsgrund ohnehin dem befristet Beschäftigten lediglich eine Chance erhält. Diese hat er auch, wenn das KSchG auf sein Arbeitsverhältnis zwar (noch) nicht anwendbar, er aber noch nicht gekündigt ist. Andererseits vermittelt das Zustimmungsverweigerungsrecht dem befristet Beschäftigten keinen Anspruch auf Umwandlung seines Arbeitsverhältnisses in ein unbefristetes, weil der Betriebsrat lediglich seine Zustimmung zur Einstellung des externen Bewerbers verweigern, nicht aber die Übernahme des befristet Beschäftigten durchsetzen kann.[885] Teilweise wird eine **Analogie** der Vorschrift auf **Teilzeitbeschäftigte** befürwortet.[886] Eine Regelungslücke als Voraussetzung einer Analogie ist jedoch schon aufgrund des Ausnahmecharakters dieses Verweigerungsgrundes nicht ersichtlich. Der Arbeitgeber kann schließlich einer drohenden Zustimmungsverweigerung entgehen, indem er den externen Bewerber zunächst ebenfalls befristet einstellt und den Vertrag später in einen unbefristeten umwandelt. Bei dieser Übernahme in ein unbefristetes Arbeitsverhältnis handelt es sich zwar wiederum um eine Einstellung, es geht dann jedoch um die Auswahl zwischen zwei bereits befristet beschäftigten Arbeitnehmern.[887] 367

4. Benachteiligung des Betroffenen (Nr. 4)

Gem. § 99 Abs. 2 Nr. 4 BetrVG kann die Zustimmung auch dann verweigert werden, wenn der betroffene Arbeitnehmer selbst benachteiligt wird, auch hier unter der Voraussetzung, dass dies aus betrieblichen oder persönlichen Gründen nicht gerechtfertigt ist. Regelfall ist die Versetzung, beispielsweise wenn mehrere vergleichbare Arbeitsplätze wegfallen, und es nur für einen Teil der betroffenen Arbeitnehmer andere gleichwertige Arbeitsplätze gibt. Dann kann der Betriebsrat die Zustimmung zur Versetzung eines Arbeitnehmers auf einen niedriger einzustufenden Arbeitsplatz mit der Begründung verweigern, der Arbeitgeber habe **soziale Auswahlkriterien** nicht hinreichend beachtet.[888] Das **Einverständnis des Arbeitnehmers** schließt nach der Rechtsprechung des BAG die Zustimmungsverweigerung wegen der Benachteiligung des Arbeitnehmers i.S.d. Nr. 4 jedenfalls dann aus, wenn der Arbeitnehmer eine Versetzung selbst gewünscht hat oder sie seinen Wünschen 368

881 Dazu *Oetker*, NZA 2003, 937.
882 BT-Drucks 14/5741, 51.
883 *Konzen*, RdA 2001, 92; Richardi/*Thüsing*, § 99 BetrVG Rn 219.
884 *Hanau*, RdA 2001, 73; *Konzen*, RdA 2001, 92.
885 *Fitting u.a.*, § 99 BetrVG Rn 197.
886 *Reichold*, NZA 2001, 864.
887 Vgl. *Däubler*, ArbuR 2001, 290.
888 BAG, Beschl. v. 02.04.1996, AP Nr. 9 zu § 99 BetrVG 1972 Versetzung.

und seiner freien Entscheidung entspricht.[889] Im Übrigen kommen sowohl eine Verschlechterung der äußeren Arbeitsbedingungen als auch der materiellen Arbeitsbedingungen in Betracht.

5. Unterlassung einer Ausschreibung nach § 93 BetrVG (Nr. 5)

369 Gem. § 99 Abs. 2 Nr. 5 BetrVG kann der Betriebsrat die Zustimmung zur personellen Maßnahme verweigern, wenn eine nach § 93 BetrVG erforderliche Ausschreibung im Betrieb unterblieben ist. Das Zustimmungsverweigerungsrecht besteht nur, wenn eine Pflicht zur Ausschreibung besteht, also ein entsprechendes **Verlangen des Betriebsrats vorausgegangen** ist.[890] Der Arbeitgeber ist nicht verpflichtet, den Arbeitsplatz nur mit einem Arbeitnehmer, der sich auf die Ausschreibung gemeldet hat, zu besetzen oder ihm einen Vorrang einzuräumen.[891]

370 Eine die Verpflichtung gem. § 611b BGB zur **geschlechtsneutralen Ausschreibung** nicht beachtende innerbetriebliche Ausschreibung eines Arbeitsplatzes berechtigt den Betriebsrat zur Zustimmungsverweigerung nach § 99 Abs. 2 Nr. 5 BetrVG.[892] Ist der Arbeitgeber aufgrund Verlangens des Betriebsrats zur innerbetrieblichen Stellenausschreibung verpflichtet und genügt er dieser Verpflichtung nicht, so kann er sich gegenüber einer deshalb erklärten Zustimmungsverweigerung des Betriebsrates zu einer Einstellung oder Versetzung im Zustimmungsverfahren grundsätzlich nicht darauf berufen, die Zustimmungsverweigerung sei rechtsmissbräuchlich und damit unbeachtlich, **weil für den zu besetzenden Arbeitsplatz kein Mitarbeiter des Betriebes geeignet sei** oder an diesem Arbeitsplatz Interesse habe oder haben könne.[893] Der Arbeitgeber genügt nicht der vom Betriebsrat geforderten innerbetrieblichen Stellenausschreibung, wenn er eine bestimmte Stelle im Betrieb zwar ausschreibt, in einer Stellenanzeige in der Tagespresse dann aber **geringere Anforderungen** für eine Bewerbung um diese Stelle nennt. Der Betriebsrat kann daher die Zustimmung zur Einstellung eines Bewerbers verweigern, der sich auf diese Stellenanzeige mit den geringeren Anforderungen hin beworben hat.[894] Auch wenn die Stelle eines **Tendenzträgers** zwecks Besetzung auf Verlangen des Betriebsrates innerbetrieblich auszuschreiben ist (§ 93 BetrVG), so begründet dies bei unterbliebener Ausschreibung kein Zustimmungsverweigerungsrecht nach § 99 Abs. 2 BetrVG. Auch dann verbleibt es bei dem gem. § 118 Abs. 1 BetrVG auf Unterrichtung beschränkten Beteiligungsrecht des Betriebsrates nach § 99 BetrVG.[895] Diskutiert wird eine Erstreckung des Zustimmungsverweigerungsrechts auf eine unter Verstoß gegen § 7 Abs. 1 TzBfG unterbliebene **Ausschreibung als Teilzeitarbeitsplatz** trotz vorhandener Eignung.[896]

6. Störung des Betriebsfriedens (Nr. 6)

371 Nach § 99 Abs. 2 Nr. 6 BetrVG kann der Betriebsrat die Zustimmung zu Einstellung oder Versetzung verweigern, wenn die durch Tatsachen begründete Besorgnis besteht, dass der Betroffene den Betriebsfrieden durch gesetzwidriges Verhalten oder durch grobe Verletzung der in § 75 Abs. 1 BetrVG enthaltenen Grundsätze, insbesondere durch rassistische oder fremdenfeindliche Betätigung, stören werde. Der Bezug auf rassistische oder fremdenfeindliche Betätigung ist durch das BetrVerf-Reformgesetz aufgenommen worden. Der Gesetzgeber begründet dies damit, dass in Betrieben kein Raum für Rassismus und Fremdenfeindlichkeit sein soll. Deswegen wird dem Betriebsrat ausdrücklich eine Handhabe eingeräumt, wonach er z.B. der Einstellung von Personen widersprechen kann, wenn durch Tatsachen die begründete Besorgnis besteht, dass sie durch rassistische oder

889 BAG, Beschl. v. 02.04.1996, AP Nr. 9 zu § 99 BetrVG 1972 Versetzung; a.A. *Fitting u.a.*, § 99 BetrVG Rn 202.
890 Vgl. Rn 315 ff.
891 BAG, Beschl. v. 18.11.1980, AP Nr. 1 zu § 93 BetrVG 1972.
892 LAG Frankfurt, Beschl. v. 13.07.1999, NZA-RR 1999, 641.
893 LAG Frankfurt, Beschl. v. 02.11.1999, ARST 2000, 219; a.A. ArbG Kassel, Beschl. v. 29.05.1973, DB 1973, 1359; Richardi/*Thüsing*, § 99 BetrVG Rn 238.
894 BAG, Beschl. v. 23.02.1988, NZA 1988, 551.
895 LAG Frankfurt, Beschl. v. 03.09.1996, NZA 1997, 671.
896 *Fischer*, ArbuR 2001, 325; Richardi/*Thüsing*, § 99 BetrVG Rn 239.

fremdenfeindliche Betätigungen den Betriebsfrieden stören werden.[897] Auch ohne diese Klarstellung ist rassistische oder fremdenfeindliche Betätigung von der Vorschrift in der Fassung bis 2001 erfasst gewesen. Hinzuweisen ist auf den Zusammenhang mit § 104 BetrVG, nach dem der Betriebsrat die **Entfernung betriebsstörender Arbeitnehmer** fordern kann. Es müssen bestimmte Angaben über ein Verhalten des Bewerbers oder Arbeitnehmers vorgebracht werden, aus denen sich ergibt, dass bei objektiver Beurteilung seiner Persönlichkeit die Besorgnis auf betriebstörenden Einfluss besteht.[898]

V. Zustimmungsersetzungsverfahren

Verweigert der Betriebsrat seine Zustimmung zu einer personellen Maßnahme nach ordnungsgemäßer Unterrichtung durch den Arbeitgeber gem. § 99 Abs. 2 BetrVG,[899] kann der Arbeitgeber beim Arbeitsgericht die Ersetzung der Zustimmung des Betriebsrats beantragen, § 99 Abs. 4 BetrVG.[900] Der Arbeitgeber muss diesen Weg gehen, will er die personelle Maßnahme nicht fallen lassen oder sich nicht einem Verfahren des Betriebsrats nach § 101 BetrVG aussetzen. Insbesondere ist zu beachten, dass der Arbeitgeber nicht zuwarten darf, ob der Betriebsrat überhaupt weiter tätig wird und einen Antrag nach § 101 BetrVG stellt, in dem Glauben, in einem solchen Verfahren immer noch den Zustimmungsersetzungsantrag jedenfalls als Hilfsantrag für den Unterliegensfall mit dem Zurückweisungsantrag stellen zu können. Um sicherzustellen, dass die vom Gesetz vorgesehene **Initiativlast beim Arbeitgeber** verbleibt, verwehrt die Rechtsprechung dem Arbeitgeber die Möglichkeit, sich im Verfahren nach § 101 BetrVG darauf zu berufen, die Zustimmung des Betriebsrats sei zu Unrecht verweigert und jedenfalls nach § 99 Abs. 4 BetrVG zu ersetzen.[901] Der Antrag des Arbeitgebers im Zustimmungsersetzungsverfahren kann lauten: 372

Die vom Beteiligten zu 2 verweigerte Zustimmung zur Einstellung des Herrn X wird ersetzt.

Wird bereits um die **ordnungsgemäße Unterrichtung oder deren Zeitpunkt** gestritten, und geht der Arbeitgeber vom Verstreichen der Wochenfrist des § 99 Abs. 3 BetrVG aus, kann sich aus der Überlegung, dass der Arbeitgeber im Verfahren nach § 101 BetrVG den Antrag nach § 99 Abs. 4 BetrVG nicht immer stellen kann, empfehlen, selbst ein Verfahren auf Feststellung einzuleiten, dass die Zustimmung als erteilt gilt und den Zustimmungsersetzungsantrag als Hilfsantrag zu stellen. Der Hauptantrag lautet dann: 373

Es wird festgestellt, dass die Zustimmung zur Einstellung des Herrn X als erteilt gilt.

Ein von einer geplanten personellen Einzelmaßnahme i.S.v. § 99 Abs. 1 BetrVG **betroffener Arbeitnehmer** ist im Beschlussverfahren über die Ersetzung der Zustimmung des Betriebsrats **nicht Beteiligter**, weil er von der zu erwartenden gerichtlichen Entscheidung in seiner betriebsverfassungsrechtlichen Rechtsposition nicht berührt wird; ein mögliches Betroffensein des Arbeitnehmers in einer sonstigen Rechtsposition ist nach § 83 Abs. 3 ArbGG für die Frage seiner Verfahrensbeteiligung unerheblich. Im Falle der **Ein- und der Umgruppierung** wird schon die individualrechtliche Rechtsstellung des betroffenen Arbeitnehmers durch die gerichtliche Entscheidung im Zustimmungsersetzungsverfahren nach § 99 Abs. 4 BetrVG nicht berührt. Eingruppierung und Umgruppierung sind keine die Rechtsstellung des Arbeitnehmers unmittelbar beeinflussenden echten 374

897 BT-Drucks 14/5741, 52.
898 *Fitting u.a.*, § 99 BetrVG Rn 208.
899 Vgl. dazu Rn 388.
900 Muster eines solchen Antragsschriftsatzes bei *Hümmerich*, AnwaltFormulare Arbeitsrecht, § 8 Rn 112.
901 BAG, Beschl. v. 16.07.1985, AP Nr. 21 zu § 99 BetrVG 1972.

Arbeitgeberentscheidungen wie die Einstellung oder die Versetzung, sondern schlichte Anwendung des Tarifvertrages auf den vorgegebenen Sachverhalt und damit bloßer Normenvollzug. Durch den Ausgang des Zustimmungsersetzungsverfahrens wird der einzelne Arbeitnehmer nicht gehindert, im Urteilsverfahren seine Eingruppierung überprüfen zu lassen. Der tarifliche Entgeltanspruch besteht unabhängig von dem Beteiligungsrecht des Betriebsrats bei der Ein- und Umgruppierung nach § 99 BetrVG. Das Beschlussverfahren nach § 99 Abs. 4 BetrVG klärt lediglich die Rechte des Betriebsrats hinsichtlich einer vom Arbeitgeber beabsichtigten Ein- oder Umgruppierung; es dient aber nicht der verbindlichen Festlegung der zutreffenden tariflichen Vergütungsgruppe im Verhältnis zwischen Arbeitgeber und Arbeitnehmer und hat deshalb auch keine präjudizielle Wirkung für einen zwischen ihnen geführten Rechtsstreit um die richtige tarifliche Eingruppierung.[902] Bei **Einstellungen** bedingt erst die Wirksamkeit des Arbeitsvertrags für den Arbeitnehmer betriebsverfassungsrechtliche Wirkungen; diese sind ebenfalls nicht Gegenstand des Beschlussverfahrens über die Ersetzung der Zustimmung des Betriebsrats. Hier ist nur zu klären, ob der Betriebsrat die Befugnis, die Zustimmung zu einer Einstellung zu verweigern, wirksam ausgeübt hat. Nach der Rechtsprechung des BAG ist die Wirksamkeit eines Arbeitsvertrags unabhängig von der Beteiligung des Betriebsrats zu beurteilen.[903] Entsprechendes trifft für die Zustimmungsersetzung zu einer **Versetzung** eines Arbeitnehmers zu.[904]

VI. Feststellung der sachlichen Dringlichkeit

375 Führt der Arbeitgeber die **personelle Maßnahme** ohne bzw. vor Erteilung der Zustimmung des Betriebsrats **vorläufig** durch, § 100 BetrVG, hat er den Betriebsrat davon zunächst unverzüglich zu unterrichten. Die vorläufige Durchführung muss **aus sachlichen Gründen dringend erforderlich** sein, das heißt ein verantwortungsbewusster Arbeitgeber muss sich im Interesse des Betriebs zum alsbaldigen Handeln veranlasst sehen, die geplante Maßnahme darf keinen Aufschub dulden. Es geht in diesem Zusammenhang um betriebliche Gründe, insbesondere des geregelten Arbeitsablaufs. Die Dringlichkeit muss aber auf vom Arbeitgeber nicht vorhersehbaren Gründen beruhen, der Arbeitgeber darf sich nicht selbst bewusst durch vorhergehendes Zuwarten in Zugzwang setzen.[905] Bei der Beurteilung kommt es allein auf den Zeitpunkt der Durchführung der Maßnahme an, späterer Wegfall der Dringlichkeit schadet nicht.[906] Hat der Betriebsrat der Dringlichkeit der Maßnahme unverzüglich widersprochen, muss der Arbeitgeber, will er die Maßnahme gleichwohl aufrechterhalten, **binnen drei Kalendertagen** neben der Zustimmungsersetzung die Feststellung der Dringlichkeit beantragen. Der weitere Antrag lautet dann:[907]

2. Es wird festgestellt, dass die am vorgenommene vorläufige Einstellung aus sachlichen Gründen dringend erforderlich war.[908]

Nimmt der Arbeitgeber dieses Recht nicht wahr, ist ein **erneutes Beteiligungsverfahren** i.S.d. § 99 BetrVG zu dieser personellen Einzelmaßnahme ausgeschlossen. Leitet der Arbeitgeber aus seiner Sicht dennoch ein neues Beteiligungsverfahren ein, wird die Frist des § 99 Abs. 3 BetrVG nicht erneut in Lauf gesetzt.[909]

902 BAG, Beschl. v. 17.05.1983, DB 1983, 2638.
903 BAG, Urt. v. 02.07.1980, DB 1981, 272.
904 BAG, Beschl. v. 27.05.1982, DB 1982, 2410.
905 *Fitting u.a.*, § 100 BetrVG Rn 4; a.A. GK-BetrVG/*Kraft*, § 100 Rn 1.
906 BAG, Beschl. v. 06.10.1978, AP Nr. 10 zu § 99 BetrVG 1972.
907 Muster eines solchen Antragsschriftsatzes bei *Hümmerich*, AnwaltFormulare Arbeitsrecht, § 8 Rn 113.
908 Zu den verschiedenen Fallkonstellationen abhängig von der Reaktion des Betriebsrats vgl. Rn 390 ff.
909 LAG Baden-Württemberg, Beschl. v. 16.05.2002 – 19 TaBV 25/01 (n.v.).

Der Arbeitgeber hat den **Arbeitnehmer** nach § 100 Abs. 1 Satz 2 BetrVG über die Sach- und Rechtslage **aufzuklären**. Die Aufklärung ist jedoch **keine Wirksamkeitsvoraussetzung** der vorläufigen personellen Maßnahme.[910] 376

Trotz der gesetzlichen Verpflichtung für den Arbeitgeber, den Antrag nach § 100 Abs. 2 BetrVG auf Feststellung zu formulieren, dass die vorläufige personelle Maßnahme »aus sachlichen Gründen dringend erforderlich« war, entscheidet das Arbeitsgericht wegen der in § 100 Abs. 3 BetrVG geregelten Folgen nur darüber, ob die Maßnahme **offensichtlich** nicht dringlich war. Diesen Prüfungsmaßstab hat es auch im Tenor des Beschlusses mit der Formulierung »Es wird festgestellt, dass die vorläufige Maßnahme (nicht) offensichtlich nicht dringend erforderlich war,« zum Ausdruck zu bringen.[911] Offensichtlichkeit liegt vor, wenn keiner besonderen Aufklärung bedarf, dass eine Dringlichkeit für die Durchführung der personellen Maßnahme nicht gegeben war. 377

VII. Streitigkeiten

1. Umsetzung der Maßnahme ohne Zustimmung des Betriebsrats

Hält der Arbeitgeber die gegebenen Informationen für ausreichend und fordert der Betriebsrat lediglich weitere Angaben, ohne die Zustimmung formell zu verweigern, wird der Arbeitgeber in vielen Fällen die personelle Maßnahme ohne weitere Beteiligung umsetzen. Es obliegt dann dem Betriebsrat, die Einhaltung des Mitbestimmungsrechts durchzusetzen. Verfahrenstechnisch hat der Betriebsrat hierbei mehrere Handlungsmöglichkeiten, die sich in der Rechtsfolge unterscheiden. 378

a) Antrag auf Aufhebung der personellen Maßnahme

Der Betriebsrat kann beim Arbeitsgericht den Leistungsantrag stellen, den Arbeitgeber zu verpflichten, die personelle Maßnahme aufzuheben, das heißt den Bewerber nicht weiter zu beschäftigen oder die Versetzung rückgängig zu machen, § 101 Satz 1 BetrVG. Der Antrag lautet (für den Fall einer mitbestimmungswidrigen Einstellung) wie folgt: 379

Dem Antragsgegner wird untersagt, die Einstellung der Frau X aufrechtzuerhalten.

Kommt der Arbeitgeber einem entsprechenden Beschluss nicht nach, so kann der Betriebsrat nach § 101 Satz 2 und 3 BetrVG die **Festsetzung eines Zwangsgeldes** beantragen, das für jeden Tag der Zuwiderhandlung höchstens 250 EUR beträgt, Zwangshaft ist ausgeschlossen, § 85 Abs. 1 Satz 3 ArbGG. § 101 Satz 2 BetrVG ist Sondervorschrift zu § 888 ZPO i.V.m. § 85 Abs. 1 ArbGG, eine Androhung des Zwangsgeldes vor seiner Festsetzung ist nicht erforderlich. Die Entscheidung ergeht nach Anhörung des Arbeitgebers durch Beschluss, ggf. ohne mündliche Verhandlung, § 891 ZPO. Die Vollstreckung des Zwangsgeldes erfolgt von Amts wegen zugunsten der Staatskasse. 380

Eine Besonderheit ergibt sich im Hinblick auf **Ein- und Umgruppierungen** daraus, dass der Arbeitgeber trotz eines Verfahrensverstoßes nicht zu einer dem Tarifrecht widersprechenden Maßnahme gezwungen werden kann. Das Beteiligungsrecht des Betriebsrats besteht insoweit nur in einer Richtigkeitskontrolle.[912] Dem Arbeitgeber ist die nachträgliche Einholung der Zustimmung aufzugeben bzw. die Verpflichtung zur Vornahme einer unterbliebenen Eingruppierung.[913] Der Betriebsrat kann beantragen, dem Arbeitgeber die Einleitung eines erneuten Beteiligungsverfahrens aufzugeben, das 381

910 Richardi/*Thüsing*, § 100 BetrVG Rn 10.

911 ArbG Nürnberg, Beschl. v. 09.08.2000, ARST 2001, 163; BAG, Beschl. v. 18.10.1988, NZA 1989, 183; vgl. zum Verfahren Rn 390 f.

912 BAG, Beschl. v. 14.03.1989, AP Nr. 64 zu § 99 BetrVG 1972; Beschl. v. 10.08.1993, NZA 1994, 187.

913 BAG, Beschl. v. 20.12.1988 und Beschl. v. 09.02.1993, AP Nr. 62 und 103 zu § 99 BetrVG 1972.

die Eingruppierung in eine andere Vergütungsgruppe vorsieht.[914] Das einzuleitende Verfahren hat sich nicht nur auf die Eingruppierung in der Zukunft, sondern **auch auf die Vergangenheit** ggf. seit Vornahme der Einstellung zu erstrecken, auch dann, wenn sich die maßgebliche Vergütungsordnung zwischenzeitlich geändert hat.[915]

b) Antrag auf Unterlassung mitbestimmungswidriger Verhaltensweisen

382 Insbesondere bei mitbestimmungswidrigen Einstellungen ist der Betriebsrat häufig nicht daran interessiert, dass die Einstellung aufgehoben wird und der Arbeitnehmer damit seinen Arbeitsplatz wieder verliert. Andererseits kann dem Betriebsrat nicht daran gelegen sein, aufgrund einer unerwünschten Rechtsfolge auf die Beachtung seiner Mitbestimmungsrechte zu verzichten. In diesen Fällen bietet sich ein Antrag mit dem Inhalt an, dass der Arbeitgeber beispielsweise Einstellungen in der Form der Verlängerung befristeter Arbeitsverträge ohne hinreichende Beteiligung des Betriebsrats zu unterlassen hat.

383 Ob es für einen solchen **Unterlassungsanspruch** einer groben Pflichtverletzung gem. § 23 Abs. 3 BetrVG bedarf, oder in den Fällen des § 99 BetrVG ein allgemeiner Unterlassungsanspruch anzuerkennen ist, hat das BAG[916] zunächst offen gelassen. Dass es sich bei § 99 BetrVG genau wie bei § 87 BetrVG um Fälle der zwingenden Mitbestimmung handelt und die betriebsverfassungswidrig vorgenommenen Maßnahmen – anders als die Durchführung einer Betriebsänderung ohne Beteiligung des Betriebsrats nach §§ 111 ff. BetrVG[917] – unwirksam sind, kann als Argument für einen allgemeinen Unterlassungsanspruch angeführt werden.[918] Nicht beantragt werden kann jedoch die bloße Feststellung, dass ein bestimmtes Handeln die Mitbestimmungsrechte verletzt hat. Die Absicht des Betriebsrats, ein auf die Unterlassung bestimmter Handlungen durch den Arbeitgeber gerichtetes Verfahren nach § 23 Abs. 3 BetrVG vorzubereiten, begründet nicht das nach § 256 ZPO erforderliche Interesse an der Feststellung, dass der Arbeitgeber mit solchen Handlungen in der Vergangenheit das Mitbestimmungsrecht verletzt habe.[919] Ein allgemeiner Unterlassungsantrag, der alle zukünftigen Einstellungen umfasst und nur die gesetzliche Verpflichtung aus § 99 BetrVG wiederholt, ist nach Auffassung des LAG Niedersachsen[920] als **Globalantrag** unbegründet. Leugnet der Arbeitgeber generell das Mitbestimmungsrecht bei personellen Maßnahmen i.S.d. § 99 BetrVG, wird eine grobe Pflichtverletzung nach § 23 Abs. 3 BetrVG vorliegen, beschränkt sich der Streit auf bestimmte Fallgestaltungen, sollte der Antrag entsprechend auf diese Fallgestaltungen beschränkt werden. Ein Antrag des Betriebsrats auf Unterlassung mitbestimmungswidriger Versetzungen ist jedenfalls dann insgesamt unbegründet, wenn er so global gefasst ist, dass er Fallgestaltungen umfasst, in denen der Arbeitgeber nach § 100 Abs. 1 BetrVG Personalmaßnahmen vorläufig ohne Zustimmung des Betriebsrats durchführen kann.[921] Für die Feststellung, dass für eine bestimmte, in der Vergangenheit abgeschlossene Arbeitszeitverschiebung ein Mitbestimmungsrecht bestand, ist ein **Feststellungsinteresse** nicht gegeben. Für die Feststellung, dass für kurzfristige wegen Zeitablaufs erledigte Einstellungen ein Mitbestimmungsrecht bestand, kann ein Feststellungsinteresse bejaht werden.[922]

384 Begründet wird der Unterlassungsantrag mit der vorangegangenen Verletzung des Mitbestimmungsrechts durch den Arbeitgeber. Darin liegt kein Antrag auf Erstattung eines unzulässigen Rechtsgutachtens, wenn das Verfahren generell zur Klärung der Beteiligungsrechte des Betriebsrats unabhän-

914 BAG, Beschl. v. 03.05.1994, AP Nr. 2 zu § 99 BetrVG 1972 Eingruppierung.
915 LAG Frankfurt, Beschl. v. 27.08.2002, ArbuR 2003, 76.
916 Beschl. v. 03.05.1994, AP Nr. 23 zu § 23 BetrVG 1972.
917 Vgl. hierzu *Hümmerich/Spirolke*, BB 1996, 1986.
918 Vgl. LAG Frankfurt am Main, Beschl. v. 14.08.1990, LAGE § 87 BetrVG 1972 Arbeitszeit Nr. 21.
919 BAG, Beschl. v. 05.10.2000, DB 2001, 2056.
920 LAG Niedersachsen, Beschl. v. 13.10.1999 – 13 TaBV 106/98 (n.v.).
921 BAG, Beschl. v. 06.12.1994, NZA 1995, 488.
922 LAG Niedersachsen, Beschl. v. 13.10.1999 – 13 TaBV 106/98 (n.v.).

gig vom konkreten Einzelfall führt.[923] Der Nutzen eines solchen Verpflichtungstenors liegt darin, dass der Betriebsrat im Wiederholungsfall die Festsetzung eines Ordnungsgeldes beantragen kann. Da der Festsetzung gem. §§ 85 Abs. 1 ArbGG, 890 Abs. 2 ZPO die Androhung vorausgehen muss, wird die Androhung sinnvoller weise bereits im Ausgangsverfahren mitbeantragt. Der Antrag lautet:

> 2. Für jeden Fall der Zuwiderhandlung gegen die Verpflichtung aus Ziffer 1 wird dem Antragsgegner ein Ordnungsgeld, dessen Höhe in das Ermessen des Gerichts gestellt wird, angedroht.

Ein **Unterlassungsanspruch** kann nach LAG Köln[924] auch im Wege einer **einstweiligen Verfügung** verfolgt werden. § 101 BetrVG enthalte für den vorbeugenden Rechtsschutz keine abschließende Regelung. Gegenstand der einstweiligen Verfügung könne jeder betriebsverfassungsrechtliche Anspruch sein, also auch ein solcher auf Unterlassung mitbestimmungswidriger Handlungen.[925] Eine Beschränkung ergibt sich daraus, dass §§ 99, 100 BetrVG eine in sich geschlossene Regelung darstellen. Macht der Arbeitgeber, nachdem der Betriebsrat die nachgesuchte Zustimmung nicht erteilt hat, das Zustimmungsersetzungsverfahren anhängig, so stellt das Gesetz in § 100 BetrVG für eine vorläufige Regelung eine ausreichende Gestaltungsmöglichkeit zur Verfügung, so dass für eine einstweilige Verfügung nach § 85 Abs. 2 ArbGG kein Raum ist und kein Bedürfnis besteht. §§ 99, 100 BetrVG enthalten eine in sich geschlossene, aufeinander abgestimmte Regelung, insbesondere auch für die Zeit bis zum rechtskräftigen Abschluss des Zustimmungsersetzungsverfahrens. Würde man trotzdem eine einstweilige Verfügung zulassen, die darauf gestützt ist, die Durchführung der personellen Maßnahme zu untersagen, würde die Regelung in § 100 BetrVG leer laufen. Den **Tenor** hat das LAG Köln[926] daher wie folgt gefasst: 384a

> 1. Dem Antragsgegner wird aufgegeben, es zu unterlassen, Einstellungen von Mitarbeitern vorzunehmen, ohne die Zustimmung des Betriebsrats eingeholt zu haben oder die Zustimmung des Betriebsrats ersetzen zu lassen oder den Betriebsrat im Sinne einer vorläufigen personellen Maßnahme beteiligt zu haben.
> 2. Dem Antragsgegner wird für jeden Fall der Zuwiderhandlung ein Ordnungsgeld von bis zu 10.000 EUR angedroht.

c) Feststellungsantrag

Denkbar ist darüber hinaus ein Feststellungsantrag, mit dem der Betriebsrat für eine bestimmte, wiederkehrende Fallgestaltung die Feststellung des Bestehens eines Mitbestimmungsrechts begehrt. Der Antrag kann wie folgt lauten: 385

> Es wird festgestellt, dass der Antragsteller bei der Verlängerung eines befristeten Arbeitsvertrages ein Mitbestimmungsrecht hat.[927]

Das **besondere Feststellungsinteresse** (§ 256 ZPO) liegt darin, dass eine konkrete Streitfrage aus Anlass eines konkreten Ereignisses zwischen den Beteiligten für die Zukunft geklärt wird. Nachteilig 386

923 BAG, Beschl. v. 30.04.1981 und Beschl. v. 16.07.1985, AP Nr. 12 und 21 zu § 99 BetrVG.
924 LAG Köln, Beschl. v. 13.08.2002, NZA-RR 2003, 249.
925 LAG Hessen, Beschl. v. 15.12.1998, NZA-RR 1999, 584; *Leisten*, BB 1992, 266 (271); *Soost/Hummel*, AiB 2000, 621 (622 f.).
926 LAG Köln, Beschl. v. 13.08.2002, NZA-RR 2003, 249.
927 Vgl. BAG, Beschl. v. 28.10.1986, AP Nr. 32 zu § 118 BetrVG 1972.

ist die fehlende Möglichkeit der Zwangsvollstreckung. Verstößt der Arbeitgeber aber gegen den Feststellungstenor, wird es sich in aller Regel um einen groben Verstoß gegen betriebsverfassungsrechtliche Pflichten i.S.v. § 23 Abs. 3 BetrVG handeln.

2. Umsetzung der Maßnahme trotz Zustimmungsverweigerung

387 Ist die Unterrichtung des Betriebsrats ordnungsgemäß erfolgt, hat der Betriebsrat innerhalb einer Woche dem Arbeitgeber schriftlich unter Angabe von Gründen mitzuteilen, wenn er die Zustimmung verweigern will. Die Zustimmung kann nur dann erfolgreich verweigert werden, wenn einer der Zustimmungsverweigerungsgründe aus dem Katalog des § 99 Abs. 2 BetrVG vorliegt.[928] Hier manifestiert sich ein häufiger Fehler in der durch Betriebsratsbeschluss gefassten Entscheidung des Betriebsrats, die Zustimmung nicht zu erteilen.

a) Anforderungen an die Zustimmungsverweigerung

388 Die Zustimmungsverweigerung erfordert **Schriftform** und bedarf der **Unterzeichnung durch den Betriebsratsvorsitzenden**. Die rechtzeitige Übersendung eines **Telefax**-Schreibens genügt. Für die Zustimmungsverweigerung bedarf es lediglich der Schriftlichkeit, gesetzliche Schriftform nach § 126 Abs. 1 BGB ist nicht erforderlich, da die Zustimmungsverweigerung kein Rechtsgeschäft, sondern lediglich eine rechtsgeschäftsähnliche Handlung ist.[929] Inhaltlich muss die Zustimmungsverweigerung immer einem oder mehreren der Gründe des § 99 Abs. 2 BetrVG zuzuordnen sein. **Konkrete Tatsachen** müssen nur im Falle der Nrn. 3 und 6 benannt werden, eine bloße **Wiederholung des Gesetzeswortlauts** genügt nicht. Der Arbeitgeber ist nicht berechtigt, die personelle Maßnahme vorzunehmen, wenn er die Begründung des Betriebsrats für unzutreffend hält. An die **Begründung des Betriebsrats** sind für die formelle Wirksamkeit der Zustimmungsverweigerung **keine hohen Anforderungen** zu stellen. Es muss lediglich als möglich erscheinen, dass mit der gegebenen Begründung einer der gesetzlichen Tatbestände geltend gemacht wird. Eine Begründung ist nur dann unbeachtlich, wenn offensichtlich auf keinen der Zustimmungsverweigerungsgründe Bezug genommen wird.[930] In jedem anderen Fall, in dem der Arbeitgeber die Begründung für unzutreffend hält, muss er das Zustimmungsersetzungsverfahren nach § 99 Abs. 4 BetrVG vor dem Arbeitsgericht einleiten.[931] Der Betriebsrat kann zwar die **Unwirksamkeit einer Rechtsvorschrift**, auf der die personelle Einzelmaßnahme i.S.d. § 99 Abs. 1 BetrVG beruht, auch noch nach Ablauf der Äußerungsfrist des § 99 Abs. 3 Satz 1 BetrVG geltend machen,[932] ein **Nachschieben von Zustimmungsverweigerungsgründen tatsächlicher Art** nach Ablauf der Wochenfrist ist jedoch grundsätzlich nicht möglich.[933] Die Arbeitsgerichte sind berechtigt, im Rahmen des **Amtsermittlungsgrundsatzes** einem **Verstoß einer Eingruppierungsnorm gegen höherrangiges Recht** nachzugehen, wenn er offensichtlich ist. Geht es um eine mittelbare Frauendiskriminierung, so ist ein Verstoß gegen höherrangiges Recht in der Regel nicht offensichtlich.[934]

b) Anträge des Betriebsrats

389 Führt der Arbeitgeber die personelle Maßnahme trotz Vorliegens einer Zustimmungsverweigerung des Betriebsrats nach ordnungsgemäßer Beschlussfassung (§ 33 BetrVG) durch, etwa weil er von der Unbeachtlichkeit der Zustimmungsverweigerung ausgeht, bleiben dem Betriebsrat die Möglichkeiten des Antrags nach § 101 BetrVG oder der zukünftigen Verpflichtung des Arbeitgebers

928 Vgl. Rn 361 ff.
929 BAG, Beschl. v. 11.06.2002, NZA 2003, 226.
930 BAG, Urt. v. 26.01.1988 und Beschl. v. 18.10.1988, AP Nr. 50 und 57 zu § 99 BetrVG 1972.
931 Muster eines solchen Antrages bei *Hümmerich*, AnwaltFormulare Arbeitsrecht, § 8 Rn 112.
932 BAG, Beschl. v. 06.08.2002, AP Nr. 27 zu § 99 BetrVG 1972 Eingruppierung.
933 BAG, Beschl. v. 22.01.2003, ZTR 2003, 454; BAG, Beschl. v. 28.04.1998, BAGE 88, 309.
934 BAG, Beschl. v. 22.01.2003 – 4 ABR 18/02 (n.v.).

auf Einhaltung des Mitbestimmungsrechts, wenn die Zustimmung in der streitigen Art und Weise verweigert wird.

3. Vorläufige Durchführung der personellen Maßnahme

Erachtet der Arbeitgeber die Durchführung der personellen Maßnahme als so dringlich, dass er die Zustimmung des Betriebsrats bzw. die Durchführung des Zustimmungsersetzungsverfahrens nicht abwarten kann, wird er die Maßnahme vorläufig gem. § 100 BetrVG[935] durchführen. Der Arbeitgeber hat den Betriebsrat unverzüglich, das heißt bereits vor Durchführung der Maßnahme oder unmittelbar danach,[936] unter Darlegung der Informationen nach § 99 Abs. 1 BetrVG und zusätzlich der sachlichen Dringlichkeit zu unterrichten. Will der Betriebsrat die sachliche Dringlichkeit bestreiten, muss er dies seinerseits unverzüglich tun. Andernfalls gilt die Vorläufigkeit der Maßnahme als gebilligt.[937] Aktion und Reaktion von Arbeitgeber und Betriebsrat stehen zueinander in einer **Wechselwirkung**. 390

Unterrichtet der Arbeitgeber nicht oder unzureichend von der Vornahme der vorläufigen Maßnahme, bleiben dem Betriebsrat wiederum die Möglichkeiten nach § 101 BetrVG oder der Verpflichtung auf Einhaltung des Mitbestimmungsrechts. Nach ordnungsgemäßer Information sind folgende Fallgestaltungen denkbar: 391

- Der Betriebsrat bestreitet unverzüglich die sachliche Dringlichkeit und verweigert (jedenfalls innerhalb der Wochenfrist) die Zustimmung zur personellen Maßnahme. Der Arbeitgeber muss dann innerhalb von drei Kalendertagen beim Arbeitsgericht die Feststellung, dass die Vornahme der Maßnahme aus sachlichen Gründen dringend geboten war, sowie die Ersetzung der Zustimmung nach § 99 Abs. 4 BetrVG beantragen.[938]
- Der Betriebsrat unterlässt das unverzügliche Bestreiten der Dringlichkeit, verweigert aber innerhalb der Wochenfrist die Zustimmung. Der Arbeitgeber muss innerhalb von drei Kalendertagen beim Arbeitsgericht die Zustimmungsersetzung beantragen. Die Dringlichkeit der Maßnahme ist nicht mehr zu prüfen.[939]
- Der Betriebsrat bestreitet allein die Dringlichkeit der Maßnahme. Ist die Wochenfrist noch nicht abgelaufen, muss der Arbeitgeber binnen drei Tagen die Feststellung der Dringlichkeit beim Arbeitsgericht beantragen. Verstreicht die Wochenfrist, ohne dass der Betriebsrat die Zustimmung verweigert, ist das Verfahren für erledigt zu erklären, da aufgrund der Zustimmungsfiktion die Maßnahme endgültig betriebsverfassungsrechtlich zulässig ist, so dass auch eine vorläufige Durchführung nicht betriebsverfassungswidrig sein kann.[940] Gleichwohl kann es für den Betriebsrat aufgrund der unterschiedlichen Fristen sinnvoll sein, sich zunächst auf das Bestreiten der Dringlichkeit zu beschränken, wenn ihm die Prüfung der Erteilung oder Verweigerung der Zustimmung nicht unverzüglich, sondern nur unter Ausnutzung der Wochenfrist möglich erscheint.

In allen Fällen, in denen der Arbeitgeber die personelle Maßnahme ohne Anrufung des Arbeitsgerichts gesetzwidrig aufrechterhält, kann der Betriebsrat wiederum nach § 101 BetrVG vorgehen.

935 Muster eines solchen Antragschriftsatzes bei *Hümmerich*, AnwaltFormulare Arbeitsrecht, § 8 Rn 113.
936 BAG, Beschl. v. 07.11.1977, AP Nr. 1 zu § 100 BetrVG 1972.
937 *Fitting u.a.*, § 100 BetrVG Rn 9.
938 BAG, Beschl. v. 15.09.1987, AP Nr. 46 zu § 99 BetrVG 1972.
939 *Fitting u.a.*, § 100 BetrVG Rn 9.
940 *Fitting u.a.*, § 100 BetrVG Rn 12.

4. Gegenstandswert

391a Der Streit der Betriebsparteien über die Zustimmung des Betriebsrats zu personellen Einzelmaßnahmen stellt eine **nicht vermögensrechtliche Streitigkeit** dar, die gem. § 23 Abs. 3 RVG zu bewerten ist. Sind mehrere personelle Einzelmaßnahmen i.S.d. § 99 Abs. 1 BetrVG Gegenstand eines arbeitsgerichtlichen Beschlussverfahrens, kann bei der Wertfestsetzung berücksichtigt werden, dass die Maßnahmen auf einer **einheitlichen unternehmerischen Entscheidung** beruhen. Der Wert der einzelnen Maßnahmen kann dabei in Anlehnung an die **Staffelung** der Arbeitnehmerzahlen in § 9 BetrVG ermittelt werden. Das LAG Berlin[941] hatte in einem Verfahren den Gegenstandswert auf 134.000 EUR festgelegt, in dem es um die Zustimmungsersetzung für die Versetzung von 315 Arbeitnehmern ging. Das LAG Berlin hat folgende Staffelung vorgenommen:

1. Versetzung »voller« Regelwert mit	4.000 EUR.
2. bis 20. Versetzung je	1.000 EUR.
21. bis 50. Versetzung je	500 EUR.
51. bis 100. Versetzung je	400 EUR.
101. bis 200. Versetzung je	300 EUR.
201. bis 310. Versetzung je	200 EUR.

Die Versetzungen der Betriebsratsmitglieder selbst hat das Gericht mit je 4.000 EUR, in einem Fall besonderer Schwierigkeit mit 8.000 EUR berücksichtigt.

Der Gegenstandswert bei einem Streit über die Berechtigung des Arbeitgebers, die **Einstellung nach § 100 BetrVG vorläufig durchzuführen** ist regelmäßig mit der Hälfte des Wertes in Ansatz zu bringen, der für das Zustimmungsersetzungsverfahren nach § 99 Abs. 4 BetrVG festzusetzen ist. Der Antrag des Betriebsrats, eine **vorläufige Maßnahme gem. § 101 BetrVG aufzuheben**, stellt grundsätzlich eine eigene Streitigkeit dar, die gesondert zu bewerten ist. Bei mehreren Anträgen ist zunächst jede Einzelmaßnahme bzw. jede begehrte Feststellung zu bewerten und anschließend ein Gesamtwert zu bilden.[942]

J. Mitbestimmung in wirtschaftlichen Angelegenheiten

I. Unternehmensmitbestimmung

392 Bei der Teilhabe der Arbeitnehmer an den wirtschaftlichen Entscheidungen der Unternehmer bzw. Anteilseigner ist zwischen der **Unternehmensverfassung** und der Betriebsverfassung zu unterscheiden. Zwar dienen beide Beteiligungsformen dem sozialen Ziel, neben den Interessen der Anteilseigner auch diejenigen der Arbeitnehmer zur Geltung zu bringen, sie beruhen aber auf einem unterschiedlichen Ansatz. Während die Betriebsverfassung auf die (positive) Auseinandersetzung zwischen Arbeitgeber und Betriebsrat ausgelegt ist (**dualistisches Modell**), sind in der Unternehmensverfassung die Vertreter der Arbeitnehmer unmittelbar Mitglieder der unternehmerischen Entscheidungsorgane und wirken als solche an der Willensbildung der Leitungsorgane mit (**Integrationsmodell**).[943]

393 Die Mitbestimmung der Unternehmen ist von der Größe der Unternehmen abhängig und – branchenabhängig – in verschiedenen Gesetzen geregelt. Zu nennen ist die

941 LAG Berlin, Beschl. v. 18.03.2003, EzA-SD 10/2003, 22.
942 LAG Berlin, Beschl. v. 21.10.2002, NZA-RR 2003, 383; LAG Berlin, Beschl. v. 19.09.2002 – 17 Ta 6081/02 (n.v.).
943 *Fitting u.a.*, § 1 BetrVG Rn 154.

- Mitbestimmung der Arbeitnehmer in Kapitalgesellschaften mit in der Regel mehr als 2000 beschäftigten Arbeitnehmern nach dem Gesetz über die Mitbestimmung der Arbeitnehmer (MitbestG) v. 04.05.1996,
- Mitbestimmung der Arbeitnehmer in den Aufsichtsräten und Vorständen der Unternehmen des Bergbaus und der Eisen und Stahl erzeugenden Industrie (Montan-MitbestG) v. 21.05.1951,
- Ergänzung der Mitbestimmung der Arbeitnehmer in den Aufsichtsräten und Vorständen der Unternehmen des Bergbaus und der Eisen und Stahl erzeugenden Industrie (MitbestErgG) v. 07.08.1956 für herrschende Konzerngesellschaften im Montanbereich,
- Mitbestimmung der Arbeitnehmer in Kapitalgesellschaften, die nicht von den sonstigen Mitbestimmungssystemen erfasst werden und mindestens 500 Beschäftigte haben nach dem Drittelbeteiligungsgesetz (DrittelbG) v. 18.05.2004.[944]

Ausgeschlossen ist die Anwendung für **Tendenzbetriebe** und **Religionsgemeinschaften** und ihre karitativen und erzieherischen Einrichtungen unbeschadet deren Rechtsform, § 1 Abs. 2 Nr. 2 und Abs. 2 Satz 2 DrittelbG. Die **Einbeziehung von Konzernobergesellschaften in die Sonderform der Montan-Mitbestimmung** nach dem Mitbestimmungsergänzungsgesetz ist mit Art. 3 Abs. 1 GG vereinbar, wenn sie einen ausreichenden Montan-Bezug aufweisen. Einen solchen Bezug vermittelt zwar die in § 3 Abs. 2 Satz 1 Nr. 1 MitbestErgG bestimmte Montan-Umsatzquote, nicht aber die in Nr. 2 dieser Vorschrift festgelegte Arbeitnehmerzahl. Die in § 3 i.V.m. § 16 MitbestErgG festgelegten unterschiedlichen Umsatzquoten für den Verbleib in der und den Eintritt in die Montan-Mitbestimmung sind mit Art. 3 Abs. 1 GG vereinbar.[945] § 3 Abs. 2 Satz 1 Nr. 2 MitbestErgG ist daher durch das zweite Gesetz zur Vereinfachung der Wahl der Arbeitnehmervertreter in den Aufsichtsrat v. 18.05.2004 geändert worden. Die Neufassung bezieht jetzt eine Konzernobergesellschaft auch dann in die Montanmitbestimmung ein, wenn die montanmitbestimmten Konzernunternehmen mindestens 20 % aller im Konzern angestellten Arbeitnehmer beschäftigen.[946]

Für die **Beteiligung der Arbeitnehmer im Aufsichtsrat** gilt das DrittelbG, das das BetrVG 1952, soweit es noch Gegenstände der Unternehmensmitbestimmung regelt, abgelöst hat. Nach § 4 Abs. 1 DrittelbG muss der Aufsichtsrat eines Unternehmens nach § 1 Abs. 1 DrittelbG zu einem Drittel aus Vertretern der Arbeitnehmer bestehen. Die Arbeitnehmervertreter im Aufsichtsrat werden für die **Amtszeit**, die auch für die übrigen Aufsichtsratsmitglieder gilt – also nach § 102 Abs. 1 AktG für praktisch maximal fünf Jahre – von den wahlberechtigten Arbeitnehmern nach § 7 BetrVG gewählt. Ist ein Arbeitnehmervertreter zu wählen, muss dieser in einem Betrieb des Unternehmens beschäftigt sein, sind zwei oder mehr Arbeitnehmervertreter zu wählen, müssen sich unter diesen mindestens zwei Arbeitnehmer aus den Betrieben des Unternehmens befinden. Sie müssen das 18. Lebensjahr vollendet haben und ein Jahr dem Unternehmen angehören. Betriebszugehörigkeitszeiten, die in anderen Konzernunternehmen verbracht wurden, zählen mit. Frauen und Männer sollen ihrem zahlenmäßigen Verhältnis im Unternehmen entsprechend vertreten sein. Im übrigen richtet sich die Wahl und die Abberufung der Aufsichtsratsmitglieder nach der zum DrittelbG erlassenen Wahlordnung v. 23.06.2004.[947] Für Aktiengesellschaften, die nach dem 09.08.1994 eingetragen wurden, gilt die Mitbestimmung nur, wenn sie **mehr als 500 Arbeitnehmer** haben. Für **ältere kleinere Aktiengesellschaften** ist die Anwendbarkeit des DrittelbG nur ausgeschlossen, wenn es sich um **Familiengesellschaften** handelte. Der Wegfall der Mitbestimmung durch Entsendung eines Arbeitnehmervertreters in den Aufsichtsrat dadurch, dass bei der **Umwandlung** einer AG in eine GmbH letztere keinen Aufsichtsrat benötigt, macht die Ausübung des Umwandlungsrechts **nicht rechtsmissbräuchlich**.[948] Das DrittelbG gilt für die AG, die KGaA, für die GmbH und Erwerbs- und Wirtschaftsgenossenschaften mit jeweils mehr als 500 Arbeitnehmern, auf den VVaG mit mehr 393a

944 Vgl. zum DrittelbG die Beiträge von *Seibt*, NZA 2004, 767 und *Melot de Beauregard*, DB 2004, 1430.
945 BVerfG, Beschl. v. 02.03.1999, NZA 1999, 435.
946 BGBl I, 974.
947 BGBl I, 1393.
948 OLG Naumburg, Urt. v. 06.02.1997, NZA-RR 1997, 177; LG Düsseldorf, Beschl. v. 30.10.1979, BB 1980, 854 für den Fall, dass die Umwandlung nicht ausschließlich in der Absicht erfolgte, die Anwendung des MitbestG zu unterlaufen.

als 500 Arbeitnehmern ist das DrittelbG anzuwenden, wenn ein Aufsichtsrat gebildet wurde, § 1 Abs. 1 Nr. 4 DrittelbG. Ein **unternehmenszugehöriger Arbeitnehmervertreter** ist mit Beginn der **Freistellungsphase einer Altersteilzeit** im sog. Blockmodell nicht mehr beschäftigt i.S.d. § 76 Abs. 2 BetrVG 1952. Ist er der einzige Arbeitnehmervertreter verliert er mit dem Eintreten in die Freistellungsphase seine Wählbarkeit. Damit endet seine Mitgliedschaft im Aufsichtsrat.[949] Die Regelung des § 12 Abs. 1 MitbestG über die erforderliche Anzahl von **Stützunterschriften** für Wahlvorschläge zur Delegiertenwahl für die Wahl der Arbeitnehmervertreter im Aufsichtsrat ist verfassungsgemäß.[950]

393b Für die Erreichung der Zahlenschwelle von 500 Arbeitnehmern zählen im **Konzern** die Arbeitnehmer der beherrschten Unternehmen für die Besetzung des Aufsichtsrats des herrschenden Unternehmens mit. Voraussetzung ist das Bestehen eines **Beherrschungsvertrages** oder die **Eingliederung** des abhängigen Unternehmens in das herrschende Unternehmen, § 2 Abs. 2 DrittelbG. Abgestellt wird auf den **Konzernbegriff** der §§ 17, 18 AktG, die eine doppelte **Vermutungswirkung** enthalten. Nach § 17 Abs. 1 AktG ist der Abhängigkeitstatbestand gegeben, wenn ein Unternehmen auf ein anderes rechtlich selbständiges Unternehmen einen beherrschenden Einfluss ausüben kann, die Möglichkeit der Einflussnahme genügt. Nach § 17 Abs. 2 AktG wird gesetzlich vermutet, dass bei Bestehen einer Mehrheitsbeteiligung i.S.v. § 16 Abs. 1 AktG das im Mehrheitsbesitz stehende Unternehmen von dem mehrheitsbeteiligten Unternehmen abhängig ist. Die Mehrheitsbeteiligung kann auf der Mehrheit von Kapitalanteilen oder auf einer Stimmenmehrheit beruhen. Greift die Vermutung des § 17 Abs. 2 AktG ein, löst sie gleichzeitig die weitere Vermutung nach § 18 Abs. 1 Satz 3 AktG aus, wonach von einem abhängigen Unternehmen vermutet wird, dass es mit dem herrschenden Unternehmen einen Konzern bildet. Beide Vermutungen sind widerlegbar. Die **Widerlegung der Konzernvermutung im Mitbestimmungsrecht** erfordert grundsätzlich die Feststellung von Tatsachen, aus denen folgt, dass das herrschende Unternehmen von seinen Einflussmöglichkeiten keinen Gebrauch macht oder es an einer planmäßigen Leitung oder an einer Abstimmung der Unternehmenspolitik fehlt.[951] Wenn die Konzernspitze unter **Umgehung der Zwischenholding** direkten Einfluss auf die operativen Unternehmen des Konzerns nimmt, stellt die Zwischenholding keine Teilkonzernspitze im Sinne eines **Konzerns im Konzern** dar. Ist die Zwischenholdinggesellschaft arbeitnehmerlos, braucht kein paritätisch besetzter Aufsichtsrat gebildet zu werden.[952] Die **Beschäftigten einer Anstalt des öffentlichen Rechts** können nicht an der Wahl der Arbeitnehmervertreter zum Aufsichtsrat einer AG teilnehmen, weil eine Anstalt öffentlichen Rechts nicht in einen Konzern i.S.d. § 18 Abs. 1 AktG eingebunden werden kann.[953] Die **Besetzung der den Arbeitnehmern zustehenden Sitze im Aufsichtsrat des herrschenden Unternehmens** eines Konzerns hat in der Regel so zu erfolgen, dass sich unter ihnen ein Arbeitnehmer aus dem herrschenden Unternehmen und ein Arbeitnehmer aus einem abhängigen Unternehmen befindet. Mit dieser Maßgabe sind die Kandidaten gewählt, die die größte Stimmenzahl erreicht haben.[954] Bei beschließenden **Personalausschüssen** des Aufsichtsrats ist es als **missbräuchliche Diskriminierung der Arbeitnehmervertreter** allein aufgrund ihrer Gruppenzugehörigkeit anzusehen, wenn sie, ohne dass dafür im Einzelfall erhebliche Gründe vorhanden sind, aus grundsätzlichen Erwägungen von jeder Mitarbeit in dem Ausschuss ausgeschlossen werden.[955]

393c Haben die in Rn 393 a genannten Unternehmen **mehr als 2000 Beschäftigte**, richtet sich die Unternehmensmitbestimmung nach dem MitbestG,[956] es sei denn die Sonderregelungen des MontanMitbestG oder des MitBestErgG greifen ein. § 1 Abs. 1 Nr. 2 MitbestG stellt auf **die »in der Regel«**

949 BAG, Beschl. v. 25.10.2000, NZA 2001, 461.
950 BAG, Beschl. v. 13.05.1998, NZA 1999, 158.
951 BayObLG München, Beschl. v. 24.03.1998, NZA 1998, 956.
952 LG Hamburg, Urt. v. 26.06.1995, AG 1996, 89; OLG Düsseldorf, Beschl. v. 30.01.1979, DB 1979, 699.
953 LAG Berlin, Beschl. v. 27.10.1995, ZTR 1996, 87.
954 BAG, Beschl. v. 07.11.1975, DB 1976, 247; BAG, Beschl. v. 02.09.1975, DB 1975, 2136.
955 BGH, Urt. v. 17.05.1993, DB 1993, 1609.
956 Zur Verfassungsmäßigkeit des MitbestG siehe BVerfG, Beschl. v. 01.03.1979, AP Nr. 1 zu § 1 MitbestG.

Beschäftigten ab. Im Rahmen der insoweit zu treffenden Feststellungen ist also eine Prognose über die Entwicklung der Beschäftigtenzahl anzustellen. Für die Bestimmung des dieser Prognose zugrundezulegenden Zeitraums ist auf die Dauer des Verfahrens nach §§ 97 ff. AktG und die Dauer des Wahlverfahrens für Arbeitnehmervertreter gem. §§ 10 ff. MitbestG abzustellen. Wird hiernach die Dauer des Wahlverfahrens mit etwa zehn Monaten, das Verfahren nach §§ 97 ff. AktG mit etwa sieben bis zehn Monaten angesetzt, so sind wenigstens die nächsten 17 bis 20 Monate der Unternehmensplanung bei der Ermittlung der fraglichen Arbeitnehmerzahl zu berücksichtigen.[957]

Nach § 33 MitbestG ist als gleichberechtigtes Mitglied des gesetzlichen Vertretungsorgans ein **Arbeitsdirektor** zu bestellen. Diese Vorgabe gilt nicht für die Organisationsform der KGaA. Zu den **zwingenden Kompetenzen**, die dem Arbeitsdirektor zugewiesen sind, hat das LG Frankfurt[958] wie folgt entschieden: Besteht die Geschäftsführung eines mitbestimmten Unternehmens aus zwei Geschäftsführern, von denen einer Arbeitsdirektor ist, und wird dem anderen Geschäftsführer durch Geschäftsverteilungsplan die Stellung eines Sprechers der Geschäftsführung zugewiesen mit der Maßgabe, dass ihm die grundsätzliche Vertretung gegenüber Gesamtbetriebsrat, Wirtschaftsausschuss, Arbeitgeberverbänden und Gewerkschaften zusteht, so liegt darin ein Verstoß gegen das gesetzliche Mindestressort sowie die gleichberechtigte Stellung des Arbeitsdirektors. Ein solcher Verstoß ist auch gegeben, wenn der Geschäftsverteilungsplan die Funktionen des Arbeitsdirektors auf eine Informationstätigkeit, Beratungstätigkeit und Mitwirkungstätigkeit beschränkt oder dem Arbeitsdirektor eine vorherige Abstimmung mit dem Sprecher auferlegt. Es gehört zu der gesetzlichen Mindestzuständigkeit des Arbeitsdirektors, dass er nicht nur im Vertretungsorgan das Personalwesen und Sozialwesen vertritt, sondern auch zugleich als Leiter des Personalressorts unmittelbarer Fachvorgesetzter der Personalleiter der einzelnen Betriebe sein muss. Eine nur zentrale Grundsatzkompetenz oder Beratungskompetenz reicht nicht aus. Zu dem unentziehbaren Kernbereich des Arbeitsdirektors gehört daher auch ein gewisser Durchgriff auf die personellen Maßnahmen in den einzelnen Betrieben. 393d

Ein **Unternehmen der eisenerzeugenden und stahlerzeugenden Industrie** kann auch dann unter die Montan-Mitbestimmung fallen, wenn es erst **nach dem In-Kraft-Treten des Montan-Mitbestimmungsgesetzes gegründet** worden und deshalb im Anhang des Gesetzes der Alliierten Hohen Kommission Nr. 27 nicht genannt ist. Das Montan-MitbestG hat in § 1 Abs. 1 Buchst. b) auf das Gesetz der Alliierten Hohen Kommission Nr. 27 Bezug genommen, um eine Definition zu ersetzen, nicht aber um die betroffenen Unternehmen abschließend aufzuzählen.[959] 393e

II. Wirtschaftsausschuss

1. Voraussetzungen

Ein Wirtschaftsausschuss ist in Unternehmen mit in der Regel mehr als 100 ständig beschäftigten Arbeiternehmern zu bilden. Der Begriff der »**in der Regel beschäftigten**« Arbeitnehmer bezieht sich auf die Beschäftigtenzahl im Unternehmen im regelmäßigen Zustand. Das gilt auch in Betrieben, bei denen ein regelmäßiger Wechsel der Arbeitnehmer stattfindet. Entscheidend ist dann die Zahl der regelmäßig – wenn auch mit wechselnden Arbeitnehmern – besetzten Arbeitsplätze. Demgegenüber bezieht sich der Begriff »**ständig**« auf die Arbeitsaufgabe und nicht auf den konkreten Arbeitnehmer. Auch befristet beschäftigte Arbeitnehmer können dann ständig beschäftigt sein, wenn die Arbeitsaufgabe, der Arbeitsplatz auf Dauer besteht. Deshalb können ständig beschäftigte Arbeitnehmer auch vorübergehend eingesetzte Leiharbeitnehmer oder befristet eingestellte Arbeitnehmer sein, die auf einem ständig vorhandenen Arbeitsplatz tätig sind.[960] Bei der Ermittlung der Beschäftigtenzahl ist 394

957 OLG Düsseldorf, Beschl. v. 09.12.1994, DB 1995, 277.

958 LG Frankfurt, Urt. v. 26.04.1984, DB 1984, 1388; bestätigt durch OLG Frankfurt, Urt. v. 23.04.1985, DB 1985, 1459.

959 OLG Düsseldorf, Beschl. v. 24.08.1982, DB 1982, 1974; bestätigt durch BGH, Beschl. v. 28.02.1983 – II ZB 10/82 (n.v.).; a.A. OLG Karlsruhe, Beschl. v. 07.07.1976, OLGZ 1977, 19.

960 LAG Berlin, Beschl. v. 06.12.1989, DB 1990, 538.

nicht auf die durchschnittliche Beschäftigtenzahl eines bestimmten Zeitraums, sondern auf die **normale Beschäftigtenzahl** des Betriebes abzustellen. Dazu bedarf es grundsätzlich eines Rückblickes und einer Einschätzung der nahen zukünftigen Entwicklung der Personalstärke.[961]

395 Bei der Berechnung der für die Bildung eines Wirtschaftsausschusses erforderlichen Regelzahl beschäftigter Arbeitnehmer sind auch Personen zu berücksichtigen, die im Rahmen eines als »Hilfe zur Arbeit« abgeschlossenen Arbeitsvertrages gem. § 19 Abs. 2 Satz 1 Alt. 1 BSHG beschäftigt werden, wenn ihre Tätigkeit dem arbeitstechnischen Zweck des Betriebes dient. Diese Voraussetzungen können auch bei der Beschäftigung durch eine gemeinnützige Beschäftigungsgesellschaft erfüllt sein.[962] Betreiben mehrere Unternehmen gemeinsam einen **einheitlichen Betrieb** mit in der Regel mehr als einhundert ständig beschäftigten Arbeitnehmern, so ist ein Wirtschaftsausschuss auch dann zu bilden, wenn keines der beteiligten Unternehmen für sich allein diese Beschäftigtenzahl erreicht.[963]

396 Ist in einem Unternehmen ein Wirtschaftsausschuss nicht zu errichten, weil die nach § 106 Abs. 1 BetrVG erforderliche Zahl beschäftigter Arbeitnehmer nicht erreicht wird, so stehen die Unterrichtungsansprüche des Wirtschaftsausschusses über wirtschaftliche Angelegenheiten nach § 106 Abs. 2 BetrVG **nicht dem Betriebsrat** bzw. Gesamtbetriebsrat zu. Der Betriebsrat selbst ist nach § 80 Abs. 2 BetrVG über wirtschaftliche Angelegenheiten unter Vorlage der erforderlichen Unterlagen nur dann zu unterrichten, soweit dies zur Durchführung konkreter Aufgaben erforderlich ist. Dieser Unterrichtungsanspruch über wirtschaftliche Angelegenheiten entfällt nicht insoweit, als dadurch Betriebs- oder Geschäftsgeheimnisse gefährdet werden können.[964]

2. Errichtung

397 Der Wirtschaftsausschuss hat gem. § 107 Abs. 1 BetrVG **zwischen drei und sieben Mitglieder**, die dem Unternehmen angehören müssen, aber auch leitende Angestellte i.S.v. § 5 Abs. 3 BetrVG sein dürfen. Mindestens ein Mitglied muss dem Betriebsrat angehören. Sie sollen die persönliche und fachliche Eignung besitzen, nach Vorstellung des BAG sollen die Mitglieder in der Regel fähig sein, den **Jahresabschluss anhand der gegebenen Erläuterungen zu verstehen und gezielte Fragen** zu stellen.[965] Die Bestellung und Abberufung sowie die Festlegung der Anzahl der Mitglieder erfolgt durch den Betriebsrat für die Dauer seiner Amtszeit oder, wenn ein Gesamtbetriebsrat besteht, durch diesen. Da der Gesamtbetriebsrat keine Amtszeit hat, richtet sich die Amtszeit der Mitglieder des Wirtschaftsausschusses nach der der Mehrheit der Mitglieder des Gesamtbetriebsrats. Besteht kein Gesamtbetriebsrat, obwohl er gebildet werden könnte, kann kein Wirtschaftsausschuss gebildet werden.[966] Der Konzernbetriebsrat kann keinen Wirtschaftsausschuss errichten.[967]

3. Aufgaben

398 Der Wirtschaftsausschuss hat die Aufgabe, die Zusammenarbeit und Information zwischen Unternehmer und Betriebsrat in wirtschaftlichen Angelegenheiten zu fördern, vgl. § 106 Abs. 1 Satz 2 BetrVG. In § 106 Abs. 3 BetrVG werden beispielhaft die wichtigsten wirtschaftlichen Angelegenheiten aufgezählt, der **Katalog ist nicht abschließend**. Zu den wirtschaftlichen Angelegenheiten nach § 106 Abs. 3 Nr. 10 BetrVG gehören »sonstige Vorgänge und Vorhaben, welche die Interessen der Arbeitnehmer des Unternehmens wesentlich berühren können«. Diese **beschränkte Generalklausel**

961 LAG Berlin, Beschl. v. 25.04.1988, LAGE § 106 BetrVG 1972 Nr. 1.
962 BAG, Beschl. v. 05.10.2000, DB 2000, 2126.
963 BAG, Beschl. v. 01.08.1990, NZA 1991, 643.
964 BAG, Beschl. v. 05.02.1991, NZA 1991, 645.
965 BAG, Beschl. v. 18.07.1978, AP Nr. 1 zu § 108 BetrVG 1972.
966 *Fitting u.a.*, § 107 BetrVG Rn 20.
967 BAG, Beschl. v. 23.08.1989, NZA 1990, 863.

erfasst alle nicht bereits in den Nrn. 1–9 des § 106 BetrVG aufgeführten Fragen, die das wirtschaftliche Leben des Unternehmens in entscheidenden Punkten betreffen, dies jedoch stets unter der Voraussetzung, dass die Interessen der Arbeitnehmer des Unternehmens wesentlich berührt werden können.[968] Danach gehören zu den Wirtschaftlichen Angelegenheiten:

- die wirtschaftliche und finanzielle Lage des Unternehmens,
- die Produktions- und Absatzlage,
- das Produktions- und Investitionsprogramm,
- Rationalisierungsvorhaben,
- Fabrikations- und Arbeitsmethoden, insbesondere die Einführung neuer Arbeitsmethoden,
- Fragen des betrieblichen Umweltschutzes,
- die Einschränkung oder Stilllegung von Betrieben oder von Betriebsteilen,
- die Verlegung von Betrieben oder Betriebsteilen,
- der Zusammenschluss oder die Spaltung von Unternehmen oder Betrieben,
- die Änderung der Betriebsorganisation oder des Betriebszwecks.

Der Katalog deckt sich teilweise mit den Tatbeständen einer Betriebsänderung nach § 111 BetrVG, ohne allerdings einschränkende Voraussetzungen, wie »wesentlich« oder »grundlegend« zu enthalten. Zu den wirtschaftlichen Angelegenheiten, in denen der Wirtschaftsausschuss nach § 106 Abs. 3 BetrVG ein Unterrichtungs- und Beratungsrecht hat, gehört auch die Stilllegung von Betrieben, in denen kein Betriebsrat gebildet ist.[969]

4. Unterrichtung und Vorlage von Unterlagen

Gem. § 106 Abs. 2 BetrVG hat der Unternehmer den Wirtschaftsausschuss über die wirtschaftlichen Angelegenheiten rechtzeitig und umfassend unter Vorlage der erforderlichen Unterlagen zu unterrichten, soweit dadurch nicht die Betriebs- und Geschäftsgeheimnisse gefährdet werden. Unterlagen, die nach § 106 Abs. 2 BetrVG ggf. dem Wirtschaftsausschuss vorzulegen sind, müssen zunächst **einen Bezug zu den in § 106 Abs. 3 BetrVG genannten wirtschaftlichen Angelegenheiten** haben. Angesichts des weit gefassten und nicht abschließenden Katalogs der wirtschaftlichen Angelegenheiten wird es eine seltene Ausnahme darstellen, dass in Unternehmen erstellte, vorhandene und benutzte Unterlagen keinen solchen Bezug aufweisen (etwa der Vertrag über die Veräußerung von Geschäftsanteilen einer GmbH). Von daher kommen **Unterlagen nahezu jeder Art** als auf wirtschaftliche Angelegenheiten bezogene Unterlagen für eine Vorlage an den Wirtschaftsausschuss in Betracht. So werden z.B. als »Materialien unternehmerischer Planung und Entscheidung« genannt Berichte, Pläne, Statistiken, Schaubilder, Gutachten, Analysen, Organisationsmodelle, Rentabilitätsberechnungen, Vorschläge, Zeichnungen, Tabellen und Geschäftsbücher.[970] 399

Nach Sinn und Zweck des § 106 BetrVG soll der Wirtschaftsausschuss **gleichgewichtig und gleichberechtigt mit dem Unternehmer** über die wirtschaftlichen Angelegenheiten des Unternehmens beraten. Eine solche Beratung ist nur dann sinnvoll, wenn der Wirtschaftsausschuss Gelegenheit hat, auf die Planungen des Unternehmers Einfluss zu nehmen. Das setzt voraus, dass er rechtzeitig und umfassend unterrichtet wird. Der Unternehmer muss daher **vor geplanten unternehmerischen Entscheidungen** und sonstigen Vorhaben den Wirtschaftsausschuss frühzeitig und umfassend informieren, so dass dieser – und der Betriebsrat bzw. Gesamtbetriebsrat – durch seine Stellungnahme und eigenen Vorschläge noch **Einfluss auf die Gesamtplanung wie auch auf die einzelnen Vorhaben nehmen kann**. Zunächst ist der Unternehmer grundsätzlich verpflichtet, den Wirtschaftsausschuss auch über **Betriebs- und Geschäftsgeheimnisse** zu informieren. Die Unterrichtungspflicht ist nur eingeschränkt, soweit Betriebs- und Geschäftsgeheimnisse des Unternehmens gefährdet werden. Eine solche Gefährdung kommt nur in Ausnahmefällen in Betracht, etwa wegen der besonderen 400

968 BAG, Beschl. v. 11.07.2000, NZA 2001, 402.
969 BAG, Beschl. v. 09.05.1995, NZA 1996, 55.
970 BAG, Beschl. v. 17.09.1991, NZA 1992, 418.

Bedeutung einer Tatsache für den Bestand oder die Entwicklung des Unternehmens oder wegen persönlicher Umstände eines Mitglieds des Wirtschaftsausschusses. Danach kann die Unterrichtung z.B. verweigert werden, wenn objektiv ein sachliches Interesse an der völligen Geheimhaltung bestimmter Tatsachen wegen der sonst zu befürchtenden Gefährdung des Bestandes oder der Entwicklung des Unternehmens besteht und – zum anderen – die konkrete Befürchtung begründet ist, dass Informationen von Mitgliedern des Wirtschaftsausschusses trotz der ihnen auferlegten Verschwiegenheitspflicht weitergegeben werden. Dabei ist zu berücksichtigen, dass für die Mitglieder des Wirtschaftsausschusses nach § 107 Abs. 3 Satz 4 BetrVG die gleiche Verschwiegenheitsverpflichtung gilt wie für Betriebsratsmitglieder (§ 79 BetrVG).[971]

401 Die **Form der Auskunftserteilung** (schriftlich oder mündlich) hat der Gesetzgeber nicht geregelt mit der Folge, dass diese dem Unternehmer überlassen bleibt. Da die Entscheidung über die Form der Auskunftserteilung dem Unternehmer überlassen ist, kann die Einigungsstelle nicht darüber entscheiden, in welcher Form der Unternehmer die abgefragten Auskünfte zu erteilen hat. Insoweit fehlt es ihr an der für jeden Spruch erforderlichen Zuständigkeit, und zwar offensichtlich, auf den ersten Blick für jedermann erkennbar.[972]

402 Der Arbeitgeber ist verpflichtet, dem Wirtschaftsausschuss solche Unterlagen vorzulegen, die dem Arbeitgeber zur Verfügung stehen und von ihm zur Kenntnis genommen wurden. Dass der Arbeitgeber eine Studie nicht in Auftrag gegeben hat und sie auch nicht speziell für das Arbeitgeberunternehmen erstellt worden sind, ändert daran nichts.[973] **Monatliche Erfolgsrechnungen** für einzelne Filialen oder Betriebe sind Unterlagen, die einen Bezug zu wirtschaftlichen Angelegenheiten i.S.v. § 106 Abs. 3 BetrVG haben.

402a Ob und ggf. wann solche Erfolgsrechnungen dem Wirtschaftsausschuss vorzulegen sind, ist eine Frage der Erforderlichkeit der Vorlage dieser Unterlagen und damit von der Einigungsstelle zu entscheiden.[974] Der Geschäftsführer einer GmbH ist verpflichtet, den Wirtschaftsausschuss darüber zu unterrichten, dass **sämtliche Geschäftsanteile der GmbH auf einen neuen Gesellschafter übergegangen** sind. Außerdem hat er dem Wirtschaftsausschuss mitzuteilen, ob im Zusammenhang mit der Abtretung der Geschäftsanteile Absprachen über die künftige Geschäftsführung und Geschäftspolitik erfolgt sind. Der notarielle Vertrag über die Veräußerung der Geschäftsanteile betrifft das Verhältnis zwischen dem bisherigen und dem neuen Gesellschafter. Es handelt sich hierbei nicht um eine Unterlage des Unternehmens, die nach § 106 Abs. 2 BetrVG dem Wirtschaftsausschuss vorzulegen ist.[975] Der **Wirtschaftsprüfungsbericht** nach § 321 HGB ist dem Wirtschaftsausschuss jedenfalls dann vorzulegen, wenn ein wirksamer Spruch der Einigungsstelle den Unternehmer zur Vorlage des Wirtschaftsprüfungsberichts verpflichtet.[976]

5. Sitzungen

403 Der Wirtschaftsausschuss soll monatlich einmal zusammenkommen, § 108 Abs. 1 BetrVG. Die Sitzungen sind **nicht öffentlich**, an ihnen hat der Unternehmer oder ein Vertreter teilzunehmen, § 108 Abs. 2 BetrVG. Für die Hinzuziehung von **Sachverständigen** ist auf § 80 Abs. 3 und 4 BetrVG verwiesen, es ist also eine Vereinbarung zwischen Wirtschaftsausschuss und Unternehmer erforderlich. An den Sitzungen des Wirtschaftsausschusses kann in entsprechender Anwendung des § 31 BetrVG ein **Gewerkschaftsbeauftragter** beratend teilnehmen. Die Teilnahme eines Gewerkschaftsbeauftragten kann jeweils nur für eine konkret bestimmte Sitzung des Wirtschaftsausschusses

971 BAG, Beschl. v. 11.07.2000, NZA 2001, 402.
972 LAG Baden-Württemberg, Beschl. v. 22.11.1985, DB 1986, 334.
973 LAG Frankfurt, Beschl. v. 19.03.1996, LAGE § 87 BetrVG 1972 Arbeitszeit Nr. 25.
974 BAG, Beschl. v. 17.09.1991, NZA 1992, 418.
975 BAG, Beschl. v. 22.01.1991, NZA 1991, 649.
976 BAG, Beschl. v. 08.08.1989, NZA 1990, 150.

beschlossen werden. Eine generelle Einladung zu allen künftigen Sitzungen des Wirtschaftsausschusses ist unzulässig.[977] Ebenfalls ist die **Schwerbehindertenvertretung** berechtigt, an Sitzungen des Wirtschaftsausschusses beratend teilzunehmen.[978]

Der Wirtschaftsausschuss hat die Aufgabe, wirtschaftliche Angelegenheiten mit dem Unternehmer zu beraten. Die Mitglieder des Wirtschaftsausschusses müssen die Möglichkeit haben, sich auf die Sitzungen des Wirtschaftsausschusses gründlich vorzubereiten. Was im Einzelfall an **Vorbereitung** erforderlich ist, hängt weitgehend von den Angelegenheiten ab, die mit dem Unternehmer beraten werden sollen. Der Unternehmer kann verpflichtet sein, Unterlagen mit umfangreichen Daten und Zahlen schon vor der Sitzung vorzulegen. Er kann auch verpflichtet sein, diese Unterlagen den Mitgliedern des Wirtschaftsausschusses zeitweise – zur Vorbereitung auf die Sitzung – zu überlassen (aus der Hand zu geben). Die Mitglieder des Wirtschaftsausschusses haben jedoch kein Recht, sich von den überlassenen Unterlagen ohne Zustimmung des Unternehmers Abschriften (**Ablichtungen**) anzufertigen.[979] 404

Der Wirtschaftsausschuss hat nach jeder Sitzung unverzüglich und vollständig dem Betriebsrat zu **berichten**, § 108 Abs. 4 BetrVG. Die Übersendung eines Protokolls reicht nicht aus.[980] 405

6. Meinungsverschiedenheiten

Wird eine Auskunft über wirtschaftliche Angelegenheiten entgegen dem Verlangen des Wirtschaftsausschusses nicht, nicht rechtzeitig oder nur ungenügend erteilt und kommt hierüber zwischen Unternehmer und Betriebsrat eine Einigung nicht zustande, entscheidet die **Einigungsstelle**, § 109 BetrVG. Der Entscheidung der Einigungsstelle obliegen also Fragen des **Umfangs der Auskunftspflicht**. Geht es dagegen um die Frage, ob eine Angelegenheit überhaupt zur **Zuständigkeit des Wirtschaftsausschusses** gehört, entscheidet hierüber das **Arbeitsgericht** im Beschlussverfahren.[981] § 109 BetrVG ist auch dann anwendbar, wenn sich der Unternehmer auf **Betriebs- bzw. Geschäftsgeheimnisse** beruft. Auch soweit der Unternehmer eine Beschränkung der Unterrichtungspflicht geltend macht, weil ein Geschäftsgeheimnis gefährdet werde, entscheidet über das Vorliegen der entsprechenden Voraussetzungen zunächst die Einigungsstelle nach § 109 BetrVG. Die Entscheidung der Einigungsstelle nach § 109 BetrVG darüber, ob, wann, in welcher Weise und in welchem Umfang der Unternehmer den Wirtschaftsausschuss zu unterrichten hat, unterliegt der **Rechtskontrolle der Arbeitsgerichte**. Dies gilt auch für die Frage, ob eine Gefährdung von Betriebs- oder Geschäftsgeheimnissen der Auskunft entgegensteht.[982] Die Einigungsstelle darf im Rahmen des § 109 BetrVG nur über ein **konkretes Auskunftsverlangen** des Wirtschaftsausschusses entscheiden. Eine generelle, dauerhafte Regelung darf sie nicht treffen. Die Form der Unterrichtung ist dem Arbeitgeber überlassen.[983] 406

III. Betriebsänderungen und Nachteilsausgleich

Die Beteiligungsrechte des Betriebsrats bei Betriebsänderungen und die Ansprüche der Arbeitnehmer auf Nachteilsausgleich nach den §§ 111–113 BetrVG sind im Zusammenhang mit der umfassenden Darstellung von Interessenausgleich und Sozialplan als Verhandlungsgegenstände in § 2 erläutert. 407

977 BAG, Beschl. v. 25.06.1987, NZA 1988, 167.
978 BAG, Beschl. v. 04.06.1987, NZA 1987, 861.
979 BAG, Beschl. v. 20.11.1984, NZA 1985, 432.
980 *Fitting u.a.*, § 108 BetrVG Rn 26.
981 BAG, Beschl. v. 17.09.1991, NZA 1992, 418.
982 BAG, Beschl. v. 11.07.2000, NZA 2001, 402; ArbG Hamburg, Beschl. v. 19.06.2002, ZIP 2003, 132.
983 ArbG Hamburg, Beschl. v. 19.06.2002, ZIP 2003, 132.

K. Die Betriebsvereinbarung als Regelungsinstrument der Betriebsverfassung

408 Die Betriebsvereinbarung ist das geeignete Instrument, das der Gesetzgeber den Betriebspartnern zur Regelung der mitbestimmungspflichtigen Angelegenheiten zur Verfügung stellt. Sie ist ein **eigenes Rechtsinstrument der Betriebsverfassung**, das in § 77 Abs. 2–6 BetrVG näher ausgestaltet ist. Die Normen einer Betriebsvereinbarung wirken unmittelbar auf die Arbeitsverhältnisse der im Betrieb beschäftigten Arbeitnehmer ein, so dass es keiner Umsetzung der vereinbarten Regelung in das Einzelarbeitsverhältnis mehr bedarf. Nur die Normen einer Betriebsvereinbarung gelten unmittelbar und zwingend. Allein mit der Betriebsvereinbarung kann das Mitbestimmungsrecht so ausgeübt werden, dass sein Ergebnis nicht noch in das Einzelarbeitsverhältnis übertragen werden muss. Hinzu kommt, dass die unmittelbare Einwirkung der Betriebsvereinbarung auf die Einzelarbeitsverhältnisse nur durch die gesetzliche Regelung des § 77 Abs. 4 BetrVG erklärt werden kann, da sich aus der Privatautonomie keine Befugnis zur Regelung von Rechtsverhältnissen Dritter ableiten lässt. Wollen die Betriebspartner ihrer Vereinbarung Drittwirkung verleihen, müssen sie sich daher des Mittels der Betriebsvereinbarung bedienen. Die Betriebsvereinbarung ist das einzige Gestaltungsmittel, das den Betriebspartnern an die Hand gegeben wurde, **um für alle Betriebsangehörigen mit normativer Wirkung einheitliche Arbeitsbedingungen zu schaffen**.[984]

I. Rechtsnatur

409 Die Rechtsnatur der Betriebsvereinbarung ist umstritten, ohne dass sich daraus in der Praxis nennenswerte Folgen ergeben würden. Dementsprechend setzt sich die Rechtsprechung mit der Rechtsnatur der Betriebsvereinbarung auch nicht auseinander. Gegenüber stehen sich die **Satzungstheorie**[985] einerseits und die **Vertrags-**[986] **oder Vereinbarungstheorie**[987] andererseits. Nach der Satzungstheorie stellt die Betriebsvereinbarung eine durch übereinstimmende, parallele Beschlüsse der Organe der Betriebsverfassung zustande kommende Normenordnung, das heißt eine autonome Satzung für den Betrieb dar, während der Vertrags- und der Vereinbarungstheorie gemeinsam ist, dass die Betriebsvereinbarung durch rechtsgeschäftliche Vereinbarung zwischen Arbeitgeber und Betriebsrat zustande kommt.

410 Nach ständiger Rechtsprechung des BAG sind Betriebsvereinbarungen **wie Tarifverträge und diese wiederum wie Gesetze auszulegen**. Danach ist maßgeblich auf den im Wortlaut der Betriebsvereinbarung zum Ausdruck gelangten **Willen** der Betriebspartner abzustellen und der von diesen beabsichtigte **Sinn und Zweck** der Regelung zu berücksichtigen, soweit diese in der Regelung noch ihren Niederschlag gefunden haben.[988] Hierzu ist auch auf den **Gesamtzusammenhang** abzustellen. Für die bei Zweifeln darüber hinaus mögliche Heranziehung weiterer Auslegungskriterien (**Entstehungsgeschichte**, etwaige praktische **Betriebsübung**) gibt es keinen Zwang zu einer bestimmten Reihenfolge.[989] Zudem ist **die Praktikabilität denkbarer Auslegungsergebnisse** zu berücksichtigen. Im Zweifel gebührt derjenigen Auslegung der Vorzug, welche zu einer vernünftigen, sachgerechten, zweckorientierten und praktisch brauchbaren Regelung führt.[990] Die **Vollzugspraxis** eines einzelnen beherrschten Unternehmens spielt für die Auslegung einer **Konzernbetriebsvereinba-**

984 Vgl. LAG Rheinland-Pfalz, Urt. v. 25.02.1999 – 11 Sa 968/96 (n.v.).
985 *Herschel*, RdA 1948, 47; *ders.*, RdA 1956, 161; *Adomeit*, BB 1962, 1246.
986 *G.Hueck*, Betriebsvereinbarung, S. 42 ff.; *Bulla*, DB 1962, 1207; *Säcker*, AR-Blattei: Betriebsvereinbarung I, D I 2, 4.
987 *Jacobi*, Grundlehren, S. 350 ff.; *Dietz*, FS Sitzler, S. 131, 137 f.; *Neumann-Duesberg*, RdA 1962, 404 (409 f.).
988 BAG, Beschl. v. 13.10.1987, AP Nr. 2 zu § 77 BetrVG 1972 Auslegung, zu B II 2 b der Gründe; BAG, Urt. v. 08.11.1988, BAGE 60, 94, 98.
989 LAG Köln, Urt. v. 25.01.2001, NZA-RR 2001, 487.
990 BAG, Beschl. v. 21.01.2003, AP Nr. 117 zu § 87 BetrVG 1972 Lohngestaltung.

rung keine Rolle.[991] Die Auslegung einer Betriebsvereinbarung obliegt auch dem **Revisionsgericht**.[992]

Die **Teilunwirksamkeit einer Betriebsvereinbarung** hat die Unwirksamkeit aller Regelungen zur Folge, wenn der verbleibende Teil ohne die unwirksamen Bestimmungen keine sinnvolle und in sich geschlossene Regelung enthält. Aber auch wenn die sonstigen Regelungen einer Betriebsvereinbarung eine in sich geschlossene und praktische anwendbare, sinnvolle Regelung darstellen, kann die Betriebsvereinbarung gleichwohl insgesamt unwirksam sein. Im konkreten, vom BAG entschiedenen Streitfall konnte nicht angenommen werden, dass der Betriebsrat der Arbeitgeberin in derselben Weise entgegengekommen wäre, wenn ihm die Unwirksamkeit der Regelung, die die Kompensation für das Entgegenkommen darstellt, bekannt gewesen wäre.[993] 410a

II. Zustandekommen

Nach § 77 Abs. 2 Satz 1 BetrVG sind Betriebsvereinbarungen von Betriebsrat und Arbeitgeber zu beschließen. Dabei handelt es sich um zwei **übereinstimmende Willenserklärungen** der Betriebspartner, mit denen die Vereinbarung geschlossen wird. Der Willenserklärung des Betriebsrats muss eine entsprechende Willensbildung des Gremiums und ein entsprechender **Betriebsratsbeschluss** nach § 33 BetrVG vorangegangen sein.[994] Im Rahmen seiner originären Zuständigkeit nach § 50 Abs. 1 BetrVG kann auch der **Gesamtbetriebsrat**[995] Betriebsvereinbarungen schließen, im Rahmen der Auftragszuständigkeit nach § 50 Abs. 2 BetrVG ist Vertragspartner der Betriebsrat, für den der Gesamtbetriebsrat lediglich Abschlussvollmacht hat.[996] Entsprechendes gilt für den **Konzernbetriebsrat**.[997] Die **Arbeitsgruppe** kann im Rahmen der ihr übertragenen Aufgaben ebenfalls Vereinbarungen abschließen, auf die die Vorschriften über die Betriebsvereinbarung entsprechend anwendbar sind, § 28a Abs. 2 Satz 2 BetrVG.[998] Auf Arbeitgeberseite ist Vertragspartner der **Inhaber des Betriebs**, bei juristischen Personen das **Unternehmen**,[999] bei einem **gemeinsamen Betrieb** mehrerer Unternehmen die aus dem Zusammenschluss entstandene Gemeinschaft, in der Regel eine BGB-Gesellschaft. Schließen Betriebsrat, Arbeitgeber und zuständige **Gewerkschaft** einen »Konsolidierungsvertrag«, der die Verkürzung von Ansprüchen aus einem Tarifvertrag vorsieht, in dessen fachlichem und räumlichem Geltungsbereich sich der Betrieb befindet, so handelt es sich im Zweifel um einen (Haus-)Tarifvertrag, denn eine Betriebsvereinbarung mit diesem Inhalt wäre nach § 77 Abs. 3 BetrVG unwirksam.[1000] 411

Die Betriebsvereinbarung bedarf der **Schriftform**. § 125 BGB ist auf die Betriebsvereinbarung anwendbar, eine ohne Einhaltung der Schriftform abgeschlossene Betriebsvereinbarung ist **nichtig**, sie kann jedoch in Form einer Regelungsabrede aufrechterhalten werden, es fehlt dann jedoch an der normativen Wirkung auf die einzelnen Arbeitsverhältnisse. Die Schriftform ist nur dann gewahrt, wenn die Betriebsvereinbarung sowohl vom Arbeitgeber als auch vom Betriebsrat **unterzeichnet** worden ist.[1001] Eine Betriebsvereinbarung ist nicht wegen Verstoßes gegen die Formvorschrift in § 77 Abs. 2 Satz 1 und 2 BetrVG unwirksam, wenn eine in der vom Betriebsrat und Arbeitgeber unterschriebenen Betriebsvereinbarung in Bezug genommene Anlage selbst nicht unterschrieben ist, aber durch Heftklammer mittels Heftmaschine an die Betriebsvereinbarung angeheftet ist. Sie 412

991 BAG, Urt. v. 22.01.2002, NZA 2002, 2333.
992 BAG, Urt. v. 10.11.1992 – 1 AZR 293/90 (n.v.).
993 BAG, Beschl. v. 21.01.2003, AP Nr. 1 zu § 21a BetrVG 2002.
994 Vgl. Rn 96 ff.
995 Vgl. Rn 160 ff.
996 *Fitting u.a.*, § 77 BetrVG Rn 18.
997 Vgl. Rn 171 ff.
998 Vgl. Rn 89.
999 Vgl. Rn 29.
1000 BAG, Urt. v. 07.11.2000, NZA 2001, 727.
1001 BAG, Beschl. v. 21.08.1990, NZA 1991, 507.

erfüllen damit die Voraussetzungen einer **Gesamturkunde**. Eine Gesamturkunde ist dann gegeben, wenn mehrere Blätter zusammengehören und auch äußerlich erkennbar eine Einheit bilden. Die Einheitlichkeit der Urkunde kann dadurch hergestellt werden, dass ihre Bestandteile zusammengeheftet sind und einen Sinnzusammenhang erkennen lassen. Bei einer Gesamturkunde muss nicht jedes Blatt unterschrieben werden.[1002] Das Schriftformerfordernis ist dagegen nicht erfüllt, wenn der Arbeitgeber die **Fotokopie** eines Beschlusses des Betriebsrates unterzeichnet, selbst wenn das Original des Beschlusses von sämtlichen Betriebsratsmitgliedern unterzeichnet war. Ein Anspruch des Arbeitgebers auf Unterzeichnung einer Betriebsvereinbarung besteht auch dann nicht, wenn der Betriebsrat durch Beschluss dem Entwurf einer Betriebsvereinbarung zugestimmt hat. Ein Beschluss über den Abschluss einer Betriebsvereinbarung wird für den Betriebsrat erst dann bindend, wenn er im Rahmen des § 77 Abs. 2 Satz 1 BetrVG gefasst ist und die Formvorschriften eingehalten worden sind. Bis zu diesem Zeitpunkt kann der Beschluss wieder aufgehoben werden.[1003] Nach § 126 BGB muss die Urkunde das gesamte formbedürftige Rechtsgeschäft enthalten. Die Anforderungen des § 126 BGB können auf Normenverträge nicht unbesehen übernommen werden. Bezugnahmen sind unzulässig, wenn sich Angaben, die für den Vertragsinhalt wesentlich sind, ausschließlich aus Umständen außerhalb der Urkunde ergeben.[1004] Diese Anforderung dient dem Übereilungsschutz. Er spielt beim Abschluss von Tarifverträgen oder Betriebsvereinbarungen keine Rolle.[1005] Bei ihnen soll die Schriftform Zweifel über den Inhalt der vereinbarten Normen ausschließen. Die erforderliche Klarheit kann auch bei einer **Verweisung auf genau bezeichnete andere schriftliche Regelungen** bestehen. Die nach § 77 Abs. 2 Satz 1 BetrVG für Betriebsvereinbarungen vorgeschriebene Schriftform ist daher gewahrt, wenn die Betriebsvereinbarung auf eine schriftliche, den Arbeitnehmern bekannt gemachte Gesamtzusage des Arbeitgebers verweist. Der Text der Gesamtzusage muss weder in der Betriebsvereinbarung wiederholt noch als Anlage angeheftet werden.[1006] Unzulässig sind dagegen **dynamische Blankettverweisungen**, weil sich die Betriebspartner damit ihrer gesetzlichen Normsetzungsbefugnis begeben. Die Unwirksamkeit der Verweisung auf den »jeweils geltenden Tarifvertrag« führt aber nicht zur Unwirksamkeit der Verweisung auf den Tarifvertrag, der zum Zeitpunkt des Abschlusses der Betriebsvereinbarung galt.[1007] Beruht die Betriebsvereinbarung auf einem **Spruch der Einigungsstelle**, ist sie durch den Einigungsstellenvorsitzenden zu unterzeichnen, § 77 Abs. 3 Satz 2 BetrVG. Einer (nochmaligen) Unterzeichnung durch Arbeitgeber und Betriebsrat bedarf es dann nicht, § 77 Abs. 2 Satz 1 Hs. 2 BetrVG.

413 Der Arbeitgeber hat die Betriebsvereinbarung nach § 77 Abs. 2 Satz 2 BetrVG im Betrieb bekannt zu machen, indem er sie an geeigneter Stelle auslegt. Die **Bekanntmachung** ist **keine Wirksamkeitsvoraussetzung**, es handelt sich um eine Ordnungsvorschrift.[1008]

III. Regelungsmacht der Betriebspartner

414 Die Regelungsmacht der Betriebspartner findet zunächst ihre Grenze in einem **kollektivfreien Individualbereich**.[1009] Die Betriebspartner können nicht regeln, wie die Arbeitnehmer ihr Leben außerhalb des Betriebs verbringen. Nebenbeschäftigungsverbote, Regelungen, wie Arbeitnehmer ihre freie Zeit oder ihren Urlaub verbringen, sind den Betriebspartnern entzogen. Gleichfalls entzieht sich der Regelungskompetenz eine Verpflichtung der Arbeitnehmer zur **Teilnahme an Betriebsfeiern**, auch wenn sie während der Arbeitszeit stattfinden.[1010]

1002 BAG, Beschl. v. 11.11.1986, NZA 1987, 449.
1003 LAG Berlin, Beschl. v. 06.09.1991, DB 1991, 2593.
1004 BGH, Urt. v. 14.11.1991, WM 1992, 177 (179).
1005 BAG, Urt. vom 09.07.1980, AP Nr. 7 zu § 1 TVG Form m. Anm. *Wiedemann*.
1006 BAG, Urt. v. 03.06.1997, NZA 1998, 382.
1007 BAG, Beschl. v. 23.06.1992, NZA 1993, 229.
1008 *Fitting u.a.*, § 77 BetrVG Rn 25.
1009 Zu den dogmatischen Begründungen vgl. *Fitting u.a.*, § 77 BetrVG Rn 55 m.w.N.
1010 BAG, Urt. v. 04.12.1970, DB 1971, 295.

415 Die wichtigste Beschneidung der Regelungsmacht von Arbeitgeber und Betriebsrat findet sich in § 77 Abs. 3 BetrVG. Nach dieser Regelung können **Arbeitsentgelte und sonstige Arbeitsbedingungen, die durch Tarifvertrag geregelt sind oder üblicherweise geregelt werden, nicht Gegenstand einer Betriebsvereinbarung** sein. So können die Betriebsparteien die Ausbildungszeit nicht durch Betriebsvereinbarung verlängern, wenn die regelmäßige wöchentliche Ausbildungszeit durch Tarifvertrag geregelt ist.[1011] Der Tarifvorbehalt gilt nur dann nicht, wenn der Tarifvertrag ausdrücklich eine sog. **Öffnungsklausel** enthält, mit der die Tarifvertragsparteien den Betriebspartnern eine Regelungskompetenz zuweisen, § 77 Abs. 3 Satz 2 BetrVG.[1012] Ausreichend ist, wenn die Tarifvertragsparteien **nachträglich** über die Billigung einer tarifvorbehaltswidrigen Betriebsvereinbarung durch entsprechende Öffnungsklausel entscheiden.[1013] Die Vorschrift soll die **Funktionsfähigkeit der Tarifautonomie** gewährleisten, indem sie den Tarifvertragsparteien den Vorrang zur Regelung von Arbeitsbedingungen einräumt. Diese Befugnis soll nicht dadurch ausgehöhlt werden, dass Arbeitgeber und Betriebsrat ergänzende oder abweichende Regelungen vereinbaren. Es geht um die Sicherung der ausgeübten und aktualisierten Tarifautonomie.[1014] Ausgehend von diesem Normzweck kann die Sperrwirkung nicht davon abhängen, ob ein Arbeitgeber tarifgebunden ist oder nicht. Es soll vorrangig Aufgabe der Tarifpartner sein, Arbeitsbedingungen kollektivrechtlich zu regeln. Die Funktionsfähigkeit der Tarifautonomie würde auch dann gestört, wenn die **nicht tarifgebundenen Arbeitgeber** kollektivrechtliche »Konkurrenzregelungen« in der Form von Betriebsvereinbarungen erreichen könnten. Soweit ein Bedürfnis nach betriebsnaher Regelung besteht, stehen Firmentarifverträge als kollektives Gestaltungsmittel zur Verfügung; darüber hinaus können ergänzende Betriebsvereinbarungen durch entsprechende tarifliche Öffnungsklauseln zugelassen werden. Es entspricht daher zu Recht ganz überwiegender Auffassung, dass die Sperrwirkung auch Betriebe nicht tarifgebundener Arbeitgeber erfasst.[1015] Der von § 77 Abs. 3 Satz 1 BetrVG bezweckte Schutz der Tarifautonomie ist jedoch nur dort erforderlich und angebracht, wo die Tarifvertragsparteien auch von ihrer Regelungskompetenz Gebrauch machen und ihre tarifliche Autonomie in aktualisierter Form tatsächlich ausüben. Wo dies nicht der Fall ist, bedürfen die Tarifvertragsparteien auch keines besonderen Schutzes, der dann rein abstrakt ausfiele, und wirkte sich ein Verbot entsprechender normativer Regelungen auf betrieblicher Ebene insbesondere für die Arbeitnehmerschaft kontraproduktiv aus. Es entspricht demgemäß auch nahezu allgemeiner Meinung, dass der Tarifvorbehalt in § 77 Abs. 3 Satz 1 BetrVG die Tarifautonomie nur in ihrer **ausgeübten und aktualisierten Form** schützt. Es ist daher erforderlich, dass für den räumlichen, betrieblichen, fachlichen und persönlichen Geltungsbereich, in den der Betrieb fällt, Tarifverträge abgeschlossen sind oder üblicherweise abgeschlossen werden.[1016] Die Geltung eines **Firmentarifvertrags** ist ausreichend.[1017] Keine Regelung durch Tarifvertrag liegt vor, wenn der Tarifvertrag nur noch kraft **Nachwirkung** gilt, da ihm in diesem Stadium keine zwingende Wirkung mehr zukommt.[1018] Allerdings wird sich die Sperrwirkung dann in der Regel aus dem Gesichtspunkt der Tarifüblichkeit ergeben,[1019] soweit nicht Mitbestimmungsrechte nach § 87 BetrVG betroffen sind (Tarifvorrang).

416 Unter Verstoß gegen die Regelungssperre des § 77 Abs. 3 BetrVG abgeschlossene Betriebsvereinbarungen sind **nichtig**. Ein **Günstigkeitsvergleich** zwischen Betriebsvereinbarung und Tarifvertrag findet nicht statt.[1020]

1011 BAG, Urt. v. 13.02.2003, NZA 2003, 984.
1012 Vgl. z.B. BAG, Urt. v. 29.10.2002, NZA 2003, 393; LAG Hamm, Urt. v. 10.04.2002, LAGReport 2002, 352.
1013 BAG, Urt. v. 29.01.2002, EzA § 77 BetrVG 1972 Nr. 71.
1014 BAG, Beschl. v. 24.02.1987, AP Nr. 21 zu § 77 BetrVG 1972; BAG, Beschl. v. 22.06.1993 AP Nr. 22 zu § 23 BetrVG 1972.
1015 BAG, Urt. v. 24.01.1996, NZA 1996, 948.
1016 LAG Köln, Beschl. v. 16.03.1999, NZA-RR 1999, 481.
1017 BAG, Beschl. v. 21.01.2003, AP Nr. 1 zu § 21a BetrVG.
1018 BAG, Urt. v. 27.11.2002, AP Nr. 34 zu § 87 BetrVG 1972 Tarifvorrang.
1019 *Fitting u.a.*, § 77 BetrVG Rn 83.
1020 BAG, Urt. v. 13.08.1980, DB 1981, 274; BAG, Urt. v. 26.02.1986, NZA 1986, 790.

417 § 77 Abs. 3 BetrVG verbietet nur Betriebsvereinbarungen, nicht dagegen **Regelungsabreden.**[1021] Als Gegenstand des § 77 Abs. 3 BetrVG hat das BAG »das Verhältnis der Tarifvertragsparteien und der Betriebspartner in ihrer Befugnis« bezeichnet, »die Arbeitsbedingungen mit normativer Wirkung zu regeln«. Eine normative Wirkung kommt aber Regelungsabreden nicht zu, so dass sich das Problem einer Normkonkurrenz nicht stellt. Keinesfalls erfasst die Sperre des § 77 Abs. 3 BetrVG nach der Rechtsprechung des BAG Vereinbarungen auf **individualvertraglicher Ebene.**[1022] Solche Vereinbarungen sind jedoch regelmäßig zur Umsetzung einer Regelungsabrede erforderlich.[1023] Ein von einer Gewerkschaft geltend gemachter **Unterlassungsanspruch** kann sich auch gegen solche Absprachen, die keine Betriebsvereinbarungen sind, aus den §§ 1004, 823 BGB i.V.m. Art. 9 Abs. 3 GG ergeben. Das bedeutet allerdings nicht, dass schon jede tarifwidrige Vereinbarung zugleich als Einschränkung oder Behinderung der Koalitionsfreiheit zu werten wäre. Tarifnormwidrige Regelungen in einzelnen Arbeitsverträgen oder fehlerhafte Anschlussregelungen auf der betrieblichen Ebene stellen den maßgebenden Tarifvertrag noch nicht in Frage. Von einem Eingriff in die Tarifautonomie kann vielmehr nur dann gesprochen werden, wenn eine **Tarifnorm als kollektive Ordnung verdrängt und damit ihrer zentralen Funktion beraubt werden soll**. Das setzt eine betriebliche Regelung voraus, die einheitlich wirken und an die Stelle der Tarifnorm treten soll. Bei tarifnormwidrigen Betriebsvereinbarungen ist das im Zweifel anzunehmen. Aber auch vertragliche Einheitsregelungen sind bewährte Instrumente zur Gestaltung der betrieblichen Ordnung. Das ist offenkundig, wenn die vertragliche Einheitsregelung auf einer Regelungsabrede beruht oder wenn die entsprechenden Vertragsangebote ausdrücklich vom Betriebsrat unterstützt werden. Die dafür gegebene Begründung kann den kollektiven Charakter sowie die bewusste Kollision mit geltendem Tarifrecht besonders deutlich machen.[1024]

IV. Geltungsbereich

418 Der **räumliche Geltungsbereich** einer Betriebsvereinbarung erstreckt sich auf den Betrieb, für den sie abgeschlossen ist. Das gilt auch für eine durch den Gesamtbetriebsrat kraft Auftragszuständigkeit abgeschlossene Betriebsvereinbarung. Die originäre **Gesamtbetriebsvereinbarung** nach § 50 Abs. 1 BetrVG erstreckt sich auf das Unternehmen, nach § 50 Abs. 1 Satz 1 Hs. 2 BetrVG auch auf Betriebe ohne Betriebsrat.[1025]

419 Der **persönliche Geltungsbereich** der Betriebsvereinbarung erstreckt sich zunächst auf alle Arbeitnehmer des Betriebs i.S.v. § 5 Abs. 1 BetrVG. Erfasst sind also auch Arbeitnehmer im Außendienst, Telearbeitnehmer und die in Heimarbeit Beschäftigten, die in der Hauptsache für den Betrieb arbeiten. Ob bei Maßnahmen, die **Leiharbeitnehmer** betreffen, der Betriebsrat des Verleiherbetriebs oder derjenige des Entleiherbetriebs mitzubestimmen hat, richtet sich danach, ob der Vertragsarbeitgeber oder der Entleiher die mitbestimmungspflichtige Entscheidung trifft.[1026] Arbeitnehmer in **Altersteilzeit** im Blockmodell sind sowohl in der aktiven als auch in der passiven Phase noch Arbeitnehmer des Betriebs und unterfallen als solche der Regelungsbefugnis von Arbeitgeber und Betriebsrat, beispielsweise bei der Regelung eines Jubiläumsgeldes durch Betriebsvereinbarung.[1027] Nicht dem Geltungsbereich einer Betriebsvereinbarung unterfallen die **leitenden Angestellten und die Nicht-Arbeitnehmer** nach § 5 Abs. 2 BetrVG. Grundsätzlich unterliegen auch die **ausgeschiedenen Arbeitnehmer** nicht mehr der Regelungsmacht der Betriebsparteien. Ausnahmen sind insbesondere im Bereich von Sozialplanregelungen denkbar, da Sozialpläne anders als ein Interessenausgleich auch noch nach Vollzug der Betriebsänderung, beispielsweise der Vornahme von Entlassungen,

1021 BAG, Beschl. v. 21.01.2003, AP Nr. 1 zu § 21a BetrVG 2002.
1022 BAG, Urt. v. 23.08.1989, AP Nr. 42 zu § 77 BetrVG 1972.
1023 BAG, Beschl. v. 20.04.1999, NZA 1999, 887.
1024 BAG, Beschl. v. 20.04.1999, NZA 1999, 887; zum Ausgang des »Burda-Verfahrens« vgl. § 15 Rn 18 Fn 35.
1025 Insoweit noch a.A. zur alten Rechtslage BAG, Beschl. v. 16.08.1983, AP Nr. 5 zu § 50 BetrVG 1972.
1026 BAG, Beschl. v. 19.06.2001, ZIP 2001, 1783; BAG, Beschl. v. 15.12.1992, NZA 1993, 513.
1027 *Natzel*, NZA 1998, 1262 ff.

beschlossen werden können.[1028] Umstritten ist die Regelungsmacht der Betriebspartner für **Ruheständler**. Nach ständiger Rechtsprechung des BAG können die Betriebspartner nicht durch Betriebsvereinbarung Rechte und Pflichten derjenigen Mitarbeiter begründen oder modifizieren, die bereits aus dem aktiven Arbeitsverhältnis ausgeschieden und in den Ruhestand eingetreten sind. Zwar kann für einen noch im Arbeitsverhältnis befindlichen Arbeitnehmer ein Anspruch für die Zeit des Ruhestandes begründet werden; eine spätere Betriebsvereinbarung, die eine Änderung der entsprechenden Leistungen vorsieht, wirkt jedoch nicht mehr hinsichtlich derjenigen Arbeitnehmer, die bei In-Kraft-Treten der Neuregelung bereits im Ruhestand leben und Leistungen nach einer früheren Betriebsvereinbarung erhalten haben. Begründet wird dies im Wesentlichen mit der fehlenden Legitimation des Betriebsrats, zu dem die ausgeschiedenen Ruheständler weder aktiv noch passiv wahlberechtigt sind. Mit dem Ausscheiden ändert sich die Rechtsgrundlage der zugesagten Leistung. Der Ruheständler erwirbt einen schuldrechtlichen Anspruch, der der kollektivvertraglichen Zusage entspricht. Dieser besteht – so jedenfalls entschieden für Ruhegeldansprüche – grundsätzlich unabhängig von der Betriebsvereinbarung und über deren Ende hinaus.[1029]

Der **zeitliche Geltungsbereich** wird durch die Betriebsvereinbarung selbst festgelegt. Enthält die Betriebsvereinbarung keine Regelung, tritt sie am Tag ihrer Unterzeichnung in Kraft.[1030] Denkbar ist auch eine rückwirkende Geltung einer Betriebsvereinbarung, soweit es sich um eine **Rückwirkung** handelt, die Vertrauensschutzgesichtspunkte berücksichtigt. Die Beschränkung der Rückwirkung von Gesetzen und sonstiger Rechtsnormen beruht außerhalb des Art. 14 Abs. 1 GG auf dem Rechtsstaatsprinzip des Art. 20 Abs. 3 GG. Die Regeln über die Rückwirkung von Rechtsnormen unterscheiden zwischen echter und unechter Rückwirkung. Eine **echte Rückwirkung** liegt vor, wenn eine Rechtsnorm nachträglich ändernd in abgewickelte, der Vergangenheit angehörende Tatbestände eingreift. Sie ist verfassungsrechtlich grundsätzlich unzulässig. **Unechte Rückwirkung** liegt vor, wenn eine Rechtsnorm auf gegenwärtige, noch nicht abgeschlossene Sachverhalte und Rechtsbeziehungen einwirkt und damit zugleich die betroffene Rechtsposition nachträglich entwertet. Sie ist verfassungsrechtlich grundsätzlich zulässig. Grenzen der Zulässigkeit können sich aus dem Grundsatz des Vertrauensschutzes und dem Verhältnismäßigkeitsprinzip ergeben. Das ist dann der Fall, wenn die vom Normgeber angeordnete unechte Rückwirkung zur Erreichung des Normzwecks nicht geeignet oder nicht erforderlich ist oder wenn die Bestandsinteressen der Betroffenen die Veränderungsgründe der Neuregelung überwiegen.[1031] Eine echte Rückwirkung kommt danach nur in Betracht, wenn der Normadressat im Zeitpunkt des rückwirkenden In-Kraft-Tretens der Norm keinen hinreichenden Vertrauensschutz auf den Fortbestand der bisherigen Rechtslage mehr genießt. Dies ist etwa dann anzunehmen, wenn er mit einer abweichenden Neuregelung rechnen musste, ferner wenn die geltende Regelung unklar oder verworren war, schließlich wenn er sich (z.B. wegen widersprüchlicher Rechtsprechung) nicht auf eine bestimmte Auslegung der Norm verlassen durfte. In diesem Sinne entfällt der Vertrauensschutz in den Fortbestand einer tariflichen Regelung etwa dann, wenn die Tarifvertragsparteien eine »gemeinsame Erklärung« über den Inhalt der Tarifänderung und den beabsichtigten Zeitpunkt ihres In-Kraft-Tretens vor Abschluss des Tarifvertrages abgeben und diese den betroffenen Kreisen bekannt gemacht wird.[1032] Gleiches gilt nach LAG Rheinland-Pfalz,[1033] wenn eine tarifvertragliche Öffnungsklausel die Anpassung des tarifvertraglichen Anspruchs auf der Grundlage einer Betriebsvereinbarung vorsieht. Dabei macht es keinen Unterschied, ob die Betriebsvereinbarung von den Betriebspartnern abgeschlossen wird oder durch Spruch der Einigungsstelle zustande kommt. Eine auf den Zeitpunkt einer Tariferhöhung zurückwirkende Betriebsvereinbarung über die Anrechnung übertariflicher Zulagen kommt in Betracht, 420

1028 BAG, Urt. v. 06.08.1997, AP Nr. 116 zu § 112 BetrVG 1972.

1029 Grundlegend BAG (GS); Beschl. v. 16.03.1956, AP Nr. 1 zu § 57 BetrVG 1952; BAG, Urt. v. 13.05.1997, NZA 1998, 160, BAG, Urt. v. 25.10.1988, AP Nr. 1 zu § 1 BetrAVG Betriebsvereinbarung; LAG Hamm, Urt. v. 20.11.1984, DB 1985, 396; a.A. *Fitting u.a.*, § 77 BetrVG Rn 39.

1030 BAG, Urt. v. 21.07.1998 – 1 AZR 60/98 (n.v.).

1031 BAG, Urt. v. 15.11.2000, NZA 2001, 900.

1032 BAG, Urt. v. 20.04.1999, NZA 1999, 1059.

1033 LAG Rheinland-Pfalz, Urt. v. 16.05.2002, LAGE § 611 BGB Gratifikation Nr. 68d.

wenn der Arbeitgeber zunächst mitbestimmungsfrei das Zulagenvolumen und – unter Beibehaltung der bisherigen Verteilungsrelationen – auch die einzelnen Zulagen kürzt, zugleich aber bekannt gibt, dass er eine Änderung der Verteilungsrelationen erreichen will, und dem Betriebsrat eine entsprechende rückwirkende Betriebsvereinbarung vorschlägt. Soll eine belastende Betriebsvereinbarung rückwirkend in Kraft treten, so muss das in ihr jedoch deutlich zum Ausdruck gebracht werden. Im Zweifel ist eine Rückwirkung nicht gewollt.[1034]

420a Der beim Veräußerer eines Betriebes bestehende Betriebsrat kann **mit dem zukünftigen Erwerber** des Betriebes oder Betriebsteils eine Betriebsvereinbarung abschließen, die **aufschiebend bedingt** mit dem Betriebserwerb in Kraft tritt.[1035] Allgemein bestehen gegen den Abschluss einer Betriebsvereinbarung unter aufschiebender Bedingung jedenfalls dann keine rechtlichen Bedenken, wenn der Eintritt der vereinbarten Bedingung für alle Beteiligten, auch für die Arbeitnehmer als Normunterworfene, ohne weiteres feststellbar ist.[1036]

V. Beendigung und Nachwirkung

1. Ablauf der Betriebsvereinbarung

421 Die **Geltungsdauer** kann in der Betriebsvereinbarung frei vereinbart werden. Eine Betriebsvereinbarung kann weiterhin durch **Zweckerreichung** enden. Haben die Betriebspartner eine Angelegenheit durch Betriebsvereinbarung geregelt, so können sie diese Betriebsvereinbarung auch **einvernehmlich aufheben** und dieselbe Angelegenheit durch eine neue Betriebsvereinbarung regeln. Die neue Betriebsvereinbarung tritt an die Stelle der früheren und löst diese ab. Im Verhältnis zweier aufeinander folgender Betriebsvereinbarungen gilt das **Ablösungsprinzip**. Das gilt auch dann, wenn die neue Regelung für die Arbeitnehmer ungünstiger ist als die frühere.[1037] Sehen die Betriebspartner nur in einer Protokollnotiz vor, dass einzelvertraglich begründete Rechtspositionen verschlechtert werden sollen, so ist im Zweifel nicht anzunehmen, dass sie in dieser Form eine ablösende Betriebsvereinbarung schaffen wollen.[1038] Ein **Grundsozialplan**, der ausschließlich das Abfindungsvolumen und nicht zugleich die Verteilungsgrundsätze festlegt, und der nachfolgende **Ausführungssozialplan**, der diese Verteilungsgrundsätze nachholt, bilden eine **Einheit**; die Grundsätze der ablösenden Betriebsvereinbarung finden hierauf keine Anwendung.[1039] Eine Betriebsvereinbarung kann nicht durch eine **Regelungsabrede** abgelöst werden, weil eine Regelungsabrede keine normative Wirkung entfaltet, sie ist daher gegenüber der Betriebsvereinbarung also eine niederrangige Rechtsquelle. Eine Betriebsvereinbarung als höherrangiges Recht kann daher nicht durch eine inhaltlich gleich lautende Regelungsabrede abgelöst werden.[1040] Wird eine freiwillige Leistung im Wege der **Gesamtzusage** versprochen und dabei darauf hingewiesen, die Leistungsgewährung sei »im Einvernehmen mit dem Gesamtbetriebsrat beschlossen« worden, so liegt darin in aller Regel der **Vorbehalt einer künftigen Abänderung durch Betriebsvereinbarung**.[1041]

2. Kündigung der Betriebsvereinbarung

422 Betriebsvereinbarungen sind nach § 77 Abs. 5 BetrVG kündbar. Mangels anderweitiger Regelung in der Betriebsvereinbarung beträgt die **Kündigungsfrist drei Monate**. Die Ausübung des Kündigungsrechts bedarf keiner Rechtfertigung und unterliegt **keiner inhaltlichen Kontrolle**.[1042] Dies

1034 BAG, Urt. v. 19.09.1995, NZA 1996, 386.
1035 LAG Frankfurt, Urt. v. 19.06.2002 – 8 Sa 1132/01 (n.v.).
1036 BAG, Urt. v. 15.01.2002, EzA § 614 BGB Nr. 1.
1037 BAG, Beschl. v. 10.08.1994, NZA 1995, 314; BAG GS, Beschl. v. 16.09.1986, AP Nr. 17 zu § 77 BetrVG 1972.
1038 BAG, Urt. v. 09.12.1997, NZA 1998, 609.
1039 LAG Hamm, Urt. v. 14.04.2003, EzA-SD 14/2003, 14.
1040 BAG, Urt. v. 27.06.1985, AP Nr. 14 zu § 77 BetrVG 1972; BAG, Urt. v. 20.11.1990, NZA 1991, 426.
1041 BAG, Urt. v. 10.12.2002, BB 2003, 1903; BAG, Urt. v. 10.12.2002, AP Nr. 252 zu § 611 BGB Gratifikation.
1042 BAG, Urt. v. 26.04.1990, NZA 1990, 814.

gilt unabhängig vom Regelungsgegenstand, also auch dann, wenn es um eine betriebliche Altersversorgung geht. Von der Möglichkeit der Kündigung sind ihre **Rechtsfolgen** zu trennen. So bewirkt die **Kündigung einer Betriebsvereinbarung über betriebliche Altersversorgung** nicht lediglich eine Schließung des Versorgungswerks für die Zukunft. Auch Arbeitnehmer, die zum Zeitpunkt des Ausspruchs der Kündigung durch die Betriebsvereinbarung begünstigt wurden, sind von der Kündigung betroffen. Die Wirkung der Kündigung einer Betriebsvereinbarung über betriebliche Altersversorgung ist jedoch mit Hilfe der Grundsätze des Vertrauensschutzes und der Verhältnismäßigkeit zu begrenzen. Je weiter der Arbeitgeber mit seiner Kündigung in Besitzstände und Erwerbschancen eingreifen will, um so gewichtigere Eingriffsgründe braucht er. Dabei ist auf das Prüfungsschema zurückzugreifen, das das BAG für ablösende Betriebsvereinbarungen entwickelt hat.[1043] Soweit hiernach die Wirkungen der Kündigung einer Betriebsvereinbarung über betriebliche Altersversorgung beschränkt sind, bleibt die Betriebsvereinbarung als Rechtsgrundlage erhalten. Die nach Kündigung der Betriebsvereinbarung verbleibenden Rechtspositionen genießen unverändert den Schutz des § 77 Abs. 4 BetrVG.[1044] Der Betriebsrat kann die **Rechtsfolgen einer Kündigung** einer Betriebsvereinbarung über betriebliche Altersversorgung einschließlich der Frage, in welchem Umfang die Betriebsvereinbarung noch fortgilt, durch eine **Feststellungsklage** gerichtlich klären lassen.[1045] Das gilt auch dann, wenn die Kündigung der Betriebsvereinbarung zum Gegenstand eines mit dem Arbeitgeber vereinbarten **Interessenausgleichs** gemacht worden ist.[1046] Ein **rechtskräftiger Beschluss** der Arbeitsgerichte im Verfahren zwischen Arbeitgeber und Betriebsrat über die Wirksamkeit und die Folgen einer Kündigung einer Betriebsvereinbarung wirkt auch im **Verhältnis zu den betroffenen Arbeitnehmern**.[1047] Kündigt der Arbeitgeber eine Betriebsvereinbarung über eine **freiwillige Leistung**, so endet die normative Wirkung der kollektiven Regelung mit Ablauf der Kündigungsfrist. Die Arbeitnehmer können dann keine Ansprüche mehr auf der Grundlage der Betriebsvereinbarung erwerben. Dies gilt grundsätzlich auch für teilmitbestimmte Leistungen, bei denen der Betriebsrat nur hinsichtlich des Leistungsplans mitzubestimmen hat, der Arbeitgeber hingegen frei ist in seiner Entscheidung, ob er überhaupt eine freiwillige Leistung erbringen will. Das BAG hat allerdings eine Nachwirkung dann bejaht, wenn der Arbeitgeber mit der Kündigung nicht beabsichtigt, die freiwillige Leistung vollständig entfallen zu lassen, sondern nur das zur Verfügung gestellte Volumen zu reduzieren und den Verteilungsschlüssel zu ändern.[1048]

Neben der gesetzlich geregelten ordentlichen Kündigungsmöglichkeit kann jede Betriebsvereinbarung **fristlos aus wichtigem Grund** gekündigt werden. Das außerordentliche Kündigungsrecht ist nicht abdingbar.[1049] Die Kündigung ist **formfrei**. 423

3. Nachwirkung von Betriebsvereinbarungen

In Angelegenheiten der über die Einigungsstelle **erzwingbaren Mitbestimmung** gelten Betriebsvereinbarungen nach Auslaufen der Kündigungsfrist oder einer Befristung weiter, bis sie durch eine andere Abmachung ersetzt werden, § 77 Abs. 6 BetrVG. Im Nachwirkungszeitraum wirken die Regelungen der Betriebsvereinbarung zwar noch unmittelbar auf die Arbeitsverhältnisse ein, jedoch nicht mehr zwingend. Die jederzeitige Ablösung durch eine andere Abmachung ist möglich. **Freiwillige Betriebsvereinbarungen**, die keinen Gegenstand der erzwingbaren Mitbestimmung regeln, wirken nach ihrer Beendigung nicht kraft Gesetzes nach. Die Betriebspartner können aber eine entsprechende Nachwirkung vereinbaren. Eine solche Vereinbarung ist im Regelfall dahin auszulegen, dass die Nachwirkung auch gegen den Willen einer Seite beendet werden kann. Im Zweifel 424

1043 BAG, Urt. v. 26.08.1997, AP Nr. 27 zu § 1 BetrAVG Ablösung.
1044 BAG, Urt. v. 11.05.1999, NZA 2000, 322.
1045 BAG, Beschl. v. 17.08.1999, NZA 2000, 498.
1046 LAG Hamm, Beschl. v. 01.03.2002 – 10 TaBV 23/01 (n.v.).
1047 BAG, Beschl. v. 17.08.1999, NZA 2000, 498; LAG Nürnberg, Urt. v. 23.12.2002, LAGReport 2003, 131.
1048 BAG, Urt. v. 26.10.1993, AP Nr. 6 zu § 77 BetrVG 1972 Nachwirkung.
1049 BAG, Beschl. v. 17.01.1995, NZA 1995, 1010.

ist eine Konfliktlösungsmöglichkeit gewollt, die derjenigen bei der erzwingbaren Mitbestimmung entspricht. Scheitern die Bemühungen um eine einvernehmliche Neuregelung, kann danach von jedem Betriebspartner die Einigungsstelle angerufen werden, die verbindlich entscheidet.[1050] Eine Betriebsvereinbarung über einen freiwilligen Verdienstausgleich entfaltet Nachwirkung, wenn der Arbeitgeber mit der Kündigung die Zahlung nicht völlig einstellt, sondern einseitig für eine Übergangszeit reduzierte Zahlungen festlegt,[1051] oder wenn der Arbeitgeber mit der Kündigung einer **teilmitbestimmten Betriebsvereinbarung** über eine freiwillige Leistung beabsichtigt, das zur Verfügung gestellte Volumen zu reduzieren und den **Verteilungsschlüssel zu ändern**.[1052] Der Umstand, dass andere Arbeitnehmer auf anderer rechtlicher Grundlage weiterhin ähnliche Leistungen erhalten, führt dagegen nicht zu einer Nachwirkung einer teilmitbestimmten Betriebsvereinbarung.[1053] Der Vereinbarung wird weiterhin die Grundlage entzogen, wenn der Arbeitgeber die Leistung in vollem Umfang und ersatzlos streichen will.[1054] Regelt eine Betriebsvereinbarung nur **einen konkreten Sachverhalt**, beispielsweise die Gratifikation nur für ein bestimmtes Jahr, so gilt ihre Nachwirkung aufgrund der Regelung eines einmaligen Sachverhalts als vertraglich ausgeschlossen.[1055]

425 Eine gekündigte Regelungsabrede wirkt analog § 77 Abs. 6 BetrVG zwischen Arbeitgeber und Betriebsrat bis zum Abschluss einer neuen Vereinbarung weiter, wenn Gegenstand der Regelungsabrede eine mitbestimmungspflichtige Angelegenheit ist.[1056]

VI. Durchsetzung von Betriebsvereinbarungen

426 Zwischen Betriebsrat und Arbeitgeber abgeschlossene Betriebsvereinbarungen gelten nach § 77 Abs. 4 Satz 1 BetrVG **unmittelbar und zwingend**. Soweit sie Ansprüche der Arbeitnehmer begründen, können die einzelnen Arbeitnehmer unmittelbar aus der Betriebsvereinbarung ihre Ansprüche klageweise im Urteilsverfahren geltend machen,[1057] beispielsweise eine Abfindung aus dem Sozialplan einklagen. Aber auch der Betriebsrat selbst ist nicht rechtlos gestellt. Zwar weist § 77 Abs. 1 BetrVG dem Arbeitgeber allein das Recht, aber auch die Pflicht zu, Betriebsvereinbarungen auszuführen. Satz 2 des § 77 Abs. 1 BetrVG verbietet dem Betriebsrat ausdrücklich, durch einseitige Handlungen in die Betriebsleitung einzugreifen. Auch ist der Betriebsrat nicht berechtigt, gegen den Arbeitgeber im Beschlussverfahren geltend zu machen, dass dieser die aus einer Betriebsvereinbarung resultierenden individualrechtlichen Ansprüche der Arbeitnehmer erfüllt.[1058] Allerdings kann der Betriebsrat vom Arbeitgeber die **Durchführung bzw. Einhaltung einer Betriebsvereinbarung verlangen**,[1059] sowie – unabhängig von der Diskussion über einen allgemeinen Unterlassungsanspruch[1060] – die **Unterlassung** der Betriebsvereinbarung entgegenstehender Handlungen.[1061]

427 Zu unterscheiden ist also zwischen den auf einer Betriebsvereinbarung beruhenden individualrechtlichen Ansprüchen der Arbeitnehmer und Handlungen und Maßnahmen des Arbeitgebers, zu denen

1050 BAG, Beschl. v. 28.04.1998, NZA 1998, 1348.
1051 LAG Hamm, Urt. v. 31.05.1995, LAGE § 77 BetrVG 1972 Nachwirkung Nr. 1.
1052 BAG, Urt. v. 26.10.1993, NZA 1994, 572; LAG Köln, Urt. v. 14.03.2003 – 4 (3) Sa 1148/02 (n.v.).
1053 LAG Köln, Urt. v. 15.08.2002, LAGE § 611 BGB Gratifikation Nr. 70.
1054 LAG Frankfurt, Beschl. v. 02.02.1995, LAGE § 77 BetrVG 1972 Nachwirkung Nr. 2.
1055 BAG, Urt. v. 17.01.1995 – 1 AZR 784/94 (n.v.).
1056 BAG, Beschl. v. 23.06.1992, NZA 1992, 1098.
1057 Vgl. BAG, Beschl. v. 22.02.1983 – 1 AZR 478/81 (n.v.); *Fitting u.a.*, § 77 BetrVG Rn 229.
1058 BAG, Beschl. v. 17.10.1989, AP Nr. 39 zu § 76 BetrVG 1972; Beschl. v. 17.10.1989, AP Nr. 53 zu § 112 BetrVG 1972.
1059 BAG, Beschl. v. 17.10.1989, AP Nr. 53 zu § 112 BetrVG 1972; Beschl. v. 18.04.1989, AP Nr. 33 zu § 87 BetrVG 1972 Arbeitszeit; Beschl. v. 28.09.1988, AP Nr. 29 zu § 87 BetrVG 1972 Arbeitszeit; Beschl. v. 24.02.1987, AP Nr. 21 zu § 77 BetrVG 1972.
1060 Hierzu Rn 441 ff.
1061 BAG, Beschl. v. 23.06.1992, AP Nr. 20 zu § 23 BetrVG 1972; Beschl. v. 24.02.1987, AP Nr. 21 zu § 77 BetrVG 1972; Beschl. v. 10.11.1987, AP Nr. 24 zu § 77 BetrVG 1972; LAG Baden-Württemberg, Beschl. v. 11.07.2002, DB 2002, 1613.

sich der Arbeitgeber dem Betriebsrat gegenüber in einer Betriebsvereinbarung verpflichtet hatte. In den den Entscheidungen des BAG zugrunde liegenden Sachverhalten ging es um die Durchführung einer betrieblichen Ordnung, die Überwachung der Einhaltung eines Alkoholverbots, die Zuweisung von Teilzeitkräften zu bestimmten Arbeitsschichten und um die im Wege der Auslegung einer Betriebsvereinbarung zu beantwortende Frage, wie Vorgabezeiten innerhalb eines Akkordsystems vom Arbeitgeber zu berechnen waren. Nur in den zuletzt genannten Fallgestaltungen besteht ein Anspruch des Betriebsrats auf Durchführung der Betriebsvereinbarung, da andernfalls der **Individualrechtsschutz** des einzelnen Arbeitnehmers auf das Verhältnis Arbeitgeber/Betriebsrat verlagert würde. Dem Betriebsrat käme die Rolle eines gesetzlichen Prozessstandschafters für die Arbeitnehmer zu. Dass auch dem Betriebsrat eine so weitgehende Befugnis eingeräumt werden sollte, kann weder § 77 Abs. 1 noch § 80 Abs. 1 Nr. 1 BetrVG entnommen werden.[1062]

Die Betriebsvereinbarung unterliegt unbeschränkt der **gerichtlichen Auslegung**, da es sich um normative Regelungen handelt auch durch das BAG.[1063] Insoweit ist gerichtlich auch zu überprüfen, ob die Regelungen der Betriebsvereinbarung gegen zwingendes vorrangiges Recht verstoßen. Eine Zweckmäßigkeitskontrolle steht den Arbeitsgerichten jedoch nicht zu.[1064] Die Arbeitsgerichte nehmen dagegen in ständiger Rechtsprechung eine **Billigkeitskontrolle** vor.[1065] Dem **Antrag des Betriebsrats auf Feststellung der Unwirksamkeit einer Betriebsvereinbarung** kann nicht der **Vorwurf des Rechtsmissbrauchs** entgegengehalten werden. Im Fall war die Betriebsvereinbarung erst kurz zuvor in einem kostspieligen und langwierigen Einigungsstellenverfahren abgeschlossen worden.[1066] 428

VII. Regelungsabreden

Neben der formbedürftigen Betriebsvereinbarung gibt es die **formlose Einigung**, die als Regelungsabrede, aber auch als Regelungsabsprache, Betriebsabsprache oder Betriebsabrede bezeichnet wird. Sie kommt durch übereinstimmende Willenserklärungen von Arbeitgeber und Betriebsrat zustande. Der Abschluss einer entsprechenden Vereinbarung setzt einen ordnungsgemäß zustande gekommenen **Beschluss des Betriebsrats** voraus; aus diesem Grunde ist die erforderliche Zustimmung des Betriebsrats zu einer Regelungsabrede durch »schlüssiges Verhalten« grundsätzlich nicht möglich. Die Betriebspartner können nicht nur in einer Betriebsvereinbarung, sondern auch in einer formlosen Regelungsabrede mitbestimmungspflichtige Angelegenheiten regeln. Die Regelungsabrede ist ein schuldrechtlicher Vertrag der Betriebsparteien. Sie wirkt lediglich zwischen Arbeitgeber und Betriebsrat und hat **keine normative Wirkung** auf den Inhalt der Arbeitsverhältnisse. Wählen Arbeitgeber und Betriebsrat die Form der Regelungsabrede, bleibt dem Arbeitgeber überlassen, das mit dem Betriebsrat abgesprochene Konzept gegenüber allen betroffenen Arbeitnehmern mit individual-rechtlichen Mitteln durchzusetzen.[1067] Die Betriebsparteien können eine formlose Abrede, durch die für einen längeren Zeitraum eine mitbestimmungspflichtige Angelegenheit i.S.v. § 87 Abs. 1 BetrVG geregelt wird, ordentlich mit einer Frist von drei Monaten analog § 77 Abs. 5 BetrVG kündigen, sofern keine andere **Kündigungsfrist** vereinbart worden ist.[1068] 429

1062 BAG, Beschl. v. 17.10.1989, AP Nr. 53 zu § 112 BetrVG 1972.
1063 BAG, Beschl. v. 08.11.1988, AP Nr. 48 zu § 112 BetrVG 1972.
1064 *Fitting u.a.*, § 77 BetrVG Rn 230.
1065 BAG, Beschl. v. 01.12.1992, AP Nr. 3 zu § 77 BetrVG 1972 Tarifvorbehalt; Beschl. v. 17.03.1987, AP Nr. 9 zu § 1 BetrAVG Ablösung; Beschl. v. 12.08.1982, AP Nr. 4 zu § 77 BetrVG 1972; a.A. GK-BetrVG/*Kreutz*, § 77 Rn 258 ff.; *Richardi*, § 77 BetrVG Rn 117 ff.; MünchArbR/*Matthes*, § 319 Rn 77 ff.
1066 BAG, Beschl. v. 18.02.2003, AP Nr. 11 zu § 77 BetrVG 1972 Betriebsvereinbarung; EWiR § 77 BetrVG 1/03, 1223 (*Spirolke*).
1067 LAG Hamm, Urt. v. 17.10.1996 – 4 Sa 1516/95 (n.v.).; LAG Hamburg, Beschl. v. 06.05.1994, LAGE § 77 BetrVG 1972 Nr. 20.
1068 BAG, Beschl. v. 10.03.1992, NZA 1992, 952.

L. Grobe Pflichtverletzungen

I. Amtsenthebung wegen grober Pflichtverletzung

430 Gem. § 23 Abs. 1 BetrVG können mindestens **ein Viertel der wahlberechtigten Arbeitnehmer**, der **Arbeitgeber** oder eine im Betrieb vertretene **Gewerkschaft** beim Arbeitsgericht den Ausschluss eines Mitglieds aus dem Betriebsrat oder die Auflösung des Betriebsrats wegen grober Verletzung seiner gesetzlichen Pflichten beantragen. Voraussetzung ist mithin eine grobe Pflichtverletzung einzelner Betriebsratsmitglieder oder des gesamten Betriebsrats. Ob der Verstoß gegen die gesetzlichen Pflichten grob ist, richtet sich danach, ob die Pflichtverletzung **objektiv erheblich** und **offensichtlich schwerwiegend** ist. Dies kann nur unter Berücksichtigung aller Umstände des Einzelfalles, insbesondere der betrieblichen Gegebenheiten und des Anlasses der Pflichtverletzung beurteilt werden. Dabei ist zu berücksichtigen, dass die Auflösung des Betriebsrats eine besonders einschneidende Sanktion ist. Dementsprechend ist ein grober Verstoß des Betriebsrats nur anzunehmen, wenn unter Berücksichtigung aller Umstände die weitere Amtsausübung des Betriebsrats untragbar erscheint.[1069]

431 Wenn das von dem Ausschließungsverfahren nach § 23 Abs. 1 BetrVG betroffene Mitglied des Betriebsrats im Laufe des Verfahrens aus dem Betriebsrat durch Ablauf der Amtszeit ausgeschieden ist, fehlt für die Fortsetzung des Verfahrens das **Rechtsschutzinteresse**. Das Rechtsschutzinteresse entfällt selbst dann, wenn das Betriebsratsmitglied vor rechtskräftiger Erledigung des Ausschließungsverfahrens neu in den nach Ablauf der Amtsperiode des bisherigen Betriebsrats gebildeten Betriebsrat gewählt worden ist.[1070] Umstritten ist, ob nach rechtskräftigem Ausschluss aus dem Betriebsrat das betreffende Mitglied sofort wiedergewählt werden kann oder erst nach einer gewissen Zeit, etwa erst nach Ablauf der normalen Amtsperiode. Die Frage wird bei einer vorzeitigen Neuwahl des Betriebsrats relevant.[1071] Mit dem Ausschluss aus dem Betriebsrat verliert das bisherige Betriebsratsmitglied den besonderen Kündigungsschutz, und zwar nicht nur denjenigen nach § 103 BetrVG, der eine aktuelle Mitgliedschaft im Betriebsrat voraussetzt, sondern auch den nachwirkenden Kündigungsschutz, § 15 Abs. 1 Satz 2 letzter Hs. KSchG.

432 Nach § 23 Abs. 1 Satz 2 BetrVG kann der Ausschluss eines Mitglieds auch **vom Betriebsrat beantragt** werden. Zur Begründung des Antrags genügt es allerdings nicht darzutun, dass es dem Betriebsrat in seiner Mehrheit nicht zuzumuten sei, mit dem Auszuschließenden weiter zusammenzuarbeiten. Vielmehr kann der Ausschluss nur erfolgen, wenn der Auszuschließende durch ein ihm zurechenbares Verhalten die Funktionsfähigkeit des Betriebsrats ernstlich bedroht oder lahm gelegt hat.[1072]

433 Ein Beispiel für eine grobe Amtspflichtverletzung ist die **Weitergabe** einer vom Arbeitgeber für vertraulich und betriebsintern erklärten **Liste über die Lohngruppenzugehörigkeit** von Arbeitnehmern des Betriebs seitens eines Betriebsratsmitglieds, das zugleich die Geschäfte der Zahlstelle der Gewerkschaft im Betrieb wahrnimmt, an die Gewerkschaft zur Überprüfung der »Beitragsehrlichkeit« dieser der Gewerkschaft angehörenden Arbeitnehmer.[1073] Im Allgemeinen besteht jedoch keine Pflicht der Betriebsratsmitglieder, über den Verlauf von Betriebsratssitzungen Stillschweigen zu bewahren. Eine solche **Schweigepflicht** ist vielmehr nur bei Vorliegen besonderer Umstände zu bejahen.[1074] Als grobe Verletzungen kommen weiterhin die ungerechtfertigte gehässige **Diffamierung** von Betriebsratsmitgliedern,[1075] **Handgreiflichkeiten** gegenüber anderen Betriebsratsmitgliedern in der Betriebsratssitzung[1076] aber auch die **grobe Beschimpfung oder Verunglimpfung**

1069 BAG, Beschl. v. 22.06.1993, AP Nr. 22 zu § 23 BetrVG 1972.
1070 BAG, Beschl. v. 29.04.1969, AP Nr. 9 zu § 23 BetrVG 1972.
1071 Vgl. hierzu *Fitting u.a.*, § 23 BetrVG Rn 30 m.w.N.
1072 BAG, Beschl. v. 05.09.1967, AP Nr. 8 zu § 23 BetrVG.
1073 BAG, Beschl. v. 22.05.1959, AP Nr. 3 zu § 23 BetrVG.
1074 BAG, Beschl. v. 05.09.1967, AP Nr. 8 zu § 23 BetrVG.
1075 LAG Düsseldorf, Beschl. v. 23.06.1977, DB 1977, 2191.
1076 ArbG Berlin, Beschl. v. 19.05.1981, ArbuR 1982, 260.

des Arbeitgebers in Betracht. Ein Betriebsratsmitglied, dass als solches in einer überbetrieblichen Veranstaltung **leichtfertig falsche Tatsachen zum Nachteil des Arbeitgebers** kundgibt und dadurch den Arbeitgeber öffentlich in ein schlechtes Licht stellt, verstößt gegen das Gebot der vertrauensvollen Zusammenarbeit. Ob der Verstoß so schwer wiegt, dass er einen Ausschluss rechtfertigt, ist nach dem Einzelfall zu beurteilen.[1077]

Während die Verletzung gesetzlicher Pflichten als Grund für den Ausschluss einzelner Betriebsratsmitglieder ein **schuldhaftes Verhalten** im Sinne eines groben Verschuldens voraussetzt,[1078] genügt für die **Auflösung des gesamten Betriebsrats** eine objektiv grobe Pflichtverletzung.[1079] Ein Verschulden einzelner oder der Mehrheit der Betriebsratsmitglieder kommt nicht in Betracht, da nicht die Verletzung der Pflichten eines oder der einzelnen Betriebsratsmitglieder in Frage steht, sondern des Betriebsrats als Körperschaft, als Organ der Betriebsverfassung. Bei der Frage des Ausschlusses eines einzelnen Betriebsratsmitglieds kann ein Verschulden auch dann zu verneinen sein, wenn sich das Betriebsratsmitglied in einem unverschuldeten Rechtsirrtum befindet.[1080] 434

Wird die Auflösung des Betriebsrats beantragt, muss der Betriebsrat als Organ gehandelt haben. Gleichzeitige, jedoch einzelne Pflichtverletzungen mehrerer oder aller Betriebsratsmitglieder rechtfertigen nicht die Auflösung des Betriebsrats, sondern lediglich den Ausschluss einzelner Mitglieder.[1081] 435

Denkbar ist eine **einstweilige Verfügung**, mit der der Arbeitgeber beantragt, dem Betriebsratsmitglied die weitere Amtsausübung bis zur rechtskräftigen Entscheidung im Interesse der ordnungsgemäßen Zusammenarbeit zu untersagen,[1082] eine einstweilige Verfügung auf Untersagung der Amtausübung des gesamten Betriebsrats vor Rechtskraft des Auflösungsbeschlusses ist jedoch unzulässig.[1083] 436

II. Anspruch auf Handeln, Dulden oder Unterlassen wegen grober Pflichtverletzung

Unabhängig von dem Meinungsstreit über den allgemeinen Unterlassungsanspruch[1084] stellt das BetrVG in seinem § 23 Abs. 3 dem Betriebsrat und einer im Betrieb vertretenen Gewerkschaft einen Anspruch auf Unterlassung, aber auch auf Vornahme einer Handlung oder Duldung der Handlung eines Dritten zur Verfügung. Bei **§ 23 Abs. 3 BetrVG** handelt es sich um eine Art **kollektives Abmahnungsrecht**.[1085] Das Verfahren gliedert sich in ein Erkenntnisverfahren nach § 23 Abs. 3 Satz 1 BetrVG und das sich anschließende Vollstreckungsverfahren nach § 23 Abs. 3 Satz 2 bis 5 BetrVG. Im Erkenntnisverfahren wird geprüft, ob der Arbeitgeber grob gegen seine Verpflichtungen aus dem BetrVG verstoßen hat, dieser Verstoß bildet jedoch noch nicht den Anknüpfungspunkt zur Zahlung eines Ordnungsgeldes. Ein angedrohtes Ordnungsgeld ist vielmehr erst verwirkt, wenn der Arbeitgeber erneut gegen eine entsprechende rechtskräftige gerichtliche Entscheidung verstößt. Es genügt daher nicht, lediglich die Feststellung einer groben Pflichtverletzung zu beantragen, der Antragsteller muss vielmehr vom Arbeitgeber eine konkrete Unterlassung, Handlung oder Duldung einer Handlung verlangen.[1086] Die Androhung des Ordnungsgeldes sollte aus Praktikabilitätsgründen zusammen mit dem Unterlassungsantrag beantragt werden, damit für den Wiederholungsfall die Androhung bereits erfolgt ist. Sollte der Pflichtenverstoß des Arbeitgebers nicht grob i.S.d. § 23 Abs. 3 437

1077 ArbG Berlin, Beschl. v. 31.10.2002, EWiR 2003, 741 (*Mauer*).
1078 *Fitting u.a.*, § 23 BetrVG Rn 16.
1079 BAG, Beschl. v. 22.06.1993, AP Nr. 22 zu § 23 BetrVG 1972.
1080 ArbG Marburg, Beschl. v. 07.08.1996, NZA 1996, 1321.
1081 GK-BetrVG/*Wiese*, § 23 Rn 90.
1082 LAG Hamm, Beschl. v. 18.09.1975, BB 1975, 1302.
1083 Richardi/*Thüsing*, § 23 BetrVG Rn 65.
1084 Vgl. hierzu Rn 441 ff.
1085 BAG, Beschl. v. 18.04.1985, AP Nr. 5 zu § 23 BetrVG 1972.
1086 *Fitting u.a.*, § 23 BetrVG Rn 56.

BetrVG sein, kommt eine Umdeutung in einen Feststellungsantrag nicht in Betracht, möglich ist nach der Rechtsprechung aber eine Änderung des Antrags bis zum Ablauf der Beschwerdefrist.[1087]

438 Eine **grobe Pflichtverletzung des Arbeitgebers** muss **erheblich** sein, also besonders schwerwiegend gegen Sinn und Zweck des Gesetzes verstoßen.[1088] Dabei ist jeder grobe Verstoß des Arbeitgebers gegen seine betriebsverfassungsrechtlichen Pflichten ausreichend, ist die betriebsverfassungsrechtliche Pflicht selbst auch in einem anderen Gesetz, beispielsweise in den §§ 95 bis 99 SGB IX niedergelegt. Ein einmaliger Verstoß kann bereits ausreichen,[1089] wiederholen sich Verstöße, die für sich genommen noch nicht schwer wiegen, kann sich die notwendige Erheblichkeit aus der Wiederholung ergeben.[1090] Ein grober Verstoß entfällt immer dann, wenn der Arbeitgeber zu einer schwierigen und ungeklärten Rechtsfrage einen vertretbaren Rechtsstandpunkt einnimmt und sein Verhalten hieran ausrichtet.[1091] Nicht erforderlich ist, dass der Arbeitgeber schuldhaft gehandelt hat, es kommt allein auf einen objektiv erheblichen Verstoß an.[1092] Umstritten ist, ob der Unterlassungsanspruch aus § 23 Abs. 3 BetrVG eine Wiederholungsgefahr voraussetzt. Nach der Rechtsprechung ist dies nicht erforderlich.[1093] Ein Antrag nach § 23 Abs. 3 BetrVG kann wie folgt lauten:

1. Dem Antragsgegner wird aufgegeben, es zu unterlassen, eine Einladung des Betriebsrats zu einer Betriebsversammlung vom Schwarzen Brett im Betrieb des Antragsgegners zu entfernen.
2. Für jeden Fall der Zuwiderhandlung gegen die Verpflichtung aus Nr. 1 wird dem Antragsgegner ein Ordnungsgeld, dessen Höhe in das Ermessen des Gerichts gestellt wird, angedroht.[1094]

439 Antragsteller des kollektiven Abmahnungsrechts wegen grober Pflichtverletzung des Arbeitgebers können sowohl der Betriebsrat als auch jede im Betrieb vertretene Gewerkschaft sein, unabhängig von einer materiellrechtlichen Gläubigerstellung der jeweiligen Verpflichtung, gegen die der Arbeitgeber verstoßen hat. Andere Personen oder Organe der Betriebsverfassung sind nicht antragsbefugt,[1095] können aber Beteiligte sein.

439a Bei einer **Störung oder Behinderung der Betriebsratsarbeit** durch den Arbeitgeber steht dem Betriebsrat nach LAG Hamm[1096] ein Unterlassungsanspruch zu. Ein solcher Anspruch ist in § 78 Satz 1 BetrVG zwar nicht ausdrücklich geregelt, er folgt jedoch aus Sinn und Zweck der Vorschrift, die Erfüllung der Betriebsratsaufgaben zu sichern und kann als **selbständig einklagbarer Nebenleistungsanspruch** auch ohne ausdrückliche gesetzliche Normierung bestehen. Der Betriebsrat hat einen Unterlassungsanspruch, wenn der Arbeitgeber die **Kosten der Betriebsratstätigkeit in einer Weise bekannt gibt,** die nicht im Einklang mit dem BetrVG steht, beispielsweise durch Aushang am Schwarzen Brett mit dem Inhalt, der Betriebsrats sei schuld an der Verlagerung der Produktion ins Ausland, weil er vom Arbeitgeber Kostenübernahme verlange.[1097] Eine grobe Pflichtverletzung des Arbeitgebers wurde verneint, wenn der Arbeitgeber mit einzelnen Arbeitnehmern Gespräche

1087 BAG, Beschl. v. 15.08.1978, AP Nr. 1 zu § 23 BetrVG 1972.
1088 BAG, Beschl. v. 16.07.1991, AP Nr. 44 zu § 87 BetrVG 1972 Arbeitszeit.
1089 BAG, Beschl. v. 14.11.1989, AP Nr. 76 zu § 99 BetrVG 1972.
1090 BAG, Beschl. v. 16.07.1991, AP Nr. 44 zu § 87 BetrVG 1972 Arbeitszeit.
1091 BAG, Beschl. v. 08.08.1989, AP Nr. 18 zu § 95 BetrVG 1972.
1092 BAG, Beschl. v. 27.11.1990, AP Nr. 41 zu § 87 BetrVG 1972 Arbeitszeit.
1093 BAG, Beschl. v. 18.04.1985, AP Nr. 5 zu § 23 BetrVG 1972; *Fitting u.a.*, § 23 BetrVG Rn 65; a.A. GK-BetrVG/*Wiese/Oetker*, § 23 Rn 182; *Galperin/Löwisch*, § 23 BetrVG Rn 59.
1094 LAG Baden-Württemberg, Beschl. v. 30.04.1987 – 13 Ta BV 15/86 (n.v.); vgl. die umfangr. Beispiele aus der Rspr. bei Däubler/Kittner/Klebe/*Trittin*, § 23 BetrVG Rn 80 ff. und *Fitting u.a.*, § 23 BetrVG Rn 66.
1095 BAG, Beschl. v. 15.08.1978, AP Nr. 1 zu § 23 BetrVG 1972.
1096 LAG Hamm, Beschl. v. 25.11.2002 – 10 TaBV 121/02 (n.v.).
1097 ArbG Leipzig, Beschl. v. 05.09.2002, NZA-RR 2003, 142.

über den Ausspruch betriebsbedingter Kündigungen gegen Abfindung führt und bei Einigkeit die **Kündigung ohne Anhörung des Betriebsrats nach § 102 BetrVG** ausspricht und anschließend einen **Abwicklungsvertrag** schließt.[1098]

440 Hinsichtlich des Antrags zu 2 ist zu beachten, dass gem. § 23 Abs. 3 Satz 5 BetrVG das **Höchstmaß des Ordnungsgeldes** und des **Zwangsgeldes** (bei Verurteilung zur Vornahme einer Handlung) 10.000 EUR beträgt. Die Regelung ist insoweit abschließend, Ordnungshaft (§ 890 ZPO) darf nicht verhängt werden. Die Verwirkung des angedrohten Ordnungsgeldes setzt Verschulden des Arbeitgebers voraus, da es sich um eine repressive Rechtsfolge handelt.[1099] Die Festsetzung des Ordnungsgeldes erfolgt auf Antrag durch Beschluss des Arbeitsgerichts, unabhängig davon, welche Instanz die rechtskräftige Entscheidung, die den Titel darstellt, erlassen hat. Dem Arbeitgeber ist rechtliches Gehör zu gewähren, eine mündliche Verhandlung ist jedoch nicht zwingend vorgesehen. Gegen die Festsetzung des Ordnungsgeldes ist die sofortige Beschwerde gegeben, § 793 ZPO. Eine **Unterlassungsverpflichtung im Vergleichswege**, dahin gehend dass der Arbeitgeber keine Überstunden anordnen oder duldend entgegennehmen wird, ohne den Betriebsrat ordnungsgemäß nach § 87 Abs. 1 Nr. 3 BetrVG zu beteiligen, ist hinreichend **bestimmt** und hat einen **vollstreckungsfähigen Inhalt**. Die Zwangsvollstreckung erfolgt nach §§ 85 Abs. 1 ArbGG, 890 ZPO unter Berücksichtigungen der Einschränkungen nach § 23 Abs. 3 BetrVG.[1100] Der Unterlassungsanspruch nach § 23 Abs. 3 BetrVG kann auch im Wege der **einstweiligen Verfügung** geltend gemacht werden.[1101]

M. Allgemeiner Unterlassungsanspruch bei der Verletzung von Mitbestimmungsrechten

441 Droht eine **Verletzung von Mitbestimmungsrechten** oder soll eine solche jedenfalls für die Zukunft vermieden werden, wird dem Betriebsrat zunächst daran gelegen sein, die Umsetzung mitbestimmungswidriger Maßnahmen zu vermeiden, um ggf. den Arbeitgeber zum Abschluss einer Betriebsvereinbarung zu veranlassen. Ein solcher Unterlassungsanspruch ist im Gesetzeswortlaut lediglich in § 23 Abs. 3 BetrVG vorgesehen, dort aber an die weiter gehende Voraussetzung der groben Pflichtverletzung geknüpft. Seit jeher stellt sich daher bei den einzelnen Beteiligungsrechten die Frage, ob Unterlassung von beteiligungswidrigen Maßnahmen nur im Zusammenhang mit § 23 Abs. 3 BetrVG verlangt werden kann oder darüber hinaus ein **allgemeiner Unterlassungsanspruch** anzuerkennen ist.[1102]

442 Auch die **Rechtsprechung des BAG** war hier in jüngerer Zeit einem **Wandel** unterworfen. Mit Beschluss des 1. Senats vom 22.02.1983[1103] hatte das BAG noch festgestellt, das BetrVG kenne keinen allgemeinen Anspruch des Betriebsrats gegen den Arbeitgeber mit dem Inhalt, dass dieser Handlungen zu unterlassen habe, die gegen Mitbestimmungs- oder Mitwirkungsrechte des Betriebsrats verstoßen. Erst wenn ein grober Verstoß des Arbeitgebers gegen seine Pflichten aus dem BetrVG vorliege, könne der Betriebsrat nach § 23 Abs. 3 BetrVG die Unterlassung solcher mitbestimmungswidriger Handlungen des Arbeitgebers verlangen. § 23 Abs. 3 BetrVG regele Unterlassungsansprüche des Betriebsrats wegen Verletzung seiner Beteiligungsrechte abschließend. Dafür spreche, dass das BetrVG ansonsten die Rechtsfolgen von Verstößen des Arbeitgebers gegen Beteiligungsrechte des Betriebsrats detailliert regele. Eine Kündigung unter Missachtung des Anhörungsrechts des Betriebsrats sei nach § 102 Abs. 1 Satz 3 BetrVG unwirksam, eine ohne Zustimmung des Betriebsrats

1098 LAG Hamm, Beschl. v. 19.07.2002, NZA-RR 2002, 642.
1099 *Fitting u.a.*, § 23 BetrVG Rn 84 m.w.N.
1100 LAG Düsseldorf, Beschl. v. 26.06.2003 – 16 Ta 47/03 (n.v.); LAG Düsseldorf, Beschl. v. 14.05.2002, ArbuR 2003, 154; LAG Berlin, Beschl. v. 09.04.2002, AP Nr. 31 zu § 83 ArbGG 1979.
1101 ArbG Leipzig, Beschl. v. 05.09.2002, NZA-RR 2003, 142.
1102 Vgl. *Hümmerich*, AnwaltFormulare Arbeitsrecht, § 8 Rn 37 f.
1103 BAGE 42, 11 = BB 1983, 1724 m. Anm. *Neumann* und BB 1984, 676 m. Anm. *Trittin*.

durchgeführte personelle Maßnahme sei auf Anordnung des Arbeitsgerichts im Beschlussverfahren vom Arbeitgeber aufzuheben. Die Vereitelung von Aufklärungs- und Auskunftspflichten nach § 111 BetrVG stelle eine Ordnungswidrigkeit nach § 121 BetrVG dar, Betriebsänderungen ohne den Versuch eines Interessenausgleichs lösten den Anspruch auf Nachteilsausgleich nach § 113 BetrVG aus. Nach Auffassung des 6. Senats[1104] enthält § 23 Abs. 3 BetrVG einen eigenständigen Unterlassungsanspruch neben anderen Unterlassungsansprüchen im Betriebsverfassungsrecht. § 23 Abs. 3 BetrVG habe einen eigenständigen Regelungsgehalt. § 23 Abs. 3 BetrVG sei gleichsam ein kollektives Abmahnungsrecht des Betriebsrats, wodurch der Arbeitgeber zur Einhaltung ihm obliegender betriebsverfassungsrechtlicher Pflichten angehalten werde. Der allgemeine Unterlassungsanspruch sei dagegen auf Unterlassung einer bestimmten, unmittelbar bevorstehenden betriebsverfassungswidrigen Handlung des Arbeitgebers gerichtet, um die in diesem Zeitpunkt mögliche Einhaltung der Beteiligungsrechte des Betriebsrats sicherzustellen.

443 Mit Beschluss vom 03.05.1994[1105] stellte der 1. Senat des BAG unter Aufgabe seiner bisherigen Rechtsprechung fest, dem Betriebsrat stehe bei Verletzung von Mitbestimmungsrechten aus § 87 BetrVG unabhängig von den Voraussetzungen des § 23 Abs. 3 BetrVG ein **Anspruch auf Unterlassung mitbestimmungswidriger Maßnahmen gegen den Arbeitgeber zu**. Der 1. Senat vertritt nunmehr die Auffassung, Unterlassungsansprüche könnten auch bei fehlender ausdrücklicher Normierung als **selbständige, einklagbare Nebenleistungsansprüche** bestehen, dies ergebe sich für vertragsrechtliche Beziehungen aus dem Grundsatz von Treu und Glauben,[1106] in der Kollektivrechtsbeziehung zwischen Arbeitgeber und Betriebsrat könne nichts anderes gelten. Das durch die Bildung des Betriebsrats kraft Gesetzes zustande gekommene Betriebsverhältnis sei einem gesetzlichen Dauerschuldverhältnis vergleichbar, das durch die Rechte und Pflichten, die in den einzelnen Mitwirkungstatbeständen normiert seien, und durch wechselseitige Rücksichtspflichten geprägt sei. § 2 BetrVG, der zwar keine im Gesetz ausgesparten Mitwirkungs- oder Mitbestimmungsrechte begründe, sei bei der Auslegung einzelner Tatbestände des BetrVG stets zu berücksichtigen. Daraus folge als Nebenpflicht für den Arbeitgeber das Gebot, alles zu unterlassen, was der Wahrnehmung des konkreten Mitbestimmungsrechts eines Betriebsrats entgegenstehe. Der Senat betont indessen, dass es immer auf die konkrete gesetzliche Ausformung des Mitbestimmungsrechts ankomme. Ein einseitiges Vorgehen des Arbeitgebers wolle der Gesetzgeber im Rahmen der Maßnahmen nach § 87 BetrVG nicht einmal zeitweise dulden. Der Rechtsprechungswandel ist teilweise befürwortet,[1107] aber auch heftig kritisiert worden.[1108] Die anwaltliche Praxis kann den allgemeinen Unterlassungsanspruch nicht mehr unbeachtet lassen.

Ein allgemeiner Unterlassungsanspruch des Betriebsrats besteht nach ArbG Kaiserslautern[1109] nicht, wenn der Arbeitgeber bloße **Mitwirkungsrechte** im Bereich der wirtschaftlichen Angelegenheiten verletzt.

N. Anfechtung von Einigungsstellenbeschlüssen

444 Können sich die Betriebspartner in einer mitbestimmungsrechtlich relevanten Frage nicht einigen, bedarf es einer Stelle, in der eine Einigung, notfalls auch eine streitige Entscheidung über die regelungsbedürftige Frage, erreicht werden kann. Diese Aufgabe übernimmt die Einigungsstelle.

1104 BAG, Beschl. v. 18.04.1985, BAGE 48, 246 = BB 1986, 1358.

1105 BB 1994, 2273 bestätigt durch BAG, Beschl. v. 06.12.1994, NZA 1995, 488; BAG, Beschl. v. 23.07.1996, NZA 1997, 274.

1106 Palandt/*Heinrichs*, § 241 BGB Rn 5.

1107 *Richardi*, NZA 1995, 8 (10); *Derleder*, ArbuR 1995, 13 (18); *Prütting*, RdA 1995, 258.

1108 *Dobberahn*, NJW 1995, 1333, der sich im Wesentlichen auf die Argumentation des Ersten Senats in der ablehnenden Entscheidung vom 22.02.1983 stützt; kritisch *Adomeit*, NJW 1995, 1004; ablehnend *Walker*, DB 1995, 1961 (1963); *Konzen*, NZA 1995, 865 (870); vgl. zum Ganzen auch *Hümmerich/Spirolke*, BB 1996, 1986.

1109 ArbG Kaiserslautern, Beschl. v. 23.10.2002, BB 2003, 532.

Zu unterscheiden ist zwischen der erzwingbaren und der ausschließlich freiwilligen Einigungsstelle. Handelt es sich um eine **freiwillige Einigungsstelle**, wird diese nach § 76 Abs. 6 BetrVG nur **auf Antrag beider Seiten** tätig. Der Spruch der Einigungsstelle ersetzt die Einigung zwischen den Betriebspartnern nur dann, wenn sich entweder beide Seiten dem Spruch im Voraus unterworfen oder ihn nachträglich angenommen haben. Das bedeutet, dass eine von beiden Seiten als regelungsbedürftig anerkannte Frage möglicherweise ohne Regelung bleibt. 445

In Bereichen der **zwingenden Mitbestimmung** des Betriebsrats muss jedoch die zu regelnde Angelegenheit auch gegen den Willen einer Seite einer Lösung zugeführt werden können. Dem dient die Regelung in § 76 Abs. 5 BetrVG. In diesen Fällen wird die Einigungsstelle **auf Antrag einer Seite** tätig, und zwar auch dann, wenn eine Seite keine Mitglieder benennt oder die Mitglieder nicht zur Sitzung erscheinen. Ein Boykott durch Arbeitgeber oder Betriebsrat berührt die Handlungsfähigkeit der Einigungsstelle also nicht. Die Fälle, »in denen der Spruch der Einigungsstelle die Einigung zwischen Arbeitgeber und Betriebsrat ersetzt« (Tatbestandsvoraussetzung des § 76 Abs. 5 BetrVG), sind im BetrVG abschließend aufgezählt.[1110] 446

Die Einigungsstelle fasst ihre Beschlüsse unter angemessener Berücksichtigung der Belange des Betriebs und der betroffenen Arbeitnehmer nach **billigem Ermessen**. Die Überschreitung der Grenzen des Ermessens kann durch den Arbeitgeber oder den Betriebsrat nur binnen einer Frist von zwei Wochen geltend gemacht werden. Diese **Zwei-Wochen-Frist** gilt nur, wenn der Anfechtende die Überschreitung der Ermessensgrenzen der Einigungsstelle rügen will, nicht für andere Unwirksamkeitsgründe. Das Arbeitsgericht ist auf eine Rechtskontrolle beschränkt. 447

In vollem Umfang und **zeitlich unbefristet** können folgende Mängel des Einigungsstellenspruchs geltend gemacht werden: 448

- unzutreffende Auslegung eines unbestimmten Rechtsbegriffs,[1111]
- fehlende Zuständigkeit der Einigungsstelle,
- schwere Verfahrensmängel, wie beispielsweise fehlende ordnungsgemäße Ladung der Mitglieder,[1112]
- abschließende Beratung und Beschlussfassung in Anwesenheit der Betriebspartner,[1113] in der angegebenen Entscheidung hatten beide Seiten betriebsfremde Beisitzer bestellt. Das BAG hat in der Entscheidung darauf abgestellt, dass die Beisitzer nicht weisungsgebunden sind, sondern ihre Entscheidung allein an den Belangen des Betriebs und der betroffenen Arbeitnehmer nach billigem Ermessen auszurichten haben. Dann müssten sie aber auch bei der Schlussberatung und Beschlussfassung frei von dem Einfluss Dritter, auch der Betriebspartner selbst, sein.
- Verstöße gegen vorrangiges Recht.

Der **Zwischenbeschluss** einer Einigungsstelle, der die Feststellung der **Zuständigkeit** zum Inhalt hat, ist gesondert gerichtlich anfechtbar.[1114]

Wird jedoch eine Ermessensentscheidung der Einigungsstelle inhaltlich gerügt, unterliegt dieser Vorgang einer zweifachen Beschränkung. Zum einen kann die Ermessensüberschreitung nur **innerhalb von zwei Wochen** geltend gemacht werden, wobei es das BAG offen gelassen hat, ob später weitere Gründe nachgeschoben werden können,[1115] in jedem Fall ist ein nicht innerhalb der Zwei-Wochen-Frist begründeter Antrag als unbegründet zurückzuweisen.[1116] Weiterhin kann die Ermessensentscheidung nur daraufhin überprüft werden, ob sie die **Grenzen des Ermessensspielraums überschritten** hat, das Arbeitsgericht darf nicht eigene Zweckmäßigkeitserwägungen an die 449

1110 Vgl. die Auflistung bei *Fitting u.a.*, § 76 BetrVG Rn 68; zum Einigungsstellenverfahren siehe § 13.
1111 Vgl. *Henssler*, RdA 1991, 269.
1112 BAG, Beschl. v. 27.06.1995, AP Nr. 1 zu § 76 BetrVG 1972 Einigungsstelle.
1113 BAG, Beschl. v. 18.01.1994, AP Nr. 51 zu § 76 BetrVG 1972.
1114 LAG Niedersachsen, Beschl. v. 20.03.2003, LAGE § 5 ArbSchG Nr. 1.
1115 BAG, Beschl. v. 14.05.1985, AP Nr. 16 zu § 76 BetrVG 1972.
1116 BAG, Beschl. v. 26.05.1988, AP Nr. 26 zu § 76 BetrVG 1972.

Stelle der Erwägungen der Einigungsstelle setzen.[1117] Eine Überschreitung des Ermessensspielraums liegt beispielsweise dann vor, wenn die Einigungsstelle von sachfremden Erwägungen ausgeht, die Belange des Betriebs oder der Arbeitnehmer erkennbar überhaupt nicht berücksichtigt oder dem Arbeitgeber eine Gestaltungsfreiheit einräumt, die einem mitbestimmungsfreien Zustand nahe kommt.[1118] Die Anfechtung eines Einigungsstellenspruchs kann nicht darauf gestützt werden, die Einigungsstelle hätte vor ihrer Sachentscheidung **Aufklärungsanträge bescheiden müssen**, die eine Betriebspartei oder ein Beisitzer gestellt hat.[1119]

450 **Antragsberechtigt** sind Arbeitgeber und Betriebsrat, nicht aber die Einigungsstelle, die darüber hinaus auch nicht Beteiligte ist,[1120] oder die betroffenen Arbeitnehmer. Der **Antrag** ist auf Feststellung der Unwirksamkeit des Einigungsstellenspruchs zu richten, nicht auf seine Aufhebung, da die gerichtliche Entscheidung keine rechtsgestaltende Wirkung hat.[1121] Ein entsprechender Antrag lautet wie folgt:

1. Es wird festgestellt, dass der Spruch der Einigungsstelle vom unwirksam ist.
2. Dem Antragsgegner wird aufgegeben, es zu unterlassen, den Spruch der Einigungsstelle vom durchzuführen.
3. Für jeden Fall der Zuwiderhandlung gegen die Verpflichtung aus Ziffer 2 wird dem Antragsgegner ein Ordnungsgeld, dessen Höhe in das Ermessen des Gerichts gestellt wird, ersatzweise Ordnungshaft, angedroht.

450a Für die Zulässigkeit des Feststellungsantrags bedarf es eines **Feststellungsinteresses** nach § 256 Abs. 1 ZPO. Ein rechtliches Interesse an der Feststellung, dass ein Spruch der Einigungsstelle rechtsunwirksam ist, besteht, soweit und solange diesem ein betriebsverfassungsrechtlicher Konflikt zu Grunde liegt und fortbesteht. Hat ein solcher Konflikt zwar bestanden, ist er aber auf Grund veränderter tatsächlicher Umstände gegenstandslos geworden, so kann ein ursprünglich gegebenes Feststellungsinteresse entfallen. Dies ist dann anzunehmen, wenn der konfliktauslösende Vorgang abgeschlossen ist, ohne dass sich aus ihm fortbestehende Rechtswirkungen für die Zukunft ergeben.[1122]

451 Im Falle der Unwirksamkeit des Einigungsstellenspruchs hat die Einigungsstelle das **Verfahren wieder aufzugreifen und fortzusetzen.**[1123] Die **Aussetzung** eines Einigungsstellenverfahrens nach § 98 ArbGG kommt daher gem. § 148 ZPO ausnahmsweise dann in Betracht, wenn der Spruch der zum gleichen Regelungsgegenstand gebildeten Einigungsstelle gerichtlich angefochten ist, da bei erfolgreicher Anfechtung die »alte« Einigungsstelle zuständig bliebe.[1124] Die Geltendmachung der Unwirksamkeit des Einigungsstellenspruchs hat **keine aufschiebende Wirkung**. Der Arbeitgeber bleibt nach § 77 Abs. 1 BetrVG zur Durchführung des Einigungsstellenspruchs verpflichtet,[1125] das Arbeitsgericht kann allenfalls im Wege der einstweiligen Verfügung den Vollzug des Einigungsstel-

1117 BAG, Beschl. v. 30.10.1979, AP Nr. 9 zu § 112 BetrVG 1972; Beschl. v. 22.01.1980, AP Nr. 7 zu § 111 BetrVG 1972; Beschl. v. 27.05.1986, AP Nr. 15 zu § 87 BetrVG 1972 Überwachung.

1118 BAG, Beschl. v. 28.10.1986, AP Nr. 20 zu § 87 BetrVG 1972 Arbeitszeit; Beschl. v. 17.10.1989, AP Nr. 39 zu § 76 BetrVG 1972; vgl. zu weiteren Beispielen *Fitting u.a.*, § 76 BetrVG Rn 106.

1119 BAG, Beschl. v. 29.01.2002, AP Nr. 19 zu § 76 BetrVG 1972 Einigungsstelle.

1120 BAG, Beschl. v. 28.04.1981, AP Nr. 1 zu § 87 BetrVG 1972 Vorschlagswesen; Beschl. v. 28.07.1981, AP Nr. 2 zu § 87 BetrVG 1972 Urlaub; Beschl. v. 28.07.1981, AP Nr. 3 zu § 87 BetrVG 1972 Arbeitssicherheit.

1121 BAG, Beschl. v. 27.10.1992, AP Nr. 29 zu § 95 BetrVG 1972.

1122 BAG, Beschl. v. 19.02.2002, BAGE 100, 281.

1123 BAG, Beschl. v. 30.01.1990, AP Nr. 41 zu § 87 BetrVG 1972 Lohngestaltung.

1124 LAG Berlin, Beschl. v. 24.04.2003, EzA-SD 15/2003,16.

1125 LAG Berlin, Beschl. v. 08.11.1990, BB 1991, 206; LAG Köln, Beschl. v. 20.04.1999, NZA-RR 2000, 311.

lenbeschlusses einstweilen aussetzen.[1126] Der Antrag zu Ziff. 2 hat im Gegensatz zum Antrag zu Ziff. 1 einen vollstreckbaren Inhalt.

O. Tendenzbetriebe

Mit der Regelung des § 118 Abs. 1 BetrVG ist dessen Geltung für Unternehmen und Betriebe, die unmittelbar und überwiegend politischen, koalitionspolitischen, konfessionellen, karitativen, erzieherischen, wissenschaftlichen oder künstlerischen Bestimmungen oder Zwecken der Berichterstattung oder Meinungsäußerung i.S.d. Art. 5 Abs. 1 Satz 2 GG dienen, eingeschränkt. Die Vorschriften über den Wirtschaftsausschuss (§§ 106 bis 110 BetrVG) finden keine Anwendung, die §§ 111 bis 113 BetrVG nur betreffend den Sozialplan, nicht aber soweit sie sich auf den Interessenausgleich beziehen. Die übrigen Vorschriften des BetrVG finden keine Anwendung, soweit die Eigenschaft als Tendenzbetrieb dem entgegensteht. Gemäß dem Bericht des BT-Ausschusses für Arbeit und Sozialordnung[1127] sollte mit der Vorschrift des § 118 BetrVG eine ausgewogene Regelung zwischen dem Sozialstaatsprinzip und den Freiheitsrechten der Tendenzträger gefunden werden. Sinn und Zweck der Vorschrift ist es, den Konflikt und das Spannungsverhältnis zwischen dem Freiheitsraum des Einzelnen einerseits und dem Sozialstaatsprinzip andererseits angemessen und ausgewogen zu lösen.[1128] Ein Arbeitgeber kann jedenfalls bei karitativer oder erzieherischer Zwecksetzung wirksam auf den betriebsverfassungsrechtlichen Tendenzschutz verzichten.[1129] 452

I. Zulässigkeit eines Feststellungsantrags des Arbeitgebers

Der Streit um die Tendenzträgereigenschaft entzündet sich häufig daran, dass der Betriebsrat einen Wirtschaftsausschuss nach § 106 BetrVG gründet oder der Arbeitgeber personelle Einzelmaßnahmen ohne Zustimmung des Betriebsrats durchführt. Nach der früheren Rechtsprechung des BAG konnten dementsprechend nur konkrete Einzelfolgen aus dem vorhandenen oder fehlenden Tendenzcharakter, etwa die Verpflichtung zur Bildung eines Wirtschaftsausschusses, geltend gemacht werden.[1130] Mit Beschluss vom 21.07.1998[1131] hat der 1. Senat des BAG diese Rechtsprechung aufgegeben. Nach diesem Beschluss kann der Arbeitgeber beantragen, 453

> ... festzustellen, dass es sich bei der XY-GmbH um ein Tendenzunternehmen i.S.d. § 118 Abs. 1 BetrVG handelt.

Mit der Entscheidung darüber, ob es sich beim Arbeitgeber um ein Tendenzunternehmen handele, werde zugleich die Art des zwischen ihm und dem Betriebsrat bestehenden betriebsverfassungsrechtlichen Rechtsverhältnisses i.S.d. § 256 Abs. 1 ZPO bestimmt. Dieser Annahme stehe nicht entgegen, dass sich aus dem Grundverhältnis eine Vielzahl einzelner Rechtsbeziehungen ergebe, wie zum Beispiel einzelne Beteiligungsrechte des Betriebsrats, die ihrerseits Gegenstand von Auseinandersetzungen zwischen den Beteiligten sein können. Die Zulässigkeit derartiger, auf die Klärung des rechtlichen Status gerichteter Feststellungsanträge sei anerkannt. Sie ergebe sich aus Gründen der Prozesswirtschaftlichkeit. Diese erfordere eine von weiteren Streitfragen unbelastete Klärung 454

1126 LAG Frankfurt, Beschl. v. 24.09.1987, BB 1988, 347; LAG Baden-Württemberg, Beschl. v. 07.11.1989, NZA 1990, 286; LAG Köln, Beschl. v. 30.07.1999, NZA 2000, 334 unter Begrenzung auf krasse und offensichtliche Rechtsverstöße; a.A. LAG Berlin, Beschl. v. 08.11.1990, BB 1991, 206.

1127 BT-Drucks. VI/2729, 17.

1128 BAG, Urt. v. 22.04.1975, AP Nr. 2 zu § 118 BetrVG 1972; GK-BetrVG/*Fabricius*, § 110 Rn 104.

1129 BAG, Beschl. v. 05.10.2000, DB 2000, 2126.

1130 BAG, Beschl. v. 13.07.1955, AP Nr. 2 zu § 81 BetrVG 1952.

1131 AP Nr. 63 zu § 118 BetrVG 1972.

des umstrittenen Status. Das gelte auch für die Entscheidung, ob ein Unternehmen den Tendenzschutz des § 118 Abs. 1 BetrVG genießt. Sie schaffe Klarheit darüber, ob die Beteiligungsrechte des Betriebsrats den dort bestimmten Einschränkungen unterworfen sind. Unschädlich sei, dass dennoch Streit hinsichtlich der Reichweite einzelner Beteiligungsrechte möglich sei, zum Beispiel bei der Abgrenzung des Kreises der von der Mitbestimmung nach § 99 BetrVG nicht erfassten Tendenzträger.[1132]

II. Tendenzen des § 118 Abs. 1 BetrVG

455 § 118 Abs. 1 BetrVG nennt mehrere unternehmerische Zwecke, die den Tendenzschutz rechtfertigen. Das Gesetz enthält keine Wendung wie »insbesondere« oder einen Hinweis auf »ähnliche Bestimmungen«. Daraus wird geschlossen, dass die in § 118 Abs. 1 BetrVG genannten Zwecke **abschließend** sind und eine analoge Anwendung der Vorschrift ausscheidet.[1133]

1. Politische Bestimmungen

456 Mit Beschluss vom 21.07.1998[1134] hat der 1. Senat des BAG die bislang schon herrschende Meinung[1135] bestätigt, dass mit dem Merkmal »politisch« nicht nur »parteipolitisch« gemeint ist. Eine **weite Auslegung des Tatbestandsmerkmals** ergebe sich zum einen aus dem Wortlaut der Vorschrift, die nicht den Begriff »parteipolitisch« enthält, obwohl dieser dem Gesetz vertraut ist (vgl. § 74 Abs. 2 Satz 3 BetrVG). Dass der historische Gesetzgeber bewusst bei der Wortwahl unterschieden habe, belege der Ausschussbericht:[1136] Dort heiße es, der Ausschuss sei »einmütig der Ansicht, dass der Begriff »politisch« wie bisher nicht nur als »parteipolitisch« zu verstehen sein sollte, zum Beispiel sollen hierunter auch wirtschaftspolitische und sozialpolitische Vereinigungen (z.B. Verbände der Behinderten) fallen«. Das Recht auf Teilnahme an der politischen Willensbildung könne in vielfältiger Weise auch außerhalb von Parteien ausgeübt werden. Das gelte für die im Ausschussbericht angeführten wirtschafts- und sozialpolitischen Vereinigungen ebenso wie für Bürgerinitiativen, Frauen- und Umweltschutzverbände, Menschenrechtsorganisationen und viele andere.[1137]

457 Die Bestimmung des § 118 Abs. 1 Satz 1 Nr. 1 BetrVG geht nach dieser Rechtsprechung indessen von einem weniger weit reichenden Politikbegriff aus, als er dem allgemeinen Sprachgebrauch entspricht. **Wenn der Staat öffentliche Aufgaben auf privatrechtliche Organisationen verlagert, ist es ihm auch dann verwehrt, sich auf den Tendenzschutz nach § 118 BetrVG zu berufen, wenn es sich bei diesen öffentlichen Aufgaben um politische handelt.** Zwar kann staatliches Handeln nicht den gleichen Mitbestimmungsregeln unterworfen sein wie unternehmerische Tätigkeit. Soweit die Belange eines Arbeitgebers durch die Erfüllung öffentlicher Aufgaben bestimmt sind, kommt ihnen gegenüber widerstreitenden Interessen der Belegschaft ein größeres Gewicht zu als privatnützig definierten Unternehmenszielen. Soweit sich hieraus ein besonderes Schutzbedürfnis gegenüber der kollektiven Vertretung von Arbeitnehmerbelangen ergebe, sei dieses indessen nicht durch Rückgriff auf § 118 Abs. 1 BetrVG zu befriedigen. Öffentliche Körperschaften seien im Hinblick auf ihre politische Zielsetzung nicht auf Tendenzschutz angewiesen. Die Rechtsordnung halte hierfür andere Schutzvorkehrungen bereit. So stünden für die Wahrnehmung öffentlicher Aufgaben Organisationsformen des öffentlichen Rechts zur Verfügung, für die ein besonderes, für den

1132 BAG, Beschl. v. 21.07.1998, AP Nr. 63 zu § 118 BetrVG 1972.
1133 *Fitting u.a.*, § 118 BetrVG Rn 3; Richardi/*Thüsing*, § 118 BetrVG Rn 48; das BAG, Beschl. v. 23.03.1999, AP Nr. 66 zu § 118 BetrVG 1972, schließt eine Analogie nicht aus.
1134 AP Nr. 63 zu § 118 BetrVG 1972.
1135 *Fitting u.a.*, § 118 BetrVG Rn 15; GK-BetrVG/*Fabricius*, § 118 Rn 161; Richardi/*Thüsing*, § 118 BetrVG Rn 50; a.A. Däubler/Kittner/Klebe/*Wedde*, § 118 BetrVG Rn 21.
1136 BT-Drucks VI/2729, 17.
1137 BAG, Beschl. v. 21.07.1998, AP Nr. 63 zu § 118 BetrVG 1972.

Schutz öffentlicher Bestimmungen »maßgeschneidertes« System der Personalvertretung bestehe. Die Einbeziehung der von staatlichen Einrichtungen im öffentlichen Interesse zu erfüllenden Aufgaben in den Tendenzschutz würde zu Wertungswidersprüchen führen. Nach § 118 BetrVG entfalle bei Personalmaßnahmen, die »Tendenzträger« betreffen, das sonst nach § 99 BetrVG bestehende Zustimmungsverweigerungsrecht des Betriebsrats. Dagegen unterliege das Mitbestimmungsrecht des Personalrats nach § 75 Abs. 1 BPersVG keiner derartigen Einschränkung.[1138]

Die Annahme, dass der Staat sich für die Erfüllung öffentlicher Aufgaben lediglich privater Rechtsträger bedient, stützt der 1. Senat in erster Linie darauf, dass der Arbeitgeber in dem zugrunde liegenden Fall zu nahezu 100 % Zuwendungsempfänger des Bundes war. Allerdings erscheint fraglich, welcher sinnvolle Betätigungsbereich dann überhaupt für einen Wirtschaftsausschuss, dessen Gründung den Rechtsstreit ausgelöst hatte, verbleiben soll. Der Katalog des § 106 Abs. 3 BetrVG spricht von der wirtschaftlichen und finanziellen Lage des Unternehmens, von der Produktions- und Absatzlage, von Produktions- und Investitionsprogrammen, Rationalisierungsvorhaben, Fabrikations- und Arbeitsmethoden, der Einschränkung oder Stilllegung von Betrieben etc. Aufgabe des Wirtschaftsausschusses ist es, solche Angelegenheiten mit dem Unternehmer zu beraten. Wenn der Arbeitgeber nur staatliche Aufgaben im Auftrag erfüllt und hierfür zweckgebundene Mittel mit entsprechenden Anweisungen erhält, ist für Beratungen, die immer auch einen sich finanziell niederschlagenden Entscheidungsspielraum voraussetzen, kein Raum. 458

2. Koalitionspolitische Bestimmungen

Mit der Aufnahme koalitionspolitischer Bestimmungen in den Tendenzschutz soll dem Grundrecht aus Art. 9 Abs. 3 GG Rechnung getragen werden. Erfasst sind **Gewerkschaften** und **Arbeitgeberverbände**, nicht aber rechtlich selbständige wirtschaftliche Unternehmen der vorgenannten Institutionen wie Versicherungen, Banken, Wohnungsbaugesellschaften und Einrichtungen der Tarifvertragsparteien wie Zusatzversorgungs-, Urlaubs- und Lohnausgleichskassen.[1139] 459

3. Konfessionelle Bestimmungen

Unter konfessionellen Bestimmungen dienenden Unternehmen und Betrieben versteht man Betriebe, die **kirchlich** oder **weltanschaulich** ausgerichtet, rechtlich selbständig sind und nicht bereits unter § 118 Abs. 2 BetrVG (Religionsgemeinschaften und ihre karitativen und erzieherischen Einrichtungen) fallen, zum Beispiel Bildungsvereinigungen, Frauen-, Männer- und Jugendgruppen sowie Missionsvereine.[1140] 460

4. Karitative Bestimmungen

Unter karitativen Zwecken wird eine **freiwillige Tätigkeit im Dienste hilfsbedürftiger Menschen** verstanden. Dabei können nach der Rechtsprechung des BAG auch kostendeckende Einnahmen erzielt werden.[1141] Das Unternehmen darf nicht von Gesetzes wegen unmittelbar zur Hilfeleistung verpflichtet sein,[1142] allerdings soll es unschädlich sein, wenn die Gesellschaftsanteile eines in privater Rechtsform betriebenen Krankenhauses nur von einer Gebietskörperschaft gehalten werden, die zur Sicherstellung der bedarfsgerechten Versorgung mit leistungsfähigen Krankenhäusern gesetzlich 461

1138 BAG, Beschl. v. 21.07.1998, AP Nr. 63 zu § 118 BetrVG 1972.
1139 *Fitting u.a.*, § 118 BetrVG Rn 16.
1140 *Fitting u.a.*, § 118 BetrVG Rn 17; *Weber*, NZA 1989, Beilage 3, S. 2.
1141 BAG, Beschl. v. 24.05.1995, AP Nr. 57 zu § 118 BetrVG 1972.
1142 BAG, Beschl. v. 22.11.1995, AP Nr. 58 zu § 118 BetrVG 1972.

verpflichtet ist.[1143] Keiner karitativen Bestimmung dienen Sanatorien, Kinderheime, Erholungsheime, Altenheime und Dialysezentren,[1144] die mit Gewinnabsicht betrieben werden.[1145]

5. Erzieherische Bestimmungen

462 Eine erzieherische Tendenz liegt vor, wenn die Tätigkeit des Unternehmens auf die **Entfaltung und Formung der Persönlichkeit des Menschen** gerichtet ist.[1146] Unter den Tendenzschutz der erzieherischen Bestimmungen fallen allgemein bildende und berufsbildende Einrichtungen wie Privatschulen aller Art,[1147] Berufsbildungswerke,[1148] nicht jedoch Sprachschulen, die nur der Verbreitung bestimmter Fertigkeiten dienen, nicht aber die Persönlichkeit der ausländischen Sprachschüler betreffen.[1149]

6. Wissenschaftliche Bestimmungen

463 Für die Anwendung der Vorschrift ist von einem **weiten Wissenschaftsbegriff** auszugehen. Danach ist Wissenschaft **jede Tätigkeit, die nach Inhalt und Form als ernsthafter Versuch zur Ermittlung der Wahrheit anzusehen ist.**[1150] In den wissenschaftlichen Aufgaben muss aber der eigentliche Unternehmenszweck liegen. Das Unternehmen muss dazu bestimmt sein, die in Frage stehende geistig-ideelle Zielsetzung zu verwirklichen.[1151] Dagegen reicht die Instrumentalisierung wissenschaftlicher Methoden zur Verfolgung anderer Unternehmensziele nicht aus.[1152] Ausgeschlossen ist damit auch die rein kommerzielle Forschung, beispielsweise die Forschungsabteilung einer Arzneimittelfabrik.[1153]

7. Künstlerische Bestimmungen

464 Künstlerischen Bestimmungen dienende Unternehmen oder Betriebe stellen Werke der **Sprache**, der **Musik**, der **darstellenden und bildenden Kunst**, einschließlich des **Films** her. Unter Kunst ist entsprechend Art. 5 Abs. 3 Satz 1 GG die Gestaltung eines seelisch-geistigen Gehalts durch eine eigenwertige Form nach bestimmten Gesetzen zu verstehen, wobei die Gestaltungsmittel und -gesetze bei jeder Kunst verschieden sind. Jedenfalls muss eine schöpferische Begabung und Gestaltung gegeben sein.[1154] Nicht ausreichend ist der Einsatz künstlerischer Mittel für einen Unternehmenszweck, der nicht in der Schaffung oder Darbietung der Kunst selbst liegt, beispielsweise Gestaltung von PR-Material durch eine Werbeagentur.[1155] Keine geschützte Tendenz haben reine Tanz- und Unterhaltungsstätten wie Revuen und Zirkus-Unternehmen, weiterhin nicht Verwertungsgesellschaften zur Ausnutzung von Urheberrechten,[1156] wie z.B. die GEMA oder die Verwertungsgesellschaft Wort.

1143 BAG, Beschl. v. 24.05.1995, AP Nr. 57 zu § 118 BetrVG 1972.
1144 BAG, Beschl. v. 18.04.1989, AP Nr. 65 zu § 99 BetrVG 1972.
1145 *Fitting u.a.*, § 118 BetrVG Rn 18.
1146 BAG, Beschl. v. 21.06.1989, AP Nr. 43 zu § 118 BetrVG 1972.
1147 BAG, Beschl. v. 13.01.1987, AP Nr. 33 zu § 118 BetrVG 1972.
1148 BAG, Beschl. v. 14.04.1988, AP Nr. 36 zu § 118 BetrVG 1972.
1149 BAG, Beschl. v. 07.04.1981, AP Nr. 17 zu § 118 BetrVG 1972; Beschl. v. 21.07.1998, AP Nr. 63 zu § 118 BetrVG 1972.
1150 BAG, Beschl. v. 20.11.1990, AP Nr. 47 zu § 118 BetrVG 1972.
1151 BAG, Beschl. v. 15.02.1989, AP Nr. 39 zu § 118 BetrVG 1972.
1152 BAG, Beschl. v. 21.07.1998, AP Nr. 63 zu § 118 BetrVG 1972.
1153 BAG, Beschl. v. 21.06.1989, AP Nr. 43 zu § 118 BetrVG 1972.
1154 BAG, Beschl. v. 15.02.1989, AP Nr. 39 zu § 118 BetrVG 1972.
1155 BAG, Beschl. v. 21.07.1998, AP Nr. 63 zu § 118 BetrVG 1972.
1156 BAG, Beschl. v. 08.03.1983, AP Nr. 26 zu § 118 BetrVG 1972.

8. Berichterstattung oder Meinungsäußerung

Nach § 118 Abs. 1 Nr. 2 BetrVG sind ebenso Unternehmen und Betriebe tendenzgeschützt, die unmittelbar und überwiegend Zwecken der Berichterstattung oder Meinungsäußerung dienen, auf die Art. 5 Abs. 1 Satz 2 GG Anwendung findet. Hierunter fallen insbesondere Herausgeber von Zeitungen oder Zeitschriften politischen, ideellen oder fachlichen Inhalts.[1157] Die Eigenschaft als Tendenzbetrieb erstreckt sich auf den entsprechenden Druckereibetrieb dann, wenn er als Teil des Presseverlags mit dem Redaktionsteil einen einheitlichen Betrieb bildet und dort allein die eigenen Zeitungen oder Zeitschriften gedruckt werden.[1158] Erfasst sind darüber hinaus der Rundfunk,[1159] Film und Nachrichtenbüros, nicht aber der Handel mit Zeitungen, Zeitschriften und Büchern.[1160] 465

III. »Unmittelbar« und »überwiegend«

Die Unternehmen und Betriebe müssen den vom Tendenzschutz erfassten Zwecken unmittelbar und überwiegend dienen. Mit dem Merkmal der **Unmittelbarkeit** ist eine direkte Beziehung zwischen Zweck und Tendenz gemeint.[1161] Ist die Erfüllung des Zwecks dagegen nur »Nebenprodukt« bei der Verwirklichung eines anders gelagerten (Haupt-) Unternehmenszwecks, beispielsweise der Einsatz künstlerischer Mittel durch eine Werbeagentur, reicht dies nicht aus. 466

Denkbar ist auch, dass ein in § 118 Abs. 1 BetrVG genannter Zweck verfolgt wird, dies jedoch nicht der einzige Unternehmenszweck ist. Man spricht hier von **Mischbetrieben**. Bei der Feststellung, dass das Merkmal »**überwiegend**« erfüllt ist, gilt das quantitativ-numerische Prinzip.[1162] Ausschlaggebend ist der Umfang des Einsatzes sachlicher und insbesondere personeller Mittel für die Verwirklichung des Tendenzzwecks.[1163] Nicht erforderlich ist aber ein zahlenmäßiges Übergewicht sog. Tendenzträger.[1164] 467

Verfassungsrechtliche Gründe gebieten es nicht, den einem **Tendenzunternehmen im Konzern** gewährten Tendenzschutz auf ein nicht tendenzgeschütztes abhängiges Unternehmen zu erstrecken, das die Tendenzverwirklichung nicht beeinflusst. So hat der **Zeitungszustellungsbetrieb** als Tochtergesellschaft der die Zeitungen vertreibenden Verlagsgesellschaft keinen geistig-ideellen Einfluss auf diese. Es ist daher nicht zu beanstanden, dass die Gerichte die Regelung der Arbeitszeit der Zusteller nicht als mitbestimmungsfrei angesehen haben, auch wenn die Erarbeitung und Verbreitung der Tageszeitungen in organisatorischem Zusammenhang stehen.[1165] 467a

IV. Reichweite der Einschränkung des BetrVG

1. Absoluter Ausschluss nach § 118 Abs. 1 Satz 2 BetrVG

Gem. § 118 Abs. 1 Satz 2 BetrVG ist in Tendenzbetrieben kein Wirtschaftsausschuss zu bilden. Da der Wirtschaftsausschuss unternehmensbezogen ist, stellt sich die Frage, wann in einem Unternehmen mit mehreren Betrieben, von denen nicht alle Tendenzzwecke verfolgen, die Gründung eines Wirtschaftsausschusses zu unterbleiben hat. Für die Frage der Bildung eines Wirtschaftsausschusses soll auf die **Belegschaftszahlen** abzustellen sein, d.h. die Mehrzahl der Arbeitnehmer muss 468

1157 BAG, Beschl. v. 01.09.1987, AP Nr. 10 und 11 zu § 101 BetrVG 1972.
1158 BAG, Beschl. v. 13.07.1955, AP Nr. 1 zu § 81 BetrVG 1952.
1159 BAG, Beschl. v. 27.07.1993, AP Nr. 51 zu § 118 BetrVG 1972.
1160 *Fitting u.a.*, § 118 BetrVG Rn 28.
1161 *Fitting u.a.*, § 118 BetrVG Rn 13.
1162 BAG, Beschl. v. 21.06.1989, AP Nr. 43 zu § 118 BetrVG 1972; *Bauer/Lingemann*, NZA 1995, 813 (814); entgegen der früher vom BAG, Beschl. v. 10.05.1975, AP Nr. 4 zu § 65 BetrVG 1972 vertretenen Geprägetheorie.
1163 BAG, Beschl. v. 27.07.1993, AP Nr. 51 zu § 118 BetrVG 1972.
1164 BAG, Beschl. v. 20.11.1990, AP Nr. 47 zu § 118 BetrVG 1972.
1165 BVerfG, Beschl. v. 29.04.2003, NZA 2003, 864.

in Tendenzbetrieben beschäftigt sein. Daneben sollen gerade im Hinblick auf die Aufgaben des Wirtschaftsausschusses die **Umsatzzahlen** als »Gegenprobe« von Bedeutung sein. Eine geringere Arbeitnehmeranzahl in Tendenzbetrieben kann durch einen erheblich größeren Umsatz im Tendenzbetrieb als im tendenzfreien Betrieb ausgeglichen werden. Ist der Wirtschaftsausschuss nach den Zahlenverhältnissen im Unternehmen zu gründen, ist er gleichwohl für die Tendenzbetriebe nicht zuständig.[1166]

469 Weiterhin sind die §§ 111 bis 113 BetrVG nur insoweit anzuwenden, als sie den **Ausgleich oder die Minderung wirtschaftlicher Nachteile** regeln. Mit anderen Worten muss bei einer Betriebsänderung ein Interessenausgleich nicht versucht werden,[1167] anwendbar bleiben beim Tendenzbetrieb aber die Vorschriften über den Abschluss eines Sozialplans.[1168] Nach § 113 Abs. 3 BetrVG hat der Arbeitgeber einen Nachteilsausgleich zu leisten, wenn er eine geplante Betriebsänderung nach § 111 BetrVG durchführt, ohne über sie einen Interessenausgleich mit dem Betriebsrat versucht zu haben, und infolge der Maßnahme Arbeitnehmer entlassen werden oder andere wirtschaftliche Nachteile erleiden. Einerseits hat der Unternehmer in einem Tendenzbetrieb gerade keinen Interessenausgleich zu versuchen, andererseits erklärt § 118 Abs. 1 Satz 2 BetrVG den § 113 BetrVG gerade für anwendbar, soweit diese Vorschrift »den Ausgleich oder die Milderung wirtschaftlicher Nachteile für die Arbeitnehmer infolge von Betriebsänderungen« regelt. Der 1. Senat des BAG hatte sich in seinem Urteil vom 27.10.1998[1169] mit der Frage zu befassen, ob das bedeutet, dass ein **Nachteilsausgleich auch in Tendenzbetrieben** geschuldet wird. Da § 113 BetrVG grundsätzlich für Tendenzbetriebe gilt, ist diese Konsequenz nach Auffassung des BAG nicht ausgeschlossen. Die Sanktion betrifft hier allerdings nicht das Fehlen eines versuchten Interessenausgleichs, vielmehr kommt es nur darauf an, ob der Arbeitgeber seine Beratungs- und Unterrichtungspflichten im Hinblick auf einen Sozialplan rechtzeitig erfüllt hat. Auch in Tendenzbetrieben soll der Unternehmer den Betriebsrat nicht vor vollendete Tatsachen stellen.[1170]

2. Relativer Ausschluss bei Tendenzbezogenheit der Maßnahme gegenüber einem Tendenzträger

470 In den übrigen Angelegenheiten entfallen die Beteiligungsrechte nur insoweit, als die Eigenart des Unternehmens oder des Betriebs deren Anwendung entgegensteht. Das bedeutet, dass in jedem Einzelfall geprüft werden muss, ob die Einschränkung der Beteiligungsrechte durch die Tendenz bedingt oder im Hinblick auf die Tendenz erforderlich ist, weil sonst deren Verwirklichung durch Beteiligungsrechte des Betriebsrats ggf. verhindert oder ernstlich beeinträchtigt werden könnte.[1171] Zu fragen ist mithin nach der **Tendenzbezogenheit der Maßnahme** und der Betroffenheit eines **Tendenzträgers**, das heißt einer Person, die den Tendenzcharakter selbst mit verwirklicht bzw. verwirklichen soll.[1172]

a) Organisatorische und allgemeine Vorschriften

471 Bei den organisatorischen und den allgemeinen Vorschriften des BetrVG werden sich die wenigsten Einschränkungen ergeben, beispielsweise nicht für das über § 80 Abs. 2 BetrVG gewährte

1166 *Fitting u.a.*, § 118 BetrVG Rn 44 f.
1167 ArbG Frankfurt am Main, Beschl. v. 26.09.1995, BB 1996, 1063 m. Anm. *Berger-Delhey*; *Bauer/Lingemann*, NZA 1995, 813 (816).
1168 BAG, Beschl. v. 17.08.1982, AP Nr. 11 zu § 111 BetrVG 1972.
1169 DB 1998, 2422.
1170 *Fitting u.a.*, § 118 BetrVG Rn 47 unter Verweis auf BT-Drucks VI/2729, 17.
1171 BAG, Beschl. v. 11.02.1992, AP Nr. 50 zu § 118 BetrVG 1972; Beschl. v. 21.09.1993, AP Nr. 4 zu § 94 BetrVG 1972.
1172 BAG, Beschl. v. 28.10.1986, AP Nr. 32 zu § 118 BetrVG 1972.

Einsichtsrecht in die Bruttolohn- und Gehaltslisten.[1173] Etwas anderes kann für Zugangsrechte der Gewerkschaften zum Betrieb bei einem Arbeitgeberverband gelten.

b) Soziale Angelegenheiten

472 Bei den sozialen Angelegenheiten geht es im Allgemeinen um den wertneutralen Arbeitsablauf des Betriebs.[1174] Zu unterscheiden ist auch hier stets nach der Tendenzbezogenheit des Gegenstands der Mitbestimmung. So kann die Lage der Arbeitszeit oder die Erforderlichkeit von Überstunden Teil des wertneutralen Arbeitsablaufs sein, aber auch tendenzbezogen erscheinen, beispielsweise in karitativen Einrichtungen aus therapeutischen Gründen, in Ganztagsschulen aus erzieherischen Gründen[1175] oder in Presseunternehmen wegen der Aktualität der Berichterstattung.[1176]

c) Personelle Angelegenheiten

473 Die personellen Mitbestimmungsrechte, insbesondere das **Zustimmungsverweigerungsrecht** nach § 99 Abs. 2 BetrVG und das **Widerspruchsrecht** nach § 102 Abs. 3 BetrVG sowie der **Weiterbeschäftigungsanspruch** nach § 102 Abs. 5 BetrVG entfallen bei tendenzbedingten personellen Maßnahmen gegenüber solchen Arbeitnehmern, die in verantwortlicher und maßgeblicher Stellung des Tendenzbetriebes als sog. Tendenzträger tätig sind.[1177] Für die Tendenzbedingtheit einer personellen Maßnahme kann bei Tendenzträgern eine tatsächliche Vermutung sprechen, insbesondere bei Einstellungen, weil sich fachliche und tendenzspezifische Eignung kaum trennen lassen.[1178] Gleiches gilt für Versetzungen.[1179] Bei der Eingruppierung bleiben die Zustimmungsrechte des Betriebsrats voll erhalten.[1180] Soweit die §§ 99 Abs. 1 und 102 Abs. 1 BetrVG Unterrichtungs- und Anhörungsrechte enthalten, bleiben diese auch für tendenzbezogene Maßnahmen gegenüber Tendenzträgern erhalten.[1181] Darüber hinaus kann der Betriebsrat auch Bedenken geltend machen, die der Arbeitgeber ernsthaft prüfen muss.[1182] Außerordentliche Kündigungen von Betriebsratsmitgliedern, die gleichzeitig Tendenzträger sind, unterliegen nur der Anhörungspflicht aus § 102 BetrVG, nicht aber der Zustimmungspflicht nach § 103 BetrVG.[1183] Die **auf den Krankenkraftwagen eingesetzten DRK-Mitglieder** sind **keine Tendenzträger**, da ihnen kein prägender Einfluss auf die Tendenzverwirklichung zukommt.[1184]

V. Unanwendbarkeit des Gesetzes auf Religionsgemeinschaften

474 Nach § 118 Abs. 2 BetrVG findet das gesamte BetrVG keine Anwendung auf Religionsgemeinschaften und ihre karitativen und erzieherischen Einrichtungen unbeschadet deren Rechtsform. Dies beruht auf dem den Religionsgemeinschaften durch Art. 140 GG i.V.m. Art. 137 Abs. 3 WRV gewährleisteten Recht, ihre Angelegenheiten innerhalb der Schranken der für alle geltenden Gesetze zu ordnen und zu verwalten. Das **Selbstbestimmungsrecht der Kirche** bezieht sich nicht nur auf die organisierte Kirche und ihre rechtlich selbständigen Teile. Vielmehr sind alle der Kirche in bestimmter Weise zugeordneten Einrichtungen **ohne Rücksicht auf ihre Rechtsform** Objekte,

1173 BAG, Beschl. v. 30.06.1981, AP Nr. 15 zu § 80 BetrVG 1972.
1174 BAG, Beschl. v. 13.02.1990, AP Nr. 45 zu § 118 BetrVG 1972.
1175 BAG, Beschl. v. 13.01.1987, AP Nr. 33 zu § 118 BetrVG 1972.
1176 LAG Niedersachsen, Beschl. v. 08.01.1991, BB 1991, 974.
1177 BAG, Beschl. v. 08.05.1990, AP Nr. 46 zu § 118 BetrVG 1972; Beschl. v. 01.09.1987, AP Nr. 10 und 11 zu § 101 BetrVG 1972.
1178 BAG, Beschl. v. 07.11.1975, AP Nr. 3 zu § 99 BetrVG 1972.
1179 BAG, Beschl. v. 01.09.1987, AP Nr. 10 zu § 101 BetrVG 1972.
1180 BAG, Beschl. v. 03.12.1985, AP Nr. 31 zu § 99 BetrVG 1972.
1181 BAG, Beschl. v. 19.05.1981, AP Nr. 21 zu § 118 BetrVG 1972; Beschl. v. 08.05.1990, AP Nr. 46 zu § 118 BetrVG 1972; Beschl. v. 07.11.1975, AP Nr. 4 zu § 118 BetrVG 1972.
1182 BAG, Beschl. v. 19.05.1981, AP Nr. 18 zu § 118 BetrVG 1972.
1183 *Fitting u.a.*, § 118 BetrVG Rn 40.
1184 BAG, Beschl. v. 12.11.2002, AP Nr. 43 zu § 99 BetrVG 1972 Einstellung.

bei deren Ordnung und Verwaltung die Kirche grundsätzliche frei ist, wenn die Einrichtung nach kirchlichem Selbstverständnis ihrem Zweck oder ihren Aufgaben entsprechend berufen ist, ein Stück Auftrag der Kirche in dieser Welt wahrzunehmen und zu erfüllen.[1185] Die verfassungsrechtlich garantierte Freiheit der Kirche schließt es ein, dass sich die Kirche zur Erfüllung ihres Auftrags auch der **Organisationsformen des staatlichen Rechts** bedienen kann, ohne dass dadurch die Zugehörigkeit der auf dieser Rechtsgrundlage begründeten Einrichtungen zur Kirche aufgehoben würde.[1186] Eine in der Rechtsform einer GmbH betriebene Einrichtung der katholischen Kirche ist nach § 118 Abs. 2 BetrVG daher vom Geltungsbereich des BetrVG ausgenommen, wenn sie **karitative oder erzieherische Zwecke** verfolgt. Ob diese der Fall ist, bestimmt sich nach dem Selbstverständnis der Kirche. Die **Beurteilung**, ob eine Betätigung karitativ ist, obliegt allein der Kirche. Eine Vorgabe staatlicher Organe, welche Art kirchlicher Betätigung karitativ ist, wäre ein unzulässiger Eingriff in das verfassungsrechtlich garantierte Selbstverwaltungsrecht der Kirche. Das heißt nicht, dass überhaupt keine **Kontrolle der Arbeitsgerichte** stattfindet. Die Arbeitsgerichte haben zu prüfen, welchen Inhalt die Religionsgemeinschaft dem Begriff ›karitativ‹ gibt und ob die jeweilige Einrichtung diese Vorgaben bei ihrer Tätigkeit erfüllt. Für die Zuordnung einer rechtliche selbständigen Einrichtung zur Kirche ist allerdings nicht ausreichend, dass die Einrichtung ihrem Zweck nach auf die Verwirklichung eines kirchlichen Auftrags gerichtet ist. Hinzukommen muss ein **Mindestmaß an Einflussmöglichkeiten** der Kirche, um auf Dauer eine Übereinstimmung der religiösen Betätigung der Einrichtung mit kirchlichen Vorstellungen gewährleisten zu können. Dabei bedarf der ordnende Einfluss der Kirche zwar keiner satzungsmäßigen Absicherung. Die Kirche muss aber in der Lage sein, einen etwaigen Dissens in religiösen Angelegenheiten zwischen ihr und der Einrichtung zu unterbinden.[1187]

475 Die Gleichstellung von **Weltanschauungsgemeinschaften** mit Religionsgemeinschaften nach Art. 140 GG i.V.m. Art. 137 Abs. 7 WRV erfordert es nicht, den absoluten Tendenzschutz des § 118 Abs. 2 BetrVG auch auf Weltanschauungsgemeinschaften zu erstrecken.[1188]

1185 BVerfG, Beschl. v. 11.10.1977, DB 1977, 2379.
1186 BAG, Beschl. v. 24.07.1991, AP Nr. 48 zu § 118 BetrVG 1972.
1187 BAG, Beschl. v. 23.10.2002, AP Nr. 72 zu § 118 BetrVG 1972.
1188 LAG Hamm, Beschl. v. 17.05.2002, NZA-RR 2002, 625.

§ 13 Die Einigungsstelle

Inhalt

An vielen Stellen ist das BetrVG auf eine Einigung der Betriebspartner in regelungsbedürftigen Fragen angelegt. Dies gilt in erster Linie in den Fällen der zwingenden Mitbestimmung, in denen der Arbeitgeber ohne die Zustimmung des Betriebsrats nicht handeln kann, einseitige Maßnahmen des Arbeitgebers auch individualrechtlich unwirksam sind oder dem Betriebsrat ein Initiativrecht zukommt. In all diesen Fallgestaltungen muss ein Regelungsmechanismus bestehen, der einerseits verhindert, dass eine Seite betrieblich notwendige Regelungen und Anpassungen verzögert oder blockiert, andererseits ein konstruktives Bemühen um eine den betrieblichen Notwendigkeiten gerecht werdende Lösung fördert, letztlich aber auch eine streitige Entscheidung der Regelungsfrage zulässt bzw. gebietet. 1

Diesem Zweck dient die in § 76 BetrVG geregelte Einigungsstelle. Unterschieden wird zwischen dem **erzwingbaren** und dem **freiwilligen Einigungsstellenverfahren**.[1] Gem. § 76 Abs. 5 BetrVG wird die Einigungsstelle in den Fällen, in denen der **Spruch der Einigungsstelle die Einigung zwischen Arbeitgeber und Betriebsrat ersetzt**, auf **Antrag einer Seite** tätig. Diese Regelung soll sicherstellen, dass die streitschlichtende Einigungsstelle ihre Arbeit auch gegen den Willen der anderen Seite aufnehmen kann. Dem dient auch die weitere Regelung in § 76 Abs. 5 Satz 2 BetrVG, dass der Vorsitzende und die erschienenen Mitglieder allein entscheiden, wenn eine Seite keine Mitglieder benennt oder die Mitglieder trotz rechtzeitiger Einladung der Sitzung fernbleiben. Für die Bildung der Einigungsstelle ist jedoch die Einigung auf einen Vorsitzenden erforderlich. Um auch in diesem Punkt eine mögliche Blockadehaltung einer Seite zu überwinden, kann der Einigungsstellenvorsitzende auf Antrag einer Seite gem. §§ 76 Abs. 2 Satz 2 BetrVG, 98 ArbGG durch das Arbeitsgericht bestimmt werden.[2] Die Fälle, in denen der Spruch der Einigungsstelle die Einigung zwischen Arbeitgeber und Betriebsrat ersetzt, sind im Betriebsverfassungsgesetz abschließend aufgezählt.[3] Damit sind die Regelungsgegenstände, in denen ein Einigungsstellenverfahren erzwungen werden kann, abschließend erfasst. 2

1 Vgl. § 12 Rn 445 f.
2 Hierzu nachfolgend Rn 4 ff.
3 Vgl. die Auflistung bei *Fitting* u.a., § 76 BetrVG Rn 68.

3 In **allen anderen Fällen** wird die Einigungsstelle nur tätig, wenn **beide Seiten** es **beantragen** oder mit ihrem Tätigwerden einverstanden sind, § 76 Abs. 6 BetrVG. In diesen Fällen spricht man von einem freiwilligen Einigungsstellenverfahren, das die Betriebspartner auch allein als Hilfestellung bei der Suche nach einer einvernehmlichen Lösung betreiben können. Ein Spruch der freiwilligen Einigungsstelle ersetzt die Einigung zwischen Arbeitgeber und Betriebsrat nur dann, wenn sich beide Seiten dem Spruch im Voraus ausdrücklich unterworfen oder ihn nachträglich angenommen haben. Das Einlassen auf ein freiwilliges Einigungsstellenverfahren zwingt mithin noch nicht dazu, einen unliebsamen Spruch akzeptieren zu müssen. Das Einverständnis zur Bildung einer freiwilligen Einigungsstelle kann von beiden Seiten jederzeit widerrufen werden.[4]

A. Errichtung und Besetzung der Einigungsstelle

4 Die Einigungsstelle wird im Betrieb nur dann benötigt, wenn die Betriebspartner in einer konkreten Regelungsfrage nicht zu einer einvernehmlichen Lösung im Verhandlungswege gelangen, nachdem sie mit dem Willen zur Einigung verhandelt haben.[5] Die Einigungsstelle ist also keine ständige Einrichtung, sondern muss **von Fall zu Fall errichtet** werden, es sei denn, die Betriebspartner haben von der Möglichkeit Gebrauch gemacht, durch Betriebsvereinbarung eine **ständige Einigungsstelle** zu errichten, § 76 Abs. 1 Satz 2 BetrVG. Eine solche Betriebsvereinbarung begegnet dem Anwalt in kleinen und mittleren Betrieben kaum, allenfalls in größeren Unternehmen.

I. Errichtung der Einigungsstelle

5 Die Einigungsstelle wird in den Fällen des § 76 Abs. 5 BetrVG auf Antrag einer Seite im Übrigen nur dann tätig, wenn beide Seiten es beantragen, § 76 Abs. 6 BetrVG. Voraussetzung ist mithin ein entsprechender **Antrag**. Hierbei handelt es sich um eine einseitige empfangsbedürftige Willenserklärung, die an den jeweils anderen Betriebspartner zu richten ist. Auch wenn eine besondere Formbedürftigkeit in § 76 BetrVG nicht vorgesehen ist, empfiehlt sich schon aus Beweiszwecken die Schriftform. Üblicherweise enthält die Mitteilung an den Betriebspartner die Erklärung, dass man die Verhandlungen für gescheitert hält, mit diesem Schreiben die Einigungsstelle anruft und einen Vorschlag über die Person des Vorsitzenden sowie die Zahl der Beisitzer unterbreitet. Eine solches Schreiben kann folgenden Wortlaut haben:

6 Der Betriebsrat

An die

XY AG

– Personalleitung –

Sozialplanverhandlungen

Hier: Anrufung der Einigungsstelle

Sehr geehrte Damen und Herren,

nachdem wir am … und am … über unsere Entwürfe und die Sozialplanentwürfe der Arbeitgeberseite verhandelt haben, ohne dass sich am Schluss der Sitzung vom … noch eine weitere Annäherungsmöglichkeit abgezeichnet hätte, sehen wir die Verhandlungsmöglichkeiten als erschöpft an. Wir erklären daher die Verhandlungen für gescheitert und rufen hiermit die Einigungsstelle an.

Als Vorsitzenden der Einigungsstelle schlagen wir Herrn Richter am Arbeitsgericht … vor. Die Anzahl der Beisitzer erachten wir mit drei Beisitzern für jede Seite als angemessen.

4 *Fitting u.a.*, § 76 BetrVG Rn 78.

5 Vgl. LAG Baden-Württemberg, Beschl. v. 04.10.1984, NZA 1985, 163; LAG Düsseldorf, Beschl. v. 22.02.1985, DB 1985, 764; LAG Hessen, Beschl. v. 22.11.1994, NZA 1995, 1118; LAG Düsseldorf, Beschl. v. 10.12.1997, DB 1998, 933.

> Bitte teilen Sie uns bis zum mit, ob die Vorschläge zu der Person des Vorsitzenden und zur Anzahl der Beisitzer Ihr Einverständnis finden. Sollten wir von Ihnen keine Reaktion erhalten, sehen wir uns veranlasst, den Vorsitzenden vom Arbeitsgericht bestellen zu lassen, das dann ebenfalls die Anzahl der Beisitzer festlegt.
>
> Mit freundlichen Grüßen
>
> Die/Der Betriebsratsvorsitzende

Der Betriebsrat muss vor Absendung eines solchen Schreibens einen entsprechenden **Beschluss** 7
(§ 33 BetrVG) fassen. Streng genommen würde für die Anrufung der Einigungsstelle der erste Absatz des Schreibens genügen. Der **Vorschlag der Person des Vorsitzenden und der Anzahl der Beisitzer** dient jedoch der Einleitung der nächsten Verfahrensschritte. Gem. § 76 Abs. 2 Satz 1 BetrVG müssen sich Arbeitgeber und Betriebsrat auf die Person des Vorsitzenden und die Anzahl der Beisitzer, die von beiden Seiten bestellt werden, einigen. Da die Beisitzer von beiden Seiten autonom bestimmt werden können, ist eine Individualisierung im Anschreiben noch nicht erforderlich. Die Einigungsstelle ist erst dann errichtet, wenn ein Vorsitzender bestimmt ist, der den ihm angetragenen Vorsitz übernommen hat.

II. Besetzung

1. Bestellung des Vorsitzenden durch das Arbeitsgericht

Oftmals erhebt die Gegenseite gegen den ersten Vorschlag über die Person des Vorsitzenden Beden- 8
ken, die mehr oder weniger sachlich gerechtfertigt sind. In der Regel stehen hinter diesen Bedenken lediglich nicht greifbare Befürchtungen, dass die vorschlagende Seite mit ihrer Benennung einen irgendwie gearteten Vorteil verbindet. Können sich **Arbeitgeber und Betriebsrat auf keinen Vorsitzenden einigen**, bleibt nur der Weg, das **Arbeitsgericht** anzurufen, § 76 Abs. 2 Satz 2 BetrVG. In der Regel wird diejenige Seite den Antrag beim Arbeitsgericht stellen, die am Zustandekommen der Regelung das maßgebliche Interesse hat, so beispielsweise, um den Versuch eines Interessenausgleichs unternommen zu haben, der Arbeitgeber,[6] bei der Verhandlung über einen Sozialplan, der Betriebsrat. Zu empfehlen ist, in den Antrag den **Gegenstand des Einigungsstellenverfahrens** aufzunehmen, damit die Einigungsstelle, für die der Vorsitzende bestellt wird, bereits aus dem Tenor hervorgeht.[7]

Zweck des Verfahrens nach §§ 76 Abs. 2 Satz 2 BetrVG, 98 ArbGG ist es, der Einigungsstelle in 9
kurzer Zeit zu einem Vorsitzenden zu verhelfen,[8] nicht einen Rechtsstreit über die **Zuständigkeit** der Einigungsstelle auszutragen. Über die Frage ihrer Zuständigkeit hat die **Einigungsstelle selbst** zu entscheiden.[9] Unbenommen ist den Betriebspartnern, ein **selbständiges Beschlussverfahren über die Zuständigkeit** der Einigungsstelle zu führen, ohne dass dies ein Aussetzungsgrund für das Verfahren nach §§ 76 Abs. 2 Satz 2 BetrVG, 98 ArbGG wäre.[10] Die **Aussetzung** des Verfahrens nach § 98 ArbGG kommt nach § 148 ZPO ausnahmsweise dann in Betracht, wenn der Spruch der zum gleichen Regelungsgegenstand gebildeten Einigungsstelle gerichtlich angefochten ist, da

6 Vgl. hierzu § 2 Rn 95 mit dem Muster einer Antragsschrift nach §§ 76 Abs. 2 Satz 2 BetrVG, 98 ArbGG und § 2 Rn 105; siehe nochmals LAG Hamm, Urt. v. 22.07.2003, LAG Report 2003, 340, mit dem Leitsatz, dass sich ein Unternehmer, der Ansprüche auf Nachteilsausgleich nach § 113 Abs. 3 BetrVG vermeiden will, nicht mit der Erklärung des Betriebsrats zufrieden geben darf, dieser sehe für Verhandlungen über einen Interessenausgleich keine Notwendigkeit und wolle an einem Interessenausgleich auch nicht mitwirken. Der Unternehmer muss vielmehr das für den Versuch eines Einigung über den Interessenausgleich vorgesehene Verfahren voll ausschöpfen und die Einigungsstelle anrufen.

7 *Ebert*, FA 1998, 373 (376).

8 BAG, Beschl. v. 24.11.1981, AP Nr. 11 zu § 76 BetrVG 1972.

9 BAG, Beschl. v. 22.01.1980 und Beschl. v. 08.03.1983, AP Nr. 3 und 14 zu § 87 BetrVG 1972 Lohngestaltung.

10 BAG, Beschl. v. 24.11.1981, AP Nr. 11 zu § 76 BetrVG 1972; Beschl. v. 16.08.1983, AP Nr. 2 zu § 81 ArbGG 1979.

bei erfolgreicher Anfechtung die »alte« Einigungsstelle zuständig bliebe.[11] Die Beantragung der Feststellung der Unzuständigkeit der Einigungsstelle im selben Verfahren ist unzulässig.[12] Der Antrag auf Bestellung eines Einigungsstellenvorsitzenden kann vom Arbeitsgericht daher nur mit der Begründung zurückgewiesen werden, dass die Einigungsstelle **offensichtlich unzuständig** ist, d.h. wenn die Zuständigkeit der Einigungsstelle unter keinem denkbaren rechtlichen Gesichtspunkt als möglich erscheint.[13] Die Beschränkung der Prüfung der Unzuständigkeit der Einigungsstelle auf den Maßstab der Offensichtlichkeit bezieht sich nicht nur auf das geltend gemachte Mitbestimmungsrecht des Betriebsrats, sondern auf **alle im Zusammenhang mit der Bildung der Einigungsstelle zu prüfenden Fragen**, und somit auch auf die Frage, ob mehrere Unternehmen einen Gemeinschaftsbetrieb unterhalten und welche Unternehmen am Einigungsstellenverfahren beteiligt sind.[14] Das Bestellungsverfahren soll nicht mit der Klärung schwieriger **Rechtsfragen** belastet werden. Auch die richtige Beantwortung einer Rechtsfrage ist nicht stets offensichtlich i.S.v. § 98 Abs. 1 Satz 1 ArbGG. Entscheidend muss sein, ob die auf Grund gewissenhafter Prüfung gewonnene Rechtsmeinung derart eindeutig ist, dass keinerlei vernünftige Zweifel möglich sind.[15] Die erforderliche Eindeutigkeit in rechtlichen Beurteilungen kann etwa angenommen werden, wenn eine ständige Rechtsprechung des BAG vorliegt.[16] Jedoch kann auch dann die Eindeutigkeit wieder zweifelhaft sein, wenn gegen die höchstrichterliche Rechtsprechung beachtliche Kritik[17] bzw. einsichtige neue Erwägungen[18] vorgebracht werden. Ebenfalls kann von einer offensichtlichen Unzuständigkeit der Einigungsstelle keine Rede sein, wenn zu einer Frage von verschiedenen Landesarbeitsgerichten unterschiedliche Auffassungen vertreten werden.[19] Auch bei einer in Literatur und Rechtsprechung kontrovers geführten Diskussion über die rechtliche Frage ist die Einigungsstelle nicht offensichtlich unzuständig,[20] auch dann nicht, wenn eine für die Zuständigkeit angeführte Literaturmeinung nur nach einer differenzierten Betrachtung der Argumente von Meinung und Gegenmeinung als unrichtig nachgewiesen werden kann.[21] Entsprechend verhält es sich, wenn unterschiedliche bedenkenswerte Rechtsauffassungen im Schrifttum vertreten werden und eine höchstrichterliche Klärung noch aussteht.[22]

10 Im **Verfahren** zur Bestellung eines Einigungsstellenvorsitzenden entscheidet **der Vorsitzende allein**. Diese Zuständigkeit besteht auch dann wenn Arbeitgeber und Betriebsrat darüber streiten, ob sie bereits eine sie bindende entsprechende Regelung vereinbart haben.[23] Die Einlassungs- und Ladungsfristen betragen zwingend nur noch 48 Stunden, § 98 Abs. 1 Satz 4 ArbGG. Der Beschluss soll den Beteiligten **innerhalb von zwei Wochen** nach Eingang des Antrags zugestellt werden, er muss innerhalb von vier Wochen zugestellt sein, § 98 Abs. 1 Satz 6 ArbGG. Gegen den Beschluss des Arbeitsgerichts findet die **Beschwerde** an das Landesarbeitsgericht statt, die innerhalb einer **Frist von zwei Wochen einzulegen und zu begründen** ist. Auch über die Beschwerde entscheidet der Vorsitzende. Gegen seine Entscheidungen ist kein Rechtsmittel gegeben, § 98 Abs. 2 Satz 4 ArbGG. Der **Gegenstandswert** ist mit dem Regelwert nach § 23 Abs. 3 Satz 2 RVG anzusetzen, wenn die

11 LAG Berlin, Beschl. v. 24.04.2003, LAGE § 98 ArbGG 1979 Nr. 40.
12 LAG Hamm, Beschl. v. 07.07.2003, NZA-RR 2003, 637.
13 LAG Köln, Beschl. v. 13.01.1998, NZA 1998, 1018; LAG Düsseldorf, Beschl. v. 10.12.1997, DB 1998, 933; LAG Berlin, Urt. v. 18.02.1980, AP Nr. 1 zu § 98 ArbGG 1979; LAG München, Beschl. v. 31.01.1985, LAGE § 98 ArbGG 1979 Nr. 5; LAG Hamburg, Beschl. v. 07.03.1985, LAGE § 98 ArbGG 1979 Nr. 6.
14 LAG München, Beschl. v. 31.01.2003, ArbuR 2003, 238.
15 LAG München, Beschl. v. 14.03.1989, LAGE § 98 ArbGG 1979 Nr. 18.
16 LAG München, Beschl. v. 13.03.1986, LAGE § 98 ArbGG 1979 Nr. 10; LAG Saarland, Beschl. v. 14.05.2003, ArbuR 2003, 279.
17 LAG Baden-Württemberg, Beschl. v. 16.10.1991, LAGE § 98 ArbGG 1979 Nr. 21.
18 LAG München, Beschl. v. 14.03.1989, LAGE § 98 ArbGG 1979 Nr. 18.
19 LAG Nürnberg, Beschl. v. 21.09.1992, LAGE § 98 ArbGG 1979 Nr. 23.
20 LAG Schleswig-Holstein, Beschl. v. 28.01.1993, LAGE § 98 ArbGG 1979 Nr. 24.
21 LAG Köln, Beschl. v. 14.09.1995, ArbuR 1996, 116.
22 LAG Niedersachsen, Beschl. v. 11.06.1993, LAGE § 98 ArbGG 1979 Nr. 27; LAG Köln, Beschl. v. 13.01.1998, NZA 1998, 1018.
23 LAG Schleswig-Holstein, Beschl. v. 04.09.2002, LAGE § 98 ArbGG 1979 Nr. 39.

Parteien nicht neben der Zuständigkeit noch über die Person des Vorsitzenden und die Anzahl der Beisitzer streiten.[24] Die Benennung eines Vorsitzenden und der Anzahl der Beisitzer im Antrag reicht für eine Erhöhung nicht aus.[25]

Zu Einigungsstellenvorsitzenden werden in der Praxis in den weit überwiegenden Fällen **Berufsrichter der Arbeitsgerichtsbarkeit** bestellt. Arbeitsrichter haben den Vorteil für sich, einerseits über die erforderliche Rechts- und Sachkunde zu verfügen, andererseits in der Verhandlungsführung, insbesondere in der Suche nach einer beiden Seiten gerecht werdenden einvernehmlichen Lösung, geübt zu sein.[26] Der Berufsrichter bedarf zur Übernahme des Amtes des Einigungsstellenvorsitzenden einer **Nebentätigkeitsgenehmigung**, § 40 Abs. 2 DRiG. Die Genehmigung ist zu versagen, wenn der Richter mit der Sache befasst ist oder nach der Geschäftsverteilung seines Gerichts im Streitfall über das Verfahren der in Rede stehenden Einigungsstelle urteilen müsste, § 40 Abs. 1 Satz 2 DRiG. Letztere Voraussetzung ist ausdrücklich auch in § 98 Abs. 1 Satz 4 ArbGG normiert worden. Nachdem – wohl auch in der Öffentlichkeit – bekannt wurde, dass es manche Arbeitsrichter durch zahlreiche Einigungsstellenverfahren zu beträchtlichen Nebeneinnahmen gebracht hatten, die manchmal ein Bruttojahresgehalt als Richter überstiegen, erhalten die Arbeitsrichter jetzt nur noch die Genehmigung für ein Einigungsstellenverfahren und die nächste Genehmigung erst dann wieder, wenn das vorherige Verfahren abgeschlossen wurde. Häufig überprüfen die Vorsitzenden im Verfahren nach § 98 ArbGG bei von ihnen in Erwägung gezogenen Richtern vorab telefonisch, ob die Voraussetzungen einer Nebentätigkeitsgenehmigung erfüllt sind. Der vom Arbeitsgericht bestellte Vorsitzende ist zur Übernahme des Amtes nicht verpflichtet. Lehnt der vorgesehene Vorsitzende das ihm angetragene Amt ab, hat das Arbeitsgericht einen anderen Vorsitzenden zu bestellen, das Verfahren ist bis zur Annahme des Amtes durch einen Vorsitzenden noch nicht abgeschlossen.[27] Auch aus diesem Grunde empfiehlt es sich, mit dem in Aussicht genommenen Vorsitzenden zunächst telefonisch Kontakt aufzunehmen, um sich zu vergewissern, ob dieser – ggf. auch zeitnah – zur Übernahme des Amtes bereit ist, bevor man einen Vorsitzenden ins Gespräch bringt.[28] 11

Unterschiedlich ist in der Praxis der Umgang mit der **Ablehnung eines personellen Vorschlags** des Gerichts durch einen Betriebspartner. Häufig findet man am Arbeitsgericht eine Übung vor, dass das Gericht keinem der beiderseitigen Vorschläge nachkommt, sondern eine dritte Person zum Einigungsstellenvorsitzenden bestellt.[29] Diese Vorgehensweise erscheint unter dem Gesichtspunkt vernünftig, dass eine dritte Person am ehesten die Akzeptanz beider Betriebspartner, die sich im Vorfeld auf keine der vorgeschlagenen Personen einigen konnten, findet. Voraussetzung für die Bestellung einer dritten Person ist es, dass das Gericht den Beteiligten Gelegenheit zur Stellungnahme zur Person gibt.[30] Andernfalls liegt in der »überraschenden« Benennung einer dritten Person ein Verstoß gegen den Grundsatz des rechtlichen Gehörs.[31] Obwohl für eine solche Vorgehensweise vernünftige Gründe sprechen, ist sie doch nicht ganz unproblematisch. Der wohl herrschenden Meinung entspricht es, dass das Arbeitsgericht an den Vorschlag des Antragstellers zur Person des Einigungsstellenvorsitzenden nicht gebunden ist.[32] Gleichwohl bleibt die Frage, ob die Ablehnung 12

24 LAG Hamm, Beschl. v. 11.03.2002 – 10 TaBV 12/02 (n.v.); LAG Köln, Beschl. v. 05.08.1999, NZA-RR 2001, 52; LAG Niedersachsen, Beschl. v. 30.04.1999, LAGE § 8 BRAGO Nr. 40; LAG München, Beschl. v. 01.09.1993, DB 1993, 2604; LAG Düsseldorf, Beschl. v. 21.09.1990, DB 1991, 184; LAG Baden-Württemberg, Beschl. v. 04.12.1979, BB 1980, 321.

25 LAG Hamm, Beschl. v. 11.03.2002 – 10 TaBV 12/02 (n.v.).

26 Vgl. *Ebert*, FA 1998, 373 (375); *Weber/Ehrich*, Einigungsstelle, D Rn 8; *Friedemann*, Das Verfahren in der Einigungsstelle für Interessenausgleich und Sozialplan, Rn 115.

27 *Fitting u.a.*, § 76 BetrVG Rn 25.

28 *Friedemann*, Das Verfahren in der Einigungsstelle für Interessenausgleich und Sozialplan, Rn 120.

29 Vgl. LAG Schleswig-Holstein, Beschl. v. 04.09.2002, LAGE § 98 ArbGG 1979 Nr. 39; *Ebert*, FA 1998, 373 (376).

30 LAG München, Beschl. v. 31.01.1989, NZA 1989, 525.

31 *Weber/Ehrich*, Einigungsstelle, D Rn 21.

32 LAG Baden-Württemberg, Beschl. v. 26.06.2002, NZA-RR 2002, 523 (»Ob die Einwendungen begründet sind, ist nicht entscheidend.«); LAG Frankfurt, Beschl. v. 05.07.1985, DB 1986, 756; MünchArb/*Joost*, § 312 Rn 21; *Friedemann*, Das Verfahren in der Einigungsstelle für Interessenausgleich und Sozialplan, Rn 106; *Weber/Ehrich*, Einigungsstelle, D Rn 21; *Ebert*, FA 1998, 373 (376); *Fitting u.a.*, § 76 BetrVG Rn 24; im Regelfall für den vom Antragsteller vorgeschlagenen Vorsitzenden aber LAG Bremen, Beschl. v. 01.07.1988, AiB 1988, 315.

des Vorschlags zur Person des Vorsitzenden aufgrund der oben Genannten diffusen Gründe der Bevorteilung der vorschlagenden Partei, ohne diese Befürchtung sachlich belegen zu können, ausreichend ist. Nach Auffassung des LAG Frankfurt[33] ist die schlichte Ablehnung des Vorgeschlagenen jedenfalls dann ausreichend, wenn ohne Schwierigkeiten ein anderer Vorsitzender bestellt werden kann, während nach der Ansicht des LAG Schleswig-Holstein[34] »allein verifizierbare Bedenken gegen die Eignung und Befähigung eines Kandidaten beachtet werden können«. »Subjektive Wertungen, Wünsche oder Abneigungen einer Seite sind nicht zu berücksichtigen, wenn sie nicht nachvollziehbar, unschlüssig oder in sich widersprüchlich und daher rechtlich weder messbar noch nachprüfbar sind«.[35] Als sachlicher Grund ist anzuerkennen, wenn der vorgeschlagene Vorsitzende seinen Wohn- und Arbeitsort weit entfernt hat und gegenüber einem ortsnah ansässigen Vorsitzenden der Einigungsstelle absehbar erhöhte Reisekosten anfallen, die der Arbeitgeber nach § 76a BetrVG zu tragen hätte.[36]

2. Festlegung der Anzahl der Beisitzer

13 Können sich die Parteien nicht auf die **Anzahl der Beisitzer** einigen, ist auch diese vom Arbeitsgericht festzulegen, § 76 Abs. 2 Satz 3 BetrVG. Maßgebend für die Anzahl der Beisitzer einer Einigungsstelle sind die **Schwierigkeit des Streitgegenstandes** und die zur Beilegung der Streitigkeit **notwendigen Fachkenntnisse** und **betriebspraktischen Erfahrungen**. So kann insbesondere bei schwierigen oder komplexen Streitfällen, bei denen besondere Fachkenntnisse gefordert werden oder bei Streitfällen mit weit reichenden Auswirkungen eine höhere Beisitzerzahl geboten sein.[37] Üblich ist die Zahl von zwei Beisitzern in einfacher gelagerten Streitigkeiten, im Übrigen die Besetzung mit drei Beisitzern.[38] Zu beachten ist sowohl die Funktionsfähigkeit der Einigungsstelle als auch die **Kostenbelastung des Arbeitgebers**. In der **personellen Auswahl** der Beisitzer sind die Betriebspartner frei, keine Seite kann die von der anderen Seite benannten Beisitzer ablehnen.[39] In Betracht kommen auch Rechtsanwälte.

3. Ablehnung des Vorsitzenden wegen Besorgnis der Befangenheit

14 Nicht nur bei der Errichtung der Einigungsstelle können Bedenken gegen die Person des in Aussicht genommenen Vorsitzenden auftreten, auch während der bereits aufgenommenen Arbeit in der Einigungsstelle kann eine Partei Zweifel an der Unparteilichkeit des Vorsitzenden hegen. Bei Vorliegen von Anhaltspunkten für seine Parteilichkeit kann der **Vorsitzende wegen Besorgnis der Befangenheit abgelehnt** werden. Für den Antrag und das Verfahren über die Ablehnung des Vorsitzenden gelten die **Vorschriften der ZPO über das schiedsgerichtliche Verfahren** entsprechend, soweit die Bestimmungen des Betriebsverfassungsrechts über das Einigungsstellenverfahren nicht entgegenstehen.[40] Mit rechtsstaatlichen Grundsätzen wäre es nicht vereinbar, wenn die Betriebsparteien ausschließlich auf das Anfechtungsverfahren[41] verwiesen wären. Die Behandlung von Ablehnungsgesuchen ist indessen gesetzlich nicht geregelt. Die Position des unparteiischen Vorsitzenden entspricht derjenigen eines Schiedsrichters im schiedsgerichtlichen Verfahren, dessen Unparteilichkeit durch Vorschriften über die Ablehnung eines Schiedsrichters in §§ 1036 ff. ZPO

33 Beschl. v. 05.07.1985, DB 1986, 756.
34 Beschl. v. 22.06.1989, LAGE § 98 ArbGG 1979 Nr. 17.
35 LAG Schleswig-Holstein, Beschl. v. 22.06.1989, LAGE § 98 ArbGG 1979 Nr. 17.
36 ArbG Bonn, Beschl. v. 01.09.1997 – 3 BV 64/97 (n.v.).
37 LAG Hamburg, Beschl. v. 13.01.1999, AiB 1999, 221.
38 Vgl. LAG Hamm, Beschl. v. 08.04.1987, NZA 1988, 210; *Ebert*, FA 1998, 373 (376); *Friedemann*, Das Verfahren in der Einigungsstelle für Interessenausgleich und Sozialplan, Rn 126.
39 BAG, Beschl. v. 14.12.1988, EzA § 76 BetrVG 1972 Nr. 47.
40 BAG, Beschl. v. 11.09.2001, BB 2002, 576 m. Anm. *Caspers*; BAG, Beschl. v. 09.05.1995, BB 1995, 2536; LAG Köln, Beschl. v. 23.01.1997, AP Nr. 6 zu § 76 BetrVG 1972 Einigungsstelle.
41 Vgl. hierzu § 12 Rn 444 ff.

gesichert wird. Über den Ablehnungsantrag, der nicht von einer Besitzer-Seite gestellt werden kann, sondern nur von einem der Betriebspartner,[42] entscheidet im schiedsgerichtlichen Verfahren nach § 1037 Abs. 2 Satz 2 ZPO das Schiedsgericht, wenn der Abgelehnte nicht von seinem Amt zurücktritt oder die andere Partei der Ablehnung nicht zustimmt. Für die **Abstimmung über das Befangenheitsgesuch** steht der Einigungsstelle nur ein Abstimmungsgang zur Verfügung, bei dem der **betroffene Vorsitzende nicht mitstimmen** darf. Bei Stimmengleichheit hat der Befangenheitsantrag keine Mehrheit, so dass das Einigungsstellenverfahren fortzusetzen ist. Entscheidet eine Einigungsstelle ohne Bescheidung des Ablehnungsantrags unmittelbar zur Sache, liegt ein nicht heilbarer **Verfahrensfehler** vor.[43] Entsprechend § 1037 Abs. 3 Satz 1 ZPO kann ein Beteiligter, dessen Ablehnungsantrag von der Einigungsstelle zurückgewiesen wird, **innerhalb einer Frist von einem Monat die Entscheidung eines staatlichen Gerichts** über die Ablehnung beantragen. Der Antrag auf Ablösung des Vorsitzenden einer Einigungsstelle ist im besonderen **Beschlussverfahren nach § 98 ArbGG** zu stellen, in dem die **Betriebspartner antragsbefugt** sind, **nicht die** in die Einigungsstelle berufenen **Beisitzer**, da sie durch ihre Bestellung nicht Träger des Mitbestimmungsrechts werden.[44] Bis zur Einreichung eines solchen Antrags und während eines anhängig gemachten Verfahrens kann das Einigungsstellenverfahren entsprechend § 1037 Abs. 3 Satz 2 ZPO unter Beteiligung des abgelehnten Vorsitzenden fortgesetzt und durch Spruch auch abgeschlossen werden. Über die Frage der Fortsetzung entscheidet die Einigungsstelle unter Beteiligung des Vorsitzenden nach ihrem Ermessen. Wenn wegen des Abschlusses des Einigungsstellenverfahrens die Anrufung des staatlichen Gerichts nach § 1037 Abs. 3 ZPO nicht rechtzeitig erfolgen kann, sind die gegenüber der Einigungsstelle erklärten **Ablehnungsgründe ausnahmsweise in einem nachfolgenden Anfechtungsverfahren** zu prüfen. Entsprechend § 1037 Abs. 2 Satz 1 ZPO hat die ablehnende **Betriebspartei innerhalb einer Frist von zwei Wochen** nach Bekanntwerden der die Ablehnung begründenden Umstände die Befangenheitsgründe **gegenüber der Einigungsstelle schriftlich** darzulegen.[45]

B. Durchführung der Einigungsstelle

15 Das **Verfahren vor der Einigungsstelle** wird im Betriebsverfassungsgesetz nur unvollkommen geregelt. § 76 Abs. 3 BetrVG schreibt lediglich die mündliche Beratung, die Abstimmung durch den Spruchkörper, den Abstimmungsmodus und die Niederlegung sowie Zuleitung der Beschlüsse vor. Machen die Betriebspartner von der in § 76 Abs. 4 BetrVG vorgesehenen Möglichkeit, die weiteren Einzelheiten in einer Betriebsvereinbarung zu regeln, keinen Gebrauch, gewährt das Einigungsstellenverfahren im Interesse einer effektiven Schlichtung den Betriebspartnern und der Einigungsstelle einen Freiraum. Dieser Freiraum ist jedoch nicht unbeschränkt, sondern durch allgemein anerkannte elementare Verfahrensgrundsätze begrenzt. Diese Grundsätze sind einerseits aus dem **Rechtsstaatsgebot** des GG (Art. 20 Abs. 1 und 3, Art. 28 Abs. 1) und andererseits auch aus der **Funktion der Einigungsstelle** als ein Organ, das normative Regelungen erzeugt, abzuleiten.[46] Durch Art. 8 des Job-AQTIV-Gesetzes[47] ist in § 76 Abs. 3 BetrVG als Satz 1 die **Verpflichtung** der Einigungsstelle eingeführt worden, **unverzüglich tätig zu werden**. Ob diese Gesetzesergänzung in der betrieblichen Wirklichkeit geeignet ist, auch nur eine Einigungsstelle tatsächlich zu beschleunigen, mag bezweifelt werden.[48]

42 BAG, Beschl. v. 29.01.2002, AP Nr. 19 zu § 76 BetrVG 1972 Einigungsstelle.
43 BAG, Beschl. v. 29.01.2002, AP Nr. 19 zu § 76 BetrVG 1972 Einigungsstelle.
44 LAG Köln, Beschl. v. 11.07.2001, NZA-RR 2002, 270.
45 BAG, Beschl. v. 11.09.2001, BB 2002, 576.
46 BAG, Beschl. v. 18.04.1989, AP Nr. 34 zu § 87 BetrVG 1972 Arbeitszeit.
47 Gesetz zur Reform der arbeitsmarktpolitischen Instrumente (Job-AQTIV-Gesetz) vom 10.12.2001, BGBl I, 3443.
48 Vgl. schnellbrief Arbeitsrecht 1/2002, 3.

I. Verfahrensgrundsätze

1. Offizialmaxime

16 Gem. § 83 Abs. 1 ArbGG gilt im Beschlussverfahren der **Untersuchungsgrundsatz**.[49] Entsprechend wird man für das Einigungsstellenverfahren von der Geltung des Untersuchungsgrundsatzes ausgehen können, ohne dass der Dispositionsgrundsatz gänzlich verdrängt würde. Auch § 76 Abs. 5 und 6 BetrVG sprechen von einem Antrag zur Einleitung des Einigungsstellenverfahrens. Durch die **Anträge** werden daher die **Verhandlungsgegenstände des Einigungsstellenverfahrens** bestimmt, auch wenn die Anträge sachgerecht vom Vorsitzenden auszulegen sind.[50] Innerhalb der gestellten Anträge ermittelt jedoch die Einigungsstelle den für die Entscheidung erheblichen Sachverhalt von Amts wegen und ist nach pflichtgemäßem Ermessen befugt, selbst Ermittlungen anzustellen, Sachverständige hinzuzuziehen oder Zeugen zu hören.[51] **Zwangsmittel** stehen der Einigungsstelle **nicht** zur Verfügung, so besteht beispielsweise keine Zeugnispflicht gegenüber der Einigungsstelle.[52] Insgesamt wird man aber in der Praxis davon ausgehen müssen, dass die Einigungsstelle ihre Aufklärungspflicht nur dort verletzt, wo sich eine weitere Aufklärung des Sachverhalts aufgedrängt hätte. Genauso wie im arbeitsgerichtlichen Beschlussverfahren entbindet der Untersuchungsgrundsatz die Parteien nicht davon, den Tatsachenstoff einschließlich der zugehörigen Unterlagen der Einigungsstelle zu unterbreiten. Hierzu wird der Vorsitzende die Parteien in aller Regel bereits im Zuge der Vorbereitung des Einigungsstellenverfahrens auffordern.[53]

2. Grundsatz des rechtlichen Gehörs

17 Zu den Verfahrensgrundsätzen, die die Einigungsstelle zu beachten hat, gehört die Gewährung rechtlichen Gehörs. Der in Art. 103 Abs. 1 GG festgelegte rechtsstaatliche Grundsatz des rechtlichen Gehörs gebietet es, allen Beteiligten der Einigungsstelle ausreichend **Gelegenheit zur Stellungnahme** zu geben und damit auch **Lösungsvorschläge** zu unterbreiten. Bei der Beantwortung der Frage, ob der Grundsatz des rechtlichen Gehörs verletzt ist, ist zu berücksichtigen, dass § 76 Abs. 3 und 4 BetrVG nur wenige Grundsätze des Verfahrens regelt, im Übrigen Inhalt und Ablauf des Einigungsstellenverfahrens vom Vorsitzenden der Einigungsstelle im Interesse einer effektiven Schlichtung nach pflichtgemäßem Ermessen bestimmt wird.[54] So liegt es auch im **pflichtgemäßen Ermessen des Einigungsstellenvorsitzenden**, zu welchem Zeitpunkt er einen **eigenen Einigungsvorschlag** vorlegt, sofern die Beteiligten die Möglichkeit zur Stellungnahme und Erwiderung haben. Das rechtliche Gehör ist jedoch nur den Mitgliedern der Einigungsstelle zu gewähren, nicht den Betriebspartnern selbst.[55] Dient deshalb ein Vertagungsantrag ausschließlich dazu, eine Beratung der Beisitzer mit der Partei, Arbeitgeber oder Betriebsrat, zu ermöglichen, ist die Zurückweisung des Vertagungsantrags nicht verfahrensfehlerhaft.[56] Die Anfechtung eines Einigungsstellenspruchs kann nicht darauf gestützt werden, die Einigungsstelle hätte vor ihrer Sachentscheidung **Aufklärungsanträge bescheiden** müssen, die eine Betriebspartei oder ein Beisitzer zuvor gestellt hat. Die Betriebsparteien selbst haben ebenso wenig einen Anspruch auf förmliche Bescheidung entsprechender Verfahrensanträge, wie die Parteien im Zivilprozess. Die Mitglieder der Einigungsstelle haben zwar wie die Mitglieder eines gerichtlichen Kollegialorgans Anspruch auf die Diskussion eigener

49 Vgl. § 15 Rn 8.

50 *Weber/Ehrich*, Einigungsstelle, E Rn 7; vgl. auch LAG Schleswig-Holstein, Beschl. v. 28.09.1983, DB 1984, 1530.

51 *Fitting u.a.*, § 76 BetrVG Rn 44; *Weber/Ehrich*, Einigungsstelle, E Rn 3; andere Auffassung MünchArb/*Joost*, § 312 Rn 42; vermittelnd *Friedemann*, Das Verfahren in der Einigungsstelle für Interessenausgleich und Sozialplan, Rn 237.

52 *Fitting u.a.*, § 76 BetrVG Rn 45; *Ebert*, FA 1999, 47 (48).

53 *Weber/Ehrich*, Einigungsstelle, E Rn 12.

54 BAG, Beschl. v. 18.04.1989, AP Nr. 34 zu § 87 BetrVG 1972 Arbeitszeit.

55 BAG, Beschl. v. 11.02.1992, AP Nr. 50 zu § 76 BetrVG 1972; insoweit anderer Auffassung *Friedemann*, Das Verfahren in der Einigungsstelle für Interessenausgleich und Sozialplan, Rn 220; *Fitting u.a.*, § 76 BetrVG Rn 46.

56 BAG, Beschl. v. 11.02.1992, AP Nr. 50 zu § 76 BetrVG 1972.

Anträge zur weiteren Behandlung des Streitstoffs und auf Meinungsbildung durch das Gremium. Weder die Nichtbescheidung, noch die mangelnde Sachaufklärung als solche können jedoch isoliert angefochten werden.[57]

Eine **Sonderregelung** enthält § 112 Abs. 3 Satz 1 BetrVG. Nach dieser Vorschrift sollen **Unternehmer und Betriebsrat der Einigungsstelle Vorschläge zur Beilegung der Meinungsverschiedenheiten über den Interessenausgleich und den Sozialplan** machen. Dieser Auftrag besteht mithin unabhängig davon, ob Betriebsratsmitglieder und Vertreter des Arbeitgebers selbst Beisitzer sind. Die Vorschrift wendet sich nicht an die Beisitzer, sondern unmittelbar an Betriebsrat und Arbeitgeber. Die Einigungsstelle hat mithin die Vorschläge der Beteiligten bei ihren Beratungen zu berücksichtigen, auch wenn sie nicht aus ihren Reihen kommen.[58] In der Praxis wird diese Unterscheidung kaum relevant, weil in aller Regel Personen aus dem Kreis des Betriebsrats und der Führungsebene des Arbeitgebers (Geschäftsführung, Vorstand, leitende Angestellte) selbst Mitglied der Einigungsstelle in Funktion eines Beisitzers sein werden. 18

3. Nichtöffentlichkeit

Die Verhandlung vor der Einigungsstelle ist **nicht öffentlich**, auch nicht betriebsöffentlich.[59] Diskutiert wird der Begriff der **Parteiöffentlichkeit**. Nach einer Entscheidung des BAG[60] ist die mündliche Verhandlung vor der Einigungsstelle parteiöffentlich. Die Einigungsstelle solle die Einigung zwischen Arbeitgeber und Betriebsrat ersetzen. Deshalb sei es nicht nur sinnvoll, sondern notwendig, dass die Beteiligten vor der Einigungsstelle selbst zu Wort kommen und ihre Positionen darlegen können. Soweit die Einigungsstelle die Einigung der Parteien ersetze, sei es von besonderer Bedeutung, dass die Betriebsparteien die Möglichkeit haben, ihre unterschiedlichen Auffassungen zu der Regelungsfrage und Lösungsvorschläge zunächst ungefiltert selber darstellen zu können, damit der unparteiische Vorsitzende sich ein Bild über den Streitstoff und die Lösungsmöglichkeiten machen könne. Das sei von besonderer Bedeutung, wenn die von beiden Seiten benannten Beisitzer in der Einigungsstelle betriebsfremd sind.[61] Ausgeschlossen seien die Betriebsparteien erst für die abschließende mündliche Beratung und Beschlussfassung.[62] Zu bedenken ist allerdings das von *Friedemann*[63] aufgezeigte Szenario, wenn der gesamte Betriebsrat als Organ der Betriebsverfassung ebenso wie das Organ der Arbeitgeberseite, das beispielsweise aus mehreren Geschäftsführern der GmbH besteht, an der Verhandlung teilnimmt und in die Diskussion eingreift. Nicht umsonst wird die Anzahl der Beisitzer im Interesse der Funktionsfähigkeit der Einigungsstelle im Regelfall auf zwei bis drei begrenzt. Würden sich in der Verhandlung, in der nach einer Kompromisslösung gesucht werden soll, wieder der komplette Betriebsrat und die komplette Geschäftsführung/der komplette Vorstand nebst außerbetrieblichen Beisitzern gegenüberstehen, würde ein Aufweichen und Annähern der »Fronten« wesentlich erschwert. Zutreffend ist daher unter der Parteiöffentlichkeit im Sinne der Rechtsprechung die Verpflichtung der Einigungsstelle zu verstehen, die Beteiligten unmittelbar zu hören.[64] 19

57 BAG, Beschl. v. 29.01.2002, AP Nr. 19 zu § 76 BetrVG 1972 Einigungsstelle.
58 *Friedemann*, Das Verfahren in der Einigungsstelle für Interessenausgleich und Sozialplan, Rn 219; *Weber/Ehrich*, Einigungsstelle, E Rn 32.
59 *Fitting u.a.*, § 76 BetrVG Rn 49; Richardi/*Richardi*, § 76 BetrVG Rn 88; *Heinze*, RdA 1990, 266.
60 BAG, Beschl. v. 18.01.1994, AP Nr. 51 zu § 76 BetrVG 1972.
61 BAG, Beschl. v. 18.01.1994, AP Nr. 51 zu § 76 BetrVG 1972.
62 BAG, Beschl. v. 18.01.1994, AP Nr. 51 zu § 76 BetrVG 1972.
63 Das Verfahren in der Einigungsstelle für Interessenausgleich und Sozialplan, Rn 209.
64 *Friedemann*, Das Verfahren in der Einigungsstelle für Interessenausgleich und Sozialplan, Rn 210; ihm folgend *Weber/Ehrich*, Einigungsstelle, E Rn 19; weiter gehend *Ebert*, FA 1999, 47 (48); *Heinze*, RdA 1990, 267.

4. Mündlichkeit

20 Zu unterscheiden ist eine **mündliche Verhandlung** von der in § 76 Abs. 3 Satz 1 BetrVG vorgesehenen **mündlichen Schlussberatung**. Die Verpflichtung zur mündlichen Beratung verbietet eine Beschlussfassung im schriftlichen Umlaufverfahren.[65] Das Verfahren vor der Einigungsstelle folgt jedoch nicht den Grundsätzen eines justizförmigen Verfahrens mit zwei streng voneinander getrennten und aufeinander folgenden Verfahrensabschnitten der mündlichen Verhandlung und Beratung mit Beschlussfassung.[66] Der Einigungsstelle steht es daher frei, ihr Verfahren selbst zu bestimmen und dem Gebot des rechtlichen Gehörs durch die Gelegenheit einer schriftlichen Stellungnahme zu genügen.[67] Allerdings ist nicht zu verkennen, dass die Einigungsstelle sich vielversprechender Möglichkeiten der Erzielung eines tragfähigen, von beiden Seiten akzeptierten Kompromisses begibt, wenn sie von einer mündlichen Darstellung der Positionen, in der sich auch Missverständnisse und Unklarheiten ausräumen lassen, keinen Gebrauch macht. Von einer mündlichen Verhandlung vor der Einigungsstelle sollte daher nur in Ausnahmesituationen abgesehen werden. Aus diesen Gründen entspricht die Durchführung einer mündlichen Verhandlung auch der Üblichkeit.

II. Konstituierung der Einigungsstelle

21 Der Vorsitzende hat für die Konstituierung der Einigungsstelle Sorge zu tragen. Hierzu gehört, dass alle Mitglieder der Einigungsstelle rechtzeitig und ordnungsgemäß über Ort und Zeit der Sitzung informiert werden und die notwendigen Unterlagen, insbesondere **vorbereitende Schriftsätze** erhalten.[68] Wird gegen diese Voraussetzungen verstoßen, führt ein solcher Verfahrensfehler zur Unwirksamkeit des Einigungsstellenspruchs.[69] Ist das Verfahren **eilbedürftig**, wird zur Vorbereitung eine Frist von 3 Tagen einzuräumen sein, andernfalls eine Woche.[70] Wird unter den Mitgliedern der Einigungsstelle kein Einvernehmen über **Sitzungstermin** und **Sitzungsort** erzielt, entscheidet der Vorsitzende. Die Unterrichtung der Mitglieder der Einigungsstelle unterliegt keinen Formerfordernissen, kann also auch telefonisch erfolgen. Zur Sicherheit (Beweisbarkeit) sollte jedoch in jedem Fall eine schriftliche Terminsbestätigung, ggf. per Telefax, vorgenommen werden.

22 Die Entscheidung über die **Hinzuziehung eines Sachverständigen** oder die **Anhörung von Zeugen** kann ebenfalls im Vorfeld durch den Vorsitzenden getroffen werden, allerdings wird der Vorsitzende im Regelfall eine erste Verhandlung mit der Möglichkeit, einige Punkte bereits streitlos zu stellen, abwarten, zumal auch hier vor der Hinzuziehung eines Sachverständigen betrieblicher Sachverstand zu nutzen ist.[71] In jedem Falle hat der Vorsitzende den Parteien/Beisitzern Gelegenheit zu geben, sich zur Frage des »ob« der Hinzuziehung eines Sachverständigen und zur Frage der Person zu äußern.[72] Einer Vereinbarung mit dem Arbeitgeber nach § 80 Abs. 3 BetrVG bedarf es jedoch nicht, die Honorierung des Sachverständigen gehört vielmehr zu den Kosten der Einigungsstelle nach § 76a BetrVG.[73]

65 *Fitting u.a.*, § 76 BetrVG Rn 50.

66 BAG, Beschl. v. 18.01.1994, AP Nr. 51 zu § 76 BetrVG 1972.

67 *Fitting u.a.*, § 76 BetrVG Rn 47; Richardi/*Richardi*, § 76 BetrVG Rn 86; a.A. *Schönfeld*, NZA 1988, Beilage 4, 9; *Ebert*, FA 1999, 47 (48).

68 Vgl. BAG, Beschl. v. 27.06.1995, AP Nr. 1 zu § 76 BetrVG Einigungsstelle.

69 BAG, Beschl. v. 27.06.1995, AP Nr. 1 zu § 76 BetrVG Einigungsstelle.

70 *Friedemann*, Das Verfahren in der Einigungsstelle für Interessenausgleich und Sozialplan, Rn 226; *Weber/Ehrich*, Einigungsstelle, E Rn 37; eine Frist von nur wenigen Stunden ist nach BAG, Beschl. v. 27.06.1995, AP Nr. 1 zu § 76 BetrVG Einigungsstelle, unzureichend.

71 *Heinze*, RdA 1990, 262 (269).

72 *Weber/Ehrich*, Einigungsstelle, E Rn 14.

73 BAG, Beschl. v. 13.11.1991, AP Nr. 1 zu § 76a BetrVG 1972; vgl. hierzu Rn 48 ff.

1. Förmlichkeiten

Am Tag der ersten Verhandlung der Einigungsstelle stellt der Vorsitzende zunächst die **Anwesenheit der Mitglieder** der Einigungsstelle fest. Sind die Beisitzer einer Seite trotz ordnungsgemäßer und vollständiger Unterrichtung unentschuldigt nicht erschienen, hindert das Nichterscheinen die Einigungsstelle in Gegenständen der zwingenden Mitbestimmung gleichwohl nicht, die Verhandlung durchzuführen, § 76 Abs. 5 Satz 2 BetrVG. Von der Verhandlung in Abwesenheit einer Seite sollte nur Gebrauch gemacht werden, wenn aufgrund telefonischer Rückfrage außer Zweifel steht, dass die nicht erschienene Seite die Arbeit der Einigungsstelle bewusst behindern will. 23

Die Anfertigung einer **Sitzungsniederschrift** ist nicht vorgeschrieben, aber dringend zu empfehlen. Das Protokoll stellt fest, über welche Punkte Einigkeit erzielt werden konnte, welche Streitpunkte bestehen und wie in der Einigungsstelle weiter verfahren werden soll. Das Protokoll hilft, Erreichtes zu sichern und so die Verhandlungsstruktur nachzuvollziehen und für folgende Sitzungen aufrecht zu erhalten. Üblicherweise wird die Sitzungsniederschrift vom Vorsitzenden angefertigt.[74] Umstritten ist das Bestehen eines Anspruchs auf Protokollberichtigung. Gegen den **Anspruch auf Protokollberichtigung** wird angeführt, dass dem Protokoll keine Beweiskraft i.S.d. § 165 ZPO zukommt, da keine Pflicht zur mündlichen Verhandlung besteht, mithin auch keine für die mündliche Verhandlung vorgeschriebenen Förmlichkeiten analog einem gerichtsförmigen Verfahren zu beachten sind. Für eine gerichtliche Kontrolle sei daher der Fehler in der Sitzungsniederschrift unerheblich, da er jederzeit durch entsprechenden Parteivortrag richtig gestellt werden könne.[75] Der Vorsitzende sollte eine Protokollrüge stets zum Anlass nehmen, die Niederschrift genauestens auf ihre Richtigkeit zu überprüfen und den Beisitzern der Gegenseite Gelegenheit zur Stellungnahme einräumen. Spricht sich die Mehrheit der Einigungsstelle für die Richtigkeit der beanstandeten Passagen des Protokolls aus, ist den Parteien mit einem gerichtlich durchsetzbaren Protokollberichtigungsanspruch gegen den Vorsitzenden oder gegen die Einigungsstelle als Organ nicht gedient. Der aus ihrer Sicht beschwerten Seite ist das Recht einzuräumen, ihre abweichende Ansicht in einer Protokollnotiz niederzulegen. Schlägt sich der vermeintliche Fehler in der Sitzungsniederschrift im Spruch der Einigungsstelle nieder, ist die Partei auf das Anfechtungsverfahren zu verweisen, andernfalls liegt eine einen formellen Berichtigungsanspruch erfordernde Beschwer nicht vor, weil die Sitzungsniederschrift bloßes Hilfsmittel ist. 24

2. Feststellung der Zuständigkeit

Über die Frage ihrer Zuständigkeit hat die **Einigungsstelle selbst zu entscheiden**.[76] Jedenfalls in den Fällen, in denen Uneinigkeit zwischen den Betriebspartnern über die Zuständigkeit besteht, hat die Einigungsstelle eingangs über die Zuständigkeitsfrage zu verhandeln. Im Falle der Unzuständigkeit ist das Verfahren einzustellen. Die Entscheidung über die Zuständigkeit trifft nicht der Vorsitzende allein, sondern die Einigungsstelle in ihrer Gesamtheit. Die Vorschrift des § 76 Abs. 3 BetrVG über die Beschlussfassung findet hierauf Anwendung.[77] Die Einigungsstelle sollte jedoch immer prüfen, ob sich nicht eine Mehrheit für das **Ausklammern der Zuständigkeitsfrage** findet, um in der Sache unter Mithilfe des unparteiischen Vorsitzenden zu einer Lösung zu gelangen. Gelingt eine einvernehmliche Beilegung des Konflikts nicht, wird die Zuständigkeitsfrage wieder virulent, da die Einigungsstelle nur in Fragen, in denen ein zwingendes Einigungsstellenverfahren vorgesehen ist, einen für beide Seiten, auch gegen deren Willen, verbindlichen Spruch fällen kann. Der **Zwischenbeschluss** einer Einigungsstelle **über ihre Zuständigkeit**, ist gesondert gerichtlich **anfechtbar**.[78] Die 25

74 Vgl. das Beispiel einer Sitzungsniederschrift in § 2 Rn 107.

75 *Friedemann*, Das Verfahren in der Einigungsstelle für Interessenausgleich und Sozialplan, Rn 345; andere Auffassung *Weber/Ehrich*, Einigungsstelle, E Rn 131 mit dem Hinweis, wenn der Vorsitzende alles Wesentliche in einem Protokoll festhalte, müsse den Parteien auch ein Anspruch auf richtige Protokollierung zuerkannt werden.

76 BAG, Beschl. v. 22.01.1980 und Beschl. v. 08.03.1983, AP Nr. 3 und 14 zu § 87 BetrVG 1972 Lohngestaltung.

77 GK-BetrVG/*Kreutz*, § 76 Rn 95.

78 LAG Niedersachsen, Beschl. v. 20.03.2003, LAGE § 5 ArbSchG Nr. 1.

gesonderte Anfechtbarkeit entfällt jedenfalls dann, wenn bereits vor der gerichtlichen Anhörung im Verfahren erster Instanz der abschließend regelnde Spruch der Einigungsstelle vorliegt.[79] Im Übrigen sind **verfahrensbegleitende Zwischenbeschlüsse** der Einigungsstelle nicht gesondert gerichtlich anfechtbar.[80]

26 Unbenommen ist den Betriebspartnern, ein **selbständiges Beschlussverfahren** über die Zuständigkeit der Einigungsstelle zu führen, ohne dass dies ein Aussetzungsgrund für das Verfahren nach §§ 76 Abs. 2 Satz 2 BetrVG, 98 ArbGG wäre.[81]

3. Versuch der gütlichen Einigung

27 Dem Vorsitzenden der Einigungsstelle obliegt die Verhandlungsführung, an ihm ist es, der Verhandlung eine Struktur zu geben. Er wird in jedem Stadium der Verhandlungen bemüht sein, auf einen tragfähigen Kompromiss hinzuarbeiten, der bereits ohne seine Stimme mehrheitsfähig ist, § 76 Abs. 3 Satz 2 BetrVG.[82] Dem Vorsitzenden stehen dabei mehrere Verhandlungsstile zur Verfügung. Er wird in der Regel selbst anhand der schriftsätzlichen Vorbereitung des Einigungsstellenverfahrens den Streitstand einleitend herausarbeiten und ggf. den Seiten der Beisitzer die Möglichkeit einräumen, in kurzen Statements ihre Schwerpunkte nochmals zu verdeutlichen.

28 Bewährt hat sich das Mittel der sog. **Pendeldiplomatie**, bei dem der Vorsitzende mit beiden Seiten der Beisitzer getrennt verhandelt. Der Vorteil liegt darin, dass die Parteien allein mit dem Vorsitzenden offener über ihre Kompromisslinien zu sprechen bereit sind. Der Vorsitzende ist jedoch gut beraten, weder den jeweiligen Seiten »nach dem Mund zu reden« und dadurch nicht gerechtfertigte Hoffnungen zu schüren, noch damit zu »drohen«, bei zu wenig Flexibilität mit der anderen Seite zu stimmen und hierdurch Kompromissbereitschaft erzwingen zu wollen. Sinnvoll erscheint eine Andeutung der eigenen Position, ohne hiermit jede Bewegungsmöglichkeit der Parteien abzuschneiden, konstruktive Lösungsmöglichkeiten zu entwickeln und in den getrennten Gesprächen den Parteien unbeeinflusst von der Präsenz der Gegenseite die Möglichkeit zu geben, Vorzüge und Bedenken offen zu besprechen.

29 Unabhängig von dem vorgenannten Mittel der Pendeldiplomatie wird der Vorsitzende in verschiedenen Verhandlungsstadien, insbesondere nach dem Herausarbeiten neuer Lösungsmöglichkeiten, den Parteien die Gelegenheit geben, sich in **internen Besprechungen** abzustimmen. Solche internen Diskussionen sind notwendig, um nicht verschiedene Linien innerhalb der Beisitzer einer Seite aufkommen zu lassen. Eine solche Spaltung der Beisitzer ist, auch wenn es rein zahlenmäßig im Hinblick auf eine Abstimmung anders aussehen mag, auf dem Weg zu einer dem betrieblichen Ablauf und dem Betriebsfrieden verpflichteten Konfliktlösung nicht dienlich. Dagegen ist es nicht erforderlich, dass die Einigungsstellensitzung **vor Unterzeichnung einer Betriebsvereinbarung** in jedem Fall unterbrochen werden muss, um eine **Beschlussfassung des Betriebsrats** mit den in der Sitzung der Einigungsstelle nicht anwesenden Betriebsratsmitgliedern herbeizuführen. Auch ohne Unterbrechung ist ein Handeln des Betriebsratsvorsitzenden im Rahmen der von Betriebsrat gefassten Beschlüsse (§ 26 Abs. 3 Satz 1 BetrVG) möglich. Der Betriebsrat beschließt üblicherweise vor einer Einigungsstellensitzung die »Linie« der Arbeitnehmerseite für die Verhandlungen in der Einigungsstelle.[83]

30 Die **Verhandlungsführung durch den Vorsitzenden** ist entscheidend für das Gelingen der Arbeit der Einigungsstelle, das – von Ausnahmefällen der Unversöhnlichkeit der Betriebspartner nicht nur in der Sache abgesehen – seinen Ausdruck am ehesten in der Akzeptanz einer gemeinsam

79 BAG, Beschl. v. 22.01.2002, AP Nr. 16 zu § 76 BetrVG 1972 Einigungsstelle.
80 BAG, Beschl. v. 22.01.2002, AP Nr. 16 zu § 76 BetrVG 1972 Einigungsstelle; BAG, Beschl. v. 04.07.1989, NZA 1990, 29.
81 BAG, Beschl. v. 24.11.1981, AP Nr. 11 zu § 76 BetrVG 1972; Beschl. v. 16.08.1983, AP Nr. 2 zu § 81 ArbGG 1979.
82 Vgl. Rn 32 ff.
83 BAG, Urt. v. 24.02.2000, DB 2000, 1287.

erzielten Kompromisslösung findet. Hierauf beruht in erster Linie die Bedeutung der Person des Einigungsstellenvorsitzenden[84] für die Konfliktparteien.

III. Spruch der Einigungsstelle

Kann eine gütliche Einigung nicht erzielt werden und ist die Streitigkeit, die den Gegenstand der Einigungsstelle bildet, entscheidungsreif, muss die Einigungsstelle einen Spruch fällen. Die Einigungsstelle kann in der Weise **mehrstufig** vorgehen, dass sie über den Regelungsgegenstand in mehreren selbständig zu überprüfenden Beschlüssen entscheidet.[85] Für eine etwa zunächst statthafte, nicht fristgebundene **Anfechtung eines seine Zuständigkeit bejahenden Zwischenbeschlusses** der Einigungsstelle entfällt aber jedenfalls dann nachträglich das **Feststellungsinteresse**, wenn zum Zeitpunkt des Anhörungstermins erster Instanz bereits die umfassend anfechtbare Schlussentscheidung der Einigungsstelle vorliegt. **Zwischenentscheidungen**, die sich auf das **Verfahren** beziehen, etwa ein Hinweis- und Auflagenbeschluss, sind ebenfalls nicht gesondert, sondern nur als Teil der Neuregelung anfechtbar.[86] 31

1. Verfahren der Beschlussfassung

Nach § 76 Abs. 3 BetrVG fasst die Einigungsstelle ihre Beschlüsse nach mündlicher Beratung mit **Stimmenmehrheit**. Bei der Beschlussfassung hat sich der Vorsitzende in einer ersten Abstimmungsrunde der Stimme zu enthalten. Kommt eine Stimmenmehrheit nicht zustande, nimmt der Vorsitzende nach weiterer Beratung an der erneuten Beschlussfassung teil. Die Grundsätze des § 76 Abs. 3 BetrVG sind zwingend und können auch durch eine Betriebsvereinbarung i.S.v. § 76 Abs. 4 BetrVG nicht abgeändert werden. Vor der Abstimmung hat zwingend eine **Beratung der zur Abstimmung** gestellten Angelegenheit zu erfolgen. 32

Diese Schlussberatung ist von der nicht obligatorischen mündlichen Verhandlung zu unterscheiden.[87] Oftmals wird der Übergang zwischen mündlicher Verhandlung und Schlussberatung fließend sein. Unterbleibt eine ausdrückliche Zäsur, ist dies solange unschädlich, wie an der Verhandlung ohnehin ausschließlich die Mitglieder der Einigungsstelle teilgenommen haben. Etwas anderes gilt, wenn die Betriebspartner, etwa weitere Betriebsratsmitglieder oder Vertreter der Arbeitgeberseite oder Verfahrensbevollmächtigte bei der mündlichen Verhandlung zugegen waren. Entscheidend ist nach der Rechtsprechung des BAG,[88] dass die **Schlussberatung und Abstimmung der Einigungsstelle in Abwesenheit der Vertreter der Betriebsparteien erfolgt, solange diese nicht selbst Beisitzer der Einigungsstelle sind**. Die Notwendigkeit hierzu ergebe sich aus der Schlichtungsfunktion der Einigungsstelle. Auch wenn sie kein Gericht sei, so solle sie doch nach dem Gesetz unabhängig von den unmittelbar betroffenen beteiligten Parteien sein. 33

Dementsprechend entspreche es allgemeiner Meinung, dass die Beisitzer der Einigungsstelle nicht an Weisungen von Arbeitgeber oder Betriebsrat gebunden seien. § 76 Abs. 2 BetrVG schreibe vor, dass die Einigungsstelle aus einer gleichen Anzahl von Beisitzern bestehe, die vom Arbeitgeber und Betriebsrat bestellt werden, und einem unparteiischen Vorsitzenden, auf dessen Person sich beide Seiten einigen müssen. Schon damit bringe das Gesetz zum Ausdruck, dass die Mitglieder der Einigungsstelle Abstand von den Betriebsparteien wahren sollen und auch die vom Arbeitgeber und Betriebsrat benannten Beisitzer nicht verlängerter Arm der jeweiligen Betriebsparteien sein, sondern mit einer gewissen Unabhängigkeit bei der Schlichtung des Regelungsstreits mitwirken sollen. Diese **Überparteilichkeit der Einigungsstelle** unterstreiche § 76 Abs. 5 Satz 3 BetrVG, 34

84 Vgl. zu den Sorgfaltspflichten des Einigungsstellenvorsitzenden *Hunold*, NZA 1999, 785.
85 LAG Köln, Beschl. v. 10.04.2001 – 13 (7) TaBV 83/00 (n.v.).
86 BAG, Beschl. v. 22.01.2002, AP Nr. 16 zu § 76 BetrVG 1972 Einigungsstelle.
87 Vgl. Rn 20.
88 BAG, Beschl. v. 18.01.1994, AP Nr. 51 zu § 76 BetrVG 1972.

wonach die Einigungsstelle ihre Beschlüsse unter angemessener Berücksichtigung der Belange des Betriebs und der betroffenen Arbeitnehmer nach billigem Ermessen fasst. Sowohl die Belange des Betriebs wie der betroffenen Arbeitnehmer sollen angemessen berücksichtigt werden. Dem entspreche die Notwendigkeit eines gewissen Abstands und einer gewissen Unabhängigkeit von den Betriebsparteien. Es gehört zu den elementaren Grundsätzen des Verfahrens vor der Einigungsstelle, dass die Einigungsstelle in Abwesenheit der Betriebsparteien über den Regelungsstreit mündlich berät und die erforderlichen Beschlüsse fasst. Ein Verstoß gegen diese Grundsätze macht den Spruch der Einigungsstelle unwirksam.[89]

35 Anders als § 33 Abs. 2 BetrVG enthält § 76 BetrVG kein Quorum zur Beschlussfähigkeit.[90] Auch ist in § 76 Abs. 3 Satz 1 BetrVG lediglich von einer Stimmenmehrheit, nicht aber von einer Mehrheit der Stimmen der anwesenden Mitglieder die Rede wie in § 33 Abs. 1 BetrVG. Aus der Erwähnung der Stimmenmehrheit ohne einschränkenden Zusatz wird auf die Erforderlichkeit der **Mehrheit der Stimmen der Mitglieder der Einigungsstelle** geschlossen.[91] In einer Einigungsstelle mit einem Vorsitzenden und zwei Beisitzern für jede Seite ist also stets eine Mehrheit von drei Ja-Stimmen erforderlich. Das ist zutreffend, wenn alle Mitglieder der Einigungsstelle mit Ja oder mit Nein abstimmen. Aus dem Begriff der Stimmenmehrheit kann jedoch nicht auf die Erforderlichkeit der Mehrheit der Stimmen der Mitglieder geschlossen werden. Wie die Regelung in § 27 Abs. 3 BetrVG zeigt, war dem Gesetzgeber die qualifizierte Mehrheit »der Stimmen der Mitglieder« bekannt. Hätte der Gesetzgeber diese qualifizierte Mehrheit auch in § 76 Abs. 3 BetrVG normieren wollen, hätte er im selben Gesetz auch dieselben Umschreibungen gewählt.[92] Ob in unserem Beispiel einer Einigungsstelle mit je zwei Beisitzern auch im ersten Abstimmungsgang eine Mehrheit von drei Stimmen erforderlich ist, ist daher umstritten. Der Meinungsstreit hängt eng mit der Frage nach der Möglichkeit von Stimmenthaltungen zusammen.

36 Um das Streben nach einer tragfähigen Kompromisslösung auch in die Abstimmung hineinzutragen, sieht § 76 Abs. 3 Satz 2 BetrVG vor, dass **zunächst die Beisitzer ohne Beteiligung des Vorsitzenden abstimmen**. Kommt es in diesem Abstimmungsgang zu einem positiven Ergebnis, hat zumindest ein Teil der Beisitzer jeder Seite für den Vorschlag gestimmt, was auf eine größtmögliche Akzeptanz des Vorschlags im Betrieb hoffen lässt. Bereits in diesem Stadium wird die Frage aufgeworfen, ob sich einzelne Beisitzer der Stimme enthalten dürfen und welche Konsequenzen **Stimmenthaltungen** für das Abstimmungsergebnis nach sich ziehen. Im Sachverhalt, der dem Beschluss des BAG vom 17.09.1991[93] zu Grunde lag, hatte eine aus dem Vorsitzenden und vier Beisitzern für jede Seite bestehende Einigungsstelle über einen Sozialplan zu entscheiden. Im ersten Abstimmungsgang verabschiedete die Einigungsstelle mit den vier Stimmen der Arbeitgeberseite bei Stimmenthaltung der vier Beisitzer der Arbeitnehmervertretung einen Sozialplan. Das BAG[94] hat die vier Ja-Stimmen bei vier Enthaltungen im ersten Abstimmungsgang als hinreichende Mehrheit angesehen, ohne die in der Literatur diskutierte Streitfrage zu problematisieren, ob eine Stimmenthaltung in der Einigungsstelle überhaupt statthaft ist.[95] Anders als in sonstigen Vorschriften des BetrVG über die Beschlussfassung in betriebsverfassungsrechtlichen Organen werde hier nicht

89 BAG, Beschl. v. 18.01.1994, AP Nr. 51 zu § 76 BetrVG 1972.

90 *Friedemann*, Das Verfahren in der Einigungsstelle für Interessenausgleich und Sozialplan, Rn 264; Richardi/*Richardi*, § 76 BetrVG Rn 99; a.A. *Fitting u.a.*, § 76 BetrVG Rn 51, die von einer Beschlussfähigkeit nur bei Anwesenheit aller Mitglieder der Einigungsstelle ausgehen.

91 GK-BetrVG/*Fabricius*, § 76 Rn 85; *Friedemann*, Das Verfahren in der Einigungsstelle für Interessenausgleich und Sozialplan, Rn 265; andere Auffassung BAG, Beschl. v. 17.09.1991, AP Nr. 59 zu § 112 BetrVG 1972: Mehrheit der abgegebenen Stimmen, die überhaupt an der Abstimmung teilnehmen und damit als Stimme für oder gegen den Abstimmungsgegenstand in Erscheinung treten.

92 Im Ergebnis ebenso BAG, Beschl. v. 17.09.1991, AP Nr. 59 zu § 112 BetrVG 1972.

93 AP Nr. 59 zu § 112 BetrVG 1972.

94 Beschl. v. 17.09.1991, AP Nr. 59 zu § 112 BetrVG 1972.

95 Gegen die Statthaftigkeit der Stimmenthaltung GK-BetrVG/*Fabricius*, § 76 Rn 84; *Heinze*, RdA 1990, 262 (275); für die Statthaftigkeit *Fitting u.a.*, § 76 BetrVG Rn 58 (nur für Beisitzer); *Weber/Ehrich*, Einigungsstelle, E Rn 111 (nur für Beisitzer).

auf die »Mehrheit der Stimmen der Mitglieder des Organs« (vgl. § 27 Abs. 3 BetrVG) oder auf die »Mehrheit der Stimmen der anwesenden Mitglieder« (vgl. § 33 Abs. 2 BetrVG) abgestellt. Es genüge, dass die Mehrheit der Stimmen sich für den Beschluss ausgesprochen habe. »Stimmen« in einer Abstimmung seien aber nur solche Stimmen, die überhaupt an der Abstimmung teilnehmen und damit als Stimme für oder gegen den Abstimmungsgegenstand in Erscheinung treten. Ein Mitglied des Organs, das sich der Stimme enthält, gebe gerade keine Stimme ab. Schon daraus folge, dass eine Enthaltung nicht als Nein-Stimme zu werten sei. Richtig sei allein, dass eine Stimmenthaltung wie eine Nein-Stimme wirken könne, wenn infolge von Stimmenthaltungen und Nein-Stimmen die erforderliche Mehrheit – der anwesenden oder gesetzlichen Mitglieder des Organs – an Ja-Stimmen nicht erreicht wird. Genüge aber wie in § 76 Abs. 3 BetrVG allein eine Stimmenmehrheit für den Abstimmungsgegenstand, so komme es allein darauf an, ob die Zahl der Ja-Stimmen größer ist als die der Nein-Stimmen, unabhängig davon, wie viele Mitglieder des Organs sich der Stimme enthalten haben.[96]

Geht aus dem ersten Abstimmungsdurchgang keine Mehrheit für den Abstimmungsgegenstand hervor, hat zunächst eine **weitere Beratung** zu erfolgen, § 76 Abs. 3 Satz 2 BetrVG.[97] Eine bestimmte Länge oder Ausführlichkeit dieser zweiten Beratung ist nicht vorgeschrieben. Ausreichend ist nach der Rechtsprechung auch eine Beratung, ob in eine weitere Erörterung überhaupt eingestiegen werden sollte.[98] Unschädlich sei auch, dass keine weitere Beratung stattfindet, wenn keine Seite solche weiteren Beratungen wünscht.[99] Zutreffend weist *Friedemann*[100] darauf hin, dass die zweite Beratung vor der streitigen Abstimmung unter Einbeziehung des Vorsitzenden genutzt werden sollte, um den zur Abstimmung stehenden Vorschlag auf seine Spruchfähigkeit zu überprüfen.[101] Bis zur zweiten Abstimmung kann inhaltlich alles vereinbart werden, was höherrangiges Recht nicht verletzt. Der streitige Spruch der Einigungsstelle kann sich dagegen nur auf erzwingbare Mitbestimmungstatbestände erstrecken. 37

Zu den von der Einigungsstelle zu beachtenden Grundsätzen gehört nach Ansicht des LAG Stuttgart[102] auch, dass über einen von **mehreren zur Abstimmung gestellten Anträgen** jedenfalls nicht in die zweite Abstimmung eingetreten werden darf, bevor nicht auch über die anderen Anträge eine – erste – Abstimmung herbeigeführt worden ist. Dies gilt insbesondere dann, wenn von der einen Seite ein auf einen Beschluss in der Sache gerichteter Antrag und von der anderen Seite ein auf weitere Sachaufklärung abzielender Antrag zur Abstimmung gestellt wird, der schon von der Logik her an sich vor dem Sachantrag zu bescheiden ist. Denn bei einer solchen Konstellation ist ein unterschiedliches Abstimmungsverhalten der Einigungsstellenmitglieder keineswegs von vorneherein auszuschließen, womit es unvereinbar ist, mit der ausschlaggebenden Stimme des Vorsitzenden in der zweiten Abstimmung einen Spruch gemäß dem Sachantrag zu fällen, ohne dass die Einigungsstelle zuvor über den Verfahrensantrag abgestimmt hat. Diese Auffassung hatte vor dem BAG[103] keinen Bestand. Weder die Nichtbescheidung eines Antrags noch eine mangelnde Sachaufklärung können isoliert geltend gemacht werden. 38

Der Spruch muss **in seiner Gesamtheit von der Mehrheit getragen** sein. Es reicht nicht aus, dass seine Einzelbestimmungen mit möglicherweise wechselnden Mehrheiten beschlossen worden sind. Dass der Spruch in seiner Gesamtheit von der Mehrheit getragen ist, kann sich aus einer förmlichen Schlussabstimmung, aber auch ohne eine solche aus den näheren Umständen des 39

96 BAG, Beschl. v. 17.09.1991, AP Nr. 59 zu § 112 BetrVG 1972.
97 LAG Hamburg, Beschl. v. 05.05.2000, ArbuR 2000, 356.
98 BAG, Beschl. v. 28.09.1988, AP Nr. 47 zu § 112 BetrVG 1972.
99 BAG, Beschl. v. 30.01.1990, AP Nr. 41 zu § 87 BetrVG 1972 Lohngestaltung.
100 Das Verfahren in der Einigungsstelle für Interessenausgleich und Sozialplan, Rn 263.
101 Vgl. mit einem instruktiven Praxisbeispiel *Hunold*, NZA 1999, 785.
102 LAG Stuttgart, Beschl. v. 19.01.2001 – 5 TaBV 1/00 (n.v.).
103 BAG, Beschl. v. 29.1.2002, AP Nr. 19 zu § 76 BetrVG Einigungsstelle.

Einzelfalls ergeben.[104] Der Vorsitzende darf sich in der Schlussabstimmung seiner Stimme nicht enthalten.[105]

40 Die **Erklärung des Arbeitgebers** in der Einigungsstelle, nunmehr doch keine Betriebsstilllegung vornehmen zu wollen, ist nach Auffassung des LAG Köln[106] nicht bindend und rechtfertigt daher zumindest bei von einer Beisitzerseite vorgetragenen Zweifeln an der Glaubwürdigkeit der Erklärung nicht die **Einstellung des Einigungsstellenverfahrens**.

2. Ausfertigung des Spruchs

41 Die Beschlüsse der Einigungsstelle sind nach § 76 Abs. 3 Satz 3 BetrVG **schriftlich** niederzulegen, vom Vorsitzenden zu unterschreiben und Arbeitgeber und Betriebsrat zuzuleiten. Die Unterschrift der Beisitzer ist gesetzlich nicht vorgeschrieben, im Falle der Einigung über **Interessenausgleich und Sozialplan** in der Einigungsstelle sieht § 112 Abs. 3 Satz 2 BetrVG jedoch die **zusätzliche Unterschrift von Arbeitgeber und Betriebsrat** vor. Der Beschluss bedarf weder einer schriftlichen Begründung[107] noch einer Rechtsmittelbelehrung,[108] etwa eines Hinweises auf die Anfechtungsmöglichkeit nach § 76 Abs. 5 Satz 4 BetrVG nur innerhalb von zwei Wochen. Insbesondere im Hinblick auf eine gerichtliche Überprüfung des Spruchs[109] ist es zweckmäßig, sowohl die **tragenden Gründe** mitzuteilen als auch die Zustellung gegen Nachweis zu veranlassen (Frist des § 76 Abs. 5 Satz 4 BetrVG).

3. Wirkung des Einigungsstellenspruchs

42 Für die Feststellung der Wirkung des Einigungsstellenspruchs ist zwischen dem freiwilligen und dem erzwingbaren Einigungsstellenverfahren zu unterscheiden. Im **freiwilligen Einigungsstellenverfahren** hat der Spruch zunächst nur dann bindende Wirkung, wenn sich die Parteien ihm im Voraus unterworfen haben, § 76 Abs. 6 BetrVG. Andernfalls entspricht der Einigungsstellenspruch lediglich einem unverbindlichen Einigungsvorschlag, den die Parteien annehmen können oder auch nicht. Entscheiden sie sich (formlos) für die Annahme, erzeugen sie hierdurch die Bindung im Sinne der Ersetzung der Einigung zwischen Arbeitgeber und Betriebsrat.

43 Im **erzwingbaren Einigungsstellenverfahren ersetzt** der Spruch stets die **Einigung zwischen Arbeitgeber und Betriebsrat**. Der Spruch wird daher häufig die **Rechtsnatur** einer Betriebsvereinbarung haben, insbesondere, wenn darin Rechte und Pflichten von Arbeitnehmern begründet, aufgehoben oder verändert werden.[110] Denkbar ist jedoch auch, dass der Spruch lediglich die Wirkung einer Regelungsabrede haben soll. Die Rechtsnatur ist stets anhand des Inhalts des Spruchs zu ermitteln. Beinhaltet der Einigungsstellenspruch nicht die Streitschlichtung in einer Regelungsfrage, sondern in einer Rechtsfrage, hat er streitentscheidende, rechtsfeststellende Wirkung.[111] In keinem Fall stellt der Einigungsstellenspruch einen Vollstreckungstitel dar.[112] Der Spruch ist vom Arbeitgeber nach § 77 Abs. 1 BetrVG durchzuführen.[113] Die **Teilunwirksamkeit** eines Spruchs der Einigungsstelle

104 BAG, Beschl. v. 18.04.1989, AP Nr. 34 zu § 87 BetrVG Arbeitszeit.

105 *Fitting u.a.*, § 76 BetrVG Rn 58; *Friedemann*, Das Verfahren in der Einigungsstelle für Interessenausgleich und Sozialplan, Rn 269; *Weber/Ehrich*, Einigungsstelle, E Rn 115; *Ebert*, FA 1999, 47 (49).

106 LAG Köln, Beschl. v. 23.08.2000, NZA-RR 2001, 428.

107 BAG, Beschl. v. 30.01.1990, AP Nr. 41 zu § 87 BetrVG 1972 Lohngestaltung; Beschl. v. 31.08.1982, AP Nr. 8 zu § 87 BetrVG Arbeitszeit.

108 *Fitting u.a.*, § 76 BetrVG Rn 64.

109 Vgl. § 12 Rn 444 ff.

110 *Ebert*, FA 1999, 47 (50); *Weber/Ehrich*, Einigungsstelle, F Rn 17.

111 *Fitting u.a.*, § 76 BetrVG Rn 94; *Weber/Ehrich*, Einigungsstelle, F Rn 19.

112 *Fitting u.a.*, § 76 BetrVG Rn 95; *Ebert*, FA 1999, 47 (50).

113 Vgl. § 12 Rn 426 ff.

hat nur dann nicht die Unwirksamkeit aller Regelungen zur Folge, wenn der verbleibende Teil auch ohne die unwirksamen Bestimmungen eine sinnvolle und in sich geschlossene Regelung enthält.[114]

Die Einigungsstelle kann das **Mitbestimmungsrecht des Betriebsrats nicht gegen dessen Willen erweitern**. Eine Erweiterung der Mitbestimmungsrechte gegen den Willen des Betriebsrats widerspricht der gesetzlichen Konzeption des § 87 Abs. 2 i.V.m. § 76 Abs. 5 BetrVG sowie des § 88 i.V.m. § 76 Abs. 6 BetrVG. Sie missachtet außerdem die Bindungswirkungen eines arbeitsgerichtlichen Beschlusses nach § 98 ArbGG. Nach § 87 Abs. 2 BetrVG kann der Arbeitgeber eine nach § 87 Abs. 1 BetrVG mitbestimmungspflichtige Maßnahme nur mit Zustimmung des Betriebsrats durchführen. Können sich die Betriebsparteien nicht einigen, entscheidet eine Einigungsstelle. Ihre Entscheidung ersetzt die Einigung zwischen Betriebsrat und Arbeitgeber (§ 87 Abs. 2 Satz 2 BetrVG). Mit normativer Wirkung kann danach die Einigungsstelle nur innerhalb der durch § 87 Abs. 1 BetrVG gezogenen Grenzen tätig werden. Sonstige Angelegenheiten, die nicht der zwingenden Mitbestimmung unterliegen, können die Betriebsparteien nur einvernehmlich und auf freiwilliger Grundlage regeln (§ 88 BetrVG). Soweit sie auch in diesen Angelegenheiten die Einigungsstelle anrufen, ist deren Entscheidung nur verbindlich, soweit sich beide Betriebsparteien im Voraus dem Spruch unterwerfen oder ihn nachträglich annehmen. Das wahrt das durch § 88 BetrVG vorgegebene Prinzip der Freiwilligkeit. Diese Konzeption schließt es aus, dass durch eine Mehrheitsentscheidung der Einigungsstelle dem Betriebsrat oder dem Arbeitgeber ein gesetzlich nicht vorgesehenes Mitbestimmungsrecht aufgezwungen wird. Nach § 98 ArbGG hat das Gericht, soweit sich die Betriebsparteien über die Bildung einer Einigungsstelle nicht einigen können, durch Beschluss über die Errichtung und Zusammensetzung einer Einigungsstelle zu entscheiden. Darin ist neben der Person des Vorsitzenden und der Zahl der Beisitzer auch zu bestimmen, für welchen Regelungsstreit die Einigungsstelle gebildet wird. An diesen **Kompetenzrahmen ist die Einigungsstelle gebunden**. Sie kann darüber hinaus zwar weitere Angelegenheiten verhandeln. Das setzt jedoch eine darauf gerichtete Verständigung der Betriebsparteien voraus.[115] 44

Eine Besonderheit gilt im **Fall des Interessenausgleichs nach § 112 Abs. 2 BetrVG**. Zwar eröffnet § 112 Abs. 2 Satz 2 BetrVG dem Betriebsrat die Möglichkeit, einseitig die Einigungsstelle anzurufen. Gleichwohl kann die Einigungsstelle keinen Interessenausgleich im Wege des streitigen Einigungsstellenspruchs aufstellen. Denn § 112 Abs. 4 BetrVG, der die in § 76 Abs. 5 BetrVG wiederkehrende Formulierung enthält, dass ein Spruch der Einigungsstelle die Einigung zwischen Arbeitgeber und Betriebsrat ersetzt, bezieht sich ausdrücklich allein auf den Sozialplan, nicht aber auf den Interessenausgleich. In Bezug auf den Interessenausgleich kann die Einigungsstelle mithin zwar vom Betriebsrat erzwungen werden, der Einigungsstelle stehen aber allein die Möglichkeiten zur Herbeiführung einer einvernehmlichen Regelung zur Verfügung. Wird ein Konsens nicht erreicht, bleibt der Einigungsstelle allein übrig, das Scheitern der Verhandlungen durch einen Spruch festzustellen. Das Verfahren über den Versuch eines Interessenausgleichs ist damit abgeschlossen. Unzulässig ist es daher, Regelungsgegenstände eines Interessenausgleichs in den Entwurf eines Sozialplans aufzunehmen und diese im Wege des Spruchs zu verabschieden.[116] 45

Eine Einigungsstelle, die in einer mitbestimmungspflichtigen Angelegenheit tätig wird, ist verpflichtet, den **Konflikt im Rahmen der gestellten Anträge vollständig zu lösen** und dabei das ihr zustehende Regelungsermessen vollständig auszuüben. Ein Einigungsstellenspruch, der den Kernbereich des Mitbestimmungsrechts nicht endgültig regelt, sondern dem Arbeitgeber aufgibt, dem Betriebsrat eine Betriebsvereinbarung vorzulegen, die sich nach bestimmten, von der Mehrheit in der Einigungsstelle für richtig gehaltenen Grundsätzen richtet, ist unwirksam.[117] 45a

114 BAG, Beschl. v. 28.05.2002, NZA 2003, 171.
115 BAG, Beschl. v. 15.05.2001, NZA 2001, 2015; BAG, Beschl. v. 30.08.1995, BAGE 80, 366, zu B II 1 a der Gründe.
116 BAG, Beschl. v. 17.09.1991, AP Nr. 59 zu § 112 BetrVG 1972.
117 BAG, Beschl. v. 08.06.2004 – 1 ABR 4/03 (n.v.).

C. Kosten der Einigungsstelle

46 Eine Einigungsstellenverhandlung verursacht nicht unerhebliche Kosten, für die als Kostenschuldner nur der **Arbeitgeber** in Betracht kommen kann.

I. Grundsatz der Kostentragungspflicht des Arbeitgebers

47 Gem. **§ 76a Abs. 1 BetrVG** trägt der Arbeitgeber die Kosten der Einigungsstelle. Bei § 76a BetrVG handelt es sich um eine **eigene Anspruchsgrundlage**, die den vor seinem In-Kraft-Treten zum 01.01.1989[118] bestehenden Streit beendet hat, ob die Kostentragungspflicht des Arbeitgebers aus der analogen Anwendung des § 40 BetrVG folgt oder aus dem Grundgedanken der Kostentragung im Betriebsverfassungsrecht, wie er in §§ 20 Abs. 3, 44 Abs. 1 oder 65 Abs. 1 BetrVG zum Ausdruck kommt. Wie nach der alten Rechtslage sind die Kosten vom Arbeitgeber jedoch nur dann zu tragen, wenn der Aufwand **erforderlich** war und dem **Grundsatz der Verhältnismäßigkeit** entsprach. Diese Einschränkung ist zwar im Gesetzeswortlaut nicht zum Ausdruck gekommen. Der Grundsatz der Erforderlichkeit und Verhältnismäßigkeit der Kosten als Voraussetzung dafür, dass sie vom Arbeitgeber zu tragen sind, durchzieht jedoch das gesamte Betriebsverfassungsrecht. Dabei ist die Erforderlichkeit der Kostenverursachung nicht rückblickend nach einem rein objektiven Maßstab, sondern vom Zeitpunkt der Entscheidung der Einigungsstelle aus zu beurteilen. Grundsätzlich ist von der Erforderlichkeit auszugehen, wenn die Einigungsstelle wie ein vernünftiger Dritter bei gewissenhafter Überlegung und verständiger und ruhiger Abwägung aller Umstände zur Zeit ihres Beschlusses zu dem Ergebnis gelangen durfte, der noch zu verursachende Kostenaufwand sei für ihre Tätigkeit erforderlich. Die Einigungsstelle hat einen gewissen Beurteilungsspielraum.[119] Bei pflichtwidrig veranlassten Kosten steht dem Arbeitgeber ggf. ein Schadensersatzanspruch gegen die Mitglieder der Einigungsstelle zu.[120]

II. Sachkosten

48 Zu den Sachkosten, die der Arbeitgeber nach § 76 Abs. 1 BetrVG zu tragen hat, gehören die **Geschäftskosten der Einigungsstelle**. Als solche Geschäftskosten kommen die Miete für Tagungsräumlichkeiten oder Kosten für Schreib- und Präsentationsmaterial in Betracht. Diese Kosten werden in der Regel gering bleiben. Nur in Ausnahmefällen werden externe Räumlichkeiten anzumieten sein, Verbrauchsmaterial wird der Arbeitgeber aus vorhandenen Mitteln stellen können. Anderes kann für die Kosten einer Beweisaufnahme, insbesondere für die Einholung eines **Sachverständigengutachtens** gelten. Hierfür gelten die vorstehend geschilderten Grundsätze der Erforderlichkeit und Verhältnismäßigkeit. Die Grenzen der Erforderlichkeit für die Hinzuziehung eines Sachverständigen sind überschritten, wenn die Hinzuziehung ohne hinreichenden Anlass eingeleitet oder mutwillig durchgeführt wird oder der Grundsatz der Verhältnismäßigkeit missachtet wird. Erforderlichkeit ist anzunehmen, wenn es der Einigungsstelle in einer entscheidungserheblichen Frage, beispielsweise wegen der Pflicht zur Berücksichtigung der gesundheitlichen Auswirkungen einer Regelung auf die Arbeitnehmer nach § 76 Abs. 5 Satz 4 BetrVG, an dem notwendigen Sachverstand fehlt.[121] Einer gesonderten Vereinbarung der Einigungsstelle mit dem Arbeitgeber über die Hinzuziehung eines Sachverständigen nach § 80 Abs. 3 BetrVG bedarf es nicht,[122] eine Vereinbarung kann

118 Gesetz v. 20.12.1988, BGBl I 1988, 2312.

119 BAG, Beschl. v. 13.11.1991, AP Nr. 1 zu § 76a BetrVG 1972.

120 Vgl. den Sachverhalt in BAG, Beschl. v. 13.11.1991, AP Nr. 1 zu § 76a BetrVG 1972.

121 BAG, Beschl. v. 13.11.1991, AP Nr. 1 zu § 76a BetrVG 1972.

122 Eine solche Vereinbarung findet keine Erwähnung in BAG, Beschl. v. 13.11.1991, AP Nr. 1 zu § 76a BetrVG 1972, das die Sachverständigenkosten allein § 76a Abs. 1 BetrVG zuordnet; gegen die Notwendigkeit einer gesonderten Vereinbarung auch LAG Niedersachsen, Beschl. v. 04.03.1988, AiB 1988, 311; *Fitting u.a.*, § 76a BetrVG Rn 7; a.A. MünchArbR/*Joost*, § 312 Rn 106.

aber vor der bösen Überraschung schützen, dass der Arbeitgeber die Erforderlichkeit bestreitet und einen Schadensersatzanspruch gegen die Mitglieder der Einigungsstelle geltend macht.

Ob im Streitfall ein **Grund zur Aussetzung des Einigungsstellenverfahrens** bis zur arbeitsgerichtlichen Klärung der Kostentragungspflicht des Arbeitgebers besteht, ist unter Zugrundelegung der Auffassung der Rechtsprechung, dass es einer vorherigen Vereinbarung nicht bedarf, fraglich. **Die Weigerung** des Arbeitgebers, eine vorherige **Kostenzusage zu erteilen**, sollte für die Einigungsstelle Anlass sein, ihre Absicht der Einholung eines Sachverständigengutachtens im Hinblick auf die Erforderlichkeit nochmals genauestens zu prüfen. Bejaht danach die Einigungsstelle die Frage der Erforderlichkeit mehrheitlich, sollten die sachlichen Gründe schriftlich festgehalten werden. Bei einem späteren Streit erhöht diese sorgfältige Vorarbeit die Chancen, dass die Arbeitsgerichte die Entscheidung der Einigungsstelle jedenfalls als von ihrem Beurteilungsspielraum erfasst ansehen. 49

Nicht zu den Kosten der Einigungsstelle gehören die **Kosten für einen Rechtsanwalt**, der den Betriebsrat vor der Einigungsstelle vertritt, also nicht selbst Beisitzer ist. Die Kosten des Rechtsanwalts sind vielmehr Kosten des Betriebsrats nach § 40 BetrVG.[123] Aufgrund der Sachnähe sollen sie gleichfalls an dieser Stelle erörtert werden. Der Betriebsrat ist nach der Rechtsprechung des BAG berechtigt, einen Rechtsanwalt seines Vertrauens mit der Wahrnehmung seiner Interessen zu beauftragen, wenn die Hinzuziehung erforderlich ist. Als erforderlich kann ein Betriebsrat die Hinzuziehung eines Rechtsanwalts grundsätzlich dann ansehen, wenn der Regelungsgegenstand des Einigungsstellenverfahrens schwierige Rechtsfragen aufwirft, die zwischen den Betriebspartnern umstritten sind, und kein Betriebsratsmitglied über die zur sachgerechten Interessenwahrnehmung notwendigen juristischen Kenntnisse verfügt. Bei der Frage der Erforderlichkeit steht dem Betriebsrat ein Beurteilungsspielraum zu.[124] Die Befugnis des Betriebsrats, sich durch einen Rechtsanwalt als Verfahrensbevollmächtigten vor der Einigungsstelle vertreten zu lassen, besteht unabhängig vom Verhalten des Arbeitgebers und ist dementsprechend auch davon unabhängig zu beurteilen. Auch dass sich der Arbeitgeber durch einen Rechtsanwalt vor der Einigungsstelle vertreten lässt, macht es für sich allein noch nicht erforderlich, dass auch der Betriebsrat einen Rechtsanwalt mit der Wahrnehmung seiner Interessen beauftragt. Lässt sich der Arbeitgeber durch einen Rechtsanwalt vertreten, kann diesem Umstand lediglich indizielle Bedeutung hinsichtlich des Merkmals der Schwierigkeit des Streitgegenstandes zukommen,[125] ohne dass dieser Umstand den Betriebsrat von seiner Prüfungspflicht entbindet.[126] Unbeachtlich ist, ob der Vorsitzende der Einigungsstelle die schriftliche Vorbereitung und die Darlegung der Standpunkte der Beteiligten vor der Einigungsstelle verlangt hat.[127] Der Betriebsrat kann nicht darauf verwiesen werden, seine Interessen durch einen von ihm als Beisitzer benannten Rechtsanwalt wahrnehmen zu lassen.[128] 50

Die **Gebühren des als Verfahrensbevollmächtigter vor der Einigungsstelle auftretenden Rechtsanwalts** richten sich grundsätzlich nach § 17 Nr. 7 Buchst. d RVG i.V.m. VV 2403, 1000. Nach VV 2403 erhält der Rechtsanwalt für die Tätigkeit vor der Einigungsstelle eine Gebühr in Höhe von 1,5. Für die Mitwirkung bei einer Einigung erhält der Rechtsanwalt nach VV 1000 eine weitere Gebühr in Höhe von 1,5. Die Gebühr nach § 17 Nr. 7 Buchst. d RVG ist nicht auf den Anspruch eines außerbetrieblichen Beisitzers[129] zu kürzen.[130] Auf der anderen Seite soll eine ohne vorherige Vereinbarung mit dem Arbeitgeber zwischen Betriebsrat und Rechtsanwalt abgeschlossene **Honorarvereinbarung** wirksam sein, die dem Rechtsanwalt das Honorar eines außerbetrieblichen Beisitzers zusichert, wenn der als Verfahrensbevollmächtigte ausgewählte Rechtsanwalt nur bereit 51

123 BAG, Beschl. v. 21.06.1989, AP Nr. 34 zu § 76 BetrVG 1972.
124 BAG, Beschl. v. 21.06.1989, AP Nr. 34 zu § 76 BetrVG 1972.
125 BAG, Beschl. v. 14.02.1996, AP Nr. 5 zu § 76a BetrVG 1972.
126 BAG, Beschl. v. 21.06.1989, AP Nr. 34 zu § 76 BetrVG 1972.
127 BAG, Beschl. v. 21.06.1989, AP Nr. 34 zu § 76 BetrVG 1972 unter ausdrücklicher Aufgabe des gegenteiligen Standpunktes von BAG, Beschl. v. 05.11.1981, AP Nr. 9 zu § 76 BetrVG 1972.
128 BAG, Beschl. v. 14.02.1996, AP Nr. 5 zu § 76a BetrVG 1972.
129 Vgl. Rn 56 ff.
130 BAG, Beschl. v. 14.02.1996, AP Nr. 5 zu § 76a BetrVG 1972.

ist, zu diesen vergütungsrechtlichen Bedingungen vor einer Einigungsstelle aufzutreten und eine Feststellung des Gegenstandswertes der anwaltlichen Tätigkeit nur im Rahmen billigen Ermessens erfolgen könnte.[131] Das BAG geht im Beschluss vom 21.06.1989[132] so weit, dass bei einem »nicht bezifferbaren Gegenstandswert« der Betriebsrat berechtigt ist, unter Berücksichtigung des voraussichtlichen Arbeitsaufwands sowie des Schwierigkeitsgrads der anstehenden Regelungsmaterie im Rahmen billigen Ermessens eine **Streitwertvereinbarung** mit seinem Verfahrensbevollmächtigten vor der Einigungsstelle zu treffen. Ob der Betriebsrat berechtigt ist, über den objektiven Begriff des Streitwerts letztlich zu Lasten des Arbeitgebers eine Vereinbarung zu schließen, ist zumindest zweifelhaft.[133]

III. Honorar der Mitglieder der Einigungsstelle

52 Für die Honorierung der Mitglieder der Einigungsstelle enthalten die Absätze 2 bis 5 des § 76a BetrVG Sonderregelungen, die nicht zuletzt zur Kostendämpfung erlassen wurden, weil sich der Gesetzgeber aufgrund zunehmender Kritik an überhöhten Honoraren der Einigungsstellenmitglieder, Bemessung deren Vergütung an den Vorschriften des RVG und an Vergütungsansprüchen hauptberuflicher Gewerkschaftsfunktionäre, zum Handeln veranlasst sah.[134] Die Ermächtigung, die Vergütung der Einigungsstellenmitglieder durch Rechtsverordnung zu regeln, hat der Verordnungsgeber bislang nicht genutzt.[135]

1. Kosten für den Vorsitzenden

53 Der Vorsitzende und die außerbetrieblichen Beisitzer der Einigungsstelle haben gegenüber dem Arbeitgeber nach § 76a Abs. 2 Satz 1 BetrVG Anspruch auf Vergütung ihrer Tätigkeit. Für die **Höhe der Vergütung** sind insbesondere der erforderliche **Zeitaufwand**, die **Schwierigkeit** der Streitigkeit sowie ein **Verdienstausfall** zu berücksichtigen, weiterhin die berechtigten Interessen der Mitglieder der Einigungsstelle und des Arbeitgebers, § 76a Abs. 3 Satz 2 i.V.m. Abs. 4 Satz 3 und 5 BetrVG. Kommt es zwischen dem Vorsitzenden und dem Arbeitgeber nicht zu einer Vereinbarung über die Vergütung, die auch nach der Einführung des § 76a BetrVG vorrangig zu berücksichtigen ist, setzt der Vorsitzende die angemessene Vergütung selbst gem. §§ 315, 316 BGB **nach billigem Ermessen** unter Berücksichtigung der Bemessungsgrundsätze des § 76a Abs. 4 Satz 3 bis 5 BetrVG fest. Für eine gerichtliche Festsetzung der Vergütung ist gem. § 315 Abs. 3 Satz 2 BGB nur Raum, wenn sich ergibt, dass die vom Einigungsstellenmitglied getroffene Bestimmung billigem Ermessen nicht entspricht.[136] In der Praxis ist es allerdings häufig so, dass die Vorsitzenden bei der Honorarfrage den Blickkontakt des Arbeitgeber-Anwalts oder des Arbeitgeber-Beisitzers suchen und erwarten, dass von diesen Mitgliedern der Einigungsstelle in Abstimmung mit dem Arbeitgeber Vorschläge zur Vergütung gemacht werden. Auf diese Weise bleibt den Vorsitzenden häufig eine Diskussion über die Höhe des Honorars erspart.

54 Solange die in § 76a Abs. 4 Satz 1 und 2 BetrVG vorgesehene Rechtsverordnung nicht erlassen ist, können von den Gerichten für Arbeitssachen keine Höchstbeträge für das Honorar von Einigungsstellenmitgliedern festgesetzt werden. Insbesondere kann für die Festsetzung einer solchen Vergütungsobergrenze nicht auf eine Analogie zu § 3 ZSEG oder VV 2100 zurückgegriffen werden, weil der Gesetzgeber in § 76a Abs. 4 BetrVG bewusst davon abgesehen hat, die Höhe der Honoraransprüche im Einzelnen selbst zu regeln. Es fehlt daher an einer planwidrigen Gesetzeslücke.[137]

131 BAG, Beschl. v. 21.06.1989, AP Nr. 34 zu § 76 BetrVG 1972 mit insoweit abl. Anm. *Berger-Delhey*.
132 AP Nr. 34 zu § 76 BetrVG 1972.
133 Ablehnend *Berger-Delhey*, Anm. zu AP Nr. 34 zu § 76 BetrVG 1972.
134 *Bengelsdorf*, NZA 1989, 489; vgl. auch BT-Drucks. 11/3618, 18.
135 Bislang liegt lediglich ein Entwurf vom 13.06.1990 vor, vgl. zu diesem Entwurf *Friedemann*, Das Verfahren in der Einigungsstelle für Interessenausgleich und Sozialplan, Rn 628.
136 BAG, Beschl. v. 12.02.1992, AP Nr. 2 zu § 76a BetrVG 1972; Beschl. v. 28.08.1996, AP Nr. 7 zu § 76a BetrVG 1972.
137 BAG, Beschl. v. 28.08.1996, AP Nr. 7 zu § 76a BetrVG 1972.

Im Beschluss vom 28.08.1996[138] hat das BAG einen **Stundensatz** für den Vorsitzenden einer Einigungsstelle von 300 DM (= 153,39 €) gebilligt. Es habe sich um eine Streitigkeit mittlerer Schwierigkeit gehandelt. Eine besondere Schwierigkeit ergebe sich bei einer Einigungsstelle zur Aufstellung eines Sozialplans nicht daraus, dass die Vorstellungen der Betriebspartner über das Sozialplanvolumen in erheblichem Maße differierten und unabhängig vom Sozialplanvolumen keine Einigung über die Verteilungsgrundsätze erzielt werden konnte, ferner nicht daraus, dass die Ermittlung/Schätzung des zur Verfügung stehenden Eigenkapitals eine intensive, kritische Auseinandersetzung mit den Bilanzen und dem Gutachten eines Wirtschaftsprüfers erforderten. Es handele sich hierbei um die typische Konstellation in einer Einigungsstelle zur Aufstellung eines Sozialplans anlässlich einer Betriebsstillegung. Gleiches gelte im Hinblick auf das Argument, der Vorsitzende habe sich in die komplette Personalliste des betroffenen Betriebs einarbeiten müssen. Dies sei selbstverständlicher Inhalt der Tätigkeit, da in der Regel nur auf diese Weise den Kriterien des § 112 Abs. 5 Nr. 1 und 2 BetrVG Rechnung getragen werden könne. *Weber/Ehrich*[139] leiten hieraus Stundensätze von 100 DM (= 51,13 €) bis 200 DM (= 102,26 €) bei geringem Zeitaufwand und einfacher Streitigkeit, einen Stundensatz von 250 DM (= 127,82 €) bis 350 DM (= 178,95 €) bei mittlerem Zeitaufwand und mittlerer Schwierigkeit der Streitigkeit und 400 DM (= 204,52 €) bis 500 DM (= 255,65 €) bei erheblichem Zeitaufwand und besonderer Schwierigkeit der Angelegenheit als sachgerecht her. 55

2. Kosten für die Beisitzer

a) Außerbetriebliche Beisitzer

Beisitzer sollten zunächst dringend beachten, dass die Mitglieder der Einigungsstelle nur dann einen Vergütungsanspruch erwerben, wenn sie rechtswirksam bestellt sind. Die **rechtswirksame Bestellung** eines Beisitzers durch den Betriebsrat setzt einen wirksamen **Betriebsratsbeschluss** voraus.[140] Jeder außerbetriebliche Beisitzer sollte sich also im eigenen Interesse den Betriebsratsbeschluss vorlegen lassen. Eine ordnungsgemäße Bestellung und (konkludente) Annahme des Amtes reicht für die Entstehung des Vergütungsanspruchs indessen aus. Auf eine gesonderte Prüfung der Erforderlichkeit der Benennung eines außerbetrieblichen Beisitzers gegenüber der kostenschonenderen Variante der Benennung eines innerbetrieblichen Beisitzers kommt es nicht an.[141] Davon zu trennen ist die Frage, ob der Arbeitgeber den Betriebsrat bzw. die einzelnen Betriebsratsmitglieder in Regress nehmen kann, wenn sie bei der Bestellung des außerbetrieblichen Beisitzers in klarer Weise gegen den Grundsatz der Kostenschonung des Arbeitgebers verstoßen.[142] 56

Die **Höhe der Vergütung** richtet sich nach denselben Grundsätzen wie diejenige des Vorsitzenden mit dem Zusatz, dass die Vergütung der Beisitzer niedriger zu bemessen ist als die des Vorsitzenden, § 76a Abs. 3 Satz 2 i.V.m. Abs. 4 Satz 4 BetrVG. Nach der Rechtsprechung des BAG kann bei der Bestimmung der Vergütung des Beisitzers an die dem Vorsitzenden der Einigungsstelle gezahlte Vergütung angeknüpft werden, sofern diese ihrerseits billigem Ermessen, insbesondere den Bemessungsgrundsätzen des § 76a Abs. 4 Sätze 3 bis 5 BetrVG, entspricht und keine Besonderheiten des Einzelfalls bestehen, die die Eignung der Vorsitzendenvergütung als Bezugsgröße für die Bemessung der Beisitzervergütung ausschließen oder zumindest in Frage stellen. Als eine solche Besonderheit des Einzelfalls kann beispielsweise gelten, wenn in die Bemessung der Vorsitzendenvergütung ein Verdienstausfall des Vorsitzenden Eingang gefunden hat, der bei dem Beisitzer nicht vorliegt. Haben Arbeitgeber und Einigungsstellenvorsitzender sich über die Höhe des Vorsitzendenhonorars geeinigt oder hat der Arbeitgeber die vom Einigungsstellenvorsitzenden nach § 315 Abs. 1 BGB getroffene 57

138 AP Nr. 7 zu § 76a BetrVG 1972.

139 Einigungsstelle, G Rn 24; ähnlich *Fitting u.a.*, § 76a BetrVG Rn 24: das 3–5-fache der Vergütung von Sachverständigen nach dem ZSEG.

140 BAG, Beschl. v. 19.08.1992, AP Nr. 3 zu § 76a BetrVG 1972.

141 BAG, Beschl. v. 14.02.1996, AP Nr. 5 zu § 76a BetrVG 1972.

142 *Fitting u.a.*, § 76a BetrVG Rn 15.

Bestimmung der Höhe seiner Vergütung nicht als unbillig beanstandet, so kann in der Regel davon ausgegangen werden, dass sie billigem Ermessen entspricht.[143]

58 Von der **Vorsitzendenvergütung** ist in der Regel ein **Abschlag von 3/10** vorzunehmen, der im Allgemeinen dem Unterschied in den Aufgaben und der Beanspruchung des Vorsitzenden und der Beisitzer der Einigungsstelle ausreichend Rechnung trägt.[144] Von der Angemessenheit des Beisitzerhonorars in Höhe von 7/10 der Vorsitzendenvergütung ist die Rechtsprechung bereits vor In-Kraft-Treten des § 76a BetrVG ausgegangen[145] und hat diese Rechtsauffassung unter der Geltung des § 76a BetrVG beibehalten.[146] Auch ein **Rechtsanwalt** hat für seine Tätigkeit als Beisitzer keinen höheren Anspruch als 7/10 des Vorsitzendenhonorars.[147] Insbesondere kann ein Rechtsanwalt nach der Rechtsprechung des BAG weder einwenden, er erhalte in seinem Beruf als Rechtsanwalt durchschnittlich höhere Stundenvergütungen, noch dass er einen beträchtlichen laufenden Büroaufwand habe. Als Beisitzer in der Einigungsstelle werde ein Rechtsanwalt, anders als bei seinem Auftreten als Verfahrensbevollmächtigter vor der Einigungsstelle, nicht in seiner Eigenschaft als Rechtsanwalt tätig, sondern nebenberuflich als besonders sachkundige Vertrauensperson der ihn bestellenden Seite. In der Einigungsstelle habe der Rechtsanwalt die gleiche Funktion wie ein anderer Beisitzer. Maßgebend für die Bemessung seiner Vergütung sei nur seine nebenberufliche Tätigkeit, der im Hauptberuf weiterhin anfallende Aufwand sei für diese nebenberufliche Tätigkeit ohne Belang.[148] Die Geltendmachung der gesetzlichen Mehrwertsteuer bedarf nicht mehr der vorherigen Vereinbarung mit dem Arbeitgeber, sondern ergibt sich unmittelbar aus § 76a Abs. 3 und 4 BetrVG.[149]

59 Will der Rechtsanwalt den **Verdienstausfall** geltend machen, muss er konkret darlegen, welches Mandat er wegen seiner Tätigkeit für die Einigungsstelle ablehnen musste. Die Angabe einer durchschnittlichen Verdiensthöhe reicht nicht aus. Das BAG ist davon ausgegangen, dass der Anwalt wegen seiner Einigungsstellentätigkeit keine lukrativen Mandate ausschlagen wird, sondern näher liege, dass er die Beanspruchung durch die Einigungsstellentätigkeit durch Verzicht auf weniger ertragsreiche Mandate oder zusätzlichen Arbeitseinsatz ausgleiche.[150]

60 Nicht selten wird es um das **Beisitzerhonorar** zu Streitigkeiten mit dem Arbeitgeber kommen, wenn der Anwalt Beisitzer auf Betriebsratsseite war. Nicht nur über den eigentlichen Rechtsstreit über Grund und Höhe des Beisitzerhonorars haben die Arbeitsgerichte im **Beschlussverfahren** zu entscheiden,[151] sondern auch in einem weiteren Folgeverfahren über die in diesem Verfahren anfallenden Kosten, die sog. **Honorardurchsetzungskosten**.[152] Die Honorardurchsetzungskosten zählen nicht zu den vom Arbeitgeber nach § 76a Abs. 1 BetrVG zu tragenden Kosten der Einigungsstelle, können aber ein nach § 286 Abs. 1 BGB zu ersetzender Verzugsschaden sein. Das gilt auch für die im Beschlussverfahren entstehenden Anwaltskosten, und zwar auch dann, wenn das Einigungsstellenmitglied selbst Rechtsanwalt ist und das Beschlussverfahren zur Durchsetzung der Honorarkosten selbst geführt hat.[153]

143 BAG, Beschl. v. 12.02.1992, AP Nr. 2 zu § 76a BetrVG 1972.
144 BAG, Beschl. v. 12.02.1992, AP Nr. 2 zu § 76a BetrVG 1972.
145 BAG, Beschl. v. 14.12.1988, AP Nr. 30 zu § 76 BetrVG 1972; Beschl. v. 21.06.1989, AP Nr. 35 zu § 76 BetrVG 1972; Beschl. v. 20.02.1991, AP Nr. 44 zu § 76 BetrVG 1972.
146 BAG, Beschl. v. 12.02.1992, AP Nr. 2 zu § 76a BetrVG 1972; zur Kritik an dieser »Automatik« vgl. *Bengelsdorf*, Anm. zu BAG, Beschl. v. 12.02.1992, SAE 1995, 26.
147 BAG, Beschl. v. 20.02.1991, AP Nr. 44 zu § 76 BetrVG 1972.
148 BAG, Beschl. v. 20.02.1991, AP Nr. 44 zu § 76 BetrVG 1972.
149 BAG, Beschl. v. 14.02.1996, AP Nr. 6 zu § 76a BetrVG 1972.
150 BAG, Beschl. v. 20.02.1991, AP Nr. 44 zu § 76 BetrVG 1972.
151 BAG, Beschl. v. 26.07.1989, AP Nr. 4 zu § 2a ArbGG.
152 BAG, Beschl. v. 27.07.1994, AP Nr. 4 zu § 76a BetrVG 1972.
153 BAG, Beschl. v. 27.07.1994, AP Nr. 4 zu § 76a BetrVG 1972; ArbG Regensburg, Beschl. v. 23.09.1999, AiB 2000, 690.

b) Innerbetriebliche Beisitzer

Innerbetriebliche Beisitzer erwerben **keinen Vergütungsanspruch**, § 76a Abs. 2 Satz 1 Hs. 1 BetrVG. § 76a Abs. 2 Satz 1 Hs. 2 BetrVG erklärt § 37 Abs. 2 und 3 BetrVG für entsprechend anwendbar. Die innerbetrieblichen Einigungsstellenmitglieder sind also im erforderlichen Umfang **von der Arbeit freizustellen** und erwerben ggf. einen Anspruch auf **Freizeitausgleich**, wenn die Sitzungen der Einigungsstelle außerhalb der Arbeitszeit stattfinden.[154] Die Verweisung auf § 37 Abs. 2 und 3 BetrVG unterscheidet nicht, ob es sich um Betriebsratsmitglieder oder sonstige Arbeitnehmer des Betriebs handelt, auch nicht, ob sie als Beisitzer auf Arbeitgeber- oder Betriebsratsseite tätig werden.[155] 61

154 Vgl. im Einzelnen zu § 37 BetrVG § 12 Rn 103 ff.
155 *Fitting u.a.*, § 76a BetrVG Rn 11.

§ 14 Arbeitsgerichtliches Urteilsverfahren

Inhalt

F. Klagefrist/Ausschlussfrist . . 254

G. Zwangsvollstreckung . . 259

H. Verfahrensablauf . . . 273

I. Prozesskostenhilfe . . . 304

A. Arbeitsgerichtsgesetz und Zivilprozess

I. Verfahrensvorschriften

Grundsätzlich gelten für das Verfahren vor den Arbeitsgerichten die **Sonderregelungen des ArbGG.** 1
Es wurde durch Art. 30 des Zivilprozessreformgesetzes umfassend geändert.[1] Das ArbGG enthält zwar Sonderregelungen, jedoch sind diese nicht abschließend. Soweit keine Sondervorschriften eingreifen, ist über die Verweisung in § 46 Abs. 2 Satz 1 ArbGG auf die Vorschriften der ZPO über das Verfahren vor den Amtsgerichten zurückzugreifen. Diese sind entsprechend anzuwenden, soweit das ArbGG nichts anderes bestimmt.

Der frühe erste Termin und das schriftliche Vorverfahren finden ebenso wenig statt, wie das ver- 2
einfachte Verfahren und der Urkunden- und Wechselprozess. Die Entscheidung ohne mündliche Verhandlung ist regelmäßig ausgeschlossen, die Vorschriften über die Verlegung von Terminen in der Zeit der früheren so genannten Gerichtsferien finden keine Anwendung. Die sofortige Beschwerde ist unabhängig vom Streitwert zulässig. Da § 274 Abs. 3 Satz 1 ZPO nicht gilt, kommt auch eine Einlassungsfrist bei Klageänderung, Widerklage oder Klageerweiterung nicht in Betracht. Auch § 132 ZPO gilt nicht, wonach vorbereitende Schriftsätze mindestens eine Woche vor mündlicher Verhandlung dem Gegner zugestellt werden müssen. Die Einspruchsfrist gegen Versäumnisurteile beträgt nur eine Woche (§ 59 ArbGG). Im Übrigen wird auf die umfassend reformierte ZPO Bezug genommen. Dabei ergeben sich wesentliche Änderungen insbesondere im Berufungsverfahren (§ 64 ff. ArbGG). Besonders zu beachten ist hier die Neuregelung der Berufungs- und der Berufungsbegründungsfrist. Beide Fristen beginnen mit der Zustellung des in vollständiger Form abgefassten Urteils, spätestens mit Ablauf von fünf Monaten nach der Verkündung.[2] Die Berufungsbegründungsfrist läuft danach unabhängig davon, wann genau die Berufung innerhalb der Monatsfrist eingelegt worden ist, in jedem Fall zwei Monate nach Zustellung ab. Sinngemäß die gleiche Fristenregelung findet sich für das Revisionsverfahren in § 74 ArbGG.[3] In Abstimmung mit dem Prozessgegner ist nach Zulassung im Urteil des Arbeitsgerichts die Sprungrevision unter Übergehung der Berufungsinstanz möglich (vgl. § 76 ArbGG).

II. Prozessvertretung

Nach § 11 ArbGG können die Parteien vor den Arbeitsgerichten den Rechtsstreit selbst führen 3
(**Parteiprozess**) oder sich von jedem in der Bundesrepublik Deutschland zugelassenen Rechtsanwalt vertreten lassen mit Ausnahme der beim BGH zugelassenen Anwälte. Vor den Landesarbeitsgerichten sind hingegen nur Rechtsanwälte und Vertreter von Gewerkschaften und Vereinigungen von Arbeitgebern oder von Zusammenschlüssen solcher Verbände postulationsfähig, wenn sie kraft

1 *Schmidt/Schwab/Wildschütz*, NZA 2001, 1161 ff. und 1217 ff.; *Düwell*, FA 2001, 294 ff. sowie Sonderbeilage NZA zu Heft 21, 2001 mit einer Übersicht über die geänderten Vorschriften der ZPO und des ArbGG.
2 LAG Köln, Urt. v. 24.09.2003, ArbRB 2003, 367.
3 BAG, Urt. v. 16.04.2003, ArbRB 2003, 366

Satzung oder Vollmacht zur Vertretung befugt sind und der Zusammenschluss, der Verband oder deren Mitglied Partei ist. Wenn die vertretene Partei nicht Mitglied des Verbandes ist, ist die Postulationsfähigkeit des Verbandsvertreters ausgeschlossen.[4] Beim Bundesarbeitsgericht besteht Anwaltszwang (§ 11 Abs. 2 S. 1 ArbGG).

4 Im Rahmen seiner Prozessvollmacht (§ 81 ZPO) kann der Rechtsanwalt **Untervollmacht** erteilen. Als Unterbevollmächtigte kommen andere Rechtsanwälte, aber auch Stationsreferendare und Nebentätigkeitsreferendare[5] in Betracht. Nach dieser Entscheidung sind auch Angestellte von Rechtsanwälten vor dem Arbeitsgericht in Untervollmacht des Prozessbevollmächtigten befugt aufzutreten. § 11 ArbGG betrifft nur die selbständige Besorgung fremder Rechtsangelegenheiten, und nicht eine derartige Tätigkeit im Angestelltenverhältnis. Vor dem Bundesarbeitsgericht sind allein Rechtsanwälte postulationsfähig, § 11 Abs. 2 Satz 1 ArbGG. Der Prozessbevollmächtigte muss seine Bevollmächtigung durch schriftliche Vollmacht nachweisen und zu den Gerichtsakten geben können (§ 46 Abs. 2 ArbGG i.V.m. § 80 Abs. 1 ZPO). Der Mangel der Vollmacht kann vom Gegner in jeder Lage des Rechtsstreites gerügt werden (§ 88 Abs. 1 ZPO). Tritt vor dem Arbeitsgericht ein Rechtsanwalt auf, so erfolgt die Prüfung der Bevollmächtigung nur auf Rüge des Gegners, § 88 Abs. 2 ZPO.

III. Verfahrensgrundsätze

1. Beschleunigungsgrundsatz

5 Nach § 9 Abs. 1 ArbGG ist das Verfahren in allen Rechtszügen zu beschleunigen. Aus dem Beschleunigungsgrundsatz folgt die Verkürzung der Widerspruchsfrist gegen den Mahnbescheid (§ 46a Abs. 3 ArbGG) und der Einspruchsfrist gegen das Versäumnisurteil (§ 59 Satz 1 ArbGG) auf eine Woche.

2. Besondere Prozessförderung in Kündigungsschutzverfahren

6 Verfahren in Rechtsstreitigkeiten über das Bestehen, das Nichtbestehen oder die Kündigung eines Arbeitsverhältnisses sind nach § 61a ArbGG vorrangig zu erledigen. Der Gütetermin soll innerhalb von zwei Wochen nach Klageerhebung stattfinden. Jedoch ist auch hier die einwöchige Einlassungsfrist nach § 47 Abs. 1 ArbGG zu beachten. Sie ergibt sich daraus, dass die Klage mindestens eine Woche vor dem Termin zugestellt worden sein muss.

7 In der Praxis werden gelegentlich schon vor der Güteverhandlung **Schriftsatzfristen** gesetzt. Prozessual sind derartige Fristsetzungen unbeachtlich, insbesondere kommt eine Zurückweisung verspäteten Vorbringens nicht in Betracht. Unabhängig davon sollte der Gütetermin im Regelfall schriftsätzlich vorbereitet werden.

8 Scheitert der Gütetermin, muss der beklagten Partei mindestens eine zweiwöchige Klageerwiderungsfrist eingeräumt werden, wenn sie sich noch nicht auf die Klage eingelassen hat. Der klagenden Partei ist wiederum ist ebenfalls eine angemessene Frist, die mindestens zwei Wochen betragen muss, zur schriftlichen Stellungnahme auf die Klageerwiderung zu setzen (§ 61a Abs. 3 und 4. ArbGG).

4 LAG Hamm, Urt. v. 22.11.1996, NZA-RR 1997, 221.

5 Siehe auch BAG, Urt. v. 22.02.1990, NZA 1990, 665; vgl. hierzu auch die Darstellung des Meinungsstreites in der Literatur: *Hümmerich*, AnwaltFormulare Arbeitsrecht, § 6 Rn 126, Muster 3165.

3. Zurückweisung verspäteten Vorbringens

Die §§ 56 Abs. 2 Satz 1 und 61a Abs. 5 Satz 1 ArbGG eröffnen die Möglichkeit, Sachvortrag einer Partei als verspätet zurückzuweisen. Die Regelung ist die speziellere Vorschrift zu § 296 Abs. 1 ZPO. 9

Die Zurückweisung verspäteten Vorbringens verletzt nicht generell Artikel 103 GG, das Gebot der Gewährung rechtlichen Gehörs. Denn das Rechtsstaatsprinzip und der Anspruch auf wirksamen Rechtsschutz bedingen auch, dass dieser innerhalb angemessener Zeit erlangt werden kann. Nach § 56 Abs. 2 Satz 1 ArbGG können Angriffs- und Verteidigungsmittel, die erst nach Ablauf einer gesetzten Frist vorgebracht werden, zurückgewiesen werden, wenn nach der freien Überzeugung des Gerichts ihre Zulassung die Erledigung des Rechtsstreits verzögern würde und die Partei die Verspätung nicht genügend entschuldigt hat. Die Zurückweisungsmöglichkeit besteht nur, wenn das Gericht die Parteien – und auch die Anwälte – mit einer Auflage entsprechend belehrt hat. Die praktische Bedeutung der Zurückweisung verspäteten Vorbringens ist eher gering, weil im Einzelfall eine Vielzahl von Voraussetzungen vorliegen müssen. 10

Zunächst muss das Gericht die **aufklärungsbedürftigen Punkte** und das ergänzungsbedürftige Vorbringen **exakt bezeichnen.**[6] Der allgemeine Hinweis, zum Vortrag des Gegners Stellung zu nehmen, genügt nicht. Nur wenn die einzelnen aufklärungsbedürftigen Punkte im Rahmen der Erörterung der Sach- und Rechtslage bereits genau bezeichnet und im Sitzungsprotokoll festgehalten worden sind, kann ein geringerer Maßstab eingreifen. 11

Die **Frist** muss ausreichend bemessen sein. Ihre Länge wird im Einzelfall davon abhängen, wie komplex die Sachverhalts- und Rechtsfragen sind. Eine Frist von einer Woche wird regelmäßig die unterste Grenze des Angemessenen darstellen. Fristverlängerung ist möglich (§ 224 Abs. 2 ZPO). 12

Häufig wird übersehen, dass die **Verfügung** mit Auflagen- und Fristsetzung gemäß § 329 Abs. 1 Satz 2 ZPO in Verbindung mit § 317 Abs. 2 Satz 1 ZPO der vollständigen Unterschrift des/der zuständigen Vorsitzenden bedarf. Eine Paraphe genügt nicht. Schließlich rechtfertigt die bloß formlose Mitteilung nicht die Zurückweisung des Vorbringens als verspätet. Vielmehr muss die Verfügung der betroffenen Prozesspartei oder deren Bevollmächtigten **förmlich zugestellt** worden sein. 13

Über die Folgen der Fristversäumung ist zu belehren, und zwar auch bei Vertretung durch Rechtsanwälte oder Verbandsvertreter. Heftig umstritten ist, ob die formularmäßige Belehrung oder der bloße Hinweis auf § 56 Abs. 2 oder die Wiederholung des Gesetzeswortlautes ausreichen oder eine Individualisierung verlangt werden muss.[7] 14

Die Zurückweisung verspäteten Vorbringens setzt schließlich voraus, dass ihre Zulassung zu einer **Verzögerung des Rechtsstreites** führt. Von der Möglichkeit des Ausschlusses von Parteivorbringen oder Beweismitteln wegen Verspätung kann z.B. dann kein Gebrauch gemacht werden, wenn der Vorsitzende ein oder zwei verspätet benannte Zeugen durch prozessleitende Verfügung noch zum Termin hätte laden können oder etwa der betreffende Zeuge in dem Termin von der beweisbelasteten Partei mitgebracht wird.[8] Können Gegenzeugen benannt werden, so ist zu deren Vernehmung ein neuer Termin notwendig. Somit liegt ein Fall der Verzögerung vor. 15

Problematisch ist der Begriff der Verzögerung. Der Bundesgerichtshof vertritt den **absoluten Verzögerungsbegriff.**[9] Dies bedeutet, dass eine Verfahrensverzögerung bereits dann vorliegt, wenn die Zulassung des nach Fristablauf eingegangenen Vortrages zu irgendeiner zeitlichen Verschiebung des Verfahrensablaufs zwingt und zwar ohne Berücksichtigung des hypothetischen Verfahrensablaufs bei rechtzeitigem Vortrag. Die Gegenmeinung geht von einem relativen Verzögerungsbegriff aus. 16

6 BAG, Urt. v. 19.06.1980, AP Nr. 1 zu § 56 ArbGG 1979.

7 *Germelmann/Matthes/Prütting*, § 56 Rn 24; GK-ArbGG/*Dörner*, § 56 Rn 30.

8 BAG, Urt. v. 23.09.1988, NZA 1989, 436.

9 BGH, Urt. v. 12.07.1979, MDR 1979, 928; BGH, Urt. v. 31.01.1980, MDR 1980, 393.

Danach soll eine Fristüberschreitung hypothetisch danach überprüft werden, ob das Verfahren bei rechtzeitigem Vortrag schneller hätte abgeschlossen werden können. Wäre dies nicht der Fall gewesen, so sei auch keine Verzögerung entstanden.[10] Auch das Bundesarbeitsgericht geht vom absoluten Verzögerungsbegriff aus. Eine Verzögerung liegt danach vor, wenn ein weiterer zusätzlicher Termin anberaumt werden muss. Eine Verzögerung tritt nur dann nicht ein, wenn es dem Gericht (auch kurzfristig) möglich ist, durch prozessleitende Verfügungen sicherzustellen, dass das Vorbringen noch in einem bereits anberaumten Termin durch Beweisaufnahme geprüft werden kann oder wenn die Beweismittel in der Verhandlung gestellt werden.[11] Der absolute Verzögerungsbegriff wird in der Praxis dadurch eingeschränkt, dass verspätetes Vorbringen jedenfalls dann nicht ausgeschlossen werden kann, wenn offenkundig ist, dass dieselbe Verzögerung auch bei rechtzeitigem Vortrag eingetreten wäre.[12] Allein aus der Tatsache, dass dem Gegner nach § 283 ZPO eine Erklärungsfrist gewährt werden muss, resultiert für sich allein noch keine Verzögerung des Rechtsstreits.[13] Ob eine Verzögerung eintritt, muss das Gericht bezogen auf den Zeitpunkt des Vortrages nach seiner freien Überzeugung feststellen. Bei der Anwendung des Verzögerungsbegriffs ist stets zu beachten, dass die Vorschriften nicht das Gericht vor zusätzlicher Arbeitsbelastung, sondern den Prozessgegner schützen sollen.

17 Ist gegen eine Partei nach Überschreitung einer ihr gesetzten Erklärungsfrist Versäumnisurteil ergangen, so kann sie trotz vorausgegangener Versäumung von Erklärungsfristen das versäumte Vorbringen so rechtzeitig vor dem Einspruchstermin nachholen, dass es in diesem Termin berücksichtigt werden kann.[14]

Schließlich besteht noch die Möglichkeit, die Zurückweisung verspäteten Vorbringens dadurch abzuwenden, dass der Vortrag erst in der Berufungsbegründung erfolgt. Das Vorbringen kann im zweiten Rechtszug berücksichtigt werden, wenn es dort nicht verzögernd wirkt oder wenn jetzt erst die Verzögerung entschuldigt wird (§ 67 Abs. 2 ArbGG).

18 Weitere Voraussetzung der Zurückweisung verspäteten Vorbringens ist das **Verschulden** der Partei oder ihres Vertreters.[15] In der gerichtlichen Praxis wird von den Parteien häufig und meist ohne rechtliche Substanz der Verspätungseinwand erhoben mit der Folge, dass die Rüge fast immer ins Leere geht.

19 Sollte tatsächlich einmal durch das erkennende Arbeitsgericht Vorbringen wegen Verspätung unberücksichtigt bleiben, ist in der Berufungsinstanz neben der Überprüfung der korrekten Anwendung der obigen Voraussetzungen zur rechtmäßigen Zurückweisung auch der Frage Aufmerksamkeit zu widmen, ob überhaupt die Darlegungs- und Beweislast von dem erkennenden Gericht richtig gewürdigt wurde.[16]

10 OLG Frankfurt, Urt. v. 08.03.1979, NJW 1979, 1750; OLG Hamburg, Urt. v. 07.03.1979, NJW 1979, 1717.
11 BAG, Urt. v. 23.11.1988, BAGE 60, 173.
12 BVerfG, Beschl. v. 05.05.1987, NJW 1987, 2733.
13 BAG, Urt. v. 02.03.1989, NJW 1989, 2213; BGH, Urt. v. 26.11.1985, NJW 1985, 1556.
14 BGH, Urt. v. 27.02.1980, NJW 1980, 1105.
15 Zur Verspätungsproblematik sehr ausführlich *Gift/Baur*, Das Urteilsverfahren, E Rn 712 – 831.
16 Zur Beweislast im Arbeitsrecht *Prütting*, RdA 1999, 107 ff.

B. Arbeitsgerichtliche Zuständigkeit nach § 2 ArbGG

I. Ausschließliche Zuständigkeit

1. Grundsatz, § 2 Abs. 1 ArbGG

Für die in § 2 Abs. 1 ArbGG einzeln aufgeführten Rechtsstreitigkeiten sind die Gerichte für Arbeitssachen **ausschließlich** zuständig.[17] Es handelt sich anders als bei den Generalklauseln des § 13 GVG oder des § 40 VwGO um eine enumerative, abschließende Aufzählung. Für die in § 2 Abs. 1 und 2 ArbGG genannten Streitigkeiten kann die Zuständigkeit anderer Gerichte weder durch Parteivereinbarung (Prorogation) noch durch rügeloses Verhandeln zur Hauptsache begründet werden. Eine Ausnahme gilt nur dann, wenn eine bindende, in der Sache aber unberechtigte Verweisung einer arbeitsrechtlichen Streitigkeit durch ein Arbeitsgericht an ein anderes Gericht ergangen ist. 20

In der zweiten und dritten Instanz findet keine Rechtswegprüfung mehr statt, § 17a Abs. 5 GVG. 21
Daher kann ein einmal fälschlich beschrittener Rechtsweg in der zweiten und dritten Instanz nicht mehr korrigiert werden. Vor diesem Hintergrund ist der Rechtswegfrage besondere Aufmerksamkeit zu widmen.

Für die Anrufung des Arbeitsgerichtes sprechen die fehlende Kostenerstattung in der ersten Instanz, 22
überwiegend schnellere Termine als bei den Zivilgerichten, die niedrigeren Gegenstandswerte bei Bestandsschutzstreitigkeiten und die unbeschränkte Vertretungsmöglichkeit für Rechtsanwälte in allen Instanzen. Gegen die Beschreitung des arbeitsgerichtlichen Rechtsweges können die Besetzung der Berufungsrichterbank nur mit einem Berufsrichter und die äußerst eingeschränkten Revisionsmöglichkeiten ins Feld geführt werden.

Das Für und Wider sollte im Einzelfall abgewogen und ggf. genutzt werden, wenn es sich um 23
Streitigkeiten zwischen Organen von juristischen Personen gem. § 2 Abs. 4 ArbGG handelt oder die Möglichkeit der Durchführung einer Zusammenhangsklage besteht, § 2 Abs. 3 ArbGG. In diesen beiden Fällen kann ausnahmsweise die Zuständigkeit des Arbeitsgerichtes **durch Vereinbarung** herbeigeführt werden.[18] Für die Organvertreter der Aktiengesellschaft, der GmbH und die Kommanditgesellschaft auf Aktien und den rechtsfähigen Verein kann die Zuständigkeit der Arbeitsgerichte entweder schon im jeweiligen Anstellungsvertrag oder erst nach Auftreten der Streitigkeiten vereinbart werden. Zur Begründung wird angeführt, dass es sich bei diesem Personenkreis zwar nicht um Arbeitnehmer der juristischen Person handele, doch sei ihre Stellung häufig mit der eines leitenden Angestellten vergleichbar.[19]

2. Ausnahmen, § 2 Abs. 3 und Abs. 4 ArbGG

In § 2 Abs. 4 ArbGG wird nicht zwischen Gesellschaftergeschäftsführern und Fremdgeschäftsführern unterschieden. Die Zuständigkeitsvereinbarung muss nach §§ 38 ff. ZPO getroffen werden. Die Zuständigkeit der Arbeitsgerichte in erster Instanz kann auch dadurch begründet werden, dass die Gesellschaft die Zuständigkeit des Gerichtes nicht rügt, § 39 ZPO.[20] Unter dem Gesichtspunkt der Privilegierung des arbeitsgerichtlichen Verfahrens oder aber auch, weil es häufig Schwierigkeiten bereitet zu entscheiden, ob es sich bei einem Geschäftsführer um einen Arbeitnehmer handelt oder nicht, sollte zunächst zur Wahrung der Dreiwochenfrist des § 4 KSchG eine **Feststellungsklage** erhoben werden. Lässt sich sodann die Gesellschaft rügelos ein oder aber kommt es zu einer ausdrücklichen Vereinbarung, dass es bei der Zuständigkeit des Arbeitsgerichtes verbleiben soll, ist 24

17 HWK/*Ziemann*, § 2 ArbGG Rn 3; *Gift/Baur*, Das Urteilsverfahren, C Rn 15 ff.
18 *Grunsky*, § 2 ArbGG Rn 149.
19 *Grunsky*, § 2 ArbGG Rn 148; HWK/*Ziemann*, § 2 ArbGG Rn 138 ff.
20 LAG Hamm, Urt. v. 18.12.1979, GmbHR 1980, 131; str. ebenso *Germelmann/Matthes/Prütting*, § 2 ArbGG Rn 137.

die Zuständigkeit des Arbeitsgerichtes nach § 2 Abs. 4 ArbGG begründet. Lehnt die Gesellschaft die Zuständigkeit des Arbeitsgerichtes ab, kann durch einen Verweisungsantrag, ohne dass hieran eine nachteilige Kostenfolge geknüpft wäre, immer noch die Verweisung an das Zivilgericht beantragt werden. Häufig wird das Interesse des Geschäftsführers an der Zuständigkeit des Arbeitsgerichtes höher sein als das der Gesellschaft.[21]

25 Über die so genannte **Zusammenhangsklage** ist es nach § 2 Abs. 3 ArbGG möglich, eine zu einem anderen Rechtsweg gehörende Rechtsstreitigkeit vor die Arbeitsgerichte zu bringen. Voraussetzung ist, dass der Anspruch mit einer anhängigen Sache in rechtlichem oder unmittelbarem wirtschaftlichen Zusammenhang steht und keine ausschließliche andere Zuständigkeit gegeben ist. Es muss zumindest eine Partei des Hauptstreits als **Arbeitnehmer, Arbeitgeber, Tarifvertragspartei** oder **tariffähige Partei** beteiligt sein. Daneben können auch **Dritte** (z.B. Bürgen oder Gesamtschuldner) Kläger oder Beklagte sein. Beispielsweise kann ein Arbeitnehmer einen Arbeitgeber auf Lohnzahlung und daneben den Bürgen der Forderung gerichtlich in Anspruch nehmen.[22] Zur Erfüllung des rechtlichen Zusammenhanges im Sinne des § 2 Abs. 3 ArbGG ist es erforderlich, dass die mit der Haupt- und Zusammenhangsklage verfolgten Ansprüche aus demselben Tatbestand abgeleitet werden können (z.B.: Verfolgung von Schadensersatzansprüchen gegen Anstifter, Gehilfen oder Mittäter, die nicht im Arbeitsverhältnis stehen, oder Geltendmachung der Haupt- und Sicherheitsverbindlichkeit, Ansprüche auf Rückzahlung eines Arbeitgeberdarlehens). Des Weiteren bietet es sich an, die Klage gegen den Drittschuldner auf Erfüllung der gepfändeten Lohnforderung und auf Schadensersatz nach § 840 Abs. 2 ZPO im Wege der Zusammenhangsklage geltend zu machen.[23] Der unmittelbare wirtschaftliche Zusammenhang verlangt, dass die Haupt- und Zusammenhangsklage dem Grunde nach auf demselben wirtschaftlichen Sachverhalt beruhen und nicht nur rein zufällig mit dem mit der Hauptklage erhobenen Anspruch in Verbindung stehen.[24] Die Zusammenhangsklage ist ausgeschlossen bei ausschließlichem Gerichtsstand der Nichtarbeitssache, also z.B. bei Ansprüchen mit dinglichem Gerichtsstand (§ 24 ZPO) oder bei Streitigkeiten über Werksmietwohnungen (§ 29a ZPO). Streitig ist, ob die Zuständigkeit der Arbeitsgerichte durch Aufrechnung und Widerklage mit einer nicht arbeitsrechtlichen Forderung begründet werden kann.

26 Das Bundesarbeitsgericht hat entschieden, dass eine Verweisung des gesamten Rechtsstreites an das Arbeitsgericht unzulässig ist, wenn ein beklagter Arbeitnehmer gegen eine von ihm nicht bestrittene Mietforderung mit Lohnansprüchen aufrechnet.[25] Aus dieser Entscheidung folgt, dass nur zwischen Arbeitsgerichten und ordentlichen Gerichten eine wechselseitige Entscheidungskompetenz auch über an sich rechtswegfremde Aufrechnungsforderungen bejaht wird. Anderer Auffassung nach besteht keine Entscheidungskompetenz des für die Klage zuständigen Gerichts auf rechtswegfremde Forderungen. Daher ist die Aufrechnungsforderung abzutrennen und in den zulässigen Rechtsweg zu verweisen.[26]

3. Ausschließliche Zuständigkeit

27 Ausschließlich sind die Gerichte für Arbeitssachen in den Fällen des § 2 Abs. 1 Nr. 1 bis 10 und Abs. 2 ArbGG zuständig. Nach diesen Vorschriften besteht die Zuständigkeit nur für bürgerliche Streitigkeiten. Eine bürgerliche Streitigkeit liegt dann vor, wenn der Streitgegenstand eine unmittelbare Rechtsfolge des Zivilrechts darstellt. Ist der Streitgegenstand eine unmittelbare Folge des öffentlichen Rechts, ist eine öffentlich-rechtliche Streitigkeit gegeben.[27] Bei der Abgrenzung zwischen Arbeits- und Sozialgerichtsbarkeit ist darauf abzustellen, ob der zur Klagebegründung vorgetragene

21 BAG, Urt. v. 06.05.1999, BB 1999, 1437.
22 BAG, Urt. v. 02.12.1992, AP Nr. 24 zu § 2 ArbGG 1979.
23 BAG, Urt. v. 23.09.1960, AP Nr. 3 zu § 61 ArbGG 1953 Kosten.
24 OLG Düsseldorf, Urt. v. 28.01.1997, NZA-RR 1997, 222 (223).
25 BAG, Beschl. v. 22.07.1998, EzA § 36 ZPO Nr. 28.
26 Vgl. hierzu ErfK/*Schaub*, § 2 ArbGG Rn 51.
27 BAG, Urt. v. 27.03.1999, NZA 1990, 789.

Sachverhalt für die aus ihm hergeleiteten Rechtsfolgen von Rechtssätzen des Arbeitsrechts oder des Sozialrechts geprägt wird.[28]

a) Streitigkeiten aus kollektivem Recht

Hier sind zwei Fallgruppen zu unterscheiden: 28

- In § 2 Abs. 1 Nr. 1 ArbGG sind die Streitigkeiten aus **Tarifverträgen** oder über das Bestehen/ Nichtbestehen eines Tarifvertrages (z.B. rechtswirksames Zustandekommen oder Auslaufen eines Tarifvertrages, Auslegung von Tarifvorschriften oder Streitigkeiten auf Durchführung oder Unterlassung von Kampfmaßnahmen) geregelt.[29]
- Zu den in § 2 Abs. 1 Nr. 2 ArbGG geregelten Streitigkeiten gehören solche aus **unerlaubten Handlungen** im Zusammenhang mit Arbeitskämpfen (z.B. Schadensersatzklagen) oder Fragen der Vereinigungsfreiheit (z.B. Mitgliederwerbung im Betrieb).

In beiden Fällen muss der bürgerliche Rechtsstreit zwischen Tarifvertragsparteien bzw. tariffähigen Parteien oder zwischen ihnen und Dritten (z.B. Verbandsmitglied oder Außenseiter) geführt werden. Für Klagen auf Erlass einer Allgemeinverbindlichkeitserklärung sind jedoch nicht die Arbeitsgerichte, sondern die Verwaltungsgerichte zuständig.[30] Vor die ordentlichen Gerichte gehören Streitigkeiten zwischen einer Gewerkschaft oder einem Arbeitgeberverband und ihrem/seinem Mitglied aus dem Mitgliedschaftsrecht.[31] Nach § 9 TVG entfaltet eine nach § 2 Abs. 1 Nr. 1 ArbGG ergangene Entscheidung Bindungswirkung zwischen tarifgebundenen Parteien sowie zwischen diesen und Dritten.

b) Streitigkeiten aus dem Arbeitsverhältnis

Streitigkeiten aus dem Arbeitsverhältnis (§ 2 Abs. 1 Nr. 3 lit. a ArbGG) sind alle Streitigkeiten, die ihre Grundlage im Arbeitsverhältnis haben, auch wenn dieses schon beendet ist. Die Frage, ob ein solches Arbeitsverhältnis rechtswirksam begründet wurde, ist unerheblich, so dass auch Ansprüche aus **faktischen Arbeitsverhältnissen** darunter fallen.[32] Ausreichend ist auch ein faktisches Arbeitsverhältnis oder ein Arbeitsverhältnis, das wegen Verstoßes gegen §§ 134, 138 BGB (z.B. Schwarzarbeit) nichtig ist.[33] Der Prätendentenstreit gehört ebenfalls vor die Arbeitsgerichte, auch wenn die Parteien materiell-rechtlich um Fragen des Arbeitsförderungsrechtes streiten.[34] Für Klagen auf Zahlung des Arbeitgeberzuschusses zur gesetzlichen Kranken- und Pflegeversicherung sind die Gerichte für Arbeitssachen nicht zuständig.[35] 29

Unter Streitigkeiten über das Bestehen oder Nichtbestehen eines Arbeitsverhältnisses (§ 2 Abs. 1 Nr. 3 ArbGG) werden Verfahren über die Wirksamkeit einer Kündigung, Befristung, Anfechtung oder eines Aufhebungsvertrages verstanden. Hierunter fallen ebenfalls die so genannten Statusklagen, in denen geklärt wird, ob ein Arbeitsverhältnis oder ein freies Mitarbeiterverhältnis vorliegt oder vorgelegen hat.[36] 30

28 BAG, Urt. v. 13.07.1988, NZA 1989, 321.

29 BAG, Urt. v. 21.12.1982, AP Nr. 76 zu Art. 9 GG.

30 BVerwG, Urt. v. 03.11.1988, AP Nr. 33 zu § 5 TVG; siehe auch *Mauer/Mäßen*, NZA 1996, 121.

31 BGH, Urt. v. 19.10.1987, BGHZ 102, 265.

32 BAG, Urt. v. 25.04.1963, DB 1963, 933.

33 *Grunsky*, § 2 ArbGG Rn 87; zum Verstoß gegen SchwarzarbG BAG, Urt. v. 24.03.2004, ArbRB 2004, 205.

34 BAG, Urt. v. 12.06.1997, NZA 1997, 1070 (1071).

35 BAG, Beschl. v. 01.06.1999, EzA § 2 ArbGG 1979 Nr. 45 im Anschluss an GmS-OBG, Beschl. v. 04.06.1974, NJW 1974, 2087.

36 Zur Problematik des Feststellungsinteresses: BAG, Urt. v. 23.04.1997, NZA 1997, 1246 (1247); Feststellungsinteresse bei einer Klage mit dem Inhalt, dass in der Vergangenheit ein Arbeitsverhältnis bestanden hat, ist nach der Rspr. nur gegeben, wenn sich aus der Feststellung Folgen für die Gegenwart oder Zukunft ergeben: BAG, Urt. v. 02.03.1999, DB 1999, 1224.

31 Unter Streitigkeiten aus Verhandlungen über die Eingehung eines Arbeitsverhältnisses und aus dessen Nachwirkungen (§ 2 Abs. 1 Nr. 3 lit. c ArbGG) fallen Ansprüche z.B. auf Ersatz von Vorstellungskosten, Rückgabe von Bewerbungsunterlagen, Gewährung von betrieblichem Ruhegeld, Erteilung von Zeugnissen oder aus nachvertraglichen Wettbewerbsverboten.[37]

32 Für Streitigkeiten aus unerlaubten Handlungen im Sinne des § 2 Abs. 1 Nr. 3 lit. d ArbGG ist eine unerlaubte Handlung des Arbeitnehmers gegenüber dem Arbeitgeber oder umgekehrt erforderlich. Die Klage kann nicht nur auf **Schadensersatz** gerichtet sein, sondern auch auf **Unterlassung**, **Beseitigung** oder **Widerruf**. Die Zuständigkeit des Arbeitsgerichts ist auch dann gegeben, wenn Ansprüche aus unerlaubter Handlung gegen den gesetzlichen Vertreter des Arbeitgebers von dem Arbeitnehmer geltend gemacht werden, also z.B. gegen den Geschäftsführer einer GmbH.[38] Verfolgt ein Arbeitnehmer im Wege der Durchgriffshaftung gegenüber den Gesellschaftern einer GmbH Ansprüche aus unerlaubter Handlung, so ist auch hierfür das Arbeitsgericht zuständig. Streitig ist, ob die Arbeitsgerichte auch dann zu entscheiden haben, wenn nach der Beendigung eines Arbeitsverhältnisses die Verletzung von Betriebsgeheimnissen geltend gemacht wird und die entsprechenden Unterlassungs- und Schadensersatzansprüche auf § 17 UWG gestützt werden.[39]

33 Besonders erwähnt sei die arbeitsgerichtliche Zuständigkeit nach § 2 Abs. 1 Nr. 3 lit. e ArbGG. Darin ist die ausschließliche Zuständigkeit für die bürgerlichen Rechtsstreitigkeiten zwischen Arbeitnehmern und Arbeitgebern über **Arbeitspapiere** festgelegt. Bei den Streitigkeiten über Arbeitspapiere wird wie folgt differenziert: Zum einen gehören zu den Arbeitspapieren die Lohnsteuerkarte, das Versicherungsnachweisheft, die Arbeitsbescheinigung (§ 312 SGB III), die Arbeitserlaubnis und die Urlaubsbescheinigung. Für die Herausgabe dieser Papiere ist stets das Arbeitsgericht zuständig.[40] Für eine Klage auf Berichtigung von öffentlich-rechtlichen Arbeitspapieren, wie dies die Arbeitsbescheinigung nach § 312 SGB III z.B. darstellt, ist jedoch der Rechtsweg zu den Sozialgerichten gegeben.[41] Beabsichtigt ein Arbeitnehmer eine vom Arbeitgeber erteilte Arbeitsbescheinigung berichtigen zu lassen, so hat er direkt gegen den ablehnenden Leistungsbescheid der Bundesagentur für Arbeit vorzugehen. Der Arbeitgeber ist sodann Beteiligter in diesem Verwaltungsverfahren.

34 Auch für die Ansprüche auf Herausgabe und Berichtigung der Lohnsteuerkarte gilt die oben dargelegte Differenzierung. Füllt der Arbeitgeber die Lohnsteuerbescheinigung oder die Lohnsteuerkarte unrichtig aus, so kann der Arbeitnehmer das Finanzamt informieren, das eine **ordnungsgemäße Lohnsteuerbescheinigung erzwingen** kann, §§ 328 ff AO. Bleibt das Finanzamt untätig, muss der Arbeitnehmer die Berichtigung von Eintragungen auf der Lohnsteuerkarte jedoch nach der Rechtsprechung des BAG[42] vor dem Finanzgericht geltend machen.[43] Unzuständig ist das Arbeitsgericht, wenn es um die inhaltliche Ausgestaltung der Lohnsteuerbescheinigung geht, weil diese nicht eine arbeitrechtliche auf § 242 BGB beruhende Nebenpflicht, sondern eine lohnsteuerrechtliche Verpflichtung aus § 41b EStG betrifft.

35 Nach § 2 Abs. 1 Nr. 4 ArbGG sind die Arbeitsgerichte für Rechtsstreitigkeiten zwischen Arbeitnehmern oder ihren Hinterbliebenen und Arbeitgebern und mit gemeinsamen Einrichtungen der Tarifvertragsparteien oder Sozialeinrichtungen des privaten Rechts zuständig. Mit dem Begriff »Hinterbliebene« sind nicht die Erben gemeint (für diese ist als Rechtsnachfolger das Arbeitsgericht

37 BAG, Urt. v. 18.08.1997, NZA 1997, 1362 (1363).

38 BAG, Beschl. v. 13.06.1996, AP Nr. 5 zu § 3 ArbGG 1979; BAG, Urt. v. 24.06.1996, AP Nr. 39 zu § 2 ArbGG 1979.

39 Dafür: OLG Stuttgart, Beschl. v. 19.11.1996, NZA-RR 1997, 267; dagegen: OLG Frankfurt, Urt. v. 15.08.1991, DB 1991, 2680.

40 *Gift/Baur*, Das Urteilsverfahren, C Rn 132 – 135; *Hümmerich*, AnwaltFormulare Arbeitsrecht, § 7 Rn 158, Muster 3600; BAG, Urt. v. 15.01.1992, AP Nr. 21 zu § 2 ArbGG 1979 (Erteilung einer Arbeitsbescheinigung); *Krasshöfer-Pidde/Molkenbur*, NZA 1991, 623 (627).

41 BAG, Urt. v. 15.01.1992, AP Nr. 21 zu § 2 ArbGG 1979; BSG, Urt. v. 12.12.1990, NJW 1991, 2101.

42 BAG, Beschl. v. 11.06.2003, NJW 2003, 2629 f.; BAG, Urt. v. 10.11.1982, DB 1983, 713; BAG, Urt. v. 13.07.1988, AP Nr. 11 zu § 2 ArbGG 1979; *Germelmann/Matthes/Prütting*, § 2 ArbGG Rn 78; GK-ArbGG/*Wenzel*, § 2 Rn 140 ff.

43 A.A. BFH, Urt. v. 29.06.1993, DB 1993, 2062.

schon nach § 3 ArbGG zuständig), sondern die Personen, denen nach dem Tod des Arbeitnehmers eigenständige Ansprüche aus dem früheren Arbeitsverhältnis des Erblassers erwachsen (z.B. Waisen und Witwen).[44] Der in § 2 Abs. 1 Nr. 4 ArbGG geforderte unmittelbare wirtschaftliche Zusammenhang liegt vor, wenn der Anspruch seine Grundlage in einem Austauschverhältnis von Arbeit und Entgelt hat.

Der Rechtsweg zu den Arbeitsgerichten ist nach § 2 Abs. 1 Nr. 5 ArbGG für alle Streitigkeiten über Ansprüche mit dem Pensions-Sicherungs-Verein sowie für Streitigkeiten über Ansprüche auf Leistungen der Insolvenzsicherung betrieblicher Altersversorgung eröffnet. Die Zuständigkeit nach § 2 Abs. 1 Nr. 6 ArbGG betrifft bürgerliche Rechtsstreitigkeiten zwischen Arbeitgebern und Einrichtungen nach Nr. 4 lit. b und Nr. 5 sowie zwischen diesen Einrichtungen. 36

Gemäß § 2 Abs. 1 Nr. 7 und 8 ArbGG ist den Arbeitsgerichten die Zuständigkeit für bürgerliche Rechtsstreitigkeiten zwischen Entwicklungshelfern, Helfern nach dem Gesetz zur Förderung des freiwilligen sozialen Jahres sowie Helfern nach dem Gesetz zur Förderung des freiwilligen ökologischen Jahres und den jeweiligen Trägern zugewiesen, selbst wenn durch den Hilfsdienst kein Arbeitsverhältnis begründet wird.[45] 37

In § 2 Abs. 1 Nr. 9 ArbGG sind Streitigkeiten zwischen Arbeitnehmern aus gemeinsamer Arbeit und aus unerlaubten Handlungen erfasst, soweit diese mit dem Arbeitsverhältnis im Zusammenhang stehen. Ansprüche aus gemeinsamer Arbeit entstehen etwa bei einem Streit über die Verteilung des gemeinsamen Lohnes (z.B. bei Gruppenarbeit), bei Leistung von Schadensersatz, ferner bei Fahrgemeinschaften oder bei gemeinsamer Anschaffung oder Benutzung von Werkzeugen oder Arbeitsmaterial.

§ 2 Abs. 1 Nr. 10 ArbGG betrifft Auseinandersetzungen zwischen behinderten Menschen im Bereich von Werkstätten und den jeweiligen Trägern der Werkstätten aus dem insoweit bestehenden arbeitnehmerähnlichen Rechtsverhältnis. 38

Unter § 2 Abs. 2 ArbGG fallen Streitigkeiten über Vergütungen für Erfindungen und Verbesserungsvorschläge sowie Streitigkeiten über Vergütungen bei Urheberrechten.

II. Prozessparteien

Der Rechtsweg zu den Arbeitsgerichten ist nach § 2 Abs. 1 und Abs. 2 ArbGG eröffnet, wenn es sich um eine Rechtsstreitigkeit zwischen Arbeitnehmern und Arbeitgebern als Prozessparteien handelt. 39

1. Allgemeiner Arbeitgeberbegriff

Der Arbeitgeberbegriff ist im Arbeitsgerichtsgesetz nicht definiert. Rechtsprechung und Schrifttum nehmen aber an, dass Arbeitgeber jeder ist, der einen Arbeitnehmer im Sinne von § 5 ArbGG beschäftigt.[46] Arbeitgeber sind ferner die handelsrechtlichen Personengesellschaften (OHG und KG). Arbeitgeber sind auch die anstelle einer Handelsgesellschaft in Anspruch genommenen persönlich haftenden Gesellschafter.[47] Arbeitgeber ist jedoch nicht der Kommanditist einer KG.[48] Wird ein Betrieb in der Rechtsform einer BGB-Gesellschaft betrieben, so sind die Gesellschafter Arbeitgeber.[49] 40

Da § 5 Abs. 1 ArbGG Organmitglieder juristischer Personen von seinem Anwendungsbereich ausnimmt, sind grundsätzlich für **Rechtsstreitigkeiten zwischen Geschäftsführern und der Gesell-** 41

44 BAG, Urt. v. 07.10.1981, DB 1982, 810.
45 BAG, Urt. v. 12.02.1992, DB 1993, 1377.
46 BAG, Urt. v. 23.06.1992, ZIP 1992, 1656; vgl. im Einzelnen *Gift/Baur*, Das Urteilsverfahren, C Rn 93 ff.
47 BAG, Urt. v. 01.03.1993, AP Nr. 25 zu § 2 ArbGG 1979.
48 BAG, Urt. v. 23.06.1992, AP Nr. 23 zu § 2 ArbGG 1979.
49 BAG, Urt. v. 16.10.1974, NJW 1975, 710.

schaft die Arbeitsgerichte nicht zuständig.[50] Nur ausnahmsweise ist das Arbeitsgericht über Rechtsstreitigkeiten zwischen Geschäftsführern und der Gesellschaft entscheidungsberechtigt. Maßgeblich ist wie bei der Feststellung der Arbeitnehmereigenschaft grundsätzlich der Grad der persönlichen Abhängigkeit. Die Annahme persönlicher Abhängigkeit ist beim Gesellschaftergeschäftsführer regelmäßig ausgeschlossen, wenn und sowie er nach seiner Kapitalbeteiligung Einfluss auf die Gesellschaft hat. Bei einem reinen Fremdgeschäftsführer kann das Kriterium der persönlichen Abhängigkeit ganz ausnahmsweise dann erfüllt sein, wenn dieser in den Betrieb eingegliedert ist, d.h. regelmäßig nach Zeit, Dauer, Ort und Art der Ausführung einem Direktionsrecht der Gesellschafter unterliegt. Aber auch dies kann nur bei besonderer Vertragsgestaltung angenommen werden, wenn der Geschäftsführer einem Hauptgesellschafter unterstellt ist und dessen Zustimmung auch schon bei Geschäften der täglichen Verwaltung benötigt.

42 Ursprünglich hatte das Bundesarbeitsgericht angenommen, dass im Falle des Aufstiegs eines Arbeitnehmers einer GmbH zu deren Geschäftsführer das bisherige Arbeitsverhältnis als ruhendes fortbestehe, wenn sich an den Vertragsbedingungen sonst nichts änderte. Im Falle der Abberufung sollte dann das alte Arbeitsverhältnis mit seinem ursprünglichen Inhalt wieder aufleben. Diese Rechtsprechung ist inzwischen überholt.[51] Dennoch ist für die Rechtspraxis nach wie vor zu empfehlen, dass ein neuer Dienstvertrag abgeschlossen wird, in dem ausdrücklich die alten arbeitsvertraglichen Vereinbarungen aufgehoben werden.

42a Das Bundesarbeitsgericht steht jetzt in ständiger Rechtsprechung[52] auf dem Standpunkt, dass nach Beendigung der Organstellung Streitigkeiten im Zusammenhang mit dem fortbestehenden Anstellungsverhältnis nicht in die Zuständigkeit der Arbeitsgerichte fallen, da sich der Inhalt des Anstellungsverhältnisses allein durch den Verlust der Organstellung nicht zu einem Arbeitsvertrag wandelt. Etwas anderes gilt nur dann, wenn nach Beendigung der Organstellung tatsächlich weiter gearbeitet worden ist, d.h. eine Vertragsänderung durch schlüssiges Verhalten angenommen werden kann.

42b In der Praxis häufig sind die Fälle, dass der Geschäftsführer zwar Organ der persönlich haftenden Gesellschafterin (GmbH) ist, daneben aber ein Arbeitsverhältnis – etwa auf Grund eines langjährigen ursprünglichen Arbeitsvertrages – zur Kommanditistin besteht. In diesem Verhältnis kann die Arbeitnehmereigenschaft angenommen werden, wenn der für ein Arbeitsverhältnis maßgebliche Grad der persönlichen Abhängigkeit besteht. Dann konnte nach älterer Rechtsprechung das Arbeitsgericht ausnahmsweise zuständig sein. Durch Beschluss vom 20.03.2003[53] hat das Bundesarbeitsgericht dies geändert und festgestellt, dass der Geschäftsführer der Komplementär-GmbH selbst dann nicht als Arbeitnehmer gilt, wenn ein Anstellungsvertrag mit der KG besteht. Für etwaige Rechtsstreitigkeiten aus diesem Vertrag sind die Zivilgerichte zuständig. Die Vermutungsregelung des § 5 Abs. 1 Satz 3 ArbGG gilt unabhängig davon, ob das der Organstellung zugrunde liegende Rechtsverhältnis materiell-rechtlich ein freies Dienstverhältnis oder ein Arbeitsverhältnis ist. Im Übrigen ist zu beachten, dass unabhängig von der Zuständigkeit des Arbeitsgerichts materiell-rechtlich die Mehrzahl der arbeitsrechtlichen Schutzvorschriften für Geschäftsführer nicht gelten (§ 14 Abs. 1 Nr. 1 KSchG, Betriebliche Übung, Gleichbehandlungsgrundsatz, Sonderkündigungsschutz etc.).

2. Arbeitgeber bei Betriebsübergang nach § 613a BGB

43 Die Wahl des richtigen Arbeitgebers als Klagegegner bei einer Kündigung wegen Betriebsübergangs (§ 613a BGB) bereitet häufig Schwierigkeiten. Nach der Rechtsprechung des Bundesarbeitsgerichtes soll sich die Klage grundsätzlich gegen den Arbeitgeber als Beklagten richten, der die Kündigung

50 BAG, Urt. v. 06.05.1999, BB 1999, 1437; BAG, Urt. v. 13.05.1996, BB 1996, 1774 (Geschäftsführer einer Vor-GmbH).
51 BAG, Urt. v. 07.10.1993, DB 1994, 428.
52 Vgl. Urt. v. 21.02.1994, NJW 1995, 675, 676.
53 BAG, Beschl. v. 20.08.2003, ArbRB 2003, 301.

ausgesprochen hat, unabhängig davon, ob ein Betriebsübergang nach § 613a BGB während oder nach Ablauf der Kündigungsfrist stattgefunden hat.[54] Richtigerweise ist jedoch zu differenzieren.

a) Kündigung und Klageerhebung vor Betriebsübergang

Erhebt der Arbeitnehmer gegen eine vor dem Betriebsübergang ausgesprochene Kündigung Kündigungsschutzklage, so ist diese gegen den Betriebsveräußerer, das heißt gegen den alten Arbeitgeber, zu richten. Der alte Arbeitgeber bleibt auch nach dem Betriebsübergang prozessführungsbefugt. Erfolgt der Betriebsübergang im Verlauf des Rechtsstreits, wirkt eine rechtskräftige Entscheidung gem. § 325 ZPO auch gegenüber dem Betriebserwerber, der nach Rechtshängigkeit der Klage Rechtsnachfolger des bisherigen Arbeitgebers geworden ist. Aus einem gegen den alten Arbeitgeber ergangenen Urteil kann gegen den Betriebserwerber vollstreckt werden, indem der Arbeitnehmer eine vollstreckbare Ausfertigung gegen den Rechtsnachfolger gem. §§ 727, 731 ZPO beantragt.[55] Der neue Arbeitgeber kann den Prozess nur mit Zustimmung des klagenden Arbeitnehmers übernehmen, nicht aber diesem als Hauptpartei mit den Rechtsfolgen des § 62 ZPO (notwendige Streitgenossenschaft) beitreten.[56] Im Urteil vom 04.03.1993 hat ein Arbeitnehmer in subjektiver Klagehäufung gegen den bisherigen Arbeitgeber und Betriebsinhaber auf Feststellung, dass das Arbeitsverhältnis durch eine von diesem ausgesprochene Kündigung nicht aufgelöst worden ist, und gegen den behaupteten Betriebsübernehmer zugleich auf Feststellung geklagt, dass mit ihm das beim bisherigen Arbeitgeber begründete Arbeitsverhältnis mit unverändertem Inhalt fortbesteht. 44

Das Bundesarbeitsgericht hat ausgeführt, dass es zwar entscheidungserheblich gewesen sei, ob ein Betriebsübergang vorlag und die Kündigung nach § 613a Abs. 4 Satz 1 BGB unwirksam war. Dabei handele es sich aber nur um eine Vorfrage, auf die sich die Rechtskraft nicht erstrecke. Eine notwendige Streitgenossenschaft entstehe nicht dadurch, dass in verschiedenen Rechtsstreitigkeiten dieselbe Vorfrage von Bedeutung sei. 45

Durch eine rechtskräftige Feststellung, dass die Kündigung des früheren Arbeitgebers das Arbeitsverhältnis des Klägers nicht beendet habe, sei noch nicht rechtskräftig geklärt, dass dieses Arbeitsverhältnis zwischen dem klagenden Arbeitnehmer und dem Betriebserwerber fortbestehe. 46

Das Bundesarbeitsgericht hat ausdrücklich entschieden, dass der Arbeitgeber, der das Arbeitsverhältnis vor einem Betriebsübergang gekündigt hat, auch für die gerichtliche Klärung der Wirksamkeit der Kündigung nach dem Betriebsübergang passivlegitimiert bleibt.[57] Wenngleich zwischen dem betriebsveräußernden Arbeitgeber und dem betriebserwerbenden Arbeitgeber keine notwendige Streitgenossenschaft besteht, so sind sie doch als Streitgenossen im Sinne des § 59 ZPO anzusehen.[58] Bestehen für die einfachen Streitgenossen unterschiedliche Gerichtsstände, so ist nach § 36 Nr. 3 ZPO eine Gerichtsstandsbestimmung zulässig.[59] Die Gerichtsstandsbestimmung kann durch Antrag der klagenden Partei vor oder nach Klageerhebung gegen die Streitgenossen und auch noch nach Erhebung der Zuständigkeitsrüge beantragt werden.[60] 47

b) Kündigung und Klageerhebung nach Betriebsübergang gem. § 613a BGB

Spricht der Betriebsveräußerer die Kündigung aus und erfolgt der Betriebsübergang noch vor Rechtshängigkeit der Kündigungsschutzklage, wirkt die rechtskräftige Feststellung der Unwirksamkeit der von dem alten Arbeitgeber ausgesprochenen Kündigung wegen Betriebsübergangs nicht gem. § 325 ZPO (Rechtskraft und Rechtsnachfolge) gegenüber dem Betriebserwerber.[61] Deshalb sollte ein 48

54 BAG, Urt. v. 20.03.1997, DB 1997, 1823; BAG, Urt. v. 26.05.1983, NJW 1984, 627.
55 LAG Düsseldorf, Urt. v. 10.07.1995, NZA-RR 1996, 242.
56 BAG, Urt. v. 04.03.1993, EzA § 613a BGB Nr. 107.
57 BAG, Urt. v. 18.03.1999, EzA § 613a BGB Nr. 179.
58 BAG, Urt. v. 25.04.1996, BB 1996, 2413.
59 BAG, Urt. v. 25.04.1996, BB 1996, 2413.
60 Zöller/*Vollkommer*, § 36 ZPO Rn 16.
61 BAG, Urt. v. 18.02.1999, EzA § 613a BGB Nr. 176.

Arbeitnehmer, um keinen Rechtsverlust zu erleiden, auf jeden Fall bei erfolgtem Betriebsübergang vor Rechtshängigkeit der Klage den Betriebserwerber mit dem Betriebsveräußerer verklagen.

49 Erst recht gilt diese Vorgehensweise für eine Kündigung des Arbeitnehmers durch den Betriebserwerber nach vollzogenem Betriebsübergang.[62] In dem Feststellungsverfahren gegen den Betriebsveräußerer bei einem Betriebsübergang, das vor Rechtshängigkeit der Klage stattgefunden hat, muss jedoch das Feststellungsinteresse besonders begründet werden. Das Feststellungsinteresse ergibt sich nicht, wie sonst, aus § 7 KSchG. Als Begründung des Feststellungsinteresses kommen Ansprüche nach § 613a Abs. 2 BGB in Betracht.

50 Wird ein **Auflösungsantrag** gem. § 9, 10 KSchG erst nach erfolgtem Betriebsübergang gestellt, so ist dieser zwingend gegen den Betriebserwerber zu richten, und zwar auch dann, wenn nicht er, sondern der Betriebsveräußerer die Kündigung erklärt hat.[63] Kommt es trotz zunächst wirksamer Kündigung wegen einer beabsichtigten Betriebsstillegung noch innerhalb der Kündigungsfrist zu einem Betriebsübergang nach § 613a BGB, besteht ein Wiedereinstellungs-/Fortsetzungsanspruch der gekündigten Arbeitnehmer gegenüber dem Betriebserwerber. Dieser Wiedereinstellungs-/Fortsetzungsanspruch ist gegenüber dem Betriebserwerber klageweise geltend zu machen.[64]

C. Zulässigkeit des Rechtsweges

I. Rechtswegzuständigkeit

51 Nach §§ 17 ff. GVG und 48 ArbGG wird über die Rechtswegzuständigkeit in erster Instanz **von Amts wegen** entschieden. Das heißt, dass ein Antrag des Klägers auf Verweisung nicht gestellt werden muss. Eine Partei, die ihren Rechtsstreit in einem anderen als dem eingeschlagenen Rechtsweg beschieden sehen will, sollte jedoch, um eine Überprüfung der Rechtswegzuständigkeit im Instanzenzug zu forcieren, in jedem Fall die Rüge der Zulässigkeit des Rechtsweges (§ 17a Abs. 3 GVG) erheben. Die Zulässigkeitsrüge ist nicht fristgebunden, sie kann also bis zur letzten mündlichen Verhandlung erster Instanz erhoben werden.[65] Wird die Rechtswegzuständigkeit vom Gericht verneint, kann **sofortige Beschwerde** eingelegt werden. Eine Abweisung der Klage wegen Unzulässigkeit des Rechtsweges kann es wegen § 17a Abs. 2 GVG nicht mehr geben, es sei denn, die deutsche Gerichtsbarkeit ist überhaupt nicht zur Entscheidung berufen.[66]

52 Bei der Abgrenzung zwischen der Zuständigkeit der ordentlichen Gerichte nach § 13 GVG oder der Arbeitsgerichte nach §§ 2, 5 ArbGG stellen sich folgende Fragen:

- Ist die arbeitsgerichtliche Zuständigkeit nur dann zu bejahen, wenn die Tatsachen, aus denen sich das Bestehen eines Arbeitsverhältnisses ergibt, unstreitig oder bewiesen sind?
- Ist nur ein schlüssiger Tatsachenvortrag des Klägers erforderlich?
- Ist die bloße Rechtsbehauptung des Klägers, er sei Arbeitnehmer, ausreichend?

Nachdem nunmehr für Fragen der Rechtswegzuständigkeit allein der 5. Senat des BAG zuständig ist, wird nach folgenden Fallgruppen unterschieden:[67]

53 Ein so genannter **»Sic-Non-Fall«** liegt dann vor, wenn der Klageanspruch auf eine **arbeitsrechtliche Anspruchsgrundlage** gestützt wird, jedoch fraglich ist, ob deren Voraussetzungen vorliegen. Die entsprechenden Tatsachenbehauptungen des Klägers und seine Rechtsansicht in diesem Verfahren sind »doppelrelevant«, nämlich sowohl für die Rechtswegzuständigkeit als auch für die

62 LAG Köln, Urt. v. 18.03.1994, NZA 1994, 815.
63 BAG, Urt. v. 20.03.1997, AP Nr. 30 zu § 9 KSchG 1969.
64 BAG, Urt. v. 13.11.1997, NZA 1998, 251.
65 *Germelmann/Matthes/Prütting*, § 48 ArbGG Rn 45.
66 *Ascheid*, Urteils- und Beschlussverfahren, Rn 429.
67 Vgl. hierzu *Reinecke*, NZA 1999, 729 ff.

Begründetheit der Klage. Ist die Klage zu verweisen, ist sie zugleich auch unbegründet. Klassische Beispielsfälle sind die Klagen auf **Feststellung des Bestehens eines Arbeitsverhältnisses**. Die **Kündigungsschutzklage** ist ein »Sic-Non-Fall«. Der Kläger macht Unwirksamkeitsgründe geltend, die den Arbeitnehmerstatus voraussetzen.

In diesem Verfahren reicht die schlichte Rechtsbehauptung des Klägers, er sei Arbeitnehmer, zur Bejahung der arbeitsgerichtlichen Zuständigkeit aus, selbst wenn der Beklagte das gekündigte Vertragsverhältnis für ein freies Dienstverhältnis hält.[68] Der Anspruch der Prozessbeteiligten auf den gesetzlichen Richter wird durch die Auffassung, dass in Sic-Non-Fällen die bloße Rechtsbehauptung des Klägers ausreicht, um die Zuständigkeit der Arbeitsgerichte zu begründen, nicht verletzt. Diese Verfahrensregel findet dort ihre Grenze, wo nach dem unstreitigen Sachverhalt die Behauptung offensichtlich falsch ist. Allerdings besteht die Gefahr einer Rechtswegerschleichung, zum Beispiel wenn weitere Streitgegenstände im Wege der Zusammenhangsklage (§ 2 Abs. 3 ArbGG) geltend gemacht werden.[69] 54

Ein so genannter **»Aut-Aut-Fall«** liegt dann vor, wenn ein Anspruch entweder auf eine **arbeitsrechtliche oder eine bürgerlich-rechtliche Anspruchsgrundlage** gestützt werden kann, sich jedoch die in Betracht kommenden Anspruchsgrundlagen gegenseitig ausschließen. 55

Zu den Aut-Aut-Fällen gehören etwa die Klagen auf Zahlung des vereinbarten Entgelts für geleistete Arbeit aus einem Rechtsverhältnis, das der Kläger für ein Arbeitsverhältnis, der Beklagte dagegen für ein nicht arbeitnehmerähnliches, freies Mitarbeiterverhältnis hält. Ferner gehören hierzu Kündigungsschutzklagen gegen die außerordentliche Kündigung oder Kündigungsschutzklagen, in denen Unwirksamkeitsgründe vorgebracht werden, die die Arbeitnehmereigenschaft nicht voraussetzen. Maßgeblich ist, dass auch ein freies Dienstverhältnis nach § 626 BGB nur bei Vorliegen eines wichtigen Grundes fristlos gekündigt werden kann und auch die Kündigung eines freien Dienstverhältnisses nach § 174 BGB mangels Vollmachtsvorlage zurückgewiesen werden oder nach den §§ 134, 138, 242 BGB nichtig sein kann. 56

Im Aut-Aut-Fall muss der Kläger zumindest schlüssig vortragen, dass er Arbeitnehmer ist. Ansonsten stünde der Rechtsweg zur Disposition des Klägers. Ob darüber hinaus erforderlich ist, dass bei einem Bestreiten des Beklagten eine Beweisaufnahme erforderlich ist, hat das Bundesarbeitsgericht nach anfänglicher Verneinung zuletzt wieder ausdrücklich offen gelassen.[70] 57

Ein so genannter **»Et-Et-Fall«** liegt vor, wenn ein einheitlicher Anspruch **sowohl** auf eine **arbeitsrechtliche als auch** auf eine **nicht arbeitsrechtliche Anspruchsgrundlage** gestützt werden kann.[71] Hauptbeispiel hierfür ist die außerordentliche Kündigung eines Dienst- oder Arbeitsverhältnisses. Zum Vortrag über den Rechtsweg gehört es, dass der Kläger seine Arbeitnehmereigenschaft nicht nur behauptet, sondern die diese Behauptung begründenden Tatsachen schlüssig vorträgt.[72] 58

Ist der beschrittene Rechtsweg unzulässig, spricht das Gericht dies nach Anhörung der Parteien von Amts wegen durch Beschluss vor der mündlichen Verhandlung aus und verweist den Rechtsstreit zugleich an das zuständige Gericht des zulässigen Rechtsweges. Sind mehrere Gerichte zuständig, wird an das vom Kläger oder Antragsteller auszuwählende Gericht verwiesen oder, wenn die Wahl unterbleibt, an das vom Gericht bestimmte. Der Beschluss ist für das Gericht, an das der Rechtsstreit verwiesen wurde, hinsichtlich des Rechtsweges bindend, § 17a Abs. 2 GVG. 59

Der **Verweisungsbeschluss** nach Abs. 2 und 3 GVG kann ohne mündliche Verhandlung ergehen, § 17a Abs. 4 Satz 1 GVG. Allerdings ergeht vor dem Arbeitsgericht der Beschluss auch außerhalb 60

68 BAG, Beschl. v. 10.12.1996, NZA 1997, 674; BAG, Beschl. v. 18.12.1996, BB 1997, 998.

69 So BVerfG, Urt. v. 31.08.1999, EzA § 2 ArbGG Nr. 47.

70 BAG, Urt. v. 10.12.1996, AP Nr. 4 zu § 2 ArbGG 1979; BAG, Urt. v. 24.04.1996, AP Nr. 1 zu § 2 ArbGG 1979; BAG, Urt. v. 30.08.1993, AP Nr. 6 zu § 17a GVG; *Reinecke*, NZA 1999, 729 (731).

71 *Reinecke*, NZA 1999, 729 (731).

72 BAG, Urt. v. 10.12.1996, AP Nr. 4 zu § 2 ArbGG 1979 Zuständigkeitsprüfung; a.A.: Sächsisches LAG, Beschl. v. 05.08.1997, NZA-RR 1998, 318.

der mündlichen Verhandlung stets durch die Kammer, § 48 Abs. 1 Nr. 2 ArbGG. Zu einer mündlichen Verhandlung und ggf. einer Beweisaufnahme kommt es dann, wenn nach dem Parteivortrag sowohl eine Zuständigkeit der ordentlichen als auch der Arbeitsgerichte in Betracht kommt, aber die Anspruchsgrundlagen einander gegenseitig ausschließen (Aut-Aut-Fall).[73]

61 Gegen den Beschluss ist die **sofortige Beschwerde** nach den Vorschriften der jeweils anzuwendenden Verfahrensordnung gegeben. Im arbeitsgerichtlichen Verfahren bestimmt sich daher das Beschwerdeverfahren nach § 78 Abs. 1 Satz 1 ArbGG in Verbindung mit §§ 567 ff. ZPO. Über die Beschwerde entscheidet das Landesarbeitsgericht. Über eine sofortige Beschwerde kann der Vorsitzende der Beschwerdekammer ohne mündliche Verhandlung allein entscheiden, obwohl in der ersten Instanz vorgesehen ist, dass der Beschluss stets durch eine Kammer ergehen muss, § 48 Abs. 1 Nr. 2 ArbGG. Dies ergibt sich aus § 64 Abs. 7 ArbGG, der auf die Vorschrift des § 48 ArbGG für die zweite Instanz nicht Bezug nimmt.[74] Findet eine mündliche Verhandlung statt, entscheidet die Kammer. Gegen die Entscheidung des Landesarbeitsgerichtes ist die weitere Beschwerde zulässig, sofern das Landesarbeitsgericht diese zugelassen hat. Eine Nichtzulassungsbeschwerde ist nicht statthaft.

62 Über die **weitere sofortige Beschwerde** kann bei einer Entscheidung außerhalb der mündlichen Verhandlung ebenfalls ohne ehrenamtliche Richter entschieden werden.[75] Entscheidet das Arbeitsgericht trotz Rechtswegrüge nicht, wie nach § 17a Abs. 3, Abs. 4 Satz 1 GVG geboten, durch Beschluss, sondern durch Endurteil, so kann diese Entscheidung nach dem Grundsatz der Meistbegünstigung sowohl mit der sofortigen Beschwerde, als auch mit der **Berufung** angegriffen werden.[76] Mit der Berufung muss die Rechtswegrüge erhoben werden, da das Berufungsgericht den Rechtsweg nicht von Amts wegen prüft (§ 17 V GVG).[77] Die **falsche Rechtsmittelbelehrung** bewirkt, dass für jedes Rechtsmittel die Jahresfrist des § 9 Abs. 5 Satz 4 ArbGG gilt.[78] Daraus folgt, dass das Rechtsmittelgericht den von dem unteren Gericht eingeschlagenen falschen Weg nicht fortzusetzen braucht. Nur wenn das Arbeitsgericht entgegen § 48 Abs. 1 ArbGG, § 17a Abs. 3 Satz 2 GVG über die Zulässigkeit des Rechtsweges nicht vorab durch Beschluss entscheidet, sondern in den Gründen des der Klage stattgebenden Urteils, ist das Rechtsmittelgericht nach § 17a Abs. 5 GVG daran gebunden. Die Wirkungen der Rechtshängigkeit bleiben auch bei einer rechtskräftigen Verweisung bestehen, § 17b Abs. 1 GVG.

63 In dem Verweisungsbeschluss ist kein Kostenausspruch enthalten. Vielmehr sind die **Kosten** von dem zunächst angegangenen Gericht als Teil der Kosten zu behandeln, die vor dem Gericht erwachsen, an das der Rechtsstreit verwiesen wurde. Selbst wenn der Kläger in der Hauptsache gewinnt, sind ihm die entstandenen Mehrkosten aufzuerlegen, § 17b Abs. 2 GVG. Auch in einem Prozesskostenhilfeverfahren kann eine Verweisung erfolgen. Diese Verweisung entfaltet eine Bindungswirkung jedoch nur für die PKH-Sache und nicht für das spätere Verfahren in der Hauptsache.[79]

II. Örtliche Zuständigkeit

64 Die örtliche Zuständigkeit bestimmt sich gemäß § 46 Abs. 2 ArbGG nach den §§ 12 ff. ZPO. Für die Entscheidung über die örtliche Zuständigkeit gelten die §§ 17 – 17 b GVG entsprechend mit der Maßgabe, dass Beschlüsse nach §§ 17 Abs. 2 und 3 GVG unanfechtbar sind und der Beschluss auch außerhalb der mündlichen Verhandlung stets durch die Kammer ergeht. Die Prüfung von Amts

73 BAG, Beschl. v. 24.04.1996, NZA 1996, 1005.
74 BAG, Urt. v. 10.12.1992, NZA 1993, 619; LAG Köln, Beschl. v. 28.02.1992, LAGE § 48 ArbGG 1979 Nr. 6; LAG Berlin, Beschl. v. 13.01.1992, DB 1992, 742; LAG Hamburg, Beschl. v. 19.08.1992, NZA 1993, 768.
75 BAG, Urt. v. 10.12.1992, NZA 1993, 619.
76 BAG, Urt. v. 15.04.1993, AP Nr. 12 zu § 5 ArbGG 1979.
77 GK-ArbGG/*Wenzel*, § 2 Rn 272.
78 BAG, Urt. v. 15.04.1993, AP Nr. 12 zu § 5 ArbGG 1979.
79 BAG, Urt. v. 27.10.1992, AP Nr. 5 zu § 281 ZPO 1977.

wegen führt jedoch nicht zu einer Amtsermittlung des Gerichtes, sondern bedeutet lediglich, dass auf der Basis des Sach- und Streitstandes das Gericht selbständig die örtliche Zuständigkeit prüfen muss, außer im Fall offensichtlicher Rechtswidrigkeit.[80] Offensichtliche Rechtswidrigkeit liegt dann vor, wenn für die Verweisung keine Rechtsgrundlage ersichtlich ist, der Verweisungsbeschluss willkürlich gefasst ist oder auf der Versagung rechtlichen Gehörs gegenüber den Verfahrensbeteiligten oder von einem von ihnen beruht.

Gemäß §§ 12 ff. ZPO ist zwischen allgemeinen und besonderen Gerichtsständen zu unterscheiden. 65
Das Gericht, bei dem die beklagte Partei ihren allgemeinen Gerichtsstand hat, ist nach § 12 ZPO für alle gegen diese zu erhebenden Klagen zuständig, soweit nicht ein ausschließlicher Gerichtsstand vorliegt. Die ausschließlichen Gerichtsstände spielen jedoch im arbeitsgerichtlichen Verfahren nur eine untergeordnete Rolle. Ein besonderer Gerichtsstand ist nur für eine bestimmte Rechtsstreitigkeit relevant. Bestehen ein oder mehrere besondere Gerichtsstände, steht dem Kläger nach § 35 ZPO ein Wahlrecht zu.

1. Allgemeiner Gerichtsstand

Der allgemeine Gerichtsstand ist bei natürlichen Personen nach § 13 ZPO, § 7 BGB grundsätzlich 66
der Wohnsitz und bei juristischen Personen nach § 17 ZPO der Sitz der Gesellschaft. Unter Sitz der juristischen Person ist im Allgemeinen der Ort der Verwaltung zu verstehen.

2. Besondere Gerichtsstände

Besonders bedeutsam sind in arbeitsgerichtlichen Streitigkeiten neben dem allgemeinen Gerichts- 67
stand des Wohnsitzes (§ 13 ZPO, § 7 BGB) und dem Sitz der Gesellschaft bei einer juristischen Person (§ 17 ZPO) der Gerichtsstand der Niederlassung und der Gerichtsstand des Erfüllungsortes.

a) Gerichtsstand der gewerblichen Niederlassung, § 21 ZPO

Für Klagen gegen den Arbeitgeber ist auch das Gericht des Ortes der gewerblichen Niederlassung 68
zuständig, wenn der Gegenstand der Klage **Bezug zum Geschäftsbetrieb** aufweist. Bei einer arbeitsrechtlichen Streitigkeit wird dieser Bezug dann angenommen, wenn der Arbeitsvertrag von der Niederlassung abgeschlossen worden ist und das Arbeitsverhältnis von der Niederlassung aus geleitet und gelenkt wurde. Es muss sich nicht um eine Niederlassung im Sinne des § 13 HGB handeln. Vielmehr genügt es, wenn eine Geschäftsstelle für eine gewisse Dauer eingerichtet wurde und im Allgemeinen zum selbständigen Handeln und zu Geschäftsabschlüssen befugt ist. Bei dem Merkmal der Selbständigkeit kommt es auf den äußeren Schein an, den der Inhaber zulässt, duldet oder bezweckt.[81]

b) Gerichtsstand des Erfüllungsortes, § 29 ZPO

Für die Bestimmung des Erfüllungsortes nach § 29 ZPO ist § 269 BGB entscheidend. Danach 69
ist an sich für jede der streitigen Verpflichtungen der Erfüllungsort gesondert zu ermitteln. Im Arbeitsrechtsverhältnis wird dagegen überwiegend vom **einheitlichen Erfüllungsort** ausgegangen.[82] Danach ist grundsätzlich davon auszugehen, dass sich in der Regel der Erfüllungsort für die Leistungen von Arbeitgeber und Arbeitnehmer am jeweiligen **Betriebssitz** und damit am **Arbeitsort des Arbeitnehmers** befindet, sofern der Arbeitnehmer dort ständig beschäftigt wird. An diesem einheitlichen Erfüllungsort besteht der Gerichtsstand für alle Streitigkeiten aus dem Arbeitsverhältnis und dessen Bestehen. Dies gilt besonders dann, wenn der Arbeitnehmer ständig am gleichen Ort beschäftigt wird. Eine nur vorübergehende Versetzung lässt den Erfüllungsort unberührt. Auch wenn

80 *Germelmann/Matthes/Prütting*, § 2 ArbGG Rn 202.
81 LAG Frankfurt/Main, Urt. v. 31.07.1987, DB 1988, 816; BGH, Urt.v. 13.07.1987, NJW 1987, 3081.
82 BAG, Urt. v. 03.12.1985, AP Nr. 15 zu § 1 TVG Tarifverträge.

ein Unternehmen mehrere Filialen betreibt, so ist in der Regel der Betriebssitz ausschlaggebend, sofern die Aufgaben des Arbeitnehmers nicht überbetrieblich sind.[83]

70 Erfüllungsort bei **Montagearbeitern und Außendienstmitarbeitern** soll der Wohnsitz des Arbeitnehmers sein, wenn er von dort aus seine Reisetätigkeit ausübt.[84] Literatur und Instanzgerichte vertreten hierzu eine andere Auffassung. Zum einen sind sie der Auffassung, dass es in den Fällen von reisenden Mitarbeitern keinen Gerichtsstand des Erfüllungsortes gäbe und daher auf den allgemeinen Gerichtsstand abzustellen sei.[85] Zum anderen stellen die Instanzgerichte auch bei der Gerichtsstandsbestimmung für reisende Mitarbeiter vornehmlich auf den Schwerpunkt des Arbeitsverhältnisses ab.[86]

Örtlicher Gerichtsstand für Außendienstmitarbeiter	Gericht	Fundstelle
am Wohnsitz des Außendienstmitarbeiters bejaht:	BAG, Beschl. v. 06.01.1998, 5 AS 30/97; 5 AS 94/97	AE 1999, 120
	BAG, Beschl. v. 17.04.1997, 5 AS 8/97	AE 1999, 120
	BAG 23.07.1997, 5 AS 19/97	AE 1999, 120
	BAG, Beschl. v. 03.11.1993	NZA 1994, 479
	LAG Nürnberg 27.08.1998, 1 SHa 6/98	AE 1999, 120
	LAG Nürnberg, Urt. v. 24.11.1998, 6 Sa 474/97	AE 1999, 119
	ArbG Berlin, Urt. v. 13.05.1998, 29 GA 13043/98	AE 1998, 361
	ArbG Solingen, Urt. v. 24.03.1993, 3 Ca 2356/92	NZA 1994, 418
	ArbG Hagen, Urt. v. 28.04.1998, 3 Ca 488/98	AE 1998, 362
	ArbG Augsburg, Urt. v. 23.07.1998, 4 Ca 2079/97	AE 1998, 363
Örtlicher Gerichtsstand für Außendienstmitarbeiter	Gericht	Fundstelle
am Sitz des Arbeitgebers bejaht:	ArbG Nürnberg, Urt. v. 18.11.1997, 3 Ca 8017/97 unter Hinweis auf die gleich lautende Rechtsprechung der 4., 11., 14. und 15. Kammer	AE 1998, 86
	ArbG Iserlohn, Urt. v. 14.05.1997, 1 Ca 995/97	AE 1998, 87
	ArbG Marburg, Urt. v. 13.08.1997, 1 Ca 319/96	AE 1998, 88
	ArbG Bremen, Urt. v. 05.03.1998, 6 Ca 6749/97	AE 1998, 89

83 GK-ArbGG/*Wenzel*, § 2 Rn 239.

84 BAG, Urt. v. 03.11.1993, NZA 1994, 479; BAG, Urt. v. 12.06.1986, AP Nr. 1 zu Art. 5 Brüsseler Abkommen; EuGH, Urt. v. 09.01.1997, AP Nr. 2 zu Art. 5 Brüsseler Abkommen.

85 *Krasshöfer-Pidde/Molkenbur*, NZA 1988, 236 (237).

86 Vgl. *Ostrop/Zumkeller*, NZA 1994, 644.

Dazu werden alle Umstände des Einzelfalles, z.B. der Abschlussort des Arbeitsvertrages, der Steuerungsort der Einsätze, der Erfüllungsort für Berichts- und Zahlungspflichten, in die Überprüfung mit einbezogen.[87] Der Gerichtsstand des Erfüllungsortes gilt sowohl für die Leistungspflichten des Arbeitnehmers als auch für die des Arbeitgebers. Auch nach Beendigung des Arbeitsverhältnisses bleibt der Erfüllungsort für noch rückständige Verpflichtungen, auch auf Rückzahlung von Überzahlungen und Ähnlichem, maßgebend.[88] Des Weiteren ist der Gerichtsstand des Erfüllungsortes für Klagen auf Feststellung des Bestehens oder Nichtbestehens des Vertrages und für die Kündigungsschutzklage relevant.

c) Sonstige besondere Gerichtsstände

Klagen aus unerlaubter Handlung nach § 32 ZPO können bei dem Gericht eingeklagt werden, in dessen Bezirk die Handlung begangen worden ist. Begangen ist die Handlung u.a. auch dort, wo der Erfolg eingetreten ist. Der Begriff der unerlaubten Handlung richtet sich zwar grundsätzlich nach §§ 823 ff. BGB, ist jedoch weit auszulegen.[89] 71

§ 33 ZPO begründet den Gerichtsstand der Widerklage. Besteht ein Zusammenhang zwischen dem mit der Widerklage geltend gemachten Anspruch und dem in der Klage geltend gemachten Anspruch oder den dagegen vorgebrachten Verteidigungsmitteln, kann die Widerklage beim Gericht der Hauptklage anhängig gemacht werden. 72

Vermeintlich geschlechtsspezifisch benachteiligte Bewerber können eine Benachteiligungsklage nach § 611a BGB erheben. Die **Entschädigungsklage** ist innerhalb von drei Monaten, nachdem der Anspruch schriftlich geltend gemacht worden ist, zu erheben. Dabei hat der Benachteiligte eine zweistufige Ausschlussfrist zu beachten. Neben der schriftlichen Geltendmachung seines Anspruches gegenüber dem Arbeitgeber, § 611a Abs. 5 BGB, muss er in der zweiten Stufe innerhalb von drei Monaten Klage erheben, weil anderenfalls die Forderung verfällt. 73

Nach § 61b Abs. 2 Satz 1 ArbGG ist auf Antrag des Arbeitgebers das zuerst angerufene Arbeitsgericht als ausschließlicher Gerichtsstand auch für weitere Klagen anderer vermeintlich Diskriminierter, zuständig. 74

d) Rügelose Einlassung

Die örtliche Zuständigkeit wird ferner durch **rügelose Einlassung zur Hauptsache** durch den Beklagten begründet, § 39 ZPO. Allerdings muss das Gericht den Beklagten auf die Unzuständigkeit des Gerichtes hinweisen, § 46 Abs. 2 Satz 1 ArbGG, § 504 ZPO. Die Erörterung im Gütetermin stellt noch keine Verhandlung zur Hauptsache dar.[90] 75

e) Gerichtsstandsvereinbarungen

Gerichtsstandsvereinbarungen sind im Arbeitsrecht nicht mehr zulässig. Aus § 38 Abs. 1 ZPO, der Gerichtsstandsvereinbarungen Kaufleuten, juristischen Personen und öffentlich-rechtlichen Sondervermögen vorbehält, folgt, dass Zuständigkeitsvereinbarungen auch nicht in anderer Form getroffen werden können. Besonderheiten gelten allerdings nach § 38 Abs. 2 und 3 ZPO für Verträge mit Auslandsberührung. 76

87 LAG Rheinland-Pfalz, Urt. v. 08.08.1995, NZA-RR 1996, 184; LAG Rheinland-Pfalz Urt. v. 29.11.1984, NZA 1985, 540; ArbG Augsburg, Urt. v. 18.09.1995, NZA-RR 1996, 185; ArbG Stuttgart, Urt. v. 04.07.1996, NZA-RR 1996, 468, 469; ArbG Bamberg, Urt. v. 08.11.1994, NZA 1995, 864; ArbG Regensburg, Beschl. v. 16.03.1994, NZA 1995, 96.

88 LAG Düsseldorf, Urt. v. 19.11.1963, BB 1964, 393.

89 GK-ArbGG/*Wenzel*, § 2 Rn 244.

90 *Germelmann/Matthes/Prütting*, § 2 ArbGG Rn 177.

III. Internationale Zuständigkeit

77 Ob neben der deutschen Gerichtsbarkeit auch die internationale Zuständigkeit des angerufenen Gerichts zu bejahen ist, bestimmt sich wie bei der ordentlichen Gerichtsbarkeit nach den Vorschriften der Zivilprozessordnung über die örtliche Zuständigkeit.[91] Daraus folgt, dass die internationale Zuständigkeit der deutschen Gerichte gegeben ist, wenn auch das deutsche Gericht örtlich zuständig ist.[92]

78 Die internationale Zuständigkeit kann unter den Wirksamkeitsvoraussetzungen der **§§ 38 und 40 ZPO** vereinbart werden.[93] Unwirksam ist eine solche Vereinbarung, wenn sie einer Rechtsverweigerung gleichkäme (z.B. Vereinbarung der Zuständigkeit der libanesischen Gerichte während des Kriegszustandes dort).[94] Zu beachten ist nunmehr jedoch, dass Art. 21 EuGVVO eine Gerichtsstandsvereinbarung zwischen den Parteien eines individuellen Arbeitsvertrages nur zulässt, wenn die Vereinbarung nach Entstehen des Rechtsstreites getroffen wurde oder wenn sie dem Arbeitnehmer einen zusätzlichen Gerichtsstand einräumt.

79 Ferner kommt der **internationale Gerichtsstand des Vermögens nach § 23 ZPO** in Betracht. Danach ist für Klagen wegen vermögensrechtlicher Ansprüche gegen eine Person, die im Inland keinen Wohnsitz hat, das Gericht zuständig, in dessen Bezirk sich deren Vermögen befindet. Allerdings wird dieser internationale Gerichtsstand nur dann angenommen, wenn der Rechtsstreit einen hinreichenden Bezug zum Inland aufweist.[95]

80 Schließlich ist im Bereich der ursprünglichen Vertragsstaaten der Europäischen Gemeinschaft die internationale Zuständigkeit nach dem Übereinkommen der Europäischen Gemeinschaft über die gerichtliche Zuständigkeit und die Anerkennung und die Vollstreckung gerichtlicher Entscheidungen in Zivil- und Handelssachen (**EuGVVO**) zu beachten.[96] Die Regelungen des EuGVVO gehen § 38 ZPO vor. Das EuGVÜ[97] ist seit dem 01.03.2002 durch die EuGVVO vom 22.12.2000 abgelöst worden. Die EuGVVO gilt im Verhältnis zu allen EG-Staaten, ausgenommen Dänemark, und ist auf alle nach dem 01.03.2002 erhobenen Klagen anzuwenden. Da die EuGVVO in Zivil- und Handelssachen anzuwenden ist, gilt sie auch in arbeitsgerichtlichen Streitigkeiten.[98] Aus dem Geltungsbereich des EuGVVO sind lediglich das Arrestverfahren und einstweilige Verfügungen gem. Art. 31 EuGVVO ausgenommen.

Das Internationale Arbeitsprozessrecht ist nun in einem eigenen Abschnitt geregelt. Die Zuständigkeiten für individuelle Arbeitsverträge richten sich nach Art. 18–21 EuGVVO.

81 Für Klagen des Arbeitnehmers gegen den Arbeitgeber bestimmt sich die Zuständigkeit nach Art. 19 EuGVVO. Dem Arbeitnehmer steht ein Wahlrecht[99] zu, ob er den Arbeitgeber, der seinen Wohnsitz in einem Mitgliedsstaat hat, gemäß Art. 19 Nr. 1 EuGVVO vor den Gerichten des Wohnsitzstaates verklagt oder ob er unter den Voraussetzungen des Art. 19 Nr. 2 EuGVVO eine Klage in einem anderen Mitgliedsstaat einreicht. Der Arbeitnehmer kann vor dem Gericht des Ortes klagen, an dem er normalerweise seine Arbeit verrichtet oder verrichtet hat. Hat der Arbeitnehmer seinen gewöhnlichen Arbeitsort nicht nur in einem Staat, kann er vor dem Gericht klagen, an dem sich die Niederlassung des Arbeitgebers befindet, die ihn eingestellt hat. Ist der Arbeitgeber eine juristische Person oder eine Gesellschaft, bestimmt sich der Wohnsitz nach Art. 60 EuGVVO, d.h. Wohnsitze

91 BAG, Urt. v. 27.01.1983, AP Nr. 12 zu § 38 ZPO; *Ascheid*, Urteils- und Beschlussverfahren Rn 612.

92 BAG, Urt. v. 03.05.1995, AP Nr. 32 zu Internationales Privatrecht, Arbeitsrecht.

93 BAG, Urt. v. 27.01.1983, AP Nr. 12 zu § 38 ZPO Internationale Zuständigkeit.

94 BAG, Urt. v. 29.06.1978, AP Nr. 8 zu § 38 ZPO Internationale Zuständigkeit.

95 BAG, Urt. v. 17.07.1997, AP Nr. 13 zu § 38 ZPO Internationale Zuständigkeit; a.A.: OLG Frankfurt, NJW-RR 1993, 306; Baumbach/*Hartmann*, § 23 ZPO Rn 9.

96 Abgedruckt in ABl EG L 12, 1 v. 16.01.2001.

97 BGBl II 1972, 774.

98 BHG, Urt. v. 12.06.1986, AP Nr. 1 zu Art. 5 Brüsseler Abkommen.

99 *Micklitz/Rott*, EuZW 2001, 325.

sind nebeneinander der Satzungssitz, der effektive Verwaltungssitz und die Hauptniederlassung. Nach Art. 18 Abs. 1 EuGVVO gilt eine Wohnsitzfiktion für Streitigkeiten aus dem Betrieb einer Niederlassung, Zweigniederlassung oder Agentur eines Arbeitgebers, wenn der Arbeitgeber in keinem Mitgliedsstaat seinen Wohnsitz hat. Besondere Gerichtsstände stehen dem Arbeitnehmer mit Ausnahme des Art. 5 Nr. 5 und Art. 6 Nr. 3 EuGVVO, dem Gerichtsstand der Widerklage, nicht mehr zu.

Die Zuständigkeit für Klagen des Arbeitgebers gegen den Arbeitnehmer richtet sich dagegen nach Art. 20 EuGVVO. Der Arbeitnehmer kann nur in dem Mitgliedsstaat verklagt werden, in dessen Hoheitsgebiet er seinen Wohnsitz hat. Allerdings kann der Arbeitgeber eine Widerklage vor einem Gericht erheben, bei dem die Klage nach den Vorschriften des Abschnittes über die Zuständigkeit für individuelle Arbeitsverträge anhängig geworden ist. 82

Nach Art. 24 EuGVVO kann die internationale Zuständigkeit auch durch rügeloses Verhandeln zur Hauptsache begründet werden.[100]

D. Besonderheiten im arbeitsgerichtlichen Urteilsverfahren

I. Mahnverfahren

Auch im Arbeitsgerichtsprozess wird das Mahnverfahren eingeleitet durch den Mahnantrag auf dem amtlich vorgeschriebenen Vordruck, § 46a Abs. 7 ArbGG. Anders als nach § 692 Abs. 1 Satz 3 ZPO beträgt die Widerspruchsfrist gegen einen vom Arbeitsgericht erlassenen Mahnbescheid nur eine Woche.[101] Auch die Einspruchsfrist gegen den Vollstreckungsbescheid ist auf eine Woche reduziert, §§ 700 Abs. 1 ZPO, 59 Satz 1 ArbGG. 83

II. Urkunden- und Wechselprozess

Nach § 46 Abs. 2 Satz 2 ArbGG gelten die §§ 592 ff. ZPO über den Urkunden- und Wechselprozess nicht. Damit ist lediglich die Prozessart des Urkunden- und Wechselprozesses für die Arbeitsgerichtsbarkeit ausgeschlossen.[102] 84

Trotzdem kann ein Arbeitnehmer gegen seinen Arbeitgeber vor dem Arbeitsgericht aus einem geplatzten Scheck sein Arbeitsentgelt einklagen. Es entfallen nur die erleichterten Beweis- und Darlegungsmöglichkeiten des Scheckprozesses. Teilweise wird die Auffassung vertreten, dass nur die Zuständigkeit der Arbeitsgerichtsbarkeit, nicht jedoch der Urkundenprozess vor dem ordentlichen Gericht durch § 46 Abs. 2 Satz 2 ArbGG ausgeschlossen wird.[103] 85

III. Versäumnisurteil

Auch im arbeitsgerichtlichen Verfahren ist bei Säumnis einer der Parteien der Erlass eines Versäumnisurteils möglich. Ein Versäumnisurteil kann auch im Gütetermin ergehen, § 55 Abs. 1 Nr. 4 ArbGG. Die Voraussetzungen für den Erlass eines Versäumnisurteils entsprechen denjenigen des ordentlichen Zivilprozesses. Neben der verschuldeten Säumnis, § 337 ZPO, bedarf es insbesondere eines Antrages der erschienenen Partei. Das Gericht entscheidet über diesen Antrag ausschließlich nach den **Vorschriften der ZPO**, anwaltliches Standesrecht darf das Gericht nicht berücksichtigen.[104] 86

100 *Ascheid*, Urteils- und Beschlussverfahren, Rn 615 ff.
101 *Gift/Baur*, Das Urteilsverfahren, E Rn 12 ff.
102 BAG, Urt. v. 07.11.1996, NZA 1997, 228.
103 Ablehnend: *Gift/Baur*, Das Urteilsverfahren, E Rn 6; Bejahend: *Grunsky*, § 2 ArbGG Rn 6; *Nägele*, BB 1991, 1411.
104 Zöller/*Herget*, vor § 330 ZPO Rn 12.

87 **§ 13 der Berufsordnung**[105] legt dem Anwalt zusätzliche Prüfungspflichten auf, die aus standesrechtlichen Gründen zu beachten sind. Danach darf ein Versäumnisurteil gegen die anwaltlich vertretene Gegenpartei nur dann beantragt werden, wenn dies entweder zuvor dem Gegenanwalt (notfalls per Telefax) angekündigt wurde, oder aber die Interessen des Mandanten die Beantragung eines Versäumnisurteils erfordern. Im letztgenannten Fall ist die Beantragung eines Versäumnisurteils grundsätzlich zulässig. Der Anwalt ist auch nicht verpflichtet, die Erforderlichkeit eines Versäumnisurteils gegenüber dem Gericht oder dem gegnerischen Anwalt darzulegen. Hieran hindert ihn bereits die Verschwiegenheitspflicht.

Haftungsträchtig insbesondere für den nur gelegentlich mit dem Arbeitsrecht befassten Anwalt ist § 59 Abs. 1 Satz 1 ArbGG, der die Frist für einen Einspruch gegen das Versäumnisurteil abweichend von § 339 ZPO **auf eine Woche** verkürzt.

IV. Klageverzicht und Anerkenntnis

88 Der Kläger kann in der mündlichen Verhandlung auf den geltend gemachten Anspruch gem. § 306 ZPO verzichten. Der Beklagte wiederum kann den geltend gemachten Anspruch ganz oder teilweise in der mündlichen Verhandlung anerkennen. Sowohl Verzicht als auch Anerkenntnis können nur in der mündlichen Verhandlung wirksam erklärt werden, wobei beide Erklärungen in der Güteverhandlung als Teil der mündlichen Verhandlung abgegeben werden können. Ausgeschlossen ist ein schriftliches Anerkenntnis oder ein schriftlicher Verzicht, soweit sie nicht in der mündlichen Verhandlung wiederholt werden, da im arbeitsgerichtlichen Urteilsverfahren das schriftliche Vorverfahren ausgeschlossen ist und eine Entscheidung im schriftlichen Verfahren nach § 128 ZPO nicht ergeht, § 46 Abs. 2 Satz 2 ArbGG.

V. Arbeitsrechtlicher Vergleich

1. Prozessvergleich

89 Nach § 162 ZPO liegt ein Prozessvergleich nur dann vor, wenn er im Rahmen eines anhängigen Rechtsstreites in das Sitzungsprotokoll aufgenommen wurde, den Vertragsschließenden vorgelesen und von ihnen genehmigt wurde und dies im Protokoll festgestellt worden ist. In dem Vergleich können aber auch nicht rechtshängige Ansprüche erfasst und erledigend geregelt werden.

90 Der Prozessvergleich hat eine Doppelnatur: Er enthält neben der Prozesshandlung auch einen privatrechtlichen Vertrag.[106] Nach den allgemeinen bürgerlich-rechtlichen Bestimmungen kann daher der Prozessvergleich materiell-rechtlich nichtig oder unwirksam sein. Liegen die Voraussetzungen für die Aufhebung, den Rücktritt nach §§ 281, 283, 323 BGB n.F. oder die Anfechtung wegen Irrtums, arglistiger Täuschung oder widerrechtlicher Drohung vor, wird der gesamte Prozessvergleich unwirksam mit der Folge, dass die prozessbeendigende Wirkung des Vergleiches entfällt und das Verfahren fortzusetzen ist.[107]

91 Die behauptete Rechtsunwirksamkeit des Vergleiches ist nicht in einem gesonderten Verfahren, sondern durch Antrag auf Fortsetzung des Rechtsstreites geltend zu machen.[108] Da das Bundesarbeitsgericht anders als der Bundesgerichtshof, das Bundessozialgericht und das Bundesverwaltungsgericht auch im Fall des Rücktritts nach §§ 325, 326 BGB a.F. die prozessbeendigende Wirkung entfallen lässt, empfiehlt es sich, einen **Abfindungsvergleich** nach Ausspruch einer Arbeitgeberkündigung in Form eines gerichtlichen Vergleiches und nicht in Form eines Abwicklungsvertrages abzuschließen.

105 Diese ist wirksam: BGH, Beschl. v. 21.06.1999, NJW 1999, 2678.
106 BAG, Urt. v. 05.08.1982, AP Nr. 31 zu § 794 ZPO.
107 BAG, Urt. v. 05.08.1982, AP Nr. 31 zu § 794 ZPO.
108 *Gift/Bauer*, Das Urteilsverfahren, E Rn 1446 ff.

Zahlt der Arbeitgeber nicht die geforderte Vergleichssumme, kann der Arbeitnehmer nach Nachfristsetzung und Rücktritt den ursprünglichen Kündigungsschutzprozess fortsetzen. Dies sichert ihm, falls sich die Nichtzahlung des Arbeitgebers auf Insolvenz gründet, möglicherweise den Anspruch auf Erhalt von Insolvenzgeld, § 183 SGB III.

Ob die gleiche Rechtsfolge bei einem außergerichtlichen Vergleich oder nach Anfechtung eines »Abwicklungsvertrages« eintritt, ist höchstrichterlich noch nicht entschieden. Hat der Arbeitnehmer mit Rücksicht auf den außergerichtlichen Vergleich jedoch keine Kündigungsschutzklage erhoben und versucht er nunmehr nach Rücktritt von diesem Vergleich mit dem Verfahren auf nachträgliche Klagezulassung gegen die Kündigung vorzugehen, könnte die Sechsmonatsfrist des § 5 Abs. 3 Satz 2 KSchG im Wege stehen. 92

Wird ein Vergleich mit der Maßgabe der gerichtlichen Protokollierung geschlossen, ist davon auszugehen, dass die Beurkundung **konstitutive Wirkung** haben soll. Der Vergleich kommt dann erst mit gerichtlicher Protokollierung zustande.[109] Etwas anderes gilt nur dann, wenn besondere Anhaltspunkte dafür vorliegen, dass die Beurkundung lediglich deklaratorische Bedeutung haben soll.[110] 93

Bei Abschluss eines Prozessvergleiches ist schließlich darauf zu achten, dass er einen **vollstreckungsfähigen Inhalt** hat. Ein vollstreckungsfähiger Inhalt fehlt häufig bei Vergleichen über die Zeugniserteilung oder bei der Regelung über die Abrechnung noch ausstehender Bezüge. Um hier einen vollstreckungsfähigen Inhalt zu erreichen, ist es entweder notwendig, dass der genaue Zeugniswortlaut in den Vergleich mit aufgenommen wird oder aber bei der Abrechnung ausstehender Vergütung der Zahlungsbetrag errechnet und auch betragsmäßig benannt wird. Ansonsten kann mit einem solchen unkonkreten Prozessvergleich nicht unmittelbar die Vollstreckung eingeleitet werden, sondern es muss bei Nichtbefolgung des Schuldners erneut geklagt werden. 93a

2. Anwaltsvergleich

Auch im Arbeitsrecht kann gem. § 62 Abs. 2 Satz 1 ArbGG i.V.m. §§ 796a-796 c ZPO ein **vollstreckbarer Anwaltsvergleich** herbeigeführt werden. Inhaltlich ist der Anwaltsvergleich nach § 796a ZPO auf Zahlungsansprüche der Vertragsparteien ausgerichtet. Er hat in der Praxis keine Bedeutung. 94

Der Anwaltsvergleich muss von den Parteien und den Anwälten unterschrieben werden. Er kann in zweifacher Weise für vollstreckbar erklärt werden, zum einen mit Zustimmung der Parteien durch einen Notar, zum anderen über das für die Geltendmachung des zu vollstreckenden Anspruches zuständige Arbeitsgericht. Allerdings sind Voraussetzung für die Vollstreckbarerklärung die Unterwerfung des Schuldners unter die sofortige Zwangsvollstreckung und die Niederlegung des Vergleiches bei einem Amtsgericht, bei dem eine der Parteien zur Zeit des Vergleichsabschlusses ihren allgemeinen Gerichtsstand hatte. 95

3. Schriftlicher Vergleich

Nach der Reform der ZPO kann jetzt auch ein gerichtlicher Vergleich im schriftlichen Verfahren herbeigeführt werden. Diese Möglichkeit hat in der Praxis nicht unerhebliche Bedeutung erlangt und bei bereits erzielter Einigung wesentlich zum Abbau unnötiger Reisetätigkeit beigetragen. **§ 278 Abs. 6 ZPO** eröffnet die Möglichkeit, dass die Parteien einen **schriftlichen Vergleichsvorschlag des Gerichts** durch schriftsätzliche Erklärung gegenüber dem Gericht **annehmen**. Das Gericht stellt das Zustandekommen und den Inhalt eines so geschlossenen Vergleichs sodann durch Beschluss 96

109 BAG, Urt. v. 16.01.1997, NZA 1997, 789.

110 Vgl. Muster bei *Hümmerich*, AnwaltFormulare Arbeitsrecht, § 4 Rn 1124, Muster 2276, Ziffer 11 »Protokollierungsvereinbarung«.

fest. Der Vergleich durch Schriftsätze auf der Basis eines gerichtlichen Vorschlags steht dem in der mündlichen Verhandlung protokollierten Vergleich ausdrücklich gleich (§ 794 Abs. 1 ZPO).[111] In der Praxis empfiehlt es sich, dem Gericht gegenüber die bereits außergerichtlich erzielte Einigung anzuzeigen und anzuregen, diese als gerichtlichen Vergleichsvorschlag den Parteien mitzuteilen, der dann schriftsätzlich gegenüber dem Gericht angenommen werden kann. Sodann kann durch Beschluss festgestellt werden, dass zwischen den Parteien der gerichtliche Vorschlag durch schriftsätzliche Erklärung beider Seiten angenommen und daher der im Beschluss wiedergegebene Vergleich zustande gekommen ist.

VI. Außergerichtliche und gerichtliche Kosten

1. Gerichtskosten

97 Im Urteilsverfahren werden Gerichtsgebühren gemäß § 3 GKG (Fassung ab 01.07.2004) nach dem Wert des Streitgegenstandes erhoben.[112] Gerichtskostenvorschüsse müssen nicht gezahlt werden (§ 9 Abs. 1 GKG). Die Kosten werden erst fällig, wenn das Verfahren im jeweiligen Rechtszug beendet ist, sechs Monate geruht hat oder sechs Monate von den Parteien nicht betrieben worden ist (bisher: § 12 Abs. 4 Satz 1 ArbGG; seit 01.07.2004: § 6 Abs. 4 GKG). Kostenvorschüsse werden nicht erhoben; dies gilt für die Zwangsvollstreckung auch dann, wenn das Amtsgericht Vollstreckungsgericht ist (bisher: § 12 Abs. 4 Satz 2 ArbGG; seit 01.07.2004: § 11 GKG). Die Gerichtsvollzieher dürfen Gebührenvorschüsse nicht erheben (bisher: § 12 Abs. 4 Satz 3 ArbGG; seit 01.07.2004: § 4 Abs. 1 Satz 4 GvKostG).

a) Urteilsverfahren erster Instanz

98 Im Verfahren vor dem Arbeitsgericht werden Gebühren nach Kostenverzeichnis Teil 8 Anlage 1 zu § 3 Abs. 2 GKG erhoben. In erster Instanz liegen sie zwischen 0,4 und 2,0 der Gebühr nach § 34 GKG.[113] Bei Beendigung durch einen gerichtlichen Vergleich entfällt die Gebühr der jeweiligen Instanz. Bei einer Beendigung durch Erledigungserklärungen vor streitiger Verhandlung entfällt die Gebühr, wenn keine Entscheidung über die Kosten ergeht. Bei Beendigung des Verfahren nach streitiger Verhandlung ermäßigt sich die Gebühr auf 0,4, wenn Klagerücknahme oder Erledigungserklärungen erfolgen und keine Kostenentscheidung ergeht oder nach Annerkenntnis-, Verzichtsurteil oder Urteil, das keinen Tatbestand und Entscheidungsgründe enthält (Nr. 8211 KV).

99 Für die Berechnung der Gegenstandswerte im arbeitsgerichtlichen Verfahren sind seit dem 01.07.2004 die §§ 42 Abs. 3, 4 Satz 1, Abs. 5, 45 Abs. 1 und 3 GKG einschlägig. Bei Bestandsschutzstreitigkeiten ist höchstens der Betrag des für die Dauer eines Vierteljahres zu leistenden Arbeitentgelts maßgeblich, wobei eine Abfindung nicht hinzugerechnet wird (§ 42 Abs. 4 Satz 1 GKG, früher: § 12 Abs. 7 ArbGG).

b) Berufungs- und Revisionsverfahren

100 In der Berufungs- und Revisionsinstanz beträgt der Satz der Gebühr für das Verfahren im Allgemeinen 3,2 bzw. 4,0. Die Gebühren ermäßigen sich auf 0,8 bei Rücknahme des Rechtsmittels vor Eingang einer Begründung (vgl. im einzelen Nr. 8221, 8222 und 8231, 8232 KV GKG).

111 *Schmidt/Schwab/Wildschütz*, NZA 2001, 1165.
112 Vgl. *Schneider*, ArbRB 2004, 258 ff.
113 Die Höchstgebühr nach § 12 Abs. 1 ArbGG i.H.v. 500 EUR ist entfallen.

2. Anwaltskosten

101 Im **Urteilsverfahren des ersten Rechtszuges** besteht kein Anspruch der obsiegenden Partei auf Entschädigung wegen Zeitversäumnis und auf Erstattung der Kosten für die Hinzuziehung eines Prozessbevollmächtigten oder Beistandes, § 12a Abs. 1 Satz 1 ArbGG. Der **Ausschluss der Anwaltskostenerstattung** gilt einschränkungslos und erfasst auch die vorprozessualen Anwaltskosten.[114] Die Kostenfreiheit gilt auch im einstweiligen Verfügungsverfahren gem. §§ 935 ff. ZPO.[115] Nur im Zwangsvollstreckungsverfahren findet § 12a ArbGG keine Anwendung mit der Folge, dass hier eine Erstattungspflicht der unterliegenden Partei besteht.[116] Umstritten ist die Frage, ob § 12a Abs. 1 ArbGG auch die Erstattungsfähigkeit der Anwaltskosten bei einem gegen den Drittschuldner nach § 840 Abs. 2 Satz 2 ZPO gerichteten Schadensersatzanspruch entgegensteht. Die herrschende Meinung vertritt hier die Auffassung, dass die Schadensersatzpflicht nach § 840 Abs. 2 Satz 2 ZPO vom Ausschluss der Kostenerstattung nicht erfasst wird.[117]

102 Wird vor Anrufung des Arbeitsgerichtes ein **unzuständiges Gericht** der ordentlichen Gerichtsbarkeit, der allgemeinen Verwaltungsgerichtsbarkeit, der Finanz- oder Sozialgerichtsbarkeit angerufen, ist streitig, ob die durch die Verweisung des Rechtsstreites angefallenen Kosten erstattungsfähig sind. Die überwiegende Meinung der Landesarbeitsgerichte befürwortet, die vor der Verweisung des Rechtsstreites an das Arbeitsgericht beim ordentlichen Gericht entstandenen Anwaltskosten in vollem Umfang dem Kläger aufzuerlegen.[118] Nach anderer Auffassung sind die Anwaltskosten, die durch die Vertretung des Beklagten vor dem ordentlichen Gericht entstanden sind, nicht als Mehrkosten erstattungsfähig.[119] Die Privilegierung des Prozesskostenrisikos der klägerischen Partei im arbeitsgerichtlichen Verfahren erster Instanz bezieht sich nicht auf die eigenen Fahrtkosten der obsiegenden Partei.[120] Im Urteilsverfahren des zweiten Rechtszuges gilt der Erstattungsausschluss des § 12a ArbGG nicht. Vielmehr findet hier § 91 ZPO Anwendung.

103 Werden im **zweiten Rechtszug** die Kosten nach § 92 Abs. 1 ZPO verhältnismäßig aufgeteilt und ist eine Partei durch einen Rechtsanwalt, die andere Partei durch einen Verbandsvertreter vertreten, so ist diese Partei nach § 12 Abs. 2 ArbGG hinsichtlich ihrer außergerichtlichen Kosten so zu stellen, als wenn sie durch einen Rechtsanwalt vertreten worden wäre. Im Rahmen der **Kostenausgleichung** nach §§ 103 ff. ZPO sind also auf Seiten der von einem Verband vertretenen Partei fiktive Anwaltskosten anzusetzen. Diese fiktiven Kosten müssen nicht eigens angemeldet werden, soweit es sich um die nach dem Pauschgebührensystem des RVG zu bemessenden Anwaltsgebühren handelt. Individuelle Kosten, wie Reisekosten des Verbandsvertreters oder fiktive Kosten eines Korrespondenzanwaltes, bedürfen jedoch der Geltendmachung im Kostenfestsetzungsverfahren. Ansonsten bleiben sie unberücksichtigt.[121] Wird nach Erörterung der Sach- und Rechtslage in der Güteverhandlung der Rechtsstreit durch die Parteien nicht weitergeführt, hat der Rechtsanwalt einen Gebührenanspruch in Höhe der Erörterungsgebühr.[122]

114 BAG, Urt. v. 30.04.1992, NZA 1992, 1101.
115 LAG Baden-Württemberg, Urt. v. 07.11.1988, BB 1989, 850.
116 LAG Berlin, Urt. v. 17.02.1986, DB 1986, 753.
117 BAG, Urt. v. 16.05.1990, DB 1990, 1826; *Grunsky*, § 12a ArbGG Rn 3 a.
118 LAG Nürnberg, Urt. v. 08.10.1986, LAGE § 12a ArbGG 1979 Nr. 8; LAG Baden-Württemberg, Urt. v. 09.08.1984, NZA 1985, 132.
119 LAG Bremen, Beschl. v. 20.02.1986, AP Nr. 4 zu § 12 ArbGG 1979.
120 LAG Hamburg, Beschl. v. 13.08.1992, LAGE § 12a ArbGG 1979 Nr. 18.
121 LAG Hamm, Beschl. v. 28.02.1980, MDR 1980, 612.
122 LAG Rheinland-Pfalz, Beschl. v. 20.02.1986, LAGE § 31 BRAGO Nr. 11.

E. Klagearten

104 Im Arbeitsgerichtsprozess finden sich alle bekannten Klagearten, wie Leistungs-, Feststellungs- und Gestaltungsklagen wieder.

I. Leistungsklage

1. Vergütungsklage[123]

105 Häufigster Anwendungsfall der Leistungsklage im Arbeitsrecht ist die Vergütungsklage.

a) Brutto-/Nettolohnklage

106 Bei einem Bruttoentgelt ist die Klage grundsätzlich auf den Bruttobetrag zu richten.[124] Unter **Bruttolohn** versteht man die Gesamtvergütung des Arbeitnehmers vor Abzug der öffentlich-rechtlichen Steuern und Abgaben. Sie ist abzugrenzen von der Nettovergütung. Die Nettovergütung stellt den Vergütungsteil dar, der dem Arbeitnehmer nach Abzug von Steuern und Abgaben zur Sozialversicherung verbleibt. Die Bruttovergütung bildet den Regelfall. Die **Nettolohnarbeitsentgeltabrede** besteht nur nach einer gesonderten Vereinbarung, § 14 Abs. 2 SGB IV. Zahlt jedoch der Arbeitgeber mehrfach Entgelt bar aus, ohne Abzüge und ohne Erstellung einer Abrechnung, begründen diese Umstände eine Vermutung für eine Nettovereinbarung.[125]

107 Der ausgeurteilte Bruttobetrag ist grundsätzlich vollstreckbar. Kommt es zur Zwangsvollstreckung, ist zu differenzieren: Weist der Arbeitgeber die Abführung von Steuern und Sozialversicherungsbeiträgen nach, stellt der Gerichtsvollzieher hinsichtlich dieser Forderungen die Vollstreckung ein. Ansonsten vollstreckt der Gerichtsvollzieher den Bruttobetrag. Dann ist der Arbeitnehmer für die richtige Abführung der Steuern und Arbeitnehmeranteile zur Sozialversicherung selbst verantwortlich. Zur Sicherung des Steueranspruches ist der Gerichtsvollzieher verpflichtet, das Finanzamt vor Abführung der vollstreckten Beträge an den Gläubiger zu benachrichtigen. Eine Geltendmachung der Arbeitgeberanteile zur Sozialversicherung ist im Wege der Vergütungsklage nicht möglich, weil sie nicht zur Bruttovergütung des Arbeitnehmers gehören. Bei Nichtabführung der Arbeitgeberanteile ist der Arbeitnehmer gehalten, die Einzugsstelle (Krankenkasse) einzuschalten und ggf. diese im sozialgerichtlichen Verfahren zu einem Tätigwerden zu zwingen.

108 Bei einer Bruttoabrede ist die Klage auf den Nettobetrag gleichfalls zulässig, wenn Steuer- und Beitragspflicht beziffert werden, z.B. durch eine vorliegende Gehaltsabrechnung.[126]

Bei einer vereinbarten Nettovergütung kann sowohl eine Bruttoklage als auch eine Nettoklage erhoben werden.

109 Üblicherweise wird bei der Buttolohnklage folgender Antrag gestellt:

> »Die beklagte Partei wird verurteilt, an den Kläger ______ EUR brutto nebst Zinsen i.H.v. 5 % über dem Basiszinssatz seit dem ______ zu zahlen.«[127]

110 Stehen mehrere Beträge aus, ist es hilfreich, schon im Antrag den Betrag für einen bestimmten Zeitraum geltend zu machen. Dies erleichtert auch im Falle von im Verfahren erfolgten Zahlungen,

123 Vgl. die Ausführungen in *Hümmerich*, AnwaltFormulare Arbeitsrecht, § 7 Rn 17.
124 BGH, Beschl. v. 21.04.1966, AP Nr. 13 zu § 611 Lohnanspruch.
125 LAG Köln, Urt. v. 01.08.1997, ArbuR 1998, 334.
126 BAG, Urt. v. 29.08.1984, DB 1984, 2708.
127 Vgl. Muster in *Hümmerich*, AnwaltFormulare Arbeitsrecht, § 7 Rn 171, Muster 3650; BAG, Urt. v. 20.04.1983, BB 1985, 1395.

zum Zeitpunkt der letzten mündlichen Verhandlung den noch offen stehenden Betrag richtig und schnell zu erfassen.

b) Brutto-/Nettozinsen

Der große Senat des BAG hat mit Beschluss vom 07.03.2001 entschieden, dass der Arbeitnehmer 111
Verzugszinsen nach § 288 Abs. 1 S. 1 BGB aus der in Geld geschuldeten Bruttovergütung verlangen kann. Der Streit um die Frage, ob bei der Bruttolohnklage Zinsen auf den Bruttobetrag oder auf den sich hieraus ergebenden Nettobetrag zu beantragen sind,[128] hat sich mit dem Beschluss des großen Senats erledigt. Der große Senat ist der Auffassung, dass das Gesetz keine Handhabe biete, den Vergütungsanspruch des Arbeitnehmers in einen zu verzinsenden und einen nicht zu verzinsenden Teil aufzuspalten. Dies gelte auch, wenn dem Arbeitnehmer aus der Vorenthaltung der Teile der Vergütung, die nach steuer- und sozialversicherungsrechtlichen Vorschriften vom Arbeitgeber einzubehalten und abzuführen sind, regelmäßig kein Schaden entstehe. § 288 Abs. 1 Satz 1 BGB enthalte eine gesetzliche Schadensfiktion. Dem Gläubiger werde unabhängig von den konkreten Umständen ein Anspruch auf die vorgesehene Verzinsung eingeräumt. Dadurch solle die Durchsetzung von Verzugsschäden vereinfacht und erleichtert werden. Eine Aufspaltung der Vergütung in einen Nettoanteil und die gesetzlichen Abzüge widerspräche diesem Ziel.

c) In Abzug zu bringendes Arbeitslosen- oder Krankengeld

Hat ein Arbeitnehmer während des Zeitraums, für den er Vergütung nach § 615 BGB beanspruchen 112
kann, Arbeitslosengeld erhalten, ist zu beachten, dass nach § 115 Abs. 1 SGB X (cessio legis) der Entgeltanspruch des Arbeitnehmers gegen den Arbeitgeber in der Höhe der zu Unrecht geleisteten Beträge (Arbeitslosengeld) auf das Arbeitsamt übergeleitet wird. Der Arbeitnehmer ist für eine gegen den Arbeitgeber gerichtete Lohnklage in dieser Höhe nicht mehr aktivlegitimiert.[129] Darüber hinaus bestimmt § 335 Abs. 3 SGB III, dass der Arbeitgeber die von der Bundesagentur geleisteten Beiträge zur Kranken- und Rentenversicherung zu ersetzen hat und gleichzeitig von seiner eigenen Verpflichtung, solche Beiträge zu entrichten, befreit wird. Unter Berücksichtigung von § 115 Abs. 1 SGB X und § 335 Abs. 3 SGB III muss daher der Antrag wie folgt formuliert werden:

> »Die beklagte Partei wird verurteilt, rückständige Vergütung i.H.v. EUR brutto für den Monat abzüglich bereits erhaltenen Arbeitslosengeldes i.H.v. EUR netto sowie abzüglich vom Arbeitsamt bezahlter Sozialversicherungsbeiträge i.H.v. EUR an den Kläger zu zahlen.«

d) Steuerschaden

Zu beachten ist ferner, dass dem Arbeitnehmer bei Lohnnachzahlungen ein Steuerschaden entste- 113
hen kann. Hinsichtlich der Sozialversicherungsbeiträge besteht diese Problematik nicht, da diese prozentual vom Bruttoeinkommen berechnet werden und sich stetig mit steigendem Einkommen erhöhen. Im Steuerrecht jedoch herrscht das Zuflussprinzip. Dies bedeutet, dass für den **Steuerabzug** der **Zuflusszeitpunkt** maßgebend ist, so dass aufgrund des progressiv gestaffelten Steuertarifs ein höherer Steuerabzug anfallen kann, wenn das Entgelt nicht bei Fälligkeit, sondern erst in einer folgenden Gehaltsperiode im folgenden Kalenderjahr ausgezahlt wird.

Entsteht dem Arbeitnehmer dadurch, dass der Arbeitgeber den Lohn trotz Fälligkeit nicht zahlt, ein 114
höherer Steuerabzug, kann dieser im Wege des Lohnsteuerjahresausgleiches oder durch Antragsveranlagung beim Finanzamt ausgeglichen werden. Nach Durchführung dieser Verfahren verbleibt

128 Zum vorherigen Streitstand BAG, Beschl. v. 11.08.1998, EzA § 288 BGB Nr. 1; *Hümmerich*, AnwaltFormulare Arbeitsrecht, § 7 Rn 21.

129 LAG Rostock, Urt. v. 25.03.1996, NZA-RR 1997, 249; a.A. LAG Hamm, Urt. v. 18.06.1998 AE 1999, 79.

dem Arbeitnehmer regelmäßig nur ein Zinsschaden, der auf den zu viel abgeführten Steuerbetrag angefallen ist. Diesen endgültigen Steuerschaden kann der Arbeitnehmer nach § 286 BGB gegenüber dem Arbeitgeber geltend machen.[130]

e) Zahlungsklage während laufenden Kündigungsschutzverfahrens

115 Der Arbeitnehmer kann **gleichzeitig mit Erhebung der Kündigungsschutzklage** oder **während des laufenden Kündigungsschutzverfahrens** die monatlich fällig werdenden Entgeltansprüche für den Fall einklagen, dass die Kündigung rechtskräftig für unwirksam erklärt wird. Er kann diese Ansprüche aber auch gesondert durch **Erhebung einer neuen Zahlungsklage** geltend machen. Die Arbeitsgerichte reagieren hierauf unterschiedlich. Zum einen werden die Zahlungsanträge als für den Abschluss des Kündigungsschutzverfahrens vorgreiflich nach § 148 ZPO ausgesetzt.[131] Nach anderer Auffassung gebietet der arbeitsrechtliche Beschleunigungsgrundsatz den Vorrang gegenüber einer Aussetzung.[132] Entschließt sich der Arbeitnehmervertreter während des laufenden Künidungsschutzverfahrens, die monatlich fällig werdenden Entgeltbeträge einzuklagen, muss er jedenfalls beachten, dass er sich ständig durch den Arbeitnehmer mitteilen lässt, in welcher Höhe er entweder Arbeitslosengeld, Sozialhilfe oder Krankengeld bezogen hat, damit er entsprechend den oben geschilderten Anforderungen den Klageantrag konkret beziffert geltend machen kann.

2. Überstundenvergütung

116 In der Praxis bereitet die Fertigung schlüssiger Klagen im Bereich der Überstundenvergütung erhebliche Schwierigkeiten. Überstunden leistet der Arbeitnehmer nur dann, wenn er über die für sein Beschäftigungsverhältnis geltende Arbeitszeit hinaus arbeitet und diese zusätzliche Arbeit durch den Arbeitgeber angeordnet oder zumindest durch den Arbeitgeber **bewusst geduldet** wurde.[133] Begrifflich sind Überstunden und Mehrarbeit voneinander zu unterscheiden.

117 **Mehrarbeit** liegt dann vor, wenn die gesetzlich zulässigen regelmäßigen Höchstarbeitszeiten von acht Stunden am Tag nach § 3 ArbZG überschritten werden. Bis zum In-Kraft-Treten des Arbeitszeitgesetzes bestand nach der bis dahin geltenden Arbeitszeitordnung ein Anspruch auf Mehrarbeitsvergütung. Diesen Anspruch auf einen Vergütungszuschlag hat das jetzt geltende Arbeitszeitgesetz nicht übernommen. Ein Anspruch kann sich daher für den Arbeitnehmer nicht aus dem Arbeitszeitgesetz, sondern nur aus dem **Arbeitsvertrag** oder **Betriebsvereinbarungen** oder einem **einschlägigen Tarifvertrag** ergeben.

118 Die **Darlegungs- und Beweislast** beim Streit um die Überstundenvergütung trifft den Arbeitnehmer. Der Arbeitnehmer ist verpflichtet, alle Voraussetzungen, aus denen sich ergibt, dass Überstunden erbracht wurden, vorzutragen. Besteht eine feste betriebliche Arbeitszeit, genügt es, wenn der Arbeitnehmer belegt, wann und in welchem Umfang er außerhalb dieser Arbeitszeit tätig geworden ist. Im Übrigen muss er die übliche Arbeitszeit darlegen und unter Beweis stellen. Die übliche Arbeitszeit kann sich für den Arbeitnehmer aus dem Tarifvertrag, aus einer Betriebsvereinbarung oder dem Arbeitsvertrag ergeben. Sieht ein Tarifvertrag vor, dass der Arbeitgeber berechtigt ist, die Arbeitszeit einseitig aufzustocken, erbringt der Arbeitnehmer innerhalb dieses Rahmens keine Überstunden.[134]

130 BAG, Urt. v. 14.05.1998, ArbuR 1998, 376; BAG, Urt. v. 17.02.1994, NJW 1994, 2501.
131 LAG Berlin, Beschl. v. 02.02.1993, LAGE § 148 ZPO Nr. 28; LAG Frankfurt, Beschl. v. 04.09.1987, LAGE § 148 ZPO Nr. 18.
132 So LAG Köln, Urt. v. 14.12.1992, LAGE § 148 ZPO Nr. 26; LAG München, Beschl. v. 22.02.1989, LAGE § 148 ZPO Nr. 20.
133 BAG, Urt. v. 27.11.1990, NZA 1991, 382; BAG, Urt. v. 08.11.1989, DB 1990, 88; *Gift/Baur*, Das Urteilsverfahren, E Rn 74.
134 BAG, Urt. v. 12.12.1990, DB 1991, 865.

Neben der Angabe, auf welcher Grundlage die übliche Arbeitszeit im Arbeitsverhältnis auf Tag/Woche/Monat oder Jahr verteilt ist, muss der Arbeitnehmer **für jeden Arbeitstag nach Datum und Stunde aufgeschlüsselt** darlegen, wie sich seine Arbeitszeit konkret gestaltete.[135] Weitere zwingende Voraussetzung für die Fertigung einer schlüssigen Klage ist, dass der Arbeitnehmer darlegen und ggf. beweisen kann, dass er **mit »Wissen und Wollen« des Arbeitgebers** Überstunden geleistet hat. Voraussetzung hierfür ist, dass die Überstunden vom Arbeitgeber angeordnet oder zur Erledigung der dem Arbeitnehmer obliegenden Arbeiten notwendig oder vom Arbeitgeber gebilligt oder geduldet worden sind.[136] Der Arbeitnehmer hat keinen Anspruch gegen den Arbeitgeber auf Auskunftserteilung über die von ihm in der Vergangenheit geleisteten Überstunden. Allerdings kann er nach § 810 BGB die **Herausgabe betrieblicher Aufzeichnungen** wie Stempelkarten, Stundenzettel oder Wochenberichte des Vorarbeiters verlangen. Besteht für Vollzeitbeschäftigte ein tarifvertraglicher Anspruch auf Überstundenzuschläge, so entsteht für die **Teilzeitbeschäftigten** hierauf nur dann ein Anspruch, wenn sie mehr als die für die Vollzeitbeschäftigten vereinbarte Arbeitszeit gearbeitet haben. Eine bloße Überschreitung der für sie vorgesehenen Arbeitszeit hat dagegen keinen Anspruch auf Überstundenzuschlag zur Folge.[137] 119

3. Klage auf Beschäftigung/Weiterbeschäftigung

a) Anspruchsgrundlagen

Im Wege der **Leistungsklage** ist sowohl der Beschäftigungsanspruch im laufenden Arbeitsverhältnis[138] als auch der Weiterbeschäftigungsanspruch nach Ausspruch einer Kündigung gem. §§ 102 Abs. 5 BetrVG, 79 Abs. 2 BPersVG[139] durchzusetzen. Schließlich ist der auch außerhalb dieser Vorschriften geltend zu machende Weiterbeschäftigungsanspruch auf der Grundlage der Entscheidung des Großen Senates vom 27.02.1985 zu beachten.[140] 120

Der Große Senat des BAG hat entschieden, dass auch außerhalb der Regelung der §§ 102 Abs. 5 BetrVG, 79 Abs. 2 BPersVG die gekündigten Arbeitnehmer einen arbeitsvertraglichen **Anspruch auf vertragsgemäße Beschäftigung** über den Ablauf der Kündigungsfrist oder bei einer fristlosen Kündigung über deren Zugang hinaus bis zum rechtskräftigen Abschluss des Kündigungsschutzprozesses zusteht, wenn die Kündigung unwirksam ist und überwiegende schützenswerte Interessen des Arbeitgebers einer solchen Beschäftigung nicht entgegenstehen. Wenn nicht der Fall einer offensichtlich unwirksamen Kündigung gegeben ist, begründet die **Ungewissheit über den Ausgang des Kündigungsschutzprozesses** ein schützenswertes Interesse des Arbeitgebers an der Nichtbeschäftigung des gekündigten Arbeitnehmers für die Dauer des Kündigungsschutzprozesses. Dieses Interesse des Arbeitgebers an der Nichtbeschäftigung überwiegt in der Regel das Beschäftigungsinteresse des Arbeitnehmers bis zu dem Zeitpunkt, in dem im Kündigungsschutzprozess ein die Unwirksamkeit der Kündigung feststellendes Urteil ergeht. Sobald für den Arbeitnehmer ein erstinstanzlich obsiegendes Urteil vorliegt, überwiegt sein Beschäftigungsinteresse bis zum rechtskräftigen Abschluss des Verfahrens. 121

Von einer **offensichtlich unwirksamen Kündigung** ist bereits dann nach der Rechtsprechung des Großen Senates auszugehen, wenn schon aus dem eigenen Vortrag des Arbeitgebers ohne Beweiserhebung und ohne dass ein Beurteilungsspielraum gegeben wäre, sich jedem Kundigen die Unwirksamkeit der Kündigung geradezu aufdrängen müsste.[141] Diese Rechtsprechung findet nicht nur An- 122

135 BAG, Urt. v. 05.09.1995, DB 1996, 1344; BAG, Urt. v. 10.12.1973, EzA § 198 BGB Nr. 2.

136 BAG, Urt. v. 15.06.1961, AP Nr. 7 zu § 253 ZPO.

137 BAG, Urt. v. 25.07.1996, BB 1996, 2628; BAG, Urt. v. 20.06.1995, DB 1996, 685; EuGH, Urt. v. 15.12.1994, NZA 1995, 218.

138 BAG, Urt. v. 10.11.1955, EzA § 611 BGB Nr. 1.

139 BAG, Urt. v. 17.06.1999, EzA § 102 BetrVG Beschäftigungspflicht Nr. 10.

140 BAG, Beschl. v. 27.02.1985, AP Nr. 14 zu § 611 BGB Beschäftigungspflicht; *Gift/Baur*, Das Urteilsverfahren, E Rn 81 ff.

141 BAG, Beschl. v. 27.02.1985, AP Nr. 14 zu § 611 BGB Beschäftigungspflicht.

wendung im Kündigungsschutzprozess, sondern auch bei allen anderen Bestandsstreitigkeiten, insbesondere auch im Streit um die Wirksamkeit einer Befristung oder auflösenden Bedingung.[142] Die meisten Landesarbeitsgerichte folgen dieser Auffassung des Großen Senates und bejahen unter den obengenannten Voraussetzungen den Weiterbeschäftigungsanspruch des Arbeitnehmers:

123

Gerichte	Fundstelle	Anmerkungen
LAG Hamburg, Urt. v. 30.09.1994, 3 Sa 72/94	LAGE § 611 BGB Beschäftigungspflicht Nr. 39	Weiterbeschäftigungsanspruch unbestritten im bestehenden Arbeitsverhältnis und nach Kündigung entsprechend den Voraussetzungen des Großen Senates.
LAG Köln, Urt. v. 13.05.1993, 5 Sa 271/93	LAGE § 611 BGB Beschäftigungspflicht Nr. 35	Einstweilige Verfügung auf Weiterbeschäftigung eines Betriebsratsmitgliedes bejaht wegen unwirksamer Kündigung.
LAG Köln, Urt. v. 04.02.1993, 5 Sa 1010/92	LAGE § 611 BGB Beschäftigungspflicht Nr. 34	
LAG Hamm, Urt. v. 11.05.1989, 7 Sa 1879/88	LAGE § 611 BGB Beschäftigungspflicht Nr. 26	Weiterbeschäftigungsanspruch bejaht nach erstinstanzlichem Urteil, das Unwirksamkeit der Befristung festgestellt hatte.
LAG München, Urt. v. 11.09.1993, 2 Ta 214/93	BB 1994, 1083	Dem Weiterbeschäftigungsanspruch kann sich der Arbeitgeber nicht durch Umorganisation (Wegfall des Arbeitsplatzes) entziehen.
LAG Nürnberg, Urt. v. 11.07.1994, 7 Sa 1123/93	DB 1994, 2456	Der Beschäftigungsanspruch nach dem Großen Senat des BAG kann auch erstmals in Berufungsinstanz geltend gemacht werden.
LAG Düsseldorf, Urt. v. 24.03.1998, 3 Sa 1990/97	Bibliothek BAG (Leitsatz 1–2 und Gründe)	Weiterbeschäftigungsanspruch bejaht bis zum rechtskräftigen Abschluss des Verfahrens.

142 BAG, Urt. v. 13.06.1985, AP Nr. 19 zu § 611 BGB Beschäftigungspflicht.

Gerichte	Fundstelle	Anmerkungen
LAG Rheinland-Pfalz, Urt. v. 12.03.1987, 5 Sa 1080/86	NZA 1987, 535	Prinzipien der Rechtssicherheit, Rechtseinheit und Voraussehbarkeit gebieten, dass von der grundsätzlich bestehenden Möglichkeit, von der Rechtsprechung des Großen Senates abzuweichen, nur zurückhaltend Gebrauch gemacht wird.
LAG Rheinland-Pfalz, Urt. v. 21.08.1986, 1 Ta 140/86		
LAG Frankfurt, Urt. v. 30.09.1996, 11 Sa 1595/96	Bibliothek BAG	Einstweilige Verfügung auf Entbindung von der allgemeinen Weiterbeschäftigungspflicht in entsprechender Anwendung des § 102 Abs. 5 Satz 2 BetrVG unzulässig.
LAG Berlin, Urt. v. 14.12.1998, 9 Sa 114/98	Bibliothek BAG	Eine nicht unter Vorbehalt angenommene Änderungskündigung steht dem allgemeinen Weiterbeschäftigungsanspruch nicht entgegen.
LAG Brandenburg, Urt. v. 28.01.1997, 8 Sa 815/96	ArztR 1998, 90	Einstweilige Verfügung bei offensichtlicher Unwirksamkeit der Änderungskündigung. Weiterbeschäftigungsanspruch wegen ideellen Beschäftigungsinteresses des Arbeitnehmers bejaht (Geltung in dem Berufsfeld, Erhaltung von Fachkenntnissen: Durchführung von Operationen, Ansehensverlust nach 25-jähriger Tätigkeit, möglicherweise nachteilige Veränderungen der Arbeitsbedingungen in der Abteilung).
LAG Berlin, Urt. v. 14.12.1998, 9 Sa 114/98	Bibliothek BAG	Weiterbeschäftigungsanspruch bejaht bei einer nicht unter Vorbehalt angenommenen Änderungskündigungskündigung

Gerichte	Fundstelle	Anmerkungen
LAG Stuttgart, Urt. v. 17.06.1998, 9 Sa 106/96	ArbuR 1998, 384	Kommt für den Weiterbeschäftigungsanspruch sowohl der Weiterbeschäftigungsanspruch nach § 102 Abs. 5 Satz 1 BetrVG als auch der allgemeine Weiterbeschäftigungsanspruch in Betracht, ist im Zweifel davon auszugehen, dass der Kläger seinen Antrag auf beide Anspruchsgrundlagen stützten will.
LAG Saarbrücken, Urt. v. 12.12.1989, 1 Ta 37/89	LAGE § 19 GKG Nr. 9	
LAG Erfurt, Urt. v. 20.04.1998, 8 Sa 739/96		
LAG Niedersachsen, Urt. v. 27.01.1998, 12 Sa 2162/97	AE 1998, 99 Nr. 287	Der Weiterbeschäftigungsanspruch wurde ausnahmsweise vor Beendigung des Kündigungsschutzprozesses erster Instanz bejaht bei offensichtlicher Unwirksamkeit der Kündigung und Vorliegen eines besonderen Beschäftigungsinteresses.
LAG Sachsen-Anhalt, Urt. v. 16.03.1993, 2 (3) Sa 29/92	LAGE § 611 BGB Beschäftigungspflicht Nr. 33	Weiterbeschäftigungsanspruch bei Kündigung nach Einigungsvertrag.

124 Folgende Kammern der Landesarbeitsgerichte stehen dem allgemeinen Weiterbeschäftigungsanspruch unter den Voraussetzungen, die das Bundesarbeitsgericht aufgestellt hat, ablehnend gegenüber. Sie lehnen den allgemeinen Weiterbeschäftigungsanspruch nach der Entscheidung des großen Senates mit der Begründung ab, dass dafür keine Rechtsgrundlage vorhanden sei. Allenfalls im einstweiligen Verfügungsverfahren kann nach dieser Auffassung ein Weiterbeschäftigungsantrag zulässig sein, wenn ein besonderes Beschäftigungsinteresse und eine offensichtliche Unwirksamkeit der Kündigung vorliegt.

125

Gerichte	Fundstelle	Anmerkungen
LAG Niedersachsen, Urt. v. 07.02.1986, 3 Sa 101/85	LAGE § 611 BGB Beschäftigungspflicht Nr. 14	
LAG Niedersachsen, Beschl. v. 18.06.1985, 6 Sa 90/85	NZA 1985, 504.	
LAG Niedersachsen, Urt. v. 04.07.1996, 4 Sa 196/86	LAGE § 611 BGB Beschäftigungspflicht Nr. 16	Hier werden Zweifel an der BAG-Rechtsprechung geäußert.
LAG Köln, Urt. v. 28.02.1986, 4 Sa 696/86	LAGE § 611 BGB Beschäftigungspflicht Nr. 17	Weiterbeschäftigungsanspruch im Ausbildungsverhältnis unter besonderen Voraussetzungen möglich.
LAG Köln, Urt. v. 03.05.1995, 7/10 Sa 1325/94	AE 1998, 111, Nr. 497	
LAG Hamm, Urt. v. 15.03.1994, 7 Sa 234/94	AE 1998, 111, Nr. 496	Nach Ausspruch einer außerordentlichen Kündigung kann der Auszubildende im Wege der einstweiligen Verfügung nur dann die Fortsetzung der tatsächlichen Ausbildung verlangen, wenn die ausgesprochene Kündigung offensichtlich unwirksam ist und dem Verfügungskläger (Auszubildenden) aus der unterbliebenen Ausbildung besondere Nachteile drohen. Davon kann nur ausgegangen werden, wenn sich die Unwirksamkeit der Kündigung schon aus dem eigenen Vortrag des Arbeitgebers ergibt, ohne dass es hierzu noch einer Beweisaufnahme bedarf; eine große Wahrscheinlichkeit reicht nicht aus.

125a Der Arbeitgeber kann, unabhängig von der oben genannten Rechtsprechung, im Arbeitsvertrag den möglichen Weiterbeschäftigungsanspruch des Arbeitnehmers während der Kündigungsfrist abbedingen.[143]

b) Anträge/Vollstreckung

126 Um einen vollstreckungsfähigen Weiterbeschäftigungstitel zu erhalten, ist es erforderlich, dass der Antrag, unabhängig, auf welche Rechtsgrundlage er gestützt ist, konkret gefasst wird.[144] Ein Titel, der den Arbeitgeber lediglich dazu verurteilt, den Arbeitnehmer zu unveränderten Arbeitsbedingungen weiterzubeschäftigen, ist in aller Regel, wenn sich nicht in Tatbestand und Gründen des Urteils die Beschäftigungsart detailliert beschrieben wiederfindet, nicht vollstreckungsfähig.[145] Deshalb empfiehlt sich folgende Formulierung:

> »Die beklagte Partei wird verurteilt, die klägerische Partei zu den im Arbeitsvertrag vom geregelten Arbeitsbedingungen als weiterzubeschäftigen.«[146]

Bei dieser Antragsformulierung ist darauf zu achten, dass in der Vollstreckung die im Tenor genannte **Urkunde** gem. § 750 Abs. 1 ZPO **mit zugestellt** wird.[147]

127 Mit der Entscheidung des Großen Senates kann nur der Beschäftigungsanspruch bis zum rechtskräftigen Abschluss des Kündigungsschutzprozesses begründet werden, nicht dagegen der allgemeine Beschäftigungsanspruch nach rechtskräftigem Abschluss des Verfahrens.[148] Dieser zeitlichen Einschränkung muss die Antragsformulierung Rechnung tragen, da ansonsten die Klage teilweise abgewiesen würde. Der Antrag lautet wie folgt:

> »Die beklagte Partei wird verurteilt, die klägerische Partei für den Fall des Obsiegens mit dem Feststellungsantrag zu Ziffer 1. zu den im Arbeitsvertrag vom geregelten Arbeitsbedingungen als bis zu einer rechtskräftigen Entscheidung über den Feststellungsantrag weiterzubeschäftigen.«

128 Wie aus diesem Antrag ersichtlich, ist dieser Weiterbeschäftigungsantrag mit der Kündigungsschutzklage gleichzeitig geltend gemacht. Dies ist zu empfehlen, da nach erfolgreichem Abschluss des Kündigungsschutzprozesses erster Instanz ohne gestellten Weiterbeschäftigungsantrag einem nunmehr gestellten Antrag auf Erlass einer einstweiligen Verfügung mangels Verfügungsgrund nicht stattgegeben werden würde.[149]

129 Der Arbeitgeber muss bei einem gestellten Weiterbeschäftigungsantrag des Arbeitnehmers beachten, dass zugunsten des Arbeitnehmers nach erfolgreichem erstinstanzlichen Abschluss des Kündigungsschutzprozesses ein **vorläufig vollstreckbarer Titel** gegen den Arbeitgeber vorliegt, der bei Nichtbeschäftigung im Wege des Zwangsgeldes nach § 888 ZPO durchgesetzt werden kann. Wenn der Arbeitgeber diese Rechtsfolge vermeiden will, muss er zu dem gestellten Weiterbeschäftigungsantrag des Arbeitnehmers im Kündigungsschutzprozess substantiiert Stellung nehmen und im Einzelnen darlegen und unter Beweis stellen, warum es ihm unzumutbar ist, im Falle eines obsiegenden erstinstanzlichen Urteiles den Arbeitnehmer weiterzubeschäftigen.

143 LAG Hamburg, Urt. v. 10.06.1994, AE 1998, 49 Nr. 179.
144 Vgl. hierzu Muster in *Hümmerich*, AnwaltFormulare Arbeitsrecht, § 7 Rn 74, Muster 3300.
145 LAG Rheinland-Pfalz, Urt. v. 07.01.1986, NZA 1986, 196; *Germelmann/Matthes/Prütting*, § 62 ArbGG Rn 48.
146 Vgl. Muster *Hümmerich*, AnwaltFormulare Arbeitsrecht, § 7 Rn 74, Muster 3300.
147 LAG Frankfurt/Main, Urt. v. 13.07.1987, NZA 1988, 175; dagegen: *Grunsky*, § 62 ArbGG Rn 13a.
148 LAG Köln, Urt. v. 24.06.1987, NZA 1988, 39.
149 LAG Frankfurt, Urt. v. 23.03.1987, NZA 1988, 37.

In der Praxis fehlt bei den Arbeitgebervertretern zu dieser Problematik häufig im gesamten Kündigungsschutzprozess jeglicher Vortrag. Wird der Weiterbeschäftigungsanspruch auf § 102 Abs. 5 BetrVG gestützt, kann der Arbeitgeber sich nur damit verteidigen, dass der Betriebsrat der Kündigung nicht frist- oder ordnungsgemäß widersprochen habe, der Arbeitnehmer nicht unter das Kündigungsschutzgesetz falle oder aber die Klage nicht rechtzeitig im Sinne des § 4 Satz 1 KSchG erhoben worden sei.[150] Für einen **ordnungsgemäßen Widerspruch des Betriebsrates** nach § 102 Abs. 3 Nr. 3 BetrVG gegen eine ordentliche Kündigung reicht es zur Begründung eines Weiterbeschäftigungsanspruches nach § 102 Abs. 5 Satz 1 BetrVG nicht aus, wenn der Betriebsrat nur allgemein auf eine anderweitige Beschäftigungsmöglichkeit im selben Betrieb oder in einem anderen Betrieb des Unternehmens verweist. Dem Betriebsrat ist vielmehr ein **Mindestmaß an konkreter Argumentation** abzuverlangen, das heißt, der Arbeitsplatz, auf dem der zu kündigende Arbeitnehmer eingesetzt werden kann, ist in bestimmbarer Weise anzugeben. Auch in seiner neuesten Entscheidung lässt das Bundesarbeitsgericht offen, ob das Weiterbeschäftigungsverlangen nach § 102 Abs. 5 Satz 1 BetrVG spätestens zum Ablauf der Kündigungsfrist geltend gemacht werden muss.[151]Will der Arbeitgeber von den Entbindungstatbeständen des § 102 Abs. 5 BetrVG Gebrauch machen, muss er dies in dem dort genannten Verfahren der einstweiligen Verfügung tun. Der Arbeitgeber muss glaubhaft machen, dass die Kündigungsschutzklage nach der im Verfügungsverfahren gebotenen vorläufigen Prüfung keine hinreichende Aussicht auf Erfolg hat oder sogar mutwillig erscheint. 130

Des Weiteren muss die **Weiterbeschäftigung des Arbeitnehmers** zu einer **unzumutbaren wirtschaftlichen Belastung** führen. Hierbei ist nicht ausreichend, dass der Arbeitgeber den Arbeitnehmer nicht mehr benötigt, denn das ist bei einer betriebsbedingten Kündigung immer der Fall. Die wirtschaftliche Belastung muss vielmehr so erheblich sein, dass die wirtschaftliche Existenz des Betriebes durch die Fortzahlung der Vergütung in Frage gestellt wird. Schließlich muss der Widerspruch des Betriebsrats aus rechtlichen oder tatsächlichen Gründen offensichtlich unbegründet sein. Der Antrag nach § 102 Abs. 5 BetrVG lautet wie folgt: 131

»Der Antragsteller wird im Wege der einstweiligen Verfügung von der Verpflichtung zur Weiterbeschäftigung des Antragsgegners entbunden.«

c) Rechtsschutzversicherung

Um dem Einwand einer Obliegenheitsverletzung durch die Rechtsschutzversicherung zu entgehen, empfiehlt es sich, entweder vor Stellung des Weiterbeschäftigungsantrages den Arbeitgeber anzuschreiben und zu erfragen, ob er nach obsiegendem erstinstanzlichen Urteil den Arbeitnehmer bis zum rechtskräftigen Abschluss weiterzubeschäftigen bereit ist oder aber den Weiterbeschäftigungsantrag als Eventual-Hilfsantrag mit der Maßgabe zu formulieren, dass der Weiterbeschäftigungsantrag erst gestellt wird, wenn der Arbeitgeber in der Güteverhandlung sich nicht zum Weiterbeschäftigungsverlangen des Arbeitnehmers positiv erklärt. 132

d) Weiterbeschäftigungsanspruch bei Folgekündigung und Änderungskündigung

Spricht der Arbeitgeber, nachdem ein Instanzgericht ihn zur Weiterbeschäftigung verurteilt hat, eine weitere Kündigung aus, so beendet diese den Weiterbeschäftigungsanspruch, wenn sie auf einen **neuen Lebenssachverhalt** gestützt ist, der es möglich erscheinen lässt, dass die erneute Kündigung eine andere rechtliche Beurteilung erfährt. Lediglich dann, wenn die neue Kündigung 133

150 *Richardi*, § 102 BetrVG Rn 229.

151 BAG, Urt. v. 17.06.1999, EzA § 102 BetrVG Beschäftigungspflicht Nr. 10; BAG, Urt. v. 31.08.1978, AP Nr. 1 zu § 102 BetrVG Weiterbeschäftigung.

offensichtlich unwirksam ist oder auf dieselben Gründe gestützt wird wie die erste Kündigung, entfällt der Weiterbeschäftigungsanspruch nicht.[152]

134 Im Falle einer Änderungskündigung, die der Arbeitnehmer vorbehaltlos abgelehnt hat, ist ein Weiterbeschäftigungsanspruch gegeben. Nicht hingegen besteht ein Weiterbeschäftigungsanspruch, wenn das Änderungsangebot unter Vorbehalt der sozialen Rechtfertigung angenommen und hier ein obsiegendes Urteil erster Instanz erstritten wurde.[153]

4. Klage auf Urlaub und Urlaubsabgeltung/Schadensersatz

a) Urlaubsanspruch während des laufenden Arbeitsverhältnisses

135 Lehnt der Arbeitgeber während des bestehenden Arbeitsverhältnisses die Urlaubserteilung ohne ausreichende Gründe ab, so kann der Arbeitnehmer die Gewährung von Urlaub entweder im Wege der Leistungsklage oder im Wege der einstweiligen Verfügung geltend machen.[154] Der Klageantrag lautet:

> »Die beklagte Partei wird verurteilt, der klägerischen Partei Urlaubstage in dem Zeitraum vom bis zu gewähren.«[155]

136 Da in den meisten Fällen ein rechtskräftiges Urteil vor dem geltend gemachten Urlaubsanspruch nicht vorliegen wird und ein Recht auf Selbstbeurteilung des Arbeitnehmers nicht besteht, wird effektiver Rechtsschutz nur über den Antrag auf **Erlass einer einstweiligen Verfügung** nach §§ 935, 940 ZPO möglich sein.[156]

b) Urlaubsanspruch im gekündigten Arbeitsverhältnis

137 Im Falle einer Eigenkündigung des Arbeitnehmers oder im Falle einer von ihm nicht angegriffenen arbeitgeberseitigen Kündigung entsteht mit Beendigung des Arbeitsverhältnisses der **Abgeltungsanspruch** nach § 7 Abs. 4 BUrlG, soweit der bestehende Urlaubsanspruch des Arbeitnehmers noch nicht erfüllt worden ist. Dieser Urlaubsabgeltungsanspruch muss so rechtzeitig vom Arbeitnehmer geltend gemacht werden, dass dieser bei Fortbestehen des Arbeitsverhältnisses noch bis zum 31.12. des Kalenderjahres bzw. zum 31.03. des Folgejahres auch tatsächlich hätte genommen werden können.

138 Wehrt sich ein Arbeitnehmer gegen eine ausgesprochene Kündigung, muss er, um zu verhindern, dass seine Urlaubsansprüche verfallen, wie folgt vorgehen: Das Erlöschen des Urlaubsanspruches in Natura und das Erlöschen des Urlaubsabgeltungsanspruches erfolgten in dem durch das Bundesurlaubsgesetz vorgegebenen zeitlichen Rahmen. Das heißt, dass der **Urlaubswunsch** bis zum Ende des Kalenderjahres bzw. des Übertragungszeitraumes so **rechtzeitig geltend gemacht** werden muss, dass innerhalb dieses zeitlichen Rahmens die Erfüllung erfolgen kann. Bislang hat das Bundesarbeitsgericht noch nicht entschieden, ob ein gekündigter Arbeitnehmer überhaupt Urlaubswünsche im Sinne des § 7 Abs. 1 BUrlG für die Zeit nach Ablauf der Kündigungsfrist äußern kann oder nicht.[157]

139 Um jedoch den zeitlichen Rahmen (31.12. des Jahres oder 31.03. des Folgejahres) im Falle eines Kündigungsschutzprozesses nicht zu versäumen, sollte **mit der Kündigungsschutzklage** bereits

152 BAG, Urt. v. 19.12.1985, DB 1986, 1679.
153 BAG, Urt. v. 18.01.1990, DB 1990, 773; LAG Düsseldorf, Urt. v. 25.01.1993, DB 1993, 1680; *Hümmerich*, AnwaltFormulare Arbeitsrecht, § 7 Rn 15, 123, Muster 3420.
154 BAG, Urt. v. 20.01.1994, DB 1994, 1042.
155 *Gift/Baur*, Das Urteilsverfahren, E Rn 84 und 85.
156 Vgl. LAG Hamburg, Urt. v. 15.09.1989, LAGE § 7 BUrlG Nr. 26.
157 BAG, Urt. v. 22.09.1992, AP Nr. 13 zu § 7 BUrlG.

der noch im Falle des erfolgreichen Abschlusses des Kündigungsschutzprozesses anfallende Urlaub geltend gemacht werden. Wird diesem Anspruch, wie zu vermuten ist, nicht in Natura durch den Arbeitgeber stattgegeben, so wandelt sich der fristgerecht geltend gemachte Urlaubsanspruch in einen Schadensersatzanspruch um.[158] Der Arbeitnehmer muss daher, um seine Urlaubsansprüche, die von dem erfolgreichen Abschluss des Kündigungsschutzprozesses abhängen, nicht zu verlieren, diese vor Ablauf des Kalenderjahres bzw. des Übertragungszeitraumes fristgerecht geltend machen. Kommt der Arbeitgeber diesem Verlangen nicht nach, hat der Arbeitnehmer einen Schadensersatzanspruch.

Soll bereits im Wege des Kündigungsschutzprozesses **als Hilfsantrag** dieser mögliche Schadenser- 140
satzanspruch geltend gemacht werden, ist zu beachten, dass hiervon möglicherweise ein Teilbetrag nach § 143 Abs. 3 SGB III auf das Arbeitsamt übergegangen und insoweit der Arbeitnehmer nicht mehr in voller Höhe anspruchsberechtigt ist.

5. Klage auf Rücknahme einer Abmahnung und Entfernung aus der Personalakte

a) Anspruchsgrundlage

Der Arbeitnehmer hat auf der Grundlage der allgemeinen Fürsorgepflicht des Arbeitgebers, auf der 141
Grundlage von Treu und Glauben und dem Persönlichkeitsrecht des Arbeitnehmers und schließlich aus § 1004 BGB das Recht, gegen eine ungerechtfertigte Abmahnung vorzugehen.[159]

b) Antrag

Der Antrag kann zum einen **auf Entfernung** aus der Personalakte lauten oder aber auf **Rücknahme** 142
und Entfernung.[160] Wenn neben der Entfernung auch die Rücknahme der Abmahnung verlangt wird, ist durch richterliches Befragen zu ermitteln, ob der Kläger ein formelles Widerrufsverlangen erhebt oder nur die Rücknahme zur Bekräftigung des Entfernungsanspruches ohne eigenständige Bedeutung beantragt hat.[161]

Ein Widerruf kann verlangt werden, soweit die Abmahnung ehrverletzende Äußerungen enthält. Der Anspruch auf Widerruf kann auch noch nach Entfernung der Abmahnung aus der Personalakte geltend gemacht werden. Meint der Kläger mit Rücknahme den Widerruf der in der Abmahnung enthaltenen Behauptungen, ist es erforderlich, dass im Klageantrag auch Inhalt, Form, Adressatenkreis und Zeitpunkt des Widerrufs angegeben werden.[162]

Dem Arbeitnehmer muss vor Erhebung einer Klage bewusst sein, dass mit dieser Klage ggf. das 143
Arbeitsverhältnis weiter belastet wird. Arbeitnehmer würden oft gerne von einer Klage gegen die Abmahnung Abstand nehmen, wenn sie nicht befürchten würden, dass sie einen Rechtsverlust erleiden. Klagt ein Arbeitnehmer gegen eine unberechtigte Abmahnung nicht, erleidet er hierdurch keinen Rechtsnachteil, wenn er außergerichtlich der Abmahnung, möglichst dezidiert, widersprochen hat. Hier muss der Rechtsanwalt darauf hinweisen, dass die Richtigkeit der abgemahnten Pflichtwidrigkeiten in einem möglicherweise späteren Kündigungsschutzprozess immer noch bestritten werden kann.[163]

158 BAG, Urt. v. 19.04.1994 – 9 AZR 478/92 (n.v.); BAG, Urt. v. 31.05.1990, BB 1990, 2408.
159 BAG, Urt. v. 30.05.1996, DB 1997, 233; BAG, Urt. v. 15.01.1986, DB 1986, 1075.
160 Vgl. hierzu *Gift/Baur*, Das Urteilsverfahren, E Rn 87, 88; siehe auch *Hümmerich*, AnwaltFormulare Arbeitsrecht, § 7 Rn 188, Muster 3680.
161 BAG, Urt. v. 15.04.1999, EzA § 611 BGB Abmahnung Nr. 41; BAG, Urt. v. 07.09.1988, DB 1989, 284.
162 So: *Gift/Baur*, Das Urteilsverfahren, E Rn 89 unter Hinweis auf BGH, Urt. v. 01.12.1965, GRUR 1966, 2272 (273).
163 BAG, Urt. v. 13.07.1987, DB 1987, 1495.

6. Klage auf Erteilung/Berichtigung eines Zeugnisses

a) Klage auf Erteilung eines Zeugnisses

144 Fordert der Arbeitnehmer vergeblich bei Ausscheiden aus dem Arbeitsverhältnis vom Arbeitgeber ein Zeugnis, kann dieser Anspruch aus § 109 GewO (früher: § 630 BGB) klageweise geltend gemacht werden.[164] Der Antrag lautet:

> »Die beklagte Partei wird verurteilt, der klägerischen Partei ein endgültiges Zeugnis zu erteilen, das sich auf Art und Dauer sowie Führung und Leistung im Arbeitsverhältnis erstreckt.«[165]

145 Wehrt sich der Arbeitnehmer gegen eine Kündigung, kann er dennoch zunächst ein **Zwischenzeugnis** verlangen. Er ist nicht verpflichtet, bereits ein Endzeugnis zu begehren. Umgekehrt kann der Arbeitnehmer auch ein Endzeugnis fordern, obwohl er die Rechtmäßigkeit und damit die tatsächliche Beendigung durch die Erhebung der Kündigungsschutzklage in Frage stellt.[166] Der Arbeitnehmer muss jedoch, unabhängig, ob er ein Endzeugnis oder ein Zwischenzeugnis nach dem tatsächlichen Ausscheiden aus dem Arbeitsverhältnis verlangt, darauf achten, dass dies **zeitnah** geschieht, um sich den **Anspruch auf Rückdatierung** zu bewahren.[167]

b) Rechtsschutzversicherung

146 Der bereits mit der Kündigungsschutzklage erhobene Antrag auf Erteilung eines Zwischenzeugnisses stellt keine Obliegenheitsverletzung dar. Spätestens, wenn der Arbeitgeber nach Erhalt der Kündigungsschutzklage nicht zeitnah ein Zwischenzeugnis erteilt, befindet er sich mit seiner Verpflichtung im Verzug.[168]

c) Berichtigung/Ergänzung eines bereits erteilten Zeugnisses

147 Wird die Berichtigung/Ergänzung eines bereits erteilten Zeugnisses begehrt, so ist im Klageantrag im Einzelnen anzugeben, in welchen Punkten und wie das Zeugnis geändert werden soll, d.h. die begehrten Formulierungen sind im Wortlaut zu beantragen.[169] Das Bundesarbeitsgericht sieht den Berichtigungsanspruch als Teil des Erfüllungsanspruches an, nach anderer Ansicht handelt es sich um einen Anspruch, der aus der Fürsorgepflicht des Arbeitgebers resultiert.[170]

d) Vollstreckung

148 Die Zwangsvollstreckung erfolgt nach § 888 ZPO. Der Vollstreckungsanspruch auf Erteilung eines qualifizierten Zeugnisses ist erfüllt, wenn das Zeugnis in der gehörigen Form erteilt wird. Der Anspruch auf Zeugniserteilung wird auch durch ein zweimal gefaltetes Zeugnis erfüllt. Ein allgemeiner Anspruch auf Versendung des Zeugnisses in einer DIN A 4-Versandtasche besteht nicht.[171] Davon zu unterscheiden ist die Frage, ob das Zeugnis inhaltlich richtig ist.[172] Die Frage der **inhaltlichen Richtigkeit** ist in einem **gesonderten Rechtsstreit** geltend zu machen.[173]

164 Zur Darlegungslast beim Zeugnisanspruch vgl. BAG, Urt. v. 14.10.2003, ArbRB 2004, 202.
165 Muster in *Hümmerich*, AnwaltFormulare Arbeitsrecht, § 7 Rn 229 Muster 3895.
166 BAG, Urt. v. 27.02.1987, AP Nr. 16 zu § 630 BGB, vgl. *Hümmerich*, AnwaltFormulare Arbeitsrecht, § 3 Rn 138, 139.
167 BAG, Urt. v. 09.09.1992, AP Nr. 19 zu § 630 BGB.
168 Muster in *Hümmerich*, AnwaltFormulare Arbeitsrecht, § 6 Rn 107 Muster 3040.
169 Muster in *Hümmerich*, AnwaltFormulare Arbeitsrecht, § 7 Rn 230 Muster 3896; ebenso *Gift/Baur*, Das Urteilsverfahren, E Rn 311.
170 ErfK/*Müller-Glöge*, § 630 BGB Rn 127.
171 BAG, Urt. v. 21.09.1999, Pressemitteilung des BAG Nr. 62/99.
172 LAG Frankfurt/Main, Urt. v. 16.06.1989, LAGE § 630 BGB, Nr. 7.
173 *Gift/Baur*, Das Urteilsverfahren, E Rn 310.

II. Feststellungsklage

1. Kündigungsschutzklage nach § 4 KSchG, Rechtsschutzbedürfnis

149 Nach § 4 Abs. 1 KSchG muss ein Arbeitnehmer innerhalb von drei Wochen nach Zugang der Kündigung Klage beim Arbeitsgericht mit dem Antrag erheben, dass das Arbeitsverhältnis durch die Kündigung nicht aufgelöst ist, wenn er die Kündigung auf der Grundlage des Kündigungsschutzgesetzes als sozial ungerechtfertigt angreifen will.

150 Wird die **dreiwöchige Klagefrist** nach § 4 KSchG versäumt, so gilt die Kündigung, wenn sie nicht aus anderem Grunde rechtsunwirksam ist, als von Anfang an rechtswirksam, § 7 KSchG. Andere Unwirksamkeitsgründe können ein Verstoß gegen § 102 BetrVG, gegen § 613a BGB, gegen § 9 MuSchG oder ein Verstoß gegen die guten Sitten sein.

a) Geltungsbereich

aa) Betrieblicher Geltungsbereich, § 23 KSchG

151 Die Vorschriften des ersten und zweiten Abschnittes des Kündigungsschutzgesetzes gelten nicht für Betriebe und Verwaltungen, in denen in der Regel fünf oder weniger Arbeitnehmer ausschließlich der Auszubildenden beschäftigt werden. In Betrieben und Verwaltungen, in denen in der Regel zehn oder weniger Arbeitnehmer ausschließlich der zu ihrer Berufsbildung Beschäftigten beschäftigt werden, gelten die Vorschriften des Ersten Abschnitts mit Ausnahme der §§ 4 bis 7 und des § 13 Abs. 1 Satz 1 und 2 nicht für Arbeitnehmer, deren Arbeitsverhältnis nach dem 31.12 2003 begonnen hat; diese Arbeitnehmer sind bei der Feststellung der Zahl der beschäftigten Arbeitnehmer nach Satz 2 bis zur Beschäftigung von in der Regel zehn Arbeitnehmern nicht zu berücksichtigen. Bei der Feststellung der **Zahl der Beschäftigten** sind **teilzeitbeschäftigte Arbeitnehmer** mit einer regelmäßigen wöchentlichen Arbeitszeit von nicht mehr als 20 Stunden mit 0,5 und nicht mehr als 30 Stunden mit 0,75 zu berücksichtigen. Arbeitnehmer, die sich in der Elternzeit befinden oder zur Betreuung eines Kindes freigestellt sind, sind nach § 21 Abs. 7 BErzGG, wenn für diese Mitarbeiter ein Vertreter eingestellt wurde, nicht mitzuzählen. Ob das ruhende Arbeitsverhältnis eines Wehrdienst- oder Ersatzdienstleistenden zu berücksichtigen ist, ist streitig.[174]

152 Das **Bundesverfassungsgericht** hat zur Verfassungsmäßigkeit der so genannten **»Kleinbetriebsklausel«** Stellung genommen. Das Gericht hält die kündigungsrechtliche Schlechterstellung der Arbeitnehmer in Kleinbetrieben grundsätzlich für mit Art. 3 Abs. 1 GG vereinbar.[175] Der Begriff des Betriebes wird im Kündigungsschutzgesetz nicht definiert. Es gilt daher die allgemeine Definition. Danach ist ein Betrieb »die organisatorische Einheit, innerhalb derer der Arbeitgeber mit seinen Arbeitnehmern durch Einsatz technischer und materieller Mittel bestimmte arbeitstechnische Zwecke fortgesetzt verfolgt, die sich nicht in der Befriedigung von Eigenbedarf erschöpfen«.[176]

153 Regelmäßig liegt daher ein **einheitlicher Betrieb** vor, wenn die in einer Betriebsstätte vorhandenen materiellen oder immateriellen Betriebsmittel für den oder die verfolgten arbeitstechnischen Zwecke zusammengefasst, geordnet und gezielt eingesetzt werden und der Einsatz der menschlichen Arbeitskraft von einem einheitlichen Leitungsapparat gesteuert wird.[177] Das Bundesarbeitsgericht hat zuletzt entschieden, dass der Betrieb als eine organisierte Gesamtheit von Personen und Sachen zur Ausübung einer wirtschaftlichen Tätigkeit mit eigener Zielsetzung anzusehen ist.[178] **Mehrere Unternehmen** können einen einheitlichen Betrieb bilden. Voraussetzung ist, dass sich die beteiligten

174 Offen gelassen in BAG, Urt. v. 31.01.1991, BB 1991, 1047, dafür ArbG Stuttgart, Urt. v. 13.10.1983, BB 1984, 1097; KR/*Weigand*, § 23 KSchG Rn 40.

175 BVerfG, Urt. v. 27.01.1998, DB 1998, 826; BAG, Urt. v. 19.04.1990, NJW 1990, 2405.

176 Ständige Rspr. des BAG, Urt. v. 05.03.1987, DB 1987, 2362.

177 BAG, Urt. v. 18.01.1990, BB 1990, 2191.

178 BAG, Urt. v. 22.05.1997, DB 1997, 1720.

Unternehmen zur gemeinsamen Führung eines Betriebes rechtlich verbunden haben und die Arbeitgeberfunktionen im Bereich der sozialen und personellen Angelegenheiten mit einem einheitlichen Leitungsapparat steuern.[179]

154 Hierzu bedarf es einer ausdrücklichen oder stillschweigenden Leitungsvereinbarung, die sich aus den näheren Umständen des Einzelfalls konkludent ergeben kann. Ergibt sich aus den Umständen, dass der Kern der Arbeitgeberfunktion im sozialen und personellen Bereich von derselben institutionellen Leitung ausgeht, so ist dies ein Hinweis auf eine **Führungsvereinbarung**. Jedoch reicht alleine die Zusammenarbeit von Unternehmen, z.B. auf der Grundlage von Organ- oder Beherrschungsverträgen, nicht aus. Vielmehr muss die Vereinbarung auf eine einheitliche Leitung der Aufgaben gerichtet sein, die vollzogen werden müssen, um die in der organisatorischen Einheit zu verfolgenden arbeitstechnischen Zwecke erfüllen zu können.[180] Maßgeblich ist im Regelfall die Einheit der betrieblichen Organisation.

bb) Persönlicher Geltungsbereich, §§ 1, 14 KSchG

155 Ausgehend vom allgemeinen Arbeitnehmerbegriff erstreckt sich der persönliche Geltungsbereich des Gesetzes nur auf **»Arbeitnehmer«**. Arbeitnehmer ist danach, wer in persönlicher Abhängigkeit und weisungsgebunden fremdbestimmte und fremdnützige Dienstleistungen erbringt.[181] Unter den Arbeitnehmerbegriff fallen auch **die leitenden Angestellten** im Sinne von § 14 Abs. 2 KSchG. Bei leitenden Angestellten ist lediglich die Anwendung des Kündigungsschutzgesetzes im Hinblick auf § 3 und § 9 KSchG relativiert. Insbesondere der Auflösungsantrag nach § 9 Abs. 1 KSchG bedarf unter den Voraussetzungen des § 14 Abs. 2 KSchG keiner Begründung.

cc) Wartezeit nach § 1 Abs. 1 KSchG

156 Unter den persönlichen Geltungsbereich des Kündigungsschutzgesetzes fallen nur diejenigen Arbeitnehmer, deren **Arbeitsverhältnis** in demselben Betrieb oder Unternehmen ohne Unterbrechung **länger als sechs Monate** im Zeitpunkt des Zuganges der Kündigung bestanden hat. Tatsächliche Unterbrechungen, wie Krankheit und Urlaub, sind unerheblich. Entscheidend ist nur der rechtliche Bestand des Arbeitsverhältnisses.[182] Unterbrechungen sind unschädlich, wenn zwischen mehreren Arbeitsverhältnissen ein enger sachlicher Zusammenhang besteht.[183]

157 Ob ein **enger sachlicher Zusammenhang** besteht, ist anhand des Einzelfalles im Hinblick auf Anlass und Dauer der Unterbrechung und im Hinblick auf die Art der Weiterbeschäftigung zu überprüfen.[184] Nach der Rechtsprechung des Bundesarbeitsgerichtes spricht bereits eine zweimonatige Unterbrechung gegen einen engen sachlichen Zusammenhang.[185] In Fortführung und Bestätigung dieser Rechtsprechung hat das Bundesarbeitsgericht zuletzt ausgeführt, dass »mit einer bestimmten Dauer der Unterbrechung allein ein enger sachlicher Zusammenhang mit dem früheren Arbeitsverhältnis in der Regel nicht verneint werden kann«. Vielmehr sei zu berücksichtigen, dass »je länger die zeitliche Unterbrechung wäre, die Gründe, die für einen sachlichen Zusammenhang sprechen, umso gewichtiger sein müssen.«[186] Die Zeiten eines vorangegangenen Ausbildungsverhältnisses sowie ein vorangegangenes befristetes Arbeitsverhältnis werden auf die Wartezeit angerechnet.[187]

158 Bei der Frage, ob ein enger sachlicher Zusammenhang besteht, kann nicht auf die Regelung in § 1 Abs. 1 Satz 3 des früheren BeschFG abgestellt werden, da es in dieser Regelung in erster Linie um

179 BAG, Urt. v. 14.09.1988, DB 1989, 127; BAG, Urt. v. 05.03.1987, DB 1987, 2362.
180 BAG, Urt. v. 18.01.1990, BB 1990, 2192.
181 BAG, Urt. v. 30.10.1991, EzA § 611 BGB Arbeitnehmerbegriff Nr. 44.
182 BAG, Urt. v. 16.03.1989, DB 1989, 2282.
183 BAG, Urt. v. 18.01.1979, DB 1979, 1754.
184 BAG, Urt. v. 20.08.1998, EzA § 1 KSchG Nr. 49; BAG, Urt. v. 20.08.1998, EzA § 1 KSchG Nr. 50.
185 BAG, Urt. v. 10.05.1989, BB 1990, 214.
186 BAG, Urt. v. 20.08.1998, EzA § 1 KSchG Nr. 15.
187 BAG, Urt. v. 06.12.1976, DB 1977, 213 (Ausbildungsverhältnis); BAG Urt. v. 12.12.1985, NZA 1986, 571.

die Frage geht, ob eine Neueinstellung im Sinne von § 1 BeschFG (jetzt § 14 TzBfG) vorliegt.[188] Die Parteien sind berechtigt, die Wartezeit zu verkürzen, nicht jedoch, diese zu verlängern. Daher ist eine einzelvertraglich verlängerte Probezeit über die Dauer von sechs Monaten hinaus nicht geeignet, die Entstehung des Kündigungsschutzes nach dem Kündigungsschutzgesetz zu verhindern. In der Zusage eines Arbeitgebers, er lege Wert auf eine Dauerstellung, kann nach besonderen Umständen des Einzelfalles eine Zusicherung eines sofort einsetzenden Kündigungsschutzes verstanden werden.[189]

dd) Sachlicher Geltungsbereich gem. §§ 4, 13, 25 KSchG

Die Rechtsunwirksamkeit einer Kündigung muss innerhalb der **Drei-Wochen-Frist nach § 4 KSchG** klageweise geltend gemacht werden. Wird diese Frist versäumt, tritt die Wirksamkeitsfiktion nach § 7 KSchG ein. Die aus sonstigen Gründen (Bsp.: § 102 BetrVG; § 9 MuSchG; § 613a BGB; Sittenwidrigkeit) unwirksame Kündigung muss seit dem 01.01.2004 ebenfalls innerhalb der Frist von drei Wochen nach § 4 Satz 1 KSchG angegriffen werden. 159

Sonstige Unwirksamkeitsgründe sind die Sittenwidrigkeit, ein Verstoß gegen Treu und Glauben oder ein Verstoß gegen das Maßregelungsverbot nach § 612a BGB. Hat ein Arbeitnehmer eine Kündigung mit einer innerhalb der Drei-Wochen-Frist erhobenen Klage zunächst aus anderen als den in § 1 Abs. 2 und Abs. 3 KSchG genannten Gründen angegriffen, ist es möglich, in diesem Verfahren bis zum Schluss der mündlichen Verhandlung erster Instanz auch die Unwirksamkeit der Kündigung gemäß § 1 Abs. 2 und Abs. 3 KSchG geltend zu machen (§ 6 KSchG). 160

Nicht unter das Kündigungsschutzgesetz fallende Arbeitnehmer müssen die Drei-Wochen-Frist des § 4 KSchG nicht einhalten. In der Praxis ist es schwierig, gegen eine Kündigung, die nicht dem Kündigungsschutzgesetz unterfällt und daher nicht begründet werden muss, erfolgreich gerichtlich vorzugehen. Soweit im Fall der Kündigung unter mehreren Arbeitnehmern eine Auswahl zu treffen ist, hat der Arbeitgeber auch im Kleinbetrieb, auf den das Kündigungsschutzgesetz keine Anwendung findet, ein durch Art. 12 GG gebotenes Mindestmaß an sozialer Rücksichtnahme zu wahren.[190] Eine Kündigung, die dieser Anforderung nicht entspricht, verstößt gegen Treu und Glauben (§ 242 BGB) und ist deshalb unwirksam. 161

Außerdem ist darauf hinzuweisen, dass der Grundsatz der freien Arbeitgeberkündigung in Betrieben, in denen ein Betriebsrat besteht, eingeschränkt ist. Auch in einem Arbeitsverhältnis, das noch nicht dem Kündigungsschutzgesetz unterfällt, ist der Arbeitgeber verpflichtet, den Betriebsrat nach § 102 BetrVG anzuhören.[191] Die **Anhörungspflicht** nach § 102 BetrVG unterliegt einer so genannten subjektiven Determination. Der Arbeitgeber ist nur verpflichtet, dem Betriebsrat die Gründe mitzuteilen, die ihn zum Ausspruch der Kündigung veranlassten und aus seiner subjektiven Sicht den Kündigungsentschluss tragen.[192] Im Rahmen des § 102 BetrVG kommt es daher für die Wirksamkeit der Anhörung allein auf die Sicht des Arbeitgebers an. Selbst bei einem objektiv nicht kündigungsrelevanten Verhalten des Arbeitnehmers, das vom Arbeitgeber subjektiv als ausreichend empfunden wird, ist die Betriebsratsanhörung regelmäßig wirksam. Allerdings scheitert in den meisten Fällen die Kündigung dann an den Erfordernissen des Kündigungsschutzgesetzes. Die Betriebsratsanhörung ist unter Berücksichtigung der subjektiven Determination ausreichend, wenn das Kündigungsschutzgesetz noch nicht eingreift, wie dies vor Ablauf der Wartezeit der Fall ist. 161a

Gerade in Arbeitsverhältnissen, in denen Kündigungsfreiheit herrscht, bietet die Betriebsratsanhörung für den Arbeitnehmer die einzige Möglichkeit, um sich Kenntnis von den Beweggründen des Arbeitgebers zu verschaffen. Nur über diesen Weg ist der Arbeitnehmer häufig in der Lage, seine

188 BAG, Urt. v. 10.05.1989, BB 1990, 214.
189 BAG, Urt. v. 18.02.1967, NJW 1967, 1152; BAG, Urt. v. 08.06.1972, AP Nr. 1 zu § 1 KSchG 1969.
190 BVerfGE 97, 169 = NZA 1998, 470 = NJW 1998, 1475; BAG v. 21.02.2001, NZA 2001, 833.
191 BAG, Urt. v. 18.05.1994, DB 1994, 1984.
192 BAG, Urt. v. 15.11.1995, DB 1996, 836.

Klage gegen die Kündigung im Hinblick auf Sittenwidrigkeit oder Verstoß gegen Treu und Glauben zu begründen.

ee) Darlegungs- und Beweislast für die Anwendbarkeit des Kündigungsschutzgesetzes

162 Der Arbeitnehmer hat die Voraussetzungen für die Anwendbarkeit des Kündigungsschutzgesetzes darzulegen und zu beweisen. Dies bedeutet, dass der Arbeitnehmer zunächst darzulegen hat, dass der Betrieb in der Regel mehr als fünf Arbeitnehmer ausschließlich der Auszubildenden beschäftigt. Er muss darüber hinaus darlegen und nachweisen, dass er länger als sechs Monate in demselben Betrieb oder Unternehmen beschäftigt war.[193]

b) Klageerhebung

aa) Klagefrist

163 Die Kündigungsschutzklage muss gem. § 4 KSchG innerhalb von drei Wochen nach Zugang beim Arbeitsgericht eingelegt sein. § 4 KSchG stellt eine prozessuale Ausschlussfrist dar. Ist die Frist versäumt, wird diese Kündigung als von Anfang an rechtswirksam behandelt (§ 7 KSchG), wenn die Kündigung nicht aus einem anderen Grunde als nach § 1 KSchG rechtsunwirksam ist.[194] Das Arbeitsgericht muss die Einhaltung der Drei-Wochen-Frist von Amts wegen prüfen.[195]

164 Die **Berechnung** der Klagefrist erfolgt nach § 187 Abs. 1 i.V.m. § 188 Abs. 2 BGB. Danach ist der Tag, an dem die Kündigung zugegangen ist, nicht mitzuzählen. Die Frist endet drei Wochen später an demselben Wochentag, an dem die Kündigung zugegangen ist. Ist dies ein Samstag, Sonntag oder gesetzlicher Feiertag, tritt an seine Stelle der nächste Werktag, § 193 Abs. 2 BGB.

165 Die Klage muss innerhalb der **Drei-Wochen-Frist** beim Arbeitsgericht erhoben werden. Maßgeblicher Zeitpunkt ist der Eingang der Klage beim Arbeitsgericht, nicht der Moment der Zustellung an den Beklagten, sofern die Zustellung demnächst vorgenommen wird (§ 167 ZPO). Beruht eine um zwei Wochen verzögerte Zustellung auf einer Nachlässigkeit des Klägers, ist dies noch unschädlich.[196] Zu einer solchen Verzögerung kann es beispielsweise kommen, wenn der Kläger keine ladungsfähige Adresse des Beklagten mitteilt und eine ladungsfähige Anschrift erst nach Aufforderung durch das Gericht zu den Gerichtsakten gibt.

166 Die Klagefrist beginnt mit dem **Zugang der Kündigungserklärung**. Eine mündlich erklärte Kündigung (vgl. aber § 623 BGB) geht sofort zu. Eine schriftliche Kündigung geht mit Übergabe zu.

167 Die einem **Abwesenden** erklärte Kündigung wird nach § 130 Abs. 1 BGB mit ihrem Zugang wirksam. Nach der Rechtsprechung geht die Kündigungserklärung zu, wenn sie so in den Machtbereich des Empfängers gelangt ist, dass bei Annahme gewöhnlicher Verhältnisse damit zu rechnen ist, dass der Empfänger von ihr Kenntnis erhält.[197] Für den Zeitpunkt des Kündigungszuganges ist entscheidend, dass der Empfänger Kenntnis nehmen konnte, nicht, dass er Kenntnis genommen hat.[198] Wird ein Kündigungsschreiben in den Briefkasten eingeworfen, so gilt das Kündigungsschreiben als zugegangen, sobald mit der Leerung zu rechnen ist. Ein nach der üblichen Postzustellzeit in den Briefkasten eingeworfenes Schreiben wird erst am nächsten Tag als zugestellt behandelt, wenn mit der Leerung am selben Tage nicht mehr zu rechnen war.[199] Urlaubsbedingte Abwesenheit oder ein Krankenhausaufenthalt hindern nicht die Zugangsfiktion des zugestellten Kündigungsschreibens

193 BAG, Urt. v. 18.01.1990, BB 1990, 2192.
194 BAG, Urt. v. 26.06.1986, NZA 1986, 761.
195 BAG, Urt. v. 26.06.1986, NZA 1986, 761.
196 BGH, Urt. v. 09.11.1994, NJW-RR 1995, 254; BAG, Urt. v. 08.04.1976, DB 1976, 1534.
197 BAG, Urt. v. 02.03.1989, DB 1989, 2619.
198 BAG, Urt. v. 11.11.1992, DB 1993, 487.
199 BAG, Urt. v. 08.12.1983, DB 1984, 1202.

an die Heimatadresse.[200] Versäumt der Arbeitnehmer aufgrund von urlaubsbedingter Abwesenheit oder krankheitsbedingter Abwesenheit die Einhaltung der Klagefrist nach § 4 KSchG, muss er nach § 5 KSchG einen Antrag auf Zulassung der verspäteten Klage stellen.

Der Arbeitgeber ist für den Zugang der Kündigung **darlegungs- und beweispflichtig**. Es besteht kein Beweis des ersten Anscheins, dass ein gewöhnlicher Brief im Stadtgebiet einer Großstadt den Empfänger binnen drei Tagen erreicht.[201] Zu beachten ist weiter, dass nach der Rechtsprechung eine Kündigung mittels Einschreibebrief nicht bereits mit Empfang des Benachrichtigungsscheines, sondern erst mit Abholung vom zuständigen Postamt zugeht. 168

Verhindert der Empfänger den Zugang des Einschreibens rechtsmissbräuchlich, indem er es nicht abholt oder die Aushändigung verhindert, muss er sich so behandeln lassen, als sei ihm das Schreiben zugegangen. Die **Rechtsmissbräuchlichkeit** ist anzunehmen, wenn der Arbeitnehmer weiß oder damit rechnen musste, dass ein Kündigungsschreiben an ihn unterwegs ist und er das Einschreiben trotz Kenntnis vom Benachrichtigungsschein nicht abholt.[202] In einem solchen Fall muss der Arbeitgeber darlegen und beweisen, dass der **Benachrichtigungsschein** zugegangen ist. Der Arbeitnehmer muss, wenn er wirksam den Kündigungszugang bestreiten will, erklären, warum er schuldlos keine Kenntnis vom Benachrichtigungsschein hatte.[203] Prozessbevollmächtigte müssen beachten, ob die von ihnen verwendete Vollmacht auch zur Entgegennahme von Kündigungen berechtigt. Die Empfangsberechtigung des Prozessbevollmächtigten des klagenden Arbeitnehmers für Folgekündigungen kann sich aus der Erhebung der allgemeinen Feststellungsklage nach § 256 ZPO gegen die Erstkündigung ergeben.[204] 169

bb) Zuständiges Gericht

Nach § 4 Satz 1 KSchG ist die **Kündigungsschutzklage** beim **Arbeitsgericht** zu erheben. Die **Drei-Wochen-Frist** ist gewahrt, wenn die Klage bei einem örtlich zuständigen Arbeitsgericht eingeht, jedoch auch, wenn die Klage bei einem örtlich unzuständigen Arbeitsgericht eingeht und gem. § 48 Abs. 1 ArbGG i.V.m. § 17a Abs. 3, 4 GVG an das örtlich zuständige Arbeitsgericht verwiesen wird.[205] Die Klagefrist nach § 4 KSchG wird auch dann gewahrt, wenn die Klage beim ordentlichen Gericht erhoben wird und erst nach Fristablauf an das zuständige Arbeitsgericht verwiesen wird.[206] Die Einreichung der Kündigungsschutzklage beim **Sozialgericht** oder beim **Verwaltungsgericht** wird ebenfalls als fristwahrend angesehen.[207] 170

cc) Zulassung verspäteter Klagen nach § 5 KSchG

Ist ein Arbeitnehmer nach erfolgter Kündigung trotz Aufwendung aller ihm nach Lage der Umstände zuzumutenden Sorgfalt daran gehindert gewesen, die Klage innerhalb von drei Wochen nach Zugang der Kündigung zu erheben, so ist auf seinen Antrag die Klage nachträglich zuzulassen, § 5 Abs. 1 KSchG. **Der Antrag auf nachträgliche Klagezulassung** ist nur zulässig, wenn dieser Antrag **innerhalb von zwei Wochen** nach Behebung des Hindernisses erfolgt. Nach Ablauf von sechs Monaten, vom Ende der versäumten Frist an gerechnet, kann der Antrag nicht mehr gestellt werden. Ferner ist nach § 5 Abs. 2 KSchG mit dem Antrag auf nachträgliche Zulassung die Klageerhebung zu verbinden. Ist die Klage bereits eingereicht, so ist auf sie im Antrag Bezug zu nehmen. Der Antrag muss ferner die Angabe der die nachträgliche Zulassung begründenden Tatsachen und 171

200 BAG, Urt. v. 02.03.1989, DB 1989, 2619.
201 LAG Bremen, Beschl. v. 05.09.1986, BB 1987, 996.
202 BAG, Urt. v. 03.04.1986, DB 1986, 2336.
203 BAG, Urt. v. 03.04.1986, DB 1986, 2336.
204 BAG, Urt. v. 21.01.1988, DB 1988, 1758.
205 BAG, Urt. v. 31.03.1993, EzA § 4 KSchG n.F. Nr. 46.
206 LAG Sachsen-Anhalt, Urt. v. 23.02.1995, LAGE § 4 KSchG Nr. 26; vgl. hierzu ausführlich KR/*Friedrich*, § 4 KSchG Rn 186.
207 KR/*Friedrich*, § 4 KSchG Rn 187.

der Mittel für deren Glaubhaftmachung enthalten. Dazu genügt nicht, dass ein pauschaler Vortrag erfolgt. Vielmehr muss der Arbeitnehmer im Einzelnen darlegen, aus welchen Gründen er an der rechtzeitigen Klageerhebung gehindert war und weshalb ihn an der verspäteten Klageerhebung kein Verschulden trifft.

172 Zu beachten ist, dass die Mittel der **Glaubhaftmachung** im Antrag nur bezeichnet, also angeboten werden müssen. Es ist dagegen nicht erforderlich, dem Antrag die Mittel der Glaubhaftmachung beizufügen. Die Glaubhaftmachung selbst braucht also in dem Antrag nicht enthalten zu sein. Sie ist an die Zweiwochenfrist nicht gebunden. Sie kann vielmehr bis zur Beschlussfassung erfolgen bzw. nachgeholt werden.[208]

173 Bei **krankheitsbedingter Abwesenheit** muss der Arbeitnehmer beispielsweise darlegen, in welchem Zeitraum er sich krankheitsbedingt in stationärer Behandlung befand, wann er zurückkehrte und wann er das Kündigungsschreiben vorgefunden hat. Entscheidend ist, ob der Arbeitnehmer auf Grund seiner Erkrankung objektiv nicht in der Lage war, seine Rechte wahrzunehmen. Ebenfalls muss der Antragsteller darlegen, warum er objektiv daran gehindert war, seine Rechte etwa durch Ehegatten, Freunde, Verwandte, telefonischen Auftrag an einen Rechtsanwalt oder Übersenden einer schriftlichen Klage geltend zu machen.[209] Nach dem Ablauf der Frist vorgebrachte Gründe und Mittel der Glaubhaftmachung sind nicht zu berücksichtigen, es sei denn, es handelt sich lediglich um eine Konkretisierung der bereits vorgetragenen und glaubhaft gemachten Umstände.[210] Der Antragsteller muss ebenfalls die Tatsachen für die Wahrung der Antragsfrist von zwei Wochen glaubhaft machen.[211]

Der Antrag auf nachträgliche Klagezulassung nach § 5 KSchG lautet:

1. Es wird festgestellt, dass das Arbeitsverhältnis zwischen den Parteien durch die Kündigung vom ____, zugegangen am ____, nicht aufgelöst worden ist.
2. Die Kündigungsschutzklage wird nachträglich zugelassen.[212]

174 Die **Nichteinhaltung der Klagefrist** nach § 4 KSchG muss durch den Arbeitnehmer **schuldlos versäumt** worden sein. Allein die Unkenntnis der Drei-Wochen-Frist reicht für die nachträgliche Zulassung nach § 5 KSchG nicht aus. Die Rechtsprechung verlangt vom Arbeitnehmer, dass er sich an geeigneter Stelle erkundigt.[213] Keine geeignete Stelle ist ein Betriebsratsmitglied, auch nicht der Betriebsratsvorsitzende, ein Sozialbetreuer oder die Büroangestellte eines Rechtsanwaltes.[214] Auch die Geschäftsstelle eines Arbeitsgerichtes ist keine zuverlässige Stelle für die Erteilung von Rechtsauskünften.[215] Zuverlässige Stellen sind Rechtsanwälte, Rechtsberatungsstellen der Gewerkschaft, die Rechtsantragstellen des Arbeitsgerichtes und der Arbeitsrichter in der Sitzung.[216]

175 Wird die Klagefrist nicht eingehalten, weil der Prozessbevollmächtigte des Arbeitnehmers im Kündigungsschutzprozess das Passivrubrum vertauscht hat, so braucht der Arbeitnehmer nicht für

208 LAG Köln, Urt. v. 06.09.1996, LAGE § 5 KSchG Nr. 80.
209 LAG Berlin, Beschl. v. 14.04.1999 – 9 TA 498/99 (n.v.); LAG Hamm, Urt. v. 31.01.1990, LAGE § 5 KSchG Nr. 45; LAG Hamm, Urt. v. 11.08.1977, DB 1978, 992.
210 LAG Hamburg, Urt. v. 08.11.1967, DB 1967, 2123.
211 LAG Frankfurt, Urt. v. 08.11.1991, NZA 1992, 619.
212 Vgl. zur Antragsformulierung und Begründung: *Schaub,* Formularsammlung, § 35 I.
213 LAG Düsseldorf, Beschl. v. 06.03.1968, DB 1968, 764.
214 LAG Hamburg, Beschl. v. 10.04.1987, DB 1987, 1744; LAG Berlin, Urt. v. 17.06.1991, DB 1991, 1887; LAG Düsseldorf, Beschl. v. 21.10.1997, NZA 1998, 728.
215 LAG Köln, Urt. v. 28.11.1985, LAGE § 5 KSchG Nr. 21.
216 LAG Baden-Württemberg, Urt. v. 11.02.1974, BB 1974, 323, Rechtsanwälte; LAG Köln, Urt. v. 13.09.1982, LAGE § 5 KSchG Nr. 16, Gewerkschaft; LAG Köln, Urt. v. 28.11.1985, LAGE § 5 KSchG Nr. 21, Rechtsantragstelle; LAG Hamm, Urt. v. 31.01.1979, LAGE § 5 KSchG Nr. 5, Arbeitsrichter.

diesen Fehler seines Prozessbevollmächtigten einzustehen.[217] Umstritten ist, ob das **Verschulden eines Prozessbevollmächtigten** im Hinblick auf die Versäumung der Klagefrist des § 4 KSchG in entsprechender Anwendung von § 85 Abs. 2 ZPO im Verfahren der nachträglichen Klagezulassung nach § 5 KSchG dem Arbeitnehmer zuzurechnen ist.[218]

Eine Kündigungsschutzklage ist nachträglich zuzulassen, wenn der Kläger zwar schuldhaft vergessen hatte, die Klageschrift zu unterschreiben, aber durch rechtzeitigen Hinweis des Gerichts die Unterzeichnung noch innerhalb der Klagefrist hätte nachholen können.[219] Über den **Antrag auf nachträgliche Zulassung** entscheidet das Arbeitsgericht durch Beschluss. Dieser Beschluss ist durch die sofortige Beschwerde angreifbar. Entscheidet das Arbeitsgericht fehlerhaft durch Urteil, hat die unterlegene Partei die Wahl nach dem so genannten Meistbegünstigungsgrundsatz, ob sie Berufung oder sofortige Beschwerde einlegt.[220] Wählt sie das Rechtsmittel der Berufung, liegt darin zugleich eine sofortige Beschwerde, über die das Landesarbeitsgericht vorab entscheiden muss.[221] Wird die Kündigungsschutzklage durch Beschluss des Arbeitsgerichtes nachträglich zugelassen und wird dieser Beschluss rechtskräftig, so ist nunmehr der bis dahin ausgesetzte oder terminlos gestellte Kündigungsschutzprozess fortzusetzen. 176

Wird erst durch das Landesarbeitsgericht die Kündigungsschutzklage nachträglich zugelassen, wird der Kündigungsschutzprozess ebenfalls vor dem Arbeitsgericht fortgesetzt.[222] Wenn die Klage nicht nachträglich zugelassen wird, liegt noch keine Entscheidung über die Kündigungsschutzklage vor. Regelmäßig wird die Kündigungsschutzklage als unbegründet abzuweisen sein, weil mit der Versäumung der Drei-Wochen-Frist auch die soziale Rechtfertigung der Kündigung feststeht, § 7 KSchG. Der Arbeitnehmer kann nur noch sonstige Unwirksamkeitsgründe gegen die Kündigung vorbringen. 177

Das Verfahren nach § 5 Abs. 1 KSchG ist Teil des Kündigungsschutzprozesses. Es entstehen keine besonderen Gerichtsgebühren. Wegen § 12a Abs. 1 Satz 1 ArbGG entsteht für die obsiegende Partei im Verfahren vor dem Arbeitsgericht kein Anspruch auf außergerichtliche Kostenerstattung. Im Beschwerdeverfahren hat der Unterliegende die Kosten nach § 97 ZPO (§ 46 Abs. 2 ArbGG) zu tragen. 178

Wenn sich die Tätigkeit eines Rechtsanwaltes ausschließlich auf den Antrag aus § 5 Abs. 1 KSchG beschränkt, geht die damit verdiente Gebühr im Hauptsacheverfahren in der Verfahrensgebühr auf, wenn der Anwalt auch im Hauptsacheverfahren tätig ist. Der Wert des Streitgegenstandes für das Verfahren nach § 5 KSchG richtet sich nach dem Wert der Hauptsache, d.h. nach § 42 Abs. 4 Satz 1 GKG (früher: § 12 Abs. 7 ArbGG).[223] 179

c) Klageantrag

Nach § 4 Abs. 1 KSchG muss die Kündigungsschutzklage auf die Feststellung gerichtet sein, dass das Arbeitsverhältnis durch die konkret bezeichnete Kündigung nicht aufgelöst worden ist. Das Bundesarbeitsgericht vertritt die so genannte **punktuelle Streitgegenstandstheorie**. Danach ist Streitgegenstand des Kündigungsschutzprozesses nicht der Bestand des Arbeitsverhältnisses zur Zeit der letzten mündlichen Verhandlung, sondern die Feststellung, dass das Arbeitsverhältnis durch eine bestimmte Kündigung zu einem bestimmten Zeitpunkt (Ablauf der Kündigungsfrist, Kündigungstermin) nicht aufgelöst ist.[224] Grundsätzlich kann der Arbeitnehmer neben der punktuellen 180

217 LAG Hamm, Beschl. v. 28.10.1971, MDR 1972, 362; LAG Hamm, Beschl. v. 27.01.1994, NZA 1994, 909.
218 Dafür: LAG Köln, Urt. v. 08.05.1987, DB 1987, 1796. Dagegen: LAG Hamm, Urt. v. 24.09.1987, LAGE § 5 KSchG Nr. 31, *v. Hoyningen-Huene/Linck*, § 5 KSchG Rn 15.
219 LAG Mecklenburg-Vorpommern, Beschl. v. 27.07.1999, EzA-SD 17/1999, S. 8.
220 BAG, Urt. v. 28.04.1983, AP Nr. 4 zu § 5 KSchG 1969.
221 Vgl. weiter gehend KR/*Friedrich*, § 5 KSchG Rn 126 ff.
222 *Gift/Baur*, Das Urteilsverfahren, E Rn 62.
223 LAG Bremen, Urt. v. 05.09.1986, BB 1986, 1992.
224 BAG, Urt. v. 12.06.1986, NZA 1987, 273.

Feststellungsklage nach § 4 Satz 1 KSchG auch eine allgemeine Feststellungsklage nach § 256 ZPO erheben mit der Maßgabe festzustellen, dass das Arbeitsverhältnis im Zeitpunkt der letzten mündlichen Verhandlung in der Tatsacheninstanz fortbesteht.

181 Aus der Theorie des punktuellen Streitgegenstandes ergibt sich, dass **Folgekündigungen** vom ursprünglichen Klageantrag nach § 4 KSchG **nicht erfasst** werden. Der Arbeitnehmer muss nach dieser Theorie jede einzelne Kündigung gesondert angreifen, wenn er keinen Rechtsverlust erleiden will. In der Praxis gestaltet es sich schwierig, jede Folgekündigung fristgerecht nach § 4 KSchG anzugreifen. Es kann zweifelhaft sein, ob spätere Erklärungen des Arbeitgebers nur als Bestätigung der früheren Kündigung gemeint sind oder neue hilfsweise Kündigungen darstellen. Ebenfalls werden im laufenden Kündigungsschutzverfahren weitere Kündigungen erklärt, die bewusst in Schriftsätzen versteckt und daher leicht übersehen werden.

182 Greift der Arbeitnehmer diese Kündigungen nicht innerhalb der Drei-Wochen-Frist an, sind sie nach § 7 KSchG als wirksam zu behandeln. Vor diesem Hintergrund wurde üblicherweise **vorsorglich** der **allgemeine Feststellungsantrag** nach § 256 ZPO im Kündigungsschutzverfahren (»Festzustellen, dass das Arbeitsverhältnis auch nicht durch andere Beendigungstatbestände endet, sondern zu unveränderten Bedingungen über den ... hinaus fortbesteht.«) zusätzlich gestellt.[225] Über diese Antragstellung sicherten sich die Arbeitnehmer, dass sämtliche vom Arbeitgeber später ausgesprochenen Kündigungen wie von einem »Schleppnetz« bis zur letzten mündlichen Verhandlung erfasst werden. Das Risiko, eine nach Ausspruch der Erstkündigung ergangene Folgekündigung nicht fristgerecht anzugreifen, ist mit der zusätzlichen Stellung des allgemeinen Feststellungsantrages gebannt.

183 Im Urteil vom 13.03.1997 hat das Bundesarbeitsgericht jedoch darauf hingewiesen, dass das »vorsorglich ausgeworfene Schleppnetz« mit einer Abweisung der Klage als unzulässig endet, wenn der Arbeitnehmer es verabsäumt, bis zum Schluss der letzten mündlichen Verhandlung Folgekündigungen konkret zu bezeichnen.[226] In der Praxis sollte daher wie folgt beantragt werden:

1. Es wird festgestellt, dass das Arbeitsverhältnis der klägerischen Partei durch die schriftliche Kündigung der beklagten Partei vom ___ zum ___ nicht aufgelöst worden ist.
2. Es wird festgestellt, dass das Arbeitsverhältnis auch nicht durch andere Beendigungstatbestände endet, sondern zu unveränderten Bedingungen über den ___ hinaus fortbesteht.

184 Zum Zeitpunkt der letzten mündlichen Verhandlung muss sich der Arbeitnehmervertreter durch seinen Mandanten oder aber, falls dieser nicht im Termin anwesend ist, von dem Arbeitgeber zu Protokoll des Gerichtes bestätigen lassen, dass nach der konkret angegriffenen Kündigung keine Folgekündigungen mehr ausgesprochen worden sind. Sodann kann der Arbeitnehmervertreter den allgemeinen Feststellungsantrag ohne Rechts- und Kostenfolge zurücknehmen und entgeht so einer Klageabweisung wegen Unzulässigkeit. Sind Folgekündigungen ausgesprochen worden, müssen sie spätestens jetzt konkret bezeichnet werden. Der Streitgegenstand der allgemeinen Feststellungsklage erstreckt sich nicht auf Sachverhalte, die sich nach Schluss der letzten mündlichen Verhandlung zugetragen haben.[227]

225 Vgl. Muster in *Hümmerich*, AnwaltFormulare Arbeitsrecht, § 7 Rn 74, Muster 3300; BAG, Urt. v. 27.01.1994, NJW 1994, 2780.

226 BAG, Urt. v. 13.03.1997, NZA 1997, S. 844, vgl. ferner *Diller*, NJW 1998, S. 663.

227 BAG, Urt. v. 10.10.2002, ArbRB 2003, 109 f.

d) Darlegungs- und Beweislast nach § 1 Abs. 2 Satz 4 KSchG

Der Arbeitgeber hat nach § 1 Abs. 2 Satz 4 KSchG die Tatsachen zu beweisen, die die Kündigung bedingen. Der Arbeitgeber muss daher bei allen drei Kündigungsgründen des § 1 Abs. 2 Satz 1 KSchG nicht nur die dadurch entstehenden erheblichen Beeinträchtigungen vertraglicher (betrieblicher) Interessen einschließlich der Zukunftsprognose, sondern auch die Verhältnismäßigkeit des Kündigungseingriffs in den Bestandsschutz des Arbeitnehmers im Sinne der Erforderlichkeit dartun und im Falle des Bestreitens nachweisen.[228] Maßgeblicher Beurteilungszeitpunkt ist der Zugang der Kündigung. 185

Dabei ist besonderes Augenmerk auf **§ 138 ZPO** zu legen. Die Parteien haben danach ihre Erklärungen über tatsächliche Umstände vollständig und der Wahrheit gemäß abzugeben. Jede Partei hat sich über die von dem Gegner behaupteten Tatsachen zu erklären, § 138 Abs. 1 und 2 ZPO. Tatsachen, die nicht ausdrücklich bestritten werden, sind als zugestanden anzusehen, wenn nicht die Absicht, sie bestreiten zu wollen, aus den übrigen Erklärungen der Partei hervorgehen, § 138 Abs. 3 ZPO. Eine Erklärung mit Nichtwissen, die in der Praxis häufig anzutreffen ist, ist nur bei Tatsachen zulässig, die weder eigene Handlungen der Partei noch Gegenstand ihrer eigenen Wahrnehmung gewesen sind, § 138 Abs. 4 ZPO. Liegen die Voraussetzungen des § 138 Abs. 4 ZPO nicht vor, geht die Erklärung mit Nichtwissen ins Leere und kann für die beweisbelastete Partei zu der Geständnisfiktion des § 138 Abs. 3 ZPO führen. Das Ausmaß der Erklärungslast ist vom Verhalten des Gegners und dem Streitgegenstand abhängig, so genannte abgestufte Darlegungs- und Beweislast.[229] 186

aa) Verhaltensbedingte Kündigung

Bei einer verhaltensbedingten Kündigung muss der Arbeitgeber alle Umstände darlegen und beweisen, die den Vorwurf begründen, der Arbeitnehmer habe vertragswidrig gehandelt. Damit obliegt ihm auch die Darlegungslast für die Rechtswidrigkeit des Verhaltens des Arbeitnehmers und, falls erforderlich, für das Verschulden. Bei der Frage, ob der Arbeitgeber dem Arbeitnehmer auch Verschulden nachweisen muss, geht das Bundesarbeitsgericht von einem **Regel-Ausnahme-Verhältnis** aus. In der Regel ist eine verhaltensbedingte Kündigung nur dann **sozial gerechtfertigt**, wenn der Gekündigte schuldhaft seine Vertragspflichten verletzt hat. Ausnahmsweise können jedoch auch schuldlose Pflichtverletzungen eine verhaltensbedingte Kündigung rechtfertigen.[230] In dem hierzu vom Bundesarbeitsgericht entschiedenen Fall ergab sich die Schuldlosigkeit aus einer psychischen Erkrankung des Arbeitnehmers. Das Bundesarbeitsgericht entschied, dass das nicht schuldhafte Verhalten dann genüge, wenn mit fortlaufenden objektiven, aber schuldlosen Vertragspflichtverletzungen zu rechnen sei. Der Arbeitgeber muss so konkret wie möglich Vertragspflichtverletzungen benennen, z.B. Leistungsmängel unter Darstellung der Pflichtwidrigkeit genau bezeichnen. Unzureichend sind pauschale Werturteile. 187

Wird dem Arbeitnehmer eine **Arbeitsversäumnis** vorgeworfen, reicht dieser Vorwurf alleine nicht aus. Der Arbeitgeber muss vielmehr die Rechtswidrigkeit des beanstandeten Verhaltens **besonders begründen**. Diese Anforderung der Rechtsprechung kann dazu führen, dass der Arbeitgeber ggf. sogar Tatsachen beweisen muss, die einen Rechtfertigungsgrund für das Verhalten des Arbeitnehmers ausschließen, z.B. wenn der Arbeitnehmer sich mit dem Argument verteidigt hat, eine Arbeitsversäumnis liege deshalb nicht vor, weil er von der Arbeit befreit gewesen sei.[231] Dann muss der Arbeitgeber sogar das Fehlen eines Rechtfertigungsgrundes darlegen und beweisen. 188

Der Arbeitgeber braucht jedoch nicht von vornherein alle nur denkbaren Rechtfertigungsgründe des Arbeitnehmers zu widerlegen. Vielmehr hängt die Reichweite der Erklärungslast des Arbeitgebers 189

228 *Ascheid*, Beweislastfragen, S. 61 ff.
229 BAG, Urt. v. 29.10.1998, EzA § 615 BGB Nr. 90 unter Gründe 2 d.
230 BAG, Urt. v. 21.01.1999, DB 1999, 1400.
231 BAG, Urt. v. 24.11.1983, DB 1984, 884 (885); BAG, Urt. v. 12.08.1976, DB 1976, 2357.

davon ab, wie der Arbeitnehmer sich einlässt. Pauschal vorgetragene Rechtfertigungsgründe ohne nähere Substantiierung des Arbeitnehmers reichen nicht aus. Vielmehr ist der klagende Arbeitnehmer nach § 138 Abs. 2 ZPO im Rechtsstreit gehalten, die Gründe, aus denen er die Berechtigung zum Fehlen am Arbeitsplatz in unserem geschilderten Fall herleiten will, ausführlich vorzutragen, um damit den Vorwurf, unberechtigt gefehlt zu haben, wirksam zu bestreiten. Der Hinweis auf eine angeblich erfolgte Beurlaubung genügt nicht. Voraussetzung ist vielmehr, dass der Arbeitnehmer die konkreten Umstände, aus denen sich die Beurlaubung ergeben haben soll, konkret bezeichnet.[232] Entschuldigt der Arbeitnehmer sein Fehlen unter Hinweis auf eine Erkrankung, ist dazu nicht unbedingt erforderlich, dass er ein ärztliches Attest vorlegt. Gerade bei kurzfristigen Erkrankungen liegen solche ärztlichen Atteste im Regelfall nicht vor. Der Arbeitnehmer würde jedoch nach der Rechtsprechung ausreichend substantiiert vortragen, wenn er, auch ohne ein ärztliches Attest vorlegen zu können, darlegt, warum er erkrankt war und weshalb er deshalb nicht zur Arbeit erscheinen konnte.[233] Gleichermaßen muss der Arbeitgeber eine bereits zuvor einschlägig ausgesprochene Abmahnung unter Angabe des Zeitpunktes des Ausspruches und des Inhaltes der Abmahnung darlegen.[234] Darlegungs- und beweisbelastet ist der Arbeitgeber ebenfalls für die Behauptung, dass ein freier Arbeitsplatz fehlt, auf dem der Arbeitnehmer hätte weiterbeschäftigt werden können.[235] Allerdings ist das Fehlen einer Weiterbeschäftigungsmöglichkeit bei einer verhaltensbedingten Kündigung auch ohne dass der Arbeitgeber dies ausdrücklich vorträgt, zu vermuten.[236] Eine Weiterbeschäftigung kommt nur in Frage, wenn das Arbeitsverhältnis auf einem anderen Arbeitsplatz beanstandungsfrei fortgesetzt werden könnte. Dies hängt von der Art und dem Ausmaß der Pflichtverletzung ab. Erst wenn der Arbeitnehmer konkret aufzeigt, wie er sich eine anderweitige Beschäftigung vorstellt, muss der Arbeitgeber beweisen, dass ein solcher freier Arbeitsplatz nicht vorhanden oder nicht zumutbar ist.[237]

bb) Personenbedingte Kündigung

190 Bei einer krankheitsbedingten Kündigung ist die Darlegungs- und Beweislast wie folgt verteilt:

(1) Negative Gesundheitsprognose bei häufigen Kurzerkrankungen

191 Der Arbeitgeber muss objektive Tatsachen vortragen, aus denen die Besorgnis weiterer Erkrankungen des Arbeitnehmers im bisherigen Umfang resultieren können. Dies geschieht in der Regel in der Weise, dass der Arbeitgeber die in der Vergangenheit aufgetretenen **Fehlzeiten detailliert aufführt**.[238] Hierauf kann der Arbeitnehmer sich entlastend dahin einlassen, dass er zum einen darauf verweist, dass die Krankheitszeiträume immer auf neuen Umständen basierten, die nicht die Vermutung nahe legen, dass diese Krankheiten auch zukünftig wieder auftreten. Der Arbeitnehmer kann die negative Gesundheitsprognose entkräften, indem er behauptet, dass sein Gesundheitszustand gut sei und seinen Arzt von der ärztlichen Schweigepflicht befreit.

(2) Betriebsablaufstörung

192 Des Weiteren muss der Arbeitgeber im Regelfall darlegen und beweisen, dass die Fehlzeiten zu einer **erheblichen Beeinträchtigung der betrieblichen Interessen** führen. Als Beeinträchtigung können Betriebsablaufstörungen oder erhebliche wirtschaftliche Belastungen des Arbeitgebers angeführt werden. Betriebsablaufstörungen können sich beispielsweise durch den Stillstand von Maschinen, durch den Rückgang der Produktion wegen erst einzuarbeitenden Ersatzpersonals, in der Überlastung

232 BAG, Urt. v. 24.11.1983, DB 1984, 885.
233 BAG, Urt. v. 23.09.1992, EzA § 1 KSchG Verhaltensbedingte Kündigung Nr. 44.
234 BAG, Urt. v. 17.02.1994, EzA § 611 BGB Abmahnung Nr. 30.
235 BAG, Urt. v. 22.07.1982, EzA § 1 KSchG Verhaltensbedingte Kündigung Nr. 10.
236 KR/*Etzel*, § 1 KSchG Rn 436.
237 BAG, Urt. v. 20.01.1994, EzA § 1 KSchG Betriebsbedingte Kündigung Nr. 74.
238 BAG, Urt. v. 29.08.1991, EzA § 622 BGB n.F. Nr. 35; BAG, Urt. v. 16.02.1989, DB 1989, 2075; BAG, Urt. v. 06.09.1989, DB 1990, 429; BAG, Urt. v. 07.11.1985, AP Nr. 17 zu § 1 KSchG 1969 Krankheit.

des verbliebenen Personals oder durch den Abzug von an sich benötigten Arbeitskräften aus anderen Arbeitsbereichen ergeben.

Derartige Störungen sollen nach der Rechtsprechung als Kündigungsgrund ausreichend sein, wenn sie nicht durch mögliche Überbrückungsmaßnahmen vermieden werden können. Dabei wird es für den Arbeitgeber als zumutbar angesehen, Aushilfskräfte einzustellen oder aber aus einer vorgehaltenen Personalreserve Arbeitnehmer einzusetzen.[239] Als erhebliche wirtschaftliche Belastung sind in der Rechtsprechung ausnahmsweise auch außergewöhnlich hohe Lohnfortzahlungskosten, die jährlich jeweils für einen Zeitraum von mehr als sechs Wochen aufzuwenden sind, anerkannt.[240] Dem Arbeitgeber obliegt zudem die Pflicht, den Arbeitnehmer auf einem leidensgerechten Arbeitsplatz weiter zu beschäftigen. Der Arbeitgeber muss darlegen und beweisen, dass eine andere Beschäftigung nicht möglich oder zumutbar ist. Hierzu reicht zunächst die Behauptung, über einen leidensgerechten Arbeitsplatz nicht zu verfügen. Der Arbeitnehmer hat dann darzulegen, wie er sich eine weitere Beschäftigung vorstellt. Daraufhin muss der Arbeitgeber vortragen, warum die dargelegte Beschäftigungsmöglichkeit nicht gegeben ist.[241] 193

(3) Interessenabwägung

Auf der dritten Stufe vor Ausspruch einer krankheitsbedingten Kündigung muss der Arbeitgeber eine Interessenabwägung vornehmen. Er hat zu prüfen, ob die betrieblichen Beeinträchtigungen aufgrund der Besonderheiten des Einzelfalles vom Arbeitgeber billigerweise noch hinzunehmen sind oder ihn überfordern.[242] Es gibt keine generellen Maßstäbe zur Ermittlung der zeitlichen, betrieblichen und wirtschaftlichen Umstände, die der Arbeitgeber noch hinnehmen muss. Es kommt vielmehr auf **sämtliche Umstände des Einzelfalles** an.[243] 194

Zugunsten des Arbeitnehmers wird berücksichtigt, wenn die **Erkrankung auf betrieblichen Ursachen** (z.B. Arbeitsunfall oder Berufskrankheit) **beruht**. Diesem Einwand muss der Arbeitgeber dadurch begegnen, dass er vorträgt, ein solcher ursächlicher Zusammenhang bestehe nicht.[244] Der Arbeitnehmer muss sodann dartun, weshalb ein ursächlicher Zusammenhang gegeben sei. Es genügt, wenn er einen solchen ursächlichen Zusammenhang behauptet und für seine Behauptung die behandelnden Ärzte von der Schweigepflicht entbindet. Dann ist es wiederum Sache des Arbeitgebers, für die fehlende Kausalität zwischen Arbeitsbedingungen und Erkrankungen Beweis anzutreten. Der Beweis kann in der Regel nur durch die Einvernahme des behandelnden Arztes oder eines medizinischen Sachverständigen erbracht werden.[245] 195

Zugunsten des Arbeitnehmers wirkt es, wenn die Fehlzeiten in etwa mit den durchschnittlichen Ausfallquoten im Betrieb übereinstimmen. Bei der Interessenabwägung muss der Arbeitgeber ebenfalls berücksichtigen, wie lange das Arbeitsverhältnis ungestört, das heißt ohne krankheitsbedingte Fehlzeiten, verlaufen ist. In der Interessenabwägung sind das Alter des Arbeitnehmers, der Familienstand, die Situation auf dem Arbeitsmarkt, die Zumutbarkeit weiterer Überbrückungsmaßnahmen und die Höhe der Entgeltfortzahlungskosten zu berücksichtigen.[246] 196

239 BAG, Urt. v. 11.10.1989, NZA 1990, 670; BAG, Urt. v. 20.05.1988, NZA 1989, 464.
240 BAG, Urt. v. 12.12.1996, RzK I 5 g Nr. 66; BAG, Urt. v. 29.07.1993, AP Nr. 27 zu § 1 KSchG 1969 Krankheit; BAG, Urt. v. 05.07.1990, DB 1990, 2274.
241 *Baumgärtel*, Anh. zu § 611 Rn 43.
242 BAG, Urt. v. 12.12.1996, RzK I 5 g Nr. 66.
243 Vgl. hierzu KR/*Etzel*, § 1 KSchG Rn 372 ff.
244 BAG, Urt. v. 05.07.1990, EzA § 1 KSchG Krankheit Nr. 32.
245 BAG, Urt. v. 06.09.1989, EzA § 1 KSchG Krankheit Nr. 27.
246 Vgl. KR/*Etzel*, § 1 KSchG Rn 379 ff.

(4) Negative Gesundheitsprognose bei lang anhaltender Krankheit

197 Auch bei einer lang anhaltenden Erkrankung ist eine negative Gesundheitsprognose erforderlich. Diese muss **im Zeitpunkt des Zugangs der Kündigung noch bestehen** und für voraussichtlich längere oder nicht absehbare Zeit andauern.[247] Im Gegensatz zu der krankheitsbedingten Kündigung wegen häufiger Kurzerkrankungen kann der Arbeitgeber hier aus der bisherigen Dauer der Arbeitsunfähigkeit keine Schlüsse für die Zukunft ziehen. Deshalb muss der Arbeitgeber, wenn er den Krankheitsbefund des Arbeitnehmers nicht kennt, vor Ausspruch der Kündigung nach der voraussichtlichen Dauer der Arbeitsunfähigkeit fragen. Der Arbeitnehmer muss auf Aufforderung des Arbeitgebers ein **ärztliches Attest** beibringen, damit sich der Arbeitgeber Klarheit darüber verschaffen kann, welche Maßnahmen er im Hinblick auf die voraussichtliche Fehlzeit ergreifen soll. Ohne Befragung des Arbeitnehmers vor Ausspruch der Kündigung liegt zwar keine Unwirksamkeit der Kündigung vor. Der Arbeitgeber muss jedoch die negative Gesundheitsprognose untermauern, was ohne Befragung des Arbeitnehmers meist nur mit Hilfe eines medizinischen Sachverständigen möglich sein wird.[248]

198 Da es auf die Prognose im Zeitpunkt des Zuganges der Kündigung ankommt, ist die **spätere Entwicklung der Krankheit unerheblich**.[249] In diesem Zusammenhang hat sich ein Wandel der Rechtsprechung vollzogen. Früher war umstritten, ob zur Bestätigung oder Korrektur von mehr oder weniger unsicheren Prognosen die spätere tatsächliche Entwicklung einer Krankheit bis zum Ende der letzten mündlichen Verhandlung der Tatsacheninstanz herangezogen werden kann.[250]

199 Das Bundesarbeitsgericht hat entschieden, dass »die **Ungewissheit der Wiederherstellung der Arbeitsfähigkeit** einer krankheitsbedingten dauernden Leistungsunfähigkeit gleichsteht, wenn in den nächsten 24 Monaten mit einer anderen Prognose nicht gerechnet werden kann«.[251] Im Falle einer krankheitsbedingten Kündigung, die ihre Ursache in einer **Alkoholkrankheit** hatte, verneinte das Bundesarbeitsgericht den Wegfall der negativen Gesundheitsprognose durch eine nach Ausspruch der Kündigung wahrgenommene Entziehungstherapie.[252] Schließlich trägt der Arbeitgeber auch die Darlegungslast dafür, dass kein anderer Arbeitsplatz vorhanden ist, auf dem der Arbeitnehmer gesundheits- oder leidensgerecht eingesetzt werden kann.[253]

(5) Wiedereinstellungsanspruch

200 Für die Wirksamkeit der Kündigung kommt es nach Auffassung des Bundesarbeitsgerichtes auf den Zeitpunkt des Kündigungsausspruches an. Kann durch eine nach Ausspruch der Kündigung durchgeführte Entziehungskur eine positive Gesundheitsprognose noch innerhalb der Kündigungsfrist getroffen werden, kommt ein Wiedereinstellungsanspruch in Betracht.[254]

cc) Betriebsbedingte Kündigung

201 Der Arbeitgeber ist darlegungs- und beweispflichtig dafür, dass dringende betriebliche Erfordernisse die Kündigung bedingen. Hier wird unterschieden zwischen außerbetrieblichen und innerbetrieblichen Ursachen.[255]

247 BAG, Urt. v. 06.02.1992, RzK I 5 g Nr. 45.
248 BAG, Urt. v. 25.11.1982, EzA § 1 KSchG Krankheit Nr. 19.
249 BAG, Urt. v. 29.04.1999, EzA § 1 KSchG Krankheit Nr. 46 unter Angabe der Rspr. BAG, Urt. v. 10.11.1983, BB 1984, 917.
250 Bejahend: BAG, Urt. v. 10.11.1983, BB 1984, 917; dagegen: BAG, Urt. v. 15.08.1984, DB 1985, 976.
251 BAG, Urt. v. 29.04.1999, EzA § 1 KSchG Krankheit Nr. 46.
252 BAG, Urt. v. 17.06.1999, DB 1999, 1399 (1400).
253 BAG, Urt. v. 28.02.1990, NZA 1990, 727.
254 BAG, Urt. v. 17.06.1999, DB 1999, 1399 (1400); vgl. hierzu auch BAG, Urt. v. 29.04.1999, EzA § 1 KSchG Krankheit Nr. 46; BAG, Urt. v. 07.06.2001, NZA 2001, 1135.
255 BAG, Urt. v. 04.12.1986, RzK I 5 c Nr. 17.

(1) Außerbetriebliche Gründe

Außerbetriebliche Gründe liegen nach der Rechtsprechung dann vor, wenn der Arbeitgeber zur Kündigungsbegründung lediglich auf Auftragsmangel und Umsatzrückgang oder sonstige **externe wirtschaftliche Faktoren** verweist.[256] Werden diese von der Betriebsgestaltung und Betriebsführung unabhängigen Umstände als kündigungsbegründend angegeben, muss der Arbeitgeber im Einzelnen darlegen und auf Bestreiten des Arbeitnehmers auch beweisen, dass dadurch das Weiterbeschäftigungsbedürfnis für den gekündigten Arbeitnehmer entfallen ist. Der Nachweis, dass durch außerbetriebliche Faktoren das Weiterbeschäftigungsbedürfnis für den Arbeitnehmer in Wegfall geraten ist, kann vom Arbeitgeber fast nie erbracht werden. 202

Darüber hinaus muss der Arbeitgeber, wenn er zu dieser Kündigungsbegründung greift, die einzelnen Behauptungen durch **einschlägige Unterlagen** darlegen und unter Beweis stellen. Wie schwierig und umfangreich die Darlegungs- und Beweislast bei der Angabe von außerbetrieblichen Gründen als Kündigungsgrundlage ist, wird an folgendem Beispiel deutlich: 203

Beispiel

Führt zum Beispiel ein Bauunternehmer, der drei von zehn Maurern wegen Auftragsrückganges kündigt und die Kündigung ausschließlich auf diesen Auftragsrückgang stützt, substantiiert und nachvollziehbar aus, welche Aufträge er bisher für die Beschäftigung von zehn Maurern hatte und in welchem Umfang die Aufträge zurückgegangen sind und ergibt sich daraus der Wegfall des Beschäftigungsbedürfnisses für drei Maurer, dann kann die Kündigung sozial gerechtfertigt sein.[257]

In den meisten Fällen stehen jedoch in den Unternehmen solche betriebswirtschaftlichen Daten nicht zur Verfügung, so dass ein solcher Vortrag auch nicht als Kündigungsgrundlage im Kündigungsschutzverfahren dargestellt werden kann. Zusammengefasst ist daher in den überwiegenden Fällen davon abzuraten, eine Kündigung auf ausschließlich außerbetriebliche Gründe zu stützen. In den meisten Fällen sind letztlich die außerbetrieblichen Gründe auch nur Anlass einer innerbetrieblich getroffenen Entscheidung des Arbeitgebers. 204

(2) Innerbetriebliche Gründe

Unter innerbetrieblichen Gründen sind alle betrieblichen **Maßnahmen auf technischem, organisatorischem oder wirtschaftlichem Gebiet** zu verstehen, durch die der Arbeitgeber seine Entscheidung über die der Geschäftsführung zugrunde liegende **Unternehmenspolitik** im Hinblick auf den Markt oder hinsichtlich der unternehmensinternen Organisation des Betriebes und der Produktion verwirklicht und die sich auf die Beschäftigungsmöglichkeiten im Betrieb auswirken.[258] 205

Wie bereits bei den außerbetrieblichen Gründen angemerkt, kann der Arbeitgeber die genannten außerbetrieblichen Umstände zum Anlass nehmen, eine innerbetriebliche Maßnahme zu treffen. Unter dem Gesichtspunkt der Darlegungs- und Beweislast ist eine solche Entscheidung des Arbeitgebers als Kündigungsbegründung im Kündigungsschutzprozess wesentlich einfacher darzustellen und ggf. zu beweisen. Es gilt der **Grundsatz der freien Unternehmerentscheidung**. Darunter versteht man, dass die Arbeitsgerichte nicht befugt sind, unternehmerische Entscheidungen auf ihre Zweckmäßigkeit und Notwendigkeit hin zu überprüfen. Die gerichtliche Überprüfung kann sich nur darauf erstrecken, ob die Unternehmerentscheidung (z.B. organisatorisch oder technologisch bedingte Rationalisierung) offenbar unsachlich, unvernünftig oder willkürlich ist (so genannte Missbrauchskontrolle).[259] 206

256 BAG, Urt. v. 30.05.1985, EzA § 1 KSchG Betriebsbedingte Kündigung Nr. 36; KR/*Etzel*, § 1 KSchG Rn 535.
257 BAG, Urt. v. 30.05.1985, EzA § 1 KSchG Betriebsbedingte Kündigung Nr. 36.
258 KR/*Etzel*, § 1 KSchG Rn 537.
259 BAG, Urt. v. 26.09.1996, EzA § 1 KSchG Betriebsbedingte Kündigung Nr. 86; vgl. zum Gesamtkomplex *Bitter*, DB 1999, 1240.

207 Gibt der Arbeitgeber innerbetriebliche Maßnahmen als Kündigungsgrundlage an, kann er den Personalbedarf und damit auch die Notwendigkeit eines etwaigen Personalabbaus weitgehend selbst bestimmen.[260] **Voll nachprüfbar** von den Gerichten für Arbeitssachen ist nicht nur die Frage, ob überhaupt eine unternehmerische Entscheidung vorliegt, sondern auch, ob sie tatsächlich durchgeführt wurde, wobei es genügen soll, dass die Planung bereits greifbare Formen angenommen hat.[261] Häufigster Fall der getroffenen Unternehmerentscheidung ist, dass die Zahl der Arbeitsplätze auf Dauer abgebaut wird. Nach der Rechtsprechung des Bundesarbeitsgerichtes kann auch darin eine freie Unternehmerentscheidung liegen, die nur auf Unsachlichkeit und Unvernünftigkeit oder Willkür überprüft werden kann.[262]

208 Nach dieser so genannten **»Leistungsverdichtungsentscheidung«** gehört es zur Entscheidungsfreiheit des Unternehmers, die Organisation und Gestaltung des Betriebes, neben der Anschaffung von Maschinen, Gerätschaften sowie Vorrichtungen und der Gestaltung der Arbeitsabläufe, die **Stärke der Belegschaft**, mit der das Betriebsziel erreicht werden soll, festzulegen. Dazu gehört auch die Entscheidung über die Kapazität an Arbeitskräften und an Arbeitszeit und wie diese Kapazität – vorliegend auf die Ladenöffnungszeiten – verteilt werden soll. Dabei kann die Unternehmerentscheidung auch darin liegen, künftig auf Dauer mit weniger Personal zu arbeiten. Soweit dadurch eine Leistungsverdichtung eintritt, wird sie als Konzept gewollt angesehen, und dadurch notwendig werdende Änderungen sind in Kauf genommen; der rationelle Einsatz des Personals ist Sache der Unternehmerentscheidung.[263]

209 Der Arbeitnehmer kann sich nach Angabe einer solchen Kündigungsbegründung darauf berufen, dass den verbleibenden Arbeitnehmern **überobligatorische Leistungen** abverlangt werden. Dann muss wiederum der Arbeitgeber darlegen und ggf. beweisen, dass die verbleibenden Arbeitnehmer nicht erheblich höhere Arbeitsleistungen erbringen müssen, als von ihnen bei angemessener Anspannung ihrer Fähigkeiten und Kräfte erwartet werden kann.[264]

210 In der Rechtsprechung der Instanzgerichte stößt die so genannte »Leistungsverdichtungsentscheidung« jedoch auf erheblichen Widerstand. In den meisten Fällen lehnen die Arbeits- und Landesarbeitsgerichte die Kündigungsbegründung der Arbeitgeber, dass sie künftig auf Dauer mit weniger Personal arbeiten werden, als unzureichend ab. Sie verweisen insoweit darauf, dass mit dieser Begründung das **Kündigungsschutzgesetz unterlaufen** würde und im Übrigen das Bundesarbeitsgericht bislang immer entschieden habe, dass die Kündigungsbegründung nicht alleine darin liegen könne, dass sich der Arbeitgeber zur Kündigung entschlossen habe.[265]

211 Dennoch hat das Bundesarbeitsgericht in einer neueren Leitentscheidung die Möglichkeit der betriebsbedingten Kündigung zum Zwecke des Personalabbaus bei gleichzeitiger Leistungsverdichtung dem Grunde nach bestätigt, jedoch neue Maßstäbe für die Darlegungs- und Beweislast aufgestellt.[266] Danach hat das Bundesarbeitsgericht nochmals ausgeführt, dass die »Entscheidung des Arbeitgebers, den Personalbestand auf Dauer zu reduzieren, eine Entscheidung sein kann, die zum Wegfall von Arbeitsplätzen führt und damit den entsprechenden Beschäftigungsbedarf entfallen

260 KR/*Etzel*, § 1 KSchG Rn 537.

261 BAG, Urt. v. 23.03.1984, AP Nr. 38 zu § 1 KSchG 1969 Betriebsbedingte Kündung Nr. 70.

262 BAG, Urt. v. 17.06.1999, EzA § 1 KSchG Betriebsbedingte Kündigung Nr. 103, Darlegungs- und Beweislast bei dauerhafter Stellenreduzierung; BAG, Urt. v. 24.04.1997, EzA § 2 KSchG Nr. 26 (Leistungsverdichtungsentscheidung) ebenso: LAG Köln, Urt. v. 07.11.1997, LAGE § 1 KSchG Betriebsbedingte Kündigung Nr. 50; LAG Bremen, Urt. v. 03.05.1996, LAGE § 1 KSchG Soziale Auswahl Nr. 16; LAG Berlin, Urt. v. 04.04.1997, LAGE § 1 KSchG Betriebsbedingte Kündigung Nr. 42; dagegen: LAG Düsseldorf, Urt. v. 18.11.1997, LAGE § 1 KSchG Betriebsbedingte Kündigung Nr. 46; LAG Sachsen-Anhalt, Urt. v. 09.04.1997 – 5 Sa 830/96 (n.v.).

263 Vgl. zur Reichweite dieser Entscheidung *Hümmerich/Spirolke*, NZA 1998, 797 ff.

264 *Fischermeier*, NZA 1997, 1009.

265 BAG, Urt. v. 20.02.1986, EzA § 1 KSchG Betriebsbedingte Kündigung Nr. 37.

266 BAG, Urt. v. 17.06.1999, EzA § 1 KSchG Betriebsbedingte Kündigung Nr. 102.

lässt«.[267] Allerdings hat das Bundesarbeitsgericht in seinem Urteil vom 17.06.1999 den Arbeitgebervortrag deshalb als unzureichend angesehen, weil der Arbeitgeber keinerlei Sachvortrag dazu gebracht hat, wie auf Dauer der Personalbestand reduziert wurde. Eine solche Darstellung verlangt jedoch das Bundesarbeitsgericht, um überprüfen zu können, ob eine offensichtlich unsachliche, unvernünftige oder willkürliche Entscheidung des Arbeitgebers vorliegt. Das Bundesarbeitsgericht fordert, dass »der Arbeitgeber, je näher sich die eigentliche Organisationsentscheidung und die Kündigung als solche sind, desto mehr durch Tatsachenvortrag zu verdeutlichen habe, wie das Beschäftigungsbedürfnis für den Arbeitnehmer entfallen sei«.[268] Das dogmatische Problem wurde bislang vom 2. Senat nicht gelöst. Es fehlt eine Organisationsentscheidung, wenn die Unternehmerentscheidung alleine darin besteht, Personal abzubauen. In diesen Fällen lässt sich die Unterscheidung zwischen Organisations- und Kündigungsentscheidung nicht mehr aufrechterhalten.

(3) Dringlichkeit des betrieblichen Erfordernisses

Die Dringlichkeit ist eine eigenständige vom Gericht zu prüfende Wirksamkeitsvoraussetzung der betriebsbedingten Kündigung. Dringlichkeit liegt vor, wenn es dem Arbeitgeber – neben der später behandelten Frage der Weiterbeschäftigung – nicht möglich ist, den Wegfall des Arbeitsplatzes durch andere Maßnahmen auf technischem, organisatorischem oder wirtschaftlichem Gebiet (z.B. durch Abbau von Überstunden oder durch die Kündigung von Arbeitnehmerüberlassungsverträgen bei Leiharbeitnehmern) als durch die Kündigung zu entsprechen.[269] Dies bedeutet aber nicht, dass der Arbeitgeber vor Ausspruch der betriebsbedingten Beendigungskündigung verpflichtet ist, zunächst die Arbeitsdauer bei sämtlichen Arbeitnehmern zu verkürzen.[270] Die Beweislast für die Dringlichkeit liegt nach der Rechtsprechung beim Arbeitnehmer. Es genügt allerdings seine pauschale Behauptung, die Kündigung hätte durch bestimmte Maßnahmen vermieden werden können. Der Arbeitgeber muss dann darlegen, warum diese Maßnahmen nicht ergriffen werden können oder nicht zum Wegfall des Arbeitsplatzes führen. 212

(4) Sozialauswahl

Die in § 1 Abs. 3 Satz 1 2. Hs. KSchG geregelte Mitteilungspflicht führt auf prozessualer Ebene zu einer **abgestuften Darlegungs- und Beweislast** zwischen Arbeitgeber und Arbeitnehmer. Danach ist wie folgt zu unterscheiden: Bei Unkenntnis des Arbeitnehmers der für die Sozialauswahl rechtserheblichen Tatsachen genügt der Arbeitnehmer seiner Darlegungslast, wenn er pauschal die ordnungsgemäße soziale Auswahl bestreitet und den Arbeitgeber auffordert, die Gründe mitzuteilen, die ihn zu der Auswahl veranlasst haben. 213

Im nächsten Schritt ist es Sache des Arbeitgebers, Gründe darzulegen, die ihn subjektiv zu der von ihm getroffenen Auswahl veranlasst haben. Gibt der Arbeitgeber im Prozess keine Auskunft, hat der Arbeitnehmer alles Notwendige getan. Das Gericht geht dementsprechend davon aus, dass die soziale Auswahl fehlerhaft war.[271] Ist die Sozialauswahl durch den Arbeitgeber unterblieben, ist die ungenügende Berücksichtigung sozialer Gesichtspunkte nur bei Rüge des Arbeitnehmers indiziert. 214

Kommt der Arbeitgeber hingegen der ihm hinsichtlich seiner subjektiven Auswahlüberlegungen obliegenden Darlegungslast vollständig nach, so hat der Arbeitnehmer wieder die volle Darlegungs- und Beweislast für eine objektiv fehlerhafte Auswahlentscheidung. Diese Mechanik hat zur Folge, dass der Arbeitnehmer konkrete Umstände vorbringen muss, die die richtige Bestimmung des auswahlrelevanten Personenkreises z.B. in Frage stellen, indem er behauptet, dass der Arbeitgeber den Kreis der auswahlrelevanten Arbeitnehmer zu eng gezogen habe. 215

267 BAG, Urt. v. 17.06.1999, EzA § 1 KSchG Betriebsbedingte Kündigung Nr. 101.
268 BAG, Urt. v. 17.06.1999, DB 1998, 1399.
269 BAG, Urt. v. 29.11.1990, RzK I 5 a Nr. 4; BAG, Urt. v. 18.01.1999, EzA § 1 KSchG Betriebsbedingte Kündigung Nr. 65.
270 BAG, Urt. v. 11.09.1986, EzA § 1 KSchG Betriebsbedingte Kündigung Nr. 54.
271 BAG, Urt. v. 10.02.1999, NZA 1999, 702.

216 Der Arbeitnehmer muss ferner etwaige **Unrichtigkeiten bei den Sozialdaten der vergleichbaren Arbeitnehmer** konkret aufzeigen. Nach der Rechtsprechung des Bundesarbeitsgerichtes hat der Arbeitnehmer in den Fällen, in denen ihm die Namen der vergleichbaren Arbeitnehmer und deren Sozialdaten bekannt sind, die sozial schutzbedürftigen Arbeitnehmer unter Angabe der Sozialdaten **namentlich zu benennen**.[272] Ob bei der Kündigung teilzeitbeschäftigter Arbeitnehmer Vollzeitbeschäftigte und bei der Kündigung vollzeitbeschäftigter Arbeitnehmer Teilzeitbeschäftigte in die Sozialauswahl nach § 1 Abs. 3 KSchG einbezogen werden müssen, hängt von der betrieblichen Organisation ab: Hat der Arbeitgeber eine Organisationsentscheidung getroffen, aufgrund derer bestimmte Arbeiten für Vollzeitkräfte vorgesehen sind, so kann diese Entscheidung als so genannte freie Unternehmerentscheidung nur darauf überprüft werden, ob sie offenbar unsachlich, unvernünftig oder willkürlich ist. Liegt danach eine bindende Unternehmerentscheidung vor, sind bei der Kündigung einer Teilzeitkraft die Vollzeitkräfte nicht in die Sozialauswahl einzubeziehen; will der Arbeitgeber in einem bestimmten Bereich lediglich die Zahl der insgesamt geleisteten Arbeitsstunden abbauen, ohne dass eine Organisationsentscheidung im oben genannten Sinne vorliegt, sind sämtliche in diesem Bereich beschäftigte Arbeitnehmer ohne Rücksicht auf ihr Arbeitszeitvolumen in die Sozialauswahl einzubeziehen.[273]

(5) Weiterbeschäftigungsmöglichkeiten

217 Bestreitet bei der betriebsbedingten Kündigung der Arbeitnehmer den Wegfall seines Arbeitsplatzes, genügt zunächst der allgemeine Vortrag des Arbeitgebers, wegen der notwendigen Betriebsanpassung sei eine Weiterbeschäftigung des Arbeitnehmers nicht möglich. Der Arbeitgeber muss nicht unter Darlegung genauer Einzelheiten behaupten, eine andere Beschäftigungsmöglichkeit sei nicht vorhanden. Vielmehr obliegt es dem Arbeitnehmer darzulegen, wie er sich eine anderweitige Beschäftigung vorstellt, falls sein bisheriger Arbeitsplatz tatsächlich weggefallen sein sollte.[274] Dann muss der Arbeitgeber beweisen, dass andere freie Arbeitsplätze nicht vorhanden sind oder aus welchen Gründen eine Umsetzung nicht möglich war. Bei Möglichkeit der Umsetzung muss gegebenenfalls der Arbeitgeber darlegen, dass er dem Arbeitnehmer die Umsetzung angeboten, dieser aber abgelehnt hat.

2. Allgemeine Feststellungsklagen

a) Außerordentliche Kündigung

218 Nach § 13 Abs. 1 Satz 2 KSchG ist die Unwirksamkeit der außerordentlichen Kündigung innerhalb der Klagefrist des § 4 Satz 1 KSchG geltend zu machen. Die **Drei-Wochen-Frist** gilt auch für die Geltendmachung der Nichteinhaltung der zweiwöchigen Ausschlussfrist des § 626 Abs. 2 BGB.[275] Ebenfalls ist zu beachten, dass der Kündigende nur dann verpflichtet ist, zur Einhaltung der Ausschlussfrist nach § 626 Abs. 2 BGB Stellung zu nehmen, wenn der Gekündigte die Nichteinhaltung gerügt hat. Bei Versäumung der Frist, § 4 KSchG, tritt die Wirksamkeitsfiktion gemäß § 7 KSchG ein.

219 Unterliegt das Arbeitsverhältnis jedoch nicht dem allgemeinen Kündigungsschutz, kann eine **allgemeine Feststellungsklage** nach § 256 ZPO erhoben werden.[276] Mit der allgemeinen Feststellungsklage kann der Arbeitnehmer auch auf die häufig anzutreffende Einwendung des Arbeitgebers reagieren, der bestreitet, eine außerordentliche Kündigung ausgesprochen zu haben.

272 BAG, Urt. v. 18.10.1984, EzA § 1 KSchG Betriebsbedingte Kündigung Nr. 33.
273 BAG, Urt. v. 03.12.1998, EzA § 1 KSchG Soziale Auswahl Nr. 37.
274 BAG, Urt. v. 27.09.1984, AP Nr. 22 zu § 1 KSchG Betriebsbedingte Kündigung; BAG, Urt. v. 24.03.1983, AP Nr. 12 zu § 1 KSchG 1969 Betriebsbedingte Kündigung.
275 BAG, Urt. v. 28.03.1985, AP Nr. 86 zu § 626 BGB; BAG, Urt. v. 08.06.1972, EzA § 626 BGB Nr. 12.
276 Vgl. Antrag 1 und 2 im Muster bei *Hümmerich*, AnwaltFormulare Arbeitsrecht, § 7 Rn 83, Muster 3315.

In vielen Fällen entgegnet der Arbeitgeber bei einer vom Arbeitnehmer behaupteten außerordentlichen Kündigung, dass der Arbeitnehmer selbst gekündigt und sofort seine Arbeit eingestellt habe. 220
Mit dieser Entgegnung ist plötzlich der Arbeitnehmer darlegungs- und beweispflichtig dafür, dass überhaupt eine außerordentliche Kündigung ausgesprochen wurde. Bleibt dies zweifelhaft, ist die Kündigungsschutzklage abzuweisen. Deshalb ist es dem Arbeitnehmer zu empfehlen, die allgemeine Feststellungsklage zu erheben. Bei der allgemeinen Feststellungsklage ist Streitgegenstand der **Bestand des Arbeitsverhältnisses**. Im Prüfungsrahmen der allgemeinen Feststellungsklage muss wiederum der Arbeitgeber darlegen und ggf. beweisen, dass der Arbeitnehmer angeblich selbst gekündigt hat oder arbeitsvertragswidrig der Arbeit ferngeblieben ist.

Ein weiterer Kündigungsgrund, der mit der allgemeinen Feststellungsklage außerhalb des § 13 Abs. 3 KSchG geltend gemacht werden kann, ist der **Verstoß gegen § 613a Abs. 4 Satz 1 BGB**. 221
Soll die Kündigung nicht allein wegen des Verstoßes gegen § 613a Abs. 4 BGB angegriffen werden, sondern auch wegen mangelnder sozialer Rechtfertigung nach § 1 KSchG, muss der Arbeitnehmer innerhalb der Drei-Wochen-Frist die Kündigungsschutzklage nach § 4 KSchG erheben und zugleich die Unwirksamkeit nach § 613a Abs. 4 BGB behaupten.[277] Unter Wahrung der Klagefrist des § 4 KSchG sichert sich der Arbeitnehmer die Beweislastvorteile des § 1 KSchG, da er lediglich bestreiten muss, dass die betriebsbedingte Kündigung wegen Betriebsüberganges nach § 613a Abs. 4 BGB sozial ungerechtfertigt ist. Missachtet der Arbeitnehmer die Klagefrist des § 4 KSchG und verweist auf die Unwirksamkeit der Kündigung nach § 613a Abs. 4 BGB, trägt er die volle Darlegungs- und Beweislast für das Vorliegen eines rechtsgeschäftlichen Betriebsüberganges.

b) Feststellungsklagen gegenüber Behörden, Körperschaften des öffentlichen Rechts

Der Grundsatz, dass der Leistungsklage der Vorrang vor der Feststellungsklage gebührt, ist im öffentlichen Dienst bei der Feststellungsklage zur **Eingruppierung** oder **Höhergruppierung** durchbrochen.[278] Mit dem nachfolgenden Feststellungsantrag kann der Arbeitnehmer eine Höhergruppierung geltend machen: 222

> »Es wird festgestellt, dass die beklagte Partei verpflichtet ist, an die klägerische Partei ab dem ______ eine Vergütung nach der Vergütungsgruppe ______ BAT nebst 5 % Zinsen über dem Basiszinssatz auf die jeweiligen Nettodifferenzbeträge ab Rechtshängigkeit zu zahlen.«[279]

Das Begehren, statt Prozesszinsen auch Verzugszinsen geltend zu machen, wird meist wegen fehlenden Verschuldens des Arbeitgebers nicht erfolgreich sein.[280]

c) Direktionsrecht

Die Feststellung der Grenzen des Direktionsrechtes erfolgt ebenfalls im Wege der allgemeinen Feststellungsklage nach § 256 ZPO.[281] Der Antrag lautet: 223

> »Es wird festgestellt, dass die klagende Partei nicht verpflichtet ist/berechtigt ist ______«.

Oftmals besteht bei der Frage, ob ein Arbeitgeber im Wege des Direktionsrechtes eine Änderung des Arbeitsverhältnisses herbeiführen kann, ein erheblicher Zeitdruck, weil der Arbeitgeber die Weisung 224

277 KR/*Pfeiffer*, § 613a BGB Rn 116; Klagegegner bei § 613a BGB vgl. KR/*Pfeiffer*, § 613a BGB Rn 117 f.
278 BAG, Urt. v. 25.09.1991, NZA 1992, 273.
279 BAG, Urt. v. 11.06.1997, AP Nr. 1 zu § 291 BGB.
280 BAG, Urt. v. 11.06.1997, DB 1998, 87; vgl. im Einzelnen *Gift/Baur*, Das Urteilsverfahren, E Rn 111.
281 Vgl. Muster bei *Hümmerich*, AnwaltFormulare Arbeitsrecht, § 7 Rn 202, Muster 3750.

mit sofortiger Wirkung ausspricht. Daher wird meistens nur der Weg über den Antrag auf Erlass einer einstweiligen Verfügung interessengerecht sein.[282] Der Antrag lautet:

> »Dem Antragsgegner wird aufgegeben, im Wege der einstweiligen Verfügung bei Meidung eines vom Gericht festzusetzenden Zwangsgeldes bis zu 25.000 EUR gegen den Antragsgegner, den Antragsteller als entsprechend der bisherigen Ausgestaltung des Arbeitsplatzes als gemäß Arbeitsvertrag vom einzusetzen und tätig werden zu lassen.«

3. Änderungsschutzklage[283]

225 Eine im Geltungsbereich des Kündigungsschutzgesetzes ausgesprochene Änderungskündigung muss von dem Arbeitnehmer ebenfalls innerhalb der **Drei-Wochen-Frist** nach § 4 KSchG angegriffen werden. Der Klageantrag hängt davon ab, ob der Vorbehalt nach § 2 KSchG erklärt worden ist. Der Arbeitnehmer muss, wenn er eine Änderungskündigung erhalten hat, zwei Erklärungen abgeben, wenn er die Änderungskündigung entweder vorbehaltlos oder mit Vorbehalt annehmen möchte. Zum einen besteht die Erklärungspflicht gegenüber dem Arbeitgeber und zum anderen die Pflicht zur fristgerechten Klageerhebung nach § 4 KSchG.

226 Für die Annahme einer **ordentlichen Änderungskündigung unter Vorbehalt** muss der Arbeitnehmer innerhalb der Kündigungsfrist, spätestens jedoch innerhalb von drei Wochen nach Zugang der Kündigung, den Vorbehalt erklären.[284] Im Falle einer **außerordentlichen Kündigung** muss der Arbeitnehmer gegenüber dem Arbeitgeber die Annahme mit oder ohne Vorbehalt unverzüglich erklären.[285] Diese **Erklärungsfristen** gegenüber dem Arbeitgeber bestehen nicht, wenn der Arbeitnehmer das Änderungsangebot ablehnen will, weil er nicht dazu bereit ist, zu den geänderten Bedingungen zu arbeiten. Die Vorbehaltsfrist des § 2 Satz 2 KSchG wird entgegen der Frist für die Klageerhebung nach § 4 KSchG nicht schon dann gewahrt, wenn die Klage zwar vor Ablauf der Drei-Wochen-Frist bei dem Gericht eingereicht worden ist, aber die Zustellung an den Prozessgegner erst danach erfolgt, § 167 »demnächst«. Die Annahme einer Änderungskündigung unter Vorbehalt ist vielmehr gegenüber dem Arbeitgeber innerhalb der Kündigungsfrist, spätestens jedoch innerhalb von drei Wochen nach Zugang der Kündigung zu erklären.[286]

a) Keine Vorbehaltserklärung nach § 2 KSchG

227 Hat der Arbeitnehmer keinen Vorbehalt nach § 2 KSchG erklärt, geht es nicht mehr um den Inhalt, sondern um den **Fortbestand des Arbeitsverhältnisses**, wie bei einer Beendigungskündigung. Es muss daher der Klageantrag wie bei einer Beendigungskündigung gewählt werden.[287]

b) Vorbehaltserklärung nach § 2 KSchG

228 Hat der Arbeitnehmer die Änderungskündigung fristgerecht unter dem Vorbehalt angenommen, dass die Änderung der Arbeitsbedingungen sozial ungerechtfertigt ist, dann muss er Klage auf Feststellung erheben, dass die Änderung der Arbeitsbedingungen sozial ungerechtfertigt ist (**Änderungsschutzklage**).[288]

282 Vgl. Muster bei *Hümmerich*, AnwaltFormulare Arbeitsrecht, § 7 Rn 201, Muster 3740.
283 Vgl. zu den materiellen Voraussetzungen der Änderungskündigung § 10 Rn 483 ff.
284 BAG, Urt. v. 17.06.1998, EzA § 2 KSchG Nr. 30.
285 BAG, Urt. v. 27.03.1987, EzA § 2 KSchG Nr. 10.
286 BAG, Urt. v. 17.06.1998, EzA § 2 KSchG Nr. 30.
287 Vgl. Muster bei *Hümmerich*, AnwaltFormulare Arbeitsrecht, § 7 Rn 123, Muster 3420.
288 Vgl. Muster bei *Hümmerich*, AnwaltFormulare Arbeitsrecht, § 7 Rn 123, Muster 3420.

229 Teilweise wird die Auffassung vertreten, dass der Antrag in Anlehnung an die Fassung des § 4 Satz 2 KSchG formuliert misslungen sei.[289] Wählt man diesen Antrag, hängt die Wirksamkeit der Änderungskündigung allein von der sozialen Rechtfertigung der Vertragsänderung ab.[290] Da jedoch über den Wortlaut des § 4 Satz 2 KSchG hinaus die Rechtswirksamkeit der Änderung der Vertragsbedingungen vollumfänglich geprüft werden soll, wird vielfach befürwortet, den Feststellungsantrag wie folgt zu formulieren:

> »Es wird festgestellt, dass die Änderung der Arbeitsbedingungen durch die Kündigung vom … unwirksam ist.«[291]

Als weiterer Formulierungsvorschlag bietet sich an:

> »Es wird festgestellt, dass die Änderung der Arbeitsbedingungen gemäß der Änderungskündigung vom …, zugegangen am …, sozial ungerechtfertigt ist und das Arbeitsverhältnis über den … hinaus unverändert fortbesteht.«[292]

230 Wenn mit der Antragstellung auch Folgeänderungskündigungen erfasst werden sollen, empfiehlt es sich ferner, die obengenannten Feststellungsanträge noch wie folgt zu ergänzen:

> »Es wird festgestellt, dass die Änderung der Arbeitsbedingungen gemäß der am … zugegangenen Änderungskündigung sozial ungerechtfertigt ist und das Arbeitsverhältnis auch nicht durch andere Änderungstatbestände geändert wurde, sondern zu unveränderten Bedingungen über den … hinaus fortbesteht.«

231 Mit diesem erweiterten Antrag könnten entsprechend der »Schleppnetztheorie« auch noch nach Ausspruch der ersten Änderungskündigung erfolgte Änderungskündigungen erfasst werden, wenn diese bis zur letzten mündlichen Verhandlung konkret in das Verfahren eingeführt werden.[293] Allerdings muss hier der umsichtige Arbeitnehmeranwalt darauf hinweisen, dass nach Ausspruch einer Folgeänderungskündigung der Arbeitnehmer, unabhängig von der vorsorglich erhobenen allgemeinen Feststellungsklage, eine **Vorbehaltserklärung** zur Annahme des neuen Änderungsangebotes fristgerecht gegenüber dem Arbeitgeber abgeben muss.[294] Die Erklärung des Vorbehalts muss innerhalb der Drei-Wochen-Frist zugehen und darf deshalb nicht etwa in der Klageschrift versteckt sein. Denn § 270 Abs. 3 ZPO gilt insoweit nicht.

232 Übereinstimmung herrscht bei aller Unterschiedlichkeit in der Antragsformulierung dahin gehend, dass auch bei der Änderungsschutzklage **alle Unwirksamkeitsgründe** der Änderung im Rahmen des anhängigen Verfahrens geltend gemacht werden müssen, um zu verhindern, dass nicht nach Abschluss eines Änderungsschutzverfahrens noch ein zweites Verfahren über die Wirksamkeit der Kündigung eingeleitet werden kann.[295]

289 *Adomeit*, DB 1969, 2181; *Richardi*, ZfA 1971, 101.
290 BAG, Urt. v. 19.05.1993, EzA § 1 KSchG Betriebsbedingte Kündigung Nr. 73 II 1.
291 Vgl. zum Meinungsstreit und zu anderen Antragsformulierungen KR/*Rost*, § 2 KSchG Rn 147 – 155.
292 *Bopp*, Kündigung und Kündigungsprozess im Arbeitsrecht, S. 226.
293 *Löwisch*, § 22 KSchG Rn 51; *Zirnbauer*, NZA 1995, 1079.
294 Vgl. zu den Vorbehaltserklärungsfristen § 10 Rn 510 ff. und bei der außerordentlichen Änderungskündigung § 10 Rn 563 ff.
295 KR/*Rost*, § 2 KSchG Rn 151.

233 Die Befürworter des am Wortlaut des § 4 Satz 2 KSchG angelehnten Antrages sehen mit dem Antrag keine Beschränkung des Streitgegenstandes verbunden. Vielmehr sind auch sie der Auffassung, dass im Änderungsschutzverfahren sowohl die Frage der sozialen Rechtfertigung als auch die Frage der sonstigen Unwirksamkeit abschließend und umfassend zu prüfen ist.[296]

234 Falls zwischen den Parteien die Wirksamkeit und insbesondere die Rechtzeitigkeit der Vorbehaltserklärung streitig ist, sollte der Änderungsschutzantrag mit dem allgemeinen Kündigungsschutzantrag nach § 4 KSchG als Hilfsantrag verbunden werden.[297] Der Klageantrag würde dann wie folgt lauten:

> »1. Es wird festgestellt, dass die Änderung der Arbeitsbedingungen gemäß der Änderungskündigung vom ______, zugegangen am ______, sozial ungerechtfertigt ist und das Arbeitsverhältnis über den ______ unverändert fortbesteht.
>
> Hilfsweise wird beantragt,
>
> 2. Es wird festgestellt, dass das Arbeitsverhältnis der Parteien durch die Kündigung vom ______ nicht aufgelöst worden ist, sondern unverändert über den ______ hinaus fortbesteht.«

235 Mit diesem **Hilfsantrag** ist sichergestellt, dass die als Änderungskündigung ausgesprochene Kündigung mangels fristgerecht erklärter Vorbehaltsannahme zumindest noch als Beendigungskündigung durch das Gericht überprüft werden muss.[298] Ist die Änderungskündigung unter Vorbehalt angenommen worden, steht dem Arbeitnehmer kein Weiterbeschäftigungsanspruch während des laufenden Änderungsschutzverfahrens nach zusprechendem erstinstanzlichen Urteil zu.[299]

236 Bislang ist durch das Bundesarbeitsgericht noch nicht geklärt, ob der Arbeitnehmer bei einer unter Vorbehalt angenommenen Änderungskündigung berechtigt ist, die Auflösung des Arbeitsverhältnisses gem. §§ 9, 10 KSchG gegen **Abfindungszahlung** zu begehren. Die überwiegende Meinung lehnt einen Auflösungsantrag im Zusammenhang mit einer unter Vorbehalt angenommenen Änderungskündigung ab, da der Arbeitnehmer mit der Annahme unter Vorbehalt zu erkennen gegeben hat, dass er bereit ist, in jedem Fall über den Kündigungszeitpunkt hinaus bei dem Arbeitgeber weiter zu arbeiten. Mit einem Auflösungsantrag würde sich der Arbeitnehmer daher, nach dieser Auffassung, widersprüchlich verhalten.[300]

237 Angesichts des fehlenden Weiterbeschäftigungsanspruches zu unveränderten Arbeitsbedingungen und angesichts des fehlenden Anspruchs auf Stellung eines Auflösungsantrages gem. §§ 9, 10 KSchG muss sich der Arbeitnehmer genau überlegen, ob er eine Änderungskündigung unter Vorbehalt annimmt. Wegen der obengenannten rechtlichen Unterschiede zur Beendigungskündigung ist die häufig anzutreffende Auffassung, dass eine Änderungskündigung auf jeden Fall unter Vorbehalt anzunehmen sei, nicht uneingeschränkt zu bejahen.

III. Gestaltungsklage, Auflösungsantrag nach §§ 9, 10 KSchG

238 Das dem Kündigungsschutzgesetz zugrunde liegende Bestandsschutzprinzip wird durch §§ 9, 13, 14 KSchG durchbrochen. Danach kann das Arbeitsverhältnis **trotz Sozialwidrigkeit** der Kündigung **gegen Zahlung einer Abfindung** aufgelöst werden, wenn ein weiteres Zusammenarbeiten der

296 *Stahlhacke/Preis,* Kündigung und Kündigungsschutz im Arbeitsverhältnis, Rn 1245; *Bauer,* NZA 1995, 1078 (1079).
297 BAG, Beschl. v. 28.03.1985, EzA § 767 ZPO Nr. 1.
298 KR/*Rost,* § 2 KSchG Rn 164.
299 BAG, Urt. v. 18.01.1990, AP Nr. 27 zu § 2 KSchG 1969.
300 Vgl. KR/*Rost,* § 2 KSchG Rn 168; offen gelassen in: BAG, Urt. v. 29.01.1981, AP Nr. 6 zu § 9 KSchG 1969.

Parteien nicht zumutbar ist. Der Antrag kann bis zum Schluss der mündlichen Verhandlung in der Berufungsinstanz gestellt werden.

1. Sozialwidrigkeit der Kündigung

Die Auflösung des Arbeitsverhältnisses nach § 9 KSchG kommt nur in Betracht, wenn im Kündi- 239
gungsschutzprozess die Sozialwidrigkeit der arbeitgeberseitigen Kündigung **durch Urteil festgestellt** worden ist. Wird hingegen die Klage abgewiesen, weil die Kündigung sozial gerechtfertigt ist, muss der Auflösungsantrag zurückgewiesen werden. Lediglich dann, wenn die Unwirksamkeit der Kündigung auf einer Norm beruht, die nicht den Arbeitnehmer schützen will, lässt das Bundesarbeitsgericht auch einen Auflösungsantrag des Arbeitgebers zu, obwohl die Kündigung nicht ausschließlich sozialwidrig ist.[301] Der Auflösungsantrag scheidet aus, wenn die Kündigung ausschließlich aus anderen Gründen als denen des Kündigungsschutzgesetzes unwirksam ist.[302] Ist die Kündigung nicht nur sozialwidrig, sondern auch aus anderen Rechtsgründen unwirksam, so kann zumindest der Arbeitnehmer nach § 9 KSchG den Auflösungsantrag stellen.[303] Basiert die Unwirksamkeit der Kündigung ausschließlich auf sonstigen Unwirksamkeitsgründen (z.B. Verstoß gegen § 102 BetrVG) und ist nicht sittenwidrig, so ist es auch dem Arbeitnehmer verwehrt, den Auflösungsantrag zu stellen.[304]

2. Auflösungsantrag des Arbeitnehmers[305]

Der Arbeitnehmer kann die Auflösung des Arbeitsverhältnisses beantragen, wenn ihm eine Fort- 240
setzung nicht mehr zuzumuten ist. Der Begriff der **Unzumutbarkeit** ist nicht identisch mit § 626 Abs. 1 BGB.[306] Maßgeblicher Zeitpunkt für die Überprüfung der Unzumutbarkeit ist der der letzten mündlichen Verhandlung. Daher können zur Begründung des Auflösungsantrages auch Gründe herangezogen werden, die zwar in einem inneren Zusammenhang mit der Kündigung stehen, sich jedoch erst im Laufe des Kündigungsstreites ergeben haben. Hat der Arbeitnehmer einmal den Auflösungsantrag gestellt, kann der Arbeitgeber die ungerechtfertigte Kündigung nicht mehr zurücknehmen.[307]

Der Auflösungsantrag lautet:

> »Das Arbeitsverhältnis wird gegen Zahlung einer Abfindung, die in das Ermessen des Gerichts gestellt wird, aber EUR nebst 5 % Zinsen über dem Basiszinssatz seit dem Tag der Beendigung des Arbeitsverhältnisses nicht unterschreitet, gemäß §§ 9, 10 KSchG aufgelöst.«

3. Auflösungsantrag des Arbeitgebers

Ebenso wie der Arbeitnehmer muss auch der Arbeitgeber seinen Auflösungsantrag **schlüssig an-** 241
hand greifbarer Tatsachen begründen, damit nachvollziehbar wird, dass die **Fortführung des Arbeitsverhältnisses unzumutbar** ist.[308] Zu beachten ist, dass der Arbeitgeber durch die Stellung eines Auflösungsantrages bereits in der ersten Instanz vermeiden kann, dass der Arbeitnehmer für

301 BAG, Urt. v. 10.11.1994, DB 1995, 735; vgl. ausführlich KR/*Spilger*, § 9 KSchG Rn 27 f.

302 BAG, Urt. v. 10.11.1994, EzA § 9 KSchG n.F. Nr. 43.

303 BAG, Urt. v. 29.01.1981, EzA § 9 KSchG n.F. Nr. 10; BAG, Urt. v. 20.03.1997, DB 1997, 1823; vgl. zu den hohen Anforderungen an den Auflösungsantrag in der Praxis *Hümmerich,* NZA 1999, 342 (343).

304 BAG, Urt. v. 16.09.1993, AP Nr. 62 zu § 102 BetrVG; vgl. hierzu KR/*Friedrich*, § 13 KSchG Rn 330 ff.

305 Vgl. Klagebegründungsmuster bei Hümmerich, AnwaltFormulare Arbeitsrecht, § 7 Rn 129, Muster 3444.

306 BAG, Urt. v. 26.11.1981, DB 1982, 757.

307 BAG, Urt. v. 29.01.1981, AP Nr. 6 zu § 9 KSchG 1969.

308 BAG, Urt. v. 14.05.1987, DB 1988, 295.

die Dauer des Kündigungsschutzprozesses auf der Grundlage des allgemeinen Beschäftigungsanspruches nach obsiegendem erstinstanzlichen Urteil weiterbeschäftigt werden muss.[309]

242 Nach Ausspruch einer unwirksamen außerordentlichen Kündigung kann der Arbeitgeber keinen Auflösungsantrag stellen. Lediglich, wenn der Arbeitgeber vorsorglich auch fristgerecht gekündigt hat oder die außerordentliche Kündigung umgedeutet werden kann, verbleibt dem Arbeitgeber die Möglichkeit, den Auflösungsantrag zu stellen.[310] Diese Einschränkung für den Auflösungsantrag des Arbeitgebers ergibt sich eindeutig aus dem Wortlaut des § 13 Abs. 1 KSchG.

243 Privilegiert ist der Auflösungsantrag des Arbeitgebers gegenüber **Geschäftsführern**, **Betriebsleitern** und ähnlich **leitenden Angestellten**, soweit sie zur selbständigen Einstellung oder Entlassung von Arbeitnehmern berechtigt sind. Der Antrag braucht nach § 14 Abs. 2 Satz 2 KSchG wegen der besonderen Vertrauensstellung dieses Personenkreises vom Arbeitgeber nicht besonders begründet zu werden.

4. Beiderseitiger Auflösungsantrag

244 Stellen beide Parteien einen Auflösungsantrag, so ist dem Gericht nach wohl überwiegender Auffassung **die Prüfungskompetenz** über die materiell-rechtliche Begründetheit dieser Anträge **entzogen**.[311] Gegen die Prüfungspflicht spricht, dass bei einem beiderseitigen Auflösungsantrag das Gericht auch gegen den offensichtlichen Willen beider Parteien die Fortsetzung des Arbeitsverhältnisses bestimmen könnte. Eine wechselseitige Anerkennung des jeweils gegnerischen Antrages verbietet sich anzunehmen, da über die Höhe der Abfindung durchaus unterschiedliche Auffassungen bestehen können. Beim beiderseitigen Auflösungsantrag muss daher das Gericht noch prüfen, ob die Kündigung sozial gerechtfertigt war, was die Klageabweisung oder sozial ungerechtfertigt war, was eine Entscheidung über die Höhe der Abfindung zur Folge hätte.[312]

5. Auflösungszeitpunkt

245 Nach § 9 Abs. 2 KSchG hat das Gericht für die Auflösung des Arbeitsverhältnisses den **Zeitpunkt** festzusetzen, **an dem es bei gerechtfertigter Kündigung geendet hätte**. Bei Ausspruch einer ordentlichen Kündigung ist der Auflösungszeitpunkt der letzte Tag der für das Arbeitsverhältnis einschlägigen Kündigungsfrist. Problematisch ist der Auflösungszeitpunkt im Falle einer unwirksamen außerordentlichen Kündigung. Nach § 13 Abs. 1 Satz 3 KSchG gilt für die Festlegung des Auflösungszeitpunktes § 9 Abs. 2 KSchG entsprechend. Nach der herrschenden Meinung ist daher bei dem vom Arbeitnehmer gestellten Auflösungsantrag der Zeitpunkt maßgebend, zu dem die außerordentliche Kündigung wirken würde, wenn sie gerechtfertigt wäre.[313] Einer Mindermeinung zufolge ist auf den Zeitpunkt abzustellen, zu dem das Arbeitsverhältnis geendet hätte, wenn man die außerordentliche in eine ordentliche Kündigung umdeuten würde. Zur Begründung wird angeführt, dass anderenfalls dem Arbeitnehmer nur bis zu diesem Auflösungszeitpunkt der Lohn zusteht und auch andere Ansprüche aus dem Arbeitsverhältnis, wie Urlaubsabgeltung, sich verringern.[314] Zu beachten ist, dass dem Arbeitnehmer ein **Wahlrecht** hinsichtlich des Auflösungszeitpunktes dann zusteht, wenn eine **außerordentliche und hilfsweise ordentliche Kündigung** ausgesprochen wurde oder eine **Umdeutung** der außerordentlichen in eine ordentliche Kündigung in Betracht kommt. Hier kann der Arbeitnehmer den Auflösungsantrag ganz konkret auf den späteren Zeitpunkt (Ablauf

309 BAG, Urt. v. 16.11.1995, DB 1996, 838.
310 BAG, Urt. v. 26.10.1979, DB 1980, 356.
311 Gegen eine Prüfungskompetenz: LAG Berlin, Urt. v. 08.08.1967, BB 1968, 207; *Ascheid*, Kündigungsschutzrecht, Rn 812; für eine Prüfungspflicht des Gerichts: KR/*Spilger*, § 9 KSchG Rn 65.
312 BAG, Urt. v. 29.03.1960, AP Nr. 7 zu § 7 KSchG.
313 BAG, Urt. v. 09.04.1981, EzA § 11 KSchG Nr. 3; BAG, Urt. v. 28.04.1983, BB 1983, 1859.
314 *Schaub*, Arbeitsrechts-Handbuch, § 141 V 2; vgl. zum Meinungsstreit KR/*Friedrich*, § 13 KSchG Rn 64 ff.

der ordentlichen Kündigungsfrist) stellen.[315] Wurde der Grund für die Auflösung erst nach Ablauf der Kündigungsfrist gesetzt, kann es für den Arbeitnehmer unter Umständen (nämlich bei geringer Beschäftigungszeit) günstiger sein, den Auflösungsantrag nicht zu stellen und nur den Verzugslohnanspruch geltend zu machen.

6. Rücknahme des Auflösungsantrages

Der Auflösungsantrag kann bis zum **Zeitpunkt der letzten mündlichen Verhandlung** in der Berufungsinstanz zurückgenommen werden.[316] Es bedarf keiner Zustimmung des Prozessgegners. Auch wenn beide Parteien die Auflösung des Arbeitsverhältnisses beantragt haben, können sie unabhängig voneinander ihre Anträge zurücknehmen, da beide Anträge prozessual selbständig sind.[317] Die Rücknahme darf jedoch nicht leichtfertig erfolgen, da das Bundesarbeitsgericht in einer älteren Entscheidung in der Rücknahme des Auflösungsantrages einen teilweisen Klageverzicht im Sinne des § 306 ZPO gesehen hat, mit der Folge, dass ein neuer Antrag unzulässig wäre.[318] 246

7. Auflösungsantrag und Kündigungsrücknahme

Häufig ergibt sich die Situation, dass ein Arbeitgeber eine ausgesprochene Kündigung wieder zurücknimmt. Dieser Entschluss wird oft dadurch veranlasst, dass der Arbeitgeber Kenntnis davon erhalten hat, dass der Arbeitnehmer ein neues Arbeitsverhältnis eingegangen ist. Möglicherweise will er aber auch deshalb die Kündigung zurücknehmen, weil er erkannt hat, dass er nur über geringe Aussichten verfügt, den Prozess zu gewinnen. Der Arbeitnehmer kann nach Auffassung des Bundesarbeitsgerichtes auch noch nach Rücknahme der Kündigung durch den Arbeitgeber den Auflösungsantrag nach § 9, 10 KSchG stellen.[319] In der Erhebung der Kündigungsschutzklage liegt keine antizipierte Zustimmung zur Kündigungsrücknahme. Eine einseitige Kündigungsrücknahme des Arbeitgebers ist nicht möglich. Die Rücknahme der Kündigung durch den Arbeitgeber ist vielmehr als Angebot gemäß §§ 145 ff. BGB zu verstehen.[320] 247

Auf das Vertragsangebot zur Fortsetzung des Arbeitsverhältnisses kann der Arbeitnehmer entweder mit **Annahme** oder Ablehnung reagieren. Die **Ablehnung** kann auch durch die Stellung des **Auflösungsantrages** erfolgen. Hat der Arbeitnehmer eine neue Arbeitsstelle mit einem gleich hohen oder höheren Arbeitseinkommen gefunden, ist es für den Arbeitnehmer oft nur noch über die Stellung des Auflösungsantrages möglich, eine Abfindung zu erhalten. Gleichwohl werden an den Auflösungsantrag des Arbeitnehmers in einem solchen Fall keine geringeren Anforderungen im Hinblick auf die »Unzumutbarkeit« der Fortsetzung des Arbeitsverhältnisses gestellt. Allein die Eingehung eines neuen Arbeitsverhältnisses reicht für die Begründung des Antrages nicht aus. 248

Lehnt der Arbeitnehmer trotz Rücknahme der Kündigung die Rückkehr an den alten Arbeitsplatz ab, ohne ein neues Arbeitsverhältnis gefunden zu haben, muss er sich über folgendes Risiko im Klaren sein: Es entfällt zwar nicht das Rechtsschutzbedürfnis für die Weiterführung der Feststellungsklage, wenn er den Auflösungsantrag gem. §§ 9, 10 KSchG stellt, da für die Auflösung zwingende Voraussetzung die soziale Rechtfertigung der Kündigung ist. Jedoch kann das Gericht die Unzumutbarkeit im Sinne von § 9 KSchG verneinen mit der Folge, dass das Arbeitsverhältnis mit dem alten Arbeitgeber weiter fortbesteht. Die Gefahr, der Kündigungsrücknahme des Arbeitgebers mit dem Auflösungsantrag zu begegnen, liegt darin, dass der Arbeitnehmer bei einem unbegründeten 249

315 BAG, Urt. v. 26.08.1993, DB 1994, 432.
316 BAG, Urt. v. 28.01.1961, DB 1961, 476.
317 KR/*Spilger*, § 9 KSchG Rn 25.
318 BAG, Urt. v. 28.01.1961, AP Nr. 8 zu § 7 KSchG; andere Auffassung KR/*Spilger*, § 9 KSchG Rn 25.
319 BAG, Urt. v. 19.08.1982, DB 1983, 663.
320 BAG, Urt. v. 19.08.1982, DB 1983, 663; a.A. LAG Düsseldorf, EzA § 9 KSchG n.F. Nr. 2; *Schwerdtner*, ZIP 1982, 139; dagegen: *Fischer*, NZA 1999, 459.

Auflösungsantrag und sozial ungerechtfertigter Kündigung seinen Anspruch auf seine Entgeltansprüche aus Annahmeverzug gem. §§ 615 BGB, 11 KSchG verlieren kann.

250 Wegen dieser Rechtsfolgen, die bislang höchstrichterlich noch nicht geklärt sind, ist von der Stellung eines offensichtlich unbegründeten Auflösungsantrages »nur zum Pokern« abzuraten. Sollte der Arbeitnehmer dennoch nach Kündigungsrücknahme das Arbeitsverhältnis nicht mit seinem alten Arbeitgeber fortsetzen und einen auch unbegründeten Auflösungsantrag stellen wollen, kann er das **Risiko des Verlustes seiner Entgeltansprüche** aus §§ 615 BGB, 11 KSchG nur dadurch minimieren, indem er in Anlehnung an die Vorbehaltserklärung des § 2 KSchG der Rücknahme der Kündigung unter Vorbehalt zustimmt und bis zum rechtskräftigen Abschluss des Verfahrens über den Auflösungsantrag für den Arbeitgeber weiter arbeitet. Allerdings ist es bei dieser Reaktion für den Prozessvertreter noch schwieriger, die Unzumutbarkeit für den Auflösungsantrag nach § 9 KSchG zu begründen.

251 Hier bleibt lediglich für den Prozessvertreter die Möglichkeit, so zu argumentieren, dass eine kurzfristige, nicht jedoch eine langfristige Rückkehr an den Arbeitsplatz für den Arbeitnehmer zumutbar sei.[321] Umstritten ist, ob durch einen mit der Kündigungsschutzklage erhobenen **Weiterbeschäftigungsantrag** die Möglichkeit zur Stellung eines Auflösungsantrages nach §§ 9, 10 KSchG entfällt.[322] Höchstrichterlich ist diese Frage bislang nicht entschieden. Allerdings erscheint es angesichts der Rechtsprechung, dass mit Erhebung der Kündigungsschutzklage nicht gleichzeitig die Zustimmung zur Kündigungsrücknahme erklärt wird, vertretbar, dieser Auffassung auch für den bedingt gestellten Weiterbeschäftigungsantrag zu folgen.[323] Somit stünde der Stellung eines Auflösungsantrages nach bedingt gestelltem Weiterbeschäftigungsantrag nichts entgegen.

8. Abfindungshöhe

252 Die Abfindungshöhe ist nach § 10 KSchG durch das Gericht nach **pflichtgemäßem Ermessen** zu bestimmen. Da § 10 KSchG an den Monatsverdienst anknüpft, sollten sowohl Arbeitnehmer als auch Arbeitgeber in ihrem eigenen Interesse darauf achten, dass die Berechnung richtig erfolgt. Es ist das volle Bruttomonatsentgelt aus dem Monat, in dem das Arbeitsverhältnis geendet hat, ohne Abzüge für Lohnsteuern und Sozialversicherung zugrundezulegen. In den Monatsverdienst fließen auch die Bezüge, die für die Arbeit eines längeren Zeitraums gezahlt werden, ein. Das betrifft Tantiemen, 13. oder 14. Monatsgehälter, Jahresabschlussvergütungen und auch Gratifikationen. Diese Beträge müssen auf die einzelnen Monate gleichmäßig verteilt werden. Beträge, die nur bei besonderer Gelegenheit gezahlt werden (z.B. Jubiläumsgeschenke) bleiben bei dem Monatsverdienst im Sinne des § 10 KSchG außer Acht. Das Gericht ist bei der Bemessung der Abfindungshöhe an die Grenzen des § 10 KSchG gebunden. Danach sind 12, 15 oder 18 Monatsverdienste je nach Alter und Betriebszugehörigkeit in Ansatz zu bringen.

253 Da das Gericht **von Amts wegen** über die Höhe der Abfindung zu befinden hat, ist es **an Anträge nicht gebunden**. Die antragstellende Partei kann, muss aber nicht die Höhe der Abfindung im Auflösungsantrag beziffern. Wählt eine Partei jedoch den bezifferten Antrag (z.B. »mindestens aber ...«) und entspricht das Gericht diesem Betrag nicht in voller Höhe, so sind dem Antragsteller die anteiligen Kosten gem. § 92 ZPO aufzuerlegen.[324] Wird dagegen nur in der Begründung des Antrages eine bestimmte Mindestsumme als Abfindung gefordert, entfällt diese kostennachteilige Wirkung. In der Antragsbegründung sollten jedoch Ausführungen zur angestrebten Abfindungshöhe enthalten sein, um, im Falle, dass das Urteil hinter dieser Höhe zurückbleibt, die Beschwer für das Rechtsmittel eindeutig nachweisen zu können.[325]

321 Vgl. zu den möglichen Fallgestaltungen im Einzelnen: *Fischer*, NZA 1999, 459.
322 So: *Fischer*, NZA 1999, 459 (461).
323 Vgl. zur ähnlichen Problematik: KR/*Etzel*, § 102 BetrVG Rn 205, 236.
324 BAG, Urt. v. 26.06.1986, NZA 1987, 139.
325 Vgl. zur Beschwer: KR/*Spilger*, § 9 KSchG Rn 97.

Streitwertmäßig wird der Auflösungsantrag nach § 12 Abs. 7 ArbGG nicht gesondert berücksichtigt.[326]

F. Klagefrist/Ausschlussfrist

I. Klagefrist nach § 4 KSchG

Nach § 4 Satz 1 KSchG muss ein Arbeitnehmer, der geltend machen will, dass eine Kündigung sozial ungerechtfertigt oder aus anderen Gründen unwirksam ist, innerhalb von drei Wochen nach Zugang der Kündigung Klage beim Arbeitsgericht auf Feststellung erheben, dass das Arbeitsverhältnis durch die Kündigung nicht aufgelöst ist. Die gleiche Klagefrist ist unabhängig von der Anwendbarkeit des Kündigungsschutzgesetzes gegen eine ordentliche und außerordentliche Änderungskündigung nach § 4 Satz 2 KSchG und gegen eine außerordentliche Kündigung gem. § 13 Abs. 1 Satz 2 KSchG zu beachten.[327] 254

Die Unwirksamkeit einer Befristung ist im Wege der Feststellungsklage nach § 17 Abs. 1 TzBfG ebenfalls innerhalb von drei Wochen geltend zu machen. 255

II. Ausschlussfristen

Ausschlussfristen[328] finden sich sehr häufig in Tarifverträgen, Betriebsvereinbarungen oder Arbeitsverträgen. Besonders gefährlich für den Rechtsanwender ist die Möglichkeit der einzelvertraglichen Inbezugnahme. Die vertragliche Bezugnahme auf tarifvertragliche Regelungen ist nicht an eine Form gebunden. Sie kann sich auch aus einer betrieblichen Übung oder konkludentem Verhalten der Arbeitsvertragsparteien ergeben.[329] Bei Ausschlussfristen enthalten **rechtsvernichtende Inhaltsnormen**. Dies bedeutet, dass ein bestehendes Recht erlischt, wenn es nicht innerhalb der Frist geltend gemacht wird, und zwar unabhängig davon, ob die Fristen den Parteien bekannt sind. Die Gerichte haben Ausschluss- und Verfallfristen von Amts wegen und nicht erst auf Einwand hin zu berücksichtigen. Der Arbeitgeber ist nicht verpflichtet, die Unkenntnis des Arbeitnehmers von der Existenz derartiger Fristen zu beseitigen. Er kann sich allerdings schadensersatzpflichtig machen, wenn unter Verstoß gegen das Nachweisgesetz nicht auf die Geltung eines Tarifvertrages mit darin enthaltenen Nachweispflichten hinweist.[330] Beispiel für eine einstufige Ausschlussfrist ist § 70 BAT: *»Ansprüche aus dem Arbeitsverhältnis verfallen, wenn sie nicht innerhalb einer Ausschlussfrist von sechs Monaten nach Fälligkeit vom Angestellten oder vom Arbeitgeber schriftlich geltend gemacht werden, soweit tarifvertraglich nichts anderes bestimmt ist. »* 256

Häufig finden sich zweistufige Ausschlussfristen etwa nach folgendem Muster: *»Alle Ansprüche aus dem Arbeitsverhältnis oder solche, die mit ihm in Verbindung stehen, sind innerhalb von sechs Monaten nach Fälligkeit schriftlich geltend zu machen. Lehnt die Gegenpartei den Anspruch ab oder erklärt sie sich nicht innerhalb von zwei Wochen nach der schriftlichen Geltendmachung, ist dieser innerhalb einer Frist von zwei Monaten einzuklagen. Verfristete Ansprüche sind verfallen.«*

Problematisch ist die **Reichweite von Verfallfristen**. Gesetzliche Rechte, auf die der Arbeitnehmer arbeitsvertraglich zu seinen Ungunsten verzichten kann, werden ohne weiteres erfasst. Die Rechtsprechung hat darüber hinaus aber auch den Verfall einiger unabdingbarer gesetzlicher Ansprüche anerkannt. Begründet wird dies damit, dass die gesetzliche Unabdingbarkeit sich nur auf Art und 257

326 KR/*Spilger*, § 9 KSchG Rn 93.
327 Für die außerordentliche Änderungskündigung: BAG, Urt. v. 19.06.1986, DB 1986, 2604.
328 Dazu umfassend *Krause*, RdA 2004, 36 ff. und 106 ff..
329 BAG, Urt. v. 19.01.1999, NZA 1999, 879..
330 BAG, Urt. v. 17.04.2002, NZA 2002, 1096.

Umfang beziehe, eine der Rechtsklarheit dienende zeitliche Beschränkung hingegen nicht entgegenstehe. Erfasst sind danach auch Ansprüche auf Urlaubsgeld,[331] Feiertagslohn,[332] Entgeltfortzahlung,[333] Übergangsgelder, Nachteilsausgleich,[334] Karenzentschädigung,[335] Ansprüche aus einem Sozialplan[336] auf Zahlung einer Abfindung, nicht jedoch solche mit Versorgungscharakter,[337] der Zeugnisanspruch.[338] Nicht erfasst werden nach Auffassung des BAG hingegen Ansprüche aus der Verletzung des Persönlichkeitsrechts, des Eigentums, auf Beseitigung einer Abmahnung, Eingruppierung, aus der Tätigkeit als Betriebsratsmitglieds, auf Ruhegeld, auf Beschäftigung. Vom Schuldner innerhalb der Frist anerkannte, insbesondere vorbehaltlos abgerechnete Ansprüche können nicht mehr verfallen.[339] In einem gerichtlichen Vergleich geregelte Ansprüche sind ebenfalls abgerechnet, anerkannt und sollen danach nicht verfallen können.[340]

Regelmäßig beginnen Verfallfristen mit Fälligkeit (§ 271 BGB) zu laufen. Dies betrifft insbesondere Ansprüche aus Annahmeverzug. Sie werden zum selben Zeitpunkt fällig, zu dem sie auch bei Leistung der Arbeit fällig geworden wären. Teilweise wird vertreten, dass die Entgeltforderung erst mit Abrechnung fällig wird.[341] Auf den Fristbeginn hat dies aber nur dann Einfluss, wenn der Arbeitnehmer eine Abrechnung benötigt, um sich über die Höhe seiner Forderungen Klarheit zu verschaffen.[342] Durch eine Kündigungsschutzklage wird die Fälligkeit derartiger Ansprüche nicht etwa hinausgeschoben. Im Einzelfall können weitere Anknüpfungspunkte für den **Beginn der Verfallfrist** in Betracht kommen, so die Entstehung des Anspruchs, die Ablehnung durch den Gegner oder die rechtliche Beendigung des Arbeitsverhältnisses. Wenn und soweit der Arbeitgeber verpflichtet ist, abzurechnen und ohne diese Abrechnung die Überprüfung der Richtigkeit der Höhe gezahlter Beträge nicht möglich ist, beginnt die Ausschlussfrist erst mit Erteilung der Abrechnung zu laufen.[343] Jedoch kann auch der Anspruch auf Erteilung einer Abrechnung verfallen.

257a Zur **Unterbrechung** der Frist muss der Anspruch **geltend gemacht** werden. Die Form ergibt sich häufig aus der Klausel selbst. In Betracht kommen die formlose, schriftliche, gerichtliche und häufig auch zweistufige Geltendmachung. Dazu bedarf es der Spezifizierung nach Grund und Höhe, jedoch keiner weiteren Begründung. Der Anspruchsgegner muss wissen, welche Forderung erhoben wird. Nicht ausreichend ist der Hinweis, die Verfolgung von Ansprüchen bleibe vorbehalten. Eine ordnungsgemäße Geltendmachung setzt voraus, dass der Anspruch bereits entstanden ist. Auf die Fälligkeit des Anspruchs kommt es nicht an.[344] Die neuere Rechtsprechung des BAG erleichtert daher die Geltendmachung von bereits entstandenen Ansprüchen. Die Fälligkeit muss nicht mehr abgewartet werden. Allerdings wahrt die einmalige Geltendmachung nur ausnahmsweise, etwa wenn die Ansprüche aus einer Eingruppierungsentscheidung resultieren, auch die Ausschlussfrist für zukünftige Ansprüche.

Leistungsansprüche müssen nicht nur geltend gemacht, sondern auch beziffert werden. Ein unbezifferter Leistungsantrag genügt nur, wenn dies gesetzlich ausdrücklich zugelassen ist (z.B. § 113 BetrVG, § 11 KSchG).

331 BAG, Urt. v. 28.10.1960, AP Nr. 81 zu § 611 BGB Urlaubsrecht.
332 BAG, Urt. v. 12.03.1971, AP Nr. 9 zu § 1 FeiertagslohnzahlungsG Berlin.
333 BAG, Urt. v. 16.01.2002, NZA 2002, 746 ff.
334 BAG, Urt. v. 20.06.1978, AP Nr. 3 zu § 113 BetrVG 1972 = NJW 1979, 126 f.
335 BAG, Urt. v. 17.06.1997, NZA 1998, 258 f. = AP Nr. 2 zu § 74b HGB.
336 BAG, Urt. v. 30.11.1994, AP Nr. 88 zu § 112 BetrVG 1972 = NZA 1995, 643 f.
337 BAG, Urt. v. 03..04.1990, EzA § 4 TVG Ausschlussfristen Nr. 94.
338 BAG Urt. v. 23.02.1983, AP Nr. 10 zu § 70 BAT = DB 1983, 2043 f.
339 BAG, Urt. v. 21.04.1993, AP Nr. 124 zu § 4 TVG = NZA 1993, 1091.
340 BAG, Urt. v. 13.01.1982, AP Nr. 7 zu § 9 KSchG 1969 = NJW 1982, 2207.
341 *Krause*, RdA 2004, 106, 108 m.w.N.
342 BAG, Urt. v. 27.20.2002, AP Nr. 162 zu § 4 TVG Ausschlussfristen = DB 2002, 1720.
343 BAG, Urt. v. 18.01.1969, AP Nr. 41 zu § 4 TVG Ausschlussfristen.
344 BAG, Urt. v. 06.12.2003, ArbuR 2004, 164.

Die Erhebung der Kündigungsschutzklage ist allenfalls bei einfacher Verfallfrist (z.B. formlose oder schriftliche Geltendmachung nach § 70 BAT) für die Geltendmachung von Zahlungsansprüchen ausreichend. Insbesondere bei zweistufiger Klausel mit Verpflichtung zur gerichtlichen Geltendmachung von Zahlungsansprüchen genügt sie nicht. Eine allgemeine Statusklage wahrt nicht einmal die einfache Verfallfrist für Zahlungsansprüche. Zur Fristunterbrechung ist der Zugang der Erklärung erforderlich. Die Einreichung der Klage bei Gericht genügt nicht, da die Vorschrift des § 167 ZPO (Rückwirkung bei Zustellung demnächst) nicht gilt.

Ein Telefaxschreiben reicht zur Wahrung der schriftlichen Geltendmachung aus.[345] Die Vorschrift des **§ 174 BGB** über die Zurückweisung einseitiger empfangsbedürftiger Willenserklärung ohne Vorlage einer Originalvollmachtsurkunde ist **nicht anwendbar**. Denn der Schuldner wird lediglich zur Erfüllung eines Anspruchs aufgefordert. Die Erklärung hat keine weiter gehende gestaltende Rechtsfolge, weshalb der Schutzzweck des § 174 BGB nicht eingreift. Nach Eingang der Erklärung auch durch einen Bevollmächtigten kann sich der Schuldner nicht mehr darauf verlassen, dass nach Ablauf der Frist gegen ihn keine Ansprüche mehr geltend gemacht werden.[346]

Mit verfallenden Ansprüchen kann nicht die **Aufrechnung** erklärt werden. Da der Anspruch vernichtet ist, kommt eine entsprechende Anwendung des § 215 BGB nicht in Frage. **257b**

Eine **Wiedereinsetzung** in den vorigen Stand kommt bei schuldloser Versäumung einer Frist zur gerichtlichen Geltendmachung weder unmittelbar noch in analoger Anwendung des § 233 ZPO in Betracht.[347]

Umstritten ist, ob Verfallfristen in Individualarbeitsverträgen einer **Inhaltskontrolle** nach § 309 Nr. 13 BGB standhalten. Das betrifft die Dauer der Verfallfrist ebenso wie die Frage, ob die Notwendigkeit der gerichtlichen Geltendmachung in zweistufigen Ausschlussfristen nicht unzulässig ist, weil sie eine strengere als die Schriftform vorsieht. Mit Urteil vom 13.12.2000[348] hatte das BAG eine arbeitsvertragliche Verfallklausel von nur einem Monat mit der Verpflichtung zur gerichtlichen Geltendmachung innerhalb eines weiteren Monats nach Ablehnung oder Nichtäußerung binnen zwei Wochen noch als zulässig angesehen. Der Gesetzgeber hatte gerade diese Entscheidung zum Anlass genommen,[349] eine Inhaltskontrolle von Allgemeinen Geschäftsbedingungen nun auch auf Arbeitsverträge zu erstrecken. Vor dem Hintergrund der Rechtsprechung des BGH zur Abkürzung von Verjährungsfristen auf mindestens sechs Monate, wird als fraglich angesehen, ob die bisherige Rechtsprechung des BAG Bestand haben kann.[350] Problematisch bei der Verwendung kürzerer Fristen ist ferner, dass bei der Überprüfung nach AGB-Regeln eine geltungserhaltende Reduktion ausscheidet, während das BAG in seiner Rechtsprechung vor Geltung des Schuldrechtsmodernisierungsgesetzes eine Rückführung auf ein zulässiges Maß durchaus vornahm. **257c**

Verfallfristen als solche dürften zu den **Besonderheiten des Arbeitsrechts** gem. § 310 Abs. 4 Satz 2 BGB zählen. Daraus wird gefolgert, dass die Überprüfung von Ausschlussfristen in Individualarbeitsverträgen sich allein auf die Inhaltskontrolle nach § 307 BGB beschränkt.[351] Wendet man hingegen auch die Klauselverbote ohne Wertungsmöglichkeiten an, so dürfte § 309 Nr. 13 BGB zweistufigen Ausschlussfristen entgegenstehen, wenn und soweit sie die gerichtliche Geltendmachung vorsehen. Dagegen wird argumentiert, die zweite Stufe der Ausschlussfrist würde lediglich eine Frist für die gerichtliche Geltendmachung, nicht jedoch eine bestimmte Form vorschreiben.[352] Gegen diese Auffassung spricht, dass der Anspruchsinhaber seine Zahlungsansprüche verliert, wenn er nicht die vorgeschriebene Form der gerichtlichen Geltendmachung einhält. **257d**

345 BAG Urt. v. 11.10.2000, AP Nr. 153 zu § 4 TVG Ausschlussfristen = NZA 2001, 231 f..
346 BAG Urt. v. 14.08.2002, NZA 2002, 1344 ff..
347 LAG Hamm Urt. v. 16.09.2003, LAG-Report 2004, 91 ff.
348 BAG Urt. v. 13.12.2000, NZA 2001, 723 ff. = DB 2001, 928 ff.
349 vgl. BT-Drucks 14/6857, 54.
350 vgl. dazu *Schrader*, NZA 2003, 345 (351); *Krause*, RdA 2004, 106 (111).
351 *Schrader*, NZA 2003, 345 (351).
352 *Gotthard*, ZIP 2002, 277 (285); a.A. *Deubler*, NZA 2001, 1329 (1336).

258 Ansprüche, die vom Ausgang des Kündigungsschutzprozesses abhängen und die einer **einstufigen Ausschlussfrist** unterliegen, werden mit Erhebung der Kündigungsschutzklage ausreichend gewahrt.[353] Hier ist jedoch zu beachten, dass die **Fristwahrung erst durch Zustellung der Kündigungsschutzklage** erfolgt. Da nach Einreichung der Kündigungsschutzklage vom Kläger auf den Zeitpunkt der Zustellung kein Einfluss mehr genommen werden kann, besteht das Risiko, die Ausschlussfrist zu versäumen. Zu beachten ist ferner, dass **Lohnansprüche** durch eine fristgerecht erhobene Kündigungsschutzklage zwar rechtzeitig geltend gemacht sein können, gleichwohl darüber hinaus die **Verjährungsfrist** läuft. Die Erhebung der Kündigungsschutzklage hemmt nicht die Verjährung von Vergütungsansprüchen, die vom Ausgang des Kündigungsschutzprozesses abhängig sind.[354] Daher muss gesondert Zahlungsklage erhoben werden. Alternativ kann auch zwischen den Parteien eine Vereinbarung getroffen werden, dass die Verjährungseinrede nicht erhoben wird.

258a Bei einer **zweistufigen Ausschlussfrist** ist die zweite Stufe für fällige Ansprüche nicht durch die Erhebung der Kündigungsschutzklage gewahrt. Fällige Lohnansprüche müssen vielmehr durch Leistungsklage selbständig geltend gemacht werden.[355]

G. Zwangsvollstreckung

I. Vorläufige Vollstreckbarkeit

259 Anders als in der ordentlichen Zivilgerichtsbarkeit ist jedes erst- und zweitinstanzliche arbeitsgerichtliche Urteil von Gesetzes wegen **ohne Sicherheitsleistung vorläufig vollstreckbar**, § 62 Abs. 1 Satz 1 ArbGG. Über die vorläufige Vollstreckbarkeit wird nicht gesondert entschieden. Die Abwendung der vorläufigen Vollstreckung durch Sicherheitsleistung ist ausgeschlossen.[356]

260 Damit steht fest, dass Urteile im Kündigungsschutzprozess auf Zahlung einer Abfindung nach Auflösung des Arbeitsverhältnisses vorläufig vollstreckbar sind.[357] Dies gilt ebenfalls für ausgeurteilte Weiterbeschäftigungsansprüche. Bei Arrestbeschlüssen und -urteilen ergibt sich die vorläufige Vollstreckbarkeit über die Verweisung des § 62 Abs. 2 Satz 1 ArbGG aus § 929 ZPO. In der Praxis wird häufig übersehen, dass bereits aus dem in dem Sitzungprotokoll enthaltenen Urteilstenor nicht erst aus dem oft erst Monate später abgesetzten Urteil mit den vollständigen Entscheidungsgründen vollstreckt werden kann.

261 Auf Antrag kann das Arbeitsgericht die **vorläufige Vollstreckbarkeit ausschließen**, wenn die Vollstreckung einen nicht zu ersetzenden Nachteil erbringen würde, § 62 Abs. 1 Satz 2 ArbGG. Der Antrag muss bis zum Schluss der letzten mündlichen Verhandlung gestellt werden. Der dem Beklagten drohende unersetzbare Nachteil ist glaubhaft zu machen. Das Gericht muss im Urteil über den Ausschluss der Vollstreckbarkeit eine Entscheidung treffen. Ein nicht zu ersetzender Nachteil liegt grundsätzlich vor, wenn die Wirkungen der Vollstreckung nicht wieder rückgängig gemacht werden können.[358]

262 Nach einer Entscheidung des Landesarbeitsgerichtes Düsseldorf sollte es für den nicht zu ersetzenden Nachteil in dieser Vorschrift ausreichen, wenn wegen Vermögenslosigkeit des Arbeitnehmers nicht damit gerechnet werden kann, dass die beigetriebene Forderung zurückerstattet wird.[359] Bei der Prüfung, ob die Voraussetzungen der Einstellung vorliegen, hat das Gericht die **Erfolgsaussicht des**

353 BAG, Urt. v. 27.11.1991, NZA 1992, 800.
354 BAG, Urt. v. 07.11.1991, AP Nr. 6 zu § 209 BGB.
355 BAG, Urt. v. 27.11.1991, NZA 1992, 800; BAG, Urt. v. 07.11.1991, NZA 1992, 521; vgl. sehr ausführlich in *Gift/Baur*, Das Urteilsverfahren, E Rn 200, 207.
356 BAG, Beschl. v. 19.09.1958, AP Nr. 1 zu § 719 ZPO.
357 BAG, Urt. v. 09.12.1987, NZA 1988, 329.
358 Zöller/*Hergeth*, § 707 ZPO Rn 13.
359 LAG Düsseldorf, Urt. v. 20.12.1985, LAGE § 62 ArbGG 1979 Nr. 13.

Rechtsmittels zu berücksichtigen. Steht aufgrund von Umständen bereits fest, dass ein Rechtsmittel erfolglos bleiben wird, kann unterstellt werden, dass bei einer Vollstreckung kein nicht zu ersetzender Nachteil eintreten wird.[360]

Nach Urteilserlass kann der versäumte Antrag auf Ausschluss der vorläufigen Vollstreckbarkeit vor dem Arbeitsgericht nicht mehr nachgeholt werden. Es verbleibt dann nur noch, mit dem gegebenen Rechtsbehelf einen **Antrag auf Einstellung der Zwangsvollstreckung** zu verbinden, § 62 Abs. 1 Satz 3 ArbGG. Die nachträgliche einstweilige Einstellung der Zwangsvollstreckung ist nach § 707 Abs. 1 ZPO in Fällen der Wiedereinsetzung in den vorigen Stand, der Wiederaufnahme des Verfahrens in Form der Nichtigkeitsklage und der Restitutionsklage (§§ 578 ff. ZPO) sowie nach § 719 Abs. 1 ZPO bei Einspruch oder Berufung gegen ein vorläufig vollstreckbares Urteil möglich. Voraussetzung ist jedoch, dass die Fortsetzung der Vollstreckung dem Schuldner einen nicht ersetzbaren Nachteil bringen würde. Der Begriff des nicht zu ersetzenden Nachteils ist aus §§ 707 Abs. 1 Satz 2, 712 Abs. 1 und 719 Abs. 2 ZPO übernommen. Voraussetzung dafür ist, dass eine nicht mehr rückgängig zu machende Rechtsfolge eintritt.[361] Nur wenn im Wege der Glaubhaftmachung mit überwiegender Wahrscheinlichkeit ein nicht zu ersetzender Nachteil behauptet wird, kann dem Antrag durch das Gericht stattgegeben werden.[362] 263

II. Verfahren der Vollstreckung

1. Geldforderungen

Die Zwangsvollstreckung wegen titulierter Geldforderungen richtet sich, wie auch sonst, nach §§ 803 – 882 a ZPO. Eine Besonderheit besteht bei der Zwangsvollstreckung gegen den Bund oder das Land wegen einer Geldforderung. Voraussetzung einer wirksamen Zwangsvollstreckung ist zunächst, dass der Gläubiger dem Schuldner die Zwangsvollstreckung ankündigt (Zulassungsverfügung) und danach eine vierwöchige Wartefrist einhält, bevor die Zwangsvollstreckung rechtmäßig vollzogen werden kann, § 882a ZPO. 264

Bruttogehaltstitel werden wie folgt vollstreckt: Der Arbeitnehmer treibt zunächst den vollen Bruttobetrag ein. Die sich aus dem Bruttobetrag ergebenden Beträge für das Finanzamt und die Sozialversicherungsbeiträge sind an die zuständige Einzugsstelle für die Sozialversicherungsbeiträge abzuführen. Hat der Arbeitgeber Lohnsteuer und Sozialversicherungsbeiträge bereits abgeführt und weist dies durch Urkunden nach Maßgabe des § 775 Nr. 4 ZPO nach, ist der Gerichtsvollzieher verpflichtet, die Zwangsvollstreckung hinsichtlich dieser Beträge einzustellen. 265

Wegen der steigenden Zahl der Insolvenzen ist es bei einem gewonnenen Zahlungsrechtsstreit zu empfehlen, die Vollstreckung so schnell wie möglich einzuleiten. Da jedoch zwischen der Urteilsverkündung und der schriftlichen Abfassung des Urteils geraume Zeit vergehen kann, sollte der Gläubiger prüfen, ob er von der Möglichkeit der **Erteilung einer abgekürzten Ausfertigung des Urteiles** im Sinne von § 750 Abs. 1 Satz 1 i.V.m. § 317 Abs. 2 Satz 1 ZPO **mit einfacher Vollstreckungsklausel** Gebrauch macht. Diese Ausfertigung erfolgt erfahrungsgemäß innerhalb von ein bis zwei Wochen nach Urteilsverkündung. Die Zustellung des abgekürzten Urteils muss allerdings von dem Gläubiger im Parteibetrieb selbst vorgenommen werden. Die Zustellung von Amts wegen besteht beim abgekürzten Urteil nicht. Die Beantragung der Erteilung eines abgekürzten Urteiles dient dazu, die Voraussetzungen für eine wirksame Vorpfändung nach § 845 ZPO zu erfüllen. 266

360 BAG, Urt. v. 06.01.1971, AP Nr. 33 zu § 719 ZPO; vgl. zu weiteren Beispielen *Gift/Baur*, Das Urteilsverfahren, E Rn 1691 ff.

361 LAG Düsseldorf, Beschl. v. 04.10.1979, EzA § 62 ArbGG 1979 Nr. 1; LAG Düsseldorf, Beschl. v. 07.03.1980, EzA § 62 ArbGG 1979 Nr. 2; LAG Düsseldorf, Beschl. v. 20.03.1980, EzA § 62 ArbGG 1979 Nr. 3.

362 Vgl. zu den möglichen Nachteilen *Gift/Baur*, Das Urteilsverfahren, E Rn 1691 ff.

267 Der Gläubiger kann ab Kenntnis eines gewonnenen Zahlungsprozesses bereits über den Gerichtsvollzieher dem Drittschuldner und dem Schuldner mitteilen, dass eine Pfändung auf der Grundlage dieses Titels bevorsteht. Diese Benachrichtigung hat für einen Monat die Wirkung eines Arrestes, § 845 Abs. 2 ZPO. Innerhalb dieses Monates wird erfahrungsgemäß das abgekürzte Urteil durch das Gericht erteilt. Sobald der Gläubiger nach Erhalt der abgekürzten Urteilsausfertigung die Zustellung dieses abgekürzten Urteils an den Schuldner bewirkt hat, kann die Pfändung auf der Grundlage der nach § 845 ZPO vorgenommenen Vorpfändung erfolgen. Über die Beantragung eines abgekürzten Urteils, die Zustellung des abgekürzten Urteils innerhalb eines Monats und der unmittelbar nach Kenntnis von dem bestehenden Titel gegen den Schuldner ausgebrachten Vorpfändung sichert sich der Gläubiger weitestgehend davor, dass der Schuldner sein Vermögen dem Gläubigerzugriff entziehen kann. Wird das abgekürzte Urteil innerhalb eines Monates an den Schuldner zugestellt, wird aus der vorübergehenden Sicherung in Form des Arrestes nach § 845 Abs. 2 ZPO eine endgültige Sicherung. Der Antrag und die Antragsbegründung lauten wie folgt:

»Die klägerische Partei beantragt die Erteilung einer abgekürzten Urteilsausfertigung im Sinne von § 750 Abs. 1 Satz 1 i.V.m. § 317 Abs. 2 Satz 1 ZPO mit einfacher Vollstreckungsklausel zum Zwecke der umgehenden Einleitung von Zwangsvollstreckungsmaßnahmen gem. § 708 ZPO sowie die Erteilung der Vollstreckungsklausel.

Begründung:

In dem Termin der letzten mündlichen Verhandlung am ______ wurde für den Kläger ein zusprechendes Urteil verkündet. Es handelt sich hierbei um einen vorläufig vollstreckbaren Titel gem. § 62 Abs. 1 Satz 1 ArbGG. Um die Zwangsvollstreckung umgehend einleiten zu können, ist die klägerische Partei zur begründeten Beantragung eines Pfändungs- und Überweisungsbeschlusses dringend auf die Erteilung einer Ausfertigung des abgekürzten Urteils ohne Tatbestand und Entscheidungsgründe sowie der dazugehörigen Vollstreckungsklausel angewiesen.

Die Zustellung des abgekürzten Urteils an die beklagte Partei wird durch die klägerische Partei selbst nach § 750 ZPO vorgenommen.

Rechtsanwalt«

2. Herausgabe von Sachen

268 Die Vollstreckung eines auf Herausgabe von Sachen (z.B. Arbeitspapiere, bestehend aus Lohnsteuerkarte, Arbeitsbescheinigung, Zeugnis) lautenden Titels erfolgt nach §§ 883 Abs. 1 ZPO ff. Sieht der Titel die Ausfüllung der Arbeitspapiere vor, wird diese Leistung nach §§ 887, 888 ZPO vollstreckt. Kommt der Schuldner nicht freiwillig der Erfüllung der Verpflichtung aus dem Herausgabetitel nach, muss der Gläubiger einen **Antrag auf Festsetzung von Zwangsgeld** und **Androhung von Zwangshaft** an das Arbeitsgericht stellen. Voraussetzung für die wirksame Beantragung ist, dass der Gläubiger zuvor dem Schuldner eine mit Vollstreckungsklausel versehene vollstreckbare Ausfertigung des Herausgabeurteiles zugestellt, die Zustellung dem Gericht gegenüber nachgewiesen und der Schuldner dennoch nicht erfüllt hat. Das Arbeitsgericht leitet diesen Antrag des Gläubigers an den Schuldner zur Anhörung weiter. Wird durch den Schuldner keine entlastende Begründung zur Verweigerung des Herausgabeverlangens mitgeteilt, wird im Wege des Beschlusses festgestellt, dass dem Schuldner zur Erzwingung der Leistung ein Zwangsgeld auferlegt wird. Dieser Beschluss muss dann wiederum von dem Gläubiger an den Schuldner zugestellt werden. Das durch den Gerichtsvollzieher dabei beizutreibende Zwangsgeld ist an die Staatskasse abzuführen.

Der Antrag auf Festsetzung von Zwangsmitteln nach § 888 ZPO lautet wie folgt:

> »Der Gläubiger beantragt, den Schuldner durch Festsetzung von Zwangsgeld und Androhung von Zwangshaft anzuhalten, dem Gläubiger ein Zeugnis zu erteilen, das sich auf Art und Dauer sowie Führung und Leistung im Arbeitsverhältnis erstreckt.
>
> Begründung:
>
> Durch vorläufig vollstreckbares Urteil des erkennenden Arbeitsgerichtes … vom … ist der Schuldner zur Erteilung eines qualifizierten Zeugnisses verurteilt worden. Dieser Verpflichtung ist der Schuldner bislang nicht nachgekommen. Die mit der Vollstreckungsklausel versehene vollstreckbare Ausfertigung des Urteiles ist am … zugestellt worden. Der Nachweis der Zustellung ist beigefügt.
>
> Rechtsanwalt«

Will der Gläubiger die Zwangsvollstreckung nach §§ 887 und 888 ZPO wegen ihrer Schwerfälligkeit 269
umgehen, kann er nach § 61 Abs. 2 Satz 1 ArbGG einen pauschalierten Schadensersatz beantragen, wenn die beklagte Partei auf Antrag der klägerischen Partei nicht fristgerecht eine bestimmte Handlung vornimmt.

Der Kläger muss sich jedoch darüber im Klaren sein, dass mit Beantragung der Entschädigung nach § 61 Abs. 2 ArbGG der Verlust der Vollstreckungsbefugnis zur Erfüllung der ursprünglichen Leistung verbunden ist.[363] Ein Antrag nach § 61 Abs. 2 ArbGG lautet wie folgt:

> »1. Die beklagte Partei wird verurteilt, der klägerischen Partei ein Zeugnis, das sich auf Führung und Leistung erstreckt, binnen einer Frist, die zu bestimmen in das Ermessen des Gerichtes gestellt wird, zu erteilen.
>
> 2. Für den Fall, dass die beklagte Partei der Zeugniserteilung nicht oder nicht fristgerecht nachkommt, wird die beklagte Partei verurteilt, an die klägerische Partei eine Entschädigung gem. § 61 Abs. 2 ArbGG in Höhe von … EUR zu zahlen.«[364]

III. Rechte des Arbeitnehmers nach gewonnenem Kündigungsschutzprozess

Nach § 12 KSchG hat der Arbeitnehmer nach rechtskräftig gewonnenem Kündigungsschutzprozess 270
die Möglichkeit, innerhalb einer Woche gegenüber dem alten Arbeitgeber die **Fortsetzung des Arbeitsverhältnisses zu verweigern**, § 12 Abs. 1 Satz 1 KSchG. Voraussetzung für die Anwendbarkeit des § 12 KSchG ist, dass der Arbeitnehmer ein neues Arbeitsverhältnis eingegangen ist und der neue Arbeitsvertrag bereits vor der Rechtskraft der Entscheidung des Arbeitsgerichtes geschlossen wurde. Schließlich muss der Arbeitnehmer innerhalb einer Woche seit Rechtskraft des Urteiles die Nichtfortsetzungserklärung abgeben.[365]

Die Rechtsfolge des § 12 KSchG ist, dass der Arbeitnehmer von seinem alten Arbeitgeber nur den 271
entgangenen Verdienst für die Zeit zwischen der Entlassung und dem Tag des Eintritts in das neue Arbeitsverhältnis verlangen kann.[366] Gibt der Arbeitnehmer hingegen die Nichtfortsetzungserklärung nicht oder nicht fristgerecht ab, kann er den Nachzahlungszeitraum über den Beginn des neuen Arbeitsverhältnisses hinaus verlängern. Der Arbeitnehmer muss daher genau überlegen, ob es für

363 *Gift/Baur*, Das Urteilsverfahren, E Rn 1644 ff.
364 Vgl. *Gift/Baur*, Das Urteilsverfahren, E Rn 1656 zur Fristbestimmung.
365 Vgl. im Einzelnen KR/*Rost*, § 12 KSchG Rn 1 ff.
366 Zu den Grenzen des Schadensausgleiches über § 12 KSchG siehe *Hümmerich*, DB 1999, 1264 (1265 f.).

ihn günstig ist, nach § 12 KSchG vorzugehen. Für einen Arbeitnehmer kann es z.B. dann notwendig sein, von § 12 KSchG Gebrauch zu machen, wenn ihm in seinem alten Arbeitsverhältnis kein ordentliches Kündigungsrecht zusteht (z.B. bei tariflich ordentlich unkündbaren Arbeitnehmern oder bei Sonderkündigungsschutz genießenden Arbeitnehmern, wie Betriebsräten oder Personalräten) und er sich daher schadensersatzpflichtig machen könnte, wenn er unter Missachtung der Kündigungsfrist aus dem alten Arbeitsverhältnis ausscheidet. Es kann auch einen **wirtschaftlichen Grund** geben, **nach § 12 KSchG vorzugehen**. Dies wird deutlich an folgendem

Beispiel

Ein Arbeitnehmer mit einem Gehalt von 5.000 EUR scheidet zum 31.12.2000 durch arbeitgeberseitige Kündigung aus, die er im Wege der Kündigungsschutzklage angreift. Der Arbeitnehmer ist bis zum 31.12.2002 arbeitslos und ab dem 01.01.2003 beginnt er ein neues Arbeitsverhältnis mit einem monatlichen Gehalt von 15.000 EUR. Am 30.06.2004 wird vom Landesarbeitsgericht rechtskräftig festgestellt, dass die Kündigung zum 31.12.2000 unwirksam war.

Geht nunmehr der Arbeitnehmer nach § 12 KSchG vor und erklärt am 01.07.2004 gegenüber dem alten Arbeitgeber, dass er die Fortsetzung des Arbeitsverhältnisses verweigert, muss der alte Arbeitgeber für den Zeitraum 01.01.2001 bis zum 31.12.2002 aus Annahmeverzug ca. 120.000 EUR brutto abzüglich des von dem Arbeitnehmer bezogenen Arbeitslosengeldes an den Arbeitnehmer auszahlen, § 615 BGB i.V.m. § 11 KSchG. Unterlässt es der Arbeitnehmer hingegen, nach § 12 KSchG vorzugehen und kündigt das Arbeitsverhältnis mit seinem alten Arbeitgeber nicht oder setzt das Arbeitsverhältnis mit ihm fort, stellt sich ein Nachzahlungsanspruch des Arbeitnehmers wie folgt dar:

Der Arbeitgeber müsste dem Grunde nach vom 01.01.2001 bis mindestens zum 30.06.2004 210.000 EUR aus Annahmeverzug an den Arbeitnehmer unter Abzug dessen, was er als Arbeitslosengeld bis zum 31.12.2002 bezogen hat und unter Abzug dessen, was er seit 01.01.2003 bei seinem neuen Arbeitgeber verdient hat, zahlen. Hierbei ist leicht festzustellen, dass allein in den 1 1/2 Jahren bei dem neuen Arbeitgeber erheblich mehr von dem Arbeitnehmer verdient wurde, als er von seinem alten Arbeitgeber aus der Gesamtzeit verlangen kann. Dem Arbeitnehmer erwächst aus dem ihm im Grunde zustehenden Nachzahlungsanspruch tatsächlich kein Vermögensvorteil.

272 Nach § 11 KSchG ist der anderweitige Arbeitsverdienst auf die vertragsmäßige Vergütung für die gesamte Dauer des Annahmeverzuges und nicht nur auf denjenigen Zeitabschnitt anzurechnen, in dem der anderweitige Arbeitsverdienst erzielt worden ist.[367] Würde nach § 11 KSchG die Anrechnung nach einzelnen Zeitabschnitten vorgenommen werden, bestünde der erhebliche finanzielle Unterschied zu § 12 KSchG nicht. Dann müsste in unserem obigen Beispielsfall der alte Arbeitgeber vom 01.01.2001 bis zum 31.12.2002 den Differenzbetrag nachzahlen und ab 01.01.2003 bestünde keine Nachzahlungsverpflichtung mehr. Vor diesem Hintergrund wird deutlich, dass der Arbeitnehmer genau überlegen muss, wie er nach einem rechtskräftigen obsiegenden Urteil verfährt. Der Arbeitnehmer muss daher darauf achten, dass seine Nichtfortsetzungserklärung im Sinne des § 12 KSchG eindeutig und fristgerecht abgegeben wird. Eine Umdeutung der Nichtfortsetzungserklärung im Sinne des § 12 KSchG in eine ordentliche Kündigung ist möglich, umgekehrt besteht diese Möglichkeit wegen der wesentlich weit reichenderen Folgen der Nichtfortsetzungserklärung nicht.[368] In den meisten Fällen ist der Verdienst beim neuen Arbeitgeber jedoch nicht so hoch, dass dieser den gesamten Anspruch gegenüber dem alten Arbeitgeber aus Annahmeverzug aufzehrt. In diesem Fall muss der Arbeitnehmer darauf achten, dass er keine Erklärung abgibt, die dazu geeignet ist, als Nichtfortsetzungserklärung nach § 12 KSchG umgedeutet zu werden.

367 BAG, Urt. v. 29.07.1993, AP Nr. 52 zu § 615 BGB; a.A. *Boecken*, NJW 1995, 3218 ff.; vgl. hierzu weiter ausführend KR/*Spilger*, § 11 KSchG Rn 33.

368 Vgl. hierzu KR/*Rost*, § 12 KSchG Rn 11.

H. Verfahrensablauf

I. Erster Rechtszug

1. Güteverfahren

Gemäß § 54 Abs. 1 ArbGG beginnt das Urteilsverfahren im Arbeitsgerichtsprozess grundsätzlich mit der Durchführung einer Güteverhandlung. Die Verhandlung findet vor dem Vorsitzenden ohne die beiden ehrenamtlichen Richter statt und dient dazu, eine gütliche Einigung der Parteien herbeizuführen. Die Durchführung der Güteverhandlung ist obligatorisch. Der Gütetermin entfällt nur im Falle des vorgeschalteten Schlichtungsverfahrens nach § 111 ArbGG bei Berufsausbildungsverhältnissen, im Verfahren des einstweiligen Rechtsschutzes, wenn bereits eine mündliche Verhandlung anberaumt worden ist, bei einem Einspruch gegen den Vollstreckungsbescheid und nach Erhebung einer Widerklage.[369] 273

Wissen die Parteien, dass eine gütliche Einigung im Gütetermin nicht in Frage kommt, bieten sich unter ökonomischen Aspekten folgende Strategien an:

a) Antrag auf Gütetermin mit direkt anschließender streitiger Verhandlung

Diesem Antrag wird das Gericht entsprechen, wenn in der Klageschrift bereits darauf hingewiesen wird, dass eine gütliche Einigung nicht möglich ist, weil es um die Klärung einer reinen Rechtsfrage geht oder weil beide Parteien nicht zum Abschluss eines Vergleiches bereit sind. Das Gericht bestimmt sodann einen Gütetermin mit anschließender Kammerverhandlung und setzt der beklagten Partei zuvor eine Schriftsatzfrist. Mit diesem Antrag ersparen sich die Parteien einen Gerichtstermin. 274

b) Antrag auf Alleinentscheidung des Vorsitzenden, § 55 Abs. 3 ArbGG

Die Parteien können zur Vermeidung des zweimaligen Erscheinens vor dem Arbeitsgericht auch vereinbaren, dass vor dem Termin der **Rechtsstreit ausgeschrieben** wird. Sodann kann bereits im Gütetermin nach § 55 Abs. 3 ArbGG beantragt werden, dass der Vorsitzende eine Alleinentscheidung treffen soll, § 55 Abs. 3 ArbGG. Diese Vorgehensweise kommt jedoch nur dann in Betracht, wenn die **Parteien sich hierüber verständigt** haben. Grundsätzlich kann das Gericht zur Vorbereitung der Güteverhandlung der beklagten Partei keine schriftsätzliche Einlassung auferlegen. Dies ergibt sich vor allem aus §§ 47 Abs. 2, 61 a Abs. 2 ArbGG.[370] Der Antrag auf Alleinentscheidung nach § 55 Abs. 3 ArbGG sollte bereits schriftsätzlich angekündigt werden, damit sich der Vorsitzende Richter entsprechend einrichten kann. 275

c) Nichterscheinen beider Parteien im Gütetermin

Durch **absprachegemäßes Nichterscheinen** im Gütetermin können die Parteien ebenfalls die Durchführung des Gütetermins vermeiden. Allerdings ist hier auf folgende weit reichende prozessuale Rechtsfolge hinzuweisen. Nach §§ 54 Abs. 5 Satz 1, 55 Abs. 1 Nr. 5 ArbGG wird durch den Vorsitzenden bei beiderseitigem Nichterscheinen der Parteien das Ruhen des Verfahrens angeordnet. Wird nicht innerhalb von sechs Monaten von einer Partei Termin zur streitigen Verhandlung beantragt, gilt die Klage als zurückgenommen. Dies folgt aus § 269 Abs. 3 ZPO i.V.m. § 54 Abs. 5 ArbGG. Der Rechtsstreit gilt als nicht anhängig geworden.[371] Nach Ablauf der Sechs-Monats-Frist, die mit dem Tag der Güteverhandlung, und nicht erst mit Zugang des Protokolls über die Güteverhandlung beginnt, kann der Kläger nur wieder erneut Klage erheben.[372] War jedoch 276

369 *Germelmann/Matthes/Prütting*, § 54 Rn 45, 46.

370 *Gift/Baur*, Das Urteilsverfahren, E Rn 631; *Germelmann/Matthes/Prütting*, § 54 ArbGG Rn 13 ff.; a.A. *Grunsky*, § 54 ArbGG Rn 8.

371 *Gift/Baur*, Das Urteilsverfahren, E Rn 639.

372 *Gift/Baur*, Das Urteilsverfahren, E Rn 647; LAG Rheinland-Pfalz, Beschl. v. 20.01.1991, DB 1991, 920.

mit der ersten Klage eine Frist, sei es eine Ausschlussfrist, sei es die Klagefrist nach § 4 KSchG oder eine Verjährungsfrist, zu unterbrechen, kann an diese Rechtsfolge mit der zweiten Klage nicht mehr angeknüpft werden. Es handelt sich vielmehr um eine ganz neu zu erhebende Klage mit der Gefahr, dass die Klage wegen eines Fristversäumnisses erfolglos bleibt. Eine Wiedereinsetzung bei Versäumung der Sechs-Monats-Frist ist ausgeschlossen.[373]

Gefährlich ist es also, bei Kündigungsschutzklagen von Angestellten, die eine lange Kündigungsfrist von beispielsweise einem Jahr haben, auf den Arbeitgebervorschlag einzugehen, gemeinsam nicht zum Gütetermin zu gehen und erst im Laufe der Zeit einen Aufhebungsvertrag auszuhandeln. Rasch ist ein halbes Jahr vorbei, die Kündigungsschutzklage gilt als zurückgenommen und kann nicht erneut mit Erfolg erhoben werden.

2. Durchführung der Güteverhandlung

277 Ob vor dem Gütetermin über den notwendigen Inhalt der Klageschrift hinaus Vortrag von der beklagten Partei erfolgen sollte, hängt von der Prozesstaktik ab. Das Gericht kann nach überwiegender Auffassung eine Einlassung der beklagten Partei nicht verlangen. Hat der Anwalt jedoch bei der Vorbereitung des Gütetermins erkannt, dass der Sachverhalt für seinen Auftraggeber positiv durch schriftsätzliche Darstellung beeinflusst werden kann, sollte er bereits umfassend unter Beweisantritt und Vorlage von Urkunden vortragen. Es wird geraten, den Schriftsatz immer so rechtzeitig vor dem Gütetermin einzureichen, dass das Gericht sich auf der Grundlage dieser Sachverhaltsschilderung auch ein eigenes Bild vor oder im Gütetermin verschaffen kann. Sind dagegen die Prozessaussichten nicht so günstig, bietet es sich an, zunächst einmal den Gütetermin nicht schriftsätzlich vorzubereiten, und sich nur zu bestellen, um auf der Basis einer unsicheren Tatsachen- und Rechtslage eine möglichst günstige gütliche Einigung herbeizuführen.

3. Kammerverhandlung

278 Die Kammerverhandlung hat alsbald nach der gescheiterten Güteverhandlung stattzufinden, § 54 Abs. 4, 2. Hs. ArbGG. Zur Vorbereitung der streitigen Verhandlung kann der Vorsitzende den Parteien **Schriftsatzfrist** gem. § 61a Abs. 3 – 4 ArbGG setzen. Verspätetes Vorbringen kann zurückgewiesen werden. Es steht im Ermessen des Vorsitzenden, ob er dem Kläger eine Schriftsatzfrist nach § 61a Abs. 4 ArbGG setzt. Die Kammerverhandlung findet vor der Kammer, bestehend aus dem Vorsitzenden und zwei ehrenamtlichen Richtern, statt.

279 Grundsätzlich gilt für die Verhandlung vor der Kammer nichts Abweichendes zu den Vorschriften der ZPO. § 57 Abs. 1 ArbGG sieht lediglich vor, dass die Verhandlung **möglichst in einem Termin** erfolgen soll. Nach Aufruf der Sache und Einführung in den Sach- und Streitstand durch den Vorsitzenden stellen die Parteien die Anträge und verhandeln zur Sache, § 137 Abs. 1 ZPO. Ist eine Beweisaufnahme anberaumt, schließt sich diese unmittelbar an. Danach wird erneut zu dem Beweisergebnis verhandelt und sodann durch den Vorsitzenden die Sitzung geschlossen. In aller Regel ergeht am Schluss der mündlichen Verhandlung, § 60 Abs. 1 ArbGG, eine Entscheidung. Ein besonderer Verkündungstermin darf nur anberaumt werden, wenn die Verkündung in dem Termin, aufgrund dessen das Urteil an sich erlassen wird, aus besonderen Gründen nicht möglich ist. In jeder Lage des Verfahrens hat das Gericht eine gütliche Einigung zu versuchen, § 57 Abs. 2 ArbGG. Ein Verstoß gegen die Pflicht zur Herbeiführung einer gütlichen Einigung kann jedoch nicht mit einem Rechtsmittel angegriffen werden.

373 *Gift/Baur*, Das Urteilsverfahren, E Rn 651.

4. Anordnung des persönlichen Erscheinens der Parteien

Häufig wird das persönliche Erscheinen einer oder beider Parteien angeordnet, § 51 Abs. 1 ArbGG in Verbindung mit § 141 Abs. 2 und 3 ZPO. Die Anordnung des persönlichen Erscheinens liegt im pflichtgemäßen Ermessen des Vorsitzenden. Bei der Ausübung des dem Vorsitzenden zustehenden Ermessens sind das Interesse des Gerichts am persönlichen Erscheinen gegen die Interessen der Partei unter Berücksichtigung aller Umstände des Einzelfalls abzuwägen. Es soll die große Entfernung des Wohnsitzes einer Partei zum Gerichtsort oder ein anderer wichtiger Grund in Rechnung gestellt werden, auf das persönliche Erscheinen zu verzichten.[374] Bleibt die von Amts wegen geladene Partei bzw. der gesetzliche Vertreter aus, kann ein **Ordnungsgeld** festgesetzt werden. Ein Rechtsmittel ist gegen die Anordnung, die durch Beschluss oder prozessleitende Verfügung erfolgt, nicht gegeben. Die Verhängung von Ordnungsgeld erfolgt dann, wenn die Partei ordnungsgemäß unter Hinweis auf die Folgen ihres Nichterscheinens geladen worden ist und diese ihr Nichterscheinen nicht entschuldigt hat. 280

Als **Entschuldigungsgründe** kommen z.B. eine zu Reise- oder Verhandlungsunfähigkeit führende Krankheit, Tod oder Erkrankung naher Angehöriger, lange vorher geplanter Urlaub oder unerwartete Verkehrsstörungen in Betracht. 281

Die zum persönlichen Erscheinen aufgeforderte Partei kann sich **durch einen Prozessbevollmächtigten vertreten** lassen. Allerdings muss der Prozessbevollmächtigte in der Lage sein, den Sachverhalt aufzuklären und zur Abgabe gebotener Erklärungen, insbesondere zu einem Vergleichsabschluss, ermächtigt sein, § 141 Abs. 3 Satz 2 ZPO. Eine unmittelbare Sachkenntnis des Vertreters ist nicht erforderlich. Ausreichend ist, wenn er über den Sachverhalt soweit informiert ist, dass die Partei auch nicht weiter aufklären könnte.[375] Erfüllt ein Prozessbevollmächtigter diese Voraussetzungen nicht, kann das Gericht zusätzlich zur Verhängung eines Ordnungsgeldes gegen die ausgebliebene Partei auch mit der Ablehnung der Zulassung des Prozessbevollmächtigten reagieren. Macht das Gericht von dem Ausschluss des Prozessbevollmächtigten Gebrauch, ergeht gegen die nicht ordnungsgemäß vertretene Partei Versäumnisurteil. 282

Um eine verhinderte Partei keinen gerichtlichen Sanktionen auszusetzen, empfiehlt es sich, die von Amts wegen geladene Partei, wenn möglich, rechtzeitig vor dem Termin zu entschuldigen und um die Aufhebung der Verpflichtung zum persönlichen Erscheinen unter Angabe von Gründen zu bitten.

Unabhängig davon, ob das persönliche Erscheinen der Partei angeordnet wurde oder nicht, stellt sich für die Parteien die Frage, ob sie ihre Prozessbevollmächtigten in die Verhandlungen begleiten sollen. Die Antwort auf diese Frage kann nicht einheitlich gegeben werden. Es obliegt der Voraussicht und Erfahrung des Prozessbevollmächtigten, eine sachgerechte Lösung zu finden. Emotional reagierende Parteien können durch ihr Erscheinen im Termin durchaus mit unbedachten Äußerungen eine Verschlechterung des Sach- und Streitstandes herbeiführen. 283

II. Einstweilige Verfügung und Arrest

1. Allgemeines

In § 62 Abs. 2 ArbGG wird hinsichtlich des Arrestes und der einstweiligen Verfügung auf die Vorschriften des achten Buches der ZPO hierüber, also auf die §§ 916 ff. ZPO verwiesen. Die Vorschriften des Arbeitsgerichtsgesetzes finden daher nur Anwendung, soweit diese durch die Eigenart des Verfahrens von Arrest und einstweiliger Verfügung nicht ausgeschlossen sind. Die §§ 1–13 ArbGG finden auf das Eilverfahren uneingeschränkt Anwendung.[376] Durch Arrest und 284

374 *Ascheid*, Urteils- und Beschlussverfahren, Rn 883.
375 GK-ArbGG/*Schütz*, § 51 Rn 24; a.A. *Germelmann/Matthes/Prütting*, § 51 Rn 20.
376 *Gift/Baur*, Das Urteilsverfahren, J Rn 9.

einstweilige Verfügung können grundsätzlich nur vorläufige Maßnahmen angeordnet werden. Sie können also im Regelfall nicht an die Stelle des normalen arbeitsgerichtlichen Verfahrens treten.[377]

2. Verfahren

285 Die einstweilige Verfügung und das Arrestverfahren sind summarische Verfahren zur Sicherung eines möglicherweise bestehenden Anspruches. Gegenstand beider Verfahren sind nicht die geltend gemachten materiell-rechtlichen Ansprüche, sondern die Zulässigkeit der zwangsweisen Sicherung.[378] Mit Einreichung des Arrestgesuches oder dem Antrag zum Erlass einer einstweiligen Verfügung wird nicht die Hauptsache rechtshängig gemacht. Die Rechtskraft aus einer im Eilverfahren ergangenen Entscheidung hat keinerlei Rechtskraftwirkung für den Hauptprozess.

286 Im Arrest/Verfügungsverfahren ist die **Glaubhaftmachung** ausreichend. Eine volle Beweisführung ist nicht erforderlich. Glaubhaftmachung bedeutet, dass dem Gericht nicht die volle Überzeugung, sondern nur die erhebliche Wahrscheinlichkeit eines zu beweisenden Sachverhaltes vermittelt werden muss. Als Mittel der Glaubhaftmachung kommen sämtliche in der ZPO vorgesehenen Beweismittel wie Augenschein, Zeugen, Sachverständige, Urkunden und Parteivernehmung, die eidesstattliche Versicherung sowie die anwaltliche Versicherung in Betracht. Die Mittel der Glaubhaftmachung müssen in der mündlichen Verhandlung präsent sein, das heißt, dass derjenige, der sich der Glaubhaftmachung bedient, die Beweismittel selbst zu präsentieren hat. Werden Fotokopien eingereicht, müssen diese beglaubigt sein.[379] Der **Gegenbeweis** kann im summarischen Verfahren ebenfalls durch Glaubhaftmachung (Gegenglaubhaftmachung) geführt werden.[380]

287 Über das Arrest-/Verfügungsgesuch kann wie im normalen Erkenntnisverfahren durch Urteil (**primäres Urteilsverfahren**) oder ohne mündliche Verhandlung (**sekundäres Urteilsverfahren**) entschieden werden. Im Arrestverfahren steht die Anberaumung einer mündlichen Verhandlung im Ermessen des Gerichts. Eine Entscheidung ohne mündliche Verhandlung über das Gesuch ergeht durch Beschluss, § 922 Abs. 1 ZPO. Im Verfügungsverfahren wird regelmäßig aufgrund mündlicher Verhandlung entschieden, ausnahmsweise in dringenden Fällen ohne mündliche Verhandlung. Nach § 62 Abs. 2 S. 2 ArbGG, der der Regelung des § 937 Abs. 2 ZPO nur teilweise entspricht, kann die mündliche Verhandlung bei Zurückweisung des Antrages ebenfalls nur in dringenden Fällen entfallen. Die Maßnahmen können nur innerhalb eines Monates nach Verkündung vollzogen werden (§ 935 ZPO) i.V.m. § 929 Abs. 2 ZPO.

288 Wird durch Urteil entschieden, steht dem Unterlegenen das Rechtsmittel der Berufung zu. Allerdings ist gegen das Berufungsurteil nicht die Revision statthaft, § 72 Abs. 4 ArbGG.

Erfolgt die stattgebende Entscheidung durch Beschluss, findet gegen den Arrestbeschluss oder die Anordnung der Beschlussverfügung für den Schuldner der Widerspruch statt (§ 924 Abs. 1 ZPO). Wird Widerspruch eingelegt, hat das Gericht von Amts wegen Termin zur mündlichen Verhandlung zu bestimmen, in der über die Rechtmäßigkeit des Arrestes bzw. der einstweiligen Verfügung durch Urteil entschieden wird, § 925 Abs. 1 ZPO. Hat das Gericht das Arrestgesuch bzw. den Antrag auf Erlass einer einstweiligen Verfügung zurückgewiesen, ist gegen diesen Beschluss für den Gläubiger die sofortige Beschwerde nach § 567 ZPO gegeben.

289 Die Anordnung eines Arrestes setzt neben einem Arrestanspruch einen Arrestgrund, die Anordnung einer einstweiligen Verfügung neben einem Verfügungsanspruch einen Verfügungsgrund voraus, §§ 917, 918 ZPO. Wenngleich umstritten, nimmt die herrschende Meinung an, dass **Arrest- und Verfügungsgrund** eine **Prozessvoraussetzung** darstellen mit der Folge, dass ein abgewiesener

377 LAG Köln, Urt. v. 24.10.1977, DB 1978, 211; *Gift/Baur*, Das Urteilsverfahren, J Rn 10.
378 *Gift/Baur*, Das Urteilsverfahren, J Rn 15.
379 BAG, Beschl. v. 28.08.1991, NZA 1992, 41; a.A. jedoch: BayObLG, Beschl. v. 26.05.1992, NJW-RR 1992, 1159 (Vorlage unbeglaubigter Fotokopien zulässig).
380 *Gift/Baur*, Das Urteilsverfahren, J Rn 29.

Antrag wiederholt werden kann.[381] Ein Gütetermin findet im Arrest-/Verfügungsverfahren nicht statt. Dies ergibt sich ohne weiteres für die Fälle, in denen das Gericht ohne mündliche Verhandlung durch Beschluss entscheidet. Wird jedoch durch das Gericht von vornherein eine mündliche Verhandlung angeordnet[382] oder ist nach Widerspruch mündlich zu verhandeln, findet diese mündliche Verhandlung vor der Kammer statt. Zwar würde der Wortlaut des § 54 Abs. 1 Satz 1 ArbGG eine Güteverhandlung zulassen, jedoch muss § 62 Abs. 2 ArbGG mit der Verweisung auf §§ 916, 935 ff. ZPO als lex spezialis verstanden werden.[383]

Im Arrest- und Verfügungsverfahren ist die **Ladungsfrist von mindestens drei Tagen** (§§ 46 Abs. 2 Satz 1 ArbGG, 217 ZPO) zu beachten. Die Ladungsfrist kann auf Antrag, nicht jedoch von Amts wegen abgekürzt werden, § 226 Abs. 1 ZPO.[384] Einlassungsfristen sind im Arrest- und Verfügungsverfahren nicht zu beachten. Dies gilt sowohl für die erste als auch für die zweite Instanz, da deren Länge mit dem Charakter des Eilverfahrens nicht vereinbar ist. 290

3. Einstweilige Verfügung

Die einstweilige Verfügung kommt in Form der **Sicherungs-, Regelungs- oder Leistungsverfügung** in Betracht. Örtlich und sachlich ausschließlich zuständig für den Erlass der einstweiligen Verfügung ist das **Gericht der Hauptsache** (§ 937 Abs. 1 ZPO). Als Gericht der Hauptsache ist dabei das Gericht des ersten Rechtszuges und wenn die Hauptsache in der Berufungsinstanz anhängig ist, das Berufungsgericht anzusehen, § 943 Abs. 1 ZPO. Ist das Hauptsacheverfahren noch nicht anhängig, kann der Antragsteller für das Verfügungsgesuch jedes Gericht in Anspruch nehmen, das für die Hauptsache örtlich und sachlich zuständig wäre. 291

Der erforderliche Verfügungsgrund nach § 935 ZPO liegt vor, wenn die Besorgnis besteht, dass durch eine Veränderung des bestehenden Zustandes die Verwirklichung des Rechts des Gläubigers vereitelt oder wesentlich erschwert werden könnte, d.h. der Individualanspruch des Gläubigers muss gefährdet sein. An den im Fall der Leistungsverfügung erforderlichen Verfügungsgrund nach § 940 ZPO sind strenge Anforderungen zu stellen. 292

Die einstweilige Verfügung muss, um wirksam zu werden, **innerhalb eines Monates vollzogen** werden. Die Vollziehung erfolgt durch Zustellung der Entscheidung innerhalb eines Monates im Parteibetrieb, §§ 936, 922 Abs. 2, 928 und 929 Abs. 2 ZPO.[385] 293

Im arbeitsgerichtlichen Verfahren spielt die einstweilige Verfügung insbesondere in folgenden Fällen eine entscheidende Rolle:

a) Urlaubsgewährung

Eine einstweilige Verfügung auf Verurteilung des Arbeitgebers zur Urlaubsgewährung setzt voraus, dass ihr Erlass zur **Abwendung wesentlicher Nachteile** notwendig ist.[386] An den Verfügungsgrund werden strenge Anforderungen gestellt. Es darf für den Arbeitnehmer keine andere Möglichkeit bestehen, die Klärung der zeitlichen Lage seines Urlaubs zu erreichen. Ein Verfügungsgrund ist grundsätzlich dann zu verneinen, wenn der Antragsteller die Eilbedürftigkeit durch Zuwarten selbst herbeigeführt hat.[387] Ein Verfügungsgrund fehlt, wenn der Antragsteller lediglich wegen Ablauf des Urlaubsjahres Urlaubsgewährung im Eilverfahren durchsetzen will. In einem solchen Fall sind die Ansprüche des Arbeitnehmers, bei grundloser Weigerung des Arbeitgebers durch einen 294

381 LAG Köln, Urt. v. 09.02.1991, NZA 1991, 396; LAG Hamm, Urt. v. 19.04.1984, NZA 1984, 130; LAG Rheinland-Pfalz, Beschl. v. 05.03.1986, NZA 1986, 264; vgl. Meinungsstreit in *Gift/Baur*, Das Urteilsverfahren, J Rn 21.
382 Vgl. als Regelfall: LAG Sachsen-Anhalt, Beschl. v. 07.04.1997, NZA 1998, 224.
383 *Gift/Baur*, Das Urteilsverfahren, J Rn 37.
384 *Gift/Baur*, Das Urteilsverfahren, J Rn 38.
385 *Gift/Baur*, Das Urteilsverfahren, J Rn 132.
386 LAG Köln, Urt. v.09.02.1991, NZA 1991, 396.
387 Vgl. hierzu *Gift/Baur*, Das Urteilsverfahren, J Rn 107, 109.

Schadensersatzanspruch, der an die Stelle des Freizeitanspruches tritt, gesichert.[388] Dringlichkeit wird nur dann bestehen, wenn der Arbeitgeber gegenüber dem Arbeitnehmer den bereits bewilligten Urlaub kurzfristig und grundlos nicht gewähren will und der Arbeitnehmer diese Urlaubszeit bereits verplant, beispielsweise eine Pauschalreise gebucht und bezahlt, hat.

b) Zahlung von Vergütung

295 Auch eine Verurteilung des Arbeitgebers durch einstweilige Verfügung zur Zahlung von Arbeitsentgelt ist grundsätzlich nur unter strengen Voraussetzungen möglich, da diese zu einer Gläubigerbefriedigung führt. Zwingende Voraussetzung ist jedenfalls, dass der Arbeitnehmer **zur Bestreitung seines Unterhalts dringend auf das Arbeitsentgelt angewiesen** ist bzw. sich in einer **Notlage** befindet.[389]

296 Im Einzelnen ist die Zulässigkeit der einstweiligen Verfügung zur Zahlung von Arbeitsentgelt sehr umstritten. Die Auffassung jedoch, die dem Arbeitnehmer einen Anspruch zuerkennt, beschränkt diesen auf die Zahlung des für den Lebensunterhalt Notwendigen. Streitig ist hier wiederum, ob zur Berechnung hier auf die Arbeitslosengeldsätze oder aber auf die gesetzlichen Pfändungsfreigrenzen abgestellt werden soll.[390] An einem Verfügungsgrund wird es auch dann fehlen, wenn der Arbeitnehmer bereits Arbeitslosengeld oder Sozialhilfe erhält. Allerdings darf nach wohl überwiegender Meinung dem Arbeitnehmer die einstweilige Verfügung nicht unter Hinweis auf die mögliche Inanspruchnahme von Arbeitslosengeld oder Sozialhilfe verweigert werden.[391]

c) Beschäftigungsantrag

297 **Während des bestehenden Arbeitsverhältnisses** bejaht die Rechtsprechung die Durchsetzung der tatsächlichen Beschäftigung im Wege der so genannten Leistungsverfügung.[392] Der auf § 102 Abs. 5 BetrVG gestützte **Weiterbeschäftigungsanspruch** während des Kündigungsschutzprozesses nach Ausspruch einer ordentlichen Kündigung, der der Betriebsrat frist- und formgerecht widersprochen hat, ist ebenfalls im Wege der einstweiligen Verfügung durchsetzbar.

298 Streitig ist jedoch, ob noch besondere Anforderungen an den **Verfügungsgrund** gestellt werden oder aber, ob der Verfügungsgrund allein deshalb besteht, weil der Arbeitnehmer durch Verweisung auf das Hauptsacheverfahren einen endgültigen Rechtsverlust durch Nichtbeschäftigung erleiden würde.[393] Nach § 102 Abs. 5 Satz 2 BetrVG kann der Arbeitgeber sich von der Pflicht zur Weiterbeschäftigung entbinden lassen, und zwar ebenfalls durch einstweilige Verfügung, wenn die Kündigungsschutzklage keine hinreichende Aussicht auf Erfolg bietet, die Weiterbeschäftigung für den Arbeitgeber eine unzumutbare Belastung bedeutet oder der Widerspruch des Betriebsrates offensichtlich unbegründet ist.[394] Den allgemeinen Weiterbeschäftigungsanspruch des gekündigten Arbeitnehmers auf der Grundlage der Grundsatzentscheidung des BAG vom 27.02.1987 kann der Arbeitnehmer dann im Wege der einstweiligen Verfügung durchsetzen, wenn ihm ohne die Befriedigung des Beschäftigungsanspruches erheblicher Nachteil droht. Ein solch erheblicher Nachteil wird jedoch nur unter strengen Voraussetzungen angenommen. Bejaht wird der Anspruch beispielsweise, wenn die Beschäftigung notwendig ist, um erworbene Qualifikationen aufrecht zu erhalten,[395] wie

388 BAG, Urt. v. 07.11.1985, DB 1986, 973.

389 LAG Düsseldorf, Urt. v. 20.01.1976, DB 1976, 587; LAG Frankfurt, Urt. v. 07.05.1976, NJW 1977, 269; *Gift/Baur*, Das Urteilsverfahren, J Rn 111.

390 Pfändungsfreigrenze: LAG Kiel, Urt. v. 26.08.1958, AP Nr. 1 zu § 940 ZPO; in Höhe des Arbeitslosengeldes: LAG Baden-Württemberg, Urt. v. 24.11.1967, BB 1968, 335; vgl. im Einzelnen *Gift/Baur*, Das Urteilsverfahren, J Rn 111.

391 *Grunsky*, § 62 ArbGG Rn 22.

392 LAG München, Urt. v. 19.08.1992, LAGE § 611 BGB Beschäftigungspflicht Nr. 32; ArbG Leipzig, Urt. v. 08.08.1996, BB 1997, 366.

393 Verfügungsgrund durch Verfügungsanspruch gegeben: LAG Hamburg, Urt. v. 14.09.1992, NZA 1993, 140; a.A.: LAG München, Urt. v. 10.02.1994, NZA 1994, 997; LAG Düsseldorf, Urt. v. 25.01.1993, DB 1993, 1680.

394 LAG Hamm, Urt. v. 24.01.1994, ArbuR 1994, 310; LAG München, Urt. v. 10.02.1994, NZA 1994, 997.

395 LAG Rheinland-Pfalz, Beschl. v. 21.08.1986, LAGE § 611 BGB Beschäftigungspflicht Nr. 19; vgl. zu der umfangreichen und unterschiedlichen Instanzrechtsprechung *Hümmerich*, DB 1999, 1264 (1269).

dies beispielsweise bei einem leitenden Arzt der inneren Abteilung eines Krankenhauses oder bei einem Operateur auf hochwertig ausgerüsteten Einsatzwagen erkennbar ist.[396]

Der Antrag auf Erlass einer einstweiligen Verfügung zur Durchsetzung des Weiterbeschäftigungsanspruches nach § 102 Abs. 5 BetrVG oder auf Grundlage des allgemeinen Weiterbeschäftigungsanspruches lautet wie folgt: 299

> »Dem Antragsgegner wird bei Meidung eines vom Gericht festzusetzenden Zwangsgeldes gegen den Antragsgegner aufgegeben, den Antragsteller bis zum rechtskräftigen Abschluss des Kündigungsschutzrechtsstreites als gemäß Arbeitsvertrag vom zu unveränderten Arbeitsbedingungen weiterzubeschäftigen.«[397]

d) Herausgabe von Arbeitspapieren

Im Wege des Verfügungsverfahrens kann die Herausgabe der Arbeitspapiere, bestehend aus **Lohnsteuerkarte**, **Sozialversicherungsnachweisheft** und **Arbeitsbescheinigung** nach § 312 SGB III verlangt werden. Der Anspruch auf Herausgabe der Arbeitspapiere besteht bei der tatsächlichen Beendigung des Arbeitsverhältnisses. Der Verfügungsgrund liegt dann vor, wenn der neue Arbeitgeber die Anstellung von der Vorlage der Arbeitspapiere oder aber das Arbeitsamt die Bewilligung des Arbeitslosengeldes von der Vorlage der Arbeitsbescheinigung nach § 312 SGB III abhängig machen, was regelmäßig der Fall ist. 300

> Wir beantragen den Erlass einer einstweiligen Verfügung mit folgendem Inhalt:
>
> »Dem Antragsgegner wird aufgegeben, die Arbeitspapiere des Antragstellers, bestehend aus der Lohnsteuerkarte für das Jahr , dem Sozialversicherungsnachweisheft sowie der Arbeitsbescheinigung nach § 312 SGB III, ordnungsgemäß ausgefüllt herauszugeben.«[398]

4. Arrest

Der Arrest findet zur Sicherung der Zwangsvollstreckung in das bewegliche oder unbewegliche Vermögen wegen einer Geldforderung oder wegen eines Anspruchs statt, der in eine Geldforderung übergehen kann, § 916 Abs. 1 ZPO. Es wird zwischen dem dinglichen (§ 917 ZPO) und dem persönlichen (§ 918 ZPO) Arrest unterschieden. Voraussetzung für den Erlass eines Arrestes ist der Arrestgrund. Dieser muss vom Gläubiger dargelegt und glaubhaft gemacht werden. Als Arrestgrund kommt in Betracht, dass der Schuldner vorsätzlich das Vermögen des Gläubigers schädigt oder der Schuldner die Absicht hat, Vermögensteile einem Dritten zuzuwenden oder beiseite zu schaffen oder schließlich, dass der Schuldner versucht, sich dem Gläubigerzugriff zu entziehen. 301

Der Arrestgrund ist auch gegeben, wenn die Besorgnis besteht, dass ohne Verhängung des Arrestes die Durchsetzung des Anspruchs der Antragstellerin vereitelt oder wesentlich erschwert würde, § 917 Abs. 1 ZPO. Die **Gefahr der Vollstreckungsvereitelung bzw. Vollstreckungserschwerung** liegt bereits dann vor, wenn sich Umstände ergeben, die die Durchsetzung bzw. die Vollstreckung von Ansprüchen aus der Sicht eines verständigen Dritten objektiv erschweren.[399] Beabsichtigt eine 302

396 LAG Niedersachsen, Urt. v. 04.02.1993, LAGE § § 611 BGB Beschäftigungspflicht Nr. 34; LAG Niedersachsen, Urt. v. 22.05.1987, LAGE § 611 BGB Beschäftigungspflicht Nr. 21; ablehnend ArbG Köln, Urt. v. 09.05.1996, NZA-RR 1997, 186.

397 Vgl. hierzu das Muster in *Hümmerich*, AnwaltFormulare Arbeitsrecht, § 7 Rn 165, Muster 3637.

398 Vgl. hierzu das Muster in *Hümmerich*, AnwaltFormulare Arbeitsrecht, § 7 Rn 158, Muster 3600.

399 ArbG Halle, Beschl. v. 30.06.1998 – 6 Ga 16/98 (unveröffentlicht).

Arbeitnehmerin, die auf Rückzahlung von Weiterbildungskosten in Anspruch genommen wird, ihren Lebenssitz ins Ausland zu verlegen, liegt es nahe, eine solche Vollstreckungserschwerung und damit einen Arrestgrund anzunehmen. Eine generelle Verschlechterung der Vermögenslage des Schuldners stellt keinen Arrestgrund dar.

Ein umfassender Antrag, der einmal einen Überblick über mögliche pfändbare Ansprüche gibt, ist beispielhaft im Folgenden aufgeführt:

»1. Die Antragstellerin beantragt, wegen einer Forderung der Antragstellerin gegen die Antragsgegnerin aus einer Fort- und Weiterbildungsvereinbarung in Höhe von EUR nebst 5 % Zinsen über dem Basiszinssatz nach § 247 BGB i.V.m. mit § 7 des Überleitungsgesetzes zur Modernisierung des Schuldrechts (Art. 229 EGBGB) seit dem Tage der Klagezustellung in der Hauptsache, den dinglichen Arrest in das gesamte Vermögen der Antragsgegnerin anzuordnen.

2. Die Vollziehung des Arrestes wird durch Hinterlegung eines Betrages durch die Antragsgegnerin in Höhe von EUR gehemmt.

3. Mit Vollziehung des Arrestes werden folgende angebliche Forderungen der Antragsgegnerin gepfändet:

a.

aus der bestehenden Geschäftsverbindung, insbesondere dem Kontokorrent- und dem Girovertrag der Anspruch auf

- Auszahlung des gegenwärtigen Guthabens (Verrechnung aller Debit- und Kreditposten) im Zeitpunkt der Zustellung (Zustellungssaldo),
- Auszahlung des zukünftigen Guthabens, welches sich bei Saldoabziehung des jeweiligen Rechnungsabschlusses ergibt (zukünftiges Saldo)
- Fortlaufende Auszahlung der sich zwischen den Rechnungsabschlüssen ergebenden Guthaben (Tagessaldo)
- das Recht, über dieses Guthaben durch Überweisungsaufträge zu verfügen
- der Anspruch auf Gutschrift aller künftigen Eingänge aus dem Girovertrag
- die Auszahlung der Darlehenssumme für den Fall, dass der Schuldner den ihm gewährten Dispositionskredit abruft
- alle gegenwärtigen und zukünftigen Ansprüche auf Auszahlung von Sparguthaben aus vermögenswirksamen Leistungen

gegen die Sparkasse , vertreten durch den Direktor , Konto-Nummer

b.

die angeblichen künftigen Ansprüche der Schuldnerin auf Altersruhegeld in Höhe der nach § 850c ZPO pfändbaren Beträge

gegen

die Bundesversicherungsanstalt für Angestellte , Versicherungs-Nummer:

und

die Versorgungsanstalt des Bundes und der Länder , Versicherungs-Nummer:

und

den Kommunalen Versorgungsverband , Versicherungs-Nummer:

als Drittschuldnerin zu 4.

c.
die gegenwärtigen und künftigen angeblichen Ansprüche der Antragsgegnerin auf Rückzahlung der Mietkaution einschließlich deren Verzinsung nach Wegfall des Sicherungszweckes im Hinblick auf die Anmietung der Wohnung

gegen

die Vermieterin Frau

d.
die angebliche Forderung der Antragsgegnerin auf Einkommenssteuer, Lohnsteuer und Kirchensteuererstattungsansprüche für die Jahre 2000 und 2001 sowie die angeblichen Ansprüche auf Gewährung und Auszahlung der Arbeitnehmersparzulage oder Wohnungsbauprämie

gegen

das Finanzamt

als Drittschuldnerin zu 6.

e.
das angebliche Recht auf Kündigung des Bausparvertrages

der angebliche Anspruch auf Rückzahlung des Bausparguthabens

- der angebliche Anspruch auf Wohnungsbauprämie
- der angebliche Anspruch auf ein Zinsguthaben auf das Bausparguthaben und einen eventuellen Zinsbonus
- der angebliche Anspruch auf Herausgabe einer Kopie des Bausparvertrages

gegen

Ostdeutsche Landesbausparkasse AG , Vertragsnummer:

als Drittschuldnerin zu 8.

4. Den Drittschuldnern wird verboten, an die Antragsgegnerin zu zahlen, der Antragsgegnerin wird dagegen geboten, sich jeder Verfügung über die gepfändete Forderung, insbesondere der Einziehung zu enthalten.«[400]

Der Antrag auf Erlass eines persönlichen Arrestes kann folgenden Wortlaut haben: 303

»Zur Sicherung der Zwangsvollstreckung wegen der dem Antragsteller gegen die Antragsgegnerin zustehenden Forderungen von EUR sowie eines Kostenansatzes von EUR beantrage ich, den dinglichen Arrest in das bewegliche und unbewegliche Vermögen der Antragsgegnerin sowie den persönlichen Sicherheitsarrest anzuordnen.«

Der Antrag auf Verhängung des persönlichen Arrestes setzt voraus, dass die erforderliche Sicherung des Gläubigers nicht durch den dinglichen Arrest zu gewährleisten ist.[401]

400 Vgl. ArbG Halle, Beschl. v. 30.06.1998 – 6 Ga 16/98 (n.v.).
401 OLG München, Urt. v. 19.10.1987, NJW-RR 1988, 982.

I. Prozesskostenhilfe

304 Neben der Beiordnung gemäß § 11a Abs. 1 ArbGG sieht § 11a Abs. 3 ArbGG die entsprechende Anwendung der Vorschriften zur Prozesskostenhilfe, der §§ 114 ff. ZPO, im arbeitsgerichtlichen Verfahren vor. Die Möglichkeit der Beiordnung nach § 11a ArbGG und der Prozesskostenhilfegewährung stehen nebeneinander.

Soweit Prozesskostenhilfe bewilligt ist, werden von der Staatskasse die Gerichtskosten und die Kosten des Anwaltes der antragstellenden Partei getragen. Hieran kann entsprechend ihren Vermögensverhältnissen die **antragstellende Partei** mit bis zu 48 Monatsraten **beteiligt** werden. Prozesskostenhilfe kann in allen Instanzen und für alle selbständigen Gerichtsverfahren beantragt werden. Unabhängig von der Gewährung von Prozesskostenhilfe trägt die antragstellende Partei im Unterliegensfalle in der zweiten und dritten Instanz die außergerichtlichen gegnerischen Kosten einschließlich der Anwaltskosten.[402]

305 Prozesskostenhilfe kann, im Gegensatz zur Beiordnung nach § 11a ArbGG, bereits vor Durchführung des Hauptverfahrens beantragt werden. Nach § 117 ZPO kann der Antrag auf Gewährung von Prozesskostenhilfe entweder bereits mit dem Klageantrag verbunden gestellt werden oder lediglich mit dem Entwurf der Klageschrift. Wählt der Antragsteller die erste Alternative, ist die Klage unabhängig davon, ob die Prozesskostenhilfe bewilligt wird oder nicht, anhängig.[403] Wählt der Antragsteller die zweite Variante wird die Klage erst anhängig, wenn die PKH-Bewilligung erfolgt ist.[404] Im Kündigungsschutzprozess kommt die letzte Alternative nicht in Betracht, da das Risiko der Versäumung der Drei-Wochen-Frist kein Abwarten bis zur Entscheidung über die Prozesskostenhilfe ermöglicht.

Für das Verfahren der Nichtzulassungsbeschwerde kann und muss ein gesonderter Prozesskostenhilfeantrag beim Bundesarbeitsgericht gestellt werden.[405]

I. Antragsberechtigung

306 Prozesskostenhilfe kann zunächst natürlichen Personen bewilligt werden. Dies gilt einschränkungslos auch für Ausländer und Staatenlose. Ausländische und inländische Parteien kraft Amtes, insbesondere der Insolvenzverwalter, und inländische juristische Personen bzw. parteifähige Vereinigungen sind nach § 116 ZPO antragsberechtigt.[406] Antragsberechtigt ist auch der Betriebsrat, wenn bei hinreichender Erfolgsaussicht der Arbeitgeber nicht in der Lage ist, den Freistellungsanspruch des Betriebsrates hinsichtlich der entstandenen Rechtsverfolgungskosten zu tragen.[407]

Der Betriebsrat ist als parteifähige Vereinigung i.S.d. § 116 ZPO[408] von dem Erklärungszwang nach § 117 Abs. 2 Satz 1 ZPO befreit. Eine entsprechende Regelung enthält § 1 Abs. 2 Prozesskostenhilfe-Vordruckverordnung. Der Antrag ist individuell zu begründen.

Prozesskostenhilfe kann Beklagten, Klägern, Nebenintervenienten und Streitgenossen gewährt werden.[409]

402 In erster Instanz findet wegen der Kostenprivilegierung des § 12a ArbGG keine Erstattung an den obsiegenden Gegner statt.
403 BGH, Urt. v. 10.10.1952, BGHZ 7, 270.
404 Vgl. Muster bei *Hümmerich*, AnwaltFormulare Arbeitsrecht, § 7 Rn 227, Muster 3880.
405 BAG, Beschl. v. 19.03.1983, NJW 1984, 941.
406 GK-ArbGG/*Bader*, § 11a Rn 10, 11.
407 LAG Rheinland-Pfalz, Beschl. v. 14.05.1990, LAGE § 116 ZPO Nr. 1.
408 Zöller/*Philippi*, § 118 ZPO Rn 18.
409 GK-ArbGG/*Bader*, § 11a Rn 14, 15.

II. Bedürftigkeit i.S.d. § 114 ZPO

Die antragsberechtigte Partei muss in dem Zeitpunkt, zu dem das Gericht bei einer ordnungsgemäßen Behandlung des Antrages hätte entscheiden müssen, nach anderer Ansicht im Zeitpunkt der Entscheidung,[410] bedürftig sein. Bedürftig ist eine Partei, wenn sie die Kosten der Prozessführung nicht, nur zum Teil oder nur in Raten aufbringen kann.[411] Maßgebend sind die persönlichen und wirtschaftlichen Verhältnisse. Zur Frage der Bedürftigkeit kann auf die Kommentierung zu §§ 114, 115 ZPO verwiesen werden. 307

Die antragstellende Partei ist verpflichtet, ihr Vermögen einzusetzen, soweit dies zumutbar ist. § 88 BSHG ist entsprechend anzuwenden, § 115 Abs. 2 ZPO. Daher scheidet eine Prozesskostenhilfebewilligung grundsätzlich nicht nur dann aus, wenn eine Rechtschutzversicherung besteht, sondern auch, wenn gewerkschaftlicher Rechtsschutz in Anspruch genommen werden kann.[412] 308

1. Rechtsschutzversicherung

Nur, wenn die Rechtsschutzversicherung die Deckungszusage abgelehnt hat[413] und der Antragsteller sich hiergegen erfolglos gewandt hat oder die Deckungssumme nicht ausreicht,[414] kann bei bestehender Hilfsbedürftigkeit Prozesskostenhilfe bewilligt werden. Es ist nicht erforderlich, dass der Antragsteller gerichtlich gegen seine Rechtsschutzversicherung vorgegangen ist. Stellt sich nachträglich heraus, dass der vom Versicherer abgelehnte Anspruch auf Rechtsschutz begründet war und wird ihm entsprochen, so ist in eine Prüfung gemäß § 124 Nr. 3 ZPO einzutreten. Gegebenenfalls wird dann der Bewilligungsbeschluss aufgehoben. 309

2. Gewerkschaftlicher Rechtsschutz

Hilfsbedürftigkeit ist auch dann zu verneinen, wenn eine Vertretung über die Gewerkschaft möglich ist. Solange es die Gewerkschaft nicht abgelehnt hat, Rechtsschutz aufgrund einer Kann-Bestimmung in ihrer Satzung zu gewähren oder es als unsicher erscheint, dass dies geschieht, steht § 115 Abs. 2 ZPO der PKH-Gewährung entgegen.[415] Die Inanspruchnahme von gewerkschaftlichem Rechtschutz ist nicht deshalb unzumutbar, weil die Gegenpartei durch einen Rechtsanwalt vertreten ist. Die Vertretung durch einen Verbandsvertreter wird vom Gesetz einer anwaltlichen Vertretung als grundsätzlich gleichwertig betrachtet.[416] Will eine antragstellende Partei trotz der Möglichkeit, gewerkschaftlichen Rechtschutz zu erhalten, Prozesskostenhilfe erfolgreich beantragen, muss sie darlegen und gegebenenfalls beweisen, dass es ihr aus besonderen Gründen unzumutbar ist, den gewerkschaftlichen Rechtsschutz zu beanspruchen.[417] Die Unzumutbarkeit kann etwa darin bestehen, dass das Begehren im Gegensatz zu den Gewerkschaftsinteressen steht.[418] 310

3. Abfindungen

Die Partei hat neben ihrem Einkommen auch ihr Vermögen einzusetzen, soweit dies zumutbar ist. 311
Hierfür gilt § 88 BSHG. Die Verordnung zu § 76 BSHG sowie die Verordnung gemäß § 88 Abs. 4

410 GK-ArbGG/*Bader*, § 11a Rn 101.
411 GK-ArbGG/*Bader*, § 11a Rn 7.
412 LAG Berlin, Beschl. v. 10.03.1989, DB 1989, 1428; LAG Rheinland-Pfalz, Beschl. v. 07.01.1988, LAGE § 114 ZPO Nr. 13.
413 LAG Düsseldorf, Beschl. v. 12.11.1981, AnwBl 1982, 77.
414 BGH, Beschl. v. 14.07.1981, VersR 1981, 1070.
415 LAG Frankfurt, Urt. v. 14.08.1987, ARSt. 1988, 163.
416 LAG Frankfurt, Urt. v. 14.08.1987, ARSt. 1988, 163.
417 LAG Hannover, Beschl. v. 01.07.1983, AnwBl 1984, 164.
418 LAG Düsseldorf, Beschl. v. 02.01.1986, LAGE § 115 ZPO Nr. 21.

BSHG können als Leitlinie ohne rechtliche Bindungswirkung herangezogen werden.[419] Abfindungen sind nicht als Einkommen, sondern allenfalls als Vermögen einzusetzen. Dabei ist höchst streitig, ob und inwieweit der Einsatz der Abfindung, die regelmäßig erst zeitlich nach dem Beschluss über PKH im Wege eines gerichtlichen Verfahrens erstritten wird, zumutbar i.S.d. § 115 Abs. 2 ZPO ist. Dabei ist es unerheblich, ob die Abfindung Folge eines Auflösungsurteils oder eines gerichtlichen oder außergerichtlichen Vergleichs ist oder einem Sozialplan entstammt.

312 Das Meinungsspektrum reicht von der uneingeschränkten Ablehnung des Einsatzes des aus der Abfindung in den Grenzen der §§ 9, 10 KSchG und des § 3 Nr. 9 EStG geflossenen Betrages[420] bis hin zur Bejahung eines Einsatzes der Abfindung im Rahmen der Schongrenze der Verordnung zu § 88 Abs. 2 Nr. 8 BSHG.[421] Andere wiederum ziehen die Grenze des § 88 Abs. 2 Nr. 8 BSHG in Verbindung mit § 88 Abs. 3 Satz 2 BSHG heran.[422]

313 Herrschende Meinung ist, dass einem arbeitslosen Antragsteller die Abfindung weitestgehend verbleibt, wenn die Berücksichtigung unzumutbar im Sinne des § 88 Abs. 3 BSHG bzw. § 115 Abs. 2 ZPO ist. Unzumutbarkeit liegt immer dann vor, wenn die Abfindung tatsächlich auch dazu genutzt wird, die wirtschaftliche Lage des Arbeitnehmers zu sichern und auszugleichen, weil er wegen des Verlustes des Arbeitsplatzes ohne ausreichende Einkünfte aus seinem bestehenden Arbeitsverhältnis ist. Befindet sich der Arbeitnehmer jedoch im Zeitpunkt der Entscheidung über den Prozesskostenhilfeantrag wieder in einem unbefristeten Arbeitsverhältnis, kann der Abfindungsbetrag als Vermögensbestandteil Berücksichtigung finden.[423]

III. Erfolgsaussicht i.S.d. § 114 ZPO

314 Im Gegensatz zum Beiordnungsverfahren setzt die Gewährung von Prozesskostenhilfe voraus, dass die beabsichtigte Rechtsverfolgung oder –verteidigung hinreichende Aussicht auf Erfolg bietet und nicht mutwillig erscheint. In den weiteren Rechtszügen muss die Erfolgsaussicht nicht begründet werden, wenn der Rechtsmittelbeklagte in der Vorinstanz obsiegt hat.

315 Hinreichende Aussicht auf Erfolg liegt vor, wenn der Rechtsstandpunkt des Antragstellers aufgrund der gegebenen Sachverhaltsdarstellung als möglich erscheint.[424] Hinreichende Aussicht auf Erfolg kann auch bestehen, wenn es sich um eine noch nicht geklärte Rechtsfrage handelt, das Gericht aber den Rechtsstandpunkt des Antragstellers nicht teilt. Wenn eine Beweisaufnahme durchzuführen ist, ist in der Regel davon auszugehen, dass eine gewisse Erfolgsaussicht besteht.

Mangelnde Erfolgsaussicht besteht bspw. dann, wenn die Klage unschlüssig oder das Verteidigungsvorbringen von vorneherein unerheblich ist.

316 Die Rechtsverfolgung darf nicht mutwillig erscheinen, d.h. die Partei darf in ihrem prozessualen Verhalten nicht von demjenigen abweichen, was eine verständige und ausreichend bemittelte Partei in der gleichen prozessualen Lage zeigen würde. Maßgeblich ist der Nutzen der Entscheidung. So ist eine Klage gegen einen Vermögenslosen sinnlos, solange nicht noch eine gewisse Aussicht besteht, dass er wieder zu Geld kommt. Mutwillig ist die Rechtsverfolgung auch, wenn es einen einfacheren und billigeren Weg gibt oder unstreitige Ansprüche geltend gemacht werden.[425]

419 GK-ArbGG/*Bader*, § 11a Rn 84.
420 LAG Berlin, Beschl. v. 18.08.1981, DB 1981, 2388; LAG Bremen, Beschl. v. 20.07.1988, LAGE § 115 ZPO Nr. 29.
421 LAG Nürnberg, Beschl. v. 16.09.1992, LAGE § 115 ZPO Nr. 40; LAG Schleswig-Holstein, Beschl. v. 24.06.1987, LAGE § 115 ZPO Nr. 25.
422 GK-ArbGG/*Bader*, § 11a Rn 87; *Germelmann/Matthes/Prütting*, § 11 ArbGG Rn 41.
423 *Germelmann/Matthes/Prütting*, § 11a ArbGG Rn 41.
424 GK-ArbGG/*Bader*, § 11a Rn 98.
425 *Baumbach/Lauterbach*, § 114 ZPO Rn 107.

IV. Beordnung eines Rechtsanwaltes, Rechtsfolgen

Bei Gewährung der Prozesskostenhilfe ordnet das Gericht dem Antragsteller nach § 121 Abs. 1 ZPO auf jeden Fall einen Anwalt zu, wenn vor dem Gericht Anwaltszwang besteht. Besteht kein Anwaltszwang ordnet das Gericht gem. § 121 Abs. 2 ZPO einen Anwalt nur auf Antrag bei und nur wenn die Vertretung erforderlich erscheint oder der Gegner durch einen Anwalt vertreten ist. Erforderlich ist eine Vertretung, wenn aus der Sicht des Gerichtes eine anwaltliche Vertretung, nicht nur eine Beratung, als unentbehrlich erscheint. Dabei ist auf die konkreten Fähigkeiten des Antragstellers abzustellen. Eine Erforderlichkeit kann auch bei einfach gelagerten Sachverhalten vorliegen, wenn eine Partei hilflos erscheint.[426] 317

Beizuordnen ist grundsätzlich ein **zur Vertretung bereiter Anwalt** nach Wahl, § 121 Abs. 2 Satz 1 bzw. Abs. 1 ZPO. Nur wenn die Partei keinen Anwalt findet, ordnet der Vorsitzende auf Antrag einen Rechtsanwalt bei, § 121 Abs. 4 ZPO. Grundsätzlich erfolgt die Beiordnung zu den Bedingungen eines am Gerichtsort ansässigen Anwaltes, d.h. es dürfen keine zusätzlichen Kosten durch die Beiordnung eines nicht am Gerichtsort ansässigen Anwaltes entstehen.[427] Wird ein nicht am Gerichtsort ansässiger Anwalt beigeordnet und schweigt der Beiordnungsbeschluss dazu, dass ein Anspruch auf Fahrtkostenerstattung oder ein Anspruch auf Aufwandsentschädigung gegen die Staatskasse bestehen soll, so ist auch hier die Beiordnung nur zu den Bedingungen eines ortsansässigen Anwaltes erfolgt.[428] 318

Sind neben den Voraussetzungen für die Beiordnung eines Rechtsanwaltes auch die Voraussetzungen für die zusätzliche Beiordnung eines Verkehrsanwaltes gemäß § 121 Abs. 3 ZPO erfüllt, so kann die Beiordnung eines auswärtigen Rechtsanwalts mit der Maßgabe erfolgen, dass Reisekosten maximal bis zur Höhe der Kosten erstattet werden, die bei zusätzlicher Beiordnung eines Verkehrsanwaltes angefallen wären.[429] 319

Beizuordnen ist immer ein bestimmter Rechtsanwalt, nicht mehrere Rechtsanwälte einer Sozietät.

Streitig war nach der BRAGO (§ 4), ob der Anwalt für einen Assessor oder Stationsreferendar die volle Vergütung verlangen kann. § 5 RVG bestimmt nun, dass diese zu den Vertretern des Rechtsanwalts gehören, für deren Tätigkeit die volle Vergütung, auch Reisekosten und sonstige Auslagen, abgerechnet werden darf. Dies gilt auch im Prozesskostenhilfeverfahren (§§ 48 ff. RVG). 320

Die Bewilligung erfolgt jeweils nur für die betreffende Instanz ausschließlich der Zwangsvollstreckung. Grundsätzlich entfaltet die Entscheidung ihre Wirkung erst ab Verkündung. 321

Ausnahmsweise kann das Gericht den Beschluss, dies muss jedoch dann ausdrücklich erfolgen, rückwirkend ab Antragstellung in Kraft setzen, etwa wenn die gerichtliche Entscheidung verzögert erfolgt ist. Die Rückwirkung bezieht sich aber höchstens auf den Zeitpunkt, in dem frühestens hätte entschieden werden können, in dem also ein zulässiger und mit allen erforderlichen Unterlagen und Belegen versehener Antrag bei Gericht eingereicht worden ist.[430]

Ist die Instanz oder gar der Rechtsstreit bereits beendet, kann gleichfalls eine rückwirkende Bewilligung noch erfolgen, wenn ein die eben genannten Voraussetzungen erfüllender Antrag vorliegt und die gerichtliche Bescheidung verzögert erfolgte.[431] Nach Abschluss des Verfahrens kann ein Prozesskostenhilfeantrag nicht mehr erfolgreich gestellt werden. 322

Nach § 120 Abs. 4 ZPO kann das Gericht in einem Zeitraum von vier Jahren die PKH-Entscheidung an veränderte persönliche oder wirtschaftliche Verhältnisse **anpassen**. Haben sich die Verhältnisse 323

426 *Baumbach/Lauterbach*, § 121 ZPO Rn 32.
427 GK-ArbGG/*Bader*, § 11a Rn 126 m.N. zu a.A.
428 LAG Baden-Württemberg, Beschl. v. 08.01.1990, DB 1990, 944.
429 LAG Rheinland-Pfalz, Beschl. v. 18.10.1985, LAGE § 121 ZPO Nr. 2.
430 LAG Schleswig-Holstein, Beschl. v. 01.03.1988, LAGE § 119 ZPO Nr. 5.
431 BGH, Beschl. v. 30.09.1981, NJW 1982, 446.

der Partei wesentlich verbessert, können die Bestimmungen über die Zahlung zu deren Ungunsten verändert werden. Möglich ist allerdings angesichts des klaren Wortlautes des Gesetzes trotz z.T. anders lautender Gerichtsentscheidungen nur eine Änderung der Entscheidung über die zu leistende Zahlung. Das Gericht kann also nicht aus einer Bewilligung eine Versagung oder umgekehrt machen. Die Partei, der Prozesskostenhilfe bewilligt worden ist, muss eine Veränderung der Verhältnisse aber nicht von sich aus melden, sie muss nur auf Verlangen des Gerichts eine Erklärung dazu abgeben.

Fraglich ist, ob nach § 120 Abs. 4 Satz 1 ZPO eine rückwirkende **Abänderung zu Lasten des Antragstellers** möglich ist. Dies wird bejaht.[432]

Durch die Bewilligung der Prozesskostenhilfe sind die Anwaltsgebühren nach § 49 RVG aus der Landes- oder Bundeskasse gesichert. Die Differenz zur Regelgebühr kann der Rechtsanwalt erst nach dem Abschluss des Verfahrens und unter weiteren Voraussetzungen erhalten.[433]

324 Der Rechtspfleger hat darüber zu wachen, dass die Ratenzahlungen, die Gerichtskosten und die von der Staatskasse zu tragenden PKH-Anwaltsvergütungen abgedeckt sind mit der Folge, dass der Rechtspfleger dem Antragsteller die Einstellung der Ratenzahlungen mitzuteilen hat.[434] Häufig wird die Einstellung der Zahlungsverpflichtung von den Rechtspflegern nicht sofort mitgeteilt. Daher sollte der Rechtsanwalt zugunsten seines Mandanten die fristgerechte Einstellung der Ratenzahlungen mit beaufsichtigen.

Die Bewilligung der Prozesskostenhilfe führt in der Regel zu einer zinslosen Stundung der Kosten. Die Ausgestaltung der Beteiligung der Partei kann dann zur endgültigen Kostenbefreiung führen.

V. Mehrwert des Gesamtvergleiches

325 Die Frage, ob nach erfolgter Prozesskostenhilfebewilligung über den eigentlichen Klagegegenstand hinausgehende Ansprüche in einem gerichtlichen Vergleich ohne gesonderte Beantragung stillschweigend mit einbezogen sind, wird in Literatur und Rechtsprechung unterschiedlich beantwortet.[435]

326 Das Landesarbeitsgericht Köln hat zuletzt 1996 entschieden, dass sich der ursprüngliche PKH-Antrag auch auf den Mehrwert eines Prozessvergleiches erstreckt, von dem weitere Gegenstände erfasst werden, die in einem engen sachlichen Zusammenhang mit dem Streitgegenstand stehen.[436] Ebenso hat das Landesarbeitsgericht Bremen entschieden, dass sich die Prozesskostenhilfegewährung im Kündigungsschutzverfahren grundsätzlich auch auf Regelungen in einem in diesem Rechtsstreit abgeschlossenen Vergleich bezieht. Voraussetzung ist, dass eine Abwicklung des Arbeitsverhältnisses bis zum Zeitpunkt der im Vergleich vereinbarten Beendigung erfolgt (z.B. Freistellung und Anrechnung auf den Urlaub und Abrechnung).[437]

327 Um sich einen möglichen Meinungsstreit mit dem Bezirksrevisor des Landesarbeitsgerichtes als Vertreter der Landeskasse zu ersparen, sollte bei jeder Klageerweiterung und schließlich vor Abschluss eines Vergleiches über nicht anhängige Streitgegenstände ein ausdrücklicher Antrag auf Prozesskostenhilfe gestellt werden.

432 GK-ArbGG/*Bader*, § 11a Rn 152.
433 GK-ArbGG/*Bader*, § 11a Rn 154.
434 LAG Hamm, Beschl. v. 09.10.1986, LAGE § 120 ZPO Nr. 5.
435 LAG Hamm, Beschl. v. 14.02.1989, ARSt. 1989, 178; LAG Köln, Beschl. v. 10.12.1984, EzA § 127 ZPO Nr. 7; LAG Berlin, Beschl. v. 19.08.1992, DB 1992, 2404; *Gift/Baur*, Das Urteilsverfahren, G Rn 124; GK-ArbGG/*Bader*, § 11a Rn 132; *Baumbach/Lauterbach*, § 119 ZPO Rn 39.
436 LAG Köln, Beschl. v. 18.04.1996, LAGE § 127 ZPO Nr. 25.
437 LAG Bremen, Beschl. v. 20.12.1989, BB 1990, 1000.

VI. Verhältnis von § 11a ArbGG und § 114 ZPO

Es ist der Partei in der ersten Instanz überlassen, ob sie Prozesskostenhilfe nebst Anwaltsbeiordnung nach §§ 114, 121 Abs. 2 ZPO oder nur die Beiordnung nach § 11a Abs. 1 ArbGG beantragt. Beide Beiordnungsmöglichkeiten bestehen nebeneinander. 328

Nach der überwiegenden Meinung der Landesarbeitsgerichte enthält ein Antrag auf Beiordnung eines Rechtsanwaltes im Rahmen der Bewilligung von Prozesskostenhilfe in dem Verfahren vor dem Arbeitsgericht als wesensgleiches Minus einen Antrag auf Beiordnung eines Rechtsanwaltes nach § 11a ArbGG.[438] 329

Voraussetzungen und Rechtsfolgen der Beiordnung nach § 11a ArbGG und §§ 114, 121 ZPO sind unterschiedlich. Die Beiordnung eines Rechtsanwaltes nach § 11a ArbGG erfolgt unter weniger strengen Voraussetzungen als die Gewährung von Prozesskostenhilfe. Der entscheidende Unterschied besteht darin, dass eine Bewilligung gemäß § 121 ZPO ausscheidet, wenn keine hinreichende Erfolgsaussicht besteht oder eine Mutwilligkeit der Rechtsverfolgung vorliegt. Demgegenüber erfolgt eine Bewilligung gemäß § 11a ArbGG bereits bei anwaltlicher Vertretung der Gegenpartei und scheidet nur ganz ausnahmsweise aus, zum Beispiel bei offensichtlich mutwilliger Rechtsverfolgung. 330

Allerdings wird dem Antragsteller im Fall der Beiordnung auch weniger gewährt. Die Bewilligung von Prozesskostenhilfe befreit die Partei auch von den Gerichtskosten während im Falle der Beiordnung nach § 11a ArbGG lediglich die Kosten des Prozessbevollmächtigten von der Staatskasse getragen werden.[439] Insofern kann der Antragsteller nach § 11a ArbGG eine Art begrenzte Prozesskostenhilfe erhalten. Die §§ 114 ff. ZPO sind entsprechend anwendbar, soweit in § 11a Abs. 1 und 2 ArbGG nichts Gegenteiliges angeordnet wird.

Vorsorglich sollten beide Anträge gestellt werden.

VII. Verfahren bis zur Entscheidung

1. Form

Sowohl die Prozesskostenhilfe als auch die Anwaltsbeiordnung können nur auf Antrag gewährt werden. Der Antrag ist an das Gericht zu richten, bei dem das Hauptverfahren bereits anhängig ist oder anhängig gemacht werden soll. Nach überwiegender Ansicht ist der Antrag auf Beiordnung eines Anwaltes nach § 11a ArbGG als Minus im Antrag auf Gewährung von Prozesskostenhilfe enthalten.[440] In dem Antrag ist das Streitverhältnis unter Angabe der Beweismittel darzustellen. Einer separaten Begründung bedarf es nur, wenn der Antrag vor Klageerhebung gestellt wird. Zweckmäßig ist es, in dem Antrag bereits den Anwalt der Wahl zu benennen. Dem Antrag auf Gewährung von Prozesskostenhilfe nach § 114 ff. ZPO oder auf Anwaltsbeiordnung nach § 11a ArbGG ist eine Erklärung über die persönlichen und wirtschaftlichen Verhältnisse des Antragstellers zwingend nach amtlichem Vordruck und unter zur Bereitstellung von Belegen beizufügen.[441] Üblich und erforderlich sind zumindest Belege über Einkünfte aus nicht selbständiger Arbeit und Renten bzw. über sonstige andere Einnahmen sowie über geltend gemachte Belastungen. 331

Zur reibungslosen Abwicklung des Verfahrens ist dem Anwalt zu empfehlen, seinem Mandanten bei Mandatsannahme den amtlichen Vordruck zweifach mit der Bitte um vollständige und unterzeichnete sofortige Rücksendung einschließlich der erforderlichen Belege auszuhändigen. In den

438 LAG Sachsen Anhalt, Beschl. v. 11.06.1997, LAGE § 11a ArbGG Nr. 7; LAG Bremen, Beschl. v. 26.02.1986, LAGE Nr. 3 zu § 11a ArbGG a.A. *Germelmann/Matthes/Prütting*, § 11a ArbGG Rn 3.

439 Muster bei *Hümmerich*, AnwaltFormulare Arbeitsrecht, § 7 Rn 227, Muster 3880.

440 GK-ArbGG/*Bader*, § 11a Rn 179, a.A. *Germelmann/Matthes/Prütting*, § 11a Rn 3.

441 Vordruck und Einzelheiten des Verfahrensablaufes sind dem bundeseinheitlichen Durchführungsbestimmungen zum Gesetz über die Prozesskostenhilfe, abgedruckt in GK-ArbGG/*Bader*, § 11a Anh. 2 zu entnehmen.

meisten Fällen macht es den Mandanten Schwierigkeiten, den Vordruck ordnungsgemäß auszufüllen. Auf einem Exemplar können Schreibfehler und Fehleintragungen folgen, so dass ein Exemplar zu Übungszwecken verwendet werden kann. Das zweite Exemplar dient der Reinschrift. Daher gewährleistet die zweifache Aushändigung des Vordruckes, dass zumindest ein Exemplar ordentlich und lesbar für das Gericht dem Antrag beigefügt werden kann.

332 Vor der Entscheidung über die Bewilligung der Prozesskostenhilfe und der Beiordnung ist dem Gegner rechtliches Gehör zu gewähren, in dem ihm die Möglichkeit zur Stellungnahme gegeben wird. Dabei werden dem Gegner aus Gründen des Persönlichkeitsschutzes nicht die Angaben zu den persönlichen und wirtschaftlichen Verhältnissen offen gelegt. Mangels Kenntnis der von dem Antragsteller zu seinen Vermögensverhältnissen gemachten Angaben sollte der Gegner in seiner Stellungnahme auf ihm bekanntes Vermögen des Antragstellers hinweisen. So ermöglicht der Gegner dem Gericht, die Angaben des Antragstellers auf ihre Vollständigkeit und Richtigkeit zu überprüfen.

Des Weiteren kann der Gegner nur so Einfluss darauf nehmen, dass der gegen ihn angestrengte Prozess vom Antragsteller auf eigene Kosten getragen werden muss. Somit sichert sich der Gegner mit einer Stellungnahme die Chance, dass der Antragsteller womöglich bei Ablehnung der Prozesskostenhilfe von dem anvisierten Rechtsstreit Abstand nimmt.

2. Entscheidung

333 Nach § 127 ZPO ergeht die Entscheidung durch den Vorsitzenden der jeweiligen Kammer ohne mündliche Verhandlung in Beschlussform. Der Antrag kann auch im Rahmen der mündlichen Verhandlung beschieden werden. Dann sind allerdings die ehrenamtlichen Richter hinzuzuziehen.

Der abgelehnte Prozesskostenhilfeantrag kann wiederholt werden. Dies setzt voraus, dass sich der Sachverhalt geändert hat oder dass neue Tatsachen bzw. rechtliche Gesichtspunkte vorgebracht werden. Dabei ist es unschädlich wenn diese bereits früher hätten dargelegt werden können.[442]

3. Rechtsmittel

334 Gegen die Ablehnung des Beiordnungsantrages oder des Prozesskostenhilfeantrages kann der Antragsteller beim Arbeits- oder Landesarbeitsgericht sofortige Beschwerde einlegen (§§ 11a ArbGG, 127 Abs. 2 Satz 2 ZPO).[443] Vor der Neuordnung des Beschwerderechts zum 01.01.2002 durch das ZPO-RG war das Rechtsmittel der einfachen Beschwerde gegeben. Die sofortige Beschwerde ist nur statthaft, wenn gegen ein Urteil in der Hauptsache eine Berufung möglich wäre, oder wenn der Antrag nur deswegen zurückgewiesen wurde, weil die persönlichen oder wirtschaftlichen Gründe nicht vorlagen. Zudem ist gem. §§ 119 Abs. 3 i.V.m. 127 Abs. 2 Satz 3 ZPO eine Notfrist von einem Monat nach Zustellung des Beschlusses des ArbG zu beachten. Die Kosten einer erfolglosen Beschwerde fallen dem Antragsteller zur Last. Ein erfolgreiches Beschwerdeverfahren bleibt kostenfrei. Außergerichtliche Kosten sind nicht erstattungsfähig. Gegen die ablehnende Entscheidung des Landesarbeitsgerichtes ist bei Zulassung die Rechtsbeschwerde möglich (§§ 78 Satz 1, 2 ArbGG, 574 ZPO). Über diese entscheidet das Bundesarbeitsgericht.

335 Die Bewilligung der Prozesskostenhilfe kann gemäß § 127 Abs. 2 ZPO nur nach Maßgabe des § 127 Abs. 3 ZPO angefochten werden. Die Entscheidung kann im Termin verkündet werden (§ 329 i.V.m. § 160 Abs. 2 ZPO). Sie ist gemäß § 329 Abs. 2 Satz 1 ZPO auch dem Gegner mitzuteilen. Eine Beschwerdebefugnis des Gegners ist allerdings grundsätzlich nicht gegeben.

442 GK-ArbGG/*Bader*, § 11a Rn 30.
443 GK-ArbGG/*Bader*; § 11a Rn 156; *Gift/Baur*, Das Urteilsverfahren, D 108, 119.

VIII. Rechtsmittelverfahren

336 In der Rechtsmittelinstanz ist nur noch die Gewährung von Prozesskostenhilfe möglich. Die Bewilligung von Prozesskostenhilfe erfolgt **für jeden Rechtszug gesondert**.

Der Antrag auf Bewilligung von Prozesskostenhilfe kann an das Landesarbeitsgericht bereits vor der beabsichtigten Rechtsmitteleinlegung gerichtet werden. Spätestens mit Berufungseinlegung sollte der Prozesskostenhilfeantrag gestellt werden, da die Bewilligung frühestens auf den Zeitpunkt der Antragstellung zurückwirkt und vor Antragstellung bereits angefallene Gebühren nicht mehr erfasst werden. Wird Prozesskostenhilfe für ein beabsichtigtes Rechtsmittel begehrt, ohne dass dieses zugleich eingelegt wird, so muss der Antragsteller sein Gesuch und eine Erklärung über seine persönlichen und wirtschaftlichen Verhältnisse innerhalb der Rechtsmittelfrist einreichen.[444]
Wird die Prozesskostenhilfe verweigert, dann ist das in der Armut liegende Hindernis behoben, wenn die Partei drei bis vier Tage lang Gelegenheit gehabt hat, sich darüber schlüssig zu werden, ob sie das Rechtsmittel auch ohne Prozesskostenhilfe durchführen will.[445] Danach beginnt die zweiwöchige Wiedereinsetzungsfrist, in der das Rechtsmittel eingelegt werden muss, § 236 Abs. 2 ZPO.

337 Wird Prozesskostenhilfe bewilligt und ein Anwalt beigeordnet, so ist das Hindernis der Mittellosigkeit behoben, sobald der Bewilligungsbeschluss dem Rechtsmittelführer zugeht.[446]

Vom Zugang an läuft die 2-Wochen-Frist, innerhalb der das Rechtsmittel eingelegt und Wiedereinsetzung beantragt werden muss, §§ 234, 236 Abs. 2 Satz 2 ZPO. Eine zusätzliche Überlegungsfrist von drei bis vier Tagen wie bei der Prozesskostenhilfeverweigerung wird hier nicht gewährt.[447]

338 Wegen der Versäumung der Rechtsmittelfrist erhält die Partei Wiedereinsetzung in den vorherigen Stand, wenn sie vernünftigerweise nicht damit rechnen musste, dass ihr die Prozesskostenhilfe mangels genügender Darlegung ihrer Bedürftigkeit verweigert werden würde.[448] Unschädlich ist es, wenn der Prozesskostenhilfeantrag erst am letzten Tag der Rechtsmittelfrist bei Gericht eingeht. An die Vollständigkeit dieses Antrages werden jedoch besonders strenge Anforderungen gestellt.[449] Der Antrag des Berufungsbeklagten auf Bewilligung von Prozesskostenhilfe ist ab Einlegung des gegnerischen Rechtsmittels zulässig.[450] Hat das Landgericht über einen zweitinstanzlichen Prozesskostenhilfeantrag entschieden, kann es trotz der nicht ganz geglückten Verweisung des § 78 Satz 1 und Satz 2 ArbGG nach § 574 Abs. 1 ZPO die Rechtsbeschwerde zulassen.[451] Es kann jedoch ein erneuter Antrag mit vervollständigten Unterlagen oder aufgrund neuen Sachverhaltes gestellt werden. Die Beiordnung für den Berufungsrechtszug schließt das Verfahren über die Nichtzulassungsbeschwerde nicht ein. Jedoch kann auch für die Nichtzulassungsbeschwerde Prozesskostenhilfe bewilligt und ein Anwalt beigeordnet werden.[452] Der Antrag ist an das Bundesarbeitsgericht zu richten.[453]

444 BGH, Beschl. v. 16.03.1983, NJW 1983, 2145; Zöller/*Philippi*, § 119 ZPO Rn 53.
445 BGH, Beschl. v. 27.11.1996, NJW 1997, 1078; a.A. MüKo-ZPO/*Faiber*, § 234 Rn 25 f.
446 BGH, Beschl. v. 20.10.1993, FamRZ 1994, 567 f.; BGH, Beschl. v. 25.05.1994, FamRZ 1995, 34.
447 BGH, Beschl. v. 31.01.1978, NJW 1978, 1920; BGH, Beschl. v. 16.12.1992, NJW-RR 1993, 451.
448 BGH, Beschl. v. 27.11.1996, NJW 1997, 1078.
449 BAG, Urt. v. 02.05.1962, DB 1962, 808.
450 *Gift/Baur*, Das Urteilsverfahren, G Rn 129.
451 GK-ArbGG/*Bader*, § 11a Rn 156 a.
452 BAG, Urt. v. 19.09.1983, AP Nr. 18 zu § 72a ArbGG.
453 *Gift/Baur*, Das Urteilsverfahren, G Rn 120.

IX. Verfahren vor dem Ausschuss gemäß § 111 Abs. 2 ArbGG

339 Für das Verfahren vor dem Ausschuss gemäß § 111 Abs. 2 ArbGG wegen der Kündigung eines Auszubildenden kann Prozesskostenhilfe ebenso wie die Beiordnung eines Rechtsanwaltes nach § 11a ArbGG nicht bewilligt werden, da es sich nicht um ein gerichtliches Verfahren handelt.[454]

X. PKH und Beiordnung im Beschlussverfahren

340 Grundsätzlich sind die Vorschriften §§ 114 ff. ZPO auch im arbeitsgerichtlichen Beschlussverfahren anwendbar.[455] Jedoch spielt die Prozesskostenhilfe im Beschlussverfahren in den meisten Fällen deshalb keine Rolle, weil regelmäßig § 40 Abs. 1 BetrVG Anwendung findet. Danach sind die Kosten des Beschlussverfahrens von dem Arbeitgeber zu tragen.[456] Durch die Kostentragung des Arbeitgebers fehlt es an der erforderlichen Hilfsbedürftigkeit des Antragstellers.[457] Nur ausnahmsweise, wenn der Anspruch aus § 40 Abs. 1 BetrVG wegen schlechter wirtschaftlicher Lage des Arbeitgebers im konkreten Fall nicht durchgesetzt werden kann, wird die Frage nach der Prozesskostenhilfebewilligung praktisch und überwiegend bejaht.[458] Der in der Prozesskostenhilfe beigeordnete Rechtsanwalt muss die Rechtsvertretung der Partei entweder selbst oder durch einen Anwaltssozius wahrnehmen lassen.[459]

Für die Beiordnung nach § 11a ArbGG gilt, dass die Beiordnung auch im arbeitsgerichtlichen Beschlussverfahren erfolgen kann, soweit es sich bei den Beteiligten, um natürliche Personen handelt. So wird in § 80 Abs. 2 ArbGG für das Beschlussverfahren auf die Regelungen des Urteilsverfahrens verwiesen. Nach überwiegender Ansicht ist aber nach § 116 Nr. 2 ZPO auch parteifähigen Vereinigungen die Beiordnung zu gewähren.[460]

XI. Prozesskostenhilfe in der Zwangsvollstreckung

341 Die Bewilligung von Prozesskostenhilfe für den ersten Rechtszug umfasst nicht das Verfahren der Zwangsvollstreckung.[461] Dies bedeutet, dass vor Einleitung von Maßnahmen der Zwangsvollstreckung ein erneuter Antrag an das Arbeitsgericht gestellt werden muss. Der Antrag ist an das Vollstreckungsgericht zu richten. Das Prozessgericht ist nur in den Fällen des §§ 887, 888 und 890 ZPO zuständig.

Nach Ansicht von Gift/Bauer kommt eine Anwaltsbeiordnung auch unter den Voraussetzungen des § 11a ArbGG in Betracht, soweit das Arbeitsgericht Prozessgericht ist, wie dies in den Fällen der §§ 887, 888 und 890 ZPO der Fall ist, wenn im ersten Rechtszug der Gegner anwaltlich vertreten war. Die Prozessvollmacht des Gegenanwaltes im Hauptsacheverfahren erstreckt sich auch auf die Zwangsvollstreckung, so dass die bisherige anwaltliche Vertretung des Gegners im Streitverfahren eine Beiordnung gemäß § 11a ArbGG für das Zwangsvollstreckungsverfahren vor dem Arbeitsgericht als Vollstreckungsgericht rechtfertigt.[462] Ist jedoch für das Vollstreckungsverfahren das Amtsgericht zuständig, kommt eine Beiordnung nur nach § 121 ZPO in Betracht.

454 LAG Frankfurt a. Main, Urt. v. 23.12.1985 – 6 Ta 385/85 (n.v.), zit. in GK-ArbGG/*Bader*, § 11a Rn 20.
455 *Grunsky*, § 11a ArbGG Rn 3.
456 BAG, Urt. v. 19.04.1989, EzA § 40 BetrVG 1972 Nr. 62; BAG, Urt. v. 04.10.1982, EzA § 40 BetrVG 1972 Nr. 52.
457 *Germelmann/Matthes/Prütting*, § 11a ArbGG Rn 14; LAG Hamm, Beschl. v. 13.02.1990, LAGE § 115 ZPO Nr. 42.
458 *Grunsky*, § 11a ArbGG Rn 3; *Stein/Jonas*, § 114 ZPO Rn 62; GK-ArbGG/*Bader*, § 11a Rn 22; a.A., *Dietz/Niekisch*, § 11a ArbGG Rn 22.
459 BGH, Urt. v. 12.03.1981, NJW 1981, 1727; BGH, Urt. v. 14.12.1979, NJW 1980, 999.
460 *Germelmann/Matthes/Prütting*, § 11a ArbGG Rn 12, 13.
461 GK-ArbGG/*Ascheid*, § 11a Rn 107, 108.
462 *Gift/Baur*, Das Urteilsverfahren, D Rn 111.

J. Anwaltsbeiordnung nach § 11a ArbGG

Im Arbeitsgerichtsverfahren erster Instanz hat eine Partei sowohl die Möglichkeit, sich einen Rechtsanwalt durch das Gericht gemäß § 11a ArbGG als auch nach § 121 ZPO im Verfahren der Prozesskostenhilfe beiordnen zu lassen. Während im Arbeitsgerichtsprozess erster Instanz beide Verfahren gleichberechtigt nebeneinander stehen, kann eine Beiordnung in der Rechtsmittelinstanz nur im Prozesskostenhilfeverfahren erfolgen. Die Beiordnung kommt nur im Urteilsverfahren und ggf. im Beschlussverfahren in Betracht. Für die Beiordnung im Beschlussverfahren gelten die Ausführungen zur Gewährung von Prozesskostenhilfe im Beschlussverfahren. Im Mahnverfahren und für Vollstreckungsmaßnahmen ist nur die Gewährung von Prozesskostenhilfe möglich.[463] Im außergerichtlichen Verfahren besteht noch die Möglichkeit der Gewährung von Beratungshilfe durch das Beratungshilfegesetz.[464] 342

Antragsberechtigt ist derselbe Personenkreis wie im Prozesskostenhilfeverfahren.

Voraussetzungen für die Beiordnung sind die Antragsstellung, die Vertretung der Gegenseite durch einen Rechtsanwalt, Bedürftigkeit und die fehlende Vertretungsmöglichkeit durch eine Gewerkschaft oder eine Arbeitgebervereinigung. 343

Für die Beiordnung nach § 11a ArbGG ist eine hinreichende Erfolgsaussicht nicht erforderlich. Eine Anwaltsbeiordnung ist deshalb auch dann möglich, wenn Prozesskostenhilfe mangels Erfolgsaussicht nach § 114 Satz 1 ZPO versagt werden würde.[465] Allerdings kann die Anwaltsbeiordnung nach § 11a Abs. 2 ArbGG versagt werden, wenn die Beiordnung entweder aus besonderen Gründen nicht erforderlich oder die Rechtsverfolgung offensichtlich willkürlich ist. 344

I. Antrag

Ein Antrag ist notwendig und bei dem Gericht zu stellen, bei dem der Rechtsstreit anhängig ist. Nach überwiegender Ansicht ist im Antrag auf Prozesskostenhilfegewährung der Antrag auf Beiordnung eines Rechtsanwaltes nach § 11a ArbGG als Minus mitenthalten.[466] 345

Die Partei ist auf ihr Antragsrecht hinzuweisen (§ 11a Abs. 1 Satz 2 ArbGG). Die Form der Belehrung ist dem Gericht überlassen. Unterbleibt jedoch der Hinweis auf das Antragsrecht, hat dies keine Folgen für die im Rechtsstreit erlassene Entscheidung, da eine Zurückverweisung nach § 68 ArbGG (wegen eines Mangels im Verfahren des Arbeitsgerichtes ist die Zurückverweisung unzulässig) ausscheidet.[467] 346

Im Übrigen gilt § 117 Abs. 1 Satz 1 ZPO und damit die Ausführungen zur Prozesskostenhilfe entsprechend. Allerdings kann der Antrag nach § 11a ArbGG anders als der Prozesskostenhilfeantrag nicht schon vor Klageerhebung gestellt werden. Da die Anordnung immer in einem bereits anhängigen Rechtsstreit erfolgt, ist die Darstellung des Streitverhältnisses i.S.d. § 117 Abs. 1 Satz 2 ZPO entbehrlich. 347

463 GK-ArbGG/*Ascheid*, § 11a Rn 107, 208; a.A. *Gift/Baur*, Das Urteilsverfahren, D Rn 111.
464 GK-ArbGG/*Bader*, § 11a Rn 211 ff.
465 LAG Hamm, Urt. v. 14.01.1971, DB 1971, 248.
466 LAG Bremen 26.02.1986 LAGE § 11a ArbGG 1979 Nr. 3, LAG Düsseldorf 29.10.1986 LAGE § 11a ArbGG 1979 Nr. 4); a.A. *Germelmann/Matthes/Prütting*, § 11a ArbGG Rn 3).
467 *Germelmann/Matthes/Prütting*, § 11a ArbGG Rn 57.

II. Bedürftigkeit

348 Einer Partei, die außerstande ist, ohne Beeinträchtigung des für sie und ihre Familie notwendigen Unterhalts die Kosten des Prozesses zu bestreiten, kann nach dem Wortlaut des § 11a Abs. 1 ArbGG die **Beiordnung** eines Rechtsanwaltes **beantragen**. Demgegenüber ist **Prozesskostenhilfe** nach § 114 ZPO bereits dann zu gewähren, wenn eine Partei aufgrund ihrer persönlichen und wirtschaftlichen Verhältnisse die Kosten der Prozessführung nicht oder nur teilweise oder nur in Raten aufbringen kann. In der Praxis kommt diesem strengeren Wortlaut des § 11a ArbGG jedoch keine Bedeutung zu, da nach der umfassenden Inbezugnahme des § 11a Abs. 3 ArbGG auf die Vorschriften über die Prozesskostenhilfe im Hinblick auf die wirtschaftlichen Verhältnisse von den gleichen Voraussetzungen in beiden Verfahren ausgegangen werden muss.[468] Somit gelten für die Beurteilung der wirtschaftlichen Verhältnisse sowohl im Verfahren nach § 11a ArbGG als auch im Prozesskostenhilfeverfahren die Grundsätze der §§ 114, 115 ZPO. Diesbezüglich muss auf die umfangreiche Kommentierung und das Kapitel zur Prozesskostenhilfe verwiesen werden.

III. Vertretung der Gegenpartei

349 Die Beiordnung nach § 11a Abs. 1 ArbGG setzt die Vertretung der Gegenpartei durch einen in Deutschland zugelassenen Rechtsanwalt voraus. Besteht die Gegenseite aus mehreren Streitgenossen, ist es ausreichend, wenn einer durch einen Rechtsanwalt vertreten ist. Ebenso ausreichend wird es sein, wenn ein der Gegenseite beigetretener Nebenintervenient anwaltlich vertreten ist. Die Beiordnung ist auch dann möglich, wenn der Anwalt als Partei kraft Amtes (z.B. Insolvenzverwalter), als gesetzlicher Vertreter (z.B. GmbH-Geschäftsführer) oder auch im eigenen Namen als Partei (z.B. Arbeitgeber) auftritt.[469] Eine Vertretung durch einen Verbandsvertreter reicht dagegen nicht aus. Das gilt auch dann, wenn dieser Volljurist ist.[470]

Fraglich ist, ob eine Beiordnung nach § 11a ArbGG erfolgen kann, wenn der Verbandsvertreter zugleich zugelassener Rechtsanwalt ist.[471]

350 Der maßgebliche Beurteilungszeitpunkt ist der Moment der Entscheidung über den Beiordnungsantrag durch das Gericht. Fällt die anwaltliche Vertretung der Gegenseite später weg, verbleibt es dennoch bei der Beiordnung.[472]

IV. Fehlende Vertretungsmöglichkeit durch Verbandsvertreter

351 Die Beiordnung nach § 11a Abs. 1 Satz 1 ArbGG setzt voraus, dass die Partei nicht durch ein Mitglied einer Gewerkschaft oder einer Vereinigung von Arbeitgebern vertreten werden kann. Mit dieser Formulierung ist trotz der entgegenstehenden Formulierung des § 11a Abs. 1 Satz 1 ArbGG der Verbandsvertreter im Sinne des § 11a Abs. 1 Satz 2 ArbGG gemeint. Eine Vertretungsmöglichkeit fehlt, soweit die Partei nicht Mitglied in einem Verband ist oder die Satzung des Verbandes die Vertretung im konkreten Fall ausschließt. Nicht zumutbar ist die Vertretung durch den Verband, wenn der Verband eine Vertretung abgelehnt hat oder das Vertrauensverhältnis zum Verband gestört ist. Die Beweislast liegt diesbezüglich beim Antragsteller.

468 *Gift/Baur*, Das Urteilsverfahren, D Rn 104.

469 LAG Frankfurt, Beschl. v. 17.08.1954, BB 1954, 1031; LAG Düsseldorf, Beschl. v. 19.07.1960, AP Nr. 8 zu § 11a ArbGG 1953.

470 *Germelmann/Matthes/Prütting*, § 11a ArbGG Rn 48.

471 Bejahend: *Germelmann/Matthes/Prütting*, § 11a ArbGG Rn 48. Verneinend: LAG Düsseldorf, Beschl. v. 09.06.1988, LAGE § 11a ArbGG 1979 Nr. 5.

472 *Germelmann/Matthes/Prütting*, § 11a ArbGG Rn 49.

V. Ausnahmen

Nach § 11a Abs. 2 ArbGG kann, dem Vorsitzenden steht hier ein Ermessensspielraum zu, die Beiordnung unterbleiben, wenn sie aus besonderen Gründen nicht erforderlich oder die Rechtsverfolgung offensichtlich mutwillig ist. Die beiden Ausschlussgründe stehen selbständig nebeneinander. 352

Von mangelnder Erforderlichkeit ist auszugehen, wenn die Partei aufgrund ihrer persönlichen Kenntnisse oder Erfahrungen in der Lage ist, den Prozess auch ohne einen Anwalt sachgerecht zu führen.[473] Das ist der Fall, wenn der Rechtsstreit in tatsächlicher und rechtlicher Hinsicht einfach gelagert ist (z.B. Klage auf Herausgabe von Arbeitspapieren oder Erteilung eines Zeugnisses) oder nach Ansicht mancher, wenn die Partei bzw. ihr gesetzlicher Vertreter rechtskundig ist.[474] In der Regel kommt allerdings eine Ablehnung der Beiordnung wegen mangelnder Erforderlichkeit nicht in Betracht, es sei denn die Partei ist bereits anwaltlich vertreten. 353

Offensichtliche Mutwilligkeit ist mehr als die einfache Mutwilligkeit des § 114 Satz 1 ZPO. Man nimmt sie an, wenn auf den ersten Blick ohne nähere Prüfung erkennbar ist, dass die Rechtsverfolgung erfolglos bleiben muss.[475]

Kein Fall der offensichtlichen Mutwilligkeit liegt vor, wenn ein Arbeitnehmer schon vor der Entscheidung über seine Kündigungsschutzklage Leistungsklage wegen kündigungsabhängiger Arbeitsentgeltansprüche erhebt.[476] Grund dafür ist, dass die neuere Rechtsprechung der Landesarbeitsgerichte dazu neigt, dem arbeitsgerichtlichen Beschleunigungsgrundsatz Vorrang gegenüber der Aussetzungsmöglichkeit nach § 148 ZPO einzuräumen.[477] 354

VI. Rechtsfolgen der Beiordnung

Die Beiordnung des Anwaltes, dessen Auswahl dem Vorsitzenden des Arbeitsgerichts obliegt, wenn die Partei nicht selbst einen Vorschlag macht oder einen Auftrag erteilt, hat zur Folge, dass dessen Kosten in der ersten Instanz von der Staatskasse getragen werden, § 45 RVG (früher: § 121 BRAGO).[478] Mit der Beiordnung entfällt jedoch nicht die Verpflichtung der unterlegenen Partei, die ihr zur Last fallenden Gerichtskosten anders als bei der Prozesskostenhilfe selbst zu tragen.[479] Die Beiordnung erfolgt grundsätzlich nur für die Zukunft, es sei denn im Beschluss über die Beiordnung wird ein früherer Zeitpunkt festgelegt. Im Weiteren gelten auch für die Beiordnung, insbesondere für die Frage, inwieweit der Vergütungsanspruch auch bei Auftreten eines Vertreters des Rechtsanwaltes im Gerichtstermin entsteht, die Ausführungen zur Prozesskostenhilfe. 355

VII. Verfahren, Rechtsmittel

Hinsichtlich des Verfahrens kann weitgehend auf die Ausführungen zur Prozesskostenhilfe verwiesen werden. Nicht anwendbar ist § 118 Abs. 2 Satz 3 ZPO. Für die Zuständigkeit ist nicht § 127 Abs. 1 Satz 2 ZPO maßgeblich. Nach § 11a Abs. 1 Satz 1 ArbGG ist der Vorsitzende der jeweiligen Kammer zuständig. 356

Gegen die Ablehnung des Beiordnungsantrages oder des Prozesskostenhilfeantrages kann der Antragsteller beim Arbeits- oder Landesarbeitsgericht sofortige Beschwerde einlegen (§§ 11a ArbGG,

473 *Schaub*, Arbeitsrechts-Handbuch, § 88 XI; a.A. *Grunsky*, § 11 ArbGG Rn 13.
474 *Germelmann/Matthes/Prütting*, § 11a Rn 59; a.A. GK-ArbGG/*Bader*, § 11a Rn 199.
475 LAG Hamm, Beschl. v. 10.07.1981, EzA § 11a ArbGG 1979 Nr. 2.
476 LAG Frankfurt, Beschl. v. 22.10.1984, NZA 1985, 196.
477 So: LAG München, Beschl. v. 22.02.1989, MDR 1989, 673; LAG Köln, Beschl. v. 17.12.1985, BB 1986, 464; dagegen: LAG Frankfurt, Beschl. v. 04.09.1987, BB 1988, 276; LAG Rheinland-Pfalz, Beschl. v. 09.05.1986, LAGE § 148 ZPO Nr. 15; Aussetzung nach § 148 ZPO bei mehreren Kündigungen: LAG Schleswig-Holstein, Beschl. v. 26.09.1998 – 6 Ta 137/98 (n.v.).
478 LAG Düsseldorf, Beschl. v. 09.02.1989, JurBüro 1989, 795.
479 *Baumbach/Lauterbach*, § 123 ZPO Rn 4.

127 Abs. 2 Satz 2 ZPO).[480] Die Beschwerde unterliegt nicht dem Vertretungszwang. Die Kosten einer erfolglosen Beschwerde fallen dem Antragsteller zur Last. Ein erfolgreiches Beschwerdeverfahren bleibt kostenfrei. Eine Erstattung außergerichtlicher Kosten findet nicht statt. Gegen die ablehnende Entscheidung des Landesarbeitsgerichtes ist bei Zulassung die Rechtsbeschwerde möglich. Über diese entscheidet das Bundesarbeitsgericht.

480 GK-ArbGG/*Bader*; § 11a Rn 156; *Gift/Baur*, Das Urteilsverfahren, D 108, 119.

§ 15 Arbeitsgerichtliches Beschlussverfahren

Inhalt

A. Verfahrensart

Für **kollektivrechtliche Streitigkeiten** kennt das ArbGG eine eigene Verfahrensart, das Beschlussverfahren. Nach § 2a ArbGG findet das Beschlussverfahren in Angelegenheiten aus dem BetrVG mit Ausnahme der Verfolgung von Ordnungswidrigkeiten und Straftaten nach §§ 119 ff. BetrVG, Angelegenheiten aus dem Sprecherausschussgesetz, aus dem Mitbestimmungsgesetz, dem Drittelbeteiligungsgesetz, soweit über die Wahl von Vertretern der Arbeitnehmer in den Aufsichtsrat und über ihre Abberufung, mit Ausnahme der Abberufung nach § 103 Abs. 3 AktG, zu entscheiden ist, sowie bei Entscheidungen über die Tariffähigkeit und die Tarifzuständigkeit einer Vereinigung statt. Unter die Angelegenheiten aus dem BetrVG i.S.v. § 2a Abs. 1 Nr. 1 BetrVG fallen jegliche Meinungsverschiedenheiten aus dem Betriebsverfassungsrecht.[1] Der Wortlaut des Gesetzes, der die Zuständigkeit des Arbeitsgerichts im Beschlussverfahren auf Streitigkeiten aus dem BetrVG zu beschränken scheint, ist zu eng gefasst. Auch **betriebsverfassungsrechtliche Streitigkeiten aus anderen Gesetzen**, beispielsweise § 14 AÜG,[2] § 21a JArbSchG und § 93 SGB IX sind im Beschlussverfahren vor den Arbeitsgerichten auszutragen. 1

Für Streitigkeiten aus dem **Personalvertretungsrecht** sind nicht die Arbeitsgerichte, sondern die **Verwaltungsgerichte** zuständig. Gem. § 130 BetrVG findet das BetrVG keine Anwendung auf Verwaltungen und Betriebe des Bundes, der Länder, der Gemeinden und sonstiger Körperschaften, Anstalten und Stiftungen des öffentlichen Rechts. Allerdings ist zu berücksichtigen, dass nach § 83 Abs. 2 BPersVG für personalvertretungsrechtliche Streitigkeiten die **§§ 80 ff. ArbGG entsprechend anwendbar** sind. Auch vor den Verwaltungsgerichten sind mithin entsprechende Beschlussverfahren vorgesehen. Handelt es sich um Streitigkeiten aus den Personalvertretungsgesetzen der Länder, ist nach § 106 BPersVG ebenfalls der Verwaltungsrechtsweg gegeben. Den Ländern ist es freigestellt, ob die Verfahren nach der VwGO oder entsprechend den §§ 80 ff. ArbGG durchgeführt werden sollen. Gegenwärtig verweisen alle Ländergesetze auf das Beschlussverfahren nach dem ArbGG.[3] Bei den Verwaltungsgerichten bestehen Fachkammern für Personalvertretungssachen. 2

Gem. § 118 Abs. 2 BetrVG findet das Betriebsverfassungsgesetz auf **Religionsgemeinschaften und ihre karitativen und erzieherischen Einrichtungen** unbeschadet deren Rechtsform keine Anwendung. Das Personalvertretungsrecht der Kirchen ist deren eigene Angelegenheit i.S.v. Art. 137 WRV 3

1 BAG, Beschl. v. 26.05.1992, NZA 1992, 1135.
2 BAG, Beschl. v. 18.01.1989, AP Nr. 2 zu § 14 AÜG.
3 Vgl. *Germelmann/Matthes/Prütting*, § 80 ArbGG Rn 8.

in Verbindung mit Art. 140 GG. Die Arbeitsgerichte sind hierfür nicht zuständig. Im Bereich der evangelischen und der katholischen Kirche gelten verschiedene Mitarbeitervertretungsordnungen, die zwar demselben Prinzip der Mitarbeiterbeteiligung folgen, in der Reichweite der Mitwirkungs- und Mitbestimmungsrechte jedoch in entscheidenden Punkten abweichen. Die Arbeitsgerichte sind lediglich dann für Fragen aus diesem kirchlichen Mitarbeitervertretungsrecht im Urteilsverfahren zuständig, wenn sie sich als Vorfragen individualrechtlicher Streitigkeiten aus dem Arbeitsverhältnis stellen.[4]

4 Auch im **Betriebsverfassungsgesetz** finden sich jedoch Anspruchsgrundlagen für **rein individualrechtliche Ansprüche**, die dementsprechend nicht im Beschlussverfahren, sondern ausschließlich im **Urteilsverfahren** zu verfolgen sind. Hierzu zählen beispielsweise:

- Lohnansprüche eines Betriebsratsmitglieds bei Betriebsratstätigkeit (§ 37 BetrVG),[5]
- Lohnansprüche der Arbeitnehmer, die an einer Betriebsversammlung teilnehmen,[6]
- Anspruch eines Auszubildenden, der Mitglied der Jugend- und Auszubildendenvertretung oder des Betriebsrats ist, auf Begründung eines Arbeitsverhältnisses nach § 78a Abs. 2 BetrVG,[7]
- Anspruch auf Weiterbeschäftigung nach Widerspruch des Betriebsrats gegen eine ordentliche Kündigung nach § 102 Abs. 5 BetrVG,
- Ansprüche der Arbeitnehmer auf Unterrichtung, Anhörung und Erörterung im Zusammenhang mit ihrem Arbeitsplatz und Arbeitsentgelt nach §§ 81 f. BetrVG und Einsicht in die Personalakten nach § 83 BetrVG sowie das Beschwerderecht nach § 84 BetrVG und letztlich Nachteilsausgleichsansprüche nach § 113 BetrVG.[8]

Weiterhin sind betriebsverfassungsrechtliche Fragen im Urteilsverfahren zu prüfen, wenn es sich lediglich um **Vorfragen einer individualrechtlichen Auseinandersetzung** handelt,[9] typischerweise bei der Frage nach der ordnungsgemäßen Anhörung des Betriebsrats im Kündigungsschutzprozess.

5 Urteilsverfahren und Beschlussverfahren schließen einander gegenseitig aus.[10] Es muss daher eindeutig geklärt werden, ob ein Anspruch im Urteils- oder Beschlussverfahren verfolgt wird. Das Arbeitsgericht hat hierüber von Amts wegen – auch bei unklarer Abfassung der Klage-/Antragsschrift – zu entscheiden.[11] Bestehen Zweifel an der vom Antragsteller gewählten Verfahrensart oder wird die Verfahrensart vom Antragsgegner gerügt, muss eine **Vorabentscheidung über die richtige Verfahrensart** erfolgen, § 81 Abs. 3 i.V.m. § 48 ArbGG, § 17a Abs. 3 Satz 1 bzw. 2 GVG.[12] Die Anwendung der §§ 17 bis 17 b GVG sieht § 48 Abs. 1 ArbGG nicht nur für den Rechtsweg, sondern gleichermaßen für die Verfahrensart vor. Ist der beschrittene Rechtsweg unzulässig, spricht das Gericht dies nach Anhörung der Parteien von Amts wegen aus und verweist den Rechtsstreit zugleich an das zuständige Gericht des zulässigen Rechtswegs, § 17a Abs. 2 Satz 1 GVG. Gleiches gilt für die Verfahrensart. Der Beschluss kann ohne mündliche Verhandlung ergehen, ist jedoch gem. § 48 Abs. 1 Nr. 2 ArbGG in jedem Falle durch die Kammer zu treffen. Gegen die Entscheidung ist die sofortige Beschwerde gegeben, § 17a Abs. 4 Satz 3 GVG, § 46 Abs. 2 ArbGG i.V.m. §§ 567 ff. ZPO. Über die sofortige Beschwerde wird vom Landesarbeitsgericht ohne Zuziehung der ehrenamtlichen Richter entschieden, § 78 Satz 3 ArbGG.[13] Gegen die Entscheidung des Landesarbeitsgerichts ist

4 Vgl. BAG, Urt. v. 25.03.1971, AP Nr. 5 zu § 57 BetrVG; Urt. v. 19.08.1975, AP Nr. 5 zu § 102 BetrVG 1972.
5 BAG, Beschl. v. 18.06.1974, AP Nr. 16 zu § 37 BetrVG 1972; vgl. hierzu § 12 Rn 103 ff.
6 BAG, Beschl. v. 01.10.1974, AP Nr. 2 zu § 44 BetrVG 1972; vgl. § 12 Rn 152 ff.
7 BAG, Urt. v. 13.11.1987, AP Nr. 18 zu § 78a BetrVG 1972 und Beschl. v. 29.11.1989, AP Nr. 20 zu § 78a BetrVG 1972; im Beschlussverfahren ist jedoch über den Antrag des Arbeitgebers nach § 78a Abs. 4 Nr. 1 oder 2 BetrVG auf die Nichtbegründung oder Auflösung eines Arbeitsverhältnisses mit einem Auszubildenden zu entscheiden, BAG, Beschl. v. 29.11.1989, AP Nr. 20 zu § 78a BetrVG 1972; vgl. § 12 Rn 193 –198.
8 BAG, Beschl. v. 24.04.1979, AP Nr. 1 zu § 82 BetrVG 1972.
9 BAG, Beschl. v. 19.08.1975, DB 1975, 2231.
10 BAG, Beschl. v. 01.12.1961, AP Nr. 1 zu § 80 ArbGG 1953; *Herbst/Reiter/Schindele*, Handbuch zum arbeitsgerichtlichen Beschlussverfahren, Rn 182; *Fitting u.a.*, nach § 1 BetrVG Rn 6.
11 BAG, Urt. v. 05.04.1984, AP Nr. 13 zu § 78a BetrVG 1972.
12 *Klimpe-Auerbach*, ArbuR 1992, 110 ff.; *Schwab*, NZA 1991, 657 (662).
13 Vgl. auch BAG, Beschl. v. 10.12.1992, DB 1993, 1728.

gem. § 17a Abs. 4 GVG die weitere sofortige Beschwerde in Form der Rechtsbeschwerde (§ 78 Satz 2 und 3 ArbGG) nur dann gegeben, wenn sie im Beschwerdebeschluss zugelassen ist. Da über die richtige Verfahrensart von Amts wegen zu entscheiden ist, kann es nicht deswegen zur Abweisung des Antrags bzw. der Klage als unzulässig kommen.[14] Auf einen Verweisungsantrag kommt es nicht an. Will der Antragsteller eine Verweisung in das Urteilsverfahren vermeiden, bleibt ihm bei Erfolglosigkeit seiner sofortigen bzw. weiteren Beschwerde nur noch die Möglichkeit, den Antrag zurückzunehmen.[15]

B. Verfahrensgrundsätze

6 Im Beschlussverfahren gelten besondere Verfahrensgrundsätze, die sich grundlegend vom Urteilsverfahren unterscheiden. Insbesondere ist hier der Untersuchungsgrundsatz des § 83 Abs. 1 ArbGG zu nennen.

I. Dispositionsgrundsatz

7 Auch im Beschlussverfahren gilt der Dispositionsgrundsatz insoweit, als der Antragsteller durch seinen Antrag den **Streitgegenstand des Verfahrens** bestimmt.[16] Das Verfahren wird – anders als unter der Geltung des Offizialprinzips und insofern dem Urteilsverfahren vergleichbar – nur auf Antrag eingeleitet, § 81 Abs. 1 ArbGG. Der Antrag kann vom Antragsteller in erster Instanz gem. § 81 Abs. 2 Satz 1 ArbGG jederzeit, in zweiter und dritter Instanz mit Zustimmung des Antragsgegners zurückgenommen werden. Das Gericht darf nicht mehr und nichts anderes zusprechen als der Antragsteller beantragt hat, § 308 ZPO. In diesem Rahmen erforscht das Gericht den Sachverhalt jedoch von Amts wegen, § 83 Abs. 1 ArbGG; es gilt der Untersuchungsgrundsatz.

II. Untersuchungsgrundsatz

8 Der **Untersuchungsgrundsatz** ist vom im Urteilsverfahren geltenden **Beibringungsgrundsatz** zu unterscheiden. Als Ausfluss des Beibringungsgrundsatzes binden gem. § 288 ZPO übereinstimmende Parteierklärungen und ein Geständnis das Gericht. Nicht oder nicht substantiiert bestrittene Tatsachenbehauptungen gelten gem. § 138 Abs. 3 ZPO als zugestanden. Insbesondere kann ein Versäumnisurteil ergehen, §§ 330 ff. ZPO. Unter der Geltung des Untersuchungsgrundsatzes ist das Gericht nicht an den Vortrag und insbesondere die Beweisantritte der Beteiligten gebunden. Gleichwohl sollte die Geltung des Untersuchungsgrundsatzes nicht darüber hinwegtäuschen, dass auch der Antragsteller im Beschlussverfahren gehalten ist, diejenigen Tatsachen unter Beweisantritt vorzutragen, die sein Begehren stützen sollen. Die Erfahrung zeigt, dass sich insbesondere bei Vertretung der Beteiligten durch Rechtsanwälte die Anforderungen an den Vortrag im Urteilsverfahren und im Beschlussverfahren kaum unterscheiden. Auch nach Auffassung des BAG ist es nicht Aufgabe der Arbeitsgerichte, ohne ausreichenden Sachvortrag des Antragstellers von sich aus Überlegungen darüber anzustellen, ob möglicherweise ein anderer, bisher vom Antragsteller noch nicht vorgetragener Sachverhalt geeignet wäre, eine ausreichende Begründung für die mit seinem Antrag verfolgten Ansprüche zu geben.[17]

9 Gem. § 83 Abs. 1 Satz 2 ArbGG sind die am Verfahren Beteiligten verpflichtet, an der **Aufklärung des Sachverhalts mitzuwirken**. Es kann jedoch nicht erwartet werden, dass die Mitwirkung in jedem Falle ohne Aufforderung erfolgt. Erforderlich ist daher regelmäßig, dass die Beteiligten

14 Anders offenbar Beck'sches Rechtsanwaltshandbuch/*Bauer*, 1999/2000, C 1 Rn 173.
15 *Herbst/Reiter/Schindele*, Handbuch zum arbeitsgerichtlichen Beschlussverfahren, Rn 196.
16 Beck'sches Rechtsanwaltshandbuch/*Bauer*, 1999/2000, C 1 Rn 174.
17 BAG, Beschl. v. 18.01.1989, NZA 1989, 728.

zu bestimmten Erklärungen zum Sachverhalt durch das Gericht aufgefordert werden. Nur dann dürfen aus der Weigerung eines Beteiligten, an der Sachverhaltsaufklärung mitzuwirken, Schlüsse in Bezug auf den Sachverhalt gezogen werden.[18] Andererseits sind richterliche Hinweise auch im Beschlussverfahren nicht angezeigt, wenn sie dem Vortrag eines Beteiligten erst zur Schlüssigkeit verhelfen. Im anwaltlich geführten Beschlussverfahren kann ein Beteiligter einen richterlichen Hinweis nur erwarten, wenn ihm sonst auf Grund eines Versehens oder Übersehens eine falsche rechtliche Beurteilung droht.[19] Auch im Beschlussverfahren gelten schließlich die Grundsätze über die Darlegungs- und Beweislast.[20] Letztlich trägt auch im Beschlussverfahren diejenige Partei, die eine Tatsache für ihren Anspruch in Bezug nimmt, das Risiko, dass die Tatsache – sei es durch eigenen Vortrag, sei es durch Ermittlungen bei einem Beteiligten – nicht zur Überzeugung des Gerichtes festgestellt werden kann.

10 Durch das Arbeitsgerichtsbeschleunigungsgesetz vom 30.03.2000[21] wurde mit § 83 Abs. 1 a ArbGG eine Regelung über die Möglichkeit der **Zurückweisung verspäteten Vorbringens** eingefügt, die durch das am 01.01.2002 in Kraft getretene Zivilprozessreformgesetz[22] terminologisch überarbeitet wurde. Danach kann der Vorsitzende den Beteiligten eine Frist für ihr Vorbringen setzen. Nach Ablauf der Frist kann verspätetes Vorbringen zurückgewiesen werden, wenn nach der freien Überzeugung des Gerichts seine Zulassung die Erledigung des Beschlussverfahrens verzögern würde und der Beteiligte die Verspätung nicht genügend entschuldigt. Auch wenn die Präklusionsvoraussetzungen vorliegen, steht die Zurückweisung also im Ermessen der Kammer.

C. Beteiligte

11 Das Beschlussverfahren kennt nicht Kläger und Beklagten, sondern nur Beteiligte, vgl. § 83 Abs. 1 Satz 2 und Abs. 2 und 4 ArbGG. Zu formulieren ist daher nicht: »In dem Rechtsstreit Kläger ./. Beklagter«, sondern:

> In dem Beschlussverfahren
> mit den Beteiligten
>
> 1. Betriebsrat der Firma XY
>
> – Antragsteller und Beteiligter zu 1 –
>
> und
>
> 2. Firma XY
>
> – Beteiligte zu 2 –

12 Den Begriff des Antragstellers nennt das ArbGG in § 83a Abs. 3 Satz 1 ArbGG. Der Beteiligte zu 2 wird häufig auch als Antragsgegner bezeichnet, obgleich das ArbGG diesen Begriff nicht kennt. Zu unterscheiden ist zwischen der **Beteiligtenfähigkeit** und der Frage, wer in dem konkreten Beschlussverfahren zu beteiligen ist. Die Beteiligtenfähigkeit ergibt sich aus § 10 ArbGG und **entspricht der Parteifähigkeit**. Natürliche und juristische Personen sind ohnehin gem. § 50 ZPO parteifähig, dies gilt gem. § 10 Hs. 1 ArbGG auch für Gewerkschaften und Arbeitgeberverbände. § 10 Hs. 2 ArbGG erweitert die Parteifähigkeit auf die Organe nach dem BetrVG, dem Sprecherausschussgesetz und dem Mitbestimmungsgesetz. Hiermit wird also für Betriebsräte, Gesamt- und

18 BAG, Beschl. v. 25.03.1992, AP Nr. 4 zu § 2 BetrVG 1972; *Germelmann/Matthes/Prütting*, § 83 ArbGG Rn 92.
19 LAG Frankfurt, Beschl. v. 31.05.1990, DB 1990, 2125.
20 *Herbst/Reiter/Schindele*, Handbuch zum arbeitsgerichtlichen Beschlussverfahren, Rn 131 unter Verweis auf ArbG Stuttgart, Beschl. v. 23.01.1992 – 6 BV 150/91 (n.v.); *Germelmann/Matthes/Prütting*, § 83 ArbGG Rn 96.
21 BGBl I, 333.
22 Vom 27.07.2001, BGBl I, 1887.

Konzernbetriebsräte, obwohl es sich bei diesen Organen nicht um juristische Personen handelt, die insbesondere nicht in der Lage sind, Vermögen zu besitzen, die Möglichkeit geschaffen, Beteiligte eines Beschlussverfahrens zu sein. Das BAG legt § 10 ArbGG im Lichte des Art. 19 Abs. 4 GG so aus, dass ein Antragsgegner auch dann Beteiligter des Beschlussverfahrens sein kann, wenn er eigentlich nicht beteiligtenfähig i.S.d. § 10 ArbGG ist.[23]

Nach der Festlegung, wer abstrakt beteiligungsfähig ist, muss für die Ermittlung der Beteiligten im konkreten Beschlussverfahren geprüft werden, wer durch das Verfahren **in seiner betriebsverfassungsrechtlichen Stellung betroffen** ist. Dies ist durch das Arbeitsgericht von Amts wegen anhand der materiell-rechtlichen Bestimmungen zu ermitteln.[24] 13

Der **Antragsteller** ist **notwendiger Beteiligter**, er ist derjenige, der das Verfahren nach § 81 Abs. 1 ArbGG einleitet. Seine Rechtsstellung unterscheidet sich von derjenigen anderer Beteiligter grundsätzlich nicht, er ist lediglich befugt, gem. § 81 Abs. 2 Satz 1 ArbGG in der ersten Instanz den Antrag jederzeit zurückzunehmen sowie das Verfahren gem. § 83a Abs. 3 ArbGG für erledigt zu erklären. 14

Eine Sachentscheidung kann der Antragsteller aber nur dann herbeiführen, wenn er neben der Beteiligtenfähigkeit auch über die **Antragsbefugnis** verfügt.[25] Die Antragsbefugnis entspricht der Prozessführungsbefugnis im Zivilprozess.[26] Der Antragsteller muss mithin eigene Rechte geltend machen, Popularklagen sollen vermieden werden.[27] 15

Aus diesem Grunde darf der **Betriebsrat auch nicht in Prozessstandschaft** individualrechtliche Ansprüche einzelner Arbeitnehmer geltend machen. Ein solches Recht ergibt sich insbesondere nicht aus § 80 Abs. 1 Nr. 1 BetrVG. Die allgemeine Aufgabe des Betriebsrats, die Einhaltung von Gesetzen zu überwachen, kann keinen eigenständigen Anspruch gegen den Arbeitgeber begründen, dass dieser die Gesetze gegenüber seinen Arbeitnehmern einzuhalten und durchzuführen hat.[28] Genauso ist es dem Betriebsrat verwehrt, die Unwirksamkeit der Befristung eines Arbeitsvertrages im Beschlussverfahren geltend zu machen.[29] Zu prüfen ist mithin die unmittelbare Betroffenheit des Antragstellers in seiner betriebsverfassungsrechtlichen Stellung. 16

Nicht jede Norm des BetrVG vermag jedem Organ der Betriebsverfassung eine die Antragsbefugnis begründende Rechtsposition zu vermitteln. So ist der Normzweck des Tarifvorbehalts des § 77 Abs. 3 BetrVG und des Tarifvorrangs des § 87 Abs. 1 BetrVG zwar auch die Sicherung der ausgeübten und aktualisierten Tarifautonomie sowie die Erhaltung und Verstärkung der Funktionsfähigkeit der Koalitionen,[30] gleichwohl vermitteln diese betriebsverfassungsrechtlichen Grundsätze den Gewerkschaften kein Recht, Mängel beim Abschluss von Betriebsvereinbarungen zu rügen oder deren Inhalt gerichtlich überprüfen zu lassen.[31] Die Gewerkschaft ist jedoch dann antragsbefugt, wenn sie gem. § 23 Abs. 3 BetrVG mit dem Abschluss einer gegen den Tarifvorbehalt verstoßenden 17

23 BAG, Beschl. v. 19.11.1985, AP Nr. 4 zu § 2 TVG Tarifzuständigkeit.
24 BAG, Beschl. v. 03.04.1979, AP Nr. 1 zu § 13 BetrVG 1972.
25 BAG, Beschl. v. 15.08.1978, AP Nr. 1 zu § 23 BetrVG 1972; Beschl v. 25.08.1981, AP Nr. 2 zu § 83 ArbGG 1979.
26 Beck'sches Rechtsanwaltshandbuch/*Bauer*, 1999/2000, C 1 Rn 178.
27 BAG, Beschl. v. 30.06.1986, AP Nr. 6 zu § 47 BetrVG 1972; Beschl. v. 23.12.1988, NZA 1989, 229; Beschl. v. 05.05.1992, NZA 1992, 1089.
28 Vgl. § 12 Rn 202.
29 BAG, Beschl. v. 05.05.1992, NZA 1992, 1089.
30 BAG, Beschl. v. 22.05.1979, AP Nr. 13 zu § 118 BetrVG 1972; Beschl v. 21.01.1980, AP Nr. 3 zu § 87 BetrVG 1972 Lohngestaltung; Beschl. v. 27.01.1987, AP Nr. 42 zu § 99 BetrVG 1972; Beschl. v. 24.02.1987, AP Nr. 21 zu § 77 BetrVG 1972; Beschl. v. 24.01.1996, AP Nr. 8 zu § 77 BetrVG 1972 Tarifvorbehalt; *Heinze*, NZA 1989, 41; *Fitting u.a.*, § 77 BetrVG Rn 67 m.w.N.
31 BAG, Beschl. v. 30.10.1986, DB 1987, 1642; Beschl. v. 18.08.1987, NZA 1988, 26; Beschl. v. 23.02.1988, NZA 1989, 229; Beck'sches Rechtsanwaltshandbuch/*Bauer*, 1999/2000, C 1 Rn 180; a.A. *Grunsky*, DB 1990, 526; *Däubler*, BB 1990, 2256.

Betriebsvereinbarung eine grobe Pflichtverletzung des Arbeitgebers geltend macht oder gem. § 23 Abs. 1 BetrVG aus demselben Grund die Auflösung des Betriebsrats beantragt.[32]

18 Mit Beschluss vom 20.04.1999[33] hat der 1. Senat des BAG einen **Anspruch einer Gewerkschaft** gegen einen Arbeitgeber bejaht, die Umsetzung einer »tarifwidrigen« arbeitsvertraglichen Einheitsregelung zu unterlassen. Im entschiedenen Fall hatte sich die IG Medien gegen eine Arbeitszeitregelung bei der Burda Druck GmbH in Offenburg gewandt. Dort hatten Arbeitgeber und Betriebsrat in einer Regelungsabrede vereinbart, die Wochenarbeitszeit abweichend vom Tarifvertrag von 35 auf 39 Stunden zu erhöhen, wobei zwei der zusätzlichen Stunden nicht gesondert vergütet werden sollten. Im Gegenzug erhielten die Arbeitnehmer eine Beschäftigungsgarantie. Mit über 95 % der Mitarbeiter wurden die Einzelarbeitsverträge einvernehmlich entsprechend abgeändert. Die IG Medien hatte von Burda verlangt, die Durchführung einschließlich der einzelvertraglichen Umsetzung der Regelungsabrede zu unterlassen. Das BAG hat in dem genannten Beschluss ausgeführt: Nach ständiger Rechtsprechung kann sich eine Gewerkschaft gegen Eingriffe in ihre Koalitionsfreiheit mit einem Unterlassungsanspruch wehren. Ein derartiger Eingriff kann auch in einer betrieblichen Regelung liegen. In Betracht kommt eine Betriebsvereinbarung. Darüber hinaus kann der Eingriff aber auch in einer arbeitsvertraglichen Einheitsregelung bestehen, die durch eine Regelungsabrede mit dem Betriebsrat vorgegeben ist, soweit hierdurch entsprechende Tarifnormen verdrängt werden sollen. Für die Arbeitnehmer günstigere Vertragsgestaltungen sind allerdings nach dem Günstigkeitsprinzip des § 4 Abs. 3 TVG erlaubt, wenn sie nicht auf einer Betriebsvereinbarung beruhen. Eine günstigere Regelung lag aber hier nicht vor. Die Beschäftigungsgarantie kann in den Günstigkeitsvergleich nicht einbezogen werden. Die Bedeutung der Arbeitskostenbelastung und ihre Bewertung im Hinblick auf Arbeitsplatzrisiken unterliegt der Einschätzungsprärogative der Tarifvertragsparteien und ist einer gerichtlichen Überprüfung nicht zugänglich.[34]

Das BAG leitet den Unterlassungsanspruch aus den §§ 1004, 823 BGB i.V. mit Art. 9 Abs. 3 GG her. Eines groben Verstoßes nach § 23 Abs. 3 BetrVG bedarf es daher nicht. Die Anwendung des § 23 Abs. 3 i.V.m. § 77 Abs. 3 BetrVG scheiterte vorliegend schon daran, dass § 77 Abs. 3 BetrVG nur Betriebsvereinbarungen erfasst, nicht aber Regelungsabreden mit dem Betriebsrat.[35]

19 Das BetrVG kennt allerdings auch **gewillkürte Prozessstandschaften**, insbesondere die Auftragszuständigkeit des **Gesamt- und Konzernbetriebsrats** gem. §§ 50 Abs. 2, 58 Abs. 2 BetrVG, die auch die Ermächtigung zur Führung eines Beschlussverfahrens abdeckt.[36] Auch der Antragsgegner ist stets notwendig Beteiligter.

20 Der **Arbeitgeber** ist ebenfalls stets Beteiligter.[37] Gem. § 83 Abs. 3 ArbGG ist der Arbeitgeber schon nach dem Gesetzeswortlaut in jedem Verfahren zu hören. Im Falle eines Betriebsübergangs wird der Betriebserwerber anstelle des bisherigen Inhabers Beteiligter auch eines bereits anhängigen Beschlussverfahrens.[38] Kommt es zu einer Betriebsstillegung, verbleibt es bei der Beteiligtenstellung von Arbeitgeber und Betriebsrat im Rahmen eines Restmandats.[39]

32 BAG, Beschl. v. 20.08.1991, NZA 1992, 317; ArbG Marburg, Beschl. v. 07.08.1996, NZA 1996, 1331 (*Viessmann*) und Beschl. v. 07.08.1996, NZA 1996, 1337 (*Viessmann*); vgl. auch ArbG Frankfurt a.M., Urt. v. 28.10.1996, NZA 1996, 1340 und *Buchner*, NZA 1996, 1304.

33 DB 1999, 1555; vgl. hierzu *Thüsing*, DB 1999, 1552; *Bauer*, NZA 1999, 957; *Wohlfahrt*, NZA 1999, 962.

34 BAG, Beschl. v. 20.04.1999, DB 1999, 1555.

35 BAG, Beschl. v. 20.04.1999, DB 1999, 1555; das »Burda-Verfahren« wurde durch Beschluss des BAG v. 19.02.2002 – 4 ABR 4/01 – nach Antragsrücknahme der Gewerkschaft ver.di eingestellt, nachdem das LAG nach der ersten Zurückverweisung festgestellt hatte, dass die Arbeitgeberinnen nicht tarifgebunden seien, weil sie dem tarifschließenden Arbeitgeberverband nicht angehörten, diese zudem ihre etwaige Mitgliedschaft höchst vorsorglich gekündigt haben und sodann die einschlägigen Tarifverträge geändert bzw. neu abgeschlossen worden sind, und die Gewerkschaft gegen den antragsabweisenden Beschluss des LAG Baden-Württemberg v. 24.10.2000 – 10 TaBV 2/99 – Rechtsbeschwerde eingelegt hatte; siehe dazu eingehend § 12 Rn 417.

36 BAG, Beschl. v. 06.04.1976, BB 1976, 791; Beck'sches Rechtsanwaltshandbuch/*Bauer*, 1999/2000, C 1 Rn 182.

37 BAG, Beschl. v. 19.02.1975, AP Nr. 10 zu § 5 BetrVG 1972.

38 BAG, Beschl. v. 05.02.1991, AP Nr. 89 zu § 613a BGB.

39 BAG, Beschl. v. 28.10.1992, DB 1993, 385; vgl. allgemein zu Rest- und Übergangsmandat § 12 Rn 130 ff.

Der **Betriebsrat** wird zwar in den meisten Fällen Antragsteller oder Antragsgegner sein, dies trifft jedoch nicht auf alle Fallgestaltungen zu. In vielen weiteren Fällen wird der Betriebsrat jedenfalls zu beteiligen sein. Genannt seien hier: 21

- Verfahren zwischen Betriebsratsmitglied und Arbeitgeber auf Kostenersatz wegen Teilnahme an einer Schulungsveranstaltung,[40]
- Ausschlussverfahren gegen ein Betriebsratsmitglied,[41]
- Anfechtung der Wahl eines einzelnen Betriebsratsmitglieds,[42]
- Verfahren über die Befugnisse des Betriebsratsvorsitzenden als Versammlungsleiter,[43]
- Verfahren über die wirksame Errichtung eines Gesamtbetriebsrats,[44]
- Verfahren über Anfechtung der Wahl der Jugend- und Auszubildendenvertretung,[45]
- Verfahren von Einigungsstellenmitgliedern, die ihre Kostenansprüche gegen den Arbeitgeber geltend machen.[46]

Finden während eines Beschlussverfahrens **Neuwahlen zum Betriebsrat** statt, berührt dies die Identität des Betriebsrats als Organ nicht, die **Beteiligtenstellung** bleibt **unverändert**.[47] Gleiches gilt, wenn die Amtszeit des Betriebsrats ohne Neuwahl – beispielsweise weil sich nicht genügend Arbeitnehmer aufstellen lassen – endet.[48] In diesen Fällen ist jedoch stets das Rechtsschutzbedürfnis, das in jedem Stadium des Verfahrens bestehen muss, besonders zu prüfen.[49] Geht während eines laufenden Beschlussverfahrens die Zuständigkeit des im Verfahren umstrittenen Mitbestimmungsrechts auf ein anderes betriebsverfassungsrechtliches Organ, beispielsweise den Gesamtbetriebsrat, über, wird dieses Organ Beteiligter des anhängigen Beschlussverfahrens, das bislang zuständige Organ, beispielsweise der Betriebsrat, scheidet aus.[50] Gleiches gilt, wenn aufgrund einer Aufnahme eines Betriebes durch einen anderen, in dem ein Betriebsrat besteht, und deswegen das Amt des bisher am Verfahren beteiligten Betriebsrats erlischt. Der Betriebsrat des aufnehmenden Betriebes rückt in diesem Fall in die Beteiligtenstellung ein, ohne dass es einer Prozesshandlung bedarf.[51] 22

Auch die **einzelnen Mitglieder des Betriebsrats** können Beteiligte im Beschlussverfahren sein. Dies gilt natürlich dann, wenn sie Antragsgegner sind, beispielsweise im Verfahren nach § 23 Abs. 1 BetrVG, aber auch dann, wenn sie selbst antragsbefugt sind, beispielsweise in einem Verfahren auf Erstattung von Schulungskosten,[52] wenn es um die Wahl der freizustellenden Betriebsratsmitglieder geht[53] oder des Betriebsratsvorsitzenden[54] oder wenn die Wirksamkeit eines Betriebsratsbeschlusses in Abrede gestellt wird.[55] Sind einzelne Betriebsratsmitglieder weder Antragsteller noch Antragsgegner, sind sie insbesondere dann zu beteiligen, wenn es um die Zustimmungsersetzung zu ihrer Kündigung aus wichtigem Grund oder der Versetzung aus dringenden betrieblichen Gründen gem. § 103 BetrVG geht, dies ergibt sich bereits aus dem Gesetz, § 103 Abs. 2 Satz 2, Abs. 3 Satz 2 BetrVG. Weiterhin sind einzelne Betriebsratsmitglieder zu beteiligen, wenn zwischen Betriebsrat und Arbeitgeber die Erforderlichkeit der von dem betroffenen Betriebsratsmitglied zu besuchenden Schulung streitig ist.[56] 23

40 BAG, Beschl. v. 30.03.1994, AP Nr. 26 zu § 83 ArbGG 1979; Beschl. v. 03.04.1979, AP Nr. 17 zu § 40 BetrVG 1972.
41 BAG, Beschl. v. 01.08.1958, AP Nr. 1 zu § 83 ArbGG 1953.
42 *Grunsky*, § 83 ArbGG Rn 17; Beck'sches Rechtsanwaltshandbuch/*Bauer*, 1999/2000, C 1 Rn 183.
43 BAG, Beschl. v. 19.05.1978, AP Nr. 3 zu § 43 BetrVG 1972.
44 BAG, Beschl. v. 30.10.1986, AP Nr. 6 zu § 47 BetrVG 1972.
45 BAG, Beschl. v. 20.02.1986, AP Nr. 1 zu § 63 BetrVG 1972.
46 BAG, Beschl. v. 15.12.1978, AP Nr. 6 zu § 76 BetrVG 1972.
47 BAG, Beschl. v. 28.09.1988, AP Nr. 55 zu § 99 BetrVG 1972.
48 BAG, Beschl. v. 25.08.1981, AP Nr. 2 zu § 83 ArbGG 1979.
49 Vgl. *Herbst/Reiter/Schindele*, Handbuch zum arbeitsgerichtlichen Beschlussverfahren, Rn 206.
50 BAG, Beschl. v. 18.10.1988, AP Nr. 10 zu § 81 ArbGG 1979.
51 BAG, Beschl. v. 21.01.2003, AP Nr. 1 zu § 21a BetrVG 2002.
52 BAG, Beschl. v. 06.11.1973, AP Nr. 6 zu § 37 BetrVG 1972.
53 BAG, Beschl. v. 11.03.1992, NZA 1992, 946.
54 BAG, Beschl. v. 13.11.1991, AP Nr. 9 zu § 26 BetrVG 1972.
55 BAG, Beschl. v. 01.06.1976, AP Nr. 1 zu § 28 BetrVG 1972.
56 BAG, Beschl. v. 28.01.1975, AP Nr. 20 zu § 37 BetrVG 1972.

24 Der **Wahlvorstand** ist nach Konstituierung des neuen Betriebsrats in einem Wahlanfechtungsverfahren nicht Beteiligter, auch wenn sich die Anfechtung auf Mängel seiner Bestellung oder seines Verfahrens bei der Durchführung der Wahl bezieht.[57] Gerichtliche Streitigkeiten über Entscheidungen und Maßnahmen des Wahlvorstands können auch vor dem Wahltag Gegenstand eines Beschlussverfahrens sein. In diesem Fall ist der Wahlvorstand Beteiligter.[58] Allerdings handelt es sich wegen des Zeitdrucks bis zum Wahltag im Regelfall um **einstweilige Verfügungen**.[59] Durch einstweilige Verfügung darf jedoch nicht das Wahlverfahren bis zur endgültigen Klärung in einem Hauptsacheverfahren ausgesetzt werden, da nach Ablauf der Amtszeit des bestehenden Betriebsrats dieser nicht etwa sein Amt bis zum Abschluss der Wahl weiter wahrnimmt, sondern der Betrieb betriebsratslos wird.[60] Es werden also durch eine Leistungsverfügung für die weitere Durchführung der Wahl vollendete Tatsachen geschaffen. Die Leistungsverfügung kann auf der anderen Seite eine Wahlanfechtung, die auf dieselben Streitfragen gegründet ist, nicht ausschließen. Durch einstweilige Verfügung sind **berichtigende Eingriffe in das Wahlverfahren** möglich, an deren Begründetheit trotz des summarischen Verfahrens hohe Anforderungen zu stellen sind.[61]

25 Einzelne **Arbeitnehmer** sind zwar in § 83 Abs. 3 ArbGG neben dem Arbeitgeber und den anderen Stellen als im Verfahren anzuhören genannt, gleichwohl wird von der Rechtsprechung ausdrücklich eine Betroffenheit in der betriebsverfassungsrechtlichen Stellung gefordert, eine **mittelbare individualrechtliche Auswirkung reicht nicht**. Aus diesem Grunde ist der Arbeitnehmer in einem Verfahren über die Ersetzung der Zustimmung des Betriebsrats zur Eingruppierung des Arbeitnehmers gem. § 99 Abs. 4 BetrVG nicht beteiligt.[62] Weiterhin abgelehnt hat das BAG die Beteiligung bei einem Streit um das Vorliegen einer Betriebsänderung i.S.v. § 111 BetrVG im Hinblick auf Nachteilsausgleichsansprüche nach § 113 BetrVG.[63] Zu beteiligen sind die Arbeitnehmer beispielsweise in Verfahren um ihr aktives oder passives Wahlrecht zur Betriebsratswahl oder um ihre Mitgliedschaft in einem Betriebsverfassungsorgan,[64] schließlich in Statusverfahren, in denen über ihre Eigenschaft als leitender Angestellter zu entscheiden ist.[65]

26 Umstritten, aber nach der Auffassung des BAG[66] zu verneinen, ist die Frage, ob die **Einigungsstelle** in einem Verfahren auf Anfechtung des Einigungsstellenspruchs nach § 76 Abs. 5 BetrVG zu beteiligen ist. Einzelne Landesarbeitsgerichte[67] und das BVerwG[68] haben diese Frage zugunsten einer Beteiligung der Einigungsstelle entschieden.

27 Ist die **Beteiligung** von Personen oder Stellen, die an sich zu beteiligen gewesen wären, **unterblieben**, handelt es sich um einen **Verfahrensfehler**, da die Beteiligung von Amts wegen zu erfolgen hat.[69] Die fehlende Beteiligung führt jedoch nicht zur Unwirksamkeit der Entscheidung, sondern kann jederzeit, auch vor dem Landesarbeitsgericht, nachgeholt werden.[70] Ein Beteiligter im weiteren

57 BAG, Beschl. v. 14.01.1983, AP Nr. 9 zu § 19 BetrVG 1972; vgl. § 12 Rn 71.
58 BAG, Beschl. v. 25.08.1981, AP Nr. 2 zu § 83 ArbGG 1979.
59 BAG, Beschl. v. 15.12.1972, AP Nr. 5 zu § 80 ArbGG 1953.
60 Vgl. § 12 Rn 127.
61 ArbG Aachen, Beschl. v. 14.03.1994, AuA 1994, 253.
62 BAG, Beschl. v. 31.05.1983, AP Nr. 27 zu § 118 BetrVG 1972; Beschl. v. 22.03.1983, AP Nr. 6 zu § 101 BetrVG 1972 unter Aufgabe der Rspr. des BAG, Beschl. v. 06.10.1978, AP Nr. 2 zu § 101 BetrVG 1972; für eine Beteiligung des Arbeitnehmers auch *Dütz*, ArbuR 1993, 33 (38).
63 BAG, Beschl. v. 10.11.1987, AP Nr. 15 zu § 113 BetrVG 1972; a.A. *Jox*, NZA 1990, 424; *Herbst/Reiter/Schindele*, Handbuch zum arbeitsgerichtlichen Beschlussverfahren, Rn 226.
64 BAG, Beschl. v. 28.04.1964, AP Nr. 3 zu § 4 BetrVG.
65 BAG, Beschl. v. 23.01.1986, AP Nr. 31 zu § 5 BetrVG 1972.
66 BAG, Beschl. v. 31.08.1982, AP Nr. 8 zu § 87 BetrVG 1972 Arbeitszeit.
67 LAG Berlin, Beschl. v. 15.06.1977, EzA § 87 BetrVG 1972 Nr. 6; LAG Hamm, Beschl. v. 21.10.1977, EzA § 76 BetrVG 1972 Nr. 19.
68 BVerwG, Beschl. v. 26.08.1987, PersR 1988, 45.
69 BAG, Beschl. v. 03.04.1979, AP Nr. 1 zu § 13 BetrVG 1972.
70 *Germelmann/Matthes/Prütting*, § 83 ArbGG Rn 28.

Sinne ist beschwerdebefugt gem. § 87 Abs. 1 ArbGG,[71] dies gilt auch für den bislang fehlerhaft Nichtbeteiligten.[72] Ist die Beteiligung vor dem Landesarbeitsgericht ebenfalls unterblieben, wird dies nur auf eine entsprechende Verfahrensrüge hin berücksichtigt,[73] die auch der nicht am Verfahren Beteiligte einlegen kann.[74] Nur dann, wenn der Beschluss des LAG auf dem Verfahrensfehler beruht, wird in der Rechtsbeschwerdeinstanz der Beschluss aufgehoben und das Verfahren zurückverwiesen. Diese Voraussetzung sieht das BAG nur dann als erfüllt an, wenn zu erwarten ist, dass durch die Beteiligung neue Gesichtspunkte gewonnen werden können.[75]

D. Antrag

I. Allgemeines

Wie im Urteilsverfahren muss auch im Beschlussverfahren ein bestimmter Antrag gestellt werden, nach § 83 Abs. 1 Satz 1 ArbGG erforscht das Gericht den Sachverhalt nur im Rahmen der gestellten Anträge. Jede **Antragsauslegung** findet ihre Grenze in § 308 ZPO, wonach keiner Partei etwas zugesprochen werden darf, was nicht beantragt ist.[76] Bis zu dieser Grenze geht die Antragsauslegung durch die Arbeitsgerichte aller Instanzen erstaunlich weit. Ein anschauliches Beispiel aus der Rechtsprechung[77] schildern in diesem Zusammenhang *Herbst/Reiter/Schindele*:[78] 28

Der Betriebsrat hatte beantragt festzustellen, »dass die Einführung und Anwendung eines neuen Finanzberichtssystems im Rechnungswesen der Antragsgegnerin eine Betriebsänderung i.S.d. § 111 BetrVG ist.« Nach dem Wortlaut des Antrags sollte mithin nicht um ein Rechtsverhältnis i.S.d. § 256 Abs. 1 ZPO gestritten werden, sondern nur um eine gesetzliche Voraussetzung über das Eingreifen von Beteiligungsrechten des Betriebsrats. Das BAG[79] hat aus der Antragsbegründung als Antragsziel ermittelt, »die Feststellung der Verpflichtung der Antragsgegnerin, den Betriebsrat über Einführung und Anwendung des Finanzberichtssystems umfassend zu unterrichten und mit ihm darüber zu beraten, mit ihm über einen Interessenausgleich zu verhandeln und einen Sozialplan aufzustellen.« Dieser Streitgegenstand betrifft die Feststellung eines betriebsverfassungsrechtlichen Rechtsverhältnisses und war deshalb zulässig. 29

Entsprechendes gilt für Anträge, »dass die angerufene **Einigungsstelle** zur Beschlussfassung über . . . **nicht zuständig** ist.« Nach der Rechtsprechung des BAG sind solche Anträge dahin auszulegen, dass über das **Bestehen oder Nichtbestehen eines Mitbestimmungsrechts** entschieden werden soll, da hinter dem Streit um die Zuständigkeit der Einigungsstelle stets die Meinungsverschiedenheit über ein entsprechendes Mitbestimmungsrecht des Betriebsrats steht.[80] In diesem Zusammenhang ist auch darauf hinzuweisen, dass die Zulässigkeit eines entsprechenden Beschlussverfahrens nicht mit dem Argument in Abrede gestellt werden kann, über das Bestehen des Mitbestimmungsrechts habe zunächst die Einigungsstelle zu entscheiden.[81] Zwar ist zutreffend, dass die Einigungsstelle selbst über ihre Zuständigkeit entscheidet, dies schließt aber ein vorgeschaltetes, paralleles oder nachträglich durchgeführtes Beschlussverfahren über die Frage des Bestehens eines Mitbestimmungsrechts 30

71 Vgl. BAG, Beschl. v. 28.09.1989, AP Nr. 18 zu § 83 ArbGG; Beck'sches Rechtsanwaltshandbuch/*Bauer*, 1999/2000, C 1 Rn 185; a.A. *Grunsky*, § 83 ArbGG Rn 20 und § 87 ArbGG Rn 6.
72 BAG, Beschl. v. 26.11.1968, AP Nr. 18 zu § 76 BetrVG.
73 BAG, Beschl. v. 15.08.1978, AP Nr. 3 zu § 47 BetrVG 1972.
74 BAG, Beschl. v. 20.02.1986, AP Nr. 1 zu § 63 BetrVG 1972.
75 BAG, Beschl. v. 15.01.1992, AP Nr. 10 zu § 26 BetrVG 1972.
76 Vgl. BAG, Beschl. v. 27.10.1992, DB 1993, 1143.
77 BAG, Beschl. v. 26.10.1982, AP Nr. 10 zu § 111 BetrVG 1972.
78 Handbuch zum arbeitsgerichtlichen Beschlussverfahren, Rn 267.
79 Beschl. v. 26.10.1982, AP Nr. 10 zu § 111 BetrVG 1972.
80 BAG, Beschl. v. 24.11.1981, AP Nr. 11 zu § 76 BetrVG 1972.
81 Vgl. Beck'sches Rechtsanwaltshandbuch/*Bauer*, 1999/2000, C 1 Rn 188.

nicht aus.[82] Die Einigungsstelle ist dann an eine rechtskräftige Entscheidung des Arbeitsgerichts gebunden.[83]

31 Eine Antragsauslegung findet auch dort ihre Grenze, wo **Antrag und Begründung eindeutig** sind. Wird jedoch erkennbar, dass das Ziel des Rechtsstreits ein anderes ist, muss durch die Instanzen auf eine sachdienliche Antragstellung hingewirkt werden. Wird dies durch das Gericht unterlassen, liegt ein Verfahrensfehler vor, der zur Aufhebung der Entscheidung führen kann.[84]

32 Im Rahmen der »richtigen« Formulierung des Antrags ist zu unterscheiden zwischen der (mangelnden) Bestimmtheit des Antrags, dem Problem des zu weit gefassten Antrags und dem (fehlenden) Rechtsschutzinteresse. Diese Problemkreise sollen nachfolgend abgehandelt werden.

II. Bestimmtheitsgrundsatz

33 Auch im Beschlussverfahren muss eindeutig sein, was **Streitgegenstand** des Verfahrens ist. Hiervon hängt sowohl der Umfang der Rechtshängigkeit und der Rechtskraft als auch die Vollstreckbarkeit ab. Geht es um das Bestehen von Mitbestimmungsrechten, ist die Maßnahme des Arbeitgebers oder der betriebliche Vorgang, für die bzw. den ein Mitbestimmungsrecht beansprucht wird, so genau zu bezeichnen, dass aus der antragsgemäßen Entscheidung der tatsächliche Umfang des Mitbestimmungsrechts eindeutig hervorgeht.[85] Ist der Antrag zu unbestimmt, ist er gem. § 253 Abs. 2 Satz 2 ZPO unzulässig. Zunächst ist jedoch der Antrag auszulegen bzw. durch das Arbeitsgericht auf einen sachdienlichen Antrag, der dem Bestimmtheitsgrundsatz genügt, hinzuwirken. Der Bestimmtheitsgrundsatz kann in Widerstreit mit dem Rechtsschutzinteresse geraten, wenn der konkrete betriebliche Vorgang im Antrag so genau bezeichnet wird, dass praktisch eine Wiederholungsgefahr dieses konkreten Sachverhalts nahezu ausgeschlossen ist.[86] Bei der Sachmittelausstattung des Betriebsrats hat der **Arbeitgeber ein Auswahlrecht**, das der Betriebsrat bei seinem Antrag im Beschlussverfahren zu berücksichtigen hat, was wiederum zu **Schwierigkeiten bei der Bestimmtheit** insbesondere im Hinblick auf die Vollstreckbarkeit führen kann. Nach LAG Nürnberg[87] hat daher die Vollstreckung einer arbeitsgerichtlichen Entscheidung zur Sachmittelausstattung des Betriebsrats **analog §§ 262 ff. BGB** zu erfolgen, d.h. der Arbeitgeber kann sein Auswahlermessen so lange ausüben, bis die Zwangsvollstreckung beginnt, dann kann der Gläubiger, hier der Betriebsrat, wählen.

34 Kein Problem des Bestimmtheitsgrundsatzes, sondern eine Frage der Begründetheit ist der sog. **Globalantrag**. Von einem Globalantrag spricht man, wenn für eine Vielzahl denkbarer Fallgestaltungen ein Mitbestimmungsrecht begehrt wird, beispielsweise für die Anordnung von Überstunden, soweit es sich um kollektive Maßnahmen gegenüber nicht leitenden Angestellten und um keine Notfälle handelt. Der Antrag ist bestimmt genug, jedoch insgesamt unbegründet, wenn von dem Antrag auch nur eine einzige denkbare Fallgestaltung umfasst wird, in der ein Mitbestimmungsrecht nicht besteht.[88]

82 BAG, Beschl. v. 15.10.1979 und Beschl. v. 17.02.1981, AP Nr. 5 und 9 zu § 111 BetrVG 1972; Beschl. v. 18.11.1980, AP Nr. 3 zu § 87 BetrVG 1972 Arbeitssicherheit; Beschl. v. 24.11.1981, AP Nr. 7 zu § 87 BetrVG 1972 Überwachung.
83 Vgl. § 13 Rn 25 f.
84 BAG, Beschl. v. 27.03.1979, AP Nr. 7 zu § 80 ArbGG 1953.
85 BAG, Beschl. v. 14.09.1984, AP Nr. 9 zu § 87 BetrVG Überwachung; Beschl. v. 19.02.1991, AP Nr. 26 zu § 95 BetrVG 1972.
86 Vgl. BAG, Beschl. v. 17.05.1983, AP Nr. 19 zu § 80 BetrVG 1972.
87 LAG Nürnberg, Beschl. v. 10.12.2002, NZA-RR 2003, 418.
88 BAG, Beschl. v. 10.06.1986, NZA 1986, 840; Beschl. v. 03.05.1994, NZA 1995, 40.

III. Zu weit gefasster Antrag

Der vorstehend angesprochene unbegründete Globalantrag ist ein Fall des zu weit gefassten Antrags. Die Problematik des zu weit gefassten Antrags besteht darin, dass **das Gericht aus einem abstrakt, einschränkungslos gefassten Antrag nicht einzelne Fallgestaltungen herausgreifen darf**, die sich nach seiner Vorstellung dem tatsächlichen Vorbringen der Beteiligten entnehmen lassen, um dann nur darüber zu entscheiden. Diese Entscheidung würde einen anderen Streitgegenstand betreffen.[89] Ein zu weit gefasster Antrag ist daher insgesamt als unbegründet abzuweisen, wenn das begehrte Mitbestimmungsrecht auch nur in einem Fall nicht besteht oder das in Abrede gestellte Mitbestimmungsrecht in einer vom Antrag umfassten Fallgestaltung besteht. In aller Regel wird die Antragsproblematik Gegenstand der mündlichen Verhandlung sein. Es bietet sich an, mit abgestuften Hilfsanträgen zu arbeiten,[90] damit einerseits für den Mandanten eine möglichst weit reichende Entscheidung erfochten wird, der Anwalt andererseits nicht Gefahr läuft, das Verfahren insgesamt auf Grund eines zu weit gefassten Antrags zu verlieren. 35

IV. Rechtsschutzinteresse

Wie in jedem anderen Verfahren auch, muss der Antragsteller ein rechtliches Interesse an der begehrten Entscheidung haben, um die streitschlichtende Funktion der Gerichte ausreichend von einer gutachterlichen Tätigkeit abzugrenzen. Dabei ist das Vorliegen des Rechtsschutzinteresses im gesamten Verlauf des Verfahrens bis zur rechtskräftigen Entscheidung erforderlich. Es ist mithin in jedem Verfahrensstadium von Amts wegen zu prüfen. 36

Das Rechtsschutzinteresse entfällt, wenn die konkrete **arbeitgeberseitige Maßnahme**, die Gegenstand des Feststellungsantrags des Betriebsrats ist, **abgeschlossen** ist und damit in der Vergangenheit liegt.[91] Dies gilt beispielsweise auch, wenn der Betriebsrat die Verpflichtung des Arbeitgebers begehrt, mit ihm über einen **Interessenausgleich** zu verhandeln, die Betriebsänderung aber vom Arbeitgeber bereits durchgeführt ist.[92] Wenn die Betriebsänderung durchgeführt ist, kann über die Art und Weise der Durchführung nicht mehr verhandelt werden. Zu beachten ist jedoch, dass in vielen Fällen konkrete Verletzungen von Mitbestimmungsrechten lediglich als Anlass genommen werden, einen entsprechenden Unterlassungstitel herbeizuführen, um **einen weiteren, zukünftigen Verstoß** des Arbeitgebers sanktionieren zu können.[93] In diesen Fällen ist es unerheblich, dass die konkrete Rechtsverletzung bereits in der Vergangenheit liegt. Das Rechtsschutzinteresse liegt hier in der Möglichkeit bzw. Wahrscheinlichkeit der Wiederholung eines gleichartigen Verstoßes (**Wiederholungsgefahr**).[94] 37

Die von einem Betriebsrat im Beschlussverfahren begehrte Feststellung einer abstrakten Rechtsfrage, im entschiedenen Fall der Frage, ob die gegenüber dem Arbeitsverbot an Feiertagen (§ 9 Abs. 1 ArbZG) geltende Ausnahmeregelung des § 10 Abs. 4 ArbZG verfassungswidrig ist, stellt eine **abstrakte Normenkontrolle** dar und ist daher nicht auf das Bestehen oder Nichtbestehen eines Rechtsverhältnisses i.S.v. § 256 ZPO gerichtet. Für das Feststellungsinteresse reicht es nicht aus, dass die Entscheidung für zukünftige Fälle Richtschnur für das Handeln der Beteiligten sein kann. In diesen Fällen läuft der Antrag darauf hinaus, durch das Gericht ein abstraktes **Rechtsgutachten** erstellen zu lassen.[95] 37a

89 *Herbst/Reiter/Schindele*, Handbuch zum arbeitsgerichtlichen Beschlussverfahren, Rn 304.
90 Vgl. Beck'sches Rechtsanwaltshandbuch/*Bauer*, 1999/2000, C 1 Rn 193; BAG, Beschl. v. 06.12.1983, BB 1984, 850.
91 BAG, Beschl. v. 06.11.1990, NZA 1991, 193.
92 BAG, Beschl. v. 17.12.1985, AP Nr. 15 zu § 111 BetrVG 1972; Urt. v. 10.11.1987, AP Nr. 15 zu § 113 BetrVG 1972.
93 LAG Rheinland-Pfalz, Beschl. v. 05.05.2000, MDR 2000, 1444.
94 Vgl. BAG, Beschl. v. 03.07.1990, AP Nr. 81 zu § 99 BetrVG 1972.
95 BAG, Beschl. v. 27.1.2004 – 1 ABR 5/03 (n.v.).

E. Anhörungstermin

38 Die Bedeutung des Anhörungstermins sollte trotz des vorausgehenden Austauschs von Schriftsätzen nicht unterschätzt werden. Zum einen kennen die Beisitzer die Akte und damit auch die Schriftsätze nur aus der Einführung durch den Vorsitzenden in der Vorberatung, so dass die mündliche Verhandlung dem Rechtsanwalt die Möglichkeit bietet, den **Beisitzern** Tatsachen- und rechtliche Aspekte des Falles nahe zu bringen, auf die der Vorsitzende möglicherweise nicht eingegangen ist. Andererseits kann durch die **Gewichtung im Rechtsgespräch** mit der Kammer durchaus noch Einfluss auf die Entscheidung genommen werden. Schließlich kommt es nicht selten vor, dass die Kammer Gesichtspunkten in tatsächlicher oder rechtlicher Hinsicht Bedeutung beimisst, die bislang weder im Vortrag des Antragstellers noch im Vortrag des Antragsgegners besondere Berücksichtigung fanden.

39 Das Kernstück des Beschlussverfahrens ist die mündliche Verhandlung, hier die **Anhörung der Beteiligten**, die in § 83 Abs. 3 ArbGG vorgeschrieben ist. Die Beteiligten können sich gem. § 83 Abs. 4 Satz 1 ArbGG auch schriftlich äußern. In der Praxis ist eine schriftsätzliche Vorbereitung des Anhörungstermins die Regel. Mit Einverständnis der Beteiligten kann das Gericht gem. § 83 Abs. 4 Satz 3 ArbGG auch ohne mündliche Verhandlung entscheiden. Diese Möglichkeit besteht jedoch nur auf dem Papier und wird – mit Ausnahme der einstweiligen Verfügung – zu Recht, jedenfalls in den Instanzen, nicht genutzt. Die vorstehend genannten Möglichkeiten der mündlichen Verhandlung würden vergeben, insbesondere würde eine Chance vertan, mit Hilfe der Kammer eine gütliche Einigung zu erreichen. Gem. § 80 Abs. 2 Satz 2 ArbGG kann der Vorsitzende ein **Güteverfahren** ansetzen. Macht der Vorsitzende von der Möglichkeit der Anberaumung einer Güteverhandlung Gebrauch, sind hierauf die Regelungen der zwingenden Güteverhandlung im Urteilsverfahren anwendbar.

40 Der **Gang des Anhörungstermins** unterscheidet sich grundsätzlich nicht von demjenigen der mündlichen Verhandlung des Zivilprozesses, die Verhandlung beginnt mit der Einführung des Vorsitzenden in den Sach- und Streitstand, § 80 Abs. 2 ArbGG in Verbindung mit § 278 Abs. 1 Satz 1 ZPO. Zwar bleibt ein Verstoß gegen dieses Verfahrensprinzip prozessual ohne Folgen.[96] Derjenige Vorsitzende, der die Verhandlung mit den Worten eröffnet (und im Prinzip auch gleichzeitig schließt) »noch Vortrag«, unterbindet nicht nur jede Vergleichsmöglichkeit, sondern auch jedes vernünftige Rechtsgespräch. Die mündliche Verhandlung wird so ihres Sinnes entleert. Denn ohne die genannte Einführung durch den Vorsitzenden, die regelmäßig mit Hinweisen verbunden wird, wo die Kammer die Problemschwerpunkte sieht, hat der Rechtsanwalt keinen Anhaltspunkt, zu welchen Tatsachen- oder Rechtsfragen vertiefende mündliche Ausführungen noch sinnvoll sind. Es kann kaum beabsichtigt sein, das gesamte schriftliche Vorbringen zu repetieren und damit die Kammer zu »langweilen«. Die Einführung in den Sach- und Streitstand ist daher nicht nur prozessual vorgesehen, sondern auch in der Sache sinnvoll.[97]

41 Der Pflicht zur Anhörung ist nach § 83 Abs. 4 Satz 2 ArbGG auch dann genügt, wenn ein Beteiligter trotz ordnungsgemäßer Ladung **unentschuldigt dem Termin ferngeblieben** ist und hierauf in der Ladung hingewiesen wurde. Zwar kennt das Beschlussverfahren kein Versäumnisurteil, beim Ausbleiben eines Beteiligten kann jedoch gleichwohl eine **Sachentscheidung »nach Lage der Akten«** ergehen.[98] Fehlt ein Beteiligter entschuldigt, wird in der Regel ein neuer Anhörungstermin anzuberaumen sein.[99]

96 *Germelmann/Matthes/Prütting*, § 57 ArbGG Rn 6.
97 Vgl. BVerfG, Beschl. v. 24.03.1976, AP Nr. 4 zu § 139 ZPO unter B. II. 3. der Gründe.
98 LAG Düsseldorf, Beschl. v. 22.08.1993, LAGE § 5 BetrVG 1972 Nr. 21.
99 *Herbst/Reiter/Schindele*, Handbuch zum arbeitsgerichtlichen Beschlussverfahren, Rn 389.

F. Beendigung des Verfahrens erster Instanz

I. Beschluss

Die dem Urteil im Urteilsverfahren entsprechende streitige, die Instanz beendende Entscheidung ist der Beschluss. Gem. § 84 Satz 1 ArbGG entscheidet das Gericht nach seiner freien, aus dem Gesamtergebnis des Verfahrens gewonnenen Überzeugung. Der Beschluss ist nach § 84 Satz 2 ArbGG **schriftlich** abzufassen, gem. § 84 Satz 3 ArbGG finden die Regelungen zum Urteil in § 60 ArbGG entsprechende Anwendung. **Kosten** werden im Beschlussverfahren nicht erhoben, § 12 Abs. 5 ArbGG. Eine **Kostenentscheidung** im Tenor erübrigt sich daher. Auch eine **Streitwertfestsetzung** erfolgt in dem Beschluss nicht, da § 84 Satz 3 ArbGG zwar auf § 60 ArbGG, nicht aber auf § 61 Abs. 1 ArbGG verweist.[100] Auf gesonderten Antrag des Rechtsanwalts setzt das Arbeitsgericht jedoch den **Gegenstandswert für die Berechnung der Rechtsanwaltsgebühren** durch gesonderten Beschluss fest, § 33 Abs. 1 RVG. 42

Der Beschluss ist gem. §§ 84 Satz 3, 60 Abs. 1 ArbGG zu verkünden und gem. §§ 80 Abs. 2, 50 Abs. 1 ArbGG allen Beteiligten innerhalb von drei Wochen nach Übergabe an die Geschäftsstelle von Amts wegen zuzustellen.

Ist der Beschluss unanfechtbar – weil entweder die Rechtsmittelfristen abgelaufen sind, ohne dass ein Beteiligter ein Rechtsmittel eingelegt hätte, oder weil alle Rechtsmittel ausgeschöpft sind – erwächst er in **formeller und materieller Rechtskraft**. Materielle Rechtskraft bedeutet, dass dieselbe Frage nicht mehr bei einem anderen oder bei demselben Gericht anhängig gemacht werden darf, ein solcher Antrag ist unzulässig, jedenfalls solange keine wesentlichen tatsächlichen oder gesetzlichen Veränderungen seit der Verkündung der Entscheidung eingetreten sind.[101] Die Rechtskraftwirkung erfasst alle Beteiligten des Verfahrens, gleich ob sie sich tatsächlich geäußert haben,[102] nicht aber solche Beteiligten, die zwar vom Gericht am Verfahren hätten beteiligt werden müssen, deren Beteiligung aber unterblieben ist.[103] Andernfalls würde das Recht auf Gewährung rechtlichen Gehörs verletzt. 43

Problematisch und umstritten ist die von der Rechtsprechung entwickelte sog. **»präjudizielle Bindungswirkung«**.[104] Die präjudizielle Bindungswirkung besagt, dass im Beschlussverfahren ergangene Entscheidungen, die als betriebsverfassungsrechtliche Vorfragen Bedeutung für entweder andere Beschlussverfahren oder individualrechtliche Verfahren haben, in diesen Verfahren verbindlich sein sollen. Hinter dieser Rechtsprechung steht der an sich erstrebenswerte Gedanke der Einheitlichkeit der Rechtsordnung. Unproblematisch erscheint dies dort, wo die Parteien des nachfolgenden Verfahrens Beteiligte des Beschlussverfahrens waren. Als Beispielsfälle seien hier genannt eine Entscheidung im Zustimmungsersetzungsverfahren nach § 103 BetrVG, an dem der betroffene Arbeitnehmer/das Betriebsratsmitglied zu beteiligen ist,[105] die präjudiziell in dem nachfolgenden Kündigungsschutzprozess wirkt,[106] oder das Beschlussverfahren über die Erforderlichkeit der Schulung nach § 40 BetrVG, das das Urteilsverfahren über die Lohnansprüche nach § 37 Abs. 4 BetrVG präjudiziert.[107] 44

Es ist jedoch auch eine Vielzahl von Fällen denkbar, in denen der Arbeitnehmer nicht Beteiligter des Beschlussverfahrens ist, beispielsweise wenn es um die Zustimmung des Betriebsrats zu Versetzung 44a

100 *Herbst/Reiter/Schindele*, Handbuch zum arbeitsgerichtlichen Beschlussverfahren, Rn 99.
101 Vgl. BAG, Beschl. v. 27.01.1981, AP Nr. 2 zu § 80 ArbGG 1979.
102 Vgl. § 83 Abs. 4 Satz 2 ArbGG.
103 BAG, Beschl. v. 01.02.1983, AP Nr. 14 zu § 322 ZPO.
104 BAG, Beschl. v. 10.11.1987, AP Nr. 15 zu § 113 BetrVG 1972; Beschl. v. 09.04.1991, AP Nr. 8 zu § 18 BetrVG 1972; Beschl. v. 17.02.1992, AP Nr. 1 zu § 84 ArbGG 1979.
105 Vgl. Rn 23.
106 BAG, Beschl. v. 24.04.1975, AP Nr. 3 zu § 103 BetrVG 1972.
107 BAG, Beschl. v. 06.05.1975, AP Nr. 5 zu § 65 BetrVG 1972.

oder Eingruppierung i.S.d. § 99 BetrVG geht.[108] Gleiches gilt für die Frage des Bestehens von Nachteilsausgleichansprüchen gem. § 113 BetrVG, wenn die Frage des Vorliegens einer Betriebsänderung nach § 111 BetrVG zuvor in einem Beschlussverfahren geklärt wurde, in dem der nunmehr klagende Arbeitnehmer nicht beteiligt war.[109] Auch hier ist die Verletzung des Grundrechts auf rechtliches Gehör eingewandt worden.[110] Nach LAG Nürnberg[111] wirkt ein rechtskräftiger Beschluss über die Wirksamkeit und die Folgen einer Kündigung einer **Betriebsvereinbarung** über betriebliche Altersversorgung auch im Verhältnis zu den betroffenen Arbeitnehmern. Im Urteilsverfahren des Arbeitnehmers ist dann nur noch die konkrete Billigkeitskontrolle durchzuführen.

II. Erledigung

45 Die Erledigung des Verfahrens ist in § 83a ArbGG geregelt. Hat der Antragsteller das Verfahren für erledigt erklärt, so sind die übrigen Beteiligten binnen einer von dem Vorsitzenden zu bestimmenden Frist von mindestens zwei Wochen gem. § 83a Abs. 3 ArbGG aufzufordern mitzuteilen, ob sie der Erledigung zustimmen. Die **Zustimmung** gilt als erteilt, wenn sich der Beteiligte innerhalb der Frist nicht äußert. Haben die Beteiligten das Verfahren für erledigt erklärt, so ist es gem. § 83a Abs. 2 ArbGG einzustellen. Die gesetzliche Regelung des § 83a ArbGG erfasst also nur die **übereinstimmende Erledigungserklärung** aller Beteiligten. In diesem Falle wird vor der Einstellung des Verfahrens nicht geprüft, ob tatsächlich ein erledigendes Ereignis eingetreten ist, Voraussetzung für die Einstellung ist neben der übereinstimmenden Erledigungserklärung der Beteiligten lediglich, dass der Antrag ursprünglich zulässig war, andernfalls ist der Antrag als unzulässig zurückzuweisen.[112]

46 **Widersprechen** andere Beteiligte der Erledigungserklärung des Antragstellers, hat das Arbeitsgericht zu prüfen, ob tatsächlich ein **erledigendes Ereignis** eingetreten ist, d.h. nach Eintritt der Rechtshängigkeit Umstände eingetreten sind, die dazu führen, dass der Antrag als unzulässig oder als unbegründet abgewiesen werden müsste.[113] Dagegen ist nicht zu prüfen, ob der Antrag ursprünglich zulässig und begründet war.[114] Die **einseitige Erledigungserklärung eines anderen Beteiligten** – außer dem Antragsteller – ist dagegen nicht vorgesehen, eine solche Erledigungserklärung führt nicht zur Beendigung des Verfahrens durch Einstellung.[115] Trägt einer der Beteiligten jedoch in der Sache vor, dass ein erledigendes Ereignis eingetreten ist, führt dies zur Prüfung des Rechtsschutzinteresses des Antragstellers unter diesem Gesichtspunkt. Durch die Erledigung der Angelegenheit, die der Antragsteller zur Entscheidung stellt, entfällt in der Regel das Rechtsschutzinteresse, so dass der Antrag unzulässig (geworden) ist.[116]

III. Vergleich

47 Gem. § 83a Abs. 1 ArbGG können die Beteiligten auch einen Vergleich schließen, soweit sie über den Gegenstand des Vergleichs verfügen können. Der Vergleich muss von allen Verfahrensbeteiligten geschlossen werden.[117] Ein Augenmerk ist stets darauf zu richten, ob die Beteiligten über den Vergleichsgegenstand – auch soweit er bislang nicht Gegenstand des Verfahrens war – verfügen können.

108 Vgl. Rn 25; BAG, Beschl. v. 21.09.1989, AP Nr. 72 zu § 99 BetrVG 1972; andererseits die Bindungswirkung ablehnend BAG, Urt. v. 13.05.1981, AP Nr. 24 zu § 59 HGB.

109 BAG, Beschl. v. 10.11.1987, AP Nr. 15 zu § 113 BetrVG 1972.

110 Vgl. zur Kritik an der Rechtsprechung *Jox*, NZA 1990, 424; *Prütting*, RdA 1991, 257; vgl. auch mit weiteren Nachweisen aus der Rechtsprechung Beck'sches Rechtsanwaltshandbuch/*Bauer*, 1999/2000, C 1 Rn 201.

111 LAG Nürnberg, Urt. v. 23.12.2002, LAGReport 2003, 131.

112 BAG, Beschl. v. 27.08.1996, NZA 1997, 623.

113 BAG, Beschl. v. 23.06.1993, NZA 1993, 1052.

114 BAG, Beschl. v. 26.04.1990, AP Nr. 3 zu § 83a ArbGG 1979.

115 BAG, Beschl. v. 26.03.1991, AP Nr. 32 zu § 75 BPersVG.

116 BAG, Beschl. v. 23.01.1986, AP Nr. 31 zu § 5 BetrVG 1972.

117 *Germelmann/Matthes/Prütting*, § 83a ArbGG Rn 6; a.A. *Grunsky*, § 83a ArbGG Rn 3.

Die **Verfügungsbefugnis** fehlt, soweit die Regelungen des BetrVG zwingend sind, beispielsweise bei Streitigkeiten über organisatorische Vorschriften, wie den Betriebsbegriff, die Arbeitnehmereigenschaft oder Regelungen zur Betriebsratswahl.[118] Unproblematisch ist die Verfügungsbefugnis dagegen bei vermögensrechtlichen Streitigkeiten.[119]

Besteht **Streit, ob der Vergleich wirksam geschlossen wurde**, so ist dieser Streit im anhängigen Verfahren oder in einem neuen Verfahren zu entscheiden.[120] Möglich ist gleichermaßen ein **außergerichtlicher Vergleich**, nach dessen Abschluss der Antrag entweder zurückgenommen oder das Verfahren für erledigt erklärt werden kann. Da die Kostenentscheidung im Beschlussverfahren mangels Entstehen von Gerichtskosten nicht getroffen wird, andererseits der Arbeitgeber die Gebühren des Rechtsanwalts des Betriebsrats auch im Obsiegensfall zu tragen hat, enthält die Erledigungserklärung gegenüber der Antragsrücknahme keinen prozessualen oder materiellen Vorteil. Jedenfalls in erster Instanz, in der eine einseitige Antragsrücknahme möglich ist, sollte hiervon aus Vereinfachungsgründen Gebrauch gemacht werden. Besondere Probleme können sich bei der **Vollstreckbarkeit** eines Vergleichs, der zur Beendigung eines vom Betriebsrat nach § 23 Abs. 3 BetrVG wegen grober Pflichtverletzung des Arbeitgebers eingeleiteten Verfahrens abgeschlossen wurde, ergeben.[121] 48

IV. Antragsrücknahme und Verzicht

Der Antragsteller kann gem. § 81 Abs. 2 ArbGG **in erster Instanz den Antrag jederzeit zurücknehmen**. In der **Beschwerdeinstanz** ist gem. § 87 Abs. 2 Satz 3 ArbGG, in der Rechtsbeschwerdeinstanz gem. § 92 Abs. 2 Satz 3 ArbGG die **Zustimmung** der anderen Beteiligten erforderlich. **Schweigen** gilt hier, anders als beispielsweise bei der Erledigungserklärung nach § 83a Abs. 3 ArbGG, als **Ablehnung**.[122] Gleiches gilt in der Zeit nach Verkündung der Entscheidung bis zu ihrer Rechtskraft, wenn ein Rechtsmittel nicht eingelegt wird. Gem. § 81 Abs. 2 Satz 2 ArbGG ist das Verfahren nach Antragsrücknahme vom Vorsitzenden einzustellen, wovon den Beteiligten Kenntnis zu geben ist, soweit ihnen der Antrag bereits mitgeteilt, die Antragsschrift also zugestellt worden ist. Etwa ergangene Entscheidungen, beispielsweise bei Antragsrücknahme in der zweiten oder dritten Instanz, sind wirkungslos. Dies ist auf Antrag eines Beteiligten durch Beschluss des Vorsitzenden auszusprechen, § 269 Abs. 3 Satz 3 ZPO. 49

Die Rücknahme eines von mehreren Anträgen in erster Instanz steht der **neuerlichen Antragstellung in zweiter Instanz** grundsätzlich nicht entgegen.[123]

Der Antragsteller kann weiterhin auf seinen geltend gemachten Anspruch **verzichten**, soweit er über den Streitgegenstand – entsprechend der Regelung beim Vergleich – verfügen kann. Auf Antrag des Antragsgegners hat der Vorsitzende einen Verzichtsbeschluss zu erlassen, ohne dass die übrigen Beteiligten zustimmen müssten.[124] 50

V. Anerkenntnis

Entsprechend dem Verzicht ist andererseits auch ein Anerkenntnis entsprechend §§ 306, 307 ZPO möglich. Auch hier ist Voraussetzung, dass die Beteiligten über den Streitgegenstand **verfügen** können.[125] Ein »sofortiges Anerkenntnis« verschafft dem Anerkennenden allerdings aus den bereits 51

118 Vgl. ausführlich zur Verfügungsbefugnis *Lepke*, DB 1977, 629 (633).
119 Däubler/Kittner/Klebe/*Klebe*, Einl. Rn 181; a.A. *Herbst/Reiter/Schindele*, Handbuch zum arbeitsgerichtlichen Beschlussverfahren, Rn 416.
120 BAG, Beschl. v. 25.06.1981, AP Nr. 30 zu § 794 ZPO.
121 Hierzu im Einzelnen Rn 67.
122 *Germelmann/Matthes/Prütting*, § 87 ArbGG Rn 25.
123 BAG, Beschl. v. 12.11.2002, AP Nr. 43 zu § 99 BetrVG 1972 Einstellung.
124 *Germelmann/Matthes/Prütting*, § 80 ArbGG Rn 55.
125 *Germelmann/Matthes/Prütting*, § 80 ArbGG Rn 55.

vorstehend im Zusammenhang mit dem Verhältnis zwischen Erledigungserklärung und Antragsrücknahme erörterten Gründen im Gegensatz zum allgemeinen Zivilrecht keinen Kostenvorteil.

G. Einstweilige Verfügung

I. Allgemeines

52 Nach § 85 Abs. 2 ArbGG ist auch im Beschlussverfahren für die Gewährung eines effektiven Rechtsschutzes die einstweilige Verfügung vorgesehen. Das Gesetz verweist auf die Vorschriften des achten Buches der ZPO mit der Besonderheit, dass für die Entscheidung nicht der Vorsitzende allein, sondern die vollbesetzte **Kammer** zuständig ist, die **Zustellungen von Amts wegen** erfolgen und ein **Schadensersatzanspruch** auf Grund einer erlassenen, aber von Anfang an ungerechtfertigten einstweiligen Verfügung (§ 945 ZPO) **nicht besteht**. Die einstweilige Verfügung kann in der Gestalt der Sicherungsverfügung (§ 935 ZPO), der Regelungsverfügung (§ 940 ZPO) und der Leistungs- bzw. Befriedigungsverfügung ergehen. Gerade weil das Beschlussverfahren einen Schadensersatzanspruch bei einer ungerechtfertigt erlassenen einstweiligen Verfügung nicht kennt, darf eine Befriedigungsverfügung nur mit größter Vorsicht und Zurückhaltung gewährt werden.[126] Voraussetzung für den Erlass einer einstweiligen Verfügung ist ein **Verfügungsanspruch** sowie ein **Verfügungsgrund**.

II. Verfügungsanspruch

53 Das Bestehen eines Verfügungsanspruchs ist eine Frage des materiellen Rechts.[127] Ansprüche können sich aus dem BetrVG, anderen Gesetzen oder auch aus Betriebsvereinbarungen, deren Durchführung der Betriebsrat verlangen kann,[128] ergeben. Immer muss jedoch ein Anspruch i.S.d. § 194 BGB gegeben sein.[129] Äußerst umstritten ist die Frage, ob sich für den Betriebsrat aus seinen unterschiedlich ausgestalteten **Mitwirkungsrechten**, reichend von Unterrichtungs- über Beratungs- bis zu echten Mitbestimmungsrechten, Unterlassungsansprüche ergeben. Unstreitig kann der Betriebsrat dem Arbeitgeber aufgeben lassen, ihn über bestimmte Sachverhalte zu unterrichten oder mit ihm zu beraten. Interessanter und bedeutsamer ist aber die Frage, ob der Betriebsrat den Arbeitgeber im Wege einer einstweiligen Verfügung verpflichten kann, die **Durchführung mitbestimmungswidriger Maßnahmen** zu unterlassen, bis der Betriebsrat ordnungsgemäß beteiligt worden ist. Nach der Rechtsprechung des BAG kommt es immer auf die konkrete gesetzliche Ausgestaltung einzelner Mitbestimmungstatbestände an, es muss in jedem Einzelfall besonders geprüften werden, ob der Mitbestimmungstatbestand für den Betriebsrat einen Unterlassungsanspruch ergibt.[130] Für den Bereich der zwingenden Mitbestimmung des § 87 BetrVG hat das BAG entgegen seiner früheren Rechtsprechung[131] einen Unterlassungsanspruch bejaht,[132] für § 99 BetrVG hat das BAG die Frage offen gelassen.[133] Höchstrichterlich noch ungeklärt ist die Frage auch im Rahmen des Anspruchs auf Verhandlung eines Interessenausgleichs, §§ 111, 112 BetrVG.[134]

126 LAG Baden-Württemberg, Beschl. v. 07.11.1989, NZA 1990, 286; *Olderog*, NZA 1985, 753; Beck'sches Rechtsanwaltshandbuch/*Bauer*, 1999/2000, C 1 Rn 218.

127 BAG, Beschl. v. 17.05.1983, AP Nr. 19 zu § 80 BetrVG 1972.

128 BAG, Beschl. v. 24.02.1987, AP Nr. 21 zu § 77 BetrVG 1972.

129 *Heinze*, DB 1983, Beilage 9.

130 BAG, Beschl. v. 03.05.1994, BB 1994, 2273.

131 BAG, Beschl. v. 22.02.1983, BAGE 42, 11 = BB 1983, 1724 = DB 1983, 1926.

132 BAG, Beschl. v. 03.05.1994, BB 1994, 2273.

133 BAG, Beschl. v. 06.12.1994, NZA 1995, 488.

134 Vgl. einen Unterlassungsanspruch befürwortend LAG Hamburg, Beschl. v. 13.11.1981, ArbuR 1982, 389; Beschl. v. 05.02.1986, DB 1986, 598; LAG Frankfurt am Main, Beschl. v. 21.09.1982, DB 1983, 613; *Fitting u.a.*, § 111 BetrVG Rn 130 ff.; a.A. LAG Düsseldorf, Beschl. v. 14.11.1983, DB 1984, 511; LAG Baden-Württemberg, Beschl. v. 28.08.1985, DB 1986, 805; *Ehrich*, BB 1993, 356; *Ehler*, BB 1994, 2270; *Hümmerich/Spirolke*, BB 1996, 1986;

Nach einer weiteren Auffassung kommt es für den Erlass einer einstweiligen Unterlassungsverfügung auf diese Frage nicht an. Entscheidend sei allein, dass der Betriebsrat ein Recht auf Beteiligung an der Maßnahme habe. Zur Sicherung dieser Beteiligungsrechte könne eine einstweilige Verfügung ergehen, innerhalb derer das Gericht gem. § 938 ZPO nach freiem Ermessen selbst bestimme, welche Anordnungen zur Erreichung des Zwecks erforderlich sind. Nach § 938 Abs. 2 ZPO könne dem Verfügungsgegner auch eine Handlung geboten oder verboten werden. Damit komme zur Sicherung der Beteiligungsrechte grundsätzlich auch eine Unterlassungsverfügung in Betracht.[135] Diese Auffassung berücksichtigt jedoch nicht hinreichend, dass die durch die einstweilige Verfügung auferlegte Unterlassungsverpflichtung nicht weitergehen darf als der zu sichernde Anspruch selbst. Wenn dem Betriebsrat gem. §§ 111 ff. BetrVG keine Möglichkeit eingeräumt ist, die Durchführung der Betriebsänderung zu verhindern, kann auch der Gedanke eines effektiven Rechtsschutzes gepaart mit der freien Ermessensentscheidung des Gerichts dem Betriebsrat einen dem BetrVG unbekannten Anspruch auf (temporäre) Verhinderung der Betriebsänderung nicht verschaffen. 54

Als **einzelne zu sichernde Verfügungsansprüche** kommen weiterhin der Anspruch auf Durchführung eines Einigungsstellenspruchs,[136] der Anspruch eines Gewerkschaftsbeauftragten auf Zutritt zum Betrieb,[137] ein Anspruch auf Freistellung eines Betriebsratsmitglieds für den Besuch einer Schulungsveranstaltung[138] oder des Arbeitgebers auf Untersagung von Betriebsversammlungen[139] in Betracht. Der Arbeitgeber kann außerdem einen Anspruch auf Unterlassung von gegen § 74 Abs. 2 BetrVG verstoßenden Maßnahmen,[140] auf Unterlassung der Amtsausübung durch ein Betriebsratsmitglied, gegen das ein Amtsenthebungsverfahren eingeleitet wurde[141] oder auf Verlegung einer Betriebsversammlung[142] geltend machen. 55

III. Verfügungsgrund

Weitere Voraussetzung für den Erlass einer einstweiligen Verfügung ist, dass durch eine Veränderung des bestehenden Zustands die Verwirklichung des Rechts der antragstellenden Partei vereitelt oder wesentlich erschwert werden könnte, § 935 ZPO. Mit anderen Worten muss die **besondere Dringlichkeit** dargelegt werden. In diesem Zusammenhang ist stets ein Augenmerk darauf zu richten, ob **wesentliche Nachteile für die Arbeitnehmer zu befürchten** sind. Die Beteiligungsrechte des Betriebsrats sind kein subjektives, absolutes Recht sondern eine Berechtigung, zum Schutz der Arbeitnehmer durch Ausübung der jeweiligen Beteiligungsrechte mitgestaltend tätig zu werden.[143] So ergibt eine einstweilige Verfügung wegen der Missachtung des Anhörungsrechts aus § 102 BetrVG keinen Sinn, da die ohne Anhörung des Betriebsrats ausgesprochene Kündigung ohnehin unwirksam ist. Allerdings entfällt nicht in jedem Falle, in dem die einseitige individualrechtliche Maßnahme des Arbeitgebers wegen Missachtung der Mitbestimmungsrechte des Betriebsrats unwirksam ist, der Verfügungsgrund. Dies gilt vor allem im Bereich der zwingenden Mitbestimmung des § 87 BetrVG, in dem es um Regelungstatbestände geht, die im Interesse der gesamten Belegschaft und des Betriebes auszufüllen sind. 56

Bauer/Göpfert, DB 1997, 1470. Die Einfügung der Fristen in § 113 Abs. 3 BetrVG durch das Arbeitsrechtliche Beschäftigungsförderungsgesetz von 1996 wurde vielfach gegen einen Unterlassungsanspruch gedeutet, *Röder/Baeck*, DB 1996, Beilage 17, 23 f.; *Schiefer*, NZA 1997, 915 (919), seit dem Korrekturgesetz 1999 besteht § 113 Abs. 3 BetrVG jedoch wieder in seiner alten Fassung wie vor 1996. Vgl. dazu eingehend § 12 Rn 441 ff.

135 *Germelmann/Matthes/Prütting*, § 85 ArbGG Rn 34; in dieselbe Richtung weisend LAG Frankfurt, Beschl. v. 21.09.1982, DB 1983, 613 und ArbG Hamburg, Beschl. v. 07.11.1985 – 1 GaBV 8/85 (n.v.).

136 LAG Berlin, Beschl. v. 18.11.1990, BB 1991, 206.

137 LAG Hamm, Beschl. v. 09.03.1972, AP Nr. 1 zu § 2 BetrVG 1972.

138 LAG Hamm, Beschl. v. 23.11.1972, DB 1972, 2489.

139 LAG Schleswig-Holstein, Beschl. v. 26.06.1991, AiB 1991, 391.

140 BAG, Beschl. v. 21.07.1980, AP Nr. 3 zu § 74 BetrVG 1972.

141 LAG Hamm, Beschl. v. 18.09.1975, BB 1975, 1302.

142 LAG Düsseldorf, Beschl. v. 24.10.1972, DB 1972, 2212.

143 *Germelmann/Matthes/Prütting*, § 85 ArbGG Rn 37.

57 Ausgeschlossen ist eine einstweilige Verfügung auch dort, wo das **BetrVG ein abgeschlossenes Sanktionssystem** selbst bereitstellt. Dies gilt für die Missachtung des personellen Mitbestimmungsrechts des § 99 BetrVG. Hier ist § 101 BetrVG der allgemeinen Regelung des § 85 Abs. 2 ArbGG vorrangig und abschließend.[144] Gleiches gilt im Bereich des § 98 Abs. 5 Satz 2 BetrVG (Durchführung betrieblicher Bildungsmaßnahmen) und des § 104 BetrVG (Entfernung betriebsstörender Arbeitnehmer auf Verlangen des Betriebsrats).

IV. Verfahren

58 Bei dem einstweiligen Verfügungsverfahren nach § 85 Abs. 2 ArbGG handelt es sich als Erkenntnisverfahren um ein Beschlussverfahren, auf das die Vorschriften der §§ 80 ff. ArbGG Anwendung finden. Gem. § 83 Abs. 1 ArbGG gilt daher der **Untersuchungsgrundsatz**, das Gericht hat mithin den Sachverhalt zu erforschen, soweit das mit der Dringlichkeit der einstweiligen Verfügung vereinbar ist. In jedem Falle hat das Gericht vor Zurückweisung des Antrags einen Anhörungstermin zu bestimmen.[145] Das im einstweiligen Verfügungsverfahren **zuständige Gericht ist das Gericht der Hauptsache**, ggf. also auch das Landesarbeitsgericht, wenn sich das Hauptsacheverfahren bereits in der Beschwerdeinstanz befindet. Die Entscheidung ergeht entweder ohne oder nach mündlicher Anhörung durch Beschluss der vollbesetzten Kammer, der von Amts wegen zugestellt wird, § 85 Abs. 2 Satz 2 ArbGG. Mit der Zustellung von Amts wegen ist eine Unterlassungsverfügung auch **vollzogen** i.S.d. § 929 Abs. 2 ZPO.[146]

59 Gegen den **Erlass einer einstweiligen Verfügung ohne mündliche Anhörung** ist der **Widerspruch** nach § 924 ZPO gegeben, über den das Verfügungsgericht selbst durch Beschluss (entsprechend § 925 ZPO) entscheidet, gegen den wiederum die Beschwerde nach § 87 ArbGG statthaft ist. Ist der Antrag auf Erlass einer einstweiligen Verfügung dagegen **ohne mündliche Anhörung zurückgewiesen** worden, ist hiergegen die **Beschwerde** nach § 567 ZPO gegeben, der das Verfügungsgericht abhelfen kann.[147] Alleinige Beschwerdeart ist nach § 567 Abs. 1 ZPO die fristgebundene sofortige Beschwerde, die innerhalb von 2 Wochen einzulegen ist. Hilft das Verfügungsgericht nicht ab, entscheidet das Beschwerdegericht. Wird über die einstweilige Verfügung **nach mündlicher Anhörung** entschieden, ist hiergegen die Beschwerde nach § 87 ArbGG gegeben. Gegen **Beschwerdeentscheidungen** des LAG nach § 78 Satz 1 ArbGG, §§ 567 ff. ZPO **ohne mündliche Verhandlung** findet gem. § 78 Satz 2 ArbGG,[148] §§ 574 ff. ZPO die **Rechtsbeschwerde** zum BAG statt, wenn sie vom LAG entsprechend § 72 Abs. 2 ArbGG wegen grundsätzlicher Bedeutung oder Divergenz zugelassen wird, während bei Entscheidung des Ausgangsgerichts oder des Beschwerdegerichts **nach mündlicher Verhandlung nach § 92 Abs. 1 Satz 3 ArbGG im einstweiligen Verfügungsverfahren die Rechtsbeschwerde ausgeschlossen** ist. Bei Entscheidung des Arbeitsgerichts und des Landesarbeitsgerichts ohne Anhörung der Beteiligten ist also die Rechtsbeschwerdeinstanz gegeben, bei Entscheidung des Arbeitsgerichts oder des Landesarbeitsgerichts nach Anhörung dagegen nicht.[149]

H. Zwangsvollstreckung

60 Die maßgeblichen Regelungen der zwangsweisen Durchsetzung der im Beschlussverfahren erfochtenen Entscheidungen ist in § 85 ArbGG geregelt. Nach dessen Abs. 1 Satz 1 findet aus rechtskräftigen Beschlüssen oder gerichtlichen Vergleichen, durch die einem Beteiligten eine Verpflichtung auferlegt

144 LAG Frankfurt, Beschl. v. 15.12.1987, NZA 1989, 232; vgl. § 12 Rn 378 ff.
145 LAG Hamm, Beschl. v. 03.01.1984, AR-Blattei Zwangsvollstreckung, Entscheidung 40.
146 LAG Hamm, Beschl. v. 07.08.1987, NZA 1987, 825.
147 LAG Düsseldorf, Beschl. v. 01.03.1967, AP Nr. 1 zu § 80 ArbGG 1953 Einstweilige Anordnung.
148 I. d. F. v. 27.07.2001, BGBl I, 1887.
149 Vgl. zur entsprechenden Rechtslage hinsichtlich Rechtsbeschwerde und Revision im Zivilprozess Zöller/*Vollkommer*, § 922 ZPO Rn 17.

wird, die Zwangsvollstreckung statt. **Nicht vollstreckbar** sind somit lediglich feststellende oder gestaltende Beschlüsse. Während gem. § 62 Abs. 1 Satz 1 ArbGG im Urteilsverfahren alle Urteile der Arbeitsgerichte, gegen die Einspruch oder Berufung zulässig ist, vorläufig vollstreckbar sind, spricht § 85 Abs. 1 Satz 1 ArbGG ausdrücklich von rechtskräftigen Beschlüssen. **Vorläufig vollstreckbar** sind abweichend vom Urteilsverfahren nach § 85 Abs. 1 Satz 2 ArbGG lediglich Beschlüsse in vermögensrechtlichen Streitigkeiten. Maßgeblich ist mithin die **Abgrenzung zwischen nichtvermögensrechtlichen und vermögensrechtlichen Streitigkeiten**. Der Begriff der vermögensrechtlichen Streitigkeit wird an mehreren Stellen im Prozessrecht gebraucht, so beispielsweise in § 64 Abs. 2 ArbGG, der die Mindestbeschwer für die Statthaftigkeit der Berufung festlegt. Danach liegt eine vermögensrechtliche Streitigkeit dann vor, wenn über Ansprüche entschieden werden soll, die auf eine Geld- oder geldwerte Leistung zielen oder die auf vermögensrechtlichen Beziehungen beruhen, oder wenn mit dem Verfahren in erheblichem Umfang wirtschaftliche Zwecke verfolgt werden.[150] Vor diesem Hintergrund ist die Auslegung des Begriffs »vermögensrechtliche Streitigkeit« umstritten.[151]

Nach einer Auffassung ist dieser allgemeine **Begriff der vermögensrechtlichen Streitigkeit** für das Betriebsverfassungsrecht zu weit gefasst. Danach sind Streitigkeiten über das Bestehen von Beteiligungsrechten und über deren Ausübung keine vermögensrechtlichen Streitigkeiten, auch dann nicht, wenn als Beteiligungsrechte nur Ansprüche auf Unterrichtung oder Vorlage von Unterlagen geltend gemacht werden. Auch der Streit über die Wirksamkeit eines Sozialplans oder einer Betriebsvereinbarung bzw. eines Spruchs der Einigungsstelle über Fragen der betrieblichen Lohngestaltung seien daher keine vermögensrechtlichen Streitigkeiten. Dies wird damit begründet, dass die Wahrnehmung oder Beachtung von Beteiligungsrechten des Betriebsrats zwar vielfach vermögenswerte Interessen der Arbeitnehmer und des Arbeitgebers sowie dessen wirtschaftliche Zwecke berühren würden, gleichwohl es bei diesen Beteiligungsrechten nicht um die Verfolgung wirtschaftlicher Zwecke im weiteren Sinne, sondern um Teilhabe an der Gestaltung des Geschehens im Betrieb gehe.[152] Als vermögensrechtliche Streitigkeiten im Beschlussverfahren kommen nach dieser Auffassung daher im Wesentlichen nur Streitigkeiten über Sachmittel und Kosten der Tätigkeit der betriebsverfassungsrechtlichen Organe einschließlich der Wahlkosten in Betracht.[153] 61

Nach anderer Auffassung sind Angelegenheiten aus dem betriebsverbandlichen Bereich generell als vermögensrechtlich zu werten, weil die Betriebsverfassung durchweg keine rein ideelle, sondern auch vorrangig wirtschaftliche Bedeutung habe. Nicht vermögensrechtlich seien somit im Wesentlichen nur Persönlichkeitsrechte.[154] 62

Die **vorläufige Vollstreckbarkeit eines Beschlusses** ist **im Tenor** selbst auszusprechen. Eines ausdrücklichen Antrags bedarf es nicht, dieser ist aber angesichts der vorstehend genannten Abgrenzungsschwierigkeiten insbesondere dann zu empfehlen, wenn die weiter gehende zweite dargestellte Auffassung vertreten werden soll. Ist die vorläufige Vollstreckbarkeit trotz Antrags nicht ausgesprochen worden, so hat dies im Grundsatz noch keine Auswirkung, da der Ausspruch nur deklaratorisch wirkt. Der Gläubiger kann gleichwohl die Vollstreckungsklausel beantragen. An dieser Stelle ist dann zu prüfen, ob der Beschluss vorläufig vollstreckbar ist.[155] 63

§ 23 Abs. 3 BetrVG spricht ausdrücklich von einer **rechtskräftigen gerichtlichen Entscheidung**. § 23 Abs. 3 BetrVG ist damit lex specialis zu § 85 Abs. 1 Satz 2 ArbGG, so dass auch dann, wenn 64

150 BAG, Beschl. v. 24.03.1980, AP Nr. 1 zu § 64 ArbGG 1979; Beschl. v. 22.05.1984, AP Nr. 7 zu § 12 ArbGG 1979; Beschl. v. 28.09.1989, AP Nr. 14 zu § 64 ArbGG 1979; vgl. auch *Germelmann/Matthes/Prütting*, § 85 ArbGG Rn 5.

151 Auswirkungen zeigt dieser Streitstand auch bei der Bestimmung des Streitwerts, siehe hierzu § 19 und LAG Hamm, Beschl. v. 12.06.2001, NZA-RR 2002, 472.

152 *Germelmann/Matthes/Prütting*, § 85 ArbGG Rn 6 unter Berufung auf LAG Niedersachsen, Beschl. v. 11.11.1986, DB 1987, 1440.

153 *Germelmann/Matthes/Prütting*, § 85 ArbGG Rn 6.

154 *Dütz*, DB 1980, 1120 (1122); *Rudolf*, NZA 1988, 420; *Herbst/Reiter/Schindele*, Handbuch zum arbeitsgerichtlichen Beschlussverfahren, Rn 523.

155 *Dütz*, DB 1980, 1120 (1122); *Rudolf*, NZA 1988, 420.

dem Arbeitgeber eine Verpflichtung vermögensrechtlicher Art gem. § 23 Abs. 3 BetrVG auferlegt wird, eine vorläufige Vollstreckung vor Rechtskraft ausscheidet.[156] Entsprechendes gilt für Ansprüche bzw. Verpflichtungen aus §§ 98 Abs. 5, 101[157] und 104 BetrVG. In diesem Zusammenhang ist stets sorgfältig zu trennen, nach welcher Rechtsgrundlage dem Arbeitgeber eine Zahlungspflicht auferlegt wurde. So begründet § 40 BetrVG eine eigene Anspruchsgrundlage unabhängig vom Vorliegen einer groben Pflichtverletzung i.S.d. § 23 Abs. 3 BetrVG. Ein auf § 40 BetrVG gestützter Anspruch ist dann auch nach der allgemeinen Regelung des § 85 Abs. 1 Satz 2 ArbGG vorläufig vollstreckbar.[158]

65 § 85 Abs. 1 Satz 2 Hs. 2 ArbGG verweist auf § 62 Abs. 1 Satz 2 und 3 ArbGG. Danach **entfällt die vorläufige Vollstreckbarkeit** nur dann, wenn der Beklagte, im Beschlussverfahren der Antragsgegner, glaubhaft macht, dass die Vollstreckung ihm einen nicht zu ersetzenden Nachteil bringen würde. Auf seinen Antrag hat das Arbeitsgericht in diesem Fall die vorläufige Vollstreckbarkeit auszuschließen. Während im »normalen« Zivilprozess gem. §§ 708, 709 ZPO die vorläufige Vollstreckbarkeit ggf. gegen Sicherheitsleistung im Urteil gesondert auszusprechen ist, verhält es sich in der Arbeitsgerichtsbarkeit umgekehrt. Eines ausdrücklichen Ausspruchs im Beschluss bedarf es dann, wenn abweichend von der vorläufigen Vollstreckbarkeit kraft Gesetzes nach § 85 Abs. 1 Satz 2 ArbGG die vorläufige Vollstreckbarkeit ausgeschlossen werden soll. Ein **nicht zu ersetzender Nachteil** liegt dann vor, wenn der Schuldner ihn nicht durch sein Verhalten abwenden kann und der die Vollstreckung betreibende Gläubiger nicht in der Lage ist, den Schaden mit Geld oder auf andere Weise bei späterem Wegfall des Vollstreckungstitels auszugleichen. Ein nicht zu ersetzender Nachteil ist daher nur dann gegeben, wenn die Wirkungen der Vollstreckung nicht mehr rückgängig gemacht werden können.[159] Bei der Vollstreckung aus Beschlüssen, die dem Antragsgegner eine Zahlungsverpflichtung auferlegen, besteht ein nicht zu ersetzender Nachteil nur dann, wenn von der Vermögenslosigkeit des Vollstreckungsgläubigers ausgegangen werden und nicht damit gerechnet werden kann, dass im Falle der Abänderung oder Aufhebung der Entscheidung eine Rückzahlung erfolgen könnte.[160] Ein entsprechender Antrag ist vor Schluss der mündlichen Verhandlung zu stellen, sollte also bereits in der Antragserwiderung angekündigt werden.

Ein Ausschluss der vorläufigen Vollstreckbarkeit gegen Sicherheitsleistung kommt genauso wenig in Betracht, wie die Erklärung der vorläufigen Vollstreckbarkeit nur gegen Sicherheitsleistung.[161] Nach Beendigung der ersten Instanz kann eine **Einstellung der Vollstreckung** durch das LAG zusammen mit der **Beschwerde** gem. §§ 85 Abs. 1 Satz 2, 62 Abs. 1 Satz 3 ArbGG, 719 Abs. 1 ZPO beantragt werden. Auch in diesem Fall muss ein nicht zu ersetzender Nachteil glaubhaft gemacht werden. Ist die Beschwerde noch nicht eingelegt, beispielsweise weil die Gründe des erstinstanzlichen Beschlusses noch nicht vorliegen, kann der Vollstreckungsschuldner sich gegen die Vollstreckung mit der Vollstreckungsgegenklage gem. §§ 85 Abs. 1 Satz 3 ArbGG, 767 ZPO zur Wehr setzen. Ist dagegen die Beschwerde eingelegt, fehlt es für die Vollstreckungsgegenklage am Rechtsschutzbedürfnis.[162]

66 Problematisch ist, wenn der **Betriebsrat Vollstreckungsschuldner** ist und die Vollstreckung durch Festsetzung eines Zwangs- oder Ordnungsgeldes erfolgen muss, beispielsweise bei einem Vollstreckungstitel auf Vornahme, Duldung oder Unterlassung einer Handlung gem. §§ 887, 888 ZPO. Denn die Organe der Betriebsverfassung sind nicht vermögensfähig.[163] Gegen den Betriebsrat als solchen kann ein Zwangs- oder Ordnungsgeld daher nicht festgesetzt werden.[164] Auch kommt

156 Vgl. *Germelmann/Matthes/Prütting*, § 85 ArbGG Rn 6.

157 Zu den Besonderheiten der Vollstreckung nach diesen Vorschriften vgl. § 12 Rn 341, 380.

158 BAG, Beschl. v. 17.05.1983, AP Nr. 19 zu § 80 BetrVG 1972.

159 LAG Köln, Urt. v. 07.03.1980, EzA § 62 ArbGG 1979 Nr. 2; LAG Düsseldorf, Urt. v. 04.10.1979, EzA § 62 ArbGG 1979 Nr. 1.

160 LAG Düsseldorf, Urt. v. 20.12.1981, LAGE § 62 ArbGG 1979 Nr. 13; LAG Frankfurt a.M., Urt. v. 08.01.1992, NZA 1992, 427; vgl. auch *Germelmann/Matthes/Prütting*, § 62 ArbGG Rn 16.

161 *Germelmann/Matthes/Prütting*, § 62 ArbGG Rn 24; *Beckers*, NZA 1997, 1322.

162 BAG, Beschl. v. 28.03.1985, AP Nr. 4 zu § 767 ZPO.

163 BAG, Beschl. v. 24.04.1986, AP Nr. 7 zu § 87 BetrVG 1972 Soziale Einrichtung.

164 LAG Hamburg, Beschl. v. 19.10.1976, BB 1977, 846; LAG Berlin, Beschl. v. 26.03.1984, NZA 1984, 333.

eine Ersatzvornahme auf Kosten des Betriebsrats bei vertretbaren Handlungen nicht in Betracht. Um den Konflikt zwischen § 85 Abs. 1 ArbGG, der ohne Ansehung des Vollstreckungsschuldners die Vollstreckung auch für das Beschlussverfahren vorsieht, und der Vermögenslosigkeit des Betriebsrats und der anderen Organe der Betriebsverfassung zu lösen, stellt sich die Frage nach der **Vollstreckbarkeit gegen die einzelnen Mitglieder des Betriebsrats**, d.h. in deren Privatvermögen. Geht es um ein Handeln, muss der Betriebsrat einen Beschluss fassen, die Zwangsvollstreckung richtet sich hier nach § 894 ZPO, d.h. mit dem rechtskräftigen Beschluss des Arbeitsgerichts gilt der Betriebsratsbeschluss als gefasst. Handeln in der Außenwelt können dagegen nur bestimmte oder alle Mitglieder des Betriebsrats, gegen die der Titel zu richten ist. Während dies nach einer Auffassung[165] bereits im Erkenntnisverfahren zu berücksichtigen ist, kann nach anderer Ansicht[166] auch bei einem Titel gegen den Betriebsrat auf Antrag des Gläubigers die Vollstreckungsklausel gegen den Vorsitzenden oder bestimmte Mitglieder entsprechend § 731 ZPO erteilt werden. Da über einen solchen Antrag das Arbeitsgericht als Prozessgericht wiederum im Beschlussverfahren entscheide, sei ein ausreichender Rechtsschutz des betroffenen Mitglieds des Betriebsrats gewahrt. Bei einer Verpflichtung auf Duldung oder Unterlassung werden alle Mitglieder entsprechend verpflichtet. Gegen dasjenige Mitglied, das dieser Verpflichtung schuldhaft zuwiderhandelt, kann entsprechend unmittelbar ein Ordnungsgeld bzw. Ordnungshaft verhängt werden.[167]

Auf der anderen Seite ist der Betriebsrat auch hinsichtlich der Vereinbarung einer **Vertragsstrafe** nicht vermögens- und rechtsfähig. Er kann daher Zahlung einer vereinbarten Vertragsstrafe aufgrund gerichtlicher Vereinbarung in einem Beschlussverfahren zur Sicherung der Mitbestimmungsrechte bei Aufstellung von Dienstplänen nicht durchsetzen.[168]

Besondere Probleme ergeben sich bei der Frage der **Vollstreckbarkeit aus einem Vergleich** in einem Verfahren, das **nach § 23 Abs. 3 BetrVG** eingeleitet wurde. Teilweise lehnt die Instanzrechtsprechung die Vollstreckung aus einem solchen Vergleich ab. Bei § 23 Abs. 3 BetrVG handele es sich um eine zwangsvollstreckungsrechtliche Sonderregelung, die die Anwendung allgemeiner Zwangsvollstreckungsregelungen ausschließe. Da § 23 Abs. 3 BetrVG als vollstreckungsfähige Titel ausschließlich rechtskräftige gerichtliche Entscheidungen nenne, seien Vergleiche keine geeignete Grundlage für Zwangsvollstreckungsmaßnahmen.[169] Teilweise wird in der Instanzrechtsprechung **auf die allgemeine Zwangsvollstreckung ausgewichen**.[170] Schwierigkeiten können aber auch nach dieser Auffassung durch die **Vergleichsformulierung** entstehen. Was dem Arbeitgeber untersagt ist, muss in dem Vergleich genau bestimmt sein. Denn es darf nicht erst im Wege der Zwangsvollstreckung festzustellen sein, wann ein Verstoß vorliegt. Wird dem Arbeitgeber im Vergleich untersagt, eine Verlängerung der betriebsüblichen Arbeitszeit mit Kollektivbezug für einen oder mehrere Arbeitnehmer ihres Betriebes anzuordnen, dann verdeutlicht die Bezeichnung »Kollektivbezug« nicht das konkrete Regelungsbegehren, sondern verstärkt die Unbestimmtheit. Eine solche Unterlassungsverpflichtung ist daher der Zwangsvollstreckung nicht zugänglich.[171] Nach LAG Düsseldorf[172] hat ein Vergleich, in dem es heißt, dass sich die Antragsgegnerin verpflichtet, für Arbeitnehmer in ihrem Betrieb in D Mehrarbeit anzuordnen oder duldend entgegenzunehmen, ohne den Betriebsrat ordnungsgemäß nach § 87 Abs. 1 Nr. 3 BetrVG zu beteiligen, einen vollstreckungsfähigen Inhalt. Die Zwangsvollstreckung erfolge nach §§ 85 Abs. 1 ArbGG, 890 ZPO. § 23 Abs. 3 67

165 *Herbst/Reiter/Schindele*, Handbuch zum arbeitsgerichtlichen Beschlussverfahren, Rn 542.

166 *Germelmann/Matthes/Prütting*, § 85 ArbGG Rn 19 unter Hinweis auf LAG Hamburg, Beschl. v. 03.09.1987, NZA 1988, 371.

167 *Germelmann/Matthes/Prütting*, § 85 ArbGG Rn 20.

168 LAG Rheinland-Pfalz, Beschl. v. 10.04.2003, LAG Report 2004, 82, n.rkr., Az. BAG – 1 ABR 30/03.

169 LAG Schleswig-Holstein, Beschl. v. 16.06.2000 – 5 Ta 22/00 (n.v.).

170 LAG Hamburg, Beschl. v. 27.01.1992, NZA 1992, 568; offen gelassen von LAG Düsseldorf, Beschl. v. 26.07.1990, NZA 1992, 188 und v. 29.04.1992, NZA 1992, 812.

171 LAG Schleswig-Holstein, Beschl. v. 20.11.2000 – 4 Ta 96/00 (n.v.); *Meier*, in: schnellbrief Arbeitsrecht 8/2001, S. 5.

172 LAG Düsseldorf, Beschl. v. 26.06.2003, NZA-RR 2004, 154, n.rkr., Az. BAG – 1 AZB 41/03.

BetrVG stelle keine die allgemeine Zwangsvollstreckung nach § 85 ArbGG ausschließende Sonderregelung dar, für die Verhängung der Zwangsmittel gelten allerdings die Einschränkungen des § 23 Abs. 3 BetrVG. In einem ähnlichen Fall, in dem zusätzlich im Vergleich geregelt war, dass von der Unterlassungsverpflichtung Fallgestaltungen ausgenommen sind, »die von der Betriebsvereinbarung über die Anordnung von nicht geplanten Überstunden erfasst werden«, hat das BAG den Vergleich als nicht hinreichend bestimmt angesehen, da die konkreten Fallgestaltungen im Vergleich nicht beschrieben werde.[173] Nach LAG Berlin[174] ist eine in einem Prozessvergleich vom Arbeitgeber übernommene Unterlassungsverpflichtung, die als sog. Globaltitel auch Fälle umfasst, in denen kein gesetzliches Mitbestimmungsrecht des Betriebsrats besteht, nicht mangels Bestimmtheit zur Zwangsvollstreckung ungeeignet.

68 § 12 Abs. 5 ArbGG, nach dem im Beschlussverfahren Kosten nicht erhoben werden, gilt auch für das Vollstreckungsverfahren, unabhängig davon, ob die Vollstreckung durch das Arbeitsgericht als Prozessgericht oder den Gerichtsvollzieher erfolgt.[175]

173 BAG, Beschl. v. 28.02.2003, NZA 2003, 516.
174 LAG Berlin, Beschl. v. 09.04.2002, AP Nr. 31 zu § 83 ArbGG 1979.
175 *Germelmann/Matthes/Prütting*, § 85 ArbGG Rn 25.

§ 16 Arbeitsgerichtliches Berufungs- und Beschwerdeverfahren

Inhalt

A. Das Berufungsverfahren – Einleitung

Gem. § 64 Abs. 6 ArbGG gelten für das arbeitsgerichtliche Berufungsverfahren die Vorschriften der ZPO über die Berufung entsprechend, soweit das ArbGG nichts anderes bestimmt. 1

Gegen die Urteile des Arbeitsgerichts findet nach § 64 Abs. 1 ArbGG die Berufung an das Landesarbeitsgericht statt, soweit nicht nach § 78 ArbGG das Rechtsmittel der sofortigen Beschwerde gegeben ist. Die sofortige Beschwerde ist nach der ZPO-Reform[1] gegen alle erstinstanzlichen Beschlüsse zulässig, soweit dies im Gesetz ausdrücklich bestimmt ist oder es sich um Entscheidungen handelt, die eine mündliche Verhandlung nicht erfordert und mit der ein das Verfahren betreffendes Gesuch zurückgewiesen wird, § 78 ArbGG, § 567 ZPO. 2

Aber auch wenn das erstinstanzliche Gericht in einer fehlerhaften Entscheidungsform (Urteil statt Beschluss) entschieden hat, so ist nach dem sog. **Grundsatz der Meistbegünstigung** sowohl das für die richtige als auch das für die fehlerhafte Entscheidungsform maßgebliche Rechtsmittel statthaft.[2] 3

1 Zivilprozessreformgesetz – ZPO-RG v. 17.05.2001, BGBl I 2001, 1887.
2 BAG, Urt. v. 05.12.1984, AP Nr. 3 zu § 72 ArbGG 1979.

4 Allerdings ist **nicht jedes Urteil mit der Berufung** anfechtbar. Nach § 61 Abs. 3 ArbGG ist ein über den Grund des Anspruchs vorab entscheidendes Zwischenurteil nicht als berufungsfähiges Endurteil anzusehen. Das Gleiche gilt für ein Zwischenurteil, § 303 ZPO. Dies Urteil kann nur zusammen mit dem Endurteil angegriffen werden. Dagegen sind Zwischenurteile über die Zulässigkeit der Klage wie Endurteile anfechtbar. Teilurteile (§ 301 ZPO), Ergänzungsurteile (§ 321 ZPO) und Vorbehaltsurteile (§ 302 ZPO) können mit der Berufung angefochten werden. Versäumnisurteile können nur dann mit der Berufung angegriffen werden, wenn gegen sie ein Einspruch nicht statthaft ist, § 514 Abs. 2 ZPO.

I. Zulässigkeit der Berufung

5 Nach § 64 Abs. 2 ArbGG ist die Berufung nur zulässig

- wenn sie in dem Urteil des Arbeitsgerichts zugelassen worden ist
- wenn der Wert des Beschwerdegegenstandes 600 EUR übersteigt[3]
- in Rechtsstreitigkeiten über das Bestehen oder Nichtbestehen oder die Kündigung eines Arbeitsverhältnisses
- wenn es sich um ein Versäumnisurteil handelt, gegen das der Einspruch an sich nicht statthaft ist, wenn die Berufung oder Anschlussberufung darauf gestützt wird, dass der Fall der schuldhaften Versäumung nicht vorgelegen hat.

1. Wert des Beschwerdegegenstandes

6 Soweit es für die Statthaftigkeit der Berufung auf den Wert des Beschwerdegegenstandes ankommt, muss dieser 600 EUR übersteigen. Beschwerdewert ist der Wert, in dessen Höhe der Berufungskläger Abänderung des angefochtenen Urteils begehrt.[4] Er bestimmt sich nach dem Berufungsantrag.

7 Nach Auffassung des BAG[5] ist **der Urteilsstreitwert Rechtsmittelstreitwert**, es sei denn der vom Arbeitsgericht festgesetzte Streitwert war **offensichtlich unrichtig**, was dann der Fall ist, wenn die Streitwertfestsetzung in jeder Beziehung unverständlich und unter keinem vernünftigen Gesichtspunkt zu rechtfertigen ist und der richtige Streitwert offensichtlich die für die Statthaftigkeit des Rechtsmittels maßgebliche Wertgrenze übersteigt.[6]

Bei einer Stufenklage richtet sich die Beschwer der zur Auskunft verurteilten Person nicht nach der Höhe des Zahlungsanspruchs, sondern nach ihrem Aufwand zur Auskunftserteilung.[7]

8 Wird der für die Berufung nach § 64 Abs. 2 ArbGG notwendige Wert des Beschwerdegegenstandes nicht erreicht, so kann die Statthaftigkeit der Berufung nachträglich nicht dadurch erreicht werden, dass der Klageantrag in der Berufungsinstanz erweitert wird.[8] Sinkt nach Einlegung der Berufung der Beschwerdewert unter die gesetzliche Beschwerdesumme etwa durch teilweise Berufungsrücknahme, wird die Berufung unzulässig, wenn die Einschränkung auf einer freien Entscheidung des Berufungsklägers beruht.[9]

9 Wird der Wert des Beschwerdegegenstandes nicht erreicht und wird auch die Berufung nicht zugelassen, ist die Berufung **selbst dann unzulässig**, wenn im ersten Rechtszug gegen **Verfassungsgrundsätze** wie z.B. den Anspruch auf rechtliches Gehör (Art. 103 Abs. 1 GG) oder das Willkürverbot

3 Die frühere Unterscheidung zwischen vermögensrechtlichen (Beschwerdewert entscheidend) und nichtvermögensrechtlichen Streitigkeiten ist durch das Arbeitsgerichtsbeschleunigungsgesetz v. 30.03.2000 (BGBl I 2000, 333) mit Wirkung vom 01.05.2000 aufgehoben worden.

4 *Grunsky*, ArbGG, 6. Aufl. 1990, § 64 Rn 6.

5 BAG, Urt. v. 13.01.1988, EzA § 64 ArbGG 1979; GK-ArbGG/*Vossen*, § 64 Rn 37 m.w.N.

6 BAG, Beschl. v. 27.05.1994, EzA § 64 ArbGG Nr. 32; BAG, Urt. v. 11.06.1986, EzA § 64 ArbGG 1979 Nr. 17

7 BAG, Beschl. v. 27.05.1994, EzA § 64 ArbGG Nr. 32.

8 GK-ArbGG/*Vossen*, § 64 Rn 43 m.w.N.

9 BAG, Urt. v. 16.01.1951, NJW 1950, 274.

des Art. 3 Abs. 1 GG verstoßen wurde. In diesen Fällen kann nur Verfassungsbeschwerde eingelegt werden. Unter den Voraussetzungen des § 321a ZPO kann auch die Fortsetzung des erstinstanzlichen Verfahrens beantragt werden.

2. Zulassung der Berufung

a) Zulassungsvoraussetzungen

Das Arbeitsgericht **hat** die Berufung an das Landesarbeitsgericht nach § 64 Abs. 3 ArbGG **zuzulassen**, wenn die Rechtssache **grundsätzliche Bedeutung** hat, § 64 Abs. 3 Nr. 1 ArbGG, oder die Rechtssache bestimmte **tarifliche Streitigkeiten** betrifft, § 64 Abs. 3 Nr. 2 ArbGG, oder aber das Arbeitsgericht in der **Auslegung einer Rechtsvorschrift** von einem ihm im Verfahren vorgelegten Urteil, das für oder gegen eine Partei des Rechtsstreits ergangen ist, oder **von einem Urteil** des im Rechtszug übergeordneten Landesarbeitsgerichts **abweicht** und die Entscheidung auf dieser Abweichung beruht, § 64 Abs. 3 Nr. 3 ArbGG. Die Abweichung von der Entscheidung eines anderen LAG oder des BAG ist ebenso unbeachtlich, wie die von einer Entscheidung eines Gerichts aus einem anderen Rechtsweg.[10] 10

Nach Auffassung des BAG[11] hat eine Rechtssache dann grundsätzliche Bedeutung i.S.d. § 72 Abs. 2 Nr. 1 ArbGG, der insoweit § 64 Abs. 3 Nr. 1 ArbGG entspricht, wenn die Entscheidung wenigstens für 20 gleiche oder ähnlich liegende Arbeitsverhältnisse rechtliche Bedeutung hat.

b) Form der Zulassung

Wenn eine der Voraussetzungen des § 64 Abs. 3 ArbGG vorliegt, entscheidet das Arbeitsgericht **von Amts wegen** über die Zulassung. Das Landesarbeitsgericht ist an die Zulassung **gebunden**, § 64 Abs. 4 ArbGG. Dies gilt selbst dann, wenn das Arbeitsgericht die Berufung aus einem Grund zugelassen hat, der im Gesetz nicht genannt ist.[12] Gegen die Nichtzulassung der Berufung kann ein Rechtsmittel nicht eingelegt werden. § 72a ArbGG ist nicht entsprechend anwendbar.[13] 11

In den **Urteilstenor des Arbeitsgerichts** ist aufzunehmen, ob die Berufung zugelassen oder nicht zugelassen wird. Ist dies unterblieben, kann binnen zwei Wochen ab Verkündung des Urteils eine **entsprechende Ergänzung** beantragt werden. Über diesen Antrag kann die Kammer, die das Urteil gefällt hat, ohne mündliche Verhandlung entscheiden, § 64 Abs. 3 a ArbGG. Eine Berichtigung des Urteilstenors nach § 319 Abs. 1 ZPO kommt wegen der strengen Voraussetzung der Urteilsberichtigung nur selten vor. 12

3. Bestandsschutzstreitigkeiten

Bei allen denkbaren Formen von Bestandsschutzstreitigkeiten ist die Berufung grundsätzlich unabhängig von ihrer Zulassung oder der Erreichung des Beschwerdewertes zulässig, § 64 Abs. 2 c) ArbGG. 13

4. Berufung gegen 2. Versäumnisurteil

Nach § 64 Abs. 2 d) ArbGG kann gegen ein 2. Versäumnisurteil und gegen ein den Wiedereinsetzungsantrag verwerfendes Versäumnisurteil dann Berufung eingelegt werden, wenn ein **Fall der Versäumung nicht vorgelegen** hat. Die Berufung gegen ein zweites Versäumnisurteil stellt eine Kontrolle des Verfahrens beim Erlass des angefochtenen Urteils dar; sie ähnelt sachlich einem Antrag 14

10 *Grunsky*, ArbGG, § 64 Rn 15.
11 BAG, Beschl. v. 15.11.1995, EzA § 72a ArbGG 1972 Nr. 72.
12 GK-ArbGG/*Vossen,* § 64 Rn 75.
13 BAG, Urt. v. 26.09.1980, AP Nr. 1 zu § 321 ZPO 1977; LAG Nürnberg, Urt. v. 23.07.1981, ARSt 1982, 80.

auf Wiedereinsetzung in den vorigen Stand gegen die Verwerfung des Einspruchs.[14] Da § 64 Abs. 2 d) neben § 64 Abs. 2 b) steht, muss für diese Berufung der Beschwerdewert des § 64 Abs. 2 b) nicht erreicht werden.[15]

15 Die Berufung gegen ein zweites Versäumnisurteil kann nicht darauf gestützt werden, ein Fall der Säumnis habe bei Erlass des ersten Versäumnisurteiles nicht vorgelegen.[16] Auch kann die Berufung nicht damit begründet werden, die Klage sei unschlüssig. Denn das Berufungsgericht hat bei der Prüfung der Statthaftigkeit der Berufung keine Schlüssigkeitsprüfung vorzunehmen, d.h. nicht zu prüfen, ob das Arbeitsgericht überhaupt nach § 331 ZPO ein Versäumnisurteil hätte erlassen dürfen.

5. Beschwer

16 Der Berufungskläger muss infolge der erstinstanzlichen Entscheidung beschwert sein; die Berufung ist sonst unzulässig. Ausreichend ist eine formelle Beschwer. Der Kläger muss also **zumindest teilweise** mit **seinem erstinstanzlich gestellten Antrag gescheitert** sein. So liegt eine Beschwer nicht vor, wenn in einem Kündigungsschutzprozess auf Antrag beider Parteien das Arbeitsverhältnis gegen Zahlung einer Abfindung ausgelöst wurde und der Arbeitnehmer mit seiner Berufung die Fortsetzung des Arbeitsverhältnisses erreichen will.[17]

II. Entsprechende Anwendung der Vorschriften der ZPO

17 Nach § 64 Abs. 6 ArbGG gelten für das Verfahren vor dem Landesarbeitsgericht die Vorschriften der ZPO über die Berufung entsprechend, soweit das ArbGG nichts anderes bestimmt.[18]

1. Anschlussberufung

18 Der Berufungsbeklagte kann sich zur Erweiterung des Rechtsschutzziels der Berufung anschließen, selbst wenn er auf die Berufung verzichtet hat oder wenn die Berufungsfrist verstrichen ist, § 524 Abs. 1 und 2 ZPO.

19 Nach der zum 01.01.2001 in Kraft getretenen Zivilprozessreform **entfällt** die Möglichkeit der **selbständigen Anschlussberufung**. Hierfür besteht auch kein Bedürfnis. Denn legt der Berufungsbeklagte unabhängig vom Hauptrechtsmittel ebenfalls Berufung ein, liegt eine Berufung vor, für die alle Zulässigkeitsvoraussetzungen des § 64 ArbGG erfüllt sein müssen. Auch muss die Berufungsbegründungsfrist eingehalten werden.

20 § 524 ZPO kennt deshalb nur noch die **unselbständige Anschlussberufung**, die in Abhängigkeit vom Hauptrechtsmittel steht und deshalb ihre Wirkung verliert, wenn die Berufung zurückgenommen, verworfen oder durch Beschluss zurückgewiesen wird, § 524 Abs. 4 ZPO. Diese Anschlussberufung ist **nur zulässig** bis zum **Ablauf eines Monats nach der Zustellung der Berufungsbegründungsschrift.** Die Anschlussberufung muss in der **Anschlussschrift direkt** begründet werden, § 524 Abs. 3 Satz 1 ZPO, anderenfalls ist sie unzulässig. Enthält die Anschlussschrift keine Begründung, wird aber innerhalb der Monatsfrist des § 524 Abs. 2 Satz 2 ZPO die Begründung der Anschlussberufung nachgereicht, dann gilt dieser nachgereichte Schriftsatz als eigenständige Einlegung einer Anschlussberufung.[19]

14 BAG, Beschl. v. 30.01.1975, EzA § 513 ZPO Nr. 2.
15 GK-ArbGG/*Vossen*, § 64 Rn 81 a.
16 BAG, Urt. v. 01.03.1994, EzA § 9 ArbGG Nr. 7.
17 BAG, Urt. v. 23.06.1993, NJW 1994, 1428.
18 Vgl. Rn 75 ff., 78 f., 80 f.
19 *Schmidt/Schwab/Wildschütz*, NZA 2001, 1221.

21 Die unselbständige Anschlussberufung ist kein Rechtsmittel im eigentlichen Sinne,[20] sodass sie auch bedingt als bloßer Hilfsantrag gestellt werden kann.[21] Ist die Berufung des Berufungsbeklagten nicht fristgerecht eingelegt worden und damit unzulässig, kann diese Berufung in eine unselbständige Anschlussberufung umgedeutet werden.

2. Rücknahme der Berufung

22 Die Berufung kann **bis zur Verkündung des Berufungsurteils**[22] jederzeit zurückgenommen werden, § 516 ZPO. Eine Einwilligung des Prozessgegners ist nicht erforderlich. Die Berufungsrücknahme unterliegt dem Vertretungszwang; sie kann nicht angefochten werden und ist unwiderruflich.

23 Die Rücknahme der Berufung hat den Verlust des eingelegten Rechtsmittels und die Verpflichtung zur Folge, die Kosten des eingelegten Rechtsmittels zu tragen, § 516 Abs. 3 ZPO. Diese **Wirkungen der Berufungsrücknahme** sind von **Amts wegen**, also ohne einen entsprechenden Antrag des Berufungsbeklagten **auszusprechen**, § 516 Abs. 3 Satz 2 ZPO. Die Rücknahme der Berufung schließt jedoch nicht aus, dass die Berufung erneut eingelegt wird, sofern die Berufungsfrist des § 66 Abs. 1 Satz 1 ArbGG noch nicht abgelaufen ist.

Die Berufungsrücknahme ist von der Klagerücknahme zu unterscheiden. Sie beseitigt die gesamten Wirkungen der Rechtshängigkeit.

3. Verwerfung der Berufung

24 Ist die **Berufung unzulässig**, kann sie von der Kammer ohne mündliche Verhandlung durch Beschluss verworfen werden, § 522 ZPO. Der **Verwerfungsbeschluss** kann durch das Gericht, das ihn erlassen hat, **nicht wieder abgeändert** werden, es sei denn, die beschwerte Partei hätte einen zulässigen und begründeten Antrag auf Wiedereinsetzung in den vorigen Stand gestellt. Ist die Berufung wegen verspäteter Einlegung als unzulässig verworfen worden, so ist für das weitere Verfahren von der verspäteten Einlegung der Berufung auszugehen.[23] Durch den Verwerfungsbeschluss ist nämlich klargestellt, dass die Berufung wegen eines bestimmten Mangels unzulässig ist. Allerdings bleibt nach Verwerfung einer Berufung wegen Versäumung der Berufungsbegründungsfrist (nicht der Berufungsfrist) eine erneute Berufung zulässig, wenn mit ihr geltend gemacht wird, die Berufungsfrist habe noch nicht zu laufen begonnen.[24]

4. Verhandlungs- und Beibringungsgrundsatz; Grundsatz der Mündlichkeit

25 Im Verfahren vor dem Berufungsgericht gilt der **Verhandlungs- und Beibringungsgrundsatz;** die Parteien entscheiden mithin darüber, welche Tatsachen sie dem Gericht unterbreiten wollen. Es gilt weiter der Grundsatz der Mündlichkeit. Erhebliches Parteivorbringen muss immer zum Gegenstand der mündlichen Verhandlung gemacht werden, § 128 ZPO.

5. Entscheidung ohne mündliche Verhandlung

26 Da in § 64 Abs. 7 ArbGG nicht § 46 ArbGG genannt ist, kann in der Berufungsinstanz vor dem Landesarbeitsgericht die Kammer mit Zustimmung beider Parteien **eine Entscheidung ohne mündliche Verhandlung** treffen, § 128 Abs. 2 ZPO.

20 BAG, Urt. v. 14.05.1976, EzA § 521 ZPO Nr. 1.
21 GK-ArbGG/*Vossen*, § 64 Rn 101; a.A. BAG, Urt. v. 29.09.1993, EzA § 521 ZPO Nr. 1.
22 Bis zum 31.12.2001 nur bis zur Stellung der Anträge in der mündlichen Verhandlung.
23 BAG, Beschl. v. 29.10.1976, EzA § 519b ZPO Nr. 2.
24 BAG Urt. v. 21.08.2003, EzA § 522 ZPO Nr. 1.

6. Einspruch gegen Versäumnisurteil

27 Die Einspruchsfrist gegen ein Versäumnisurteil beträgt auch in der Berufungsinstanz nur eine Woche, § 64 Abs. 7 i.V.m. § 59 ArbGG. Der Einspruch kann trotz des Vertretungszwangs, § 11 Abs. 1 ArbGG, nach § 59 Satz 2 ArbGG von der Partei selbst zu Protokoll der Geschäftsstelle erklärt werden.[25]

III. Einlegung der Berufung

28 § 66 ArbGG regelt die Einlegung der Berufung einschließlich der Berufungsfrist, der Berufungsbegründungs- und die Berufungsbeantwortungsfrist.

1. Berufungsfrist

29 Die Frist zur Einlegung der Berufung beträgt gem. § 66 Abs. 1 Satz 1 ArbGG **einen Monat**. Sie **beginnt** mit der von Amts wegen zu erfolgenden **Zustellung des in vollständiger Form abgefassten Urteils**, § 64 Abs. 6 ArbGG, § 517 ZPO, spätestens aber nach Ablauf von fünf Monaten seit der Urteilsverkündung, weil z.B. das Urteil versehentlich nicht zugestellt wurde oder die Zustellung unwirksam ist. Wird an einen Rechtsanwalt zugestellt, genügt zum Nachweis der Zustellung dessen Empfangsbekenntnis gem. § 212a ZPO. Anderenfalls ist es erforderlich, dass sich die ordnungsgemäße und damit wirksame Zustellung des Urteils aus den Gerichtsakten nachweisen lässt.

30 **Voraussetzung** für den Fristbeginn ist eine **zutreffende Rechtsmittelbelehrung**, § 9 Abs. 5 Satz 3 ArbGG. Ist die Belehrung unterblieben oder unrichtig erteilt, so ist die Einlegung des Rechtsmittels nur **innerhalb eines Jahres** seit Zustellung der Entscheidung zulässig, außer wenn die Einlegung vor Ablauf der Jahresfrist infolge höherer Gewalt unmöglich war oder eine Belehrung dahin erfolgt, dass ein Rechtsmittel nicht gegeben sei, § 9 Abs. 5 Satz 4 ArbGG.

31 Da bei fehlender oder nicht ordnungsgemäßer Zustellung in der Regel keine Rechtsmittelbelehrung vorliegt, beginnt in diesem Fall die **Jahresfrist** des § 9 Abs. 5 Satz 4 **im Anschluss an die Fünf-Monats-Frist** des § 517 ZPO zu laufen; wird innerhalb von 16 Monaten nach Verkündung das Urteil mit ordnungsgemäßer Rechtsmittelbelehrung zugestellt, so läuft ab Zustellung die Berufungsfrist.[26] Der Berufungskläger kann also bis spätestens 17 Monate nach Verkündung des Urteils Berufung einlegen.

32 Der Rechtsmittelkläger kann **schon vor der Zustellung des Urteils Berufung** einlegen. Allerdings geht er das Risiko ein, dass er eine Berufungsbegründung vorlegt, die nicht den Erfordernissen des § 520 Abs. 3 Satz 2 ZPO genügt, da er nicht die Urteilsgründe kennt. Es empfiehlt sich deshalb, die Berufung nach Zustellung des in vollständiger Form abgefassten Urteil zurückzunehmen und erneut Berufung einzulegen.

33 **Berichtigungen** des Urteils wegen **offenbarer Unrichtigkeit**, § 319 Abs. 1 ZPO, haben **keinen Einfluss auf Beginn und Lauf** der Rechtsmittelfrist,[27] es sei denn, dass sich die Beschwer erst aus dem Berichtigungsbeschluss ergibt. In diesem Fall beginnt die Frist erst mit der Zustellung des Berichtigungsbeschlusses.[28] Das Gleiche gilt, wenn erst in einem Berichtigungsbeschluss die Berufung zugelassen wurde.[29] Wird nur der **Tatbestand berichtigt**, hat das auf den Lauf der Rechtsmittelfrist keinen Einfluss, da eine Änderung der Beschwer nicht eintritt.

25 *Grunsky*, ArbGG, § 64 Rn 42.
26 BAG, Urt. v. 08.06.2000, EzA § 9 ArbGG 1979 Nr. 15.
27 BGH, Urt. v. 09.12.1983, NJW 1984, 1041.
28 BGH, Urt. v. 21.05.1985, NJW 1986, 935.
29 *Grunsky*, ArbGG, § 66 Rn 2.

Ist durch den Berichtigungsbeschluss eine **Parteiauswechslung** vorgenommen worden, so kann der »Dritte« nach Zustellung des »berichtigten« Urteils ohne Geltung der Berufungsfrist Berufung einlegen.[30]

Ist innerhalb der Berufungsfrist ein **Ergänzungsurteil** ergangen, beginnt mit der Zustellung des Ergänzungsurteils der Lauf der Berufungsfrist auch für die Berufung gegen das zuerst ergangene Urteil von neuem, § 518 ZPO. Erging das Ergänzungsurteil erst nach Ablauf der Berufungsfrist, kann mangels Anwendbarkeit des § 518 ZPO das Ergänzungsurteil als selbständiges Teilurteil angefochten werden, falls Berufungsfähigkeit gegeben ist. 34

Bei einem **Streithelfer** läuft keine eigene Rechtsmittelfrist. Will er ein Rechtsmittel einlegen, so gilt für ihn die Berufungsfrist der Hauptpartei, wobei der Streithelfer die Berufung nicht gegen den erklärten Willen der von ihm unterstützten Partei einlegen kann.[31] 35

Die Berufungsfrist ist eine **Notfrist**; sie kann **weder verkürzt noch verlängert werden**. Gegen ihre Versäumung ist nur die **Wiedereinsetzung in den vorigen Stand** nach §§ 233 ff. ZPO möglich. Voraussetzung ist, dass die Partei **ohne ihr Verschulden** verhindert war, die Notfrist einzuhalten. Bereits ein Mitverschulden der Partei schließt eine Wiedereinsetzung in den vorigen Stand aus. Das Verschulden des Prozessbevollmächtigten ist nach § 85 Abs. 2 ZPO der Partei zuzurechnen. Das Verschulden Dritter, wie z.B. das Verschulden des Büropersonals des Rechtsanwalts, hindert eine Wiedereinsetzung nicht; allerdings kann in einer **unzureichenden Büroorganisation** wiederum ein Verschulden des Prozessbevollmächtigten liegen. Notwendig ist die sorgfältige Auswahl des Personals, seine Überwachung und Belehrung.[32] Die Wiedereinsetzung ist innerhalb einer zweiwöchigen Frist zu beantragen, die mit dem Tag beginnt, an dem das Hindernis behoben ist, § 234 Abs. 2 ZPO. So kann die Wiedereinsetzung in den vorigen Stand gewährt werden, wenn eine bedürftige Partei innerhalb der Berufungsfrist einen ordnungsgemäßen (einschließlich aller Unterlagen, wozu auch die aktuelle Erklärung über die persönlichen und wirtschaftlichen Verhältnisse gehört) **Prozesskostenhilfeantrag** gestellt hat und diesem sodann stattgegeben oder nur mangels Erfolgsaussichten abgelehnt wird; denn diese Partei war ohne Verschulden gehindert, die Frist einzuhalten. Versagt das Gericht die Prozesskostenhilfe, so kann Wiedereinsetzung nur dann gewährt werden, wenn sich die Partei für bedürftig halten durfte. 36

Auch für die Berufungsfrist gelten die §§ 222 ZPO, 187 ff. BGB. Die **Berufungsfrist endet** mit dem **Ablauf des Tages** des auf die **ordnungsgemäße Zustellung des Urteils folgenden Monats**, der seiner Zahl nach dem Zustellungstag entspricht. Ist der letzte Tag ein Feiertag, endet die Frist mit Ablauf des nächstfolgenden Werktages. Auch an behördendienstfreien Tagen (z.B. Rosenmontag im Rheinland) kann eine Berufungsfrist enden.[33] 37

Die Berufung kann innerhalb der **Berufungsfrist bis Fristende** (24 Uhr) eingelegt werden; bei fehlendem Nachtbriefkasten muss der Rechtsmittelkläger beweisen, dass er rechtzeitig den Berufungsschriftsatz in den Briefkasten eingeworfen hat. 38

Bei einer **Berufungseinlegung zur Fristwahrung** wird unterschiedlich die Frage beantwortet, ob der Anwalt des Berufungsbeklagten **Anspruch auf Kostenerstattung** hat. Nach Auffassung des LAG Bremen[34] sind die Kosten des Berufungsbeklagten in diesem Fall erstattbar; nach Meinung des LAG Köln[35] besteht keine Kostentragungspflicht, wenn die Anwaltsbestellung rechtsmissbräuchlich erfolgte. Dieser Fall liegt auch dann vor, wenn das Berufungsgericht mitteilt, es beabsichtige die Berufung wegen mangelnder Begründung zu verwerfen und sich sodann ein Rechtsanwalt für den Berufungsbeklagten bestellt.[36] Nach einer dritten Auffassung kann bei Verwerfung der Berufung 39

30 GK-ArbGG/*Vossen,* § 66 Rn 29.
31 BAG, Urt. v. 16.09.1986, EzA § 67 ZPO Nr. 1.
32 Näher zu Einzelfragen GK-ArbGG/*Vossen,* § 66 Rn 43 g ff.
33 BAG, Beschl. v. 17.02.1969, BB 1969, 493.
34 LAG Bremen, Beschl. v. 30.05.1988, AnwBl 1988, 483.
35 LAG Köln, Beschl. v. 13.09.1985, LAGE § 91 ZPO Nr. 4.
36 LAG Düsseldorf, Beschl. v. 08.04.1993, EzA § 31 BRAGO Nr. 19.

wegen fehlender Begründung als unzulässig eine halbe Prozessgebühr aus dem Hauptsachestreitwert verlangt werden.[37]

40 Eine **bedingte Berufungseinlegung** ist **unzulässig.**[38] Es ist deshalb auch die Berufungseinlegung für den Fall der Bewilligung von Prozesskostenhilfe unzulässig. Dies ist auch nicht nötig, weil bei Bewilligung der Prozesskostenhilfe oder Ablehnung mangels Erfolgsaussicht die Wiedereinsetzung in den vorigen Stand beantragt werden kann.

41 Die Berufung kann **wiederholt** eingelegt werden. Wird nach Einlegung der Berufung per Telefax eine weitere Berufungsschrift eingereicht und geht dieser Schriftsatz innerhalb der Berufungsfrist bei Gericht ein, liegt nur eine Berufung vor. Die Bedeutung des Fax beschränkt sich im Ergebnis auf die Wahrung der Frist, wenn der Originalschriftsatz nicht rechtzeitig eingeht.[39] Allerdings ist eine Wiederholung der Einlegung der Berufung nicht mehr möglich, wenn die Rechtskraft eines Verwerfungsbeschlusses entgegensteht.[40]

2. Formerfordernis

a) Zuständiges Gericht

42 Nach § 519 ZPO wird die Berufung durch Einreichung der Berufungsschrift beim zuständigen Landesarbeitsgericht eingelegt.

b) Schriftform

43 Die Berufung **muss schriftlich** eingelegt werden. Anerkannt ist die Zulässigkeit der **telegrafischen** Einlegung der Berufung,[41] allerdings muss der Verfasser eindeutig ersichtlich sein. Auch kann die Berufung **per Telefax** oder **mittels Fernschreiben** eingelegt werden. Allerdings reicht es nicht aus, wenn die Telekopie einem privaten Zwischenempfänger übermittelt wird und von diesem dem Gericht durch Boten überbracht wird.[42] Dagegen kann die Absendung der Telekopie von einem Privatanschluss eines Dritten erfolgen.[43]

44 Vom Zugang eines per Telefax gesendeten Schriftsatzes kann nicht ausgegangen werden, wenn dem Absender ein vollständiger und korrekter Sendebericht mit Angabe von Datum, Uhrzeit und Sendedauer sowie einem »OK-Ergebnis« vorliegt, beim Gericht als Adressaten aber kein Ausdruck der Sendung erfolgte und auch ein automatisches Übertragungsprotokoll fehlt.[44] Denn **Übermittlungsrisiken trägt** grundsätzlich der **Absender**. Das Gleiche gilt, wenn eine falsche Empfängernummer eingegeben wurde.[45]

45 Der Gemeinsame Senat der Obersten Gerichtshöfe des Bundes[46] hat schließlich entschieden, dass in Prozessen mit Vertretungszwang bestimmende Schriftsätze formwirksam auch durch elektronische Übertragung einer Textdatei mit eingescannter Unterschrift (sog. **Computerfax**) auf ein Faxgerät des Gerichts übermittelt werden können. Dagegen kann die Berufung **nicht telefonisch** eingelegt werden.

37 LAG Nürnberg, Beschl. v. 15.10.1993, LAGE § 91 ZPO Nr. 23.
38 BAG, Urt. v. 29.09.1993, NJW 1994, 761.
39 BAG, Beschl. v. 19.05.1999, EzA § 518 ZPO Nr. 40.
40 Näher GK-ArbGG/*Vossen*, § 66 Rn 69.
41 GmS-OBG, Beschl. v. 05.04.2000, NZA 2000, 959 m.w.N.
42 BAG, Beschl. v. 14.03.1989, NZA 1989, 525 = DB 1989, 1144.
43 BAG, Beschl. v. 14.03.1989, NZA 1989, 525 = DB 1989, 1144.
44 BGH, Urt. v. 07.12.1994, EzA § 130 BGB Nr. 26; LAG Hamm, Urt. v. 13.01.1993, NZA 1994, 335.
45 BAG, Urt. v. 30.03.1995, BAG, E 79, 379.
46 GmS-OBG, Beschl. v. 05.04.2000, NZA 2000, 959 m.w.N.

c) Inhalt der Berufungsschrift

Der notwendige Inhalt der Berufungsschrift folgt aus § **519 Abs. 2 ZPO**. Danach muss sich aus der Rechtsmittelschrift ergeben, **für wen und gegen wen** die Berufung eingelegt wird; weder muss die ladungsfähige Anschrift des Berufungsklägers noch die des Berufungsbeklagten oder seines Prozessvertreters[47] in der Berufungsschrift genannt werden. 46

Notwendig ist die **Bezeichnung des Urteils**, gegen das die Berufung eingelegt wird. Fehlerhafte oder unvollständige Angaben in der Berufungsschrift sind dann unschädlich, wenn auf Grund sonstiger erkennbarer Umstände für Gericht und Prozessgegner deutlich wird, welches Urteil angefochten wird.[48] Es empfiehlt sich deshalb, der Berufung eine **Kopie des angegriffenen Urteils beizufügen**, § 519 Abs. 3 ZPO. 47

Nach § 519 Abs. 2 Nr. 2 ZPO muss zudem die Berufungsschrift die Erklärung enthalten, dass gegen das bezeichnete Urteil **Berufung eingelegt** wird. Ein Antrag ist nicht erforderlich. 48

Die Berufungsschrift muss von einem postulationsfähigen Prozessbevollmächtigten (einem bei einem deutschen Gericht zugelassenen Rechtsanwalt oder einem Verbandsvertreter, § 11 Abs. 2 ArbGG) **unterzeichnet** sein. Die Unterschrift muss ein **individuelles Schriftbild mit charakteristischen Merkmalen** aufweisen und sich als eine die Identität des Unterzeichnenden ausreichende Kennzeichnung des Namens darstellen, die von Dritten nicht ohne weiteres nachgeahmt werden kann. Lesbar bzw. in einzelnen Buchstaben zweifelfrei erkennbar muss die Unterschrift nicht sein. Es genügt vielmehr insoweit, dass ein Dritter, der den Namen des Unterzeichnenden kennt, diesen Namen aus dem Schriftbild noch herauslesen kann.[49] Eine **bloße Paraphe reicht nicht** aus,[50] weil sonst nicht erkennbar ist, ob es sich lediglich um einen Entwurf oder um die endgültige Erklärung des Unterzeichners handelt. Eine Nachholung der Unterschrift – an Stelle der Paraphe – ist nach Ablauf der Berufungsfrist nicht mehr möglich. 49

IV. Berufungsbegründung

Die Berufungsbegründung ist das Kernstück des Berufungsverfahrens; sie steckt den Rahmen ab, in dem der Berufungskläger eine Überprüfung des angefochtenen Urteils beantragt.[51] 50

1. Berufungsbegründungsfrist

Auf Grund der Zivilprozessreform beträgt ab 01.01.2002 die **Berufungsbegründungsfrist zwei Monate** und **beginnt** mit der **Zustellung des in vollständiger Form abgefassten Urteils**, spätestens aber fünf Monate nach der Verkündung, § 66 Abs. 1 Satz 1 ArbGG. 51

Die Berufungsbegründungsfrist kann vom Vorsitzenden **auf Antrag einmal verlängert** werden, wenn nach seiner freien Überzeugung der Rechtsstreit durch die Verlängerung nicht verzögert wird oder wenn die Partei erhebliche Gründe dargelegt hat, § 66 Abs. 1 Satz 5 ArbGG. Für diese Verlängerung ist eine Begrenzung der Verlängerungsdauer auf einen Monat nicht vorgesehen.[52] Eine nochmalige Verlängerung ist selbst dann nicht zulässig, wenn das Urteil noch nicht zugestellt worden ist.[53] Die Berufungsbegründungsfrist kann auch nach Ablauf der Begründungsfrist verlängert werden, sofern der Antrag vor Ablauf der Frist dem Gericht vorlag.[54] Ggf. muss sich der Prozessbevollmächtigte vor Fristablauf vergewissern, ob sein Antrag eingegangen ist. 52

47 BAG (GS), Beschl. v. 16.09.1986, EzA § 518 ZPO Nr. 31.
48 GK-ArbGG/*Vossen*, § 66 Rn 81 m.w.N.
49 BAG, Urt. v. 29.07.1981, EzA § 518 ZPO Nr. 28.
50 BAG, Urt. v. 29.07.1981, EzA § 518 ZPO Nr. 28.
51 GK-ArbGG/*Vossen*, § 66 Rn 98.
52 A.A. *Germelmann/Matthes/Prütting*, ArbGG, § 66 Rn 31.
53 BAG, Urt. v. 13.09.1995, NJW 1996, 1430.
54 BAG (GS), Beschl. v. 24.08.1979, EzA § 66 ArbGG 1979 Nr. 1.

53 Der Antrag auf Fristverlängerung muss **hinreichend begründet** werden. Als erhebliche Gründe kommen Vergleichsgespräche, Abwarten einer Grundsatzentscheidung des BAG,[55] Erkrankung des Prozessbevollmächtigten und keine oder keine zumutbare Vertretung, Umfang und Schwierigkeit des Prozessstoffes, Urlaub des Prozessvertreters ohne zumutbare Vertretung, Urlaub oder Abwesenheit des Mandanten und damit gegebene Informationsschwierigkeiten in Betracht. Verlängerungsgründe sind möglichst substantiiert, auf den Einzelfall bezogen darzulegen und **nicht pauschal mit »erhebliche Gründe«** zu umschreiben. Eine Anhörung der Gegenseite zur Fristverlängerung ist nicht erforderlich, § 225 ZPO.

Bei Versäumung der Berufungsbegründungsfrist kann die Wiedereinsetzung in den vorigen Stand beantragt werden, wenn die Partei ohne ihr Verschulden gehindert war, die Frist zur Begründung der Berufung einzuhalten.

2. Inhalt der Berufungsbegründungsschrift

54 Die Berufungsbegründung muss nach § 520 Abs. 3 Satz 2 Nr. 1 ZPO die Erklärung enthalten, inwieweit das Urteil angefochten wird und welche Abänderungen des Urteils beantragt werden (**Berufungsanträge**). Dabei reicht es aus, dass aus dem Inhalt der Berufungsbegründung ersichtlich ist, in welchem Umfang das Urteil angefochten wird.[56] Der Berufungsantrag macht auch deutlich, ob und in welchem Umfang das angefochtene Urteil rechtskräftig geworden ist und ob der notwendige Beschwerdewert, § 64 Abs. 2 b ArbGG erreicht wird. Der Berufungsantrag **muss bestimmt** sein, was insbesondere dann notwendig ist, wenn nur teilweise Berufung eingelegt wird. Eine Beschränkung auf einzelne Anspruchselemente ist unzulässig. Denn das Gericht hat stets selbständig die Wertung des vorgetragenen Sachverhalts vorzunehmen.[57] Eine Erweiterung der Berufungsanträge ist im Rahmen der Berufungsbegründung zulässig. Allerdings ist dann § 533 ZPO zu beachten.

55 Der Berufungskläger muss in der Berufungsbegründungsschrift im Einzelnen angeben, **in welchen Punkten und aus welchen Gründen das angefochtene Urteil unrichtig ist.** Er hat sich argumentativ mit den Entscheidungsgründen auseinander zu setzen. Greift der Berufungskläger in erster Linie die Rechtsauffassung des Arbeitsgerichts an, hat er seine abweichende Auffassung im Einzelnen darzulegen. **Nicht ausreichend** ist die **bloße Verweisung** auf den erstinstanzlichen Vortrag oder eine **bloße Wiederholung** dieses Vorbringens ohne inhaltliche Auseinandersetzung mit den Entscheidungsgründen.[58]

Wird im angefochtenen Urteil **über mehrere Ansprüche** entschieden und das Urteil insgesamt angefochten, muss sich die Berufungsbegründung mit allen Teilen des Urteils befassen.

56 Gründet das Gericht seine Entscheidung auf **mehrere voneinander unabhängige, selbständig tragende rechtliche Erwägungen**, so muss der Berufungskläger in der Berufungsbegründung für jede dieser Erwägungen darlegen, warum sie die Entscheidung nicht rechtfertigen. Die Berufungsbegründung gegen eine der beiden das Urteil selbständig tragenden Begründungen reicht nicht aus.[59]

57 Die Berufung kann sich **allein auf neue Tatsachen, Beweismittel und Beweiseinreden** stützen; sie müssen in der Berufungsbegründung enthalten sein, § 520 Abs. 3 Satz 2 Nr. 4 ZPO. Eine Auseinandersetzung mit dem Urteil ist dann entbehrlich.

58 Wird eine Berufung nicht ausschließlich auf neue Tatsachen und Beweismittel gestützt, kann sie vor der Zustellung des in vollständiger Form abgefassten Urteils mangels Kenntnis der Entscheidungsgründe nicht formgerecht begründet werden und ist damit als unzulässig zu verwerfen. Es reicht aber für die Zulässigkeit der Berufung die **Auseinandersetzung mit den hypothetisch angenommenen**

55 *Germelmann/Matthes/Prütting,* ArbGG, § 66 Rn 33.
56 BAG, Urt. v. 20.12.1988, EzA § 80 BetrVG 1972 Nr. 33.
57 GK-ArbGG/*Vossen,* § 66 Rn 129 a.
58 BAG, Urt. v. 13.09.1995, NZA 1996, 446.
59 BAG, Urt. v. 05.10.1995 – 2 AZR 497/97 (n.v.); LAG Hessen, Urt. v. 12.08.1998, NZA-RR 1999, 160.

Entscheidungsgründen aus.[60] Wenn allerdings die Berufung **erst nach Ablauf der Fünf-Monats-Frist**, § 66 Abs. 1 Satz 2 ArbGG, eingelegt wird, reicht als Berufungsbegründung die Rüge aus, ein seit Verkündung erst nach Ablauf von fünf Monaten zur Geschäftsstelle gelangtes erstinstanzlichen Urteil sei **als solches ohne Gründe** anzusehen.[61]

3. Unterzeichnung

Die Berufungsbegründung muss in ihrem vollen Wortlaut **von einer nach § 11 Abs. 2 ArbGG postulationsfähigen Person unterzeichnet** sein. Eine Bezugnahme auf Schriftstücke, die nicht von dem Bevollmächtigten unterzeichnet sind, ist verboten. Die Unterzeichnung des Beglaubigungsvermerks unter eine Berufungsbegründungsschrift ist nur dann ausreichend, wenn sie von demselben Rechtsanwalt herrührt, der auch die Berufungsbegründung verfasst hat.[62] 59

4. Zuständiges Gericht

Auch die Berufungsbegründung muss an das **zuständige Landesarbeitsgericht** schriftlich übersandt werden, § 520 Abs. 3 ZPO, § 64 Abs. 6 ArbGG. 60

Besondere Vorsicht ist geboten, wenn die Berufungsbegründungsschrift **per Telefax** an eine gemeinsame Briefannahmestelle des Arbeitsgerichts und des Landesarbeitsgerichts übermittelt wird. Ist nämlich trotz richtigen zweitinstanzlichen Aktenzeichens der Berufungsbegründungsschriftsatz an das Arbeitsgericht adressiert, geht dieser Schriftsatz bei dem Gericht ein, an den es adressiert ist, und damit beim Arbeitsgericht. Die fristwahrende Weiterleitung des an das nicht zuständige Arbeitsgericht adressierten Schriftsatzes an das zuständige Landesarbeitsgericht ist dann nicht mehr möglich, wenn der Schriftsatz erst am letzten Tag der Frist nach Dienstschluss bei der gemeinsamen Einlaufstelle eingeht.[63] Im Regelfall dürfte in diesem Fall eine Wiedereinsetzung in den vorigen Stand nicht in Betracht kommen, weil der Prozessbevollmächtigte vor Unterzeichnung der Berufungsbegründung prüfen müss, ob der Schriftsatz ordnungsgemäß adressiert ist.

Bei einem **gemeinsamen Nachtbriefkasten** mehrerer Gerichte geht der Berufungsschriftsatz selbst dann an das richtige Gericht zu, wenn die Berufungsschrift zusammen mit anderen Schriftsätzen in einem Briefumschlag enthalten ist, dieser an ein anderes Gericht derselben Annahmestelle adressiert ist und dieser Umschlag in den Nachbriefkasten fristgerecht geworfen wird. Denn das Berufungsgericht erwirbt ein Mitgewahrsam an dem Briefumschlag samt Inhalt. Die jeweilige Organisation »hinter« der gemeinsamen Empfangsvorrichtung mehrerer Gericht ist ohne Bedeutung[64]

V. Berufungsbeantwortung

Der Berufungsbeklagte ist nicht verpflichtet, die Berufung zu beantworten. Trotzdem ist die in § 66 Abs. 1 Satz 3 geregelte einmalige **Berufungsbeantwortungsfrist von einem Monat zwingend**. Mit der Zustellung der Berufungsbegründung ist der Berufungsbeklagte auf die Frist für die Berufungsbeantwortung hinzuweisen. Die Frist kann auf Antrag vom Vorsitzenden **einmal verlängert** werden. Wird die Berufungsbeantwortungsfrist nicht eingehalten, kann der Berufungsbeklagte neue Angriffs- und Verteidigungsmittel nur unter den Voraussetzungen des § 67 ArbGG geltend machen. 61

60 BAG, Urt. v. 13.09.1995, NZA 1996, 446.
61 BAG, Urt. v. 13.09.1995, NZA 1996, 446.
62 BAG, Urt. v. 02.12.1992, NZA 1993, 655.
63 BAG, Urt. v. 29.08.2001, EzA § 519 ZPO Nr. 12.
64 BAG Urt. v. 02.12.1999, EzA § 518 ZPO Nr. 41.

Im **einstweiligen Verfügungsverfahren** findet die Berufungsbeantwortungsfrist des **§ 66 Abs. 1 Satz 3 ArbGG keine Anwendung.**

VI. Neue Angriffs- und Verteidigungsmittel, § 67 ArbGG

1. Zurückweisung nach § 67 Abs. 1 ArbGG

62 Angriffs- und Verteidigungsmittel, die **vom Arbeitsgericht zu Recht zurückgewiesen** worden sind, **bleiben ausgeschlossen**, § 67 Abs. 1 ArbGG. Die Zurückweisung ist endgültig. Nicht entscheidend ist, ob die Zulassung der zurückgewiesenen Angriffs- und Verteidigungsmittel den Rechtsstreit verzögern würde. Voraussetzung der Präklusion nach § 67 Abs. 1 ArbGG ist die Zurückweisung der Angriffs- und Verteidigungsmittel durch das Arbeitsgericht nach § 56 Abs. 2, § 61a Abs. 5 ArbGG, § 296 Abs. 2 ZPO i.V.m. § 282 ZPO. Das vom Arbeitsgericht als unschlüssig angesehene Vorbringen wird von § 67 Abs. 1 ArbGG nicht erfasst.

63 Das Berufungsgericht hat allerdings zu **prüfen, ob die Angriffs- und Verteidigungsmittel vom Arbeitsgericht zu Recht zurückgewiesen** worden sind, d.h. ob alle gesetzlichen Voraussetzungen für eine Zurückverweisung gegeben sind. So ist zu untersuchen, ob den Parteien in erster Instanz Gelegenheit gegeben wurde, ihr Recht auf rechtliches Gehör wahrzunehmen. Hat das Arbeitsgericht die neuen Angriffs- und Verteidigungsmittel nach einer Fristsetzung (§ 56 Abs. 2, § 61a Abs. 5 ArbGG) zurückgewiesen, so ist vom Berufungsgericht auch zu prüfen, **ob eine wirksame Fristsetzung** vorgelegen hat.[65] Hierzu gehört, dass das Arbeitsgericht die einzelnen aufklärungsbedürftigen Punkte im Rahmen der Erörterung der Rechts- und Sachlage genau bezeichnet, in der Niederschrift festgehalten und die Partei über die Folgen der Fristversäumung belehrt hat.

64 Das Landesarbeitsgericht hat auch zu prüfen, **ob im Verfahren vor dem Arbeitsgericht** bei Berücksichtigung des zurückgewiesenen Vorbringens eine **Verzögerung des Rechtsstreits eingetreten wäre**, ob die Verzögerung nicht durch prozessleitende Maßnahmen des Gerichts hätte verhindert werden können und ob die Partei die Verspätung ihres Vortrags in erster Instanz **genügend entschuldigt** hat, vgl. § 56 Abs. 2, § 61a Abs. 5 ArbGG. Der Entschuldigungsgrund ist auf Verlangen des Landesarbeitsgerichts glaubhaft zu machen, wobei eine einfache anwaltliche Erklärung als Mittel der Glaubhaftmachung ausreicht.[66]

§ 67 Abs. 1 ArbGG findet keine Anwendung auf in erster Instanz zutreffend zurückgewiesene Behauptungen, die im Berufungsverfahren unstreitig werden.

2. Zurückweisung nach § 67 Abs. 2 Satz 1 und 2 ArbGG

65 § 67 Abs. 2 Satz 1 und 2 ArbGG erstrecken sich auf **neue** Angriffs- und Verteidigungsmittel, die von der Partei schon im ersten Rechtszug **hätten vorgebracht werden können.** Es muss sich um die **Nichtbeachtung** der zur Vorbereitung der mündlichen Verhandlung **nach § 56 Abs. 1 Satz 2 Nr. 1 ArbGG** und im Kündigungsschutzverfahren **nach § 61a Abs. 3 und 4 ArbGG** gesetzten **Fristen** handeln. Die Nichtbeachtung anderer Fristen kann die Zurückweisung neuer Angriffs- und Verteidigungsmittel nicht rechtfertigen. Dabei handelt sich um Vorbringen, dass erstmals im Berufungsverfahren eingebracht wird. Die Partei hätte es unter Beachtung der ihr für ihre Angriffs- und Verteidigungsmittel gesetzten Fristen vortragen müssen. Die Folgen der Nichtbeachtung der vom Gericht gesetzten Fristen und damit der konkreten Prozessförderungspflicht bestimmt § 67 Abs. 2 Satz 1 und 2 ArbGG.

66 Der Unterschied zwischen § 67 Abs. 1 und § 67 Abs. 2 Satz 1 und 2 ArbGG liegt darin, dass bei der **Zurückweisung nach § 67 Abs. 1** die Partei im ersten Rechtszug **verspätet vorgetragen**

65 LAG Hamm, Urt. v. 22.07.1982, EzA § 340 ZPO Nr. 2.
66 BAG, Urt. v. 14.11.1985, EzA § 251a ZPO Nr. 1.

hat, während sie im Fall des **§ 67 Abs. 2 Satz 1 und 2** im ersten Rechtszug ihre Angriffs- und Verteidigungsmittel **überhaupt nicht vorgetragen** hat.

Auch hier hat das Landesarbeitsgericht die **Wirksamkeit** der nach § 56 Abs. 1 Satz 2 Nr. 1 oder § 61a Abs. 3 oder 4 ArbGG gesetzten **Fristen zu überprüfen** und insbesondere zu untersuchen, ob bei der Fristsetzung nach § 56 Abs. 1 Satz 2 Nr. 1 ArbGG die klärungsbedürftigen Punkte genau bezeichnet sind. Allein der Hinweis des Arbeitsgerichts, die Partei solle binnen einer bestimmten Frist sich zum Schriftsatz der Gegenseite äußern, reicht nicht aus, um die Partei mit neuem Vorbringen im Berufungsverfahren nach § 67 Abs. 2 Satz 1 und 2 ArbGG auszuschließen.[67] Zudem muss die Verfügung des erstinstanzlichen Vorsitzenden unterzeichnet worden sein; eine bloße Paraphe reicht nicht aus. 67

Außerdem hat das Landesarbeitsgericht zu prüfen, ob die Zulassung der neuen Angriffs- und Verteidigungsmittel den **Rechtsstreit verzögern** würde oder ob die Partei die Verzögerung **genügend entschuldigt** hat. Eine Verzögerung würde dann eintreten, wenn bei der Zulassung des verspäteten Vorbringens der Prozess länger dauern würde als bei seiner Zurückweisung.Das ist dann der Fall, wenn es zu einer Vertagung des Rechtsstreits kommt. Bei der 2. Alternative ist an die Entschuldigung ein strenger Maßstab anzulegen. Andernfalls besteht die Gefahr, dass die Partei, die in erster Instanz auf die Frist gar nicht reagiert hat, besser steht als die, die in erster Instanz ihre Angriffs- oder Verteidigungsmittel noch (wenn auch verspätet) vorgetragen hat und damit zurückgewiesen wurde.[68] 68

Zu den Angriffs- und Verteidigungsmitteln gehören Behauptungen, Bestreiten, Einwendungen, Einreden, Beweismittel und Beweiseinreden. Kein Angriffs- und Verteidigungsmittel ist die Widerklage, die Klageerweiterung und die Klageänderung. Die **Aufrechnung gehört zu den Verteidigungsmitteln.**[69] Dagegen ist die Anfechtung kein Angriffs- oder Verteidigungsmittel. Unstreitiges Vorbringen oder Rechtsausführungen werden vom Begriff Angriffs- und Verteidigungsmittel nicht erfasst, sodass in beiden Fällen ein Zurückweisung ausscheidet. 69

3. Zurückweisung nach § 67 Abs. 3 ArbGG

Neue Angriffs- und Verteidigungsmittel, die im ersten Rechtszug entgegen der allgemeinen **Prozessförderungspflicht des § 282 ZPO** nicht rechtzeitig vorgebracht worden sind, sind vom Landesarbeitsgericht **nur zuzulassen**, wenn ihre Zulassung nach der freien Überzeugung des Gerichts die **Erledigung des Rechtsstreits nicht verzögern** würde oder wenn die Partei das Vorbringen im ersten Rechtszug **nicht aus grober Nachlässigkeit** unterlassen hat. Grobe Nachlässigkeit liegt vor, wenn die Partei in besonders schwer wiegender Weise ihre Prozessförderungspflicht verletzt hat. Keine grobe Nachlässigkeit liegt vor, wenn die Verzögerung durch das Gericht mitverursacht wurde. Denn die Partei hat ihre Angriffs- und Verteidigungsmittel so zeitig vorzubringen, wie es nach der Prozesslage einer sorgfältigen und auf Förderung des Verfahrens bedachten Prozessführung entspricht, § 282 Abs. 2 ZPO. 70

Das Gericht hat, wenn die Voraussetzungen des § 67 Abs. 3 ZPO vorliegen, kein Ermessen für seine Entscheidung.

4. Prozessförderung in der Berufungsinstanz, § 67 Abs. 4 ArbGG

§ 67 Abs. 4 ArbGG betrifft die Angriffs- und Verteidigungsmittel**, die nach § 67 Abs. 2 und 3 ArbGG zulässig** sind. Sie sind nach § 67 Abs. 4 Satz 1 ArbGG vom Berufungskläger in der Berufungsbegründung, vom Berufungsbeklagten in der Berufungserwiderung vorzubringen. Damit setzt das Gesetz für dieses Vorbringen Ausschlussfristen. 71

67 GK-ArbGG/*Vossen,* § 67 Rn 29.
68 *Grunsky,* ArbGG, § 67 Rn 6.
69 *Germelmann/Matthes/Prütting*, ArbGG, § 67 Rn 6.

72 § 67 Abs. 4 Satz 2 ArbGG kennt von dieser Mussvorschrift nur drei Ausnahmen:
- Entstehung der Angriffs- und Verteidigungsmittel nach der Berufungsbegründung oder der Berufungsbeantwortung
- Keine Verzögerung des Rechtsstreits bei Berücksichtigung des verspäteten Vorbringens
- Verspätetes Vorbringen der Angriffs- und Verteidigungsmittel beruht nicht auf einem Verschulden der Partei.

73 Ein **neues Angriffs- und Verteidigungsmittel**, das erst nach Ablauf der Begründungs- bzw. Beantwortungsfrist entstanden ist, liegt **nicht** im Fall des § 9 Abs. 1 Satz 3 KSchG vor, da nach dieser Bestimmung der **Auflösungsantrag** noch bis zum Schluss der letzten mündlichen Verhandlung in der Berufungsinstanz gestellt werden kann. Auch bei der Ausübung eines Gestaltungsrechts wie z.B. die Erklärung einer Kündigung ist die Partei nicht an die Ausschlussfrist des § 67 Abs. 4 Satz 1 ArbGG gebunden.[70]

74 Eine **Verzögerung der Erledigung** liegt objektiv dann nicht vor, wenn das Landesarbeitsgericht dafür sorgen kann, dass die mit dem Vortrag angebotenen Beweismittel bereits in der ersten Verhandlung verfügbar sind.[71] So ist es zumutbar, Zeugen zu laden, die zehn Tage vor dem Termin benannt worden sind.[72] Die Anberaumung eines weiteren zusätzlichen Verhandlungstermins zwecks Durchführung einer Beweisaufnahme kann aber nicht verlangt werden.

Soweit sich die Partei für das verspätete Vorbringen auf mangelndes Verschulden beruft, genügt für das Verschulden **leichte Fahrlässigkeit**.[73]

VII. Klageänderung, Aufrechnung, Widerklage

75 Nach § 64 Abs. 6 Satz 1 ArbGG i.V.m. § 533 ZPO sind Klageänderung, Aufrechnung und Widerklage in der Berufung nur zulässig, wenn
- der Gegner **einwilligt** oder das Gericht dies für **sachdienlich** hält **und**
- diese **auf Tatsachen** gestützt werden können, die das **Berufungsgericht** seiner Verhandlung und Entscheidung über die Berufung **ohnehin nach § 529 ZPO zu Grunde** zu legen ist.

76 Zum zweiten Erfordernis zählen die von der ersten Instanz **bereits festgestellten Tatsachen und** auch **neue**, soweit deren Berücksichtigung **nach § 67 ArbGG** zulässig ist. Durch § 533 Nr. 2 ZPO wird erreicht, dass selbst dann, wenn Einwilligung des Gegners oder Sachdienlichkeit gem. § 533 Nr. 1 ZPO vorliegen, mittels Klageänderung, Aufrechnung oder Widerklage kein ansonsten nach § 529 Abs. 1 ZPO, § 64 Abs. 6 Satz 1, § 67 ArbGG unzulässiger neuer Tatsachenstoff in das Berufungsverfahren beim Landesarbeitsgericht eingeführt werden kann.[74] § 533 Nr. 2 ZPO dient nicht der Prozessbeschleunigung, sondern der **Konzentration des Rechtsstreits**.

77 Bei einer **Aufrechnung** findet § 533 Nr. 2 ZPO dann keine Anwendung, wenn der Kläger sie erstmals in der Berufungsinstanz im Wege der Replik geltend macht. Keine neue Aufrechnung liegt vor, wenn das Arbeitsgericht die vom Beklagten erklärte Aufrechnung überhaupt nicht beachtet hat oder wenn es die Aufrechnung nach den einschlägigen Präklusionsnormen zu Unrecht zurückgewiesen hat. Das gilt auch für die Hilfsaufrechnung, auf die es in erster Instanz nicht ankam, weil das Gericht die Klage als unschlüssig abgewiesen hat. Die Aufrechnung ist auch nicht neu, wenn das Arbeitsgericht sie z.B. nach § 296 Abs. 2 ZPO zurückgewiesen hat; hier gilt im zweiten Rechtszug § 67 Abs. 1 ArbGG, wenn die Zurückweisung in erster Instanz zu Recht erfolgte.

70 GK-ArbGG/*Vossen*, § 67 Rn 71.
71 BAG, Urt. v. 23.11.1988, EzA § 67 ArbGG 1979 Nr. 1 = NJW 1989, 1237.
72 BAG, Urt. v. 23.11.1988, EzA § 67 ArbGG 1979 Nr. 1 = NJW 1989, 1237.
73 GK-ArbGG/*Vossen*, § 67 Rn 77.
74 BT-Drucks 14/4722, S. 102, zitiert bei GK-ArbGG/*Vossen*, § 67 Rn 78.

VIII. Prüfungsumfang des Berufungsgerichts

Nach § 64 Abs. 6 ArbGG, § 513 Abs. 1 ZPO kann die Berufung darauf gestützt werden, dass die Entscheidung auf einer **Rechtsverletzung** i.S.v. § 546 ZPO beruht oder nach § 529 ZPO zu Grunde **zu legende Tatsachen eine andere Entscheidung** rechtfertigen. 78

Nach § 529 ZPO, der über § 64 Abs. 6 Satz 1 ArbGG auch im arbeitsgerichtlichen Berufungsverfahren anzuwenden ist,[75] ist das Berufungsgericht **grundsätzlich an die erstinstanzlich getroffenen Tatsachenfeststellungen** und damit auch an die im ersten Rechtszug durchgeführte Beweisaufnahme **gebunden**. Im Gegensatz zur Rechtslage bis zum 31.12.2001 wird nach der Zivilprozessreform der Rechtsstreit vor dem Landesarbeitsgericht in den durch die Anträge bestimmten Grenzen **nicht neu verhandelt**. Das Berufungsgericht ist an die vom erstinstanzlichen Gericht getroffenen Feststellungen dann nicht gebunden, wenn **konkrete Anhaltspunkte** «vernünftige«, »rational begründbare«[76] **Zweifel** an der Richtigkeit oder Vollständigkeit der entscheidungserheblichen Feststellungen begründen und deshalb eine erneute Feststellung geboten ist. Hierzu gehören z.B. rechtsfehlerhaftes Zustandekommen der Tatsachenfeststellungen durch Übergehen von Beweisanträgen, unzureichende Beweiserhebung oder Beweiswürdigung, Verkennung der Beweislast, Verstoß gegen Denkgesetze oder allgemeine Erfahrungssätze. Konkrete Anhaltspunkte für Zweifel können sich insbesondere auch aus zulässigem neuen Sachvortrag im Berufungsverfahren ergeben. 79

IX. Neue Beweisaufnahme

Das Landesarbeitsgericht muss gem. **§ 139 Abs. 1 ZPO** nachfragen, ob ein bereits in erster Instanz gestellter und im **Berufungsrechtszug nicht wiederholter Beweisantrag** aufrechterhalten werden soll oder nicht, bevor es den Beweisantrag für nicht mehr gestellt erachtet. Das gilt nicht, wenn die Partei zu erkennen gibt, dass sie auf diesen Beweisantrag nicht mehr zurückgreifen will.[77] Denn eine pauschale Bezugnahme auf das Vorbringen in 1. Instanz ist ausreichend, sofern das erstinstanzliche Gericht ein unter Beweis gestelltes Vorbringen für unerheblich oder für bereits erwiesen erachtet hat, das Berufungsgericht diese Rechtsauffassung nicht teilt und es nunmehr auf den Sachvortrag bzw. ein in 1. Instanz angebotenes Beweismittel ankommt; der Streitstoff des ersten Rechtszuges wirkt somit in der Berufungsinstanz fort.[78] 80

Das Berufungsgericht kann im Rahmen des **§ 529 ZPO frei entscheiden**, ob es die vom Arbeitsgericht bereits vernommenen Zeugen nochmals nach § 398 ZPO vernimmt oder gem. § 529 ZPO die Verwertung der protokollierten Zeugenaussagen für ausreichend erachtet. Die Glaubwürdigkeit eines erstinstanzlich vernommenen Zeugen kann das Landesarbeitsgericht jedoch nicht ohne erneute Zeugenvernehmung anders beurteilen als das Arbeitsgericht. 81

X. Zurückweisung

Nach **§ 68 ArbGG** kann wegen eines **Mangels im Verfahren** des Arbeitsgerichts der Rechtsstreit **nicht** an das Arbeitsgericht **zurückgewiesen werden**. Zudem prüft das Landesarbeitsgericht gem. § 65 ArbGG nicht, ob der beschrittene Rechtsweg und die Verfahrensart zulässig sind und ob bei der Berufung der ehrenamtlichen Richter Verfahrensmängel unterlaufen sind oder Umstände vorgelegen haben, die die Berufung eines ehrenamtlichen Richters zu seinem Amte ausschließt. 82

Nur in den Fällen des **§ 538 Abs. 2 Nr. 2, 3 und 6 ZPO kann** (nicht muss!) **auf Antrag einer Partei** die Sache an das **erstinstanzliche Gericht** zurückgewiesen werden. Das Landesarbeitsgericht kann 83

75 MüKo-ZPO/*Rimmelspacher*, Aktualisierungsband 2. Aufl. 2002, § 529 Rn 3 m.w.N.; Sächs. LAG, Beschl. v. 31.07.2002, LAGE § 520 ZPO 2002 Nr. 1

76 *Schmidt/Schwab/Wildschütz*, NZA 2001, 1221.

77 BGH, Urt. v. 03.07.1996, NJW 1998, 155.

78 BVerfG, Beschl. v. 02.01.1995, NJW-RR 1995, 828.

deshalb in diesen Fällen auch selbst entscheiden, falls der Fehler in der Berufungsinstanz korrigierbar ist.[79]

Ein **Verfahrensmangel**, der die Zurückweisung ausschließt, ist z.B. gegeben, wenn das Urteil nach seiner Verkündung nicht binnen fünf Monaten vollständig abgefasst vorliegt und deshalb als ein Urteil ohne Gründe zu behandeln ist.[80]

84 Es ist anerkannt, dass **trotz § 538 ZPO dann an das Arbeitsgericht zurückzuweisen ist**, wenn es sich um Verfahrensverstöße handelt, die im **Berufungsverfahren nicht reparabel** sind.[81] Dies ist z.B. der Fall, wenn im ersten Rechtszug nicht über einen Antrag auf nachträgliche Zulassung der Kündigungsschutzklage, § 5 KSchG, beschieden wurde, weil das Arbeitsgericht diesen Antrag übersehen hat oder der Ansicht war, es liege kein Fall der Fristversäumnis vor. In diesem Fall kann nur das Arbeitsgericht über den Antrag durch Beschluss entscheiden, § 5 Abs. 4 Satz 1 KSchG, sodass der Rechtsstreit an die erste Instanz zurückzuweisen ist. Das Gleiche gilt, wenn das Arbeitsgericht den Arbeitnehmer nicht auf die Möglichkeit hingewiesen hat, einen Antrag nach § 6 Satz 1 KSchG zu stellen oder wenn ein unzulässiges Teilurteil ergangen ist.[82]

85 Dagegen **darf** (nicht muss!) das Landesarbeitsgericht **auf Antrag einer Partei** den Rechtsstreit an das Arbeitsgericht **zurückweisen**, wenn

- durch das angefochtene Urteil ein Einspruch als unzulässig zurückgewiesen wurde, § 538 Abs. 2 Nr. 2 ZPO,
- durch das angefochtene Urteil nur über die Zulässigkeit der Klage entschieden worden ist, § 538 Abs. 2 Nr. 3 ZPO,
- das angefochtene Urteil ein Versäumnisurteil ist, § 538 Abs. 2 Nr. 6 ZPO.

Dagegen ist entgegen § 538 Abs. 2 Nr. 4 ZPO eine Zurückverweisung bei einem Grundurteil nicht möglich, weil nach § 61 Abs. 3 ArbGG Grundurteile keiner selbständigen Anfechtbarkeit unterliegen.

XI. Anträge im Berufungsverfahren

86 Nach § 538 ZPO darf ein erstinstanzliches Urteil in der Berufungsinstanz nur insoweit abgeändert werden, als eine Abänderung beantragt ist. Als Formulierung bietet sich z.B. an:

1. Berufungskläger

87 Der Berufungskläger

- »beantragt, das Urteil des Arbeitsgerichts vom Az abzuändern und die Klage abzuweisen.«
- »beantragt, das Urteil des Arbeitsgerichts vom Az abzuändern und festzustellen, dass das Arbeitsverhältnis zwischen den Parteien nicht durch die Kündigung der Beklagten vom zum aufgelöst worden ist.«
- »beantragt, das Urteil des Arbeitsgerichts vom Az abzuändern und die Beklagte zu verurteilen, EUR brutto nebst Zinsen seit dem zu zahlen.«

79 *Germelmann/Matthes/Prütting*, ArbGG, § 68 Rn 21 zum früheren § 540 ZPO.

80 BAG, Urt. v. 13.09.1995, EzA § 66 ArbGG 1979 Nr. 22.

81 GK-ArbGG/*Vossen*, § 68 Rn 12 m.w.N.

82 Vgl. zum Problemkreis näher GK-ArbGG/*Vossen*, § 68 Rn 16 ff.

2. Berufungsbeklagter

Der Berufungsbeklagte »beantragt, die Berufung zurückzuweisen.« 88

B. Das kollektivrechtliche Beschwerdeverfahren

Gegen Beschlüsse, die das Verfahren erster Instanz abschließen,[83] ist gem. § 87 Abs. 1 ArbGG die Beschwerde zum Landesarbeitsgericht gegeben. Die Beschwerdebefugnis setzt eine **Beschwer** voraus, die jedoch nicht an das Überschreiten eines bestimmten Beschwerdewertes geknüpft ist. Durch die Entscheidung des Arbeitsgerichts können alle Beteiligten beschwert sein und unabhängig von dem Verhalten der anderen Beteiligten Beschwerde einlegen.[84] **Beschwerdebefugt** sind gleichfalls Beteiligte, die bislang vom Arbeitsgericht entgegen der materiellen Rechtslage nicht beteiligt worden sind. 89

§ 87 Abs. 2 Satz 1 ArbGG verweist für das Beschwerdeverfahren auf die **Regelungen der Berufung**.[85] Die Beschwerde ist innerhalb eines Monats nach Zustellung der vollständigen Entscheidung beim LAG einzulegen und innerhalb von zwei Monaten zu begründen. Im **Verfahren über die Bestellung eines Vorsitzenden der Einigungsstelle** und die Anzahl der Beisitzer ist die Beschwerdefrist auf zwei Wochen verkürzt, wobei die Beschwerde innerhalb dieser zwei Wochen nicht nur einzulegen, sondern zudem auch zu begründen ist, § 98 Abs. 2 Satz 2 ArbGG.[86] Fehlt es an der Zustellung des Beschlusses erster Instanz an einen Beteiligten, wird die Beschwerdefrist nicht in Gang gesetzt. Dies gilt auch, wenn ein Beteiligter zu Unrecht am erstinstanzlichen Verfahren nicht beteiligt wurde.[87] Während es sich bei der **Beschwerdefrist** um eine **Notfrist** handelt, bei deren Versäumung allenfalls die Wiedereinsetzung in den vorigen Stand beantragt werden kann, kann die **Beschwerdebegründungsfrist** auf Antrag einmal **verlängert** werden, wenn nach der freien Überzeugung des Vorsitzenden der Rechtsstreit durch die Verlängerung nicht verzögert wird oder wenn die Partei erhebliche Gründe darlegt. Zu beachten ist die Praxis einiger Landesarbeitsgerichte, bei pauschalen, textbausteinmäßigen Verlängerungsanträgen, beispielsweise lediglich allgemein begründet mit Arbeitsüberlastung, den Fristverlängerungsantrag zurückzuweisen.[88] Hier ist insbesondere deswegen Vorsicht geboten, weil der Rechtsanwalt, der am Tag des Fristablaufs den Fristverlängerungsantrag mit einer solchen pauschalen Begründung stellt, und sich auf die Verlängerung der Begründungsfrist verlässt,[89] Gefahr läuft, die – nicht verlängerte – Frist zu versäumen. Eine **Wiedereinsetzung** kommt in einem solchen Fall nicht in Betracht, es sei denn, der Vorsitzende ist von der bislang geübten Praxis abgewichen,[90] die Beschwerde wird als unzulässig zurückgewiesen werden.[91] Zu achten ist also stets auf eine am Einzelfall ausgerichtete Begründung, warum die Frist nicht eingehalten werden kann. Im Regelfall wird der Anwalt feststellen, dass er in der Tat bei 90

83 Siehe § 15 Rn 42 ff.

84 Vgl. BAG, Beschl. v. 10.12.1992, DB 1993, 889, Beschwerde des betroffenen Betriebsratsmitglieds in einem Verfahren über die Zustimmungsersetzung nach § 103 BetrVG. Ob der Betriebsrat ebenfalls Beschwerde einlegt, ist unerheblich.

85 Siehe Rn 1 ff.

86 Vgl. ausführlich § 13 Rn 9 ff.

87 BAG, Beschl. v. 06.11.1973, AP Nr. 8 zu § 89 ArbGG 1953.

88 LAG Düsseldorf, Beschl. v. 23.12.1993, DB 1994, 1528; LAG Berlin, Beschl. v. 26.01.1990, LAGE § 66 ArbGG Nr. 8.

89 Ein Vertrauen des Rechtsanwalts kann nach der Rspr. des BAG nur dann begründet werden, wenn eine Praxis hinsichtlich der Bewertung von Verlängerungsgründen in der höchstrichterlichen Entscheidungspraxis oder im Bereich des angerufenen Landesarbeitsgerichts besteht, BAG, Beschl. v. 27.09.1994, AP Nr. 6 zu § 66 ArbGG 1979.

90 BAG, Beschl. v. 27.09.1994, AP Nr. 6 zu § 66 ArbGG 1979.

91 Bereits vor Zurückweisung des Verlängerungsantrags hat der Vorsitzende Gelegenheit zur Ergänzung der Begründung zu geben. Dies folgt aus dem zwingenden Grundsatz der Gewährung rechtlichen Gehörs, *Germelmann/Matthes/Prütting*, § 66 ArbGG Rn 33.

einer Unmöglichkeit der Einhaltung einer Frist hierfür auch Gründe benennen kann. Anders als im Urteilsverfahren besteht eine Monatsfrist für die Erwiderung auf die Beschwerdebegründung nicht. § 87 Abs. 2 Satz 1 ArbGG verweist in diesem Zusammenhang ausdrücklich nur auf die maßgebenden Vorschriften »über die Einlegung der Berufung und ihre Begründung«, nicht aber auf die Vorschrift über die Berufungsbeantwortung in § 66 Abs. 1 Satz 2 ArbGG. Auch das kollektivrechtliche Beschwerdeverfahren kennt die **Anschlussbeschwerde**, die gem. § 524 ZPO nur noch als unselbständige Anschlussbeschwerde eingelegt werden kann.[92] Mit Rücknahme der Beschwerde wird die unselbständige Anschlussbeschwerde unzulässig.

91 Anders als in der ersten Instanz ist für die Beschwerdeinstanz gem. § 89 Abs. 1 ArbGG die Beauftragung eines Rechtsanwalts oder einer nach § 11 Abs. 2 Satz 2 ArbGG befugten Person, mithin des Vertreters einer Gewerkschaft oder eines Arbeitgeberverbandes, erforderlich. Die **inhaltlichen Mindestvoraussetzungen** der Beschwerdeschrift sind in § 89 Abs. 2 ArbGG geregelt. Die Beschwerdeschrift muss den erstinstanzlichen Beschluss bezeichnen und die Erklärung enthalten, dass gegen diesen Beschluss Beschwerde eingelegt wird. Die Beschwerdebegründung muss angeben, auf welche im Einzelnen anzuführenden Beschwerdegründe sowie auf welche neuen Tatsachen die Beschwerde gestützt wird. Die Beschwerdebegründung muss sich also mit der erstinstanzlichen Entscheidung auseinander setzen und erkennen lassen, in welchen Punkten die Entscheidung angegriffen wird. Eine generelle Bezugnahme auf den erstinstanzlichen Vortrag und die Rüge unzureichender Berücksichtigung der subjektiven Komponente für eine Wahlmanipulation und die bloße Äußerung der Ansicht, die anderen vom Arbeitsgericht genannten Verstöße seien nicht so wesentlich, dass hierauf die Anfechtung der Wahl gestützt werden könne, stellt keine inhaltliche Auseinandersetzung mit den Ausführungen eines erstinstanzlichen Beschlusses dar, wie nach § 89 Abs. 2 Satz 2 ArbGG erforderlich.[93]

92 Durch § 87 Abs. 3 ArbGG[94] wird in das Beschwerdeverfahren eine eigenständige Regelung über die **Zurückweisung verspäteten Vorbringens** eingeführt.[95] In erster Instanz zu Recht zurückgewiesenes Vorbringen[96] bleibt auch in der Beschwerdeinstanz ausgeschlossen. Neues Vorbringen, das in erster Instanz entgegen einer hierfür nach § 83 Abs. 1 a ArbGG gesetzten Frist nicht vorgebracht wurde, kann zurückgewiesen werden, wenn seine Zulassung nach der freien Überzeugung des Beschwerdegerichts die Erledigung des Beschlussverfahrens verzögern würde und der Beteiligte die Verzögerung nicht genügend entschuldigt. Weiterhin wird durch § 87 Abs. 3 Satz 3 ArbGG eine **gesetzliche Frist für die Einführung zulässigen neuen Vorbringens** bestimmt, nach der das neue Vorbringen in der Beschwerdebegründung bzw. in der Beschwerdebeantwortung enthalten sein muss. Wird es später vorgetragen, kann es zurückgewiesen werden, wenn die Möglichkeit des Vortrags vor der Beschwerdebegründung bzw. der Beschwerdebeantwortung entstanden ist und das verspätete Vorbringen nach der freien Überzeugung des Landesarbeitsgerichts die Erledigung des Rechtsstreits verzögern würde und auf dem Verschulden des Beteiligten beruht. Abweichend vom Urteilsverfahren nach § 67 Abs. 2 ArbGG liegt die **Zurückweisung** bei Vorliegen der Voraussetzungen **im Ermessen des Gerichts**.

93 § 522 Abs. 2 und 3 ZPO, nach dem die Berufung durch die ordentlichen Gerichte wegen nicht gegebener Erfolgsaussichten außerhalb der mündlichen Verhandlung unverzüglich zurückgewiesen werden kann, findet im Beschwerdeverfahren gem. § 89 Abs. 3 Satz 4 ArbGG genau wie im arbeitsgerichtlichen Berufungsverfahren keine Anwendung.

94 Die **Beschwerde kann** gem. § 89 Abs. 4 ArbGG jederzeit **auch ohne Zustimmung der übrigen Beteiligten zurückgenommen werden**, anderes gilt für die Antragsrücknahme in der Beschwerdeinstanz gem. § 87 Abs. 2 Satz 3 ArbGG, hier ist die Zustimmung der anderen Beteiligten notwendig.

92 BAG, Beschl. v. 02.04.1987, AP Nr. 3 zu § 87 ArbGG 1979.

93 LAG Berlin, Beschl. v. 06.09.2002 – 6 TaBV 1167/02 (n.v.).

94 In der Fassung v. 27.07.2001, BGBl I, 1887.

95 *Schmidt/Schwab/Wildschütz*, NZA 2001, 1217 (1223).

96 Siehe § 15 Rn 10.

Während im erstinstanzlichen Beschlussverfahren gem. §§ 84 Satz 2, 60 Abs. 4 Satz 1 ArbGG der die Instanz beendende vollständige **Beschluss** vom Vorsitzenden allein unterzeichnet wird, ist der die zweite Instanz beendende Beschluss gem. § 91 Abs. 2 ArbGG **von den Mitgliedern der Kammer**, also auch den ehrenamtlichen Beisitzern **zu unterzeichnen**. 95

Besondere Bedeutung kommt der **Zulassung der Rechtsbeschwerde im Beschluss des Landesarbeitsgerichts** zu. Denn abgesehen von der Nichtzulassungsbeschwerde ist die Rechtsbeschwerde vor dem BAG gem. § 92 Abs. 1 ArbGG nur dann statthaft, wenn sie in dem Beschluss des LAG ausdrücklich zugelassen ist. Für die Frage, in welchen Fällen das LAG die Rechtsbeschwerde zuzulassen hat, verweist § 92 Abs. 1 Satz 2 ArbGG auf die Zulassungsgründe der Revision in § 72 Abs. 2 ArbGG. Die Rechtsbeschwerde ist danach nur dann zuzulassen, wenn 96

- die Rechtssache grundsätzliche Bedeutung hat oder
- der Beschluss von einer Entscheidung des Bundesverfassungsgerichts, von einer Entscheidung des Gemeinsamen Senats der obersten Gerichtshöfe des Bundes, von einer Entscheidung des BAG oder, solange eine Entscheidung des BAG in der Rechtsfrage nicht ergangen ist, von einer Entscheidung einer anderen Kammer desselben Landesarbeitsgerichts oder eines anderen Landesarbeitsgerichts abweicht **und** die Entscheidung auf dieser Abweichung beruht.

Das Landesarbeitsgericht kann auch im arbeitsgerichtlichen Beschlussverfahren die Rechtsbeschwerde gegen verfahrensbegleitende Beschlüsse jedenfalls dann zulassen, wenn es als Rechtsmittelgericht über eine sofortige Beschwerde nach § 78 ArbGG i.V.m. § 83 Abs. 5 ArbGG entscheidet.[97] 97

97 BAG, Beschl. v. 28.02.2003, NZA 2003, 516.

§ 17 Arbeitsgerichtliches Revisions- und Rechtsbeschwerdeverfahren

Inhalt

A. Revision im Urteilsverfahren

I. Allgemeines

1. Das BAG als oberstes Bundesgericht

1 Das Bundesarbeitsgericht (BAG) ist in der **dreistufigen Arbeitsgerichtsbarkeit** die oberste Instanz. In den im Urteilsverfahren auszutragenden bürgerlich-rechtlichen Streitigkeiten der Arbeitsvertragsparteien (§ 2 ArbGG) wird mit der zugelassenen Revision (§ 72 ArbGG) die dritte Instanz eröffnet. In den im Beschlussverfahren auszutragenden Streitigkeiten aus der Betriebs- und Unternehmensverfassung oder über die Tariffähigkeit und Tarifzuständigkeit (§ 2a ArbGG) steht nach § 92 ArbGG mit der Zulassung der Rechtsbeschwerde die dritte Instanz offen. Das Verfahren der Rechtsbeschwerde im Beschlussverfahren lehnt sich zwar weitgehend dem Revisionsrecht an. Wegen seiner Besonderheiten wird es aber gesondert unter § 18 C erläutert.

2. Tat- und Rechtsfragen

2 Das Revisionsverfahren vor dem Bundesarbeitsgericht ist kein Urteilsverfahren, das mit dem Verfahren in den Vorinstanzen vergleichbar ist. Der aus drei Berufsrichtern und zwei ehrenamtlichen Richtern zusammengesetzte Senat des Bundesarbeitsgerichts tritt nicht zum »dritten« Mal in die Prüfung des Sach- und Streitstandes ein. Seine Aufgabe ist die **Sicherung der Rechtseinheit und die Fortbildung des Rechts**. Soweit eine zugelassene Revision statthaft, in der gesetzlichen Form und Frist eingelegt sowie begründet worden ist (§ 552 ZPO), überprüft das Bundesarbeitsgericht das Berufungsurteil auf die von der Revision gerügten und etwaige von Amts wegen zu beachtende Rechtsfehler. Grundlage dieser Prüfung sind nach § 559 ZPO die tatsächlichen Feststellungen im

Berufungsurteil, der sich aus den Sitzungsprotokollen ersichtliche Sachvortrag und die Tatsachen, auf die in der Revisionsbegründung der Revisionskläger eine Verfahrensrüge stützt (§ 551 Abs. 3 Nr. 2b ZPO). Die Revision kann deshalb nach § 73 ArbGG nur darauf gestützt werden, das Berufungsurteil des Landesarbeitsgerichts beruhe auf der Verletzung einer Rechtsnorm.

Wegen dieser Beschränkung auf Überprüfung von Gesetzesverletzungen wird häufig die revisionsrichterliche Tätigkeit als Entscheidung über Rechtsfragen bezeichnet. So wird im richterlichen Geschäftsverteilungsplan des Bundesarbeitsgerichts auch die Zuständigkeit der Senate nach Rechtsfragen zugeteilt, die bestimmten Materien zuzuordnen sind. Diese Ausdrucksweise gibt den Umfang der Entscheidungstätigkeit des Bundesarbeitsgerichts im revisionsrichterlichen Verfahren nur verkürzt wieder. Auch im Revisionsverfahren wird über den Streitgegenstand entschieden. Soweit die tatsächlichen Grundlagen des Berufungsurteils verfahrensfehlerhaft sind oder im Laufe des Revisionsverfahrens ein entscheidungserheblicher tatsächlicher Umstand unzweifelbar eingetreten ist, z.B. Ablauf des zweijährigen nachvertraglichen Wettbewerbsverbots, kann das Bundesarbeitsgericht auch gehalten sein, Tatfragen zu beurteilen, dabei können auch unstreitige neue Tatsachen berücksichtigt werden. 3

Das Bundesarbeitsgericht entscheidet als oberster Gerichtshof **grundsätzlich nur über Rechtsmittel**. Es kann aber **ausnahmsweise als Tatsachengericht** zugleich als Eingangsinstanz im ersten und letzten Rechtszug tätig werden. Diese Ausnahme ist in § 158 Nr. 5 SGB IX geregelt. Danach entscheidet über Rechtsstreitigkeiten, die aufgrund des Schwerbehindertenrechts im Bereich des Bundesnachrichtendienstes entstehen, im ersten und letzten Rechtszug der oberste Gerichtshof des zuständigen Gerichtszweiges. Somit besteht die Möglichkeit, dass ein schwerbehinderter Arbeitnehmer aus dem Geschäftsbereich des Bundesnachrichtendienstes Kündigungsschutzklage beim Bundesarbeitsgericht erhebt. Dieser Fall ist allerdings zum ersten Mal 2003 vorgekommen und fand, schon bevor die Güteverhandlung vor dem Senat stattfinden konnte, seine gütliche Erledigung. 4

3. Statistische Daten

Im letzten statistisch erfassten Geschäftsjahr 2003[1] gingen beim BAG insgesamt 771 (Vorjahr 750) Revisionen im Urteilsverfahren und Rechtsbeschwerden im Beschlussverfahren ein. Das waren 42,7 % von insgesamt 1.736 Sachen. Entschieden wurden in 2003 782 (2002: 896) oder 43 % Revisionen und Rechtsbeschwerden (Vorjahr: 41,0 %). Das Individualrecht hatte nach der unterschiedlichen Anzahl der in beiden Verfahrensarten anfallenden Rechtsmittel mit 715 Revisionen zu 66 Rechtsbeschwerden das deutliche Übergewicht: Das Verhältnis beträgt ca. 91 % zu 9 %. Allerdings spiegelt dieses Zahlenverhältnis nicht die volle Bedeutung des Kollektiven Arbeitsrechts wieder. Denn in vielen Streitigkeiten der Arbeitsvertragsparteien finden sich kollektivrechtliche Rechtsfragen, die individualrechtlich »eingekleidet« sind. 5

Die Zahl der eingehenden Revisionen und Rechtsbeschwerden ist seit langem erheblich geringer als die Zahl der in beiden Verfahrensarten eingehenden Nichtzulassungsbeschwerden. Im Jahr 2003 betrug das Verhältnis: 6

- 715 Revisionen zu 874 Nichtzulassungsbeschwerden im Urteilsverfahren
- 66 Rechtsbeschwerden zu 61 Nichtzulassungsbeschwerden im Beschlussverfahren.

Diese Zahlen belegen: Von der quantitativen Beanspruchung her ist das BAG mehr ein Beschwerde- als Revisionsgericht.

Die durchschnittliche Verfahrensdauer bei Revisionen und Rechtsbeschwerden wurde im Geschäftsjahr 2003 auf 15 Monate verkürzt. Kündigungssachen werden mit Vorrang behandelt. Dort betrug die Verfahrensdauer wie in den Vorjahren nur zehn Monate. 7

1 Statistische Daten aus dem Jahresbericht 2003, herausgegeben vom Präsidenten des BAG.

4. Die im Revisionsverfahren anzuwendenden Normen

8 Nach § 72a Abs. 5 ArbGG gelten für das Urteilsverfahren die revisionsrechtlichen Vorschriften der ZPO entsprechend, soweit keine besonderen Regelungen in §§ 72, 72 a und 73 ArbGG getroffen sind. Ausdrücklich ausgenommen von der Bezugnahme ist lediglich § 566 ZPO (Sprungrevision). Insoweit enthält § 76 ArbGG eine eigenständige Regelung. Die Verweisung in § 72 Abs. 5 ArbGG auf die ZPO erfasst auch § 555 ZPO, der seinerseits die für das Verfahren vor dem Landgericht in erster Instanz geltenden Vorschriften für anwendbar erklärt.

9 Über § 565 ZPO werden die Vorschriften des zivilgerichtlichen Berufungsverfahrens in §§ 511 ff. ZPO für entsprechend anwendbar erklärt. Diese Verweisung hat große praktische Bedeutung für Versäumnisurteile. Nur wegen dieser Verweisung beträgt die Einspruchsfrist gegen ein vom Bundesarbeitsgericht erlassenes Versäumnisurteil zwei Wochen. Das folgt aus § 565 ZPO i.V.m. §§ 525, 339 ZPO. Anders ist es dagegen im arbeitsgerichtlichen Berufungsverfahren. Dort gilt nach § 64 Abs. 7 i.V.m. § 59 Satz 1 ArbGG eine Einspruchsfrist von einer Woche. Da die zivilprozessualen Vorschriften gelten, unterliegt der Einspruch gegen ein Versäumnisurteil des BAG auch dem Anwaltszwang.[2] Der ansonsten im arbeitsgerichtlichen Berufungsverfahren nach § 11 Abs. 2 ArbGG zugelassene Verbandsvertreter ist hier nicht zur Einlegung des Einspruchs berechtigt.

10 Der BGH hat im Einklang mit der überwiegenden Auffassung im Schrifttum für sog. Zweite Versäumnisurteile eines Oberlandesgerichts die Auffassung vertreten, nach § 566 ZPO n.F. (jetzt § 565 ZPO) seien im Revisionsverfahren die für die Berufung geltenden Vorschriften über die Anfechtbarkeit von Versäumnisurteilen anzuwenden und aus § 513 Abs. 2 ZPO folge die Statthaftigkeit der Berufung gegen ein Zweites Versäumnisurteil für den Fall, dass die Berufung darauf gestützt werde, ein Fall der Säumnis liege nicht vor.[3] Dem folgt das BAG nicht. Abweichend vom Zivilprozess ist nach der ständigen Rechtsprechung des BAG gegen sog. Zweite Versäumnisurteile des LAG die Revision nur bei deren ausdrücklicher Zulassung statthaft. Das gilt selbst dann, wenn der Revisionsführer geltend macht, es habe kein Fall der schuldhaften Versäumung vorgelegen.[4] Das wird mit der eigenständigen und abschließenden Regelung des Revisionszugangs in den §§ 72, 72 a ArbGG begründet, die dem besonderen Beschleunigungsbedarf in arbeitsrechtlichen Streitigkeiten Rechnung tragen.

11 Mit der ZPO-Reform haben sich einige Neuerungen ergeben. Entsprechend den Regelungen über die Anschlussberufung ist auch die Anschlussrevision nunmehr stets als unselbständige Anschlussrevision ausgestaltet (§§ 72 Abs. 5 ArbGG, 554 Abs. 4 ZPO n.F.). Durch die Bezugnahme in § 73 Abs. 2 ArbGG ist als Rechtsgrundlage für die Beschränkung der Prüfungskompetenz hinsichtlich Rechtsweg, Verfahrensart und Verfahrensmängel bei der Berufung von Richtern jetzt § 65 ArbGG n.F. maßgeblich. Damit ist aber keine sachliche Änderung verbunden.[5]

12 § 551 Abs. 3 Satz 2 ZPO n.F., der auch über § 72 Abs. 5 ArbGG im arbeitsgerichtlichen Revisionsverfahren anwendbar ist, kann den Begründungsaufwand für den erfolgreichen Führer einer Nichtzulassungsbeschwerde mindern. Es ist die Bezugnahme in der Revisionsbegründung auf die Begründung der vorangegangenen Nichtzulassungsbeschwerde zulässig. Ob die Inanspruchnahme dieser Möglichkeit ratsam ist, muss jedoch bezweifelt werden. Denn die Beschwerdegründe unterscheiden sich erheblich von den Revisionsgründen.

12a Mit dem Ersten Gesetz zur Modernisierung der Justiz vom 24.08.2004[6] ist mit § 552a ZPO für das Revisionsgericht die Vorschrift eingeführt worden, eine vom Berufungsgericht zugelassene Revision

2 BAG, Urt. v. 04.05.1956, AP Nr. 44 zu § 72 ArbGG.
3 BGH, Urt. v. 11.10.1978, MDR 1979, 127; Urt. v. 24.01.1985, VersR 1985, 542; *Baumbach/Lauterbach*, § 565 ZPO Rn 2; ebenso: ArbGV/*Bepler*, § 72 ArbGG Rn 4 m.w.N.; *Grunsky*, ZZP 1993, 371.
4 BAG, Urt. v. 22.04.2004 – 2 AZR 314/03, NZA 2004, 871; Urt. v. 22.06.1994, AP Nr. 24 zu § 72 ArbGG 1979 = EzA ArbGG 1979 § 72 Nr. 16.
5 *Holthaus/Koch*, RdA 2002, 140, 156; *Schmidt/Schwab/Wildschütz*, NZA 2001, 1217, 1223.
6 BGBl I 2004, 2198.

durch einstimmigen Beschluss zurückzuweisen, wenn es überzeugt ist, dass die Zulassungsvoraussetzungen nicht vorliegen und die Revision keine Aussicht auf Erfolg hat. Diese von Amts wegen zu beachtende Bestimmung hat nur für den BGH nicht aber für das BAG Bedeutung. Denn nach § 74 Abs. 2 ArbGG hat das BAG den Termin zur mündlichen Verhandlung zu bestimmen, soweit nicht nach § 552 Abs. 1 ZPO die Revision als unzulässig zu verwerfen ist. Der zum 01.01.2004 in Kraft getretene § 552a ZPO regelt keine Verwerfung wegen Unzulässigkeit.

II. Statthaftigkeit der Revision

1. Die Beschränkung des Zugangs zum BAG

Seit der Novelle vom 21.05.1979[7] zur Beschleunigung und Bereinigung des Arbeitsgerichtlichen Verfahrens soll **der »normale« Prozess mit der zweiten Instanz abgeschlossen** werden. Vorbilder waren § 160a SGG, § 132 VwGO und §§ 115 Abs. 3 FGO. Deshalb muss in beiden arbeitsgerichtlichen Verfahrensarten das Rechtsmittel zum BAG erst zugelassen werden. Hat das dafür zuständige LAG die Revision bzw. Rechtsbeschwerde nicht zugelassen, kann diese Nichtzulassungsentscheidung mit der so genannten Nichtzulassungsbeschwerde nach § 72a ArbGG angefochten werden, um die Zulassung der Revision/Rechtsbeschwerde durch das BAG zu erreichen (§ 72 Abs. 2 ArbGG; Einzelheiten siehe Rn 113 ff.). 13

Die Entscheidung über die Zulassung obliegt in erster Linie nach § 72 Abs. 1 ArbGG dem LAG. Das BAG ist nach § 72 Abs. 3 ArbGG an eine positive Zulassungsentscheidung gebunden, ohne dass es auf die Begründung der Zulassungsentscheidung ankommt.[8] 14

Hat das LAG die Revision bzw. Rechtsbeschwerde nicht zugelassen, kann diese Entscheidung mit der Beschwerde nach § 72a ArbGG im Urteilsverfahren bzw. nach § 92a ArbGG im Beschlussverfahren beim BAG angefochten werden. Rechtsschutzziel ist es, im Urteilsverfahren die Zulassung der Revision und im Beschlussverfahren die Zulassung der Rechtsbeschwerde nachträglich zu erreichen. 15

In § 72 Abs. 1 Satz 2, § 92 Abs. 1 Satz 2 i.V.m. § 64 Abs. 3a ArbGG sind die Landesarbeitsgerichte durch das Arbeitsgerichtsbeschleunigungsgesetz vom 20.03.2000[9] mit Wirkung ab 01.05.2000 verpflichtet worden, die Entscheidung über die Zulassung oder die Nichtzulassung des Rechtsmittels mit dem Entscheidungsausspruch zu verkünden. Sieger und Verlierer sollen nach neuem Recht bereits bei der Verkündung der Entscheidung wissen, ob noch ein Rechtsmittel möglich oder der Prozess rechtskräftig beendet ist. Sie sind dann in der Lage, durch die Aufnahme von außergerichtlichen Vergleichsgesprächen das weitere Verfahren abzukürzen. Ist die Zulassungsentscheidung vom Gericht »vergessen« worden, so kann nach § 64 Abs. 3 Satz 2 ArbGG binnen zwei Wochen eine Ergänzung **auf Antrag** einer Partei beschlossen werden. Eine nachträgliche Ergänzung von Amts wegen ist ausgeschlossen.[10] Die bedenkliche Übung, die Rechtsmittelzulassung erst Monate nach der Verkündung in den Entscheidungsgründen nachzuholen, dürfte damit überwunden werden. 16

2. Zulassungsgrund grundsätzliche Bedeutung

Das LAG hat von Amts wegen nach § 72 Abs. 2 Nr. 1 ArbGG die Revision zuzulassen, wenn einer Rechtssache grundsätzliche Bedeutung zukommt. Eine Sache hat grundsätzliche Bedeutung, wenn die **Entscheidung des Rechtsstreits von einer klärungsfähigen und klärungsbedürftigen** 17

7 BGBl I, 545.

8 BAG, Urt. v. 16.04.1997, NZA 1998, 45 = AP Nr. 35 zu § 72 ArbGG 1972.

9 BGBl I, 333.

10 Einzelheiten ArbGV/*Bepler*, § 72 ArbGG Rn 38; a.A. *Lakies*, BB 2000, 667, 669.

Rechtsfrage abhängt, die von allgemeiner Bedeutung für die Rechtsordnung, für das Interesse der Allgemeinheit oder zumindest eines größeren Teils der Allgemeinheit ist.

a) Klärungsbedürfnis

18 Eine Rechtsfrage hat nur grundsätzliche Bedeutung, wenn sie **klärungsbedürftig** ist. Ist die Rechtsfrage bereits in dem vom Landesarbeitsgericht vertretenen Sinne höchstrichterlich entschieden und sind gegen die Richtigkeit dieser Entscheidung keine neuen Gesichtspunkte von einigem Gewicht vorgebracht worden, besteht kein Bedürfnis für eine Zulassung; denn es bedarf keiner Klärung dieser Rechtsfrage durch das BAG.[11] Die Klärungsbedürftigkeit fehlt erst recht, wenn die Rechtsfrage eindeutig und zweifelsfrei mit Hilfe des Gesetzeswortlauts zu beantworten ist. Dann geht es nicht um die Aufgaben des BAG, das Recht fortzubilden oder die durch die Entscheidung bedrohte Rechtseinheit zu sichern.

b) Klärungsfähigkeit

19 Klärungsfähig ist eine Rechtsfrage, die das Revisionsgericht nach der vom LAG als entscheidungserheblich angesehenen Begründung beantworten kann.[12] Hieran fehlt es, wenn das Landesarbeitsgericht seine Entscheidung auf **mehrere** voneinander **unabhängige rechtliche Erwägungen** stützt und nur eine von ihnen einen über den Einzelfall hinausgehenden Rechtssatz beinhaltet. Nicht selten geschieht das, indem z.B. hilfsweise auf den Grundsatz von Treu und Glauben zurückgegriffen wird. Bei **Alternativ-** oder **Hilfsbegründungen** ist die Revision nur dann zuzulassen, wenn sämtliche Begründungen **jeweils** Rechtsfragen von **grundsätzlicher Bedeutung** aufwerfen.

c) Die allgemeine Bedeutung

20 Eine klärungsfähige und klärungsbedürftige Rechtsfrage muss eine über den Einzelfall hinausgehende **allgemeine Bedeutung** haben. Dieses Erfordernis folgt aus der Aufgabenstellung, die Rechtseinheit zu erhalten und durch Rechtsfortbildung zu gestalten. Die vom LAG gestellte und beantwortete Rechtsfrage muss deshalb für mehr als nur für eine geringe Zahl von vergleichbaren Lebenssachverhalten wichtig sein: die Entscheidung soll mindestens für **mehr als zwanzig** gleich oder ähnlich liegende Arbeitsverhältnisse oder für die Allgemeinheit Bedeutung haben.[13] Auch eine große wirtschaftliche Bedeutung ist, wenn nur ein Einzelfall betroffen ist, unerheblich. Ausgefallene Rechtsfragen, die einzelne Arbeitnehmer betreffen, haben konsequenterweise auch dann keine grundsätzliche Bedeutung, wenn sie Grundfragen der Rechtsdogmatik betreffen. Abzulehnen ist die Ansicht, dass ausnahmsweise einer vereinzelten Rechtsproblematik grundsätzliche Bedeutung zukommen soll, wenn sie aufgrund ihrer Stellung im Gesamtrechtssystem von allgemeiner »Wichtigkeit« für die Rechtsordnung ist.[14]

21 Praktische Bedeutung hat diese Beschränkung auf Fälle von allgemeiner Bedeutung vor allem für zeitlich überholte Fragestellungen, die sich in Folge von Gesetzesänderungen in Zukunft so nicht mehr stellen werden. Rechtsfragen aus Prozessen, die auf der Grundlage von »totem Recht« geführt werden, haben nur ausnahmsweise dann eine allgemeine Bedeutung, wenn in den unteren Instanzen noch zahlreiche Verfahren geführt werden. Dann ist die Rechtsvereinheitlichung durch das BAG erforderlich.[15]

11 BAG, Beschl., Urt. v. 03.11.1982, BAGE 40, 274; Beschl. v. 16.09.1997, NZA 1997, 1248; BAG, Beschl. v. 08.09.1998, AP Nr. 56 zu § 72a ArbGG 1979 Grundsatz.

12 *Etzel*, ZTR 1997, 248, 254; *Hauck*, NZA 1999, 925, 926 *Hauck/Helml*, § 72 ArbGG Rn 7; vgl. etwa BAG, Beschl. v. 18.08.1987, AP Nr. 49 zu § 72a ArbGG 1979.

13 BAG, Beschl. v. 15.11.1995, AP Nr. 72 zu § 72a ArbGG 1979 im Anschluss an BAG, Beschl. v. 20.10.1982, BAGE 40, 254; vgl. auch *Etzel*, ZTR 1997, 248, 255; modifizierend BAG, Beschl. v. 21.10.1998, NZA 1999, 224: 20 vergleichbare Fälle.

14 So ArbGV/*Bepler*, § 72 ArbGG Rn 18.

15 BAG, Beschl. v. 24.03.1993, BAGE 73, 4; BAG, Beschl. v. 31.03.1993, AP Nr. 41 zu § 72a ArbGG 1979; BAG, Beschl. v. 21.10.1998, NZA 1999, 224.

Eine Rechtsfrage, die sich nur im Bezirk eines Landesarbeitsgerichts stellt, weil das LAG Landesrecht oder einen nur in seinem Bezirk geltenden Tarifvertrag anwendet, hat regelmäßig keine grundsätzliche Bedeutung. Es besteht insoweit keine Gefahr für die Einheit der Arbeitsrechtsordnung.[16] Zu beachten ist allerdings, dass in den Ländern NRW und Bayern mehrere Landesarbeitsgerichte errichtet sind und schon deshalb das BAG zur Sicherung der einheitlichen Anwendung des nordrhein-westfälischen und des bayerischen Landesrechts – sozusagen als Oberstes Landesgericht – berufen ist. Wenn es um Landesgesetze geht, die in mehreren Bundesländern existieren, wie z.B. die Landespersonalvertretungsgesetze oder die Landesgesetze zur Arbeitnehmerweiterbildung, kann die Beantwortung einer landesrechtlichen Rechtsfrage eine über den Landesarbeitsgerichtsbezirk hinausgehende Bedeutung haben.[17] Voraussetzung ist jedoch, dass dieselbe Rechtsfrage sich für gleich lautende oder zumindest im Regelungsinhalt identische Normen in anderen Ländern der Bundesrepublik stellt.[18] In einem Auslegungsstreit zwischen den Tarifvertragsparteien im Sinne von § 72a Abs. 1 Nr. 1 ArbGG gilt eine Besonderheit. Für die grundsätzliche Bedeutung des Rechtsstreits ist dort unerheblich, ob der Geltungsbereich des Tarifvertrags den Bezirk eines Landesarbeitsgerichts überschreitet. Sie ergibt sich bereits aus der weiten Bindungswirkung der rechtskräftigen Entscheidung nach § 9 TVG.[19] 22

3. Zulassungsgrund Divergenz

Das Landesarbeitsgericht muss nach § 72 Abs. 2 Nr. 2 ArbGG die Revision auch dann zulassen, wenn es »abweicht« (so genannte Divergenz, treffender: Rechtssatzdivergenz). 23

a) Aufstellung eines eigenen Rechtssatzes

Eine Rechtssatzdivergenz setzt voraus, dass das LAG einen tragenden **fallübergreifenden Rechtssatz** aufgestellt, der von einem abstrakten Rechtssatz des BAG oder eines der anderen in § 72 Abs. 2 Nr. 2 ArbGG genannten Gerichte abweicht. Ein abstrakter Rechtssatz liegt vor, wenn durch fallübergreifende Ausführungen eine generelle Regel aufgestellt wird, die für eine Vielzahl von gleich gelagerten Fällen gelten soll.[20] 24

Eigene Ausführungen sind nicht notwendig. Es genügt, wenn die entscheidende Kammer des Landesarbeitsgerichts sich Rechtsausführungen aus einem Parallelverfahren einer anderen Kammer oder aus dem Urteil des Arbeitsgerichts nach § 543 Abs. 1 ZPO zu Eigen macht.[21] Wenn es Rechtserkenntnisse aus anderen Urteilen oder in der Wissenschaft vertretene Literaturmeinungen zustimmend wiedergibt, stellt es »durch Übernahme« eigene Rechtssätze auf.[22] Allerdings bedarf es dann keiner Zulassung »wegen Rechtssatzdivergenz«, wenn das LAG keinen eigenen Rechtssatz aufgestellt, sondern nur den Wortlaut des Gesetzes wiedergibt[23] oder einen vom BAG aufgestellten Rechtssatz im Wortlaut übernimmt;[24] denn dadurch wird Rechtseinheit nicht gefährdet. 25

16 GK-ArbGG/*Ascheid*, § 7 Rn 24; *Germelmann/Matthes/Prütting/Müller-Glöge*, § 72 ArbGG Rn 16.
17 ArbGV/*Bepler*, § 72 ArbGG Rn 18.
18 BAG, Beschl. v. 08.12.1994, BAGE 79, 3.
19 BAG, Beschl. v. 17.06.1997, BAGE 86, 125.
20 *Hauck*, NZA 1998, 925, 929.
21 BAG, Beschl. v. 03.02.1981, AP Nr. 4 zu § 72a ArbGG 1979 Divergenz.
22 GK-ArbGG/*Ascheid*, § 72a Rn 61.
23 BAG, Beschl. v. 16.09.1997, AP Nr. 36 zu § 72a ArbGG 1979 Divergenz.
24 BAG, Beschl. v. 28.04.1998, AP Nr. 37 zu § 72a ArbGG 1979 Divergenz.

b) Abweichen im Rechtssatz

26 Weitere Voraussetzung ist die Abweichung in derselben Rechtsfrage. Für die Feststellung, ob der aufgestellte Rechtssatz von einem abstrakten Rechtssatz einer divergenzfähigen Entscheidung abweicht, ist von Bedeutung, ob sich die beiden miteinander zu vergleichenden Rechtssätze auf dieselbe Rechtsnorm beziehen. Das Landesarbeitsgericht hat bei seiner Entscheidung über die Zulassung der Revision zu beachten, dass durch seine Entscheidung die Einheit der Arbeitsrechtsordnung nicht gefährdet wird. Es muss die Revision daher schon dann zulassen, wenn die ihrem äußeren Anschein nach divergierenden Rechtssätze zwar zu einer anderen Norm aufgestellt sind, die betroffenen **Normen** aber im Wesentlichen **wortgleich** sind und sich aus dem **Regelungszusammenhang** keine Anhaltspunkte ergeben, dass die Normgeber unterschiedliche Regelungsabsichten verfolgen.[25]

c) Entscheidungserheblichkeit

27 Hat das LAG einen abweichenden Rechtssatz in seinem Urteil aufgestellt, muss es pflichtgemäß von Amts wegen die Revision zulassen, wenn **seine Entscheidung anders** ausgefallen wäre, hätte es nicht den selbst aufgestellten, sondern den Rechtssatz angewendet, von dem es abgewichen ist. Die Revision muss daher nicht zugelassen werden, wenn das LAG seine Entscheidung auf mehrere Begründungen stützt und nur eine dieser Begründungen von einem divergierenden abstrakten Rechtssatz abhängig ist.[26] Es hat die Revision allerdings zuzulassen, wenn sich in jeder der nebeneinander stehenden Begründungen divergierende Rechtssätze finden.

d) Die divergenzfähigen Gerichte

28 § 72 Abs. 2 Nr. 2 ArbGG zählt die Gerichte **abschließend** auf, von deren Rechtssätzen das LAG nur tragend abweichen darf, wenn es zur Sicherung der einheitlichen Arbeitsrechtsprechung die Zulassung der Revision beschließt. Nach der letzten Einfügung durch Art. 3 des Fünften Gesetzes zur Änderung des Gesetzes über das Bundesverfassungsgericht vom 02.08.1993 (BGBl I 1993, 1142) sind das ohne jede Einschränkung: das Bundesverfassungsgericht, der Gemeinsame Senat der obersten Gerichtshöfe des Bundes und das Bundesarbeitsgericht.

29 Solange zu der betreffenden Rechtsfrage noch keine Entscheidung des Bundesarbeitsgerichts ergangen ist, müssen auch Entscheidungen einer anderen Kammer desselben Landesarbeitsgerichts oder eines anderen Landesarbeitsgerichts vom jeweils entscheidenden Spruchkörper des LAG als »divergenzfähig« beachtet werden. Deren Divergenzfähigkeit fällt weg, sobald und soweit deren Entscheidungen vom Bundesarbeitsgericht aufgehoben werden.[27]

30 Nach dem Gesetz besteht im Hinblick auf Entscheidungen anderer Gerichte aus anderen Gerichtsbarkeiten, insbesondere der **Oberlandesgerichte** und des **Bundesgerichtshofs** keine Divergenzgefahr. Entscheidungen dieser Gerichte können daher keine Divergenz begründen.[28]

e) Die divergenzfähigen Entscheidungen

31 Bei allen divergenzfähigen Entscheidungen muss es sich um **Endentscheidungen** handeln oder um Entscheidungen, mit denen das Verfahren oder die Instanz zumindest teilweise abgeschlossen wird. Nur Abweichungen von solchen abschließenden Äußerungen gefährden die Einheit der Rechtsordnung. Nicht divergenzfähig sind daher Entscheidungen, in denen das Gericht zwar eine Rechtsauffassung äußert, aber noch nicht entscheidet. Hierzu zählen Vorlagen an das Bundesverfassungsgericht nach Art. 100 GG[29] oder Vorabentscheidungsersuchen an den Europäischen Gerichtshof nach

25 BAG, Beschl. v. 24.03.1993, BAGE 73, 4; BAG, 08.12.1994, BAGE 79, 3; ArbGV/*Bepler*, § 72 ArbGG Rn 25; *Germelmann/Matthes/Prütting/Müller-Glöge*, § 72 ArbGG Rn 19; a.A. GK-ArbGG/*Ascheid*, § 72 Rn 28 m.w.N.; *Hauck/Helml*, § 72 ArbGG Rn 8.

26 BAG, Beschl. v. 09.12.1980, NJW 1981, 200; *Hauck/Helml*, § 72 ArbGG Rn 8.

27 BAG, Beschl. v. 05.12.1995, BAGE 81, 355.

28 BAG, Beschl. v. 21.01.1986, AP Nr. 17 zu § 72a ArbGG 1979 Divergenz; GK-ArbGG/*Ascheid*, § 72 Rn 32.

29 BAG, Beschl. v. 20.08.1986, BAGE 52, 394.

Art. 177 EG-Vertrag oder Anfrage- oder Vorlagebeschlüsse an den Großen Senat des BAG bzw. an den Gemeinsamen Senat der Obersten Gerichtshöfe. Divergenzuntauglich sind auch Ausführungen des BAG in Prozesskostenhilfesachen.[30] Dagegen sind Ausführungen in Entscheidungen, mit denen das BAG den Rechtsstreit zur anderweiten Verhandlung an das LAG zurückverweist, divergenzfähig.[31]

Die Entscheidungen des Bundesarbeitsgerichts sind nicht ewig divergenzfähig. Sie verlieren ihre Divergenzfähigkeit, sobald und soweit das Bundesarbeitsgericht den von ihm aufgestellten Rechtssatz aufgibt oder »klarstellt« oder sonst wie modifizert. Weicht das LAG von einem Rechtssatz ab, den das BAG zwar in einer älteren Entscheidung aufgestellt, aber in einer jüngeren Entscheidung wieder aufgegeben hat, so rechtfertigt das keine Zulassung.[32] 32

Bei einander widersprechenden Entscheidungen verschiedener Senate des Bundesarbeitsgerichts muss das Landesarbeitsgericht **nur die zeitlich jüngste (letzte) Entscheidung** für seine Zulassungsentscheidung berücksichtigen.[33] Wie die Senate des BAG das Aufstellen widersprechender Rechtssätze vermeiden oder aufgetretene Divergenzen bereinigen, ist in einem besonderen Verfahren geregelt. Für die Rechtsvereinheitlichung innerhalb des BAG sind die Landesarbeitsgerichte nicht zuständig. Dafür ist nach § 45 ArbGG ausschließlich das Anrufungs- und Vorlageverfahren an den Großen Senat des BAG vorgesehen. 33

4. Rechtsbehelfe gegen Nichtzulassungen in verspätet abgesetzten Entscheidungen

Eine Beschwerde gegen die Nichtzulassung der Revision oder Rechtsbeschwerde in einer Entscheidung des Landesarbeitsgerichts, deren vollständige Gründe erst nach Ablauf von fünf Monaten seit Verkündung unterschrieben der Geschäftsstelle übergeben werden, ist unzulässig.[34] Da nach Ablauf der Fünf-Monats-Frist niedergeschriebene Gründe eines Berufungsurteils keine rechtsstaatlich unbedenkliche Grundlage mehr für die anschließende Entscheidung des Revisions- bzw. Rechtsbeschwerdegerichts über den Zugang zur weiteren Instanz abgeben, können weder die unterlegene Seite noch das Revisions- bzw. Rechtsbeschwerdegericht das Vorliegen einer Divergenz verlässlich feststellen. Dadurch wird die Nichtzulassungsbeschwerde faktisch vereitelt, weil nach dem ArbGG das Vorliegen eines Verfahrensmangels keinen Grund für die Zulassung der Revision oder Rechtsbeschwerde darstellt.[35] Solange dieser Rechtszustand besteht, hat die unterlegene Seite deshalb die Möglichkeit, nach Ablauf der Fünf-Monats-Frist unmittelbar Verfassungsbeschwerde gegen eine bis dahin nicht vollständig mit Gründen versehene Entscheidung eines Landesarbeitsgerichts einzulegen.[36] Dieser Zustand wird vom BVerfG nur bis zum 31.12.2004 toleriert. Deshalb wird zur Zeit von der Bundesregierung ein Anhörungsrügengesetzentwurf vorbereitet. Mit diesem Gesetz soll – wie bereits im Nichtzulassungsverfahren vor dem BGH und BSG geltendes Recht – die Möglichkeit der Verfahrensrüge im Beschwerdeverfahren zugelassen werden. 34

30 BAG, Beschl. v. 18.06.1997, FA 1998, 52.
31 BAG, Beschl. v. 24.10.1988, AP Nr. 21 zu § 72a ArbGG 1979 Divergenz.
32 BAG, Beschl. v. 08.08.2000, AP Nr. 40 zu § 72a ArbGG 1979 Divergenz.
33 BAG, Beschl. v. 15.07.1985, AP Nr. 5 zu § 92a ArbGG 1979.
34 BAG, Beschl. v. 01.10.2003, BB 2004, 276; krit. dazu: *Bepler,* in: juris PraxisReport Arbeitsrecht 24/2003.
35 BVerfG, Urt. v. 26.03.2001, AP Nr. 33 zu Art. 20 GG = EzA § 551 ZPO Nr. 9, zu B I 2 c dd der Gründe.
36 BVerfG, Urt. v. 26.03.2001, AP Nr. 33 zu Art. 20 GG = EzA § 551 ZPO Nr. 9 zu B I 2 c dd der Gründe.

III. Zulässigkeit der Revision

1. Frist für die Einlegung der Revision

35 Die Frist für die Einlegung der Revision beträgt auch nach In-Kraft-Treten der ZPO-Reform unverändert **einen Monat**. Sie beginnt mit **Zustellung des in vollständiger Form abgefassten Urteils** (§ 74 Abs. 1 Satz 1, 2 ArbGG n.F.).

36 Die Regelung in § 74 Abs. 1 ArbGG n.F. gilt nur für den Fall, dass das Landesarbeitsgericht die Revision in seiner Entscheidung zugelassen hat. Lässt das BAG auf die erfolgreiche Nichtzulassungsbeschwerde die Revision zu, so richtet sich der Beginn für die Revisionsfrist nach § 72a Abs. 5 Satz 7 ArbGG: Der Lauf der Revisionsfrist beginnt mit **Zustellung der erfolgreichen Nichtzulassungsentscheidung**.[37] § 544 Abs. 6 ZPO n.F., der für das zivilgerichtliche Revisionsverfahren bei einer erfolgreichen Nichtzulassungsbeschwerde die Fortsetzung des bisherigen Verfahrens als Revisionsverfahren anordnet, ist im arbeitsgerichtlichen Revisionsverfahren nicht anwendbar.

37 Für den Lauf der Frist ist die Zustellung von Amts wegen maßgeblich. Eine Zustellung zwischen den Parteien kann die Frist nicht beginnen lassen. Die Zustellung an einen Unterbevollmächtigten ist nicht ausreichend.[38]

38 Hatte das Urteil keine oder eine nicht ordnungsgemäße **Rechtsmittelbelehrung**, so begann vor dem In-Kraft-Treten der ZPO-Reform im arbeitsgerichtlichen Verfahren mit Ablauf der Fünf-Monats-Frist der §§ 516, 552 ZPO noch nicht die Rechtsmittelfrist. Da die vorgeschriebene Rechtsmittelbelehrung fehlte, trat die Jahresfrist aus § 9 Abs. 5 Satz 4 ArbGG hinzu.[39] Wurde innerhalb von 16 Monaten nach Verkündung das Urteil mit ordnungsgemäßer Rechtsmittelbelehrung zugestellt, so lief ab Zustellung die Revisionsfrist.[40] Bei einer späteren Zustellung des Urteils blieb es bei der Höchstfrist von 17 Monaten nach §§ 516, 552 ZPO, § 9 Abs. 5 Satz 4 ArbGG.[41] Das ist mit der am 01.01.2002 in Kraft getretenen Neufassung des § 74 Abs. 1 ArbGG geändert worden. Nach § 74 Abs. 1 Satz 2 ArbGG n.F. beginnt die Frist zur Einlegung der Revision jetzt spätestens mit Ablauf von **fünf Monaten nach Verkündung** des LAG-Urteils. Die fehlende Rechtsmittelbelehrung führt bei nicht abgesetzten Urteilen **nicht mehr zur Fristverlängerung nach § 9 Abs. 5 ArbGG**.[42] Da im Rahmen der Neuregelung § 9 Abs. 5 ArbGG unverändert geblieben ist, wird vertreten, dass bei unterbliebener Zustellung des arbeitsgerichtlichen Urteils auch weiterhin an der 17-Monats-Frist festzuhalten sei.[43] Zur Begründung wird angeführt, dass die Fünf-Monats-Frist den Zeitpunkt der Zustellung als auslösenden Umstand für den *Beginn* der Frist ersetze, wenn diese als Fristbeginn ausfalle. Der Zustellungszeitpunkt sei aber bedeutungslos für die *Länge* der Frist, die anschließend beginne. Über die Länge der Frist werde in § 66 Abs. 1 ArbGG keine Aussage getroffen. Insoweit gelte bei verspätet zugestellten Urteilen wegen der fehlenden Rechtsmittelbelehrung weiterhin die Jahresfrist des § 9 Abs. 5 ArbGG. Mit der überwiegenden Instanzrechtsprechung zur Berufungsfrist ist dem nicht zu folgen.[44] Mit der zum 01.01.2002 in Kraft getretenen Neuregelung sei § 66 Abs. 1

37 Zutreffend *Holthaus/Koch*, RdA 2002, 140, 156.

38 BAG, Beschl. v. 12.03.1964, AP Nr. 1 zu § 176 ZPO.

39 BAG, Urt. v. 08.06.2000, EzA-SD 19/2000, 11; BAG, Urt. v. 05.02.1997, AP Nr. 10 zu § 77 BetrVG 1972 = NZA 1997, 951.

40 BAG, Urt. v. 08.06.2000, EzA-SD 19/2000, 11.

41 BAG, Urt. v. 08.06.2000, EzA-SD 19/2000, 11; BAG, Urt. v. 23.11.1994, AP Nr. 12 zu § 9 ArbGG 1979 = NZA 1995, 654 = DB 1995, 1136.

42 *Germelmann/Matthes/Prütting/Müller-Glöge*, § 74 ArbGG Rn 6.

43 So LAG Köln, Urt. v. 20.02.2003, EzA Schnelldienst 2003 Nr. 25, 6; *Künzl*, ZTR 2001, 533, 534; GK-ArbGG/*Vossen*, § 66 Rn 38; ErfK/*Koch*, § 66 ArbGG Rn 12; *Holthaus/Koch*, RdA 2002, 140, 151; *Kittner/Zwanziger*, § 167 Rn 6; GK-ArbGG/*Dörner*, § 94 Rn 11 a zur Rechtsbeschwerde; *Kalb*, in: *Henssler/Willemsen/Kalb*, § 66 ArbGG Rn 10, anders dagegen *Bepler*, in: *Henssler/Willemsen/Kalb*, § 74 ArbGG Rn 12; vgl. auch BAG, Beschl. v. 01.10.2003, NZA 2003, 1356.

44 LAG Nürnberg, Urt. v. 28.10.2002, LAGE § 66 ArbGG 1979 Nr. 18; LAG München, Urt. v. 27.08.2003 – 7 Sa 535/03 (n.v.); LAG Köln, Urt. v. 24.09.2003, ArbRB 2003, 367, m. zust. Anm. *Schwab*, LAGReport 2004, 127; *Germelmann/*

ArbGG grundlegend geändert worden. Parallel zu der Änderung in § 520 Abs. 2 ZPO werde wie im Verfahren vor den Zivilgerichten auch im arbeitsgerichtlichen Verfahren ein einheitlicher Fristbeginn für die Berufungseinlegungs- sowie die Berufungsbegründungsfrist normiert.

Die Anwendung der neuen Bestimmung begann nach § 26 Nr. 7 EG-ZPO mit dem Stichtag **31.12.2001**. War bis dahin die **mündliche Verhandlung der Vorinstanz** schon abgeschlossen, so ist immer noch das alte Recht anzuwenden.

Ergeht innerhalb der Revisionsfrist ein **Ergänzungsurteil** nach § 321 ZPO, so beginnt mit der Zustellung des Ergänzungsurteils der Lauf der Frist auch gegen das zuerst zugestellte Urteil von neuem.[45] § 518 ZPO n.F. (identisch mit 517 ZPO a.F.) gilt insoweit auch für das Revisionsverfahren.[46] Das kann jedoch wegen der Besonderheiten des Zulassungsverfahrens nach § 72 ArbGG nicht uneingeschränkt gelten. Es gilt nur, wenn gegen das Ergänzungsurteil das LAG oder auf die Beschwerde das BAG die Revision zugelassen haben.[47] 39

Hat eine Partei mehrere Prozessbevollmächtigte, so ist die erste Zustellung an einen dieser Prozessbevollmächtigten für alle maßgeblich.[48] 40

Ist das Verfahren von Amts wegen **unterbrochen** oder vom Gericht **ausgesetzt** worden, so hat das nach § 249 Abs. 1 ZPO die Wirkung, dass der Lauf jeder Frist aufhört. Wird dennoch während der Unterbrechung ein Berufungsurteil verkündet, so kann der Gegner Revision einlegen, um diesen Mangel geltend zu machen.[49] Prozesshandlungen sind nach § 249 Abs. 2 ZPO nicht absolut wirkungslos. Eine Prozesshandlung wie die Revisionseinlegung ist dem Gericht gegenüber voll wirksam.[50] Hat eine Partei während der Unterbrechung oder Aussetzung Revision eingelegt, ist diese Prozesshandlung im Verhältnis zur anderen Partei unwirksam, sie muss aber nach Ende des Verfahrensstillstandes nicht wiederholt werden; denn sie ist dem Gericht gegenüber nicht wirkungslos. Das Revisionsgericht wird nur während der Unterbrechung und Aussetzung nicht tätig. Nach Aufnahme des Verfahrens (§ 250 ZPO) hat es dann über die Sache zu verhandeln und zu entscheiden. Praktisch bedeutsame Fälle sind der Tod einer Partei (§ 239 ZPO), die Eröffnung des Insolvenzverfahrens, wenn der Rechtsstreit die Insolvenzmasse betrifft (§ 240 ZPO), der Eintritt der Prozessunfähigkeit einer Partei durch Krankheit oder Tod des gesetzlichen Vertreters (§ 241 ZPO) und in Anwaltprozessen der Wegfall des Anwalts durch Tod oder Amtsunfähigkeit (§ 244 ZPO). Die Aussetzung des Verfahrens wird nach § 148 ZPO angeordnet, wenn die Entscheidung des Rechtsstreits von einer gerichtlichen oder behördlichen Entscheidung abhängt, wie z.B. im Kündigungsprozess bei der ausstehenden Entscheidung des Versorgungsamtes über den Antrag auf Feststellung des Vorliegens der Schwerbehinderung. Ein Ablehnungsgesuch wegen Befangenheit des Richters bewirkt keine Unterbrechung.[51] Verstößt ein abgelehnter Vorsitzender einer LAG-Kammer gegen das Gebot, nur unaufschiebbare Handlungen vorzunehmen (§ 47 ZPO), ist das ein Verfahrensfehler, der mit einer Verfahrensrüge angegriffen werden kann. In allen Fällen der Unterbrechung oder Aussetzung ist zu beachten, dass nach § 249 Abs. 1 ZPO mit dem Ende der Unterbrechung oder Aussetzung die Fristen »von neuem« in voller Länge laufen. Ein gerichtlicher Hinweis ist nicht erforderlich.[52] Das erfordert besondere Sorgfalt des Anwalts bei der Fristenkontrolle. 41

Matthes/Prütting/Müller-Glöge, § 66 ArbGG Rn 15a; *Hauck/Helml*, § 66 ArbGG Rn 10; *Ostrowicz/Künzl/Schäfer*, Rn 189a; *Schwab*, FA 2003, 258 ff; *Schmidt/Schwab/Wildschütz*, NZA 2001, 1217, 1218; *Schwab/Wildschütz/Heege*, NZA 2003, 999, 1004 Fn 53.

45 ArbGV/*Düwell*, § 74 ArbGG Rn 22.

46 BGH, Urt. v. 24.02.1953, LM § 517 ZPO Nr. 1.

47 So im Ergebnis auch *Germelmann/Matthes/Prütting/Müller-Glöge*, § 74 ArbGG Rn 6.

48 BAG, Urt. v. 23.01.1986, EzA § 233 ZPO Nr. 7.

49 BAG, Urt. v. 18.03.1976, BAGE 28, 46.

50 BGH, Urt. v. 30.09.1968, BGHZ 50, 397.

51 BAG, Beschl. v. 28.12.1999, AP Nr. 7 zu § 49 ArbGG 1979.

52 BGH, Urt. v. 24.01.1989, BGHZ 106, 295.

42 Wird eine Revision gegen ein Berufungsurteil **vor Verkündung** des Berufungsurteils eingelegt, so wird diese Revision auch nicht mit der späteren Verkündung des Urteils wirksam. Sie ist und bleibt unzulässig. Anders ist es nur, wenn das Urteil bereits vor Verkündung oder Zustellung formlos der Partei vom Gericht zugeleitet worden ist. Dann ist die Einlegung der Revision als ein gegen ein Scheinurteil gerichtetes Rechtsmittel zulässig.[53]

43 Bei der Berechnung der Frist wird der **Tag der Zustellung** nicht mitgerechnet (§§ 221, 222 ZPO, § 188 Abs. 2 BGB). Die Revision muss also spätestens an dem Tag beim Bundesarbeitsgericht eingehen, der seiner Zahl nach dem Tag der Zustellung im Vormonat entspricht. Beispiel: Ist das LAG Urteil am 01.06. zugegangen, läuft die Revisionsfrist am 01.07. um 24.00 Uhr ab.

44 Ohne Einfluss auf den Fristablauf sind die nach örtlichem Brauch ganz oder teilweise **am Sitz des Revisionsgerichts arbeitsfreien Tage**, wie z.B. Rosenmontag, oder die Tage, an denen im ganzen Land die Behörden ab mittags geschlossen sind, wie üblicherweise am 24. und 31.12.. Etwas anderes gilt für ein Fristende, das auf einen Sonntag, allgemeinen Feiertag und Samstag fällt. Hier tritt nach § 193 BGB an die Stelle eines solchen Tages der nächste Werktag. Daher können an einem **allgemeinen Feiertag**, der nach Landesrecht am Sitz des Rechtsmittelgerichts gilt, keine Fristen ablaufen.[54] Da der Sitz des BAG Erfurt in Thüringen liegt (§ 40 Abs. 1 ArbGG), sind die lokalen und landesweiten Feiertage nach dem Feiertagsgesetz des Freistaates Thüringen vom 21.12.1994 (GVBl. S. 1221) zu berücksichtigen.

45 Die Revisionsfrist ist eine **Notfrist**. Sie kann nicht verlängert werden. Gegen ihre Versäumnis kann nur Wiedereinsetzung in den vorigen Stand (§§ 230 ff. ZPO) beantragt werden. Allerdings wird eine verspätet eingelegte Revision dann, wenn der Gegner ebenfalls Revision eingelegt hat, als Anschlussrevision (siehe Rn 76 f.) wirksam.

46 Die Revisionsfrist ist gewahrt, wenn die Revision vor Fristablauf in der gesetzlich vorgeschriebenen Form **eingelegt** wird. Nach § 549 Abs. 1 Satz 1 ZPO wird eine Revision durch Einreichung einer Revisionsschrift eingelegt. Das ist dann der Fall, sobald sie in die Verfügungsgewalt des Gerichts gelangt ist.[55] Eine als Telekopie übermittelte Revisionsbegründung wird »eingereicht«, sobald die Empfangssignale vom Telefaxgerät des Gerichts vollständig aufgezeichnet worden sind. Unerheblich ist, ob das nach Dienstschluss der Geschäftsstelle geschieht. Ein vom Geschäftsstellenbeamten nach Wiederaufnahme des Dienstes angebrachter Vermerk, in dem als Eingangsdatum der Tag bezeichnet wird, an dem ihm der Ausdruck des gerichtlichen Telefaxgeräts vorgelegt worden ist, ist für die Beurteilung der Einhaltung der Notfrist unbeachtlich.[56] Diese richterrechtlich entwickelte Rechtslage ist jetzt in § 130a Abs. 3 ZPO Gesetz geworden.

2. Form der Einlegung der Revision

47 Die zu beachtenden Förmlichkeiten ergeben sich neben § 74 ArbGG aus den §§ 130 Nr. 6, 549, 550 ZPO.

48 Die Revisionsschrift leitet das Revisionsverfahren ein. Sie ist ein so genannter »bestimmender Schriftsatz«. Nach § 549 Abs. 2 ZPO findet die für vorbereitende Schriftsätze geltende **Schriftform** Anwendung. § 130 Nr. 6 ZPO schreibt dazu für Anwaltsprozesse die **Unterschrift des Anwalts** oder bei Übermittlung durch einen Telefaxdienst die Wiedergabe der Unterschrift auf der Telekopie vor.[57] Die das Verfahren wirksam einleitende Prozesshandlung ist deshalb erst vollzogen, wenn der Schriftsatz eigenhändig von einem nach § 11 Abs. 2 ArbGG postulationsfähigen Rechtsanwalt

53 BGH, Urt. v. 18.09.1963, LM § 511 ZPO Nr. 17.
54 BAG, Urt. v. 24.09.1996, AP Nr. 22 zu § 7 BUrlG.
55 BAG, Urt. v. 29.04.1986, AP Nr. 36 zu § 519 ZPO.
56 BAG, Urt. v. 19.01.1999, BAGE 90, 329–335 = AP Nr. 79 zu § 615 BGB.
57 *Düwell*, NZA 1999, 291 ff.

unterschrieben und beim BAG eingereicht ist. Hat eine für den Gegner bestimmte beglaubigte Abschrift mit vollständiger Unterschrift beigelegen, so genügt das.[58]

Eine Abkürzung durch Wiedergabe von Anfangsbuchstaben, wie sie bei Abzeichnen eines Entwurfs üblich ist und als **Paraphe** bezeichnet wird, reicht als Unterschrift nicht aus.[59] Das BAG hat die vom BFH gegen diese Auffassung geltend gemachten Bedenken[60] abgelehnt. Die Anforderungen des BAG sind nicht überspannt; denn es ist nicht erforderlich, dass die Unterschrift lesbar ist. Es genügt, wenn ein Dritter, der den Namen kennt, den Namen aus dem Schriftzug herauslesen kann. Hat allerdings ein Rechtsanwalt längere Zeit unbeanstandet mit einer Paraphe unterzeichnet, so ist ihm, wenn die verkürzte Unterschrift erstmalig auf Bedenken stößt, Wiedereinsetzung in den vorigen Stand zu bewilligen.[61] 49

Durch die Unterzeichnung muss der Anwalt zum Ausdruck bringen, dass er persönlich **für die Einlegung der Revision die Verantwortung** übernimmt. Einschränkende Zusätze können die Einlegung unwirksam machen, wenn z.B. von einem sozietätsfremden Anwalt der Zusatz beigefügt wird »Im Auftrag des verhinderten Rechtsanwalts A«[62] oder neben der Unterschrift vermerkt wird: »Verfasser RA Y«.[63] Der Zusatz »für Rechtsanwalt X« ist als Erklärung eines Unterbevollmächtigten ausgelegt worden, für den Inhalt des Schriftsatzes gerade zu stehen.[64] 50

Wenn der Anwalt die Revisionsschrift, ohne einen Ausdruck zu fertigen und zu unterschreiben, per Datei mit eingescannter Unterschrift als »Computerfax« fernmeldetechnisch versendet, so fehlt es auch im Sinne des § 130 Nr. 6 ZPO n.F. an einer Unterschrift. Dennoch werden die Gerichte das als der Schriftform genügend ansehen müssen; denn der Gemeinsame Senat der Obersten Gerichtshöfe hat das im Wege der Rechtsfortbildung so entschieden.[65] Das Problem wird sich selbst lösen, sobald der Bund und die Länder für ihren Bereich feststellen, dass die Voraussetzungen für das Übermitteln elektronischer Dokumente nach § 130a ZPO erfüllt sind. 51

Dem Formerfordernis muss **vor Fristablauf** genügt sein. Eine Heilung durch rügelose Einlassung oder Rügeverzicht des Revisionsbeklagten kommt nicht in Betracht. Nach Fristablauf tritt die Rechtskraft der Berufungsentscheidung ein. Auch die **Nachholung der vollständigen Unterschrift** kann daher den Mangel nicht mehr heilen. 52

§ 549 Abs. 1 ZPO enthält weitere Voraussetzungen für eine ordnungsgemäße Revisionschrift. Dazu gehört die Bezeichnung des Urteils, gegen das die Revision eingelegt wird. Erforderlich sind ferner die Nennung des Gerichtes sowie Angabe des genauen Datums der Verkündung des Urteils, des Geschäftszeichens und für wen und gegen wen die Revision eingelegt werden soll.[66] Ausreichend ist, wenn der Revisionsschrift eine Ausfertigung bzw. eine Abschrift des angefochtenen Urteils beigefügt ist[67] und sich aus den bis zum Ablauf der Frist beim BAG eingegangenen Akten ergibt, für wen die Revision eingelegt wird.[68] 53

58 BGH, Urt. v. 22.09.1992, AP Nr. 59 zu § 518 ZPO.
59 BAG, Urt. v. 27.03.1996, AP Nr. 67 zu § 518 ZPO.
60 BFH, Urt. v. 29.11.1995, NJW 1996, 1432.
61 BGH, Urt. v. 28.09.1998, NJW 1999, 60.
62 BAG, Urt. v. 26.07.1967, AP Nr. 11 zu § 518 ZPO.
63 BAG, Urt. v. 22.05.1990, AP Nr. 38 zu § 519 ZPO.
64 BAG, Urt. v. 22.05.1990, AP Nr. 38 zu § 519 ZPO.
65 GmS-OGB, Beschl. v. 05.04.2000, AP Nr. 2 zu § 129 ZPO; krit. ArbGV/*Düwell*, § 74 ArbGG Rn 7b; *Germelmann/Matthes/Prütting/Müller-Glöge*, § 74 ArbGG Rn 11.
66 BAG, Urt. v. 16.02.1994 – 10 AZR 122/93 (n.v.).
67 BAG, Urt. v. 18.02.1972, AP Nr. 3 zu § 553 ZPO; Urt. v. 16.02.1994 – 10 AZR 122/93 (n.v.).
68 BAG, Urt. v. 13.12.1995, AP Nr. 15 zu § 1 TVG Rückwirkung.

54 Die Revision muss unbedingt eingelegt werden. Eine **bedingte Revisionseinlegung** ist unzulässig.[69] Legt eine Partei mehrfach Revision ein, ist das regelmäßig nur als ein Rechtsmittel anzusehen.

3. Frist für die Begründung der Revision

55 Seit dem 01.01.2002 beträgt die Begründungsfrist **zwei Monate.** Sie beginnt anders als nach altem Recht nicht mehr mit der Einlegung der Revision, sondern mit der **Zustellung des** in vollständiger Form abgefassten **Urteils**, **spätestens** mit Ablauf von **fünf Monaten nach Verkündung** des LAG-Urteils. Das ergibt sich aus § 74 Abs. 1 ArbGG n.F.

56 Für diese nach Art. 53 ZPO-RG am 01.01.2002 in Kraft getretene Änderung des ArbGG fehlt eine Übergangsbestimmung. Das Defizit wird im Sinne einer Harmonisierung gelöst, indem § 26 EG-ZPO analog angewandt wird.[70] Für die Anwendung der neuen Begründungsfrist gilt nach § 26 Nr. 7 EG-ZPO als Stichtag der **31.12.2001**. War bis dahin die **mündliche Verhandlung der Vorinstanz** abgeschlossen, so ist weiterhin das alte Recht anzuwenden. Im schriftlichen Verfahren gilt als maßgebend der Zeitpunkt, bis zu dem Schriftsätze eingereicht werden konnten. Das war der vom Gericht festgesetzte Zeitpunkt. War kein Zeitpunkt für die Einreichung von Schriftsätzen festgesetzt, so ist umstritten, welcher Zeitpunkt dann maßgebend sein soll:

- der Tag der Anordnung des schriftlichen Verfahrens[71] oder
- der Tag des Verkündungstermins.[72]

57 § 74 Abs. 1 ArbGG n.F. regelt nur den Fall, dass bereits das Landesarbeitsgericht die Revision in seinem Urteil zugelassen hat. Für den Fall, dass die Revision vom BAG auf eine erfolgreiche Beschwerde hin zugelassen worden ist, fehlt es im ArbGG an einer ausdrücklichen Regelung. § 72 Abs. 5 Satz 7 ArbGG regelt lediglich den Beginn der Revisionsfrist. Zur Ausfüllung der entstandenen Lücke wird auf § 72a Abs. 5 Satz 7 ArbGG zurückzugreifen sein, der dann nicht nur den Beginn der Revisions-, sondern den der Revisionsbegründungsfrist festlegen würde. Das entspricht der für die Zivilgerichtsbarkeit geltenden Regelung in § 544 Abs. 6 Satz 3 ZPO n.F. Im Ergebnis beginnt jedenfalls mit der Zustellung der Entscheidung über die erfolgreiche Nichtzulassungsbeschwerde der Lauf der Frist.

58 Die Revisionsbegründungsfrist ist keine Notfrist. Sie kann **einmal bis zu einem Monat verlängert** werden (§ 74 Abs. 1 Satz 3 ArbGG n.F.); die Vorschrift verdrängt die weiter gehende Regelung in § 551 Abs. 2 ZPO n.F.[73] Der Antrag muss vor Ablauf der Begründungsfrist beim BAG eingegangen sein. Über die Verlängerung entscheidet der Senatsvorsitzende. Eine über den gesetzlich zugelassenen Rahmen hinausgehende Verlängerung ist unwirksam.[74] Dies folgt aus dem klaren Wortlaut der Vorschrift.[75] Das Gesetz enthält keine Anhaltspunkte für eine erweiterte Verlängerungskompetenz des Gerichts. Dies würde auch dem Beschleunigungsgrundsatz nach § 9 ArbGG widersprechen. Allerdings ist den Parteien Wiedereinsetzung in den vorigen Stand gem. § 233 ZPO zu gewähren. Denn hat die Geschäftsstelle des Senats irrtümlich eine Fristverlängerung mitgeteilt oder ein Vertreter des Senatsvorsitzenden irrtümlich eine unzulässige Fristverlängerung bewilligt, so darf sich der Antragsteller auf die unzutreffende Fristverlängerung regelmäßig in der Weise verlassen, dass ihm kein Verschulden vorgeworfen werden kann.[76]

69 BAG, Urt. v. 22.11.1968, AP Nr. 13 zu § 518 ZPO.
70 So ohne Hinweis auf die dogmatische Lückenfüllung *Germelmann/Matthes/Prütting/Müller-Glöge*, § 72 ArbGG Rn 2.
71 Thomas/Putzo/*Reichold*, § 128 ZPO Rn 33.
72 Zöller/*Greger*, § 128 ZPO Rn 18.
73 *Schmidt/Schwab/Wildschütz*, NZA 2001, 1217, 1223.
74 BAG, Urt. v. 20.01.2004 – 9 AZR 291/02 (zur Veröff. in der Amtlichen Sammlung vorgesehen).
75 ArbGV/*Düwell*, § 74 ArbGG Rn 31
76 Vgl. BAG, Urt. v. 04.06.2003, AP Nr. 2 zu § 209 InsO = EzA § 209 InsO Nr. 1; für die Nichteinhaltung der Berufungsbegründungsfrist: BGH, Urt. v. 04.11.1981, NJW 1982, 1873.

4. Form der Revisionsbegründung

a) Anwaltsunterschrift

Auch der Revisionsbegründungsschriftsatz muss nach § 130 Nr. 6 ZPO, § 11 Abs. 2 ArbGG von 59
einem Rechtsanwalt unterschrieben werden.

b) Telefax und elektronische Medien

Die Übermittlung der unterschriebenen Revisionsbegründung per Telefax ist nach § 130 Nr. 6 ZPO 60
n.F. zulässig.[77] Sind von einer mehrseitigen Berufungsbegründungsschrift nur die erste Seite, die unter anderem die Revisionsanträge enthält, und die letzte Seite, auf der sich die Unterschrift des Prozessbevollmächtigten befindet, per Telefax rechtzeitig bei Gericht eingegangen, so steht dies der Zulässigkeit der Revision nicht entgegen, wenn sich dem eingegangenen Teil des Textes noch entnehmen lässt,

- dass die Revisionsanträge von der Unterschrift des Prozessbevollmächtigten gedeckt sind,
- in welchem Umfang das Berufungsurteil angefochten wird und
- mit welchen Erwägungen die tragenden Gründe des Berufungsurteils angegriffen werden.[78]

Zur Vermeidung von Nachteilen sollte das Anwaltspersonal belehrt werden, dass der Sendebericht 61
die entsprechende Seitenzahl und ein »OK« enthält. Ist die Revisionsbegründungsschrift noch innerhalb der Geschäftszeiten des BAG übermittelt worden, empfiehlt sich eine telefonische Anfrage, ob das Telefax vollständig eingegangen ist.

c) Revisionsantrag

Die Revisionsbegründung muss nach § 551 Abs. 3 Nr. 1 ZPO n.F. einen Revisionsantrag enthalten. 62
Ausreichend ist, wenn sich der Antrag aus der Revisionsschrift oder der Revisionsbegründung ergibt.[79]

Der Antrag muss darauf gerichtet sein, zumindest einen Teil der Beschwer aus dem Berufungsurteil 63
zu beseitigen. Daher ist es unzulässig, in der Revisionsinstanz eine Widerklage zu erheben.

d) Antragsformulierung

Über eine etwaige Zurückverweisung entscheidet das Revisionsgericht von Amts wegen. War 64
der Kläger bereits in der Eingangsinstanz und Berufungsinstanz unterlegen, so bedarf es eines Sachantrags, der aussagt, wie in der Sache selbst entschieden werden soll.

Ist die Kündigungsschutzklage in beiden Vorinstanzen zurückgewiesen worden, ist vom Kläger zu 65
beantragen:

> auf die Revision des Klägers, das Urteil des LAG vom (Az:) aufzuheben und auf die Berufung des Klägers das Urteil des Arbeitsgerichts vom (Az:) wie folgt abzuändern: Es wird festgestellt, dass das zwischen den Parteien bestehende Arbeitsverhältnis durch die Kündigung der Beklagten vom zum nicht aufgelöst worden ist.

77 So BAG, Urt. v. 24.09.1986, AP Nr. 12 zu § 72 ArbGG 1979 = DB 1987, 183 = NZA 1987, 106 = NJW 1987, 341 = EzA § 554 ZPO Nr. 4. Durch die Regelung in § 130 Nr. 6 ZPO jetzt Gesetz.

78 BAG, Urt. v. 27.01.2000, AP Nr. 40 zu § 1 TVG Tarifverträge: DDR = BB 2000, 1358.

79 BAG, Urt. v. 29.06.1954, AP Nr. 1 zu § 611 BGB Gratifikation.

Hat das Arbeitsgericht der Klage stattgegeben, das LAG sie aber abgewiesen, ist zu beantragen:

> auf die Revision des Klägers, das Urteil des LAG vom (Az:) aufzuheben und die Berufung des Beklagten gegen das Urteil des Arbeitsgerichts vom (Az:) zurückzuweisen.)

IV. Inhalt der Revisionsbegründung

1. Auseinandersetzung mit den Gründen des Berufungsurteils

66 Die Revisionsbegründung muss sich gemäß § 551 ZPO in der Revisionsbegründung mit den Gründen des angefochtenen Urteils auseinander setzen.[80] Der bloße Verweis auf das vorinstanzliche Vorbringen ist daher nicht ausreichend. Das Beharren auf früher vorbebrachten Argumenten ist keine Auseinandersetzung mit dem angefochtenen Urteil.[81] Mit dieser Anforderung wird das Ziel verfolgt, dass das angefochtene Urteil vor Einlegung des Rechtsmittels sorgfältig gelesen und die Erfolgsaussicht des Rechtsmittels konkret überprüft wird.

67 Fehlen Ausführungen zu einem vom LAG entschiedenen Streitgegenstand, ist die Revision insoweit unzulässig.[82] Etwas anderes gilt nur dann, wenn **mehrere Streitgegenstände** so durch dieselbe Rechtsfrage miteinander verknüpft sind, dass die Revisionsentscheidung nur einheitlich ergehen kann. Das ist dann der Fall, wenn die Wirksamkeit der späteren Kündigung von der Wirksamkeit der früheren Kündigung abhängig ist.[83]

2. Revisionsgründe

68 Zum notwendigen Inhalt der Revisionsbegründung gehört nach § 551 Abs. 3 Nr. 2 ZPO die Angabe der Revisionsgründe. Das erfordert die Bezeichnung der Umstände, aus denen sich die fehlerhafte Rechtsanwendung (»Rechtsverletzung«) im Berufungsurteil ergibt. Werden nur materiellrechtliche Rechtsfehler gerügt, so genügt es, dass sich aus der Revisionsbegründung mit ausreichender Klarheit erkennen lässt, woraus die Rechtsverletzung abgeleitet wird.[84] Nach der ZPO-Reform ist die Angabe der verletzten Norm nicht mehr vorgeschrieben. Es sollte aber dennoch die verletzte Rechtsnorm exakt nach Paragraphen bezeichnet werden. Das erleichtert die Gedankenführung. Denn die Revision hat im Einzelnen darzustellen, inwieweit das LAG gegen Rechtsnormen bzw. vom BAG aufgestellte Rechtssätze verstoßen hat.

3. Revisibilität

69 Nach § 546 ZPO ist eine Rechtsnorm verletzt, wenn sie nicht oder nicht richtig angewandt worden ist. In den arbeitsgerichtlichen Verfahren sind **alle Rechtsnormen**, auch **landesrechtliche**, revisibel. Zu den Rechtsnormen werden auch Denkgesetze und allgemeine Erfahrungssätze gezählt.[85]

80 BAG, Urt. v. 07.07.1999, AP Nr. 32 zu § 554 ZPO = NZA 2000, 112 = DB 1999, 2272; Urt. v. 02.03.1992 – 2 AZR 508/91 (n.v.); Urt. v. 04.09.1975, AP Nr. 15 zu § 554 ZPO = DB 1975, 2092 = EzA § 554 ZPO Nr. 1.
81 BAG, Urt. v. 04.09.1975, AP Nr. 15 zu § 554 ZPO = DB 1975, 2092 = EzA § 554 ZPO Nr. 1.
82 BAG, Beschl. v. 06.12.1994, AP Nr. 32 zu § 72a ArbGG 1999 = NZA 1995, 445 = DB 1995, 1573.
83 BAG, Urt. v. 05.10.1995, AP Nr. 48 zu § 519 ZPO; vgl. auch BGH, Urt. v. 05.10.1983, NJW 1984, 177.
84 BAG, Urt. v. 19.06.1957, AP Nr. 2 zu § 161 ZPO.
85 BAG, Urt. v. 09.03.1972, AP Nr. 2 zu § 561 ZPO.

Ist die Revision vom BAG zugelassen worden, ist die Revision auf die Gründe beschränkt, die für die Zulassung der Revision maßgebend waren. 70

4. Sachrügen

Eine ordnungsgemäß auf materielle Rechtsfehler gestützte Begründung verlangt, dass die Revision sich im Einzelnen mit den Erwägungen des Berufungsgerichts auseinander setzt und darlegt, weshalb die vom LAG angestellten Erwägungen unzutreffend sind.[86] Dabei ist die konkrete Verletzung des Gesetzes aufzuzeigen. Daher fehlt es an einer ordnungsgemäßen Revisionsbegründung, wenn z.B. der Revisionskläger pauschal rügt, das angefochtene Urteil berücksichtige nicht die Rechtsprechung des BAG oder verletze die grundlegenden Regeln des Europäischen Arbeitsrechts. 71

Sind **mehrere Streitgegenstände** betroffen, so muss die Revisionsbegründung sich mit jedem einzelnen prozessualen Anspruch auseinander zu setzen.[87] 72

5. Verfahrensrügen

Zusätzlich oder anstelle der Verletzung materiellen Rechts kann der Revisionskläger nach § 551 Abs. 3 Ziff. 3 b ZPO auch eine **Verletzung einer das Verfahren betreffenden Norm** rügen. Dann hat er alle Tatsachen darzulegen, die den etwaigen Mangel begründen. Insbesondere gehört dazu der Vortrag, dass die Entscheidung bei Einhaltung der Verfahrensvorschriften anders ausgefallen wäre, das Urteil also auf dem Verfahrensfehler beruht. 73

Wird eine Aufklärungsrüge gemäß § 139 ZPO erhoben, so ist zusätzlich vorzutragen, was das Gericht im Einzelnen hätte fragen müssen und was darauf vorbebracht worden wäre.[88] Nach Ablauf der Revisionsbegründungsfrist können Verfahrensfehler im Unterschied zu Sachfehlern **nicht mehr** nachgeschoben werden.[89] 74

Wird die Revision auf **absolute Revisionsgründe** im Sinne von § 547 ZPO gestützt, müssen auch insofern die entsprechenden Tatsachen substanziiert vorgetragen werden.[90] Die einzelnen absoluten Revisionsgründe sind in § 547 ZPO aufgeführt. 75

Insbesondere ist auf § 547 Nr. 6 ZPO hinzuweisen. Hiernach besteht ein unbedingter Revisionsgrund, wenn die **Entscheidung nicht mit Gründen** versehen ist. Das BAG[91] hat im Anschluss an den Gemeinsamen Senat der obersten Bundesgerichte[92] entschieden, dass ein Urteil nicht mit Gründen versehen ist, wenn es nicht innerhalb von fünf Monaten nach Verkündung von allen Richtern unterschrieben der Geschäftsstelle des Gerichtes übergeben worden ist. 76

86 BAG, Urt. v. 04.09.1975, AP Nr. 15 zu § 554 ZPO.
87 BAG, Urt. v. 10.10.1996 – 8 AZR 781/94 (n.v.); Urt. v. 29.01.1987, AP Nr. 1 zu § 620 BGB Saisonarbeit = NZA 1987, 627 = EzA § 620 BGB Nr. 87.
88 BAG, Urt. v. 05.07.1979, AP Nr. 9 zu § 242 BGB Ruhegehalt-Unterstützungskassen = DB 1979, 1942 = NJW 1980, 79 = EzA § 242 BGB Ruhegeld Nr. 78.
89 BAG, Urt. v. 23.05.1962, AP Nr. 20 zu § 72 ArbGG 1953 Divergenzrevision.
90 BAG, Urt. v. 30.11.1962, AP Nr. 37 zu § 233 ZPO = NJW 1963, 877.
91 BAG, Urt. v. 30.11.1962, AP Nr. 37 zu § 233 ZPO = NJW 1963, 877.
92 BAG, Urt. v. 04.08.1993, AP Nr. 22 zu § 551 ZPO = NZA 1993, 1150 = DB 1993, 2492 = EzA § 551 ZPO Nr. 2; Urt. v. 08.02.1994, AP Nr. 23 zu § 72 ArbGG 1979 = NZA 1994, 908 = DB 1994, 1196.

V. Rechte des Revisionsbeklagten

1. Beschwer durch Berufungsurteil

77 Soweit ein Revisionsbeklagter **teilweise beschwert** ist und die Revision auch für ihn zugelassen ist, kann er ebenfalls Revision einlegen. Für ihn gelten dann die allgemeinen revisionsrechtlichen Bestimmungen. Zusätzlich hat er die Möglichkeit der Anschlussrevision.

2. Verteidigung des angefochtenen Urteils

78 Der Revisionsbeklagte hat seine Aufgabe in der Verteidigung des von der Gegenseite angefochtenen Urteils zu sehen. Eine Revisionsbeantwortung ist dazu gesetzlich nicht vorgeschrieben. Gleichwohl empfiehlt es sich, das angefochtene Urteil so rechtzeitig zu verteidigen, dass das Gericht diese Ausführung in seine »Vorberatung« einbeziehen kann.

3. Gegenrügen

79 Auch eine in zweiter Instanz obsiegende Partei sollte sehr sorgfältig und mit kritischen Augen das Berufungsurteil studieren. Denn der Revisionsbeklagte kann bei einer anderen Rechtsauffassung des Revisionsgerichts auf der Grundlage der Feststellungen des LAG unterliegen. Deshalb sollte er die Feststellungen des LAG prüfen. Erkennt er, dass er nach überzeugenden Angriffen der Revision unterliegen kann, so hat er bis zum Schluss der Revisionsverhandlung die Möglichkeit, Verfahrensfehler des LAG mit der so genannten Gegenrüge anzugreifen. Das setzt einen erheblichen Begründungsaufwand voraus. Es ist deshalb eine rechtzeitige Vorbereitung dringend zu empfehlen.

4. Anschlussrevision

80 Nach § 554 ZPO n.F. ist der teilunterlegene Revisionsbeklagte noch nach Ablauf der Revisionsfrist in der Lage, innerhalb eines Monats nach Zustellung der Revisionsbegründungsschrift der Gegenseite Anschlussrevision einzulegen. Diese muss in der Anschlussschrift **gleichzeitig begründet** werden. Sie muss im Übrigen den Erfordernissen einer Revisionsbegründung entsprechen.[93]

81 Entsprechend den Regelungen über die Anschlussberufung ist die Anschlussrevision nunmehr seit dem 1. Januar 2002 als unselbständige Anschlussrevision ausgestaltet (§§ 72 Abs. 5 ArbGG, 554 Abs. 4 ZPO n.F.). Die früher zugelassene Möglichkeit der selbständigen Anschlussrevision ist mit dem Ablauf der Übergangsregelung des § 26 Nr. 7 EG-ZPO entfallen. Die jetzt nur noch mögliche **unselbständige** Anschlussrevision ist von der Revision abhängig und verliert ihre Wirkung, wenn der Revisionskläger die Revision zurücknimmt. Zu beachten ist das **Erfordernis der Zulassung**. Ist die Revision nur für den Revisionskläger zugelassen, so ist die Anschlussrevision unstatthaft. In diesem Fall hätte zur Erhaltung der Möglichkeit der Anschlussrevision der Revisionsbeklagte rechtzeitig Beschwerde gegen die Nichtzulassungsentscheidung des LAG einlegen müssen.

VI. Sprungrevision

82 Nach § 76 Abs. 1 Satz 1 ArbGG kann gegen das Urteil eines Arbeitsgerichts unter Übergehung der Berufungsinstanz unmittelbar die Revision (Sprungrevision) eingelegt werden, wenn der Gegner schriftlich zustimmt und wenn die Sprungrevision vom Arbeitsgericht auf Antrag im Urteil oder nachträglich durch Beschluss zugelassen wird.

93 ArbGV/*Düwell*, § 74 ArbGG Rn 88 ff.

1. Zulassungsantrag

Die Zulassung erfolgt nur auf **Antrag einer Partei**. Sowohl die unterliegende als auch die obsiegende Partei kann den Antrag stellen. Der Antrag bedarf nicht notwendigerweise der Protokollierung.[94] 83

Ist die Sprungrevision nicht schon im Tenor des Urteils zugelassen, ist die nachträgliche Zulassung durch Beschluss möglich. Dazu muss nach § 76 Abs. 1 Satz 2 ArbGG der Antrag innerhalb von einem Monat nach Zustellung des in vollständiger Form abgesetzten Arbeitsgerichtsurteils gestellt werden. Für den Antrag gilt das Erfordernis der **Schriftform**. 84

Die Zulassung der Sprungrevision kann beschränkt auf einen abtrennbaren Streitgegenstand beantragt werden. Sinnvoll ist das nur, wenn der verbleibende Streitgegenstand nicht berufungsfähig ist. 85

2. Zulassungsgründe

Nach § 76 Abs. 2 ArbGG darf das Arbeitsgericht die Sprungrevision nur zulassen, soweit die Rechtssache grundsätzliche Bedeutung hat und eine Streitigkeit mit kollektivrechtlichem Bezug betrifft. Es gilt auch hier die gleiche Privilegierung, wie sie im Verfahren der Nichtzulassungsbeschwerde in § 72a Abs. 1 ArbGG geregelt ist (siehe dazu Rn 120 ff.). 86

3. Zulassungsentscheidung

Eine Zulassung in den Entscheidungsgründen genügt nicht.[95] Die Zulassung muss entweder im Urteilstenor oder in einem gesonderten Beschluss enthalten sein. Das folgt aus dem in § 64 Abs. 3 a ArbGG geregelten Grundsatz. Hat das ArbG die Zulassung nicht im Tenor zum Ausdruck gebracht, so kann noch innerhalb der Notfrist des § 76 Abs. 1 Satz 2 ArbGG eine wirksame Zulassung durch nachträglichen Beschluss beantragt werden. 87

4. Anfechtbarkeit

Die Ablehnung der Zulassung der Sprungrevision ist nach § 76 Abs. 2 Satz 3 ArbGG unanfechtbar. Ebenso ist kein Raum für die Anfechtung der positiven Zulassungsentscheidung. 88

5. Bindungswirkung der Zulassung

Nach § 76 Abs. 2 Satz 2 ArbGG ist das BAG an die Zulassung der Sprungrevision gebunden. 89

Nach neuerer Auffassung des BAG kann die Zulassung vom Bundesarbeitsgericht nicht mehr daraufhin überprüft werden kann, ob der Rechtsstreit einen der in § 76 Abs. 2 Satz 1 ArbGG genannten Streitgegenstände betrifft.[96] Die Zulassung der Sprungrevision ist jedoch dann nicht bindend, wenn gegen das Berufungsurteil unzweifelbar keine Revision zulässig wäre. Denn eine offen gesetzeswidrige Zulassung, z.B. Zulassung einer Sprungrevision im einstweiligen Verfügungsverfahren, kann nach der Rechtsprechung des BAG zu § 72 Abs. 3 ArbGG keine Überprüfungsmöglichkeit eröffnen.[97] 90

94 ArbGV/*Bepler*, § 76 ArbGG Rn 4 f.
95 *Germelmann/Matthes/Prütting/Müller-Glöge*, § 76 ArbGG Rn 8.
96 BAG, Beschl. v. 25.04.1996, AP Nr. 10 zu § 76 ArbGG 1979.
97 BAG, Urt. v. 14.10.1982, AP Nr. 2 zu § 72 ArbGG 1979.

6. Zustimmungserklärung des Gegners

91 Ist die Sprungrevision im Urteil zugelassen, so ist der Revisionsschrift gem. § 76 Abs. 1 Satz 3 ArbGG die schriftliche **Zustimmung des Gegners der Revisionsschrift beizufügen**. Ist die Zustimmungserklärung nicht in der Frist zur Einlegung der Revision oder nicht in der gesetzlich vorgeschriebenen Schriftform beim Bundesarbeitsgericht eingereicht, so führt dieser Formfehler zur Unzulässigkeit der Revision.[98]

92 Eine der Revisionsschrift beigefügte, vom Prozessbevollmächtigten des Beklagten mit einem Beglaubigungsvermerk versehene Kopie der Zustimmungserklärung erfüllt nicht das gesetzliche Schriftformerfordernis. Denn § 76 Abs. 1 Satz 1 ArbGG schreibt vor, dass die Erklärung schriftlich niedergelegt und vom Erklärenden eigenhändig unterschrieben sein muss (vgl. § 126 Abs. 1 BGB). Die – in dieser Form abgegebene – Zustimmungserklärung ist nach § 76 Abs. 1 Satz 3 ArbGG der Revisionsschrift beizufügen. Daran wird auch nach der Entscheidung des Gemeinsamen Senats der Obersten Gerichtshöfe des Bundes vom 05.04.2000[99] festgehalten.[100]

7. Wirkungen der Sprungrevision

93 Nach Zulassung der Sprungrevision kann die beschwerte Partei sowohl Berufung als auch Revision einlegen. Sie hat ein **Wahlrecht**.

94 Mit der Einlegung der zugelassenen Sprungrevision tritt nach § 76 Abs. 5 ArbGG die gesetzliche Fiktion des Verzichts auf das Rechtsmittel der Berufung ein. Die gleiche Wirkung hat die Abgabe der Zustimmungserklärung zur Sprungrevision. Eine vorher eingelegte Berufung wird dann unzulässig. Es empfiehlt sich in einem solchen Fall, die Frage der Kosten vor Abgabe der Zustimmung zu klären.

95 Ist die Verzichtsfiktion eingetreten, bleibt sie auch dann wirksam, wenn die Sprungrevision zurückgenommen oder z.B. wegen einer fehlenden wirksamen Zustimmungserklärung als unzulässig verworfen wird. Wird die Sprungrevision verworfen, weil das BAG keine bindende Zulassung annimmt, tritt die Verzichtsfiktion nicht ein. Es bleibt dann die Berufung statthaft. Im Schrifttum wird die Auffassung vertreten, dass dann mit der Zustellung des Verwerfungsbeschlusses entsprechend § 76 Abs. 3 Satz 1 ArbGG die Berufungsfrist erneut zu laufen beginnt.[101]

96 Nach § 76 Abs. 4 ArbGG können im Sprungrevisionsverfahren keine Verfahrensrügen erhoben werden. Sollen nicht von Amts wegen zu beachtende Verfahrensmängel geltend gemacht werden, so kann das nur Berufungsverfahren geschehen.

VII. Rechtsbeschwerde

1. Umgestaltung der Revisionsbeschwerde als Rechtsbeschwerde

97 In den § 574 bis § 577 ZPO ist das Rechtsmittel der Rechtsbeschwerde in den Zivilprozess allgemein eingeführt worden. Es ist revisionsähnlich ausgestaltet und auf eine **Rechtsprüfung** beschränkt worden. Damit ist die früher in den Fällen einer statthaften weiteren Beschwerde gegebene dritte Tatsacheninstanz abgeschafft.

98 Die Rechtsbeschwerde ist nach § 574 Abs. 1 ZPO nur statthaft, wenn dies im Gesetz ausdrücklich bestimmt ist oder das Berufungsgericht sie zulässt. Die so ausgestaltete Rechtsbeschwerde ist für beide arbeitsgerichtliche Verfahrensarten in §§ 77, 78, 83 Abs. 5 ArbGG übernommen worden.

98 BAG, Urt. v. 19.09.1985 – 2 AZR 533/84 (n.v.).
99 GmS-OGB 1/98, BGHZ 144, 160.
100 BAG, Urt. v. 14.03.2001, AR-Blattei ES 160.10.3 (1979) Nr. 68.
101 *Germelmann/Matthes/Prütting/Müller-Glöge*, § 76 ArbGG Rn 28; ArbGV/*Bepler*, § 76 ArbGG Rn 25.

Bedauerlich ist, dass die Bezeichnung Rechtsbeschwerde vor den Gerichten für Arbeitssachen **mehrdeutig** ist, weil die Bezeichnung an sich schon im arbeitsgerichtlichen Beschlussverfahren für das zum BAG führende Rechtsmittel gegen den Beschluss des LAG (§ 92 ArbGG) verbraucht ist. 99

Die Rechtsbeschwerde wird in der amtlichen Überschrift des § 77 ArbGG für den Fall als **Revisionsbeschwerde** bezeichnet, das sie sich gegen den Beschluss des LAG richtet, mit dem eine Berufung verworfen wird. Zur besseren Unterscheidung sollte jedenfalls eine gegen die Verwerfung der Berufung durch Beschluss zugelassene Rechtsbeschwerde entsprechend der Überschrift in § 77 ArbGG weiterhin Revisionsbeschwerde genannt werden. 100

2. Zulassung der Rechtsbeschwerde

Nach § 77 S. 1 ArbGG findet im arbeitsgerichtlichen Urteilsverfahren die Rechtsbeschwerde nur statt, wenn sie das LAG in dem Verwerfungsbeschluss zugelassen hat. Wegen der Zulassungsgründe wird gesetzlich auf § 72 Abs. 2 ArbGG verwiesen. Es gelten folglich dieselben Gründe, die das LAG auch bei Erlass eines Urteils hinsichtlich der Entscheidung über die Zulassung der Revision zu prüfen hat. Gegen die Nichtzulassung der Rechtsbeschwerde findet allerdings keine (Nichtzulassungs)Beschwerde statt. Denn nach § 72a Abs. 1 ArbGG kann nur die Nichtzulassung der **Revision** angefochten werden. Das galt schon nach altem Recht.[102] Für das neue Recht gilt nichts anderes. Das Gesetzgebungsverfahren hat keinen Anhaltspunkt dafür erbracht, dass Raum für eine analoge Anwendung der Beschwerde nach § 72a ArbGG ist. 101

3. Frist und Form der Rechtsbeschwerde

Die Rechtsbeschwerde ist nach §§ 574, 575 Abs. 1, 2 ZPO **innerhalb eines Monats** beim BAG einzulegen und zu begründen. Die Einlegung beim Landesarbeitsgericht wahrt nicht die Frist. 102

Für die Einlegung gilt § 11 Abs. 2 ArbGG. Die Rechtsbeschwerde kann daher nur von einem Rechtsanwalt oder einem postulationsfähigen Verbandsvertreter erhoben werden. 103

Die Rechtsbeschwerde muss stets innerhalb der Monatsfrist für ihre Einlegung begründet werden. Diese Frist kann bis zu zwei Monaten verlängert werden, wenn hierdurch keine Verzögerung des Rechtsstreits eintritt oder erhebliche Gründe vom Rechtsmittelführer dargelegt werden. Bei Einwilligung des Gegners kommt eine darüber hinausgehende Verlängerung in Betracht (§ 575 Abs. 2 i.V.m. § 551 Abs. 2 Satz 5 und 6 ZPO n.F.). 104

Die Begründung muss den Anforderungen des § 575 Abs. 3 ZPO entsprechen, wie sie auch für die Revision gelten (siehe Rn 62 ff.). 105

4. Anschlussrechtsbeschwerde

Hat eine Partei bereits die Rechtsbeschwerde eingelegt, so kann bis zum Ablauf einer Notfrist von einem Monat nach Zustellung der Rechtsbeschwerdebegründung von der anderen Partei eine **unselbständige Anschlussrechtsbeschwerde** erhoben werden (§ 574 Abs. 4 ZPO n.F.). 106

5. Erweiterung des Zugangs zum BAG?

§ 78 Satz 1 ArbGG n.F. verweist auf das mit der ZPO-Reform neu geregelte amtsgerichtliche Beschwerdeverfahren. Nach § 78 Satz 3 ArbGG n.F. ist das **Beschwerdeverfahren dreistufig**. Über die sofortige Beschwerde gegen die Entscheidungen der Arbeitsgerichte und ihrer Vorsitzenden 107

102 Vgl. ArbGV/*Düwell*, § 77 ArbGG Rn 2.

entscheidet das LAG. Die Beschwerde gegen die Entscheidung des LAG wird als Rechtsbeschwerde bezeichnet. Über sie soll nach § 78 Satz 3 ArbGG n.F. das BAG entscheiden.

108 Mit der Neufassung ist die »weitere Beschwerde« beseitigt worden. Diese fand nach § 78 Abs. 2 ArbGG a.F. nur statt, soweit das LAG die sofortige Beschwerde gegen die Verwerfung des Einspruchs nach § 568a ZPO oder in Zuständigkeitsfragen nach § 17a Abs. 2, 3 GVG zurückgewiesen hatte.

109 Der Wegfall der alten gesetzlichen Beschränkung kann als Ausweitung des Zugangs zum BAG verstanden werden. Denn nach dem Wortlaut der Norm genügt für den Zugang zum BAG die Zulassungsentscheidung des LAG. Für diese Zulassungsentscheidung sind nach § 78 Satz 2 ArbGG die für die Zulassung der Revision nach § 72 Abs. 2 ArbGG bestimmten Gründe maßgebend.

110 Die nach dem Wortlaut des § 78 ArbGG n.F. seit Januar 2002 ohne jede Begrenzung vorgesehene Möglichkeit der Zulassung der Rechtsbeschwerde an das BAG könnte als Chance für die Rechtsvereinheitlichung auch in den Rechtsfragen gesehen werden, die im Rahmen von »Nebenentscheidungen« behandelt werden. Auch dort ist eine Vereinheitlichung geboten.

111 So fehlt bisher in der für die Praxis wichtigen Rechtsfrage der Zurechnung des Vertreterverschuldens bei der Versäumung der Frist für die Kündigungs- und Entfristungsklage eine einheitliche Rechtsprechung. Ein Beispiel dafür ist die ständige Rechtsprechung der Beschwerdekammer des LAG Hamm im Verfahren der nachträglichen Zulassung, nach der sich der Kläger das Verschulden seines mit der Klageerhebung beauftragten Vertreters an der Versäumung der Klagefrist des § 4 KSchG weder über § 85 Abs. 2 ZPO noch über § 278 BGB zurechnen lassen muss.[103] Die h.M. vertritt demgegenüber die Auffassung, dass § 85 Abs. 2 ZPO auch in den Fällen des § 5 KSchG Anwendung finde.[104] Die bisher fehlende Möglichkeit der Anrufung des BAG wurde im Schrifttum zu Recht beklagt.[105] Dennoch hat der zuständige Zweite Senat das BAG die von einem LAG zugelassene Rechtsbeschwerde in einer **nachträglichen Zulassung einer Kündigungsschutzklage** nach § 5 Abs. 4 Satz 2 KSchG als unstatthaft verworfen.[106] Zur Begründung wird angeführt, die Verweisung des § 78 Satz 1 erstrecke sich, da sie durch das ZPO-Reformgesetz unverändert geblieben ist, nur auf die Beschwerde, nicht aber auf die Rechtsbeschwerde. Diese Argumentation ist nicht überzeugend.[107] Die Möglichkeit der Rechtsbeschwerde ist bereits durch das ZPO-Reformgesetz eröffnet worden.[108]

112 Ob mit der Neufassung des § 78 ArbGG jedoch eine ausreichende Rechtsgrundlage für die Vereinheitlichung der Rechtsprechung in allen Nebenentscheidungen geschaffen worden ist, erscheint zweifelhaft. Mit der Zulassungsentscheidung des LAG ist nämlich noch nicht abschließend die Statthaftigkeit einer Rechtsbeschwerde zu bejahen. Die Statthaftigkeit kann durch entgegenstehende Bestimmungen in Spezialgesetzen ausgeschlossen sein. So verneint die überwiegende Meinung im Schrifttum die Statthaftigkeit der Rechtsbeschwerde gegen Streitwertentscheidungen.[109] Außerdem hat der Gesetzgeber durch die Streichung der weiteren Beschwerde in § 5 Abs. 2 Satz 3 GKG den Ausschluss jeden Rechtsmittels gegen die zweitinstanzliche Streitwertentscheidung zum Ausdruck gebracht. Das BAG hat die Statthaftigkeit der Beschwerde angenommen:

- für die Rechtsbeschwerde gegen die Zwangsvollstreckung aus einem zu unbestimmten Unterlassungsvergleich[110]

103 LAG Hamm, Beschl. v. 21.12.1995, MDR 1996, 1158 ff.

104 LAG Köln, Beschl. v. 10.07.1998, LAGE § 4 KSchG Nr. 41; LAG Rheinland-Pfalz, Beschl. v. 28.05.1997, NZA 1998, 55; LAG Frankfurt, Beschl. v. 26.10.1993, LAGE § 5 KSchG Nr. 63.

105 *Vollkommer*, MDR 2001, 42.

106 BAG, Beschl. v. 20.08.2002, NJW 2002, 1228; Hessisches LAG, Beschl. v. 17.05.2002 – 15 Ta 77/02 (n.v.); a.A. LAG Düsseldorf, Beschl. v. 30.07.2002, NZA-RR 2003, 80.

107 *Schwab*, NZA 2002, 1378; *Dietermann/Gaumann*, NJW 2003, 799.

108 Zu Recht: LAG Düsseldorf, Beschl. v. 30.07.2002, NZA-RR 2003, 80.

109 *Bader*, NZA, 2002, 121 ff.; *Kaiser*, DB 2002, 324 ff.; *Treber*, in: *Hannich/Meyer-Seits*, ZPO-Reform 2002, vor § 554 Nr. 9; a.A. *Holthaus/Koch*, RdA 2002, 140; *Schmid/Schwab/Wildschütz*, NZA 2001, 1217.

110 BAG, Beschl. v. 28.02.2003, AP Nr. 2 zu § 78 ArbGG 1979 n.F.

- für die auf Erteilung einer qualifizierten Vollstreckungsklausel auf Widerrufsvergleich gerichtete Rechtsbeschwerde.[111]

Die Bindungswirkung der Zulassung der Rechtsbeschwerde nach § 574 Abs. 3 Satz 2 ZPO bezieht sich nur auf das Vorliegen der Zulassungsgründe i.S.d. § 72 Abs. 2 ArbGG. Mit der Zulassungsentscheidung kann daher keine in der Prozessordnung nicht vorgesehene dritte Instanz für einstweilige Verfügungsverfahren geschaffen werden.[112] 113

Möglicherweise haben die Ministerialbeamten, die im Rahmen der ZPO-Reform die Änderung des ArbGG vorbereitet haben, die Bedeutung der in § 78 Abs. 2 ArbGG a.F. geltenden gegenständlichen Beschränkung des Zugangs zum BAG für die Beschwerde im arbeitsgerichtlichen Urteilsverfahren nicht erkannt. Anders ist es nicht zu erklären, dass für das arbeitsgerichtliche Beschlussverfahren § 90 Abs. 3 ArbGG unverändert jedes Rechtsmittel gegen die Beschlüsse des Vorsitzenden des LAG ausschließt. 114

Die Neuregelung in § 78 Satz 2 ArbGG ist damit nicht bedeutungslos. Es bleibt die Möglichkeit der Zulassung der Rechtsbeschwerde gegen Entscheidungen der Landesarbeitsgerichte, die im arbeitsgerichtlichen Beschlussverfahren nicht anfallen können. Dazu gehören insbesondere die Kostengrundentscheidungen nach Erledigung der Hauptsache oder Klagerücknahme. 115

6. Rechtsbeschwerde und außerordentliche Beschwerde

Nach der Neuregelung des Beschwerderechts durch das Zivilprozessreformgesetz vertritt der Bundesgerichtshof die Aufasssung, er könne gegen Beschlüsse der Beschwerdegerichte ausschließlich mit der Rechtsbeschwerde angerufen werden.[113] Ein außerordentliches Rechtsmittel zum Bundesgerichtshof sei auch dann nicht mehr statthaft, wenn die Entscheidung ein Verfahrensgrundrecht des Beschwerdeführers verletze oder aus sonstigen Gründen »greifbar gesetzwidrig« sei. In einem solchen Fall könne die angefochtene Entscheidung durch das Gericht, das sie erlassen hat, auf eine Gegenvorstellung zu korrigieren sein. Ansonsten komme nur eine Verfassungsbeschwerde zum Bundesverfassungsgericht in Betracht. 116

Das Bundesarbeitsgericht hatte vor der ZPO-Reform stets angenommen, bei »greifbar gesetzwidrigen« Entscheidungen sei eine außerordentliche Beschwerde zum Bundesarbeitsgericht zulässig.[114] Dabei hat es im Anschluss an den Bundesgerichtshof[115] die Zulässigkeit auf wirkliche Ausnahmefälle krassen Unrechts beschränkt. Falls sich die Auffassung durchsetzt, dass § 78 ArbGG n.F. eine Ausweitung des Zugangs zur dritten Instanz enthält, so ist ebenso wie vor dem Bundesgerichtshof auch vor dem Bundesarbeitsgericht kein Raum mehr für die außerordentliche Beschwerde. 117

B. Nichtzulassungsbeschwerde

I. Die Anfechtung der negativen Zulassungsentscheidung

Hat das LAG die Revision bzw. Rechtsbeschwerde nicht zugelassen, kann diese Entscheidung mit der Beschwerde nach § 72a ArbGG im Urteilsverfahren bzw. nach § 92a ArbGG im Beschlussverfahren beim BAG angefochten werden. Rechtsschutzziel ist es, im Urteilsverfahren die Zulassung 118

111 BAG, Beschl. v. 05.11.2003, BB 2004, 276 m. abl. Besprechung *Rummel*, NZA 2004, 418, 419.
112 BAG, Beschl. v. 22.01.2003, RdA 2004, 121 m. zust. Anm. *Kerwer*.
113 BGH, Beschl. v. 07.03.2002, BB 2002, 908.
114 BAG, Beschl. v. 21.04.1998, BAGE 88, 259 m.w.N.
115 BGH, Beschl. v. 14.12.1989, NJW 1990, 1974; Beschl. v. 04.03.1993, BGHZ 119, 372.

der Revision und im Beschlussverfahren die Zulassung der Rechtsbeschwerde nachträglich zu erreichen.

1. Einlegungsfrist

119 Nach § 72a Abs. 2 Satz 1 ArbGG ist die Beschwerde gegen die Nichtzulassung der Revision innerhalb einer Notfrist von einem Monat nach Zustellung des in vollständiger Form abgefassten Urteils schriftlich beim Bundesarbeitsgericht einzulegen. Der letzte Tag zur Einlegung der Beschwerde ist nach den Berechnungsvorschriften § 222 Abs. 1 ZPO in Verb. mit § 188 Abs. 2 BGB zu ermitteln.

2. Begründungsfrist

120 Die Beschwerde ist nach § 72a Abs. 3 Satz 1 ArbGG binnen zwei Monaten nach Zustellung des in vollständiger Form abgefassten Urteils schriftlich beim Bundesarbeitsgericht zu begründen.

121 Der Beschwerdeführer hat innerhalb der Beschwerdebegründungsfrist nach § 72a Abs. 3 Satz 2 ArbGG die gesetzlichen Voraussetzungen der Nichtzulassungsbeschwerde darzulegen. Für die sog. Divergenzbeschwerde hat er dazu den Rechtssatz (oder bei einer Mehrfachbegründung des Urteils: für jede Einzelbegründung einen tragenden Rechtssatz) aus dem anzufechtenden Berufungsurteil aufzuzeigen, die entscheidungserheblich ist und von Rechtssätzen aus den vom Beschwerdeführer heranzuziehenden divergenzfähigen anderen Entscheidungen abweichen. Unzureichend ist es, seitenlang in indirekter Rede die Erwägungen des Berufungsgerichts zu wiederholen. Denn es ist nicht Aufgabe des Beschwerdegerichts, aus den wiedergegebenen Ausführungen des Berufungsurteils einen möglicherweise abweichenden Rechtssatz herauszusuchen. Es obliegt vielmehr dem Beschwerdeführer, den seiner Ansicht nach vom LAG zu einer bestimmten Rechtsfrage aufgestellten und von Rechtssätzen anderer Gerichte abweichenden Rechtssatz selbst herauszufinden und dem Beschwerdegericht konkret darzustellen. Das bezeichnet die Rechtsprechung mit der Formulierung »aufzeigen«. Gegebenenfalls muss er dazu den Rechtssatz selbst formulieren, der seiner Ansicht nach den einzelfallbezogenen Ausführungen des Landesarbeitsgerichts (»sog. verdeckter Rechtssatz«) entnommen werden kann und der im Widerspruch zu den Rechtssätzen anderer Gerichte stehen soll.[116] Schwierig ist die Begründung der Beschwerde bei einem verdeckten divergierenden Rechtssatz. Sie ist nur dann begründet, wenn sich aus der Entscheidungsbegründung des Berufungsgerichts zwingende Anhaltspunkte dafür ergeben, dass das Berufungsgericht den von der Beschwerde formulierten Rechtssatz seiner rechtlichen Würdigung zugrunde gelegt hat. Davon kann nicht ohne weiteres ausgegangen werden, wenn die Beschwerde geltend macht, das Berufungsgericht habe verdeckt den Rechtssatz aufgestellt, bestimmte rechtliche Gesichtspunkte seien unbeachtlich. Hat das Berufungsgericht einen gesetzlich oder von der Rechtsprechung vorgeschriebenen rechtlichen Gesichtspunkt lediglich unberücksichtigt gelassen, so liegt darin ein Rechtsanwendungsfehler. Dieser kann nicht im Beschwerdeverfahren, sondern nur im Rahmen eines statthaften Revisionsverfahrens überprüft werden.[117]

3. Die Wirkung der Beschwerde

122 Die Einlegung der Nichtzulassungsbeschwerde verhindert den Eintritt der Rechtskraft der Entscheidung des LAG. Das LAG kann seiner Entscheidung auch nicht abhelfen (§ 72a Abs. 5 Satz 1 ArbGG). Der **Suspensiveffekt** beruht auf der besonderen gesetzlichen Anordnung in § 72a Abs. 4 ArbGG. Die Beschwerde hat anders als ein Rechtsmittel aber **keine Devolutivwirkung**. Denn es wird zwar über die Zulassung des Rechtsmittels, nicht aber über die Sache selbst vom Beschwerdegericht entschieden. Nach der ständigen Rechtsprechung des BAG wird daher die Nichtzulas-

116 BAG, Beschl. v. 14.02.2001, AP Nr. 42 zu § 72a ArbGG 1979 Divergenz = NZA 2001, 520.
117 BAG, Beschl. v. 18.05.2004 – 9 AZN 653/03.

sungsbeschwerde als Rechtsbehelf und nicht Rechtsmittel angesehen.[118] Es ist deshalb auch **keine Rechtsmittelbelehrung** nach § 9 Abs. 5 ArbGG erforderlich.[119] Bei einem unterbliebenen oder unrichtigen Hinweis über die Beschwerdeeinlegung kommt dem Beschwerdeführer daher nicht die Jahresfrist des § 9 Abs. 5 Satz 4 ArbGG zugute. Die Beschwerdefrist von einem Monat beginnt mit der Zustellung des Urteils des LAG zu laufen.

4. Notwendige Beschwer

Die Nichtzulassungsbeschwerde kann einlegen, wer durch die Nichtzulassungsentscheidung des LAG beschwert ist. Das ist jeder, der nach der Entscheidung des LAG ganz oder teilweise unterlegen ist, ohne dass ihm das Rechtsmittel zum BAG eröffnet worden ist. 123

5. Teilzulassung

Bei einer zulässigen, weil streitgegenständlich oder subjektiv beschränkter oder teilurteilsfähiger Teilzulassung durch das LAG, kann der Unterlegene nur hinsichtlich des nicht zum Rechtsmittel zugelassenen prozessualen Anspruchs Beschwerde einlegen. Soweit das LAG das Rechtsmittel zugelassen hat, muss der Unterlegene dann Revision oder Rechtsbeschwerde einlegen. Legt er stattdessen eine unbeschränkte Beschwerde ein, tritt Rechtskraft ein, soweit das Rechtsmittel zugelassen war. Hinsichtlich des Teils der Ansprüche, für die bereits die Teilzulassung vorliegt, ist dann die Beschwerde als unstatthaft zu verwerfen. 124

Schwierigkeiten entstehen für den Praktiker, wenn das LAG eine unzulässige Teilzulassung vorgenommen hat.

> *Beispiel* 125
> Das LAG urteilt über eine in objektiver Klagehäufung verbundene Klage auf 5.000 EUR (netto) Lohn und auf 2.000 EUR (netto) Urlaubsabgeltung, gegen die der Arbeitgeber mit einem Bereicherungsanspruch von 7.000 EUR aufrechnet. Das LAG weist die Klage insgesamt ab, weil die Aufrechnung durchgreift. Es lässt die Revision für den Kläger »beschränkt auf die Frage zu, ob die Urlaubsabgeltung pfändbar ist«.
>
> *Lösung*
> Die Beschränkung der Zulassung auf eine Rechtsfrage ist unzulässig. Es ist allerdings erkennbar, dass eine Zulassung für den prozessualen Anspruch gewollt war, der den als »Urlaubsabgeltung« abtrennbaren Teil der Klage betrifft. Will der im Übrigen unterlegene Kläger die volle Verurteilung des Beklagten anstreben, so muss er rechtzeitig hinsichtlich des nicht zur Revision zugelassenen Streitgegenstands Nichtzulassungsbeschwerde einlegen.

II. Die Nichtzulassungsbeschwerde wegen grundsätzlicher Bedeutung der Rechtssache

1. Die für die Zulassung durch das BAG privilegierten kollektiven Streitigkeiten

Nach § 72a Abs. 1 i.V. mit § 72 Abs. 2 Nr. 1 ArbGG kann eine Nichtzulassungsentscheidung des LAG mit der Grundsatzbeschwerde angefochten werden, die darauf gestützt wird, dass der Rechtssache grundsätzliche Bedeutung zukommt und die Rechtssache besondere kollektivrechtlich bedeutsame Rechtsstreitigkeiten betrifft. Privilegiert sind: 126

118 BAG, Beschl. v. 12.02.1997, NZA 1997, 791 = AP Nr. 38 zu § 72a ArbGG; *Hauck/Helml*, § 72a ArbGG Rn 1; ArbGV/*Bepler*, § 72a ArbGG Rn 5; a.A. *Germelmann/Matthes/Prütting/Müller-Glöge*, § 9 ArbGG Rn 26, § 72a Rn 4.

119 BAG, Beschl. v. 12.02.1997, NZA 1997, 791 = AP Nr. 38 zu § 72a ArbGG; *Hauck/Helml*, § 72a ArbGG Rn 1; ArbGV/*Bepler*, § 72a ArbGG Rn 5; a.A. *Germelmann/Matthes/Prütting/Müller-Glöge*, § 72 ArbGG a Rn 4.

- nach § 72a Abs. 1 Nr. 1 ArbGG: Streitigkeiten zwischen Tarifvertragsparteien aus Tarifverträgen oder über das Bestehen oder Nichtbestehen von Tarifverträgen,
- nach § 72a Abs. 1 Nr. 2 ArbGG: Streitigkeiten über die Auslegung eines Tarifvertrages, dessen Geltungsbereich sich über den Bezirk des LAG hinaus erstreckt oder
- nach § 72a Abs. 1 Nr. 3 ArbGG: Streitigkeiten zwischen tariffähigen Parteien oder zwischen diesen und Dritten aus unerlaubten Handlungen zum Zwecke des Arbeitskampfes oder um Fragen der Vereinigungsfreiheit einschließlich des hiermit im Zusammenhang stehenden Betätigungsrechts der Vereinigungen.

2. Die eingeschränkte Nachprüfbarkeit der Nichtzulassungsentscheidung des LAG

127 Zwar setzen die von Amts wegen zu prüfenden Zulassungsgründe nach § 72 Abs. 2 Nr. 1 ArbGG keine der privilegierten Streitigkeiten voraus. Aber lässt das LAG in einer Sache, die keine der privilegierten Streitigkeiten betrifft, pflichtwidrig die Revision nicht zu, so besteht für die beschwerte Partei nach § 72a Abs. 1 ArbGG kein Anfechtungsrecht.

128 Es besteht auch keine andere Rechtsschutzmöglichkeit. Der Katalog in § 72a Abs. 1 ArbGG ist abschließend und keiner Analogie zugänglich.[120] Mit der Geltendmachung einer grundsätzlichen Bedeutung einer allgemeinen Rechtsfrage kann daher nicht die Zulassung der Revision durch das Bundesarbeitsgericht erreicht werden. Dem Bundesarbeitsgericht ist außerhalb der in § 72a Abs. 1 Nr. 1 bis 3 ArbGG aufgeführten Rechtsstreitigkeiten eine Überprüfung der Nichtzulassungsentscheidung des Landesarbeitsgericht gesetzlich verwehrt.[121] Gegen diese Einschränkung der Nachprüfbarkeit bestehen keine verfassungsrechtlichen Bedenken.[122] Von daher entscheidet das LAG häufig abschließend über die (Nicht-)Zulassung der Revision.

3. Die Anforderungen an die Begründung der Grundsatzbeschwerde

129 Nach § 72a Abs. 3 Satz 1 ArbGG ist die Beschwerde innerhalb von **zwei Monaten** nach der Zustellung des Urteils in vollständig abgefasster Form zu begründen. Diese Frist kann nicht verlängert werden. Nach Satz 2 hat der Beschwerdeführer die Voraussetzungen des Abs. 1 (Behandlung eines bestimmten der gesetzlich privilegierten Streitgegenstände) und des § 72 Abs. 2 Nr. 1 ArbGG (Gründe für die grundsätzliche Bedeutung der Rechtssache) darzulegen.

a) Darlegung der Privilegierung

130 Dazu muss der Beschwerdeführer darlegen, aus welchem der in § 72a Abs. 1 Nr. 1 bis 3 ArbGG privilegierten Rechtsstreitigkeiten die Rechtsfrage stammt, der er grundsätzliche Bedeutung beimisst.

aa) Nr. 1: Streitigkeiten zwischen Tarifvertragsparteien

131 Nach der Nr. 1 sind bestimmte **Rechtsstreitigkeiten der Tarifvertragsparteien** besonders privilegiert. Tarifvertragsparteien sind nach § 2 Abs. 1 TVG Gewerkschaften, einzelne Arbeitgeber und Vereinigungen von Arbeitgebern. Die am Prozess beteiligten Parteien müssen auch mit den Parteien identisch sein, die den Tarifvertrag geschlossen haben.

132 Der Streit muss »aus Tarifverträgen« herrühren oder »über das Bestehen oder das Nichtbestehen von Tarifverträgen« geführt werden. Unerheblich ist, ob der Rechtsstreit über einen Anspruch aus dem obligatorischen oder aus dem normativen Teil eines Tarifvertrags geführt wird. Daher nimmt auch ein

120 BAG, Beschl. v. 12.12.1979, AP Nr. 2 zu § 72a ArbGG 1979 Grundsatz; *Etzel*, ZTR 1997, 248.
121 BAG, Beschl. v. 18.05.1999, AP Nr. 57 zu § 72a ArbGG 1979 Grundsatz = EzA § 72a ArbGG 1979 Nr. 89.
122 BAG, Beschl. v. 18.05.1999, DB 1999, 1564; BVerfG, Beschl. v. 24.06.1981, AP Nr. 10 zu § 72a ArbGG 1979; BAG, Beschl. v. 16.07.1980, AP Nr. 8 § 72a ArbGG 1979 Grundsatz.

Recht aus einer Schlichtungsvereinbarung an der Privilegierung nach Nr. 1 teil. Ausgenommen von der Privilegierung ist der Streit wegen eines mündlichen Vorvertrags, der erst noch zum Abschluss eines Tarifvertrags führen soll.[123]

Mit der Nr. 1 hat der Gesetzgeber eine im Interesse der Tarifautonomie sehr weitgehende Privilegierung im Zugang zur dritten Instanz eingeräumt. Sie hat ihren Sinn, denn nach § 9 TVG kann das BAG eine nicht nur für die Tarifvertragsparteien, sondern auch für Dritte bindende Feststellung über das Bestehen und den Umfang von tariflichen Rechten treffen.[124] Für diese eigenständige Privilegierung gilt nicht das in Nr. 2 aufgestellte Erfordernis des überbezirklichen Geltungsbereichs des Tarifvertrags.[125] 133

bb) Nr. 2: Auslegung eines überbezirklichen Tarifvertrags

Der Privilegierungsfall der Nr. 2 hat für den Anwalt größere praktische Bedeutung als die Nr. 1 und 3. Denn hier besteht auch für die Arbeitsvertragsparteien die Möglichkeit, sich den Zugang zur dritten Instanz zu erstreiten. 134

Es muss über die **Auslegung** eines vom LAG angewandten Tarifvertrags gestritten werden, dessen Geltungsbereich sich **über den Bezirk eines LAG hinaus** erstreckt. Nur dann kann dem BAG die revisionsrechtliche Aufgabe zukommen, die Auslegung einer nicht nur im Bezirk des LAG geltenden Norm zu vereinheitlichen. 135

cc) Tarifbindung

Die Annahme einer Rechtsstreitigkeit über die Auslegung eines Tarifvertrages i.S.v. § 72a Abs. 1 Nr. 2 ArbGG setzt voraus, dass die Prozessparteien entweder selbst als Mitglieder der Tarifvertragsparteien oder als Außenseiter nach § 3 Abs. 2 oder nach § 5 Abs. 4 TVG tarifgebunden sind. Gleichzustellen sind die Fälle, in denen die fehlende Tarifbindung durch arbeitsvertragliche Verweisung auf den Tarifvertrag ersetzt wird und der Tarifvertrag nach seinem Geltungsbereich das Arbeitsverhältnis erfassen würde, wenn die Parteien tarifgebunden wären.[126] 136

dd) Tarifvertrag

Als Tarifverträge angesehen wurden auch Rahmenkollektivverträge nach dem DDR-AGB.[127] Folgende Vorschriften sind weder Tarifverträge noch sind sie ihnen gleichgestellt: EWG-Verordnungen,[128] der Bundesangestelltentarifvertrag in kirchlicher Fassung oder die Arbeitsvertragsrichtlinien der Kirchen,[129] Betriebs- oder Dienstvereinbarungen,[130] Dienstordnungen der Selbstverwaltungskörperschaften in der Sozialversicherung,[131] bindende Festsetzungen nach § 19 HAG[132] und tariflich in Bezug genommene Verwaltungsvorschriften wie z.B. Lehrereingruppierungsrichtlinien.[133] 137

123 BAG, Beschl. v. 25.08.1982, BAGE 39, 346; a.A. *Germelmann/Matthes/Prütting/Müller-Glöge*, § 72 ArbGG Rn 9.
124 BAG, Beschl. v. 17.06.1997, AP Nr. 51 zu § 72a ArbGG 1979 Grundsatz.
125 BAG, Beschl. v. 17.06.1997, AP Nr. 51 zu § 72a ArbGG 1979 Grundsatz.
126 BAG, Beschl. v. 18.05.1982, AP Nr. 22 zu § 72a ArbGG 1979 Grundsatz.
127 BAG, Beschl. v. 10.03.1993, AP Nr. 26 zu § 72 ArbGG 1979.
128 BAG, Beschl. v. 09.11.1993, AP Nr. 43 zu § 72a ArbGG 1979 Grundsatz.
129 BAG, Beschl. v. 05.01.1989, AP Nr. 37 zu § 72a ArbGG 1979 Grundsatz; Beschl. v. 07.09.1988, AP Nr. 35 zu § 72a ArbGG 1979 Grundsatz.
130 BAG, Beschl. v. 24.02.1981, AP Nr. 15 zu § 72a ArbGG 1979 Grundsatz; Beschl. v. 22.06.1999, NZA 1999, 1238.
131 BAG, Beschl. v. 31.03.1983, AP Nr. 26 zu § 72a ArbGG 1979 Grundsatz.
132 BAG, Beschl. v. 20.01.1981, AP Nr. 12 zu § 72a ArbGG 1979 Grundsatz.
133 BAG, Beschl. v. 12.11.1991, AP Nr. 42 zu § 72a ArbGG 1979 Grundsatz.

ee) Überbezirkliche Geltung

138 Die Beschwerde kann nur auf einen für die Partei anwendbaren Tarifvertrag gestützt werden, dessen räumlicher Geltungsbereich den LAG Bezirk überschreitet. Der Bezirk eines LAG erfasst auch dessen Außenkammern.[134]

ff) Wortgleiche Regelungen in verschiedenen Tarifverträgen

139 Ausnahmsweise ist eine wortgleiche Regelung in anderen, außerhalb des Bezirks des LAG geltenden Tarifverträgen zur Sicherung der Rechtseinheit bei der Auslegung eines tariflichen Rechtsbegriffs zu berücksichtigen, wenn neben der Wortlautübereinstimmung auch ein gleicher tariflicher Gesamtzusammenhang gegeben ist.[135] Wird für die im Bezirk eines LAG liegenden Betriebe eines Arbeitgebers ein Haustarifvertrag abgeschlossen und verweist ein weiterer Tarifvertrag dieses Arbeitgebers in einem anderen LAG-Bezirk auf diesen Haustarifvertrag, kann zur Ermöglichung einer bezirksübergreifenden einheitlichen Auslegung ebenfalls Nichtzulassungsbeschwerde eingelegt werden.[136] Demgegenüber liegt kein Zulassungsgrund vor, wenn die Arbeitsvertragsparteien einen Tarifvertrag anwenden, dessen Geltungsbereich zwar über den Bezirk eines LAG hinausgeht, der aber im Bezirk des Berufungsgerichts gerade nicht gilt.[137]

gg) Präzise Bezeichnung des ausgelegten Tarifbegriffs

140 Die Nichtzulassungsbeschwerde ist bereits als unzulässig zu verwerfen, wenn der Beschwerdeführer den Tarifbegriff, dessen fehlerhafte Auslegung er rügt, noch nicht einmal präzise bezeichnet.[138] Es genügt nicht, einen vermeintlich vom LAG fehlerhaft ausgelegten komplexen Tarifbegriff schlagwortartig zu bezeichnen.

hh) Auslegung oder Anwendung des Tarifbegriffes?

141 Über die Auslegung eines Tarifvertrages wird gestritten, wenn eine **einzelfallübergreifende Interpretation** eines Tarifbegriffs im Streit steht.[139] Es muss also um die Ermittlung des Inhalts einer Tarifnorm, **nicht die Kontrolle einer ihrem Inhalt nach feststehenden Tarifnorm** anhand höherrangigen Rechts gehen.[140]

142 Es handelt sich nach der vom BAG vertretenen Rechtsauffassung um Rechtsanwendung und nicht um Tarifauslegung, wenn darum gestritten wird, ob eine Tarifnorm gegen Gesetzesrecht oder allgemeine Grundsätze des Tarifrechts verstößt.[141] Steht der Inhalt der Tarifnorm zwischen den Parteien fest und geht es nur darum, ob der Tarifvertrag rechtswirksam ist, liegt somit nach der h.M. kein Auslegungsfall im Sinne der Nr. 2 vor. *Beplers* Kritik ist berechtigt: das BAG entzieht sich so bei einer **Teilnichtigkeit** seiner Aufgabe, den wirksamen Inhalt der überbezirklichen Tarifnorm festzustellen. Die bisherige Rechtsprechung lässt sich nur mit dem Argument verteidigen, der Streit über die Nichtigkeit einer Tarifnorm solle nach Nr. 1 nur Sache der Tarifvertragsparteien sein.

143 In keinem Fall genügt es, wenn der Beschwerdeführer den geltend gemachten Anspruch aus einer bestimmten tariflichen Vorschrift herleitet und dem LAG einen **Subsumtionsfehler** vorwirft. Mit der Nichtzulassungsbeschwerde wegen grundsätzlicher Bedeutung kann nämlich nicht die Subsumtion des Sachverhalts unter eine Tarifnorm gerügt werden. Das Beschwerdegericht kann nur

134 *Etzel*, ZTR 1997, 248, 251.
135 BAG, Beschl. v. 15.10.1980, AP Nr. 10 zu § 72a ArbGG 1979 Grundsatz.
136 BAG, Beschl. v. 30.11.1994, AP Nr. 46 zu § 72a ArbGG 1979 Grundsatz.
137 BAG, Beschl. v. 13.06.1991, AP Nr. 40 zu § 72a ArbGG 1979 Grundsatz.
138 BAG, Beschl. v. 18.06.1997, AP Nr. 52 zu § 72a ArbGG 1979 Grundsatz.
139 BAG, Beschl. v. 18.06.1997, AP Nr. 52 zu § 72a ArbGG 1979 Grundsatz = NZA 1997, 1238.
140 BAG, Beschl. v. 19.12.1991, AP Nr. 27 zu § 72a ArbGG 1979 Grundsatz, a.A. ArbGV/*Bepler*, § 72a ArbGG Rn 41 unter Hinweis auf die jedenfalls für die Übertragbarkeit auf das Recht der Sprungrechtsbeschwerde geäußerten Zweifel im Urteil des BAG v. 25.04.1996, AP Nr. 10 zu § 76 ArbGG 1979.
141 BAG, Beschl. v. 14.08.1985, AP Nr. 28 zu § 72a ArbGG 1979 Grundsatz.

das Vorliegen der abschließend in § 72 Abs. 2 ArbGG genannten zwei Zulassungsgründe prüfen. Ob die Rechtsanwendung sich in der noch anzufechtenden Entscheidung des Berufungsgerichts als fehlerhaft erweisen würde, muss der Prüfung im Revisionsverfahren vorbehalten bleiben.

ii) Nr. 3: Fragen des Arbeitskampfs und der Vereinigungsfreiheit

Nach Nr. 3 kann die Beschwerde geltend machen, die Rechtssache betreffe eine Streitigkeit zwischen tariffähigen Parteien aus unerlaubten Handlungen im Zusammenhang mit Arbeitskämpfen oder im Zusammenhang mit Fragen der Vereinigungsfreiheit. Sofern eine Tarifvertragspartei Gegner ist, kann auch ein nichttariffähiger Dritter von der privilegierten Zulassungsmöglichkeit Gebrauch machen. 144

b) Darlegung der grundsätzlichen Bedeutung

Zur Darlegung der grundsätzlichen Bedeutung einer Tarifauslegung genügt es, wenn der Beschwerdeführer innerhalb der Frist für die Begründung der Nichtzulassungsbeschwerde nachvollziehbar darlegt, dass die Auslegungsfrage für die von der Rechtsprechung geforderte größere Zahl von Arbeitnehmern rechtliche Bedeutung hat. Wird dieser Vortrag durch den Beschwerdegegner substantiiert in Frage gestellt, muss der Beschwerdeführer sein Vorbringen soweit konkretisieren, dass die grundsätzliche Bedeutung der Auslegungsfrage plausibel bleibt. Dies kann er auch nach Ablauf der Beschwerdebegründungsfrist tun.[142] 145

III. Die Nichtzulassungsbeschwerde wegen Divergenz

1. Volle Nachprüfbarkeit

Anders als bei der Grundsatzbeschwerde ist eine gegen § 72 Abs. 2 Nr. 2 ArbGG verstoßende Nichtzulassungsentscheidung des LAG mit einer Beschwerde **uneingeschränkt** anfechtbar. 146

2. Begründungsanforderungen als Zulässigkeitsvoraussetzungen

Nach der Rechtsprechung des Bundesarbeitsgerichts erschöpft sich die Zulässigkeitsprüfung des Beschwerdegerichts nicht in der Überprüfung der Einhaltung von Form sowie Frist der Einlegung und Begründung der Beschwerde. Die Beschwerde muss auch zusätzlich die in § 72a Abs. 3 Satz 2 ArbGG aufgestellten besonderen Anforderungen an die Beschwerdebegründung erfüllen. 147

Ein Beschwerdeführer genügt diesen Anforderungen nicht schon dadurch, dass er eine Entscheidung benennt, von der seiner Ansicht nach im Berufungsurteil abgewichen worden ist. Er muss vielmehr im Einzelnen darlegen, welche sich widersprechenden **fallübergreifenden Rechtssätze zu derselben Rechtsfrage** das Berufungsgericht in dem anzufechtenden Urteil sowie eines der in § 72 Abs. 2 Nr. 2 ArbGG genannten Gerichte in einer divergenzfähigen Entscheidung aufgestellt haben. Ergänzungen, die erst nach Fristablauf eingehen, werden nicht berücksichtigt.[143] 148

Eine auf Divergenz gestützte Beschwerde wird bei ungenügender Begründung als unzulässig verworfen. Das ist dann der Fall, wenn der Beschwerdeführer keinen vom LAG im Urteil fallübergreifend aufgestellten Rechtssatz aufzeigt oder nicht hinreichend darlegt, dass der Rechtssatz von einem konkret zu bezeichnenden Rechtssatz eines in § 72 Abs. 2 Nr. 2 ArbGG genannten Gerichts in einer entscheidungserheblichen Rechtsfrage tragend abweicht. 149

Der Begriff der **Abweichung** setzt voraus, dass der vom LAG fallübergreifend und die Entscheidung tragend aufgestellte Rechtssatz von einem Rechtssatz abweicht, den zu derselben Rechtsfrage 150

142 BAG, Beschl. v. 15.11.1995, AP Nr. 49 zu § 72a ArbGG 1979 Grundsatz = EzA § 72a ArbGG 1979 Nr. 72; Beschl. v. 26.09.2000, AP Nr. 61 zu § 72a ArbGG 1979 Grundsatz.

143 BAG, Beschl. v. 19.06.2000 – 9 AZN 288/00 (n.v.); Beschl. v. 14.02.2001, AP Nr. 72 zu § 72a ArbGG 1979 Divergenz = EzA § 72a ArbGG 1979 Nr. 94.

eines der in § 72 Abs. 2 Nr. 2 ArbGG genannten Gerichte aufgestellt hat.[144] Das wird vom Beschwerdeführer häufig übersehen.

151 Ist der aus einer divergenzfähigen Entscheidung herangezogene Rechtssatz auf der Grundlage einer anderen Rechtsnorm aufgestellt worden, muss der Beschwerdeführer zur Begründung einer rechtserheblichen Abweichung darlegen, dass die unterschiedlichen Rechtsnormen einen identischen Regelungsgegenstand betreffen. Ansonsten kann nicht davon ausgegangen werden, dass die sich widersprechenden Rechtssätze zu derselben Rechtsfrage aufgestellt sind. Ob eine wörtliche Übereinstimmung der Normtexte erforderlich ist, hat das BAG bisher offen gelassen. Die bloße Vergleichbarkeit der Regelungsinhalte genügt jedenfalls nicht.[145]

152 Dazu ist möglichst **Datum** und **Aktenzeichen** und/oder die **Fundstelle** der angezogenen Entscheidung anzugeben, damit dem BAG ohne eigene Nachforschungen eine Überprüfung möglich wird.[146] Kann die Beschwerde nicht den vom LAG aufgestellten Rechtssatz im Wortlaut aufzeigen, weil das LAG seiner Begründung einen **verdeckten Rechtssatz** zu Grunde gelegt hat,[147] so muss der Beschwerdeführer im Einzelnen darlegen, warum **zwingend** aus den scheinbar fallbezogenen Ausführungen des LAG in Wirklichkeit von einem »verdeckt« aufgestellten Rechtssatz ausgegangen werden muss.[148] Diesen »verdeckten« Rechtssatz muss der Beschwerdeführer formulieren und aus den Entscheidungsgründen ableiten. Dabei ist zu beachten, dass das BAG im Beschwerdeverfahren sehr sorgfältig prüft, ob sich aus den Darlegungen des Beschwerdeführers zwingende Anhaltspunkte für das Aufstellen eines eigenen Rechtssatzes durch das LAG ergeben. Die Beschwerde hat den Zweifel daran zu überwinden, dass das LAG bei der Subsumtion nur »abgeirrt« ist. Das gilt insbesondere, wenn das LAG zunächst seinen Ausführungen den einschlägigen Rechtssatz des BAG vorangestellt hat.

3. Begründetheit der Divergenzbeschwerde

153 Eine Divergenzbeschwerde kann nur Erfolg haben, wenn sich der anzufechtenden und der herangezogenen Entscheidung tatsächlich die von der Beschwerde aufgezeigten, sich in derselben Rechtsfrage widersprechenden Rechtssätze entnehmen lassen. Zusätzlich muss die Sachprüfung des anzufechtenden Berufungsurteils durch den Senat ergeben, dass die anzufechtende Entscheidung tatsächlich auf dieser Abweichung beruht. Ansonsten ist die Nichtzulassungsbeschwerde unbegründet.

154 Eine fehlerhafte Subsumtion und nicht das Aufstellen eines eigenständigen fallübergreifenden Rechtssatzes wird angenommen, wenn das LAG von dem angezogenen Rechtssatz ausgeht, sein Ergebnis diesem Rechtssatz aber nicht entspricht.[149] Eine **fehlerhafte Subsumtion** hat nur für den Einzelfall Bedeutung. Sie rechtfertigt daher nicht die mit dem Ziel der Rechtsvereinheitlichung verbundene Zulassung der Revision.

155 Im Unterschied zu der Praxis des Nichtzulassungsbeschwerdeverfahrens vor dem Bundessozialgericht kann das BAG es nicht dahinstehen lassen, ob ein Beschwerdeführer den gesetzlichen Anforderungen einer Beschwerde bezüglich der hinreichenden Darlegung genügt hat.[150] Die Möglichkeit, eine Nichtzulassungsbeschwerde als jedenfalls unbegründet zurückzuweisen, besteht in den arbeitsgerichtlichen Verfahrensarten nicht. Denn hier setzt sich der Spruchkörper als **gesetzlicher Richter** unterschiedlich zusammen, je nachdem ob er eine Divergenzbeschwerde als unzulässig verwirft oder als unbegründet zurückweist. Denn nach § 72a Abs. 5 Satz 3 ArbGG wirken die **ehrenamtlichen**

144 BAG, Beschl. v. 14.02.2001, AP Nr. 42 zu § 72a ArbGG 1979 Divergenz.
145 BAG, Beschl. v. 08.12.1994, AP Nr. 28 zu § 72a ArbGG 1979 Divergenz.
146 ArbGV/*Bepler*, § 72a ArbGG Rn 25.
147 Vgl. BAG, Beschl. v. 04.08.1981, AP Nr. 9 zu § 72a ArbGG 1979 Divergenz; Beschl. v. 16.12.1982, BAGE 41, 188.
148 BAG, Beschl. v. 10.12.1997, AP Nr. 40 zu § 72a ArbGG 1979 Grundsatz; Beschl. v. 22.02.1983, BAGE 42, 26; Beschl. v. 14.02.2001, NZA 2001, 520.
149 BAG, Beschl. v. 22.02.1983, AP Nr. 13 zu § 72a ArbGG 1979 Divergenz.
150 BSG, Beschl. v. 13.05.1998, SozR 3 – 5870 § 1 Nr 15.

Richter nicht an der Verwerfung einer Divergenzbeschwerde mit. Setzt sich der Senat über die unterschiedliche Zusammensetzung des entscheidungsbefugten Spruchkörpers hinweg, stellt das eine Verletzung von Art. 101 Abs. 1 Satz 2 GG dar.[151]

IV. Verbindung von Grundsatz- und Divergenzbeschwerde

Die Nichtzulassungsbeschwerde kann sowohl auf die grundsätzliche Bedeutung der Rechtssache bei einer privilegierten Rechtsstreitigkeit als auch auf eine Divergenz gestützt werden. Macht der Beschwerdeführer zwar ausdrücklich nur eine Divergenz nach § 72 Abs. 2 Nr. 2 i.V. mit § 72a ArbGG geltend, ergibt sich jedoch aus der Begründung der Nichtzulassungsbeschwerde, dass nach Auffassung des Beschwerdeführers der aufgeworfenen Rechtsfrage grundsätzliche Bedeutung zukommt, so hat das Beschwerdegericht auch dieses Beschwerdevorbringen zu berücksichtigen. Einer ausdrücklichen Rüge als Grundsatzbeschwerde bedarf es dann nicht.[152] 156

V. Rüge von Verfahrensmängeln

Das Beschwerdeverfahren dient der **Überprüfung der Nichtzulassungsentscheidung**, nicht jedoch der Überprüfung der (Sach-)Entscheidung des Berufungsgerichts. Damit ist die Berücksichtigung von Verfahrensmängeln ausgeschlossen. Denn sie gehören nicht zu den Beschwerde-, sondern nur zu den Revisionsgründen. 157

Das gilt nach der ständigen Rechtsprechung des Bundesarbeitsgerichts aufgrund der eindeutigen gesetzlichen Regelung selbst dann, wenn ein **Verfahrensfehler** offenkundig ist.[153] Diese Rechtsprechung hat das Bundesverfassungsgericht nicht beanstandet.[154] 158

Die Berücksichtigung von Verfahrensmängeln und Rechtsanwendungsfehlern ist dem Beschwerdegericht verwehrt. Ob das anzufechtende Berufungsurteil den Kläger in seinen verfassungsrechtlichen Rechten verletzt, ist nicht zu entscheiden. Die Prüfungskompetenz des Beschwerdegerichts ist nach § 72 Abs. 2 Nr. 2 ArbGG darauf beschränkt, eine von der Beschwerdeführerin aufgezeigte Rechtssatzdivergenz zu einer Entscheidung des Bundesverfassungsgerichts festzustellen.[155] 159

Für die Rüge, das Berufungsgericht habe den Anspruch des Klägers auf rechtliches Gehör aus Art. 103 Abs. 1 GG verletzt, ist das Beschwerdegericht nicht zuständig. Nach § 13 Nr. 8 a BVerfGG entscheidet das Bundesverfassungsgericht über die Behauptung, durch die öffentliche Gewalt in einem der in Art. 103 GG enthaltenen Rechte verletzt zu sein (Art. 93 Abs. 1 Nr. 4 a GG). Zwar hat das Bundesverfassungsgericht entschieden, ein Gericht dürfe die Prüfung der Rüge, die Vorinstanz habe das rechtliche Gehör verletzt, nicht mit der Begründung ablehnen, hierfür stehe dem Betroffenen die Verfassungsbeschwerde zur Verfügung.[156] Damit sind die Fachgerichte jedoch nicht zu einer umfassenden Beseitigung etwaiger Verstöße gegen Verfahrensgrundrechte berechtigt. Die Verweisung auf die Verfassungsbeschwerde bleibt zulässig, wenn keine rechtlich vertretbare Möglichkeit besteht, eine Verletzung von Verfahrensgrundrechten fachgerichtlich zu korrigieren.[157] 160

Die Berücksichtigung von grundrechtsrelevanten Verfahrensmängeln hat der Gesetzgeber für das arbeitsgerichtliche Verfahren bewusst abweichend von anderen Verfahrensordnungen ausgeschlossen (vgl. § 115 Abs. 2 Nr. 3 FGO, § 160 Abs. 2 Nr. 3 SGG, § 132 Abs. 2 Nr. 3 VwGO). Dieser Zustand mag aus rechtsstaatlicher Sicht auf Dauer insbesondere bei Verletzungen von grundgesetzlich 161

151 BVerfG, Beschl. v. 23.08.1995, AP Nr. 31 zu § 72a ArbGG 1979 Divergenz.
152 BAG, Beschl. v. 25.10.1989, AP Nr. 39 zu § 72a ArbGG 1979 Grundsatz.
153 BAG, Beschl. v. 20.09.1993, AP Nr. 28 zu § 72a ArbGG 1979 = EzA § 72 ArbGG 1979 Nr. 15; Beschl. v. 13.12.1995, AP Nr. 36 zu § 72a ArbGG 1979 = EzA § 72a ArbGG 1979 Nr. 74.
154 BVerfG, Beschl. v. 26.03.2001, NJW 2001, 2161.
155 Vgl. BAG, v. 10.03.1999, BAGE 91, 93.
156 BVerfG, Beschl. v. 10.10.1978, BVerfGE 49, 252.
157 BVerfG, Beschl. v. 10.10.1978, BVerfGE 49, 252, 260.

ausgestalteten Verfahrensrechten schwer hinzunehmen sein.[158] Solange dieser Bereich des individuellen Grundrechtsschutzes jedoch nicht auf die Fachgerichtsbarkeit verlagert wird, steht einem Betroffenen nur die Verfassungsbeschwerde zur Verfügung, um eine Aufhebung der ihn beschwerenden landesarbeitsgerichtlichen Nichtzulassungsentscheidung zu erreichen. Das entspricht auch der Auffassung der Kommission zur Entlastung des Bundesverfassungsgerichts, die den Vorschlag, insoweit das Bundesverfassungsgericht zu entlasten, abgelehnt hat.[159] Das ist bei der ZPO-Reform noch einmal bestätigt worden; denn dort ist nur für das erstinstanzliche Verfahren die so genannte **Anhörungsrüge** eingeführt worden.

162 Allerdings genügt nach der Rechtsprechung des BVerfG die ZPO in der bis zum 31.12.2001 geltenden Fassung den verfassungsrechtlichen Anforderungen aus Art. 103 Abs 1 GG insoweit nicht, als die Rüge der Verletzung dieses Verfahrensgrundrechts dort nicht als eigenständiger Zulassungsgrund ausgestaltet war.[160] Der Gesetzgeber ist nach der Entscheidung des BVerfG-Plenums vom 30.04.2004[161] verpflichtet, Lücken im Rechtsschutz gegenüber Gehörsverstößen zu schließen. Er kann den verfassungsrechtlich gebotenen Rechtsschutz sowohl durch die Möglichkeit einer Selbstkorrektur durch das Ausgangsgericht (iudex a quo) als auch durch die Möglichkeit der Anrufung eines Rechtsmittelgerichts (iudex ad quem) eröffnen. Die außerhalb des geschriebenen Rechts geschaffenen außerordentlichen Rechtsbehelfe genügen nämlich den verfassungsrechtlichen Anforderungen an die Rechtsmittelklarheit nicht. In der Übergangszeit bis zu einer gesetzlichen Neuregelung, die spätestens zum 31.12.2004 zu erfolgen hat, kann nach Auffassung des BVerfG die bisherige Rechtslage dennoch »unter Einschluss der von der Rechtsprechung entwickelten außerordentlichen Rechtsbehelfe«[162] hingenommen werden. Was das BVerfG zum Fehlen des Rechtsmittelzulassungsgrundes Verletzung des Art. 103 Abs. 1 GG für die alte Fassung der ZPO ausgeführt hat, gilt in gleicherweise für die noch heute geltende Fassung der §§ 72, 72a, 92 a ArbGG. Rechtspolitisch ist es daher dringend geboten, den verfassungsrechtlich bedenklichen Zustand durch Einführung einer Kassationsbeschwerde gegen alle verspätet abgesetzte Urteile zu beseitigen, gleich ob die Revision zugelassen worden ist oder nicht. Hier ist der Gesetzgeber gefragt. Er hat den Ruf auch vernommen. Am 25.08.2004 hat die Bundesregierung den Entwurf eines Gesetzes über die Rechtsbehelfe bei Verletzung des Anspruchs auf rechtliches Gehör beschlossen. Dieser Entwurf wird in den Bundesrat eingebracht und soll zum 01.01.2005 in Kraft treten. Sein Art. 7 enthält insbesondere einen § 72b ArbGG. Danach kann eine sofortige Beschwerde gegen verspätet abgesetzte Urteile der Landesarbeitsgerichte eingelegt werden.

VI. Außerordentliche Beschwerde

163 Selbst dann, wenn die Nichtzulassungsentscheidung des Landesarbeitsgerichts offensichtlich fehlerhaft ist, vermag das nach geltendem Recht nicht die Zulassung der Revision zu rechtfertigen. Im Beschwerdeverfahren ist nach § 72 Abs. 2 i.V.m. § 72a Abs. 1 ArbGG ausschließlich zu prüfen, ob die dort aufgeführten Gründe für die Zulassung der Revision vorliegen. Eine außerordentliche Beschwerde wegen greifbarer Gesetzeswidrigkeit findet nicht statt. Die gesetzliche Regelung der Anfechtbarkeit der Nichtzulassungentscheidung ist abschließend.[163] Im Übrigen sollte das von der älteren Rechtsprechung entwickelte Institut der **außerordentlichen Beschwerde** wegen Verstoßes gegen das Rechtsstaatsprinzip i.V.m. dem allgemeinen Justizgewährungsanspruch als **verfassungswidrig** aufgegeben werden.[164] Das BAG hat sich bisher nicht einheitlich zu einer klaren Meinung

158 So BVerfG, Beschl. v. 26.03.2001, NJW 2001, 2161.
159 Vgl. *Graßhoff*, »Grundrechtsschutz durch die rechtsprechende Gewalt. Die maßgebliche Rolle des Bundesverfassungsgerichts« in: *Alexy/Laux*, 50 Jahre Grundgesetz, S. 47, 64.
160 BVerfG, Beschl. v. 07.10.2003, BVerfGE 108, 341 = NJW 2003, 3687.
161 BVerfG, Beschl. v.30.04.2003, BVerfGE 107, 395.
162 BVerfG, Beschl. v. 07.10.2003, BVerfGE 108, 341 = NJW 2003, 3687.
163 BAG, Beschl. v. 11.04.2001 – 9 AZB 10/01 (n.v.).
164 So zu Recht BVerwG, Beschl. v.27.06.2003 – 5 PKH 21/03 (n.v.).

durchringen können.[165] Ohne Erfolg werden auch **Gegenvorstellungen gegen die Nichtzulassung** eines Rechtsmittels bleiben müssen; denn mit den verfassungsrechtlichen Anforderungen an die Rechtsmittelklarheit und Rechtssicherheit ist es nicht vereinbar, ohne gesetzliche Grundlage eine Entscheidung nachträglich zu ändern.

VII. Verfassungsbeschwerde als Rechtsbehelf bei verspätet abgesetzten Urteilen

Der Anspruch auf Gewährung wirkungsvollen Rechtsschutzes verbietet es den Gerichten, den Parteien den Zugang zu einer in der Verfahrensordnung eingeräumten Instanz in unzumutbarer, aus Sachgründen nicht zu rechtfertigender Weise zu erschweren.[166] Eine landesarbeitsgerichtliche Entscheidung, in der die Revision nicht zugelassen wurde und deren vollständige Gründe erst **mehr als fünf Monate nach Verkündung unterschrieben** der Geschäftsstelle übergeben worden sind, beruht daher nicht nur auf einem absoluten Revisionsgrund. Sie ist auch auch keine geeignete Grundlage für das Revisionsgericht, um das Vorliegen von Revisionszulassungsgründen in rechtsstaatlicher Weise zu überprüfen. 164

Nach dem Beschluss der 2. Kammer des Ersten Senats des BVerfG vom 26.03.2001[167] ist bei einer derartig verspätet abgesetzten Entscheidung auf die Verfassungsbeschwerde der beschwerten Partei hin nicht nur die Nichtzulassungsentscheidung des Berufungsgerichts aufzuheben und der Zugang zur Revision zu eröffnen, sondern das Berufungsurteil insgesamt aufzuheben. Zur Begründung hat das BVerfG ausgeführt, der verspätet abgesetzten Entscheidung könne das Beratungsergebnis nicht mit der nötigen Gewissheit entnommen werden. Deshalb habe die betroffene Partei keine verlässliche Möglichkeit festzustellen, ob das Urteil auf einer Abweichung beruhe. Damit werde der unterlegenen Partei durch das verspätete Absetzen der Urteilsgründe der Zugang zu einer in der Prozessordnung vorgesehenen Instanz in unzumutbarer Weise erschwert. Faktisch werde die **Nichtzulassungsbeschwerde vereitelt**, weil anders als in anderen Verfahrensordnungen im arbeitsgerichtlichen Verfahren ein Verfahrensmangel die Zulassung der Revision nicht rechtfertigen kann. Nach der ständigen Rechtsprechung des Bundesarbeitsgerichts gilt das ausnahmslos, selbst wenn der Verfahrensfehler offenkundig ist oder es sich – wie beim Fehlen von Gründen – um einen absoluten Revisionsgrund handelt.[168] Das Bundesverfassungsgericht hat für diese Fälle beschlossen: bereits nach Ablauf der Fünf-Monats-Frist besteht das Recht, unmittelbar Verfassungsbeschwerde gegen eine verspätet abgesetzte landesarbeitsgerichtliche Entscheidung einzulegen.[169] Denn mit Überschreiten der Fünf-Monats-Frist stehe endgültig fest, dass eine rechtsstaatlich unbedenkliche Urteilsbegründung durch das Landesarbeitsgericht nicht mehr erfolgen kann. 165

In der vom BVerfG entschiedenen Sache war am 17.12.1998 das Berufungsurteil verkündet und erst am 26.06.2000 in vollständiger Form zugestellt worden. Das BVerfG hat das Berufungsurteil aufgehoben und die Sache zur Entscheidung an eine andere Kammer des LAG zurückverwiesen. Bei dieser Gelegenheit hat es den Gesetzgeber zum Tätigwerden aufgefordert: »verfassungsrechtlich sei es nicht auf Dauer hinnehmbar«, dass unter diesen Bedingungen ein LAG-Urteil nicht mehr auf absolute Revisionsgründe überprüft werden könne. In einem Plenarbeschluss hat das BVerfG dann auf die lange Zeit der Untätigkeit des Gesetzgebers reagiert: »Die gegenwärtige Praxis widerspricht der Aufgabenverteilung zwischen Fach- und Verfassungsgerichtsbarkeit. Sie kann nur noch für eine Übergangszeit hingenommen werden. Dem Gesetzgeber wird aufgegeben, bis zum 31.12.2004 eine Lösung zu finden.«[170] 166

165 BAG, Beschl. v. 19.06.2002, ArbuR 2002, 470 m. krit. Anm. *Schottstädt*.
166 Vgl. BVerfG, Beschl. v. 23.08.1999, NJW 1999, 3701.
167 BVerfG, Beschl. v. 26.03.2001, NZA 2001, 982, 983.
168 BAG, Beschl. v. 20.09.1993, AP Nr. 28 zu § 72a ArbGG 1979; Beschl.v. 13.12.1995, AP Nr. 36 zu § 72a ArbGG 1979.
169 BVerfG, Beschl. v. 26.03.2001, BVerfGE 108, 45.
170 BVerfG, Beschl. v.30.04.2003, BVerfGE 107, 395.

167 Voraussetzung für eine erfolgreiche Verfassungsbeschwerde ist insbesondere: Die **Rechtzeitigkeit der Erhebung der Verfassungsbeschwerde**. Die Zweite Kammer des Ersten Senats des BVerfG[171] hat darauf hingewiesen, dass die Verfassungsbeschwerde binnen eines Monats zu erheben ist (§ 93 Abs. 1 Satz 1 BVerfGG). **Maßgebender Fristbeginn ist der Tag des Ablaufs der Fünf-Monats-Frist.**[172]

168 Wird wegen Unkenntnis die maßgebliche Beschwerdefrist nach dem BVerfGG versäumt, wird vom BVerfG **keine Wiedereinsetzung in den vorigen Stand** gewährt. Denn das auf Unkenntnis beruhende Hindernis ist mit der Möglichkeit der Kenntnisnahme von dem Kammerbeschluss des BVerfG vom 26.03.2001 (1 BvR 383/00) – weggefallen. Die Kenntnis von diesem Beschluss war nach einer jüngst ergangenen Entscheidung des BVerfG spätestens seit der Veröffentlichung in der NZA, Heft 17 vom 10.09.2001 (NZA 2001, 982), möglich,[173] nachdem es schon zuvor entsprechende Veröffentlichungen gegeben hatte (im Juni 2001: JURIS sowie FA 2001, 174; im Juli 2001: EzA § 551 ZPO Nr. 9 sowie NJW 2001, 2161, allerdings mit unzutreffendem redaktionellem Leitsatz; im August 2001: DStZ 2001, 608). Bemerkenswert ist, dass das BVerfG sich hier nicht auf einen eindeutigen Zeitpunkt für den Fristbeginn festgelegt hat.

169 Rechtsfolge einer frist- und formgerecht eingelegten Verfassungsbeschwerde ist: Die angegriffene Entscheidung des Landesarbeitsgerichts wird aufgehoben und die Sache – zur Vermeidung weiterer Verzögerungen (!) – an eine andere Kammer des Landesarbeitsgerichts (!) zur erneuten Verhandlung und Entscheidung zurückverwiesen.[174] Es wird also mehr getan, als bloß der Zugang zur Revision eröffnet: Die verspätet abgesetzte Entscheidung wird »kassiert«. Die Verfassungsbeschwerde ersetzt hier also die Nichtzulassungsbeschwerde und zugleich die Revision.

C. Rechtsbeschwerde im Beschlussverfahren

I. Allgemeines

1. Die anzuwendenden Bestimmungen

170 Nach § 92 Abs. 2 Satz 1 ArbGG gelten für das Rechtsbeschwerdeverfahren die für das Revisionsverfahren maßgebenden Vorschriften über die Einlegung der Revision und ihre Begründung entsprechend, soweit sich aus den §§ 93 bis 96 ArbGG nichts anderes ergibt. Diese Regelung entspricht weitgehend der Verweisung in § 87 Abs. 2 Satz 1 ArbGG. Die mit dieser Verweisungstechnik verbundenen Schwierigkeiten sind oben unter Rn 7 f. dargelegt. Hier erhöht sich der Schwierigkeitsgrad der Verweisungstechnik dadurch, dass die Anwendung der in Bezug genommenen Vorschriften des ArbGG und der ZPO auf Grund der allgemeinen Grundsätze des Beschlussverfahrens und der in §§ 93 bis 96 ArbGG getroffenen Sonderregelung ausgeschlossen sein kann.

2. Beschlüsse ohne mündliche Verhandlung

171 Der über § 72 Abs. 2 i.V.m. § 72 Abs. 6 ArbGG in Bezug genommene § 53 Abs. 1 ArbGG bestimmt, dass Beschlüsse ohne mündliche Verhandlung allein durch den Vorsitzenden ergehen können. Diese Alleinentscheidungsbefugnis besteht weder im Urteilsverfahren noch im Beschlussverfahren dritter Instanz. Im Urteilsverfahren steht den berufsrichterlichen Mitgliedern des Senats diese Entscheidungsbefugnis gemeinsam als Spruchkörper zu. Die Besonderheit des Beschlussverfahrens besteht darin, dass trotz der Verweisung auf § 53 Abs. 1 ArbGG die ehrenamtlichen Richter auch

171 Nichtannahmebeschl. v. 14.03.2002 – 1 BvR 16/02 (n.v.).
172 So schon BVerfG, Beschl. v. 26.03.2001, NZA 2001, 982.
173 BVerfG, Beschl. v. 14.03.2002 – 1 BvR 16/02 (n.v.).
174 BVerfG, Beschl. v. 26.03.2001, NZA 2001, 982

an den Entscheidungen im Beschlussverfahren dritter Instanz mitwirken, die ohne mündliche Verhandlung ergehen.[175] Das folgt zwingend aus § 96 Abs. 2 ArbGG: »von sämtlichen Mitgliedern des Senats zu unterschreiben«.

3. Vertretung im Rechtsbeschwerdeverfahren

§ 72 Abs. 2 Satz 2 ArbGG bestimmt, dass für die Vertretung der Beteiligten § 11 Abs. 1 ArbGG entsprechend gilt. Es gilt daher **kein Anwaltszwang**. Die Beteiligten können sich vor dem Bundesarbeitsgericht selbst vertreten oder sich wie in erster Instanz durch Rechtsanwälte oder Verbandsvertreter vertreten lassen.[176] Zu beachten ist jedoch, dass nach § 94 Abs. 1 ArbGG für die Einlegung der Rechtsbeschwerde und ihre Begründung die Unterschrift eines Rechtsanwalts erforderlich ist. 172

4. Antragsrücknahme

In § 92 Abs. 2 Satz 3 ArbGG ist jetzt klargestellt, dass die Rücknahme des Antrags auch im Rechtsbeschwerdeverfahren zulässig ist. Voraussetzung ist jedoch die Zustimmung aller Beteiligten.[177] Die Zustimmung muss ausdrücklich erklärt werden. Die Zustimmungsfiktion des § 83a Abs. 3 Satz 2 ArbGG ist nicht anwendbar.[178] 173

5. Statthaftigkeit der Rechtsbeschwerde

Eine Rechtsbeschwerde kann nach § 92 Abs. 1 Satz 1 ArbGG nur gegen **einen das Beschlussverfahren beendenden Beschluss eines Landesarbeitsgerichts** stattfinden. Darunter werden Entscheidungen des Landesarbeitsgerichts über die Beschwerde nach § 91 Abs. 1 ArbGG verstanden, nicht jedoch Beschlüsse i.S.v. § 90 Abs. 3 ArbGG. 174

Rechtsbeschwerdefähig sind auch Teilbeschlüsse i.S.v. § 301 ZPO oder selbständig anfechtbare Zwischenbeschlüsse. 175

Ausgeschlossen ist das Rechtsmittel der Rechtsbeschwerde gegen Beschlüsse nach § 89 Abs. 3 ArbGG, soweit mit ihnen eine Beschwerde vom Landesarbeitsgericht als unzulässig verworfen wird. Unanfechtbar sind auch Beschlüsse des Landesarbeitsgerichts in den Verfahren auf Erlass einer einstweiligen Verfügung, der Anordnung eines Arrests oder im Verfahren nach § 98 ArbGG zur Bestellung eines Vorsitzenden der Einigungsstelle bzw. zur Bestimmung der Zahl der Beisitzer. 176

Der bei Rücknahme des Antrags oder bei übereinstimmender Erledigungserklärung der Beteiligten ergehende Einstellungsbeschluss ist ein das Verfahren beendender Beschluss und damit grundsätzlich rechtsbeschwerdefähig. 177

Die Anfechtung von **verfahrensbeendenden Beschlüssen des Arbeitsgerichts** findet ausnahmsweise auch vor dem Bundesarbeitsgericht statt. Zu diesen Ausnahmefällen gehört die Einlegung der Sprungrechtsbeschwerde nach § 96a ArbGG. Weitere Ausnahmefälle sind für das Insolvenzverfahren in § 122 Abs. 2 und § 126 Abs. 2 InsO geregelt. 178

6. Zulassung der Rechtsbeschwerde

§ 92 Abs. 1 Satz 1 ArbGG schränkt den Zugang zum Bundesarbeitsgericht ein. Für die Statthaftigkeit der Rechtsbeschwerde genügt es nicht, wenn der das Verfahren beendende Beschluss des Arbeitsgerichts oder Landesarbeitsgerichts grundsätzlich rechtsbeschwerdefähig ist. Hinzukommen 179

175 ArbGV/*Düwell*, § 96 ArbGG Rn 6.
176 BAG, Beschl. v. 20.03.1990, AP Nr. 79 zu § 99 BetrVG 1972.
177 ArbGV/*Düwell*, § 92 ArbGG Rn 7.
178 *Germelmann/Matthes/Prütting/Müller-Glöge*, § 87 ArbGG Rn 25.

muss noch die **Zulassung** durch das Landesarbeitsgericht oder nach § 92a ArbGG durch das Bundesarbeitsgericht. Insoweit gelten dieselben Grundsätze wie für den Zugang zum Bundesarbeitsgericht im Urteilsverfahren (siehe Rn 113 ff.).

II. Einlegung der Rechtsbeschwerde

180 § 94 ArbGG enthält nur eine Teilregelung der Vorschriften für die Einlegung der Rechtsbeschwerde. Diese Bestimmung wird durch die Verweisungsnorm des § 72 Abs. 2 Satz 1 ArbGG ergänzt (siehe oben Rn 162).

1. Rechtsbeschwerdebefugnis

181 Zur Einlegung der Rechtsbeschwerde ist grundsätzlich jeder Beteiligte befugt. Unerheblich ist, ob er vor dem Landesarbeitsgericht einen Sachantrag gestellt hat.

2. Rechtsbeschwerdefrist

182 Die Frist zur Einlegung beträgt nach der Verweisung in § 92 Abs. 2 Satz 1 ArbGG auf § 74 Abs. 1 ArbGG **einen Monat**. Diese Frist ist eine Notfrist i.S.v. § 548 ZPO. Sie beginnt mit der Zustellung des vollständig abgefassten Beschlusses, spätestens jedoch mit dem Ablauf von fünf Monaten nach Verkündung der Entscheidung des Landesarbeitsgerichts (vgl. Einzelheiten oben Rn 31 ff.).

3. Form der Rechtsbeschwerde

183 Nach der Verweisung auf das Revisionsrecht ist die Rechtsbeschwerde durch Einreichung einer Rechtsbeschwerdeschrift einzulegen (§ 549 Abs. 1 ZPO). Für deren Inhalt schreibt § 94 Abs. 2 ArbGG vor, dass sie den Beschluss bezeichnen muss, gegen den die Rechtsbeschwerde gerichtet ist. Weiterhin bedarf es der Erklärung, dass gegen diesen Beschluss Rechtsbeschwerde eingelegt wird.

184 Die Rechtsbeschwerdeschrift muss nach § 94 Abs. 1 ArbGG durch einen Rechtsanwalt unterzeichnet sein (siehe zu den Anforderungen, die an eine wirksame Unterzeichnung gestellt werden oben Rn 44 ff.).

III. Die Begründung der Rechtsbeschwerde

185 Der Rechtsbeschwerdeführer muss nach § 554 Abs. 1 ZPO die Rechtsbeschwerde begründen.

1. Begründungsfrist

186 Die Rechtsbeschwerde ist nach § 74 Abs. 1 Satz 1 ArbGG innerhalb einer **Frist von zwei Monaten** zu begründen. Nach den zum 01.01.2002 in Kraft getretenen Bestimmungen der ZPO-Reform beginnt diese Frist zum gleichen Zeitpunkt wie die Rechtsbeschwerdefrist.

187 Anders als die Revisionsbegründungsfrist kann die **Rechtsbeschwerdebegründungsfrist nicht verlängert** werden. Das ergibt sich daraus, dass in § 94 ArbGG die entsprechende revisionsrechtliche Vorschrift des § 74 Abs. 1 Satz 2 ArbGG nicht in Bezug genommen worden ist.

188 Da in § 92 Abs. 2 Satz 1 ArbGG auch auf die Vorschriften über die Wiedereinsetzung in den vorigen Stand Bezug genommen worden ist, kann gegen die unverschuldete Versäumung der Begründungsfrist Wiedereinsetzung in den vorigen Stand gewährt werden.[179]

179 *Germelmann/Matthes/Prütting/Müller-Glöge*, § 94 ArbGG Rn 11.

Eine Besonderheit gilt für die **insolvenzrechtlichen Beschlussverfahren** nach §§ 112, 126 InsO. Hier muss die Begründung der Rechtsbeschwerde noch **innerhalb der Monatsfrist für die Einlegung** der Rechtsbeschwerde selbst erfolgen. Eine Verlängerung ist auch hier ausgeschlossen. Nach § 94 Abs. 1 ArbGG muss die Begründungsschrift durch einen Rechtsanwalt unterzeichnet sein (zu den Anforderungen an eine wirksame Unterzeichnung siehe oben Rn 44 ff.). 189

2. Inhalt der Begründung

Nach § 93 Abs. 1 kann eine Rechtsbeschwerde nur darauf gestützt werden, dass der Beschluss des Landesarbeitsgerichts auf der Nichtanwendung oder der unrichtigen Anwendung einer Rechtsnorm beruht. Die Verletzung einer Rechtsnorm liegt auch vor, wenn gegen Vorschriften über das Verfahren verstoßen worden ist. Insoweit gilt das Gleiche wie für das Revisionsverfahren: Der Beschwerdeführer kann Sach- oder Verfahrensrügen erheben. 190

Soweit die Verletzung von Rechtsvorschriften gerügt wird, die das Verfahren betreffen, sind nach § 551 Abs. 3 Nr. 2 b ZPO auch diejenigen Tatsachen anzugeben, aus denen sich die Verletzung der Verfahrensvorschrift ergeben soll. Der im Beschlussverfahren geltende Amtsermittlungsgrundsatz steht der Notwendigkeit der Rüge von Verfahrensfehlern nicht entgegen.[180] 191

Bei **verschiedenen Verfahrensgegenständen** muss der Rechtsbeschwerdeführer zu allen für ihn nachteilig beurteilten Streitpunkten in der Rechtsmittelbegründung im einzelnen Stellung nehmen, sonst ist die Rechtsbeschwerde hinsichtlich der nicht berührten Verfahrensgegenstände **unzulässig.**[181] Anders ist es bei mehreren Streitpunkten, die einen **einheitlichen Verfahrensgegenstand** betreffen. So ist es, wenn ein Spruch der Einigungsstelle angefochten wird, der ein einheitliches Regelungswerk darstellt, auch wenn es verschiedene Einzelbestimmungen enthält, mit diesen aber einen Regelungsgegenstand (in dem entschiedenen Fall: »Dienstplanerstellung«) ordnet. Dann steht, wenn die Wirksamkeit einer der Bestimmungen angegriffen wird, wegen § 139 BGB die Wirksamkeit des gesamten Regelungskomplexes auf dem Spiel.[182] 192

3. Sachantrag

§ 94 Abs. 2 Satz 2 ArbGG erfordert eine Erklärung des Rechtsbeschwerdeführers, inwieweit er eine Abänderung der angefochtenen Entscheidung beantragt. Soweit die Rechtsbeschwerdebegründung hinreichend deutlich macht, was ihr Ziel ist, bedarf es zwar keines ausdrücklich formulierten Antrags.[183] Es empfiehlt sich aber dennoch, Zeit und Sorgfalt auf die Formulierung eines Antrags zu verwenden. Hinsichtlich der Fassung der Anträge gelten die gleichen Grundsätze, wie sie für das Revisionsverfahren anzuwenden sind (siehe Formulierungen oben unter Rn 60 f.). 193

IV. Anschlussrechtsbeschwerde

Die Anschlussrechtsbeschwerde ist nach der Rechtsprechung des BAG zulässig.[184] § 92 Abs. 2 i.V.m. § 72 Abs. 5 ArbGG verweisen insoweit auf § 554 ZPO. 194

Die Anschließung ist nach § 554 Abs. 2 Satz 2 ZPO n.F. nur bis zum Ablauf eines Monats nach Zustellung der Rechtsbeschwerde statthaft. Die Anschlussrechtsbeschwerde muss nach § 554 Abs. 3 ZPO in der Anschlussschrift begründet werden. Diese Frist kann nicht verlängert werden. Da die Anschlussrechtsbeschwerde nicht als Notfrist bezeichnet ist, scheidet die Wiedereinsetzung in den vorigen Stand aus. 195

180 BAG, Beschl. v. 07.11.1975, AP Nr. 3 zu § 99 BetrVG 1972.
181 Siehe zur Revision Rn 64.
182 BAG, Beschl. v.22.07.2003, ArbuR 2003, 298
183 BAG, Beschl. v. 22.10.1985, AP Nr. 24 zu § 99 BetrVG 1972.
184 BAG, Beschl. v. 11.07.1990, AP Nr. 9 zu Art. 56 ZA-Nato-Truppenstatut.

§ 18 Arbeitsrecht in der Insolvenz

Inhalt

A. Arbeitsverhältnis in der Insolvenz

Am 01.01.1999 trat die Insolvenzordnung in Kraft und löste damit die bis dahin geltende Konkurs-, Vergleichs-, Gesamtvollstreckungsordnung sowie das Gesetz über den Sozialplan im Konkurs ab. Anders als das frühere Insolvenzrecht enthält die Insolvenzordnung in den §§ 113, 120 bis 128 InsO dem Ausgleich zwischen den Interessen der Arbeitnehmer und der sonstigen Insolvenzgläubiger dienende arbeitsrechtliche Sonderbestimmungen. Die Vorschriften können als das Insolvenzarbeitsrecht bezeichnet werden, obwohl dieser Begriff die unzutreffende Assoziation hervorruft, als gelte in der Insolvenz ein das allgemeine Arbeitsrecht vollständig verdrängendes Sonderrecht.[1] Auch in der Insolvenz des Arbeitgebers existiert grundsätzlich kein besonderes Arbeitsrecht.[2] 1

Durch das Gesetz zu Reformen am Arbeitsmarkt vom 24.12.2003[3] hat nicht nur das Kündigungsrecht einige Neuerungen erhalten, auch die Insolvenzordnung wurde geändert. Die Einführung der seit dem 01.01.2004 gelten einheitlichen Klagefrist von drei Wochen hat die dreiwöchige Klagefrist in § 113 Abs. 2 InsO a.F. obsolet gemacht. § 113 Abs. 2 InsO wurde gestrichen, so dass § 113 InsO n.F. auch keinen Abs. 1 mehr enthält. § 113 InsO n.F. und § 113 Abs. 1 InsO a.F. sind aber identisch. Die nachfolgende Darstellung berücksichtigt die gesetzliche Änderung. Rechtsprechung und Literatur beziehen sich hingegen noch durchgängig auf die alte Fassung von § 113 InsO mit den Absätzen 1 und 2. 1a

I. Fortbestand des Arbeitsverhältnisses

Die Eröffnung des Insolvenzverfahrens hat grundsätzlich keine Auswirkung auf Bestand und Inhalt des Arbeitsverhältnisses.[4] Dies folgt aus § 108 Abs. 1 InsO, der nunmehr bestimmt, dass Dienstverhältnisse mit Wirkung zur Insolvenzmasse fortbestehen. 2

Mit Eröffnung des Insolvenzverfahrens geht gem. § 80 Abs. 1 InsO das Verwaltungs- und Verfügungsrecht vom Schuldner auf den Insolvenzverwalter über. Der Insolvenzverwalter übernimmt kraft Gesetzes die Arbeitgeberfunktion[5] mit allen damit zusammenhängenden Rechten und Pflichten,[6] gleichgültig, ob sie auf gesetzlicher, tarifvertraglicher, betriebsverfassungsrechtlicher oder einzelvertraglicher Regelung basieren.[7] Dies gilt auch für arbeitsrechtliche Nebenpflichten sowie die sozialversicherungs- und lohnsteuerrechtlichen Verpflichtungen. 3

Aus dem Grundsatz des Fortbestandes des Arbeitsverhältnisses folgt, dass die Vertragsparteien zur Erbringung der wechselseitigen Leistungspflichten weiterhin verpflichtet sind. Der Arbeitnehmer hat seine Arbeitsleistung zu erbringen und kann dafür die arbeitsvertraglich vereinbarte Vergütung verlangen. Erhalten bleiben alle vertraglichen Leistungen wie Gratifikationen, Prämien, Provisionen, Auslagenersatz, Handy-Nutzung oder die Stellung eines Firmenwagens. Der Insolvenzverwalter ist nicht berechtigt, vereinbarte Leistungen wegen der Eröffnung des Insolvenzverfahrens einseitig zu kürzen. Dies gilt auch für Leistungen aus vertraglicher Einheitsregelung, Gesamtzusagen und betrieblicher Übung. 4

Auch das Direktionsrecht des Insolvenzverwalters wird durch das Insolvenzverfahren weder erweitert noch beschränkt.[8] Lediglich in einer Not- oder Ausnahmesituation kann es dem Arbeitnehmer eher zumutbar sein, auf Verlangen des Insolvenzverwalters vorübergehend auch solche Arbeiten auszuführen, zu denen er arbeitsvertraglich nicht verpflichtet ist.[9] 5

1 *Steindorf/Regh,* § 3 Rn 1.
2 *Hamacher,* in: *Nerlich/Römmermann,* vor § 113 Rn 5.
3 BGBl I 2003, 3002.
4 *Hess,* § 113 InsO Rn 81; *Berkowsky,* NZI 1999, 129.
5 Gottwald/*Heinze,* § 102 Rn 24; anders *Berscheid,* Kölner Schrift, S. 1395 Rn 1 ff.
6 Gottwald/*Heinze,* § 102 Rn 24; *Hamacher,* in: *Nerlich/Römermann,* vor § 113 Rn 15.
7 BAG GS, Beschl. v. 13.12.1978, AP Nr. 6 zu § 112 BetrVG 1972; BAG, Urt. v. 28.01.1987, NZA 1987, 455.
8 *Hamacher,* in: *Nerlich/Römmermann,* vor § 113 Rn 15.
9 BAG, Urt. v. 08.10.1962, AP Nr. 18 zu § 611 BGB Direktionsrecht.

6 Der Arbeitnehmer kann seinerseits die Erbringung der Arbeitsleistung nicht mit dem Hinweis auf die Eröffnung des Insolvenzverfahrens verweigern. Liegen Gehaltsrückstände vor, kann er von einem Zurückbehaltungsrecht Gebrauch machen oder das Arbeitsverhältnis nach vorheriger Abmahnung außerordentlich, fristlos kündigen und Schadensersatz nach § 628 Abs. 2 BGB verlangen.

7 Wird der Arbeitnehmer im Falle der Betriebsstilllegung mit Eröffnung des Insolvenzverfahrens sofort von der Arbeit freigestellt, z.B. weil der Insolvenzverwalter die Arbeitnehmer nicht mehr beschäftigen kann, behält er den Anspruch auf das Arbeitsentgelt. Ein insolvenzspezifischer Freistellungsanspruch existiert nach bestehender Rechtslage allerdings nicht.[10] Allein der Umstand, dass die Masse mit Vergütungsansprüchen belastet wird, rechtfertigt die Freistellung von Arbeitnehmern nicht.[11] Auch bei Masseunzulänglichkeit folgt aus § 209 Abs 2 Nr. 3 InsO kein originäres Freistellungsrecht des Insolvenzverwalters.[12] Der Insolvenzverwalter ist bei seiner Freistellungsentscheidung auch nicht frei von rechtlichen Schranken, sondern muss sich in den Grenzen billigen Ermessens nach § 315 BGB halten und soziale Gesichtspunkte beachten.[13] Stellt der Insolvenzverwalter Arbeitnehmer ohne Fortzahlung der Vergütung von der Arbeitspflicht frei, so kann dies der Mitbestimmung nach § 87 Abs. 1 Nr. 3 BetrVG unterfallen.[14] Der Betriebsrat hat aber regelmäßig dann kein Mitbestimmungsrecht nach § 87 Abs 1 Nr. 3 BetrVG, wenn der Insolvenzverwalter bei Masseunzulänglichkeit einen Großteil der Arbeitnehmer im Hinblick auf eine beabsichtigte Betriebsstilllegung freigestellt. § 87 Abs 1 Nr 3 BetrVG betrifft nur eine vorübergehende Veränderung der betriebsüblichen Arbeitszeit, nicht eine auf Dauer angelegte Freistellung.[15]

8 Ein bestehendes nachvertragliches Wettbewerbsverbot wird durch die Insolvenzeröffnung nicht berührt. Der Insolvenzverwalter kann wählen, ob er auf Einhaltung der Wettbewerbsabrede besteht oder die Erfüllung ablehnt.[16] Unter Umständen kann der Arbeitnehmer die Wettbewerbsabrede aber außerordentlich kündigen, wenn die Masse voraussichtlich nicht ausreicht, um den Anspruch auf Karenzentschädigung zu erfüllen.[17]

9 Der Zeugnisanspruch für die gesamte Arbeitszeit richtet sich gegen den Insolvenzverwalter, wenn dieser das Arbeitsverhältnis mit dem Arbeitnehmer (zeitweise) fortgesetzt hat. Der Insolvenzverwalter ist gehalten, die entsprechenden Auskünfte über den Arbeitnehmer bei dem Insolvenzschuldner einzuholen, um auch den Teil des Arbeitsverhältnisses beurteilen zu können, der vor der Insolvenzeröffnung liegt.[18] Ist der Arbeitnehmer schon vor Insolvenzeröffnung ausgeschieden, richtet sich der Anspruch zunächst gegen den Schuldner. Ein Zeugnisrechtsstreit wird nicht gem. § 240 ZPO durch die Eröffnung des Insolvenzverfahrens unterbrochen und ist deshalb gegen den Insolvenzschuldner fortzusetzen.[19] Ein titulierter Anspruch auf Erteilung eines Arbeitszeugnisses aus einem beendeten Arbeitsverhältnis ist auch im Fall einer nachfolgenden Insolvenzeröffnung weiterhin gegen den bisherigen Arbeitgeber vollstreckbar.[20] Wird der Betrieb jedoch nach Insolvenzeröffnung weitergeführt, so kann der Arbeitnehmer auch für die Zeit vor Insolvenzeröffnung ein Zeugnis

10 ArbG Kaiserslautern, Urt. v. 04.05.2001, ZInsO 2002, 1996; a.A. LAG Hamm, Beschl. v. 12.01.2001, NZA-RR 2002, 157; LAG Hamm, Urt. v. 06.09.2001, ZInsO 2002, 45: Bei reduziertem Beschäftigungsbedarf ergebe sich zur Schonung der Insolvenzmasse in §§ 55 Abs. 2, 209 Abs. 2 Nr. 3 InsO ein »insolvenzspezifisches« Freistellungsrecht des Insolvenzverwalters bereits vor Ausspruch der Kündigung; ebenso LAG Hamm, Urt. v. 27.09.2000, ZInsO 2001, 333; *Berscheid*, ZInsO 2001, 64, 66 ist für die gesetzliche Verankerung eines Freistellungsrechts durch Ergänzung der InsO.
11 ArbG Berlin, Urt. v. 18.06.1996, ZAP ERW 1997, 62.
12 LAG Frankfurt, Urt. v. 06.06.2002 – 11 Sa 505/01 (n.v.); a.A. LAG Hamm, Urt. v. 27.09.2000, ZInsO 2001, 333; ArbG Kaiserslautern, Urt. v. 04.05.2001, ZInsO 2002, 96.
13 LAG Hamm, Urt. v. 27.09.2000, ZInsO 2001, 333; LAG Frankfurt, Urt. v. 06.06.2002 – 11 Sa 505/01 (n.v.) für die Einhaltung der Grundsätze der Sozialauswahl.
14 ArbG Berlin, Urt. v. 18.06.1996, ZAP ERW 1997, 62; ähnlich LAG Hamm, Urt. v. 27.09.2000, ZinsO 2001, 333, 334.
15 LAG Hamm, Beschl. v. 20.09.2002, NZA-RR 2003, 422.
16 *Hamacher,* in: *Nerlich/Römermann,* vor § 113 Rn 33; *Steindorf/Regh,* § 3 Rn 27.
17 FK/*Eisenbeis,* § 113 Rn 98.
18 LAG Köln, Urt. v. 30.07.2001, ZIP 2002, 181.
19 LAG Nürnberg, Beschl. v. 05.12.2002, NZA-RR 2003.
20 LAG Düsseldorf, Beschl. v. 07.11.2003 – 16 Ta 571/03 (n.v.).

über Führung und Leistung vom Insolvenzverwalter verlangen.[21] Ein ehemaliger Arbeitnehmer des Insolvenzschuldners (Arbeitgebers), dessen Arbeitsverhältnis vor der Eröffnung des Insolvenzverfahrens endete, kann den (endgültigen) Insolvenzverwalter dann auf Erteilung eines Zeugnisses in Anspruch nehmen, wenn dieser zum Zeitpunkt der Beendigung des Arbeitsverhältnisses bereits zum vorläufigen Insolvenzverwalter bestellt war und die Stellung eines »starken« Insolvenzverwalters i.S.d. § 21 Abs. 2 Nr. 2 Alt. 1 i.V.m. § 22 Abs. 1 InsO hatte.[22]

In § 97 Abs. 1 Satz 1 InsO i.V.m. § 101 InsO wird nunmehr eine insolvenzspezifische Auskunftspflicht für organschaftliche Vertreter und Angestellte des Schuldnerunternehmens normiert.[23] § 101 InsO erstreckt die Auskunftspflicht auch auf frühere Organmitglieder und Angestellte, sofern diese in den letzten beiden Jahren vor dem Antrag auf Eröffnung des Insolvenzverfahrens beim Schuldner tätig waren. Entgegen dem Wortlaut gilt die Vorschrift für alle Arbeitnehmer, also nicht nur die »Angestellten« des Schuldners. Zuständig für eine Auskunftsklage sind nicht die Gerichte für Arbeitssachen, sondern die Zivilgerichte, da es sich um eine insolvenzspezifische Pflicht des Arbeitnehmers und nicht um eine Verpflichtung aus dem Arbeitsverhältnis handelt. Dem Arbeitnehmer steht folglich auch kein Zurückbehaltungsrecht nach § 273 BGB, z.B. wegen ausstehender Gehälter, zu.[24] 10

II. Auswirkungen auf bereits gekündigte Arbeitsverhältnisse

Wendet sich der Arbeitnehmer gegen eine vor Insolvenzeröffnung ausgesprochene Kündigung, dann wird ein noch rechtshängiges Kündigungsschutzverfahren gem. § 240 Abs. 1 Satz 1 ZPO i.V.m. § 46 Abs. 2 ArbGG durch die Eröffnung des Insolvenzverfahrens unterbrochen. Der Arbeitnehmer muss seine Kündigungsschutzklage umstellen, die sich dann gegen den Insolvenzverwalter richtet. Nach Eröffnung des Insolvenzverfahrens kann das unterbrochene Verfahren nach § 86 Abs. 1 Nr. 3 InsO sowohl vom Insolvenzverwalter als auch vom Arbeitnehmer wieder aufgenommen werden. Die Klage auf Feststellung des Fortbestands des Arbeitsverhältnisses betrifft jedenfalls mittelbar die Insolvenzmasse.[25] Bei Fortbestand des Arbeitsverhältnisses erwachsen aus dem Arbeitsverhältnis Masseverbindlichkeiten nach § 55 Abs. 1 Nr. 2 InsO. Die Kündigungsschutzklage dient insoweit der Vorbereitung dieser Ansprüche.[26] 11

Auf dem Boden der sog. »Amtstheorie«[27] ist richtiger Beklagter bei massebezogenen Prozessen der Insolvenzverwalter.[28] Dies gilt auch, wenn sich der Arbeitnehmer nach Insolvenzeröffnung gegen eine vorher vom Schuldner oder vorläufigen Insolvenzverwalter ausgesprochene Kündigung wendet.[29] Erhebt der Arbeitnehmer durch seinen Prozessbevollmächtigten nach Eröffnung des Insolvenzverfahrens Klage gegen den Schuldner, sei es, dass die Kündigung noch vom Schuldner ausgesprochen wurde, sei es, dass die Kündigung sogar vom Insolvenzverwalter erklärt wurde, wahrt diese Klage nicht die dreiwöchige Klagefrist nach § 4 KSchG.[30] Eine Feststellungsklage gegen 11a

21 BAG, Urt. v. 30.01.1991, AP Nr. 18 zu § 630 BGB; *Hamacher,* in: *Nerlich/Römermann,* vor § 113 Rn 29; a.A. LAG Nürnberg, Beschl. v. 05.12.2002, NZA-RR 2003; LAG Baden-Württemberg, Urt. v. 08.02.1979, KTS 1979, 317; Gottwald/*Heinze,* § 102 Rn 67.

22 LAG Frankfurt, Urt. v. 01.08.2003 – 12 Sa 568/03 (n.v.).

23 Ausführlich *Steindorf/Regh,* § 3 Rn 35 ff.

24 *Steindorf/Regh,* § 3 Rn 40.

25 *Hamacher,* in: *Nerlich/Römermann,* § 113 Rn 6; Gottwald/*Heinze,* § 103 Rn 6.

26 Gottwald/*Heinze,* § 103 Rn 6.

27 Danach ist der amtlich bestellte Vermögensverwalter vor Gericht nicht gesetzlicher Vertreter, sondern Partei kraft Amtes, BAG, Urt. v. 20.11.1997, NZA 1998, 334 und h.M. in der Literatur Kuhn/*Uhlenbruck,* § 6 Rn 17 ff.

28 *Bork,* ZInsO 2001, 210, 211.

29 LAG Düsseldorf, Beschl. v. 20.11.1995, EWiR 1996, 81; zust. *Keitner,* EWiR 1996, 81, 82.

30 BAG, Urt. v. 17.01.2002, NZA 2002, 999; BAG, Urt. v. 27.03.2003, NZA 2003, 1391; BAG, Urt. v. 18.04.2002, NZI 2002, 620; BAG, Urt. v. 18.04.2002, ZInsO 2002, 1198; *Bork,* ZInsO 2001, 210, 211; *Steindorf/Regh,* § 3 Rn 78; a.A. LAG Hamm, Urt. v. 23.11.2000, ZInsO 2001, 234; ArbG Berlin, Urt. v. 06.08.2003, LAGE § 113 InsO Nr. 12: Vom Boden der sog. neuen Organ- oder Vertretertheorie soll richtige Partei in der Insolvenz der Schuldner, vertreten durch

den Insolvenzschuldner macht den Insolvenzverwalter nicht zur Prozesspartei.[31] Ist ausweislich des Klagerubrums anstatt des Insolvenzverwalters der Insolvenzschuldner verklagt, so ist jedoch stets zu prüfen, ob der Fehler durch eine Rubrumsberichtigung beseitigt werden kann. Ergibt sich in einem Kündigungsrechtsstreit aus dem Inhalt der Klageschrift oder etwa aus dem beigefügten Kündigungsschreiben, dass sich die Kündigungsschutzklage in Wahrheit gegen den Insolvenzverwalter richten soll, so ist die irrtümlich falsche Parteibezeichnung zu berichtigen.[32] Eine solche Berichtigung des Passivrubrums ist bei einem bloßen Zusatz »Insolvenz« bei der Adresse des Insolvenzschuldners nicht möglich.[33] Eine zulässige Klageberichtigung und nicht ein gewillkürter Parteiwechsel kann vorliegen, wenn ein Rechtsanwalt, der Insolvenzverwalter über das Vermögen verschiedener Schuldner ist, in der Klageschrift als Insolvenzverwalter einer anderen Firma als dem richtigen Arbeitgeber bezeichnet wurde. Voraussetzung dafür ist, dass die Klageschrift für eine solche Auslegung tatsächliche Anhaltspunkte enthält (z.B. Bezugnahme auf beigefügtes Kündigungsschreiben).[34]

Wird bei einer nach Eröffnung des Insolvenzverfahrens zunächst gegen den Insolvenzschuldner gerichteten Kündigungsschutzklage nach Ablauf der Klagefrist ausdrücklich der Insolvenzverwalter im Wege der subjektiven Klagehäufung zusätzlich verklagt, wahrt die Klage nicht mehr die Klagefrist.[35] Die ursprüngliche Klage gegen den Insolvenzschuldner wäre allenfalls dann geeignet gewesen, die Klagefrist zu wahren, wenn sie von Anfang an als Klage zu verstehen gewesen wäre, die in Wahrheit gegen den Insolvenzverwalter in dieser Funktion gerichtet war.

Etwas anderes gilt bei Klagen nichtvermögensrechtlicher Art, wie der Klage auf Zeugniserteilung oder -berichtigung, Erteilung der Arbeitsbescheinigung gem. § 312 SGB III, Herausgabe der Lohnsteuerkarte, die weiterhin gegen den Schuldner zu richten sind, wenn das Arbeitsverhältnis vor Insolvenzeröffnung beendet wurde.

III. Auswirkungen auf nicht in Vollzug gesetzte Arbeitsverhältnisse

12 Wurde das Arbeitsverhältnis vor Insolvenzeröffnung noch nicht in Vollzug gesetzt, steht dem Insolvenzverwalter anders als unter Geltung von § 17 KO kein Wahlrecht zu. Das in § 103 Abs. 1 InsO vorgesehene Wahlrecht des Insolvenzverwalters bei gegenseitigen Verträgen wird durch das Kündigungsrecht nach § 113 InsO verdrängt.[36] Durch das Weglassen der Beschränkung auf das bereits »angetretene« Dienstverhältnis in § 113 InsO hat der Gesetzgeber zum Ausdruck gebracht, dass damit ein für alle Dienstverhältnisse einheitliches Kündigungsrecht geschaffen werden sollte. Kündigt der Insolvenzverwalter das noch nicht in Vollzug gesetzte Arbeitsverhältnis, beginnt die Kündigungsfrist unbeschadet einer anders lautenden Vereinbarung bereits mit dem Zugang der Kündigung zu laufen.[37]

den Insolvenzverwalter sein. Vgl. im Übrigen *Steindorf/Regh*, § 3 Rn 68, 78 zur Parallelproblematik bei der Kündigung durch den vorläufigen Insolvenzverwalter.

31 BAG, Urt. v. 17.01.2002, NZA 2002, 999; BAG, Urt. v. 27.03.2003, NZA 2003, 1391.

32 BAG, Urt. v. 17.01.2002, NZA 2002, 999; BAG, Urt. v. 27.03.2003, NZA 2003, 1391.

33 BAG, Urt. v. 17.01.2002, NZA 2002, 999

34 LAG Hessen, Beschl. v. 26.03.2001, ZInsO 2002, 48.

35 LAG Frankfurt, Beschl. v. 17.05.2002 – 15 Ta 77/02 (n.v.).

36 *Düwell*, Kölner Schrift, S. 1433, 1444 Rn 28, 17; *Berscheid*, ZInsO 1998, 115, 116; *Steindorf/Regh*, § 3 Rn 83; a.A. Küttner/*Kania*, Insolvenz des Arbeitgebers Rn 6.

37 *Berscheid*, ZInsO 1998, 115, 117; *Hamacher*, in: *Nerlich/Römermann*, § 113 Rn 12; *Düwell*, Kölner Schrift, S. 1433, 1451 Rn 52.

IV. Kollektivrechtliche Wirkung der Insolvenz

1. Tarifvertragsrecht

Rechte und Pflichten, die sich aus kollektiv-rechtlichen Normen ergeben, bleiben von der Eröffnung des Insolvenzverfahrens prinzipiell unberührt. Nach einhelliger Auffassung beseitigt die Insolvenz die Tarifgebundenheit des Arbeitgebers nicht.[38] Mit der Wahrnehmung der Arbeitgeberfunktion ist der Insolvenzverwalter an die vor und nach Insolvenzeröffnung abgeschlossenen Tarifverträge gebunden.[39] Besteht Tarifbindung kraft Verbandszugehörigkeit, befreit auch der Austritt aus dem Arbeitgeberverband nicht von der Tarifbindung, die nach § 3 Abs. 3 TVG bestehen bleibt, bis der Tarifvertrag endet.[40] Selbst die Insolvenzeröffnung über das Vermögen des tarifschließenden Arbeitgeberverbandes beseitigt nicht den normativen Teil des Tarifvertrages, weil der Arbeitgeberverband mit Verfahrenseröffnung noch nicht endgültig aufgelöst ist. Es bedarf vielmehr einer Kündigung durch den das Vermögen des Arbeitgeberverbandes verwaltenden Insolvenzverwalter.[41] 13

Erleichterte Möglichkeiten, die zwingende Wirkung des Tarifvertrages zu beenden, stehen dem Insolvenzverwalter nicht zu. Ein Wahlrecht nach § 103 InsO zugunsten des Insolvenzverwalters scheidet aus, weil der normative Teil des Tarifvertrages kein gegenseitiger Vertrag i.S.d. § 103 InsO ist.[42] Die Insolvenz begründet auch kein außerordentliches Kündigungsrecht.[43] Zum Teil wird vorgeschlagen, dass Tarifverträge in der Insolvenz automatisch ihre zwingende Wirkung verlieren sollten, um so einen Systemwechsel zur Privatautonomie zu ermöglichen.[44] Allerdings bejahen auch diese Autoren die unveränderte zwingende Wirkung von Tarifverträgen, wenn mit Wahrscheinlichkeit zu erwarten sei, dass das Unternehmen liquidiert werde.[45] Denkbar ist auch, einen freiwilligen, individuellen Verzicht auf tarifvertraglich begründete Ansprüche seitens der Arbeitnehmer zuzulassen.[46] 14

In prozessualer Hinsicht ist zu beachten, dass der Insolvenzverwalter sich vor dem Landesarbeitsgericht bei einem Verbandsaustritt nicht mehr durch den Vertreter eines Arbeitgeberverbandes vertreten lassen kann, wenn nach der Verbandssatzung die Mitgliedschaft des Schuldners geendet hat und der Insolvenzverwalter nicht selbst Mitglied des Verbandes ist.[47] 15

2. Betriebsverfassungsrecht

Die Geltung des Betriebsverfassungsrechts wird durch die Eröffnung des Insolvenzverfahrens nicht berührt.[48] Für die Mitbestimmungs- und Mitwirkungsrechte des Betriebsrats in wirtschaftlichen Angelegenheiten und Ansprüche der Arbeitnehmer aus Betriebsvereinbarungen wurden durch die §§ 120 bis 128 InsO allerdings einige Modifikationen geschaffen. Darüber hinaus sieht die InsO insolvenzspezifische Informations- und Äußerungsrechte für den Betriebsrat und den Sprecherausschuss der leitenden Angestellten vor. Nach § 156 Abs. 2 InsO können Betriebsrat und Sprecherausschuss eine Stellungnahme zum Bericht des Insolvenzverwalters abgeben. Ein Mitwirkungs- und Äußerungsrecht von Betriebsrat und Sprecherausschuss bei der Aufstellung des Insolvenzplans 16

38 BAG, Urt. v. 28.01.1987, NZA 1987, 1361; *Belling/Hartmann,* NZA 1998, 57, 63.

39 BAG, Urt. v. 19.01.2000 – 4 AZR 911/98 (n.v.); LAG Stuttgart, Urt. v. 09.11.1998, ZInsO 1999, 423; Gottwald/*Heinze,* § 102 Rn 67.

40 BAG, Urt. v. 13.12.1995, AP Nr. 3 zu § 3 TVG Verbandsaustritt; *Heinze,* NZA 1995, 5 ff.

41 BAG, Beschl. v. 27.06.2000, NZA 2001, 334; LAG Berlin, Beschl. v. 25.05.1999, InVo 2000, 53, 54.

42 Gottwald/*Heinze,* § 102 Rn 70; *Belling/Hartmann,* NZA 1998, 57, 63.

43 Gottwald/*Heinze,* § 102 Rn 70; *Belling/Hartmann,* NZA 1998, 57, 63.

44 *Belling/Hartmann,* NZA 1998, 57, 63; *Hamacher,* in: *Nerlich/Römermann,* vor § 113 Rn 43.

45 *Belling/Hartmann,* NZA 1998, 57, 63, 66.

46 Gottwald/*Heinze,* § 102 Rn 70.

47 BAG, Urt. v. 20.11.1997, NZA 1998, 334, 336.

48 BAG, Urt. v. 06.05.1986, AP Nr. 8 zu § 128 HGB; *Fitting u.a.,* § 112, 112a Rn 8.

sehen § 218 Abs. 3 und § 232 Abs. 1 Nr. 1 InsO vor. Nach § 235 Abs. 3 InsO sind Betriebsrat und Sprecherausschuss zum Erörterungs- und Abstimmungstermin zu laden.

V. Begründung neuer Arbeitsverhältnisse in der Insolvenz

17 Werden durch den Insolvenzverwalter Arbeitnehmer neu eingestellt, so ist zu differenzieren, ob der Insolvenzverwalter sich selbst oder die Insolvenzmasse verpflichten will. Stellt er neue Arbeitnehmer für das insolvente Unternehmen ein, so schließt er aufgrund seiner Arbeitgeberfunktion einen Arbeitsvertrag zu Lasten der Insolvenzmasse, die nach Beendigung des Insolvenzverfahrens zum früheren Schuldner bestehen bleiben.[49] Stellt der Insolvenzverwalter für sich selbst in Wahrnehmung der Insolvenzverwalteraufgaben Hilfskräfte ein, so stehen sie in Arbeitsverhältnissen zum Insolvenzverwalter. Die Löhne und Gehälter dieser Arbeitnehmer gehören zu den durch die Verwaltervergütung abgegoltenen allgemeinen Geschäftskosten des Insolvenzverwalters und sind daher nicht aus der Masse zu begleichen. Ebenso gilt für diese Arbeitsverhältnisse § 113 InsO nicht.[50]

VI. Arbeitsrechtliche Stellung des vorläufigen Insolvenzverwalters

18 Nach § 21 InsO kann das Insolvenzgericht vorläufige Sicherungsmaßnahmen bis zur Eröffnung des Insolvenzverfahrens treffen. Das Insolvenzgericht kann dem Schuldner ein allgemeines Verfügungsverbot auferlegen oder anordnen, dass Verfügungen nur mit Zustimmung des vorläufigen Insolvenzverwalters wirksam sind. Die Unterscheidung zwischen der Bestellung des vorläufigen Insolvenzverwalters mit und ohne Verwaltungs- und Verfügungsbefugnis hat Auswirkungen auf die arbeitsrechtliche Stellung und die arbeitsrechtlichen Befugnisse des vorläufigen Insolvenzverwalters.

1. Vorläufiger »starker« Insolvenzverwalter, § 21 Abs. 2 Nr. 2 Alt. 1 InsO

19 Wird ein vorläufiger Insolvenzverwalter bestellt und dem Schuldner ein allgemeines Verfügungsverbot auferlegt, so geht die Verwaltungs- und Verfügungsbefugnis über das Vermögen des Schuldners auf den vorläufigen Insolvenzverwalter über, § 22 Abs. 1 Satz 1 InsO. In diesem Fall geht auch die Arbeitgeberfunktion auf den vorläufigen Insolvenzverwalter über.[51] Die Aufgaben des vorläufigen Insolvenzverwalters mit Verwaltungs- und Verfügungsbefugnis ergeben sich aus § 22 Abs. 1 Satz 2 InsO. Danach hat er das Vermögen des Schuldners zu sichern und zu erhalten, das Unternehmen des Schuldners bis zur Entscheidung über die Eröffnung des Insolvenzverfahrens fortzuführen, soweit nicht das Insolvenzgericht einer Stilllegung zustimmt, um eine erhebliche Verminderung des Vermögens zu vermeiden und zu prüfen, ob das Vermögen des Schuldners die Kosten des Verfahrens decken wird. Das Gericht kann ihn zusätzlich beauftragen, als Sachverständiger zu prüfen, ob ein Eröffnungsgrund vorliegt und welche Aussichten für eine Fortführung des Unternehmens des Schuldners bestehen.

20 Da der vorläufige Insolvenzverwalter mit Verwaltungs- und Verfügungsbefugnis die Rechtsstellung wie der endgültige Insolvenzverwalter inne hat, ist er nach der Amtstheorie Partei kraft Amtes.[52] Aus diesem Grund sind Klagen, z.B. Kündigungsschutzklagen, unmittelbar gegen ihn zu richten. Bereits anhängige Prozesse gegen den Schuldner, die die Insolvenzmasse betreffen, werden nach § 240 ZPO unterbrochen. Für die Aufnahme anhängiger Rechtsstreitigkeiten gelten gem. § 24 Abs. 2 InsO die § 85 Abs. 2 InsO (Aktivprozesse) und § 86 InsO (Passivprozesse) entsprechend. Die gegen eine noch vom Schuldner ausgesprochene Kündigung gerichtete Kündigungsschutzklage muss der Arbeitnehmer gegen den vorläufigen Insolvenzverwalter richten oder, wenn sie bereits erhoben wurde, umstellen.

49 *Berscheid,* ZInsO 1998, 115, 117.
50 *Berscheid,* ZInsO 1998, 115, 117.
51 *Lakies,* BB 1998, 2638, 2639; *Weisemann,* DZWiR, 1999, 397, 398.
52 *Lakies,* FA 1999, 40, 41; *Berkowsky,* NZI 129, 131.

Aus dem Übergang der Arbeitgeberfunktion auf den vorläufigen Insolvenzverwalter folgt, dass nur er neue Arbeitsverträge abschließen, Arbeitsverhältnisse kündigen und Verhandlungen mit dem Betriebsrat führen kann. Die arbeitsrechtlichen Sonderregelungen der §§ 113, 120 bis 128 InsO sind auf den vorläufigen Insolvenzverwalter allerdings nicht anwendbar.[53] In den §§ 113 ff. InsO fehlt jeder Bezug auf die Vorschriften des vorläufigen Insolvenzverfahrens in § 21 ff. InsO,[54] wie auch in § 22 Abs. 1 InsO nicht auf die arbeitsrechtlichen Vorschriften der InsO verwiesen wird.[55] Dieser Rechtszustand ist zwar bedauerlich, aber auch durch das Insolvenzrechtsänderungsgesetz[56] vom Gesetzgeber, trotz der geäußerten Kritik,[57] nicht geändert worden. 21

Kündigt ein vorläufiger Insolvenzverwalter mit Verwaltungs- und Verfügungsbefugnis die Arbeitsverhältnisse der bei der Insolvenzschuldnerin beschäftigten Arbeitnehmer wegen geplanter Betriebsstilllegung, ist die Kündigung unwirksam, wenn die Zustimmung des Insolvenzgerichts zur Betriebsstilllegung (§ 22 Abs. 2 Nr. 2 Alt. 2 InsO) nicht im Zeitpunkt des Zugangs der Kündigung vorliegt.[58] 21a

2. Vorläufiger »schwacher« Insolvenzverwalter, § 21 Abs. 2 Nr. 2 Alt. 2 InsO

Wird ein vorläufiger Insolvenzverwalter bestellt, ohne dass dem Schuldner ein allgemeines Verfügungsverbot auferlegt wird, so bestimmt das Gericht die Pflichten des vorläufigen Insolvenzverwalters im Anordnungsbeschluss, wobei diese nicht über die Pflichten nach § 22 Abs. 1 Satz 2 InsO hinausgehen dürfen. Die Arbeitgeberfunktion geht nicht auf den vorläufigen Insolvenzverwalter über, sondern verbleibt beim Schuldner. Er kann auch weiterhin Kündigungen aussprechen, solange die Befugnis dafür nicht auf den vorläufigen Insolvenzverwalter übertragen wird. Kündigt der »schwache« vorläufige Insolvenzverwalter im eigenen Namen, ist die Kündigung mangels Kündigungsbefugnis unwirksam. Von ihm ausgesprochene Kündigungen können auch nicht nachträglich gem. den §§ 180, 177 BGB genehmigt werden, wenn er seinen Vertreterwillen gegenüber dem Kündigungsempfänger nicht zum Ausdruck gebracht hat.[59] Ein vom Insolvenzgericht angeordneter Zustimmungsvorbehalt, wonach Verfügungen des Schuldners über »Gegenstände seines Vermögens« nur noch mit Zustimmung des vorläufigen Insolvenzverwalters wirksam sind, erfasst auch die Kündigung von Arbeitsverhältnissen. Der Arbeitnehmer kann eine vom Schuldner mit Einwilligung des vorläufigen Insolvenzverwalters erklärte Kündigung zurückweisen, wenn ihm die Einwilligung nicht in schriftlicher Form vorgelegt wird (§ 182 Abs. 3 BGB i.V.m. § 111 Satz 2, 3 BGB). Aus dem Inhalt der Zurückweisungserklärung oder den Umständen muss sich ergeben, dass die Zurückweisung deshalb erfolgt ist, weil die Einwilligung nicht urkundlich nachgewiesen wurde.[60] 22

Zu beachten ist, dass der Schuldner Prozesspartei bleibt, auch wenn der Insolvenzverwalter die Kündigungen kraft einer ihm übertragenen Befugnis ausgesprochen hat.[61] Dies birgt für den Arbeitnehmer erhebliche Risiken, da innerhalb der dreiwöchigen Klagefrist nicht immer in Erfahrung zu bringen sein wird, in welcher Funktion der vorläufige Insolvenzverwalter die Kündigung ausgesprochen hat. Die Kündigungsschutzklage bei einer Kündigung durch einen vorläufigen Insolvenzverwalter sollte dann sowohl gegen den Schuldner als auch den vorläufigen Insolvenzverwalter gerichtet werden. Nach Klärung der Frage spätestens im Gütetermin kann die Klage dann ohne Kostenrisiko 23

53 LAG Hamburg, Urt. v. 16.10.2003, ZIP 2004, 869; *Steindorf/Regh,* § 3 Rn 63 ff.; *Lakies,* BB 1998, 2638, 2639 f.; *Berscheid,* ZInsO 1998, 9, 13; a.A. Gottwald/*Heinze,* § 102 Rn 22; MüKo-InsO/*Caspers/Löwisch,* § 113 Rn 29 ff.
54 *Düwell,* Kölner Schrift, S. 1433, 1441 Rn 22.
55 *Lakies,* FA 1999, 40, 42; *Berscheid,* NZI 2000, 1, 4.
56 BGBl I 2001, 2710.
57 *Berscheid,* NZI 2000, 1, 9 plädiert für folgende Ergänzung von § 22 Abs. 1 InsO: »Die Vorschriften des § 113 und der §§ 120 bis 122 und 125 bis 128 gelten entsprechend.«.
58 BAG, Beschl. v. 29.06.2000, AP Nr. 2 zu § 126 InsO; LAG Düsseldorf, Urt. v. 08.05.2003, NZA 2003, 1096.
59 LAG Hamm, Urt. v. 10.12.2003, ZIP 2004, 727.
60 BAG, Urt. 10.10.2002, NZA 2003, 909.
61 *Berscheid,* NZI 2000, 1, 3.

zurückgenommen werden. Bei Bestellung eines vorläufigen Insolvenzverwalters ohne Verwaltungs- und Verfügungsbefugnis werden laufende Prozesse nicht unterbrochen;[62] § 240 Satz 2 ZPO stellt allein auf den vorläufigen Insolvenzverwalter mit Verwaltungs- und Verfügungsbefugnis ab.

VII. Besonderheiten bei der Eigenverwaltung

24 Ordnet das Insolvenzgericht die Eigenverwaltung an, behält der Schuldner ausnahmsweise weitgehend seine Arbeitgeberstellung inne. Bei diesem besonderen Insolvenzverfahren bleibt der Schuldner, allerdings notwendigerweise unter Aufsicht eines Sachverwalters, selbst verfügungsbefugt, §§ 270 bis 285 InsO. Gem. § 279 Satz 1 InsO finden die arbeitsrechtlichen Sondervorschriften mit der Maßgabe Anwendung, dass an die Stelle des Insolvenzverwalters der Schuldner tritt. Das Insolvenzgericht kann außerdem bei der Eigenverwaltung für bestimmte Rechtsgeschäfte anordnen, dass die Zustimmung des Sachverwalters erforderlich ist, § 277 InsO. Die Zustimmungsbedürftigkeit gilt generell für die Ausübung der Rechte nach den §§ 120, 122, 126 InsO. Die Ausübung dieser Rechte ist unwirksam, solange die Zustimmung des Sachwalters fehlt.[63]

VIII. Betriebsübergang in der Insolvenz

1. Anwendbarkeit des § 613a BGB in der Insolvenz

25 § 613a BGB ist nach ständiger Rechtsprechung des BAG in der Insolvenz weiterhin anwendbar, allerdings mit haftungsrechtlichen Einschränkungen.[64] An dieser Rechtsprechung hat der Gesetzgeber, trotz anders lautender Forderungen,[65] auch für die neue InsO festgehalten[66] und keinerlei gesetzliche Einschränkungen des Betriebsübergangsrechts normiert. Über § 128 InsO wird die Anwendung des § 613a BGB in der Insolvenz vom Gesetzgeber vorausgesetzt und damit anerkannt.[67]

26 Eine andere Rechtslage ergibt sich auch nicht aus europarechtlichen Vorgaben. Europarechtlich wurde zwar durch die Richtlinie 98/50/EG mit Art. 4a RL 77/187/EWG erstmals eine Regelung zur Anwendbarkeit der Betriebsübergangsrichtlinie im Insolvenzverfahren geschaffen. Änderungen der innerstaatlichen Vorschriften werden durch die Richtlinie aber nicht gefordert, denn sie beinhaltet keine Verpflichtung der Mitgliedstaaten zur innerstaatlichen Umsetzung. Die Richtlinie räumt den Mitgliedsstaaten lediglich größere Handlungsspielräume für die innerstaatlichen Umsetzungsgesetze im Insolvenzverfahren ein.[68] Solange der Gesetzgeber aber keine Änderung vornimmt, gilt die Vorschrift § 613a BGB auch unter der neuen Betriebsübergangsrichtlinie für Betriebsveräußerungen in der Insolvenz fort.[69] Auch die innerstaatlichen Gerichte können angesichts der Richtlinie Art. 4a RL 77/187/EWG im Rahmen richtlinienkonformer Auslegung künftig nicht stärker als bisher berücksichtigen, dass § 613a BGB sanierungsfreundlich und damit sanierungsfördernd angewendet werden soll.[70] Da die Anwendbarkeit von § 613a BGB im deutschen Recht nicht durch europarecht-

62 BAG, Urt. v. 25.04.2001, NZA 2002, 87.
63 *Lakies,* BB 1999, 1759, 1761.
64 BAG, Urt. v. 20.06.2002, NZA 2003, 318; BAG, Urt. v. 17.01.1980, AP Nr. 18 zu § 613a BGB.
65 *Berscheid,* AnwBl 1995, 8.
66 *Heinze,* NZA 1999, 57, 63; *Franzen,* DZWiR 2000, 247.
67 LAG Hamm, Urt. v. 04.04.2000, DZWiR 2000, 240 m. Anm. *Franzen,* DZWiR 2000, 247; *Annuß,* ZInsO 2001, 49.
68 *Franzen,* DZWiR 2000, 247, 249.
69 LAG Hamm, Urt. v. 04.04.2000, DZWiR 2000, 240, 242; *Hanau/Berscheid,* Kölner Schrift, S. 1541, 1548 Rn 13; i. Erg. auch *Annuß,* ZInsO 2001, 49; *Bergwitz,* DB 1999, 2005, 2010; *Tretow,* InsO 2000, 309, 310.
70 *Annuß,* ZInsO 2001, 49; *Franzen,* DZWiR 2000, 247, 249; so aber LAG Hamm, Urt. v. 04.04.2000, DZWiR 2000, 240, 242; *Hanau/Berscheid,* Kölner Schrift, S. 1541, 1548 Rn 13.

liche Vorgaben tangiert wird, ist die Rechtsprechung des BAG zur Anwendbarkeit des § 613a BGB im Konkurs auch unter Geltung der InsO weiterhin zu beachten.[71]

2. Beschränkte Wirkung des § 613a BGB

Uneingeschränkt bleibt die Bestandsschutzfunktion des § 613a BGB in der Insolvenz bestehen.[72] Dies gilt nicht nur für den unveränderten Fortbestand der Arbeitsverhältnisse nach § 613a Abs. 1 BGB, sondern auch für das Kündigungsverbot nach § 613a Abs. 4 BGB. Anwendbar sind auch die Vorschriften des § 613a Abs. 1 Satz 2 bis 4 BGB hinsichtlich der individualrechtlichen Weitergeltung von Rechten und Pflichten aus Tarifverträgen und Betriebsvereinbarungen.[73] Die in § 613a Abs. 5 BGB eingeführte Unterrichtungspflicht trifft in der Insolvenz den Insolvenzverwalter bzw. den neuen Inhaber. Haben noch Schuldner oder vorläufiger Insolvenzverwalter ausreichend unterrichtet, muss der Insolvenzverwalter nicht nochmals unterrichten, sofern keine Änderungen eingetreten sind. Der Arbeitnehmer, der dem Übergang seines Arbeitsverhältnisses widerspricht, muss den Widerspruch gegenüber dem Insolvenzverwalter, nicht dem Schuldner, erklären, § 613a Abs. 6 BGB. 27

Die nach der Rechtsprechung des BAG erforderliche Haftungsbeschränkung bezieht sich auf die haftungsrechtlichen Rechtsfolgen des § 613a Abs. 2 BGB.[74] An dieser Rechtsprechung ist auch unter der Geltung der InsO festzuhalten.[75] Der Betriebserwerber haftet nicht für Ansprüche, die bereits bei Eröffnung des Insolvenzverfahrens entstanden sind, sondern nur für nach Insolvenzeröffnung entstandene Ansprüche. Maßgeblicher Zeitpunkt für den Haftungsausschluss für die Vergangenheit ist also nicht der Betriebsübergang, sondern die Insolvenzeröffnung.[76] Daher haftet der Betriebserwerber auch für Ansprüche, die im Zeitraum von der Insolvenzeröffnung bis zum Betriebsübergang entstanden sind.[77] Die Haftungseinschränkung des Betriebserwerbers bezieht sich folglich nicht auf Masseschulden.[78] Wird der Betrieb bereits vor Eröffnung des Insolvenzverfahrens auf einen Erwerber übertragen, so treten die Rechtsfolgen des § 613a BGB ohne eine Haftungsbegrenzung ein.[79] Maßgeblich für den Betriebsübergang ist der Zeitpunkt, in dem der Erwerber die Leitungsmacht im Betrieb im Einvernehmen mit dem Betriebsveräußerer ausüben kann.[80] 28

Die durch die Eröffnung des Insolvenzverfahrens eingetretene Haftungsbeschränkung des Betriebserwerbers wird durch die spätere Einstellung des Insolvenzverfahrens mangels einer die Kosten des Verfahrens deckenden Masse nach § 207 InsO nicht berührt.[81] Dies gilt jedoch nicht, wenn das Insolvenzverfahren mangels Masse erst gar nicht eröffnet wird.[82] 29

71 *Annuß,* ZInsO 2001, 49; *Franzen,* DZWiR 2000, 247, 249; *Steindorf/Regh,* § 3 Rn 733.
72 Gottwald/*Heinze,* § 104 Rn 67; *Steindorf/Regh,* § 3 Rn 734.
73 Gottwald/*Heinze,* § 104 Rn 72.
74 BAG, Urt. v. 20.06.2002, NZA 2003, 318; siehe hierzu auch ausführlich Gottwald/*Heinze,* § 104 Rn 73 ff.
75 BAG, Urt. v. 20.06.2002, NZA 2003, 318.
76 BAG, Urt. v. 26.03.1996, AP Nr. 148 zu § 613a BGB; *Hamacher,* in: *Nerlich/Römermann,* § 128 Rn 51; *Annuß,* ZInsO 2001, 49.
77 *Annuß,* ZInsO 2001, 49.
78 BAG, Urt. v. 11.10.1995, AP Nr. 132 zu § 613a BGB.
79 BAG, Urt. v. 20.06.2002, NZA 2003, 318; BAG, Urt. v. 11.02.1992, AP Nr. 13 zu § 1 BetrVAG Betriebsveräußerung.
80 BAG, Urt. v. 11.02.1992, AP Nr. 13 zu § 1 BetrVAG Betriebsveräußerung.
81 BAG, Urt. v. 11.02.1992, AP Nr. 13 zu § 1 BetrVAG Betriebsveräußerung.
82 BAG, Urt. v. 20.11.1984, AP Nr. 38 zu § 613a BGB.

B. Ansprüche auf das Arbeitsentgelt in der Insolvenz

30 Wesentliche Änderung durch die Einführung der InsO hat die Behandlung der Arbeitsentgeltansprüche der Arbeitnehmer in der Insolvenz erfahren. Die Privilegierung der Ansprüche auf rückständiges Arbeitsentgelt aus der Zeit vor Eröffnung des Konkursverfahrens wurde abgeschafft. Dies betrifft zum einen die Einordnung der Entgeltansprüche für die letzten sechs Monate vor Konkurseröffnung als Masseschulden gem. § 59 Abs. 1 Nr. 3 a KO und zum anderen die Einordnung der Entgeltansprüche für das letzte Jahr vor Konkurseröffnung als bevorrechtigte Konkursforderungen gem. § 61 Abs. 1 Nr. 1 a KO. Diese Bevorrechtigung ist wie alle Abstufungen bei den einfachen Insolvenzforderungen entfallen. Sämtliche Forderungen auf rückständiges Arbeitsentgelt aus der Zeit vor Insolvenzeröffnung sind nunmehr einfache Insolvenzforderungen i.S.d. § 38 InsO. Lohn- und Gehaltsansprüche für die Zeit nach Verfahrenseröffnung sind dagegen Masseverbindlichkeiten gem. § 55 Abs. 1 Nr. 2 InsO. Maßgeblicher Zeitpunkt für die Einordnung des Arbeitsentgeltsanspruchs ist der Zeitpunkt des Entstehens des Anspruchs, nicht dessen Fälligkeit.[83] Auch Verbindlichkeiten aus Dauerschuldverhältnissen i.S.v. § 108 InsO können unter den Voraussetzungen des § 55 Abs. 2 InsO schon für die Zeit des Eröffnungsverfahrens zu Masseverbindlichkeiten werden, wenn sie auf Handlungen des »starken« vorläufigen Insolvenzverwalters beruhen. § 55 Abs. 2 S. 2 InsO ist aber weder unmittelbar noch entsprechend auf Rechtshandlungen eines vorläufigen Insolvenzverwalters anzuwenden, auf den die Verwaltungs- und Verfügungsbefugnis über das Vermögen des Schuldners nicht übergegangen ist, sog. »schwacher« vorläufiger Insolvenzverwalter.[84]

Anstelle des bisher gezahlten Konkursausfallgeldes (§§ 141a bis 141n AFG) wird nunmehr Insolvenzgeld gewährt, dessen Voraussetzungen in den §§ 183–189 SGB III geregelt sind.

I. Behandlung des Arbeitsentgelts durch die Insolvenzordnung

1. Ansprüche aus der Zeit vor Verfahrenseröffnung

a) Einordnung der Ansprüche

31 Forderungen auf rückständiges Arbeitsentgelt aus der Zeit vor Insolvenzeröffnung sind einfache Insolvenzforderungen i.S.d. § 38 InsO. Dies wird durch § 108 Abs. 2 InsO klargestellt. Insolvenzforderungen nehmen ausschließlich am Tabellenverfahren teil und werden in der Regel im Insolvenzverfahren nur quotal befriedigt. Die Anmeldung zur Insolvenztabelle bewirkt die Hemmung der Verjährung und wahrt zugleich tarifliche Ausschlussfristen.[85]

32 Diese rechtliche Einordnung gilt auch, wenn vom Insolvenzgericht ein vorläufiger Insolvenzverwalter ohne Verwaltungs- und Verfügungsbefugnis bestellt wird. Die Rechtslage ändert sich, wenn ein vorläufiger Insolvenzverwalter mit Verwaltungs- und Verfügungsbefugnis bestellt wird. Nach § 55 Abs. 2 Satz 1 InsO gelten die von ihm begründeten Verbindlichkeiten als Masseverbindlichkeiten, wenn das Verfahren eröffnet wird. Nach § 55 Abs. 2 Satz 2 InsO stehen den vom Insolvenzverwalter begründeten Verbindlichkeiten diejenigen aus einem Dauerschuldverhältnis gleich, wenn der vorläufig »starke« Insolvenzverwalter die Gegenleistung in Anspruch genommen hat. Angesichts der Pflicht zur Fortführung des Unternehmens nach § 22 Abs. 1 Nr. 2 InsO wird der vorläufige Insolvenzverwalter in aller Regel auf diese Weise entstehende Masseverbindlichkeiten nicht vermeiden können. Eine Betriebsstilllegung kann der vorläufige Insolvenzverwalter nur mit Zustimmung des Insolvenzgerichts veranlassen, § 22 Abs. 1 Nr. 2 Hs. 2 InsO. Dieses Ergebnis ist im Hinblick auf § 108 Abs. 2 InsO zwar umstritten.[86] Die arbeitsgerichtliche Rechtsprechung hat diese Gesetzeslage

83 *Lakies,* NZA 2001, 521; *Steindorf/Regh,* § 4 Rn 9.

84 BGH, Urt. v. 18.07.2002, NJW 2002, 3326; LAG Hamm, Urt. v. 12.11.2003 – 2 Sa 844/03 (n.v.); LAG Köln, Urt. v. 27.03.2003 – 2 (9) Sa 211/01 (n.v.).

85 *Lakies,* NZA 2001, 521.

86 Wie hier *Steindorf/Regh,* § 4 Rn 51; MüKo-Inso/*Löwisch/Caspers,* vor §§ 113–128 Rn 26; Gottwald/*Heinze,* § 105 Rn 7; *Bork,* ZIP 1999, 781, 782; a.A. *Hamacher,* in: *Nerlich/Römermann,* vor § 113 Rn 23; *Berscheid,* NZI 2000, 1, 8.

zwischenzeitlich allerdings bestätigt.[87] Hat der vorläufige Insolvenzverwalter die Arbeitsleistung hingegen nicht in Anspruch genommen, sondern die Arbeitnehmer von der Arbeit freigestellt, dann sind die aus § 615 BGB erwachsenden Annahmeverzugsansprüche der Arbeitnehmer nur einfache Insolvenzforderungen nach § 38 InsO.[88]

§ 55 Abs. 3 InsO, der durch das Insolvenzrechtsänderungsgesetz eingefügt wurde, stellt nunmehr klar, dass der in § 55 Abs. 2 Satz 2 InsO geregelte Vorrang dann nicht gilt, wenn die Entgeltansprüche auf die Bundesagentur für Arbeit wegen der Gewährung von Insolvenzgeld übergegangen sind. Die Bundesagentur für Arbeit kann diese Ansprüche nur als Insolvenzgläubigerin geltend machen.[89] 33

b) Durchsetzung der Ansprüche

Nach § 174 Abs. 1 sind die Forderungen schriftlich beim Insolvenzverwalter unter Beifügung von Belegen und unter Angabe des Grundes und des Betrags der Forderung anzumelden. Nach § 28 Abs. 1 InsO bestimmt das Gericht im Beschluss über die Eröffnung des Verfahrens die Anmeldungsfrist. Für verspätet angemeldete Forderungen entstehen zusätzliche Kosten, § 177 Abs. 1 InsO. Nach § 175 InsO werden die Forderungen in die Insolvenztabelle eingetragen. Im Prüfungstermin werden unter Beteiligung der Gläubiger die Forderungen geprüft. Wird die Forderung nicht bestritten, wird sie nach § 178 Abs. 1 InsO durch Aufnahme in die Tabelle festgestellt. Der Auszug aus der Insolvenztabelle ist ein Vollstreckungstitel. Die Vollstreckungsklausel wird durch das Insolvenzgericht nach § 202 InsO erteilt. Wird die Forderung vom Insolvenzverwalter oder einem Gläubiger bestritten, so wird sie nicht festgestellt. Ein nach § 240 ZPO unterbrochener Prozess kann fortgesetzt werden, der im Falle des Bestreitens nunmehr gegen den Insolvenzverwalter zu richten ist.[90] Der Antrag ist auf die Feststellung zu richten, dass die streitbefangene Forderung zur Tabelle festgestellt wird. War die ursprüngliche Klage eine Leistungsklage, kann trotz dieses Feststellungsantrages nach Beendigung des Insolvenzverfahrens vollstreckt werden, da Grundlage der Vollstreckung die dann ergänzte Insolvenztabelle ist. War noch kein Prozess anhängig, kann der Arbeitnehmer die Feststellungsklage vor dem Arbeitsgericht erheben.[91] Eine Insolvenzfeststellungsklage nach § 179 InsO ist auch dann zulässig, wenn der Insolvenzverwalter die zur Insolvenztabelle angemeldete Forderung nur vorläufig bestritten hat. 34

Nach § 181 InsO kann die Feststellung nach Grund, Betrag und Rang der Forderung nur in der Weise begehrt werden, wie die Forderung in der Anmeldung oder im Prüfungstermin bezeichnet worden ist. Einer Beschränkung des Betrages steht der Schutzzweck des § 181 InsO nicht entgegen.[92] Der Streitwert des Verfahrens richtet sich nach §§ 185 Abs. 3, 182 InsO und ist auf den Betrag begrenzt, der bei der Verteilung der Insolvenzmasse für die Forderung zu erwarten ist.[93] Eine Besonderheit gilt für den Fall, dass die Gläubigerforderung bereits tituliert gewesen ist. In diesem Fall kehrt sich die Prozesslast um, der Widersprechende (Insolvenzverwalter oder andere Gläubiger) hat nach § 179 Abs. 2 InsO das Verfahren zu betreiben oder aufzunehmen.

2. Ansprüche aus der Zeit nach Verfahrenseröffnung

Nach Eröffnung des Insolvenzverfahrens sind die Arbeitsentgeltansprüche Masseverbindlichkeiten nach § 55 Abs. 1 Nr. 2 InsO. Hierbei kommt es nicht darauf an, ob der Insolvenzverwalter die 35

87 BAG, Urt. v. 03.04.2001, ZInsO 2001, 1174; Vorinstanz: LAG Hamm, Urt. v. 10.01.2000, LAGE § 55 InsO Nr. 3; BAG, Urt. v. 03.04.2001, NZA 2002, 90; Vorinstanz: LAG Köln, Urt. v. 25.02.2000, NZA-RR 2000, 314; a.A. ArbG Bielefeld, Urt. v. 16.06.1999, NZI 1999, 424.

88 MüKo-InsO/*Löwisch/Caspers,* vor §§ 113–128 Rn 26.

89 So bereits zur früheren Rechtslage BAG, Urt. v. 03.04.2001, ZInsO 2001, 1174; *Lakies,* NZA 2001, 521, 523.

90 *Steindorf/Regh,* § 4 Rn 38.

91 *Becker,* in: *Nerlich/Römermann,* § 180 Rn 26.

92 LAG Hannover, Urt. v. 10.03.2003 – 4 Sa 3/03 (n.v.).

93 LAG Berlin, Beschl. v. 28.08.2001, NZA-RR 2002, 157.

Arbeitsleistung auch tatsächlich in Anspruch genommen hat.[94] Ansprüche aus neubegründeten Arbeitsverhältnissen sind Masseverbindlichkeiten nach § 55 Abs. 1 Nr. 1 InsO.

36 Masseforderungen müssen nicht zur Tabelle angemeldet werden. Wird die Masseforderung nicht befriedigt, gelten keine Besonderheiten, es ist Klage gegen den Insolvenzverwalter zu erheben. Ist der Anspruch vollstreckbar tituliert, ordnet § 90 InsO für einige Masseverbindlichkeiten ein Vollstreckungsverbot für die Dauer von 6 Monaten seit Eröffnung des Insolvenzverfahrens an, um dem Insolvenzverwalter eine Phase ungestörten Arbeitens zu garantieren. Nach § 123 Abs. 3 Satz 2 InsO ist die Zwangsvollstreckung in die Masse wegen einer Sozialplanforderung generell unzulässig.

37 Eine Besonderheit ergibt sich für den Fall der sog. Masseunzulänglichkeit. Masseunzulänglichkeit liegt vor, wenn die Insolvenzmasse nicht ausreicht, um die Kosten des Verfahrens zu decken. Bei abzusehender Masseunzulänglichkeit wird das Verfahren gar nicht erst eröffnet. Es ist jedoch der Fall denkbar und in § 207 InsO geregelt, dass sich erst im Laufe des eröffneten Verfahrens die Masseunzulänglichkeit ergibt. Der Insolvenzverwalter hat die Masseunzulänglichkeit dem Insolvenzgericht gegenüber anzuzeigen.[95] Eine Prüfung durch das Gericht findet nicht statt. Nach § 208 Abs. 2 InsO benachrichtigt das Gericht, das darüber hinaus die Masseunzulänglichkeit öffentlich bekannt macht, den Massegläubiger gesondert durch Zustellung. Die Anzeige der Massearmut hat die Unzulässigkeit sämtlicher Vollstreckungshandlungen in die Masse zur Folge, § 210 InsO, und führt nach § 211 InsO zur Einstellung des Verfahrens. Der Insolvenzverwalter haftet nach § 61 InsO persönlich, wenn wegen der Unzulänglichkeit der Masse eine Forderung unerfüllt bleibt, die er selbst begründet hat.

38 Für den Fall der Masseunzulänglichkeit ordnet § 209 InsO die Befriedigung der Massegläubiger in einer bestimmten Reihenfolge an. Nach den Kosten des Insolvenzverfahrens, § 209 Abs. 1 Nr. 1 InsO, sind die sog. Neumasseverbindlichkeiten, § 209 Abs. 1 Nr. 2 InsO und sodann die übrigen Masseverbindlichkeiten (Altmasseverbindlichkeiten) zu befriedigen. Zu den Neumasseverbindlichkeiten gehören nach § 209 Abs. 2 InsO u.a. Verbindlichkeiten aus einem Dauerschuldverhältnis für die Zeit nach dem ersten Termin, zu dem der Insolvenzverwalter nach der Anzeige der Masseunzulänglichkeit kündigen konnte und aus einem Dauerschuldverhältnis, soweit der Insolvenzverwalter nach der Anzeige der Masseunzulänglichkeit für die Insolvenzmasse die Gegenleistung in Anspruch genommen hat. Im Rahmen dieser Rangabstufung sind nach § 209 Abs. 1 Nr. 2 i.V.m. Abs. 2 Nr. 3 InsO diejenigen Ansprüche aus einem Arbeitsverhältnis privilegiert, deren Gegenleistung der Verwalter für die Insolvenzmasse in Anspruch genommen hat. Im Falle der Masseunzulänglichkeit bedeutet dies, dass diejenigen Arbeitnehmer, die vom Insolvenzverwalter freigestellt wurden, schlechter stehen als diejenigen, denen der Insolvenzverwalter eine Fortführung ihrer Tätigkeit gestattet hat. Hat der Insolvenzverwalter von dem nächstmöglichen Kündigungstermin keinen Gebrauch gemacht, fallen ab diesem Zeitpunkt die Ansprüche auf das Arbeitsentgelt in die zweite Rangklasse nach § 209 Abs. 1 Nr. 2 InsO und zwar unabhängig davon, ob der Insolvenzverwalter die Arbeitsleistung in Anspruch genommen hat oder nicht.[96] Für die Frage des frühestmöglichen Kündigungstermins ist die objektive Lage, nicht der subjektive Kenntnisstand maßgebend und ein rechtliches Können erforderlich.[97]

39 Hat der Insolvenzverwalter die Masseunzulänglichkeit gem. § 208 Abs. 1 InsO angezeigt, so können Forderungen i.S.d. § 209 Abs. 1 Nr. 3 InsO nicht mehr mit der Leistungsklage verfolgt werden.[98] Die Vollstreckung solcher Forderungen ist nach § 210 InsO unzulässig. Aus dem Vollstreckungsverbot des § 210 InsO folgt, dass für Leistungsklagen das Rechtsschutzbedürfnis fehlt. Der Altmassegläubiger kann gegenüber dem Insolvenzverwalter lediglich die Feststellung seiner Forderungen verlangen.

94 MünchArbR/*Peters-Lange,* § 77 Rn 5; *Lakies,* NZA 2001, 521, 524.
95 *Steindorf/Regh,* § 4 Rn 46.
96 *Steindorf/Regh,* § 4 Rn 47.
97 BAG, Urt. v. 04.06.2003, NZA 2003, 1087.
98 BAG, Urt. v. 04.06.2003, NZA 2003, 1087; BAG, Urt. v. 11.12.2001, ZIP 2002, 628; LAG Thüringen, Urt. v. 07.11.2002, ZInsO 2003, 579.

Bezüglich Neumasseverbindlichkeiten ist die Leistungsklage zulässig, wenn sich der Insolvenzverwalter nicht auf eine erneute Masseunzulänglichkeit beruft und diese im Prozess nachweist.[99]

3. Einordnung von Arbeitnehmeransprüchen

Die insolvenzrechtliche Privilegierung bestimmter Arbeitnehmeransprüche als Masseverbindlichkeiten hängt davon ab, welchem Zeitraum das Arbeitsentgelt zugeordnet werden kann. Maßgeblich ist, für welchen Zeitraum das Arbeitsentgelt gezahlt wird, wann also der Arbeitsentgeltanspruch erarbeitet worden ist. 40

Bei Gratifikationszahlungen muss bei der Frage der rechtlichen Einordnung im Insolvenzverfahren anhand der Auslegung des Arbeitsvertrages ermittelt werden, ob der Anspruch auf die Gratifikation anteilig der Arbeitsleistung mehrerer Lohnzahlungszeiträume zuzuordnen ist und nur insgesamt zu einem bestimmten Zeitpunkt gezahlt wird, oder ob der Anspruch lediglich an einen bestimmten Zeitpunkt knüpft. Wird eine Gratifikationszahlung bezogen auf den Jahresrhythmus der Arbeitsleistung bezahlt (z.B. das Weihnachtsgeld), ist rückwirkend für jeden Monat der Fortdauer des Arbeitsverhältnisses 1/12 der Gratifikationszahlung in Anrechnung zu bringen. Wird hingegen die Gratifikation unabhängig von der Tätigkeit im vergangenen Kalenderjahr als einmaliger Betrag geleistet, scheidet eine verhältnismäßige Aufteilung prinzipiell aus.[100] Eine Verschiebung des Auszahlungszeitpunktes durch Betriebsvereinbarung zwischen Schuldner und Betriebsrat ist sittenwidrig und damit nichtig.[101] 41

Gewinnbeteiligungen ebenso wie Provisionen, die sich in der Regel auf einen längeren Zeitraum erstrecken, sind entsprechend der unterschiedlichen Zeiträume vor dem Eröffnungsverfahren und nach der Verfahrenseröffnung aufzuteilen. Bei Provisionen, deren Entstehung in der Regel durch die spätere Ausführung des Geschäfts bedingt sind, ist darauf abzustellen, ob die geschuldete Vermittlungstätigkeit und auch der durch ihn vermittelte Vertragsschluss in den insolvenzrechtlich privilegierten Zeitraum fällt. Entscheidend kommt es darauf an, in welchem Zeitraum der letzte Akt der geschuldeten Leistung, der die Entstehung wenigstens eines bedingten Anspruchs zur Folge hat, fällt. Der Anspruch des Arbeitnehmers nach § 628 Abs. 2 BGB ist eine Insolvenzforderung, da er nicht aus Handlungen des Insolvenzverwalters abgeleitet wird.[102] 42

Ansprüche auf Urlaubsentgelt bzw. Urlaubsgeld bilden Masseverbindlichkeiten i.S.v. § 55 Abs. 1 Nr. 2 InsO, wenn sie in die Zeit zwischen Insolvenzeröffnung und Urlaubsende fallen. Bei einem bereits vor Eröffnung des Insolvenzverfahrens angetretenen Urlaub, der sich nur nach Urlaubseröffnung fortsetzt, ist eine Aufteilung vorzunehmen, nach der Zahl der Urlaubstage vor Insolvenzeröffnung bzw. vor der Bestellung eines vorläufigen Insolvenzverwalters mit Verfügungsbefugnis und nach Insolvenzeröffnung bzw. nach Weiterbeschäftigung durch einen vorläufigen Insolvenzverwalter mit Verfügungsbefugnis. Ansprüche auf Urlaubsentgelt und Urlaubsgeld sind für die Zeit ab Insolvenzeröffnung bzw. ab Weiterbeschäftigung durch einen vorläufigen Insolvenzverwalter mit Verfügungsbefugnis Masseverbindlichkeiten gem. § 55 Abs. 1 Nr. 2 InsO bzw. § 55 Abs. 2 InsO.[103] Die Ansprüche für den davor liegenden Zeitraum sind dagegen einfache Insolvenzforderungen gem. § 38 InsO.[104] Bei Urlaubsgewährung durch den Insolvenzverwalter liegt eine Inanspruchnahme der Gegenleistung des Arbeitsvertrages i.S.d. § 209 Abs. 2 Nr. 3 InsO, der Arbeitsleistung des Arbeitnehmers, durch den Insolvenzverwalter nicht vor. Der Anspruch auf Urlaubsentgelt ist daher keine Masseverbindlichkeit i.S.d. § 209 Abs. 1 Nr. 2 sondern lediglich eine Masseverbindlichkeit i.S.d. 43

99 BAG, Urt. v. 04.06.2003, NZA 2003, 1087.
100 Gottwald/*Heinze*, § 105 Rn 24.
101 BSG, Urt. v. 18.03.2004, ArbRB 2004, 130.
102 LAG Rheinland-Pfalz, Urt. v. 27.03.2003 – 6 Sa 25/03 (n.v.); ArbG Bayreuth, Urt. v. 30.01.2002, ZInsO 2002, 596.
103 BAG, Urt. v. 04.06.1977, AP Nr. 4 zu § 59 KO.
104 BAG, Urt. v. 04.06.1977, AP Nr. 4 zu § 59 KO.

§ 209 Abs. 1 Nr. 3 InsO.[105] Denn der Urlaubsanspruch ist ein Freistellungsanspruch des Arbeitnehmers gegen den Arbeitgeber, von den nach dem Arbeitsverhältnis entstehenden Arbeitspflichten befreit zu werden, ohne die übrigen Pflichten aus dem Arbeitsverhältnis, insbesondere Pflicht zur Zahlung des Arbeitsentgelts zu verändern.

44 Der Urlaubsabgeltungsanspruch nach § 7 Abs. 4 BUrlG ist Masseverbindlichkeit i.S.v. § 55 Abs. 1 Nr. 2 Alt. 2 InsO, wenn das Arbeitsverhältnis nach Eröffnung des Insolvenzverfahrens beendet worden ist.[106] Urlaubsabgeltungsansprüche entstehen erst mit Beendigung des Arbeitsverhältnisses und können nicht einem früheren Zeitraum zugeordnet werden. Deshalb ist es für die Einordnung als Masseverbindlichkeit unerheblich, ob die Zeit nach Eröffnung des Insolvenzverfahrens bis zur Beendigung des Arbeitsverhältnisses ausgereicht hätte, den Urlaubsanspruch durch Freistellung von der Arbeitspflicht zu erfüllen.[107]

45 Nach Eröffnung des Insolvenzverfahrens ist der Anspruch auf das laufende Arbeitsentgelt einschließlich des Aufstockungsbetrages während der Freistellungsphase des Blockmodells im Altersteilzeitarbeitsverhältnis Masseforderung nach § 55 Abs. 1 Nr. 2 Alt. 2 InsO.[108]

45a Vereinbart der Insolvenzverwalter in einem Aufhebungsvertrag, Abwicklungsvertrag oder gerichtlichen Vergleich eine Abfindung, handelt es sich um eine Masseverbindlichkeit nach § 55 Abs. 1 Nr. 1 InsO, wenn der Insolvenzverwalter die Kündigung ausgesprochen[109] oder den zur Beendigung des Arbeitsverhältnisses führenden Aufhebungsvertrag vereinbart hat.[110] Kündigungsschutzabfindungen aus der Zeit vor Eröffnung des Insolvenzverfahrens sind hingegen einfache Insolvenzforderungen nach § 38 InsO, soweit der Aufhebungsvertrag vor Verfahrenseröffnung vereinbart wurde.

46 Abfindungen aus Sozialplänen sind nicht wie bisher als bevorrechtigte Konkursforderungen eingeordnet, sondern als Masseforderungen, § 123 Abs. 2 Satz 1 InsO. Dies ist gerechtfertigt, weil Sozialplanansprüche auf einer Einigung zwischen Betriebsrat und Insolvenzverwalter beruhen und somit unter § 55 Abs. 1 Nr. 1 InsO fallen.[111] Die Rechtsstellung der Arbeitnehmer mit Sozialplanforderungen wird allerdings nur formell verbessert. Die Vorschrift über die relative Begrenzung des Sozialplanvolumens bewirkt nämlich, dass die Sozialplangläubiger grundsätzlich nur befriedigt werden, wenn die übrigen Masseverbindlichkeiten voll erfüllt werden können.[112] Trotz ihrer Höherstufung stehen Sozialplanforderungen damit im Nachrang zu den herkömmlichen Masseforderungen.

47 Forderungen aus Sozialplänen, die früher als drei Monate vor dem Antrag auf Insolvenzeröffnung geschlossen wurden, haben den Rang einfacher Insolvenzforderungen.[113] Wurde der Sozialplan innerhalb von drei Monaten vor dem Antrag auf Insolvenzeröffnung abgeschlossen (insolvenznaher Sozialplan) und unterbleibt der Widerruf nach § 124 InsO, sind Forderungen aus dem Sozialplan ebenfalls einfache Insolvenzforderungen i.S.d. § 38 InsO.[114] Nur in dem Fall, dass der Sozialplan von einem vorläufigen Insolvenzverwalter mit Verwaltungs- und Verfügungsbefugnis wegen einer Betriebsänderung aufgestellt wurde, sind die Sozialplanforderungen aus insolvenznahen Sozialplänen gem. § 55 Abs. 2 InsO Masseschulden.[115] Der Insolvenzverwalter kann abweichend im Zuge einer Auflösungsvereinbarung die Zahlung einer Abfindung vereinbaren oder sich verpflichten, eine

105 LAG Köln, Urt. v. 15.10.2003 – 8 Sa 832/03 (n.v.).
106 BAG, Urt. v. 25.03.2003, ZIP 2003, 1802; LAG Hamm, Urt. v. 27.06.2002, NZA-RR 2002, 538.
107 BAG, Urt. v. 25.03.2003, ZIP 2003, 1802.
108 LAG Düsseldorf, Urt. v. 17.09.2003 – 4 (8) Sa 686/03 (n.v.); LAG Düsseldorf, Urt. v. 22.10.2003 – 12 Sa 1202/03 (n.v.); LAG Düsseldorf, 20.11.2003 – 11 Sa 1142/03 (n.v.).
109 Gottwald/*Heinze,* § 105 Rn 40.
110 BAG, Urt. v. 12.06.2002, BB 2002, 2609, mit Anm. *Regh*, BB 2004, 2611.
111 *Boemke/Tietze,* DB 1999, 1389, 1393; *Heinze,* NZA 1999, 57, 63.
112 FK/*Eisenbeis,* § 123 Rn 14; *Boemke/Tietze,* DB 1999, 1389, 1393.
113 ArbG Köln, Urt. v. 12.09.2000, ZinsO 2001, 287, 288; *Schaub,* DB 1999, 217, 226; *Hess,* § 124 Rn 8; FK/*Eisenbeis,* § 124 Rn 3, *Berscheid,* Rn 793.
114 BAG, Urt. v. 31.07.2002, AP Nr. 156 zu § 112 BetrVG 1972, siehe auch § 18 Rn 233.
115 *Annuß,* NZI 1999, 344, 351; *Hamacher,* in: *Nerlich/Römermann,* § 124 Rn 23; Gottwald/*Heinze,* § 105 Rn 69.

Forderung aus einem Sozialplan als Masseschuld zu befriedigen. Dann wird aus dem Sozialplananspruch durch rechtsgeschäftliche Handlung des Insolvenzverwalters ein individualvertraglicher Abfindungsanspruch, der als Masseverbindlichkeit zu befriedigen ist.[116]

Nachteilsausgleichsansprüche der Arbeitnehmer aus der Zeit vor Insolvenzeröffnung sind Insolvenzforderungen nach § 38 InsO, sofern sie noch vom Schuldner oder vorläufigen Insolvenzverwalter ohne Verwaltungs- und Verfügungsbefugnis veranlasst wurden.[117] Führt der Unternehmer eine geplante Betriebsänderung durch, ohne über sie einen Interessenausgleich mit dem Betriebsrat versucht zu haben, so sind die daraus folgenden Ansprüche entlassener Arbeitnehmer auf Nachteilsausgleich im nach Zugang der Kündigungen eröffneten Insolvenzverfahren auch dann einfache Insolvenzforderungen, wenn die Kündigungen in Absprache mit dem vorläufigen Insolvenzverwalter und mit dessen Zustimmung erfolgten.[118] Hingegen sind Ansprüche, die der vorläufige Insolvenzverwalter mit Verwaltungs- und Verfügungsbefugnis durch ein betriebsverfassungsrechtliches Verhalten begründet hat, nach § 55 Abs. 2 InsO Masseverbindlichkeiten. Werden Nachteilsausgleichansprüche durch den Insolvenzverwalter begründet, handelt es sich um Masseverbindlichkeiten nach § 55 InsO, die die Insolvenzmasse vermindern. 48

II. Insolvenzgeld

Nach § 183 Abs. 1 Nr. 1 SGB III hat ein Arbeitnehmer Anspruch auf Insolvenzgeld, wenn er bei Eröffnung des Insolvenzverfahrens über das Vermögen seines Arbeitgebers oder bei einem anderen Insolvenzereignis i.S.d. § 183 SGB III für die letzten der Eröffnung des Insolvenzverfahrens vorausgehenden drei Monate des Arbeitsverhältnisses noch Ansprüche auf Arbeitsentgelt hat. Das Insolvenzgeld soll ebenso wie zuvor das Konkursausfallgeld (KAUG) die vorleistungspflichtigen Arbeitnehmer vor dem Risiko des Lohnausfalls bei Zahlungsunfähigkeit des Arbeitgebers schützen. Das Insolvenzgeld wird nach den §§ 358 ff. SGB III durch Umlagen der Arbeitgeber finanziert. 49

Das Insolvenzgeld wird vom Arbeitsamt nur auf Antrag gezahlt. Dieser ist binnen einer Ausschlussfrist von zwei Monaten nach der Insolvenzeröffnung, der Abweisung mangels Masse oder der tatsächlichen vollständigen Betriebsstilllegung, § 324 Abs. 3 SGB III, zu stellen. Bei unverschuldeter Fristversäumnis ist eine Nachholung innerhalb von zwei Monaten nach Wegfall des Hinderungsgrundes möglich, § 324 Abs. 3 Satz 2 SGB III. Durch das Insolvenzgeld ist der tatsächliche Nachteil des Arbeitnehmers auszugleichen. Der Insolvenzverwalter hat dem Arbeitsamt nach § 314 SGB III auf Verlangen die Bruttovergütung mitzuteilen, aus der das Arbeitsamt dann die Nettovergütung errechnet und auszahlt. Mit der Antragstellung gehen nach § 187 SGB III die Forderungen des Arbeitnehmers gegen den Arbeitgeber auf die Bundesagentur für Arbeit über. 50

1. Anspruchsvoraussetzungen

a) Anspruchsberechtigung

Anspruchsberechtigt sind nur Arbeitnehmer im sozialversicherungsrechtlichen Sinne. Hierzu gehören nach § 13 SGB III auch die Heimarbeiter und Auszubildenden (§ 14 SGB III). Fremdgeschäftsführer oder Minderheitsgeschäftsführer als Organmitglieder einer Gesellschaft können anspruchsberechtigt sein, wenn sie keinen maßgeblichen Einfluss auf die geschäftspolitischen Entscheidungen der Gesellschaft nehmen können.[119] 51

116 BAG, Urt. v 12.06.2002, NZA 2002, 131.
117 BAG, Urt. v. 08.04.2003, ZIP 2003, 1260; Gottwald/*Heinze,* § 105 Rn 76, 77, 85; *Berscheid,* Rn 786.
118 BAG, Urt. v. 04.12.2002, NZA 2003, 665.
119 BSG, Urt. v. 23.09.1992, ZIP 1993, 103.

b) Insolvenzereignis

52 Als Insolvenzereignis gelten nach § 183 SGB III die Eröffnung des Insolvenzverfahrens über das Vermögen des Arbeitgebers, die Abweisung des Antrags auf Eröffnung des Insolvenzverfahrens mangels Masse und die vollständige Beendigung der Betriebstätigkeit im Inland, wenn ein Antrag auf Eröffnung des Insolvenzverfahrens nicht gestellt worden ist und ein Insolvenzverfahren offensichtlich mangels Masse nicht in Betracht kommt.[120]

53 Treten im Rahmen derselben Insolvenz die Versicherungsfälle des § 183 Abs. 1 – 3 SGB III nacheinander auf, so wird der Anspruch auf das Insolvenzgeld durch das zeitlich früheste Ereignis ausgelöst.[121] Solange ein bestimmtes Insolvenzereignis andauert, kann ein anderes Ereignis nicht mehr eintreten, das den Insolvenzgeldanspruch auslöst.[122] Im Fall der Eröffnung des Insolvenzverfahrens wird unwiderleglich vermutet, dass der Arbeitgeber zahlungsunfähig ist. Die Beschlussfassung über die Eröffnung des Insolvenzverfahrens (§ 27 InsO) ist maßgeblich für den Insolvenzgeldzeitraum. Dies gilt auch, wenn der Beschluss im Beschwerdeverfahren zurückgenommen oder aufgehoben wird.[123]

54 Die vor dem Insolvenzstichtag (Insolvenzeröffnung, Abweisung des Antrags auf Verfahrenseröffnung mangels Masse, vollständige Beendigung der Betriebstätigkeit bei Masseunzulänglichkeit) ausgeschiedenen Arbeitnehmer können das Insolvenzgeld nur beanspruchen, wenn die Nichtzahlung des rückständigen Arbeitsentgelts auf dieses Insolvenzereignis zurückzuführen ist.[124]

aa) Eröffnung des Insolvenzverfahrens

55 Im Fall der Eröffnung des Insolvenzverfahrens wird unwiderleglich vermutet, dass der Arbeitgeber zahlungsunfähig ist. Der Insolvenzzeitraum endet, wenn bei Eröffnung des Insolvenzverfahrens das Arbeitsverhältnis nicht mehr besteht, mit dem letzten Tag des Arbeitsverhältnisses. Besteht das Arbeitsverhältnis bei Insolvenzeröffnung noch, so erstreckt sich der Anspruch auf Insolvenzgeld nicht mehr auf den Tag der Insolvenzeröffnung.[125] Die Eröffnung des Insolvenzverfahrens bleibt als Insolvenzereignis auch dann maßgebend, wenn der Beschluss im Beschwerdeverfahren aufgehoben oder zurückgenommen wird.

bb) Abweisung der Insolvenzeröffnung

56 Gem. § 183 Abs. 1 Nr. 2 SGB III besteht ein Anspruch auf Insolvenzgeld auch, wenn der Antrag auf Eröffnung des Insolvenzverfahrens mangels Masse abgewiesen wird (§ 26 InsO). Wird der Antrag auf Eröffnung des Insolvenzverfahrens aus anderen Gründen abgelehnt, so liegt kein Insolvenzereignis i.S.d. § 183 Abs. 1 Nr. 2 SGB III vor, denn die Vermögenslage des Arbeitgebers bleibt in diesem Falle ungeprüft.[126] Maßgeblicher Zeitpunkt ist der Erlass der Entscheidung. Da der Abweisungsbeschluss nicht öffentlich bekannt gegeben wird, ist der Arbeitgeber nach § 183 Abs. 4 SGB III verpflichtet, den Beschluss des Insolvenzgerichts dem Betriebsrat oder, wenn ein Betriebsrat nicht besteht, den Arbeitnehmern unverzüglich bekannt zu machen.

120 Demgegenüber geht der EuGH davon aus, dass wegen der sozialen Zielsetzung der Richtlinie 80/897/EWG bereits der Antrag auf Eröffnung des Insolvenzverfahrens der relevante Zeitpunkt für den Eintritt der Zahlungsunfähigkeit ist. EuGH, Entsch. v. 15.05.2003, NZA 2003, 713.

121 BSG, Urt. v. 05.01.1981, Gottwald/*Heinze*, § 108 Rn 25.

122 BSG, Urt. v. 17.05.1989, NZA 1989, 773; Küttner/*Voelzke*, Insolvenz des Arbeitgebers Rn 46.

123 *Niesel*, § 183 Rn 24; a.A. Gottwald/*Heinze*, § 108 Rn 15.

124 *Berscheid*, ZInsO 2000, 134.

125 BSG, Urt. v. 22.03.1995, ZIP 1995, 935.

126 BSG, Urt. v. 22.09.1993, SozR 3 – 4100, § 141b Nr. 7; *Niesel*, § 183 Rn 26.

cc) Beendigung der Betriebstätigkeit

Als drittes Insolvenzereignis nennt § 183 Abs. 1 Nr. 3 SGB III die vollständige Beendigung der Betriebstätigkeit im Inland, wenn ein Antrag auf Eröffnung des Insolvenzverfahrens nicht gestellt worden ist und ein Insolvenzverfahren offensichtlich mangels Masse nicht in Betracht kommt. Dieser im Einzelfall auch hinsichtlich des Zeitpunktes schwierig festzustellende Tatbestand wird nicht durch das Insolvenzgericht, sondern vom Arbeitsamt geprüft. Eine vollständige Beendigung der Betriebstätigkeit liegt vor, wenn die dem Betriebszweck dienende Tätigkeit vollständig eingestellt wurde. Die Durchführung reiner Abwicklungsarbeiten ist hierbei unbeachtlich.[127] Bis zum Zeitpunkt der vollständigen Beendigung der Betriebstätigkeit darf ein Insolvenzantrag nicht gestellt worden sein. 57

Ferner darf ein Insolvenzverfahren offensichtlich mangels Masse nicht in Betracht kommen. Ausreichend ist, wenn die äußeren Tatsachen für eine Masseunzulänglichkeit sprechen. Dies ist insbesondere anzunehmen, wenn die Lohnzahlung unter Hinweis auf die Zahlungsunfähigkeit eingestellt wird.[128] Letzte Klarheit über die Frage der Insolvenz des Arbeitgebers muss nicht bestehen.[129] Die Feststellungslast für die offensichtliche Masselosigkeit liegt beim Antragsteller.[130] Indizien können z.B. zahlreiche arbeitsgerichtliche Versäumnisurteile auf Lohnzahlung sein.[131] Hat sich z.B. der Arbeitgeber mit dem Betriebsvermögen ins Ausland abgesetzt, sind auch dessen Vermögensverhältnisse im Ausland zu berücksichtigen. Zweifel, ob Zahlungsunfähigkeit oder lediglich Zahlungsunwilligkeit besteht, gehen zu Lasten des Antragstellers, sprich des Arbeitnehmers.[132] 57a

2. Leistungsumfang

a) Insolvenzgeldzeitraum

Der Anspruch auf Insolvenzgeld besteht zur Begrenzung der Risiken für die Insolvenzausfallversicherung nur für das ausgefallene Arbeitsentgelt, das auf die letzten drei dem Insolvenzereignis vorausgehenden Monate entfällt. Für diesen Zeitraum wird rückständiges Arbeitsentgelt durch die Zahlung von Insolvenzgeld ausgeglichen. Zu diesem Zeitraum gehört jedoch nicht der Tag des Insolvenzereignisses selbst, da Insolvenzgeld nur für die dem Inolvenzereignis vorausgehenden drei Monate gewährt wird. 58

Der Insolvenzgeldzeitraum verschiebt sich aufgrund der Sonderregelung des § 183 Abs. 2 SGB III, solange der Arbeitnehmer in Unkenntnis vom Insolvenzereignis weiterarbeitet oder die Arbeit aufnimmt. War das Arbeitsverhältnis vor dem Insolvenztag bereits beendet, endet die Drei-Monats-Frist mit dem letzten Tag des Arbeitsverhältnisses. Dies gilt unabhängig davon, wie lange das Ende des Arbeitsverhältnisses vor dem Insolvenztag liegt. Erforderlich ist, dass das Arbeitsverhältnis sein rechtliches Ende findet. 59

b) Arbeitsentgelt

Den Insolvenzgeldanspruch begründen nur Ansprüche auf Arbeitsentgelt, die dem Insolvenzgeldzeitraum zeitlich zuzuordnen und noch durchsetzbar sind. Entgeltansprüche wegen oder für die Zeit nach Beendigung des Arbeitsverhältnisses sind ausgeschlossen, § 184 Abs. 1 Nr. 1 SGB III. Zum Arbeitsentgelt gehören grundsätzlich alle Geld- und Naturalleistungen, die der Arbeitnehmer aus dem Arbeitsverhältnis als Gegenwert für die von ihm geleistete Arbeit oder als Ersatz der von ihm bei Erbringung der Arbeitsleistung entstandenen Auslagen ohne Rücksicht auf Lohn- und Sozialversicherungspflicht zu beanspruchen hat.[133] 60

127 *Niesel*, § 183 Rn 28.

128 Küttner/*Voelzke*, Insolvenz des Arbeitgebers Rn 51.

129 BSG, Urt. v. 22.09.1993, SozR 3 – 4100, § 141 B Nr. 7.

130 BSG, Urt. v. 22.09.1993, SozR 3 – 4100, § 141 B Nr. 7.

131 *Niesel*, § 183 Rn 30.

132 BSG, Urt. v. 22.09.1993, SozR 3 – 4100, § 141 B Nr. 7; *Niesel*, § 183 Rn 28.

133 *Niesel*, § 183 Rn 37; Gottwald/*Heinze*, § 108 Rn 27.

61 Zum Arbeitsentgelt gehören Lohn und Gehalt (einschließlich Zuschlägen für Überstunden, Schichtarbeit etc.), die Vergütung von Mehrarbeit, Überstunden, Sonntags-, Feiertags- und Nachtarbeit, vom Arbeitgeber zu leistende Entgeltfortzahlung bei Krankheit, Wege- und Schmutzzulagen, Kleidergeld, Essensgeld, Gewinnbeteiligungen, Deputate und sonstige Naturalleistungen, Provisionen, Tantiemen, Urlaubsentgelt, Urlaubsgeld, Gratifikationen, Jubiläumszuwendungen, vom Arbeitgeber übernommene Kontoführungsgebühren, Reisekosten und sonstige Spesen ebenso wie ggf. Schadensersatzansprüche aus dem Arbeitsverhältnis.[134] Abfindungen gem. §§ 9, 10 KSchG, die für den Verlust des sozialen Besitzstandes gezahlt werden, sind vom Insolvenzgeld grundsätzlich nicht erfasst. Ebenso ist der Anspruch auf Urlaubsabgeltung gem. § 184 Abs. 1 Nr. 1 Hs. 1 SGB III ausgeschlossen.[135] Bei erfolgsabhängigen Vergütungsansprüchen, z.B. bei Provisionen oder Tantiemen, ist darauf abzustellen, wann nach der konkreten arbeitsvertraglichen Regelung der Arbeitnehmer das zur Erlangung einer gesicherten Provisionsanwartschaft Erforderliche getan hat. Hat der Arbeitnehmer im Insolvenzgeldzeitraum alles Erforderliche getan, dass der Erfolg eintritt, ist der Anspruch auf Insolvenzgeld versichert, auch wenn die Ausführung des Geschäfts wegen des Insolvenzereignisses unterbleibt.[136] Bei Sonderzahlungen, z.B. Gratifikationen, Weihnachtsgeld, ist zu differenzieren. Wird die Sonderzahlung nur einmal im Jahr geleistet, steht ebenfalls ihr Entgeltcharakter im Vordergrund. Bei jährlichen Sonderzahlungen, deren Erarbeitung bestimmten Zeiträumen zugeteilt werden kann, sind die im Insolvenzgeldzeitraum erarbeiteten Anteile der Sonderzahlung mit 1/12 pro Monat versichert. Dies gilt auch dann, wenn die Fälligkeit der Sonderzahlung erst an einem nach dem Insolvenzereignis liegenden Stichtag eintritt.[137] Bei Sonderzahlungen, die zu einem bestimmten Anlass oder Stichtag gezahlt werden, ohne dass sie als Gegenleistung einem bestimmten Zeitraum zugeordnet werden können, ist die gesamte Zahlung versichert, wenn das Ereignis in den Insolvenzgeldzeitraum fällt.[138] Der Arbeitnehmer erhält kein Insolvenzgeld, wenn der Stichtag für die Sonderzahlung außerhalb des Insolvenzgeldzeitraums liegt. Auch eine anteilige Zahlung scheidet in diesem Falle aus, sog. »Alles- oder-Nichts-Prinzip«.[139]

62 Da der Arbeitnehmer als Insolvenzgeld nur das erhalten soll, was ihm durch die Insolvenz verloren geht, setzt das Insolvenzgeld einen noch durchsetzbaren Lohnanspruch voraus. Ein rechtskräftiges klageabweisendes arbeitsgerichtliches Urteil ist daher vom Arbeitsamt zu berücksichtigen. Auch ein arbeitsgerichtlicher Vergleich, mit dem der Arbeitnehmer teilweise auf Entgeltansprüche verzichtet, lässt den Insolvenzgeldanspruch insoweit entfallen.[140] Ist der Anspruch nach arbeitsrechtlichen Grundsätzen verjährt, verwirkt oder aufgrund vertraglicher oder tariflicher Ausschlussklausel verfallen, so entfällt in diesem Umfange auch ein Anspruch auf Insolvenzgeld. Der Insolvenzgeldanspruch kann auch durch die Erzielung anderweitigen Verdienstes gemindert sein, § 615 Satz 2 BGB.

63 Nebenforderungen, etwa Verzugszinsen, Finanzierungskosten sowie Kosten der Rechtsverfolgung, gehören nicht zu den vom Insolvenzgeld geschützten Forderungen.[141] Bei diesen Forderungen handelt es sich nicht um Arbeitsentgelt, die Gegenleistung für die geschuldete Arbeitskraft sind.[142] Wertguthaben aus Arbeitszeitkonten bei flexiblen Arbeitszeitregelungen werden ebenfalls geschützt, wenn der dem Arbeitszeitkonto gutgeschriebene Anspruch im Insolvenzgeldzeitraum erarbeitet worden ist.[143] Nach § 185 Abs. 1 SGB III wird Insolvenzgeld in Höhe des Nettoarbeitsentgelts geleistet, das sich ergibt, wenn das Arbeitsentgelt um die gesetzlichen Abzüge vermindert wird. Die steuerlichen Abzüge sind zum Zwecke der Insolvenzgeldberechnung nur unter Verwendung

134 Vgl. die Aufzählung bei *Niesel*, § 183 Rn 40–60.
135 BSG Urt. v. 20.02.2002, NZA-RR 2003, 209.
136 BSG, Urt. v. 24.03.1983, SozR 4100, § 141b Nr. 26.
137 BSG, Urt. v. 09.12.1997, SGb 1998, 161.
138 *Niesel*, § 183 Rn 52.
139 *Niesel*, § 183 Rn 52.
140 BSG, Urt. v. 27.09.1994, AP Nr. 17 zu § 141b AFG.
141 ArbG Frankfurt v. 01.11.2001, ZInsO 2002, 93.
142 *Steindorf/Regh*, § 6 Rn 11.
143 BSG, Urt. v. 25.06.2002, AP Nr. 3 zu § 141a AFG; BSG, Urt. v. 09.12.1997, ZIP 1998, 481.

der Lohnsteuertabellen zu ermitteln, ohne dass die Vorschriften über den Lohnsteuerjahresausgleich heranzuziehen sind.[144]

Da das Insolvenzgeld den rückständigen Arbeitslohn sichern soll, entspricht es in seiner Höhe dem vollen noch ausstehenden Nettoentgelt, wenn dieses nach den dargestellten Grundsätzen Berücksichtigung finden kann, höchstens jedoch bis zur Beitragsbemessungsgrenze nach § 341 Abs. 4 SGB III[145] (§ 185 Abs. 1 SGB III). 64

c) Vorschussgewährung

Gem. § 186 Satz 1 SGB III kann auf Antrag das Arbeitsamt einen Vorschuss auf das Insolvenzgeld erbringen. Anders als nach dem AFG ist eine Vorschussgewährung auf das Insolvenzgeld bereits vor Eintritt des Insolvenzereignisses möglich. Der Vorschuss ist zu erstatten, wenn später ein Anspruch auf Insolvenzgeld nicht oder nur in geringerer Höhe zuerkannt wird, § 186 Satz 4 SGB III. Stellt der Arbeitnehmer einen Antrag auf Insolvenzgeld, so geht nach § 187 SGB III mit Antragstellung seine Forderung gegen den Arbeitgeber auf die Bundesanstalt für Arbeit über. Der Anspruchsübergang erfasst auch die steuerliche Bruttorestlohnforderung.[146] Mit dem Anspruch auf Arbeitsentgelt wird die Bundesanstalt für Arbeit auch Inhaberin der unselbständigen Nebenrechte i.S.d. § 401 Abs. 1 BGB. 65

3. Übertragung von Entgeltansprüchen

Ein Anspruch auf Insolvenzgeld kann nicht nur durch den von einem Insolvenzereignis betroffenen Arbeitnehmer geltend gemacht werden. Nach § 188 Abs. 1 SGB III steht der Anspruch auf Insolvenzgeld einem Dritten zu, soweit ihm der Arbeitnehmer vor seinem Antrag auf Insolvenzgeld Ansprüche auf Arbeitsentgelt übertragen hat. Dritte haben auch dann Anspruch auf Insolvenzgeld, wenn der Arbeitsentgeltanspruch wirksam verpfändet oder gepfändet wurde, § 188 Abs. 2 SGB III. Der neue Gläubiger erwirkt jedoch keinen Anspruch auf Insolvenzgeld für Ansprüche auf Arbeitsentgelt, die ihm vor dem Insolvenzereignis ohne Zustimmung des Arbeitsamtes zur Vorfinanzierung der Arbeitsentgelte übertragen oder verpfändet worden sind. Das Arbeitsamt darf der Übertragung oder Verpfändung nur zustimmen, wenn Tatsachen die Annahme rechtfertigen, dass durch die Vorfinanzierung der Arbeitsentgelte ein erheblicher Teil der Arbeitsplätze erhalten bleibt.[147] Nunmehr können auch Unternehmensgläubiger, insbesondere Banken oder beteiligte Unternehmen, mit Zustimmung des Arbeitsamtes durch Vorfinanzierung der Arbeitsentgelte Ansprüche auf Insolvenzgeld erwerben, wenn die Vorfinanzierung der Arbeitsentgelte einer ernsthaft betriebenen Sanierung des Betriebes dient. Um dem arbeitsmarktpolitischen Ziel der Vorschrift zu dienen, nämlich möglichst viele Arbeitsplätze durch die Sanierung zu erhalten, darf das Arbeitsamt der Übertragung und Verpfändung nur zustimmen, wenn Tatsachen die Annahme rechtfertigen, dass durch die Vorfinanzierung der Arbeitsentgelte ein erheblicher Teil der Arbeitsplätze erhalten bleibt, § 188 Abs. 4 Satz 2 SGB III. Nach Auffassung der Bundesanstalt für Arbeit ist eine solche positive Prognose gerechtfertigt, wenn in umgekehrter Anwendung der Zahlenverhältnisse des § 112a BetrVG ein entsprechender Teil der Arbeitsverhältnisse auf Dauer erhalten werden kann, wobei in anerkannten Fördergebieten der regionalen Strukturpolitik oder Arbeitsamtsbezirken mit überdurchschnittlicher Arbeitslosenquote bzw. -dauer auch eine geringere Quote ausreichend ist.[148] Die auf die Bundesanstalt für Arbeit übergegangenen Arbeitsentgeltansprüche sind nach der klarstellenden Regelung in § 55 Abs. 3 InsO nunmehr 66

144 BSG, Urt. v. 19.02.1986, SozR 4100, § 141d Nr. 2.
145 § 185 Abs. 1 SGB III wurde durch das Gesetz für moderne Dienstleistungen v. 27.12.2002, BGBl I, 2848, 2864 geändert.
146 BSG, Urt. v. 20.06.2001, 11 AL 97/00 R (n.v.).
147 Küttner/*Voelzke*, Insolvenz des Arbeitgebers Rn 62.
148 Durchführungsanweisung zu § 188 SGB III, 4.2 (8), ZIP 1999, 205, 211; MünchArbR/*Peters-Lange*, § 77 Rn 40.

Insolvenzforderungen, auch wenn sie vom vorläufigen Insolvenzverwalter mit Verwaltungs- und Verfügungsbefugnis begründet wurden.

C. Kündigung des Arbeitsverhältnisses in der Insolvenz

67 Die Eröffnung des Insolvenzverfahrens hat keinen Einfluss auf den Bestand des Arbeitsverhältnisses und berührt nicht das Recht der Vertragsparteien, das zwischen ihnen bestehende Arbeitsverhältnis zu kündigen, durch Aufhebungsvertrag oder in sonstiger Weise zu beenden. Nach § 108 Abs. 1 InsO bestehen Dienstverhältnisse mit Wirkung für die Insolvenzmasse fort. An die Stelle des Wahlrechts nach § 103 InsO bei gegenseitigen Verträgen tritt die Kündigungsmöglichkeit nach § 113 InsO durch den Insolvenzverwalter. Insolvenzspezifische Kündigungserleichterungen bestehen für den Insolvenzverwalter abgesehen von den Regelungen in § 113 und § 125 InsO aber nicht.

I. Kündigung durch den Insolvenzverwalter nach § 113 InsO

68 § 113 Satz 1 InsO bestimmt, dass das Dienstverhältnis ohne Rücksicht auf die vereinbarte Vertragsdauer oder den vereinbarten Ausschluss des Rechts zur ordentlichen Kündigung gekündigt werden kann. Gesetzliche Kündigungsbeschränkungen hat der Insolvenzverwalter zu beachten. Die Kündigungsfrist beträgt drei Monate zum Monatsende, wenn nicht eine kürzere Frist maßgeblich ist, § 113 Satz 2 InsO. § 113 InsO begründet aber kein insolvenzbedingtes Sonderkündigungsrecht des Insolvenzverwalters. Die Eröffnung des Insolvenzverfahrens stellt auch keinen betriebsbedingten Kündigungsgrund dar. Auch die Stilllegung des Betriebes stellt kein dringendes betriebliches Erfordernis dar, das nach § 1 Abs. 2 KSchG die Kündigung eines Arbeitnehmers, mit dem Block-Altersteilzeit vereinbart ist und der sich bereits in der Freistellungsphase befindet, sozial rechtfertigen kann.[149] Dies gilt auch für eine Kündigung durch den Insolvenzverwalter.

69 § 113 InsO ist auf alle Dienstverhältnisse i.S.d. § 611 BGB anwendbar und damit nicht allein auf die Kündigung von Arbeitsverhältnissen beschränkt. Bei der Abgrenzung des Arbeitsverhältnisses zum freien Dienstverhältnis gelten keine insolvenzspezifischen Besonderheiten. Soweit arbeitnehmerähnliche Personen im Rahmen eines Dienstvertrages tätig werden, werden auch diese Rechtsverhältnisse von § 113 InsO erfasst. Die arbeitnehmerspezifischen Vorschriften der InsO gelten für sie jedoch nicht.[150] Ungeklärt ist die Frage, ob der Insolvenzverwalter bei einer Tätigkeit dieser Personen auf werkvertraglicher Grundlage in Ausübung seines Wahlrechts nach § 103 InsO die Erfüllung des Vertrages ablehnen oder ob er das Vertragsverhältnis nur nach § 113 InsO kündigen kann. Da sich die Ablehnungserklärung nicht in eine Kündigung umdeuten lässt, sollte neben einer Erfüllungsablehnung gem. § 103 InsO auch eine Beendigungskündigung nach § 113 InsO ausgesprochen werden.[151]

70 Auch die – meist befristeten – Anstellungsverhältnisse von Organen juristischer Personen sind durch den Insolvenzverwalter nach § 113 InsO kündbar.[152] Für den Vorstand einer AG ergibt sich dies bereits aus § 87 Abs. 3 AktG. Die bisher in § 113 Abs. 2 InsO a.F. geregelte Klagefrist galt für sie jedoch nicht. Auch jetzt gilt die einheitliche Klagefrist nach § 4 KSchG mangels Vorliegen eines Arbeitsverhältnisses für sie nicht. Von der Kündigung des Anstellungsverhältnisses zu trennen ist die Beendigung der Organstellung. Die Abberufung von Organmitgliedern muss auch im Insolvenzfalle von dem dafür vorgesehenen Gesellschaftsorgan erfolgen, z.B. durch die Gesellschafterversammlung bei der GmbH, §§ 46 Nr. 5, 48 GmbHG und den Aufsichtsrat bei der AG nach § 84 Abs. 3 AktG.

149 BAG, Urt. v. 05.12.2002, NZA 2003, 789.

150 Gottwald/*Heinze,* § 102 Rn 38.

151 *Düwell,* Kölner Schrift, S. 1433, 1443 Rn 27; *Eisenbeis,* FA 1999, 2, 4; *Berscheid,* ZInsO 1998, 115, 116; *Steindorf/Regh,* § 3 Rn 10.

152 *Hamacher,* in: *Nerlich/Römermann,* § 113 Rn 40; *Annuß,* ZInsO 2001, 344, 349.

Die Verwaltungsbefugnis des Insolvenzverwalters umfasst nicht das Recht zur Abberufung der Organmitglieder.[153]

1. Weitergeltung des Kündigungsrechts

Neben dem allgemeinen und besonderen Kündigungsschutz muss der Insolvenzverwalter auch alle sonstigen Zulässigkeitsvoraussetzungen der Kündigung beachten, etwa das Schriftformerfordernis nach § 623 BGB, die Beteiligungsrechte des Betriebsrats nach § 102, 103 BetrVG oder des Sprecherausschusses nach § 31 Abs. 2 SprAuG und sonstige insbesondere behördliche Zustimmungsvorbehalte bei der Kündigung besonders geschützter Personengruppen. 71

Kündigungsberechtigt ist grundsätzlich nur der Insolvenzverwalter kraft seiner Stellung als Arbeitgeber. Vor Eröffnung des Insolvenzverfahrens kündigungsberechtigte Vertreter des Arbeitgebers, denen nach § 48 HGB Prokura oder nach § 54 HGB Handlungsvollmacht erteilt worden ist, sowie diejenigen Führungskräfte, denen der Arbeitgeber die Kündigungsbefugnis nach den Vorschriften über die Stellvertretung übertragen hat, sind mit Eröffnung des Insolvenzverfahrens nicht mehr kündigungsbefugt, weil ihre Vollmacht nach § 117 InsO erlischt.[154] Der Insolvenzverwalter kann die Kündigungsbefugnis jedoch nach den Vorschriften über die Stellvertretung selbst auf Dritte übertragen.[155] Beauftragt der Insolvenzverwalter einen Dritten, in seinem Namen Kündigungen auszusprechen, bedarf es dazu einer schriftlichen Vollmacht. Wird die Kündigung von Vertretern des Insolvenzverwalters ausgesprochen, kann der Kündigungsempfänger die Kündigung unverzüglich nach § 174 Satz 1 BGB zurückweisen, wenn mit der Kündigungserklärung keine Originalvollmacht vorgelegt wurde. Wird der bisherige Personalleiter, dessen Stellung und Vollmacht im Betrieb bekannt war, durch den Insolvenzverwalter in der gleichen Funktion weiterbeschäftigt, ist die Vorlage einer Vollmacht bei Ausspruch der Kündigung durch den Personalleiter nicht erforderlich.[156] Eine als bekannt vorauszusetzende Bevollmächtigung i.S.d. § 174 Satz 2 BGB liegt aber nicht vor, wenn der Insolvenzverwalter als Partei kraft Amtes einem soziierten Rechtsanwalt im Einzelfall die Befugnis zum Ausspruch der Kündigung erteilt.[157] Mangels besonderer Kündigungsvollmacht kann die Kündigung nach § 174 Satz 1 BGB zurückgewiesen werden. 72

2. Kündigungsmöglichkeit nach § 113 InsO

a) Kündigung befristeter Arbeitsverhältnisse

Die Eröffnung des Insolvenzverfahrens berührt nicht den Bestand befristeter Arbeitsverhältnisse. Ist das Recht zur ordentlichen Kündigung des befristeten Arbeitsverhältnisses zwischen den Parteien vereinbart, ergeben sich ebenfalls keine Besonderheiten. Etwas anderes gilt jedoch, wenn das Recht zur ordentlichen Kündigung zwischen den Partien nicht vereinbart wurde. Unter Geltung des § 22 KO wurde der einzelvertragliche Ausschluss des ordentlichen Kündigungsrechts in einem befristeten Arbeitsverhältnis behandelt wie die Vereinbarung einer der Dauer der Befristung entsprechenden Kündigungsfrist.[158] Der Konkursverwalter konnte das Vertragsverhältnis gestützt auf § 22 KO mit der gesetzlichen Kündigungsfrist kündigen. Auch in der Insolvenz ist ein befristetes Arbeitsverhältnis vorzeitig ordentlich kündbar, denn nach § 113 Satz 1 InsO ist auf eine vereinbarte Vertragsdauer 73

153 *Düwell*, Kölner Schrift, S. 1433, 1442 Rn 25.
154 *Düwell*, Kölner Schrift, S. 1434, 1456 Rn 71.
155 BAG, Urt. v. 22.01.1998, AP Nr. 11 zu § 174 BGB.
156 *Steindorf/Regh*, § 3 Rn 146; BAG, Urt. v. 22.01.1998, AP Nr. 11 zu § 174 BGB; entsprechend muss sich der Insolvenzverwalter im Rahmen von § 626 Abs. 2 BGB, § 9 MuSchG auch die Kenntnis dieser Personen von dem Kündigungssachverhalt, der zur außerordentlichen Kündigung berechtigt, oder von der Schwangerschaft der Mitarbeiterin zurechnen lassen, vgl. *Steindorf/Regh*, § 3 Rn 290 f., 327.
157 LAG Köln, Urt. v. 31.08.2001, ZIP 2001, 433.
158 BAG, Urt. v. 19.11.1990 – 2 AZR 232/90 (n.v.).

keine Rücksicht zu nehmen. Zu einer solchen Vereinbarung zählt auch die Befristung.[159] Ist das Recht zur ordentlichen Kündigung ausgeschlossen, gilt in der Insolvenz bei einem befristeten Arbeitsvertrag die dreimonatige Kündigungsfrist des § 113 Satz 2 InsO, nicht aber eine kürzere gesetzliche Kündigungsfrist.[160]

74 An dieser Rechtslage hat sich auch mit In-Kraft-Treten des Teilzeit- und Befristungsgesetzes grundsätzlich nichts geändert. § 15 Abs. 3 TzBfG bestimmt zwar ausdrücklich, dass ein befristetes Arbeitsverhältnis ordentlich nicht gekündigt werden kann, es sei denn, dass dies einzelvertraglich oder im anwendbaren Tarifvertrag vereinbart ist. Für die Anwendbarkeit von § 113 Satz 1 InsO kommt es aber nicht auf den Ausschluss des Rechts zur ordentlichen Kündigung an, sondern allein auf die vereinbarte Vertragsdauer. Fraglich ist aber, wie der Fall der rechtsunwirksamen Befristung zu behandeln ist. Nach § 16 Abs. 1 TzBfG gilt der befristete Arbeitsvertrag als auf unbestimmte Zeit geschlossen. Die ordentliche Kündigung ist erst zum vereinbarten Ende zugelassen, sofern nicht einzelvertraglich oder durch Tarifvertrag eine ordentliche Kündigung zu einem früheren Zeitpunkt möglich ist. Hierbei handelt es sich dem Wortlaut nach um den gesetzlichen Ausschluss des ordentlichen Kündigungsrechts, dem § 113 Satz 1 InsO nicht vorgehen könnte, weil nur vereinbarte Kündigungsbeschränkungen erfasst werden. Denkbar ist eine analoge Anwendung von § 113 Satz 1 InsO. Denn wenn schon das wirksam befristete Arbeitsverhältnis in der Insolvenz gekündigt werden kann, dann muss auch das allein aufgrund unwirksamer Befristung unbefristete Arbeitsverhältnis ordentlich kündbar sein. Vertretbar ist auch, in dem gesetzlichen Ausschluss der ordentlichen Kündigung für die Dauer der Befristung eine der Befristungsdauer entsprechende gesetzliche Kündigungsfrist zu sehen, die sich nach § 113 Satz 2 InsO in der Insolvenz auf drei Monate verkürzt.[161]

b) Kündigung bei Ausschluss des ordentlichen Kündigungsrechts

75 Im Fall des individualvertraglichen Ausschlusses des ordentlichen Kündigungsrechts ist das Arbeitsverhältnis nach § 113 InsO mit der gesetzlichen Höchstfrist von drei Monaten ohne weiteres ordentlich kündbar.

76 Für tarifliche Kündigungsausschlüsse wurde unter Geltung des § 22 Abs. 1 KO von einer Konkursfestigkeit ausgegangen, mit der Folge, dass auch nach Konkurseröffnung nicht ordentlich gekündigt werden konnte.[162] Aufgrund der Regelung in § 113 Satz 1 InsO wird nunmehr auch der tarifliche Ausschluss des ordentlichen Kündigungsrechts verdrängt, so dass tarifvertragliche Kündigungsbeschränkungen nicht (mehr) insolvenzfest sind.[163] Die Vorschrift ist verfassungsgemäß.[164]

77 Die Kündigungsmöglichkeit nach § 113 Satz 1 InsO erfasst auch andere kollektivrechtliche Kündigungsbeschränkungen, z.B. wenn das Recht zum Ausspruch betriebsbedingter Kündigungen für einen bestimmten Zeitraum ausgeschlossen ist oder die Zulässigkeit einer ordentlichen Kündigung gegenüber ansonsten »unkündbaren« Arbeitnehmern an die Zahlung einer Sozialplanabfindung knüpft. Mit der Zielsetzung des § 113 InsO ist eine Unterscheidung zwischen (absolutem) Kündigungsausschluss und (finanziellen) Kündigungserschwerungen nicht zu vereinbaren.[165] Ist der Ausspruch einer Kündigung aber an das Zustimmungserfordernis des Betriebsrates geknüpft, kann

159 *Eisenbeis,* FA 1999, 2, 3.

160 BAG, Urt. v. 06.07.2000, NZA 2000, 23; LAG Düsseldorf, Urt. v. 05.11.1999, ZInsO 2000, 169; LAG Hamm, Urt. v. 08.12.1999, ZInsO 2000, 407.

161 *Steindorf/Regh,* § 3 Rn 119.

162 BAG, Urt. v. 07.06.1984, AP Nr. 5 zu § 22 KO; *Schrader,* RdA 1997, 70.

163 BAG, Urt. v. 19.01.2000, AP Nr. 5 zu § 113 InsO; LAG Hamm, Urt. v. 20.05.1999, ZInsO 1999, 362; *Düwell,* Kölner Schrift, S. 1433, 1447 Rn 42; *Eisenbeis,* FA 1999, 2, 3; *Schaub,* DB 1999, 217; a.A. *Lohkemper,* KTS 1996, 1, 8.

164 BAG, Urt. v. 16.05.2002, NZA 2003, 93; BAG, Urt. v. 19.01.2000, AP Nr. 5 zu § 113 InsO; LAG Hamm, Urt. v. 20.05.1999, ZinsO 1999, 362; Gottwald/*Heinze,* § 103 Rn 61; *Düwell,* Kölner Schrift, S. 1433, 1448 Rn 42; a.A. ArbG Stuttgart, Beschl. v. 04.08.1997, NZA-RR 1998, 137; *Bichelmeier/Oberhofer,* AiB 1997, 161, 162; Kittner/*Trittin,* § 113 Rn 5.

165 LAG Hamm, Urt. v. 26.11.1998, EWiR, 1999, 467, bestätigt durch BAG, Urt. v. 19.01.2000, AP Nr. 5 zu § 113 InsO.

der Insolvenzverwalter den Zustimmungsvorbehalt nicht unter Berufung auf § 113 Satz 1 InsO umgehen.[166] Eine solche Vereinbarung kann aber dahin gehend einschränkend auszulegen sein, dass jedenfalls dann, wenn im Falle der Insolvenz wegen Betriebsstilllegung allen Arbeitnehmern betriebsbedingt gekündigt werden muss, die Zustimmung des Betriebsrats zu diesen betriebsbedingten Kündigungen nicht erforderlich ist.[167]

3. Kündigungsfrist nach § 113 Satz 2 InsO

§ 113 Satz 2 InsO bestimmt für die Kündigung eines Dienstverhältnisses in der Insolvenz eine maximale Kündigungsfrist von drei Monaten zum Monatsende, wenn nicht eine kürzere Kündigungsfrist maßgeblich ist. § 113 Satz 2 InsO normiert damit eine Kündigungshöchstfrist,[168] die nur zur Anwendung gelangt, wenn außerhalb des Insolvenzverfahrens keine kürzere einzelvertragliche, tarifliche oder gesetzliche Kündigungsfrist maßgeblich ist. § 113 Satz 2 InsO geht als lex specialis allen längeren gesetzlichen und einzelvertraglichen Kündigungsfristen vor.[169] Ist die arbeitsvertraglich vereinbarte Kündigungsfrist länger als die gesetzliche Kündigungsfrist, ist bei einer Kündigung in der Insolvenz die Höchstfrist des § 113 Satz 2 InsO maßgeblich.[170] Die »maßgebliche« Frist ist in diesem Fall nicht die (kürzere) gesetzliche Frist.[171] Die dreimonatige Kündigungsfrist gilt auch, wenn das ordentliche Kündigungsrecht ausgeschlossen war, ungeachtet einer kürzeren gesetzlichen Kündigungsfrist.[172] 78

Auch längere tarifliche Kündigungsfristen werden durch § 113 Satz 2 InsO verdrängt.[173] Der Eingriff in die durch Art. 9 Abs. 3 GG geschützte Tarifautonomie ist verhältnismäßig, da die Regelung die durch Art. 14 Abs. 1 GG geschützten Forderungen der Insolvenzgläubiger gegen eine Aushöhlung der Insolvenzmasse schützen soll.[174] 79

§ 113 Satz 2 InsO bestimmt nicht nur die Kündigungsfrist in der Insolvenz, sondern auch den Kündigungstermin.[175] Verdrängt werden daher alle Kündigungstermine zum Quartalsende. Der Insolvenzverwalter kann das Arbeitsverhältnis unter Einhaltung der dreimonatigen Kündigungsfrist zu jedem Monatsende kündigen.[176] 80

4. Nachkündigung durch den Insolvenzverwalter

Wurden die Arbeitsverhältnisse der Arbeitnehmer noch durch den Schuldner gekündigt, kann dies bei langer gesetzlicher oder vertraglicher Kündigungsfrist bedeuten, dass die Kündigungsfrist nach Insolvenzeröffnung noch länger als drei Monate läuft. In diesen Fällen steht dem Insolvenzverwalter das Recht zur Nachkündigung mit der kürzeren Frist des § 113 Satz 2 InsO zu.[177] Dies gilt 81

166 BAG, Urt. v. 19.01.2000 – 4 AZR 911/98 (n.v.).

167 BAG, Urt. v. 19.01.2000 – 4 AZR 911/98 (n.v.); a.A. LAG Stuttgart, Urt. v. 09.11.1998, LAGE § 113 InsO Nr. 6.

168 LAG Hamm, Urt. v. 20.05.1999, ZInsO 1999, 362.

169 Gottwald/*Heinze,* § 103 Rn 62.

170 BAG, Urt. v. 03.12.1998, AP Nr. 1 zu § 113 InsO; MüKo-InsO/*Caspers/Löwisch,* § 113 Rn 25; *Steindorf/Regh,* § 3 Rn 125; *Tschöpe/Fleddermann,* ZInsO 2001, 455, 456.

171 A.A. LAG Köln, Urt. v. 08.05.1998, NZA 1998, 765, 766; LAG Hamm, Urt. v. 25.10.2000, ZInsO 2001, 282; *Hess,* § 113 Rn 135; *Berscheid,* ZInsO 1998, 159, 162.

172 BAG, 19.01.2000, AP Nr. 5 zu § 113 InsO; a.A. MüKo-InsO/*Caspers/Löwisch,* § 113 Rn 26.

173 BAG, Urt. v. 16.06.1999, AP Nr. 3 zu § 113 InsO; LAG Düsseldorf, Urt. v. 09.01.1998, LAGE § 113 InsO Nr. 2; *Heinze,* NZA 1999, 57, 59; *Berkowsky,* NZI 1999, 129, 130 f.; *Lakies,* BB 1998, 2638, 2640; a.A. ArbG München, Beschl. v. 23.09.1998, NZA-RR 1999, 18; *Bichlmeier/Oberhofer,* AiB 1997, 161, 162; Kittner/*Trittin,* § 113 Rn 4; *Plander,* DZWiR 1999, 183.

174 BAG, Urt. v. 16.06.1999, AP Nr. 3 zu § 113 InsO.

175 *Düwell,* Kölner Schrift, S. 1433, 1449 Rn 47; MüKo-InsO/*Caspers/Löwisch,* § 113 Rn 23.

176 *Steindorf/Regh,* § 3 Rn 130.

177 BAG, Urt. v. 16.06.1999, AP Nr. 3 zu § 113 InsO; LAG Hamm, Urt. v. 13.08.1997, LAGE § 113 InsO Nr. 1; *Leithaus,* NZI 1999, 254, 255; *Berscheid,* ZInsO 1998, 9, 13; a.A. ArbG Köln, Urt. v. 08.12.1998, NZI 1999, 282.

auch dann, wenn der Schuldner mit Zustimmung des vorläufigen Insolvenzverwalters zuvor unter Einhaltung der ordentlichen Kündigungsfrist zu einem späteren Zeitpunkt gekündigt hat.[178] Der Insolvenzverwalter kann ein Arbeitsverhältnis auch dann mit der kurzen Kündigungsfrist des § 113 Satz 2 InsO kündigen, wenn er zuvor als vorläufiger Insolvenzverwalter unter Einhaltung der ordentlichen Kündigungsfrist zu einem späteren Zeitpunkt gekündigt hat.[179] Eine unzulässige »Wiederholungskündigung« oder »Nachkündigung« liegt darin nicht. Das Kündigungsrecht ist nicht verbraucht, denn die frühere Kündigung wird nicht einfach wiederholt, sondern es wird auf einer veränderten Grundlage eine neue rechtsgestaltende Erklärung abgegeben. Der Insolvenzverwalter kann auch dann nachkündigen, wenn die vorangegangene Kündigung des Schuldners endgültig rechtwirksam geworden ist. Im Falle der Nachkündigung muss der Insolvenzverwalter aber bei bestehendem Sonderkündigungsschutz die Zustimmung der Verwaltungsbehörde erneut einholen und den Betriebsrat nochmals anhören.[180]

82 Haben die Vertragsparteien vor Insolvenzeröffnung einen Aufhebungsvertrag geschlossen, wird dieser Vertrag durch die Eröffnung des Insolvenzverfahrens nicht berührt. Endet das Arbeitsverhältnis erst nach Insolvenzeröffnung, kann der Insolvenzverwalter unter Umständen gezwungen sein, das Arbeitsverhältnis gestützt auf § 113 InsO zu kündigen. Die Kündigungsfrist des § 113 InsO gilt auch für Auslauffristen aufgrund von Aufhebungsverträgen. Auch diese können, wenn die Auslauffrist die längere ist, vom Insolvenzverwalter nach § 113 InsO gekündigt werden. Allerdings handelt es sich hierbei lediglich um eine Verkürzung des Arbeitsverhältnisses, nicht jedoch um eine Beseitigung der Aufhebungsvereinbarung, so dass etwa aufgrund der Aufhebungsvereinbarung vom Arbeitgeber geleistete Zahlungen nicht zurückzugewähren bzw. vom Insolvenzverwalter weiter zu erbringen sind.[181]

5. Kündigung im Berufsausbildungsverhältnis

83 Die Eröffnung des Insolvenzverfahrens berührt den Bestand des Ausbildungsverhältnisses nicht. Der Insolvenzverwalter kann daher das Ausbildungsverhältnis allein aufgrund der Insolvenzeröffnung nicht kündigen.[182] Die Insolvenz stellt auch keinen außerordentlichen Kündigungsgrund dar.[183] Bereits zum früheren Konkursrecht hatte das BAG entschieden, dass das Ausbildungsverhältnis im Konkurs des Arbeitgebers nicht außerordentlich, sondern unter Einhaltung der ordentlichen Kündigungsfrist vom Konkursverwalter nach § 22 Abs. 1 Satz 2 KO nur dann gekündigt werden könne, wenn die Fortsetzung der Ausbildung aufgrund der Eröffnung des Insolvenzverfahrens unmöglich geworden sei, z.B. bei einer vollständigen Betriebsstilllegung.[184]

84 An dieser Rechtslage hat sich nichts geändert. § 113 Satz 1 InsO ist auf die Kündigung des Ausbildungsverhältnisses nicht anwendbar, weil es sich beim Ausschluss des Rechts zur ordentlichen Kündigung um eine gesetzliche Kündigungsbeschränkung handelt, der § 113 Satz 1 InsO nicht vorgehen kann.[185] Das Ausbildungsverhältnis ist also grundsätzlich insolvenzfest, es sei denn, die Fortsetzung der Ausbildung wird insolvenzbedingt unmöglich.[186] Das Ausbildungsverhältnis kann

178 BAG, Urt. v. 08.04.2003, ZIP 2003, 1260.
179 BAG, Urt. v. 22.05.2003, ZInsO 2003, 866,
180 *Berscheid,* ZInsO 1998, 159, 164.
181 *Steindorf/Regh,* § 3 Rn 399.
182 BAG, Urt. v. 27.05.1993, AP Nr. 9 zu § 22 KO.
183 *Berscheid,* ZInsO 1998, 115, 122.
184 BAG, Urt. v. 27.05.1993, AP Nr. 9 zu § 22 KO.
185 *Hamacher,* in: *Nerlich/Römermann,* § 113 Rn 45; Gottwald/*Heinze,* § 103 Rn 36.
186 *Hamacher,* in: *Nerlich/Römermann,* § 113 Rn 45.

in diesem Fall nur unter Beachtung der im Gesetz vorgesehenen Kündigungsfrist von drei Monaten zum Monatsende gekündigt werden.[187] § 113 Satz 2 InsO ist zumindest entsprechend anwendbar.[188]

6. Schadensersatz gem. § 113 Satz 3 InsO

Gem. § 113 Satz 3 InsO kann ein Arbeitnehmer wegen der vorzeitigen Beendigung des Arbeitsverhältnisses durch eine vom Insolvenzverwalter ausgesprochene Kündigung Schadensersatz verlangen. Der gesetzliche Schadensersatzanspruch ist verschuldensunabhängig und steht nur dem Arbeitnehmer gegen den Insolvenzverwalter zu.[189] Der Anspruch umfasst den sog. »Verfrühungsschaden«, also nur den aufgrund der Kündigung mit der verkürzten Frist nach § 113 Satz 2 InsO entstehenden Schaden wegen der vorzeitigen Beendigung des Arbeitsverhältnisses.[190] Daher besteht der Anspruch nicht, wenn der Insolvenzverwalter das Arbeitsverhältnis zu dem Beendigungszeitpunkt ohne Rückgriff auf § 113 InsO hätte kündigen können.[191] 85

Der Schaden besteht in aller Regel im Verdienstausfall, den der Arbeitnehmer durch die vorzeitige Kündigung erleidet. Bei ordentlich kündbaren Arbeitsverhältnissen wird durch den Schadensersatzanspruch die Zeit von der tatsächlichen Beendigung des Arbeitsverhältnisses bis zu dem Zeitpunkt, zu dem ohne Insolvenz frühestens hätte gekündigt werden können, abgedeckt.[192] Im Fall des Ausschlusses des ordentlichen Kündigungsrechts ist der Schaden auf die längste gesetzliche oder tarifliche Kündigungsfrist beschränkt.[193] Der Verfrühungsschaden bei befristeten oder auflösend bedingten Arbeitsverhältnissen umfasst die Zeitspanne bis zum Fristende oder bis zum Bedingungseintritt.[194] 86

Der Schadensersatzanspruch erfasst den Ausfall der Vergütung einschließlich Provisionen, Gratifikationen oder Sachbezügen, z.B. die private Handy- und PKW-Nutzungsmöglichkeit.[195] Der Arbeitnehmer muss sich aber dasjenige anrechnen lassen, was er infolge eines neuen Arbeitsverhältnisses in der in Frage stehenden Zeitspanne verdient hat.[196] Infolgedessen muss er sich auch sonstige Einnahmen aus anderer Tätigkeit und aus Sozialleistungen, z.B. Arbeitslosengeld und Sozialhilfe, anrechnen lassen. 87

Nach den Grundsätzen des § 254 BGB muss der Arbeitnehmer sich auch anrechnen lassen, was er zu erwerben schuldhaft unterlässt.[197] Hierbei reicht jede Fahrlässigkeit, die Unterlassung braucht nicht böswillig zu sein. § 615 Satz 2 BGB ist nicht einschlägig.[198] Diese für den Arbeitnehmer ungünstige Differenzierung ist gerechtfertigt, weil der Schadensersatzanspruch nach § 113 Satz 3 InsO, anders als der Annahmeverzugslohn, kein Erfüllungsanspruch des Entgeltanspruchs ist. Der Arbeitnehmer ist im Rahmen seiner Schadensminderungspflicht gehalten, sich ernstlich um einen anderweitigen Arbeitsplatz zu bemühen und alles unternehmen, seine Arbeitskraft so nutzbringend wie möglich zu verwerten.[199] 88

187 *Hess,* § 113 Rn 658, 660; *Eisenbeis,* FA 1999, 2; *Düwell,* Kölner Schrift, S. 1433, 1468 Rn 109; *Schaub,* DB 1999, 217, 223.
188 *Hess,* § 113 Rn 658, 660.
189 FK/*Eisenbeis,* § 113 Rn 78.
190 *Berscheid,* ZInsO 1998, 159, 164; *Hess,* § 113 Rn 675; *Berkowsky,* NZI 1999, 129, 131.
191 *Hamacher,* in: *Nerlich/Römermann,* § 113 Rn 251.
192 *Berscheid,* ZInsO 1998, 159, 164.
193 FK/*Eisenbeis,* § 113 Rn 79; MüKo-InsO/*Löwisch/Caspers,* § 113 Rn 32; *Steindorf/Regh,* § 3 Rn 381; a.A. *Zwanziger,* § 113 Rn 17.
194 *Berscheid,* ZInsO 1998, 159, 164.
195 *Düwell,* Kölner Schrift, S. 1433, 1452 Rn 54.
196 *Caspers,* Rn 116; *Zwanziger,* § 113 Rn 104.
197 KR/*Weigand,* § 628 BGB Rn 42.
198 *Berkowsky,* NZI 1999, 129, 131.
199 BGH, Urt. v. 26.04.1990, BGHR BGB § 254 Abs. 2 Satz 1 Arbeitslosigkeit 1; BAG, Urt. v. 16.05.2000, NZA 2001, 26, 27.

89 Bei Mitgliedern des Vorstands einer Aktiengesellschaft ist der Verdienst nur bis höchstens zwei Jahre auszugleichen. Dies ergibt sich aus § 87 Abs. 3 AktG. Allerdings kann der Anspruch nach § 254 BGB ausgeschlossen sein, wenn ein Organmitglied einer Gesellschaft, Genossenschaft oder eines Vereins die Insolvenz verschuldet hat.[200]

90 Der Schadensersatzanspruch ist eine einfache Insolvenzforderung, §§ 113 Satz 3, 38 InsO. Bei der Geltendmachung des Schadensersatzanspruchs sind vertragliche und kollektivrechtliche, insbesondere tarifvertragliche Ausschlussfristen zu beachten. Der Schadensersatzanspruch setzt die wirksame Beendigung des Arbeitsverhältnisses durch die Kündigung des Insolvenzverwalters voraus. Obsiegt der Arbeitnehmer im Kündigungsschutzprozess, dann hat er Anspruch auf Fortzahlung der Vergütung, ggf. unter dem Gesichtspunkt des Annahmeverzugs. Der Anspruch auf Ersatz des Verfrühungsschadens ist dann nicht gegeben.

II. Klagefrist

91 Im Fall der Kündigung durch den Insolvenzverwalter galt bis zum 31.12.2003 die Klagefrist nach § 113 Abs. 2 InsO a.F.. Seit dem 01.01.2004 gilt nunmehr eine einheitliche Klagefrist für alle Kündigungen. Eine Übergangsregelung existiert nicht, so dass ein Arbeitnehmer gegen eine seit dem 01.01.2004 ausgesprochene schriftliche Kündigung innerhalb von drei Wochen Klage erheben muss, § 4 Satz 2 i.V.m. Satz 1 KSchG. Durch das Gesetz zu Reformen am Arbeitsmarkt wurde auch § 4 Satz 2 KSchG geändert. Der Arbeitnehmer muss nunmehr innerhalb von drei Wochen Klage auf Feststellung erheben, dass die Änderung der Arbeitsbedingungen sozial ungerechtfertigt oder aus anderen Gründen unwirksam ist. Innerhalb dieser Frist muss der Arbeitnehmer künftig auch dann Klage erheben, wenn er sich auf sonstige Unwirksamkeitsgründe, z.B. die fehlerhafte Anhörung des Betriebsrats nach § 102 BetrVG, berufen will. Eine Ausnahme bildet lediglich ein Verstoß gegen das Schriftformerfordernis des § 623 BGB, denn nach der Neufassung des § 4 Satz 1 KSchG hängt der Beginn des Laufs der Klagefrist nunmehr vom Zugang der schriftlichen Kündigung ab. Keiner Einhaltung der Klagefrist bedarf es auch, wenn der Arbeitnehmer lediglich die Nichteinhaltung der Kündigungsfrist geltend macht.[201] In diesem Fall ist nicht die Kündigung unwirksam, sondern gilt zum nächst zulässigen Kündigungstermin. Die einheitliche Klagefrist gilt auch außerhalb der Anwendbarkeit des KSchG sowohl für ordentliche als für außerordentliche Kündigungen, § 4 Satz 1 KSchG i.V.m. § 23 Abs. 1 Satz 2 KSchG.

92 Für Kündigungen des Insolvenzverwalters, die vor dem 31.12.2003 ausgesprochen wurden, gilt weiterhin § 113 Abs. 2 InsO a.F. Im Folgenden wird daher die bis zum 31.12.2003 geltende Rechtslage erläutert, die für Altfälle weiterhin maßgeblich ist. Nach § 113 Abs. 2 InsO a.F. muss der Arbeitnehmer auch dann die Drei-Wochen-Frist wahren, wenn er sich auf andere Unwirksamkeitsgründe i.S.d. § 13 Abs. 3 KSchG berufen will, z.B. § 102 BetrVG, § 15 KSchG, § 9 MuSchG, § 18 BErzGG, §§ 85, 91 SGB IX, §§ 613a Abs. 4, 623 BGB, §§ 11, 13 Abs. 3 TzBfG, einen Verstoß gegen Treu und Glauben, § 242 BGB oder bei Sittenwidrigkeit der Kündigung. Dies gilt auch dann, wenn der Arbeitnehmer erst mehr als drei Wochen nach Zugang der Kündigung Kenntnis von den Umständen erlangt, aus denen sich die Unwirksamkeit der Kündigung, z.B. ein Betriebsübergang ergeben könnte.[202] Die Klagefrist gilt auch für Arbeitsverhältnisse, die nicht unter den Geltungsbereich des KSchG fallen.[203] Keiner Einhaltung der Klagefrist bedarf es auch hier, wenn der Arbeitnehmer lediglich die Nichteinhaltung der Kündigungsfrist geltend macht.[204]

Die Klagefrist gilt nicht nur bei einer auf § 113 Abs. 1 InsO a.F. gestützten Kündigung, sondern bei jeder Kündigung durch den Insolvenzverwalter, nicht aber bei einer Kündigung durch den

200 *Berscheid,* ZInsO 1998, 159, 165; *Hess,* § 113 Rn 682.

201 Zu § 113 Abs. 2 InsO a.F.: Steindorf/Regh, § 3 Rn. 362; *Schaub* DB 1999, 217, 220, a.A. ErfK/*Müller-Glöge*, § 113 InsO Rn 36.

202 LAG Hamburg, Urt. v. 14.06.2002, ZInsO 2003, 100.

203 *Lakies,* BB 1998, 2638, 2641; *Berscheid,* ZInsO 1998, 159, 166; *Eisenbeis,* FA 1999, 2, 4.

204 *Schaub,* DB 1999, 217, 220; *Steindorf/Regh,* § 3 Rn 362; a.A. ErfK/*Müller-Glöge*, § 113 InsO Rn 36.

vorläufigen Insolvenzverwalter oder den Schuldner, auch wenn die Kündigung erst nach Eröffnung des Insolvenzverfahrens angegriffen wird.

§ 4 KSchG bleibt im Insolvenzverfahren unmittelbar anwendbar. § 113 Abs. 2 InsO a.F. erlangt daher keine Bedeutung, soweit das Kündigungsschutzgesetz Anwendung findet und der Arbeitnehmer auch außerhalb der Insolvenz innerhalb von drei Wochen Kündigungsschutzklage erheben muss, um die Sozialwidrigkeit der Kündigung nach § 1 Abs. 2, 3 KSchG geltend zu machen. Im Fall der Geltendmachung der Unwirksamkeit einer außerordentlichen Kündigung nach § 13 Abs. 1 Satz 2 KSchG ergibt sich die Klagefrist unmittelbar aus § 113 Abs. 2 InsO a.F..[205] Kündigt der Insolvenzverwalter einem in Elternzeit befindlichen Arbeitnehmer, so kann dieser das Fehlen der nach § 18 Abs. 1 Satz 2 BErzGG erforderlichen Zulässigkeitserklärung bis zur Grenze der Verwirkung jederzeit geltend machen, wenn ihm die entsprechende Entscheidung der zuständigen Behörde nicht bekannt gegeben worden ist (§ 113 Abs. 2 Satz 2 InsOa. F., § 4 Satz 4 KSchG).[206] 93

§ 6 Satz 1 KSchG erlaubt dem Arbeitnehmer die Erweiterung der Klage auf Feststellung der Sozialwidrigkeit der Kündigung, vorausgesetzt, dass die wegen Nichtigkeit der Kündigung aus anderen Gründen erhobene Klage innerhalb der Drei-Wochen-Frist des § 4 KSchG eingereicht wurde. Liegen die Voraussetzungen des § 6 Satz 1 KSchG vor, so kann der Arbeitnehmer in dem laufenden Verfahren, auch wenn die Drei-Wochen-Frist des § 4 KSchG verstrichen ist, die Sozialwidrigkeit bis zum Schluss der mündlichen Verhandlung erster Instanz geltend machen.[207] § 6 KSchG gilt unmittelbar auch in der Insolvenz.[208] 94

Wurde bei Klagerhebung hingegen nur die Sozialwidrigkeit der Kündigung geltend gemacht, kann ein Nachschieben von anderen Unwirksamkeitsgründen unzulässig sein.[209] Eine entsprechende Anwendung von § 6 KSchG ist abzulehnen.[210] § 113 Abs. 2 InsO a.F. zwingt den Arbeitnehmer dazu, innerhalb von drei Wochen alle sonstigen Unwirksamkeitsgründe, auf die er sich berufen will, bei Gericht vorzubringen, auch wenn dies unter Umständen zu einer unnötigen Aufblähung des Prozessstoffs führt.[211] 95

Nach § 113 Abs. 2 Satz 2 InsO a.F. gelten die Regeln der §§ 4 Satz 4, 5 KSchG über die Zulassung verspäteter Klagen und den Lauf der Klagefrist, soweit die Kündigung der Zustimmung einer Behörde bedarf, entsprechend. Nach § 7 KSchG gilt eine Kündigung als von Anfang an rechtswirksam, wenn die Rechtsunwirksamkeit der Kündigung nicht rechtzeitig geltend gemacht wurde. Zwar fehlt in § 113 Abs. 2 InsO a.F. ein Verweis auf § 7 KSchG, doch gebieten es Sinn und Zweck der Verankerung der Klagefrist in § 113 Abs. 2 InsO a.F., dass bei Versäumung der Klagefrist Rechtsklarheit über die Wirksamkeit der Kündigung bestehen muss.[212] 96

Kündigt der Insolvenzverwalter das Ausbildungsverhältnis eines Auszubildenden, ist § 113 Abs. 2 InsO a.F. anwendbar, so dass der Auszubildende innerhalb von drei Wochen z.B. eine fehlende Begründung der Kündigung nach § 15 Abs. 3 BBiG geltend machen muss.[213] Besteht hingegen ein Schlichtungsausschuss, gilt diese Klagefrist nicht.[214] Eine Frist für die Anrufung des Schlichtungsausschusses ist gesetzlich nicht vorgeschrieben. § 113 Abs. 2 InsO a.F. ist unmittelbar nicht 97

205 *Hamacher,* in: *Nerlich/Römermann,* § 113 Rn 259; a.A. MüKo-InsO/*Löwisch/Caspers,* § 113 Rn 39.

206 BAG, Urt. v. 03.07.2003, NZI 2004, 162.

207 LAG Rheinland-Pfalz, Urt. v. 13.12.1984, LAGE § 140 BGB Nr. 2.

208 *Hamacher,* in: *Nerlich/Römermann,* § 113 Rn 281; *Schaub,* DB 1999, 217, 224; MüKo-InsO/*Caspers/Löwisch,* § 113 Rn 76.

209 LAG Düsseldorf, Urt. v. 29.06.2000; ZInsO 2000, 570; LAG München, Urt. v. 26.08.1998, ZInsO 1998, 120; *Schaub,* DB 1999, 217, 224; a.A. LAG Sachsen-Anhalt, Urt. v. 08.06.2001, LAGE § 113 InsO Nr. 8; ArbG Gelsenkirchen, Urt. v. 23.03.1998 – 5 Ca 313/97 (n.v.); *Berscheid,* ZInsO 1998, 159, 167.

210 *Steindorf/Regh,* § 3 Rn 371; offen gelassen von BAG, Urt. v. 16.06.1999, ZInsO 2000, 351; a.A. *Berscheid,* ZInsO 1998, 159, 167; MüKo-InsO/*Löwisch/Caspers,* § 113 Rn 77.

211 Zu den praktischen Bedenken: *Düwell,* Kölner Schrift, S. 1433, 1470 Rn 115.

212 *Berscheid,* ZInsO 1998, 159, 167; *Lakies,* RdA 1997, 145, 147.

213 *Lakies,* BB 1998, 2638, 2641; ErfK/*Müller-Glöge,* § 113 InsO Rn 35.

214 ErfK/*Müller-Glöge,* § 113 InsO Rn 35; *Berscheid,* ZInsO 1998, 159, 158.

anwendbar, da die Vorschrift ausdrücklich nur die Klage vor dem Arbeitsgericht erfasst. Auch eine analoge Anwendung des § 113 Abs. 2 InsO a.F. dürfte abzulehnen sein, denn der Beschleunigungszweck des § 113 Abs. 2 InsO a.F. wird durch die Vorschaltung des Schlichtungsverfahrens ohnehin nicht erreicht werden können.[215] Auch hinsichtlich außerordentlicher Kündigungen von Berufsausbildungsverhältnissen sind die Vorschriften über die fristgebundene Klageerhebung anzuwenden.

III. Kündigung von Arbeitsverhältnissen bei Betriebsänderungen

98 Der Gesetzgeber hat mit den Bestimmungen der §§ 121, 122 und §§ 125 bis 128 InsO für den Insolvenzfall Möglichkeiten geschaffen, die es dem Insolvenzverwalter erlauben sollen, Betriebsänderungen zügig durchführen zu können. Insbesondere die mit langwierigen Kündigungsschutzstreitigkeiten verbundenen Risiken und Belastungen behindern naturgemäß Sanierungsbemühungen. Die §§ 125 bis 128 InsO gelten aber auch im Fall der Betriebsstilllegung.

1. Interessenausgleich mit Namensliste nach § 125 InsO

99 Um einen erleichterten Personalabbau durch betriebsbedingte Kündigungen in der Insolvenz zu ermöglichen, modifiziert § 125 Abs. 1 Satz 1 InsO die Regelung in § 1 KSchG.[216] § 125 Abs. 1 Satz 1 Nr. 1 InsO gilt aber nicht nur für Beendigungskündigungen, sondern auch für Änderungskündigungen.[217] Außerhalb der Insolvenz bestand in den letzten Jahren die Möglichkeit des Abschlusses eines Interessenausgleichs mit Namensliste nicht, nachdem die entsprechende Regelung in § 1 Abs. 5 KSchG a.F., die durch das Arbeitsrechtliche Beschäftigungsförderungsgesetz vom 25.09.1996 eingeführt worden war, von der 1998 gewählten SPD-Bundesregierung wieder abgeschafft worden war. Durch das Gesetz zu Reformen am Arbeitsmarkt vom 24.12.2003 wurden die Vorschriften über die Sozialauswahl neu gestaltet und die Vorschrift des § 1 Abs. 5 KSchG wieder eingeführt. Wesentliche Unterschiede zwischen den Vorschriften zur Sozialauswahl in § 1 Abs. 3 bis 5 KSchG n.F. und § 125 InsO bestehen nicht. Anders als § 1 KSchG n.F. lässt § 125 InsO allerdings auch die Schaffung einer ausgewogenen Personalstruktur zu. Damit sind auch aktive Eingriffe in bestehende Betriebsstrukturen zulässig, um die Leistungsfähigkeit des Betriebes zu erhöhen.[218] Auch das Kriterium einer Schwerbehinderung ist anders als in § 1 Abs. 3 Satz 1 KSchG n.F. bei der Sozialauswahl nicht gesondert zu gewichten. Die nachfolgenden Erläuterungen beziehen sich ausschließlich auf § 125 InsO.

100 § 125 InsO ist nur anwendbar auf einen Interessenausgleich, den der Insolvenzverwalter mit dem Betriebsrat schließt. Dem Schuldner oder vorläufigen Insolvenzverwalter steht der Weg über § 125 InsO nicht offen.[219] Einem vom Schuldner oder vorläufigen Insolvenzverwalter geschlossenen Interessenausgleich mit Namensliste kommen die Wirkungen des § 125 InsO daher nicht zu, auch wenn die Durchführung der bereits geplanten Betriebsänderung in die Zeit nach Eröffnung des Insolvenzverfahrens fällt. Allerdings haben diese nunmehr die Möglichkeit einen Interessenausgleich mit Namensliste mit dem Betriebsrat über § 1 Abs. 5 KSchG zu schließen. Ob vor Insolvenzeröffnung Betriebsräte sich auf den Abschluss eines solchen Interessenausgleichs einlassen werden, wenn noch nicht einmal Sozialplanansprüchen der Rang von Masseansprüchen zukommt, erscheint eher fraglich.

215 *Steindorf/Regh,* § Rn 346.
216 *Hamacher,* in: *Nerlich/Römermann,* § 125 Rn 4; *Oetker/Friese,* DZWiR 2001, 178.
217 *Schaub,* DB 1999, 2217, 2222; *Schader,* NZA 1997, 70, 74.
218 BAG, Urt. v. 28.08.2003, EzA-SD 5/2004, 14.
219 LAG Hamm, Urt. v. 22.05.2002, NZA-RR 2003, 378; ErfK/*Ascheid,* § 125 InsO Rn 1; Däubler/Kittner/Klebe/*Däubler,* Anh. zu §§ 111 – 113, § 125 Rn 2.

a) Voraussetzungen des § 125 InsO

aa) Betriebsänderung i.S.d. § 111 BetrVG

§ 125 Abs. 1 Satz 1 InsO setzt voraus, dass eine Betriebsänderung i.S.v. § 111 BetrVG geplant ist. Maßnahmen außerhalb des Anwendungsbereichs von § 111 BetrVG werden von § 125 InsO nicht erfasst.[220] Bei einem reinen Personalabbau müssen die Grenzen des § 17 KSchG erreicht werden.[221] Aus dem Verweis in § 125 Abs. 1 Satz 1 InsO auf § 111 BetrVG folgt weiter, dass eine Interessenausgleichspflicht bestehen muss, also mehr als 20 wahlberechtigte Arbeitnehmer beschäftigt sein müssen. Unterhalb der relevanten Beschäftigtenzahl ist dem Insolvenzverwalter die Möglichkeit verwehrt, einen »freiwilligen« Interessenausgleich mit den Wirkungen des § 125 InsO abzuschließen.[222] 101

Die Regelung des § 125 InsO gilt nur, wenn der Arbeitnehmer aufgrund der Betriebsänderung gekündigt werden soll.[223] Erforderlich ist, dass die beabsichtigte Kündigung im Zusammenhang mit der geplanten Betriebsänderung steht.[224] Im Kündigungsschutzprozess muss der Insolvenzverwalter den Zusammenhang zwischen Betriebsänderung und Kündigung darlegen und ggf. beweisen.[225] Kündigungen aus krankheits- oder personenbedingten Gründen, aber auch aus sonstigen betriebsbedingten Gründen können im Interessenausgleich daher nicht geregelt werden. Regelt der Interessenausgleich mehrere Betriebsänderungen oder eine mehrgliedrige Betriebsänderung, die entweder nicht gleichzeitig oder einheitlich oder von der eine oder ein Teil schließlich gar nicht durchgeführt wird, ist vom Insolvenzverwalter im Prozess darzulegen und ggf. zu beweisen, dass die Kündigung gerade in Vollzug der tatsächlich durchgeführten bzw. des tatsächlich durchgeführten Teils der Betriebsänderung ausgesprochen wurde.[226] Dieser Kausalzusammenhang nimmt in einem solchen Falle nicht an der Vermutungswirkung des § 125 Abs. 1 Nr. 1 InsO teil. 102

In zeitlicher Hinsicht ist zu beachten, dass die Wirkungen des § 125 InsO dem Insolvenzverwalter nur zugute kommen, wenn der Interessenausgleich mit Namensliste vor dem Vollzug der Betriebsänderung, also dem Ausspruch der betriebsbedingten Kündigungen, geschlossen wird, denn § 125 Abs. 1 Satz 1 InsO spricht allein von »geplanten« Betriebsänderungen.[227] 103

bb) Interessenausgleich i.S.d. § 125 InsO

Der Interessenausgleich i.S.d. § 125 Abs. 1 InsO ist ein solcher i.S.d. § 112 Abs. 1 BetrVG.[228] Für das Zustandekommen des Interessenausgleichs gilt daher die Vorschrift des § 112 BetrVG. Der Insolvenzverwalter kann aber neben dem Interessenausgleich nach § 125 InsO auch einen Interessenausgleich nach § 112 BetrVG mit dem Betriebsrat vereinbaren.[229] Der Insolvenzverwalter kann zudem das Beschlussverfahren nach § 122 InsO betreiben und trotzdem noch einen Interessenausgleich nach § 125 InsO vereinbaren.[230] 104

220 BAG, Urt. v. 16.05.2002, NZA 2003, 93; LAG Düsseldorf, Urt. v. 23.01.2003, LAGE § 125 InsO Nr. 3, n.rkr.; FK/*Eisenbeis,* § 125 Rn 4; *Moll,* in: *Kübler/Prütting,* § 125 Rn 12.

221 Däubler/Kittner/Klebe/*Däubler,* Anh. zu §§ 111 – 113, § 125 Rn 6; *Oetker/Friese,* DZWiR 2001, 179.

222 ErfK/*Ascheid,* § 125 InsO Rn 2; *Steindorf/Regh,* § Rn 628; a.A. *Hess,* § 125 Rn 7; *Schiefer,* NZA 1997, 915, 917; ähnlich *Schrader,* NZA 1997, 70, 76.

223 LAG Hamm, Urt. v. 02.09.1999, ZInsO 2000, 352.

224 ArbG Jena, Urt. v. 25.02.2002, ZInsO 2002, 664; LAG Hamm, Urt. v. 02.09.1999, ZInsO 2000, 352; *Oetker/Friese,* DZWiR 2001, 177, 179.

225 FK/*Eisenbeis,* § 125 Rn 3; *Oetker/Friese,* DZWiR 2001, 177, 179.

226 ArbG Jena, Urt. v. 25.02.2002, ZInsO 2002, 664.

227 LAG Düsseldorf, Urt. 25.02.1998, LAGE § 1 KSchG Interessenausgleich Nr. 9; ArbG Essen, Urt. v. 06.05.1997, DB 1998, 925, 926; ErfK/*Ascheid,* § 125 InsO Rn 10; *Lakies,* BB 1999, 206, 208; *Hess,* § 125 Rn 10.

228 *Oetker/Friese,* DZWiR 2001, 177, 178; *Hamacher,* in: *Nerlich/Römermann,* § 125 Rn 15.

229 *Hamacher,* in: *Nerlich/Römermann,* § 125 Rn 15; ErfK/*Ascheid,* § 125 InsO Rn 2.

230 *Schrader,* NZA 1997, 70, 73; Däubler/Kittner/Klebe/*Däubler,* Anh. zu §§ 111 – 113, § 125 Rn 3.

105 Der Interessenausgleich nach § 125 InsO bedarf zu seiner Wirksamkeit der Schriftform nach § 112 Abs. 1 Satz 1 BetrVG. Als Teil des Interessenausgleichs bedarf auch die Namensliste der Schriftform nach § 126 BGB.[231] Ist die Namensliste in den Interessenausgleich integriert, genügt zur Wahrung der Schriftform die Unterzeichnung des Interessenausgleichs durch die Betriebspartner.[232] Die Namensliste kann aber auch als Anlage zum Interessenausgleich genommen werden. Dann muss die Namensliste aber ein äußeres Merkmal aufweisen, das sie als Bestandteil des Interessenausgleichs ausweist, etwa durch eine feste Verbindung der Namensliste mit dem Interessenausgleich (z.B. mittels Heftmaschine).[233] Fehlt eine feste Verbindung mit dem Interessenausgleich, genügt es, wenn die einzelnen Seiten der Namensliste paraphiert worden sind und auch die Namensliste selbst von den Betriebspartnern unterzeichnet worden ist.[234] Eine Bezeichnung in einer nicht unterschriebenen Namensliste genügt den gesetzlichen Anforderungen hingegen nicht.[235] Ist der Interessenausgleich mit Namensliste nicht formgültig zustande gekommen oder die Gesamturkunde nachträglich zerstört worden, dann greifen weder die Vermutungswirkung noch der schärfere Prüfungsmaßstab für die Sozialauswahl gem. § 125 Abs. 1 Satz 1 InsO.

106 Die namentliche Bezeichnung der zu kündigenden Arbeitnehmer setzt eine eindeutige Identifizierbarkeit voraus, z.B. Vor- und Zuname, Anschrift, Geburtsdatum.[236] Die Nennung nur der Personalnummer ist ebenso wenig ausreichend[237] wie eine gruppenbezogene Bezeichnung, z.B. »alle Arbeitnehmer der X-Abteilung«.[238] Auch eine »Negativliste« der Arbeitnehmer, die nicht gekündigt werden sollen, ist unzureichend.[239]

107 Erfolgen die Kündigungen in Etappen, dann treten die Rechtsfolgen des § 125 InsO auch ein, wenn die Kündigungstermine im Interessenausgleich festgelegt sind.[240] Entschließen sich ursprünglich zur Weiterbeschäftigung vorgesehene Arbeitnehmer dazu, durch Eigenkündigungen von sich aus das Arbeitsverhältnis zu beenden, kann durch solche Veränderungen der Feststellungswert des Interessenausgleichs mit Namensliste entfallen.[241] Daher empfiehlt es sich, in der Namensliste sogleich eine Rangfolge der Arbeitnehmer festzulegen. Es können auch Vergleichsgruppen gebildet werden und für jede Vergleichsgruppe, in der eine Sozialauswahl vorzunehmen ist, eine Rangfolge bestimmt werden.[242] Jeder Arbeitnehmer enthält bei diesem Verfahren eine Rangziffer, aus der sich seine Stellung beim vereinbarten Personalabbau ergibt.

108 Weitere inhaltliche Angaben braucht der Interessenausgleich nicht zu enthalten. Man wird aber fordern müssen, dass sich aus dem Interessenausgleich jedenfalls die Art der Betroffenheit, z.B. Beendigungs- und Änderungskündigung, ergeben muss,[243] so dass jedenfalls das »Wie« der Betriebsänderung notwendiger Bestandteil des Interessenausgleichs i.S.d. § 125 InsO ist. Die Kriterien der Sozialauswahl müssen in den Interessenausgleich aber nicht aufgenommen werden.[244] Ist die Na-

231 Däubler/Kittner/Klebe/*Däubler,* Anh. zu §§ 111 – 113, § 125 Rn 11; *Hess,* § 125 Rn 13; *Steindorf/Regh,* § 3 Rn 636; im Übrigen kann auf die Rechtsprechung zu § 1 Abs. 5 KSchG a.F. auch im Rahmen von § 125 InsO verwiesen werden, Gottwald/*Heinze,* § 106 Rn 31.

232 *Hamacher,* in: *Nerlich/Römermann,* § 125 Rn 11.

233 BAG, Urt. v. 07.05.1998, AP Nr. 1 zu § 1 KSchG 1969 Namensliste; BAG, Urt. v. 20.05.1999, ZInsO 2000, 351.

234 LAG Hamm, Urt. v. 23.03.2000, ZInsO 2000, 571; LAG Hamm, Urt. v. 06.07.2000, ZInsO 2001, 336.

235 ArbG Hannover, Urt. v. 23.07.1997, DB 1998, 208; ArbG Ludwigshafen, Urt. v. 11.03.1997, ARST 1997, 235; a.A. ArbG Kiel, Urt. v. 05.09.1997, NZA-RR 1998, 67.

236 *Hess,* § 125 Rn 7; *Steindorf/Regh,* § 3 Rn 639.

237 FK/*Eisenbeis,* § 125 Rn 5; Däubler/Kittner/Klebe/*Däubler,* Anh. zu §§ 111 – 113, § 125 Rn 10.

238 Däubler/Kittner/Klebe/*Däubler,* Anh. zu §§ 111 – 113, § 125 Rn 10; *Löwisch,* RdA 1997, 80, 81; *Hess,* § 125 Rn 7.

239 MüKo-InsO/*Caspers/Löwisch,* § 125 Rn 68; *Steindorf/Regh,* § 3 Rn 640; ArbG Essen, Urt. v. 06.05.1997, DB 1998, 925 so ausdrücklich für § 1 Abs. 5 KSchG a.F.

240 MüKo-InsO/*Löwisch/Caspers,* § 125 Rn 72.

241 Gottwald/*Heinze,* § 106 Rn 32.

242 Gottwald/*Heinze,* § 106 Rn 32; *Hamacher,* in: *Nerlich/Römermann* § 125 Rn 26; *Hess,* § 125 Rn 7.

243 *Oetker/Friese,* DZWiR 2001, 177, 180; Däubler/Kittner/Klebe/*Däubler,* Anh. zu §§ 111 – 113, § 125 Rn 10.

244 *Hamacher,* in: *Nerlich/Römermann,* § 125 Rn 27; *Oetker/Friese,* DZWiR 2001, 177, 180; *Smid/Müller,* § 125 Rn 4; unklar LAG Potsdam, Urt. v. 19.02.1998, LAGE § 1 KSchG Interessenausgleich Nr. 8.

mensliste nur in einem Sozialplan niedergelegt, findet § 125 InsO keine Anwendung. Allerdings ist allein die Bezeichnung der Vereinbarung nicht maßgebend. Vielmehr ist auf deren Inhalt abzustellen. Haben sich die Betriebspartner auf die Kündigung der infolge der Betriebsänderung zu entlassenden Arbeitnehmer verständigt und Regelungen über die Kündigung der betroffenen Arbeitnehmer in die Vereinbarung aufgenommen, dann genügt eine solche Regelung den Anforderungen des § 125 InsO, ungeachtet dessen, wie die Vereinbarung benannt ist.[245]

b) Rechtsfolgen des § 125 InsO

aa) Vermutung der Betriebsbedingtheit, § 125 Abs. 1 Nr. 1 InsO

Nach § 125 Abs. 1 Satz 1 Nr. 1 InsO wird vermutet, dass die Kündigung der Arbeitsverhältnisse der bezeichneten Arbeitnehmer durch dringende betriebliche Erfordernisse, die einer Weiterbeschäftigung in diesem Betrieb oder einer Weiterbeschäftigung zu unveränderten Arbeitsbedingungen entgegenstehen, bedingt ist. Die Vermutungswirkung bezieht sich auch auf eine fehlende Weiterbeschäftigungsmöglichkeit in einem anderen Betrieb des Unternehmens und auch auf eine fehlende Weiterbeschäftigungsmöglichkeit zu geänderten Bedingungen.[246] **109**

Zur Rechtfertigung der Kündigung muss der Insolvenzverwalter die tatbestandlichen Voraussetzungen des § 125 InsO darlegen und im Falle substantiierten Bestreitens durch den Arbeitnehmer auch beweisen.[247] Im Kündigungsschutzprozess muss der Insolvenzverwalter folglich darlegen, dass eine Betriebsänderung i.S.d. § 111 BetrVG durchgeführt wird, die Kündigung in Folge dieser Betriebsänderung ausgesprochen wurde, mit dem Betriebsrat ein wirksamer Interessenausgleich i.S.d. § 125 InsO zustande gekommen und der gekündigte Arbeitnehmer in diesem Interessenausgleich namentlich bezeichnet ist.[248] **110**

Die gesetzliche Vermutung nach § 125 Abs. 1 Satz 1 InsO führt dazu, dass abweichend von § 1 Abs. 2 Satz 4 KSchG die Darlegungs- und Beweislast hinsichtlich der Betriebsbedingtheit der Kündigung auf den Arbeitnehmer verlagert wird.[249] Der Arbeitnehmer muss den Beweis des Gegenteils führen. Aus der vom Gesetz vorgenommenen Umkehr der Beweislast folgt auch eine Umkehr der Darlegungslast.[250] Danach hat der Arbeitnehmer die vermutete Betriebsbedingtheit schlüssig und begründet zu widerlegen. Der Insolvenzverwalter braucht zur Rechtfertigung der Kündigung zunächst keine weiteren Tatsachen vorzutragen. Bestreitet der Insolvenzverwalter den Vortrag des Arbeitnehmers substantiiert, muss der Arbeitnehmer, um die gesetzliche Vermutung zu widerlegen, die mangelnde soziale Rechtfertigung der Kündigung beweisen.[251] Zweifel an der Betriebsbedingtheit gehen zu Lasten des Arbeitnehmers.[252] **111**

245 *Oetker/Friese,* DZWiR 2001, 177, 179; *Hess,* § 125 Rn 7.

246 *Lakies,* BB 1999, 206, 207 f.; MüKo-InsO/*Löwisch/Caspers*, § 125 Rn 77, 171; *Moll,* in: *Kübler/Prütting,* § 125 Rn 36; a.A. *Berkowsky,* NZI 1999, 130, 132; *Hamacher,* in: *Nerlich/Römermann,* § 125 Rn 40.

247 BAG, Urt. v. 28.08.2003, EzA-SD 5/2004, 14; BAG, Urt. v. 07.05.1998, AP Nr. 94 zu § 1 KSchG 1969 Betriebsbedingte Kündigung.

248 BAG, Urt. v. 07.05.1998, AP Nr. 94 zu § 1 KSchG 1969 Betriebsbedingte Kündigung; LAG Köln, Urt. v. 01.08.1997, LAGE § 1 KSchG Interessenausgleich Nr. 1.

249 BAG, Urt. v. 07.05.1998, AP Nr. 94 zu § 1 KSchG 1969 Betriebsbedingte Kündigung; LAG Hamm, Urt. v. 16.03.2000, ZInsO 2000, 573; *Berkowsky,* NZI 1999, 129, 133; Gottwald/*Heinze,* § 106 Rn 31; *Hess,* § 125 Rn 11.

250 BAG, Urt. v. 07.05.1998, AP Nr. 94 zu § 1 KSchG 1969 Betriebsbedingte Kündigung; LAG Düsseldorf, Urt. v. 07.08.1999 (n.v.); *Ascheid,* RdA 1997, 333, 343.

251 *Berkowsky,* NZI 1999, 129, 133.

252 LAG Mainz, Urt. v. 06.08.1997, AE 1998, 12.

bb) Eingeschränkte Überprüfbarkeit der Sozialauswahl, § 125 Abs. 1 Satz 1 Nr. 2 InsO

112 Nach § 125 Abs. 1 Satz 1 Nr. 2 InsO kann die soziale Auswahl der Arbeitnehmer nur im Hinblick auf die Dauer der Betriebszugehörigkeit, das Lebensalter und die Unterhaltspflichten und auch insoweit nur auf grobe Fehlerhaftigkeit nachgeprüft werden. Die soziale Auswahl ist nicht als grob fehlerhaft anzusehen, wenn eine ausgewogene Personalstruktur erhalten oder geschaffen wird. § 125 InsO dient der Sanierung insolventer Unternehmen. Sinn und Zweck gebieten daher eine weite Anwendung des eingeschränkten Prüfungsmaßstabs.[253]

113 Eine Vermutung für die Richtigkeit der Sozialauswahl wird nicht aufgestellt.[254] Im Rahmen der Prüfung der Sozialauswahl trägt nach § 125 Abs. 1 Satz 1 Nr. 2 InsO der Arbeitnehmer weiterhin die Darlegungs- und Beweislast dafür, dass die Sozialauswahl grob fehlerhaft ist.[255] Der Insolvenzverwalter hat auf Verlangen des Arbeitnehmers gem. § 1 Abs. 3 Satz 1 Hs. 2 KSchG Auskunft über die Gründe, die zu der getroffenen sozialen Auswahl geführt haben, zu erteilen.[256] Diese Auskunftspflicht führt, wie auch sonst, zu einer abgestuften Verteilung der Darlegungslast zwischen Insolvenzverwalter und Arbeitnehmer.[257] Der Auskunftspflicht genügt eine bloße Namensliste im Interessenausgleich zum Nachweis einer ordnungsgemäßen Sozialauswahl nicht. Es sind vielmehr die Auswahlgesichtspunkte i.S.d. § 1 Abs. 3 Satz 1 KSchG und ihre Bewertung offen zu legen.[258]

114 Nach § 125 Abs. 1 Satz 1 Nr. 2 InsO wird die Überprüfung der sozialen Auswahl aber auf die drei Grunddaten Dauer der Betriebszugehörigkeit, Lebensalter und Unterhaltspflichten beschränkt, ohne dass damit zugleich einer Reihenfolge aufgestellt wird. Grobe Fehlerhaftigkeit ist nur dann anzunehmen, wenn die Gewichtung der Sozialdaten jede Ausgewogenheit vermissen lässt[259] und die Auswahl zu Ergebnissen führt, die mit dem Zweck der Sozialauswahl nicht mehr zu vereinbaren ist.[260] Dies ist etwa der Fall, wenn ein Sozialauswahlkriterium gar nicht berücksichtigt wird.[261]

115 Die Sozialauswahl kann auch nach Punktwertsystemen durchgeführt werden. § 125 Abs. 1 Satz 1 Nr. 1 InsO beschränkt die Auswahlkriterien auf Betriebszugehörigkeit, Alter und Unterhaltspflichten. Eine Korrektur über zusätzliche Auswahlkriterien und eine abschließende Prüfung auf einer zweiten Stufe hat nicht mehr zu erfolgen. Ist die Gewichtung der Sozialkriterien untereinander in der Punktetabelle nicht »völlig unausgewogen«, ist die Sozialauswahl ausreichend, jedenfalls nicht grob fehlerhaft.[262]

116 Der eingeschränkte Prüfungsmaßstab erfasst auch die Festlegung des Kreises vergleichbarer Arbeitnehmer.[263]

Vom eingeschränkten Prüfungsmaßstab wird auch die Leistungsträgerregelung erfasst.[264] Die Betriebspartner können daher den auswahlrelevanten Personenkreis dergestalt bestimmen, dass Arbeit-

253 BAG, Urt. v. 28.08.2003, EzA-SD 5/2004, 14.

254 LAG Düsseldorf, Urt. v. 24.03.1998, LAGE § 1 KSchG Interessenausgleich Nr. 6; *Hamacher,* in: *Nerlich/Römermann* § 125 Rn 58.

255 *Berkowsky,* NZI 1999, 129, 133; *Hamacher,* in: *Nerlich/Römermann,* § 125 Rn 58.

256 BAG, Urt. v. 10.02.1999, AP Nr. 40 zu § 1 KSchG 1969 Soziale Auswahl; LAG Hamm, Urt. v. 28.05.1998, LAGE § 125 InsO Nr. 1; *Berscheid,* ZInsO 1999, 511, 512; a.A. *Heinze,* NZA 1999, 57, 60.

257 A.A. *Berkowsky,* NZI 1999, 129, 133.

258 LAG Hamm, Urt. v. 23.03.2000, ZInsO 2000, 571; FK/*Eisenbeis,* § 125 Rn 19; a.A. *Heinze,* NZA 1999, 57, 60.

259 BAG, Urt. v. 02.12.1999, AP Nr. 45 zu § 1 KSchG 1969 Soziale Auswahl; BAG, Urt. v. 21.01.1999, AP Nr. 3 zu § 1 KSchG 1969 Namensliste; *Hamacher,* in: *Nerlich/Römermann,* § 125 Rn 47; ErfK/*Ascheid,* § 125 InsO Rn 8.

260 *Lakies,* RdA 1997, 145, 150.

261 *Hess,* § 125 Rn 16; *Hamacher,* in: *Nerlich/Römermann,* § 125 Rn 47; *Steindorf/Regh,* § 3 Rn 650.

262 FK/*Eisenbeis,* § 125 Rn 11.

263 BAG, Urt. v. 07.05.1998, AP Nr. 94 zu § 1 KSchG 1969 Betriebsbedingte Kündigung; LAG Hamm, Urt. v. 23.03.2000, ZInsO 2000, 571; *Berkowsky,* NZI 1999, 129, 134 f.; *Hess,* § 125 Rn 16; a.A. ArbG Bonn v. 05.02.1997, DB 1997, 1517; LAG Düsseldorf, Urt. v. 24.08.1998; LAGE § 1 KSchG Interessenausgleich Nr. 6; *Giesen,* ZIP 1998, 46, 49.

264 BAG, Urt. v. 28.08.2003, EzA-SD 5/2004, 14; offen gelassen noch von BAG, Urt. v. 07.05.1998, AP Nr. 1 zu § 1 KSchG 1969 Namensliste; a.A. *Berkowsky,* NZI 1999, 129, 133.

nehmer, die sich erst auf einen bestimmten Arbeitsplatz einarbeiten müssten, aus der Vergleichbarkeit ausscheiden (»unmittelbare Substituierbarkeit«).[265]

Nach § 125 Abs. 1 Satz 1 Nr. 2 InsO ist die Sozialauswahl auch dann nicht als grob fehlerhaft anzusehen, wenn eine ausgewogene Personalstruktur erhalten oder geschaffen wird. Gemeint ist hierbei nicht nur die Altersstruktur. Als weitere Aspekte einer Personalstruktur kommen auch die Ausbildung und die Qualifikation und damit die Bildung entsprechender Qualifikationsgruppen in Betracht. Die Sozialauswahl kann innerhalb zulässig gebildeter Alters- oder Qualifikationsgruppen vorgenommen werden. Auch kann eine Altersgruppenstaffelung für die weiteren Qualifikationsgruppen separat erfolgen.[266] Die Auswahlgesichtspunkte innerhalb der Gruppe orientieren sich sodann wiederum an den Regeln des § 125 Abs. 1 Satz 1 Nr. 1 InsO.[267] Auch die Bildung der auswahlrelevanten Gruppen kann nur auf ihre grobe Fehlerhaftigkeit überprüft werden.[268] Der Insolvenzverwalter muss darlegen, dass er mit seinem Konzept eine bestimmte Personalstruktur realisieren will.[269] 117

c) Wesentliche Änderung der Sachlage

Nach § 125 Abs. 1 Satz 2 InsO entfallen die Rechtsfolgen von § 125 Abs. 1 Satz 1 InsO, wenn sich die Sachlage nach Zustandekommen des Interessenausgleichs wesentlich geändert hat. Wesentlich ist die Änderung der Sachlage nur, wenn die Betriebspartner den Interessenausgleich ohne ernsthaften Zweifel nicht oder in einem entscheidungserheblichen Punkt nicht so abgeschlossen hätten.[270] Eine wesentliche Änderung der Sachlage liegt etwa dann vor, wenn sich zeigt, dass die Betriebsänderung nicht wie geplant und im Interessenausgleich zugrunde gelegt durchgeführt wird oder wesentlich weniger Mitarbeiter entlassen werden, als im Interessenausgleich vorgesehen, ggf. auch, wenn weitaus mehr Arbeitnehmer betroffen sind oder wenn statt der Stilllegung ein Betriebsübergang stattfinden soll.[271] Dies gilt auch, wenn die Planungen so geändert werden, dass im Ergebnis eine andere Betriebsänderung durchgeführt wird.[272] Wird für einen Teilbetrieb im Rahmen der Verwertung nach Insolvenzeröffnung und beschlossener Gesamtbetriebsstilllegung wieder offen, ob er weitergeführt wird oder nicht, muss der Insolvenzverwalter vor Ausspruch betriebsbedingter Kündigungen wegen beschlossener Stilllegung des Gesamtbetriebes erneut eine Sozialauswahl durchführen.[273] Die Darlegungs- und Beweislast trifft den Arbeitnehmer.[274] 118

Ist die Namensliste mit einer Rangfolge der zu kündigenden Mitarbeiter versehen und scheiden nun Arbeitnehmer, die zur Weiterbeschäftigung vorgesehen waren, aus dem Arbeitsverhältnis aus, handelt es sich nicht um eine Änderung der Sachlage, denn die Betriebspartner haben dies im Interessenausgleich bereits berücksichtigt. Der Arbeitnehmer kann im Kündigungsschutzprozess unter Berufung auf die Weiterbeschäftigungsmöglichkeit die bestehende Vermutungswirkung jedoch widerlegen.[275] Eine Änderung der Sachlage nach Ausspruch der Kündigung ist nicht zu berücksichtigen.[276] 119

265 FK/*Eisenbeis,* § 125 Rn 11.
266 BAG, Urt. v. 28.08.2003, EzA-SD 5/2004, 14.
267 BAG, Urt. v. 28.08.2003, EzA-SD 5/2004, 14; LAG Hamm, Urt. v. 28.05.1998, LAGE § 125 InsO Nr. 1.
268 BAG, Urt. v. 28.08.2003, EzA-SD 5/2004, 14.
269 ErfK/*Ascheid,* § 125 InsO Rn 8; ausführlich zu den Möglichkeiten der Altersgruppenbildung *Berkowsky,* NZI 1999, 129, 134.
270 LAG Hamm, Urt. v. 23.03.2000, ZInsO 2000, 571; LAG Köln, Urt. v. 01.08.1997, LAGE § 1 KSchG Interessenausgleich Nr. 1; *Hess,* § 125 Rn 26.
271 LAG Hamm, Urt. v. 23.03.2000, ZInsO 2000, 571; *Berkowsky,* NZI 1999, 129; 135; *Oetker/Friese,* DZWiR 2001, 177, 182.
272 *Lakies,* RdA 1997, 145, 151; *Hess,* § 125 Rn 26.
273 ArbG Freiburg, Urt. v. 14.01.2003, ArbuR 2003, 122.
274 *Hamacher,* in: *Nerlich/Römermann,* § 125 Rn 66.
275 *Oetker/Friese,* DZWiR 2001, 177, 182.
276 MüKo-InsO/*Löwisch/Caspers,* § 125 Rn 96; *Steindorf/Regh,* § 3 Rn 661.

d) Anhörung des Betriebsrats

120 Auch nach Zustandekommen eines Interessenausgleichs nach § 125 InsO muss der Insolvenzverwalter vor Ausspruch der Kündigungen das Anhörungsverfahren nach § 102 BetrVG durchführen.[277] Die Erstellung eines Interessenausgleichs mit Namensliste entbindet nicht von der Pflicht zur Durchführung des Anhörungsverfahrens zu den konkret auszusprechenden Kündigungen nach § 102 BetrVG. Auch die Anforderungen an die Informationspflicht werden nicht herabgesetzt.[278] Für die Anhörung des Betriebsrats vor Ausspruch der Kündigungen nach § 102 BetrVG ist aber folgende Erleichterung zu beachten: Soweit der Kündigungssachverhalt dem Betriebsrat schon aus den Verhandlungen über den Interessenausgleich bekannt ist, braucht der Insolvenzverwalter die aus diesen Verhandlungen bekannten Tatsachen bei der Anhörung nach § 102 BetrVG nicht erneut mitzuteilen.[279] Solche Vorkenntnisse des Betriebsrats muss der Insolvenzverwalter im Kündigungsschutzprozess im Falle des Bestreitens durch den Arbeitnehmer aber hinreichend konkret darlegen und ggf. beweisen.[280] Fasst der Insolvenzverwalter mehrere Beteiligungsverfahren zusammen, muss er, auch in Ansehung der gesetzlichen Fristen, deutlich machen, welche Beteiligungsverfahren er einleiten will.[281]

e) Anzeigepflicht bei Massenentlassungen, § 125 Abs. 2 InsO

121 § 125 Abs. 2 InsO modifiziert § 17 Abs. 3 Satz 2 KSchG dahin gehend, dass die Pflicht zur Beifügung der Stellungnahme des Betriebsrates entfällt, wenn der Insolvenzverwalter und der Betriebsrat einen Interessenausgleich i.S.d. § 125 Abs. 1 Satz 1 InsO abgeschlossen haben. Dieser Interessenausgleich ersetzt dann die Stellungnahme des Betriebsrats. Der Insolvenzverwalter kann der schriftlichen Massenentlassungsanzeige den Interessenausgleich mit der Namensliste ohne zusätzliche Stellungnahme des Betriebsrats beifügen.[282]

f) Zustimmung des Integrationsamts, § 89 Abs. 3 SGB IX

122 Eine Besonderheit sieht § 89 Abs. 3 SGB IX bei der Kündigung schwerbehinderter Menschen vor. Danach soll das Integrationsamt die Zustimmung zur Kündigung erteilen, wenn der schwerbehinderte Mensch in einem Interessenausgleich nach § 125 InsO namentlich als einer der zu entlassenden Arbeitnehmer bezeichnet ist, die Schwerbehindertenvertretung beim Zustandekommen des Interessenausgleichs gem. § 95 Abs. 2 SGB IX beteiligt worden ist, der Anteil der nach dem Interessenausgleich zu entlassenden schwerbehinderten Menschen an der Zahl der beschäftigten schwerbehinderten Menschen nicht größer ist als der Anteil der zu entlassenden übrigen Arbeitnehmer an der Zahl der beschäftigten übrigen Arbeitnehmer und die Gesamtzahl der schwerbehinderten Menschen, die nach dem Interessenausgleich bei dem Arbeitgeber verbleiben sollen, zur Erfüllung der Beschäftigungspflicht nach § 71 SGB IX ausreicht. In diesem Fall gilt gem. § 88 Abs. 5 SGB IX

277 So zu § 125 InsO: BAG, Urt.v . 28.08.2003, ZInsO 2004, 288; LAG Frankfurt, Urt. v. 01.11.1999 – 11 Sa 2736/98 (n.v.); zu § 1 Abs. 5 KSchG a.F.: BAG, Urt. v. 20.05.1999, AP Nr. 5 zu § 1 KSchG 1969 Namensliste; BAG, Urt. v. 20.05.1999, AP Nr. 4 zu § 1 KSchG 1969 Namensliste; MünchArbR/*Berkowsky,* § 133 Rn 32; *Berscheid,* MDR 1998, 942, 944; *Düwell,* Kölner Schrift, S. 1433, 1459 Rn 83; a.A. *Giesen,* ZfA 1997, 145, 175; *Hamacher,* in: *Nerlich/Römermann,* § 125 Rn 70, § 113 Rn 74.

278 BAG, Urt.v . 28.08.2003, ZInsO 2004, 288; BAG, Urt. v. 20.05.1999, AP Nr. 5 zu § 1 KSchG 1969 Namensliste; BAG, Urt. v. 20.05.1999, AP Nr. 4 zu § 1 KSchG 1969 Namensliste.

279 BAG, Urt. v. 20.05.1999, AP Nr. 5 zu § 1 KSchG 1969 Namensliste; LAG Hamm, Urt. v. 23.03.2000; ZInsO 2000, 571; *Oetker/Friese,* DZWiR 2001, 177, 183. Nach LAG Düsseldorf, Urt. v. 23.01.2003, LAGE § 125 InsO Nr 3 (n.rkr.) soll ein gesondertes Anhörungsverfahren nach § 102 Abs. 1 Satz 1 BetrVG entbehrlich sein, wenn in dem Interessenausgleich mit Namensliste zum Ausdruck gebracht ist, dass der Insolvenzverwalter gleichzeitig das Anhörungsverfahren bezüglich der in der Namensliste aufgeführten Arbeitnehmer eingeleitet und der Betriebsrat bezüglich dieser Arbeitnehmer eine abschließende Stellungnahme abgegeben hat; ähnlich LArbG Hamm, Urt. v. 04.06.2002, NZA-RR 2003, 293.

280 LAG Hamm, Urt. v. 23.03.2000, ZInsO 2000, 571.

281 *Steindorf/Regh,* § 3 Rn 666.

282 *Hamacher,* in: *Nerlich/Römermann,* § 125 Rn 69; FK/*Eisenbeis,* § 125 Rn 26.

die Zustimmung als erteilt, wenn das Integrationsamt die Entscheidung über den Zustimmungsantrag nicht einen Monat vom Tag des Eingangs des Antrags antrifft.

2. Beschlussverfahren zum Kündigungsschutz, §§ 126, 127 InsO

Die Vorschrift des § 126 InsO ist eine arbeitsrechtliche Neuerung. An die Stelle des individuellen Kündigungsschutzes tritt ein kollektives Beschlussverfahren zum Kündigungsschutz. Die Vorschrift ergänzt die Regelung des § 125 InsO und räumt dem Insolvenzverwalter die Möglichkeit ein, in einem Sammelverfahren die soziale Rechtfertigung betriebsbedingter Kündigungen feststellen zu lassen, um so langwierige Kündigungsschutzverfahren zu vermeiden und dadurch Sanierungsmaßnahmen zu vereinfachen.[283] Rechtsfolge des Beschlusses ist, dass die Entscheidung des Arbeitsgerichts im Kündigungsschutzprozess eines betroffenen Arbeitnehmers gem. § 127 InsO präjudizielle Wirkung hat. Dabei erfasst § 126 InsO sowohl Beendigungs- als auch Änderungskündigungen.[284] Letzteres ergibt sich aus § 126 Abs. 2 Hs. 2 InsO, der ausdrücklich von geänderten Arbeitsbedingungen spricht. 123

a) Zulässigkeit des Antrags nach § 126 InsO

Der Antrag nach § 126 Abs. 1 InsO setzt voraus, dass entweder der Betrieb keinen Betriebsrat hat, oder aber aus anderen Gründen innerhalb von drei Wochen nach Verhandlungsbeginn oder schriftlicher Aufforderung zur Aufnahme von Verhandlungen ein Interessenausgleich nach § 125 Abs. 1 InsO nicht zustande gekommen ist, obwohl der Betriebsrat rechtzeitig und umfassend unterrichtet wurde. Die Darlegungs- und Beweislast für die Antragsvoraussetzungen trägt der Insolvenzverwalter.[285] Liegen die Voraussetzungen des § 126 InsO nicht vor, so wird der Antrag als unzulässig abgewiesen. Infolgedessen tritt auch keine Bindungswirkung nach § 127 Abs. 1 InsO ein. 124

Von der Option des § 126 Abs 1 InsO ist zumindest im Wege teleologischer Reduktion der Fall auszunehmen, dass lediglich ein einziger Arbeitnehmer durch den Insolvenzverwalter gekündigt werden soll bzw. zum Zeitpunkt der Einleitung des Beschlussverfahrens gem. § 126 Abs 1 InsO lediglich eine einzige Kündigung streitig ist.[286] 124a

aa) Zeitpunkt der Antragstellung

Der Insolvenzverwalter ist nicht darauf verwiesen, zunächst den Antrag präventiv für geplante Kündigungen zu stellen. Vielmehr kann er auch sofort Kündigungen aussprechen und danach das Beschlussverfahren nach § 126 InsO einleiten.[287] § 126 InsO entbindet den Insolvenzverwalter aber nicht von der Verpflichtung zur Anhörung des Betriebsrats.[288] Dies gilt auch im Falle einer dem Antrag stattgebenden Entscheidung des Arbeitsgerichts.[289] Der Betriebsrat muss aber nicht schon vor Einleitung des Verfahrens nach § 126 InsO angehört werden.[290] 125

Ist ein Interessenausgleich nach § 125 InsO zu Stande gekommen, ist der Antrag nach § 126 InsO unzulässig. Betreibt der Insolvenzverwalter das Beschlussverfahren nach § 122 InsO, so kann er 126

283 *Hamacher,* in: *Nerlich/Römermann,* § 126 Rn 1.

284 *Lakies,* NZI 2000, 345; *Lakies,* BB 1999, 206, 208; *Hamacher,* in: *Nerlich/Römermann,* § 126 Rn 3; *Friese,* ZInsO 2001, 350, 352.

285 *Hamacher,* in: *Nerlich/Römermann,* § 126 Rn 48.

286 LAG München, Beschl. v . 02.01.2003, ZInsO 2003, 339.

287 BAG, Beschl. v. 29.06.2000, AP Nr. 2 zu § 126 InsO; *Ennemann,* Kölner Schrift, S. 1473, 1503 Rn 79; MünchArbR/*Berkowsky,* § 133 Rn 58; *Hess,* § 127 Rn 5; ErfK/*Ascheid,* § 127 InsO Rn 3.

288 Däubler/Kittner/Klebe/*Däubler,* Anh. zu §§ 111 – 113, § 126 Rn 3; FK/*Eisenbeis,* § 126 Rn 15; *Lakies,* NZI 2000, 345, 350; *Friese,* ZInsO 2001, 350, 356.

289 *Steindorf/Regh,* § 3 Rn 713; a.A. *Hamacher,* in: *Nerlich/Römermann,* § 126 Rn 41.

290 FK/*Eisenbeis,* § 126 Rn 16; *Friese,* ZInsO 2001, 350, 356; *Lakies,* NZI 2000, 345, 350; a.A. *Warrikoff,* BB 1994, 2338, 2343.

gem. § 122 Abs. 1 Satz 3 InsO zugleich den Antrag nach § 126 InsO stellen. Eine Entscheidung nach § 122 InsO braucht der Insolvenzverwalter nicht abzuwarten.[291] Dadurch können Zeitverluste vermieden werden. Die Durchführung des Beschlussverfahrens nach § 126 InsO führt aber selbst im Fall eines dem Antrag stattgebenden Beschlusses nicht zur Abwendung von Nachteilsausgleichansprüchen, wenn der Insolvenzverwalter vor Abschluss des Interessenausgleichsverfahrens oder des Beschlussverfahrens nach § 122 InsO Kündigungen ausspricht.

bb) Betriebliche Voraussetzungen

127 Der Anwendungsbereich des § 126 InsO ist sehr umstritten. Eine Anwendung von § 126 InsO kommt grundsätzlich wohl nur in Betracht, wenn die beabsichtigten Kündigungen im Zusammenhang mit einem Betriebsänderungssachverhalt i.S.d. § 111 Abs. 2 BetrVG stehen. Denn mit der Bezugnahme auf § 125 InsO wird mittelbar festgelegt, dass eine Maßnahme geplant sein muss, die eine Betriebsänderung i.S.d. § 111 BetrVG darstellt.[292] Bei einem reinen Personalabbau kann das Beschlussverfahren daher nur eingeleitet werden, wenn die Zahlenverhältnisse des § 17 Abs. 1 Satz 1 KSchG erreicht werden.[293]

128 Liegt die Zahl der Arbeitnehmer unter fünf, kommt ein Verfahren nach § 126 InsO von vornherein nicht in Betracht. Da sich die Bindungswirkung des Beschlusses auf dringende betriebliche Erfordernisse und die soziale Rechtfertigung der Kündigung bezieht, ist das Beschlussverfahren nur zulässig, wenn das Kündigungsschutzgesetz im Betrieb anwendbar ist.[294] Entsprechendes gilt, wenn die Wartezeit nach § 1 KSchG nicht erfüllt ist. Bedeutsam kann diese Frage bei Kündigungen von Arbeitnehmern mit Sonderkündigungsschutz, z.B. nach § 9 MuSchG, werden, wenn das Zustimmungsverfahren nicht innerhalb der Wartefrist abgeschlossen wird. Der Antrag ist erst dann zulässig, wenn die Wartefrist abgelaufen ist.

129 Ist kein Betriebsrat vorhanden, kann der Insolvenzverwalter den Antrag nach § 126 InsO sofort stellen.[295] Sind im Betrieb mehr als fünf Arbeitnehmer beschäftigt, findet nach dem Wortlaut der Vorschrift das Beschlussverfahren Anwendung. § 126 InsO wird daher in Betrieben ohne Betriebsrat auch dann anzuwenden sein, wenn weniger als 21 Arbeitnehmer beschäftigt sind und damit bei Bestehen eines Betriebsrats kein Interessenausgleich abzuschließen wäre.[296] Bei einem reinen Personalabbau kann das Beschlussverfahren im betriebsratslosen Betrieb aber nur eingeleitet werden, wenn die Zahlenverhältnisse des § 17 Abs. 1 Satz 1 KSchG erreicht werden. Denn Voraussetzung für die Anwendbarkeit des § 126 InsO ist, das ein Betriebsänderungssachverhalt vorliegt.

130 Bei vorhandenem Betriebsrat kann der Insolvenzverwalter den Antrag nur stellen, wenn kein Interessenausgleich i.S.d. § 125 InsO zustande kommt. § 126 InsO hat insoweit eine Auffangfunktion gegenüber der Möglichkeit, nach § 125 InsO einen Interessenausgleich mit Namensliste zu schließen. Nach sehr umstrittener Auffassung soll der Insolvenzverwalter den Antrag nach § 126 InsO im Betrieb mit Betriebsrat auch bei einer Belegschaftsstärke von weniger als 21 Arbeitnehmern stellen können, da andernfalls Wertungswidersprüche eintreten, wenn dem Insolvenzverwalter in betriebsratslosen Betrieben in diesem Fall das Verfahren nach § 126 InsO zur Verfügung steht.[297] Bei einem

291 *Warrikoff,* BB 1994, 2338, 2342.

292 *Ennemann,* Kölner Schrift, S. 1473, 1502 Rn 76; *Berkowsky,* NZI 1999, 129, 135; Däubler/Kittner/Klebe/*Däubler,* Anh. zu §§ 111 – 113, § 126 Rn 7; a.A. ErfK/*Ascheid,* § 126 InsO Rn 1; KR/*Weigand,* §§ 113, 120 – 128 InsO Rn 52.

293 *Friese,* ZInsO 2001, 350; *Müller,* DZWiR 1999, 221, 226.

294 *Heinze,* NZA 1999, 57, 61; *Steindorf/Regh,* § 3 Rn 675; *Tretow,* ZInsO 2000, 309, 311; a.A. *Lakies,* NZI 2000, 345; ErfK/*Ascheid,* § 126 InsO Rn 1; *Friese,* ZInsO 2001, 350.

295 BAG, Beschl. v. 29.06.2000, AP Nr. 2 zu § 126 InsO; a.A. Däubler/Kittner/Klebe/*Däubler,* Anh. zu §§ 111 – 113, § 126 Rn 6, für einen vorherigen Einigungsversuch mit den Mitarbeitern.

296 *Lakies,* NZI 2000, 345; ErfK/*Ascheid,* § 126 InsO Rn 1; *Steindorf/Regh,* § 3 Rn 676; offen gelassen von BAG, Beschl. v. 29.06.2000, AP Nr. 2 zu § 126 InsO; a.A. *Hamacher,* in: *Nerlich/Römermann,* § 126 Rn 3; ähnlich *Friese,* ZInsO 2001, 350, die aber eine entsprechende Anwendung von § 126 InsO vorschlägt.

297 ErfK/*Ascheid,* § 126 InsO Rn 1; *Steindorf/Regh,* § 3 Rn 678; a.A. MüKo-InsO/*Löwisch/Caspers,* § 126 Rn 4; *Hamacher,* in: *Nerlich/Römermann,* § 126 Rn 3.

reinen Personalabbau kann das Beschlussverfahren in diesem Fall aber ebenfalls nicht eingeleitet werden, denn die Zahlenverhältnisse des § 17 Abs. 1 Satz 1 KSchG werden nicht erreicht.

cc) Drei-Wochen-Frist

Die Drei-Wochen-Frist beginnt zu laufen, wenn der Betriebsrat rechtzeitig und umfassend unterrichtet wurde. Die Voraussetzungen entsprechen denjenigen des § 122 Abs. 1 InsO.[298] Der Insolvenzverwalter muss den Betriebsrat aber ausdrücklich zum Abschluss eines Interessenausgleichs mit Namensliste i.S.d. § 125 InsO auffordern.[299] Ausreichend ist, wenn die Drei-Wochen-Frist im Zeitpunkt der mündlichen Verhandlung abgelaufen ist. Aus Beschleunigungsgründen kann der Antrag daher bereits vor Ablauf der Drei-Wochen-Frist gestellt werden.[300] 131

b) Begründetheit des Antrags nach § 126 Abs. 1 InsO

Nach § 126 Abs. 1 Satz 1 InsO bezieht sich die Feststellung des Arbeitsgerichts trotz des ungenauen Wortlauts sowohl auf das Vorliegen dringender betrieblicher Erfordernisse als auch auf die Sozialauswahl. Maßgeblicher Beurteilungszeitpunkt der Rechtmäßigkeit der geplanten Kündigungen ist der letzte mündliche Anhörungstermin.[301] Sind bereits ausgesprochene Kündigungen Gegenstand des Beschlussverfahrens, ist für die Beurteilung der sozialen Rechtfertigung der Kündigungen auf den Zeitpunkt des Zugangs der Kündigungen abzustellen.[302] 132

Das Arbeitsgericht prüft, ob die Kündigungen der im Antrag bezeichneten Arbeitnehmer durch dringende betriebliche Erfordernisse gerechtfertigt sind. Es gelten die allgemeinen Anforderungen an das Vorliegen eines betriebsbedingten Kündigungsgrundes.[303] Eine § 125 Abs. 1 Satz 1 InsO entsprechende gesetzliche Vermutung der Betriebsbedingtheit besteht nicht.[304] 133

Einschränkungen ergeben sich aber bei der Prüfung der Sozialauswahl. Gem. § 126 Abs. 1 Satz 2 InsO kann die Sozialauswahl nur im Hinblick auf die Dauer der Betriebszugehörigkeit, das Lebensalter und die Unterhaltspflichten geprüft werden. Im Gegensatz zu § 125 Abs. 1 Satz 1 Nr. 2 InsO ist die Prüfung der Sozialauswahl aber nicht auf grobe Fehlerhaftigkeit beschränkt.[305] Auch die Schaffung einer ausgewogenen Personalstruktur kann anders als im Rahmen von § 125 Abs. 1 InsO zur Rechtfertigung nicht herangezogen werden.[306] Die Feststellung der sozialen Rechtfertigung betrifft hingegen auch die Herausnahme bestimmter Arbeitnehmer aus der Sozialauswahl nach § 1 Abs. 3 Satz 2 KSchG.[307] 134

Sonstige Unwirksamkeitsgründe, z.B. die fehlerhafte Beteiligung des Betriebsrats nach § 102 BetrVG, die Nichtbeachtung des Sonderkündigungsschutzes oder die Verletzung von Formvorschriften, dürfen im Beschlussverfahren nicht geprüft werden.[308] Die Bindungswirkung nach 135

298 Auf die Ausführungen zu § 122 InsO wird verwiesen, siehe Rn 173 ff.
299 *Hamacher,* in: *Nerlich/Römermann,* § 125 Rn 14.
300 *Friese,* ZInsO 2001, 350, 351; *Moll,* in: *Kübler/Prütting,* § 126 Rn 18; a.A. wohl *Hamacher,* in: *Nerlich/Römermann,* § 125 Rn 12.
301 *Hamacher,* in: *Nerlich/Römermann,* § 126 Rn 49; *Friese,* ZInsO 2001, 350, 353.
302 BAG, Beschl. v. 29.06.2000, AP Nr. 2 zu § 126 InsO; FK/*Eisenbeis,* § 127 Rn 5.
303 *Lakies,* NZI 2000, 345, 346.
304 *Lakies,* NZI 2000, 345, 346.
305 ErfK/*Ascheid,* § 126 InsO Rn 3; *Lakies,* NZI 2000, 345, 3; *Ennemann,* Kölner Schrift, S. 1473, 1506 Rn 87; *Hess,* § 126 Rn 14.
306 *Lakies,* NZI 2000, 345, 346; Küttner/*Kania,* Insolvenz des Arbeitgebers Rn 18; ErfK/*Ascheid,* § 126 InsO Rn 4; a.A. *Ennemann,* Kölner Schrift, S. 1473, 1507 Rn 88; vgl. auch *Berkowsky,* NZI 1999, 129, 135.
307 ErfK/*Ascheid,* § 126 InsORn 3; a.A. *Lakies,* NZI 2000, 345, 346.
308 ErfK/*Ascheid,* § 126 InsO Rn 9; *Müller,* DZWiR 1999, 221, 226; *Steindorf/Regh,* § 3 Rn 690; a.A.: *Zwanziger,* § 126 Rn 20.

§ 127 InsO besteht nur hinsichtlich der Betriebsbedingtheit der Kündigung. Im Beschlussverfahren nach § 126 InsO ist allerdings die Frage der Kündigungsberechtigung des Kündigenden zu prüfen.[309]

c) Durchführung des Beschlussverfahrens

136 Nach § 126 Abs. 2 InsO gelten für das Verfahren die Vorschriften des Arbeitsgerichtsgesetzes über das Beschlussverfahren, dessen Vorschriften ausdrücklich für entsprechend anwendbar erklärt werden. Im Übrigen ist das Verfahren ebenso konzipiert wie das Verfahren der gerichtlichen Zustimmung zur Durchführung einer Betriebsänderung. § 122 Abs. 2 Satz 3 und Abs. 3 InsO gilt entsprechend.

aa) Beteiligte

137 Beteiligte im Beschlussverfahren sind gem. § 126 Abs. 2 Satz 1 InsO der Insolvenzverwalter, der Betriebsrat und die im Antrag bezeichneten Arbeitnehmer, soweit sie mit der Beendigung ihres Arbeitsverhältnisses oder mit den geänderten Arbeitsbedingungen nicht einverstanden sind.[310] Jeder Arbeitnehmer muss namentlich so hinreichend bestimmt sein, dass das Gericht ihn als Beteiligten zum Verfahren hinzuziehen kann. Wird die Betriebsänderung erst nach einer Betriebsveräußerung durchgeführt, ist auch der Erwerber zu beteiligen, § 128 Abs. 1 Satz 2 InsO. Die Beteiligtenstellung muss im Zeitpunkt der letzten mündlichen Verhandlung vorliegen.[311]

138 Benennt der Insolvenzverwalter Arbeitnehmer in Hilfsanträgen, werden diese ebenfalls Beteiligte, unabhängig davon, ob über die Hilfsanträge entschieden wird.[312] Nicht am Verfahren zu beteiligen sind diejenigen Arbeitnehmer, die sich mit der ausgesprochenen Kündigung einverstanden erklärt haben.[313] Dies folgt im Umkehrschluss aus § 126 Abs. 2 Satz 1 2. Hs. InsO. Das Einverständnis ist vom Arbeitnehmer aber eindeutig zu erklären. Ein Schweigen im Beschlussverfahren reicht zur Annahme eines Einverständnisses nicht aus.[314] Der beteiligte Arbeitnehmer kann während des Verfahrens als Beteiligter ausscheiden.[315]

bb) Antragsbefugnis und Antrag

139 Im Beschlussverfahren nach § 126 Abs. 1 Satz 1 InsO ist allein der Insolvenzverwalter antragsbefugt, nicht hingegen der vorläufige Insolvenzverwalter.[316] Der Antrag muss nach den Vorgaben des § 126 Abs. 1 Satz 1 InsO darauf gerichtet sein, festzustellen, dass die Kündigung der Arbeitsverhältnisse bestimmter, im Antrag bezeichneter Arbeitnehmer durch dringende betriebliche Erfordernisse bedingt und sozialgerechtfertigt ist.

> Antrag nach § 126 Abs. 1 InsO:[317]
>
> »Es wird festgestellt, dass die Kündigung der Arbeitsverhältnisse der Beteiligten zu Ziffer bis durch dringende betriebliche Erfordernisse bedingt und sozial gerechtfertigt ist.«

309 BAG, Beschl. v. 29.06.2000, AP Nr. 2 zu § 126 InsO.
310 BAG, Beschl. v. 29.06.2000, AP Nr. 2 zu § 126 InsO.
311 *Hamacher,* in: *Nerlich/Römermann,* § 128 Rn 73.
312 *Grunsky,* FS Lüke, S. 191, 197; *Müller,* DZWiR 1999, 221, 228; Däubler/Kittner/Klebe/*Däubler,* Anh. zu §§ 111 – 113, § 126 Rn 11.
313 BAG, Beschl. v. 29.06.2000, AP Nr. 2 zu § 126 InsO; *Moll,* in: *Kübler/Prütting,* § 126 Rn 48; ErfK/*Ascheid,* § 126 InsO Rn 6; *Hess,* § 126 Rn 13; Däubler/Kittner/Klebe/*Däubler,* Anh. zu §§ 111 – 113, § 126 Rn 11.
314 BAG, Beschl. v. 20.01.2000, AP Nr. 1 zu § 126 InsO; *Lakies,* NZI 2000, 345, 349; *Hamacher,* in: *Nerlich/Römermann,* § 126 Rn 21.
315 *Lakies,* RdA 1997, 154, 153; *Friese,* ZInsO 2001, 350, 353.
316 *Lakies,* NZI 2000, 345, 346.
317 Ausführlich zur Antragsschrift und Antragsformulierung *Steindorf/Regh,* § 3 Rn 699 ff.

Verlässt ein nicht im Antrag aufgeführter Arbeitnehmer den Betrieb und enthält der Antrag keine Rangziffern hinsichtlich der betroffenen Arbeitnehmer, muss der Insolvenzverwalter in diesem Fall eine Sozialauswahl unter denjenigen, denen ursprünglich gekündigt werden sollte, treffen, um feststellen zu können, welcher Arbeitnehmer auf dem anderweitig freigewordenen Arbeitsplatz weiterbeschäftigt werden kann. Hinsichtlich des nunmehr weiterzubeschäftigenden Arbeitnehmers kann der Insolvenzverwalter den Antrag zurücknehmen.[318] Zur Vermeidung von Problemen wird im Hinblick auf die Antragsstellung vorgeschlagen, einen gestaffelten Antrag zu stellen, in dem die Reihenfolge der zu kündigenden Arbeitnehmer genau festgelegt wird oder entsprechende Vergleichsgruppen gebildet werden.[319] Ferner können auch Hilfsanträge mit anderen Gruppenbildungen oder Ranglisten gestellt und darin Arbeitnehmer bezeichnet werden, denen im Falle der – auch teilweisen – Abweisung des Hauptantrags gekündigt werden soll.[320] Dies empfiehlt sich, da das Arbeitsgericht häufig bestimmte Auswahlkriterien anders bewerten oder eine andere Gruppenbildung zugrunde legen wird.[321] 140

cc) Entscheidung des Arbeitsgerichts

Das Arbeitsgericht entscheidet im Rahmen des durch den Antrag des Insolvenzverwalters bestimmten Streitgegenstands durch nicht vollstreckbaren Feststellungsbeschluss.[322] Stellt sich heraus, dass die Kündigungen, etwa im Fall einer teilweisen Betriebsstilllegung, nicht bezüglich aller im Antrag des Insolvenzverwalters genannten Arbeitnehmer gerechtfertigt sind, kann das Arbeitsgericht dem Antrag in Bezug auf einen Teil der Beschäftigten stattgeben, im Übrigen jedoch zurückweisen.[323] Wie bei § 122 InsO ist trotz des Verweises auf die Vorschriften über das Beschlussverfahren und damit auch auf § 85 Abs. 2 ArbGG die Zulässigkeit einer einstweiligen Verfügung im Beschlussverfahren nach § 126 InsO abzulehnen.[324] 141

dd) Rechtsmittel

Nach § 126 Abs. 2 Satz 2 InsO gilt § 122 Abs. 2 Satz 3, Abs. 2 InsO entsprechend. Es findet keine Beschwerde an das Landesarbeitsgericht statt. Das Arbeitsgericht kann aber in seinem Beschluss die Rechtsbeschwerde an das BAG zulassen. Die Rechtsbeschwerde ist gem. §§ 126 Abs. 2 Satz 2 in Verbindung mit § 122 Abs. 3 Satz 2 InsO, § 72 Abs. 2 ArbGG nur zuzulassen, wenn die Rechtssache grundsätzliche Bedeutung hat oder bei Vorliegen einer Divergenz.[325] Gegen den Beschluss des Arbeitsgerichts im Beschlussverfahren nach § 126 InsO findet die Nichtzulassungsbeschwerde an das BAG nicht statt.[326] 142

Hat das Arbeitsgericht die Rechtsbeschwerde zugelassen, kann jeder der Beteiligten diese selbständig einlegen. Neben dem Insolvenzverwalter und den Arbeitnehmern kann auch der Betriebserwerber, der gem. § 128 Abs. 1 Satz 2 InsO beteiligt wurde, selbständig Beschwerde einlegen. Die Rechtsbeschwerde eines einzelnen Arbeitnehmers hat gegenüber den anderen Arbeitnehmern keine Wirkung.[327] 143

318 *Hamacher,* in: *Nerlich/Römermann,* § 126 Rn 32.
319 *Hamacher,* in: *Nerlich/Römermann,* § 126 Rn 33; *Giesen,* ZIP 1998, 46, 52; a.A. MüKo-InsO/*Löwisch/Caspers,* § 126 Rn 14.
320 *Grunsky,* FS Lüke, S. 197; *Lakies,* NZI 2000, 346, 347; *Hamacher,* in: *Nerlich/Römermann,* § 126 Rn 34.
321 *Giesen,* ZIP 1998, 46, 52.
322 *Lakies,* RdA 1997, 145, 153.
323 Däubler/Kittner/Klebe/*Däubler,* Anh. zu §§ 111 – 113, § 126 Rn 25; *Lakies,* NZI 2000, 345, 347.
324 *Lakies,* RdA 1997, 145, 153; FK/*Eisenbeis,* § 126 Rn 11; *Hamacher,* in: *Nerlich/Römermann,* § 126 Rn 16; *Steindorf/Regh,* § 3 Rn 712; a.A.: *Zwanziger,* S. 80, 89; *Hess,* § 126 Rn 12.
325 Vgl. die Ausführungen in Rn 204.
326 BAG, Beschl. v. 14.08.2001, ZInsO 2001, 1071.
327 BAG, Beschl. v. 29.06.2000, AP Nr. 2 zu § 126 InsO; vgl. aber auch MünchArbR/*Matthes,* § 363 Rn 9.

ee) Kosten und Streitwert

144 Für die Kosten, die den Beteiligten im Verfahren des ersten Rechtszugs entstehen, gilt § 12a Abs. 1 Satz 1 und 2 ArbGG entsprechend. Danach findet eine Erstattung der außergerichtlichen Kosten für das erstinstanzliche Verfahren vor dem Arbeitsgericht nicht statt. Im Rechtsbeschwerdeverfahren vor dem BAG gelten hingegen die Vorschriften der ZPO über die Erstattung der Kosten des Rechtsstreits entsprechend, § 126 Abs. 3 Satz 2 InsO. Die erforderlichen Kosten der Betriebsratstätigkeit hat der Insolvenzverwalter unbeschadet der Regelung des § 126 Abs. 3 InsO gem. § 40 BetrVG zu tragen, wobei die Hinzuziehung eines Anwalts aufgrund der Bedeutung der Entscheidung und Komplexität der Angelegenheit stets erforderlich sein dürfte.[328] Der Kostenerstattungs- und Freistellungsanspruch nach § 40 BetrVG ist Masseverbindlichkeit nach § 55 InsO.[329]

145 Für die Berechnung der Gebühren des Anwalts ist § 12 Abs. 7 ArbGG entsprechend anzuwenden.[330] Der für den Insolvenzverwalter geltende Wert berechnet sich nach der Summe der einzelnen Arbeitnehmerwerte.[331] Hinsichtlich der Gerichtskosten bleibt es bei § 12 Abs. 5 ArbGG.[332]

d) Klage des Arbeitnehmers, § 127 InsO

146 § 127 Abs. 1 bestimmt, dass der Entscheidung des Arbeitsgerichts im Beschlussverfahren nach § 126 Abs. 1 InsO im anschließenden individuellen Kündigungsschutzverfahren Bindungswirkung zukommt. Auf Antrag des Insolvenzverwalters ist nach § 127 Abs. 2 InsO die Verhandlung über die Klage des Arbeitnehmers bis zur Entscheidung im Beschlussverfahren auszusetzen.

aa) Bindungswirkung des arbeitsgerichtlichen Beschlusses

147 Die Bindungswirkung des Feststellungsbeschlusses tritt mit Rechtskraft der Entscheidung ein. Das Arbeitsgericht hat im nachfolgenden Kündigungsschutzverfahren die Bindungswirkung zu beachten. Einen Verstoß hiergegen kann der Insolvenzverwalter nur mit den allgemeinen Rechtsmitteln geltend machen.[333] Wird dem Antrag des Insolvenzverwalters stattgegeben, hat dies zur Folge, dass die Frage, ob dringende betriebliche Erfordernisse i.S.d. § 1 Abs. 2 Satz 1 KSchG bei der Kündigung vorlagen und die Sozialauswahl mit § 1 Abs. 3 KSchG vereinbar ist, im Kündigungsschutzprozess nicht mehr geprüft wird. Der Beschluss des Arbeitsgerichts nach § 126 Abs. 1 InsO stellt aber nicht die Rechtmäßigkeit der Kündigung insgesamt oder gar die Auflösung des Arbeitsverhältnisses durch die Kündigung fest. Beide Verfahren haben unterschiedliche Streitgegenstände.[334]

Die Bindungswirkung gilt sowohl für die Beendigungs- als auch für die Änderungskündigung.[335] Im Fall des Betriebsübergangs erstreckt sich die Feststellung nach § 126 Abs. 1 InsO auch darauf, dass die Kündigung des Arbeitsverhältnisses nicht wegen des Betriebsübergangs erfolgt. Die Bindungswirkung tritt auch ein, wenn der Antrag des Insolvenzverwalters als unbegründet abgewiesen wird, mit der Folge, dass der Kündigungsschutzklage stattzugeben ist.[336] Anders ist die Rechtslage, wenn

328 *Lakies,* NZI 2000, 345, 349; *Müller,* DZWiR 1999, 221, 228; *Moll,* in: *Kübler/Prütting,* § 126 Rn 52; Däubler/Kittner/Klebe/*Däubler,* Anh. zu §§ 111 – 113, § 126 Rn 29.

329 *Moll,* in: *Kübler/Prütting,* § 126 Rn 52; *Ennemann,* Kölner Schrift, S. 1473, 1509 Rn 93; FK/*Eisenbeis,* § 126 Rn 13; zur alten Rechtslage: BAG, Beschl. v. 14.11.1978, AP Nr. 6 zu § 59 KO.

330 *Schrader,* NZA 1997, 70, 77; *Lakies,* NZI 2000, 345, 350; ErfK/*Ascheid,* § 126 InsO Rn 12; a.A. *Müller,* DZWiR 1999, 221, 229, der die Anwendung von § 8 Abs. 2 Satz 2 BRAGO befürwortet.

331 *Zwanziger,* § 126 Rn 13; a.A. *Müller,* DZWiR 1999, 221, 229.

332 *Müller,* DZWiR 1999, 221, 228; *Lakies,* NZI 2000, 345, 349; kritisch *Ennemann,* Kölner Schrift, S. 1473, 1509 Rn 93.

333 *Friese,* ZinsO 2001, 350, 354.

334 *Hamacher,* in: *Nerlich/Römermann,* § 127 Rn 4.

335 *Hess,* § 127 Rn 4; *Smid/Müller,* § 127 Rn 2.

336 Däubler/Kittner/Klebe/*Däubler,* Anh. zu §§ 111 – 113, § 127 Rn 1; i.Erg. ebenso ErfK/*Ascheid,* § 127 InsO Rn 2; *Hess,* § 127 Rn 3; *Lakies,* NZI 2000, 345, 351; *Friese,* ZInsO 2001, 350, 354; *Ennemann,* Kölner Schrift, S. 1473, 1510 Rn 96; *Steindorf/Regh,* § 3 Rn 720; a.A. *Schrader,* NZA 1997, 70, 77; *Grunsky,* FS Lüke, S. 191, 195; *Moll,* in: *Kübler/Prütting,* § 127 Rn 22.

der Antrag als unzulässig zurückgewiesen wird. Dann entfaltet der Beschluss keine Bindungswirkung.[337] Eine Bindungswirkung tritt auch dann nicht ein, wenn der Antrag mangels Anwendbarkeit des Kündigungsschutzgesetzes entweder als unzulässig oder als unbegründet zurückgewiesen wurde, denn dann hat das Arbeitsgericht eine Prüfung der sozialen Rechtfertigung nicht durchgeführt.

Nach § 127 Abs. 1 Satz 2 InsO hat der Beschluss keine Bindungswirkung, wenn sich die Sachlage nach dem Schluss des letzten mündlichen Anhörungstermins im Beschlussverfahren nach § 126 Abs. 1 InsO vor dem Arbeitsgericht wesentlich geändert hat. Die Vorschrift entspricht der Regelung des § 125 Abs. 1 Satz 1 InsO. Die Darlegungs- und Beweislast trägt der Arbeitnehmer. Die Bindungswirkung wegen Änderung der Sachlage entfällt aber nur dann, wenn die Kündigungen nach Schluss des letzten Anhörungstermins ausgesprochen werden. Sind bei Änderung der Sachlage die Kündigungen bereits zugegangen, dann bleibt es bei der Bindungswirkung des Beschlusses.[338] Dem Arbeitnehmer kann unter Umständen aber ein Wiedereinstellungsanspruch zustehen. Entfällt die Bindungswirkung, weil sich die Sachlage wesentlich geändert hat, entfaltet auch der Beschluss keine Rechtskraft mehr, der Insolvenzverwalter kann also ein neues Beschlussverfahren nach § 126 InsO durchführen.[339] 148

bb) Aussetzung des Kündigungsschutzprozesses, § 127 Abs. 2 InsO

Hat ein Arbeitnehmer schon vor der Rechtskraft der Entscheidung im Verfahren nach § 126 InsO Kündigungsschutzklage erhoben, so ist nach § 127 Abs. 2 InsO die Verhandlung über die Klage auf Antrag des Insolvenzverwalters bis zu diesem Zeitpunkt auszusetzen. Dadurch wird verfahrensrechtlich gesichert, dass nicht zwei sich widersprechende Entscheidungen zustande kommen. § 127 Abs. 2 InsO gilt sowohl für den Fall, dass der Arbeitnehmer während des Beschlussverfahrens Klage erhebt, aber auch, wenn der Arbeitnehmer vor Einleitung des Beschlussverfahrens sich gegen eine Kündigung zur Wehr setzt. Das Antragsrecht steht dem Insolvenzverwalter mit Einleitung des Feststellungsverfahrens nach § 126 Abs. 1 InsO zu.[340] Stellt der Verwalter keinen Antrag auf Aussetzung des Verfahrens, so kann nach umstrittener Ansicht das Arbeitsgericht die Aussetzung nicht beschließen.[341] Gegen den Beschluss des Arbeitsgerichts ist sofortige Beschwerde zu erheben, über den das LAG als Beschwerdegericht entscheidet.[342] 149

3. Besonderheiten bei Betriebsveräußerungen, § 128 InsO

Der Gesetzgeber hat für die neue InsO an der Geltung von § 613a BGB festgehalten, denn in § 128 InsO wird die Anwendung des § 613a BGB in der Insolvenz vorausgesetzt. Lediglich die mit der Weitergeltung des § 613a BGB verbundenen Nachteile im Fall der übertragenden Sanierung sollen durch § 128 InsO abgemildert werden. Soweit § 128 Abs. 1 Satz 1 InsO im Gegensatz zu § 128 Abs. 2 InsO lediglich von einer Betriebsveräußerung und nicht einem Betriebsübergang spricht, bedeutet dies keinen tatbestandlichen Unterschied, sondern stellt wohl ein Redaktionsversehen des Gesetzgebers dar.[343] § 128 InsO erfasst auch den Betriebsteilübergang. Werden die Verfahren nach §§ 125, 126 InsO nicht betrieben, greifen die Erleichterungen nach § 128 InsO nicht ein.[344] 150

337 Däubler/Kittner/Klebe/*Däubler,* Anh. zu §§ 111 – 113, § 127 Rn 1; *Hamacher,* in: *Nerlich/Römermann,* § 127 Rn 5.

338 FK/*Eisenbeis,* § 127 Rn 6; *Hamacher,* in: *Nerlich/Römermann,* § 127 Rn 11; *Friese,* ZInsO 2001, 350, 355; *Hess,* § 127 Rn 4.

339 *Hamacher,* in: *Nerlich/Römermann,* § 127 Rn 13.

340 *Friese,* ZInsO 2001, 350, 355

341 Wie hier *Hess,* § 127 Rn 5; *Lakies,* NZI 2000, 345, 351; *Giesen,* ZIP 1998, 46, 54; *Steindorf/Regh,* § 3 Rn 727; a.A. *Hamacher,* in: *Nerlich/Römermann,* § 127 Rn 15; FK/*Eisenbeis,* § 127 Rn 7.

342 LAG München, Beschl. v . 02.01.2003, ZInsO 2003, 339.

343 *Tretow,* ZInsO 2000, 309, 310; *Hamacher,* in: *Nerlich/Römermann,* § 128 Rn 63.

344 *Hess,* § 128 Rn 11.

a) Kündigungserleichterungen nach § 128 Abs. 1 Satz 1 InsO

151 § 128 Abs. 1 Satz 1 InsO bestimmt, dass die Anwendung der §§ 125 bis 127 InsO nicht dadurch ausgeschlossen ist, dass die Betriebsänderung, die dem Interessenausgleich oder dem Feststellungsantrag zugrunde liegt, erst nach einer Betriebsveräußerung durchgeführt werden soll. Die Regelung bewirkt, dass auch zugunsten des Betriebserwerbers die Kündigungserleichterungen der §§ 125 bis 127 InsO wirken und er nicht mit der Übernahme des Betriebs warten muss, bis der Insolvenzverwalter die Betriebsänderung vollzogen hat.[345] Vielmehr ist es möglich, dass die Betriebsänderung erst vom Erwerber durchgeführt wird, der Insolvenzverwalter aber schon vor der Veräußerung die notwendigen Kündigungen ausspricht und deren Wirksamkeit klärt.[346] § 128 Abs. 1 Satz 1 InsO erfasst auch den Fall, dass der Insolvenzverwalter zunächst eine Betriebsänderung plant, um den Betrieb selbst fortzuführen, dann jedoch vor oder während der Umsetzung der Planung ein Erwerber den Betrieb übernimmt und das Sanierungskonzept des Insolvenzverwalters fortsetzt.[347]

152 § 128 Abs. 1 Satz 2 InsO bestimmt, dass an dem Verfahren nach § 126 InsO auch der Erwerber zu beteiligen ist. Das Gesetz regelt nicht, ab welchem Zeitpunkt eine Beteiligung zu erfolgen hat. Nicht erforderlich ist, dass bereits ein Übernahmevertrag geschlossen wurde.[348] Um sicherzustellen, dass das Erwerberkonzept auch umgesetzt wird, ist aber mindestens eine rechtliche Absicherung der Erwerbsabsicht durch den Abschluss eines Vorvertrages erforderlich.[349]

b) Erstreckung der Vermutungs- und Feststellungswirkung, § 128 Abs. 2 InsO

153 Nach § 128 Abs. 2 InsO erstreckt sich im Falle eines Betriebsübergangs die Vermutung nach § 125 Abs. 1 Satz 1 Nr. 1 InsO oder die gerichtliche Feststellung nach § 126 Abs. 1 Satz 1 InsO auch darauf, dass die Kündigung der Arbeitsverhältnisse nicht wegen des Betriebsübergangs erfolgt.

154 Bei einem Interessenausgleich mit Namensliste kommt der Erstreckung der Vermutungswirkung nach § 128 Abs. 2 Alt. 1 InsO für Arbeitsverhältnisse, auf die das Kündigungsschutzgesetz anwendbar ist, zunächst klarstellende Bedeutung zu. Denn eine sozial gerechtfertigte Kündigung kann nicht gegen das Kündigungsverbot nach § 613a BGB Abs. 4 BGB verstoßen.[350] Darüber hinaus führt die Vorschrift dazu, dass der Arbeitnehmer den Vollbeweis dafür erbringen muss, dass die Kündigung einen Verstoß gegen das Kündigungsverbot des § 613a Abs. 4 BGB darstellt, ohne dass ihm Anscheinsregeln zugute kommen. Der Arbeitnehmer hat eine doppelte Vermutung zu entkräften und zu beweisen. Zum einen, dass die Kündigung wegen eines Betriebsübergangs erfolgte, und zum anderen, dass sie nicht durch dringende betriebliche Erfordernisse bedingt und damit sozial gerechtfertigt ist.[351] Hat das Arbeitsgericht im Verfahren nach § 126 InsO festgestellt, dass die Kündigung sozial gerechtfertigt ist, steht damit zugleich fest, dass die Kündigung nicht gegen das Kündigungsverbot des § 613a Abs. 4 BGB verstößt, § 128 Abs. 2 Alt. 2 InsO.

155 Eigenständige Bedeutung erlangt § 128 Abs. 2 InsO, wenn das Kündigungsschutzgesetz auf das Arbeitsverhältnis mangels Erfüllung der Wartezeit keine Anwendung findet. Werden diese Arbeitnehmer in einen Interessenausgleich mit Namensliste nach § 125 Abs. 1 InsO aufgenommen, erstreckt sich die Vermutungswirkung zwar nicht auf die soziale Rechtfertigung der Kündigung, über § 128 Abs. 2 InsO wird aber vermutet, dass die Kündigung nicht gegen § 613a Abs. 4 BGB

345 *Lakies,* RdA 1997, 145, 155; *Warrikoff,* BB 1994, 2338, 2344; ErfK/*Ascheid,* § 128 InsO Rn 1.

346 *Moll,* in: *Kübler/Prütting,* § 128 Rn 23; *Tretow,* ZInsO 2000, 309, 310; *Hess,* § 128 Rn 13; *Friese,* ZInsO 2001, 350, 356.

347 *Moll,* in: *Kübler/Prütting,* § 128 Rn 23; für eine analoge Anwendung *Friese,* ZInsO 2001, 350, 356.

348 MüKo-InsO/*Löwisch/Däubler,* § 128 Rn 31; a.A. Däubler/Kittner/Klebe/*Däubler,* Anh. zu §§ 111 – 113, § 128 Rn 3; *Tretow,* ZInsO 2000, 309, 311; einschränkend *Lakies,* RdA 1997, 145, 155; *Friese,* ZInsO 2001, 350, 358.

349 *Annuß,* ZInsO 2001, 49, 60; *Hamacher,* in: *Nerlich/Römermann,* § 128 Rn 72; ähnlich *Smid/Müller,* § 128 Rn 17: hält einen »Erwerber mit fester Kaufabsicht« für ausreichend.

350 *Hamacher,* in: *Nerlich/Römermann,* § 128 Rn 75; *Tretow,* ZInsO 2000, 309, 311.

351 Gottwald/*Heinze,* § 104 Rn 43; FK/*Eisenbeis,* § 128 Rn 8; *Hanau/Berscheid,* Kölner Schrift, S. 1541, 1563 Rn 42; Däubler/Kittner/Klebe/*Däubler,* Anh. zu §§ 111 – 113, § 128 Rn 5; a.A. *Tretow,* ZInsO 2000, 309, 311.

verstößt.[352] Ist das Kündigungsschutzgesetz nicht anwendbar, ist der Antrag des Insolvenzverwalters im Beschlussverfahren nach § 126 InsO unzulässig.[353] Die Frage, ob eine Kündigung wegen Betriebsübergangs nach § 613a Abs. 4 BGB erfolgte und damit unwirksam ist, setzt hingegen die Anwendbarkeit des Kündigungsschutzgesetzes nicht voraus.

Der Insolvenzverwalter muss im Beschlussverfahren nach § 126 InsO seinen Antrag entsprechend 156
abfassen. Der Antrag ist dann auf die Feststellung gerichtet, dass die Kündigung nicht wegen des Betriebsübergangs erfolgt ist.[354]

> Antrag nach § 126 Abs. 1 InsO:[355]
> »Es wird festgestellt, dass die Kündigung der Arbeitsverhältnisse der Beteiligten zu Ziffer bis durch dringende betriebliche Erfordernisse bedingt, sozial gerechtfertigt und nicht wegen eines Betriebsüberganges auf (den Erwerber) erfolgt ist.«

Wird dem Antrag des Insolvenzverwalters entsprochen, hat dies zur Folge, dass die Frage, ob 157
die Kündigung wegen Betriebsübergangs erfolgt und damit nach § 613a BGB unwirksam ist, im Kündigungsschutzprozess nicht mehr geprüft wird. Der Beschluss des Arbeitsgerichts nach § 126 Abs. 1 InsO stellt aber auch hier nicht die Rechtmäßigkeit der Kündigung insgesamt oder gar die Auflösung des Arbeitsverhältnisses durch die Kündigung fest.

Nach §§ 128, 127 Abs. 1 Satz 2 InsO hat der Beschluss keine Bindungswirkung, wenn sich die 158
Sachlage nach dem Schluss des letzten mündlichen Anhörungstermins im Beschlussverfahren nach § 126 Abs. 1 InsO vor dem Arbeitsgericht wesentlich geändert hat. In diesem Fall kann sich der Betriebserwerber nicht auf den Feststellungsbeschluss berufen.[356] Eine wesentliche Änderung der Sachlage ist etwa dann anzunehmen, wenn der Erwerber das der Betriebsänderung zugrunde liegende Konzept des Insolvenzverwalters nicht umsetzt und eine andere als die ursprünglich geplante Betriebsänderung durchführt.[357]

IV. Kündigung des Arbeitsverhältnisses durch den Arbeitnehmer

Für die Kündigung des Arbeitsverhältnisses durch den Arbeitnehmer gelten abgesehen von 159
§ 113 InsO keine insolvenzspezifischen Besonderheiten. Der Arbeitnehmer kann das Arbeitsverhältnis jederzeit unter Einhaltung der gesetzlichen oder vertraglich vereinbarten Kündigungsfrist ordentlich kündigen. Bei zulässig vereinbarten längeren Kündigungsfristen kann der Arbeitnehmer im Insolvenzfall nach § 113 InsO mit einer Frist von drei Monaten kündigen. Ein Schadensersatzanspruch entsteht dadurch nicht. § 113 Satz 2 InsO gilt nur für die Kündigung des Insolvenzverwalters, auch wenn die Eigenkündigung durch die Eröffnung der Insolvenz motiviert ist.[358]

Die Eröffnung des Insolvenzverfahrens begründet kein außerordentliches Kündigungsrecht des 160
Arbeitnehmers.[359] Dem Arbeitnehmer wird auch bei Vorliegen eines Anschlussarbeitsverhältnis-

352 FK/*Eisenbeis,* § 128 Rn 6; *Schaub,* DB 1999, 217, 225; abweichend *Hamacher,* in: *Nerlich/Römermann,* § 128 Rn 76.
353 *Steindorf/Regh,* § 3 Rn 675.
354 *Tretow,* ZInsO 2000, 309, 311; *Smid/Müller,* § 128 Rn 17; *Müller,* DZWiR 1999, 221, 230, der darauf hinweist, dass der Erwerber im Antrag zu bezeichnen sei, da der Antrag ansonsten zu unbestimmt sei.
355 Dieser Antrag erfasst auch die Arbeitsverhältnisse der Arbeitnehmer, die Kündigungsschutz genießen. Denkbar ist auch eine Staffelung des Antrags hinsichtlich der Arbeitnehmer, die nicht dem Kündigungsschutz unterliegen. Der Antrag ist dann auf die Feststellung zu beschränken, dass die Kündigung nicht wegen eines Betriebsüberganges erfolgt ist, vgl. auch *Steindorf/Regh,* § 3 Rn 743.
356 *Friese,* ZInsO 2001, 350, 359.
357 *Friese,* ZInsO 2001, 350, 359; *Moll,* in: *Kübler/Prütting,* § 128 Rn 35.
358 FK/*Eisenbeis,* § 113 Rn 85.
359 BAG, Urt. v. 17.03.1967, NJW 1976, 2285.

ses zugemutet, das Arbeitsverhältnis bis zum Ablauf der insolvenzspezifischen Kündigungsfrist fortzusetzen. Ob dem Arbeitnehmer ausnahmsweise das außerordentliche Kündigungsrecht dann zusteht, wenn die Insolvenzmasse noch nicht einmal die Masseschulden abdeckt, erscheint vertretbar.[360] Nach erfolgloser Abmahnung wegen Nichtgewährung des Gehalts oder Lohns kann der Arbeitnehmer fristlos kündigen, wenn sich der Arbeitgeber entweder zeitlich oder dem Betrage nach erheblich in Verzug befindet.[361] Dem Arbeitnehmer wird die Fortsetzung des Arbeitsverhältnisses auch unzumutbar, wenn es der Arbeitgeber länger als ein Jahr unterlässt, die einbehaltenen Lohnsteuer- und Sozialversicherungsbeiträge abzuführen.[362]

161 Hat der Arbeitnehmer das Arbeitsverhältnis noch nicht angetreten, steht ihm das Kündigungsrecht nach § 113 InsO zu. Jedenfalls ist eine analoge Anwendung von § 113 InsO für das noch nicht angetretene Dienstverhältnis geboten.[363] Ein außerordentliches Kündigungsrecht steht dem Arbeitnehmer vor Arbeitsantritt aufgrund der Insolvenzeröffnung nicht zu.

D. Kollektivarbeitsrecht der Insolvenzordnung

I. Kündigung von Betriebsvereinbarungen, § 120 InsO

162 Mit Eröffnung des Insolvenzverfahrens tritt der Insolvenzverwalter in die betriebsverfassungsrechtlichen Rechtspositionen ein. Er wird dadurch Vertragspartner der im Betrieb existierenden Betriebsvereinbarungen, die auch nach Insolvenzeröffnung weiterhin bestehen. Häufig belasten Betriebsvereinbarungen durch die dort festgelegten Leistungen die Insolvenzmasse. Zur Entlastung der Insolvenzmasse sieht § 120 Abs. 1 Satz 2 InsO im Falle der Insolvenz für Betriebsvereinbarungen ein vorzeitiges Kündigungsrecht vor und zwar unabhängig davon, ob der Betrieb stillgelegt, fortgeführt oder veräußert werden soll.[364] Die Vorschrift ist zwingendes Recht und kann daher weder durch Betriebsvereinbarung noch Tarifvertrag abbedungen werden.[365]

1. Anwendungsbereich von § 120 InsO

163 § 120 InsO setzt das Bestehen einer wirksamen Betriebsvereinbarung vor Verfahrenseröffnung voraus. § 120 InsO ist aber auch auf Regelungsabreden abwendbar.[366] Sonstige kollektivrechtliche Vereinbarungen, z.B. Firmentarifverträge, oder betriebseinheitlich geltende Arbeitsbedingungen auf individualvertraglicher Grundlage werden von § 120 InsO nicht erfasst.[367] Interessenausgleichsvereinbarungen und, mit Ausnahme von sog. Rahmen- oder Vorratssozialplänen, auch Sozialpläne sind nach § 120 InsO nicht kündbar.[368]

Vom Anwendungsbereich erfasst werden auch Betriebsvereinbarungen, bei denen als Vertragspartner der Gesamt- oder Konzernbetriebsrat nach §§ 77 Abs. 2, 51 Abs. 5, 59 Abs. 1 BetrVG mitgewirkt hat.[369] Da sich § 120 InsO ausschließlich auf Betriebsvereinbarungen i.S.d. Betriebsverfassungsge-

360 *Hess,* § 113 Rn 699; Gottwald/*Heinze,* § 103 Rn 192, dagegen LAG Hamm, Urt. v. 06.12.1997, BB 1998, 128, allerdings unter Hinweis auf § 17 KO.
361 LAG Schleswig-Holstein, Urt. v. 08.02.1955, DB 1955, 484; LAG Düsseldorf, Urt. v. 12.09.1957, DB 1957, 1132; LAG Berlin, Urt. v. 12.05.1986, EWiR § 626 BGB 2/86.
362 LAG Baden-Württemberg, Urt. v. 30.05.1968, BB 1968, 874.
363 Gottwald/*Heinze,* § 96 Rn 180.
364 *Hess,* § 113 Rn 17; *Lakies,* RdA1997, 145, 147; *Schrader,* NZA 1997, 70, 71; *Moll,* in: *Kübler/Prütting,* § 120 Rn 28.
365 MüKo-InsO/*Löwisch/Caspers,* § 120 Rn 29.
366 *Hess,* § 120 Rn 2.
367 *Oetker/Friese,* DZWiR 2000, 397, 401.
368 *Caspers,* Rn 484.
369 *Oetker/Friese,* DZWiR 2000, 397, 399.

setzes bezieht, werden Richtlinien nach § 28 SprAuG ebenso wie Dienstvereinbarungen nach dem Personalvertretungsgesetz oder den Mitarbeitervertretungsgesetzen nicht erfasst.[370]

2. Belastende Betriebsvereinbarungen

§ 120 InsO bezieht sich auf belastende Betriebsvereinbarungen. Nach dem nicht weiter differenzierenden Wortlaut der Vorschrift kommt es dabei nicht darauf an, ob die Betriebsvereinbarung der freiwilligen Mitbestimmung i.S.d. § 88 BetrVG oder der zwingenden Mitbestimmung, z.B. nach § 87 BetrVG unterliegt.[371] Zwar wirken allein freiwillige Betriebsvereinbarungen nicht nach, so dass nur in diesen Fällen bei einer Kündigung nach drei Monaten die Leistungen aus der Betriebsvereinbarung enden. Die Kündigung von Betriebsvereinbarungen in mitbestimmungspflichtigen Angelegenheiten bewirkt aber, dass diese durch die Kündigung ihren zwingenden Charakter verlieren.[372] **164**

Das Gesetz definiert nicht, welche Betriebsvereinbarungen das Merkmal einer belastenden Betriebsvereinbarung erfüllen. Belastend sind alle Betriebsvereinbarungen, die Zahlungs-, Sachleistungs- oder Bereitstellungspflichten des Arbeitgebers zu Lasten der Insolvenzmasse begründen, z.B. über die Zahlung von Sondervergütungen, Prämien, Gratifikationen, Zulagen oder über soziale Entgeltbestandteile, wie Essenszuschüsse, Jubiläumsgelder, eine Gruppenunfallsversicherung oder Vermögensbildung.[373] **165**

Eine Beschränkung des Anwendungsbereichs von § 120 InsO auf solche Betriebsvereinbarungen, die lediglich Sonderleistungen des Arbeitgebers erfassen, die über die normale Vergütung hinausgehen, ist nicht gerechtfertigt.[374] Soweit in der Betriebsvereinbarung tarifliche Leistungsverpflichtungen lediglich ergänzt oder konkretisiert werden, z.B. die Festlegung des Zeitfaktors auf Basis des tariflichen Akkordsatzes, werden sie von § 120 InsO aber nicht erfasst.[375] Sie dienen nur der Berechnung der Gegenleistung für die Arbeitsleistung.[376] Ausreichend ist eine mittelbare Belastung der Insolvenzmasse, z.B. wenn Arbeitszeitkonten Freistellungsansprüche der Arbeitnehmer begründen.[377] Enthält die Betriebsvereinbarung sowohl belastende Regelungen, die unter § 120 InsO fallen, als auch nicht belastende Vereinbarungen, so kommt auch eine Teilkündigung der Betriebsvereinbarung in Betracht.[378] **166**

3. Beratung über die einvernehmliche Herabsetzung

§ 120 InsO begründet weder eine Beratungspflicht[379] noch eine zeitliche begrenzte Verhandlungsobliegenheit.[380] Vielmehr besteht lediglich ein Beratungsgebot.[381] Nach dem klaren Wortlaut handelt es sich nur um eine Soll-Vorschrift, die keinen Beratungsanspruch begründet und nicht durch Sanktionen bei einem Verstoß gegen das Beratungsgebot abgesichert ist.[382] Wird der Insolvenzverwalter **167**

370 MüKo-InsO/*Löwisch/Caspers*, § 120 Rn 14 f.; a.A. *Oetker/Friese*, DZWiR 2000, 397, 401, die für Richtlinien nach § 28 SprAuG zumindest eine analoge Anwendung befürworten.

371 FK/*Eisenbeis*, § 120 Rn 3; *Oetker/Friese*, DZWiR 2000, 397, 398.

372 *Warrikoff*, BB 1994, 2338, 2339; *Eisenbeis*, FA 1999, 2, 5; *Hamacher*, in: *Nerlich/Römermann*, § 120 Rn 24.

373 *Oetker/Friese*, DZWiR 2000, 397, 398; MüKo-InsO/*Löwisch/Caspers*, § 120 Rn 8.

374 *Oetker/Friese*, DZWiR 2000, 397, 398; a.A. *Zwanziger*, § 120 Rn 2.

375 *Steindorf/Regh*, § 3 Rn 441; *Zwanziger*, § 120 Rn 2; a.A. MüKo-InsO/*Löwisch/Caspers*, § 120 Rn 9.

376 *Hamacher*, in: *Nerlich/Römermann*, § 120 Rn 25.

377 *Hamacher*, in: *Nerlich/Römermann*, § 120 Rn 26; *Steindorf/Regh*, § 3 Rn 442; a.A. *Bichlmeier/Oberhofer*, AiB 1997, 161, 163; *Oetker/Friese*, DZWiR 2000, 397, 398.

378 FK/*Eisenbeis*, § 120 Rn 10; *Hamacher*, in: *Nerlich/Römermann*, § 120 Rn 38.

379 So aber *Zwanziger*, § 120 Rn 4.

380 So aber *Caspers*, Rn 14; vgl. auch MüKo-InsO/*Löwisch/Caspers*, § 120 Rn 20 für den Fall der außerordentlichen Kündigung.

381 *Lakies*, RdA 1997, 145, 147; *Schaub*, DB 1999, 217, 227; *Oetker/Friese*, DZWiR 2000, 397, 402; *Steindorf/Regh*, § 3 Rn 445.

382 MüKo-InsO/*Löwisch/Caspers*, § 120 Rn 20; *Moll*, in: *Kübler/Prütting*, § 120 Rn 22.

vom Betriebsrat aufgefordert, über die Anpassung der Betriebsvereinbarung zu verhandeln, ist er nur aufgrund seiner allgemeinen Einlassungs- und Erörterungspflicht nach § 74 Abs. 1 Satz 2 BetrVG verpflicht, zum Vorbringen des Betriebsrats Stellung zu nehmen, ohne dass eine Pflicht besteht, mit dem Betriebsrat Einvernehmen zu erzielen.[383]

4. Ordentliche Kündigung nach § 120 Abs. 1 Satz 2 InsO

168 Nach § 120 Abs. 1 Satz 2 InsO können Betriebsvereinbarungen auch dann mit einer Frist von drei Monaten gekündigt werden, wenn eine längere Frist vereinbart wurde. Wurde keine Kündigungsfrist vereinbart, so gilt die dreimonatige Kündigungsfrist nach § 77 Abs. 5 BetrVG unmittelbar. Ist in der Betriebsvereinbarung eine kürzere Kündigungsfrist vorgesehen, so gilt diese.[384] § 120 Abs. 1 Satz 2 InsO erlangt also nur dann Bedeutung, wenn eine längere Kündigungsfrist als drei Monate vereinbart wurde. § 120 InsO entbindet den Insolvenzverwalter, ähnlich wie die Regelung in § 113 InsO, von vereinbarten Laufzeiten, Kündigungsfristen oder Kündigungsterminen. Auch bei sonstigen Kündigungsbeschränkungen, z.B. der Bindung an feste Laufzeiten oder dem Ausschluss des Rechts zur ordentlichen Kündigung, kann die Betriebsvereinbarung in entsprechender Anwendung des § 120 Abs. 1 Satz 2 InsO mit einer Frist von drei Monaten gekündigt werden.[385] Die ordentliche Kündigung einer Betriebsvereinbarung nach § 120 Abs. 1 Satz 2 InsO ist nicht an das Vorliegen eines Kündigungsgrundes gebunden. Sieht die Betriebsvereinbarung eine Kündigung nur bei Vorliegen eines bestimmten Grundes vor oder bindet sie die Kündigung an besondere Voraussetzungen, werden diese Kündigungsbeschränkungen ebenfalls entsprechend § 120 Abs. 1 Satz 2 InsO verdrängt.[386]

169 Während freiwillige Betriebsvereinbarungen mit Ablauf der Kündigungsfrist enden, befreit die Kündigung im Falle der Nachwirkung bei erzwingbaren Betriebsvereinbarungen die Insolvenzmasse nicht von Belastungen, bis die gekündigte Betriebsvereinbarung durch eine andere Abmachung ersetzt wird. Wurde die Nachwirkung in der Betriebsvereinbarung jedoch ausgeschlossen, kommt es in diesem Fall auch nicht zu einer Nachwirkung bei einer Kündigung nach § 120 Abs. 1 InsO.[387] Haben die Parteien bei einer freiwilligen Betriebsvereinbarung die Nachwirkung vereinbart, kann die vereinbarte Nachwirkung ebenfalls nach § 120 InsO gekündigt werden. Dies gilt nicht nur für den Fall, dass die Nachwirkung zeitlich befristet oder ein Kündigungsrecht für die Nachwirkungsvereinbarung eingeräumt wurde, sondern auch, wenn keine Beendigungsmöglichkeit vereinbart wurde. Während außerhalb der Insolvenz eine solche Vereinbarung nur durch Anrufung der Einigungsstelle beendet werden kann, gebietet es der Gesetzeszweck, die vereinbarte Nachwirkung in der Insolvenz durch Kündigung zu beenden.[388] Die Vereinbarung der Nachwirkung einer freiwilligen Betriebsvereinbarung ist eine belastende Regelung, wenn sie zu weiteren, die Insolvenzmasse belastenden Leistungen verpflichtet.[389] Die vereinbarte Nachwirkung kann dann entsprechend § 120 Abs. 1 Satz 2 InsO mit einer Frist von drei Monaten gekündigt werden.[390]

170 Gestützt auf § 120 InsO kann der Insolvenzverwalter auch eine vom Schuldner bereits gekündigte Betriebsvereinbarung nochmals nachkündigen, entweder um deren Beendigung zu beschleunigen oder um eine vereinbarte Nachwirkung zu beseitigen.[391]

383 *Hamacher,* in: *Nerlich/Römermann,* § 120 Rn 28.
384 *Lakies,* RdA 1997, 145, 147; *Hess,* § 120 Rn 19.
385 *Lakies,* RdA 1997, 145, 147; *Hess,* § 113 Rn 17; *Oetker/Friese,* DZWiR 2000, 397, 405; *Steindorf/Regh,* § 3 Rn 448; a.A. *Smid/Müller,* § 120 Rn 10; *Bichelmeier-Oberhofer,* AiB 1997, 161, 163; *Fitting u.a.,* § 77 Rn 136b, die als Voraussetzung die grundsätzliche Kündbarkeit der Betriebsvereinbarung fordern.
386 MüKo-InsO/*Löwisch/Caspers,* § 120 Rn 27.
387 *Zwanziger,* § 120 Rn 6.
388 *Hess,* § 120 Rn 37; *Steindorf/Regh,* § 3 Rn 450.
389 *Hamacher,* in: *Nerlich/Römermann,* § 120 Rn 39.
390 *Oetker/Friese,* DZWiR 2000, 397, 407; *Steindorf/Regh,* § 3 Rn 450; MüKo-InsO/*Löwisch/Caspers,* § 120 Rn 29.
391 *Steindorf/Regh,* § 3 Rn 450.

Eine der Regelung in § 113 Satz 3 InsO entsprechende Schadensersatzpflicht enthält § 120 InsO nicht, so dass bei einer Kündigung durch den Insolvenzverwalter dem Arbeitnehmer keine Ersatzforderung zusteht.[392] 171

5. Außerordentliche Kündigung, § 120 Abs. 2 InsO

§ 120 Abs. 2 InsO hat allein klarstellende Funktion. Danach können weiterhin Betriebsvereinbarungen auch aus wichtigem Grund ohne Einhaltung einer Kündigungsfrist gekündigt werden. Das außerordentliche Kündigungsrecht ist nicht abdingbar.[393] Die Eröffnung des Insolvenzverfahrens rechtfertigt für sich genommen eine außerordentliche Kündigung nicht.[394] Eine außerordentliche Kündigung kann aber gerechtfertigt sein, wenn andernfalls die Überlebenschancen des Unternehmens konkret gefährdet wären.[395] Für die Frage der Zumutbarkeit des Festhaltens an der Betriebsvereinbarung bis zum Ablauf der Kündigungsfrist auf den Lauf der Kündigungsfrist nach § 120 Abs. 1 InsO abzustellen, sofern nicht eine kürzere Frist vereinbart wurde.[396] 172

II. Betriebsänderungen in der Insolvenz, §§ 121, 122 InsO

Auch in der Insolvenz sind die betriebsverfassungsrechtlichen Bestimmungen über die Beteiligung des Betriebsrats in wirtschaftlichen Angelegenheiten gem. §§ 111 ff. BetrVG weiterhin anwendbar. Beabsichtigt der Insolvenzverwalter die Durchführung einer Betriebsänderung i.S.d. § 111 Abs. 1 BetrVG, so muss er den Betriebsrat darüber unterrichten, mit ihm über die geplante Betriebsänderung beraten und versuchen, einen Interessenausgleich zu schließen. Im eröffneten Insolvenzverfahren kann sich der Insolvenzverwalter nicht darauf berufen, die Beteiligung des Betriebsrats sei wegen der schlechten wirtschaftlichen Situation ausnahmsweise entbehrlich, auch wenn die Schließung des Betriebs unausweichlich und das Interessenausgleichsverfahren sinnlos ist.[397] Die Verpflichtung des Insolvenzverwalters besteht auch dann, wenn der Betriebsrat erst nach der Eröffnung des Insolvenzverfahrens gewählt wurde.[398] Andernfalls ist er den Arbeitnehmern, die aufgrund der Betriebsänderung entlassen werden oder sonstige wirtschaftliche Nachteile erleiden, zum Nachteilsausgleich nach § 113 Abs. 3 BetrVG verpflichtet. 173

Für den Nachteilsausgleichsanspruch bestehen keine insolvenzrechtlichen Besonderheiten.[399] Der Anspruch ist der Höhe nach auch in der Insolvenz nicht begrenzt. Die Regelungen des § 123 Abs. 2, Abs. 3 InsO gelten ausschließlich für Ansprüche aus Insolvenzsozialplänen und sind auch nicht entsprechend auf Nachteilsausgleichsansprüche anwendbar.[400] 174

Bei der Stilllegung des Unternehmens sind die §§ 157, 158 InsO zu beachten. Die Entscheidung über die Stilllegung des Unternehmens obliegt den Insolvenzgläubigern. Nach § 157 InsO beschließt die Gläubigerversammlung im Berichtstermin, ob das Unternehmen des Schuldners stillgelegt oder vorläufig fortgeführt werden soll. Will der Insolvenzverwalter vor dem Berichtstermin das Unternehmen des Schuldners stillegen, so hat er die Zustimmung des Gläubigerausschusses einzuholen, wenn ein solcher bestellt ist, § 158 Abs. 1 InsO. Nach § 158 Abs. 2 InsO hat der Insolvenzverwalter vor der Beschlussfassung des Gläubigerausschusses oder, wenn ein solcher nicht bestellt ist, vor der Stilllegung des Unternehmens den Schuldner zu unterrichten. Das Insolvenzgericht untersagt auf 175

392 *Heinze,* NZA 1999, 57, 61; *Oetker/Friese,* DZWiR 2000, 397, 407.
393 BAG, Beschl. v. 17.01.1995, AP Nr. 7 zu § 77 BetrVG 1972 Nachwirkung.
394 *Hess,* § 120 Rn 32; FK/*Eisenbeis,* § 120 Rn 12.
395 *Moll,* in: *Kübler/Prütting,* § 120 Rn 47; *Oetker/Friese,* DZWiR 2000, 397, 408.
396 *Oetker/Friese,* DZWiR 2000, 397, 408.
397 BAG, Urt. v. 22.07.2003, ArbBR 2004, 13; nur, wenn die Eröffnung des Insolvenzverfahrens mangels Masse abgelehnt wird, kann ein Abweichen denkbar sein, vgl. BAG, Urt. v. 23.01.1979, AP Nr. 4 zu § 113 BetrVG 1972.
398 BAG, Urt. v. 18.11.2003, NZI 2004, 161.
399 *Hamacher,* in: *Nerlich/Römermann,* vor § 121 Rn 76.
400 *Berscheid,* ZInsO 1999, 28, 29; *Hamacher,* in: *Nerlich/Römermann,* vor § 121 Rn 88.

Antrag des Schuldners und nach Anhörung des Verwalters die Stilllegung, wenn diese ohne eine erhebliche Verminderung der Insolvenzmasse bis zum Berichtstermin aufgeschoben werden kann, § 158 Abs. 2 Satz 2 InsO. Für den vorläufigen Insolvenzverwalter ist § 22 Abs. 1 Satz 2 Nr. 2 InsO zu beachten.

Liegt keine Zustimmung von Gläubigerausschuss oder -versammlung vor, hat dies jedoch keine arbeitsrechtlichen Auswirkungen. Der Insolvenzverwalter kann mit dem Betriebsrat einen Interessenausgleich schließen und Kündigungen aussprechen.

1. Anwendbarkeit der §§ 121, 122 InsO

176 Die §§ 121, 122 InsO ergänzen das Verfahren nach §§ 111 ff. BetrVG und dienen der Beschleunigung des Interessenausgleichsverfahrens bei Betriebsänderungen.[401] Die Vorschriften sind nur anwendbar, wenn die Betriebsänderung vom Insolvenzverwalter durchgeführt wird.[402] Auf den vorläufigen Insolvenzverwalter finden die §§ 121, 122 InsO keine Anwendung.[403] Unerheblich ist allerdings, ob die Betriebsänderung bereits vor Eröffnung des Insolvenzverfahrens geplant war, solange sie noch nicht umgesetzt wurde.[404] Auf eine Betriebsänderung, die erst nach Veräußerung des Betriebs an den Erwerber geplant ist, finden §§ 121, 122 InsO keine Anwendung. Dies folgt im Umkehrschluss aus § 128 InsO.[405] Denn § 128 InsO verweist nur auf die Vorschriften der §§ 125 bis 127 InsO. Führt der Erwerber eine Betriebsänderung durch, so muss er das Verfahren nach §§ 111 ff. BetrVG einhalten.

2. Betriebsänderung und Vermittlungsverfahren, § 121 InsO

177 § 121 InsO enthält zum Zweck der Beschleunigung des Interessenausgleichsverfahrens eine Sonderregel zu § 112 Abs. 2 Satz 1 BetrVG. Danach geht dem Verfahren vor der Einigungsstelle nur dann ein Vermittlungsversuch des Präsidenten des Landesarbeitsamtes voraus, wenn der Insolvenzverwalter und der Betriebsrat gemeinsam um eine solche Vermittlung ersuchen. Folglich ist jede Betriebspartei berechtigt, nach einem Scheitern der in § 112 Abs. 1 BetrVG vorgesehenen Verhandlung über einen Interessenausgleich die Einigungsstelle sofort anzurufen, ohne dass Nachteilsausgleichsansprüche entstehen.[406] Zu einer Vermittlung des Präsidenten des Landesarbeitsamtes kommt es also nur, wenn beide Parteien um eine solche Vermittlung ersuchen.

178 Haben die Betriebspartner das Vermittlungsverfahren eingeleitet, kann erst nach dem Scheitern des Einigungsversuchs die Einigungsstelle angerufen werden. Die Anrufung der Einigungsstelle oder der Antrag nach § 122 InsO sind regelmäßig als Scheitern des Vermittlungsversuchs anzusehen.[407] Der Insolvenzverwalter kann schon während der Verhandlungen mit dem Präsidenten des Landesarbeitsamtes das Beschlussverfahren nach § 122 InsO einleiten. Denn entscheidend ist allein der Ablauf der Drei-Wochen-Frist nach § 122 InsO.[408]

401 BAG, Urt. v. 22.07.2003, ArbRB 2004, 13; *Hamacher,* in: *Nerlich/Römermann,* vor § 121 Rn 1.
402 FK/*Eisenbeis,* § 122 Rn 6.
403 *Berscheid,* NZI 1999, 6, 9; *Annuß,* NZI 1999, 344, 352; *Oetker/Friese,* DZWiR 2001, 133, 134.
404 *Oetker/Friese,* DZWiR 2001, 133, 134.
405 FK/*Eisenbeis,* § 122 Rn 6.
406 *Lakies,* RdA 1997, 145, 148.
407 *Hamacher,* in: *Nerlich/Römermann,* § 121 Rn 9.
408 *Hamacher,* in: *Nerlich/Römermann,* § 121 Rn 9.

3. Gerichtliche Zustimmung zur Durchführung einer Betriebsänderung, § 122 InsO

§ 122 InsO sieht ein gerichtliches Beschlussverfahren vor, in dem der Insolvenzverwalter die Zustimmung des Arbeitsgerichts zur Betriebsänderung vor Abschluss des Interessenausgleichsverfahrens, also ohne vorherige Durchführung des Einigungsstellenverfahrens nach § 112 Abs. 2 BetrVG, beantragen kann, wenn trotz rechtzeitiger und umfassender Unterrichtung des Betriebsrats nicht innerhalb von drei Wochen nach tatsächlichem Verhandlungsbeginn oder schriftlicher Aufforderung zur Aufnahme von Verhandlungen ein Interessenausgleich nach § 112 BetrVG zustande kommt. Liegen die besonderen Verfahrensvoraussetzungen des § 122 InsO nicht vor, ist der Antrag als unzulässig abzuweisen.[409] 179

Betreibt der Insolvenzverwalter das Zustimmungsverfahren nach § 122 InsO, dann kann, wie § 122 Abs. 1 Satz 3 InsO zu entnehmen ist, parallel das Einigungsstellenverfahren nach § 112 Abs. 2 BetrVG durchgeführt werden. Denn im Falle der Versagung der Zustimmung durch das Arbeitsgericht bleibt dem Insolvenzverwalter nur die Durchführung des Einigungsstellenverfahrens bis zum endgültigen Scheitern, damit die Betriebsänderung ohne Pflicht zum Nachteilsausgleich durchgeführt werden kann. Auch dem Betriebsrat ist nicht die Befugnis genommen, die Einigungsstelle zur Herbeiführung eines Interessenausgleichs trotz Durchführung des Zustimmungsverfahrens durch den Insolvenzverwalter anzurufen. In diesem Fall ist der Insolvenzverwalter zur Weiterverhandlung verpflichtet.[410] § 122 Abs. 1 Satz 3 InsO stellt im Übrigen klar, dass das Verfahren nach § 122 InsO zu den Verfahren nach § 125 InsO und § 126 InsO parallel geführt werden kann.[411] 180

a) Besondere Verfahrensvoraussetzungen des Antrags nach § 122 InsO

aa) Rechtzeitige und umfassende Unterrichtung des Betriebsrats

An die rechtzeitige und umfassende Unterrichtung des Betriebsrats durch den Insolvenzverwalter sind die gleichen Anforderungen zu stellen, die an die Unterrichtung des Betriebsrats durch den Unternehmer gem. § 111 Satz 1 BetrVG zu stellen sind.[412] Das Wort »geplant« in § 122 InsO hat ebenso wie in § 111 BetrVG eine rein zeitliche Bedeutung für die Einschaltung des Betriebsrats. Ausreichend ist es, wenn die Information des Betriebsrats zu einem Zeitpunkt erfolgt, zu dem die Durchführung des Interessenausgleichsverfahrens vor einer tatsächlichen Umsetzung der geplanten Betriebsänderung noch möglich ist.[413] Sind die Betriebsstilllegung und der Ausspruch der Kündigungen zum Zeitpunkt der Unterrichtung bereits endgültig beschlossen, so ist die Unterrichtung nicht mehr rechtzeitig.[414] 181

Die Unterrichtung des Betriebsrats ist nur dann umfassend, wenn der Insolvenzverwalter den Betriebsrat detailliert über den Inhalt der Betriebsänderung, die Ursachen und Gründe für die Maßnahme sowie die zu erwartenden Auswirkungen auf die Belegschaft informiert hat.[415] Der allgemeine Hinweis auf die Eröffnung des Insolvenzverfahrens reicht nicht aus.[416] Der Insolvenzverwalter ist verpflichtet, dem Betriebsrat gem. § 80 Abs. 2 BetrVG auf Verlangen die notwendigen Unterlagen zur Verfügung zu stellen, wozu auch das Gutachten des vorläufigen Insolvenzverwalters an das Insolvenzgericht gehört.[417] 182

409 ArbG Lingen, Beschl. v. 09.07.1999, ZIP 1999, 892, 1895 m. Anm. *Moll*, EWiR 1999, 1131; *Hamacher*, in: *Nerlich/Römermann*, § 122 Rn 10; FK/*Eisenbeis*, § 122 Rn 11; *Oetker/Friese*, DZWiR 2001, 133, 134; a.A. *Annuß*, NZI 1999, 344, 346, Fn 26; s. auch ArbG Berlin, Beschl. v. 26.03.1998, ZInsO 1999, 51 m. Anm. *Berscheid*, ZInsO 1999, 52; *Waas*, DZWiR 1999, 244 und *Oberhofer*, AiB 1999, 239.

410 FK/*Eisenbeis*, § 122 Rn 19.

411 FK/*Eisenbeis*, § 122 Rn 19; *Lakies*, BB 1999, 206.

412 ArbG Lingen, Beschl. v. 09.07.1999, ZIP 1999, 892, 1895; einschränkend *Annuß*, NZI 1999, 344, 346.

413 *Annuß*, NZI 1999 344, 346.

414 ArbG Berlin, Beschl. v. 26.03.1998, ZInsO 1999, 51.

415 ArbG Lingen, Beschl. v. 09.07.1999, ZIP 1999, 892, 1895; *Eisenbeis*, FA 1999, 74.

416 ArbG Berlin, Beschl. v. 26.03.1998, ZInsO 1999, 51; *Hess*, §§ 121, 122 Rn 206.

417 *Ennemann*, Kölner Schrift, S. 1474, 1484 Rn 27.

183 Die Unterrichtung des Betriebsrats sollte in jedem Fall schriftlich erfolgen, auch wenn das Gesetz nur die Aufforderung zur Aufnahme von Verhandlungen über einen Interessenausgleich unter ein Schriftformerfordernis[418] stellt. Empfehlenswert ist es, die Unterrichtung des Betriebsrats sogleich mit der schriftlichen Aufforderung zu Verhandlungsaufnahme zu verbinden, dann kommt es für den Beginn der Drei-Wochen-Frist nicht mehr auf den tatsächlichen Verhandlungsbeginn an.[419]

184 Ohne eine ausreichende Unterrichtung wird die dreiwöchige Frist nicht in Gang gesetzt. Die Darlegungslast für die ordnungsgemäße Unterrichtung des Betriebsrats trägt der Insolvenzverwalter.[420] Dem Betriebsrat ist es im Beschlussverfahren nach § 122 Abs. 1 InsO aber verwehrt, Mängel in der Unterrichtung seitens des Insolvenzverwalters aufzuzeigen, die schon zeitnah nach der Unterrichtung durch den Insolvenzverwalter hätten vorgebracht werden können.[421] Der Betriebsrat muss insoweit darlegen, warum er die unvollständige Unterrichtung nicht früher gerügt hat.[422]

185 Der Insolvenzverwalter kann aber die Voraussetzungen des § 122 InsO nicht dadurch herbeiführen, dass er den Betriebsrat unterrichtet und zu Verhandlungen auffordert bzw. mit den Verhandlungen beginnt und dann untätig den Ablauf der Drei-Wochen-Frist abwartet, sofern der Betriebsrat verhandlungsbereit ist.[423] Mit der Wiederholung des Wortlauts von § 111 Abs. 1 BetrVG in § 122 Abs. 1 InsO wird klargestellt, dass der Insolvenzverwalter mit dem Betriebsrat in ernsthafte Verhandlungen eintreten muss.[424]

186 Der Insolvenzverwalter kann an die vor Verfahrenseröffnung vom Schuldner oder vom vorläufigen Insolvenzverwalter vorgenommene Unterrichtung des Betriebsrats oder Aufforderung zur Aufnahme von Verhandlungen bzw. die Interessenausgleichsverhandlungen anknüpfen. Weder der Verhandlungsbeginn noch die Verhandlungsfrist müssen nach Insolvenzeröffnung liegen.[425] Haben die bisherigen Betriebspartner bereits länger als drei Wochen über die Betriebsänderung beraten, dann kann der Insolvenzverwalter den Antrag auf Zustimmung nach § 122 InsO beim Arbeitsgericht auch sofort stellen.[426]

187 Zu beteiligen ist der zuständige Betriebsrat. Ist unklar, ob der Gesamtbetriebsrat oder ein einzelner Betriebsrat zuständig ist, so kann der Insolvenzverwalter alle in Betracht kommenden Betriebsräte zur Klärung der Zuständigkeitsfrage auffordern und in Verhandlungen eintreten. Dann wird die Frist nach § 122 Abs. 1 Satz 1 InsO auch dann in Gang gesetzt, wenn die Betriebsräte sich nicht in vertretbarer Zeit über die Zuständigkeitsfrage einigen können.[427]

418 Fraglich ist insoweit, ob § 122 Abs. 1 Satz 1 InsO ein gesetzliches Schriftformerfordernis i.S.d. § 126 BGB statuiert, mit der Folge der Nichtigkeit nach § 125 BGB. Der Gesetzesbegründung lässt sich dies nicht entnehmen. Dem Beschleunigungsinteresse dürfte genügen, dem Schriftformerfordernis lediglich eine Dokumentationsfunktion und keine Wirksamkeitsvoraussetzung für den Fristbeginn beizumessen, so z.B. *Oetker/Friese,* DZWiR 2001, 133, 136; ähnlich *Hamacher,* in: *Nerlich/Römermann,* § 122 Rn 18 mit dem Hinweis, dass die Schriftform der Erleichterung der Berechnung der Frist dient und Unklarheiten vermieden werden sollen; vgl. aber auch *Hess,* §§ 121, 122 Rn 162 mit dem Hinweis auf § 126 BGB.

419 *Hamacher,* in: *Nerlich/Römermann,* § 122 Rn 19.

420 ArbG Berlin, Beschl. v. 26.03.1998, ZInsO 1999, 51; *Oetker/Friese,* DZWiR 2001, 133, 135.

421 ArbG Lingen, Beschl. v. 09.07.1999, ZIP 1999, 892, 1895; *Moll,* in: *Kübler/Prütting,* § 122 Rn 17; *Oetker/Friese,* DZWiR 2001, 134, 136.

422 *Oetker/Friese,* DZWiR 2001, 133, 136.

423 *Annuß,* NZI 1999, 344, 346.

424 *Rummel,* DB 1997, 774, 775; *Annuß,* NZI 1999, 344, 346; *Ennemann,* Kölner Schrift, S. 1473, 1486 Rn 33; vgl. auch Bericht des Rechtsausschusses BT-Drucks 12/7302 Nr. 76.

425 ArbG Lingen, Beschl. v. 09.07.1999, ZIP 1999, 892, 1895; *Annuß,* NZI 1999, 344, 346; FK/*Eisenbeis,* § 122 Rn 13.

426 *Ennemann,* Kölner Schrift, S. 1474, 1483 Rn 25; *Steindorf/Regh,* § 3 Rn 509; Däubler/Kittner/Klebe/*Däubler,* Anh. zu §§ 111 – 113, § 122 InsO Rn 5; a.A. *Arend,* ZInsO 1998, 303, 304.

427 *Ennemann,* Kölner Schrift, S. 1473, 1485 Rn 29.

bb) Drei-Wochen-Frist

Kommt innerhalb von drei Wochen nach tatsächlichem Verhandlungsbeginn oder schriftlicher Aufforderung zur Aufnahme von Verhandlungen kein Interessenausgleich zustande, kann der Insolvenzverwalter beim Arbeitsgericht die Zustimmung zur Durchführung der Betriebsänderung beantragen. Die Frist nach § 122 Abs. 1 InsO beginnt zum einen mit Aufnahme der Verhandlungen, wobei für den Fristbeginn beiderseitiges Einverständnis notwendig ist. Der Insolvenzverwalter kann die Frist nach § 122 Abs. 1 InsO aber auch dadurch auslösen, dass er den zuständigen Betriebsrat schriftlich zu Verhandlungen auffordert. Für die Berechnung der Frist ist maßgeblich, welcher Zeitpunkt, der Verhandlungsbeginn oder die schriftliche Aufforderung zur Aufnahme von Verhandlungen, früher liegt.[428] 188

Der Ablauf der Drei-Wochen-Frist muss erst im Zeitpunkt der mündlichen Verhandlung eingetreten sein. Der Antrag im Beschlussverfahren braucht daher nicht erst nach Ablauf der Drei-Wochen-Frist, sondern kann aus Beschleunigungsgründen bereits vorher gestellt werden, sofern zwischen der Unterrichtung und dem Schluss der mündlichen Verhandlung noch mindestens drei Wochen liegen und nach der Unterrichtung ernsthafte Verhandlungen über den Abschluss eines Interessenausgleiches durchgeführt wurden.[429] 189

b) Begründetheit des Antrags nach § 122 InsO

Aus dem Gesetzeswortlaut folgt ein zweistufiges Prüfungsschema. Zunächst hat das Arbeitsgericht zu prüfen, ob die wirtschaftliche Lage des Unternehmens es erforderlich macht, die Betriebsänderung ohne das vorherige Verfahren nach § 112 BetrVG durchzuführen.[430] Es geht mithin um die Prüfung der Eilbedürftigkeit. Wird dies bejaht, hat das Arbeitsgericht in einem zweiten Schritt das Bedürfnis an einer sofortigen Durchführung der Betriebsänderung mit den sozialen Belangen der betroffenen Arbeitnehmer abzuwägen.[431] Auf die sozialen Belange der Arbeitnehmer kommt es daher nicht mehr an, wenn die wirtschaftliche Lage des Unternehmens keine sofortige Betriebsänderung erfordert.[432] 190

aa) Wirtschaftliche Lage des Unternehmens

Das Arbeitsgericht entscheidet nur darüber, ob die wirtschaftliche Lage des Unternehmens es erfordert, dass die Betriebsänderung ohne vorheriges Verfahren nach § 112 Abs. 2 BetrVG durchgeführt wird. Ob die geplante Maßnahme dagegen wirtschaftlich sinnvoll ist, entscheidet nicht das Arbeitsgericht, sondern der Insolvenzverwalter.[433] Die sachliche Rechtfertigung der Betriebsänderung ist nicht Prüfungsgegenstand des Beschlussverfahrens.[434] Das Arbeitsgericht erteilt auch nicht die Zustimmung zu der geplanten Betriebsänderung.[435] Vielmehr geht es allein um die Eilbedürftigkeit und den Zeitpunkt des Beginns der Betriebsänderung.[436] 191

Im Rahmen der Prüfung der Eilbedürftigkeit geht es darum, ob mit der zügigen Durchführung der Betriebsänderung weitere Verluste vermieden werden können,[437] um somit die Insolvenzmasse nicht weiter zu belasten. Abzustellen ist daher auf die Interessen der Insolvenzgläubiger an der Erhaltung 192

428 ArbG Lingen, Beschl. v. 09.07.1999, ZIP 1999, 892, 1895; *Eisenbeis,* FA 1999, 74; *Hamacher,* in: *Nerlich/Römermann,* § 122 Rn 21.
429 ArbG Lingen, Beschl. v. 09.07.1999, ZIP 1999, 892, 1895 m. Anm. *Moll,* EWIR 1999, 1131, 1132; *Moll,* in: *Kübler/Prütting,* § 122 Rn 25; *Oetker/Friese,* DZWiR 2001, 134, 137.
430 ArbG Lingen, Beschl. v. 09.07.1999, ZIP 1999, 892, 1895; *Schaub,* DB 1999, 217, 226; *Oetker/Friese,* DZWiR 2001, 133, 137; *Arend,* ZInsO 1998, 303, 304.
431 ArbG Lingen, Beschl. v. 09.07.1999, ZIP 1999, 1892, 1895; *Schaub,* DB 1999, 217, 226; *Oetker/Friese,* DZWiR 2001, 133, 137; *Arend,* ZInsO 1998, 303, 304.
432 *Schaub,* DB 1999, 217, 226.
433 *Lakies,* RdA 1997, 145, 149; *Müller,* DZWiR 1999, 221, 224.
434 *Annuß,* NZI 1999, 345, 346.
435 *Schrader,* NZA 1997, 70, 73; FK/*Eisenbeis,* § 122 Rn 14.
436 *Lakies,* RdA 1997, 145, 149; *Eisenbeis,* FA 1999, 74, 75; *Annuß,* NZI 1999, 344, 346.
437 Ähnlich *Hamacher,* in: *Nerlich/Römermann,* § 122 Rn 57; *Annuß,* NZI 1999, 344, 346.

der Insolvenzmasse.[438] Die erwarteten Belastungen der Insolvenzmasse bei einer Verzögerung sind etwaigen Ersparnissen gegenüberzustellen. Das Arbeitsgericht wird eine Eilbedürftigkeit insbesondere annehmen, wenn der betroffene Betrieb seine laufenden Kosten nicht mehr aus den Einnahmen decken kann.[439] Eine Eilbedürftigkeit ist ferner dann anzunehmen, wenn Masseunzulänglichkeit oder die Einstellung des Verfahrens mangels Masse droht.[440]

193 Auch wenn das Arbeitsgericht aufgrund des Amtsermittlungsgrundsatzes im Beschlussverfahren den Sachverhalt selbst zu erforschen hat, wird es in der Regel auf die Angaben des Insolvenzverwalters und ggf. des Betriebsrats zurückgreifen müssen.[441] Die Prüfungskompetenz des Arbeitsgerichts bei der Beurteilung der wirtschaftlichen Lage ist aber nicht auf eine reine Missbrauchs- und Willkürkontrolle beschränkt.[442]

bb) Soziale Belange der Arbeitnehmer

194 Stellt das Arbeitsgericht die Eilbedürftigkeit der Betriebsänderung fest, so ist zu prüfen, ob die sozialen Belange der Arbeitnehmer dennoch die Durchführung des Einigungsstellenverfahrens erfordern.[443] Nicht ausreichend ist das Verzögerungsinteresse der Arbeitnehmer.[444] Vielmehr muss der Betriebsrat darlegen, dass durch Vermittlung der Einigungsstelle sozial verträglichere Lösungen gefunden werden können.[445]

c) Entscheidung des Arbeitsgerichts

195 Liegen die Voraussetzungen für einen Antrag nach § 122 Abs. 1 InsO im Zeitpunkt der letzten mündlichen Verhandlung bzw. im letzten Anhörungstermin nicht vor, ist der Antrag des Insolvenzverwalters als unzulässig abzuweisen. Der Insolvenzverwalter ist jedoch nicht gehindert, einen neuen Antrag zu stellen. Erteilt das Gericht die Zustimmung, kann der Insolvenzverwalter die Betriebsänderung durchführen, ohne dass es des Einigungsstellenverfahrens bedarf. Den Arbeitnehmern erwachsen dann keine Nachteilsausgleichsansprüche, § 122 Abs. 1 Satz 2 InsO. Das Arbeitsgericht kann die Zustimmung auch auf einen Teil der beabsichtigten Betriebsänderung beschränken, wenn die Betriebsänderung sich auf unterschiedliche, voneinander unabhängige Maßnahmen bezieht, z.B. die Schließung einzelner Betriebsabteilungen.[446]

196 § 102 BetrVG bleibt durch die Regelung des § 122 InsO unberührt.[447] Der Insolvenzverwalter muss daher weiterhin vor Ausspruch einer durch die Betriebsänderung bedingten Kündigung den Betriebsrat anhören.

438 *Arend,* ZInsO 1998, 303, 304; *Annuß,* NZI 1999, 344, 347, für den Fall der Betriebsstillegung. Im Falle der Unternehmensfortführung durch denselben Rechtsträger sei nicht auf die Gläubigerinteressen, sondern allein auf die wirtschaftliche Situation des Unternehmens abzustellen und zu fragen, ob dessen Fortführung durch die Einhaltung des Interessenausgleichsverfahrens zusätzlich gefährdet würde, was in den meisten Fällen zu bejahen sei.

439 ArbG Lingen, Beschl. v. 09.07.1999, ZIP 1999, 1892, 1896; *Giesen,* ZIP 1998, 142, 144; *Moll,* in: *Kübler/Prütting,* § 122 Rn 33; *Annuß,* NZI 1999, 344, 347; *Oetker/Friese,* DZWiR 2001, 134, 137.

440 *Oetker/Friese,* DZWiR 2001, 134, 137; *Arend,* ZInsO 1998, 303, 304.

441 *Oetker/Friese,* DZWiR 2001, 134, 137.

442 So *Arend,* ZInsO 1998, 303, 305.

443 ArbG Lingen, Beschl. v. 09.07.1999, ZIP 1999, 1892, 1896; *Oetker/Friese,* DZWiR 2001, 134, 138.

444 ArbG Lingen, Beschl. v. 09.07.1999, ZIP 1999, 1892, 1896; *Moll,* in: *Kübler/Prütting,* § 122 Rn 35; *Hess,* §§ 121, 122 Rn 216; *Hamacher,* in: *Nerlich/Römermann,* § 122 Rn 59; *Müller,* DZWiR 1999, 221; 224; *Berscheid,* Rn 736.

445 ArbG Lingen, Beschl. v. 09.07.1999, ZIP 1999, 1892, 1896; Däubler/Kittner/Klebe/*Däubler,* Anh. zu §§ 111 – 113, § 122 Rn 7; *Müller,* DZWiR 1999, 221, 224.

446 *Ennemann,* Kölner Schrift, S. 1473, 1487 Rn 34; *Löwisch,* RdA 1997, 80, 86; Däubler/Kittner/Klebe/*Däubler,* Anh. zu §§ 111 – 113, § 122 Rn 10.

447 *Arend,* ZInsO 1998, 303, 306.

d) Verfahrensrechtliche Besonderheiten des Beschlussverfahrens nach § 122 InsO

197 Gem. § 122 Abs. 2 InsO gelten für das Zustimmungsverfahren die Vorschriften des ArbGG über das Beschlussverfahren §§ 80 ff. ArbGG entsprechend. Der Antrag des Insolvenzverwalters im Verfahren nach § 122 Abs. 1 InsO muss darauf gerichtet sein, die Zustimmung zu einer bestimmten beabsichtigten Betriebsänderung zu erteilen, ohne zuvor ein Einigungsverfahren über einen Interessenausgleich nach § 112 Abs. 2 BetrVG durchzuführen.[448] Die beabsichtigte Betriebsänderung muss im Antrag konkret bezeichnet werden.

> Antrag nach § 122 Abs. 1 InsO:[449]
>
> »Der Stilllegung des Betriebes in der – GmbH zum ohne vorherige Durchführung des Verfahrens nach § 112 Abs. 2 BetrVG wird zugestimmt.«

198 Beim Antrag nach § 122 InsO handelt es sich um einen Gestaltungsantrag, nicht um einen Feststellungsantrag, so dass ein besonderes Feststellungsinteresse nicht notwendig ist. Allerdings kann das Rechtsschutzinteresse für den Antrag entfallen, wenn die Gestaltungswirkung nicht mehr eintreten kann. Dies ist der Fall, wenn der Insolvenzverwalter die Betriebsänderung bereits durchgeführt hat oder nicht mehr durchführen wird. Das Rechtsschutzziel entfällt auch, wenn der Insolvenzverwalter Nachteilsausgleichsansprüchen nach § 113 Abs. 3 BetrVG nicht ausgesetzt ist, etwa wenn die Betriebspartner sich doch noch auf einen Interessenausgleich verständigt haben oder ein parallel betriebenes Einigungsstellenverfahren endgültig gescheitert ist.[450] Denn das Zustimmungsverfahren nach § 122 InsO dient nur dem Zweck, die Sanktionslosigkeit der Betriebsänderung herbeizuführen.

199 Antragsbefugt im Verfahren nach § 122 InsO ist allein der Insolvenzverwalter, nicht schon der vorläufige Insolvenzverwalter und auch nicht der Betriebsrat. Letzterer ist jedoch gem. § 122 Abs. 2 Satz 2 InsO neben dem Insolvenzverwalter Beteiligter des Verfahrens. Die von der Betriebsänderung betroffenen Arbeitnehmer sind, anders als im Verfahren nach § 126 InsO, nicht zu beteiligen.

200 Der Antrag ist nach Maßgabe des § 61a Abs. 3 bis 6 ArbGG vorrangig zu erledigen, § 122 Abs. 3 Satz 3 InsO. Es können Fristen zur Antragsbegründung und -erwiderung gesetzt werden und verspätetes Vorbringen kann zurückgewiesen werden, wenn das Gericht die Beteiligten über die Folgen der Fristversäumung belehrt hat.

201 Eine einstweilige Verfügung des Insolvenzverwalters ist nur in besonderen Ausnahmefällen zulässig,[451] etwa wenn die Insolvenzmasse bei Durchführung des Hauptsachverfahrens soweit aufgezehrt würde, dass das Verfahren mangels Masse eingestellt werden müsste[452] oder wenn die geplante Betriebsänderung bei weiterem Zuwarten ihren Sinn verlieren würde[453] oder die Sanierung nach Abschluss des Hauptsacheverfahrens voraussichtlich nicht mehr erfolgreich durchgeführt werden kann.[454]

202 Ein Unterlassungsanspruch des Betriebsrats gegen kurzfristige Betriebsänderungen des Insolvenzverwalters kann nicht auf § 122 InsO gestützt werden. Die InsO enthält weder Regelungen über die Unzulässigkeit vorgezogener Betriebsänderungen noch ist ein gesetzgeberischer Wille erkennbar,

448 *Hess,* §§ 121, 122 Rn 213; *Moll,* in: *Kübler/Prütting,* § 122 Rn 23.
449 Ausführlich zum Antrag nach § 122 InsO *Steindorf/Regh,* § 3 Rn 526 m.w.N.
450 *Hamacher,* in: *Nerlich/Römermann,* § 122 Rn 42; *Hess,* § 121, 122 Rn 215; *Giesen,* ZIP 1998, 142, 145.
451 *Arend,* ZInsO 1998, 303, 305; *Moll,* in: *Kübler/Prütting,* § 122 Rn 43; *Annuß,* NZI 1999, 344, 347, weitergehend *Ennemann,* Kölner Schrift, S. 1474, 1494 Rn 54.
452 *Caspers,* Rn 426.
453 *Zwanziger,* § 122 Rn 26.
454 *Annuß,* NZI 1999, 344, 347; MünchArbR/*Berkowsky,* § 133 Rn 83; *Moll,* in: *Kübler/Prütting,* § 122 Rn 43.

dem Betriebsrat einen Unterlassungsanspruch zuzubilligen.[455] Es bleibt allein bei der Sanktion des § 113 Abs. 1, Abs. 3 BetrVG.

e) Rechtsmittel gegen die Entscheidung des Arbeitsgerichts

203 Nach § 122 Abs. 2 Satz 1 InsO findet allein die Rechtsbeschwerde zum BAG statt, wenn sie in dem Beschluss des Arbeitsgerichts zugelassen wird. Wurde die Rechtsbeschwerde zum BAG nicht zugelassen, kann der Insolvenzverwalter die Betriebsänderung durchführen, ohne dass Nachteilsausgleichsansprüche drohen.[456]

204 Die Rechtsbeschwerde ist gem. §§ 122 Abs. 3 Satz 2 InsO, 72 Abs. 2 ArbGG zuzulassen, wenn die Rechtssache grundsätzliche Bedeutung hat oder bei einer Divergenz. Das Arbeitsgericht wird die Rechtsbeschwerde nur in Extremfällen zulassen, da es letztlich eine Tatfrage ist, ob in einem Insolvenzverfahren genügend Zeit für das Einigungsstellenverfahren vorhanden ist[457] und Fragen grundsätzlicher Bedeutung kaum berührt sein dürften.[458] Für das Vorliegen einer Divergenz muss auf die Rechtsprechung anderer Arbeitsgerichte abgestellt werden,[459] wenn es um spezifische Rechtsfragen der Anwendung des § 122 InsO geht.[460] Bei anderen Rechtsfragen, die in anderen Verfahren entscheidend sein können, ist hingegen auf Entscheidungen des Landesarbeitsgerichts abzustellen.[461] § 122 Abs. 3 Satz 1 InsO verweist weder auf § 92a ArbGG noch auf § 72a ArbGG und stellt damit klar, dass eine Nichtzulassungsbeschwerde ausgeschlossen ist. Die Nichtzulassung der Rechtsbeschwerde kann daher nicht mittels Nichtzulassungsbeschwerde gem. § 92a ArbGG erstritten werden.[462]

205 Die Rechtsbeschwerde ist gem. § 122 Abs. 3 Satz 3 InsO innerhalb eines Monats nach der Zustellung der in vollständiger Form abgefassten Entscheidung des Arbeitsgerichts beim BAG einzulegen und zu begründen. Eine Verlängerung der Begründungsfrist ist unzulässig.

III. Sozialpläne in der Insolvenz, §§ 123, 124 InsO

206 Die Eröffnung des Insolvenzverfahrens berührt nicht die Anwendbarkeit der Bestimmungen nach §§ 112, 112 a BetrVG über den Inhalt, das Zustandekommen oder die Verpflichtung des Insolvenzverwalters zum Abschluss von Sozialplänen. Besonderheiten bestehen aber aufgrund der regelmäßig mit Sozialplänen verbundenen wirtschaftlichen Belastung der Insolvenzmasse.

207 Die §§ 123, 124 InsO haben die Vorschriften des SozPlKonkG abgelöst. Die InsO führt also weiterhin zu einer dreigeteilten Behandlung von Sozialplänen im Zusammenhang mit der Insolvenz und daraus folgend auch zur unterschiedlichen Einordnung von Sozialplanansprüchen. § 123 InsO enthält Sonderreglungen für nach Insolvenzeröffnung aufgestellte Sozialpläne, sog. Insolvenzsozialpläne. § 124 gilt für Sozialpläne, die vor Eröffnung des Insolvenzverfahrens, jedoch nicht früher als 3 Monate vor dem Eröffnungsantrag aufgestellt wurden, sog. insolvenznahe Sozialpläne. Für

455 LAG Niedersachsen, Beschl. v. 27.03.1997, ZIP 1997, 1201, 1203; *Giesen*, ZIP 1998, 140, 146; *Moll*, in: *Kübler/Prütting*, § 122 Rn 205; *Oetker/Friese*, DZWiR 2001, 134, 140; *Hess*, §§ 121, 122 Rn 205; a.A. ArbG Hannover, Beschl. v. 04.02.1997, ZIP 1997, 474, 475; ArbG Kaiserslautern, Beschl. v. 19.12.1997, InVo 1997, 208, siehe auch *Bichlmeier/Oberhofer*, AiB 1997, 161, 165.

456 A.A. *Ennemann*, Kölner Schrift, S. 1473, 1492 Rn 48, der auf die Zustellung nach §§ 80 Abs. 2, 50 Abs. 1 Satz 1 ArbGG abstellt.

457 *Schrader*, NZA 1997, 70, 73; *Arend*, ZInsO 1998, 303, 304.

458 *Ennemann*, Kölner Schrift, S. 1473, 1491 Rn 48; *Moll*, in: *Kübler/Prütting*, § 122 Rn 40.

459 *Schrader*, NZA 1997, 145, 154; *Ennemann*, Kölner Schrift, S. 1473, 1491 Rn 47; *Oetker/Friese*, DZWiR 2001, 134, 139; *Hess*, §§ 121, 122 Rn 220; a.A. *Rummel*, DB 1997, 774, 775, der eine Divergenz zu einer Entscheidung eines anderen Arbeitsgerichts nicht für ausreichend erachtet.

460 *Hamacher*, in: *Nerlich/Römermann*, § 122 Rn 71; *Oetker/Friese*, DZWiR 2001, 134, 139.

461 *Hamacher*, in: *Nerlich/Römermann*, § 122 Rn 71.

462 BAG, Beschl. v. 14.08.2001, ZInsO 2001, 1071 zu § 126 InsO; *Heinze*, NZA 1999, 57, 62; *Lakies*, RdA 1997, 145, 154; *Hess*, §§ 121, 122 Rn 223; *Moll*, in: *Kübler/Prütting*, § 122 Rn 41; *Ennemann*, Kölner Schrift, S. 1473, 1491 Rn 48.

Sozialpläne, die länger als drei Monate vor dem Eröffnungsantrag aufgestellt wurden, gelten keine insolvenzspezifischen Besonderheiten, sog. insolvenzferne Sozialpläne. In zeitlicher Hinsicht kommt es für die Anwendbarkeit von §§ 123, 124 InsO also zum einen auf die Eröffnung des Insolvenzverfahrens und zum anderen auf den Zeitpunkt des Eröffnungsantrags an.

Die §§ 123, 124 InsO gelten daher auch für Sozialpläne, die von der Einigungsstelle aufgestellt worden sind. Der Insolvenzverwalter ist grundsätzlich auch berechtigt, sog. freiwillige Sozialpläne i.S.d. § 88 BetrVG zu schließen.[463] Auf freiwillige Sozialpläne nach § 88 BetrVG sind dann die §§ 123, 124 InsO anwendbar.[464] Auf Richtlinien nach § 28 SprAuG sind die §§ 123, 124 InsO hingegen nicht anzuwenden, denn die §§ 123, 124 InsO setzen das Vorliegen eines Sozialplans i.S.d. Betriebsverfassungsgesetzes voraus. 208

Der Insolvenzverwalter muss zum Abschluss des Sozialplans die Zustimmung des Gläubigerausschusses nach § 160 InsO einholen.[465] Ein Verstoß gegen die Genehmigungspflicht berührt nach § 164 InsO aber nicht die Wirksamkeit des Sozialplans, sondern führt unter Umständen zur Schadensersatzpflicht des Insolvenzverwalters.[466] Der Spruch der Einigungsstelle ist nicht genehmigungspflichtig.[467] 209

1. Sozialplan nach Verfahrenseröffnung (Insolvenzsozialplan)

Für Sozialpläne, die nach Verfahrenseröffnung aufgestellt werden, sehen § 123 Abs. 1 und Abs. 2 InsO die Begrenzung des Sozialplanvolumens in zweifacher Hinsicht vor. Zum einen legt § 123 Abs. 1 InsO die Gesamtsumme der Sozialplanforderungen fest, sog. absolute Grenze. Daneben findet sich in § 123 Abs. 2 Satz 2 InsO eine relative Begrenzung des Sozialplanvolumens im Verhältnis zur Insolvenzmasse. In zeitlicher Hinsicht kommt es für die Anwendbarkeit des § 123 InsO darauf an, dass der Soziaplan nach der Eröffnung des Insolvenzverfahrens (§ 27 InsO) abgeschlossen wurde. In verfahrensrechtlicher Hinsicht gilt auch hier nach § 121 InsO die Besonderheit, dass der Vorstand der Bundesagentur für Arbeit nur dann beteiligt wird, wenn beide Seiten dies beantragen. 210

a) Absolute Grenze nach § 123 Abs. 1 InsO

Nach § 123 Abs. 1 InsO kann in einem Sozialplan, der nach der Eröffnung des Insolvenzverfahrens aufgestellt wird, für den Ausgleich oder die Milderung der wirtschaftlichen Nachteile, die den Arbeitnehmern infolge der geplanten Betriebsänderung entstehen, lediglich ein Gesamtbetrag von bis zu zweieinhalb Monatsverdiensten (§ 10 Abs. 3 KSchG) der von einer Entlassung betroffenen Arbeitnehmer vorgesehen werden. 211

Zur Ermittlung des zulässigen Gesamtvolumens sind alle Arbeitnehmer einzubeziehen, bei denen die geplante Betriebsänderung für die Entlassung ursächlich geworden ist, die also infolge der Betriebsänderung entlassen werden.[468] Zu berücksichtigen sind auch die Arbeitnehmer, die bereits vor Eröffnung des Insolvenzverfahrens infolge der Betriebsänderung ausgeschieden sind.[469] Arbeitnehmer, die aufgrund von Eigenkündigungen und Aufhebungsverträgen ausscheiden, sind aber nur dann mitzurechnen, wenn sie im Hinblick auf eine konkret geplante Betriebsänderung zum Ausscheiden vom Insolvenzverwalter veranlasst wurden.[470] 212

463 *Steindorf/Regh,* § 3 Rn 569 f.; MüKo-InsO/*Löwisch/Caspers,* § 123 Rn 11; a.A. *Schwerdtner,* Kölner Schrift, S. 1605, 1623 Rn 49.

464 *Hess,* § 123 Rn 11; *Moll,* in: *Kübler/Prütting,* § 123 Rn 36; a.A. MüKo-InsO/*Löwisch/Caspers,* § 123 Rn 11.

465 BAG GS, Beschl. v. 13.12.1987, AP Nr. 6 zu § 112 BetrVG 1972.

466 *Hamacher,* in: *Nerlich/Römermann,* vor § 121 Rn 67.

467 BAG GS, Beschl. v. 13.12.1987, AP Nr. 6 zu § 112 BetrVG 1972.

468 *Moll,* in: *Kübler/Prütting,* §§ 123, 124 Rn 40.

469 *Boemke/Tietze,* DB 1999, 1389, 1391.

470 *Annuß,* NZI 1999, 344, 349; Gottwald/*Heinze,* § 105 Rn 49; *Hess,* § 123 Rn 24.

213 Für die Ermittlung des betroffenen Personenkreises ist auf den betriebsverfassungsrechtlichen Arbeitnehmerbegriff abzustellen.[471] Daher sind leitende Angestellte bei der Ermittlung der absoluten Obergrenze des Sozialplanvolumens nicht zu berücksichtigen.[472] Die freiwillige Einbeziehung leitender Angestellter in einen Sozialplan mit dem Betriebsrat erhöht nicht das Gesamtvolumen des Sozialplans.[473]

214 Nach dem Wortlaut erfasst die gesetzliche Höchstgrenze nur die Sozialpläne, die sich mit den wirtschaftlichen Folgen für die entlassenen Arbeitnehmer befassen, nicht Sozialpläne, die wirtschaftliche Nachteile der im Betrieb verbleibenden Arbeitnehmer ausgleichen oder mildern sollen.[474] Bei der Ermittlung des Sozialplanvolumens zählen daher sonstige Arbeitnehmer, die im Übrigen anspruchsberechtigt aus dem Sozialplan sind, nicht mit.[475] Sind in einem Sozialplan sowohl Leistungen für entlassene als auch für weiterbeschäftigte Arbeitnehmer vereinbart, ist § 123 InsO nur auf Leistungen anzuwenden, die entlassene Arbeitnehmer betreffen.[476]

215 Der Gesamtbetrag des Sozialplans wird aus der Summe der von jedem einzelnen von einer Entlassung betroffenen Arbeitnehmer individuell erzielten zweieinhalb Monatsverdienste gebildet. Der Monatsverdienst ist für jeden Arbeitnehmer individuell zu ermitteln. Für die Bestimmung des Monatsverdienstes wird auf § 10 Abs. 3 KSchG Bezug genommen. Unregelmäßige Schwankungen bleiben außer Betracht, so dass auch Verdienstminderungen aufgrund von Urlaub und Krankheit nicht zu berücksichtigen sind. Unter den Begriff der Geldbezüge fallen zunächst die Bruttovergütung sowie alle regelmäßig zu zahlenden Zulagen und sonstigen Zuwendungen mit Entgeltcharakter, ebenso wie Sachbezüge. Zuwendungen mit Aufwendungscharakter und Gratifikationen sind hingegen nicht zu berücksichtigen.[477]

216 Wegen der bei Massenentlassungen auftretenden Unsicherheiten ist nach überwiegender Ansicht der maßgebliche Zeitpunkt zur Ermittlung des Monatsverdienstes nicht nach § 10 Abs. 3 KSchG zu bestimmen.[478] Umstritten ist allerdings, welcher andere Zeitpunkt dann maßgeblich sein soll. Teilweise wird auf den Zeitpunkt abgestellt, zu dem die Betriebsänderung durchgeführt werden soll.[479] Nach der Gegenauffassung soll einheitlich auf den Zeitpunkt des Zustandekommens des Sozialplans abzustellen sein.[480] In jedem Fall besteht die Gefahr, dass ein Arbeitsgericht die jeweils vertretene Auffassung nicht anerkennt und den Sozialplan für unwirksam erklärt.[481] Denn beiden Auffassungen steht der Wortlaut des § 123 Abs. 1 InsO entgegen, der eindeutig auf § 10 Abs. 3 KSchG verweist.[482] Zur Lösung dieses Problems werden variable Verteilungssysteme vorgeschlagen, z.B. durch die Aufstellung eines Punktesystems.[483]

471 Gottwald/*Heinze,* § 105 Rn 49; *Boemke/Tietze,* DB 1999, 1389, 1391.

472 *Hess,* § 123 Rn 25; *Schwerdtner,* Kölner Schrift, 1605, 1625 Rn 54; Däubler/Kittner/Klebe/*Däubler,* Anh. zu §§ 111 – 113, § 123 Rn 6.

473 *Schwerdtner,* Kölner Schrift, 1605, 1625 Rn 54; *Moll,* in: *Kübler/Prütting,* §§ 123, 124 Rn 39; *Boemke/Tietze,* DB 1999, 1389, 1391.

474 Gottwald/*Heinze,* § 105 Rn 48; *Fitting u.a.,* §§ 112, 112a Rn 217; *Boemke/Tietze,* DB 1999, 1389, 1392; Däubler/Kittner/Klebe/*Däubler,* Anh. zu §§ 111 – 113, § 123 Rn 22.

475 Gottwald/*Heinze,* § 105 Rn 48.

476 *Hess,* § 123 Rn 28; *Fitting u.a.,* §§ 112, 112a Rn 217; *Boemke/Tietze,* DB 1999, 1389, 1392; a.A. GK-BetrVG/*Fabricius,* §§ 112, 112a Rn 161; *Annuß,* NZI 1999, 344, 349; MüKo-InsO/*Löwisch/Caspers,* § 13 Rn 26.

477 *Steindorf/Regh,* § 3 Rn 578.

478 A.A. *Annuß,* NZI 1999, 344, 349: Aufgrund der Verweisung in § 123 InsO sei allein § 10 Abs. 3 KSchG entscheidend, mit der Folge, dass eine prognostische Betrachtung zu erfolgen habe.

479 *Fitting u.a.*, § 112, 112a Rn 206; FK/*Eisenbeis,* § 123 Rn 11.

480 Gottwald/*Heinze,* § 105 Rn 51; *Hess,* § 123 Rn 33; *Schwerdtner,* Kölner Schrift, S. 1605, 1626 Rn 57; *Moll,* in: *Kübler/Prütting,* §§ 123, 124 Rn 47.

481 Däubler/Kittner/Klebe/*Däubler,* Anh. zu §§ 111 – 113, § 123 Rn 12.

482 *Annuß,* NZI 1999, 344, 349.

483 Däubler/Kittner/Klebe/*Däubler,* Anh. zu §§ 111 – 113, § 123 Rn 12; siehe auch *Boemke/Tietze,* DB 1999, 1389, 1391 f.; *Steindorf/Regh,* § 3 Rn 583.

Die Einhaltung der absoluten Obergrenze ist durch einen Vergleich der als Gesamtbetrag ermittelten Höchstsumme mit den vorgesehenen Sozialplanleistungen zu ermitteln. Die Höchstsumme ist wie folgt zu errechnen:[484] 2,5 x Monatsgehalt x Anzahl der von der Entlassung betroffenen Arbeitnehmer. 217

Bei der Ermittlung der Sozialplanleistungen sind nicht nur Abfindungen im engeren Sinne einzubeziehen, sondern sämtliche Leistungen, die an die ausscheidenden Arbeitnehmer zum Ausgleich und zur Milderung der wirtschaftlichen Nachteile gezahlt werden, sofern sich der Anspruch darauf aus dem Sozialplan ergibt, z.B. die Aufrechterhaltung von Gratifikationsansprüchen, wenn den Arbeitnehmern aufgrund des Ausscheidens kein Anspruch auf die Gratifikation zusteht.[485] 218

Kommt es zur Überschreitung der Höchstgrenze, so führt die Überschreitung des Höchstbetrags zur absoluten Unwirksamkeit, d.h. Nichtigkeit des Sozialplans.[486] Die Nichtigkeit betrifft auch Sozialpläne, die von der Einigungsstelle aufgestellt werden. Eine anteilige Verringerung der Sozialplanleistungen bis das zulässige Volumen erreicht ist, kommt nur dann in Betracht, wenn der Sozialplan eindeutig die Verteilungsmaßstäbe erkennen lässt und die Verteilungskriterien durch die anteilige Kürzung nicht berührt werden.[487] Sind Anhaltspunkte erkennbar, dass die Beteiligten bei verringertem Volumen andere Verteilungsmaßstäbe gewählt hätten, bleibt es bei der Nichtigkeit.[488] In diesem Fall müssen Insolvenzverwalter und Betriebsrat einen neuen Plan aufstellen, bzw. im Falle der Nichteinigung muss die Einigungsstelle angerufen werden.[489] 219

b) Relative Grenze nach § 123 Abs. 2 InsO

In § 123 Abs. 2 InsO findet sich eine relative Begrenzung des Sozialplanvolumens. Danach darf, wenn nicht ein Insolvenzplan zustande kommt, für die Berichtigung von Sozialplanforderungen nicht mehr als ein Drittel der Masse verwendet werden, die ohne einen Sozialplan für die Verteilung an die Insolvenzgläubiger zur Verfügung stünde. Anders als § 123 Abs. 1 InsO berührt § 123 Abs. 2 InsO nicht die Wirksamkeit der Sozialplanforderungen, sondern begrenzt nur die Berichtigung bzw. Erfüllung von Sozialplanforderungen, sog. Berichtigungs- oder Verteilungssperre.[490] Falls der Gesamtbetrag aller Sozialplanforderungen diese Grenze übersteigt, so sind nach § 123 Abs. 2 Satz 3 InsO die Forderungen anteilig zu kürzen.[491] Die Vorschrift über die relative Obergrenze des Sozialplanvolumens bewirkt, dass die Sozialplangläubiger grundsätzlich nur dann befriedigt werden, wenn die übrigen Masseverbindlichkeiten voll erfüllt werden können.[492] Die Forderung der Arbeitnehmer aus dem Sozialplan bleibt materiell-rechtlich aber in voller Höhe bestehen. Nach Abschluss des Insolvenzverfahrens können die ausfallenden Forderungen gegen den (ehemaligen) Arbeitgeber, den Schuldner, nach §§ 215 Abs. 2, 201 Abs. 1 InsO geltend gemacht werden.[493] § 123 Abs. 2 Satz 3 InsO regelt die Folgen einer Überschreitung der relativen Grenze abschließend.[494] Mit 220

484 Gottwald/*Heinze,* § 105 Rn 55; *Schwerdtner,* Kölner Schrift, 1605, 1628 Rn 65.

485 *Moll,* in: *Kübler/Prütting,* §§ 123, 124 Rn 54; *Schwerdtner,* Kölner Schrift, 1605, 1628 Rn 66.

486 *Fitting u.a.,* § 112, 112a Rn 211; Däubler/Kittner/Klebe/*Däubler,* Anh. zu §§ 111 – 113, § 123 Rn 15; *Annuß,* NZI 1999, 344, 350; *Lakies,* BB 1999, 206, 210.

487 Gottwald/*Heinze,* § 105 Rn 56; *Boemke/Tietze,* DB 1999, 1389, 1392; *Annuß,* NZI 1999, 344, 350; für eine entsprechende Anwendung von § 139 BGB GK-BetrVG/*Fabricius,* §§ 112, 112a Rn 172 ff. bzw. § 140 BGB Däubler/Kittner/Klebe/*Däubler,* Anh. zu §§ 111 – 113, § 123 Rn 16; a.A. MüKo-InsO/*Caspers/Löwisch,* § 123 Rn 59.

488 *Schwerdtner,* Kölner Schrift, 1605, 1630 Rn 68; Däubler/Kittner/Klebe/*Däubler,* Anh. zu §§ 111 – 113, § 123 Rn 16; *Boemke/Tietze,* DB 1999, 1389, 1392.

489 Gottwald/*Heinze,* § 105 Rn 57; *Annuß,* NZI 344, 350.

490 Gottwald/*Heinze,* § 105 Rn 59.

491 *Boemke/Tietze,* DB 1999, 1389, 1393.

492 FK/*Eisenbeis,* § 123 Rn 14.

493 Gottwald/*Heinze,* § 105 Rn 60; *Schwerdtner,* Kölner Schrift S. 1605, 1633 Rn 79; *Boemke/Tietze,* DB 1999, 1389, 1393; *Annuß,* NZI 1999, 344, 351, der sich für eine entsprechende Anwendung von § 201 InsO ausspricht, da § 201 InsO unmittelbar nur für Insolvenzgläubiger gelte, was die Sozialplangläubiger nicht seien und § 215 Abs. 2 InsO nur im Fall der Einstellung, nicht auch bei Aufhebung der Insolvenz anwendbar sei.

494 *Moll,* in: *Kübler/Prütting,* §§ 123, 124 Rn 82; *Schwerdtner,* Kölner Schrift, 1605, 1634 Rn 84.

der Formulierung »für die Berichtigung von Sozialplanforderungen« in § 123 Abs. 2 Satz 2 InsO wird klargestellt, dass die Begrenzung auch bei mehreren Sozialplänen gilt.[495]

221 Zur Bestimmung der relativen Obergrenze ist die Teilungsmasse zu ermitteln.[496] Zunächst sind die Kosten des Insolvenzverfahrens (§ 54 InsO) und die sonstigen Masseverbindlichkeiten (§ 55 InsO) vorweg zu berichtigen. Der Restbetrag ist die fiktive Teilungsmasse. Von dem Restbetrag (fiktive Teilungsmasse) darf nicht mehr als ein Drittel zur Berichtigung der Sozialplanforderungen verwendet werden. Übersteigt die Summe der Sozialplanforderungen diesen Betrag, so sind diese Forderungen anteilig zu kürzen. Das Kürzungsverhältnis ergibt sich aus dem Verhältnis zwischen dem Drittel des Betrages, der für die Verteilung an die Insolvenzgläubiger zur Verfügung steht, und dem Gesamtbetrag, den die Sozialplangläubiger im Insolvenzverfahren geltend machen können. Liegt das Sozialplanvolumen unter oder auf dieser Grenze von einem Drittel, so können die Sozialplanforderungen voll erfüllt werden. Der verbleibende Rest bildet die zur Befriedigung der Insolvenzgläubiger zur Verfügung stehende Teilungsmasse.

222 Bei Masseunzulänglichkeit findet eine nachträgliche Berichtigung der Sozialplanforderungen nicht statt. Denn dann reicht die zur Verfügung stehende Masse noch nicht einmal aus, die Massegläubiger vorweg zu befriedigen. In diesem Fall steht damit auch fest, dass die Sozialplanforderungen nicht befriedigt werden können.[497]

223 Kommt ein Insolvenzplan zustande, so verliert die relative Begrenzung der Sozialplanforderungen nach § 123 Abs. 2 InsO ihre Bedeutung. Der Insolvenzplan kann von der relativen Obergrenze sowohl zugunsten als auch zu Lasten der Arbeitnehmer abweichen.[498] Die absolute Obergrenze nach § 123 Abs. 1 Satz 1 InsO bleibt hingegen unangetastet.[499]

c) Entscheidung der Einigungsstelle

224 Wird der Sozialplan von der Einigungsstelle beschlossen, gelten die Richtlinien nach § 112 Abs. 5 BetrVG auch in der Insolvenz.[500] Nach § 112 Abs. 5 Satz 1, Satz 2 Nr. 3 BetrVG hat die Einigungsstelle bei ihrer Entscheidung über die Aufstellung eines Sozialplanes die wirtschaftliche Lage des Unternehmens und die Sicherung der noch verbleibenden Arbeitsplätze zu beachten. Wenn die Insolvenzabwicklung dazu führt, dass das Unternehmen zerschlagen und der alte Unternehmensträger liquidiert wird, kommt der Ermessensrichtlinie des § 112 Abs. 5 BetrVG unter dem Gesichtspunkt der wirtschaftlichen Vertretbarkeit für das Unternehmen keine Bedeutung zu.[501] Dies gilt auch bei einer übertragenden Sanierung durch Übertragung des gesamten Unternehmens oder einzelner Betriebe, da dies ebenso eine Art der Unternehmensverwertung mit anschließender Liquidation des Unternehmensträgers darstellt.[502] Wird hingegen das Unternehmen saniert und unter der Leitung des alten Unternehmensträgers fortgeführt, hat die Einigungsstelle bei ihrer Entscheidung über die Aufstellung eines Insolvenzsozialplans nach § 112 Abs. 5 Satz 1 und Satz 2 Nr. 3 BetrVG auf die wirtschaftliche Vertretbarkeit für das Unternehmen und die Sicherung der verbleibenden Arbeitsplätze zu achten.[503]

495 *Warrikoff,* BB 1994, 2338, 2344; *Caspers,* Rn 437; *Boemke/Tietze,* DB 1999, 1389, 1393.
496 *Schwerdtner,* Kölner Schrift, S. 1605, 1633 Rn 81.
497 *Schwerdtner,* S. 1605, 1633 Rn 86; *Moll,* in: *Kübler/Prütting,* § 123 Rn 78.
498 *Boemke/Tietze,* DB 1999, 1389, 1393; *Schwerdtner,* Kölner Schrift, S. 1605, 1635 Rn 89.
499 MüKo-InsO/*Löwisch/Caspers,* § 123 Rn 67; *Moll,* in: *Kübler/Prütting,* §§ 123, 124 Rn 61; a.A.: *Schwerdtner,* Kölner Schrift, S. 1605, 1634 Rn 87.
500 *Schwerdtner,* Kölner Schrift, S. 1605, 1640 Rn 103; FK/*Eisenbeis,* § 123 Rn 19.
501 Däubler/Kittner/Klebe/*Däubler,* Anh. zu §§ 111 – 113, § 123 Rn 19.
502 *Annuß,* NZI 344, 348.
503 *Hamacher,* in: *Nerlich/Römermann,* vor § 121 Rn 72.

d) Realisierung der Sozialplanforderungen

Die Sozialplanforderungen sind nicht wie bisher als bevorrechtigte Konkursforderungen eingeordnet, sondern als Masseforderungen, § 123 Abs. 2 Satz 1 InsO. Die Rechtsstellung der Arbeitnehmer mit Sozialplanforderungen wird allerdings nur formell verbessert. Die Vorschrift über die relative Begrenzung des Sozialplanvolumens bewirkt nämlich, dass die Sozialplangläubiger grundsätzlich nur befriedigt werden, wenn die übrigen Masseverbindlichkeiten voll erfüllt werden können.[504] Trotz ihrer Höherstufung stehen Sozialplanforderungen im Nachrang zu den herkömmlichen Masseforderungen. Gem. § 123 Abs. 3 Satz 2 InsO ist eine Zwangsvollstreckung in die Masse wegen einer Sozialplanforderung unzulässig. Eine auf Zahlung der Sozialplanabfindung gerichtete Klage ist daher nur als Feststellungsklage, nicht aber als Leistungsklage zulässig, der das Rechtsschutzbedürfnis fehlt.[505] Im Übrigen ist Feststellungsklage auch dann die geeignete Klageart, wenn die Höhe der Abfindung aufgrund des Vorbehalts der absoluten Grenze des § 123 Abs. 1 InsO und der relativen Begrenzung des § 123 Abs. 2 Satz 2 und 3 InsO noch nicht beziffert werden kann, weil das Volumen der Insolvenzmasse nicht feststeht.[506] 225

Sind hinreichende Barmittel in der Masse vorhanden, soll der Insolvenzverwalter gem. § 123 Abs. 3 Satz 1 InsO mit Zustimmung des Insolvenzgerichts Abschlagszahlungen auf die Sozialplanforderungen leisten. Die Abschlagszahlungen bedürfen nach § 123 Abs. 1 Satz 1 InsO aber der Zustimmung des Insolvenzgerichts. Ein Anspruch steht den betroffenen Arbeitnehmern nicht zu.[507] Allerdings kann der betroffene Arbeitnehmer Abschlagszahlungen beantragen.[508] 226

2. Widerruf des Sozialplans aus der kritischen Phase (insolvenznaher Sozialplan)

Nach § 124 Abs. 1 InsO kann ein Sozialplan, der vor Eröffnung des Insolvenzverfahrens, jedoch nicht früher als drei Monate vor dem Eröffnungsantrag aufgestellt worden ist, sowohl vom Insolvenzverwalter als auch vom Betriebsrat widerrufen werden. Auch Sozialpläne, die vom vorläufigen Insolvenzverwalter geschlossen wurden, können widerrufen werden.[509] 227

Die Vorschrift trägt dem Umstand Rechnung, dass Sozialpläne, die vor Verfahrenseröffnung, jedoch nicht früher als drei Monate vor dem Eröffnungsantrag aufgestellt worden sind, typischerweise bereits Nachteile ausgleichen sollen, die mit dem Eintritt der Insolvenz in Zusammenhang stehen. § 124 InsO ermöglicht es dem Insolvenzverwalter, bei der Aufstellung des Sozialplans im Insolvenzverfahren die Leistungen an die bereits in einem früheren Sozialplan berücksichtigten Arbeitnehmer neu festzusetzen und damit die Obergrenzen von § 123 InsO auch auf diese Arbeitnehmer auszudehnen. 228

a) Ausübung des Widerrufsrechts

Widerrufsberechtigt sind sowohl der Insolvenzverwalter als auch der Betriebsrat. Der Widerruf gegenüber dem Betriebsrat muss grundsätzlich gegenüber dem Vorsitzenden erfolgen, § 26 Abs. 3 Satz 2 BetrVG. Eines Widerrufgrundes bedarf es nicht.[510] Das Widerrufsrecht ist auch nicht fristgebunden, es kann jedoch frühestens mit Eröffnung des Insolvenzverfahrens ausgeübt werden. Eine Widerrufspflicht des Insolvenzverwalters, wenn der Insolvenzplan die Höchstgrenze nach § 123 InsO überschreitet, besteht nicht.[511] Unterlässt er den Widerruf schuldhaft kann sich daraus 229

504 FK/*Eisenbeis,* § 123 Rn 14; *Boemke/Tietze,* DB 1999, 1389, 1393.
505 BAG, Urt. v. 29.10.2002, ZIP 2003, 1414; BAG, Urt. v. 31.07.2002, AP Nr. 156 zu § 112 BetrVG 1972.
506 BAG, Urt. v. 29.10.2002, ZIP 2003, 1414; BAG, Urt. v. 31.07.2002, AP Nr. 156 zu § 112 BetrVG 1972.
507 *Hamacher,* in: *Nerlich/Römermann,* § 123 Rn 41.
508 Gottwald/*Heinze,* § 105 Rn 61.
509 *Hamacher,* in: *Nerlich/Römernmann,* § 123 Rn 11; *Schwerdtner,* Kölner Schrift, S. 1605, 1646 Rn 117.
510 *Boemke/Tietze,* DB 1999, 1389, 1394.
511 *Hess,* § 124 Rn 5; *Moll,* in: *Kübler/Prütting,* §§ 123, 124 Rn 9; a.A. *Warrikoff,* BB 1994, 2338, 2344.

eine Schadensersatzpflicht nach § 60 InsO ergeben.[512] Im Hinblick auf die Einordnung von insolvenznahen Sozialplanforderungen als bloße Insolvenzforderungen wird der Betriebsrat ein Interesse an der Ausübung des Widerrufsrechts haben, um den betroffenen Arbeitnehmern bei ansonsten drohendem Forderungsausfall zumindest die Möglichkeit eines Insolvenzsozialplananspruchs als Masseforderung zu eröffnen.[513] Der Betriebsrat kann aber auf das nach § 124 InsO bestehende Recht, den vor Insolvenzeintritt abgeschlossenen Sozialplan zu widerrufen, jedenfalls nach Insolvenzeintritt wirksam verzichten.[514]

b) Folgen des Widerrufs gem. § 124 Abs. 2 InsO

230 Mit dem Widerruf verliert der Sozialplan rückwirkend seine Wirksamkeit.[515] Daher stehen den Arbeitnehmern Ansprüche aus dem widerrufenen Sozialplan nicht mehr zu. Der Insolvenzverwalter muss mit dem Betriebsrat jedoch einen neuen Sozialplan verhandeln. Die Betriebspartner können dann den Inhalt des neuen Sozialplans unabhängig von dem widerrufenen Sozialplan festlegen, allerdings müssen sie nunmehr die gesetzlichen Höchstgrenzen nach § 123 InsO beachten.[516]

231 § 124 Abs. 2 InsO sieht zwar vor, dass bei einem widerrufenen Sozialplan die Arbeitnehmer, denen Forderungen aus dem Sozialplan zustanden, bei der Aufstellung eines Sozialplans im Insolvenzverfahren berücksichtigt werden können. Ein Vertrauensschutz besteht wegen der Regelung des § 124 InsO nicht.[517] § 124 InsO bezieht nur die Mitarbeiter in die Neuaufstellung des Insolvenzsozialplans ein, die von einer Entlassung aufgrund der Betriebsänderung betroffen sind.[518]

c) Keine Rückforderung schon erbrachter Leistungen

232 Wenn ein Arbeitnehmer vor Eröffnung des Insolvenzverfahrens auf seine Forderung aus dem widerrufenen Sozialplan Leistungen erhalten hat, so wird das Vertrauen insoweit geschützt, als dass diese Leistungen gem. § 124 Abs. 3 Satz 1 InsO nicht zurückgefordert werden können. Werden Arbeitnehmer in einem Insolvenzsozialplan erneut berücksichtigt, sind bereits empfangene Leistungen auf die individuellen Forderungen anzurechnen.[519] Ferner wirken sich die bereits erbrachten Leistungen auf die absolute Höchstgrenze des Sozialplanvolumens aus. Diese sind nämlich bei der Berechnung des Gesamtbetrags der Sozialplanforderungen bis zur Höhe von zweieinhalb Monatsgehältern abzusetzen, § 124 Abs. 3 Satz 2 InsO.[520]

d) Rechtsfolgen bei unterbliebenem Widerruf

233 Nach allgemeiner Meinung haben Forderungen aus Sozialplänen, die früher als drei Monate vor dem Antrag auf Insolvenzeröffnung geschlossen wurden, den Rang einfacher Insolvenzforderungen.[521] Dies gilt auch für Sozialplanforderungen, wenn der Sozialplan innerhalb von drei Monaten vor dem Antrag auf Insolvenzeröffnung abgeschlossen wurde und kein Widerruf des insolvenznahen Sozialplans nach § 124 InsO erfolgt ist.[522] Das Unterlassen des Widerrufs durch den Insolvenzverwalter begründet keine Masseverbindlichkeiten, weil anspruchsbegründend allein die Aufstellung

512 *Hamacher,* in: *Nerlich/Römermann,* § 124 Rn 10; *Boemke/Tietze,* DB 1999, 1389, 1395.
513 FK/*Eisenbeis,* § 123 Rn 6; *Boemke/Tietze,* DB 1999, 1389, 1395.
514 LAG Köln, Beschl. v. 17.10.2002, NZA-RR 2003, 489.
515 *Boemke/Tietze,* DB 1999, 1389; 1394; *Hamacher,* in: *Nerlich/Römermann,* § 124 Rn 12.
516 *Schwerdtner,* Kölner Schrift, S. 1605, 1651 Rn 136.
517 *Schwerdtner,* Kölner Schrift, S. 1605, 1651 Rn 136; FK/*Eisenbeis,* § 124 Rn 9 f.
518 *Moll,* in: *Kübler/Prütting,* § 123, 124 Rn 100.
519 *Hamacher,* in: *Nerlich/Römermann,* § 124 Rn 19; Gottwald/*Heinze,* § 105 Rn 68.
520 *Schwerdtner,* Kölner Schrift, S. 1605, 1653 Rn 141.
521 ArbG Köln, Urt. v. 12.09.2000, ZInsO 2001, 287, 288; *Schaub,* DB 1999, 217, 226; *Hess,* § 124 Rn 8.
522 BAG, Urt. v. 31.07.2002, AP Nr. 156 zu § 112 BetrVG 1972; LAG Köln, Urt. v. 02.03.2001, AE 2/2001, 63; *Annuß,* NZI 1999, 344, 351; Gottwald/*Heinze,* § 105 Rn 67; *Boemke/Tietze,* DB 1999, 1389, 1394; *Moll,* in: *Kübler/Prütting,* § 123, 124 Rn 105; *Steindorf/Regh,* § 3 Rn 618; a.A. ArbG Köln, Urt. v. 12.09.2000, ZInsO 2001, 287, 288; *Warrikoff,* BB 1994, 2338, 2344; *Lakies,* BB 1999, 206, 210; *Kania,* DZWiR 2000, 328, 329.

des Sozialplans ist.[523] Wurde der Sozialplan unter Beteiligung eines vorläufigen Insolvenzverwalters mit Verwaltungs- und Verfügungsbefugnis wegen einer Betriebsänderung aufgestellt, sind die Sozialplanforderungen gem. § 55 Abs. 2 InsO Masseschulden.[524] Sind in einem solchen Sozialplan die Grenzen des § 123 InsO nicht eingehalten, muss der Insolvenzverwalter zur Vermeidung seiner Haftung nach § 60 InsO den Sozialplan widerrufen, wenn der Sozialplan zu einer Mehrbelastung der Masse führt.[525]

3. Sozialplan aus der Zeit vor der kritischen Phase (insolvenzferner Sozialplan)

Sozialpläne, die früher als drei Monate vor dem Eröffnungsantrag aufgestellt worden sind, werden 234
von § 124 InsO nicht erfasst. Für diese insolvenzfernen Sozialpläne bleibt es bei den allgemeinen arbeitsrechtlichen und insolvenzrechtlichen Bestimmungen. Eine Aufhebung kann daher regelmäßig nur einvernehmlich erfolgen. In Ansprüche, die bereits auf der Grundlage eines aufgehobenen Sozialplans entstanden sind, kann durch eine Neuregelung nicht zu Lasten der Arbeitnehmer eingegriffen werden.[526] Auch die Kündigung von Sozialplänen ist nur in engen Grenzen zulässig. Ein für eine bestimmte Betriebsänderung vereinbarter Sozialplan kann, soweit nichts Gegenteiliges vereinbart ist, nicht ordentlich gekündigt werden.[527] Anderes kann für Dauerregelungen in einem Sozialplan gelten, wobei Dauerregelungen nur solche Bestimmungen sind, nach denen ein bestimmter wirtschaftlicher Nachteil durch auf bestimmte oder unbestimmte Zeit laufende Leistungen ausgeglichen oder gemildert werden soll.[528] Die Kündigungsfrist beträgt dann in jedem Fall gem. § 120 Abs. 1 InsO drei Monate.[529] Den gekündigten Regelungen des Sozialplans kommt allerdings Nachwirkung zu, bis sie durch eine neue Regelung ersetzt werden. Auch auf Rahmen- oder Vorratssozialpläne für erst künftige Betriebsänderungen kann das Sonderkündigungsrecht des § 120 InsO Anwendung finden.[530]

523 Gottwald/*Heinze,* § 105 Rn 67; a.A. ArbG Köln, Urt. v. 12.09.2000, ZinsO 2001, 287, 288; *Warrikoff,* BB 1994, 2338, 2344; *Lakies,* BB 1999, 206, 210; *Kania,* DZWiR 2000, 328, 329.

524 BAG, Urt. v. 31.07.2002, AP Nr. 156 zu § 112 BetrVG 1972; *Annuß,* NZI 1999, 344, 351; *Hamacher,* in: *Nerlich/Römermann,* § 124 Rn 23; Gottwald/*Heinze,* § 105 Rn 69; *Steindorf/Regh,* § 3 Rn. 620.

525 *Annuß,* NZI 1996, 344, 351; *Schwerdtner,* Kölner Schrift, S. 1605, 1647 Rn 123; Gottwald/*Heinze,* § 105 Rn 69.

526 BAG, Beschl. v. 10.08.1994, AP Nr. 86 zu § 112 BetrVG 1972.

527 BAG, Beschl. v. 10.08.1994, AP Nr. 86 zu § 112 BetrVG 1972.

528 BAG, Beschl. v. 10.08.1994, AP Nr. 86 zu § 112 BetrVG 1972; das BAG hat es aber offen gelassen, ob ein Sozialplan insgesamt oder hinsichtlich seiner Dauerregelungen außerordentlich gekündigt werden kann.

529 *Schwerdtner,* Kölner Schrift, S. 1605, 1650 Rn 131; *Oetker/Friese,* DZWiR 2000, 397, 400.

530 FK/*Eisenbeis,* § 124 Rn 18.

§ 19 Anwaltsgebühren und Rechtsschutzversicherung

Inhalt

A. Rechtsänderungen im Gebührenrecht

I. Euro-Umstellung

1 Das arbeitsrechtliche Anwaltsgebührenrecht hat seit 2002 eine Reihe von Änderungen erfahren. Modifikationen der Rechtslage ergaben sich durch die zum 01.01.2002 in Kraft getretene ZPO-Reform. Neuerungen in der künftigen Streitwert-Judikatur sind auch die Folge der verschiedenen Festsetzungen durch die Euro-Einführungsgesetze im Bereich des Sozial- und Arbeitsrechts, aber auch im

Bereich des Gerichtskostengesetzes a.F., der zum 30.06.2004 außer Kraft getretenen BRAGO und anderer währungsgebundener Vorschriften. Der Gesetzgeber hat die wertmäßige Anpassung von Streitgegenständen nicht immer nach dem Umrechnungskurs 1,95583 vorgenommen, sondern zum Teil durch Auf- und Abrundung merkfähige Streitwertdaten gebildet. Aus dem Auffangstreitwert des § 8 Abs. 2 BRAGO in Höhe von 8.000 DM entwickelte er den neuen Grundstreitwert von 4.000 €, an die Stelle des Beschwerdewertes von 100 DM in § 25 Abs. 3 GKG a.F. trat ein Beschwerdewert von 50 €. Das Rechtsanwaltsvergütungsgesetz (RVG)[1] enthält weiterhin einen Auffangstreitwert. Wenn keine anderen Anhaltspunkte bestehen, ist von einem Regelwert in Höhe von 4.000 € auszugehen.[2] Der bisher in § 5 Abs. 2 Satz 1 GKG a.F. geregelte Beschwerdewert von 50 € wurde auf 200,01 € angehoben (§ 66 Abs. 2 Satz 1 GKG n.F.).

Die umfangreiche Instanzrechtsprechung zu den Streitwerten im arbeitsgerichtlichen Erkenntnis- und Beschlussverfahren arbeitete mit meist griffigen und abgerundeten DM-Beträgen. Diese in DM ergangenen Entscheidungen sind in den hier vorgelegten Tabellen zu den Streitwerten nicht immer nach dem offiziellen Umrechnungsfaktor 1,95583 an die Euro-Währung centgenau angepasst, geben aber, von geringfügigen Auf- und Abrundungen abgesehen, die bisherige Rechtslage, weiterentwickelt auf abgerundeter Euro-Basis, wieder. 2

II. Strukturänderungen durch das KostRMoG

1. Das KostRMoG als Gesetzespaket

Mit dem KostRMoG wurde zum 01.07.2004 die BRAGO abgelöst und durch das neue **Rechtsanwaltsvergütungsgesetz (RVG)** ersetzt. Mit dem RVG ist ein völlig neues Gesetz in Kraft getreten, das nicht nur eine Änderung bisheriger Vorschriften der BRAGO beinhaltet, sondern neben Modifikationen eine völlig neue Systematik und auch neue Gebührenbereiche enthält. Im Gegensatz zur BRAGO mit ihren zuletzt insgesamt 146 Vorschriften, gliedert sich das RVG in einen **Paragraphenteil**, der aus 61 Vorschriften besteht, und in ein **Vergütungsverzeichnis (VV)** mit über 250 einzelnen Gebühren- und Auslagentatbeständen. Während der Paragraphenteil überwiegend allgemeine Regelungen enthält, sind im Vergütungsverzeichnis die einzelnen Auslagen- und Gebührentatbestände in insgesamt sieben Abschnitten systematisch zusammengefasst. Dabei wundert, dass der gesamte außergerichtliche Teil der Interessenvertretung keine Gebührengrundlage im RVG gefunden hat, sondern allein im VV die außergerichtliche Vertretung einschließlich der Beratungstätigkeit geregelt ist. 3

Bestandteil des Gesetzespakets des KostRMoG ist das grundlegend überarbeitete GKG[3] sowie die Neuordnung der Vergütung von Sachverständigen, Übersetzern und Dolmetschern sowie die Entschädigung ehrenamtlicher Richter und Zeugen im JVEG.[4] Mit den Neuregelungen des GKG wurden die erhöhten Aufwendungen der Staatskasse u.a. bei Prozesskostenhilfe und Pflichtverteidigungen, gegenfinanziert.[5] 4

Das Prinzip des Streitwerts als maßgeblichem Faktor für die Berechnung gerichtlicher und außergerichtlicher Anwaltsgebühren wurde beibehalten. Gem. § 13 RVG richten sich die Wertgebühren nach dem Gegenstandswert, wobei für die einzelnen Gegenstandswerte die gesetzlichen Gebühren in der Anlage 2 zum RVG bis zum Gegenstandswert von 500.000 € festgehalten sind. 5

Ab einem 30 Mio. € übersteigenden Gegenstandswert stagnieren die anwaltlichen Gebühren künftig. In derselben Angelegenheit kann bei einem Auftraggeber die zu berechnende Gebühr nach der 6

1 BGBl I 2004, 788.

2 § 23 Abs. 3 RVG; siehe auch *Schneider*, AnwBl 2004, 134; AnwK-RVG/*E. Schneider*, § 23 Rn 47.

3 BGBl I 2004, 718.

4 BGBl I 2004, 776.

5 *Hansens*, AnwBl 2004, 142.

Tabelle nicht über einen Gegenstandswert von 30 Mio. € hinaus erhoben werden. Sind in der derselben Angelegenheit mehrere Personen Auftraggeber, beträgt der Wert für jede Person höchstens 30 Mio. €, insgesamt jedoch nicht mehr als 100 Mio. €.

7 Im gerichtlichen Verfahren gilt das gleiche, bisher gebräuchliche Prinzip, dass sich die gerichtlichen Gebühren nach dem Wert des Streitgegenstands richten (§ 3 Abs. 1 GKG). Auch die gerichtlichen Wertgebühren sind gem. § 34 GKG in einer Gebührentabelle für Streitwerte bis 500.000 € dem Gesetz als Anlage 2 beigefügt.

2. Grundlegende Veränderungen im Gebührensystem

a) Methodik und Betragsrahmengebühren

8 Ebenso wie die BRAGO geht das RVG grundsätzlich von Gebühren aus, die sich nach einem Gegenstandswert richten, § 2 Abs. 1 RVG. Teilweise sind feste Gebührensätze vorgesehen, zum Teil aber auch Satzrahmen wie bei Nr. 2400 VV, der neuen Geschäftsgebühr, die von 0,5 bis 2,5 reicht. In den einzelnen Teilen des Vergütungsverzeichnisses sind die verschiedenen Gebührentatbestände mit vierstelligen Nummern gekennzeichnet, von denen die erste Nummer den Teil des VV angibt, aus dem der Gebührentatbestand stammt und die zweite Nummer den Abschnitt. Damit lässt sich auf den ersten Blick erkennen, aus welchem Teil des VV der jeweilige Gebührentatbestand herrührt. Im außergerichtlichen Bereich ergibt sich keine generelle Änderung zu den früheren Betragsrahmengebühren nach § 118 Abs. 1 Nr. 1 und 2 BRAGO.

9 Auch das RVG enthält, wie bereits die BRAGO, Betragsrahmengebühren, also Gebühren, die nach ihrem Mindest- und Höchstbetrag begrenzt sind, so in sozialrechtlichen Angelegenheiten (§ 3 RVG). Hier beträgt der Gebührenrahmen für einen mündlichen oder schriftlichen Rat nach Nr. 2101 VV zwischen 10 € und 260 €. Bei der Festlegung der Gebühr hat der Anwalt die Kriterien des § 14 RVG anzulegen.

10 Im Gegensatz zur BRAGO werden im RVG keine Bruchteilsgebühren mehr verwendet (5/10, 7,5/10 oder 10/10), sondern wie bereits in der Vergangenheit im GKG, **Dezimalgebühren** (0,5; 0,75; 1,0). Um die jeweilige Gebühr zu ermitteln, werden künftig die sich nach dem jeweiligen Gegenstandwert ergebenden Beträge mit der angegebenen Dezimalzahl des VV multipliziert und nicht, wie bisher, mit einer Bruchzahl.[6] Im Ergebnis ändert sich dadurch allerdings nichts, solange die Bruchzahl der Dezimalzahl entspricht.

b) Gewichtung bei Rahmengebühren

11 Nach § 14 Abs. 1 RVG bestimmt der Rechtsanwalt weiterhin nach den bereits früher in § 12 BRAGO gültigen Prinzipien die Höhe von Rahmengebühren nach billigem Ermessen. Die in § 14 Abs. 1 RVG maßgeblichen Kriterien sind weitgehend die gleichen, wie bereits in § 12 Abs. 1 BRAGO. Allerdings hat der Gesetzgeber die Reihenfolge und damit die für den Anwalt bei seiner Gewichtung maßgeblichen Faktoren geändert. Nunmehr hat der Rechtsanwalt bei seiner Ermessensausübung zunächst den Umfang und die Schwierigkeiten der anwaltlichen Tätigkeit, danach die Bedeutung der Angelegenheit, als drittes die Einkommens- und Vermögensverhältnisse des Auftraggebers zu berücksichtigen. Die »Bedeutung der Angelegenheit« ist von der ersten Stelle auf die zweitwichtigste Wertungsebene verlegt worden. Als viertes Kriterium hat der Gesetzgeber in § 14 Abs. 1 RVG ein »besonderes Haftungsrisiko« als zusätzliches Bemessungskriterium eingeführt. Eine Anhebung des Gebührensatzes wird vor allem in Fällen in Betracht kommen, in denen sich das erhöhte Haftungsrisiko des Anwalts nicht im Gegenstandswert niederschlägt, etwa dann, wenn die Wertvorschriften Begrenzungen enthalten oder auch dann, wenn die Wertgrenzen der §§ 22 Abs. 2 RVG, 39 Satz 2 GKG erreicht sind.[7] Bei wertunabhängigen Betragsrahmengebühren oder auch bei der

6 *Schneider*, AnwBl 2004, 129.
7 *Schneider/Mock*, Das neue Gebührenrecht für Anwälte, § 5 Rn 30; AnwK-RVG/*N. Schneider*, § 22 Rn 20.

Mediation und bei der angemessenen Gebühr für ein Gutachten ist das Kriterium des besonderen Haftungsrisikos stets zu berücksichtigen.[8] Dem Arbeitsrechtler erschließt sich mit diesem Kriterium ein gewichtiges Gebührenbestimmungsinstrument, denn in weiten Bereichen des Arbeitsrechts, beispielsweise des Kündigungsschutzrechts, ist die Rechtsprechung einzelfallorientiert, so dass jede generalisierende Aussage den Keim eines Haftungstatbestands in sich trägt. Allerdings lässt sich aus der veränderten Stellung der Bemessungskriterien kein Bedeutungsunterschied ableiten, auch nicht aus den Gesetzesmaterialien.[9] Die Berücksichtigung des Haftungsstraftatbestands und etwaiger Kosten bei der Absicherung hält *Notz* für lebensfremd.[10] Teilweise wird die Auffassung vertreten, das Haftungskriterium solle vor allem als neues Gewichtungsmerkmal bei Begrenzungen in Wertvorschriften wie §§ 42 Abs. 4 Satz 1 GKG n.F., 12 Abs. 7 Satz 1 ArbGG angewendet werden.[11]

Jeder Anwalt sollte sich frühzeitig darauf einstellen, dass er ab 01.07.2006 nach § 34 RVG in einer bereits jetzt verabschiedeten Fassung des RVG[12] darauf hinwirken soll, dass seine außgergerichtliche Tätigkeit über eine Vergütungsvereinbarung abgedeckt wird. Andernfalls ist nämlich das Honorar nach § 612 Abs. 2 BGB abzurechnen.

c) Gutachtengebühren

In arbeitsrechtlichen Angelegenheiten werden verschiedentlich für Arbeitgeber, Verbände oder Behörden Gutachten erstellt. Für den Fall der Gutachtenerstellung kennt das RVG die angemessene Gebühr in Nr. 2103 VV. Der Anwalt bestimmt diese Gebühr nach § 14 Abs. 1 RVG, die weder als Mindest- noch als Höchstgebühr, weder als Satzrahmen-, noch als Betragsrahmen- oder Festgebühr ausgestaltet ist. Es ist damit Sache des Rechtsanwalts, wenn er nicht über eine Vergütungsvereinbarung von vornherein ein Honorar für das Gutachten festgelegt hat, nach § 14 Abs. 1 die Höhe der Gebühr als angemessene Gebühr verantwortlich selbst zu bestimmen. 12

d) Vereinheitlichung mit den neuen Bundesländern

Zu den generellen Veränderungen des neuen Gebührenrechts zählt, dass die bereits vom Bundesverfassungsgericht mit Urteil vom 28.01.2003 für verfassungswidrig erklärte Abschlagsregelung im Einigungsvertrag[13] in das RVG übernommen wurde. Damit gibt es keine Gebührenunterschiede mehr in der Tätigkeit der Rechtsanwältinnen und Rechtsanwälte der alten und der neuen Bundesländer. 13

e) Erfolgsorientierte Honorarregelungen

§ 49b Abs. 2 BRAO wurde im Zuge der Kostenrechtsmodernisierung verändert: 14

§ 49b Abs. 2 BRAO alt:	§ 49b Abs. 2 BRAO neu:
(2) Vereinbarungen, durch die eine Vergütung oder ihre Höhe vom Ausgang der Sache oder vom Erfolg der anwaltlichen Tätigkeit abhängig gemacht wird (Erfolgshonorar) oder nach denen der Rechtsanwalt einen Teil des erstrittenen Betrages als Honorar erhält (quota litis), sind unzulässig.	(2) [1]Vereinbarungen, durch die eine Vergütung oder ihre Höhe vom Ausgang der Sache oder vom Erfolg der anwaltlichen Tätigkeit abhängig gemacht wird (Erfolgshonorar) oder nach denen der Rechtsanwalt einen Teil des erstrittenen Betrages als Honorar erhält (quota litis), sind unzulässig. [2]Ein Erfolgshonorar im Sinne des Satzes 1 liegt nicht vor, wenn nur die Erhöhung von gesetzlichen Gebühren vereinbart wird.

8 *Schneider/Mock*, Das neue Gebührenrecht für Anwälte, § 5 Rn 31.
9 *Notz*, NZA 2004, 681 (683).
10 NZA 2004, 681 (682).
11 *Schneider/Mock*, Das neue Gebührenrecht für Anwälte, § 5 Rn 30.
12 BGBl I 2004, 847.
13 BVerfG, Urt. v. 28.01.2003, NJW 2003, 737 = BRAK-Mitt. 2003, 74.

Aus der Neuregelung in § 49b Abs. 2 Satz 2 BRAGO folgt, dass es nunmehr nicht standeswidrig ist, in einer arbeitsrechtlichen Abfindungssache mit einem Mandanten zu vereinbaren, falls es zum Abschluss eines Vergleichs (Einigung) kommt, das Honorar zu verdoppeln. Wenn die Erhöhung gesetzlicher Gebühren vereinbart wird, ist die Anbindung einer erhöhten Gebühr an einen Tatbestand, der außerhalb des Einflussbereichs des Anwalts liegt, nunmehr zulässig. Knüpft eine Abrede zwischen Anwalt und Mandant lediglich die vorzeitige Fälligkeit des vereinbarten Honorars an die Zahlung des Prozessgegners im laufenden Rechtsstreit, so lag darin schon nach bisheriger Rechtslage kein unzulässiges Erfolgshonorar.[14]

3. Veränderungen bei den außergerichtlichen Gebühren

a) Gewöhnliche Interessenvertretung

15

Nr.	Gebührentatbestand	Gebühr oder Satz der Gebühr nach § 13 RVG
	Abschnitt 4 Vertretung	
	Vorbemerkung 2.4: (1) Im Verwaltungszwangsverfahren ist Teil 3 Abschnitt 3 Unterabschnitt 3 entsprechend anzuwenden. (2) Dieser Abschnitt gilt nicht für die in Abschnitt 5 genannten Angelegenheiten. (3) Die Geschäftsgebühr entsteht für das Betreiben des Geschäfts einschließlich der Information und für die Mitwirkung bei der Gestaltung eines Vertrags.	
2400	Geschäftsgebühr .... Eine Gebühr von mehr als 1,3 kann nur gefordert werden, wenn die Tätigkeit umfangreich oder schwierig war.	0,5 bis 2,5
2401	Es ist eine Tätigkeit im Verwaltungsverfahren vorausgegangen: Die Gebühr 2400 für das weitere, der Nachprüfung des Verwaltungsakts dienende Verwaltungsverfahren beträgt .... (1) Bei der Bemessung der Gebühr ist nicht zu berücksichtigen, dass der Umfang der Tätigkeit infolge der Tätigkeit im Verwaltungsverfahren geringer ist. (2) Eine Gebühr von mehr als 0,7 kann nur gefordert werden, wenn die Tätigkeit umfangreich oder schwierig war.	0,5 bis 1,3
2402	Der Auftrag beschränkt sich auf ein Schreiben einfacher Art: Die Gebühr 2400 beträgt .... Es handelt sich um ein Schreiben einfacher Art, wenn dieses weder schwierige rechtliche Ausführungen noch größere sachliche Auseinandersetzungen enthält.	0,3

14 BGH, Urt. v. 18.03.2004, BRAK-Mitt. 4/2004, 1.

Nr.	Gebührentatbestand	Gebühr oder Satz der Gebühr nach § 13 RVG
2403	Geschäftsgebühr für 1. Güteverfahren vor einer durch die Landesjustizverwaltung eingerichteten oder anerkannten Gütestelle (§ 794 Abs. 1 Nr. 1 ZPO) oder, wenn die Parteien den Einigungsversuch einvernehmlich unternehmen, vor einer Gütestelle, die Streitbeilegung betreibt (§ 15a Abs. 3 EGZPO), 2. Verfahren vor einem Ausschuss der in § 111 Abs. 2 des Arbeitsgerichtsgesetzes bezeichneten Art, 3. Verfahren vor dem Seemannsamt zur vorläufigen Entscheidung von Arbeitssachen und 4. Verfahren vor sonstigen gesetzlich eingerichteten Einigungsstellen, Gütestellen oder Schiedsstellen . . . . Soweit wegen desselben Gegenstands eine Geschäftsgebühr nach Nummer 2400 entstanden ist, wird die Hälfte dieser Gebühr nach dem Wert des Gegenstands, der in das Verfahren übergegangen ist, jedoch höchstens mit einem Gebührensatz von 0,75, angerechnet.	1,5

b) Regelgebühr

Nr. 2400 VV legt fest, dass eine Gebühr von mehr als 1,3 nur gefordert werden kann, wenn die Tätigkeit umfangreich oder schwierig war. Die bisher nach § 120 BRAGO mit 2/10 angesetzte Gebühr für ein Schreiben einfacher Art findet sich in Nr. 2420 VV mit einer leichten Erhöhung auf den Faktor 0,3 wieder. 15a

c) Fortfall der Besprechungsgebühr

Da die Besprechungsgebühr aus dem System der außergerichtlichen Gebühren mit dem RVG herausgefallen ist, löst eine Besprechung, insbesondere eine Verhandlung mit der Gegenseite, im außergerichtlichen Tätigkeitsbereich des Rechtsanwalts keine gesonderte Gebühr mehr wie früher nach § 118 Abs. 1 Nr. 2 BRAGO aus. Allerdings wird die Auffassung vertreten, dass spätestens dann, wenn eine Besprechung durchgeführt worden ist, der Ausgangsrahmen der Geschäftsgebühr von 1,3 verlassen werden kann, weil mit der Durchführung einer Besprechung die Tätigkeit des Rechtsanwalts bereits umfangreich war.[15] Ein einzelnes kurzes Telefongespräch soll nicht ins Gewicht fallen und deshalb eine Erhöhung der Geschäftsgebühr über den Faktor 1,3 hinaus nicht auslösen.[16] Besprechungen eines Rechtsanwalts, die der Informationsbeschaffung dienen, so beispielsweise Gespräche mit Zeugen, waren nach bisheriger Rechtsprechung von der Geschäftsgebühr umfasst, während Besprechungen mit unbeteiligten Dritten die Besprechungsgebühr auslösten, wobei allerdings nicht jede Besprechung des Anwalts mit einem Sachverständigen die Besprechungsgebühr zur Folge hatte, sondern nur dann, wenn der Sachverständige als »Dritter« anzusehen war und nicht neben 16

15 *Gerold/Schmidt/v. Eicken/Madert/Müller-Rabe*, VV 2400–2403 Rn 61. *Schneider/Mock*, Das neue Gebührenrecht für Anwälte, § 13 Rn 4; a.A. *Braun*, Gebührenabrechnung nach dem neuen RVG, 2004, 133; *Braun/Hansens*, RVG-Praxis, 83.

16 *Schneider/Mock*, Das neue Gebührenrecht für Anwälte, § 13 Rn 4.

dem Auftraggeber als Informant oder Repräsentant im Lager des Mandanten stand.[17] Dass vom Rechtsanwalt geführte Gespräche mit mehreren neutralen Sachverständigen »Besprechungen« im Sinne des früheren § 118 Abs. 1 Nr. 2 BRAGO darstellten, ergab sich immer dann, wenn der Inhalt und Umfang der Gespräche ersichtlich über die reine Informationsbeschaffung hinausging und eine eingehende Erörterung der tatsächlichen und rechtlichen Fragen auf eine Abklärung des Streitverhältnisses im Vorfeld gerichtet war.[18] Diese Rechtsprechung ist weiterhin übertragbar, so dass eine umfangreiche Informationsbeschaffung, die nach altem Recht eine Besprechungsgebühr ausgelöst hätte, nunmehr eine über den 1,3-fachen Satz hinausgehende Geschäftsgebühr nach Nr. 2400 VV bewirkt.

d) Höhe der Mittelgebühr

17 Ungeklärt ist gegenwärtig, welche Gebühr als Mittelgebühr anzusehen ist, ob dabei die Schwellengebühr (1,3) zu berücksichtigen ist, ob u.U. zwei Mittelgebühren zu wählen sind oder der Faktor 2,5 bei einer umfangreichen und schwierigen Angelegenheit als Ober-, 0,5 Punkte als Untergrenze zu wählen sind. Ob eine Sache schwierig ist, bemisst sich nicht nach den Kenntnissen eines Spezialisten, beispielsweise eines Fachanwalts für Arbeitsrecht, sondern nach den Erfahrungen und Kenntnissen enes durchschnittlichen Rechtsanwalts ohne Spezialkenntnisse. Andernfalls wäre die Konsultation eines Fachanwalts nicht nur im Regelfalle erfolgsversprechender, sondern gleichzeitig auch wirtschaftlich günstiger. *Schneider*[19] vertritt die Auffassung, dass mit der Schwellengebühr kein zweiter Gebührenrahmen eingeführt wurde, etwa in der Weise, dass in einfachen und nicht schwierigen Angelegenheiten nunmehr ein Rahmen von 0,5 bis 1,3 mit der Mittelgebühr 0,9 gilt, bei schwierigen oder umfangreichen Sachen 1,9. Auch *Notz*[20] tendiert dazu, die Mittelgebühr aus dem Mittelwert zwischen 0,5 und 2,5, also mit dem Faktor 1,5 zu bestimmen, wenngleich er darauf verweist, dass sich erst noch eine Rechtsprechung wie bei § 118 BRAGO entwickeln müsse. Bei umfangreichen oder schwierigen Angelegenheiten, dürfte der Faktor 1,9 der Mittelwert sein.[21]

18 Man wird sich darauf einstellen müssen, dass in außergerichtlichen Angelegenheiten künftig mehrere Mittelgebühren gelten. In einfacheren Angelegenheiten wird man nach Maßgabe der Kriterien des § 14 Abs. 1 RVG von 0,9 als Mittelgebühr, bei schwierigeren oder umfangreichen Angelegenheiten, bei denen bereits der Schwellenwert von 1,3 überschritten ist, von einer Mittelgebühr im Umfang 1,5 und bei besonders umfangreichen und schwierigen oder umfangreichen Angelegenheiten von 1,9 als Mittelgebühr ausgehen. Wichtiger wird sein, dass der Anwalt für seine EDV-gestützte Gebührenabrechnung eine größere Zahl von Textbausteinen für gleichartige Gebührensachverhalte entwickelt, aus denen sich Umfang und Schwierigkeit einer Sache durch Stichworte in eine Kostennote aufnehmen lassen, um die Gebühren gegenüber dem Kostenschuldner (insbesondere Rechtsschutzversicherung) zu begründen.

e) Tätigkeit vor dem Integrationsamt

19 Für die Tätigkeit vor dem Integrationsamt gilt künftig Nr. 2400 und Nr. 2401 VV. Solange der Rechtsanwalt den Arbeitnehmer vor dem Integrationsamt aufgrund eines Antrags des Arbeitgebers nach § 85 SGB IX vertritt, gilt die Geschäftsgebühr gem. Nr. 2400 VV. Ist der Bescheid erlassen, reduziert sich die Gebühr des Anwalts gem. Nr. 2401 VV auf den Rahmen von 0,5 bis 1,3. Die Begründung wurde in Nr. 2401 VV vom Gesetzgeber mitgeliefert. Man geht davon aus, dass der Umfang der Tätigkeit infolge der bereits im vor Erlass des Verwaltungsakts liegenden Verwaltungs-

17 AG Düsseldorf, Urt. v. 23.05.2002, AnwBl 2003, 57.
18 AG Düsseldorf, Urt. v. 04.09.2001, AnwBl 2003, 57.
19 AnwBl 2004, 129 (137).
20 Das neue Gebührenrecht aus anwaltlicher Sicht, NZA 2004, 681 (683).
21 Zu gegenwärtigen Unklarheiten *v. Heimendahl*, BRAK-Mitt 3/2004, 105.

verfahren nicht so umfangreich ausfällt. Ob diese Behauptung den Regelfall des Verfahrens vor dem Integrationsamt ausreichend würdigt, darf bezweifelt werden.

f) Anrechnung der Geschäftsgebühr auf die gerichtliche Verfahrensgebühr

Während die Geschäftsgebühr nach § 118 Abs. 2 Satz 1 BRAGO vollständig auf die Prozessgebühr angerechnet wurde, findet eine Anrechnung der vorgerichtlichen Tätigkeit des Anwalts auf die Verfahrensgebühr nur noch mit 0,75 statt, Vorbemerkung 3, Abs. 4, Teil 3 VV. Eine Konsequenz dieser Regelung ist es, dass es sich manchmal gebührenrechtlich lohnt, wenn der Arbeitnehmer-Anwalt vor Erhebung einer Kündigungsschutzklage den Arbeitgeber in einem außergerichtlichen Schreiben zu Verhandlungen auffordert oder seine finanziellen Forderungen formuliert, unter denen der Mandant auf eine Klageerhebung verzichten würde. 20

g) Beratung, Beratungshilfe, Gutachten und Prüfung der Erfolgsaussichten eines Rechtsmittels

Für die Beratungshilfe, für Gutachten und bei der Prüfung der Erfolgsaussichten eines Rechtsmittels gilt die folgende Regelung: 21

Nr.	Gebührentatbestand	Gebühr oder Satz der Gebühr nach § 13 RVG
	Vorbemerkung 2: (1) Die Vorschriften dieses Teils sind nur anzuwenden, soweit nicht die §§ 34 bis 36 RVG etwas anderes bestimmen. (2) Für die Tätigkeit als Beistand für einen Zeugen oder Sachverständigen in einem Verwaltungsverfahren, für das sich die Gebühren nach diesem Teil bestimmen, entstehen die gleichen Gebühren wie für einen Bevollmächtigten in diesem Verfahren. Für die Tätigkeit als Beistand eines Zeugen oder Sachverständigen vor einem parlamentarischen Untersuchungsausschuss entstehen die gleichen Gebühren wie für die entsprechende Beistandsleistung in einem Strafverfahren des ersten Rechtszugs vor dem Oberlandesgericht. (3) Die Vorschriften dieses Teils mit Ausnahme der Gebühren nach Abschnitt 1 und nach den Nummern 2202, 2203, 2600 und 2601 gelten nicht für die in den Teilen 4 bis 6 geregelten Angelegenheiten.	
	Abschnitt 1 **Beratung und Gutachten**	
2100	Beratungsgebühr, soweit in Nummer 2101 nichts anderes bestimmt ist .... (1) Die Gebühr entsteht für einen mündlichen oder schriftlichen Rat oder eine Auskunft (Beratung), wenn die Beratung nicht mit einer anderen gebührenpflichtigen Tätigkeit zusammenhängt. (2) Die Gebühr ist auf eine Gebühr für eine sonstige Tätigkeit anzurechnen, die mit der Beratung zusammenhängt.	0,1 bis 1,0
2101	Beratungsgebühr in Angelegenheiten, in denen im gerichtlichen Verfahren Betragsrahmengebühren entstehen .... Die Anmerkung zu Nummer 2100 gilt entsprechend.	10,00 bis 260,00 EUR
2102	Der Auftragggeber ist Verbraucher und die Tätigkeit beschränkt sich auf ein erstes Beratungsgespräch: Die Gebühren 2100 und 2101 betragen höchstens	190,00 EUR

Nr.	Gebührentatbestand	Gebühr oder Satz der Gebühr nach § 13 RVG
2103	Gutachtengebühr .... (1) Die Gebühr entsteht für die Ausarbeitung eines schriftlichen Gutachtens. (2) § 14 ist entsprechend anzuwenden.	angemessene Gebühr
	Abschnitt 2 **Prüfung der Erfolgsaussicht eines Rechtsmittels**	
2200	Gebühr für die Prüfung der Erfolgsaussicht eines Rechtsmittels, soweit in Nummer 2202 nichts anderes bestimmt ist .... Die Gebühr ist auf eine Gebühr für das Rechtsmittelverfahren anzurechnen.	0,5 bis 1,0
2201	Die Prüfung der Erfolgsaussicht eines Rechtsmittels ist mit der Ausarbeitung eines schriftlichen Gutachtens verbunden: Die Gebühr 2200 beträgt	1,3
2202	Gebühr für die Prüfung der Erfolgsaussicht eines Rechtsmittels in sozialrechtlichen Angelegenheiten, in denen im gerichtlichen Verfahren Betragsrahmengebühren entstehen (§ 3 RVG), und in Angelegenheiten, die in den Teilen 4 bis 6 geregelt sind .... Die Gebühr ist auf eine Gebühr für das Rechtsmittelverfahren anzurechnen.	10,00 bis 260,00 EUR
2203	Die Prüfung der Erfolgsaussicht eines Rechtsmittels ist mit der Ausarbeitung eines schriftlichen Gutachtens verbunden: Die Gebühr 2202 beträgt	40,00 bis 400,00 EUR
	Abschnitt 6 **Beratungshilfe**	
	Vorbemerkung 2.6: Im Rahmen der Beratungshilfe entstehen Gebühren ausschließlich nach diesem Abschnitt.	
2600	Beratungshilfegebühr .... Neben der Gebühr werden keine Auslagen erhoben. Die Gebühr kann erlassen werden.	10,00 EUR
2601	Beratungsgebühr .... (1) Die Gebühr entsteht für eine Beratung, wenn die Beratung nicht mit einer anderen gebührenpflichtigen Tätigkeit zusammenhängt. (2) Die Gebühr ist auf eine Gebühr für eine sonstige Tätigkeit anzurechnen, die mit der Beratung zusammenhängt.	30,00 EUR

Nr.	Gebührentatbestand	Gebühr oder Satz der Gebühr nach § 13 RVG
2602	Beratungstätigkeit mit dem Ziel einer außergerichtlichen Einigung mit den Gläubigern über die Schuldenbereinigung auf der Grundlage eines Plans (§ 305 Abs. 1 Nr. 1 InsO): Die Gebühr 2601 beträgt	60,00 EUR
2603	Geschäftsgebühr .... (1) Die Gebühr entsteht für das Betreiben des Geschäfts einschließlich der Information oder die Mitwirkung bei der Gestaltung eines Vertrags. (2) Auf die Gebühren für ein anschließendes gerichtliches oder behördliches Verfahren ist diese Gebühr zur Hälfte anzurechnen. Auf die Gebühren für ein Verfahren auf Vollstreckbarerklärung eines Vergleichs nach den §§ 796a, 796b und 796c Abs. 2 Satz 2 ZPO ist die Gebühr zu einem Viertel anzurechnen.	70,00 EUR
2604	Tätigkeit mit dem Ziel einer außergerichtlichen Einigung mit den Gläubigern über die Schuldenbereinigung auf der Grundlage eines Plans (§ 305 Abs. 1 Nr. 1 InsO): Die Gebühr 2603 beträgt bei bis zu 5 Gläubigern	224,00 EUR
2605	Es sind 6 bis 10 Gläubiger vorhanden: Die Gebühr 2603 beträgt	336,00 EUR
2606	Es sind 11 bis 15 Gläubiger vorhanden: Die Gebühr 2603 beträgt	448,00 EUR
2607	Es sind mehr als 15 Gläubiger vorhanden: Die Gebühr 2603 beträgt	560,00 EUR
2608	Einigungs- und Erledigungsgebühr .... (1) Die Anmerkungen zu Nummern 1000 und 1002 sind anzuwenden. (2) Die Gebühr entsteht auch für die Mitwirkung bei einer außergerichtlichen Einigung mit den Gläubigern über die Schuldenbereinigung auf der Grundlage eines Plans (§ 305 Abs. 1 Nr. 1 InsO).	125,00 EUR

Die gebührenrechtlichen Fragen zur Erstberatung werden im Zusammenhang mit der außergerichtlichen Interessenwahrnehmung (Rn 162–167) behandelt.

4. Veränderungen bei den gerichtlichen Gebühren

22 Zunächst gilt es, einen Blick auf die Gebührentatbestände im VV des gerichtlichen Verfahrens zu werfen:

Nr.	Gebührentatbestand	Gebühr oder Satz der Gebühr nach § 13 RVG
	Abschnitt 1 **Erster Rechtszug** *Vorbemerkung 3.1:* (1) Die Gebühren dieses Abschnitts entstehen in allen Verfahren, soweit in den folgenden Abschnitten dieses Teils keine besonderen Gebühren bestimmt sind. (2) Dieser Abschnitt ist auch für das Rechtsbeschwerdeverfahren nach § 1065 ZPO anzuwenden.	
3100	Verfahrensgebühr, soweit in Nummer 3102 nichts anderes bestimmt ist .... (1) Die Verfahrensgebühr für ein vereinfachtes Verfahren über den Unterhalt Minderjähriger wird auf die Verfahrensgebühr angerechnet, die in dem nachfolgenden Rechtsstreit entsteht (§§ 651 und 656 ZPO). (2) Die Verfahrensgebühr für einen Urkunden- oder Wechselprozess wird auf die Verfahrensgebühr für das ordentliche Verfahren angerechnet, wenn dieses nach Abstandnahme vom Urkunden- oder Wechselprozess oder nach einem Vorbehaltsurteil anhängig bleibt (§§ 596, 600 ZPO). (3) Die Verfahrensgebühr für ein Vermittlungsverfahren nach § 52a FGG wird auf die Verfahrensgebühr für ein sich anschließendes Verfahren angerechnet.	1,3
3101	1. Endigt der Auftrag, bevor der Rechtsanwalt die Klage, den ein Verfahren einleitenden Antrag oder einen Schriftsatz, der Sachanträge, Sachvortrag, die Zurücknahme der Klage oder die Zurücknahme des Antrags enthält, eingereicht oder bevor er für seine Partei einen gerichtlichen Termin wahrgenommen hat, 2. soweit lediglich beantragt ist, eine Einigung der Parteien oder mit Dritten über in diesem Verfahren nicht rechtshängige Ansprüche zu Protokoll zu nehmen oder festzustellen (§ 278 Abs. 6 ZPO) oder soweit lediglich Verhandlungen vor Gericht zur Einigung über solche Ansprüche geführt werden oder 3. soweit in einem Verfahren der freiwilligen Gerichtsbarkeit lediglich ein Antrag gestellt und eine Entscheidung entgegengenommen wird, beträgt die Gebühr 3100	0,8

Nr.	Gebührentatbestand	Gebühr oder Satz der Gebühr nach § 13 RVG
	(1) Soweit in den Fällen der Nummer 2 der sich nach § 15 Abs. 3 RVG ergebende Gesamtbetrag der Verfahrensgebühren die Gebühr 3100 übersteigt, wird der übersteigende Betrag auf eine Verfahrensgebühr angerechnet, die wegen desselben Gegenstands in einer anderen Angelegenheit entsteht. (2) Nummer 3 ist in streitigen Verfahren der freiwilligen Gerichtsbarkeit, insbesondere in Familiensachen, in Verfahren nach § 43 des Wohnungseigentumsgesetzes und in Verfahren nach dem Gesetz über das gerichtliche Verfahren in Landwirtschaftssachen, nicht anzuwenden.	
3102	Verfahrensgebühr für Verfahren vor den Sozialgerichten, in denen Betragsrahmengebühren entstehen (§ 3 RVG)	40,00 bis 460,00 EUR
3103	Es ist eine Tätigkeit im Verwaltungsverfahren oder im weiteren, der Nachprüfung des Verwaltungsakts dienenden Verwaltungsverfahren vorausgegangen: Die Gebühr 3102 beträgt	20,00 bis 320,00 EUR
	Bei der Bemessung der Gebühr ist nicht zu berücksichtigen, dass der Umfang der Tätigkeit infolge der Tätigkeit im Verwaltungsverfahren oder im weiteren, der Nachprüfung des Verwaltungsakts dienenden Verwaltungsverfahren geringer ist.	
3104	Terminsgebühr, soweit in Nummer 3106 nichts anderes bestimmt ist	1,2
	(1) Die Gebühr entsteht auch, wenn 1. in einem Verfahren, für das mündliche Verhandlung vorgeschrieben ist, im Einverständnis mit den Parteien oder gemäß § 307 Abs. 2 oder § 495a ZPO ohne mündliche Verhandlung entschieden oder in einem solchen Verfahren ein schriftlicher Vergleich geschlossen wird, 2. nach § 84 Abs. 1 Satz 1, § 130a VwGO oder § 105 Abs. 1 SGG ohne mündliche Verhandlung durch Gerichtsbescheid entschieden wird oder 3. das Verfahren vor dem Sozialgericht nach angenommenem Anerkenntnis ohne mündliche Verhandlung endet. (2) Sind in dem Termin auch Verhandlungen zur Einigung über in diesem Verfahren nicht rechtshängige Ansprüche geführt worden, wird die Terminsgebühr, soweit sie den sich ohne Berücksichtigung der nicht rechtshängigen Ansprüche ergebenden Gebührenbetrag übersteigt, auf eine Terminsgebühr angerechnet, die wegen desselben Gegenstands in einer anderen Angelegenheit entsteht. (3) Die Gebühr entsteht nicht, soweit lediglich beantragt ist, eine Einigung der Parteien oder mit Dritten über nicht rechtshängige Ansprüche zu Protokoll zu nehmen.	

Nr.	Gebührentatbestand	Gebühr oder Satz der Gebühr nach § 13 RVG
3105	Wahrnehmung nur eines Termins, in dem eine Partei nicht erschienen oder nicht ordnungsgemäß vertreten ist und lediglich ein Antrag auf Versäumnisurteil oder zur Prozess- oder Sachleitung gestellt wird: Die Gebühr 3104 beträgt .... (1) Die Gebühr entsteht auch, wenn 1. das Gericht bei Säumnis lediglich Entscheidungen zur Prozess- oder Sachleitung von Amts wegen trifft oder 2. eine Entscheidung gemäß § 331 Abs. 3 ZPO ergeht. (2) Absatz 1 der Anmerkung zu Nummer 3104 gilt entsprechend. (3) § 333 ZPO ist nicht entsprechend anzuwenden.	0,5
3106	Terminsgebühr in Verfahren vor den Sozialgerichten, in denen Betragsrahmengebühren entstehen (§ 3 RVG) .... Die Gebühr entsteht auch, wenn 1. in einem Verfahren, für das mündliche Verhandlung vorgeschrieben ist, im Einverständnis mit den Parteien ohne mündliche Verhandlung entschieden wird, 2. nach § 105 Abs. 1 SGG ohne mündliche Verhandlung durch Gerichtsbescheid entschieden wird oder 3. das Verfahren nach angenommenem Anerkenntnis ohne mündliche Verhandlung endet.	20,00 bis 380,00 EUR

Abschnitt 2
Berufung, Revision, bestimmte Beschwerden und Verfahren vor dem Finanzgericht

Vorbemerkung 3.2:
(1) Dieser Abschnitt ist auch in Verfahren vor dem Rechtsmittelgericht über die Zulassung des Rechtsmittels anzuwenden.
(2) Wenn im Verfahren über einen Antrag auf Anordnung, Abänderung oder Aufhebung eines Arrests oder einer einstweiligen Verfügung das Berufungsgericht als Gericht der Hauptsache anzusehen ist (§ 943 ZPO), bestimmen sich die Gebühren nach Abschnitt 1. Dies gilt entsprechend im Verfahren vor den Gerichten der Verwaltungs- und Sozialgerichtsbarkeit auf Anordnung oder Wiederherstellung der aufschiebenden Wirkung, auf Aussetzung oder Aufhebung der Vollziehung oder Anordnung der sofortigen Vollziehung eines Verwaltungsakts und in Verfahren auf Erlass einer einstweiligen Anordnung.

Unterabschnitt 1
Berufung, bestimmte Beschwerden und Verfahren vor dem Finanzgericht

Vorbemerkung 3.2.1:
(1) Dieser Unterabschnitt ist auch anzuwenden
1. in Verfahren vor dem Finanzgericht,
2. in Verfahren über Beschwerden oder Rechtsbeschwerden gegen die den Rechtszug beendenden Entscheidungen
   a) in Familiensachen,
   b) in Lebenspartnerschaftssachen,
   c) in Verfahren nach § 43 des Wohnungseigentumsgesetzes,
   d) in Verfahren nach dem Gesetz über das gerichtliche Verfahren in Landwirtschaftssachen und
   e) im Beschlussverfahren vor den Gerichten für Arbeitssachen,
3. in Beschwerde- und Rechtsbeschwerdeverfahren gegen den Rechtszug beendende Entscheidungen über Anträge auf Vollstreckbarerklärung ausländischer Titel oder auf Erteilung der Vollstreckungsklausel zu ausländischen Titeln sowie Anträge auf Aufhebung oder Abänderung der Vollstreckbarerklärung oder der Vollstreckungsklausel,

Nr.	Gebührentatbestand	Gebühr oder Satz der Gebühr nach § 13 RVG
4. in Beschwerde- und Rechtsbeschwerdeverfahren nach dem GWB, 5. in Beschwerdeverfahren nach dem WpÜG, 6. in Verfahren vor dem Bundesgerichtshof über die Beschwerde oder Rechtsbeschwerde gegen Entscheidungen des Bundespatentgerichts, 7. in Verfahren über die Rechtsbeschwerde nach § 116 StVollzG. (2) Für die in Absatz 1 genannten Verfahren ist Unterabschnitt 2 anzuwenden, wenn sich die Parteien nur durch einen beim Bundesgerichtshof zugelassenen Rechtsanwalt vertreten lassen können.		
3200	Verfahrensgebühr, soweit in Nummer 3204 nichts anderes bestimmt ist	1,6
3201	Vorzeitige Beendigung des Auftrags: Die Gebühr 3200 beträgt .... Eine vorzeitige Beendigung liegt vor, 1. wenn der Auftrag endigt, bevor der Rechtsanwalt das Rechtsmittel eingelegt oder einen Schriftsatz, der Sachanträge, Sachvortrag, die Zurücknahme der Klage oder die Zurücknahme des Rechtsmittels enthält, eingereicht oder bevor er für seine Partei einen gerichtlichen Termin wahrgenommen hat, oder 2. soweit lediglich beantragt ist, eine Einigung der Parteien oder mit Dritten über in diesem Verfahren nicht rechtshängige Ansprüche zu Protokoll zu nehmen oder festzustellen (§ 278 Abs. 6 ZPO), oder soweit lediglich Verhandlungen zur Einigung über solche Ansprüche geführt werden. Soweit in den Fällen der Nummer 2 der sich nach § 15 Abs. 3 RVG ergebende Gesamtbetrag der Verfahrensgebühren die Gebühr 3200 übersteigt, wird der übersteigende Betrag auf eine Verfahrensgebühr angerechnet, die wegen desselben Gegenstands in einer anderen Angelegenheit entsteht.	1,1
3202	Terminsgebühr, soweit in Nummer 3205 nichts anderes bestimmt ist .... (1) Die Anmerkung zu Nummer 3104 gilt entsprechend. (2) Die Gebühr entsteht auch, wenn gemäß § 79a Abs. 2, § 90a oder § 94a FGO ohne mündliche Verhandlung entschieden wird.	1,2
3203	Wahrnehmung nur eines Termins, in dem eine Partei, im Berufungsverfahren der Berufungskläger, nicht erschienen oder nicht ordnungsgemäß vertreten ist und lediglich ein Antrag auf Versäumnisurteil oder zur Prozess- oder Sachleitung gestellt wird: Die Gebühr 3202 beträgt .... Die Anmerkung zu Nummer 3105 und Absatz 2 der Anmerkung zu Nummer 3202 gelten entsprechend.	0,5
3204	Verfahrensgebühr für Verfahren vor den Landessozialgerichten, in denen Betragsrahmengebühren entstehen (§ 3 RVG)....................	50,00 bis 570,00 EUR

Nr.	Gebührentatbestand	Gebühr oder Satz der Gebühr nach § 13 RVG
3205	Terminsgebühr in Verfahren vor den Landessozialgerichten, in denen Betragsrahmengebühren entstehen (§ 3 RVG) .... Die Anmerkung zu Nummer 3106 gilt entsprechend.	20,00 bis 380,00 EUR

Unterabschnitt 2
Revision

Vorbemerkung 3.2.2:
Dieser Unterabschnitt ist auch auf die in Vorbemerkung 3.2.1 Abs. 1 genannten Verfahren anzuwenden, wenn sich die Parteien nur durch einen beim Bundesgerichtshof zugelassenen Rechtsanwalt vertreten lassen können.

Nr.	Gebührentatbestand	Gebühr oder Satz der Gebühr nach § 13 RVG
3206	Verfahrensgebühr, soweit in Nummer 3212 nichts anderes bestimmt ist	1,6
3207	Vorzeitige Beendigung des Auftrags: Die Gebühr 3206 beträgt .... Die Anmerkung zu Nummer 3201 gilt entsprechend.	1,1
3208	Im Verfahren können sich die Parteien nur durch einen beim Bundesgerichtshof zugelassenen Rechtsanwalt vertreten lassen: Die Gebühr 3206 beträgt	2,3
3209	Vorzeitige Beendigung des Auftrags, wenn sich die Parteien nur durch einen beim Bundesgerichtshof zugelassenen Rechtsanwalt vertreten lassen können: Die Gebühr 3206 beträgt .... Die Anmerkung zu Nummer 3201 gilt entsprechend.	1,8
3210	Terminsgebühr, soweit in Nummer 3213 nichts anderes bestimmt ist .... Die Anmerkung zu Nummer 3104 gilt entsprechend.	1,5
3211	Wahrnehmung nur eines Termins, in dem der Revisionskläger nicht ordnungsgemäß vertreten ist und lediglich ein Antrag auf Versäumnisurteil oder zur Prozess- oder Sachleitung gestellt wird: Die Gebühr 3210 beträgt .... Die Anmerkung zu Nummer 3105 und Absatz 2 der Anmerkung zu Nummer 3202 gelten entsprechend.	0,8
3212	Verfahrensgebühr für Verfahren vor dem Bundessozialgericht, in denen Betragsrahmengebühren entstehen (§ 3 RVG)........................	80,00 bis 800,00 EUR
3213	Terminsgebühr in Verfahren vor dem Bundessozialgericht, in denen Betragsrahmengebühren entstehen (§ 3 RVG) .... Die Anmerkung zu Nummer 3106 gilt entsprechend.	40,00 bis 700,00 EUR

a) Verfahrensgebühr

Das RVG geht, wie schon früher die BRAGO, für den gerichtlichen wie für den außergerichtlichen Bereich davon aus, dass sich die Höhe der Gebühren grundsätzlich nach dem Gegenstandswert richtet, § 2 Abs. 1 RVG. Die Zahl der Gebühren und damit einhergehend die Zahl der Gebührentatbestände hat sich durch das RVG sowohl verringert als auch hinsichtlich ihrer Voraussetzungen verändert. Anstelle der bisherigen Prozessgebühr erhält der Anwalt im Verfahren vor dem Arbeitsgericht zukünftig eine Verfahrensgebühr nach Nr. 3100 VV, die sich erstinstanzlich auf 1,3 (Nr. 3100 VV) und zweitinstanzlich auf 1,6 (Nr. 3200 VV) beläuft. Die Gebühr reduziert sich bei vorzeitiger Erledigung erstinstanzlich auf 0,8 gem. Nr. 3101 VV, wobei allerdings die Einigung im Gütetermin nach dem Wortlaut des Gebührtatbestands nicht als vorzeitige Erledigung anzusehen ist. 22a

Im Gegensatz zum bisherigen Recht wird auf die Verfahrensgebühr die außergerichtlich entstandene Geschäftsgebühr nicht vollständig angerechnet, sondern nur noch zur Hälfte, höchstens mit dem Faktor 0,75 (Vorb. 3 Abs. 4 VV). 23

b) Terminsgebühr

Als weitere Gebühr sieht der erste Rechtszug die Terminsgebühr vor (Nr. 3104 VV), die sich erstinstanzlich wie zweitinstanzlich auf 1,2 beläuft.[22] In der Revision berechnet sich die Terminsgebühr nach dem Faktor 1,5 (Nr. 3210 VV). Auch durch die Protokollierung eines Vergleichs im schriftlichen Verfahren nach § 278 Abs. 6 ZPO wird die Terminsgebühr ausgelöst.[23] Mit der Terminsgebühr wird nicht nur die Teilnahme an der mündlichen Verhandlung, sondern auch die Erörterung honoriert, ebenfalls die Teilnahme an sonstigen Terminen. Sie fällt außerdem dann an, wenn Besprechungen außerhalb des Gerichts mit dem Gegner geführt werden, um eine Erledigung des Rechtsstreits herbeizuführen.[24] Für das arbeitsgerichtliche Verfahren hat diese Regelung zur Folge, dass die Terminsgebühr im Gütetermin anfällt und auch durch die häufig im Verlaufe eines Rechtsstreits geführten, außergerichtlichen Verhandlungen zwischen den Parteien zur Erzielung eines Vergleichs. 24

Der Anwalt erhält die Terminsgebühr auch für Besprechungen mit dem Gegner während eines laufenden gerichtlichen Verfahrens außerhalb des Gerichts (Vorbemerkung 3, Teil 3 Abs. 3 Alt. 3 VV). Die Terminsgebühr tritt im Übrigen an die Stelle der bisherigen gerichtlichen Verhandlungs-, Erörterungs- und Beweisgebühr (Vorbemerkung 3, Teil 3 Abs. 3 Alt. 1 VV). Sie wird auch bei der Wahrnehmung eines von einem gerichtlich bestellten Sachverständigen anberaumten Termins gewährt (Vorbemerkung 3, Teil 3 Abs. 3 Alt. 2 VV). Auch bei einer Entscheidung ohne mündliche Verhandlung fällt sie gemäß der Anmerkung in Abs. 1 Nr. 1 Alt. 1 zu Nr. 3104 VV an. Die 1,2-Terminsgebühr entsteht außerdem in einem Verfahren, für das eine mündliche Verhandlung zwar vorgeschrieben ist, im Einverständnis mit den Parteien oder gem. § 307 Abs. 2 oder § 495a ZPO jedoch ohne mündliche Verhandlung entschieden wird (Nr. 3104 Nr. 1 Alt. 1 VV). Hier hat der Gesetzgeber die Regelung des ehemaligen § 35 BRAGO übernommen. 25

c) Einigungsgebühr

Die dritte, für das arbeitsgerichtliche Verfahren maßgebliche Gebühr ist die Einigungsgebühr nach Nrn. 1000, 1003 und 1004 VV. In erstinstanzlichen arbeitsgerichtlichen Verfahren beträgt die Einigungsgebühr 1,5, in einem Berufungsverfahren vor dem LAG oder einem Revisionsverfahren vor dem BAG dagegen nur noch 1,3. 26

22 Nr. 3104 VV, Nr. 3202 VV.

23 *Schneider/Mock*, Das neue Gebührenrecht für Anwälte, § 1 Rn 48; *Hartmann*, Kostengesetze, VV 3104 Rn 30.

24 *Schneider/Mock*, Das neue Gebührenrecht für Anwälte, § 1 Rn 47; *Gerold/Schmidt/v. Eicken/Madert/Müller-Rabe*, VV Vorb. 3 Rn 81.

d) Reduzierte Säumnisgebühr

27 Im Falle eines Versäumnisurteils entsteht auch zukünftig nur eine 0,5-Gebühr. Voraussetzung für die reduzierte Versäumnisurteils-Gebühr ist, dass der Gegner nicht erschienen oder nicht ordnungsgemäß vertreten ist. Erklärt der Gegner dagegen, nicht auftreten zu wollen, fällt die volle 1,2-Terminsgebühr an. Gleiches gilt, wenn der Gegner zwar nicht erscheint, die Sache aber (einseitig) mit dem Gericht erörtert wird.[25]

e) Änderung im Bereich der Reisekosten

28 Eine weitere wichtige Änderung besteht in der Aufhebung des § 91 Abs. 2 Satz 2 ZPO.[26] Die bisherige Differenzierung des § 91 Abs. 2 Satz 1 Hs. 2 ZPO und § 91 Abs. 2 Satz 2 ZPO ist seit In-Kraft-Treten des Gesetzes zur Änderung des Rechtsanwaltsberufsrechtsneuordnungsgesetzes (RABerufsRNeuOG),[27] mit dem das Lokalisierungsprinzip für Rechtsstreitigkeiten mit Anwaltszwang vor dem Land- oder Amtsgericht beseitigt wurde. Die Rechtsprechung hatte auf diese Gesetzesänderung bereits vielfach reagiert und die Kosten des auswärtigen Anwalts generell für erstattungsfähig erklärt. Die neue Fassung des § 91 Abs. 2 Satz 2 ZPO trägt diesem Umstand Rechnung. In Anbetracht des Wegfalls der Beschränkung der Postulationsfähigkeit in Zivilsachen sollen grundsätzlich die Reisekosten eines auswärtigen Anwalts nunmehr zu erstatten sein, soweit sie notwendig sind.

f) Reduzierung der Verfahrensgebühr

29 Diese Regelung kommt den an den Arbeitsgerichten bundesweit tätigen Rechtsanwälten zugute, da bei den Arbeitsgerichten ohnehin kein Postulationszwang bislang bestand, gleichwohl die Festsetzung außergerichtlicher Kosten von den Rechtspflegern der Arbeitsgerichtsbarkeit nur vorsichtig gewährt wurde, wenn beträchtliche Reisekosten in die Antragstellung einbezogen waren.

30 Durch die gesetzliche Neuregelung gilt künftig, dass sich eine Partei grundsätzlich durch einen an ihrem Sitz oder Wohnsitz ansässigen Anwalt vor einem auswärtigen Gericht vertreten lassen darf und dass die Reisekosten des Anwalts erstattungsfähig sind. Eine Ausnahme gilt nur dann, wenn die Kosten eines Terminsvertreters ersichtlich geringer gewesen wären.[28] Als weitere Ausnahme gilt nach der Rechtsprechung, wenn die Partei über eine eigene Rechtsabteilung verfügt und es sich um ein Routinegeschäft handelt. In diesen Fällen ist es der Partei zuzumuten, in einem Rechtsstreit vor dem auswärtigen Gericht einen Prozessbevollmächtigten dort zu bestellen und diesen telefonisch oder mündlich zu unterrichten.[29] Hat die Partei ihren Sitz oder Wohnsitz am Ort des Gerichts, sind die Kosten eines auswärtigen Anwalts grundsätzlich nicht zu erstatten.[30]

31 Nicht sonderlich sachdienlich erscheint die Regelung in Nr. 3101 VV. Die Verfahrensgebühr des Anwalts reduziert sich auf 0,8, wenn der Anwalt die Klage nicht eingereicht hat, ggf. bereits einen Klageauftrag hatte, die Klage aber noch nicht gefertigt hat (Nr. 3101 Ziff. 1 VV). Diesem Sachverhalt wird das Szenario gleichgestellt, dass der Anwalt eine Klage eingereicht, ggf. auch schon über mehrere Schriftsätze hinweg prozessiert hat und dann schließlich (in umfangreichen) Verhandlungen mit der Gegenseite außergerichtlich eine Einigung herbeiführt und den Vergleich dem Gericht zur Zustellung an Parteien nach § 278 Abs. 6 ZPO übermittelt (Nr. 3101 Abs. 2 VV). Es ist auffallend, dass in dem letztgenannten Fall die Tätigkeit des Anwalts, auch im gerichtlichen Verfahren, naturgemäß aufwendiger ist, als bei der Fallkonstellation, dass ein Klageauftrag durch den Mandanten erteilt wurde, die Klage aber weder gefertigt noch eingereicht wurde. Hier werden

25 *Schneider*, AnwBl 2004, 129 (138).
26 Durch Art. 4 Abs. 20 Nr. 2 KostRMoG.
27 Gesetz v. 17.12.1999, BGBl I, 2448.
28 BGH, Urt. v. 16.10.2002, AGS 2003, 97 m. Anm. *Madert*.
29 BGH, Urt. v. 16.10.2002, AGS 2003, 97 m. Anm. *Madert*.
30 BGH, Urt. v. 12.12.2002, AGS 2003, 368.

zwei miteinander vom Dienstleistungsaufwand her nicht vergleichbare Sachverhalte wirtschaftlich identisch bewertet.

5. Die Einigungsgebühr

Nr.	Gebührentatbestand	Gebühr oder Satz der Gebühr nach § 13 RVG
Vorbemerkung 1: Die Gebühren dieses Teils entstehen neben den in anderen Teilen bestimmten Gebühren.		
1000	Einigungsgebühr . . . . (1) Die Gebühr entsteht für die Mitwirkung beim Abschluss eines Vertrags, durch den der Streit oder die Ungewissheit der Parteien über ein Rechtsverhältnis beseitigt wird, es sei denn, der Vertrag beschränkt sich ausschließlich auf ein Anerkenntnis oder einen Verzicht. Dies gilt auch für die Mitwirkung bei einer Einigung der Parteien in einem der in § 36 RVG bezeichneten Güteverfahren. Im Privatklageverfahren ist Nummer 4146 anzuwenden. (2) Die Gebühr entsteht auch für die Mitwirkung bei Vertragsverhandlungen, es sei denn, dass diese für den Abschluss des Vertrags im Sinne des Absatzes 1 nicht ursächlich war. (3) Für die Mitwirkung bei einem unter einer aufschiebenden Bedingung oder unter dem Vorbehalt des Widerrufs geschlossenen Vertrag entsteht die Gebühr, wenn die Bedingung eingetreten ist oder der Vertrag nicht mehr widerrufen werden kann. (4) Soweit über die Ansprüche vertraglich verfügt werden kann, gelten die Absätze 1 und 2 auch bei Rechtsverhältnissen des öffentlichen Rechts. (5) Die Gebühr entsteht nicht in Ehesachen (§ 606 Abs. 1 Satz 1 ZPO) und in Lebenspartnerschaftssachen (§ 661 Abs. 1 Nr. 1 bis 3 ZPO). Wird ein Vertrag, insbesondere über den Unterhalt, im Hinblick auf die in Satz 1 genannten Verfahren geschlossen, bleibt der Wert dieser Verfahren bei der Berechnung der Gebühr außer Betracht.	1,5

Die Einigungsgebühr nach dem RVG ist im Wesentlichen der außer Kraft getretenen Vergleichsgebühr nach § 23 BRAGO nachempfunden. Mit dem RVG sind einige entscheidende Änderungen eingeführt worden, die zu einem erweiterten Anwendungsbereich der Einigungsgebühr führen. Im Gegensatz zu § 23 Abs. 1 BRAGO ist **jetzt kein Vergleich mehr i.S.d. § 779 BGB erforderlich**, um die Einigungsgebühr auszulösen. Es reicht aus, dass die Parteien eine Einigung getroffen haben, die nicht den Voraussetzungen des § 779 BGB genügen muss.[31] Nach Nr. 1000 Abs. 1 Satz 2 VV entsteht die Einigungsgebühr auch für die Mitwirkung bei einer Einigung der Parteien in einem der in § 36 RVG bezeichneten Güteverfahren. Für die Verfahren der Schlichtung vor den Seemannsämtern (§ 111 Abs. 1 ArbGG) und die Verfahren bei den Schlichtungsausschüssen für Streitigkeiten zwischen Ausbildenden und Auszubildenden (§ 111 Abs. 2 ArbGG) fällt damit eine Einigungsgebühr an, wenn sich die Parteien vor der Schlichtungsstelle verständigt haben. Da das Ergebnis auch in der Vergangenheit regelmäßig ein Vergleich war, sofern nicht das streitige gerichtliche Verfahren durchgeführt wurde, ergibt sich kein nennenswerter Unterschied zur früheren Rechtslage. 32

31 *Schneider/Mock*, Das neue Gebührenrecht für Anwälte, § 10 Rn 2; AnwK-RVG/*N. Schneider*, VV 1000 Rn 45.

33 Ein weit reichender, gebührenrechtlicher Unterschied im arbeitsgerichtlichen Verfahren durch den erweiterten Anwendungsbereich der Einigungsgebühr wird sich allerdings zeigen, wenn die Parteien gerichtlich protokollieren lassen, dass der Arbeitgeber die Kündigung zurücknimmt. In der Vergangenheit haben Rechtsschutzversicherungen unter Hinweis auf § 779 BGB die Auffassung vertreten, wenn der Arbeitgeber die Kündigung zurücknimmt, fehle es an einem wechselseitigen Nachgeben der Parteien und damit sei kein Vergleich zustande gekommen, selbst wenn Arbeitsrichter derartige Regelungsinhalte als Vergleich protokolliert hatten. Nach der Begründung des Regierungsentwurfs[32] stellt die »neue Fassung« der Einigungsgebühr sowohl durch die Änderung der Bezeichnung in »Einigungsgebühr« (statt »Vergleichsgebühr) wie auch durch die neu formulierten Voraussetzungen klar, dass es nicht mehr auf den Abschluss eines echten Vergleichs ankommt, vielmehr soll es genügen, wenn durch Vertrag der Streit oder die Ungewissheit der Parteien über ein Rechtsverhältnis beseitigt wird. Ein vollständiges Anerkenntnis oder vollständiger Verzicht sollen allerdings nicht für den zusätzlichen Anfall einer Einigungsgebühr ausreichen. Diese Einschränkung ist notwendig, damit nicht schon die Erfüllung des geltend gemachten Anspruchs oder der Verzicht auf Weiterverfolgung eines Anspruchs die Gebühr auslösen kann.

34 Die hierzu neu zu entwickelnde Rechtsprechung wird darüber zu befinden haben, ob die gerichtliche Kündigungsrücknahme durch den Arbeitgeber die Einigungsgebühr auslöst. Für diese Ansicht streitet der Umstand, dass der Arbeitgeber mit der Rücknahme einer Kündigung keinen Beendigungstatbestand für einen Kündigungsrechtsstreit setzt. Die Beendigung des Rechtsstreits um eine Kündigung, die der Arbeitgeber nicht aufrechterhalten will, kann entgegen weit verbreiteter Fehlvorstellung nicht durch einseitige Rücknahme erfolgen. Ist eine Kündigung dem Erklärungsempfänger zugegangen, kann sie der Kündigende einseitig nicht mehr zurücknehmen.[33] Die einseitige, empfangsbedürftige Gestaltungserklärung »Kündigung« lässt sich damit einseitig vom Arbeitgeber nicht beseitigen, so dass durch die als Vergleich protokollierte Kündigungsrücknahme keine Erfüllung des Kündigungsschutzantrags eintritt. Eine Reihe von Gerichten[34] hat in diesem Sinne in der Vergangenheit entschieden, dass die im arbeitsgerichtlichen Gütetermin protokollierte Vereinbarung zwischen Kläger und Beklagtem, dass nach Rücknahme der Kündigung durch den beklagten Arbeitgeber das Arbeitsverhältnis in ungekündigter Weise fortbestehe (sog. Anerkenntnisvergleich), ein aufgrund gegenseitigen Nachgebens beider Parteien bewirkter Vergleich sei und damit die anwaltliche Vergleichsgebühr auslöse.

35 Manche stellen sich auf den Standpunkt, mit der Kündigungsrücknahme durch den Arbeitgeber werde das Ziel der Kündigungsschutzklage, nämlich die Weiterbeschäftigung des Arbeitnehmers, vollständig erfüllt, so dass eine Einigungsgebühr nach Nr. 1000 VV nicht angefallen ist.

36 Keine Einigungsgebühr entsteht bei Anerkenntnis oder Verzicht (Nr. 1000 Abs. 1 Satz 1 VV). Im Berufungs- und Revisionsverfahren beträgt die Einigungsgebühr nur noch 1,3 (Nr. 1004 VV).

6. Erhöhungsgebühr

37 Wie schon in der Vergangenheit in § 6 BRAGO geregelt, erhält der Anwalt in derselben Angelegenheit, wenn er für mehrere Auftraggeber tätig ist, die Gebühren nur einmal (§ 7 Abs. 1 RVG). Nach Nr. 1008 VV erhöht sich nunmehr die Verfahrens- oder Geschäftsgebühr für jede weitere Person um

32 BT-Drucks 15/2487, 249.

33 BAG, Urt. v. 06.02.1992, NZA 1992, 790; BAG, Urt. v. 19.08.1982, AP Nr. 9 zu § 9 KSchG; BAG, Urt. v. 29.01.1981, AP Nr. 6 zu § 9 KSchG 1969.

34 LAG Rheinland-Pfalz, Beschl. v. 20.02.1986, LAGE § 31 BRAGO Nr. 12; LAG Düsseldorf, Beschl. v. 20.03.1986, LAGE § 23 BRAGO Nr. 2; LAG München, Beschl. v. 28.04.1986, LAGE § 23 BRAGO Nr. 3; LAG Sachsen-Anhalt, Beschl. v. 18.02.2000, LAGE § 23 BRAGO Nr. 10; AG Köln, Urt. v. 19.07.2002, NZA-RR 2003, 161 (zugleich als Anspruch auf Vergleichsgebühren gegen den Rechtsschutzversicherer); LAG Hamm, Beschl. v. 30.04.1997, AnwBl 1997, 568; a.A. LAG Düsseldorf, Beschl. v. 15.10.1998, MDR 1999, 445; LAG Niedersachsen, Beschl. v. 07.02.2000, LAGE § 23 BRAGO Nr. 7; LAG Hessen, Beschl. v. 26.10.2000, NZA-RR 2001, 105; LAG Niedersachsen, Beschl. v. 21.02.2001, LAGE § 23 BRAGO Nr. 11; LAG Nürnberg, Beschl. v. 14.01.2002, MDR 2002, 544.

den Faktor 0,3, der im Sinne einer Kappungsgrenze den Gebührensatz 2,0 nicht übersteigen darf. Für Festgebühren und Betragsrahmengebühren sind Sonderregelungen geschaffen.

In § 7 Abs. 2 RVG regelt der Gesetzgeber, dass jeder der Auftraggeber die Gebühren und Auslagen schuldet, so dass bei mehreren Auftraggebern jeder Einzelne für eine volle Gebühr haftet.

7. Beispielsrechnungen zu den außergerichtlichen Gebühren nach BRAGO (alt) und RVG (neu)

Abmahnung, Vergleich im Gütetermin (mtl. 4000 €) 38

BRAGO:		RVG:	
10/10 Prozessgebühr	245,00	1,3 Verfahrensgebühr	318,50
10/10 Erörterungsgebühr	245,00	1,2 Terminsgebühr	294,00
10/10 Vergleichsgebühr	245,00	1 Einigungsgebühr	245,00
	735,00		**857,50**

Unterschiedsbetrag: 122,50 €
Gebührensteigerung: 16,6 %

Abmahnung, Urteil nach mündlicher Verhandlung

BRAGO:		RVG:	
10/10 Prozessgebühr	245,00	1,3 Verfahrensgebühr	318,50
10/10 Verhandlungsgebühr	245,00	1,2 Terminsgebühr	294,00
	490,00		**612,50**

Unterschiedsbetrag: 122,50 €
Gebührensteigerung: 25,00 %

Kündigungsschutzklage, Vergleich im Gütetermin (mtl. 4000,00 €)

BRAGO:		RVG:	
10/10 Prozessgebühr	526,00	1,3 Verfahrensgebühr	683,60
10/10 Erörterungsgebühr	526,00	1,2 Terminsgebühr	631,20
10/10 Vergleichsgebühr	526,00	1 Einigungsgebühr	526,00
	1578,00		**1840,80**

Unterschiedsbetrag: 262,80 €
Gebührensteigerung: 16,6 %

Setzt man eine mindestens anrechnungsfreie Geschäftsgebühr von 0,45 in Höhe von 236,70 € an, so erhöht sich der nach dem RVG abzurechnende Betrag auf 2.077,50 €. Die Differenz zur BRAGO-Abrechnung beträgt dann 499,50 €, dies entspricht einer Steigerung von 31,65 %.

Kündigung des AN: außergerichtlich und gerichtlich nach alter Rechtslage	
■ Anschreiben an AG: Gegenstandswert 9.000 €	
Geschäftsgebühr: 7,5/10	336,75 €
Besprechungsgebühr: 7,5/10	336,75 €
Anrechnung der Geschäftsgebühr § 118 Abs. 2 BRAGO	– 336,75 €
■ Kündigungsschutzprozess	
Prozessgebühr: 10/10	449,00 €
Erörterungsgebühr: 10/10	449,00 €
Vergleichsgebühr: 10/10	449,00 €
Gesamt (netto)	**1.683,75 €**
Kündigung des AN: außergerichtlich und gerichtlich nach neuer Rechtslage	
■ Anschreiben an AG: Gegenstandswert 9.000 €	
Geschäftsgebühr: 1,9	853,10 €
Verbleibende Geschäftsgebühr nach Anrechnung mit 0,75 (Vorbem. 3 Abs. 4)	516,35 €
■ Kündigungsschutzprozess	
Verfahrensgebühr: 1,3 (Nr. 3100 VV):	583,70 €
Terminsgebühr: 1,2 (Nr. 3104 VV):	538,80 €
Einigungsgebühr: 1,0 (Nr. 1003 VV)	449,00 €
Gesamt (netto)	**2.087,85 €**
Differenz: 404,1 € = 24 %	

B. Die Kostenregelungen des Urteilsverfahrens

39 Das arbeitsgerichtliche Urteilsverfahren einschließlich der Nebenverfahren wie Mahnverfahren, Prozesskostenhilfe, Arrest, einstweilige Verfügung, Beweissicherung, Streit- und Kostenfestsetzungsverfahren sowie Zwangsvollstreckung ist, wie bisher, nach dem aus dem ArbGG bekannten Regelungen abzurechnen, §§ 1 Nr. 5 GKG n.F. Damit gelten im arbeitsgerichtlichen Verfahren die Bestimmungen des GKG und der ZPO, soweit nicht besondere Bestimmungen des ArbGG greifen wie §§ 11a, 12, 12 a, 48 a Abs. 5, 62 Abs. 2. Die arbeitsrechtlichen Wert- und Kostenvorschriften wurden in das GKG eingestellt.[35] Dem Arbeitsrechtler vertraute Vorschriften wurden damit aufgehoben.[36] Das Hauptproblem des Anwenders ist es, die verschiedenen Paragraphen nunmehr im GKG zugeordneten, vertrauten Vorschriften des ArbGG wiederzufinden.[37] Deshalb werden im nachfolgenden Abschnitt die Vorschriften des GKG und ArbGG parallel zitiert, auch wenn die Vorschriften des ArbGG inzwischen außer Kraft getreten sind, um den Wiedererkennungswert sicherzustellen. Rechtsquellen des Kostenrechts bilden im Arbeitsgerichtsverfahren nunmehr einheitlich die Vorschriften und das Kostenverzeichnis des GKG n.F.

35 *Natter*, NZA 2004, 686; *Schneider/Mock*, Das neue Gebührenrecht für Anwälte, § 2 Rn 2.
36 Art. 4 Abs. 24 Nr. 2 des Gesetzes.
37 *Natter*, NZA 2004, 687.

I. Maßgebliche Regelungen im GKG

1. Gesetzesaufbau

Das GKG ist in neun Abschnitte unterteilt. Abschnitt 1 betrifft die allgemeinen Vorschriften, insbesondere solche zum Anwendungsbereich des GKG (§ 1 GKG), zu Kostenfreiheit (§ 2 GKG) und zur Verjährung und Verzinsung (§ 5 GKG). Abschnitt 2 befasst sich mit Regelungen über die Fälligkeit der Gebühren und Auslagen (§§ 6–9 GKG). Im dritten Abschnitt werden Bestimmungen über die Vorschusspflicht und die Vorauszahlung von Gerichtskosten getroffen (§§ 10–18 GKG). Hauptsächlicher Regelungsbereich des vierten Abschnitts bildet der Gerichtskostenansatz (§ 19 GKG) und die bisher in § 8 GKG a.F. enthaltene Regelung zur Nichterhebung von Kosten von unrichtiger Sachbehandlung, § 21 GKG. 40

Wer im Einzelnen unter welchen Voraussetzungen Kostenschuldner ist, bestimmt sich nach dem fünften Abschnitt (§§ 22–33 GKG). Der sechste Abschnitt enthält in § 34 GKG die Regelung der Wertgebühren neben der Verweisung auf die Gebührentabelle sowie einige Besonderheiten der Gebührenregelung. 41

Die zahlenmäßig meisten Vorschriften sind im Abschnitt sieben zusammengefasst, der die Wertvorschriften enthält (§§ 39–60 GKG). Ferner befinden sich in diesem Abschnitt Regelungen über die Wertfestsetzung (§§ 61–65 GKG). Im Abschnitt acht sind die Regelungen über die Erinnerung und die Beschwerde gegen den Gerichtskostenansatz, gegen die Anordnung einer Vorauszahlung und gegen die Festsetzung des Streitwertes aufgeführt (§§ 66–69 GKG). Der neunte Abschnitt besteht aus Übergangsvorschriften. 42

2. Arbeitsrechtliche Inhalte des Kostenverzeichnisses

Das Kostenverzeichnis ist als Anlage zu § 3 Abs. 2 GKG völlig neu gegliedert. Die Regelungen zum arbeitsgerichtlichen Verfahren befinden sich in Teil 8. 43

Teil 8
Verfahren vor den Gerichten der Arbeitsgerichtsbarkeit

Nr.	Gebührentatbestand	Gebühr oder Satz der Gebühr nach § 34 GKG
Nr.	Gebührentatbestand .... Gebühr oder Satz der Gebühr nach § 34 GKG	
Vorbemerkung 8: Bei Beendigung des Verfahrens durch einen gerichtlichen Vergleich entfällt die in dem betreffenden Rechtszug angefallene Gebühr; im ersten Rechtszug entfällt auch die Gebühr für das Verfahren über den Antrag auf Erlass eines Vollstreckungsbescheids. Dies gilt nicht, wenn der Vergleich nur einen Teil des Streitgegenstands betrifft (Teilvergleich).		
	Hauptabschnitt 1 **Mahnverfahren**	
8100	Verfahren über den Antrag auf Erlass eines Vollstreckungsbescheids. Die Gebühr entfällt bei Zurücknahme des Antrags auf Erlass des Vollstreckungsbescheids. Sie entfällt auch nach Übergang in das streitige Verfahren, wenn dieses ohne streitige Verhandlung endet; dies gilt nicht, wenn ein Versäumnisurteil ergeht. Bei Erledigungserklärungen nach	

Nr.	Gebührentatbestand	Gebühr oder Satz der Gebühr nach § 34 GKG
	§ 91a ZPO entfällt die Gebühr, wenn keine Entscheidung über die Kosten ergeht oder die Kostenentscheidung einer zuvor mitgeteilten Einigung der Parteien über die Kostentragung oder der Kostenübernahmeerklärung einer Partei folgt.	0,4 – mindestens 15,00 €
	Hauptabschnitt 2 **Urteilsverfahren** **Abschnitt 1** **Erster Rechtszug**	
8210	Verfahren im Allgemeinen (1) Soweit wegen desselben Streitgegenstandes ein Mahnverfahren vorausgegangen ist, entsteht die Gebühr mit dem Eingang der Akten bei dem Gericht, an das der Rechtsstreit nach Erhebung des Widerspruchs oder Einlegung des Einspruchs abgegeben wird; in diesem Fall wird eine Gebühr 8100 nach dem Wert des Streitgegenstandes angerechnet, der in das Prozessverfahren übergegangen ist, sofern im Mahnverfahren der Antrag auf Erlass des Vollstreckungsbescheids gestellt wurde. (2) Die Gebühr entfällt bei Beendigung des gesamten Verfahrens ohne streitige Verhandlung, wenn kein Versäumnisurteil ergeht. Bei Erledigungserklärungen nach § 91a ZPO entfällt die Gebühr, wenn keine Entscheidung über die Kosten ergeht oder die Kostenentscheidung einer zuvor mitgeteilten Einigung der Parteien über die Kostentragung oder der Kostenübernahmeerklärung einer Partei folgt.	2,0
8211	Beendigung des gesamten Verfahrens nach streitiger Verhandlung durch 1. Zurücknahme der Klage vor dem Schluss der mündlichen Verhandlung, wenn keine Entscheidung nach § 269 Abs. 3 Satz 3 ZPO über die Kosten ergeht oder die Entscheidung einer zuvor mitgeteilten Einigung der Parteien über die Kostentragung oder der Kostenübernahmeerklärung einer Partei folgt, 2. Anerkenntnisurteil, Verzichtsurteil oder Urteil, das nach § 313a Abs. 2 ZPO keinen Tatbestand und keine Entscheidungsgründe enthält, oder	

Nr.	Gebührentatbestand	Gebühr oder Satz der Gebühr nach § 34 GKG
	3. Erledigungserklärungen nach § 91a ZPO, wenn keine Entscheidung über die Kosten ergeht oder die Entscheidung einer zuvor mitgeteilten Einigung der Parteien über die Kostentragung oder der Kostenübernahmeerklärung einer Partei folgt, es sei denn, dass bereits ein anderes als eines der in Nummer 2 genannten Urteile vorausgegangen ist: Die Gebühr 8210 ermäßigt sich auf	0,4
	Die Zurücknahme des Antrags auf Durchführung des streitigen Verfahrens, des Widerspruchs gegen den Mahnbescheid oder des Einspruchs gegen den Vollstreckungsbescheid stehen der Zurücknahme der Klage gleich. Die Gebühr ermäßigt sich auch, wenn mehrere Ermäßigungstatbestände erfüllt sind oder Ermäßigungstatbestände mit einem Teilvergleich zusammentreffen.	
	Abschnitt 2 **Berufung**	
8220	Verfahren im Allgemeinen	3,2
8221	Beendigung des gesamten Verfahrens durch Zurücknahme der Berufung oder der Klage, bevor die Schrift zur Begründung der Berufung bei Gericht eingegangen ist: Die Gebühr 8220 ermäßigt sich auf	0,8
	Erledigungserklärungen nach § 91a ZPO stehen der Zurücknahme gleich, wenn keine Entscheidung über die Kosten ergeht oder die Entscheidung einer zuvor mitgeteilten Einigung der Parteien über die Kostentragung oder der Kostenübernahmeerklärung einer Partei folgt.	
8222	Beendigung des gesamten Verfahrens, wenn nicht Nummer 8221 erfüllt ist, durch 1. Zurücknahme der Berufung oder der Klage vor dem Schluss der mündlichen Verhandlung, 2. Anerkenntnisurteil, Verzichtsurteil oder Urteil, das nach § 313a Abs. 2 ZPO keinen Tatbestand und keine Entscheidungsgründe enthält, oder 3. Erledigungserklärungen nach § 91a ZPO, wenn keine Entscheidung über die Kosten ergeht oder die Entscheidung einer zuvor mitgeteilten Einigung der Parteien über die Kostentragung oder der Kostenübernahmeerklärung einer Partei folgt, es sei denn, dass bereits ein anderes als eines der in Nummer 2 genannten Urteile vorausgegangen ist: Die Gebühr 8220 ermäßigt sich auf	1,6

Nr.	Gebührentatbestand	Gebühr oder Satz der Gebühr nach § 34 GKG
8223	Die Gebühr ermäßigt sich auch, wenn mehrere Ermäßigungstatbestände erfüllt sind oder Ermäßigungstatbestände mit einem Teilvergleich zusammentreffen. Beendigung des gesamten Verfahrens durch ein Urteil, das wegen eines Verzichts der Parteien nach § 313a Abs. 1 Satz 2 ZPO keine schriftliche Begründung enthält, wenn nicht bereits ein anderes als eines der in Nummer 8222 Nr. 2 genannten Urteile oder ein Beschluss in der Hauptsache vorausgegangen ist: Die Gebühr 8220 ermäßigt sich auf	2,4
	Die Gebühr ermäßigt sich auch, wenn daneben Ermäßigungstatbestände nach Nummer 8222 erfüllt sind oder Ermäßigungstatbestände mit einem Teilvergleich zusammentreffen.	
	Abschnitt 3 **Revision**	
8230	Verfahren im Allgemeinen	4,0
8231	Beendigung des gesamten Verfahrens durch Zurücknahme der Revision oder der Klage, bevor die Schrift zur Begründung der Revision bei Gericht eingegangen ist: Die Gebühr 8230 ermäßigt sich auf	0,8
8232	Erledigungserklärungen nach § 91a ZPO stehen der Zurücknahme gleich, wenn keine Entscheidung über die Kosten ergeht oder die Entscheidung einer zuvor mitgeteilten Einigung der Parteien über die Kostentragung oder der Kostenübernahmeerklärung einer Partei folgt. Beendigung des gesamten Verfahrens, wenn nicht Nummer 8231 erfüllt ist, durch 1. Zurücknahme der Revision oder der Klage vor dem Schluss der mündlichen Verhandlung, 2. Anerkenntnis- oder Verzichtsurteil oder 3. Erledigungserklärungen nach § 91a ZPO, wenn keine Entscheidung über die Kosten ergeht oder die Entscheidung einer zuvor mitgeteilten Einigung der Parteien über die Kostentragung oder der Kostenübernahmeerklärung einer Partei folgt, es sei denn, dass bereits ein anderes als eines der in Nummer 2 genannten Urteile vorausgegangen ist: Die Gebühr 8230 ermäßigt sich auf	2,4
	Die Gebühr ermäßigt sich auch, wenn mehrere Ermäßigungstatbestände erfüllt sind oder Ermäßigungstatbestände mit einem Teilvergleich zusammentreffen.	

Nr.	Gebührentatbestand	Gebühr oder Satz der Gebühr nach § 34 GKG
	Hauptabschnitt 3 **Arrest und einstweilige Verfügung**	
	Vorbemerkung 8.3: Im Verfahren über den Antrag auf Anordnung eines Arrests oder einer einstweiligen Verfügung und im Verfahren über den Antrag auf Aufhebung oder Abänderung (§ 926 Abs. 2, §§ 927, 936 ZPO) werden die Gebühren jeweils gesondert erhoben. Im Falle des § 942 ZPO gilt dieses Verfahren und das Verfahren vor dem Gericht der Hauptsache als ein Rechtsstreit.	
	Abschnitt 1 **Erster Rechtszug**	
8310	Verfahren im Allgemeinen	0,4
8311	Es wird durch Urteil entschieden oder es ergeht ein Beschluss nach § 91a oder § 269 Abs. 3 Satz 3 ZPO, es sei denn, der Beschluss folgt einer zuvor mitgeteilten Einigung der Parteien über die Kostentragung oder der Kostenübernahmeerklärung einer Partei: Die Gebühr 8310 erhöht sich auf	2,0
	Die Gebühr wird nicht erhöht, wenn durch Anerkenntnisurteil, Verzichtsurteil oder Urteil, das nach § 313a Abs. 2 ZPO keinen Tatbestand und keine Entscheidungsgründe enthält, entschieden wird. Dies gilt auch, wenn eine solche Entscheidung mit einem Teilvergleich zusammentrifft.	
	Abschnitt 2 **Berufung**	
8320	Verfahren im Allgemeinen	3,2
8321	Beendigung des gesamten Verfahrens durch Zurücknahme der Berufung, des Antrags oder des Widerspruchs, bevor die Schrift zur Begründung der Berufung bei Gericht eingegangen ist: Die Gebühr 8320 ermäßigt sich auf	0,8
	Erledigungserklärungen nach § 91a ZPO stehen der Zurücknahme gleich, wenn keine Entscheidung über die Kosten ergeht oder die Entscheidung einer zuvor mitgeteilten Einigung der Parteien über die Kostentragung oder der Kostenübernahmeerklärung einer Partei folgt.	
8322	Beendigung des gesamten Verfahrens, wenn nicht Nummer 8321 erfüllt ist, durch 1. Zurücknahme der Berufung oder des Antrags vor dem Schluss der mündlichen Verhandlung, 2. Anerkenntnisurteil, Verzichtsurteil oder Urteil, das nach § 313a Abs. 2 ZPO keinen Tatbestand und keine Entscheidungsgründe enthält, oder	

Nr.	Gebührentatbestand	Gebühr oder Satz der Gebühr nach § 34 GKG
	3. Erledigungserklärungen nach § 91a ZPO, wenn keine Entscheidung über die Kosten ergeht oder die Entscheidung einer zuvor mitgeteilten Einigung der Parteien über die Kostentragung oder der Kostenübernahmeerklärung einer Partei folgt, es sei denn, dass bereits ein anderes als eines der in Nummer 2 genannten Urteile vorausgegangen ist: Die Gebühr 8320 ermäßigt sich auf	1,6
8323	Die Gebühr ermäßigt sich auch, wenn mehrere Ermäßigungstatbestände erfüllt sind oder Ermäßigungstatbestände mit einem Teilvergleich zusammentreffen. Beendigung des gesamten Verfahrens durch ein Urteil, das wegen eines Verzichts der Parteien nach § 313a Abs. 1 Satz 2 ZPO keine schriftliche Begründung enthält, wenn nicht bereits ein anderes als eines der in Nummer 8322 Nr. 2 genannten Urteile oder ein Beschluss in der Hauptsache vorausgegangen ist: Die Gebühr 8320 ermäßigt sich auf	2,4
	Die Gebühr ermäßigt sich auch, wenn daneben Ermäßigungstatbestände nach Nummer 8322 erfüllt sind oder solche Ermäßigungstatbestände mit einem Teilvergleich zusammentreffen.	
	Abschnitt 3 **Beschwerde**	
8330	Verfahren über Beschwerden gegen die Zurückweisung eines Antrags auf Anordnung eines Arrests oder einer einstweiligen Verfügung	1,2
8331	Beendigung des gesamten Verfahrens durch Zurücknahme der Beschwerde: Die Gebühr 8330 ermäßigt sich auf	0,8
	Hauptabschnitt 4 **Selbständiges Beweisverfahren**	
8400	Verfahren im Allgemeinen	0,6
	Hauptabschnitt 5 **Rüge wegen Verletzung des Anspruchs auf rechtliches Gehör**	
8500	Verfahren über die Rüge wegen Verletzung des Anspruchs auf rechtliches Gehör (§ 321a ZPO): Die Rüge wird in vollem Umfang verworfen oder zurückgewiesen	40,00 €

Nr.	Gebührentatbestand	Gebühr oder Satz der Gebühr nach § 34 GKG
	Hauptabschnitt 6 **Sonstige Beschwerden und Rechtsbeschwerden**	
	Abschnitt 1 **Sonstige Beschwerden**	
8610	Verfahren über Beschwerden nach § 71 Abs. 2, § 91a Abs. 2, § 99 Abs. 2, § 269 Abs. 5 ZPO	60,00 EUR
8611	Verfahren über die Beschwerde gegen die Nichtzulassung der Revision: Soweit die Beschwerde verworfen oder zurückgewiesen wird	1,6
8612	Verfahren über die Beschwerde gegen die Nichtzulassung der Revision: Soweit die Beschwerde zurückgenommen oder das Verfahren durch anderweitige Erledigung beendet wird .... Die Gebühr entsteht nicht, soweit die Revision zugelassen wird.	0,8
8613	Verfahren über nicht besonders aufgeführte Beschwerden, die nicht nach anderen Vorschriften gebührenfrei sind: Die Beschwerde wird verworfen oder zurückgewiesen ... Wird die Beschwerde nur teilweise verworfen oder zurückgewiesen, kann das Gericht die Gebühr nach billigem Ermessen auf die Hälfte ermäßigen oder bestimmen, dass eine Gebühr nicht zu erheben ist.	40,00 EUR
	Abschnitt 2 **Sonstige Rechtsbeschwerden**	
8620	Verfahren über Rechtsbeschwerden in den Fällen des § 71 Abs. 1, § 91a Abs. 1, § 99 Abs. 2, § 269 Abs. 4 oder § 516 Abs. 3 ZPO	120,00 EUR
8621	Verfahren über nicht besonders aufgeführte Rechtsbeschwerden, die nicht nach anderen Vorschriften gebührenfrei sind: Die Rechtsbeschwerde wird verworfen oder zurückgewiesen .... Wird die Rechtsbeschwerde nur teilweise verworfen oder zurückgewiesen, kann das Gericht die Gebühr nach billigem Ermessen auf die Hälfte ermäßigen oder bestimmen, dass eine Gebühr nicht zu erheben ist.	80,00 EUR
	Hauptabschnitt 7 **Besondere Gebühr**	
8700	Auferlegung einer Gebühr nach § 38 GKG wegen Verzögerung des Rechtsstreits	Wie vom Gericht bestimmt

44 In § 6 Abs. 4 GKG n.F. wurde die aus § 12 Abs. 4 Satz 2 ArbGG bekannte Regelung übernommen, wonach die Gerichtskosten im arbeitsgerichtlichen Verfahren erst fällig werden, wenn das Verfahren in dem jeweiligen Rechtszug beendet ist, es sechs Monate geruht hat oder es sechs Monate von den Parteien nicht betrieben worden ist. Unglücklich ist diese Regelung für Arbeitnehmer, die gegen einen Arbeitgeber klagen, der insolvent wird. Ruht das Verfahren länger als sechs Monate, werden die Gebühren fällig; eine Haftung des Antragsschuldners wurde wegen eines Redaktionsversehens bei § 22 Abs. 2 GKG versäumt, durch Anpassung an § 9 Abs. 1 Nr. 4 vorzusehen.[38]

45 Kostenvorschüsse werden im arbeitsgerichtlichen Verfahren nicht erhoben. Anders als bei der Klage vor dem Landgericht ist im Rubrum der Klageschrift kein Streitwert auszuweisen und auch kein Scheck über Gerichts- und Zustellkosten beizufügen. Kostenvorschüsse werden auch in Zwangsvollstreckungsangelegenheiten von den Arbeitsgerichten nicht erhoben. Die Regelung für Gerichtsvollzieher, wonach diese keine Gebührenvorschüsse verlangen dürfen (§ 12a Abs. 4 Satz 3 ArbGG), wenn sie aufgrund arbeitsgerichtlicher Titel tätig werden, wurde beibehalten.

46 Aus der Vorbemerkung 8 ist zu ersehen, dass eine weitere arbeitsgerichtliche Spezialität aufrechterhalten wurde, dass nämlich die Gerichtsgebühren nachträglich in dem Verfahren entfallen, in dem ein gerichtlicher Vergleich geschlossen wurde, und zwar in allen Instanzen. Diese Regelung fand sich bereits in GV-Nr. 9112. Zu bemängeln ist, dass der Gesetzgeber zur Beschreibung der Voraussetzungen des Wegfalls der Verfahrensgebühr keine Anpassung an den neuen Sprachgebrauch und damit einhergehend an den Inhalt von Nr. 1000 des Gebührenverzeichnisses RVG vorgenommen hat. Nach der alten Rechtslage war der Abschluss eines Vergleichs maßgeblich, nach der neuen Rechtslage besteht diese Voraussetzung fort, obwohl das RVG keine Vergleichs-, sondern nur eine Einigungsgebühr kennt. Damit wurde der Anwendungsbereich des gesetzlichen Verzichts auf Gerichtskosten bei Abschluss des Rechtsstreits in der Vorbemerkung 8 enger gefasst als nunmehr systematisch notwendig. Nicht jede Einigung, die beim Anwalt eine Einigungsgebühr auslöst, bringt künftig gleichzeitig die Gerichtsgebühren in Fortfall. Neben der Einigung müssen auch inhaltlich die Voraussetzungen des § 779 BGB erfüllt sein.

47 Die Ergänzung im bisherigen Recht, dass die Verfahrensgebühr auch dann wegfällt, wenn der Wert des Vergleichsgegenstandes den Wert des Streitgegenstandes übersteigt, findet sich in der letztlich verabschiedeten Fassung des GKG n.F. nicht mehr. Welche Schlussfolgerungen hieraus zu ziehen sind, bleibt gegenwärtig offen.[39]

48 Entfielen die Gerichtsgebühren im arbeitsgerichtlichen Verfahren in der Vergangenheit auch dann, wenn der Klage ein Mahnverfahren vorausgegangen war (Nr. 9112, Anlage 1 zu § 12 Abs. 1 ArbGG i.d.F. v. 01.05.2000),[40] hat der Gesetzgeber in der Vorbemerkung 8 und im Vergütungsverzeichnis Nr. 8100 diese Regelung aufrechterhalten.

49 Eine prozessuale Besonderheit des Arbeitsgerichtsverfahrens bestand und besteht auch weiterhin darin, dass es keinen Anspruch der obsiegenden Partei auf Entschädigung wegen Zeitversäumnis oder Erstattung der Kosten für die Hinzuziehung eines Prozessbevollmächtigten gibt, § 12a Abs. 1 Satz 1 ArbGG. **Der Rechtsanwalt** ist gem. § 12a Abs. 1 Satz 1 ArbGG außerdem verpflichtet, **vor Übernahme des Mandats seinen Mandanten** auf den **Ausschluss der Kostenerstattung im Verfahren I. Instanz hinzuweisen**.

50 Eine weitere Besonderheit besteht in der Kostenfreiheit in Verfahren vor Gerichten für Arbeitssachen nach § 2a Abs. 1, § 103 Abs. 3, § 108 Abs. 3 und § 109 ArbGG sowie nach den §§ 122, 126 InsO (§ 2 Abs. 2 GKG n.F.).

51 Endet das zweitinstanzliche Verfahren mit einem Urteil, ergeben sich die zu zahlenden Gerichtskosten aus der Anlage zu § 34 GKG. Die Gebührenbeschränkung ab einem Streitwert von 12.000 €

38 *Natter*, NZA 2004, 687.
39 *Hansens*, AnwBl 2004, 142 (148).
40 BGBl I 2000, 333.

gemäß der früheren Anlage 2 zu § 12 Abs. 2 ArbGG ist entfallen. Die Verfahrensgebühr im 2. Rechtszug liegt bei 3,2 (Nr. 8220 VV). Ab der II. Instanz hat die unterlegene Partei auch die Kosten des gegnerischen Rechtsanwalts zu tragen. Wird die obsiegende Partei von einem Verbandsvertreter (Arbeitgeberverband, Gewerkschaft) vertreten, verringert sich das Prozessrisiko der anwaltlich vertretenen Partei. Bei der Vertretung durch einen Verband wird i.d.R. keine prozessbezogene Vergütung vom Mitglied verlangt.[41] Die Gebühren in der II. Instanz entstehen für den Anwalt auch im arbeitsgerichtlichen Verfahren nur dann, wenn der Anwalt in dieser Instanz eine einen Gebührentatbestand auslösende Tätigkeit entwickelt hat. Die bloße Beauftragung des erstinstanzlichen Anwalts für die Berufungsinstanz zur Abwehr der gegnerischen Berufung reicht hierfür nicht aus.[42]

Eine Neuerung des gerichtlichen Gebührenrechts enthält § 38 GKG. Wird durch Verschulden einer Partei oder eines Bevollmächtigten einer Partei die Vertagung einer mündlichen Verhandlung oder die Anberaumung eines neuen Termins zur mündlichen Verhandlung nötig oder ist die Erledigung des Rechtsstreits durch nachträgliches Vorbringen von Angriffs- oder Verteidigungsmitteln, Beweismitteln oder Beweiseinreden, die früher hätten vorgebracht werden können, verzögert worden, kann das Gericht dem Kläger oder dem Beklagten von Amts wegen eine Verzögerungsgebühr in Höhe von maximal einer Gebühr auferlegen. Die Gebühr kann bis auf ein Viertel ermäßigt werden. 52

Diese Regelung ist an sich begrüßenswert, ermahnt sie doch alle Verfahrensbeteiligten zu einer Beschleunigung des Rechtsstreits beizutragen. Leider erreicht die Pädagogik dieser Vorschrift nicht die Richter, die erfahrungsgemäß in vielen Fällen diejenigen sind, denen die Beschleunigung eines Rechtsstreits nicht unbedingt ans Herz gewachsen ist, zumal sie häufig die Erfahrung machen, einen Rechtstreit nicht entscheiden zu müssen, je länger er sich hinzieht, weil sich infolge Zeitablaufs manches Problem von selbst erledigt. Kritische Äußerungen sind auch angebracht, wenn man einmal erlebt hat, so am Arbeitsgericht Köln, dass an einem Terminstage alle Verhandlungstermine abgesagt wurden, allerdings erst im Gerichtssaal, nachdem bundesweit Parteien und ihre Bevollmächtigten angereist waren und die Mitarbeiterin der Geschäftsstelle auf die ihr wiederholt erbost gestellte Frage, warum es zur Terminsaufhebung gekommen sei, irgendwann freimütig äußerte, die Richterin habe ihren Urlaub verlängert. Hat man einmal erlebt, dass ein Rechtsstreit, zu dem der Bevollmächtigte des Klägers aus Hamburg, der Beklagtenvertreter aus London und der Klägervertreter aus Bonn angereist war und in einem umfangreichen Berufungsverfahren die Verhandlung nach zwei Stunden mit der Begründung abgebrochen und beendet wurde, die Protokollantin würde andernfalls ihren Bus, der sie in ihren Feierabend bringen soll, nicht mehr pünktlich erreichen, so geschehen am LAG München, bezweifelt man die Angemessenheit der Verzögerungsgebühr, solange sie nur bei den Parteien für von ihnen oder ihren Bevollmächtigten zu verantwortende Verzögerungen erhoben wird. Eine derartige Gebühr müsste es auch zu Lasten der Richter oder der Staatskasse geben, damit die gesetzliche Regelung als ausgewogen bezeichnet werden kann. 53

3. Sonderregelungen zum Streitwert

§§ 42 Abs. 4 GKG n.F., 12 Abs. 7 ArbGG kennt zwei Sonderregelungen zum Streitwert, nämlich eine Wertberechnung bei Rechtsstreitigkeiten über das Bestehen, das Nichtbestehen oder die Kündigung eines Arbeitsverhältnisses. In diesen Fällen besteht Streitwertbegrenzung nach §§ 42 Abs. 4 Satz 1 GKG n.F., 12 Abs. 7 Satz 1 ArbGG im Umfang des Vierteljahresbezugs des Arbeitsentgelts des Arbeitnehmers und die Bestimmung, dass eine etwaig gezahlte Abfindung nicht hinzugerechnet wird. Daneben besteht eine Streitwertbestimmung bei Rechtsstreitigkeiten über wiederkehrende Leistungen. Hier wird gem. §§ 42 Abs. 4 Satz 2 GKG n.F., 12 Abs. 7 Satz 2 ArbGG der dreijährige Bezug und bei Rechtsstreitigkeiten über Eingruppierungen der Wert des dreijährigen Unterschiedsbetrages zur begehrten Vergütung gewählt. 54

41 Vgl. *Schaefer*, Anwaltsgebühren im Arbeitsrecht, A Rn 32.
42 LAG Düsseldorf, Beschl. v. 08.01.1998, FA 1998, 221.

55 Kritisiert wird, dass der Gesetzgeber bei der Übernahme der alten ArbGG-Bestimmungen in das GKG die nicht als praxisgerecht angesehene Bestimmung über die Nichtberücksichtigung der Abfindung bei der Festlegung des Streitwerts unangetastet gelassen hat.[43]

II. Die Gerichtskosten

1. Legaldefinitionen

56 Bei den Prozesskosten unterscheidet man zwischen außergerichtlichen Kosten und Gerichtskosten. Außergerichtliche Kosten sind solche, die der Prozesspartei aus Anlass des einzelnen Rechtsstreits entstehen. Hierzu gehören persönliche Aufwendungen wie Fahrtkosten, Porto- und Telefonauslagen, Kosten eines Anwalts oder Beistands. Die Gerichtskosten des Arbeitsgerichtsprozesses entsprechen ungeachtet aller Sonderbestimmungen strukturell den Gerichtskosten des ordentlichen Prozesses.[44] Im GKG sind sie mit ihren Besonderheiten im Teil 8 ausgewiesen. Gerichtskosten zerfallen gem. § 1 Abs. 1 GKG in Gebühren und Auslagen, wie sich aus der Legaldefinition des § 1 Satz 1 GKG n.F. ergibt.

2. Gebühren im Urteilsverfahren

57 Gebühren sind **öffentlich-rechtliche Abgaben** aus Anlass der **Inanspruchnahme staatlicher Gerichtsbarkeit**.[45] Während in der Vergangenheit die Gerichtsgebühren des arbeitsgerichtlichen Verfahrens aus einer Verfahrensgebühr und aus Entscheidungsgebühren bestanden, kennt die Regelung im GKG n.F. nur noch die Verfahrensgebühr. In I. Instanz beträgt sie 2,0 (Nr. 8210), im Berufungsverfahren 2,4 (Nr. 8223) und in der Revision 4,0 (Nr. 8230). Die Verfahrensgebühr ermäßigt sich allerdings in I. Instanz bei Klagerücknahme, Anerkenntnis oder Erledigungserklärung auf 0,4 (Nr. 8211), unter den gleichen Voraussetzungen im Berufungsverfahren auf 1,6 (Nr. 8222) und im Revisionsverfahren, je nach vorzeitigem Beendigungstatbestand, auf 0,8 oder 2,4 (Nr. 8231 und Nr. 8232).

58 Die frühere Anlage 2 zu § 12 Abs. 2 ArbGG, die als Verfahrensgebühr eine Kappung auf den Höchstbetrag von 500 € kannte, gilt in dieser Form seit dem 01.07.2004 nicht mehr. Nunmehr werden die Gebühren gem. § 3 Abs. 2 nach dem Kostenverzeichnis der Anlage 1 zum GKG n.F. erhoben, so dass eine Beschränkung auf eine Höchstgebühr von 500 € bei einem Streitwert über 12.000 €, wie in der Vergangenheit, entfällt.

59 *Hansens*[46] hat an einer Reihe von Beispielen aufgezeigt, wie sich nach der gesetzlichen Neuregelung die Verfahrensgebühr entwickelt hat. Dabei geht er stets von einer Verfahrensgebühr in Höhe von 2,4 beim erstinstanzlichen Verfahren aus, weil sein Beitrag von März 2004 auf der Grundlage des Regierungsentwurfs des KostRMoG v. 05.11.2003 beruht. Im Gesetzgebungsverfahren ist es dann noch zu Änderungen gekommen. Dementsprechend sind die Beispielsfälle nachfolgend mit der Verfahrensgebühr 2,0 korrigiert:

a) Kündigungsschutzklage, Endurteil

60 Der Kündigungsschutzklage – Bruttomonatsentgelt 10.000 € – wird durch Urteil entsprochen.

43 *Hansens*, AnwBl 2004, 142 (147).
44 GK-ArbGG/*Wenzel*, § 12 Rn 7.
45 *Hartmann*, Kostengesetze, Einl. II. A. Rn 8.
46 AnwBl 2004, 147.

Verfahrensgebühr	
§ 12 Abs. 2 S. 1 ArbGG, GV Nr. 9111 1,0 (Wert: 30.000,00 €) Höchstbetrag 500,00 €	GKG KostVerz-E Nr. 8210 2,0 (Wert: 30.000,00 €) 680,00 €
Bemerkung: Bei diesem im Arbeitsgerichtsprozess relativ hohen Streitwert macht sich der Wegfall der bisherigen Höchstgebühr von 500,00 € bemerkbar.	

b) Kündigungsschutzklage, gerichtlicher Vergleich

In einem Kündigungsschutzprozess schließen die Parteien einen Vergleich, nachdem die fristlose in eine ordentliche Kündigung umgewandelt wird. 61

Gem. GV-Nr. 9112 entfällt die Verfahrensgebühr bei Beendigung des Verfahrens durch einen vor Gericht abgeschlossenen Vergleich, auch wenn der Wert des Vergleichsgegenstand den wert des Streitgegenstandes übersteigt.	Gem. Vorbemerkung 8 GKG-KostVerz-E (vor Nr. 8100) entfällt die Verfahrensgebühr bei Beendigung des gesamten Verfahrens durch einen gerichtlichen Vergleich.
Bemerkung: Auch das vorgesehene neue Gebührenrecht sieht einen Wegfall der Verfahrensgebühr vor. Dies gilt jedoch nur für einen gerichtlichen Vergleich, während nach geltendem Recht auch ein dem Gericht mitgeteilter Vergleich genügt. Die Ergänzung im bisherigen Recht, dass die Verfahrensgebühr auch dann wegfällt, wenn der Wert des Vergleichsgegenstandes den Wert des Streitgegenstandes übersteigt (Beispiel: Vergleich über die Beendigung des Arbeitsverhältnisses und Zahlung einer Abfindung), findet sich im Entwurf nicht mehr. Auch die Entwurfsbegründung gibt keinen Aufschluss über die Folgen der geänderten Gesetzesfassung.	

c) Berufung, Entscheidung durch begründetes Endurteil

Die Berufung mit einem Streitwert von 9.000 € wird durch begründetes Endurteil zurückgewiesen. 62

a) Verfahrensgebühr	
§ 12 Abs. 3 ArbGG, GV Nr. 9120 1,2 (Wert: 9.000,00 €) 217,20 €	GKG KostVerz-E Nr. 8220 3,2 (Wert: 9.000,00 €) 579,20 €
b) Urteilsgebühr	
GV Nr. 9124 0,6 (Wert: 9.000,00 €) 108,60 € Summe 425,80 €	
Bemerkung: Auch in dieser Verfahrenssituation macht sich eine starke Anhebung der Gerichtsgebühren bemerkbar.	

63 Die in der Vergangenheit in den höheren Instanzen angefallene Urteilsgebühr (Entscheidungsgebühr) kennt das neue Gerichtskostenverzeichnis nicht mehr. Allerdings ist die Verfahrensgebühr, beispielsweise in Revisionssachen, mit dem Satz von 4,0 beträchtlich.

3. Auslagen

64 Als Auslagen bezeichnet man die gerichtlichen Aufwendungen aus Anlass des einzelnen Rechtsstreits, soweit sie nach geltendem Recht vom Kostenschuldner zu erheben sind. Zu den Auslagen gehören Postgebühren, Entschädigung der herangezogenen Zeugen, Sachverständigen und Dolmetscher, Schreibgebühren, aber auch die Reisekosten des Gerichts, wenn ein Ortstermin anfiel. Die Dolmetscher-Entschädigung gehört zu den Auslagen ebenso wie der Aufwand aus dem Kontakt mit ausländischen Behörden.[47] Eigenständige Regelungen über die Erhebung gerichtlicher Auslagen bestehen für das arbeitsgerichtliche Verfahren nicht. Für die Auslagen gilt nunmehr § 17 GKG n.F. Sachverständigen-, Zeugen- und Dolmetschervergütung sind im neuen Justizvergütungs- und Justizentschädigungsgesetz (JVEG) geregelt.

Die Auslagentatbestände befinden sich in Teil 7 des VV:

Nr.	Auslagentatbestand	Höhe
Vorbemerkung 7: (1) Mit den Gebühren werden auch die allgemeinen Geschäftskosten entgolten. Soweit nachfolgend nichts anderes bestimmt ist, kann der Rechtsanwalt Ersatz der entstandenen Aufwendungen (§ 675 i.V.m. § 670 BGB) verlangen. (2) Eine Geschäftsreise liegt vor, wenn das Reiseziel außerhalb der Gemeinde liegt, in der sich die Kanzlei oder die Wohnung des Rechtsanwalts befindet. (3) Dient eine Reise mehreren Geschäften, sind die entstandenen Auslagen nach den Nummern 7003 bis 7006 nach dem Verhältnis der Kosten zu verteilen, die bei gesonderter Ausführung der einzelnen Geschäfte entstanden wären. Ein Rechtsanwalt, der seine Kanzlei an einen anderen Ort verlegt, kann bei Fortführung eines ihm vorher erteilten Auftrags Auslagen nach den Nummern 7003 bis 7006 nur insoweit verlangen, als sie auch von seiner bisherigen Kanzlei aus entstanden wären.		
7000	Pauschale für die Herstellung und Überlassung von Dokumenten: 1. für Ablichtungen a) aus Behörden- und Gerichtsakten, soweit deren Herstellung zur sachgemäßen Bearbeitung der Rechtssache geboten war, b) zur Zustellung oder Mitteilung an Gegner oder Beteiligte und Verfahrensbevollmächtigte aufgrund einer Rechtsvorschrift oder nach Aufforderung durch das Gericht, die Behörde oder die sonst das Verfahren führende Stelle, soweit hierfür mehr als 100 Ablichtungen zu fertigen waren, c) zur notwendigen Unterrichtung des Auftraggebers, soweit hierfür mehr als 100 Ablichtungen zu fertigen waren,	

47 Siehe zu den Einzelbeispielen GK-ArbGG/*Wenzel*, § 12 Rn 23–39.

Nr.	Auslagentatbestand	Höhe
	d) in sonstigen Fällen nur, wenn sie im Einverständnis mit dem Auftraggeber zusätzlich, auch zur Unterrichtung Dritter, angefertigt worden sind: für die ersten 50 abzurechnenden Seiten je Seite	0,50 EUR
	für jede weitere Seite	0,15 EUR
	2. für die Überlassung von elektronisch gespeicherten Dateien anstelle der in Nummer 1 Buchstabe d genannten Ablichtungen: je Datei	2,50 EUR
	Die Höhe der Dokumentenpauschale nach Nummer 1 ist in derselben Angelegenheit und in gerichtlichen Verfahren in demselben Rechtszug einheitlich zu berechnen.	
7001	Entgelte für Post- und Telekommunikationsdienstleistungen	in voller Höhe
	Für die durch die Geltendmachung der Vergütung entstehenden Entgelte kann kein Ersatz verlangt werden.	
7002	Pauschale für Entgelte für Post- und Telekommunikationsdienstleistungen	20 % der Gebühren – höchstens 20,00 EUR
	Die Pauschale kann in jeder Angelegenheit anstelle der tatsächlichen Auslagen nach Nummer 7001 gefordert werden.	
7003	Fahrtkosten für eine Geschäftsreise bei Benutzung eines eigenen Kraftfahrzeugs für jeden gefahrenen Kilometer	0,30 EUR
	Mit den Fahrtkosten sind die Anschaffungs-, Unterhaltungs- und Betriebskosten sowie die Abnutzung des Kraftfahrzeugs abgegolten.	
7004	Fahrtkosten für eine Geschäftsreise bei Benutzung eines anderen Verkehrsmittels, soweit sie angemessen sind	in voller Höhe
7005	Tage- und Abwesenheitsgeld bei einer Geschäftsreise	
	1. von nicht mehr als 4 Stunden	20,00 EUR
	2. von mehr als 4 bis 8 Stunden	35,00 EUR
	3. von mehr als 8 Stunden	60,00 EUR
	Bei Auslandsreisen kann zu diesen Beträgen ein Zuschlag von 50 % berechnet werden.	
7006	Sonstige Auslagen anlässlich einer Geschäftsreise, soweit sie angemessen sind	in voller Höhe

Nr.	Auslagentatbestand	Höhe
7007	Im Einzelfall gezahlte Prämie für eine Haftpflichtversicherung für Vermögensschäden, soweit die Prämie auf Haftungsbeträge von mehr als 30 Millionen EUR entfällt .... Soweit sich aus der Rechnung des Versicherers nichts anderes ergibt, ist von der Gesamtprämie der Betrag zu erstatten, der sich aus dem Verhältnis der 30 Millionen EUR übersteigenden Versicherungssumme zu der Gesamtversicherungssumme ergibt.	in voller Höhe
7008	Umsatzsteuer auf die Vergütung .... Dies gilt nicht, wenn die Umsatzsteuer nach § 19 Abs. 1 UStG unerhoben bleibt.	in voller Höhe

4. Abwesenheitsgelder

65 Die früheren Abwesenheitsgelder nach § 28 Abs. 3 BRAGO sind geringfügig angehoben worden. Konnte der Anwalt für eine Abwesenheit von bis zu vier Stunden in der Vergangenheit 15 € verlangen, wurde in der Nr. 7005 VV RVG das Abwesenheitsgeld auf 20 € angehoben. Bei einer Abwesenheit von vier bis acht Stunden (früher 31 €) beträgt die Entschädigung nunmehr 35 €, bei einer Abwesenheit von mehr als acht Stunden kann der Anwalt statt in der Vergangenheit 56 € nunmehr 60 € fordern.

5. Fahrtkosten

66 Die Fahrtkostenregelung des § 28 Abs. 2 Nr. 1 BRAGO wurde in Nr. 7003 VV RVG beibehalten, allerdings von 0,27 € pro gefahrenem Kilometer geringfügig auf 0,30 € angehoben.

6. Dokumentenpauschale

67 Nr. 7000 VV enthält eine Neuregelung für Kopien und Auszüge aus Dateien. Die Erstattungsbeträge wurden aktualisiert.

II. Wertfestsetzung im Arbeitsgerichtsverfahren

68 Das Wertfestsetzungsverfahren (früher § 25 GKG) ist nunmehr in § 63 GKG n.F. geregelt. Im arbeitsgerichtlichen Verfahren scheidet nach wie vor gem. § 62 Satz 2 GKG (früher § 12 Abs. 7 Satz 3 ArbGG) eine Wertfestsetzung für die Zuständigkeit des Prozessgerichts oder die Zulässigkeit des Rechtsmittels aus.[48]

Im Verfahren vor den Arbeitsgerichten gibt es keinen einheitlichen Streitwert, sondern es gibt einen **Urteilsstreitwert** nach § 61 Abs. 1 ArbGG, einen **Gerichtsgebührenstreitwert** nach §§ 3 Abs. 1, 34 GKG und den **Wert des Gegenstandes der anwaltlichen Tätigkeit** nach § 2 RVG.

1. Urteilsstreitwert

69 Das Arbeitsgericht setzt gem. § 61 Abs. 1 ArbGG den Wert des Streitgegenstandes im Urteil fest. Diesen Streitwert bezeichnet man auch als »**Rechtsmittelstreitwert**«. Durch diesen Streitwert wird die Obergrenze der möglichen Beschwer festgelegt.[49] Der für die Berechnung des Urteilsstreitwerts

48 *Natter*, NZA 2004, 688.

49 Vgl. *Heuwerth*, FA 1998, 341.

maßgebliche Zeitpunkt ist der Schluss der mündliche Verhandlung.[50] Erledigt sich ein Teil des Streitgegenstands vor der mündlichen Verhandlung durch Klagerücknahme, Teilvergleich oder teilweise Erledigung der Hauptsache, so ist dieser Teil bei der Berechnung des Urteilsstreitwerts nicht mehr mit zu berücksichtigen.[51]

Die Streitwertfestsetzung im Urteil war bis 30.06.2004 **unanfechtbar**. Eine Beschwerde nach § 25 Abs. 3 GKG a.F. war ausgeschlossen. Das Arbeitsgericht war aufgrund der Bindungswirkung des § 318 ZPO gehindert, die getroffene Streitwertfestsetzung abzuändern.[52] Die Bindungswirkung der Streitwertfestsetzung wirkte auch im Verhältnis zum Landesarbeitsgericht, das eine Abänderung von der Festsetzung grundsätzlich nicht vornehmen konnte. Ausnahmsweise sollte eine Bindung der Landesarbeitsgerichte nur dann nicht bestehen, wenn die Streitwertfestsetzung offensichtlich unrichtig ist oder der Beschwerdewert ausnahmsweise nach anderen Kriterien zu ermitteln war als der festgesetzte Streitwert.[53] Inwieweit sich diese Rechtslage nach Fortfall des § 25 GKG a.F. geändert hat, ist noch nicht abschließend geklärt. Die Beschwerde gem. § 68 GKG n.F. erfasst dem Gesetzeswortlaut nach nur Beschlüsse, in denen der Wert der Gerichtsgebühren festgesetzt wurde. Allerdings spricht vieles für die Annahme, dass die bisherige Rechtslage fortbesteht. Aus § 62 GKG n.F. ergibt sich nämlich, dass die Festsetzung eines Streitwerts für die Zuständigkeit des Prozessgerichts oder des Rechtsmittelgerichts zwar generell maßgebend für die Gerichts- und die Anwaltsgebühren ist, nach Satz 2 dieser Vorschrift gilt diese Regel aber nicht im Arbeitsrecht. Folglich kann im arbeitsgerichtlichen Verfahren der Rechtsmittelstreitwert weiterhin isoliert festgesetzt werden und hat keine Auswirkungen auf die Gerichts- oder Anwaltsgebühren. Damit bleibt die Beschwerde nach § 68 GKG n.F. erkennbar auf die Gerichtsgebühren beschränkt und bezieht sich nicht auf den Urteilsstreitwert. 70

2. Gerichtsgebührenstreitwert

Das Arbeitsgericht hat von Amts wegen neben dem Urteilsstreitwert durch Beschluss den Wert für die zu erhebenden Gerichtsgebühren festzusetzen, sobald eine Entscheidung über den gesamten Streitgegenstand ergeht oder sich das Verfahren anderweitig erledigt hat, §§ 62, 63, 64 GKG n.F. Im Jahre 1996 stellte der Gesetzgeber erstmals klar, dass der Wert nur dann festzusetzen ist, wenn tatsächlich Gerichtsgebühren anfallen.[54] Keine Streitwertfestsetzung hat von Amts wegen zu erfolgen bei Beendigung des Verfahrens ohne streitige Verhandlung. In diesen Fällen entfallen nach GKG KostVerz Nr. 8211 die bis dahin angefallenen Gebühren. 71

Der Gerichtsgebührenstreitwert errechnet sich aus dem Gesamtbetrag der Werte aller in der Instanz anhängig gemachten Streitgegenstände. Das Gericht hat den höchsten Wert festzusetzen, der sich im Laufe des Verfahrens ergeben hat. Der Gerichtsgebührenstreitwert mindert sich auch nicht durch teilweise Klagerücknahme, teilweise Erledigung oder Teilvergleich, weil die allgemeinen Verfahrensgebühren im Zivilprozess mit jeder Prozesshandlung immer wieder aufs Neue anfallen.[55] 72

Wird der für die Gerichtsgebühren maßgebende Wert gerichtlich festgesetzt, so war die Festsetzung gem. § 9 Abs. 1 BRAGO grundsätzlich auch für die Gebühren des Rechtsanwalts maßgebend, es sei denn, die Gebühren für die anwaltliche Tätigkeit berechneten sich nicht nach dem für die Gerichtskosten maßgebenden Wert.[56] Diese Rechtslage hat sich nicht geändert. Maßgebliche 73

50 Siehe *Grunsky*, § 61 ArbGG Rn 4.

51 *Grunsky*, § 61 ArbGG Rn 4.

52 Allgemeine Ansicht: GK-ArbGG/*Dörner*, § 61 Rn 20; *Germelmann/Matthes/Prütting/Müller-Glöge*, § 61 ArbGG Rn 15; *Grunsky*, § 61 ArbGG Rn 6; *Heuwerth*, FA 1998, 341.

53 BAG, Urt. v. 02.03.1983, EzA § 64 ArbGG 1979 Nr. 12; BAG, Urt. v. 13.01.1988, EzA § 64 ArbGG 1979 Nr. 22; BAG, Beschl. v. 27.05.1994, EzA § 64 ArbGG 1979 Nr. 32.

54 Art. 9 des 6. VwGOÄndG v. 01.11.1996 – Neufassung von § 25 Abs. 2 GKG.

55 *Creutzfeldt*, NZA 1996, 957; *Heuwerth*, FA 1998, 342; *Schneider/Herget*, Streitwert-Kommentar für den Zivilprozess, Rn 114.

56 *Heuwerth*, FA 1998, 342.

Vorschrift ist nunmehr § 23 RVG. Der Ausnahmefall der Wertdifferenz konnte und kann eintreten, wenn sich die anwaltliche und die gerichtliche Tätigkeit nicht auf den gleichen Gegenstand beziehen, beispielsweise bei einem Mehrvergleich oder bei einer teilweisen Klagerücknahme vor Vergleich oder Beweisaufnahme. Der Anwalt kann in diesem Fall den Wert des Gegenstandes seiner Tätigkeit selbständig festsetzen lassen.

74 Rechtsmittel gegen den Festsetzungsbeschluss ist gem. § 68 Abs. 1 GKG n.F. die einfache **Beschwerde**, wenn der Beschwerdegegenstand 200 € übersteigt. Die Beschwerde ist fristgebunden. Sie kann nur innerhalb von sechs Monaten nach Rechtskraft der Entscheidung in der Hauptsache eingelegt werden, §§ 68 Abs. 1 Satz 3, 63 Abs. 3 Satz 2 GKG n.F.

3. Wert des Gegenstands der anwaltlichen Tätigkeit

75 Wenn der Gegenstand der anwaltlichen und der gerichtlichen Tätigkeit übereinstimmen, entspricht der Wert der anwaltlichen Tätigkeit dem Gerichtsgebührenstreitwert, § 23 Abs. 1 RVG. Stimmen die beiden Werte nicht überein oder ergeht eine gerichtliche Entscheidung über den Gerichtsgebührenstreitwert nur deshalb nicht, weil das Verfahren wie das Beschlussverfahren gebührenfrei ist,[57] kann der Rechtsanwalt nach § 11 Abs. 1 RVG die gesonderte Festsetzung des Gegenstandswerts seiner Tätigkeit beantragen. Der Antrag darf erst gestellt werden, wenn die Vergütung fällig ist, § 11 Abs. 2 Satz 1 RVG.

4. Die Angelegenheit gem. § 15 RVG

76 Nach § 15 Abs. 1 RVG gelten die Gebühren des Rechtsanwalts für die gesamte Tätigkeit, vom Beginn des Auftrags bis zur Erledigung der Angelegenheit. Die gebührenrechtliche Gretchenfrage lautet, was unter einer Angelegenheit i.S.v. § 15 RVG zu verstehen ist. Die gesetzliche Formulierung in § 15 RVG entspricht dem Wortlaut des bisherigen § 13 Abs. 1 und Abs. 2 BRAGO, so dass die bisherige Kommentarliteratur und Rechtsprechung zur Bestimmung des Begriffes »Angelegenheit« hinzugezogen werden kann. Die Erläuterungsbeispiele, mit denen in den §§ 16 bis 18 RVG dieselben Angelegenheiten, verschiedene oder besondere Angelegenheiten benannt werden, sind für das Arbeitsrecht nicht einschlägig. Mit Rücksicht auf die Vielfalt der Lebenssachverhalte wird die Auffassung vertreten, dass eine gesetzliche Abgrenzung der Angelegenheit i.S.v. § 13 BRAGO für den außergerichtlichen Bereich kaum möglich sei.[58] Drei Kriterien sind zur Bestimmung des Begriffs der gesonderten Angelegenheit maßgebend. Der Tätigkeit des Anwalts muss

- ein einheitlicher Auftrag zugrunde liegen,
- sie muss sich im gleichen Rahmen halten und
- zwischen den einzelnen Handlungen und/oder Gegenständen der anwaltlichen Tätigkeit muss ein innerer Zusammenhang bestehen.[59]

77 Beauftragt ein Arbeitgeber einen Rechtsanwalt, einem Arbeitnehmer zu kündigen, ist dies eine gesonderte Angelegenheit i.S.v. § 15 Abs. 1 RVG. Erhebt der Mitarbeiter anschließend Kündigungsschutzklage und beauftragt der Arbeitgeber den Rechtsanwalt, der bereits die Kündigung vorbereitet und, vom Arbeitgeber bevollmächtigt, ausgesprochen hat, handelt es sich um eine erneute Angelegenheit i.S.v. § 15 RVG. Der Arbeitgeber hat bei dieser Fallkonstellation zwei unterschiedliche Aufträge erteilt. Mit Erteilung des ersten Auftrags konnte er noch nicht einmal wissen, ob der Arbeitnehmer Kündigungsschutzklage erheben würde. Die Abwehr der Kündigungsschutzklage stellt daher einen eigenständigen Auftrag i.S.v. § 15 Abs. 1 RVG dar.[60]

57 §§ 2a, 80 ff. ArbGG.
58 *Hansens*, § 13 BRAGO Rn 7.
59 *Gerold/Schmidt/von Eicken/Madert/Müller-Rabe*; § 15 RVG Rn 23; AnwK-RVG, § 15 Rn 22.
60 Ebenso *Schaefer*, Anwaltsgebühren im Arbeitsrecht, B Rn 3.

Beauftragt der Arbeitgeber den Anwalt, vor Ausspruch einer Kündigung die Zustimmung des Integrationsamts einzuholen, da der Arbeitnehmer mit einem Grad von 80 % behindert ist, handelt es sich um eine gesonderte Angelegenheit i.S.v. § 15 RVG (Verwaltungsverfahren gem. Nr. 2400 VV). Die Kündigung eines Arbeitnehmers als arbeitsrechtliche Gestaltungserklärung bewegt sich nicht im gleichen Rahmen wie das verwaltungsrechtliche Verfahren auf Erteilung einer Zustimmung nach § 85 SGB IX. Beauftragte der Arbeitgeber den Rechtsanwalt zunächst ausschließlich mit der Prüfung der Voraussetzungen einer wirksamen Kündigung, handelt es sich ebenfalls um eine gesonderte Angelegenheit, so dass eine Anrechnung der dabei anfallenden Geschäftsgebühr nach Nr. 2400 VV auf die Gebühr gem. Nr. 3100 VV im gerichtlichen Verfahren, wenn der Arbeitgeber späterhin den Auftrag erteilt, ihn im Kündigungsschutzprozess gegen den Arbeitnehmer zu vertreten, nicht möglich ist.[61] Eine hilfreiche Kontrollüberlegung, ob es sich um die gleiche Angelegenheit, oder um andere Angelegenheit handelt, bietet der Hinweis bei *Madert*,[62] ob die verschiedenen Gegenstände im Falle gerichtlicher Geltendmachung in einem Verfahren verfolgt werden können. Die Tätigkeit in einem verwaltungsrechtlichen Verfahren wie der Herbeiführung der Zustimmung des Integrationsamts zur Kündigung eines Arbeitnehmers findet ihre Überprüfung im Widerspruchsverfahren und im anschließenden verwaltungsgerichtlichen Prozess statt. Die Tätigkeit des Anwalts im Zusammenhang mit einer Kündigung kann nur Gegenstand eines arbeitsgerichtlichen Verfahrens bilden. Hier fehlt also der innere Zusammenhang. Auch die Tätigkeit im außergerichtlichen Bereich, also beispielsweise die Fertigung eines Kündigungsschreibens oder die Entwicklung einer Kündigungsstrategie, wird nicht im Verhältnis zwischen Auftraggeber und Mandant im arbeitsgerichtlichen Verfahren überprüft, sondern für den Fall, dass der Anwalt eine mangelhafte Beratungsleistung erbracht hat, im zivilgerichtlichen Haftungsprozess, den der Arbeitgeber gegen seinen Anwalt vor dem Landgericht anstrengen würde. 78

Häufig wird nicht bedacht, dass sich unterschiedliche Lebenssachverhalte aus einem einheitlichen, dem Anwalt erteilten Mandat ergeben. Bezieht sich der einheitliche Auftrag auf unterschiedliche Gegenstände, erstreckt sich der Auftrag auf unterschiedliche Angelegenheiten im gebührenrechtlichen Sinne und der Anwalt kann auch nicht die Streitgegenstände aufaddieren und dem Mandanten eine Rechnung zukommen lassen. Nur in derselben Angelegenheit werden die Werte mehrerer Gegenstände zusammengerechnet (§ 22 Abs. 1 RVG). 79

Im Arbeitsrecht wird verschiedentlich übersehen, dass die Tätigkeit des Anwalts aus einer ganzen Reihe von Mandaten einschließlich Folgemandaten besteht. Dass sich die Aufträge auf ein einziges Arbeitsverhältnis zwischen den gleichen Parteien wiederholt erstrecken, führt nicht dazu, dass es sich stets auch um eine gebührenrechtliche Angelegenheit i.S.v. § 15 RVG (früher § 13 BRAGO) handelt. Diesen Umstand dürfte der BGH in seiner Grundsatzentscheidung vom 29.03.1983[63] übersehen haben. 80

Das Urteil des BGH vom 29.03.1983 zwingt den Anwalt in Folgeprozesse.[64] Der in einer Kündigungssache mit der Prozessführung beauftragte Rechtsanwalt muss durch Befragung ermitteln, ob der Arbeitnehmer auch ein Interesse an der Geltendmachung von Vergütungsansprüchen schon während des Kündigungsschutzprozesses hat. Da der Rechtsanwalt für seinen Mandanten den sichersten Weg zu wählen hat,[65] muss er stets auch auf die sich durch Ausschlussfristen ergebenden Nachteile verspäteter Zahlungsklagen hinweisen. Rechtsschutzversicherungen regen bei kombinierten Kündigungsschutz- und Zahlungsklagen regelmäßig an, unter Hinweis auf § 15 Abs. 1 d ARB 1975, die Zahlungsklagen zurückzustellen. Der Anwalt sollte in diesen Fällen auf die sich aus der Nichterhebung der Zahlungsklage ergebenden Risiken hinweisen. Erfahrungsgemäß erteilen Rechtsschutzversicherer den Deckungsschutz für die Zahlungsklage, wenn man sie vor die Alternative stellt, das wirtschaftliche Risiko der Nichterhebung einer Zahlungsklage zu übernehmen. 81

61 Ebenso nach früherer Rechtslage: *Schiffer*, FA 1997, 4 (5).
62 *Gerold/Schmidt/von Eicken/Madert*, § 15 RVG Rn 23.
63 NJW 1983, 1665; siehe hierzu auch § 1 Rn 76 ff.
64 *Gans/Schrader*, NZA 1999, 570.
65 LG Mannheim, Urt. v. 11.04.1997, NZA-RR 1997, 443; *Küttner*, NZA 1996, 462.

82 Kommt es nach Abschluss eines Vergleichs in einer Kündigungsschutzsache zu einer erneuten Kündigung oder zahlt der Arbeitgeber die vertragliche Vergütung während der Kündigungsfrist nicht, handelt es sich um eine erneute arbeitsrechtliche Angelegenheit i.S.v. § 15 Abs. 1 RVG, soweit der Arbeitnehmer den Anwalt auch insoweit beauftragt. Zahlt der Arbeitgeber eine vereinbarte Abfindung nicht zum vereinbarten Zeitpunkt, und beauftragt der Arbeitnehmer den Anwalt mit der Durchsetzung seines Abfindungsanspruchs, handelt es sich erneut um eine gesonderte Angelegenheit i.S.v. § 15 Abs. 1 RVG.[66]

5. Sonderfragen zum Erkenntnisverfahren

a) Zwangsvollstreckung

83 § 12a ArbGG gilt nicht für das Zwangsvollstreckungsverfahren, so dass vom Gegner die Erstattung einer Gebühr nach § 25 RVG i.V.m. Nr. 3309 VV grundsätzlich verlangt werden kann. Nach bisheriger Rechtslage galt, dass zu den notwendigen Kosten der Zwangsvollstreckung auch die Kosten der anwaltlichen Zahlungsaufforderung zählen.[67]

b) Gebührenklage

84 Mancher junge Anwalt wundert sich, dass die zahlreichen Entscheidungen zum Gebührenrecht in Arbeitssachen von den ordentlichen Gerichten entschieden werden. Es fällt gewiss auch auf, dass den Richtern manchmal bei ihren Entscheidungen keine gesteigerten arbeitsrechtlichen Kenntnisse zur Seite stehen. Dies hat zweifellos seine Ursache darin, dass das BAG wiederholt unter Hinweis auf §§ 46 Abs. 2 ArbGG, 34 ZPO entschieden hat, dass für die Klage eines Prozessbevollmächtigten gegen seinen Mandanten wegen Gebühren und Auslagen im Zusammenhang mit einem Rechtsstreit vor dem Arbeitsgericht der **Rechtsweg zu den ordentlichen Gerichten** und nicht zu den Gerichten für Arbeitssachen gegeben ist.[68]

c) Differenzgebühr

85 In vor den Arbeitsgerichten geschlossenen Vergleichen werden häufig Regelungsgegenstände mit behandelt, die nicht Bestandteil der Klage bildeten. Gerade im Rahmen von Kündigungsschutzklagen werden im Vergleich zusätzlich Fragen der Urlaubsgewährung, der Freistellung während der Kündigungsfrist, der Weiternutzung von Dienstfahrzeugen, des Inhalts von Zeugnissen oder der Vereinbarung eines Wettbewerbsverbots geregelt. Zunächst einmal ist der Gesamtwert der Angelegenheit nach § 22 Abs. 1 RVG maßgeblich. Gem. § 32 Abs. 2 BRAGO fiel in der Vergangenheit ferner eine sog. Differenzprozessgebühr an, wenn der Anwalt beauftragt war, eine Einigung herbeizuführen und diese zu Protokoll des Prozessgerichts zu bringen.[69] An dieser Rechtslage hat sich nicht viel geändert. Eine sog. **Verfahrensdifferenzgebühr** ist vorgesehen

- für das **erstinstanzliche Verfahren** in Nr. 3101 Ziff. 2 VV,
- für das **Berufungsverfahren** in Nr. 3201 Ziff. 2 VV und
- für das **Revisionsverfahren** in Nr. 3207, Nr. 3209 i.V.m. Nr. 3201 VV.

86 Wenn im Vergleich mehr enthalten ist, als durch die rechtshängige Klage Streitgegenstand war, bestand in der Vergangenheit ein **Anspruch auf Differenzprozessgebühr** nach § 32 Abs. 2 BRAGO selbst dann, wenn der Vergleich später widerrufen wird oder sonst wie scheitert.[70] Im Zweifel konnte, wenn es zu einem über den eigentlichen Streitgegenstand hinausgehenden Vergleich kommt, angenommen werden, dass der Rechtsanwalt einen entsprechenden Auftrag hatte.[71] Soweit die

66 *Schaefer*, Anwaltsgebühren im Arbeitsrecht, A Rn 47.
67 LAG Köln, Beschl. v. 31.10.1994, AnwBl 1995, 316 f.
68 BAG, Beschl. v. 28.10.1997, AGS 1998, 54.
69 Siehe hierzu LAG Thüringen, Beschl. v. 10.06.1997, MDR 1997, 1167.
70 OLG Hamm, Beschl. v. 02.05.1980, JurBüro 1980, 1517.
71 OLG Hamburg, Beschl. v. 08.03.1965, MDR 1965, 586.

mitverglichenen Streitgegenstände anderweitig rechtshängig sind, entfiel nach alter Rechtslage der Anspruch auf Differenzprozessgebühr.[72] Gleiches galt, wenn im einstweiligen Verfügungsverfahren die rechtshängige Hauptsache mit erledigt wird, in der Hauptsache der Inhalt des einstweiligen Rechtsschutzverfahrens seine Erledigung findet.[73]

Auch bei **Terminsgebühren** ist jetzt vorgesehen, dass sich diese bei einer Einigung über nicht anhängige Ansprüche insgesamt erhöhen, und zwar nach dem vollen Gebührensatz (Vorb. 3 Abs. 3 VV). 87

d) Prozessvertretung durch Rechtsreferendar, Rechtsbeistand oder Assessor

Man erlebte immer wieder, dass sich Rechtspfleger weigerten, die während einer **Prozessvertretung durch einen Rechtsreferendar** entstandenen Gebühren festzusetzen. In diesem Sinne hat sich das LAG Köln in der Vergangenheit mit einer fadenscheinigen Begründung hervorgetan, wonach eine Vertretung durch Referendare in der mündlichen Verhandlung nicht zulässig sei, weil im arbeitsgerichtlichen Verfahren der Rechtstreit nach Möglichkeit in einem Termin erledigt werden müsse und es insofern auf eine umfassende Sachkenntnis des jeweiligen Terminsbevollmächtigten ankomme.[74] Gottlob hat das BAG[75] dieser Entscheidung eine Absage erteilt. Die §§ 11 Abs. 1 Satz 1, Abs. 1 Satz 2 und 3 ArbGG, 157 Abs. 1 Satz 2 ZPO machen auch keinen Unterschied zwischen Stations- und Nebentätigkeitsreferendar, so dass nach heute herrschender Auffassung auch die Prozessvertretung durch Rechtsreferendare die gesetzlichen Gebührentatbestände auslöst. An manchen Arbeitsgerichten müsste man sich allerdings mit der Rechtsauffassung auseinander setzen, dass zwar die von Referendaren wahrgenommenen Gerichtstermine gebührenmäßig wie durch einen Rechtsanwalt behandelt werden, nicht hingegen die Terminsvertretungen durch einen regelmäßig weitaus höher qualifizierten angestellten Assessor. 88

Mit den Brüchen zu den vergütungsmäßigen Folgen der Vertretung durch Dritte im Auftrag des Rechtsanwalts ist seit dem In-Kraft-Treten des RVG Schluss. In § 5 RVG hat der Gesetzgeber nunmehr geregelt, dass die Vergütung für eine Tätigkeit, die der Rechtsanwalt nicht persönlich vornimmt, nach dem RVG bemessen wird, wenn der Rechtsanwalt durch einen Rechtsanwalt, den allgemeinen Vertreter, einen Assessor bei einem Rechtsanwalt oder einen zur Ausbildung zugewiesen Referendar vertreten wird. Die gesetzliche Vorschrift ist teilweise weiter gehend, teilweise enger als die bereits bestehende Rechtslage. Weitergehend im Hinblick auf das Urteil des BAG vom 22.02.1990[76] ist die Regelung für Assessoren. Die Tätigkeit angestellter Assessoren ist nunmehr, im Gegensatz zur früheren Rechtslage, vergütungsrelevant. Gleiches gilt für die Terminsvertretung durch einen bei einem Anwalt angestellten Rechtsanwalt. Enger als die durch das BAG begründete Rechtslage ist § 5 RVG bei Referendaren formuliert. Während die neue gesetzliche Regelung nur einen Vergütungsanspruch durch die Tätigkeit zur Ausbildung zugewiesener Rechtsreferendare anerkennt, besteht ein Vergütungsanspruch nach dem Urteil des BAG vom 22.02.1990[77] auch bei in Nebentätigkeit für einen Rechtsanwalt tätigen Rechtsreferendaren. Insofern stellt sich die Frage, ob durch § 5 RVG die bisherige BAG-Rechtsprechung aufgehoben werden sollte. Aus den Gesetzesmaterialien lässt sich diese Auffassung nicht begründen. Da die Vorschrift für das Tätigwerden von Referendaren vor sämtlichen Gerichten geschaffen wurde, hat die vom BAG begründete Rechtslage für den Bereich des Arbeitsrecht als die speziellere Norm weiter Bestand. 89

Ein Paradoxon leistete sich das BAG mit Urteil vom 26.09.1996.[78] Ein Rechtsbeistand, der die Besorgung fremder Rechtsangelegenheiten vor Gericht geschäftsmäßig betreibe, könne zwar wirk- 90

72 LAG Düsseldorf, Beschl. v. 03.06.1993, JurBüro 1984, 672; LAG Sachsen-Anhalt, Beschl. v. 12.03.1996, JurBüro 1997, 191.

73 OLG Köln, Beschl. v. 30.12.1988, JurBüro 1998, 497; KG Berlin, Beschl. v. 10.10.1972, JurBüro 1973, 127.

74 LAG Köln, Urt. v. 10.07.1987, LAGE § 11 ArbGG 1979 Nr. 4.

75 Urt. v. 22.02.1990, NZA 1990, 665.

76 NZA 1990, 665.

77 NZA 1990, 665.

78 AP Nr. 2 zu § 11 ArbGG 1997.

sam Klage beim Arbeitsgericht erheben, jedoch nicht vor Gericht in der mündlichen Verhandlung auftreten. Zwar bestimme § 25 EGZPO, dass Rechtsbeistände, die gem. § 209 BRAO in die Kammer aufgenommen seien, u.a. in den Fällen des § 157 Abs. 1 Satz 1 und Abs. 2 Satz 1 ZPO einem Rechtsanwalt gleichstehen. Dies bedeutet zwar, dass im amtsgerichtlichen Verfahren Rechtsbeistände trotz des Wortlauts des § 157 Abs. 1 Satz 1 ZPO, der mit Ausnahme der Rechtsanwälte Personen, die die Besorgung fremder Rechtsangelegenheiten vor Gericht geschäftsmäßig betreiben, als Bevollmächtigte und Beistände in der mündlichen Verhandlung eigentlich ausschließe, dennoch vor Gericht in der mündlichen Verhandlung auftreten dürfen. Eine solche Einschränkung des Vertretungsverbots von Rechtsbeiständen in der mündlichen Verhandlung fehle im ArbGG.

91 Von einer versehentlichen Nichtgleichstellung der kammerangehörigen Rechtsbeistände in der mündlichen Verhandlung vor dem Amtsgericht und der mündlichen Verhandlung vor dem Arbeitsgericht könne nicht ausgegangen werden, weil dafür sachliche Gründe nicht ersichtlich seien. Anders als im Zivilrechtsstreit sei der Rechtsbeistand im Arbeitsrechtsstreit von der Vertretung in der mündlichen Verhandlung ausgeschlossen, weil eine Analogie zu § 157 ZPO, § 25 EGZPO nicht stattfinde.[79] Es mag zwar sein, dass im arbeitsgerichtlichen Verfahren der Gesetzgeber wegen der Sonderregelungen für eine weitere Vertretung von kammerangehörigen Rechtsbeiständen in der mündlichen Verhandlung des Arbeitsgerichts keinen Bedarf gesehen hat. Wenn letztlich mangelnde Fachkenntnisse ausschlaggebend für ein Analogieverbot sein sollten, so lässt sich diese Argumentation ernsthaft nicht aufrechterhalten. Wenn der Gesetzgeber dem Rechtsbeistand zubilligt, jedwede, häufig sogar recht komplizierte arbeitsgerichtlichen Klagen verfassen zu können und bei Gericht einzureichen, streitet für ihn auch die Vermutung, die Interessen des Klägers in der mündlichen Verhandlung sachgerecht wahrnehmen zu können. Überdies billigt der Gesetzgeber dem Personenkreis der Gewerkschaftssekretäre, von denen manche nur über einen Hauptschulabschluss verfügen, schriftsätzliches Tätigwerden und Terminsvertretung in mündlicher Verhandlung zu, sodass sachlich nicht gerechtfertigt ist, mit im Regelfall höherwertigen Rechtskenntnissen ausgestatteten Rechtsbeiständen das Recht der Terminsvertretung zu versagen.

e) Nichtzulassungsbeschwerde

92 Die Gebühr der Nichtzulassungsbeschwerde hat eine wechselvolle Geschichte. Lange Zeit vertrat das BAG[80] die Auffassung, die Gebühren für die Tätigkeit des Rechtsanwalts im Rahmen einer Nichtzulassungsbeschwerde ergäben sich aus § 11 Abs. 1 Satz 6, Satz 4 und 5 BRAGO. Daraus folgte über § 61 BRAGO eine Gebühr von 13/20. Das Hessische LAG[81] zog aus dem zum 01.08.2001 in Kraft getretenen § 61a BRAGO den Schluss, dass sich die Gebühren einer Nichtzulassungsbeschwerde gem. §§ 544 ZPO, 31, 11 Abs. 1 Satz 4, 61a, 62 Abs. 1 BRAGO als 13/10-Gebühren errechnen.

93 Mit dem RVG ist eine klare und die Gebühren des Rechtsanwalts verbessernde Rechtslage eingetreten. Die Gebühr für die Nichtzulassungsbeschwerde wurde, von der Sonderregelung beim BSG (Nr. 3512 VV) abgesehen, auf den Faktor 1,6 für Verfahren über die Beschwerde gegen die Nichtzulassung der Revision festgesetzt (Nr. 3506 VV). BGH-Anwälte erhalten für die Nichtzulassungsbeschwerde vor dem BGH eine Gebühr in Höhe von 2,3 (Nr. 3508 VV).

f) Verfahren vor Ausschüssen und Seemannsamt

94 Für ein Verfahren vor einem Ausschuss, der in § 111 Abs. 2 ArbGG bezeichneten Art enthält der Anwalt eine 1,5-Geschäftsgebühr nach Nr. 2403 Ziff. 2 VV. Gleiches gilt für Verfahren vor dem Seemannsamt zur vorläufigen Entscheidung in Arbeitssachen (Nr. 2403 Ziff. 3 VV). Diese Regelungen entsprechen dem bisherigen § 65 Abs. 1 Nr. 2 und Nr. 3 BRAGO.

95 Die Verfahren vor einem Ausschuss nach § 111 Abs. 2 ArbGG kommen in der Praxis häufiger vor, insbesondere bei Auszubildenden, deren Ausbildungsverhältnis gekündigt wurde.

79 LAG Niedersachsen, Beschl. v. 13.03.2001, AnwBl 2001, 523.
80 BAG, Beschl. v. 12.01.1986, MDR 1996, 614.
81 LAG Hessen, Beschl. v. 25.02.2003, AE 2003, 87.

In den Fällen der Nr. 2403 kann es, wie im Schlichtungsverfahren, geschehen, dass zwei Geschäftsgebühren anfallen.[82] Die erste Geschäftsgebühr nach Nr. 2400 VV ist dann auf eine Geschäftsgebühr nach Nr. 2403 VV anzurechnen. Diese Geschäftsgebühr wiederum ist nach Vorbemerkung 3 Abs. 4 Satz 1, Satz 2 VV auf die Verfahrensgebühr des nachfolgenden Rechtsstreits anzurechnen. Hierzu das Beispiel von *Schneider/Mock*:[83] 96

97

Der Anwalt wird zunächst außergerichtlich tätig, eine Kündigung abzuwehren (Monatseinkommen 800,00 €). Hiernach kommt es zu einem Verfahren vor dem Ausschuss der Handwerksinnung. Anschließend wird Kündigungsschutzklage erhoben.

I. Außergerichtliche Tätigkeit (Wert 2.400,00 €)		
1. 1,5-Geschäftsgebühr, Nr. 2400 VV		241,50 €
2. Auslagenpauschale, Nr. 7002 VV		20,00 €
Zwischensumme	261,50 €	
3. 16 % Umsatzsteuer, Nr. 7008 VV		41,84 €
Gesamt:		**303,34 €**
II. Verfahren vor dem Ausschuss (Wert 2.400,00 €)		
1. 1,5-Geschäftsgebühr, Nr. 2403 Ziff. 2 VV		241,50 €
2. Auslagenpauchale		20,00 €
3. gem. Anm. zu Nr. 2403 anzurechnen 0,75 aus 2.400,00 €		– 120,75 €
Zwischensumme	140,75 €	
4. 16 % Umsatzsteuer, Nr. 7008 VV		22,52 €
Gesamt		**163,27 €**
III. Rechtsstreit (Wert 2.400,00 €)		
1. 1,3-Verfahrensgebühr, Nr. 3100 VV		209,30 €
2. 1,2-Terminsgebühr, Nr. 3104 VV		193,20 €
3. Auslagenpauschale, Nr. 7002 VV		20,00 €
4. gem. Vorb. 3 Abs. 4 VV anzurechnen 0,75 aus 2.400,00 €		– 120,75 €
Zwischensumme	301,75 €	
5. 16 Umsatzsteuer, Nr. 7008 VV		48,28 €
Gesamt		**350,03 €**

Nach bisherigem Recht war eine Anrechnung nicht vorgesehen (§ 65 Abs. 2 BRAGO).

III. Verweisung des Rechtsstreits

Bei Verweisungen, wie sie zwischen der Zivil- und Arbeitsgerichtsbarkeit vorkommen, ist § 20 RVG nicht einschlägig. Diese Vorschrift behandelt nur Horizontal- und Diagonalverweisungen innerhalb einer Gerichtsbarkeit.[84] Eine Ausnahme von dem Grundsatz, dass im Urteilsverfahren des I. Rechtszugs kein Anspruch der obsiegenden Partei auf Entschädigung wegen Zeitversäumnis und auf Erstattung der Kosten für die Hinzuziehung eines Prozessbevollmächtigten oder Beistandes besteht, enthält § 12a Abs. 1 Satz 3 ArbGG. Die Kosten, die der beklagten Partei dadurch entstanden sind, dass die klägerische Partei ein Gericht der ordentlichen Gerichtsbarkeit, der allgemeinen Verwaltungsgerichtsbarkeit, der Finanz- oder Sozialgerichtsbarkeit angerufen und dieses den Rechtsstreit an das Arbeitsgericht verwiesen hat, sind erstattungsfähig. 98

82 *Schneider/Mock*, Das neue Gebührenrecht für Anwälte, § 19 Rn 9.

83 Das neue Gebührenrecht für Anwälte, § 19 Rn 9.

84 *Schneider/Mock*, Das neue Gebührenrecht für Anwälte, § 4 Rn 92 ff; AnwK-RVG/*N. Schneider*, § 20 Rn 3.

99 Die überwiegende Auffassung geht dahin, dass die vor dem Zivilgericht entstandenen Anwaltsgebühren selbst dann erstattungsfähig sind, wenn der Rechtsstreit zu den Arbeitsgerichten verwiesen wird und der Erstattungsberechtigte sich vor dem Arbeitsgericht von dem gleichen Rechtsanwalt vertreten lässt, der vorher bereits vor dem Zivilgericht oder dem Verwaltungsgericht oder dem Finanzgericht für seine Partei tätig war.[85] *Germelmann/Matthes/Prütting/Müller-Glöge*[86] halten die Frage, inwieweit ein Kostenerstattungsanspruch besteht, wenn der Kläger zunächst ein unzuständiges Gericht anruft und der Rechtsstreit dann an das Arbeitsgericht verwiesen wird, trotz der in § 12a Abs. 1 Satz 3 ArbGG aufgenommenen neuen Bestimmung für nicht eindeutig geklärt. Erstattungsfähig sind nach Auffassung des LAG Bremen[87] die Kosten, wenn zwischen ihnen und der Klageerhebung bei einem sachlich unzuständigen Gericht eine Kausalität besteht. An dieser Kausalität fehlt es, wenn die obsiegende Partei sowohl vor dem sachlich unzuständigen Gericht als auch vor dem Arbeitsgericht vom gleichen Anwalt vertreten wird. Der Anwalt erwirbt nach Auffassung des LAG Bremen nur einmal die Gebühren.[88]

100 Auch bei dem erfahrenen Anwalt kann durchaus Unsicherheit bestehen, ob das Arbeitsgericht oder ein anderes Gericht zuständig ist. Macht beispielsweise der Arbeitnehmer geltend, der Arbeitgeber habe eine Abfindung, soweit sie den steuerfreien Betrag nach § 3 Nr. 9 EStG übersteige, im Lohnsteuerabzugsverfahren gem. § 34 EStG dem ermäßigten Steuersatz zu unterwerfen, ist für eine derartige Klage nicht das Finanzgericht, sondern das Arbeitsgericht zuständig.[89] Ist zweifelhaft, ob das angerufene Gericht seine sachliche Zuständigkeit bejaht, empfiehlt *Schaefer*,[90] vorsorglich das Arbeitsgericht anzurufen. Auf diese Weise wird zunächst der Gerichtskostenvorschuss erspart. Wird vom Arbeitsgericht der Rechtsstreit in eine andere Gerichtsbarkeit verwiesen, erhöhe dies für den Kläger das Kostenrisiko nicht. Werde ein Rechtsstreit dagegen von einer anderen Gerichtsbarkeit zu den Arbeitsgerichten verwiesen, müsste der Kläger möglicherweise die vor dem unzuständigen Gericht entstandenen Gebühren entgegen der Regelung des § 12a Abs. 1 Satz 1 ArbGG erstatten. Auch bei Geschäftsführern, deren Status (Dienstvertrag/Arbeitsvertrag) zweifelhaft ist, wird stets die Klageerhebung zunächst vor dem Arbeitsgericht empfohlen, allein um die Drei-Wochen-Frist des § 4 KSchG nicht zu versäumen.

IV. Streitwert in Bestandsstreitigkeiten

101 Zentrale Gebührenrechtsvorschrift für den Arbeitsrechtsanwalt ist **§ 42 Abs. 4 Satz 1 GKG n.F.** (früher: § 12 Abs. 7 Satz 1 ArbGG). Für die Wertberechnung von Rechtsstreitigkeiten über das Bestehen, Nichtbestehen oder die Kündigung eines Arbeitsverhältnisses ist der **Betrag des für die Dauer eines Vierteljahres zu leistenden Arbeitsentgelts** maßgebend. Immer dann – und dies sind die meisten Verfahren, in denen der Arbeitsrechtsanwalt tätig wird –, in denen es um den Bestand des Arbeitsrechtsverhältnisses geht, richtet sich der Streitwert nach dieser Vorschrift.

102 Die nachfolgenden Ausführungen zum Streitwert in Bestandsstreitigkeiten sind nicht auf das gerichtliche Verfahren beschränkt. Bei außergerichtlicher Tätigkeit des Rechtsanwalts, aber auch bei außergerichtlichen Vergleichen wie Aufhebungs- und Abwicklungsvertrag wird in der Praxis der gleiche Wert wie für die gerichtliche Tätigkeit durch Analogieschluss angewendet. Auslöser ist das Urteil des BAG v. 16.05.2000, wonach auch in außergerichtlichen Verhandlungen, wenn durch die anwaltliche Tätigkeit ein Aufhebungsvertrag mit einer Abfindungsvereinbarung zustande kommt,

85 LAG München, Beschl. v. 15.03.1984, AnwBl 1985, 103; LAG Baden-Württemberg, Beschl. v. 29.09.1983, NJW 1984, 86; LAG Frankfurt, Beschl. v. 15.05.1984, AnwBl 1985, 104; LAG Frankfurt, Beschl. v. 08.03.1999, NZA-RR 1999, 498; LAG Baden-Württemberg, Beschl. v. 09.08.1984, AnwBl 1985, 103; LAG Nürnberg, Beschl. v. 08.10.1986, LAGE § 12a ArbGG 1979 Nr. 8; LAG Hamm, Beschl. v. 16.07.1987, LAGE § 12a ArbGG 1979 Nr. 10.

86 § 12a ArbGG Rn 16.

87 Beschl. v. 05.07.1996, AnwBl 1999, 240; Beschl. v. 20.02.1986, AP Nr. 4 zu § 12a ArbGG 1979.

88 LAG Bremen, Beschl. v. 20.02.1986, AP Nr. 4 zu § 12a ArbGG 1979.

89 LAG Sachsen-Anhalt, Beschl. v. 01.09.1995, BB 1996, 275; LAG Hamm, Urt. v. 06.12.2000–14 Sa 1615/00 (n.v.).

90 Anwaltsgebühren im Arbeitsrecht, D Rn 109.

ohne dass ein gerichtliches Verfahren eingeleitet wurde, der Gegenstandswert unter Anwendung der gerichtlichen Wertvorschriften des § 12 Abs. 7 Satz 1 ArbGG (jetzt § 42 Abs. 4 Satz 1 GKG n.F.) zu bestimmen ist.[91] § 2 RVG, wonach sich die Gebühren nach dem Wert berechnen, den der Gegenstand der anwaltlichen Tätigkeit hat, gilt gleichermaßen für das gerichtliche wie für das außergerichtliche Verfahren. Damit gilt auch § 22 Abs. 1 RVG, wonach in derselben Angelegenheit die Werte mehrerer Gegenstände zusammengerechnet werden. Auf § 42 Abs. 4 GKG nimmt § 22 RVG nicht ausdrücklich Bezug. Deshalb ist nach der gesetzlichen Neuregelung im Grunde kein Raum für eine Ausnahme von der Streitwertaddition bei Aushandeln eines Aufhebungs- oder Abwicklungsvertrages. Dem Vierteljahresbezug als Ausgangsgegenstandswert einer Bestandsstreitigkeit müssten die weiteren Streitwerte wie Wert des Zeugnisses, eines übertragenen Dienstwagens oder einer Abfindung danach hinzugerechnet werden.[92]

Bei der Einigungsgebühr ergibt sich bereits aus Nr. 1000 VV, dass kein Unterschied danach gemacht wird, ob die Einigung (früher: Vergleich) in einem gerichtlichen oder einem außergerichtlichen Verfahren stattfindet. Die Grundsätze zur Einigungsgebühr finden deshalb unstreitig in gleicher Weise im gerichtlichen wie im außergerichtlichen Bereich Anwendung. 103

In Kündigungsschutzverfahren gilt das Vierteljahresentgelt als einheitlicher Gegenstandswert. Persönliche Verhältnisse oder die Dauer der Beschäftigungszeit sollen auf die Anwendbarkeit von §§ 12 Abs. 7 Satz 1 ArbGG, 42 Abs. 4 Satz 1 GKG ohne Einfluss sein.[93] Wer sich dagegen die BAG-Rechtsprechung anschaut, wird feststellen, dass das BAG nach zurückgelegter Vertragsdauer unterscheidet und, entgegen dem Gesetzeswortlaut, bei Bestandsstreitigkeiten von sechs Monaten nur einen Monatsverdienst, von sechs Monaten bis zwölf Monaten zwei Monatsverdienste und erst darüber hinaus drei Monatsverdienste ansetzt.[94] Von dieser Rechtsprechung sollte man sich nicht verführen lassen. Sie ist veraltet und stammt aus einer Zeit, als Fragen des Gebührenstreitwerts noch häufig vom BAG entschieden wurden. Nach einer Änderung im ArbGG ist diese Rechtsprechung nicht mehr maßgeblich. Sie ist auch zu Recht kritisiert worden.[95] Die BAG-Rechtsprechung ist auch in der Literatur heftig bekämpft worden.[96] Außer in einer zunächst nicht näher begründeten Entscheidung des LAG Berlin[97] und einer Entscheidung des LAG Baden-Württemberg[98] hat die BAG-Rechtsprechung, weil sie dem Gesetzeswortlaut zuwiderläuft, keine Gefolgschaft gefunden. Auch das LAG Baden-Württemberg hat sich zwischenzeitlich der Instanz- und Mittelinstanzrechtsprechung angeschlossen.[99] 104

Richter gewichten häufig die ökonomischen Auswirkungen ihrer Streitwertentscheidungen nicht so sehr mit Blick auf die in einer Anwaltskanzlei anfallenden Kosten der Rechtsverfolgung. *Meier*[100] hat einmal vorgerechnet, welches Missverhältnis zwischen wirtschaftlichem Erfordernis und zeitlichem und kostenauslösendem Aufwand bei arbeitsrechtlichen Mandaten mit von der Arbeitsrechtsprechung heruntergerechneten Streitwerten besteht. Die vom BAG entgegen dem Wortlaut des Gesetzes gewählte Streitwertrechtsprechung zu Bestandsstreitigkeiten ist wirtschaftlich 105

91 BAG, Urt. v. 16.05.2000, NZA 2000, 1246.

92 Analogie wurde allerdings in der Vergangenheit angenommen beim Aushandeln eines arbeitsrechtlichen Aufhebungsvertrags: BAG, Urt. v. 16.05.2000, NZA 2000, 1246.

93 LAG Bremen, Beschl. v. 28.02.1986, LAGE § 12 ArbGG 1979 Streitwert Nr. 49; LAG Niedersachsen, Beschl. v. 21.01.1986, EzA § 12 ArbGG 1979 Streitwert Nr. 48.

94 BAG, Beschl. v. 30.11.1984, EzA § 12 ArbGG 1979 Streitwert Nr. 36.

95 LAG Düsseldorf, Beschl. v. 17.10.1985, LAGE § 12 ArbGG 1979 Streitwert Nr. 41; LAG Frankfurt, Beschl. v. 04.11.1985, EzA § 12 ArbGG 1979 Streitwert Nr. 40; LAG Rheinland-Pfalz, Urt. v. 24.03.1986, EzA § 12 ArbGG 1979 Streitwert Nr. 54; LAG Köln, Urt. v. 15.11.1985, EzA § 12 ArbGG 1979 Streitwert Nr. 42; LAG Niedersachsen, Urt. v. 21.01.1986, EzA § 12 ArbGG 1979 Streitwert Nr. 46; LAG Nürnberg, Urt. v. 05.05.1986, EzA § 12 ArbGG 1979 Streitwert Nr. 53; LAG München, Urt. v. 13.01.1986, EzA § 12 ArbGG 1979 Streitwert Nr. 51.

96 *Schneider*, Anm. zu EzA § 12 ArbGG 1979 Streitwert Nr. 58; *Popp*, DB 1990, 481 f.

97 Urt. v. 04.06.1985, KostRsp § 12 ArbGG Nr. 116.

98 Beschl. v. 16.05.1990, JurBüro 1990, 1271.

99 Beschl. v. 21.09.1992, AnwBl 1993, 41 f.

100 Lexikon der Streitwerte im Arbeitsrecht, S. 1–3.

für Rechtsanwälte unzumutbar, damit aber ebenso wenig für die betroffenen Mandanten, denen in Angelegenheiten, bei denen der Streitwert zu niedrig bemessen wird, nicht mit dem aus der Sache heraus gebotenen Aufwand geholfen werden kann.

1. Begrenzung des Feststellungsantrags

106 In Bestandstreitigkeiten gilt der bereits erwähnte Grundsatz, dass sich der Streitwert aus dem Vierteljahresverdienst (Quartalsverdienst) ergibt, §§ 42 Abs. 4 Satz 1 GKG, 12 Abs. 7 Satz 1 ArbGG. Ein Quartalsverdienst ist etwas anderes als ein dreifacher Monatsverdienst. Bei dem Quartalsverdienst werden alle Bezüge im laufenden Kalenderjahr, also auch Urlaubs- und Weihnachtsgeld hinzuaddiert, sofern sie nicht jederzeit widerruflich sind, und durch die Zahl 4 dividiert. Erfasst werden auch Zuschläge und Prämien, die Entgeltcharakter haben.[101] Ist das 13. Monatsgehalt unzweifelhaft als Arbeitsentgelt vereinbart, ist es bei der Berechnung des Vierteljahreseinkommens anteilig zu berücksichtigen.[102]

107 Maßgeblich ist das Bruttoentgelt, da dieses vom Arbeitgeber geschuldet wird.[103] Für die Höhe des Arbeitsentgelts kommt es auf das Arbeitsentgelt an, das der Arbeitnehmer bei Fortbestand des Arbeitsverhältnisses in den ersten drei Monaten nach dem streitigen Beendigungszeitpunkt hätte beanspruchen können.[104] Bei über das Bruttoentgelt hinaus gehenden Zuwendungen ist immer der Zweck der Zuwendung für die Anrechenbarkeit auf den Quartalsverdienst entscheidend. Sobald die Zuwendung Gratifikationscharakter besitzt, kann sie bei der Bemessung des Arbeitsentgelts selbst dann nicht berücksichtigt werden, wenn sie daneben auch Entgeltcharakter haben soll.[105]

108 Arbeitsgerichte setzen einen niedrigeren Streitwert fest, wenn das wirtschaftliche Interesse der klagenden Partei auf einen kürzeren Zeitraum als drei Monate nach dem Zeitpunkt, zu dem die Kündigung ausgesprochen worden ist, beschränkt ist.[106] Derartige Fälle können auftreten, wenn nach Auffassung des Klägers der Arbeitgeber die Kündigungsfrist falsch berechnet hat und das Arbeitsverhältnis durch Kündigung erst einen oder zwei Monate später als im Kündigungsschreiben angegeben, enden soll. Im Gesetz findet diese Auslegung keine Entsprechung. Das LAG Niedersachsen hält die Verkürzung des Gegenstandswerts auf die Vertragszeit für gesetzwidrig, zumal ein Feststellungsantrag einem Leistungsantrag nicht gleichgesetzt werden könne.[107] Es nimmt jedoch einen Abschlag in Höhe von 20 % vor, ähnlich dem LAG Hamm, das sogar einen Abschlag von 50 % für geboten hält.[108]

109 Die **Berechnung des Arbeitsentgelts** i.S.v. § 42 Abs. 4 Satz 1 Hs. 1 GKG n. F. erfolgt in der Weise, dass alle Beträge, die der Arbeitgeber auch im Falle des Annahmeverzugs schulden würde[109] einschließlich der Zahlungen, die im Falle der Entgeltfortzahlung im Krankheitsfalle zu leisten wären, erfasst werden. Daher sind auch Zuschläge sowie Prämien zu berücksichtigen, die Entgeltcharakter haben.[110] Ist das 13. Monatsgehalt unzweifelhaft als Arbeitsentgelt vereinbart, ist es bei der Berechnung des Vierteljahreseinkommens anteilig zu berücksichtigen.[111] Sobald allerdings eine

101 *Germelmann/Matthes/Prütting/Müller-Glöge*, § 12 ArbGG Rn 97.
102 LAG Köln, Beschl. v. 17.11.1995, NZA-RR 1996, 392.
103 LAG Düsseldorf, Beschl. v. 07.01.1991, LAGE § 12 ArbGG 1979 Streitwert Nr. 89.
104 BAG, Urt. v. 19.07.1973, AP Nr. 20 zu § 12 ArbGG 1953.
105 BAG, Urt. v. 04.09.1996, AP Nr. 19 zu § 12 ArbGG 1979; LAG Berlin, Beschl. v. 16.10.1985, § 12 ArbGG 1979 Streitwert Nr. 44; a.A.: LAG Düsseldorf, Beschl. v. 28.06.1990, JurBüro 1990, 1153.
106 LAG Bremen, Beschl. v. 25.10.1978, BB 1979, 683; LAG Köln, Beschl. v. 22.07.1991, LAGE § 12 ArbGG 1979 Streitwert Nr. 92; LAG Sachsen, Beschl. v. 24.03.1998 – 1 Ta 76/98 (n.v.).
107 LAG Niedersachen, Beschl. v. 07.10.1980, EzA § 12 ArbGG 1979 Streitwert Nr. 6; LAG Niedersachsen, Beschl. v. 11.12.1996 – 11 Ta 502/96 (n.v.); LAG Frankfurt a.M. NZA 1986, 71; LAG München, Beschl. v. 21.11.1985, NZA 1986, 171; LAG Niedersachsen, Beschl. v. 13.07.1993, AnwBl 1994, 152.
108 LAG Hamm, Beschl. v. 13.05.1986, EzA § 12 ArbGG 1979 Streitwert Nr. 46; hiergegen *Steffen*, FA 1998, 305 f.
109 GK-ArbGG/*Wenzel*, § 12 Rn 140; *Grunsky*, § 12 ArbGG Rn 4 a.
110 *Germelmann/Matthes/Prütting/Müller-Glöge*, § 12 ArbGG Rn 97.
111 LAG Köln, Beschl. v. 17.11.1995, NZA-RR 1996, 392.

Zuwendung Gratifikationscharakter hat, kann sie bei der Bemessung des Arbeitsentgelts selbst dann nicht berücksichtigt werden, wenn sie gleichzeitig daneben auch noch Entgeltcharakter besitzt.[112]

2. Bestandsschutz- und Weiterbeschäftigungsantrag

Es besteht heute durchgängig die Auffassung, dass es sich beim Weiterbeschäftigungsanspruch um einen **vermögensrechtlichen Anspruch** handelt, dessen Bewertung sich nach § 3 ZPO richtet.[113] Bei einem Zusammentreffen von Bestandsschutz- und Weiterbeschäftigungsantrag geht man heute von einer Streitwert erhöhenden, objektiven Klagehäufung aus,[114] so dass § 5 ZPO anzuwenden ist.[115] Wie der Weiterbeschäftigungsanspruch zu bewerten ist, wird nach wie vor noch nicht einheitlich beurteilt. Überwiegend wird der Weiterbeschäftigungsantrag mit einem Bruttomonatsgehalt bewertet.[116] Nur noch wenige Gerichte setzen heute zwei Monatsentgelte fest, unabhängig davon, ob der Antrag als uneigentlicher oder unechter Hilfsantrag gestellt wird;[117] in einer wohl nicht mehr aktuellen Entscheidung vertrat das LAG Düsseldorf[118] die Auffassung, es seien für den Weiterbeschäftigungsantrag drei Monatsentgelte maßgeblich. 110

3. Mehrfachkündigung in getrennten Verfahren

Wenn mehrere Kündigungen in verschiedenen Prozessen angegriffen werden, ist für jedes Verfahren gesondert ein Streitwert festzusetzen. Der Höchstwert des § 12 Abs. 7 ArbGG (jetzt zusätzlich: § 42 Abs. 4 GKG) kann in jedem dieser Verfahren ausgeschöpft werden.[119] In den meisten dieser Fälle werden die Kündigungsschutzverfahren **späterhin verbunden** und es kommt zu einer **einheitlichen Wertfestsetzung**, sei es im Urteil, sei es im Rahmen des Vergleichs über einen gesonderten Streitwertbeschluss. 111

Noch vergleichsweise übersichtlich ist die Rechtsprechung, wenn es sich um mehrere Kündigungen in getrennten Verfahren handelt. Viele Landesarbeitsgerichte haben mit zum Teil unterschiedlichen, meist nahe beieinander liegenden Grundsätzen für derartige Fälle einen sog. **Differenzwert als Streitwert** entwickelt. Die mehrmalige Festsetzung des vollen Streitwerts nach § 12 Abs. 7 ArbGG (§ 42 Abs. 4 GKG) gestattet das LAG München deshalb nur, wenn zwischen den Beendigungsterminen zweier Kündigungen mindestens ein Vierteljahr liegt.[120] Das LAG Hamm vertritt die Ansicht, dass das zuerst anhängig gemachte Verfahren mit dem Höchstbetrag des § 12 Abs. 7 ArbGG (§ 42 Abs. 4 GKG) zu bewerten ist und das Verfahren gegen die zweite Kündigung entsprechend dem Zeitabstand zwischen den einzelnen Kündigungen einen niedrigeren Wert hat. Die zweimalige Gewährung des Höchstbetrags setzt nach Auffassung des LAG Hamm voraus, dass der zwischen 112

112 BAG, Beschl. v. 04.09.1996, AP Nr. 19 zu § 12 ArbGG 1979; LAG Berlin, Beschl. v. 16.10.1985, EzA § 12 ArbGG 1979 Streitwert Nr. 44; LAG Köln, Beschl. v. 18.07.1994, AnwBl 1995, 316.

113 LAG Hamm, Beschl. v. 07.12.1979, EzA § 12 ArbGG 1979 Nr. 1; LAG Bremen, Beschl. v. 02.02.1982, AP Nr. 30 zu § 613a BGB.

114 Anders noch Sächsisches LAG, Beschl. v. 21.04.1995 – 3 Ta 60/95 (n.v.).

115 LAG Hamm, Beschl. v. 11.09.1986, LAGE § 12 ArbGG 1979 Streitwert Nr. 56; LAG Nürnberg, Beschl. v. 03.01.1989, NZA 1989, 862; LAG Frankfurt, Beschl. v. 20.06.1984, EzA § 12 ArbGG 1979 Streitwert Nr. 32.

116 LAG Rheinland-Pfalz, Beschl. v. 16.04.1992, NZA 1992, 664; LAG Baden-Württemberg, Beschl. v. 27.01.1982, EzA § 12 ArbGG 1979 Streitwert Nr. 16; Sächsisches LAG, Beschl. v. 15.05.1997, LAGE § 12 ArbGG 1979 Streitwert Nr. 111; Sächsisches LAG, Beschl. v. 04.04.1996, NZA-RR 1997, 150; Thüringer LAG, Beschl. v. 27.02.1996, AuR 1996, 196; Rspr.-Änderung: jetzt auch LAG Köln, Beschl. v. 27.03.2001 – 10 Ta 16/01 (n.v.); LAG Köln, Beschl. v. 18.12.2001 – 18 Ta 303/01 (n.v.); LAG Köln, Beschl. v. 17.05.2001 – 8 Ta 96/01 (n.v.).

117 LAG Hessen, Beschl. v. 23.04.1999, NZA-RR 1999, 434; LAG Hamm, Beschl. v. 28.07.1988, NZA 1989, 231; LAG Köln, Beschl. v. 31.07.1995, NZA 1996, 840 (alte Rspr.); LAG Düsseldorf, Beschl. v. 23.08.1985, JurBüro 1985, 1710.

118 LAG Düsseldorf, Beschl. v. 06.08.1980, AnwBl 1981, 36.

119 LAG Hamburg, Beschl. v. 07.08.1987, EzA § 12 ArbGG 1979 Streitwert Nr. 57; LAG Sachsen-Anhalt, Beschl. v. 20.09.1995, LAGE § 12 ArbGG 1979 Streitwert Nr. 104.

120 Beschl. v. 12.07.1989, JurBüro 1990, 40; ebenso LAG Hamburg, Beschl. v. 08.02.1994, NZA 1995, 495.

den Kündigungsterminen liegende Zeitraum mindestens sechs Monate beträgt.[121] Nach der Rechtsprechung des LAG Köln, des LAG Düsseldorf, des LAG Bremen, des LAG Baden-Württemberg und des LAG Niedersachsen gilt, dass bei mehreren Kündigungen eines Arbeitsverhältnisses in der Regel die erste Kündigung mit dem Höchstwert des § 12 Abs. 7 ArbGG (§ 42 Abs. 4 Satz 1 GKG) zu bewerten ist, wenn die Kündigungen innerhalb eines Dreimonatszeitraums ausgesprochen werden. Jede weitere Kündigung ist im Wert so zu bemessen, dass die Differenz des Lohnanspruchs für den Zeitraum zwischen dem ersten und dem jeweiligen nächsten Zeitpunkt der Beendigung des Arbeitsverhältnisses entspricht.[122] In einer Entscheidung des LAG Thüringen kommt es darauf an, ob durch die zweite Kündigung der beabsichtigte Beendigungszeitpunkt des Arbeitsverhältnisses bei zeitnah ausgesprochenen Kündigungen um einige Monate verschoben werden kann. In diesem Falle soll der Wert des auf die nachfolgende vorsorglich ausgesprochene Kündigung bezogene Klageantrags regelmäßig mit einem Monatseinkommen der klagenden Partei anzusetzen sein.[123]

113 Ein Teil der Rechtsprechung beurteilt die Frage, ob für mehrere Kündigungen jeweils gesondert der Quartalsverdienst als Streitwert angesetzt werden kann, danach, ob sich die Kündigungen auf unterschiedliche Lebenssachverhalte stützen.[124] Werden mehrere eigenständige Kündigungen ausgesprochen, ist grundsätzlich jeder Kündigung ihr eigener Streitwert zuzuerkennen.[125] Die gegen verschiedene Kündigungen gerichteten Feststellungsanträge sind grundsätzlich jeweils einzeln gem. § 42 Abs. 4 GKG zu bewerten. Aus den Einzelstreitwerten ist durch Addition ein Gesamtstreitwert zu ermitteln. Dieser Grundsatz soll nach wohl überwiegender Auffassung unabhängig davon gelten, ob die Kündigungsschutzanträge in getrennten oder in einem Verfahren gestellt werden.[126] Begründet wird diese Auffassung mit der punktuellen Streitgegenstandstheorie. In Kündigungsverfahren liegen mit einzeln angegriffenen Kündigungen unterschiedliche Streitgegenstände vor, die dementsprechend auch streitwertmäßig getrennt zu berücksichtigen sind. Im Wege der objektiven Klagehäufung verfolgte Feststellungsanträge sind grundsätzlich selbständig zu bewerten und zusammenzurechnen.

4. Mehrfachkündigung in einem Verfahren

114 Verwirrend sind Vielfalt und Differenzierung in der Rechtsprechung zu Mehrfachkündigungen in einem Verfahren. Nach Auffassung des LAG Köln[127] und des LAG Düsseldorf[128] ist bei mehreren zeitgleich ausgesprochenen Kündigungen keine Erhöhung des Streitwerts über die Höchstgrenze des § 12 Abs. 7 Satz 1 ArbGG (§ 42 Abs. 4 Satz 1 GKG) hinaus gerechtfertigt. Dies gilt beispielsweise für die in der Praxis häufig gewählte fristlose Kündigung, mit der gleichzeitig eine hilfsweise fristgerechte Kündigung schon im Kündigungsschreiben verbunden wird. Der Rechtsprechung des BAG, wonach bei mehrfachen Kündigungen, die in einem Rechtsstreit angegriffen werden, nur einmal das Vierteljahresentgelt als Streitwert zu berücksichtigen ist,[129] sind einige Landesarbeitsgerichte

121 LAG Hamm, Beschl. v. 06.05.1982, EzA § 12 ArbGG 1979 Streitwert Nr. 15; LAG Hamm, Beschl. v. 09.06.1994, EzA-SD 16/1994, 10.

122 LAG Bremen, Beschl. v. 13.02.1987, EzA § 12 ArbGG 1979 Streitwert Nr. 50; LAG Düsseldorf, Beschl. v. 16.02.1989, JurBüro 1989, 371; LAG Köln, Beschl. v. 08.03.1989, LAGE § 12 ArbGG 1979 Streitwert Nr. 79; LAG Niedersachsen, Beschl. v. 23.08.1984, AnwBl 1985, 99; LAG Baden-Württemberg, Beschl. v. 23.12.1983, AnwBl 1985, 99.

123 LAG Thüringen, Beschl. v. 23.10.1996, LAGE § 12 ArbGG 1979 Streitwert Nr. 107; ebenso LAG Stuttgart, Beschl. v. 23.12.1983, AnwBl 1985, 99; LAG Niedersachsen, Beschl. v. 03.01.1984, AnwBl 1985, 99.

124 LAG Hamburg, Beschl. v. 08.02.1994, NZA 1995, 495.

125 *Germelmann/Matthes/Prütting/Müller-Glöge*, § 12 ArbGG Rn 101.

126 LAG Hamburg, Beschl. v. 11.11.1983, AnwBl 1984, 316; LAG Hamburg, Beschl. v. 30.05.1984, AnwBl 1985, 98; LAG Kiel, Beschl. v. 23.08.1984, AnwBl 1985, 99.

127 Beschl. v. 04.10.1990, JurBüro 1991, 64.

128 Beschl. v. 27.11.1980, EzA § 12 ArbGG 1979 Streitwert Nr. 2.

129 BAG, Beschl. v. 20.01.1967, AP Nr. 16 zu § 12 ArbGG 1953; BAG, Beschl. v. 06.12.1984, EzA § 12 ArbGG 1979 Streitwert Nr. 34.

gefolgt.[130] Außerhalb der Bezirke der Landesarbeitsgerichte München, Baden-Württemberg und Berlin gelten dagegen gesonderte Regeln.

Das LAG Düsseldorf wendet seine bereits geschilderte Differenztheorie an,[131] der das LAG Bremen[132] gefolgt ist. Das LAG Köln bewertet die aufeinander folgenden Kündigungen jeweils mit dem Höchstbetrag, wenn zwischen den Kündigungen mehr als drei Monate liegen.[133] Das LAG Hamm schöpft den Streitwertrahmen des § 12 Abs. 7 Satz 1 ArbGG (§ 42 Abs. 4 Satz 1 GKG) erst dann wieder für nacheinander ausgesprochene Kündigungen aus, wenn zwischen den Kündigungsterminen mindestens ein Zeitraum von sechs Monaten liegt.[134] 115

Das LAG Hamburg dagegen bewertet grundsätzlich auch bei mehreren Kündigungen in einem Rechtsstreit jede mit dem Vierteljahresentgelt nach § 12 Abs. 7 Satz 1 ArbGG und addiert die Werte. Von diesem Grundsatz macht es eine Ausnahme, wenn die Kündigungen auf denselben Lebenssachverhalt gestützt sind oder wenn sie unmittelbar hintereinander ausgesprochen wurden, um beispielsweise einen Formmangel auszuräumen. In diesem Falle ist es für das LAG Hamburg gleich, ob die Kündigungen in einem Rechtsstreit oder in getrennten Prozessen angegriffen werden.[135] 116

Das LAG Thüringen[136] vertritt die Auffassung, dass bei zeitnah ausgesprochenen Kündigungen, die auf dem gleichen Lebenssachverhalt beruhen, die zweite vorsorglich ausgesprochene Kündigung regelmäßig mit einem Monatsverdienst der klagenden Partei anzusetzen sei. 117

Zwingende Argumente für die eine oder andere Rechtsprechung sucht man vergebens. Für den Arbeitsrechtsanwalt gilt, dass er im Regelfalle die Rechtsprechung des Gerichtsbezirks, in dem er tätig ist oder die Angelegenheit anhängig gemacht hat oder die Rechtsschutzversicherung ihren Sitz hat,[137] anwendet bzw. seinen Kostenfestsetzungsanträgen die örtliche Rechtsprechung zugrundelegt. 118

5. Änderungskündigung

Bei der Bemessung des Gegenstandswerts einer Änderungskündigung muss man zunächst unterscheiden, ob der Arbeitnehmer die geänderten Arbeitsbedingungen abgelehnt oder ob er eine Vorbehaltsannahme erklärt hat. Die Ablehnung des Arbeitgeberangebots führt bekanntlich dazu, dass der Rechtsstreit als Beendigungskündigung geführt wird. Die Streitwertfestsetzung erfolgt deshalb bei Ablehnung des Arbeitgeberangebots nach den Grundsätzen einer gewöhnlichen Beendigungskündigung.[138] 119

Spricht der Arbeitnehmer dagegen eine **Vorbehaltsannahme** aus und erhebt eine Änderungskündigungsschutzklage, gilt eine, wiederum nach Landesarbeitsgerichten unterschiedliche und daneben auch vom BAG geprägte Rechtsprechung. Das LAG Bremen meint, bei Änderungskündigungsschutzklagen, die mit einer Einkommenseinbuße verbunden seien, sei die Streitwertberechnung nach § 12 Abs. 7 Satz 2 ArbGG (§ 42 Abs. 4 Satz 2 GKG) und nicht nach § 12 Abs. 7 Satz 1 ArbGG (§ 42 Abs. 4 Satz 1 GKG) vorzunehmen. Der Wert des dreijährigen Unterschiedsbetrags zwischen neu angebotener und bis zum jetzigen Zeitpunkt vereinbarter Vergütung sei maßgebend. Hierbei sei 120

130 LAG München, Beschl. v. 15.09.1983, EzA § 12 ArbGG 1979 Streitwert Nr. 24; LAG Baden-Württemberg, Beschl. v. 19.06.1990, JurBüro 1991, 212; LAG Berlin, Beschl. v. 02.12.1986, EzA § 12 ArbGG 1979 Streitwert Nr. 49.

131 Beschl. v. 27.11.1980, EzA § 12 ArbGG 1979 Streitwert Nr. 2; LAG Düsseldorf, Beschl. v. 09.09.1993, LAGE § 12 ArbGG 1979 Streitwert Nr. 99.

132 Beschl. v. 13.02.1987, EzA § 12 ArbGG 1979 Streitwert Nr. 50.

133 LAG Köln, Beschl. v. 09.09.1993, LAGE § 12 ArbGG 1979 Streitwert Nr. 99.

134 LAG Hamm, Beschl. v. 31.08.1989, JurBüro 1990, 39.

135 LAG Hamburg, Beschl. v. 08.02.1994, NZA 1995, 495 = AnwBl 1995, 318.

136 Beschl. v. 23.10.1996, LAGE § 12 ArbGG 1979 Streitwert Nr. 107.

137 Im Regelfall natürlich die maßgebliche Rechtsprechung des Gerichtsorts.

138 *Germelmann/Matthes/Prütting/Müller-Glöge*, § 12 ArbGG Rn 111.

allerdings der Streitwert auf höchstens einen Vierteljahresverdienst festzusetzen, um dem sozialen Rechtsgedanken des § 12 Abs. 7 Satz 1 ArbGG (§ 42 Abs. 4 Satz 1 GKG) gerecht zu werden.[139]

121 Das BAG hatte sich, wenngleich unter anderer, durchaus umstrittener Begründung, zu einer vergleichbaren Rechtsauffassung entschlossen. Die Streitwertbestimmung bei einer Änderungskündigung habe unter Anwendung von § 17 Abs. 3 GKG a.F. (§ 42 Abs. 3 GKG n.F.) i.V.m. § 3 ZPO zu erfolgen. Der dreifache Jahresbetrag des Wertes der Änderung sei maßgebend, wenn nicht der Gesamtbetrag der geforderten Leistungen geringer sei. Dabei sei höchstens ein Streitwert festzusetzen, der nicht die Grenzen des § 12 Abs. 7 Satz 1 ArbGG (§ 42 Abs. 4 Satz 1 GKG) und auch nicht die des § 12 Abs. 7 Satz 2 ArbGG (§ 42 Abs. 4 Satz 2 GKG) überschreite.[140] Die vom LAG Bremen[141] vertretene Auffassung, bei Änderungskündigungsschutzklagen, die mit einer Einkommenseinbuße verbunden seien, sei die Streitwertberechnung nach § 12 Abs. 7 Satz 2 (§ 42 Abs. 4 Satz 2 GKG) vorzunehmen, wird von weiteren Landesarbeitsgerichten vertreten.[142]

122 Eine zweite Meinung besagt, dass es sich bei dem nach § 12 Abs. 7 Satz 1 ArbGG (§ 42 Abs. 4 Satz 1 GKG) ermittelten Dreimonats-Differenzbetrag nur um einen Mindestbetrag des Gegenstandswertes einer Änderungskündigungsschutzklage handele und sonstige materielle Nachteile berücksichtigt werden müssten wie Prestige, Rehabilitation etc. und deshalb eine angemessene Erhöhung des Dreimonatsbetrags im Rahmen von § 3 ZPO vorgenommen werden müsse.[143]

123 Als dritte Gruppe wenden eine Reihe von Landesarbeitsgerichten in Änderungsschutzklagen § 12 Abs. 7 Satz 1 ArbGG (§ 42 Abs. 4 Satz 1 GKG) direkt oder analog an.[144] Beim Hessischen LAG besteht die Besonderheit, dass nur ein Bruttomonatsgehalt angesetzt wird, wenn es bei einer Klage gem. § 4 Satz 2 KSchG nicht um eine Änderung der Vergütung geht.[145] Das LAG Berlin legt nunmehr unter ausdrücklicher Aufgabe seiner bisherigen Rechtsprechung zwei Monatsvergütungen bei Änderungskündigungen als Gegenstandswert zugrunde.

C. Kostenregelung im Beschlussverfahren

I. Anknüpfungspunkte anwaltlicher Vergütung

124 Für Beschlussverfahren vor den Gerichten für Arbeitssachen gelten nicht die Vorschriften für einfache Beschwerdeverfahren (Teil 3 Abschnitt 5 VV; Nr. 3500 VV), sondern die Gebühren für das Berufungsverfahren (Teil 3 Abschnitt 2 Unterabschnitt 1 VV).[146] Diese Folge ergibt sich aus der Vorbemerkung 3.21 Abs. 1 Nr. 2 lit. e VV. Die gesamte Regelung entspricht allerdings dem

139 LAG Bremen, Beschl. v. 05.05.1987, EzA § 12 ArbGG 1979 Streitwert Nr. 54; ebenso *Philippsen/Dörner*, NZA 1987, 115.

140 BAG, Beschl. v. 23.03.1989, EzA § 12 ArbGG 1979 Streitwert Nr. 64 = DB 1989, 1880.

141 LAG Bremen, Beschl. v. 23.03.1989, EzA § 12 ArbGG 1979, Streitwert Nr. 64 = DB 1989, 1880; LAG Bremen, Beschl. v. 05.05.1987, NZA 1987, 716.

142 LAG Köln, Beschl. v. 20.04.1982, EzA § 12 ArbGG 1979 Nr. 13; LAG Köln, Beschl. v. 17.11.1985–10 Ta 213/84 (n.v.); LAG Köln, Beschl. v. 17.11.1995, NZA-RR 1996, 392; LAG Köln, Beschl. v. 19.08.1999, NZA-RR 2000, 662; LAG München, Beschl. v. 16.01.1984, AP Nr. 10 zu § 12 ArbGG 1979; LAG München, Beschl. v. 31.05.1985, AP Nr. 10 zu § 12 ArbGG 1979.

143 LAG Berlin, Beschl. v. 03.08.1982, ArbuR 1983, 124; LAG Baden-Württemberg, Beschl. v. 19.04.1985, AnwBl 1985, 588; LAG Hamm, Beschl. v. 15.06.1982, MDR 1982, 876; LAG Hamm, Beschl. v. 21.11.1985, DB 1986, 1344; LAG Schleswig-Holstein, Beschl. v. 18.01.1994, Bibliothek BAG (Juris).

144 LAG Frankfurt, Beschl. v. 10.04.1985, NZA 1986, 35; LAG Berlin, Beschl. v. 07.11.1977, DB 1978, 548; LAG Rheinland-Pfalz, Beschl. v. 25.04.1985, NZA 1986, 34; LAG Baden-Württemberg, Beschl. v. 02.01.1991, DB 1991, 1840.

145 HessLAG, Beschl. v. 18.02.1999, FA 1999, 300.

146 *Schneider/Mock*, Das neue Gebührenrecht für Anwälte, § 19 Rn 13.

bisherigen § 62 Abs. 2 BRAGO, so dass die Rechtslage unverändert geblieben ist. Das arbeitsgerichtliche Beschlussverfahren enthält eine Reihe von Besonderheiten.[147] So wird das Verfahren von der Amtsermittlungsmaxime beherrscht.[148] Das Beschlussverfahren kennt keine Güteverhandlung und auch keinen Versäumnisbeschluss. Nur mit Einverständnis der Beteiligten kann das Gericht ohne mündliche Verhandlung entscheiden, § 83 Abs. 4 Satz 3 ArbGG.

Aus diesen Gründen hat sich die Auffassung entwickelt, dass das arbeitsgerichtliche Beschlussverfahren in seinem äußeren Verfahrensablauf mit dem verwaltungsgerichtlichen Verfahren zu vergleichen ist und damit auf die Praxis des Anwaltsgebührenrechts in Verwaltungsgerichtsverfahren zurückgegriffen werden muss.[149] Um die volle Verhandlungsgebühr zu erzielen, ist es im Verwaltungsprozess ausreichend, dass der Anwalt im Termin Ausführungen macht. Die Anwesenheit des Prozessgegners im Termin ist ohne Bedeutung, da § 103 VwGO den Begriff der mündlichen Verhandlung anders definiert als § 137 ZPO.[150] Einer förmlichen Antragstellung bedarf es im arbeitsgerichtlichen Beschlussverfahren nicht, da die mündliche Verhandlung im Verwaltungsprozess auch dann stattfindet, wenn die Parteien keinen Gebrauch von den nach § 103 Abs. 3 VwGO gebotenen Möglichkeit machen, ihre Anträge zu stellen.[151] 125

Durch den Antragsschriftsatz oder durch einen Erwiderungsschriftsatz erwirbt der Anwalt zunächst einmal die Verfahrensgebühr nach Nr. 3100 VV. Über die Ausführungen des Anwalts im Termin entsteht die Terminsgebühr nach Nr. 3104 VV und zwar mit dem Faktor 1,2. In Verbindung mit der Verfahrensgebühr von 1,3 erwächst dem Anwalt im Beschlussverfahren künftig regelmäßig eine Mindestgebühr von 2,5. Rechnet man die Einigungsgebühr, die im Falle einer Einigung zwischen den Parteien erwächst, hinzu, schließt das Beschlussverfahren künftig häufig mit einem Gebührenvolumen von 4,0. Mit Prozess, Verhandlungs- und Vergleichsgebühr kam der Anwalt in der Vergangenheit allenfalls auf den Faktor 3,5. 126

Im zweiten und dritten Rechtszug des Beschlussverfahrens fand bisher eine Erhöhung der Gebühr um 3/10 nach § 62 Abs. 2 BRAGO statt. Setzt sich in erster und zweiter Instanz künftig die Analogie zum verwaltungsgerichtlichen Verfahren fort, erhält der Anwalt – wie vor dem Oberverwaltungsgericht und dem Bundesverwaltungsgericht – künftig eine 1,6-Verfahrensgebühr nach Nr. 3302 Ziff. 2 VV, die sich bei vorzeitiger Beendigung auf 1,0 ermäßigt. Daneben kann der Anwalt im Beschwerde- und Rechtsbeschwerdeverfahren gegen Beschlüsse des Arbeitsgerichts eine Terminsgebühr in Höhe von 1,2 gem. Nr. 3304 VV geltend machen. 127

II. Streitwertbemessungsgrundsätze

Seit das BAG im Beschluss vom 03.10.1978[152] den Betriebsräten ein Wahlrecht zwischen gewerkschaftlicher und anwaltlicher Vertretung zubilligte, gewann die Streitwertrechtsprechung zum arbeitsgerichtlichen Beschlussverfahren an Bedeutung. Gerichtsgebühren werden im Beschlussverfahren nicht erhoben.[153] Entsprechend dem bisherigen § 12 Abs. 5 ArbGG hat der Gesetzgeber nunmehr die Kostenfreiheit des arbeitsgerichtlichen Beschlussverfahrens ausdrücklich in § 2 Abs. 2 GKG geregelt. Für die Gerichte fehlt es damit an einem Bedürfnis, einen Streitwert festzusetzen. Der Streitwert für die anwaltliche Tätigkeit wird nur auf Antrag einer Partei durch Beschluss festgesetzt, § 33 Abs. 1 und 2 RVG. Dem Praktiker sei bei dieser Gelegenheit die Erfahrung vermittelt, dass Anwälten häufig erst bei Entgegennahme des Beschlusses auffällt, dass kein Streitwert vom Gericht festgesetzt wurde. Um den Zeitverlust zu vermeiden, den ein Kostenantrag nach Beschlusserlass 128

147 Siehe hierzu § 15 Rn 6 ff.
148 § 83 Abs. 1 ArbGG.
149 LAG Hamm, Beschl. v. 16.07.1987, MDR 1987, 963; GK-ArbGG/*Wenzel*, § 12 Rn 258.
150 *Hartmann*, Kostengesetze, VV 3302 Rn 3; *Gerold/Schmidt/von Eicken/Madert*, Anh. D Rn 394.
151 *Riedel/Sussbauer/Chemnitz*, § 114 BRAGO Rn 9.
152 EzA § 40 BetrVG 1972 Nr. 37.
153 § 12 Abs. 5 ArbGG, siehe auch *Germelmann/Matthes/Prütting/Müller-Glöge*, § 12 ArbGG Rn 132.

verursacht, wird die Anregung gegeben, mit jedem Antragsschriftsatz neben dem Sachantrag auch einen Kostenantrag anzukündigen und diesen im Termin zu stellen.[154]

129 Früher bildete § 8 Abs. 2 BRAGO den Auffangtatbestand, die zentrale Vorschrift für die Streitwertfestsetzung im arbeitsgerichtlichen Beschlussverfahren.[155] § 8 Abs. 2 BRAGO lautete: »In Ermangelung genügender tatsächlicher Anhaltspunkte für eine Schätzung und bei nichtvermögensrechtlichen Gegenständen ist der Gegenstandswert auf 4.000 €, nach Lage des Falles niedriger oder höher, jedoch nicht über 500.000 € anzunehmen.« Wörtlich unverändert findet sich diese Regelung nunmehr im § 23 Abs. 3 Satz 2 RVG. Diese Vorschrift ist vor allem für das arbeitsgerichtliche Beschlussverfahren von Bedeutung, weil für dieses Verfahren wegen der Gerichtskostenfreiheit nach § 2 Abs. 2 GKG keine gerichtlichen Gebührentatbestände vorhanden sind.[156]

130 Als allgemeine Prüfungsreihenfolge,[157] die sich aus § 23 RVG ergibt, ist zu beachten:

- Bestehen gesonderte Wertvorschriften im RVG wie in § 25 Abs. 1 Nr. 4 RVG oder § 37 Abs. 2 RVG, gelten diese.
- Ist der Anwalt in einem gerichtlichen Verfahren tätig und richten sich die Gerichtsgebühren nach dem Wert, gelten auch für die anwaltliche Tätigkeit die für die Gerichtsgebühren maßgebenden Wertvorschriften, § 23 Abs. 1 Satz 1 RVG. Damit gilt auch § 39 Satz 2 GKG, wonach im selben Verfahren kein höherer Wert als 30 Mio. € angenommen werden darf. Ergänzend gilt § 22 Abs. 2 Satz 2 RVG; wenn nach dem GKG der Höchstwert 30 Mio. € beträgt, kann er nach dem RVG bei mehreren Auftraggebern bis auf 100 Mio. € erhöht werden.
- Ist der Anwalt in einem gerichtlichen Verfahren tätig und werden nach dem GKG Festgebühren erhoben, sind die Wertvorschriften des GKG entsprechend anzuwenden, § 23 Abs. 1 Satz 2 RVG.
- Ist der Anwalt außergerichtlich tätig, richtet sich die Vergütung nach den für die Gerichtsgebühren geltenden Wertvorschriften, wenn der Gegenstand der Tätigkeit auch Gegenstand eines gerichtlichen Verfahrens sein könnte, § 23 Abs. 1 Satz 3 RVG.
- Handelt es sich nicht um ein gerichtliches Verfahren und könnte die außergerichtliche Tätigkeit nicht auch Gegenstand eines gerichtlichen Verfahrens sein, bestimmt sich der Gegenstandswert nach § 23 Abs. 3 RVG. Diese Vorschrift verweist auf einige Vorschriften der KostO. Die Verweisung ist außerdem, über den bisherigen § 8 Abs. 2 BRAGO hinaus, erweitert worden.[158]
- Soweit sich aus den genannten Vorschriften der KostO kein Gegenstandswert ergibt und er auch sonst nicht feststeht, ist er nach billigem Ermessen zu bestimmen.[159]
- Fehlen genügende tatsächliche Anhaltspunkte für eine Schätzung ist bei nicht vermögensrechtlichen Gegenständen von einem Regelwert in Höhe von 4.000 € auszugehen. Je nach Lage des Falles kann der Wert niedriger oder auch höher angesetzt werden, jedoch nicht über 500.000 € hinaus.[160]

131 Für den Bereich des Beschlussverfahrens ändert sich an der bisherigen Rechtslage nichts Wesentliches. In vermögensrechtlichen Angelegenheiten gilt der Gegenstand der anwaltlichen Tätigkeit als Gegenstandswert (§ 2 Abs. 1 RVG), in nicht vermögensrechtlichen Streitigkeiten wendet man § 23 Abs. 3 Satz 2 RVG an.

132 Im Beschlussverfahren in Personalvertretungssachen vor den Verwaltungsgerichten galt in der Vergangenheit ebenfalls § 8 Abs. 2 BRAGO,[161] so dass davon auszugehen ist, dass nach der Rechtsänderung zum 01.07.2004 § 23 Abs. 3 RVG die maßgebliche Wertvorschrift ist. Die Gegenansicht

154 Vgl. *Hümmerich*, AnwaltFormulare Arbeitsrecht, Muster 6000, Muster 6025, Muster 6030 oder Muster 6033.
155 *Vetter*, NZA 1986, 182 mit zahlreichen Nachweisen aus der Rspr.
156 *Creutzfeld*, NZA 1996, 956 (961); *Natter*, NZA 2004, 689.
157 Die Darstellung folgt hier, zugeschnitten auf das arbeitsgerichtliche Beschlussverfahren, *Schneider/Mock*, Das neue Gebührenrecht für Anwälte, § 6 Rn 6 ff.
158 Näheres siehe hierzu bei *Schneider/Mock*, Das neue Gebührenrecht für Anwälte, § 6 Rn 11.
159 *Schneider/Mock*, Das neue Gebührenrecht für Anwälte, § 6 Rn 12.
160 *Schneider/Mock*, Das neue Gebührenrecht für Anwälte, § 6 Rn 13.
161 OVG Lüneburg, Beschl. v. 21.12.1960, NJW 1961, 938.

des BVerwG,[162] die den früheren § 13 GKG für einschlägig hielt, im Sinne des hier dargestellten Prüfungsschemas den 6. Spiegelstrich, nämlich die Gegenstandswertbemessung nach billigem Ermessen, wählte als Begründung, die Bewertungsvorschrift des § 13 GKG a.F. gelte generell im Verwaltungsgerichtsverfahren und habe damit auch im gebührenfreien Beschlussverfahren ihren Platz. Diese Auffassung fand in der Praxis in der Vergangenheit keine Zustimmung.[163]

1. Vermögensrechtlich – nichtvermögensrechtlich

Die erste Weichenstellung bei der Streitwertberechnung bestand in der Vergangenheit in der Abgrenzung, ob es sich um eine vermögensrechtliche oder um eine nichtvermögensrechtliche Streitigkeit handelt. Grundlage der Streitwertbemessung bei **vermögensrechtlichen Ansprüchen** ist der bezifferte Anspruch nach **§§ 3 ZPO, 2 Abs. 1 RVG**, Grundlage bei **nichtvermögensrechtlichen Streitigkeiten** ist § 23 Abs. 3 Satz 2 RVG. In Ermangelung einer anderweitigen Rechtsprechung muss deshalb gegenwärtig davon ausgegangen werden, dass der Streitstand und die Bewertungen, die sich aus der Abgrenzung »vermögensrechtlich« und »nichtvermögensrechtlich« ergaben, weiterhin aktuell sind und einer anwaltlichen Vertretung im Beschlussverfahren bei der Gebührenbestimmung zugrundezulegen sind. 133

Zunächst einmal besteht eine Tendenz in der Rechtsprechung, generell davon auszugehen, dass es sich bei betriebsverfassungsrechtlichen Streitigkeiten grundsätzlich um nichtvermögensrechtliche Streitigkeiten handele.[164] Die Rechtsprechung, soweit sie mal eine vermögensrechtliche, mal eine nichtvermögensrechtliche Streitigkeit annimmt, erscheint zeitweilig zufällig. Ist die Nachwirkung einer Betriebsvereinbarung über Arbeitszeit im Streit, meint das LAG Schleswig-Holstein, die Mitbestimmung bei der Arbeitszeit betreffe eine nichtvermögensrechtliche Meinungsverschiedenheit i.S.v. § 87 Abs. 1 BetrVG, nämlich die angemessene Beteiligung der Belegschaft bei den Regeln für das betriebliche Zusammenarbeiten und keine Wirtschaftsfragen.[165] Bedenken an der Richtigkeit dieser Entscheidung sind deshalb erlaubt, weil die Nachwirkung einer Betriebsvereinbarung über Arbeitszeit recht handfeste Auswirkungen auf das Arbeitsentgelt des einzelnen Arbeitnehmers zeitigt und somit im Kern auch als eine vermögensrechtliche Angelegenheit angesehen werden kann. 134

Das LAG Niedersachsen meint, man brauche eine Unterscheidung zwischen vermögensrechtlich und nichtvermögensrechtlich kaum zu machen, da der weite Bewertungsrahmen nach beiden Vorschriften der gleiche sei.[166] Der Beschluss des LAG Niedersachsen verwischt das Problem und löst es nicht. Es gibt genügend Beschlussverfahren, beispielsweise wenn Einigungsstellenbeschlüsse zu Sozialplänen angefochten werden, bei denen es in größeren Unternehmen um mehrere Millionen Euro, manchmal im zweistelligen Bereich geht. In diesen Fällen würde der an § 8 Abs. 2 BRAGO (jetzt § 23 Abs. 3 Satz 2 RVG) anknüpfende, nichtvermögensrechtliche Streitwert bei 500.000 € enden, während nach § 3 ZPO der volle Streitwert Grundlage der Anwaltsgebühren bilden würde. 135

Die Auffassung des LAG Niedersachsen wird vom BAG nicht geteilt. Auch das **BAG** hielt für die vor dem 01.07.2004 geltende Rechtslage daran fest, dass grundsätzlich zwischen vermögensrechtlichen und nichtvermögensrechtlichen Streitigkeiten zu unterscheiden sei. Die **Abgrenzung** des BAG lautet wie folgt: 136

»Eine vermögensrechtliche Streitigkeit liegt vor, wenn sich der geltend gemachte Anspruch aus einem vermögensrechtlichen, d.h. auf Geld oder Geldwert gerichteten Rechtsverhältnis ergibt oder wenn er im Wesentlichen der Wahrung wirtschaftlicher Belange dient . . . Diese Grundsätze gelten

162 BVerwG, Beschl. v. 15.03.1960, DÖD 1961, 150; BVerwG, Beschl. v. 11.11.1977, PersV 1979, 150.

163 Soweit bekannt, folgt dem BVerwG nur das OVG Bremen, Beschl. v. 05.06.1985, KostenRsp § 10 BRAGO Nr. 19.

164 LAG Schleswig-Holstein, Beschl. v. 15.12.1988, LAGE § 8 BRAGO Nr. 10; LAG München, Beschl. v. 07.12.1995, NZA-RR 1996, 419; LAG Düsseldorf, Beschl. v. 29.11.1994, DB 1995, 52; LAG Rheinland-Pfalz, Beschl. v. 06.08.1992, NZA 1993, 93.

165 LAG Schleswig-Holstein, Beschl. v. 21.01.1996 – 4 Ta 140/95 (n.v.).

166 LAG Niedersachsen, Beschl. v. 26.04.1996, DB 1996, 1632.

auch in arbeitsgerichtlichen Streitigkeiten.[167] Nach der Rechtsprechung des BAG ist von einer vermögensrechtlichen Streitigkeit auch dann auszugehen, wenn der Kläger mit der Geltendmachung seines prozessualen Anspruchs in erheblichem Umfang wirtschaftliche Zwecke verfolgt, und zwar unabhängig davon, ob er daneben auch die Verwirklichung nicht-wirtschaftlicher Zwecke erstrebt.«[168]

137 Die Rechtsprechung des BAG nimmt damit häufiger eine vermögensrechtliche Betrachtung an. So meinte das BAG auch in der Entscheidung vom 10.08.1989, dass der individualrechtliche Streit um die nicht mit einer Herabgruppierung verbundene Versetzung eines Arbeitnehmers vermögensrechtlich sei, eine sicherlich fragwürdige Betrachtung, denn eine Versetzung ohne Herabgruppierung berührt zunächst die wirtschaftlichen Belange des Betroffenen nicht.

138 Wie auch beim BAG besteht beim LAG Hamburg eine Tendenz, im Zweifel eine Streitigkeit als »vermögensrechtlich« zu qualifizieren. So hat das LAG Hamburg entschieden, dass ein nichtvermögensrechtlicher Gegenstand gegeben sei, wenn der im Verfahren erhobene Anspruch auf keiner vermögensrechtlichen Beziehung beruhe oder nicht auf Geld oder Geldwert gerichtet sei.[169] *Meier*[170] weist darauf hin, dass die Abgrenzung zwischen vermögensrechtlich und nichtvermögensrechtlich unter Verwendung des Begriffes »Geld« oder »Geldwert« zur Folge habe, dass kaum eine betriebsverfassungsrechtliche Streitigkeit danach vorstellbar sei, die nicht für den Arbeitgeber materielle Auswirkungen habe, ihn also mehr oder weniger Geld koste.

139 Wer den Definitionen des BAG und des LAG Hamburg folgt, wird deshalb nicht nur in den Fällen, in denen beispielsweise ein Betriebsrat Kosten für Schulungsmaßnahmen gem. § 37 Abs. 6 BetrVG oder Kosten für einen PC als Kosten der Betriebsratstätigkeit geltend macht, nach § 3 ZPO streitwertmäßig behandeln, sondern auch stets den Streit über die Beauftragung eines Sachverständigen.[171] Die Anfechtung eines Sozialplans nach § 76 Abs. 5 Satz 4 BetrVG ist jedenfalls nach der weiten Definition des BAG und des LAG Hamburg eine vermögensrechtliche Streitigkeit.[172]

2. Regelwert – Hilfswert

140 In Fällen **nichtvermögensrechtlicher Streitigkeiten** lautet die nächste Frage, ob man es bei dem Betrag von 4.000 € mit einem **Regelstreitwert** zu tun hat, von dem nur im Ausnahmefall abzuweichen ist,[173] oder ob der Betrag von 4.000 € einen bloßen **Auffangwert** darstellt, der nur dann zugrunde zu legen ist, wenn die Streitigkeit wahrlich keine anderweitigen Anhaltspunkte bietet.[174]

141 Im Rechtsgespräch mit dem Richter sollte sich der Anwalt nicht darauf einlassen, 4.000 € ohne Weiteres als Regelstreitwert zu akzeptieren. Mit dem LAG München sollte man dem Richter veranschaulichen, dass das Gesetz, anders als in seinem Wortlaut bis zum Jahre 1957, nicht besagt, dass der Gegenstandswert »regelmäßig« auf (damals noch) 6.000 DM anzusetzen sei.[175] Die Tendenz der Arbeitsrichter ist in vielen Fällen deutlich, den Streitwert in arbeitsgerichtlichen Beschlussverfahren möglichst niedrig zu halten. Die Besonderheit im arbeitsgerichtlichen Beschlussverfahren besteht schließlich darin, dass der Arbeitgeber in Ermangelung eines eigenen Vermögens des Betriebsrats

167 BAG, Beschl. v. 24.03.1980, AP Nr. 1 zu § 64 ArbGG 1979.
168 BAG, Beschl. v. 24.02.1982, BAGE 38, 52; BAG, Beschl. v. 31.01.1984, BAGE 45, 91; BAG, Beschl. v. 10.08.1989 – 6 AZR 776/87 (n.v.).
169 LAG Hamburg, Beschl. v. 04.08.1992, NZA 1993, 42 = LAGE § 8 BRAGO Nr. 18.
170 Lexikon der Streitwerte im Arbeitsrecht, Rn 54.
171 So deshalb konsequent LAG Baden-Württemberg, Beschl. v. 26.09.1990 – 8 Ta 108/90 (n.v.).
172 So auch LAG Brandenburg, Beschl. v. 20.11.1992, LAGE § 8 BRAGO Nr. 20.
173 LAG Köln, Beschl. v. 29.10.1991, MDR 1992, 165; LAG Schleswig-Holstein, Beschl. v. 17.03.1992, DB 1992, 1148.
174 So LAG Brandenburg, Beschl. v. 21.09.1995, NZA 1996, 112; LAG Mecklenburg-Vorpommern, Beschl. v. 03.04.1997 – 2 Ta 14/97 (n.v.); LAG München, Beschl. v. 07.12.1995, NZA-RR 1996, 419.
175 LAG München, Beschl. v. 07.12.1995, NZA-RR 1996, 419.

die Anwaltsgebühren sowohl seines Rechtsvertreters als auch des Anwalts des Betriebsrats tragen muss. Nur dann, wenn der Betriebsrats-Anwalt bei vernünftiger Betrachtungsweise hätte erkennen müssen, dass das Begehren des Betriebsrats aussichtslos ist, verliert der Betriebsrat seinen Erstattungsanspruch.[176] Nur in ganz seltenen Ausnahmefällen, in denen eine völlig aussichtslose und unschlüssige Antragsschrift eingereicht wurde, entfällt der Kostentragungsanspruch des Arbeitgebers. Im Regelfalle hat also der Arbeitgeber die Gebühren zweimal zu tragen. Ganz offen sprechen die Richter deshalb auch manchmal im Termin an, dass sie auf diesem Hintergrund bei der Bemessung der Streitwerthöhe umsichtig mit Blick auf den Arbeitgeber vorzugehen beabsichtigen.

3. Der Einfluss der wirtschaftlichen Auswirkungen auf die Streitwerthöhe

Hat sich der Arbeitsrechtsanwalt mit der Unterscheidung zwischen vermögensrechtlicher und nichtvermögensrechtlicher Streitigkeit vertraut gemacht, ist er also einer richterlichen Argumentation zum Betrag von 4.000 € als Regelstreitwert erfolgreich entgegengetreten, muss er dennoch damit rechnen, dass das Interesse der Richterschaft an einer für den Arbeitgeber wirtschaftlich vertretbaren Gebühr[177] dazu führt, dass der Streitwert auf verschiedenen Wegen zu Lasten der Anwaltschaft heruntergerechnet wird. So meint das LAG Schleswig-Holstein, dass die mangelnde Leistungsfähigkeit des vermögenslosen Auftraggebers, also des Betriebsrats, nicht unberücksichtigt bleiben könne. Der Betriebsrat besitze kein eigenes Vermögen oder Einkommen, prozessiere somit auf Kosten Dritter. Das rechtfertige insgesamt eine erhebliche Herabsetzung des Regelwertes.[178] 142

Eine beliebte Methode der Rechtsprechung besteht darin, aus einer Vielzahl gleichartiger Streitgegenstände einen Bedarf an **Herabsetzung des Streitwerts** im Wege eines »irgendwie gearteten Abschlags«[179] vorzunehmen. So hat das LAG Schleswig-Holstein entschieden, eine Minderung nach Lage des Falles komme in Betracht, wenn der Anwalt in einer Vielzahl gleich gelagerter Fälle tätig war. Die Minderung scheide jedoch grundsätzlich aus, wenn der mit den Kosten des Anwalts gem. § 40 BetrVG belastete Antragsteller eine Vielzahl isolierter Verfahren einschlage, obwohl ein kostengünstigeres und prozessökonomischeres Vorgehen möglich gewesen wäre.[180] Ähnlich argumentiert das LAG Bremen.[181] Wenn von dem zur Kostentragung verpflichteten Arbeitgeber eine Vielzahl getrennter Beschlussverfahren mit parallelem, aber nicht identischem Streitgegenstand eingeleitet werde, sei der Wert der anwaltlichen Tätigkeit gegenüber einem Einzelverfahren nicht allein wegen der Vielzahl der Verfahren zu vermindern. Bei der Bemessung des Wertes habe aber der geringere Arbeitsaufwand nicht völlig außer Betracht zu bleiben, sondern es sei eine Verminderung des Wertes vorzunehmen, je nach den Umständen z.B. auf 1/10 des Wertes eines Einzelverfahrens. 143

Auch das LAG Köln, das § 8 Abs. 2 Satz 2 BRAGO (jetzt § 23 Abs. 3 Satz 2 RVG) als Regelwert bezeichnet, zählt zu den besonderen Umständen, bei denen der Regelwert abweichen kann, auch vermögensrechtliche Interessen des Arbeitgebers.[182] Ähnlich nehmen das LAG Frankfurt[183] und das LAG Hamburg[184] rechnerisch zum Teil nicht näher nachvollziehbare Abschläge vor, über die der Streitwert bei gleichförmigen betriebsverfassungsrechtlichen Verfahren erheblich gemindert wird. Mit Blick auf den großen Arbeitsaufwand, den manche betriebsverfassungsrechtlichen Beschlussverfahren bedeuten, selbst wenn es sich um eine Vielzahl gleichförmiger Verfahren handelt, kann man es 144

176 BAG, Beschl. v. 19.04.1989, AP Nr. 29 zu § 40 BetrVG 1972.
177 LAG Schleswig-Holstein, Beschl. v. 29.09.1995, NZA-RR 1996, 307.
178 LAG Schleswig-Holstein, Beschl. v. 29.09.1995, NZA-RR 1996, 307; LAG Hamburg, Beschl. v. 12.09.1995, NZA-RR 1996, 267; LAG Brandenburg, Beschl. v. 20.11.1992, LAGE § 8 BRAGO Nr. 20.
179 *Meier*, Lexikon der Streitwerte im Arbeitsrecht, Rn 43.
180 LAG Schleswig-Holstein, Beschl. v. 15.12.1988, LAGE § 8 BRAGO Nr. 10.
181 LAG Bremen, Beschl. v. 17.12.1997, AnwBl 1999, 176.
182 LAG Köln, Beschl. v. 29.10.1991, MDR 1992, 165.
183 Beschl. v. 10.06.1993, ArbuR 1994, 426.
184 Beschl. v. 04.08.1992, NZA 1993, 42.

als wohltuend bezeichnen, dass das OVG Münster[185] es ablehnt, die wirtschaftliche Folgewirkung für die begünstigten Beschäftigten und die Anwälte bei der Streitwertbestimmung zu berücksichtigen.

145 Angemerkt sei deshalb, dass bei der Anwendung der in der **Streitwertsynopse**[186] enthaltenen Grundsätze immer Vorsicht geboten ist. Gerade bei Sammelverfahren, aber auch bei den wirtschaftlich nachhaltigen Auswirkungen der Einzelverfahren wie Anfechtung eines Sozialplans, muss damit gerechnet werden, dass sich die Gerichte Abschläge oder Sonderargumentationen vorbehalten. Der Anwalt sollte sich nicht davor scheuen, dem Gericht verständlich zu machen, dass auch ein arbeitsgerichtliches Beschlussverfahren oft komplexe Sachverhalte, umfangreiche Recherchearbeiten und schriftsätzliche Darstellungen durch den Anwalt des Betriebsrats wie des Arbeitgebers zum Inhalt hat. Die Gebühren sollten dem Aufwand der Dienstleistung entsprechen. Für diese Dienstleistung ist es unerheblich, wenn sie umfangreich und zeit- und damit kostenintensiv war, wie sich die Vermögenslage des Arbeitgebers darstellt.

146 Aufgabe der Streitwertbemessung ist es fraglos, einen **Deckungsbeitrag zur anwaltlichen Dienstleistung** zu gewährleisten, so dass das gesetzliche Ziel aus den Augen verloren geht, wenn sich die richterliche Streitwertfestsetzung an einer Aufwandsreduzierung für den Arbeitgeber in seiner Eigenschaft als Gebührenschuldner orientiert. Es fällt im Regelfall nicht schwer, in der Funktion als Arbeitgeberanwalt mit seinem Auftraggeber eine Vergütungsvereinbarung zu treffen, auch im arbeitsgerichtlichen Beschlussverfahren, zumal dann, wenn das Verfahren mit einem höheren Aufwand für den Anwalt verbunden ist. In arbeitsgerichtlichen Beschlussverfahren geht es manchmal für den Arbeitgeber nicht so sehr um Rechts- und Tatsachenfragen, als auch um Machtspiele. Gewiss, es sind Fälle denkbar, in denen ökonomisch aufwendige Beschlussverfahren den Arbeitgeber teuer zu stehen kommen und deshalb Umsicht angebracht ist. Im Regelfall wird das Beschlussverfahren aber vom Arbeitgeber geführt, um seine Durchsetzungsfähigkeit im Verhältnis zum Betriebsrat unter Beweis zu stellen und eine derartige Rechtsvertretung lässt sich ein Unternehmen, jedenfalls im Verhältnis zu seinem Anwalt, oft auch eine Vergütungsvereinbarung kosten. Vor diesem rechtspolitischen Hintergrund erweist sich die im Verhältnis zur Anwaltschaft wenig rücksichtsvolle Streitwertrechtsprechung der Arbeitsgerichte im Beschlussverfahren als unter dem Gesichtspunkt der Waffengleichheit unausgewogen. Der Arbeitgeberanwalt kann die zögerliche Streitwertbestimmung der Arbeitsrichter regelmäßig über eine Vergütungsvereinbarung mit dem Arbeitgeber kompensieren, während der Anwalt des Betriebsrats keinen Anspruch darauf hat, mit dem Arbeitgeber eine nach Stundensätzen bemessene Vergütungsvereinbarung zu schließen,[187] weder nach § 40 BetrVG noch als Sachverständiger.

D. Einzelfragen zur Kostenfestsetzung

I. Verschiedenes

147 Die Formulierung in einem erstinstanzlichen Vergleich, »von den Kosten des Rechtsstreits trägt der Kläger zwei Drittel, die Beklagte ein Drittel«, soll keinen Anhalt für einen übereinstimmenden Parteiwillen in dem Sinne geben, dass entgegen der Regelung in § 2 Abs. 2 GKG n.F. der Kläger einen Teil der erstinstanzlichen Anwaltskosten der Beklagten zu erstatten hätte. Die gewählte Formulierung entspreche einer unter Anwendung von § 92 Abs. 1 ZPO im Urteil zu treffenden Kostenentscheidung. Eine Abweichung von der Kostenregelung in § 2 Abs. 2 GKG (früher: § 12 Abs. 1 Satz 1 ArbGG) müssten die Parteien im Prozessvergleich unmissverständlich zum Ausdruck bringen.[188] Von einer in einem Abfindungsvergleich vereinbarten Ausgleichsklausel werden

185 OVG NW, Beschl. v. 25.07.1991, NVwZ-RR 1992, 518.
186 Rn 201.
187 BAG, Beschl. v. 20.10.1999, DB 2000, 524; LAG Schleswig-Holstein, DB 1999, 540; a.A. *Henssler*, RdA 1999, 38 (44).
188 LAG München, Beschl. v. 12.03.1990 – 1 Ta 34/90 (n.v.); *Schaefer*, Anwaltsgebühren im Arbeitsrecht, D Rn 118.

regelmäßig Ansprüche aus einem beim Gericht eingeleiteten Verfahren auf Kostenerstattung nicht erfasst.[189]

148 Generell ist strittig, ob abweichende Parteivereinbarungen im Kostenfestsetzungsverfahren berücksichtigt werden können.[190] Materiell-rechtliche Einwendungen sind im Kostenfestsetzungsverfahren grundsätzlich nicht zu berücksichtigen. Ist der Gegenanspruch jedoch rechtskräftig festgestellt, ist eine Aufrechnung ausnahmsweise möglich.[191]

149 Der Kostentragungspflichtige hat die dem Prozessbevollmächtigten des Erstattungsberechtigten zu zahlende Umsatzsteuer dann nicht zu zahlen, wenn sie der Erstattungsberechtigte als Vorsteuer abziehen kann.[192] Nach § 104 Abs. 2 Satz 3 ZPO genügt für die Festsetzung die Erklärung des Antragstellers, dass er die geltend gemachten Umsatzsteuerbeträge nicht als Vorsteuer abziehen kann. Hat der Erstattungsberechtigte im Kostenfestsetzungsverfahren erklärt, dass er die geltend gemachten Umsatzsteuerbeträge nicht als Vorsteuer abziehen kann, muss der Erstattungspflichtige diese Behauptung entkräften, indem er den vollen Beweis erbringt.[193] In seinem Beschluss vom 17.02.1995 hat das BVerfG außerdem zu der Frage Stellung genommen, inwieweit als Anlagen eingereichte Kopien zusätzlich i.S.v. § 27 Abs. 1 BRAGO gefertigt und damit zu vergüten und als notwendige Kosten der Rechtsverfolgung vom Erstattungspflichtigen zu ersetzen sind.

150 Häufig wird im Kostenfestsetzungsverfahren übersehen, dass, wenn der Arbeitgeber am Erfüllungsort verklagt wird und ihm dadurch statt eigener Kosten Reisekosten seines Prozessbevollmächtigten entstehen, diese im erstinstanzlichen Verfahren wie eigene Reisekosten des Arbeitgebers zu behandeln sind.[194] Der Zeitaufwand (Abwesenheitsgeld o. Stundenhonorar) ist nach der ausdrücklichen gesetzlichen Regelung in § 12a Abs. 1 Satz 1 ArbGG nicht erstattungsfähig, wohl aber die notwendigen Kosten des Verkehrsmittels. Handelt es sich hierbei um ein Flugzeug, können die erstattungsfähigen Kosten des Arbeitgebers trotz der Regelung in § 12a ArbGG für den Arbeitnehmer beträchtlich werden.[195]

151 Eine Kostenfestsetzung von Reisekosten des Prozessbevollmächtigten ist auch zugunsten des Arbeitnehmers möglich, wenn dieser nicht an seinem Wohnsitz klagen kann bzw. verklagt wird. Der Begriff der Geschäftsreise setzte nach § 28 Abs. 1 Satz 2 BRAGO (jetzt Vorb. 7 Abs. 2 VV) voraus, dass der Rechtsanwalt weder seine Kanzlei noch seine Wohnung am Zielort hat.[196]

152 Übersehen wird auch verschiedentlich, dass zu den Kostentragungspflichten nach § 91 Abs. 1 ZPO neben den reinen Prozesskosten wie den Gebühren und Auslagen nach dem GKG und dem RVG sowie dem Vergütungsverzeichnis auch die sog. Vorbereitungskosten zählen. Hierbei handelt es sich um Kosten, die eine Partei vorprozessual in Bezug auf einen möglichen oder geführten Rechtsstreit aufgewendet hat. Diese Kosten sind erstattungsfähig, soweit sie zur zweckentsprechenden Rechtsverfolgung oder Rechtsverteidigung notwendig waren.

153 Ausgehend von diesen Grundsätzen können Detektivkosten, die eine Partei in Bezug auf einen Rechtsstreit aufgewendet hat, erstattungsfähig sein. Die Beauftragung einer Detektei gehört zur zweckentsprechenden Rechtsverfolgung oder Rechtsverteidigung, wenn sie der sachgerechten Vorbereitung eines konkreten Verfahrens dient und die durchgeführten Ermittlungen unmittelbar zu

189 LAG Köln, Beschl. v. 09.09.1997, NZA 1998, 280.

190 Siehe *Grunsky*, § 12a ArbGG Rn 5; *Germelmann/Matthes/Prütting/Müller-Glöge*, § 12a ArbGG Rn 25 f.; LAG München, Beschl. v. 04.12.1978, AnwBl 1979, 67; LAG Frankfurt, Beschl. v. 09.07.1958, NJW 1958, 1415; LAG Düsseldorf, Beschl. v. 01.04.1986, LAGE § 12a ArbGG 1979 Nr. 9; LAG Hamm, Beschl. v. 24.02.1972, MDR 1972, 546.

191 LG Essen, Beschl. v. 01.03.1999, NZA-RR 1999, 264.

192 BFH, Urt. v. 06.03.1990, NJW 1991, 1702.

193 BVerfG, Beschl. v. 17.02.1995, NJW 1996, 382.

194 LAG Hessen, Beschl. v. 08.03.1999, NZA-RR 1999, 498; *Schaefer*, Anwaltsgebühren im Arbeitsrecht, D Rn 125.

195 Muster eines solchen Antrags in *Hümmerich*, AnwaltFormulare Arbeitsrecht, Muster 5980; Beschwerde hiergegen: Muster 5981.

196 *Schaefer*, Anwaltsgebühren im Arbeitsrecht, D Rn 125.

prozessualen Konsequenzen (Beispiel: außerordentliche Kündigung) geführt haben. Dabei ist es gleichgültig, ob die später klagende oder verklagte Partei die Detektei beauftragt. Die Höhe der zu erstattenden Detektivkosten richtet sich nach dem erforderlichen Aufwand für die Durchführung der genannten Ermittlungen.[197] Die rechtskräftige Abweisung eines materiell-rechtlichen Anspruchs auf Ersatz von Detektivkosten, also beispielsweise im Rahmen einer Widerklage oder einer Aufrechnung bei einer Kündigungsschutzklage wegen fristloser Kündigung und gleichzeitiger Gehaltszahlungsklage, steht der Berücksichtigung der Detektivkosten im Kostenfestsetzungsverfahren nicht entgegen.[198]

154 Die Kosten anwaltlicher Vertretung des Betriebsrats muss der Arbeitgeber grundsätzlich nach § 40 BetrVG tragen, er kann diese Kosten auch nicht im Rahmen des Kostenerstattungsverfahrens nach § 34a Abs. 2 BVerfGG erstattet verlangen,[199] selbst wenn der Rechtsstreit bis zum Bundesverfassungsgericht geführt wurde.

II. Erinnerungs- und Beschwerdeverfahren

155 Das Erinnerungs- und Beschwerdeverfahren ist mit dem In-Kraft-Treten des GKG n.F. durch die Zusammenfassung verstreuter Bestimmungen in den §§ 66 ff. GKG neu geregelt worden. An Übersichtlichkeit haben die Bestimmungen durch die erweiterten Rechtsmittelmöglichkeiten und durch eine komplizierte Verweisungstechnik allerdings nicht gewonnen.[200] Grundsätzlich muss zwischen der Erinnerung/Beschwerde gegen den Kostenansatz (§ 66 GKG) und der Beschwerde gegen die Festsetzung des Streitwertes (§ 68 GKG) unterschieden werden. Der erforderliche Beschwerdewert wurde in beiden Fällen von 50 € auf 200 € angehoben. Als Ausgleich für die Anhebung hat der Gesetzgeber die Zulassung der Beschwerde eingeführt, §§ 66 Abs. 2 Satz 2, 68 Abs. 1 Satz 1 und Satz 2 GKG. Bei Fällen mit einem niedrigeren Beschwerdewert soll eine Überprüfung durch das Beschwerdegericht ermöglicht werden, wenn sich Fragen von grundsätzlicher kosten- und streitwertrechtlicher Bedeutung stellen.[201] Damit soll die Einheitlichkeit der Kostenrechtsprechung und die Rechtsfortbildung gestärkt werden. Man fragt sich allerdings, ob damit nicht die Bedeutung kosten- und streitwertrechtlicher Fragen überbewertet wird.[202]

156 Von Bedeutung für die arbeitsgerichtliche Praxis ist vor allem die Beschwerde gegen die Festsetzung des Gebührenstreitwerts, § 68 GKG. Nach wie vor ist die Beschwerde nur zulässig, wenn sie innerhalb von sechs Monaten eingelegt wurde, nachdem die Entscheidung in der Hauptsache Rechtskraft erlangt oder das Verfahren sich anderweitig erledigt hat, § 68 Abs. 1 Satz 3 i.V.m. § 63 Abs. 3 Satz 2 GKG. Wurde der Streitwert später als einen Monat vor Ablauf dieser Frist festgesetzt, kann die Beschwerde noch innerhalb eines Monats nach Zustellung oder formloser Mitteilung des Festsetzungsbeschlusses eingelegt werden. Aus einer versteckten Verweisung in § 68 Abs. 1 Satz 4 GKG auf § 66 Abs. 3 Satz 1 GKG ergibt sich, dass das Gericht, dessen Streitwertfestsetzung angefochten wird, wie bisher über eine Abhilfe oder eine Vorlage an das Beschwerdegericht zu entscheiden hat. Beschwerdegericht ist stets das nächsthöhere Gericht, auch dann, wenn das Rechtsmittelgericht den Streitwertbeschluss erlassen hat. Da allerdings § 66 Abs. 3 Satz 3 GKG eine Beschwerde an einen obersten Gerichtshof des Bundes ausschließt, ist eine Entscheidung des Landesarbeitsgerichts unanfechtbar. Am bisherigen Rechtszustand hat sich damit im Ergebnis nichts geändert.[203]

197 OLG Stuttgart, Beschl. v. 16.03.1992, JurBüro 1992, 472; OLG Köln, Beschl. v. 21.07.1993, Rpfleger 1994, 38; LAG Düsseldorf, Beschl. v. 13.07.1989, JurBüro 1989, 1702; LAG Hamm, Beschl. v. 28.08.1991, LAGE § 1 KSchG Verhaltensbedingte Kündigung Nr. 34; LAG Berlin, Beschl. v. 13.04.1995 – 2 Ta 4/95 (n.v.); LAG Berlin, Beschl. v. 20.09.2001, NZA-RR 2002, 98; a.A.: LAG Frankfurt a.M., Beschl. v. 23.10.1998, NZA-RR 1999, 322.

198 LAG Berlin, Beschl. v. 20.09.2001, NZA-RR 2002, 98.

199 BVerfG, Beschl. v. 22.07.1998, NZA 1998, 1135.

200 *Natter*, NZA 2004, 689.

201 BT-Drucks 15/1971, 157.

202 *Natter*, NZA 2004, 689.

203 BAG, Urt. v. 17.03.2003, NZA 2003, 682; *Bader*, NZA 2002, 121; *Kaiser*, DB 2002, 324.

Wenn das Arbeitsgericht nicht den Gebührenstreitwert nach § 63 Abs. 2 GKG, sondern den Gegenstandswert der anwaltlichen Tätigkeit nach § 33 Abs. 1 RVG festsetzt, ist gegen die Entscheidung des Gerichts, wie bisher, das Rechtsmittel der befristeten Beschwerde zulässig. Auch nach § 33 Abs. 3 RVG ist die Beschwerde nur dann statthaft, wenn der Wert des Beschwerdegegenstands 200 € übersteigt oder das Gericht die Beschwerde wegen grundsätzlicher Bedeutung zugelassen hat. Eine Beschwerde an einen obersten Gerichtshof des Bundes findet nach § 33 Abs. 4 Satz 2 RVG nicht statt. 157

Im Unterschied zum Beschwerdeverfahren hinsichtlich der Festsetzung des Gerichtsgebührenstreitwerts nach § 68 GKG ist wie bisher nach § 33 Abs. 3 RVG eine Beschwerdefrist von zwei Wochen nach Zustellung der Entscheidung zu beachten.[204] Während die Beschwerden nach dem GKG und JVEG gebührenfrei sind, beschränkt sich die Gebührenfreiheit nach § 33 Abs. 4 RVG auf das Verfahren über den Antrag. Im Verfahren über die Beschwerde entsteht dagegen eine Gerichtsgebühr nach Nr. 8613 Kostenverzeichnis GKG, soweit die Beschwerde verworfen oder zurückgewiesen wurde. 158

E. Anwaltsgebühren bei außergerichtlicher Tätigkeit

I. Interessenwahrnehmung und Erstberatung

Das Prinzip des § 13 RVG, wonach sich die Höhe von Wertgebühren aus dem Gegenstandswert ergibt, gilt bei gerichtlichen Tätigkeiten, also im Hinblick auf die Verfahrensgebühr gem. Nr. 3100 VV im Hinblick auf die Terminsgebühr (Nr. 3104 VV) und die Einigungsgebühr (Nr. 1000 VV), als auch bei der außergerichtlichen Geschäftsgebühr nach Nr. 2400 VV. Diese Regeln haben zur Folge, dass die Grundsätze zum Streitwert im Erkenntnis- oder Beschlussverfahren auch dann anzuwenden sind, wenn der Anwalt nur außergerichtlich tätig wird, sei es beim Aushandeln eines Aufhebungs- oder Abwicklungsvertrages, sei es bei der Geltendmachung eines Urlaubsanspruchs für den Arbeitnehmer oder sei es als Betriebsrats-Anwalt, der die Anschaffung eines PC für das Betriebsratsbüro geltend macht und den Arbeitgeber zur Kostenübernahme auffordert. Nicht vergessen werden soll, dass der Ausschluss der Kostenerstattung in der I. Instanz nach § 12a Abs. 1 Satz 2 ArbGG und die generell gleichartigen Streitwertregeln im gerichtlichen wie außergerichtlichen Bereich zur Folge haben, dass die Kosten anwaltlicher Tätigkeit nicht als Verzugsschaden vom Gegner verlangt werden können. Zahlt ein Arbeitgeber das Gehalt des Arbeitnehmers nicht, kann die Beauftragung eines Rechtsanwalts mit der zunächst außergerichtlichen Zahlungsaufforderung und die sich hierdurch ergebende Gebühr nach Nr. 2400 VV nicht als Verzugsschaden gegenüber dem Arbeitgeber geltend gemacht werden. Eine weitere Folge dieses geschlossenen Gebührenrechtssystems beim arbeitsrechtlichen Mandat ist, dass auch gegenüber Rechtsschutzversicherungen die gleichen Streitwertmaßstäbe anzuwenden sind, im gerichtlichen wie im außergerichtlichen anwaltlichen Tätigkeitsfeld. 159

Anderer Ansicht ist mit einer für Anwälte günstigen Streitwertrechtsprechung das AG Hamburg.[205] Das AG Hamburg vertrat zur gleichartigen früheren Rechtslage (§§ 8 Abs. 2 BRAGO, 25 Abs. 2 KostO) die Auffassung, bei Verhandlungen des Anwalts eines Arbeitnehmers mit dem Ziel einer einverständlichen Aufhebung des Arbeitsverhältnisses gegen eine Abfindungszahlung des Arbeitgebers richte sich der Geschäftswert der Anwaltsgebühren gem. §§ 23 Abs. 3, 25 Abs. 2 KostO. Zur Begründung verweist das AG Hamburg auf die Tatsache, dass auf eine einvernehmliche Beendigung des Arbeitsverhältnisses nicht geklagt werden könne. Selbst wenn der Arbeitgeber bereits eine Kündigung des Arbeitsverhältnisses angedroht habe, sei § 12 Abs. 7 ArbGG nicht anzuwenden. Teilt man die Auffassung des AG Hamburg, beträgt die Obergrenze 160

204 *Natter*, NZA 2004, 689.

205 AG Hamburg, Urt. v. 10.08.1988, AnwBl 1989, 241; a.A.: OLG Hamm, Urt. v. 01.04.1992, VersR 1993, 94 (hält § 8 Abs. 1 Satz 2 BRAGO für anwendbar).

des Gegenstandswerts gem. § 25 Abs. 2 KostO drei Bruttojahresgehälter und ist regelmäßig mit der Höhe einer vereinbarten Abfindung, soweit sie unterhalb der drei Bruttojahresgehälter liegt, angemessen angesetzt.

161 Keine Aussagen trifft das AG Hamburg zu der Frage, ob § 25 Abs. 2 KostO auch in denjenigen Fällen anzuwenden ist, in denen ein **Abwicklungsvertrag** ausgehandelt wird. Zieht man die Parallele in der Entscheidung des AG Hamburg zu der Begründung, dass auf eine Beendigung des Arbeitsverhältnisses durch einverständliche Aufhebung nicht geklagt werden könne, so ist das Urteil des AG Hamburg auf Fälle des Aushandelns eines Abwicklungsvertrages nicht übertragbar, weil das Arbeitsverhältnis bei Abschluss eines Abwicklungsvertrages nicht durch den Abwicklungsvertrag, sondern durch die Kündigung beendet wird. Legt man das Gewicht in der Argumentation dagegen auf den Umstand, dass immer dann, wenn im Zusammenhang mit der Beendigung eines Arbeitsverhältnisses nichts Einklagbares vorliegt, so ist die Rechtsprechung des AG Hamburg auch auf die Gebührenberechnung bei Aushandeln eines Abwicklungsvertrages übertragbar.

162 Neu ist, dass die Erstberatungsgebühr mit der Beschränkung auf den Betrag von 190 € nur noch zur Anwendung kommt, wenn ein Verbraucher i.S.d. § 13 BGB beraten wird. Der Arbeitnehmer, der den Anwalt in seiner arbeitsrechtlichen Angelegenheit aufsucht, ist Verbraucher.[206] Beschränkt sich die Anfrage eines Arbeitgebers, der Unternehmer i.S.d. § 14 BGB ist, auf eine einmalige Beratung, ist die Erstberatungsgebühr nach Nr. 2100 VV nicht auf die Begrenzung des Betrages von 190 € beschränkt.

163 Die Abgrenzung zwischen Geschäftsgebühr nach Nr. 2400 VV und Erstberatung gem. Nr. 2100 VV oder Nr. 2102 VV bereitet manchmal Schwierigkeiten. Es gilt der schon aus der Vergangenheit bekannte Grundsatz weiter, dass die Erstberatung auf einen einzigen Termin und ein in diesem Zusammenhang mündlich oder schriftlich geführtes Gespräch beschränkt ist. Geht die Beratungsleistung über diesen Umfang hinaus und sei es auch nur, dass der Anwalt anschließend ein Schreiben fertigt, in dem er die wesentlichen Besprechungsergebnisse zusammenfasst, wird der Tatbestand der Erstberatung verlassen.[207] Auch das RVG enthält keine Definition, wann noch eine erste Beratung gem. Nr. 2102 VV vorliegt und wann diese überschritten wird. Deshalb bleiben die bisherigen Grundsätze bestehen. Eine erste Beratung liegt nicht mehr vor, wenn es zu einem zweiten oder gar weiteren Beratungstermin kommt. Der Anwendungsbereich der Erstberatungsgebühr endet nach wie vor dann, wenn die erste Beratung beendet oder wegen ihres Beratungsgegenstandes unterbrochen ist.[208] Wird die Beratung später fortgesetzt oder sucht der Rat Suchende den Rechtsanwalt erneut wegen Zusatzfragen auf, ist der Bereich der Erstberatungsgebühr verlassen.[209] Eine Ausnahme von diesem Grundsatz gilt nur, wenn der weitere Termin lediglich eine zeitbedingte »Vertagung« des ersten Termins darstellt.[210] Die erste Beratung endet dagegen, wenn der Mandant bis zur nächsten Beratung eine »Bedenkzeit« benötigt.[211] Ebenso endet die erste Beratung, wenn der Rechtsanwalt sich zunächst sachkundig machen muss.[212] Der Bereich der Erstberatung ist allerdings immer dann überschritten, wenn in einem zweiten Beratungsgespräch über Vorschläge beraten wird, die bei der ersten Beratung noch nicht vorlagen.[213] Die Grenze einer »ersten Beratung« kann auch schon im ersten Beratungstermin überschritten werden. Die Erstberatung ist weiterhin nur als eine »Einstiegsberatung«, als eine pauschale überschlägige Information des Mandanten zu verstehen.[214] Beauftragt

206 *Hümmerich/Holthausen*, NZA 2002, 175; *Hümmerich*, AnwBl 2002, 671; *ders.*, NZA 2003, 753; *Gotthardt*, ZiP 2002, 278; *Boemke*, BB 2002, 97; *Preis*, Sonderbeilage NZA 16/2003, 19; a.A. *Henssler*, RdA 2002, 135; *Bauer/Kock*, DB 2002, 46.

207 Beck'sches Rechtsanwaltshandbuch/*Brieske*, G Rn 54.

208 *Schneider/Mock*, Das neue Gebührenrecht für Anwälte, § 8 Rn 12; *Gerold-/Schmidt/v. Eicken/Madert/Müller-Rabe*, RVG, VV 2100 Rn 33.

209 OLG Jena, Urt. v. 23.11.1999, AGS 2000, 62 m. Anm. *Madert*.

210 AG Brühl, Urt. v. 11.09.1997, NJW-RR 1998, 493; *Otto*, JurBüro 1994, 395; *Madert*, AnwBl 1996, 250.

211 *Otto*, JurBüro 1994, 395.

212 *Madert*, AnwBl 1996, 250; a.A. *Enders*, JurBüro 1995, 226.

213 LG Köln, Urt. v. 25.11.1996, zfs 1997, 148.

214 AG Augsburg, Urt. v. 01.02.1999, AGS 1999, 132 m. Anm. *Madert*.

der Mandant, der sich in einem ersten Beratungsgespräch in der Praxis des Anwalts eingefunden hat, den Anwalt mit der Anfertigung eines Anspruchsschreibens oder einer Klage, entfällt der Gebührentatbestand der Nrn. 2100 oder 2102 VV. Auch gegenüber einem Verbraucher darf der Anwalt nicht ohne Prüfung entsprechend den Maßstäben des § 14 Abs. 1 RVG die Gebühr von 190 € ansetzen. Die Gebühr gem. Nr. 2102 VV ist gegenüber dem Verbraucher eine Höchstgebühr. Die Frage, ob sich die Gebühren nach Nrn. 2100, 2101 VV bei der Beratung mehrerer Auftraggeber gem. Nr. 1008 VV erhöhen, ist entgegen der Rechtslage nach BRAGO nun nicht mehr umstritten.[215] Dies ergibt sich bereits aus der Stellung der Gebührenregelung Nr. 1008 VV, die sich in Teil 1 (»Allgemeine Gebühren«) des Vergütungsverzeichnisses befindet. Die Vorbemerkung hierzu stellt klar, dass die Gebühren dieses Teils neben den in den anderen Teilen bestimmten Gebühren entstehen.

Hängt die Ratsgebühr von einem Wert ab, erhöht sie sich bei mehreren Auftraggebern um jeweils 0,3, höchstens jedoch um 2,0 Gebühren. Bei zwei Auftraggebern ist eine Bandbreite von 0,4 bis 1,3 gegeben. Die Mittelgebühr liegt dann bei 0,85. Aus diesem Rahmen bestimmt der Anwalt nach § 14 Abs. 1 RVG die im Einzelfall angemessene Gebühr.[216] 164

Auftraggeber	**Mindestsatz**	**Höchstsatz**	**Mittelgebühr**
1	0,1	1,0	0,55
2	0,4	1,3	0,85
3	0,7	1,6	1,15
4	1,0	1,9	1,45
5	1,3	2,2	1,75
6	1,6	2,5	2,05
7	1,9	2,8	2,35

Zu einer Werterhöhung wegen mehrerer Auftraggeber kann es nur kommen, wenn die Auftraggeber an dem der Beratung zugrunde liegenden Gegenstand gemeinschaftlich beteiligt sind (Nr. 1008 Abs. 2 VV). 165

Meist übernehmen **Rechtsschutzversicherungen** den Erstberatungsrechtsschutz problemlos. Zwar sehen die ARB nur in familien- und erbrechtlichen Angelegenheiten sowie in Angelegenheiten der freiwilligen Gerichtsbarkeit Beratungsrechtsschutz vor.[217] Aus der Formulierung des § 1 Abs. 1 ARB 75 (§ 1 ARB 94), soweit es heißt »Wahrnehmung der rechtlichen Interessen« wird gefolgert, dass der Versicherungsnehmer auch einen sog. »verdeckten Beratungsrechtsschutz«[218] genießt. Die Kosten eines beauftragten Rechtsanwalts muss die Rechtsschutzversicherung daher nicht nur bei einer gerichtlichen oder außergerichtlichen Auseinandersetzung tragen, sondern auch dann, wenn der Versicherungsnehmer lediglich einen Rechtsrat oder eine Auskunft begehrt, denn auch dies ist Bestandteil der Interessenwahrnehmung des Versicherten. Auf die Erfolgsaussichten in der Sache selbst kommt es nicht an, denn der Erfolg der Beratung liegt in der gewonnenen Rechtsklarheit.[219] Voraussetzung für die Eintrittspflicht ist natürlich ein Versicherungsfall. 166

215 *Schneider/Mock*, Das neue Gebührenrecht für Anwälte, § 8 Rn 19; AnwK-RVG/*Schnapp*, VV 1008 Rn 28.
216 Siehe hierzu die nachfolgend von *Schneider/Mock* (Das neue Gebührenrecht für Anwälte, § 8 Rn 20) übernommene Tabelle.
217 §§ 25 II lit. e, 26 II lit. g, 27 III lit. g ARB 75 § 2 lit. k ARB 94.
218 *Pakullar*, AnwBl 1980, 222.
219 *Harbauer*, § 17 ARB 94 Rn 3, 3 a.

167 Die Erfahrung zeigt, dass die Rechtsschutzversicherer generell großzügig beim Beratungsrechtsschutz sind. Weist man als Anwalt die Rechtsschutzversicherung im Begleitschreiben, mit dem man die Kostennote übersendet, darauf hin, dass man mangels Erfolgsaussicht von einer Klageerhebung oder sonstigen weiteren Rechtsverfolgung abgesehen habe, stimmt dies den Rechtsschutzversicherer regelmäßig von vornherein versöhnlich. Die Versicherung erkennt, dass der beratende Anwalt verantwortungsbewusst im Sinne der Versichertengemeinschaft gehandelt hat und tritt, da sie möglicherweise beträchtliche Rechtsverfolgungskosten erspart hat, in keine allzu strenge Prüfung bei einem Kostenvolumen von maximal 190 € netto ein.

168 Vertragsentwürfe werden nach Nr. 2400 VV abgerechnet, diese Regelung galt schon im Hinblick auf § 118 BRAGO.[220] Der Gegenstandswert ist nach §§ 23 Abs. 3, 25 Abs. 2 KostO zu ermitteln. Entwirft der Anwalt einen Arbeitsvertrag für den Arbeitgeber, gilt nicht die Beschränkung des Gegenstandswertes auf den Quartalsverdienst. Wenn der Gegenstand der anwaltlichen Tätigkeit nicht Gegenstand eines gerichtlichen Verfahrens sein kann, und dies gilt immer für einen zunächst nur außergerichtlich zu verwendenden Vertragstext, ist für § 23 Abs. 1 RVG kein Raum.[221] Dies kann zu ganz erheblichen Gebühren führen, wenn man das dreifache Jahresgehalt des Arbeitnehmers als Gegenstandswert wählt.[222] Insbesondere dann, wenn ein Vertragstext aus einem Formularbuch verwendet wird, stellen sich Bedenken hinsichtlich der Angemessenheit der Gebühr gem. § 23 Abs. 3, 25 Abs. 2 KostO ein.

169 Die Zivil- und Arbeitsgerichte gehen davon aus, dass der Ausschluss der Kostenerstattung auch die außergerichtliche Vertretung und sogar die anwaltliche Beratung umfasst. Die Anwaltsgebühren können deshalb nicht als Verzugsschaden vom Gegner verlangt werden.[223]

II. Nichtanrechnung der Abfindung beim Streitwert, § 42 Abs. 4 Satz 1 Hs. 2 GKG n.F.

170 Eine arbeitsrechtliche Besonderheit, die markante Ausnahme vom Grundsatz der Streitwertaddition, besteht darin, dass »eine Abfindung nicht hinzugerechnet« wird. Diese § 12 Abs. 7 Satz 1 Hs. 2 ArbGG entstammende Regelung findet sich nunmehr wortgleich in § 42 Abs. 4 Satz 1 Hs. 2 GKG.

171 Um das Verbot der Streitwertaddition bei Abfindungen ranken sich eine Reihe von Unklarheiten, die der Gesetzgeber bislang trotz der historischen Chance der Neuordnung in § 42 Abs. 4 GKG nicht beseitigt hat. Vielfach ist unbekannt, dass die Ausnahmebestimmung der Nichtanrechnung einer Abfindung auf den Streitwert nur für den Fall geschaffen wurde, dass das Gericht auf Antrag einer Partei das Arbeitsverhältnis gem. §§ 9, 10 KSchG gegen Zahlung einer Abfindung aufgelöst hat.[224] Es entspricht allgemeiner Auffassung, dass die Abfindung selbst dann bei der Streitwertberechnung nicht hinzuzurechnen ist, wenn der Arbeitnehmer den Auflösungsantrag selbst gestellt und den Abfindungsbetrag beziffert hat.[225] Herrschend ist darüber hinaus die Auffassung, dass § 12 Abs. 7 Satz 1 ArbGG dann nicht zur Anwendung kommt, wenn die Abfindung auf einer eigenen Anspruchsgrundlage beruht, die nicht vom Ausgang des Kündigungsschutzrechtsstreits abhängig ist. In diesem Falle handelt es sich um verschiedene Streitgegenstände, so dass eine Streitwertaddition zu erfolgen hat.[226]

172 Eine Folge dieser Rechtslage besteht darin, dass der Ausnahmetatbestand der §§ 12 Abs. 7 Satz 1 Hs. 2 ArbGG, 42 Abs. 4 Satz 1 Hs. 2 GKG auf die Abfindung nicht angewendet werden kann, auch

220 Siehe *Schaefer*, Anwaltsgebühren im Arbeitsrecht, C Rn 41.

221 So schon für die frühere Rechtslage im Hinblick auf § 8 Abs. 1 BRAGO: *Schaefer*, Anwaltsgebühren im Arbeitsrecht, C Rn 41.

222 Siehe *Enders*, BRAGO für Anfänger, 8. Aufl., Rn 979 ff., *Schaefer*, Anwaltsgebühren im Arbeitsrecht, C Rn 41.

223 *Schaefer*, Anwaltsgebühren im Arbeitsrecht, A Rn 24.

224 *Germelmann/Matthes/Prütting/Müller-Glöge*, § 12 ArbGG Rn 115; GK-ArbGG/*Wenzel*, § 12 Rn 103, 118, 175, 177.

225 *Germelmann/Matthes/Prütting/Müller-Glöge*, § 12 ArbGG Rn 115.

226 *Germelmann/Matthes/Prütting/Müller-Glöge*, § 12 ArbGG Rn 116.

nicht analog.[227] *Wenzel* lehnt auch eine Übertragung des § 12 Abs. 7 Satz 1 Hs. 2 ArbGG, also eine Ausnahme von der Streitwertaddition, selbst bei Abfindungen aus Rationalisierungsschutzabkommen, beim Nachteilsausgleich nach § 113 BetrVG oder bei Abfindungen aus Sozialplänen ab. Er begründet seine Sicht damit, dass »die anderen Entschädigungen nicht aus einer wirksamen Kündigung heraus wachsen, sondern im Gegenteil, voraussetzen, dass die Kündigung also (wegen Rationalisierungsmaßnahmen, Betriebsänderung u.Ä.) Bestand haben, wenngleich die darin liegende soziale Härte Entschädigungsleistungen nahe lege.«[228] Wird die Form des Prozessvergleichs dazu benutzt, unstreitige Rechtsverhältnisse zu regeln und zu gestalten, so gäben die Parteien zu erkennen, dass sie unstreitige Beziehungen wie streitige Rechtsbeziehungen behandelt wissen wollten, woraus die Bildung eines besonderen Wertes gerechtfertigt sei, also keine Nichtanrechnung der Abfindung vorzusehen sei.[229]

Das BAG hat in seiner Entscheidung vom 16.05.2000[230] den Grundsatz aufgestellt, dass auch im außergerichtlichen Bereich generell die Wertvorschrift des § 12 Abs. 7 Satz 1 ArbG anzuwenden sei. Auch bei außergerichtlichen Verhandlungen, wenn durch die anwaltliche Tätigkeit ein Aufhebungsvertrag mit einer Abfindungsvereinbarung zustande komme, ohne dass ein gerichtliches Verfahren eingeleitet werde, sei der Gegenstandswert unter Anwendung der gerichtlichen Wertvorschriften des § 12 Abs. 7 Satz 1 ArbGG zu bestimmen. 173

Das Urteil des BAG wirkt angesichts der in der Kommentarliteratur einhellig geäußerten Auffassung[231] nicht ausreichend durchdacht. Übersehen wurde, dass § 12 Abs. 7 Satz 1 Hs. 2 ArbGG ein Sondertatbestand ist, der den sozial schwachen Arbeitnehmer schützen soll, ein Tatbestand, der verhindern will, dass dem sein Arbeitsverhältnis verlierenden Arbeitnehmer seine wirtschaftliche Lage nicht auch noch dadurch erschwert werden soll, dass sich durch die Auflösungsentscheidung des Gerichts nach § 9 KSchG der für die Anwaltsgebühren maßgebliche Streitwert erhöht. § 12 Abs. 7 ArbGG liegt der Gedanke zugrunde, dass der Rechtsstreit bereits einen Streitwert hat, nämlich den Vierteljahresbezug, § 42 Abs. 4 Satz 1 Hs. 1 GKG. Durch die mit der Auflösung anstelle des Bestandsschutzziels der Kündigungsschutzklage tretende Abfindung soll nach dem Willen des Gesetzgebers keine andere, streitwerterhöhende Position treten. **Allein auf diesen Sachverhalt ist die Regelung zugeschnitten**, auf keine andere Fallkonstellation sonst. 174

Im außergerichtlichen Bereich ist die Sachlage eine andere. Hier spricht nicht der Richter, ggf. gegen den Willen des Arbeitnehmers, eine Auflösung des Arbeitsverhältnisses aus, hier wird entweder einvernehmlich das Arbeitsverhältnis beendet (Aufhebungsvertrag) oder nach Kündigung des Arbeitgebers ein Vertrag über die Modalitäten der Beendigung des Arbeitsverhältnisses geschlossen (Abwicklungsvertrag) oder eine betriebsbedingte Kündigung des Arbeitsverhältnisses entsprechend den Vorgaben des § 1a KSchG vom Arbeitnehmer hingenommen. 175

Schafft der Gesetzgeber eine Ausnahmevorschrift, besteht zunächst die Vermutung dafür, dass diese Vorschrift auf andere Sachverhalte nicht übertragen werden kann. Dem Anwalt ist es auch verwehrt, Vorschriften in Gebührenangelegenheiten heranzuziehen, die nicht den konkreten Sachverhalt betreffen, sondern nach Maßgabe einer subjektiven Analogie als vergleichbar gewertet werden. Gerade das Fehlen eines Gebührentatbestands für eine anwaltliche Dienstleistung belegt, dass die Dienstleistung nicht abrechenbar ist bzw. nicht abrechenbar sein soll. Umgekehrt bedeutet eine gesetzgeberische Einschränkung, von dem generellen Grundsatz der Streitwertaddition abzuweichen, dass der Ausnahmetatbestand nicht auf andere, unbenannte Sachverhaltskonstellationen übertragen werden darf. 176

In diesem Sinne ist eine Analogie der Ausnahmevorschrift des § 12 Abs. 7 Satz 1 Hs. 2 ArbGG auf das außergerichtliche Tätigwerden eines Anwalts bei Abschluss eines Aufhebungs- oder Abwicklungsvertrages nicht gerechtfertigt. Konsequent zu Ende gedacht hätte das Urteil des BAG vom 177

227 GK-ArbGG/*Wenzel*, § 12 Rn 103.
228 GK-ArbGG/*Wenzel*, § 12 Rn 103.
229 GK-ArbGG/*Wenzel*, § 12 Rn 177.
230 BAG, Urt. v. 16.05.2000, BAGE 94, 336 = NZA 2000, 1246 = MDR 2001, 174.
231 *Germelmann/Matthes/Prütting/Müller-Glöge*, § 12 ArbGG Rn 116; GK-ArbGG/*Wenzel*, § 12 Rn 103.

16.05.2000[232] zur Folge, dass die Interessenwahrnehmung des Anwalts im Falle einer Kündigung durch den Arbeitgeber nach § 1a KSchG, wenn der Anwalt den Arbeitnehmer nur im Bereich der Höhe der Abfindung berät, unentgeltlich zu erfolgen hätte. § 12 Abs. 7 Satz 1 Hs. 1 ArbGG, also der Vierteljahresbezug als Streitwert, könnte nicht in Ansatz gebracht werden, weil der Anwalt hinsichtlich der Kündigung, die mit dem Vierteljahresgehalt zu berücksichtigen wäre, nicht tätig geworden ist. Seine Interessenwahrnehmung wegen der Höhe der Abfindung könnte, wäre das Urteil des BAG vom 16.05.2000 zutreffend, nach § 12 Abs. 7 Satz 1 Hs. 2 ArbGG nicht hinzugerechnet werden. Ergebnis wäre, die Tätigkeit des Anwalts hätte keinen Streitwert.

178 An diesem Beispiel lässt sich nachvollziehen, weshalb für eine Analogie, wie sie das BAG gewählt hat, kein Raum ist. § 12 Abs. 7 Satz 1 Hs. 2 ArbGG (sowie die gleich lautende Regelung in § 42 Abs. 4 Satz 1 Hs. 2 GKG n.F.) ist daher ausschließlich auf das Auflösungsurteil gem. § 9 KSchG zugeschnitten. Es wäre wünschenswert, wenn die Rechtsprechung diesen Umstand zur Kenntnis nehmen würde. *Hansens* bezeichnet die Regelung in den §§ 12 Abs. 7 Satz 1 Hs. 2 ArbGG, 42 Abs. 4 Satz 1 Hs. 2 GKG nicht ohne Grund als eine »nicht praxisgerechte Bestimmung.«[233] Bedauerlicherweise gibt es gegenwärtig keinen gesetzlich definierten Begriff der Abfindung. Es ist anerkannt, dass bei § 143a SGB III der gleiche Abfindungsbegriff zugrunde liegt, wie im Arbeits- oder im Steuerrecht.[234] Im Lohnsteuerrecht ist der Begriff Abfindung definiert.[235] Danach sind Abfindungen Leistungen, die der Arbeitnehmer als Ausgleich für die mit der Auflösung des Dienstverhältnisses verbundenen Nachteile, insbesondere für den Verlust des Arbeitsplatzes, erhält. Nicht zu den Abfindungen gehören andere Bezüge, die lediglich aus Anlass der Auflösung eines Dienstverhältnisses bezahlt werden.

179 In der steuerrechtlichen Literatur wird die Abgrenzung der Abfindung nach § 3 Nr. 9 EStG zur sonstigen Entschädigungszahlung wie folgt vorgenommen: »Entscheidend bei der Abfindung sind nur zwei Dinge, die Zahlung darf nicht aus einem neuen Rechtsgrund vereinbart werden, der Arbeitnehmer darf nicht bereits einen Rechtsanspruch auf die Leistung erworben haben.«[236]

180 Rechtsschutzversicherungen halten die Analogie, die das BAG im außergerichtlichen Bereich bei Beendigung eines Arbeitsverhältnisses gegen Zahlung einer Abfindung vornimmt, selbstredend aus ökonomischem Eigeninteresse für zutreffend. Der Versuch, die Streitwerte aus der Beendigung des Arbeitsverhältnisses und einer erzielten Abfindung im Rahmen außergerichtlicher Vergleichsverhandlungen aufzuaddieren, findet bei ihnen regelmäßigen keine Zustimmung. Die Streitwertdifferenz ist regelmäßig zu niedrig, um sich dem Aufwand eines nicht hinreichend vergüteten Musterrechtsstreits hinzugeben.

III. Bestandsangelegenheiten von AG-Vorständen und GmbH-Geschäftsführern

181 Bestandsstreitigkeiten über Abberufung und Kündigung (meist fristlose) von GmbH-Geschäftsführern und AG-Vorständen unterfallen naturgemäß nicht dem arbeitsgerichtlichen Verfahren, da die betroffenen Mandanten oder Gegner keinen Arbeitnehmerstatus haben. Trotzdem soll an dieser Stelle auch der Streitwert in Bestandsangelegenheiten der Personengruppe der Dienstberechtigten behandelt werden, zumal die Ausführungen im vorliegenden Abschnitt nicht nur bei gerichtlichen Bestandsverfahren, sondern auch im Rahmen der außergerichtlichen Interessenvertretung zum Zuge kommen.

182 Bestandsstreitigkeiten über Dienstverträge von AG-Vorständen und GmbH-Geschäftsführern stellen hohe fachliche Anforderungen an den Anwalt, sie sind aber auch gebührenrechtlich interessant.

232 BAGE 94, 336 = NZA 2000, 1246.
233 AnwBl 2004, 142 (147).
234 *Niesel*, § 143a Rn 7 ff.
235 R 9 LStR zu § 9 Nr. 3 EStG.
236 Schmidt/*Heinicke*, § 3 – ABC der steuerfreien Einnahmen.

Anders als im Arbeitsrecht bemisst sich der Gebührenstreitwert bei Verhandlungen über die Beendigung von Anstellungsverträgen des GmbH-Geschäftsführers oder des Vorstands grundsätzlich nach **§ 17 Abs. 3 GKG a.F.**[237] Der dreifache Jahresbezug reduziert sich, wenn für die Restvertragslaufzeit nicht mehr der volle dreijährige Bezug des Gehalts in Frage gekommen wäre.[238] Diese Rechtslage hat sich mit In-Kraft-Treten des neuen GKG nicht geändert. Nunmehr richtet sich der Streitwert bei Verhandlungen über die Beendigung von Anstellungsverträgen (»Dienstpflicht«) des GmbH-Geschäftsführers und des Vorstands einer Aktiengesellschaft nach § 42 Abs. 3 GKG n.F. Die Regelung und der Wortlaut sind weitgehend unverändert. Die Beschränkung auf den niedrigeren Betrag als den dreifachen Jahresbetrag, wenn der geforderte Betrag niedriger ist, enthält § 42 Abs. 3 Satz 1 GKG n.F. in einem Nachsatz.

Seit der Neufassung des § 9 ZPO gilt, dass für Bestandsstreitigkeiten von **GmbH-Geschäftsführern** und **Vorständen** der **3,5-fache Jahreswert** maßgebend ist.[239] Handelt der Arbeitsrechtsanwalt einen Aufhebungsvertrag für ein Vorstandsmitglied aus, ist daher im Einklang mit der zivilgerichtlichen Rechtsprechung[240] grundsätzlich der 3,5-fache Jahresbezug als Gegenstandswert zu berechnen. Bei einem Vorstandsmitglied mit einem Jahresgehalt einschließlich Tantiemen von 400.000 € steht damit ein Gegenstandswert von 1,4 Mio. € von vornherein fest. Da das frühere Verbot des § 12 Abs. 7 Satz 1 Hs. 2 ArbGG (jetzt gleichlautend § 42 Abs. 4 Satz 1 Hs. 2 GKG n.F.) bei dem der Zivilgerichtsbarkeit unterliegenden Dienstberechtigten nach ständiger Rechtsprechung[241] nicht gilt, bedeutet die ausgehandelte Abfindung stets einen Mehrwert des Vergleichs. Da außerdem bei Pensionsklagen vertretungsberechtigter Organmitglieder § 42 Abs. 3 Satz 1 GKG n.F. anzuwenden ist, d.h. der dreifache Jahresbezug einer Pension maßgeblich ist,[242] handelt es sich bei den außergerichtlich auszuhandelnden Aufhebungsverträgen für Organmitglieder oft um Mandate von hohem Streitwert. Neben dem 3,5-fachen Jahresbezug als Gegenstandswert für sämtliche Gebührentatbestände (Geschäfts-, Besprechungs- und erhöhte Vergleichsgebühr) ist bei der Vergleichsgebühr meist noch der Wert der Abfindung und der dreifache Jahresbezug aus einer Pensionsregelung hinzu zu addieren, sofern nicht beide Regelungen bereits von vornherein Gegenstand des Mandats und damit der die Geschäftsgebühr und die Besprechungsgebühr auslösenden Interessenwahrnehmung bildeten. 183

Trotz der Neuregelung in § 9 ZPO, die an die Stelle des Streitwerts gem. § 42 Abs. 3 Satz 1 GKG n.F. getreten ist, dürfte die frühere Rechtsprechung weiterhin Bestand haben, wonach sich die Höhe des Streitwerts reduziert, wenn das Interesse des Vorstands oder GmbH-Geschäftsführers wegen der Restvertragslaufzeit niedriger als (früher drei Jahre) dreieinhalb Jahre ist, weil beispielsweise die Vertragslaufzeit nur noch zwei Jahre beträgt. In einem solchen Falle dürfte der Gegenstandswert gemäß der früheren Rechtsprechung[243] nur der Höhe der Restvertragslaufzeit entsprechen, in unserem Beispielsfall also zwei Jahre. 184

Die Gebührenunterschiede nach alter und neuer Rechtslage beim Aushandeln von Aufhebungsverträgen für Verbände und GmbH-Geschäftsführer zeigen sich in markanter Weise an folgenden Berechnungsbeispielen:

237 BGH, Urt. v. 24.11.1980, NJW 1981, 2465; BGH, Beschl. v. 13.02.1986, JurBüro 1986, 714.
238 BGH, Urt. v. 24.11.1980, NJW 1981, 2465; OLG Hamm, AnwBl 1997, 111.
239 Vgl. *Jung*, AE 1998, 2; a.A. *Bauer*, Arbeitsrechtliche Aufhebungsverträge, Rn XI 32, 33 (dreifacher Jahreswert).
240 BGH, Beschl. v. 13.02.1986, JurBüro 1986, 714; OLG Köln, Beschl. v. 09.09.1994, AnwBl 1995, 317.
241 BGH, Beschl. v. 13.02.1986, JurBüro 1986, 714; OLG Köln, Beschl. v. 09.09.1994, AnwBl 1995, 317.
242 BGH, Urt. v. 07.07.1981, BB 1980, 1271; BGH, Urt. v. 24.11.1980, DB 1981, 1232.
243 OLG Celle, Beschl. v. 22.06.1994, OLGR 1994, 298; LG Bayreuth, Urt. v. 14.03.1990, JurBüro 1990, 772; KG Berlin, Beschl. v. 21.06.1996, NZA-RR 1997, 25; ebenso *Bauer*, Arbeitsrechtliche Aufhebungsverträge, Rn XI 32.

Streitwert bei Bestandsangelegenheiten von AG-Vorständen und GmbH-Geschäftsführern	
Verhandlung eines Aufhebungsvertrages – alte Rechtslage	
Gegenstandswert: 3,5-Jahresgehälter à 500.000 € = 1,75 Mio. € (§ 9 ZPO)	
§ 118 Abs. 1 Nr. 1 BRAGO	
Geschäftsgebühr: 7,5/10 =	5.059,50
§ 118 Abs. 1 Nr. 2 BRAGO	
Besprechungsgebühr: 7,5/10 =	5.059,50
§ 23 BRAGO Vergleichsgebühr: 15/10 =	10.119,00
Auslagenpauschale	20,00
Zwischensumme	20.258,00
16 % MwSt	3.241,28
Gesamt	**23.499,28**

Streitwert bei Bestandsangelegenheiten von AG-Vorständen und GmbH-Geschäftsführern	
Verhandlung eines Aufhebungsvertrages – neue Rechtslage	
Gegenstandswert: 3,5-Jahresgehälter à 500.000 € = 1,75 Mio. € (§ 9 ZPO)	
Nr. 2400 VV	
Geschäftsgebühr: 1,9 =	19.923,40
Nr. 1000 VV	
Einigungsgebühr: 1,5 =	15.729,00
Nr. 7002 VV	
Auslagenpauschale	20,00
Zwischensumme	35.672,40
16 % MwSt	5.707,58
Gesamt	**41.379,98**

Differenz zur alten Rechtslage: 17.880,70 = ca. 76 %

IV. Bestandsvertretung vor dem Integrationsamt

185 Bei **schwerbehinderten Menschen** hat es der Arbeitsrechtsanwalt regelmäßig mit **zwei Verfahren** zu tun, bei denen es um den Bestand des Arbeitsverhältnisses geht, nämlich mit dem Arbeitsgerichtsverfahren bzw. der außergerichtlichen Interessenwahrnehmung gegenüber dem Arbeitgeber sowie mit dem Verfahren vor dem Integrationsamt nach § 85 SGB IX (früher § 15 SchwbG).

186 Der Arbeitgeber beantragt die Zustimmung zur Kündigung des schwerbehinderten Menschen. Sodann findet regelmäßig ein Erörterungstermin mit einem Beauftragten des Integrationsamts statt, bevor ein Bescheid erlassen wird. Zunächst einmal muss sich der Arbeitsrechtsanwalt bewusst machen, dass er bei schwerbehinderten Menschen regelmäßig in zwei verschiedenen Angelegenheiten tätig wird. Bei der Vertretung in der arbeitsrechtlichen Angelegenheit handelt es sich nicht um dieselbe Angelegenheit i.S.v. § 15 Abs. 2 Satz 1 RVG, sondern um eine andere Angelegenheit, nämlich um eine verwaltungsrechtliche Angelegenheit, wobei für den außergerichtlichen Bereich die gleiche Gebührenvorschrift, nämlich Nr. 2400 VV gilt. Es ist in diesen Fällen empfehlenswert, zwei Akten anzulegen. Im Verfahren vor dem Integrationsamt ist Versicherungsschutz zu gewährleisten. Da es

nicht auf den Rechtsweg, sondern nach den ARB auf den Rechtsgrund (»aus Arbeitsverhältnissen«) ankommt, spielt der Umstand keine Rolle, dass das rechtliche Schicksal des Einzelarbeitsverhältnisses von der Zustimmung einer Behörde abhängt.[244]

Wie die Bestandsstreitigkeiten vor den Integrationsämtern gebührenrechtlich zu behandeln sind, ist umstritten. Eine Auffassung wollte bislang als Gegenstandswert § 12 Abs. 7 Satz 1 ArbGG (§ 42 Abs. 4 Satz 1 GKG n.F.) unmittelbar oder analog angewendet wissen, auch wenn es sich hierbei um ein Verwaltungsverfahren handelt. § 12 Abs. 7 Satz 1 ArbGG (§ 42 Abs. 3 Satz 1 GKG n.F.) soll ebenfalls im Verwaltungsgerichtsprozess gelten, in dem die Rechtmäßigkeit der Zustimmung des Integrationsamts zur Kündigung überprüft wird.[245] Die wohl überwiegende Auffassung wandte § 13 GKG a.F., also legte den Regelstreitwert von 4.000 € zugrunde.[246] Für die Tätigkeit vor dem Integrationsamt gilt künftig Nrn. 2400 und 2401 VV. Solange der Rechtsanwalt den Arbeitnehmer vor dem Integrationsamt aufgrund eines Antrags des Arbeitgebers nach § 85 SGB IX vertritt, gilt die Geschäftsgebühr gem. Nr. 2400 VV. Ist der Bescheid erlassen, reduziert sich die Gebühr des Anwalts gem. Nr. 2401 VV auf den Rahmen von 0,5 bis 1,3. 187

V. Vergütungsvereinbarungen

Neu an der gegenwärtigen Rechtslage über Honorarvereinbarungen ist, dass Vergütungsvereinbarungen zunächst einmal vom Gesetzgeber in § 34 RVG empfohlen werden und im außergerichtlichen Bereich ab 01.07.2006 die Regel bilden sollen.[247] Galt in der Vergangenheit das Regel-Ausnahmeverhältnis, wonach die gesetzliche Gebühr die Regel bildet, die Honorarvereinbarung ausnahmsweise vereinbart wurde, bewirkt die gesetzliche Empfehlung, dass der bisherige Ausnahmetatbestand auch im konsiliarischen Bereich selbstverständlicher wird. Die Zulässigkeit einer Honorarvereinbarung ist im RVG selbst nicht geregelt. Bei der inhaltlichen Ausgestaltung kommen folgende Möglichkeiten in Betracht: 188

- Ein Vielfaches des gesetzlichen Honorars;
- ein prozentualer Zuschlag zur gesetzlichen Vergütung;
- ein Höchstbetrag;
- die Abrechnung nach einem höheren Streitwert;
- eine Pauschalvergütung;
- eine Honorarvereinbarung für Teilbereiche und
- ein Zeithonorar.

Gerade beim Aushandeln von Abwicklungs- oder Aufhebungsverträgen für Führungskräfte oder dann, wenn sich ein Unternehmen von einer Führungskraft trennen möchte, sind Honorarvereinbarungen, wie sie von erfahrenen Anwälten angeboten werden, keine Seltenheit. Auch bei der Umstrukturierung von Unternehmen, insbesondere beim Aushandeln von Interessenausgleich und Sozialplan, sollte der Anwalt zur Zufriedenheit aller Beteiligten die Liquidation auf Honorarvereinbarungsbasis, in diesen Fällen regelmäßig durch Vereinbarung eines nach Stundensätzen berechneten Zeithonorars, in Erwägung ziehen. 189

Die **Zeitabrechnung** bietet sich an, wenn der Umfang der Tätigkeit und die Dauer des Mandats nicht in der Hand des Rechtsanwalts liegen. Wenn Verhandlungen, eine Vielzahl vorzubereitender Vertragsentwürfe oder Abstimmungsentscheidungen in Gremien oder die Erledigung eines Auftrags 190

244 AG Siegburg, Urt. v. 17.06.1994, NJW-RR 1995, 285; AG Gelsenkirchen, Urt. v. 27.07.1988, NZA 1988, 818; LG Koblenz, Urt. v. 08.11.1988, zfs 1989, 240; AG Paderborn, Urt. v. 10.01.1995, zfs 1995, 150.

245 Hessischer VGH, Beschl. v. 23.12.1987, AnwBl 1988, 488; ArbG Siegburg, Urt. v. 17.06.1994 – 3 Ca 16/94 (n.v.); *Braun/Rehberg/Göttlich/Mümmler*, S. 1321; *Hümmerich*, AnwBl 1995, 328.

246 BVerwG, Beschl. v. 20.04.1988, JurBüro 1988, 1555; BVerwG, Beschl. v. 16.12.1992, MDR 1993, 584; LAG Düsseldorf, Beschl. v. 23.08.1985, JurBüro 1985, 1710; OVG NW, Urt. v. 10.02.1992, NVwZ-RR 1992, 448; LAG Nürnberg, Beschl. v. 07.02.1992, NZA 1992, 617; LAG Hessen, Beschl. v. 30.04.1988, JurBüro 1989, 58; LAG München, Beschl. v. 21.04.1988, JurBüro 1989, 57; LAG Berlin, Beschl. v. 22.10.1984, NZA 1985, 297.

247 Art. 5 Nr. 3 des Kostenrechtsmodernisierungsgesetzes, BGBl I 2004, 847.

völlig außerhalb des Steuerungsbereichs des Anwalts liegen, wird dazu geraten, ein Stundenhonorar zu vereinbaren. Andernfalls ist das Risiko allzu groß, über einen Pauschbetrag einen dem Wert und Aufwand der anwaltlichen Dienstleistung nicht mehr entsprechendes Honorar vereinbart zu haben. Beim Pauschalhonorar spielen natürlich auch die übrigen Parameter wie Schwierigkeit der Sache, geforderte Kreativität der Anwälte, Wert oder Bedeutung für den Mandanten, Eilbedürftigkeit, Zeitaufwand und Erfahrung des beauftragten Anwalts eine Rolle. Pauschalhonorare können empfohlen werden, wenn eine besondere Vertrautheit mit der Materie sowie die Möglichkeit der exakten Einschätzung des Arbeits- und Zeitaufwands bestehen.

191 Durchgesetzt haben sich im Wirtschaftsleben heute Zeithonorare von Beratern, bei Wirtschaftsprüfern wie bei Rechtsanwälten. Die Bandbreiten des Stundenhonorars werden in der Literatur unterschiedlich angegeben. *Hellwig* meinte noch im Jahre 1998, dass nach seinem Wissen das Honorar von Mitarbeitern und Partnern bei Großkanzleien zwischen 128 € (damals 250 DM) und 358 € (damals 700 DM) liege.[248] *Krämer* nennt im gleichen Jahr eine Spanne von 179 € (damals 350 DM) bis 460 € (damals 900 DM).[249] Beim Aushandeln von Verträgen für ein Unternehmen, auch beim Fertigen von Schriftsätzen, selbst bei der Prozessführung, wenn hierdurch die gesetzlichen Gebühren nicht unterschritten werden, kann die Vereinbarung eines Zeithonorars empfehlenswert sein.

192 Handelt man dagegen für Führungskräfte oder ihre Anstellungsträger eine **Abfindung** aus, kann es sich anbieten, ein **Pauschalhonorar** zu vereinbaren. Welche Beträge angesetzt werden, ist unter Anwälten nicht transparent. Arbeitsrechtsanwälte haben häufig ein individuelles Pricing entwickelt. Parameter dürften die Bedeutung der Sache für den Mandanten, der Zeitaufwand, die abgeforderten Spezialkenntnisse und meist auch die Höhe der zu erwartenden Abfindung sein. Mancher Anwalt tut sich schwer, den Pauschbetrag, selbst bei sehr hohen Abfindungen für Führungskräfte, im Vorhinein zu bestimmen. Zu befürchten steht immer, dass die vom Bundesgerichtshof zur Sittenwidrigkeit eines Austauschvertrages entwickelten Grundsätze auch auf Honorarvereinbarungen i.S.v. § 4 Abs. 1 RVG angewendet werden. Diese Grundsätze besagen, dass ein grobes Missverhältnis i.S.v. § 138 Abs. 1 BGB schon vorliegen kann, wenn die vereinbarte Vergütung den Wert der zu erbringenden Gegenleistung um mehr als 100 % übersteigt. Die Rechtsprechung stellt generell den Grundsatz auf, dass ein nach § 4 Abs. 1 RVG (früher: § 3 Abs. 1 BRAGO) vereinbartes Honorar nicht als unangemessen hoch anzusehen ist, wenn es die gesetzlichen Gebühren um das fünf- oder sechsfache übersteigt.[250] Eine Stundensatzvereinbarung in einem Rechtsanwaltsvertrag ist allerdings sittenwidrig, wenn sie zu einer Honorarforderung führt, die die gesetzlichen Gebühren um mehr als das Siebzehnfache übersteigen.[251] Bei einen Verbrauchervertrag kann nach Auffassung des BGH gem. Art. 29 Abs. 1 Nr. 2 EGBGB die Rechtsfolge des Sittenverstoßes nach deutschen Recht nicht durch die Rechtswahl des amerikanischen Rechts aufgehalten werden.

193 Die gesetzliche Regelung zu Honorarvereinbarungen hat eine Reihe von Neuerungen gebracht. Zunächst einmal besagt § 4 Abs. 1 Satz 2 RVG, dass eine Honorarvereinbarung, die vom Anwalt verfasst wurde, nur dann wirksam ist, wenn sie als »Vergütungsvereinbarung« bezeichnet wird. Der Hintergrund dieser sprachlichen Förmelei erschließt sich nicht ohne weiteres. Vermutlich wollte der Gesetzgeber durch die strenge sprachliche Form sicherstellen, dass dem Mandanten deutlicher wird, dass es sich um die Höhe der von ihm zu zahlenden Vergütung handelt. Als weitere Neuerung enthält § 5 Abs. 1 Satz 3 RVG die Bestimmung, dass eine freiwillig und ohne Vorbehalt geleistete Zahlung des Mandanten dazu führt, dass kein Rückforderungsrecht mehr besteht, auch wenn ggf. die Honorarvereinbarung nicht schriftlich getroffen wurde. Unverändert gilt, dass die Vereinbarung nach wie vor nicht in der Vollmacht enthalten sein darf. Im Gegensatz zur bisherigen Rechtslage darf allerdings die Vereinbarung, die in einem Vordruck enthalten ist, auch andere Vereinbarungen mit einbeziehen. Die frühere Regelung in § 3 Abs. 1 Satz 1 BRAGO wurde durch das RVG nicht

248 AnwBl 1998, 623 (624).
249 *Krämer*, AnwBl 1998, 371.
250 OLG Köln, Urt. v. 03.09.1997, AGS 1998, 66.
251 BGH, Beschl. 24.07.2003, AnwBl 2003, 721.

übernommen. In außergerichtlichen Angelegenheiten ist nunmehr auch die Vereinbarung einer geringeren gesetzlichen Vergütung bei Pauschal- bzw. Zeitvergütungen zulässig. Im Umkehrschluss hat dies zur Folge, dass vor allem in gerichtlichen Angelegenheiten eine Unterschreitung der gesetzlichen Gebührentatbestände nicht statthaft ist.[252] Bei einem vereinbarten Zeithonorar sollte man darauf achten, dass sich die Tätigkeitszeiten aus der Handakte des Anwalts ergeben. Die Akten unterliegen als »sonstige private Urkunden« der freien Beweiswürdigung des Gerichts. Den Aufzeichnungen kann ein erheblicher Beweiswert zukommen.[253] Der Anwalt muss in der Lage sein, die entfaltete Tätigkeit mit Zeitangaben aufzuschlüsseln.[254]

Soweit die Gebühr des Anwalts über eine Vergütungsvereinbarung gefordert wird, sollte der Anwalt darauf achten, dass neben dem vereinbarten Honorar auch die Auslagen und die gesetzliche Umsatzsteuer erwähnt werden. Fehlt es an einer solchen Vereinbarung, ist davon auszugehen, dass Auslagen und Umsatzsteuer im vereinbarten Honorar vereinbart sind.[255] 194

Manche Manager bieten dem Anwalt an, eine **Risikoteilung** beim »Abfindungspoker« vorzusehen und anstelle eines festen Honorars dem Anwalt einen Prozentsatz der erstrittenen oder abgewendeten Abfindungshöhe zuzubilligen. Gem. § 49b Abs. 2 BRAO sowie gem. § 52 der Standesrichtlinien für Rechtsanwälte sollte der Rechtsanwalt grundsätzlich derartige Angebote ablehnen. **Unzulässig** ist es, zur Vergütung der Anwaltstätigkeit ausschließlich Verträge mit Mandanten zu schließen, über die der Anwalt als Honorar einen Teil des erstrittenen Betrages erhält (**quota litis**). Unzulässig ist es auch, dass eine Vergütung oder ihre Höhe ausschließlich vom Ausgang der Sache oder vom Erfolg der anwaltlichen Tätigkeit abhängig gemacht wird (sog. **Erfolgshonorar**). Die Rechtsprechung begründete die Sittenwidrigkeit derartiger Vereinbarungen in der Vergangenheit mit der Gefährdung der anwaltlichen Unabhängigkeit.[256] 195

Ein gestandener Manager versteht den auf ihn kleinmütig wirkenden Hinweis des Anwalts manchmal nicht, dass nach deutschem Gebühren- und Standesrecht die Vereinbarung eines prozentualen Anteils am Erfolg unzulässig ist. Um den Vorstellungen des Auftraggebers gerecht zu werden, wurde manchmal ein Kompromissweg beschritten, der allerdings höchstrichterlich noch nicht bewertet wurde. Man vereinbarte mit dem Auftraggeber ein Pauschalhonorar und kündigte an, wenn beispielsweise eine bestimmte Abfindungshöhe erzielt wurde, nach Abschluss des Aufhebungsvertrages ein Angebot zur Anhebung des Anwaltshonorars abzugeben.[257] Ein derartiger Kompromiss beinhaltete für den Anwalt allerdings das Risiko, dass der Manager späterhin dieses Angebot ablehnte. 196

In der Anwaltschaft kaum bemerkt, ist ein Veränderungsprozess im Gange. Mit den Beschlüssen der 2. Sitzung der Satzungsversammlung der Bundesrechtsanwaltskammer vom 15./16.02.2001[258] ist in Ziff. 3.3.1 zwar weiterhin geregelt, dass der Rechtsanwalt als Honorar keine quota-litis-Vereinbarung schließen darf. Als quota-litis-Vereinbarung wird allerdings unter Ziff. 3.3.2 ein Vertrag definiert, der vor Abschluss der Rechtssache geschlossen wurde und der das an den Rechtsanwalt zu zahlende Honorar ausschließlich von dem Ergebnis abhängig macht, und in dem sich der Mandant verpflichtet, dem Anwalt einen Teil des wirtschaftlichen Ergebnisses zu zahlen. 197

Die Neuerung besteht darin, dass die Vereinbarung eines Erfolgshonorars nicht mehr generell als unzulässige quota-litis-Vereinbarung von der Kammerversammlung angesehen wird, sondern nur dann, wenn sie die alleinige Vergütung des Rechtsanwalts bildet und wenn sie nicht vor Abschluss der Rechtssache vereinbart wurde. In der 2. Auflage[259] wurde die Auffassung vertreten, künftig könnten in der Weise zwischen Anwalt und Mandant Erfolgselemente vereinbart werden, 198

252 *Schneider/Mock*, Das neue Gebührenrecht für Anwälte, § 4 Rn 14.
253 OLG Hamburg, Urt. v. 16.07.1999, MDR 2000, 115.
254 OLG Hamm, Beschl. v. 28.01.1986, AnwBl 1986, 452.
255 *Schneider/Mock*, Das neue Gebührenrecht für Anwälte, § 4 Rn 20.
256 BGH, Urt. v. 04.12.1986, NJW 1987, 3203.
257 Textvorschlag bei *Hümmerich*, AnwaltFormulare Arbeitsrecht, Muster 2705 (Ziff. I).
258 BRAK-Mitt 4/2001, 177.
259 H/S-*Hümmerich*, 2. Aufl., § 19 Rn 125.

dass einerseits eine Vergütung auf Basis der gesetzlichen Gebühr, eines Pauschbetrages oder eines Stundensatzes geregelt würden und zusätzlich in der Zeit zwischen Mandatsaufnahme und Mandatsbeendigung eine Sonderzahlung vereinbart wird, die sich am wirtschaftlichen Ergebnis orientiert.[260] Zwischenzeitlich hat *Kilian* einen grundlegenden und überzeugenden Beitrag zum Thema »Erfolgshonorare im internationalen Privatrecht« verfasst.[261] *Kilian* weist nach, dass aus den CCBE-Regeln, die die Bundesrechtsanwaltskammer in ihrer Satzungsversammlung übernahm, nicht abgeleitet werden könne, dass den deutschen Rechtsanwälten nunmehr die Vereinbarung eines Erfolgshonorars gestattet sei. Durch CCBE-Regeln, also die nunmehr in Ziff. 3.31 der Beschlüsse vom 15./16.02.2001 enthaltene Möglichkeit der Vereinbarung eines Erfolgshonorars, werden gem. § 29 BerufsO im grenzüberschreitenden Rechtsverkehr mit allen EU-Mitgliedsstaaten und den EWR-Staaten ausschließlich berufsrechtliche Bestimmungen der deutschen Berufsordnung, nicht aber jene der BRAO verdrängt. Da es sich bei diesen Regeln, auf die § 29 BerufsO statisch verweist, lediglich um Verbandsrecht handelt, das von den CCBE-Mitgliedern innerstaatlich im Rahmen der ihnen nach nationalem Recht eingeräumten Möglichkeiten implementiert werden sollte, habe die Satzungsversammlung den CCBE-Berufsregeln lediglich im Rahmen ihrer Regelungskompetenz und nur soweit, wie höherrangiges deutsches Recht nicht ein anderes bestimmt, Geltung verschaffen können.[262] Über § 29 BerufsO i.V.m. Nr. 3.31 CCBE-Regeln kann nach Auffassung von *Kilian* § 49b Abs. 2 BRAO als höherrangiges Recht nicht verdrängt werden. Bei dieser Sachlage kann die früher geäußerte Auffassung, nunmehr könnten unter den näher beschriebenen Voraussetzungen Erfolgsvereinbarungen getroffen werden, nicht aufrechterhalten werden.

Ein neues Gestaltungselement bietet jedoch § 49b Abs. 2 BRAO, der beispielsweise erlaubt, die Höhe der Gebühr von bestimmten Tatbeständen abhängig zu machen.[263]

F. Streitwertsynopse

199 Die nachfolgenden beiden Streitwertsynopsen können vom Anwalt schriftsätzlich im arbeitsgerichtlichen Verfahren herangezogen werden. In der Darstellung wird getrennt zwischen Streitwerten im Urteilsverfahren und Streitwerten, die im Beschlussverfahren anfallen. Die synoptische Übersicht dient aber auch als Arbeitshilfe in etwaiger Korrespondenz mit dem Mandanten zur Begründung einer Kostennote und schließlich für die gesamte Korrespondenz mit der Rechtsschutzversicherung. Hinweis: Die bisher in § 12 Abs. 7 ArbGG enthaltenen Streitwertregelungen wurden durch das KostRMoG in § 42 Abs. 4, Abs. 3 Satz GKG übernommen.

260 Ebenso *Stückemann*, FA 2001, 332.
261 AnwBl 2003, 452.
262 *Kilian*, AnwBl 2003, 452 (462).
263 Siehe hierzu Rn 14.

I. Streitwerte im Urteilsverfahren

200

Alphabetische Sortierung nach Gegenständen	Gegenstandswert	Gericht	Fundstelle	Anmerkungen
Abfindung i.S.d. §§ 9, 10 KSchG beim Kündigungsschutzprozess	Keine Addition zum Wert des Feststellungsantrages, vgl. § 12 Abs. 7 Satz 1 Hs. 2 ArbGG	LAG Berlin, Beschl. v. 26.02.1999	AE 1999, 124	Vgl. auch *Meier*, Lexikon der Streitwerte im Arbeitsrecht, Rn 8 ff.
		LAG Berlin, Beschl. v. 13.03.2001	NZA-RR 2001, 436	
		LAG Düsseldorf, Beschl. v. 20.07.1987	LAGE § 12 ArbGG 1979 Streitwert Nr. 66	
		LAG Hamm, Urt. v. 21.10.1982	MDR 1983, 170	
		LAG Köln, Beschl. v. 29.12.2000	NZA-RR 2001, 324	
Abfindung aus Sozialplan (§ 113 BetrVG) neben dem Kündigungsschutzprozess	a) Addition beider Streitwerte aufgrund der vorliegenden objektiven Klagehäufung	LAG Berlin, Urt. v. 17.03.1995	NZA 1995, 1072	
		LAG Düsseldorf, Urt. v. 17.01.1985	EzA § 12 ArbGG 1979 Nr. 8	
		LAG Hamm, Urt. v. 15.10.1981	LAGE § 12 ArbGG 1979 Streitwert Nr. 33	
		LAG Köln, Beschl. v. 02.03.1999, 12 Ta 71/99	Unveröffentlicht	
	b) Keine Addition zum Wert des Feststellungsantrages, § 12 Abs. 7 Satz 1 Hs. 2 ArbGG analog	LAG Baden-Württemberg, Beschl. v. 05.05.1990	JurBüro 1990, 1267	
		LAG Hessen, Beschl. v. 25.02.1977	BB 1977, 1549	Siehe Kritik von LG Frankfurt, Beschl. v. 15.12.1995, JurBüro 1996, 365.
Abmahnung	a) Ein Bruttomonatsgehalt	LAG Berlin, Beschl. v. 23.07.1999	NJ 2000, 56	
		LAG Bremen, Beschl. v. 03.05.1983	ARSt 1983, 141	
		LAG Hamburg, Beschl. v. 12.08.1991	LAGE § 12 ArbGG 1979 Streitwert Nr. 94	
		LAG Hessen, Beschl. v. 01.03.1988	LAGE § 12 ArbGG 1979 Streitwert Nr. 72	

Alphabetische Sortierung nach Gegenständen	Gegenstandswert	Gericht	Fundstelle	Anmerkungen
		LAG Hamm, Beschl. v. 16.08.1989	NZA 1990, 328	
		LAG Hamm, Beschl. v. 05.07.1984	NZA 1984, 236	
		LAG Hessen, Beschl. v. 29.12.2000	NZA-RR 2000, 438	
		LAG Köln, Beschl. v. 07.06.1985	Unveröffentlicht	
		LAG Niedersachsen, Beschl. v. 08.11.1996	NdsRpfl 1997, 35	
	b) Zwei Bruttomonatsgehälter	LAG Düsseldorf, Beschl. v. 05.01.1989	JurBüro 1989, 954	
	c) Ein halbes Bruttomonatsgehalt	LAG Rheinland-Pfalz, Beschl. v. 15.07.1986	LAGE § 12 ArbGG 1979 Streitwert Nr. 60	
		LAG Schleswig-Holstein, Beschl. v. 13.12.2000	NZA-RR 2001, 496	
		LAG Schleswig-Holstein, Beschl. v. 12.03.1997, 6 Ta 44/97	Unveröffentlicht	
	d) Drittel des Streitwertes eines fiktiven Kündigungsrechtsstreits	LAG Schleswig-Holstein, Beschl. v. 07.06.1995	LAGE § 12 ArbGG 1979 Streitwert Nr. 103	
	e) Bewertung anhand des Klageinteresses gem. § 3 ZPO	LAG Baden-Württemberg, Beschl. v. 25.06.2001, 3 Ta 75/01	Unveröffentlicht	Sechs Abmahnungen führen zu einem Streitwert von ca. 20.450 € bei einem Bruttomonatsgehalt von ca. 5.100 €.
Abmahnung, Entfernung und Widerruf/ Rücknahme	a) Je ein halbes Bruttomonatsgehalt	LAG Schleswig-Holstein, Beschl. v. 13.12.2000	NZA-RR 2001, 496	
	b) Ein Bruttomonatsverdienst	LAG Köln, Beschl. v. 11.09.2003, 3 Ta 228/03	SPA 24/2003, 3 f.	

Alphabetische Sortierung nach Gegenständen	Gegenstandswert	Gericht	Fundstelle	Anmerkungen
Abmahnungen, mehrere	a) Bruttomonatsgehalt multipliziert mit der Anzahl der Abmahnungen	LAG Berlin, Beschl. v. 28.04.2003, 17 Ta 6024/03 LAG Hessen, Beschl. v. 01.03.1988 LAG Hessen, Beschl. v. 26.02.1999, 15/6 Ta 181/98	AE 3/2003, 142 LAGE § 12 ArbGG 1979 Streitwert Nr. 72 Unveröffentlicht	
	b) Liegt zwischen zwei Abmahnungen ein Zeitraum von mindestens drei Monaten, so ist der Streitwert auf ein Monatseinkommen festzusetzen.	Differenzierend: LAG Düsseldorf, Beschl. v. 04.09.1995	NZA-RR 1996, 391	Bei einem unter drei Monaten liegenden Zeitraum ist der Wert auf 1/3 des auf diesen Zeitraum fallenden Einkommens zu bestimmen. Dabei ist für eine einzelne Abmahnung der Betrag von 1/3 eines Monatseinkommens nicht zu unterschreiten.
	c) Die erste und die zweite Abmahnung werden jeweils mit dem Betrag eines Bruttomonatsverdienstes bewertet. Weitere Abmahnungen innerhalb eines Zeitraums von sechs Monaten ab dem Ausspruch/Zugang der ersten Abmahnung werden jeweils mit einem Drittel des Betrags eines Bruttomonatsverdienstes angesetzt.	Differenzierend: LAG Hessen, Beschl. v. 24.05.2000	NZA-RR 2000, 438	Auf die zeitlichen Zwischenräume zwischen den Abmahnungen kommt es nicht an. Es spielt keine Rolle, ob mehrere Abmahnungen an einem Tage ausgesprochen werden.
	d) Die Entfernung von drei Abmahnungen ist mit zwei Monatsentgelten zu bewerten.	LAG Berlin, Beschl. v. 08.01.1993, 1 Ta 104/92	Unveröffentlicht	
	e) Zwei Bruttomonatsgehälter pro Abmahnung	ArbG Düsseldorf, Beschl. v. 29.08.1997	AnwBl 1998, 111	

Alphabetische Sortierung nach Gegenständen	Gegenstandswert	Gericht	Fundstelle	Anmerkungen
Akteneinsicht	Bewertung wie bei der Auskunftserteilung (siehe dort), Wert des Hauptziels maßgeblich	LAG Hessen, Urt. v. 23.01.1996, 9 Sa 1680/95	Unveröffentlicht	
Altersversorgung	Vgl. § 12 Abs. 7 Satz 2 ArbGG: Dreijahresbezug; wird lediglich auf Feststellung des Bestehens des Altersversorgungsanspruchs geklagt, kann ein Abschlag bis zu 50 % gerechtfertigt sein (vgl. GK-ArbGG/*Wenzel*, § 12 Rn 107).	LAG Baden-Württemberg, Beschl. v. 02.12.1980 Vgl. auch *Meier*, Lexikon der Streitwerte im Arbeitsrecht, Rn 129 ff.	AP Nr. 1 zu § 12 ArbGG 1979	Die Streitwertregelung in § 12 Abs. 7 Satz 2 ArbGG gilt nicht nur für Streitigkeiten zwischen Arbeitnehmern und Arbeitgebern, sondern auch für Streitigkeiten wegen Ansprüchen, die der Arbeitnehmer unmittelbar gegen eine Unterstützungskasse (§ 2 Abs. 1 Nr. 4 b ArbGG) geltend macht.
Altersversorgung vertretungsberechtigter Organmitglieder	Gem. § 17 Abs. 3 GKG a.F. ist der dreifache Jahresbezug maßgeblich	BGH, Urt. v. 24.11.1980	DB 1981, 1232	Für Arbeitnehmer bestimmt sich der Streitwert nach § 12 Abs. 7 Satz 2 ArbGG.
Änderungskündigung				
1) Klageantrag nach § 4 Satz 1 KSchG	Streitwert wie bei einer gewöhnlichen Kündigungsschutzklage gem. § 12 Abs. 7 Satz 1 ArbGG	LAG München, Beschl. v. 16.01.1984 LAG Stuttgart, Beschl. v. 19.04.1985	EzA § 12 ArbGG 1979 Streitwert Nr. 28 AnwBl 1985, 588	
2) Änderungsschutzklage nach § 4 Satz 2 KSchG mit dem Vorbehalt gem. § 2 KSchG	a) Dreifacher Jahresbetrag des Wertes der Änderung (36-fache Vergütungsdifferenz) gem. § 12 Abs. 7 Satz 2 ArbGG analog	BAG, Beschl. v. 23.03.1989 BAG Beschl. v. 22.01.1997 LAG Bremen, Beschl. v. 05.05.1987 LAG Hamburg, Beschl. v. 28.10.1996 LAG Hessen, Beschl. v. 18.02.1999	DB 1989, 1880 NZA 1997, 711 NZA 1987, 716 LAGE § 12 ArbGG 1979 Streitwert Nr. 110 DB 1999, 1276	Höchstgrenze des Gegenstandswertes sind die Regelungen des § 12 Abs. 7 Satz 1 und 2 ArbGG, d.h. maximal ein Vierteljahresentgelt. Bleibt die Vergütung unberührt, ist regelmäßig ein Bruttomonatseinkommen anzusetzen.

Alphabetische Sortierung nach Gegenständen	Gegenstandswert	Gericht	Fundstelle	Anmerkungen
		LAG Köln, Beschl. v. 19.08.1999	NZA-RR 2000, 662	
		LAG Köln, Beschl. v. 22.03.1999	AnwBl 2001, 635	
		LAG München, Beschl. v. 16.01.1984	AP Nr. 10 zu § 12 ArbGG 1979	
		LAG Niedersachsen, Beschl. v. 28.12.1993	AnwGeb 1994, 28 (LT 1)	
		LAG Rheinland-Pfalz, Beschl. v. 25.02.1991	LAGE § 12 ArbGG 1979 Streitwert Nr. 91	
		LAG Sachsen-Anhalt, Beschl. v. 06.07.1999	AnwBl 2001, 634	
	b) Gegenstandswert richtet sich nach § 12 Abs. 7 Satz 1 ArbGG analog, d.h. nur die dreifache monatliche Differenz eines etwa gesenkten Arbeitseinkommens.	LAG Brandenburg, Beschl. v. 29.12.1999	JurBüro 2000, 209	So auch die wohl herrschende Ansicht in der Literatur, vgl. nur KR-*Rost*, § 2 KSchG Rn 174
		LAG Stuttgart, Beschl. v. 19.04.1985	AnwBl 1985, 588	Festlegung auf vollen Vierteljahresverdienst kann im Einzelfall gerechtfertigt sein.
	c) Die gem. § 12 Abs. 7 ArbGG ermittelte dreimonatige Vergütungsdifferenz kann angemessen erhöht werden, falls zusätzliche immaterielle Interessen des Arbeitnehmers (Prestige, Rehabilitation) in Frage stehen.	LAG Brandenburg, Beschl. v. 29.12.1999	JurBüro 2000, 209	
		LAG Hamm, Beschl. v. 19.10.1989	MDR 1990, 186	
		LAG Hamm, Beschl. v. 21.11.1985	DB 1986, 1344	
		LAG Schleswig-Holstein, Beschl. v. 18.01.1994, 6 Ta 132/93	Unveröffentlicht	
	e) Zwei Monatsvergütungen	LAG Berlin, Beschl. v. 29.05.1998	FA 1999, 198	Unter ausdrücklicher Aufgabe der bisherigen Rspr., vgl. LAG Berlin, Beschl. 28.10.1997, 7 Ta 118/97 (unveröffentlicht).
		LAG Düsseldorf, Beschl. v. 08.11.1990	LAGE § 12 ArbGG 1979 Streitwert Nr. 87	

Alphabetische Sortierung nach Gegenständen	Gegenstandswert	Gericht	Fundstelle	Anmerkungen
	f) Drei Monatsvergütungen unabhängig von der Vergütungsdifferenz	LAG Sachsen-Anhalt, Urt. v. 06.07.1999	AnwBl 2001, 634	
	g) Viertel des ausgeschöpften Streitwertrahmens des § 12 Abs. 7 Satz 1 ArbGG	LAG Baden-Württemberg, Beschl. v. 18.06.1990	JurBüro 1990, 1268	
Anfechtung des Arbeitsvertrages	Gegenstandswert bemisst sich gem. § 12 Abs. 7 Satz 1 ArbGG.			Gleiches gilt für den Aufhebungsvertrag
Arbeitsbescheinigung nach § 312 SGB III (§ 133 AFG)	255 €	LAG Baden-Württemberg, Beschl. v. 09.02.1984	DB 1984, 676	
		AG Hamm, Beschl. v. 18.04.1985	LAGE § 3 ZPO Nr. 1	
		LAG Schleswig-Holstein, Beschl. v. 08.12.1988, 6 Ta 163/88	Unveröffentlicht	
	150 €	LAG Düsseldorf, Beschl. v. 11.04.1985	LAGE § 3 ZPO Nr. 2	
Arbeitspapiere	255 €	LAG Baden-Württemberg, Beschl. v. 09.02.1984	DB 1984, 676	Als Arbeitspapiere gelten die Lohnsteuerkarte sowie das Versicherungsnachweisheft.
		LAG Hamm, Beschl. v. 18.04.1985	LAGE § 3 ZPO Nr. 1	
	Kein genereller Regelstreitwert von 255 €	LAG Köln, Beschl. v. 12.11.1997	BB 1998, 543	Differenzierend nach den Umständen des Einzelfalles, dem wirtschaftlichen Interesse an der Durchsetzung des Anspruchs, die Schwierigkeit des Prozessstoffs und der Frage, inwieweit die Parteien über den Prozessstoff gestritten haben.

Alphabetische Sortierung nach Gegenständen	Gegenstandswert	Gericht	Fundstelle	Anmerkungen
	Herausgabe eines Berichtsheftes 255 €	LAG Sachsen, Beschl. v. 14.02.2001	MDR 2001, 960	
	Unter Fortschreibung früherer Werte 500 €	*Meier*, Lexikon der Streitwerte im Arbeitsrecht, Rn 24		
Arbeitspflicht/ Leistungspflicht des Arbeitnehmers	a) Gegenstandswert bemisst sich gem. § 12 Abs. 7 Satz 2 ArbGG.	*Meier*, Lexikon der Streitwerte im Arbeitsrecht, Rn 26		Einbezogen wird der Zeitraum bis zum nächsten ordentlichen Kündigungstermin.
	b) Doppeltes Monatseinkommen	GK-ArbGG/*Wenzel*, § 12 Rn 113		
Auflösungsantrag	a) Keine Erhöhung des Gegenstandswertes	LAG Hamburg, Beschl. v. 26.06.2001, 12 Ta 12/01 LAG Düsseldorf, Beschl. v. 20.07.1987 LAG Köln, Beschl. v. 27.07.1995	Unveröffentlicht LAGE § 12 ArbGG 1979 Streitwert Nr. 66 AR-Blattei ES 160.13 Nr. 199	Kritisch *Meier*, Lexikon der Streitwerte im Arbeitsrecht, Rn 27 ff.
		BAG, Beschl. v. 25.01.1960	NJW 1960, 884	Die Höhe der Abfindung kann bei der Festsetzung des Streitwertes allenfalls innerhalb der Grenze des Vierteljahresentgelts berücksichtigt werden.
	b) Erhöhung um eine Bruttomonatsvergütung	LAG Berlin, Urt. v. 30.12.2000 LAG Berlin, Urt. v. 30.12.1999 ArbG Würzburg, Beschl. v. 05.06.2000 ArbG Kiel, Beschl. v. 01.07.1999	DB 2000, 484 MDR 2000, 526 NZA-RR 2001, 107 NZA-RR 1999, 670	Für die Berufungsinstanz 2/3 vom Streitwert LAG Hamm. Urt. v. 16.08.1989, NZA 1990, 328
	c) Außerhalb des Kündigungsschutzprozesses drei Monatsgehälter	LAG Düsseldorf, Beschl. v. 08.01.2001	MDR 2001, 598	

Alphabetische Sortierung nach Gegenständen	Gegenstandswert	Gericht	Fundstelle	Anmerkungen
Aufrechnung	Nur die Hilfsaufrechnung *kann* den Streitwert erhöhen, § 19 Abs. 3 GKG a.F.	GK-ArbGG/ Wenzel, § 12 Rn 89 und 119		
Ausgleichsanspruch des Handelsvertreters	Nach § 3 ZPO zu schätzen.	GK-ArbGG/ Wenzel, § 12 Rn 121		Die vorgeschaltete Auskunftsklage wird mit 20 % des beanspruchten Ausgleichsanspruchs bewertet, BGH, BB 1960, 796.
Auskunftsanspruch	a) Grds. nach § 3 ZPO zu schätzen, wobei dies zwischen 1/10 bis 1/2 der erstrebten Leistung liegen kann.	LAG Rheinland-Pfalz, Beschl. v. 18.01.1988, 1 Ta 7/88	Unveröffentlicht	Der Gegenstandswert eines geltend gemachten Auskunftsanspruchs ist in der Regel erheblich niedriger anzusetzen als der im Ergebnis bezweckte Zahlungsanspruch.
	b) Kein Abschlag von der erstrebten Leistung	LAG Hessen, Beschl. v. 25.11.1995, 6 Ta 443/95	Unveröffentlicht	Kritisch *Meier*, Lexikon der Streitwerte im Arbeitsrecht, Rn 33
1) Antragstellung gem. § 61 Abs. 2 ArbGG	Keine Verrechnung mit dem Hauptanspruch	BAG, Beschl. v. 04.08.1971	AR-Blattei, ArbGG XII Entsch. Nr. 57	Wert des Betrages, der aufgewandt werden müsste, wenn die geforderten Unterlagen anderweitig beschafft werden müssten.
		LAG Hessen, Beschl. v. 11.03.1968	AP Nr. 9 zu § 3 ZPO	
2) Auskunftsansprüche im Rahmen des Kündigungsschutzprozesses zur Sicherung des Prozesserfolges	Sie bleiben mit Rücksicht auf den sozialen Schutzzweck des § 12 Abs. 7 Satz 1 ArbGG unberücksichtigt.	LAG Hamburg, Beschl. v. 13.01.1987	JurBüro 1988, 1158	
Außerordentliche Kündigung	Siehe Kündigung, außerordentliche			

Alphabetische Sortierung nach Gegenständen	Gegenstandswert	Gericht	Fundstelle	Anmerkungen
Berufsausbildungsverhältnis	a) Gem. § 12 Abs. 7 Satz 1 ArbGG gilt der dreifache Betrag der monatlichen Ausbildungsvergütung.	BAG, Beschl. v. 22.05.1984	AP Nr. 7 zu § 12 ArbGG 1979	
		LAG Düsseldorf, Beschl. v. 12.04.1984	EzA § 12 ArbGG 1979 Streitwert Nr. 30	
		LAG Hamm, Beschl. v. 27.11.1986	LAGE § 12 ArbGG 1979 Streitwert Nr. 57	Streitwert bei Klage auf Abgabe einer Willenserklärung zwecks Abschlusses eines Berufsausbildungsvertrages
		LAG Hessen, Beschl. v. 20.06.1984	ARST 1984, 158	
	b) Berufsausbildungsverhältnisse werden vom § 12 Abs. 7 Satz 1 ArbGG nicht erfasst.	ArbG Siegen, Beschl. v. 17.09.1982	AnwBl 1984, 155	
Beschäftigung, tatsächliche	a) Ein Monatsgehalt	LAG Baden-Württemberg, Beschl. v. 27.01.1982	EzA § 12 ArbGG 1979 Streitwert Nr. 17	Siehe auch beim Weiterbeschäftigungsanspruch.
		LAG Berlin, Beschl. v. 13.03.2001	NZA-RR 2001, 436	
		LAG Bremen, Beschl. v. 02.02.1982	DB 1982, 1278	
		LAG Hamburg, Beschl. v. 11.11.1983	AnwBl 1984, 316	
		LAG Niedersachsen, Beschl. v. 17.04.2001	NZA-RR 2001, 495	
		Sächsisches LAG, Beschl. v. 14.07.1993	LAGE § 12 ArbGG 1979 Streitwert Nr. 97	
	b) Eineinhalb Monatsbezüge	LAG Mainz, Beschl. v. 23.07.1982	AnwBl 1983, 36	
		LAG München, Beschl. v. 28.03.1984	JurBüro 1984, 1399	Vgl. aber LAG München, AnwBl 1990, 49: ein Monatsgehalt.
		LAG Saarland, Beschl. v. 12.12.1989	LAGE § 19 GKG a.F. Nr. 9	

Alphabetische Sortierung nach Gegenständen	Gegenstandswert	Gericht	Fundstelle	Anmerkungen
	c) Zwei Monatsbezüge	LAG Düsseldorf, Beschl. v. 20.05.1997 LAG Hamm, Beschl. v. 15.10.1981 LAG Köln, Beschl. v. 19.04.1982 LAG Niedersachsen, Beschl. v. 27.08.1985	SAE 1997, 102 EzA § 12 ArbGG 1979 Streitwert Nr. 7 EzA § 12 ArbGG 1979 Streitwert Nr. 12 NdsRpfl. 1986, 219	
Bestandsschutzstreitigkeiten beim Dienstvertrag	Gem. § 3 ZPO der dreifache Jahresbetrag der Vergütung	OLG Köln, Beschl. v. 09.09.1994	AnwBl 1995, 317	§ 12 Abs. 7 Satz 1 ArbGG findet bei Verfahren vor den allgemeinen Zivilgerichten keine Anwendung.
Betriebliche Altersversorgung	Gem. § 12 Abs. 7 Satz 2 ArbGG der dreijährige Bezugswert	LAG Hamm, Beschl. v. 23.06.1983 LAG Hamm, Beschl. v. 29.10.1981 LAG Rheinland-Pfalz, Beschl. v. 28.11.1984, Ta 232/84	MDR 1983, 874 MDR 1982, 260 Unveröffentlicht	Siehe *Meier*, Lexikon der Streitwerte im Arbeitsrecht, Rn 129 f.
	Bei Zahlungsmodalitäten nur entsprechend dem wirtschaftlichen Interesse des Klägers	LAG Rheinland-Pfalz, Beschl. v. 28.11.1984, 1 Ta 232/84	Unveröffentlicht	
Betriebsübergang	Siehe bei Kündigung, Mehrheit von Arbeitgebern.			
Dienstwagen, Herausgabe	a) Fahrzeugwert als Gegenstandswert	LAG Düsseldorf, Beschl. v. 06.03.2003, 17 Ta 42/03	AE 3/2003, 141	Kritisch *Schaefer*, Anwaltsgebühren im Arbeitsrecht, Rn 78.
	b) Wert des Nutzungsvorteils multipliziert mit der beabsichtigten Nutzungsdauer	BAG, Urt. v. 27.05.1999	NZA 1999, 1038	*Schaefer*, Anwaltsgebühren im Arbeitsrecht, Rn 78.

Alphabetische Sortierung nach Gegenständen	Gegenstandswert	Gericht	Fundstelle	Anmerkungen
	c) Bei der Festsetzung des Streitwerts nicht die lohnsteuerliche Bewertung, sondern der Betrag zugrunde zu legen, den der Arbeitnehmer an eigenen Aufwendungen durch die Überlassung des Fahrzeuges erspart.	LAG Köln, Beschl. v. 04.03.1994	MDR 1994, 843	Siehe *Meier*, Lexikon der Streitwerte im Arbeitsrecht, Rn 186 ff.
Direktionsrecht	a) Ein Monatsgehalt	LAG Chemnitz, Beschl. v. 31.03.1999 LAG Nürnberg, Beschl. v. 27.12.1994	LAGE § 12 ArGG 1979, Streitwert Nr. 118 ARSt. 1995, 142	
	b) Dreifacher Jahresbetrag des Wertes der Veränderung	LAG Sachsen, Beschl. v. 05.03.1997	LAGE § 12 ArbGG 1979 Streitwert Nr. 109	Gebührenstreitwert bei Abbestellung einer angestellten Lehrerin von der Position als Schulleiterin im Wege des Weisungsrechts
Ehrverletzungen im Rahmen eines Arbeitsverhältnisses	a) Regelwert von 4.000 € bei fehlenden Besonderheiten, vgl. § 13 Abs. 1 Satz 2 GKG a.F.	ArbG Bonn, Beschl. v. 22.06.1989, 3 Ca 245/89	Unveröffentlicht	Vgl. *Hümmerich*, AnwBl 1995, 328.
	b) Streitwerterhöhend bei Widerrufsantrag	OLG Düsseldorf, Beschl. v. 16.05.1980	AnwBl 1980, 358	
	c) Festsetzung eines höheren Wertes nach § 3 ZPO bei Verfolgung eines zusätzlichen wirtschaftlichen Interesses	BAG, Beschl. v. 02.03.1998	EzA § 12 GKG a.F. Nr. 1	
	d) Regelwert von nur 300 €	LAG Hamm, Beschl. v. 24.11.1983	AnwBl 1984, 156	

Alphabetische Sortierung nach Gegenständen	Gegenstandswert	Gericht	Fundstelle	Anmerkungen
Eingruppierung	a) Wertberechnung nach §§ 12 Abs. 7 Satz 2 ArbGG, 17 Abs. 3 GKG a.F. ohne »Feststellungsabschlag«	BAG, Beschl. v. 24.03.1981	EzA § 12 ArbGG 1979 Streitwert Nr. 5	
		LAG Berlin, Beschl. v. 07.12.1987	LAGE § 12 ArbGG 1979 Streitwert Nr. 68	
		LAG Hamburg, Beschl. v. 28.12.1983	AnwBl 1984, 157	
		LAG Nürnberg, Beschl. v. 02.11.1998	LAGE § 8 BRAGO Nr. 39	
		LAG Potsdam, Beschl. v. 01.09.2000	JurBüro 2001, 95	
		LAG Rheinland-Pfalz, Beschl. v. 31.08.2000	NZA-RR 2001, 325	
		LAG Schleswig-Holstein, Beschl. v. 18.04.1996, 1 Ta 30/96	Unveröffentlicht	
	b) Wertberechnung mit 20 % Abschlag	LAG Hamm, Beschl. v. 27.06.1978	EzA § 12 ArbGG 1979 Nr. 7	
		LAG Baden-Württemberg, Beschl. v. 02.01.1984	AnwBl 1985, 101	
Entfristungsklage	Regelwert des § 12 Abs. 7 Satz 1 ArbGG	LAG Düsseldorf, Beschl. v. 30.06.2003, 5 Sa 225/03	AE 01/2004, 73	Regelwert gilt auch, wenn Kündigung innerhalb der ersten sechs Monate eines auf ein Jahr befristeten Arbeitsvertrages erfolgt
Feststellung zur Insolvenztabelle	Wird das Arbeitsentgelt durch Klage auf Feststellung ggü. dem Insolvenzverwalter geltend gemacht, ist die gesetzliche Streitwertregelung in § 182 InsO zu beachten.			

Alphabetische Sortierung nach Gegenständen	Gegenstandswert	Gericht	Fundstelle	Anmerkungen
Feststellungsantrag nach § 256 ZPO neben Bestandsschutzantrag nach § 4 KSchG	Wert des Kündigungsschutzantrags und des Fortbestandsantrags sind nicht zu addieren	LAG Hamm Beschl. v. 03.02.2003, 9 Ta 520/02	AE 3/2003, 142	Aufgabe der bisherigen Rspr. des LAG Hamm, wonach die Streitwerte nach § 5 ZPO aufzuaddieren waren
Freistellung	a) 25 % des im Freistellungszeitraum anfallenden Bruttomonatsgehalts	LAG Berlin, Beschl. v. 01.10.2001	NZA 2002, 406	Wenn anderweitiger Verdienst nicht angerechnet werden soll, sonst 10 %
		LAG Berlin, Beschl. v. 11.03.1996, 7 Ta 6/96	Unveröffentlicht	
		LAG Berlin, Beschl v. 24.02.1997, 7 Ta 134/96	Unveröffentlicht	Erhöht sich um 5 % wenn Arbeitgeber auf Anrechnung anderweitigen Erwerbs verzichtet.
		LAG Berlin, Beschl. v. 13.03.2003, 17 Ta (Kost) 6013/03	AE 3/2003, 142	
		LAG Köln, Beschl. v. 17.04.1985	AnwBl 1986, 205	
		LAG Rheinland-Pfalz, Beschl. v. 28.11.1984	Bibliothek BAG (Juris)	
		LAG Schleswig-Holstein, Beschl. v. 20.05.1998	LAGE § 12 ArbGG 1979 Streitwert Nr. 113	
	b) 10 % des Verdienstes im Freistellungszeitraum	LAG Berlin, Beschl. v. 01.10.2001	MDR 2002, 59	Ist anderweitige Verrechnung ausgeschlossen, 25 %.
		LAG Düsseldorf, Beschl. v. 07.08.1998	FA 1998, 387	
		LAG Düsseldorf, Beschl. v. 29.08.1997, 7 Ta 191/97	Unveröffentlicht	
	c) Bis zu 50 % des für den Freistellungszeitraum geschuldeten Entgelts bei besonderem Beschäftigungsinteresse	LAG Berlin, Beschl. v. 01.10.2001	MDR 2002, 59	

Alphabetische Sortierung nach Gegenständen	Gegenstandswert	Gericht	Fundstelle	Anmerkungen
	d) Vergütungsbetrag im Freistellungszeitraum	LAG Hessen, Beschl. v. 26.05.1995	AR-Blattei, Streitwert u. Kost Nr. 199	
		LAG Köln, Beschl. v. 27.07.1995, 13 Ta 144/1995	AR-Blattei ES 160.13 Nr. 199	
		LAG Sachsen-Anhalt, Beschl. v. 22.11.2000	NZA-RR 2001, 435	
		LAG Sachsen-Anhalt, Beschl. v. 20.09.1995	LAGE § 12 ArbGG 1979 Streitwert Nr. 104	
Gehaltsansprüche	a) Addition mit dem sonstigen Streitwert	LAG Berlin, Beschl. v. 22.03.1995, 2 Ta 11/95	Unveröffentlicht	
		LAG Berlin, Beschl. v. 18.10.1982	AnwBl 1983, 35	
		LAG Hamm, Beschl. v. 16.11.1998, 9 Ta 551/98	Unveröffentlicht	
		LAG Hamm, Beschl. v. 06.05.1982, 8 Ta 102/82	Unveröffentlicht	
		LAG Mannheim, Beschl. v. 27.11.1981	AnwBl 1982, 75	
	b) Bei künftigen Gehaltsforderungen gilt § 12 Abs. 7 Satz 2 ArbGG	LAG Hamm, Beschl. v. 27.09.1990	LAGE § 12 ArbGG 1979 Streitwert Nr. 86	
		LAG Köln, Beschl. v. 10.10.1986, 4 Ta 263/86	Unveröffentlicht	
	c) Anderen vom Bestand des Arbeitsverhältnisses abhängigen Ansprüchen kommt kein eigener Streitwert zu. Im Hinblick auf § 12 Abs. 7 ArbGG ist lediglich der höhere Wert maßgebend.	LAG Sachsen-Anhalt, Beschl. v. 20.09.1995	LAGE § 12 ArbGG 1979 Streitwert Nr. 104	Kritisch *Meier*, Lexikon der Streitwerte im Arbeitsrecht, Rn 229 ff.
		LAG Berlin, Beschl. v. 01.06.1995, 1 Ta 31/95	Unveröffentlicht	
Herausgabeansprüche	Wertbestimmung nach § 6 ZPO			Nutzungswert hat Vorrang vor Verkehrswert.

Alphabetische Sortierung nach Gegenständen	Gegenstandswert	Gericht	Fundstelle	Anmerkungen
Integrationsamt	a) Wert der Kündigungsschutzklage, § 12 Abs. 7 ArbGG analog	Hessischer VGH, Beschl. v. 23.12.1987	AnwBl 1988, 646	Vgl. auch den Streitwertkatalog für die Verwaltungsgerichtsbarkeit, DVBl 1991, 1239
		OVG Lüneburg, Beschl. v. 25.05.1989, 4 L 22/89	Unveröffentlicht	
	b) § 13 Abs. 1 Satz 2 GKG a.F. analog (4.000 €)	BVerwG, Beschl. v. 17.04.1991, 5 B 114/89	Unveröffentlicht	
		BVerwG, Beschl. v. 16.12.1992	MDR 1993, 584	
		OVG Nordrhein-Westfalen, Beschl. v. 10.02.1992	EzA § 12 ArbGG 1979 Streitwert Nr. 65	
Insolvenzforderung	Streitwert richtet sich nach der zu erwartenden Befriedigungsquote.	LAG Berlin, Beschl. v. 28.08.2001	NZA-RR 2002, 157	Es ist nicht auf die garantierte Mindestquote, sondern auf die erwartete Höchstquote, der das Feststellungsinteresse gilt, abzustellen.
		LAG Hamm, Beschl. v. 06.09.2001	ZInsO 2001, 1072	
Kündigung, ordentliche	§ 12 Abs. 7 Satz 1 ArbGG wird als Regelstreitwert angesehen.	LAG Berlin, Beschl. v. 05.01.1996	AE 1997, 102	Ablehnend LAG Schleswig-Holstein, Beschl. v. 17.02.1998, 3 Ta 34/98 c: Die Höchstgrenze von drei Monatsverdiensten bildet nur eine Grenze des arbeitsgerichtlichen Ermessens, nicht aber einen Regelstreitwert.
		LAG Düsseldorf, Beschl. v. 17.10.1985	LAGE § 12 ArbGG 1979 Streitwert Nr. 42	
		LAG Hamburg, Beschl. v. 15.05.1990	LAGE § 12 ArbGG 1979 Streitwert Nr. 85	
		LAG Hamm, Beschl. v. 13.05.1986	LAGE § 12 ArbGG 1979 Streitwert Nr. 55	
		LAG Köln, Beschl. v. 13.12.1994, 5 Ta 280/94	Unveröffentlicht	
		LAG Niedersachsen, Beschl. v 10.01.1992	NdsRpfl 1992, 66	
		LAG Sachsen, Beschl. v. 02.11.1999	NZA-RR 2001, 326	
		LAG Schleswig-Holstein, Beschl. v. 06.08.2001, 3 Ta 102/01	Unveröffentlicht	

Alphabetische Sortierung nach Gegenständen	Gegenstandswert	Gericht	Fundstelle	Anmerkungen
	a) Herabsetzung bei Arbeitsverhältnis von bisheriger kurzer Dauer	BAG Beschl. v. 30.11.1984	NZA 1985, 369	
		LAG Baden-Württemberg, Beschl. v. 08.10.1986	LAGE § 12 ArGG 1979 Streitwert Nr. 58	
		LAG Berlin, Beschl. v. 13.03.2001	NZA-RR 2001, 436	
		LAG Nürnberg, Beschl. v. 05.05.1986	LAGE § 12 ArGG 1979 Streitwert Nr. 53	
		LAG Rheinland-Pfalz, Beschl. v. 14.01.1991	LAGE § 12 ArbGG 1979 Streitwert Nr. 88	bei Bestandsdauer von sechs bis zwölf Monaten zwei Monatsvergütungen.
		LAG Rheinland-Pfalz, Beschl. v. 19.07.1985	LAGE § 12 ArGG 1979 Streitwert Nr. 40	
	b) Keine Herabsetzung bei Arbeitsverhältnis von bisheriger kurzer Dauer	LAG Berlin, Beschl. v. 05.01.1996, 7 Ta 120/95	Unveröffentlicht	
		LAG Niedersachsen, Beschl. v. 10.01.1992	NdsRpfl 1992, 66	
		LAG Niedersachsen, Beschl. v. 27.04.1995, 9 Ta 141/95	Unveröffentlicht	
	c) Staffelung nach bisheriger Dauer	LAG Schleswig-Holstein, Beschl. v. 19.11.2002, 2 Ta 185/02	AE 2/2003, 87	Ein Monatsgehalt bei Bestand des Arbeitsverhältnisses von bis zu sechs Monaten, zwei Monatsgehälter bei einem Bestand des Arbeitsverhältnisses zwischen sechs und zwölf Monten und ab einem Bestand von mehr als zwölf Monaten volles Vierteljahresentgelt
Kündigung, außerordentliche	a) »Makelzuschlag«, wenn es sich bei einer von mehreren Kündigungen um eine fristlose handelt.	LAG Düsseldorf, Beschl. v. 16.02.1989	JurBüro 1989, 955	

Alphabetische Sortierung nach Gegenständen	Gegenstandswert	Gericht	Fundstelle	Anmerkungen
	b) Keine Streitwerterhöhung zu ordentlicher Kündigung	LAG Hessen, Beschl. v. 21.01.1999	NZA-RR 1999, 156	
Kündigungen, mehrere				
1) ohne zeitliche oder sachliche Differenzierung	Für jedes Verfahren gilt § 12 Abs. 7 Satz 1 ArbGG.	LAG Baden-Württemberg Stuttgart, Beschl. v. 23.12.1983	AnwBl 1985, 99	
		LAG Hamburg, Beschl. v. 08.02.1994	NZA 1995, 495	
		LAG Kiel, Beschl. v. 23.08.1984	AnwBl 1985, 99	
		LAG Nürnberg, Beschl. v. 23.06.1987	LAGE § 12 ArbGG 1979 Streitwert Nr. 78	
		LAG Niedersachsen, Beschl. v. 08.02.1994	MDR 1994, 627	
		LAG Sachsen-Anhalt, Beschl. v. 20.09.1995	LAGE § 12 ArbGG 1979 Streitwert Nr. 104	
2) bei zeitgleichem Ausspruch einer hilfsweise ordentlichen Kündigung	a) Höchstgrenze ist das dreimonatige Arbeitsentgelt (d.h. den einzelnen Kündigungen wird jeweils kein zusätzlicher Wert beigemessen).	BAG, Beschl. v. 06.12.1984	NZA 1985, 296	Mit umfangreichen Nachweisen
		LAG Berlin, Beschl. v. 24.02.1997, 7 Ta 134/96	Unveröffentlicht	
		LAG Berlin, Beschl. v. 25.04.2003, 17 Ta (Kost) 6023/03	AE 3/2003, 142	
		LAG Bremen, Beschl. v. 13.02.1987	LAGE § 12 ArbGG 1979 Streitwert Nr. 62	

Alphabetische Sortierung nach Gegenständen	Gegenstands-wert	Gericht	Fundstelle	Anmerkungen
		LAG Düsseldorf, Beschl. v. 20.02.1996 LAG Köln, Beschl. v. 08.03.1989 LAG Niedersachsen, Beschl. v. 21.01.1994, 10 Ta 16/94 LAG Rheinland-Pfalz, Beschl. v. 18.04.1986	MDR 1996, 752 LAGE § 12 ArbGG 1979 Streitwert Nr. 79 Unveröffentlicht LAGE § 12 ArbGG 1979 Streitwert Nr. 59	Für die weitere Kündigung ist lediglich dann kein Wert anzusetzen, wenn mit der vorausgegangenen Kündigung wirtschaftliche Identität besteht. Davon ist auszugehen, wenn die weitere Kündigung in unmittelbarem zeitlichen Abstand ausgesprochen worden ist, sie auf demselben Kündigungssachverhalt beruht und lediglich vorsorglich (etwa zur Beseitigung eines Formfehlers) erklärt worden ist.
	b) Zusätzlich ein Monatsgehalt pro Kündigung	LAG Hamburg, Beschl. v. 23.04.1987 LAG Thüringen, Beschl. v. 01.02.2001	LAGE § 12 ArbGG 1979 Streitwert Nr. 64 BB 2000, 1948	Bei vorsorglicher Geltendmachung der Sozialwidrigkeit in getrennten Kündigungsschutzprozessen ist für die zweite Kündigung höchstens ein Monatsgehalt anzusetzen.
3) bei zeitlich hintereinander ausgesprochenen Kündigungen	a) Keine Streitwertaddition, da die verschiedenen Streitgegenstände wirtschaftlich gesehen identisch sind.	BAG, Beschl. v. 06.12.1984 LAG Baden-Württemberg, Beschl. v 02.01.1991 LAG Berlin, Beschl. v. 22.10.1984 LAG München, Beschl. v. 15.09.1983 Thüringer LAG Beschl. v. 23.10.1996	NZA 1985, 296 JurBüro 1991, 667 f NZA 1985, 297 EzA § 12 ArbGG 1979 Streitwert Nr. 24 LAGE § 12 ArGG 1979, Streitwert Nr. 107	Dies entspricht auch der h.M. im Schrifttum, vgl. die Nachweise bei BAG, NZA 1985, 296. Pro nachfolgende Kündigung jedoch regelmäßig ein Monatsgehalt

Alphabetische Sortierung nach Gegenständen	Gegenstandswert	Gericht	Fundstelle	Anmerkungen
	b) Differenzbetrag, der sich aus der Differenz des Monatsgehalts ermittelt, das der Arbeitnehmer zwischen den zwei Kündigungen bezogen hat/hätte.	LAG Bremen, Beschl. v. 13.02.1987 LAG Düsseldorf, Beschl. v. 08.07.1985 LAG Köln, Beschl. v. 08.03.1989 LAG München, Beschl. v. 13.10.1988 LAG Schleswig-Holstein, Beschl. v. 17.02.1998, 3 Ta 34/98 c	LAGE § 12 ArbGG 1979 Streitwert Nr. 39 LAGE § 12 ArbGG 1979 Streitwert Nr. 79 LAGE § 12 ArbGG 1979 Streitwert Nr. 77 LAGE § 12 ArbGG 1979 Streitwert Nr. 62 Unveröffentlicht	Überwiegend wird eine Obergrenze in Höhe von einem Viertel des Jahresentgeltes gem. § 12 Abs. 7 Satz 1 ArbGG für jede Kündigung gezogen.
4) wenn drei Monate zwischen den Kündigungen liegen	Es gilt dann wieder uneingeschränkt § 12 Abs. 7 Satz 1 ArbGG für jede einzelne Kündigung.	LAG Bremen, Beschl. v. 14.01.1999, 2 Ta 84/98 LAG Hamburg, Beschl. v. 15.11.1994 LAG Hamm, Beschl. v. 16.11.1998 LAG Köln, Beschl. v. 09.09.1993 LAG München, Beschl. v. 08.05.1989	Unveröffentlicht LAGE § 12 ArbGG 1979 Streitwert Nr. 102 Unveröffentlicht LAGE § 12 ArbGG 1979 Streitwert Nr. 99 LAGE § 12 ArbGG 1979 Streitwert Nr. 81	Vgl. auch *Schaefer*, Anwaltsgebühren im Arbeitsrecht, Rn 49. Als Begründung wird z. T. noch auf die den Kündigungen zugrunde liegenden verschiedenen Sachverhalte abgestellt. Hier: Mindestens sechs Monate zwischen zwei Kündigungen
5) wenn innerhalb von sechs Monaten nach Zugang der ersten Kündigung weitere Kündigungen ausgesprochen werden	Weitere Kündigungen, die innerhalb von sechs Monaten nach Zugang der ersten Kündigung ausgesprochen werden, sind regelmäßig mit dem Betrag eines Bruttomonatsverdienstes zu bewerten.	LAG Hessen, Beschl. v. 21.01.1999	NZA-RR 1999, 156	

Alphabetische Sortierung nach Gegenständen	Gegenstandswert	Gericht	Fundstelle	Anmerkungen
6) wenn unterschiedliche Sachverhalte den Kündigungen zugrunde liegen.	Es gilt § 12 Abs. 7 Satz 1 ArbGG. Für jede nachfolgende Kündigung mindestens ein Monatsgehalt.	LAG Hessen, Beschl. v. 16.05.1998, 6 Ta 430/97	Unveröffentlicht	
		LAG Rheinland-Pfalz, Beschl. v. 07.04.1987, 1 Ta 68/87	Unveröffentlicht	
		LAG Sachsen-Anhalt, Beschl. v. 20.09.1995	LAGE § 12 ArGG Streitwert Nr. 104	
		LAG Thüringen, Beschl. v. 14.11.2000	MDR 2001, 538	Für die zweite Kündigung ist ein gesonderter Regelwert nach § 12 Abs. 7 ArbGG anzusetzen, der mit dem Regelwert für die erste Kündigung nach § 5 ZPO zusammenzurechnen ist.
		LAG Thüringen, Beschl. v. 23.10.1996	LAGE § 12 ArbGG 1979 Streitwert Nr. 107	
Kündigungen, Mehrheit von Arbeitgebern	a) Jeden Feststellungsantrag mit dem Vierteljahresbezug berechnen	LAG Hamm, Beschl. v. 09.01.1985	MDR 1985, 348	
		LAG Köln, Beschl. v. 16.12.1993	ARST 1994, 57	
	b) Auf drei Monatsbezüge begrenzt	LAG Hessen, Beschl. v. 15.09.1995, 6 Ta 427/95	Unveröffentlicht	

Alphabetische Sortierung nach Gegenständen	Gegenstandswert	Gericht	Fundstelle	Anmerkungen
Kündigungsschutzklage und Betriebsübergang	Klagt ein Arbeitnehmer in subjektiver Klagehäufung gegen den bisherigen Arbeitgeber und Betriebsinhaber auf Feststellung, dass das Arbeitsverhältnis durch eine von diesem ausgesprochene Kündigung nicht aufgelöst worden ist, und gegen den behaupteten Betriebsübernehmer zugleich auf Feststellung, dass mit ihm das beim bisherigen Arbeitgeber begründete Arbeitsverhältnis fortbesteht, so handelt es sich um zwei Streitgegenstände, die selbständig bis zum Höchstbetrag nach § 12 Abs. 7 Satz 1 ArbGG zu bewerten sind.	LAG Köln, Beschl. v. 16.12.1993	ARST 1994, 57	
Kündigungsschutzklage und Weiterbeschäftigungsanspruch	a) Kein zusätzlicher Streitwert	ArbG Mainz, Urt. v. 02.01.1986	DB 1986, 1184	
		LAG Baden-Württemberg, Beschl. v. 19.04.1985	AnwBl 1986, 160	
		LAG Düsseldorf, Beschl. v. 27.07.2000	NZA-RR 2000, 613	
		LAG Schleswig-Holstein, Beschl. v. 14.09.1984	LAGE § 1 ArbGG 1979 Streitwert Nr. 34	

Alphabetische Sortierung nach Gegenständen	Gegenstandswert	Gericht	Fundstelle	Anmerkungen
	b) Ein Monatsgehalt	LAG Baden-Württemberg, Beschl. v. 27.01.1982	LAGE § 12 ArbGG 1979 Streitwert Nr. 16	
		LAG Berlin, Beschl. v. 13.03.2001	NZA-RR 2001, 436	
		LAG Frankfurt, Beschl. v. 20.06.1984	ArbuR 1985, 62	
		LAG Hamburg, Beschl. v. 26.03.1992	LAGE § 19 GKG a.F., Nr. 14	
		LAG Köln, Beschl. v. 18.12.2001, 13 Ta 303/01	Unveröffentlicht	
		LAG Köln, Beschl. v. 17.05.2001, 13 Ta 303/01 und 3 Ta 317/01	Unveröffentlicht	
		LAG München, Beschl. v. 30.10.1990	NZA 1992, 140	
		LAG Niedersachsen, Beschl. v. 17.04.2001	NZA-RR 2001, 495	
		LAG Nürnberg, Beschl. v. 24.08.1999	JurBüro 2000, 82	
		LAG Rheinland-Pfalz, Beschl. v. 16.04.1992	LAGE § 19 GKG a.F. Nr. 13	
		LAG Sachsen, Beschl. v. 15.05.1997	LAGE § 12 ArbGG 1979 Streitwert Nr. 111	
		Thüringer LAG, Beschl. v. 27.02.1996	AuA 1996, 250	
	c) Zwei Monatsbezüge	LAG Brandenburg, Beschl. v. 28.10.1997, 6 Ta 129/97	Unveröffentlicht	anders noch LAG Düsseldorf, AnwBl 1981, 36 (drei Monatsbezüge)
		LAG Düsseldorf, Beschl. v. 20.05.1997, 7 Ta 120/97	Unveröffentlicht	

Alphabetische Sortierung nach Gegenständen	Gegenstandswert	Gericht	Fundstelle	Anmerkungen
		LAG Hamm, Beschl. v. 11.09.1986	MDR 1987, 85	
		LAG Köln, Beschl. v. 31.07.1995	NZA 1996, 840	Vgl. aber die aktuelle abweichende Rechtsprechung des LAG Köln.
		LAG Köln, Beschl. v. 04.07.1995	MDR 1995, 1150	
Kündigungsschutzklage und allgemeiner Feststellungsantrag	Feststellungsantrag grds. ohne eigenen Streitwert neben Kündigungsschutzklage und Weiterbeschäftigungsantrag	LAG Nürnberg, Beschl. v. 26.06.2001	NZA-RR 2002, 274	Feststellungsantrag dann nicht verhältnismäßig geringfügig gem. § 92 Abs. 2 ZPO, wenn Feststellungsantrag im Gegensatz zum Kündigungs- und Weiterbeschäftigungsantrag abgewiesen wird oder (bei Erledigung) worden wäre.
Kündigungsschutzklage und Protokollierung des unveränderten Fortbestehens des Arbeitsverhältnisses	a) Entstehen einer Vergleichsgebühr	LAG Sachsen-Anhalt, Beschl. v. 18.02.2000, 8 Ta 9/00	JurBüro 2000, 528	Wenn bereits Vergleichsgebühr ausgelöst wird, dann fällt in jedem Falle eine Einigungsgebühr an.
		LAG Köln, Beschl. v. 13.12.2000, 11 Ta 244/00	NZA-RR 2001, 440 = MDR 2001, 656	
		ArbG Köln, Beschl. v. 19.07.2002, 145 C 56/02	Unveröffentlicht	Die Formulierung im Vergleich lautete: »Kündigung ist hinfällig«
	b) Kein Entstehen einer Vergleichsgebühr	LAG Düsseldorf, Beschl. v. 15.10.1998, 7 Ta 285/88	JurBüro 1999, 361 = MDR 1999, 445	
		LAG Düsseldorf, Beschl. v. 29.08.2000, 8 Ta 127/00	NZA 2001, 632	
		LAG Sachsen, Beschl. v. 26.10.2000	NZA-RR 2001, 105	
		LAG Niedersachsen, Beschl. v. 21.02.2001	MDR 2001, 656 = JurBüro, 413 = NZA-RR 2001, 439	
		LAG Nürnberg, Beschl. v. 14.01.2002, 4 Ta 176/01	MDR 2002, 544 = JurBüro 2002, 528	

Alphabetische Sortierung nach Gegenständen	Gegenstandswert	Gericht	Fundstelle	Anmerkungen
Kündigungsschutzklage mit Weiterbeschäftigungsanspruch in Form eines uneigentlichen Hilfsantrages	a) Der uneigentliche Hilfsantrag wird selbständig bewertet, da es sich nicht um einen Hilfsantrag gem. § 19 Abs. 1 Satz 2 GKG a.F. (§ 19 Abs. 4 a.F.) handelt.	LAG Köln, Beschl. v. 31.07.1995 LAG Niedersachsen, Beschl. v. 19.12.1984 LAG Sachsen, Beschl. v. 15.05.1997	NZA 1996 840 Unveröffentlicht LAGE § 12 ArGG 1979, Streitwert Nr. 111	
	b) § 19 Abs. 1 Satz 2 GKG a.F. findet Anwendung, sodass der Wert des uneigentlichen Hilfsantrages hinzuzurechnen ist.	LAG Hessen, Beschl. v. 23.04.1999	NZA-RR 1999, 434	Jedoch nur bei Vergleich oder Entscheidung; Umkehrschluss aus § 19 Abs. 1 Satz 1 GKG a.F. Vgl. LAG Düsseldorf, Beschl. v. 27.07.2000, NZA-RR 2000, 613; LAG Hessen Beschl. v. 26.06.1997, LAGE § 19 GKG a.F. Nr. 16
	c) Der uneigentliche Hilfsantrag wird nur dann werterhöhend berücksichtigt, wenn über ihn entschieden wurde.	LAG Schleswig-Holstein, Beschl. v. 05.06.2000, 2 Ta 55/2000 ArbG Lübeck, Beschl. v. 18.06.2002, 2 Ca 3731/01	Unveröffentlicht AE 2/2003, 87	
Kündigungsschutzklage und Zahlungsklage	a) Keine Streitwertaddition; der höhere Streitwert ist maßgeblich.	BAG, Urt. v. 16.01.1968 LAG Baden-Württemberg, Beschl. v. 12.02.1991 LAG Bremen, Beschl. v. 01.11.1982 LAG Düsseldorf, Beschl. v. 27.07.2000 LAG Niedersachsen, Beschl. v. 15.03.1988	AP Nr. 17 zu § 12 ArbGG 1953 JurBüro 1991, 1479 LAGE § 12 ArbGG 1979 Streitwert Nr. 23 NZA-RR 2000, 613 JurBüro 1988, 855	

Alphabetische Sortierung nach Gegenständen	Gegenstandswert	Gericht	Fundstelle	Anmerkungen
		LAG Nürnberg, Beschl. v. 12.02.1988	LAGE § 12 ArbGG 1979 Streitwert Nr. 73	
		LAG Rheinland-Pfalz, Beschl. v. 10.06.1992 LAG Sachsen-Anhalt, Beschl. v. 20.09.1995	ARSt. 1993, 126 LAGE § 12 ArbGG 1979 Streitwert Nr. 104	
	b) Streitwertaddition	LAG Baden-Württemberg, Beschl. v. 27.09.1982 LAG Düsseldorf, Beschl. v. 23.10.1980 LAG Frankfurt, Beschl. v. 03.06.1970 LAG Hamburg, Beschl. v. 27.06.2001, 6 Ta 11/01 LAG Köln, Beschl. v. 19.04.1982 LAG Rheinland-Pfalz, Beschl. v. 23.07.1981 LAG Saarland, Beschl. v. 27.05.1981	BB 1982, 2188 ArbuR 1981, 156 NJW 1970, 2134 Unveröffentlicht BB 1982, 2427 AnwBl 1983, 36 MDR 1981, 789	Dies entspricht nunmehr der überwiegenden Auffassung in der Rspr. und der Lit. (vgl. weitere Nachweise in GK-ArbGG/*Wenzel*, § 12 Rn 159; *Schaefer*, Anwaltsgebühren im Arbeitsrecht, Rn 64).
Kündigungsschutzklage und Klage auf wiederkehrende Leistungen	a) Der Antrag auf zukünftige wiederkehrende Zahlungen ist – sofern er im selben Verfahren neben einem Bestandsschutzantrag gestellt wird – (nur) mit einem Monatsentgelt in Ansatz zu bringen.	LAG Hamm, Beschl. v. 30.01.2002	ArbRB 2002, 77 = NZA-RR 2002, 267	§ 12 Abs. 7 Satz 2 ArbGG findet keine Anwendung. Die bei Urteilserlass oder sonstiger Erledigung des Rechtsstreits fälligen Teilbeträge sind in vollem Umfang, die Folgeansprüche insgesamt lediglich mit einem Monatsentgelt des Arbeitnehmers zu bewerten.

Alphabetische Sortierung nach Gegenständen	Gegenstandswert	Gericht	Fundstelle	Anmerkungen
	b) Wert des dreijährigen Bezuges	LAG Köln, Beschl. v. 21.11.1996	MDR 1997, 755	
Kündigungsschutzklage und Wiedereinstellungsanspruch	Ein Bruttomonatseinkommen	LAG Berlin, Beschl. v. 27.03.2003, 17 Ta (Kost) 6054/03	AE 01/2004, 75	Sagt der Arbeitgeber dem Arbeitnehmer bei Ausspruch der Kündigung eine Wiedereinstellung zu (Schlechtwetterkündigung) führt dies beim Gegenstandswert zu einer Reduzierung des Vierteljahreseinkommens nach § 12 Abs. 7 Satz 1 ArbGG auf ein Bruttomonatseinkommen
Leistungsklage	Ohne Berücksichtigung der Zinsen ist der eingeklagte Betrag streitwertmäßig anzusetzen.	LAG Düsseldorf, Beschl. v. 07.01.1988	JurBüro 1988, 1079	Vgl. auch GK-ArbGG/ *Wenzel*, § 12 Rn 166; *Schaefer*, Anwaltsgebühren im Arbeitsrecht, Rn 63.
Nachteilsausgleich	§ 12 Abs. 7 Satz 1 letzter Hs. ArbGG gilt nicht, sondern § 19 Abs. 1 Satz 2 GKG a.F., somit Addition der Streitwerte.	LAG Berlin, Beschl. v. 17.03.1995 LAG Bremen Beschl. v. 15.03.1983 LAG Düsseldorf Beschl. v. 17.01.1985 LAG Hessen Beschl. v. 27.03.1995, 6 Ta 130/96 LAG Köln Beschl. v. 02.03.1999, 12 Ta 71/99	NZA 1995, 1072 LAGE § 12 ArGG 1979 Streitwert Nr. 20 LAGE § 12 ArGG 1979 Streitwert Nr. 33 Unveröffentlicht Unveröffentlicht	
Niederschrift der wesentlichen Vertragsbedingungen	Ein Monatsverdienst	*Schaefer*, Anwaltsgebühren im Arbeitsrecht, Rn 89		

Alphabetische Sortierung nach Gegenständen	Gegenstandswert	Gericht	Fundstelle	Anmerkungen
Nachträgliche Zulassung der Kündigungsschutzklage gem. § 5 KSchG	In erster Instanz keine Gerichtsgebühr			
	In dem Beschwerdeverfahren gem. § 5 Abs. 4 Satz 2 KSchG ist der Streitwert der Wert der Hauptsache im vorausgegangenen Verfahren.	LAG Brandenburg, Beschl. v. 23.10.1996, 6 Ta 130/96 LAG Bremen, Beschl. v. 05.09.1986	Unveröffentlicht DB 1987, 996	
Personalakten	Siehe Akteneinsicht.			
Sexuelle Belästigung einer Arbeitnehmerin	a) Der Schadensersatzanspruch bei Kündigung einer Arbeitnehmerin umfasst die Vergütung, einschließlich der Feiertagszuschläge, Sonderzulagen und Gratifikationen.	BAG, Urt. v. 09.05.1975	EzA § 628 BGB Nr. 10	Vgl. MüKo-BGB/*Schwerdtner*, § 628 Rn 50 ff.
	b) Höhe des Schadensersatzes (hier ca. 3.000 €)	ArG Berlin, Beschl. v. 10.12.1999, 36 Ca 36555/98	Unveröffentlicht	
Schleppnetzantrag	Schleppnetzantrag bleibt solange bei der Streitwertfestsetzung unberücksichtigt, bis eine Folgekündigung oder ein sonstiger weiterer Auflösungstatbestand in das Verfahren einbezogen wird.	LAG Köln, Beschl. v. 08.09.1998 LAG Köln, Beschl. v. 12.12.1996 LAG Thüringen, Beschl. v. 03.06.1996	MDR 1999, 102 LAGE § 12 ArbGG 1979 Streitwert Nr. 108 LAGE § 12 ArbGG 1979 Streitwert Nr. 106	Vgl. auch *Schaefer*, Anwaltsgebühren im Arbeitsrecht, Rn 44.
Statusklage	a) Bei einem Streit um den Status eines freien Mitarbeiters wird § 12 Abs. 2, 3 GKG a.F. zugrunde gelegt.	BGH, Beschl. v. 13.02.1986	EzA § 12 ArbGG 1979 Streitwert Nr. 37	

Alphabetische Sortierung nach Gegenständen	Gegenstands-wert	Gericht	Fundstelle	Anmerkungen
	b) Bei einem Streit um den Status als leitender Angestellter i.S.v. § 5 Abs. 3 BetrVG nach billigem Ermessen (hier: drei Monatsgehälter).	LAG Hessen, Beschl. v. 31.10.1997, 6 Ta 362/97	Unveröffentlicht	Vgl. auch ArbG Hannover, Urt. v. 28.07.1995, 8 Ca 138/95 (unveröffentlicht).
	c) Bei einer Klage auf Feststellung der Unwirksamkeit der Kündigung eines Organmitglieds einer juristischen Person wurde dagegen der zehnfache Betrag der Jahresvergütung zugrunde gelegt.	OLG Hamm, Urt. v. 17.12.1976	AnwBl 1977, 111	Nach der Neufassung des § 9 ZPO ist bei Berücksichtigung der OLG Hamm Entscheidung der dreieinhalbfache Jahresbetrag zugrunde zu legen.
	d) § 12 Abs. 7 Satz 1 ArbGG bei Klage eines GmbH-Geschäftsführers auf inzidente Feststellung von Arbeitnehmerstellung	LAG Düsseldorf, Beschl. v. 17.01.2002	NZA-RR 2002, 324	§ 17 Abs. 3 GKG a.F. kommt solange nicht zur Anwendung, solange keine Verweisung an die Zivilgerichte erfolgt.
	e) Bei einer Klage ob ein Vertreter freier Handelsvertreter ist gilt § 12 Abs. 7 Satz 2 ArbGG.	LAG Nürnberg, Beschl. v. 26.07.2000	NZA-RR 2001, 53	
Teilzeitarbeit, Herabsetzung gem. § 8 TzBfG	a) Das 36-fache der monatlichen Differenz des Gehalts in Anlehnung an § 12 Abs. 7 Satz 2 ArGG	LAG Berlin, Beschl. v. 04.09.2001	NZA-RR 2002, 104	Begrenzt auf Vierteljahresgehalt
		LAG Baden-Württemberg, Beschl. v. 20.12.2001, 3 Ta 131/01	Unveröffentlicht	Die neuere Rechtsprechung des LAG Baden-Württemberg wendet § 12 Abs. 7 ArbGG generell nicht mehr an, sondern § 12 Abs. 1 GKG a.F. i.V.m. § 3 ZPO
		LAG Baden-Württemberg, Beschl. v. 15.02.2002, 3 Ta 5/02	Unveröffentlicht	
		LAG Hamburg, Beschl. v. 08.11.2001, 6 Ta 24/01	Unveröffentlicht	

Alphabetische Sortierung nach Gegenständen	Gegenstands-wert	Gericht	Fundstelle	Anmerkungen
		LAG Hessen, Beschl. v. 28.11.2001 LAG Köln, Beschl. v. 29.08.2001 LAG Nürnberg, Beschl. v. 12.09.2003	DB 2002, 852 ArbuR 2002, 119 RVG-Letter 2004, 11	
	b) Zwei Monatseinkommen	LAG Düsseldorf, Beschl. v. 12.11.2001 LAG Berlin, Beschl. v. 24.11.2000	NZA-RR 2002, 103 MDR 2001, 636	Die vom Arbeitnehmer, wenn auch ohne Kündigung, begehrte Herabsetzung der vertraglich vereinbarten Arbeitszeit ist bei der Streitwertfestsetzung ebenso zu behandeln wie die Klage, mit der sich der Arbeitnehmer gegen eine Herabsetzung seiner Arbeitszeit durch Änderungskündigung des Arbeitgebers wehrt.
	c) Interesse an der erstrebten Entscheidung	ArbG Stuttgart, Beschluss v. 16.12.2002, 3 Ca 4487/02	AE 3/2003, 140	
Teilzeitarbeit, Herabsetzung gem. § 8 TzBfG im Wege einstweiliger Verfügung	Das 36-fache der monatlichen Differenz des Gehalts in Anlehnung an § 12 Abs. 7 Satz 2 ArbGG	LAG Nürnberg, Beschl. v. 12.09.2003, 9 Ta 127/03	AE 1/2004, 69	Ein prozentualer Abschlag kann bei einer sog. Leistungs- und Befriedigungsverfügung unterbleiben
Urlaubsgewährung	Arbeitsvergütung für die Urlaubsdauer	*Schaefer*, Anwaltsgebühren im Arbeitsrecht, Rn 99 f.		
Vergleich				Vgl. allgemein, GK-ArbGG/*Wenzel*, § 12 Rn 174.
1) Abfindungsregelungen	Siehe Abfindung.			

Alphabetische Sortierung nach Gegenständen	Gegenstandswert	Gericht	Fundstelle	Anmerkungen
2) Einbeziehung strittiger Entgeltansprüche	a) Bei Ansprüchen aus der Zeit vor der Kündigung erhöht sich auch der Vergleichswert.			Im Ergebnis handelt es sich um eine Klagehäufung.
	b) Kündigungs-unabhängige Ansprüche bewirken keine Erhöhung des Vergleichswerts.	BAG, Urt. v. 20.01.1967	AP Nr. 16 zu § 12 ArbGG 1953	
3) Einbeziehung unstreitiger Ansprüche	a) Keine Erhöhung des Vergleichswerts, weil es insoweit an einem Vergleich i.S.v. § 779 BGB fehle.	LAG Baden-Württemberg, Beschl. v. 06.06.1983 LAG Rheinland-Pfalz, Beschl. v. 03.04.1984	DB 1984, 784 NZA 1984, 99	
	b) Erhöhung des Vergleichswerts mit dem vollen Wert der unstr. Ansprüche	LAG Düsseldorf, Beschl. v. 26.06.1982	EzA § 12 ArbGG 1979 Streitwert Nr. 18	
	c) Bewertung nach dem Titulierungsinteresse	OLG Hamm, Beschl. v. 27.03.1985	JurBüro 1985, 1360	Es ging um das Nettoeinkommen bei einem Scheidungsvergleich.
		Ähnlich LAG Bremen, Beschl. v. 23.12.1982 LAG Düsseldorf, Beschl. v. 23.08.1985	AnwBl 1984, 55 JurBüro 1985, 1710	Das gilt insb. für einen Zeugnisstreit.
4) Erledigungsklausel	a) Die allgemeine Erledigungsklausel hat einen gesonderten Wert, wenn vorher weitere Ansprüche zwischen den Parteien streitig gewesen sind.	LAG Hessen, Beschl. v. 26.05.1995, 6 Ta 170/95	Unveröffentlicht	Mangels anderer Anhaltspunkte ein Bruttomonatsgehalt

Alphabetische Sortierung nach Gegenständen	Gegenstandswert	Gericht	Fundstelle	Anmerkungen
	b) Die Ausgleichsklausel im Prozessvergleich ist dann nicht streitwerterhöhend zu bewerten, wenn sie lediglich deklaratorischen Charakter hat.	LAG Schleswig-Holstein, Beschl. v. 06.03.1997	MDR 1999, 814	
Versetzung	Gem. § 12 Abs. 7 Satz 1 ArbGG analog drei Monatsgehälter	LAG Bremen, Beschl. v. 31.08.1988	LAGE § 12 ArbGG 1979 Streitwert Nr. 75	Folgen für den betroffenen Arbeitnehmer müssen weitreichend sein.
Versetzung in den Ruhestand	Gem. § 12 Abs. 7 Satz 1 ArbGG maximal drei Monatsbezüge.	LAG Düsseldorf, Beschl. v. 13.11.1989 LAG Schleswig-Holstein, Beschl. v. 04.07.1996	LAGE § 12 ArbGG 1979 Streitwert Nr. 83 LAGE § 12 ArbGG 1979 Streitwert Nr. 105	Eine Klage auf Versetzung in den Ruhestand ist nicht höher zu bewerten als ein Rechtsstreit über das Nichtbestehen eines Arbeitsverhältnisses.
Weiterbeschäftigungsanspruch	Keine Berücksichtigung bei Streitwertfestsetzung, wenn Antrag auf Verurteilung des beklagten Arbeitgebers zur vorläufigen Weiterbeschäftigung des klagenden Arbeitnehmers nur für den Fall angekündigt wird, dass der Arbeitgeber im Gütetermin nicht zu Protokoll des Gerichts erklärt, er werde den Arbeitnehmer bei Obsiegen mit dem Antrag auf Feststellung der Nichtauflösung des Arbeitsverhältnisses durch die Kündigung weiterbeschäftigen. Siehe auch Kündigungsschutzklage mit Weiterbeschäftigungsanspruch.	LAG Berlin, Beschl. v. 01.12.2000	JurBüro 2001, 253	

Alphabetische Sortierung nach Gegenständen	Gegenstandswert	Gericht	Fundstelle	Anmerkungen
Wettbewerbsverbot	a) Die nach § 74 Abs. 2 HGB zu zahlende Karenzentschädigung	LAG Düsseldorf, Beschl. v. 27.11.1980 LAG Hamm, Urt. v. 01.12.1983 LAG Hamm, Beschl. v. 23.12.1980	EzA § 12 ArbGG 1979 Streitwert Nr. 2 AnwBl 1984, 156 LAGE § 61 ArbGG 1979 Nr. 4	Vgl. auch *Schaefer*, Anwaltsgebühren im Arbeitsrecht, Rn 71 ff.
	b) Umfang des zu erwartenden Schadens durch den Wettbewerbsverletzer	LAG Schleswig-Holstein, Beschl. v. 04.07.1996 LAG Berlin, Beschl. 28.05.2003, 17 Ta (Kost) 6046/03	LAGE § 12 ArbGG 1979 Streitwert Nr. 105 AE 3/2003, 142	In Ermangelung verwertbarer Rechengrößen kann der Wert einer Karenzentschädigung in gesetzlicher Höhe als Hilfswert zugrunde gelegt werden.
	c) Gem. §§ 12 GKG a.F., 3 ZPO nach dem Interesse des Arbeitgebers an der Unterlassung der Konkurrenztätigkeit	LAG Thüringen, Beschl. v. 08.09.1998	FA 1999, 60	Liegen hinreichende Anhaltspunkte für die Höhe des Schadens nicht vor, kann der Streitwert anhand der geschuldeten Karenzentschädigung berechnet werden.
1) Wirksamkeit des Wettbewerbsverbots	Unterlassungsinteresse begrenzt durch das Bestandsinteresse am Verbot bzw. Wert der Karenzentschädigung	BGH, v. 19.09.1990 LG Bayreuth, v. 14.03.1990	WM 1990, 2058 JurBüro 1990, 772	
2) Einstweilige Anordnung auf Unterlassung einer bereits aufgenommenen Tätigkeit	Ein Jahreseinkommen	LAG Hamm, Beschl. v. 23.12.1980	LAGE § 61 ArGG 1979 Nr. 4	

Alphabetische Sortierung nach Gegenständen	Gegenstands- wert	Gericht	Fundstelle	Anmerkungen
Wiedereinstellungs- anspruch	Vierteljahresentgelt	ArbG Karlsruhe, Beschl. v. 15.07.2003, 4 Ca 197/03	AE 01/2004, 76	Der Wiedereinstellungsanspruch enthält einen eigenständigen Streitgegenstand, weil er sich auf später liegende, nach Ausspruch der Kündigung eingetretene Tatsachen gründet und auf den Neuabschluss eines Arbeitsverhältnisses gerichtet ist. Er ist daher wirtschaftlich mit dem Bestandsschutzantrag nicht identisch.
Zeugnis				
1) Schlusszeugnis	a) Ein Monatsgehalt	LAG Düsseldorf, Beschl. v. 05.11.1987	JurBüro 1988, 726	Dies gilt sowohl für die Erstellung als auch für die Berichtigung des Zeugnisses, da erst die Ausstellung des berichtigten Zeugnisses die Anspruchserfüllung bewirkt, vgl. LAG.
		LAG Hamm, Beschl. v. 19.06.1986	AnwBl 1987, 497	
		LAG Hamburg, Beschl. v. 13.01.1987	JurBüro 1988, 1158	
		LAG Hessen, Beschl. v. 23.04.1999, 15/6 Ta 426/98	Unveröffentlicht	Düsseldorf, Beschl. v. 05.11.1987, JurBüro 1988, 1079 (insoweit differenzierend nur LAG München, Beschl. v. 04.03.1986, ARST 1988, 60).
		LAG Köln, Beschl. v. 29.12.2000	NZA-RR 2001, 324	
		LAG Köln, Beschl. v. 27.07.1995	AR-Blattei ES 160.13 Nr. 199	
		LAG München Beschl. v. 28.04.1999, 3 Ta 110/99	Unveröffentlicht	
		LAG Rheinland-Pfalz, Beschl. v. 31.07.1991	NZA 1992, 524	
		LAG Schleswig-Holstein, Beschl. v. 18.03.1986	AnwBl 1987, 497	

Alphabetische Sortierung nach Gegenständen	Gegenstands-wert	Gericht	Fundstelle	Anmerkungen
	b) Bei 18-monatiger Beschäftigung gem. § 3 ZPO (hier: bei einem Monatsgehalt von ca 2.900 € ca. 500 €)	LAG Baden-Württemberg, Beschl. v. 12.01.2000, 3 Ta 3/00		
2) Zwischenzeugnis	a) Ein Monatsgehalt	LAG Düsseldorf, Beschl. v. 19.08.1999	LAGE § 3 ZPO, Nr. 10	
		LAG Hamburg, Beschl. v. 13.01.1987	JurBüro 1988, 1158	
	b) Ein halbes Monatsgehalt	LAG Köln, Beschl. v. 12.07.1996, 11 Ta 97/96	Unveröffentlicht	
		LAG Hamm, Beschl. v. 23.02.1989	AnwBl 1989, 621	
		LAG Rheinland-Pfalz, Beschl. v. 18.01.2002, 9 Ta 1472/01	Unveröffentlicht	
		LAG Sachsen, Beschl. v. 19.10.2000	MDR 2001, 823	
	c) ca. 500 €	LAG Hannover, Beschl. v. 17.09.1984	AnwBl 1985, 97	
	d) ca. 250 € bei unstreitigem Inhalt	LAG Thüringen, Beschl. v. 14.11.2000	MDR 2001, 538	
	e) ca. 100 € bei geringer Bedeutung	LAG Baden-Württemberg, Beschl. v. 30.12.1999, 3 Ta 134/99	Unveröffentlicht	
3) Zeugnisberichtigung	Ein Monatseinkommen	LAG Köln, Beschl. v. 27.07.1995	AR-Blattei ES 160.13 Nr. 199	
Zuständigkeit (sachliche), Beschwerdeverfahren	a) Bruchteil des Hauptsachewerts	LAG Nürnberg, Beschl. v. 28.07.1998, 2 Ta 55/98	Unveröffentlicht	Vgl. auch *Schaefer*, Anwaltsgebühren im Arbeitsrecht, Rn 107.
	b) Ein Monatsgehalt	LAG Hamm, Beschl. v. 11.09.1998, 9 Ta 488/98 (3/19)	Unveröffentlicht	

II. Streitwerte im arbeitsgerichtlichen Beschlussverfahren

201

Alphabetische Sortierung nach Gegenständen	Gegenstandswert	Gericht	Fundstelle	Anmerkungen
Amtsausübung eines Betriebsratsmitglieds	80 % des Vierteljahreseinkommens des Betriebsratsmitglieds bei Antrag auf Verbot der Amtsausübung im Wege einstweiliger Verfügung, sofern Amtszeit noch rund drei Jahre dauert.	LAG Hamm, 8 TaBV 53/76, 04.10.1976,	ArbuR 1977, 59	
Amtsausübung des gesamten Betriebsrats	17-facher Hilfswert in Betrieb mit ca. 1.900 Arbeitnehmern (konkret 51.129,18 €)	ArbG Hamburg, 19 BV 6/88, 13.04.1989	Zit. bei *Bertelsmann*, Gegenstandswerte im arbeitsgerichtlichen Beschlussverfahren, S. 40.	
Arbeitskampfverbot	Je Arbeitnehmer Vierteljahreseinkommen gem. § 12 Abs. 7 ArbGG	LAG Hamm, 8 TaBV 84/75, 08.04.1976	Zit. bei *Wenzel*, DB 1977, 722 (725).	
Arbeitnehmereigenschaft gem. § 5 Abs. 1 BetrVG	Hilfswert des § 8 Abs. 2 BRAGO (4.000 €) bzgl. Streit über betriebsverfassungsrechtlichen Status von Personen, die aufgrund einer Vereinbarung zwischen Arbeitgeber und Arbeitsamt an beruflichen Bildungsmaßnahmen im Betrieb teilnehmen.	LAG Hamm, 8 TaBV 99/85, 05.12.1985	Vgl. GK-ArbGG/*Wenzel*, § 12 Rn 292.	
	Hilfswert	BAG, 1 ABR 86/77, 23.03.1979 BAG, 1 ABR 99/77, 29.03.1979 LAG Hamm, 8 TaBV 45/75, 28.05.1976	Zit. bei *Tschischgale/Satzky*, S. 65. Zit. bei *Wenzel*, DB 1977, 725.	
	Mehr als der Hilfswert	LAG Bremen, 3 TaBV 3/77, 24.04.1978	BB 1979, 1096	Bei größerer Schwierigkeit
	Ein Monatsgehalt (7.669,37 €)	LAG Hamburg, 5 TaBV 5/85, 10.01.1986	Zit. bei *Bertelsmann*, S. 82.	

Alphabetische Sortierung nach Gegenständen	Gegenstands-wert	Gericht	Fundstelle	Anmerkungen
	5-facher Hilfswert bei fünf Arbeitnehmern	ArbG Düsseldorf, 7 BV 107/80, 08.07.1993	Zit. bei *Bertelsmann*, S. 82.	
	1/2 Hilfswert pro Arbeitnehmer	ArbG Berlin, 34 BV 259/93, 05.04.1994	Zit. bei *Bertelsmann*, S. 82.	Bei sieben Arbeitnehmern
		LAG München, 6 Ta 61/82, 21.06.1982	AnwBl 1984, 160	Bei 150 Arbeitnehmern
	Gesamtwert der Addition der Einzelwerte abzüglich 25 % bei mehreren Arbeitnehmern	BAG, 1 ABR 22/76, 02.06.1977 BAG, 1 ABR 95/76, 15.01.1979	Zit bei *Tschischgale/Satzky*, S. 65.	
Streit um Status als leitender Angestellter	2-facher Hilfswert	LAG München, 6 Ta 61/82, 21.06.1982	AnwBl 1984, 160	
		LAG Nürnberg, 3 Ta 3/81, 04.02.1981	Zit. bei GK-*Wenzel*, § 12 ArbGG, Rn 292.	
	3-facher Hilfswert	ArbG Neumünster, 3 d BV 36/94, 21.10.1996	Zit. bei *Bertelsmann*, S. 82	
Auflösung des Betriebsrats gem. § 23 Abs. 1 BetrVG	3-facher Hilfswert bei dreiköpfigem Betriebsrat	ArbG Darmstadt, 8 BV 14/91,	Zit. bei *Hümmerich*, AnwBl 1995, 331.	
	6-facher Hilfswert bei fünfköpfigem Betriebsrat	ArbG Hamburg, 15 BV 14/93, 28.02.1995	Zit. bei *Bertelsmann*, S. 41.	
	Jeweils drei Monatsgehälter aller betroffenen Betriebsratsmitglieder bei siebenköpfigem Betriebsrat	LAG Niedersachsen, 10 Ta 87/86, 01.06.1987	Zit. bei *Bertelsmann*, S. 41.	
	3-facher Hilfswert bei neunköpfigem Betriebsrat	LAG Köln, 12 Ta 263/97, 20.10.1997	NZA-RR 1998, 275	
	Knapp 4-facher Hilfswert bei neunköpfigem Betriebsrat	LAG Hamm, 8 TaBV 126/93, 18.11.1993	BB 1994, 291	

Alphabetische Sortierung nach Gegenständen	Gegenstandswert	Gericht	Fundstelle	Anmerkungen
	127.822,97 € für Betrieb mit 160-köpfiger Belegschaft	LAG Hamm, 8 TaBV 70/75, 04.05.1976	Zit. bei *Wenzel*, DB 1977, 722 (724)	Würdigung der Konsequenzen für Belegschaft nach neunmonatigem Betriebsstillstand aus Auflösung in Hinblick auf Betriebsfortführung oder endgültige Stillegung
Außerordentliche Kündigung gem. § 103 Abs. 2 BetrVG	Vierteljahreseinkommen gem. § 12 Abs. 7 ArbGG analog	LAG Düsseldorf, 7 Ta 143/99, 11.05.1999	LAGE § 8 BRAGO Nr. 41	
		LAG Düsseldorf, 7 Ta 143/99, 08.06.1998	Zit. bei *Bertelsmann*, S 84.	
		LAG Hamburg, 7 Ta 14/97, 29.07.1997	Zit. bei *Bertelsmann*, S 84.	
		LAG Berlin, 2 Ta 15/74, 28.03.1974	DB 1975, 503	Verfahrenswert kann Höchstwert des § 12 Abs. 7 ArbGG überschreiten
		LAG Bremen, 3 TaBV 2/84, 15.08.1984	DB 1984, 2416	
		LAG Hamm, 8 TaBV 52/76, 14.10.1976	Zit. bei *Wenzel*, DB 1977, 722 (726).	
		LAG Hamm, 8 TaBV 101/75, 05.04.1976	Zit. bei *Wenzel*, DB 1977, 722 (726).	
		LAG Hamm, 8 TaBV 77/75, 20.02.1976	Zit. bei *Wenzel*, DB 1977, 722 (726).	
		LAG Baden-Württemberg, 1 Ta 147/81, 25.11.1981	AnwBl 1982, 313	
	Orientierung am Gegenstandswert eines nachfolgenden Kündigungsschutzprozesses, der nicht deutlich unterschritten werden darf.	LAG Nürnberg, 7 Ta 31/90, 02.04.1991	LAGE § 12 ArbGG 1979 Streitwert Nr. 90	

Alphabetische Sortierung nach Gegenständen	**Gegenstandswert**	**Gericht**	**Fundstelle**	**Anmerkungen**
	Hilfswert des § 8 Abs. 2 BRAGO	LAG Schleswig-Holstein, 4 Ta 91/97, 20.05.1997	LAGE § 10 BRAGO Nr. 35	Nicht nach § 12 Abs. 7 ArbGG analog
		LAG Baden-Württemberg, 8 Ta 60/90, 15.06.1990	JurBüro 1991, 62	
		LAG Frankfurt, 6 Ta 401/89, 02.01.1990	Zit. bei *Bertelsmann*, S. 83.	
	Hilfswert des § 8 Abs. 2 BRAGO, sofern nicht Umfang und Bedeutung der Sache, tatsächliche und rechtliche Schwierigkeit, Verfahrensdauer oder zeitlicher Aufwand des Anwalts eine andere Bewertung erfordern.	LAG Schleswig-Holstein, 6 Ta 16/94, 12.04.1994	Unveröffentlicht	Nicht nach § 12 Abs. 7 ArbGG analog, wirtschaftliche Auswirkungen und mittelbare Folgen (beabsichtigte spätere Kündigung) nicht zu berücksichtigen
	1,5-facher Hilfswert	LAG Schleswig-Holstein, 4 Ta 22/99, 17.05.1999	Zit. bei *Bertelsmann*, S. 83.	Unter Verweis auf die besondere Schwierigkeit der Sache
	2-facher Hilfswert	LAG München, 3 Ta 278/98, 02.11.1998	Zit. bei *Bertelsmann*, S. 83.	
Ausschluss von Betriebsratsmitgliedern gem. § 23 Abs. 1 BetrVG	Hilfswert des § 8 Abs. 2 BRAGO	BAG, 6 ABR 40/78, 18.09.1978	Zit. bei *Hillach*, S. 462.	
		LAG Berlin, 1 Ta 50/91, 17.12.1991	BB 1992, 216	
		LAG Hamm, 8 BV Ta 2/71, 29.06.1971	DB 1971, 1728	
	2-faches Bruttomonatseinkommen des betroffenen Betriebsratsmitglieds	LAG Düsseldorf, 7 Ta 143/99, 11.05.1999	LAGE § 8 BRAGO Nr. 41	

Alphabetische Sortierung nach Gegenständen	Gegenstandswert	Gericht	Fundstelle	Anmerkungen
	Vierteljahreseinkommen gem. § 12 Abs. 7 ArbGG	LAG Baden-Württemberg, 1 Ta 61/80, 17.07.1980	BB 1980, 1695	Im Verfahren der einstweiligen Anordnung Streitwertermäßigung auf 1/4 bis 2/3
		LAG Bremen, 3 Ta 47/84, 15.08.1984	DB 1985, 396	
		LAG Hamm, 8 TaBV 1/80, 07.03.1980	EzA § 8 BRaGebO Nr. 2; LAGE § 8 BRAGO Nr. 2	
		LAG Hamm, 8 TaBV 56/74, 19.12.1974	Zit. bei *Wenzel*, DB 1977, 724.	
	4-facher Hilfswert bei Ausschlussverfahren gegen zwei Betriebsratsmitglieder in einem Verfahren	ArbG Hamburg, 20 BV 13/88, 25.07.1990	Unveröffentlicht	
Betriebsratsinterne Streitigkeit	Bei dem in § 8 Abs. 2 BRAGO genannten Wert handelt es sich um einen Regelwert. Es ist nicht gerechtfertigt, den Regelwert anzusetzen, wenn nur der Schlüssel für das Betriebsratszimmer herausgegeben werden soll.	LAG Schleswig-Holstein, 3 Ta 88/01, 06.08.2001	JurBüro 2001, 643	Auch bei betriebsratsinternen Streitigkeiten ist der Grundsatz der Kostenbegrenzung zu beachten.
Betriebsratswahl				
a) Anfechtung	2,5-facher Hilfswert in Betrieb mit rd. 1.000 wahlberechtigten Arbeitnehmern bei durchschnittlich gelagertem Verfahren	BAG, 6 ABR 88/78, 23.03.1979	Zit. bei *Müller/Bauer*, S. 251.	
	4.601,62 € bei Anfechtung einer Wahl eines Mitglied, für jedes weitere Mitglied Erhöhung des Gegenstandwertes um 766,93 €	LAG Berlin, 1 Ta 50/91, 17.12.1991	ARST 1992, 110	

Alphabetische Sortierung nach Gegenständen	Gegenstandswert	Gericht	Fundstelle	Anmerkungen
	36.813,01 € bei 15köpfigem Betriebsrat in Betrieb mit rd. 1.900 wahlberechtigten Arbeitnehmern bei besonderem Umfang der Sache und überdurchschnittlichen rechtlichen und tatsächlichen Schwierigkeiten	LAG Bremen, 2 Ta 75/87, 11.04.1988	LAGE § 8 BRAGO Nr. 5	
	Nicht über 10.225,83 € in Betrieb mit 900 Arbeitnehmern bei einfach gelagertem Verfahren ohne Beweisaufnahme	LAG Hamm, 8 TaBV 80/75, 31.01.1977	Zit. bei *Wenzel*, DB 1977, 722 (723).	
	7.669,38 € in Betrieb mit 285 Arbeitnehmern	LAG Hamm, 8 TaBV 103/75, 08.04.1976	Zit. bei *Wenzel*, DB 1977, 722 (723).	
	7.669,38 € in Betrieb mit 200 Arbeitnehmern	LAG Hamm, 8 TaBV 39/75, 29.03.1976	Zit. bei *Wenzel*, DB 1977, 722 (723).	
	5.112,92 € in Betrieb mit 70 Arbeitnehmern nebst Heimarbeitern, wenn kein besonderer Verfahrensaufwand	LAG Hamm, 8 TaBV 41/74, 14.11.1974	MDR 1975, 260	
	Bewertungsstaffel: bei Betriebsrat mit einem Mitglied i.d.R. 4.601,63 €, für jedes weitere Mitglied i.d.R. Erhöhung um 766,94 €	LAG Rheinland-Pfalz, 9 Ta 40/92, 30.03.1992	NZA 1992, 667	Reduzierung für besonders einfach gelagerte Verfahren, Erhöhung für rechtlich schwierige oder besonders umfangreiche Verfahren
	3-facher Hilfswert bei elfköpfigem Betriebsrat	ArbG Neumünster, 4 c BV 31/93, 30.07.1993	Zit. bei *Bertelsmann*, S. 38.	
	5-facher Hilfswert bei 15-köpfigem Betriebsrat	LAG Berlin, 1 Ta 50/91, 17.12.1991 LAG Nürnberg, 6 Ta 61/99, 07.04.1999	NZA 1992, 327 NZA 1999, 840	

Alphabetische Sortierung nach Gegenständen	Gegenstandswert	Gericht	Fundstelle	Anmerkungen
	2-facher Hilfswert bei dreiköpfigem Betriebsrat	LAG Baden-Württemberg, 3 Ta 72/98, 04.08.1998	NZA-RR 1999, 47	Normale Schwierigkeit
	2,5-facher Hilfswert bei dreiköpfigem Betriebsrat	LAG Hamburg, 3 Ta 27/94, 03.08.1995	Zit. bei *Bertelsmann*, S. 38.	
	3-facher Hilfswert bei Betrieb mit 70 Arbeitnehmern	ArbG Neumünster, 3 d BV 32/94, 04.03.1995	Zit. bei *Bertelsmann*, S. 38.	
	Mehr als 3-facher Hilfswert bei Betrieb mit 70 Arbeitnehmern	LAG Hamm, 8 TaBV 41/74, 14.11.1974	BB 1974, 1535	
	Knapp 4-facher Hilfswert bei Betrieb mit 200 Arbeitnehmern	LAG Hamm, 8 TaBV 39/75, 29.03.1976	Zit. bei *Bertelsmann*, S. 38.	
	Knapp 4-facher Hilfswert bei Betrieb mit 285 Arbeitnehmern	LAG Hamm, 7 TaBV 103/75, 08.04.1976	Zit. bei *Bertelsmann*, S. 38.	
	4-facher Hilfswert bei Betrieb mit 15-köpfigem Betriebsrat	LAG Baden-Württemberg, 8 Ta 96/90, 27.08.1990 LAG Nürnberg, 6 Ta 61/99, 07.04.1999	Zit. bei *Bertelsmann*, S. 38. NZA 1999, 840	
	5-facher Hilfswert bei Betrieb mit 1.032 Arbeitnehmern	LAG Hamm, 8 TaBV 67/88, 21.07.1988	Zit. bei GK-*Wenzel*, § 12 ArbGG, Rn 278.	
	7-facher Hilfswert bei 7-köpfigem Betriebsrat	LAG Brandenburg, 2 Ta 155/95, 21.09.1995	NZA 1996, 112	
	8-facher Hilfswert bei Streit um 15 oder 19 Betriebsratsmitglieder	LAG Hamburg, 8 Ta 2/99, 30.01.1999	Zit. bei *Bertelsmann*, S. 39.	
	10-facher Hilfswert bei Betrieb mit ca. 1.900 Arbeitnehmern	LAG Bremen, 2 Ta 75/87, 11.04.1988	LAGE § 8 BRAGO Nr. 5	

Alphabetische Sortierung nach Gegenständen	Gegenstands-wert	Gericht	Fundstelle	Anmerkungen
	17-facher Hilfswert bei Betrieb mit 2.500 Arbeitnehmern	LAG Hamburg, 4 TaBV 7/89, 21.03.1990	Zit. bei *Bertelsmann*, S. 39.	
	19-facher Hilfswert bei Betrieb mit 3.600 Arbeitnehmern	LAG Hamm, 8 TaBV 74/75, 28.04.1976	DB 1977, 357	Komplexer Sachverhalt, ausgedehnte Beweiserhebung
	ca. 33-facher Hilfswert (102.258,38 €) bei Betrieb mit mehr als 1.000 Arbeitnehmern	ArbG Stuttgart, 7 BV 26/88, 21.07.1989	Zit. bei *Bertelsmann*, S. 39.	
b) Aussetzung der Jugendvertreterwahl (im Wege einstweiliger Verfügung)	Hilfswert des § 8 Abs. 2 BRAGO	LAG Hamm, 8 TaBV 56/73, 28.03.1974	Zit. bei *Wenzel*, DB 1977, 722 (723).	
c) Feststellung der Nichtwählbarkeit eines Arbeitnehmers gem. § 24 Abs. 1 Nr. 6 BetrVG	Hilfswert des § 8 Abs. 2 BRAGO	LAG Hamm, 8 TaBV 65/73, 14.02.1974	Zit. bei *Wenzel*, DB 1977, 722 (723).	
d) Feststellung der Selbständigkeit von Betriebsteilen	Doppelter Hilfswert des § 8 Abs. 2 BRAGO in Betriebsteilen mit bis zu 20 Arbeitnehmern, 3-facher Regelwert in Betriebsteilen mit bis zu 50 Arbeitnehmern	LAG Köln, 1 (9) Ta 39/89, 24.02.1989	NZA 1989, 570 = LAGE § 8 BRAGO Nr. 11	Interesse des Arbeitgebers an Betriebsrat, Größe der Betriebsräte und Schwierigkeitsgrad der Entscheidung ist maßgeblich.
e) Feststellung eines gemeinsamen Betriebs	Größe des Betriebsrats und Bedeutung der Angelegenheit, grds. 1,5-facher Ausgangswert von 4.000 € je Staffel gem. § 9 BetrVG	LAG Hessen, 5 Ta 499/02, 03.01.2003	AE 2/2003, 85	

Alphabetische Sortierung nach Gegenständen	Gegenstandswert	Gericht	Fundstelle	Anmerkungen
f) Nichtigkeit der Betriebsratswahl	Orientierung an Staffel des § 9 BetrVG bei Streit um Nichtigkeit einer Betriebsratswahl und deren Anfechtung: bis zur 5. Staffel voller Hilfswert des § 8 Abs. 2 BRAGO je Betriebsratsmitglied	LAG Brandenburg, 2 Ta 155/95, 21.09.1995	NZA 1996, 112	
	Orientierung an Staffel des § 9 BetrVG bei Streit um Nichtigkeit einer Betriebsratswahl und deren Anfechtung: Für jede Staffel des § 9 BetrVG jeweils der 1,5-fache Ausgangswert	LAG München, 9 Ta 276/03, 17.07.2003	AE 01/2004, 71	
	5.112,92 € in Betrieb mit 23 Arbeitnehmern	LAG Hamm, 8 TaBV 130/75, 03.12.1974	Zit. bei *Wenzel*, DB 1977, 722 (723).	
	Hilfswert bei Betriebsratswahl in Zweigbetrieb, verbunden mit Feststellungsantrag, dass kein selbständiger Betrieb gegeben ist	BAG, 6 ABR 10/78, 30.05.1978	Zit. bei *Bertelsmann*, S. 37.	
	Dreifacher Wert des Regelwertes, wobei nicht allein die Größe des Betriebsrats schematisch als maßgeblicher Wert heranzuziehen und alle sonstigen Gesichtspunkte zu vernachlässigen sind	LAG Nürnberg, 6 TaBV 2/01, 08.05.2003 LAG Nürnberg, 2 TaBV 13/02, 27.03.2003	AE 1/2004, 73 Unveröffentlicht	

Alphabetische Sortierung nach Gegenständen	Gegenstandswert	Gericht	Fundstelle	Anmerkungen
Betriebsversammlung	Bei Verhinderung einer Betriebsversammlung zur Einleitung einer Betriebsratswahl Rückgriff auf die zur Wahlanfechtung entwickelten Grundsätze	LAG Köln, 11 Ta 299/96, 11.02.1997		
	Hilfswert bei Untersagung einer Betriebsversammlung in einem Betrieb mit mehr als 2.000 Arbeitnehmern	LAG Schleswig-Holstein, 5 Ta 158/93, 12.11.1993	Zit. bei *Bertelsmann*, S. 46.	
	Doppelter Hilfswert abzüglich 25 % bei Untersagung einer Betriebsversammlung in einem Betrieb mit mehr als 2.000 Arbeitnehmern	LAG Schleswig-Holstein, 5 Ta 2/96, 29.03.1996	Zit. bei *Bertelsmann*, S. 46.	
	Hilfswert bei Teilnahme betriebsfremder Personen an der Betriebsversammlung	BAG, 1 ABR 67/75, 29.11.1977 BAG, 6 ABR 41/75, 23.01.1979 BAG, 6 ABR 10/76, 23.05.1979	Zit. bei *Müller/Bauer*, S. 285.	
	2,5-facher Hilfswert bei einstweiliger Verfügung des Arbeitgebers auf Verschiebung des Beginns der Betriebsversammlung	ArbG Hamburg, 19 GaBV 1/98, 08.01.1999	Zit. bei *Bertelsmann*, S. 46.	
	Hilfswert plus je 511,29 € pro Betriebsratsmitglied bei einstweiliger Verfügung auf Verschiebung des Beginns der Betriebsversammlung	ArbG Hamburg, 29 GaBV 1/99, 19.07.1999	Zit. bei *Bertelsmann*, S. 46.	

Alphabetische Sortierung nach Gegenständen	Gegenstandswert	Gericht	Fundstelle	Anmerkungen
	Knapp 17-facher Hilfswert bei einstweiliger Verfügung auf Verschiebung der Betriebsversammlung in Betrieb mit 3.500 Arbeitnehmern	ArbG Hamburg, 25 GaBV 6/90, 12.09.1991	Zit. bei *Bertelsmann*, S. 47.	Bei gleichzeitiger Problematik der Zuständigkeit des Betriebsrates
	Knapp 17-facher Hilfswert bei einstweiliger Verfügung auf Untersagung der Betriebsversammlung in Betrieb mit 3.500 Arbeitnehmern	ArbG Hamburg, 7 Ta 23/91, 28.02.1992	Zit. bei *Bertelsmann*, S. 47.	
Einigungsstelle	1/10 des strittigen Sozialplanvolumens bei Streit darüber, ob Sozialplan aufzustellen ist.	LAG Hamm, 8 BV Ta 1/72, 06.04.1972	DB 1972, 880	
	Wird der Rechtsanwalt als Beisitzer in der Einigungsstelle tätig, bestimmt sich sein Gebührenanspruch nach § 76a Abs. 3 BetrVG. Eine Vergütung nach § 65 BRAGO kann der Rechtsanwalt dagegen nur verlangen, wenn er – wie hier – als Verfahrensbevollmächtigter des Betriebsrates aufgetreten ist.	LAG Brandenburg, 2 TaBV 16/94, 15.03.1995 LAG Hamm, 13 TaBV 140/90, 11.12.1990	Unveröffentlicht LAGE § 76a BetrVG 1972 Nr. 2	Übersteigt jedoch der Vergütungsanspruch des Rechtsanwalts die Vergütung, die ein Rechtsanwalt als Beisitzer der Einigungsstelle gem. § 76a Abs. 3 BetrVG fordern könnte, so hat der Betriebsrat gegenüber dem Arbeitgeber gem. § 40 BetrVG einen Freistellungsanspruch nur in der Höhe der Vergütung gem. § 76a Abs. 3 BetrVG.
a) Bestellung der Einigungsstelle	Hilfswert des § 8 Abs. 2 BRAGO, wenn zusätzlich Streit über die Zuständigkeit der Einigungsstelle bzgl. Sozialplan Gegenstandswert auf 1/10 des strittigen Sozialplanvolumens	LAG Baden-Württemberg, 1 Ta 111/79, 04.12.1979	BB 1980, 321	

Alphabetische Sortierung nach Gegenständen	Gegenstandswert	Gericht	Fundstelle	Anmerkungen
Streit über die Person des Vorsitzenden und die Zahl der Beisitzer	Hilfswert des § 8 Abs. 2 BRAGO	LAG Düsseldorf, 7 Ta 248/90, 21.09.1990	DB 1991, 184	
	2-facher Hilfswert des § 8 Abs. 2 BRAGO	LAG Düsseldorf, 7 Ta 122/83, 14.07.1983	Zit. bei GK-*Wenzel*, § 12 ArbGG, Rn 279.	Selbständige Verfahrensgegenstände
Streit über Bestellung des Vorsitzenden	Hilfswert des § 8 Abs. 2 BRAGO	LAG Frankfurt, 6 Ta 176/83, 15.08.1983	Unveröffentlicht	Umfang eines vom Antragsteller angestrebten Sozialplans rechtfertigt i.d.R. kein Abgehen.
		LAG Hamm, 8 TaBV 118/85, 26.09.1985	LAGE § 8 BRAGO Nr. 4	
		LAG Hamm, 8 TaBV 93/75, 25.03.1976	Zit. bei *Wenzel*, DB 1977, 722 (727).	
		LAG Hamburg, 7 Ta 7/85, 14.03.1985	Zit. bei *Bertelsmann*, S. 49.	
		LAG Hamburg, 5 Ta 16/91, 30.10.1991	Zit. bei *Bertelsmann*, S. 49.	
		LAG Hessen, 5 Ta 406/02, 23.08.2002	AE 2/2003, 86	
		LAG Niedersachsen, 12 Ta 192/88, 03.11.1988	Zit. bei *Bertelsmann*, S. 49.	
		LAG Rheinland-Pfalz, 1 Ta 31/81, 27.03.1981	Unveröffentlicht	Wert des künftigen Einigungsstellenverfahrens ist nicht zu berücksichtigen.
	bei Streit um die Anzahl der Beisitzer 1/6 des Hilfswertes gem. § 8 Abs. 2 BRAGO, bei Streit um Person des Vorsitzenden weiteres 1/6, bei Streit um die Zuständigkeit der Einigungsstelle abermals 1/6, insgesamt aber höchstens 3/6 des Hilfswertes	LAG Schleswig-Holstein, 4 Ta 105/94, 29.09.1995	NZA-RR 1996, 307	Geringe Bedeutung einer Entscheidung nach § 76 BetrVG und summarisches Verfahren rechtfertigen deutliche Herabsetzung des Regelwertes.
		LAG Schleswig-Holstein, 4 TaBV 8/93, 14.10.1993	DB 1993, 2392	
		LAG Schleswig-Holstein, 4 Ta 13/93, 09.03.1993	LAGE § 8 BRAGO Nr. 19	
		LAG Schleswig-Holstein, 4 Ta 14/96, 15.03.1996	Zit. bei *Bertelsmann*, S. 47.	
		LAG Schleswig-Holstein, 6 TaBV 21/98, 10.07.1998	Zit. bei *Bertelsmann*, S. 47.	

Alphabetische Sortierung nach Gegenständen	Gegenstands-wert	Gericht	Fundstelle	Anmerkungen
	Hilfswert bei Streit um Vorsitz, Beisitzerzahl und Zuständigkeit	LAG Nieder-sachsen, 1 Ta 71/99, 30.04.1999	LAGE § 8 BRAGO Nr. 40	
		ArbG Kiel, 4 BV 53b/98, 19.11.1998	Unveröffentlicht	
Streit um Besetzung und Zuständigkeit der Einigungsstelle	1,5-facher Hilfswert	ArbG Hamburg, 22 BV 1/99, 06.05.1999	Zit. bei *Bertels-mann*, S. 50.	
	2-facher Hilfswert	BAG, 1 ABN 21/98, 21.10.1998	Zit. bei *Bertels-mann*, S. 50.	
		LAG Ham-burg, 8 Ta 6/99, 28.02.1999	Zit. bei *Bertels-mann*, S. 50.	
		LAG Baden-Württemberg, 3 Ta 98/94, 08.09.1994	Zit. bei *Bertels-mann*, S. 50.	
	2,5-facher Hilfswert	ArbG Hamburg, 23 BV 13/98, 20.09.1999	Zit. bei *Bertels-mann*, S. 50.	
	Erhöhung des Hilfswerts um 25 % bei Einigungsstelle Videoüberwachung	ArbG Hamburg, 29 BV 3/99, 29.03.1999	Zit. bei *Bertels-mann*, S. 50.	
	1/2 Hilfswert gem. § 8 Abs. 2 BRAGO unabhängig davon, ob ausschließlich Streit um Personen oder auch um Zuständigkeit der Einigungsstelle gegeben ist.	LAG Schleswig-Holstein, 6 Ta 120/93, 28.02.1994	Unveröffentlicht	Geringerer Umfang und kürzere Dauer des summarischen Verfahrens nach § 98 ArbGG gegenüber anderen Beschlussverfahren rechtfertigen Herabsetzung des Regelwertes.
	Hilfswert des § 8 Abs. 2 BRAGO, auch wenn zusätzlich Streit über Zuständigkeit der Einigungsstelle besteht.	LAG Schleswig-Holstein, 5 TaBV 33/84, 03.10.1983	Unveröffentlicht	
		LAG Köln, 05.08.1999, 11 (8) Ta 55/99	NZA-RR 2001, 52	

Alphabetische Sortierung nach Gegenständen	Gegenstandswert	Gericht	Fundstelle	Anmerkungen
b) Anfechtung von Entscheidungen der Einigungsstelle				
Anpassung der Arbeitszeiten an tarifliche Regelungen	Jahresbetrag der erstrebten Lohnkosteneinsparung von 25.564,49 €	LAG München, 5 (6) Ta 268/86, 28.01.1987	JurBüro 1987, 858	Wirtschaftliches Interesse des Arbeitgebers am Obsiegen ist entscheidend.
Betriebsvereinbarung zur Arbeitszeit	20-facher Hilfswert	LAG Hamburg, 8 Ta 26/88, 26.01.1989	Zit. bei *Bertelsmann*, S. 53.	
Einigungsstellenspruch über Mitbestimmungsverfahren bei betrieblichen Versetzungen	1/4 des durchschnittlichen Wertes eines Beschlussverfahrens über Versetzungsstreit mit durchschnittlicher Zahl der Versetzungsfälle während Mindestlaufzeit der Regelung multiplizieren (hier: 51.129,19 €)	LAG Hamm, 8 TaBV 50/91, 08.08.1991	BB 1991, 1940	Betriebliches Interesse an der Beseitigung der Regelung ist zu berücksichtigen.
Einigungsstellenspruch über sieben Versetzungen im Rahmen eines Mitbestimmungstarifvertrages	3-facher Hilfswert	ArbG Hamburg, 13 BV 15/96, 09.07.1998	Zit. bei *Bertelsmann*, S. 52.	
Ersetzung der Zustimmung zu einer Kündigung	Dreifaches Bruttomonatseinkommen analog § 12 Abs. 7 ArbGG	LAG Hamburg, 4 Ta 17/82, 13.07.1982 LAG Hamburg, 4 Ta 14/82, 29.07.1982 LAG Hamburg, 2 Ta 21/82, 19.08.1982	Beschlüsse zit. bei *Bertelsmann*, S. 52.	
Erweiterung der Freistellung von Betriebsratsmitgliedern	Gut 2,5-facher Hilfswert, anknüpfend an den Umfang der Freistellung	LAG Hamburg, 4 TaBV 5/85, 01.10.1986	Zit. bei *Bertelsmann*, S. 52.	
Teilfreistellung von Betriebsratsmitgliedern	Knapp 5-facher Hilfswert	LAG Hamburg, 4 Ta 9/86, 24.04.1986	Zit. bei *Bertelsmann*, S. 52.	

Alphabetische Sortierung nach Gegenständen	**Gegenstandswert**	**Gericht**	**Fundstelle**	**Anmerkungen**
Pensionsordnung	Differenzbetrag zwischen Leistungen der alten und der neuen Pensionsordnung	LAG Düsseldorf, 7 Ta 473/85, 06.03.1986	JurBüro 1987, 230	
Regelung über Leistungs- und Prämienentlohnung	Hilfswert des § 8 Abs. 2 BRAGO, bei überdurchschnittlichem Umfang des Streitfalls oder besonderer Bedeutung deutliche Erhöhung, bei geringem Arbeitsaufwand Absenkung	LAG Schleswig-Holstein, 4 (3) Ta 149/94, 16.06.1995	ARST 1995, 286	Wirtschaftliche Auswirkung der Regelung ist unbeachtlich.
Reduzierung von Prämienentlohnung um jährlich mehrere Millionen €	Wegen § 8 BRAGO Kappung bei 500.000 €	ArbG Emden, 1 BV 1/98, 21.09.1998	Zit. bei *Bertelsmann*, S. 54.	
Verteilung von übertariflichen Zulagen	2-facher Hilfswert bei 11 betroffenen Arbeitnehmern	LAG Düsseldorf, 7 Ta 213/94, 28.11.1994	JurBüro 1995, 483	
Zulassung von Samstagsarbeit von 30 Arbeitnehmern	Nach Lage des Falls und Bedeutung der Sache 2,5-facher Betrag des Hilfswerts des § 8 Abs. 2 BRAGO	LAG Düsseldorf, 7 Ta 321/88, 06.03.1989	LAGE § 8 BRAGO Nr. 9	Interesse des Antragstellers ist maßgeblich
Rahmenbedingungen für Teilzeitbeschäftigte	5-facher Hilfswert	LAG Bremen, 4 Ta 45/89, 04.10.1989	Zit. bei *Hümmerich*, AnwBl 1995, 330.	
Kontoführungsgebühren	Knapp 4-facher Hilfswert entsprechend der jährlichen wirtschaftlichen Bedeutung	LAG Berlin, 1 Ta 28/95, 14.06.1995	Zit. nach *Meier*, Lexikon der Streitwerte im Arbeitsrecht, Rn 80.	
	Summe der beschlossenen Kontoführungsgebühren, berechnet auf die Zeit von drei Monaten	ArbG Hamburg, 7 BV 20/92, 25.08.1993	Zit. bei *Bertelsmann*, S. 53.	

Alphabetische Sortierung nach Gegenständen	Gegenstandswert	Gericht	Fundstelle	Anmerkungen
c) Anfechtung des Sozialplans	Nicht vermögensrechtliche Streitigkeit i.S.v. § 8 Abs. 2 Satz 2 Hs. 2 BRAGO	LAG Rheinland-Pfalz, 9 Ta 163/92, 06.08.1992 LAG Düsseldorf, 7 Ta 1336/94, 29.11.1994 LAG Hamm, 8 TaBV 53/88, 13.10.1988	NZA 1993, 93 LAGE § 8 BRAGO Nr. 25 LAGE § 8 BRAGO Nr. 8	A.A. LAG Brandenburg, 1 Ta 41/92, 20.11.1992, LAGE § 8 BRAGO Nr. 20
	Strittiges Leistungsvolumen maßgeblich	LAG Berlin, 4 TaBV 2/75, 30.10.1975	DB 1976, 1388	
		LAG Hamm, 8 TaBV 53/88, 13.10.1988	LAGE § 8 BRAGO Nr. 8	
		ArbG München, 23 BV 2/83, 09.12.1983	Zit. bei *Bertelsmann*, S. 55.	
		ArbG Hamburg, 14 BV 20/93, 28.04.1994	Zit. bei *Bertelsmann*, S. 55.	
	2/3 des Sozialplanvolumens	ArbG Hamburg, 13 BV 6/93, 18.08.1995	Zit. bei *Bertelsmann*, S. 55.	
	Differenz zwischen der Forderung des Betriebsrates und dem Angebot des Arbeitgebers, begrenzt auf den Höchstbetrag von 500.000 €	BAG, 1 ABR 23/97, 02.03.1998 ArbG Köln, 9 BV 142/95, 18.05.1998 ArbG Hamburg, 27 BV 4/93, 30.12.1993	Zit. bei *Bertelsmann*, S. 55.	Anfechtung von Sozialplänen ist eine nicht vermögensrechtliche Streitigkeit.
	Nach Umfang der tatsächlich zur Verteilung an die Arbeitnehmer zur Verfügung stehenden Gelder, nicht nach Sozialplanvolumen	LAG Frankfurt, 4/5 TaBV 67/76, 15.08.1980	ZIP 1980, 787	
	51.129,19 € bei strittiger Differenz von 5.112.918,81 €	LAG Brandenburg, 1 Ta 41/92, 20.11.1992	LAGE § 8 BRAGO Nr. 20	Grundtendenzen der Begrenzung der Verfahrenskosten im Arbeitsgerichts-Prozess als Korrektiv

Alphabetische Sortierung nach Gegenständen	Gegenstandswert	Gericht	Fundstelle	Anmerkungen
	25.564,59 € bei strittiger Differenz von mehr als 511.291,88 €	LAG Mecklenburg-Vorpommern, 2 TaBV 15/82, 30.12.1992	Zit. bei *Bertelsmann*, S. 56.	
	Im Rahmen des § 8 Abs. 2 BRAGO möglichst individuelle Bewertung; u.a. Vorbringen des Betriebsrats zu berücksichtigen, Einigungsstelle hätte um 1.789.521,58 € höheres Sozialplanvolumen beschließen müssen (hier: 255.645,94 €).	LAG Rheinland-Pfalz, 9 Ta 163/92, 06.08.1992	NZA 1993, 93	
	Abzustellen auf den umstrittenen Teil des Sozialplanvolumens	LAG Düsseldorf, 7 Ta 1336/94, 29.11.1994	LAGE § 8 BRAGO Nr. 25	A.A. ohne nähere Begründung: LAG Schleswig-Holstein, DB 2002, 1224
	1/5 des Differenzbetrags zwischen dem im Sozialplan vereinbarten und dem angestrebten Sozialplanvolumen	LAG Hamburg, 4 TaBV 1/02, 24.07.2003	AE 1/2004, 71	
d) Zuständigkeit für Sozialplan	Nach Bruchteil des Sozialplanvolumens (hier: 1/4)	LAG Hamm, 8 TaBV 66/74, 11.02.1976	DB 1976, 1244	
	Nicht Quote des Sozialplanvolumens, sondern 3-facher Hilfswert des § 8 Abs. 2 BRAGO	LAG Niedersachsen, 6 Ta 446/86, 19.12.1986	BB 1987, 1256	
Einsichtnahme in Arbeitsverträge	Unterschreitung des Hilfswertes des § 8 Abs. 2 BRAGO	LAG Hamm, 8 TaBV 48/74, 07.02.1975	Zit. bei *Wenzel*, DB 1977, 722 (725).	relativ untergeordnete Bedeutung
Einsichtnahme in Bruttogehaltslisten gem. § 80 Abs. 2 BetrVG	Hilfswert des § 8 Abs. 2 BRAGO	BAG, 6 ABR 2/78, 13.07.1980 BAG, 1 ABR 43/76, 30.11.1976	BB 1980, 1157 Zit. bei *Hillach*, S. 464	

Alphabetische Sortierung nach Gegenständen	Gegenstands-wert	Gericht	Fundstelle	Anmerkungen
	Hilfswert des § 8 Abs. 2 BRAGO in Betrieb mit rund 225 Arbeitnehmern	LAG Hamm, 8 TaBV51/75, 12.11.1975	Zit. bei *Wenzel*, DB 1977, 722 (725).	
	60 % des Hilfswertes des § 8 Abs. 2 BRAGO in Betrieb mit weniger als 150 Arbeitnehmern	LAG Hamm, 8 TaBV 19/74, 04.12.1974	Zit. bei *Wenzel*, DB 1977, 722 (725).	
Einstellung (Zustimmungs-ersetzung zu personeller Einzelmaßnahme gem. § 99 Abs. 4 BetrVG)	Halbierung des Gegenstandwertes pro Antrag bei neun betroffenen Arbeitnehmern	LAG Bremen, 4 Ta 10/83, 4 Ta 18/83, 29.06.1983	AnwBl 1984, 165	
	Drei Monatsein-kommen in An-lehnung an § 12 Abs. 7 ArbGG, für weiteren Antrag nach § 100 BetrVG weiterer Betrag in Höhe von 50 %	LAG Düsseldorf, 7 Ta 399/94, 25.04.1995	ArbuR 1995, 332	
	Orientierung an Monatsentgelt in Abschätzung des wirtschaftlichen Wertes für Arbeitgeber an Einstellung des Arbeitnehmers	LAG Hamburg, 1 Ta 9/87, 24.05.1988	DB 1988, 1404	
	Bewertung in Anlehnung an § 12 Abs. 7 ArbGG	LAG Hamm, 8 TaBV 146/88, 23.02.1989 LAG Hamm, 8 TaBV 2/87, 19.03.1987	LAGE § 8 BRAGO Nr. 12 LAGE § 12 ArbGG 1979 Streitwert Nr. 70	1/2 Wert des Zustimmungserset-zungsverfahrens, wenn zusätzlich Antrag auf Feststellung, dass Einstellung aus sachlichen Gründen dringend erforderlich i.S.d. § 100 Abs. 2 Satz 3 BertVG
	1,5-faches Monatsentgelt bzgl. dreimonatiger Aus-hilfebeschäftigung in Anlehnung an § 12 Abs. 7 ArbGG	LAG Hamm, 8 Ta 137/86, 13.05.1986	LAGE § 12 ArbGG Streitwert Nr. 55	Frage der Rehabilitation spielt untergeordnete Rolle.

Alphabetische Sortierung nach Gegenständen	Gegenstandswert	Gericht	Fundstelle	Anmerkungen
	Hilfswert des § 8 Abs. 2 BRAGO	LAG Hannover, 12 Ta 31/83, 04.01.1984	AnwBl 1984, 166	
	Keine Anlehnung an § 12 Abs. 7 ArbGG, sondern i.R.d. § 8 Abs. 2 Berücksichtigung von Bedeutung der Angelegenheit sowie Umfang und Schwierigkeit der anwaltlichen Tätigkeit	LAG Köln, 5 Ta 196/97, 30.09.1997	LAGE § 8 BRAGO Nr. 36	Abweichung von der Entscheidung des LAG Köln, 12 Ta 215/93, 25.01.1994; Anschluss an die Entscheidung des LAG Köln, 4 Ta 126/95, 27.07.1995
	3/4 des Hilfswertes des § 8 Abs. 2 BRAGO bei einfach gelagerten Verfahren	LAG Schleswig-Holstein, 4 Ta 2/97, 11.03.1997	LAGE § 8 BRAGO Nr. 33	Wenn zusätzlich Antrag nach § 100 BetrVG, zusätzlich 1/8 des Hilfswerts; bei Antrag nach § 101 BetrVG 1/16 des Hilfswertes; bzgl. Verpflichtung des Arbeitgebers Verfahren nach § 99 BetrVG hilfsweise zu betreiben, 1/16 des Hilfswertes
	Hilfswert des § 8 Abs. 2 BRAGO ist in einfach gelagerten Fällen zu kürzen.	LAG Schleswig-Holstein, 6 Ta 204/87, 15.02.1988	LAGE § 8 BRAGO Nr. 10	
	Bei mehreren personellen Einzelmaßnahmen oder mehreren Anträgen i.S.v. d. § 99 Abs. 1 BetrVG oder mehreren Anträgen nach § 100 BetrVG ist grundsätzlich jede Einzelmaßnahme zu bewerten und ein Gesamtwert zu bilden	LAG Berlin, 17 Ta (Kost) 6085/02, 21.10.2002	AE 2/2003, 86	

Alphabetische Sortierung nach Gegenständen	**Gegenstandswert**	**Gericht**	**Fundstelle**	**Anmerkungen**
Ein- und Umgruppierung (Zustimmungsersetzung zu personeller Einzelmaßnahme gem. § 99 Abs. 4 BetrVG)	3-facher Jahresbetrag der monatlichen Vergütungsdifferenz abzüglich 25 %	LAG Düsseldorf, 7 Ta 229/80, 16.02.1981	EzA § 8 BRAGO Nr. 3 = LAGE § 8 BRAGO Nr. 3	
	Wirtschaftlicher Wert in Anlehnung an § 12 Abs. 7 ArbGG zu bestimmen, dreijähriger Differenzbetrag abzüglich 20 %.	LAG Hamburg, 7 Ta 13/95, 01.09.1995	LAGE § 8 BRAGO Nr. 30 = NZA-RR 1996, 266	Im Einzelfall Abschlag von 40 %, wenn wirtschaftliche Auswirkungen des Verfahrens für Beteiligte weitere Kürzung erfordern.
Antrag, dem Arbeitgeber unter Androhung von Zwangsgeldern die Einleitung des Zustimmungsersetzungsverfahrens aufzugeben.	20 % des Wertes des entsprechenden Zustimmungsersetzungsverfahrens, Wert des Zustimmungsersetzungsverfahrens: 3-facher Jahresbetrag der Entgeltdifferenz abzüglich 20 %, weiterer Abschlag i.H.v. 25 % wegen verminderter Rechtskraftwirkung	LAG Hamm, 8 TaBV 38/85, 18.04.1985	LAGE § 3 ZPO Nr. 3	
	3-facher Jahresbetrag der Entgeltdifferenz abzüglich 20 %	LAG Hamm, 8 Sa 968/76, 27.06.1978	EzA § 12 ArbGG Nr. 7	
	Entsprechend Wert eines entsprechenden Feststellungsbegehrens des betroffenen Arbeitnehmers: 3-facher Jahresbetrag der Vergütungsdifferenz gem. § 12 Abs. 7 ArbGG, Kürzung wegen verminderter Rechtskraftwirkung (hier: Kürzung von 11.964,23 € auf 10.225,84 €)	LAG Hamm, 8 TaBV 78/75, 03.03.1976	DB 1976, 1019	
	§ 12 Abs. 7 ArbGG ist entsprechend heranzuziehen.	LAG Köln, 4 Ta 126/95, 27.07.1995	JurBüro 1996, 590	

Alphabetische Sortierung nach Gegenständen	Gegenstandswert	Gericht	Fundstelle	Anmerkungen
	3-facher Jahresbetrag der Entgeltdifferenz (in Anlehnung an § 12 Abs. 7 Satz 2 ArbGG) abzüglich 20 %	LAG Köln, 10 Ta 205/91, 29.10.1991	JurBüro 1992, 91	
	Hilfswert des § 8 Abs. 2 BRAGO	LAG Nürnberg, 6 Ta 79/91, 12.11.1991	Zit. bei ArbG Würzburg, 4 BV 12/93, 15.12.1993, BB 1994, 1015	
	Hilfswert des § 8 Abs. 2 BRAGO, bei Vielzahl gleich gelagerter Eingruppierungen Erhöhung des Hilfswertes pro zusätzlichem Eingruppierungsfall um 3/10; Erhöhung aber nur solange, bis doppelter Hilfswert nicht überschritten.	LAG Schleswig-Holstein, 5 TaBV 5/86, 01.08.1986	NZA 1986, 723	
	Nach Formel »monatlicher Differenzbetrag der betreffenden Vergütungsgruppen mal 36 abzüglich 20 %«	LAG Schleswig-Holstein, 1 Ta 30/96, 18.04.1996	Unveröffentlicht	Bei mehreren betroffenen Arbeitnehmern und gleichen Differenzbeträgen Multiplikation des Gegenstandswertes mit Zahl der Arbeitnehmer, bei unterschiedlichen Differenzbeträgen Summe aus gesondert berechneten Gegenstandswerten
	3-facher Jahresbetrag der Vergütungsdifferenz abzüglich 25 % in Anlehnung an § 12 Abs. 7 ArbGG	LAG Schleswig-Holstein, 5 Ta 188/87, 27.04.1988	LAGE § 8 BRAGO Nr. 6	
	3-facher Jahresbetrag der Vergütungsdifferenz abzüglich 20 %	LAG Baden Württemberg, 1 Ta 205/83, 02.01.1984	AnwBl 1985, 100	

Alphabetische Sortierung nach Gegenständen	Gegenstandswert	Gericht	Fundstelle	Anmerkungen
	Hilfswert des § 8 Abs. 2 BRAGO zugrunde zu legen, dabei ist auf die Bedeutung der Sache für Betriebspartner sowie Umfang und Schwierigkeit der anwaltlichen Tätigkeit abzustellen.	LAG Thüringen, 8 Ta 137/96, 21.01.1997	LAGE § 8 BRAGO Nr. 34	Bei mehreren betroffenen Arbeitnehmern Addition der Gegenstandswerte; Kürzung, wenn Gegenstände gleich gelagert
	Hilfswert des § 8 Abs. 2 BRAGO zugrunde zu legen, dabei ist auf die Bedeutung der Sache für Betriebspartner, Vermögens- und Einkommensverhältnisse der Parteien sowie Umfang und Schwierigkeit der anwaltlichen Tätigkeit abzustellen.	ArbG Würzburg, 4 BV 12/93 S, 15.12.1993	BB 1994, 1015	
Einstweilige Verfügung in Bereichen der Mitbestimmung				
a) Verbot konkret bevorstehender Mehrarbeit	2-facher Hilfswert	LAG Hamburg, 6 Ta 13/89, 14.11.1989 LAG Düsseldorf, 7 Ta 11/89, 16.02.1989	Zit. bei *Bertelsmann*, S. 64. LAGE § 8 BRAGO Nr. 13	In einzelnen Abteilungen eines kleinen Betriebs
b) Durchführung einer betriebsinternen kurzen Schulung nach § 98 BetrVG	1-facher Hilfswert	ArbG Neumünster, 4 b BVGa 36/95, 18.09.1995	Zit. bei *Bertelsmann*, S. 64.	
	1,5-facher Hilfswert	ArbG Hamburg, 12 GaBV 4/95, 28.08.1995	Zit. bei *Bertelsmann*, S. 64.	
c) Anordnung von Kurzarbeit	3-facher Hilfswert	ArbG Hamburg, 13 GaBV 1/91, 25.07.1991	Zit. bei *Bertelsmann*, S. 64.	Gegenüber neun Arbeitnehmern

Alphabetische Sortierung nach Gegenständen	Gegenstandswert	Gericht	Fundstelle	Anmerkungen
d) Inventuren am Samstag und Sonntag	gut 3-facher Hilfswert	ArbG Flensburg, 1 BV Ga 19/92, 15.05.1992	Zit. bei *Bertelsmann*, S. 64.	
e) Vorübergehende Einrichtung einer Spätschicht	23.008,13 €	LAG Hamm, 8 TaBV 63/88, 11.08.1988	Zit. bei Wenzel, § 12 Rn 291	Für 15 Arbeitnehmer
Einstweilige Verfügung im Zusammenhang mit EDV-Systemen				
a) Unterlassen der Anwendung eines PCs zur Zeiterfassung	2-facher Hilfswert	LAG Niedersachsen, 13 Ta 336/91, 15.11.1992	Zit. bei *Bertelsmann*, S. 65.	Mittelgroßer Betrieb
b) Benutzung von einseitig eingesetzten Fahrtenschreibern	3-facher Hilfswert abzüglich 25 % (wegen e.V.)	ArbG Hamburg, 24 GaBV 2/98, 11.01.1999	Zit. bei *Bertelsmann*, S. 65.	
c) Einsatz eines EDV-Systems	knapp 4-facher Hilfswert	LAG Hamburg, 7 Ta 18/84, 30.07.1984	Zit. bei *Bertelsmann*, S. 65.	Betrieb mit ca. 120 Arbeitnehmern
		LAG Hamburg, 6 Ta 18/84, 02.07.1984	Zit. bei *Bertelsmann*, S. 65 f.	Betrieb mit ca. 80 Arbeitnehmern
	6-facher Hilfswert	ArbG Hamburg, 28 GaBV 1/95, 05.02.1996	Zit. bei *Bertelsmann*, S. 66.	Betrieb mit ca. 700 Arbeitnehmern
	12-facher Hilfswert	ArbG Hamburg, 8 GaBV 1/85, 02.04.1987	Zit. bei *Bertelsmann*, S. 66.	größeres Unternehmen
d) Einsatz eines neuen Moduls in EDV-System	gut 6-facher Hilfswert	ArbG Köln, 5 BVGa 1/96, 12.01.1996	Zit. bei *Bertelsmann*, S. 66.	Großbetrieb
Einstweilige Verfügung gegen Entlassungen vor Abschluss des Interessenausgleichsverfahrens	5-facher Hilfswert	ArbG Hamburg, 9 GaBV 1/97, 16.03.1998	Zit. bei *Bertelsmann*, S. 66.	Ca. 35 Arbeitnehmer betroffen.
		ArbG Hamburg, 25 GaBV 2/98, 17.11.1999	Zit. bei *Bertelsmann*, S. 67.	Ca. 50 Arbeitnehmer betroffen.
	8-facher Hilfswert	LAG Hamburg, 7 TaBV 4/84, 19.07.1984	Zit. bei *Bertelsmann*, S. 68.	Ca. 20 Arbeitnehmer betroffen.

Alphabetische Sortierung nach Gegenständen	Gegenstandswert	Gericht	Fundstelle	Anmerkungen
	14-facher Hilfswert	ArbG Hamburg, 18 GaBV 1/93, 30.08.1993	Zit. bei *Bertelsmann*, S. 68.	Ca. 24 Arbeitnehmer betroffen.
	22-facher Hilfswert	ArbG Hamburg, 6 TaBV 9/81, 11.11.1981	Zit. bei *Bertelsmann*, S. 68.	Ca. 20 Arbeitnehmer betroffen.
	Bruttomonatsgehalt pro Arbeitnehmer	ArbG Hamburg, 13 GaBV 2/98, 09.07.1998	Zit. bei *Bertelsmann*, S. 67.	Neun Arbeitnehmer betroffen.
	2/3 der Bruttomonatsgehälter der betroffenen Arbeitnehmer	ArbG Neumünster, 3 a BVGa 22/94, 09.08.1994	Zit. bei *Bertelsmann*, S. 68.	30 Arbeitnehmer betroffen.
	511,29 € pro Arbeitnehmer	ArbG Hamburg, 9 GaBV 4/92, 13.04.1993	Zit. bei *Bertelsmann*, S. 68.	Ca. 60 Arbeitnehmer betroffen.
	34.512,20 €	LAG Hamburg, 4 TaBV 4/97, 17.06.1997	Zit. bei *Bertelsmann*, S. 68.	Ca. 30 Arbeitnehmer betroffen – Anknüpfung an die wirtschaftlichen Auswirkungen der Fortführung der Arbeitsverhältnisse für zwei Monate.
Freistellung von Betriebsratsmitgliedern	In Anlehnung an § 12 Abs. 7 Satz 1 ArbGG, nicht nach dem Verdienst, den freigestelltes Betriebsratsmitglied während der Freistellung erhält.	LAG Rheinland-Pfalz, 9 Ta 8/93, 03.03.1993	ARST 1994, 14	
	Hilfswert	LAG Düsseldorf, 7 Ta 245/91, 22.08.1991 LAG Baden-Württemberg, 8 Ta 15/91, 21.03.1991	JurBüro 1992, 94 JurBüro 1991, 1483	
	Summe des Entgelts bis zum Ablauf der Betriebsrats-Legislaturperiode	ArbG Hamburg, 5 BV 9/80, 17.03.1982	Zit. bei *Bertelsmann*, S. 42.	

Alphabetische Sortierung nach Gegenständen	Gegenstandswert	Gericht	Fundstelle	Anmerkungen
Gesamtbetriebsrat	1 1/2-facher Hilfswert des § 8 BRAGO bzgl. Bildung eines Gesamtbetriebsrats in einem Unternehmen mit zwei Betrieben (130 und 44 Arbeitnehmer)	LAG Düsseldorf, 9 Ta 184/77, 18.11.1977	EzA § 8 BRAGO Nr. 1 = LAGE § 8 BRAGO Nr. 1	Einfach gelagerter Streitstoff
	Bei Streitschwerpunkt auf Beteiligung von 15 Betriebsräten an einem aus 61 Betriebsräten konstituierten Gesamtbetriebsrat Erhöhung des Hilfswertes des § 8 Abs. 2 BRAGO um 15 x 1.022,58 € (=19.338,70 €)	LAG Hamm, 8 TaBV 112/86, 06.08.1987	Zit. bei GK-*Wenzel*, § 12 ArbGG, Rn 283.	Weitere Erhöhung um 5.112,92 € in Hinblick auf Beteiligung weiterer Betriebsräte an rechtlich umstrittener Gesamtbetriebsratsbildung
Geschäftsführungskosten	Wert des Gegenstandes (Anrufbeantworter)	LAG Düsseldorf, 7 Ta 267/95, 12.10.1995	Unveröffentlicht	
	Gem. § 8 Abs. 2 BRAGO i.V.m. § 12 Abs. 7 Satz 2 ArbGG höchstens Mietwert für drei Jahre bei Streit über die Anmietung von Tagungsräumen	LAG Frankfurt, 6 Ta 225/84, 11.09.1984	Unveröffentlicht	
Gewerkschaftseigenschaft	51.129,19 € bei Verband mit 14.300 Mitgliedern	LAG Hamm, 8 TaBV 108/75, 29.01.1976	AR-Blattei, Arbeitsgerichtsbarkeit XIII Entsch. Nr. 73	Bedeutung und Umfang des Verfahrens erfordern hohen Gegenstandswert.
	25.564,19 € bzgl. Christl. Gewerkschaft Bergbau, Chemie und Energie	ArbG Essen, 5 BV 3/73, 28.11.1973	Zit. bei LAG Hamm, 8 TaBV 108/75, 29.01.1976, AR-Blattei, Arbeitsgerichtsbarkeit XIII Entsch. Nr. 73	
	25.564,59 € bzgl. Christl. Metallarbeiterverband	ArbG Stuttgart, 6 BV 3/71, 04.02.1972	EzA Art. 9 GG Nr. 9; ArbuR 1972, 344	

Alphabetische Sortierung nach Gegenständen	Gegenstands-wert	Gericht	Fundstelle	Anmerkungen
Gewerkschaft: Teilnahme an Betriebsratsver-sammlung	Doppelter Hilfswert des § 8 Abs. 2 BRAGO bei Verfahren (einstweilige Verfügung) über Teilnahmerecht nach Verneinung der Gewerkschafts-eigenschaft durch Gesamtbetriebsrat	LAG Hamm, 8 TaBV 112/81, 06.10.1981	DB 1981, 2388	Nicht Gewicht des Streits über Gewerkschafts-eigenschaft entscheidend, sondern Bedeutung des geforderten Teilnahmerechts
Jugendvertreter-wahl, Aussetzung im Wege einstwei-liger Verfügung	Hilfswert des § 8 Abs. 2 BRAGO	LAG Hamm, 8 TaBV 56/73, 28.03.1974	Zit. bei *Wenzel*, DB 1977, 722 (723).	
Konzernbetriebsrat	Doppelter Hilfswert des § 8 Abs. 2 BRAGO bei Konstituierung eines Konzernbe-triebsrats in zwei Mittelbetrieben mit insg. rd. 230 Arbeitnehmern	LAG Hamm, 8 TaBV 132/89, 30.11.1989	BB 1990, 283	
Kündigung (außerordentliche) Zustimmungserset-zungsverfahren nach § 103 Abs. 2 BetrVG	Im Beschluss-verfahren wegen Ersetzung der Zustimmung zur Kündigung eines Betriebsratsmit-glieds erfolgt die Festsetzung des Gegenstandswerts nach § 8 Abs. 2 BRAGO Bei der Bemessung des Ge-genstandswerts sind die gesetzlichen Wertermittlungsvor-schriften, hier § 12 Abs. 7 ArbGG, heranzuziehen.	LAG Nürnberg, 6 Ta 115/01, 21.06.2001	JurBüro 2001, 595	

Alphabetische Sortierung nach Gegenständen	Gegenstandswert	Gericht	Fundstelle	Anmerkungen
	Der Gegenstandswert ist ausschließlich § 8 Abs. 2 BRAGO zu entnehmen und nicht § 12 Abs. 7 ArbGG.	LAG Schleswig-Holstein, 4 TaBV 46/99, 23.05.2001	Unveröffentlicht	Es handelt sich nicht um vermögensrechtliche Fragen sondern es geht aus Gründen der Verwirklichung der Demokratie im Betrieb um die angemessene Beteiligung des Betriebsrats an einer beabsichtigten Kündigung. Grundsätzlich wird der Gegenstandswert dem Regelwert von 4.000 € entsprechen.
Leitende Anstellte gem. § 5 Abs. 3 BetrVG	Hilfswert des § 8 Abs. 2 BRAGO	BAG, 6 ABR 51/81, 23.01.1986	DB 1986, 1131	
		LAG Bremen, 3 Ta BV 3/77, 24.04.1978	BB 1979, 1096	
	Hilfswert des § 8 Abs. 2 BRAGO, solange nicht besondere Verfahrensumstände eine niedrigere oder höhere Bewertung erfordern.	LAG Hamm, 8 TaBV 45/76, 28.05.1976	Zit. bei *Wenzel*, DB 1977, 722 (725).	
	Doppelter Hilfswert des § 8 Abs. 2 BRAGO	LAG Nürnberg, 3 Ta 3/81, 04.02.1981	AMBl BY 1981, C 31	Bei Mehrzahl von Statusverfahren, die gleichzeitig betrieben werden, entsprechend der relativ geringeren Arbeitsbelastung niedriger
		LAG München, 8 Ta 116/78, 20.02.1979	AMBl BY 1979, C 29–31	
Mitbestimmungsrechte (allgemein)	Hilfswert des § 8 Abs. 2 BRAGO oder niedriger, wenn zu bewertende Mitbestimmungsrechte im Wesentlichen auf den gleichen Tatsachen beruhen und keine wesentlichen Unterschiede in rechtlicher Beurteilung bestehen.	LAG Bremen, 4 Ta 68/94, 28.12.1984	MDR 1995, 725	

Alphabetische Sortierung nach Gegenständen	**Gegenstandswert**	**Gericht**	**Fundstelle**	**Anmerkungen**
	Hilfswert des § 8 Abs. 2 BRAGO, Abweichungen nach Lage des Falls, insbesondere sind rechtliche und tatsächliche Schwierigkeiten des Falls sowie Arbeitsaufwand des Rechtsanwalts zu berücksichtigen.	LAG Schleswig-Holstein, 5 Ta 76/93, 14.06.1993	LAGE § 8 BRAGO Nr. 24	
Nichtwählbarkeitsfeststellung	Hilfswert des § 8 Abs. 2 BRAGO	LAG Hamm, 8 TaBV 65/73, 14.02.1974	Zit. bei *Wenzel*, DB 1977, 722 (723).	
Personelle Angelegenheiten gem. §§ 99 ff. BetrVG, Sonstiges				
a) Ausführung auswärtiger Montagen	3-facher Hilfswert des § 8 Abs. 2 BRAGO bzgl. Antrag auf Feststellung, dass Betriebsrat hinsichtlich der Ausführung auswärtiger Montagen von betrieblichem Monteur und außerbetrieblicher Hilfskraft zu beteiligen ist.	LAG Niedersachsen, 6 Ta 150/87, 31.08.1987	NZA 1988, 220	Berücksichtigung der Betriebsgröße und der Häufigkeit und Dauer der sonst vorkommenden auswärtigen Montagen
b) Personalplanung	Hilfswert des § 8 Abs. 2 BRAGO bzgl. Antrag auf Feststellung, dass Betriebsrat nicht ordnungsgemäß an Personalplanung beteiligt ist.	LAG Hamm, 8 TaBV 65/73, 08.05.1974	Zit. bei *Wenzel*, DB 1977, 722 (725).	
c) Umsetzung	Hilfswert des § 8 Abs. 2 BRAGO bzgl. Untersagung der Umsetzung von zwölf Angestellten im Zusammenhang mit Arbeitskampf	LAG Hamm, 8 TaBV 72/75, 10.11.1975	Zit. bei *Wenzel*, DB 1977, 722 (726).	

Alphabetische Sortierung nach Gegenständen	Gegenstandswert	Gericht	Fundstelle	Anmerkungen
d) Untersagung des Einsatzes von Arbeitnehmern von Fremdfirmen	Doppelter Hilfswert des § 8 Abs. 2 BRAGO bei einem auf eine Betriebsvereinbarung gestützten Anspruch des Betriebsrats auf Untersagung des Einsatzes von Arbeitnehmern von Fremdfirmen	LAG Bremen, 4 Ta 78/83 u. 4 Ta 79/83, 21.09.1983	KostRsp. ArbGG § 12 Nr. 76	Abschlag von 25 % im einstweiligen Verfügungsverfahren
e) Antrag des Arbeitgebers im Verfahren nach §§ 99, 100 BetrVG die Zustimmung des Betriebsrats zur Beschäftigung von »zwanzig Leiharbeitnehmern im Mischraum« und »zum Abpacken« für eine datumsmäßig angegebene Zeit von vier Wochen zu ersetzen und weiter festzustellen, dass die Maßnahme dringend erforderlich ist.	Festsetzung des Streitwerts nach § 8 Abs. 2 BRAGO für den Antrag nach § 99 BetrVG auf DM 10.225,83 € (511,29 € »je Fall«) und für den Antrag nach § 100 BetrVG auf 5.112,92 € (2.556,46 € »je Fall«) zumindest nicht nach oben zu korrigieren, da noch nicht einmal eine kursorische Prüfung jeden Einzelfalles durch den Betriebsrat und im nachfolgenden Beschlussverfahren erfolgen konnte.	LAG Bremen, 4 Ta 33/01, 19.07.2001	NZA-RR 2001, 591	
Hinzuziehung eines Sachverständigen	Die Festsetzung des Gegenstandswertes hat deshalb nach Maßgabe der veranschlagten Kosten des Sachverständigen zu erfolgen.	LAG Hamm, 10 TaBV 50/01, 12.06.2001	LAGE § 8 BRAGO Nr. 50	
Schulungsveranstaltungen				
a) Erforderlichkeit von Schulungsveranstaltungen	Hilfswert des § 8 Abs. 2 BRAGO bzgl. einwöchiger Schulungsveranstaltung	LAG Düsseldorf, 7 Ta 217/90, 02.07.1990	LAGE § 8 BRAGO Nr. 15	

Alphabetische Sortierung nach Gegenständen	Gegenstandswert	Gericht	Fundstelle	Anmerkungen
b) Freistellung von Betriebsratsmitgliedern für Schulungsveranstaltungen mit Fortzahlung der Bezüge und Übernahme der Seminarkosten (§ 37 Abs. 6 BetrVG)	Gesamtaufwendungen des Arbeitgebers als Bemessungsgrundlage, bei Feststellungsanträgen Abschlag von 25 %, weiterer Abschlag von 25 % wegen beschränkter Rechtskraftwirkung der Entscheidungen im Beschlussverfahren	LAG Hamm, 8 TaBV 144/94, 24.11.1994	LAGE § 8 BRAGO Nr. 27	
	Für ein einstweiliges Verfügungsverfahren im Beschlussverfahren um die Freistellung eines Betriebsratsmitgliedes für eine knapp zweitägige Schulung i.S.v. § 37 Abs. 6 BetrVG erscheinen 3/4 des Ausgangswertes gem. § 8 Abs. 2 Satz 2 BRAGO angemessen als Gegenstandswert.	LAG Frankfurt, 5 Ta 68/01, 08.03.2001	Unveröffentlicht	
Soziale Angelegenheiten gem. § 87 BetrVG				
a) Beitragserhöhung für Inanspruchnahme des betriebseigenen Kindergartens	Hilfswert des § 8 Abs. 2 BRAGO, wenn keine besondere Bedeutung des Falls und kein wesentlicher Arbeitsaufwand	LAG Hamm, 8 TaBV 88/75, 23.01.1976	Zit. bei *Wenzel*, DB 1977, 722 (725).	
b) Mieterhöhungen (um bis zu 25 %) für rd. 400 Werkswohnungen	10.225,84 € im Hinblick auf jährliche Mietzinssteigerung von insgesamt rund 29.450,41 €	LAG Hamm, 8 TaBV 25/72, 18.10.1972	Zit. bei *Wenzel*, DB 1977, 722 (725).	
c) Umgestaltung einer Versorgungsordnung	7.669,38 € in Betrieb mit rd. 850 Arbeitnehmern, wobei Versorgungsordnung für rd. 650 Arbeitnehmer bedeutsam	LAG Hamm, 8 TaBV 63/75, 26.11.1975	AR-Blattei Arbeitsgerichtsbarkeit XIII Entsch. Nr. 72	

Alphabetische Sortierung nach Gegenständen	Gegenstands-wert	Gericht	Fundstelle	Anmerkungen
d) Verbot der einseitigen Mehr-arbeitsanordnung (durch einstweilige Verfügung)	Doppelter Hilfswert des § 8 Abs. 2 BRAGO	LAG Düsseldorf, 7 Ta 11/89, 16.02.1989	LAGE § 8 BRAGO Nr. 13	Kein Abschlag für Verfolgung des Begehrens per einstweiliger Verfügung, weil praktisch Dauerregelung erzielt
e) Vorübergehende Einrichtung einer Spätschicht für 15 Arbeitnehmer	Wirtschaftliches Interesse des Arbeitgebers maßgeblich (ergibt sich aus betrieblichen Vorhaltekosten, die bei Absetzung der Spätschicht ungenutzt weiter anfallen), hier 15.338,76 € Gegenstandswert bei 23.008,13 € Vorhaltekosten	LAG Hamm, 8 TaBV 63/88, 11.08.1988	Zit. bei GK-ArbGG/*Wenzel*, § 12 Rn 291.	Bzgl. Vorhalte-kosten ist der durchschnittliche Zeitraum bis zur Herbeiführung einer betrieblichen Einigung zugrunde zu legen.
f) Zurverfügung-stellen von Beträgen für Mitarbeiterdar-lehensbudget	Nicht nach geforderter Summe, sondern nach mit Darle-hensaufstockung verbundenen Zins-vergünstigungen bei Inanspruchnahme von Arbeitneh-merdarlehen zu bemessen (hier: 204.516,75 €)	LAG Bremen, 4 Ta 31/84, 28.06.1984	AnwBl 1985, 100	
g) Feststellung von Mitbestim-mungsrechten bei Videoüberwachung	2-facher Hilfswert	ArbG Hamburg, 19 BV 11/97, 21.09.1998	Zit. bei *Bertels-mann*, S. 60.	
h) Durchführung von Gefährdungs-analyse nach § 5 ArbSchG	2,5-facher Hilfswert	LAG Hamburg, 2 Ta 22/99, 26.02.1999	Zit. bei *Bertels-mann*, S. 60.	
i) Einführung neuer Dienstpläne	5-facher Hilfswert	LAG Mecklenburg-Vorpommern, 2 Ta 14/97, 03.04.1997	LAGE § 8 BRAGO Nr. 32	100 Arbeitnehmer sollten monatlich 13 Stunden mehr arbeiten.
k) Anrechnung von Tariferhöhungen	Knapp 9-facher Hilfswert	ArbG Osnabrück, 1 BV 12/94, 07.08.1995	Zit. bei *Bertels-mann*, S. 61.	

Alphabetische Sortierung nach Gegenständen	Gegenstandswert	Gericht	Fundstelle	Anmerkungen
l) Einführung von Prämienentlohnung	Knapp 10-facher Hilfswert	LAG Niedersachsen, 11 Ta 158/90, 28.06.1990	Zit. bei *Bertelsmann*, S. 61.	
m) Arbeitsbedingungen von Teilzeitkräften	Gut 12-facher Hilfswert (25.564,59 €)	LAG Hamburg, 8 Ta 12/88, 07.06.1988	Zit. bei *Bertelsmann*, S. 61.	Mittelgroßes Kaufhaus
	25-facher Hilfswert (51.129,19 €)	LAG Hamburg, 4 Ta 2/89, 17.02.1989	Zit. bei *Bertelsmann*, S. 61.	Großes Kaufhaus
	51.129,19 €	ArbG Hamburg, 14 BV 3/85, 22.12.1988	Zit. bei *Bertelsmann*, S. 61.	
Sozialplan				
a) Anfechtung des Sozialplans	Strittiges Leistungsvolumen maßgeblich	LAG Berlin, 4 TaBV 2/75, 30.10.1975	DB 1976, 1388	
	Differenz zwischen Volumen des angefochtenen Sozialplans und der angestrebten Dotierung nur Ausgangspunkt; Grundtendenz der Begrenzung der Verfahrenskosten im Arbeitsgerichtsprozess als Korrektiv (hier: 51.129,19 €)	LAG Brandenburg, 1 Ta 41/92, 20.11.1992	LAGE § 8 BRAGO Nr. 20	Auch Umfang und Schwierigkeit der anwaltlichen Tätigkeit sind zu beachten.
	Nach Umfang der tatsächlich zur Verteilung an die Arbeitnehmer zur Verfügung stehenden Gelder, nicht nach Sozialplanvolumen	LAG Frankfurt, 4/5 TaBV 67/76, 15.08.1980	ZIP 1980, 787	
	Strittiges Leistungsvolumen maßgeblich	LAG Hamm, 8 TaBV 53/88, 13.10.1988	LAGE § 8 BRAGO Nr. 8	

Alphabetische Sortierung nach Gegenständen	Gegenstandswert	Gericht	Fundstelle	Anmerkungen
	Im Rahmen des § 8 Abs. 2 BRAGO möglichst individuelle Bewertung; u.a. Vorbringen des Betriebsrats zu berücksichtigen, Einigungsstelle hätte um 1.789.521,58 € höheres Sozialplanvolumen beschließen müssen (hier: 255.645,94 €).	LAG Rheinland-Pfalz, 9 Ta 163/92, 06.08.1992	NZA 1993, 93	
b) Zuständigkeit für Sozialplan	Nach Bruchteil des Sozialplanvolumens (hier: 1/4)	LAG Hamm, 8 TaBV 66/74, 11.02.1976	DB 1976, 1244	
	Nicht Quote des Sozialplanvolumens, sondern 3-facher Hilfswert des § 8 Abs. 2 BRAGO	LAG Niedersachsen, 6 Ta 446/86, 19.12.1986	BB 1987, 1256	
Tariffähigkeit	51.129,19 € bei Verband mit 14.300 Mitgliedern	LAG Hamm, 8 TaBV 108/75, 29.01.1976	AR-Blattei, Arbeitsgerichtsbarkeit XIII Entsch. Nr. 73	Bedeutung und Umfang des Verfahrens erfordern hohen Gegenstandswert.
	25.564,59 € bzgl. Christl. Gewerkschaft Bergbau, Chemie und Energie	ArbG Essen, 5 BV 3/73, 28.11.1973	Zit. bei LAG Hamm, 8 TaBV 108/75, 29.01.1976, AR-Blattei, Arbeitsgerichtsbarkeit XIII Entsch. Nr. 73	
	25.564,59 € bzgl. Christl. Metallarbeiterverband (jetzt: CGM)	ArbG Stuttgart, 6 BV 3/71, 04.02.1972	EzA Art. 9 GG Nr. 9; ArbuR 1972, 344	
Unterlassungsansprüche	Für jeweils vier Betroffene Hilfswert des § 8 Abs. 2 BRAGO bei Antrag des Betriebsrats auf Unterlassung von Arbeitseinstellungen (Teilstillegung) mit 95 betroffenen Arbeitnehmern	LAG Frankfurt, 6 Ta 295/84, 30.10.1984	Unveröffentlicht	

Alphabetische Sortierung nach Gegenständen	**Gegenstandswert**	**Gericht**	**Fundstelle**	**Anmerkungen**
	Streitwertaddition bei Geltendmachung mehrerer Unterlassungsansprüche, wenn Anträge nicht im Wesentlichen gleichen Gegenstand haben oder sich kein Antrag nur als rechtliche Folge eines anderen Antrags darstellt.	LAG Köln, 8 Ta 283/97, 07.11.1997	Unveröffentlicht	
	1,5-facher Hilfswert des § 8 Abs. 2 BRAGO bzgl. Untersagung des Abschlusses von Aufhebungsverträgen ohne Zustimmung des Betriebsrats	LAG Schleswig-Holstein, 4 Ta 115/96, 13.03.1997	Unveröffentlicht	Reduzierung um 1/3 im Eilverfahren der §§ 935, 940 ZPO
a) Untersagungsantrag gem. § 23 Abs. 3 BetrVG betreffend Überstunden	Hilfswert nach § 8 Abs. 2 BRAGO in Betrieb mit ca. 200 Arbeitnehmern	LAG Schleswig-Holstein, 2 Ta 12/93, 20.06.1993	Zit. bei *Bertelsmann*, S. 58.	
	2-facher Hilfswert bei Betrieb mit ca. 200 Arbeitnehmern	LAG Schleswig-Holstein, 6 Ta 31/87, 11.03.1987	Zit. bei *Bertelsmann*, S. 58.	
	2-facher Hilfswert bei Betrieb mit 90 Arbeitnehmern	ArbG Hamburg, 3 BV 17/97, 27.04.1998 ArbG Hamburg, 8 BV 4/98, 23.06.1998 ArbG Hamburg, 19 BV 7/99, 07.09.1999	Zit. bei *Bertelsmann*, S. 58.	
	1,5-facher Hilfswert bei Überstunden für 462 Arbeitnehmer für einen Monat	LAG Hamm, 8 TaBV 147/93, 27.01.1994	Zit. nach *Meier*, Rn 121.	
	2-facher Hilfswert bei Teilbereichen eines Betriebs	ArbG Hamburg, 4 GaBV 1/98, 04.02.1999	Zit. bei *Bertelsmann*, S. 58.	

Alphabetische Sortierung nach Gegenständen	Gegenstandswert	Gericht	Fundstelle	Anmerkungen
b) Untersagung des Abweichens von einer Betriebsvereinbarung bei Arbeitszeit in zwei Filialen	2-facher Hilfswert	ArbG Hamburg, 5 BV 49/88, 13.04.1989	Zit. bei *Bertelsmann*, S. 58.	
c) Antrag auf Unterlassung von mitbestimmungswidrigen Einstellungen und Arbeitszeitverstößen	2-facher Hilfswert	ArbG Hamburg, 24 BV 19/95, 13.06.1996	Zit. bei *Bertelsmann*, S. 58.	
d) Verfahren nach § 23 Abs. 3 BetrVG auf Untersagung der Durchführung von tarifwidrigen Betriebsvereinbarungen zur Arbeitszeit im Bereich der Metallindustrie	5-facher Hilfswert	ArbG Verden, 1 BV 13/85, 11.05.1987; ArbG Stade, 1 BV 8/85, 14.03.1988	Zit. bei *Bertelsmann*, S. 58.	
	12-facher Hilfswert	ArbG Oldenburg, 2 BV 40/85, 17.02.1986	Zit. bei *Bertelsmann*, S. 58.	
e) Unterlassungsantrag gegen Abweichungen von einer Betriebsvereinbarung	4-facher Hilfswert	LAG Baden-Württemberg, 3 Ta 21/98, 28.04.1998	Zit. bei *Bertelsmann*, S. 58.	
f) Untersagung von Umgruppierungen	10-facher Hilfswert	ArbG Hamburg, 18 BV 2/96, 04.12.1996	Zit. bei *Bertelsmann*, S. 58.	wegen der Vielzahl der Betroffenen und der Bedeutung der Angelegenheit
g) Unterlassungsantrag gegen den Ausspruch von 16 Kündigungen bis zum Abschluss von Interessenausgleichsverhandlungen	Lage des Falles, bei einer behaupteten Betriebsänderung durch die Zahl der betroffenen Arbeitnehmer gekennzeichnet. Für jeweils vier Arbeitnehmer ist wegen Parallelität der Betroffenheit einmal der Ausgangswert nach § 8 Abs. 2 Satz 2 BRAGO anzusetzen	LAG Hessen, 5 Ta 630/02, 23.12.2002	AE 3/2003, 140	

Alphabetische Sortierung nach Gegenständen	Gegenstandswert	Gericht	Fundstelle	Anmerkungen
Versetzung (Zustimmungsersetzung zu personeller Einzelmaßnahme gem. § 99 Abs. 4 BetrVG)	Bzgl. Zustimmungsersetzung zur im Rahmen einer Änderungskündigung notwendigen Versetzung ist der Wert der entsprechenden Kündigungsschutzklage heranzuziehen (Unterschiedsbetrag der letzten drei Monate).	LAG Hamm, 8 TaBV 106/73, 21.05.1974	ArbuR 1974, 313	
	1/3 eines Monatsverdienstes	LAG Schleswig-Holstein, 5 Ta 188/87, 27.04.1988	LAGE § 8 BRAGO Nr. 6	
Wirtschaftliche Angelegenheiten				
a) Errichtung eines Wirtschaftsausschusses	Doppelter Hilfswert des § 8 Abs. 2 BRAGO	LAG Bremen, 4 Ta 81/84, 13.12.1984	AnwBl 1985, 101	
b) Neuordnung und Verlegung von Produktionsstätten und Verwaltungsabteilungen	Hilfswert des § 8 Abs. 2 BRAGO bei Antrag des Betriebsrats auf Feststellung, dass Mitbestimmungsrecht besteht.	LAG Hamm, 8 TaBV 65/73, 08.05.1974	Zit. bei *Wenzel*, DB 1977, 722 (726).	
Untersagung von Kündigungsausspruch bis zum Abschluss laufender Verhandlungen über Interessenausgleich	Doppelter Hilfswert des § 8 Abs. 2 BRAGO	LAG Bremen, 2 Ta 85/89, 15.02.1990	LAGE § 8 BRAGO Nr. 14	Wirtschaftliche Auswirkungen sind zu berücksichtigen.
Teilstillegung	Für jeweils vier Betroffene Hilfswert des § 8 Abs. 2 BRAGO bei Antrag des Betriebsrats auf Unterlassung von Arbeitseinstellungen (Teilstillegung) mit 95 betroffenen Arbeitnehmern	LAG Frankfurt, 6 Ta 295/84, 30.10.1984	Unveröffentlicht	

Alphabetische Sortierung nach Gegenständen	Gegenstandswert	Gericht	Fundstelle	Anmerkungen
Zustimmungsersetzung				
a) Personelle Einzelmaßnahmen gem. § 99 Abs. 4 BetrVG	Hilfswert des § 8 Abs. 2 BRAGO	LAG Bremen, 4 Ta 79/92, 20.01.1993	BB 1993, 366	Kein Rückgriff auf § 12 Abs. 7 ArbGG
	Hilfswert des § 8 Abs. 2 BRAGO für Antrag gem. § 99 BetrVG, 1/2 Hilfswert für Antrag nach § 100 BetrVG und 1/2 Hilfswert für Antrag nach § 101 BetrVG	LAG Bremen, 4 Ta 24/91, 03.06.1991	Unveröffentlicht	
	4-facher Hilfswert des § 8 Abs. 2 BRAGO, wenn Betriebsrat in Unternehmen mit 420 Arbeitnehmern Unterlassung der Anwendung neuer Entlohnungsgrundsätze begehrt.	LAG Bremen, 4 Ta 43/89; 4 Ta 50/89; 2 TaBV 34/88, 27.11.1989	Unveröffentlicht	Zusätzlich 1/2 Wert des Zustimmungsersetzungsverfahrens, wenn gleichzeitig Mitteilung der Eingruppierung begehrt; bei mehreren betroffenen Arbeitnehmern für jeden Arbeitnehmer gesonderter, niedrigerer Wert; Kürzung um 25 % bei einstweiliger Verfügung
	§ 12 Abs. 7 ArbGG analog bzgl. Verfahren nach §§ 99–101 BetrVG	LAG Düsseldorf, 7 Ta 399/94, 25.04.1995	ArbuR 1995, 332	Drei Monatseinkommen bei Zustimmungsersetzung zu Einstellung, für Feststellungsantrag nach § 100 BetrVG ein weiterer Betrag in Höhe von 50 %
	§ 12 Abs. 7 ArbGG nicht analog anzuwenden (außer im Verfahren über die Mitbestimmung bei Eingruppierung)	LAG Köln, 4 Ta 126/95, 27.07.1995	Unveröffentlicht	Abweichend von Entscheidungen anderer Kammern des LAG Köln, z.B. 12 Ta 215/93, 25.01.1994 und 7 Ta 344/93, 22.11.1993

Alphabetische Sortierung nach Gegenständen	Gegenstandswert	Gericht	Fundstelle	Anmerkungen
	Hilfswert des § 8 Abs. 2 BRAGO bzgl. personellen Einzelmaßnahmen nach §§ 99, 101 S. 1 BetrVG	LAG München, 8 TaBV 39/77, 19.12.1978	Unveröffentlicht	§ 12 Abs. 7 ArbGG ist nicht anwendbar.
	1,5-facher Hilfswert des § 8 Abs. 2 BRAGO bzgl. Untersagung des Abschlusses von Aufhebungsverträgen ohne Zustimmung des Betriebsrats	LAG Schleswig-Holstein, 4 Ta 115/96, 13.03.1997	Unveröffentlicht	Reduzierung um 1/3 im Eilverfahren der §§ 935, 940 ZPO
b) Aufhebung einer personellen Maßnahme gem. § 101 BetrVG	Im Regelfall im Rahmen des § 8 Abs. 2 BRAGO ein Monatsgehalt angemessen	LAG Hamburg, 2 Ta 20/95, 13.11.1995 LAG Hamburg, 3 Ta 17/95, 12.09.1995	NZA-RR 1996, 306 NZA-RR 1996, 267	
	25.564,59 € bzgl. Aufhebung von Personalmaßnahmen in 33 Fällen (im weiteren Verlauf Erweiterung des Antrags um zehn Mitarbeiter)	LAG Hamburg, 2 Ta 6/92, 04.08.1992	NZA 1993, 42	
	Bzgl. Untersagung der Beschäftigung von Leiharbeitnehmern in Anlehnung an § 12 Abs. 7 ArbGG, wobei betriebsübliche Vergütung Bemessungsgrundsatz, nicht der vom Verleiher in Rechnung gestellte Stundensatz	LAG Hamm, 8 TaBV 144/88, 22.12.1988	Zit. von GK-ArbGG/*Wenzel*, § 12 Rn 290.	
	In Anlehnung an § 12 Abs. 7 ArbGG	LAG Hamm, 8 TaBV 24/86, 19.06.1986 LAG Hamm, 8 TaBV 127/85, 10.10.1985	Zit. von LAG Hamm, 8 TaBV 2/87, 19.03.1987, LAGE § 12 ArbGG 1979 Streitwert Nr. 70 und bei GK-ArbGG/*Wenzel*, § 12 Rn 290.	

Alphabetische Sortierung nach Gegenständen	Gegenstandswert	Gericht	Fundstelle	Anmerkungen
	Vierteljahreseinkommen gem. § 12 Abs. 7 ArbGG analog abzüglich 20 %	LAG Köln, 10 Ta 205/91, 29.10.1991	AnwBl 1992, 238	
	Nicht in Anlehnung an § 12 Abs. 7 ArbGG analog, sondern gem. § 8 Abs. 2 BRAGO	LAG München, 3 Ta 10/95, 07.12.1995	LAGE § 8 BRAGO Nr. 29	
	Ein Monatsverdienst des Arbeitnehmers, um dessen Beschäftigung es im Verfahren geht.	LAG Rheinland-Pfalz, 6 Ta 48/95, 11.05.1995	LAGE § 8 BRAGO Nr. 28	
c) Einstellung	Halbierung des Gegenstandwertes pro Antrag bei neun betroffenen Arbeitnehmern	LAG Bremen, 4 Ta 10/83, 4 Ta 18/83, 29.06.1983	AnwBl 1984, 165	
	Drei Monatseinkommen in Anlehnung an § 12 Abs. 7 ArbGG, für weiteren Antrag nach § 100 BetrVG weiterer Betrag i.H.v. 50 %	LAG Düsseldorf, 7 Ta 399/94, 25.04.1995	ArbuR 1995, 332	
	Orientierung an Monatsentgelt in Abschätzung des wirtschaftlichen Wertes für Arbeitgeber an Einstellung des Arbeitnehmers	LAG Hamburg, 1 Ta 9/87, 24.05.1988 LAG München, 3 Ta 10/95, 07.12.1995 LAG Hamburg, 2 Ta 20/95, 13.11.1995 LAG Rheinland-Pfalz, 6 Ta 48/95, 11.05.1995	DB 1988, 1404 NZA-RR 1996, 419 NZA-RR 1996, 306 LAGE § 8 BRAGO Nr. 28	Wenn keine besondere Fallgestaltung vorliegt.
	Je nach Fall zwischen Hilfswert und dem 3-fachen Bruttomonatseinkommen des Arbeitnehmers	LAG Köln, 7 Ta 22/97, 18.12.1997	KostRsp. § 8 BRAGO Nr. 73	

Alphabetische Sortierung nach Gegenständen	Gegenstandswert	Gericht	Fundstelle	Anmerkungen
	Bewertung in Anlehnung an § 12 Abs. 7 ArbGG	LAG Hamm, 8 TaBV 146/88, 23.02.1989 LAG Hamm, 8 TaBV 2/87, 19.03.1987 LAG Köln, 12 Ta 215/93, 25.01.1994	LAGE § 8 BRAGO Nr. 12 LAGE § 12 ArbGG 1979 Streitwert Nr. 70 JurBüro 1992, 91	1/2 Wert des Zustimmungsersetzungsverfahrens, wenn zusätzlich Antrag auf Feststellung, dass Einstellung aus sachlichen Gründen dringend erforderlich i.S.d. § 100 Abs. 2 Satz 3 BetrVG
	1,5-faches Monatsentgelt bzgl. dreimonatiger Aushilfsbeschäftigung in Anlehnung an § 12 Abs. 7 ArbGG	LAG Hamm, 8 Ta 137/86, 13.05.1986	LAGE § 12 ArbGG Streitwert Nr. 55	Frage der Rehabilitation spielt eine untergeordnete Rolle.
	Hilfswert des § 8 Abs. 2 BRAGO	LAG Hannover, 12 Ta 31/83, 04.01.1984 LAG Bremen, 1 Ta 60/97, 17.12.1997 LAG Köln, 4 Ta 126/95, 27.07.1995 LAG Köln, 5 Ta 196/97, 30.09.1997	AnwBl 1984, 166 NZA-RR 1998, 277 KostRsp. § 8 BRAGO Nr. 68 LAGE § 10 BRAGO Nr. 36	
	Hilfswert mit Erhöhung um 1/4 bis 1/3	BAG, 1 ABR 66/75, 21.09.1978	*Tschischgale/Satzky,* S. 67, Ausgangsfall siehe AP Nr. 6 zu § 99 BetrVG	
	2-facher Hilfswert	ArbG Hamburg, 18 BV 8/98, 08.02.1998	Zit. bei *Bertelsmann,* S. 72.	
	Hilfswert des § 8 Abs. 2 BRAGO ist in einfach gelagerten Fällen zu kürzen.	LAG Schleswig-Holstein, 6 Ta 204/87, 15.02.1988	LAGE § 8 BRAGO Nr. 10	

Alphabetische Sortierung nach Gegenständen	Gegenstandswert	Gericht	Fundstelle	Anmerkungen
	3/4 des Hilfswertes des § 8 Abs. 2 BRAGO bei einfach gelagerten Verfahren	LAG Schleswig-Holstein, 4 Ta 2/97, 11.03.1997	LAGE § 8 BRAGO Nr. 33	Wenn zusätzlich Antrag nach § 100 BetrVG zusätzlich 1/8 des Hilfswert; bei Antrag nach § 101 BetrVG 1/16 des Hilfswertes; bzgl. Verpflichtung des Arbeitgebers, Verfahren nach § 99 hilfsweise zu betreiben, 1/16 des Hilfswertes
	Keine Anlehnung an § 12 Abs. 7 ArbGG, sondern im Rahmen des § 8 Abs. 2 Berücksichtigung von Bedeutung der Angelegenheit sowie Umfang und Schwierigkeit der anwaltlichen Tätigkeit	LAG Köln, 5 Ta 196/97, 30.09.1997	LAGE § 8 BRAGO Nr. 36	Abweichung von der Entscheidung des LAG Köln, 12 Ta 215/93, 25.01.1994; Anschluss an die Entscheidung des LAG Köln, 4 Ta 126/95, 27.07.1995
d) Ein- und Umgruppierung	3-facher Jahresbetrag der monatlichen Vergütungsdifferenz	BAG, 10 ABR 24/97, 18.11.1998 LAG Köln, 4 Ta 126/95, 27.07.1995 LAG Nürnberg, 7 Ta 167/98, 02.11.1998 LAG Schleswig-Holstein, 5 Ta 188/87, 25.08.1988	Zit. bei *Bertelsmann*, S. 75. JurBüro 1996, 590 LAGE § 8 BRAGO Nr. 39 LAGE § 8 BRAGO Nr. 6	
	3-facher Jahresbetrag der monatlichen Vergütungsdifferenz abzüglich 25 %	LAG Düsseldorf, 7 Ta 229/80, 16.02.1981	EzA § 8 BRAGO Nr. 3; LAGE § 8 BRAGO Nr. 3	
	Wirtschaftlicher Wert ist in Anlehnung an § 12 Abs. 7 ArbGG zu bestimmen, dreijähriger Differenzbetrag abzüglich 20 %.	LAG Hamburg, 7 Ta 13/95, 01.09.1995 LAG Schleswig-Holstein, 1 Ta 30/96, 18.04.1996 LAG Köln, 10 Ta 205/91, 29.10.1991	LAGE § 8 BRAGO Nr. 30 = NZA-RR 1996, 266 Zit. bei *Bertelsmann*, S. 75. MDR 1992, 165	Im Einzelfall Abschlag von 40 %, wenn wirtschaftliche Auswirkungen des Verfahrens für Beteiligte weitere Kürzung erfordern.

Alphabetische Sortierung nach Gegenständen	Gegenstands-wert	Gericht	Fundstelle	Anmerkungen
e) Antrag, dem Arbeitgeber unter Androhung von Zwangsgeldern die Einleitung des Zustimmungsersetzungsverfahrens aufzugeben.	20 % des Wertes des entsprechenden Zustimmungsersetzungsverfahrens, Wert des Zustimmungsersetzungsverfahrens: 3-facher Jahresbetrag der Entgeltdifferenz abzüglich 20 %, weiterer Abschlag i.H.v. 25 % wegen verminderter Rechtskraftwirkung	LAG Hamm, 8 TaBV 38/85, 18.04.1985	LAGE § 3 ZPO Nr. 3	
	3-facher Jahresbetrag der Entgeltdifferenz abzüglich 20 %	LAG Hamm, 8 Sa 968/76, 27.06.1978	EzA § 12 ArbGG Nr. 7	
	Entsprechend Wert eines entsprechenden Feststellungsbegehrens des betroffenen Arbeitnehmers: 3-facher Jahresbetrag der Vergütungsdifferenz gem. § 12 Abs. 7 ArbGG, Kürzung wegen verminderter Rechtskraftwirkung (hier: Kürzung von 11.964,23 € auf 10.225,84 €)	LAG Hamm, 8 TaBV 78/75, 03.03.1976	DB 1976, 1019	
	§ 12 Abs. 7 ArbGG ist entsprechend heranzuziehen.	LAG Köln, 4 Ta 126/95, 27.07.1995	JurBüro 1996, 590	
	3-facher Jahresbetrag der Entgeltdifferenz (in Anlehnung an § 12 Abs. 7 S. 2 ArbGG) abzüglich 20 %	LAG Köln, 10 Ta 205/91, 29.10.1991	JurBüro 1992, 91	
	Hilfswert des § 8 Abs. 2 BRAGO	LAG Nürnberg, 6 Ta 79/91, 12.11.1991	Zit. bei ArbG Würzburg, 4 BV 12/93 S, 15.12.1993, BB 1994, 1015	

Alphabetische Sortierung nach Gegenständen	**Gegenstandswert**	**Gericht**	**Fundstelle**	**Anmerkungen**
	Nach Formel »monatlicher Differenzbetrag der betreffenden Vergütungsgruppen mal 36 abzüglich 20 %«	LAG Schleswig-Holstein, 1 Ta 30/96, 18.04.1996	Unveröffentlicht	Bei mehreren betroffenen Arbeitnehmern und gleichen Differenzbeträgen Multiplikation des Gegenstandswertes mit Zahl der Arbeitnehmer, bei unterschiedlichen Differenzbeträgen Summe aus gesondert berechneten Gegenstandswerten
	3-facher Jahresbetrag der Vergütungsdifferenz abzüglich 25 % in Anlehnung an § 12 Abs. 7 ArbGG	LAG Schleswig-Holstein, 5 Ta 188/87, 27.04.1988	LAGE § 8 BRAGO Nr. 6	
	Hilfswert des § 8 Abs. 2 BRAGO, bei Vielzahl gleich gelagerter Eingruppierungen Erhöhung des Hilfswertes pro zusätzlichem Eingruppierungsfall um 3/10, Erhöhung aber nur solange, bis doppelter Hilfswert nicht überschritten.	LAG Schleswig-Holstein, 5 TaBV, 01.08.1986	NZA 1986, 723	
	3-facher Jahresbetrag der Vergütungsdifferenz abzüglich 20 %	LAG Stuttgart, 1 Ta 205/83, 02.01.1984	AnwBl 1985, 100	
	Hilfswert des § 8 Abs. 2 BRAGO zugrunde zu legen, dabei ist auf die Bedeutung der Sache für Betriebspartner sowie Umfang und Schwierigkeit der anwaltlichen Tätigkeit abzustellen.	LAG Thüringen, 8 Ta 137/96, 21.01.1997	LAGE § 8 BRAGO Nr. 34	Bei mehreren betroffenen Arbeitnehmern Addition der Gegenstandswerte; Kürzung, wenn Gegenstände gleich gelagert

Alphabetische Sortierung nach Gegenständen	Gegenstandswert	Gericht	Fundstelle	Anmerkungen
	Hilfswert des § 8 Abs. 2 BRAGO zugrundezulegen, dabei auf Bedeutung der Sache für Betriebspartner, Vermögens- und Einkommensverhältnisse der Parteien sowie Umfang und Schwierigkeit der anwaltlichen Tätigkeit abzustellen.	ArbG Würzburg, 4 BV 12/93 S, 15.12.1993	BB 1994, 1015	
f) Versetzung	Bzgl. Zustimmungsersetzung zur im Rahmen einer Änderungskündigung notwendigen Versetzung ist der Wert der entsprechenden Kündigungsschutzklage heranzuziehen (Unterschiedsbetrag der letzten drei Monate).	LAG Hamm, 8 TaBV 106/73, 21.05.1974	ArbuR 1974, 313	
	Hilfswert	LAG München, 2 Ta 295/92, 24.05.1992 ArbG Lübeck, 1 BV 70/98, 22.10.1998 LAG Schleswig-Holstein, 1 Ta 4/89, 24.01.1989	Zit. bei *Bertelsmann*, S. 74.	
	Ein Bruttomonatsgehalt	LAG Hamburg, 7 Ta 10/98, 16.09.1998	Zit. bei *Bertelsmann*, S. 74.	
	Zwei Bruttomonatsgehälter	LAG Düsseldorf, 7 Ta 143/99, 11.05.1999 ArbG Hamburg, 23 BV 15/98, 07.06.1999	LAGE § 8 BRAGO Nr. 41 Zit. bei *Bertelsmann*, S. 74.	

Alphabetische Sortierung nach Gegenständen	Gegenstandswert	Gericht	Fundstelle	Anmerkungen
	1/2 Bruttomonatsgehalt	LAG Schleswig-Holstein, 5 Ta 62/93, 17.05.1993	Zit. bei *Bertelsmann*, S. 74.	
		LAG Hamburg, 5 Ta 18/95, 26.09.1995		Bei nur zeitlich befristeter Versetzung
	1/3 Bruttomonatsgehalt	LAG Schleswig-Holstein, 5 Ta 188/87, 27.04.1988	LAGE § 8 BRAGO Nr. 6	
g) Vorläufige personelle Maßnahmen gem. § 100 Abs. 2 BetrVG	Hilfswert des § 8 Abs. 2 BRAGO; bei mehreren betroffenen Bewerbern, bei denen Einstellung zu gleichen Bedingungen, gleichen Terminen und im Zuge eines einheitlichen »DDP«-Konzeptes erfolgen sollte, Erhöhung des Hilfswerts je einmal für jeweils vier bis fünf Betroffene	LAG Frankfurt, 6 Ta 308/84, 29.10.1984	Unveröffentlicht	
	Halber Wert des Zustimmungsersetzungsverfahrens	LAG Hamm, 8 TaBV 146/88, 23.02.1989	LAGE § 8 BRAGO Nr. 12	
		LAG Hamm, 8 TaBV 2/87, 19.03.1987	LAGE § 12 ArbGG 1979 Streitwert Nr. 70	Lediglich vorübergehende Bedeutung der Feststellung
h) Verbindung von Verfahren nach §§ 99 und 100 BetrVG	Für das Verfahren nach § 100 BetrVG nur 1/2 des eigentlichen Gegenstandswerts	LAG Bremen, 1 Ta 60/97, 17.12.1997	NZA-RR 1998, 277	
		LAG Bremen, 4 Ta 24/91, 03.06.1991	Kost.Rsp. § 8 BRAGO Nr. 43	
		LAG Hamm, 8 TaBV 146/88, 23.12.1989	LAGE § 8 BRAGO, Nr. 12	
		LAG Hamburg, 7 Ta 10/98, 16.09.1998	Zit. bei *Bertelsmann*, S. 77.	
	Für das Verfahren nach § 100 BetrVG nur 3/5 des eigentlichen Gegenstandswerts	LAG Hamm, 8 TaBV 10/74, 21.05.1974	ArbuR 1974, 313	

Alphabetische Sortierung nach Gegenständen	Gegenstandswert	Gericht	Fundstelle	Anmerkungen
i) Verbindung von Verfahren nach §§ 99 und 101 BetrVG	Für das Verfahren nach § 101 BetrVG nur 1/2 des Wertes des Verfahrens nach § 99 BetrVG	ArbG Lübeck, 2 BV 51/93, 06.07.1994	Zit. bei *Bertelsmann*, S. 77.	
	Für das Verfahren nach § 101 BetrVG nur 1/3 des Wertes des Verfahrens nach § 99 BetrVG	LAG Schleswig-Holstein, 3 Ta 176/87, 25.07.1988 LAG Schleswig-Holstein, 5 Ta 135/92, 13.01.1993	Zit. bei *Bertelsmann*, S. 77.	
	Für das Verfahren nach § 101 BetrVG nur 1/4 des Wertes des Verfahrens nach § 99 BetrVG	LAG Schleswig-Holstein, 6 Ta 207/87, 15.12.1988 ArbG Lübeck, 3 BV 47/97, 19.11.1997 ArbG Lübeck, 3 BV 57/97, 19.11.1997 ArbG Hamburg, 13 BV 14/98, 07.12.1998	Zit. bei *Bertelsmann*, S. 77.	In unterdurchschnittlichem Fall
	Für das Verfahren nach § 101 BetrVG nur 1/8 des Wertes des Verfahrens nach § 99 BetrVG	LAG Schleswig-Holstein, 4 Ta 2/97, 11.03.1998 LAG Schleswig-Holstein, 4 Ta 112/98, 03.06.1999	LAGE § 8 BRAGO Nr. 33 Zit. bei *Bertelsmann*, S. 77.	
		ArbG Lübeck, 5 BV 99/96, 03.06.1999	Zit. bei *Bertelsmann*, S. 77.	
k) Verfahren gegenüber mehreren Beteiligten				
Eingruppierung	Hilfswert, für jede weitere Person erhöht um 3/10, maximal doppelter Hilfswert	LAG Schleswig-Holstein, 5 TaBV 59/97, 01.08.1986	NZA 1986, 723	
	2,5-facher Hilfswert	ArbG Würzburg, 4 BV 12/93, 15.12.1993	Zit. bei *Bertelsmann*, S. 79.	Für ca. 160 Arbeitnehmer

Alphabetische Sortierung nach Gegenständen	Gegenstandswert	Gericht	Fundstelle	Anmerkungen
	Erhöhung des Gegenstandswerts entsprechend § 6 BRAGO	LAG Nürnberg, 7 Ta 167/98, 02.11.1998	LAGE § 8 BRAGO Nr. 39	Für neun Arbeitnehmer
	Doppelter 36-facher Differenzbetrag bei zwei Arbeitnehmern	BAG 10 ABR 24/97, 18.11.1998	Zit. bei *Bertelsmann*, S. 80.	
	Halber 36-facher Differenzbetrag pro Arbeitnehmer	LAG Köln, 2 Ta 203/92, 04.01.1993	MDR 1993, 357	
	Halber Hilfswert pro Arbeitnehmer	LAG Thüringen, 8 Ta 137/96, 21.01.1997	LAGE § 8 BRAGO Nr. 22	Für ca. 40 Arbeitnehmer
	Ein Bruttomonatsverdienst pro Arbeitnehmer	ArbG Hamburg, 9 BV 4/88, 12.08.1988 ArbG Hamburg, 3 BV 19/88, 25.01.1989 ArbG Hamburg, 6 BV 1/88, 10.02.1989	Zit. bei *Bertelsmann*, S. 81	Für 27, 72 und 330 Arbeitnehmer
	1/10 vom 85-fachen Hilfswert bei 85 Arbeitnehmern	ArbG Hamburg, 4 BV 16/91, 21.05.1992	Zit. bei *Bertelsmann*, S. 81.	
Zutrittsrecht einer Gewerkschaft zur Betriebsratsversammlung	Doppelter Hilfswert des § 8 Abs. 2 BRAGO bei Verfahren (einstweilige Verfügung) über Teilnahmerecht nach Abspruch der Gewerkschaftseigenschaft durch Gesamtbetriebsrat	LAG Hamm, 8 TaBV 112/81, 06.10.1981	DB 1981, 2388	Nicht Gewicht des Streits über Gewerkschaftseigenschaft ist entscheidend, sondern Bedeutung des geforderten Teilnahmerechts.

Alphabetische Sortierung nach Gegenständen	Gegenstandswert	Gericht	Fundstelle	Anmerkungen
Zutrittsrecht eines Betriebsratsmitglieds zum Betrieb	2/3 des Hilfswertes des § 8 Abs. 2 BRAGO bzgl. dem im Verfahren über eine einstweilige Verfügung verfolgten Begehren eines Betriebsratsmitglieds, trotz Kündigung und Betriebsübernahme Zutritt zum Betrieb kraft seines Amtes zu erhalten.	LAG Hamm, 8 TaBV 14/74, 21.05.1974	Zit. bei *Wenzel*, DB 1977, 722 (725).	
	75 % eines Bruttomonatsentgelts des Betriebsratsmitglieds	ArbG Emden, 1 BVGa 5/98, 16.12.1998	Zit. bei *Bertelsmann*, S. 40.	
	1,5-facher Hilfswert bei einstweiliger Verfügung um Zutritt zum Betrieb	LAG Baden-Württemberg, 8 Ta 5/92, 02.04.1992	JurBüro, 1992, 601	
	2,5-facher Hilfswert bei einstweiliger Verfügung um Zutritt zum Betrieb	ArbG Emden, 1 BVGa 4/82, 29.12.1982	Zit. bei *Bertelsmann*, S. 40.	
	2-facher Hilfswert bei einstweiliger Verfügung um Zutritt zweier Betriebsratsmitglieder zum Betrieb	ArbG Neumünster, 4 a BVGa 22/97, 26.06.1997	Zit. bei *Bertelsmann*, S. 40.	
Zwangsvollstreckung	Ist in Anlehnung an das angedrohte bzw. verhängte Ordnungsgeld zu ermitteln.	LAG Schleswig-Holstein, 5 Ta 53/99, 23.08.1999	Zit. bei *Bertelsmann*, S. 85.	
	Ist nach der Schwere der Verstöße zu ermitteln.	ArbG Lübeck, 2 BV 41/92, 06.05.1998	Zit. bei *Bertelsmann*, S. 85.	
	Ist nach dem Interesse des Gläubigers an der Vollstreckung zu ermitteln.	ArbG Lübeck, 5 GabV 3/90, 21.03.1991	Zit. bei *Bertelsmann*, S. 85.	

G. Die Rechtsschutzversicherung beim arbeitsrechtlichen Mandat

Allgemeinpraxen erzielen nach einer Umfrage der Zeitschrift Capital 45,3 % ihres Umsatzes aus rechtsschutzversicherten Mandaten.[264] Bei den arbeitsrechtlichen Mandaten nimmt auf Arbeitgeber- wie auf Arbeitnehmerseite der Anteil der Rechtsschutzversicherten in gerichtlichen wie außergerichtlichen Verfahren einen hohen Anteil ein. Das Arbeitsrecht ist in vielen Versicherungspaketen, anders als der Vertragsrechtsschutz, enthalten, so nach § 2 lit. b ARB 94 im Zusammenhang mit der Wahrnehmung rechtlicher Interessen aus Arbeitsverhältnissen sowie öffentlich-rechtlichen Anstellungsverhältnissen hinsichtlich dienst- und versorgungsrechtlicher Bezüge. Die auch noch für viele Versicherungsnehmer heute gültigen ARB 75 enthalten den Arbeitsrechtsschutz für Gewerbetreibende und Selbständige in § 24 II lit. b, im Rahmen des wohl häufigsten Anwendungsbereichs von arbeitsrechtlichem Deckungsschutz, nämlich im Rahmen des Familienrechtsschutzes gem. § 25 II lit. b, aber auch im Rahmen von Familien- und Verkehrsrechtsschutz (§ 26 III lit. c) und Landwirtschaft und Verkehr (§ 27 III lit. c). Derzeit sind im Wesentlichen zwei ARB-Regelungen in Kraft, die traditionellen Allgemeinen Rechtsschutzversicherungsbedingungen aus dem Jahre 1975 (ARB 75) und die noch kurz vor einer Marktfreigabe des Versicherungsrechts vom Bundesaufsichtsamt genehmigten ARB 94.[265] 202

Die Unzufriedenheit in der Bevölkerung, aber auch unter der Anwaltschaft, mit Rechtsschutzversicherern ist groß. Im Rahmen der Untersuchungs-STAR (Statistisches Berichtssystem für Rechtsanwälte) 2002 hat die Bundesrechtsanwaltskammer in Zusammenarbeit mit dem Institut für freie Berufe in Nürnberg und der Stiftung Warentest eine Erhebung zum Thema Rechtsschutzversicherungen durchgeführt. Insbesondere sollte der Frage nachgegangen werden, wie gut die Zusammenarbeit zwischen Rechtsanwälten und Rechtsschutzversicherungen funktioniert.[266]

Die Studie belegt, dass 10 % der Fälle, in denen um Deckungsschutz nachgesucht wurde, zunächst von der Rechtsschutzversicherung eine Ablehnung erfuhren. In 28 % dieser Fälle wurden später dann doch die Kosten übernommen. Der Anteil der Fälle, in denen die Kostenübernahme durch die Rechtsschutzversicherung mit »einfachem Schriftwechsel« erreicht werden konnte, lag nur bei 40 %. Die durchschnittliche Bearbeitungsdauer von Deckungsanfragen durch Anwälte betrugt elf Tage. Interessant sind die nachfolgenden Bewertungen durch die Anwaltschaft.

- Als »besonders gut« bewertet wurden

AdvoCard	mit 47 %
ARAG	mit 33 %
Allianz	mit 32 %
D.A.S.	mit 27 %
HUK	mit 16 %
ADAC	mit 15 %

- Als »besonders schlecht« wurden bewertet

Roland Rechtsschutzversicherung	mit 25 %
D.A.S.	mit 24 %
Allianz	mit 22 %
ARAG	mit 18 %
HUK/Örag/Deurag	mit 10 %
AdvoCard	mit 7 %
LVM	mit 5 %
ADAC	mit 3 %

264 Capital 11/1995, 224.
265 Siehe hierzu *Küttner*, NZA 1996, 453 (455).
266 KammerForum Köln 1/2003, 49.

I. Der Deckungsschutz

203 Eine Übernahme von Gebühren aus einer Interessenwahrnehmung in einer arbeitsrechtlichen Angelegenheit kommt gem. §§ 23 bis 28 ARB 94 in Betracht, wenn es um die Geltendmachung von Schadensersatzansprüchen aufgrund gesetzlicher Haftpflichtbestimmungen, um die Verteidigung wegen des Vorwurfs der Verletzung des Straf-, Ordnungswidrigkeiten-, Disziplinar- oder Strafrechts geht oder wenn rechtliche Interessen vor Sozialgerichten wahrgenommen werden sollen. Einige Rechtsschutzversicherer haben neben den ARB 75 und ARB 94 Sonderregelungen und Sonderkonditionen entwickelt. Während nach den ARB[267] ein allgemeiner Risikoausschluss für die Wahrnehmung rechtlicher Interessen von gesetzlichen Organvertretern eines Unternehmens, also beispielsweise zu Lasten von AG-Vorständen und GmbH-Geschäftsführern besteht, sehen einzelne, zum Teil speziell hierzu entwickelte Rechtsschutzversicherungen für Manager auch die Interessenwahrnehmung des GmbH-Geschäftsführers und des AG-Vorstands gegen die Gesellschaft vor.[268] Interessant – und wohl nicht abschließend geklärt – ist der Fall des Geschäftsführers einer Komplementär-GmbH & Co. KG, der zur KG in einem Arbeitsverhältnis steht.[269] Teilweise wird die Auffassung vertreten, auch für das Arbeitsverhältnis greife der Versicherungsausschluss,[270] teilweise wird nur Deckungsschutz für die Klage aus dem Arbeitsverhältnis mit der KG gewährt.[271]

1. Der Deckungsschutzantrag

204 An den Anfang eines Deckungsverhältnisses zwischen Mandant und Rechtsschutzversicherung haben die ARB einen **Antrag des Versicherten** gestellt. Die Antragspflicht liegt also nicht beim Rechtsanwalt, sondern bei seinem Mandanten.[272] Die Praxis sieht dagegen anders aus. Nur selten suchen Mandanten ihren Arbeitsrechtsanwalt auf und legen im ersten Gespräch bereits eine Deckungszusage der Rechtsschutzversicherung vor. Regelmäßig befindet sich der Mandant in der Vorstellung, die Einholung der Deckungszusage sei Sache des Anwalts. Eine zweite Fehlvorstellung gesellt sich häufig hinzu. Der Mandant meint, nur im Umfang des Deckungsschutzes im Verhältnis zu seinem Anwalt zur Zahlung von Anwaltsgebühren verpflichtet zu sein. In der Vorstellungswelt vieler Rechtssuchender entspricht der Deckungsschutz der Rundum-Versorgung einer Krankenversicherung. Anwälte sollten sich auch zu Beginn eines Mandatsgesprächs nicht scheuen, derartige Missverständnisse auszuräumen, vor allem deshalb, weil sie verbreitet sind.

Allein der Mandant ist Vertragspartner und damit Honorarschuldner des Anwalts. Wenn der Anwalt die Deckungszusage für seinen Mandanten einholt und den **Schriftverkehr mit der Rechtsschutzversicherung** führt, wird im Schrifttum verlangt und empfohlen, hierfür eine **gesonderte Gebühr** nach Nr. 2400 VV RVG (früher: § 118 BRAGO) zu erheben.[273] Die Realität sieht dagegen anders aus. Spricht man mit anwaltlichen Kollegen, stellt man fest, dass meist keine Gebühr für die Beschaffung der Deckungszusage erhoben wird, selbst bei umfangreicher Korrespondenz mit der Rechtsschutzversicherung.

267 § 4 lit. d. f. ARB 75 (ARB 94 § 3 (2) c).

268 Beispiel bildet das Versicherungspaket »Rechtsschutz für Top-Manager« des Gerling-Konzerns. Zunehmender Beliebtheit erfreuen sich angesichts der verschärften Haftungsanforderungen durch das KonTraG auch Vermögensschadensversicherungen, die Rechtsschutz für Vorstände und GmbH-Geschäftsführer enthalten können, wie die D & O-Versicherungen; siehe hierzu BANK MAGAZIN 2/99, 48 ff.; zur Genehmigung dieser Versicherungen durch das Bundesaufsichtsamt für das Versicherungswesen siehe *Harbauer*, vor § 1 ARB 75 Rn 24.

269 In diesen Fällen ist der Rechtsweg zu den Arbeitsgerichten gegeben: BAG, Urt. v. 10.07.1980, NJW 1981, 302; BAG, Urt. v. 15.04.1982, NJW 1983, 2405.

270 OLG Köln, Urt. v. 21.05.1992, r+s 1992, 308; OLG Düsseldorf, Urt. v. 02.10.1984, VersR 1985, 728; LG Kaiserslautern, Urt. v. 29.05.1990, r+s 1990, 309; LG Köln, Urt. v. 06.12.1989, ZfSch 1990, 90.

271 LG Essen, Urt. v. 16.03.1993, VersR 1994, 89.

272 Zwischen ihm und der Rechtsschutzversicherung besteht ein privatrechtlicher Vertrag, siehe *Bauer*, NJW 1998, 1273; *Ennemann*, NZA 1999, 628.

273 *Netzband*, AnwBl 1995, 127; *Schaub*, NZA 1989, 865; *Küttner*, NZA 1996, 455.

Es ist sinnvoll, sich vom Mandanten den Versicherungsschein zeigen zu lassen und für die eigene Akte zu kopieren. Ist dem Mandanten der Versicherungsschein abhanden gekommen, kann er eine Ersatzurkunde vom Versicherer verlangen, § 3 Abs. 2 VVG. Die Kosten der Erstellung dieser Urkunde kann sich der Versicherer gem. § 3 Abs. 4 VVG von dem Versicherten erstatten lassen. 205

Der Versicherungsschein ist u.a. deshalb hilfreich, damit der Anwalt erkennt, welche **Versicherungsbedingungen** bei seinem Mandanten gelten. Auch bei Deckungszusagen weisen die Versicherer oft nur pauschal auf die Geltung der Allgemeinen Bedingungen für die Rechtsschutzversicherung hin, ohne näher anzugeben, ob damit die ARB 75, die ARB 94 gelten oder ob sogar inzwischen, da keine Genehmigungspflicht mehr besteht, die ARB 2000 zur Anwendung kommen. Eine einseitige Änderung von Vertragsbedingungen durch den Versicherer ist unwirksam,[274] wenngleich viele Sachbearbeiter der Versicherungen, ob bewusst oder unbewusst, einen entsprechenden Versuch unternehmen. 206

Aus dem Versicherungsschein kann der Rechtsanwalt den Umfang des Versicherungsschutzes erkennen. Er kann feststellen, wer Versicherungsnehmer ist, welche Versicherungsbedingungen vereinbart sind, zu welchem Stichtag der Versicherungsbeginn anzunehmen ist und in welchem Umfang der Mandant rechtsschutzversichert ist. Wer mit einer nicht ehelichen Lebenspartnerin oder einem nicht ehelichen Lebenspartner zusammenlebt, ist regelmäßig bei dem Versicherungsnehmer mit versichert. Im Deckungsschutzantrag sind in einem solchen Falle nur Angaben über die Dauer des Zusammenlebens und des Bestehens eines gemeinsamen Haushalts erforderlich. 207

Die Vorlage des Versicherungsscheins durch den Mandanten im Erstgespräch ist ein frommer Wunsch. Versicherungsschein – und leider auch der Arbeitsvertrag – werden häufig zum Erstgespräch vom Arbeitnehmermandanten nicht mitgebracht.

2. Die Deckungsklage

Deckungsklagen gegen Rechtsschutzversicherungen, meist ohne einen Streitwert, der aufwendige Schriftsätze wirtschaftlich vertretbar macht, werden nicht vor den Arbeitsgerichten, sondern grundsätzlich vor den **Zivilgerichten** erhoben. *Küttner*[275] zeigt zwar auf, dass nach einem Urteil des LAG Hamm[276] die Möglichkeit besteht, Deckungsklagen gem. §§ 34 ZPO, 3 ArbGG auch bei den Arbeitsgerichten anhängig zu machen. Die Praxis hält es jedoch regelmäßig mit dem Grundsatz, dass die Arbeitsgerichte bei Gebührenklagen des Versicherten gegen die Rechtsschutzversicherung keine sachliche Zuständigkeit besitzen.[277] 208

Manche Deckungsklage lässt sich vermeiden, wenn man auf die Rechtsprechung zur **Bescheidungsfrist des Rechtsschutzversicherers** verweist. Nach OLG Frankfurt a.M.[278] hat der Rechtsschutzversicherer zwei bis drei Wochen Zeit, nach vollständiger Informationserteilung über den Deckungsantrag zu entscheiden. Versäumt er diese Frist, muss er Deckungsschutz erteilen.

Für die Deckungsklage gibt es keinen Deckungsschutz durch die Rechtsschutzversicherung. Maßgeblich ist die gesetzliche Regelung, wonach der Gewinner vom Verlierer Kostenerstattung nach § 91 ZPO beanspruchen kann.[279] Etwas anderes gilt kurioserweise, wenn der Versicherungsnehmer zwei Rechtsschutzversicherungen besitzt. Dann muss die eine Rechtsschutzversicherung Deckungsschutz für das Verfahren gegen die andere Rechtsversicherung gewähren.[280] Die verschiedentlich 209

274 BGH, Urt. v. 17.03.1999, NJW 1999, 1865.
275 NZA 1996, 455 f.
276 LAG Hamm, Urt. v. 16.10.1990 – 8 Sa 563/90 (n. v.).
277 Zöller/*Vollkommer*, § 34 ZPO Rn 5; Baumbach/Lauterbach/*Hartmann*, § 34 ZPO Rn 4; *Hansens*, NJW 1989, 1131; dagegen: LAG Hamm, Urt. v. 05.07.1984 DB 1984, 2256; *Stein/Jonas*, § 34 ZPO Rn 18.
278 Urt. v. 09.07.1997, NJW-RR 1997, 1386 = AnwBl 1999, 128.
279 Siehe *Schaefer*, Anwaltsgebühren im Arbeitsrecht, D Rn 51.
280 Siehe § 4 ARB 75; *Harbauer*, § 2 ARB 94 Rn 9; *Schaefer*, Anwaltsgebühren im Arbeitsrecht, D Rn 51.

unter Anwälte kolportierte Möglichkeit, sich an das Bundesaufsichtsamt für das Versicherungswesen zu wenden, wenn die Rechtsschutzversicherung keinen Deckungsschutz erteilt, ist nicht sehr Erfolg versprechend. Meist teilt das Bundesaufsichtsamt in einem Formularschreiben mit, dass nur Angelegenheiten von grundsätzlicher Bedeutung in seinen Zuständigkeitsbereich fallen. Weitaus erfolgreicher ist häufig die so genannte Vorstandsbeschwerde, weil Stabstellen des Vorstands auch auf den Aspekt der Kundenzufriedenheit achten, der für den einzelnen Sachbearbeiter nicht stets in gleicher Weise im Vordergrund steht.

3. Der Versicherungsfall beim arbeitsrechtlichen Mandat

210 Nach § 14 Abs. 3 ARB 75 (ARB 94 § 4 Abs. 1 lit. c) gilt der Versicherungsfall in dem Zeitpunkt als eingetreten, in dem der Versicherungsnehmer, der Gegner oder ein Dritter begonnen hat oder begonnen haben soll, gegen Rechtspflichten oder Rechtsvorschriften zu verstoßen. Handelt es sich um mehrere Verstöße, ist der **erste adäquat ursächliche Verstoß** maßgebend. Tatsächliche oder behauptete Verstöße, die länger als ein Jahr vor Beginn des Versicherungsschutzes zurückliegen, bleiben für die Feststellung des Versicherungsfalls außer Betracht und stehen damit der Kostenübernahme entgegen. Als Verstoß gegen Rechtsvorschriften gilt jegliches Tun oder Unterlassen, das von der Rechtspflicht abweicht. Unerheblich ist, ob die Pflicht überhaupt nicht erkannt wurde, unzureichend oder unrichtig erfüllt wird. Maßgebend ist nur, ob der Verstoß objektiv feststellbar ist.[281]

Auch der **behauptete Rechtspflichtenverstoß** führt zum Versicherungsfall, wenn die Behauptung ernsthaft aufgestellt wird. Hintergrund bildet die Überlegung, dass die Versicherung bereits dann Leistungen erbringen soll, wenn nach der Lebenserfahrung die Gefahr einer rechtlichen Auseinandersetzung so nahe rückt, dass es sich nicht mehr um ein zukünftiges ungewisses Ereignis handelt, das allein versicherungsfähig ist.[282]

211 Behauptete Rechtspflichtenverstöße des Versicherungsnehmers, seines Gegners oder eines Dritten stehen nach heute herrschender Meinung gleichwertig nebeneinander.[283] Diese unscheinbar wirkende Aussage[284] hat im arbeitsrechtlichen Rechtsschutz gravierende Auswirkungen. Weil sich im Arbeitsverhältnis Auseinandersetzungen im Allgemeinen durch mehrere, zeitlich aufeinander folgende Ereignisse anbahnen, gilt selbst der vom Arbeitgeber mit einer gewissen Plausibilät behauptete Rechtspflichtenverstoß, der ganz zu Beginn einer solchen Kausalkette stattgefunden haben soll, als erster Verstoß i.S.v. § 14 Abs. 3 ARB 75 (ARB 94 § 4 Abs. 2).

4. Die Kündigung als Versicherungsfall

212 Grundsätzlich ist die Kündigung nach allgemeiner Ansicht in der Rechtsprechung[285] ein Versicherungsfall i.S.v. § 14 Abs. 3 ARB 75 (ARB 94 § 4 Abs. 2).

In der Praxis erhält man regelmäßig von den Rechtsschutzversicherern eine Deckungszusage, wenn der Arbeitgeber bereits eine Kündigung ausgesprochen hat. Fügt man das Kündigungsschreiben bei und stellt einen Deckungsantrag, bleibt dem Arbeitsrechtsanwalt oder seinem Mandanten regelmäßig weitere Korrespondenz mit der Rechtsschutzversicherung erspart.[286]

281 *Küttner*, NZA 1996, 457.

282 OLG Frankfurt a.M., Urt. v. 12.07.1978, VersR 1979, 566; OLG Hamm, Urt. v. 19.01.1979, VersR 1980, 669; OLG München, Urt. v. 23.12.1981, VersR 1982, 1094.

283 LG Freiburg, Urt. v. 28.04.1981, ZfSch 1981, 341; *Harbauer*, ARB 75 § 14 Rn 51.

284 *Hümmerich*, AnwBl 1995, 322.

285 AG Hamburg, Urt. v. 22.08.1995, r+s 1996, 107; AG Frankfurt, Urt. v. 03.01.1994, r+s 1995, 304; AG Köln, Urt. v. 01.06.1994, r+s 1995, 68.

286 Muster eines Deckungsantrags bei *Hümmerich*, AnwaltFormulare Arbeitsrecht, Muster 3000, 3013.

5. Verhandlungen über die Arbeitsverhältnisbeendigung als Versicherungsfall

Weitaus problematischer als im Falle einer Kündigung stellt sich die Erlangung von Deckungsschutz dar, wenn der Arbeitgeber die Kündigung nur angekündigt hat, wenn der Arbeitgeber das Angebot eines Aufhebungsvertrages unterbreitet hat oder wenn sich der Arbeitnehmer in der gespannten Voratmosphäre einer Kündigung befindet. 213

Die überwiegende Rechtsprechung sieht in dem **Angebot** des Arbeitgebers **zum Abschluss eines Aufhebungsvertrages** noch keinen Verstoß gegen Rechtspflichten aus dem Arbeitsvertrag und lehnt deshalb Versicherungsschutz ab.[287] Selbst wenn der Arbeitgeber eine Kündigung androht, falls der Versicherungsnehmer nicht einen Aufhebungsvertrag unterzeichnet, wird die Auffassung vertreten, liege ein Versicherungsfall noch nicht vor.[288] Die Rechtsprechung in dieser Frage ist jedoch unterschiedlich und stark von den Modalitäten des Einzelfalles abhängig[289] und insofern im Fluss, als sich zunehmend Urteile finden, die die bisherige herrschende Meinung nicht teilen. Es entwickelt sich eine Auffassung in Rechtsprechung und Schrifttum, dass bereits die **Androhung einer Kündigung** ein selbständiger Rechtspflichtenverstoß nach § 14 Abs. 3 ARB (ARB 94 § 4 lit. c) sei, jedenfalls immer dann, wenn an der Ernsthaftigkeit der Drohung kein Zweifel bestehe, so beispielsweise, wenn der Arbeitgeber die angedrohte Kündigung als Druckmittel zum Abschluss eines Aufhebungsvertrages einsetze.[290] Dass die ernsthafte Androhung einer Kündigung im Falle des Nichtabschlusses eines Aufhebungsvertrags ein Versicherungsfall ist, ergibt sich zwanglos aus dem Umstand, dass schon der behauptete Rechtspflichtenverstoß zum Versicherungsfall führt. Ist die Drohung mehr als nur ein ungewisses Ereignis, sondern beschwört sie die Gefahr einer konkreten rechtlichen Auseinandersetzung herauf, liegt nach § 14 Abs. 3 ARB 75 (ARB 94 § 4 I lit. c) ein Versicherungsfall vor. In diesem Falle sollte bei einer Abrechnung der Gebühren mit der Rechtsschutzversicherung nicht vergessen werden, dass über den Vierteljahresbezug des Arbeitsentgelts hinaus gemäß einem Urteil des AG Hamburg vom 10.08.1988 bis zur Obergrenze von drei Brutto-Jahresgehältern gem. §§ 23 Abs. 3 RVG, 25 Abs. 2 KostO (früher: §§ 8 Abs. 2 BRAGO, 25 Abs. 2 KostO) auch die Abfindung in die Streitwertberechnung einbezogen werden kann. 214

Der Vorteil des **Abwicklungsvertrages** besteht u.a. darin, dass ihm stets eine Kündigung vorausgeht und deshalb die Streitfrage in der Voratmosphäre eines Aufhebungsvertrages unter rechtsschutzversicherungsrechtlichen Gründen nicht auftritt.[291] Kein Versicherungsfall liegt vor, wenn der Arbeitnehmer auf eigenen Wunsch aus seinem Arbeitsverhältnis ausscheiden will oder den Arbeitsrechtsanwalt aufsucht mit der Bitte, ihm eine möglichst hohe Abfindung beim Arbeitgeber auszuhandeln, weil er eine neue Stelle gefunden hat. Hier fehlt es an einem Rechtspflichtenverstoß auf Seiten des Arbeitgebers. Etwas anderes kann gelten, wenn anderweitige Umstände bestehen, die zu einem Desinteresse des Arbeitnehmers geführt haben, sein Arbeitsverhältnis fortzusetzen. 215

287 AG Köln, Urt. v. 05.01.1990, zfs 1990, 164; AG Hamburg, Urt. v. 30.04.1990, zfs 1991, 52; AG Hannover, Urt. v. 03.08.1990, zfs 1990, 376; AG Frankfurt a.M., Urt. v. 03.11.1994, ZfSch 1995, 273; AG Rheine, Urt. v. 25.11.1997, r+s 1998, 335; AG Hannover, Urt. v. 12.01.1998, r+s 1998, 336; OLG Nürnberg, Urt. v. 21.02.1991, zfs 1991, 200; OLG Hamm, Urt. v. 01.03.1992, JurBüro 1992, 413.

288 AG Frankfurt a.M., Urt. v. 31.12.1992, r+s 1993, 221; AG Aachen, Urt. v. 18.11.1997, zfs 1998, 192.

289 *Bauer*, NJW 1999, 1375.

290 LG Göttingen, Urt. v. 10.02.1983, AnwBl 1983, 335; AG München, Urt. v. 16.09.1985 – 10 C 11462/85 (n. v.); LG München I, Urt. v. 12.03.1986 – 31 S 20835/85 (n. v.); AG Tettnang, Urt. v. 17.11.1995, AnwBl 1997, 292; LG Hannover, Urt. v. 03.12.1996 – 1 S 73/96 (n. v.); LG Hannover, r+s 1997, 202; OLG Nürnberg, Urt. v. 21.02.1991, zfs 1991, 200; AG Hamburg, Urt. v. 30.04.1990, zfs 1991, 52; AG Buxtehude, Urt. v. 10.11.1997, zfs 1998, 351 = r+s 1998, 246; AG Köln, Urt. v. 05.07.2001, AnwBl 2002, 184; *Küttner*, NZA 1996, 459; *Hümmerich*, AnwBl 1995, 321.

291 Siehe hierzu *Hümmerich*, BB 1999, 1868; *ders.*, NZA 2001, 1280 (1282).

6. Sonstige Versicherungsfälle aus Arbeitsrechtsbeziehungen

216 Mandanten erlangen häufig deshalb keinen Deckungsschutz, weil es ihnen oder ihrem Anwalt an der Kreativität oder Aufmerksamkeit fehlt, die Vorgänge im Rahmen einer komplexen Arbeitsrechtsbeziehung zu filetieren und unter dem Einzelaspekt des Rechtspflichtenverstoßes näher zu betrachten. Jede **Abmahnung** kann, wie jede Kündigung, zunächst einmal ein Rechtspflichtenverstoß sein. Wenn eine Arbeitsrechtsbeziehung so sehr eskaliert, dass sich Arbeitgeber oder Arbeitnehmer veranlasst sehen, einen Rechtsanwalt aufzusuchen, haben sich meist eine ganze Reihe von Ereignissen zugetragen, die, jedes für sich, häufig einen Rechtspflichtenverstoß bedeuten. Der Arbeitnehmer fühlt sich regelmäßig schikaniert und kann auch einzelne Sachverhalte benennen, aus denen er diese Schlussfolgerung zieht. In einem solchen Falle muss der Arbeitsrechtsanwalt nur diesen Sachverhalt, der ja kein ungewisses Ereignis mehr ist, sondern regelmäßig, wie vom Mandanten berichtet, stattgefunden hat, dem Rechtsschutzversicherer mitteilen. Schikanen sind Rechtspflichtenverstöße durch den Arbeitgeber, auch wenn der Arbeitgeber im Rahmen der späteren rechtlichen Auseinandersetzung möglicherweise eine für den maßgeblichen Sachverhalt abweichende Bewertung vornehmen wird.[292]

217 Verbreiten der Arbeitgeber oder Kollegen (Dritte i.S.d. ARB) abfällige Bemerkungen über einen Arbeitnehmer, handelt es sich um Rechtspflichtenverstöße, oft im Bereich der Ehrverletzung. Das arbeitsrechtlich so schwer fassbare **Mobbing**[293] setzt sich meist aus einer ganzen Reihe von Rechtspflichtenverstößen auf Seiten des Arbeitgebers, der Vorgesetzten oder der Kollegen eines Mitarbeiters zusammen. Wird eine Sache eines Arbeitnehmers im Betrieb beschädigt, liegt ein Rechtspflichtenverstoß eines Dritten oder des Arbeitgebers vor. Ist es zu körperlichen Auseinandersetzungen gekommen, liegt ein Rechtspflichtenverstoß eines Kollegen oder des Arbeitgebers vor, weil eventuell ein Straftatbestand oder zumindest ein Schadensereignis i.S.v. § 823 BGB eingetreten ist. Die meisten Rechtspflichtenverstöße ergeben sich, jedenfalls aus Arbeitnehmersicht, aus Fürsorgepflichtverletzungen des Arbeitgebers oder aus Ansprüchen wegen p.V.V. des Arbeitsvertrages (§ 280 Abs. 1 BGB). Man sollte sich nur die Mühe machen, diese Ereignisse dem Versicherer gegenüber zu thematisieren.

218 Häufig teilen Rechtsschutzversicherer im Wege der Deckungszusage nach Kenntnisnahme von derartigen Einzelsachverhalten mit, dass sie Deckungsschutz im Rahmen der außergerichtlichen Interessenwahrnehmung in einer arbeitsrechtlichen Angelegenheit erteilen. Ein solcher Wortlaut der Deckungszusage deckt auch die sich aus Anlass der Rechtspflichtenverstöße dann möglicherweise zwischen dem Anwalt und dem Vorgesetzten des Mitarbeiters ergebende Interessenwahrnehmung bei der Beendigung des Arbeitsverhältnisses mit ab, selbst dann, wenn die Parteien ohne jede Drohung durch den Arbeitgeber, sondern aufgrund höherer Einsicht einen Aufhebungsvertrag schließen. Es kommt stets auf den Wortlaut der Deckungszusage an. Ist die Deckungszusage auf den konkreten, einzelnen Rechtspflichtenverstoß und seiner Ahndung oder Beseitigung beschränkt, sollte man im Rahmen eines sich weiter entwickelnden Mandatsverhältnisses nicht versäumen, zusätzlichen Deckungsschutz für weitere Sachverhalte oder Rechtspflichtenverstöße zu beantragen.

219 Im Bereich des **außergerichtlichen Deckungsverfahrens** wird von den Rechtsschutzversicherern regelmäßig eine Deckungszusage »in einer arbeitsrechtlichen Angelegenheit« erteilt. Die Deckungszusage in Form einer derartigen Globalzusage erfordert nicht, dass jede unterbliebene Mitteilung über die Sachverhaltsentwicklung zu einer Obliegenheitsverletzung gem. § 15 ARB 75 führt. Bei Globalzusagen im außergerichtlichen Bereich entfallen regelmäßig Abstimmungsobliegenheiten. Eine weitere Folge dieser Rechtslage ist, dass beim Streitwert alle Ereignisse, die einen eigenen

292 Muster eines Deckungsantrags wegen Schikanen bei *Hümmerich*, AnwaltFormulare Arbeitsrecht, Muster 3009.

293 Siehe LAG Thüringen, Urt. v. 10.04.2001, NZA-RR 2001, 347; LAG Thüringen, Urt. v. 15.02.2001, NZA-RR 2001, 577; LAG Rheinland-Pfalz, Urt. v. 16.08.2001, NZA-RR 2001, 2288; Muster einer Mobbing-Klage bei *Hümmerich*, AnwaltFormulare Arbeitsrecht, Muster 3730.

Streitwert haben und Teil der Interessenwahrnehmung oder des Vergleiches waren, aufaddiert werden können, weil sie Bestandteil der Globalzusage im außergerichtlichen Bereich sind.[294]

Versucht der Arbeitgeber, einem Arbeitnehmer mit Schikanen oder sonstigen Maßnahmen das Leben zu erschweren, in der Hoffnung, dass der Arbeitnehmer diesem Vorgehen nicht standhält und das Arbeitsverhältnis von sich durch Eigenkündigung beendet,[295] darf sich der Anwalt nicht mit der Beobachtung begnügen, dass die herrschende Meinung im Vorfeld eines Aufhebungsvertrag generell keinen Deckungsschutz erteilt. Auf dem vorgenannten Weg besteht die Möglichkeit, selbst eine aufwendige und zahlreiche Schriftsätze erfordernde Interessenvertretung mit ökonomischer Unterstützung des Rechtsschutzversicherers zu verfolgen, wenn die Schikanen einen Rechtspflichtenverstoß des Arbeitgebers ergeben, der zur Globalzusage in einer arbeitsrechtilchen Angelegenheit geführt hat. 220

II. Typisierte Einwände von Rechtsschutzversicherern zum Anspruchsgrund

1. Einwand der Vorvertraglichkeit

Die Rechtsprechung zum Einwand der Vorvertraglichkeit wird den Besonderheiten des Arbeitsverhältnisses bei der Frage des Eintritts des Versicherungsfalles nicht immer gerecht. So hat das AG Berlin-Charlottenburg Rechtsschutz für die Kündigungsschutzklage eines Versicherungsnehmers gegen eine auf frühere SED-Tätigkeit gestützte Kündigung des Arbeitsverhältnisses wegen Vorvertraglichkeit bei einem seit 1992 rechtsschutzversicherten Versicherungsnehmer abgelehnt, indem es darauf abstellte, dass Anlass für die Kündigung das Verhalten des Versicherungsnehmers in der DDR-Zeit gewesen sei und sich der Kündigungsgrund somit in der Vergangenheit, also vor 1992, verwirklicht habe.[296] 221

Schon der bloß vom Arbeitgeber behauptete Rechtspflichtenverstoß führt bei Vorvertraglichkeit zum Versicherungsausschluss, gleichgültig ob sich der Vorwurf später in einem Arbeitsrechtsstreit bewahrheitet oder noch nicht einmal mehr im Arbeitsrechtsprozess vorgetragen wird.[297] 222

Hat eine Vielzahl von möglicherweise nicht allzu schwerwiegenden, jedoch gleich oder ähnlich gearteten Verstößen »das Fass zum Überlaufen gebracht«, soll der Versicherungsfall bereits mit dem Zeitpunkt des ersten Verstoßes eingetreten sein. Eine erste Abmahnung, die in Verbindung mit weiteren Pflichtenverstößen zur späteren Kündigung geführt hat und die in der Wartefrist oder vor Versicherungsvertragsschluss ausgesprochen wurde, zieht den Ausschluss des Versicherungsschutzes nach § 14 Abs. 3 Satz 2 ARB 75 nach sich.[298] 223

Vorsicht ist geboten im Antrag auf Deckungsschutz, wenn der Anwalt ausschweifend die Hintergründe eines sich anbahnenden Arbeitsrechtsstreits ausmalt. Zwar haben Bundesgerichtshof[299] und auch das OLG Hamm[300] den Rechtsschutzversicherern auferlegt, nur substantiierte Behauptungen des Arbeitgebers bzw. des Unternehmens zuzulassen, aus denen sich ein Tatsachenkern eines Pflichtenverstoßes bzw. belegte Tatsachen in vorvertraglicher Zeit ergeben. Andernfalls können sie mit dem Einwand der Vorvertraglichkeit nicht gehört werden. Trotzdem muss der einen Deckungsschutzantrag stellende Anwalt, bis hin zum Missbrauch, damit rechnen, dass Rechtsschutzversicherer 224

294 Siehe auch *Harbauer*, § 1 ARB 75 Rn 2 u. Vorb. § 21 ARB 75 Rn 97.
295 *Küttner*, NZA 1996, 459.
296 AG Berlin-Charlottenburg, Urt. v. 11.02.1994, zfs 1994, 383 = r+s 1994, 302.
297 LG Hannover, Urt. v. 11.09.1986, NJW-RR 1987, 342; LG Kiel, Urt. v. 31.05.1985, zfs 1987, 175; LG Köln, Urt. v. 05.06.1980, VersR 1980, 1021; OLG Karlsruhe, Urt. v. 01.04.1982, VersR 1983, 580; LG Stade, Beschl. v. 18.05.1987, zfs 1987, 306; AG München, Urt. v. 22.03.1985, zfs 1985, 339; LG Aschaffenburg, Urt. v. 14.02.1985, zfs 1985, 149; für den Bereich des Mietrechts LG Duisburg, Urt. v. 08.11.1979, zfs 1980, 13.
298 LG Hamburg, Urt. v. 16.04.1986, zfs 1986, 241; AG Schöneberg, Urt. v. 25.10.1990, zfs 1991, 129.
299 BGH, Urt. v. 20.03.1985, VersR 1985, 540.
300 OLG Hamm, Urt. v. 13.07.1983, VersR 1984, 153.

jeglichen Zipfel der Sachverhaltsdarstellung zum Anlass eines Einwands wegen Vorvertraglichkeit wählen.

225 Auch beim **Dauertatbestand** gilt, dass der erste adäquat-kausale (behauptete Pflichtenverstoß), der lange Zeit vor Versicherungsvertragsschluss liegen kann, ursächlich für den Ausschluss des Deckungsschutzes ist. Eines Gesamtvorsatzes bedarf es nicht. Im Gegensatz zur strafrechtlichen Beurteilung steht bei der in § 14 Abs. 3 ARB 75 vorgenommenen Interessenabwägung nicht die Schuldfrage des Rechtsverletzers im Vordergrund.[301] Während die Befristungsrechtsprechung bei mehreren hintereinander geschalteten Zeitverträgen ihre Wirksamkeitskontrolle allein anhand des zuletzt geschlossenen befristeten Arbeitsvertrages vornimmt,[302] ist der maßgebliche Rechtspflichtenverstoß i.S.v. § 14 Abs. 3 Satz 1 ARB 75 das Datum des Abschlusses des ersten Arbeitsvertrages.[303] Eine Mindermeinung stellt bei nacheinander befristeten Arbeitsverträgen in Entfristungsklagen auf den letzten Arbeitsvertrag ab.[304]

226 Auch bei einer Anfechtung des Arbeitsvertrages wegen arglistiger Täuschung geht die Rechtsprechung bei Feststellung des Eintritt des Versicherungsfalles weit in die Vergangenheit zurück. Sie hält die Rechtsschutzversicherung nur für eintrittspflichtig, wenn die behauptete Täuschung innerhalb der Jahresfrist des § 124 BGB erfolgte.[305]

Wenn einem Mitarbeiter am 30.08.2002 wegen krankheitsbedingter Fehlzeiten, beginnend seit dem Jahre 1985, gekündigt wird, sein Versicherungsvertragsverhältnis aber zum 01.01.2002 begann ist, ist der Rechtsschutzversicherer nach Auffassung des AG Lennestadt[306] nicht berechtigt, Deckungsschutz wegen angeblicher Vorvertraglichkeit zu verweigern. Der Versicherungsfall tritt gem. § 4 ARB 94 erst mit dem Kündigungsschreiben, in dem vorliegenden Beispielsfall am 30.08.2002 ein. Zwar gilt grundsätzlich, dass dann, wenn eine Kündigung mit mehreren Verstößen begründet wird, der Versicherungsfall auch mit dem ersten Verstoß beginnen kann, wenn dieser schon einige Zeit zurückliegt und für sich betrachtet nicht geeignet war, die Kündigung auszulösen.[307] Bei einer Kündigung, die nicht auf einen Verstoß gestützt wird, kann der Versicherungsvertrag nicht in dem Sinne ergänzend ausgelegt werden, dass der Kündigungsgrund einem Verstoß gleichgestellt wird. In einem solchen Fall ist die **Kündigung der Verstoß** und es besteht nicht schon deshalb eine Vertragslücke, weil die strikte Anwendung des § 4 Abs. 1 c ARB 94 zu einem Versicherungsschutz für irgendwie »vorprogrammierte« Streitigkeiten führt. Wird wegen krankheitbedingter Fehlzeiten gekündigt, so kommt es darauf an, ob der Arbeitgeber die Korrektheit der Krankmeldung bezweifelt. Ist dies nicht der Fall, sind die Krankmeldungen kein behaupteter Verstoß des Arbeitnehmers. Der Vorwurf eines sog. Zweckabschlusses, vor dem die Versicherten-Risikogemeinschaft bewahrt sein soll, greift nicht, wenn die Kündigung auf krankheitsbedingten Fehlzeiten gestützt wird, deren Korrektheit nicht angezweifelt wird.

2. Risikoausschluss wegen Vorsatzhandlung

227 Eine zweite Hürde baut sich regelmäßig auf, wenn dem Arbeitnehmer **außerordentlich** oder **verhaltensbedingt-ordentlich gekündigt** wurde. In diesen Fällen beruft sich der aufmerksame

301 LG Frankfurt a.M., Urt. v. 26.11.1990, zfs 1991, 54; OLG Düsseldorf, Urt. v. 28.11.1978, VersR 1979, 760; *Harbauer*, § 14 ARB 75 Rn 62.

302 BAG, Urt. v. 21.01.1987, DB 1987, 2210; BAG, Urt. v. 30.10.1987, NZA 1988, 734; siehe jetzt § 17 TzBfG.

303 AG Bochum, Urt. v. 26.03.1985, zfs 1988, 111; AG Freiburg i. Br., Urt. v. 25.04.1985 – 3 C 527/94 (n. v.); LG Berlin, Urt. v. 29.06.1993, zfs 1994, 183.

304 LG Essen, Urt. v. 07.07.1987, zfs 1988, 110; LG Berlin, Urt. v. 29.06.1993, zfs 1994, 183; AG Freiburg, Urt. v. 25.04.1985, zfs 1988, 110.

305 LG Freiburg, Urt. v. 28.04.1981, zfs 1981, 341.

306 AG Lennestadt, Urt. v. 17.02.2003, AE 01/2004, 67; a.A.: LG Stuttgart, Urt. v. 21.12.1995, r+s 1995, 302; LG Konstanz, Urt. v. 23.12.1988, zfs 1990, 163.

307 *Prölss/Martin*, VVG, § 14 ARB 75 Rn 25.

Sachbearbeiter der Rechtsschutzversicherung auf § 4 Abs. 2 lit. a ARB 75. Danach liegt ein Risikoausschluss vor, wenn der Versicherungsnehmer den Versicherungsfall vorsätzlich herbeigeführt hat. Hat der Arbeitnehmer einen Diebstahl begangen, wurde er wegen Tätlichkeit mit verhaltensbedingt-ordentlicher Kündigung entlassen, hat er einen Vorgesetzten beleidigt oder gegen eine Anordnung verstoßen, kann sich der Rechtsschutzversicherer auf den allgemeinen Risikoausschluss der Vorsatzhandlung berufen. Die Auffassung, der Vorsatz müsse sich nur auf die gem. § 14 ARB 75 als Versicherungsfall geltenden Tatsachen selbst beziehen, sowie eine allgemeine Vorstellung umfassen, dass sich hieraus rechtliche Folgen ergeben könnten, wie u.a. der spätere Arbeitsgerichtsprozess,[308] findet sich in einer Versicherungsnehmern freundlich gesonnenen Rechtsprechung, der die herrschende Meinung allerdings entgegensteht. Überwiegend wird die Auffassung vertreten, dass durch § 4 II lit. a ARB 75 nicht die vorsätzliche Verursachung eines Versicherungsfalles als solche sanktioniert werden soll, sondern der Versicherungsnehmer den Versicherungsschutz schon dann verliert, wenn sein Verhalten gerade im Hinblick auf die Herbeiführung der rechtlichen Auseinandersetzung und der damit verbundenen Verursachung von Rechtskosten nicht zu billigen ist.[309] Der Mandant muss also nicht den Willen gehabt haben, durch Beleidigung seines Vorgesetzten einen Rechtsstreit herbeizuführen oder bei einem Verstoß gegen die Anordnung des Vorgesetzten einen anschließenden Kündigungsrechtsstreit zu provozieren, es reicht aus, dass sich der Vorsatz auf das Ereignis erstreckt, das späterhin eine arbeitsrechtliche Interessenwahrnehmung durch den Anwalt erforderlich macht.

Den Rechtsschutzversicherern gereicht zur Ehre, dass sie in der Praxis nicht immer bei verhaltens- 228
bedingten ordentlichen und bei außerordentlichen Kündigungen von dem Risikoausschluss nach § 4 Abs. 2 lit. a ARB 75 Gebrauch machen. Manchmal erteilen sie Deckungsschutz unter der Bedingung, dass sich der Vorwurf als unrichtig erweist. Bezieht sich der Arbeitgeber bei einer fristlosen Kündigung des Versicherungsnehmers auch auf einen Vorgang, der innerhalb der Jahresfrist vor Versicherungsbeginn liegt, besteht kein Versicherungsschutz.[310] Die Rechtsprechung geht dabei sogar soweit, behauptete Rechtspflichtenverstöße bei der fristlosen Kündigung mit einzubeziehen, auf die die Kündigung nicht gestützt wird, die aber in einem sachlichen Zusammenhang mit ihr stehen.[311] Nach LG Heidelberg[312] soll dagegen bei einer fristlosen Kündigung durch den Arbeitgeber, die zu einem nachfolgenden Arbeitsrechtsstreit führt, für den Eintritt des Versicherungsfalles auf die Kündigungsfrist des § 626 BGB abzustellen sein. Frühere Unstimmigkeiten zwischen Arbeitgeber und Versicherungsnehmer, die nicht zur Kündigung geführt hätten, müssten außer Betracht bleiben.

Auch bei der verhaltensbedingten Kündigung ist der Deckungsschutz stets bedroht. War inner- 229
halb der Ausschlussfrist bereits der Vorwurf schlechter Arbeitsleistung erhoben worden, scheidet Deckungsschutz bei anschließender verhaltensbedingter Kündigung aus.[313] Hat der Arbeitnehmer zwecks Vermeidung einer Steuerzahlung die Erstellung eines fiktiven Ausgabenbelegs veranlasst und basiert darauf die Kündigung des Arbeitgebers, besteht kein Versicherungsschutz für die Kündigungsschutzklage.[314] Wird dem Arbeitnehmer Störung des Betriebsfriedens vorgeworfen und wird eine verhaltensbedingte Kündigung hierauf gestützt und wurde der Vorwurf erstmalig während der Ausschlussfrist erhoben, erhält der Arbeitnehmer keinen Deckungsschutz in einem arbeitsgerichtlichen Kündigungsschutzverfahren.[315] Bei einer verhaltensbedingten Kündigung kommt es nach Auffassung des LG Frankfurt a.M. sogar regelmäßig darauf an, wann der Arbeitnehmer nach der Behauptung des Arbeitgebers den Kündigungsgrund gesetzt hat.[316] Kommt es im Rahmen eines

308 LG Köln, Urt. v. 13.11.1991, r+s 1992, 277; OLG Oldenburg, Urt. v. 12.02.1992, r+s 1992, 239.
309 OLG Köln, Urt. v. 11.06.1992, r+s 1992, 238; OLG Köln, Urt. v. 22.04.1993 – 5 U 218/92 (n. v.); LG Hannover, Urt. v. 24.06.1992, r+s 1993, 22.
310 OLG Hamm, Urt. v. 24.02.1988, zfs 1988, 317.
311 *Hümmerich*, AnwBl 1995, 324 m.w.N.
312 LG Heidelberg, Urt. v. 27.01.1993, VersR 1993, 1395.
313 OLG Frankfurt a.M., Urt. v. 12.07.1978, VersR 1979, 566.
314 AG Münster, Urt. v. 22.07.1986, zfs 1987, 114.
315 AG Bielefeld, Urt. v. 14.07.1987, zfs 1988, 359.
316 LG Frankfurt, Urt. v. 30.03.1992, zfs 1992, 353.

Kündigungsschutzverfahrens aufgrund eines Verstoßes zu einer Kündigung oder einem Prozess, ist nicht der Zeitpunkt der Kündigung oder der Einleitung des Prozesses, sondern immer nur der vorausgegangene Verstoß maßgeblich für den Eintritt des Versicherungsfalles.[317]

230 Wird einem Arbeitnehmer wegen vom Arbeitgeber behaupteter **mangelnder Eignung im Probearbeitsverhältnis gekündigt**, ist für den Versicherungsfall der erste Zeitpunkt maßgeblich an dem der Vorwurf mangelnder Eignung erhoben wurde.[318] Als Strohhalm für den Arbeitnehmer kann die Kolorit-Entscheidung des BGH gelten, die solche Ereignisse ausscheiden lässt, die zwar vom Gegner vorgetragen werden, letztlich aber als nicht streitauslösend anzusehen sind (»Kolorit«).[319] Kolorit nennt die Rechtsprechung Tatsachen, die sich nur am Rande zugetragen haben und die zum Zeitpunkt des maßgeblichen Ereignisses objektiv erledigt sind.[320] Dem eine Deckungszusage einholenden Arbeitsrechtsanwalt kann in Zweifelsfällen, in denen sich die Rechtsschutzversicherung auf eine Vorsatzhandlung stützt, mit auf den Weg gegeben werden, die Kolorit-Rechtsprechung des BGH zum Anlass eines Vortrags zu nehmen, in dem dargelegt wird, dass die vom Versicherungsnehmer vorsätzlich herbeigeführten Handlungen nicht streitauslösend waren, sondern als unwesentliches Beiwerk betrachtet werden dürfen.

3. Deckungsschutz unter Bedingung

231 Es kommt vor, dass Rechtsschutzversicherer eine Deckungszusage unter der Bedingung erteilen, dass der **Versicherungsnehmer im Rechtsstreit obsiegt**. Dies geschieht namentlich dann, wenn der Anwalt des Versicherungsnehmer dem Sachbearbeiter der Rechtsschutzversicherung verdeutlichen kann, dass die gegen den Versicherungsnehmer erhobenen Vorwürfe unbegründet sind. Ähnlich reagiert der Rechtsschutzversicherer häufig bei Statusklagen. Wer als freier Mitarbeiter beschäftigt wurde, ist zunächst einmal formal betrachtet kein Arbeitnehmer, er genießt damit auch keinen Arbeitsrechtsschutz im Rahmen des Familienrechtsschutzes. Begehrt er Deckungsschutz mit der Begründung, er sei in Wahrheit Arbeitnehmer gewesen und wolle deshalb auf die Feststellung klagen, dass er zu seinem bisherigen Auftraggeber in Wahrheit in einem Arbeitsverhältnis stehe, muss er vom Rechtsschutzversicherer zunächst so behandelt werden, als sei er Arbeitnehmer. Mit dieser Argumentation ist ihm grundsätzlich Deckungsschutz zu erteilen. Die Rechtsschutzversicherungen knüpfen ihre Deckungszusage in derartigen Fällen aber regelmäßig an die Bedingung, dass im Arbeitsgerichtsverfahren festgestellt wird, dass der Versicherungsnehmer auch tatsächlich Arbeitnehmer ist.

232 Derartige Deckungszusagen unter Auflagen oder Bedingungen tragen den Nachteil in sich, dass der häufig anzutreffende wirtschaftliche Vorteil eines solchen Statusrechtsstreits für den Versicherungsnehmer verloren geht. In Wahrheit versucht der freie Mitarbeiter häufig mit derartigen Verfahren den Auftraggeber/Arbeitgeber zu einer nennenswerten Abfindung zu veranlassen. Würde in einem Vergleich vor dem Arbeitsgericht festgestellt, dass der Versicherungsnehmer Arbeitnehmer ist, würde sich der Arbeitgeber in die Gefahr begeben, bei einer anschließenden Betriebsprüfung durch das Finanzamt oder durch einen Sozialversicherungsträger die Nachentrichtung von Versicherungsbeiträgen und Lohnsteuer auszulösen. Gerade dieses Risikos möchte sich der Arbeitgeber/Auftraggeber entledigen, wenn er einen Abfindungsbetrag zahlt. Deshalb wird in Vergleichen, die eine Abfindungszahlung an einen freien Mitarbeiter vorsehen, die Frage des rechtlichen Status naturgemäß offen gehalten.[321] Der nach Abschluss eines Widerrufvergleichs vor dem Arbeitsgericht beim Rechtsschutzversicherer zu erwirkende Verzicht kann nur das Ergebnis von Verhandlungen sein. In derartigen Fällen wird geraten, dem Rechtsschutzversicherer deutlich zu machen, dass der Vergleich

317 LG Würzburg, Urt. v. 14.04.1993, r+s 1994, 22.
318 AG Düsseldorf, Urt. v. 28.05.1982, VersR 1983, 827.
319 BGH, Urt. v. 14.03.1984, VersR 1984, 530.
320 *Harbauer*, § 14 ARB 75 Rn 57.
321 Muster bei *Hümmerich*, AnwaltFormulare Arbeitsrecht, Muster 2265.

ökonomisch für jedes Versicherungsunternehmen günstiger ist als die Erfüllung der Bedingung, unter denen der Deckungsschutz steht. Wird der Rechtsstreit ausgetragen, fallen für den Versicherer Verfahrens- und Terminsgebühr an. Einigen sich die Parteien anschließend in Ansehung des Urteils auf einen Vergleich, beispielsweise im Verfahren II. Instanz, fallen für den Rechtsschutzversicherer höhere Gebühren an als bei einem bloßen Vergleich in erster Instanz, der die Statusfrage offen lässt, allerdings über eine Abfindung ein deutliches Signal zur Risikolage zu Lasten des Auftraggebers/Arbeitgebers abgibt.

4. Reichweite des Deckungsschutzes

Versicherungsschutz besteht zunächst einmal, soweit die Deckungsschutzzusage reicht. Hat der Rechtsschutzversicherer Deckungsschutz im Rahmen der »**außergerichtlichen Interessenwahrnehmung** in einer arbeitsrechtlichen Angelegenheit« gewährt, eine Erklärung, die häufig über Textbausteine abgegeben wird, ist der Deckungsschutz und damit der für die Anwaltsgebühren maßgebliche, aus mehreren Sachverhalten zusammengesetzte Streitwert maßgeblich, der innerhalb der außergerichtlichen Interessenwahrnehmung angesiedelt ist. Auch weitere Sachverhalte, die bei Antragstellung dem Rechtsschutzversicherer noch nicht bekannt waren oder durch Fortgang der Angelegenheit hinzugetreten sind, sind streitwertmäßig angesichts der Globalzusage zu berücksichtigen, wenn sie Bestandteil der »arbeitsrechtlichen Angelegenheit« sind. Hier kann der Rechtsschutzversicherer nicht erfolgreich die Auffassung vertreten, ausschließlich für den Ausgangssachverhalt Deckungsschutz erteilt zu haben. 233

Weitaus schwieriger sind jene Fälle zu behandeln, in denen der Deckungsschutz beispielsweise wegen der Angelegenheit **»Umsetzung des Arbeitnehmers«** erteilt wurde, wenn sich im Laufe der mehrmonatigen Auseinandersetzungen zwischen Versicherungsnehmer und Arbeitgeber erweist, dass das Arbeitsverhältnis gestört ist und man sich schließlich zum Abschluss einer Altersteilzeitvereinbarung entschließt. Eine Altersteilzeitvereinbarung löst regelmäßig eine ganze Reihe von Streitwerten aus wie durch Gehaltsregelung, für die der dreijährige Bezug oder der Differenzbetrag zwischen dem gegenwärtigen Gehalt und dem Gehalt während der Altersteilzeit gem. § 12 Abs. 7 Satz 2 ArbGG maßgeblich ist. In diesen Fällen besteht Deckungsschutz hinsichtlich sämtlicher Tätigkeiten, die der Anwalt entfaltet hat, wenn der gesamte Vorgang, Störung der Rechtsbeziehungen zwischen dem Arbeitgeber und dem Arbeitnehmer, die »arbeitsrechtliche Angelegenheit« war, für die der Deckungsschutz erteilt wurde. Wurde dagegen Deckungsschutz für die Abwehr einer Umsetzung des Arbeitnehmers erteilt, ist der Versicherer berechtigt, die Geschäfts- und die Einigungsgebühr nur aus den Streitwerten zu vergüten, die die Umsetzung betreffen. 234

Selbst dann aber, wenn der Rechtsschutzversicherer die Deckungszusage, um noch einmal bei dem vorgenannten Beispiel zu bleiben, auf eine Umsetzungsverfügung beschränkt hat, die Parteien sich späterhin zum Abschluss einer Altersteilzeitvereinbarung mit Hilfe des Anwalts entschließen, ist nach verbreiteter Auffassung jedenfalls die Vergleichsgebühr zu erstatten, wenn der Vergleich zu einer globalen Bereinigung der Rechtsbeziehungen zwischen Arbeitgeber und Arbeitnehmer geführt hat.[322] Selbst wenn die Parteien in der Form eines Vergleichs unstreitige Rechtsverhältnisse regeln und gestalten, geben sie zu erkennen, dass sie unstreitige Beziehungen wie zunächst streitige Rechtsbeziehungen behandelt wissen wollten, woraus sich zwangsläufig die Bildung eines besonderen Wertes rechtfertigt.[323] Zu bewerten ist dann das sog. Titulierungsinteresse, da es den wirtschaftlichen Wert des Regelungspunktes ausdrückt.[324] Deshalb ist die Einbeziehung eines Zeugnisses in einen Vergleich über die Aufhebung oder Abwicklung eines Arbeitsverhältnisses stets gebührenmäßig zu berücksichtigen.[325] Nehmen die Parteien die Verhandlungen oder einen Kündigungsschutzprozess 235

322 LG Hannover, Urt. v. 23.04.1986, NJW 1987, 1337.
323 GK-ArbGG/*Wenzel*, § 12 Rn 177; *Schneider/Herget*, Streitwert-Kommentar für den Zivilprozess, Rn 4594.
324 OLG Zweibrücken, Urt. v. 20.01.1978, KostRsp, § 17 GKG Nr. 7; OLG Hamm, Beschl. v. 27.03.1985, JurBüro 1985, 1360.
325 LAG Düsseldorf, Urt. v. 23.08.1985, JurBüro 1985, 1710; LAG Bremen, Beschl. v. 23.12.1982, AnwBl 1984, 155.

zum Anlass, das Arbeitsverhältnis vorzeitig aufzulösen oder sonstige Regelungen zu treffen, die mit dem eigentlichen Streitgegenstand nichts zu tun haben, aber Bewertungsfragen aufwerfen, so wirken die zusätzlichen Regelungen gegenstandswerterhöhend.[326] Auch die Rückgabe eines Gesellschaftsanteils[327] oder die vorzeitige Aufhebung eines Arbeitsverhältnisses[328] und selbst Forderungen, an deren Realisierbarkeit Zweifel bestehen, sind, wenn sie im Vergleich miterledigt werden, streitwertmäßig einzubeziehen.[329] Das BAG hat sich außerdem der Auffassung angeschlossen, dass die Vergleichsgebühr für nicht anhängige Vergleichsgegenstände nach § 23 Abs. 1 Satz 1 BRAGO 15/10 einer vollen Gebühr beträgt.[330]

236 Spricht der Arbeitgeber eine betriebsbedingte Kündigung aus, wird der Arbeitnehmer dem Arbeitgeber zumindest eine mangelhafte Sozialauswahl vorwerfen. Der Vorwurf der fehlerhaften sozialen Auswahl beinhaltet die Behauptung eines Rechtspflichtenverstoßes.[331]

237 Man sollte sich auch immer sorgfältig den Wortlaut einer Deckungszusage als Anwalt durchlesen. Häufig formulieren die Rechtsschutzversicherungen im Wege einer Globalzusage oder mit Formulierungen wie »für den gemeldeten Schadensfall besteht Rechtsschutz. Es handelt sich im vorliegenden um eine arbeits- bzw. dienstrechtliche Angelegenheit.« Der HDI sieht in seinen Textbausteinen nach einer solchen Zusage den einschränkenden Hinweis vor: »Rechtsschutz besteht nur, soweit die Kündigung angegriffen wird. Versicherungsschutz besteht (zunächst) im außergerichtlichen Bereich.«

238 Spricht der Arbeitgeber eine Änderungskündigung aus und verhandelt der Anwalt auf Basis einer solchen Deckungszusage einen Vergleich im außergerichtlichen Bereich, wird das Tätigwerden des Anwalts durch die erteilte Deckungszusage erfasst. Wenn der Versicherungsschutz zunächst auf den außergerichtlichen Bereich beschränkt wird, die Anwälte einen Vergleich im außergerichtlichen Bereich erreichen, verhält sich der Rechtsschutzversicherer widersprüchlich, wenn er anschließend behauptet, das außergerichtliche Aushandeln eines Vergleichs sei nicht von seiner Deckungszusage erfasst. Der Versicherungsnehmer macht in einem solchen Falle sogar von seiner Schadensminderungspflicht nach 75 § 17 Abs. 5 lit. cc) ARB Gebrauch, wenn er es nicht auf einen Rechtsstreit ankommen lässt, sondern eine Senkung der Kosten durch das außergerichtliche Verhandeln eines Vergleichs herbeiführt.

5. Obliegenheitsverletzung durch wahrheitswidrige oder unvollständige Unterrichtung

239 Der Versicherungsnehmer hat den Versicherer vollständig und wahrheitsgemäß über sämtliche Umstände des Versicherungsfalls zu **unterrichten** sowie **Beweismittel anzugeben** und **Unterlagen** auf Verlangen **zur Verfügung zu stellen**.[332] Die Einhaltung dieser Obliegenheit ist eine Pflicht des Versicherungsnehmers, nicht des Anwalts. Übernimmt der Anwalt die Unterrichtung des Rechtsschutzversicherers, wird die Unterrichtung zu seiner eigenen Obliegenheit. Die Verletzung der Unterrichtungspflicht macht den Rechtsschutzversicherer von seiner Leistungsverpflichtung frei.[333] Der Arbeitsrechtsanwalt sollte auf jeden Fall davon absehen, den Rechtsschutzversicherer spärlich oder lückenhaft zu unterrichten, geschweige eine wahrheitswidrige Unterrichtung des Rechtsschutzversi-

326 GK-ArbGG/*Wenzel*, § 12 Rn 178 m.w.N.
327 LAG Baden-Württemberg, Beschl. v. 28.01.1987, JurBüro 1988, 1234.
328 LG Köln, Urt. v. 23.03.1983, AnwBl 1984, 315.
329 LAG Frankfurt, Beschl. v. 16.06.1964, NJW 1964, 2129; LAG Hamm, Beschl. v. 28.02.1980, MDR 1980, 613; LAG Düsseldorf, Beschl. v. 13.09.1987, LAGE § 3 ZPO Nr. 5.
330 BAG, Beschl. v. 04.02.2003, 2 AZB 18/02, AE 2003, 143.
331 BAG, Urt. v. 17.06.1999, NJW 2000, 378; BAG, Urt. v. 17.06.1999, NJW 2000, 381.
332 § 15 I lit. a ARB 75; ARB 94 § 17 III.
333 § 15 II ARB 75; ARB 94 § 17 VI.

cherers vorzunehmen. Der Anwalt macht sich in diesem Falle zum Mittäter eines Versicherungsbetrugs.

6. Einwand mangelnder Erfolgsaussichten

Recht selten wird in arbeitsrechtlichen Angelegenheiten der Einwand der mangelnden Erfolgsaussicht erhoben. Will der Versicherer die Erteilung einer Deckungszusage an fehlenden hinreichenden Erfolgsaussichten scheitern lassen, müssen die Versicherungsbedingungen ein **Verfahren zur außergerichtlichen Klärung** vorsehen, § 158n VVG. Unterlässt der Versicherer den Hinweis auf ein Schiedsverfahren oder sieht der Versicherungsvertrag ein solches Verfahren nicht vor, gilt das Rechtsschutzbedürfnis des Versicherungsnehmers nach § 158n Satz 3 VVG als anerkannt. Diese Folge ergibt sich aus § 158o VVG, auch wenn die Versicherungsbedingungen wie beispielsweise § 17 ARB 75 weder die Belehrungspflicht, noch Hinweise auf die Rechtsfolgen unterbliebener Belehrung enthalten. 240

Die ARB 75 sehen einen **Stichentscheid** vor bei Streitigkeiten über die Erfolgsaussichten. Der Stichentscheid darf die Erfolgsaussichten einer beabsichtigten Rechtsverfolgung nicht verneinen, wenn die entscheidungserhebliche Rechtsfrage nicht eindeutig geklärt und es angebracht ist, dass das Gericht im Hauptsacheverfahren sich mit ihr befasst.[334] *Schaefer*[335] weist zu Recht darauf hin, dass es nach der Rechtsprechung des Bundesarbeitsgerichts stets auf die Umstände des Einzelfalles ankommt, und daher argumentativ im Arbeitsrecht selten Schwierigkeiten bestehen, hinreichende Erfolgsaussichten festzustellen. Die Kosten des Stichentscheids trägt nach § 17 Abs. 2 ARB 75 der Versicherer, während die Kosten des Schiedsgutachtenverfahrens nach § 18 ARB 94 die im Schiedsgutachtenverfahren unterlegene Partei zu tragen hat. Die Gebühren für den Stichentscheid[336] werden auch nicht auf die Gebühren des Rechtsanwalts im Hauptsacheverfahren angerechnet, weil es sich bei dem Stichentscheid um eine gesonderte Angelegenheit nach § 17 RVG handelt. Kommt es für die Beurteilung der Erfolgsaussichten eines Arbeitsrechtsstreits auf die gleichen Tatsachen an, die für das vor dem Arbeitsgericht durchzuführende Hauptsacheverfahren maßgeblich sind, tritt in diesen Fällen der Voraussetzungsidentität keine Bindungswirkung durch die im Hauptsacheverfahren angenommenen Tatsachen ein. Bei Statusklagen im Arbeitsrecht bedeutet dies, dass die Rechtsschutzversicherer regelmäßig den Einwand mangelnder Erfolgsaussicht nicht erheben können.[337] 241

Der Versicherungsnehmer muss sich heutzutage auch nicht mehr vor Kündigungen seines Versicherungsvertrages fürchten, wenn der Versicherer innerhalb eines Jahres in zwei Fällen seine Leistungspflicht bejaht hat. Die entsprechende Vorschrift in § 19 ARB 75 hat der Bundesgerichtshof[338] für unwirksam erklärt. 242

Streitig ist, ob der Rechtsschutzversicherer erst im Deckungsprozess fehlende Erfolgsaussichten geltend machen kann. Der Bundesgerichtshof hat es bis zum Schluss der letzten mündlichen Verhandlung zugelassen, dass sich der Versicherer auf fehlende Erfolgsaussichten stützt.[339] Das OLG Koblenz ist der Auffassung, dass sich der Versicherer im Fall eines Streits um die Erfolgsaussichten im Prozess entgegenhalten lassen muss, dass die ARB ein gesondertes Verfahren (Schiedsgutachten/Stichentscheid) vorsehen. Hat der Rechtsschutzversicherer dieses gesonderte Verfahren nicht vor 243

334 BGH, Urt. v. 20.04.1994, VersR 1994, 1061.
335 Anwaltsgebühren im Arbeitsrecht, D Rn 35.
336 BGH, Urt. v. 18.03.1992, NJW 1992, 1509 (1511).
337 Siehe auch OLG Köln, Urt. v. 10.09.1997, VersR 1998, 1151.
338 BGH, Urt. v. 27.03.1991, NJW 1991, 1828.
339 BGH, Urt. v. 16.10.1985, VersR 1986, 132.

Durchführung eines Rechtsstreits über den Deckungsschutz durchgeführt, muss er sich den Einwand mangelnder außergerichtlicher Ablehnung seiner Eintrittspflicht entgegenhalten lassen.[340]

7. Einwand der Verletzung einer Abstimmungsobliegenheit beim Vergleich

244 Es ist ein leidiges Thema, dass Rechtsschutzversicherungen in ihrer Korrespondenz äußern, dass die im arbeitsgerichtlichen Vergleich miterledigten Gegenstände, wie restliches Arbeitsentgelt, Herausgabe von Unterlagen, eine Verletzung der Abstimmungsobliegenheit gem. ARB 75 § 15 Abs. 1 lit. d) D Buchstabe cc) bedeuten. Das AG Elmshorn[341] hat entschieden, dass sich Rechtsschutzversicherungen zur Begründung ihrer Leistungsfreiheit nicht auf eine Verletzung der Abstimmungsobliegenheit berufen können, wenn sie für die betreffende kostenauslösende Maßnahme jedenfalls Kostendeckung hätten gewähren **müssen**. Die Pflichtverletzung hätte dann nämlich nicht kausal einen Schaden verursacht. Eine Pflichtverletzung kann in diesen Fällen schon deshalb nicht angenommen werden, weil sich nie voraussehen lässt, ob in einem Termin ein Vergleich zustandekommt. Wenn dann die Vergleichssituation, ggf. auf Vorschlag des Gerichts, geschaffen wurde, kann der Rechtsstreit nicht unterbrochen werden, um zunächst einmal eine schriftliche Deckungszusage für die im Vergleich mit zu erledigenden Angelegenheiten einzuholen.

245 Anderer Auffassung ist das AG Stuttgart.[342] Werden lediglich deklaratorische Bekundungen im Vergleich aufgenommen oder Regelungen, die von Anfang an und auch im Gesamtzusammenhang der Gesamtregelung unstreitig waren, dann liegt kein Versicherungsfall **im Sinne der ARB vor**, so dass die Rechtsschutzversicherung nicht eintrittspflichtig sei.

III. Typisierte Einwände von Rechtsschutzversicherern zur Anspruchshöhe

246 Zunächst einmal sollten der Versicherungsnehmer oder sein Anwalt daran denken, dass Kosten auslösende Maßnahme mit dem Versicherer abzustimmen sind, soweit seine Interessen nicht unbillig beeinträchtigt werden.[343] Arbeitsrechtliche Mandate unterliegen Veränderungen. Das spezifisch arbeitsrechtliche Element einer Dauerrechtsbeziehung besteht darin, dass im zwischenmenschlichen Bereich die unkalkulierbaren Ursachen für Konflikte und damit für arbeitsrechtliche Auseinandersetzungen gesetzt werden.[344] Wenn sich die Ereignisse im Rahmen eines Arbeitsrechtsmandats überschlagen, der Arbeitnehmer täglich mehrfach anruft und Rat wegen neuer Maßnahmen oder Anordnungen des Arbeitgebers erbittet, sollte der Arbeitsrechtsanwalt nicht übersehen, dass der Rechtsschutzversicherer eine parallele Unterrichtung verlangen kann. Die meisten Auseinandersetzungen zwischen Rechtsschutzversicherern und Anwälten, die zu einem sicherlich beträchtlichen Gebührenverlust führen, resultieren aus dem Umstand, dass der Anwalt zu Beginn eines Mandats die Deckungszusage einholt, nach Monaten, nachdem sich zahlreiche weitere Ereignisse zugetragen haben und das Mandat beispielsweise mit einem Aufhebungsvertrag endet, der Rechtsschutzversicherer erstaunt und, verärgert über die mangelnde Unterrichtung, die Kostennote des Anwalts einer kritischen Überprüfung unterzieht.

1. Obliegenheitsverletzung beim Weiterbeschäftigungsantrag

247 Mit stereotyper Regelmäßigkeit verweigern Rechtsschutzversicherer beim Weiterbeschäftigungsantrag Deckungsschutz mit der Begründung, der Weiterbeschäftigungsantrag stelle eine Obliegenheitsverletzung gem. § 15 Abs. 1 lit. d ARB 75 (ARB 94 § 17 V lit. c) vor. Insbesondere nach der Ände-

340 OLG Koblenz, Urt. v. 28.05.1999, VersR 1999, 1487.
341 AG Elmshorn, Urt. v. 14.06.1996–53 C 46/96, zfs 1997, 150.
342 AG Stuttgart, Urt. v. 29.07.1996, zfs 1996, 471.
343 § 15 I lit. d cc ARB 75; ARB 94 § 17 V lit. c aa, cc.
344 *Hümmerich*, AnwBl 1995, 324.

rung des § 19 Abs. 4 GKG a.F.,[345] aber auch mit Blick auf die Fallkonstellation, dass ein Arbeitgeber im Gütetermin säumig ist, begeht der Anwalt einen Kunstfehler, wenn er von der Ankündigung des Weiterbeschäftigungsantrags in der Klageschrift absieht. Die Rechtsschutzversicherer wollen sich der Mehrkosten entledigen, die durch die Stellung eines Weiterbeschäftigungsantrags entstehen. Da das Unterlassen des Weiterbeschäftigungsantrags einen Haftpflichtfall[346] zur Folge haben kann, vermag ein Weiterbeschäftigungsantrag nicht zugleich die Wirkung einer Obliegenheitsverletzung im Verhältnis zum Rechtsschutzversicherer auszulösen. Der Antrag auf Weiterbeschäftigung verhilft dem Arbeitnehmer zu einem sofort vollstreckbaren Titel bei Säumnis und Anerkenntnis des Arbeitgebers im Gütetermin. Erscheint der Arbeitgeber im Gütetermin nicht, kann der Arbeitnehmer nur den Feststellungsantrag zur Sozialwidrigkeit der Kündigung stellen. Ein nur den Feststellungsantrag betreffendes Versäumnisurteil ist nicht vollstreckbar.

Auch aus taktischen Überlegungen spricht heute manches für den Weiterbeschäftigungsantrag. Das Fehlen des Weiterbeschäftigungsantrags signalisiert dem Arbeitgeber, dass der Arbeitnehmer in Wahrheit nicht in den Betrieb zurückkehren will, so dass sich der Arbeitgeber auf eine Abfindungstaktik einstellt.[347] Es entspricht deshalb heute entgegen der vorschnell und unausgereift geäußerten Auffassung von *Löwisch*[348] der überwiegenden Meinung in der Rechtsprechung, dass der Weiterbeschäftigungsantrag generell keine Obliegenheitsverletzung darstellt.[349] Die Auffassung von *Löwisch* wird – überwiegend in älteren Entscheidungen – nur von wenigen Amtsgerichten geteilt.[350] 248

Eine nennenswerte Zahl von Amts- und Landgerichten verlangt, dass der Weiterbeschäftigungsantrag als **uneigentlicher Hilfsantrag** gestellt wird.[351] Eine weitere Gruppe von Zivilgerichten vertritt die Auffassung, dass der Weiterbeschäftigungsantrag nicht mit der Kündigungsschutzklage, sondern erst nach der Güteverhandlung gestellt werden dürfe.[352] 249

Jeglicher Korrespondenz mit der Rechtsschutzversicherung entgeht man regelmäßig, wenn man neben der Kündigungsschutzklage einen Weiterbeschäftigungsantrag in der Form eines Eventual-Hilfsantrags stellt.[353] 250

Die meisten Landesarbeitsgerichte bewerten den Weiterbeschäftigungsantrag inzwischen mit einem Monatsgehalt, unabhängig davon, ob der Antrag als uneigentlicher oder unechter Hilfsantrag gefasst wird.[354] Wird der Weiterbeschäftigungsantrag als Eventual-Hilfsantrag gestellt, ist er nach Auffassung des Arbeitsgerichts Duisburg[355] ebenfalls mit zwei Bruttogehältern zu bewerten. 251

345 *Zirnbauer*, FA 1997, 40.

346 *Küttner/Sobolewski*, AnwBl 1985, 493.

347 *Fischer*, FA 1999, 178 (179).

348 VersR 1986, 404.

349 AG Münster, Urt. v. 29.04.1986, zfs 1987, 81; LG Bochum, Urt. v. 12.02.1986, AnwBl 1986, 415; AG Köln, Urt. v. 11.02.1986, zfs 1986, 180; AG Hamburg, Urt. v. 09.04.1987, NJW 1987, 2382; AG Düsseldorf, Urt. v. 20.03.1987, zfs 1988, 82; AG Duisburg, Urt. v. 19.12.1986, JurBüro 1987, 1856; AG Nürnberg, Urt. v. 28.03.1988, NZA 1988, 706; AG Aalen, Urt. v. 17.11.1987, r+s 1988, 140; AG Lingen, Urt. v. 29.06.1988, zfs 1988, 320; AG Dortmund, Urt. v. 21.03.1986, zfs 1986, 373; LG Köln, Urt. v. 02.07.1985, AnwBl 1985, 527.

350 AG Hannover, Urt. v. 13.07.1989 – 543 C 11862/88 (n. v.); AG Hannover, Urt. v. 16.05.1986, zfs 1987, 52; AG Siegburg, Urt. v. 27.02.1987, zfs 1987, 370; AG Bielefeld, Urt. v. 12.06.1986, zfs 1986, 371; AG Simmern, Urt. v. 26.05.1986, zfs 1986, 305; LG Krefeld, Urt. v. 26.03.1986, zfs 1986, 180.

351 AG Ahaus, Urt. v. 25.01.1989, zfs 1990, 19; AG Geldern, Urt. v. 23.10.1990, r+s 1991, 311; AG Grevenbroich, Urt. v. 17.10.1988, VersR 1989, 1043; AG Lübeck, Urt. v. 13.07.1990, zfs 1992, 66; AG München, Urt. v. 17.02.1987, JurBüro 1987, 1102; LG München I, Urt. v. 02.03.1988, zfs 1988, 144.

352 LG Münster, Urt. v. 20.04.1989, zfs 1990, 17; AG Neustadt/Weinstraße, Urt. v. 04.08.1988, zfs 1988, 360; LG Bonn, Urt. v. 20.04.1988, zfs 1988, 179; LG Köln, Urt. v. 03.12.1987, EzA § 611 BGB Beschäftigungspflicht Nr. 31; AG Köln, Urt. v. 25.09.1987, zfs 1987, 337; AG Bielefeld, Urt. v. 15.04.1987, r+s 1987, 257; AG Bielefeld, Urt. v. 14.04.1987, zfs 1987, 212; AG Lüneburg, Urt. v. 12.03.1987, zfs 1987, 306; AG Hannover, Urt. v. 10.10.1985, r+s 1987, 21.

353 Muster bei *Hümmerich*, AnwaltFormulare Arbeitsrecht, Muster 3300 (Antrag Ziff. 6).

354 LAG Hamm, Beschl. v. 28.07.1988, NZA 1989, 231; LAG Hamm, Beschl. v. 15.10.1981, DB 1981, 2440; LAG Düsseldorf, Beschl. v. 30.10.1980, EzA § 12 ArbGG 1979 Streitwert Nr. 1; LAG Köln, Beschl. v. 18.12.2001 – 13 Ta 303/01 (n. v.); LAG Köln, Beschl. v. 17.05.2001 – 8 Ta 96/01 (n. v.).

355 ArbG Duisburg, Beschl. v. 16.12.1997, AE 1998, 34.

252 Hat der Arbeitnehmer aufgrund eines Widerspruchs des Betriebsrats gegen die beabsichtigte Kündigung einen Anspruch auf Weiterbeschäftigung nach § 102 Abs. 5 BetrVG, ist wegen dieses Weiterbeschäftigungsantrags zweifelsfrei Deckungsschutz durch die Rechtsschutzversicherung zu erteilen.[356]

2. Obliegenheitsverletzung durch Mehrheit von Kündigungsschutzklagen

253 Das Interesse der Rechtsschutzversicherer, mehrere Kündigungsschutzklagen nicht zuzulassen, liegt auf der Hand. Addierte Streitwerte in einem Verfahren belasten die Versichertengemeinschaft weniger als einzelne Streitwerte in einzelnen Kündigungsschutzverfahren.

254 Aus den unterschiedlichsten Gründen kündigen Arbeitgeber manchmal mehrfach. In diesen Fällen verlangen die Rechtsschutzversicherer, dass **nachgeschobene Kündigungen** ausschließlich im Wege einer Klageerweiterung angegriffen werden. Begründet wird diese Forderung mit § 15 Abs. 1 ARB 75 (ARB 94 § 17 Abs. 5). Nur dann, wenn sich der Rechtsstreit zwischen den Instanzen oder bereits in einer Rechtsmittelinstanz befindet, verzichten die Rechtsschutzversicherer bei isolierten Klagen gegen zusätzliche Kündigungen auf den Einwand der Obliegenheitsverletzung.

255 *Fischer*[357] vertritt die Auffassung, es stelle keine Obliegenheitsverletzung dar, wenn der Arbeitnehmer jeweils einzelne Kündigungsschutzklagen wegen mehrfacher Kündigungen erhebe. Er nennt auch eine Reihe einleuchtender Gründe: Mit jeder Kündigungsschutzklage erhalte der Arbeitnehmer einen erneuten Gütetermin, so dass er auf die überlange Verfahrensdauer nicht angewiesen sei. Die Zielvorstellung des § 61a ArbGG sei ohnehin in der Praxis an keinem Arbeitsgericht umgesetzt. Jede Kündigung habe ein juristisches Einzelschicksal, die Praxis zeige aber, dass die Arbeitsgerichte kaum Verfahren trennen würden und beispielsweise Teilurteile erlassen. So würden Kündigungsprozesse, die bereits ausgeschrieben und entscheidungsreif seien, bis zur Entscheidungsreife aller Kündigungen nicht entschieden. Die daraus resultierenden Nachteile müsse ein rechtsschutzversicherter Arbeitnehmer nicht hinnehmen. Nur dann, wenn eine neue Kündigung vor dem Gütetermin ausgesprochen werde, wäre es sachwidrig, eine erneute Kündigungsschutzklage zu erheben. Werde eine Kündigung kurz vor dem Kammertermin ausgesprochen, mache es schon aus zeitlichen Gründen keinen Sinn, eine Klageerweiterung vorzunehmen, denn dann müsste der Arbeitgeber zu den Kündigungsgründen bzw. zu der neuen Kündigung noch vortragen, was dann zu einer Verschiebung des Kammertermins und einer Verlängerung des Prozesses führen würde.

3. Verzichtbare Gehaltsklage während eines Kündigungsrechtsstreits

256 Rechtsschutzversicherer halten es verschiedentlich für eine Obliegenheitsverletzung, wenn der Arbeitnehmer neben der Kündigungsschutzklage oder fortlaufend monatlich durch Klageerweiterung die Gehaltsansprüche einklagt. Unterlässt der Arbeitnehmeranwalt die Geltendmachung aufgelaufener Vergütungsansprüche im Kündigungsschutzprozess, verspielt er die Chance, bei Obsiegen im Kündigungsschutzprozess und damit verbundenem Obsiegen im Entgeltprozess sofort nach § 62 ArbGG vollstrecken zu können. Ein weiteres gewichtiges Argument kann den Rechtsschutzversicherern entgegengehalten werden. Wie bereits in diesem Buch an anderer Stelle[358] dargestellt, hat der BGH[359] einen Rechtsanwalt zum Schadensersatz verurteilt, weil er sich während des erfolgreich geführten Kündigungsschutzprozesses nicht um die Annahmeverzugslöhne seines Mandanten gekümmert hat. Auch wenn ein Mandat zunächst nur zum Inhalt hat, gegen eine arbeitgeberseitige Kündigung vorzugehen, gehört es zu den Obliegenheiten des Rechtsanwalts, die Durchsetzbarkeit von Annahmeverzugsgehältern klageweise durchzusetzen um Ausschlussfristen, Verjährungs- oder Verwirkungstatbeständen zu entgehen.

356 *Fischer*, FA 1999, 178.
357 FA 1999, 179.
358 § 6 Rn 152 ff.
359 BGH, Urt. v. 29.03.1983, NJW 1983, 1665.

Um die anfallenden Anwaltsgebühren niedriger zu halten, kann vom Rechtsanwalt nicht verlangt werden, dass Gehaltszahlungsklagen ausgesetzt werden, denn eine Aussetzung würde der Vorstellung des ArbGG von der sofortigen Vollstreckbarkeit widersprechen.[360] Keinem Arbeitnehmer ist es zuzumuten, beispielsweise durch zwei Instanzen einen Kündigungsschutzprozess zu führen, um dann anschließend, nach zwei Jahren, erneut jahrelang um die Vergütung kämpfen zu müssen.[361] Nach Auffassung von *Fischer* ist die Rechtsschutzversicherung nicht berechtigt, vom Arbeitnehmer zu verlangen, dass die Gehaltsansprüche im Wege der Klageerweiterung verfolgt werden.[362] Der Gerichtsalltag sieht anders aus. Die Gerichte entscheiden über Gehaltsklagen aus Vorgreiflichkeitsgründen nur nach rechtskräftiger Entscheidung über den Kündigungsschutzantrag. Dann aber kann man sinnvollerweise die Annahmeverzugslöhne auch im gleichen Verfahren, also mit der Kündigungsschutzklage durch Klageerweiterung anhängig machen. 257

Ein Rechtsschutzversicherer ist nach Auffassung des OLG Köln[363] nicht verpflichtet die in einem Kündigungsschutzprozess des Versicherten durch Stellung eines Hilfsantrags auf Zahlung des Nachteilsausgleichs entstehenden Mehrkosten zu decken, wenn er mitgeteilt hatte, dass er insoweit die Deckung verweigere und wenn der Hilfsantrag nur angekündigt worden war, um die Verhandlungsposition für einen Abfindungsvergleich zu stärken.

4. Rechtsschutzbedürfnis bei allgemeinem Feststellungsantrag neben Kündigungsschutzklage

Manche Anwälte erheben neben der Kündigungsschutzklage noch eine allgemeine Feststellungsklage, die umgangssprachlich auch als »Schleppnetzantrag« bezeichnet wird.[364] Seinem Wortlaut nach verlangt der Kläger beim Schleppnetzantrag die Feststellung, dass das Arbeitsverhältnis auch nicht durch andere Beendigungstatbestände als die im Kündigungsschutzantrag angegebenen Kündigungserklärungen endet, sondern zu unveränderten Bedingungen über das Datum der ausgesprochenen Kündigung hinaus fortbesteht. Das Rechtsschutzbedürfnis für derartige Feststellungsanträge ist bei den Arbeitsgerichten anerkannt. Rechtsschutzversicherungen verweisen dagegen gerne auf eine Entscheidung des 2. Senats vom 27.01.1994.[365] Der zweite Senat hat in seinem Urteil vom 27.01.1994 den Leitsatz aufgestellt, dass für den mit einer Kündigungsschutzklage verbundenen Antrag auf Feststellung des Fortbestandes des Arbeitsverhältnisses die allgemeinen Voraussetzungen des § 256 ZPO gelten. Es müsse vom Kläger unter anderem ein Rechtsschutzinteresse an alsbaldiger Feststellung dargetan werden. Bei Unklarheiten, ob nicht nur ein unselbständiges Fortbestandsbegehren vorliege, sei der Richter zur Aufklärung nach § 139 ZPO verpflichtet. 258

Rechtsschutzversicherer vertreten nun unter Hinweis auf die Entscheidung des 2. Senats gerne die Auffassung, die Ausführungen in Kündigungsschutzklagen zu allgemeinen, zusätzlichen Feststellungsanträgen seien nicht hinreichend konkret. Es fehle ein spezielles, gerade die eingereichte Feststellungsklage rechtfertigendes Rechtsschutzbedürfnis. Schließlich sei durch die Einführung von § 623 BGB der Fall der mündlichen Erklärung, die als Kündigung ausgelegt werden könne, heute nicht mehr geeignet, zu einem Verstreichen der Drei-Wochen-Frist gem. § 4 KSchG zu führen. Für einen Schleppnetzantrag bestehe daher kein Rechtsschutzbedürfnis. 259

Geht man von der in der Haftungsrechtsprechung aufgestellten These aus, dass der Rechtsanwalt stets den sichersten Weg zu wählen hat, muss er einen Schleppnetzantrag stellen. Gewiss, seit 260

360 LAG Köln, Beschl. v. 24.11.1997, LAGE § 148 ZPO Nr. 32; LAG Berlin, Beschl. v. 02.12.1993, LAGE § 148 ZPO Nr. 28; Thüringer LAG, Beschl. v. 28.07.1998 – 1 Ta 86/98 (n. v.).

361 *Fischer*, FA 1999, 180.

362 *Fischer*, FA 1999, 180.

363 OLG Köln, Urt. v. 23.09.2003, NJW-RR 2004, 181.

364 *Diller*, Neues zum richtigen Klageantrag im Kündigungsschutzverfahren, NJW 1998, 663; *Ziemann*, BRAK-Mitt 1997, 294.

365 BAG, Urt. v. 27.01.1994, NZA 1994, 812 = NJW 1994, 2780 = AP Nr. 28 zu § 4 KSchG 1969.

dem 01.05.2000, also seit Einführung des § 623 BGB, besteht nicht mehr in gleicher Weise die Gefahr wie in der Vergangenheit, dass ein Arbeitnehmer übersieht, dass eine weitere Kündigung gegen ihn in der Welt ist, dass er es versäumt, seinem Anwalt von einer weiteren Kündigung Mitteilung zu machen, oder dass er schlicht eine Äußerung nicht so verstanden hat, wie andere Beteiligte, deren Wahrnehmung ergibt, dass es sich um eine Kündigungserklärung handelte. Insofern ist der Schleppnetzantrag als Vorsichtsmaßnahme, wie er in der Vergangenheit gebräuchlich war, heute nicht mehr von gleicher Aktualität. Andererseits kommt es nicht selten vor, dass manche Mandanten glauben, wenn ihnen eine schriftliche Kündigung zugegangen sei, habe ihr Anwalt die Kündigung auch erhalten. Sie halten es dann nicht mehr für erforderlich, den Anwalt über die eingegangene Kündigung vor Ablauf der Drei-Wochen-Frist zu informieren. Diese und vergleichbare Fallkonstellationen veranlassen auch heute noch den Anwalt, den Schleppnetzantrag zu stellen. Da die Wahl des sichersten Weges zu den anwaltlichen Obliegenheiten gehört, muss der Anwalt, wenn er vom Mandanten in entsprechender Weise beauftragt ist, den Schleppnetzantrag trotz § 623 BGB stellen. Das konkrete Rechtsschutzbedürfnis ergibt sich schon immer dann, wenn aus der Kommunikation mit dem Mandanten klar wird, dass manche Zusammenhänge vom Arbeitnehmer- oder auch ggf. vom Arbeitgebermandanten nicht hinreichend erfasst werden.

261 Rechtsschutzversicherungen kann bei Verweigerung des Deckungsschutzes für den Schleppnetzantrag schließlich auch entgegengehalten werden, dass sich der Schleppnetzantrag nicht gebührenerhöhend auswirkt und seine Aufnahme in die Kündigungsschutzklage daher auch keine Obliegenheitsverletzung darstellt. Der Schleppnetzantrag (»..., sondern ungekündigt fortbesteht«), der im Rahmen einer Kündigungsschutzklage gestellt wird, bleibt solange bei der Streitwertfestsetzung unberücksichtigt, bis eine Folgekündigung oder ein sonstiger, weiterer Auflösungstatbestand in das Verfahren einbezogen wird.[366]

5. Obliegenheitsverletzung durch Zeugnisklage bei Kündigungsschutzrechtsstreit

262 Manche Klageschriften sehen vor, dass der Arbeitgeber auf Erteilung eines Zwischenzeugnisses verurteilt werden soll.[367] Weil sich der Zeugnisantrag, je nach Sachverhalt und Gerichtsbezirk, streitwerterhöhend mit einem Betrag von 250 € bis zu einem Bruttomonatsgehalt auswirkt, versagen Rechtsschutzversicherer regelmäßig den Deckungsschutz mit der Begründung, es liege noch kein Rechtspflichtenverstoß vor. Manchmal schreiben Rechtsschutzversicherer den Anwalt an und fragen, ob sich der Arbeitgeber geweigert habe, ein Zwischenzeugnis auszustellen. In derartigen Fällen empfiehlt sich, dem Rechtsschutzversicherer zu antworten, dass spätestens über die Klageschrift der Arbeitgeber von dem Begehren des Arbeitnehmers, ein Zwischenzeugnis zu erhalten, Kenntnis erlangt hat. Wird dann nicht innerhalb von 14 Tagen, die man als Bearbeitungszeit dem Arbeitgeber einräumen muss, ein Zeugnis ausgefertigt, befindet sich der Arbeitgeber mit der Verpflichtung zur Zeugniserteilung gem. § 286 BGB in Verzug. Damit liegt ein Rechtspflichtenverstoß nach § 14 Abs. 3 ARB vor und der Rechtsschutzversicherer kann sich nicht mehr auf den Einwand der Obliegenheitsverletzung gem. § 15 Abs. 1 ARB 75 berufen.

263 Der Einwand mancher Rechtsschutzversicherer, dass der geltend gemachte Anspruch auf ein Endzeugnis im Rahmen einer Kündigungsschutzklage widersprüchlich sei und damit eine Obliegenheitsverletzung darstelle, muss vom Anwalt nicht akzeptiert werden. Zwar erscheint es auf den ersten Blick widersprüchlich, wenn der Arbeitnehmer die Unwirksamkeit der Kündigung geltend macht und gleichzeitig ein Endzeugnis verlangt. Das BAG hat jedoch klargestellt, dass der Arbeitnehmer auch dann Anspruch auf ein Endzeugnis hat, wenn er Kündigungsschutzklage erhoben hat und noch nicht feststeht, ob das Arbeitsverhältnis tatsächlich beendet ist.[368] Ob man fordern kann,

366 LAG Köln, Beschl. v. 08.09.1998, MDR 1999, 102 = LAGE § 12 ArbGG 1979 Nr. 115; LAG Thüringen, Beschl. v. 03.06.1996, LAGE § 12 ArbGG 1979, Streitwert Nr. 106.

367 Siehe z.B. den Textbaustein Kündigungsschutzklage bei *Hümmerich*, AnwaltFormulare Arbeitsrecht, Muster 3300 (Anträge Nr. 3 und 5).

368 BAG, Urt. v. 27.02.1987, EzA § 630 BGB Nr. 11.

dass der Zeugnisanspruch generell außerhalb der Kündigungsschutzklage verfolgt wird,[369] erscheint zweifelhaft.

Wird das Zeugnis trotz Fälligkeit nicht erteilt, liegt darin ein weiter adäquat kausaler Rechtsverstoß gegen § 14 Abs. 3 ARB. Fällig ist der Anspruch auf Erteilung eines Zeugnisses spätestens mit Ablauf der Kündigungsfrist, auch wenn in einem Kündigungsschutzprozess über die Wirksamkeit der Kündigung gestritten wird.[370] Nach verbreiteter Auffassung in der Literatur wird das Zeugnis sogar bereits eine angemessene Zeit vor der Beendigung fällig.[371] 264

6. Obliegenheitsverletzung durch Klagehäufung beim Abmahnungsprozess

Der Arbeitnehmer kann, er muss aber nicht gegen unberechtigte Abmahnungen gerichtlich vorgehen.[372] Das BAG vertritt bekanntlich die Auffassung, dass bei **mehrgliedrigen Abmahnungen die gesamte Abmahnung rechtsunwirksam** ist, wenn sich nur ein Teil der Vorwürfe als unzutreffend herausgestellt hat.[373] Diese Rechtsprechung hat die fatale Folge, dass Arbeitgeber dazu übergehen, nur noch einzelne Pflichtwidrigkeiten zum Gegenstand von Abmahnungen zu machen. Damit ist der Arbeitnehmer häufig einer größeren Zahl von Einzelabmahnungen ausgesetzt als in der Vergangenheit. Zwei Fragenkreise entstehen damit unter rechtsschutzversicherungsrechtlichen Gesichtspunkten: Muss der Arbeitnehmer mehrere Einzelabmahnungen, die in einem zeitlichen Zusammenhang ausgesprochen werden, in einer Klage geltend machen? Die zweite Frage lautet, ob bei erhobener Kündigungsschutzklage ein Anspruch besteht, isolierte Klageanträge gegen einzelne Abmahnungen im Wege der Klageerweiterung geltend zu machen. In beiden Fällen tendieren die Rechtsschutzversicherer unter Kostengesichtspunkten dazu, die Rechtsverteidigungsstrategie des Anwalts einzugrenzen. 265

Eine allgemein gültige Antwort auf beide Fragen kann es nicht geben. Es hängt vom Einzelfall ab, ob es sich empfiehlt, einzelne, offensichtlich rechtswidrige Abmahnungen in einzelnen Rechtsstreitigkeiten zu verfolgen, um frühzeitig Urteile zu erhalten, über die die Abmahnungen aus der Personalakte entfernt werden. Je früher der Versicherungsnehmer bei einer solchen Fallgestaltung ein obsiegendes Urteil erhält, um so hilfreicher können derartige Urteile in unabhängig von der Kündigungsschutzklage angestrengten Verfahren sein. So scheiden für den Arbeitgeber in diesem Falle einzelne Abmahnungen als unterstützende Kündigungsgründe oder als zu berücksichtigende Aspekte im Rahmen einer Gesamtinteressenabwägung aus. Es kann sich umgekehrt, wenn die Sachverhalte nahe bei Geschehnissen angesiedelt sind, die mit der Kündigung in Zusammenhang stehen, anbieten, die Abmahnungen durch Klageerweiterung im Kündigungsrechtsstreit zu bekämpfen, weil beispielsweise ohnehin eine Beweisaufnahme mit den für die Kündigung und die Abmahnungen in Frage kommenden, gleichen Zeugen zu einer rascheren Klärung der Anspruchslagen führt. Ob durch die eine oder andere Maßnahme seitens des Anwalts eine Obliegenheitsverletzung vorliegt, ist deshalb eine Frage des Einzelfalles. 266

7. Streitwertaddition bei der Einigung

Über § 14 Abs. 2 ARB 75 wird jede Art außergerichtlicher Tätigkeit in dem Umfang gedeckt, in dem sie durch den Eintritt eines Versicherungsfalls notwendig wird. Die außergerichtliche Interessenwahrnehmung ist deshalb von ihrem Beginn an bis zum Ende gedeckt.[374] Entschließt sich ein Arbeitnehmer im Rahmen von außergerichtlichen oder gerichtlichen Verhandlungen über die Wirksamkeit 267

369 *Fischer*, FA 1999, 180.
370 BAG, Urt. v. 27.02.1987, AP Nr. 156 zu § 630 BGB.
371 MüKo-BGB/*Schwendtner*, § 630 Rn 22; Staudinger/*Preis*, § 630 Rn 12; *Schaub*, Arbeitsrechts-Handbuch, § 146 I 4.
372 BAG, Urt. v. 27.11.1985, EzA § 611 BGB Fürsorgepflicht Nr. 38; siehe auch § 10 Rn 316 ff., 319.
373 BAG, Urt. v. 13.04.1991, EzA § 611 BGB Abmahnung Nr. 20.
374 *Harbauer*, Vorb. § 21 ARB 75 Rn 97.

einer Kündigung im Vergleichswege zu einer globalen Bereinigung der Rechtsbeziehungen mit dem Arbeitgeber, ist die vergleichsweise Regelung eine Folge des Rechtsverstoßes des Arbeitgebers, so dass die Rechtsschutzgewährung sich auch auf den Mehrwert des Vergleichs erstreckt.[375] Der Rechtsschutzversicherer kann sich nicht auf die Einschränkung in § 2 Abs. 3a ARB 75 berufen. Im Zusammenhang mit der außergerichtlichen Erledigung ist nämlich zu berücksichtigen, dass dem Rechtsschutzversicherer nur dann diese Vorschrift zur Seite steht, wenn bereits ein materiell-rechtlicher Kostenerstattungsanspruch des Versicherungsnehmers, beispielsweise aus Verzug oder unerlaubter Handlung des Gegners, bestanden hat. Soweit ein solcher Erstattungsanspruch noch nicht vorliegt, kann der Gegner nicht wie im Prozess zur Übernahme einer dem Umfang seines Nachgebens bzw. Unterliegens entsprechenden Kostenquote im Vergleich gezwungen werden.[376]

268 Weil der Vergleich, außergerichtlich wie gerichtlich, keine Kostenregelung nach § 12a ArbGG enthält, schließlich hat jede Partei ihre eigenen Kosten zu tragen, sind somit auch keine Kosten des Gegners zu ersetzen. Der manchmal in Antwortschreiben von Rechtsschutzversicherern zu lesende Einwand, der Mehrwert des Vergleichs aus der globalen Bereinigung von Rechtsbeziehungen sei nicht versichert, weil die anwaltlichen Gebühren insoweit nicht der materiellen Rechtslage entsprächen, liegt daher neben der Sache.[377] Den Rechtsschutzversicherern kann mit dem AG Elmshorn[378] entgegnet werden, dass die Miterledigung von Angelegenheiten aus der Arbeitsrechtsbeziehung, die zu einer globalen Bereinigung der Rechtsbeziehungen führen, keine Pflichtverletzung darstellt, die kausal einen Schaden verursacht hat, da die Rechtsschutzversicherung für die betreffenden, kostenauslösenden Maßnahmen jedenfalls im Regelfalle Kostendeckung ohnehin hätte gewähren müssen.

269 Nach Auffassung des AG Köln[379] sind streitwerterhöhend auch die Regelstreitwerte für die innerhalb des Auflösungsvertrages mitverglichenen Ansprüche zu berücksichtigen. Anders als Rechtsschutzversicherer häufig behaupten, sind diese Ansprüche sehr wohl streitig in dem Sinne, als dass alle Teile des geschlossenen Vergleichs als Kompensation für den Verzicht des Versicherten auf die Erhebung einer Kündigungsschutzklage anzusehen sind.

270 Es kann zwar sein, dass die in einer Abfindungsvereinbarung seitens des Arbeitgebers zu erbringenden festgeschriebenen Leistungen zwischen den Parteien bei Fortgang des Verfahrens nicht alle streitig geworden wären. Allein die nicht abwegige Möglichkeit eines Streitigwerdens solcher Fragen ist jedoch in der Regel für einen um Aufhebung verhandelnden Arbeitnehmer Grund genug, eine Auflösungsvereinbarung nur dann zu akzeptieren und auf die Weiter- oder Durchführung eines Kündigungsschutzverfahrens zu verzichten, wenn alle denkbaren möglichen Streitfragen einvernehmlich geregelt werden. Stellt die einvernehmliche Regelung aller Abwicklungsfragen rund um das Arbeitsverhältnis insgesamt die Gegenleistung für den seitens des Versicherten erklärten Verzicht auf die Erhebung der Kündigungsschutzklage dar, so bilden die einzelnen vereinbarten Leistungen eine auf einander bezogene Einheit und sind als Gesamtheit streitwerterhöhend zu berücksichtigen.[380] Es wäre daher lebensfremd anzunehmen, einzelne Leistungen einer in diesem Sinne einheitlichen Regelung seien mit dem Rechtsschutzversicherer, andere hingegen zwischen Anwalt und Mandant unmittelbar abzurechnen.[381]

271 Da es die Vergleichsgebühr mit den Anforderungen eines wechselseitigen Nachgebens nach § 779 BGB im seit dem 01.07.2004 geltenden anwaltlichen Gebührenrecht nicht mehr gibt, an die Stelle der Vergleichsgebühr die Einigungsgebühr gem. Nr. 1000 VV RVG getreten ist, bleibt abzuwarten,

375 LG Hannover, Urt. v. 23.04.1986, NJW 1987, 1337; ebenso: AG Köln, Urt. v. 05.07.2001, AnwBl 2002, 184; LG Bonn, Urt. v. 14.01.1998 – 5 S 159/97 – (n. v.); LAG Hannover, r + s 1997, 202 f.

376 Dazu *Harbauer*, § 2 ARB 75 Rn 7a.

377 So auch LG Hannover, Urt. v. 23.04.1986, NJW 1987, 1337.

378 AG Elmshorn, Urt. v. 14.06.1996, zfs 1997, 150.

379 Urt. v. 05.07.2001, AnwBl 2002, 184.

380 LG Bonn, Urt. v. 14.01.1998 – 5 S 159/97, – 5 f. – (n. v.).

381 Ebenso LAG Hannover, r+s 1997, 202 f.; *Harbauer*, § 2 Rn 166 ff.

wie sich die Rechtsschutzversicherer auf diese Rechtsänderung einstellen. Die Anforderungen an eine Einigung sind durch die Definition im Vergütungsverzeichnis verändert worden. Die Gebühr entsteht für die Mitwirkung beim Abschluss eines Vertrags, durch den der Streit oder die Ungewissheit der Parteien über ein Rechtsverhältnis beseitigt wird, es sei denn, es handelt sich um einen bloßen Anerkenntnis- oder Verzichtsvergleich. Gerade die Fälle, in denen eine Kündigung vom Arbeitgeber im Rechtsstreit zurückgenommen oder für hinfällig erklärt wird, müssen von den Rechtsschutzversicherern künftig als ausreichend angesehen werden, eine Einigungsgebühr auszukehren. In denjenigen Fällen, in denen die Parteien sogar einen Vergleich geschlossen haben, kann künftig nicht mehr streitig sein, dass die Einigungsgebühr ausgelöst wurde.

8. Mitwirkung des Anwalts an Streitwert- und Kostenentscheidungen im Auftrag der Rechtsschutzversicherung

Gelegentlich wenden Rechtsschutzversicherer ein, der Anwalt hätte von sich aus gegen einen Streitwertbeschluss des Gerichts Rechtsmittel einlegen müssen. Nach § 15 Abs. 1 lit. e ARB 75, der in den ARB 94 nicht mehr enthalten ist, hat der Versicherungsnehmer lediglich die Obliegenheit, unverzüglich alle ihm zugegangenen Kostenrechnungen von Rechtsanwälten, Sachverständigen und Gerichten vorzulegen. Nach § 15 Abs. 1 lit. d cc ARB 75 (ARB 94 § 17 V lit. c cc) hat der Versicherungsnehmer alles zu vermeiden, was eine unnötige Erhöhung der Kosten oder eine Erschwerung ihrer Erstattung durch die Gegenseite verursachen könnte. Aus beiden Regelungen kann keine Verpflichtung des Versicherungsnehmers oder seines Anwalts entnommen werden, die Rechtskraft von Streitwert oder Kostenbeschlüssen zu verhindern.[382] Die Initiative zur Einlegung von Rechtsbehelfen gegen derartige Beschlüsse liegt allein beim Rechtsschutzversicherer. 272

Beim Anwalt besteht aufgrund des Anwaltsvertrags die Pflicht, für den Versicherungsnehmer den sichersten, schnellsten und billigsten Weg zu wählen.[383] Soweit ein Mandant rechtsschutzversichert ist, verändert sich diese Verpflichtung aus dem Mandatsverhältnis nicht. Stellt der Rechtsanwalt fest, dass eine Streitwertfestsetzung oder Kostenfestsetzung zu hoch ist, hat er im Interesse des Mandanten stets unabhängig vom Bestehen einer Rechtsschutzversicherung, das Erforderliche zu unternehmen, um eine unbillige Kostenbelastung des Mandanten zu verhindern. Hält der Rechtsanwalt eine Streitwertfestsetzung für korrekt, ist er von sich aus nicht veranlasst, einen Rechtsbehelf einzulegen. Ob er verpflichtet ist, auf Weisung der Rechtsschutzversicherung Rechtsmittel einzulegen, mag dahinstehen. Erfahrene Anwälte bieten Rechtsschutzversicherungen in Zweifelsfällen an, gegen entsprechende Gebühr für den Rechtsschutzversicherer eine Streitwertbeschwerde einzulegen. Daneben kann die Rechtsschutzversicherung nach § 62 VVG den Versicherten veranlassen, selbst einen Rechtsbehelf einzulegen oder im Auftrag des Versicherten über einen anderen Anwalt ebenfalls eine Streitwertbeschwerde zu erheben. 273

Aus dem Anwaltsvertrag mit dem Mandanten folgt, dass die qualifizierte arbeitsrechtliche Mandatsführung stets Vorrang hat vor nur aus Kostenüberlegungen gespeisten Strategien der Rechtsschutzversicherer. 274

382 *Küttner*, NZA 1996, 462.

383 *Küttner*, NZA 1996, 462; *Borgmann/Haug*, Anwaltshaftung, IV, Rn 113 ff.; LG Mannheim Urt. v. 11.04.1997, NZA-RR 1997, 443.

§ 20 Tarif- und Tarifvertragsrecht

Inhalt

A. Bedeutung von Tarifverträgen

Über alle Branchen hinweg werden etwa **80 % aller Arbeitsverhältnisse** von tarifvertraglichen Normen ganz oder teilweise beherrscht, sei es, weil die **Tarifnormen** kraft Tarifgebundenheit oder 1 infolge Allgemeinverbindlichkeit normativ gelten, sei es, weil ihre Anwendbarkeit im Arbeitsvertrag vereinbart ist oder auf betrieblicher Übung beruht. Dabei stehen einerseits die tarifvertraglichen Regelungen, vor allem die tarifvertraglichen Ansprüche (»Tarif«) als **Mindestarbeitsbedingungen** und andererseits die tarifvertraglichen **Ausschlussfristen** als rechtsvernichtende Tatbestände in der Alltagspraxis im Vordergrund.

B. Der Tarifvertrag im System kollektiver Regelungen materieller Arbeitsbedingungen

2 **Arbeitsbedingungen** werden in der Praxis weitgehend in kollektiven Regelungen normiert. Zwar entstehen **Arbeitsverhältnisse** rechtlich auf Grund eines **Arbeitsvertrags**, also eine individuellen Vertrags zwischen dem einzelnen Arbeitnehmer und dem Arbeitgeber (vgl. § 105 GewO, § 611 BGB).[1] Im Arbeitsvertrag können grundsätzlich alle materiellen Arbeitsbedingungen für das einzelne Arbeitsverhältnis vereinbart werden. Indessen genügt in der Praxis das Instrument des Arbeitsvertrags nicht, um Arbeitsbedingungen umfassend und für alle Arbeitnehmer des Betriebs, des Unternehmens, des Konzerns oder gar übergreifend für die Arbeitnehmer einer Branche zu regeln. Vielmehr werden hierzu kollektiv wirkende Regelungen vereinbart oder aufgestellt. Solche Regelungen sind vor allem der **Tarifvertrag**, die **Arbeitsrechtsregelungen der Kirchen**, **Betriebs- und Dienstvereinbarungen** und einseitig vom Arbeitgeber aufgestellte **allgemeine Arbeitsbedingungen**. Ergänzt werden solche ausdrücklich aufgestellten Regelungen häufig durch **betriebliche Übungen**. Alle diese Regelungsinstrumente unterliegen unterschiedlichen rechtlichen Voraussetzungen und zeigen unterschiedliche Rechtsfolgen.

I. Tarifverträge

3 Tarifverträge werden zwischen **tariffähigen Parteien** abgeschlossen, nämlich Gewerkschaften einerseits und dem einzelnen Arbeitgeber sowie Vereinigungen von Arbeitgebern andererseits (§ 2 Abs. 1 TVG). Sie regeln zum einen die **Rechte und Pflichten der Tarifvertragsparteien** aus dem Tarifvertrag (schuldrechtlicher Teil – § 1 Abs. 1 Hs. 1 TVG) und erhalten zum anderen **Rechtsnormen (Tarifnormen)**, die den Inhalt, den Abschluss, die Beendigung von Arbeitsverhältnissen sowie betriebliche und betriebsverfassungsrechtliche Fragen ordnen können (normativer Teil – § 1 Abs. 1 Hs. 2 TVG). Tarifverträge bedürfen der **Schriftform** (§ 1 Abs. 2 TVG). Die Tarifnormen gelten nach näherer Maßgabe des § 4 TVG normativ, d.h. unmittelbar und zwingend infolge Tarifgebundenheit bzw. infolge Allgemeinverbindlicherklärung (§ 5 Abs. 4 TVG). Zudem kann die Anwendbarkeit von Tarifnormen im Arbeitsvertrag vereinbart werden oder auf betrieblicher Übung beruhen.

II. Kirchliche Arbeitsrechtsregelungen

4 Die katholische und die evangelischen Kirchen in Deutschland setzen Arbeitsbedingungen auf dem **»Dritten Weg«.**[2] Er ist dadurch gekennzeichnet, dass auf Grund kirchlicher Gesetze unabhängige, paritätisch von Arbeitgebern und Arbeitnehmern besetzte Kommissionen Arbeitsrechtsregelungen schaffen. Lediglich die nordelbische evangelische Kirche und die evangelische Kirche in Berlin/Brandenburg haben Tarifverträge unter gleichzeitigem Verzicht der Gewerkschaft auf Arbeitskampf abgeschlossen. Die kirchlichen Arbeitsrechtsregelungen lehnen sich weitgehend an die Tarifregelungen des säkularen öffentlichen Dienstes an, sie sind aber keine Tarifverträge.[3] Diese **kirchlichen Arbeitsrechtsregelungen** werden »Dienstvertragsordnungen« oder »Arbeitsvertragsrichtlinien (AVR)«, aber auch »BAT-KF« (»Bundes-Angestelltentarifvertrag – kirchliche Fassung«)

1 Schliemann/*Schliemann*, § 611 Rn 363.

2 *Richardi*, Arbeitsrecht in der Kirche , S. 197 ff.

3 St. Rspr., statt vieler BAG, Urt. v. 11.06.1997, AP Nr. 1 zu § 19 AVR Caritasverband.

genannt.[4] Um die Arbeitsrechtsregelungen in ihrer jeweils gültigen Fassung für das Arbeitsverhältnis anwendbar zu machen, ist eine entsprechende **Vereinbarung im Arbeitsvertrag** erforderlich.[5] Allerdings beginnen einzelne evangelische Kirchen in ihren Regelungen die normative Geltung derart beschlossener Arbeitsrechtsregelungen kirchenrechtlich vorzusehen.[6]

III. Betriebsvereinbarungen

Arbeitsbedingungen können auch in Betriebsvereinbarungen geregelt sein. Der Begriff der Betriebsvereinbarung ist im Gesetz nicht definiert; das Betriebsverfassungsgesetz enthält in § 77 Abs. 2 bis 6 nur wenige Bestimmungen über die Betriebsvereinbarung.[7] Ähnlich dem Tarifvertrag ist auch eine **Betriebsvereinbarung** ein **Normenvertrag,** d.h. sie regelt zum einen das **Verhältnis** zwischen **Betriebsrat** (bzw. Gesamt- und Konzernbetriebsrat) und **Arbeitgeber** (schuldrechtlicher Teil) und enthält zum anderen **Normen zur Regelung der** ihrem Geltungsbereich unterworfenen **Arbeitsverhältnisse**. 5

Eine **Betriebsvereinbarung** bedarf der **Schriftform** (§ 77 Abs. 2 Satz 1 und 2 BetrVG).[8] Dadurch unterscheidet sie sich von der **formlosen Regelungsabrede**, die auch Regelungsabsprache, Betriebsabsprache oder ähnlich genannt wird.[9] 6

Die **Normen** einer förmlichen Betriebsvereinbarung **gelten unmittelbar und zwingend** für alle Arbeitsverhältnisse, die dem Geltungsbereich der Betriebsvereinbarung unterworfen sind (§ 77 Abs. 4 BetrVG). Unmittelbare Geltung bedeutet, dass es auf den Willen und die Kenntnis der Arbeitsvertragsparteien über die Betriebsvereinbarung nicht ankommt.[10] Eine lediglich **formlose Regelungsabrede** oder eine zwar schriftlich niedergelegte, aber nicht von Betriebsrat und Arbeitgeber unterzeichnete Regelung oder Richtlinie hat solche **unmittelbare Geltung nicht**.[11] 7

Innerhalb ihres **betrieblichen, persönlichen und zeitlichen Geltungsbereichs** erfasst die (förmliche) **Betriebsvereinbarung** kraft ihrer zwingenden Geltung **alle Arbeitsverhältnisse** ohne Rücksicht auf die Tarifgebundenheit der Arbeitnehmer oder des Arbeitgebers. Ähnlich wie bei Tarifverträgen verdrängt die **nachfolgende Betriebsvereinbarung** die vorangehende nach dem **Ablöse- oder Ordnungsprinzip**. Im Verhältnis zu günstigeren einzelvertraglichen oder auf Allgemeinzusagen (nicht Betriebsvereinbarung) beruhenden günstigeren (allgemeinen) Arbeitsbedingungen müssen **ablösende Betriebsvereinbarungen** jedoch den Anforderungen des **Günstigkeitsprinzips** genügen, wie es von der Rechtsprechung des BAG entwickelt worden ist.[12] 8

Die **Betriebsvereinbarung verdrängt** für die Dauer ihrer Existenz **einzelvertragliche Regelungen**, die für den Arbeitnehmer ungünstiger sind. Dabei wird, soweit es nicht um Sozialleistungen geht, die bestehende vertragliche Regelung lediglich für die Wirkungsdauer der Betriebsvereinbarung verdrängt; sie bleibt latent bestehen und lebt wieder auf, wenn die Betriebsvereinbarung keine Wirkung mehr hat.[13] Anders verhält es sich dagegen bei arbeitsvertraglichen Einheitsregelungen oder Gesamtzusagen. Deren Ablösung ist zulässig, wenn es sich im Wege des kollektiven Günstigkeitsvergleichs zeigt, dass lediglich eine Umstrukturierung der Leistungen vorgenommen worden ist, insgesamt aber keine Verschlechterung für die Arbeitnehmer eintritt.[14] Sind dagegen **einzelvertragliche Vereinbarungen** getroffen worden, in denen auf die **Geltung der Betriebsvereinbarung** 9

4 Vgl. ausführlich Schliemann/*Gehring/Thiele*, § 630 Anh. »Kirchenarbeitsrecht« Rn 77 ff., 161 ff.
5 St. Rspr., statt vieler: BAG, Urt. v. 20.03.2002, AP Nr. 53 zu Art. 140 GG = NZA 2002, 1402.
6 Vgl. § 3 ARRG der ev. Kirche von Westfalen – KABl Westfalen 2000, 51 ff.
7 *Richardi*, § 77 BetrVG Rn 20, 21.
8 BAG, Urt. v. 21.08.1990, AP Nr. 19 zu § 6 BetrVG 1972.
9 *Fitting u.a.*, § 77 BetrVG Rn 11.
10 BAG (GS), Beschl. v. 16.09.1986, BAGE, 53, 42 = NZA 1987, 168.
11 BAG (GS), Beschl. v. 29.11.1967, AP Nr. 13 zu Art. 9 GG.
12 BAG (GS), Beschl. v. 16.09.1986, BAGE, 53, 42 = NZA 1987, 168.
13 BAG, Urt. v. 28.03.2000, AP Nr. 83 zu § 77 BetrVG 1972.
14 BAG (GS), Beschl. v. 16.09.1986, BAGE 53, 42 = NZA 1987, 168.

in jeweils gültiger Fassung verwiesen worden ist, so stehen auch einzelvertragliche Vereinbarungen einer späteren Änderung durch Betriebsvereinbarung offen.[15] Umgekehrt können Arbeitnehmer **einzelvertraglich** gegenüber den Regelungen einer Betriebsvereinbarung **günstiger gestellt** werden; als allgemeiner Grundsatz gilt das **Günstigkeitsprinzip** auch für das Verhältnis von Inhaltsnormen einer Betriebsvereinbarung zu günstigeren einzelvertraglichen Abreden.[16] Eine **Betriebsvereinbarung** ist allerdings wegen des **Tarifvorbehalts** des § 77 Abs. 3 BetrVG **wirkungslos**, wenn die Arbeitsbedingungen in einem **Tarifvertrag geregelt sind** oder üblicherweise geregelt werden,[17] es sei denn, dass der Tarifvertrag eine betriebliche Regelung als Tarifordnungsklausel ausdrücklich zulässt.[18] So ist eine **Betriebsvereinbarung**, mit der ausschließlich die Erhöhung der tariflichen Vergütung und Weihnachtsgratifikation geregelt werden, wegen Verstoßes gegen § 77 Abs. 3 BetrVG nichtig, wenn eben die Höhe dieser Bezüge regelnde tarifvertragliche Normen unmittelbar und zwingend anzuwenden oder üblich sind; dies gilt auch dann, wenn der **Arbeitgeber nicht tarifgebunden** ist, aber in den Geltungsbereich der Tarifregelung fällt.[19]

10 Die **Nichtigkeit der Betriebsvereinbarung** hat gegenüber den Arbeitnehmern zu Folge, dass ihre Normen nicht unmittelbar und zwingend gelten können. Will der Arbeitgeber den Regelungsinhalt einer Betriebsvereinbarung ohne normative Geltung in die Arbeitsverhältnisse einführen, d.h. will er die Normen der Betriebsvereinbarung anwenden, so kann er dies durch eine ausdrückliche einvernehmliche Änderung der Arbeitsverträge herbeiführen.[20] Ggf. kann die in der Betriebsvereinbarung enthaltene Erklärung des Arbeitgebers sogar als ein **entsprechendes Vertragsangebot** des Arbeitgebers verstanden werden, welches die Arbeitnehmer ohne ausdrückliche Erklärung annehmen können.[21] Verfolgt eine **arbeitsvertragliche Einheitsregelung** das Ziel, kraft beiderseitiger Tarifgebundenheit oder der Allgemeinverbindlicherklärung **normativ geltende Tarifbedingungen zu verdrängen**, so kann dies die kollektive Koalitionsfreiheit verletzen und zu einem entsprechenden **Unterlassungsanspruch der Gewerkschaft** gegen den Arbeitgeber führen.[22]

IV. Allgemeine Arbeitsbedingungen

11 Allgemeine Arbeitsbedingungen können den Inhalt des Arbeitsvertrages ebenfalls bestimmen. Hierunter sind solche Rechtsbedingungen zu verstehen, die ihre **Rechtsgrundlage** nicht in einem Kollektivvertrag haben, also weder in einem Tarifvertrag noch in einer Betriebsvereinbarung, sondern die in Ausübung seines Direktions- und Organisationsrechts **einseitig vom Arbeitgeber** geschaffen worden sind. Als allgemeine Arbeitsbedingungen enthalten sie in der Regel einheitliche Regelungen für die gesamte Belegschaft eines Betriebes, zum Teil auch für alle Betriebe eines Unternehmens oder Konzerns, ggf. aber auch nur für einzelne Arbeitnehmergruppen. In solchen allgemeinen Arbeitsbedingungen wird ein allgemeiner Bedingungs- oder Leistungsplan aufgestellt, der die den einzelnen Arbeitnehmern zukommenden Bedingungen und/oder Leistungen untereinander in Bezug setzt und dadurch eine einheitliche Ordnung innerhalb des Betriebes begründet.[23] Andere sehen allgemeine Arbeitsbedingungen als **vom Arbeitgeber aufgestellte Normen** für die inhaltliche Gestaltung der betrieblichen Arbeitsverhältnisse an.[24] Die einseitige »Normsetzung« durch den Arbeitgeber kann inhaltlich der Normsetzung in einem Tarifvertrag oder einer Betriebsvereinbarung entsprechen; sie hat indessen keine normative Wirkung, weil es an einer entsprechenden gesetzlichen Anordnung (§ 4 Abs. 1 TVG, § 77 Abs. 4 BetrVG) mangelt.

15 *Richardi*, NZA 1990, 331, 333.
16 Schliemann/*Schliemann*, § 611 Rn 152–155, 526.
17 BAG, Beschl. v. 20.04.1999, AP Nr. 89 zu Art. 9 GG.
18 BAG, Urt. v. 20.04.1999, AP Nr. 12 zu § 77 BetrVG 1972 Tarifvorbehalt.
19 BAG, Urt. v. 24.01.1996, AP Nr. 8 zu § 77 BetrVG 1972 Tarifvorbehalt.
20 BAG, Beschl. v. 20.04.1999, AP Nr. 89 zu Art. 9 GG.
21 BAG, Urt. v. 24.01.1996, AP Nr. 8 zu § 77 BetrVG 1972 Tarifvorbehalt.
22 BAG, Beschl. v. 20.04.1999, AP Nr. 89 zu Art. 9 GG.
23 *Hilger/Stumpf*, in: FS G. Müller 1981, S. 209 f.; zust. *Pfarr*, BB 1983, 2001.
24 *Säcker*, Gruppenautonomie und Übermachtkontrolle im Arbeitsrecht, 1972, S. 81.

12 Die **Wirkung** allgemeiner Arbeitsbedingungen **auf Arbeitsverträge** wird dadurch erzeugt, dass diese bereits Bedingungen zum Inhalt des Arbeitsvertrages, z.B. in Form einer Verweisung, gemacht werden (vgl. §§ 305 ff., 310 Abs. 4 Satz 2 BGB n.F.). Sie können auch formlos und damit sogar konkludent zum Inhalt des Arbeitsvertrages werden. Es ist schließlich auch daran zu denken, dass sie – ähnlich der betrieblichen Übung – unter dem Gesichtspunkt des Vertrauensschutzes Bestandteil der Arbeitsverträge werden.[25]

13 Gegenüber zwingend und unmittelbar geltenden Tarifnormen wie auch gegenüber normativ geltenden Bestimmungen einer Betriebsvereinbarung sind **allgemeine Arbeitsbedingungen nachrangig**. Bedingungen in allgemeinen Arbeitsbedingungen werden durch zwingend und mittelbar geltende Normen des Tarifvertrages bzw. der Betriebsvereinbarung verdrängt, es sei denn, dass die Bestimmungen in den allgemeinen Arbeitsbedingungen den Arbeitnehmer demgegenüber günstiger stellen.

V. Betriebliche Übung

14 **Arbeitsbedingungen** können auch durch **betriebliche Übungen** gestaltet werden. Als betriebliche Übung ist die **regelmäßige Wiederholung bestimmter Verhaltensweisen** des Arbeitgebers zu verstehen, aus denen die Arbeitnehmer schließen können, ihnen solle eine **Leistung** oder eine **Vergünstigung auf Dauer** gewährt werden. Gegenstand der betrieblichen Übung kann jede **Vergünstigung** sein, die der Arbeitnehmer vom Arbeitgeber in einem Arbeitsverhältnis erfährt.[26] Aus dem andauernden Verhalten des Arbeitgebers, das als seine (wiederholten) Willenserklärungen zu werten ist, die von den Arbeitnehmern stillschweigend (§ 151 BGB) angenommen worden sind, erwachsen **vertragliche Ansprüche** auf die üblich gewordene Leistung oder Vergünstigung. Dabei kommt es auf einen **Verpflichtungswillen des Arbeitgebers** nicht an. Ob sich der Arbeitgeber binden wollte oder nicht, ist danach zu beurteilen, inwieweit Arbeitnehmer dies aus dem Erklärungsverhalten des Arbeitnehmers unter Berücksichtung **von Treu und Glauben** (§ 242 BGB) sowie aller Umstände des Einzelfalls gem.§§ 133, 157 BGB schließen dürfen.[27]

15 Auf das **Bestehen** einer betrieblichen Übung darf **nicht vorschnell** geschlossen werden. Die bloße Wiederholung eines den Arbeitnehmern günstigen Verhaltens des Arbeitgebers für sich allein genügt nicht, um eine betriebliche Übung annehmen zu dürfen. Vielmehr kommt es auf die Umstände des Einzelfalles an. Ist der Arbeitgeber z.B. auf Grund Betriebsvereinbarung zu einer **jährlichen Gehaltsüberprüfung** verpflichtet, so lassen sogar mehrfache Gehaltserhöhungen nach denselben Kriterien regelmäßig **keine betriebliche Übung** entstehen, die den Arbeitgeber zu weiteren jährlichen Gehaltserhöhungen verpflichtet.[28] Auf einer betrieblichen Übung kann auch die Anwendung von Tarifverträgen beruhen.[29] Indessen kann bei einem **nicht tarifgebundenen Arbeitgeber** eine betriebliche Übung, Löhne und Gehälter entsprechend dem Tarifvertrag in einem bestimmten Tarifgebiet zu erhöhen, nur angenommen werden, wenn es deutliche Anhaltspunkte im Verhalten des Arbeitgebers dafür gibt, dass er auf Dauer die von den Tarifvertragsparteien ausgehandelten Tariflohnerhöhungen übernehmen will. Denn ein nicht tarifgebundener Arbeitgeber will sich grundsätzlich nicht für die Zukunft der Regelungsmacht der Verbände unterwerfen. Das ist der Sinn, weshalb er dem tarifschließenden Arbeitgeberverband nicht beigetreten ist oder einen Tarifvertrag nicht abgeschlossen hat. Das Fehlen der **Tarifgebundenheit** verdeutlicht den Willen des Arbeitgebers, die Erhöhung der Löhne und Gehälter künftig nicht ohne eigene Prüfung entsprechend der Tarifentwicklung vorzunehmen. Mit einer in Anlehnung an eine Tariflohnerhöhung erfolgte freiwillige Lohnsteigerung entsteht lediglich ein Anspruch des Arbeitnehmers auf Fortzahlung

25 Vgl. MünchArbR/*Richardi*, § 12 Rn 15 f.
26 Vgl. die umfangreichen Entscheidungssammlungen in AP bzw. EzA unter § 242 BGB Betriebliche Übung.
27 St. Rspr., statt vieler: BAG, Urt. v. 21.01.1997, AP Nr. 64 zu § 77 BetrVG 1972; BAG, Urt. v. 12.01.1994, AP Nr. 43 zu § 242 BGB Betriebliche Übung.
28 BAG, Urt. v. 16.09.1998, AP Nr. 54 zu § 242 BGB Betriebliche Übung.
29 BAG, Urt. v. 19.01.1999, AP Nr. 9 zu § 1 TVG Bezugnahme.

dieses erhöhten Lohnes, nicht aber zugleich eine Verpflichtung des Arbeitgebers, auch künftig Tariflohnerhöhungen weiterzugeben.[30]

C. Grundlage des Tarifvertrags

16 Der Tarifvertrag ist ein **privatautonomer Kollektivvertrag**. Der Verfassungsgeber hat über die Grundlage der Privatautonomie (Art. 2 GG) und die allgemeine Vereinigungsfreiheit der Deutschen (Art. 9 Abs. 1 GG) hinaus eine besondere **Koalitionsfreiheit** als Jedermann-Recht und – darauf fußend – die **Tarifautonomie** in Art. 9 Abs. 3 GG geregelt. Unter Tarifautonomie ist die Befugnis der Arbeitgeber und Arbeitgeberverbände einerseits und der Gewerkschaften andererseits zu verstehen, durch privatrechtlichen Vertrag die Arbeits- und Wirtschaftsbedingungen für ihre Mitglieder im Wege vertraglicher Normsetzung zu regeln. Den Tarifvertragsparteien ist eine Regelungszuständigkeit verliehen, kraft derer sie Abschluss, Inhalt und Beendigung von Arbeitsverhältnissen, aber auch betriebliche und betriebsverfassungsrechtliche Fragen ordnen können (§ 1 Abs. 1 TVG). Insoweit ist die Tarifautonomie vom Staat nicht als vorstaatliche Regelungsbefugnis verstanden, sondern vom Verfassungsgeber in Art. 9 Abs. 3 GG und vorm Gesetzgeber im TVG gewährt worden. Art. 9 Abs. 3 GG enthält nicht nur eine **Bestandsgarantie** der Berufsverbände oder sonstiger Verbände zur Förderung der Wirtschaft und Arbeitsbedingungen, sondern zudem eine **Betätigungsgarantie** im Innenverhältnis wie im Außenverhältnis. Sie umfasst das Recht auf zweckmäßige Ausgestaltung der eigenen Satzung und auf Freiheit zu unbeeinflusster interner Willensbildung (Organisationsfreiheit).[31]

17 Allerdings spricht das Grundgesetz dabei weder ausdrücklich von Tarifautonomie, ebenso wenig von den Anforderungen an die Koalitionen zwecks Betätigung im Rahmen ihrer Tarifautonomie. Indessen ist die Koalitionsfreiheit nur sinnvoll, wenn die Rechtsordnung in der Koalition auch die Erreichung ihrer in § 9 Abs. 3 GG genannten Zwecke, nämlich die Arbeits- und Wirtschaftsbedingungen ihrer Mitglieder zu wahren und zu fördern, gewährleistet; dies tut sie nur, wenn sie der Koalition das Recht gibt, diesen Zweck durch spezifisch koalitionsgemäße Betätigung zu verwirklichen.[32]

18 Art. 9 Abs. 3 GG schützt nach seinem Wortlaut den **Einzelnen** in seiner Freiheit, eine Vereinigung zur Wahrung der Arbeits- und Wirtschaftsbedingung zu gründen, ihr beizutreten oder fernzubleiben oder sie zu verlassen, d.h. in seiner **persönlichen Koalitionsfreiheit**. Geschützt ist – darauf aufbauend – aber auch die Koalition selbst in ihrem Bestand, ihrer organisatorischen Ausgestaltung und ihren Betätigungen, sofern diese der Förderung der Arbeits- und Wirtschaftsbedingungen dienen, mithin die **kollektive Koalitionsfreiheit**. Dabei erstreckt sich der Schutz auf alle koalitionsspezifischen Verhaltensweisen und umfasst insbesondere auch die **Tarifautonomie**, die im Zentrum der den Koalitionen eingeräumten Möglichkeiten zur Verfolgung ihrer Zwecke steht. Das Aushandeln von Tarifverträgen ist ein wesentlicher Zweck der Koalitionen. Der Staat enthält sich in diesem Betätigungsfeld grundsätzlich einer Einflussnahme und überlässt die erforderlichen Regelungen der Arbeits- und Wirtschaftsbedingungen zum großen Teil den Koalitionen, die sie autonom durch Vereinbarung treffen. Zu den der Regelungsbefugnis der Koalitionen überlassenen Materien gehören insbesondere das Arbeitsentgelt und die anderen materiellen Arbeitsbedingungen.[33]

19 Die Tarifautonomie des Art. 9 Abs. 3 GG führt indessen nicht zur völligen **Zurückhaltung des Staates** bei der Festlegung von Arbeitsbedingungen. In aller Regel respektiert der Staat zwar den Vorrang der Tarifvertragsparteien vor allem auf dem Gebiet der Löhne und Gehälter. Gelegentlich

30 BAG, Urt. v. 20.06.2001, EzA § 242 BGB Betriebliche Übung Nr. 45; BAG, Urt. v. 16.01.2002, AP Nr. 56 zu § 242 BGB Betriebliche Übung.

31 BVerfG, Urt. v. 01.03.1979, BVerfGE 50, 290, 354.

32 BVerfG, Entsch. v. 06.05.1964, BVerfGE 18, 18, 28.

33 BVerfG, Beschl. v. 27.04.1999, BVerfGE 103, 293 BB I m. zahlr. Nachw.

werden jedoch Gesetze verabschiedet, die einen Eingriff des Staates in die Tarifautonomie darstellen. Ein solcher Eingriff ist allein nicht schon deswegen verfassungswidrig, weil der Gesetzgeber in die Tarifautonomie eingreift. Die Tarifvertragsparteien sind hiervor von Verfassungswegen nicht völlig geschützt. Nach inzwischen gefestigter Rechtsprechung des Bundesverfassungsgerichts räumt die Verfassung den Tarifvertragsparteien eine Normsetzungsprärogative ein, nicht jedoch eine den Staat ausschließende Alleinkompetenz.[34] In jüngster Zeit ist deutlich geworden, dass das Bundesverfassungsgericht den Normsetzungsvorrang der Koalitionen letztlich danach gewichtet, ob ihre jeweilige Ausübung dem Sozialstaatsgebot genügt oder ob der Staat von seinem Recht, Gesetze zu erlassen, aus gesamtpolitischen Gründen Gebrauch machen durfte.[35]

Methodisch werden die Koalitionsfreiheit und die **Tarifautonomie** wesentlich **gestützt durch** das **Tarifvertragsgesetz (TVG)**, vor allem durch die darin normierte **unmittelbare und zwingende Geltung** der Tarifnormen und durch das **tarifvertragliche Günstigkeitsprinzip**. Das TVG ist am 04.04.1949 für das sog. »Vereinigte Wirtschaftsgebiet«, d.h. für die britische und für die amerikanische Besatzungszone, verkündet worden.[36] Diese Rechtslage fand der Verfassungsgeber vor. Das am 24.05.1949 in Kraft getretene Grundgesetz nahm die Tarifvertragsautonomie nicht ausdrücklich in seinen Kanon auf, sondern insoweit nur Art. 9 Abs. 3 GG. Allerdings gilt das zuvor verkündete TVG nach den Art. 123, 125 GG fort. Unter dem Datum vom 25.10.1969 wurde das TVG insgesamt neu gefasst und neu verkündet.[37] Daraus, dass das TVG als vorkonstitutionelles Recht ausdrücklich in das Bundesrecht übernommen worden ist, lässt sich allerdings nicht folgern, dass alle Aspekte des TVG »verfassungsfest« seien.[38] 20

Dies zeigt sich u.a. daran, dass der Gesetzgeber die Regelung von Mindestarbeitsbedingungen nicht nur nach Art. 9 Abs. 3 GG in Verbindung mit den Bestimmungen des TVG den Koalitionen überlassen will, sondern er sich seinerseits auch für diese Zwecke ein gesetzliches Instrument geschaffen hat, nämlich das **Gesetz** über die Festsetzung von **Mindestarbeitsbedingungen.**[39] Von diesem Gesetz hat der Gesetzgeber allerdings bisher keinen Gebrauch gemacht.[40] Auch sonst setzt der Gesetzgeber immer wieder im staatlichen Recht Mindestarbeitsbedingungen wie z.B. für den gesetzlichen Mindesturlaub im Bundesurlaubsgesetz, für die Entgeltfortzahlung infolge krankheitsbedingter Arbeitsunfähigkeit und an den gesetzlichen Feiertagen im Entgeltfortzahlungsgesetz, die Mindestkündigungsfristen in § 622 BGB und anderes mehr. Zum Teil sind solche Bestimmungen allerdings tarifdispositiv gestaltet, sei es, um Verbesserungen zu Gunsten der Arbeitnehmer zu ermöglichen, sei es aber auch, um gelegentlich Abweichungen zu Lasten der Arbeitnehmer zu ermöglichen. 21

D. Funktionen des Tarifvertrags

Angesichts der **Vielfalt der Aufgaben und Funktionen**, die Tarifverträge in einer Marktwirtschaft erfüllen können, ist es kaum möglich, ein erschöpfendes, alle Aspekte umfassendes System darzustellen. Indessen ist Rückbesinnung auf die verschiedenen Funktionen von Tarifverträgen dienlich für das **Verständnis und die Auslegung** des Art. 9 Abs. 3 Satz 1 GG, des TVG und der Tarifverträge. Dagegen bilden die verschiedenen tarifvertraglichen Funktionen keine Legitimationsgrundlage 22

34 BVerfG, Beschl. v. 24.04.1996, BVerfGE 94, 268, 285 = AP Nr. 2 zu § 57a HRG (gesetzliche Befristungsregelungen des HRG in der Relation zu tarifvertraglichen Befristungsregelungen).

35 BVerfG, Beschl. v. 27.04.1999, BVerfGE 100, 271 = AP Nr. 88 zu Art. 9 GG (Lohnabstandsklausel im Arbeitsförderungsrecht).

36 WiGBl 1949, 55, 68.

37 BGBl I, 1223.

38 Vgl. jedoch für die Unabdingbarkeit: BVerfG, Beschl. v. 24.05.1977, BVerfGE 44, 322, 340; Däubler/*Däubler*, TVG, Einl. Rn 99.

39 V. 11.01.1952, BGBl I, 17.

40 Vgl. gleichwohl die umfassende Darstellung von *Andelwski*, Staatliche Mindestarbeitsbedingungen, 2001.

für einzelne Tarifverträge; vor allem sind die Geltung oder Gültigkeit tarifvertraglicher Schutznormen nicht etwa davon abhängig, ob der begünstigte oder berechtigte Arbeitnehmer im Einzelfall schutzbedürftig ist.[41]

I. Schutzfunktion

23 Aus der Sicht der Entwicklung des Tarifvertrages steht die **Schutzfunktion** der Tarifregelung im Vordergrund der Betrachtung. Dabei geht es um den Schutz des einzelnen Arbeitnehmers hinsichtlich seiner Arbeitsbedingungen. Aus rechtlicher Sicht ist die Schutzfunktion des Tarifvertrages nach wie vor unverändert; sie ist verfassungsrechtlich als eine Hauptaufgabe der Tätigkeit der Berufsverbände zur Wahrung und Förderung der Arbeitsbedingungen in Art. 9 Abs. 3 GG festgeschrieben worden.[42] Zuweilen schlägt allerdings die derzeitige politische Bewertung dieser Funktion ins Gegenteil um, nämlich dort, wo »zu hohe« tarifvertragliche Arbeitsbedingungen als »arbeitsplatzvernichtend« verstanden werden. Dem ist grundsätzlich entgegen zu treten. Seine Schutzfunktion übt der Tarifvertrag gerade in Zeiten eines für Arbeitnehmer »schlechten« Arbeitsmarktes aus. Allerdings entbindet dies die Tarifvertragsparteien nicht davon, im Interesse der Schaffung oder auch nur Beibehaltung von Arbeitsplätzen angemessene Arbeitsbedingungen zu vereinbaren, die auch die Wettbewerbsfähigkeit des Arbeitgebers oder der Branche, besonders unter dem Gesichtspunkt des ökonomischen Druckes infolge der Globalisierung, berücksichtigen.

II. Verteilungsfunktion

24 Die zweite wichtige Funktion des Tarifvertrags liegt in der **Verteilungsfunktion**. Sie betrifft zum einen die **innerbetriebliche Lohnverteilung** mit dem Ziel der Lohngerechtigkeit. Innerhalb seines Geltungsbereichs vermag der Tarifvertrag durch Bildung von Entlohnungs- oder Gehaltsgruppen hinsichtlich der Entgeltwertigkeit der verschiedenen Arbeitsleistungen ein Gefüge herzustellen. Insoweit ähnelt diese Funktion der des § 87 Abs. 1 Nr. 10 BetrVG. Zur Verteilungsfunktion von Tarifverträgen gilt aber auch die Einkommensverteilung im Sinne der **Verteilung der Wertschöpfung**. Inwieweit Tarifverträge dieser – im Ansatz allgemein akzeptierten – Funktion unter dem Gesichtspunkt der Verteilungsgerechtigkeit genügen oder nur genügen können, ist in der Theorie höchst umstritten.[43]

III. Ordnungsfunktion

25 Wie jedem Vertrag kommt auch dem Tarifvertrag eine **Ordnungsfunktion** zu, indem die Rechtsbeziehung zwischen den Parteien des Vertrages geregelt werden. Der Tarifvertrag hat jedoch nicht nur eine solche mehr oder weniger bilaterale, schuldrechtliche Ordnungsfunktion, sondern ausdrücklich die Aufgabe, durch die im Tarifvertrag vereinbarten Normen zugleich auch die **arbeitsrechtlichen Beziehungen der Normunterworfenen**, also deren **Arbeitsverhältnisse**, nach Art des Gesetzgebers zu regeln. Die Ordnungsfunktion geht in den Fällen der gemeinsamen Einrichtung von Tarifvertragsparteien aufgrund von Tarifverträgen sogar soweit, dass die Tarifregelungen auch unmittelbar und zwingend für die Satzung dieser Einrichtungen und das Verhältnis der Einrichtung zu tarifgebundenen Arbeitnehmern und Arbeitgebern gelten (§ 4 Abs. 2 TVG). Insgesamt wird dem Tarifvertrag damit eine anspruchsvolle ordnungspolitische Aufgabe übertragen. In der Ordnungsfunktion liegt zugleich die wesentliche ökonomische Legitimation der Tarifverträge, denn ohne Tarifverträge müsste die rechtliche Ordnung sonst für jedes Arbeitsverhältnis auf andere Art und Weise – nicht selten erheblich teurer oder mit größeren Zeitverzögerungen – herbeigeführt werden.

41 Wiedemann/*Wiedemann*, TVG, Einl. Rn 2 m.w.N.
42 Vgl. Wiedemann/*Wiedemann*, TVG, Einl. Rn 4 m.w.N.; *Gamillscheg*, Kollektives Arbeitsrecht, I § 12 S. 496 ff.
43 Vgl. statt vieler Wiedemann/*Wiedemann*, TVG, Einl. Rn 9–12 m.w.N.

IV. Friedensfunktion

Wesentliches Kennzeichen des Tarifvertrages ist zudem seine **Friedensfunktion**. Sie korrespondiert mit seiner Ordnungsfunktion. Historisch gesehen sind die Schutzfunktion und die Friedensfunktion die ältesten Anforderungen an den Tarifvertrag. Zwischen Arbeitgeber und Arbeitnehmer bestehen unleugbar **klassische Interessengegensätze**. Sie müssen ausgeglichen werden. Dies geschieht in aller Regel in intensiven und oft sehr schwierigen Verhandlungen der Tarifpartner, stets vor dem Hintergrund, dass notfalls als ultima ratio ein Arbeitskampf geführt werden kann.[44] Art. 9 Abs. 3 GG schützt als koalitionsmäßige Betätigung auch Arbeitskampfmaßnahmen, die auf den Abschluss von Tarifverträgen gerichtet sind; sie werden jedenfalls insoweit von der Koalitionsfreiheit erfasst, als sie erforderlich sind, um eine funktionierende Tarifautonomie sicherzustellen. Dazu gehört auch der Streik.[45] In Deutschland wird – im Verhältnis zu anderen hochentwickelten Wirtschaftsnationen – nur in äußerst geringem Umfang vom Mittel des Arbeitskampfes Gebrauch gemacht. Statistisch und auf lange Zeit gesehen ist Deutschland das Land, das nach der Schweiz den relativ geringsten Arbeitsausfall infolge von Arbeitskämpfen aufweist. 26

Rechtlich wird die **Friedenspflicht** als dem Abschluss des **Tarifvertrages immanent** angesehen. Sie ist Bestandteil der schuldrechtlichen Hauptpflichten der Tarifvertragsparteien, während der Laufzeiten des Tarifvertrages hinsichtlich der tarifvertraglich geregelten Sachfragen keinen Arbeitskampf (Streik, Aussperrung oder Boykott) anzudrohen oder durchzuführen. Die Tarifvertragsparteien können die gesetzliche Friedenspflicht zudem durch Vereinbarungen erweitern. Allerdings geht die Friedenspflicht nur soweit, wie tarifvertragliche Regelungen getroffen worden sind.[46] Erkennbar abschließende verbandstarifliche Kündigungsschutzbestimmungen stehen beispielsweise während der tarifvertraglichen Laufzeit grundsätzlich der streitweisen Durchsetzung des weitergehenden Kündigungsschutzes entgegen; dies gilt auch für einen Firmentarifvertrag mit einem verbandsangehörigen Arbeitgeber.[47] 27

V. Mindestarbeitsbedingungen, Marktsteuerungsfunktionen

Wirtschaftlich haben Tarifverträge die Funktion, für die tarifunterworfenen Arbeitnehmer **Mindestarbeitsbedingungen** zu schaffen, indem die Tarifnormen **unmittelbar und zwingend** gelten und Vereinbarungen, die dem **Günstigkeitsprinzip** widersprechen, verdrängen. Hierdurch wird im Geltungsbereich des Tarifvertrages zunächst für die Tarifunterworfenen, infolge arbeitsvertraglich vereinbarter Anwendbarkeit der Tarifnormen aber auch weit darüber hinaus, ein für alle gleiches Mindestniveau an materiellen Arbeitsbedingungen geschaffen. Bei einem **Flächentarifvertrag** werden insoweit alle Arbeitgeber erfasst, die tarifgebunden sind und in den Geltungsbereich des Tarifvertrags fallen. Ökonomisch skizziert bildet ein Flächentarifvertrag auf dem Arbeitsmarkt ein Mindestkonditionenkartell. Die demselben Tarifvertrag unterworfenen Wettbewerber unterliegen denselben Mindestarbeitsbedingungen. 28

In jüngster Zeit wird der Tarifvertrag aber auch zur Erreichung anderer als der tradierten Funktionen eingesetzt, nämlich zur **Marktsteuerung** nicht auf dem Arbeitsmarkt, sondern auf dem Güter- und Dienstleistungsmarkt. Dies geschieht, indem der Gesetzgeber die Einhaltung inländischer oder am Einsatzort geltender Tarifkonditionen zur Voraussetzung dafür macht, dass Unternehmen sich überhaupt wirtschaftlich betätigen dürfen oder öffentliche Aufträge erhalten. Solche Regelungen betreffen vor allem das Baugewerbe. Mit dem **Arbeitnehmer-Entsendegesetz** vom 26.02.1996 soll erreicht werden, dass ausländische Arbeitnehmer zu inländischen Tarifbedingungen vergütet werden, mit **Tariftreuegesetzen** soll erreicht werden, dass nur solche Unternehmen öffentliche 29

44 BVerfG, Beschl. v. 26.06.1991, BVerfGE 84, 212, 224.
45 BverfG, Urt. v. 04.07.1995, BVerfGE 92, 365, 393.
46 BAG, Urt. v. 27.06.1989, BAGE 62, 171.
47 BAG, Urt. v. 10.12.2002, AP Nr. 162 zu Art. 9 GG Arbeitskampf = NZA 2003, 734.

(Bau-)Aufträge erhalten, die örtliche Tariflöhne an Arbeitnehmer zahlen.[48] Solche Marktsteuerungsfunktionen außerhalb des Arbeitsmarktes sind den Tarifverträgen selbst nicht zueigen und können daher nicht zu ihren Zwecken gerechnet werden. Der Sache nach wird der Tarifvertrag insoweit instrumentalisiert, als er mit faktischer Kartellwirkung gegenüber nicht tarifgebundenen Wettbewerbern zur Erreichung sozialpolitischer Ziele durch Regelungen auf dem Güter- und Dienstleistungsmarkt eingesetzt wird.

E. Abschluss und Beendigung des Tarifvertrags

30 Da Tarifverträge schuldrechtliche Verträge sind, gelten für das Zustandekommen und die Beendigung zunächst die für alle schuldrechtlichen Verträge geltenden **allgemeinen Regeln** über das Zustandekommen durch Angebot und Annahme und über die Beendigung durch Kündigung, Befristung oder einvernehmliche Aufhebung. Indessen genügen diese einfachen rechtlichen schuldrechtlichen Regelungen nicht, um den Funktionen des Tarifvertrages gerecht zu werden. Das TVG setzt für das **Zustandekommen** von Tarifverträgen ebenso **besondere Regeln** wie für deren **Beendigung** und die Wirkung ihrer Beendigung.

I. Tarifvertragsparteien, Tariffähigkeit, Tarifzuständigkeit

31 § 2 TVG beschreibt den Kreis derer, die rechtlich überhaupt in der Lage sind, Tarifverträge abzuschließen. Das Gesetz zählt auf, wer **Partei eines Tarifvertrages** sein kann, nämlich Gewerkschaften, einzelne Arbeitgeber sowie Vereinigungen von Arbeitgebern (§ 2 Abs. 1 TVG), aber auch Spitzenorganisationen, d.h. Zusammenschlüsse von Gewerkschaften oder von Vereinigungen von Arbeitgebern (§ 2 Abs. 2 TVG). Im Gegensatz zum Arbeitgeber ist der einzelne Arbeitnehmer nicht in der Lage, einen Tarifvertrag abzuschließen. Ihm fehlt die Tariffähigkeit.

32 **Tariffähig** sind alle Verbände, die die Voraussetzungen für eine **Koalition** erfüllen. Koalitionen sind Zusammenschlüsse von Arbeitnehmern oder Arbeitgebern zwecks Wahrung und Förderung ihrer Interessen bei der Gestaltung von Arbeits- und Wirtschaftsbedingungen. Die Umschreibung von Art. 9 Abs. 3 GG knüpft an den Tatbestand der abhängigen Arbeit an, beschränkt die Koalitionsfähigkeit indessen nicht auf diese Art der Betätigung.[49] Für die Tarifverträge folgt daraus, dass nur Vereinigungen von Arbeitnehmern (oder arbeitnehmerähnlichen Personen, vgl. § 12a TVG), der einzelne Arbeitgeber oder Vereinigungen von Arbeitgebern von § 9 Abs. 3 GG erfasst werden, nicht aber sonstige Vereinigungen. Dabei ist die gewollte Gegenspielerstellung der Sozialpartner wesentliche Voraussetzung.[50] Eine Organisation, die ausschließlich im politischen Raum tätig sein soll, ist sie keine Koalition i.S.d. Art. 9 Abs. 3 GG i.V.m. § 2 TVG.[51]

33 Von einer **Koalition** im Sinne dieser Bestimmung kann indessen nur gesprochen werden, wenn sie bestimmte Voraussetzungen erfüllt. Die Vereinigung muss **freiwillig gebildet** sein. **Öffentlich-rechtliche Zwangskorporationen** wie etwa Industrie- und Handelskammern, Handwerkskammern scheiden zwar aus, dagegen sind **Handwerksinnungen** und deren **Innungsverbände** kraft ausdrücklicher gesetzlicher Anordnung (§§ 54 Abs. 3 Nr. 1, 82 Nr. 3, 85 Abs. 2 HandwO) als Arbeitgebervereinigung **tariffähig**;[52] sie können sich auch einem Arbeitgeberverband anschließen und diesem ihre Tarifsetzungsbefugnis (§ 54 Abs. 3 Nr. 1 HandwO) übertragen.[53]

48 Vgl. *Kämmerer/Thüsing*, ZIP 2002, 596; *Konzen*, NZA 2002, 781; *Brent/Schwab*, Die Tariftreueerklärung, AR-Blattei SD 1550.11.

49 ErfK/*Dieterich*, Art. 9 GG Rn 28; vgl. für die Heimarbeit BVerfG, Beschl. v. 27.02.1973, BVerfGE 34, 307.

50 BVerfG, Beschl. v. 18.12.1974, BVerfGE 38, 281, 307.

51 BVerfG, Beschl. v. 26.01.1995, BVerfG NJW 1995, 3377.

52 BverfG, Entsch. v. 19.10.1966, BVerfGE 20, 312, 317 ff.; Wiedemann/*Oetker*, TVG, § 2 Rn 225–230 m.w.N.

53 BAG, Urt. v. 06.05.2003, AP Nr. 21 zu § 3 TVG Verbandszugehörigkeit.

Die Koalition muss zudem **gegnerfrei** sein. Grundsätzlich darf einer Arbeitnehmerorganisation keine Person angehören, die ihrerseits Arbeitgeberfunktionen wahrnimmt; dies schließt indessen nicht aus, dass Personen, die im Laufe ihrer beruflichen Entwicklung von der Arbeitnehmerfunktion in die Arbeitgeberfunktion wechseln, ihre Mitgliedschaft in der Gewerkschaft beibehalten; dieser Umstand für sich allein führt nicht zur Gegnerabhängigkeit. Die Gegnerunabhängigkeit muss sowohl personell als auch finanziell und organisatorisch gegeben sein. Ferner müssen Koalitionen **überbetrieblich** organisiert sein; dies indiziert deren Unabhängigkeit.[54] Ferner muss die Koalition das **geltende Tarifrecht anerkennen.**[55] Im Schrifttum wird zudem gefordert, dass eine Arbeitnehmerkoalition eine demokratische Struktur besitzen müsse.[56] Dagegen spricht es nicht gegen das Vorliegen einer Koalition i.S.d. Art. 9 Abs. 3 GG, wenn diese nicht auf Dauer angelegt ist, sondern ad hoc gebildet wird, so z.B. durch den Anschluss eines nichtorganisierten Arbeitgebers an einen Arbeitgeberverband im Falle eines Arbeitskampfes;[57] ebenso wenig ist für die Koalitionseigenschaft erforderlich, dass sie zum **Arbeitskampf** bereit ist.[58] 34

Indessen muss der Gesetzgeber **nicht allen Vereinigungen**, die die oben genannten Merkmale erfüllen, **Tariffähigkeit** verleihen. Sog. **»gemischte« Verbände**, die z.B. die Funktion von Arbeitgeberverband und Wirtschaftsvereinigung in sich vereinen, darf der Gesetzgeber als nicht tariffähig erachten.[59] Denn grundsätzlich dürfen solche Koalitionen von der Teilhabe an der Tarifautonomie ausgeschlossen werden, die die Aufgabe nicht sinnvoll erfüllen können.[60] Deswegen sind auf der **Arbeitnehmerseite** nach § 2 TVG **nur Gewerkschaften** tariffähig. Hierunter wird allgemein verstanden, dass sie Organisationen sind, die über eine gewisse **Durchsetzungskraft** und **»Mächtigkeit«** verfügen.[61] 35

Für die **Tariffähigkeit** auf der **Arbeitgeberseite** kommt es auf die **Mächtigkeit** der Arbeitgeberorganisation für sich alleine **nicht** an. Auch der **einzelne Arbeitgeber** ist ohne Rücksicht auf seine Mächtigkeit **tariffähig**. Ein einzelner Arbeitgeber bleibt auch für den Abschluss eines **Firmentarifvertrages** tariffähig, auch wenn er infolge Zugehörigkeit zum tarifschließenden Verband an den **Flächentarifvertrag** gebunden ist.[62] Tariffähig ist auch eine Arbeitgebervereinigung, die neben Einzelmitgliedern Vereinigungen als Mitglieder aufnimmt; sie kann sowohl nach § 2 Abs. 1 TVG tariffähig sein als auch diese Rechtsmacht durch ihre Eigenschaft als Spitzenorganisation nach § 2 Abs. 3 TVG besitzen. Sieht die Satzung einer solchen **Spitzenorganisation** die Wahrnehmung ihrer Aufgabe als Arbeitgeberverband durch eine in ihr gebildete **tarifpolitische Arbeitsgemeinschaft** vor, der nur Einzelmitglieder angehören können, so gehört der Abschluss von Tarifverträgen nicht i.S.v. § 2 Abs. 3 TVG zu den satzungsgemäßen Aufgaben der Spitzenorganisation selbst, sondern nur zu den Aufgaben der in ihr gebildeten Unterorganisation.[63] 36

Zur Tariffähigkeit gehört auch die **Tarifwilligkeit**. Tarifwillig und damit tariffähig können nur Berufsverbände sein, die nach dem Inhalt ihrer Satzung das Ziel verfolgen, die Arbeits- und Wirtschaftsbedingungen ihrer Mitglieder zu wahren und zu fördern; der Abschluss von Tarifverträgen muss zu den **satzungsgemäßen Aufgaben** des Berufsverbandes gehören.[64] Dies schließt nicht aus, dass ein tariffähiger Verband in sich Untergliederungen für solche Mitglieder bildet, 37

54 Däubler/*Däubler*, TVG, Einl. B Rn 90.
55 BVerfG, Urt. v. 01.03.1979, BVerfGE 50, 290, 368; BVerfG, Entsch. v. 06.05.1964, BVerfGE 18, 18, 28.
56 Däubler/*Däubler*, TVG, Einl. B Rn 92.
57 BVerfG, Beschl. v. 26.06.1991, BVerfGE 84, 212, 225.
58 BVerfG, Entsch. v. 06.05.1964, BVerfGE 18, 18, 27.
59 BVerfG, Urt. v. 18.11.1954, BVerfGE 4, 96, 109.
60 BVerfG, Entsch. v. 06.05.1964, BVerfGE 18, 18, 28.
61 BVerfG, Beschl. v. 20.10.1981, BVerfGE 58, 233, 249; BAG, Beschl. v. 06.06.2000, BAGE 95, 47 und dazu ArbG Stuttgart, Beschl. v. 12.09.2003, AuR 2003, 159 (Gewerkschaftseigenschaft – Tarifmächtigkeit – Christliche Gewerkschaft Metall, Beschwerde eingelegt).
62 BAG, Urt. v. 04.04.2001, BAGE 97, 263 = NZA 2001, 1085.
63 BAG, Beschl. v. 22.03.2000, BAGE 94, 126 = NZA 2000, 893.
64 BAG in st. Rspr., statt vieler BAG, Urt. v. 10.11.1993, AP Nr. 13 zu § 3 TVG Verbandszugehörigkeit.

die nicht tarifgebunden sein wollen, er also eine sog. **OT-Mitgliedschaft**, d.h. eine Mitgliedschaft ohne Tarifbindung organisiert. Allein dadurch verliert er die Tariffähigkeit hinsichtlich derjenigen Mitglieder, die tarifgebunden sein wollen, nicht.

38 Die Wirksamkeit des Abschlusses eines Tarifvertrages hängt indessen nicht nur von der Tariffähigkeit und -willigkeit der Tarifvertragspartei ab, sondern ebenso von deren **Tarifzuständigkeit**.[65] Die Verbände bestimmen im Rahmen ihrer Satzung autonom, für welchen räumlichen, sachlichen und persönlichen Geltungsbereich sie von ihrer Regelungsbefugnis zum Abschluss von Tarifverträgen Gebrauch machen wollen.[66] Zwischen Verbänden können Tarifverträge nur insoweit und in dem Umfang abgeschlossen werden, wie sie die aus ihren jeweiligen **Satzungen** sich ergebenden **Zuständigkeitsbereiche** decken.[67] Die **Tarifzuständigkeit** der verschiedenen **Verbände einer Seite** können miteinander **konkurrieren**. Dann obliegt es zunächst den Verbänden untereinander, insoweit einen Ausgleich und eine Auflösung zu suchen. Innerhalb des **Deutschen Gewerkschaftsbundes** (DGB) ist insoweit ein geordnetes Verfahren zur **Klärung der Tarifzuständigkeit** vorgesehen (§ 16 DGB-Satzung). Das BAG nimmt an, dass durch eine Entscheidung dieses Schiedsgerichts die Tarifzuständigkeit auch für den tariflichen Gegenspieler automatisch interpretiert werde,[68] wobei es bei der Tarifzuständigkeit der Gewerkschaft bleiben soll, die vor Entstehung der Konkurrenzsituation als zuständig angesehen worden ist.[69] Dem zuletzt genannten Ansatz ist zuzustimmen, der zuerst genannten Ansicht dagegen nicht. Ob sich eine DGB-Gewerkschaft an das Ergebnis eines Klärungsverfahrens nach § 16 DGB-Satzung hält oder nicht, ist nur für die Beschreibung ihrer eigenen Tarifzuständigkeit von Bedeutung. Überschreitet sie diesen Rahmen, so ist der darauf beruhende Tarifvertrag unwirksam. Insofern ist der Schiedsspruch nach § 16 DGB-Satzung nicht für die Arbeitgeberseite verbindlich, erzeugt jedoch einen geradezu zwingenden Rechtsreflex. Strikt zu trennen von der Frage der satzungsgemäßen Tarifzuständigkeit der Verbände ist die Frage, mit welchem **Geltungsbereich** sie **innerhalb ihrer Tarifzuständigkeit** Tarifverträge abschließen.

39 **Streitigkeiten** über **Tariffähigkeit** und **Tarifzuständigkeit** können in einem **Beschlussverfahren** nach § 2a Abs. 1 Nr. 4 ArbGG geklärt werden; für das Verfahren sind die besonderen Voraussetzungen des § 97 ArbGG zu beachten.[70] Stellt sich innerhalb eines anderweitigen Rechtsstreits die Frage der Tariffähigkeit oder Tarifzuständigkeit einer Vereinigung, so ist der Rechtsstreit nach § 97 Abs. 5 ArbGG auszusetzen; ggf. können die Parteien ein Beschlussverfahren nach § 2a Abs. 1 Nr. 4 ArbGG anstrengen.[71]

II. Zustandekommen des Tarifvertrags

40 Der **Abschluss des Tarifvertrages** zwischen den tariffähigen Verbänden bzw. dem Arbeitgeber richtet sich nach den Vorschriften des **privatrechtlichen Vertrags** (§ 145 ff. BGB). **Abschlussbefugt** ist für den Verband das zur **Vertretung befugte Organ** (Vorstand, § 26 BGB; Sondervertreter, § 30 BGB; Bevollmächtigte, §§ 164 ff. BGB). Die Tarifvertragsparteien können sich auch durch Dritte vertreten lassen. Soweit Tarifverträge von **Kommissionen** ausgehandelt werden, ist das Verhandlungsergebnis häufig nicht der bereits ausformulierte Tarifvertrag. Häufig sind in solchen Verhandlungen nur grundsätzliche oder sog. »Eckwerte« festgelegt worden. Die Formulierung des Tarifvertragstextes selbst erfolgt dann in sog. Redaktionskonferenzen.

41 Der Abschluss des Tarifvertrags bedarf der **Schriftform** (§ 1 Abs. 2 TVG). Demnach ist der Tarifvertrag erst dann wirksam zustande gekommen, wenn alle Tarifvertragsparteien ihn durch ihre hierzu

65 BAG, Beschl. v. 24.07.1990, AP Nr. 7 zu § 2 TVG Tarifzuständigkeit.
66 BAG, Beschl. v. 19.11.1985, AP Nr. 4 zu § 2 TVG Tarifzuständigkeit = NZA 1986, 480.
67 BAG, Beschl. v. 19.11.1985, AP Nr. 4 zu § 2 TVG Tarifzuständigkeit.
68 BAG, Beschl. v. 14.12.1999, BAGE 93, 83 = NZA 2000, 949.
69 BAG, Beschl. v. 12.11.1996, AP Nr. 11 zu § 2 TVG Tarifzuständigkeit.
70 Vgl. für einen solchen Fall BAG, Urt. v. 10.05.1989, AP Nr. 6 zu § 2 TVG Tarifzuständigkeit = NZA 1989, 687.
71 BAG, Beschl. v. 25.09.1996, AP Nr. 4 zu § 97 ArbGG 1979 = NZA 1997, 668.

befugten Vertreter unterschrieben haben. Die bloße Paraphierung von Verhandlungsergebnissen oder von in Redaktionskonferenzen verabredeten Texten genügt dem Schriftformerfordernis nicht. Die Frage, ob an Stelle der eigenhändigen Unterzeichnung durch die Vertreter ersatzweise die elektronische Form (§ 126a BGB) genügt, ist bisher noch nicht problematisiert worden; sie dürfte jedoch nach § 126 Abs. 3 BGB zu verneinen sein, weil sich insoweit aus dem Gesetz, nämlich aus dem TVG, etwas anderes ergibt. Auch der Sinn und Zweck der Schriftform des § 1 Abs. 2 TVG spricht gegen die Annahme, diese könne durch die elektronische Form des § 126a BGB ersetzt werden. Denn mit dem Tarifvertrag wird nicht nur ein schuldrechtlicher Vertrag geschlossen, sondern eben ein Normenvertrag. Die Bedeutung des Normenvertrags für die Tarifunterworfenen gebietet – ähnlich wie bei Gesetzen – die handschriftliche Unterzeichnung der die Norm setzenden Urkunde, hier also des Tarifvertragstextes..

Bei einem **mehrgliedrigen Tarifvertrag** müssen die **Unterschriften aller Tarifvertragsparteien** unter dieselbe Urkunde gesetzt werden, wenn der Tarifvertrag von allen Tarifvertragsparteien als geschlossene Einheit vereinbart worden ist. Sonst ist der Tarifvertrag nicht wirksam zustande gekommen. Ist dagegen nur der Abschluss mehrerer hinsichtlich der Inhaltsnormen wortgleicher **paralleler Tarifverträge** zwischen den Tarifvertragsparteien vereinbart worden, so sind die entsprechenden einzelnen Tarifverträge abgeschlossen, sobald die jeweils hierfür nötigen Unterschriften von beiden Seiten geleistet worden sind. 42

Der Tarifvertrag kann alle **notwendigen Inhalte** (schuldrechtlicher Teil und normativer Teil) selbst beinhalten. Er kann aber auch derart aufgebaut sein, dass er hinsichtlich bestimmter Punkte, z.B. hinsichtlich des Geltungsbereichs, aber auch hinsichtlich inhaltlicher Regelungen, auf andere Tarifverträge Bezug nimmt. Derartige Verweisungen werden **Blankettverweisungen** genannt. Weil Tarifverträge vergleichbar wie Gesetze dem **Bestimmtheitsgrundsatz**[72] genügen müssen, sind Blankettverweisungen nur unter der Voraussetzung zulässig, dass die beiden Tarifbereiche in einem engen Sachzusammenhang stehen, wenn die Bezugnahme konstitutiv und nicht nur deklaratorisch gemeint ist.[73] Solche Bezugnahmen sind nicht nur zulässig bei sog. **Firmen – Anschlusstarifverträgen** eines nicht tarifgebundenen Arbeitgebers mit der Gewerkschaft an den zwischen der Gewerkschaft und dem Arbeitgeberverband abgeschlossenen Flächentarifvertrag. Sie sind auch – in Grenzen – zulässig, soweit auf Tarifregelungen in einem gebietsfremden Gebiet Bezug genommen werden, wie z.B. im Rahmen der **Angleichungstarifverträge** Ost/West.[74] Die Grenze für solche Blankettverweisungen liegt darin, dass die Verweisung hinreichend konkret den anzuwendenden Tarifvertrag benennt und zwischen dem Geltungsbereich der Verweisungsvorschrift und der in Bezug genommenen Tarifregelung ein enger sachlicher Zusammenhang, notfalls auch nur ein Zusammenhang der Verbände oder mit einem der Verbände, besteht.[75] Es darf aber auch auf andere Normen verwiesen werden als auf Tarifverträge, z.B. auf gesetzliche Regelungen.[76] In solchen Verweisungen ist auch keine unzulässige Delegation der Normsetzungsbefugnis zu sehen, denn die Tarifvertragsparteien haben es in der Hand, jederzeit die Verweisung aufzuheben. 43

III. In-Kraft-Treten des Tarifvertrags

Das TVG selbst regelt nicht, wann der Tarifvertrag in Kraft tritt. Insoweit ist zunächst auf die allgemeinen Regeln für Verträge zurück zu greifen. Das **schuldrechtliche Tarifverhältnis** beginnt mit dem schriftlichen **Abschluss des Tarifvertrages**; von diesem Zeitpunkt an erwachsen für die Tarifvertragsparteien die **Friedenspflicht** und die **Einwirkungspflicht**. Die **normativen Wirkungen** des Tarifvertrages treten indessen nur zu dem **Zeitpunkt** ein, den die Tarifvertragsparteien selbst **im** 44

72 Vgl. BVerfG, Urt. v. 03.11.1982, BVerfGE 62, 169, 183.
73 BAG, Urt. v. 29.08.2001, BAGE 99, 10 = AP Nr. 17 zu § 1 TVG Bezugnahme auf Tarifvertrag.
74 BAG, Urt. v. 17.05.2000, BAGE 94, 367 = NZA 2001, 453.
75 BAG, Urt. v. 04.04.2001, BAGE 97, 271.
76 BAG, Urt. v. 24.11.1999, BAGE 93, 34.

Tarifvertrag bestimmen. Haben sie keinen solchen Zeitpunkt bestimmt, so treten diese Wirkungen mit Abschluss des Tarifvertrages ein.

45 Bei den Tarifwirkungen ist zu unterscheiden, ob es sich um **Änderungen** oder Normsetzungen handelt, die zum selben Zeitpunkt in Kraft treten und wirken sollen, oder ob es um ein gestaffeltes Eintreten aufeinander folgender Normwirkungen, z.B. aufeinander folgende **gestaffelte Erhöhungen** von Urlauben oder Entgelten geht (Stufentarifvertrag).

46 Tarifverträge können sich auch **Rückwirkung** beilegen. Das rückwirkende Inkraftsetzen von Tarifverträgen ist – ähnlich wie bei Gesetzen – rechtlich nur möglich, wenn die Betroffenen mit einer Regelung rechnen mussten, geltendes Recht unklar oder verworren ist, die Betroffenen sich nicht auf den Rechtsschein einer unwirksamen Norm verlassen durften oder zwingende Gründe des Gemeinwohls den Vorgang vor der Rechtssicherheit haben.

47 Das **Vertrauen** auf die **Fortgeltung einer Tarifnorm** ist z.B. dann nicht mehr schutzwürdig, wenn und sobald die Normunterworfenen mit deren Änderung rechnen mussten; dies kann auch dann der Fall sein, wenn die Tarifnorm nicht oder nicht wirksam gekündigt worden ist.[77] Insbesondere aber dann, wenn eine Tarifnorm **nachwirkt**, weil sie gekündigt worden ist und die Kündigungsfrist abgelaufen ist, ist grundsätzlich **kein Vertrauensschutz** für die Normunterworfenen mehr gegeben; sie müssen in der Regel jederzeit mit einer rückwirkenden Änderung der Tarifnorm auf den Zeitpunkt der Beendigung der Geltung der vorherigen Tarifnorm rechnen. Generell tragen indessen tarifvertragliche Regelungen auch während der Laufzeit des Tarifvertrags den **immanenten Vorbehalt ihrer rückwirkenden Abänderbarkeit** durch einen Tarifvertrag in sich. Dies gilt auch für bereits entstandene und fällig gewordene, aber noch nicht abgewickelte Ansprüche, die aus einer Tarifnorm folgen (sog. »wohlerworbene Rechte«); auch diese genießen keinen Sonderschutz gegen eine rückwirkende Veränderung.[78]

48 Die **unechte Rückwirkung**, bei der ein Tarifvertrag an bereits in der Vergangenheit liegenden Umständen anknüpft und diese zur Anspruchsvoraussetzung macht, ist nicht an derart strenge Voraussetzungen geknüpft wie die echte Rückwirkung.

IV. Ende des Tarifvertrags

49 Unter **Ende des Tarifvertrages** ist dessen Außer-Kraft-Treten oder dessen Beendigung seiner Wirksamkeit oder seiner Existenz zu verstehen. Das TVG enthält keine besonderen Regelungen darüber, wie das Ende eines Tarifvertrages herbeigeführt wird oder wann ein Tarifvertrag sonst endet. Lediglich hinsichtlich der Nachbindung enthält § 3 Abs. 3 TVG insoweit eine Regel, als diese auch bei Austritt aus dem tarifschließenden Verband anhält, bis der Tarifvertrag endet. Für die Antwort auf die Frage, wann der Tarifvertrag in diesem Sinne endet, ist daher auf die üblichen Regeln des bürgerlichen Rechts abzustellen.

50 Die **Beendigung** eines Tarifvertrages selbst bedarf **keiner** sie rechtfertigenden **Begründung**, wohl aber eines das Ende des Tarifvertrags herbeiführenden Tatbestandes.

51 Ein **Beendigungstatbestand** ist der Ablauf der befristeten Geltung eines Tarifvertrags, also der **Zeitablauf**. Ein Tarifvertrag kann befristet werden, so dass er mit Fristablauf endet.[79] Ebenso ist möglich, Tarifverträge unter eine **auflösende Bedingung** zu stellen, so dass deren Eintritt das Ende des Tarifvertrags zur Folge hat. Dies setzt allerdings unter dem Gesichtspunkt, dass es um die Beseitigung der Geltung von Tarifnormen geht, auch voraus, da der Eintritt der auflösenden Bedingung auch für die Tarifunterworfenen ohne Zweifel feststellbar ist. Insoweit ist insbesondere

77 BAG, Urt. v. 17.05.2000, BAGE 94, 349 = BB 2000, 2416.
78 BAG, Urt. v. 23.11.1994, BAGE 78, 300 = NZA 1995, 844 (unter ausdrücklicher Aufgabe von BAGE 43, 305 = AP Nr. 9 zu § 1 TVG Rückwirkung).
79 Däubler/*Neunert*, TVG, § 4 Rn 74 m.w.N.

an **Indexklauseln** zu denken, mit der Wirkung, dass bei Erreichung eines bestimmten Indexes der Tarifvertrag enden soll. Solche Klauseln sind tarifpolitisch nicht ungefährlich; den Bedürfnissen kann in aller Regel auch durch eine entsprechende Kündigungsklausel Rechnung getragen werden.

Dagegen führt die – wie immer zu beschreibende – **Gegenstandslosigkeit** eines Tarifvertrages nicht automatisch zu dessen Beendigung. Dies betrifft insbesondere die Fälle, in denen bei einem Firmentarifvertrag der Arbeitgeber seine Arbeitgebertätigkeit oder gar seinen Betrieb einstellt. Hiervon zu unterscheiden sind solche Tarifverträge, die auf ein einmaliges Ereignis abstellen, nach dessen Eintritt und Beendigung der Tarifvertrag keinen Regelungsgegenstand mehr hat; In solchen Fällen endet dann auch der Tarifvertrag. 52

Der **Verlust der Tariffähigkeit** des Verbandes berührt rechtlich die Existenz eines Verbandstarifvertrages nicht. Ob mit der Auflösung eines Tarifträgerverbandes die Wirkung der von ihm abgeschlossenen Tarifverträge entfällt, ist streitig. Die Rechtsprechung nimmt dies an.[80] Die Ansichten im Schrifttum sind geteilt.[81] Der Verlust der **Tarifzuständigkeit** für sich alleine soll die Existenz des Tarifvertrages ebenfalls nicht berühren (strittig). 53

Veränderungen der Rechtsform oder Organisationsstruktur **einer Tarifvertragspartei** berühren das Bestehen von Tarifverträgen ebenfalls nicht. Insbesondere geht ein Firmentarifvertrag im Fall einer Umwandlung nach dem Umwandlungsgesetz auf den neuen Unternehmensträger über.[82] Ebenso wenig ist die Existenz bestehender Tarifverträge durch den Zusammenschluss von DGB-Gewerkschaften berührt. 54

Die **einvernehmliche Aufhebung** eines Tarifvertrags durch einen Aufhebungs(tarif)vertrag ist möglich, wie § 6 TVG – Eintragung der Aufhebung in das Tarifregister – ausweist. Entgegen der Ansicht des BAG[83] bedarf auch die vertragliche Aufhebung eines Tarifvertrages der **Schriftform**. Ein den Tarifvertrag **aufhebender Vertrag ist** seinerseits als **Tarifvertrag** zu qualifizieren. Denn dadurch wird zumindest der schuldrechtliche Bestand des Tarifvertrages durch einen factus contarius aufgehoben. Es ist auch kaum denkbar, wie dem Eintragungserfordernis des § 6 TVG Genüge getan werden soll, wenn nicht die Aufhebung des Tarifvertrages ihrerseits schriftlich vereinbart worden ist. Zudem bedarf auch jede Änderung des bestehenden Tarifvertrages durch einen Änderungstarifvertrag der Schriftform des § 1 Abs. 2 TVG.[84] 55

Auch jede (einvernehmliche) **Änderung einer Tarifnorm** führt zur **Beendigung** des Tarifvertrags in seiner bisherigen Fassung. Demgemäß endet auch die verlängerte Tarifgebundenheit, Nachgeltung oder Nachbindung i.S.d. § 3 Abs. 3 TVG, sobald eine Tarifnorm, die den Inhalt, den Abschluss oder die Beendigung des Arbeitsverhältnisses oder betriebliche oder betriebsverfassungsrechtliche Fragen regelt, geändert wird.[85] Im Falle des **Verweisungstarifvertrags**, also eines Tarifvertrags, der auf einen anderen Tarifvertrag verweist, hat nicht nur die Änderung des verweisenden Tarifvertrags, sondern ebenso die Änderung des darin in Bezug genommenen Tarifvertrages zugleich die Beendigung des verweisenden Tarifvertrags zur Folge.[86] Der Ansicht, die Tarifvertragsparteien des verweisenden Tarifvertrags haben sich die künftige Änderung des in Bezug genommenen Tarifvertrags vorab zu Eigen gemacht, kann nicht gefolgt werden; dies widerspricht den Bestimmtheitsgebot der tariflichen Regelungen. Die Tarifvertragsparteien sind rechtlich nicht in der Lage, durch eine Blankettverweisung auf unbestimmte Zeit Tarifvertragsparteien auch nach Austritt aus dem Verband an den Tarifvertrag gem. § 3 Abs. 3 TVG zu binden. 56

80 BAG, Urt. v. 11.11.1970, BAGE 23, 46 = AP Nr. 28 zu § 2 TVG.
81 Vgl. m. zahlr. Nachw.Wiedemann/*Wank*, TVG, § 4 Rn 76 ff.; Däubler/*Deinert*, TVG, § 4 Rn 81 ff.
82 BAG, Urt. v. 24.06.1998, BAGE 89, 193 = NZA 1998, 1346.
83 BAG, Urt. v. 08.09.1976, AP Nr. 5 zu § 1 TVG Form.
84 BAG, Urt. v. 21.03.1973, AP Nr. 12 zu § 4 TVG Geltungsbereich; s. auch Däubler/*Deinert*, TVG, § 4 Rn 97 ff.; Wiedemann/*Wank*, TVG, § 4 Rn 15; *Kempen/Zachert*, TVG, § 4 Rn 53; *Löwisch/Rieble*, TVG, § 1 Rn 378.
85 BAG, Urt. v. 07.11.2001, BAGE 99, 283 = NZA 2002, 748.
86 BAG, Urt. v. 17.05.2000, BAGE 94, 367 = NZA 2001, 453.

57 In welchem **Umfang** eine **Änderung** des Tarifvertrags oder auch des in Bezug genommenen Tarifvertrags vorgenommen wird, ist für die Beendigung der bisherigen Fassung des Tarifvertrags und damit für das Ende des Tarifvertrags unerheblich. Offen gelassen hat das BAG allerdings die Frage, ob eine bloße Ausdehnung des räumlichen oder fachlichen Geltungsbereichs eines Tarifvertrages eine Änderung im Sinne einer Beendigung des Tarifvertrages darstellt.[87]

58 Der Tarifvertrag endet selbstverständlich durch **ordentliche Kündigung**. Hierfür kommt es vorrangig auf die **autonome Ordnung** an, die der Tarifvertrag selbst aufstellt, d.h. auf die darin vereinbarte Kündigungsklausel. Für Tarifverträge gelten Mindestlaufzeiten nur insoweit, als sie in dem jeweiligen Tarifvertrag selbst vereinbart worden sind. Der Tarifvertrag kann daher jederzeit Kündigungsmöglichkeiten nach seinem Abschluss vorsehen, auch solche einer ordentlichen Kündigung ohne Einhaltung einer Kündigungsfrist.[88] So bestimmt beispielsweise § 74 Abs. 2 BAT, dass der Tarifvertrag mit Ausnahme der §§ 22 bis 24 und der Sonderregelungen hierzu unbeschadet der Unterabsätze 2 und 3 ohne Einhaltung einer Frist jederzeit schriftlich gekündigt werden kann. In den Unterabsätzen 2 und 3 sind weitere Einzelheiten über die Kündigung einzelner Tarifvertragsbestimmungen unter Einhaltung bestimmter Fristen und Mindestlaufzeiten geregelt. Denkbar ist auch, dass eine Kündigung ohne Einhaltung einer Kündigungsfrist nur zu einem bestimmten Kündigungstermin erfolgen kann, wie auch, dass nur bestimmte Kündigungsfristen einzuhalten sind, ohne dass es auf einen bestimmten Kündigungstermin ankommt. Der Fantasie der Tarifvertragsparteien ist insoweit keine Grenze gesetzt.

59 **Kündigungsberechtigt** sind nur die **Parteien des Tarifvertrags** selbst, mithin die Koalitionen, die als Parteien des Tarifvertrages im Tarifvertrag selbst genannt sind bzw. deren Rechtsnachfolger. In aller Regel wird in Tarifverträgen für die **Kündigung Schriftform** vereinbart. Gesetzlich erforderlich ist eine solche Schriftform indessen nicht.[89] Gleichwohl sollte die Schriftform eingehalten werden, nicht zuletzt im Hinblick auf die Registrierungspflicht des § 6 TVG. Die **Rücknahme** einer irrtümlich erklärten **Kündigung** als einseitiger Rechtsakt ist nicht möglich; insoweit gelten die bürgerlich-rechtlichen Regeln über den Ausspruch von Kündigungen auch für Tarifverträge.[90]

60 Schließlich wird allgemein eine **außerordentliche Kündigung aus wichtigem Grund** analog § 626 BGB für Tarifverträge für zulässig gehalten; die Einzelheiten dazu, wann ein solcher wichtiger Grund vorliegt, sind indessen strittig.[91]

61 Die **Rechtsfolgen der Beendigung des Tarifvertrages** bestehen zunächst darin, dass seine **Normen**, soweit sie bis dahin nach § 4 Abs. 1 TVG bzw. infolge Allgemeinverbindlichkeit nach § 5 Abs. 4 TVG unmittelbar und zwingend gegolten haben, nunmehr nur noch nach näherer Maßgabe von § 4 Abs. 5 TVG **nachwirken**, sofern nicht die **Nachwirkung** durch Vereinbarung der Tarifvertragsparteien oder Tarifvertrag selbst ausgeschlossen worden ist.[92] Zugleich endet mit dem Tarifvertrag die in § 3 Abs. 3 TVG vorgeschriebene **Nachbindung** desjenigen, der aus dem Tarifträgerverband ausgeschieden ist.[93] Des weiteren enden mit dem Ende des Tarifvertrages die damit verbundenen **schuldrechtlichen Verpflichtungen**, es sei denn, das noch weiter gehende Verpflichtungen vereinbart worden sind, wie z.B. eine Verhandlungspflicht.[94]

62 Eine **Beendigung des vorherigen Tarifvertrags** ist nach dem **Ablöseprinzip** in aller Regel anzunehmen, wenn auf den vorherigen Tarifvertrag ein neuer Tarifvertrag für denselben Regelungskreis

87 BAG, Urt. v. 07.11.2001, BAGE 99, 283 = NZA 2002, 748.
88 BAG, Urt. v. 26.04.2000, AP Nr. 4 zu § 1 TVG Kündigung = NZA 2000, 1010.
89 *Oetker*, RdA 1995, 82, 99 f.
90 BAG, Urt. v. 26.09.1984, AP Nr. 21 zu § 1 TVG.
91 Ausführlich Wiedemann/*Wank*, TVG, § 4 Rn 26–73; Däubler/*Deinert*, TVG, § 4 Rn 118–160; s. für einen Einzelfall BAG, Urt. v. 28.05.1997, BAGE 86, 43 = NZA 1998, 40.
92 BVerfG, Beschl. v. 03.07.2000, AP Nr. 36 zu § 4 TVG Nachwirkung.
93 BAG, Urt. v. 07.11.2001, BAGE 99, 283 = AP Nr. 11 zu § 3 TVG Verbandsaustritt.
94 Däubler/*Deinert*, TVG, § 4 Rn 176.

folgt, der zwischen denselben Tarifvertragsparteien abgeschlossen worden ist, ohne dass der vorherige Tarifvertrag formell beendet worden ist. Das in der Rechtstheorie unbestrittene Ablöseprinzip – auch **»Ordnungsprinzip«** oder **»Zeitkollisionsregel«** genannt – gilt auch für Tarifverträge.[95] Nach dem Ablöseprinzip findet wegen des gleichen Rangs beider Tarifverträge zueinander auch kein Günstigkeitsvergleich zwischen der bisherigen und der ablösenden Regelung statt.[96] Eine Tarifnorm steht stets unter dem Vorbehalt, durch eine nachfolgende tarifliche Regelung verschlechtert oder ganz gestrichen zu werden; ein Vertrauensschutz besteht insoweit grundsätzlich nicht.[97]

Abweichend vom Ablöseprinzip (Ordnungsprinzip, Zeitkollisionsregel) können die Tarifvertrags- 63
parteien indessen vereinbaren, dass trotz einer Neuregelung bisher geltende Regelungen räumlich, sachlich oder persönlich begrenzt auch künftig weitergelten sollen; die Tarifvertragsparteien können die Ablösung partiell verhindern oder ausschließen. In solchem Fall löst der neue Tarifvertrag die alten Regelungen nur im vorgesehenen Umfang ab. Derart abweichende Regelungen bedürfen im Interesse der Rechtsklarheit und Rechtssicherheit jedoch besonderer Bestimmtheit und Deutlichkeit.[98]

F. Geltungsbereich, Inhalte, Auslegung des Tarifvertrags

Der **Geltungsanspruch eines Tarifvertrages** wird durch seinen **Geltungsbereich** und **seinen** 64
Regelungsinhalt bestimmt. Beides muss sich in den Grenzen des rechtlich Zulässigen halten; der Inhalt des Tarifvertrages ist notfalls durch Auslegung zu ermitteln.

I. Geltungsbereich

Ein Arbeitsverhältnis unterliegt den Regeln des Tarifvertrages nur, wenn es in den **Geltungsbereich** 65
des Tarifvertrages fällt. Der Geltungsbereich entscheidet, ob ein Tarifvertrag überhaupt auf das Arbeitsverhältnis Anwendung finden will.[99] Dies folgt aus § 4 Abs. 1 Satz 1 TVG, wonach die normative Geltung der Tarifnorm stets voraussetzt, dass das Arbeitsverhältnis in den Geltungsbereich des Tarifvertrags fällt. Das Gleiche gilt für Tarifverträge, die nach § 5 TVG für **allgemeinverbindlich** erklärt worden sind. Auch deren Geltungsanspruch ist auf den im Tarifvertrag beschriebenen Geltungsbereich beschränkt. Die Allgemeinverbindlichkeit ersetzt nur die fehlende Tarifgebundenheit. Ebenso richten sich der **Tarifvorrang** (§ 77 Abs. 3 BetrVG) und der **Tarifvorbehalt** (§ 87 Abs. 1 Eingangssatz BetrVG) nach dem Geltungsbereich, wie ihn der Tarifvertrag selbst bestimmt. Auch § 146 SGB III, nach dem die **Neutralität der Bundesagentur für Arbeit nach den Arbeitskämpfen** geordnet wird, stellt auf den (fachlichen) **Geltungsbereich des umkämpften Tarifvertrages** ab; diese Vorschriften gelten entsprechend für den Anspruch auf Kurzarbeitergeld bei einem Arbeitnehmer, dessen Arbeitsausfall Folge eines inländischen Arbeitskampfes ist, an dem er nicht beteiligt gewesen ist (§ 174 SGB III).

1. Tarifautonome Bestimmung des Geltungsbereichs

Kraft ihrer Autonomie legen die **Tarifvertragsparteien** den **Geltungsbereich** des jeweils von ih- 66
nen abgeschlossenen Geltungsbereich fest. Bereits dieser Umstand zeigt, dass auch die **Festigung des Geltungsbereichs** als **Arbeitskampfziel** geeignet ist.[100] Die Tarifvertragsparteien dürfen den Geltungsbereich des Tarifvertrages nicht ungeklärt lassen; dies widerspräche dem rechtsstaatlichen

95 St. Rspr., statt vieler BAG, Urt. v. 20.03.2002, BAGE 100, 377 = AP Nr. 12 zu § 1 Tarifverträge: Gebäudereinigung.
96 BAG, Urt. v. 28.05.1997, AP Nr. 27 zu § 4 TVG Nachwirkung.
97 BAG, Urt. v. 08.09.1999, BAGE 92, 259.
98 BAG, Urt. v. 30.01.1985, AP Nr. 9 zu § 1 TVG Tarifverträge: Einzelhandel; BAG, Urt. v. 20.03.2002, BAGE 100, 377.
99 *Löwisch/Rieble*, TVG, § 4 Rn 20.
100 *Löwisch/Rieble*, TVG, § 4 Rn 22.

Bestimmtheitsgebot.[101] Grundsätzlich sind die Tarifvertragsparteien frei, wie sie den Geltungsbereich bestimmen; allerdings setzt die **Tarifzuständigkeit** beider Tarifvertragsparteien die **äußere Grenze** ihrer Vereinbarungsbefugnis und damit auch die für den **Geltungsbereich.**[102] Die Freiheit bei der Festlegung des Geltungsbereichs beruht zwar originär auf der Tarifautonomie des Art. 9 Abs. 3 GG. Indessen sind die Tarifvertragsparteien auch bei der Bestimmung des Geltungsbereichs an **höherrangiges Recht** gebunden.[103]

2. Arten und Unterteilungen der Geltungsbereiche

67 In der **Terminologie** gibt es bei der Unterscheidung der verschiedenen Geltungsbereiche gegenüber der herkömmlichen Begriffsbildung bei Gesetzen Unterschiede. Vom Ansatz her übereinstimmend wird allgemein zwischen **persönlichem, räumlichem und zeitlichem** Geltungsbereich unterschieden. Bereits beim persönlichen Geltungsbereich gibt es wesentliche Unterscheidungen. Hinzu kommt für die Tarifverträge die Bestimmung ihres **betrieblichen/fachlichen** Geltungsbereichs. Zudem gibt es spezielle Bestimmungen des Geltungsbereichs, in denen auf die Tarifgebundenheit auf der Arbeitnehmerseite und/oder auf der Arbeitgeberseite abgestellt wird. In der Praxis sind noch weitere Unterteilungen anzutreffen.

68 Vom **Regelungsgegenstand her** werden verschiedene **Arten von Tarifverträgen** unterschieden, vor allem sog. **Rahmentarifverträge, Manteltarifverträge, Entgeltrahmentarifverträge, Entgelttarifverträge, Gehaltstarifverträge, Lohntarifverträge, Tarifverträge über tarifliche Sonderleistungen, über vermögenswirksame Leistungen, über Altersteilzeit** usw. Auch die Bestimmung dieser Regelungsgegenstände in den einzelnen Tarifverträgen wie die Bezeichnung dieser Tarifverträge unterliegt der Tarifautonomie der tarifschließenden Parteien. Im Großen und Ganzen gibt es indessen eine Dreiteilung: In Rahmen- oder Manteltarifverträgen werden traditionell die wesentlichen Dinge wie regelmäßige Arbeitszeit, Abgrenzung der regelmäßigen Arbeitszeit zur Überstunde, Tarifurlaube, ggf. Entgeltfortzahlung im Krankheitsfall über das Gesetz hinaus und Vergleichbares geregelt. Daneben treten in aller Regel Entgelttarifverträge (Lohntarifverträge, Gehaltstarifverträge). Zuweilen, soweit es um Entgeltgruppierungen geht, werden diese in den Entgelttarifverträgen, zuweilen in Entgeltrahmentarifverträgen, Gehaltsgruppentarifverträgen usw. geregelt, zum Teil auch als Anlagen zum Manteltarifvertrag. Daneben tritt eine dritte große Gruppe der besonderen Tarifverträgen für besondere Leistungen oder Situationen.

69 Für die Praxis ist entscheidend, hinsichtlich **jedes Tarifvertrags seinen Geltungsbereich** und seinen Regelungsgegenstand **genau zu fassen** und diese als Tarifanwender auseinander zu halten. Auch die **Laufdauer** der unterschiedlichen Tarifverträge ist in der Regel **unterschiedlich lang**, und zwar auch dann, wenn die **Tarifverträge zu einem Tarifwerk** gehören, d.h. zu einer Regelung aller Aspekte der Arbeitsverhältnisse im jeweiligen Geltungsbereich der Tarifverträge durch eine Summe von Tarifverträgen zwischen denselben Tarifvertragsparteien. Dabei wiederum kann es auch zu unterschiedlichen räumlichen Deckungen kommen. Häufig sind Manteltarifverträge und Rahmentarifverträge bundesweit, Entgelttarifverträge dagegen für kleinere Raumeinheiten abgeschlossen. Tarifvertragsrechtlich ist jeder Tarifvertrag gesondert zu prüfen, insbesondere hinsichtlich seines Geltungsbereichs und seiner Laufdauer. Ebenso unterschiedlich kann bei **Allgemeinverbindlicherklärung** verfahren werden. Oft sind Rahmen- oder Manteltarifverträge für allgemeinverbindlich erklärt, nicht dagegen Entgelttarifverträge oder Tarifverträge über besondere Leistungen.

101 Wiedemann/*Wank*, TVG, § 4 Rn 106; Däubler/*Deinert*, TVG, § 4 Rn 189 m.w.N.
102 BAG, Urt. v. 24.04.1985, AP Nr. 4 zu § 3 BAT.
103 *Gamillscheg*, Kollektives Arbeitsrecht I § 17 III 1, S. 741; Wiedemann/*Wank*, TVG, § 4 Rn 108, jeweils m.w.N.

3. Räumlicher Geltungsbereich

Der **räumliche Geltungsbereich** eines Tarifvertrags beschreibt in der Regel ein geographisches Gebiet, innerhalb dessen der Tarifvertrag Geltungsanspruch erhebt. Der räumliche Geltungsbereich regelt mithin die territorialen Grenzen des Tarifvertrages, vor allem bei **Flächentarifverträgen**. Damit beeinflusst er auch das Arbeitskampfgeschehen, insbesondere die Bezugsgröße für die **Aussperrungsarithmetik** der Rechtsprechung des BAG[104] und die Grenzen, die für die Nichtgewährung von Arbeitslosengeld (§ 146 SGB III) bzw. Kurzarbeitergeld (§ 174 SGB III) einzuhalten sind. In den einzelnen Branchen werden unterschiedliche räumliche Geltungsbereiche bevorzugt. Die Fläche kann im Tarifvertrag selbst beschrieben sein, sie kann sich aber auch aus Bezugnahmen auf eine andere Definition ergeben (z.B. BAT-O: »Beitrittsgebiet«, BAT: Arbeitnehmer des Bundes, der Länder usw.) 70

Als **bundesweit geltende Tarifverträge** seien beispielsweise genannt der BAT,[105] der MTV-Banken[106] oder der MTV-Versicherungsgewerbe.[107] Infolge der Wiedervereinigung Deutschlands sind häufig ansonsten bundesweit abgeschlossene Tarifverträge nicht oder nicht ohne Änderungen auf das Beitrittsgebiet erstreckt worden. In anderen Branchen werden traditionell **Flächentarifverträge für kleinere Gebiete** abgeschlossen, so vor allem in der Metallindustrie und im Handel. 71

Als Ausfluss ihrer Tarifautonomie können die Tarifvertragsparteien innerhalb ihres eigenen Aktionsradiusus das Tarifgebiet auch kleiner als diesen bestimmen. Vor allem können zum Beispiel einzelne Orte ausgenommen werden.[108] Während **Flächentarifverträge** der Bestimmung des räumlichen Geltungsbereichs bedürfen, ist eine derartige Bestimmung bei einem **Firmentarifvertrag** in aller Regel nur von untergeordneter Bedeutung; regelmäßig fallen bei Firmentarifverträgen der räumliche und der betriebliche Geltungsbereich zusammen. Ist im jeweiligen Tarifvertrag dessen räumlicher Geltungsbereich nicht bestimmt, sei es durch eine eigene Beschreibung, sei es durch Verweisung auf einen dazugehörigen Tarifvertrag derselben Tarifvertragsparteien, so muss der räumliche Geltungsbereich des Tarifvertrags im Wege der **Auslegung** ermittelt werden.[109] 72

Für den **Geltungsanspruch** des Tarifvertrags ist entscheidend, dass das **Arbeitsverhältnis in dessen räumlichen Geltungsbereich** fällt. In Ermangelung einer besonderen Regelung wird insoweit auf den **Schwerpunkt des Arbeitsverhältnisses** abgestellt.[110] Als Schwerpunkt wird regelmäßig der Ort oder das Gebiet angesehen, in welchem der Arbeitnehmer sein Arbeitsverhältnis zu erfüllen hat, im Zweifel also der Betrieb oder der Betriebsteil, in den der Arbeitgeber eingegliedert oder dem er zugeordnet worden ist.[111] Arbeitet ein Arbeitnehmer nicht nur innerhalb der Betriebsstätte, sondern auch außerhalb, zum Beispiel als Monteur, Bauarbeiter oder Reisender, so bleibt die Bindung an die Betriebsstätte erhalten, auch wenn der Arbeitnehmer außerhalb des räumlichen Tarifgebietes tätig wird. Entscheidend ist nach den Grundsätzen des **interlokalen Tarifrechts**, ob die Betriebsstätte oder der Betrieb in dem geographischen Bereich liegt, den der Tarifvertrag als seinen räumlichen Geltungsbereich bezeichnet. Für die Tarifgebundenheit ist in der Regel die Mitgliedschaft nicht des 73

104 BAG, Urt. v. 10.06.1980, AP Nr. 64 und 65 zu Art. 9 GG Arbeitskampf; etwas relativiert in BAG, Urt. v. 07.06.1988, AP Nr. 107 zu Art. 9 GG Arbeitskampf.

105 § 1 BAT v. 23. 02 1961: »1. Dieser Tarifvertrag gilt für Arbeitnehmer a) des Bundes mit Ausnahme des Bundeseisenbahnvermögens, b) der Länder und der Stadtgemeinde Bremen, c) der Mitglieder der Arbeitgeberverbände, die der Vereinigung der kommunalen Arbeitgeberverbände angehören, die in einer der Rentenversicherung der Angestellten unterliegenden Beschäftigung tätig sind (Angestellte)«. Als **räumlich speziellerer Tarifvertrag** gibt es daneben den **BAT-O**; er gilt für das Beitrittsgebiet i.S.d. Einigungsvertrages.

106 Manteltarifvertrag für das private Bankgewerbe und die öffentlichen Banken: § 1 »Dieser Tarifvertrag gilt 1. **räumlich** für das Gebiet der Bundesrepublik Deutschland, ... 2. **fachlich** ...«.

107 Manteltarifvertrag für das private Versicherungsgewerbe, § 1: »Geltungsbereich, 1. Der Tarifvertrag gilt im Gebiet der Bundesrepublik Deutschland.«.

108 BAG, Urt. v. 09.11.1956, AP Nr. 1 zu § 3 TVG Verbandszugehörigkeit.

109 Däubler/*Deinert*, TVG, § 4 Rn 207 m.w.N.

110 *Rieble*, ZTR 2000, 435, 439; Däubler/*Deinert*, TVG, § 4 Rn 208.

111 BAG, Urt. v. 03.12.1985, AP Nr. 5 zu § 1 TVG Tarifverträge: Großhandel; *Kempen/Zachert*, TVG, § 4 Rn 18.

Betriebes – er ist als solcher nicht rechtsfähig – sondern des Betriebsinhabers (Unternehmer, Unternehmen) entscheidend. Hat das Unternehmen seinen Sitz außerhalb des Tarifgebietes, so gilt der Tarifvertrag in der Regel nur für die Betriebe, die im räumlichen Geltungsbereich des Tarifvertrages gelegen sind.[112] Andererseits ist ein Tarifvertrag im Zweifel nicht auf Betriebe außerhalb des räumlichen Geltungsbereichs anzuwenden, auch wenn der tarifgebundene Unternehmer im Geltungsbereich des Tarifvertrages seinen Sitz hat oder dort einen Betrieb unterhält.[113] Dies schließt wiederum nicht aus, dass der für den Sitz des Unternehmens oder des Betriebes räumlich geltende Tarifvertrag auch für Arbeitsverhältnissen mit solchen Arbeitnehmern als anwendbar vereinbart werden kann, die in einem Betrieb außerhalb des räumlichen Geltungsbereichs dieses Tarifvertrages zu arbeiten haben.[114] Scheiden das Unternehmen oder der Betrieb durch **Sitzverlegung** aus dem räumlichen Geltungsbereich des Tarifvertrages aus, so hat dies zur Folge, dass die Tarifnormen nicht mehr unmittelbar und zwingend nach § 1 bzw. gemäß § 4 Abs. 5 TVG kraft Allgemeinverbindlichkeit gelten, sondern nur noch nach § 4 Abs. 5 TVG nachwirken.[115] Nach anderer Ansicht soll dagegen auch in solchen Fällen § 3 Abs. 3 TVG entsprechend anzuwenden sein, d.h. die Tarifgebundenheit soll bis zum Ende des Tarifvertrag bestehen.[116] Nach noch anderer Ansicht soll – umgekehrt – sogar die Nachwirkung nach § 4 Abs. 5 TVG entfallen, weil der Tarifvertrag außerhalb seines räumlichen Geltungsbereichs keinen Geltungsanspruch erhebt.[117]

4. Betrieblicher/fachlicher Geltungsbereich

74 Mit dem betrieblich/fachlichen Geltungsbereich wird der **Bezugspunkt zur betrieblichen/fachlichen Ausrichtung des Betriebes oder Unternehmens auf der Arbeitgeberseite** hergestellt. Dies betrifft vor allem die **Flächentarifverträge**. Für **Firmentarifverträge** ist ein solcher Anknüpfungspunkt entbehrlich, wenn und soweit sich der Firmentarifvertrag auf alle Betriebe des Unternehmens ohne Rücksicht auf deren unterschiedliche Betriebszwecke erstreckt.

75 Für die **Bestimmung** des **betrieblich/fachlichen Geltungsbereichs** der **Flächentarifverträge** kommt es – wie sonst auch – darauf an, wie der **Tarifvertrag** seinen Geltungsbereich insoweit selbst **definiert**. Die **Anknüpfungspunkte** sind **unterschiedlich**. Manche Tarifverträge knüpfen an **Betriebe, Betriebsteile, Hauptbetriebe, Nebenbetriebe oder Hilfsbetriebe** an, gelegentlich auch an **Unternehmen.** Dabei beherrscht – bisher noch – das sog. **Industrieverbandsprinzip,** die Einteilung der betrieblichen/fachlichen Geltungsbereiche der Flächentarifverträge nach **Branchen.** Die Brancheneinteilung kommt regelmäßig in den Kurzbezeichnungen der Tarifverträge, zuweilen aber auch in der Geltungsbereichsbeschreibung selbst zum Ausdruck (Tarifverträge für die Metall- und Elektroindustrie; Tarifverträge für die Chemische Industrie usw.).

76 Generell ist indessen eine Aufweichung dieses grundlegenden Prinzips zu beobachten. Viele Tarifverträge legen sich möglichst immer umfänglichere betriebliche/fachliche Geltungsbereiche zu, insbesondere dann, wenn es infolge von Umstrukturierungsmaßnahmen zu Ausgliederungen oder neuen Zuschnitten der arbeitstechnischen Betriebszwecke kommt.[118] Dies liegt daran, dass Gewerkschaften und Arbeitgeberverbände in weiten Teilen nach dem Industrieverbandsprinzip organisiert sind, sie auf Grund dessen Tarifverträge für - nach bisheriger Einteilung – Wirtschaftsbranchen geschlossen haben und nunmehr eine Anpassung der Tariforganisationen und ihrer Betätigungsfelder an den Umbruch der Wirtschaftsgesellschaft von der Produktions- in die Dienstleistungsgesellschaft unvermeidlich ist. Derartige Ausgliederungen, Änderungen der Betriebszwecke und Ähnliches können durchaus zur Folge haben, dass der umstrukturierte oder ausgegliederte Betrieb oder Betriebsteil

112 BAG, Urt. v. 13.05.1987, ZTR 1987, 213; ErfK/*Schaub*, § 4 TVG Rn 16.
113 BAG, Urt. v. 13.06.1957, AP Nr. 6 zu § 4 TVG Geltungsbereich.
114 BAG, Urt. v. 21.08.2002, AP Nr. 21 zu § 157 BGB = NZA 2003, 442.
115 *Gamillscheg*, § 17 II 2 a (5), S. 745; Wiedemann/*Wank*, TVG, § 4 Rn 133; *Schaub*, § 203 Rn 230.
116 Däubler/*Deinert*, TVG, § 4 Rn 219.
117 *Löwisch/Rieble*, TVG, § 4 Rn 48.
118 *Schliemann*, NZA Sonderbeil. zu Heft 24/2000, 24 f.

»eigentlich« dem betrieblichen/fachlichen Geltungsbereich eines anderen Tarifvertrages zuzuordnen wäre. Um dies zu vermeiden, werden die Geltungsbereiche der bisher anwendbaren Tarifverträge von beiden Tarifvertragsparteien auf die eigentlich »fremden« Bereiche erstreckt. Zuweilen ist sogar erforderlich, zu diesem Zweck die Tarifzuständigkeit der Tarifvertragsparteien der Verbände auf beiden Seiten durch Satzungsänderungen anzupassen.

Eine Bestimmung des betrieblichen/fachlichen Geltungsbereichs durch das Abstellen auf den **arbeitstechnischen Zweck** der Betriebe u.s.w. ist unproblematisch, wenn und soweit der Betrieb eindeutig einen derartigen arbeitstechnischen Zweck erfüllt, wie er in der Definition des betrieblichen/fachlichen Geltungsbereichs im Tarifvertrag beschrieben ist. Dabei ist der **tatsächliche Zweck des Betriebes** zu ermitteln, nicht etwa nur seine äußere Darstellung. So war z.B. im Fall eines sog. Garten-Centers abzugrenzen, ob der Betrieb in den fachlichen Geltungsbereich der - für allgemein verbindlich erklärten – Tarifverträge für den Einzelhandel in Nordrhein-Westfalen fällt. Dieser Tarifvertrag galt für alle Unternehmen des Einzelhandels einschließlich ihrer Hilfs- und Nebenbetriebe (und für alle in diesen Betrieben beschäftigten Arbeitnehmer). Weil in einem Garten-Center nicht der bloße Handel (Umschlag) mit Pflanzen im Vordergrund steht, sondern auch die Pflege und Aufzucht der Pflanzen in der zum Teil erheblich langen Zeit zwischen Einkauf und Verkauf, die z.B. bei Zier- und Grünpflanzen und -gehölzen mehrere Monate dauern kann, war der Betrieb nicht dem Einzelhandel zuzuordnen.[119] 77

Bei **Mischbetrieben**, d.h. Betrieben, **die verschiedenen arbeitstechnischen Zwecken dienen** und deswegen in die Geltungsbereiche konkurrierender Tarifverträge fallen können, richtet sich die Zugehörigkeit des Betriebes in der Regel nach dem Betriebszweck, dem die größte **Mannstundenzahl** der im Betrieb beschäftigten Arbeitnehmer zuzuordnen ist.[120] Von der Frage des **Mischbetriebes** ist die Frage der **Tarifkonkurrenz** bzw. der **Tarifpluralität** zu unterscheiden (siehe Rn 183 ff.). 78

Fällt ein Betrieb infolge **Zweckänderung** aus dem betrieblichen/fachlichen Geltungsbereich des Tarifvertrages heraus, so tritt - gleichermaßen wie im Fall des Verlassens des räumlichen Geltungsbereichs – **keine Nachbindung** (§ 3 Abs. 3 TVG) ein.[121] Dagegen wirken die Tarifnormen des »verlassenen« Tarifvertrags gem. § 4 Abs. 5 für die Arbeitsverhältnisse nach, die zur Zeit des Verlassens des Geltungsbereichs des Tarifvertrags bestanden haben.[122] Diese Folge tritt indessen nicht ein, wenn der Tarifvertrag, in dessen Geltungsbereich der Betrieb durch Änderung des Betriebszwecks geraten ist, von denselben Tarifvertragsparteien abgeschlossen worden ist wie der, aus dessen Geltungsbereich der Betrieb ausgeschieden ist. Dann gilt der nunmehr anzuwendende Tarifvertrag als »andere Abmachung« i.S.d. § 45 Abs. 5 TVG. 79

5. Persönlicher Geltungsbereich

Der **persönliche Geltungsbereich** beschreibt, für welche Arbeitnehmer der Tarifvertrag Geltung beansprucht. Auch dies richtet sich nach der Definition im Tarifvertrag. Grundsätzlich obliegt es den Tarifvertragsparteien, im Rahmen ihrer Tarifautonomie und ihrer Satzungszuständigkeit den persönlichen Geltungsbereich der zwischen ihnen abgeschlossenen Tarifverträge zu regeln. Sie können auch insoweit den Geltungsbereich enger fassen als ihre satzungsgemäße Zuständigkeit. Allerdings sind sie auch insoweit an höherrangiges Recht gebunden; dies betrifft insbesondere die Frage, inwieweit bestimmte Arbeitnehmergruppen, wie z.B. Arbeiter oder Angestellte, Teilzeitbeschäftigte, befristet Beschäftigte, von Regelungen des Tarifvertrages ausgenommen werden dürfen. 80

Den umfassendsten persönlichen Geltungsanspruch erhebt ein Tarifvertrag, wenn er **für alle Arbeitnehmer einschließlich Auszubildende** Geltung beansprucht. Nach § 12a TVG ist es sogar möglich, 81

119 BAG, Urt. v. 07.11.2001, BAGE 99, 289.
120 BAG, Urt. v. 26.08.1998, BAGE 89, 324 m.w.N.
121 BAGE 87, 257 = NZA 1998, 484.
122 BAG, Urt. v. 22.07.1998, BAGE 89, 241.

Tarifverträge für Nicht-Arbeitnehmer, nämlich für **arbeitnehmerähnliche Personen** abzuschließen; hiervon ist in großem Maße im Bereich der Rundfunk- und Fernsehanstalten Gebrauch gemacht worden.[123]

82 In der Praxis wird häufig in Tarifverträgen noch zwischen **Angestellten** und **Arbeitern** und **Auszubildenden** unterschieden. Wer Angestellter, Arbeiter oder Auszubildender im Sinne dieser tarifvertraglichen Regelungen ist, richtet sich zunächst nach den Bestimmungen innerhalb der Tarifverträge selbst; dabei sind die entsprechenden speziellen Regelungen, vor allem die speziellen Vergütungsregelungen wie Gehaltsgruppenverzeichnisse oder Lohngruppenverzeichnisse als Auslegungshilfsmittel hilfreich. Findet sich keine weitere Definition, so ist von den **herkömmlichen Begriffen** auszugehen.[124] Dabei sind die Begriffe Angestellte und Arbeiter **Komplementärbegriffe**. Arbeiter sind alle Arbeitnehmer, die nicht Angestellte sind.[125] Eine **arbeitsrechtliche Legaldefinition** des Begriffs **Angestellter** gibt es nicht mehr.[126] Regelungen in Tarifverträgen für Arbeiter können nicht ohne weiteres auf solche für Angestellte und umgekehrt übertragen werden. Dies betrifft auch die **Differenzierung nach tarifvertraglichen Kündigungsfristen.**[127]

83 Mit der Unterscheidung zwischen Arbeitern und Angestellten ist die **Unterscheidung nach Berufen** der Arbeitnehmer nicht zu verwechseln. Tarifverträge müssen keine Geltung für alle Berufe beanspruchen, die innerhalb ihres fachlichen/betrieblichen Geltungsbereichs anzutreffen sind. Grundsätzlich dürfen Tarifverträge sich auf **Arbeitnehmer in bestimmten Berufen** beschränken oder aber bestimmte Berufe, auch solche in bestimmten Betrieben von ihrem Geltungsbereich ausnehmen.[128] Auch insoweit handeln die Tarifvertragsparteien im Rahmen von Art. 9 Abs. 3 GG innerhalb ihrer Tarifautonomie, kraft derer sie gemeinsam festlegen, für welche Berufe der Tarifvertrag Geltung erlangen soll.

84 Indessen sind in Tarifverträgen auch weitere **Ausnahmen vom persönlichen Geltungsbereich** zu finden, die nicht auf die berufliche Tätigkeit des Arbeitnehmers abstellen, sondern auf **die Rechtsgrundlage, die Art oder den Anlass des Arbeitsverhältnisses**. So nimmt beispielsweise § 3 Buchst. d BAT Angestellte von seinem Geltungsbereich aus, **die Arbeiten nach § 260 SGB III oder nach den §§ 19 und 20 BSHG** verrichten oder für die **Eingliederungszuschüsse nach § 217 SGB III** für ältere Arbeitnehmer (§ 218 Abs. 1 Nr. 3 SGB III) gewährt werden. Nach einem Firmentarifvertrag für ein großes Unternehmen der Metallindustrie wurden **Werkstudenten** vom Geltungsbereich des Tarifvertrags ausgenommen; das BAG hat darin keinen Verstoß gegen Art. 3 GG erkannt, weil insoweit der Tarifvertragsfreiheit des Art. 9 Abs. 3 GG Vorrang gebührt, so dass die Ausnahme der Werkstudenten vom Geltungsbereich dieses Tarifvertrags nur noch einer **Missbrauchskontrolle** zu unterziehen war.[129] Die Tarifvertragsparteien unterliegen insoweit bei der Vereinbarung des persönlichen Geltungsbereichs eines Tarifvertrages keiner unmittelbaren Bindung an Art. 3 Abs. 1 GG. Sie sind vielmehr wegen ihres insoweit vorrangigen Grundrechts der Koalitionsfreiheit (Art. 9 Abs. 3 GG) bis zur Grenze der Willkür frei, in eigener Selbstbestimmung den persönlichen Geltungsbereich ihrer Tarifregelungen festzulegen. Die Grenze der Willkür ist erst überschritten, wenn die Differenzierung im persönlichen Geltungsbereich unter keinem Gesichtspunkt, auch koalitionspolitischer Art, plausibel erklärbar ist.[130] Die Rechtsprechung der einzelnen Senate des BAG ist insoweit indessen uneinheitlich.[131]

123 Däubler/*Reinecke*, TVG, § 12a Rn 9 ff.; *Wiedemann/Wank*, TVG, § 12a Rn 23.
124 Schliemann/*Schliemann*, § 611 Rn 335 ff., 341 f.
125 BAG, Urt. v. 07.11.1984, BAGE 47, 160, 163.
126 Schliemann/*Schliemann*, § 611 Rn 341 m.w.N.
127 Vgl. dazu näher Schliemann/*Röhsler*, § 622Rn 95 ff.
128 Anschaulich: § 3 BAT.
129 BAG, Urt. v. 30.08.2000, BAGE 95, 277.
130 BAG, Urt. v. 30.08.2000, BAGE 95, 277, 289.
131 Vgl. die zahlr. Nachw. in BAGE 95, 277; ausführlich Däubler/*Schieck*, TVG, Einl. Rn 194; Wiedemann/*Wiedemann*, TVG, Einl. Rn 198 ff., 214 ff.

Soweit Tarifverträge (auch) für Angestellte Geltung beanspruchen, finden sie in aller Regel ihre Grenze des persönlichen Geltungsbereichs »nach oben« für **außertarifliche Angestellte**, auch kurz **AT-Angestellte** genannt. Der Begriff des außertariflichen Angestellten ist ein Rechtsbegriff. Er ist nicht im Gesetz, wohl aber von der Rechtsprechung definiert. Mit ihm kommt zum Ausdruck, dass der Angestellte vom **persönlichen Geltungsbereich des einschlägigen Tarifvertrages** nicht mehr erfasst wird.[132] 85

AT-Angestellte kann es nur geben, soweit der Arbeitgeber an den einschlägigen Tarifvertrag gebunden ist. Ein nicht tarifgebundener Arbeitgeber kann keine AT-Angestellte haben, jedoch kommt es auf die Tarifgebundenheit des Arbeitnehmers nicht an.[133] Grundvoraussetzung hierfür ist, dass die vom Angestellten geschuldete Tätigkeit oberhalb der in der höchsten Entgeltgruppe vom Tarifvertrag beschriebenen nicht mehr erfasst wird, je nach Tarifvertrag müssen dann noch weitere Abstandsmerkmale hinzukommen.[134] Zuweilen erfassen Tarifverträge persönlich alle Angestellte bis auf die leitenden Angestellten i.S.v. § 5 Abs. 3 BetrVG. Der außertarifliche Angestellte muss jedoch von Gesetzes wegen nicht notwendig leitender Angestellter i.S.d. § 5 Abs. 3 TVG sein.[135] 86

Vom AT- Angestellten ist der noch von der Tätigkeitsbeschreibung in der höchsten Vergütungsgruppe des Tarifvertrags erfasste, aber **übertariflich** bezahlte Angestellte zu unterscheiden. Er ist nicht bereits wegen seiner Bezahlung außertariflicher, sondern höchsten **ÜT-Angestellter**. Stellt ein Tarifvertrag bestimmte **Berufe außerhalb seines** persönlichen **Geltungsbereichs**, so werden derart Beschäftigte von ihm nicht erfasst, auch wenn ihre Tätigkeit – gemessen an ihrer Wertigkeit – ansonsten vom Tarifvertrag erfasst wäre. 87

Persönliche Bereichsausnahmen für **Teilzeitarbeitnehmer** oder **geschlechtsspezifische Ausnahmen** vom persönlichen Geltungsbereich sind in aller Regel ebenso unwirksam wie die generelle Ausnahme **befristet angestellter Arbeitnehmer**, weil alle diese Ausnahmen gegen zwingende, auch die Tarifvertragsparteien bindende einfachrechtliche Bestimmungen verstoßen, nämlich gegen die Diskriminierungsverbote in § 4 TzBfG bzw. § 611a BGB. Hinsichtlich der Unzulässigkeit der Diskriminierung von Teilzeitbeschäftigten bedarf es insoweit keines Rückgriffs auf Art. 3 Abs. 1 GG mehr.[136] 88

II. Inhaltliche Schranken der Tarifvertragsfreiheit

Die **Tarifvertragsfreiheit** ist **inhaltlichen Schranken** unterworfen. Zwar legitimieren die Mitglieder der Tarifvertragsparteien durch ihren Beitritt die Tarifvertragspartei zum Abschluss grundsätzlich aller Tarifverträge; welche Tarifverträge abgeschlossen werden und welche nicht, und mit welchen Inhalten ist letztlich eine Frage der innerverbandlichen Willensbildung. Indessen kennt die Tarifvertragsfreiheit trotz dieser **mitgliedschaftlichen Legitimation** auf einer Reihe von Feldern **inhaltliche Schranken**. Diese Binnengrenzen wurden zunächst unter dem Stichwort Individualbereich zusammengefasst.[137] Nach der Rechtsprechung des BAG können **Gegenstand kollektiver Regelungen** nur die Festsetzung **allgemeiner und abstrakter Arbeitsbedingungen** sein,[138] oder die Regelung **gruppenbezogener Sachverhalte**.[139] Dies gilt indessen für einen Firmentarifvertrag ebenso nur mit Einschränkungen wie etwa hinsichtlich eines Tarifvertrags zur Gründung gemeinsamer Einrichtungen i.S.d. § 4 Abs. 2 TVG. Insoweit werden Einzelfälle geregelt, allerdings wiederum mit durchaus bestimmten Gruppenbezügen. 89

132 Schliemann/*Schliemann*, § 611 Rn 345.
133 BAG, Beschl. v. 30.04.1980, AP Nr. 13 zu § 80 BetrVG 1972.
134 St. Rspr., statt vieler: BAG, Beschl. v. 26.11.2003, AP Nr. 186 zu § 1 TVG Tarifverträge: Metallindustrie
135 BAG, Urt. v. 21.06.2000, BAGE 95, 133.
136 Vgl. zum früheren Recht BAG, Urt. v. 07.03.1995, BAGE 79, 236.
137 Wiedemann/*Wiedemann*, TVG, Einl. Rn 431; *Dietz*, in: Freiheit und Bindung im kollektiven Arbeitsrecht, 1957, S. 13, 21.
138 BAG, Urt. v. 14.02.1968, AP Nr. 7 zu § 4 TVG Effektivklausel.
139 *Hilger*, 43. DJT 1960, Bd. 2, S. 6, 14 ff.

90 Unbeschadet der **schwierigen dogmatischen Grundlegung** besteht Einigkeit, dass **bestimmte Klauseln in Tarifverträgen nicht zulässig** sind. Dies betrifft zum einen den Schutz der individuell Normunterworfenen hinsichtlich ihrer **Privatsphäre**. Außerhalb der Tarifmacht liegt alles, was nicht zum Arbeits- und Wirtschaftsleben von Arbeitgeber oder Arbeitnehmer gehört, also der private Einsatz der Person oder ihrer Rechtsgüter. Dies schließt nicht aus, dass durch Tarifregelung Anreize z.B. für bestimmte private Vermögensvorsorge geschaffen werden, und dass in Tarifverträgen Nebentätigkeits- und Wettbewerbsverbote geregelt werden können. Unzulässig sind aber Klauseln über die **Lohnverwendung**, die **Lohnabtretung** oder den **Lohnverzicht**.[140]

91 Die Grenze der Tarifmacht zeigt sich insbesondere in der Unzulässigkeit sog. **Effektivklauseln**.[141] Deren stärkste Form ist die **Effektivgarantieklausel**, die nicht nur bewirken soll, dass die bisher geleisteten Effektivlöhne zu unabdingbaren **tariflichen Mindestlöhnen** werden, sondern zudem, dass dieser Betrag (einschließlich der übertariflichen Entgeltanteile) **um den Prozentsatz der Tariflohnerhöhung** aufgestockt wird. Die Praxis verzichtet heute weitgehend auf die Vereinbarung solcher Effektivklauseln, weil sie nach ständiger Rechtsprechung des BAG unzulässig sind;[142] gelegentlich tauchen solche Fragen allerdings immer noch auf, z.B. im Zusammenhang mit sog. Verdienstsicherungen.[143]

92 Der Tarifmacht entzogen ist auch die Regelung von **Höchstarbeitszeiten**,[144] sofern dies nicht aus Gründen des **Gesundheitsschutzes** geboten ist oder der Tarifvertrag in diesem Zusammenhang **Gegenleistungen** des Arbeitgebers tarifiert, z.B. einen Verzicht auf betriebsbedingte Kündigungen im Rahmen eines **Beschäftigungssicherungstarifvertrages**.[145] Soweit Tarifverträge die **regelmäßige Arbeitszeit** regeln, spiegelt sich darin in aller Regel nur die Relation für die Bezahlung der geleisteten Arbeit wider; Überschreitungen der regelmäßigen Arbeitszeit werden in aller Regel teurer »tarifiert«. Tarifvertragliche Quotenregelungen für unterschiedliche regelmäßige Höchstarbeitszeiten, wie sie in der Metall- und Elektroindustrie verbreitet sind, begrenzen die Gestaltungsfreiheit des Arbeitgebers und schränken die Gestaltungsfreiheit des Arbeitnehmers mittelbar ein;[146] als individuelle Beschränkung der Höchstarbeitszeiten sind sie kritisch zu hinterfragen. Jedenfalls lassen sich Überschreitungen der tariflichen Höchstarbeitszeit nicht mit Hilfe des Günstigkeitsvergleichs (§ 4 Abs. 3 TVG) lösen. Die Regelung von **Höchstarbeitszeiten** hat für sich alleine mit dem **Günstigkeitsprinzip** nichts zu tun; wäre dies der Fall, so müsste – umgekehrt – auch jede **Teilzeittätigkeit** an § 4 Abs. 3 TVG unter dem Gesichtspunkt des Günstigkeitsprinzips gemessen werden. Dies aber ist in der Praxis – selbstverständlich – nicht der Fall.

93 **Binnenschranken** der Tarifvertragsfreiheit bestehen aber auch hinsichtlich des tarifvertraglichen **Gegenspielers**. So kann durch Tarifvertrag nicht in die **Unternehmensverfassung** eingegriffen oder auf die **Geschäftsführung** Einfluss genommen werden.[147] Zwar kann der **Rationalisierungsschutz** tariflich geregelt sein,[148] nicht aber können Tarifvereinbarungen auf die Entscheidung zur Durchführung von Rationalisierungsmaßnahmen erstreckt werden, weil solches in einem Tarifvertrag nicht geregelt werden kann.[149] Ebenso wenig kann ein Arbeitgeber sich rechtswirksam gegenüber

140 Vgl. im Einzelnen Wiedemann/*Wiedemann*, TVG, Einl. Rn 468–470 m.w.N.
141 Vgl. ausführlich Wiedemann/Wank, TVG, § 4 Rn 528–545 m.w.N.
142 Statt vieler BAG, Urt. v. 21.06.1993, AP Nr. 144 zu § 1 TVG Auslegung.
143 BAG, Urt. v. 15.10.1997, BAGE 87, 10 = AP Nr. 10 zu § 4 TVG.
144 *Schliemann,* in: Festgabe für Richardi, Tarifliches Günstigkeitsprinzip und Arbeitsvertragsfreiheit, 2003, S. 1 ff., 12 ff.; *Hess/Schlochauer/Glaubitz,* BetrVG, § 87 Rn 148; *Hromadka*, BB 1992, 1042; a.A. Däubler/*Deinert*, TVG, § 4 Rn 696 ff.
145 BAG, Urt. v. 25.10.2000, BAGE 96, 168.
146 BAG, Beschl. v. 18.08.1987, BAGE 56, 18; BAG, Beschl. v. 17.06.1997, BAGE 86, 126 = AP 2 zu § 3 TVG Betriebsnormen
147 Wiedemann/*Wiedemann*, TVG, Einl. 456.
148 BAG, Urt. v. 10.03.1994, AP Nr. 117 zu § 1 TVG Tarifverträge: Metallindustrie.
149 BAG, Beschl. v. 22.01.1991, AP Nr. 67 zu Art. 12 GG.

einer Gewerkschaft schuldrechtlich oder tarifvertraglich zur dauerhaften **Beibehaltung der Mitgliedschaft im Arbeitgeberverband** verpflichten oder dazu, den tariflichen Kündigungsschutz mit Arbeitnehmern auch einzelvertraglich zu vereinbaren.[150] Ebenso wenig kann ein Tarifvertrag regeln, dass eine **Betriebsänderung** durchgeführt werden soll oder nicht, wohl aber die daraus resultierenden **sozialen Folgen**. Dagegen sind die Binnenschranken der Tarifautonomie nicht überschritten, wenn der Tarifvertrag bestimmt, dass **Silvester dienstfrei** zu sein hat und die Geschäftsstellen geschlossen bleiben; hierin liegt eine zulässige Betriebsnorm.[151]

III. Rechts- und Inhaltskontrolle des Tarifvertrags

Die allgemeine **Bindung des Gerichts an Gesetz und Recht** (Art. 20 Abs. 3 GG) bestimmen die **Kontrollaufgabe und -befugnis der Gerichte** ebenso wie die **Art und den Maßstab der Kontrolle**. Gerichte haben bei allen von ihnen anzuwendenden Rechtsnormen nicht nur zu prüfen und festzustellen, welchen Inhalt die Normen haben, sondern auch, ob sie - gemessen an **höherrangigem Recht** – gültig sind. Dies gilt auch für Tarifverträge.[152] Auch sie müssen zwingendem (höherrangigem) Recht genügen, auch für sie gibt es keinen »gerichtsfreien Raum«.[153] Die Prüfung erfolgt in eigener Kompetenz der Arbeitsgerichte (oder sonst zuständigen Fachgerichte), und zwar auch in den Fällen, in denen zu prüfen ist, ob die **Kollektivregelung mit dem Grundgesetz vereinbar** ist.[154] Methodisch handelt es sich um eine **Inzidentkontrolle**; eine Vorlage an das Bundesverfassungsgericht nach Art. 100 GG ist ausgeschlossen,[155] denn Tarifverträge als solche sind keine Gesetze,[156] und zwar auch dann nicht, wenn sie nach § 5 TVG für allgemeinverbindlich erklärt worden sind.[157] Ebenso wenig kann das Bundesverfassungsgericht direkt im Wege der Verfassungsbeschwerde über die **Verfassungswidrigkeit von Tarifnormen** entscheiden.[158] 94

Neben der **Inzidentkontrolle** stellt das Gericht für die richterliche Kontrolle von **Tarifverträgen** ein **besonderes Verfahren** in § 2 Abs. 1 Nr. 1 ArbGG zur Verfügung, wobei in solchen Verfahren ergehende rechtskräftige Entscheidungen nicht nur zwischen den Parteien des Rechtsstreits, sondern auch zwischen diesen und Dritten für Gerichte und Schiedsgerichte bindend sind. 95

Die **Grenze der richterlichen Kontrollbefugnis** von Tarifvertragsnormen ergeben sich vor allem aus der **verfassungsrechtlichen** Ordnung des Tarifvertrags und der **Tarifautonomie** nach Art. 9 Abs. 3 GG.[159] Tarifverträge unterliegen **nur** der **Rechtskontrolle**; sie ist darauf gerichtet, ob Tarifverträge gegen die Verfassung, anderes höherrangiges zwingendes Recht oder gegen die guten Sitten verstoßen.[160] Eine **Inhaltskontrolle** im Sinne einer Billigkeitskontrolle oder eine **Tarifzensur** finden nicht statt, sie wären mit der durch Art. 9 Abs. 3 GG garantierten Tarifautonomie unvereinbar. Über diesen Befund besteht Einigkeit. Auch wenn es nach wie vor sprachliche und zum Teil sachliche Unterschiede gibt: Eine über die Rechtskontrolle hinausgehende Inhaltskontrolle, etwa auf Zweckmäßigkeit, Ausgewogenheit oder Billigkeit hat nicht stattzufinden.[161] 96

Tarifvertragsnormen dürfen weder gegen **europäisches** noch sonstiges **überstaatliches** Recht verstoßen, soweit die Tarifvertragsparteien daran gebunden sind.[162] Für Private kommt indessen eine 97

150 BAG, Urt. v. 10.12.2002, AP Nr. 162 zu Art. 9 GG = NZA 2003, 734.
151 BAG, Urt. v. 07.11.1995, AP Nr. 1 zu § 3 TVG Betriebsnormen.
152 BAG in st. Rspr., statt vieler BAG, Urt. v. 19.12.1958, BAGE 7, 153, 155 = AP Nr. 3 zu § 2 TVG.
153 Vgl. ausführlich *Schliemann*, Zur arbeitsgerichtlichen Kontrolle kollektiver Regelungen, in: FS Hanau S. 577, 580–593.
154 BAG, Beschl. v. 21.03.1991, BAGE 67, 367.
155 BVerfG, Urt. v. 08.10.1991, BVerfGE 68, 319, 326.
156 BAG, Urt. v. 15.01.1955, BAGE 1, 258, 263; *Gamillscheg*, Bd. I, 1997 § 16 I 1b, S. 667.
157 BVerfG, Urt. v. 16.01.1987, BVerfGE 55, 7, 20 ff.
158 BAG, Beschl. v. 19.12.1991, AP Nr. 27 zu § 72a ArbGG 1979 = DB 1992, 1251.
159 *Schliemann,* in: FS Hanau, S. 581 m.w.N.
160 St. Rspr., statt vieler BAG, Urt. v. 06.11.1996, BAGE 84, 282, 290 = EzA § 611 BGB Ausbildungsbeihilfe Nr. 16.
161 *Gamillscheg*, Bd. I § 16 III 1, S. 695; *Löwisch/Rieble*, TVG, Grundl. Rn 37.
162 EuGH Slg 1994, I-05727.

unmittelbare Anwendung der Vorschriften einer EG-Richtlinie nicht in Betracht.[163] EG-Richtlinien wenden sich vielmehr als Regelungsbefehl an die Mitgliedstaaten; sie müssen sich nach fruchtlosem Ablauf der Umsetzungsfrist an die Richtlinie als unmittelbar geltendes Recht halten.[164] Tarifvertragsparteien handeln als Private, es sei denn, dass der Staat Tarifvertragspartei ist.

98 Inwieweit eine **Grundrechtsbindung der Tarifvertragsparteien** besteht, ist nach wie vor umstritten. Das BAG hat anfangs und z.T. bis heute angenommen, dies sei der Fall, vor allem im Hinblick auf Art. 3 Abs. 2 und 3 GG.[165] Diese Ansicht ist nicht zu teilen. Entsprechend der Rechtsprechung des **Bundesverfassungsgerichts** zur Kontrolle eines Sozialplans, wonach keine unmittelbare Bindung Privater, wohl aber eine Bindung des Richters an die Grundrechte besteht,[166] unterliegen kollektive arbeitsrechtliche Normen **nicht der unmittelbaren Grundrechtsbindung**.[167] Dies gilt dann auch für Tarifverträge. Das BAG ist dem nur zögerlich gefolgt.[168] Die Tarifvertragsparteien unterliegen grundsätzlich keiner unmittelbaren Bindung an die Grundrechte. Dies betrifft vor allem Art. 3 Abs. 1 GG hinsichtlich der Regelung bzw. Vereinbarung von Ausnahmen von oder Beschränkungen der **persönlichen Geltungsbereiche** ihrer Tarifverträge; insoweit sind sie wegen des Grundrechts der Koalitionsfreiheit bis zur Grenze der Willkür frei, in eigener Selbstbestimmung den persönlichen Geltungsbereich ihrer Tarifregelungen festzulegen. Die Grenze der Willkür ist erst überschritten, wenn die Differenzierung im persönlichen Geltungsbereich unter keinem Gesichtspunkt, auch koalitionspolitischer Art, plausibel erklärbar ist.[169]

99 Allerdings sind strengere Grundrechtsmaßstäbe anzulegen, wenn **nicht tarifgebundene Dritte** (Außenseiter) unmittelbar von Tarifvertragsnormen betroffen sind. Dies betrifft vor allem **betriebliche und betriebsverfassungsrechtliche Tarifbestimmungen**; ihnen kommt **Außenseiterwirkung** nach § 3 Abs. 2 TVG zu.[170] Der Kontrollmaßstab für die Tarifvertragsnormen hinsichtlich der Grundrechte verschiebt sich dagegen nicht, wenn der Tarifvertrag für **allgemeinverbindlich** erklärt worden ist. Mit der Allgemeinverbindlichkeit wird die normative Wirkung auf bisher nicht Tarifgebundene erstreckt (§ 5 Abs. 4 TVG); dies ist indessen kein Akt der Tarifvertragsparteien. Vielmehr handelt es sich bei der Allgemeinverbindlichkeitserklärung um einen **staatlichen Rechtsetzungsakt**; sie selbst ist Gegenstand der Ausübung staatlicher Gewalt.[171] Insoweit unterliegt der Staat der Grundrechtsbindung. Er darf einen Tarifvertrag nicht für allgemeinverbindlich erklären, wenn dessen Inhalt den strengeren Anforderungen, wie sie aus der unmittelbaren Grundrechtsbindung des Gesetzgebers resultieren, nicht genügt. Der Tarifvertrag selbst unterliegt dagegen nur der Kontrolle, der er auch ohne Allgemeinverbindlicherklärung unterläge.[172]

100 Dagegen unterliegen die Tarifvertragsparteien der Bindung **an zwingendes einfaches Gesetzesrecht**. Insoweit kann die **Tarifvertragsfreiheit durch einfaches Gesetz** beschränkt sein. Dies wirkt in zweierlei Hinsicht. Zum einen kann es darum gehen, inwieweit der Gesetzgeber die **Tarifvertragsfreiheit** inhaltlich durch eigene gesetzliche Regelungen **beschränken** darf, indem er bestimmte Regelbereiche selbst regelt und sie damit der Regelung durch die Tarifvertragsparteien entzieht (vgl. Rn 16 ff.). Zum anderen geht es darum, dass er **zwingendes Privatrecht** setzt. Von allseits zwingenden privatrechtlichen Bedingungen können die Tarifvertragsparteien nicht abweichen. Dies betrifft vor allem die **Diskriminierungsverbote** und sonstiges zwingendes Privatrecht. Abweichungen sind dagegen gestattet, soweit es um **tarifdispositives Recht** geht. Tarifdispositát

163 EuGH Slg 1996, I-1281.
164 Im Einzelnen: EuGH Slg 1990, I-3313.
165 BAG, Urt. v. 15.01.1955, BAGE 1, 258 und BAG, Urt. v. 06.04.1955, BAGE 1, 348 sowie BAG, Urt. v. 23.01.1992, BAGE 69, 257, 269 f.
166 BVerfG, Beschl. v. 23.04.1986, BVerfGE 73, 261.
167 *Schliemann*, in: FS Hanau, S. 583; *Kühling*, ArbuR 1994, 126.
168 BAG, Urt. v. 14.10.1997, BAGE 87, 1; BAGE 88, 118.
169 BAG, Urt. v. 30.08.2000, BAGE 95, 277 = NZA 2001, 613.
170 Ausführlich *Schliemann*, in: FS Hanau, S. 588 ff.
171 BVerfG, Beschl. v. 15.07.1980, BVerfGE 55, 7:
172 *Schliemann*, in: FS Hanau, S. 590.

hat zur Folge, dass Tarifregelungen vereinbart werden dürfen, die zu Lasten der Arbeitnehmer vom Gesetz abweichen.[173] Insoweit haben vom Gesetz abweichende Tarifregelungen Vorrang vor der gesetzlichen Regelung.[174] Vergleichbares gilt für Normen, die allgemeindispositiv sind, also auch arbeitsvertraglich abgeändert werden können. Schließlich kommt als **Kontrollmaßstab** für die Tarifnorm auch das **Richterrecht** in Betracht. Dies betrifft auch tarifdispositives Richterrecht, wie es z.B. für die Rückzahlung von Fort- und Weiterbildungskosten entwickelt worden ist.[175]

IV. Tarifauslegung

Zur Ermittlung des Regelungsgehalts von Tarifverträgen bedarf es, sofern der Wortlaut des Tarifvertrags oder der Tarifvertragsnorm nicht in jeder Hinsicht zweifelsfrei und klar ist, der Tarifauslegung. Bei ihr ist zwischen dem **schuldrechtlichen** und dem **normativen** Teil des Tarifvertrags zu unterscheiden. 101

Die Auslegung des **schuldrechtlichen Teiles** des Tarifvertrags folgt den allgemeinen Regeln für Verträge. Dementsprechend kann eine Vereinbarung gegen den erklärten Willen des Abschlusspartners nicht als Tarifvertrag gewertet werden, auch wenn sie sonst alle Elemente eines Tarifvertrages enthält.[176] 102

Die Auslegung des **normativen Teiles** des Tarifvertrags folgt nach ständiger Rechtsprechung den für die **Auslegung von Gesetzen** geltenden Regeln. Dabei ist zunächst vom **Tarifwortlaut** auszugehen, wobei der maßgebliche **Sinn der Erklärung** zu erforschen ist, ohne am Buchstaben zu haften. Bei einem nicht eindeutigen Tarifwortlaut ist der **wirkliche Wille der Tarifvertragsparteien** mit zu berücksichtigen, soweit er in den tariflichen Normen seinen Niederschlag gefunden hat. Abzustellen ist stets auf den tariflichen **Gesamtzusammenhang**, weil dieser Anhaltspunkte für den wirklichen Willen der Tarifvertragsparteien liefert und nur so der Sinn und Zweck der Tarifnorm zutreffend ermittelt werden können. Lässt dies zweifelsfreie Auslegungsergebnisse nicht zu, dann können die Gerichte für Arbeitssachen ohne Bindung an eine Reihenfolge **weitere Gesichtspunkte** (unscharf, aber üblich: »Kriterien«) wie die Entstehungsgeschichte des Tarifvertrages, ggf. auch die praktische Tarifübung ergänzend hinzuziehen. Auch die Praktikabilität denkbarer Auslegungsergebnisse ist zu berücksichtigen; im Zweifel gebührt derjenigen Tarifauslegung der Vorzug, die zu einer vernünftigen, sachgerechten, zweckorientierten und praktisch brauchbaren Lösung führt.[177] Auch eine spätere Tarifentwicklung kann zu berücksichtigen sein.[178] 103

G. Normative Geltung von Tarifnormen

Normative Geltung erhalten Tarifnormen nur, wenn der dem Arbeitsverhältnis zugrunde liegende **Arbeitsvertrag** rechtswirksam zustande gekommen ist oder zumindest zwischen den Parteien ein faktisches Arbeitsverhältnis besteht, wenn der **Tarifvertrag rechtswirksam** abgeschlossen und noch nicht beendet worden ist, wenn die hinreichende **Tarifgebundenheit** besteht und das Arbeitsverhältnis dem **Geltungsbereich des Tarifvertrags** unterfällt. Die unmittelbare Geltung besteht darin, dass die Tarifnorm wie ein Gesetz ohne Rücksicht auf die Kenntnisse der Arbeitsvertragsparteien von ihrem Bestehen oder Inhalt auf das Arbeitsverhältnis einwirkt. Von derart unmittelbar und zwingend geltenden Tarifnormen kann arbeitsvertraglich nur nach näherer Maßgabe von § 4 Abs. 3 TVG abgewichen werden, d.h. dann, wenn die Abmachung durch den Tarifvertrag gestattet ist oder 104

173 BAG, Urt. v. 11.07.1995, EzA § 4 TVG Öffnungsklausel Nr. 1.
174 BAG, Urt. v. 16.06.1998, EzA § 4 EFZG Tarifvertrag Nr. 2.
175 BAG, Urt. v. 06.09.1995, BAGE 81, 5.
176 BAG, Urt. v. 14.04.2004 – 4 AZR 232/03.
177 St. Rspr., statt vieler BAG, Urt. v. 29.08.2001, BAGE 99, 24, 28.
178 BAG, Urt. v. 04.04.2001, AP Nr. 7 zu § 1 TVG Tarifverträge: Brotindustrie.

eine Änderung der Regelungen zu Gunsten des Arbeitnehmers enthalten ist. Einzelvertragliche Abreden, die diesem Maßstab nicht standhalten, werden durch die zwingend und unmittelbar geltenden Tarifnormen verdrängt; sie sind aber nicht infolge der Tarifnormen nichtig. Entfällt der Tarifvertrag, so entfalten die arbeitsvertraglichen Vereinbarungen, die bisher vom Tarifvertrag verdrängt waren, wieder ihre Wirkung.[179]

105 Die unmittelbare und zwingende Geltung der **Tarifnormen**, die den **Inhalt, den Abschluss und die Beendigung** von Arbeitsverhältnissen ordnen, setzt die **beiderseitige kongruente Tarifgebundenheit** voraus (§ 4 Abs. 1 Satz 1 TVG).

106 Für die unmittelbare und zwingende Geltung der Tarifnormen, die **betriebliche** oder die **betriebsverfassungsrechtliche Fragen** ordnen, genügt die **Tarifgebundenheit des Arbeitgebers** (§ 4 Abs. 1 Satz 2 TVG). Diese Unterscheidung nach Art der Tarifnormen ist vom Gesetzgeber vorausgesetzt (vgl. § 1 Abs. 1 TVG). Dies schließt indes nicht aus, dass ein und derselben Tarifnorm durchaus **Doppelcharakter** zukommen kann.

107 Für Tarifverträge über **gemeinsame Einrichtungen der Tarifvertragsparteien** (§ 4 Abs. 2 TVG) bedarf es wieder der beiderseitigen kongruenten Tarifgebundenheit.

108 Durch **Allgemeinverbindlicherklärung** (siehe Rn 167 ff.) erfassen die Tarifnormen auch die bisher nicht tarifgebundenen Arbeitnehmer und Arbeitgeber.

109 Keine zwingende und unmittelbare Geltung der Tarifnormen wird durch eine bloße **arbeitsvertragliche Bezugnahme** auf sie erzeugt; insoweit kann jedoch eine **Gleichstellungsabrede** vorliegen (siehe Rn 177 ff., 189).

I. Inhalts-, Abschluss- und Beendigungsnormen

110 Unter **Inhaltsnormen** sind solche Bestimmungen des Tarifvertrages zu verstehen, die den Inhalt des Arbeitsverhältnisses regeln. Kernelemente solcher Inhaltsnormen sind die Bestimmungen über die **regelmäßige Arbeitszeit** und das **Arbeitsentgelt**. Indessen brauchen sich die Tarifverträge auf diese inhaltlichen Aspekte des Arbeitsverhältnisses nicht zu beschränken; üblicherweise werden darüber hinaus weitere Gesichtspunkte geregelt, vor allem der – den gesetzlichen Rahmen überschreitende – **tarifvertragliche Erholungsurlaub** oder die Zahlung eines **Krankengeldzuschusses**. Auch die Regelung von **Sonderleistungen, vermögenswirksamen Leistungen** oder einer **betrieblichen Altersversorgung** zählen zu den Inhaltsnormen eines Tarifvertrages.

111 Die Inhaltsnormen können einen Gegenstand **abschließend** regeln; sie können aber auch Gegenstände in bestimmter Weise offen regeln. Dementsprechend kann die Höhe der Arbeitsvergütung an die Änderung tatsächlicher Umstände geknüpft werden. Tarifvertragliche Vorschriften, nach denen sich die Höhe der Vergütung bei Änderung tatsächlicher Umstände ohne weiteres z.B. nach der Zahl der in der Regel unterstellten festangestellten Vollzeitbeschäftigten richtet, verstoßen nicht gegen höherrangiges Recht.[180] Dagegen können **Wertsicherungsklauseln** nicht Gegenstand von Tarifvereinbarungen sein. Zu den Inhaltsnormen zählen auch sog. **Bestimmungsnormen**, d.h. Tarifnormen, die nur Rahmenbedingungen aufstellen und deren Konkretisierung Dritten – sehr oft Arbeitgeber und Betriebsrat – überlassen.[181] So kann z.B. auch die Bestimmung eines – weit entfernt liegenden – Arbeitsortes dem Arbeitgeber uneingeschränkt zugewiesen werden.[182] Das Gleiche gilt für sog. **Zulassungsnormen**, also Bestimmungen, die es zulassen, von – nicht zwingend geltenden – Gesetzesbestimmungen zu Lasten des Arbeitnehmers abzuweichen.

179 BAG, Urt. v. 28.11.1990, ZTR 1991, 159.
180 BAG, Urt. v. 07.11.2001, BAGE 99, 295.
181 BAG, Urt. v. 28.11.1984, AP Nr. 1 und 2 zu § 4 TVG Bestimmungsrecht; BAG, Urt. v. 28.04.1988, AP Nr. 25 zu § 622 BGB.
182 BAG, Urt. v. 05.08.1999, AP Nr. 3 zu § 1 TVG Tarifverträge: Deutsche Bahn = NZA 2000, 320.

112 Schließlich können zu den Inhaltsnormen auch solche Bestimmungen zu zählen sein, mit denen der Tarifvertrag von tarifdispositiven Bestimmungen des gesetzlichen Arbeitsschutzrechtes zu Lasten der Arbeitnehmer abweicht, z.B. nach § 7 und § 12 ArbZG.[183]

113 **Abschlussnormen** regeln den Abschluss der Arbeitsverträge; insoweit ist häufig **Schriftform** postuliert. Dabei ist deutlich zwischen vertragsbegründender, also konstitutiver, und lediglich deklaratorischer Schriftform zu unterscheiden.[184] Zu den Abschlussnormen können auch Bestimmungen über **körperliche Eignungsuntersuchungen** zählen, aber auch Bestimmungen über die **Übernahme Auszubildender** in anschließende Arbeitsverhältnisse.

114 Zu den **Beendigungsnormen** zählen vor allem die Regelungen über **tarifvertragliche Kündigungsfristen** und die **tarifvertragliche Unkündbarkeit**. Dazu gehören auch – wenn man sie nicht zu den Abschlussnormen zählen will – die tarifvertraglichen Bestimmungen über die Befristung von Arbeitsverträgen.

II. Betriebs- und Betriebsverfassungsnormen

115 Im Gegensatz zu den in § 4 Abs. 1 Satz 1 TVG genannten Normen über den Inhalt, den Abschluss und die Beendigung von Arbeitsverhältnissen genügt für **Betriebs- und Betriebsverfassungsnormen** die **Tarifgebundenheit des Arbeitgebers** (§ 4 Abs. 1 Satz 2 TVG). Ist der Arbeitgeber an einen Tarifvertrag gebunden, der derartige Betriebs- oder Betriebsverfassungsnormen enthält, so gelten diese Normen zwingend und unmittelbar gegenüber allen Arbeitnehmern, und zwar ohne Rücksicht auf deren Tarifgebundenheit. Voraussetzung ist allerdings auch hier, dass das Arbeitsverhältnis in den Geltungsbereich des Tarifvertrages fällt.

116 Als **Betriebsnormen** (Solidarnormen) werden alle Normen angesehen, die die **Organisationsgewalt des Arbeitgebers** regeln.[185] Der Tarifvertrag hat insoweit die Aufgabe, die unternehmerische Gestaltungsfreiheit im Interesse der Arbeitnehmer einzuschränken; es sind aber auch durchaus Erweiterungen der Organisationsgewalt denkbar. Unter diesem Gesichtspunkt können Tarifbestimmungen, mit denen von den gesetzlichen Schutznormen des Arbeitszeitrechts zu Lasten der Arbeitnehmer abgewichen wird (§ 7, § 12 ArbZG), durchaus als Betriebsnormen verstanden werden.

117 Zu den Betriebsnormen zählen vor allem solche, die die Ordnung des Betriebes regeln und der gesamten Belegschaft oder bestimmten Gruppen der Belegschaft dienen, wie z.B. die Arbeitsorganisation, die Anforderung an den Arbeitsplatz oder die Personalstruktur mit hierarischer Verknüpfung, die Regelung einheitlicher Verfahrensweisen im Betrieb, die Lage der Arbeitszeit, die Einhaltung eines Prozentsatzes der Belegschaft, welcher mit höherer Arbeitszeit beschäftigt werden darf.[186]

118 **Betriebsverfassungsnormen** sind solche über betriebsverfassungsrechtliche Fragen. Sie können sich mit der Rechtsstellung der Arbeitnehmer im Betrieb und ihrer Organe beschäftigen. Durch Tarifvertrag kann allerdings nicht der **Mindestgehalt** des Betriebsverfassungsrechts zum Nachteil der Arbeitnehmerschaft abbedungen werden.[187] Dagegen ist umstritten, ob und inwieweit durch Tarifvertrag über das Betriebsverfassungsgesetz hinaus **Befugnisse der Betriebsvertretungen**, vor allem des Betriebsrats, **erweitert** werden können. Das BAG hat sich insoweit nur mit Einzelfragen befasst. In **personellen Angelegenheiten** wird eine **Erweiterung der Mitbestimmungsrechte** des Betriebsrats bei den allgemeinen personellen Angelegenheiten, bei der Berufsausbildung und

183 Vgl. dazu *Schliemann*, Tarifdispositiver Arbeitszeitschutz – Zur Abänderbarkeit staatlicher Arbeitszeitnormen durch Tarifverträge, Betriebsvereinbarung, Dienstvereinbarungen und kirchliche Arbeitsrechtsregelungen, in: FS Schaub, S. 675 –697.

184 § 4 Abs. 1 BAT ordnet für den Arbeitsvertrag als solchen nur eine deklaratorische Schriftform an, für die Wirksamkeit von Nebenabreden dagegen fordert § 4 Abs. 2 BAT die konstitutive Schriftform.

185 BAG, Urt. v. 01.08.2001, BAGE 98, 303 = AP Nr. 5 zu § 3 TVG Betriebsnormen.

186 BAG, Beschl. v. 17.06.1997, BAGE 86, 126 = NZA 1998, 213.

187 *Schaub*, Arbeitsrechts-Handbuch, § 203 Rn 20 m.w.N.

bei personellen Einzelmaßnahmen und der ordentlichen Kündigung bejaht, nicht dagegen bei der außerordentlichen Kündigung.[188]

III. Gemeinsame Einrichtung

119 Eine Besonderheit enthält § 4 Abs. 2 TVG für Tarifverträge, in denen **gemeinsame Einrichtungen der Tarifvertragsparteien** vorgesehen und geregelt sind, wie - gesetzliche Beispiele – die Lohnausgleichskasse, die Urlaubskasse usw. Unter gemeinsamen Einrichtungen sind solche zu verstehen, die über das einzelne Unternehmen hinausgehen. Hierzu gehört z.B. auch die Erbringung von Leistungen der betrieblichen Altersversorgung. Nach § 4 Abs. 2 TVG können die Tarifvertragsparteien nicht nur im Tarifvertrag die Errichtung dieser Einrichtung regeln, sondern sie können auch die Satzungen einer solchen gemeinsamen Einrichtung mit unmittelbarer und zwingender Wirkung ausstatten und damit zugleich das Verhältnis der Einrichtung zu den tarifgebundenen Arbeitnehmern und Arbeitgebern regeln. Die Normen über solche gemeinsamen Einrichtungen können für allgemeinverbindlich erklärt werden, und zwar auch hinsichtlich etwaiger Zuständigkeitsvereinbarungen.[189] Vor allem ist dies hinsichtlich der **Zusatzversorgungskassen** und der sonstigen **Ausgleichskassen** im Baugewerbe geschehen.

IV. Tarifgebundenheit

120 Die unmittelbare und zwingende Geltung der Tarifnormen setzt eine hinreichende Tarifgebundenheit voraus. Sie muss bei den **Inhalts-, Abschluss- und Beendigungsnormen** auf **beiden Seiten kongruent** gegeben sein (§ 4 Abs. 1 Satz 1 TVG), ebenso bei Normen über **gemeinsame Einrichtungen** der Tarifvertragsparteien (§ 4 Abs. 2 TVG). **Kongruent** ist die Tarifgebundenheit, wenn der Arbeitnehmer der Gewerkschaft angehört, die den Tarifvertrag abgeschlossen hat, und der Arbeitgeber entweder selbst den Tarifvertrag abgeschlossen hat oder dem tarifschließenden Verband angehört, der den Tarifvertrag abgeschlossen hat. Dagegen genügt die Zugehörigkeit zu einem anderen Tarifträgerverband nicht, um die Normen des Tarifvertrags unmittelbar und zwingend zur Geltung zu bringen. Bei den **Betriebs- und Betriebsverfassungsnormen** genügt die **Tarifgebundenheit des Arbeitgebers** (§ 4 Abs. 1 Satz 2 B'TVG).

121 Nach § 3 Abs. 1 TVG sind tarifgebunden die **Mitglieder der Tarifvertragsparteien** und der Arbeitgeber, der selbst Partei des Tarifvertrages ist. Nach § 3 Abs. 2 TVG gelten die Rechtsnormen eines Tarifvertrages über betriebliche und betriebsverfassungsrechtliche Fragen für alle Betriebe, deren Arbeitgeber tarifgebunden ist.

122 Der **einzelne Arbeitgeber** ist tarifgebunden, wenn er **den Tarifvertrag abgeschlossen** hat. Hierfür ist nicht erheblich, ob er diesen Tarifvertrag allein, zusammen mit mehreren anderen Arbeitgebern oder zusätzlich zu einem ihn kraft Mitgliedschaft im tarifschließenden Verband oder infolge Allgemeinverbindlichkeit bindenden Tarifvertrag abgeschlossen hat.[190] Die Tarifgebundenheit an den **Firmentarifvertrag** wird durch die gleichzeitige Tarifgebundenheit an den **Flächentarifvertrag** nicht beseitigt; das Verhältnis zwischen beiden Tarifverträgen ist vielmehr nach den Regeln über die Tarifkonkurrenz bzw. Tarifpluralität aufzulösen.

123 Die **Tarifgebundenheit kraft Mitgliedschaft** entsteht für den **Arbeitnehmer** dadurch, dass er der tarifvertragschließenden **Gewerkschaft** als Mitglied angehört oder ihr während des Laufes des Tarifvertrages beitritt. Entsprechendes gilt für den **Arbeitgeber** hinsichtlich seiner Mitgliedschaft im **tarifschließenden Arbeitgeberverband**. Die Tarifgebundenheit auf der Arbeitnehmerseite besteht in der Zugehörigkeit des Arbeitnehmers als natürliche Person. Auf der Arbeitgeberseite muss das

188 V. BAG, Beschl. v. 10.02.1988, AP Nr. 53 zu § 99 BetrVG 1972; BAG, Beschl. v. 19.05.1978, AP Nr. 1 zu § 88 BetrVG 1972.

189 BAG, Urt. v. 05.12.1958, AP Nr. 1 zu § 4 TVG Ausgleichskasse.

190 BAG, Urt. v. 10.11.1993, AP Nr. 42 zu § 1 TVG Tarifverträge: Einzelhandel.

Unternehmen oder der Unternehmer, mit dem der Arbeitnehmer den Arbeitsvertrag abgeschlossen hat, Mitglied des tarifschließenden Arbeitgeberverbandes sein. Ein einzelner Betrieb kann – mangels Rechtspersönlichkeit – für sich alleine nicht Mitglied eines tariftragenden Verbandes sein, wohl aber der Inhaber des Betriebes, mag auch der Betrieb in einem – gemessen am Sitz des Betriebsinhabers gebietsfremden – Tarifgebiet liegen. Gleichermaßen kann ein **Konzern** als solcher nicht tarifgebunden sein, wohl aber das den Konzern führende Unternehmen. Die Mitgliedschaft im tariftragenden Arbeitgeberverband setzt die Rechtsfähigkeit des Mitgliedes voraus. Für die Rechtsfähigkeit des Arbeitgebers gelten die allgemeinen Regeln über die Rechtsfähigkeit von natürlichen und juristischen Personen und Personengesellschaften. Auch **öffentlich-rechtliche (Gebiets-)Körperschaften** sind grundsätzlich tariffähig; sie können sowohl Tarifvertragspartei sein als auch einem tariftragenden Verband angehören.[191] Da die Tariffähigkeit im Außenverhältnis von organisatorischen Voraussetzungen abhängt, können auch **rechtsfähige Sondervermögen** Tarifvertragspartei bzw. Mitglied im Tarifträgerverband sein.[192] Diese Fragen spielten insbesondere im Zusammenhang mit der Neugliederung des Bundeseisenbahnvermögens eine Rolle, aber auch bei der Neugliederung von Post und Telekom.

Für Arbeitnehmer, die in einem nach deutschem Recht zu beurteilenden Arbeitsverhältnis zu den **Stationierungsstreitkräften** stehen, werden Tarifverträge nicht von den Stationierungsstreitkräften abgeschlossen, sondern von der Bundesrepublik Deutschland (obwohl der Bund nicht selbst Arbeitgeber ist). Die Tariffähigkeit des Bundes beruht insoweit auf Art. 56 Abs. 5 lit. a des Zusatzabkommens zum Nato-Truppenstatut.[193] Dabei verlangen die Stationierungskräfte, dass jeder Arbeitnehmer die Anwendung des Tarifvertrages nach seiner jeweils geltenden Fassung auf das Arbeitsverhältnis anerkennt.[194] Vergleichbares sieht § 23 Abs. 2 PostPersRG vor. 124

Für **Tendenzunternehmen** bietet das TVG keine Ausnahme. **Kirchen** sind als öffentlich-rechtliche Körperschaften **tariffähig**; sie schließen jedoch in aller Regel keine Tarifverträge ab, sondern ordnen die Arbeitsbedingungen auf dem **Dritten Weg**. Dagegen ist die Tariffähigkeit von **Gewerkschaften** zu bejahen, wenn die bei ihnen beschäftigten Arbeitnehmer ihrerseits einem entsprechenden tariffähigen anderen Arbeitnehmerverband angehören; Gewerkschaftsbeschäftigte können zum Zweck der tariflichen Regelung ihrer Arbeitsbedingungen einen entsprechenden Verband gründen.[195] 125

Tarifgebundenheit entsteht indessen nur, wenn der Verband auf der Arbeitgeberseite **tariffähig und tarifwillig** ist und der Arbeitgeber eben diesem Verband uneingeschränkt beigetreten ist. Gehört der Arbeitgeber dagegen einem tarifschließenden Arbeitgeberband nur mit einer **OT-Mitgliedschaft**, d.h. mit einer Mitgliedschaft ohne Tarifbindung an, so ist er an die von diesem Verband abgeschlossenen Tarifverträge nicht gebunden. Dies gilt auch, wenn die Mitgliedschaft durch einen anderen Verband vermittelt wird.[196] 126

Beginn und Ende der Mitgliedschaft in der Gewerkschaft bzw. im tariftragenden Arbeitgeberverband richten sich nach den satzungsgemäßen Bestimmungen der Gewerkschaft bzw. des Arbeitgeberverbandes. Eine Mitgliedschaft kann einvernehmlich auch **rückwirkend** begründet werden; dies hat allerdings nicht die rückwirkende **Tarifgebundenheit** zur Folge.[197] Vielmehr kommt es hierfür darauf an, wann das Mitgliedschaftsverhältnis tatsächlich durch übereinstimmende Willenserklärung des (künftigen) Mitgliedes und des aufnehmenden Verbandes zustande gekommen ist. 127

191 BAG, Urt. v. 25.04.1979, AP Nr. 49 zu § 611 BGB Dienstordnungs-Angestellter; BAG, Urt. v. 02.12.1992, AP Nr. 14 zu § 3 TVG.

192 *Netz*, ZTR 1994, 189 ff.

193 BGBl 1961 II, 1218 m. zahlr. N.

194 Wiedemann/*Oetker*, TVG, § 2 Rn 100.

195 BAG, Urt. v. 17.02.1998, BAGE 88, 38 = NZA 1998, 754; s. aber auch BAG, Beschl. v. 28.04.1992, AP Nr. 11 zu § 50 BetrVG 1972.

196 BAG, Beschl. v. 22.03.2000, BAGE 94, 126.

197 BAG, Urt. v. 22.11.2000, AP Nr. 20 zu § 3 TVG Verbandszugehörigkeit = NZA 2001, 980.

V. Ende der Tarifgebundenheit

128 Nach § 3 Abs. 3 TVG bleibt die Tarifgebundenheit bestehen, bis der Tarifvertrag endet; dies wird in der jüngeren Terminologie des BAG **Nachbindung** genannt.[198] Während um den Beginn eines Tarifvertrages nur selten gestritten wird, entstehen vermehrt Fragen hinsichtlich seines Endes.

129 **Mitgliedschaftsrechtlich** kann die Beendigung des Mitgliedsverhältnisses der Tarifvertragspartei **jederzeit gemäß den jeweiligen Satzungsbestimmungen** oder auch **einvernehmlich** herbeigeführt werden. **Tarifvertragsrechtlich** hat die Beendigung der Mitgliedschaft jedoch nicht die Beendigung der **Tarifbindung** zur Folge; diese hält vielmehr an, **bis der Tarifvertrag endet.** Dies gilt nicht nur für den Arbeitgeber, sondern auch für den Arbeitnehmer.[199] Endet die Mitgliedschaft im tariftragenden Verband dagegen durch Tod des Mitgliedes oder durch Untergang des Rechtsträgers, z.B. infolge Verschmelzung oder Aufspaltung (§§ 20 Abs. 1 Nr. 2, 131 Abs. 1 Nr. 2 UmwG), so ist § 3 Abs. 3 TVG nicht anzuwenden.[200] Ebenso ist § 3 Abs. 3 TVG unanwendbar, wenn das Unternehmen kraft Gesetzes im Wege der Gesamtrechtsnachfolge auf einen anderen Rechtsträger übergeht[201].

130 Die **Nachbindung** nach § 3 Abs. 3 TVG setzt voraus, dass die sonstigen Voraussetzungen für die normative Tarifgeltung vorliegen. Insbesondere muss weiterhin die Zugehörigkeit zum **Geltungsbereich** des Tarifvertrags gegeben sein. Deswegen ist § 3 Abs. 3 TVG **unanwendbar**, wenn zwar die Tarifgebundenheit als solche bestehen bleibt, jedoch das Arbeitsverhältnis bzw. der Arbeitgeber oder dessen Betrieb **aus dem Geltungsbereich** des Tarifvertrages **ausgeschieden** sind.[202] Häufig treffen Verbandsaustritt und Wechsel des betrieblichen/fachlichen/räumlichen Geltungsbereichs zusammen. Insoweit kommt es darauf an, ob zunächst der Tarifvertrag endet oder zuvor der fachliche/betriebliche Geltungsbereich des Tarifvertrags verlassen worden ist.

131 Bei einer **Auflösung der Tarifvertragspartei** ist § 3 Abs. 3 TVG weder unmittelbar noch entsprechend anzuwenden.[203] Im Schrifttum wird dagegen eine entsprechende Anwendung auf den Liquidationsverband befürwortet.[204] Beim **Zusammenschluss** von Tarifträgerverbänden kann jedoch anderes gelten, dies insbesondere dann, wenn der Zusammenschluss den Wegfall der bisherigen Tarifvertragspartei nicht zur Folge hat, wie z.B. bei der **Verschmelzung von Gewerkschaften** oder Tarifträgerverbänden auf der Arbeitgeberseite. Ein **Firmentarifvertrag** kann gem. § 20 Abs. 2 Satz 1 UmwG bei einer Verschmelzung auf einen neuen Unternehmensträger übergehen.[205]

132 Die **Wirkung der Nachbindung** i.S.d. § 3 Abs. 3 TVG betrifft den **normativen Teil** des Tarifvertrages. Dementsprechend gelten für die erst im **Nachbindungszeitraum begründeten Arbeitsverhältnisse** die Tarifnormen, an die Nachbindung besteht, unmittelbar und zwingend.[206] Hinsichtlich des **schuldrechtlichen Teiles** kommt es darauf an, inwieweit dadurch dem ausgeschiedenen Tarifverbandsmitglied während der Laufzeit des Tarifvertrages Rechte und Pflichten auferlegt worden sind. Dies betrifft insbesondere die tarifvertragliche Friedenspflicht.[207]

198 Vgl. zur Wortwahl BAG, Urt. v. 07.11.2001, BAGE 99, 283.
199 BAG, Urt. v. 04.04.2001, BAGE 97, 263.
200 BAG, Urt. v. 05.10.1993, AP Nr. 42 zu § 1 BetrAVG Zusatzversorgungskassen = NZA 1994, 848.
201 BAG, Urt. v. 13.07.1994, AP Nr. 14 zu § 3 TVG Verbandszugehörigkeit.
202 BAG, Urt. v. 10.12.1997, NZA 1998, 484.
203 BAG, Urt. v. 02.12.1992, AP Nr. 4 zu § 3 TVG.
204 Wiedemann/*Oetker*, TVG, § 3 Rn 54.
205 BAG, Urt. v. 24.06.1998, BAGE 89, 193.
206 BAG, Urt. v. 04.08.1993, BAGE 74, 41; BAG, Urt. v. 07.11.2001, BAGE 99, 283.
207 *Bauer,* in: FS Schaub, S. 19, 22 f.

VI. Nachwirkung

Nach § 4 Abs. 5 TVG gelten nach dem Ablauf des Tarifvertrags seine Rechtsnormen weiter, bis sie durch eine andere Abmachung ersetzt werden. Für diese **unmittelbare, aber nicht mehr zwingende Weitergeltung** hat sich der Ausdruck **Nachwirkung** durchgesetzt. Üblicherweise erfasst die Nachwirkung **alle Tarifnormen**; allerdings ist die Nachwirkung primär auf die **Individualnormen** und dabei vor allem auf die **Inhalts- und Beendigungsnormen** gerichtet. Die Tarifvertragsparteien können die **Nachwirkung** ganz oder teilweise bereits im Tarifvertrag **ausschließen.**[208] Vor allem hinsichtlich **Betriebsverfassungsnormen** kann sich die Frage nach einem stillschweigenden Ausschluss der Nachwirkung stellen, wenn sich das Regelungssubstrat so geändert hat, dass die Betriebsverfassungsnormen des deshalb gekündigten Tarifvertrags keinen Regelungsgegenstand mehr vorfinden[209] Nach der sog. **Nachwirkungslehre** schließt sich die Nachwirkung – so sie von den Tarifvertragsparteien nicht ausgeschlossen worden ist, grundsätzlich an jedes Ende der unmittelbaren und zwingenden Geltung der Tarifnormen an.[210] 133

Wird der **betriebliche/fachliche Geltungsbereich verlassen**, so entfällt mit diesem Zeitpunkt die unmittelbare und zwingende Geltung der Tarifnormen nach § 4 Abs. 1 TVG. § 3 Abs. 3 TVG ist unanwendbar.[211] Es tritt jedoch im selben Zeitpunkt die Nachwirkung des § 4 Abs. 5 TVG ein.[212] Die Nachwirkung im Sinne dieser Vorschrift schließt sich auch an einen **Verbandsaustritt** nach dem Ende der Nachbindung (§ 3 Abs. 3 TVG) an. An dieser Rechtsprechung hat das BAG nach ausführlicher Auseinandersetzung mit abweichenden Auffassungen festgehalten.[213] Sie ist verfassungsgemäß[214] und gilt auch, wenn die **Allgemeinverbindlichkeit** des Tarifvertrages gem. § 5 Abs. 5 Satz 3 TVG mit dessen Ablauf **endet**; seine Rechtsnormen wirken dann gem. § 4 Abs. 5 TVG auch gegenüber den Nichttarifgebundenen (Außenseitern) nach.[215] Keine Nachwirkung tritt dagegen ein, wenn der Arbeitnehmer zum **außertariflichen Angestellten** wird. Denn für diese Arbeitnehmer beansprucht der Tarifvertrag überhaupt keine Geltung. 134

Die Nachwirkung besteht darin, dass die bei Beginn der Nachwirkung zwingend und unmittelbar geltenden **Tarifnormen** in dem Stand – **statisch** – **unmittelbar gelten**, den sie bei Beginn der Nachwirkung gehabt haben,[216] dies **aber nicht mehr zwingend.**[217] Konsequenterweise unterliegen erst während des Nachwirkungszeitraumes begründete Arbeitsverhältnisse nicht den nur noch nachwirkenden Tarifnormen, auch wenn kongruente Tarifgebundenheit besteht.[218] 135

Die Nachwirkung wird durch eine **andere Abmachung** beendet. Dies kann ein **nachfolgender Tarifvertrag**[219] sein, aber auch ein anderer Tarifvertrag derselben Tarifvertragsparteien. Auch eine **Betriebsvereinbarung** kann eine andere Abmachung i.S.d. § 4 Abs. 5 TVG sein;[220] sie kann auch bereits vor dem Ende der zwingenden und unmittelbaren Geltung des Tarifvertrags abgeschlossen werden, wenn sie erst nach Ende des Tarifvertrags in Kraft treten soll.[221] Auch **einzelvertraglich** kann jederzeit eine andere Abmachung geschlossen werden.[222] Nimmt ein Arbeitnehmer das mit einer **Änderungskündigung** verbundene Angebot zur Reduzierung bisheriger Tarifleistungen gem. 136

208 BAG, Urt. v. 03.09.1986, BAGE 53, 1 = AP Nr. 12 zu § 4 TVG Nachwirkung.
209 Däubler/*Bepler*, TVG, § 4 Rn 873 ff., 875.
210 Vgl. ausführlich BAG, Urt. v. 13.12.1995, BAGE 82, 27 = AP Nr. 3 zu § 3 TVG Verbandsaustritt.
211 BAG, Urt. v. 10.12.1997, AP Nr. 21 zu § 3 TVG.
212 BAG, Urt. v. 10.12.1997, BAGE 87, 257 = AP Nr. 20 zu § 3 TVG.
213 BAG, Urt. v. 17.05.2000, BAGE 94, 367.
214 BVerfG, Beschl. v. 03.07.2000, AP Nr. 36 zu § 4 TVG Nachwirkung.
215 BAG, Urt. v. 25.10.2000, AP Nr. 38 zu § 4 TVG Nachwirkung = NZA 2001, 1146.
216 BAG, Urt. v. 25.10.2000, AP Nr. 38 zu § 4 TVG Nachwirkung = NZA 2001, 1146
217 BAG, Urt. v. 13.12.1995, BAGE 82, 27 = AP Nr. 3 zu § 3 TVG Verbandsaustritt.
218 BAG, Urt. v. 22.07.1998, BAGE 89, 241.
219 BAG, Urt. v. 08.09.1999, BAGE 92, 259 = AP Nr. 33 zu § 4 TVG Nachwirkung.
220 BAG, Urt. v. 27.11.2002, AP Nr. 34 zu § 87 BetrVG 1972 Tarifvorrang
221 BAG, Urt. v. 27.11.2002, AP Nr. 34 zu § 87 BetrVG 1972 Tarifvorrang.
222 BAG, Urt. v. 28.05.1997, BAGE 86, 43 = AP Nr. 26 zu § 4 TVG Nachwirkung.

§ 2 Abs. 1 KSchG unter dem Vorbehalt der sozialen Rechtfertigung an, so liegt hierin eine die Nachwirkung nach § 5 Abs. 5 TVG beendende **einzelvertragliche Abmachung**, sofern sich die Änderung der Arbeitsbedingungen als sozial gerechtfertigt erweist.[223]

137 Werden während des Nachwirkungszeitraumes die Nachwirkung beendende Vereinbarung getroffen, die unterhalb des (bisherigen oder künftigen) Tarifniveaus liegen, so können solche Regelungen durch einen nachfolgend abgeschlossenen Tarifvertrag wieder verdrängt werden, wenn dieser entgegenstehende Mindestbedingungen setzt. Der Tarifvertrag kann insoweit auch **rückwirkend** in Kraft gesetzt werden. Während dessen **Nachwirkungszeitraumes** besteht grundsätzlich kein Vertrauensschutz der Tarifvertragsunterworfenen auf die Beibehaltung der bisherigen Regelung.

H. Günstigkeitsprinzip, Tariföffnungsklausel

138 Die unmittelbare und zwingende Geltung der Tarifnormen, die den Inhalt, den Abschluss und die Beendigung von Arbeitsverhältnissen ordnen (§ 4 Abs. 1 Satz 1 TVG), wird notwendigerweise durch das **tarifliche Günstigkeitsprinzip** (§ 4 Abs. 3 TVG) ergänzt. Vom Günstigkeitsprinzip macht wiederum die **Tariföffnungsklausel** des § 4 Abs. 3 TVG eine Ausnahme.

I. Günstigkeitsprinzip

139 Der heute selbstverständliche Gedanke, dass zwingende und unmittelbar geltende Tarifnormen keinen Tarifzwang, sondern nur Mindestarbeitsbedingungen normieren, war nicht selbstverständlich; jedoch wurde bereits im Jahre 1917 auf Grund der grundlegenden Arbeit von *Sinsheimer* das tarifvertragliche Günstigkeitsprinzip zum gesetzlichen Prinzip erhoben.[224] Heute ist Allgemeingut, dass von den tarifvertraglichen Bedingungen zu Gunsten des Arbeitnehmers abgewichen werden darf, sie also insoweit nur Mindestarbeitsbedingungen darstellen.

140 Das **tarifvertragliche Günstigkeitsprinzip** ist allerdings erst zu bemühen, wenn die **Wirksamkeit der Tarifnorm** selbst außer Zweifel steht. Wird die individuelle Vertragsfreiheit (Art. 2 Abs. 1 GG) bzw. die Berufsfreiheit (Art. 12 Abs. 1 GG) durch **Tarifnormen** über **Lohnverwendungen** oder den **Umfang der** Verpflichtung zur **Arbeitsleistung**, sei es die **Wochenstundenzahl**, sei es die **Dauer des Arbeitsverhältnisses** beschränkt, so ist nicht von vornherein auf das Günstigkeitsprinzip, etwa im Sinne der Wahlfreiheit, als den Ansatz des Günstigkeitsvergleichs[225] abzustellen. Vielmehr ist zunächst zu prüfen, ob die Beschränkung der Individualfreiheiten durch die Tarifnorm rechtswirksam oder deshalb unwirksam ist, weil sie die auch gegenüber ihren tarifgebundenen Mitgliedern zu beachtenden Grenzen des »Unerträglichen« überschreitet[226] und übermäßig in unverzichtbare Bereiche der Individualfreiheitsrechte, nämlich in die Berufsfreiheit des Arbeitnehmers eingreift.[227]

141 § 4 Abs. 3 TVG erfordert dem Wortlaut nach, dass »abweichende Abmachungen zulässig sind, soweit sie eine Änderung der Regelungen zu Gunsten des Arbeitnehmers enthalten«. Die nähere **Ausgestaltung des tariflichen Günstigkeitsprinzips** ist durch die **Rechtsprechung** erfolgt. Für die Frage, was als günstiger miteinander zu vergleichen ist, kommt es nach ständiger Rechtsprechung des BAG auf einen sachlichen Zusammenhang der miteinander zu vergleichenden Regelungen an (»**Sachgruppenvergleich**«). Dieser Ansatz stellt darauf ab, die tatsächlich einander entsprechenden Regelungen zu vergleichen, soweit nicht sowohl der Tarifvertrag als auch der Einzelarbeitsvertrag Anhaltspunkte für ein abweichendes Vorgehen bieten.[228] Hiervon ausgehend hat der 1. Senat des

223 BAG, Urt. v. 27.09.2001, BAGE 99, 167.
224 Vgl. näher *Schliemann*, NZA 2003, 122.
225 So aber BAG (GS), Urt. v. 26.04.1990, NZA 1990, 816.
226 ErfK/*Dieterich*, Einl. GG Rn 47, 64, 67.
227 *Schliemann*, NZA 2003, 122, 123 m.w.N.
228 Statt vieler BAG, Urt. v. 16.05.1984, BAGE 46, 50, bestätigt durch BAG (GS), Beschl. v. 07.11.1989, BAGE 63, 211, 220 = NZA 1990, 816.

BAG angenommen, im Rahmen eines betrieblichen Bündnisses für Arbeit könnten Arbeitszeit und Arbeitsentgelt einerseits und eine Beschäftigungsgarantie andererseits nicht miteinander vergleichen werden; es handele sich um unterschiedlich geartete Regelungsbereiche (»Äpfel und Birnen«), für deren Bewertung es keinen gemeinsamen Maßstab gebe.[229] Die herrschende Meinung in der Rechtsprechung ist allerdings für die Fälle zu hinterfragen, in denen es – aus welchen Gründen auch immer – nicht zum Abschluss eines betrieblichen Bündnisses für Arbeit auf Tarifebene bzw. durch eine von den Tarifvertragsparteien gebilligte Betriebsvereinbarung kommt, jedoch eine wirklich ernsthafte Gefährdung der Arbeitsplätze durch ein solches Bündnis für Arbeit soweit wie möglich beseitigt wird.[230] Zudem ist die Annahme, der Sachgruppenvergleich könne als Maxime des Günstigkeitsvergleichs nur durch eine Gesetzesänderung beseitigt werden,[231] nicht zu teilen. Der Sachgruppenvergleich ist ein Ergebnis der Rechtsprechung; er kann ebenso gut durch die Rechtsprechung wieder aufgelöst werden. Die weitere Entwicklung bleibt insoweit abzuwarten.

Dagegen spielt der Sachgruppenvergleich dann keine Rolle, wenn die Abweichungen **lediglich zu Gunsten des Arbeitnehmers** vorgenommen worden sind, er also an keiner Stelle schlechter und in einzelnen oder allen Bedingungen besser gestellt wird, als der Tarifvertrag sie normiert. 142

II. Tariföffnungsklausel

Abweichungen zu Lasten des Arbeitnehmers von den Normen des Tarifvertrages sind aber auch durch einzelvertragliche Abmachungen möglich, wenn die Tarifvertragsparteien dies durch den Tarifvertrag gestatten. Eine solche Gestattung wird als **tarifvertragliche Öffnungsklausel** bezeichnet;[232] treffender sollte von einer **Gestattungsklausel** gesprochen werden. Je nach Umfang der Gestattungsklausel können die Betriebspartner oder sogar die Parteien des Einzelarbeitsvertrages wirksame Abmachungen treffen, die zu Lasten des Arbeitnehmers vom Tarifstandard abweichen. Von solchen Gestattungsklauseln sind die Klauseln in Tarifverträgen zu unterscheiden, die von vornherein bestimmte ausführende Regelungen den Parteien des Arbeitsvertrages oder den Betriebsparteien überlassen, sie können als **Ausfüllungsklauseln** bezeichnet werden. 143

I. Verzicht, Verwirkung, tarifvertragliche Ausschlussfristen

Entsprechend ihrem Charakter als Mindestarbeitsbedingungen normiert § 4 Abs. 3 TVG für den Verlust entstandener tariflicher Ansprüche der Arbeitnehmer **Erschwernisse**, die **gegen den Rechtsverlust** schützen sollen. 144

I. Verzicht

Ein **Verzicht** auf entstandene tarifliche Rechte ist nur in einem von den Tarifvertragsparteien gebilligten Vergleich zulässig (§ 4 Abs. 4 Satz 1 TVG). Diese Bestimmung besagt zunächst, dass es keine einseitigen wirksamen Verzichtserklärungen auf entstandene tarifvertragliche Rechte, mithin also auf Tarifansprüche und Tarifforderungen, gibt. Der Arbeitnehmer kann nicht wirksam verzichten; jeder Verzichtsvertrag oder jede Verzichtserklärung ist wegen Verstoßes gegen eine gesetzliche Bestimmung (§ 4 Abs. 4 Satz 1 TVG) nach § 134 BGB **unwirksam.** 145

Dagegen können Arbeitnehmer auf **entstandene tarifliche Rechte** verzichten, wenn dies in einem **Vergleich** geschieht und die **Tarifvertragsparteien** dem Vergleich und dem darin enthaltenen 146

229 BAG, Beschl. v. 20.04.1999, BAGE 91, 210, 230 = NZA 1999, 887.
230 Vgl. im einzelnen *Schliemann*, NZA 2003, 122–128.
231 BAG, Beschl. v. 20.04.1999, BAGE 91, 210, 230, 233 = NZA 1999, 887.
232 Derselbe Ausdruck wird allerdings auch für Gesetzesbestimmungen verwendet, die ihrerseits eine andere Normierung durch Tarifvertrag eröffnen.

Verzicht zustimmen. Die Zustimmung der Tarifvertragsparteien, also der Gewerkschaft und des Arbeitgeberverbandes bzw. – beim Firmentarifvertrag – des Arbeitgebers, liegt nicht schon im Abschluss des Vergleichs durch etwaige bevollmächtigte Verbandsvertreter oder sonstige Verfahrensbevollmächtigte. Vielmehr müssen die Verbandsvertreter beider Seiten ihrerseits die Billigung der dafür zuständigen Gremien ihrer Verbände einholen.

147 Von einem Vergleich, der zum **Verzicht auf entstandene tarifliche Rechte** führt, ist der **Tatsachenvergleich** hinsichtlich der Tatsachen zu **unterscheiden**, die die Grundlage für die tarifliche Forderung bilden.[233] Ein unzulässiger Verzichtsvergleich liegt vor, wenn der Arbeitnehmer auf tatsächlich entstandene Vergütungsforderungen verzichtet, mag er auch dafür auf anderen Feldern eine entsprechende »Gegenleistung« im Wege des Vergleichs erhalten. Ein solcher Vergleich bedarf der Zustimmung durch die Tarifvertragsparteien. Ist dagegen streitig, ob und in welchem Umfang der Arbeitnehmer Arbeitsleistungen erbracht hat, so ist ein Vergleich hinsichtlich des streitigen Umfangs der Erbringung von Arbeitsleistungen als **Tatsachenvergleich** zulässig; er unterfällt nicht dem § 4 Abs. 4 Satz 1 TVG.

II. Verwirkung

148 Nach § 4 Abs. 4 Satz 2 TVG ist die **Verwirkung** tariflicher Rechte ausgeschlossen. Unter Verwirkung ist grundsätzlich die Einwendung **illoyaler Verspätung** zu verstehen, d.h. ein rechtsmissbräuchliches Verhalten durch verspätete Rechtsausübung. Ein solches Handeln oder Unterlassen ist – beschränkt auf tarifliche Ansprüche – von Gesetzes wegen ausgeschlossen. Dagegen kann gegen die entstandene tarifliche Forderung der Einwand der **Verjährung** uneingeschränkt erhoben werden. Vom Einwand der Verwirkung ist ferner der Einwand der gegenwärtigen **allgemeinen Arglist** oder der **unzulässigen Rechsausübung** zu unterscheiden; der Berufung hierauf steht § 4 Abs. 4 Satz 2 TVG nicht entgegen.[234]

III. Ausschlussfristen

149 Der praktisch wichtigste Fall des **Rechtsverlustes** tariflicher Ansprüche und Forderungen liegt im Eingreifen **tarifvertraglicher Ausschlussfristen**. Sie werden auch Ausschlussklauseln, Verfallklauseln und vergleichbar genannt. Nach § 4 Abs. 4 Satz 3 TVG können Ausschlussfristen für die Geltendmachung tariflicher Rechte nur im Tarifvertrag vereinbart werden. Hiervon wird in der Tarifpraxis erheblich Gebrauch gemacht. Durch lediglich einzelvertraglich vereinbarte Ausschlussfristen können indessen tarifvertragliche Ansprüche nicht verfallen.

150 In der Praxis der Arbeitsgerichte spielen tarifvertragliche Ausschlussfristen **eine erhebliche Rolle**. Sie sind **von Amts wegen** zu beachten, d.h. es bedarf nicht der Erhebung einer Einrede, damit sie beachtlich werden.[235] Andererseits kann es rechtsmissbräuchlich sein, wenn sich eine Partei auf die tarifliche Ausschlussfrist stützt.[236] Weil sie von Amts wegen beachtlich sind, werden sie häufig auch ohne entsprechenden Vortrag der Streitparteien vom Gericht herangezogen, weil dies eine rasche Erledigung des Streitfalles ermöglicht. Indessen muss die Partei, die sich auf eine Ausschlussfrist berufen will, darlegen, dass es eine solche gibt und dass deren Voraussetzungen erfüllt sind.[237] Umgekehrt muss das Gericht, wenn es eine ihm bekannte Ausschlussfrist anzuwenden hat, den Parteien Gelegenheit zur Stellungnahme geben.[238] Insgesamt stehen tarifvertraglich, noch mehr aber einzelvertragliche Ausschlussfristen unter kritischer rechtlicher Beobachtung, vor allem

233 BAG, Urt. v. 21.12.1972, AP Nr. 1 zu § 9 LohnFG; BAG, Urt. v. 05.11.1997, AP Nr. 17 zu § 4 TVG.
234 *Löwisch/Rieble*, § 4 TVG Rn 270; a.A. *Däubler*, Tarifvertragsrecht Rn 1318 ff.; *Kempen/Zachert*, § 4 TVG Rn 248.
235 St. Rspr., statt vieler BAG, Urt. v. 15.06.1993, AP Nr. 123 zu § 4 TVG Ausschlussfristen.
236 Vgl. ausführlich Wiedemann/Wank, TVG, § 4 Rn 784–796, m.N. aus der Rspr.
237 BAG, Urt. v. 15.06.1993, AP Nr. 123 zu § 4 TVG Ausschlussfristen.
238 BAG, Urt. v. 12.06.1972, AP Nr. 51 zu § 4 TVG Ausschlussfristen.

von der Arbeitnehmerseite. Dennoch werden solche Klauseln immer noch vereinbart. Ihr Sinn liegt darin, durch die Drohung mit der Anspruchsvernichtung allein infolge Zeitablaufs zu einer möglichst raschen Prüfung der eigenen Ansprüche anzuhalten und so für Rechtsfrieden zu sorgen.

Die tarifvertraglichen Ausschlussfristen stellen weder eine Verjährung noch eine Verwirkung tarifli- 151
cher Rechte dar. Sie sind vielmehr **anspruchsvernichtende Normen** eigener Art. In aller Regel sind tarifvertragliche Ausschlussfristen **sehr kurz**, weil sie dazu dienen sollen, alsbald unter den Arbeitsvertragsparteien Klarheit darüber herbeizuführen, welche Forderungen noch erhoben werden bzw. offen sind und welche nicht. Dies betrifft nicht zuletzt die allfälligen **Abrechnungsstreitigkeiten**.

Grundsätzlich können tarifvertragliche Ausschlussfristen **alle** möglichen **tarifvertraglichen An-** 152
sprüche aus dem Arbeitsverhältnis erfassen, aber auch solche, die nicht auf Tarifvertrag beruhen, sondern auf dem Arbeitsvertrag oder auch nur mit dem Arbeitsverhältnis in Verbindung stehen.[239] Die **Unabdingbarkeit gesetzlicher Ansprüche** beinhaltet nur die Garantie von Art und Umfang, verhindert aber nicht die der Rechtsklarheit dienende zeitliche Beschränkung, wie das BAG mehrfach, vor allem zum Urlaub, zum Hausarbeitstag und zu Ansprüchen auf Entgeltfortzahlung im Krankheitsfall erkannt hat.[240] Selbst **Zeugnisansprüche** können der Verfallfrist unterstellt sein.[241]

Lediglich besonders wichtige Ansprüche der Arbeitnehmer sollen bei einer Klausel, die auf alle An- 153
sprüche aus dem Arbeitsverhältnis abstellt, nicht erfasst sein, nämlich solche aus der Verletzung von **Persönlichkeitsrechten**, soweit nicht damit Ansprüche auf Verletzung von vertraglichen Fürsorge- oder Rücksichtnahmepflichten geltend gemacht werden,[242] Ansprüche auf Beschäftigung nach einem allgemeinen oder einem besonderen **Beschäftigungsanspruch**,[243] Ansprüche auf Verschaffung einer **Zusatzversorgung** oder Schadensersatzansprüche gegen den Arbeitgeber wegen unterlassener Zusatzversorgung.[244] Allerdings ist diese Rechtsprechung nicht als kontinuierlich oder systematisch anzusehen. Vorsichtshalber ist vielmehr auf der Seite des Arbeitnehmers davon auszugehen, dass eine Ausschlussfristenklausel, die auf »alle Ansprüche aus dem Arbeitsverhältnis und solche, die mit ihm in Verbindung stehen« gerichtet ist, wirklich alle Ansprüche erfassen kann. Allerdings setzt sich zunehmend durch, dass tarifliche Ausschlussfristen nur die jeweils fällige **Leistungsrate, nicht** aber das sog. **Stammrecht**, auf dem die Leistung beruht, erfassen.[245]

Die Wirkung der tariflichen (wie auch der einzelvertraglichen) Ausschlussfristklausel besteht darin, 154
dass der dieser Klausel unterliegende Anspruch **erlischt**, wenn die Ausschlussfrist nicht gewahrt ist. In der Praxis führt dieser Umstand nicht selten zu erheblichen **Haftungsrisiken für Prozessvertreter**, vor allem auf der Arbeitnehmerseite.

Für die **Wahrung der Ausschlussfrist** kommt es darauf an, welche **Anforderungen die Aus-** 155
schlussfrist selbst stellt. Für die Geltendmachung lassen sich zwei Stufen der Ausschlussfrist unterscheiden. Bei der **einstufigen** Ausschlussfrist genügt die einmalige Geltendmachung gegenüber der anderen Seite, bei der **zweistufigen** Ausschlussfrist muss dann, wenn die Geltendmachung erfolglos geblieben ist, innerhalb einer bestimmten weiteren Frist **Klage** erhoben werden. Von der Form der Ausschlussfristen her ist die Geltendmachung sehr häufig an die **Schriftform** geknüpft. Tariflich unterschiedlich ist geregelt, wann die Ausschlussfrist zu laufen beginnt. In der Regel beginnt sie mit der **Fälligkeit** der verfolgten Forderung oder des verfolgten Anspruchs, zuweilen aber auch mit der Kenntnis der Umstände, aus denen der Anspruch hergeleitet wird.

239 St. Rspr. seit LAG Schleswig-Holstein, Urt. v. 01.11.1954, AP Nr. 1 zu § 4 TVG Ausschlussfristen.

240 Urlaub: BAG, Urt. v. 28.10.1960, AP Nr. 81 zu § 611 BGB Urlaubsrecht; Hausarbeitstag: BAG, Urt. v. 23.06.1961, AP Nr. 27 zu § 4 TVG Ausschlussfristen; Entgeltfortzahlung im Krankheitsfall: BAG, Urt. v. 16.01.2002, AP Nr. 13 zu § 3 EntgeltFG.

241 BAG, Urt. v. 23.02.1983, AP Nr. 10 zu § 70 BAT.

242 BAG, Urt. v. 15.07.1987, AP Nr. 9 zu § 611 BGB Öffentlicher Dienst; BAG, Urt. v. 15.07.1987, AP Nr. 14 zu § 611 BGB Persönlichkeitsrecht.

243 BAG, 15.05.1991, AP Nr. 23 zu § 611 BGB Beschäftigungspflicht.

244 BAG, Urt. v. 16.06.1955, AP Nr. 5, 6 und 7 zu § 242 BGB Ruhegehalt – VBL.

245 BAG, Urt. v. 27.02.1990, AP Nr. 107 zu § 4 TVG Ausschlussfristen.

156 Für die Wahrung der **Schriftform** genügt auch das **Telefax**.[246] Es gibt allerdings keinen allgemeinen Erfahrungssatz, dass Telefaxsendungen den Empfänger vollständig und richtig erreichen; einem Sendebericht mit OK-Vermerk kommt nicht der Wert eines Anscheinsbeweises zu.[247]

157 Inhaltlich setzt die **Geltendmachung** voraus, dass die **Forderung** oder der Anspruch **so genau bezeichnet** werden, dass der Empfänger der Geltendmachung erkennen kann, was von ihm in welchem Umfang verlangt wird.[248] Verlangt eine tarifliche Ausschlussfrist die nur mündliche Geltendmachung, so liegt eine hinreichende Zahlungsaufforderung vor, wenn der Arbeitnehmer beim Empfang der Lohnabrechnung bemängelt, dass ein bestimmter Lohnbestandteil fehle; es ist dagegen unzureichend, wenn er nur die Höhe seiner Forderung mitteilt.[249] Zumindest muss annähernd angegeben werden, in welcher Höhe welche Forderung aus welchem Grund erhoben wird, damit sich der Anspruchsgegner schlüssig werden kann, wie er sich verhalten soll.[250] In aller Regel ist eine Aufforderung zur Zahlung für die Geltendmachung erforderlich; eine Geltendmachung liegt vor, wenn der Gläubiger sich lediglich die Verfolgung von Ansprüchen vorbehält.[251] Begehrt der Arbeitgeber die Rückzahlung überzahlter Bezüge unter Hinweis auf eine fehlerhafte Eingruppierung, so wird hierdurch nicht die tarifvertragliche Ausschlussfrist für Rückzahlungsansprüche aus künftigen Überzahlungen gewahrt.[252]

158 Ausschlussfristen können erfordern, dass der Anspruch zunächst schriftlich und – bleibt dies ohne Erfolg – gerichtlich geltend gemacht werden muss. Für die **gerichtliche Geltendmachung** kommt es auf die rechtzeitige **Einreichung** der Klage oder des Mahnbescheidsantrages an.[253] Die **Frist** für die gerichtliche Geltendmachung beginnt – je nach Regelung im Tarifvertrag – üblicherweise mit der Ablehnung der Forderung durch den Forderungsgegner oder - falls sich dieser nicht erklärt – mit dem Zugang der vorherigen schriftlichen Geltendmachung (erste Stufe) zu laufen. Erklärt der Forderungsgegner, die geltend gemachte Forderung auf ihre Berechtigung hin überprüfen zu wollen, so liegt darin weder ein Schweigen noch eine ausdrückliche Ablehnung; aus Gründen der Wahrung der Ausschlussfrist sollte gleichwohl Klage erhoben werden, um Haftungsrisiken zu vermeiden. Eine Geltendmachung von Lohnforderungen liegt allerdings noch nicht in der Erhebung einer Kündigungsschutzklage,[254] es sei denn, der Tarifvertrag lässt dies ausdrücklich genügen. Dies betrifft vor allem Forderungen auf **Verzugslohn** nach Ablauf der Kündigungsfrist.

159 Neben den **tarifvertraglichen Ausschlussfristen** sind in der Praxis auch **arbeitsvertragliche Ausschlussfristen** verbreitet. Inwieweit diese mit den Anforderungen der §§ 305 ff. BGB n.F. zu vereinbaren sind, ist umstritten.[255] Für tarifvertragliche Ausschlussfristen wird dieser Streit nicht geführt.

160 Für den Lauf der Ausschlussfrist kommt es auf die **Kenntnis** des Fordernden, in der Regel des Arbeitnehmers, **über die Existenz der Ausschlussfrist** nicht an. Ist eine Ausschlussfrist in einem Tarifvertrag enthalten, so muss der Arbeitgeber hierauf auch unter dem Gesichtspunkt des Nachweisgesetzes nicht gesondert hinweisen; er braucht die tarifvertragliche Ausschlussfrist auch nicht im einzelnen nachzuweisen, vielmehr genügt insoweit der Hinweis auf den (die Ausschlussfrist

246 BAG, Urt. v. 11.10.2000, BAGE 96, 28 = NZA 2001, 231.
247 BAG, Urt. v. 14.08.2002, AP Nr. 166 zu § 4 TVG = NZA 2003, 158.
248 St. Rspr., statt vieler BAG, Urt. v. 16.03.1966, Urt. v. 30.05.1972, AP Nr. 33, Nr. 50 zu § 4 TVG Ausschlussfristen.
249 BAG, Urt. v. 20.02.2001, AP Nr. 11 zu § 1 TVG Tarifverträge: Gaststätten = NZA 2002, 567.
250 St. Rspr., statt vieler BAG, Urt. v. 05.03.1981, AP Nr. 9 zu § 70 BAT.
251 BAG, Urt. v. 05.04.1995, AP Nr. 130 zu § 4 TVG Ausschlussfrist; vgl. auch LAG Köln, Urt. v. 24.07.1984, EzA § 4 TVG Ausschlussfristen Nr. 59.
252 BAG, Urt. v. 17.05.2001, AP Nr. 2 zu § 70 BAT-O = NZA 2002, 910.
253 BAG, Urt. v. 22.02.1978, AP Nr. 63 zu § 4 TVG Ausschlussfristen.
254 BAG, Urt. v. 01.03.1979, AP Nr. 66 zu § 4 TVG Ausschlussfristen.
255 *Schrader*, Neues zu Ausschlussfristen, NZA 2003, 345; *Söllner*, Zur Anwendung der gesetzlichen Vorschriften über Allgemeine Geschäftsbedingungen im Arbeitsrecht, ZfA 2003, 145; *Reichold*, Anmerkungen zum Arbeitsrecht im neuen BGB, ZTR 2002, 202; *Nägele/Chwalisz*, Schuldrechtsreform – Das Ende arbeitsvertraglicher Ausschlussfristen, MDR 2002, 1341.

enthaltenen) Tarifvertrag.[256] Findet ein Tarifvertrag mit einer Ausschlussfristenklausel dagegen nur kraft betrieblicher Übung Anwendung, so muss der Arbeitgeber den Arbeitnehmer in einer Niederschrift hierauf hinweisen. Versäumt er dies schuldhaft, so haftet er dem Arbeitnehmer gegenüber auf Ersatz des Schadens, der dem Arbeitnehmer dadurch entsteht, dass seine Forderung oder sein Anspruch infolge der von Amts wegen anzuwendenden Verfallfrist erloschen ist.[257]

J. Bekanntgabe des Tarifvertrags, Nachweisgesetz

Nach § 8 TVG sind die Arbeitgeber verpflichtet, die für ihren Betrieb maßgebenden Tarifverträge an geeigneter Stelle im Betrieb auszulegen. § 2 NachwG verpflichtet, dem Arbeitnehmer zumindest einen allgemein gehaltenen Nachweis für die anzuwendenden Tarifverträge zu erteilen. Adressat dieser Verpflichtungen ist der Arbeitgeber. 161

Die für die Auslegepflicht nach § 8 TVG **maßgebenden Tarifverträge** sind diejenigen, welche auf die Arbeitsverhältnisse im Betrieb zwingend und unmittelbar anzuwenden sind. Nach anderer Ansicht soll es indessen auf die Tarifgebundenheit des Arbeitnehmers nicht ankommen, sondern nur auf die des Arbeitgebers.[258] Aus praktischen Gründen ist eine solche Vorgehensweise zu empfehlen, zumal für Betriebs- und Betriebsverfassungsnormen auch nach der strengeren Ansicht ohnehin die Tarifgebundenheit des Arbeitgebers genügt. Die Verpflichtung zur Auslage betrifft auch **für allgemeinverbindlich erklärte** Tarifverträge (vgl. auch § 9 Abs. 2 DVO-TVG). Eine lediglich einzelvertragliche Bezugnahme auf den Tarifvertrag löst indessen die Auslagepflicht des § 8 TVG nicht aus.[259] Die Verpflichtung zur Auslage der Tarifverträge kennt keine zeitliche Grenze; zumindest müssen die Tarifverträge für die Dauer ihrer Laufzeit ausgelegt sein. Zweckmäßiger Weise werden sie aber auch noch länger auszulegen sein, z.B. wegen der – oft nachträglichen Abwicklung – von Tarifansprüchen. 162

Die Art der Bekanntgabe ist vom Gesetz mit **»Auslegen«** formuliert. An dieses Tatbestandsmerkmal ist, soweit die Zugangsmöglichkeit für Arbeitnehmer erhalten bleibt, keine besondere Anforderung zu stellen. Das Gesetz formuliert – angesichts seines Alters nicht verwunderlich – nicht, ob dem Gebot des § 8 TVG auch genüge getan ist, wenn der Tarifvertrag im Intranet abrufbar ist. Dies dürfte zu bejahen sein, wenn für den Text ein unveränderbares Format gewählt wird, denn es macht faktisch keinen Unterschied, ob der Text bereits gedruckt vorliegt oder ob die technische Einrichtung so gestaltet ist, dass er jederzeit ausgedruckt werden kann, ohne dass er unerkennbaren Manipulationen unterliegt. 163

Der **Ort der Bekanntgabe** wird vom Gesetz mit **»an geeigneter Stelle«** umschrieben. Regelmäßig genügt die Auslage etwa im **Betriebsratsbüro** oder im **Sozialraum,** aber auch in der **Personalabteilung.**[260] Insgesamt wird indessen zu fordern sein, dass die Arbeitnehmer – ähnlich wie bei aushangpflichtigen Schutzgesetzen – ohne Zutun Fremder in der Lage sind, sich von dem Text Kenntnis zu verschaffen. 164

Das TVG knüpft an die **Verletzung der Auslagepflicht** keine eigenen Rechtsfolgen. Vielmehr stellt § 8 TVG eine reine Ordnungsvorschrift dar.[261] Der Arbeitnehmer hat auf die Einhaltung der Verpflichtung zur Auslegung des Tarifvertrags durch den Arbeitgeber keinen Anspruch.[262] Allerdings 165

256 Grundlegend BAG, Urt. v. 23.01.2003, BAGE 100, 225.
257 BAG, Urt. v. 17.04.2002, AP Nr. 6 zu § 2 NachwG.
258 Däubler/*Reinecke*, TVG, § 8 Rn 8.
259 Offen gelassen von BAG, Urt. v. 23.01.2002, AP Nr. 5 zu § 2 NachwG.
260 BAG, Urt. v. 05.11.1963, AP Nr. 1 zu § 1 TVG Bezugnahme auf Tarifvertrag.
261 BAG, Urt. v. 05.11.1963, AP Nr. 1 zu § 1 TVG Bezugnahme auf Tarifvertrag; BAG, Urt. v. 06.05.1969, AP Nr. 42 zu § 4 TVG Ausschlussfristen.
262 BAG, Urt. v. 23.01.2002, AP Nr. 5 zu § 2 NachwG.

können **tarifvertragliche Bestimmungen** ihre Anwendbarkeit von der Beachtung der Aushangpflicht abhängig machen; vereinzelt geschieht dies, soweit es um tarifvertragliche **Ausschlussfristen** geht.

166 Das **Nachweisgesetz** verpflichtet den Arbeitgeber zumindest zu einem in allgemeiner Form gehaltenen Hinweis auf Tarifverträge, Betriebs- und Dienstvereinbarungen, die auf das Arbeitsverhältnis anzuwenden sind (§ 2 Abs. 1 Satz 2 NachwG). Der Nachweis bezieht sich nicht auf die bei Abschluss des Arbeitsvertrages geltenden Tarifverträge; er erfasst vielmehr nach § 3 NachwG auch später erst in Kraft tretende oder abgeschlossene Tarifverträge, z.B. auch einen erstmals abgeschlossenen Haustarifvertrag.[263] Gleiches gilt, wenn ein Tarifvertrag nur kraft betrieblicher Übung anzuwenden ist.[264] Erfüllt der Arbeitgeber seine Nachweispflicht nicht, so haftet er dem Arbeitnehmer auf Schadensersatz (§§ 286, 284, 249 BGB).[265] Dies betrifft insbesondere den Fall, dass die tarifvertragliche Ausschlussfrist gilt; sie hat einerseits zwar dann die Vernichtung des Anspruchs zu Folge. Der dadurch eintretende Schaden kann jedoch gegenüber dem Arbeitgeber als Schadensersatzanspruch verfolgt werden.

K. Allgemeinverbindlichkeit von Tarifverträgen, Arbeitnehmer-Entsendegesetz

167 Nach näherer Maßgabe von § 5 TVG kann der zuständige Bundes- oder Landesminister in einem eigens dafür vorgesehenen Verfahren **Tarifverträge für allgemeinverbindlich** erklären. Ist ein Tarifvertrag für allgemeinverbindlich erklärt worden, so erfassen die Rechtsnormen des Tarifvertrags in seinem Geltungsbereich auch die bisher nicht tarifgebundenen Arbeitgeber und Arbeitnehmer (§ 5 Abs. 4 TVG).

I. Voraussetzungen und Verfahren der Allgemeinverbindlicherklärung

168 Der **rechtliche Charakter** der Allgemeinverbindlicherklärung ist umstritten; eindeutig ist allerdings, dass es sich bei ihr um einen Akt staatlicher Gewalt handelt.[266] **Voraussetzungen** für die Allgemeinverbindlicherklärung sind jedenfalls das **Vorliegen** eines rechtswirksam abgeschlossenen **Tarifvertrages**, ein auf Allgemeinverbindlichkeitserklärung gerichteter **Antrag einer Tarifvertragspartei**, eine **Beschäftigtenquote** von mindestens 50 % der unter den Geltungsbereich des Tarifvertrags fallenden Arbeitnehmer durch tarifgebundene Arbeitgeber und das **öffentliche Interesse** an der Allgemeinverbindlicherklärung (§ 5 Abs. 1 TVG). Von den Voraussetzungen der Beschäftigtenquote bzw. des öffentlichen Interesses kann abgesehen werden, wenn die Allgemeinverbindlicherklärung zur Behebung eines sozialen Notstandes erforderlich erscheint (§ 5 Abs. 2). Vor der Entscheidung über den Antrag müssen Arbeitnehmer und Arbeitgeber, die von der Allgemeinverbindlicherklärung betroffen sein können, **Gelegenheit zur schriftlichen Stellungnahme** sowie zur Äußerung in einer mündlichen und öffentlichen Verhandlung erhalten; Gleiches gilt - für die Praxis wichtiger – für die am Ausgang des Verfahrens interessierten Gewerkschaften und Vereinigungen der Arbeitgeber sowie die obersten Arbeitsbehörden der Länder, auf deren Bereich sich der Tarifvertrag erstreckt. Die Allgemeinverbindlicherklärung erfolgt aber erst, wenn das **Einvernehmen mit** einem aus je drei Vertretern der Spitzenorganisation der Arbeitgeber und Arbeitnehmer bestehenden **Ausschuss** erzielt ist (§ 5 Abs. 1 TVG). Nach näherer Maßgabe von § 5 Abs. 5 TVG kann andererseits eine Allgemeinverbindlicherklärung auch wieder aufgehoben werden.

263 BAG, Urt. v. 05.11.2003, FA 2004, 87 (LS).
264 BAG, Urt. v. 17.04.2002, AP Nr. 6 zu § 2 NachwG.
265 BAG, Urt. v. 17.04.2002, BAGE 101, 75.
266 Vgl. näher *Schaub*, Arbeitsrechts-Handbuch, § 207 Rn 17 ff.

Die **Dauer der Allgemeinverbindlicherklärung** kann sich – ggf. auch **rückwirkend**[267] – auf die gesamte **Dauer des Tarifvertrages** erstrecken; sie kann jedoch nicht über die Laufzeit des Tarifvertrages hinausgehen. Deshalb endet die Allgemeinverbindlicherklärung mit dem Ablauf des Tarifvertrages (§ 5 Abs. 5 Satz 3 TVG). Nach § 7 Abs. 2 DVO-TVG soll jedoch der Beginn der Allgemeinverbindlichkeit, sofern es sich nicht nur um eine Erneuerung oder Änderung eines vorherigen allgemeinverbindlichen Tarifvertrags handelt, in der Regel nicht vor dem Tag der öffentlichen Bekanntmachung des Antrags gelegt werden. Auch die Bekanntmachungspflicht nach § 4 DVO-TVG ist hierauf abgestellt. 169

Die Allgemeinverbindlicherklärung wie auch deren Aufhebung bedürfen der **öffentlichen Bekanntmachung** (§ 5 Abs. 7 TVG); Bekanntmachungsorgan ist der Bundesanzeiger. Dabei wird der Text des Tarifvertrags nicht mit veröffentlicht.[268] Die nach § 6 TVG zudem erforderliche **Eintragung in das Tarifregister** ist demgegenüber ohne konstitutive Bedeutung; sie hat nur deklaratorischen Charakter. 170

Wird **nach der Allgemeinverbindlicherklärung,** aber vor Ablauf des Tarifvertrages eine **Tarifbestimmung geändert**, so ist mit dieser Änderung zugleich das Ende des allgemeinverbindlichen Tarifvertrages erreicht. Keineswegs bleibt dieser Tarifvertrag dann im übrigen allgemeinverbindlich; zudem nimmt die geänderte Bestimmung auch nicht an der vorherigen Allgemeinverbindlicherklärung der früheren Fassung des Tarifvertrages teil. 171

II. Wirkung

Die wesentliche Wirkung der Allgemeinverbindlicherklärung besteht darin, dass mit der Allgemeinverbindlicherklärung die **Rechtsnormen des Tarifvertrages** in seinem Geltungsbereich auch die bisher **nicht tarifgebundenen Arbeitgeber und Arbeitnehmer** erfassen, mithin die sog. **Außenseiter.** Damit werden auch nur solche Arbeitnehmer und Arbeitgeber den Tarifvertragsregelungen im Geltungsbereich des Tarifvertrags unterworfen, die – bewusst oder unbewusst – von ihrer **negativen Koalitionsfreiheit** Gebrauch gemacht haben und einem tarifschließenden Verband bzw. der Gewerkschaft nicht beigetreten sind. Wegen dieser Wirkung war die Verfassungsgemäßheit der Allgemeinverbindlicherklärung von Tarifverträgen umstritten. Das Bundesverfassungsgericht hat in mehreren Entscheidungen erkannt, dass die Allgemeinverbindlicherklärung durch Erstreckung von Mindestlohnregelungen auf Arbeitgeber, die keiner tarifvertragschließenden Partei angehören, keinen Verstoß gegen Art. 9 Abs. 3 GG und gegen Art. 80 Abs. 1 Satz 2 GG darstellt.[269] Dies gilt auch in den Fällen der Allgemeinverbindlicherklärung nach näherer Maßgabe des Arbeitnehmer-Entsendegesetzes.[270] 172

Die Erstreckung auf die **Außenseiter** ist jedoch nur möglich, soweit diese vom **Geltungsbereich** des Tarifvertrages erfasst werden. Den Geltungsbereich bestimmt nicht die Allgemeinverbindlicherklärung, sondern der Tarifvertrag. Denkbar ist allerdings, dass die Allgemeinverbindlicherklärung hinter dem Geltungsbereich des Tarifvertrages zurück bleibt. 173

Von besonderer Bedeutung ist die Allgemeinverbindlichkeitserklärung und deren Wirkung im Bereich der Tarifverträge über **gemeinsame Einrichtungen** der Tarifvertragsparteien, insbesondere bei den Sozialkassen des Baugewerbes und den entsprechenden Zusatzversorgungskassen. Kennzeichnend ist insoweit, dass mit der Allgemeinverbindlicherklärung nicht nur die bisher nicht tarifgebundenen Arbeitnehmer und Arbeitgeber erfasst werden, sondern wegen § 4 Abs. 2 TVG zugleich die durch Tarifvertrag errichteten Satzungen dieser gemeinsamen Sozialeinrichtungen für die Arbeitnehmer und Arbeitgeber, die aufgrund von Allgemeinverbindlichkeit an den Tarifvertrag 174

267 BAG, Urt. v. 01.03.1956, AP Nr. 1 zu § 4 TVG Effektivklausel; BAG, Urt. v. 25.09.1996, AP Nr. 30 zu § 5 TVG.

268 BAG, Beschl. v. 10.09.1991, AP Nr. 147 zu § 1 TVG Tarifverträge: Bau; BVerfG, Beschl. v. 24.05.1977, AP Nr. 15 zu § 5 TVG.

269 BVerfG, Beschl. v. 15.07.1980, BVerfGE 55, 7 = AP Nr. 17 zu § 5 TVG.

270 BVerfG, Beschl. v. 18.07.2000, AP Nr. 4 zu § 1 AEntG = NZA 2000, 948.

gebunden sind, unmittelbare und zwingende Geltung erhalten. Diese Rechtswirkung ist indessen wegen der Begrenzung der Allgemeinverbindlicherklärung auf das deutsche Hoheitsgebiet (Territorialitätsprinzip) auf ausländische Arbeitgeber nicht möglich. Die Allgemeinverbindlicherklärung ist auf inländische Arbeitgeber beschränkt, wie das BAG in seiner sog. **Sozialkassenentscheidung** erkannt hat.[271] Daran hat auch die Neufassung des Art. 34 EGBGB nichts geändert. Von daher bedurfte es des Arbeitnehmer-Entsendegesetzes.[272]

III. Arbeitnehmer-Entsendegesetz

175 Eine besondere Bedeutung bekommt die Allgemeinverbindlicherklärung im Rahmen des **Arbeitnehmer-Entsendegesetzes.**[273] Durch dieses Gesetz werden auch solche Arbeitgeber erfasst, die – da im Ausland ansässig – sonst nach dem **Territorialitätsprinzip** von § 5 TVG nicht erreicht werden und von daher ihre Mitarbeiter im Inland einsetzen könnten, ohne an Tarifverträge gebunden zu sein, auch wenn diese nach § 5 TVG für allgemeinverbindlich erklärt worden sind. Anwendungsbereich des Arbeitnehmer-Entsendegesetzes sind das **Bauhauptgewerde und die** Baunebengewerbe sowie die Seeschifffahrtsassistenz (§ 1 AEntG). Dabei wird für die Allgemeinverbindlicherklärung ein modifiziertes Verfahren angewendet.

L. Arbeitsvertragliche Bezugnahme

176 Als dritte Wirkungsmethode kommt neben der unmittelbaren zwingenden Geltung kraft Tarifgebundenheit oder kraft Allgemeinverbindlicherklärung die im **Arbeitsvertrag vereinbarte Anwendbarkeit des Tarifvertrags** in Betracht. Inwieweit Tarifverträge kraft arbeitsvertraglicher Verweisung oder Inbezugnahme auf das Arbeitsverhältnis anzuwenden sind, richtet sich nach dem – ggf. im Wege der Auslegung festzustellenden – Inhalt der arbeitsvertraglichen Vereinbarungen.

I. Bedeutung, Arten

177 Die **rechtliche Bedeutung** arbeitsvertraglicher Vereinbarungen, wonach auf das Arbeitsverhältnis Tarifverträge anzuwenden sein sollen, liegt zunächst darin, dass die Parteien hierüber überhaupt eine einzelvertragliche Einigung erzielt haben. Ob der Arbeitgeber derart in der Regel vorformulierte Arbeitsverträge einsetzen will, ist eine **strategische Entscheidung** mit sehr langer Wirkung.

178 Welchen Inhalt die Einigung im Arbeitsvertrag hat, wonach auf das Arbeitsverhältnis Tarifverträge insgesamt oder zumindest ergänzend (»im Übrigen«) anzuwenden sind, bedarf einer – oft nicht ganz einfachen – Ermittlung. Grundsätzlich ist insoweit zwischen einer arbeitsvertraglichen Bezugnahme auf den Tarifvertrag in Arbeitsverträgen mit **tarifgebundenen** und mit **nicht tarifgebundenen** Arbeitnehmern zu unterscheiden. Dabei kommt es grundsätzlich auf den Zeitpunkt des Abschlusses des Arbeitsvertrages an. Ist ein Arbeitgeber in diesem Zeitpunkt **tarifgebunden** gewesen, so liegt in einer arbeitsvertraglichen Bezugnahme auf den Tarifvertrag, an den der Arbeitgeber gebunden ist, in der Regel eine **Gleichstellungsabrede**. Fehlt es dagegen an einer einschlägigen Tarifgebundenheit des Arbeitgebers an den in Bezug genommenen Tarifvertrag, so kann die Vereinbarung im Arbeitsvertrag nicht als Gleichstellungsabrede gewertet werden.

179 Der Unterschied zwischen den beiden Möglichkeiten besteht im Wesentlichen darin, dass die arbeitsvertragliche Bezugnahme in der Regel als (kleine) dynamische Bezugnahme zu lesen ist, wonach auf den Tarifvertrag in der jeweils gültigen Fassung Bezug genommen wird. Handelt es sich um eine Gleichstellungsabrede, so kann der Arbeitgeber die Dynamik dadurch beenden, dass

271 BAG, Urt. v. 04.05.1977, AP Nr. 30 zu § 1 TVG Tarifverträge: Bau.

272 Vgl. Däubler/*Lakies*, TVG, § 5 Anh. 3; *Koberski/Sahl/Hold*, Arbeitnehmer-Entsendegesetz,

273 Vgl. ausführlich Däubler/*Lakies*, TVG, § 5 Anh. 2.

er seine Tarifbindung unter Beachtung von § 3 Abs. 3 TVG beendet. Handelt es sich dagegen nicht um eine Gleichstellungsabrede, so ist eine solche Möglichkeit für den Arbeitgeber nicht eröffnet.

II. Gleichstellungsabrede

Als Gleichstellungsabrede kann eine Bestimmung im Arbeitsvertrag, wonach auf das Arbeitsver- 180
hältnis bestimmte, dort benannte Tarifverträge anzuwenden sind, nur verstanden werden, wenn der Arbeitgeber an eben diese dort genannten Tarifverträge gem. § 4 Abs. 1, § 3 Abs. 1 TVG gebunden ist.[274] Dabei ist es grundsätzlich unschädlich, wenn der Arbeitnehmer außerhalb des räumlichen Geltungsbereichs des Tarifvertrags arbeitet, an den der Arbeitgeber gebunden ist, z.B. in einer Niederlassung des Arbeitgebers außerhalb des Tarifgebiets.[275] Die **Wirkung der Gleichstellungsabrede** besteht darin, dass die Dynamik der Bindung an die in Bezug genommene Tarifverträge endet, wenn der Arbeitgeber an eben diese Tarifverträge nicht mehr gebunden ist, insbesondere in den Fällen, in denen er entweder den Geltungsbereich des Tarifvertrags verlässt oder in denen seine Tarifgebundenheit nach § 3 Abs. 3 TVG endet. Allerdings bleiben dem Arbeitnehmer infolge der Gleichstellungsabrede die Tarifbedingungen in dem Stand »erhalten«, den sie bei Ende der Tarifgebundenheit des Arbeitgebers an den in Bezug genommenen Tarifvertrag hatten.

Dagegen kann eine Bezugnahme auf einen bestimmten Tarifvertrag oder eine bestimmte Gruppe 181
von Tarifverträgen (»Es sind die Tarifverträge der XY-Industrie anwendbar«) nicht zur Folge haben, dass damit auch ein Wechsel des Tarifvertrags verbunden wäre, wenn der Arbeitgeber seinerseits aus dem Geltungsbereich des bisher in Bezug genommenen Tarifvertrags ausscheidet und in den Geltungsbereich eines anderen Tarifvertrags wechselt. Um dies auf der Ebene des Arbeitsvertrags zu erreichen, bedarf es vielmehr einer Bezugnahme, die nicht nur eine Gleichstellungsabrede darstellt, sondern zugleich eine **Tarifwechselklausel**.[276] Eine solche Klausel kann z.B. lauten, dass für das Arbeitsverhältnis »die Bedingungen des jeweils gültigen Tarifvertrages« anzuwenden sind. Mit einer solchen Tarifwechselklausel ist zunächst Bezug genommen auf die Tarifverträge, an die der Arbeitgeber bei Abschluss des Arbeitsvertrages gebunden ist. Sie bewirkt allerdings auch, dass an Stelle der Bedingungen dieser Tarifverträge die Normen anderer Tarifverträge anzuwenden sind, an die der Arbeitgeber im Fall des Wechsels seiner Tarifgebundenheit – oder ein neuer Arbeitgeber im Fall des Betriebsübergangs – gebunden sein wird. Eine solche Vereinbarung stellt zugleich eine **Gleichstellungsabrede** dar. Endet die **Tarifgebundenheit** des Arbeitgebers ersatzlos, so gelten die Normen des in Bezug genommenen Tarifvertrages mit dem Stand statisch weiter, den sie bei Wegfall der Tarifgebundenheit gehabt haben.[277]

III. Bezugnahme ohne Tarifgebundenheit des Arbeitgebers

Ist ein Arbeitgeber **nicht einschlägig tarifgebunden**, so ist eine arbeitsvertragliche Bezugnahme auf 182
eben diese Tarifverträge keine Gleichstellungsabrede; vielmehr haben die Parteien dann »auf Dauer« die Anwendung eben der als anwendbar verzeichneten Tarifverträge vereinbart.[278] Dies gilt auch dann, wenn ein tarifungebundener Arbeitgeber im Arbeitsvertrag die Anwendbarkeit der von ihm satzungsgemäß einzuhaltenden allgemeinen Arbeitsbedingungen vereinbart und diese inhaltlich mit Tarifregelungen übereinstimmen, an die sich der Arbeitgeber tarifrechtlich hätte binden können.[279]

274 Grundlegend BAG, Urt. v. 25.10.2000, AP Nr. 13 zu § 1 TVG Bezugnahme auf Tarifvertrag.
275 BAG, Urt. v. 21.08.2002, AP Nr. 21 zu § 157 BGB = NZA 2003, 442.
276 BAG, Urt. v. 16.10.2002, AP Nr. 22 zu § 1 TVG Bezugnahme auf Tarifvertrag = NZA 2003, 390.
277 BAG, Urt. v. 16.10.2002, AP Nr. 22 zu § 1 TVG Bezugnahme auf Tarifvertrag = NZA 2003, 390.
278 BAG, Urt. v. 25.10.2000, AP Nr. 13 zu § 1 TVG Bezugnahme auf Tarifvertrag.
279 BAG, Urt. v. 27.11.2002, AP Nr. 18 zu § 611 BGB Rotes Kreuz.

M. Tarifkonkurrenz, Tarifpluralität

183 Tarifverträge können sich überschneidende Geltungsansprüche haben. Dies ist unproblematisch, solange es sich um ein einheitliches Tarifwerk handelt, bei dem der eine Tarifvertrag den anderen in der Sache ergänzt. Indessen führt es zu erheblichen Kollisionsfällen, wenn die Tarifverträge dieselben Sachthemen unterschiedlich regeln und insoweit eine **Regelungskonkurrenz** auftritt. Bestehen zwischen derart konkurrierenden Tarifverträgen **Geltungsbereichsüberschneidungen**, so tritt eine **Tarifkollision**[280] ein; bei ihr ist zwischen den Fällen der **Tarifkonkurrenz** und den Fällen der **Tarifpluralität** zu unterscheiden.

I. Tarifkonkurrenz

184 Beanspruchen mehrere dieselben Regelungsgegenstände betreffende unterschiedliche konkurrierende Tarifverträge **normative Geltung** für **dasselbe Arbeitsverhältnis**, so liegt ein Fall der **Tarifkonkurrenz** vor. Ob dieser Geltungsanspruch auf der Tarifgebundenheit oder auf Allgemeinverbindlichkeit beruht, ist unerheblich. Nicht selten konkurrieren allgemeinverbindlich erklärte Tarifverträge mit solchen, die für das Arbeitsverhältnis kraft beiderseitiger Tarifgebundenheit normativ gelten.

185 Für die Lösung solcher Tarifkonkurrenz hat die Rechtsprechung folgende Lösungswege entwickelt: Haben die Tarifvertragsparteien selbst den Vorrang des einen Tarifvertrags vor dem anderen geregelt, so gilt der vorrangige Tarifvertrag.[281] Allerdings können solche Vereinbarungen nur von denselben Tarifvertragsparteien geschlossen werden; es ist nicht möglich, dass Tarifvertragsparteien den Vorrang »ihrer« Tarifverträge vor Tarifverträge mit anderen Tarifvertragsparteien verbindlich festlegen.

186 Führt diese ausdrückliche Regelung der Tarifvertragsparteien zu keiner Vorranglösung, so gilt der **Grundsatz der Spezialität**. Das betrifft zum einen die Konkurrenz nach der Fläche des Geltungsbereichs, aber auch Fragen des Umfangs der persönlichen oder fachlichen/betrieblichen Geltungsbereiche ebenso wie das Verhältnis von Firmentarifvertrag zu Flächen- oder Verbandstarifvertrag.[282]

187 Im Bereich der **Sozialkassentarifverträge** wird schließlich das Prinzip der **Tarifeinheit** bemüht, wenn die vorgenannten Möglichkeiten keine Lösung herbeigeführt haben. Dies betrifft die Fälle, in denen die Sozialkassentarifverträge für allgemeinverbindlich erklärt worden sind.[283] Diese Rechtsprechung ist nachvollziehbar, weil es anders keine praktisch durchführbaren Lösungen für den besonderen Bereich für allgemeinverbindlich erklärter Sozialkassentarifverträge gibt. Indessen ist äußerst zweifelhaft, ob an dem Prinzip der Tarifeinheit festzuhalten ist, wenn es sich um andere Kollisionsfälle handelt.[284]

II. Tarifpluralität

188 Gelten konkurrierende Tarifverträge zwingend und unmittelbar nicht für dasselbe Arbeitsverhältnis, sondern ist nur der Arbeitgeber an diese Tarifverträge gebunden, so liegt kein Fall der Tarifkonkurrenz, sondern ein Fall der **Tarifpluralität** vor. Nach bisheriger Rechtsprechung soll der Fall der Tarifpluralität nach denselben Regelungen zu lösen sein wie der Fall der Tarifkonkurrenz, wobei vor allem aus Gründen der Praktikabilität der Grundsatz der Tarifeinheit bemüht wird.[285] Das BAG will die Fälle der Tarifpluralität nach dem Grundsatz der Tarifeinheit lösen mit der Grundannahme,

280 *Schliemann*, NZA 2000, Sonderbeil. zu Heft 24, 24 ff.

281 BAG, Urt. v. 14.10.1987, AP Nr. 88 zu § 1 TVG Tarifverträge: Bau.

282 Statt vieler BAG, Urt. v. 04.12.2002, AP Nr. 28 zu § 4 TVG Tarifkonkurrenz; vgl. Im Übrigen die umfangreiche Kasuistik in BAG, AP § 4 TVG Tarifkonkurrenz.

283 BAG, Urt. v. 04.12.2002, AP Nr. 28 zu § 4 TVG Tarifkonkurrenz.

284 *Schliemann*, NZA 2000 Sonderbeil. zu Heft 24, 24 ff.

285 *Schaub*, Arbeitsrechts-Handbuch, § 203 Rn 60 ff.

im Betrieb müsste einheitlich derselbe Tarif angewendet werden und für das einzelne Arbeitsverhältnis dürften immer nur die Bestimmungen eines Tarifvertrags derselben Tarifvertragsparteien gelten.[286] Diese Rechtsprechung ist kritisch zu hinterfragen, denn sie nimmt auf das Verfassungsgebot der negativen Koalitionsfreiheit keine hinreichende Rücksicht.[287] Zumindest bei **gewillkürter Tarifpluralität** besteht kein Anlass, die Pluralität – cui bono? – mit Hilfe der Maxime der betrieblichen Tarifeinheit zu lösen.

III. Kollision von normativer Geltung und arbeitsvertraglicher Bezugnahme

Im Fall der **Gleichstellungsabrede** oder gar der nicht als Gleichstellungsabrede zu wertenden einfachen Bezugnahme auf denselben Tarifvertrag tritt keine Konkurrenz ein. Zwar hat die Rechtsprechung angenommen, dass dann, wenn im Arbeitsvertrag auf den einen Tarifvertrag Bezug genommen sei und auf das Arbeitsverhältnis ein anderer Tarifvertrag normativ anzuwenden sei, ein Fall der Tarifkonkurrenz vorläge. Dem kann nicht gefolgt werden, denn eine Konkurrenz im rechtlichen Sinne kann nur entstehen, wenn die Wirkungsgründe für die konkurrierenden Tarifverträge dieselbe Stärke haben und deshalb keinem der Wirkungsgründe Vorrang vor dem anderen einzuräumen ist. Der zwingenden und unmittelbaren Geltung des Tarifvertrags (§ 4 Abs. 1 TVG) ist als der stärkeren Wirkung Vorrang einzuräumen vor der lediglich arbeitsvertraglichen Bezugnahme auf den Tarifvertrag. Dies gilt auch für die Kollision zwischen einem für allgemeinverbindlich erklärten Tarifvertrag (§ 5 Abs. 4 TVG) und einem nur kraft Vereinbarung im Arbeitsvertrag anzuwendenden Tarifvertrag. 189

N. Tarifnormen und Betriebsübergang

Im Fall des **rechtsgeschäftlichen Betriebsübergangs** (§ 613a BGB) sind die Fälle, in denen der Betriebsübergang nicht zum **Wegfall der bisherigen normativen Geltung** führt, von denen zu unterscheiden, in denen dies der Fall ist. § 613a Abs. 1 Satz 2 bis 4 BGB befasst sich nur mit den zuletzt genannten Fällen. 190

I. Auffangregelung

Wechselt der Betriebsinhaber und ist der neue Betriebsinhaber gleichermaßen wie der bisherige an dieselben Tarifverträge gem. § 4 Abs. 1, § 3 Abs. 1 TVG kraft Verbandszugehörigkeit bzw. gem. § 5 Abs. 4 TVG infolge Allgemeinverbindlichkeit gebunden, so tritt durch den Betriebsübergang keine Veränderung der normativen Geltung der Tarifnormen ein. In solchem Fall bedarf es keines Rückgriffs auf § 613a Abs. 1 Satz 2 bis 4 BGB.[288] Sind der bisherige Betriebsinhaber und der Betriebserwerber gleichermaßen an denselben Tarifvertrag gebunden und besteht kongurente Tarifgebundenheit auf der Seite des Arbeitnehmers, so hat der Umstand des Betriebsübergangs keinerlei rechtliche Folge für die normative Geltung der Tarifnormen. Es bleibt dann bei deren normativer Geltung auch gegenüber dem Betriebserwerber. 191

Vielmehr soll mit den Bestimmungen des § 613a Abs. 1 Satz 2 bis 4 BGB der Arbeitnehmer nur in solchen Fällen abgesichert werden, in denen die beim bisherigen Arbeitgeber geltenden normativen Bestimmungen des Tarifvertrages beim Erwerber nicht mehr normativ zur Anwendung kommen.[289] Es handelt sich bei § 613a Abs. 1 Satz 2 bis 4 BGB um **Auffangregelungen**. Ist der Betriebserwerber nicht gleichermaßen wie der bisherige Betriebsinhaber tarifgebunden und waren 192

286 BAG, Urt. v. 28.06.1989, AP Nr. 16 zu § 4 TVG Tarifkonkurrenz = NZA 1990, 325.
287 *Löwische/Rieble*, § 4 TVG Rn 290 ff.; siehe auch *Schliemann*, NZA 2000, Sonderbeil. zu Heft 24, 24 ff, 29 ff.
288 BAG, Beschl. v. 05.02.1991, AP Nr. 89 zu § 613a BGB; BAG, Urt. v. 24.06.1998, AP Nr. 1 zu § 20 UmwG.
289 BAG, Urt. v. 26.09.1973, AP Nr. 17 zu § 613a BGB.

die Rechte und Pflichten aus dem Arbeitsverhältnis bei dem bisherigen Betriebsinhaber durch die Normen des Tarifvertrages geregelt, d.h. galten diese Normen kraft beiderseitiger Tarifgebundenheit, so werden sie infolge des Betriebsübergangs zum Inhalt des Arbeitsverhältnisses. Dabei liegt die Rechtsfolge des § 613a Abs. 1 Satz 2 BGB lediglich in der Besitzstandswahrung; die Normen des Tarifvertrages werden in dem Stand zum Inhalt des Arbeitsverhältnisses, den sie am Tage des Betriebsübergangs haben.[290]

II. Weiterwirkung im Arbeitsverhältnis

193 Im Schrifttum und zum Teil auch in der Rechtsprechung ist die Formel geläufig, die Normen des Tarifvertrags würden **»in den Arbeitsvertrag transformiert«** bzw. sie würden **»arbeitsvertraglich«** oder **»individualrechtlich«** weitergelten.[291] Dieser Ansicht ist nicht zu folgen. Vielmehr ordnet der Gesetzgeber in § 613a Abs. 1 Satz 2 BGB einen eigenen Weitergeltungsgrund für die Tarifnormen an, die im Arbeitsverhältnis mit dem Betriebsveräußerer unmittelbar und zwingend gegolten haben.[292] Insoweit laufen § 613a Abs. 1 Satz 2 BGB, wonach die Normen des Tarifvertrages zum »Inhalt des Arbeitsverhältnisses« werden, und § 4 Abs. 5 TVG, wonach die Bestimmungen des Tarifvertrages nach seinem Ende »weitergelten«, parallel.[293] Auch der 1. Senat des BAG schwenkt der Sache nach auf dieses Verständnis ein, indem er erkannt hat, dass Normen einer Betriebsvereinbarung, die – so seine Auffassung – im Zuge eine Betriebsübergangs nach § 613a Abs. 1 Satz 2 BGB zum individualrechtlichen Inhalt des Arbeitsverhältnisses geworden sind, vor der Ablösung durch eine spätere Betriebsvereinbarung nicht in einem weiteren Umfang geschützt sind als wenn sie kollektivrechtlich weitergelten würden.[294]

III. Ausschluss der Weiterwirkung

194 § 613a Abs. 1 Satz 3 BGB **schließt die Weiterwirkung** nach Satz 2 **aus**, indem dort bestimmt ist, dass »Satz 2 nicht gilt, wenn die Rechte und Pflichten bei dem neuen Inhaber durch Rechtsnormen eines anderen Tarifvertrags oder durch eine andere Betriebsvereinbarung geregelt werden«. Dies setzt die **kongurente Tarifgebundenheit beider Seiten** voraus; es muss nicht nur der Betriebserwerber an den »anderen« Tarifvertrag gebunden sein, sondern es müssen dessen Normen auch für den Arbeitnehmer unmittelbar und zwingend gelten.[295] Ist der neue Betriebsinhaber an die Normen des anderen Tarifvertrags gebunden, der Arbeitnehmer, dessen Arbeitsverhältnis übergegangen ist indessen nicht, so liegen die Voraussetzungen für die Anwendung des § 613a Abs. 1 Satz 3 BGB nicht vor. In solchem Fall bleibt nur – dies gestattet § 613 Abs. 1 Satz 4 BGB ausdrücklich – bereits vor Ablauf des Schutzjahres des § 613a Abs. 1 Satz 2 BGB mit dem Arbeitnehmer die Anwendbarkeit der Normen des Tarifvertrags zu vereinbaren, an den der Betriebserwerber gebunden ist.

IV. Arbeitsvertragliche Bezugnahme auf den Tarifvertrag

195 Haben der Arbeitnehmer und der bisherige Betriebsinhaber im Arbeitsvertrag die Anwendbarkeit eines bestimmten Tarifvertrags vereinbart und liegt darin mit Rücksicht auf die Tarifgebundenheit des vormaligen Betriebsinhabers eine **Gleichstellungsabrede**, so endet die Tarifdynamik mit dem Betriebsübergang ebenso wie im Falle der normativen Geltung der Tarifnormen. Die Bestimmungen

290 BAG, Urt. v. 20.06.2001, AP Nr. 18 zu § 1 TVG Bezugnahme auf Tarifvertrag.
291 Schliemann/*Ascheid*, § 613a Rn 86 ff., 92, 95; Erman/*Hanau*, § 613a BGB Rn 88; Wiedemann/*Oetker*, TVG, § 3 Rn 182 ff., 194.
292 *Heinze*, in: FS Schaub, S. 275, 278 ff.
293 BAG, Urt. v. 20.06.2001, AP Nr. 18 zu § 1 TVG Bezugnahme auf Tarifvertrag.
294 BAG, Urt. v. 14.08.2001, AP Nr. 85 zu § 77 BetrVG 1972.
295 BAG, Urt. v. 21.02.2001, BAGE 97, 107 ff. = NZA 2001, 1318.

des in Bezug genommenen Tarifvertrages gelten dann statisch weiter.[296] Solch eine Bezugnahme hat indessen nicht zur Folge, dass sie durch § 613a Abs. 1 Satz 3 BGB ausgeschlossen wäre. Wollen die Arbeitsvertragsparteien (mit Hilfe des § 613a Abs. 1 Satz 3 BGB) einen Wechsel auf den Tarifvertrag des Betriebserwerbers erreichen, so kann dieser mit Hilfe einer entsprechenden **Tarifwechselklausel** im Arbeitsvertrag mit dem vormaligen Betriebsinhaber erreicht werden. Mit einer Tarifwechselklausel wird vereinbart, dass das Arbeitsverhältnis den jeweils auf den Betrieb oder Betriebsteil anzuwendenden Tarifverträgen unterliegt.[297] Fehlt es daran, so kann der neue Arbeitsvertrag nur - wenn keine entgegenstehende normative Geltung vorliegt – derart gestaltet werden, dass nunmehr die Anwendbarkeit der Tarifbedingungen des Tarifvertrages vereinbart wird, an den der Betriebserwerber gebunden ist.

O. Durchsetzung tariflicher Rechte

Für die Durchsetzung tariflicher Rechte steht – wie sonst auch – das Mittel der **Individualklage** 196
zur Verfügung. Dabei ist insbesondere auf das Eingreifen **tariflicher Ausschlussfristen** zu achten. Darüber hinaus können die Verbände gegenseitig sog. **Einwirkungsklagen** erheben, mit denen sie sich gegenseitig zwingen, auf ihre Mitglieder derart einzuwirken, dass sich die Mitglieder an die Tarifverträge halten.[298] Daneben gibt es einen klageweise durchsetzbaren **gewerkschaftlichen Unterlassungsanspruch**, den die Gewerkschaft unmittelbar gegen den Arbeitgeber erheben kann.[299] Ein solcher Unterlassungsanspruch besteht allerdings nur, wenn der Arbeitgeber einschlägig tarifgebunden ist und auch nur hinsichtlich der an denselben Tarifvertrag gebundenen Mitglieder der Gewerkschaft. Der Klageantrag, mit dem eine Gewerkschaft gegenüber einem Arbeitgeber dessen Verurteilung – unter Androhung von Ordnungsgeld für jeden Fall der Zuwiderhandlung – erstrebt, die Anwendung näher bezeichneter untertariflicher Arbeitsbedingungen hinsichtlich ihrer Mitglieder zu unterlassen, bedarf zu seiner hinreichenden Bestimmtheit (§ 253 Abs. 2 Nr. 2 ZPO) der namentlichen Benennung der Arbeitnehmer, die Mitglied der klagenden Gewerkschaft sind.[300]

296 BAG, Urt. v. 21.02.2001, BAGE 97, 107.
297 BAG, Urt. v. 16.10.2002, AP Nr. 22 zu § 1 TVG Bezugnahme auf Tarifvertrag.
298 BAG, Urt. v. 29.04.1992, BAGE 70, 165 = NZA 1992, 846.
299 BAG, Beschl. v. 20.04.1999, BAGE 91, 210 = NZA 1999, 887.
300 BAG, Urt. v. 19.03.2003, AP Nr. 41 zu § 253 ZPO.

§ 21 Arbeitskampfrecht

Inhalt

A. Grundlagen

Die verfassungsrechtliche Grundlage für das Arbeitskampfrecht bildet die in Art. 9 Abs. 3 GG garantierte Koalitionsfreiheit. Sie schützt nach der ständigen Rechtsprechung des BVerfG auch die Koalitionen, also Gewerkschaften und Arbeitgeberverbände. Zu den durch Art. 9 Abs. 3 GG geschützten Mitteln zählen auch Arbeitskampfmaßnahmen beider Seiten, die auf den Abschluss von 1

Tarifverträgen gerichtet sind. Sie werden insoweit von der Koalitionsfreiheit erfasst, als sie allgemein erforderlich sind, um eine funktionierende Tarifautonomie sicherzustellen.[1]

2 Bis auf diese verfassungsrechtliche Grundlage ist das Arbeitskampfrecht in Deutschland bis jetzt nicht gesetzlich geregelt. Deshalb ist es in weitem Umfang durch das Richterrecht, also vor allem durch die Rechtsprechung des BAG und zum Teil auch die des BVerfG geprägt. Hier haben sich in einer jahrzehntelangen Entwicklung inzwischen zahlreiche Rechtsgrundsätze herausgebildet, die bei Arbeitskämpfen und ihren Auswirkungen zu beachten sind.

B. Arbeitskampfmaßnahmen

I. Arbeitskampfmaßnahmen der Arbeitnehmerseite

1. Streik

3 Das mit Abstand wichtigste Arbeitskampfmittel der Arbeitnehmerseite ist der **Streik**. Je nach Zielsetzung oder gewählter Kampftaktik wird dabei zwischen verschiedenen Formen des Streiks unterschieden. Richtet sich ein Streik gegen politische oder gesellschaftliche Veränderungen, spricht man von einem **politischen** oder **Demonstrationsstreik** (siehe Rn 4). Wird der Abschluss eines Tarifvertrages angestrebt, liegt in der Regel ein »normaler« Streik vor; soll mit dem Streik der Abschluss eines fremden Tarifvertrages unterstützt werden, spricht man von **Unterstützungs-, Sympathie-** oder **Solidaritätsstreik** (siehe Rn 6). Bei der jeweils gewählten Kampftaktik wird gemeinhin unterschieden zwischen einem sog. Vollstreik, bei dem alle betroffenen Arbeitnehmer zum Streik aufgerufen werden und sog. Teil- oder Schwerpunktstreiks, bei denen nur in Teilbereichen eines Tarifgebietes oder nur in einzelnen Betriebsabteilungen zum Streik aufgerufen wird.[2] Letztere sind in den vergangenen Jahren auch in Form des sog. Wellen-[3] (siehe Rn 47) oder Wechselstreiks aufgetreten. Seit den 70er-Jahren des vergangenen Jahrhunderts hat es sich ferner eingebürgert, dass bereits während laufender Tarifverhandlungen kurzfristige »verhandlungsbegleitende« Streiks, sog. **Warnstreiks** geführt werden (siehe Rn 12).

a) Voraussetzungen und Grenzen von Streiks

aa) Tariflich regelbares Ziel

4 Aus der bereits oben angesprochenen Hilfsfunktion des Arbeitskampfes zur Sicherung der Tarifautonomie ergibt sich nach nahezu allgemeiner Meinung, dass ein Streik auf ein tariflich regelbares Ziel gerichtet sein muss. Damit sind **politische Streiks** oder Demonstrationsstreiks, mit denen insbesondere gegen geplante Gesetze u.ä. protestiert werden soll, **unzulässig.**[4] Zulässig ist es jedoch, wenn eine Gewerkschaft sozusagen präventiv bevorstehende gesetzliche Änderungen durch abweichende tarifliche Regelungen verhindern bzw. daraus resultierende Nachteile mildern will,[5] wie es z.B. bei der Neuregelung der Ladenschlusszeiten der Fall war.

5 Ein Tarifvertrag, der kampfweise durchgesetzt werden soll, muss einen rechtmäßigen Inhalt haben.[6] Das ist vor allem davon abhängig, ob die gewerkschaftlichen Forderungen unter den Kata-

1 Siehe nur BVerfG, Urt. v. 26.06.1991, NZA 1991, 809.

2 Sog. Flexi-Taktik oder Minimax-Strategie , die Anfang der 80er-Jahre vor allem von der IG Metall gewählt wurde und vor allem Fragen hinsichtlich der mittelbar betroffenen Arbeitgeber und Arbeitnehmer aufwirft, siehe dazu Rn 59 ff.

3 Siehe dazu hier nur BAG, Urt. v. 12.11.1996, NZA 1997, 393 = SAE 1997, 288 m. Anm. *Rieble* (dort auch zum Begriff des Wellenstreiks).

4 Allg.M., vgl. nur MünchArbR/*Otto*, § 274 Rn 36, § 281 Rn 37.

5 BAG, Urt. v. 27.06.1989, NZA 1989, 969, 971 ff.

6 BAG, Urt. v. 10.12.2002, NZA 2003, 734, 740.

log des **§ 1 Abs. 1 TVG** subsumiert werden können.[7] Unzulässig ist es z.B. nach einer jüngeren Entscheidung des BAG, wenn der Arbeitgeber gezwungen werden soll, tarifliche Kündigungsschutzregelungen einzelvertraglich mit den Arbeitnehmern zu vereinbaren oder seine Mitgliedschaft im Arbeitgeberverband aufrechtzuerhalten (Art. 9 Abs. 3 Satz 2 GG).[8] Wichtig ist in diesem Zusammenhang auch der Unterschied zwischen den sog. **Rechts-** und **Regelungsfragen**; ein Streik darf sich in der Regel nur auf letzteres richten, wohingegen die Durchsetzung von (bestehenden) Rechtsansprüchen oder die Klärung von Rechtsfragen nicht Gegenstand eines Streiks sein darf.[9]

Der Streik muss sich ferner grundsätzlich gegen einen Arbeitgeber richten, der in der Lage ist, die Tarifforderungen zu erfüllen. Daher sind sog. **Sympathie- oder Unterstützungsstreiks**, die sich gegen einen am Tarifkonflikt nicht beteiligten Arbeitgeber richten, nach h.M. grundsätzlich unzulässig, wobei allerdings im Einzelnen vieles streitig ist.[10] Offen gelassen hat das BAG insbesondere, ob ein Unterstützungsstreik rechtmäßig ist, wenn ein Arbeitgeber seine »Neutralität« im Hauptarbeitskampf durch eine Produktionsübernahme für die bestreikten Betriebe verletzt hat oder wenn der Arbeitgeber zwar rechtlich selbständig, wirtschaftlich aber so eng mit dem im Hauptarbeitskampf stehenden Unternehmen verflochten ist, dass er nicht mehr als außenstehender Arbeitgeber angesehen werden kann.[11] Zulässig ist es auch, wenn ein sog. Außenseiter-Arbeitgeber, der nicht Mitglied im Arbeitgeberverband ist, in den Arbeitskampf um einen Verbandstarifvertrag mit einbezogen wird, wenn die einschlägigen Verbandstarifverträge bei ihm kraft Verweisung in einem Firmentarifvertrag gelten; die aus dem Firmentarifvertrag eventuell noch bestehende Friedenspflicht (siehe dazu Rn 11) soll dem nicht entgegenstehen.[12] 6

Wird ein Arbeitskampf um mehrere Tarifforderungen geführt, muss jede Einzelne dieser Forderungen rechtmäßig sein. Ist auch nur eine der Tarifforderungen rechtswidrig, wird der gesamte Streik dadurch rechtswidrig.[13] 7

Ziel des Streiks kann sowohl der Abschluss eines Verbands- als auch eines Firmen- oder Haustarifvertrages sein. Dabei soll nach einer neuen Entscheidung des BAG auch ein verbandsangehöriger Arbeitgeber auf Abschluss eines Firmentarifvertrages bestreikt werden können, soweit dem nicht die aus dem Verbandstarifvertrag folgende Friedenspflicht (siehe dazu Rn 11) entgegensteht.[14] 8

bb) Gewerkschaftliche Führung

Ein Streik ist ferner nur gestattet, wenn er von der am Tarifkonflikt beteiligten Gewerkschaft getragen wird. Dies ist dann der Fall, wenn das nach der Gewerkschaftssatzung für die Entscheidung über Arbeitskampfmaßnahmen zuständige Organ einen entsprechenden **Beschluss** gefasst hat und die Gegenseite hiervon in Kenntnis gesetzt wurde, so dass sie ihr Verhalten darauf einstellen kann.[15] Aus dem Erfordernis der gewerkschaftlichen Trägerschaft folgt vor allem, dass sog. **wilde Streiks**, die nicht von der Gewerkschaft geführt werden, rechtswidrig sind.[16] Allerdings soll ein von Arbeitnehmern eigenmächtig begonnener wilder Streik rückwirkend rechtmäßig werden, wenn er von einer zuständigen Gewerkschaft offiziell als ihr Arbeitskampf übernommen und fortgeführt wird; dafür reicht jedoch eine bloße Unterstützung nicht aus.[17] 9

7 So wohl BAG (GS), Beschl. v. 21.04.1971, AP Nr. 43 zu Art. 9 GG Arbeitskampf; es ist streitig, ob auch sog. schuldrechtliche Kollektivverträge, z.B. zur Standortsicherung erstreikbar sind, siehe nur ErfK/*Dieterich*, Art. 9 GG Rn 111.

8 BAG, Urt. v. 10.12.2002, NZA 2003, 734, 740.

9 BAG, Urt. v. 07.06.1988, NZA 1988, 883 (Streik gegen Antrag eines Arbeitgebers, Zustimmung des Betriebsrats für Kündigung eines Betriebsratsmitglieds gerichtlich zu ersetzen).

10 BAG, Urt. v. 05.03.1985, NZA 1985, 504; BAG, Urt. v. 12.01.1988, NZA 1988, 474, 475 f.

11 BAG, Urt. v. 05.03.1985, NZA 1985, 507.

12 BAG, Urt. v. 18.02.2003, NZA 2003, 866.

13 BAG, Urt. v. 10.12.2002, NZA 2003, 734, 741.

14 BAG, Urt. v. 10.12.2002, NZA 2003, 734, 736.

15 BAG, Urt. v. 31.10.1995, NZA 1996, 389, 390.

16 BAG, Urt. v. 07.06.1988, NZA 1988, 883.

17 BAG, Urt. v. 20.12.1963, AP Nr. 32 zu Art. 9 GG Arbeitskampf.

10 Keine Rechtmäßigkeitsvoraussetzung für einen Streik ist dagegen nach wohl überwiegender Auffassung die Durchführung einer **Urabstimmung**, da es sich um eine Frage der innerverbandlichen Willensbildung handelt, der keine Außenwirkung zukommt.[18]

cc) Ablauf der Friedenspflicht

11 Zulässig ist ein Streik erst dann, wenn aus dem vorangehenden Tarifvertrag die sog. Friedenspflicht erloschen ist. Das ist in der Regel nach Ablauf der Kündigungsfrist der Fall; allerdings existieren in verschiedenen Branchen **Schlichtungsabkommen**, in denen die Friedenspflicht zeitlich ausgedehnt wird. Die Friedenspflicht ist jedoch relativ, d.h. sie verbietet nur Streiks um bereits tariflich geregelte Gegenstände. In Zweifelsfällen ist die sachliche Reichweite der Friedenspflicht durch Auslegung zu ermitteln. Wenn die Tarifvertragsparteien eine bestimmte Sachmaterie erkennbar umfassend geregelt haben, ist davon auszugehen, dass sie diesen Bereich der Friedenspflicht unterwerfen und für die Laufzeit des Tarifvertrages die kampfweise Durchsetzung weiterer Regelungen unterbinden wollen, die in einem sachlichen inneren Zusammenhang mit dem befriedeten Bereich stehen.[19]

dd) Ultima-ratio-Prinzip

12 Ein Arbeitskampf soll das letztmögliche Mittel zur Lösung eines Tarifkonflikts sein; es gilt daher das ultima-ratio-Prinzip, nach dem ein Streik grundsätzlich erst **nach dem Scheitern der Tarifverhandlungen** zulässig ist. In der Praxis wird vor einem längerem Arbeitskampf das Scheitern ausdrücklich erklärt; eine förmliche Scheiternserklärung ist jedoch grundsätzlich nicht mehr erforderlich,[20] ebenso wenig die Ausschöpfung aller Verhandlungsmöglichkeiten. Vielmehr soll es nach der sog. Warnstreikrechtsprechung des BAG genügen, wenn die Gewerkschaft Arbeitskampfmaßnahmen ergreift, da sie damit schlüssig zu erkennen gibt, dass sie die Verhandlungsmöglichkeiten für ausgeschöpft hält und keine Möglichkeit sieht, ohne den Einsatz von Arbeitskampfmaßnahmen noch zu einer Einigung zu kommen.[21] Dies hat vor allem Konsequenzen für sog. **Warnstreiks**, also kurzfristige Arbeitsniederlegungen, die inzwischen regelmäßig Tarifverhandlungen begleiten. Sie sind damit grundsätzlich rechtmäßig; zeitliche Grenzen für solche kurzfristigen Streiks, die häufig mit anderen »Protestaktionen« im Betrieb verbunden werden, gibt es nicht (mehr). Sog. Warnstreiks können daher vom Arbeitgeber auch mit (Abwehr-)Aussperrungen beantwortet werden; für diese gelten jedoch enge Rechtmäßigkeitsgrenzen (siehe dazu Rn 32 ff.).

ee) Streikberechtigte Arbeitnehmer

13 Der Kreis der streikberechtigten Arbeitnehmer wird grundsätzlich durch den Streikaufruf der kampfführenden Gewerkschaft bestimmt. Im Regelfall dürfen auch die sog. Außenseiter, die **nicht Gewerkschaftsmitglied** sind, am Streik teilnehmen. Unklar ist derzeit noch, ob auch sog. **andersorganisierte** Arbeitnehmer, die Mitglied einer anderen Gewerkschaft sind, am Streik teilnehmen dürfen.[22] Im Einzelnen gilt: Streikberechtigt, aber nicht streikverpflichtet[23] sind demnach **alle Arbeitnehmer** eines Betriebes, also auch Schwerbehinderte,[24] arbeitsunfähig erkrankte Arbeitnehmer,[25] Arbeitnehmerinnen im Mutterschutz,[26] Betriebsratsmitglieder (siehe dazu aber noch Rn 49).

18 Siehe nur Löwisch/*Rieble*, Arbeitskampf- und Schlichtungsrecht, 170.2 Rn 68.
19 BAG, Urt. v. 10.12.2002, NZA 2003, 734, 739.
20 Eine Ausnahme besteht dann, wenn dies in einem zwischen den Tarifvertragsparteien vereinbarten Schlichtungsabkommen ausdrücklich vereinbart ist.
21 BAG, Urt. v. 21.06.1988, NZA 1988, 846, 848 f.; anders noch BAG, Urt. v. 12.09.1984, NZA 1984, 393.
22 Dazu nur Löwisch/*Rieble*, Arbeitskampf- und Schlichtungsrecht, 170.2 Rn 86 ff.; *Kissel*, Arbeitskampfrecht, § 38 Rn 15 ff.
23 Eine Ausnahme gilt in der Regel für Gewerkschaftsmitglieder, die kraft Satzung in der Regel jedenfalls keine Streikarbeit verrichten dürfen.
24 BAG, Urt. v. 07.06.1988, NZA 1988, 892.
25 BAG, Urt. v. 01.10.1991, NZA 1992, 163; zu den Rechtsfolgen für die Entgeltfortzahlung während eines Arbeitskampfes siehe Rn 18.
26 BAG, Urt. v. 22.10.1986, NZA 1987, 494.

Umstritten, aber wohl zu bejahen ist ein Streikrecht der sog. AT-Angestellten. Ungeklärt ist derzeit noch, ob auch Auszubildende generell streikberechtigt sind; das BAG bejaht ihr Streikrecht jedenfalls dann, wenn die Forderungen auch sie betreffen.[27] Nicht streikberechtigt sind leitende Angestellte i.S.d. § 5 Abs. 3 BetrVG. Kein Streikrecht haben auch Leiharbeitnehmer, die allerdings gem. § 11 Abs. 5 AÜG ein Leistungsverweigerungsrecht haben, auf das sie der Verleiher hinweisen muss. Auch andere Fremdarbeitnehmer im Betrieb dürfen sich nicht am Streik beteiligen.

ff) Grenzen des Streiks/Streiküberschreitungen

14 Das Streikrecht findet seine Grenzen in den **Rechten des Arbeitgebers und der arbeitswilligen Arbeitnehmer**. Daher ist es unzulässig, wenn ein Betrieb vollständig abgesperrt wird; der Zugang zum Betrieb muss weiterhin möglich sein. Konkret fordert die Rechtsprechung, dass ein mindestens drei Meter breiter Zugang zum Betrieb freigehalten werden muss.[28] Dieses Recht kann und muss ggf. durch eine einstweilige Verfügung durchgesetzt werden. Grenzen des Streikrechts bestehen auch gegenüber den arbeitswilligen Arbeitnehmern; Streikposten müssen sich insbesondere auf »gütliches Zureden« beschränken; Nötigungen oder gar Körperverletzungen sind nach allgemeiner Meinung nicht mehr vom Streikrecht gedeckt.[29]

15 Eine Grenze des Streikrechts bildet auch das **Hausrecht des Arbeitgebers**. Er muss insbesondere der kampfführenden Gewerkschaft den Zutritt zum Betrieb zum Zwecke der Organisation von Streikmaßnahmen, z.B. Verteilung von Streikaufrufen nicht gestatten.[30] Auch einzelne Arbeitnehmer dürfen im Betrieb weder zum Streik aufrufen noch Streikaufrufe verteilen; das gilt auch für Betriebsratsmitglieder (siehe dazu Rn 49). Richtiger Auffassung nach muss der Arbeitgeber auch nicht das Anbringen von Streikaufrufen (Plakate!) im Betrieb dulden; es ist streitig, m.E. aber wegen § 859 BGB zu bejahen, ob er entsprechende Aushänge selbst entfernen darf.[31]

gg) Ende des Streiks

16 Das Ende eines Streiks muss der Gegenseite von der kampfführenden Gewerkschaft **mitgeteilt** werden;[32] dabei soll eine öffentliche Verlautbarung über die Medien genügen, die allerdings zu erkennen geben muss, dass die zuständigen Organe das Ende des Streiks beschlossen haben.[33] Das Risiko, dass die Information die gegnerische Seite rechtzeitig erreicht, trägt dabei die kampfführende Gewerkschaft. Bei einem Streik um einen Verbandstarifvertrag reicht die Benachrichtigung des gegnerischen Arbeitgeberverbandes aus. Allerdings ist eine Beendigung des Streiks unmittelbar vor einem Feiertag dann rechtsmissbräuchlich, wenn der Streik unmittelbar nach dem Feiertag fortgesetzt werden soll und die Aussetzung des Streiks damit erkennbar dem Zweck dient, dem Arbeitgeber die Verpflichtung zur Feiertagslohnzahlung (§ 2 EFZG) aufzuerlegen (siehe dazu noch Rn 19).[34]

b) Rechtsfolgen eines rechtmäßigen Streiks

aa) Suspendierung der Hauptleistungspflichten

17 Durch die Teilnahme an einem rechtmäßigen Streik werden die beiderseitigen Hauptleistungspflichten aus dem Arbeitsverhältnis suspendiert, d.h. die streikberechtigten Arbeitnehmer sind nicht zur Arbeitsleistung, der Arbeitgeber nicht zur Entgeltzahlung verpflichtet. Das gilt auch bei **Gleitzeitregelungen**; der Arbeitnehmer kann regelmäßig nicht verlangen, dass sein Gleitzeitkonto mit

27 BAG, Urt. v. 12.09.1984, NZA 1984, 393, 400.
28 Statt vieler siehe nur LAG Köln, Urt. v. 02.07.1984, NZA 1984, 402, 404 m. zahlr. N.
29 BAG, Urt. v. 21.06.1988, NZA 1988, 846, 850; BAG, Urt. v. 11.07.1995, NZA 1996, 209, 211.
30 LAG Bremen, Urt. v. 14.01.1983, DB 1983, 778; LAG Hamm, Urt. v. 23.04.1997, BB 1997, 1537.
31 Siehe aber für einen etwas anders gelagerten Fall LAG Frankfurt, Urt. v. 16.04.1971, DB 1972, 1027.
32 BAG, Urt. v. 31.05.1988, NZA 1988, 886.
33 BAG, Urt. v. 23.10.1996, NZA 1997, 397.
34 BAG, Urt. 01.03.1995, NZA 1995, 996.

den Streikzeiten belastet wird; dies kann jedoch mit den Arbeitnehmern oder mit dem Betriebsrat (in einer Betriebsvereinbarung) entsprechend vereinbart werden.[35] Wird im späteren Tarifvertrag rückwirkend eine Entgelterhöhung (meist eine Pauschale) vereinbart, können die Zeiten der Streikteilnahme zur Kürzung des Entgeltanspruchs führen.[36]

bb) Entgeltersatzleistungen

18 Probleme werfen in der Praxis regelmäßig die Arbeitnehmer auf, die Entgeltersatzleistungen wie z.B. Entgeltfortzahlung im Krankheitsfall, Mutterschaftsgeld oder Urlaubsentgelt erhalten. Nach der Rechtsprechung des BAG gelten folgende Grundsätze, die sich am **Lohnausfallprinzip** orientieren: Erkrankt ein streikender Arbeitnehmer während des Arbeitskampfes, scheidet ein Anspruch auf Entgeltfortzahlung im Krankheitsfall aus.[37] War ein Arbeitnehmer bereits bei Beginn des Streiks arbeitsunfähig erkrankt, entfällt sein Anspruch auf Entgeltfortzahlung nur dann, wenn er sich am Streik beteiligt, was er aber ausdrücklich oder durch sein Verhalten zu erkennen geben muss. Allerdings müsste seine Beschäftigung trotz des Streiks möglich sein.[38] Besteht die Arbeitsunfähigkeit auch noch nach Beendigung des Streiks fort, lebt der Anspruch auf Entgeltfortzahlung wieder auf; nach der Rechtsprechung des BAG zählen jedoch die in den Arbeitskampf fallenden Arbeitsunfähigkeitstage bei der Berechnung der Sechs-Wochen-Frist des § 3 EFZG mit.[39] Ähnlich sieht die Rechtslage aus, wenn sich im Mutterschutz befindliche Arbeitnehmerinnen am Streik beteiligen. Sie haben für die Dauer des Arbeitskampfes gegen ihren Arbeitgeber keinen Anspruch auf Zuschuss zum Mutterschaftsgeld nach § 14 MuSchG.[40] Ist ein Arbeitnehmer aus anderen Gründen von der Arbeitsleistung (unter Fortzahlung der Vergütung) bei Beginn des Streiks befreit oder stehen bereits vor Beginn des Streiks die Gründe für eine solche Arbeitsbefreiung fest, entfällt der Vergütungsanspruch des Arbeitnehmers nur dann, wenn er ausdrücklich seine Teilnahme am Streik erklärt.[41]

19 Während des Arbeitskampfes besteht für die streikenden Arbeitnehmer auch kein Anspruch auf **Feiertagsbezahlung** nach § 2 EFZG. Wenn der Streik jedoch erst nach einem Feiertag beginnt oder vor einem Feiertag endet, besteht auch ein Anspruch auf Feiertagsbezahlung.[42] Das Ende des Streiks muss allerdings dem Arbeitgeber bzw. – beim Kampf um einen Verbandstarifvertrag – dem zuständigen Arbeitgeberverband vor dem Feiertag mitgeteilt worden sein.[43] Dies gilt nur dann nicht, wenn die kampfführende Gewerkschaft einen bereits begonnenen Streik lediglich für einen Feiertag aussetzt.[44]

20 Befindet sich ein Arbeitnehmer während des Arbeitskampfes im **Urlaub**, besteht sein Anspruch auf Zahlung des Urlaubsentgelts (einschließlich etwaiger Feiertagslohnzahlung[45]) weiter. Der Urlaub muss auch weiter gewährt werden. Ungeklärt, aber wohl abzulehnen ist ein Recht des Arbeitnehmers, seinen Urlaub zwecks Streikteilnahme abzubrechen und zu einem späteren Zeitpunkt wieder Urlaub zu verlangen.[46] Will der Arbeitnehmer während des Arbeitskampfes Urlaub nehmen, ist dieser

35 BAG, Urt. v. 30.08.1994, NZA 1995, 32, 33; BAG, Beschl. v. 30.08.1994, NZA 1995, 183, 184 f.
36 BAG, Urt. v. 17.06.1997, NZA 1998, 47, 48 f. = EzA Art. 9 GG Arbeitskampf Nr. 128 m. Anm. *Nicolai*.
37 Der betroffene Arbeitnehmer kann aber bei Erfüllen der weiteren Voraussetzungen der §§ 44 ff. SGB V einen Anspruch auf Krankengeld gegen seine Krankenkasse haben.
38 BAG, Urt. v. 01.10.1991, NZA 1992, 163.
39 BAG, Urt. v. 08.03.1973, DB 1973, 1027 (str.).
40 BAG, Urt. v. 22.10.1986, NZA 1987, 494, 495 ff. (zur insoweit gleich gelagerten Problematik bei einer rechtmäßigen Abwehraussperrung).
41 BAG, Urt. v. 15.01.1991, NZA 1991, 604, 606; s. auch BAG, Urt. v. 07.04.1992, NZA 1993, 37 zur Arbeitsbefreiung nach § 15a BAT.
42 BAG, Urt. v. 11.05.1993, NZA 1993, 809.
43 St. Rspr., siehe zuletzt BAG, Urt. v. 23.10.1996, NZA 1997, 397.
44 BAG, Urt. v. 01.03.1995, NZA 1995, 996; anders, wenn am darauf folgenden Arbeitstag gearbeitet wird, siehe BAG, Urt. v. 11.05.1993, NZA 1993, 809.
45 BAG, Urt. v. 31.05.1988, NZA 1988, 887, 888; siehe auch schon BAG, Urt. v. 09.02.1982, DB 1982, 1328.
46 Offen gelassen, aber mit abl. Tendenz BAG, Urt. v. 31.05.1988, NZA 1988, 887, 888.

zu gewähren, wenn er bereits zuvor bewilligt worden ist.[47] Ansonsten ist der Arbeitgeber nicht verpflichtet, Urlaubswünschen streikender Arbeitnehmer nachzukommen. Hat der Arbeitnehmer aus dem vergangenen Jahr noch Resturlaub und kann dieser wegen des Arbeitskampfes nicht genommen werden, so verfallen die Urlaubsansprüche; auch Urlaubsabgeltung nach § 7 Abs. 4 BUrlG ist dann nicht zu gewähren.[48]

cc) Auswirkungen auf Lohnzusatzleistungen (Einmalzahlungen)

Die Teilnahme am Streik kann sich ferner auf den Anspruch der Arbeitnehmer auf Lohnzusatzleistungen des Arbeitgebers auswirken. Hat der Arbeitgeber eine Sonderzahlung von der **tatsächlichen Arbeitsleistung** abhängig gemacht, kann diese wegen der Teilnahme am Streik ganz oder teilweise entfallen.[49] Wenn aber eine Sonderzahlung allein vom **rechtlichen Bestand** des Arbeitsverhältnisses abhängig gemacht wurde, also nicht von der tatsächlichen Arbeitsleistung, führt die Streikteilnahme nicht zu einer Kürzung des entsprechenden Zahlungsanspruchs.[50] 21

c) Rechtsfolgen eines rechtswidrigen Streiks oder von Streikausschreitungen

aa) Folgen für kampfführende Gewerkschaft

Ein Streik, der die o.g. Rechtmäßigkeitsvoraussetzungen nicht erfüllt, ist rechtswidrig und stellt nach ständiger Rechtsprechung des BAG einen unzulässigen Eingriff in das Recht am eingerichteten und ausgeübten Gewerbebetrieb i.S.d. § 823 Abs. 1 BGB dar. Daraus folgt zunächst, dass dem bestreikten Arbeitgeber auch ein **Unterlassungsanspruch** gem. §§ 1004, 823 Abs. 1 BGB zusteht, der bei einem drohenden Streik im Wege der einstweiligen Verfügung geltend gemacht werden kann. Wird ein Verbandstarifvertrag gefordert, kann auch der zuständige Arbeitgeberverband gegen die kampfführende Gewerkschaft einen (vorbeugenden) Unterlassungsanspruch geltend machen.[51] 22

Ein rechtswidriger Streik verpflichtet die kampfführende Gewerkschaft ferner zu **Schadensersatz**, sofern die Gewerkschaftsorgane ein Verschulden trifft (§ 276 BGB, §§ 31, 831 BGB). Dies ist bei einer Verletzung der Friedenspflicht oder einer offensichtlich rechtswidrigen Forderung ohne weiteres zu bejahen. Werden hingegen (neue) Forderungen gestellt, deren Rechtmäßigkeit umstritten ist, kann das Verschulden unter Zumutbarkeitsgesichtspunkten entfallen; allerdings darf bei Zweifeln über die Rechtmäßigkeit der angestrebten tariflichen Regelung von dem äußersten Mittel des Streiks nur in maßvollem Rahmen und vor allem nur dann Gebrauch gemacht werden, wenn für die Zulässigkeit der tariflichen Regelung beachtliche Gründe sprechen und des Weiteren eine endgültige Klärung der Rechtslage anders nicht zu erreichen ist.[52] 23

Ein Schadensersatzanspruch kann auch bei **Streiküberschreitungen** zumindest dem Grunde nach gegeben sein. Die kampfführende Gewerkschaft haftet hier über § 31 BGB für unerlaubte Handlungen der Streikleiter oder über § 831 BGB für unerlaubte Handlungen der Streikposten und zwar u.U. auch dann, wenn ihre Organe nicht gegen rechtswidrige Einzelaktionen eingeschritten sind.[53] 24

Die größten Schwierigkeiten bei der Geltendmachung eines entsprechenden Schadensersatzanspruchs bildet im Regelfall die (substantiierte) **Darlegung** des entsprechenden Schadens, da das BAG den Produktionsausfall als solchen nicht als Schaden anerkennt; der Arbeitgeber wird die Darlegung des Schadens allenfalls durch § 252 BGB erleichtert.[54] Es ist daher im Einzelnen substantiiert darzulegen, welche Schäden durch den Streik kausal verursacht wurden. 25

47 BAG, Urt. v. 09.02.1982, DB 1982, 1328; vgl. auch BAG, Urt. v. 31.05.1988, NZA 1988, 887.
48 BAG, Urt. v. 24.09.1996, NZA 1997, 507, 508; LAG Nürnberg, Urt. v. 25.01.1995, NZA 1995, 854, 856.
49 BAG, Urt. v. 31.10.1995, NZA 1996, 389, 391.
50 BAG, Urt. v. 20.12.1995, NZA 1996, 491.
51 St. Rspr. seit BAG, Urt. v. 26.04.1988, NZA 1988, 775.
52 BAG, Urt. v. 10.12.2002, NZA 2003, 734, 741.
53 BAG, Urt. v. 08.11.1988, NZA 1989, 475, 478; vgl. auch BAG, Urt. v. 21.06.1988, NZA 1988, 884.
54 BAG, Urt. v. 05.03.1985, NZA 1985, 504, 505 f.

26 Schadensersatzansprüche gegen die kampfführende Gewerkschaft werden in der Regel nicht von einer – üblicherweise vereinbarten – Maßregelungsklausel ausgeschlossen.[55]

bb) Folgen für die teilnehmenden Arbeitnehmer

27 Auch bei Teilnahme an einem rechtswidrigen Streik entfällt selbstverständlich für dessen Dauer die **Entgeltzahlungspflicht** des Arbeitgebers. Darüber hinaus kann die Teilnahme an einem rechtswidrigen Streik aber noch weitere Sanktionen nach sich ziehen. So berechtigt eine unzulässige Arbeitsniederlegung den Arbeitgeber zu einer **Abmahnung**. Hat er den Arbeitnehmer erfolglos zur Wiederaufnahme der Arbeit aufgefordert, kommt sogar eine **außerordentliche Kündigung** in Betracht; deren Wirksamkeit hängt jedoch von einer einzelfallbezogenen Interessenabwägung ab, bei der der Arbeitgeber den Grund der Beteiligung des Arbeitnehmers an dem Arbeitskampf und die Erkennbarkeit der Rechtswidrigkeit für den Arbeitnehmer berücksichtigen muss.[56] Wird der unzulässige Streik allerdings von einer Gewerkschaft geführt, besteht nach der Rechtsprechung des BAG für den Arbeitnehmer eine Vermutung für dessen Rechtmäßigkeit,[57] so dass das für einen Vertragsbruch notwendige Verschulden wegen eines entschuldbaren Rechtsirrtums des Arbeitnehmers entfallen kann. Eine außerordentliche Kündigung kommt auch gegenüber **Betriebsratsmitgliedern** in Betracht, die sich an einem rechtswidrigen Streik beteiligt haben. Die nach § 103 Abs. 1 BetrVG eigentlich notwendige Zustimmung des Betriebsrats ist in diesem Fall nicht erforderlich, jedoch muss der Arbeitgeber die Erteilung der Zustimmung beim Arbeitsgericht beantragen.[58]

28 In Betracht kommt ferner ein Schadensersatzanspruch gegen die **unmittelbar handelnden Arbeitnehmer**, der sowohl auf eine vertragliche[59] als auch auf eine deliktische (840 BGB beachten!) Grundlage gestützt werden kann. Hinsichtlich der Darlegung des Schadens siehe Rn 25. Diese Grundsätze gelten auch im Falle von Streikausschreitungen. Hier kann erschwerend sogar eine Strafbarkeit wegen Körperverletzung, Nötigung, Hausfriedensbruch oder Sachbeschädigung dazukommen.

29 Sind Sanktionen gegen einen streikbeteiligten Arbeitnehmer ergriffen worden, ist weiterhin zu prüfen, ob sie auf Grund eines zwischen den Tarifvertragsparteien üblicherweise vereinbarten **Maßregelungsverbotes** ausgeschlossen oder ggf. zurückzunehmen sind. Die Reichweite des Maßregelungsverbotes ist durch Auslegung zu ermitteln. Ungeklärt ist, ob auch außerordentliche Kündigungen durch Maßregelungsverbote ausgeschlossen werden können.

2. Weitere Arbeitskampfmittel der Arbeitnehmer

30 Weitere Arbeitskampfmittel der Arbeitnehmerseite, wie z.B. der Boykott, spielen praktisch kaum eine Rolle. Einigkeit besteht jedoch im Wesentlichen darüber, dass Betriebsblockaden[60] oder gar Betriebsbesetzungen unzulässig sind.[61]

55 BAG, Urt. v. 08.11.1988, NZA 1989, 475, 477.
56 BAG, Urt. v. 29.11.1983, DB 1984, 1147, 1148 f.
57 BAG, Urt. v. 29.11.1983, DB 1984, 1147.
58 BAG, Urt. v. 14.02.1978, DB 1978, 1232.
59 § 619a BGB, der dem Arbeitgeber in Abweichung von § 280 Abs. 1 BGB die Beweislast für das Vertretenmüssen auferlegt, ist in diesen Fällen m.E. nicht anwendbar; da jedoch die Frage des Verschuldens in der Regel kaum Probleme aufwerfen wird, dürfte dies eine eher akademische Frage sein.
60 BAG, Urt. v. 21.06.1988, NZA 1988, 884; BAG, Urt. v. 08.11.1988, NZA 1989, 475.
61 Zum aktuellen Stand siehe nur ErfK/*Dieterich*, Art. 9 GG Rn 271 ff.

II. Arbeitskampfmaßnahmen der Arbeitgeber

Im Unterschied zur Arbeitnehmerseite stehen den Arbeitgebern mehr Möglichkeiten zu, einem Streik zu begegnen. Dabei haben in den vergangenen Jahr sowohl praktisch als auch rechtlich allein **Abwehrmaßnahmen** der Arbeitgeberseite im Vordergrund gestanden. Theoretisch gibt es zwar noch das Instrument der Angriffsaussperrung, mit der auch die Arbeitgeberseite einen Arbeitskampf beginnen könnte,[62] praktisch hat dies jedoch in den vergangenen Jahrzehnten keine Rolle gespielt, so dass auf eine nähere Erörterung verzichtet wird. 31

1. Abwehraussperrung

a) Rechtmäßigkeitsvoraussetzungen

Für die Abwehraussperrung gelten grundsätzlich die gleichen Rechtmäßigkeitsvoraussetzungen wie für einen **Streik**. Insbesondere können alle Arbeitnehmer ausgesperrt werden, die auch streikberechtigt sind, also z.B. Betriebsratsmitglieder, Schwerbehinderte, Arbeitnehmerinnen im Mutterschutz sowie arbeitsunfähig erkrankte Arbeitnehmer (siehe schon Rn 13). Allerdings hat das BAG in mehreren Entscheidungen die Abwehraussperrung in mehrfacher Hinsicht beschränkt,[63] so dass hier weitere Bedingungen zu beachten sind. 32

aa) Aussperrungsbefugnis

Wird der Arbeitskampf um einen Verbandstarifvertrag geführt, ist die Abwehraussperrung durch einen Arbeitgeber nur dann rechtmäßig, wenn sie von einem **Beschluss** des für Arbeitskampfmaßnahmen zuständigen Organs des kampfführenden Arbeitgeberverbandes getragen wird.[64] Ist diese Bedingung nicht erfüllt, handelt es sich um eine »wilde« und damit rechtswidrige Aussperrung. 33

Aussperrungsbefugt kann aber auch der **einzelne Arbeitgeber** sein, der ja gem. § 3 Abs. 1 TVG tariffähig ist. Dies setzt aber voraus, dass er von der kampfführenden Gewerkschaft auf Abschluss eines Firmentarifvertrages bestreikt wird;[65] dies ist nach der bereits oben zitierten neueren Rechtsprechung des BAG auch dann zulässig, wenn der bestreikte Arbeitgeber Mitglied im Arbeitgeberverband ist.

Schwierigkeiten in Bezug auf die Aussperrungsbefugnis bereitet die bereits ebenfalls dargestellte neue Rechtsprechung des BAG, nach der auch ein **Außenseiter-Arbeitgeber** bei einem Kampf um einen Verbandstarifvertrag bestreikt werden kann.[66] Hier stellt sich die Frage, ob auch dieser Arbeitgeber nur nach einem vorangehenden Aussperrungsbeschluss des kampfführenden Arbeitgeberverbandes aussperren darf. Dies ist m.E. zu verneinen, weil die Kampfbeteiligung des nicht verbandsangehörigen Arbeitgebers nicht dazu führen darf, dass er der Willensbildung des Arbeitgeberverbandes unterworfen wird. Daher ist die Rechtslage genauso zu werten wie im Falle des Streiks um einen Firmentarifvertrag, d.h. der betroffene Arbeitgeber darf allein über die Abwehraussperrung entscheiden. Ob und in welchem Umfang diese rechtmäßig ist, richtet sich ebenfalls nur nach den Verhältnissen in diesem konkreten Betrieb, d.h. über ihre Rechtmäßigkeit ist isoliert zu urteilen. Gleiches gilt vice versa für die (ggf. zeitgleiche) Abwehraussperrung des kampfführenden Arbeitgeberverbandes. Beide Aussperrungen können daher nicht gemeinsam rechtlich beurteilt werden. 34

62 Siehe dazu nur BAG (GS), Beschl. v. 21.04.1971, AP 43 zu Art. 9 GG Arbeitskampf.
63 Siehe insbesondere BAG, Urt. v. 10.06.1980, AP Nr. 64, 65 zu Art. 9 GG Arbeitskampf.
64 BAG, Urt. v. 31.10.1995, NZA 1996, 389.
65 BAG, Urt. v. 11.08.1992, NZA 1993, 39, 40.
66 BAG, Urt. v. 18.02.2003, NZA 2003, 866.

bb) Formale Voraussetzungen

35 Das BAG fordert des Weiteren, dass der aussperrende Arbeitgeber sowohl die Arbeitnehmer als auch die gegnerische Gewerkschaft über die Aussperrung **unterrichten** muss. Ihnen gegenüber muss der Arbeitgeber nach dieser Rechtsprechung deutlich machen, dass er sie aussperrt; es reicht also nicht aus, wenn er sie lediglich von der Arbeit freistellt.[67] Auch die gegnerische Gewerkschaft muss über den Aussperrungsbeschluss in Kenntnis gesetzt werden; dabei ist sie bei verbandsangehörigen Arbeitgebern auch darüber zu unterrichten, dass die Aussperrung vom Arbeitgeberverband getragen wird.[68]

cc) Verhältnismäßigkeitsgrundsatz/Übermaßverbot

36 Unter Berufung auf den Verhältnismäßigkeitsgrundsatz hat das BAG die Aussperrungsbefugnis des Arbeitgebers bzw. Arbeitgeberverbandes in mehrfacher Hinsicht beschränkt:

- So soll sich zunächst eine **räumliche Grenze** für Abwehraussperrungen aus der Festlegung des Tarif- bzw. Kampfgebietes ergeben, in dem die gegnerische Gewerkschaft zum Streik aufgerufen hat.[69] Das ist vor allem für Arbeitskämpfe um einen Flächentarifvertrag von Bedeutung, kann aber auch bei Einzelnen bestreikten Arbeitgebern dann relevant werden, wenn die kampfführende Gewerkschaft ihre Forderungen auf einen Betrieb oder auch nur einen Betriebsteil beschränkt.[70]
- Innerhalb des so definierten Kampfgebietes ist der Arbeitgeber jedoch nicht frei in seiner Entscheidung, wie viele Arbeitnehmer er aussperren will. Das BAG hat vielmehr zunächst **Zahlengrenzen** aufgestellt, mit denen die Aussperrungsbefugnis des Arbeitgebers begrenzt wird.[71] Werden weniger als ein Viertel der Arbeitnehmer des Tarifgebiets zum Streik aufgerufen, dürfen bis zu 25 % der Arbeitnehmer eines Tarifgebiets ausgesperrt werden; werden mehr als ein Viertel der Arbeitnehmer eines Tarifgebiets zum Streik aufgerufen, dürfen insgesamt nur noch so viele Arbeitnehmer ausgesperrt werden, dass insgesamt etwa 50 % der Arbeitnehmer eines Tarifgebietes zum Streik aufgerufen oder von einem Aussperrungsbeschluss betroffen werden. An diesen Zahlengrenzen hat das BAG in späteren Entscheidungen nicht mehr ausdrücklich festgehalten,[72] in der Praxis sollten sie dennoch nach wie vor als Orientierungsmaßstab dienen. Entscheidend ist nach wie vor – und dies ist auch für einen Einzelarbeitgeber wichtig – der Umfang des Aussperrungsbeschlusses und nicht die Zahl der tatsächlich ausgesperrten Arbeitnehmer.[73] Zulässig soll es aber sein, dass im Laufe des Arbeitskampfes um einen Verbandstarifvertrag die aussperrenden Arbeitgeber wechseln oder zunächst nur einige Arbeitnehmer und später im Zuge einer befristeten Erweiterung des Arbeitskampfes später weitere Arbeitnehmer (im Rahmen des zuvor getroffenen Aussperrungsbeschlusses) ausgesperrt werden.[74]Für einen Einzelarbeitgeber sind diese Grenzen vor allem dann von Bedeutung, wenn mehrere Betriebe eines Unternehmens betroffen sind.
- Drittens hat das BAG auch eine **zeitliche Grenze** für Abwehraussperrungen entwickelt. So sah es im Rahmen eines Arbeitskampfes um einen Firmentarifvertrag eine zweitägige Abwehraussperrung als Reaktion auf einen halbstündigen Streik als unverhältnismäßig an. Eine halbtägige Aussperrung hätte nach Ansicht des Gerichts ausgereicht.[75] Genauere zeitliche Grenzen hat das BAG nicht festgelegt, so dass in der Praxis darauf geachtet werden sollte, dass zumindest die vom BAG festgelegte Relation nicht überschritten wird. Zu beachten ist, dass Abwehraussperrungen auch als Reaktion auf sog. Warnstreiks möglich sind.

67 BAG, Urt. v. 27.06.1995, NZA 1996, 212, 213.
68 BAG, Urt. v. 31.10.1995, NZA 1996, 389, 390.
69 BAG, Urt. v. 10.06.1980, AP Nr. 65 zu Art. 9 GG Arbeitskampf
70 So z.B. der Sachverhalt in BAG, Beschl. v. 10.02.1988, NZA 1988, 549.
71 Siehe hierzu und zum folgenden BAG, Urt. v. 10.06.1980, AP Nr. 64, 65 zu Art. 9 GG Arbeitskampf.
72 Siehe nur BAG, Urt. v. 11.08.1992, NZA 1993, 39.
73 BAG, Urt. v. 12.03.1985, NZA 1985, 537, 539.
74 BAG, Urt. v. 10.06.1980, AP Nr. 64 zu Art. 9 GG Arbeitskampf.
75 BAG, Urt. v. 11.08.1992, NZA 1993, 39, 41.

dd) Adressaten der Aussperrung

37 Ausgesperrt werden können alle Arbeitnehmer, die auch streikberechtigt sind. Dies wurde explizit entschieden für:

- arbeitsunfähig erkrankte Arbeitnehmer,[76]
- Schwerbehinderte,[77]
- Arbeitnehmerinnen im Mutterschutz,[78]
- Betriebsratsmitglieder.[79]

Arbeitnehmer, die sich in Urlaub befinden, dürfen wohl nicht unter Widerruf des bereits gewährten Urlaubs in die Aussperrung mit einbezogen werden.[80] Unzulässig ist nach der Rechtsprechung des BAG die sog. **selektive Aussperrung**, die vorliegt, wenn der Arbeitgeber ausschließlich gewerkschaftsangehörige Arbeitnehmer aussperrt.[81]

b) Rechtsfolgen der rechtmäßigen Abwehraussperrung

38 Eine rechtmäßige Abwehraussperrung führt zu den gleichen Rechtsfolgen wie ein rechtmäßiger Streik. Es werden also die beiderseitigen **Hauptleistungspflichten suspendiert**. Nach wie vor soll zumindest in besonderen Ausnahmefällen aber auch noch eine sog. **lösende Abwehraussperrung** zulässig sein, durch die das Arbeitsverhältnis nicht ruhend gestellt, sondern – wie bei einer Kündigung – beendet wird. Der Arbeitnehmer kann jedoch ggf. einen Wiedereinstellungsanspruch geltend machen, wenn dies entweder in einer tariflichen Maßregelungs- oder Wiedereinstellungsklausel vereinbart ist oder wenn dem Arbeitgeber die Beschäftigung möglich und nach billigem Ermessen zumutbar ist.[82]

c) Rechtsfolgen der rechtswidrigen Abwehraussperrung

39 Eine rechtswidrige Abwehraussperrung, die auch bei einer Überschreitung der oben dargestellten Grenzen vorliegt, hat für den Arbeitgeber zur Folge, dass er (nachträglich) das **Entgelt** für die ausgefallene Arbeitszeit zahlen muss. Eventuell von der Gewerkschaft gezahlte Unterstützungsleistungen werden darauf nicht angerechnet.

40 Außerdem kann die gegnerische Gewerkschaft einen (vorbeugenden) **Unterlassungsanspruch** gegen den Arbeitgeber geltend machen, der auch im einstweiligen Verfügungsverfahren durchsetzbar ist. Schadensersatzansprüche der gegnerischen Gewerkschaft scheiden dagegen im Regelfall aus; insbesondere können an die Arbeitnehmer geleistete Unterstützungszahlungen nicht als (zusätzlicher) Schaden geltend gemacht werden.

2. Stilllegungsbefugnis des bestreikten Arbeitgebers

41 Ein vom Streik betroffener Arbeitgeber hat nach der Rechtsprechung des BAG weiterhin die Möglichkeit, seinen Betrieb für die Dauer des Streiks stillzulegen.[83] Es handelt sich hier jedoch **nicht** um eine **Arbeitskampfmaßnahme**, sondern um eine schlichte Reaktionsmöglichkeit, die insbesondere beim Kampf um einen Verbandstarifvertrag keines rechtfertigenden Beschlusses durch den zuständigen Arbeitgeberverband bedarf. Der Arbeitgeber muss jedoch gegenüber den betroffenen

76 BAG, Urt. v. 07.06.1988, NZA 1988, 890.
77 BAG, Urt. v. 07.06.1988, NZA 1988, 890; BAG, Urt. v. 07.06.1988, NZA 1988, 886.
78 BAG, Urt. v. 22.10.1986, NZA 1987, 494.
79 BAG, Urt. v. 25.10.1988, NZA 1989, 353, 354.
80 Offen geblieben, aber wie hier abl. BAG, Urt. v. 31.05.1988, NZA 1988, 887, 888.
81 BAG, Urt. v. 10.06.1980, AP Nr. 66 zu Art. 9 GG Arbeitskampf.
82 BAG (GS), Beschl. v. 21.04.1971, AP Nr. 43 zu Art. 9 GG Arbeitskampf.
83 Grundlegend BAG, Urt. v. 22.03.1994, NZA 1994, 1097, 1098 f.; BAG, Urt. v. 31.01.1995, NZA 1995, 958, 959.

Arbeitnehmern hinreichend deutlich erklären, dass er den Betrieb für die Dauer des Streiks stilllegt.[84] Dies muss der Arbeitgeber auch in die Tat umsetzen, d.h. er darf nicht versuchen, den Betrieb trotz des Streiks weiterzuführen und sich auch nicht die rechtliche Möglichkeit offen halten, die Arbeitsleistung jederzeit (wieder) in Anspruch zu nehmen.[85] Der **Umfang** der Stilllegungsbefugnis richtet sich nach dem gewerkschaftlichen Streikaufruf, d.h. der Arbeitgeber darf den Betrieb nur in dem Umfang und für den Zeitraum stilllegen, der sich aus diesem Streikaufruf ergibt. Ruft die Gewerkschaft nur Arbeitnehmer einer Betriebsabteilung zum Streik auf, kann auch nur diese Abteilung stillgelegt werden.

42 Die Stilllegungsbefugnis des Arbeitgebers hat in Bezug auf die streikenden Arbeitnehmer keine Bedeutung, sondern vor allem Auswirkungen auf die nicht am Streik teilnehmenden, **arbeitswilligen Arbeitnehmer**. Auch deren – eigentlich aus § 615 BGB folgender – Entgeltzahlungsanspruch entfällt, ohne dass sich der Arbeitgeber auf die Grundsätze der sog. Arbeitskampfrisikolehre berufen (siehe dazu noch Rn 47 f.) und deren Voraussetzungen darlegen muss. Es kommt dann nicht darauf an, ob die Beschäftigung dieser Arbeitnehmer noch möglich und/oder zumutbar ist.[86] Dies gilt allerdings nur, wenn der Arbeitgeber den Betrieb auch tatsächlich im oben beschriebenen Umfang stilllegt; versucht er, den Betrieb aufrecht zu erhalten, kommt allein eine Entgeltverweigerung nach der Arbeitskampfrisikolehre in Betracht, d.h. die Beschäftigung der arbeitswilligen Arbeitnehmer muss unmöglich oder wirtschaftlich sinnlos sein (siehe dazu Rn 47).[87]

3. Maßnahmen zur Produktionsfortführung

43 Der Arbeitgeber kann auch den Versuch unternehmen, den Betrieb trotz des Streiks weiterzuführen. Wird er daran durch sog. Streiküberschreitungen gehindert (z.B. durch Blockade des Betriebszugangs), kann er – im Wege der **einstweiligen Verfügung** – sowohl gegen die streikenden Arbeitnehmer als auch gegen die kampfführende Gewerkschaft vorgehen. Die kampfführende Gewerkschaft bzw. deren Streikleiter sind verpflichtet, auf die Streikenden dahin gehend einwirken, dass die Grenzen des Streikrechts nicht überschritten werden.[88]

44 Überträgt der Arbeitgeber arbeitswilligen Arbeitnehmern Tätigkeiten, die normalerweise ein streikender Arbeitnehmer verrichtet, haben erstgenannte nach allgemeiner Auffassung das Recht, die Verrichtung von sog. **Streikarbeit** zu verweigern.

45 Der Arbeitgeber kann auch versuchen, Anreize zur Arbeitsaufnahme durch sog. **Streikbruchprämien** (dabei kann es sich um Geld- oder Sachleistungen handeln[89]) zu setzen. Solche Prämien sind zwar grundsätzlich zulässig, jedoch läuft der Arbeitgeber insbesondere dann, wenn ein tarifliches Maßregelungsverbot vereinbart wurde, Gefahr, dass er diese Prämien nach Beendigung des Streiks auch an die streikenden Arbeitnehmer zahlen muss, da nach der Rechtsprechung des BAG hierin eine gem. § 612a BGB unzulässige Maßregelung der streikenden Arbeitnehmer liegen kann.[90] Dies gilt jedenfalls grundsätzlich dann, wenn die zusätzliche Vergütung erst nach Beendigung des Streiks zugesagt bzw. – ohne vorherige Zusage – gewährt wird; ein sachlicher und damit eine Maßregelung ausschließender Grund für die Gewährung einer solchen »Prämie« nach Beendigung des Arbeitskampfes soll allerdings dann vorliegen, wenn alle Begünstigten während des Streiks Belastungen

84 BAG, Urt. v. 11.07.1995, NZA 1996, 214, 216 f.; BAG, Urt. v. 11.07.1995, NZA 1996, 214, 216; s. auch BAG, Urt. v. 27.06.1995, NZA 1996, 212.

85 BAG, Urt. v. 11.07.1995, NZA 1996, 209, 211; BAG, Urt. v. 11.07.1995, NZA 1996, 214, 216 f.

86 BAG, Urt. v. 22.03.1994, NZA 1994, 1097, 1098 f.; speziell zum Verhältnis zu Notdienstvereinbarungen s. BAG, Urt. v. 31.01.1995, NZA 1995, 958, 960 f.

87 BAG, Urt. v. 11.07.1995, NZA 1996, 209, 211; BAG, Urt. v. 11.07.1995, NZA 1996, 214, 216.

88 BAG, Urt.v. 08.11.1988, NZA 1989, 475, 476.

89 Im Falle des LAG Köln, LAGE zu Art. 9 GG Arbeitskampf Nr. 39, handelte es sich um einen Blumenstrauß, ein kostenloses Mittagessen und eine Flasche Champagner.

90 Hierzu und zum folgenden BAG, Urt. v. 04.08.1987, NZA 1988, 61; BAG, Urt. v. 28.07.1992, NZA 1992, 267; BAG, Urt. v. 13.07.1993, NZA 1993, 1135.

ausgesetzt waren, die erheblich über das normale Maß der mit jeder Streikarbeit verbundenen Belastungen hinausgehen.[91] Wird hingegen der zusätzliche Vergütungsbestandteil während des laufenden Arbeitskampfes zugesagt und gezahlt, soll hierin ein zulässiges Arbeitskampfmittel der Arbeitgeberseite liegen, so dass ein Anspruch der streikenden Arbeitnehmer regelmäßig ausscheidet.[92] Wenn der Arbeitgeber allerdings eine solche »Streikbruchprämie« nur **nicht gewerkschaftsangehörigen** Arbeitnehmern zahlt, liegt darin ein Verstoß gegen Art. 9 Abs. 3 Satz 2 GG, so dass die benachteiligten Arbeitnehmer einen Zahlungsanspruch geltend machen können. Das Gleiche gilt, wenn ein tarifliches Maßregelungsverbot dahin gehend auszulegen ist, dass die Zahlung einer »Streikbruchprämie« eine (unzulässige) Maßregelung der Streikenden sein soll. Ungeklärt ist noch, ob die Geltendmachung eines entsprechenden Zahlungsanspruch etwaigen tariflichen Ausschlussklauseln unterfällt.[93]

Der Versuch, die Produktion während und trotz eines Streiks fortzusetzen, hat im übrigen Ende der 90er Jahre zu einer neuen Kampftaktik, dem sog. Wellenstreik geführt. Siehe dazu Rn 47. 46

III. Die Rechtsstellung arbeitswilliger Arbeitnehmer im unmittelbar kampfbetroffenen Betrieb

Legt der Arbeitgeber im Rahmen seiner Stilllegungsbefugnis den Betrieb still, entfällt auch der Entgeltzahlungsanspruch der arbeitswilligen Arbeitnehmer. 47

Wird der Betrieb oder die Betriebsabteilung nicht stillgelegt, können die arbeitswilligen Arbeitnehmer aber wegen technischer Unmöglichkeit oder wirtschaftlicher Sinnlosigkeit (siehe dazu Rn 63 ff.) nicht mehr weiterbeschäftigt werden, entfällt ihr Entgeltzahlungsanspruch nach den Grundsätzen der sog. **Arbeitskampfrisikolehre** (z.T. auch als arbeitskampfbedingte Betriebsrisikolehre bezeichnet).[94] Im Rahmen der Entscheidungen zum sog. Wellenstreik hat das BAG dabei entschieden, dass der Entgeltzahlungsanspruch der arbeitswilligen Arbeitnehmer nicht nur dann entfällt, wenn deren Beschäftigung während des fraglichen Streiks unmöglich wird, sondern auch dann, wenn die Beschäftigung nach Beendigung der Arbeitskampfmaßnahme unmöglich bleibt oder wird.[95] Unerheblich ist es bei letzterem, ob die ihre Arbeitsleistung anbietenden Arbeitnehmer vorher an der Kampfmaßnahme beteiligt waren oder nicht. Darüber hinaus will das BAG den Arbeitnehmern auch solche Arbeitsausfälle als Streikfolgen zurechnen, die durch Gegenmaßnahmen verursacht werden, mit denen der Arbeitgeber die streikbedingten Betriebsstörungen möglichst gering halten will.

Geht es um einen Anspruch des arbeitswilligen Arbeitnehmers auf **Entgeltersatzleistungen** (z.B. Entgeltfortzahlung im Krankheitsfall oder Zuschuss zum Mutterschaftsgeld), richtet sich deren Schicksal nach dem Entgeltanspruch. Entfällt dieser, besteht auch kein Anspruch auf Entgeltersatzleistungen, da diese durchweg auf dem Lohnausfallprinzip basieren. 48

IV. Stellung und Befugnisse des Betriebsrats im Arbeitskampf

1. Rechte und Pflichten der Betriebsratsmitglieder

Der Betriebsrat ist nach § 74 Abs. 2 BetrVG in Arbeitskämpfen zwischen tariffähigen Parteien zur Neutralität verpflichtet. Das hat nicht zur Folge, dass sich Betriebsratsmitglieder nicht an einem Streik beteiligen dürfen. Wenn sie sich einem Streik anschließen, dürfen sie dies jedoch **nicht** 49

91 BAG, Urt. v. 28.07.1992, NZA 1993, 267, 269.

92 Siehe hierzu und zum folgenden BAG, Urt. v. 13.07.1993, NZA 1993, 1135, 1137 ff.

93 Das BAG hat nur über die Verjährungsfrage entschieden, s. BAG, Urt. v. 17.09.1991, NZA 1992, 164, die allerdings durch die Neuregelungen der Schuldrechtsreform obsolet geworden ist.

94 BAG, Urt. v. 14.12.1993, NZA 1994, 331, 332.

95 Hierzu und zum folgenden BAG, Urt. v. 12.11.1996, NZA 1997, 393; BAG, Urt. v. 17.02.1998, NZA 1998, 896 = EzA Art. 9 GG Arbeitskampf Nr. 129 m. Anm. *Nicolai*; BAG, Urt. v. 15.12.1998, NZA 1999, 550 und NZA 1999, 552.

in ihrer Eigenschaft **als Betriebsratsmitglied** tun.[96] Sie dürfen daher in dieser Eigenschaft einen Arbeitskampf weder unterstützen noch ihn ablehnen. Auch dürfen die dem Betriebsrat gem. § 40 Abs. 2 BetrVG zur Verfügung gestellten Mittel nicht zu Streikzwecken missbraucht werden. Auch die Unterzeichnung von Streikaufrufen oder Verlautbarungen unter ausdrücklicher Erwähnung der Mitgliedschaft im Betriebsrat ist unzulässig. Grobe Verstösse können ggf. gem. § 23 Abs. 1 BetrVG sanktioniert werden.

50 Unzulässig ist es auch, wenn der Betriebsrat seine Beteiligungsrechte dazu nutzt, den **Druck** auf den Arbeitgeber in einem Tarifkonflikt zu verstärken. Daher ist es rechtswidrig, wenn der Betriebsrat – nachweislich! – seine Zustimmung zur Anordnung von Überstunden (§ 87 Abs. 1 Nr. 3 BetrVG) verweigert, um die Gewerkschaft bei ihren Forderungen zu unterstützen.[97]

2. Beteiligungsrechte des Betriebsrats im Arbeitskampf

51 Nach heutzutage wohl allgemeiner Meinung wird das Betriebsratsamt selbst durch einen Arbeitskampf nicht berührt. Seine Beteiligungsrechte sind jedoch **eingeschränkt**. Sie bestehen dann nicht, wenn durch ihre Ausübung die zwischen den Kampfparteien notwendige Kampfparität zu Lasten des Arbeitgebers bzw. – mittelbar – des kampfführenden Arbeitgeberverbandes gestört wird. Dies soll dann der Fall sein, wenn die Mitbestimmung des Betriebsrats unmittelbar und zwangsläufig zur Folge hätte, dass die Freiheit des Arbeitgebers, Arbeitskampfmaßnahmen zu ergreifen oder Folgen eines Arbeitskampfes zu begegnen, ernsthaft beeinträchtigt würde.[98] Notwendig ist daher zunächst, dass die in Rede stehende Maßnahme des Arbeitgebers durch den Arbeitskampf bedingt ist. Wann eine Störung der Kampfparität zu bejahen ist, ist im Einzelnen umstritten.[99]

52 Das BAG nimmt generell an, dass bei (arbeitskampfbedingten) personellen Einzelmaßnahmen kein **Beteiligungsrecht** des Betriebsrats besteht. Die gleichen Grundsätze sollen für die Beteiligung in sozialen Angelegenheiten gelten.[100] Daher hat der Betriebsrat nach der Rechtsprechung des BAG kein Beteiligungsrecht, wenn der Arbeitgeber zur Aufrechterhaltung des Betriebes für die Arbeitswilligen Mehrarbeit anordnet,[101] wenn der Arbeitgeber im Rahmen einer Aussperrung auf den Werksausweisen Kennzeichen für die zutrittsberechtigten Arbeitnehmer anbringt[102] oder wenn der Arbeitgeber sog. Streikbrecher einstellen will.[103] Dagegen sollen **Unterrichtungsansprüche** des Betriebsrats nach § 80 BetrVG auch im Arbeitskampf uneingeschränkt fortbestehen; insbesondere soll die bloße Möglichkeit der rechtswidrigen Verwendung oder Weitergabe der Informationen durch einzelne Betriebsratsmitglieder den Unterrichtungsanspruch nicht ausschließen. Dies ist insbesondere für Maßnahmen relevant, die der Arbeitgeber zum Zwecke der Betriebsfortführung während des Arbeitskampfes plant oder trifft.[104]

53 Da das Amt des Betriebsrats fortbesteht, sollen streikende und ausgesperrte Betriebsratsmitglieder nach wohl überwiegender Auffassung auch während des Arbeitskampfes ein Zutrittsrecht zum Betrieb haben, wenn dies zur Wahrnehmung ihrer Betriebsratsaufgaben erforderlich ist.[105]

96 Vgl. BAG, Urt. 05.12.1975, AP Nr. 1 zu § 87 BetrVG 1972 Betriebsbuße zum Verbot der parteipolitischen Betätigung.
97 LAG Baden-Württemberg, Urt. v. 21.04.1982, DB 1982, 1409, 1410.
98 Zuletzt BAG, Beschl. v. 10.12.2002, NZA 2004, 223, 225.
99 Zum Streitstand siehe nur *Fitting u.a.*, § 74 BetrVG Rn 19 ff.
100 BAG, Beschl. v. 10.12.2002, NZA 2004, 223, 226.
101 BAG, Beschl. v. 24.04.1979, DB 1979, 1655, 1656.
102 BAG, Beschl. v. 16.12.1986, NZA 1987, 355, 356 f.
103 Siehe aber BAG, Beschl. v. 19.02.1991, NZA 1991, 565, 567 zur Entsendung von Arbeitnehmern in andere Betriebe und zum Beteiligungsrecht des dort bestehenden Betriebsrats sowie BAG, Beschl. v. 10.02.1988, NZA 1988, 549 zu Berufsbildungsmaßnahmen i.S.v. § 98 BetrVG.
104 BAG, Beschl. v. 10.12.2002, NZA 2004, 223, 226 f.
105 *Fitting u.a.*, § 74 Rn 26.

3. Einzelfragen

a) Vergütungsansprüche der Betriebsratsmitglieder

Hinsichtlich der Zahlung des Arbeitsentgelts werden Betriebsratsmitglieder nicht anders behandelt als andere Arbeitnehmer auch, d.h. ihr **Entgeltanspruch entfällt**, wenn sie streiken oder ausgesperrt werden, wenn der Betrieb stillgelegt wird oder wenn ihre Beschäftigung unmöglich im Sinne der Arbeitskampfrisikolehre wird. Darüber hinaus steht ihnen kein Vergütungsanspruch gem. § 37 Abs. 3 BetrVG zu, wenn sie während der Dauer des Arbeitskampfes Betriebsratsaufgaben wahrnehmen.[106] Nehmen sie allerdings während des Arbeitskampfes an einer Schulung teil, entfällt ihr Vergütungsanspruch gem. § 37 Abs. 6, 3 BetrVG nur, wenn sie ihre Teilnahme am Streik erklären oder ausgesperrt werden.[107] 54

b) Betriebsversammlungen und Betriebsratssprechstunden

Betriebsversammlungen können unter den Voraussetzungen des § 43 BetrVG auch während eines Arbeitskampfes einberufen werden.[108] Allerdings stellt der Arbeitskampf m.E. als solcher keinen Grund dar, eine außerordentliche oder zusätzliche Betriebsversammlung gem. § 43 Abs. 1 Satz 4 BetrVG[109] einzuberufen. **Arbeitskampfmaßnahmen** dürfen auf einer Betriebsversammlung nicht erörtert werden. Ist die Einberufung einer Betriebsversammlung zulässig, ist den teilnehmenden Arbeitnehmern gem. § 44 BetrVG für deren Dauer sowie die Wegezeit die Vergütung zu zahlen. Das gilt auch für diejenigen Arbeitnehmer, die sich am Streik beteiligen oder wegen mittelbarer Betroffenheit nicht beschäftigt werden können.[110] 55

Unzulässig ist es ferner, wenn Arbeitnehmer einen Arbeitsausfall gezielt dadurch herbeiführen, dass sie **gruppenweise** die Sprechstunde des Betriebsrats aufsuchen. Der Arbeitgeber muss dann den Arbeitsausfall entgegen § 39 Abs. 3 BetrVG nicht bezahlen.[111] Das Gleiche gilt, wenn die Arbeitnehmer zwecks Information über den Stand der Tarifverhandlungen die Sprechstunde des Betriebsrats aufsuchen.[112] 56

V. Notstands- und Erhaltungsarbeiten

Es ist allgemein anerkannt, dass auch während eines Arbeitskampfes sog. Notstands- und Erhaltungsarbeiten[113] zu verrichten sind. **Notstandsarbeiten** betreffen vor allem Betriebe, deren Zweck in der Daseinsvorsorge besteht, wie z.B. Krankenhäuser oder die Feuerwehr; sie werden definiert als die Arbeiten, die die Versorgung der Bevölkerung mit lebensnotwendigen Diensten und Gütern während eines Arbeitskampfes sicherstellen sollen.[114] **Erhaltungsarbeiten** sind dagegen solche Arbeiten, mit denen die Erhaltung der Betriebsmittel zwecks Fortführung des Betriebes und Wiederaufnahme der Arbeit nach Streikende gewährleistet werden soll bzw. die erforderlich sind, um das Unbrauchbarwerden der sächlichen Betriebsmittel zu verhindern[115] (z.B. in der Stahlbranche der Weiterbetrieb der Hochöfen). Welche Tätigkeiten hierzu im Einzelnen gehören, ist derzeit noch nicht endgültig geklärt und hängt auch von der Eigenart des jeweiligen Betriebes ab. 57

106 BAG, Urt. v. 25.10.1988, NZA 1989, 353, 354.
107 BAG, Urt. v. 15.01.1991, NZA 1991, 604, 605 f.
108 BAG, Urt. v. 05.05.1987, NZA 1987, 853.
109 Siehe dazu BAG, Urt. v. 23.10.1991, NZA 1992, 557, 558 und BAG, Beschl. v. 10.02.1988, NZA 1988, 549, 550 f.
110 BAG, Urt. v. 05.05.1987, NZA 1987, 853, 854.
111 ArbG Kassel, Urt. v. 12.11.1986, NZA 1987, 534.
112 ArbG Osnabrück, Urt. v. 17.01.1995, NZA 1995, 1013; siehe auch LAG Niedersachsen, Urt. v. 01.07.1986, NZA 1987, 33.
113 Die Terminologie ist uneinheitlich; z.T. wird auch allgemein von Notdienstsarbeiten gesprochen und beide Arten nicht sauber getrennt.
114 BAG, Urt. v. 31.01.1995, NZA 1995, 958, 959.
115 BAG, Urt. v. 31.01.1995, NZA 1995, 958, 959.

58 Umstritten ist ferner, wem das Recht zusteht, solche Notstands- und Erhaltungsarbeiten anzuordnen. Das BAG geht davon aus, dass eine entsprechende **Vereinbarung** zwischen den Tarifvertragsparteien getroffen werden sollte. Kommt eine entsprechende Notdienstvereinbarung zustande, stellt diese die maßgebliche Grundlage des Notdienstes dar; die in ihr genannten Arbeitnehmer sind damit zur Arbeitsleistung verpflichtet. Bei der Auswahl der Arbeitnehmer sollen die Arbeitskampfparteien einen weiten Beurteilungsspielraum haben, dessen nur das allgemeine Willkürverbot sein soll. Daher können insbesondere arbeitswillige Arbeitnehmer kein Recht auf Beschäftigung mit Notdienstarbeiten geltend machen.[116] Falls eine Einigung der Arbeitskampfparteien nicht zustande kommt, ist derzeit unklar, ob und unter welchen Umständen dem Arbeitgeber ein Alleinbestimmungsrecht zusteht. Das BAG hat zwar 1993 noch ausgeführt, eine Vereinbarung über die Modalitäten des Notdienstes sei nicht konstitutive Voraussetzung für seine Durchführung,[117] es ist jedoch unklar, ob das BAG hieran festhalten wird. M.E. wird man dem Arbeitgeber zumindest für den Fall, dass trotz Bemühungen seinerseits keine Einigung zustande kommt[118] oder Eilbedürftigkeit besteht, das Recht zur einseitigen Anordnung solcher Notstands- und Erhaltungsarbeiten zubilligen müssen; die Auswahl der dafür in Betracht kommenden Arbeitnehmer soll nach sachlichen, arbeitsplatzbezogenen Gesichtspunkten erfolgen.[119]

C. Auswirkungen eines Arbeitskampfes auf unbeteiligte Dritte

59 Wegen der wirtschaftlichen Verflechtung der Unternehmen untereinander führt ein Arbeitskampf häufig zu Auswirkungen auf Unternehmen, die am Tarifkonflikt völlig unbeteiligt sind. Dies wirft sowohl für die drittbetroffenen Arbeitgeber als auch für die drittbetroffenen Arbeitnehmer zahlreiche Fragen auf. In zivilrechtlicher – hier allerdings nicht zu behandelnder – Hinsicht stellt sich dabei für die drittbetroffenen Arbeitgeber die Frage, ob sie gegen ihre im Arbeitskampf stehenden Vertragspartner Ansprüche geltend machen können.[120] In arbeitsrechtlicher Hinsicht kommt es vor allem dann zu Problemen, wenn die Produktion für den drittbetroffenen Arbeitgeber wegen mangelnder Zulieferungen (technisch) **unmöglich** oder mangels Abnahme der produzierten Produkte **wirtschaftlich sinnlos** wird.[121] Das ist der hauptsächliche Anwendungsbereich der bereits angesprochenen sog. Arbeitskampfrisikolehre, in deren Zusammenhang auch die Vorschrift des § 146 SGB III (früher: § 116 AFG) zu beachten ist.

I. Entgeltansprüche und Arbeitskampfrisikolehre

1. Grundsätze der Arbeitskampfrisikolehre

60 Die sog. Arbeitskampfrisikolehre hat sich historisch aus der vom Reichsgericht entwickelten Betriebsrisikolehre entwickelt, nach der grundsätzlich der Arbeitgeber das Risiko tragen, also das Entgelt weiterzahlen muss, wenn er die Arbeitnehmer nicht beschäftigen kann. Dabei betrifft das sog. Betriebsrisiko den Fall, ob eine Produktionsfortführung technisch unmöglich ist, während es beim sog. Wirtschaftsrisiko um die wirtschaftliche Sinnlosigkeit der Produktions- bzw. Betriebsfortführung geht. Normalerweise muss der Arbeitgeber dieses Risiko tragen.[122] Hinsichtlich arbeitskampfbedingter Störungen bzw. Fernwirkungen ist jedoch anerkannt, dass diese nicht unter das allgemeine Betriebsrisiko fallen, sondern einer gesonderten rechtlichen Bewertung unterliegen.

116 BAG, Urt. v. 31.01.1995, NZA 1995, 958, 960; auch schon BAG, Urt. v. 22.03.1994, NZA 1994, 1097, 1099.
117 BAG, Urt. v. 14.12.1993, NZA 1994, 331, 333.
118 Der Arbeitgeber ist m.E. auch nicht verpflichtet, jedes »Notdienstangebot« der gegnerischen Gewerkschaft anzunehmen.
119 LAG Hamm, Urt. v. 16.07.1993, NZA 1994, 430; siehe auch BAG, Urt. v. 31.01.1995, NZA 1995, 958, 960.
120 In der Praxis wird dieses Risiko meist durch sog. Arbeitskampfklauseln in Allgemeinen Geschäftsbedingungen ausgeschlossen; allerdings sind die Zulässigkeitsgrenzen solcher Klauseln derzeit noch nicht geklärt.
121 Letzteres ist vor allem bei der Just-in-time-Produktion der Fall.
122 Vgl. jetzt auch § 615 Satz 3 BGB, der indes nicht festlegt, wann der Arbeitgeber das Risiko des Arbeitsausfalls trägt.

Das BAG hat diesbezüglich in zwei Grundsatzentscheidungen[123] festgehalten, dass die Grundsätze der **Arbeitskampfrisikolehre** sowohl für das **Betriebs-** als auch für das **Wirtschaftsrisiko** gelten; sie greifen also sowohl dann ein, wenn die Betriebs- oder Produktionsfortführung durch arbeitskampfbedingte Fernwirkungen technisch unmöglich als auch wirtschaftlich sinnlos werden. Der Arbeitgeber bleibt jedoch in diesen Fällen nach wie vor grundsätzlich zur Weiterzahlung des Entgelts verpflichtet, es sei denn, die sog. Kampfparität zwischen den beteiligten Tarifvertragsparteien würde hierdurch gestört. Eine solche Störung der Kampfparität liegt dabei dann vor, wenn zu befürchten ist, dass die von Fernwirkungen betroffenen Arbeitgeber einen solchen Druck auf die unmittelbar im Arbeitskampf stehenden Arbeitgeber bzw. den im Arbeitskampf stehenden Arbeitgeberverband ausüben, dass dessen Verhandlungsposition gegenüber der kampfführenden Gewerkschaft erheblich geschwächt wird (sog. Binnendrucktheorie). Eine solche Störung der Kampfparität nimmt das BAG dabei an, wenn die unmittelbar und mittelbar kampfbetroffene Arbeitgeber Mitglieder im **gleichen Arbeitgeberverband** ist, wobei auch die Mitgliedschaft im gleichen Dachverband ausreichen soll.[124] 61

Nicht ausreichen sollen hingegen **wirtschaftliche Verbindungen** zwischen den betroffenen Arbeitgebern. Damit können sich nach dieser Rechtsprechung insbesondere sog. Außenseiter-Arbeitgeber nicht auf die Grundsätze der Arbeitskampfrisikolehre berufen. Allerdings hat das BAG in seiner Entscheidung vom 18.02.2003[125] die Einbeziehung eines Außenseiter-Arbeitgebers in einen Arbeitskampf um einen Verbandstarifvertrag ausdrücklich mit den Einflussmöglichkeiten, die auch solche Arbeitgeber auf die im Arbeitskampf stehenden Arbeitgeber bzw. Arbeitgeberverbände haben, gerechtfertigt. Daher müsste es nunmehr zumindest auch dann, wenn ein Außenseiter-Arbeitgeber die in Streit stehenden Verbandstarifverträge (über eine Verweisung in einem Firmentarifvertrag) anwendet, diesem das Recht zugestehen, sich bei arbeitskampfbedingten Fernwirkungen auf die Arbeitskampfrisikolehre wegen einer ansonsten eintretenden Paritätsstörung zu berufen. 62

2. (Weitere) Voraussetzungen des Arbeitskampfrisikos

Die Beschäftigung des arbeitswilligen Arbeitnehmers muss zunächst **unmöglich** im o.g. Sinne geworden sein, also entweder technisch unmöglich oder wirtschaftlich sinnlos. Dies ist vom Arbeitgeber darzulegen und ggf. zu beweisen. Dabei kann die Unmöglichkeit der Beschäftigung auch aus einer Blockade des Betriebszugangs folgen.[126] 63

Der Arbeitsausfall muss für den Arbeitgeber weiterhin **unvermeidbar**, von ihm also nicht zu vertreten ist. Umgekehrt ausgedrückt: Der Arbeitsausfall darf nicht durch eine unternehmerische Fehldisposition verursacht worden sein.[127] Welche Anforderungen an den drittbetroffenen Arbeitgeber insoweit zu stellen sind, ist höchstrichterlich derzeit noch nicht geklärt. Soweit es um das sog. Wirtschaftsrisiko geht, also um die mangelnde Absetzbarkeit der Produkte, soll der Arbeitgeber jedoch nicht verpflichtet sein, über das betriebsübliche Maß hinaus auf Vorrat zu produzieren. Beim sog. Betriebsrisiko soll der Arbeitgeber – umgekehrt – nicht verpflichtet sein, im Hinblick auf etwaige Arbeitskämpfe über das betriebsübliche Maß hinaus Vorräte zu halten.[128] Ebenso kann dem Arbeitgeber nicht generell vorgehalten werden, er hätte auf andere Zulieferer ausweichen müssen; dies kann im Übrigen selbst dann, wenn dies organisatorisch möglich wäre, als solidaritätsgefährdende Maßnahme unzumutbar sein. Unabhängig davon sollen die entsprechenden Entscheidungen des Arbeitgebers als unternehmerische Entscheidung von den Arbeitsgerichten nur eingeschränkt überprüfbar sein.[129] 64

123 BAG, Beschl. v. 22.12.1980, AP Nr. 70, 71 zu Art. 9 GG Arbeitskampf.
124 BAG, Beschl. v. 22.12.1980, AP Nr. 70 zu Art. 9 GG Arbeitskampf.
125 BAG, Urt. v. 18.02.2003, NZA 2003, 866.
126 BAG, Urt. v. 11.07.1995, NZA 1996, 209, 211.
127 BAG, Beschl. v. 22.12.1980, AP Nr. 70 zu Art. 9 GG Arbeitskampf; ArbG Kassel, Urt. v. 17.04.1972, DB 1972, 1121, 1124.
128 ArbG Kassel, Urt. v. 17.04.1972, DB 1972, 1121, 1124.
129 LAG Hamburg, Beschl. v. 28.05.1984, NZA 1984, 404; LAG Berlin, Beschl. v. 06.08.1985, DB 1986, 808.

65 Die **Darlegungs- und Beweislast** für die Unvermeidbarkeit des Arbeitsausfalls trägt der drittbetroffene Arbeitgeber. Dies ist im Übrigen nicht nur für seine Entgeltzahlungspflicht gegenüber den Arbeitnehmer von Bedeutung, sondern auch dann, wenn er den arbeitskampfbedingten Arbeitsausfall bei der zuständigen Agentur für Arbeit gem. § 173 SGB III anmeldet, da die Agentur für Arbeit die Unvermeidbarkeit des Arbeitsausfalls von sich aus prüft. Der drittbetroffene Arbeitgeber muss ihr gegenüber die Unvermeidbarkeit des Arbeitsausfalls darlegen und glaubhaft machen. Maßgebend für die Entscheidung der Agentur für Arbeit ist insoweit der Sammelerlass der Bundesagentur für Arbeit zu § 174 SGB III. Zur Kurzarbeit vgl. Rn 68 f.

II. Mitbestimmung des Betriebsrats

66 Bei arbeitskampfbedingten Fernwirkungen hat der Betriebsrat ein **eingeschränktes Mitbestimmungsrecht**. So kann er zwar über Voraussetzungen und Umfang der arbeitskampfbedingten Arbeitseinschränkung nicht mitbestimmen, wohl aber steht ihm ein Mitbestimmungsrecht gem. § 87 Abs. 1 Nr. 3 BetrVG bei der Regelung der Modalitäten der Arbeitseinschränkung zu.[130] Der Betriebsrat hat also darüber mitzubestimmen, wie die vom Arbeitgeber vorgegebene Verminderung des Arbeitskräftebedarfs umzusetzen ist, also z.B. durch Arbeitsstreckung oder Verkürzung der Arbeitszeit. Dazu gehört auch die Entscheidung, welche Arbeitnehmer von der Betriebseinschränkung betroffen sind. Dabei soll die entsprechende Einigung der Betriebsparteien nicht im Wege der Regelungsabrede, also durch bloße Zustimmung des Betriebsrats getroffen werden können, sondern es soll – wegen der notwendigen Einwirkung auf die Einzelarbeitsverhältnisse – eine förmliche Betriebsvereinbarung (§ 77 Abs. 2 BetrVG) erforderlich sein.[131]

67 Verweigert der Betriebsrat seine Zustimmung, muss die **Einigungsstelle** angerufen werden. Führt der Arbeitgeber Maßnahmen alleine durch, muss er wegen der sog. Theorie der Wirksamkeitsvoraussetzung[132] damit rechnen, von den betroffenen Arbeitnehmern auf Zahlung des vollen Entgelts in Anspruch genommen zu werden; dies gilt auch, wenn die o.g. Voraussetzungen der Entgeltverweigerung nach der Arbeitskampfrisikolehre erfüllt sind. Zu beachten ist jedoch, dass der Regelungsspielraum des Arbeitgebers und damit auch der Ansatzpunkt für das Mitbestimmungsrecht des Betriebsrats im Laufe der Zeit immer geringer werden kann.[133] Bleibt nur noch die Stilllegung des gesamten Betriebs übrig, scheidet das Mitbestimmungsrecht des Betriebsrats aus; das entbindet den Arbeitgeber jedoch nicht von der Verpflichtung, sich (vorher) um eine Einigung mit dem Betriebsrat zu bemühen und ggf. die Einigungsstelle anzurufen.

III. Kurzarbeitergeld

1. Anzeige des Arbeitsausfalls und Antrag auf Kurzarbeitergeld

68 Der von einem Arbeitskampf mittelbar betroffene **Arbeitgeber** hat die Möglichkeit, den arbeitskampfbedingten Arbeitsausfall bei der Agentur für Arbeit anzuzeigen (§ 173 SGB III) und Kurzarbeitergeld zu beantragen (§ 323 SGB III). Anzeige und Antragsrecht stehen gem. § 173 Abs. 1 Satz 2 SGB III; § 323 Abs. 2 Satz 2 SGB III auch der Betriebsvertretung, also dem **Betriebsrat** zu. Es ist derzeit höchstrichterlich noch ungeklärt, ob den Arbeitgeber sogar eine – u.U. schadensersatzbewehrte – Verpflichtung trifft, bei arbeitskampfbedingten Störungen den Arbeitsausfall anzuzeigen und Kurzarbeitergeld zu beantragen. Unabhängig davon ist ein solches Vorgehen jedoch jedenfalls dann zu empfehlen, wenn sich der Arbeitgeber nicht auf die Grundsätze der Arbeitskampfrisikolehre berufen kann, da er in diesem Fall zur Zahlung des vollen Arbeitsentgelts verpflichtet bleibt.

130 Siehe hierzu und zum folgenden BAG, Beschl. v. 22.12.1980, AP Nr. 70 zu Art. 9 GG Arbeitskampf.
131 So wohl LAG Berlin, Beschl. v. 06.08.1985, DB 1986, 808.
132 Siehe dazu § 12 Rn 225.
133 In Ausnahmefällen kann dies auch von Beginn der arbeitskampfbedingten Störung der Fall sein; dann müssen sich aber die Störungen unmittelbar und so stark auswirken, dass – nachweisbar – kein Entscheidungsspielraum verbleibt.

Ob ein Anspruch auf Kurzarbeitergeld besteht, richtet sich nach den allgemeinen Vorschriften der §§ 169 ff. SGB III. Es wurde bereits darauf hingewiesen, dass der Arbeitgeber gem. § 173 Abs. 1 Satz 3 SGB III die Arbeitskampfbedingtheit des Arbeitsausfalls und die betrieblichen Voraussetzungen (§ 171 SGB III) für das Kurzarbeitergeld **glaubhaft** zu machen hat. Zu beachten ist ferner, dass der Arbeitsausfall selbst **unvermeidbar** sein muss; dabei ist vor allem die Vorschrift des § 170 Abs. 4 SGB III zu beachten. Ferner müssen in Bezug auf die anspruchstellenden Arbeitnehmer die persönlichen Voraussetzungen gem. § 172 SGB III erfüllt sein. 69

2. Der Ruhenstatbestand des § 146 SGB III

Der Anspruch der mittelbar von einem Arbeitskampf betroffenen Arbeitnehmer auf Arbeitslosen- oder Kurzarbeitergeld kann unter den Voraussetzungen des § 146 SGB III ruhen. Die Vorschrift ist Ausdruck der sog. **Neutralitätspflicht** des Staates in Arbeitskämpfen und vom BVerfG als verfassungsgemäß beurteilt worden.[134] Sie ist gem. § 174 SGB III auch auf den Anspruch auf Kurzarbeitergeld entsprechend anzuwenden. Dabei ist im Grundsatz davon auszugehen, dass den arbeitskampfbetroffenen Arbeitnehmern ein Anspruch auf Arbeitslosen- oder Kurzarbeitergeld zusteht und dieser nur unter den Voraussetzungen des § 146 Abs. 2 oder 3 SGB III entfällt. § 146 Abs. 1 Satz 2 SGB III regelt dabei ausdrücklich, dass der Anspruch nicht ruht, wenn der Arbeitnehmer zuletzt in einem Betrieb beschäftigt war, der nicht dem fachlichen Geltungsbereich[135] des umkämpften Tarifvertrages zuzuordnen ist. 70

Nach § 146 SGB III ruht der Anspruch auf Arbeitslosen- bzw. Kurzarbeitergeld in folgenden Fällen: 71

- Der Arbeitnehmer ist durch Beteiligung an einem inländischen Arbeitskampf arbeitslos geworden (§ 146 Abs. 2 SGB III), d.h. er beteiligt sich entweder an einem Streik oder ist ausgesperrt worden.
- Der Betrieb, in dem der Arbeitnehmer zuletzt beschäftigt war, ist dem räumlichen und fachlichen Geltungsbereich des umkämpften Tarifvertrages zuzuordnen (§ 146 Abs. 3 Satz 1 Nr. 1 SGB III) und die umkämpften oder geforderten Arbeitsbedingungen gelten nach Abschluss eines entsprechenden Tarifvertrages für den Arbeitnehmer oder würden auf ihn angewendet (§ 146 Abs. 3 Satz 3 SGB III – sog. Partizipationsprinzip).[136]
- Der Betrieb, in dem der Arbeitnehmer zuletzt beschäftigt war, ist zwar nicht dem räumlichen, aber dem fachlichen Geltungsbereich des umkämpften Tarifvertrages zuzuordnen und im räumlichen Geltungsbereich des Tarifvertrages, in dem der drittbetroffene Betrieb liegt, muss eine Forderung erhoben sein,[137] die einer Hauptforderung des Arbeitskampfes nach Art und Umfang gleich ist und das Arbeitskampfergebnis muss aller Voraussicht nach im räumlichen Geltungsbereich des nicht umkämpften Tarifvertrages übernommen werden (§ 146 Abs. 3 Satz 1 Nr. 2 SGB III). Außerdem müssen auch hier die umkämpften oder geforderten Arbeitsbedingungen nach Abschluss eines entsprechenden Tarifvertrages für den Arbeitnehmer gelten oder auf ihn angewendet werden (§ 146 Abs. 3 Satz 3 SGB III). Ob die Voraussetzungen des § 146 Abs. 3 Satz 1 Nr. 2 erfüllt sind, wird gem. § 146 Abs. 5 SGB III vom sog. Neutralitätsausschuss entschieden, gegen dessen Entscheidung gem. § 146 Abs. 6 SGB III der Rechtsweg zum BSG eröffnet ist.

Gem. § 146 Abs. 4 SGB III kann der Anspruch doch nicht nach § 146 Abs. 3 SGB III ruhen, wenn dies für eine **bestimmte Gruppe** von Arbeitnehmern ausnahmsweise **nicht gerechtfertigt** 72

134 BVerfG v. 04.07.1995 – 1 BvF 2/86, 1 BvF 2/87, 1 BvF 3/87, 1 BvF 4/87, 1 BvR 1421/86, NZA 1995, 754 ff. zur – wortgleichen – Vorgängervorschrift des § 116 AFG.

135 Dieser bestimmt sich in der Regel nach der Branche, für die der Tarifvertrag gilt, also z.B. Metall, Chemie, Einzelhandel.

136 Das kann vor allem bei sog. andersorganisierten Arbeitnehmer, die Mitglied einer anderen als der kampfführenden Gewerkschaft sind, nicht der Fall sein. Ausreichend für die Partizipation ist jedoch die – begründete – Prognose, dass der umkämpfte Tarifvertrag später entweder kraft einzelvertraglicher Bezugnahme oder kraft Anschlusstarifvertrag auf das Arbeitsverhältnis angewendet wird.

137 Vgl. auch die Legaldefinition des § 146 Abs. 3 Satz 2 SGB III, nach der eine Forderung erhoben ist, wenn sie von der zur Entscheidung berufenen Stelle beschlossen worden ist oder auf Grund des Verhaltens der Tarifvertragspartei im Zusammenhang mit dem Abschluss des angestrebten Tarifvertrages als beschlossen anzusehen ist.

ist. Zuständig für die Entscheidung ist der Verwaltungsrat. Die nicht leicht zu verstehende Vorschrift des § 146 Abs. 3 SGB III beruht im Wesentlichen auf dem 1984 geführten Arbeitskampf in der Metallindustrie und ist auch auf die Verhältnisse dieser Branche zugeschnitten. Hintergrund für die Versagung des Arbeitslosengeldanspruchs war dabei vor allem die sog. Minimax-Taktik, in der einzelne Schlüsselbetriebe gezielt im Wege des Schwerpunktstreiks bestreikt wurden und durch gezielte Erzeugung von Fernwirkungen ganze Lieferketten und damit Betriebe »lahm gelegt« wurden. Durch die Neufassung des damaligen § 116 AFG wurde diese Streiktaktik erschwert. Aktuell stellt sich vor allem die Frage, ob insbesondere Arbeitnehmer von Außenseiter-Arbeitgebern, deren Betriebe im Kampfgebiet liegen, von der Ruhensvorschrift des § 146 Abs. 3 SGB III betroffen sind. Diese Gefahr besteht vor allem dann, wenn die umkämpften Verbandstarifverträge über sog. Anerkennungstarifverträge in Form von Firmentarifverträgen auf diese Arbeitnehmer Anwendung finden. Die Rechtslage ist derzeit jedoch noch ungeklärt.

Stichwortverzeichnis

Fette Zahlen = §§, magere Zahlen = Randnummern